LE DICTIONNAIRE DU FRANÇAIS

ISBN 2.01.018877-2

HACHETTE
Le Dictionnaire
DU FRANÇAIS

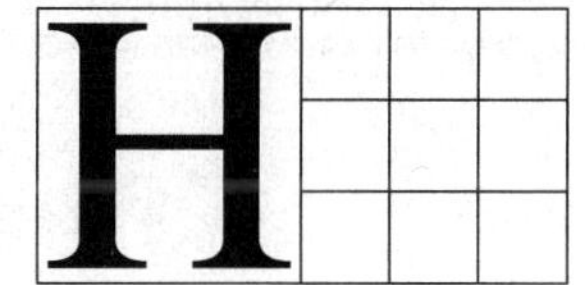

NOTE DE L'ÉDITEUR

Cette deuxième édition du **Dictionnaire du français** a été entièrement revue et mise à jour. Plus que jamais cet ouvrage de référence assure une double fonction. « Dictionnaire de langue », 60 000 mots s'y trouvent définis, une place importante étant faite au vocabulaire scientifique et technique ; « dictionnaire encyclopédique », cinq cents développements sont consacrés à des « objets du savoir » dans les domaines essentiels : sciences de la nature, sciences de la vie, mathématiques, sciences humaines, philosophie, histoire, littérature, beaux-arts, musique, droit, économie, etc.

Les **mots d'entrée** sont suivis de la transcription de leur **prononciation actuelle, notée en alphabet phonétique international (p. X), et de l'indication de leur catégorie grammaticale (nom, adjectif, verbe, etc. ; cf. tableau des abréviations (p. VI). Lorsque ce mot est un verbe,** un nombre entre crochets renvoie au tableau des conjugaisons en fin d'ouvrage.
Quand les mots ont **plusieurs sens,** ces sens sont classés soit selon leur date d'apparition dans la langue, soit selon la fréquence de leur usage, du plus au moins courant, le choix de cet ordre répondant à une volonté de clarté dans l'analyse de la langue. Ce classement obéit à des règles constantes : les groupements les plus importants sont indiqués par une lettre (**A, B, C,** etc.) ; puis viennent des numéros en chiffres romains (**I, II, III,** etc.), puis des numéros en chiffres arabes (**1, 2, 3,** etc.) ; ensuite un triangle éclairé (▷) et, enfin, un tiret (—) indiquent des nuances de plus en plus fines. Les définitions ainsi classées sont complétées par des **exemples** qui précisent l'usage des mots ; ces exemples, tout comme les locutions, les proverbes, les expressions idiomatiques, sont en italique.

Nous n'avons pas exercé de censure : nous décrivons, sans pruderie ni exclusive, le vocabulaire de nos contemporains. Il n'en demeure pas moins que tous les mots du français ne sont pas indifféremment utilisés en toutes circonstances. C'est là qu'interviennent les **niveaux de langue** : diverses abréviations signalent que tel mot est populaire (Pop.), familier (Fam.), voire vulgaire (Vulg.) ou argotique (Arg.) ; tel autre, à l'inverse, est réservé à l'usage des savants (Didac.) ou de la littérature classique (Litt.). Ces abréviations sont également utilisées pour noter qu'un mot est sorti de l'usage courant (Vx), ou que son usage est réservé à une zone géographique déterminée (Rég.).

Ce dictionnaire consacre une place importante à des mots qui ne sont pas d'usage quotidien, mais dont l'emploi, lié au développement accéléré des sciences et des techniques, peut se répandre dans tous les milieux. Ces termes des divers **vocabulaires de spécialité** sont précédés d'abréviations qui indiquent leur champ d'application (ETHNOL : ethnologie ; PHYS. NUCL. : physique nucléaire).

Pour éviter les redondances, lorsqu'une définition fait appel à des notions déjà définies, nous avons multiplié les **renvois,** en utilisant l'astérisque placé après le mot (exemple : « ut, première note de la gamme majeure ne comportant pas d'altération* à la clé* »), ou en notant explicitement « V. ce mot ».

Tout article comportant une définition est suivi de l'**étymologie** du mot défini. Si cette étymologie n'est pas formellement établie, nous signalons cette incertitude par un astérisque disposé avant l'étymon (exemple : **sapin,** « gaul, **sappus* »). Si, dans la liste des entrées, un étymon a un homonyme homographe, et se trouve donc précédé d'un numéro qui l'en différencie (exemple : **1. général, ale, aux,** adj. ; **2. général, ale, aux,** n.), on retrouve ce numéro dans l'étymologie à la suite de l'étymon (exemple : « **généraliser** ; de *général* 1 »).

Seules les étymologies trop incertaines ne figurent pas, ainsi que celles de mots composés (on se reportera alors à chacun des mots de la composition) ou de mots comportant clairement un préfixe courant, tel contre-, anti-, inter-.

De nombreux **mots d'origine étrangère** figurent dans ce dictionnaire, soit qu'ils fassent partie intégrante de la langue (leur orthographe obéit alors habituellement aux règles de l'orthographe française), soit qu'on les trouve à l'origine d'autres mots. Lorsqu'ils viennent de langues écrites en alphabets non latins, leur transcription (accents, signes diacritiques, etc.) obéit aux règles les plus communément admises.

Pour faciliter la lecture, les **développements** proprement **encyclopédiques** sont séparés des articles qui définissent les mots ; ils apparaissent à la suite de ces articles, précédés du cartouche ENCYCL.

Le lecteur trouvera, naturellement, les renseignements indispensables à la consultation du dictionnaire : liste des abréviations, alphabet phonétique international, tableaux de conjugaison, etc.

Tous ces éléments contribuent à faire de cet ouvrage un dictionnaire dont l'ambition est d'être à la fois un instrument de travail et un ouvrage de référence.

ONT COLLABORÉ À CET OUVRAGE :

Direction : Marc Moingeon

Le Dictionnaire du français est édité sous la responsabilité de Mireille Maurin

Rédactrice en chef : Marie Gatard, **assistée de** Michèle Lancina

Rédacteurs-réviseurs : Élisabeth Bonvarlet, Hervé Dubourjal, Charles Fantin, Guy Fournier, Joëlle Guyon-Vernier, Jean-Pierre Mével, Jean-Louis Rançon, Régine Sabre, Christine Zadounaïsky

Consultants : Nicolas Balbo, Jacques Berthelot, Bertrand Guillot, Pierre Kohler, Jean Larivière, Thierry Leroux, Hubert Lucot, Maurice Meuleau, Jean-Christophe Olivo, Bernard Perdereau, Jean-Pierre Sarmant, Hélène Volfovsky

Édition S.G.M.L. : Christine Clerc, Patricia Gautier

Secrétariat : Dominique Morlet

Direction informatique éditoriale : Alain Pierrot
Responsable informatique : Jean-Marc Destabeaux
Coordination informatique éditoriale : Marie-Françoise Poullet

Maquette : Floréal Cuadrado

Direction technique : Patrice Menanteau
Fabrication : Olivier Hitier, Claire Hostalier

ABRÉVIATIONS

abb. .... **abbaye**
abbat. .... **abbatial**
abrév. .... **abréviation**
absol. .... **absolument**
abusiv. .... **abusivement**
acad. .... **académie**
Acad. fr. ... **Académie française**
Acad. des sc. .... **Académie des sciences**
accus. .... **accusatif**
acoust. .... **acoustique**
adj. .... **adjectif, adjectival, adjectivement**
adject. .... **adjectivement**
admin. .... **administration, administratif, administrativement**
adv. .... **adverbe, adverbial, adverbialement**
aéron. .... **aéronautique**
affl. .... **affluent**
a. fr. .... **ancien français**
afr. .... **africain**
aggl. .... **agglomération**
aggl. urb. **agglomération urbaine**
agric. ...... **agriculture, agricole**
agroalim. .... **agro-alimentaire**
alch. .... **alchimie**
alg. .... **algèbre**
alim. . **alimentaire, alimentation**
all. .... **allemand**
allus. .... **allusion**
Alpes-Hte-Prov. .... **Alpes-de-Haute-Provence**
Alpes-Mar. .... **Alpes-Maritimes**
alphab. .... **alphabétique, alphabétiquement**
alt. .... **altitude**
altér. .... **altération**
amér. .... **américain**
anal. .... **analogie, analogue**
anat. .... **anatomie, anatomique**
anc. ..... **ancien, anciennement**
angl. .... **anglais**
anthrop. .... **anthropologie, anthopologique**
antiphr. .... **antiphrase**
Antiq. .... **Antiquité**
antiq. égyp. **antiquité égyptienne**
antiq. gr. ...... **antiquité grecque**
antiq. rom. ... **antiquité romaine**
apr., ap. .... **après**
apr. J.-C. .... **après Jésus-Christ**
apic .... **apiculture**
appos. .... **apposition**
ar. .... **arabe**
arbor. .... **arboriculture**
arch. .... **archaïque**
archéol. .... **archéologie, archéologique**
archi. .... **architecture**
arg. .... **argot, argotique**
arith. .... **arithmétique**
armur. .... **armurerie**
arpent. .... **arpentage**
arr. .... **arrondissement**
art culin. .... **art culinaire**
artill. .... **artillerie**
Arts déc. .... **Arts décoratifs**
asiat. .... **asiatique**
Atlant. .... **Atlantique**
atom. .... **atomique**
attract. ...... **attraction, attractif**
auj. .... **aujourd'hui**
auto. .... **automobile**
auton. .... **autonome**

autref. .... **autrefois**
autrich. .... **autrichien**
auxil. .... **auxiliaire**
av. .... **avant**
av. J.-C. ..... **avant Jésus-Christ**
avic. .... **aviculture**
avr. .... **avril**
bactér. .... **bactériologie**
baln. .... **balnéaire**
baron. .... **baronnie**
B.-du-Rh. ... **Bouches-du-Rhône**
bibl. .... **bibliographie, bibliographique**
bijout. .... **bijouterie**
biochim. .... **biochimie**
biogr. . **biographie, biographique**
biol. .... **biologie, biologique**
bioméd. .... **biomédical**
blas. .... **blason**
bot. .... **botanique**
bouch. .... **boucherie**
brit. .... **britannique**
Bx-A. .... **Beaux-Arts**
c.-à-d. .... **c'est-à-dire**
cal. .... **calorie**
calligr. .... **calligraphie**
cant. .... **canton**
cap. .... **capitale**
card. .... **cardinal**
carr. .... **carrière**
carross. .... **carrosserie**
cath. .... **cathédrale**
cathol. .... **catholique**
celt. .... **celtique**
centr. .... **central**
céram. .... **céramique**
cert. ..... **certain, certainement**
cf. .... **confer, se reporter à**
chancel. **chancelier, chancellerie**
chap. .... **chapelle**
Char.-Mar. .. **Charente-Maritime**
chât. .... **château**
ch. de f. .... **chemin de fer**
ch.-l. .... **chef-lieu**
ch.-l. de cant. **chef-lieu de canton**
chim. .... **chimie, chimique**
chin. .... **chinois**
chr. .... **chirurgie, chirurgical**
chorégr. .... **chorégraphie, chorégraphique**
chron. .... **chronologie, chronologique**
Cie .... **compagnie**
ciné .... **cinéma**
circonsc. .... **circonscription**
class. .... **classique**
clim. .... **climatique**
climat. .... **climatologie**
coeff. .... **coefficient**
col. .... **colonne**
coll. .... **collection**
collab. .... **collaboration, collaborateur**
collect. .... **collectif, ive**
collectiv. .... **collectivement**
com. ...... **commune, communal**
comm. .... **commerce, commercial**
comp. .... **comparaison**
comp(l). .... **complément, complétif**
compta. .... **comptabilité**
conchyl. .... **conchyliologie**
confl. .... **confluent, confluence**
conj. .... **conjonction, conjonctif**
conjug. .... **conjugaison**
const. .... **constant**

constit. .... **constitutionnel constitutionnellement**
constr. .... **construction**
contemp. .... **contemporain**
contract. .... **contraction**
conurb. .... **conurbation**
coord. .... **coordination**
cordon. .... **cordonnerie**
corr. .... **correct**
corrél. .... **corrélatif**
corrupt. .... **corruption**
cosmol. .... **cosmologie, cosmologique**
cost. .... **costume**
Côtes-du-N. ..... **Côtes-du-Nord**
cour ..... **courant, couramment**
cout. .... **couture**
crois. .... **croisement**
cryptogr. .... **cryptographie**
ctr. .... **contraire**
cuis. .... **cuisine**
cult. .... **culture, culturel**
d.d.p. ... **différence de potentiel**
déb. .... **début**
déc. .... **décembre**
déf. .... **défini**
défect. .... **défectif**
déform. .... **déformation**
dém. .... **démonstratif démocratie, démocratique**
dénigr. .... **dénigrement**
dep. .... **depuis**
dép. .... **département**
dér. .... **dérivé**
dét. .... **déterminatif**
dial. .... **dialecte, dialectal**
didact. .... **didactique**
dimin. .... **diminutif**
diplom. .... **diplomatie, diplomatique**
dir. .... **direct**
distill. .... **distillerie**
distr. .... **district**
div. .... **divers, diversité**
dj. .... **donjon**
dout. .... **douteux, euse**
dr. .... **droit, docteur**
dr. admin. .... **droit administratif**
dr. anc. .... **droit ancien**
dr. civ. .... **droit civil**
dr. coutum. ...... **droit coutumier**
dr. ecclés. ... **droit ecclésiastique**
dr. féodal .... **droit féodal**
dr. forest. .... **droit forestier**
dr. marit. .... **droit maritime**
dr. romain .... **droit romain**
dyn. .... **dynastie**
E. .... **est**
ébénist. .... **ébénisterie**
éc. .... **école**
ecclés. .... **ecclésiastique**
écol. .... **écologie, écologique**
écon. ... **économie, économique**
écon. dom. .... **économie domestique**
éd. .... **édition, éditeur**
égl. .... **église**
égypt. .... **égyptien**
élect. .... **élection**
électr. .... **électricité, électrique**
électroacoust. . **électroacoustique**
électrochim. .... **électrochimie, électrochimique**
électroméca(n) **électromécanique**

électrométall. . électrométallurgie
électron. . . . . électronique
ellipt. . elliptique, elliptiquement
embryol. . . . . embryologie
empl. . . . . emploi, employé
empr. . . . . emprunt
encycl. . . . . encyclopédie, encyclopédique
enseig. . . . . enseignement
env. . . . . environ
environn. . . . . . . environnement
épigr. . . . . épigraphie
équat. . . . . équatorial
équit. . . . . équitation
erpét. . . . . erpétologie
escr. . . . . escrime
esp. . . . . espagnol, espace
estim. . . . . estimation
etc. . . . . et cætera
ethn. . ethnographie, ethnologie
étym. étymologie, étymologique
étymol. . . . . . . étymologiquement
É.-U. . . . . États-Unis
euph. euphémisme, euphémique
Eure-et-L. . . . . Eure-et-Loir
ex. exemple
exag. . . . . exagération
exclam. . . . . exclamation, exclamatif
export . . . . exportation
expr. . . . . expressif, expression
ext. . . . . extérieur
ext., extens. . . . . extensif, extension
f. . . . . féminin
F (sans point) . . . . . franc français
fabr. . . . . . . fabrique, fabrication
fac. . . . . facultatif
fam. . . . . famille, familier
fauc. . . . . fauconnerie
fbg . . . . faubourg
féd. . . . . fédération, fédéral, fédératif
fém. . . . . féminin
f.é.m. . . . . . force électromotrice
féod. . . . . féodalité, féodal
ferrug. . . . . ferrugineux
fév. février
fig. . . . . . figure, figuratif, figuré
filat. . . . . filature
fin. . . . . finances, financier
finn. . . . . finnois
fisc. . . . . fiscalité, fiscal
fl. . . . . fleuve
flam. . . . . flamand
flamb. . . . . flamboyant
fluv. . . . . fluvial
forest. . . . . forestier
fortif. . . . . . . fortification, fortifié
fr., franç. . . . . français
fréquent. . . . . fréquentatif
frq. . . . . francique
funér. . . . . funéraire
fut. . . . . futur
g. . . . . gauche
g[al] . . . . général
gaul. gaulois
G.-B. . . . . Grande-Bretagne
gd, gde . . . . grand, grande
généal. généalogie, généalogique
génét. . . . . génétique
géod. . . . . géodésie, géodésique
géogr. géographie, géographique
géol. . . . . géologie, géologique
géom. . géométrie, géométrique
géomorphol. . . . . géomorphologie
géoph. . . . . géophysique
germ. . . . . germanique
gest. gestion
gl. . . . . général
goth. . . . . gothique
gouv. . . . . gouvernement, gouvernemental, gouvernorat
gr. . . . . grec
gram. . grammaire, grammatical
grav. . . . . gravure
gymn. . . . . gymnastique
gynécol. . . . . gynécologie, gynécologique
h (sans point) . . . . heure
ha . . . . hectare
hab. . . . . habitant
hébr. hébreu
hérál. . . . . héraldique
hist. . . . . histoire, historique
histol. . . . . histologie
holl. . . . . hollandais
hom. . . homonyme, homonymie
horl. . . . . horlogerie
hortic. . . . . horticulture
ht, hts . . . . haut, hauts
hte, htes . . . . haute, hautes
Ht-Rhin . . . . Haut-Rhin
Hte-Gar. . . . . . . Haute-Garonne
Hte-L. . . . . Haute-Loire
Hte-Marne . . . . Haute-Marne
Hte-Sa. . . . . Haute-Saône
Hte-Savoie . . . . Haute-Savoie
Hte-Vienne . . . . Haute-Vienne
Htes-Pyr. . . . . Hautes-Pyrénées
Hts-de-Seine . . . Hauts-de-Seine
hum. humain
hydraul. . . . . hydraulique
hydroél. . . . . hydroélectricité, hydroélectrique
hydrogr. . . . . hydrographie, hydrographique
hyg. hygiène
hyper. . . . . hyperbole
ibid. ibidem
ichtyol. . . . . ichtyologie
iconogr. . . . . iconographie, iconographique
id. . . . . idem
Ille-et-Vil. . . . . Ille-et-Vilaine
imp. . . . . impérial
imparf. . . . . imparfait
impér. . . . . impératif
impers. . . . . impersonnel
import. . . important, importance, importation
impr. . . impropre, improprement
imprim. . . . . imprimerie
incert. . . . . incertain
incon. . . . . inconnu
incorr. . . . . incorrection, incorrect
ind. indirect
indéf. . . . . indéfini
indép. . . . . indépendant, indépendance
indic. . . . . indicatif
indir. indirect
industr. . . . industrie, industriel, industrialisation
inf. . . . . infinitif
infér. . . . . inférieur
infl. . . . . influence, inflexion
inform. . . . . informatique
inj., injur. . . . . injurieux
instr. . . instrument, instrumental
int. . . . . interne, intérieur
intel. . . . . intellectuel
interj. . . . . interjection, interjectif
intern. . . . . international
interrog. . . . . interrogation, interrogatif
intr. . . . . intransitif
inus. . . . . inusité
inv. invariable
iron. . . . . ironie, ironique, ironiquement
irr. irrégulier
ital. . . . . italien
janv. janvier
jap. japonais
jard. . . . . jardinage
J.-C. . . . . Jésus-Christ
joaill. . . . . joaillerie
juil. . . . . juillet
jurid. . . . . juridique
jurispr. . . . . jurisprudence
l. . . . . lettre
l (sans point) . . . . litre
lat. . . . . latin
latit. . . . . latitude
L.-Atl. . . . . Loire-Atlantique
législ. . . . . législation, législatif
libr. . . . . librairie
ling. . . . . linguistique
litt. littéraire
littér. . . . . littérature
littéral. . . . . littéralement
liturg. . . . . liturgie, liturgique
loc. . . . . locution
local. localité
log. . . . . logique, logarithme
Loir-et-Ch. . . . . Loir-et-Cher
long. longueur
longit. . . . . longitude
Lot-et-Gar. . . . . . . Lot-et-Garonne
m. masculin, mot, même, mort
m (sans point) . . . . mètre
M (sans point) . . . . million
mach. machine
magnét. . . . . magnétisme, magnétique
Maine-et-L. . . . . . . Maine-et-Loire
man. . . . . manège
manuf. . . . . manufacture, manufacturé
mar. . . . . marine
marit. . . . . maritime
masc. . . . . masculin
mat. . . . . matériel, matériau
math. . . . . mathématiques
mauv. part. . . . mauvaise part (en)
max. maximum
méca(n) . . . . mécanique
méd. . . . . médecine, médical
médiév. . . . . médiéval
Médit. . . . . Méditerranée
médit. . . . . méditerranéen
méd. lég. . . . . médecine légale
méd. vét. . . médecine vétérinaire
mégalit. . . . . mégalithique
mention. . . . . mentionné
mérid. . . . . méridional
mét. . . . . métier
métall. . . . . métallurgie, métallurgique, métallique
métaph. . . . . métaphore, métaphorique
météo. . . . . météorologie, météorologique
méton. . . . . métonymie
métr. métrique
métrol. . . . . métrologie
métropol. . . . . métropolitain
Meurthe-et-M. . . . . . . Meurthe-et-Moselle
Mgr . . . . Monseigneur
microb. . . . . microbiologie
mil. . . . . milieu
milit. . . . . militaire
mill. . . . . millénaire

minér. .. **minéral, minéralogique**
mobil. .... **mobilier**
mod. .... **moderne**
mon. .... **monument**
monn. .... **monnaie**
morphol. .... **morphologie, morphologique**
moy. .... **moyen**
mus. .... **musique**
music. .... **musical**
musulm. .... **musulman**
myth. .... **mythologie, mythologique**
N. .... **nord**
n. .... **nom**
nat. .... **national, nationalité**
navig. .... **navigation**
N. B. .... **nota bene**
N.-D. .... **Notre-Dame**
N.-E. .... **nord-est**
néerl. .... **néerlandais**
nég. .... **négatif, négation, négativement**
néol. .... **néologisme**
n. f. .... **nom féminin**
n. f. pl. ..... **nom féminin pluriel**
n. m. .... **nom masculin**
n. m. pl. .. **nom masculin pluriel**
nombr. .... **nombreux**
nomi. .... **nominal**
N.-O. .... **nord-ouest**
norm. .... **normand**
norv. .... **norvégien**
notam. .... **notamment**
nouv. .... **nouveau**
Nouv.-Zél. .... **Nouvelle-Zélande**
nov. .... **novembre**
n. pr. .... **nom propre**
nucl. .... **nucléaire**
num. .... **numéral, numismatique**
O. .... **ouest**
obs. .... **observation**
obstétr. .... **obstétrique**
occid. .... **occidental**
occult. .... **occultisme**
océanogr. .... **océanographie, océanographique**
oct. .... **octobre**
œnol. .... **œnologie**
off. ...... **officiel, officiellement**
onomat. .... **onomatopée**
oppos. .... **opposition**
opt. .... **optique**
ord. .... **ordinal**
ordin. .... **ordinaire**
orfèvr. .... **orfèvrerie**
orient. .... **oriental**
orig. .... **origine**
ornith. .... **ornithologie**
orthogr. .... **orthographe, orthographique**
orthop. .... **orthopédie, orthopédique**
ouv. .... **ouvrage**
P. Nobel .... **prix Nobel**
paléogr. .... **paléographie**
paléont. .... **paléontologie**
papet. .... **papeterie**
paron. .... **paronyme**
part. .... **participe**
partic. .... **particule, particulier, particulièrement**
Pas-de-Cal. .... **Pas-de-Calais**
pass. .... **passif, ive**
pathol. .... **pathologie, pathologique**
pâtiss. .... **pâtisserie**
pdt .... **président**
p.-ê. .... **peut-être**
pédag. **pédagogie, pédagogique**
pédol. .... **pédologie**
peint. .... **peinture**
péj., péjor. .... **péjoratif**
pers. .... **personne, personnel**
P. et Ch. .... **Ponts et Chaussées**
pétrog. .... **pétrographie**
pétrochim. .... **pétrochimie, pétrochimique**
pharm. .... **pharmacie, pharmaceutique**
philo. .... **philosophie, philosophique**
philol. .... **philologie**
phon. .... **phonétique, phonétiquement**
photo. .... **photographie, photographique**
phys. .... **physique**
physiol. .... **physiologie, physiologique**
phys. nucl. ... **physique nucléaire**
pisc. .... **pisciculture**
pl. .... **pluriel, planche**
plaisant. .... **plaisanterie**
plur. .... **pluriel**
plus. .... **plusieurs**
poét. .... **poétique**
polit. .... **politique**
pop. ..... **populaire, population**
portug. .... **portugais**
poss. .... **possessif**
possess. .... **possession**
post. .... **postérieur**
posth. .... **posthume**
pp. .... **participe passé**
ppr. .... **participe présent**
prat. .... **pratique**
préc., précéd. .... **précédent, précédemment**
préf. .... **préfecture, préfixe**
préhist. .... **préhistoire, préhistorique**
prem. .... **premier, premièrement**
prép. .... **prépositif, préposition**
prés. .... **présent, président, présidence**
princ. . **principal, principalement**
priv. .... **privatif**
probabl. .... **probable, probablement**
procéd. .... **procédure**
prod. .... **produit, production**
pron. ..... **pronom, pronominal**
prononc. .... **prononciation, prononcer**
propos. .... **proposition**
propr. ...... **propre, proprement**
prosod. .... **prosodie**
protohist. .... **protohistoire, protohistorique**
prov. ..... **proverbe, proverbial, province, provenance**
provenç. .... **provençal**
psychan. .... **psychanalyse, psychanalyste**
psychiat. .... **psychiatrie, psychiatrique, psychiatre**
psycho. .... **psychologie, psychologique, psychologue**
Puy-de-D. .... **Puy-de-Dôme**
Pyr. .... **Pyrénées**
Pyr.-Atl. .. **Pyrénées-Atlantiques**
Pyr.-Orient. **Pyrénées-Orientales**
pyrot. .... **pyrotechnie, pyrotechnique**
qqch .... **quelque chose**
qqn .... **quelqu'un**
rac. .... **racine**
rad. .... **radical**
radiodif. .... **radiodiffusion**
radioélectr. ...... **radioélectrique, radioélectricité**
radioph. .... **radiophonie, radiophonique**
radiotél. .... **radiotélévision**
raff. .... **raffinerie, raffinage**
R.D.A. .... **République démocratique allemande**
R.D.P. .... **République démocratique et populaire**
r. dr. .... **rive droite**
récipr. .... **réciproque**
réfl. .... **réfléchi**
Rég. .... **Région (l'une des 22 Régions françaises)**
rég. .... **région, régional**
rel. .... **reliure**
relat. .... **relatif**
relig. .... **religion, religieux**
rem. .... **remarque**
Renaiss. .... **Renaissance**
Rép. .... **république**
rép. auton. **république autonome**
rép. dém. .... **république démocratique**
rép. féd. .... **république fédérale, république fédérée**
rép. pop. .. **république populaire**
R.F.A. .... **République fédérale d'Allemagne**
r. g. .... **rive gauche**
Rhén. .... **Rhénanie**
Rhén.-du-N.-Westphalie **Rhénanie-du-Nord-Westphalie**
rhét. .... **rhétorique**
riv. .... **rivière**
rom. .... **romain**
roy .... **royaume**
R.-U. .... **Royaume-Uni**
S. .... **sud**
s. .... **singulier, siècle**
s.-affl. .... **sous-affluent**
sanit. .... **sanitaire**
sanscr. .... **sanscrit**
Saône-et-L. ...... **Saône-et-Loire**
sc. .... **science**
scand. .... **scandinave**
scientif. .... **scientifique**
sc. nat. ..... **sciences naturelles**
scol. .... **scolaire**
scolast. .... **scolastique**
s. comp(l). .... **sans complément (sans le complément attendu)**
sculpt. .... **sculpture**
S. E. .... **Son Excellence**
S.-E. .... **sud-est**
Seine-et-M. ..... **Seine-et-Marne**
Seine-Mar. ...... **Seine-Maritime**
Seine-St-Denis **Seine-Saint-Denis**
s.-ent. .... **sous-entendu**
sept. .... **septembre**
septent. .... **septentrional**
séric. .... **sériciculture**
serv. .... **service**
sidér. .... **sidérurgie, sidérurgique**
signif. .... **signifiant**
simpl. .... **simplement**
sing. .... **singulier**
S.-O. .... **sud-ouest**
soc. .... **socialiste**
sociol. . **sociologie, sociologique**
sov., soviét. .... **soviétique**
spécial. .... **spécialement**

s.-préf. .... **sous-préfecture**
S.S. .... **Sa Sainteté**
st, ste .... **saint, sainte**
stat. .... **station**
statist. .... **statistique**
sté .... **société**
subj. .... **subjonctif, subjonctivité**
subst. ... **substantif, substantivé**
suff. .... **suffixe**
suiv. .... **suivant**
sup. .... **supérieur**
superf. .... **superficie**
superl. .... **superlatif**
syll. .... **syllabe**
sylvic. .... **sylviculture**
symb. .... **symbole**
syn. .... **synonyme**
synopt. .... **synoptique**
synt. .... **syntaxe, syntaxique**
t. .... **terme**
t (sant point) .... **tonne**
tabl. .... **tableau**
tann. .... **tannerie**
Tarn-et-Gar. ..... **Tarn-et-Garonne**
tech. ... **technique, technologie, technologique**
teint. .... **teinturerie**
télécomm. . **télécommunications**
télégr. **télégramme, télégraphe**
téléph. .... **téléphone**
térat. .... **tératologie**
term. .... **terminaison**
territ. .... **territoire**
text. .... **textile**
théât. .... **théâtre**
théol. ... **théologie, théologique**
thérap. .... **thérapeutique**
therm. ...... **thermal, thermique**
topogr. .... **topographie, topographique**
tourist. .... **touristique**
tr. .... **transitif**
trad. .... **traduit, traduction**
tram. .... **tramway**
trans. .... **transitif**
transp. .... **transports**
trav. publ. .... **travaux publics**
trigo. .... **trigonométrie**
triv. .... **trivial**
typo. .... **typographie, typographique**
univ. .... **université**
urb. .... **urbain**
urban. .... **urbanisme**
U.R.S.S. .... **Union des républiques socialistes soviétiques**
us. .... **usité, usuel**
v. .... **verbe, vers, ville**
V. .... **voir**
var. .... **variante**
V.-de-Marne ...... **Val-de-Marne**
V.-d'Oise .... **Val-d'Oise**
v. imp. ...... **verbe impersonnel**
v. intr. .... **verbe intransitif**
v. pron. ...... **verbe pronominal**
v. tr. .... **verbe transitif**
vén. .... **vénerie**
verb. .... **verbal**
verr. .... **verrerie**
versif. .... **versification**
vest. .... **vestiges**
vétér. .... **vétérinaire**
virol. .... **virologie**
vitic. .... **viticulture**
vol. .... **volume**
vulg. .... **vulgaire, vulgairement**
vx .... **vieux**
wil. .... **wilaya**
Z. .... **numéro atomique**
zool. .... **zoologie, zoologique**
zootech. .... **zootechnie**

INDICATIONS DE VOCABULAIRE DE SPÉCIALITÉS

ADMIN .... **Administration**
AERON .... **Aéronautique**
AGRIC .... **Agriculture**
ALG .... **Algèbre**
ALPIN .... **Alpinisme**
AMEUB .... **Ameublement**
ANAT .... **Anatomie**
ANTHROP .... **Anthropologie**
ANTIQ .... **Antiquité**
ANTIQ GR .... **Antiquité grecque**
ANTIQ ROM .... **Antiquité romaine**
APIC .... **Apiculture**
ARBOR .... **Arboriculture**
ARCHEOL .... **Archéologie**
ARCHI .... **Architecture**
ARCHI ANTIQ .... **Architecture antique**
ARITH .... **Arithmétique**
ART .... **Art**
ARTILL .... **Artillerie**
ARTS GRAPH .... **Arts graphiques**
ASTRO .... **Astronomie**
ASTROL .... **Astrologie**
AUDIOV .... **Audiovisuel**
AUTO .... **Automobile**
AVIAT .... **Aviation**
BIOCHIM .... **Biochimie**
BIOL. .... **Biologie**
BLAS .... **Blason**
BOT .... **Botanique**
Bx-A .... **Beaux-Arts**
CHASSE .... **Chasse**
CH de F .... **Chemin de fer**
CHIM .... **Chimie**
CHIR .... **Chirurgie**
CHOREGR .... **Chorégraphie**
CINE .... **Cinéma**
COMM .... **Commerce**
COMPTA .... **Comptabilité**
CONJUG .... **Conjugaison**
CONSTR .... **Construction**
COUT .... **Couture**
CUIS .... **Cuisine**
CYCLISME .... **Cyclisme**
DR .... **Droit**
DR ADMIN .... **Droit administratif**
DR ANC .... **Droit ancien**
DR CANON .... **Droit canon**
DR COMM .... **Droit commercial**
DR FEOD .... **Droit féodal**
DR INTERN .... **Droit international**
DR MARIT .... **Droit maritime**
DR PUBL .... **Droit public**
ECOL .... **Écologie**
ECON .... **Économie**
EDITION .... **Édition**
ELECTR .... **Électricité**
ELECTROACOUST .... **Électroacoustique**
ELECTROCHIM .... **Électrochimie**
ELECTRON .... **Électronique**
ELEV .... **Élevage**
EMBRYOL .... **Embryologie**
ENTOM .... **Entomologie**
EQUIT .... **Équitation**
ESP .... **Espace**
ETHNOL .... **Ethnologie**
FAUC .... **Fauconnerie**
FEOD .... **Féodalité**
FIN .... **Finance**
FISC .... **Fiscalité**
FORTIF .... **Fortification**
GENET .... **Génétique**
GEOGR .... **Géographie**
GEOL .... **Géologie**
GEOM .... **Géométrie**
GEOMORPH .... **Géomorphologie**
GEOPH .... **Géophysique**
GEST .... **Gestion**
GOLF .... **Golf**
GRAM .... **Grammaire**
GRAM GR .... **Grammaire grecque**
GYM .... **Gymnastique**
HERALD .... **Héraldique**
HIST .... **Histoire**
HISTOL .... **Histologie**
HORL .... **Horlogerie**
HORTIC .... **Horticulture**
HYDROL .... **Hydrologie**
ICHTYOL .... **Ichtyologie**
IMPRIM .... **Imprimerie**
INDUSTR .... **Industrie**
INFORM .... **Informatique**
JEU .... **Jeu**
LEGISL .... **Législation**
LING .... **Linguistique**
LITTER .... **Littérature**
LITURG .... **Liturgie**
LITURG CATHOL .... **Liturgie catholique**
LOG .... **Logique**
MAR .... **Marine**
MAR ANC .... **Marine ancienne**
MATH .... **Mathématique**
MECA .... **Mécanique**
MED .... **Médecine**
MED BIOL .... **Médecine biologique**
MED VET .... **Médecine vétérinaire**
METALL .... **Métallurgie**
METEO .... **Météorologie**
METR ANC .... **Métrique ancienne**
METROL .... **Métrologie**
MICROB .... **Microbiologie**
MILIT .... **Militaire**
MINER .... **Minéralogie**
MINES .... **Mines**
MUS .... **Musique**
MYTH .... **Mythologie**
OBSTETR .... **Obstétrique**
OCÉANOGR .... **Océanographie**
OPT .... **Optique**
ORNITH .... **Ornithologie**
PALEONT .... **Paléontologie**
PECHE .... **Pêche**
PEDAG .... **Pédagogie**
PEDOL .... **Pédologie**
PEINT .... **Peinture**
PETROCHIM .... **Pétrochimie**
PETROG .... **Pétrographie**

PHARM .... **Pharmacie**
PHILO .... **Philosophie**
PHILO ANC .... **Philosophie ancienne**
PHON .... **Phonétique**
PHOTO .... **Photographie**
PHYS .... **Physique**
PHYSIOL .... **Physiologie**
PHYS NUCL .... **Physique nucléaire**
POET .... **Poétique**
POLIT .... **Politique**
PREHIST .... **Préhistoire**
PRESSE .... **Presse**
PROTOHIST .... **Protohistoire**
PSYCHAN .... **Psychanalyse**
PSYCHIAT .... **Psychiatrie**
PSYCHO .... **Psychologie**
PSYCHOPATHOL .... **Psychopathologie**
PUB .... **Publicité**
RADIOELECTR .... **Radioélectricité**
RELIG .... **Religion**
RELIG CATHOL .... **Religion catholique**
RHET .... **Rhétorique**
SC NAT .... **Sciences naturelles**
SCULP .... **Sculpture**
SOCIOL .... **Sociologie**
SPECT .... **Spectacle**
SPORT .... **Sport**
STATIS .... **Statistique**
SYLVIC .... **Sylviculture**
TECH .... **Technique**
TELECOM .... **Télécommunications**
TENNIS .... **Tennis**
TEXT .... **Textile**
THEAT .... **Théâtre**
THEOL .... **Théologie**
TOPOGR .... **Topographie**
TRANSP .... **Transport**
TRAV PUBL .... **Travaux publics**
TRIGO .... **Trigonométrie**
TURF .... **Turf**
TYPO .... **Typographie**
URBAN .... **Urbanisme**
VEN .... **Vénerie**
VERSIF .... **Versification**
VETER .... **Vétérinaire**
VITIC .... **Viticulture**
ZOOL .... **Zoologie**

RUBRIQUES DE LANGUE

Anc. .... **ancien**
Ant. .... **antonyme**
Arg. .... **argot**
Cour. .... **courant, couramment**
Dial. .... **dialectal**
Didac. .... **didactique**
Fam. .... **familier, familièrement**
Fig. .... **figuré**
Grossier .... **grossier**
Inj. .... **injurieux**
Iron. .... **ironique**
Litt. .... **littéraire**
Mod. .... **moderne**
Oral .... **oral**
Ordurier .... **ordurier**
Péjor. .... **péjoratif**
Plaisant .... **plaisant**
Poét. .... **poétique**
Pop. .... **populaire**
Raciste .... **raciste**
Rare .... **rare**
Rég. .... **régional**
Syn. .... **synonyme**
Vieilli .... **vieilli**
Vulg. .... **vulgaire, vulgairement**
Vx .... **vieux**

PRINCIPAUX SIGNES DIACRITIQUES

á hongrois et tchèque [a *long*]
ä allemand [e], finnois et suédois [ɛ], tchèque et slovaque [*entre* a *et* ɛ]
ă bulgare [*proche de* ə], roumain [ø]
â portugais [*proche de* ɔ̃]
å danois [ɔ], norvégien et suédois [ø]
ą polonais [ɔ̃]
ć polonais [tʃ], serbo-croate [t *mouillé*],
č bulgare, polonais, serbo-croate, tchèque et slovaque [tʃ]
ç albanais et turc [tʃ]
d' tchèque et slovaque [di]
đ serbo-croate [di]
ẽ portugais [e *nasal*]
ë albanais [ø]
ě tchèque et slovaque [iɛ]
ę polonais [ɛ̃]
ğ turc [g, j]
ı turc [*entre* i *et* e]
í hongrois [i *long*]
î roumain [*entre* i *et* y]
ł polonais [y]
ń polonais [ɲ]
ñ espagnol [ɲ]
ň tchèque et slovaque [ɲ]
ó polonais [u], hongrois et tchèque [o]
ö allemand, finnois, hongrois, norvégien, suédois et turc [ø]
ő hongrois [ø *long*]
ø danois et norvégien [ø]
õ portugais [ɔ̃]
ř tchèque et slovaque [ʀʒ, ʀʃ]
ś polonais [ʃ *mouillé*]
š bulgare, polonais, serbo-croate, tchèque et slovaque [ʃ]
ş roumain et turc [ʃ]
t' tchèque et slovaque [t *mouillé*]
ţ roumain [ts]
ü allemand, hongrois et turc [y]
ú hongrois, tchèque et slovaque [u *long*]
ű hongrois [y *long*]
ý tchèque [i *long*]
ź polonais [ʒ *mouillé*]
ż polonais [ʒ]
ž bulgare, polonais, serbo-croate, tchèque et slovaque [ʒ]
\- sur une voyelle, indique une voyelle longue

ALPHABET PHONÉTIQUE INTERNATIONAL

CONSONNES

b	de bal	[bal]
d	de dent	[dɑ̃]
f	de foire	[fwaʀ]
g	de gomme	[gɔm]
h	holà !	[hɔla]
	hourrah !	[huʀa]
	(valeur expressive)	
k	de clé	[kle]
l	de lien	[ljɛ̃]
m	de mer	[mɛʀ]
n	de nage	[naʒ]
ɲ	de gnon	[ɲɔ̃]
ŋ	de dancing	[dɑ̃siŋ]
p	de porte	[pɔʀt]
ʀ	de rire	[ʀiʀ]
s	de sang	[sɑ̃]
ʃ	de chien	[ʃjɛ̃]
t	de train	[tʀɛ̃]
v	de voile	[vwal]
x	de jota (esp.)	[xɔta]
	de khamsin (ar.)	[xamsin]
	de buch (all.)	[bux]
z	de zèbre	[zɛbʀ]
ʒ	de jeune	[ʒœn]

VOYELLES

a	de patte	[pat]
ɑ	de pâte	[pɑt]
ɑ̃	de clan	[klɑ̃]
e	de dé	[de]
ɛ	de belle	[bɛl]
ɛ̃	de lin	[lɛ̃]
ə	de demain	[dəmɛ̃]
i	de gris	[gʀi]
o	de gros	[gʀo]
ɔ	de corps	[kɔʀ]
ɔ̃	de long	[lɔ̃]
œ	de leur	[lœʀ]
œ̃	de brun	[brœ̃]
ø	de deux	[dø]
u	de fou	[fu]
y	de pur	[pyʀ]

SEMI-VOYELLES (OU SEMI-CONSONNES)

j	de fille	[fij]
ɥ	de huit	[ɥit]
w	de oui	[wi]

CLASSIFICATION DES CONSONNES

	sourde	sonore	nasale
bilabiale	p	b	m
labiodentale	f	v	
dentale	t	d	n
alvéolaire	s	z	
prépalatale	ʃ	ʒ	
palatale			ɲ
vélaire	k	g	ŋ
uvulaire		ʀ	
latérale			l

'	note l'absence de liaison ex. un haricot [œ̃'ariko]

ARABE

Lettre	Nom de la lettre en français	Transcription la plus courante en français
ا	alif	ā
ب	bā'	b
ت	tā'	t
ث	thā'	th, th *angl. dur*
ج	djīm	dj *ou* ğ
ح	ḥā'	ḥ
خ	khā'	ḥ, kh, ch *all.,* j *esp.*
د	dāl	d
ذ	dhāl	dh, *d,* th *angl. doux*
ر	rā'	r *roulé*
ز	zāy	z
س	sīn	s
ش	chīn	ch *ou* š
ص	ṣād	ṣ *emphat.*
ض	ḍād	ḍ *emphat.*
ط	ṭā'	ṭ *emphat.*
ظ	ẓā'	ẓ, dh *emphat.*
ع	'ayn	*'laryngale*
غ	ghayn	ġ, *rh, gh, r grasseyé*
ف	fā'	f
ق	qāf	q
ك	kāf	k
ل	lām	l
م	mīm	m
ن	nūn	n
ه	hā'	h
و	wāw	ū, w
ي	yā'	ī, y

CYRILLIQUE

Majuscule	Minuscule	Nom de la lettre en français	Transcription la plus courante en français
А	а	a	a
Б	б	bé	b
В	в	vé	v
Г	г	gué	gu
Д	д	dé	d
Е	е	ié	é/ié *ou* è/iè
Ё	ё	io	io
Ж	ж	gé	j
З	з	zé	z
И	и	i	i
Й	й	i (bref)	ı
К̈	к̈	ka	k
Л	л	el	l
М	м	em	m
Н	н	en	n
О	о	o	o
П	п	pé	p
Р	р	er	r
С	с	es	s
Т	т	té	t
У	у	ou	ou
Ф	ф	ef	f
Х	х	kha	kh
Ц	ц	tsé	ts
Ч	ч	tché	tch
Ш	ш	cha	ch
Щ	щ	chtcha	chtch
Ъ	ъ	*signe dur*	y
Ы	ы	iery	
Ь	ь	*signe de mouillure de consonne*	é/è
Э	э	è	iou
Ю	ю	iou	ia
Я	я	ia	

GREC

Majuscule	Minuscule	Nom de la lettre en français	Transcription la plus courante en français
Α	α	alpha	a
Β	ϐ	bêta	b
	β	bêta initial	b
Γ	γ	gamma	g
Δ	δ	delta	d
Ε	ε	epsilon	e, é
Ζ	ζ	zêta	z
Η	η	êta	ê, é
Θ	θ	thêta	th
Ι	ι	iota	i
Κ	ϰ	kappa	k *ou* c
Λ	λ	lambda	l
Μ	μ	mu	m
Ν	ν	nu	n
Ξ	ξ	ksi	x
Ο	ο	omicron	o
Π	π	pi	p
Ρ	ρ	rhô	r *ou* rh *ou* rrh
Σ	σ	sigma	s
	ς	sigma final	s
Τ	τ	tau	
ϒ	υ	upsilon	u *ou* y
Φ	φ	phi	ph *ou* f
Χ	χ	khi	kh *ou* ch
Ψ	ψ	psi	ps
Ω	ω	oméga	o

Nota : les voyelles précédées d'un esprit rude ʻ (aspiration) sont précédées d'un h dans la transcription française. Ex. : Ὑγίεια = Hygie.

HÉBREU

Lettre	Nom de la lettre en français	Transcription la plus courante en français
א	aleph	ʼ *(esprit doux)*
ב בּ	bēt, vēt	b, v
ג גּ	guimel, ghimal	g gh
ד דּ	dalet, dhalet	d, dh
ה	hé	h
ו	waw	w
ז	zaïn	z
ח	hēt	ḥ
ט	tēt	t
י	yod	y
כ כּ	kaf, khaf	k, kh
ך	kaf *final*	
ל	laméd	l
מ	mēm	m
ם	mēm *final*	
נ	noun	n
ן	noun *final*	
ס	samékh	s
ע	ayin	ʻ *(esprit rude)*
פ פּ	pé, fé	p, f
ף	pé *final*	
צ	tsadé	ṣ
ץ	tsadé *final*	
ק	kof	q
ר	resh	r
שׁ שׂ	shin, sin	ch, s
ת תּ	tav, thav	t, th

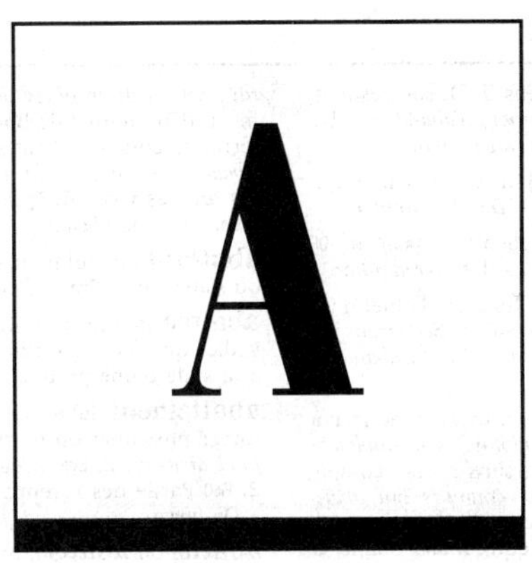

a [a, ɑ] n. m. **1.** Première lettre (a, A) et première voyelle de l'alphabet notant les sons [a] ou a antérieur (ex. *passage*), [ɑ] ou a postérieur (ex. *pas, hâler*), [ɑ̃] ou a nasal (ex. *blanc*). *Un e dans l'a* : æ. ▷ Loc. fig. *Prouver par A plus B*, de manière irréfutable. – *De A à Z* : du début à la fin. **2.** PHYS A : symbole de l'*ampère*. – a : symbole de *atto-*.

Å PHYS Symbole de l'angström.

à [a] prép. (au, aux : *à le* se contracte en *au* devant les noms masc. commençant par une consonne et *à les* en *aux* devant les noms de l'un et l'autre genre). **A.** La préposition *à* sert à introduire le complément d'un verbe ou d'un nom exprimant : **I.** Le lieu. **1.** La direction, la destination. *Je vais à la ville. Un voyage à Madrid.* **2.** La position, sans idée de mouvement. *Il vit à La Rochelle. Des vacances à la montagne.* **3.** La localisation corporelle. *Avoir mal à un œil. Une reprise au coude.* **4.** Le chemin parcouru, la distance, l'intervalle *(de...à). Aller de Strasbourg à Brest. La distance de Paris à Versailles.* **II.** Le temps. **1.** Le moment. *Il sort à midi. Départ au petit matin.* ▷ La simultanéité. *Il s'est levé à mon arrivée.* **2.** L'éloignement dans le futur. *Remettre au lendemain ce qu'on peut faire le jour même. Renvoi à huitaine.* **3.** L'intervalle *(de...à). Jeûner du lever au coucher du soleil. La semaine du 2 au 8 janvier.* **III.** L'attribution. **1.** Le destinataire. *Donner à une bonne œuvre. Lettre ouverte au président de la République.* **2.** L'appartenance (seulement avec le verbe *être* ou un pron. pers. comp. de nom). *La voiture est à mon père. Un vieil ami à nous.* [N. B. La construction du comp. de nom avec *à (la maison à Jeanne)* est fautive.] **IV.** La manière. **1.** La façon, le mode. *Marcher à grands pas. Achat au comptant.* **2.** L'instrument, le moyen. *Écrire à la machine. Rixe au couteau. Montre à quartz.* **V.** Le rapport distributif. *S'abonner à l'année. La vente au numéro.* **VI.** Le nombre. **1.** Le prix. *Ils soldent leurs cravates à trente francs. Une babiole à cinq francs.* **2.** L'évaluation. *Cela prendra de cinq à sept jours. Une foule de cent à cent vingt mille personnes.* **B.** La préposition *à* sert à introduire : **1.** L'objet indirect d'un verbe. L'objet peut être : – Un nom. *J'aspire à la tranquillité. Il échappe aux poursuites.* – Un infinitif. *Songer à prendre sa retraite. Consentir à parler.* **2.** Le complément d'un nom issu d'un v. tr. indir. *Le renoncement aux plaisirs.* **3.** Le complément de certains adjectifs. *Conforme à la loi. Prompt à agir.* – Lat. *ad.*

1. a-, an-. Préfixe tiré du grec, dit «a privatif», exprimant le manque, la privation, la suppression. (Ex. : *amoral*, sans morale).

2. a-. Préfixe, du lat. *ad*, marquant la direction vers, le but.

ab absurdo [abapsyʀdo] loc. lat. Par l'absurde. *Démonstration ab absurdo.* – Mots lat.

abaca [abaka] n. m. Fibre textile (chanvre de Manille) tirée d'un bananier; ce bananier. – Mot des Philippines, par l'esp.

abaisse [abɛs] n. f. Pâte amincie au rouleau à pâtisserie. – Déverbal de *abaisser*.

abaisse-langue [abɛslɑ̃g] n. m. inv. Palette servant à abaisser la langue pour examiner la gorge. – De *abaisser*, et *langue*.

abaissement [abɛsmɑ̃] n. m. **1.** Action d'abaisser, de s'abaisser; son résultat. ▷ ASTRO *Abaissement de l'horizon* : angle de l'horizon théorique d'un lieu avec l'horizon réel. **2.** Diminution (d'une grandeur, d'une quantité). *Abaissement de la température.* – De *abaisser*.

abaisser [abese] v. [1] **I.** v. tr. **1.** Faire descendre (qqch) à un niveau inférieur. *Abaisser un store.* – *Abaisser ses regards.* ▷ MATH *Abaisser un chiffre*, le reporter à la droite du reste du dividende, dans une division. – *Abaisser une perpendiculaire* : tracer une perpendiculaire à une droite, à un plan. **2.** Diminuer la hauteur de (qqch). *Abaisser un mur.* ▷ CUIS *Abaisser une pâte*, l'amincir au rouleau. **3.** Diminuer (une grandeur, une quantité). *Abaisser les prix.* Syn. réduire. ▷ MATH *Abaisser le degré d'une équation*, ramener sa résolution à celle d'une équation de degré moindre. **4.** *Abaisser qqn*, l'avilir, l'humilier. *La misère abaisse l'homme.* Syn. dégrader. **II.** v. pron. **1.** (Choses) Descendre à un niveau inférieur. *La plage s'abaisse en pente douce.* **2.** Diminuer (grandeurs, quantités). *Le taux de mortalité s'est abaissé.* **3.** (Personnes) S'humilier. *S'abaisser devant le Très-Haut.* ▷ Se diminuer moralement. *S'abaisser à des compromissions.* – De *a-* 2, et *baisser*.

abaisseur [abɛsœʀ] n. m. (et adj. m.) ANAT Muscle dont la fonction est d'abaisser la ou les parties qu'il fait mouvoir. ▷ adj. m. ELECTR *Transformateur abaisseur*, dans lequel la tension de sortie est inférieure à la tension d'entrée. – De *abaisser*.

abajoue [abaʒu] n. f. Extension de la joue chez certains mammifères (singes, hamsters), qui leur sert de réserve à aliments. – De *bajoue*.

abandon [abɑ̃dɔ̃] n. m. **1.** Fait, action d'abandonner. ▷ SPORT Action d'abandonner, dans une compétition, une épreuve. *Abandon du tenant du titre à la cinquième reprise.* ▷ DR *Abandon du domicile conjugal* : fait, pour l'un des époux, de quitter le domicile légal du couple. **2.** État de la chose, de l'être abandonné. *Mourir dans l'abandon.* ▷ Loc. adv. *À l'abandon* : dans un état d'abandon, de délaissement. *La maison était à l'abandon.*

3. Fait, action de s'abandonner (sens II, 3); son résultat. *Elle m'a raconté sa vie dans un moment d'abandon.* – De l'anc. loc. *mettre à bandon,* « mettre au pouvoir de ».

abandonnataire [abɑ̃dɔnatɛʀ] n. DR Personne qui bénéficie d'un abandon de biens. – De *abandonner.*

abandonnateur, trice [abɑ̃dɔnatœʀ, tʀis] n. DR Personne qui abandonne ses biens. – De *abandonner.*

abandonné, ée [abɑ̃dɔne] adj. Qui a été l'objet d'un abandon. *Un enfant abandonné.* ▷ Subst. *Secourons les abandonnés. Une pauvre abandonnée.* – Pp. de *abandonner.*

abandonner [abɑ̃dɔne] v. [1] **I.** v. tr. **1.** Renoncer à (qqch). *Abandonner un projet. Abandonner son emploi.* ▷ SPORT (S. comp.) Renoncer à poursuivre une compétition, une épreuve. *De nombreux coureurs ont abandonné au cours de cette étape.* **2.** Laisser (qqch) à (qqn); mettre (qqch) à la disposition de (qqn). *Il abandonne sa part d'héritage à son frère.* **3.** Ne pas conserver, délaisser (qqch). *Abandonner sa voiture sur la voie publique.* **4.** Quitter (un lieu). *J'abandonne la capitale pour m'établir dans une petite ville.* ▷ *Ses forces l'abandonnent,* viennent à lui manquer. **5.** Se séparer volontairement de (qqn envers qui on a des obligations, avec qui on est lié). *Abandonner sa famille.* **II.** v. pron. **1.** Se livrer à (une émotion, un sentiment). *S'abandonner à la douleur.* ▷ (S. comp.) Détendre son corps, son esprit. *Vous êtes crispé, laissez-vous aller, abandonnez-vous!* **2.** S'en remettre à (qqch). *S'abandonner au hasard, à la fortune.* **3.** (S. comp.) Se confier. *Dans l'intimité, il s'abandonne volontiers.* – De *abandon.*

abandonnique [abɑ̃dɔnik] adj. PSYCHIAT Qui souffre d'une profonde angoisse de se voir abandonné par ses proches. – De *abandon.*

abaque [abak] n. m. **1.** MATH Graphique qui donne, par simple lecture, la valeur approchée d'une fonction pour divers valeurs et paramètres. *Abaque pour le calcul des marées.* **2.** Boulier compteur. **3.** ARCHI Tablette couronnant le chapiteau d'une colonne. – Lat. *abacus.*

abasourdir [abazuʀdiʀ; abasuʀdiʀ] v. tr. [3] **1.** Rendre sourd; étourdir par un grand bruit. *Cessez donc ce vacarme qui nous abasourdit!* **2.** Fig. Frapper de stupeur. *Voilà une nouvelle qui m'abasourdit.* – De l'arg. *basourdir,* « tuer ».

abasourdissant, ante [abazuʀdisɑ̃, ɑ̃t] adj. Qui abasourdit. – Ppr. de *abasourdir.*

abasourdissement [abazuʀdismɑ̃] n. m. Fait d'abasourdir; état d'une personne abasourdie. – De *abasourdir.*

abat [aba] n. m. **1.** Vx Action d'abattre, de renverser pour tuer. *L'abat des animaux.* **2.** (Plur.) Sous-produits comestibles (viscères essentiellement) des volailles ou des animaux de boucherie (les abats ne font pas partie de la carcasse). *Abats de poulet.* – De *abattre.*

abâtardir [abɑtaʀdiʀ] **1.** v. tr. [3] Faire dégénérer. *Le climat a abâtardi cette plante.* – Fig. *La servitude abâtardit le courage.* **2.** v. pron. Dégénérer. *Race qui s'abâtardit.* – De *bâtard.*

abâtardissement [abɑtaʀdismɑ̃] n. m. Dégénérescence, altération. – De *abâtardir.*

abatis. V. abattis.

abat-jour [abaʒuʀ] n. m. inv. **1.** ARCHI Baie disposée pour diriger la lumière dans une direction déterminée. **2.** Réflecteur qui rabat la lumière. – De *abattre,* et *jour,* « clarté ».

abat-son(s) [abasɔ̃] n. m. inv. Ensemble de lames obliques placées dans les fenêtres d'un clocher pour renvoyer au sol le son des cloches. – De *abattre,* et *son.*

abattage [abataʒ] n. m. **1.** Action de faire tomber (ce qui est dressé). *Abattage des arbres.* ▷ *Abattage du minerai :* action de le détacher du front de taille. **2.** Mise à mort (d'un animal de boucherie). **3.** Action de mettre à terre, de coucher. *Abattage d'un cheval,* pour le soigner. *Abattage en carène d'un navire,* pour nettoyer ou réparer ses œuvres vives. **4.** Fig. *Avoir de l'abattage,* du brio, de la vivacité. – De *abattre.*

abattant [abatɑ̃] n. m. Partie d'un meuble qui se lève ou s'abaisse. – Ppr. subst. de *abattre.*

abattée [abate] n. f. **1.** MAR Changement de cap d'un voilier qui s'écarte du lit du vent. **2.** AVIAT Piqué brusque à la suite d'une perte de vitesse. – De *abattre.*

abattement [abatmɑ̃] n. m. **1.** Affaiblissement des forces physiques ou morales. *Il était plongé dans un profond abattement.* Syn. accablement. Ant. alacrité, vigueur. **2.** FISC Partie des revenus imposables exonérée d'impôt. – De *abattre.*

abattis ou **abatis** [abati] n. m. **1.** Vx Action d'abattre; ce qui est abattu. **2.** Rég. Terrain déboisé où demeurent des souches. **3.** Abats de volaille. **4.** Fig., arg. Membres. *Tu veux te battre? Numérote tes abattis!* – De *abattre.*

abattoir [abatwaʀ] n. m. Établissement où se fait l'abattage des animaux de boucherie. – De *abattre.*

abattre [abatʀ] v. [61] **I.** v. tr. **1.** Mettre à bas, faire tomber (ce qui est dressé). *Abattre un mur.* ▷ *Abattre de la besogne :* faire beaucoup de travail en peu de temps. ▷ *Abattre son jeu :* étaler d'un seul coup toutes ses cartes; fig. montrer clairement ses intentions. **2.** Tuer (un animal). *Abattre un bœuf.* ▷ *Abattre qqn,* le tuer avec une arme à feu. **3.** Déprimer, affaiblir (qqn). *Cette maladie l'a abattu.* ▷ Prov. *Petite pluie abat grand vent :* un événement apparemment sans importance met souvent fin à une situation de crise. **II.** v. pron. **1.** Tomber brutalement. *Le chêne déraciné s'est abattu sur le sol. L'appareil s'est abattu peu après le décollage.* – Fig. *Le malheur s'est abattu sur lui.* **2.** Se laisser tomber en volant (sur). *Le vautour s'abat sur sa proie.* **3.** (Personnes) Se laisser tomber. *Il s'abattit sur le divan et n'en bougea plus jusqu'au dîner.* **III.** v. intr. MAR Faire une abattée. – Lat. pop. **abattere.*

abbasside [abasid] adj. Relatif aux Abbassides, dynastie arabe.

abbatial, ale, aux [abasjal, o] adj. et n. f. De l'abbaye; de l'abbé ou de l'abbesse. *Palais abbatial. Dignité abbatiale.* ▷ n. f. Église d'une abbaye. *Abbatiale du XIIIe s.* – Bas lat. **abbatialis.*

abbaye [abei] n. f. Communauté d'hommes ou de femmes placée sous l'autorité d'un abbé ou d'une abbesse; ensemble des bâtiments de cette communauté. *Faire une retraite dans une abbaye. Abbaye cistercienne.* – Lat. ecclés. *abbatia.*

abbé [abe] n. m. **1.** Supérieur d'une abbaye, d'un monastère d'hommes. **2.** RELIG CATHOL Titre donné en France à un membre du clergé séculier. *L'abbé X, curé de Saint-Antoine.* – Lat. *abbas.*

abbesse [abɛs] n. f. Supérieure d'une abbaye, d'un monastère de femmes. – Lat. ecclés. *abbatissa.*

abbevillien, enne [abviljɛ̃, ɛn] n. m. et adj. PREHIST Faciès ancien du paléolithique infér., caractérisé par des silex irrégulièrement taillés sur les deux faces (bifaces). Syn. chelléen. – De *Abbeville,* ville de la Somme.

abc [ɑbese] n. m. inv. **1.** Vieilli Livret dans lequel les enfants apprennent les rudiments de la lecture. Syn. abécédaire. **2.** Principes élémentaires. *Il ignore l'abc du métier.* – De *a, b,* et *c,* les trois premières lettres de l'alphabet.

abcéder (s') [apsede] v. pron. [14] Rare Se transformer en abcès. – De *abcès.*

abcès [apsɛ] n. m. Collection de pus dans une cavité formée aux dépens des tissus environnants. *Abcès chaud,* accompagné d'une inflammation aiguë. *Abcès froid,* qui se forme lentement, sans réaction inflammatoire (par ex., abcès tuberculeux). *Abcès de fixation :* abcès provoqué en vue de localiser une infection générale; fig. point où on laisse se cristalliser un phénomène mauvais pour éviter son extension. ▷ Fig. *Crever* ou *vider l'abcès :* mettre au grand jour, faire éclater une situation de crise latente. – Lat. méd. *abscessus.*

abdication [abdikasjɔ̃] n. f. **1.** Action d'abdiquer le pouvoir souverain. *L'abdication de Charles Quint.* **2.** Abandon, renoncement. – Lat. *abdicatio.*

abdiquer [abdike] v. tr. [1] **1.** Abandonner (le pouvoir souverain). *Abdiquer la royauté.* ▷ (S. comp.) *Napoléon fut contraint d'abdiquer.* **2.** Renoncer à. *Abdiquer tous ses droits.* ▷ (S. comp.) *Jamais je n'abdiquerai,* je ne renoncerai. – Lat. *abdicare.*

abdomen [abdɔmɛn] n. m. **1.** Partie inférieure du tronc, limitée en haut par le diaphragme, en bas par le petit bassin, et qui contient la majeure partie de l'appareil digestif, le foie, la rate et une partie de l'appareil génito-urinaire. Syn. ventre. **2.** Segment postérieur du corps des arthropodes. – Lat. *abdomen.*

abdominal, ale, aux [abdɔminal, o] adj. De l'abdomen. ▷ n. m. pl. *Les abdominaux :* les muscles abdominaux. – De *abdomen.*

abducteur [abdyktœʀ] adj. (et n. m.) ANAT Qualifie les muscles qui effectuent le mouvement d'abduction. ▷ n. m. *L'abducteur du pouce.* – Lat. *abductor.*

abduction [abdyksjɔ̃] n. f. Mouvement par lequel un membre ou un segment de membre s'écarte du plan de symétrie du corps. Ant. adduction. – Lat. *abductio.*

abécédaire [ɑbesedɛʀ] n. m. Abc (sens 1). – Lat. *abecedarium.*

abée [abe] n. f. Ouverture par laquelle s'écoule l'eau qui entraîne la roue d'un moulin. – D'*abéer,* «ouvrir la bouche».

abeillage [abɛjaʒ] n. m. FEOD Droit des seigneurs sur les ruches de leurs vassaux. – De *abeille.*

abeille [abɛj] n. f. **1.** Insecte hyménoptère aculéate produisant le miel. ▷ *Nid d'abeilles.* V. nid. ▷ *Abeille tueuse :* abeille hybride née, en Amérique du Sud, du croisement entre abeilles indigènes et abeilles africaines accidentellement libérées par un apiculteur (elle tue les autres abeilles et se montre dangereuse pour l'homme). Syn. abeille noire; abeille africanisée. **2.** Emblème héraldique figurant une abeille. *L'abeille symbolise le travail.* – Provenç. *abelha,* du lat. *apicula.*

ENCYCL La principale espèce sociale, l'abeille mellifique, dite encore abeille domestique, est longue de 15 à 20 mm et possède des pièces buccales de type broyeur-lécheur, dont certaines destinées à recueillir et aspirer le nectar des fleurs, que l'insecte transforme en miel par évaporation d'eau. La société des abeilles comprend plusieurs castes, distinctes morphologiquement : les ouvrières, de petite taille, sont chargées de nourrir les larves, nettoyer la ruche et collecter nectar et pollen; leur abdomen est terminé par un aiguillon venimeux; parmi les mâles (faux bourdons) un seul assure la reproduction; la reine, de grande taille, n'a qu'une fonction, pondre. Les ouvrières communiquent par un système de mouvements instinctifs («danse», étudiée par K. von Frisch).

abélien, enne [abeljɛ̃, ɛn] adj. MATH *Fonctions abéliennes,* introduites en analyse par N. H. Abel. – *Ensemble abélien,* qui est muni d'une loi de composition interne commutative. – Du n. du mathématicien norvégien N. *Abel* (1802-1829).

aber [abɛʀ] n. m. Petite ria en entonnoir ouverte sur le large, en Bretagne. – Mot celtique.

aberrance [abeʀɑ̃s] n. f. STATIS Écart important par rapport à une valeur moyenne. – De *aberrant.*

aberrant, ante [abeʀɑ̃, ɑ̃t] adj. **1.** Qui s'écarte du type habituel, normal. ▷ BIOL Qui présente une (des) variation(s) par rapport à l'espèce. **2.** Contraire à la raison, au bon sens. *Une idée aberrante.* – Ppr. de *aberrer.*

aberration [abeʀasjɔ̃] n. f. **1.** ASTRO et PHYS Déformation provoquée par des paramètres secondaires. – *Aberration de la lumière :* phénomène, dû au mouvement de la Terre, qui se traduit, lors de l'observation d'un astre, par un écart par rapport à sa direction réelle. – *Aberration diurne,* due à la rotation de la Terre sur elle-même.– *Aberration annuelle,* due à la rotation de la Terre autour du Soleil. **2.** MED Anomalie d'ordre anatomique, physiologique ou psychique. *Aberration du goût.* ▷ *Aberration chromosomique :* anomalie relative à la constitution ou au nombre des chromosomes, qui peut être à l'origine de diverses maladies telles que la *trisomie 21* (mongolisme). **3.** Écart de l'imagination, erreur de jugement. *Il a commis cette faute dans un moment d'aberration.* ▷ Idée, façon d'agir contraire à la raison, au bon sens. – Lat. *aberratio,* «éloignement».

aberrer [abeʀe] v. intr. [1] Rare Être dans l'erreur. – Lat. *aberrare,* «s'éloigner».

abêtir [abetiʀ] v. [3] **1.** v. tr. Rendre bête, stupide. *Vous abêtissez cet enfant, en le faisant trop travailler.* ▷ (S. comp.) *Activité monotone qui abêtit.* **2.** v. pron. *Elle s'abêtit, à lire ces illustrés ineptes!* – De *bête.*

abêtissant, ante [abetisɑ̃, ɑ̃t] adj. Qui abêtit. – Ppr. de *abêtir.*

abêtissement [abetismɑ̃] n. m. Action d'abêtir; son résultat; état d'une personne abêtie. – De *abêtir.*

abhorrer [abɔʀe] v. tr. [1] Litt. Avoir en horreur. *Abhorrer le mensonge.* Syn. abominer, exécrer, haïr. Ant. adorer. – Lat. *abhorrere.*

abiétacées [abjetase] n. f. pl. BOT Anc. Syn. de *pinacées.* – Sing. *Une abiétacée.* – Du lat. *abies,* «sapin».

abîme [abim] n. m. **1.** GEOMORPH Gouffre très profond. Syn. aven. ▷ Par métaphore. *Un abîme sépare ces deux personnes,* elles diffèrent tellement qu'il n'y a entre elles aucun point commun, aucune entente possible. **2.** Fig. *Un abîme de... :* une quantité considérable de... *Un abîme de désespoir.* **3.** Fig. Ruine, grand malheur. *Être au bord de l'abîme. Courir à l'abîme.* **4.** BX-A, LITTER *Composition en abîme,* ou, plus souv., *en abyme,* qui, dans une œuvre, inclut un élément particulier renvoyant à la totalité de l'œuvre. *La composition en abyme du miroir central, dans le tableau de Jan Van Eyck, «les Époux Arnolfini».* – Du lat. ecclés. *abyssus,* altéré en *abismus.*

abîmer [abime] v. [1] **I.** v. tr. **1.** Vx Précipiter dans un abîme. **2.** Endommager (qqch). *Abîmer ses affaires. Ses chaussures sont tout abîmées.* **II.** v. pron. **1.** Litt. S'engloutir. *Le navire s'abîma dans les flots.* ▷ Fig. *S'abîmer dans ses pensées,* s'y absorber complètement. **2.** Se gâter, se détériorer. *Ces fruits se sont abîmés à la chaleur.* – De *abîme.*

ab initio [abinisjo] loc. adv. Depuis le début. – Loc. lat.

ab intestat [abɛ̃tɛsta] loc. adv. DR En l'absence de testament. – Loc. lat.

abiotique [abjɔtik] adj. BIOL Où ne peut exister la vie. – Gr. *abiotikos.*

ab irato [abiʀato] loc. adv. *Testament ab irato,* fait sous l'influence de la colère. – Mots latins, «de la part d'un homme en colère».

abject, ecte [abʒɛkt] adj. Qui suscite le mépris, la répulsion. *Créature abjecte. Mensonge abject.* Syn. ignoble, immonde. – Du lat. *abjectus.*

abjection [abʒɛksjɔ̃] n. f. **1.** Caractère abject. *L'abjection de sa conduite m'a révolté.* **2.** État de dégradation, d'abaissement méprisable. *L'abjection dans laquelle il est tombé.* – Lat. *abjectio.*

abjuration [abʒyʀasjɔ̃] n. f. Acte par lequel on abjure. – De *abjurer*.

abjurer [abʒyʀe] v. tr. [1] **1.** Renier publiquement par un acte solennel (une religion). *Abjurer le protestantisme.* ▷ (S. comp.) *Henri IV abjura à Saint-Denis.* **2.** Renoncer à (une opinion, une pratique). *Il a abjuré toute fierté.* – Lat. *abjurare*.

1. ablatif [ablatif] n. m. LING Sixième cas de la déclinaison latine exprimant le point de départ, l'origine, la séparation, l'éloignement. – Lat. *ablativus (casus)*, «(cas) marquant l'origine».

2. ablatif, ive [ablatif, iv] adj. ESP *Matériau ablatif* : matériau de revêtement destiné à protéger les structures d'un engin lorsque celui-ci effectue sa rentrée dans l'atmosphère terrestre. – Angl. *ablative*, de *to ablate*, «enlever», refait sur *ablation*.

ablation [ablasjɔ̃] n. f. Retranchement, suppression. **1.** CHIR Résection d'un membre, d'un organe, d'un tissu, d'une tumeur. *L'ablation de l'estomac est une gastrectomie.* **2.** ESP Destruction d'un matériau, accompagnée d'une forte absorption de chaleur. **3.** GEOMORPH Perte de matériaux d'un relief soumis à l'érosion (mécanique ou chimique). – Lat. *ablatio*.

-able. Suffixe, du lat. *-abilis*, «qui peut être» (ex. *faisable, mangeable*) ou «enclin à être» (ex. *secourable*). V. aussi *-ible*.

able [abl] n. m. Poisson d'eau douce voisin de l'ablette, de taille plus petite, dont le nom désignait autrefois l'ensemble des petits poissons blancs d'eau douce.

ablégat [ablega] n. m. Délégué du pape chargé d'une mission. – Lat. *ablegatus*, «envoyé».

ableret [abləʀɛ] ou **ablier** [ablje] n. m. Filet de pêche carré. – De *able* (V. ablette).

ablette [ablɛt] n. f. Petit poisson (fam. cyprinidés) à la nageoire anale allongée, aux écailles argentées, vivant dans les eaux douces d'Europe. – De *able*, m. sens, du lat. *albulus*, «blanchâtre».

ablier. V. ableret.

abluer [ablɥe] v. tr. [1] **1.** Vx Laver. **2.** TECH Enduire (un parchemin, un papier) d'un produit qui ravive l'écriture. – Lat. *abluere*, «laver».

ablution [ablysjɔ̃] n. f. **1.** Toilette purificatrice rituelle, prescrite par de nombreuses religions. **2.** (Plur.) Vin et eau versés sur les doigts du prêtre après la communion. **3.** Litt. ou vieilli *Faire ses ablutions* : se laver. – Lat. *ablutio*.

abnégation [abnegasjɔ̃] n. f. Renoncement, sacrifice volontaire de soi. *Son abnégation est admirable.* Syn. dévouement. – Lat. *abnegatio*, «refus».

aboi [abwa] n. m. **1.** Vx Aboiement. **2.** VEN Loc. *Aux abois. Bête aux abois*, cernée par les chiens qui aboient. – Fig. *Personne aux abois*, dans une situation désespérée. – Déverbal de *aboyer*.

aboiement [abwamɑ̃] n. m. **1.** Cri du chien. **2.** Fig., péjor. Invectives importunes. *Les aboiements de la critique.* – De *aboyer*.

abolir [abɔliʀ] v. tr. [3] **1.** Vx Supprimer. «*Jupiter résolut d'abolir cette engeance*» (La Fontaine). ▷ Mod. Réduire à néant. *Abolir les distances.* **2.** DR Faire cesser la validité de (un usage, une loi). *Alexandre II a aboli le servage en Russie.* – Lat. *abolere*, «détruire».

abolition [abɔlisjɔ̃] n. f. Action d'abolir; son résultat. *Abolition de l'esclavage.* – Lat. *abolitio*, «suppression».

abolitionnisme [abɔlisjɔnism] n. m. Doctrine prônant l'abolition de l'esclavage ou de la peine de mort. – Angl. *abolitionism*.

abolitionniste [abɔlisjɔnist] n. et adj. Partisan de l'abolition de l'esclavage, de la peine de mort. – Angl. *abolitionist*.

abomasum [abɔmazɔm] n. m. ZOOL La quatrième poche de l'estomac des ruminants. Syn. caillette. – Du lat. *ab-*, «du côté de», et *omasum*, «tripes de bœuf».

abominable [abɔminabl] adj. **1.** Qui inspire l'abomination, l'horreur. *Un meurtre abominable.* **2.** *Par ext.* Très désagréable. *De la pluie, du brouillard, bref, un temps abominable.* – De *abominer*.

abominablement [abɔminabləmɑ̃] adv. De manière abominable. – De *abominable*.

abomination [abɔminɑsjɔ̃] n. f. **1.** Caractère de ce qui inspire l'horreur, le dégoût. *L'abomination de ce forfait a révolté l'opinion.* **2.** Ce qui inspire l'horreur, le dégoût. *C'est une véritable abomination!* – *L'abomination de la désolation* : dans la Bible, le comble du sacrilège, la plus impie des profanations. – Lat. ecclés. *abominatio*.

abominer [abɔmine] v. tr. [1] Avoir en abomination, en horreur. *J'abomine l'hypocrisie.* Syn. abhorrer, détester, exécrer. – Lat. *abominare*.

abondamment [abɔ̃damɑ̃] adv. **1.** En grande quantité. **2.** D'une manière plus que suffisante. *Les faits l'ont abondamment démontré.* – De *abondance*.

abondance [abɔ̃dɑ̃s] n. f. **1.** Grande quantité. *Une abondance de marchandises à l'étalage.* – (Prov.) *Abondance de biens ne nuit pas.* ▷ *En abondance* : en grande quantité, à foison. **2.** Profusion de biens matériels, richesse. *Vivre dans l'abondance. Société d'abondance. Finie la disette, voilà l'abondance!* ▷ *Corne d'abondance*, débordant de fruits et de fleurs, symbole de la richesse. ▷ *Parler d'abondance*, en improvisant avec brio. – Lat. *abundantia*, «affluence».

abondant, ante [abɔ̃dɑ̃, ɑ̃t] adj. **1.** Qui abonde, qui est en grande quantité. *Nourriture abondante.* **2.** *Style abondant*, d'une grande richesse d'expression. – Lat. *abundans*.

abonder [abɔ̃de] v. intr. [1] **1.** Être, exister en très grande quantité. *Les fruits abondent cet été.* Syn. foisonner. **2.** *Abonder en, de* : avoir, produire en très grande quantité. *Une région qui abonde en gibier.* Syn. regorger. **3.** *Abonder dans le sens de qqn*, soutenir la même opinion que lui et la justifier par des arguments supplémentaires. – Lat. *abundare*, «déborder».

abonné, ée [abɔne] adj. Qui bénéficie d'un abonnement. ▷ Subst. *Nos abonnés sont priés de régler par chèque. Il n'y a pas d'abonné au numéro que vous avez demandé.* – Pp. de *abonner*.

abonnement [abɔnmɑ̃] n. m. Convention qu'un client passe avec un fournisseur pour bénéficier d'un service régulier (*spécial.* la livraison d'un quotidien, d'un périodique). *Abonnement téléphonique. Carte d'abonnement S.N.C.F. Résilier son abonnement à une publication.* – De *abonner*.

abonner [abɔne] v. tr. [1] Prendre un abonnement pour (qqn). *Abonner ses enfants à un journal.* ▷ v. pron. *Il s'est abonné à cette revue.* – De *bonne*, anc. forme de *borne*.

abonnir [abɔniʀ] v. tr. [3] Rendre bon. *Les caves fraîches abonnissent le vin.* ▷ v. pron. Devenir meilleur. – De *bon*.

abord [abɔʀ] n. m. **1.** Vx Action d'aborder (un rivage), d'arriver dans (un lieu). ▷ Mod. *Lieu d'un abord facile*, auquel on accède facilement. **2.** Vieilli Action d'aborder, de rencontrer (une personne). ▷ Mod. *Personne d'un abord facile*, qui fait bon accueil, avenante. ▷ Loc. adv. *Dès l'abord* : dès la rencontre (d'une personne). *Dès l'abord, il me fit bonne impression.* **3.** Loc. adv. *D'abord, tout d'abord* : avant toute chose, en premier lieu. *Les femmes et les enfants d'abord. Tout d'abord agissez, vous parlerez ensuite.* **4.** Loc. adv. *Au premier abord, de prime abord* : à première vue. *De prime abord, la chose paraît facile.* **5.** MAR

En abord : à bord d'un navire, sur le côté. *Chaloupe arrimée en abord.* – De *aborder.*

abordable [abɔʀdabl] adj. **1.** Où l'on peut aborder, accessible. **2.** (Personnes) Que l'on peut aborder, avenant. **3.** *Prix abordable,* raisonnable. – De *aborder.*

abordage [abɔʀdaʒ] n. m. Action d'aborder. **1.** Action de prendre d'assaut un navire. *À l'abordage !* **2.** Collision accidentelle de deux navires. – De *aborder.*

aborder [abɔʀde] v. [1] **I.** v. tr. **1.** Accoster (un navire) pour lui donner l'assaut. *Corsaire qui aborde un navire.* **2.** Heurter (un navire) accidentellement. *Le paquebot a abordé un chalutier dans la brume.* ▷ v. pron. *Navires qui se sont abordés.* **3.** Arriver à (un endroit par où l'on va passer). *Aborder un virage.* **4.** *Aborder qqn,* s'approcher de lui pour lui parler. Syn. accoster. **5.** *Aborder un sujet,* commencer à en parler. **II.** v. intr. Prendre terre, toucher le rivage (navires, embarcations). *Le vent nous empêche d'aborder.* – De *à,* et *bord.*

aborigène [abɔʀiʒɛn] adj. et n. Né dans le pays qu'il habite. Syn. indigène, autochtone. ▷ n. m. pl. Premiers habitants d'une contrée (par oppos. à ceux qui sont venus s'y établir). *Les aborigènes d'Australie. Les Inuit, les Amérindiens sont des aborigènes.* ▷ adj. *Cultures aborigènes.* – Lat. *aborigines,* de *origo,* « origine ».

abornement [abɔʀnəmɑ̃] n. m. Action d'aborner ; son résultat. – De *aborner.*

aborner [abɔʀne] v. tr. [1] Délimiter (un terrain) par des bornes, des marques. – De *a-,* et *borne.*

abortif, ive [abɔʀtif, iv] adj. **1.** Qui fait avorter. ▷ n. m. *Un abortif* : un produit qui provoque l'avortement. **2.** Qui n'atteint pas le terme normal de son évolution. *Forme abortive.* – Lat. *abortivus,* « avorté ».

abot [abo] n. m. Entrave au paturon d'un cheval. – Forme dial. de *about.*

abouchement [abuʃmɑ̃] n. m. Action d'aboucher ; son résultat. – De *aboucher.*

aboucher [abuʃe] v. [1] **I.** v. tr. **1.** Vieilli Mettre en relation (des personnes). **2.** Appliquer (un tube à un autre) par l'extrémité. **II.** v. pron. **1.** Entrer en relation avec (qqn), en général pour affaires. *Il s'est abouché avec un grossiste.* **2.** S'appliquer par une extrémité à (tubes). *La descente d'eau s'abouche au collecteur.* – De *à,* et *bouche,* « faire tomber en avant sur la bouche ».

abouler [abule] v. tr. [1] Arg. Donner, remettre. *Aboule le fric vite fait !* ▷ (S. comp.) Vieilli *Aboule !* : Viens ! – v. pron. Vieilli Venir. – De « amener la boule » ; de *à,* et *bouler.*

aboulie [abuli] n. f. Absence, diminution de la volonté. – Gr. *aboulia,* « irréflexion ».

aboulique [abulik] adj. (et n.) Atteint d'aboulie. – De *aboulie.*

about [abu] n. m. Extrémité par laquelle une pièce d'assemblage se joint à une autre. – De *abouter.*

aboutement [abutmɑ̃] n. m. Action d'abouter ; son résultat. – De *abouter.*

abouter [abute] v. tr. [1] Joindre par le bout. – De *à,* et *bout.*

aboutir [abutiʀ] v. [3] **I.** v. tr. indir. **1.** Arriver en bout de parcours (à un lieu). *Ce chemin aboutit à la maison.* **2.** Fig. *Raisonnement qui aboutit à une absurdité.* **II.** v. intr. Arriver à bonne fin, réussir. *Ses démarches ont abouti.* – De *bout.*

aboutissants [abutisɑ̃] n. m. pl. *Connaître les tenants et les aboutissants d'une affaire,* la connaître dans toutes ses implications, dans le détail. – Ppr. subst. de *aboutir.*

aboutissement [abutismɑ̃] n. m. Résultat, fin. *L'aboutissement des efforts de quelqu'un.* – De *aboutir.*

aboyer [abwaje] v. intr. [23] **1.** Crier (en parlant du chien). **2.** Fig. Invectiver (personnes). *Homme qui aboie plus qu'il ne mord,* qui crie beaucoup, mais ne peut guère nuire. – Lat. pop. **abbaudiare.*

aboyeur, euse [abwajœʀ, øz] n. **1.** Chien qui aboie. ▷ CHASSE Chien qui prévient, en aboyant, de la présence du gibier sans l'attaquer. **2.** Fig., péjor. Personne qui crie beaucoup. **3.** Personne dont le métier exige qu'elle parle en criant (par ex. : personne qui annonce les invités dans une réception, assistant de commissaire-priseur ; vieilli annonceur à la porte d'une salle de spectacle). – De *aboyer.*

abracadabra [abʀakadabʀa] n. m. Mot qui passait pour être doté d'un pouvoir magique (apportant guérison, bienfaits, etc.). – Mot grec.

abracadabrant, ante [abʀakadabʀɑ̃, ɑ̃t] adj. Invraisemblable. *Histoires abracadabrantes.* – De *abracadabra.*

abraser [abʀaze] v. tr. [1] TECH User par abrasion. – Du lat. *abrasus,* de *abradere,* « enlever en grattant ».

abrasif, ive [abʀazif, iv] adj. Qui use par frottement. ▷ n. m. Corps abrasif. – Du lat. *abrasus,* de *abradere,* « enlever en grattant ».

abrasion [abʀazjɔ̃] n. f. **1.** TECH Usure par frottement. **2.** GEOL Érosion par l'eau ou par la glace. – Lat. *abrasio,* de *abradere,* « enlever en grattant ».

abraxas [abʀaksas] n. m. **1.** ZOOL Lépidoptère (fam. géométridés) aux couleurs vives, dont les chenilles s'attaquent aux arbres fruitiers, partic. aux groseilliers. **2.** GENET *Type abraxas* : mode de détermination du sexe dans lequel le mâle contient la paire d'hétérochromosomes semblables, alors que la femelle est hétérogamétique.

abréaction [abʀeaksjɔ̃] n. f. PSYCHAN Extériorisation émotionnelle par laquelle un sujet se libère de l'affect resté lié à un traumatisme. – De *ab,* « hors », et *réaction.*

abréagir [abʀeaʒiʀ] v. intr. [3] PSYCHAN Se décharger d'un affect par abréaction. – All. *abreagieren.*

abrégé [abʀeʒe] n. m. **1.** Discours, écrit réduit à l'essentiel. *L'abrégé d'un récit.* ▷ Petit ouvrage exposant succinctement une science, une technique. Syn. mémento. **2.** Loc. adv. *En abrégé* : en peu de mots, sommairement. *Noter en abrégé.* **3.** Litt. Représentation sous une forme réduite. *Un jardin anglais, abrégé de la nature.* – Pp. subst. de *abréger.*

abrégement [abʀɛʒmɑ̃] n. m. Action d'abréger. *Abrégement d'un délai.* – De *abréger.*

abréger [abʀeʒe] v. tr. [15] Rendre plus court (en durée, en substance). *Abréger une attente fastidieuse. Abréger un article trop long.* Syn. écourter, résumer. Ant. allonger. – Bas lat. *abbreviare.*

abreuver [abʀøve] v. [1] **I.** v. tr. **1.** Faire boire (un animal ou, fam., une personne). *Abreuver son cheval. Abreuver qqn de vin.* **2.** Fig. Imbiber. *Arroser une plante en abreuvant la terre.* – CONSTR *Abreuver un mur,* le mouiller abondamment pour obtenir une meilleure adhérence de l'enduit. **3.** Fig. *Abreuver qqn d'injures,* l'accabler d'injures. **II.** v. pron. **1.** Boire. *Vaches qui s'abreuvent au ruisseau.* **2.** Fig. Jouir à satiété, profiter pleinement de. *Un fin lettré qui s'est abreuvé des bons auteurs.* – Lat. pop. **abbiberare.*

abreuvoir [abʀøvwaʀ] n. m. Lieu conçu pour faire boire les animaux ; auge destinée à cet usage. *Mener le bétail à l'abreuvoir.* – De *abreuver.*

abréviatif, ive [abʀevjatif, iv] adj. Qu'on utilise pour abréger. *Formule abréviative.* – De *abréviation.*

abréviation [abʀevjasjɔ̃] n. f. **1.** Retranchement de lettres dans un mot, de mots dans une phrase, pour gagner en rapidité, en espace. *Abréviation de « ce qu'il* *fallait démontrer» en C.Q.F.D.* **2.** Mot, groupe de mots abrégés. *Aucune abréviation ne doit figurer dans un acte juridique.* – Bas lat. *abbreviatio.*

abréviativement [abrevjativmɑ̃] adv. Par abréviation. *Noter abréviativement.* – De *abréviatif.*

abri [abri] n. m. **1.** Lieu de protection, de refuge contre les intempéries ou le danger. *Un abri contre la pluie. Abri antiatomique.* ▷ Loc. adv. *À l'abri* : à un endroit où l'on est protégé. *Se mettre à l'abri.* ▷ Loc. prép. *À l'abri de* : protégé contre; à couvert au moyen de. *La maison est à l'abri du vent.* **2.** FISC *Abri fiscal* : secteur (type d'entreprises, secteur économique, etc.) où l'investissement financier est encouragé par des avantages accordés par les pouvoirs publics (ex. : abattement d'impôt). – De l'a. fr. *abrier,* «mettre à couvert».

abribus [abribys] n. m. Édicule servant d'abri et comportant des panneaux publicitaires, à l'emplacement d'un arrêt d'autobus. – Nom déposé; de *abri,* et *bus.*

abricot [abriko] n. m. Fruit de l'abricotier, d'une saveur délicate et parfumée, de couleur jaune rosé. – De l'ar. *al-barqūq,* par le catalan.

abricotier [abrikɔtje] n. m. Arbre fruitier à fleurs roses, originaire d'Arménie ou de Chine (*Armeniaca vulgaris,* fam. rosacées). – De *abricot.*

abri-sous-roche [abrisurɔʃ] n. m. Cavité naturelle à la base d'une falaise. *Les abris-sous-roche ont souvent servi de gîte aux hommes préhistoriques.* – De *abri, sous,* et *roche.*

abriter [abrite] v. [1] **I.** v. tr. **1.** Mettre à l'abri, protéger par un abri. *Abriter de sa main la flamme d'une allumette. Garage qui abrite une voiture.* **2.** Servir d'habitation à. *Cette maison abrite de nombreux locataires.* **II.** v. pron. Se mettre à l'abri (des intempéries, du danger). *S'abriter sous un arbre.* ▷ Fig. *S'abriter derrière la loi* : éluder une obligation morale, une responsabilité, en mettant à profit des dispositions légales favorables. – *S'abriter derrière qqn,* se retrancher derrière sa responsabilité. – De *abri.*

abrogatif, ive [abrɔgatif, iv] adj. Qui a le pouvoir d'abroger. – De *abroger.*

abrogation [abrɔgasjɔ̃] n. f. Action d'abroger. – De *abroger.*

abrogatoire [abrɔgatwar] adj. Qui a pour but d'abroger. – De *abroger.*

abrogeable [abrɔʒabl] adj. Qui peut être abrogé. – De *abroger.*

abroger [abrɔʒe] v. tr. [13] DR Rendre légalement nul. *Abroger une loi, des décrets, des ordonnances.* Ant. promulguer. – Lat. *abrogare,* «supprimer».

abrupt, te [abrypt] adj. **1.** Coupé à pic. *Falaises abruptes.* Syn. escarpé. ▷ n. m. *Escalade d'un abrupt.* **2.** Fig. Rude, direct. *Manières abruptes, style abrupt.* – Lat. *abruptus.*

abruptement [abryptəmɑ̃] adv. D'une façon abrupte. – De *abrupt.*

abruti, ie [abryti] adj. et n. Devenu stupide, intellectuellement diminué. *Être abruti de fatigue.* ▷ Subst. Fam. Personne privée d'intelligence. *Un parfait abruti. Va donc, abruti!* – Pp. de *abrutir.*

abrutir [abrytir] v. tr. [3] Rendre stupide, hébété. *Abrutir d'un flot de paroles.* Syn. abêtir, abasourdir. – (S. comp.) *L'alcool abrutit.* ▷ v. pron. *S'abrutir de travail.* – De *brute.*

abrutissant, ante [abrytisɑ̃, ɑ̃t] adj. Qui abrutit. *Un bruit abrutissant.* – Ppr. de *abrutir.*

abrutissement [abrytismɑ̃] n. m. Action d'abrutir; son résultat. – De *abrutir.*

1. A.B.S. n. m. CHIM Dérivé du polystyrène combinant trois composants de base : acrylonitrile, butadiène, styrène. – Sigle de *acrylonique, butadiène, styrène.*

2. A.B.S. n. m. AUTO Système antiblocage. – Sigle de l'all. *Antiblockiersystem.*

abscisse [apsis] n. f. MATH Nombre qui permet de définir la position d'un point. (On la représente par le symbole x.) *Dans le cas d'un espace vectoriel à deux ou trois dimensions, l'abscisse est la première des deux ou trois coordonnées cartésiennes.* – *Abscisse curviligne* : mesure algébrique de l'arc qui relie l'origine d'une courbe à un point courant de cette courbe. – Lat. *(linea) abscissa,* «(ligne) coupée».

abscons, onse [apskɔ̃, ɔ̃s] adj. Péjor. Obscur, difficile à comprendre. *Un auteur à la pensée absconse.* Syn. hermétique. Ant. clair, évident. – Lat. *absconsus.*

absence [apsɑ̃s] n. f. **1.** Défaut de présence, fait de ne pas être en un lieu donné. *Nous avons regretté votre absence à cette séance de travail.* **2.** DR Situation d'une personne dont la disparition prolongée a rendu l'existence incertaine. *L'absence n'entraîne pas dissolution du mariage.* **3.** Fait d'être éloigné (d'une autre personne). *L'absence de sa femme lui pèse.* ▷ (S. comp.) *L'absence diminue les passions.* **4.** Inexistence, manque. *Absence de goût.* **5.** *Une absence* : une défaillance de la mémoire, de l'attention. **6.** Loc. prép. *En l'absence de* : à défaut de. *Cette décision a été prise en l'absence de l'intéressé. En l'absence de preuve.* – Lat. *absentia.*

absent, ente [apsɑ̃, ɑ̃t] adj. **1.** Qui n'est pas (dans un lieu). *Je serai absent de chez moi jusqu'à lundi.* – (S. comp.) *Je voulais le voir, mais il était absent.* ▷ Subst. *Les absents ont toujours tort* (Prov.). **2.** Qui manque. *L'inspiration est totalement absente de cette œuvre.* **3.** Distrait. *Vous lui parlez, il est absent, il n'écoute pas.* – Lat. *absens.*

absentéisme [apsɑ̃teism] n. m. Fait d'être souvent absent (de son lieu de travail, d'études). *Taux d'absentéisme.* ▷ Tendance à être souvent absent sans motif valable. – Angl. *absenteeism.*

absenter (s') [apsɑ̃te] v. pron. [1] S'éloigner momentanément. *Je m'absenterai de Paris quelques jours.* ▷ (S. comp.) *Il faut que je m'absente un instant.* – Lat. *absentare,* «rendre absent».

absidal, ale, aux [apsidal, o] ou **absidial, ale, aux** [apsidjal, o] adj. De l'abside. *Chapelle absidale.* – De *abside.*

abside [apsid] n. f. Extrémité d'une église, arrondie ou polygonale, derrière le chœur. – Bas lat. *absida.*

absidiole [apsidjɔl] n. f. Chacune des petites chapelles, en hémicycle ou polygonales, attenantes à l'abside. – De *abside.*

absinthe [apsɛ̃t] n. f. **1.** Plante à l'odeur forte, à la saveur amère et aromatique (genre *Artemisia,* fam. composées). **2.** Liqueur extraite de cette plante. *La fabrication et la vente de l'absinthe sont interdites en France.* – Lat. *absintium.*

absolu, ue [apsɔly] adj. et n. m. **1.** Qui est sans limite. *Je suis dans l'incertitude absolue.* – *Pouvoir absolu* : pouvoir politique que rien ne borne. **2.** Total; entier. *Impossibilité absolue.* ▷ CHIM Exempt de tout mélange. *Alcool absolu.* **3.** Fig. Intransigeant. *Un caractère absolu.* **4.** Considéré en soi, indépendamment de toute référence à autre chose (par oppos. à *relatif*). *La vérité absolue existe-t-elle?* ▷ GRAM *Emploi absolu d'un verbe transitif.* V. absolument. *Superlatif* absolu.* ▷ MATH *Valeur absolue d'un nombre réel* : sa valeur indépendamment de son signe algébrique. (Ex. : a est la valeur absolue de $+a$ ou de $-a$.) ▷ PHYS *Zéro absolu* : origine de l'échelle thermodynamique des températures exprimées en kelvins, soit 0 K (qui correspond à −273,15 °C). V. froid. ▷ n. m. Ce qui existe en dehors de toute relation. *L'absolu a été longtemps considéré comme l'objet ultime de toute philosophie. L'absolu, dont tout dépend et qui ne dépend de rien.* – Lat. *absolutus.*

absoluité [apsɔlyite] n. f. Caractère absolu. – De *absolu.*

absolument [apsɔlymɑ̃] adv. De manière absolue. **1.** Sans limite, sans contrôle. *Il dispose absolument de tout dans la maison.* **2.** Totalement, entièrement. *Je suis absolument décidé. En êtes-vous convaincu? Absolument!* **3.** Sans faute, de toute nécessité. *Je dois absolument aller à ce rendez-vous.* **4.** GRAM *Verbe transitif employé absolument,* sans complément d'objet (par ex., *aimer* dans *le temps d'aimer*). – De *absolu.*

absolution [apsɔlysjɔ̃] n. f. **1.** RELIG CATHOL Pardon accordé au nom de Dieu par le confesseur au pécheur repentant. *L'absolution est une des deux parties essentielles du sacrement de pénitence.* **2.** Pardon accordé à qui a commis une faute. *Il a eu l'absolution de l'opinion publique.* **3.** DR *Acte d'absolution,* qui constate que le fait pour lequel l'accusé est poursuivi et jugé coupable ne justifie pas une sanction pénale. – Lat. *absolutio.*

absolutisme [apsɔlytism] n. m. Exercice sans contrôle du pouvoir politique; doctrine des partisans d'un tel pouvoir. – De *absolu.*

absolutiste [apsɔlytist] adj. et n. **1.** adj. Qui concerne l'absolutisme. **2.** n. Partisan de l'absolutisme. – De *absolutisme.*

absolutoire [apsɔlytwaʀ] adj. Qui porte absolution. *Jugement absolutoire.* – Lat. *absolutorius,* «relatif à l'absolution».

absorbant, ante [apsɔʀbɑ̃, ɑ̃t] adj. **1.** Qui absorbe. *Les poils absorbants des racines puisent les aliments dans le sol.* ▷ n. m. Corps qui a la propriété d'absorber. **2.** Fig. Qui occupe entièrement l'attention. *Tâche absorbante.* – Ppr. de *absorber.*

absorber [apsɔʀbe] v. tr. [1] **1.** Laisser pénétrer et retenir (un fluide, un rayonnement, de l'énergie). *Tissu qui absorbe l'eau. Les plantes vertes absorbent le gaz carbonique de l'atmosphère. Le noir absorbe la lumière.* **2.** Ingérer (qqch). *Il absorbe une énorme quantité de nourriture.* ▷ Fig. *Société qui en absorbe une autre,* qui l'annexe en devenant détentrice de la majeure partie de son capital. **3.** Fig. Consommer entièrement. *Ces travaux ont absorbé tous les crédits.* **4.** Fig. Captiver, occuper totalement (qqn). *Ses multiples activités l'absorbent entièrement.* ▷ v. pron. *Il s'absorbe dans son travail et ne pense à rien d'autre.* – Lat. *absorbere,* «engloutir».

absorption [apsɔʀpsjɔ̃] n. f. **1.** Action d'absorber. *L'absorption des eaux de ruissellement par le calcaire.* ▷ PHYS *Facteur d'absorption* : quotient de l'énergie absorbée par l'énergie reçue. **2.** Action d'ingérer. *Une absorption massive de médicaments.* **3.** Fig. *Absorption d'une petite entreprise par une plus grosse.* – Lat. *absorptio.*

absoudre [apsudʀ] v. tr. [75] **1.** RELIG CATHOL Accorder la rémission des péchés à. *Prêtre qui absout un pénitent.* **2.** Accorder son pardon à (qqn). **3.** DR Renvoyer un coupable de l'accusation, en vertu d'un acte d'absolution. – Lat. ecclés. *absolvere.*

absoute [apsut] n. f. RELIG CATHOL Anc. Dernière prière du prêtre (accompagnée d'encensements et d'aspersions) de la liturgie des funérailles à l'église, au cours de laquelle on recommande le défunt à Dieu. *L'absoute a pris le nom de «dernier adieu» dans le rituel issu du concile Vatican II.* – Pp. fém. de *absoudre.*

abstème [apstɛm] adj. (et n.) RELIG Qui ne boit pas de vin, qui a horreur du vin. *Les prêtres abstèmes, ne participant pas au calice, ne peuvent exercer leur sacerdoce.* – Lat. *abstemius,* de *ab, abs,* «loin», et *temetum,* «vin».

abstenir (s') [apstəniʀ] v. pron. [36] **1.** Se garder de (faire qqch). *S'abstenir de répondre. S'abstenir de toute critique.* **2.** (S. comp.) Ne pas agir. – Prov. *Dans le doute, abstiens-toi.* – *Spécial.* Ne pas prendre part à un scrutin. *Je m'abstiendrai lors des prochaines élections.* **3.** Se priver volontairement de (qqch). *S'abstenir de cigarettes. S'abstenir de boire.* – Lat. *abstinere,* «tenir éloigné».

abstention [apstɑ̃sjɔ̃] n. f. Action de s'abstenir. – *Spécial.* Fait de ne pas participer à un scrutin. *Bulletins blancs, bulletins nuls et abstentions.* – Lat. *abstentio.*

abstentionnisme [apstɑ̃sjɔnism] n. m. Attitude de ceux qui ne prennent pas part à un scrutin, ou refusent d'y participer. – De *abstention.*

abstentionniste [apstɑ̃sjɔnist] adj. et n. Partisan de l'abstentionnisme. – De *abstention.*

abstinence [apstinɑ̃s] n. f. Fait de se priver de certains aliments, de certaines activités, pour des motifs religieux ou médicaux. *Pratiquer le jeûne et l'abstinence.* – *Par euph.* Continence sexuelle. – *Lat. abstinentia.*

abstinent, ente [apstinɑ̃, ɑ̃t] adj. Qui pratique l'abstinence. – Lat. *abstinens.*

abstracteur [apstʀaktœʀ] n. m. Celui qui se plaît aux abstractions. – Bas lat. *abstractor.*

abstraction [apstʀaksjɔ̃] n. f. **1.** Opération par laquelle l'esprit isole dans un objet une qualité particulière pour la considérer à part. **2.** Idée abstraite. *Raisonner sur des abstractions.* **3.** *Faire abstraction de* : ne pas tenir compte de. – Bas lat. *abstractio,* «séparation, isolement».

abstraire [apstʀɛʀ] v. [58] **I.** v. tr. Isoler par abstraction (qqch). **II.** v. pron. **1.** Isoler son esprit en se plongeant dans la réflexion, la méditation. **2.** Faire abstraction de (qqch). *S'abstraire du monde extérieur.* – Lat. *abstrahere,* «enlever».

abstrait, aite [apstʀɛ, ɛt] adj. et n. m. **I.** adj. **1.** Considéré par abstraction (sens 1). *Notion abstraite.* **2.** Qui s'applique à des relations, et non à des objets du monde. *La logique est une science abstraite.* **3.** *Art abstrait* ou *non figuratif,* qui ne cherche pas à représenter le réel (V. encycl.). **II.** n. m. **1.** Ce qui est abstrait (par oppos. au *concret*). **2.** *L'abstrait* : l'art abstrait. – *Un abstrait* : un peintre, un sculpteur abstrait. – Lat. *abstractus.*

ENCYCL **Beaux-Arts.** L'art abstrait, qui s'affranchit des règles de l'imitation de la réalité selon les lois de l'optique perspectiviste traditionnelle, est né au début du XXe s. Il s'est développé suivant deux grandes tendances, l'une émotionnelle, souvent «tachiste» ou gestuelle, expression limite entre le conscient et l'inconscient de l'artiste (Hartung, Pollock, De Kooning), l'autre géométrique, recherche plus ou moins «froide» de la forme et de la couleur en termes de rapports mathématiques (Mondrian, Malevitch, Vasarely, Bill).

abstraitement [apstʀɛtmɑ̃] adv. De manière abstraite. – De *abstrait.*

abstrus, use [apstʀy, yz] adj. Péjor. Que l'on a du mal à comprendre. Syn. abscons, hermétique, obscur. Ant. clair, facile. – Lat. *abstrusus.*

absurde [apsyʀd] adj. et n. m. **1.** adj. Qui est contre le sens commun, la logique. *Une conduite absurde.* ▷ n. m. Absurdité. *Tomber dans l'absurde.* **2.** n. m. *Démonstration par l'absurde,* qui établit la vérité d'une proposition en montrant que son contraire ne peut être vrai. – Lat. *absurdus,* «discordant».

ENCYCL **Philo.** – Les auteurs existentialistes non chrétiens (Sartre, Camus, etc.) ont fait usage de la notion d'absurde en insistant, chacun dans un sens bien particulier, sur l'abîme infranchissable qui existe entre l'homme et le monde, entre les aspirations de l'être humain et l'incapacité du monde à les satisfaire.

Littér. – Dans le *théâtre de l'absurde* (expression due au critique Martin Esslin), l'intrigue est désintégrée, la communication entre les personnages, leur langage sont disloqués. Beckett, Tardieu, Ionesco, Adamov, Pinter, Albee sont les principaux représentants de ce genre apparu vers 1950.

absurdement [apsyʀdəmɑ̃] adv. D'une manière absurde. – De *absurde.*

absurdité [apsyʀdite] n. f. **1.** Caractère de ce qui est absurde. **2.** Conduite, propos absurde. *Commettre une absurdité. Il a débité mille absurdités.* – De *absurde.*

abus [aby] n. m. **1.** Action d'abuser (de); mauvais usage, usage excessif. *L'abus des somnifères est dangereux.* – *Spécial.* (S. comp.) Mauvais usage d'un privilège, d'un droit; injustice. *Nous ne tolérerons plus désormais aucun abus.* ▷ Fam. *Il y a de l'abus :* la mesure est comble, cela n'est plus admissible. **2.** DR *Abus d'autorité,* commis par un fonctionnaire qui outrepasse ses pouvoirs. – *Abus de droit,* commis par le titulaire d'un droit. – *Abus de confiance,* commis par quiconque profite, à des fins délictueuses, de la confiance accordée par un tiers. – *Abus de bien sociaux :* fait (pour un dirigeant de société ou pour un actionnaire) d'utiliser pour son compte personnel les biens ou les profits de la société. – Lat. *abusus.*

abuser [abyze] v. [1] **I.** v. tr. ind. **1.** Faire un usage excessif (de qqch). *Il ne faut pas abuser des bonnes choses.* **2.** *Abuser d'une femme,* la violer. **II.** v. tr. Litt. Tromper (qqn). *Il fut facile d'abuser ce naïf.* – (Passif) *J'ai été abusé par une ressemblance.* ▷ v. pron. *Si je ne m'abuse :* si je ne me trompe pas. – De *abus.*

abusif, ive [abyzif, iv] adj. Qui constitue un abus. – Bas lat. *abusivus.*

abusivement [abyzivmɑ̃] adv. D'une manière abusive. – De *abusif.*

abyme. V. abîme (sens 4).

abyssal, ale, aux [abisal, o] adj. Des abysses; de la nature de l'abysse. *La faune abyssale.* – Du gr. *abussos,* « abîme », par le latin.

abysse [abis] n. m. Fosse océanique. – Lat. *abyssus,* « abîme », d'après *abyssal.*

abyssin [abisɛ̃] n. m. Chat de race à la robe fauve, aux larges oreilles pointues. – De *Abyssinie* (V. abyssinien).

abyssinien, enne [abisinjɛ̃, ɛn] ou **abyssin, ine** [abisɛ̃, in] adj. et n. De l'Abyssinie, anc. nom de la rég. correspondant auj. à l'Éthiopie.

Ac CHIM Symbole de l'actinium.

acabit [akabi] n. m. Péjor. Loc. *De cet acabit, du même acabit :* de ce genre, du même genre. *Faussaires, escrocs, maîtres chanteurs et autres malfaiteurs du même acabit.* – Du provenç. *acabir,* « obtenir ».

acacia [akasja] n. m. **1.** BOT Nom scientif. des mimosas. **2.** Cour. Arbre (*Robinia pseudacacia,* le robinier faux acacia, fam. papilionacées) à fleurs blanches odorantes, bois dur et rameaux épineux, originaire d'Amérique du Nord. – Lat. *acacia.*

académicien, enne [akademisjɛ̃, ɛn] n. **1.** HIST Disciple de l'école de Platon. **2.** Membre d'une académie, spécial., de l'Académie française. – Lat. *academicus.*

académie [akademi] n. f. **1.** Société réunissant des savants, des artistes, des hommes de lettres. ▷ *L'Académie :* l'Académie française. **2.** École où l'on s'exerce à la pratique d'un art. *Académie de peinture, de musique.* **3.** Circonscription universitaire. *L'académie de Paris.* **4.** Dessin, peinture, exécuté d'après le modèle nu et qui n'entre pas dans une composition. – Ital. *accademia,* du gr. *Akadêmia,* par le lat.

ENCYCL On donne le nom d'*Académie* à l'école philosophique fondée par Platon (fin du IVe s. av. J.-C.), à Athènes, dans les jardins d'Akadêmos. Speusippe, premier successeur de Platon, modifia la doctrine : le Bien s'est transformé en un terme coïncidant avec les êtres développés. Sous l'influence de Xénocrate, l'école identifia la théorie platonicienne des idées et la théorie pythagoricienne des nombres. Ces transformations sont caractéristiques de l'*Ancienne Académie.* Rompant avec ces doctrines, Arcésilas élabora, de 268 à 241, une théorie du « vraisemblable » marquée par le « scepticisme probabiliste » et mise en système par Carnéade. Elle prit alors le nom de *Nouvelle Académie.* – **Académie française.** Société de gens de lettres érigée en académie par Richelieu en 1635, pour conserver et perfectionner la langue française. Elle se compose de 40 membres, les « Quarante », les « Immortels », choisis (à vie) par cooptation. Le secrétaire perpétuel est nommé à vie. L'Académie s'occupe en particulier de la rédaction et de la mise à jour d'un dictionnaire. Elle a publié une grammaire; 1re éd., 1932. Elle distribue de nombreux prix de fondation. – **Académie des inscriptions et belles-lettres.** Fondée par Colbert en 1663, elle se compose de 40 membres titulaires. Ses travaux portent sur les langues anciennes et modernes, l'archéologie, l'histoire, l'épigraphie et la numismatique. – **Académie des sciences.** Fondée par Colbert en 1666 (*Académie royale des sciences*), elle a pour objet le progrès des sciences naturelles, physiques, mathématiques et astronomiques. – **Académie des sciences morales et politiques.** Créée par la Convention nationale le 3 brumaire an IV, supprimée par Napoléon Ier et rétablie en 1832, elle est divisée en cinq sections : philosophie, morale; droit public et jurisprudence; économie politique; statistique et finances; histoire et géographie. – **Académie des beaux-arts.** Fondée en 1816, elle est issue de la fusion des anciennes Académies royales de peinture, de sculpture et d'architecture créées par Louis XIV et abolies par la Révolution. – **Académie d'agriculture.** Elle tient son titre d'un décret du 23 février 1915, mais fut fondée sous le nom de Société royale d'agriculture en 1761. Elle s'occupe des questions relatives à la législation et à l'économie rurales. – **Académie de médecine.** Elle fut fondée en 1820 pour répondre aux demandes du gouvernement sur tout ce qui a trait à l'hygiène publique. – **Académie Goncourt.** Exécution testamentaire de E. de Goncourt, elle fut créée en 1896; dix écrivains appointés décernent chaque année le *prix Goncourt* à un ouvrage récemment paru (le plus souvent un roman). Il existe en outre des bourses *Goncourt :* récit historique, nouvelle, biographie, poésie. – **Académie de musique.** Ce terme désigne aujourd'hui l'Opéra de Paris, bien que ce dernier ne possède pas l'organisation d'une académie.

académique [akademik] adj. **1.** HIST De l'Académie athénienne. **2.** D'une académie, spécial., de l'Académie française. **3.** D'une académie (sens 3). *Inspection académique.* **4.** Conventionnel, froid et compassé (en parlant d'une œuvre d'art). – Lat. *academicus.*

académiquement [akademikmɑ̃] adv. De manière académique (sens 4). – De *académique.*

académisme [akademism] n. m. Attachement rigoureux aux traditions et aux règles académiques (sens 4). *Peinture d'un académisme froid.* – De *académie.*

acadien, enne [akadjɛ̃, ɛn] adj. et n. **1.** adj. De l'Acadie, rég. orient. du Canada français. ▷ Subst. *Un(e) Acadien(ne).* **2.** n. m. *L'acadien :* le parler francophone de l'Acadie.

acagnarder (s') [akaɲaʀde] v. pron. [1] Rare Mener une vie paresseuse; s'accoutumer à l'oisiveté. – De *cagnard,* « paresseux ».

acajou [akaʒu] n. m. **1.** Bois dur, de teinte brun rougeâtre, utilisé en ébénisterie pour sa texture finement striée et le poli qu'il est susceptible d'acquérir. *Salle à manger en acajou.* – Arbre d'Afrique et d'Amérique tropicales qui donne ce bois. **2.** *Acajou à noix* ou *à pommes* ou *pommier d'acajou* : anacardier. *Noix d'acajou* ou *de cajou*. – Mot tupi.

acalculie [akalkyli] n. f. MED Dans certaines aphasies, perte d'origine pathologique de la capacité de calculer et de manier les chiffres. – De *a-* 1, et *calcul*.

acalèphes [akalɛf] n. m. pl. ZOOL Classe de cnidaires comprenant la plupart des méduses communes dans les mers d'Europe. – Sing. *Un acalèphe*. – Gr. *akalêphê*, « ortie ».

acalorique [akalɔʀik] adj. Didac. Qui n'apporte pas de calories. – Qui ne produit pas de calories. – De *a-*, et *calorique*.

acanthacées [akɑ̃tase] n. f. pl. BOT Famille dont le type est l'acanthe. – Sing. *Une acanthacée*. – De *acanthe*.

acanthaires [akɑ̃tɛʀ] n. m. pl. ZOOL Classe de protozoaires actinopodes, marins et planctoniques. – Sing. *Un acanthaire*. – Du gr. *akantha*, « épine ».

acanthe [akɑ̃t] n. f. **1.** Plante gamopétale méditerranéenne ornementale (genre *Acanthus*) à feuilles longues et découpées, à fleurs hermaphrodites en épis. **2.** *Feuille d'acanthe* : ornement d'architecture imité de cette plante. – Lat. *acanthus*.

acanthocéphales [akɑ̃tɔsefal] n. m. pl. ZOOL Némathelminthes parasites de l'intestin des vertébrés. – Sing. *Un acanthocéphale*. – Du gr. *akantha*, « épine », et *-céphale*.

acanthocyte [akɑ̃tɔsit] n. m. MED Globule rouge du sang apparaissant, à l'examen microscopique, comme hérissé d'épines. – Du gr. *akantha*, « épine », et *kutos*, « cellule ».

acanthocytose [akɑ̃tɔsitoz] n. f. Maladie caractérisée par la présence d'acanthocytes. – De *acanthocyte*, et *-ose*.

acanthoptérygien [akɑ̃tɔpteʀiʒjɛ̃] n. m. et adj. m. ICHTYOL Poisson téléostéen dont les nageoires comportent des rayons épineux. *Les acanthoptérygiens constituent un ordre*. – Du gr. *akantha*, « épine », et *pterux*, « aile ».

acanthose [akɑ̃toz] n. f. MED Affection cutanée caractérisée par l'épaississement de la couche de Malpighi. – Du gr. *akantha*, « épine », et *-ose*.

a cappella [akapɛlla] loc. adv. MUS *Chanter a cappella*, sans accompagnement instrumental. – Loc. ital.

acare [akaʀ] n. m. ZOOL Sarcopte de la gale. – Gr. *akari*, « ciron ».

acariâtre [akaʀjɑtʀ] adj. De caractère aigre et querelleur. *Une femme acariâtre*. Syn. acrimonieux, bougon, grincheux, hargneux. Ant. doux, paisible, sociable. – Du nom de saint *Acaire*, qui passait pour guérir la folie.

acariens [akaʀjɛ̃] n. m. pl. ZOOL Ordre de petits arachnides, à huit pattes (tiques, aoûtats, etc.). *Certains acariens sont responsables d'allergies à la poussière*. – Sing. *Un acarien*. – Du lat. *acarus*, gr. *akari*, « ciron ».

acatalepsie [akatalɛpsi] n. f. Doctrine philosophique des sceptiques grecs, affirmant l'impossibilité d'atteindre la certitude. – Gr. *akatalêpsia*, « incompréhensibilité ».

acataleptique [akatalɛptik] adj. (et n.) Se dit des adeptes de l'acatalepsie, ou de cette doctrine elle-même. – De *acatalepsie*.

acaule [akol] adj. BOT Sans tige apparente. *Le pissenlit est acaule*. – De *a-* 1, et gr. *kaulos*, « tige ».

accablant, ante [akablɑ̃, ɑ̃t] adj. Qui accable. *Chaleur accablante*. – *Charges accablantes contre un prévenu*, qui font peser sur lui une très forte présomption de culpabilité. – Ppr. de *accabler*.

accablement [akabləmɑ̃] n. m. **1.** Vx Action d'accabler. **2.** État d'une personne accablée. *Son accablement faisait peine à voir*. – De *accabler*.

accabler [akable] v. tr. [1] **1.** Faire supporter par (qqn) une chose fatigante, pénible. *La chaleur nous accablait*. – *Accabler de* : surcharger de. *Accabler le peuple d'impôts*. – Pp. adj. *Depuis cet échec, il paraît accablé*. **2.** *Accabler une personne de mépris, d'injures*, lui faire sentir le mépris que l'on a pour elle, lui adresser des injures nombreuses et humiliantes. ▷ Iron. *Accabler qqn de louanges* : lasser qqn par des louanges excessives. – De *a-* 2, et a. fr. *chabler*, du lat. *catabola*, gr. *katabolê*, « lancement ».

accalmie [akalmi] n. f. **1.** Calme momentané dans une tempête, un orage, une averse. *Profiter d'une accalmie pour sortir*. Syn. éclaircie, embellie. **2.** Calme qui suit l'agitation, l'activité. *Accalmie dans une bataille*. Syn. répit. – De l'a. fr. *accalmir*, de *calme*.

accaparement [akapaʀmɑ̃] n. m. Action d'accaparer ; son résultat. – De *accaparer*.

accaparer [akapaʀe] v. tr. [1] **1.** ECON Acquérir ou conserver en grande quantité (une marchandise) pour faire monter son prix. *Les négociants qui accaparaient le blé faisaient monter le prix du pain*. – *Accaparer un marché*, en détenir le monopole. **2.** Prendre, conserver pour son usage exclusif. *Accaparer les bons morceaux*. *Accaparer l'attention*. – *Accaparer qqn*, l'occuper, le retenir exclusivement. – Ital. *accaparrare*, « acheter en donnant des arrhes ».

accapareur, euse [akapaʀœʀ, øz] n. Personne qui accapare. – De *accaparer*.

accastillage [akastijaʒ] n. m. **1.** Vx Les châteaux avant et arrière d'un navire. **2.** Mod. Partie du gréement d'un voilier nécessaire à la manœuvre des voiles, des cordages, des chaînes. *Les poulies, les taquets, les manilles font partie de l'accastillage*. – De *accastiller*.

accastiller [akastije] v. tr. [1] **1.** Vx Munir (un navire) de ses châteaux avant et arrière. **2.** Mod. Munir (un voilier) de son accastillage (sens 2). – Esp. *acastillar*.

accéder [aksede] v. tr. ind. [14] **1.** Pouvoir entrer dans, parvenir à. *On accède à la cuisine par un couloir*. – Fig. *Accéder à de hautes responsabilités*. **2.** *Accéder aux désirs, aux vœux de qqn*, leur donner une suite favorable. – Lat. *accedere*.

accelerando [akseleʀɑ̃do] adv. MUS En pressant la mesure. – Mot ital.

accélérateur, trice [akseleʀatœʀ, tʀis] adj. et n. m. **I.** adj. Qui accélère, qui donne une vitesse plus grande. *Force accélératrice*. **II.** n. m. **1.** Cour. Pédale qui commande l'admission du mélange combustible dans un moteur d'automobile. *Appuyer sur l'accélérateur*. **2.** CHIM Substance qui rend plus rapide une réaction chimique. ▷ CONSTR *Accélérateur de prise*, qui rend plus rapide la prise du béton. ▷ PHYS NUCL *Accélérateur de particules* : V. encycl. – De *accélérer*.

ENCYCL **Phys. nucl.** – *Un accélérateur de particules* est un appareil qui permet de communiquer à des particules électriquement chargées une grande énergie cinétique et de les diriger sur une cible (matière solide, liquide ou gazeuse) pour en briser les noyaux atomiques, soit en vue d'étudier leur structure, soit en vue de créer d'autres particules. On accélère les particules soit par un champ électrique seul, soit par un champ électrique associé à un champ magnétique. Dans le premier cas, l'accélérateur est linéaire, sa longueur pouvant atteindre plusieurs kilomètres. Dans le deuxième cas, le champ magnétique provoque la courbure de la trajectoire de la particule, qui devient soit spiralée *(cyclotron* ou *synchrocyclotron)*, soit circulaire *(bêtatron, synchrotron à électrons* ou *à protons)*. V. collisionneur.

accélération [akseleʀasjɔ̃] n. f. **1.** Cour. Augmentation de vitesse. *L'accélération du train a été sensible dès la sortie de la gare.* **2.** Augmentation de la rapidité d'une action. *L'accélération des travaux.* **3.** MECA Quotient d'une variation de vitesse par l'intervalle de temps correspondant. – De *accélérer.*

ENCYCL **Méca.** – Quand un mobile se déplace sur une droite, l'accélération est positive si la vitesse augmente, négative si elle diminue. *L'accélération totale* est la différence $v - v^0$ des vitesses aux temps t et t^0. *L'accélération moyenne* est le quotient $(v - v^0) / (t - t^0)$. *L'accélération instantanée* au temps t est la limite de ce quotient quand $t - t^0$ tend vers zéro. C'est donc la *dérivée* de la vitesse et par conséquent la *dérivée seconde* de l'abscisse par rapport au temps. *L'accélération de la pesanteur* est la valeur, en un lieu déterminé, de l'accélération que subit un corps abandonné à lui-même dans le vide sous l'effet de son poids. Cette valeur est de 9,81 m/s² à Paris, 9,78 m/s² à l'équateur, 9,83 m/s² aux pôles.

accéléré, ée [akseleʀe] adj. et n. m. Qui a subi une accélération. ▷ n. m. CINE Procédé de prise de vues consistant à tourner à une vitesse inférieure à 24 images par seconde, cadence standard du défilement des images utilisée pour la projection, et permettant de faire paraître les mouvements plus rapides qu'ils ne le sont dans la réalité. – Pp. de *accélérer.*

accélérer [akseleʀe] v. [14] **I.** v. tr. **1.** Augmenter la rapidité de. *Accélérer la marche.* **2.** Fig. Faire évoluer plus rapidement. *Accélérer la décision d'une affaire.* Syn. hâter. **II.** v. pron. Augmenter de vitesse. *Mouvement qui s'accélère.* **III.** v. intr. Agir sur l'accélérateur d'une automobile pour augmenter sa vitesse, la vitesse de rotation de son moteur. *Accélérer pour dépasser un camion. Accélérer à l'arrêt, pour faire chauffer le moteur.* – Lat. *accelerare.*

accéléromètre [akseleʀɔmɛtʀ] n. m. Appareil servant à mesurer l'accélération d'un corps. – De *accélérer,* et *-mètre.*

accent [aksɑ̃] [ɛ] n. m. **I. 1.** Accroissement de l'intensité d'un son, de la parole. *En français, c'est en général la dernière syllabe du mot qui porte l'accent.* ▷ MUS Accroissement de l'intensité sonore sur un temps de la mesure ; signe qui note cet accroissement. **2.** Signe graphique qui précise la valeur d'une lettre. – En français, signe graphique placé au-dessus d'une voyelle pour en indiquer la prononciation *(é (accent aigu)* : [e] ; *è (accent grave), ê (accent circonflexe)* : [mɔzaik], ou pour distinguer un mot d'un homonyme (par ex. : *du* et *dû*). **II. 1.** Modification expressive de la voix. *Parler avec l'accent de la passion.* ▷ Au plur., litt. *« Liberté, liberté chérie... que la victoire accoure à tes mâles accents ! » (La Marseillaise).* **2.** Fig. *Mettre l'accent sur :* souligner l'importance de. *Mettre l'accent sur un aspect d'un problème.* **III.** Prononciation particulière d'une langue. *L'accent du Midi. Parler l'anglais avec l'accent d'Oxford.* – Lat. *accentus.*

accenteur [aksɑ̃tœʀ] n. m. Oiseau passériforme (fam. prunellidés), au bec fin et au plumage terne. – Lat. *accentor,* « qui chante en accompagnement ».

accentuation [aksɑ̃tɥasjɔ̃] n. f. **1.** Manière, fait d'accentuer (dans la parole ou l'écriture). **2.** Fait d'accentuer, de s'accentuer. *L'accentuation de la tendance inflationniste serait dangereuse pour l'économie.* – De *accentuer.*

accentué, ée [aksɑ̃tɥe] adj. **1.** Qui porte un accent (aux sens I, 1 et 2). *Syllabe accentuée. Lettre accentuée.* **2.** Fig. Marqué. *Des rides accentuées.* – Pp. de *accentuer.*

accentuer [aksɑ̃tɥe] v. tr. [1] **I. 1.** Accroître l'intensité de la voix en prononçant (un son, un groupe de sons). *Il accentue trop les rimes en disant ces vers.* **2.** Mettre un accent sur (une lettre). ▷ (S. comp.) *Vous ponctuez mal et vous n'accentuez pas.* **II.** Rendre plus perceptible ; renforcer. *Sa haute taille accentuait sa maigreur. Cet incident ne peut qu'accentuer leur désaccord.* ▷ v. pron. Augmenter. *Infirmité qui s'accentue avec l'âge.* – Lat. médiév. *accentuare,* « déclamer ».

acceptabilité [aksɛptabilite] n. f. Caractère de ce qui est acceptable. ▷ Pour la grammaire générative, caractère des phrases que les locuteurs tiennent pour normales (par ex. : *« Y en a, dans le métro, faut qu'y poussent »*). – De *acceptable.*

acceptable [aksɛptabl] adj. Qui peut être accepté, admissible. *Une offre acceptable.* – De *accepter.*

acceptant, ante [aksɛptɑ̃, ɑ̃t] adj. (et n.) DR Dont le consentement valide un contrat. – Ppr. de *accepter.*

acceptation [aksɛptasjɔ̃] n. f. **1.** Fait d'accepter. *L'acceptation de la mort.* Ant. refus. **2.** DR Consentement formel notifié. *Acceptation d'une traite.* Ant. protestation. – De *accepter.*

accepter [aksɛpte] v. [1] **I.** v. tr. **1.** Prendre, recevoir volontairement ce qui est proposé. *Accepter un cadeau. Accepter une invitation.* ▷ (S. comp.) *Acceptez-vous ?* Ant. refuser. **2.** DR *Accepter une traite,* s'engager à la payer à l'échéance. **3.** Supporter. *Accepter son sort avec résignation.* Syn. endurer. **4.** Tenir pour fondé. *Accepter une théorie.* **5.** *Accepter qqn,* l'admettre comme l'un des siens. *Ses beaux-parents l'ont accepté.* **II.** v. tr. ind. **1.** (+ inf.) Consentir à. *J'accepte de parler, mais il faut m'écouter.* **2.** (+ subj.) Admettre que. *Il acceptera sans doute que vous l'accompagniez.* – Lat. *acceptare.*

accepteur [aksɛptœʀ] n. m. **1.** DR Celui qui accepte une traite. **2.** CHIM Atome susceptible de recevoir un électron supplémentaire. **3.** PHYS NUCL Structure chimique (atome, ion, molécule) susceptible de fixer un ou plusieurs électrons. – Lat. *acceptor.*

acception [aksɛpsjɔ̃] n. f. **1.** Vx Acceptation. ▷ DR, mod. *Sans acception de personne :* sans préférence envers qqn. **2.** Sens d'un mot. *Ce mot a plusieurs acceptions.* – Lat. *acceptio.*

accès [aksɛ] n. m. **1.** Voie pour se rendre dans, passage vers (un lieu). *Accès d'une autoroute. Accès interdit.* **2.** Possibilité d'accéder, de parvenir à. *Village d'un accès difficile.* ▷ Fig. *L'accès à une profession,* la possibilité de l'exercer. *L'agrégation donne accès au professorat.* ▷ INFORM *Accès direct :* procédé qui donne la possibilité d'atteindre directement l'emplacement d'une information dans une mémoire (par oppos. à *accès séquentiel*). **3.** Manifestation d'un phénomène pathologique ou émotionnel. *Accès de fièvre, de délire. Il a de brusques accès de fureur.* Syn. crise. – Lat. *accessus.*

accessibilité [aksesibilite] n. f. Qualité de ce qui est accessible. – De *accessible.*

accessible [aksesibl] adj. **1.** (Lieux) Que l'on peut atteindre. *Une crique accessible seulement par mer.* ▷ Fig. (Choses) Que l'on peut comprendre. *Livre accessible au profane.* ▷ Fig. *Un article accessible à toutes les bourses, d'un prix accessible,* que tout le monde peut acheter, bon marché. **2.** (Personnes) Que l'on peut approcher, rencontrer. *Il n'est accessible que sur rendez-vous.* **3.** Qui se laisse toucher par (un sentiment, une émotion). *Être accessible à la compassion.* – De *accès.*

accession [aksesjɔ̃] n. f. Action de s'approcher de, d'accéder à. *Accession au trône.* – Lat. *accessio.*

accessit [aksesit] n. m. Distinction attribuée à un élève qui, sans avoir obtenu un prix, s'en est approché. *Il a reçu un accessit de géographie. Des accessits.* – Mot lat.

accessoire [akseswaʀ] adj. et n. m. **I.** adj. Subordonné à ce qui est essentiel. *Idée, clause accessoire. N'avoir qu'un intérêt accessoire.* Syn. annexe, secondaire, subsidiaire. – *Revenus accessoires,* qui ne résultent pas de l'activité principale. ▷ n. m. *Examinons d'abord le principal, l'accessoire ensuite.* **II.** n. m. **1.** Pièce qui ne fait pas partie intégrante d'un ensemble mécanique. *Des* *accessoires d'automobile.* **2.** Petit objet conçu pour un usage précis, déterminé, dans l'exercice d'une activité particulière ou d'une profession. *Outils et accessoires chirurgicaux.* **3.** Objet, élément mobile du décor, du costume, dans un spectacle. *Mise en scène nécessitant de nombreux accessoires.* **4.** Élément ajouté à la tenue vestimentaire (gants, sac, ceinture). – Lat. ecclés. *accessorius,* de *accedere,* «joindre».

accessoirement [aksesvwaʀmɑ̃] adv. D'une manière accessoire. – De *accessoire.*

accessoiriser [akseswaʀize] v. [1] **1.** v. tr. Assortir des accessoires à (une tenue vestimentaire). **2.** v. pron. (récipr.) (En parlant d'éléments vestimentaires.) S'associer, se compléter harmonieusement. – De *accessoire.*

accessoiriste [akseswaʀist] n. m. **1.** Celui qui, au théâtre, au cinéma, à la télévision, s'occupe des accessoires. **2.** Vendeur d'accessoires (sens II, 1) pour l'automobile. – De *accessoire.*

accident [aksidɑ̃] n. m. **I. 1.** Vx Événement qui survient par hasard, de manière imprévue. *Un heureux accident.* **2.** Mod. Simple péripétie, épisode sans réelle importance. *Son échec au baccalauréat n'était qu'un accident, qu'un accident de parcours.* **3.** PHILO Ce qui n'est pas inhérent à l'être, à la substance. *L'essence et l'accident.* **4.** MUS Signe d'altération (dièse, bémol, bécarre) placé devant une note dans le courant d'un morceau. **5.** *Accident de terrain :* dénivellation. **II.** Événement imprévu aux conséquences fâcheuses. **1.** Événement imprévu, survenant brusquement, qui entraîne des dommages matériels ou corporels. *Accident de voiture, d'avion. Accident du travail.* **2.** MED Affection qui survient brutalement. *Être victime d'un accident cardiaque, vasculaire, cérébral.* – Lat. *accidens.*

accidenté, ée [aksidɑ̃te] adj. et n. **1.** Qui présente des creux et des bosses, inégal. *Terrain accidenté.* **2.** Qui a subi un accident (sens II, 1). *Voiture accidentée.* ▷ Subst. *Une accidentée. Un accidenté du travail.* – Pp. de *accidenter.*

accidentel, elle [aksidɑ̃tɛl] adj. Fortuit, qui arrive par accident. *Mort accidentelle.* – De *accident.*

accidentellement [aksidɑ̃tɛlmɑ̃] adv. De manière accidentelle; fortuitement. – De *accidentel.*

accipitriformes [aksipitʀifɔʀm] n. m. pl. ORNITH Syn. de *falconiformes.* – Sing. *Un accipitriforme.* – Du lat. *accipiter,* «oiseau de proie».

acclamation [aklamasjɔ̃] n. f. Cri collectif en faveur de quelqu'un. *Acclamations à la fin d'un spectacle, d'un concert. Motion votée par acclamation,* adoptée sans scrutin, dans l'enthousiasme collectif. – De *acclamer.*

acclamer [aklame] v. tr. [1] Saluer par des acclamations. *Acclamer un orateur.* Ant. conspuer, huer. – Lat. *acclamare.*

acclimatation [aklimatasjɔ̃] n. f. Action d'acclimater ou de s'acclimater. Syn. accommodation. ▷ *Jardin d'acclimatation :* parc zoologique où se trouvent des animaux exotiques. – De *acclimater.*

acclimatement [aklimatmɑ̃] n. m. SC NAT Résultat de l'acclimatation; état d'un sujet qui s'est acclimaté. – De *acclimater.*

acclimater [aklimate] v. [1] **I.** v. tr. Habituer (une plante ou un animal) à des conditions de climat, d'environnement, différentes de celles de son milieu d'origine. *Acclimater un arbre tropical en France.* **II.** v. pron. **1.** S'adapter à un climat, un milieu différent (plantes, animaux). ▷ Fig. S'accoutumer à de nouvelles conditions d'existence (personnes). *Immigré qui s'acclimate à sa patrie d'adoption.* **2.** Fig. *Mot nouveau qui s'acclimate,* qui entre dans l'usage. – De *climat.*

accointance [akwɛ̃tɑ̃s] n. f. (Surtout plur., souvent péjor.) Fréquentation, relations familières. *Avoir des accointances avec des individus peu recommandables.* – Lat. pop. **accognitare.*

accolade [akɔlad] n. f. **1.** HIST Au cours de la cérémonie de l'adoubement, action de passer le bras autour du cou du bachelier* pour l'armer chevalier. **2.** Action de mettre les bras autour du cou ou sur les épaules de qqn pour l'accueillir ou l'honorer. *Une accolade fraternelle. Accolade solennelle, lors d'une remise de décoration.* **3.** Signe typographique ({ ou }) utilisé pour réunir plusieurs lignes ou plusieurs colonnes. **4.** ARCHI Arc surbaissé en forme d'accolade (sens 3). **5.** MATH Signe utilisé pour encadrer une expression algébrique ou les éléments d'un ensemble. – Provenç. *accolada.*

accolé, ée [akɔle] adj. Étroitement joint à. *Grange accolée à une ferme.* – Pp. de *accoler.*

accoler [akɔle] v. tr. [1] **1.** Réunir côte à côte, joindre étroitement. *Accoler les lentilles d'un instrument d'optique.* ▷ v. pron. S'attacher à. *Le lierre s'accole au mur.* **2.** Unir par une accolade (sens 3). *Accoler les portées d'une partition.* – De *col,* «cou».

accommodant, ante [akɔmɔdɑ̃, ɑ̃t] adj. D'humeur facile; complaisant. *Une personne très accommodante.* – Ppr. de *accommoder.*

accommodat [akɔmɔda] n. m. BIOL Être vivant présentant des variations phénotypiques (donc non transmissibles) dues à la vie dans un milieu inhabituel; ces variations elles-mêmes. – De *accommoder.*

accommodation [akɔmɔdasjɔ̃] n. f. **1.** Action d'accommoder ou de s'accommoder. **2.** *Accommodation de l'œil :* variation de la courbure du cristallin qui permet la vision nette à des distances différentes. – De *accommoder.*

accommodement [akɔmɔdmɑ̃] n. m. Arrangement, accord à l'amiable. *Il refuse tout accommodement.* – De *accommoder.*

accommoder [akɔmɔde] **I.** v. tr. [1] **1.** Vx Rendre propre à l'usage qu'on doit en faire. *Comment avez-vous accommodé votre maison?* **2.** Préparer (des aliments). *Accommoder une pièce de gibier. Accommoder un gigot à l'ail.* **3.** *Accommoder à :* adapter à. *Accommoder un discours au goût du public. Accommoder sa vie aux circonstances.* **II.** v. pron. *S'accommoder de :* se faire à, s'habituer à. *Je devrai m'accommoder de cette désagréable situation.* – De *a-* 2, et *commode.*

accompagnateur, trice [akɔ̃paɲatœʀ, tʀis] n. **1.** MUS Musicien qui assure l'accompagnement instrumental. **2.** Personne qui accompagne, guide ou dirige un groupe. – De *accompagner.*

accompagnement [akɔ̃paɲmɑ̃] n. m. **1.** Ce qui accompagne. *Le vin rouge est un agréable accompagnement pour le fromage.* **2.** MUS Soutien de la mélodie d'une voix ou d'un instrument par l'harmonie qu'on exécute sur un instrument secondaire. – Partition écrite pour assurer ce soutien. – De *accompagner.*

accompagner [akɔ̃paɲe] v. tr. [1] **1.** Aller de compagnie avec (qqn). *Il l'accompagne à la gare.* **2.** Joindre, ajouter (qqch) à (qqch). *Il accompagna ces paroles d'un sourire.* ▷ v. pron. Advenir en même temps que. *Les migraines s'accompagnent souvent de nausées.* **3.** MUS Soutenir le chant, un instrument, par un accompagnement (sens 2). *Accompagner un chanteur à la guitare.* ▷ v. pron. *S'accompagner au piano.* – De *a-* 2, et a. fr. *compain,* «avec qui on partage le pain».

accompli, ie [akɔ̃pli] adj. **1.** Qui est parfait en son genre. *Une maîtresse de maison accomplie.* **2.** Entièrement achevé. *C'est une affaire accomplie.* ▷ *Fait accompli,* sur lequel il n'y a plus à revenir. *Mettre qqn devant le fait accompli.* **3.** Révolu. *Il a dix-huit ans accomplis.* – Pp. de *accomplir.*

accomplir [akɔpliʀ] v. [3] **I.** v. tr. Réaliser entièrement. **1.** Mener à son terme. *Accomplir son temps de service.* Syn. effectuer. **2.** Exécuter (ce qui était prévu). *Accomplir un projet.* **3.** S'acquitter de. *Accomplir sa tâche, ses obligations.* **II.** v. pron. Se réaliser. *Leurs vœux se sont accomplis.* – De *a-* 2, et a. fr. *complir,* « achever ».

accomplissement [akɔ̃plismɑ̃] n. m. Fait d'accomplir, de s'accomplir; son résultat. *L'accomplissement des obligations militaires. L'accomplissement de ses rêves.* – De *accomplir.*

accon ou **acon** [akɔ̃] n. m. MAR Bateau à fond plat servant au chargement et au déchargement des navires. Syn. allège.

acconage ou **aconage** [akɔnaʒ] n. m. Rég. Chargement ou déchargement des navires au moyen d'accons. – De *accon.*

acconier ou **aconier** [akɔnje] n. m. Entrepreneur en acconage. – De *accon.*

accord [akɔʀ] n. m. **I. 1.** Entente entre des personnes. *Leur accord est fondé sur leur communauté de goûts et d'aspirations.* – *Vivre en bon accord avec qqn.* **2.** Convention. *Passer un accord avec un fournisseur. Signer un accord commercial.* **II. 1.** Concordance (de choses, d'idées entre elles). *L'accord des couleurs témoigne du goût de la décoratrice.* – *Mettre ses actes en accord avec ses convictions,* en conformité avec elles. ▷ *Être d'accord, tomber d'accord :* être du même avis. ▷ *D'un commun accord :* selon une décision prise en commun. *D'un commun accord, nous avons renoncé à ce projet.* **2.** Assentiment, approbation. *Donner son accord. Il faut l'accord préalable de l'administration.* – *Cette décision a été prise en accord avec l'intéressé,* avec son assentiment. ▷ Fam. *D'accord* (pour manifester son assentiment, son approbation à ce qui vient d'être dit). *Vous nous accompagnez ? D'accord !* **III. 1.** MUS Combinaison d'au moins trois notes jouées simultanément. *Plaquer quelques accords au piano. Accord parfait. Accord dissonant.* **2.** MUS Réglage d'un instrument de musique à un ton donné. *Faire l'accord d'une mandoline à l'aide d'un diapason.* **3.** PHYS Réglage de deux mouvements vibratoires sur la même fréquence. *Chercher l'accord d'un récepteur sur la fréquence d'un émetteur.* **4.** GRAM Concordance entre les marques de genre, de nombre ou de personne de deux ou plusieurs mots liés syntaxiquement. *L'accord du participe passé.* – De *accorder.*

accordailles [akɔʀdaj] n. f. pl. Vx Fiançailles. – De *accorder.*

accordéon [akɔʀdeɔ̃] n. m. Instrument de musique portatif à soufflet et à anches métalliques, muni de touches. ▷ *En accordéon :* qui forme de nombreux plis. *Pantalon en accordéon.* – All. *Akkordion.*

accordéoniste [akɔʀdeɔnist] n. Personne qui joue de l'accordéon. – De *accordéon.*

accorder [akɔʀde] v. [1] **A.** v. tr. **I.** Établir une entente entre (des personnes). *Il est parvenu à les accorder en obtenant de chacun des concessions.* **II. 1.** Faire concorder (une idée, une chose) avec (une autre). *Comment accorder le goût de la liberté avec les contraintes de la vie sociale ?* **2.** Octroyer, concéder. *Accorder une autorisation. Accorder son pardon à quelqu'un. Je vous accorde que vous avez raison sur ce point.* **III. 1.** MUS Régler un instrument de musique à un ton donné, le faire sonner juste. *Accorder un piano.* ▷ Fig. *Accordons nos violons, nos flûtes :* mettons-nous d'accord. **2.** GRAM Faire correspondre les marques de genre, de nombre ou de personne de deux ou plusieurs mots liés syntaxiquement. *Accorder le verbe avec son sujet.* **B.** v. pron. **I.** S'entendre. *Louis et Jean s'accordent bien.* ▷ *S'accorder à, pour (faire qqch),* s'entendre pour. *Tout le monde s'accorde à le reconnaître. Ils s'accordent pour le blâmer.* **II. 1.** *S'accorder avec :* être assorti à. *Ces chaises anciennes s'accordent bien avec cette table moderne.* – (Absol.) *Ces couleurs s'accordent parfaitement.* **2.** S'octroyer. *S'accorder un moment de répit.* **III.** GRAM Prendre les marques du genre et du nombre du nom. *L'adjectif s'accorde en genre et en nombre avec le nom.* – Lat. pop. *accordare.*

accordeur [akɔʀdœʀ] n. m. Personne dont le métier est d'accorder certains instruments de musique. *Accordeur de pianos.* – De *accorder.*

accordoir [akɔʀdwaʀ] n. m. Clef carrée pour régler les cordes de certains instruments de musique (pianos, clavecins, etc.). – De *accorder.*

1. accore [akɔʀ] n. m. MAR Pièce de bois qui étaie un navire en construction. – Néerl. *score,* « étai ».

2. accore [akɔʀ] adj. MAR Se dit d'une côte dépourvue d'estran, plongeant à pic en eau profonde. Syn. franc. – Néerl. *schore,* « escarpé ».

accorer [akɔʀe] v. tr. Étayer au moyen d'accores. – De *accore* 1.

accort, orte [akɔʀ, ɔʀt] adj. **1.** Litt., rare Civil et accommodant. *Un homme fort accort.* **2.** Litt. Avenant, gracieux (se dit surtout d'une femme). *Une servante accorte.* – Ital. *accorto,* « adroit ».

accostage [akɔstaʒ] n. m. Action d'accoster. ▷ ESP Opération d'approche et de mise en contact de deux engins spatiaux. – De *accoster.*

accoster [akɔste] v. tr. [1] **1.** Aborder (qqn) pour lui parler. *Un inconnu m'a accosté dans la rue.* **2.** MAR Se ranger le long de (un quai, un autre bateau). *Navire qui accoste une jetée. La vedette du pilote accoste le cargo.* ▷ (S. comp.) *Le paquebot a accosté,* s'est rangé à quai. – De *a-* 2, et de l'a. fr. *coste,* « côté ».

accotement [akɔtmɑ̃] n. m. Espace aménagé, sur le côté d'une route, entre la chaussée et le fossé. *Ranger sa voiture sur l'accotement.* – De *accoter.*

accoter [akɔte] v. tr. [1] Faire prendre appui à (qqch) contre. *Accoter une échelle contre un mur, à un mur.* ▷ v. pron. S'appuyer contre (qqch). *S'accoter à la cheminée.* – Du bas lat. *accubitare,* de *cubitus,* « coude »; influence de *accoster.*

accotoir [akɔtwaʀ] n. m. Ce qui sert à s'accoter. – Spécial. Partie d'un siège qui sert à accoter la nuque, la tête. – De *accoter.*

accouchée [akuʃe] n. f. Femme qui vient d'accoucher. – Pp. fém. subst. de *accoucher.*

accouchement [akuʃmɑ̃] n. m. **1.** Action de mettre au monde un enfant. *Elle a eu des contractions longtemps avant son accouchement.* **2.** Assistance à une femme qui met un enfant au monde. *Cette sage-femme a une longue expérience des accouchements.* – *Accouchement sans douleur,* ou *dirigé,* ou *psychoprophylactique,* au cours duquel les douleurs du travail sont réduites, grâce à une préparation physique et psychologique de la mère au cours de la grossesse. – De *accoucher.*

accoucher [akuʃe] v. [1] **I.** v. tr. indir. **1.** Mettre au monde. *Accoucher d'un fils, d'une fille.* ▷ (S. comp.) *Elle accouchera bientôt.* **2.** Fig. fam. Produire avec effort (un travail intellectuel). *Accoucher d'un projet.* **3.** Pop. Parler. *Alors, tu accouches ? :* Parleras-tu enfin ? **II.** v. tr. Aider (une femme) à mettre un enfant au monde. *C'est le médecin qui l'a accouchée.* – De *a-* 2, et *coucher.*

accoucheur, euse [akuʃœʀ, øz] n. Médecin spécialiste des accouchements. – De *accoucher.*

accouder (s') [akude] v. pron. [1] S'appuyer sur un coude ou les deux. *S'accouder au balcon. S'accouder sur la table.* – De l'a. fr. *accoter* (lat. *accubitare*), d'après *coude.*

accoudoir [akudwaʀ] n. m. Appui pour s'accouder, en partic. sur un siège. *L'accoudoir d'un prie-Dieu.* – De *accouder.*

accouer [akwe] v. tr. [1] Attacher des chevaux à la file, le licol de l'un à la queue de l'autre. – De l'a. fr. *couer,* de *coe,* « queue ».

accouplé, ée [akuple] adj. **1.** Formant une paire ou un couple. **2.** MECA Réuni par un accouplement (à). – Pp. de *accoupler.*

accouplement [akupləmɑ̃] n. m. **1.** Action, fait d'accoupler. **2.** Acte sexuel entre le mâle et la femelle d'une espèce animale. **3.** TECH Dispositif destiné à rendre solidaires deux pièces, deux machines. *Accouplement rigide, semi-élastique, hydraulique. Accouplement à la Cardan :* V. cardan. – De *accoupler.*

accoupler [akuple] v. [1] **I.** v. tr. **1.** Réunir par couple (des animaux). – Spécial. *Accoupler des animaux :* faire s'unir sexuellement le mâle et la femelle. *Accoupler une jument anglaise à un étalon arabe.* **2.** Réunir par paire (des animaux). *Accoupler des bœufs.* **3.** Fig. Réunir (deux mots, deux choses très différentes). *Accoupler des couleurs qui jurent ensemble.* **4.** TECH Rendre solidaire une pièce, une machine d'une autre. **II.** v. pron. S'unir sexuellement (en parlant d'animaux). – De *a-* 2, et *couple.*

accourcir [akuʀsiʀ] v. intr. [3] Litt. Devenir plus court. *Les jours accourcissent.* – A. fr. *accorcir.*

accourir [akuʀiʀ] v. intr. [26] Venir en courant, en hâte. *Les brancardiers ont accouru et emporté le blessé. Je suis accouru, et me voilà.* – Lat. *accurrere.*

accoutrement [akutʀəmɑ̃] n. m. Habillement étrange ou grotesque. – De *accoutrer.*

accoutrer [akutʀe] v. tr. [1] Péjor. Habiller (qqn) de façon étrange ou grotesque. *Accoutrer un enfant de vieilles nippes.* ▷ v. pron. *Il s'accoutre de vêtements voyants.* Syn. affubler. – Lat. pop. **acconsuturare,* « coudre ensemble ».

accoutumance [akutymɑ̃s] n. f. **1.** Fait de s'accoutumer, de s'habituer. **2.** MED Phénomène métabolique se traduisant par la nécessité d'augmenter les doses absorbées d'une substance pharmacologique ou d'une drogue pour en obtenir l'effet habituel. – De *accoutumer.*

accoutumé, ée [akutyme] adj. Ordinaire, habituel. *Se promener à l'heure accoutumée.* ▷ Loc. adv. *Comme à l'accoutumée :* comme d'habitude. *Il a bu comme à l'accoutumée.* – Pp. de *accoutumer.*

accoutumer [akutyme] v. [1] **1.** v. tr. Faire prendre une habitude à (qqn, un animal). *Accoutumer un chien à la propreté.* ▷ *Être accoutumé à :* avoir l'habitude de. *Il est accoutumé à se lever tôt.* **2.** v. pron. S'habituer à. *S'accoutumer au froid.* – De *a-* 2, et *coutume.*

accouvage [akuvaʒ] n. m. ELEV Technique qui consiste à faire éclore des œufs en couveuse artificielle. – De *couver.*

accréditer [akʀedite] v. tr. [1] **1.** Faire reconnaître officiellement la qualité (de qqn). *Accréditer un ambassadeur auprès d'un chef d'État étranger.* ▷ *Être accrédité auprès d'une banque,* y avoir un crédit. **2.** *Accréditer une rumeur,* la rendre plausible. ▷ v. pron. *La nouvelle s'accréditait,* devenait plausible, se répandait. – De *a-* 2, et *créditer.*

accréditeur [akʀeditœʀ] n. m. Personne qui accrédite, en donnant sa garantie au bénéfice de quelqu'un. – De *accréditer.*

accréditif, ive [akʀeditif, iv] adj. et n. m. **1.** adj. Qui accrédite (en parlant de choses). **2.** n. m. Crédit ouvert au client d'une banque auprès d'un correspondant étranger ou d'une succursale; document qui ouvre ce crédit. – De *accréditer.*

accrescent, ente [akʀesɑ̃, ɑ̃t] adj. BOT Se dit des parties de la fleur qui s'accroissent durant la maturation du fruit. – Lat. *accrescens,* de *accrescere,* « s'accroître ».

accrétion [akʀesjɔ̃] n. f. ASTRO et METEO Agglomération d'éléments. *Accrétion de nuages.*– GEOL Apport de matériaux. – Lat. *accretio.*

accroc [akʀo] n. m. **1.** Déchirure faite en s'accrochant. *Elle a un accroc à son manteau.* **2.** Fig. Difficulté imprévue. *Tout s'est déroulé sans accroc.* – Déverbal de *accrocher.*

accrochage [akʀɔʃaʒ] n. m. **1.** Action d'accrocher. *L'accrochage d'un wagon à une motrice.* **2.** Accident matériel sans gravité entre deux véhicules. **3.** MILIT Engagement de courte durée. **4.** ELECTRON Perturbation dans une amplification. **5.** Fam. Querelle. – De *accrocher.*

accroche [akʀɔʃ] n. f. *Accroche publicitaire :* message principal sur lequel porte une publicité. – De *accrocher.*

accroche-cœur [akʀɔʃkœʀ] n. m. Boucle de cheveux en forme de crochet plaquée sur la tempe ou le front. *Se faire des accroche-cœurs.* – De *accroche,* et *cœur.*

accrocher [akʀɔʃe] v. [1] **I.** v. tr. **1.** Suspendre à un crochet. *Accrocher un miroir au mur.* **2.** Retenir au moyen d'un objet crochu. *Il a accroché ma veste avec son hameçon.* **3.** Heurter (un véhicule avec un autre). *Accrocher l'aile d'une voiture.* **4.** MILIT Obliger au combat (des ennemis). *Accrocher une patrouille.* **5.** Fig. Aborder et retenir (qqn). *Une fois qu'il vous a accroché, il ne vous lâche plus.* **II.** v. pron. **1.** Être retenu ou suspendu par un crochet. *Ce fusil s'accroche au-dessus de la cheminée.* **2.** Se cramponner. *Monter à un arbre en s'accrochant aux branches.* ▷ Fig., fam. *S'accrocher à quelqu'un,* l'importuner en le retenant avec insistance. – *S'accrocher avec qqn,* se quereller avec lui. ▷ Faire preuve de ténacité. *Il s'accroche pour réussir.* – De *a-* 2, et *croc.*

accrocheur, euse [akʀɔʃœʀ, øz] adj. **1.** Qui retient l'attention. *Un slogan accrocheur.* **2.** Fam. Tenace, obstiné. *Un représentant accrocheur.* – De *accrocher.*

accroire [akʀwaʀ] v. tr. (Usité seulement à l'inf.) **1.** Rare *Faire accroire :* faire croire (ce qui n'est pas). *Il voudrait faire accroire qu'il est riche.* **2.** *En faire accroire à qqn,* l'abuser, le tromper. *N'essaie pas de m'en faire accroire!* – De *à,* et *croire.*

accroissement [akʀwasmɑ̃] n. m. **1.** Fait d'augmenter. *L'accroissement des connaissances.* **2.** Action de croître, de pousser. *L'accroissement d'une tige.* Syn. croissance, développement. **3.** MATH Différence entre deux valeurs successives d'une variable. – De *accroître.*

accroître [akʀwatʀ] v. tr. [72] Augmenter, rendre plus grand. *Accroître sa fortune, sa production.* Syn. agrandir, développer. Ant. réduire, amoindrir. ▷ v. pron. Aller en augmentant. *Sa détresse s'est accrue.* Syn. grandir. – Lat. *accrescere.*

accroupir (s') [akʀupiʀ] v. pron. [3] S'asseoir sur sa croupe (animaux); s'asseoir sur ses talons, sans que les genoux touchent le sol (personnes). – De *à,* et *croupe.*

accroupissement [akʀupismɑ̃] n. m. Position d'une personne accroupie. – De *accroupir.*

accru [akʀy] n. m. HORTIC Rejeton d'une racine. – Pp. subst. de *accroître.*

accrue [akʀy] n. f. **1.** Augmentation de la surface d'un terrain par un dépôt d'alluvions, après une crue. **2.** Terrain gagné par une forêt qui croît hors de ses limites. *L'accrue appartient au propriétaire du terrain envahi.* – Pp. fém. subst. de *accroître.*

accueil [akœj] n. m. **1.** Façon de recevoir qqn. *Un accueil glacial, enthousiaste.* **2.** *Centre d'accueil,* qui prend en charge à l'arrivée des touristes, des migrants. – Déverbal de *accueillir.*

accueillant, ante [akœjɑ̃, ɑ̃t] adj. Qui fait bon accueil. *Un homme chaleureux et accueillant. Une maison accueillante.* – Ppr. de *accueillir.*

accueillir [akœjiʀ] v. tr. [27] **1.** Recevoir qqn (d'une certaine manière). *Accueillir un ami à bras ouverts. Il nous a fort mal accueillis.* ▷ Fig. *Accueillir une nouvelle avec étonnement,* manifester de l'étonnement en l'apprenant. **2.** Donner l'hospitalité à. *J'ai dans cette ville un ami qui peut nous accueillir.* – Lat. pop. **accolligere.*

acculement [akylmɑ̃] n. m. Chez le cheval, résistance à se porter en avant, caractérisée par le report du poids sur l'arrière-main. – De *acculer.*

acculer [akyle] v. tr. [1] Pousser dans un endroit où il est impossible de reculer. *Acculer l'ennemi à la mer.* ▷ Fig. Contraindre à.*Crise politique qui accule un ministre à la démission.* – De *à,* et *cul.*

acculturation [akyltyʀasjɔ̃] n. f. Ensemble des phénomènes résultant du contact direct et continu entre des groupes d'individus de cultures différentes et entraînant des changements dans les types culturels de l'un ou l'autre de ces groupes ou des deux. – Emprunt à l'angl.

accumulateur [akymylatœʀ] n. m. Générateur électrochimique qui accumule l'énergie électrique et la restitue sous forme de courant. *Recharger un accumulateur, une batterie d'accumulateurs.* (Abrév. fam. : accus). – De *accumuler.*

accumulation [akymylasjɔ̃] n. f. **1.** Action d'accumuler; son résultat. *Une accumulation d'erreurs de gestion les a conduits à la faillite.* ▷ *Chauffage par accumulation,* qui restitue au moment voulu la chaleur emmagasinée auparavant. **2.** GEOL Entassement de matériaux détritiques en milieu continental. *Accumulation fluviatile, glaciaire, éolienne.* – De *accumuler.*

accumuler [akymyle] v. tr. [1] Mettre ensemble en grande quantité, en grand nombre. *Accumuler des provisions pour l'hiver.* Syn. amasser, entasser. Ant. disperser. ▷ v. pron. Concourir à former un grand nombre, une grande quantité avec d'autres choses de même nature. *Dossiers qui s'accumulent. De gros nuages s'accumulaient dans le ciel.* – Lat. *accumulare.*

accus [aky] n. m. pl. Fam. Abrév. de *accumulateurs.*

accusateur, trice [akyzatœʀ, tʀis] adj. Qui fait peser un soupçon, qui tend à prouver une responsabilité. *Une lettre accusatrice.* ▷ Subst. Personne qui accuse en justice. – De *accuser.*

accusatif [akyzatif] n. m. LING Cas de déclinaison qui sert à exprimer principalement l'objet direct. – Lat. *accusativus.*

accusation [akyzasjɔ̃] n. f. **I.** Imputation (d'un défaut, d'un vice). *Accusation d'inconduite.* **II.** DR **1.** Action en justice, plainte par laquelle on porte devant la justice pénale la connaissance d'une infraction pour en obtenir la répression. **2.** *L'accusation :* le ministère public près un tribunal criminel. **3.** *Acte d'accusation,* dressé par le procureur, et exposant les infractions imputées à la personne traduite devant la cour d'assises. **4.** *Chef* d'accusation.* – Lat. *accusatio.*

accusatoire [akyzatwaʀ] adj. Qui a rapport à une accusation ou la motive. – Lat. *accusatorius.*

accusé, ée [akyze] n. **1.** Cour. Personne à qui l'on impute une infraction aux lois. **2.** DR Personne qui fait l'objet d'un arrêt de renvoi devant la cour d'assises, rendu par la chambre* d'accusation. **3.** *Accusé de réception :* document signé par le destinataire d'une lettre, d'un colis pour en attester la livraison. – Pp. subst. de *accuser.*

accuser [akyze] v. tr. [1] **1.** Présenter comme coupable (qqn). *On m'accuse sans preuve.* - *Accuser qqn de qqch,* l'en tenir pour coupable. *Tu m'accuses de négligence.* ▷ v. pron. S'avouer coupable. *Il s'accuse des pires méfaits.* **2.** Dénoncer (qqn) à la justice. *Accuser quelqu'un d'un meurtre.* **3.** Faire ressortir, accentuer. *L'âge a accusé leurs différences.* **4.** Révéler par ses apparences. *Cet homme accuse son âge.* ▷ Manifester une réaction à (une douleur, une émotion). *Boxeur qui accuse un coup.* – Lat. *accusare.*

-acée, -acées. Élément de suffixation, du suff. lat. *-aceus,* «appartenant à, de la nature de», servant, en botanique, à marquer l'appartenance à une famille ou à désigner une famille.

acéphale [asefal] adj. Didac. Qui est sans tête. *Les moules sont des mollusques acéphales.* – Lat. *acephalus,* d'orig. gr.

acéracées [aseʀase] n. f. pl. BOT Famille de plantes dicotylédones dialypétales comprenant les érables et les sycomores. - Sing. *Une acéracée.* – Du lat. *acer,* «érable».

acerbe [asɛʀb] adj. **1.** Litt., rare D'un goût âpre, acide. **2.** Fig. Caustique, blessant. *Son ton acerbe l'irrita.* Syn. acrimonieux, mordant, sarcastique. – Lat. *acerbus,* «triste, pénible».

acéré, ée [aseʀe] adj. **1.** Tranchant ou pointu. *Un couteau acéré.* **2.** Fig., litt. Blessant, caustique. *Décrire quelqu'un d'une plume acérée.* – Pp. de *acérer.*

acérer [aseʀe] v. tr. [14] Rendre pointu ou tranchant. *Acérer une hache.* – De l'a. fr. *acier,* «garnir d'acier».

acescence [asesɑ̃s] n. f. État d'un liquide acescent. *L'acescence des boissons fermentées est due à la transformation partielle de l'alcool en acide acétique par des bactéries.* – De *acescent.*

acescent, ente [asesɑ̃, ɑ̃t] adj. Qui devient ou est devenu aigre (en parlant d'un liquide). – Lat. *acescere,* «aigrir».

acét(o)-. Préfixe, du lat. *acetum,* «vinaigre».

acétabulaire [asetabylɛʀ] n. f. BOT Algue verte unicellulaire de grande taille, ayant la forme d'une ombrelle, utilisée dans les études cytologiques. – Du lat. *acetabulum,* «cavité».

acétal [asetal] n. m. CHIM Composé organique résultant de la combinaison d'une molécule d'aldéhyde, ou de cétone, et de deux molécules d'alcool, dont le type est l'acétal ordinaire, de formule CH_3-$CH(OC_2H_5)_2$. – All. *Azetal,* de *Azet-,* «acet-», et *Al(kohol),* «alcool».

acétaldéhyde [asetaldeid] n. m. CHIM Aldéhyde éthylique, de formule CH_3-CHO, utilisé comme intermédiaire industriel dans la préparation des dérivés acétiques. Syn. éthanal. – De *acétal,* et *(al)déhyde.*

acétamide [asetamid] n. m. CHIM Monoamide primaire de l'acide acétique. – All. *Azetamid.*

acétate [asetat] n. m. CHIM Sel ou ester de l'acide acétique. *Les acétates de vinyle et de cellulose servent de point de départ à la fabrication de nombreuses matières plastiques.* – Lat. *acetatus,* «rendu acide».

acétification [asetifikasjɔ̃] n. f. CHIM Transformation de l'alcool éthylique en acide acétique. – De *acétifier.*

acétifier [asetifje] v. tr. [2] Provoquer l'acétification de. – De *acétique,* et *-fier.*

acétique [asetik] adj. **1.** Qui a la nature, la saveur du vinaigre. **2.** CHIM *Acide acétique :* composé organique à fonction acide, de formule CH_3-$COOH$, qui résulte de l'oxydation de l'alcool éthylique en présence de bactéries acétobacter ou *Mycoderma aceti* (préparation du vinaigre). – Du lat. *acetum,* «vinaigre».

acétobacter [asetobaktɛʀ] n. m. inv. MICROB Bactérie responsable de la fermentation acétique. – Du lat. sav. *acetobacter.*

acétocellulose [asetoselyloz] n. f. Syn. de *acétylcellulose.*

acétone [asetɔn] n. f. CHIM Liquide incolore (CH_3-CO-CH_3), très volatil, d'odeur éthérée, le représentant le plus simple de la famille des cétones. *L'acétone est un excellent solvant organique.* – Lat. *acetum,* « vinaigre ».

acétonémie [asetɔnemi] n. f. MED Présence d'acétone et de corps cétoniques dans le sang. – De *acétone,* et *-émie.*

acétonurie [asetɔnyʀi] n. f. MED Présence d'acétone dans les urines. – De *acétone,* et *-urie.*

acétylcellulose [asetilselyloz] n. f. CHIM Composé solide résultant de l'estérification des fonctions alcooliques de la cellulose par l'acide acétique et ses dérivés (les propriétés plastiques de l'acétylcellulose la font utiliser pour obtenir des vernis, rayonnes, etc.). Syn. acétocellulose. – De *acétyle,* et *cellulose.*

acétylcholine [asetilkɔlin] n. f. PHYSIOL Médiateur chimique (ester acétique de la choline) transmettant l'influx nerveux au niveau des synapses neuromusculaires et des synapses parasympathiques du système végétatif. – De *acétyle,* et *choline.*

acétylcoenzyme A [asetilkoɑ̃zima] n. f. BIOL Forme activée de l'acide acétique qui constitue le point de départ de plusieurs processus métaboliques (biosynthèse des acides gras, formation des corps cétoniques, etc.). – De *acétyle,* et *coenzyme.*

acétyle [asetil] n. m. CHIM Radical de formule CH_3-CO-, dérivant de l'acide acétique par perte du groupement OH. – De *acét-,* et gr. *hulê,* « matière ».

acétylène [asetilɛn] n. m. CHIM Hydrocarbure de formule C_2H_2 ou H–C≡C–H. – De *acétyle.*
ENCYCL L'acétylène est le premier terme de la série des alcynes*. Dans les conditions normales, c'est un gaz incolore, un peu plus léger que l'air, peu soluble dans l'eau, mais très soluble dans l'acétone. Il se solidifie à - 85 °C sous la pression atmosphérique, sans passer par l'état liquide. Sa combustion dégage une grande quantité de chaleur, ce qui a conduit à l'utiliser dans le chalumeau oxyacétylénique, pour le découpage ou la soudure des métaux, même sous l'eau (la température de sa flamme dépasse 3 000 °C).

acétylénique [asetilenik] adj. *Hydrocarbures acétyléniques* ou *alcynes*,* qui dérivent de l'acétylène. – De *acétylène.*

acétylsalicylique [asetilsalisilik] adj. CHIM *Acide acétylsalicylique.* V. aspirine. – De *acétyle,* et *salicylique.*

achaine. V. akène.

achalandage [aʃalɑ̃daʒ] n. m. DR Clientèle. – De *achalander.*

achalandé, ée [aʃalɑ̃de] adj. **1.** Vx Qui a une nombreuse clientèle. **2.** Mod. (Emploi critiqué.) Qui offre un grand choix de marchandises. *Une épicerie bien achalandée.* – Pp. de *achalander.*

achalander [aʃalɑ̃de] v. tr. [1] **1.** Vx Amener une clientèle à. *Les vitrines de Noël achalandaient les magasins de jouets.* **2.** Mod. (Emploi critiqué.) Approvisionner en marchandises. – *De chaland.*

achanti ou **ashanti** [aʃɑ̃ti] adj. Des Achantis, peuple du Ghāna qui forma un important royaume (XVIIIe s.-XXe s.).

achards [aʃaʀ] n. m. pl. Condiment fait de légumes et de fruits macérés dans du vinaigre. – Du malais *atchar.*

acharné, ée [aʃaʀne] adj. **1.** Qui manifeste de l'acharnement. *Un plaideur acharné.* **2.** Plein d'acharnement. *Une dispute acharnée.* – Pp. de *acharner.*

acharnement [aʃaʀnəmɑ̃] n. m. **1.** Ardeur opiniâtre pour combattre. *Se défendre avec acharnement.* ▷ MED *Acharnement thérapeutique* : fait de maintenir en vie par des moyens techniques sophistiqués un agonisant dont l'état est irréversible. **2.** Ardeur vive et longtemps soutenue. *Il travaille avec acharnement.* – De *acharner.*

acharner (s') [aʃaʀne] v. pron. [1] **1.** Continuer à exercer des violences (sur un être animé). *Le lion s'acharne sur sa proie. Ils se sont acharnés sur lui et l'ont laissé pour mort.* ▷ *S'acharner sur (qqch)* : s'obstiner avec brutalité sur. *Il s'acharne sur ce vieux piano, mais il n'en tire que des fausses notes.* **2.** S'attacher avec opiniâtreté, avec excès à. *Il s'acharne au travail. Il s'acharne à passer ce concours très difficile.* ▷ (S. comp.) *Plus il perd au jeu, plus il s'acharne.* Syn. s'obstiner. – De *a-* 2, et a. fr. *charn,* « chair ».

achat [aʃa] n. m. **1.** Action d'acheter. *Faire ses achats dans les grands magasins. Un achat à crédit.* **2.** Ce qui est acheté. *Ranger ses achats.* Syn. acquisition, emplette. **3.** ECON *Pouvoir d'achat* : ce que représentent les revenus individuels d'une catégorie ou d'une classe sociale à un moment déterminé en potentiel d'acquisition de biens ou de services. – De *acheter.*

ache [aʃ] n. f. Nom cour. de diverses ombellifères. *L'ache odorante* : le céleri. – Lat. *apium.*

achéen, éenne [akeɛ̃, eɛn] adj. et n. De l'Achaïe, rég. de l'anc. Grèce. *La ligne achéenne des douze cités de l'Achaïe se dressa contre la Macédoine et fut détruite par les Romains.*

acheminement [aʃ(ə)minmɑ̃] n. m. Action d'acheminer. *Retard dans l'acheminement postal.* – De *acheminer.*

acheminer [aʃ(ə)mine] v. tr. [1] Faire avancer, diriger (vers un lieu, un but). *Acheminer une armée vers le front. Acheminer du courrier.* ▷ v. pron. *S'acheminer vers un lieu,* s'y diriger. – De *a-* 2, et *chemin.*

achène. V. akène.

acheter [aʃte] v. tr. [18] **1.** Acquérir à prix d'argent. *Acheter du pain, des livres.* ▷ Fig. Obtenir (qqch) au prix d'efforts, de sacrifices. *Acheter chèrement une victoire.* Ant. vendre. **2.** *Acheter qqn,* s'assurer de sa complicité, le corrompre à prix d'argent. *Acheter un témoin compromettant.* – Lat. pop. **accaptare.*

achètes [akɛt] n. m. pl. ZOOL Classe de vers annélides au corps dépourvu de soies dont le type est la sangsue. Syn. hirudinées. - Sing. *Un achète.* – De *a-* 1, et gr. *khaitê,* « soie ».

acheteur, euse [aʃtœʀ, øz] n. **1.** Personne qui achète, client. **2.** Employé chargé des achats pour le compte d'une entreprise commerciale. *Les grands magasins ont des acheteurs spécialisés.* – De *acheter.*

acheuléen, enne [aʃøleɛ̃, ɛn] n. m. (et adj.) PREHIST Ensemble des phases du paléolithique inférieur, caractérisé par l'apparition de la taille au percuteur tendre. ▷ adj. Qui se rapporte à cette période. – De *Saint-Acheul,* local. de la Somme.

achevé, ée [aʃ(ə)ve] adj. **1.** Terminé. **2.** Accompli, parfait dans son genre. *Un modèle achevé de toutes les vertus. Un fripon achevé.* – Pp. de *achever.*

achèvement [aʃɛvmɑ̃] n. m. Action d'achever; son résultat. *L'achèvement des travaux est retardé.* Ant. commencement. – De *achever.*

achever [aʃve] v. tr. [16] **1.** Mener à bonne fin, terminer (ce qui est commencé). *Achever son travail.* ▷ *Achever de* (+ inf.) : finir de. ▷ v. pron. *L'année s'achève dans la joie.* **2.** *Achever (un être animé),* le tuer alors qu'il est affaibli ou blessé, lui donner le coup de grâce. *Achever une bête blessée.* ▷ Fig. Ôter tout courage à (qqn). *Il était démoralisé, ce coup du sort l'a achevé.* – De *chef,* « bout, fin ».

achillée [akile] n. f. BOT Composée, autrefois employée comme hémostatique. Syn. millefeuille. – Lat. bot. *achillea*.

achondroplasie [akɔ̃dʀɔplazi] n. f. MED Maladie héréditaire et congénitale caractérisée par un défaut de croissance des membres en longueur. – De *a-* 1, gr. *khondros*, «cartilage», et *plassein*, «former».

achondroplasique [akɔ̃dʀɔplazik] adj. De l'achondroplasie. ▷ Subst. Personne atteinte de cette maladie. – De *achondroplasie*.

achoppement [aʃɔpmɑ̃] n. m. Vx Difficulté, obstacle. – Mod. Surtout usité dans la loc. : *pierre d'achoppement* (même sens). – De *achopper*.

achopper [aʃɔpe] v. intr. [1] **1.** Vx Heurter du pied un obstacle, trébucher. **2.** Fig. Être arrêté par une difficulté. *Il achoppe toujours sur ce mot qu'il n'arrive pas à prononcer*. – De *chopper*.

achromatine [akʀɔmatin] n. f. HISTOL Portion du noyau de la cellule vivante qui ne fixe pas les colorants. – De *a-* 1, et gr. *khrôma*, «couleur».

achromatique [akʀɔmatik] adj. **1.** OPT Qualifie un système optique dont on a corrigé les aberrations chromatiques. *Objectif photographique achromatique*. **2.** BIOL Se dit d'une substance cellulaire qui ne prend pas (ou prend mal) les colorants. – Du gr. *akhrômatos*, «sans couleur».

achromatisme [akʀɔmatism] n. m. OPT Propriété d'un système optique achromatique. – De *achromatique*.

achromatopsie [akʀɔmatɔpsi] n. f. MED Trouble de la vision qui consiste à ne pas voir les couleurs. – De *a-* 1, du gr. *khrôma*, «couleur», et *opsis*, «vue».

aciculaire [asikylɛʀ] ou **aciculé, ée** [asikyle] adj. SC NAT Qui est en forme d'aiguille. – De *acicule*.

acicule [asikyl] n. m. BOT Aiguille droite et grêle. – Lat. *acicula*, «petite aiguille».

acide [asid] adj. et n. m. **I.** adj. **1.** De saveur aigre, piquante. *Ces oranges sont acides*. ▷ Fig. *Propos acides*, désagréables ou blessants. **2.** CHIM Qui a les propriétés des acides. **3.** GEOL *Roche acide*, à forte teneur en silice. **II.** n. m. **1.** Composé hydrogéné de saveur piquante, qui fait virer au rouge la teinture de tournesol, réagit sur les bases et attaque les métaux (V. encycl.). **2.** Arg. L.S.D. (acide lysergique diéthylamide). – Lat. *acidus*.

ENCYCL **Chim.** – Les propriétés que possèdent tous les acides proviennent de leur capacité à fournir des protons H^+ (noyau de l'atome d'hydrogène). Les bases, de leur côté, peuvent fournir des anions OH^- (groupement hydroxyle). Lorsqu'un proton H^+ rencontre un anion OH^-, il y a formation d'une molécule d'eau et dégagement de chaleur. L'acidité d'une solution dépend de sa concentration en protons. On la caractérise par son pH* (potentiel hydrogène). Ainsi, une solution qui contient 10^{-2} mole d'ions H^+ par litre possède un pH égal à 2 (rappelons qu'une mole contient $6,02.10^{23}$ molécules, le nombre de molécules contenues dans une mole étant égal au nombre d'Avogadro). Une solution est donc d'autant plus acide que son pH est faible. Dans un litre d'eau à 25 °C, il y a 10^{-7} mole d'ions H^+ et autant d'anions OH^-; son pH est donc égal à 7. Les solutions de pH supérieures à 7 possèdent des propriétés basiques. Les acides agissent sur les bases en donnant un sel et de l'eau. Cette réaction est irréversible pour les bases et acides forts comme la soude et l'acide chlorhydrique; elle est réversible pour les bases et les acides faibles, comme l'ammoniaque et l'acide acétique. La libération de protons par les acides modifie la constitution, et en partic. la couleur, de certaines substances. Le tournesol, par ex., vire au rouge en présence d'un acide, tandis que l'héliantine vire au rose. Certains métaux, comme le fer, le zinc ou l'aluminium, cèdent facilement leurs électrons. Ils sont attaqués par les acides avec dégagement d'hydrogène (un atome d'hydrogène est en effet constitué d'un proton et d'un électron). D'autres métaux, notam. l'or et l'argent, ne peuvent céder leurs électrons et ne sont donc pas attaqués par les acides. Parmi les acides minéraux, on distingue : l'acide chlorhydrique HCl, l'acide nitrique HNO_3, l'acide sulfurique H_2SO_4 et l'acide phosphorique H_3PO_4. Ces acides sont utilisés dans la fabrication des engrais, des matières plastiques, des colorants, des explosifs, des parfums, etc. Les acides organiques possèdent au moins un radical carboxyle -COOH. On trouve parmi eux les acides aminés et les acides gras, composants de substances biochimiques fondamentales. Les acides nucléiques, macromolécules de grande taille, sont constitués de nucléotides, éléments qui résultent de la liaison d'un sucre (ribose ou désoxyribose), d'un acide orthophosphorique et d'une base purique ou pyrimidique.

acidifier [asidifje] v. tr. [2] Transformer en acide, rendre acide. – De *acide*.

acidimétrie [asidimetʀi] n. f. Mesure du titre d'une solution acide. – De *acide*, et *-métrie*.

acidité [asidite] n. f. **1.** Saveur acide. **2.** Nature de ce qui est acide. – De *acide*.

acidophile [asidofil] adj. HISTOL Se dit des constituants cellulaires qui fixent les colorants acides. – De *acide*, et *-phile*.

acidose [asidoz] n. f. MED Diminution de l'alcalinité du plasma, entraînant une rupture de l'équilibre acidobasique de celui-ci. – De *acide*, et *-ose* 2.

acidulé, ée [asidyle] adj. Acide au goût, aigrelet. *Bonbons acidulés*. – De *acide*.

acier [asje] n. m. **1.** Alliage de fer et de carbone contenant moins de 2 % de carbone (V. encycl.). ▷ Fig. *Jarrets, muscles d'acier*, souples et forts. *Regard d'acier*, dur, pénétrant. **2.** Litt. Arme blanche. *« Un homicide acier »* (Racine). – Bas lat. *aciarium*.

ENCYCL **Métall.** – Pour l'industrie, les aciers sont les plus importants des alliages fer-carbone. On réserve le nom d'acier aux alliages fer-carbone auxquels on a ajouté en petite quantité certains éléments (métalliques, comme le manganèse et le molybdène, ou non, comme le silicium et l'azote) destinés à modifier leurs propriétés mécaniques, magnétiques ou chimiques (résistance à la corrosion). Lorsque le pourcentage de ces éléments d'addition devient important, on parle alors d'*aciers alliés*; ex. : les *aciers inoxydables*. Suivant leur teneur en carbone (0,35 à 2 %), les aciers possèdent des propriétés différentes; ils forment une gamme allant des aciers doux aux aciers extra-durs, cette gamme des aciers ordinaires étant complétée par celle des aciers dits *spéciaux* contenant des métaux ou des non-métaux supplémentaires. – La préparation de l'acier se fait par affinage de la fonte en deux étapes : oxydation du carbone, du silicium et du manganèse contenus dans la fonte; réduction destinée à diminuer la teneur en oxyde. Les calories nécessaires à ces réactions peuvent être apportées par soufflage d'air ou d'oxygène (convertisseur Thomas) ou par une source de chaleur extérieure, comme le gaz naturel (four Martin). Les aciers spéciaux se préparent au four électrique. – Les aciers se différencient par des qualités d'ordre mécanique (dureté, élasticité, résistance à la rupture, etc.), d'ordre magnétique (intensité d'aimantation, hystérésis), d'ordre chimique (résistance à l'oxydation, aux acides, etc.). Ces qualités dépendent étroitement de leur composition et des traitements auxquels ils ont été soumis. *Les aciers ordinaires* durcissent d'autant plus par la trempe et sont d'autant plus tenaces qu'ils sont plus riches en carbone, mais leur perméabilité magnétique est relativement faible. *Les aciers spéciaux* contiennent, en proportions diverses, certains métaux (chrome, manganèse, tungstène, nickel, vanadium, aluminium, etc.) et des nonmétaux (silicium, antimoine, azote) qui leur confèrent des propriétés mécaniques, magnétiques, etc., spécifiques. Ainsi, certains aciers dits *rapides*, au chrome, tungstène, vanadium, peuvent travailler dans des conditions acceptables jusque vers 600 °C, alors que les aciers ordinaires ne sont guère utilisables lorsqu'ils atteignent 250 °C (outils à grande vitesse de coupe, soupapes d'échappement de moteurs, etc.).

aciérer [asjeʀe] v. tr. [14] **1.** Vx Souder de l'acier sur (un outil, une arme en fer). **2.** Vx Transformer en acier (du fer). **3.** Recouvrir d'une couche d'acier (une surface métallique). – De *acier*.

aciérie [asjeʀi] n. f. Usine qui produit de l'acier. – De *acier*.

acinétiens [asinetjɛ̃] n. m. pl. ZOOL Classe d'infusoires dépourvus de cils à l'état adulte mais munis de tentacules porteurs de ventouses. – Sing. *Un acinétien*. – Du gr. *akinetos*, « immobile ».

acineux, euse [asinø, øz] adj. ANAT *Glande acineuse*, dont les éléments (*acini*), en cul-de-sac, sont groupés autour d'un canal comme les grains de raisin d'une grappe. – De *acinus*.

acinus, plur. **acini** [asinys, asini] n. m. ANAT Élément d'une glande acineuse. – Mot. lat., « grain de raisin ».

aclinique [aklinik] adj. GEOPH Où l'inclinaison du champ magnétique terrestre est nulle. – Gr. *aklinês*, « qui ne penche pas ».

acmé [akme] n. m. **1.** MED Période d'une maladie où les symptômes sont les plus aigus. **2.** Litt. Point de plus haut développement. *L'acmé d'une civilisation*. – Gr. *akmê*.

acné [akne] n. f. Affection de la peau due à un dysfonctionnement des glandes sébacées ou pilo-sébacées, et se traduisant par une éruption de petites pustules sur le visage et la partie supérieure du thorax. *Acné inflammatoire* ou *boutonneuse* (folliculite), *acné juvénile*. – Gr. *akhnê*, « efflorescence ».

acœlomate [aselɔmat] n. m. ZOOL Animal dépourvu de cœlome comme les métazoaires diploblastiques et les plathelminthes (triploblastiques). Ant. cœlomate. – De *a-* 1, et *cœlome*.

acolytat [akɔlita] n. m. RELIG CATHOL Autrefois, le plus élevé des quatre ordres mineurs (auj. nommés ministères). – De *acolyte*.

acolyte [akɔlit] n. m. **1.** RELIG CATHOL Anc. Clerc ayant reçu l'acolytat. – Mod. Clerc exerçant le ministère de l'acolytat (il assiste le prêtre à l'autel). **2.** Péjor. Compère, complice. *Je n'aime pas beaucoup le voir rôder par ici avec son acolyte*. – Lat. ecclés. *acolythus*, par le gr.

acompte [akɔ̃t] n. m. Paiement partiel à valoir sur le montant d'une somme due. – *Acompte provisionnel* : somme payée à titre de provision sur un impôt. – De *compte*.

acon, aconage, aconier. V. accon, acconage, acconier.

aconit [akɔnit] n. m. Plante vénéneuse (fam. renonculacées) à feuilles alternes découpées et à fleurs zygomorphes bleues en grappes. – Lat. *aconitum*.

aconitine [akɔnitin] n.f. BIOCHIM Alcaloïde très toxique extrait des tubercules d'*Aconit napel*, utilisé pour ses propriétés thérapeutiques. – De *aconit*, et *-ine*.

a contrario [akɔ̃tʀaʀjo] loc. adv. *Raisonnement a contrario*, qui, partant d'une opposition dans les hypothèses, conclut à une opposition dans les conséquences. – Lat. scolast., « par la raison des contraires ».

à contre [akɔ̃tʀ] loc. adv. MAR *Voile à contre, bordée à contre*, dont le point d'écoute est au vent. – De *à*, et *contre*.

acoquiner (s') [akɔkine] v. pron. [1] Péjor. Se lier (avec qqn). *S'acoquiner avec des personnes peu recommandables*. – De *coquin*.

à-côté [akote] n. m. **1.** Ce qui est secondaire, par rapport à l'essentiel. *Ne nous égarons pas, ceci n'est qu'un à-côté du problème*. **2.** Gain d'appoint. *Je me fais des à-côtés en travaillant le soir*. – De la loc. adv. *à côté*.

acotylédone [akɔtiledɔn] ou **acotylédoné, ée** [akɔtiledɔne] adj. BOT Se dit d'une graine à embryon peu différencié. – De *a-* 1, et *cotylédon*.

à-coup [aku] n. m. Secousse, discontinuité dans un mouvement. *Il y a eu des à-coups au départ du train*. ▷ *Par à-coups* : sans régularité. *Travailler par à-coups*. – De *à*, et *coup*.

acouphène [akufɛn] n. m. MED Sensation auditive (bourdonnement, sifflement, etc.) qui n'est pas provoquée par une excitation extérieure de l'oreille. – De *acou(stique)*, et du gr. *phainien*, « paraître ».

acoustique [akustik] adj. et n. f. **I.** adj. **1.** De l'ouïe. *Nerf acoustique*. **2.** Qui sert à produire, à modifier ou à transmettre les sons; relatif au son, à sa propagation. *Phénomène acoustique. Cornet acoustique*, autrefois utilisé pour la correction auditive. **II.** n. f. **1.** Branche de la physique qui étudie les vibrations sonores, leur production, leur propagation, leurs effets (V. encycl.). **2.** Capacité d'un lieu à laisser entendre les vibrations sonores qu'on y émet avec toutes leurs composantes et dans toute leur intensité. *L'acoustique des théâtres grecs. Cette salle a une mauvaise acoustique*. – Gr. *akoustikos*, « de l'ouïe ».

ENCYCL **Phys. et physiol.** – L'acoustique physique étudie la production et la propagation des sons dans les fluides et dans les solides. L'*électroacoustique* étudie la conversion de l'énergie acoustique en énergie électrique, la transmission des signaux électriques correspondants, leur amplification, et la restitution des sons, ainsi que leur synthèse par des procédés électroniques. L'*acoustique physiologique* étudie le mécanisme de la sensation et de la perception auditives et détermine les seuils d'audition. L'*acoustique architecturale* se préoccupe notam. de l'atténuation des nuisances dues aux bruits. L'*acoustique médicale* s'intéresse aux mécanismes et aux troubles de l'audition (à l'aide d'audiogrammes). L'*acoustique musicale* étudie les propriétés des sons utilisés en musique, leur combinaison (harmonie), leur production (instruments de musique, voix humaine) et leur synthèse (électroacoustique musicale), leur propagation et leur réception dans les lieux de concert (en étroite liaison avec l'acoustique architecturale).

acqua-toffana [akwatɔfana] n. f. Poison à base d'arsenic utilisé en Italie aux XVIe et XVIIe s. – Ital. *acqua*, « eau », et *Toffana*, nom de la femme qui aurait inventé la préparation.

acquéreur [akeʀœʀ] n. m. Personne qui acquiert (un bien). – De *acquérir*.

acquérir [akeʀiʀ] v. [35] **I.** v. tr. **1.** Devenir possesseur de. *Acquérir une terre*. **2.** Arriver à avoir. *J'ai acquis la certitude qu'il ment*. **3.** *Acquérir (qqch) à* : faire gagner, procurer à. *Louis XIV a acquis la Franche-Comté à la France*. **II.** v. pron. **1.** (Sens passif.) Être gagné, obtenu. *La fortune s'acquiert parfois par des bassesses*. **2.** (Réfl. indir.) Obtenir pour soi. *Il s'est acquis une réputation de grande probité*. – Lat. pop. **acquaerere*.

acquêt [akɛ] n. m. DR Bien acquis à titre onéreux pendant le mariage et tombant en communauté en raison du régime matrimonial des époux (par oppos. à *biens propres*). *Le régime de la communauté d'acquêts* *constitue le régime matrimonial légal français s'appliquant aux époux mariés sans contrat.* – Lat. pop. **acquaesitum*.

acquiescement [akjɛsmɑ̃] n. m. **1.** Approbation, consentement. **2.** DR Consentement exprès ou tacite donné à l'exécution d'un jugement ou d'un acte juridique. – De *acquiescer.*

acquiescer [akjese] v. tr. ind. [**12**] **1.** Manifester son consentement (à une proposition, une requête). *Il a acquiescé à ma demande.* ▷ (S. comp.) *Quand je lui ai proposé cette solution, il a acquiescé.* **2.** DR *Acquiescer à une sentence,* renoncer à en appeler. – Lat. *acquiescere,* «avoir confiance en».

acquis, ise [aki, iz] adj. et n. m. **I.** adj. **1.** Dont on est devenu possesseur. – (Prov.) *Bien mal acquis ne profite jamais.* **2.** *Acquis à (qqn)* : obtenu par. *Vous pouvez considérer que mon soutien vous est acquis.* ▷ Fig. *Je vous suis tout acquis,* tout dévoué. **3.** MED, BIOL Qui n'est ni congénital ni héréditaire. *Maladies acquises. Les caractères acquis sont intransmissibles.* **II.** n. m. Connaissances acquises. *Votre acquis vous permettra de trouver facilement du travail.* – Pp. de acquérir.

acquisitif, ive [akizitif, iv] adj. Qui permet d'acquérir, qui équivaut à une acquisition. – De *acquérir.*

acquisition [akizisjɔ̃] n. f. **1.** Action d'acquérir. *L'acquisition d'une maison.* **2.** La chose acquise. *Montre-moi ta nouvelle acquisition.* – Lat. *acquisitio.*

acquit [aki] n. m. Quittance, décharge. *L'acquit doit être signé, daté et motivé en toutes lettres.* – *Pour acquit* : V. acquitter (sens 2). ▷ *Par acquit de conscience* : pour rendre quitte sa conscience, pour ne pas avoir de doute ou de regret. *Je suis sûr qu'il n'y a pas d'erreur, mais par acquit de conscience, je vais vérifier à nouveau.* – Déverbal de *acquitter.*

acquit-à-caution [akiakosjɔ̃] n. m. Bulletin permettant de faire circuler des marchandises avant d'avoir acquitté les droits de douane ou les impôts auxquels elles sont soumises. *Des acquits-à-caution.* – De *acquit,* et *caution.*

acquittement [akitmɑ̃] n. m. **1.** Action d'acquitter, de s'acquitter. **2.** DR Renvoi d'un accusé déclaré non coupable par un tribunal. – De *acquitter.*

acquitter [akite] **I.** v. tr. [**1**] **1.** Payer (ce qui est dû). *Acquitter des droits de douane.* **2.** COMPTA *Acquitter une facture, un mémoire,* etc., y inscrire les mots «pour acquit», suivis de la signature, en reconnaissance du paiement. **3.** *Acquitter qqn,* le rendre quitte, le libérer d'une dette ou d'un engagement. *Il ne pouvait pas payer, je l'ai acquitté.* **4.** DR *Acquitter un accusé,* le déclarer non coupable. *La cour d'assises l'a acquitté.* **II.** v. pron. **1.** Se libérer (d'une obligation pécuniaire). *Je me suis acquitté de mes dettes.* **2.** Fig. Exécuter (ce à quoi on est tenu). *Je dois m'acquitter d'une promesse que je lui ai faite. S'acquitter d'un devoir, d'une tâche.* – De *quitte.*

acre [akʀ] n. f. Ancienne mesure de superficie agraire qui valait environ 50 ares. – Anglo-normand *acre.*

âcre [ɑkʀ] adj. Piquant et irritant au goût, à l'odorat. *L'odeur âcre prend à la gorge.* ▷ Fig., litt. Amer et blessant, moralement douloureux. *L'âcre souvenir des échecs passés.* – Lat. *acer.*

âcreté [ɑkʀəte] n. f. Caractère de ce qui est âcre. – De *âcre.*

acridiens [akʀidjɛ̃] n. m. pl. ENTOM Famille d'insectes orthoptères appelés communément criquets. – Sing. *Un acridien.* – Gr. *akridos,* «sauterelle».

acrimonie [akʀimɔni] n. f. Mécontentement, amertume qui s'exprime par des paroles blessantes. *Parler avec acrimonie.* – Lat. *acrimonia,* «âcreté».

acrimonieux, euse [akʀimɔnjø, øz] adj. Qui manifeste de l'acrimonie. *Propos acrimonieux.* – De *acrimonie.*

acro-. Préfixe, du grec *akros,* «élevé, extrême».

acrobate [akʀɔbat] n. m. **1.** Artiste qui exécute des exercices de gymnastique, des tours de force et d'adresse. *Les acrobates d'un cirque.* **2.** ZOOL Petit marsupial grimpeur et planeur d'Australie. – Gr. *akrobatos,* «qui marche sur la pointe des pieds».

acrobatie [akʀɔbasi] n. f. Exercice qu'exécute un acrobate; technique de l'acrobate. *Numéro d'acrobatie.* – *Acrobatie aérienne* : exercice de virtuosité exécuté en avion, évolution difficile ou périlleuse (tonneau, vrille, chandelle, looping, etc.). – De *acrobate.*

acrobatique [akʀɔbatik] adj. De la nature de l'acrobatie. *Saut acrobatique.* – De *acrobatie.*

acrocéphalie [akʀɔsefali] n. f. MED Malformation crânienne, due à la soudure précoce de certaines sutures, entraînant une déformation en hauteur et un aplatissement latéral de la tête (pain de sucre). – Du gr. *akron,* «hauteur», et *kephalê,* «tête».

acrocyanose [akʀosjanoz] n. f. MED Cyanose permanente des mains, parfois des jambes et plus rarement du nez, des oreilles, etc. observée chez les jeunes filles, et due à des troubles endocriniens. – De *acro-,* et *cyanose.*

acroléine [akʀɔlein] n. f. CHIM Aldéhyde de formule CH_2=CH-CHO se formant en petites quantités dans la pyrolyse des corps gras. – Du lat. *acer, acris,* «aigre, âcre», de *olere,* «sentir», et *-ine.*

acromégalie [akʀomegali] n. f. MED Hypertrophie des extrémités et de la face, affection d'origine hypophysaire frappant l'adulte. – Du gr. *akron,* «extrémité», et *mégalos,* «grand».

acromion [akʀomjɔ̃] n. m. ANAT Apophyse de l'omoplate s'articulant avec l'extrémité externe de la clavicule. – Gr. *akrômion,* «pointe de l'épaule».

acronyme [akʀɔnim] n. m. Sigle que l'on prononce comme un mot ordinaire, sans l'épeler. *«Unesco»* [ynɛsko] *est un acronyme.* – Angl. *acronym,* «à prononciation syllabique».

acropole [akʀɔpɔl] n. f. Partie la plus élevée des cités grecques de l'Antiquité, comportant une citadelle et des lieux de culte. *Les acropoles étaient souvent couvertes de nombreux monuments.* ▷ *L'Acropole* : l'acropole d'Athènes, où furent érigés le Parthénon et l'Érechthéion (Ve s. av. J.-C.). – Gr. *akropolis,* «ville haute».

acrosome [akʀɔzom] n. m. BIOL Organite sécrété par l'appareil de Golgi, situé à la partie antérieure du spermatozoïde. – Du gr. *akros,* «extrême», et *sôma,* «organe».

acrostiche [akʀɔstiʃ] n. m. Petit poème où les lettres initiales de chaque vers, prises dans l'ordre des vers eux-mêmes, composent le nom d'une personne, une devise, une sentence. – Du gr. *akros,* «extrême», et *stikhos,* «vers».

acrotère [akʀɔtɛʀ] n. m. ARCHI **1.** Piédestal placé au sommet ou aux extrémités d'un fronton pour recevoir une statue, un ornement; cet ornement. **2.** Couronnement placé à la périphérie d'une toiture-terrasse. – Du gr. *akrôtêrion,* par le lat.

acrylique [akʀilik] adj. et n. m. **1.** CHIM Qualifie l'*acide acrylique* de formule CH_2=CH–COOH, composé synthétique obtenu par oxydation de l'acroléine*. – *Résine acrylique,* obtenue par polymérisation de l'acrylonitrile et servant à la préparation de fibres textiles, de caoutchoucs, de peintures (où la résine, émulsionnée, sert de liant des couleurs). **2.** Fibre textile préparée avec de la résine acrylique. *Un vêtement en fibre acrylique* ou, n. m. *en acrylique.* – Du lat. *acer, acris,* «acide», et *-yle,* du gr. *hulê,* «matière».

acrylonitrile [akʀilɔnitʀil] n. m. CHIM Nitrile acrylique $CH_2=CH-C\equiv N$. – Du rad. de *acrylique*, et *nitrile*.

actant [aktɑ̃] n. m. **1.** LING Agent. **2.** Protagoniste de l'action, dans l'analyse structurale du récit. – De *acte*.

1. acte [akt] n. m. **I. 1.** Ce qui est fait par une personne. *On connaît l'homme à ses actes. Acte volontaire, instinctif.* ▷ *Acte médical* : consultation, visite, intervention, pratiquée par un médecin ou une personne appartenant à une profession médicale. ▷ *Faire acte de...* : agir avec..., faire preuve de... *Faire acte d'autorité, de bonne volonté.* ▷ *Faire acte de présence* : se montrer dans un lieu où l'on a l'obligation d'être présent sans réellement participer aux activités qui s'y tiennent; n'être présent que le temps nécessaire pour y être vu. **2.** DR Manifestation de volonté ayant des conséquences juridiques. *Acte unilatéral*, exprimant la manifestation d'une seule volonté (donation, testament). *Acte bilatéral*, exprimant un accord des volontés (convention, contrat). *Acte unique européen* : V. encycl. communauté. ▷ Loc. *Faire acte de* : agir en tant que. *Faire acte de propriétaire, d'héritier.* **II.** Pièce écrite qui constate, enregistre. **1.** DR Pièce écrite qui constate légalement un fait. *Acte d'état civil*, qui constate une naissance, un décès, un mariage. *Acte d'authenticité*, dressé par un officier public dans les formes prescrites par la loi. *Acte sous seing privé*, passé entre les parties sans le concours d'un officier public. *Acte d'accusation*, dressé par le procureur et formant la base de l'accusation devant la cour d'assises. ▷ *Prendre acte* : faire constater un fait juridiquement, dans les formes légales. – Cour. Prendre bonne note de. ▷ *Dont acte* : le présent acte constate légalement le fait (formule finale d'un acte juridique). – Cour. Il est pris bonne note de ce qui précède. **2.** Recueil des comptes rendus des séances d'une assemblée, d'une société savante. *Les actes des conciles. Actes d'un congrès.* ▷ *Actes des Apôtres* : cinquième livre du Nouveau Testament, écrit par saint Luc entre 60 et 80, qui relate les premières prédications des Apôtres et rend compte de la vie de l'Église primitive. – Lat. *actum*.

2. acte [akt] n. m. Chacune des divisions principales d'une pièce de théâtre. *Tragédie en cinq actes.* – Lat. *actus*.

acteur, trice [aktœʀ, tʀis] n. **1.** Comédien, personne qui joue un rôle dans une pièce de théâtre, un film. **2.** Fig. Personne qui prend une part active à un événement. *Il a été l'un des principaux acteurs dans cette négociation.* – Lat. *actor*, « auteur, orateur, acteur ».

A.C.T.H. n. f. PHYSIOL Hormone sécrétée par l'antéhypophyse, contrôlant les sécrétions hormonales de la corticosurrénale. – Sigle de l'angl. *Adreno-Cortico-Trophic-Hormone*.

actif, ive [aktif, iv] adj. (et n.) **I.** Qui agit, qui a la propriété d'agir. *L'esprit est actif, la matière est passive. Principe actif d'une substance.* ▷ CHIM Se dit de certains adsorbants, de certains catalyseurs auxquels une préparation particulière confère la propriété de réagir très vivement. *Charbon actif.* **II. 1.** Qui aime agir; vif dans l'action, diligent. *Un ouvrier actif.* Syn. dynamique, travailleur. **2.** Anc. *Citoyen actif*, qui jouit du droit de vote. **III. 1.** ADMIN *Service actif*, qui compte pour la retraite. **2.** DR *Dettes actives* : sommes dont on est créditeur (par oppos. aux *dettes passives* : sommes dont on est débiteur). ▷ n. m. Ensemble des biens constituant un patrimoine. *L'actif d'une société.* – COMPTA *Actif du bilan* (d'une entreprise), indique l'emploi des fonds : terrains, immeubles, stocks, sommes dues par les clients, sommes en banque ou en caisse. V. passif. – Fig. *Cette bonne action sera portée à son actif*, jouera en sa faveur. **3.** GRAM *Verbe à la voix active*, dont le sujet est l'agent de l'action. **4.** PEDAG *Méthodes actives*, qui requièrent une initiative effective de l'élève dans son propre apprentissage, et suscitent son intérêt par l'exercice d'activités formatrices diversifiées. **5.** n. f. *L'armée d'active* ou *l'active*, comprenant les militaires effectuant un service actif, sous les drapeaux. *Officier d'active* (par oppos. à *de réserve*). – Lat. *activus*.

actine [aktin] n. f. BIOCHIM Protéine qui s'associe à la myosine pour former l'actomyosine. – Du rad. lat. de *actus*, « mouvement », et *-ine*.

acting out [aktiŋaut] n. m. PSYCHAN Durant la cure, manifestation de l'inconscient par un passage à l'acte. – Mot anglais.

actinides [aktinid] n. m. pl. CHIM Ensemble des éléments qui suivent l'actinium (de numéro atomique Z = 89) dans la classification périodique des éléments. – De *actinium*.

actinies [aktini] n. f. pl. ZOOL Ordre de cnidaires hexacoralliaires, nommés cour. *anémones de mer*, polypes qui vivent isolés, fixés sur les rochers. – Sing. *Une actinie.* – Gr. *aktis, aktinos*, « rayon ».

actinique [aktinik] adj. Qualifie un rayonnement qui exerce une action chimique sur certains corps. – Du gr. *aktis, aktinos*, « rayon ».

actinistiens [aktinistjɛ̃] n. m. pl. ZOOL Sous-ordre de crossoptérygiens, auquel appartient le cœlacanthe. – Sing. *Un actinistien.* – De *actino-*, et gr. *histion*, « voile ».

actinium [aktinjɔm] n. m. CHIM Élément radioactif (Ac), de numéro atomique Z = 89, et de masse atomique 227. – Métal (Ac) dont les propriétés sont proches de celles du lanthane. – Gr. *aktis, aktinos*, « rayon ».

actino-. Préfixe, du grec *aktis, aktinos*, « rayon », impliquant l'idée de radiation ou de forme rayonnante.

actinologie [aktinɔlɔʒi] n. f. Science des propriétés biologiques ou curatives des radiations. – De *actino-*, et *biologie*.

actinomètre [aktinɔmɛtʀ] n. m. PHYS Instrument de mesure de l'énergie des radiations, en particulier des radiations solaires. – De *actino-*, et *mètre*.

actinométrie [aktinɔmetʀi] n. f. PHYS Mesure de l'énergie transportée par un rayonnement. *Actinométrie solaire.* – De *actinomètre*.

actinomorphe [aktinɔmɔʀf] adj. BOT Se dit d'une fleur dont les pièces florales sont rayonnées. Ant. zygomorphe. – De *actino-*, et *-morphe*.

actinomycétales [aktinomisetal] n. f. pl. MICROB Classe de bactéries à cellules filamenteuses comprenant, entre autres genres, *Actinomyces*, agent de l'actinomycose, et *Streptomyces*, dont on extrait la streptomycine. – De *actino-*, et gr. *mukês*, « champignon ».

actinomycose [aktinomikoz] n. f. MED VET Maladie des animaux, transmissible à l'homme, caractérisée par la présence de formations pseudo-tumorales avec suppuration, localisées surtout à la langue, aux muqueuses et à la peau. *Actinomycose bovine.* – De *actino-*, et *mycose*.

actinopodes [aktinɔpɔd] n. m. pl. ZOOL Sous-embranchement de protozoaires émettant de fins pseudopodes rayonnants. *Les acanthaires et les radiolaires sont des actinopodes.* – Sing. *Un actinopode.* – De *actino-*, et *-pode*.

actinoptérygiens [aktinopteʀiʒjɛ̃] n. m. pl. ICHTYOL Sous-classe d'ostéichthyens, poissons dont les nageoires sont soutenues par quelques vrais rayons bien ossifiés. *Les actinoptérygiens comprennent les chondrostéens (esturgeon), les holostéens, les téléostéens et le polyptère.* – Sing. *Un actinoptérygien.* – De *actino-*, et gr. *pteron*, « aile ».

actinote [aktinɔt] n. f. MINER Variété d'amphibole, de couleur verte, assez riche en fer. – Du gr. *aktinotos*, « radié ».

1. action [aksjɔ̃] n. f. **I. 1.** Ce que fait une personne qui réalise une volonté, une pulsion. *La moindre de ses actions est tendue vers le but qu'il s'est fixé. Action irréfléchie.* ▷ *Action d'éclat* : acte de courage, de dévouement, qui distingue particulièrement son auteur. **2.** Fait d'agir (par oppos. à la pensée, à la parole). *La réflexion doit précéder l'action. L'action et la connaissance.* **3.** Affrontement, lutte. *L'action s'engage. L'action a été chaude.* ▷ MILIT Petit engagement de troupes. **II. 1.** Opération, fait dû à un agent quelconque et qui occasionne une transformation, produit un effet donné. *C'est par l'action de l'entendement que se forme notre jugement. L'action chimique d'un acide.* ▷ *Mettre en action :* faire opérer, mettre en œuvre. *Mettre une pompe en action.* ▷ CHIM *Loi d'action de masse,* qui rend compte quantitativement du déplacement de l'équilibre dans une réaction chimique réversible. **2.** MECA Ce qu'exerce une force agissant sur un corps. *Si un corps A, en contact avec un corps B, exerce une action sur le corps B, inversement B exerce sur A une force égale et opposée, appelée réaction.* **III. 1.** DR Poursuite en justice. *Intenter une action judiciaire. Action publique :* action du ministère public en matière de crime ou de délit. *Action civile :* action d'un particulier pour obtenir la reconnaissance d'un droit ou la réparation d'un préjudice subi. **2.** Déroulement des événements qui forment la trame d'une fiction. *L'action d'un roman, d'une pièce de théâtre.* Syn. intrigue. ▷ *Roman, film d'action,* dont l'intérêt tient plus au déroulement des événements racontés qu'à la description d'une situation ou à l'étude psychologique des personnages. – Lat. *actio.*

2. action [aksjɔ̃] n. f. Titre négociable émis par une société, qui confère à son détenteur la propriété d'une fraction du capital de ladite société. ▷ *Action d'apport,* donnée en contrepartie d'un apport en nature (terrain, etc.). – De *action* 1.

actionnaire [aksjɔnɛʀ] n. Personne qui possède des actions émises par une société. *Les actionnaires d'une compagnie financière. Actionnaire majoritaire,* qui possède plus de la moitié des actions d'une société. – De *action* 2.

actionnariat [aksjɔnaʀja] n. m. Ensemble des actionnaires. ▷ *Actionnariat ouvrier :* participation des ouvriers aux bénéfices de leur entreprise, à sa gestion, en tant qu'actionnaires. – De *actionnaire.*

actionner [aksjɔne] v. tr. [1] **1.** DR Poursuivre en justice. **2.** Mettre en mouvement, faire fonctionner (une machine, un mécanisme). *C'est la vapeur qui actionne cette turbine. Pour mettre la machine en marche, il faut actionner cette manette.* – De *action* 1.

actionneur [aksjɔnœʀ] n. m. TECH Dispositif de commande d'un mouvement, dans un automatisme. – De *actionner.*

activation [aktivasjɔ̃] n. f. PHYS NUCL Action de communiquer à une substance des propriétés radioactives. – De *activer.*

activement [aktivmɑ̃] adv. De manière active. – De *actif.*

activer [aktive] v. tr. [1] **1.** Augmenter l'activité, rendre plus rapide. *Activer des travaux.* – (S. comp.) *Activez ! :* hâtez-vous ! ▷ CHIM *Activer une réaction,* l'accélérer par l'adjonction d'un corps étranger ou par un apport d'énergie (lumière, chaleur, etc.). **2.** Rendre plus vif, plus intense. *Activer un feu.* **3.** v. pron. S'affairer. *Le cuisinier s'active devant ses fourneaux.* – De *actif.*

activisme [aktivism] n. m. Doctrine qui prône le recours à l'action violente pour faire triompher une idée politique. – De *actif.*

activiste [aktivist] n. Partisan de l'activisme. ▷ adj. *Une politique activiste.* – De *activisme.*

activité [aktivite] n. f. **1.** Puissance, faculté d'agir. *L'activité d'un remède.* ▷ ASTRO *Activité solaire :* ensemble des phénomènes liés aux perturbations du champ magnétique solaire. ▷ PHYS *Activité optique :* propriété d'un corps transparent de faire tourner le plan de polarisation d'un faisceau lumineux polarisé de façon rectiligne. V. isomérie. **2.** Vivacité, diligence dans l'action. *Déployer une grande activité.* **3.** Ensemble d'actions et d'opérations humaines visant un but déterminé. *L'activité industrielle d'une région.* ▷ (Plur.) Occupations. *Ses multiples activités ne lui laissent aucun loisir.* **4.** Exercice d'une fonction, d'un emploi. *Temps d'activité à un poste, dans un grade. Militaire en activité.* – Bas lat. *activitas.*

actomyosine [aktɔmjɔzin] n. f. BIOCHIM Protéine, constituée d'actine et de myosine, qui permet la contraction musculaire. – De *act(ine),* et *myosine.*

actuaire [aktɥɛʀ] n. Spécialiste chargé de la partie mathématique des opérations financières ou d'assurances (statistiques, tarifs, etc.). – Angl. *actuary.*

actualisation [aktɥalizasjɔ̃] n. f. **1.** Action d'actualiser (sens 1); son résultat. *Actualisation des connaissances.* ▷ ECON Opération qui consiste à calculer quelle valeur représente aujourd'hui un capital qui ne sera disponible que dans plusieurs années; ce calcul s'effectue en fonction d'un *taux d'actualisation* que l'on détermine en tenant compte notam. de la dépréciation monétaire et du taux d'intérêt. **2.** PHILO Passage de la virtualité à la réalité. – De *actualiser.*

actualiser [aktɥalize] v. tr. [1] **1.** Donner un caractère actuel à. *Actualiser un ouvrage de référence.* **2.** PHILO Passer de la virtualité à la réalité. – De *actuel.*

actualité [aktɥalite] n. f. **1.** Nature de ce qui est actuel, de ce qui concerne les hommes d'aujourd'hui. *L'actualité d'un problème. Sujet d'une actualité brûlante.* **2.** Ensemble des événements qui se déroulent au moment où l'on parle ou qui se sont déroulés dans un passé très proche. *Revue qui présente l'actualité hebdomadaire.* ▷ (Plur.) Informations sur les événements récents. *Écouter les actualités à la radio.* **3.** PHILO Nature de ce qui est actuel, en acte. – De *actuel.*

actuariat [aktɥaʀja] n. m. Domaine d'exercice d'un actuaire. – De *actuaire.*

actuariel, elle [aktɥaʀjɛl] adj. Relatif au calcul des opérations financières ou d'assurances. – *Taux actuariel :* taux de rendement d'un capital dont les intérêts et le remboursement sont versés de façon échelonnée dans le temps. – Calculé par un actuaire. *Calculs actuariels.* – De *actuaire.*

actuel, elle [aktɥɛl] adj. **1.** Qui existe dans le présent, au moment où l'on parle. *Cette question n'est pas résolue dans l'état actuel de la recherche, à l'heure actuelle.* ▷ Qui concerne les contemporains, les hommes d'aujourd'hui. *Ce roman, écrit il y a cinquante ans, reste très actuel.* Ant. démodé, désuet. **2.** PHILO Qui est en acte. *Volonté actuelle* (par oppos. à *volonté potentielle*). Ant. virtuel. ▷ THEOL *Péché actuel,* constitué par un acte personnel (par oppos. à *péché originel).* – Bas lat. *actualis,* « agissant ».

actuellement [aktɥɛlmɑ̃] adv. **1.** À l'heure actuelle, au moment présent. **2.** PHILO En acte, réellement. – De *actuel.*

acuité [akɥite] n. f. **1.** Qualité de ce qui est aigu. *L'acuité d'un son. L'acuité d'une douleur.* **2.** Pouvoir de discrimination (d'un organe des sens). *Acuité visuelle, auditive.* **3.** Grande perspicacité. *Acuité d'esprit.* – Lat. *acutus,* « aigu ».

aculéates [akyleat] n. m. pl. ENTOM Sous-ordre d'hyménoptères dont l'extrémité postérieure de l'abdomen est munie d'un aiguillon (abeilles, guêpes, fourmis). – Sing. *Un aculéate.* – Lat. *aculeatus.*

acuminé, ée [akymine] adj. BOT Qui se termine en pointe effilée. – Lat. *acuminatus.*

acupressing [akypʀesiŋ] n. m. MED Méthode thérapeutique qui, dérivée de l'acupuncture, remplace les aiguilles traditionnelles par une pression contrôlée des doigts du manipulateur. – Du lat. *acus*, « aiguille », et de l'angl. *to press*, « appuyer ».

acupuncteur ou **acuponcteur, trice** [akypɔ̃ktœʀ, tʀis] n. Médecin qui pratique l'acupuncture. – De *acupuncture* ou *acuponcture*.

acupuncture ou **acuponcture** [akypɔ̃ktyʀ] n. f. Procédé médical employé par les Chinois depuis la plus haute Antiquité, et qui, selon leur conception du yin et du yang, consiste traditionnellement à piquer, avec des aiguilles de métal et à une profondeur rigoureusement déterminée pour chaque cas, certains points de la surface du corps répartis le long de méridiens. – Du lat. *acus*, « aiguille », et *punctura*, « piqûre ».
ENCYCL L'acupuncture se fonde sur le fait que, par une action non encore élucidée, certains points cutanés deviennent douloureux aussitôt qu'il y a trouble d'une fonction ou d'un organe rapproché ou non de ce point; aussi tente-t-on d'agir, par l'excitation de ce point, sur l'organe qui est en relation avec lui.

acutangle [akytɑ̃gl] adj. GEOM *Triangle acutangle*, dont les trois angles sont aigus. – Bas lat. *acutiangulum*, « angle aigu ».

acyclique [asiklik] adj. **1.** CHIM *Composé acyclique*, dont la formule développée est une chaîne ouverte. **2.** BOT *Fleur acyclique*, dont les pièces sont insérées en spirale. **3.** ELECTR *Génératrice acyclique* ou *unipolaire*, dans laquelle l'induction demeure constante en grandeur et en direction par rapport aux conducteurs induits. – De *a-* 1, et *cyclique*.

acyle [asil] n. m. CHIM Radical monovalent R–CO–. – De *acide*.

adage [adaʒ] n. m. Sentence, maxime populaire. *Un vieil adage.* – Lat. *adagium*.

adagio [adadʒjo] adv. MUS Lentement (placé au début d'une partition, indique que le morceau doit être joué dans un tempo lent). ▷ n. m. Morceau joué dans ce tempo. *Un adagio de Bach. Des adagios.* – Mot ital.

adamantin, ine [adamɑ̃tɛ̃, in] adj. **1.** Litt. Qui a la dureté et l'éclat du diamant. **2.** BIOL *Cellules adamantines*, qui sécrètent l'émail des dents. – Lat. *adamantinus*.

adamique [adamik] adj. D'Adam. *La descendance adamique.* – Lat. des alchimistes, *adamicus*.

adamites [adamit] n. m. pl. **1.** Membres d'une secte gnostique du IIe s. qui, voulant imiter Adam au Paradis terrestre, refusaient tout vêtement. **2.** Hétérodoxes de Bohême (XVe s.) qui niaient la Présence réelle, se jugeaient au-dessus du péché et pratiquaient le nudisme *(adamisme)*. – De *Adam*.

adaptabilité [adaptabilite] n. f. Qualité de ce qui peut être adapté, de ce qui peut s'adapter. *L'adaptabilité d'un matériel.* – De *adaptable*.

adaptable [adaptabl] adj. Qui peut être adapté, s'adapter. – De *adapter*.

adaptateur, trice [adaptatœʀ, tʀis] n. **1.** Personne qui adapte une œuvre littéraire. **2.** n. m. TECH Organe qui permet à un appareil de fonctionner dans des conditions particulières d'utilisation. *Adaptateur d'une calculette permettant d'utiliser le courant du secteur.* – De *adaptation*.

adaptatif, ive [adaptatif, iv] adj. **1.** Rare Qui peut être adapté. **2.** Qui réalise une adaptation. *Les mécanismes adaptatifs d'un animal.* – De *adaptation*.

adaptation [adaptasjɔ̃] n. f. **1.** Action d'adapter ou de s'adapter. **2.** Modification du style, du contenu d'une œuvre littéraire; transposition à la scène ou à l'écran. *Adaptation d'un roman pour le cinéma. Adaptation théâtrale d'un récit d'aventures.* – De *adapter*.

adapter [adapte] v. [1] **I.** v. tr. **1.** Rendre (une chose) solidaire (d'une autre), appliquer en ajustant. *Adapter un manche à un outil.* **2.** Harmoniser, rendre conforme à. *Adapter sa conduite aux circonstances.* **3.** Procéder à l'adaptation de (une œuvre littéraire). *Réalisateur qui adapte une pièce de théâtre pour la télévision.* **4.** Rendre (un dispositif, des mesures, etc.) apte à assurer ses fonctions dans des conditions particulières ou nouvelles. *Adapter un programme d'équipement à une région déterminée.* **II.** v. pron. **1.** (Êtres vivants.) S'acclimater, s'habituer. *Animal exotique qui s'adapte au climat des régions tempérées. Nouvelles habitudes auxquelles il faut s'adapter.* **2.** Pouvoir être appliqué à, rendu solidaire de. *Objectifs qui s'adaptent au boîtier d'un appareil photo.* – Lat. *adaptare*.

addax [adaks] n. m. ZOOL Antilope du Sahara, aux longues cornes spiralées, qui aurait été domestiquée par les Égyptiens. – Mot lat.

addendum, plur. **addenda** [adɛ̃dɔm, adɛ̃da] n. m. Addition à la fin d'un ouvrage. – Mot lat.

addiction [addiksjɔ̃] n. f. Fait de s'adonner à une drogue. – Mot anglais.

additif, ive [aditif, iv] adj. et n. m. **I.** adj. Qui s'additionne, s'ajoute. *Feuillets additifs joints à un rapport.* **II.** n. m. Ce qui est additionné, ajouté. **1.** Texte ajouté à un autre. *Ce décret comporte un additif.* **2.** Substance ajoutée à une autre pour en modifier les propriétés. *Additif mélangé à l'essence pour la rendre moins détonante.* – Bas lat. *additivus*.

addition [adisjɔ̃] n. f. **1.** MATH Opération, notée +, par laquelle on ajoute des quantités arithmétiques ou algébriques les unes aux autres, et dont le résultat est une somme. ▷ Loi de composition interne, associative et commutative, définie sur un ensemble E (qui est un groupe) et notée par le signe +. **2.** Total des sommes dues, au restaurant, au café; feuillet sur lequel est mentionné ce total. *Garçon, l'addition, s'il vous plaît!* **3.** Fait, action d'ajouter (une chose) à (une autre); son résultat. *L'addition d'une clause à un contrat.* **4.** CHIM Réaction au cours de laquelle une molécule se fixe sur une molécule organique présentant une liaison insaturée. – Lat. *additio*.

additionnel, elle [adisjɔnɛl] adj. Qui est, qui doit être additionné, ajouté. *Les pièces additionnelles d'un dossier.* – De *addition*.

additionner [adisjɔne] v. tr. [1] **1.** Effectuer une addition. **2.** Ajouter en mêlant. *Il additionne toujours son vin d'un peu d'eau.* – Pp. adj. *Eau additionnée de miel.* – De *addition*.

additionneur [adisjɔnœʀ] n. m. INFORM Ensemble des circuits capables, dans un ordinateur, d'effectuer des additions en mode binaire et des opérations d'algèbre de Boole. – De *additionner*.

additivé, ée [aditive] adj. *Carburant additivé*, contenant un additif* destiné à éviter l'encrassement des injecteurs et des carburateurs. – De *additif*.

adducteur [adyktœʀ] adj. (et n. m.) **1.** ANAT Qualifie les muscles qui effectuent un mouvement d'adduction. Ant. abducteur. ▷ n. m. *L'adducteur du pouce.* **2.** Qui amène des eaux dérivées. *Canal adducteur.* ▷ n. m. *Un adducteur.* – De *adduction*.

adduction [adyksjɔ̃] n. f. **1.** ANAT Mouvement qui rapproche du plan de symétrie du corps un membre ou un segment de membre. Ant. abduction. **2.** Action de conduire des eaux d'un point à un autre. *L'adduction des eaux de la Vanne à Paris.* – Bas lat. *adductio*.

-ade. Suffixe servant à former des substantifs fém., indiquant un ensemble (ex. *colonnade*), ou une action (ex. *embrassade, bastonnade*), ou un produit (ex. *citronnade*), parfois avec une valeur péjorative.

adén(o)-. Préfixe, du grec *adên*, « glande ».

adénine [adenin] n. f. BIOCHIM Une des quatre bases puriques fondamentales constituant des acides nucléiques (A.D.N. et A.R.N.) et un des constituants des adénosines. – De *adén(o)-*, et *-ine*.

adénite [adenit] n. f. MED Inflammation des ganglions lymphatiques. – De *adén(o)-*, et *-ite* 1.

adénocarcinome [adenɔkaʀsinom] n. m. MED Formation maligne se développant à partir de tissus glandulaires ou en prenant l'aspect. – De *adéno-*, et *carcinome*.

adénoïde [adenɔid] adj. MED Du tissu ganglionnaire, relatif au tissu ganglionnaire. ▷ *Végétations adénoïdes* : hypertrophie du tissu constituant l'amygdale pharyngée. – De *adén(o)-*, et *-oïde*.

adénome [adenom] n. m. MED Tumeur développée aux dépens d'une glande. – De *adén(o)-*, et *-ome*.

adénopathie [adenɔpati] n. f. MED Toute affection des ganglions lymphatiques. – De *adéno-*, et *-pathie*.

adénosine [adenɔzin] n. f. BIOCHIM Nucléoside constitué par une molécule d'un pentose (ribose ou désoxyribose) et une molécule d'adénine. – De *adén(ine)*, *-ose*, et *-ine*.

adénosine-phosphate [adenɔzinfɔsfat] n. f. BIOCHIM Nucléotide formé de l'union d'une molécule d'adénosine et d'une ou plusieurs molécules d'acide phosphorique. *Adénosine-monophosphate* (A.M.P.), *diphosphate* (A.D.P.), *triphosphate* (A.T.P.) (cette dernière porte une liaison riche en énergie). *Des adénosines-phosphates*. – De *adénosine*, et *phosphate*.

adénovirus [adenoviʀys] n. m. Virus à acide désoxyribonucléique et à symétrie cubique, ayant des affinités pour les tissus lymphoïdes. – De *adéno-* et *virus*.

adent [adɑ̃] n. m. Mortaise ou tenon permettant de réaliser l'assemblage de deux pièces de bois. – De l'anc. v. *adenter*, « mordre ».

adepte [adɛpt] n. **1.** Rare Personne initiée aux secrets d'une doctrine ésotérique. **2.** Personne qui pratique une religion, adhère à une doctrine philosophique. *Les adeptes du bouddhisme.* ▷ Personne qui pratique (une activité quelconque). *Les adeptes de la bicyclette.* – Lat. des alchimistes *adeptus*.

adéquat, ate [adekwa(t), at] adj. Bien adapté à son usage, à son emploi. *Pour faire ce travail, choisissez les outils adéquats.* – Lat. *adæquatus*, « rendu égal ».

adéquation [adekwasjɔ̃] n. f. Fait d'être adéquat, conforme à. *Adéquation du fond et de la forme, du mot à l'idée.* – De *adéquat*.

A.D.H. V. vasopressine.

adhérence [adeʀɑ̃s] n. f. **1.** Fait, pour une chose, d'adhérer à une autre. *Cette colle permet une bonne adhérence des surfaces.* **2.** MED Réunion de deux surfaces anatomiques normalement séparées. *Les adhérences succèdent le plus souvent à des lésions inflammatoires des membranes séreuses.* **3.** MECA Force de frottement qui s'oppose au glissement. *Cette automobile dispose d'une bonne adhérence sur route.* – Du bas lat. *adhærentia*, « ce qui adhère », de *adhærere*.

adhérent, ente [adeʀɑ̃, ɑ̃t] adj. et n. **1.** adj. (Choses) Qui adhère. ▷ BOT *Ovaire adhérent* ou *ovaire infère* : ovaire soudé par ses côtés aux enveloppes florales. **2.** n. Personne qui adhère à une organisation. *Cette société sportive compte de nombreux adhérents.* – Du lat *adhærens*, ppr. de *adhærere*.

adhérer [adeʀe] v. tr. indir. [14] **1.** (Choses) Tenir fortement (à qqch), être joint étroitement (à la surface de qqch). *L'écorce de cet arbre adhère fortement au bois.* **2.** Fig. Approuver (une idée). *Je suis loin d'adhérer à vos thèses.* **3.** *Adhérer à une organisation*, en être membre, le devenir. – Lat. *adhærere*.

adhésif, ive [adezif, iv] adj. (Choses) Qui adhère. *Bande adhésive.* ▷ n. m. Tissu, papier collant. – Du rad. de *adhésion*.

adhésion [adezjɔ̃] n. f. **1.** Consentement, approbation. *Il a donné son adhésion au projet.* Ant. refus. **2.** Action d'adhérer à une organisation. **3.** PHYS Force maintenant joints l'un à l'autre deux corps en contact par leurs surfaces, et faisant intervenir des phénomènes d'attraction intermoléculaire. – Lat. *adhæsio*.

ad hoc [adɔk] loc. adj. Qui convient à un usage déterminé, à une situation précise. *Servez-vous pour cette manipulation du dispositif ad hoc.* – Mots lat., « pour cela ».

ad hominem [adɔminɛm] loc. adj. *Argument ad hominem*, dirigé contre la personne même de l'adversaire. – Mots lat., « à l'homme ».

adiabatique [adjabatik] adj. et n. f. PHYS *Transformation adiabatique*, ne s'accompagnant d'aucun échange de chaleur avec le milieu extérieur. ▷ *Courbe adiabatique* ou, n. f., *une adiabatique*, représentant les variations de la pression en fonction du volume au cours d'une transformation adiabatique. – Du gr. *adiabatos*, « qu'on ne peut traverser », par l'all.

adieu [adjø] interj. et n. m. **1.** interj. Terme de politesse par lequel on prend congé de qqn qu'on ne doit pas revoir de longtemps, ou qu'on ne doit jamais revoir. *Adieu, les amis!* (Se dit aussi à l'occasion d'une espérance déçue, d'une affaire manquée, de la perte de qqch. *Adieu, tous nos beaux projets!*) **2.** n. m. Séparation d'avec quelqu'un. *Un adieu déchirant.* ▷ *Faire ses adieux* : prendre congé de qqn qu'on ne doit pas revoir. – De *à*, et *Dieu*.

à Dieu vat [adjøvat] loc. interj. **1.** MAR Vx Commandement utilisé pour virer de bord vent devant. **2.** Mod. À la grâce de Dieu! – De *à*, *Dieu*, et impér. de *aller*.

adipeux, euse [adipø, øz] adj. **1.** ANAT Qui est de nature graisseuse, qui contient de la graisse. *Tissu adipeux.* **2.** Cour. Gras, obèse. *Un gros homme adipeux.* – Du lat. *adeps*, *adipis*, « graisse ».

adipogène [adipɔʒɛn] adj. Qui favorise la production de graisses ou de tissus graisseux dans l'organisme. ▷ n. m. *Un adipogène.* – Du rad. de *adipeux*, et *-gène*.

adipose [adipoz] n. f. MED Accumulation pathologique, localisée ou non, de graisses dans les tissus. Syn. obésité. – Du rad. de *adipeux*, et *-ose*.

adiposité [adipozite] n. f. Accumulation localisée de graisses dans le tissu cellulaire. – De *adipeux*, *-ose*, et *-ité*.

adiposo-génital, ale, aux [adipozoʒenital, o] adj. MED *Syndrome adiposo-génital* : syndrome d'origine hypophysaire associant une obésité très importante et une dystrophie génitale qui se traduit chez un sujet jeune par l'arrêt du développement des organes sexuels secondaires, par l'aménorrhée (femme) ou la frigidité (homme). – Du rad. de *adipeux*, et *génital*.

adiré, ée [adiʀe] adj. DR Perdu, égaré. *Pièce adirée.* – De l'anc. v. *adirer*, « perdre ».

adjacent, ente [adʒasɑ̃, ɑ̃t] adj. **1.** Situé auprès de, contigu. *Les rues adjacentes.* **2.** *Angles adjacents*, qui ont le même sommet, un côté commun, et sont situés de part et d'autre de ce côté commun. – Lat. *adjacens*.

adjectif, ive [adʒɛktif, iv] n. m. et adj. GRAM **1.** n. m. Mot variable qui peut être adjoint à un substantif, qu'il qualifie ou détermine. *Adjectif qualificatif épithète, attribut. Adjectifs déterminatifs* (démonstratif, possessif, numéral, indéfini, relatif, interrogatif ou exclamatif). **2.** adj. Qui a valeur d'adjectif, est employé comme adjectif. *Forme adjective.* – Lat. *adjectivum*.

adjectival, ale, aux [adʒɛktival, o] adj. Relatif à l'adjectif; de la nature d'un adjectif. *Usage adjectival.* – De *adjectif.*

adjectivement [adʒɛktivmɑ̃] adv. Avec la valeur d'un adjectif. *Dans «Corneille est poète», «poète» est employé adjectivement.* – De *adjectif.*

adjectiver [adʒɛktive] v. tr. [1] Donner la fonction d'adjectif à. *Adjectiver un participe passé.* – De *adjectif.*

adjoindre [adʒwɛ̃dʀ] v. tr. [56] **1.** Associer (une personne) à une autre comme auxiliaire. *On a dû lui adjoindre quelqu'un pour finir le travail.* ▷ v. pron. *Il s'est adjoint un collaborateur.* **2.** Ajouter (une chose) à une autre. – Lat. *adjungere.*

adjoint, ointe [adʒwɛ̃, wɛ̃t] adj. et n. **1.** Associé comme auxiliaire. *La secrétaire adjointe est très compétente.* ▷ Subst. Personne adjointe à une autre, chargée de l'assister. *Adjoint au maire.* **2.** MATH Qualifie un être mathématique construit à partir d'un autre. *Soit M une matrice : on appelle matrice adjointe de M la matrice conjuguée de la transposée de M.* – Pp. de *adjoindre.*

adjonction [adʒɔ̃ksjɔ̃] n. f. **1.** Action d'adjoindre. *L'adjonction d'un carburateur supplémentaire a permis d'améliorer le rendement du moteur.* **2.** Ce qui est adjoint. *Adjonctions dans la nouvelle édition d'un ouvrage.* – Lat. *adjunctio.*

adjudant [adʒydɑ̃] n. m. Sous-officier de grade intermédiaire entre celui de sergent-chef ou de maréchal des logis-chef et celui d'adjudant-chef. – Esp. *ayudante,* de *ayudar,* «aider».

adjudant-chef [adʒydɑ̃ʃɛf] n. m. Militaire du grade le plus élevé, après le major, dans la hiérarchie des sous-officiers. *Des adjudants-chefs.* – De *adjudant,* et *chef.*

adjudicataire [adʒydikatɛʀ] n. DR Personne en faveur de qui a été prononcée une adjudication. – De *adjudication.*

adjudicateur, trice [adʒydikatœʀ, tʀis] n. DR Personne (physique ou morale) qui met en adjudication. – De *adjudication.*

adjudication [adʒydikasjɔ̃] n. f. **1.** DR Attribution par autorité de justice d'un bien vendu aux enchères. *Adjudication volontaire, judiciaire.* **2.** *Adjudication administrative,* ayant pour objet le marché de fournitures ou de travaux dont les prix doivent être payés par des collectivités ou des établissements publics. *Adjudication d'une construction à une entreprise.* – Lat. *adjudicatio.*

adjuger [adʒyʒe] v. tr. [13] **1.** Attribuer par adjudication. *Maître Untel, commissaire-priseur, adjuge une pendule ancienne à un amateur. Adjugé, vendu!* **2.** Attribuer (qqch) à (qqn). ▷ v. pron. S'attribuer. *Il s'est adjugé les meilleurs morceaux.* – Lat. *adjudicare.*

adjuration [adʒyʀasjɔ̃] n. f. Action d'adjurer; prière pressante, supplication. *Je suis bien décidé, et toutes vos adjurations sont inutiles.* – De *adjurer.*

adjurer [adʒyʀe] v. tr. [1] Prier (qqn) instamment, conjurer (qqn) de (faire qqch). *Je vous adjure de dire la vérité, de ne pas partir.* Syn. supplier, implorer. – Lat. *adjurare.*

adjuvant, ante [adʒyvɑ̃, ɑ̃t] n. m. et adj. **1.** MED Médicament qui renforce l'action du médicament principal. *Un adjuvant doit être ajouté à un antigène pour qu'il entraîne une réaction immunitaire de l'organisme.* **2.** TECH, CHIM Corps qui facilite une réaction, une imprégnation (teinture, impression). ▷ CONSTR Produit qui améliore les caractéristiques du béton. **3.** Ce qui renforce l'action de quelque chose. ▷ adj. *Une substance adjuvante.* – Lat. *adjuvans,* «qui aide».

ad libitum [adlibitɔm] loc. adv. À volonté, au gré de chacun. ▷ MUS Au choix de l'interprète. *Tempo ad libitum* (abrégé *ad lib.*). – Mots lat.

admettre [admɛtʀ] v. tr. [60] **I.** *Admettre quelqu'un.* **1.** Recevoir après agrément. *Admettre quelqu'un dans une société.* **2.** *Admettre quelqu'un à,* lui permettre de, l'autoriser à. *Admettre quelqu'un à se justifier.* **II.** *Admettre quelque chose.* **1.** Accepter pour valable, pour vrai. *J'ai admis ses raisons, cette hypothèse.* **2.** Prendre en considération, donner une suite favorable à (ce qui est demandé). *Admettre une requête.* **3.** Comporter, souffrir. *Cette règle admet des exceptions.* **4.** Permettre, tenir pour acceptable. *Je n'admets pas qu'on se comporte de cette façon.* **5.** Laisser entrer dans (un lieu, une enceinte close). V. admis, admission. – Lat. *admittere.*

administrateur, trice [administʀatœʀ, tʀis] n. Personne chargée d'administrer des biens. *Administrateur de société* : membre du conseil d'administration d'une société anonyme, nommé par l'assemblée générale pour une durée prévue par les statuts. *Administrateur judiciaire,* nommé par autorité de justice. – Lat. *administrator.*

administratif, ive [administʀatif, iv] adj. De l'administration, relatif à l'administration. – De *administrer.*

administration [administʀasjɔ̃] n. f. **1.** Gestion. *Administration des biens d'un mineur.* ▷ *Conseil d'administration,* qui gère une société anonyme. **2.** Direction des affaires publiques ou privées. ▷ *L'administration publique, l'Administration* : la direction des affaires publiques. - *École nationale d'administration* (É.N.A.) : établissement public relevant du Premier ministre et créé en 1945 pour former les cadres supérieurs de la fonction publique. **3.** Autorité chargée d'une partie de la direction des affaires publiques. *Administration centrale, départementale, municipale.* ▷ Corps d'employés d'un service public. *L'administration des Finances.* ▷ Siège d'un service public. *Je vais à l'administration des Douanes.* **4.** Action d'administrer (sens II). *Administration des sacrements. Administration de preuves.* – Lat. *administratio.*

administrativement [administʀativmɑ̃] adv. Suivant les formes, les règlements administratifs. – De *administratif.*

administré, ée [administʀe] n. Citoyen, citoyenne dépendant d'une administration particulière. *Le maire sera regretté de ses administrés. Mes chers administrés...* – Pp. subst. de *administrer.*

administrer [administʀe] v. tr. [1] **I. 1.** Gérer. *Administrer des biens.* **2.** Diriger au moyen d'une administration. *Administrer un pays.* **II.** Donner, faire prendre (par qqn). **1.** *Administrer des preuves,* les produire en justice. **2.** *Administrer un médicament à un malade,* le lui faire absorber. **3.** *Administrer les sacrements,* les conférer. - *Administrer un malade,* lui donner le sacrement des malades (autref. extrême-onction). **4.** *Administrer une correction à qqn,* le battre, le maltraiter physiquement. – Lat. *administrare.*

admirable [admiʀabl] adj. Qui mérite, suscite l'admiration. *Un spectacle admirable.* ▷ Iron. *Vous êtes admirable de donner des conseils à ceux qui en savent plus que vous!* – Lat. *admirabilis.*

admirablement [admiʀabləmɑ̃] adv. D'une manière admirable, merveilleusement. – De *admirable.*

admirateur, trice [admiʀatœʀ, tʀis] n. Personne qui admire (une autre personne). *Bouquet envoyé à une actrice par un admirateur.* – Lat. *admirator.*

admiratif, ive [admiʀatif, iv] adj. Qui exprime l'admiration. *Exclamation admirative.* – Lat. *admirativus.*

admiration [admiʀasjɔ̃] n. f. Sentiment que fait éprouver ce qui est beau, ce qui est grand. *Cette œuvre fait l'admiration de tous. Être en admiration devant le paysage.* Ant. mépris, dédain. – Lat. *admiratio.*

admirativement [admiʀativmɑ̃] adv. D'une manière admirative. – De *admiratif.*

admirer [admiʀe] v. tr. [1] Considérer avec approbation, enthousiasme. *Admirer une belle action. J'admire l'art avec lequel le peintre a su rendre l'expression de ce visage.* ▷ Iron. *J'admire ton inconscience.* – Lat. *admirari.*

admis, ise [admi, iz] adj. **I. 1.** Reçu (dans une société, un groupe) après agrément. *Personne admise dans un cercle très fermé.* ▷ Reçu à un concours, un examen. *Élève admis à Polytechnique.* **2.** Reçu, autorisé à entrer (dans un lieu). *Personne ne sera admis dans la salle après le début du spectacle.* **3.** *Admis à :* autorisé à. *Être admis à faire valoir ses droits à la retraite.* **II. 1.** Accepté, reconnu pour valable, pour vrai. *C'est l'opinion communément admise.* **2.** Permis par l'usage; autorisé. *Un tel comportement ne saurait être admis ici.* **3.** Qui a pénétré dans une enceinte close. *Les gaz admis dans le cylindre sont compressés au retour du piston.* – Pp. du verbe *admettre.*

admissibilité [admisibilite] n. f. **1.** Caractère de ce qui peut être admis, reçu pour valable, pour vrai. **2.** Situation d'un candidat admissible. *Admissibilité à l'agrégation.* – De *admissible.*

admissible [admisibl] adj. **1.** Qu'on peut admettre. **2.** Reçu à la première partie éliminatoire d'un examen ou d'un concours et admis à subir les épreuves complémentaires. – Lat. médiév. *admissibilis.*

admission [admisjɔ̃] n. f. **1.** Fait d'admettre, d'être admis.▷ *Admission en franchise**.▷ FIN *Admission à la cote :* inscription d'une valeur négociable sur le marché des agents de change. **2.** Fait d'être reçu définitivement à un examen ou à un concours. **3.** TECH Entrée des gaz dans le cylindre d'un moteur à explosion (premier temps d'un cycle). – Lat. *admissio.*

admittance [admitɑ̃s] n. f. ELECTR Quotient (exprimé en siemens) de l'intensité efficace du courant qui parcourt un dipôle par la tension efficace aux bornes de celui-ci. Ant. impédance. – Mot angl., du lat. *admittere,* « admettre ».

admixtion [admiksjɔ̃] n. f. PHARM Action d'ajouter en mélangeant. – Lat. *admixtio.*

admonestation [admɔnɛstasjɔ̃] n. f. Réprimande, vive semonce. – De *admonester.*

admonester [admɔnɛste] v. tr. [1] Faire une remontrance à, réprimander. *Je l'ai vivement admonesté.* Syn. blâmer. – Lat. pop. **admonestare.*

admonition [admɔnisjɔ̃] n. f. Vx Avertissement, réprimande. – Lat. *admonitio.*

A.D.N. n. m. BIOCHIM Sigle de *acide désoxyribonucléique.* V. nucléique.

adné [adne] adj. BOT *Organe adné,* très étroitement collé ou soudé à un autre organe. – Lat. *adnatus,* « né sur ».

adobe [adɔb] n. m. Brique crue séchée au soleil. – Mot espagnol.

adolescence [adɔlɛsɑ̃s] n. f. Âge compris entre la puberté et l'âge adulte. – Lat. *adolescentia.*

adolescent, ente [adɔlesɑ̃, ɑ̃t] n. Jeune garçon, jeune fille dans l'adolescence. – Lat. *adolescens.*

adonis [adɔnis] n. **1.** n. m. Jeune homme particulièrement beau. **2.** n. m. ENTOM Papillon diurne dont le mâle est bleu vif. **3.** n. f. BOT Petite plante herbacée (fam. renonculacées) aux fleurs jaunes ou rouges. – Du n. d'*Adônis,* jeune chasseur aimé d'Aphrodite pour sa beauté.

1. adonner (s') [adɔne] v. pron. [1] Se livrer (à une activité, une pratique). *S'adonner à l'étude, au jeu.* – Lat. pop. *addonare,* « donner, livrer ».

2. adonner [adɔne] v. intr. [1] MAR Se dit du vent, lorsque sa direction change en s'écartant de l'avant du bateau. Ant. refuser. – De *adonner* 1.

adopter [adɔpte] v. tr. [1] **1.** Prendre pour fils ou pour fille, dans les formes prescrites par la loi. *Adopter un enfant.* ▷ Choisir avec prédilection. *Il m'adopta pour ami.* **2.** Choisir, admettre (une idée). *J'ai adopté cette opinion.* **3.** Donner son approbation à une proposition (en parlant d'une assemblée délibérante). *L'Assemblée a adopté ce projet de loi.* – Lat. *adoptare.*

adoptif, ive [adɔptif, iv] adj. **1.** Qui a été adopté. *Fils adoptif.* **2.** Qui a adopté. *Mère adoptive.* – Lat. jurid. *adoptivus.*

adoption [adɔpsjɔ̃] n. f. **1.** Action de prendre légalement pour fils ou pour fille. *Enfant par adoption. Adoption plénière,* qui assimile l'adopté à un enfant légitime. *Adoption simple,* qui attribue l'autorité parentale à l'adoptant, mais laisse les liens de l'adopté avec sa famille d'origine subsister à titre subsidiaire (obligations alimentaires et droits héréditaires). ▷ *Patrie d'adoption :* pays qu'un étranger résident reconnaît pour sien. **2.** Action d'adopter (sens 3), de donner son approbation. *Adoption d'un projet de loi.* – Lat. *adoptio.*

adorable [adɔʀabl] adj. Qui plaît extrêmement par sa beauté, sa grâce. *Une femme adorable.* Syn. délicieux, exquis, charmant. – Bas lat. *adorabilis.*

adorablement [adɔʀabləmɑ̃] adv. D'une manière adorable, charmante. – De *adorable.*

adorateur, trice [adɔʀatœʀ, tʀis] n. **1.** Personne qui adore, rend un culte à (une divinité). *Les adorateurs d'idoles des religions animistes.* **2.** Personne éprise avec passion. *Cette femme a de nombreux adorateurs.* – Lat. ecclés. *adorator.*

adoration [adɔʀasjɔ̃] n. f. **1.** Culte rendu à une divinité. – THEOL Glorification de la souveraineté de Dieu par le culte de latrie. **2.** Passion, attachement extrême. *L'adoration d'une mère pour ses enfants. Il est en adoration devant elle.* – Lat. *adoratio.*

adorer [adɔʀe] v. tr. [1] **1.** Rendre un culte à (une divinité). *« Oui, je viens dans son temple adorer l'Éternel »* (Racine). Syn. vénérer. **2.** Aimer avec passion (qqn). *Il adore ses petits-enfants.* ▷ Aimer beaucoup (qqch). *Adorer la musique.* – Lat. *adorare.*

ados [ado] n. m. AGRIC Terre qu'on élève en talus le long d'un mur bien exposé pour y obtenir des primeurs. – Déverbal de *adosser.*

adossement [adosmɑ̃] n. m. État de ce qui est adossé. – De *adosser.*

adosser [adose] v. tr. [1] Faire prendre appui à, avec le dos, la face postérieure. *Adosser une maison contre un rocher.* ▷ v. pron. S'appuyer avec le dos contre, s'appuyer contre. *S'adosser à un mur. Appentis qui s'adosse à une maison.* – De *a-* 2, et *dos.*

adoubement [adubmɑ̃] n. m. HIST Cérémonie au cours de laquelle, au Moyen Âge, un bachelier* était armé chevalier et recevait son équipement et ses armes. – De *adouber.*

adouber [adube] v. tr. [1] **1.** HIST Au Moyen Âge, armer chevalier un bachelier*. **2.** Aux échecs, aux dames, jouer une pièce à l'essai. – Frq. **dubban,* « frapper ».

adoucir [adusiʀ] **I.** v. tr. [3] **1.** Rendre plus doux (ce qui est acide, amer, salé, piquant, âcre, etc.). *Le sucre adoucira ces fruits. Ce savon adoucit la peau. Adoucir sa voix.* **2.** TECH Procéder à l'adoucissage ou à l'adoucissement de. *Adoucir une glace à l'émeri. Adoucir des couleurs. Adoucir une eau trop calcaire.* **3.** Fig. Atténuer, tempérer. *Adoucir une expression. Adoucir un mal, un ennui.* Syn. réduire. **II.** v. pron. Devenir plus doux. *Le temps s'adoucit. Son humeur s'adoucit.* – De *a-* 2, et *doux.*

adoucissage [adusisaʒ] n. m. **1.** Polissage d'une surface (pierre, métal, verre). **2.** Atténuation de la vivacité des teintes (peintures, teintures). – De *adoucir.*

adoucissant, ante [adusisɑ̃, ɑ̃t] adj. (et n. m.) **1.** Qui adoucit la peau, calme les irritations. *Pommade adoucissante.* **2.** Qui assouplit le linge lors du lavage. *Un produit adoucissant.* ▷ n. m. *Un adoucissant.* – Ppr. de *adoucir.*

adoucissement [adusismɑ̃] n. m. **1.** Action d'adoucir; fait de s'adoucir; état d'une chose adoucie. *L'adoucissement de la température.* **2.** Fig. Atténuation, soulagement. *Adoucissement d'une peine.* **3.** TECH Réduction de la teneur en sels de calcium d'une eau, afin de la rendre propre à son utilisation (à sa consommation, par ex.). – De *adoucir.*

adoucisseur [adusisœʀ] n. m. Appareil pour adoucir l'eau. – De *adoucir.*

A.D.P. n. f. BIOCHIM Sigle de *adénosine-diphosphate.*

ad patres [adpatʀɛs] loc. adv. *Envoyer ad patres* : tuer. – Mots lat., «vers les ancêtres».

adragant [adʀagɑ̃] n. m., **adragante** ou **adraganthe** [adʀagɑ̃t] n. f. Matière gommeuse produite par plusieurs astragales. – Altér. de *tragacanthe.*

adrénaline [adʀenalin] n. f. BIOCHIM Hormone du groupe des catécholamines sécrétée par la médullosurrénale. – De *ad* (V. a- 2), et *rénal.*

ENCYCL Son action permet à l'organisme de s'adapter à des agressions extérieures. Elle accélère le rythme cardiaque, contracte les vaisseaux, augmente la tension artérielle, provoque la libération de sucre par le foie, contracte les musculatures intestinale et bronchique. L'adrénaline est également le plus parfait des sympathico-mimétiques et le médiateur chimique des synapses du système sympathique.

adrénergique [adʀenɛʀʒik] adj. Propre à la libération d'adrénaline; qui agit grâce à l'adrénaline. – De *adré(naline),* et *(é)nergique,* par l'angl.

adressage [adʀesaʒ] n. m. INFORM Action d'adresser une mémoire; ensemble des moyens utilisés *(modes d'adressage)* pour accéder à des informations contenues dans une mémoire. – De *adresser.*

1. adresse [adʀɛs] n. f. **1.** Habileté dans les gestes. *Jongler avec adresse.* Syn. dextérité. Ant. gaucherie, maladresse. **2.** Habileté à obtenir un résultat. *Traiter une affaire avec adresse.* – De l'a. fr. *adrece,* «bonne direction», avec infl. de *adroit.*

2. adresse [adʀɛs] n. f. **1.** Indication du nom et du domicile d'une personne. *Inscrire une adresse sur une enveloppe.* **2.** Lieu du domicile. *Je n'habite plus à cette adresse.* **3.** *À l'adresse de* : destiné à, à l'intention de. *Cette allusion était évidemment à mon adresse.* **4.** Didac. Dans un classement, mot ou formule sous lesquels se trouve une information. **5.** INFORM Numéro d'ordre dans une mémoire, permettant d'identifier une information ou une donnée, et d'y accéder. – Déverbal de *adresser.*

adresser [adʀese] v. [1] **I.** v. tr. **1.** Dire, exprimer (qqch à l'intention de qqn). *Adresser des remerciements à quelqu'un. Je ne lui adresse plus la parole.* **2.** Envoyer vers (qqn), faire parvenir (à qqn). *Vous pouvez lui adresser cette lettre chez ses parents.* **3.** Envoyer (une personne à une autre). *C'est l'ami qui m'a adressé son fils.* **4.** INFORM Fournir (à une mémoire) une adresse de mot afin d'accéder au contenu de ce mot (donnée, information). **II.** v. pron. **1.** Parler (à qqn). *Il s'adressa au peuple. À qui pensez-vous vous adresser?* ▷ Être destiné à. *C'est à moi que cette question s'adresse?* **2.** Aller trouver, avoir recours à. *Les bureaux sont fermés, il faudrait vous adresser au gardien.* – De *a-* 2, et *dresser.*

adret [adʀɛ] n. m. Rég. Versant d'une montagne exposé au soleil, opposé à l'*ubac.* – Anc. provenç. *adrech,* «droit (par rapport au soleil)».

adroit, oite [adʀwɑ, wat] adj. **1.** Qui a de l'adresse. *Être adroit de ses mains. Un adroit financier.* **2.** Qui est fait avec adresse, habileté. *Un compliment adroit.* Syn. habile, ingénieux. Ant. gauche, maladroit. – De *a-* 2, et *droit.*

adroitement [adʀwatmɑ̃] adv. Avec adresse, habileté. – De *adroit.*

adsorbant, ante [adsɔʀbɑ̃, ɑ̃t] adj. Qui adsorbe. ▷ n. m. *Un adsorbant.* – Ppr. de *adsorber.*

adsorber [adsɔʀbe] v. tr. [1] PHYS Fixer par adsorption. – De *adsorption.*

adsorption [adsɔʀpsjɔ̃] n. f. PHYS, CHIM Fixation d'ions libres, d'atomes ou de molécules à la surface d'une substance. – Lat. *ad,* «vers», et rad. de *absorber.*

adulateur, trice [adylatœʀ, tʀis] n. Personne qui adule. – De *aduler.*

adulation [adylasjɔ̃] n. f. **1.** Vx Flatterie basse et intéressée. **2.** Louange enthousiaste ou excessive. – Lat. *adulatio.*

aduler [adyle] v. tr. [1] **1.** Vx Flatter bassement, louer excessivement et avec fausseté. **2.** Multiplier les éloges, les louanges, à l'adresse de (qqn). *Vedette adulée du public,* pour laquelle le public multiplie les témoignages d'enthousiasme, d'adoration. – Lat. *adulari.*

adulte [adylt] adj. et n. **1.** adj. Arrivé au terme de sa croissance. *Bête adulte. Plante adulte. L'âge adulte,* qui succède à l'adolescence. **2.** n. Personne arrivée au terme de sa croissance. – Lat. *adultus,* de *adolescere,* «grandir».

adultération [adylteʀasjɔ̃] n. f. Vieilli Action d'adultérer, de falsifier. *L'adultération des monnaies.* – De *adultérer.*

1. adultère [adyltɛʀ] adj. (et n.) Qui a, qui a eu des rapports sexuels avec quelqu'un d'autre que son conjoint. – Lat. *adulter,* «qui altère».

2. adultère [adyltɛʀ] n. m. Fait, pour une personne mariée, d'avoir des rapports sexuels avec quelqu'un d'autre que son conjoint. – Lat. *adulterium.*

adultérer [adylteʀe] v. tr. [14] Vieilli Frelater, falsifier. – Lat. *adulterare,* «altérer, falsifier».

adultérin, ine [adylteʀɛ̃, in] adj. Né d'un adultère. *Fille adultérine.* – Qui se rapporte à l'adultère. *Relations adultérines.* – De *adultère* 2.

ad valorem [advalɔʀɛm] loc. adj. FIN *Droits ad valorem* : droits de douane calculés d'après la valeur de la marchandise. – Mots lat., «d'après la valeur».

advection [advɛksjɔ̃] n. f. METEO Déplacement horizontal d'une masse d'air. – De *ad,* «vers», et rad. de *convection.*

advenir [advəniʀ] v. intr. défectif (n'est utilisé qu'à l'infinitif et à la 3e pers. du sing.) [36] Arriver, se produire. *Il advint que...* – (Prov.) *Fais ce que dois, advienne que pourra* : fais ton devoir sans t'inquiéter des conséquences. – Lat. *advenire.*

adventice [advɑ̃tis] adj. **1.** PHILO *Idées adventices,* qui viennent des sens, par opposition aux *idées innées.* **2.** AGRIC Qui pousse sans avoir été semé. *Plantes adventices* : mauvaises herbes. **3.** Fig. Annexe, subsidiaire. *Une idée adventice se greffa sur le projet initial.* – Lat. *adventicius,* «qui s'ajoute».

adventif, ive [advɑ̃tif, iv] adj. **1.** BOT Se dit des racines et des bourgeons qui croissent hors de leur place normale de développement. *Racines adventives du lierre.* **2.** GEOL *Cônes adventifs,* qui se forment sur les pentes du cône initial d'un volcan. – Du lat. *adventicius,* «qui s'ajoute».

adventiste [advɑ̃tist] n. et adj. Membre d'un mouvement chrétien, d'origine américaine, qui, s'appuyant sur une interprétation des prophètes et de l'Apocalypse, attend comme imminente une seconde venue du Christ sur Terre pour un règne de mille ans. ▷ adj. *Doctrine* *adventiste.* – Anglo-amér. *adventist,* de *advent,* « avènement », lat. *adventus.*

adverbe [advɛʀb] n. m. GRAM Mot invariable qu'on joint à un verbe, à un adjectif, à un autre adverbe pour en compléter ou en modifier le sens (par ex. : il lit *couramment.* Une maison *trop* petite. Il lit *tellement* mal). *Adverbe de manière, de lieu, de temps, de quantité, d'affirmation, de négation, de doute.* – Lat. *adverbium.*

adverbial, ale, aux [advɛʀbjal, o] adj. GRAM Qui remplit le rôle d'un adverbe. *Locution adverbiale.* – De *adverbe.*

adverbialement [advɛʀbjalmɑ̃] adv. Avec une valeur d'adverbe. *Les adjectifs employés adverbialement sont invariables.* – De *adverbial.*

adversaire [advɛʀsɛʀ] n. Personne à laquelle on est opposé, contre qui on lutte. *Battre, vaincre un adversaire.* Syn. antagoniste, ennemi. Ant. auxiliaire, allié, partisan. – Lat. *adversarius.*

adversatif, ive [advɛʀsatif, iv] adj. GRAM Qui marque l'opposition. *Adverbe adversatif. Conjonction adversative.* – Bas lat. *adversativus.*

adverse [advɛʀs] adj. Contraire, opposé. *Fortune adverse.* – *Partie adverse* : l'adversaire, dans un procès. – Lat. *adversus.*

adversité [advɛʀsite] n. f. Sort contraire ; situation de celui qui le subit. *Lutter contre l'adversité. Garder sa dignité dans l'adversité.* Syn. infortune, misère. – Lat. ecclés. *adversitas.*

ad vitam æternam [advitameteʀnam] loc. adv. Fam. Pour toujours, indéfiniment. *Je suppose que tu ne t'installes pas dans ce trou perdu ad vitam æternam ?* – Mots lat., « pour la vie éternelle ».

adynamie [adinami] n. f. MED Grande faiblesse musculaire. – Gr. *adunamia.*

aède [aɛd] n. m. Dans la Grèce antique, poète qui chantait ses propres œuvres, les psalmodiait au son de la lyre. – Gr. *aoidos,* « chanteur ».

æpyornis ou **épyornis** [epjɔʀnis] n. m. ZOOL Ratite géant, ayant l'aspect d'une énorme et massive autruche, qui habita Madagascar du pléistocène au Moyen Âge. – Lat. zool., du gr. *aipus,* « haut », et *ornis,* « oiseau ».

aér(o)-. Préfixe tiré du grec *aêr,* « air », et indiquant un rapport soit avec l'air et avec l'atmosphère, soit avec la navigation aérienne.

aérage [aeʀaʒ] n. m. Ventilation des chantiers d'une mine. – De *aérer.*

aérateur [aeʀatœʀ] n. m. Appareil qui sert à renouveler l'air d'un local. – De *aérer.*

aération [aeʀasjɔ̃] n. f. **1.** Action d'aérer ; son résultat. **2.** GEOMORPH Degré de dissection (du relief). – De *aérer.*

aéré, ée [aeʀe] adj. Où l'air circule librement. *Local bien aéré.* – Pp. de *aérer.*

aérer [aeʀe] **I.** v. tr. [14] **1.** Renouveler l'air de, donner accès à l'air dans (un local clos). *Aérer une chambre.* ▷ Mettre à l'air. *Aérer un matelas.* **2.** Fig. Rendre moins dense. *Page dont on aère la présentation,* qu'on rend plus lisible en espaçant les lignes. **II.** v. pron. Respirer, prendre l'air. *Je vais faire un tour pour m'aérer un peu.* – Lat. *aer,* « air ».

aérien, enne [aeʀjɛ̃, ɛn] adj. **1.** De l'air ; qui appartient à l'air, à l'atmosphère. *Couches aériennes. Phénomènes aériens.* ▷ Fig. Léger comme l'air, vaporeux. *Créature, grâce aérienne.* **2.** Dont l'air est le milieu vital. *Animaux aériens.* ▷ BOT *Racines aériennes,* qui se développent et vivent hors du sol. **3.** Relatif au transport par air, à l'aviation ; qui utilise l'avion. *Lignes aériennes. Navigation aérienne. Attaque aérienne.* **4.** Suspendu au-dessus du sol. *Câble aérien.* ▷ n. m. ELECTR Conducteur suspendu. *Un aérien.* – Antenne d'un appareil de radio, de télévision, de radar. – Du lat. *aer,* « air ».

aérifère [aeʀifɛʀ] adj. BIOL Qui conduit l'air nécessaire à la respiration des êtres vivants. *Lacunes aérifères.* – Lat. *aer,* « air », et *-fère.*

aérium [aeʀjɔm] n. m. Établissement de cure d'air et de repos pour les convalescents ou les sujets fragiles. – Du lat. *aerius,* « aérien », sur *sanatorium.*

aéro-. V. aér(o)-.

aérobic [aeʀɔbik] n. m. Gymnastique comportant des mouvements traditionnels et des mouvements issus des exercices d'échauffement des danseurs, qui se pratique sur une musique à rythme très soutenu. – Mot amer.

aérobie [aeʀɔbi] adj. BIOL Qui a besoin, pour vivre, d'oxygène gazeux libre. *Bactéries aérobies.* Ant. anaérobie. – De *aéro-,* et gr. *bios,* « vie ».

aérobiose [aeʀobjoz] n. f. BIOL Ensemble des conditions de vie en air libre. – De *aéro-,* et gr. *bios,* « vie ».

aéro-club ou **aéroclub** [aeʀoklœb] n. m. Club, société dont les membres pratiquent en amateur les activités aéronautiques (pilotage, vol à voile, parachutisme, aéromodélisme). *Des aéro-clubs.*

aérocolie [aeʀokɔli] n. f. MED Accumulation de gaz dans le côlon. – De *aéro-,* et *côlon.*

aérocondenseur [aeʀokɔ̃dɑ̃sœʀ] n. m. TECH Appareil destiné à refroidir un gaz ou un liquide par convection naturelle ou forcée.

aérodrome [aeʀodʀom] n. m. Terrain aménagé pour le décollage et l'atterrissage des avions, et pourvu des installations nécessaires à leur maintenance.

aérodynamique [aeʀodinamik] n. f. et adj. **I.** n. f. Science des phénomènes physiques liés au déplacement des corps solides dans l'atmosphère. **II.** adj. **1.** Relatif à cette science. **2.** Se dit des engins carénés de façon à opposer à l'air une résistance minimale. *Carrosserie de voiture aérodynamique.*

aérodyne [aeʀodin] n. m. AERON Tout engin plus lourd que l'air et capable de voler (avion, planeur, hélicoptère, etc.).

aérofrein [aeʀofʀɛ̃] n. m. Dispositif de freinage d'un avion, d'une automobile de course, utilisant la résistance que l'air oppose à l'avancement.

aérogare [aeʀogaʀ] n. f. **1.** Ensemble des installations d'un aéroport destinées aux voyageurs et au fret. **2.** Gare assurant la desserte d'un aéroport.

aérogastrie [aeʀogastʀi] n. f. MED Accumulation d'air dans l'estomac. – De *aéro-,* et *-gastrie.*

aéroglisseur [aeʀoglisœʀ] n. m. Véhicule terrestre ou marin dont la sustentation est assurée par un coussin d'air.

aérogramme [aeʀogʀam] n. m. Feuille de papier à lettres aux bordures préencollées, pour former une enveloppe, vendue affranchie et prête à l'expédition par avion.

aérographe [aeʀogʀaf] n. m. Pistolet pulvérisateur à air comprimé employé pour appliquer des couleurs liquides (dans le domaine des arts plastiques).

aérolithe [aeʀolit] n. f. Météorite pierreuse. – De *aéro-,* et *-lithe.*

aérologie [aeʀolɔʒi] n. f. Étude des caractéristiques physiques et chimiques de la troposphère et de la stratosphère. – De *aéro-,* et *-logie.*

aéromodélisme [aeʀomɔdelism] n. m. Technique de la construction et de l'utilisation des modèles réduits d'avions.

aéromoteur [aeʀomɔtœʀ] n. m. et adj. TECH Moteur actionné par l'énergie éolienne.

aéronaute [aeʀɔnot] n. Personne embarquée à bord d'un aérostat. – De *aéro-*, et *-naute*.

aéronautique [aeʀonotik] adj. Relatif à la navigation aérienne. ▷ n. f. Science de la navigation aérienne; technique de la construction des aéronefs. – De *aéronaute*.

aéronaval, ale, als [aeʀonaval] adj. Qui relève à la fois de l'aviation et de la marine. *Puissance aéronavale.* ▷ n. f. *L'Aéronavale* : en France, l'ensemble des forces aériennes dépendant de la Marine nationale.

aéronef [aeʀonɛf] n. m. Tout appareil capable de se sustenter dans l'air par ses propres moyens (avions, hélicoptères, aérostats, etc.).

aéronomie [aeʀonɔmi] n. f. Science, étude de la haute atmosphère. – De *aéro-*, et *-nomie*.

aérophagie [aeʀofaʒi] n. f. MED Déglutition d'une certaine quantité d'air qui pénètre dans l'estomac et provoque une distension douloureuse et parfois des vomissements. – De *aéro-*, et *-phagie*.

aéroplane [aeʀoplan] n. m. Vieilli Avion. – De *aéro-*, et *planer*.

aéroport [aeʀopɔʀ] n. m. **1.** Ensemble d'installations (pistes, tour de commande, aérogare, gare de fret, zone industrielle) aménagées pour le trafic aérien. **2.** Organisme chargé de la gestion et du contrôle des installations de l'aviation civile dans une région.

aéroporté, ée [aeʀopɔʀte] adj. MILIT Qualifie les troupes transportées par voie aérienne et parachutées sur l'objectif. *Division aéroportée.* (V. aérotransporté.)

aéroportuaire [aeʀopɔʀtɥɛʀ] adj. Qui se rapporte à un aéroport.

aéropostal, ale, aux [aeʀopɔstal, o] adj. Qui concerne la poste aérienne, en assure le service.

aérosol [aeʀosɔl] n. m. Dispersion dans un gaz de particules microscopiques. ▷ Système permettant la diffusion ou la vaporisation de ces particules. – De *aéro-*, et *sol(ution)*.

aérospatial, ale, aux [aeʀospasjal, o] adj. et n. f. Qui relève à la fois de l'aéronautique et de l'astronautique. *Techniques aérospatiales.* – n. f. *L'aérospatiale.*

aérostat [aeʀosta] n. m. Tout appareil qui se sustente dans l'air au moyen d'un gaz plus léger que l'air. *Les ballons, les dirigeables sont des aérostats.* – De *aéro-*, et gr. *statos*.

aérostation [aeʀostasjɔ̃] n. f. Technique de la construction et de la manœuvre des aérostats. – De *aérostat*.

aérostatique [aeʀostatik] adj. et n. f. **1.** adj. Qui concerne l'aérostation. **2.** n. f. Science qui traite de l'équilibre des fluides élastiques. – De *aérostat*.

aérostier [aeʀostje] n. m. Celui qui pilote un aérostat. – De *aérostat*.

aéroterrestre [aeʀotɛʀɛstʀ] adj. Qui réunit des forces aériennes et terrestres.

aérotherme [aeʀotɛʀm] n. m. TECH Appareil qui produit de l'air chaud et le souffle pour chauffer un local. – De *aéro-*, et *-therme*.

aérotrain [aeʀotʀɛ̃] n. m. Véhicule à sustentation par coussin d'air, utilisant une voie spéciale, et capable d'atteindre de grandes vitesses. – Nom déposé.

aérotransporté, ée [aeʀotʀɑ̃spɔʀte] adj. MILIT Se dit de troupes transportées par voie aérienne et déposées au sol par atterrissage de l'appareil (V. aéroporté).

aeschne [aɛskn; ɛʃn] n. f. ENTOM Libellule européenne de grande taille, à l'abdomen coloré, commune près des étangs. – Lat. zool. *æschna*.

æthuse [etyz] n. f. BOT Ombellifère vénéneuse (appelée aussi petite ciguë, persil des fous, faux persil, ache des chiens). – Lat. bot. *æthusa*.

affabilité [afabilite] n. f. Qualité d'une personne affable. Syn. aménité, courtoisie. – Lat. *adfabilitas*.

affable [afabl] adj. Qui accueille les autres avec amabilité, douceur. *Manières affables*, courtoises. Syn. aimable, sociable. Ant. froid, hautain. – Lat. *affabilis*, « à qui l'on peut parler ».

affablement [afabləmɑ̃] adv. D'une manière affable. – De *affable*.

affabulation [afabylasjɔ̃] n. f. **1.** Trame d'une œuvre de fiction. **2.** Mensonge, travestissement de la vérité. – Bas lat. *affabulatio*.

affabuler [afabyle] v. intr. [**1**] Se livrer à des affabulations, à des mensonges. – De *affabulatio*.

affacturage [afaktyʀaʒ] n. m. Gestion des créances d'une entreprise, effectuée par une société spécialisée. Syn. off. recommandé de *factoring*. – De *facture*.

affadir [afadiʀ] v. tr. [**3**] Rendre fade, insipide. *Affadir une sauce. Affadir des couleurs.* ▷ v. pron. Fig. *Son style s'est affadi.* – De *fade*.

affadissement [afadismɑ̃] n. m. Fait de devenir fade, insipide. – De *affadir*.

affaiblir [afɛbliʀ] v. tr. [**3**] Diminuer la force physique ou l'énergie morale de, rendre faible. *La maladie l'a affaibli.* Syn. débiliter, diminuer. Ant. fortifier. ▷ v. pron. Devenir faible. *Ma vue s'affaiblit.* – Fig. *Le sens de ce mot s'est affaibli avec le temps*, a perdu de sa force d'expression. – De *faible*.

affaiblissant, ante [afɛblisɑ̃, ɑ̃t] adj. Qui affaiblit. *Régime affaiblissant.* – Ppr. de *affaiblir*.

affaiblissement [afɛblismɑ̃] n. m. Diminution de la force, de la puissance, de l'intensité. *L'affaiblissement de la monarchie. L'affaiblissement de la mémoire.* ▷ PHYS Diminution de l'amplitude d'une onde. – De *affaiblir*.

affaire [afɛʀ] n. f. **I. 1.** Ce qui concerne l'intérêt personnel de qqn. *C'est mon affaire* : cela ne concerne que moi. *J'en fais mon affaire* : je m'en charge. *Cela ferait bien mon affaire* : cela me conviendrait. ▷ (Plur.) Objets personnels, vêtements. *Il ne retrouve jamais ses affaires.* **2.** Ensemble de circonstances où des intérêts divers sont en jeu, s'opposent, s'affrontent. *Voilà une affaire à laquelle il vaut mieux ne pas être mêlé. Une scandaleuse affaire de pots-de-vin et de trafic d'influence.* **3.** Ensemble de difficultés avec lesquelles une personne est aux prises; tracas, ennui. *Il s'est attiré une vilaine affaire.* – Fam. *Ce n'est pas une affaire !* : cela n'est pas bien grave, cela ne tire pas à conséquence. *N'en fais pas une affaire !* : ne prends pas cela trop à cœur, n'y attache pas d'importance. ▷ *Tirer qqn d'affaire*, lui épargner une difficulté, le sauver d'un danger. **4.** Ensemble de faits dont la justice a à connaître. *Plaider une affaire. Affaire criminelle.* ▷ Ensemble de faits délictueux ou criminels sur lesquels la police est chargée d'enquêter. *« L'Affaire Saint-Fiacre »* (titre d'un roman de Simenon). **5.** Conflit. ▷ Conflit international, militaire ou diplomatique. *L'affaire de Suez.* ▷ Combat, engagement de troupes. *L'affaire fut chaude.* **II. 1.** *Affaire de...*, qui concerne... *Affaire d'honneur*, où l'honneur est en jeu (*spécial., par euph.* : duel). – *Affaire de cœur* : intrigue galante, amourette. ▷ *C'est une affaire de goût* : cela dépend du goût de chacun. – *C'est une affaire d'habitude* : il ne s'agit que de s'exercer, de s'accoutumer. **2.** *Avoir affaire à quelqu'un*, lui parler, traiter ou négocier avec lui. *J'ai eu affaire au directeur lui-même.* ▷ *Vous aurez affaire à moi !* (avertissement menaçant). **III.** Entreprise industrielle ou commerciale.

Le patron d'une affaire. L'affaire a été reprise par une société étrangère. **IV. 1.** Transaction, marché. *Voilà une affaire conclue! Il a fait une affaire, une bonne affaire,* une transaction avantageuse. ▷ (Plur.) Opérations financières, commerciales; spéculations. *Cette maison fait beaucoup d'affaires. Chiffre d'affaires. Homme d'affaires. Les affaires sont les affaires :* quand il s'agit d'intérêt, les autres considérations n'ont pas à intervenir. **2.** (Plur.) Intérêts pécuniaires d'une personne. *Il est au courant de mes affaires. Mettre de l'ordre dans ses affaires.* **V.** (Plur.) Tout ce qui concerne l'administration et le gouvernement des choses publiques. *Les affaires de l'État. Affaires maritimes.* – De *à*, et *faire*.

affairé, ée [afeʀe] adj. Qui a beaucoup à faire, qui s'empresse. – Pp. de *s'affairer*.

affairement [afeʀmɑ̃] n. m. Fait d'être affairé. – De *s'affairer*.

affairer (s') [afeʀe] v. pron. [1] S'empresser, se montrer actif dans l'exécution d'une tâche. *Manœuvres qui s'affairent sur un chantier.* – De *affaire*.

affairisme [afeʀism] n. m. Péjor. Préoccupation exclusive de faire des affaires, de gagner de l'argent. – De *affaire*.

affairiste [afeʀist] n. Péjor. Homme d'affaires sans scrupules, préoccupé surtout par la recherche du profit. – De *affairisme*.

affaissement [afɛsmɑ̃] n. m. Fait de s'affaisser; état de ce qui est affaissé. *L'affaissement de la chaussée.* – Fig. Accablement. *L'affaissement de son moral fait peine à voir.* ▷ GEOMORPH Lent mouvement d'abaissement du sol, dû aux forces tectoniques. – De *affaisser*.

affaisser [afese] **I.** v. tr. [1] Rare Faire plier sous un poids, abaisser le niveau de. *Cette lourde armoire a affaissé le plancher.* **II.** v. pron. **1.** Plier, baisser de niveau sous l'effet d'un poids, d'une pression. *Le mur de soutènement s'est affaissé sous la poussée des terres.* **2.** Tomber lourdement, sans forces (êtres animés). *Il a eu une faiblesse et il s'est affaissé tout d'un coup.* – De *faix*.

affaler [afale] v. [1] **1.** v. tr. MAR Laisser tomber, faire descendre rapidement. *À affaler la grand-voile!* **2.** v. pron. Se laisser tomber. *S'affaler sur son lit.* – Du néerl. *afhalen*, «tirer (un cordage) en bas».

affamé, ée [afame] adj. **1.** Qui a une très grande faim. *Loup affamé.* ▷ Subst. *Nourrir les affamés.* **2.** Fig. *Affamé de :* avide de. *Être affamé de gloire, d'argent.* – Pp. de *affamer*.

affamer [afame] v. tr. [1] Causer la faim en privant de nourriture. *Affamer la population d'une ville investie.* – Lat. pop. **affamare*.

affameur, euse [afamœʀ, øz] n. Personne qui affame autrui. *Affameur du peuple.* – De *affamer*.

affect [afɛkt] n. m. PSYCHO État affectif. ▷ PSYCHAN État affectif considéré en tant qu'un des deux registres de la pulsion, l'autre étant la représentation. – All. *affekt*, du lat. *affectus*, «disposition, état».

1. affectation [afɛktasjɔ̃] n. f. **1.** Imitation, faux-semblant. *Affectation de vertu.* **2.** Manque de naturel, de simplicité. *Il parle avec affectation.* Syn. afféterie. – De *affecter* 1.

2. affectation [afɛktasjɔ̃] n. f. **1.** Destination (d'une chose) à un usage. *Affectation d'une somme à telle dépense.* **2.** Désignation à un poste, une fonction. *L'affectation d'un militaire.* – De *affecter* 2.

1. affecté, ée [afɛkte] adj. **1.** Feint, imité. *Humilité affectée.* Ant. sincère. **2.** Qui manque de naturel, de simplicité. *Manières affectées.* – Pp. de *affecter* 1.

2. affecté, ée [afɛkte] adj. Qui a reçu une affectation. *Officier récemment affecté.* – Pp. de *affecter* 2.

3. affecté, ée [afɛkte] adj. **1.** Ému, affligé. *Il semble très affecté.* **2.** MATH Doté de (un coefficient, un exposant, etc.). *10^{-4} est un nombre affecté d'un exposant négatif.* – Pp. de *affecter* 3.

1. affecter [afɛkte] v. tr. [1] **1.** Feindre. *Affecter la modestie. Il affecta de prendre pour argent comptant tous ces mensonges.* **2.** Prendre (une forme, une apparence). *Les cristaux de sel marin affectent la forme cubique.* – Lat. *affectare*, «rechercher, poursuivre».

2. affecter [afɛkte] v. tr. [1] **1.** Destiner (qqch) à un usage. *Affecter un véhicule au transport des denrées.* **2.** Donner une affectation à (qqn). *On a affecté ce fonctionnaire à Roubaix.* – De l'a. fr. *afaitier*, «façonner».

3. affecter [afɛkte] v. tr. [1] **1.** Mettre dans une certaine disposition; influer, agir sur (l'esprit, les sens). *Ces sons affectent désagréablement l'oreille.* **2.** Causer une impression pénible, de la peine. *Ce deuil m'affecte douloureusement.* ▷ v. pron. S'affliger, souffrir moralement de. *Ce malade s'affecte beaucoup de son état.* **3.** MATH Munir de, adjoindre à, afin d'obtenir une variation. *Affecter un nombre d'un coefficient, d'un exposant.* – Du lat. *affectus*, «disposition, état».

affectif, ive [afɛktif, iv] adj. PSYCHO Relatif au plaisir, à la douleur, aux émotions. *Plaisir, douleur, émotions, sentiments sont des états affectifs.* – Bas lat. *affectivus*.

affection [afɛksjɔ̃] n. f. **1.** Sentiment d'attachement pour les êtres que l'on aime. *Affection paternelle.* Syn. inclination, tendresse. Ant. antipathie, aversion, haine. **2.** Vieilli État affectif. *Les affections de l'âme.* **3.** MED État morbide, maladie. *Affection cutanée.* – Lat. *affectio*.

affectionné, ée [afɛksjɔne] adj. Dévoué, attaché par l'affection. – Pp. de *affectionner*.

affectionner [afɛksjɔne] v. tr. [1] **1.** Avoir de l'affection pour. *Il affectionne particulièrement sa fille cadette.* Syn. aimer, chérir. Ant. détester. **2.** Avoir un goût marqué pour. *J'affectionne particulièrement cet endroit.* – De *affection*.

affectivité [afɛktivite] n. f. Ensemble des phénomènes affectifs. – De *affectif*.

affectueusement [afɛktɥøzmɑ̃] adv. D'une manière affectueuse. – De *affectueux*.

affectueux, euse [afɛktɥø, øz] adj. Qui manifeste de l'affection. – Bas lat. *affectuosus*.

1. afférent, ente [afeʀɑ̃, ɑ̃t] adj. **1.** DR Qui revient à chacun dans un partage. *Part afférente.* **2.** Qui se rapporte à. *Rémunération afférente à un emploi.* – Lat. *affert*, «cela apporte, contribue», de *afferre*.

2. afférent, ente [afeʀɑ̃, ɑ̃t] adj. ANAT Se dit d'un vaisseau sanguin, lymphatique, d'un nerf, etc., qui arrive à un organe. Ant. efférent. – Lat. *afferens*.

affermage [afɛʀmaʒ] n. m. Location à ferme ou à bail. – De *affermer*.

affermer [afɛʀme] v. tr. [1] Donner ou prendre à ferme ou à bail. *Affermer une terre. Cultivateur qui afferme un domaine.* Syn. louer. – De *à*, et *ferme*, «location».

affermir [afɛʀmiʀ] v. tr. [3] **1.** Rendre ferme, stable, solide. *Affermir une muraille. L'exercice affermit les muscles.* **2.** Rendre plus fort, plus assuré. *Affermir sa voix. Affermir son pouvoir.* Ant. affaiblir, ébranler. ▷ v. pron. Devenir plus ferme. – De *à*, et *ferme* (adj.).

affermissement [afɛʀmismɑ̃] n. m. Action d'affermir, de consolider; son résultat. – De *affermir*.

afféterie ou **affèterie** [afetʀi] n. f. Recherche prétentieuse, affectation dans le comportement, le style. – De l'a. fr. *afaitier*, «façonner».

affichage [afiʃaʒ] n. m. **1.** Action d'afficher (sens 1); résultat de cette action. *Le Code électoral limite l'affichage* *électoral à des panneaux d'affichage spéciaux.* **2.** TECH Présentation de données, de résultats, sur un écran de visualisation. – De *afficher.*

affiche [afiʃ] n. f. Feuille imprimée ou écrite, comportant un texte ou une représentation graphique, ou les deux, placardée et destinée à informer le public. *Affiche publicitaire. Affiche officielle collée à un emplacement réservé.* – De *afficher.*

afficher [afiʃe] v. tr. [1] **1.** Publier, annoncer au moyen d'affiches; apposer une affiche. *Afficher un avis officiel.* **2.** Fig. Montrer ostensiblement, faire étalage de. *Il affiche un air satisfait.* ▷ v. pron. Péjor. Se montrer avec ostentation (*spécial.* en faisant étalage de sa vie privée). *Elle s'affiche avec son dernier amant.* **3.** TECH Visualiser par affichage (sens 2). – De *à,* et *ficher.*

affichette [afiʃɛt] n. f. Affiche de format réduit. – De *affiche.*

afficheur [afiʃœʀ] n. m. **1.** Personne qui pose des affiches. **2.** Entreprise qui assure la pose et la conservation d'affiches sur des emplacements réservés. – De *afficher.*

affichiste [afiʃist] n. Artiste qui compose des affiches illustrées; concepteur d'affiches. – De *affiche.*

affidavit [afidavit] n. m. Certificat par lequel un porteur étranger de titres émis dans un pays obtient l'exonération des taxes qui frappent les autochtones. – Mot angl., du lat. médiév. *affidare,* «attester».

affidé, ée [afide] adj. et n. m. **1.** adj. Vx En qui l'on a confiance. *Il se confia à une personne affidée.* **2.** n. m. Péjor. Espion, agent à tout faire. *Il a mis en campagne ses affidés.* – Ital. *affidato.*

affilage [afilaʒ] n. m. Action d'affiler un outil. – De *affiler.*

affilée (d') [dafile] loc. adv. À la suite, sans discontinuer. *Dormir dix heures d'affilée.* – De *affiler,* «planter en ligne, aligner».

affiler [afile] v. tr. [1] Donner du fil à, aiguiser. *Affiler un rasoir.* ▷ Fig. *Avoir la langue bien affilée :* être médisant ou caustique. – Lat. pop. **affilare.*

affiliation [afiljasjɔ̃] n. f. Action d'affilier ou de s'affilier; fait d'être affilié. – De *affilier.*

affilié, ée [afilje] n. Membre d'une organisation. – Pp. subst. de *affilier.*

affilier [afilje] **1.** v. tr. [2] Faire entrer (une organisation) dans un groupement qui en réunit plusieurs autres de même nature sous son autorité. *Affilier un club sportif à une fédération.* **2.** v. pron. Adhérer à (une organisation). *S'affilier à un parti.* – Lat. médiév. *affiliare,* du lat. *filius,* «fils».

affin, ine [afɛ̃, in] adj. Qui présente des affinités. ▷ BIOL *Formes affines,* présentant des similitudes suggérant une parenté. ▷ MATH *Géométrie affine,* qui étudie les transformations par affinité. – Lat. *affinis.*

affinage [afinaʒ] n. m. Action de rendre plus fin, de débarrasser des impuretés. *Affinage de la fonte.* – De *affiner.*

affinement [afinmɑ̃] n. m. Fait de s'affiner. – De *affiner.*

affiner [afine] v. tr. [1] **1.** Purifier, enlever les éléments étrangers mêlés à (une substance). *Affiner de l'or.* **2.** *Affiner des fromages,* leur faire achever leur maturation. **3.** Fig. Rendre plus fin, plus subtil. *Affiner le goût.* ▷ v. pron. Devenir plus fin, plus délié. *L'esprit s'affine par la conversation.* – De *à,* et *fin.*

affinité [afinite] n. f. **1.** Vx Parenté par alliance. **2.** Attirance, sympathie due à une conformité de caractères, de goûts. *Il y avait entre eux une grande affinité.* Ant. antipathie. ▷ Analogie, accord entre des choses; rapport d'harmonie. *Décoration qui tient compte des affinités entre les formes et les couleurs.* **3.** CHIM Tendance qu'ont les corps de nature différente à réagir les uns sur les autres. *L'affinité chimique est mesurée par la diminution d'énergie libre du système entre l'état initial des réactants et leur état final.* **4.** GEOM *Transformation par affinité :* transformation plane qui fait correspondre à un point de coordonnées (x, y) un point (x, ky) où k est un nombre réel constant. – Lat. *affinitas,* «voisinage».

affiquet [afikɛ] n. m. **1.** Vx Petite parure qu'on fixe à une robe, à la coiffure. **2.** Arrêt qu'on fixe à la pointe d'une aiguille à tricoter pour empêcher les mailles déjà montées de glisser. – Dimin. de *affique* (affiche), «agrafe, épingle».

affirmatif, ive [afiʀmatif, iv] adj. **1.** Qui exprime l'affirmation. *Geste affirmatif.* **2.** (Personnes) Qui affirme. *C'est un homme trop sûr de lui et trop affirmatif.* **3.** *Proposition affirmative,* qui n'exprime ni une négation ni une interrogation. ▷ n. f. *Répondre par l'affirmative :* répondre «oui» à une proposition. *La majorité fut pour l'affirmative.* – Bas lat. *affirmativus.*

affirmation [afiʀmasjɔ̃] n. f. **1.** Action d'affirmer. *Ton affirmation est bien catégorique!* **2.** Chose affirmée. *Il ne contrôle pas toujours ses affirmations.* **3.** Fait de se manifester nettement, avec autorité. *L'affirmation de ses possibilités. L'affirmation de soi.* – Lat. *affirmatio.*

affirmativement [afiʀmativmɑ̃] adv. D'une manière affirmative. – De *affirmatif.*

affirmer [afiʀme] **1.** v. tr. [1] Soutenir qu'une chose est vraie. *Vous pouvez me croire, je vous l'affirme.* **2.** Poser qu'une chose est. *Affirmer Dieu.* **3.** Manifester nettement. *Affirmer son non-conformisme.* **4.** v. pron. Se manifester avec force. *Ses progrès s'affirment tous les jours.* **5.** Rendre plus consistant, plus net. *Affirmer une esquisse.* – Lat. *affirmare.*

affixe [afiks] n. m. GRAM Élément de composition qui s'ajoute au commencement (préfixe), dans le corps (infixe) ou à la fin (suffixe) d'un mot pour en modifier le sens. – Lat. *affixus,* de *affigere,* «attacher».

affleurement [aflœʀmɑ̃] n. m. **1.** TECH Action d'affleurer, de mettre au même niveau. **2.** État de ce qui affleure (sens 2). ▷ GEOMORPH Partie d'une couche géologique qui apparaît en surface. – De *affleurer.*

affleurer [aflœʀe] v. [1] **I.** v. tr. **1.** TECH Mettre au même niveau (deux pièces contiguës). *Affleurer une trappe au niveau d'un plancher.* **2.** (Choses) Arriver au niveau de. *L'eau affleure le quai.* **II.** v. intr. Être au niveau de la surface de l'eau, du sol. *Rochers qui affleurent à marée basse. Veine de minerai qui affleure.* – De *à,* et de *fleur;* propr. «mettre à fleur de».

afflictif, ive [afliktif, iv] adj. DR Qui concerne le corps et la vie intime (par oppos. à l'honneur, la réputation). *Peines afflictives et infamantes :* détention criminelle, réclusion criminelle. – Lat. *afflictum.*

affliction [afliksjɔ̃] n. f. Peine morale, douleur profonde. *Deuil qui plonge une famille dans l'affliction.* Syn. chagrin, tristesse, désolation. – Bas lat. *afflictio.*

affligé, ée [afliʒe] adj. **1.** Qui ressent de l'affliction. **2.** Qui est éprouvé par un malheur. *Pays affligé par la peste.* – Plaisant *Il est affligé de six enfants.* – Pp. de *affliger.*

affligeant, ante [afliʒɑ̃, ɑ̃t] adj. **1.** Qui cause de l'affliction. *Une nouvelle affligeante.* **2.** Désolant (par sa médiocrité). *Un roman d'une pauvreté d'invention affligeante.* – Ppr. de *affliger.*

affliger [afliʒe] v. tr. [13] **1.** Causer de l'affliction à. *Cette nouvelle l'a affligé.* ▷ v. pron. Ressentir de l'affliction. **2.** Faire endurer de grandes souffrances à. *Une grave épidémie afflige actuellement ce pays.* – Lat. *affligere,* «frapper, abattre».

affluence [aflyɑ̃s] n. f. **1.** Rassemblement d'un grand nombre de personnes arrivant en même temps dans un lieu. *Les heures d'affluence.* **2.** Abondance. *L'affluence des denrées fait baisser les prix.* Ant. disette, rareté. – Lat. *affluentia.*

affluent [aflyɑ̃] n. m. Cours d'eau qui se jette dans un autre. *La Marne est un affluent de la Seine.* – Lat. *affluens.*

affluer [aflye] v. intr. [1] **1.** Couler en abondance vers (en parlant du sang). *Sous l'effet de l'émotion, le sang lui afflua au visage.* **2.** Arriver en abondance, en nombre. *Les clients commençaient à affluer.* – Lat. *affluere.* «couler vers».

afflux [afly] n. m. **1.** Fait d'affluer (sens 1). *Afflux sanguin.* **2.** Arrivée d'un grand nombre de personnes. *L'afflux des voyageurs dans les gares au début du mois d'août.* – De *affluer,* sur *flux.*

affolant, ante [afɔlɑ̃, ɑ̃t] adj. **1.** Qui affole, provoque une émotion violente. *Nouvelle affolante.* **2.** Qui trouble par les sens, émeut. *Un parfum affolant.* **3.** Fam. Angoissant, alarmant. *C'est affolant, ce que vous nous racontez là.* – Ppr. de *affoler.*

affolement [afɔlmɑ̃] n. m. **1.** Action de s'affoler; état d'une personne affolée. *Allons, pas d'affolement!* Syn. panique. **2.** État de l'aiguille d'un compas, d'une boussole, affolée. – De *affoler.*

affoler [afɔle] v. tr. [1] **1.** Rendre comme fou, égarer. *Cette nouvelle nous a affolés, nous ne savions plus que faire.* ▷ v. pron. Se troubler profondément, perdre la tête. *Ne vous affolez pas!* **2.** Faire subir à (une aiguille de compas) des variations brusques et irrégulières. – De *fol* (fou).

affouage [afwaʒ] n. m. Droit de prendre du bois de chauffage dans une forêt. – De l'anc. verbe, *affouer,* «donner du chauffage», du lat. *focus,* «foyer».

affouillement [afujmɑ̃] n. m. Enlèvement localisé de matériau meuble par un courant ou un remous de l'eau. *Affouillement des berges.* – De *affouiller.*

affouiller [afuje] v. tr. [1] Produire l'affouillement de. – De *fouiller.*

affourchage [afuʀʃaʒ] n. m. Action d'affourcher. *L'affourchage assure en général une moins bonne tenue sur le fond que l'empennelage.* – De *affourcher.*

affourche [afuʀʃ] n. f. Action d'affourcher. *Ancre d'affourche.* – Déverbal de *affourcher.*

affourcher [afuʀʃe] v. intr. [1] MAR Mouiller sur deux ancres dont les lignes sont disposées en fourche, en V. *Navire qui affourche.* – De *à,* et *fourche.*

affranchi, ie [afʀɑ̃ʃi] adj. et n. **1.** Libéré de la servitude, de l'esclavage. ▷ Subst. Dans l'Antiquité, esclave affranchi. *Plaute était un affranchi.* **2.** Qui s'est libéré de traditions, de préjugés, de façons de penser intellectuellement contraignantes. *C'est une personne tout à fait affranchie et sans l'ombre d'une idée préconçue.* ▷ Subst. Personne qui vit en marge des lois, de la morale sociale. *Celui-là, c'est un dur, un affranchi.* **3.** (Choses) Dont le port est payé. *Une lettre mal affranchie.* – Pp. de *affranchir.*

affranchir [afʀɑ̃ʃiʀ] v. tr. [3] **I. 1.** Rendre libre (une personne), indépendant (un pays). *Affranchir un esclave.* ▷ v. pron. Se rendre libre, indépendant. *S'affranchir de la tyrannie.* **2.** Délivrer, libérer (d'une gêne, d'une contrainte). *Sa cordialité m'avait affranchi de toute timidité.* ▷ v. pron. *Affranchissez-vous des préjugés de votre milieu.* **3.** Arg. Renseigner, mettre au courant. **II.** *Affranchir un envoi postal,* en payer le port. – De *franc,* «libre».

affranchissement [afʀɑ̃ʃismɑ̃] n. m. **1.** Action d'affranchir, de rendre libre. *L'affranchissement d'un peuple.* Syn. émancipation. **2.** Paiement du port d'un objet confié à la poste. – De *affranchir.*

affres [afʀ] n. f. pl. *Les affres de la mort :* les souffrances de l'agonie. ▷ *Les affres de...,* l'angoisse, les souffrances morales causées par... *Les affres du doute, de la jalousie, de l'inquiétude.* – Anc. provenç. *afre,* «horreur», rad. germ. *aifr-,* «horrible, terrible».

affrètement [afʀɛtmɑ̃] n. m. Action d'affréter; convention réglant les conditions de la location d'un véhicule. – De *affréter.*

affréter [afʀete] v. tr. [14] Louer (un véhicule : car, avion, navire, etc.) pour un certain temps ou pour un voyage déterminé. – De *fret.*

affréteur [afʀetœʀ] n. m. Celui qui affrète un véhicule. – De *affréter.*

affreusement [afʀøzmɑ̃] adv. D'une manière affreuse. – De *affreux.*

affreux, euse [afʀø, øz] adj. **1.** Qui suscite la répulsion, l'effroi. *C'était un spectacle affreux, qui m'a bouleversé. Un affreux visage grimaçant.* **2.** Désagréable, pénible. *De la pluie, du brouillard, bref, un temps affreux.* – De *affres.*

affriander [afʀiɑ̃de] v. tr. [1] Vx Allécher, attirer. – De *friand.*

affriolant, ante [afʀiɔlɑ̃, ɑ̃t] adj. Qui séduit, excite le désir. *Des dessous affriolants.* – Ppr. de *affrioler.*

affrioler [afʀiɔle] v. tr. [1] Attirer, séduire. – Du moy. fr. *frioler,* «griller d'envie».

affriquée [afʀike] adj. f. et n. f. PHON Se dit d'une consonne composite dont la prononciation commence par une occlusive et se prolonge par la fricative qui a le même point d'articulation. ▷ n. f. *[ts] et [dz] sont des affriquées.* – Du lat. *africare,* «frotter contre».

affront [afʀɔ̃] n. m. Avanie, insulte publique. *Subir un affront humiliant.* – De *affronter,* a. fr. «couvrir de honte».

affrontement [afʀɔ̃tmɑ̃] n. m. **1.** Action d'affronter ou de s'affronter. **2.** CHIR *L'affrontement des lèvres d'une plaie,* leur réunion. – De *affronter.*

affronter [afʀɔ̃te] **1.** v. tr. [1] Aller avec courage audevant de (un ennemi, un danger). *Soldat qui affronte le feu pour la première fois.* **2.** v. pron. (récipr.) Combattre l'un contre l'autre. *Les deux armées s'affrontaient.* **3.** CHIR *Affronter les lèvres d'une plaie,* les réunir. – De *front.*

affubler [afyble] v. tr. [1] Habiller avec un vêtement bizarre ou ridicule. *On l'affubla d'un vieux manteau.* Syn. accoutrer. ▷ v. pron. *S'affubler de nippes multicolores.* – Lat. pop. **affibulare,* de *fibula,* «agrafe».

affût [afy] n. m. **1.** ARTILL Bâti qui sert à supporter et à mouvoir une pièce d'artillerie. **2.** Guet derrière un couvert pour tirer le gibier au passage. *Un bon endroit pour l'affût. Tirer un lièvre à l'affût.* ▷ Fig. *Être à l'affût de :* épier, attendre pour saisir l'occasion. *Être à l'affût d'une bonne affaire.* – Déverbal de *affûter.*

affûtage [afytaʒ] n. m. **1.** Assortiment des outils nécessaires à un ouvrier. **2.** Action d'affûter, d'aiguiser (un outil); son résultat. – De *affûter.*

affûter [afyte] v. tr. [1] Aiguiser (un outil), le rendre tranchant. *Affûter un ciseau à bois.* – De *à,* et *fût.*

affûteur [afytœʀ] n. m. Ouvrier spécialiste de l'affûtage des outils. – De *affûter.*

affûtiaux [afytjo] n. m. pl. **1.** Fam. Petits objets sans valeur dont on se pare. Syn. bagatelle. **2.** Pop. Instruments nécessaires pour faire qqch. *Préparez vos affûtiaux.* – De *affûter,* avec l'anc. sens de «disposer».

afghan, ane [afgɑ̃, an] adj. et n. **1.** adj. De l'Afghānistān, État d'Asie centrale. *Manteau afghan.* ▷ *Lévrier afghan,* longiligne, au poil long et souple. ▷ Subst. *Un(e) Afghan(e).* **2.** n. m. Abusiv. *L'afghan :* la langue afghane. V. pachtou. – Mot persan.

afghani [afgani] n. m. Unité monétaire de l'Afghānistān, État d'Asie centrale. – Mot persan.

aficionado [afisjɔnado] n. m. **1.** Amateur de courses de taureaux. **2.** *Par ext.* Amateur fervent d'un sport particulier. *Les aficionados de la boxe.* – Mot esp.

afin [afɛ̃] **1.** *Afin de* (+ inf.). Loc. prép. marquant l'intention, le but. *On écrème le lait afin de faire le beurre.* **2.** *Afin que* (+ subj.). Loc. conj. marquant l'intention, le but. *Érostrate mit le feu au temple d'Éphèse afin qu'on parlât de lui.* – De *à*, et *fin.*

aflatoxine [aflatɔksin] n. f. BIOL Toxine produite par des champignons proliférant sur des graines conservées en atmosphère chaude et humide. – De *A(spergillus) fla(vus),* n. du champignon, et *toxine.*

afocal, ale, aux [afɔkal, o] adj. OPT Dont les foyers sont situés à l'infini. – De *a-* 1, et *focal.*

a fortiori [afɔʀsjɔʀi] loc. adv. À plus forte raison. – Lat. *a fortiori (causa),* «par une raison plus forte».

africain, aine [afʀikɛ̃, ɛn] adj. (et n.). De l'Afrique, spécial., de l'Afrique noire. ▷ Subst. *Un(e) Africain(e).* – Lat. *africanus.*

africaner. V. afrikander.

africanisation [afʀikanizasjɔ̃] n. f. Fait d'africaniser, d'être africanisé. – De *africaniser.*

africaniser [afʀikanize] v. tr. [1] Remplacer (les structures économiques, politiques, les cadres, etc.) en utilisant des moyens proprement africains, un personnel africain.– Pp. adj. *Un secteur totalement africanisé.* – De *africain.*

africanisme [afʀikanism] n. m. Tournure, terme propres au français parlé en Afrique. – Du lat. *africanus,* «africain».

africaniste [afʀikanist] n. m. Spécialiste des cultures, des langues africaines. – De *africain.*

afrikaans [afʀikans; afʀikɑ̃s] n. m. (et adj. inv.) Langue d'origine néerlandaise parlée en Afrique du Sud. ▷ adj. inv. *Une expression afrikaans.* – Mot néerlandais.

afrikander [afʀikɑ̃dɛʀ] ou **afrikaner** [afʀikanɛʀ] adj. et n. Relatif aux habitants de l'Afrique du Sud d'origine néerlandaise (parlant l'afrikaans). ▷ Subst. *Un(e) Afrikander* ou *Afrikaner.* – Du néerl. *afrikaans,* «africain».

afro-. Préfixe désignant une origine, une appartenance africaine.

afro [afʀo] adj. inv. *Coiffure afro :* coupe de cheveux crépus ou frisés, en forme de boule volumineuse. – Mot angl., de *afro-american.*

afro-américain, aine [afʀoameʀikɛ̃, ɛn] adj. et n. Noir américain. ▷ Subst. *Des Afro-Américains.* – De *afro-,* et *américain.*

afro-asiatique [afʀoazjatik] adj. De l'Afrique et de l'Asie; qui concerne à la fois l'Afrique et l'Asie du point de vue politique. *Les États afro-asiatiques.* – De *afro-,* et *asiatique.*

after-shave [aftəʀʃɛv] n. m. inv. (Anglicisme) Syn. de *après-rasage.* – Mots angl.

Ag CHIM Symbole de l'argent.

aga. V. agha.

agaçant, ante [agasɑ̃, ɑ̃t] adj. Qui agace, irrite. *Un petit bruit agaçant.* – Ppr. de *agacer.*

agace ou **agasse** [agas] n. f. Rég. Pie. – Anc. haut all. *agaza.*

agacement [agasmɑ̃] n. m. Énervement, irritation. – De *agacer.*

agacer [agase] v. tr. [12] **1.** Énerver et impatienter. *Tu commences à nous agacer, avec tes hésitations!* ▷ Taquiner en provoquant. *Il agace son chien pour le faire aboyer.* **2.** Produire une sensation d'irritation sur. *Une saveur un peu acide qui agace les dents.* – De l'a. fr. *aacier,* «irriter», du lat. pop. **adaciare,* par croisement avec *agacer,* «crier comme une agace, comme une pie».

agaceries [agasʀi] n. f. pl. Manières coquettes et provocantes d'une femme qui cherche à séduire. – De *agacer.*

agalactie [agalakti] n. f. MED Absence de lactation après l'accouchement. – Du gr. *agalaktos,* «qui n'a pas de lait».

agame [agam] adj. et n. m. **1.** adj. BIOL *Reproduction agame,* qui s'effectue sans fécondation. **2.** n. m. ZOOL Genre *(Agama)* d'agamidés. *L'agame est un reptile saurien ressemblant à l'iguane.* – De *a-* 1, et gr. *gamos,* «mariage».

agami [agami] n. m. ORNITH Gros oiseau noir des forêts guyanaise et amazonienne, que son cri a fait surnommer *oiseau-trompette.* – Mot caraïbe.

agamidés [agamide] n. m. pl. ZOOL Importante famille de sauriens des régions chaudes de l'Ancien Monde, comprenant le margouillat, le dragon volant, l'uromastix, etc. – Sing. *Un agamidé.* – De *agame,* et suff. *-idés.*

agamie [agami] n. f. BIOL Reproduction sans fécondation (reproduction asexuée; parthénogenèse). – De *agame.*

agape [agap] n. f. **1.** HIST Repas en commun des premiers chrétiens. **2.** n. f. pl. Mod. Banquet entre amis. Syn. festin. – Lat. ecclés., du gr. *agapê,* «amour».

agapè [agape] n. m. Amour divin. – Mot gr., «amour».

agar-agar [agaʀagaʀ] n. m. CHIM Substance extraite de certaines algues, qui forme avec l'eau une gelée utilisée en bactériologie comme milieu de culture et dans l'industrie comme produit d'encollage. *Des agars-agars.* Syn. gélose. – Mot malais.

agaric [agaʀik] n. m. Champignon basidiomycète (genre *Agaricus*), sans volve ni anneau, à lamelles colorées, dont une espèce *(Agaricus xanthoderma)* est très toxique. *Le rosé des prés, le champignon de Paris sont des agarics.* Syn. psalliote. – Lat. *agaricum.*

agaricacées [agaʀikase] n. f. pl. Famille de champignons basidiomycètes, comestibles ou vénéneux. – Sing. *Une agaricacée.* – De *agaric,* et *-acées.*

agaricales [agaʀikal] n. f. pl. BOT Ordre de champignons basidiomycètes comprenant les agarics. – Sing. *Une agaricale.* – De *agaric.*

agasse. V. agace.

agate [agat] n. f. **1.** Minéral formé de silice déposée en couches concentriques diversement colorées, utilisé dans l'industrie à cause de sa dureté. (Le poli qu'on peut lui donner l'a fait rechercher dès l'Antiquité pour la fabrication de bijoux. Diverses variétés : cornaline, calcédoine, jaspe, etc.) **2.** Bille faite d'agate, ou de verre imitant l'agate. – Gr. *akhatês,* par le latin.

agave [agav] n. m. BOT Plante grasse ornementale (diverses espèces du genre *Agave,* fam. amaryllidacées), originaire du Mexique, à haute hampe florale jaune verdâtre, qui meurt après une floraison unique. (Les feuilles, épaisses et charnues, bordées d'épines, produisent une fibre textile, le *sisal;* la sève fermentée fournit une boisson alcoolisée, le *pulque.*) – Gr. *agauê,* fém. de *agauos,* «digne d'admiration».

âge [ɑʒ] n. m. **I. 1.** Période écoulée depuis la naissance. *Quel âge a-t-il? Nous sommes du même âge, nous avons le même âge. Il est mort à l'âge de 80 ans. Un âge avancé :* un grand âge. *Un homme d'un certain âge,* qui n'est plus jeune. – Période écoulée depuis le début de l'existence d'un être vivant. *L'âge d'un animal, d'un arbre.* ▷ *Être d'âge à, en âge de* : être à l'âge convenable pour. *Être d'âge à se marier. Il est en âge de partir pour le service militaire.* ▷ *L'âge de raison* : l'âge auquel un enfant est considéré comme capable de discerner le bien du mal (traditionnellement fixé à sept ans). ▷ DR *Âge légal*, fixé par la loi pour l'exercice de certains droits civils ou politiques. ▷ PSYCHO *Âge mental* : niveau d'aptitude mentale (mesuré par des tests) d'un individu, comparé au niveau d'aptitude mentale de l'ensemble des individus d'un âge civil donné (notion introduite par Binet et Simon). ▷ SOCIOL, STATIS *Classe d'âge* : ensemble d'individus nés la même année dans une population donnée. **2.** *Par ext.* Période écoulée depuis le moment où une chose a commencé d'exister. *L'âge de la Terre. Détermination de l'âge d'une roche par la mesure de sa radioactivité.* ▷ OCEANOGR *Âge de la marée* : retard entre la date de conjonction astronomique (marée de vives eaux) et celle de la forte marée correspondante. **3.** Les années écoulées, considérées dans leur durée par rapport à la vie d'un homme. *Votre myopie s'atténuera avec l'âge.* **4.** (Dans quelques expressions.) Étendue de la vie humaine. *La fleur de l'âge* : la période de la vie où un être humain est en pleine possession de ses moyens physiques et intellectuels, la jeunesse de l'adulte. *Le retour d'âge* : la ménopause. ▷ (S. comp.) *L'âge* : la vieillesse. – *Un homme d'âge*, âgé, vieux. **5.** Période de la vie d'un être humain. *Bas âge, jeune âge, âge mûr. Un homme entre deux âges*, ni jeune ni vieux. *L'âge ingrat* : la puberté. *L'âge critique* : la ménopause, l'andropause. **II.** Grande période de l'histoire. *L'âge de la féodalité, de la monarchie.* – *Spécial.*, chacune des grandes périodes de l'ère quaternaire, caractérisées par l'état d'avancement de l'industrie humaine. *Âge de pierre* (préhistoire) : *âge de la pierre taillée, de la pierre polie. Âge des métaux* (protohistoire) : *âge du cuivre, du bronze, du fer.* ▷ Plur. *Une superstition venue du fond des âges*, très ancienne. ▷ Pour les Anciens, chacune des périodes des temps primitifs, au cours desquelles les hommes seraient devenus de moins en moins bons et vertueux. *Âge d'or, d'argent, d'airain, de fer.* – *Âge d'or* : époque de prospérité, période particulièrement favorable. ▷ *D'âge en âge* : de siècle en siècle, de génération en génération. – Du lat. pop. *ætaticum.*

âgé, ée [ɑʒe] adj. **1.** Vieux (personnes). *Une femme âgée. Il est plus âgé que moi.* **2.** *Âgé de* : qui a l'âge de... *Un homme âgé de trente ans.* – De *âge.*

agence [aʒɑ̃s] n. f. **1.** Établissement commercial qui propose un ensemble de services déterminés, ou se charge d'effectuer pour le compte de ses clients certaines opérations ou certaines démarches, moyennant le versement d'une commission. *Agence de voyages. Agence immobilière.* – *Agence de presse*, qui centralise les nouvelles, les dépêches, et les transmet à ses abonnés, à la presse. ▷ Succursale d'une société de crédit. *Le siège et les agences d'une banque. Directeur d'agence.* **2.** Nom de certains organismes publics. *Agence financière de bassin*, chargée notam. de prélever des redevances auprès des industries polluantes et de lutter contre la pollution des eaux d'un bassin fluvial. *Agence nationale pour l'emploi (A.N.P.E.)*, chargée d'aider les chômeurs à trouver un emploi. – Ital. *agenzia.*

agencement [aʒɑ̃smɑ̃] n. m. Action d'agencer ; son résultat (disposition, arrangement). *L'agencement d'une cuisine. L'agencement des parties d'un spectacle.* – De *agencer.*

agencer [aʒɑ̃se] v. tr. [**12**] Disposer, arranger (les éléments d'un tout) d'une manière cohérente, régulière. *Agencer les péripéties d'une intrigue romanesque. Appartement bien agencé.* ▷ v. pron. *Parties d'une composition picturale qui s'agencent harmonieusement.* – De *à*, et *gent*, « bien né, beau », du lat. *genitus.*

agenda [aʒɛ̃da] n. m. Registre, carnet sur lequel on note, jour par jour, les choses que l'on se propose de faire. *Notez l'heure de notre rendez-vous sur votre agenda. Des agendas.* – Mot lat., plur. neutre de *agendum*, « choses à faire ».

agénésie [aʒenezi] n. f. MED **1.** Arrêt partiel du développement d'un organe ou d'un membre pendant la vie intra-utérine, entraînant ultérieurement une atrophie. **2.** Impossibilité d'engendrer par impuissance sexuelle, stérilité, etc. – De *a-* 1, et gr. *génésis*, « génération ».

agenouillement [aʒ(ə)nujmɑ̃] n. m. Action, fait de s'agenouiller. – De *s'agenouiller.*

agenouiller (s') [aʒ(ə)nuje] v. pron. [**1**] **1.** Se mettre à genoux. *S'agenouiller sur un prie-Dieu. S'agenouiller pour réparer un tapis.* **2.** Fig. S'humilier, s'abaisser. *C'est par intérêt qu'il s'agenouille devant lui.* – De *genou.*

agent [aʒɑ̃] n. m. **I. 1.** Celui qui agit. ▷ GRAM Personne ou chose qui, dans la réalité extralinguistique, effectue l'action ou est dans l'état exprimé par le verbe. *Dans « les feuilles tombent en automne » et « cet enfant s'ennuie », « feuilles » et « enfant » sont agents ; ils sont aussi sujets grammaticaux du verbe.* – *Complément d'agent* : complément d'un verbe à la voix passive, désignant la personne ou la chose effectuant l'action. *Dans « la pomme est mangée par Jean », « Jean » est complément d'agent.* **2.** Ce qui accomplit une action, produit un effet déterminé. *Dégradation d'un édifice par les agents atmosphériques*, par le vent, la pluie, le gel, etc. *Agent physique, chimique, mécanique, thérapeutique.* – TECH *Agent mouillant* : produit qui permet à un liquide de mieux recouvrir ou imprégner une surface. ▷ ECON *Agents économiques* : individus ou organismes constituant, du point de vue des mouvements économiques, des centres de décision et d'action élémentaires (entreprises non financières, ménages, administrations, institutions financières). **II. 1.** Personne chargée d'agir pour le compte d'une autre, ou pour le compte d'une administration ou d'une société dont elle représente les intérêts. *Agent diplomatique. Agent d'affaires. Agent d'assurances.* ▷ *Agent secret*, appartenant à un service de renseignements, espion. ▷ *Agent de change* : officier ministériel qui détient le monopole des négociations des effets publics, des obligations et des actions de sociétés susceptibles d'être cotées, dont il constate officiellement les cours. ▷ *Agent de liaison* : militaire chargé d'assurer la liaison entre le commandant d'unité et ses unités subordonnées ou entre deux unités. **2.** Employé d'une société, d'une administration. *Vous recevrez sous peu la visite d'un de nos agents. Agent de conception, d'exécution.* – *Agent du service général* : préposé au service des passagers, sur un paquebot. ▷ Spécial. *Agent de police* (ou, s. comp., *agent*). « *On arrive sur le boulevard... mais aussitôt on est refoulés par les agents* » (Boris Vian). – Lat. scolast. *agens*, de *agere*, « agir », par l'ital *agente.*

aggiornamento [adʒjɔʀnamento] n. m. **1.** Rénovation permanente de l'Église face aux besoins du monde actuel (programme lancé par le pape Jean XXIII). **2.** Adaptation à l'évolution du monde, au progrès. – Mot. ital., « mise à jour ».

agglomérat [aglɔmeʀa] n. m. GEOL Agrégat naturel de minéraux. – De *agglomérer.*

agglomération [aglɔmeʀasjɔ̃] n. f. **1.** Action d'agglomérer, fait de s'agglomérer. **2.** Ensemble d'habitations constituant un village, un bourg, une ville. *La vitesse est limitée dans les agglomérations.* ▷ Ensemble urbain. *L'agglomération lyonnaise* : Lyon et sa banlieue. **3.** METALL Reconstitution d'un minerai, opérée à partir de fines, par frittage ou à l'aide d'un liant. – De *agglomérer.*

aggloméré [aglɔmeʀe] n. m. **1.** Combustible formé de poussières de charbon réunies par un liant (brai, par ex.). **2.** CONSTR Matériau obtenu par mélange de matières inertes que réunit un liant. *Parpaings en aggloméré.* ▷ Bois reconstitué, fait de copeaux agrégés sous pression au moyen d'une colle. *Panneau d'aggloméré. Meuble en aggloméré.* – Pp. subst. de *agglomérer.*

agglomérer [aglɔmeʀe] v. tr. [14] Faire une masse dense, compacte, de divers éléments. *Le vent agglomère les grains de sable.* ▷ v. pron. Se rassembler en une masse compacte. *Neige qui s'agglomère en congère.* Syn. agglutiner, agréger. Ant. désagréger. – Lat. *agglomerare.*

agglutinable [aglytinabl] adj. Qui peut être agglutiné ou s'agglutiner. – De *agglutiner.*

agglutinant, ante [aglytinɑ̃, ɑ̃t] adj. Propre à agglutiner, à coller ensemble. *Substance agglutinante.* ▷ LING *Langues agglutinantes* : langues synthétiques exprimant des rapports grammaticaux par l'accumulation après le radical d'affixes distincts. – Ppr. de *agglutiner.*

agglutination [aglytinasjɔ̃] n. f. Action d'agglutiner; fait de s'agglutiner. ▷ BIOL *Réaction d'agglutination* : réaction antigène-anticorps dans laquelle les anticorps complets normaux provoquent l'agglutination des cellules (bactéries, globules rouges, etc.) présentant les antigènes correspondants sur leur surface. – Bas lat. *agglutinatio.*

agglutiner [aglytine] v. tr. [1] Coller ensemble, assembler de manière à former une masse compacte. Syn. agglomérer, agréger. Ant. désagréger. ▷ v. pron. Fig. *La foule s'agglutinait devant l'entrée du stade.* – Lat. *agglutinare,* «coller».

agglutinine [aglytinin] n. f. BIOL Anticorps responsable de la réaction d'agglutination. – De *agglutiner,* et *-ine.*

agglutinogène [aglytinɔʒɛn] n. m. BIOL Antigène porté par certaines cellules qui peuvent ainsi être agglutinées en présence de l'agglutinine correspondante. – De *agglutiner,* et suff. *-gène.*

aggravant, ante [agʀavɑ̃, ɑ̃t] adj. Qui rend plus grave. *Circonstances* aggravantes.* – Ppr. de *aggraver.*

aggravation [agʀavasjɔ̃] n. f. **1.** Action d'aggraver; son résultat. **2.** Fait de s'aggraver. *Aggravation rapide d'une maladie.* – Bas lat. *aggravatio.*

aggravée [agʀave] n. f. MED VET Inflammation douloureuse de la patte et des espaces interdigités, chez le chien. – De l'anc. adj. *agravé,* «endolori par le gravier», du rad. de *gravier.*

aggraver [agʀave] **1.** v. tr. [1] Rendre plus grave, plus pénible, plus douloureux. *Ses mensonges aggravent sa faute. La grêle a aggravé les dégâts que la sécheresse avait causés à la récolte.* Syn. augmenter, renforcer. Ant. diminuer, atténuer. **2.** v. pron. Devenir plus grave, empirer. *Le mal s'aggrave de jour en jour.* – Lat. *aggravare.*

agha ou **aga** [aga] n. m. **1.** Officier supérieur de la cour des anciens sultans turcs. **2.** En Algérie av. 1962, chef supérieur au caïd. – Mot turc.

agile [aʒil] adj. Dont les mouvements sont rapides, aisés. *Une démarche souple et agile.* ▷ Fig. *Un esprit agile.* – Lat. *agilis.*

agilement [aʒilmɑ̃] adv. Avec agilité. – De *agile.*

agilité [aʒilite] n. f. Légèreté, facilité à se mouvoir. *L'agilité des doigts d'un pianiste.*– Fig. *Agilité d'esprit.* – Lat. *agilitas.*

agio [aʒjo] n. m. Ensemble des taux de retenue (intérêt, commission, change) sur un escompte. *Facturer des agios.* – Ital. *aggio.*

a giorno [adʒjɔʀno] loc. adv. et adj. Comme à la lumière du jour. *Salle éclairée a giorno.* (On trouve aussi *à giorno.*) – Mots ital.

agiotage [aʒjɔtaʒ] n. m. Spéculation frauduleuse sur les fonds publics, les changes, les valeurs mobilières. – De *agioter.*

agioter [aʒjɔte] v. intr. [1] Pratiquer l'agiotage. – De *agio.*

agioteur, euse [aʒjɔtœʀ, øz] n. Celui, celle qui agiote. – De *agioter.*

agir [aʒiʀ] v. [3] **I.** v. intr. **1.** Faire qqch, accomplir une action. *Assez parlé, il faut agir.* **2.** Se conduire, se comporter d'une certaine façon. *Agir en sage. Il a bien agi envers moi.* **3.** Exercer une action, opérer un effet. *Il faut laisser agir le médicament. Le bruit agit sur le système nerveux.* **4.** *Agir auprès d'une personne,* intervenir, faire des démarches auprès d'elle pour obtenir qqch. *Il agit auprès du ministre pour les intérêts de son département.* **5.** DR Exercer une action en justice. *Agir au criminel, au civil.* **II.** v. pron. impers. **1.** *Il s'agit de* : il est question de. *De quoi s'agit-il?* : de quoi est-il question? *C'est de vous qu'il s'agit.* **2.** *Il s'agit de* (+ inf.) : il faut, il importe de. *Il s'agit non seulement de trouver la bonne méthode, mais encore de l'appliquer. Il s'agit de savoir ce que vous voulez!* **3.** *S'agissant de* : puisqu'il s'agit de. – Lat. *agere;* «s'agir de» : calqué sur le lat. *agitur de.*

âgisme [aʒism] n. m. Attitude de discrimination s'exerçant envers les personnes âgées. – De *âge.*

agissant, ante [aʒisɑ̃, ɑ̃t] adj. Qui agit avec efficacité, actif. *Un remède agissant.* – Ppr. de *agir.*

agissements [aʒismɑ̃] n. m. pl. Façons d'agir, procédés condamnables. *Surveiller les agissements d'un suspect.* – De *agir.*

agitateur, trice [aʒitatœʀ, tʀis] n. **1.** Personne qui suscite ou entretient des troubles politiques ou sociaux. **2.** n. m. Instrument servant à remuer des mélanges liquides. – De *agiter.*

agitation [aʒitasjɔ̃] n. f. **1.** État de ce qui est parcouru de mouvements irréguliers. *L'agitation de la mer.* **2.** État d'une personne que des émotions diverses bouleversent. *Calmer l'agitation d'un anxieux.* **3.** État de mécontentement politique ou social, qui se traduit par des revendications, des troubles. *Projet de loi qui suscite une certaine agitation.* – Lat. *agitatio.*

agitato [aʒitato] adv. MUS De manière vive. – Ital. *agitato,* «agité».

agité, ée [aʒite] adj. En proie à l'agitation. *Mer agitée. Une existence agitée.* ▷ Subst. Personne très nerveuse, qui s'agite beaucoup. – MED Malade mental en proie à une agitation incessante. *Être interné au pavillon des agités.* – Pp. de *agiter.*

agiter [aʒite] v. tr. [1] **1.** Remuer, secouer par des mouvements irréguliers. *Les vagues agitent le bateau.* **2.** Fig. Causer du trouble à. *Les passions qui nous agitent.* **3.** *Agiter des idées,* les examiner, en débattre. **4.** v. pron. Remuer, aller et venir. *Un malade ne doit pas s'agiter.* ▷ Fam., péjor. S'affairer sans résultat. *Il s'agite beaucoup, mais il n'est pas très efficace.* – Lat. *agitare.*

agit-prop [aʒitpʀɔp] n. f. Activité militante pratiquée par certains groupes révolutionnaires. – Calque du russe, lui-même calque du français : abrév. de *agitation-propagande.*

aglobulie [aglɔbyli] n. f. MED Diminution du nombre des globules rouges du sang. – De *a-* 1, et *globule.*

aglosse [aglɔs] n. m. ou f. ZOOL Lépidoptère nocturne (fam. pyralidés) aux ailes grises ponctuées ou rayées de noir. (La chenille, appelée *teigne de la graisse,* se nourrit, en fait, de débris végétaux.) – Gr. *aglôssos,* «privé de langue».

aglyphe [aglif] adj. Se dit des serpents non venimeux à dents lisses. – De *a-* 1, et gr. *gluphê,* «ciselure».

agnat [agna] n. m. DR Parent par les mâles. Ant. cognat. – Lat. *agnatus.*

agnathes [agnat] n. m. pl. ZOOL Classe des vertébrés les plus primitifs, dépourvus de mâchoires, comme la lamproie, et classés jadis parmi les poissons. Syn. cyclostomes. – Sing. *Un agnathe.* – De *a-* 1, et gr. *gnathos,* « mâchoire ».

agnation [agnasjɔ̃] n. f. Parenté par les mâles. – Lat. *agnatio.*

agneau [aɲo] n. m. **1.** Petit de la brebis. *Agneau de lait :* agneau nourri de lait, à la chair blanche et tendre. ▷ *Doux comme un agneau,* se dit d'une personne calme et paisible. **2.** HIST, RELIG *Agneau pascal :* agneau que les juifs mangeaient à la pâque. – RELIG CATHOL *L'Agneau mystique, l'Agneau de Dieu :* le Christ, comme victime immaculée. **3.** Viande d'agneau. *Gigot d'agneau.* **4.** Fourrure d'agneau. *Une veste d'agneau.* – Lat. *agnus.*

agnelage [aɲəlaʒ] n. m. Mise bas, chez la brebis. – Époque de l'année où traditionnellement la brebis met bas. – De *agneler.*

agnelée [aɲəle] n. f. Portée de la brebis. – De *agneau.*

agneler [aɲəle] v. intr. [17] Mettre bas, en parlant de la brebis. – De l'a. fr. *agnel,* anc. forme de *agneau.*

agnelet [aɲəlɛ] n. m. Petit agneau. – Dimin. de *agneau.*

agnelin [aɲəlɛ̃] n. m. Peau d'agneau mégissée à laquelle on conserve la laine. – De l'a. fr. *agnel,* anc. forme de *agneau.*

agneline [aɲəlin] n. f. Laine d'agneau, courte et frisée, qui provient de la première tonte. – De *agnelin.*

agnelle [aɲɛl] n. f. Agneau femelle. – Fém. de l'a. fr. *agnel,* anc. forme de *agneau.*

agnosie [agnɔzi] n. f. MED Trouble de la reconnaissance des objets dû à une perturbation des fonctions cérébrales supérieures. *Agnosie auditive, visuelle, tactile* (astéréognosie). – De *a-* 1, et gr. *gnôsis,* « connaissance ».

agnosique [agnɔsik] adj. (et n.) MED Frappé d'agnosie. – De *agnosie.*

agnosticisme [agnɔstisism] n. m. Doctrine ou attitude tenant a priori pour vaine toute métaphysique et déclarant que l'absolu est inconnaissable pour l'esprit humain. – Du gr. *agnôstos,* « ignorant ».

agnostique [agnɔstik] adj. et n. **1.** adj. Qui concerne l'agnosticisme. **2.** n. Personne qui professe l'agnosticisme. – De l'angl. *agnostic,* du gr. *agnôstos.*

agnus Dei [agnysdei] n. m. inv. **1.** Médaillon en cire bénite, représentant un agneau. **2.** Prière de la messe en lat. débutant par les mots « Agnus Dei ». – Mots lat., « agneau de Dieu ».

agonie [agɔni] n. f. **1.** Période de transition entre la vie et la mort, caractérisée par un ralentissement circulatoire et une altération de la conscience. **2.** Fig. Déclin final. *L'agonie de la royauté en 1792.* – Gr. *agônia,* « combat ».

agonir [agɔniʀ] v. tr. [3] *Agonir qqn d'injures,* l'accabler d'injures. ▷ Absol. *Se faire agonir.* – De l'a. fr. *ahonnir,* « faire honte ».

agonisant, ante [agɔnizɑ̃, ɑ̃t] adj. (et n.) Qui est à l'agonie. *Prière pour les agonisants.* – Ppr. de *agoniser.*

agoniser [agɔnize] v. intr. [1] **1.** Être à l'agonie. *Le blessé agonise.* **2.** Fig. Décliner, toucher à sa fin. *La révolte agonise.* – Du gr. *agônizesthai,* « combattre ».

agora [agɔʀa] n. f. Place publique et marché des anciennes villes grecques. *À Athènes, l'Agora était le centre de la vie publique et politique.* – Mot gr.

agoraphobe [agɔʀafɔb] adj. (et n.) Qui souffre d'agoraphobie. – De *agoraphobie.*

agoraphobie [agɔʀafɔbi] n. f. Crainte des espaces ouverts, des places publiques. Ant. claustrophobie. – De *agora,* et *-phobie.*

agouti [aguti] n. m. ZOOL Rongeur nocturne (fam. dasyproctidés) de la taille d'un lièvre et haut sur pattes, répandu du Mexique à l'Argentine. – Mot guarani.

agrafage [agʀafaʒ] n. m. Action d'agrafer. – De *agrafer.*

agrafe [agʀaf] n. f. **1.** Petit crochet qu'on passe dans un anneau pour fermer un vêtement. *Attacher les agrafes d'un blouson.* **2.** Petit fil de métal recourbé permettant de réunir des papiers ou d'autres objets. *Des agrafes de bureau.* **3.** CHIR Petite lame de métal servant à joindre les bords d'une plaie. **4.** CONSTR Accessoire, en forme de crampon ou de pince à ressort, servant à réunir des éléments de construction. **5.** ARCHI Ornement, placé à la tête d'un arc, unissant plusieurs parties architecturales. – Déverbal de *agrafer,* de l'a. fr. *grafe,* « crochet ».

agrafer [agʀafe] v. tr. [1] **1.** Fixer à l'aide d'agrafes. *Elle agrafe son chemisier. Agrafer des documents.* **2.** Pop. Arrêter, retenir (qqn). *Les flics l'ont agrafé pour excès de vitesse.* – De l'anc. v. *grafer,* « fixer à l'aide d'un crochet ».

agrafeuse [agʀaføz] n. f. Machine à poser des agrafes. – De *agrafer.*

agraire [agʀɛʀ] adj. **1.** Des champs, des terres. *Mesure agraire.* **2.** Qui concerne le sol, les intérêts de ceux qui le cultivent ou qui le possèdent. *Parti agraire.* ▷ *Lois agraires,* organisant la distribution des terres dans un sens égalitaire. – Lat. *agrarius,* de *ager,* « champ ».

agrammatical, ale, aux [agʀamatikal, o] adj. LING Qualifie un énoncé ne répondant pas aux critères grammaticaux. – De *a-* 1, et *grammatical.*

agrammaticalité [agʀamatikalite] n. f. LING Caractère d'un énoncé agrammatical. – De *agrammatical.*

agrammatique [agʀamatik] adj. MED Atteint d'agrammatisme. – De *agrammatisme.*

agrammatisme [agʀamatism] n. m. MED Réduction du langage à une série d'énoncés unitaires non liés, observée au cours de certaines aphasies de Broca. – De *a-* 1, et gr. *grammata,* « lettres ».

agrandir [agʀɑ̃diʀ] v. [3] **I.** v. tr. **1.** Rendre plus grand. *Agrandir une maison.* ▷ *Agrandir une photographie,* en tirer une épreuve plus grande que le négatif original. ▷ Faire paraître plus grand. *Mettre des glaces dans une pièce pour l'agrandir.* **2.** Fig. Élever, ennoblir. *La générosité agrandit celui qui l'exerce.* **II.** v. pron. Devenir plus grand. *Ce supermarché s'est encore agrandi.* ▷ Fam. *Ils attendent un enfant et voudraient s'agrandir,* trouver un logement plus spacieux. – De *grand.*

agrandissement [agʀɑ̃dismɑ̃] n. m. **1.** Action d'agrandir. *L'agrandissement d'une villa.* **2.** PHOTO Opération qui permet d'obtenir une épreuve plus grande que le négatif original. – L'épreuve ainsi obtenue. **3.** Fig. Augmentation de l'importance. – De *agrandir.*

agrandisseur [agʀɑ̃disœʀ] n. m. Appareil qui permet d'agrandir des photographies. – De *agrandir.*

agranulocytose [agʀanylɔsitoz] n. f. MED Diminution importante des leucocytes granuleux du sang. – De *a-* 1, *granulocyte,* et *-ose* 2.

agraphie [agʀafi] n. f. MED Impossibilité de s'exprimer par l'écriture. – De *a-* 1, et *graphie.*

agrarien, enne [agʀaʀjɛ̃, ɛn] n. et adj. **1.** n. HIST Défenseur des lois agraires, du partage du sol entre les cultivateurs. **2.** adj. Se dit des partis politiques qui défendent les propriétaires fonciers. *Le parti agrarien allemand disparut avec la guerre de 1914-1918.* – De *agraire.*

agréable [agʀeabl] adj. et n. m. **1.** Qui agrée, qui plaît (à qqn). *Vous serait-il agréable que nous dînions ensemble ?* **2.** Plaisant pour les sens. *Physionomie agréable. Une agréable demeure.* ▷ (Personnes) Sympathique, avenant. *Un homme fort agréable.* **3.** Subst. *Joindre l'utile à l'agréable.* – De *agréer.*

agréablement [agʀeabləmɑ̃] adv. De manière agréable. *Le prix modique de cet objet m'a agréablement surpris.* – De *agréable.*

agréé, ée [agʀee] adj. Reconnu conforme à certains règlements. *Traitement agréé par la Sécurité sociale.* ▷ n. m. Homme de loi qui représente les parties au tribunal de commerce, appartenant auj. à la m. profession qu'avoués et avocats. – Pp. de *agréer.*

agréer [agʀee] **1.** v. tr. [**1**] *Agréer qqch,* l'accepter. *Agréer une demande.* ▷ *Veuillez agréer mes hommages, mes excuses* (formule de politesse). ▷ *Fournisseur agréé de la Cour d'Angleterre* : commerçant autorisé à se réclamer du patronage de la Cour. **2.** v. tr. indir. Être au gré, à la convenance de. *Cela ne m'agrée pas du tout.* – De *à,* et *gré.*

agrégat [agʀega] n. m. **1.** Assemblage de diverses parties qui forment masse. *Un agrégat de gneiss.* **2.** PHYS Amas de matière constitué de quelques dizaines à quelques centaines d'atomes et ayant des dimensions de l'ordre du nanomètre. **3.** STATIS Terme qui désigne les grandeurs caractéristiques de la comptabilité nationale : production intérieure brute, consommation, etc. **4.** Plur. TRAV PUBL Ensemble des éléments inertes, tels que sables et gravillons, qui entrent dans la fabrication du béton. – De *agréger.*

agrégatif, ive [agʀegatif, iv] n. Fam. Étudiant qui prépare l'agrégation. – De *agrégation* (le concours).

agrégation [agʀegasjɔ̃] n. f. **1.** Réunion de parties homogènes qui forment un tout. ▷ TRAV PUBL Matériau, à base de sable ou de débris de pierres, utilisé comme revêtement routier. **2.** Concours assurant le recrutement de professeurs de lycée et d'université (médecine, droit, pharmacie, etc.). *Se présenter à l'agrégation de lettres modernes.* – Lat. *agregatio.*

agrégé, ée [agʀeʒe] n. Personne reçue à l'agrégation. *Une agrégée d'espagnol.* – Pp. subst. de *agréger.*

agréger [agʀeʒe] v. tr. [**15**] **1.** Réunir (des solides). – Pp. adj. *Le granit est formé de cristaux agrégés.* **2.** Fig. Admettre, incorporer (dans un groupe, une société). – Lat. *adgregare,* « réunir en troupe », de *grex, gregis,* « troupeau ».

agrément [agʀemɑ̃] n. m. **1.** Approbation, consentement qui vient d'une autorité. *Soumettre un projet à l'agrément d'un directeur.* – FISC *Agrément fiscal* : allégement fiscal accordé à une entreprise. – DR Validation d'un accord par un tiers. *L'agrément d'une convention collective par le ministre du Travail.* **2.** Qualité qui rend agréable (qqn, qqch). *Une physionomie pleine d'agrément.* **3.** Plaisir. *Arts d'agrément* : se disait des arts pratiqués en amateur, pour le plaisir. – *Voyage d'agrément,* de détente, par oppos. à *voyage d'affaires.* – Fam. *Se donner de l'agrément* : prendre du plaisir. **4.** MUS Trait, ornement d'une phrase musicale. – De *agréer.*

agrémenter [agʀemɑ̃te] v. tr. [**1**] Enjoliver, ajouter des ornements. *Un exposé agrémenté de citations.* ▷ Fam. (Par antiphrase.) *Une lettre agrémentée de fautes d'orthographe.* – De *agrément.*

agrès [agʀɛ] n. m. pl. **1.** MAR Gréement. **2.** Appareils de gymnastique (trapèze, barre fixe, anneaux, etc.). – De *agreier,* de l'anc. scandinave *greida,* « équiper ».

agresser [agʀese] v. tr. [**1**] **1.** Attaquer de façon brutale, physiquement ou moralement. **2.** (Sujet nom de chose.) Être nuisible pour. *Le soleil agresse la peau.* – Lat. pop. *aggressare.*

agresseur [agʀesœʀ] n. m. **1.** Celui qui attaque le premier. – DR INTERN État qui en attaque un autre. **2.** Personne qui attaque brusquement quelqu'un. *Identifier son agresseur.* – Bas lat. *aggressor,* du lat. class. *adgredi,* « aborder, attaquer ».

agressif, ive [agʀesif, iv] adj. **1.** Qui a le caractère d'une agression. *Des paroles agressives.* ▷ Provocant. *Elle arbore un maquillage agressif.* **2.** Qui recherche le conflit, l'affrontement, la lutte. *Un État belliqueux et agressif.* **3.** PSYCHO Qui traduit l'agressivité. **4.** CHIM Corrosif. – De *agression.*

agression [agʀesjɔ̃] n. f. **1.** Attaque brusque. ▷ DR INTERN Attaque militaire d'un État par un autre. *L'agression japonaise de Pearl Harbor a entraîné les États-Unis dans la guerre.* – *Pacte de non-agression* : renoncement par des États au recours à la force dans leurs rapports. **2.** Attaque brusque et violente contre une personne. *Passant victime d'une agression dans la rue.* **3.** PSYCHO Tout acte de caractère hostile envers autrui, réel, simulé dans le jeu ou imaginé. **4.** Méd. Atteinte à l'intégrité physique ou psychique des personnes, par des agents nuisibles. *Le bruit dans les villes constitue une agression permanente.* – Lat. *agressio.*

agressivement [agʀesivmɑ̃] adv. D'une façon agressive. – De *agressif.*

agressivité [agʀesivite] n. f. **1.** Caractère agressif. *Il devrait modérer l'agressivité de ses paroles.* **2.** PSYCHO Activité d'un sujet tournée vers l'extérieur et dans laquelle il s'affirme. – PSYCHAN Mode de relation avec l'extérieur dans lequel une volonté de destruction anime inconsciemment le sujet qui compense ainsi une frustration. (Freud a vu dans l'agressivité un instinct de destruction qui, allié à la libido, constitue le sadisme.) – De *agressif.*

agreste [agʀɛst] adj. Litt. Champêtre, rustique. *Des plantes agrestes.* – Lat. *agrestis.*

agricole [agʀikɔl] adj. **1.** Qui s'adonne à l'agriculture. *Une population agricole. Un ouvrier agricole.* **2.** Qui concerne l'agriculture. *Matériel, travaux agricoles. Coopérative agricole.* – Lat. *agricola,* « laboureur ».

agriculteur, trice [agʀikyltœʀ, tʀis] n. Personne dont le métier est de cultiver la terre, de pratiquer l'élevage. – Lat. *agricultor.*

agriculture [agʀikyltyʀ] n. f. Travail de la terre, exploitation du milieu naturel permettant la production des végétaux et des animaux nécessaires à l'homme. – Lat. *agricultura,* de *ager,* « champ », et *cultura,* « culture ».

agriffer (s') [agʀife] v. pron. [**1**] (En parlant d'un animal.) S'accrocher avec les griffes. *La panthère s'agriffe à l'arbre.* – De *griffe.*

agrion [agʀijɔ̃] n. m. Insecte odonate voisin des libellules. – Gr. *agrios,* « sauvage ».

agripper [agʀipe] v. tr. [**1**] Saisir avec force en s'accrochant. *Il m'a agrippé par les revers de ma veste.* ▷ v. pron. S'accrocher avec force. *S'agripper à une branche.* – De *gripper,* « saisir ».

agro-. Préfixe, du gr. *agros,* « champ ».

agro-alimentaire ou **agroalimentaire** [agʀoalimɑ̃tɛʀ] adj. et n. m. Se dit de l'ensemble des activités de transformation des produits de l'agriculture (culture, élevage, pêche) destinés à l'alimentation. *Des industries agro-alimentaires.* – De *agro-,* et *alimentaire.*

agrochimie [agʀoʃimi] n. f. Chimie appliquée à l'agriculture. – De *agro-,* et *chimie.*

agrologie [agʀɔlɔʒi] n. f. Science qui a pour objet la connaissance des terrains et des sols en vue de leur exploitation agricole. – De *agro-,* et *-logie.*

agronome [agʀɔnɔm] n. m. Spécialiste de l'agronomie. *Ingénieur agronome,* diplômé de l'Institut national agronomique. – De *agro-,* et *-nome.*

agronomie [agʀɔnɔmi] n. f. Ensemble des connaissances théoriques et pratiques relatives à l'agriculture. – De *agro-*, et *-nomie.*

agronomique [agʀɔnɔmik] adj. De l'agronomie ; relatif à l'agronomie. *Institut national agronomique.* – De *agronomie.*

agrostide [agʀɔstid] ou **agrostis** [agʀɔstis] n. f. BOT Plante fourragère vivace (fam. graminées), très commune dans les prairies naturelles. – Lat. *agrostis.*

agrotide [agʀɔtid] n. f. ou **agrotis** [agʀɔtis] n. m. ZOOL Noctuelle (fam. lépidoptères). – Lat. *agrotis,* du gr. *agrotês,* « campagnard ».

agrumes [agʀym] n. m. pl. Nom collectif des citrons, oranges, mandarines, clémentines, pamplemousses. - Sing. *Un agrume.* – Ital. *agrumi.*

aguerrir [ageʀiʀ] v. tr. [3] **1.** Accoutumer aux épreuves de la guerre. *Aguerrir de nouvelles recrues.* **2.** Accoutumer à des choses pénibles, endurcir. *Les épreuves l'ont aguerri.* ▷ v. pron. *Il s'est aguerri. S'aguerrir à la douleur, à la fatigue.* – De *à,* et *guerre.*

aguets (aux) [ozagɛ] loc. adv. *Être aux aguets* : guetter, être attentif et sur ses gardes. – Anc. fr. *agait,* « guet ».

agueusie [agøzi] n. f. MED Perte du sens du goût. – De *a-* 1, et gr. *geusis,* « goût ».

aguichant, ante [agiʃɑ̃, ɑ̃t] adj. Qui aguiche. – Ppr. de *aguicher.*

aguicher [agiʃe] v. tr. [1] Exciter par des agaceries, des manières provocantes. – De *guiche.*

aguicheur, euse [agiʃœʀ, øz] n. Celui, celle qui aguiche. – De *aguicher.*

ah ! [ɑ] interj. et n. m. inv. **I.** interj. **1.** Exprime une vive émotion morale ou physique. *Ah! quel bonheur! Ah! que je souffre!* **2.** Renforce une négation, une affirmation. *Ah! ça, non! Ah! je te l'avais bien dit!* **3.** Redoublée, exprime la raillerie, l'ironie. *Ah! ah! je vous y prends.* **II.** n. m. invar. *Pousser des oh! et des ah! de surprise.* – Onomatopée.

Ah Symbole de l'ampère-heure.

ahan [aɑ̃] n. m. Litt. ou vx Effort physique pénible ; gémissement, plainte qui l'accompagne. – Probabl. du lat. pop. *afanare,* « se donner de la peine ».

ahaner [aane] v. intr. [1] Respirer bruyamment pendant un effort physique pénible.

ahuri, ie [ayʀi] adj. Frappé de stupeur, hébété. *Brutalement réveillé, il était tout ahuri.* ▷ Subst. Fam. *Qui est-ce qui m'a fichu un ahuri pareil?* – Pp. de *ahurir.*

ahurir [ayʀiʀ] v. tr. [3] Étourdir, rendre stupéfait. *Ahurir un enfant à force de questions.* – De *hure.*

ahurissant, ante [ayʀisɑ̃, ɑ̃t] adj. Qui ahurit. *Une nouvelle ahurissante.* – Ppr. de *ahurir.*

ahurissement [ayʀismɑ̃] n. m. État d'une personne ahurie. – De *ahurir.*

aï [ai] n. m. ZOOL Mammifère xénarthre arboricole, végétarien, vivant dans la forêt brésilienne. Syn. paresseux tridactyle. – Mot tupi.

aiche. V. esche.

aide [ɛd] n. **A.** n. f. **I. 1.** Action d'aider, d'unir ses efforts à ceux d'une autre personne. *Son aide m'a été précieuse pour finir ce travail. Je ne pourrai pas porter cette caisse tout seul, j'ai besoin de votre aide. - À l'aide!* : au secours! ▷ Loc. prép. *À l'aide de* : grâce à, au moyen de. *Arracher un clou à l'aide de tenailles.* **2.** Secours ou subside accordé aux personnes démunies. *Aide sociale. Aide judiciaire,* destinée à faciliter l'accès à la justice aux personnes dont les ressources sont insuffisantes pour faire face aux frais d'un procès. ▷ ECON *Aide au développement* : transfert de ressources (prêts, investissements, dons) entre deux pays. **II.** Plur. **1.** EQUIT Moyens employés par le cavalier pour agir sur son cheval. *Aides naturelles* (assiette, jambes, rênes); *aides artificielles* (cravache, éperons, mors, etc.). **2.** *Aides à la navigation* : moyens optiques, radioélectriques, etc., destinés à faciliter la navigation des navires et des aéronefs. **3.** HIST *Aides royales* : impôts perçus sous l'Ancien Régime par les rois de France. **B.** n. Personne qui en aide une autre dans une fonction, un travail, et lui est subordonnée. *S'adjoindre un aide pour accomplir une tâche délicate. Aide ménagère* : personne envoyée par un bureau d'aide sociale pour subvenir à l'entretien à domicile de personnes âgées. - *Aide de camp* : officier attaché à un chef militaire. ▷ (En composition.) *Un aide-maçon. Des aides-mécaniciens.* – Déverbal de *aider.*

aide-mémoire [ɛdmemwaʀ] n. m. inv. Résumé des éléments essentiels sur un sujet déterminé. – De *aider,* et *mémoire.*

aider [ede] v. [1] **I.** v. tr. dir. Faciliter les actions, les entreprises d'une personne, la soulager dans ses difficultés ; assister (qqn). *Ses amis l'aideront à réaliser ce projet. Ta présence m'a beaucoup aidé.* **II.** v. tr. indir. *Aider à quelque chose. Un séjour à la montagne aidera à son rétablissement.* **III.** v. pron. **1.** *S'aider de* : se servir de, utiliser. *Marcher en s'aidant d'une canne.* **2.** (Récipr.) Se soutenir, s'apporter un mutuel appui. *Aidez-vous les uns les autres.* – Lat. *adjutare.*

aide-soignant, ante [ɛdswaɲɑ̃, ɑ̃t] n. Personne qui donne des soins aux malades sous la responsabilité d'un infirmier ou d'une infirmière. *Des aide-soignants.* – De *aide,* et ppr. de *soigner.*

aïe ! [aj] interj. Exclamation de douleur, de désagrément. *Aïe! aïe! que je souffre! Aïe! je crois que je vais avoir des ennuis.* – Onomatopée.

aïeul, aïeule [ajœl] n. **1.** (plur. *aïeuls, aïeules*) Grand-père, grand-mère. *L'aïeul somnolait au soleil.* **2.** Litt. (plur. *aïeux* [ajø]) Ancêtre. *Nos aïeux ont fait les croisades.* - Loc. fam. *Mes aïeux!* : exclamation exprimant la surprise, l'admiration, etc. – Lat. pop. *aviolus.*

aigle [ɛgl] n. **I.** n. m. **1.** Oiseau rapace de l'ordre des falconiformes (genre *Aquila,* qui comprend plusieurs espèces), généralement de grande envergure (2,50 m pour l'aigle royal), au bec et aux pattes robustes. *L'aigle a des pattes armées de griffes très puissantes, les serres. L'aigle glatit. Aire d'un aigle,* son nid. ▷ *Avoir un œil d'aigle,* une vue perçante. ▷ *Un nez en bec d'aigle,* crochu. **2.** Fig. *Ce n'est pas un aigle* : ce n'est pas une personne très intelligente, d'une grande valeur. **3.** Pupitre d'église en forme d'aigle aux ailes déployées. **4.** IMPRIM *Grand aigle* : très grand format de papier (75 × 106 cm). **II.** n. f. **1.** Femelle de l'aigle. **2.** Emblème héraldique figurant un aigle. *L'aigle impériale.* ▷ Enseigne militaire en forme d'aigle. *Les aigles romaines.* **3.** ASTRO *L'Aigle* : constellation boréale dont l'étoile principale est Altaïr. – D'orig. dial., ou lat. *aquila.*

aiglefin. V. églefin.

aiglon, onne [ɛglɔ̃, ɔn] n. Petit de l'aigle. ▷ *L'Aiglon* : surnom du fils de Napoléon Ier (fils de l'Aigle). – De *aigle.*

aigre [ɛgʀ] adj. **1.** Qui a une acidité désagréable au goût. *Fruit aigre.* - *Vin aigre,* qui s'est corrompu, acidifié. **2.** Perçant, criard (en parlant d'un son). *La sonorité aigre du fifre.* **3.** Froid et vif. *Une bise aigre.* **4.** Fig. Revêche, acrimonieux. *Un caractère aigre. Parler d'un ton aigre.* Syn. acerbe. ▷ n. m. *Conversation qui tourne à l'aigre,* qui s'envenime. – Bas lat. *acrus.*

aigre-doux, -douce [ɛgʀədu, dus] adj. **1.** Dont la saveur est à la fois douce et aigre. *Fruits aigres-doux.* **2.**

Fig. Dont l'aigreur, l'acrimonie perce sous une apparente douceur. *Des paroles aigres-douces.* – De *aigre,* et *doux.*

1. aigrefin [ɛgʀəfɛ̃] n. m. Péjor. Individu sans scrupule, escroc, chevalier d'industrie. – P.-ê. de *agriffer,* «saisir avec les griffes».

2. aigrefin. V. églefin.

aigrelet, ette [ɛgʀəlɛ, ɛt] adj. Légèrement aigre. *La saveur aigrelette des myrtilles.* – Dimin. de *aigre.*

aigrement [ɛgʀəmɑ̃] adv. Avec aigreur, acrimonie. *Exposer aigrement ses griefs.* – De *aigre.*

aigrette [ɛgʀɛt] n. f. **I.** Héron blanc (genre *Egretta*) dont la tête est pourvue de longues plumes. **II. 1.** Faisceau de plumes qui couronne la tête de certains oiseaux. *Aigrette d'un paon.* – Ornement qui rappelle l'aigrette des oiseaux, par sa forme ou par la matière dont il est fait. *Aigrette d'une coiffure militaire. Aigrette de diamants, de perles.* **2.** BOT Touffe de soies fines qui couronnent certaines graines et certains fruits. **3.** PHYS Effet lumineux prenant naissance à l'extrémité d'un conducteur porté à un potentiel élevé. – Provenç. *aigreta,* «héron».

aigreur [ɛgʀœʀ] n. f. **1.** Caractère de ce qui est aigre. *Aigreur d'un vin.* ▷ Fig. *Répondre avec aigreur.* **2.** *Aigreurs d'estomac* : régurgitations acides après les repas. – De *aigre.*

aigri, ie [ɛgʀi] adj. Se dit d'une personne que les épreuves de la vie ont rendu amère et irritable. *Il est tellement aigri qu'il a perdu le sens de l'humour.* – Pp. de *aigrir.*

aigrir [ɛgʀiʀ] v. [3] **I.** v. tr. **1.** Rendre aigre. *La chaleur aigrit le lait.* ▷ v. pron. *Ce vin s'aigrit.* **2.** Fig. Rendre aigre, amer (qqn). *Tant d'échecs l'ont aigri.* ▷ v. pron. *Son caractère s'aigrit de jour en jour.* **II.** v. intr. Devenir aigre, tourner à l'aigre. *Mon vin a aigri.* – De *aigre.*

aigu, uë [egy] adj. **1.** Terminé en pointe ou en tranchant. *Des crocs aigus. Un fer aigu.* ▷ *Angle aigu,* inférieur à 90 degrés. **2.** D'une fréquence élevée, haut dans l'échelle tonale. *Une voix aiguë.* Ant. grave. ▷ *Accent aigu.* V. accent. ▷ n. m. *L'aigu* : le registre aigu. *Aller du grave à l'aigu.* **3.** Vif, intense. *Une douleur aiguë.* ▷ MED *Maladie aiguë,* survenant brusquement et évoluant rapidement (par oppos. à *chronique*). **4.** Pénétrant, subtil. *Une intelligence aiguë.* – Lat. *acutus.*

aiguade [ɛg(ɥ)ad] n. f. Anc. Lieu où les navires pouvaient se ravitailler en eau douce. – Provenç. *aigada,* du lat. *aqua,* «eau».

aiguail [ɛg(ɥ)aj] n. m. Dial. Rosée matinale. – De *aigue,* «eau» (mot du Sud-Ouest).

aigue-marine [ɛgmaʀin] n. f. MINER Béryl bleu-vert. *Des aigues-marines.* – Provenç. *aiga marina,* «eau de mer».

aiguière [ɛgjɛʀ] n. f. Anc. Vase à eau doté d'une anse et d'un bec. – Lat. pop. **aquaria,* par le provenç.

aiguillage [egɥijaʒ] n. m. **1.** CH DE F Appareil reliant deux ou plusieurs voies de chemin de fer et permettant à un convoi de passer de l'une à l'autre. – Manœuvre de cet appareil. *Faux aiguillage,* engageant un train sur une voie qu'il ne devrait pas suivre. **2.** Fam. Orientation d'une personne dans une direction. *Vous vous êtes trompé de porte; il y a eu une erreur d'aiguillage.* – De *aiguiller.*

aiguillat [ɛgɥija] n. m. ZOOL Squale *(Squalus acanthias)* portant deux aiguillons sur les nageoires dorsales, long d'environ un mètre, commun dans les mers d'Europe. – Provenç. *agulhat.*

aiguille [egɥij] n. f. **I. 1.** Tige de métal petite et mince, pointue à un bout et percée à l'autre d'un chas où l'on passe le fil dont on se sert pour coudre. *Enfiler une aiguille.* ▷ Loc. fig. *De fil en aiguille* : en passant d'un propos à un autre; une chose en entraînant une autre. ▷ Loc. fig. *Chercher une aiguille dans une botte de foin* : chercher une chose difficile à trouver au milieu de beaucoup d'autres. **2.** Tige longue et mince. *Aiguille à tricoter.* **3.** Fine tige métallique creuse, terminée en pointe, utilisée pour les injections et les ponctions. *Aiguille de seringue pour injections hypodermiques.* – *Aiguille d'acupuncture,* ne comportant pas de canal. **4.** Fine tige qui se déplace devant le cadran d'un appareil de mesure et qui sert d'index. *Aiguilles d'une montre. Aiguille d'un baromètre. Aiguille aimantée d'une boussole.* **II. 1.** Sommet très aigu d'un massif montagneux. *L'aiguille du Dru, à l'est du mont Blanc.* **2.** Partie d'un monument se terminant en pointe très aiguë. *L'aiguille d'une église gothique,* sa flèche. **3.** CONSTR Tige boulonnée reliant deux éléments de charpente. **4.** TRAV PUBL Pièce travaillant à la traction et servant à la suspension des tabliers de pont. Syn. suspente. **5.** CH DE F Les deux éléments de rails, taillés en biseau et mobiles, d'un aiguillage; chacun de ces éléments. **6.** TECH *Roulement à aiguilles* : roulement constitué de cylindres de faible diamètre. **7.** Feuille étroite et pointue d'un conifère. *Aiguilles de sapin.* **8.** *Aiguille de mer* : orphie. – Bas lat. *acucula.*

aiguillée [egɥije] n. f. Longueur de fil sur laquelle une aiguille est enfilée. – De *aiguille.*

aiguiller [egɥije] v. tr. [1] **1.** Diriger (un train) sur une voie par la manœuvre de l'aiguillage. **2.** Fig. Orienter (qqn) dans une direction, vers un but. *Il a aiguillé son fils vers les études scientifiques.* – De *aiguille.*

aiguillette [egɥijɛt] n. f. **1.** Anc. Cordon ferré aux deux bouts servant à fermer un vêtement. *Les hauts-de-chausses se fermaient par une braguette et une aiguillette.* ▷ Loc. fig. *Nouer l'aiguillette* : rendre impuissant par maléfice. **2.** Ornement militaire au bout duquel sont suspendus des ferrets. *Aiguillettes d'un officier d'état-major.* **3.** Tranche mince et longue de la poitrine de certaines volailles. *Couper des aiguillettes de canard.* **4.** Partie du romsteck. **5.** Orphie, en Bretagne. – De *aiguille.*

aiguilleur [egɥijœʀ] n. m. CH de F Employé chargé de manœuvrer les aiguillages. – *Aiguilleur du ciel* : spécialiste du contrôle de la navigation aérienne. – De *aiguiller.*

aiguillon [egɥijɔ̃] n. m. **1.** Long bâton terminé par une pointe de fer utilisé pour piquer les bœufs. ▷ Fig. Ce qui stimule, incite à l'action. *L'appât du gain est un aiguillon.* **2.** Dard de certains insectes hyménoptères (guêpes, abeilles, etc.), dits *aculéates.* **3.** BOT Épine. – Du lat. pop. *aculo, onis;* lat. class. *aculeus.*

aiguillonner [egɥijɔne] v. tr. [1] **1.** Piquer (un bœuf) avec l'aiguillon. **2.** Fig. Stimuler. *Aiguillonner un enfant pour le faire travailler.* – De *aiguillon.*

aiguisage [egizaʒ] n. m. Action d'aiguiser. – De *aiguiser.*

aiguiser [egize] v. tr. [1] **1.** Rendre tranchant, pointu. *Aiguiser le fil d'un rasoir. Aiguiser ses griffes.* **2.** Fig. Rendre plus vif. *Aiguiser l'appétit.* **3.** Fig. Rendre plus aigu, plus fin (l'esprit). *Lectures qui aiguisent l'intelligence.* – Lat. pop. **acutiare.*

aiguisoir [egizwaʀ] n. m. Outil à aiguiser. – De *aiguiser.*

aïkido [ajkido] n. m. Art martial japonais, sport de combat à mains nues utilisant principalement les clés aux articulations. – Mot jap.

ail [aj] n. m. Plante vivace monocotylédone (genre *Allium,* fam. liliacées) dont les bulbes, à l'odeur forte et au goût âcre, sont employés comme condiment. *Sauce à l'ail. Piquer un gigot à l'ail.* ▷ Plur. *Des aulx* (vieilli), *des ails.* (Le genre *Allium* comprend l'ail, l'oignon, le poireau, etc.) – Lat. *allium.*

ailante [ɛlɑ̃t] n. m. Arbre d'ornement (fam. simarubacées), aux feuilles composées pennées, originaire de Chine. Syn. cour. faux vernis du Japon. – Du malais.

aile [ɛl] n. f. **I. 1.** Partie du corps de certains animaux, qui leur sert à voler. *Oiseau qui étend, déploie ses ailes. Battre de l'aile. S'envoler à tire-d'aile.* (Chez les oiseaux, il s'agit du membre antérieur entier; chez les chauves-souris, de l'extrémité de ce membre, la main; chez les insectes, l'aile est un organe spécifique du groupe.) ▷ Fig. *La peur donne des ailes*, fait courir très vite. – *Ne battre plus que d'une aile* : avoir beaucoup perdu de sa vigueur. – *Avoir du plomb dans l'aile* : avoir sa santé, sa situation très compromise. – *Rogner les ailes à quelqu'un*, lui ôter de son pouvoir. – *Voler de ses propres ailes* : agir sans le secours d'autrui, être autonome. – *Être sous l'aile de quelqu'un*, sous sa protection. ▷ Fig. *Les ailes du temps, de la victoire.* **2.** Morceau d'une volaille, d'un gibier à plume, constitué par la chair du membre antérieur. *Une aile de perdrix.* **II. 1.** Plan de sustentation d'un avion. **2.** *Ailes d'un moulin à vent* : châssis entoilés qui, en tournant sous l'action du vent, font mouvoir la meule. **III.** Chacune des deux parties latérales de certaines choses. **1.** ARCHI Partie latérale d'un édifice. *Les ailes d'un château.* ▷ *Mur en aile* : mur de soutènement en retour. **2.** Chacune des parties latérales de la ligne formée par une troupe rangée en bataille. ▷ SPORT Au football, au rugby, etc., partie extrême, sur les côtés du terrain, de la ligne d'attaque. – Chacune des parties latérales du terrain. **3.** AUTO Élément de carrosserie recouvrant une roue. **4.** *Aile du nez* : chacune des parties latérales inférieures du nez. **5.** BOT Chacun des deux pétales latéraux de la corolle des papilionacées. **6.** TECH Partie d'un profilé métallique, perpendiculaire à l'âme. – Lat. *ala.*

ailé, ée [ele] adj. Pourvu d'ailes. *Mammifère ailé.* ▷ BOT Se dit des organes d'une plante pourvus d'une membrane analogue à une aile. *Graine ailée.* – De *aile.*

aileron [ɛlʀɔ̃] n. m. **1.** Extrémité de l'aile d'un oiseau. ▷ Nageoire (d'un requin). **2.** AVIAT Volet mobile, à incidence variable, situé sur le bord de fuite de l'aile. **3.** MAR Quille latérale ou prolongement de la quille servant de plan de dérive, sur certains petits bateaux. **4.** ANAT Nom donné à certains replis et expansions ligamentaires ou aponévrotiques. *Aileron du sacrum, du pharynx.* – De *aile.*

ailette [ɛlɛt] n. f. **1.** Lame métallique adaptée à un projectile d'artillerie pour augmenter la précision du tir. **2.** Saillie adaptée à un radiateur, un cylindre de moteur, pour augmenter la surface radiante. **3.** Petite branche proéminente de certains mécanismes. *Les ailettes des broches de filature. Écrou à ailettes*, que l'on peut serrer à la main, appelé aussi « écrou papillon ». – Dimin. de *aile.*

ailier [elje] n. m. Au football, au rugby, etc., avant dont la place est à l'aile de l'équipe. – De *aile.*

aillade [ajad] n. f. Rég. **1.** Sauce à l'ail. **2.** Croûton, ou tranche de pain grillée, frotté d'ail et arrosé d'huile d'olive. – Provenç. *alhada.*

-aille. Élément donnant une valeur péjorative et collective aux substantifs (ex. *marmaille, valetaille*).

-ailler. Suffixe verbal, péjoratif et fréquentatif (ex. *discutailler, écrivailler*).

ailler [aje] v. tr. [1] Garnir, frotter d'ail. *Ailler un gigot.* – De *ail.*

ailleurs [ajœʀ] adv. **1.** En un autre lieu. *Ne le cherchez pas ailleurs. Vous ne trouverez pas ailleurs une telle qualité.* – *Nous avons dit ailleurs...*, dans un autre ouvrage, dans un autre passage. – *Son mécontentement vient d'ailleurs*, tient à une autre cause. ▷ Fig. *Être ailleurs* : rêver, penser à autre chose. **2.** *D'ailleurs* : d'un autre endroit. *Un inconnu venu d'ailleurs.* **3.** Loc. adv. *D'ailleurs* : de plus, en outre (avec une nuance nouvelle ou une restriction). *Je n'ai pas envie de vous voir, d'ailleurs je n'ai pas le temps.* **4.** Loc. adv. *Par ailleurs* : d'un autre côté, d'autre part. *Il est séduisant mais par ailleurs bien sot.* – Lat. pop. *(in) aliore (loco)*, « (dans) un autre (lieu) ».

ailloli. V. aïoli.

aimable [ɛmabl] adj. **1.** Affable, courtois. *Vous êtes bien aimable de m'aider. Il m'a dit quelques mots aimables.* ▷ Subst. *Faire l'aimable* : s'efforcer de plaire. Syn. charmant, sociable. **2.** Vx Digne d'être aimé. ▷ Vieilli Plaisant, agréable. *Un aimable lieu.* – Lat. *amabilis.*

aimablement [ɛmabləmɑ̃] adv. D'une manière aimable. – De *aimable.*

1. aimant [ɛmɑ̃] n. m. Corps attirant le fer ou l'acier. ▷ MINER *Aimant naturel* : magnétite. – Lat. pop. **adimas*, du lat. class. d'orig. gr. *adamas, adamantis*, « diamant ».

2. aimant, ante [ɛmɑ̃, ɑ̃t] adj. Enclin à l'affection, à la tendresse. *Une nature aimante.* – Ppr. de *aimer.*

aimantation [ɛmɑ̃tasjɔ̃] n. f. Action d'aimanter; état de ce qui est aimanté. – De *aimanter.*

aimanter [ɛmɑ̃te] v. tr. [1] Communiquer des propriétés magnétiques à (un corps). – De *aimant* 1.

aimer [eme] v. [1] **I.** v. tr. **1.** Éprouver de l'affection, de l'attachement, de l'amitié pour (qqn). *Aimer ses amis, sa famille.* **2.** Éprouver de l'amour, de la passion pour (qqn). *Il aime passionnément sa maîtresse.* ▷ (Par euph.) Faire l'amour à (qqn). ▷ (S. comp.) *Le temps d'aimer.* **3.** Avoir un penchant, du goût pour (qqch). *Aimer les voyages, le luxe, la chasse.* – Fig. *La violette aime l'ombre*, trouve à l'ombre des conditions favorables à sa croissance. **4.** (+ inf.) Prendre plaisir à. *Il aime travailler.* (Litt. *Il aime à travailler.*) ▷ (+ subj.) Trouver bon, avoir pour agréable. *J'aime que vous veniez me voir souvent.* **5.** *Aimer mieux, aimer autant* : préférer. *Il aime mieux la pipe que le cigare. J'aime autant qu'il ne voie pas ce gâchis.* **II.** v. pron. **1.** (Réfl.) Être content de soi. *S'aimer tel qu'on est.* **2.** (Récipr.) Éprouver un mutuel attachement, amoureux ou amical. *« Deux pigeons s'aimaient d'amour tendre »* (La Fontaine). *Aimez-vous les uns les autres.* – Lat. *amare.*

aine [ɛn] n. f. Partie du corps comprise entre le bas-ventre et le haut de la cuisse. *Le pli de l'aine.* – Lat. pop. **inguinem.*

aîné, ée [ene] adj. et n. **1.** adj. Né le premier (parmi les enfants d'une famille). *C'est mon fils aîné.* ▷ Subst. *C'est l'aîné de mes enfants*, le plus âgé. **2.** n. Frère, sœur aînée. ▷ Personne plus âgée qu'une autre. *Il est mon aîné de cinq ans.* – De l'anc. adv. *ainz*, « avant », et *né.*

aînesse [enɛs] n. f. DR ANC *Droit d'aînesse* : droit de primogéniture, privilégiant l'aîné des enfants mâles dans une succession. – De *aîné.*

ainsi [ɛ̃si] adv. **1.** adv. de manière. De cette façon. *Il a raison d'agir ainsi. Il commença ainsi son discours.* ▷ *Ainsi soit-il* : expression d'un souhait, à la fin d'une prière. ▷ *Pour ainsi dire* : formule atténuant la phrase qu'elle accompagne. *Elle lui a pour ainsi dire interdit de partir.* ▷ *Ainsi donc* : par conséquent. *Ainsi donc, vous leur donnez tort.* **2.** adv. de comparaison. De même, de la même façon. *Comme un coup de tonnerre, ainsi a éclaté la nouvelle.* ▷ *Ainsi que.* Loc. conj. de subordination. Comme. *Ainsi que vous me l'avez demandé, je vous écris dès mon arrivée.* – Loc. conj. de coordination. Et, de même que. *Ces comprimés sont à prendre le matin, ainsi qu'à midi.* – Du lat. *sic*, « ainsi ».

aïoli ou **ailloli** [ajɔli] n. m. **1.** Mayonnaise à l'ail pilé. **2.** Plat de morue et de légumes servi avec l'aïoli. – Mot prov.

1. air [ɛʀ] n. m. **1.** Mélange gazeux qui constitue l'atmosphère terrestre et que de nombreux êtres vivants respirent. *Aspirer une bouffée d'air pur. Ouvrir la porte et la fenêtre pour faire un courant d'air.* ▷ Fig. *Vivre de l'air du temps*, sans ressources. **2.** Ce fluide quand il est en mouvement. *Quand toutes les fenêtres sont ouvertes, cela fait de* *l'air.* ▷ *À l'air libre, en plein air, au grand air* : à l'extérieur, en un lieu où l'air circule. – Fig. *Être libre comme l'air* : pouvoir agir sans contrainte. **3.** Espace que ce fluide emplit autour de la Terre. *Une fumée monte dans l'air.* – Plur. Litt. *La montgolfière s'éleva dans les airs.* ▷ Fig., pop. *Jouer la fille de l'air* : fuir. ▷ *En l'air* : vers le haut. *Regarder, tirer en l'air.* – Fig. Sans fondement. *Des menaces, des paroles, des promesses en l'air.* – *Parler en l'air,* sans réfléchir. – *Une tête en l'air* : une personne distraite. – Sens dessus dessous. *Les enfants ont mis toute la chambre en l'air.* – Loin. *Envoyer, ficher, flanquer quelque chose en l'air,* s'en débarrasser. – Vulg. *S'envoyer en l'air* : prendre du plaisir sexuellement. **4.** *L'Air* : l'aviation, l'aéronautique. *Ministère de l'Air.* – *Hôtesse de l'air. Mal de l'air* : mal des transports qu'on éprouve en avion. **5.** Fig. Ambiance, atmosphère. *Quitter sa famille pour changer d'air. Il y a de la bagarre, de l'électricité, de l'orage dans l'air* : l'atmosphère est tendue. – *Les idées qui sont dans l'air,* qui ont cours à une époque donnée, dans un milieu donné. **6.** *Air comprimé,* produit par des compresseurs, sous une pression généralement inférieure à 10 bars (un million de pascals). (Les compresseurs d'air qui alimentent en comburant les turbines à gaz, les turbosoufflantes et les turboréacteurs fournissent de l'air comprimé sous des pressions beaucoup plus élevées.) – *Air liquide* : air à l'état liquide, de couleur bleue, de la densité de l'eau, qui bout vers – 190 °C. *À température ordinaire, l'air liquide s'évapore rapidement en produisant un froid intense, ce qui en fait un excellent réfrigérant.* – Du gr. *aêr,* « air », par le lat.

ENCYCL *Air atmosphérique.* L'air contient (en volume) 78 % d'azote, 21 % d'oxygène, 0,9 % d'argon et 0,03 % d'anhydride carbonique, ainsi que d'autres gaz en quantités plus faibles (néon, hélium, krypton, hydrogène et xénon) ou à l'état de traces (ozone et radon). L'air contient également, mais en quantités très variables suivant les lieux, de la vapeur d'eau, de l'ammoniac, du dioxyde de soufre, des gaz polluants, des poussières et des microorganismes. L'air est peu soluble dans l'eau (30 cm^3 par litre à 0 °C). Sa masse volumique, à 0 °C et sous la pression atmosphérique, est égale à 1,3 gramme par litre. L'air est un comburant, car il contient de l'oxygène (fourni en partie par les plantes vertes au cours de l'assimilation chlorophyllienne). Il est indispensable à la respiration des êtres vivants aérobies.

2. air [ɛʀ] n. m. **1.** Apparence qu'une personne a en général. *Avoir grand air, un drôle d'air, l'air comme il faut.* – *Un air de famille* : une ressemblance due à des liens de parenté. – *Il a un faux air d'empereur romain,* une vague ressemblance avec un empereur romain. ▷ Plur. *Prendre de grands airs* : affecter des manières de grand seigneur. – *Prendre des airs de* : singer. *Prendre des airs entendus,* une attitude de complicité. – Plaisant *Prendre des airs penchés,* une attitude rêveuse, la tête penchée. **2.** Loc. *Avoir l'air* : sembler, paraître. *Ils ont l'air contents. Elle a l'air heureuse. Il a l'air d'être au courant.* (N.B. Si le sujet est un nom de chose, l'attribut s'accorde avec le sujet : *cette statue a l'air ancienne.* Si le sujet est un nom de personne, l'attribut s'accorde soit avec le sujet, soit avec « air ». *Grand-mère a l'air heureux* ou *heureuse.*) **3.** *N'avoir l'air de rien* : paraître sans importance, sans valeur, sans difficulté (mais à tort). *Elle n'a l'air de rien mais, pendant la guerre, elle a été héroïque.* – Du sens 5 de *air* 1.

3. air [ɛʀ] n. m. **1.** Suite de sons musicaux formant une mélodie. *Je me souviens des paroles de cette chanson, mais j'ai oublié l'air. Les airs célèbres des opéras de Verdi.* ▷ Au plur. Chansons. *Cet ethnologue recueille des airs traditionnels auprès des paysans.* **2.** Mélodie jouée par un instrument seul. *Un air de flûte.* – Ital. *aria.*

airain [ɛʀɛ̃] n. m. **1.** Vx Bronze, alliage à base de cuivre. *Statue d'airain.* **2.** Fig. *D'airain* : dur, impitoyable. *Un cœur d'airain.* – Du lat. *æs, æris.*

air-air [ɛʀɛʀ] adj. inv. Qualifie un missile lancé à partir d'un aéronef en direction d'un autre aéronef. – De *air* 1.

aire [ɛʀ] n. f. **I.** Surface plane. **1.** Terrain plat où l'on bat le grain. **2.** Nid, établi sur une surface plane, de certains grands oiseaux de proie. *L'aire de l'aigle, du vautour.* **3.** GEOL *Aires continentales* : plates-formes de grande étendue d'un continent, où se sont déposées, de façon régulière, des couches sédimentaires. **4.** *Aire d'atterrissage* : surface destinée aux manœuvres des avions. ▷ ESP *Aire de lancement* : plate-forme comprenant une rampe, un mât ombilical ou une tour de montage, où sont réunis les équipements qui assurent le support de l'engin spatial et son alimentation par les installations au sol. (Le terme *pas de tir* est proscrit par l'Acad. française.) **II. 1.** GEOM Superficie d'une figure géométrique. *Aire d'un carré.* **2.** MAR *Aire de vent* : la trente-deuxième partie de l'horizon, sur la rose des vents. Syn. rhumb. **III. 1.** Étendue géographique où vivent certaines espèces animales ou végétales, où l'on constate certains phénomènes. *Aire de répartition du blé.* – *Aire culturelle,* propre à un certain type de culture. – *Aire linguistique,* où l'on trouve un ensemble de faits linguistiques. **2.** PHYSIOL Zone déterminée du corps ayant une importance fonctionnelle particulière. *Aire cutanée, striée.* **3.** BOT *Aire germinative* : portion du germe où se développe l'embryon. – Lat. *area.*

airedale [ɛʀdal] n. m. Chien terrier de grande taille, à poil dur serré et plat, originaire de la vallée de l'Aire (Yorkshire). – Abrév. de l'angl. *Airedale terrier,* du nom de la vallée *(dale)* de l'*Aire.*

airelle [ɛʀɛl] n. f. Arbrisseau portant des baies comestibles rouges ou d'un noir bleuté (myrtille); ces baies. – Du lat. *atra,* « noire », par le cévenol *airelo.*

airer [ɛʀe] v. intr. [1] Faire son nid (oiseaux de proie). – De *aire.*

air-mer [ɛʀmɛʀ] adj. inv. Qualifie un missile lancé à partir d'un aéronef en direction d'un navire. – De *air* 1, et *mer.*

air-sol [ɛʀsɔl] adj. inv. Qualifie un missile lancé à partir d'un aéronef en direction d'un objectif terrestre. – De *air* 1, et *sol.*

ais [ɛ] n. m. **1.** TECH Planchette de bois, de carton ou de métal servant au cours des travaux de reliure. **2.** Vx Longue planche. – Lat. *axis.*

aisance [ɛzɑ̃s] n. f. **1.** État de fortune qui permet une vie agréable. *Les habitants de ce quartier vivent dans l'aisance.* **2.** Facilité, grâce naturelle, liberté de corps ou d'esprit dans la manière d'être. *Agir, parler, s'exprimer avec aisance. Elle manie avec aisance plusieurs langues étrangères.* **3.** Plur. Vx Liberté de jouissance, d'après certains droits. *Le droit d'aisances d'un puits.* – Mod. *Lieux d'aisances* : cabinets. – Lat. *adjacentia,* « environs ».

aise [ɛz] n. f. (et adj.) **I.** n. f. **1.** État d'une personne qui n'est pas gênée. *Être à l'aise dans un vêtement. Se sentir à l'aise, à son aise.* **2.** Plur. *Aimer ses aises* : apprécier son confort personnel. – *Prendre ses aises* : s'installer sans se soucier d'autrui. **3.** Fig. *Mettre quelqu'un à l'aise, à son aise (mal à l'aise, mal à son aise)* : procurer à qqn une impression de bien-être (de gêne). *Cette réflexion désagréable l'a mis mal à son aise. En prendre à son aise avec...* : ne pas se soucier de... – *Parler à son aise de qqch,* en parler de manière détachée, sans être personnellement mis en cause. *Vous parlez à votre aise de la conduite automobile, vous n'avez pas de voiture.* ▷ *À votre aise!* : comme il vous plaira! **4.** Litt. Joie, contentement. *Pousser un soupir d'aise.* **II.** adj. Litt. Content, joyeux. *Je suis bien aise de vous voir.* – Lat. *adjacens,* « situé à côté ».

aisé, ée [eze] adj. **1.** Facile, qui se fait sans peine. *Un travail aisé.* **2.** Fig. Qui a de l'aisance, du naturel. *Un style aisé.* **3.** Qui vit dans l'aisance. *Des bourgeois aisés.* – Pp. de l'anc. fr. *aisier.*

aisément [ezemɑ̃] adv. Facilement. *Il surmonta aisément cette épreuve.* – De *aisé.*

aisselle [ɛsɛl] n. f. **1.** Région située au-dessous de la jonction du bras avec le tronc, pourvue de poils chez l'adulte et riche en glandes sudoripares. **2.** BOT Région de la tige située immédiatement au-dessus de l'insertion d'une feuille. – Lat. *axilla.*

ajointer [aʒwɛ̃te] v. tr. [1] Joindre bout à bout. – De *à,* et *joint.*

ajonc [aʒɔ̃] n. m. Arbrisseau épineux (fam. papilionacées), à fleurs jaunes, poussant en terrain sec, non calcaire. – Mot berrichon.

ajour [aʒuʀ] n. m. **1.** Petite ouverture par où passe le jour. *Les ajours d'un clocher.* **2.** Espace vide dans une broderie, une dentelle. – Déverbal de *ajourer.*

ajouré, ée [aʒuʀe] adj. **1.** Percé de jours. **2.** Orné de jours. – Pp. de *ajourer.*

ajourer [aʒuʀe] v. tr. [1] Percer, orner de jours. *Ajourer un drap.* – De *jour.*

ajournement [aʒuʀnəmɑ̃] n. m. Action d'ajourner, de retarder. *Ajournement des débats.* – De *ajourner.*

ajourner [aʒuʀne] v. tr. [1] **1.** Renvoyer à une date ultérieure. *Ajourner un procès.* **2.** *Ajourner un étudiant, un conscrit,* les obliger à se représenter à l'examen, au conseil de révision. *Les candidats ajournés préparent la prochaine session.* – De *jour.*

ajout [aʒu] n. m. Élément ajouté à un ensemble. *Les ajouts architecturaux.* – Déverbal de *ajouter.*

ajouter [aʒute] v. [1] **I.** v. tr. **1.** Mettre en plus. *Ajouter quelques fleurs à un bouquet.* **2.** Dire en plus. *Il sortit sans ajouter un mot.* **3.** Litt. *Ajouter foi à :* croire. *Ne pas ajouter foi à certaines rumeurs.* **II.** v. tr. indir. Augmenter (qqch). *En parler ne ferait qu'ajouter au malaise.* **III.** v. pron. Se joindre, s'additionner. *À cela s'ajoute le fait que c'est très loin.* – Lat. pop. *juxtare,* «être attenant», du lat. *juxta,* «près de».

ajustable [aʒystabl] adj. Qui peut être ajusté. – De *ajuster.*

ajustage [aʒystaʒ] n. m. Action d'ajuster. ▷ TECH Assemblage de pièces effectué avec précision. – De *ajuster.*

ajustement [aʒystəmɑ̃] n. m. **1.** Action d'ajuster; fait d'être ajusté. **2.** Adaptation. *L'ajustement des horaires.* – De *ajuster.*

ajuster [aʒyste] v. tr. [1] **1.** Réaliser l'adaptation exacte d'une chose à une autre, joindre à. *Ajuster une porte dans son huisserie. Ajuster un piston à un cylindre.* ▷ v. pron. S'adapter; aller avec. **2.** Rendre juste, mettre à une dimension donnée. *Ajuster la longueur d'un vêtement.* **3.** Viser. *Tireur qui ajuste la cible.* ▷ Fig. *Ajuster son coup :* préparer, combiner les choses au mieux. **4.** Mettre en accord, en harmonie. *Ajuster la théorie à la pratique.* **5.** Arranger avec soin, mettre en ordre. *Elle ajusta les plis de son châle.* – De *juste.*

ajusteur [aʒystœʀ] n. m. Ouvrier spécialisé dans les travaux d'ajustage. – De *ajuster.*

ajutage [aʒytaʒ] n. m. TECH Petit tuyau que l'on adapte à un réservoir ou à une conduite contenant un fluide, afin de régler le débit ou la forme du jet. *La tuyère est un ajutage pour les fluides gazeux.* – Variante de *ajustage.*

akène, achène ou **achaine** [akɛn] n. m. BOT Fruit sec qui ne contient qu'une seule graine et ne s'ouvre pas à maturité (ex. : la noisette). – De *a-* 1, et gr. *khainein,* «s'ouvrir».

akinésie [akinezi] n. f. MED Impossibilité totale ou partielle, distincte de la paralysie, d'effectuer certains mouvements. – Gr. *akinêsia,* «immobilité».

akkadien, enne [akadjɛ̃, ɛn] adj. et n. **1.** adj. Du pays d'Akkad, anc. rég. du nord de la Mésopotamie. ▷ Subst. *Un(e) Akkadien(ne).* **2.** n. m. Langue sémitique (considérée comme la plus ancienne).

Al CHIM Symbole de l'aluminium.

alabandine [alabɑ̃din] n. f. MINER Variété de grenat rouge foncé. – De *Alabanda,* nom d'une anc. ville d'Asie Mineure.

alabastrite [alabastʀit] n. f. MINER Variété de gypse, très blanche, utilisée en sculpture. – Du gr. *alabastron,* «albâtre».

alacrité [alakʀite] n. f. Litt. Enjouement, gaieté. – Lat. *alacritas.*

alactique [alaktik] adj. PHYSIOL Qualifie les processus musculaires s'effectuant sans production d'acide lactique. – De *a-* 1, et *lactique.*

alaire [alɛʀ] adj. Qui se rapporte aux ailes (d'oiseaux, d'avions). *Plumes alaires. Surface alaire.* – Lat. *alarius.*

alaise ou **alèse** [alɛz] n. f. **1.** Pièce de toile, souvent imperméable, qui protège le matelas, notam. dans le lit d'un malade, d'un petit enfant. **2.** Planche ajoutée à un panneau pour lui donner la dimension voulue. – De *laise,* «bande de toile», du lat. *latus,* «large».

alambic [alɑ̃bik] n. m. Appareil de distillation composé d'une chaudière (cucurbite) à laquelle est relié un tube à plusieurs coudes (serpentin). – Ar. *al anbīq,* par le gr. *ambix.*

alambiqué, ée [alɑ̃bike] adj. Complexe, confus, maniéré. *Style alambiqué.* – De *alambic.*

alandier [alɑ̃dje] n. m. Four circulaire pour la cuisson des poteries. – De *landier.*

alanguir [alɑ̃giʀ] v. tr. [3] Abattre, affaiblir, rendre languissant. *La maladie l'a alangui.* ▷ v. pron. Perdre de son énergie, être dans un état de langueur. *S'alanguir au soleil.* – De *languir.*

alanine [alanin] n. f. BIOCHIM Acide aminé aliphatique présent dans toutes les protéines. – De *al(déhyde),* et *-ine.*

alaouite [alawit] adj. Relatif aux Alaouites, dynastie marocaine.

alarmant, ante [alaʀmɑ̃, ɑ̃t] adj. De nature à alarmer. *Des rumeurs alarmantes circulaient dans les couloirs.* – Ppr. de *alarmer.*

alarme [alaʀm] n. f. **1.** Signal, cri pour appeler aux armes, annoncer un danger. *Il hurla pour donner l'alarme.* ▷ *Signal d'alarme :* dispositif installé dans un train pour demander l'arrêt en cas de danger. **2.** Frayeur subite, vive émotion devant quelque chose d'alarmant. *L'alarme qui s'empara de la population à l'approche de la guerre. Ce n'était qu'une fausse alarme, la fièvre est tombée.* – Ital. *all'arme,* «aux armes».

alarmer [alaʀme] **1.** v. tr. [1] Inquiéter par l'annonce d'un danger. *Cette découverte l'alarma sérieusement.* **2.** v. pron. S'effrayer. *Une mère s'alarme vite.* – De *alarme.*

alarmiste [alaʀmist] n. Personne qui répand délibérément des bruits alarmants. ▷ adj. *Ouvrage qui expose des vues alarmistes.* – De *alarmer.*

albanais, aise [albanɛ, ɛz] adj. et n. **1.** adj. De l'Albanie, État situé au S.-O. de la péninsule balkanique. ▷ Subst. *Un(e) Albanais(e).* **2.** n. m. Langue indo-européenne parlée en Albanie. – Du lat. médiév. *Albania.*

albâtre [albɑtʀ] n. m. **1.** Variété de gypse d'un blanc immaculé, utilisée pour sculpter de petits objets. ▷ Fig. *D'albâtre :* d'une blancheur éclatante. *Des épaules d'albâtre.* **2.** *Albâtre calcaire :* variété de calcite, veinée et colorée. – Lat. *alabastrum.*

albatros [albatʀos] n. m. Grand oiseau (plusieurs espèces du genre *Diomedea,* fam. diomédéidés, ordre des procellariiformes), habitant les mers australes et le Pacifique Nord, muni d'un bec robuste et de très longues ailes. *L'albatros hurleur a la plus grande envergure connue chez les oiseaux (3,60 m).* – Angl. *albatross.*

albédo [albedo] n. m. PHYS et ASTRO Grandeur qui caractérise la proportion d'énergie lumineuse renvoyée par un corps éclairé. – Bas lat. *albedo,* « blancheur ».

alberge [albɛʀʒ] n. f. Variété d'abricot ou de pêche dont la chair blanche adhère au noyau. – Esp. *alberchiga.*

albigeois, oise [albiʒwa, waz] n. et adj. **1.** De la ville d'Albi. - Subst. *Un(e) Albigeois(e).* **2.** HIST Membre d'une secte chrétienne hérétique professant, dès le XIIe s., une forme de gnosticisme manichéen. Nombreux dans la France d'oc, les albigeois, nommés aussi *cathares**, furent anéantis par une croisade lancée par le pape Innocent III (1209), qui se termina par le bûcher de Montségur (1244). – De *Albiga,* nom lat. de la v. d'Albi, parce que les cathares étaient implantés dans le Languedoc au voisinage d'Albi.

albinisme [albinism] n. m. MED Absence héréditaire de pigmentation, partielle (poils, iris) ou totale (tous les téguments). – De *albinos.*

albinos [albinos] adj. et n. Atteint d'albinisme. *Lapin albinos.* ▷ Subst. Sujet atteint d'albinisme. – Portug. *albino,* du lat. *albus,* « blanc ».

albite [albit] n. f. MINER Minéral blanc opaque de la fam. des feldspaths, silicate double d'aluminium et de sodium, fréquent dans certaines roches éruptives. – Du lat. *albus,* « blanc », et *-ite* 3.

albuginé, ée [albyʒine] adj. ANAT *Tissu albuginé,* blanc nacré. ▷ n. f. *L'albuginée :* la membrane limitant le testicule. – Du lat. *albugo, albuginis,* « tache blanche ».

albuginite [albyʒinit] n. f. MED Inflammation de l'albuginée. – De *albuginée,* et *-ite* 1.

albugo [albygo] n. m. MED Tache blanche de la cornée. – Mot lat., « tache blanche ».

album [albɔm] n. m. **1.** Cahier, recueil personnel destiné à recevoir des cartes postales, des photos, des timbres, des collections diverses. *Ranger des timbres dans un album.* **2.** Livre de grand format abondamment illustré. ▷ *Album de disques :* pochette contenant plusieurs disques vendus ensemble. - *Par ext.* Disque. – De *album amicorum,* « liste d'amis », expr. lat. employée en Allemagne ; lat *album,* « tableau blanc ».

albumen [albymɛn] n. m. **1.** BOT Tissu nourricier typique des angiospermes, servant à l'élaboration de la graine. **2.** Blanc de l'œuf. – Mot lat.

albumine [albymin] n. f. BIOCHIM Protéine simple, contenue dans le sérum, soluble dans l'eau. – De *albumen.*

albuminé, ée [albymine] adj. BOT *Graine albuminée :* graine dont la maturation est terminée avant la disparition totale de l'albumen. – De *albumine.*

albuminémie [albyminemi] n. f. MED Concentration sérique en albumine. – De *albumine,* et *-émie.*

albumineux, euse [albyminø, øz] adj. BIOCHIM Qui contient de l'albumine. – De *albumine.*

albuminurie [albyminyʀi] n. f. MED Présence d'albumine dans l'urine. Syn. protéinurie. – De *albumine,* et *-urie.*

albuminurique [albyminyʀik] adj. MED Qui a rapport à l'albuminurie. ▷ Subst. Personne atteinte d'albuminurie. – De *albuminurie.*

alcade [alkad] n. m. Anc. Juge, en Espagne. ▷ Mod. Maire, en Espagne. – Esp. *alcalde,* ar. *al qâdi,* « le juge ».

alcaïque [alkaik] adj. METR ANC *Vers alcaïques :* vers grecs, repris par les poètes latins, formés de deux dactyles et de deux trochées (petit alcaïque), ou de six pieds, avec une syllabe longue au milieu (grand alcaïque). – Du gr. *alkaios,* « d'Alcée », par le lat.

alcali [alkali] n. m. **1.** Cour. Ammoniaque. **2.** CHIM Nom générique donné aux oxydes et hydroxydes des métaux alcalins. ▷ *Alcalis caustiques :* potasse, soude. – De l'ar. *al qâli,* « soude ».

alcalimètre [alkalimɛtʀ] n. m. Appareil servant à doser les substances alcalines. – De *alcali,* et *-mètre.*

alcalimétrie [alkalimetʀi] n. f. CHIM Mesure de la concentration d'une solution alcaline. – De *alcalimètre.*

alcalin, ine [alkalɛ̃, in] adj. CHIM *Corps alcalins,* qui possèdent des propriétés basiques. ▷ *Métaux alcalins :* famille de 6 métaux (lithium, sodium, potassium, rubidium, césium et francium) caractérisés par leur tendance à s'ioniser, qui sont groupés dans la première colonne de la classification périodique des éléments. – De *alcali.*

alcaliniser [alkalinize] v. tr. [1] Rendre alcalin. – De *alcalin.*

alcalinité [alkalinite] n. f. CHIM Caractère alcalin d'une substance. – De *alcalin.*

alcalino-terreux, euse [alkalinotɛʀø, øz] adj. CHIM *Métaux alcalino-terreux :* famille de 4 métaux groupés dans la deuxième colonne de la classification périodique des éléments (calcium, strontium, baryum et radium), auxquels on ajoute quelquefois les deux premiers éléments de la colonne (béryllium et magnésium). – De *alcalin,* et *terreux.*

alcaloïde [alkalɔid] n. m. BIOCHIM Nom générique de diverses substances organiques d'origine végétale (ex. : caféine, nicotine, mescaline) comportant une ou plusieurs fonctions amine, à caractère nettement basique. *Les alcaloïdes, très utilisés en pharmacologie, sont souvent extrêmement toxiques à l'état pur.* – De *alcali.*

alcalose [alkaloz] n. f. MED Exagération pathologique de l'alcalinité du sang. – De *alcalin,* et *-ose* 2.

alcane [alkan] n. m. CHIM Nom générique des hydrocarbures saturés de formule C_nH_{2n+2} (ex. : méthane, éthane, propane, butane, etc.). Syn. paraffine. – De *alcool.*

alcaptone [alkaptɔn] n. f. BIOCHIM Produit de dégradation incomplète d'acides aminés aromatiques (phénylalanine et tyrosine). Syn. acide homogentésique. – De *alca(li),* et rad. lat. de *captare,* « prendre ».

alcaptonurie [alkaptɔnyʀi] n. f. MED Anomalie enzymatique héréditaire caractérisée par la présence d'alcaptone dans les urines, lesquelles noircissent à la lumière. – De *alcaptone,* et *-urie.*

alcarazas [alkaʀazas] n. m. Vase de terre poreuse dans lequel l'eau se rafraîchit par évaporation. – Esp. *alcarraza,* ar. *al-karaz.*

alcazar [alkazaʀ] n. m. **1.** Palais fortifié de l'époque des rois maures, en Espagne. *Alcazars de Tolède, Cordoue, Ségovie, Séville.* **2.** Nom donné à certains établissements publics (cafés, salles de spectacle) décorés dans le style mauresque. – De l'ar. *al-qasr,* « le palais », par l'esp.

alcène [alsɛn] n. m. CHIM Nom générique des hydrocarbures possédant une double liaison entre deux atomes de carbone, de formule C_nH_{2n} (ex. : éthylène, propène, butène). Syn. oléfine. – De *alc(ool),* et *-ène.*

alchémille. V. alchimille.

alchimie [alʃimi] n. f. Science occulte du Moyen Âge qui, en se fondant sur un symbolisme minéral et planétaire issu d'une tradition ésotérique, cherchait à établir des correspondances entre le monde matériel et le monde spirituel, et à découvrir la pierre philosophale*. – Lat. médiév. *alchemia,* ar. *al-kimya.*

alchimille [alʃimij] ou **alchémille** [alkemij] n. f. BOT Genre de rosacées ornementales, à propriétés astringentes. – Lat. médiév. *alchemilla*, de *alchimie*.

alchimique [alʃimik] adj. De l'alchimie; relatif à l'alchimie. – De *alchimie*.

alchimiste [alʃimist] n. m. Celui qui s'occupe d'alchimie. – De *alchimie*.

alcidés [alside] n. m. pl. ORNITH Famille d'oiseaux marins et plongeurs (pingouins, guillemots, macareux), aux ailes développées, aux pattes situées très en arrière du corps et au plumage généralement noir et blanc. – Sing. *Un alcidé*. – Du lat. *alca*, « pingouin ».

alciformes [alsifɔʀm] n. m. pl. ORNITH Ordre d'oiseaux marins comprenant l'unique fam. des alcidés. – Sing. *Un alciforme*. – De *alcidés*.

alcool [alkɔl] n. m. **1.** *Alcool* ou *alcool éthylique* : liquide incolore, volatil et de saveur brûlante, produit par la distillation de jus sucrés fermentés (de betterave, de raisin, de céréales, etc.). *Désinfecter, frictionner à l'alcool*. Syn. éthanol. **2.** Boisson spiritueuse à fort titre en éthanol obtenue par la distillation de produits de fermentation. *Servir les alcools. Alcool de poire, de prune. Alcools blancs* : eaux-de-vie, incolores, de fruits à noyau. **3.** *L'alcool* : toute boisson alcoolisée. *Il ne boit jamais d'alcool*. ▷ Loc. *Ne pas tenir l'alcool* : ne pas supporter de boire de l'alcool. **4.** *Alcool à brûler* : alcool additionné de méthanol, donc extrêmement toxique, utilisé comme combustible ou produit nettoyant. – *Alcool dénaturé* : alcool, rendu impropre à la consommation par l'ajout de produits toxiques, dont l'usage est réservé à l'industrie. **5.** CHIM Nom générique des composés organiques possédant un ou plusieurs groupements hydroxyles de formule OH. – De l'ar. *al-kuhl*, « antimoine pulvérisé » par le lat.

alcoolat [alkɔla] n. m. PHARM Préparation obtenue par distillation de l'alcool sur des substances aromatiques (eau de Cologne, par ex.). – De *alcool*.

alcoolature [alkɔlatyʀ] n. f. PHARM Médicament obtenu par l'action dissolvante de l'alcool sur une plante fraîche. – De *alcool*.

alcoolémie [alkɔlemi] n. f. Taux d'alcool dans le sang. – De *alcool*, et *-émie*.

alcoolier [alkɔlje] n. m. Industriel fabriquant des boissons alcooliques. – De *alcool*.

alcoolification [alkɔlifikasjɔ̃] n. f. Transformation en alcool sous l'influence d'un ferment. – De *alcool*.

alcoolique [alkɔlik] adj. et n. **1.** Qui est à base d'alcool. *Liqueur, teinture alcoolique*. ▷ *Fermentation alcoolique* : transformation en alcool sous l'influence d'un ferment. **2.** Qui a rapport à l'alcoolisme. *Cirrhose alcoolique*. ▷ Qui est atteint d'alcoolisme. *Un vieillard alcoolique*. – Subst. Personne atteinte d'alcoolisme. – De *alcool*.

alcoolisation [alkɔlizasjɔ̃] n. f. **1.** Transformation en alcool. **2.** Addition d'alcool à un liquide. **3.** Intoxication progressive par absorption d'alcool. – De *alcooliser*.

alcooliser [alkɔlize] v. [1] **1.** v. tr. Mêler de l'alcool à d'autres liquides. **2.** v. pron. Consommer trop d'alcool; devenir alcoolique. *Il s'alcoolise à la bière*. – De *alcool*.

alcoolisme [alkɔlism] n. m. Toxicomanie à l'alcool. *Alcoolisme chronique. Alcoolisme aigu*, dû à l'absorption, en peu de temps, d'une importante quantité d'alcool et qui se manifeste par une certaine euphorie avec levée des contraintes, anomalies du comportement et de la coordination, et, dans les cas graves, stupeur puis coma, lequel peut entraîner la mort par dépression respiratoire. – De *alcool*.

alcoologie [alkɔlɔʒi] n. f. MED Discipline médico-sociale ayant pour objet l'alcoolisme considéré globalement dans ses dimensions médicale, biologique, économique, sociologique et psychologique. – De *alcool*, et *-logie*.

alcoomètre [alkɔmɛtʀ] ou **alcoolomètre** [alkɔlomɛtʀ] n. m. Aréomètre mesurant la teneur des liquides en alcool. – De *alcool*, et *-mètre*.

alcoométrie [alkɔmetʀi] ou **alcoolométrie** [alkɔlometʀi] n. f. Mesure de la teneur en alcool des vins, des liquides alcoolisés. – De *alcoomètre*.

alcootest ou **alcotest** [alkɔtɛst] n. m. Test servant au dépistage de l'alcool dans l'air expiré; appareil utilisé pour ce test. – Nom déposé; de *alcool*, et *test*.

alcôve [alkov] n. f. Renfoncement pratiqué dans une chambre pour y placer un lit. ▷ *Les secrets de l'alcôve*, de la vie intime d'un couple. – Esp. *alcoba*, ar. *al-qubba*.

alcoyl ou **alcoyle** [alkɔil] n. m. CHIM Syn. de *alkyle*. – De *alcool*.

alcyne [alsin] n. m. CHIM Nom générique des hydrocarbures (dits autref. *acétyléniques*) de formule générale C_nH_{2n-2}, qui dérivent des paraffines ou alcanes par enlèvement de $2H_2$ et ont donc une triple liaison –C≡C– (la nomenclature de Genève leur attribue le nom de l'alcane correspondant, dans lequel on a remplacé *ane* par *yne*, par ex. *éthyne, propyne*). – De *alcane*.

1. alcyon [alsjɔ̃] n. m. MYTH Oiseau de mer fabuleux dont la rencontre passait chez les Anciens pour un heureux présage. – Du gr. *alkuôn*, par le lat.

2. alcyon [alsjɔ̃] n. m. ZOOL Octocoralliaire commun dans les mers d'Europe, où il forme des colonies de polypes allongés. – De *alcyon* 1.

aldactone [aldaktɔn] n. f. MED Substance antagoniste de l'aldostérone, employée pour lutter contre l'excès d'aldostérone. – De *aldéhyde*.

aldéhyde [aldeid] n. m. CHIM Nom générique des composés organiques possédant le groupement fonctionnel –CHO. *Les aldéhydes ont une grande importance dans l'industrie des parfums*. – All. *Aldehyd*, de *al(cool)dehyd(rogenatum)*, « alcool déshydrogéné ».

al dente [aldɛnte] loc. adv. Se dit d'un aliment cuit tenu légèrement croquant (pâtes, légumes). – Mots ital., « à la dent ».

aldin, ine [aldɛ̃, in] adj. IMPRIM Des Aldes; imprimé par les Aldes. *Éditions aldines*. ▷ *Caractères aldins* ou *italiques* : caractères d'imprimerie conçus par Alde Manuce, imprimeur vénitien. – Du lat. érudit *aldinus*, de *Aldus (Manucius)*, ital. *Aldo (Manuzio)*.

aldol [aldɔl] n. m. CHIM Nom générique des composés organiques possédant à la fois une fonction aldéhyde et une fonction alcool. – De *ald(éhyde)*, et *(alco)ol*.

aldolase [aldɔlaz] n. f. BIOCHIM Enzyme qui intervient dans la dégradation du glycogène hépatique. – De *aldol*, et *-ase*.

aldostérone [aldosteʀɔn] n. f. BIOCHIM Hormone minéralocorticoïde, sécrétée par les corticosurrénales, réglant les mouvements du sodium et du potassium au niveau rénal. – De *ald(éhyde)*, *stér(ol)*, et *(horm)one*.

ale [ɛl] n. f. Bière anglaise fabriquée avec du malt peu torréfié. – Moyen néerl. *ale*.

aléa [alea] n. m. Risque, tournure hasardeuse que peuvent prendre les événements. *Affaire pleine d'aléas*. – Lat. *alea*, « dés ».

aléatoire [aleatwaʀ] adj. **1.** Dont la réussite est conditionnée par le hasard, la chance. *Un placement aléatoire*. Syn. hasardeux, incertain. **2.** MATH Qui dépend du hasard, soumis aux lois des probabilités. *Variable, fonction aléatoire*, dont la valeur est aléatoire. Syn. stochastique. ▷ MUS

Musique aléatoire, dont la conception ou l'exécution relève partiellement de la liberté laissée à l'interprète. – Lat. *aleatorius*, de *alea*, «dés».

alémanique [alemanik] adj. Qualifie la Suisse de langue allemande. ▷ n. m. Haut allemand parlé notam. en Suisse alémanique. – Bas lat. *alemanicus*, de *Alemani*, *Alamans*, tribu germanique.

alêne [alɛn] n. f. Poinçon d'acier utilisé pour percer le cuir. – Du germ. **alisna*.

alénois . – De *orlénois*, «orléanais».

alentour [alɑ̃tuʀ] adv. Tout autour, dans les environs. *Rôder alentour. Les chemins d'alentour*, des environs. – De *entour*.

alentours [alɑ̃tuʀ] n. m. pl. **1.** Lieux environnants. *Les alentours de la ville.* **2.** Fig. Ce qui se rapporte à qqch. *Les alentours d'un procès.* – De *alentour*.

aleph [alɛf] n. m. Première lettre (א) de l'alphabet hébreu, utilisée en mathématique pour noter la puissance des ensembles infinis. – Mot hébreu.

alépine [alepin] n. f. Étoffe de soie et de laine. – De *Alep*, ville de Syrie.

alérion [aleʀjɔ̃] n. m. HERALD Figure stylisée d'aigle sans bec ni pattes. – Frq. **adalaro*.

1. alerte [alɛʀt] adj. **1.** Vif, agile. *Un vieillard encore alerte.* **2.** Vx Vigilant. – De *a l'erte*, «sur ses gardes», de l'ital.

2. alerte [alɛʀt] n. f. **1.** Signal qui avertit d'un danger imminent et appelle à la vigilance. *Donner, sonner l'alerte.* - *État d'alerte* : état d'une troupe prête à intervenir à tout moment. **2.** Menace soudaine d'un danger. *À la première alerte, nous nous enfuyons.* – Substant. de *a l'erte* (V. *alerte* 1).

alerter [alɛʀte] v. tr. [1] Avertir d'un danger. *Alerter les pompiers.* - *Par ext.* Attirer (sur une difficulté, un problème grave) l'attention de. *Alerter l'opinion.* – De *alerte*.

alésage [alezaʒ] n. m. TECH Usinage de la paroi intérieure d'une pièce de révolution (cylindre, par ex.), destiné à lui donner ses dimensions définitives. ▷ AUTO Diamètre d'un cylindre de moteur. – De *aléser*.

alèse. V. alaise.

aléser [aleze] v. tr. [14] Opérer l'alésage de. – Lat. pop. **allatiare*, de *latus*, «large».

aléseur [alezœʀ] n. m. Ouvrier spécialiste de l'alésage. – De *aléser*.

aléseuse [alezøz] n. f. Machine à aléser. – De *aléser*.

alésoir [alezwaʀ] n. m. Outil, appareil servant à aléser. – De *aléser*.

aleurite [alœʀit] n. f. BOT Plante (genre *Aleurites*, fam. euphorbiacées) dont une espèce, le bancoulier des Moluques, donne une noix dont l'amande contient une huile purgative (une autre espèce, l'arbre à huile, fournit une huile siccative). – Gr. *aleuritès*, «farineux».

alevin [alvɛ̃] n. m. **1.** Jeune poisson destiné à peupler les étangs et les rivières. **2.** ICHTYOL Poisson non adulte. – Du lat. pop. **adlevanem*, de *allevare*, «soulager», pris au sens de *elevare*, «élever».

alevinage [alvinaʒ] n. m. Peuplement des eaux en alevins. – De *aleviner*.

aleviner [alvine] v. tr. [1] Peupler avec des alevins. – De *alevin*.

alevinier, ère [alvinje, ɛʀ] n. m. ou f. Étang où l'on élève des alevins. – De *alevin*.

1. alexandrin, ine [alɛksɑ̃dʀɛ̃, in] adj. **1.** De la ville d'Alexandrie. **2.** Qui appartient à l'école d'Alexandrie. *Philosophe alexandrin.* **3.** Relatif à la littérature grecque qui s'épanouit à Alexandrie postérieurement au IVe s. av. J.-C. *Poésie alexandrine.*

ENCYCL *École d'Alexandrie* : ensemble des savants réunis par les Ptolémées à Alexandrie puis, à partir du début du IIIe s., les philosophes néo-platoniciens, groupés d'abord, selon la tradition, autour d'Ammonios Saccas : Plotin (v. 205-270), Porphyre (v. 234-v. 305), Jamblique (v. 250-v. 330). *Littérature grecque alexandrine* (V. alexandrinisme) : mouvement dont les principaux représentants sont les historiens Diodore de Sicile, Denys d'Halicarnasse, Plutarque, Appien; les géographes Strabon, Pausanias, Ptolémée; les poètes Théocrite, Callimaque (hymne et épigramme), Apollonios de Rhodes (épopée) et Hérondas (mime).

2. alexandrin [alɛksɑ̃dʀɛ̃] adj. m. Se dit d'un vers de 12 syllabes. *Un vers alexandrin.* ▷ n. m. *Un alexandrin.* – De *Roman d'Alexandre*, poème fr. du XIIe-XIIIe s. en vers de 12 syllabes.

alexandrinisme [alɛksɑ̃dʀinism] n. m. **1.** Doctrine néo-platonicienne de l'école d'Alexandrie. V. néo-platonisme. **2.** Style de la littérature grecque de l'époque alexandrine, savant et raffiné. – De *alexandrin* 1.

alexie [alɛksi] n. f. MED Perte de la faculté de lire. Syn. cécité verbale. – De *a-* 1, et gr. *lexis*, «mot».

alezan, ane [alzɑ̃, an] adj. De couleur fauve, en parlant de la robe d'un cheval, d'un mulet. ▷ n. m. *Un alezan* : un cheval de robe alezane. – Esp. *alazan*, ar. *al-hissān*.

alfa [alfa] n. m. Plante herbacée (fam. graminées), cultivée en Afrique du Nord, dont on fait de la pâte à papier. – Ar. *halfa*.

alfange [alfɑ̃ʒ] n. m. Vx Cimeterre. – Esp. *alfange*, ar. *al-khandjar*.

alfatier, ère [alfatje, ɛʀ] adj. Qui se rapporte à l'alfa. ▷ n. m. Celui qui travaille l'alfa. – De *alfa*.

alfénide [alfenid] n. m. TECH Maillechort servant à faire des couverts. – Du nom de son inventeur, *Alphen*.

algarade [algaʀad] n. f. **1.** Vx Attaque militaire brutale. **2.** Mod. Querelle, brusque altercation (avec qqn). *Avoir une algarade avec un collègue.* – Esp. *algarada*, ar. *al-ghāra*.

algazelle. V. oryx.

algèbre [alʒɛbʀ] n. f. Partie des mathématiques qui a pour objet la généralisation du calcul des nombres. *Un traité d'algèbre.* – Lat. médiév. *algebra*, ar. *al-djabr*, «réduction, réparation».

ENCYCL L'algèbre a pour objet principal l'étude des structures, c.-à-d. l'examen des relations, opérations et lois de composition définies sur un ou plusieurs ensembles. Les principales structures sont les groupes, les anneaux, les corps et les espaces vectoriels. Le but de l'algèbre est d'extraire toutes les conséquences d'un nombre restreint d'axiomes, afin de reconnaître les propriétés générales d'un ensemble au seul vu de sa structure. L'algèbre linéaire traite des espaces vectoriels.

algébrique [alʒebʀik] adj. Qui appartient à l'algèbre. *Calcul algébrique.* ▷ *Structure algébrique* : ensemble muni de lois de composition internes et externes. – De *algèbre*.

algébriquement [alʒebʀikmɑ̃] adv. D'après les règles de l'algèbre. – De *algébrique*.

algébriste [alʒebʀist] n. Mathématicien qui étudie l'algèbre. – De *algèbre*.

algérien, enne [alʒeʀjɛ̃, ɛn] adj. De l'Algérie. ▷ Subst. *Un(e) Algérien(ne).* – De *Algerie*, de l'ar. *Al-Djezaïr*.

algérois, oise [alʒeʀwa, waz] adj. et n. D'Alger. ▷ Subst. *Un(e) Algérois(e).* ▷ *L'Algérois*, la région d'Alger. – De *Alger.*

-algie, algo-. Éléments, du grec *algos*, « douleur ».

algie [alʒi] n. f. MED Douleur. – Gr. *algos*, « douleur ».

alginate [alʒinat] n. m. Sel de l'acide alginique, qui sert de base à diverses préparations utilisées notam. dans la dentisterie et l'industrie des colles. – De *algine* et -ate.

algine [alʒin] n. f. Matière mucilagineuse extraite de certaines algues marines. – De *algue.*

alginique [alʒinik] adj. *Acide alginique*, dont le sel se trouve dans certaines algues. – De *algine.*

algique [alʒik] adj. De la douleur, qui a trait à la douleur. – De *algie.*

algo-. V. -algie.

algodystrophie [algodistʀɔfi] n. f. MED Syndrome associant le plus souvent douleur et gonflement diffus de la peau et des doigts avec rougeur et chaleur de la peau. – De *algo-*, et *dystrophie.*

algol [algɔl] n. m. INFORM Langage de programmation utilisé en calcul scientifique, et facilitant l'écriture des algorithmes. – Angl. *algo[rithmic] l[anguage].*

algologie [algɔlɔʒi] n. f. BOT Étude scientifique des algues. – De *algue.*

algonkien [algɔ̃kjɛ̃] n. m. GEOL Étage le plus récent du précambrien. – De *Algonkin* (V. algonkin).

algonkin, ine ou **algonquin, ine** [algɔ̃kɛ̃, in] adj. et n. **1.** Relatif aux Algonkins, Amérindiens établis dans la région des Grands Lacs et plus partic. au N.-O. du Saint-Laurent. ▷ Subst. *Un(e) Algonkin(e).* **2.** n. m. LING *L'algonkin* : la famille des langues parlées par les Algonkins. – Angl. *algonkian*, du toponyme indien *algumakin*, « lieu où l'on pêche au harpon ».

algorithme [algɔʀitm] n. m. MATH Méthode de résolution d'un problème utilisant un nombre fini d'applications d'une règle. – *Algorithme d'Euclide*, permettant de calculer le plus grand commun diviseur de deux nombres entiers. – Lat. médiév. *algorithmus*, du nom d'un mathématicien ar. du Xe s., *Al-Khouaresmi.*

algorithmique [algɔʀitmik] adj. Qualifie une méthode ou un appareil qui fait appel aux algorithmes. *Musique algorithmique.* – De *algorithme.*

alguazil [alg(w)azil] n. m. Officier de police, en Espagne. – Esp. *alguacil*, de l'ar. *al-wazir*, « vizir ».

algue [alg] n. f. BOT Végétal inférieur essentiellement aquatique, presque toujours pourvu de chlorophylle. – Lat. *alga.*

ENCYCL L'appareil végétatif des algues est rudimentaire; le groupe, important, comprend aussi bien des êtres unicellulaires que des formes aux thalles géants et très ramifiés. La reproduction sexuée détermine les remaniements génétiques, mais les reproductions végétatives sont souvent très efficaces pour la multiplication et la dissémination des espèces. Les algues sont pourvues, en plus de la chlorophylle, de pigments assimilateurs. D'après la couleur de ces pigments, on les range en différentes classes : les *rhodophycées* ou *algues rouges*, les *chlorophycées* ou *algues vertes*, les *phéophycées* ou *algues brunes*; les *cyanophycées* ou *algues bleues* sont actuellement rangées à part dans le groupe des procaryotes, avec les bactéries. L'association d'une algue et d'un champignon constitue un lichen; ces trois groupes de cryptogames sont nommés thallophytes (plantes à thalle). Les algues sont essentiellement aquatiques; les algues aériennes vivent en atmosphère humide. Elles peuplent à peu près tous les milieux, surtout les eaux douces et marines, où elles forment la partie primordiale du benthos et du plancton, constituant ainsi le premier maillon de la chaîne alimentaire.

alias [aljas] adv. Autrement appelé (de tel autre nom, surnom ou pseudonyme). *Jean-Baptiste Poquelin, alias Molière.* – Mot lat., « autrement ».

alibi [alibi] n. m. **1.** DR Moyen de défense, qui consiste à invoquer le fait qu'on se trouvait ailleurs qu'à l'endroit où un délit, dont on est accusé, a été commis. *Fournir un alibi très solide.* **2.** Fig. Ce qui permet de se disculper, de s'excuser. *Il a invoqué, pour ne pas venir, l'alibi d'une importante réunion de travail.* – Mot lat., « ailleurs ».

aliboron [alibɔʀɔ̃] n. m. Péjor., vx Personne ignorante, sotte. – Du nom d'un hypothétique philosophe arabe, *Al-Birūni*, connu au Moyen Âge sous le nom de *Maître Aliboron.*

alicante [alikɑ̃t] n. m. **1.** Cépage rouge de la région d'Alicante, en Espagne. ▷ Vin liquoreux, issu de ce cépage. **2.** Vin du midi de la France, léger, issu du grenache. – Du nom d'*Alicante*, v. d'Espagne.

alidade [alidad] n. f. TOPOGR Règle biseautée comportant un viseur, qui sert à tracer sur une planchette la direction visée. *Alidade à pinnules*, à visée directe, qui permet de tracer les directions. *Alidade holométrique*, pourvue d'une lunette, avec laquelle on peut mesurer les distances et les inclinaisons. – Lat. médiév. *alidada*, ar. *al-idhāda.*

aliénabilité [aljenabilite] n. f. DR Caractère d'un bien aliénable. – De *aliénable.*

aliénable [aljenabl] adj. Qui peut être aliéné (sens I, 1). *Un bien aliénable.* Ant. inaliénable. – De *aliéner.*

aliénant, ante [aljenɑ̃, ɑ̃t] adj. Qui prive de liberté, soumet à des contraintes. – De *aliéner.*

aliénataire [aljenatɛʀ] n. DR Personne qui bénéficie de l'aliénation d'un bien. – De *aliénation.*

aliénateur, trice [aljenatœʀ, tʀis] n. DR Personne qui aliène un bien. – De *aliéner.*

aliénation [aljenasjɔ̃] n. f. **1.** DR Action de céder un bien. *Aliénation d'un usufruit.* **2.** *Aliénation mentale* : démence. Syn. folie. **3.** Selon Marx, condition de l'homme qui ne possède ni le produit ni les instruments de son travail. – *Par ext.* Asservissement de l'être humain, dû à des contraintes extérieures (économiques, politiques, sociales), et qui conduit à la dépossession de soi, de ses facultés, de sa liberté. – Lat. jurid. *alienatio.*

aliéné, ée [aljene] adj. et n. Malade mental. Syn. fou. – De *aliéner.*

aliéner [aljene] v. **[14] I.** v. tr. **1.** DR Céder ou vendre (qqch). *Aliéner une terre.* – Fig. *Aliéner sa liberté.* **2.** Engendrer l'aliénation. *La misère qui aliène l'homme.* **II.** v. pron. **1.** *S'aliéner quelqu'un*, perdre sa sympathie, son affection. **2.** Se déposséder de ses facultés, de sa volonté, de sa liberté. *S'aliéner par le travail.* – Lat. *alienare.*

aliéniste [aljenist] n. Médecin spécialiste de l'aliénation mentale. – De *aliéné.*

alifère [alifɛʀ] adj. ZOOL Qui porte des ailes. – Lat. *ala*, « aile », et *-fère.*

aliforme [alifɔʀm] adj. Didac. Qui a la forme d'une aile. *Membranes aliformes.* – Lat. *ala*, « aile », et *-forme.*

alignement [aliɲ(ə)mɑ̃] n. m. **1.** Action d'aligner; disposition sur une ligne droite. *Un alignement de chaises.* ▷ MILIT *À droite, alignement* : commandement pour faire aligner des troupes. ▷ AUTO Réglage des roues avant destiné à éviter qu'elles s'écartent lorsque le véhicule roule. ▷ DR *Alignement général*, fixation par l'Administration des limites des voies publiques par rapport aux riverains; ligne ainsi fixée. ▷ (Plur.) ARCHEOL Rangées de menhirs implantés en lignes parallèles. *Alignements de*

Carnac. ▷ TRAV PUBL Élément routier en ligne droite. **2.** Tracé en ligne effectué au moyen de repères, de jalons ; droite imaginaire reliant deux, plusieurs repères. *Prendre des alignements.* ▷ MAR Droite passant par deux amers séparés par une certaine distance. *Suivre un alignement.* ▷ Fig. Fait de s'aligner. *Alignement d'une politique.* – ECON *Alignement monétaire* : fixation d'un nouveau cours des changes entre deux ou plusieurs monnaies en fonction de leur pouvoir d'achat. – De *aligner.*

aligner [aliɲe] v. [1] **I.** v. tr. **1.** Disposer, ranger sur une même ligne droite. *Aligner les poteaux d'une clôture.* **2.** Fig. *Aligner une monnaie,* en déterminer officiellement la valeur par rapport à une monnaie étrangère. **3.** TELECOM Accorder (plusieurs circuits) sur une même fréquence. **II.** v. pron. **1.** (Sens réfl.) Se mettre sur la même ligne. *Les élèves s'alignent dans la cour.* ▷ Fig. Se conformer à la ligne politique d'un parti. **2.** (Sens passif.) *Des arbres s'alignaient le long de l'allée.* – De *à,* et *ligne.*

aligoté [aligɔte] n. m. Cépage blanc de Bourgogne. – (En appos.) *Bourgogne aligoté.* – Mot d'orig. germ.

aliment [alimɑ̃] n. m. **1.** Toute substance qui sert à la nutrition des êtres vivants. *Consommer des aliments. Faire cuire des aliments.* ▷ DR *Les aliments* : les frais de subsistance et d'entretien d'une personne dans le besoin. **2.** Fig. Ce qui entretient, nourrit. *Des griefs, aliments d'une querelle.* – Lat. *alimentum.*

alimentaire [alimɑ̃tɛʀ] adj. **1.** Qui est propre à servir d'aliment. *Denrées alimentaires.* ▷ Relatif à l'alimentation. *Régime alimentaire. Chaîne* alimentaire.* **2.** DR *Pension alimentaire,* servie à une personne pour assurer sa subsistance. **3.** Péjor. *Travail, besogne alimentaire,* dont l'unique intérêt est d'assurer une rémunération. **4.** TECH *Bâche alimentaire* : récipient alimentant en eau les chaudières à vapeur. – Lat. *alimentarius.*

alimentation [alimɑ̃tasjɔ̃] n. f. **1.** Action, manière de fournir ou de prendre de la nourriture. *Surveiller son alimentation. Commerce d'alimentation,* de denrées comestibles. **2.** Approvisionnement. *L'alimentation en eau d'une ville. L'alimentation d'un marché.* ▷ TECH Approvisionnement des machines en fluides (eau, carburant, etc.) ou en énergie nécessaire à leur fonctionnement. *Il y a une panne d'alimentation.* – ELECTRON *Alimentation stabilisée* : dispositif utilisé pour fournir une tension ou une intensité constante. – De *alimenter.*

alimenter [alimɑ̃te] v. tr. [1] **1.** Nourrir, fournir les aliments nécessaires à. *Alimenter un enfant, un malade.* ▷ v. pron. *Il s'alimente tout seul depuis qu'il va mieux.* **2.** *Par ext.* Approvisionner. *Alimenter une ville en eau.* ▷ Fig. Donner matière à. *Incidents qui alimentent une discorde.* – Lat. médiév. *alimentare.*

alinéa [alinea] n. m. Commencement en retrait de la première ligne d'un texte, d'un paragraphe. ▷ Passage d'un texte compris entre deux de ces lignes en retrait. *Cet alinéa est fort long.* – Lat. *a linea,* « à la ligne ».

alios [aljos] n. m. PEDOL Grès à ciment organique et minéral de couleur brun rougeâtre, apparaissant en profondeur dans les sols sableux par précipitation et cristallisation entre les grains de sable des colloïdes organiques et minéraux. – Mot gascon.

aliotique [aljɔtik] adj. Qui a rapport à l'alios ; qui est composé d'alios. *Terrain aliotique.* – De *alios.*

aliphatique [alifatik] adj. CHIM Se dit des corps gras à chaîne ouverte (série grasse). – Du gr. *aleiphar, aleiphatos,* « graisse ».

aliquante [alikɑ̃t] adj. f. MATH *Partie aliquante d'un nombre* : partie qui n'est pas contenue un nombre exact de fois dans un nombre. Ant. aliquote. – Lat. *aliquanta,* fém. de *aliquantus,* « en quantité assez grande ».

aliquote [alikwɔt] adj. f. MATH *Partie aliquote d'un nombre,* contenue un nombre entier de fois dans ce nombre. – Lat. *aliquot,* « en quelque quantité ».

alise [aliz] n. f. Fruit rouge foncé, acidulé, de l'alisier. – Probabl. gaul. **alisia.*

alisier [alizje] n. m. Arbre (fam. rosacées), à feuilles non divisées, à fleurs blanches, dont le bois est utilisé en ébénisterie. – De *alise.*

alismacées [alismase] n. f. pl. BOT Famille de plantes monocotylédones aquatiques, comprenant le plantain d'eau, le butome, etc. – Sing. *Une alismacée.* – Du gr. *alisma,* « plantain ».

alite [alit] n. f. TECH Silicate tricalcique, composant du ciment Portland.

alitement [alitmɑ̃] n. m. Fait, pour un malade, de rester au lit. – De *aliter.*

aliter [alite] v. tr. [1] Faire garder le lit à. ▷ v. pron. Se mettre au lit (s'agissant d'un malade). *Elle s'est alitée il y a trois jours.* – De *à,* et *lit.*

alizari [alizaʀi] n. m. Racine de la garance. – Ar. *al-'usāra,* « le jus ».

alizarine [alizaʀin] n. f. CHIM Matière colorante rouge, extraite autref. de l'alizari, obtenue auj. par synthèse. – De *alizari.*

alizé [alize] adj. et n. m. *Vent alizé* ou *alizé* : vent régulier soufflant toute l'année dans la zone intertropicale (du N.-E. au S.-O. dans l'hémisphère N., du S.-E. au N.-O. dans l'hémisphère S.), dû à la quasi-permanence des anticyclones sur les régions subtropicales et de basses pressions sur les régions équatoriales (en altitude, le champ de pression se renverse : *contre-alizé*). – Probabl. de l'a. fr. *alis,* « régulier ».

alkékenge [alkekɑ̃ʒ] n. f. BOT Plante ornementale (*Physalis alkekengi,* fam. solanacées) aux baies rouges enfermées dans une enveloppe rouge orangé, évoquant une lanterne vénitienne. Syn. amour-en-cage. – Ar. *al-kākendj.*

alkermès [alkɛʀmɛs] n. m. Liqueur colorée en rouge par le kermès, obtenue par distillation de divers aromates, macérés dans de l'alcool, auxquels on ajoute de l'eau sucrée. – Esp. *alkermes,* ar. *al-quirmiz.*

alkylation [alkilasjɔ̃] n. f. CHIM Introduction d'un radical alkyle dans une molécule organique. – De *alcool.*

alkyle [alkil] adj. CHIM Qualifie les radicaux acycliques obtenus par enlèvement d'un atome d'hydrogène à une molécule d'hydrocarbure. Syn. alcoyl. – De *alcool.*

all(o)-. Préfixe, du gr. *allos,* « autre ».

allache [alaʃ] n. f. Petite sardine méditerranéenne. Syn. sardinelle. – Mot du français d'Algérie, du lat. *allec,* « reste de saumure de poisson », par l'esp.

allaitement [alɛtmɑ̃] n. m. Action d'allaiter ; alimentation en lait du nourrisson jusqu'à son sevrage. *Allaitement maternel,* au sein. *Allaitement mixte,* au sein et au biberon. – De *allaiter.*

allaiter [alete] v. tr. [1] Nourrir de lait, de son lait (un nouveau-né, un petit) ; élever au sein. *Elle a allaité son enfant plus de six mois.* – Bas lat. *allactare.*

allant, ante [alɑ̃, ɑ̃t] n. m. et adj. **I. 1.** n. m. Vivacité dans l'action, entrain. *Avoir de l'allant.* **2.** adj. Qui aime à se déplacer, actif. *Elle est encore très allante pour son âge.* **II.** n. m. plur. *Allants et venants* : individus qui vont et viennent. – Ppr. de *aller.*

allantoïde [alɑ̃tɔid] n. f. EMBRYOL Organe fœtal qui ne subsiste que pendant les deux premiers mois de la gestation chez les primates, mais qui, chez les sauropsidés, constitue l'appareil respiratoire de l'embryon. – Gr. *allantoeidês,* « à forme de boyau ».

allantoïdien, enne [alɑ̃tɔidjɛ, ɛn] adj. EMBRYOL Qui concerne l'allantoïde. – De *allantoïde.*

alléchant, ante [al(l)eʃɑ̃, ɑ̃t] adj. Qui allèche, séduit. *Proposition alléchante.* – Ppr. de *allécher.*

allécher [al(l)eʃe] v. tr. [14] Attirer par quelque appât qui met les sens en éveil, par l'espérance de quelque plaisir. Syn. appâter. ▷ Fig. Séduire. *Allécher quelqu'un avec des promesses.* – Lat. pop. **allecticare.*

allée [ale] n. f. **1.** Action d'aller (seulement dans la loc. *allées et venues*). **2.** Chemin de parc, de forêt, de jardin. *Allée cavalière.* ▷ Dans une ville, avenue plantée d'arbres. **3.** Couloir, passage. **4.** ARCHEOL *Allée couverte* : monument mégalithique formé de dolmens disposés en couloir. – De *aller.*

allégation [al(l)egasjɔ̃] n. f. **1.** Citation d'une autorité. **2.** Ce que l'on affirme. *Justifiez vos allégations.* – Lat. *allegatio.*

allège [alɛʒ] n. f. **1.** MAR Chaland à fond plat servant au chargement et au déchargement des navires. **2.** ARCHI Mur d'appui d'une fenêtre. – De *alléger.*

allégé, ée [alleʒe] adj. Qui contient peu ou pas de matières grasses ou de sucre par rapport au produit habituel. *Beurre allégé. Confiture allégée.* – Pp. de *alléger.*

allégeance [al(l)eʒɑ̃s] n. f. **1.** HIST Fidélité de l'homme lige envers son suzerain. *Serment d'allégeance.* **2.** Fig. *Faire allégeance à...* : se soumettre à... – Angl. *allegiance,* de l'a. fr. *lige.*

allégement ou **allègement** [al(l)ɛʒmɑ̃] n. m. Action d'alléger; diminution d'une charge, d'un poids. *Allégement des charges publiques. Allégement fiscal.* ▷ SPORT Réduction du poids d'un skieur sur ses skis par flexion ou extension du corps. – De *alléger.*

alléger [al(l)eʒe] v. tr. [15] **1.** Rendre plus léger, diminuer le poids de. *Alléger un fardeau.* Ant. alourdir. **2.** Rendre moins pénible. *Alléger une douleur.* ▷ *Alléger les impôts,* les diminuer. – Bas lat. *alleviare,* de *levis,* « léger ».

allégorie [al(l)egɔʀi] n. f. LITTER Description, récit, qui, pour exprimer une idée générale ou abstraite, recourt à une suite de métaphores. *L'allégorie de la caverne, dans « la République » de Platon.* – Lat., d'orig. gr., *allegoria.*

allégorique [al(l)egɔʀik] adj. Qui tient de l'allégorie, qui appartient à l'allégorie. *Personnage allégorique.* – De *allégorie.*

allégoriquement [al(l)egɔʀikmɑ̃] adv. D'une manière allégorique, dans un sens allégorique. – De *allégorique.*

allègre [al(l)ɛgʀ] adj. Vif, plein d'entrain. – Lat. pop. **alecrus,* lat. class. *alacer.*

allègrement ou **allégrement** [al(l)ɛgʀəmɑ̃] adv. D'une manière allègre. *Marcher allègrement.* – De *allègre.*

allégresse [al(l)egʀɛs] n. f. Joie très vive qui se manifeste avec vivacité. *Cris d'allégresse.* – De *allègre.*

allegretto ou **allégretto** [al(l)egʀɛt(t)o] adv. MUS D'un mouvement un peu moins vif qu'allegro. ▷ n. m. Morceau joué dans ce tempo. – Mot ital. dimin. de *allegro.*

allegro ou **allégro** [al(l)egʀo] adv. MUS D'un mouvement vif et rapide. ▷ n. m. Morceau joué dans ce tempo. – Mot ital., « vif ».

alléguer [al(l)ege] v. tr. [14] **1.** Citer une autorité (pour se défendre, se justifier). *« Jean Lapin allégua la coutume et l'usage »* (La Fontaine). **2.** Mettre en avant comme justification, comme excuse. *Alléguer de bonnes raisons.* Syn. prétexter, se prévaloir (de). – Lat. jurid. *allegare.*

allèle [alɛl] n. m. GENET Nom des gènes situés sur un même locus de deux chromosomes homologues, et déterminant la même fonction (avec, éventuellement, des variantes). V. encycl. gène. – Du gr. *allêlon,* « l'un l'autre ».

allélique [alelik] adj. GENET Qui dépend d'un allèle (monoallélique) ou de plusieurs allèles (pluriallélique). *Les antigènes des groupes sanguins A, B, O sont déterminés par un système allélique.* – De *allèle.*

allélisme [alelism] n. m. GENET Système génétique reposant sur la notion d'allèles. – De *allèle.*

allélomorphe [alelɔmɔʀf] adj. BIOL Qui se présente sous diverses formes. – Du gr. *allêlon* « l'un, l'autre », et *-morphe.*

alléluia [al(l)eluja] n. m. Mot exprimant l'allégresse des fidèles, ajouté par l'Église à des prières ou à des psaumes. – *Spécial.* Verset précédé et suivi par ce mot, chanté avant l'évangile. – Par ext. *Chanter, entonner l'alléluia* : se réjouir, manifester une grande joie. – Hébreu *hallelou Yah,* « louez l'Éternel ».

allemand, ande [almɑ̃, ɑ̃d] adj. et n. **1.** adj. De l'Allemagne. ▷ Subst. *Un(e) Allemand(e).* **2.** n. m. *L'allemand* : la langue indo-européenne du groupe germanique occidental, parlée en Allemagne, en Autriche, en Belgique, en Suisse, au Liechtenstein et au Luxembourg. **3.** n. f. Air à quatre temps; danse sur cet air. – Lat. *Alamani, Alemani.*

allène [alɛn] n. m. CHIM Hydrocarbure de formule C_3H_4. Syn. propadiène. – De *allyle.*

1. aller [ale] v. [9] **I.** v. intr. **1.** (Êtres animés.) Se mouvoir (dans une direction). *Aller et venir* : se mouvoir dans une direction, puis en sens inverse. *Aller à grands pas* : marcher vite. ▷ Avec un complément, une préposition, un adverbe indiquant les modalités de l'action, la manière, le moyen. *Je vais à pied, en train, par mer. Le cheval va au trot. Aller à fond de train,* très vite. *J'allais seul, avec des amis.* ▷ Avec un compl. de destination, de direction. *Nous allons de Rome à Paris. Aller à la campagne, au théâtre. Elle ira chez le coiffeur. J'y vais. On y va? Où va-t-on? Il est allé dans le midi de la France. Tu vas jusqu'à la voiture. Aller de ville en ville, de port en port. Aller devant, derrière, à côté de quelqu'un. J'irai jusqu'à lui, s'il ne vient pas à moi.* – Fig. *Cet enfant ira loin,* réussira. – *Vous allez trop loin!* : vous exagérez. – Loc. fam. *Allez au diable!* : je ne veux plus entendre parler de vous! – Fig. *Allons au plus pressé,* à ce qui importe avant tout. *Aller au fond des choses* : examiner une question avec soin. ▷ (Sujet nom de chose.) *La voiture va vite. L'eau va jusqu'aux genoux,* monte jusqu'aux genoux. – Fig. *Sa gentillesse m'est allée droit au cœur,* m'a touché. **2.** Fig. *Y aller* : faire une chose (d'une certaine manière). *Il y va fort* : il exagère. *Il n'y va pas de main morte* : il agit sans mesure. *J'y suis allé carrément. Je n'y suis pas allé par quatre chemins* : j'ai agi sans détour. *Elle y allait de sa petite larme* : elle pleurait. ▷ JEU *J'y vais de 100 francs* : je mise 100 francs. – Par ext. *Y aller de ses économies* : risquer ses économies. **3.** À l'impératif, pour renforcer une affirmation, marquer la surprise, l'indignation, etc. *« Va, je ne te hais point »* (Corneille). *Allez, les gars, courage! Allons, laisse-moi tranquille!* **4.** Indiquant un état, un fonctionnement. – (État de santé.) *Aller bien. Aller mal. Comment allez-vous? Ça va mieux?* – (État de choses.) *Tout va parfaitement. Le commerce va mal.* ▷ Loc. *Cela va tout seul,* ne présente pas de difficulté. *Cela va de soi* : c'est évident. ▷ *Il y va de* (impers.). *Il y va de votre vie* : votre vie est en jeu. ▷ *En aller de. Il en va de même pour lui* : c'est le même cas pour lui. ▷ Fonctionner. *Cette montre va bien,* marque l'heure exacte. **5.** S'adapter à, être en harmonie avec (qqn, qqch). *Cette robe vous allait bien. Le jaune et le violet ne vont pas ensemble.* **6.** Suivi d'un gérondif ou d'un participe présent marquant la continuité ou la progression de l'action. *La tristesse ira en s'atténuant. Le mal va croissant.* **7.** *Laisser aller.* – Ne pas retenir. *Il n'y a qu'à laisser les choses aller.* – Abandonner. *Laisser tout aller.* ▷

v. pron. *Se laisser aller à la douleur,* s'y abandonner. – (S. comp.) Se décourager. *Il ne faut pas vous laisser aller.* **II.** v. pron. *S'en aller* : partir, quitter un lieu. *S'en aller de Paris.* – À l'impératif. *Allez-vous-en !* – Fig. *Il s'en est allé* : il est mort. *Le mal vient vite et s'en va lentement,* disparaît lentement. – Fam. *Tout s'en est allé en fumée,* a disparu. – À la première personne, suivi d'un infinitif, marque le futur proche. *Je m'en vais vous dire.* – Suivi d'un participe présent, marque la continuité. *Ils s'en vont chantant le long des routes.* **III.** Auxiliaire de temps. **1.** Au présent ou à l'imparfait, suivi d'un infinitif, marque un futur proche, dans le passé ou dans l'avenir. *Il va mourir. On allait rire.* **2.** À tous les temps, suivi d'un infinitif : se disposer à, se trouver dans la situation de. *Vous n'iriez pas lui dire cela.* – En tournure négative, indique quelquefois une mise en garde. *N'allez pas croire que. N'allez pas penser que.* ▷ Fam. *Aller pour,* marque une action que l'on se dispose à faire et qui n'a pas lieu. *Georges allait pour sortir quand il se ravisa.* – Issu de trois racines latines différentes : *ire* (futur et conditionnel); *vadere* (présent indic. : je vais, tu vas, il va, ils vont); **alare* (étym. contestée) (présent, imparfait de l'indic., etc.).

2. aller [ale] n. m. **1.** Action d'aller; parcours effectué pour se rendre dans un lieu précis. *L'aller a été difficile. Prendre le métro à l'aller.* ▷ *Un aller* : un billet de transport valable pour un seul voyage. *Un aller et retour,* valable pour l'aller et le retour. **2.** Fig. *Au pis aller* : dans le cas le plus défavorable. – Subst. du v. *aller.*

allergène [alɛʀʒɛn] n. m. et adj. MED Substance qui peut déterminer l'allergie. *Les allergènes sont très variés : médicaments (surtout les antibiotiques), détersifs, teintures, solvants, cosmétiques, ciment (pour les allergies cutanées), pollen et poussière (pour les allergies respiratoires), etc.* ▷ adj. *Produit allergène.* – De *allergie,* et *-gène.*

allergénique [alɛʀʒenik] adj. MED Se dit d'une substance capable de déclencher une réaction allergique. – De *allergène.*

allergie [alɛʀʒi] n. f. MED **1.** Vx Immunité. *Allergie tuberculinique,* témoin d'une réaction immunitaire à la tuberculine (et donc à la tuberculose). **2.** Mod. Réaction anormale et inadaptée lors de la rencontre de l'organisme avec une substance allergène avec laquelle il a déjà été en contact. *Allergie à la poussière.* ▷ Fig. *Il a développé une allergie au piano.* – De *allergique.*

allergique [alɛʀʒik] adj. Qui développe une allergie. ▷ Relatif à l'allergie. ▷ Fig. *Je suis allergique à ce type d'homme.* – All. *allergisch,* du gr. *allos,* « autre », et *ergon,* « effet ».

allergographie [alɛʀgɔgʀafi] n. f. Mesure des tests allergiques cutanés. – De *allergie,* et *-graphie.*

allergologie [alɛʀgɔlɔʒi] n. f. Étude de l'allergie, de ses manifestations morbides, de leur traitement. – De *allergie,* et *-logie.*

allergologue [alɛʀgɔlɔg] n. Médecin spécialiste de l'allergologie. – De *allergologie.*

alleu. V. franc-alleu.

alliacé, ée [aljase] adj. Qui est propre à l'ail. *Une odeur alliacée.* – Lat. *a(l)lium,* « ail ».

alliage [aljaʒ] n. m. METALL Corps obtenu par combinaison d'éléments d'apport (métalliques ou non) à un métal de base, et qui présente les caractéristiques de l'état métallique. *Les alliages sont obtenus par insertion d'atomes de l'élément d'apport dans le métal de base, ou par substitution d'atomes.* – De *allier.*

alliaire [aljɛʀ] n. f. Crucifère à fleurs blanches et à odeur alliacée. – Lat. *a(l)lium,* « ail ».

alliance [aljɑ̃s] n. f. **1.** Pacte entre plusieurs partis ou puissances. *Alliance militaire.* ▷ THEOL Pacte entre Dieu et le peuple hébreu (Ancien Testament), renouvelé et étendu à la descendance spirituelle d'Abraham (Nouveau Testament). *Arche d'alliance.* **2.** Accord, entente. **3.** Union par mariage. ▷ Anneau de mariage porté à l'annulaire. **4.** LEGISL Lien civil entre les époux et leurs parents. – De *allier.*

allié, ée [alje] adj. et n. **1.** Uni par un traité d'alliance. *Peuples alliés.* ▷ Subst. *Un(e) allié(e). Les Alliés* : les pays qui ont contracté une alliance pour lutter contre un autre pays; *spécial.* les pays opposés à l'Allemagne au cours de la Première et de la Seconde Guerre mondiale. – *Par anal.* Celui qui secourt, qui apporte son aide. *Un allié fidèle.* **2.** Uni par un mariage. *Familles alliées.* ▷ Subst. *Les parents et les alliés.* **3.** METALL *Acier allié,* dans la composition duquel entrent des éléments d'addition (*acier inoxydable,* par ex.). – Pp. de *allier.*

allier [alje] v. [2] **I.** v. tr. **1.** Unir par une alliance. *L'attrait du pouvoir a allié ces deux partis longtemps opposés.* **2.** Combiner des métaux. *Allier l'or avec l'argent.* – Fig. Unir des éléments différents. *Allier la clémence à la justice.* **II.** v. pron. Contracter une alliance. *S'allier contre des ennemis.* – Lat. *alligare,* « lier ».

alligator [aligatɔʀ] n. m. Crocodilien au museau court dont une espèce habite la Chine et l'autre l'Amérique. – De l'esp. *el lagarto,* « le lézard », par l'angl.

alligatoridés [aligatɔʀide] n. m. pl. ZOOL Famille de crocodiliens comprenant les alligators et les caïmans. – Sing. *Un alligatoridé.* – De *alligator,* et *-idés.*

allitération [al(l)iteʀasjɔ̃] n. f. Répétition d'une consonne ou d'un groupe de consonnes dans une phrase, un vers. Par ex. : « *Aboli bibelot d'inanité sonore* » *(Mallarmé).* – Angl. *alliteration,* du lat. *ad,* et *littera,* « lettre ».

allo-. V. all(o)-.

allô ! [alo] interj. Appel conventionnel dont on se sert dans une communication téléphonique. – Anglo-amér. *hallo, hello.*

allocataire [al(l)ɔkatɛʀ] n. Personne qui bénéficie d'une allocation prévue par la loi. – De *allocation.*

allocation [al(l)ɔkasjɔ̃] n. f. **1.** Action d'allouer. *Allocation d'un prêt.* **2.** Somme allouée. ▷ *Allocations familiales* : sommes versées au chef de famille par des caisses alimentées par les cotisations des employeurs et des travailleurs indépendants, destinées à l'éducation des enfants. – *Allocations de chômage* : prestations compensatoires, de montant variable, versées, sous réserve de certaines conditions, à des personnes dépourvues d'emploi. **3.** INFORM *Allocation dynamique* : attribution à un programme en cours d'exécution des zones de mémoire qui serviront à l'exécuter. – Lat. médiév. *allocatio.*

allocutaire [al(l)ɔkytɛʀ] n. LING Celui, celle à qui s'adresse un énoncé. – De *allocution.*

allocution [al(l)ɔkysjɔ̃] n. f. Bref discours. – Lat. *allocutio.*

allogamie [al(l)ɔgami] n. f. BIOL Mode de reproduction où la fécondation a lieu entre deux gamètes provenant d'individus différents ou entre deux fleurs de la même plante. – De *allo-,* et *-gamie.*

allogène [al(l)ɔʒɛn] adj. **1.** Se dit de populations mêlées à la population du pays. **2.** GEOL Se dit des éléments de roches qui ne se sont pas formés dans la roche où ils se trouvent. – Gr. *allogenês,* « d'une autre origine ».

allométrie [al(l)ɔmetʀi] n. f. BIOL Croissance d'un organe plus forte ou plus faible que celle d'un autre organe ou de l'ensemble de l'organisme. – De *allo-,* et *-métrie.*

allonge [alɔ̃ʒ] n. f. **1.** Pièce servant à allonger qqch. *Mettre une allonge à une table.* Syn. rallonge. **2.** SPORT

Longueur des bras chez un boxeur. – Déverbal de *allonger.*

allongé, ée [alɔ̃ʒe] adj. Dont la longueur l'emporte sur les autres dimensions. *Un visage de forme allongée.* – Pp. de *allonger.*

allongement [alɔ̃ʒmɑ̃] n. m. **1.** Action d'allonger; résultat de cette action. *Allongement d'une rue. Allongement d'une robe.* Ant. raccourcissement. **2.** AVIAT Rapport du carré de l'envergure d'une aile à sa surface. – De *allonger.*

allonger [alɔ̃ʒe] v. [13] **I.** v. tr. **1.** Augmenter la longueur de. *Allonger un texte. Allonger une promenade par des détours.* ▷ CUIS *Allonger une sauce,* la rendre plus liquide. **2.** Faire paraître plus long. *Cette robe allonge ta silhouette.* **3.** Étendre, déployer (un membre). *Allonger le bras.* – *Allonger le pas :* se presser. ▷ Par ext., fam. *Allonger un coup à quelqu'un,* le frapper. – *Allonger une somme,* la donner. **II.** v. intr. Devenir plus long. *«Puis c'était le mois de mars, les jours allongeaient»* (Hugo). **III.** v. pron. **1.** (Sens passif.) Devenir plus long. *La séance s'allonge interminablement.* – Fig. *Sa mine s'allonge,* marque le dépit. **2.** (Sens réfl.) S'étendre. *S'allonger dans l'herbe.* – De *à,* et *long.*

allopathe [al(l)ɔpat] n. Médecin qui soigne par l'allopathie. – De *allopathie.*

allopathie [al(l)ɔpati] n. f. MED Médecine classique, qui emploie des médicaments tendant à contrarier les symptômes et les phénomènes morbides (par oppos. à *homéopathie).* – All. *Allopathie,* du gr. *allos,* «autre», et *pathos,* «maladie», sur *homéopathie.*

allophtalmie [al(l)ɔftalmi] n. f. MED Anomalie de la coloration de l'iris d'un même œil ou différence de coloration des deux yeux chez un même individu (yeux vairons). – De *all(o)-,* et *-ophtalmie.*

allosome [al(l)ɔ(o)zom] n. m. BIOL Chacun des deux chromosomes liés à la différenciation sexuelle et représentés par X ou Y (X et Y chez le mâle, X et X chez la femelle). Ant. autosome. – De *allo-,* et *-some.*

allotropie [al(l)ɔtʀɔpi] n. f. CHIM Existence de plusieurs états sous lesquels peut se présenter un corps. (Ex. : le carbone peut se trouver à l'état de graphite ou de diamant [*allotropie cristalline*]; l'atome d'oxygène se retrouve dans l'oxygène O_2 et dans l'ozone O_3.) – De *allo-,* et *-tropie.*

allotropique [al(l)ɔtʀɔpik] adj. Relatif à l'allotropie. – De *allotropie.*

allouer [alwe] v. tr. [1] Attribuer, accorder (de l'argent, du temps). *Allouer un salaire à quelqu'un. Trois jours lui sont alloués pour terminer son travail.* – Lat. pop. **allocare.*

allumage [alymaʒ] n. m. **1.** TECH Inflammation du mélange combustible dans les moteurs à explosion. *Un système d'allumage défectueux. Retard à l'allumage.* ▷ *Par ext.* Système produisant cette inflammation. **2.** Action d'allumer. *L'allumage de ce four est délicat.* **3.** Fait de s'allumer. *L'allumage des rétrofusées est automatique.* – De *allumer.*

allume-cigares [alymsigaʀ] n. m. inv. Dispositif à résistance électrique servant à allumer les cigares, les cigarettes (notam. dans un véhicule automobile). – De *allumer,* et *cigare.*

allume-gaz [alymgɑz] n. m. inv. Petit appareil pour allumer le gaz d'une cuisinière. – De *allumer,* et *gaz.*

allumer [alyme] v. tr. [1] **1.** Mettre le feu. *Allumer un cigare. Allumer un incendie.* – Par ext. *Allumer un radiateur, un four électrique.* ▷ Fig. Faire naître. *Allumer la discorde au sein d'un groupe. Allumer la colère de quelqu'un. Allumer qqn,* provoquer son désir. **2.** Enflammer afin d'éclairer. *Allumer une bougie.* ▷ Par ext. *Allumer une lampe électrique, allumer l'électricité.* – (S. comp.) Faire de la lumière. *Allumer dans le salon.* ▷ v. pron. Devenir lumineux. *Les vitrines s'allumèrent.* – Fig. *Son regard s'alluma,* devint brillant. – Lat. pop. *alluminare.*

allumette [alymɛt] n. f. **1.** Bâtonnet combustible dont une extrémité est enduite d'un corps inflammable par frottement, et qui sert à mettre le feu. **2.** Gâteau feuilleté de forme allongée. – De *allumer.*

allumeur [alymœʀ] n. m. **1.** *Allumeur de réverbères :* personne chargée, autrefois, d'allumer et d'éteindre les appareils d'éclairage public au gaz. **2.** Dispositif destiné à mettre le feu à une charge explosive. **3.** Système d'allumage d'un moteur à explosion, qui comprend la bobine, le distributeur, le rupteur, les bougies et les câbles de liaison. – De *allumer.*

allumeuse [alymøz] n. f. Fam. Femme qui provoque le désir, qui aguiche. – De *allumer.*

allure [alyʀ] n. f. **1.** Vitesse. *Marcher à vive allure.* **2.** Aspect, apparence. *Un individu aux allures louches. La discussion prit l'allure d'une querelle.* ▷ *Avoir de l'allure,* de la prestance, de l'élégance. **3.** MAR Orientation d'un navire à voiles par rapport à la direction du vent. *Les allures portantes**. *Les allures de louvoyage :* le près serré, le près, le près bon plein. – De *aller.*

allusif, ive [alyzif, iv] adj. Qui tient d'une allusion; qui renvoie à une allusion. *Une plaisanterie allusive.* – De *allusion.*

allusion [alyzjɔ̃] n. f. Évocation non explicite d'une personne ou d'une chose. *Une allusion perfide. Tu as fait allusion à un aspect de sa vie que personne ne connaît.* – Bas lat. *allusio.*

alluvial, ale, aux [al(l)yvjal, o] adj. Produit par des alluvions. – De *alluvion.*

alluvion [al(l)yvjɔ̃] n. f. **1.** (Plur.) Dépôts de matériaux détritiques charriés par les eaux. ▷ GEOL Terrains meubles déposés à la surface des continents par divers agents. *Alluvions glaciaires. Alluvions fluviales.* **2.** DR Accroissement de terrain résultant de l'alluvionnement. *Une alluvion profite au propriétaire riverain.* – Lat. *alluvio,* «inondation».

alluvionnaire [al(l)yvjɔnɛʀ] adj. Qui tient de l'alluvion. *Terres alluvionnaires.* – De *alluvion.*

alluvionnement [al(l)yvjɔnmɑ̃] n. m. Formation d'alluvions. – De *alluvion.*

alluvionner [al(l)yvjɔne] v. intr. [1] Déposer des alluvions dans. – De *alluvion.*

allyle [alil] adj. CHIM Qualifie le radical monovalent $CH_2{=}CH{-}CH_2{-}$, aromatique et entrant dans plusieurs esters. – Du lat. *allium,* «ail».

allylique [alilik] adj. CHIM Qualifie les composés qui renferment le radical allyle. *Alcool allylique.* – De *allyle.*

alma mater [almamatɛʀ] n. f. Plaisant *L'alma mater :* l'Université. – Mots latins, «mère nourricière».

almanach [almana(k)] n. m. Calendrier, souvent illustré, contenant des renseignements de tous ordres : astronomiques, religieux, historiques, pratiques, etc. – Lat. médiév. *almanachus,* ar. *al-manākh.*

almandin [almɑ̃dɛ̃] n. m. MINER Grenat alumino-ferreux, appelé aussi *escarboucle.* – Var. de *alabandine.*

almée [alme] n. f. Danseuse et chanteuse d'Orient. – Ar. *'ālima,* «savante».

aloès [alɔɛs] n. m. **1.** Plante des pays chauds, à feuilles charnues (fam. liliacées). **2.** Suc résineux amer, tiré de l'aloès, purgatif énergique. – Gr. *aloê,* par le lat.

aloétique [alɔetik] adj. Qui contient du suc d'aloès. – De *aloès.*

alogique [alɔʒik] adj. Étranger à la logique. – De *a-* 1, et *logique.*

aloi [alwa] n. m. **1.** Titre légal des matières d'or et d'argent. **2.** Fig. *De bon aloi, de mauvais aloi :* de bonne qualité, de mauvaise qualité. *Plaisanterie de mauvais aloi.* – A. fr. *aloyer,* « allier ».

alopécie [alɔpesi] n. f. MED Chute partielle ou totale des cheveux ou des poils. – Gr. *alôpekia,* par le lat.

alors [alɔʀ] adv. **1.** Dans ce temps-là, à ce moment-là. *Nous étions heureux alors. Nous pourrons alors réaliser nos projets.* ▷ *Jusqu'alors :* jusqu'à ce moment-là. *Jusqu'alors, il avait été prudent.* ▷ *D'alors :* de cette époque-là. *C'étaient les mœurs d'alors.* **2.** Dans ce cas-là. *S'il venait à mourir, alors elle hériterait.* – Fam. Ponctue une exclamation de joie, d'indignation, de surprise. *Chic alors! Non mais alors? Ça alors!* **3.** Loc. conj. *Alors que.* Marque le temps et l'opposition. *Il partit alors que le jour se levait. Vous jouez alors qu'il faudrait travailler.* – De *à,* et *lors.*

alose [aloz] n. f. ICHTYOL Poisson marin (fam. clupéidés), de grande taille (jusqu'à 80 cm), à chair fine, qui, au printemps, remonte les fleuves de France pour frayer. – Bas lat. *alausa,* du gaul.

alouette [alwɛt] n. f. Oiseau passériforme (genre *Alauda*), au bec robuste, au plumage terne, habitant les champs et les steppes. *L'alouette des champs, qui chante en s'élevant dans le ciel, est la plus commune en Europe.* ▷ Loc. prov. *Il attend que les alouettes lui tombent toutes rôties dans le bec :* il voudrait avoir les choses sans peine. – Lat. *alauda,* par le gaul.

alourdir [aluʀdiʀ] v. tr. [3] **1.** Rendre plus lourd. **2.** Fig. *L'âge alourdit sa démarche,* la rend moins aisée, moins souple. *Cette expression alourdit la phrase,* la rend maladroite, peu élégante. Syn. embarrasser. ▷ v. pron. Devenir lourd, plus lourd. – De *à,* et *lourd.*

alourdissement [aluʀdismɑ̃] n. m. État de ce qui devient lourd. – De *alourdir.*

aloyau [alwajo] n. m. Quartier de bœuf situé le long des reins et comprenant notam. le filet. *Un bifteck dans l'aloyau.* – Probabl. de l'a. fr. *aloel,* « alouette », ce morceau étant autrefois accommodé au lard et rôti à la broche par petites tranches, à la façon des alouettes.

alpaga [alpaga] n. m. ZOOL Lama domestique (plutôt nommé *alpaca,* fam. des camélidés) dont on exploite la laine. ▷ Étoffe de laine légère et brillante faite avec la laine de l'alpaga. *Veston d'alpaga.* – Mot quichua, par l'esp.

alpage [alpaʒ] n. m. **1.** Pâturage de haute montagne. **2.** Temps passé par les troupeaux dans ces pâturages. – De *Alpes.*

alpax [alpaks] n. m. METALL Alliage léger d'aluminium (87 %) et de silicium (13 %), utilisé en fonderie. – De *Al,* symb. de l'aluminium, et lat. *pax,* « paix », à cause de la date de son invention (1920).

alpe [alp] n. f. Alpage (sens 1). – Mot d'origine celtique, « élévation ».

alpenstock [alpɛ̃stɔk] n. m. Vieilli Bâton ferré utilisé autref. pour les excursions en montagne. – Mot all., « bâton des Alpes ».

alpestre [alpɛstʀ] adj. Des Alpes, propre aux Alpes. *Paysages alpestres.* ▷ BOT *Plantes alpestres,* qui vivent autour de 1 000 m d'altitude. – Ital. *alpestre.*

alpha [alfa] n. m. **1.** Première lettre (Α, α) de l'alphabet grec. ▷ *L'alpha et l'oméga :* le commencement et la fin. **2.** MED *Rythme alpha :* rythme normal de base de l'électro-encéphalogramme d'un adulte éveillé, au repos, les yeux fermés. **3.** PHYS *Particules alpha* (symbole α) : noyaux d'hélium émis lors de certaines réactions nucléaires. Syn. hélion. *Rayonnement alpha,* constitué de particules alpha. – Mot gr.

alphabet [alfabɛ] n. m. **1.** Ensemble des lettres servant à transcrire les sons d'une langue. *L'alphabet latin est issu de l'alphabet grec. Alphabet cyrillique*.* – *Réciter l'alphabet :* énumérer les lettres dans leur ordre traditionnel. (V. tableau page suivante.) ▷ *Alphabet phonétique,* au moyen duquel on peut transcrire les sons de la plupart des langues. ▷ TELECOM *Alphabet morse*.* **2.** Livre de lecture élémentaire. Syn. abécédaire, syllabaire.– Du nom des deux premières lettres grecques *alpha* et *bêta;* bas lat. *alphabetum.*

alphabétique [alfabetik] adj. Établi selon l'ordre de l'alphabet. *Index alphabétique.* – De *alphabet.*

alphabétiquement [alfabetikmɑ̃] adv. Dans l'ordre alphabétique. – De *alphabétique.*

alphabétisation [alfabetizasjɔ̃] n. f. Enseignement de l'écriture et de la lecture à des personnes analphabètes. *Une campagne d'alphabétisation des adultes.* – De *alphabétiser.*

alphabétiser [alfabetize] v. tr. [1] Enseigner l'écriture et la lecture. – De *alphabet.*

alphabloquant, ante [alfablɔkɑ̃, ɑ̃t] adj. MED Se dit des médicaments qui bloquent les récepteurs adrénergiques. ▷ n. m. *Un alphabloquant.* – De *alpha* (récepteur α), et *bloquant.*

alphanumérique [alfanymeʀik] adj. INFORM Qui comprend ou qui utilise des lettres et des chiffres. *Clavier alphanumérique. Code alphanumérique.* – De *alpha(bet),* et *numérique.*

alpin, ine [alpɛ̃, in] adj. **1.** Des Alpes. ▷ *Plissement alpin :* plissement de l'écorce terrestre qui a formé les Alpes (ainsi que l'*Apennin,* les *Pyrénées,* les *Carpates,* etc.). ▷ *Chasseurs alpins :* soldats des formations opérant en montagne. ▷ SPORT *Ski alpin :* ski de descente. **2.** *Par ext.* Des hautes montagnes (du même type que les Alpes). *Un relief alpin.* ▷ BOT *Plantes alpines,* qui vivent en haute montagne (plus haut que les plantes alpestres). – Lat. *alpinus.*

alpinisme [alpinism] n. m. Pratique sportive des ascensions en montagne. – De *alpin.*

alpiniste [alpinist] n. Personne qui pratique l'alpinisme. – De *alpinisme.*

alpiste [alpist] n. m. Plante herbacée (fam. graminées), parfois cultivée comme fourrage, et dont le grain est utilisé pour nourrir les oiseaux. Syn. millet long, blé des Canaries. – Esp. *alpista.*

alsacien, enne [alzasjɛ̃, ɛn] adj. De l'Alsace. *Maison alsacienne.* ▷ Subst. *Les Alsaciens.* ▷ n. m. *L'alsacien :* l'ensemble des dialectes germaniques parlés en Alsace. – Du lat. *Alsacia,* « Alsace ».

altaïque [altaik] adj. LING *Langues altaïques :* V. turco-mongol. – De *Altaï,* chaîne montagneuse d'Asie centrale.

altérable [alteʀabl] adj. Qui peut être altéré. – De *altérer.*

1. altérant, ante [alteʀɑ̃, ɑ̃t] adj. Qui modifie l'état, la composition d'un corps. *Médicament altérant.* – Ppr. de *altérer* 1.

2. altérant, ante [alteʀɑ̃, ɑ̃t] adj. Qui cause la soif. – Ppr. de *altérer* 2.

altération [alteʀasjɔ̃] n. f. **1.** Modification dans l'état d'une chose (dans quelques emplois). – GEOL *Altération des roches :* modification due à des phénomènes physiques, chimiques ou biologiques. – MUS Signe qui modifie le son de la note devant laquelle il est placé. **2.** Modification qui dénature. *Ce texte a subi de graves altérations.* **3.** DR Falsification. *Altération de signatures, d'actes, de monnaies.* – Lat. *alteratio.*

altercation [altɛʀkasjɔ̃] n. f. Dispute, échange de propos violents entre des personnes. *Ils ont eu une vive altercation.* Syn. querelle. – Lat. *altercatio*, «débat».

altéré, ée [alteʀe] adj. Assoiffé. – Fig. *Être altéré de pouvoir* : être avide de pouvoir. – Pp. de *altérer* 2.

alter ego [altɛʀego] n. m. inv. Personne de confiance; ami inséparable. *C'est mon alter ego.* – Mots lat., «autre moi-même».

1. altérer [alteʀe] v. tr. [14] **1.** Provoquer la modification, le changement de. *Altérer une substance par un traitement chimique. Altérer une note, un accord.* Syn. transformer. **2.** Modifier en mal. *Ce séjour a altéré sa santé.* – Fig. *Ses malheurs altéraient son jugement. Une voix altérée par la peur.* ▷ v. pron. *Le vin s'altère à l'air.* – Fig. *Sa confiance s'est altérée.* **3.** Dénaturer, falsifier. *Altérer un texte. Altérer la vérité* : mentir. *Altérer les monnaies*, en changer la valeur légale. – Lat. *alterare*, «changer».

2. altérer [alteʀe] v. tr. [14] Exciter la soif de. *La chaleur altère les animaux.* Ant. désaltérer. – De *altérer* 1, dérivé du sens «irriter, exciter».

altérité [alteʀite] n. f. PHILO Caractère de ce qui est autre. *«Faire de l'autre un alter ego... c'est neutraliser son altérité absolue» (J. Derrida).* – Bas lat. *alteritas.*

alternance [altɛʀnɑ̃s] n. f. Action d'alterner; état de ce qui est alterné. *Alternance des formes, des couleurs.* ▷ ELECTR Demi-période d'un courant alternatif. ▷ AGRIC *Alternance des cultures*, leur rotation sur un même champ. ▷ BOT *Alternance des feuilles* ou *des fleurs*, leur disposition régulière à des hauteurs différentes de part et d'autre de la tige. ▷ LING *Alternance vocalique* : modification du vocalisme d'une racine ou d'un radical (par ex., en latin : présent *capio*, parfait *cepi*). – De *alterner.*

alternant, ante [altɛʀnɑ̃, ɑ̃t] adj. Qui alterne. – Ppr. de *alterner.*

alternat [altɛʀna] n. m. AGRIC Assolement. – De *alterner.*

alternateur [altɛʀnatœʀ] n. m. ELECTR Machine destinée à produire des courants monophasés ou polyphasés alternatifs. *Un alternateur comprend un stator et un rotor.* – De *alternatif.*

alternatif, ive [altɛʀnatif, iv] adj. Qualifie des choses, des phénomènes qui se succèdent tour à tour. *Des périodes alternatives de chaleur et de froid.* ▷ AGRIC *Cultures alternatives*, qui se succèdent sur un même champ. ▷ MECA *Mouvement alternatif* : mouvement qui s'effectue tantôt dans un sens, tantôt dans l'autre. ▷ ELECTR *Courant alternatif* : courant périodique dont l'intensité reprend au bout d'une demi-période la même valeur, changée de signe. – Du lat. *alternum*, supin de *alternare.*

alternative [altɛʀnativ] n. f. **1.** (Plur.) Succession d'états qui se répètent. *Passer par des alternatives de richesse et de pauvreté.* **2.** Situation dans laquelle on ne peut choisir qu'entre deux solutions possibles. *Il se trouve devant une cruelle alternative.* (Improprement : l'une de ces solutions.) ▷ LOG Système de deux propositions dont une seule est vraie. – De *alternatif.*

alternativement [altɛʀnativmɑ̃] adv. Tour à tour. – De *alternatif.*

alterne [altɛʀn] adj. BOT *Feuilles alternes*, insérées sur une tige, à raison d'une seule par nœud. ▷ GEOM *Angles alternes-internes* : angles formés par une sécante et deux droites, et situés l'un d'un côté, l'autre de l'autre côté de la sécante, en dedans des deux droites. – Du lat. *alternus.*

alterné, ée [altɛʀne] adj. Qui alterne. *Chants alternés.* ▷ MATH *Série alternée*, dont les termes consécutifs sont de signes contraires. – Pp. de *alterner.*

alterner [altɛʀne] v. [1] **1.** v. intr. Se succéder à tour de rôle. *Les platanes alternent avec les marronniers le long de la route.* **2.** v. tr. AGRIC Faire produire successivement à une terre des récoltes différentes. *Alterner les cultures.* – Lat. *alternare.*

altesse [altɛs] n. f. **1.** Titre qui se donne aux princes et aux princesses. *Son Altesse le prince de...* **2.** Personne qui porte ce titre. *On remarquait dans l'assistance plusieurs altesses.* – Ital. *altezza*, de *alto*, «haut».

althaea [altea] n. f. BOT Nom scientifique des guimauves, de la rose trémière, etc. – Lat. *althaea*, gr. *althaia*, «guimauve».

altier, ère [altje, ɛʀ] adj. Qui a ou qui marque de l'orgueil, de la fierté. *Démarche altière. Caractère altier.* – Ital. *altiero.*

altimètre [altimɛtʀ] n. m. PHYS Appareil mesurant les altitudes. – Du lat. *altus*, «haut», et *mètre.*

altimétrie [altimetʀi] n. f. TRAV PUBL Ensemble des procédés de détermination des altitudes d'un tracé routier (par oppos. à *planimétrie*, détermination du tracé en plan). – De *altimètre.*

altiport [altipɔʀ] n. m. AVIAT Aérodrome aménagé en montagne. – De *alti(tude)*, et *(aéro)port.*

altiste [altist] n. Musicien, musicienne qui joue de l'alto. – De *alto.*

altitude [altityd] n. f. Élévation verticale d'un lieu par rapport au niveau de la mer. *Cette montagne a trois mille mètres d'altitude.* – *Spécial.* Grande élévation verticale. *Il ne supporte pas l'altitude. Traiter une maladie par l'altitude*, par un séjour en montagne. *Cure d'altitude.* ▷ *La fusée prend de l'altitude*, s'élève dans les airs. – Lat. *altitudo.*

alto [alto] n. m. MUS **I.** Nom donné autref. à la plus grave des voix de femme et à la plus aiguë des voix d'homme. (On dit aujourd'hui *haute-contre* pour les hommes et *contralto* pour les femmes.) **II.** Nom de plusieurs instruments de musique. **1.** Instrument à cordes frottées, un peu plus grand que le violon et s'accordant une quinte au-dessous. **2.** Instrument à vent à embouchure et à pistons, de la famille des saxhorns, intermédiaire entre le bugle et le baryton. **3.** *Saxophone-alto* ou *alto* : instrument à vent de la famille des saxophones, en mi bémol, intermédiaire entre le ténor et le soprano. – Ital. *alto*, «haut».

altocumulus [altokymylys] n. m. METEO Nuage dont l'altitude moyenne est 3 000 m, blanc ou gris, formant des bancs ou des nappes d'aspect pommelé. – Du lat. *altus*, «haut», et *cumulus*, «amas».

altostratus [altostʀatys] n. m. METEO Nuage dont l'altitude moyenne est 3 500 m, formant une couche grisâtre, parfois légèrement bleutée, d'aspect uniforme ou strié. – Du lat. *altus*, «haut», et *stratus*, «étendu».

altruisme [altʀɥism] n. m. Propension à aimer et à aider son prochain. Ant. égoïsme. ▷ PHILO *«Doctrine [...] qui pose au point de départ l'intérêt de nos semblables comme but de la conduite morale» (Lalande).* – De *autrui*, d'après lat. *alter*, «autre»; formé sur *égoïsme.*

altruiste [altʀɥist] adj. et n. Qui est inspiré par l'altruisme. *Sentiments altruistes.* ▷ Subst. *Un altruiste.* Ant. égoïste. – De *altruisme.*

alucite [alysit] n. f. ZOOL Lépidoptère (fam. tinéidés), dont la chenille (teigne des céréales) endommage les grains de blé. – Lat. *alucita*, «moucheron».

aluminate [alyminat] n. m. CHIM Nom générique des sels où l'alumine joue le rôle d'anhydride d'acide. – De *alumine.*

alumine [alymin] n. f. CHIM et MINER Oxyde d'aluminium, Al_2O_3. – Lat. *alumen, aluminis*, «alun».

aluminer [alymine] v. tr. [1] **1.** Combiner avec l'alumine. **2.** Couvrir d'aluminium. – De *alumine.*

alumineux, euse [alyminø, øz] adj. Qui contient de l'alumine ou de l'alun, ou qui en a les propriétés. – De *alumine.*

aluminium [alyminjɔm] n. m. Élément métallique de numéro atomique Z = 13, de masse atomique 26,98 et de symbole Al, l'élément terrestre le plus abondant. - Métal (Al) de densité 2,7, qui fond à 660 °C et bout à 2 467 °C. (Il entre dans la composition d'alliages légers, est utilisé notam. dans la fabrication d'emballages, de matériel de cuisine, de câbles électriques.) – De *alumine.*

aluminothermie [alyminotɛʀmi] n. f. TECH Procédé utilisant la chaleur dégagée par l'oxydation de l'aluminium pour la réduction d'oxydes (préparation du chrome, du manganèse, etc.) et pour la soudure autogène. – De *aluminium,* et gr. *thermos,* « chaud ».

alun [alœ̃] n. m. CHIM Nom générique des sels isomorphes, de formule générale M_2SO_4, $M'_2(SO_4)_3$, $24H_2O$, dans laquelle M est un métal alcalin ou l'ammonium NH_4, et M' un métal trivalent (Fe, Al, Cr, Mn, Co, Rh). *On utilise les aluns en tannerie, en photographie, en teinture et en médecine.* – Lat. *alumen.*

alunage [alynaʒ] n. m. Traitement à l'alun. – De *aluner.*

aluner [alyne] v. tr. [1] Traiter par l'alun (du tissu, du papier, etc.). – De *alun.*

alunir [alyniʀ] v. intr. [3] Prendre contact avec le sol de la Lune. (Mot d'emploi critiqué, ainsi que son dérivé *alunissage ;* dire : *atterrir sur la Lune.*) – De *Lune.*

alunite [alynit] n. f. Sulfate basique d'aluminium et de potassium. – De *alun.*

alvéolaire [alveɔlɛʀ] [z] adj. **1.** ANAT Des alvéoles. *Gaz alvéolaire,* contenu dans les alvéoles pulmonaires, intermédiaire entre l'air et le sang. **2.** PHON Se dit d'un son articulé au niveau des alvéoles des dents d'en haut. *est une fricative alvéolaire.* – De *alvéole.*

alvéole [alveɔl] n. m. (Fém. dans l'usage courant.) **1.** Petite cellule de cire construite par les abeilles pour y élever les larves et y déposer miel et pollen. **2.** GEOL Cavité dans une roche homogène. **3.** ANAT *Alvéole dentaire :* cavité des maxillaires où se logent les racines des dents. ▷ *Alvéole pulmonaire :* cavité située à l'extrémité d'une bronchiole, au niveau de laquelle s'effectuent les échanges gazeux avec le sang. **4.** ELECTR Pièce conductrice recevant une broche de contact. – Lat. *alveolus.*

alvéolé, ée [alveɔle] adj. Qui est creusé d'alvéoles. – De *alvéole.*

alvéolite [alveɔlit] n. f. MED Inflammation des alvéoles (pulmonaires ou dentaires). – De *alvéole,* et *-ite* 1.

alymphocytose [alɛ̃fɔsitoz] n. f. MED Absence de lymphocytes dans le sang et les organes lymphoïdes. – De *a-* 1, *lymphocyte,* et *-ose* 1.

alyte [alit] n. m. ZOOL Crapaud (genre *Alytes,* fam. discoglossidés), commun en Europe, dit *crapaud accoucheur,* parce que le mâle porte, enroulé autour de ses membres postérieurs, le chapelet d'œufs pondus par la femelle, jusqu'à leur éclosion. – Gr. *alutos,* « qu'on ne peut délier ».

a. m. Abrév. (anglaise) de la loc. latine *ante meridiem,* « avant midi ».

Am CHIM Symbole de l'américium.

amabilité [amabilite] n. f. Caractère d'une personne aimable ; manifestation de ce caractère. *On vante son amabilité.* – Lat. *amabilitas.*

amadou [amadu] n. m. Combustible spongieux qu'on tire de l'amadouvier. – Provenç. *amadou,* « amoureux, qui s'enflamme vite ».

amadouer [amadwe] v. tr. [1] Apaiser (une personne), employer avec elle des manières douces et adroites, pour en obtenir quelque chose. *Il était très en colère, mais elle est arrivée à l'amadouer.* – Du provenç. *amadou,* « amoureux ».

amadouvier [amaduvje] n. m. BOT Champignon (fam. polyporacées) parasite du chêne et du hêtre, non comestible. – De *amadou.*

amaigrir [amegʀiʀ] v. tr. [3] **1.** Rendre maigre. *L'excès de travail l'a amaigri.* **2.** CONSTR Diminuer l'épaisseur de (une pièce de bois, de fer, de pierre, etc.). – De *maigre.*

amaigrissant, ante [amegʀisɑ̃, ɑ̃t] adj. Qui fait maigrir. *Régime amaigrissant.* – Ppr. de *amaigrir.*

amaigrissement [amegʀismɑ̃] n. m. Fait de maigrir, d'être plus maigre. – De *amaigrir.*

amalgamation [amalgamasjɔ̃] n. f. CHIM Mélange ou combinaison d'un métal avec le mercure. - *Spécial.* Extraction de l'or ou de l'argent de leur gangue au moyen du mercure. – De *amalgamer.*

amalgame [amalgam] n. m. **1.** Alliage du mercure avec un autre métal. **2.** Fig. Mélange d'éléments qui ne s'accordent pas nécessairement. **3.** HIST Fusion opérée, pendant la Révolution, entre les anciennes troupes aguerries et les nouvelles recrues. **4.** MILIT Fusion dans un même corps (d'unités d'orig. différentes). **5.** POLIT Procédé consistant à assimiler injustement un adversaire à un groupe pour le déconsidérer. – Lat. des alchimistes *amalgama,* d'orig. ar.

amalgamer [amalgame] v. tr. [1] Faire un amalgame. ▷ Fig. Mélanger, rapprocher ce qui ne va guère ensemble.▷ v. pron. *Le mercure s'amalgame facilement avec l'étain.* - Fig. *Des idées disparates s'amalgament dans son esprit.* – De *amalgame.*

aman [aman] n. m. Chez les musulmans, fait d'accorder la vie sauve à un ennemi vaincu, un rebelle. *Accorder l'aman.* – Mot ar., « protection, sécurité ».

amande [amɑ̃d] n. f. **1.** Fruit de l'amandier. *Amande douce,* agréable au goût. *Amande amère,* contenant de l'acide cyanhydrique. - *Par ext.* Toute graine contenue dans un noyau. ▷ *Amande tissée, glacée, soufflée, pralinée :* dragée faite avec une amande. *Pâte d'amande(s).* **2.** BX-A *Amande mystique :* auréole en forme d'amande (symbole de virginité) autour des images de la Vierge ou du Christ. V. mandorle. – Lat. pop. **amandula.*

amandier [amɑ̃dje] n. m. Arbre fruitier (genre *Amygdalus,* fam. rosacées), dont les fleurs, blanc rosé, apparaissent avant les feuilles, et dont le fruit est l'amande. *L'amandier, originaire des plateaux et montagnes d'Asie occidentale, est cultivé depuis longtemps en Europe du Sud et en Afrique du Nord.* – De *amande.*

amanite [amanit] n. f. BOT Champignon basidiomycète (nombr. espèces ; genre *Amanita,* ordre des agaricales), caractérisé par des lamelles rayonnantes sous le chapeau, un anneau à mi-hauteur du pied et une volve enserrant la base du pied, dont certaines espèces sont comestibles (oronge), d'autres vénéneuses (*amanite tue-mouche* ou fausse oronge, *amanite panthère*), d'autres mortelles (*amanite phalloïde*). – Gr. *amanités.*

amant, ante [amɑ̃, ɑ̃t] n. **1.** n. Vx Celui, celle qui éprouve pour une personne de l'autre sexe un amour partagé. **2.** n. m. Homme qui a des relations sexuelles avec une femme qui n'est pas son épouse. ▷ (Plur.) Deux personnes entretenant une relation sexuelle et affective. – Ppr. de l'anc. v. *amer,* « aimer ».

amarantacées [amaʀɑ̃tase] n. f. pl. BOT Famille de dicotylédones (ordre des centrospermales) dont le type est l'amarante. - Sing. *Une amarantacée.* – De *amarante.*

amarante [amaʀɑ̃t] n. et adj. inv. **1.** n. f. Plante annuelle ornementale dont une espèce est cultivée pour ses fleurs pourpres, une autre pour son feuillage coloré.

▷ adj. inv. De la couleur rouge de ces fleurs. *Étoffes amarante.* **2.** n. m. Arbre de la Guyane (acajou de Cayenne) dont le bois, violet, est utilisé en ébénisterie. **3.** n. f. TECH Colorant de produits alimentaires. – Lat. *amarantus.*

amareyeur [amaʀɛjœʀ] n. m. Ouvrier chargé des parcs à huîtres. – De *marée.*

amaril, ile [amaʀil] adj. Qui a rapport à la fièvre jaune. *Virus amaril.* – Esp. *amarillo,* «jaune».

amariner [amaʀine] v. tr. [1] MAR **1.** Vx Envoyer des hommes d'équipage à bord d'un navire saisi en mer, pour en assurer la manœuvre. **2.** Habituer à la mer. *Il est difficile d'amariner les montagnards.* ▷ *Personne amarinée,* habituée à la mer, et, spécial., qui n'a plus le mal de mer. – De *marin.*

amarrage [amaʀaʒ] n. m. Action d'amarrer; état de ce qui est amarré. *Amarrage d'engins spatiaux.* – De *amarrer.*

amarre [amaʀ] n. f. Cordage pour attacher un objet quelconque sur un navire. ▷ Cordage (aussière, grelin) servant à retenir un navire. – Déverbal de *amarrer.*

amarrer [amaʀe] v. tr. [1] **1.** Attacher, fixer avec une amarre. *Amarrer un navire dans le port.* **2.** Assujettir un objet avec un cordage quelconque. *Amarrer des colis.* – Du néerl. *aanmarren.*

amaryllidacées [amaʀilidase] n. f. pl. Famille de monocotylédones dont l'amaryllis est le type (perce-neige, jonquille, etc.). – Sing. *Une amaryllidacée.* – De *amaryllis.*

amaryllis [amaʀilis] n. f. BOT Genre de plantes monocotylédones, bulbeuses et vivaces, dont une espèce, très répandue, a de grandes fleurs diversement colorées. – Lat. *Amaryllis,* du gr., nom d'une bergère dans Virgile.

amas [amɑ] n. m. **1.** Masse formée par une quantité de choses semblables ou diverses. *Amas de sable.* **2.** GEOL Dépôt de matières enveloppées, en totalité ou en partie, par des matières d'un genre différent et qui forment ainsi des masses plus ou moins régulières et de volume variable. **3.** ASTRO *Amas d'étoiles :* groupement plus ou moins serré d'étoiles physiquement liées, de même âge et de même origine. (On distingue les *amas galactiques,* situés au voisinage du plan de la Galaxie et contenant surtout des étoiles jeunes, et les *amas globulaires,* de forme sphérique et contenant surtout des étoiles de très grande densité.) – Déverbal de *amasser.*

amasser [amase] v. [1] **1.** v. tr. Faire un amas, une masse; réunir en grande quantité. *Amasser des matériaux, de l'argent.* Ant. disperser, éparpiller. ▷ (S. comp.) Thésauriser. *Il ne cesse d'amasser.* **2.** v. pron. S'entasser, s'accumuler. *Le courrier s'amasse sur son bureau.* – De *masse,* lat. *massa.*

amateur [amatœʀ] n. m. **1.** Personne qui aime, qui a du goût pour (qqch). *Un amateur d'opéra.* **2.** Personne qui pratique un art, une science, un sport sans en faire sa profession. – (En appos.) *Photographe amateur.* **3.** Péjor. Personne qui ne fait pas sérieusement son travail. *Travailler en amateur.* – Lat. *amator.*

amateurisme [amatœʀism] n. m. **1.** SPORT Statut de l'amateur (qui ne reçoit ni rétribution ni prix en espèces, à la différence des professionnels). **2.** Péjor. Caractère d'une personne qui effectue une tâche avec négligence, sans le soin qui caractérise le travail du professionnel. – De *amateur.*

1. amazone [amazɔn] n. f. **1.** Cavalière. *Une amazone passa au trot.* ▷ *Monter en amazone,* les deux jambes du même côté de la selle. **2.** Longue jupe très ample portée par une femme pour monter en amazone. – Du nom des *Amazones,* femmes guerrières, du gr. *a-* et *mazos,* «sein», les Amazones de la légende se coupant un sein pour mieux tirer à l'arc.

2. amazone [amazɔn] n. m. ou f. Perroquet vert (fam. psittacidés) d'Amérique du S. – En appos. *Un perroquet amazone.* – De *Amazone,* fl. d'Amérique du S.

amazonien, enne [amazɔnjɛ̃, ɛn] adj. De l'Amazonie, vaste plaine de l'Amérique du S. *La forêt amazonienne.*

ambages [ɑ̃baʒ] n. f. pl. *Parler sans ambages,* sans détour ni faux-fuyants, franchement. – Lat. *ambages,* «détours».

ambassade [ɑ̃basad] n. f. **1.** Mission, députation envoyée pour représenter un souverain, un pays. *Envoyé en ambassade.* **2.** Mission diplomatique permanente auprès d'un gouvernement étranger. – Personnel attaché à cette mission. *Il appartient à l'ambassade.* ▷ Fonction d'un ambassadeur. *On lui a confié l'ambassade de Londres.* ▷ Résidence, bureaux d'un ambassadeur. *Aller à l'ambassade.* **3.** Démarche faite par un tiers. *Il a envoyé son cousin en ambassade auprès de son père.* – Lat. médiév. *ambactia,* «service», d'orig. gaul.

ambassadeur, drice [ɑ̃basadœʀ, dʀis] n. **I.** n. m. Personne ayant le caractère et le titre de représentant d'un État auprès d'un autre État. *Les ambassadeurs jouissent en tant qu'agents diplomatiques de certaines prérogatives.* **II.** n. f. **1.** Femme ayant qualité d'ambassadeur. **2.** Femme d'un ambassadeur. **III.** n. m. ou f. Personne chargée d'une mission. – Ital. *ambasciatore.*

ambe [ɑ̃b] n. m. Deux numéros sortis ensemble à la loterie ou sortis sur la même ligne au loto. – Ital. *ambo,* «deux», du lat.

ambi-. Préfixe, du lat. *ambo,* «les deux, des deux côtés».

ambiance [ɑ̃bjɑ̃s] n. f. **1.** Milieu physique dans lequel se trouvent des êtres vivants. **2.** Milieu intellectuel et moral où sont placés des individus. ▷ Fam. *Il y avait beaucoup d'ambiance,* beaucoup de gaieté, d'entrain. – De *ambiant.*

ambiant, ante [ɑ̃bjɑ̃, ɑ̃t] adj. Qui entoure, qui environne. *Air ambiant. La température ambiante.* – Lat. *ambiens.*

ambidextre [ɑ̃bidɛkstʀ] adj. Qui se sert des deux mains avec une égale facilité. – Lat. *ambidexter.*

ambigu, uë [ɑ̃bigy] adj. **1.** Dont la pluralité de sens ne permet pas une interprétation sans équivoque. *Réponse ambiguë.* **2.** Qui participe de qualités différentes. *Caractère ambigu.* – Lat. *ambiguus.*

ambiguïté [ɑ̃bigɥite] n. f. Caractère de ce qui est ambigu. Ant. clarté, netteté, précision. – Lat. *ambiguitas.*

ambiophonie [ɑ̃bjofɔni] n. f. AUDIOV Technique consistant à répartir les enceintes acoustiques en avant et en arrière des auditeurs pour améliorer leur perception de sons préalablement enregistrés. – Du lat. *ambo,* «tous les deux, de part et d'autre», et *-phonie.*

ambitieusement [ɑ̃bisjøzmɑ̃] adv. D'une manière ambitieuse. – De *ambitieux.*

ambitieux, euse [ɑ̃bisjø, øz] adj. **1.** Qui a de l'ambition. *C'est un homme très ambitieux.* ▷ Subst. *C'est un ambitieux.* **2.** Qui dénote de l'ambition. *Un projet ambitieux.* – Lat. *ambitiosus.*

ambition [ɑ̃bisjɔ̃] n. f. **1.** Désir d'atteindre à la gloire, au pouvoir, à la réussite sociale. *Un homme dévoré par l'ambition.* **2.** Aspiration, volonté marquée. *L'ambition de se rendre utile.* – Lat. *ambitio.*

ambitionner [ɑ̃bisjɔne] v. tr. [1] Briguer, poursuivre par ambition. *Il ambitionnait de monter en grade.* – De *ambition.*

ambivalence [ɑ̃bivalɑ̃s] n. f. **1.** PSYCHO Existence simultanée de deux sentiments opposés à propos de la même représentation mentale, un des symptômes de la schizophrénie. **2.** Caractère de ce qui présente une dualité de valeurs, de sens, d'aspects. – Lat. *ambo*, « tous les deux », et *valence*.

ambivalent, ente [ɑ̃bivalɑ̃, ɑ̃t] adj. Doué d'ambivalence. – De *ambivalence*.

amble [ɑ̃bl] n. m. Allure, naturelle ou acquise, de certains quadrupèdes qui se meuvent en déplaçant simultanément les deux membres d'un même côté. *L'ours va l'amble*. – De l'anc. provenç. *amblar*, du lat. *ambulare*, « se promener ».

ambler [ɑ̃ble] v. intr. [1] Aller l'amble. – Lat. *ambulare*.

ambly-. Élément, du gr. *amblus*, « émoussé, obtus », entrant dans la composition de termes scientifiques.

amblygonite [ɑ̃bligɔnit] n. f. MINER Minerai de lithium (fluophosphate d'aluminium et de lithium). – De *ambly-*, et gr. *gônia*, « angle ».

amblyope [ɑ̃blijɔp] adj. et n. MED Qui est atteint d'amblyopie. – De *amblyopie*.

amblyopie [ɑ̃blijɔpi] n. f. MED Faiblesse de la vue. – Gr. *ambluôpia*.

amblyrhynque [ɑ̃bliʀɛ̃k] n. m. ZOOL Saurien des îles Galápagos, appelé aussi *iguane marin*, végétarien, excellent nageur, long de 1 m env., portant de la tête à la queue une crête dentée. – De *ambly-*, et gr. *rugkhos*, « bec ».

amblystome [ɑ̃blistom] n. m. ZOOL Amphibien urodèle du Mexique (*Amblystoma tigrinum*) ressemblant aux salamandres communes et dont la larve est l'axolotl. – De *ambly-*, et gr. *stoma*, « bouche ».

ambon [ɑ̃bɔ̃] n. m. ARCHI Tribune élevée dans le chœur, ou à la séparation de la nef et du chœur, dans certaines églises anciennes. – Gr. *ambôn*, « protubérance ».

ambre [ɑ̃bʀ] n. m. Nom donné à diverses substances aromatiques ou résineuses. **1.** *Ambre jaune* : résine fossile de conifères du tertiaire, utilisée en bijouterie. **2.** *Ambre gris* : concrétion qui se forme dans l'appareil digestif du cachalot, utilisée en parfumerie. **3.** *Ambre blanc* : V. spermaceti. – Ar. *ambar*.

ambré, ée [ɑ̃bʀe] adj. Qui a le parfum de l'ambre gris ou la couleur de l'ambre jaune. – De *ambre*.

ambrette [ɑ̃bʀɛt] n. f. Plante (genre *Abelmosch*, fam. malvacées) qui fournit le musc végétal employé en parfumerie. – De *ambre*.

ambroisie [ɑ̃bʀwazi] n. f. MYTHOL Nourriture des dieux de l'Olympe, qui rendait immortel. – Gr. *ambrosia*, par le lat.

ambrosiaque [ɑ̃bʀozjak] adj. Qui a l'odeur, le parfum de l'ambroisie. – De *ambroisie*.

1. ambrosien, enne [ɑ̃bʀozjɛ̃, ɛn] adj. Syn. de *ambrosiaque*. – De *ambroisie*.

2. ambrosien, enne [ɑ̃bʀozjɛ̃, ɛn] adj. Relatif au rite attribué à saint Ambroise (339-397). *Chant ambrosien*. – Lat. ecclés. *ambrosianus*.

ambulacraire [ɑ̃bylakʀɛʀ] adj. ZOOL *Pied, tube ambulacraire* : ambulacre. – De *ambulacre*.

ambulacre [ɑ̃bylakʀ] n. m. ZOOL Fin tube situé sur la face inférieure du corps des échinodermes et qui, terminé par une ventouse, sert à leur locomotion. – Lat. *ambulacrum*, « allée d'arbres pour se promener ».

ambulance [ɑ̃bylɑ̃s] n. f. **1.** Anc. Installation sommaire mobile de premiers soins aux blessés des champs de bataille. *Ambulance de campagne*. **2.** Véhicule affecté au transport des malades, des blessés. – De *ambulant*.

ambulancier, ère [ɑ̃bylɑ̃sje, ɛʀ] n. (et adj.) **1.** Anc. Personne employée dans une ambulance (sens 1). **2.** Personne qui conduit une ambulance. ▷ adj. *Service ambulancier*. – De *ambulance*.

ambulant, ante [ɑ̃bylɑ̃, ɑ̃t] adj. (et n. m.) Qui se déplace, va de lieu en lieu. *Marchand, hôpital ambulant*. ▷ n. m. *Un ambulant* : un marchand ambulant. ▷ *Bureau ambulant* : wagon aménagé en bureau postal pour le tri, le transport des lettres et leur distribution par sacs postaux aux différentes stations. – Lat. *ambulans*.

ambulatoire [ɑ̃bylatwaʀ] adj. **1.** ZOOL Se dit des organes propres à la locomotion, particulièrement chez les animaux dépourvus de pattes véritables. **2.** MED *Traitement ambulatoire*, qui peut être pratiqué sans hospitalisation. – Lat. *ambulatorius*, « mobile ».

âme [ɑm] n. f. **I. 1.** Dans une doctrine spiritualiste, principe spirituel, agent essentiel de la vie, qui, uni au corps, constitue l'être vivant. *Rendre l'âme* : mourir. ▷ Par anal. *L'âme d'une nation, d'un peuple*. ▷ *Par ext.* Être vivant. *Un bourg de 900 âmes*. – *Ne pas rencontrer âme qui vive* : ne rencontrer personne. **2.** Dans une doctrine spiritualiste, principe immortel subsistant après la mort. *Prier pour l'âme de quelqu'un*. **3.** Principe des facultés morales, sentimentales, intellectuelles; siège de la pensée et des passions. *En mon âme et conscience*. *Avoir l'âme sensible*. *Chanter avec âme*, avec émotion et chaleur. **II.** Élément essentiel d'une chose, d'un instrument. *L'âme d'un soufflet*, la soupape de cuir pour l'entrée de l'air. *L'âme d'un violon*, le petit cylindre de bois placé entre le fond et la table, qu'il soutient. *L'âme d'un canon, d'un fusil*, la partie intérieure du tube. *L'âme d'un câble, d'une poutre*, sa partie centrale. **III. 1.** *L'âme d'un complot*, son instigateur. **2.** *L'âme damnée de quelqu'un* : celui qui incite quelqu'un à faire le mal, son alter ego dans le mal. – Lat. *anima*.

améliorable [ameljɔʀabl] adj. Qui peut être amélioré. – De *améliorer*.

améliorant, ante [ameljɔʀɑ̃, ɑ̃t] adj. Qui améliore. – AGRIC *Plantes améliorantes*, qui, cultivées sur un sol dégradé ou appauvri, lui rendent sa fertilité (les papilionacées : trèfle, luzerne, haricot, enrichissent le sol en azote utilisable par d'autres végétaux). – Ppr. de *améliorer*.

amélioration [ameljɔʀasjɔ̃] n. f. Action d'améliorer; fait de s'améliorer. – De *améliorer*.

améliorer [ameljɔʀe] v. tr. [1] Rendre meilleur, perfectionner. *Améliorer le rendement d'un sol par des engrais*. *Améliorer un texte avant sa publication*. ▷ v. pron. Devenir meilleur. *Le temps s'améliore*. Ant. empirer. – De l'a. fr. *meillor*, « meilleur ».

amen [amɛn] interj. Mot qui termine la plupart des prières juives et chrétiennes. ▷ Fam. *Dire amen à tout* : approuver tout, consentir à tout. – Mot hébreu, « ainsi soit-il ».

aménagement [amenaʒmɑ̃] n. m. Action d'aménager; résultat de cette action. **1.** Organisation en vue d'améliorer les conditions d'utilisation. *Aménagement d'une école*. *Aménagement d'un terrain vague en jardin public*. ▷ *Aménagement d'une forêt*, réglementation de son exploitation. ▷ *Aménagement du territoire* : mise en valeur du territoire national. **2.** Assouplissement apporté dans l'application d'un règlement. *Aménagements fiscaux*. – De *aménager*.

aménager [amenaʒe] v. tr. [13] **1.** Préparer, organiser en vue d'une utilisation précise. *Aménager un appartement*, le rendre habitable. *Aménager une pièce en auditorium*. **2.** SYLVIC Réglementer la coupe, l'exploitation d'une forêt. – De *ménage*.

amende [amɑ̃d] n. f. Peine pécuniaire imposée en cas d'infraction à une loi, à un règlement. *Payer une amende*. *Amende fiscale*. ▷ Pénalité imposée, dans un jeu. ▷ *Faire amende honorable* : présenter des excuses, reconnaître ses torts. – Déverbal de *amender*.

amendement [amɑ̃dmɑ̃] n. m. **1.** AGRIC Amélioration des caractères physiques d'un sol cultivé à l'aide de substances calcaires ou humiques notam.; cette substance elle-même. **2.** LEGISL Action d'amender (une proposition de texte légal); modification apportée (à une proposition de texte légal) par les membres d'une assemblée législative. *Les amendements votés ont défiguré le projet de loi.* – De *amender.*

amender [amɑ̃de] v. tr. [1] **1.** AGRIC Améliorer. *Amender une terre avec de la craie.* **2.** LEGISL Apporter des modifications à un texte légal. **3.** v. pron. Se corriger. *Pécheur qui s'est amendé.* – Lat. *emendare.*

amène [amɛn] adj. Litt. Agréable, courtois, aimable. *Un caractère amène.* – Lat. *amœnus,* «agréable».

amenée [amne] n. f. Action d'amener. *Canal d'amenée.* – De *amener.*

amener [amne] v. tr. [16] **I. 1.** Mener, conduire (qqn) quelque part ou auprès d'une personne. *Amenez-le-moi.* – Fam. *Quel bon vent vous amène?* ▷ Fig. *Amener quelqu'un à une opinion,* la lui faire adopter. **2.** Entraîner avec soi. *Un malheur en amène un autre.* **3.** Faire venir avec préparation préalable. *Amener une conclusion.* **4.** JEU Faire tel ou tel point d'un coup de dés. *Amener deux as et un six.* **5.** v. pron. Pop. Venir. *Alors, tu t'amènes?* **II.** MAR Tirer à soi. *Amener les rames.* ▷ Faire descendre. *Amener une voile.* – *Amener le pavillon,* pour marquer la reddition. – De *a-* 2, et *mener.*

aménité [amenite] n. f. **1.** Vx Agrément, beauté d'un lieu. **2.** Amabilité, charme, affabilité. *Aménité du caractère.* ▷ *Par antiphr.* Plur. *Échanger des aménités,* d'aigres propos. – Lat. *amœnitas.*

aménorrhée [amenɔʀe] n. f. MED Absence anormale des règles, dont les causes peuvent être fort diverses (endocriniennes, psychologiques ou secondaires à une maladie générale). – De *a-* 1, gr. *mên,* «mois», et *rhein,* «couler».

amentifère [amɑ̃tifɛʀ] adj. et n. f. **1.** adj. BOT Qui porte des inflorescences en chatons. **2.** n. f. pl. Vaste ensemble d'arbres amentifères (châtaigniers, chênes, saules, noyers). – Du lat. *amentum,* «chaton», et *-fère.*

amenuisement [amənɥizmɑ̃] n. m. Action d'amenuiser; fait de s'amenuiser. – De *amenuiser.*

amenuiser [amənɥize] v. tr. [1] **1.** Rendre plus menu, amincir. **2.** v. pron. Devenir plus menu, moins nombreux, moins fort. – De *a* 2, et *menuiser.*

1. amer, ère [amɛʀ] adj. et n. m. **1.** adj. Qui a une saveur âpre, désagréable. *L'aloès est amer.* ▷ Fig. Pénible, douloureux. *Chagrin amer.* **2.** adj. Dur, mordant. *Critique amère.* **3.** n. m. Liqueur apéritive à base de plantes amères. – Lat. *amarus.*

2. amer [amɛʀ] n. m. MAR Tout point des côtes très visible (clocher, balise, etc.), porté sur une carte, servant de repère pour la navigation. – Néerl. *merk,* «limite».

amèrement [amɛʀmɑ̃] adv. Avec amertume. *Critiquer amèrement.* – De *amer* 1.

américain, aine [ameʀikɛ̃, ɛn] adj. et n. **1.** adj. De l'Amérique. *Continent américain.* **2.** adj. Des États-Unis (d'Amérique). *Parler l'anglais avec l'accent américain. Cigarettes américaines.* ▷ Subst. *Un(e) Américain(e)* : un(e) habitant(e) de l'Amérique; *spécial.,* un(e) citoyen(ne) des États-Unis. – *L'américain* : l'anglais parlé aux États-Unis. – De *Amérique.*

américanisation [ameʀikanizasjɔ̃] n. f. Action d'américaniser; fait de s'américaniser. – De *américaniser.*

américaniser [ameʀikanize] v. tr. [1] Donner un caractère américain à. ▷ v. pron. Prendre l'allure et les coutumes américaines. – De *américain.*

américanisme [ameʀikanism] n. m. Ensemble des traits de civilisation propres aux États-Unis. ▷ Tournure de phrase de langue anglaise spéciale aux Américains. – De *américain.*

américaniste [ameʀikanist] n. Personne qui étudie le continent américain, ses mœurs, ses langues, son histoire. – De *américain.*

américium [ameʀisjɔm] n. m. CHIM Élément radioactif artificiel appartenant à la famille des actinides, de numéro atomique Z = 95, de masse atomique 243 (symbole Am). – De *Amérique.*

amérindien, enne [ameʀɛ̃djɛ̃, ɛn] adj. Des Indiens d'Amérique. ▷ Subst. *Un(e) Amérindien(ne).* – n. m. pl. *Les Amérindiens* : les groupes ethniques indigènes d'Amérique. – Du rad. de *Amérique,* et *Indien.*

amerrir [ameʀiʀ] v. intr. [3] Se poser sur un plan d'eau. *Hydravion qui amerrit.* – De *mer,* sur *atterrir.*

amerrissage [ameʀisaʒ] n. m. Action d'amerrir. – De *amerrir.*

amertume [amɛʀtym] n. f. **1.** Goût amer. *L'amertume de la gentiane.* **2.** Fig. Aigreur, mélancolie due à un sentiment de mécontentement, de déception. *Il remarqua avec amertume qu'on ne l'avait pas remercié.* – Lat. *amaritudinem,* accus. de *amaritudo.*

améthyste [ametist] n. f. MINER Variété violette de quartz hyalin cristallisé, utilisée en joaillerie. – Lat. d'orig. gr. *amethystus,* «qui combat l'ivresse», propriété qui lui était attribuée.

amétrope [ametʀɔp] adj. Atteint d'amétropie. – Du gr. *ametros,* «non conforme à la mesure», et *ôps,* «vue».

amétropie [ametʀɔpi] n. f. PHYSIOL Trouble de la réfraction dû à une mauvaise mise au point de l'image sur la rétine. V. hypermétropie, myopie et astigmatisme. – De *amétrope.*

ameublement [amœbləmɑ̃] n. m. Ensemble du mobilier d'une pièce, d'une maison. *Un ameublement ultramoderne.* – De l'anc. v. *ameubler,* de *meuble.*

ameublir [amœbliʀ] v. tr. [3] **1.** AGRIC Rendre (une terre) plus meuble, plus légère. **2.** DR Faire entrer un immeuble dans la communauté légale des époux. – De *meuble.*

ameublissement [amœblismɑ̃] n. m. **1.** AGRIC Action d'ameublir (une terre). **2.** DR *Clause d'ameublissement d'un contrat de mariage,* faisant entrer dans la communauté une partie ou la totalité des immeubles présents ou futurs des époux. – De *ameublir.*

ameuter [amøte] v. [1] **I.** v. tr. **1.** VEN Rallier en meute (les chiens). **2.** Attrouper (des personnes) dans l'intention de susciter des réactions hostiles. *Ses cris ont ameuté tout le voisinage.* ▷ Alerter. *Les articles de ce journaliste ont ameuté l'opinion publique.* **II.** v. pron. S'assembler pour manifester de façon hostile. – De *meute.*

amharique [amaʀik] n. m. Langue sémitique parlée sur le plateau éthiopien; langue officielle de l'Éthiopie. – Lat. scientif. *amharicus,* de *Amhara,* anc. prov. d'Éthiopie.

ami, ie [ami] n. et adj. **I.** n. **1.** Personne à laquelle on est lié par une affection réciproque. *Un ami d'enfance. Je me suis fait un ami de ce garçon.* Syn. camarade, compagnon. ▷ Par euph. *Mon ami(e)* : mon amant, ma maîtresse. *Petit ami, petite amie* : ami(e) de cœur, amant, maîtresse. ▷ Vieilli, fam. *Mon ami, l'ami,* pour s'adresser à quelqu'un d'un rang qu'on considère comme inférieur. *Dites-moi, mon ami... Eh! l'ami! Venez un peu ici!* **2.** Personne bien disposée, animée de bonnes intentions. *Venir en ami. C'est un ami qui vous parle.* Ant. ennemi. **II.** adj. **1.** D'un ami. *Une maison amie.* ▷ *Un regard ami,* amical, bienveillant. **2.** Allié. *Des pays amis.* ▷ De son propre camp. *Des troupes amies.* Ant. ennemi. – Lat. *amicus.*

amiable [amjabl] adj. **1.** Qui se fait de gré à gré. *Vente amiable. Procédure amiable,* sans instruction judiciaire. ▷ Loc. adv. *À l'amiable* : par voie de conciliation, par accord volontaire des parties. *Litige réglé à l'amiable.* **2.** MATH *Nombres amiables,* dont chacun est égal à la somme des parties aliquotes de l'autre (par ex. 284 et 220). – Bas lat. *amicabilis.*

amiante [amjɑ̃t] n. m. CHIM Silicate de calcium et de magnésium résistant au feu et aux acides, qui se présente sous forme de filaments peu adhérents entre eux. *L'amiante est utilisé pour ses qualités de résistance au feu.* – Lat. d'orig. gr. *amiantus.*

amibe [amib] n. f. Protozoaire rhizopode d'eau douce et d'eau de mer qui se déplace en émettant des pseudopodes. *Parmi les six espèces d'amibes qui parasitent l'homme, une seule est pathogène.* – Lat. *amiba,* du gr. *ameibein,* « changer, alterner ».

amibiase [amibjaz] n. f. MED Parasitisme du gros intestin, dû à *Entamoeba histobytica,* le plus souvent asymptomatique, mais qui peut provoquer une diarrhée aiguë ou chronique et des lésions viscérales graves, en partic. hépatiques. – De *amibe,* et *-ase.*

amibien, enne [amibjɛ̃, ɛn] adj. **1.** Dû aux amibes. *Dysenterie amibienne.* **2.** Qui est spécifique des amibes. – De *amibe.*

amiboïde [amibɔid] adj. **1.** Qui ressemble aux amibes. **2.** Qui émet des pseudopodes (leucocytes polynucléaires, etc.). – De *amibe,* et *-oïde.*

amical, ale, aux [amikal, o] adj. Qui est inspiré par l'amitié. *Un conseil amical.* Ant. hostile, malveillant. – Bas lat. *amicalis.*

amicale [amikal] n. f. Association professionnelle ou privée, regroupant des personnes ayant une même activité. *Une amicale de pêcheurs à la ligne.* – De *amical.*

amicalement [amikalmɑ̃] adv. D'une manière amicale. *Bavarder amicalement.* – De *amical.*

amict [amikt] n. m. Linge béni, que le prêtre catholique se place sur le cou et les épaules avant de passer l'aube. – Lat. *amictus.*

amide [amid] n. m. CHIM Composé organique dérivant de l'ammoniac ou des amines par substitution d'un ou plusieurs radicaux acyle R–CO– à un ou plusieurs atomes d'hydrogène. – Du rad. de *ammoniac.*

amidon [amidɔ̃] n. m. Substance de réserve végétale, de nature glucidique, dont les granules broyés avec de l'eau chaude fournissent un empois (*empois d'amidon*). – Lat. médiév. *amidum,* du lat. d'orig. gr. *amylum.*
ENCYCL L'amidon, polyoside de formule brute $(C_6H_{10}O_5)_n$, est formé de molécules de glucose associées en longues chaînes linéaires *(amylose)* ou ramifiées *(amylopectine)* par des liaisons osidiques *(pont oxygène).* Produit lors de la synthèse chlorophyllienne dans les feuilles, il constitue la principale réserve glucidique des graines (céréales, haricots, etc.) et des tubercules (pomme de terre). Il est utilisé dans l'industrie pour la préparation du glucose par hydrolyse, l'encollage du papier, l'apprêt des tissus, etc.

amidonnage [amidɔnaʒ] n. m. Action d'amidonner. – De *amidonner.*

amidonner [amidɔne] v. tr. [1] Empeser à l'amidon. – De *amidon.*

amidure [amidyʀ] n. m. CHIM Composé dérivant de l'ammoniac ou d'une amine par substitution d'un métal monovalent à un atome d'hydrogène. – De *amide.*

amincir [amɛ̃siʀ] v. tr. [3] **1.** Rendre plus mince. *Amincir une tôle.* ▷ v. pron. Devenir plus mince. Ant. épaissir. **2.** Faire paraître plus mince. *Cette robe l'amincit.* – De *mince.*

amincissement [amɛ̃sismɑ̃] n. m. **1.** Action d'amincir; son résultat. **2.** Fait de s'amincir. – De *amincir.*

amine [amin] n. f. CHIM Nom générique des composés organiques possédant le groupement R–CO–N (R'R"), R' et R" pouvant être l'atome d'hydrogène H. – Du rad. de *ammoniac.*
ENCYCL Les amines sont des bases faibles. On distingue les amines *aliphatiques,* dont le squelette est formé par une chaîne carbonée non fermée, et les amines *aromatiques,* à chaîne cyclique, dont le principal représentant est l'aniline. Les amines sont utilisées dans la fabrication des colorants (aniline) et des textiles artificiels (nylon, par ex.).

aminé, ée [amine] adj. BIOCHIM *Acides aminés* : acides organiques possédant une ou plusieurs fonctions amine, et dont 20 sont indispensables à la vie. – De *amine.*
ENCYCL Constituants essentiels des protéines, ils sont formés par la réunion d'un radical carboné, d'une ou deux fonctions acide organique (COOH) et d'une ou plusieurs fonctions amine. Dans les protéines, les vingt acides aminés naturels sont liés entre eux par une liaison peptidique selon des combinaisons variables. Chez l'homme, 10 acides aminés naturels sont indispensables; les autres peuvent être synthétisés. La séquence d'acides aminés d'une protéine fabriquée par une cellule est déterminée par la séquence des bases de l'A.D.N. constitutif d'un gène chromosomique. La synthèse protéique s'effectue dans les ribosomes, où l'A.D.N. messager transporte le code, les acides aminés nécessaires étant délivrés par l'A.R.N. de transfert.

a minima [aminima] loc. adv. (lat.) DR *Appel a minima,* interjeté par le ministère public quand il estime trop faible la peine appliquée. – Lat. jur. *a minima poena,* « de la plus petite peine ».

aminoplaste [aminɔplast] n. m. CHIM Résine synthétique thermodurcissable utilisée pour fabriquer des colles, des vernis, etc. – De *amine,* et *-plaste.*

aminosides [aminɔsid] n. m. pl. BIOCHIM Famille d'antibiotiques qui ont pour effet d'enrayer la croissance bactérienne en agissant sur la synthèse protéique au niveau des ribosomes. – Sing. *Un aminoside.* – De *amine,* et *oside.*

amiral, aux [amiʀal, o] n. m. Officier général de la marine militaire. ▷ adj. m. *Bâtiment amiral,* sur lequel se trouve l'amiral, le chef d'escadre. – De l'ar. *amīr,* « prince, chef ».

amirale [amiʀal] n. f. Femme d'un amiral. *Madame l'amirale X.* – Fém. de *amiral.*

amirauté [amiʀote] n. f. **1.** État et office d'amiral; résidence, services et bureaux de l'amiral. **2.** Corps des amiraux, formant l'état-major de la marine militaire. – *Premier lord de l'Amirauté* : ministre britannique de la Marine. – De *amiral.*

amitié [amitje] n. f. **1.** Affection mutuelle liant deux personnes. *Une solide amitié les unit.* ▷ *Amitié particulière* : relation de caractère homosexuel. **2.** Témoignage d'affection bienveillante. *Faites-nous l'amitié d'accepter ce présent. Je lui transmettrai vos amitiés.* Ant. antipathie, inimitié. – Du lat. pop. *amicitatem.*

amitose [amitoz] n. f. BIOL Mode de multiplication cellulaire par étranglement du noyau et du cytoplasme, et sans constitution d'un fuseau achromatique. – De *a-* 1, et *mitose.*

amixie [amiksi] n. f. BIOL Impossibilité de croisement entre deux espèces ou deux races. – De *a-* 1, et gr. *mixis,* « mélange ».

ammocète [amɔsɛt] n. f. Larve de lamproie. – Gr. *ammos,* « sable », et *koitê,* « demeure ».

1. ammoniac [amɔnjak] n. m. Gaz de formule NH_3, de densité 0,6, incolore et d'odeur suffocante, extrêmement soluble dans l'eau. – Lat. *ammoniacum*, du gr. *Ammôn*, nom d'un dieu (on préparait, dit-on, l'ammoniac près d'un temple de Jupiter Ammon, en Libye).

2. ammoniac, aque [amɔnjak] adj. *Sel ammoniac :* chlorure d'ammonium. – De *ammoniac* 1.

ammoniacal, ale, aux [amɔnjakal, o] adj. Qui est constitué par l'ammoniac ; qui en contient, ou possède ses propriétés. *Urine ammoniacale.* – De *ammoniac* 1.

ammoniaque [amɔnjak] n. f. Solution aqueuse de l'ammoniac. – De *ammoniac* 1.

ammonite [amɔnit] n. f. PALEONT Mollusque céphalopode tétrabranchial fossile, à coquille spiralée, dont les multiples espèces, fort abondantes pendant le secondaire, avaient des formes et des tailles (jusqu'à 0,50 m) très diverses. – De *Ammon*, à cause de la ressemblance de la coquille avec les cornes du dieu Jupiter Ammon.

ammonium [amɔnjɔm] n. m. CHIM Radical de formule NH_4, que ses propriétés font classer parmi les métaux alcalins. – *Ion ammonium :* ion monovalent $[NH_4^+]$. – Du rad. de *ammoniac* 1.

ammonoïdes [amɔnɔid] n. m. pl. Les ammonites en tant qu'ordre (par oppos. aux nautiloïdes, également fossiles). – De *ammon(ite)* et *-oïde*.

amnésie [amnezi] n. f. Diminution ou perte totale de la mémoire. – Gr. ecclés. *amnêsia*, « oubli ».

amnésique [amnezik] adj. (et n.) Qui est frappé d'amnésie. – De *amnésie*.

amniocentèse [amnjosɛ̃tɛz] n. f. MED Prélèvement, aux fins d'analyse, de liquide amniotique, réalisé par ponction transabdominale. – De *amnio-*, et *centèse* (d'apr. *paracentèse*).

amnios [amnjos] n. m. PHYSIOL Annexe embryonnaire la plus interne chez les vertébrés supérieurs, dont la paroi est issue de l'ectoderme et du mésoderme pariétal, et qui constitue une poche emplie de liquide dans lequel baigne le fœtus (appelée *poche des eaux* chez les mammifères). – Gr. *amnion*.

amnioscopie [amnjɔskɔpi] n. f. Observation par le col utérin du liquide amniotique à travers la membrane placentaire. – De *amnios*, et *-scopie*.

amniote [amnjɔt] n. m. ZOOL Vertébré dont les annexes embryonnaires comportent un amnios (reptiles, oiseaux, mammifères). – De *amnios*.

amniotique [amnjɔtik] adj. PHYSIOL Qui appartient à l'amnios. *Le liquide amniotique protège et hydrate le fœtus.* – De *amnios*.

amnistie [amnisti] n. f. Acte du pouvoir législatif qui annule des condamnations et leurs conséquences pénales. *Un délit couvert par l'amnistie. Amnistie fiscale, douanière.* – Gr. *amnêstia*, « oubli ».

amnistier [amnistje] v. tr. [2] Accorder une amnistie à. – De *amnistie*.

amocher [amɔʃe] v. tr. [1] Pop. Abîmer, défigurer, blesser. *Il s'est fait amocher dans une bagarre.* ▷ v. pron. *Il s'est rudement amoché !* – De *moche*.

amodiation [amɔdjasjɔ̃] n. f. Action d'amodier. – De *amodier*.

amodier [amɔdje] v. tr. [2] DR Louer une terre, une mine, contre une redevance contractuelle (payée par l'*amodiateur*, la personne qui loue, à l'*amodiataire*, la personne qui cède la terre). – Lat. médiév. *admodiare*, de *modius*, « boisseau ».

amoindrir [amwɛ̃dʀiʀ] **1.** v. tr. [3] Diminuer, rendre moindre. *La fatigue amoindrissait ses capacités.* Syn. réduire, restreindre. Ant. accroître, agrandir. **2.** v. pron. Diminuer, devenir moindre. *Ses revenus se sont considérablement amoindris.* – De *a-* 1, et *moindre*.

amoindrissement [amwɛ̃dʀismɑ̃] n. m. Diminution, affaiblissement. – De *amoindrir*.

amok [amɔk] n. m. Crise de folie homicide dont sont parfois frappés certains opiomanes malais. – Mot malais.

amollir [amɔliʀ] v. tr. [3] **1.** Rendre mou. *La chaleur amollit le beurre.* **2.** Fig. Rendre plus faible, enlever de la force. *De nombreuses pressions amollirent ses résolutions.* Syn. affaiblir, alanguir. Ant. affermir, endurcir. ▷ v. pron. *Son ardeur s'amollissait.* – De *mol*, anc. forme de *mou*.

amollissement [amɔlismɑ̃] n. m. Action d'amollir ; état de ce qui est amolli. – De *amollir*.

amonceler [amɔ̃sle] **1.** v. tr. [19] Entasser, mettre en monceau. *Ils amoncellent des piles de livres.* ▷ Fig. Réunir, accumuler. *Amonceler des preuves.* **2.** v. pron. *De lourds nuages s'amoncelaient à l'horizon.* – De *moncel*, « monceau ».

amoncellement [amɔ̃sɛlmɑ̃] n. m. Entassement, accumulation de (qqch). *Un amoncellement d'ordures.* – De *amonceler*.

amont [amɔ̃] n. m. (et adj. inv.) **1.** Partie d'un cours d'eau comprise entre sa source et un point donné. Ant. aval. ▷ Loc. prép. *En amont de :* du côté d'où vient le courant (par rapport à un point donné). *En amont du pont.* **2.** *Vent d'amont*, venant de l'intérieur des terres. **3.** adj. inv. SPORT *Ski amont*, celui qui se trouve vers le haut de la piste. – D'abord pour *à mont*, « vers la montagne », puis adv. signif. « vers le haut ».

amoral, ale, aux [amɔʀal, o] adj. Qui ignore les principes de la morale. Ant. moral. – De *a-* 1, et *moral*.

amoralisme [amɔʀalism] n. m. Attitude d'une personne amorale. Ant. moralisme. – De *amoral*.

amoralité [amɔʀalite] n. f. Caractère de ce qui est étranger à la notion de moralité. Ant. moralité. – De *amoral*.

amorçage [amɔʀsaʒ] n. m. Action d'amorcer. ▷ ELECTR Phénomène transitoire précédant l'établissement du régime permanent dans une génératrice dont le courant est fourni par l'induit. ▷ ELECTRON *Amorçage d'un arc :* processus d'établissement d'un arc ou d'une étincelle. ▷ TECH *Amorçage d'une tuyère :* établissement d'un régime sonique ou supersonique dans une tuyère. – De *amorcer*.

amorce [amɔʀs] n. f. **1.** Appât jeté dans l'eau ou disposé autour d'un piège pour attirer le poisson, le gibier. **2.** Fig., vx Ce qui séduit, attire. *L'espoir d'un gain important était une puissante amorce pour les spéculateurs.* **3.** Capsule à poudre fulminante servant à mettre à feu une charge de poudre, d'explosif. – Pastille de fulminate collée entre deux papiers, servant de jeu pour les enfants. *Pistolet à amorces.* **4.** *Par ext.* Ébauche (d'un ouvrage). *L'amorce d'une rue.* – De l'a. fr. *amordre*, de *mordre*.

amorcer [amɔʀse] v. tr. [12] **1.** PECHE Garnir d'une amorce. *Amorcer un hameçon.* ▷ Attirer en jetant une amorce. *Amorcer les poissons.* Syn. appâter. **2.** Fig., vx Séduire et tenter. *Amorcer quelqu'un par des flatteries.* **3.** Munir d'une amorce (une charge de poudre, d'explosif). **4.** *Amorcer une pompe*, y verser ou y amener du liquide pour déclencher son fonctionnement normal. **5.** *Par ext.* Ébaucher (un ouvrage). *Amorcer une allée.* ▷ Fig. *Amorcer une affaire*, la mettre en train. – De *amorce*.

amoroso [amɔʀozo] adv. MUS Avec une expression tendre (indication figurant sur une partition). – Ital. « amoureusement ».

amorphe [amɔʀf] adj. **1.** Qualifie une personne sans caractère, sans énergie. *C'est un être amorphe,* sans volonté. Syn. inconsistant, mou. Ant. énergique. **2.** CHIM Qui n'a pas le caractère cristallin. *Les verres sont des substances amorphes.* – Gr. *amorphos,* «sans forme».

amorti [amɔʀti] n. m. SPORT **1.** Au tennis, balle frappée de façon à ne rebondir que faiblement et presque verticalement. **2.** Au football, fait d'arrêter le ballon en accompagnant du pied ou du genou son mouvement sur sa trajectoire. – Pp. subst. de *amortir.*

amortir [amɔʀtiʀ] v. tr. [3] **1.** Diminuer la force, l'intensité de. *Amortir un choc, un bruit.* ▷ Fig. *Une longue vie commune a amorti leur passion.* Syn. affaiblir. ▷ v. pron. *Bruits qui s'amortissent dans le lointain.* **2.** FIN Échelonner une dépense sur une certaine durée. *Amortir une dette,* en rembourser progressivement le montant jusqu'à son extinction. ▷ Cour. Récupérer une somme consacrée à l'achat d'un bien par son utilisation. *Amortir une automobile.* – Lat. pop. **admortire,* de **mortus,* «mort».

amortissable [amɔʀtisabl] adj. FIN Qui peut être amorti (sens 2). – De *amortir.*

amortissement [amɔʀtismɑ̃] n. m. **1.** Atténuation, réduction de l'intensité. *Amortissement d'un choc.* ▷ PHYS Réduction progressive de l'amplitude d'un mouvement oscillatoire, d'une onde. **2.** FIN Action d'amortir (sens 2). *Amortissement d'un emprunt. Amortissement linéaire,* dans lequel la somme est répartie également sur plusieurs années. *Amortissement dégressif,* dans lequel une part plus importante est affectée sur les premières années. ▷ *Caisse d'amortissement,* destinée à l'extinction graduelle de la dette publique. ▷ FISC Déduction comptable compensant la perte subie du fait de l'immobilisation ou de la dépréciation de certains éléments d'un actif. **3.** ARCHI Ornement placé au faîte d'un édifice. – De *amortir.*

amortisseur [amɔʀtisœʀ] n. m. Dispositif permettant de réduire l'amplitude des oscillations engendrées lors d'un choc brutal. *Les amortisseurs d'une automobile.* – De *amortir.*

amour [amuʀ] n. m. **I. 1.** Sentiment d'affection passionnée, attirance affective et sexuelle d'un être humain pour un autre du sexe opposé (du même sexe, en cas d'homosexualité). *Elle lui a inspiré un grand amour. Aimer d'amour. Filer le parfait amour :* s'aimer dans une entente parfaite. - *Faire l'amour (avec qqn) :* avoir des rapports sexuels. ▷ n. f. pl. Litt. *De folles amours.* Syn. passion, tendresse, attachement. **2.** La personne aimée. *Mon amour.* - *Vous êtes un amour :* vous êtes très aimable, charmant(e). **3.** Nom de la divinité à laquelle les Anciens attribuaient le pouvoir de faire aimer. *L'arc et les flèches du petit dieu Amour.* - Représentation allégorique de cette divinité. *Des amours joliment sculptés.* ▷ *Amour-en-cage :* Syn. alkékenge. **II.** Vif sentiment d'affection que ressentent les uns pour les autres les membres d'une même famille. *Amour maternel, filial, fraternel.* **III. 1.** Sentiment de profond attachement (à un idéal moral, philosophique, religieux) impliquant don de soi et renoncement à l'intérêt individuel au profit d'une valeur ressentie comme supérieure. *L'amour du prochain, de la patrie.* ▷ *Amour de Dieu :* piété, ferveur. - *Pour l'amour de Dieu :* formule de supplication. **2.** Goût, enthousiasme pour une chose, une activité. *L'amour de la musique.* - *Faire un travail avec amour,* avec grand plaisir et en y mettant tout son soin. Ant. aversion, dégoût. – Lat. *amor.*

amouracher (s') [amuʀaʃe] v. pron. [1] Péjor. S'éprendre soudainement (de qqn). *Il s'est amouraché d'une petite pimbêche.* – Ital. *(inn)amoracciarsi,* de *amoraccio,* dér. péjor. de *amore,* «amour».

1. amourette [amuʀɛt] n. f. Aventure sentimentale sans conséquence. – Dimin. de *amour.*

2. amourette [amuʀɛt] n. f. **1.** Graminée à épillets mobiles (genre *Briza*). **2.** *Bois d'amourette :* bois d'un arbre du genre *Mimosa* (fam. papilionacées), employé en ébénisterie. – Du lat. pop. **amarusta,* «camomille», avec infl. de *amour.*

amourettes [amuʀɛt] n. f. pl. Morceaux cuits de moelle épinière de veau, de bœuf ou de mouton. – Anc. provenç. *amoretas,* «testicules du coq», de *amor,* «amour».

amoureusement [amuʀøzmɑ̃] adv. D'une façon amoureuse; avec amour. *Elle est amoureusement tendre.* – De *amoureux.*

amoureux, euse [amuʀø, øz] adj. (et n.) **1.** Propre à l'amour, qui dénote de l'amour. *Sentiments, regards amoureux.* **2.** Qui éprouve de l'amour. *Ne la taquine pas, elle est amoureuse.* **3.** n. Celui, celle qui éprouve de l'amour. *C'est son amoureux.* – Lat. pop. *amorosus.*

amour-propre [amuʀpʀɔpʀ] n. m. Sentiment très vif qu'une personne a de sa propre valeur, dont elle veut garantir l'image aux yeux d'autrui. *Il a trop d'amour-propre pour faire cette bassesse. Satisfactions d'amour-propre. Des amours-propres.* – De *amour,* et *propre.*

amovibilité [amɔvibilite] n. f. Caractère de ce qui est amovible. – De *amovible.*

amovible [amɔvibl] adj. **1.** DR Qui peut être déplacé, muté (fonctionnaire, magistrat). Ant. inamovible. **2.** Qui peut être démonté, enlevé. *Pièce amovible d'un mécanisme.* Ant. fixe, inamovible. – Lat. médiév. *amovibilis,* du lat. *amovere,* «écarter».

A.M.P. n. m. BIOCHIM Molécule dont le potentiel énergétique est utilisable au cours des réactions métaboliques cellulaires. – Sigle de *adénosine-monophosphate.*

A.M.P.c. n. m. BIOCHIM Molécule présente dans la membrane cellulaire qui, servant de médiateur intracellulaire, joue le rôle de second messager hormonal. *A.M.P. cyclique :* V. hormone. – Sigle de *adénosine-monophosphate cyclique.*

ampélidacées [ɑ̃pelidase] n. f. pl. BOT Famille de dicotylédones dialypétales, dont la vigne est le type, comprenant surtout des arbustes grimpant à l'aide de vrilles. Syn. vitacées. - Sing. *Une ampélidacée.* – Lat. bot. *ampelidaceæ,* du gr. *ampelos,* «vigne».

ampélographie [ɑ̃pelɔgʀafi] n. f. Science qui étudie la vigne. – Du gr. *ampelos,* «vigne», et *-graphie.*

ampélopsis [ɑ̃pelɔpsis] n. m. BOT Genre d'ampélidacées ornementales appelées *vignes vierges.* – Du gr. *ampelos,* «vigne», et *opsis,* «apparence».

ampère [ɑ̃pɛʀ] n. m. ELECTR Unité d'intensité des courants électriques (symbole A). – Du n. du physicien *Ampère* (1775-1836).

ampère-étalon [ɑ̃pɛʀetalɔ̃] n. m. Électrodynamomètre utilisé pour la vérification des ampèremètres. *Des ampères-étalons.* – De *ampère,* et *étalon.*

ampère-heure [ɑ̃pɛʀœʀ] n. m. Quantité d'électricité transportée en 1 heure par un courant de 1 ampère (symbole Ah). *Des ampères-heures.* – De *ampère,* et *heure.*

ampèremètre [ɑ̃pɛʀmɛtʀ] n. m. Appareil de mesure de l'intensité d'un courant. – De *ampère,* et *mètre.*

ampèretour [ɑ̃pɛʀtuʀ] n. m. Anc. Unité de force magnétomotrice qui correspond au passage d'un courant d'une intensité de 1 ampère dans un conducteur formant une seule spire. – De *ampère,* et *tour.*

amphétamine [ɑ̃fetamin] n. f. MED Excitant du système nerveux central, classé parmi les toxiques, qui accroît les capacités physiques et psychiques de l'individu, mais entraîne accoutumance, assuétude et dépendance. *Les amphétamines sont souvent employées dans le* *dopage.* – Pour *amphéthylamine,* de *amphi-,* *éthyle,* et *amine.*

amphi-. Préfixe, du gr. *amphi,* «autour de, des deux côtés».

amphibie [ɑ̃fibi] adj. (et n.) **1.** Qui vit dans l'air et dans l'eau. *Les phoques sont amphibies.* ▷ Subst. *Un amphibie.* **2.** Qui peut se déplacer sur terre et dans l'eau. *Véhicule amphibie.* – De *amphi-,* et gr. *bios,* «vie».

amphibiens [ɑ̃fibjɛ̃] n. m. pl. ZOOL Classe de vertébrés tétrapodes poïkilothermes, à peau nue, généralement ovipares, comprenant trois ordres : les anoures (grenouilles, crapauds), les urodèles (tritons, salamandres) et les apodes (cécilie). Syn. anc. batraciens. – Sing. *Un amphibien.* – De *amphibie.*

amphibole [ɑ̃fibɔl] n. f. MINER Minéral composé de silicates de fer, calcium et magnésium, généralement de couleur sombre, entrant en partie dans la constitution des roches éruptives et métamorphiques. – Gr. *amphibolos,* «indéterminé» (sa composition étant alors inconnue).

amphibolite [ɑ̃fibɔlit] n. f. PETROG Roche constituée presque entièrement d'amphiboles. – De *amphibole,* et *-ite* 3.

amphibologie [ɑ̃fibɔlɔʒi] n. f. GRAM Construction vicieuse qui donne un double sens à une phrase (par ex. : *j'ai volé une pomme à ma sœur qui n'est pas bonne*); équivoque. – Bas lat. *amphibologia,* du gr.

amphibologique [ɑ̃fibɔlɔʒik] adj. GRAM À double sens, ambigu. – De *amphibologie.*

amphictyonie [ɑ̃fiktjɔni] n. f. HIST Assemblée d'amphictyons, délégués des cités grecques de l'Antiquité, qui, à Delphes en partic., organisaient les jeux et œuvraient au maintien de la paix. – Mot gr.

amphidromique [ɑ̃fidʀɔmik] adj. OCEANOGR *Point amphidromique,* où le marnage est nul et autour duquel les courbes cotidales se disposent radialement. – De *amphi-,* et du gr. *dromos,* «course».

amphigouri [ɑ̃figuʀi] n. m. RHET Discours, écrit confus et obscur. – Orig. incon.

amphigourique [ɑ̃figuʀik] adj. RHET Confus, embrouillé. *Style amphigourique.* – De *amphigouri.*

amphimixie [ɑ̃fimiksi] n. f. BIOL Fusion des noyaux des gamètes mâles et femelles lors de la fécondation. – De *amphi-,* et gr. *mixis,* «mélange».

amphineures [ɑ̃finœʀ] n. m. pl. ZOOL Syn. de *polyplacophores.* – Sing. *Un amphineure.* – De *amphi-,* et gr. *neuron,* «ligament».

amphion [ɑ̃fjɔ̃] n. m. CHIM Ion possédant une charge positive et une charge négative. *Les acides aminés existent en solution aqueuse à l'état d'amphions.* – De *amphi-,* et *ion.*

amphioxus [ɑ̃fjɔksys] n. m. ZOOL Invertébré marin céphalocordé (*Branchiostoma lanceolatum*), dont le squelette, interne, dorsal, est réduit à la corde et l'œil à une tache oculaire, insensible à la lumière. – De *amphi-,* et gr. *oxus,* «pointu».

amphipodes [ɑ̃fipɔd] n. m. pl. ZOOL Ordre de petits crustacés d'eau douce et d'eau de mer, comprenant les puces de mer, les gammares, etc. – Sing. *Un amphipode.* – De *amphi-,* et *-pode.*

amphiprion [ɑ̃fipʀjɔ̃] n. m. ICHTYOL Poisson téléostéen à rayures oranges et blanches qui vit dans les récifs de l'Asie. – De *amphi-,* et gr. *priôn,* «scie».

amphisbéniens [ɑ̃fisbenjɛ̃] n. m. pl. ZOOL Ordre de reptiles apodes des régions tropicales, auj. détachés des sauriens, semblables à de gros vers de terre, et qui se déplacent aussi bien vers l'avant que vers l'arrière, d'où leur nom de serpents à deux têtes. – Sing. *Un amphisbénien.* – De *amphi-,* et gr. *bainein,* «marcher».

amphithéâtre [ɑ̃fiteɑtʀ] n. m. **1.** ANTIQ ROM Vaste édifice à gradins de forme ronde ou elliptique, destiné principalement aux combats de gladiateurs et aux jeux publics. *Amphithéâtre de Pompéi.* ▷ *Terrain en amphithéâtre,* aux pentes incurvées et s'élevant graduellement. *Alger est bâtie en amphithéâtre.* **2.** *Par anal.* Salle de cours, garnie de gradins. (Abrév. fam. : amphi). **3.** GEOL *Amphithéâtre morainique :* bassin limité par la moraine frontale d'un glacier qui s'est retiré. – Lat. d'orig. gr. *amphitheatrum.*

amphitryon [ɑ̃fitʀijɔ̃] n. m. Plaisant Maître d'une maison où l'on dîne, celui qui donne à dîner. – Par allus. à deux vers de l'*Amphitryon* de Molière : «*Le véritable Amphitryon / est l'Amphitryon où l'on dîne.*»

amphogène [ɑ̃fɔʒɛn] adj. BIOL Produisant des individus appartenant aux deux sexes. *Espèce amphogène.* – De *amphi-,* et *-gène.*

amphophile [ɑ̃fɔfil] adj. BIOL Qui présente des affinités aussi bien pour les acides que pour les bases. – De *amphi-,* et *-phile.*

amphore [ɑ̃fɔʀ] n. f. ANTIQ Vase ovoïde en terre cuite, à deux anses. *Les amphores contenaient des grains ou des liquides destinés à être transportés.* – Lat. d'orig. gr. *amphora.*

amphotère [ɑ̃fɔtɛʀ] adj. (et n. m.) CHIM Qui possède à la fois les propriétés des acides et celles des bases (l'oxyde de zinc, par ex.). – Du gr. *amphoteros,* «l'un et l'autre».

ample [ɑ̃pl] adj. **1.** Vaste, large. *Un vêtement ample.* Ant. ajusté, étriqué, étroit. **2.** Important, abondant. *J'ai fait pendant mon voyage une ample provision de souvenirs.* ▷ Loc. *Jusqu'à plus ample informé :* avant d'avoir recueilli plus d'informations. – Lat. *amplus.*

amplectif, ive [ɑ̃plɛktif, iv] adj. BOT Qualifie tout organe qui en enveloppe complètement un autre. *Feuilles amplectives,* qui entourent la tige. – Du lat. *amplecti,* «embrasser».

amplement [ɑ̃pləmɑ̃] adv. D'une manière ample, abondamment. *Il a été amplement renseigné.* – De *ample.*

ampleur [ɑ̃plœʀ] n. f. **1.** Caractère de ce qui est ample (sens 1). *Cette manche a trop d'ampleur.* **2.** Importance, étendue. *On mesure l'ampleur de la crise.* – De *ample.*

ampli [ɑ̃pli] n. m. Abrév. fam. de *amplificateur.*

ampliatif, ive [ɑ̃plijatif, iv] adj. **1.** Vx Qui renforce, complète. **2.** DR Qui complète un acte précédent. ▷ *Le mémoire ampliatif développe a posteriori les faits et les moyens exposés par la requête sommaire.* – Du rad. du pp. de *ampliare,* «augmenter».

ampliation [ɑ̃plijasjɔ̃] n. f. DR Copie authentique de l'original d'un acte notarié ou administratif. ▷ *Pour ampliation :* formule placée en bas des actes ampliatifs. – Lat. *ampliatio,* de *amplus,* «ample».

amplificateur [ɑ̃plifikatœʀ] n. m. ELECTRON Appareil qui amplifie un signal dont l'amplitude est trop faible pour qu'on puisse l'utiliser directement. (Abrév. fam. : ampli). – Lat. *amplificator.*

amplification [ɑ̃plifikasjɔ̃] n. f. **1.** ELECTRON Action d'amplifier un signal. **2.** LITTER Développement d'un sujet en littérature. – Péjor. Développement verbeux, exagération. – Lat. *amplificatio.*

amplifier [ɑ̃plifje] **1.** v. tr. **[2]** Augmenter la quantité, le volume, l'étendue, l'importance de. *Amplifier le courant, le son. Amplifier les échanges commerciaux.* Ant. abréger, diminuer, réduire, restreindre. **2.** v. pron. Devenir plus important. *Le recul des valeurs à la Bourse s'amplifie.* – Lat. *amplificare.*

amplitude [ɑ̃plityd] n. f. **1.** Vx Grandeur, étendue considérable. **2.** Écart entre deux valeurs extrêmes de la température. *L'amplitude entre le jour et la nuit est considérable au Sahara.* **3.** *Amplitude d'un mouvement oscillatoire*, son élongation maximale. **4.** ASTRO Arc de l'horizon compris entre le point où un astre se lève ou se couche et les directions de l'est et de l'ouest. **5.** GEOPH Syn. cour. de *magnitude*. – Lat. *amplitudo*.

ampoule [ɑ̃pul] n. f. **1.** Petit tube de verre, terminé en pointe et soudé, contenant un médicament liquide; son contenu. *Verser (le contenu d')une ampoule dans un verre d'eau.* ▷ HIST *La Sainte Ampoule* : vase contenant l'huile consacrée, qui servait à l'onction des rois de France (de Clovis à Charles X). **2.** *Ampoule électrique* : enveloppe de verre enfermant le filament des lampes à incandescence et généralement remplie d'un gaz inerte pour éviter la destruction du filament par oxydation. **3.** MED Petit gonflement de l'épiderme, rempli de sérosité, consécutif à un frottement ou à une brûlure. *Il s'est fait des ampoules aux pieds.* Syn. phlyctène. – Lat. *ampulla*, « petit flacon, fiole ».

ampoulé, ée [ɑ̃pule] adj. Emphatique, pompeux. *Tenir un discours ampoulé.* Ant. naturel, simple. – Pp. de l'anc. v. *ampouler*, « gonfler ».

ampullaire [ɑ̃pylɛʀ] n. f. et adj. **1.** n. f. ZOOL Gastéropode voisin des paludines. **2.** adj. BIOL Qui a la forme d'une ampoule. *Glande ampullaire.* – Du lat. *ampulla*, « petit flacon, fiole ».

amputation [ɑ̃pytasjɔ̃] n. f. **1.** CHIR Ablation d'un membre, d'un segment de membre ou de certains organes. *Amputation d'une jambe, d'un sein.* **2.** Fig. *Amputation d'un texte.* – Lat. *amputatio*.

amputé, ée [ɑ̃pyte] adj. et n. Se dit d'une personne qui a subi l'ablation d'un membre ou d'un segment de membre. ▷ Subst. *Un amputé du bras droit.* – Pp. de *amputer*.

amputer [ɑ̃pyte] v. tr. [1] **1.** Pratiquer l'amputation de. *Amputer un membre.* **2.** Fig. *Amputer un texte*, en retrancher un ou plusieurs passages. – Lat. *amputare*, « tailler ».

amuïr (s') [amɥiʀ] v. pron. [3] PHON Devenir muet, ne plus se prononcer. – Lat. pop. **admutire*.

amuïssement [amɥismɑ̃] n. m. PHON Fait de s'amuïr. *« L'élision est l'amuïssement d'une des voyelles finales, a, e, i, devant une initiale vocalique » (M. Grevisse).* – De *amuïr*.

amulette [amylɛt] n. f. Petit objet que l'on porte sur soi et auquel on attribue un pouvoir magique de protection. – Lat. *amuletum*.

amure [amyʀ] n. f. MAR ANC Cordage maintenant au vent le coin inférieur d'une voile. ▷ *Point d'amure* : anc. coin de la voile portant l'amure; mod. coin inférieur avant d'une voile triangulaire. ▷ *Courir bâbord, tribord amures*, en recevant le vent par bâbord, par tribord. – Du provenç. *amurar*, « fixer au mur, à la muraille du navire ».

amurer [amyʀe] v. tr. [1] Anc. Tendre l'amure d'une voile pour l'orienter. ▷ Mod. Fixer par le point d'amure. – De *amure*.

amusant, ante [amyzɑ̃, ɑ̃t] adj. Qui amuse, divertit. – Ppr. de *amuser*.

amuse-gueule [amyzgœl] n. m. inv. Fam. Petit hors-d'œuvre servi avec l'apéritif. – De *amuser*, et *gueule*.

amusement [amyzmɑ̃] n. m. Ce qui amuse. *Les cartes sont pour lui un amusement.* Syn. distraction, récréation. – De *amuser*.

amuser [amyze] **I.** v. tr. [1] **1.** Distraire, divertir. *Ses plaisanteries m'ont bien amusé.* Syn. égayer. Ant. ennuyer. **2.** Tromper au moyen d'habiles diversions. *Il amuse l'auditoire pour gagner du temps.* **II.** v. pron. Se distraire, se divertir. *Les enfants s'amusent.* – *S'amuser de quelqu'un*, se moquer de lui. ▷ *Ne vous amusez pas à...* : ne vous avisez pas de... – De *a-* 2, et *muser*.

amusette [amyzɛt] n. f. Distraction sans portée, à laquelle on n'attache pas d'importance. – De *amuser*.

amuseur, euse [amyzœʀ, øz] n. Personne qui amuse. – De *amuser*.

amygdalaire [ami(g)dalɛʀ] ou **amygdaloïde** [ami(g)dalɔid] adj. GEOL *Massifs amygdalaires* : massifs montagneux de forme allongée. *Roches amygdalaires*, contenant des inclusions en forme d'amande. – Du lat. *amygdala*, « amande ».

amygdale [ami(g)dal] n. f. Formation lymphoïde située dans la région bucco-pharyngée (les plus importantes sont les deux amygdales palatines, de part et d'autre du voile du palais, dans les fosses amygdaliennes). – Lat. *amygdala*, « amande », d'orig. gr.

amygdalectomie [ami(g)dalɛktɔmi] n. f. CHIR Ablation des amygdales. – De *amygdale*, et *-ectomie*.

amygdalite [ami(g)dalit] n. f. MED Inflammation des amygdales. – De *amygdale*, et *-ite* 1.

amygdaloïde [ami(g)dalɔid] adj. **1.** Qui a la forme d'une amande. **2.** GEOL Syn. de *amygdalaire*. – Du lat. *amygdala*, « amande », d'orig. gr., et *-oïde*.

amyl(o)-. Élément, du lat. d'orig. gr. *amylum*, « amidon », entrant dans la composition de plusieurs mots.

amylacé, ée [amilase] adj. CHIM Qui contient de l'amidon. – De *amyle*.

amylase [amilɑz] n. f. BIOCHIM Enzyme d'origine salivaire et pancréatique, qui scinde l'amidon et le glycogène en dextrines et maltose, au cours de la digestion intestinale. – De *amyl(o)-*, et *-ase*.

amylasémie [amilasemi] n. f. MED Concentration sanguine en amylase. – De *amylase*, et *-émie*.

amyle [amil] n. m. CHIM Radical monovalent C_5H_{11} caractéristique des composés amyliques. – Lat. *amylum*, « amidon ».

amylique [amilik] adj. CHIM Qualifie un composé qui renferme le radical amyle. *Alcool amylique.* – De *amyle*.

amylobacter [amilɔbaktɛʀ] n. m. Bacille anaérobie qui transforme la cellulose, les sucres en acide butyrique. – De *amyl(o)-*, et *bactérie*.

amyloïde [amilɔid] adj. Qui ressemble à de l'amidon. – De *amyl(o)-*, et *-oïde*.

amylomyce [amilɔmis] n. m. BOT Champignon (fam. mucoracées) utilisé pour la fabrication de l'alcool de grain, qui transforme en maltose l'amidon des grains cuits. – De *amyl(o)-*, et *-myce*.

amylopectine [amilɔpɛktin] n. f. BIOCHIM Polyoside constituant de l'amidon, comportant au moins 1 000 monomères (*glucose*) formant une macromolécule très ramifiée. – De *amyl(o)-*, et *pectine*.

amyloplaste [amilɔplast] n. m. BOT Plaste synthétisant de l'amidon dans les organes végétaux non soumis à la lumière. *Les amyloplastes des tubercules de pommes de terre.* – De *amyl(o)-*, et *-plaste*.

amylose [amiloz] n. **1.** n. m. BIOCHIM Polyoside constituant de l'amidon, formé de 250 à 300 monomères (*glucose*). **2.** n. f. MED Maladie grave caractérisée par l'infiltration dans les différents tissus d'une substance glycoprotéique mal connue, et le plus souvent secondaire à une maladie générale chronique (tuberculose, syphilis, etc.). – De *amyl(o)-*, et *-ose* 2.

amyotrophie [amjɔtʀɔfi] n. f. MED Atrophie musculaire. – De *a-* 1, *myo-*, et *-trophie*, « nourriture ».

an-. V. *a-* 1.

an [ɑ̃] n. m. Période correspondant à la durée d'une révolution de la Terre autour du Soleil; année. *Il y a trois ans... Il a cinquante ans.* - Loc. *Bon an, mal an* : compensation faite des bonnes et des mauvaises années. - Plur. Poét. *Le poids des ans.* ▷ Période comprise entre le 1er janvier et le 31 décembre, dans le calendrier grégorien. *L'an prochain, l'an dernier. Le jour de l'an* : le 1er janvier. - Indiquant une date. *L'an 1280 après J.-C. L'an 923 de l'hégire. L'an II de la République.* – Lat. *annus.*

ana-. Préfixe, du gr. *ana*, «de bas en haut», marquant une idée de mouvement en arrière, de répétition, de changement, d'inversion de sens.

ana [ana] n. m. inv. Recueil de pensées, d'anecdotes, de bons mots. – De la terminaison du titre lat. de recueils (*Valesiana, Scaligerana*, etc.).

anabaptisme [anabatism] n. m. Doctrine des anabaptistes. *L'anabaptisme est apparu en Allemagne au XVIe siècle.* – De *anabaptiste.*

anabaptiste [anabatist] n. Adepte d'un mouvement protestant qui dénie toute valeur au baptême des enfants et réserve ce sacrement aux adultes. – De *ana-*, et gr. *baptizein*, «baptiser».

anabolisant, ante [anabolizɑ̃, ɑ̃t] adj. et n. m. Qui favorise l'anabolisme. *Les stéroïdes anabolisants parfois utilisés comme dopage sont dangereux.* ▷ n. m. *L'emploi des anabolisants dans l'élevage est réglementé.* – De *anabolisme.*

anabolisme [anabɔlism] n. m. BIOL Ensemble des réactions de synthèse s'effectuant dans un organisme vivant. – Du gr. *anabolê*, «ascension, accroissement».

anacarde [anakaʀd] n. m. Fruit (noix de cajou) de l'anacardier, dont les téguments contiennent un caustique puissant. – De *ana-*, et gr. *kardia*, «cœur».

anacardier [anakaʀdje] n. m. ARBOR Arbrisseau tropical (genre *Anacardium*, fam. térébinthacées) dont une espèce est cultivée pour l'amande de son fruit, la noix de cajou. – De *anacarde.*

anachorète [anakɔʀɛt] n. m. **1.** Ascète qui vit seul, retiré du monde. Ant. cénobite (qui vit en communauté). **2.** *Par ext.* Personne qui vit par goût dans la solitude. – Lat. ecclés. *anachoreta*, gr. *anachôrêtês*, «qui se retire».

anachronique [anakʀɔnik] adj. **1.** Entaché d'anachronisme (sens 1). **2.** Suranné, désuet. – De *anachronisme.*

anachronisme [anakʀɔnism] n. m. **1.** Faute contre la chronologie; attribution à une époque d'usages, de notions, de pratiques qu'elle n'a pas connus. *Parler d'un portrait photographique de Louis XIV, c'est commettre un anachronisme.* **2.** Usage suranné, désuet. ▷ Caractère de ce qui est anachronique. – De *ana-*, et gr. *khronos*, «temps».

anacoluthe [anakɔlyt] n. f. Rupture dans la construction d'une phrase. *«Vous, ministre de paix (...), Le sang, à votre gré, coule trop lentement» (Racine).* – Bas lat. gram. d'orig. gr. *anacoluthon*, «absence de suite».

anaconda [anakɔ̃da] n. m. ZOOL Serpent des marais et des fleuves d'Amérique tropicale (fam. boïdés, n. scientif. *eunecte*), qui peut atteindre dix mètres.

anacrouse [anakʀuz] n. f. METR ANC Syllabe qui commence un vers et ne compte pas dans la mesure. ▷ MUS Notes qui, dans certains morceaux, précèdent le premier temps fort de la première mesure. – Mot gr. *anacrousis.*

anadipsie [anadipsi] n. f. MED Syn. de *polydipsie.* – De *ana-*, et gr. *dipsa*, «soif»

anadyomène [anadjɔmɛn] adj. *Aphrodite anadyomène*, «qui sort de l'eau» (les Grecs croyaient qu'Aphrodite était née de l'écume de la mer). – Gr. *anaduomênê.*

anaérobie [anaeʀɔbi] adj. BIOL Qui ne peut vivre au contact de l'air. *Processus anaérobies*, qui se déroulent en l'absence d'oxygène. Ant. aérobie. – De *a(n)-* 1, et *aérobie.*

anaérobiose [anaeʀɔbjoz] n. f. BIOL Ensemble des conditions nécessaires au développement des organismes anaérobies. Ant. aérobiose. – De *an(a)-*, et *aérobiose.*

anagenèse [anaʒənɛz] n. f. PHYSIOL Régénération de tissus détruits. – De *ana-*, et *genèse.*

anaglyphe [anaglif] n. m. **1.** ANTIQ Ouvrage sculpté ou ciselé en relief. *Les camées sont des anaglyphes.* **2.** PHOTO Procédé stéréoscopique donnant une impression de relief. – Bas lat. d'orig. gr. *anaglyphus*, de *ana-*, et gr. *gluphein*, «sculpter».

ENCYCL Pour obtenir un anaglyphe, on dispose de deux épreuves (photographiques ou d'imprimerie) d'un même sujet, l'une en bleu-vert, l'autre en rouge; on les superpose sur du papier photographique (ou on les imprime) avec un très léger décalage; un spectateur muni de lunettes dont l'un des verres est bleu-vert, l'autre rouge, voit apparaître le sujet en relief, les couleurs ayant disparu.

anaglyptique [anagliptik] adj. (et n. f.) Se dit des impressions en relief à l'usage des aveugles. – Bas lat. *anaglypticus*, «ciselé en relief».

anagogie [anagɔʒi] n. f. Interprétation dans le sens anagogique. – Lat. ecclés. *anagoge*, gr. *anagôgê*, «élévation».

anagogique [anagɔʒik] adj. *Sens anagogique* : un des sens spirituels des textes bibliques, qui a rapport à l'achèvement céleste de la vie surnaturelle. – De *anagogie.*

anagramme [anagʀam] n. f. Mot obtenu par transposition des lettres d'un autre mot (ex. : *chien, niche, chine*). *Alcofribas Nasier, pseudonyme de François Rabelais, est une anagramme.* – Gr. *anagrammatismos*, «inversion de lettres».

anal, ale, aux [anal, o] adj. De l'anus, relatif à l'anus. *Le sphincter anal.* ▷ PSYCHAN *Stade anal* : V. sadique-anal. – De *anus.*

analectes [analɛkt] n. m. pl. Recueil de morceaux choisis d'un auteur. – Lat. d'orig. gr. *analecta.*

analepsie [analɛpsi] n. f. MED Rétablissement des forces pendant la convalescence. – Gr. *analêpsis*, «rétablissement».

analeptique [analɛptik] adj. (et n. m.) MED *Un médicament analeptique* ou *un analeptique* : médicament qui stimule et redonne des forces. – Du gr. *analêptikos.*

analgésie [analʒezi] n. f. MED Abolition de la sensibilité douloureuse. – Gr. *analgêsia.*

analgésique [analʒezik] adj. (et n. m.) Qui diminue ou supprime la douleur. – De *analgésie.*

analité [analite] n. f. PSYCHAN Organisation psychique liée au stade sadique-anal. – De *anal.*

anallergique [analɛʀʒik] adj. MED Qui ne provoque pas d'allergie. – De *an-*, et *allergique.*

analogie [analɔʒi] n. f. **1.** Rapport de ressemblance établi par l'intelligence ou l'imagination entre deux ou plusieurs objets. *L'analogie entre l'homme et le singe. Une analogie frappante.* ▷ *Raisonner par analogie*, en se fondant sur des rapports de similitude entre deux ou plusieurs objets. Ant. dissemblance, contraste. **2.** LING *Principe d'analogie*, en vertu duquel certaines formes subissent l'influence assimilatrice d'autres formes que l'esprit leur associe (par ex. : *«vous disez»* - barbarisme -, pour *«vous dites»* - forme correcte -, sur le modèle de *«vous lisez»*). **3.** MATH Proportionnalité. – Lat. *analogia*, mot gr.

analogique [analɔʒik] adj. **1.** Fondé sur l'analogie. *Dictionnaire analogique.* **2.** INFORM Qui est représenté par la variation continue d'une certaine grandeur (par oppos. à *numérique*). **3.** *Signal analogique :* signal pouvant prendre une infinité continue de valeurs. *Le son d'un instrument de musique constitue un signal analogique.* – Bas lat. *analogicus.*

analogue [analɔg] adj. Qui présente une analogie. Syn. ressemblant, similaire. Ant. contraire, opposé. – Gr. *analogos.*

analphabète [analfabɛt] adj. (et n.) Qui ne sait ni lire ni écrire. Syn. illettré. – Ital. *analfabeto,* gr. *analphabêtos.*

analphabétisme [analfabetism] n. m. État de l'analphabète. – De *analphabète.*

analysable [analizabl] adj. Qui peut être analysé. – De *analyser.*

analyse [analiz] n. f. Décomposition d'un tout en ses parties. Ant. synthèse. **1.** Opération par laquelle l'esprit, pour parvenir à la connaissance d'un objet, le décompose en ses éléments (regroupés ensuite dans l'opération de *synthèse*). ▷ Étude détaillée de nos sentiments, des mobiles profonds de nos actes. *Roman d'analyse.* ▷ Loc. *En dernière analyse :* une fois l'analyse faite, dans le fond. **2.** CHIM Détermination de la composition d'une substance. - MED Examen biologique permettant d'établir ou de préciser un diagnostic. *Analyse de sang.* ▷ ELECTRON Lecture et interprétation d'informations. - *Analyse d'une image de télévision :* décomposition de cette image en lignes et points. ▷ PHYS *Analyse spectrale :* détermination de la structure d'un composé à partir de son spectre d'émission ou d'absorption. **3.** Étude des idées essentielles constitutives d'une œuvre artistique ou littéraire. *Analyse d'une pièce de théâtre.* **4.** GRAM Décomposition d'une phrase en propositions (*analyse logique*), d'une proposition en mots (*analyse grammaticale*), dont on établit la nature et la fonction. **5.** MATH Partie des mathématiques comprenant le calcul infinitésimal, ainsi que ses applications. - *Analyse harmonique :* décomposition d'une fonction harmonique en fonctions sinusoïdales. Syn. analyse de Fourier. - *Analyse vectorielle* ou *tensorielle :* théorie des transformations infinitésimales des vecteurs ou des tenseurs. - *Analyse combinatoire,* qui fait appel aux notions de combinaisons, d'arrangements et de permutations. **6.** Psychanalyse. **7.** INFORM Ensemble des opérations qui interviennent avant la programmation. - *Analyse fonctionnelle :* description des données du problème à traiter, des algorithmes de calcul et de l'organisation générale du traitement. - *Analyse organique :* description détaillée des programmes et des traitements. – Du gr. *analusis,* « décomposition ».

analyser [analize] v. tr. [1] Procéder à l'analyse de. *Analyser une substance. Analyser ses sentiments. Analyser une œuvre.* – De *analyse.*

analyseur [analizœʀ] n. m. et adj. m. **1.** n. m. PHYS Système optique permettant de définir l'état de polarisation d'un faisceau lumineux. - ELECTRON *Analyseur d'images :* tube électronique qui transforme une image en signaux électriques. **2.** adj. m. Qui analyse. *Système analyseur.* – De *analyser.*

analyste [analist] n. **1.** Spécialiste de l'analyse (chimique ou mathématique). **2.** INFORM Personne chargée des opérations de diagnostic (recherche de l'utilité de l'emploi de l'ordinateur) et d'analyse. - *Analyste-programmeur :* personne spécialisée dans l'analyse et la programmation. **3.** Personne versée dans l'analyse psychologique. **4.** Psychanalyste. – De *analyse.*

analytique [analitik] adj. et n. f. **1.** adj. Qui contient une analyse, procède par analyse. *Table analytique des matières.* Ant. synthétique. ▷ MATH Qui relève du domaine de l'analyse. *Géométrie analytique,* appliquant le calcul algébrique à la géométrie. *Fonction analytique.* ▷ *Langues analytiques,* qui utilisent peu de formes liées et expriment les rapports syntactiques par des mots distincts (par oppos. aux *langues synthétiques*). ▷ *Technique* ou *traitement analytique,* qui utilise la psychanalyse. **2.** n. f. PHILO Chez Aristote, logique du certain ; chez Kant, critique de l'entendement. – Bas lat. *analyticus.*

analytiquement [analitikmɑ̃] adv. Par voie d'analyse. – De *analytique.*

anamnèse [anamnɛz] n. f. **1.** LITURG Prière de la messe qui suit l'élévation et qui rappelle la passion, la résurrection et l'ascension du Christ. **2.** MED Renseignements fournis par le malade et son entourage sur l'histoire de sa maladie. – Gr. *anamnêsis,* « fait de rappeler à la mémoire ».

anamnestique [anamnestik] adj. Fourni par l'interrogatoire médical. – De *anamnèse.*

anamniote [anamnjɔt] n. m. ZOOL Vertébré dont les annexes embryonnaires ne comportent pas d'amnios (cyclostomes, poissons et amphibiens). – De *a(n)-* 1, et *amnios.*

anamorphose [anamɔʀfoz] n. f. PHYS Image d'un objet déformée par certains dispositifs optiques (miroirs cylindriques, par ex.). ▷ PEINT Représentation volontairement déformée d'un sujet, dont le véritable aspect ne peut être découvert par le spectateur que sous un angle déterminé par rapport au plan du tableau. ▷ CINE Procédé optique consistant à rendre, à la projection, des proportions normales à l'image comprimée à la prise de vues (utilisé dans le cinémascope, par ex.). ▷ MATH Transformation géométrique des figures où les coordonnées sont multipliées par deux constantes différentes. – Du gr. *anamorphoun,* « transformer ».

ananas [anana] n. m. **1.** Plante originaire de l'Amérique tropicale (fam. broméliacées, genre *Ananas*). **2.** Fruit, comestible, de cette plante. *Tranches d'ananas.* – Mot tupi.

anapeste [anapɛst] n. m. METR ANC Pied d'un vers grec ou latin composé de deux syllabes brèves et d'une longue. – Du gr. *anapaistos,* « frappé à rebours », par le lat.

anaphase [anafaz] n. f. BIOL Troisième étape de la mitose, au cours de laquelle les chromatides se séparent et se dirigent vers les pôles de la cellule. – De *ana-,* et *phase.*

anaphore [anafɔʀ] n. f. RHET Répétition d'un mot ou d'un groupe de mots au début de plusieurs phrases successives, pour insister sur une idée, produire un effet de symétrie. – Lat. gram. d'orig. gr. *anaphora.*

anaphrodisiaque [anafʀɔdizjak] adj. (et n. m.) Qui diminue les désirs sexuels. – De *anaphrodisie.*

anaphrodisie [anafʀɔdizi] n. f. Diminution ou absence de désirs sexuels. – Gr. *anaphrodisia.*

anaphylactique [anafilaktik] adj. MED Dû à l'anaphylaxie. *Choc anaphylactique.* – De *anaphylaxie.*

anaphylactogène [anafilaktɔʒɛn] n. m. MED Antigène anaphylactique. – De *anaphylactique,* et *-gène.*

anaphylactoïde [anafilaktɔid] adj. Qualifie un choc identique au choc anaphylactique. – De *anaphylactique,* et *-oïde.*

anaphylaxie [anafilaksi] n. f. MED Réaction souvent violente d'un organisme à une substance à laquelle il a déjà été sensibilisé lors d'un contact antérieur. – De *ana-,* et gr. *phulaxis,* « protection ».

anaplasie [anaplazi] n. f. MED Perte anormale de certains caractères cellulaires, sans retour à l'état de cellule primitive. – De *ana-,* et gr. *plassein,* « former ».

anaplastie [anaplasti] n. f. CHIR Réparation d'une partie mutilée par autogreffe. – Du gr. *anaplassein*, « remodeler ».

anarchie [anaʀʃi] n. f. **1.** État de désordre et de confusion qu'entraîne la faiblesse de l'autorité politique. *Pays où règne l'anarchie.* **2.** *Par ext.* Désordre, confusion. *Entreprise en pleine anarchie.* **3.** Anarchisme. – Gr. *anarkhia.*

anarchique [anaʀʃik] adj. **1.** Marqué par le désordre, la confusion. *Gestion anarchique d'une affaire.* - *Prolifération anarchique des cellules.* **2.** De l'anarchisme; relatif à l'anarchisme. – De *anarchie.*

anarchiquement [anaʀʃikmɑ̃] adv. D'une façon anarchique. – De *anarchique.*

anarchisant, ante [anaʀʃizɑ̃, ɑ̃t] adj. Qui a des tendances anarchistes. – De *anarchie.*

anarchisme [anaʀʃism] n. m. Doctrine politique qui prône la suppression de l'État. – De *anarchie.*

anarchiste [anaʀʃist] adj. et n. De l'anarchisme, de ses partisans. *Un complot anarchiste.* ▷ Subst. *Un anarchiste.* (Abrév. pop. : anar). – De *anarchie.*

anarcho-syndicalisme [anaʀkosɛ̃dikalism] n. m. Mouvement qui introduisit dans le syndicalisme la conception anarchiste de l'antiétatisme. – De *anarchie*, et *syndicalisme.*

anasarque [anazaʀk] n. f. MED Œdème généralisé. – Lat. méd., de *ana-*, et gr. *sarx, sarcos*, « chair ».

anastigmat [anastigmat] ou **anastigmatique** [anastigmatik] adj. Qui est exempt d'astigmatisme. *Une lentille anastigmatique. Un objectif anastigmat.* – De *a(n)-* 1, et *astigmatisme.*

anastomose [anastɔmoz] n. f. ANAT Communication naturelle ou pratiquée chirurgicalement entre deux conduits de même nature et, par ext., entre deux nerfs. – Gr. *anastomôsis*, « embouchure ».

anastomoser [anastɔmoze] v. tr. [1] CHIR Créer une anastomose. ▷ v. pron. ANAT Se joindre, se réunir. - BOT Se réunir en réseau (en parlant de nervures). – De *anastomose.*

anastrophe [anastʀɔf] n. f. GRAM Renversement de l'ordre habituel des mots dans la phrase. *« D'amour mourir me font, belle marquise, vos beaux yeux »* (Molière). – Gr. *anastrophê.*

anathème [anatɛm] n. m. **1.** RELIG CATHOL Sentence d'excommunication. ▷ *Par ext.* Réprobation, blâme solennel. *Jeter l'anathème sur ses adversaires.* **2.** Personne qui est l'objet d'un anathème, d'une sentence d'excommunication. – Lat. ecclés., du gr. *anathêma.*

anatidés [anatide] n. m. pl. ORNITH Famille d'oiseaux ansériformes comprenant les cygnes, les oies et les canards. - Sing. *Un anatidé.* – Du lat. *anas, anatis*, « canard ».

anatife [anatif] n. m. ZOOL Crustacé à carapace bivalve (fam. cirripèdes), qui se fixe souvent aux bois flottants grâce à un pédoncule. – Abrév. de *anatifère;* lat. zool. *anatifer*, du lat. *anas, anatis*, « canard », et *ferre*, « porter » (on croyait jadis que de la coquille de ce crustacé naissaient des canards sauvages).

anatocisme [anatɔsism] n. m. FIN Opération consistant à réunir les intérêts au capital pour former un nouveau capital portant intérêt. – Lat. *anatocismus*, d'orig. gr., de *tokos*, « intérêt ».

anatolien, enne [anatɔljɛ̃, ɛn] adj. et n. De l'Anatolie, rég. d'Asie Mineure. ▷ Subst. *Un(e) Anatolien(ne).*

anatomie [anatɔmi] n. f. **1.** Science qui étudie, en partic. par la dissection, la structure et les rapports dans l'espace des différents organes et tissus chez les êtres organisés. ▷ *Anatomie pathologique :* étude des lésions provoquées par les maladies et les traumatismes dans les tissus et les viscères, par analyses microscopique, histologique, cellulaire et ultrastructurale. ▷ *Pièce d'anatomie :* corps, partie d'un corps disséqué ou sa reproduction en plâtre, matière plastique, etc. **2.** Structure générale d'un organisme, disposition des organes les uns par rapport aux autres. *La complexité de l'anatomie du corps humain.* - Par anal. *Anatomie d'une automobile.* ▷ Fam. Aspect extérieur du corps. *Exhiber une piètre anatomie.* – Bas lat. d'orig. gr. *anatomia.*

anatomique [anatɔmik] adj. Qui relève de l'anatomie. *Une planche anatomique.* – Lat. *anatomicus.*

anatomiquement [anatɔmikmɑ̃] adv. Sur le plan anatomique. *Deux organismes anatomiquement comparables.* – De *anatomique.*

anatomiste [anatɔmist] n. Spécialiste de l'anatomie. – De *anatomie.*

anatoxine [anatɔksin] n. f. BIOL Toxine ayant perdu son pouvoir pathogène grâce à un traitement adéquat, mais gardant ses propriétés immunisantes. *Anatoxine diphtérique de Ramon.* – De *ana-*, et *toxine.*

anatrope [anatʀɔp] adj. BOT *Ovule anatrope*, dans lequel le micropyle est proche du hile. – Gr. *anatropê*, « renversement ».

ancestral, ale, aux [ɑ̃sestʀal, o] adj. Qui appartient aux ancêtres; transmis par les ancêtres. *En vertu d'un droit ancestral...* – De *ancêtre.*

ancêtre [ɑ̃sɛtʀ] n. **1.** Personne de qui l'on descend, ascendant (en général plus éloigné que les grands-parents). ▷ *Les ancêtres :* ceux de qui l'on descend, l'ensemble des ascendants. *Marcher sur la trace de ses ancêtres.* **2.** (Plur.) Ensemble des hommes qui vécurent avant nous. **3.** Initiateur lointain. *Théophraste Renaudot peut être considéré comme l'ancêtre des journalistes.* – Lat. *antecessor.*

anche [ɑ̃ʃ] n. f. MUS Languette placée dans le bec de certains instruments à vent (clarinette, saxophone, tuyau d'orgue, etc.) et qui, par vibration, produit les sons. *Anche simple. Anche double.* – Du germ. **ankja*, « embouchure ».

anchois [ɑ̃ʃwa] n. m. Poisson téléostéen (ordre des clupéiformes), commun dans les mers européennes, de petite taille (15 à 20 cm) et dont la bouche est fendue au-delà des yeux. *Beurre d'anchois :* filets d'anchois pilés avec du beurre. – Esp. *anchoa.*

ancien, enne [ɑ̃sjɛ̃, ɛn] adj. et n. m. **I.** adj. **1.** Qui existe depuis longtemps. *Coutume ancienne.* **2.** Qui a de l'ancienneté dans un emploi, une fonction, un grade. *Il est plus ancien que vous dans la profession.* **3.** (Devant un substantif.) Qui a cessé d'être (ce qu'indique le substantif). *Un ancien juge.* **4.** Qui n'existe plus depuis longtemps. *Les anciens Grecs.* **II.** n. m. **1.** Prédécesseur dans un métier, un service, une école, un régiment, etc. *Demander l'avis d'un ancien. Les anciens de Saint-Cyr.* **2.** (Le plus souvent au plur.) Personne âgée. *Les anciens du village.* **3.** (Avec une majuscule.) Auteur, personnage de l'Antiquité. - (Plur.) Peuples de l'Antiquité. ▷ *Querelle des Anciens et des Modernes :* querelle littéraire qui, à la fin du XVIIe s., opposa Perrault, Fontenelle, etc., partisans des auteurs modernes, à Boileau, Racine, etc., défenseurs de la supériorité des auteurs de l'Antiquité. – Bas lat. *anteanus*, sur *ante*, « avant ».

anciennement [ɑ̃sjɛnmɑ̃] adv. Dans les temps anciens, autrefois. – De *ancien.*

ancienneté [ɑ̃sjɛnte] n. f. **1.** Caractère de ce qui est ancien (sens 1). **2.** Temps passé dans l'exercice d'une fonction, d'un grade. *Avancement à l'ancienneté*, selon l'ordre d'ancienneté des postulants. – De *ancien.*

ancillaire [ɑ̃silɛʀ] adj. Litt. De la servante. *Amours ancillaires*, entre le maître et la servante. – Lat. *ancilla*, « servante ».

ancolie [ɑ̃kɔli] n. f. Plante ornementale (genre *Aquilegia*, fam. renonculacées) aux fleurs diversement colorées, dont les pétales se terminent en éperon. – Du lat. *aquilegus*, « qui recueille l'eau ».

ancrage [ɑ̃kʀaʒ] n. m. **1.** MAR Vx Mouillage. **2.** TECH Fixation, attache à un point fixe. *Point d'ancrage d'un câble*. – De *ancrer*.

ancre [ɑ̃kʀ] n. f. **1.** Instrument de métal qui, jeté au fond de l'eau à l'aide d'un câble ou d'une chaîne, s'y accroche et sert à retenir le navire. *Navire à l'ancre*. ▷ Fig. et fam. *Lever l'ancre* : partir (cf. mettre les voiles). **2.** HORL Pièce servant à régler l'échappement. **3.** CONSTR Pièce métallique reliant deux éléments de construction pour éviter qu'ils ne s'écartent l'un de l'autre. – Lat. *ancora*.

ancrer [ɑ̃kʀe] v. tr. [1] **1.** Vx Immobiliser (un navire) au moyen de l'ancre. **2.** Fig. *Ancrer une idée dans l'esprit de quelqu'un*, l'y fixer. ▷ v. pron. *Cette conviction s'est ancrée en lui*. **3.** TECH Fixer au moyen d'un dispositif d'ancrage. *Ancrer un hauban, un tirant*. – De *ancre*.

andain [ɑ̃dɛ̃] n. m. Ligne formée par les céréales que le faucheur ou la machine coupe et rejette sur le côté. – Du lat. *ambitus*, « bord ».

andaineuse [ɑ̃dɛnøz] n. f. Machine qui coupe et rassemble les céréales en andains. – De *andain*.

andalou, ouse [ɑ̃dalu, uz] adj. et n. De l'Andalousie, rég. du S. de l'Espagne. ▷ Subst. *Un(e) Andalou(se)*.

andalousite [ɑ̃daluzit] n. f. MINER Silicate d'aluminium de formule [Al_2SiO_5], fréquent dans les roches métamorphiques (gneiss et micaschistes). – De *Andalousie*, rég. d'Espagne.

andante [ɑ̃dɑ̃t(e)] adv. MUS D'un mouvement modéré. ▷ n. m. Morceau joué dans ce mouvement. – Mot ital., « allant », de *andare*.

andantino [ɑ̃dɑ̃tino] adv. D'un mouvement moins modéré que celui de l'andante. ▷ n. m. Morceau joué dans ce mouvement. – Mot ital., diminutif de *andante*.

andésine [ɑ̃dezin] n. f. MINER Variété de feldspath tricyclique, élément important des roches éruptives. – De *Andes*, et *-ine*.

andésite [ɑ̃dezit] n. f. Lave grise ou noire à fort pourcentage d'andésine. – De *Andes*, et *-ite* 3.

andésitique [ɑ̃dezitik] adj. *Volcanisme andésitique*, typique des Andes, où il se manifeste par effusion d'andésites. – De *andésite*.

andin, ine [ɑ̃dɛ̃, in] adj. Des Andes, chaîne de montagnes d'Amérique du Sud.

andouille [ɑ̃duj] n. f. **1.** Boyau de porc farci de tripes et de chair du même animal. *L'andouille de Vire est réputée*. **2.** Pop. Individu sans intelligence. *Espèce d'andouille, fais donc attention !* – Du lat. *inducere*, « introduire ».

andouiller [ɑ̃duje] n. m. Ramification des bois des cervidés (cerf, daim, chevreuil). *Les andouillers permettent de déterminer l'âge de l'animal*. – Altér. de *antoillier*, probabl. du lat. pop. *anteoculare*, « qui est devant les yeux ».

andouillette [ɑ̃dujɛt] n. f. Petite andouille. – Dimin. de *andouille*.

andrinople [ɑ̃dʀinɔpl] n. f. Étoffe de coton rouge. – Du nom d'*Andrinople*, v. de Turquie.

andro-. Élément, du gr. *anêr, andros*, « homme, mâle ».

androcée [ɑ̃dʀɔse] n. m. BOT Partie mâle de la fleur des phanérogames, constituée par les étamines. – De *andros*, d'après *gynécée*.

androgène [ɑ̃dʀɔʒɛn] adj. et n. m. Qui provoque l'apparition de caractères secondaires sexuels mâles. ▷ n. m. Hormone androgène. – De *andro-*, et *-gène*.
ENCYCL Les hormones androgènes sont des hormones stéroïdes sécrétées par les testicules et, pour les deux sexes, par les corticosurrénales. Les principaux androgènes sont la testostérone, la déhydroépiandrostérone (D.H.E.A.) et l'androstènedione. Leur sécrétion est sous la dépendance de l'A.C.T.H.

androgyne [ɑ̃dʀɔʒin] adj. (et n.) Qui tient des deux sexes ; hermaphrodite. ▷ BOT Syn. de *monoïque*. – Lat. d'orig. gr. *androgynus*.

androgynie [ɑ̃dʀɔʒini] n. f. MED Pseudo-hermaphrodisme partiel chez l'homme. – De *androgyne*.

androïde [ɑ̃dʀɔid] n. m. Automate à figure humaine. – De *andr(o)-*, et *-oïde*.

andrologie [ɑ̃dʀɔlɔʒi] n. f. MED Étude de l'anatomie, de la physiologie et de la pathologie spécifiquement masculines. – De *andro-*, et *-logie*.

andrologue [ɑ̃dʀɔlɔg] n. m. Médecin spécialiste d'andrologie. – De *andro(logie)*, et *-logue*.

andropause [ɑ̃dʀɔpoz] n. f. MED Chez l'homme, ensemble des manifestations organiques et psychiques survenant entre 50 et 70 ans, notam. une diminution des activités génitales. – De *andro-*, d'après *ménopause*.

androstérone [ɑ̃dʀɔsteʀɔn] n. f. BIOCHIM Hormone sexuelle mâle, dérivée de la testostérone, présente dans l'urine et qui joue un rôle au cours du développement de la puberté. – De *andro-*, *stér(ol)*, et *(horm)one*.

âne [ɑn] n. m. **1.** Mammifère domestique (genre *Asinus*, fam. équidés), plus petit que le cheval, dont la tête très puissante est munie de longues oreilles. *L'âne brait*. ▷ Loc. fig. *Être têtu comme un âne*. ▷ *Le coup de pied de l'âne* : la basse vengeance d'un faible ou d'un lâche à l'égard d'un adversaire jadis puissant mais affaibli et sans défense. **2.** Fig. Homme sot, borné et ignorant. *C'est un âne bâté*. – *Pont aux ânes* : difficulté facilement surmontable, qui n'arrête que les ignorants. – Lat. *asinus*.

anéantir [aneɑ̃tiʀ] v. [3] **I.** v. tr. **1.** Réduire à néant (qqch), faire disparaître. *La grêle a anéanti la récolte*. **2.** Fig. Plonger (qqn) dans un état d'abattement. *Cet échec inattendu l'a anéanti*. Syn. accabler. Ant. créer, fortifier. **II.** v. pron. Disparaître. *Au fil des jours s'est anéanti mon espoir de le revoir*. – De *néant*.

anéantissement [aneɑ̃tismɑ̃] n. m. **1.** Fait d'entrer dans le néant. Syn. destruction, mort, extinction. **2.** Fig. Abattement profond. Syn. accablement, prostration. – De *anéantir*.

anecdote [anɛgdɔt] n. f. Bref récit d'un fait curieux, parfois historique, révélateur d'un détail significatif. – Lat. *anecdota* (surtout pl.) ; gr. *anekdota*, « choses inédites ».

anecdotique [anɛgdɔtik] adj. **1.** Qui s'attache à l'anecdote. **2.** Qui contient des anecdotes. *Histoire anecdotique*. – De *anecdote*.

anémie [anemi] n. f. **1.** MED Diminution du nombre des globules rouges ou de la concentration sanguine en hémoglobine se traduisant par une accélération du rythme cardiaque, un essoufflement, une sensation de fatigue générale et due soit à une insuffisance de la production médullaire en globules rouges (par ex. anémie de Biermer), soit à une insuffisance de la quantité d'hémoglobine contenue dans chaque globule rouge. **2.** Fig. Affaiblissement. *L'anémie de l'économie*. – Lat. scientif. *anæmia*, gr. *anaimia*, « manque de sang ».

anémier [anemje] v. tr. [2] Rendre anémique. ▷ v. pron. Devenir anémique. – Pp. adj. *Un malade anémié*. – De *anémie*.

anémique [anemik] adj. et n. **1.** adj. Qui est atteint d'anémie. – Subst. *Un anémique.* **2.** Fig. Faible, sans vigueur. *Vin anémique,* sans goût. – De *anémie.*

anémo-. Élément, du gr. *anemos,* «vent».

anémochore [anemokɔʀ] adj. Rare BOT Syn. de *anémophile. Les pissenlits sont anémochores. Dissémination anémochore,* assurée par le vent. – De *anémo-,* et du gr. *choreuein,* «danser».

anémomètre [anemomɛtʀ] n. m. Appareil servant à mesurer la vitesse du vent ou d'un écoulement d'air. – De *anémo-,* et *-mètre.*

anémone [anemɔn] n. f. **1.** Plante herbacée (fam. renonculacées) dont plusieurs espèces sont cultivées pour leurs fleurs de couleurs vives. **2.** *Anémone de mer :* actinie. – Gr. *anemônê,* par le lat.

anémophile [anemofil] adj. BOT *Plante anémophile,* dont le pollen est disséminé par le vent. – De *anémo-,* et *-phile.*

anémophilie [anemofili] n. f. BOT Pollinisation par le vent. – De *anémophile.*

anergie [anɛʀʒi] n. f. MED Disparition de la faculté de réaction contre un antigène à l'égard duquel l'organisme était immunisé. – De *a(n)-* 1, et rad. de *allergie.*

anergique [anɛʀʒik] adj. Relatif à l'anergie. – De *anergie.*

anergisant, ante [anɛʀʒizɑ̃, ɑ̃t] adj. Qui entraîne une anergie. – De *anergie.*

ânerie [anʀi] n. f. Acte ou propos stupide. *Il ne fait, il ne dit que des âneries.* Syn. bêtise, bourde, sottise. – De *âne.*

anéroïde [aneʀɔid] adj. PHYS *Baromètre anéroïde,* dont l'organe sensible est constitué d'une capsule vide qui se déforme sous l'effet de la pression atmosphérique. – Pour *anaéroïde,* de *an-,* voir *a-* 1, et gr. *aeroeidês,* «aérien».

ânesse [anɛs] n. f. Femelle de l'âne. – De *âne.*

anesthésiant, ante [anɛsteziɑ̃] adj. et n. m. Syn. de *anesthésique.* – Ppr. de *anesthésier.*

anesthésie [anɛstezi] n. f. MED Disparition plus ou moins complète de la sensibilité superficielle ou profonde. – Gr. *anaisthêsia.*

ENCYCL En chirurgie, plusieurs méthodes anesthésiques peuvent être employées selon le type d'intervention et l'état du sujet. L'*anesthésie générale* atteint l'organisme entier, avec perte de conscience (narcose). Elle est le plus souvent obtenue par l'administration d'un produit anesthésique (par inhalation, injection intraveineuse ou voie rectale). L'*anesthésie locale, régionale* ou *loco-régionale* ne touche qu'un territoire limité, sans perte de conscience. Les substances anesthésiques sont mises en contact soit avec des terminaisons nerveuses, soit des plexus nerveux (par badigeonnage, instillation, tamponnement, pulvérisation, infiltration, injection intraveineuse), soit des racines rachidiennes (par injection médullaire) dans l'*anesthésie loco-régionale,* la *rachianesthésie* et l'*anesthésie péridurale* (notam. utilisées en obstétrique). Il faut citer aussi, bien plus rarement employées et applicables à l'anesthésie générale, régionale ou locale : l'électroanesthésie, l'hypnose et l'acupuncture (courante en Chine).

anesthésier [anɛstezje] v. tr. [2] Rendre momentanément insensible à la douleur au moyen d'un anesthésique. Syn. endormir, insensibiliser. – De *anesthésie.*

anesthésiologie [anɛstezjɔlɔʒi] n. f. MED Branche de la science médicale comprenant l'anesthésie et la réanimation. – De *anesthésie,* et *-logie.*

anesthésique [anɛstezik] adj. (et n. m.) Qui détermine l'anesthésie. Syn. anesthésiant. Ant. excitant. – De *anesthésie.*

anesthésiste [anɛstezist] n. Médecin spécialiste qui dirige l'anesthésie au cours d'une intervention chirurgicale. – *Infirmier (infirmière) anesthésiste,* spécialisé(e) en anesthésie. – De *anesthésie.*

aneth [anɛt] n. m. BOT Ombellifère aromatique communément appelée fenouil. – Du lat. *anethum.*

anévrismal, ale, aux [anevʀismal, o] adj. MED Ayant rapport à un anévrisme. – De *anévrisme.*

anévrismatique [anevʀismatik] adj. MED Affecté d'anévrisme. – De *anévrisme.*

anévrisme [anevʀism] n. m. MED **1.** Dilatation localisée d'une artère. *Anévrisme de l'aorte. Rupture d'anévrisme :* éclatement de la poche d'un anévrisme, qui entraîne presque toujours la mort. *Anévrisme artérioveineux :* communication permanente d'une artère et d'une veine. **2.** *Par ext.* Dilatation d'une paroi du cœur. – Du gr. *aneurusma.*

anfractuosité [ɑ̃fʀaktɥozite] n. f. (Surtout au plur.) Cavité sinueuse et profonde. *Les anfractuosités de la montagne, d'une côte.* – Du bas lat. *anfractuosus,* «tortueux».

angarie [ɑ̃gaʀi] n. f. DR MARIT Réquisition par un État belligérant d'un navire neutre qui se trouve dans ses eaux territoriales. – Lat. jur. *angaria,* «corvée de charroi», gr. *aggareia,* «imposition, corvée».

ange [ɑ̃ʒ] n. m. **1.** Créature spirituelle, servant d'intermédiaire entre les hommes et Dieu (généralement représentée dans l'art religieux sous la forme d'une créature ailée portant une auréole). *Les hiérarchies* des anges.* – *Ange gardien,* qui protège chaque être humain (relig. cathol.); *par ext.,* personne qui agit en tant que protecteur, bienfaiteur d'une autre; plaisant, garde du corps veillant à la protection des personnalités. ▷ *Être le bon ange, le mauvais ange de quelqu'un,* avoir sur lui une bonne, une mauvaise influence. ▷ *Être aux anges,* ravi de joie. ▷ *Rire aux anges :* rire seul et sans raison. ▷ *Une patience d'ange :* une très grande patience. ▷ Fam. *Faiseuse d'anges :* avorteuse. **2.** Fig. Personne dotée de toutes les qualités. *C'est un ange.* – *Cette femme est un ange de bonté, de vertu.* ▷ *Vous êtes un ange :* vous êtes très gentil. **3.** ICHTYOL *Ange de mer* ou *ange :* poisson chondrichthyen (squaliforme) intermédiaire entre la raie et le requin. – Gr. *aggelos,* «messager».

angéite [ɑ̃ʒeit] n. f. MED Inflammation d'un vaisseau. – Du gr. *aggeion,* «vaisseau», et *-ite* 1.

1. angélique [ɑ̃ʒelik] adj. **1.** Qui est propre à l'ange. ▷ *Salutation angélique :* l'Ave Maria. **2.** Fig. Digne d'un ange, aussi parfait qu'un ange. *Douceur angélique.* Syn. séraphique. – Lat. ecclés. *angelicus.*

2. angélique [ɑ̃ʒelik] n. f. Plante ombellifère odoriférante dont les racines ont des propriétés stimulantes et dont on emploie la tige en confiserie. ▷ Tige confite de cette plante. – De *angélique* 1.

angélisme [ɑ̃ʒelism] n. m. Attitude d'une personne qui se pose en pur esprit, délivré des contingences matérielles. – Du lat. *angelus,* «ange».

angelot [ɑ̃ʒlo] n. m. Petit ange (dans l'iconographie religieuse). – De *ange.*

angélus [ɑ̃ʒelys] n. m. Prière en l'honneur de la Vierge, récitée le matin, à midi et le soir, et qui commence par le mot latin *angelus.* ▷ Son de cloche annonçant cette prière. *Sonner l'angélus.* – Lat. *angelus,* «ange».

angevin, ine [ɑ̃ʒ(ə)vɛ̃, in] adj. De l'Anjou ou de la ville d'Angers.

angi(o)-. Élément, du gr. *aggeion*, « capsule, vaisseau ».

angine [ɑ̃ʒin] n. f. MED Inflammation aiguë du pharynx et des amygdales provoquant souvent une gêne à la déglutition et présentant un aspect variable selon la cause (angine érythémateuse, herpétique, diphtérique, de Vincent). ▷ *Angine de poitrine* : syndrome douloureux, de siège thoracique, provoqué par l'effort et témoignant d'une insuffisance coronarienne. Syn. angor. – Lat. *angina*.

angiographie [ɑ̃ʒjɔgʀafi] n. f. MED Radiographie des vaisseaux après injection d'une substance opaque aux rayons X. – De *angio-*, et *-graphie*.

angiologie [ɑ̃ʒjɔlɔʒi] ou (vieilli) **angéiologie** [ɑ̃ʒejɔlɔʒi] n. f. Didac. Étude des vaisseaux du corps. – De *angio-*, et *-logie*.

angiomateux, se [ɑ̃ʒjɔmatø, øz] adj. MED **1.** Qui ressemble à un angiome. **2.** D'un angiome. – De *angiome*.

angiomatose [ɑ̃ʒjɔmatoz] n. f. MED Maladie générale caractérisée par l'existence d'angiomes multiples. *Angiomatose hémorragique familiale* (maladie de Rendu-Osler). – De *angiome*, et *-ose* 2.

angiome [ɑ̃ʒjom] n. m. MED Malformation vasculaire consistant en une agglomération circonscrite des vaisseaux sanguins (hémangiome) ou lymphatiques (lymphangiome). – De *angi(o)-*, et *-ome*.

angiopathie [ɑ̃ʒjɔpati] n. f. MED Affection des vaisseaux. – De *angio-*, et *-pathie*.

angioplastie [ɑ̃ʒjɔplasti] n. f. CHIR Modification correctrice et réparatrice du calibre des vaisseaux (essentiellement les artères). – De *angio-*, et *-plastie*.

angiospasme [ɑ̃ʒjɔspasm] n. m. MED Spasme d'un vaisseau sanguin. – De *angio-*, et *spasme*.

angiosperme [ɑ̃ʒjɔspɛʀm] adj. et n. f. BOT **1.** adj. *Plante angiosperme*, dont les ovules sont protégés par un ovaire complètement clos qui, à maturité, donnera le fruit contenant la graine. **2.** n. f. pl. Sous-embranchement des spermatophytes, comprenant les plantes angiospermes, qui se divise en monocotylédones et dicotylédones, et forme, avec les gymnospermes, les phanérogames, constituant ainsi l'ensemble des plantes les plus évoluées. – Sing. *Une angiosperme*. – De *angio-*, et *sperme*.

angiospermie [ɑ̃ʒjɔspɛʀmi] n. f. BOT Mode de reproduction des angiospermes. – De *angiosperme*.

angiotensine [ɑ̃ʒjɔtɑ̃sin] n. f. PHYSIOL Polypeptide circulant, hypertenseur et vasoconstricteur. – De *angio-*, *tension*, et *-ine* 3.

angiotensinogène [ɑ̃ʒjɔtɑ̃sinɔʒɛn] n. m. PHYSIOL Protéine sérique, précurseur inactif de l'angiotensine. – De *angiotensine*, et *-gène*.

anglais, aise [ɑ̃glɛ, ɛz] adj. et n. **I.** adj. **1.** De l'Angleterre, des habitants de ce pays. *La campagne anglaise. L'humour anglais.* ▷ *Clé anglaise* : clé de mécanicien à mâchoires mobiles. **2.** Loc. adv. *À l'anglaise* : à la manière anglaise. CUIS *Légumes à l'anglaise*, cuits à la vapeur. – *Filer à l'anglaise*, sans être vu et sans prendre congé. **II.** n. **1.** Habitant ou personne originaire d'Angleterre. *Un(e) Anglais(e)*. **2.** n. m. *L'anglais* : la langue indo-européenne du groupe germanique parlée en Grande-Bretagne, aux États-Unis, dans le Commonwealth. **3.** n. f. *L'anglaise* : l'écriture cursive dont les lettres sont penchées à droite. **4.** n. f. pl. Longues boucles de cheveux en spirale. – De *Angles*, peuple germanique qui s'installa en Angleterre au VIe s.

anglaiser [ɑ̃gleze] v. tr. [1] VETER Couper à un cheval les muscles abaisseurs de la queue pour que celle-ci prenne une position presque horizontale. – De *anglais*, c.-à-d. « à la mode anglaise ».

angle [ɑ̃gl] n. m. **1.** Saillie ou renfoncement que forment deux surfaces ou deux lignes qui se coupent. *L'angle d'un mur.* ▷ Fig. *Arrondir les angles* : minimiser les différends entre des personnes, en usant de diplomatie. **2.** GEOM Figure formée par deux demi-droites de même origine, mesurée en degrés, en grades ou en radians. *Angles adjacents* : angles qui ont le même sommet et un côté commun. *Angle plat*, dont les côtés sont portés par une même droite. *Angle droit*, dont les côtés sont perpendiculaires. *Angle aigu*, dont la mesure est comprise entre 0° et 90°. *Angle obtus*, dont la mesure est comprise entre 90° et 180°. *Angles complémentaires*, dont la somme des mesures est égale à 90°. *Angles supplémentaires*, dont la somme des mesures est égale à 180°. *Angles alternes-internes*, formés par deux droites parallèles coupées par une troisième, situés de part et d'autre de cette troisième droite et à l'intérieur de l'angle formé par les deux premières; *angles alternes-externes*, situés de part et d'autre de cette troisième droite en dehors des deux parallèles. *Angle solide* : portion d'espace située dans un cône. *Angle dièdre* : figure formée par deux demi-plans qui se coupent. *Angle trièdre* : figure formée par trois plans qui ont un point commun. – Fig. *Voir les choses sous un certain angle, sous l'angle de...*, d'un certain point de vue, du point de vue de... ▷ ASTRO *Angle horaire d'un astre* : angle formé par le méridien du lieu d'observation et le méridien origine passant par le zénith de ce lieu. ▷ AVIAT *Angle d'attaque* : angle formé par le plan de la voilure et la direction de l'écoulement de l'air. ▷ MECA *Angle de frottement* : angle formé par la normale à la surface de contact et la force de réaction de contact entre deux solides, lorsque la vitesse relative de ces solides cesse d'être nulle. ▷ OPT *Angle d'incidence, de réflexion, de réfraction* : angle formé par le rayon incident, réfléchi, réfracté, avec la normale à la surface. – *Angle limite* : angle de réfraction pour un angle d'incidence égal à 90°, lorsque la lumière passe dans un milieu d'indice supérieur. ▷ ANTHROP *Angle facial*, formé par la droite joignant la partie moyenne du front à la base du nez et la droite passant par la conque de l'oreille et la base du nez. – Lat. *angulus*.

anglet [ɑ̃glɛ] n. m. ARCHI Canal à angle droit qui sépare les bossages. – De *angle*.

anglican, ane [ɑ̃glikɑ̃, an] adj. et n. Qui a rapport à l'anglicanisme. *Rite anglican.* ▷ Subst. Personne qui appartient à l'Église anglicane. – Lat. médiév. *anglicanus*.

ENCYCL L'Église anglicane (Église d'État) fut instituée après la rupture d'Henri VIII avec le pape Clément VII, qui refusa d'annuler son mariage avec Catherine d'Aragon. Elle fut marquée par une liturgie préparée dans une ligne calviniste par Cranmer (*Prayer Book*, 1549), un énoncé dogmatique dit des 39 articles (élaboré sous Élisabeth Ire, mais officiel seulement en 1571), un sursaut de piétisme provoqué par Wesley (XVIIIe s.), une nouvelle orientation au XIXe s. (Pusey, Newman), que l'histoire a enregistrée sous le nom de « mouvement d'Oxford ». L'évolution de l'Église anglicane vers un rapprochement avec Rome est concrétisée, après quatre siècles d'existence, par la nomination (1961) d'un délégué au Secrétariat pour l'unité et la création d'une commission pour les relations avec les catholiques (1964), devenue une commission mixte permanente (1970).

anglicanisme [ɑ̃glikanism] n. m. Ensemble des rites et des institutions propres à l'Église anglicane. (V. encycl. anglican.) – De *anglican*.

angliciser [ɑ̃glisize] v. tr. [1] Donner un aspect anglais à. ▷ v. pron. Prendre un aspect anglais. – Du lat. médiév. *anglicus*.

anglicisme [ɑ̃glisism] n. m. **1.** Façon de parler, locution propre à la langue anglaise. **2.** Mot emprunté à l'anglais. – De *anglais*.

angliciste [ɑ̃glisist] n. Spécialiste de la civilisation et de la langue anglaises. – De *anglais*.

anglo-. Préfixe, du rad. de *anglais.*

anglo-américain, aine [ɑ̃gloameʀikɛ̃, ɛn] adj. et n. m. **1.** adj. Relatif à la Grande-Bretagne et aux États-Unis. **2.** n. m. *L'anglo-américain* : l'anglais parlé aux États-Unis. – De *anglo-,* et *américain.*

anglomane [ɑ̃gloman] n. Personne qu'une admiration excessive pour l'Angleterre conduit à imiter sans discernement les mœurs, les habitudes de ce pays. – De *anglo-,* et *-mane* 2.

anglomanie [ɑ̃glomani] n. f. Manie des anglomanes. – De *anglo-,* et *manie.*

anglophile [ɑ̃glofil] adj. (et n.) Qui aime les Anglais. – De *anglo-,* et *-phile.*

anglophilie [ɑ̃glofili] n. f. Sentiment d'amitié, de sympathie à l'égard des Anglais. – De *anglo-,* et *-philie.*

anglophobe [ɑ̃glofɔb] adj. (et n.) Qui déteste les Anglais. – De *anglo-,* et *-phobe.*

anglophobie [ɑ̃glofɔbi] n. f. Sentiment d'aversion pour les Anglais, pour tout ce qui est anglais. – De *anglo-,* et *-phobie.*

anglophone [ɑ̃glofɔn] adj. (et n.) Dont l'anglais est la langue; qui parle anglais. *L'Afrique anglophone. Les Canadiens anglophones.* – De *anglo-,* et *-phone.*

anglo-saxon, onne [ɑ̃glɔsaksɔ̃, ɔn] adj. et n. **1.** adj. Relatif aux peuples de civilisation britannique. **2.** n. Individu faisant partie des peuples de langue anglaise. *Un(e) Anglo-Saxon(ne).* **3.** n. m. pl. HIST Peuple composé de trois groupes germaniques : les Angles, les Jutes et les Saxons, qui envahirent la Grande-Bretagne aux Ve et VIe s. – De *anglo-,* et *saxon.*

angoissant, ante [ɑ̃gwasɑ̃, ɑ̃t] adj. Qui cause de l'angoisse. – Ppr. de *angoisser.*

angoisse [ɑ̃gwas] n. f. Cour. Sentiment d'appréhension, de profonde inquiétude. Syn. anxiété. ▷ MED Sentiment d'anxiété, qui s'accompagne de symptômes physiques (constriction épigastrique, tachycardie, gêne respiratoire, impossibilité de déglutir, transpiration, diarrhée) et qui est souvent déclenché par des états ou des situations similaires chez le même individu (solitude, présence dans la foule – agoraphobie –, dans un lieu fermé – claustrophobie –, moments chargés d'émotion, etc.). ▷ PHILO Inquiétude métaphysique, pour les philosophes existentialistes. – Du lat. *angustia,* «lieu resserré».

angoisser [ɑ̃gwase] v. tr. [1] Causer de l'angoisse à. – De *angoisse.*

angolais, aise [ɑ̃gɔlɛ, ɛz] adj. De l'Angola, État du S.-O. de l'Afrique. ▷ Subst. *Un(e) Angolais(e).*

angon [ɑ̃gɔ̃] n. m. **1.** Anc. Javelot muni de deux crochets utilisé par les Francs. **2.** Crochet pour la pêche aux crustacés. – Lat. médiév. *angon,* d'orig. gr.

angor [ɑ̃gɔʀ] n. m. MED Syn. de *angine de poitrine.* – Mot lat., «oppression».

angora [ɑ̃gɔʀa] adj. inv. et n. m. **1.** Se dit de variétés de chats, de lapins, de chèvres remarquables par la longueur de leurs poils. *Une chèvre angora.* **2.** *Laine angora,* faite de poils de chèvre ou de lapin angora. ▷ n. m. *Tricot en angora.* – De la ville d'*Angora,* auj. Ankara, en Turquie.

angström [ɑ̃gstrɔm] n. m. Unité non légale de longueur, valant un dix-millionième de millimètre (symbole Å). – De *Angström* (1814-1874), physicien suédois.

anguille [ɑ̃gij] n. f. **1.** Poisson téléostéen d'eau douce (mais se reproduisant en mer des Sargasses), de forme très effilée, à peau visqueuse très glissante. ▷ Loc. fig. *Il y a anguille sous roche,* qqch qui se prépare et qu'on nous cache. **2.** *Anguille de mer* : congre. – Lat. *anguilla.*

anguiller [ɑ̃gije] n. m. MAR Chacun des petits canaux ménagés entre les varangues et le bordé pour permettre à l'eau des fonds de s'écouler jusqu'à la maille la plus basse, où elle est pompée. – De *anguille.*

anguillère [ɑ̃gijɛʀ] ou **anguillière** [ɑ̃giljɛʀ] n. f. Vivier où l'on conserve les anguilles. – De *anguille.*

anguillule [ɑ̃gilyl] n. f. ZOOL Petit ver némathelminthe filiforme qui parasite l'homme, les animaux ou les végétaux. – De *anguille.*

anguillulose [ɑ̃gilyloz] n. f. MED Maladie causée par l'anguillule. – De *anguillule,* et *-ose* 2.

angulaire [ɑ̃gylɛʀ] adj. Qui forme un ou plusieurs angles. *Forme angulaire.* ▷ *Pierre angulaire,* qui est à l'angle d'un édifice; fig. fondement, base. *La pierre angulaire d'un raisonnement.* ▷ ASTRO *Distance angulaire de deux étoiles :* angle formé par les rayons lumineux parvenant à l'observateur depuis ces étoiles. ▷ MECA *Vitesse* angulaire.* – Lat. *angularis.*

anguleux, euse [ɑ̃gylø, øz] adj. Qui présente des angles vifs. *Un visage anguleux.* – Fig. Peu abordable, rude. *Esprit anguleux.* – Lat. *angulosus.*

angusticlave [ɑ̃gystiklav] n. m. ANTIQ Bande de pourpre étroite ornant la tunique des chevaliers romains; cette tunique elle-même. – Lat. *angustus,* «étroit», et *clavus,* «bande de pourpre».

angusture [ɑ̃gystyʀ] ou **angustura** [ɑ̃gystyʀa] n. f. BOT, PHARM Écorce d'un arbuste (fam. rutacées) d'Amérique du S. à propriétés fébrifuges. – De *Angostura,* v. du Venezuela, auj. Ciudad Bolivar.

anharmonique [anaʀmɔnik] adj. GEOM *Rapport anharmonique* de quatre points successifs A, B, C et D pris sur un axe : $\frac{AC}{AD} : \frac{BC}{BD}$. – De *an-,* voir *a-* 1, et *harmonique.*

anhidrose [anidʀoz] n. f. MED Diminution ou abolition de la sécrétion sudorale. – De *an-,* voir *a-* 1, gr. *hidrôs,* «sueur», et *-ose* 2.

anhidrotique [anidʀɔtik] adj. MED *Médicament anhidrotique,* qui diminue la sécrétion de la sueur. – De *anhidrose.*

anhimiformes [animifɔʀm] n. m. pl. ZOOL Ordre d'oiseaux d'Amérique du S., réduit aux kamichis. – Sing. *Un anhimiforme.* – De *an-,* gr. *eima,* «vêtement», et *-forme.*

anhydrase [anidʀɑz] n. f. BIOCHIM Enzyme du groupe des *phosphatases* qui hydrolyse spécifiquement les liaisons anhydridophosphoriques. – De *anhydre,* et *-ase.*

anhydre [anidʀ] adj. CHIM Qui ne contient pas d'eau. – Gr. *anudros.*

anhydride [anidʀid] n. m. CHIM Oxyde résultant de l'élimination d'une molécule d'eau d'un oxacide, par ex. l'anhydride sulfurique, SO_3, qui dérive de l'acide sulfurique H_2SO_4. – De *anhydre,* et *-ide.*

anhydrite [anidʀit] n. f. MINER Sulfate de calcium anhydre orthorhombique $CaSO_4$ formant en général des cristaux blanchâtres enchevêtrés possédant la dureté et l'aspect du marbre. – De *anhydre,* et *-ite* 2.

anicroche [anikʀɔʃ] n. f. Petite difficulté qui arrête, contretemps. – De *croc,* et a. fr. *ane,* «canard»; désigna d'abord une arme courbée en bec de cane.

ânier, ère [ɑnje, ɛʀ] n. Conducteur d'ânes. – Lat. *asinarius.*

aniline [anilin] n. f. CHIM Amine aromatique, de formule $C_6H_5-NH_2$; liquide huileux et toxique qui se colore par oxydation à l'air. – Du portug. *anil,* «indigo», et *-ine.*

anilisme [anilism] n. f. MED Intoxication par l'aniline. – De *aniline.*

animadversion [animadvɛʀsjɔ̃] n. f. Litt. Blâme, réprobation. *Encourir l'animadversion de qqn.* – Lat. *animadversio.*

1. animal, aux [animal, o] n. m. **1.** Être vivant, doué de sensibilité et de mouvement (par oppos. aux végétaux). *Les végétaux sont autotrophes, les animaux hétérotrophes.* **2.** Être vivant privé du langage, de la faculté de raisonner (par oppos. à l'homme). *L'ignorance rabaisse l'homme au rang des animaux.* **3.** Fig. Personne stupide ou grossière. *Quel animal!* – Mot. lat., de *anima,* «souffle vital».

2. animal, ale, aux [animal, o] adj. **1.** Qui est propre à l'animal, qui concerne l'animal (en tant qu'opposé aux végétaux). *Règne animal. Chaleur animale. Fonctions animales.* **2.** Qui est propre à l'animal (en tant qu'opposé à l'homme). *Nourriture animale.* **3.** Bestial. *Une fureur animale. Il mène une vie purement animale.* – De *animal* 1.

animalcule [animalkyl] n. m. Animal microscopique. – Dimin. de *animal.*

animalerie [animalʀi] n. f. Local annexe d'un laboratoire où l'on garde les animaux réservés aux expériences. – De *animal.*

animalier [animalje] n. m. Peintre ou sculpteur d'animaux. – (En appos.) *Un peintre animalier.* – De *animal.*

animaliser [animalize] v. tr. [1] Rare Rabaisser au rang des animaux. – De *animal.*

animalité [animalite] n. f. Ensemble des caractères, des facultés propres à l'animal. – Lat. *animalitas.*

animateur, trice [animatœʀ, tʀis] n. Personne qui anime. *C'est l'animateur du groupe.* – Personne responsable des activités d'un centre culturel. – Personne qui présente un spectacle, une émission de radio ou de télévision, etc. *Un animateur sportif.* – CINE Technicien spécialiste des dessins animés. – De *animer.*

animation [animasjɔ̃] n. f. **1.** Caractère de ce qui vit, bouge; activité. *L'animation de la rue.* **2.** CINE Procédé permettant d'obtenir des images animées à partir de dessins ou de photographies. *Cinéma d'animation.* – Lat. *animatio.*

animato [animato] adv. MUS Indication signifiant «animé». *Allegro animato.* – Mot ital.

animé, ée [anime] adj. **1.** Qui est vivant. *Un être animé.* ▷ *Par ext.* Où il y a de la vie, du mouvement. *Un quartier animé.* ▷ Fig. Vif et enflammé. *Un débat animé.* **2.** Dirigé, guidé par. *Un garçon animé d'un grand courage.* – Pp. de *animer.*

animer [anime] v. tr. [1] **1.** Communiquer la vie, rendre vivant. *L'âme anime le corps.* ▷ Donner l'apparence de la vie à (une œuvre d'art). *Animer une toile en quelques coups de pinceau.* ▷ Donner de l'animation à. *Les oiseaux animent la forêt.* – Fig. *Il anima le débat.* **2.** (Personnes) Encourager, exciter. *César animait ses soldats par son exemple.* Syn. stimuler. ▷ Être l'élément moteur de (une organisation, une entreprise). *Animer un parti.* **3.** (Choses) Aviver, enflammer. *L'exercice anime le teint.* ▷ *L'amour (la passion) l'anime,* l'inspire, le guide. – *Animé de la meilleure volonté du monde.* **4.** v. pron. Se mettre à vivre, à bouger. *La maison et ses habitants s'animaient vers 8 heures.* ▷ Fig. *Il s'animait fort en discutant.* – Lat. *animare.*

animisme [animism] n. m. Croyance attribuant aux choses une âme, une conscience. – Du lat. *anima,* «âme».

animiste [animist] adj. et n. Qui relève de l'animisme. *Religions animistes.* – Subst. Adepte de l'animisme. *Un animiste.* – De *animisme.*

animosité [animɔzite] n. f. **1.** Volonté de nuire à qqn, inspirée par le ressentiment, l'antipathie. *Il garde de l'animosité contre elle.* Ant. bienveillance, cordialité. **2.** Violence dans une discussion. *Débat marqué par l'animosité.* – Bas lat. *animositas.*

anion [anjɔ̃] n. m. CHIM Ion possédant une ou plusieurs charges électriques négatives. Ant. cation. – Du préf. de *an(ode),* et *ion.*

anis [ani] n. m. **1.** Plante (fam. ombellifères, genre *Anethum*) dont les différentes espèces (anis vrai, anis vert, bocage, carvi, cumin, anis des Vosges) sont cultivées pour leurs propriétés aromatiques et médicinales. **2.** *Anis étoilé :* fruit d'un arbrisseau (fam. magnoliacées) de Chine et du Tonkin, qui contient une essence aromatique servant à la fabrication de l'anisette. Syn. badiane. – Lat. *anisum,* du gr.

aniser [anize] v. tr. [1] Parfumer à l'anis. – De *anis.*

anisette [anizɛt] n. f. Liqueur ou apéritif à l'anis. – De *anis.*

aniso-. Élément, du gr. *an-,* privatif, et *isos,* «égal».

anisochromie [anizɔkʀɔmi] n. f. MED Inégalité de coloration des globules rouges du sang. – De *aniso-,* et gr. *chrôma,* «couleur».

anisocytose [anizɔsitoz] n. f. MED Inégalité pathologique de taille des globules rouges. – De *aniso-,* et gr. *kutos,* «cellule».

anisogamie [anizɔgami] n. f. BIOL Mode de reproduction sexuée caractérisée par l'existence de deux gamètes aux caractéristiques morphologiques, anatomiques ou physiologiques différentes. – De *aniso-,* et gr. *gamos,* «mariage».

anisoménorrhée [anizɔmenɔʀe] n. f. MED Irrégularité du rythme des règles. – De *aniso-,* et *ménorrhée.*

anisomère [anizɔmɛʀ] adj. Formé de parties inégales. – De *aniso-,* et *-mère.*

anisométropie [anizɔmetʀɔpi] n. f. MED Inégalité de l'acuité visuelle des deux yeux. – De *aniso-,* gr. *metron,* «mesure», et *ops,* «œil».

anisotrope [anizɔtʀɔp] adj. PHYS Dont les propriétés varient selon la direction considérée. Ant. isotrope. – De *a(n)-* 1, et *isotrope.*

anisotropie [anizɔtʀɔpi] n. f. PHYS Caractère de ce qui est anisotrope. – De *anisotrope.*

ankylose [ɑ̃kiloz] n. f. Impossibilité mécanique de mobiliser normalement une articulation naturellement mobile. – Gr. *agkulôsis.*

ankyloser [ɑ̃kiloze] v. tr. [1] Déterminer l'ankylose. ▷ v. pron. Être frappé d'ankylose. *Ses doigts s'ankylosent.* – *Par ext.* Perdre de sa capacité à agir rapidement, à se mouvoir, par manque d'activité. – De *ankylose.*

ankylostome [ɑ̃kilɔstom] n. m. ZOOL Petit nématode (1 cm), parasite intestinal de l'homme, dont la larve vit dans le sol. – Du gr. *agkulos,* «recourbé», et *stoma,* «bouche».

ankylostomiase [ɑ̃kilɔstɔmjaz] n. f. MED Anémie grave, fréquente en milieu chaud et humide (pays tropicaux, mines), provoquée par l'ankylostome. – De *ankylostome,* et *-ase.*

annal, ale, aux [anal, o] adj. DR *Possession annale,* valable un an seulement. – Bas lat. *annalis.*

annales [anal] n. f. pl. **1.** Ouvrage, récit qui rapporte les événements année par année. *Annales militaires. Annales littéraires.* **2.** Titre de revues ou fascicules périodiques consacrés aux domaines littéraire ou scientifique. **3.** Histoire. *Son nom restera dans les annales.* – Lat. *annales.*

annaliste [analist] n. m. Auteur d'annales. – De *annales.*

annamite [anamit] adj. (et n.) De l'Annam ; qui habite l'Annam, en est originaire.

annate [anat] n. f. Redevance versée autref. au Saint-Siège par les nouveaux titulaires d'un bénéfice ecclés., équivalant à une année de revenus. – Bas lat. *annata.*

anneau [ano] n. m. **1.** Cercle de matière dure qui sert à attacher, à suspendre, à retenir. *Les anneaux d'un rideau.* ▷ Cercle de métal, généralement précieux, qu'on porte au doigt. *Anneau nuptial* : alliance. ▷ (Plur.) Agrès de gymnastique composés de deux anneaux de métal suspendus chacun à une corde. *Exercice aux anneaux.* **2.** Ce qui affecte une forme circulaire. *Les anneaux du serpent.* ▷ BOT Bague membraneuse, reste du voile partiel, autour du pied de certains champignons. ▷ ASTRO *Anneaux de Saturne* : couronnes concentriques constituées de blocs de glace qui ceinturent la planète Saturne. ▷ GEOM *Anneau sphérique* : volume engendré par un segment circulaire tournant autour d'un diamètre. ▷ OPT *Anneaux de Newton* : franges lumineuses obtenues en éclairant la lame d'air comprise entre une plaque de verre parfaitement plane et la surface sphérique d'une lentille en contact avec la plaque. ▷ PHYS NUCL *Anneaux de stockage* : réservoirs de particules animées de grandes vitesses, en forme d'anneaux, et permettant de produire des collisions entre particules. **3.** ALG Ensemble muni de deux lois de composition interne : une loi de groupe commutatif (ou abélien), et une loi associative et distributive par rapport à la première. – Lat. *an(n)ellus* ; en fr. d'abord *anel.*

année [ane] n. f. **1.** ASTRO Durée d'une révolution de la Terre autour du Soleil. – *Année sidérale* : durée de la révolution sidérale de la Terre par rapport aux étoiles fixes (365,2564 jours). – *Année anomalistique* : durée entre deux passages successifs au périhélie. – *Année tropique* : durée entre deux passages successifs au point vernal (365,2422 jours, du fait de la précession). – *Année-lumière* ou *de lumière* (symb. al) : unité de longueur égale à la distance parcourue par la lumière en un an (env. 9 461 milliards de km). *Une année-lumière est égale à 0,307 parsec et à 63 240 unités astronomiques.* **2.** Cour. Période de douze mois comptant 365 ou 366 jours (*année bissextile*), commençant le 1er janvier et finissant le 31 décembre. *Année civile. Souhaits de bonne année,* qu'il est d'usage d'adresser au début de chaque année. ▷ Chacune de ces périodes, envisagées dans leurs successions chronologiques et datées. *L'année 1950.* **3.** Période de douze mois, à compter du jour de la naissance d'une personne. *Il entre dans sa quatrième année.* **4.** Période consacrée à certaines activités, d'une durée inférieure à douze mois. *L'année scolaire, universitaire* : temps compris entre le début des cours et les grandes vacances. *Année judiciaire* : période pendant laquelle siègent les tribunaux. – Lat. pop. **annata,* de *annus.*

annelé, ée [anle] adj. **1.** BIOL Composé d'anneaux distincts. *Vers annelés* (annélides). *Vaisseaux annelés du bois.* **2.** ARCHI *Colonne annelée,* décorée d'anneaux. – De *anel,* anc. forme de *anneau.*

anneler [anle] v. tr. **[19] 1.** *Anneler un cochon,* lui passer un anneau dans le groin. **2.** Rare Boucler (des cheveux). – De *anel,* anc. forme de *anneau.*

annelet [anlɛ] n. m. **1.** Petit anneau. **2.** ARCHI Petit filet ornant les chapiteaux doriques. – Dimin. de *anneau.*

annélides [anelid] n. m. pl. ZOOL Embranchement d'invertébrés cœlomates divisé en trois classes : polychètes (vers marins), oligochètes (lombrics), hirudinées ou achètes (sangsues). *Les annélides, ou vers annelés, sont formés d'une succession d'anneaux (métamères), tous semblables, à l'exception de la tête et de la queue.* – Sing. *Un annélide.* – De *annelé.*

1. annexe [anɛks] adj. Qui est uni à la chose principale, qui en dépend. *Les documents annexes d'un rapport.* – Lat. *annexus,* de *annectere,* « attacher à ».

2. annexe [anɛks] n. f. **1.** Ce qui est adjoint à la chose principale ou qui en est une partie complémentaire, accessoire. *Les annexes d'un dossier. L'annexe d'un groupe scolaire.* **2.** ANAT *Annexes de l'œil* : paupières, cils. – *Annexes de l'utérus* : trompes, ovaires. ▷ BIOL *Annexes embryonnaires* : allantoïde, amnios, chorion et placenta ; sac vitellin des poissons. – Lat. *annexus,* « association ».

annexer [anɛkse] v. tr. [1] **1.** Joindre, rattacher (une chose secondaire) à la chose principale. *Annexer une procuration à un acte.* **2.** Réunir à son territoire, rendre dépendant (un État) d'un autre. *La France a annexé le comté de Nice en 1860.* ▷ v. pron. Fam. S'approprier. *Il s'est annexé les bons morceaux.* – De *annexe.*

annexion [anɛksjɔ̃] n. f. Action d'annexer. *L'annexion de la Savoie.* – Bas lat. *annexio.*

annexionnisme [anɛksjɔnism] n. m. Théorie des annexionnistes. – De *annexionniste.*

annexionniste [anɛksjɔnist] adj. et n. Qui est partisan du rattachement par annexion des petits États aux grands États voisins. – De *annexion.*

annexite [anɛksit] n. f. MED Inflammation des annexes de l'utérus (trompes, ovaires). – De *annexe,* et *-ite* 1.

annihilation [aniilasjɔ̃] n. f. **1.** Action d'annihiler ; son résultat. Syn. anéantissement. **2.** PHYS NUCL Transformation de la masse d'une particule en énergie par désintégration totale. – De *annihiler.*

annihiler [aniile] v. tr. [1] **1.** Réduire à rien (qqch), rendre nul. *Annihiler un droit. Annihiler les efforts de qqn.* ▷ v. pron. Se réduire à rien. **2.** Réduire à néant la volonté de (qqn). *Le chagrin l'annihile.* Syn. anéantir. – Lat. ecclés. *annihilare,* de *nihil,* « rien ».

anniversaire [anivɛʀsɛʀ] adj. et n. m. Qui rappelle le souvenir d'un événement antérieur arrivé à pareille date. *Cérémonie anniversaire de la proclamation de la République.* ▷ n. m. Jour anniversaire. *Célébrer l'anniversaire d'une victoire. C'est mon anniversaire,* l'anniversaire de ma naissance. – Lat. *anniversarius.*

annonce [anɔ̃s] n. f. **1.** Avis par lequel on informe le public. *L'annonce d'une vente. Annonce publicitaire, radiophonique. Faire passer une annonce dans un journal,* pour offrir ou demander un emploi, louer ou vendre un appartement, etc. *Les petites annonces.* – DR *Annonces judiciaires, légales,* dont l'insertion dans les journaux est prescrite par la loi. ▷ JEU Déclaration par chaque joueur du contrat qu'il s'engage à remplir, des atouts ou des combinaisons qu'il possède. *Le jeu des annonces est très important au bridge.* **2.** Ce qui annonce qqch. *Le retour des hirondelles est l'annonce du printemps.* – Déverbal de *annoncer.*

annoncer [anɔ̃se] v. **[12] I.** v. tr. **1.** Faire savoir, donner connaissance de (qqch). *Annoncer une victoire, une fête.* ▷ Publier, porter à la connaissance du public. *Les journaux annoncent la nouvelle.* ▷ *Annoncer qqn* : dire le nom d'un visiteur qui désire être reçu. *Il s'est fait annoncer par la secrétaire.* **2.** Faire connaître par avance, prédire. *Les astronomes ont annoncé le retour de cette comète.* **3.** (Choses) Être l'indice de, présager. *Des traits qui annoncent la détresse. Nuages qui annoncent un orage.* ▷ Signaler. *La cloche annonce la fin des cours.* **II.** v. pron. **1.** Se manifester par des signes précurseurs. *Son génie s'annonça de bonne heure.* **2.** Se présenter favorablement ou défavorablement. *L'affaire s'annonce avantageuse, délicate.* – Lat. *annuntiare.*

annonceur [anɔ̃sœʀ] n. m. Personne, entreprise qui fait passer des annonces publicitaires. – De *annoncer.*

annonciateur, trice [anɔ̃sjatœʀ, tʀis] adj. Qui annonce, qui présage. – Lat. ecclés. *adnuntiator.*

annonciation [anɔ̃sjasjɔ̃] n. f. **I.** (Avec une majuscule.) **1.** Annonce faite à la Vierge Marie par l'ange Gabriel pour lui apprendre qu'elle serait mère de Jésus-Christ. – BX-A Représentation de cette scène. **2.** Fête commémorant cette annonce (25 mars). **II.** *Par ext.* Signe prémonitoire. – Révélation concernant la survenue (d'une ère nouvelle). – Lat. ecclés. *adnuntiatio.*

annone [anɔn] n. f. ANTIQ ROM Approvisionnement annuel en denrées de première nécessité (blé, en partic.); production, récolte de l'année. – Lat. *annona.*

annotateur, trice [anɔtatœʀ, tʀis] n. Personne qui annote. – De *annoter.*

annotation [anɔtasjɔ̃] n. f. Remarque explicative ou critique accompagnant un texte. *Les annotations figurent en dernière page.* – De *annoter.*

annoter [anɔte] v. tr. [1] Ajouter à un texte des notes critiques. *Annoter un texte en marge,* y inscrire des remarques personnelles. *Exemplaire annoté de la main de l'auteur.* – Lat. *adnotare.*

annuaire [anɥɛʀ] n. m. Recueil annuel donnant divers renseignements. *Annuaire du téléphone. Annuaire des avocats.* – Du lat. *annuus,* «annuel».

annualiser [anɥalize] v. tr. [1] **1.** Faire qu'une chose, un événement se produise tous les ans. **2.** Établir (qqch) en prenant l'année comme référence. *Annualiser des statistiques.* – De *annuel.*

annualité [anɥalite] n. f. Caractère de ce qui est annuel, qui vaut pour un an. *Annualité de l'impôt.* – De *annuel.*

annuel, elle [anɥɛl] adj. **1.** Qui dure un an seulement. *Contrat annuel.* – AGRIC *Plantes annuelles,* qui ne vivent qu'une année (par oppos. aux *plantes vivaces*). **2.** Qui revient tous les ans. *Fête annuelle. Redevances annuelles,* perçues chaque année. – Lat. jurid. *annualis.*

annuellement [anɥɛlmɑ̃] adv. Par an, chaque année. – De *annuel.*

annuité [anɥite] n. f. **1.** Paiement annuel fait en vue d'amortir un emprunt en un nombre déterminé d'années; somme que l'on paie chaque année. **2.** Équivalence d'une année de service, dans le calcul des pensions. – Lat. médiév. *annuitas.*

1. annulaire [anylɛʀ] adj. En forme d'anneau. ▷ ASTRO *Éclipse annulaire du Soleil,* ne laissant apparaître que la couronne solaire qui se profile en anneau autour de la Lune. ▷ ANAT *Protubérance annulaire,* située à la face inférieure de l'encéphale. – Lat. *annularius.*

2. annulaire [anylɛʀ] n. m. Quatrième doigt de la main, celui qui porte l'anneau. – De *annulaire.*

annulatif, ive [anylatif, iv] adj. DR Qui annule. *Arrêt annulatif.* – De *annuler.*

annulation [anylasjɔ̃] n. f. Action d'annuler, de supprimer. *L'annulation d'un contrat, d'un mariage.* Syn. abrogation, invalidation. Ant. validation, confirmation. – De *annuler.*

annuler [anyle] v. [1] **I.** v. tr. **1.** DR Rendre nul (qqch), frapper de nullité. *Annuler un verdict, une élection.* Ant. valider. **2.** Cour. Supprimer, rendre de valeur nulle. *Annuler une réception, une commande.* Ant. confirmer, maintenir. **II.** v. pron. (récipr.) Devenir nul, se neutraliser en s'opposant. *En physique, des forces égales et opposées s'annulent.* – Lat. ecclés. *annulare.*

annulite [anylit] n. f. MED Inflammation de l'anneau d'un orifice auriculo-ventriculaire du cœur. *Annulite mitrale.* – Lat. *annulus,* «anneau», et *-ite* 1.

annuloplastie [anylɔplasti] n. f. Intervention chirurgicale conservatrice sur un orifice valvulaire anormalement dilaté (insuffisance mitrale). – Du lat. *annulus,* «anneau», et *-plastie.*

anoblir [anɔbliʀ] v. tr. [3] **1.** Faire noble, conférer un titre de noblesse à. *Le roi l'avait anobli.* **2.** Fig. Ennoblir. – De *a-* 2, et *noble.*

anoblissement [anɔblismɑ̃] n. m. Action d'anoblir. *Lettres d'anoblissement,* par lesquelles le roi conférait la noblesse. – De *anoblir.*

anode [anɔd] n. f. PHYS Électrode reliée au pôle positif d'un générateur électrique lors d'une électrolyse, et siège d'une réaction d'oxydation. – Gr. *anodos,* «chemin vers le haut».

anodin, ine [anɔdɛ̃, in] adj. **1.** MED Vx Qui calme la douleur. *Potion anodine.* **2.** Sans gravité, sans importance, inoffensif. *Une grippe anodine. Des propos anodins.* Syn. bénin. **3.** (Personnes) Insignifiant, sans intérêt. *Je trouve ce garçon tout à fait anodin.* – Lat. médiév. *anodynos,* du gr. *anôdunos,* «qui calme la douleur».

anodique [anɔdik] adj. PHYS Qui se produit à l'anode. *Oxydation anodique.* ▷ TECH *Protection anodique :* protection contre la corrosion des métaux au moyen d'un film superficiel qui, électropositif, joue le rôle d'anode. – De *anode.*

anodisation [anɔdizasjɔ̃] n. f. TECH Procédé de protection des pièces en aluminium par oxydation anodique. – De *anode.*

anodonte [anɔdɔ̃t] adj. et n. m. **1.** adj. Qui n'a pas de dents. **2.** n. m. ZOOL Mollusque lamellibranche d'eau douce, commun en France. – Du gr. *anodous, anodontos,* «édenté».

anodontie [anɔdɔ̃ti] n. f. Absence de dents. – De *anodonte.*

anomal, ale, aux [anɔmal, o] adj. Qui présente une anomalie. *Fleurs anomales,* dont la constitution est différente de celle de la fleur habituelle. ▷ GRAM *Forme, construction anomale,* qui, sans être incorrecte, présente des divergences par rapport à un type ou à une règle. – Bas lat. *anomalus,* du gr.

anomalie [anɔmali] n. f. **1.** Cour. Bizarrerie, particularité qui rend une chose différente de ce qu'elle devrait être normalement; écart par rapport à une règle. *Relever des anomalies dans un compte.* **2.** GRAM Caractère d'une forme, d'une construction anomale. **3.** ASTRO *Anomalie vraie :* angle formé par le grand axe de l'ellipse que décrit une planète autour du Soleil et la droite menée de la planète au Soleil. *Anomalie excentrique :* angle formé par le grand axe et la droite qui joint le centre du cercle circonscrit à l'ellipse et le point du cercle situé sur le prolongement de la droite passant par la planète et perpendiculaire au grand axe. **4.** BIOL Écart par rapport au type normal. *Anomalie du crâne.* – Lat. *anomalia,* du gr.

anomalistique [anɔmalistik] adj. ASTRO *Année anomalistique.* V. année. – *Révolution anomalistique :* mouvement d'une planète entre deux passages successifs au périhélie. – De *anomal.*

anomie [anɔmi] n. f. SOCIOL Absence ou désintégration des normes sociales. – Gr. *anomia,* «désordre».

ânon [ɑnɔ̃] n. m. Petit de l'âne. – Dimin. de *âne.*

anonacées [anɔnase] n. f. pl. BOT Famille de dicotylédones comprenant des arbres et des arbustes tropicaux. – Sing. *Une anonacée.* – De *anone.*

anone [anɔn] n. f. Arbre tropical (fam. anonacées) fournissant des fruits comestibles parfumés; son fruit (le corossol, la pomme-cannelle, le cœur-de-bœuf, selon l'espèce). – *Anon,* forme esp. de même orig. que *ananas.*

ânonnement [ɑnɔnmɑ̃] n. m. Action d'ânonner. – De *ânonner.*

ânonner [ɑnɔne] v. intr. [1] Parler, réciter avec peine, en balbutiant, en hésitant. ▷ v. tr. *Enfant qui ânonne la table de multiplication.* – De *ânon.*

anonymat [anɔnima] n. m. Caractère de ce qui est anonyme. *L'anonymat d'un don. Il est resté dans l'anonymat.* – De *anonyme.*

anonyme [anɔnim] adj. et n. **1.** Se dit d'une personne dont on ignore le nom, ou d'une œuvre sans nom d'auteur. *Écrivain anonyme. Ouvrage anonyme.* – Subst. *Le don d'un anonyme.* – *Lettre anonyme,* que son auteur n'a pas voulu signer. – DR *Société anonyme :* société commerciale par actions dans laquelle la responsabilité des associés est limitée au montant de l'apport. **2.** Fig. Sans personnalité, froid. *Le décor anonyme d'une salle d'attente.* – Bas lat. *anonymus,* du gr. *onoma,* « nom ».

anonymement [anɔnimmɑ̃] adv. D'une manière anonyme. – De *anonyme.*

anophèle [anɔfɛl] n. m. ENTOM Moustique (fam. culicidés) dont la femelle transmet le paludisme. – Gr. *anôphelês,* « nuisible ».

anoploures [anɔpluʀ] n. m. pl. ENTOM Ordre d'insectes comprenant les poux des mammifères. – Sing. *Un anoploure.* – Du gr. *anoplos,* « désarmé », et *oura,* « queue ».

anorak [anɔʀak] n. m. Veste de sport imperméable à capuchon. – Mot esquimau.

anorchidie [anɔʀkidi] ou **anorchie** [anɔʀki] n. f. MED Absence congénitale de l'un ou des deux testicules. – De *a-* 1, et gr. *orkhis,* « testicule ».

anorexie [anɔʀeksi] n. f. MED Absence d'appétit, perte de l'appétit. ▷ *Anorexie mentale :* syndrome d'origine psychologique qui se voit en particulier chez le nourrisson et la jeune fille, caractérisé par le refus obstiné de toute alimentation, un amaigrissement grave, et, chez la jeune fille, des troubles endocriniens. – Gr. *anorexia,* de *an-* et *orexis,* « appétit ».

anorexigène [anɔʀeksiʒɛn] adj. et n. m. Qui coupe l'appétit. *Médicament anorexigène.* – De *anorexie,* et *-gène.*

anorexique [anɔʀeksik] adj. et n. MED Qui souffre d'anorexie. – De *anorexie.*

anormal, ale, aux [anɔʀmal, o] adj. Qui semble contraire aux règles, aux usages habituels ou à la raison. *Un froid anormal pour la saison. Il est anormal de payer si cher pour cette bagatelle.* – *Enfant anormal,* qui présente des troubles psychiques ou physiques. Syn. particulier, exceptionnel, singulier, insolite. Ant. normal, naturel, régulier. – Lat. médiév. *anormalis.*

anormalement [anɔʀmalmɑ̃] adv. D'une manière anormale. *Elle était anormalement pâle.* – De *anormal.*

anosmie [anɔsmi] n. f. Perte totale ou partielle de l'odorat. – Du gr. *anosmos,* « inodore ».

anoure [anuʀ] adj. et n. ZOOL **1.** adj. Dépourvu de queue. **2.** n. m. pl. Ordre d'amphibiens dépourvus de queue au stade adulte (crapauds, grenouilles). – De *a(n)-* 1, et gr. *oura,* « queue ».

anoxémie [anɔksemi] n. f. MED Diminution de la quantité d'oxygène dans le sang. – De *a(n)-* 1, *ox(ygène),* et *-émie.*

anoxie [anɔksi] n. f. MED Diminution de la quantité d'oxygène dans les tissus, conséquence de l'anoxémie. – De *a(n)-* 1, et *ox(ygène).*

anse [ɑ̃s] n. f. **1.** Partie saillante et souvent recourbée par laquelle on saisit certains objets. *L'anse d'un panier, d'une tasse.* – Loc. fig. *Faire danser l'anse du panier :* en parlant des employés de maison, majorer le prix des achats au détriment des employeurs. **2.** GEOGR Petite baie. **3.** GEOM *Anse de panier :* courbe formée d'un nombre impair d'arcs de cercle de rayons différents, pouvant se raccorder. *L'anse de panier est utilisée en architecture pour la construction des voûtes.* **4.** ANAT Courbure que décrit un vaisseau, un rameau nerveux, un organe. *Anse vasculaire.* – Lat. *ansa.*

ansé, ée [ɑ̃se] adj. *Croix ansée,* surmontée d'une anse (symbole de vie éternelle chez les anciens Égyptiens.) – De *anse.*

ansériformes [ɑ̃seʀifɔʀm] n. m. pl. ZOOL Ordre d'oiseaux palmipèdes dont le bec est garni intérieurement de lamelles cornées (oies, cygnes, canards, flamants). – Du lat. *anser,* « oie ».

anspect [ɑ̃spɛk(t)] n. m. **1.** CH de F Sabot à levier pour la manœuvre à la main des wagons. **2.** MAR Grand levier pour la manœuvre des canons. – *Barre d'anspect :* barre de cabestan. – Mot néerl.

ant-, anti-. Élément, du grec *anti,* « contre », qui sert à marquer l'opposition, le contraire (ex. *anti-histaminique, antipape,* etc.). V. anti-.

antagonique [ɑ̃tagɔnik] adj. Qui est en lutte, en opposition. *Forces antagoniques.* – De *antagonisme.*

antagonisme [ɑ̃tagɔnism] n. m. Opposition de deux forces ; rivalité hostile. *L'antagonisme entre deux peuples.* – Gr. *antagônisma.*

antagoniste [ɑ̃tagɔnist] adj. et n. **1.** Opposé, hostile. *Factions antagonistes.* ▷ Subst. *Après s'être insultés, les deux antagonistes en vinrent aux coups.* **2.** ANAT *Muscles antagonistes,* dont les actions sont opposées. **3.** MECA *Couple antagoniste,* dont les forces s'exercent en sens contraire du couple produisant le mouvement. – De *antagonisme.*

antalgique [ɑ̃talʒik] adj. et n. m. MED Se dit d'un produit, d'un procédé qui atténue la douleur. – De *ant(i)-,* et gr. *algos,* « douleur ».

antan (d') [dɑ̃tɑ̃] loc. adj. Litt. D'autrefois, de jadis. – Lat. pop. **anteannum,* « l'année précédente ».

antarctique [ɑ̃taʀktik] adj. Relatif au pôle Sud et aux régions polaires australes. – Lat. *antarcticus,* du gr. *antarktikos,* de *ant(i)-,* « à l'opposé », et *arktos,* « ours ; (Grande) Ourse ».

anté-. Élément, du latin *ante,* « avant », marquant l'antériorité (ex. *antédiluvien,* etc.).

antébois [ɑ̃tebwa] ou **antibois** [ɑ̃tibwa] n. m. Baguette de bois fixée sur le plancher pour empêcher les meubles de heurter le mur.

antécambrien, enne [ɑ̃tekɑ̃bʀijɛ̃, ɛn] adj. et n. m. GEOL Syn. de *précambrien.* – De *anté-,* et *cambrien.*

antécédence [ɑ̃tesedɑ̃s] n. f. **1.** ASTRO Marche apparemment rétrograde (d'E. en O.) des planètes. **2.** Phénomène par lequel un élément géologique se maintient malgré d'importantes phases tectoniques ultérieures. – De *antécédent.*

antécédent, ente [ɑ̃tesedɑ̃, ɑ̃t] adj. et n. m. **I.** adj. Rare Qui précède dans le temps. Syn. antérieur. Ant. postérieur. **II.** n. m. **1.** Chacun des actes, des faits du passé d'une personne, en rapport avec son existence actuelle. *Avoir de bons, de fâcheux antécédents.* **2.** MATH et LOG Premier terme d'un rapport par opposition au second terme, appelé *conséquent.* **3.** TECH En ordonnancement : tâche qui précède une autre tâche. *Méthode des antécédents.* **4.** GRAM *Antécédent du relatif :* mot qui précède et que remplace le pronom relatif. **5.** MED Chacun des phénomènes morbides qui ont précédé une maladie. – Lat. *antecedens,* ppr. de *antecedere,* « précéder ».

antéchrist [ɑ̃tekʀist] n. m. THEOL (Avec une majuscule.) Faux messie qui, d'après l'Évangile et l'Apocalypse, paraîtra peu avant la fin du monde pour prêcher une religion hostile à celle du Christ. – *Par ext.* Adversaire du Christ et de sa doctrine. – Du lat. ecclés. *antichristus.*

antédiluvien, enne [ɑ̃tedilyvjɛ̃, ɛn] adj. Qui est antérieur au Déluge. *Animaux antédiluviens.* ▷ Fig., souvent iron. Très ancien, démodé. *Un tacot antédiluvien.* – De *anté-,* et lat. *diluvium,* « déluge ».

antéfixe [ɑ̃tefiks] n. f. ARCHI ANTIQ Sculpture, ornement placé au bord d'un toit. – Lat. *antefixa.*

antéhypophyse [ɑ̃teipɔfiz] n. f. PHYSIOL Lobe antérieur de l'hypophyse, responsable de la sécrétion d'hormones qui contrôlent les glandes endocrines périphériques (thyroïde, corticosurrénales, glandes génitales). – De *anté-*, et *hypophyse.*

antéislamique [ɑ̃teislamik] adj. Antérieur à l'islam (fondé en 622). *Poésie antéislamique.* – De *anté-*, et *islamique.*

antenais, aise [ɑ̃tənɛ, ɛz] adj. Se dit des agneaux et agnelles nés l'année précédente, et encore inaptes à la reproduction. – De *antan.*

antennaire [ɑ̃tenɛʀ] adj. ZOOL Relatif aux antennes des insectes. – De *antenne.*

antennates [ɑ̃tenat] n. m. pl. ZOOL Sous-embranchement d'arthropodes comprenant les crustacés, les myriapodes et les insectes, qui tous possèdent des antennes. – Sing. *Un antennate.* – De *antenne.*

antenne [ɑ̃tɛn] n. f. **1.** MAR Longue vergue oblique soutenant une voile triangulaire. **2.** ZOOL Appendice sensoriel mobile, situé sur la tête de la plupart des arthropodes (antennates). – Fig. *Avoir des antennes :* avoir de l'intuition, du flair. **3.** RADIOELECTR Organe capable de transformer un signal radioélectrique en ondes électromagnétiques et inversement. – Fig. *Passer sur (à) l'antenne,* dans une émission de radio ou de télévision. **4.** MILIT *Antenne chirurgicale :* poste chirurgical mobile avancé. – Lat. *antenna.*

antépénultième [ɑ̃tepenyltjɛm] adj. Qui précède la pénultième, l'avant-dernière syllabe. – n. f. *L'antépénultième :* la syllabe antépénultième. – Lat. gram. *antepænultimus.*

antéposer [ɑ̃tepoze] v. tr. [1] LING Placer devant. – Pp. adj. *Dans « un grand homme », « grand » est un adjectif antéposé.* – De *anté-*, et *poser.*

antérieur, eure [ɑ̃teʀjœʀ] adj. **1.** Qui précède dans le temps. *Les événements antérieurs.* Ant. ultérieur. – GRAM *Passé antérieur, futur antérieur,* exprimant l'antériorité d'une action par rapport à une autre. **2.** Situé en avant. *La partie antérieure d'une maison, du corps.* Ant. postérieur. – PHON *Voyelles antérieures :* voyelles dont le point d'articulation se situe dans la partie avant de la cavité buccale, dites aussi palatales (ex. [a, ɛ, e, i]). – Lat. *anterior.*

antérieurement [ɑ̃teʀjœʀmɑ̃] adv. Précédemment, avant. – De *antérieur.*

antériorité [ɑ̃teʀjɔʀite] n. f. Caractère de ce qui est antérieur. *Antériorité d'un fait.* Ant. postériorité. – De *antérieur.*

antérograde [ɑ̃teʀɔgʀad] adj. Se dit d'une amnésie portant sur des faits qui ont suivi un événement pris comme repère. – Du rad. de *antér(ieur),* sur *rétrograde.*

antéropostérieur, eure [ɑ̃teʀɔpɔsteʀjœʀ] adj. Qui est orienté d'avant en arrière. – De *antér(ieur),* et *postérieur.*

anthélie [ɑ̃teli] n. f. Tache lumineuse qui apparaît à l'opposé du Soleil et à la même hauteur que lui, dans certaines conditions météorologiques (cristaux de glace en suspension dans l'air). – De *ant-*, et gr. *hêlios,* « soleil ».

anthémis [ɑ̃temis] n. f. BOT Genre *(Anthemis)* de composées, souvent ornementales, auquel appartiennent les camomilles. – Lat. *anthemis,* du gr. *anthos,* « fleur ».

anthère [ɑ̃tɛʀ] n. f. BOT Terminaison renflée de l'étamine, qui contient le pollen. – Gr. *anthêros,* « fleuri ».

anthéridie [ɑ̃teʀidi] n. f. BOT Organe producteur d'anthérozoïdes chez les bryophytes (mousses) et les fougères. – De *anthère.*

anthérozoïde [ɑ̃teʀozɔid] n. m. BOT Gamète mâle flagellé. – De *anthère,* sur *spermatozoïde.*

anthèse [ɑ̃tɛz] n. f. BOT Ensemble des phénomènes qui accompagnent l'épanouissement des fleurs. Syn. floraison. – Gr. *anthêsis,* « floraison ».

anthocyanes [ɑ̃tɔsjan] n. f. pl. BIOCHIM Pigments hétérosidiques responsables des couleurs rouges ou bleues des fleurs ou d'autres éléments végétaux (feuilles rouille en automne). – Du gr. *anthos,* « fleur », et *kuanos,* « bleu ».

anthologie [ɑ̃tɔlɔʒi] n. f. Recueil de pièces choisies d'œuvres littéraires ou musicales. *Anthologie de la poésie romantique.* – Du gr. *anthos,* « fleur », et *legein,* « choisir ».

anthozoaires [ɑ̃tozɔɛʀ] n. m. pl. ZOOL Superclasse de cnidaires comprenant les octocoralliaires (corail des bijoutiers) et les hexacoralliaires (actinies, madréporaires). – Sing. *Un anthozoaire.* – Du gr. *anthos,* « fleur », et *zôon,* « animal ».

anthracène [ɑ̃tʀasɛn] n. m. CHIM Hydrocarbure aromatique tricyclique condensé, de formule $C_{14}H_{10}$. – Du gr. *anthrax, anthrakos,* « charbon ».

anthracite [ɑ̃tʀasit] n. m. Charbon à combustion lente, qui brûle sans flamme en dégageant une vive chaleur. ▷ adj. inv. Gris foncé. *Des collants anthracite.* – Du gr. *anthrax, anthrakos,* « charbon ».

anthracnose [ɑ̃tʀaknoz] n. f. BOT Maladie de diverses plantes cultivées (groseilliers, haricots, vigne), sur les feuilles ou les fruits desquelles des champignons microscopiques provoquent des taches noirâtres *(charbon de la vigne).* – Du gr. *anthrax, anthrakos,* « charbon », et *nosos,* « maladie ».

anthracose [ɑ̃tʀakoz] n. f. MED **1.** Infiltration des poumons par de la poussière de charbon inhalée. **2.** Maladie professionnelle des mineurs, du groupe des pneumoconioses, due à une infiltration importante et prolongée. – Du gr. *anthrax, anthrakos,* « charbon », et *-ose* 2.

anthraquinone [ɑ̃tʀakinɔn] n. f. CHIM Dérivé de l'anthracène, de formule $C_{14}H_8O_2$, point de départ de la fabrication de colorants. – De *anthra(cène),* et *quinone.*

anthrax [ɑ̃tʀaks] n. m. MED Suppuration localisée dans plusieurs foyers contigus du tissu cellulaire sous-cutané, due au staphylocoque doré. – Gr. *anthrax,* « charbon ».

anthrène [ɑ̃tʀɛn] n. m. ZOOL Coléoptère de petite taille (4 mm) dont la larve, qui se nourrit de matières animales sèches, endommage les fourrures, les collections zoologiques. – Gr. *anthrênê,* « frelon ».

-anthrope, -anthropie, -anthropique, anthropo-. Éléments, du gr. *anthrôpos,* « homme ».

anthropique [ɑ̃tʀɔpik] adj. Didac. Fait par l'homme, dû à l'homme. *Une dégradation anthropique.* – Du gr. *anthrôpos,* « homme ».

anthropocentrique [ɑ̃tʀɔposɑ̃tʀik] adj. Relatif à l'anthropocentrisme. *Philosophie anthropocentrique.* – De *anthropo-*, et *centre.*

anthropocentrisme [ɑ̃tʀɔposɑ̃tʀism] n. m. Doctrine, attitude, qui fait de l'homme le centre et la fin de tout. – De *anthropocentrique.*

anthropogénie [ɑ̃tʀɔpɔʒeni] ou **anthropogenèse** [ɑ̃tʀɔpɔʒənɛz] n. f. Étude de l'origine et de l'évolution de l'homme. – De *anthropo-*, et gr. *genesis,* « génération ».

anthropoïde [ɑ̃tʀɔpɔid] adj. et n. m. **1.** adj. Qui ressemble à l'homme, en parlant d'un animal. *Singe anthropoïde.* **2.** n. m. pl. ZOOL Sous-ordre de primates comprenant les singes et les hominidés. – Sing. *Un anthropoïde.* – De *anthropo-*, et *-oïde.*

anthropologie [ɑ̃tʀɔpɔlɔʒi] n. f. **1.** Étude de l'espèce humaine des points de vue anatomique, physiologique, biologique, génétique et phylogénétique. **2.** Étude des cultures des différentes collectivités humaines (institutions, structures familiales, croyances, technologies). – De *anthropo-*, et *-logie*.

anthropologique [ɑ̃tʀɔpɔlɔʒik] adj. Qui relève de l'anthropologie. – De *anthropologie*.

anthropologue [ɑ̃tʀɔpɔlɔg] n. m. Spécialiste de l'anthropologie. – De *anthropologie*.

anthropométrie [ɑ̃tʀɔpɔmetʀi] n. f. Ensemble des procédés de mensuration des diverses parties du corps humain. – *Anthropométrie judiciaire*, appliquée à l'identification des délinquants. – De *anthropo-*, et *-métrie*.

anthropométrique [ɑ̃tʀɔpɔmetʀik] adj. Relatif à l'anthropométrie. *Fiche anthropométrique*, établie au moyen de l'anthropométrie pour réunir un certain nombre de renseignements. – De *anthropométrie*.

anthropomorphe [ɑ̃tʀɔpɔmɔʀf] adj. Qui a la forme, l'apparence humaine. ▷ ZOOL Se dit des grands singes de la famille des pongidés, les animaux les plus proches de l'homme. – Gr. *anthrôpomorphos*.

anthropomorphique [ɑ̃tʀɔpɔmɔʀfik] adj. Qui présente, est relatif à un anthropomorphisme. – De *anthropomorphisme*.

anthropomorphisme [ɑ̃tʀɔpɔmɔʀfism] n. m. Représentation de Dieu sous l'apparence humaine. – *Par ext.* Tendance à attribuer aux êtres et aux choses des manières d'être et d'agir, des pensées humaines. – De *anthropomorphite*, «hérétique qui attribuait à Dieu la forme humaine».

anthroponymie [ɑ̃tʀɔponimi] n. f. Étude de l'origine des noms de personnes. – De *anthropo-*, et gr. *onoma*, «nom».

anthropophage [ɑ̃tʀɔpofaʒ] adj. et n. Qui mange de la chair humaine. *Peuplade anthropophage*. – Lat. d'orig. gr. *anthropophagus*.

anthropophagie [ɑ̃tʀɔpofaʒi] n. f. Fait de manger de la chair humaine. Syn. cannibalisme. – Gr. *anthrôpophagia*.

anthropopithèque [ɑ̃tʀɔpopitɛk] n. m. Animal hypothétique dont on faisait autrefois un intermédiaire entre le singe et l'homme. – De *anthropo-*, et gr. *pithêkos*, «singe».

anthropozoïque [ɑ̃tʀɔpozɔik] adj. Qualifie l'ère quaternaire durant laquelle l'homme est apparu. – De *anthropo-*, et *-zoïque*.

anti-. Élément, du gr. «contre» (V. aussi ant-) indiquant une idée de : **1.** Hostilité : *Antiadministratif, antiannexionniste, antiaristocratique, anticatholique, antichrétien, antichristianisme, anticolonialiste, anticommuniste, antiesclavagiste, antifasciste, antilibéral, antimilitariste, antiministériel, antiparlementaire, antipapiste, antipatriotique, antiprogressiste, antiprotectionniste, antirationaliste, antireligieux, antirépublicain, antirévolutionnaire*, etc. **2.** Protection : *Antiacridien, antiallergique, antiapoplectique, antiarthritique, antiasthmatique, antibruit, anticatarrhal, anticellulitique, anticholérique, antidoryphorique, antidysentérique, antiépileptique, antigaleux, antigiratoire, antihémolytique, antihémorragique, antihémorroïdal, antihypnotique, antihystérique, antimalarique, antimicrobien, antimissile, antinévralgique, antipaludique, antiscorbutique, antisudoral, antisyphilitique*, etc. **3.** Opposition : *Antiartistique, antidémoniaque, antidramatique, antiévangélique, antihéros, antimatière, antipsychiatrie, antithéâtral*, etc.

antiadhésif, ive [ɑ̃tiadezif, ive] adj. et n. m. Qui empêche l'adhérence. *Un revêtement antiadhésif.* – n. m. *Poêle recouverte d'un antiadhésif.*

antiaérien, enne [ɑ̃tiaeʀjɛ̃, ɛn] adj. MILIT Qui combat les attaques aériennes, protège de leurs effets. *Défense antiaérienne. Abri antiaérien.*

antialcoolique [ɑ̃tialkɔlik] adj. Qui lutte contre l'alcoolisme. *Ligue antialcoolique.*

antiallergique [ɑ̃tialɛʀʒik] adj. Qui inhibe les réactions allergiques.

antiar [ɑ̃tjaʀ] n. m. BOT Latex d'une urticacée, contenant un poison utilisé par les Malais pour leurs flèches sous le nom de *upas*. – Du malais *antjar*, par le lat. scientif.

antiarches [ɑ̃tiaʀʃ] n. m. pl. PALEONT Ordre de poissons placodermes d'eau douce du primaire, cuirassés et possédant des appendices pectoraux articulés. – Sing. *Un antiarche*. – De *anti-*, «avant», et gr. *archê*, «début».

antiasthénique [ɑ̃tiastenik] adj. et n. m. MED Qui permet de corriger un état de fatigue. *Un médicament antiasthénique.* ▷ n. m. *Un antiasthénique.*

antiatomique [ɑ̃tiatɔmik] adj. Qui s'oppose aux rayonnements nucléaires. *Abri antiatomique.*

antibactérien, enne [ɑ̃tibakteʀjɛ̃, ɛn] adj. et n. m. Qui détruit les bactéries.

antibélier [ɑ̃tibelje] n. m. et adj. TECH Dispositif placé à la partie haute d'une canalisation d'eau pour amortir les variations brusques de pression (coups de bélier).

antibiogramme [ɑ̃tibjɔgʀam] n. m. BIOCHIM Résultat d'un test de sensibilité d'un germe microbien à divers antibiotiques en vue de sélectionner l'antibiotique le plus efficace pour lutter contre ce germe. – De *antibio-(tique)*, et *-gramme*.

antibiothérapie [ɑ̃tibjɔteʀapi] n. f. Traitement par les antibiotiques. – De *antibio(tique)*, et *thérapie*.

antibiotique [ɑ̃tibjɔtik] n. m. (et adj.) MED Substance qui détruit les bactéries (bactéricide) ou s'oppose à leur multiplication (bactériostatique). – De *anti-*, et gr. *biôtikos*, «ce qui concerne la vie».

ENCYCL La pénicilline a été découverte par Fleming en 1929 et fabriquée industriellement en 1941. Depuis, des centaines d'antibiotiques différents sont fabriqués à partir de micro-organismes ou par synthèse. Il en existe plusieurs groupes; chacun a un spectre bactérien particulier.

antibrouillage [ɑ̃tibʀujaʒ] adj. TECH Se dit des dispositifs destinés à réduire le brouillage d'une émission.

antibrouillard [ɑ̃tibʀujaʀ] adj. inv. et n. m. Se dit des dispositifs optiques favorisant l'efficacité d'un faisceau lumineux dans le brouillard. *Des projecteurs antibrouillard.* ▷ n. m. *Des antibrouillards* : des phares antibrouillard.

antibruit [ɑ̃tibʀɥi] adj. inv. Qui empêche la propagation du bruit.

anticancéreux, euse [ɑ̃tikɑ̃seʀø, øz] adj. **1.** Qui est destiné à combattre le cancer. *Prévention anticancéreuse.* **2.** Qui assure la lutte contre le cancer. *Un centre anticancéreux.*

anticathode [ɑ̃tikatɔd] n. f. PHYS Bloc de métal placé entre cathode et anode, dans un tube à rayons X, recevant le flux d'électrons et émettant le rayonnement X.

antichambre [ɑ̃tiʃɑ̃bʀ] n. f. **1.** Pièce qui précède une chambre ou un appartement. **2.** Pièce qui sert de salle d'attente. ▷ Loc (en général péjor.) *Faire antichambre* : attendre avant d'être reçu. *Courir les antichambres* : aller chez plusieurs personnes influentes solliciter une faveur, une autorisation, un poste, etc. – Ital. *anticamera*, «chambre de devant».

antichar [ɑ̃tiʃaʀ] adj. inv. (et n. m.) MILIT Se dit d'un engin ou d'un dispositif qui sert à la lutte contre les chars de combat. *Canon antichar. Mines antichar.*

antichoc [ɑ̃tiʃɔk] adj. inv. Qui protège contre les chocs. *Casque antichoc.* ▷ Qui résiste aux chocs. *Montres antichoc.*

antichrèse [ɑ̃tikʀɛz] n. f. DR Contrat par lequel un débiteur remet à son créancier, qui en percevra les revenus, un immeuble en garantie de sa dette. – Lat. jurid. d'orig. gr. *antichresis.*

anticipation [ɑ̃tisipasjɔ̃] n. f. **1.** Action d'anticiper, de faire par avance. *Régler son loyer par anticipation,* avant l'échéance. **2.** DR Empiétement sur les droits, les biens d'autrui. *Attaquer en justice contre une anticipation.* **3.** *Roman, récit d'anticipation,* qui décrit un futur imaginaire. **4.** MUS Accord comprenant une ou plusieurs notes de l'accord qui suit. **5.** RHET Figure par laquelle on réfute d'avance une objection possible. – Lat. *anticipatio.*

anticipé, ée [ɑ̃tisipe] adj. Fait à l'avance, avant la date fixée. *Paiement anticipé,* fait avant échéance. *Son arrivée anticipée a complètement modifié mes plans. Des remerciements anticipés.* Ant. retardé. – Pp. de *anticiper.*

anticiper [ɑ̃tisipe] v. [1] **1.** v. tr. Faire par avance. *Anticiper un paiement,* le régler avant l'échéance. **2.** v. tr. indir. ou intr. *Anticiper sur l'avenir :* considérer un événement futur comme s'il s'était produit. ▷ (S. comp.) *N'anticipons pas :* procédons par ordre, en respectant la succession logique des choses; commençons par le commencement. – Lat. *anticipare.*

anticlérical, ale, aux [ɑ̃tikleʀikal, o] adj. (et n.) Qui s'oppose au clergé, à son influence sociale, politique.

anticléricalisme [ɑ̃tikleʀikalism] n. m. Attitude politique anticléricale. – De *anticlérical.*

anticlinal, ale, aux [ɑ̃tiklinal, o] adj. et n. m. GEOL *Un pli anticlinal* ou, n. m. *un anticlinal,* dont la convexité est tournée vers le haut. Ant. synclinal. – Du gr. *antiklinein,* «pencher en sens contraire».

anticoagulant, ante [ɑ̃tikɔagylɑ̃, ɑ̃t] adj. et n. m. MED Qui s'oppose à la coagulation du sang, partic. dans le traitement des thromboses. ▷ n. m. *L'héparine est un anticoagulant physiologique.*

anticodon [ɑ̃tikɔdɔ̃] n. m. BIOCHIM Triplet de nucléotides d'un A.R.N. de transfert permettant à celui-ci de se fixer complémentairement sur le triplet correspondant (codon) d'une molécule d'A.R.N. messager, au cours de la protéosynthèse.

anticolonialisme [ɑ̃tikolɔnjalism] n. m. Opposition, hostilité au colonialisme.

anticolonialiste [ɑ̃tikɔlɔnjalist] adj. Hostile au colonialisme. ▷ Subst. *Une anticolonialiste convaincue.*

anticommunisme [ɑ̃tikɔmynism] n. m. Opposition, hostilité au communisme.

anticommuniste [ɑ̃tikɔmynist] adj. et n. Hostile au communisme.

anticommutatif, ive [ɑ̃tikɔmytatif, iv] adj. MATH Qualifie une loi de composition interne k, définie sur un groupe additif E, si pour tout élément a et b de E on a : $a\theta b = -b\theta a$. *La soustraction est anticommutative.*

anticonceptionnel, elle [ɑ̃tikɔ̃sɛpsjɔnɛl] adj. Qui prévient la conception, évite la grossesse. *Pilules anticonceptionnelles.* Syn. contraceptif.

anticonformisme [ɑ̃tikɔ̃fɔʀmism] n. m. Opposition au conformisme.

anticonformiste [ɑ̃tikɔ̃fɔʀmist] adj. Opposé au conformisme. ▷ Subst. *En matière d'art, c'est un anticonformiste.*

anticonstitutionnel, elle [ɑ̃tikɔ̃stitysjɔnɛl] adj. Contraire à la Constitution.

anticonstitutionnellement [ɑ̃tikɔ̃stitysjɔnɛlmɑ̃] adv. D'une manière anticonstitutionnelle.

anticorps [ɑ̃tikɔʀ] n. m. MED Protéine sérique, appelée aussi *immunoglobuline* (abrév. : Ig), synthétisée par les cellules lymphoïdes en réponse à l'introduction d'une substance étrangère appelée *antigène.*

ENCYCL Chaque anticorps est spécifique de l'antigène correspondant, auquel il peut s'adapter pour favoriser son éviction hors de l'organisme. Il existe 5 groupes d'anticorps : Ig G, Ig M, Ig A, Ig E, Ig D. Les principaux sont les Ig G, qui sont les gammaglobulines. On distingue les anticorps dits *naturels* (agglutinines des groupes sanguins A, B, O) et les anticorps *immuns,* les plus fréquents, qui apparaissent après un contact avec l'antigène (infection, vaccin). Les *anticorps monoclonaux,* qui sont obtenus par clonage et sont dirigés contre un seul déterminant antigénique, ont de multiples applications potentielles médicales (thérapeutiques et diagnostiques).

anticryptogamique [ɑ̃tikʀiptɔgamik] adj. Qui détruit les champignons parasites. Syn. fongicide.

anticyclone [ɑ̃tisiklon] n. m. METEO Centre de hautes pressions atmosphériques (par oppos. à *dépression*).

antidater [ɑ̃tidate] v. tr. [1] Indiquer (sur un document) une date antérieure à la date réelle. *Antidater un contrat.* Ant. postdater. – De *anti-,* «avant», et *dater.*

antidépresseur [ɑ̃tidepʀesœʀ] adj. et n. m. MED Se dit d'un produit capable d'améliorer l'état dépressif d'un sujet. – n. m. *Un antidépresseur.* – De *anti-,* et lat. *depressus,* «abaissé».

antidérapant, ante [ɑ̃tideʀapɑ̃, ɑ̃t] adj. TECH Qui réduit les risques de dérapage. *Semelles antidérapantes. Pneu antidérapant.*

antidétonant, ante [ɑ̃tidetɔnɑ̃, ɑ̃t] adj. Qui s'oppose à la détonation. ▷ n. m. TECH Additif permettant d'augmenter la compression dans le cylindre d'un moteur à explosion sans provoquer une explosion prématurée. *Le plomb tétraéthyle est un antidétonant.*

antidiabétique [ɑ̃tidjabetik] adj. Qui agit contre le diabète.

antidiphtérique [ɑ̃tidifteʀik] adj. Qui combat, prévient la diphtérie. *Vaccin antidiphtérique.*

antidiurétique [ɑ̃tidjyʀetik] adj. (et n. m.) MED Qui diminue l'élimination urinaire. *L'A.D.H. est une hormone antidiurétique.*

antidopage [ɑ̃tidɔpaʒ] adj. Qui s'oppose au dopage. *Réglementation antidopage(s).* Syn. (off. déconseillé) antidoping.

antidote [ɑ̃tidɔt] n. m. **1.** MED Substance qui s'oppose aux effets d'un poison ou d'un médicament. **2.** Fig. Ce qui atténue une peine, une souffrance morale. *La lecture est un excellent antidote contre l'ennui.* – Lat. d'orig. gr. *antidotum,* «donné contre».

antiélectrostatique [ɑ̃tielɛktʀɔstatik] adj. TECH Qui annule les phénomènes d'électricité statique.

antiémétique [ɑ̃tiemetik] adj. Qui prévient ou arrête le vomissement.

antienne [ɑ̃tjɛn] n. f. **1.** LITURG Verset que l'officiant chante, en partie ou en entier, avant un psaume ou un cantique et que l'on répète ensuite tout entier. **2.** Fig. *Chanter toujours la même antienne :* répéter toujours la même chose. – Du lat. médiév. *antefana,* d'orig. gr.

antiesclavagiste [ɑ̃tiɛsklavaʒist] adj. et n. Qui est opposé à l'esclavage.

antifasciste [ɑ̃tifaʃist] adj. et n. Qui s'oppose au fascisme. – Subst. *Un(e) antifasciste.*

antiferment [ɑ̃tifɛʀmɑ̃] n. m. Substance empêchant la fermentation.

antiferromagnétique [ɑ̃tifɛʀɔmaɲetik] adj. Qui a les propriétés d'antiferromagnétisme.

antiferromagnétisme [ɑ̃tifɛʀɔmaɲetism] n. m. PHYS Ensemble des propriétés magnétiques de certaines substances, dont les moments magnétiques des atomes se séparent en deux groupes de sens opposés.

antifongique ou **antifungique** [ɑ̃tifɔ̃ʒik] adj. et n. m. MED Qui agit contre les champignons. ▷ n. m. Médicament traitant les mycoses. Syn. antimycosique. – De *anti-*, et lat. *fongus*, « champignon ».

antifouling [ɑ̃tifuliŋ] adj. inv. MAR Se dit d'une peinture qui empêche le développement des algues et des coquillages sur la coque d'un navire. *Peinture antifouling.* ▷ n. m. *Un antifouling.* – De *anti-*, et angl. *fouling*, « salissure ».

antifriction [ɑ̃tifʀiksjɔ̃] n. m. (et adj.) TECH Alliage à base d'antimoine, utilisé pour réduire le frottement de pièces qui tournent.

anti-g [ɑ̃tiʒe] adj. inv. Se dit des équipements, des vêtements permettant à l'homme de supporter des accélérations plusieurs fois égales à celle de la pesanteur. *Une combinaison anti-g.* – De *anti-*, et *g*, symbole de l'accélération de la pesanteur.

antigel [ɑ̃tiʒɛl] n. m. (et adj. inv.) Produit qui empêche ou qui retarde la congélation.

antigène [ɑ̃tiʒɛn] n. m. BIOL et MED Substance étrangère (microbes, toxines, nombr. matières organiques) capable d'induire, lors de son introduction dans un organisme animal, la formation d'anticorps spécifiques. (V. anticorps.)

antigénique [ɑ̃tiʒenik] adj. BIOL et MED Qui a trait à un antigène ou à sa fonction. – De *antigène*.

antigivre [ɑ̃tiʒivʀ] adj. inv. et n. m. TECH Qui évite le givrage ou supprime le givre qui s'est formé sur une paroi.

antigrippal, ale, aux [ɑ̃tigʀipal, o] adj. Qui protège de la grippe; qui a un effet thérapeutique bénéfique contre l'infection grippale.

antihalo [ɑ̃tialo] adj. et n. m. PHOTO Qui protège contre l'effet de halo.

antihéros [ɑ̃tieʀo] n. m. Héros d'une fiction ne présentant pas les caractéristiques du héros conventionnel.

antiherpétique [ɑ̃tiɛʀpetik] adj. MED Qui combat l'herpès. *Un médicament antiherpétique.* – n. m. *Un antiherpétique.*

antihistaminique [ɑ̃tiistaminik] n. m. et adj. BIOL et MED Substance naturelle ou synthétique se comportant comme un antagoniste de l'*histamine* et ayant une action calmante. ▷ adj. *Médicament à action antihistaminique.*

anti-inflammatoire [ɑ̃tiɛ̃flama twaʀ] adj. et n. m. MED Qui combat l'inflammation. – n. m. *Des anti-inflammatoires.*

anti-inflationniste [ɑ̃tiɛ̃flasjɔnist] adj. Qui permet de lutter contre l'inflation.

antilacet [ɑ̃tilasɛ] adj. inv. AUTO Qualifie un dispositif destiné à éviter l'oscillation d'un véhicule autour de son axe longitudinal.

antillais, aise [ɑ̃tijɛ, ɛz] adj. Qui est relatif ou propre aux Antilles, à leurs habitants. ▷ Subst. *Un(e) Antillais(e).*

antilogarithme [ɑ̃tilɔgaʀitm] n. m. MATH Nombre correspondant à un logarithme donné. *L'antilogarithme de 1 est égal à 10 (log10 = 1).*

antilope [ɑ̃tilɔp] n. f. Mammifère ruminant bovidé aux allures vives, des déserts ou des steppes d'Afrique (nombr. espèces). – Angl. *antelope*, du lat. médiév. *anthalopus*; gr. byzantin *anthalôps*, « animal fabuleux ».

antimatière [ɑ̃timatjɛʀ] n. f. PHYS NUCL Ensemble d'antiparticules.

antimilitarisme [ɑ̃timilitaʀism] n. m. Opinion, doctrine de ceux qui sont hostiles à l'esprit ou aux institutions militaires.

antimilitariste [ɑ̃timilitaʀist] adj. et n. Relatif à l'antimilitarisme. ▷ Subst. Personne qui fait preuve d'antimilitarisme.

antimite(s) [ɑ̃timit] adj. et n. m. Qui éloigne et qui détruit les mites. *Un traitement antimite(s).* – n. m. *Un antimite(s).*

antimitotique [ɑ̃timitɔtik] adj. et n. m. MED Se dit de tout médicament qui entrave la prolifération des cellules tumorales malignes en bloquant la phase caractéristique de la multiplication cellulaire : la mitose. – n. m. *Un antimitotique.*

antimoine [ɑ̃timwan] n. m. CHIM Élément de numéro atomique Z = 51 et de masse atomique M = 121,75 (symbole Sb). – Corps simple (Sb) de densité 6,7, qui fond à 630,7 °C et bout à 1 950 °C. – Lat. médiév. *antimonium*, probabl. de l'ar. *'ĭthmĭd*, gr. *stimmi* ou *stibi*, « noir d'antimoine ».

antimoniate [ɑ̃timɔnjat] n. m. CHIM Sel correspondant à l'acide antimonique. – De *antimoine*.

antimonide [ɑ̃timɔnid] n. m. MINER Se dit d'un minéral renfermant de l'antimoine. – De *antimoine*, et *-ide*.

antimonié, ée [ɑ̃timɔnje] adj. CHIM Qui renferme de l'antimoine. – De *antimoine*.

antimonieux [ɑ̃timɔnjø] adj. CHIM Qualifie les composés d'antimoine dont les degrés d'oxydation sont respectivement 3 et 5. – De *antimoine*.

antimonite [ɑ̃timɔnit] adj. CHIM Sel correspondant à l'acide antimonieux. – De *antimoine*, et *-ite* 2.

antimoniure [ɑ̃timɔnjyʀ] n. m. CHIM Sel d'antimoine. – De *antimoine*.

antimycosique [ɑ̃timikosik] adj. et n. m. MED Syn. de *antifongique*.

antineutron [ɑ̃tinøtʀɔ̃] n. m. PHYS NUCL Antiparticule du neutron, de même masse que celui-ci et de spin opposé.

antinomie [ɑ̃tinɔmi] n. f. **1.** Contradiction entre deux systèmes, deux concepts. Syn. contradiction, opposition. **2.** DR Contradiction entre deux lois ou deux principes juridiques dans leur application pratique. **3.** PHILO Chez Kant, contradiction inévitable, résultant des lois mêmes de la raison pure, entre deux propositions pouvant être chacune rationnellement démontrée. – Lat. *antinomia*, mot gr.

antinomique [ɑ̃tinɔmik] adj. Qui présente une antinomie. – De *antinomie*.

antinoyau [ɑ̃tinwajo] n. m. PHYS NUCL Noyau atomique constitué d'antiparticules*.

antioxygène [ɑ̃tiɔksiʒɛn] n. m. CHIM Corps ayant la propriété de protéger un autre corps contre l'action de l'oxygène (naphtol, plomb tétraéthyle).

antipape [ɑ̃tipap] n. m. Usurpateur de la papauté au préjudice d'un pape légitime canoniquement élu. – Lat. médiév. *antipapa*.

antiparallèle [ɑ̃tipaʀalɛl] adj. GEOM *Droites antiparallèles* : droites qui, sans être parallèles, forment avec deux autres droites des angles égaux.

antiparasitage [ɑ̃tipaʀazitaʒ] n. m. TECH Montage d'un dispositif antiparasite sur un récepteur radio.

antiparasite [ɑ̃tipaʀazit] adj. et n. m. TECH Qualifie les dispositifs destinés à réduire la production de parasites dans les récepteurs radio.

antiparlementaire [ɑ̃tipaʀləmɑ̃tɛʀ] adj. et n. Favorable à l'antiparlementarisme. *Un mouvement antiparlementaire.* ▷ Subst. *Un antiparlementaire convaincu.*

antiparlementarisme [ɑ̃tipaʀləmɑ̃taʀism] n. m. Opposition au régime parlementaire.

antiparticule [ɑ̃tipaʀtikyl] n. f. PHYS NUCL Particule dont la masse est la même que celle de la particule qui lui est homologue, mais dont la charge électrique est de signe contraire. *Le positon est l'antiparticule de l'électron. La rencontre d'une particule et de son antiparticule donne naissance à une dématérialisation produisant un rayonnement électromagnétique.* V. particule.

antipathie [ɑ̃tipati] n. f. Sentiment d'aversion à l'égard de qqn. *Son arrogance suscite immédiatement l'antipathie.* Ant. sympathie. – Lat. d'orig. gr. *antipathia.*

antipathique [ɑ̃tipatik] adj. Qui suscite l'antipathie. *Un individu prétentieux et grossier, extrêmement antipathique.* Syn. déplaisant, désagréable. Ant. attirant, sympathique. – De *antipathie.*

antipelliculaire [ɑ̃tipelikylɛʀ] adj. Qui agit contre la formation des pellicules.

antiphonaire [ɑ̃tifɔnɛʀ] n. m. LITURG Livre d'église contenant le chant noté des offices. – Lat. médiév. *antiphonarius,* du gr. *antiphôna,* «antienne».

antiphrase [ɑ̃tifʀaz] n. f. Figure de style qui consiste à employer un mot, une phrase, dans un sens contraire à sa véritable signification. *C'est par antiphrase que les Grecs donnaient aux Furies le nom d'Euménides* («Bienveillantes»). – Lat. gram. *antiphrasis,* mot. gr.

antipodal, ale, aux [ɑ̃tipɔdal, o] adj. Se dit d'un lieu situé à l'antipode d'un autre, de deux lieux situés aux antipodes. *Deux lieux antipodaux ont les mêmes latitudes, l'une boréale, l'autre australe.* – De *antipode.*

antipode [ɑ̃tipɔd] n. m. **1.** GEOGR Lieu de la Terre diamétralement opposé à un autre. *L'Uruguay, antipode de la Corée. Point situé à l'antipode, aux antipodes d'un autre.* ▷ Par exag. *Voyager aux antipodes,* dans un pays lointain. **2.** Fig. *À l'antipode de :* à l'opposé de. – Lat. d'orig. gr. *antipodes.*

antipodiste [ɑ̃tipɔdist] n. Acrobate qui exécute avec un partenaire un numéro d'équilibre sur les mains, les pieds. – De *anti-,* et gr. *pous, podos,* «pied».

antipoison(s) [ɑ̃tipwazɔ̃] adj. et n. m. Qui agit contre le poison. – *Centre antipoison(s) :* centre médical spécialisé dans le traitement des empoisonnements.

antipollution [ɑ̃tipɔlysjɔ̃] adj. inv. Propre à combattre la pollution.

antiproton [ɑ̃tipʀɔtɔ̃] n. m. PHYS NUCL Antiparticule du proton, de même masse, mais de charge négative, stable dans le vide, mais d'une durée de vie brève dans la matière. V. antimatière.

antipsychiatrie [ɑ̃tipsikjatʀi] n. f. Mouvement, issu des expériences de libéralisation du traitement psychiatrique menées de 1962 à 1966 par David Cooper et R.D. Laing, à Kingsley Hall (Londres), qui considère que l'exclusion et la répression de la «folie» signent les déséquilibres idéologiques et mentaux de la société, et que, bien au contraire, la folie est une aventure qui doit être vécue librement.

antipyrétique [ɑ̃tipiʀetik] adj. (et n. m.) MED Qui combat la fièvre. Syn. fébrifuge, antithermique.

antiquaire [ɑ̃tikɛʀ] n. Personne qui vend des objets anciens. – Lat. *antiquarius,* «relatif à l'antiquité».

antiquark [ɑ̃tikwaʀk] n. m. PHYS NUCL Antiparticule d'un quark*.

antique [ɑ̃tik] adj. et n. **1.** Très ancien. *Une antique demeure.* ▷ Vieux et démodé. *Un costume antique.* **2.** Qui date de l'Antiquité. *Une statuette antique.* ▷ n. m. Ensemble des œuvres d'art qui nous viennent des Anciens. *S'inspirer de l'antique.* ▷ n. f. Vx, litt. Objet d'art de l'Antiquité. *Une curieuse antique.* – Lat. *antiquus.*

antiquité [ɑ̃tikite] n. f. **1.** Grande ancienneté (d'une chose). *Maison vénérable par son antiquité.* **2.** Époque très reculée. *Usage qui remonte à la plus haute antiquité.* **3.** *L'Antiquité :* l'époque reculée de l'histoire correspondant aux plus anciennes civilisations, spécial. aux civilisations grecque et romaine. *Les philosophes de l'Antiquité.* **4.** (Plur.) Monuments des civilisations de l'Antiquité. *Les antiquités de Rome. Les antiquités précolombiennes.* **5.** (Plur.) Objets d'art anciens. *Magasin d'antiquités.* ▷ Plaisant Vieille chose démodée. *Sa voiture est une antiquité.* – Lat. *antiquitas.*

antirabique [ɑ̃tiʀabik] adj. MED Qui combat la rage. *Vaccin antirabique.*

antiracisme [ɑ̃tiʀasism] n. m. Opposition au racisme.

antiraciste [ɑ̃tiʀasist] adj. et n. Qui s'oppose au racisme.

antiradar [ɑ̃tiʀadaʀ] adj. inv. MILIT Qualifie les dispositifs servant à brouiller et à rendre inefficace la détection par radar. *Des dispositifs antiradar.*

antireflet [ɑ̃tiʀəflɛ] adj. inv. Qui évite la formation des reflets.

antiréglementaire [ɑ̃tiʀegləmɑ̃tɛʀ] adj. Qui est contraire au règlement.

antiretour [ɑ̃tiʀətuʀ] adj. inv. TECH Qualifie un dispositif qui interdit la circulation d'un fluide en sens contraire du sens normal. *Clapet antiretour.*

antirides [ɑ̃tiʀid] adj. inv. et n. m. inv. Qui prévient la formation des rides ou les atténue.

antirouille [ɑ̃tiʀuj] adj. inv. et n. m. Qui préserve de la rouille ou qui l'enlève. *Des peintures antirouille.*

antisèche [ɑ̃tisɛʃ] n. f. Fam. Document qu'un élève prépare à l'avance pour l'utiliser en fraude lors d'un examen. – De *anti-,* et *sécher.*

antisémite [ɑ̃tisemit] n. Personne qui manifeste du racisme à l'égard des juifs. ▷ adj. *Doctrine, attitude antisémite.*

antisémitisme [ɑ̃tisemitism] n. m. Racisme à l'égard des juifs.

antisepsie [ɑ̃tisɛpsi] n. f. MED Ensemble des méthodes de destruction des bactéries. – De *antiseptique.*

antiseptique [ɑ̃tisɛptik] adj. et n. m. Qui détruit les bactéries et empêche leur prolifération. – De *anti-,* et du gr. *sêpsis,* «putréfaction».

antisionisme [ɑ̃tisjɔnism] n. m. Opposition, hostilité à l'existence de l'État d'Israël.

antisioniste [ɑ̃tisjɔnist] adj. et n. Partisan de l'antisionisme. ▷ Subst. *Un antisioniste.*

antisocial, ale, aux [ɑ̃tisɔsjal, o] adj. **1.** Contraire aux lois de la société, à l'ordre social. **2.** Qui va à l'encontre des besoins, des intérêts des travailleurs.

antisolaire [ɑ̃tisɔlɛʀ] adj. **1.** TECH Qualifie un matériau qui réduit les apports calorifiques dus aux rayons solaires. **2.** Qui protège des radiations solaires.

antispasmodique [ɑ̃tispasmɔdik] adj. et n. m. MED Qui combat les spasmes.

antistrophe [ɑ̃tistʀɔf] n. f. METR ANC Seconde strophe des stances lyriques grecques, de même structure que la première et lui répondant. – Lat. *antistrophe,* gr. *antistrophê,* «retournement».

antisymétrique [ɑ̃tisimetʀik] adj. MATH Une relation O définie sur un ensemble E est dite *antisymétrique* si : aOb et bOa entraînent a = b.

antitabac [ɑ̃titaba] adj. inv. Qui est contre l'usage du tabac.

antitétanique [ɑ̃titetanik] adj. MED Qui prévient le tétanos. *Sérum, vaccin antitétanique.*

antithermique [ɑ̃titɛʀmik] adj. MED Qui s'oppose à l'élévation de la température de l'organisme. Syn. fébrifuge, antipyrétique.

antithèse [ɑ̃titɛz] n. f. **1.** Rapprochement de deux termes opposés, afin de les mettre en valeur l'un par l'autre. *Dans « Cette obscure clarté qui tombe des étoiles » (Corneille), « obscure clarté » est une antithèse.* **2.** Chose, idée opposée à une autre. *L'anarchie est l'antithèse de la dictature.* **3.** PHILO Deuxième temps du raisonnement dialectique, opposé à la thèse et dépassé avec elle dans l'opération de synthèse qui résout l'antinomie. – Gr. *antithésis.*

antithétique [ɑ̃titetik] adj. Qui forme antithèse. *Arguments antithétiques.* – De *antithèse.*

antitoxine [ɑ̃titɔksin] n. f. MED Anticorps qui neutralise les toxines sécrétées par certaines bactéries. *Antitoxine diphtérique, tétanique.*

antitrust [ɑ̃titʀœst] adj. inv. Opposé à la naissance ou au développement des trusts. *Lois antitrust.*

antituberculeux, euse [ɑ̃titybɛʀkylø, øz] adj. MED Propre à dépister, à combattre la tuberculose.

antitussif, ive [ɑ̃titysif, iv] adj. et n. m. MED Se dit des médicaments qui calment ou suppriment la toux. ▷ n. m. *Un antitussif.*

antivénérien, enne [ɑ̃tivenerjɛ̃, ɛn] adj. MED Propre à dépister, à combattre les maladies vénériennes.

antivenimeux, euse [ɑ̃tivənimø, øz] adj. Qui prévient, combat les effets d'un venin. *Sérum antivenimeux.*

antiviral, ale, aux [ɑ̃tiviʀal, o] adj. et n. m. MED Se dit d'une substance utilisée pour lutter contre la pénétration ou le développement de virus dans l'organisme.

antivitamine [ɑ̃tivitamin] n. f. BIOCHIM Substance naturelle ou synthétique qui entre en compétition dans l'organisme avec une vitamine, en contrariant son action sans en posséder les effets. *L'antivitamine K est un médicament anticoagulant.*

antivol [ɑ̃tivɔl] n. m. et adj. inv. Dispositif de sécurité destiné à empêcher le vol. *Un antivol pour bicyclette.* – adj. inv. *Des installations antivol.*

antonomase [ɑ̃tɔnɔmaz] n. f. RHET Emploi d'un nom commun ou d'une périphrase à la place d'un nom propre ou inversement : *le père de la tragédie française* pour *Corneille*; *un Néron* pour *un tyran cruel.* – Lat. *antonomasia,* mot gr.

antonyme [ɑ̃tɔnim] n. m. Mot dont le sens est opposé à celui d'un autre (*grand* et *petit*; *haut* et *bas*). Ant. synonyme. – De *antonymie,* d'après *synonyme.*

antonymie [ɑ̃tɔnimi] n. f. Propriété des antonymes. Ant. synonymie. – De *anti-,* et gr. *onoma,* « nom ».

antre [ɑ̃tʀ] n. m. **1.** Cavité naturelle, souterraine, servant de repaire à un animal, spécial. à un fauve. ▷ Plaisant Habitation d'une personne un peu sauvage, qui s'entoure de mystère. *Il n'aime pas qu'on vienne le déranger dans son antre.* **2.** ANAT Cavité naturelle de certains organes du corps humain. *Antre pylorique, mastoïdien.* – Lat. d'orig. gr. *antrum.*

antrustion [ɑ̃tʀystjɔ̃] n. m. HIST Guerrier qui faisait partie de la suite d'un roi, chez les Francs. – Lat. médiév. *antrustio,* de *trustis,* forme lat. de l'anc. haut all. *trost,* « fidélité ».

anubis [anybis] n. m. ZOOL Petit singe *(Papio anubis)* d'Afrique occidentale. – Du n. du dieu égyptien *Anubis.*

anucléé, éée [anyklee] adj. BIOL Dépourvu de noyau. *Cellule anucléée.* – De *a-* 2, et lat. *nucleus,* « noyau ».

anurie [anyʀi] n. f. MED Absence d'urine dans la vessie, due à l'arrêt de la sécrétion rénale ou (très rarement) à un obstacle situé entre les reins et la vessie. – De *a(n)-* 1, et *-urie.*

anus [anys] n. m. Extrémité distale du tube digestif par où sortent les excréments, constituée, chez les mammifères, par deux sphincters qui en assurent la fermeture. – MED *Anus artificiel,* établi chirurgicalement et débouchant sur la paroi abdominale. – Mot. lat, « anneau ».

anxiété [ɑ̃ksjete] n. f. Grande inquiétude. Syn. angoisse. Ant. calme, quiétude, tranquillité. – Lat. *anxietas.*

anxieusement [ɑ̃ksjøzmɑ̃] adv. De manière anxieuse. – De *anxieux.*

anxieux, euse [ɑ̃ksjø, øz] adj. **1.** Qui exprime l'anxiété. *Elle lui lança un regard anxieux.* **2.** Qui s'accompagne d'anxiété. *Une attente anxieuse.* **3.** Qui éprouve de l'anxiété. *L'incertitude la rend anxieuse.* **4.** Par ext. *Être anxieux de :* désirer fortement. *Je suis anxieuse de revoir le lieu où je suis née.* – Lat. *anxius.*

anxiogène [ɑ̃ksjɔʒɛn] adj. Qui provoque l'anxiété, l'angoisse. – Du rad. de *anxieux,* et *-gène.*

anxiolytique [ɑ̃ksjɔlitik] adj. et n. m. MED Se dit des substances destinées à combattre l'anxiété. – Du rad. de *anxiété,* et *-lytique.*

aoriste [aɔʀist] n. m. GRAM Temps de la conjugaison grecque indiquant un passé indéterminé. – Bas lat. *aoristus,* gr. *aoristos,* propr. « indéfini ».

aorte [aɔʀt] n. f. Artère principale de l'organisme par laquelle le sang chargé d'oxygène, expulsé du ventricule gauche, gagne les artères viscérales et celles des membres, par des collatérales et des branches de division. (Son trajet, chez l'homme, passe par le thorax en décrivant une crosse et descend verticalement dans la partie postérieure et médiane de l'abdomen; elle se divise en deux artères iliaques au niveau du petit bassin.) – Gr. *aortê.*

aortique [aɔʀtik] adj. MED De l'aorte. *Dissection aortique.* – De *aorte.*

aortite [aɔʀtit] n. f. MED Inflammation de la paroi aortique. – De *aorte,* et *-ite* 1.

aortographie [aɔʀtɔgʀafi] n. f. MED Radiographie de l'aorte après injection d'un produit opaque aux rayons X. – De *aorte,* et *graphie.*

août [u(t)] n. m. Huitième mois de l'année, comprenant trente et un jours. *La mi-août, le 15 août.* – HIST *Nuit du 4 août 1789,* pendant laquelle l'Assemblée constituante abolit les privilèges féodaux. *Journée du 10 août 1792 :* insurrection du peuple de Paris qui eut pour résultats la constitution de la Commune et la chute de la royauté. – Lat. pop. *agustus,* class. *augustus,* « mois d'Auguste ».

aoûtat [auta] n. m. Acarien, qui se multiplie surtout en été et dont la piqûre provoque des démangeaisons douloureuses. – De *août.*

aoûtement [(a)utmɑ̃] n. m. **1.** ARBOR Lignification des rameaux à la fin de l'été. **2.** Maturation des fruits par la chaleur. – De *août.*

aoûtien, enne [ausjɛ̃, ɛn] n. Personne qui prend ses vacances au mois d'août. – De *août.*

apache [apaʃ] adj. et n. Relatif aux Apaches, Indiens de l'Amérique du Nord. *Coutumes apaches.* – Subst. *Un(e) Apache.* – Mot anglo-amér.

apagogie [apagɔʒi] n. f. RHET Démonstration par l'absurde. – Gr. *apagôgê,* « action d'emmener ».

apaisant, ante [apɛzɑ̃, ɑ̃t] adj. Qui calme. *Lecture apaisante.* – Ppr. de *apaiser.*

apaisement [apɛzmɑ̃] n. m. **1.** Retour à la quiétude, à la paix. *L'apaisement d'une colère.* **2.** Plur. *Donner des apaisements à qqn,* le tranquilliser par des promesses, des assurances. – De *apaiser.*

apaiser [apeze] v. tr. [1] **1.** Ramener (qqn) au calme. *Apaiser une foule.* ▷ v. pron. *Avec le temps il s'apaise.* Syn. (s')adoucir, (se) calmer. Ant. (s')exciter. **2.** Rendre (qqch) moins violent, moins agité. *Apaiser une rancœur. Boisson qui apaise la soif.* ▷ v. pron. *La mer s'apaise.* Ant. (se) déchaîner. – De *a-* 2, et *paix.*

apanage [apanaʒ] n. m. **1.** HIST Portion du domaine royal attribuée par le roi à ses fils puînés et à leur descendance mâle. **2.** Fig. Ce qui est le propre de qqn ou de qqch. *La raison est l'apanage de l'homme.* Syn. privilège. – De l'anc. v. *apaner,* « donner du pain, doter » ; du lat. *panis,* « pain ».

à part. V. part 2.

aparté [apaʀte] n. m. **1.** Ce qu'un acteur dit à part soi et qui est censé n'être entendu que par les spectateurs. **2.** Bref entretien particulier dans une réunion. *Cessez vos apartés et mêlez-vous à la conversation.* ▷ Loc. adv. *En aparté :* en tête à tête, en confidence. – Ital. *a parte,* « à l'écart ».

apartheid [apaʀtɛd] n. m. Ségrégation raciale institutionnalisée, qui fut pratiquée systématiquement en Afrique du Sud jusqu'en 1991. – Mot afrikaans, « séparation ».

apathie [apati] n. f. **1.** PHILO ANC Indifférence du sage à tout mobile sensible. **2.** Insensibilité, caractère d'une personne indifférente à l'émotion ou aux désirs. *On ne peut le tirer de son apathie.* Syn. indolence, inertie, mollesse. – Gr. *apatheia.*

apathique [apatik] adj. (et n.) Sans énergie, insensible à tout. Syn. indolent, mou. – De *apathie.*

apatite [apatit] n. f. MINER Phosphate de calcium naturel renfermant du chlore ou du fluor, très répandu dans les roches éruptives. – D'abord en all. ; du gr. *apatân,* « tromper », parce qu'elle peut ressembler à une pierre précieuse.

apatride [apatʀid] n. (et adj.) Personne sans patrie. ▷ DR Personne sans nationalité. – De *a-* 1, et gr. *patris, patridos,* « patrie ».

aperception [apɛʀsɛpsjɔ̃] n. f. PHILO Perception claire, par oppos. à perception inconsciente. – De *apercevoir,* d'après *perception.*

apercevoir [apɛʀsəvwaʀ] v. [5] **I.** v. tr. **1.** Discerner, distinguer. *J'aperçois une barque à l'horizon.* – Voir (qqn, qqch qui apparaît brièvement). *Je l'ai aperçu hier.* **2.** Fig. Saisir par la pensée. *J'aperçois ses raisons. Apercevoir ce qu'il y a de juste dans une affirmation.* **II.** v. pron. **1.** Fig. Remarquer, prendre conscience de. *Il s'est aperçu du piège qu'on lui tendait.* **2.** (Réfl.) Voir sa propre image. *S'apercevoir dans un miroir.* – (Récipr.) Se voir mutuellement. *Ils s'aperçoivent, se reconnaissent, se serrent la main.* – (Pass.) Se remarquer, pouvoir être vu. *Imperfection qui ne s'aperçoit que de près.* – De *percevoir.*

aperçu [apɛʀsy] n. m. **1.** Coup d'œil rapide ; première vue sur une question, un objet. *Nous n'avons eu qu'un aperçu du pays.* **2.** Exposé sommaire. *Il nous a donné un aperçu de l'affaire.* – Pp. subst. de *apercevoir.*

apériodique [apeʀjɔdik] adj. PHYS *Appareil apériodique,* tendant sans oscillation vers sa position d'équilibre. – De *a-* 1, et *périodique.*

apériteur [apeʀitœʀ] n. m. DR En cas d'assurance multiple, celui des assureurs qui a qualité pour ouvrir la procédure et pour représenter le groupe. – Bas lat. *aperitor,* « celui qui ouvre ».

apéritif, ive [apeʀitif, iv] adj. et n. m. **1.** adj. Qui ouvre l'appétit. *Médicament apéritif.* **2.** n. m. Boisson, alcoolisée ou non, qui se sert avant les repas. *Prendre l'apéritif.* (Abrév. pop. : apéro). – Lat. médiév. *aperitivus,* de *aperire,* « ouvrir ».

aperture [apɛʀtyʀ] n. f. PHON Ouverture du chenal expiratoire pendant l'émission d'une voyelle. – Lat. *apertura,* « ouverture ».

apesanteur [apəzɑ̃tœʀ] n. f. ESP Absence de pesanteur. *État d'apesanteur,* dans lequel les effets de la pesanteur ne se font pas sentir. V. impesanteur et microgravité. – De *a-* 1, et *pesanteur.*

apétale [apetal] adj. BOT Qui n'a pas de pétales. ▷ n. f. Plante dicotylédone dépourvue de corolle (chêne, gui, oseille, etc.). – De *a-* 1, et *pétale.*

à-peu-près [apøpʀɛ] n. m. inv. **1.** Chose vague, imprécise, incomplète. **2.** Vieilli Calembour approximatif. – Substant. de la loc. adv. *à peu près.*

apeurer [apœʀe] v. tr. [1] Effaroucher, effrayer. – De *a-* 2, et *peur.*

apex [apɛks] n. m. **1.** ANAT Extrémité d'un organe. *L'apex du cœur,* sa pointe. **2.** ASTRO Point de l'espace vers lequel le système solaire semble se diriger. – Mot lat.

aphaniptères [afanіptɛʀ] n. m. pl. ENTOM Syn. de *siphonaptères.* – Sing. *Un aphaniptère.* – Du gr. *aphanês,* « non apparent », et *pteron,* « aile ».

aphasie [afazi] n. f. MED Altération du langage consécutive à une lésion cérébrale, sans atteinte fonctionnelle de la langue ni du pharynx. (Il en existe deux grands types : l'*aphasie motrice,* dite de Broca, et l'*aphasie sensorielle,* dite de Wernicke, correspondant à des localisations différentes des lésions cérébrales.) – Gr. *aphasia.*

aphasique [afazik] adj. (et n.) MED Atteint d'aphasie. – De *aphasie.*

aphélie [afeli] n. m. ASTRO Point de l'orbite d'une planète ou d'une comète le plus éloigné du Soleil. Ant. périhélie. – Lat. scientif. *aphelium,* d'après *apogoeum,* « apogée », du gr. *hêlios,* « soleil ».

aphérèse [afeʀɛz] n. f. LING Chute d'un son, d'une syllabe au début d'un mot (ex. : *bus* pour *autobus*). V. apocope. – Lat. d'orig. gr. *aphæresis,* « action d'enlever ».

aphidiens [afidjɛ̃] n. m. pl. ENTOM Sous-ordre d'insectes homoptères comprenant les pucerons. – Du lat. scientif. *aphis,* « puceron ».

aphone [afon] adj. **1.** Qui n'a pas de son. **2.** Qui n'a pas ou n'a plus de voix. – Gr. *aphônos.*

aphonie [afɔni] n. f. MED Perte de la voix par atteinte de l'appareil vocal. – Gr. *aphônia.*

aphorisme [afɔʀism] n. m. Proposition concise résumant un point essentiel d'une théorie, d'une morale. *Les aphorismes d'Hippocrate.* Syn. apophtegme, sentence. – Bas lat. *aphorismus,* du gr. *aphorismos,* « définition ».

aphrodisiaque [afʀɔdizjak] adj. et n. m. Qui stimule les désirs sexuels. – n. m. *Certaines hormones sont des aphrodisiaques.* – Gr. *aphrodisiakos,* de *Aphroditê,* « Aphrodite ».

aphrodisie [afʀɔdizi] n. f. MED Exagération des désirs sexuels. – Du gr. *aphrodisia.*

aphte [aft] n. m. MED Petite ulcération de la muqueuse buccale, linguale ou pharyngienne. – Lat. méd. *aphtæ,* du gr. *aphtai,* de *aptein,* « brûler ».

aphteux, euse [aftø, øz] adj. MED Accompagné d'aphtes. *Stomatite aphteuse :* maladie éruptive contagieuse. ▷ *Fièvre aphteuse :* maladie éruptive d'origine virale, très contagieuse, qui atteint surtout les bovins et les porcs, transmissible au mouton et au chien, parfois à l'homme. *La vaccination annuelle des bestiaux contre la fièvre aphteuse est obligatoire.* – De *aphte*.

aphylle [afil] adj. BOT Se dit d'une plante dépourvue de feuilles (petit houx, asperge). – Gr. *aphullos*.

api (d') [dapi] loc. *Pomme d'api* : petite pomme ferme et sucrée, dont une face est rouge vif. – De *Appius*, qui les aurait introduites à Rome.

à-pic [apik] n. m. Pente abrupte. *Des à-pics*. – De *à pic*.

apical, ale, aux [apikal, o] adj. **1.** ANAT Relatif à l'apex d'un organe. **2.** PHON Se dit d'un son prononcé avec la pointe de la langue appuyée contre les dents, les alvéoles ou la voûte du palais (ex. : [t, d]). – Du lat. *apex, apicis*, « sommet ».

apicole [apikɔl] adj. Qui a rapport à l'apiculture. – Du lat. *apis*, « abeille », et *-cole*.

apiculteur [apikyltœʀ] n. m. Éleveur d'abeilles. – Du lat. *apis*, « abeille », d'apr. *agriculteur*.

apiculture [apikyltyʀ] n. f. Art d'élever les abeilles en vue de récolter les produits de la ruche : le miel et la cire. – Du lat. *apis*, « abeille », et *culture*.

apidés [apide] n. m. pl. ENTOM Famille d'insectes hyménoptères, dont les larves se nourrissent exclusivement de miel, comprenant les abeilles et les bourdons. – Sing. *Un apidé*. – Du lat. *apis*, « abeille ».

apion [apjɔ̃] n. m. ENTOM Petit coléoptère (fam. curculionidés), de couleur noire ou bleue, à reflets métalliques, vivant sur les légumineuses (pois, vesce). – Du gr. *apios*, « poire », p.-ê. à cause de son aspect.

apiquer [apike] v. tr. [1] MAR Donner de l'inclinaison à (un espar). – De *à pic*.

apitoiement [apitwamɑ̃] n. m. Fait de s'apitoyer. – De *apitoyer*.

apitoyer [apitwaje] v. tr. [23] Toucher de pitié. *Le récit de tous ses malheurs m'a apitoyé*. Syn. émouvoir, attendrir. ▷ v. pron. Éprouver de la pitié. *Il ne mérite pas qu'on s'apitoie sur son sort*. – De *pitié*.

apivore [apivɔʀ] adj. Qui se nourrit d'abeilles. – Du lat. *apis*, « abeille », et *-vore*.

APL [apeɛl] n. m. INFORM Langage de programmation utilisé dans les applications conversationnelles à caractère scientifique. – Sigle de l'angl. *A Programming Language*.

aplacophores [aplakɔfɔʀ] n. m. pl. ZOOL Classe de mollusques primitifs marins, qui vivent dans la vase, dont la tête n'est pas bien dégagée du corps et dont le manteau, développé, sécrète des spicules calcaires. – Sing. *Un aplacophore*. – De *a-* 1, gr. *plax, placos*, « plaque », et *phoros*, « qui porte ».

aplanétique [aplanetik] adj. OPT Se dit d'un système optique qui, stigmatique pour un couple de points A et A' de l'axe, l'est aussi pour tout couple de points B et B' situés dans les plans de front passant par A et A' et voisins de A et A'. *Objectif aplanétique* ou *aplanat*. – Angl. *aplanatic*, du gr. *aplanêtos*, « qui ne dévie pas ».

aplanétisme [aplanetism] n. m. OPT Qualité d'un système optique aplanétique. – De *aplanétique*.

aplanir [aplaniʀ] v. tr. [3] **1.** Rendre plan, uni. *Aplanir un terrain*. Syn. niveler, égaliser. **2.** Fig. *Aplanir les difficultés, les obstacles*, diminuer leur importance, les faire disparaître. – De *a-* 2, et *plan*.

aplanissement [aplanismɑ̃] n. m. Action d'aplanir ; son résultat. – De *aplanir*.

aplasie [aplazi] n. f. MED Arrêt du développement d'un tissu ou d'un organe après la naissance. *Aplasie médullaire*, de la moelle osseuse. – De *a-* 1, et gr. *plasis*, « façon, modelage ».

aplasique [aplazik] adj. MED Relatif à l'aplasie. – De *aplasie*.

aplat [apla] n. m. **1.** TECH Surface sans aucun dégradé ni blanc pur. **2.** BX-A Teinte plate, unie et soutenue sur toute sa surface. – De *à plat*.

aplatir [aplatiʀ] v. [3] **I.** v. tr. **1.** Rendre plat. *Aplatir les coutures d'une robe. Le forgeron aplatit un morceau de fer sur l'enclume*. **2.** SPORT Au rugby, poser le ballon dans l'en-but adverse. **II.** v. pron. **1.** Plaquer son corps (contre qqch). *Ils s'aplatissent contre le mur pour se cacher*. ▷ Fig. Agir servilement. *S'aplatir devant son chef*. **2.** Fam. Tomber brutalement. *Il s'est aplati par terre*. – De *a-* 2, et *plat*.

aplatissement [aplatismɑ̃] n. m. État de ce qui est aplati. *L'aplatissement de la Terre aux pôles*. – De *aplatir*.

aplomb [aplɔ̃] n. m. **1.** Direction verticale indiquée par le fil à plomb. *Prendre les aplombs d'un édifice*. – *Par ext.* Position d'équilibre du corps. *Il a pu, en s'appuyant sur moi, reprendre son aplomb*. **2.** n. m. pl. *Aplombs du cheval* : positions des membres de l'animal par rapport au sol. **3.** Fig. Grande assurance. ▷ Péjor. Audace excessive, effronterie. *Il ne manque pas d'aplomb, celui-là !* Syn. fam. culot, toupet. **4.** Loc. adv. *D'aplomb* : exactement vertical. *Ce mur n'est pas d'aplomb*. – Fig., fam. En bonne santé. *Je ne me sens pas d'aplomb*. – De *à plomb*.

aplysie [aplizi] n. f. ZOOL Gastéropode marin *(lièvre de mer)* nageant grâce à des ondulations du manteau, et qui, en cas de menace, libère un liquide violet lui permettant de fuir. – Du gr. *aplusias*, « sale ».

apnée [apne] n. f. MED Arrêt des mouvements respiratoires. – *Plongée sous-marine en apnée*, sans bouteille à air comprimé. – Gr. *apnoia*.

apo-. Préf., du gr. *apo*, « au loin, à l'écart ».

apoastre [apɔastʀ] n. m. ASTRO Point occupé par un satellite, ou une planète, lorsqu'il se trouve à la plus grande distance de l'astre autour duquel il gravite. Ant. périastre. – Du gr. *apo*, « loin », et *astre*.

apocalypse [apɔkalips] n. f. **1.** Texte des religions juive et chrétienne prophétisant la fin du monde. ▷ Spécial. *L'Apocalypse* : le dernier livre du Nouveau Testament, écrit v. 95 et traditionnellement attribué à saint Jean l'Évangéliste, qui décrit les sept visions de l'apôtre sur la fin du monde et annonce la victoire du Christ et de l'Église sur leurs persécuteurs. **2.** Fin du monde. – Lat. ecclés., du gr. *apocalupsis*, « révélation ».

apocalyptique [apɔkaliptik] adj. **1.** Relatif à une apocalypse, spécial. à l'Apocalypse. **2.** Qui a le caractère terrifiant de l'Apocalypse de saint Jean, qui fait penser à la fin du monde. *Une vision apocalyptique*. – De *apocalypse*.

a poco [apɔko] loc. adv. MUS Insensiblement. – Loc. ital. signif. *[peu] à peu*.

apocope [apɔkɔp] n. f. LING Chute d'un ou de plusieurs sons, d'une ou plusieurs syllabes à la fin d'un mot (ex. *auto* pour *automobile*). V. aphérèse. – Lat. gram. d'orig. gr. *apocopa*.

apocryphe [apɔkʀif] adj. **1.** Dont l'authenticité est douteuse. *Document apocryphe*. **2.** Se dit des textes bibliques non canoniques. ▷ Subst. *Un apocryphe*. – Lat. ecclés. d'orig. gr. *apocryphus*.

apocynacées [apɔsinase] n. f. pl. BOT Famille de dicotylédones gamopétales, dont certains genres fournissent du latex, d'autres des produits officinaux (strophantus, pervenche). – Du lat. d'orig. gr. *apocynon*, « plante fatale aux chiens ».

apode [apɔd] adj. et n. **1.** Dépourvu de nageoires ventrales. **2.** n. m. pl. *Poissons apodes* ou *anguilliformes* : sous-ordre de téléostéens comprenant notam. les anguilles et les congres. **3.** n. m. pl. ZOOL Ordre d'amphibiens dépourvus de pattes (ex. : la cécilie). – Lat. d'orig. gr. *apus, apodis.*

apodictique [apɔdiktik] adj. LOG Nécessaire (par oppos. à *assertorique* et à *problématique*). *Certitude apodictique.* – Lat. d'orig. gr. *apodicticus.*

apodiformes [apɔdifɔʀm] n. m. pl. ORNITH Ordre d'oiseaux de petite taille, très bons voiliers, qui comprend les martinets (genre *Apus*) et les colibris. – Sing. *Un apodiforme.* – De *apode,* et *forme.*

apodose [apɔdoz] n. f. GRAM Proposition principale précédée d'une subordonnée conditionnelle, ou *protase* (par ex. : *S'il l'exigeait* – protase –, *je partirais* – apodose). – Gr. *apodosis,* «restitution».

apoenzyme [apoɑ̃zim] n. f. BIOCHIM Protéine qui, associée à la coenzyme, forme l'enzyme. – De *apo-,* et *enzyme.*

apogamie [apɔgami] n. f. BIOL Mode de reproduction non sexuée, dans lequel le développement se fait à partir d'une seule cellule végétative. – De *apo-,* et gr. *gamos,* «mariage».

apogée [apɔʒe] n. m. **1.** ASTRO Point où la Lune, ou un corps céleste artificiel, se trouve à sa plus grande distance de la Terre. Ant. périgée. **2.** Fig. Point le plus élevé où l'on puisse parvenir. *Il est à l'apogée de sa gloire.* Syn. comble, faîte, sommet. – Du gr. *apogaion,* «point éloigné de la Terre».

apolitique [apɔlitik] adj. Qui se situe en dehors de la lutte politique. *Association apolitique.* – De *a-* 1, et *politique.*

apollinaire [apɔlinɛʀ] adj. Vx En l'honneur d'Apollon. *Jeux apollinaires.* – Lat. *apollinaris.*

apollinien, enne [apɔlinjɛ̃, ɛn] adj. Chez Nietzsche, caractérisé par l'ordre, la mesure (par oppos. à *dionysiaque*). – All. *apollinisch,* du lat. *Apollo,* «Apollon».

apollon [apɔlɔ̃] n. m. **1.** Fam. Homme harmonieux dans ses proportions, très beau. **2.** ENTOM Lépidoptère diurne des montagnes d'Europe et d'Asie. – Du n. du dieu *Apollon.*

apologétique [apɔlɔʒetik] adj. et n. f. **1.** adj. Qui contient une apologie. ▷ Qui fait l'apologie de la religion. **2.** n. f. THEOL Partie de la théologie qui a pour objet de défendre le christianisme. – Gr. *apologêtikos.*

apologie [apɔlɔʒi] n. f. **1.** Paroles ou écrits destinés à justifier ou à défendre qqn ou qqch. *L'Apologie de Socrate,* œuvre de Platon. *Faire l'apologie d'une idée.* **2.** Éloge que l'on fait de qqn ou de qqch. *Il a fait dans son discours l'apologie de la vertu.* Syn. panégyrique, dithyrambe. Ant. critique. – Lat. ecclés. *apologia,* mot gr.

apologiste [apɔlɔʒist] n. Personne qui fait l'apologie de qqn ou de qqch. ▷ *Spécial.* Défenseur des dogmes de la religion chrétienne. – De *apologie.*

apologue [apɔlɔg] n. m. Petit récit allégorique exposant une vérité morale. – Lat. d'orig. gr. *apologus.*

apomorphine [apɔmɔʀfin] n. f. MED Alcaloïde dérivé de la morphine, autref. employé comme vomitif puissant lors de certaines intoxications. – De *apo-,* et *morphine.*

aponévrose [apɔnevʀoz] n. f. ANAT Membrane fibreuse qui enveloppe les muscles en les séparant les uns des autres. – Gr. *aponeurôsis.*

aponévrotique [apɔnevʀɔtik] adj. Qui est relatif aux aponévroses ou qui est de leur nature. – De *aponévrose.*

apophonie [apɔfɔni] n. f. GRAM Modification du vocalisme d'une racine ou d'un radical dans une conjugaison, une déclinaison (par ex. : il *fait,* futur *fera*). – De *apo-,* et *-phonie.*

apophtegme [apɔftɛgm] n. m. Maxime mémorable d'un personnage éminent. *Les apophtegmes des rois et capitaines célèbres,* de Plutarque. – Gr. *apophthegma.*

apophysaire [apɔfizɛʀ] adj. ANAT Relatif aux apophyses. – De *apophyse.*

apophyse [apɔfiz] n. f. ANAT Partie saillante des os qui permet leur articulation ou la fixation des muscles. *Apophyse articulaire, musculaire.* – Gr. *apophusis.*

apoplectique [apɔplɛktik] adj. (et n.) Relatif à l'apoplexie. ▷ (Personnes) Prédisposé à l'apoplexie. – De *apoplexie.*

apoplexie [apɔplɛksi] n. f. MED Perte brusque de la connaissance et de la mobilité volontaire, due le plus souvent à une hémorragie cérébrale. – Bas lat. d'orig. gr. *apoplexia,* de *apoplêssein,* «renverser».

aporie [apɔʀi] n. f. LOG Difficulté logique sans issue. – Lat. ecclés. *aporia,* mot gr. de *a-* 1, et *poros,* «chemin».

aposiopèse [apɔzjɔpɛz] n. f. RHET Interruption subite d'une phrase, traduisant l'émotion ou marquant une réticence. – Lat. *aposiopesis,* mot gr.

apostasie [apɔstazi] n. f. **1.** Abandon public d'une religion au profit d'une autre. ▷ *Abusiv.* Renonciation d'un religieux à ses vœux. **2.** Fig. Reniement. – Lat. ecclés. *apostasia,* mot gr.

apostasier [apɔstazje] v. intr. [**2**] Faire acte d'apostasie. – De *apostasie.*

apostat [apɔsta] n. m. Celui qui a apostasié. *Julien l'Apostat.* – De *apostasie.*

aposter [apɔste] v. tr. [**1**] Péjor., vieilli Placer (qqn) à un poste, pour observer ou pour accomplir une action répréhensible. *Aposter des espions.* – De *a-* 2, et *poste.*

a posteriori [apɔsteʀjɔʀi] loc. adv. LOG En remontant des effets aux causes, des données de l'expérience aux lois. *Raisonner a posteriori.* – Cour. *Prendre une décision a posteriori,* compte tenu d'une expérience, d'un résultat. ▷ adj. inv. *Notions a posteriori,* tirées de l'expérience. Ant. a priori. – Loc. lat.

apostille [apɔstij] n. f. Didac. Annotation ou recommandation en marge d'un écrit, d'une pétition, d'un mémoire. – Du lat. méd. *post illa,* «après ces choses».

apostiller [apɔstije] v. tr. [**1**] Ajouter une apostille à. *Apostiller une requête.* – De *apostille.*

apostolat [apɔstɔla] n. m. **1.** Ministère d'un apôtre. **2.** Propagation de la foi. – Fig. Zèle à propager une doctrine, une cause. *Vie de combat et d'apostolat d'un militant.* Syn. prosélytisme. **3.** Tâche, travail exigeant une abnégation, une générosité exceptionnelles. *La médecine est un apostolat.* – Lat. ecclés. *apostolatus.*

apostolicité [apɔstɔlisite] n. f. THEOL Fidélité à la doctrine des apôtres. – De *apostolique.*

apostolique [apɔstɔlik] adj. **1.** Qui vient des apôtres. *La Sainte Église catholique, apostolique et romaine.* **2.** Propre à l'apostolat. *Zèle apostolique.* **3.** Qui émane du Saint-Siège, relève de lui. *Lettres apostoliques. Nonce apostolique.* – Lat. ecclés. *apostolicus.*

apostoliquement [apɔstɔlikmɑ̃] adv. D'une manière apostolique. – De *apostolique.*

1. apostrophe [apɔstʀɔf] n. f. **1.** RHET Figure de rhétorique par laquelle on s'adresse directement aux personnes ou aux choses personnifiées. *«Ô cendres d'un époux! ô Troyens! ô mon père!»* (Racine). **2.** GRAM *Mot mis en apostrophe,* au moyen duquel on s'adresse directement à une personne ou à une chose personnifiée (par ex. : «poète» dans «*Poète, prends ton luth*» de Musset). **3.** Trait mortifiant lancé à qqn. *Essuyer une apostrophe.* – Lat. d'orig. gr. *apostropha.*

2. apostrophe [apɔstʀɔf] n. f. Signe (') qui marque l'élision d'une voyelle. *S'il le faut, j'irai.* – Lat. d'orig. gr. *apostrophus.*

apostropher [apɔstʀɔfe] v. tr. [1] Interpeller (qqn) brutalement et sans égards. ▷ v. pron. *Ils se sont apostrophés sans ménagement.* – De *apostrophe* 1.

apothécie [apɔtesi] n. f. BOT Carpophore en forme de coupe largement ouverte de certains champignons ascomycètes (pézizes, notam.). Ant. périthèce. – Du gr. *apothêkê,* « dépôt ».

apothème [apɔtɛm] n. m. GEOM Perpendiculaire abaissée du centre d'un polygone régulier sur un de ses côtés. – Perpendiculaire abaissée du sommet d'une pyramide régulière sur l'un des côtés de la base. – Du gr. *apotithenai,* « déposer, abaisser », d'après *hupothema,* « base ».

apothéose [apɔteoz] n. f. **1.** ANTIQ ROM Déification des empereurs romains après leur mort. **2.** Honneurs extraordinaires rendus à qqn, triomphe. ▷ Fig. *Finir en apothéose,* triomphalement. – Lat. d'orig. gr. *apotheosis.*

apothicaire [apɔtikɛʀ] n. m. Vx Pharmacien. ▷ Par métaph. Péjor. *Comptes d'apothicaire,* très compliqués (ou fortement majorés). – Bas lat. *apothecarius,* de *apotheca,* gr. *apothêkê,* « boutique ».

apôtre [apotʀ] n. m. **1.** Chacun des douze disciples de Jésus-Christ, qu'il choisit pour prêcher l'Évangile (Pierre et André son frère, Jacques le Majeur et son frère Jean l'Évangéliste, Philippe, Barthélemy, Matthieu, Thomas, Jacques le Mineur, Simon, Jude, encore appelé Thaddée, et Judas Iscariote – « de Kerioth » –, remplacé par Mathias après sa mort; aux douze, on associe d'ordinaire Paul, l'Apôtre des gentils). **2.** Ardent propagateur (d'une idée, d'une doctrine, etc.). *Se faire l'apôtre d'une cause.* **3.** Péjor. *Faire le bon apôtre* : contrefaire l'homme de bien. – Lat. ecclés. *apostolus,* gr. *apostolos,* « envoyé ».

appalachien, enne [apalaʃjɛ̃, ɛn] adj. *Relief appalachien,* issu de l'aplanissement d'une structure plissée et soumis, à la suite d'un soulèvement, à l'érosion qui dégage des crêtes de roches dures (par ex., le Condroz dans l'Ardenne belge). – De *Appalaches,* monts d'Amérique du N.

apparaître [apaʀɛtʀ] v. intr. [73] **1.** Devenir visible, se montrer brusquement. *Une voile apparaît à l'horizon.* – *Spécial.* Se manifester par une apparition. *Hamlet vit apparaître le spectre de son père.* **2.** Fig. Se montrer, se découvrir. *Votre hypocrisie apparaît au grand jour.* Syn. se révéler, surgir. **3.** (Avec attribut.) Sembler. *L'obscurité lui apparaissait terrifiante.* ▷ *Apparaître comme* : se présenter à l'esprit sous un certain aspect. *Cet homme m'apparaît comme un misérable.* **4.** *Il apparaît que* : il résulte de ces faits que, il est clair que. *Il apparaît donc qu'il est coupable.* – Lat. ecclés. *apparescere,* de *apparere,* « apparaître ».

apparat [apaʀa] n. m. **1.** Majesté pompeuse, faste solennel. *Tenue d'apparat.* ▷ *En grand apparat* : en grande pompe. **2.** *Apparat critique* : ensemble des notes et des variantes d'un texte. – Lat. *apparatus,* « préparatifs ».

apparatchik [apaʀatʃik] n. m. POLIT Membre de l'appareil du parti communiste russe. – *Par ext.* Membre de l'appareil d'un parti, d'un organisme syndical. – Mot russe.

apparaux [apaʀo] n. m. pl. **1.** MAR Appareils nécessaires à l'équipement et aux manœuvres d'un navire. **2.** GYM Appareils de culture physique. – Anc. plur. de *appareil.*

appareil [apaʀɛj] n. m. **1.** Ensemble de pièces, d'organes mécaniques destinés à un usage particulier. *Appareil photographique. Comment marche cet appareil?* Syn. machine, instrument. ▷ Téléphone. *Qui est à l'appareil?* ▷ Avion. *L'appareil va décoller.* ▷ Instrument de contention qui maintient un membre cassé, une partie du corps déformée. *Appareil plâtré.* **2.** Ensemble d'éléments qui participent à une même fonction. *Appareil d'État* : ensemble des organes administratifs d'un État. *L'appareil d'un parti,* l'ensemble de ses cadres administratifs. **3.** ARCHI Disposition des pierres dans un ouvrage de maçonnerie. *Édifice en grand (en petit) appareil.* ▷ TRAV PUBL *Appareil d'appui* : organe sur lequel s'appuie le tablier d'un pont et qui lui permet de se dilater. **4.** ANAT Ensemble d'organes qui remplissent une fonction dans le corps. *Appareil respiratoire, digestif.* **5.** BIOL *Appareil de Golgi* : syn. de *dictyosome.* **6.** Vx, litt. Apparence de certains êtres ou de certaines choses; apprêt. *En pompeux appareil.* ▷ Mod. *Être dans son plus simple appareil* : être nu. – Lat. pop. **appariculum,* de *apparare,* « préparer ».

1. appareillage [apaʀɛjaʒ] n. m. MAR Action d'appareiller; ensemble des manœuvres faites au moment de quitter le port, le mouillage. – De *appareiller* 1.

2. appareillage [apaʀɛjaʒ] n. m. TECH Ensemble d'appareils, de dispositifs. *Appareillage électrique.* – De *appareil.*

appareillement [apaʀɛjmɑ̃] n. m. Action d'appareiller des animaux domestiques, soit en vue d'un travail, soit en vue de la reproduction. – De *appareiller* 2.

1. appareiller [apaʀeje] v. [1] **I.** v. tr. **1.** MAR Vx *Appareiller un navire,* le préparer pour la navigation. **2.** MED Mettre en place un appareil. *Appareiller un sourd.* **3.** TECH *Appareiller des pierres,* les tailler en vue de leur pose. **II.** v. intr. MAR Quitter le mouillage. *La flotte a appareillé.* – De *appareil.*

2. appareiller [apaʀeje] v. tr. [1] **1.** Mettre ensemble, réunir des choses pareilles, assortir. *Appareiller des assiettes.* **2.** Accoupler pour la reproduction. – De *a-* 2, et *pareil.*

appareilleur [apaʀɛjœʀ] n. m. CONSTR Spécialiste de la pose des pierres de taille. – De *appareiller* 1.

apparemment [apaʀamɑ̃] adv. Selon les apparences, vraisemblablement. Ant. effectivement. – De *apparent.*

apparence [apaʀɑ̃s] n. f. **1.** Aspect extérieur d'une chose ou d'une personne; façon dont elle se présente à notre vue. *L'immeuble a belle apparence.* Syn. air, aspect, mine, tournure. **2.** Ce qu'une chose semble être, par oppos. à ce qu'elle est réellement. *Cette table n'a qu'une apparence de solidité. Il ne faut pas se fier aux apparences.* Syn. façade, dehors. ▷ Loc. adv. *En apparence* : extérieurement, d'après ce que l'on voit. **3.** PHILO Phénomène (par oppos. à *noumène*). – Bas lat. *apparentia,* de *apparere.*

apparent, ente [apaʀɑ̃, ɑ̃t] adj. **1.** Qui est bien visible, qui apparaît clairement. *Un détail apparent.* **2.** Qui n'est pas tel qu'il paraît être. *La grandeur apparente du Soleil.* ▷ ASTRO *Hauteur apparente d'un astre* : angle que fait avec l'horizon le rayon visuel aboutissant à cet astre. – *Diamètre apparent d'un astre* : angle que font les rayons visuels aboutissant aux extrémités du diamètre de cet astre. – *Mouvement apparent* : mouvement que paraît avoir un corps lorsque l'observateur est lui-même en mouvement. *Mouvement apparent du Soleil.* ▷ PHYS *Poids apparent d'un corps dans un fluide* : différence entre le poids réel et la poussée d'Archimède. – Ppr. de *apparoir.*

apparentement [apaʀɑ̃tmɑ̃] n. m. **1.** Fait de s'apparenter. **2.** POLIT Alliance électorale qui permet que les voix d'une liste soient reportées sur l'autre, dans les systèmes de représentation proportionnelle. – De *apparenter.*

apparenter [apaʀɑ̃te] v. [1] **I.** v. tr. Vx Rendre parent par alliance. **II.** v. pron. Mod. **1.** S'allier par un mariage. ▷ Fig. S'unir par communauté d'idées, d'intérêts. *Ces deux groupes politiques se sont apparentés.* **2.** Fig. (Choses) Avoir des points communs, une ressemblance avec. *Le style de* *cet auteur s'apparente à celui de Proust.* – De *a-* 2, et *parent.*

appariement [apaʀimɑ̃] n. m. **1.** Vx Action d'apparier. **2.** BIOL Rapprochement des chromosomes homologues au cours de la méiose. – De *apparier.*

apparier [apaʀje] v. tr. [2] **1.** Vx Assortir par paire. *Apparier des gants.* **2.** Accoupler un mâle et une femelle. *Apparier des pigeons.* ▷ v. pron. *S'apparier.* – A. fr. *apairier;* de *à,* et *pairier,* « accoupler ».

appariteur [apaʀitœʀ] n. m. Huissier. – *Spécial.* Huissier d'une faculté. – Lat. *apparitor.*

apparition [apaʀisjɔ̃] n. f. **1.** Action d'apparaître. *Ne faire qu'une apparition :* ne rester qu'un instant. **2.** Manifestation visible d'un être surnaturel. *Apparitions de la Vierge à Lourdes.* – Lat. ecclés. *apparitio.*

apparoir [apaʀwaʀ] v. intr. (v. défectif, ne s'emploie plus qu'à la 3e pers. de l'indic. prés., rarement à l'inf.) DR *Il appert de :* il résulte de. *Il appert de cet acte...* – *Il appert que :* il est évident que. – Lat. *apparere,* « apparaître ».

appartement [apaʀtəmɑ̃] n. m. Ensemble de pièces faisant partie d'un immeuble collectif, constituant une habitation indépendante. *Appartement en location.* – Ital. *appartamento,* de *appartare,* « séparer ».

appartenance [apaʀtənɑ̃s] n. f. Fait d'appartenir. *Appartenance à la classe ouvrière.* ▷ MATH *Relation d'appartenance :* relation qui exprime que certains éléments appartiennent à un ensemble donné (symbole ∈). – De *appartenir.*

appartenir [apaʀtəniʀ] v. tr. indir. [36] **1.** Être la propriété de qqn en vertu d'un droit, d'une autorité. *Cette maison-là m'appartient. Je suis libre et n'appartiens à personne.* ▷ v. pron. Ne dépendre que de soi-même. *Depuis qu'elle a des enfants, elle ne s'appartient plus.* **2.** Être propre à. *La gaieté appartient à l'enfance.* ▷ (Impers.) *Il ne m'appartient pas de choisir.* **3.** Faire partie de (un corps, un groupe). *Appartenir à une administration.* ▷ MATH V. appartenance. – Bas lat. *adpertinere,* « être attenant ».

appas [apɑ] n. m. pl. **1.** Ce qui séduit, charme. *Les appas de la gloire.* **2.** Vieilli ou litt. Formes épanouies du corps féminin qui éveillent le désir. – V. appât.

appassionato [apasjɔnato] adv. MUS Avec passion. – Mot ital., « passionné ».

appât [apɑ] n. m. **1.** Pâture employée pour attirer les animaux qu'on veut prendre. *Mettre l'appât à un piège.* Syn. amorce. **2.** *Par métaph.* Ce qui attire, exerce une attraction sur qqn. *L'appât du gain.* – De l'a. fr. *past,* « nourriture ».

appâter [apɑte] v. tr. [1] Attirer avec un appât. – Fig. Attirer (qqn) par des propositions alléchantes. *Il l'a appâté en lui promettant une très belle situation.* – De *appât.*

appauvrir [apovʀiʀ] **1.** v. tr. [3] Rendre pauvre. *Sa prodigalité l'a appauvri.* – Fig. *Appauvrir un terrain,* en diminuer la fertilité. **2.** v. pron. Perdre de sa richesse, de sa valeur. – De *a-* 2, et *pauvre.*

appauvrissement [apovʀismɑ̃] n. m. Action d'appauvrir; fait de s'appauvrir. *L'appauvrissement d'une région, d'une terre. L'appauvrissement d'un groupe social. Appauvrissement intellectuel.* – De *appauvrir.*

appeau [apo] n. m. **1.** Instrument imitant le cri d'un oiseau. **2.** Oiseau ou simulacre que l'on emploie pour appeler, attirer des oiseaux de même espèce. – Var. de *appel* en a. fr.

appel [apɛl] n. m. **1.** Action d'appeler par la voix, par un geste. *J'ai entendu votre appel.* **2.** Action d'appeler nommément quelqu'un pour s'assurer de sa présence. *Répondre à l'appel. Faire l'appel des écoliers.* **3.** Action d'appeler au moyen d'un signal des hommes à s'assembler. *Battre, sonner l'appel.* **4.** Action de convoquer des militaires. *Appel des réservistes, du contingent.* **5.** *Appel à :* invitation, incitation à. *Appel à la révolte. Appel à l'épargne publique.* ▷ COMM *Produit d'appel,* destiné à attirer la clientèle par son prix avantageux. **6.** Action de réclamer, d'invoquer. ▷ FIN *Appel de fonds :* demande de nouveaux fonds aux actionnaires. ▷ ADMIN *Appel d'offres :* procédure administrative mettant en concurrence divers fournisseurs avant conclusion d'un marché public. ▷ DR Voie de recours ordinaire par laquelle une partie qui n'a pas obtenu satisfaction devant le juge au premier degré soumet le jugement à une juridiction au second degré, pour en obtenir la réformation. *Faire appel d'un jugement. Cour d'appel.* **7.** TECH *Appel d'air :* courant d'air qui facilite la combustion d'un foyer. **8.** SPORT *Prendre son appel :* prendre son élan en appuyant sur le sol le pied qui va assurer la projection du corps. – De *appeler.*

appelant, ante [aplɑ̃, ɑ̃t] adj. et n. **1.** adj. DR Qui fait appel d'un jugement. ▷ Subst. *L'appelant, l'appelante.* **2.** n. m. Oiseau servant d'appeau. – Ppr. de *appeler.*

appelé, ée [aple] adj. et n. **I.** adj. **1.** Nommé. *Simon appelé ensuite Pierre par Jésus.* **2.** *Appelé à :* dans l'obligation de, destiné à. *Il sera appelé à vendre sa maison. Il est appelé à une brillante carrière.* **II.** n. m. **1.** *Un appelé :* un jeune homme convoqué pour faire son service militaire. **2.** *« Il y a beaucoup d'appelés et peu d'élus »* (Évangiles) : beaucoup sont appelés au service et à l'amour de Dieu, mais peu y parviennent. – Mod. *Un poste où il y a beaucoup d'appelés et peu d'élus,* qui est très convoité mais difficilement accessible. – Pp. de *appeler.*

appeler [aple] v. [19] **I.** v. tr. **1.** Se servir de la voix pour faire venir (une personne, un animal). *Appeler quelqu'un. Appeler son chien. Appeler au secours.* **2.** Inviter (qqn) à venir, le demander. *Appeler le médecin, les pompiers.* – *Appeler qqn sous les drapeaux,* l'incorporer dans l'armée. *Appeler qqn à une fonction, à un poste,* le désigner pour qu'il occupe cette fonction, ce poste. Syn. convoquer, mander, prier. **3.** Téléphoner à. *Je vous appellerai demain.* **4.** (Choses) Rendre nécessaire, exiger. *Le crime appelle la sévérité des lois.* Syn. nécessiter, impliquer, entraîner. **5.** Nommer, donner un nom à. *J'appellerai mon fils Jean. Ceux qu'on appelait les Justes. Appeler les choses par leur nom,* les nommer sans détour, sans circonlocutions. **6.** INFORM Donner à un ordinateur une instruction permettant d'installer (un programme ou un fichier) en mémoire centrale, à partir d'une disquette ou d'un disque dur. *Appeler le fichier ventes.* **II.** v. tr. indir. DR *Appeler d'un jugement :* déférer un jugement à la censure d'une juridiction supérieure. ▷ *En appeler à. J'en appelle à votre générosité,* je l'invoque. **III.** v. pron. **1.** (Récipr.) *Des voix s'appelaient dans la nuit.* **2.** Avoir pour nom. *Comment t'appelles-tu ?* – Lat. *appellare.*

appellatif, ive [apɛl(l)atif, iv] adj. GRAM *Nom appellatif,* qui convient à toute une espèce. – Lat. gram. *appellativus.*

appellation [apɛl(l)ɑsjɔ̃] n. f. Action, façon d'appeler une chose. *Appellation injurieuse.* ▷ COMM *Appellation d'origine :* nom donné à un produit en fonction de sa provenance. *Appellation d'origine contrôlée.* – Lat. *appellatio.*

appendice [apɛ̃dis] n. m. **1.** Partie qui est le prolongement d'une autre. Syn. extrémité. ▷ ANAT *Appendice caudal :* queue. *Appendice vermiculaire* ou *appendice :* diverticule de la portion terminale du cæcum. **2.** Supplément à un ouvrage, comportant des pièces justificatives, des notes. – Lat. *appendix, appendicis.*

appendicectomie [apɛ̃disɛktɔmi] n. f. CHIR Ablation de l'appendice vermiculaire. – De *appendice,* et *-ectomie.*

appendicite [apɛ̃disit] n. f. MED Inflammation aiguë ou chronique de l'appendice. *Crise d'appendicite.* – De *appendice,* et *-ite* 1.

appendiculaire [apɛ̃dikylɛʀ] adj. et n. **1.** adj. Qui constitue un appendice, qui s'y rapporte. *Prolongement* *appendiculaire.* **2.** n. m. pl. ZOOL Classe de tuniciers pélagiques qui possèdent un très long appendice caudal. – Sing. *Un appendiculaire.* – De *appendice.*

appendre [apɑ̃dʀ] v. tr. [5] Vieilli Suspendre. *Appendre des ex-voto.* – Lat. *appendere.*

appentis [apɑ̃ti] n. m. ARCHI **1.** Toit d'un seul versant, appuyé contre un mur du côté supérieur et supporté par des piliers. **2.** Petite construction s'appuyant contre un bâtiment. – A. fr. *apent,* pp. de *appendre.*

appert (il). V. apparoir.

appertisation [apɛʀtizasjɔ̃] n. f. TECH Procédé de conservation des aliments consistant en une stérilisation par la chaleur dans un récipient clos. – Du n. de son inventeur N. *Appert* (1749-1841).

appertisé, ée [apɛʀtize] adj. Qui a subi l'appertisation. – De *appertisation.*

appesantir [apəzɑ̃tiʀ] v. [3] **I.** v. tr. **1.** Rare Rendre plus pesant. **2.** Rendre moins léger, moins actif. *L'âge appesantit sa démarche, son esprit.* Syn. alourdir. Ant. alléger. **II.** v. pron. *S'appesantir sur un sujet,* s'y attarder. – De *a-* 2, et *pesant.*

appesantissement [apəzɑ̃tismɑ̃] n. m. État d'une personne rendue moins vive, moins active. – De *appesantir.*

appétence [apetɑ̃s] n. f. Litt. Inclination qui pousse quelqu'un à satisfaire un désir, un besoin (plus partic. alimentaire). Ant. inappétence. – Lat. *appetentia.*

appétissant, ante [apetisɑ̃, ɑ̃t] adj. **1.** Qui excite l'appétit. *Gâteau appétissant.* **2.** Fig., fam. Qui éveille le désir, séduit. *Femme appétissante.* – De *appétit.*

appétit [apeti] n. m. **1.** Besoin, plaisir de manger. *Manger de bon appétit. Avoir un gros appétit.* – (Prov.) *L'appétit vient en mangeant* : plus on a de biens, plus on en désire. ▷ (Plur.) Inclination qui a pour objet la satisfaction d'un besoin organique. *Appétits sexuels.* Syn. besoin, désir. **2.** *Par ext.* Désir impérieux de qqch. *Appétit d'honneurs.* – Lat. *appetitus,* « désir ».

applaudimètre [aplodimɛtʀ] n. m. Fam. Appareil (souvent fictif) qui mesure le succès d'un spectacle à l'intensité des applaudissements. – De *applaudir,* et *-mètre.*

applaudir [aplodiʀ] v. [3] **1.** v. intr. Battre des mains en signe d'approbation. ▷ v. tr. *Applaudir une pièce, un acteur.* **2.** v. tr. indir. *Applaudir à* : approuver avec enthousiasme et sans réserve. *Applaudir à une proposition.* **3.** v. pron. (réfl.) Se féliciter de. *Il s'applaudit de la décision qu'il a prise.* – Lat. *applaudere.*

applaudissement [aplodismɑ̃] n. m. **1.** (Le plus souvent au plur.) Battement répété des mains l'une contre l'autre en signe d'enthousiasme. *Une tempête d'applaudissements.* **2.** *Par ext.* Vive approbation (de qqch). – De *applaudir.*

applicabilité [aplikabilite] n. f. Faculté d'application, en ce qui concerne la loi. – De *applicable.*

applicable [aplikabl] adj. Qui doit ou qui peut être appliqué. *La loi est applicable à tous.* – De *appliquer.*

applicateur [aplikatœʀ] n. m. Instrument qui permet d'appliquer un produit sur une surface. ▷ adj. *Bouchon applicateur.* – De *appliquer.*

application [aplikasjɔ̃] n. f. **1.** Action d'appliquer une chose sur une autre. *L'application d'un papier sur un mur. Applications de dentelle sur un fond.* **2.** Fig. Emploi de qqch à une destination particulière. *Application d'une somme d'argent à une dépense.* **3.** Mise en pratique. *Application d'un principe. Mettre une théorie en application.* **4.** Attention soutenue à l'étude. *Mettre toute son application à faire un travail.* Syn. attention, zèle. **5.** MATH Correspondance qui, à chaque élément d'un ensemble, associe un élément, et un seul, d'un autre ensemble. *Une application bijective est une bijection.* Syn. fonction. – De *appliquer,* d'après le lat. *applicatio,* « action d'appliquer son esprit ».

applique [aplik] n. f. Pièce, accessoire que l'on ajoute à un objet, généralement pour l'orner. *Des appliques de dentelles.* ▷ *Applique (murale)* : appareil d'éclairage qui se fixe au mur. – Déverbal de *appliquer.*

appliqué, ée [aplike] adj. **1.** Qui est studieux, attentif. *Élève appliqué.* **2.** *Sciences appliquées,* qui recherchent les applications techniques possibles des découvertes scientifiques. – Pp. de *appliquer.*

appliquer [aplike] v. [1] **I.** v. tr. **1.** Mettre une chose au contact d'une autre, de façon qu'elle la recouvre, y adhère ou y laisse son empreinte. *Appliquer une compresse sur une plaie. Appliquer des couleurs sur une toile. Appliquer un cachet sur la cire.* **2.** Fig. Faire servir une chose à tel usage. *Appliquer son esprit à une chose,* y apporter une extrême attention. **3.** Réaliser, mettre en pratique. *Appliquer une théorie, un conseil.* – DR *Appliquer une loi,* la faire exécuter. **II.** v. pron. **1.** Se placer, se poser sur. *Une crème qui s'applique sur le visage.* **2.** Fig. S'adapter (à), être applicable. *La règle s'applique à tous.* **3.** Mettre tout son soin à faire qqch. *Il écrit en s'appliquant.* – Lat. *applicare.*

appoggiature [apo(d)ʒjatyʀ] n. f. MUS Note d'agrément qui précède et sert à attaquer une des notes réelles de la mélodie ou de l'accord. – Ital. *appoggiatura,* de *appoggiare,* « appuyer ».

appoint [apwɛ̃] n. m. **1.** Complément exact en menue monnaie d'une somme que l'on doit. *Faire l'appoint.* ▷ COMM Toute somme qui fait le solde d'un compte. **2.** Fig. Ce qui s'ajoute à une chose pour la compléter. *Salaire d'appoint,* qui s'ajoute à un salaire principal. – *Par ext.* Secours, appui. *Votre recommandation a été un appoint important.* – Déverbal de *appointer* 1.

appointements [apwɛ̃tmɑ̃] n. m. pl. Rétribution (plus particulièrement d'un employé) attachée à un emploi, à un travail régulier. Syn. traitement, règlement. – De *appointer* 1.

1. appointer [apwɛ̃te] v. tr. [1] Rétribuer. *Appointer un contremaître.* – De *a-* 2, et *point.*

2. appointer [apwɛ̃te] v. tr. [1] **1.** Tailler en pointe. **2.** Réunir, à l'aide de pointes, deux pièces de cuir, d'étoffe. – De *a-* 2, et *pointe.*

appontage [apɔ̃taʒ] n. m. MILIT Action d'apponter. – De *apponter.*

appontement [apɔ̃tmɑ̃] n. m. Construction flottante ou sur pilotis qui permet l'accostage des bateaux. – De *a-* 2, et *pont.*

apponter [apɔ̃te] v. intr. [1] MILIT Se poser sur la plateforme d'un porte-aéronefs (en parlant d'un avion, d'un hélicoptère). – De *a-* 2, et *pont.*

apponteur [apɔ̃tœʀ] n. m. MILIT Officier qui dirige les manœuvres d'appontage. – De *apponter.*

apport [apɔʀ] n. m. **1.** Action d'apporter. *Apport d'engrais à un sol.* **2.** DR Biens apportés dans la communauté par les époux, par un associé dans une société commerciale. **3.** Fig. Contribution, appui. *L'apport de la science à la technique.* – Déverbal de *apporter.*

apporter [apɔʀte] v. tr. [1] **I.** **1.** Porter (qqch) à (qqn), là où il est. *Apportez-moi ce livre.* ▷ Porter soi-même en venant dans un lieu. *Apporter ses outils.* **2.** Fournir pour sa part. *Apporter des capitaux.* **II.** Fig. **1.** *Apporter de bonnes, de mauvaises nouvelles à qqn,* les lui apprendre, l'en informer. **2.** Donner, procurer. *Apporter des conseils. Apporter la consolation.* **3.** Employer, mettre. *Apporter tous ses soins à une affaire,* s'y employer avec application. **4.** (Choses) Causer, produire. *L'électricité a apporté de grands changements.* – Lat. *apportare.*

apporteur, euse [apɔʀtœʀ, øz] n. COMM Personne qui fournit une part du capital dans une société par actions. – De *apporter*.

apposer [apoze] v. tr. [1] **1.** Appliquer, mettre (qqch) sur. *Apposer un avis sur un panneau d'affichage. Apposer sa signature* : signer. ▷ DR *Apposer les scellés, le scellé* : appliquer un sceau sur une chose pour en interdire l'usage. **2.** DR *Apposer une condition, une clause, à un contrat,* l'insérer dans le contrat. – De *à,* et *poser*.

apposition [apozisjɔ̃] n. f. **1.** Action d'apposer. *Apposition d'une affiche.* **2.** GRAM Mot ou groupe de mots qui, placé à côté d'un nom ou d'un pronom, lui donne une qualification sans l'intermédiaire d'un verbe (ex. *Paris, capitale de la France. Lié par ses serments, il ne pouvait obéir*). – Lat. *appositio*.

appréciable [apʀesjabl] adj. **1.** Qui peut être apprécié, dont on peut donner une estimation. *Un préjudice appréciable.* – Par ext. *Revenus appréciables,* importants. **2.** Digne d'estime. *Qualité appréciable.* – De *apprécier*.

appréciateur, trice [apʀesjatœʀ, tʀis] n. Celui, celle qui apprécie. *Un juste appréciateur du mérite.* – De *apprécier*.

appréciatif, ive [apʀesjatif, iv] adj. Qui marque l'appréciation (sens 1). *État appréciatif des biens.* Syn. estimatif. – De *apprécier*.

appréciation [apʀesjɑsjɔ̃] n. f. **1.** Estimation, évaluation. *Appréciation d'un immeuble.* **2.** Cas que l'on fait d'une chose. *La juste appréciation d'un fait.* – De *apprécier*.

apprécier [apʀesje] v. [2] **I.** v. tr. **1.** Estimer, évaluer le prix d'une chose, en fixer la valeur. *Le juge a apprécié le montant de l'indemnité.* **2.** Évaluer approximativement une grandeur. *Apprécier une distance.* **3.** Priser, avoir de l'estime pour. *Apprécier qqn.* **II.** v. pron. (récipr.) S'aimer, faire cas l'un de l'autre. *Ils s'apprécient beaucoup.* Syn. estimer. – Lat. ecclés. *appretiare,* «évaluer», de *ad,* et *pretium,* «prix».

appréhender [apʀeɑ̃de] v. tr. [1] **1.** Prendre, arrêter. *Appréhender un criminel.* **2.** Litt. Saisir par l'esprit. **3.** Craindre par avance, redouter. *J'appréhende sa colère.* – Lat. *apprehendere,* «saisir, concevoir».

appréhension [apʀeɑ̃sjɔ̃] n. f. **1.** Crainte, anxiété vague. *Avoir des appréhensions.* Syn. inquiétude. **2.** Vx ou litt. Action de saisir par l'esprit. ▷ PHILO Mod. Opération intellectuelle simple et immédiate qui s'applique à un objet. – Lat. *apprehensio*.

apprenant, ante [apʀənɑ̃, ɑ̃t] n. Personne qui apprend. – Ppr. de *apprendre*.

apprendre [apʀɑ̃dʀ] v. tr. [52] **I. 1.** Acquérir des connaissances sur, étudier. *Apprendre l'histoire.* ▷ (S. comp.) S'instruire. *La volonté d'apprendre.* **2.** Se mettre dans la mémoire. *Apprendre une leçon. Apprendre par cœur.* **3.** *Apprendre à* (+ inf.) : acquérir les connaissances nécessaires pour. *Apprendre à lire.* **4.** Être informé de. *J'apprends votre arrivée.* **II.** Donner à (qqn) la connaissance de (qqch). **1.** Enseigner, instruire. *Apprendre la grammaire à un élève.* **2.** *Apprendre à qqn à* (+ inf.). *J'apprends à conduire à ma femme.* **3.** Annoncer, faire savoir. *Il vous a appris une bonne nouvelle.* – Lat. pop. **apprendere,* lat. class. *apprehendere,* «comprendre, apprendre».

apprenti, ie [apʀɑ̃ti] n. **1.** Personne qui apprend un métier. *Apprentie d'une couturière. Apprenti maçon.* **2.** Personne qui est malhabile (comme quelqu'un qui apprend un métier). *Ce livre est l'œuvre d'un apprenti.* **3.** *Apprenti sorcier* (par allus. à une ballade de Goethe) : celui qui provoque des événements graves dont il n'est plus le maître. – Lat. pop. *apprenditítum,* de *apprendere,* «apprendre».

apprentissage [apʀɑ̃tisaʒ] n. m. **1.** Acquisition d'une formation professionnelle. *Apprentissage en usine.* ▷ DR *Contrat d'apprentissage,* par lequel un employeur s'engage notam. à donner une formation professionnelle spécifique à un apprenti. **2.** *Par anal.* Première expérience. *L'apprentissage de la vie.* – De *apprenti*.

apprêt [apʀɛ] n. m. **1.** Plur. Vx Préparatifs. *Les apprêts d'un festin.* **2.** TECH Manière de préparer les étoffes, les peaux pour leur donner l'aspect marchand ; la préparation elle-même. *Donner un apprêt à un tissu. Passer une couche d'apprêt sur un mur.* – *Papier d'apprêt* : papier qu'on applique sur un support avant de poser le revêtement définitif. – Matière utilisée à cet effet (colle, gomme, enduit). ▷ CONSTR Matériau dont on enduit un support avant de le peindre, pour obtenir un aspect mieux fini. **3.** Fig. Recherche, affectation du style, des manières. *Un style naturel et sans apprêt.* – Déverbal de *apprêter*.

apprêtage [apʀɛtaʒ] n. m. TECH Action de donner un apprêt, particulièrement aux étoffes. – De *apprêter*.

apprêté, ée [apʀete] adj. Qui est peu naturel, maniéré. *Une coiffure trop apprêtée. Un style apprêté.* Syn. affecté. – Pp. de *apprêter,* sens I, 2.

apprêter [apʀete] v. [1] **I.** v. tr. **1.** Préparer, mettre en état. *Apprêter ses valises. Apprêter un mets,* l'accommoder. **2.** TECH Donner l'apprêt. *Apprêter un cuir, une étoffe.* **II.** v. pron. (réfl.) **1.** Se préparer à. *S'apprêter à partir.* **2.** *Absol.* Se parer, revêtir une toilette. *Cendrillon s'apprêtait pour le bal.* – Lat. pop. **apprestare,* rac. *præsto,* «à portée».

apprêteur, euse [apʀetœʀ, øz] n. TECH Personne qui prépare ou donne un apprêt, partic. aux étoffes. – De *apprêter*.

apprivoisable [apʀivwazabl] adj. Qui peut être apprivoisé. – De *apprivoiser*.

apprivoisement [apʀivwazmɑ̃] n. m. Action d'apprivoiser ; son résultat. – De *apprivoiser*.

apprivoiser [apʀivwaze] v. [1] **I.** v. tr. **1.** Rendre (un animal) moins farouche, plus familier. *Apprivoiser un ours.* **2.** Fig. Rendre (qqn) plus sociable, plus doux. *Apprivoiser un enfant timide.* **II.** v. pron. Devenir moins farouche (animaux), plus sociable (personnes). – Lat. pop. *apprivitiare,* de *privatus,* «privé».

approbateur, trice [apʀɔbatœʀ, tʀis] adj. (et n.) Qui marque l'approbation. *Murmure approbateur.* – Lat. *approbator*.

approbatif, ive [apʀɔbatif, iv] adj. Qui exprime l'approbation. – Bas lat. *approbativus*.

approbation [apʀɔbasjɔ̃] n. f. **1.** Agrément, consentement que l'on donne. *Donner son approbation. Cette mesure a reçu l'approbation de l'administration.* **2.** Jugement favorable, marque d'estime. *Mériter l'approbation générale.* – Lat. *approbatio*.

approbativité [apʀɔbativite] n. f. PSYCHO Caractère pathologique de celui qui ressent toujours le besoin d'approuver ses interlocuteurs. – De *approbatif*.

approchable [apʀɔʃabl] adj. (Le plus souvent dans une phrase à valeur négative.) Dont on peut s'approcher. *Il est difficilement approchable.* – De *approcher*.

approchant, ante [apʀɔʃɑ̃, ɑ̃t] adj. Qui se rapproche, qui est comparable. *N'avez-vous rien d'approchant ?* – Ppr. de *approcher*.

approche [apʀɔʃ] n. f. **1.** Action de s'approcher ; mouvement par lequel on se dirige vers qqn, qqch. *À notre approche, il prit la fuite.* ▷ AVIAT Dernière phase d'un vol avant l'atterrissage. **2.** (Plur.) Ce qui est à proximité d'un lieu ; les parages. *Les approches d'une ville, d'une côte.* **3.** Arrivée, venue de qqch. *L'approche du soir. À l'approche de la vieillesse.* – Déverbal de *approcher*.

approché, ée [apʀɔʃe] adj. Approximatif. ▷ MATH *Valeur approchée :* valeur calculée, proche de la valeur réelle. – Pp. de *approcher.*

approcher [apʀɔʃe] v. [1] **I.** v. tr. dir. **1.** Mettre près, avancer (qqch) auprès (de qqn ou qqch). *Approcher une table du mur. Approcher une chaise.* **2.** Venir près (de qqn). *Ne m'approchez pas.* ▷ Fig. Avoir libre accès auprès (de qqn). *Approcher des ministres.* **II.** v. tr. indir. et intr. **1.** Venir près (de), s'avancer auprès (de qqn, qqch). *Nous approchons de Dijon.* ▷ (S. comp.) *Approchez, mes enfants!* **2.** Fig. Être près (de). *Approcher du but, de la perfection. L'hiver approche.* **III.** v. pron. S'avancer, se mettre auprès (de). *La voiture s'approcha de nous.* – Fig. *Le jour s'approche.* Syn. avancer, venir. – Bas lat. *appropiare,* de *prope,* «près».

approfondi, ie [apʀɔfɔ̃di] adj. Minutieux. *L'examen approfondi de la question révéla des omissions.* – Pp. de *approfondir.*

approfondir [apʀɔfɔ̃diʀ] v. tr. [3] **1.** Rendre plus profond, creuser plus avant. *Approfondir un trou.* ▷ v. pron. *La faille s'approfondit.* **2.** Fig. Pénétrer plus avant dans la connaissance de (qqch). *Approfondir la grammaire.* – De *a-* 2, et *profond.*

approfondissement [apʀɔfɔ̃dismɑ̃] n. m. Action d'approfondir; fait de devenir plus profond. *L'approfondissement d'une crevasse.* ▷ Fig. *Approfondissement d'un sujet.* – De *approfondir.*

appropriation [apʀɔpʀijasjɔ̃] n. f. **1.** Action d'approprier, de rendre propre à une utilisation. *L'appropriation d'une terre à la culture de la vigne.* **2.** Action de s'attribuer qqch, d'en devenir propriétaire. *L'appropriation d'une maison.* – De *approprier.*

approprié, ée [apʀɔpʀije] adj. Qui convient. *Je ne trouve pas les mots appropriés.* Syn. adéquat, convenable. Ant. impropre, inadéquat. – Pp. de *approprier.*

approprier [apʀɔpʀije] v. [2] **I.** v. tr. Rendre propre à une destination. *Approprier les lois aux mœurs.* **II.** v. pron. **1.** Se conformer à. *Un air qui s'approprie aux circonstances.* **2.** S'emparer de, s'attribuer. *S'approprier les biens, les idées d'autrui.* – Bas lat. *appropriare.*

approuvable [apʀuvabl] adj. Qui peut être approuvé. – De *approuver.*

approuver [apʀuve] v. tr. [1] **1.** Donner son consentement à (qqch). *Approuver un mariage. Le conseil des ministres a approuvé un accord international.* – Pp. adj. *Lu et approuvé.* **2.** Juger louable, digne d'estime. *J'approuve sa décision.* Syn. agréer. – Lat. *approbare.*

approvisionnement [apʀɔvizjɔnmɑ̃] n. m. **1.** Action d'approvisionner. *L'approvisionnement d'une ville en eau.* **2.** Ensemble des fournitures, des provisions réunies. *Un approvisionnement de blé.* – De *approvisionner.*

approvisionner [apʀɔvizjɔne] **1.** v. tr. [1] Fournir selon les besoins. – *Spécial.* Fournir en provisions alimentaires. *Approvisionner un magasin d'alimentation.* ▷ *Approvisionner un compte bancaire,* le nantir d'une provision, y verser de l'argent. **2.** v. pron. Se fournir en provisions. *Je m'approvisionne au marché.* Syn. pourvoir. – De *à,* et *provision.*

approvisionneur, euse [apʀɔvizjɔnœʀ, øz] n. Celui, celle qui approvisionne. – De *approvisionner.*

approximatif, ive [apʀɔksimatif, iv] adj. **1.** Déterminé, fixé par approximation. *Chiffre approximatif.* **2.** Peu rigoureux, qui manque de précision. *Caractère approximatif d'un raisonnement.* – De *approximation.*

approximation [apʀɔksimasjɔ̃] n. f. Estimation, évaluation peu rigoureuse. *Dites-moi par approximation ce que vaut ceci. En première approximation.* Ant. exactitude, précision. ▷ MATH *Calcul par approximations successives :* méthode consistant à partir d'une première valeur approchée pour en calculer une seconde plus exacte et ainsi de suite. – Du bas lat. *approximare,* «approcher», de *proximus,* «très proche».

approximativement [apʀɔksimativmɑ̃] adv. D'une manière approximative. – De *approximatif.*

appui [apɥi] n. m. **1.** Ce qui sert de soutien, de support. **2.** Soutien, support qui empêche de tomber. *Mettre des appuis à un mur. Appui d'une fenêtre, barre d'appui :* partie sur laquelle on peut s'accouder. **3.** *Par anal.* Assistance matérielle, aide. *Comptez sur mon appui.* ▷ MILIT *Appui aérien :* ensemble des aides apportées par l'aviation aux forces de surface. **3.** Loc. prép. *À l'appui de :* pour appuyer (une déclaration, une affirmation). *Donner des arguments à l'appui d'une thèse.* – De *appuyer.*

appui-nuque ou **appuie-nuque** [apɥinyk] n. m. Partie supérieure d'un siège pour reposer la nuque. *Des appuis-nuque* ou *des appuie-nuque.* – De *appui* ou de *appuyer,* et *nuque.*

appui-tête ou **appuie-tête** [apɥitɛt] n. m. **1.** Dispositif réglable qui sert à maintenir la tête. *Siège muni d'un appui-tête.* **2.** Pièce d'étoffe brodée qui sert de protection à un fauteuil à l'endroit où l'on pose sa tête. *Des appuis-tête* ou *des appuie-tête.* – De *appui* ou de *appuyer,* et *tête.*

appuyé, ée [apɥije] adj. Qui insiste. *Regard appuyé. Plaisanterie appuyée,* lourde, sans discrétion. – Pp. de *appuyer.*

appuyer [apɥije] v. [22] **I.** v. tr. **1.** Soutenir (qqch) par un appui. *Appuyer une muraille par des piliers. Appuyer une échelle contre un mur, à un mur.* **2.** Fig. *Appuyer sur, par, de... :* fonder, rendre plus solide par... *Il appuie son raisonnement sur des preuves. Il appuie son sentiment par de bonnes raisons.* **3.** Aider, soutenir (qqn, qqch). *Appuyer une demande.* **II.** v. tr. indir. **1.** Exercer une pression sur. *Appuyer sur l'accélérateur.* **2.** *Appuyer sur une phrase, sur une syllabe,* l'accentuer fortement de manière à la mettre en valeur. **3.** Fig. Insister avec force sur. *Appuyer sur un argument.* Loc. prov. *Glissez, mortels, n'appuyez pas.* **4.** *Appuyer sur la droite, sur la gauche :* se porter sur la droite, sur la gauche. **III.** v. pron. *S'appuyer sur.* **1.** Se servir comme d'un appui de, s'aider de. *S'appuyer sur une canne.* **2.** Fig. Se servir de qqn, de qqch comme d'un soutien. *Sur qui voulez-vous qu'il s'appuie? Je m'appuie sur des réalités. S'appuyer sur une argumentation,* se fonder sur elle. – Lat. pop. *appodiare,* de *podium,* «support».

apraxie [apʀaksi] n. f. MED Perte de la mémoire des gestes. – De *a-* 1, et gr. *praxis,* «action».

âpre [ɑpʀ] adj. **1.** Qui produit une sensation désagréable par sa rudesse. *Un froid âpre. Une voix âpre.* ▷ Spécial. *Le goût âpre d'un fruit,* qui râpe la gorge. **2.** Fig. Rude, violent, dur. *Une discussion âpre.* – *Âpre au gain :* avide. – Lat. *asper, asprum.*

âprement [ɑpʀəmɑ̃] adv. Avec âpreté, violemment. *La bataille se poursuivait âprement.* – De *âpre.*

après [apʀɛ] prép. et adv. **I.** Prép. marquant : **1.** La postériorité dans le temps. *Après le coucher du soleil. Ils sont partis les uns après les autres. Ceux qui viendront après nous.* – *Après quoi :* ensuite, après cela. *Écoute ton frère, après quoi tu parleras.* ▷ Loc. adv. *Après coup*.* ▷ Loc. adv. *Après tout :* tout bien considéré. *Après tout, fais ce que tu veux.* ▷ Loc. conj. *Après que* (+ indic.). *Après qu'il a parlé, tout le monde se tait.* (N.B. L'emploi du subjonctif est critiqué.) ▷ *Après* (+ inf. passé.). *Après avoir bien ri.* **2.** La postériorité dans l'espace. *La chambre est après l'entrée. Traîner après soi :* avoir derrière soi, à sa traîne. *Elle traîne après elle une foule d'adorateurs.* **3.** Une succession dans un rang, dans un ordre. *Le premier après le roi. Le seul maître à bord après Dieu. Après vous :* formule de politesse. **4.** L'aspiration, la tendance vers ou contre qqn, qqch. – Loc. *Courir après une chose,* la rechercher avec ardeur. *Courir après la fortune.* Loc. pop. *Être après qqn,* le suivre constamment, le harceler. *Il est sans arrêt* *après son fils. Crier après qqn,* le réprimander. – Loc. vieillies. *Soupirer après qqch,* le désirer vivement. *Languir après qqch,* l'attendre impatiemment. *Attendre après qqch,* en avoir besoin. *Je n'attends pas après cette somme.* **5.** Loc. prép. *D'après* : selon, suivant. *Un portrait d'après nature. D'après les anciens auteurs.* **II.** Adv. marquant : **1.** Un rapport de temps. *Trois ans après. Bien après.* – *Après ?* (pour interroger). *Après, qu'arriva-t-il ?* **2.** Un rapport d'espace, de rang, d'ordre. *Il le plaça en premier et me mit immédiatement après.* ▷ Loc. adv. *Ci-après.* Plus loin, plus bas. *On verra ci-après la preuve de ce que j'avance.* Ant. avant. – Bas lat. *ad pressum,* de *pressus,* « serré ».

après-demain [apʀɛdmɛ̃] adv. Dans deux jours, ou le second jour après aujourd'hui. *Nous avons rendez-vous après-demain.*

après-guerre [apʀɛgɛʀ] n. m. ou f. Période qui suit une guerre. *Des après-guerres.*

après-midi [apʀɛmidi] n. m. ou f. inv. Période de temps comprise entre midi et le soir. (Emploi critiqué au fém.)

après-rasage [apʀɛʀazaʒ] adj. inv. et n. m. Se dit d'un produit cosmétique (lotion, crème) destiné à adoucir la peau après le rasage. ▷ n. m. *Des après-rasages.*

après-ski [apʀɛski] n. m. inv. Chaussure de repos à tige montante, que l'on met aux sports d'hiver quand on ne skie pas.

après-vente [apʀɛvɑ̃t] adj. inv. *Service après-vente* : ensemble des services et prestations assurés à un client après l'achat d'une machine ou d'un appareil (dépannage, entretien, etc.).

âpreté [ɑpʀəte] n. f. Caractère de ce qui est âpre. **1.** Litt. *Âpreté d'un fruit* : goût âpre, râpeux d'un fruit. **2.** Fig. Brutalité, violence. *Âpreté des mœurs. Discuter avec âpreté.* Syn. rudesse. – Lat. *asperitas.*

a priori [apʀijɔʀi] loc. adv. et n. m. inv. **1.** LOG, PHILO D'après des principes antérieurs à l'expérience. *Connaître a priori.* ▷ Loc. adj. *Un raisonnement a priori.* ▷ n. m. inv. *Vous avez des a priori.* **2.** Cour. À première vue. *A priori je ne peux rien décider.* – Loc. lat., « en partant de ce qui est avant ».

apriorisme [apʀijɔʀism] n. m. Méthode de raisonnement a priori. – De *a priori.*

aprioriste [apʀijɔʀist] adj. et n. Qui se fonde sur des a priori. *Des idées aprioristes.* – De *a priori.*

à-propos [apʀɔpo] n. m. inv. V. propos (sens 2).

apside [apsid] n. f. ASTRO Chacun des deux points situés aux extrémités du grand axe de l'orbite d'une planète. *Apside supérieure* ou *aphélie* : le point le plus éloigné du Soleil. *Apside inférieure,* ou *périhélie* : le point le plus proche du Soleil. *Ligne des apsides,* qui joint ces deux points. – Du gr. *hapsis,* « arc, voûte », par le lat.

apte [apt] adj. Propre à, qui réunit les conditions requises pour. *Apte à un emploi,* à remplir un emploi. – *Être déclaré apte au service,* dans un état physique et mental satisfaisant pour effectuer son service militaire. – Lat. *aptus.*

aptère [aptɛʀ] adj. **1.** ZOOL Dépourvu d'ailes. ▷ n. m. pl. Ancien nom des anoploures. **2.** ARCHI *Temple aptère,* sans colonnades sur les faces latérales. **3.** SCULP *La Victoire aptère* : statue du temple athénien de la Victoire, exceptionnellement sans ailes (pour qu'elle ne s'envole pas). – Gr. *apteros.*

aptérygotes [apteʀigɔt] n. m. pl. ENTOM Sous-classe d'insectes (ex. : les collemboles, les thysanoures) tous dépourvus d'ailes. – Sing. *Un aptérygote.* – Gr. *apterugos,* « sans ailes ».

aptéryx [apteʀiks] n. m. Syn. de *kiwi* (sens 1). – De *a-* 1, et gr. *pterux,* « aile ».

aptitude [aptityd] n. f. **1.** Don naturel. *Des aptitudes pour le dessin.* **2.** Faculté, compétence acquise. *Certificat d'aptitude professionnelle* (C.A.P.) : diplôme sanctionnant un cours de formation spécialisée. *Un C.A.P. de menuisier, d'électricien.* **3.** DR Capacité légale. *Aptitude à succéder.* – Bas lat. *aptitudo,* de *aptus,* « apte ».

apurement [apyʀmɑ̃] n. m. Vérification définitive d'un compte. – De *apurer.*

apurer [apyʀe] v. tr. [1] Vérifier (un compte), s'assurer qu'il est en règle. – De *a-* 2, et *pur.*

apyrétique [apiʀetik] adj. MED Sans accès de fièvre. – De *a-* 1, et du gr. *pur, puros,* « feu ».

aquaculture [akwakyltyʀ] n. f. Ensemble des techniques d'élevage des êtres vivants aquatiques (animaux et végétaux). Syn. aquiculture. – Du lat. *aqua,* « eau », et *culture.*

aquafortiste [akwafɔʀtist] n. Artiste qui grave à l'eau-forte. – Ital. *acquafortista,* de *acquaforte,* « eau forte ».

aquamanile [akwamanil] n. m. HIST Bassin, fontaine ou aiguière servant à se laver les mains, en usage jusqu'au Moyen Âge. – Lat. *aquæmanile,* de *aqua,* « eau », et *manus,* « main ».

aquaplanage [akwaplanaʒ] n. m. Phénomène réduisant l'adhérence des roues d'un véhicule lorsque celui-ci roule à grande vitesse sur un sol mouillé. – Du faux anglicisme *aqua-plan(n)ing.*

aquaplane n. m. Équipement sportif consistant en une planche grâce à laquelle on glisse sur l'eau, reliée à un canot à moteur par des cordes. – Sport pratiqué avec cet équipement. – Du lat. *aqua,* « eau », et *planer.*

aquarelle [akwaʀɛl] n. f. Peinture exécutée avec des couleurs délayées dans l'eau, sur une feuille de papier dont le grain demeure visible par transparence. – Ital. *acquarella,* de *acqua,* « eau ».

aquarelliste [akwaʀelist] n. Peintre d'aquarelles. – De *aquarelle.*

aquarium [akwaʀjɔm] n. m. Bassin ou bocal à parois transparentes où l'on élève des animaux et des plantes aquatiques. *Des aquariums.* – Muséum abritant des animaux aquatiques vivants. – Lat. *aquarium,* « réservoir ».

aquastat [akwasta] n. m. TECH Appareil qui sert à maintenir constante la température d'un circuit d'eau. – Du lat. *aqua,* « eau », sur *thermostat.*

aquatinte [akwatɛ̃t] n. f. Gravure à l'eau-forte imitant le lavis, l'aquarelle. – Ital. *acquatinta,* « eau teinte ».

aquatintiste [akwatɛ̃tist] n. Artiste qui grave à l'aquatinte. – De *aquatinte.*

aquatique [akwatik] adj. **1.** Qui vit dans l'eau ou au bord de l'eau. *Plantes aquatiques. Coléoptères aquatiques.* **2.** Vx Plein d'eau, marécageux. – Lat. *aquaticus.*

aqueduc [akdyk] n. m. Canal destiné à conduire l'eau d'un lieu à un autre. *Aqueduc souterrain.* ▷ *Pont aqueduc* ou *aqueduc,* portant une conduite d'eau. – Lat. *aquaeductus,* de *aqua,* « eau », et *ductus,* « conduite ».

aqueux, euse [akø, øz] adj. **1.** Qui ressemble à de l'eau, qui est de la nature de l'eau. ▷ CHIM *Solution aqueuse,* dont le solvant est l'eau. **2.** Qui contient de l'eau. *Légumes, fruits aqueux.* – Lat. *aquosus,* de *aqua,* « eau ».

à quia [akɥija] loc. adv. Vieilli *Mettre quelqu'un à quia,* le réduire à ne plus savoir que répondre. – De *à,* et lat. *quia,* « parce que », utilisé au Moyen Âge dans la dialectique scolastique.

aquiculture [akɥikyltyʀ] n. f. Syn. de *aquaculture.* – Du lat. *aqua,* « eau », et *culture.*

aquifère [akɥifɛʀ] adj. Qui porte, contient de l'eau. *Couche aquifère.* – Du lat. *aqua,* « eau », et *ferre,* « porter ».

aquilin [akilɛ̃] adj. m. Courbé en bec d'aigle. *Nez aquilin, profil aquilin.* – Lat. *aquilinus,* de *aquila,* « aigle ».

aquilon [akilɔ̃] n. m. Poét. Vent du nord, froid et violent. – Lat. *aquilo.*

Ar CHIM Symbole de l'argon.

ara [aʀa] n. m. Grand perroquet d'Amérique du Sud (fam. des psittacidés), remarquable par ses couleurs vives et sa longue queue. – Mot tupi.

arabe [aʀab] adj. et n. **1.** adj. D'Arabie, péninsule située à l'extrémité S.-O. de l'Asie; des peuples du pourtour méditerranéen, qui parlent l'arabe. *L'écriture arabe. L'art arabe.* – *Les pays arabes,* de civilisation arabe (par la langue, la religion; V. aussi islam). – Subst. Habitant, personne originaire d'un pays arabe. *Un(e) Arabe.* ▷ *Chiffres arabes* (par oppos. à *chiffres romains) :* les chiffres de la numération usuelle (rapportés de l'Inde par les Arabes). ▷ *Cheval arabe :* cheval de petite taille, résistant et sobre, originaire de l'Arabie. **2.** n. m. *L'arabe :* la langue sémitique du groupe méridional. *Arabe littéral* ou *classique :* langue du Coran et de la littérature médiévale. *Arabe dialectal :* langue différente selon les régions (Maghreb, Syrie, Égypte). *Arabe moderne :* langue de communication unique pour la presse, la radio, la télévision, la littérature, la diplomatie, depuis le XIXe s. – Lat. *arabus,* gr. *araps.*

arabesque [aʀabɛsk] n. f. **1.** Ornement formé de combinaisons capricieuses de fleurs, de fruits, de lignes, etc. **2.** Ligne sinueuse, irrégulière. **3.** CHOREGR Figure de danse classique dans laquelle le corps, incliné en avant, porte sur une seule jambe. – Ital. *arabesco.*

arabica [aʀabika] n. m. **1.** Caféier originaire d'Arabie, le plus cultivé dans le monde. **2.** Graine de ce caféier. – Mot lat., fém. de *arabicus,* « arabe ».

arabinose [aʀabinoz] n. m. CHIM Sucre non fermentescible du groupe des pentoses, extrait de la gomme arabique. – De *arabique,* et *-ose* 1.

arabique [aʀabik] adj. **1.** D'Arabie; qui vient d'Arabie. *Le désert arabique.* **2.** *Gomme arabique.* V. gomme. – Lat. *arabicus.*

arabisant, ante [aʀabizɑ̃, ɑ̃t] n. et adj. **1.** n. Spécialiste de la langue arabe. **2.** adj. Qui arabise. *Politique arabisante.* – Ppr. de *arabiser.*

arabisation [aʀabizasjɔ̃] n. f. Fait d'arabiser, de s'arabiser, et, spécial., de restituer le caractère national arabe, dans les pays naguère colonisés. *L'arabisation de l'enseignement dans les pays du Maghreb.* – De *arabiser.*

arabiser [aʀabize] v. tr. [1] Rendre arabe; faire adopter la langue, les mœurs des Arabes. *L'Afrique du Nord a été arabisée à partir du VIIe s.* ▷ v. pron. Devenir arabe. – De *arabe.*

arabisme [aʀabism] n. m. Tournure propre à la langue arabe. – De *arabe.*

arable [aʀabl] adj. Qui peut être retourné par la charrue; cultivable. *Terre arable.* – Lat. *arabilis,* de *arare,* « labourer ».

arabophone [aʀabofɔn] adj. et n. Qui parle l'arabe. – De *arabe,* et *-phone.*

arac. V. arack.

aracées [aʀase] n. f. pl. BOT Famille de monocotylédones herbacées ou ligneuses, croissant principalement dans les régions tropicales (arum, philodendron, etc.). – Sing. *Une aracée.* – Du lat. *arum,* « gouet ».

arachide [aʀaʃid] n. f. Plante annuelle des pays chauds, originaire du Brésil (genre *Arachis,* fam. papilionacées), cultivée pour ses graines (cacahuètes) dont on extrait une huile. *Huile d'arachide.* – Du gr. *arakos,* « pois chiche ».

arachnéen, enne [aʀakneɛ̃, ɛn] adj. Dont la légèreté ou la transparence rappelle la toile d'araignée. *Dentelle arachnéenne.* – Du gr. *arakhnê,* « araignée ».

arachnides [aʀaknid] n. m. pl. ZOOL Classe d'arthropodes (araignées, scorpions, etc.) possédant un céphalothorax*, quatre paires de pattes et une paire de chélicères. – Sing. *Un arachnide.* – Du gr. *arakhnê,* « araignée » et *-ide.*

arachnoïde [aʀaknɔid] n. f. ANAT Membrane intermédiaire entre la pie-mère et la dure-mère, les trois formant les méninges. – Gr. *arakhnoeidês.*

arack, arak ou **arac** [aʀak] n. m. Liqueur alcoolique obtenue par distillation de mélasse de canne à sucre ou de divers fruits ou grains fermentés (riz, orge, dattes, etc.). – Ar. *araq.*

aragonaise [aʀagɔnɛz] n. f. **1.** De l'Aragon. **2.** Danse esp., originaire de l'Aragon. Syn. jota. – De *Aragon,* prov. d'Espagne.

aragonite [aʀagɔnit] n. f. MINER Variété cristalline de carbonate de calcium. – De *Aragon,* prov. d'Espagne où ce minéral fut découvert.

araignée [aʀeɲe] n. f. **1.** Arthropode qui tisse, au moyen de filières abdominales, des toiles, pièges à insectes. *Les araignées constituent l'ordre des aranéides, aux nombreuses espèces; elles appartiennent à la classe des arachnides.* ▷ Fig., fam. *Avoir une araignée au plafond :* avoir l'esprit tant soit peu dérangé, être un peu fou. ▷ TECH *Pattes d'araignée :* rainures en forme de croix ménagées à la surface des coussinets d'arbre de moteurs pour favoriser le graissage des parties frottantes. **2.** Crochet métallique à plusieurs pointes aiguës. *Repêcher un seau dans un puits au moyen d'une araignée.* **3.** Appareil qui retient les détritus à la partie supérieure d'une descente d'eaux pluviales. **4.** Muscle obturateur interne du bœuf, enveloppé par une membrane dont les fibres figurent une toile d'araignée. *Un bifteck dans l'araignée.* **5.** *Araignée de mer :* crabe (genre *Maia*) à la carapace épineuse, dont les pattes longues et fines rappellent celles de l'araignée. – Lat. *aranea.*

araire [aʀɛʀ] n. m. Charrue simple dépourvue d'avant-train. – Lat. *aratrum.*

arak. V. arack.

araldite [aʀaldit] n. f. Matière plastique, résine époxy utilisée comme isolant et comme colle. – Nom déposé.

aralia [aʀalja] n. m. Plante ornementale originaire du Japon aux grandes feuilles vertes palmées.

araméen, enne [aʀameɛ̃, ɛn] adj. Relatif aux Araméens, anc. tribus sémitiques nomades de Mésopotamie soumises par l'Assyrie au VIIIe s. av. J.-C. ▷ n. m. *L'araméen :* la langue araméenne, langue usuelle des Palestiniens au temps du Christ et celle du commerce au Proche-Orient jusqu'à la conquête arabe (632-656 apr. J.-C.). – De l'hébreu *Aram,* « Syrie ».

aramide [aʀamid] n. m. CHIM Polyamide aromatique dont les fibres, à la très grande résistance mécanique, sont employées dans l'aérospatiale. – De *ar(omatique),* et *amide.*

aramon [aʀamɔ̃] n. m. Cépage noir très commun du Languedoc, à gros grains ovoïdes, produisant un vin de consommation courante. – De *Aramon,* ville du Gard.

aranéides [aʀaneid] n. m. pl. ZOOL Ordre d'arachnides comprenant toutes les araignées, divisé en deux sous-ordres, le premier représenté par les mygales, le second par les pholques, les tarentules, les tégénaires, les épeires, etc. – Sing. *Un aranéide.* – Du lat. *aranea,* « araignée », et *-ide.*

arasement [aʀazmɑ̃] n. m. Action d'araser; son résultat. – De *araser.*

araser [aʀaze] v. tr. [1] **1.** CONSTR Mettre de niveau un mur, un terrain. **2.** TECH Mettre une pièce d'assemblage à ses dimensions en enlevant au ras du tracé le bois superflu. *Araser un tenon.* **3.** GEOL Aplanir (un relief) par usure. – De *a-* 2, et *raser.*

aratoire [aʀatwaʀ] adj. Qui concerne le labourage, l'agriculture. *Instruments aratoires.* – Lat. *aratorius,* de *arare,* « labourer ».

araucan, ane [aʀokɑ̃, an] adj. D'Araucanie, région du Chili. – n. m. pl. *Les Araucans :* Amérindiens auj. regroupés dans des réserves situées entre le fleuve Bío-Bío et le canal de Chacao. (Autref. nomades, ils ne furent soumis qu'au XIXe s.)

araucaria [aʀokaʀja] n. m. BOT Conifère subtropical, remarquable par sa haute taille, son port caractéristique, les dimensions de ses cônes, et dont certaines espèces ornementales sont cultivées en France (Bretagne, Provence). – De *Araucanie,* région du Chili.

arawak [aʀawak] adj. inv. en genre. Relatif aux Arawaks. ▷ Subst. *Les Arawaks :* Amérindiens auj. établis dans le delta de l'Orénoque et le bassin de l'Amazone.

arbalète [aʀbalɛt] n. f. **1.** Arme de trait, arc puissant monté sur un fût et bandé à l'aide d'un mécanisme (moufle, cric ou levier). *Tir à l'arbalète.* **2.** MAR Instrument, remplacé aujourd'hui par le sextant, dont on se servait pour mesurer la hauteur d'un astre au-dessus de l'horizon. – Bas lat. *arcuballista,* de *arcus,* « arc », et *ballista,* « balliste ».

arbalétrier [aʀbaletʀije] n. m. **1.** Anc. Soldat armé de l'arbalète. **2.** CONSTR Chacune des deux poutres inclinées suivant la ligne de la plus grande pente d'un toit et soutenant les pannes et la couverture. *Les deux arbalétriers constituent, avec l'entrait et le poinçon auxquels ils sont assemblés, un système porteur triangulé, la ferme.* – De *arbalète.*

arbalétrière [aʀbaletʀijɛʀ] n. f. ARCHEOL Ouverture étroite, évasée vers l'intérieur, pratiquée dans une muraille, pour tirer à l'arbalète. – De *arbalète.*

arbitrage [aʀbitʀaʒ] n. m. **1.** Règlement d'un différend par un arbitre. *Soumettre un litige à l'arbitrage d'un tiers.* **2.** FIN Opération boursière de vente et d'achat simultanés, qui permet de réaliser un profit fondé sur la différence des cotes d'une même valeur sur des marchés différents, ou de valeurs différentes mais comparables, sur un même marché. **3.** SPORT Action d'arbitrer; façon d'arbitrer. *Un arbitrage contesté.* – De *arbitrer.*

arbitragiste [aʀbitʀaʒist] n. m. FIN Boursier spécialiste de l'arbitrage. – De *arbitrage.*

arbitraire [aʀbitʀɛʀ] adj. **1.** Qui est laissé à la libre volonté de chacun, qui ne relève d'aucune règle. *Choix arbitraire.* **2.** Qui dépend uniquement de la volonté, du caprice d'un homme; despotique. *Pouvoir arbitraire.* ▷ n. m. Autorité que ne borne aucune règle. *L'arbitraire royal.* **3.** MATH *Quantité, fonction arbitraire,* dont on choisit sans règle précise la valeur numérique, la forme ou la nature. – Lat. *arbitrarius.*

arbitrairement [aʀbitʀɛʀmɑ̃] adv. D'une façon arbitraire. – De *arbitraire.*

arbitral, ale, aux [aʀbitʀal, o] adj. DR Rendu par un (des) arbitre(s). *Jugement arbitral.* ▷ Composé d'arbitres. *Tribunal arbitral.* – Lat. *arbitralis.*

1. arbitre [aʀbitʀ] n. m. **1.** Personne choisie d'un commun accord par les parties intéressées pour régler le différend qui les oppose. *Prendre pour arbitre...* ▷ DR *Tiers arbitre :* arbitre désigné en cas de désaccord entre les deux premiers. ▷ *Être l'arbitre des élégances :* avoir le goût particulièrement sûr en matière d'habillement, de mode. **2.** Maître souverain. *Vous êtes l'arbitre de mon sort.* **3.** SPORT Personne qui veille à la régularité d'une compétition sportive. *Arbitre d'un match de rugby, de tennis.* – Lat. *arbiter.*

2. arbitre [aʀbitʀ] n. m. Vx Volonté. – PHILO *Libre* arbitre.* – Lat *arbitrium.*

arbitrer [aʀbitʀe] v. tr. [1] **1.** Régler en qualité d'arbitre. *Arbitrer un conflit du travail. Arbitrer un combat de boxe.* **2.** FIN *Arbitrer des valeurs,* procéder à leur arbitrage en Bourse. – Lat. *arbitrari.*

arboré, ée [aʀbɔʀe] adj. Portant des arbres. *Savanes arborées.* – Pp. de *arborer.*

arborer [aʀbɔʀe] v. tr. [1] **1.** Vx Élever, planter droit (comme un arbre). *Arborer un mât.* ▷ Mod. *Arborer un drapeau (un pavillon, un étendard, etc.),* le hisser, le faire voir. – Fig. *Arborer l'étendard de la révolte.* **2.** Porter sur soi de manière ostentatoire. *Arborer une décoration, une toilette.* ▷ Fig. *Arborer certaines idées,* s'en déclarer fièrement partisan. – Ital. *arborare,* du lat. *arbor,* « arbre ».

arborescence [aʀbɔʀesɑ̃s] n. f. État de ce qui est arborescent. ▷ MATH Arbre dont un des sommets est relié à tous les autres par un seul chemin. ▷ INFORM Structure (de données, de programmes, etc.) en forme d'arbre (sens 5). – Du lat. *arborescens.*

arborescent, ente [aʀbɔʀesɑ̃, ɑ̃t] adj. Dont la forme ou le port rappelle un arbre. *Fougères arborescentes. Structure arborescente.* – Lat. *arborescens.*

arboricole [aʀbɔʀikɔl] adj. **1.** Qui vit dans les arbres. *L'écureuil, rongeur arboricole.* **2.** Qui a trait à l'arboriculture. *Travaux arboricoles.* – Du lat. *arbor,* « arbre », et *colere,* « habiter ».

arboriculteur, trice [aʀbɔʀikyltœʀ, tʀis] n. Spécialiste de la culture des arbres. – De *arboriculture.*

arboriculture [aʀbɔʀikyltyʀ] n. f. Culture des arbres. *Arboriculture fruitière.* – Du lat. *arbor,* « arbre », et *culture.*

arborisation [aʀbɔʀizasjɔ̃] n. f. PHYS et MINER Cristallisation offrant l'apparence d'un arbre ou d'une plante ramifiée. *Arborisation du givre sur les vitres.* – Du lat. *arbor,* « arbre ».

arbouse [aʀbuz] n. f. Fruit de l'arbousier, ressemblant à une grosse fraise, comestible, mais de saveur âcre. *Confiture d'arbouses.* – Provenç. *arborisso,* du lat. *arbutum.*

arbousier [aʀbuzje] n. m. Genre (*Arbutus,* fam. éricacées) d'arbres à feuillage décoratif, à fruits rouges, qui pousse dans le Midi, en Europe méridionale, en Afrique du Nord et en Asie. – De *arbouse.*

arbovirus [aʀboviʀys] n. m. BIOL Virus transmis aux vertébrés par des arthropodes. – De l'angl. *ar(thropod) bo(rne) virus,* « virus porté par un un arthropode ».

arbre [aʀbʀ] n. m. **1.** Végétal ligneux de grande taille (6 ou 7 m au minimum), dont la tige (*tronc*), simple à la base, ne se ramifie qu'à partir d'une certaine hauteur. *« Un grand arbre plusieurs fois centenaire, dont les maîtresses branches s'étendaient presque horizontalement » (Th. Gautier). Arbre à feuillage persistant,* portant des feuilles tout au long de l'année. *Arbre à feuilles caduques,* dont toutes les feuilles tombent à l'automne. – *Arbre de Judée :* arbre (*Cercis siliquastrum,* fam. césalpiniacées) des régions médit., aux belles fleurs roses. ▷ *Arbre de Noël :* sapin garni de jouets et de bougies, au moment de Noël. – *Arbres de la liberté,* qui furent plantés en France pendant les périodes révolutionnaires comme symboles de la liberté renaissante. ▷ Prov. *Entre l'arbre et l'écorce il ne faut point mettre le doigt :* il ne faut pas s'immiscer en tiers dans un différend si l'on peut craindre pour soi-même des conséquences fâcheuses. **2.** TECH Axe entraîné par un moteur et transmettant le mouvement de rotation à un organe, à une machine. *Arbre de transmission.* **3.** ANAT *Arbre de vie :* la substance blanche du cervelet, ramifiée en arbre. ▷ CHIM Anc. *Arbre de Diane, de Jupiter, de Saturne* : cristallisation arborescente de l'argent, de l'étain, du plomb. **4.** *Arbre généalogique* : figure en forme d'arbre dont les rameaux partant d'une souche commune représentent la filiation des membres d'une famille. **5.** MATH Graphe orienté, sans cycle et convexe. – Lat. *arbor.*

arbrisseau [aʀbʀiso] n. m. Petit arbre (moins de 6 ou 7 m) au tronc ramifié dès la base (V. arbuste). – Lat. pop. **arboriscellum*, de *arbor*, « arbre ».

arbue. V. herbue.

arbuste [aʀbyst] n. m. Arbre ou arbrisseau de très petite taille (moins de 2,5 à 3 m). *La bruyère, les ajoncs sont des arbustes.* (N.B. *Arbuste* et *arbrisseau* sont employés l'un pour l'autre dans la langue usuelle.) – Du lat. *arbustum.*

arbustif, ive [aʀbystif, iv] adj. Qui se rapporte aux arbustes. *Savane arbustive*, constituée d'arbustes. – De *arbuste.*

arc [aʀk] n. m. **1.** Arme constituée d'une pièce longue et mince en matière élastique, courbée par une corde assujettie à ses deux extrémités et servant à lancer des flèches. *Bander un arc avant de décocher une flèche. Le tir à l'arc, sport olympique.* ▷ Loc. fig. *Avoir plusieurs cordes à son arc* : disposer de plusieurs moyens pour parvenir à un but; avoir des talents variés. **2.** Objet naturel ou façonné dont l'aspect évoque cette arme. ▷ ANAT Forme courbe que présentent certains organes, certains tissus. *Arc pleural.* ▷ ARCHI Courbure que présente une voûte. – *Arc de triomphe* : portique monumental consacrant le souvenir d'un personnage ou d'un événement glorieux. *L'Arc de triomphe*, celui situé à Paris. ▷ PHYS *Arc électrique* : étincelle jaillissant dans un gaz, entre deux électrodes entre lesquelles est appliquée une certaine différence de potentiel, lorsqu'on les sépare lentement après les avoir mises en contact. *Les fours électriques à arc, aux températures très élevées, sont utilisés notam. pour fabriquer les aciers spéciaux.* **3.** GEOM Portion de courbe. *La corde d'un arc est la droite qui joint ses deux extrémités.* ▷ ASTRO *Arc diurne* (ou *nocturne*) : portion de cercle qu'un astre parcourt au-dessus (ou au-dessous) de l'horizon. ▷ MAR *Arc de grand cercle* : le plus court chemin sur la sphère terrestre d'un point à un autre. Syn. orthodromie. ▷ TRIGO *Arc cosinus, arc sinus, arc tangente* : fonctions inverses, respectivement, des fonctions cosinus, sinus et tangente. (Ex. : si sin $\theta = X$, alors arc sin X vaut θ ou $\pi - \theta$.) – Lat. *arcus.*

arcade [aʀkad] n. f. **1.** ARCHI Ouverture en forme d'arc dans sa partie supérieure. *Percer une arcade dans un mur. Les arcades du Palais-Royal.* ▷ Par anal. *Des arcades de verdure.* **2.** ANAT Partie du corps en forme d'arc. *Arcade sourcilière. Arcade dentaire.* – Ital. *arcata, arcada*, de *arco*, « arc ».

arcane [aʀkan] n. m. **1.** Opération mystérieuse des alchimistes. **2.** (Plur.) Secret, mystère. *Les arcanes de l'histoire, de la politique.* – Lat. *arcanum*, « secret ».

arcanson [aʀkɑ̃sɔ̃] n. m. Résidu provenant de la distillation de l'essence de térébenthine. Syn. colophane. – Altér. d'*Arcachon*, v. de la Gironde.

arcature [aʀkatyʀ] n. f. ARCHI Série de petites arcades, ouvertes ou aveugles, servant à consolider ou à décorer. – De l'ital. *arcata*, « arcade ».

arc-boutant [aʀkbutɑ̃] n. m. ARCHI Maçonnerie en forme d'arc qui sert de soutien extérieur à un mur ou à une voûte. *Des arcs-boutants.* – De *arc*, et *boutant*, ppr. de *bouter.*

arc-bouter [aʀkbute] v. tr. [1] **1.** Soutenir, consolider au moyen d'un arc-boutant. *Arc-bouter une voûte.* **2.** v. pron. S'appuyer solidement (sur qqch, par ex. sur le sol) pour exercer un effort. *Les pêcheurs s'arc-boutèrent pour tirer le filet.* – De *arc-boutant.*

arc-doubleau [aʀkdublo] ou **doubleau** [dublo] n. m. ARCHI Arc en saillie, placé sous une voûte pour la renforcer, la doubler. *Des arcs-doubleaux.* – De *arc*, et *doubleau.*

arceau [aʀso] n. m. **1.** ARCHI Courbure d'une voûte. – *Par ext.* Toute ouverture en arc. **2.** Petit objet en forme d'arc. *Les arceaux du jeu de croquet.* ▷ MED Arc métallique servant à maintenir le drap à distance d'une partie du corps afin d'éviter tout frottement. – Lat. pop. **arcellus*, de *arcus*, « arc ».

arc-en-ciel [aʀkɑ̃sjɛl] n. m. Demi-cercle qui se forme dans le ciel sur un écran de gouttes de pluie, situé à l'opposé du Soleil. *Les sept couleurs de l'arc-en-ciel sont le violet, l'indigo, le bleu, le vert, le jaune, l'orangé, le rouge, en allant de l'intérieur vers l'extérieur. Des arcs-en-ciel.* – De *arc, en*, et *ciel.*

archaïque [aʀkaik] adj. **1.** Ancien. *Expressions, techniques archaïques*, qui ne sont plus en usage. ▷ Suranné, démodé. *Des goûts archaïques.* Ant. moderne. **2.** BX-A Antérieur à l'âge classique. *Statues archaïques des îles grecques.* **3.** ETHNOL *Sociétés archaïques*, à base économique non industrielle. Syn. primitif. – Gr. *arkhaikos.*

archaïsant, ante [aʀkaizɑ̃, ɑ̃t] adj. Qui fait usage d'archaïsmes. *Auteur archaïsant.* – De *archaïque.*

archaïsme [aʀkaism] n. m. **1.** Mot, expression sortis de l'usage contemporain. Ant. néologisme. **2.** Imitation des auteurs ou des artistes anciens. – Gr. *arkhaismos*, de *arkhaios*, « ancien ».

archal [aʀkal, aʀʃal] n. m. Vx *Fil d'archal* : fil de laiton. – Lat. *orichalcum*, gr. *oreikhalkos*, « laiton ».

archange [aʀkɑ̃ʒ] n. m. Ange qui occupe une place prééminente dans la hiérarchie angélique. *Les archanges Gabriel, Michel et Raphaël.* – THÉOL *Archanges* : deuxième chœur de la troisième hiérarchie* des anges. – Lat. ecclés. *archangelus.*

1. arche [aʀʃ] n. f. ARCHI Voûte en arc soutenant le tablier d'un pont. – Lat. pop. **arca*, du lat. class. *arcus*, « arc ».

2. arche [aʀʃ] n. f. HIST, RELIG **1.** *Arche de Noé* : vaisseau construit par Noé sur l'ordre de Yahvé pour sauver du Déluge sa famille et les diverses espèces animales. **2.** *Arche d'alliance, arche sainte* : coffre de bois imputrescible dans lequel les Hébreux conservaient les Tables de la Loi. – Lat. *arca*, « coffre ».

archéen, enne [aʀkeɛ̃, ɛn] adj. et n. m. GEOL Antérieur au cambrien. (Absolument dépourvu de fossiles, l'archéen comprend les plus anciennes roches connues, vieilles de 4,5 milliards d'années.) – Du gr. *arkhaios*, « ancien ».

archégone [aʀkegɔn] n. m. BOT Organe produisant un gamète femelle, l'oosphère, chez les bryophytes et les cryptogames vasculaires. – Du gr. *arkhê*, « principe », et *gonos*, « semence ».

archégoniates [aʀkegɔnjat] n. f. pl. BOT Ensemble des plantes à archégones et des phanérogames (dont l'organe femelle résulte de l'évolution des archégones typiques). – Sing. *Une archégoniate.* – De *archégone.*

archéo-. Préfixe, du gr. *arkhaio-*, de l'adj. *arkhaios*, « ancien ».

archéologie [aʀkeɔlɔʒi] n. f. Science qui étudie les vestiges matériels des civilisations du passé pour en reconstituer l'environnement, les techniques, l'économie et la société. – Gr. *arkhaiologia*, de *arkhaios*, « antique », et *logos*, « science ».

archéologique [aʀkeɔlɔʒik] adj. Qui a rapport à l'archéologie. – De *archéologie.*

archéologue [aʀkeɔlɔg] n. Personne spécialiste d'archéologie. – De *archéologie.*

archéométrie [aʀkeometʀi] n. f. ARCHEOL Branche de l'archéologie qui utilise des méthodes de mesure : datation, analyse physique et chimique, traitements de données, etc. – De *archéo-*, et *métrie*.

archéoptéryx [aʀkeɔpteʀiks] n. m. PALEONT Le plus ancien genre d'oiseaux connu, de la taille d'un pigeon, trouvé dans le jurassique de Bavière, seul représentant de la sous-classe des archéornithes. – De *archéo-*, et gr. *pterux*, « aile ».

archéornithes [aʀkeɔʀnit] n. m. pl. PALEONT Sous-classe d'oiseaux fossiles, aux caractères reptiliens, comprenant l'archéoptéryx. – Sing. *Un archéornithe*. – Du gr. *arkhaios*, « antique », et *ornis*, *ornithos*, « oiseau ».

archer [aʀʃe] n. m. **1.** HIST Soldat qui utilisait un arc comme arme de combat. ▷ Sous l'Ancien Régime, policier des villes. ▷ *Franc-archer* : soldat appartenant à la première troupe régulière d'infanterie créée en France en 1448, appelé *franc* parce que non astreint aux impôts. **2.** Mod. Tireur à l'arc. ▷ ICHTYOL *Archer* ou *archer-cracheur* : poisson perciforme, lançant avec sa bouche des gouttes d'eau qui frappent les insectes et les font tomber à l'eau. – De *arc*.

archère. V. archière.

archerie [aʀʃəʀi] n. f. **1.** Art du tir à l'arc. **2.** Équipement du tireur à l'arc. – De *archer*.

archet [aʀʃɛ] n. m. **1.** Baguette flexible (autref. en forme d'arc), entre les extrémités de laquelle sont tendus des crins, et qui sert à mettre en vibration les cordes de certains instruments de musique (instruments à cordes frottées : violon, violoncelle, rebec, etc.). *Tenir son archet bien droit.* – *Avoir un bon coup d'archet* : jouer avec une grande dextérité. **2.** TECH Arc dont on se sert dans certains métiers pour imprimer à une pièce, à l'axe d'un tour, un mouvement de rotation. **3.** ZOOL Appareil sonore des sauterelles. – De *arc*.

archétypal, ale, aux [aʀketipal, o] adj. Relatif aux archétypes. – De *archétype*.

archétype [aʀketip] n. m. **1.** Type primitif ou idéal; modèle sur lequel on fait un ouvrage. ▷ En philol., manuscrit d'où dérivent d'autres textes. **2.** PHILO Selon Platon, modèle idéal, intelligible et éternel de toute chose sensible, laquelle n'en est que le reflet. **3.** PSYCHAN Chez Jung, chacun des grands thèmes de l'inconscient collectif. – Lat. *archetypum*, gr. *arkhetupon*.

archevêché [aʀʃəveʃe] n. m. **1.** Archidiocèse. **2.** Ville où réside un archevêque; sa demeure. – De *archevêque*.

archevêque [aʀʃəvɛk] n. m. Prélat placé à la tête d'une circonscription ecclésiastique comprenant plusieurs diocèses. *De nos jours, le titre d'archevêque n'entraîne plus d'autorité réelle.* – Lat. ecclés. d'orig. gr., *archiepiscopus*.

archi-. Élément, du grec *arkhi*, servant : **1.** À marquer la supériorité hiérarchique : *archicamérier, archichambellan, archichapelain, architrésorier*, etc. **2.** De superlatif familier : *archimillionnaire, archiconnu, archifacile*, etc.

archiconfrérie [aʀʃikɔ̃fʀeʀi] n. f. Groupe de confréries religieuses. – De *archi-*, et *confrérie*.

archiconnu, ue [aʀʃikɔny] adj. Fam. Très connu. *La Joconde est archiconnue.* – De *archi-*, et *connu*.

archidiaconat [aʀʃidjakɔna] n. m. Dignité d'archidiacre. – Bas lat. *archidiaconatus*.

archidiaconé [aʀʃidjakɔne] n. m. Territoire sous la juridiction d'un archidiacre. – Du lat. *archidiaconatus*.

archidiacre [aʀʃidjakʀ] n. m. RELIG CATHOL Dignitaire ecclésiastique ayant pouvoir de visiter les curés d'un diocèse. – Lat. ecclés. *archidiaconus*.

archidiocésain, aine [aʀʃidjɔsezɛ̃, ɛn] adj. Qui dépend d'un archevêché. – De *archidiocèse*.

archidiocèse [aʀʃidjɔsɛz] n. m. Circonscription ecclésiastique placée sous la responsabilité d'un archevêque. – De *archi-*, et *diocèse*.

archiduc, archiduchesse [aʀʃidyk, aʀʃidyʃɛs] n. Titre porté par les princes et princesses de la maison impériale d'Autriche. – De *archi-*, et *duc*, *duchesse*.

-archie, -arque. Éléments, du gr. *arkhein*, « commander ».

archiépiscopal, ale, aux [aʀʃiepiskɔpal, o] adj. Qui appartient à l'archevêque; relatif à sa fonction. *Palais archiépiscopal.* – Lat. ecclés. *archiepiscopalis*.

archiépiscopat [aʀʃiepiskɔpa] n. m. Dignité, fonction d'archevêque. – Lat. ecclés. *archiepiscopatus*.

archière [aʀʃjɛʀ] ou **archère** [aʀʃɛʀ] n. f. Étroite ouverture verticale dans une muraille, par laquelle on tirait à l'arc. – De *arc*.

archifaux, fausse [aʀʃifo, fos] adj. Fam. Totalement faux. – De *archi-*, et *faux*.

archimandrite [aʀʃimɑ̃dʀit] n. m. **1.** Anc. Supérieur d'un monastère orthodoxe. **2.** Mod. Titre honorifique de certains dignitaires des Églises chrétiennes d'Orient. – Lat. d'orig. gr. *archimandrita*.

archine [aʀʃin] n. f. Ancienne mesure russe de longueur (0,71 m). – Russe *archin*.

archipel [aʀʃipɛl] n. m. Groupe d'îles. *L'archipel des Baléares.* – De *archepelague*, « mer Égée », du gr. *pelagos*, « mer ».

archipresbytéral, ale, aux [aʀʃipʀɛsbiteʀal, o] adj. Qui concerne l'archiprêtre. – Bas lat. *archipresbyteralis*.

archipresbytérat [aʀʃipʀɛsbiteʀa] n. m. Dignité d'archiprêtre. – De *archipresbytéral*.

archiprêtre [aʀʃipʀɛtʀ] n. m. Anc. Prêtre investi par l'évêque d'un droit de surveillance sur les autres prêtres. ▷ Mod. Titre honorifique, conférant au curé qui en est investi une certaine prééminence. – Lat. d'orig. gr. *archipresbyter*.

architecte [aʀʃitɛkt] n. m. Personne possédant un diplôme délivré ou validé par l'État, agréée par l'ordre des architectes, et apte à dresser les plans d'un édifice, à établir le devis de sa construction et à en diriger les travaux. – *Architecte industriel* : personne physique ou morale chargée de la conception, de la réalisation et de la mise en service d'une usine, d'un produit complexe, etc. ▷ Fig. *L'Architecte de l'Univers, le Grand Architecte* : Dieu. – Lat. *architectus*, gr. *arkhitektôn*, de *tektôn*, « ouvrier ».

architectonique [aʀʃitɛktɔnik] adj. Qui a rapport aux procédés techniques de l'architecture. ▷ n. f. Ensemble des règles de la construction. – Lat. d'orig. gr. *architectonicus*.

architectural, ale, aux [aʀʃitɛktyʀal, o] adj. Qui se rapporte à l'architecture. *Décoration architecturale.* – De *architecture*.

architecture [aʀʃitɛktyʀ] n. f. **1.** Art de construire des édifices selon des proportions et des règles déterminées par leur caractère et leur destination. *Architecture religieuse, civile et militaire* (ouvrages de défense). *Architecture industrielle* : art de la construction des usines, des matériels industriels complexes, etc. *Architecture navale* : art de construire les vaisseaux. **2.** Disposition, ordonnance, style d'un bâtiment. *Un beau morceau d'architecture. Architecture baroque.* **3.** Fig. Structure, principe d'organisation (d'une œuvre, d'un ensemble de formes). *L'architecture du visage.* – Lat. *architectura*.

architecturer [aʀʃitɛktyʀe] v. tr. [1] Donner une structure, une ordonnance régulière à. *Il a architecturé son discours.* – De *architecture.*

architeuthis [aʀʃitøtis] n. m. ZOOL Calmar gigantesque (18 m de long, tentacules allongés). – De *archi-,* et gr. *teuthis,* « calmar ».

architrave [aʀʃitʀav] n. f. ARCHI Partie inférieure de l'entablement reposant directement sur les chapiteaux des colonnes. – Mot ital., « maîtresse poutre ».

architravé, ée [aʀʃitʀave] adj. ARCHI *Corniche architravée,* qui repose directement sur une architrave. ▷ n. f. *Une architravée.* – De *architrave.*

archivable [aʀʃivabl] adj. Qui peut être archivé. – De *archiver.*

archivage [aʀʃivaʒ] n. m. Action d'archiver (un document). – De *archiver.*

archiver [aʀʃive] v. tr. [1] Classer dans les archives (une pièce, un écrit, un document). *Archiver des manuscrits.* – De *archives.*

archives [aʀʃiv] n. f. pl. **1.** Documents anciens concernant une famille, un groupe de personnes, une société, un lieu, un édifice, un État. **2.** Fondation, lieu qui conserve ces documents. *Archives nationales :* établissement public, situé à Paris, créé en 1794, chargé de conserver les documents relatifs à l'histoire de France et les archives publiques ou privées. – Bas lat. *archivum,* gr. *arkheion,* « ce qui est ancien ».

archiviste [aʀʃivist] n. Personne qui est chargée de la conservation des archives. ▷ *Archiviste-paléographe :* V. paléographe. – De *archives.*

archivolte [aʀʃivɔlt] n. f. ARCHI Bandeau mouluré qui décore le cintre d'un arc. – Ital. *archivolto.*

archontat [aʀkɔ̃ta] n. m. **1.** ANTIQ GR Dignité, charge d'un archonte. **2.** Durée de sa charge. – De *archonte.*

archonte [aʀkɔ̃t] n. m. ANTIQ GR Magistrat principal des cités grecques, notam. d'Athènes, chargé de gouverner. – Lat. d'orig. gr. *archon, archontis.*

arçon [aʀsɔ̃] n. m. **1.** Pièce arquée constituant l'armature d'une selle. *Arçon de devant :* pommeau. *Arçon de derrière,* partie postérieure et relevée. **2.** SPORT *Cheval* d'arçons* ou *cheval-arçons.* – Du lat. *arcus,* « arc ».

arc-rampant [aʀkʀɑ̃pɑ̃] n. m. **1.** ARCHI Arc reposant sur des supports de hauteur inégale. **2.** CONSTR Arc métallique soutenant une rampe. *Les arcs-rampants de l'escalier.* – De *arc,* et *rampant.*

arctique [aʀ(k)tik] adj. et n. m. **1.** adj. Qui est situé, sur le globe terrestre, du côté de la constellation de l'Ourse, dans les régions polaires du Nord. *Pôle arctique. Cercle polaire arctique.* Syn. boréal. Ant. antarctique, austral. **2.** n. m. (Avec une majuscule.) Région situé à l'intérieur du cercle polaire. *Expédition dans l'Arctique.* – Lat. *arcticus,* gr. *arktikos;* de *arktos,* « ours; (grande) Ourse ».

arcure [aʀkyʀ] n. f. ARBOR Courbure des rameaux ou des branches qui provoque des accumulations de sève et favorise la fructification. – De *arquer.*

-ard, -arde. Suffixe d'adj. et de noms, à valeur péjor. ou vulgaire (ex. *vantard, trouillard*), ou à valeur neutre (ex. *campagnard*).

ardéidés [aʀdeide] n. m. pl. ORNITH Familles d'ardéiformes (hérons, aigrettes). – Sing. *Un ardéidé.* – Du lat. *ardea,* « héron ».

ardéiformes [aʀdeifɔʀm] n. m. pl. ORNITH Syn. de *ciconiiformes.* – Sing. *Un ardéiforme.* – Du lat. *ardea,* « héron ».

ardemment [aʀdamɑ̃] adv. Avec ardeur. *Aimer, désirer ardemment.* – De *ardent.*

ardennais, aise [aʀdənɛ, ɛz] adj. Des Ardennes, massif hercynien au N. de la France, en Belgique et au Luxembourg. *Cheval de race ardennaise.* ▷ Subst. *Un(e) Ardennais(e).*

ardent, ente [aʀdɑ̃, ɑ̃t] adj. **1.** Qui est en feu, qui brûle. *Une fournaise ardente.* – Par anal. *Blond ardent,* qui tire sur le roux. ▷ *Chapelle ardente :* pièce éclairée par des cierges, où l'on expose le corps d'un défunt. ▷ *Chambre ardente :* cour de justice tendue de noir et éclairée par des flambeaux, où comparaissaient, sous l'Ancien Régime, les accusés passibles de la peine du feu (hérétiques, empoisonneurs, etc.). **2.** Dont la chaleur est très vive. *Un soleil ardent.* ▷ PHYS *Verre ardent, miroir ardent :* lentille ou miroir qui concentre les rayons du soleil. **3.** Qui cause une sensation de brûlure. *Une soif ardente.* ▷ n. m. *Mal des ardents :* maladie qui sévissait au Moyen Âge et s'accompagnait d'intenses sensations de brûlure (ce fut vraisemblablement, dans la plupart des cas, l'ergotisme). **4.** Fig. Plein d'ardeur, enthousiaste, fougueux. *Un tempérament ardent.* Ant. froid, indolent. **5.** Fig. Vif, violent (sentiments). *Un amour ardent.* **6.** Se dit d'un bateau à voiles qui a tendance à lofer. Ant. mou. – Lat. *ardens.*

ardeur [aʀdœʀ] n. f. **1.** Chaleur vive. *Les ardeurs de la canicule.* **2.** Fig. Vivacité, entrain. *Travailler avec ardeur.* Ant. indolence, inertie. – Lat. *ardor.*

ardillon [aʀdijɔ̃] n. m. Pointe de métal servant à arrêter dans la boucle la courroie qu'on y passe. – Du frq. *hard,* « lien, corde ».

ardoise [aʀdwaz] n. f. **1.** Schiste à grain fin, habituellement gris foncé, qui se clive en minces plaques régulières utilisées pour les toitures. **2.** Tablette (autref. d'ardoise, auj. le plus souvent de carton ou de matière plastique) sur laquelle on écrit ou dessine. *Une ardoise d'écolier. Un crayon d'ardoise.* ▷ Pop. Total des sommes dues pour des marchandises achetées à crédit (autref. noté sur une ardoise). *Il a une ardoise dans tous les bistrots du quartier.*

ardoisé, ée [aʀdwaze] adj. **1.** Couleur d'ardoise. **2.** Recouvert d'une préparation contenant de l'ardoise ou l'imitant. – De *ardoise.*

ardoisier, ère [aʀdwazje, ɛʀ] adj. De la nature de l'ardoise. *Un sol ardoisier.* ▷ n. m. Ouvrier qui travaille à l'exploitation de l'ardoise. – De *ardoise.*

ardoisière [aʀdwazjɛʀ] n. f. Carrière d'ardoise. – De *ardoise.*

ardu, ue [aʀdy] adj. **1.** Difficile à résoudre, à mener à bien. *Questions ardues. Entreprise ardue.* Ant. aisé, facile. **2.** Rare Escarpé, d'un accès difficile. *Un sentier ardu.* Ant. accessible. – Lat. *arduus.*

are [aʀ] n. m. Unité de surface pour les mesures de terrains, valant 100 m^2 (symbole a). – Du lat. *area,* « aire ».

arec [aʀɛk] n. m. *Arec* ou *noix d'arec :* fruit d'un aréquier d'Asie, dont on tire une des sortes de cachous. – Mot portug., par l'ital.

aréique [aʀeik] adj. GEOGR Se dit d'une région privée d'écoulement régulier des eaux (ex. : les dunes du Sahara). – De *a-* 1, et gr. *rhein,* « couler ».

aréisme [aʀeism] n. m. État d'une région aréique. – De *aréique.*

arénacé, ée [aʀenase] adj. GEOL Qui a la consistance du sable. – Du lat. *arena,* « sable ».

arène [aʀɛn] n. f. **1.** Partie sablée d'un amphithéâtre où avaient lieu les combats de gladiateurs. ▷ Fig. *Entrer, descendre dans l'arène :* s'engager dans un combat (politique, idéologique, notam.). **2.** (Plur.) Amphithéâtre romain. *Les arènes de Lutèce.* ▷ Amphithéâtre où se déroulent des courses de taureaux. **3.** GEOL Sable grossier dû à la décomposition de roches cristallines. – Lat. *arena*, « sable ».

arénicole [aʀenikɔl] adj. et n. f. ZOOL **1.** adj. Qui vit dans le sable. **2.** n. f. Annélide polychète (genre *Arenicola*) vivant dans le sable des plages marines, qui sert d'appât aux pêcheurs. – Du lat. *arena*, « sable », et *-cole*.

aréole [aʀeɔl] n. f. **1.** ANAT Cercle coloré qui entoure le mamelon du sein. **2.** MED Zone rougeâtre qui entoure les points enflammés de vaccine, les piqûres d'insectes, etc. **3.** MED Petite cavité. – Lat. *areola*, dimin. de *area*, « aire ».

aréomètre [aʀeɔmɛtʀ] n. m. PHYS Instrument qui permet de déterminer, par simple lecture, la densité d'un liquide par rapport à l'eau. – Du gr. *araios*, « peu dense », et *metron*, « mesure ».

aréométrie [aʀeɔmetʀi] n. f. PHYS Mesure de la densité des liquides au moyen de l'aréomètre. – De *aréomètre*.

aréométrique [aʀeɔmetʀik] adj. Ayant rapport à l'aréométrie. – De *aréométrie*.

aréopage [aʀeɔpaʒ] n. m. **1.** ANTIQ GR *L'Aréopage* : le tribunal athénien qui siégeait sur la colline consacrée au dieu Arès et qui était chargé de surveiller les mœurs des citoyens, de réprimer l'impiété, de punir les vols et les crimes. **2.** Fig. Assemblée de savants, de personnes compétentes. – Du gr. *Areios pagos*, « la colline d'Arès », par le lat.

aréostyle [aʀeɔstil] n. m. ARCHI Espacement entre des colonnes égal à trois fois et demie le diamètre de ces dernières. – Gr. *araiostulos*, par le lat.

aréquier [aʀekje] n. m. Palmier (genre *Arec*) dont une espèce antillaise a des bourgeons comestibles *(chou-palmiste)*. – De *arec*.

arête [aʀɛt] n. f. **1.** Os long et mince propre aux poissons. **2.** Fig. Ligne formée par la rencontre de deux plans. *L'arête du nez*. ▷ GEOGR Ligne qui sépare les deux versants d'une chaîne de montagnes. *Les alpinistes avancent lentement le long de l'arête*. ▷ ARCHI Angle saillant que forment deux plans. *Arête d'un toit*. – *Voûte d'arête*, formée par l'intersection de deux voûtes en plein cintre, dont les poussées s'exercent sur quatre points d'appui. ▷ GEOM Ligne d'intersection de deux plans, de deux surfaces. *Les six arêtes d'un tétraèdre*. ▷ BOT Poil raide attaché sur le dos ou le sommet d'un organe. *Chez certaines graminées, les arêtes forment les barbes de l'épi*. – Lat. *arista*.

arêtier [aʀɛtje] n. m. CONSTR Pièce de charpente inclinée qui forme l'arête d'un comble. – De *arête*.

arêtière [aʀɛtjɛʀ] n. f. CONSTR Tuile ou ardoise qui couvre l'arête d'un toit. – De *arête*.

argas [aʀgas] n. m. ZOOL Acarien parasite épidermique des oiseaux et de l'homme, dont il suce le sang. – Mot grec.

argent [aʀʒɑ̃] n. m. **1.** Élément métallique de numéro atomique Z = 47, de masse atomique 107,87 (symbole Ag). – Métal (Ag) blanc, brillant, peu altérable donc précieux, de densité 10,5, qui fond à 962 °C et bout à 2 212 °C. *L'argent est utilisé en photographie (halogénures), en chirurgie dentaire, en thérapeutique (argent colloïdal), en électricité, en miroiterie, etc. Mine d'argent. Vaisselle d'argent*. **2.** Monnaie faite avec ce métal. ▷ *Par ext*. Toute espèce de numéraire : billets de banque, pièces. *Gagner beaucoup d'argent. Dépenser son argent*. ▷ Loc. *Payer argent comptant*, au moment de l'achat. – Fig. *Prendre ce qu'on raconte pour argent comptant*, le croire trop facilement. – *En avoir pour son argent* : être bien servi pour la dépense faite, être bien récompensé de sa peine. – *Jeter l'argent par les fenêtres* : dépenser sans compter, exagérément. ▷ Prov. *Plaie d'argent n'est pas mortelle* : les difficultés pécuniaires finissent par s'arranger. – *Le temps, c'est de l'argent*, traduction du proverbe anglais *Time is money*. – *L'argent n'a pas d'odeur* : peu importe la provenance de l'argent. **3.** HERALD Un des deux métaux employés, représenté en gravure par le blanc uni. – Lat. *argentum*.

argentage [aʀʒɑ̃taʒ] n. m. TECH Syn. de *argenture*. – De *argenter*.

argentan [aʀʒɑ̃tɑ̃] n. m. TECH Alliage de cuivre, de nickel et de zinc, employé en orfèvrerie à cause de sa blancheur et en électricité pour sa résistance élevée. – De *argent*.

argenté, ée [aʀʒɑ̃te] adj. **1.** Recouvert d'argent. *Métal argenté*. **2.** Fig. Qui ressemble à de l'argent, qui a la couleur de l'argent. *Les rayons argentés de la Lune. Gris argenté*. **3.** Fam. *Être argenté* : avoir de l'argent, être riche. – De *argent*.

argenter [aʀʒɑ̃te] v. tr. [1] Couvrir d'une couche d'argent. ▷ Fig., poét. Donner l'éclat de l'argent. – De *argent*.

argenterie [aʀʒɑ̃tʀi] n. f. Vaisselle, ustensiles d'argent. *Une pièce d'argenterie finement ciselée*. – De *argent*.

argenteur [aʀʒɑ̃tœʀ] n. m. Ouvrier qui argente. – De *argenter*.

argentier [aʀʒɑ̃tje] n. m. **1.** HIST Surintendant des Finances royales. *Jacques Cœur était argentier du roi Charles VII*. ▷ Mod., plaisant *Le grand argentier* : le ministre des Finances. **2.** Meuble contenant l'argenterie. – Lat. *argentarium*, « banquier ».

argentifère [aʀʒɑ̃tifɛʀ] adj. MINER Qui contient de l'argent. *Minerai argentifère*. – De *argent*, et *-fère*.

1. argentin, ine [aʀʒɑ̃tɛ̃, in] adj. Qui a le même son clair que l'argent. *Une voix argentine*. – De *argent*.

2. argentin, ine [aʀʒɑ̃tɛ̃, in] adj. De l'Argentine, État fédéral d'Amérique du Sud. ▷ Subst. *Un(e) Argentin(e)*.

argenture [aʀʒɑ̃tyʀ] n. f. **1.** Couche d'argent appliquée sur un objet. *L'argenture des glaces*. **2.** Action d'argenter. **3.** Art de l'argenteur. – De *argenter*.

argien, enne [aʀʒjɛ̃, ɛn] adj. et n. ANTIQ GR D'Argos. *Jeux argiens*. – De *Argos*, v. de la Grèce antique.

argile [aʀʒil] n. f. **1.** Roche terreuse, appelée également glaise, donnant une pâte plastique imperméable lorsqu'elle est imprégnée d'eau et qui, façonnée et cuite, donne des poteries, des tuiles, etc. ▷ Fig. *Un colosse aux pieds d'argile*, dont la puissance, mal établie, est illusoire. **2.** MINER Groupe de silicates d'alumine hydratée. **3.** PETROG Roche contenant plus de 50 % d'argiles. – Lat. *argilla*.

argileux, euse [aʀʒilø, øz] adj. Formé d'argile, ou qui en contient. *Un terrain argileux*. – De *argile*.

arginine [aʀʒinin] n. f. BIOCHIM Acide aminé, constituant de nombreuses protéines, qui, combiné à l'acide phosphorique, joue un rôle important dans les phénomènes de contractions musculaires. – De *ar(gent)*, et *-ine*.

argiope [aʀʒiɔp] n. f. Araignée voisine des épeires, qui constituent avec elle la famille des *argiopidés*. – Du gr. *argos*, « brillant », et *-ope*.

argon [aʀgɔ̃] n. m. CHIM Élément de numéro atomique Z = 18 et de masse atomique 39,94 (symbole Ar). – Gaz rare (Ar) de l'air, incolore et inodore, qui se liquéfie à −185,7 °C et se solidifie à −189,2 °C. (Il est employé comme atmosphère inerte en soudure et dans les ampoules électriques.) – Du gr. *argos*, « inactif », à cause de son inertie chimique.

argonaute [aʀgɔnot] n. m. **1.** ZOOL Mollusque céphalopode octopode, dont la femelle fabrique une nacelle calcaire pour abriter sa ponte. **2.** n. m. pl. MYTHOL *Les Argonautes* : les héros grecs qui voyagèrent, sous la conduite de Jason, à bord de l'*Argo*, pour aller en Colchide conquérir la Toison d'or. – Fig. *Un argonaute* : un hardi marin. – De *Argo*, nom du navire de Jason, et *nautês*, « navigateur ».

argot [aʀgo] n. m. Langage particulier à une catégorie sociale ou professionnelle. *L'argot des corps de métier, des écoles, des sportifs.* ▷ *Spécial.* Langage des malfaiteurs, du milieu. ▷ *Par ext.* et *abusiv.* Langage familier. ENCYCL Autrefois, le mot « argot » désignait le peuple même des gueux, des « argotiers ». Puis il désigna la langue qu'ils parlaient entre eux. Créations de la langue parlée, les mots d'argot ont souvent une étymologie obscure. Ils concernent des domaines sémantiques stables, tabous (désignation du sexe, de la mort) ou fortement marqués affectivement et socialement (l'argent, les vêtements, les origines ethniques et sociales).

argotier [aʀgɔtje] n. m. **1.** Personne qui pratique un argot. V. encyl. argot. **2.** Spécialiste de l'argot. – De *argot.*

argotique [aʀgɔtik] adj. Qui appartient à l'argot. *La verve argotique d'un conteur populaire.* – De *argot.*

argotisme [aʀgɔtism] n. m. LING Mot, expression appartenant à l'argot. – De *argot.*

argotologie [aʀgotolɔʒi] n. f. Étude des argots. – De *argot.*

argousier. V. hippophaé.

argousin [aʀguzɛ̃] n. m. Anc. Bas officier des galères. ▷ Péjor., vieilli Agent de police. – Du portug. *algoz,* « bourreau ».

arguer [aʀge, aʀgɥe] v. [1] **1.** v. tr. dir. Tirer un argument, une conclusion (de qqch). *Que voulez-vous arguer de ce fait ?* ▷ DR *Arguer un acte de faux,* soutenir qu'il est faux. **2.** v. tr. indir. *Arguer de quelque chose :* prétexter quelque chose, en tirer un argument. *Il arguait de sa situation de famille pour obtenir un passe-droit.* (N.B. Le *u* du radical se prononce dans toute la conjugaison : *il argue* [aʀgy].) – Lat. *arguere.*

argument [aʀgymɑ̃] n. m. **1.** Raisonnement tendant à établir une preuve, à fonder une opinion. *Quel argument apportez-vous à l'appui de votre thèse ? Un argument solide, irréfutable, contestable.* ▷ *Tirer argument de :* utiliser comme preuve, comme raison, prétexter (qqch). *Il tire argument de sa fatigue pour ne pas participer aux tâches ménagères.* **2.** Résumé succinct du sujet d'un ouvrage littéraire, dramatique. *L'argument d'une pièce de théâtre.* **3.** MATH Variable dont la valeur permet de définir celle d'une fonction (x est l'argument de la fonction sin x, par ex.). – *Argument d'un nombre complexe :* angle formé par l'axe réel et le vecteur qui représente ce nombre complexe. ▷ INFORM Syn. de *paramètre* (dans une fonction ou une procédure d'appel de sous-programme). – Lat. *argumentum.*

argumentaire [aʀgymɑ̃tɛʀ] n. m. **1.** Ensemble d'arguments en faveur d'une thèse, d'une opinion. **2.** Liste des arguments de vente. – De *argument.*

argumentation [aʀgymɑ̃tasjɔ̃] n. f. **1.** Fait, art d'argumenter. **2.** Ensemble des arguments tendant à la même conclusion. *Une argumentation aussi serrée est difficile à réfuter.* – Lat. *argumentatio.*

argumenter [aʀgymɑ̃te] v. intr. [1] Faire usage d'arguments. *Argumenter contre un adversaire.* – *Argumenter de quelque chose,* en tirer des conséquences. – De *argument.*

argus [aʀgys] n. m. **I. 1.** Vieilli Surveillant vigilant. **2.** Publication qui fournit des renseignements spécialisés. *L'argus de l'automobile. Voiture d'occasion cotée à l'argus.* **3.** *Argus de la presse :* agence qui adresse à ses abonnés les coupures de journaux les concernant. **II.** ZOOL **1.** Faisan (genre *Argus*) des forêts du Sud-Est asiatique, dont le mâle possède, sur les ailes, de splendides ocelles. **2.** Syn. de *lycène.* – De *Argus,* géant de la mythologie grecque qui avait cent yeux.

argutie [aʀgysi] n. f. Raisonnement subtil et vainement minutieux. – Lat. *argutia.*

argyraspide [aʀʒiʀaspid] n. m. ANTIQ Fantassin d'élite d'Alexandre le Grand, portant bouclier d'argent. – Du gr. *arguros,* « argent », et *aspis, aspidos,* « bouclier ».

argyrisme [aʀʒiʀism] n. m. MED Intoxication chronique par certains sels d'argent, qui se traduit par une coloration ardoisée des téguments. Syn. argyrose (sens 2). – Du gr. *arguros,* « argent ».

argyronète [aʀʒiʀɔnɛt] n. f. ZOOL Araignée qui tisse dans l'eau, entre les plantes, une sorte de cloche où, après avoir stocké de l'air, elle se tient à l'affût. – Du gr. *arguros,* « argent », et *neîn,* « filer ».

argyrose [aʀʒiʀoz] n. f. **1.** MINER Sulfure d'argent de formule [Ag_2S] qui existe à l'état natif (il contient 87 % d'argent). **2.** MED Argyrisme. – Du gr. *arguros,* « argent ».

1. aria [aʀja] n. f. Air, mélodie, accompagné par quelques instruments ou un seul. *Une aria de Bach. Des arias.* – Mot ital., « air ».

2. aria [aʀja] n. m. Fam., vieilli Souci, tracas, embarras. *Que d'arias !* – De l'anc. v. *harier,* « harceler ».

arianisme [aʀjanism] n. m. Hérésie chrétienne d'Arius qui, niant l'unité et l'identité de substance du Fils avec le Père, ne reconnaissait que partiellement la nature divine de Jésus-Christ, infirmant ainsi le dogme de la Trinité. – De *arien.*

aride [aʀid] adj. **1.** Sec. *Climat aride. Zone aride.* ▷ Stérile, sans végétation. *Une colline, un plateau aride.* Ant. fertile, fécond. **2.** Fig. Dépourvu de tendresse, de sensibilité. *Un cœur aride.* **3.** Fig. Privé d'attrait, difficile. *Une matière, une lecture aride.* – Lat. *aridus,* de *arere,* « être sec ».

aridité [aʀidite] n. f. **1.** Sécheresse. *Aridité du sol.* **2.** Fig. Insensibilité. **3.** Fig. Manque d'attrait, difficulté. *Être rebuté par l'aridité d'un sujet.* – De *aride.*

arien, enne [aʀjɛ̃, ɛn] n. et adj. **1.** n. Disciple d'Arius. (V. arianisme.) **2.** adj. D'Arius. *Hérésie arienne.* – De *Arius,* hérésiarque du IIIe et du IVe s.

ariette [aʀjɛt] n. f. MUS Petite mélodie, air de style léger, aimable ou tendre. – Ital. *arietta,* « petite aria ».

arille [aʀij] n. m. BOT Expansion du tégument d'une graine qui se développe au voisinage du hile. *Arille de l'if :* partie rouge de la graine de l'if, comestible. – Lat. *arillus,* « grain de raisin ».

arillé, ée [aʀije] adj. Pourvu d'un arille. – De *arille.*

arion [aʀjɔ̃] n. m. ZOOL Mollusque gastéropode pulmoné très commun en France. Syn. loche. – De *Arion,* poète grec.

arioso [aʀjoso] n. m. MUS Air de chant, de forme intermédiaire entre l'aria et le récitatif. *Des ariosos* ou *des ariosi.* – Mot ital., de *aria,* « air ».

ariser ou **arriser** [aʀize] v. tr. [1] MAR Diminuer la surface (d'une voile) en prenant un (des) ris. – De *ris.*

aristocrate [aʀistɔkʀat] n. (et adj.) **1.** Membre de l'aristocratie. **2.** Syn. de *aristocratique* (sens 2). – De *aristocratie.*

aristocratie [aʀistɔkʀasi] n. f. **1.** Forme de gouvernement dans laquelle le pouvoir souverain, en général héréditaire, est détenu par un petit nombre de personnes. ▷ Classe qui détient le pouvoir, dans un tel système politique. Syn. noblesse. **2.** Ensemble de ceux qui constituent l'élite dans un domaine quelconque. *L'aristocratie du sport.* – Gr. *aristokratia,* de *aristos,* « le meilleur », et *kratos,* « pouvoir ».

aristocratique [aʀistɔkʀatik] adj. **1.** De l'aristocratie ; digne d'un aristocrate. *Des manières aristocratiques.* **2.** Gouverné par l'aristocratie. – De *aristocratie.*

aristoloche [aʀistɔlɔʃ] n. f. BOT Plante grimpante, apétale, dont le calice pétaloïde est en forme de cornet.

– Lat. *aristolochia;* gr. *aristolokhia,* de *aristos,* « le meilleur », et *lokhos,* « accouchement » (cette plante passant pour le faciliter).

aristotélicien, enne [aʀistɔtelisjɛ̃, ɛn] adj. Relatif à Aristote, à sa doctrine. ▷ Subst. Partisan de cette doctrine. – De *aristotélique.*

aristotélique [aʀistɔtelik] adj. Qui se rapporte à Aristote ou à sa philosophie. – Lat. *aristotelicus.*

aristotélisme [aʀistɔtelism] n. m. Doctrine, système d'Aristote. – Du nom du philosophe Aristote, en gr. *Aristotelês* (384-322 av. J.-C.).

arithméticien, enne [aʀitmetisjɛ̃, ɛn] n. Personne qui pratique, professe l'arithmétique. – De *arithmétique.*

arithmétique [aʀitmetik] n. f. et adj. **I.** n. f. Partie des mathématiques consacrée à l'étude des nombres entiers et des nombres rationnels. *L'arithmétique fait auj. partie de l'algèbre.* (V. algèbre et nombre.) **II.** adj. **1.** Qui repose sur les nombres. **2.** Qui concerne l'arithmétique et ses règles. – Du gr. *arithmos,* « nombre ».

arithmologie [aʀitmɔlɔʒi] n. f. Science générale de la mesure des grandeurs. – Du gr. *arithmos,* « nombre », et *logos,* « connaissance ».

arithmomancie [aʀitmɔmɑ̃si] n. f. Divination par les nombres. – Du gr. *arithmos,* « nombre », et *manteia,* « divination »

arkose [aʀkoz] n. f. MINER Grès ayant l'aspect du granit, composé de quartz, feldspath, mica, agglutinés par un ciment minéral siliceux.

arlequin, ine [aʀləkɛ̃, in] n. **1.** n. m. (Avec une majuscule.) Personnage bouffon de la comédie italienne *(commedia dell'arte)* au costume fait de pièces rapportées multicolores, au masque noir et au sabre de bois. – *Habit d'arlequin,* confectionné avec des pièces disparates. – *Manteau d'arlequin :* panneau encadrant la scène d'un théâtre, figurant un rideau relevé, ou fait de draperies. ▷ Fig. Homme peu fiable. **2.** n. f. Femme portant un habit d'arlequin. – De l'a. fr. *Hellequin,* n. d'un diable.

arlequinade [aʀləkinad] n. f. **1.** Bouffonnerie d'Arlequin. **2.** Pièce de théâtre où joue Arlequin. – De *arlequin.*

arlésien, enne [aʀlezjɛ̃, ɛn] adj. et n. D'Arles, com. des Bouches-du-Rhône. ▷ Subst. *Un(e) Arlésien(ne).*

armada [aʀmada] n. f. **1.** Flotte importante. **2.** Fam. Grande quantité. *Une armada de représentants officiels.* – Mot esp. qui désigne l'Invincible Armada, flotte de cent trente navires que Philippe II envoya contre l'Angleterre en 1588 pour détrôner Élisabeth Ire.

armagnac [aʀmaɲak] n. m. Eau-de-vie de raisin fabriquée en Armagnac, prov. de Gascogne.

armateur [aʀmatœʀ] n. m. Celui qui équipe et exploite un navire pour le commerce ou pour la pêche. – Bas lat. *armator.*

armature [aʀmatyʀ] n. f. **1.** CONSTR Ensemble d'éléments destinés à accroître la rigidité d'une pièce, d'un ouvrage ou d'un matériau. – *Spécial.* Ensemble des éléments incorporés au béton armé pour accroître sa résistance à la traction et à la flexion. **2.** Fig. Ce qui constitue l'élément essentiel, le soutien. *L'armature d'une société, d'une politique.* **3.** ELECTR Pièce conductrice d'un électroaimant ou d'un condensateur. **4.** MUS Ensemble des altérations (dièses et bémols) placées à la clef et indiquant la tonalité du morceau. – Lat. *armatura,* « armure ».

arme [aʀm] n. f. **I. 1.** Instrument qui sert à attaquer ou à se défendre. *Arme offensive, défensive. Arme blanche** (par oppos. à *arme à feu*). ▷ Loc. fig., fam. *Passer l'arme à gauche :* mourir. – *Salle d'armes :* salle d'escrime. *Maître d'armes,* qui enseigne l'escrime. ▷ Fig. Ce qui sert à combattre un adversaire. *La calomnie est une arme redoutable.* **2.** Chacune des grandes divisions de l'armée correspondant à une activité spécialisée. *L'arme blindée.* **II.** Plur. **1.** *La carrière des armes :* le métier militaire. *Être sous les armes :* être soldat. ▷ *Un fait d'armes :* un exploit guerrier. ▷ *Déposer les armes :* cesser le combat. ▷ *Prise d'armes :* parade militaire. ▷ *Passer quelqu'un par les armes,* le fusiller. ▷ Fig. *Faire ses premières armes :* faire ses débuts. **2.** Armoiries. – Lat. plur. *arma.*

armé, ée [aʀme] adj. et n. m. **1.** adj. Muni d'une arme. *Un homme armé. Être armé d'un bâton. Vol à main armée.* **2.** adj. Pourvu d'une armature. *Verre armé. Béton armé.* **3.** n. m. Position d'une arme prête à tirer. – Pp. de *armer.*

armée [aʀme] n. f. **1.** Ensemble des forces militaires d'un État. *L'armée française.* **2.** Grande unité réunissant plusieurs corps. *La troisième armée.* ▷ *Corps d'armée :* partie d'une armée comprenant plusieurs divisions avec des troupes de toutes armes, commandées par un général de corps d'armée. **3.** Fig. Grand nombre. *Une armée de laquais.* – De *armer.*

armement [aʀməmɑ̃] n. m. **1.** Action d'armer. *L'armement des recrues.* **2.** Ensemble des armes. *L'armement d'un char.* **3.** Action de pourvoir un navire de tout ce qui est nécessaire à son utilisation (équipage et matériel). ▷ *Port d'armement :* port où est armé un navire. ▷ *L'armement :* le corps des armateurs. **4.** ELECTR Ensemble des éléments qui supportent les conducteurs d'une ligne aérienne. – De *armer.*

arménien, enne [aʀmenjɛ̃, ɛn] adj. et n. **1.** adj. De l'Arménie, État d'Asie occidentale. ▷ Subst. *Un(e) Arménien(ne).* **2.** n. m. *L'arménien :* la langue indo-européenne parlée dans le Caucase.

armer [aʀme] v. [1] **I.** v. tr. **1.** Pourvoir d'armes. *Armer des volontaires. Armer une nation. Armer un hélicoptère.* **2.** Garnir d'une armature. *Armer du béton.* **3.** Mettre en état de fonctionnement (certains mécanismes). *Armer un fusil, un appareil photo.* **4.** Équiper (un navire) de tout ce qui lui est nécessaire pour naviguer. *Armer en course.* **5.** Fig. *Armer qqn contre qqch,* lui donner des moyens de défense contre qqch. *La nature a armé l'ours contre le froid.* ▷ *Armer qqn de qqch,* l'en munir. *Ses études l'ont armé d'un solide bagage.* **II.** v. pron. **1.** Se munir d'armes. *S'armer jusqu'aux dents.* **2.** Fig. Se munir. *Armez-vous de patience.* – Lat. *armare.*

armet [aʀmɛ] n. m. Casque fermé en usage aux XVe et XVIe s. – De l'esp. *almete,* « casque », avec infl. de *arme.*

1. armillaire [aʀmil(l)ɛʀ] adj. ASTRO *Sphère armillaire,* formée par l'assemblage de cercles figurant les mouvements des astres autour de la Terre selon l'ancienne astronomie. – Du lat. *armilla,* « bracelet ».

2. armillaire [aʀmi(l)lɛʀ] n. f. BOT Champignon basidiomycète comestible couleur de miel. – Du lat. *armilla,* « bracelet ».

arminianisme [aʀminjanism] n. m. Doctrine de Hermann Armenszoon, dit Jacobus Arminius, qui repoussait les principes de Calvin sur la grâce et la double prédestination. – De *Arminius,* théologien protestant du XVIe s.

arminien [aʀminjɛ̃] n. m. Adepte de Jacobus Arminius. Syn. remontrant.

armistice [aʀmistis] n. m. Suspension des hostilités après accord entre les belligérants. – Du lat. *arma,* « armes », et *sistere,* « arrêter ».

arm-lock [aʀmlɔk] n. m. Au judo, clef au bras. – Mot angl. de *arm,* « bras », et *lock,* « serrure ».

armoire [aʀmwaʀ] n. f. **1.** Meuble haut destiné au rangement, fermé par une ou plusieurs portes. *Armoire* *à linge.* ▷ TECH *Armoire électrique :* meuble métallique contenant des appareillages électriques et dont la façade est équipée d'organes de commande et de contrôle. **2.** Fig., fam. *Armoire à glace :* personne de forte carrure. – Lat. *armarium.*

armoiries [aʀmwaʀi] n. f. pl. Emblèmes qui distinguent une famille noble, une collectivité. *Les armoiries d'une ville.* – A. fr. *armoyer, armorie,* de « armorier ».

armoise [aʀmwaz] n. f. BOT Plante aromatique de la famille des composées (genre *Artemisia*), dont de nombreuses espèces (l'absinthe, l'estragon, l'armoise d'Alep, qui fournit le semen-contra, etc.) sont également utilisées en pharmacie. – Lat. *artemisia,* « plante d'Artémis », déesse grecque.

armon [aʀmɔ̃] n. m. Pièce double à laquelle est fixé le timon d'une voiture à cheval. – Lat. *artemo, artemonis,* « poulie ».

armorial, ale, aux [aʀmɔʀjal, o] adj. Relatif aux armoiries. ▷ n. m. Recueil d'armoiries. *L'armorial général de France.* – De *armoiries.*

armoricain, aine [aʀmɔʀikɛ̃, ɛn] adj. (et n.) De l'Armorique, dans l'O. de la France. *Grès armoricain.* ▷ Subst. *Un(e) Armoricain(e).*

armorier [aʀmɔʀje] v. tr. [2] Orner d'armoiries (qqch). – De l'a. fr. *armoyer.*

armure [aʀmyʀ] n. f. **1.** Anc. Ensemble de plaques métalliques que revêtait l'homme d'armes pour se protéger. ▷ *Par anal.* Défenses naturelles de quelques animaux. **2.** Fig. Ce qui protège. *Le mépris est une armure.* **3.** TECH Mode d'entrecroisement de la chaîne et de la trame d'un tissu. **4.** MUS Syn. de *armature.* – Lat. *armatura.*

armurerie [aʀmyʀʀi] n. f. **1.** Technique de la fabrication et de l'entretien des armes. **2.** Boutique, atelier d'un armurier. – De *armure.*

armurier [aʀmyʀje] n. m. Celui qui fabrique, entretient ou vend des armes. – De *armure.*

A.R.N. n. m. BIOCHIM Sigle de *acide ribonucléique.* V. nucléique.

arnaque [aʀnak] n. f. Fam. Escroquerie, tromperie. – De *arnaquer.*

arnaquer [aʀnake] v. tr. [1] Fam. **1.** Escroquer, duper. **2.** Arrêter, prendre. *Il s'est fait bêtement arnaquer.* – Var. de *harnacher.*

arnaqueur, euse [aʀnakœʀ, øz] n. Fam. Personne qui arnaque. – De *arnaquer.*

arnica [aʀnika] n. f. BOT Genre de composées comprenant des espèces ornementales et médicinales (*teinture d'arnica* ou simplement *arnica,* employée comme vulnéraire). – Du lat. des botanistes *ptarnica,* du gr. *ptarnos* « éternuement ».

aromate [aʀɔmat] n. m. Substance odoriférante d'origine végétale. – Bas. lat. *aromatum.*

aromaticien, enne [aʀɔmatisjɛ̃, ɛn] Spécialiste des arômes artificiels et des additifs (en pharmacie et agroalimentaire). – De *aromatique.*

aromatique [aʀɔmatik] adj. **1.** Qui dégage un parfum agréable. *Des herbes aromatiques.* **2.** CHIM *Série aromatique :* ensemble des composés cycliques formés à partir du benzène (dont le noyau est figuré par un ϕ) et de ses dérivés. – Bas lat. *aromaticus.*

aromatisant, ante [aʀɔmatizɑ̃, ɑ̃t] adj. et n. m. Qui sert à aromatiser. ▷ n. m. Produit aromatisant utilisé dans l'alimentation. – Ppr. de *aromatiser.*

aromatisation [aʀɔmatizasjɔ̃] n. f. **1.** Action d'aromatiser (un aliment). **2.** CHIM Transformation en composé aromatique (d'un composé organique). *L'aromatisation est utilisée dans l'industrie pétrochimique.* – De *aromatiser.*

aromatiser [aʀɔmatize] v. tr. [1] Parfumer avec une substance aromatique. – Bas lat. *aromatizare.*

arôme ou **arome** [aʀom] n. m. Odeur agréable qui se dégage de certaines substances. *L'arôme d'un café, d'un vin.* – Gr. *arôma,* par le lat.

aronde [aʀɔ̃d] n. f. Vx Hirondelle. ▷ TECH *Assemblage à* (ou *en*) *queue d'aronde :* assemblage en forme de queue d'hirondelle. – Lat. *hirundo.*

aroumain [aʀumɛ̃] n. m. Parler roumain en usage au sud de la Yougoslavie, au nord de la Grèce et dans certaines régions d'Albanie. – De *a-* 1, et *roumain.*

arpège [aʀpɛʒ] n. m. MUS Exécution successive de toutes les notes d'un accord. – Ital. *arpeggio,* « jeu de harpe ».

arpéger [aʀpeʒe] v. intr. [15] MUS Faire des arpèges. ▷ v. tr. Interpréter en arpèges. *Arpéger un passage.* – De *arpège.*

arpent [aʀpɑ̃] n. m. Ancienne mesure agraire, dont la valeur variait entre 20 et 50 ares. – Du lat. *arepennis.*

arpentage [aʀpɑ̃taʒ] n. m. Évaluation de la superficie d'un terrain. ▷ *Documents d'arpentage :* documents qui définissent les limites d'une parcelle. – De *arpenter.*

arpenter [aʀpɑ̃te] v. tr. [1] **1.** Mesurer la superficie (d'un terrain). **2.** Parcourir à grands pas. *Arpenter les couloirs.* – De *arpent.*

arpenteur [aʀpɑ̃tœʀ] n. m. Spécialiste du relèvement des terrains et du calcul des surfaces. ▷ *Chaîne d'arpenteur* (ou *d'arpentage*) : chaîne de mesure d'une longueur de dix mètres. – De *arpenter.*

arpenteuse [aʀpɑ̃tøz] adj. et n. f. ENTOM *Chenille arpenteuse :* chenille de certaines phalènes qui, pour se déplacer, replie son corps en forme de U inversé, donnant ainsi l'impression de mesurer le chemin parcouru. ▷ n. f. *Une arpenteuse.* – De *arpenter.*

arpète [aʀpɛt] n. Pop. Jeune apprenti(e). ▷ *Spécial.* Apprentie couturière. – P.-ê. de l'all. *Arbeiter,* « travailleur ».

arpion [aʀpjɔ̃] n. m. (Le plus souvent au plur.) Arg. Pied. – Provenç. *arpioun,* « griffe ».

-arque. V. -archie.

arqué, ée [aʀke] adj. Courbé en arc. *Avoir les jambes arquées.* – Pp. de *arquer.*

arquebusade [aʀkəbyzad] n. m. Anc. Coup d'arquebuse. – De *arquebuse.*

arquebuse [aʀkəbyz] n. f. Ancienne arme à feu portative. – Néerl. *hakebusse,* « mousquet à crochet », avec infl. de l'ital. *archibugio.*

arquebusier [aʀkəbyzje] n. m. Anc. Soldat armé d'une arquebuse. – De *arquebuse.*

arquer [aʀke] v. [1] **I.** v. tr. Courber en arc. *Arquer une tige de fer.* **II.** v. intr. **1.** Devenir courbe. *Poutre qui arque.* **2.** Pop. Marcher. **III.** v. pron. Se courber en arc. – Lat. *arquare.*

arrachage [aʀaʃaʒ] n. m. AGRIC Action d'arracher une plante, une racine. – De *arracher.*

arraché [aʀaʃe] n. m. SPORT Mouvement par lequel on porte un haltère du sol au-dessus de la tête, à bout de bras et en un seul temps. ▷ Loc. adv. Fig. *À l'arraché :* au prix d'un violent effort. – Pp. subst. de *arracher.*

arrache-clou [aʀaʃklu] n. m. Instrument pour arracher les clous. *Des arrache-clous.* – De *arracher,* et *clou.*

arrachement [aʀaʃmɑ̃] n. m. **1.** Rare Action d'arracher. ▷ Fig. Douleur morale intense due à une séparation, à un sacrifice. **2.** ARCHI Ensemble de pierres en saillie, destinées à servir de liaison avec un second mur. – De *arracher.*

arrache-pied (d') [daʀaʃpje] loc. adv. Avec acharnement. – De *arracher*, et *pied*.

arracher [aʀaʃe] v. [1] **I.** v. tr. **1.** Déraciner (une plante). *Arracher des mauvaises herbes.* **2.** Détacher avec effort. *Arracher une dent.* **3.** Ôter de force à une personne, à une bête, ce qu'elle retient. *Arracher qqch des mains de qqn. Arracher qqch à qqn.* – Fig. Soustraire. *Arracher qqn à la misère, à la mort.* **4.** Obtenir difficilement. *Je lui ai arraché la promesse qu'il viendrait me voir.* **II.** v. pron. **1.** *S'arracher à, s'arracher de* : se séparer à regret, se détacher avec effort de. *S'arracher à une passion. S'arracher du lit.* **2.** *S'arracher qqn* : se disputer sa compagnie. – Fam. *On se l'arrache.* – Lat. *e(x)radicare*, de *radix*, «racine».

arrache-racine(s) [aʀaʃʀasin] n. m. Instrument pour arracher racines et tubercules. *Des arrache-racines.* – De *arracher*, et *racine*.

arracheur, euse [aʀaʃœʀ, øz] n. **1.** Personne qui arrache. – Loc. prov. *Mentir comme un arracheur de dents* : mentir effrontément. **2.** n. f. Machine qui arrache les plantes, les tubercules (pommes de terre, betteraves, arachides). – De *arracher*.

arrachis [aʀaʃi] n. m. **1.** Arrachage des arbres. **2.** Plant arraché dont les racines sont à nu. – De *arracher*.

arraisonnement [aʀɛzɔnmɑ̃] n. m. Action d'arraisonner. – De *arraisonner*.

arraisonner [aʀɛzɔne] v. tr. [1] *Arraisonner un navire*, l'arrêter en mer et contrôler son équipage et sa cargaison, etc. – De *a-* 2, et *raison*.

arrangeable [aʀɑ̃ʒabl] adj. Qui peut être arrangé, réglé à l'amiable. – De *arranger*.

arrangeant, ante [aʀɑ̃ʒɑ̃, ɑ̃t] adj. Disposé à la conciliation. – Ppr. de *arranger*.

arrangement [aʀɑ̃ʒmɑ̃] n. m. **1.** Action d'arranger; état de ce qui est arrangé. *L'arrangement d'une salle, d'une coiffure.* **2.** MUS Adaptation d'une œuvre à d'autres instruments que ceux pour lesquels elle a été écrite. **3.** Conciliation, convention amiable. *Procès terminé par un arrangement.* **4.** PHYS Disposition des atomes dans un réseau cristallin. **5.** MATH *Arrangement de n éléments pris p à p* : tout assemblage de p de ces éléments dans un ordre de succession déterminé. – De *arranger*.

arranger [aʀɑ̃ʒe] v. [13] **I.** v. tr. **1.** Placer dans l'ordre qui convient. *Arranger des bibelots.* **2.** Régler à l'amiable. *Arranger une affaire.* **3.** Convenir à. *Cela m'arrange.* **4.** Remettre en état. ▷ *Par antiphrase.* Abîmer. – Fam. *Il s'est fait arranger.* **II.** v. pron. **1.** Être remis en état, aller mieux. *Tout finit par s'arranger.* **2.** S'accorder à l'amiable. **3.** Vx ou rég. S'installer commodément. *S'arranger dans un fauteuil pour dormir.* **4.** *S'arranger pour* : faire en sorte de. *Arrange-toi pour venir.* **5.** *S'arranger de qqch*, s'en accommoder. – De *a-* 2, et *ranger*.

arrangeur, euse [aʀɑ̃ʒœʀ, øz] n. Personne qui adapte une œuvre musicale. – De *arranger*.

arrérager [aʀeʀaʒe] v. intr. [13] DR Se trouver en retard de paiement. *Ne laissez pas arrérager cette redevance.* – De *arrérages*.

arrérages [aʀeʀaʒ] n. m. pl. Termes échus d'une rente, d'une pension. – Autre forme de *arriérage*, de *arrière*.

arrestation [aʀɛstasjɔ̃] n. f. **1.** Action de se saisir d'une personne pour l'emprisonner ou la garder à vue. **2.** État d'une personne arrêtée. Ant. élargissement, libération. – Lat. médiév. *arrestatio*.

arrêt [aʀɛ] n. m. **1.** Action d'arrêter; fait de s'arrêter. *Ne pas ouvrir la portière avant l'arrêt complet du train.* ▷ CHASSE *Chien d'arrêt*, dressé à s'arrêter devant le gibier. **2.** Pièce qui sert à arrêter, à bloquer. *Arrêt de porte.* **3.** Endroit où s'arrête un véhicule de transports en commun. *Un arrêt d'autobus.* **4.** Décision d'une juridiction supérieure. *Arrêt du Conseil d'État.* **5.** Action d'arrêter (qqn). *Mandat d'arrêt* : ordre d'arrestation. ▷ *Maison d'arrêt* : prison. **6.** (Plur.) Sanction (défense de sortir ou de s'éloigner d'un lieu fixé pendant une période déterminée) prise contre un officier ou un sous-officier. *Mettre qqn aux arrêts.* – Déverbal de *arrêter*.

1. arrêté [aʀete] n. m. Décision écrite d'une autorité administrative. *Un arrêté préfectoral.* ▷ FIN *Arrêté de compte* : règlement d'un compte. – Pp. subst. de *arrêter*.

2. arrêté, ée [aʀete] adj. **1.** Décidé, définitif. *C'est une chose arrêtée.* **2.** Qu'on ne peut fléchir. *Une volonté bien arrêtée.* – Pp. de *arrêter*.

arrête-bœuf [aʀɛtbœf] n. m. inv. BOT Papilionacée épineuse à fleurs roses ou bleues. Syn. bugrane. – De *arrêter*, et *bœuf*, parce que leurs racines ralentissaient le travail de la charrue.

arrêter [aʀete] v. [1] **I.** v. tr. **1.** Empêcher d'avancer. *Arrêter un passant, une voiture.* **2.** Empêcher d'agir. *Le moindre obstacle l'arrête.* **3.** Interrompre (un processus). *Arrêter une hémorragie.* **4.** Appréhender (qqn). *Arrêter un bandit.* **5.** Déterminer par choix. *Arrêter une date.* **6.** Fig. Tenir fixé. *Arrêter sa pensée, ses regards sur.* **II.** v. intr. **1.** Cesser d'avancer. *Chauffeur, arrêtez!* **2.** Cesser d'agir ou de parler. *Il n'arrête jamais.* **III.** v. pron. **1.** Cesser d'aller ou d'agir. *Le train s'arrête à Lyon. S'arrêter de peindre.* **2.** Cesser de fonctionner. *La pendule s'est arrêtée.* **3.** *S'arrêter a* : fixer son attention sur. *S'arrêter à l'essentiel.* – Lat. pop. **arrestare*.

arrêtiste [aʀetist] n. m. DR Juriste qui commente les arrêts, les décisions des Cours. – De *arrêt*.

arrêtoir [aʀetwaʀ] n. m. Saillie, cliquet qui bloque le mouvement d'un mécanisme. – De *arrêter*.

arrhénotoque [aʀenɔtɔk] adj. BIOL Qualifie le type de parthénogenèse ne donnant que des individus mâles; chez l'abeille, par exemple, les œufs non fécondés donnent des mâles. – Du gr. *arrên*, «mâle», et *tokos*, «enfantement».

arrhes [aʀ] n. f. pl. Somme donnée comme gage ou dédit de l'exécution d'un marché, d'un contrat (l'acheteur peut se dédire en abandonnant les arrhes, le vendeur le peut également, mais doit rembourser le double des arrhes). – Lat. *arr(h)a*.

arriération [aʀjeʀasjɔ̃] n. f. PSYCHO *Arriération mentale* : faiblesse intellectuelle par rapport à la normalité pour l'âge, évaluée par le quotient intellectuel (Q.I.). – De *arriéré* 2, sens 3.

1. arrière [aʀjɛʀ] adv. **I.** Derrière, du côté opposé à devant; à l'opposé de la direction dans laquelle on va, vers laquelle on se tourne. **1.** MAR *Naviguer vent arrière*, en recevant le vent de l'arrière. **2.** *Faire marche arrière, machine arrière* : faire reculer (un véhicule), inverser l'ordre de marche d'un moteur; fig. revenir sur ses paroles, sur une décision. **3.** *Arrière!* (employé seul, comme exclamation) : Reculez! *Arrière, laissez passer! Arrière, les médisants!* **II.** Loc. adv. *En arrière.* **1.** Dans une direction opposée à celle qui est devant soi. *Faire un pas en arrière.* ▷ Loc. exclam. *En arrière!* (V. I, 3.) **2.** Derrière. *Ne restez pas en arrière!* **III.** Loc. prép. *En arrière de.* Derrière et à une certaine distance de. *Rester en arrière de la ligne de bataille.* – Lat. pop. **adretro*, de *ad*, «vers», et *retro*, «en arrière».

2. arrière [aʀjɛʀ] n. m. (et adj. inv.) **1.** Partie postérieure d'une chose. *L'arrière d'une voiture, d'un navire.* Ant. avant. **2.** MILIT Territoire, population d'un pays en guerre, qui se trouve en arrière du front. *Blessé évacué sur l'arrière. Le moral de l'arrière.* ▷ Plur. *Les arrières d'une troupe, d'une colonne, d'une formation.* **3.** SPORT Joueur placé à l'arrière d'une équipe pour défendre les approches du but. **4.** adj. inv. Qui est à l'arrière. *Les roues arrière, la lunette arrière d'une voiture.* – De *arrière* 1.

1. arriéré [aʀjeʀe] n. m. **1.** Dette ou partie d'une dette non payée à la date échue. *Régler un arriéré.* ▷ *Spécial.* Rentes, dettes dont l'État retarde le paiement. **2.** Ce qui reste en retard. *Un arriéré de travail.* – Pp. subst. de *arriérer.*

2. arriéré, ée [aʀjeʀe] adj. **1.** Qui reste dû. *Une dette arriérée.* **2.** Péjor. Qui appartient à un passé révolu. *Des idées arriérées.* **3.** Retardé dans son développement mental. *Un enfant arriéré.* ▷ Subst. *Un arriéré mental.* – Pp. de *arriérer.*

arrière-ban [aʀjɛʀbɑ̃] n. m. V. ban. *Des arrière-bans.*

arrière-bec [aʀjɛʀbɛk] n. m. ARCHI Partie d'une pile de pont qui fait saillie en aval. *Des arrière-becs.*

arrière-bouche [aʀjɛʀbuʃ] n. f. ANAT Pharynx. *Des arrière-bouches.*

arrière-boutique [aʀjɛʀbutik] n. f. Pièce située à l'arrière d'une boutique. *Des arrière-boutiques.*

arrière-cour [aʀjɛʀkuʀ] n. f. Cour située à l'arrière d'un bâtiment ou d'une cour principale. *Des arrière-cours.*

arrière-garde [aʀjɛʀgaʀd] n. f. Partie d'une armée en mouvement chargée de protéger les arrières. *Des arrière-gardes.* ▷ Fig. *D'arrière-garde :* dépassé (dans le domaine intellectuel, politique, etc.).

arrière-gorge [aʀjɛʀgɔʀʒ] n. f. Partie supérieure du pharynx, limitée en avant par le voile du palais. *Des arrière-gorges.*

arrière-goût [aʀjɛʀgu] n. m. Goût que laisse dans la bouche l'absorption de certains aliments, de certaines boissons. *Un arrière-goût de framboise.* ▷ Fig. Impression laissée par un événement. *Un arrière-goût de tristesse. Des arrière-goûts.*

arrière-grand-oncle [aʀjɛʀgʀɑ̃tɔ̃kl] n. m., **arrière-grand-tante** [aʀjɛʀgʀɑ̃tɑ̃t] n. f. Frère, sœur de l'un des arrière-grands-parents. *Des arrière-grands-oncles, des arrière-grand-tantes.*

arrière-grand-parent [aʀjɛʀgʀɑ̃paʀɑ̃] n. m. (Le plus souvent au plur.) Arrière-grand-père et arrière-grand-mère. *Des arrière-grands-parents.*

arrière-grand-père [aʀjɛʀgʀɑ̃pɛʀ] n. m., **arrière-grand-mère** [aʀjɛʀgʀɑ̃mɛʀ] n. f. Père, mère du grand-père ou de la grand-mère. *Des arrière-grands-pères, des arrière-grand-mères.*

arrière-main [aʀjɛʀmɛ̃] n. f. **1.** Vx Revers de la main. **2.** Partie postérieure du cheval. *Des arrière-mains.*

arrière-neveu [aʀjɛʀnəvø] n. m., **arrière-nièce** [aʀjɛʀnjɛs] n. f. Syn. de *petit-neveu**, *petite-nièce. Des arrière-neveux, des arrière-nièces.*

arrière-pays [aʀjɛʀpei] n. m. inv. Partie d'un pays située en retrait de la zone côtière.

arrière-pensée [aʀjɛʀpɑ̃se] n. f. Pensée, intention dissimulée, et différente de celle qu'on exprime. *Des arrière-pensées.*

arrière-petit-enfant [aʀjɛʀpətitɑ̃fɑ̃] n. m., **arrière-petit-fils** [aʀjɛʀpətifis] n. m., **arrière-petite-fille** [aʀjɛʀpətitfij] n. f. Enfant, fils ou fille d'un petit-fils ou d'une petite-fille. *Des arrière-petits-enfants, des arrière-petits-fils, des arrière-petites-filles.*

arrière-petit-neveu, [aʀjɛʀpətinəvø] n. m. **arrière-petite-nièce** [aʀjɛʀpətitnjɛs] n. f. Fils, fille d'un petit-neveu ou d'une petite-nièce. *Des arrière-petits-neveux, des arrière-petites-nièces.*

arrière-plan [aʀjɛʀplɑ̃] n. m. **1.** Plan d'une perspective le plus éloigné du spectateur. *Des arrière-plans.* **2.** Fig. *Rester à l'arrière-plan,* à l'écart, dans une position peu en vue.

arriérer [aʀjeʀe] **1.** v. tr. **[14]** Retarder (un paiement). **2.** v. pron. Ne pas payer aux échéances. – De *arrière.*

arrière-saison [aʀjɛʀsezɔ̃] n. f. **1.** Automne, fin de l'automne. «*De l'arrière-saison le rayon jaune et doux*» *(Baudelaire).* **2.** Mois qui précèdent la moisson ou les vendanges. *Des arrière-saisons.*

arrière-salle [aʀjɛʀsal] n. f. Salle qui est derrière une autre. *L'arrière-salle d'un restaurant. Des arrière-salles.*

arrière-train [aʀjɛʀtʀɛ̃] n. m. **1.** Arrière du tronc et membres postérieurs d'un animal (par oppos. à *avant-train*). ▷ Fam. Fesses d'une personne. **2.** Partie postérieure d'un véhicule à quatre roues. *Des arrière-trains.*

arrière-vassal, aux [aʀjɛʀvasal, o] n. m. HIST Dans le système féodal, vassal d'un vassal (par rapport au suzerain de celui-ci). *Des arrière-vassaux.*

arrière-voussure [aʀjɛʀvusyʀ] n. f. ARCHI Voûte pratiquée en arrière d'une porte, d'une fenêtre, pour couronner l'embrasure. *Des arrière-voussures.*

arrimage [aʀimaʒ] n. m. Action d'arrimer ; son résultat. – De *arrimer.*

arrimer [aʀime] v. tr. [1] **1.** Répartir et fixer (un chargement) dans la cale d'un navire, d'un avion, à l'intérieur d'un véhicule spatial, etc. **2.** *Par ext.* Assujettir (une charge). *Arrimer des bagages sur le toit d'une voiture.* – Du moy. angl. *rimen,* «arranger».

arrimeur, euse [aʀimœʀ, øz] n. Personne qui arrime les marchandises. – De *arrimer.*

arriser. V. ariser.

arrivage [aʀivaʒ] n. m. Arrivée de marchandises sur le lieu où elles seront vendues. ▷ Ces marchandises elles-mêmes. *Un arrivage de bananes, d'huîtres.* – De *arriver.*

arrivant, ante [aʀivɑ̃, ɑ̃t] n. Celui, celle qui vient d'arriver. *Les premiers arrivants.* – Ppr. de *arriver.*

arrivé, ée [aʀive] adj. Qui a réussi socialement. *Un artiste arrivé.* – Pp. de *arriver.*

arrivée [aʀive] n. f. **1.** Action d'arriver. *Annoncer son arrivée.* **2.** Lieu où l'on arrive. *Je t'attendrai à l'arrivée.* **3.** Moment où arrive qqch ou qqn. *Attendre l'arrivée du courrier.* **4.** TECH Endroit par où un fluide débouche d'une canalisation. *Arrivée d'eau.* – Pp. fém. subst. de *arriver.*

arriver [aʀive] v. intr. [1] **I. 1.** Vx Aborder, toucher terre. ▷ Mod. *Arriver à bon port :* parvenir heureusement au terme de son voyage. **2.** Parvenir en un lieu, au lieu prévu. *Arriver à Lyon. Arriver à cinq heures.* ▷ Fig. *Arriver à ses fins :* obtenir ce qu'on voulait, réussir ce qu'on avait projeté. **3.** *Arriver sur :* se diriger rapidement vers, s'approcher de. *L'orage arrive sur nous.* **4.** Fig. (S. comp.) S'élever socialement, réussir dans sa carrière, son métier. *Voilà un jeune homme qui veut arriver. Il est enfin arrivé !* **5.** Fig. *En arriver à :* en venir à (faire qqch). *Il en est arrivé à m'injurier.* **6.** MAR Écarter le cap d'un navire du lit du vent. Ant. lofer. **II.** Survenir, se produire. *Accidents qui arrivent en haute montagne. Dites-moi comment c'est arrivé.* ▷ Loc. impers. *Quoi qu'il arrive :* de toute façon, quels que soient les événements. ▷ *Il arrive que...* (marquant une éventualité). *Il arrive parfois qu'un menteur dise la vérité.* ▷ *Il arrive à* (qqn) de (+ inf.). *Il arrive à tout le monde de se tromper.* – Lat. pop. **arripare,* «toucher la rive».

arrivisme [aʀivism] n. m. Attitude, ligne de conduite de l'arriviste. – De *arriver.*

arriviste [aʀivist] n. (et adj.) Personne qui vise à la réussite sociale ou politique, sans scrupules sur le choix des moyens. *Un jeune arriviste.* – De *arrivisme.*

arroche [aʀɔʃ] n. f. BOT Genre (*Atriplex,* fam. chénopodiacées) de plantes herbacées très communes, dont on peut consommer les feuilles, comme celles des épinards. – Du lat. *atriplex*.

arrogamment [aʀɔgamɑ̃] adv. LITT Avec arrogance. – De *arrogance*.

arrogance [aʀɔgɑ̃s] n. f. Orgueil, morgue; manières hautaines et méprisantes. *Parler avec arrogance.* Ant. affabilité, humilité, modestie. – Lat. *arrogantia*.

arrogant, ante [aʀɔgɑ̃, ɑ̃t] adj. **1.** Qui montre de l'arrogance. *Personnage arrogant.* **2.** Qui marque de l'arrogance. *Une attitude arrogante.* – Lat. *arrogans*.

arroger (s') [aʀɔʒe] v. pron. [13] S'attribuer illégitimement (un droit, un pouvoir). *Ils se sont arrogé des privilèges exorbitants. Les fonctions qu'il s'est arrogées.* – Lat. *arrogare*, de *rogare*, «demander».

arroi [aʀwa] n. m. Vx Équipage, appareil. – Loc. *En bon, en mauvais arroi*, en ordre, en désordre. – De l'a. fr. *arroyer*, «arranger».

arrondi, ie [aʀɔ̃di] adj. et n. m. **1.** adj. De forme ronde. *Des contours arrondis.* **2.** adj. PHON *Voyelles arrondies*, qui se prononcent en avançant et en arrondissant les lèvres (ex. [u]. **3.** n. m. Partie arrondie (de quelque chose). – Pp. de *arrondir*.

arrondir [aʀɔ̃diʀ] v. [3] **I.** v. tr. **1.** Doter d'une forme ronde. *Arrondir une boucle. Sculpteur qui arrondit les épaules d'une statue.* ▷ Fig. *Arrondir les angles* : atténuer en usant de diplomatie les différends entre personnes. **2.** Fig. *Arrondir son bien, sa fortune*, l'augmenter. *Arrondir une somme, un poids*, en supprimer les fractions pour faire une somme ronde, un poids rond. **3.** MAR *Arrondir un cap*, passer au large en le contournant. **II.** v. pron. **1.** Prendre une forme ronde, pleine. *Son visage s'est arrondi.* **2.** Devenir plus considérable (biens, argent). *Fortune qui s'arrondit à la suite d'un héritage.* – De *a-* 2, et *rond*.

arrondissage [aʀɔ̃disaʒ] n. m. TECH Opération qui consiste à arrondir. *Arrondissage d'une lime.* – De *arrondir*.

arrondissement [aʀɔ̃dismɑ̃] n. m. **I.** Vx Action d'arrondir; son résultat. – Mod. *Arrondissement au franc inférieur*, en supprimant les centimes. **II.** Circonscription territoriale soumise à certaines autorités civiles ou militaires. **1.** *Spécial.* En France, division territoriale administrative, sans personnalité morale, placée sous l'autorité d'un sous-préfet. ▷ *Scrutin d'arrondissement*, dans lequel on élit un seul député par arrondissement. **2.** *Arrondissement maritime* : subdivision d'une préfecture maritime. **3.** Subdivision administrative de certaines grandes villes. *Les vingt arrondissements de Paris.* – De *arrondir*.

arrosable [aʀozabl] adj. Qui peut être arrosé. *Terres arrosables.* – De *arroser*.

arrosage [aʀozaʒ] n. m. Action d'arroser, de fournir de l'eau; irrigation. *Un tuyau d'arrosage.* – De *arroser*.

arroser [aʀoze] v. tr. [1] **1.** Humecter (en répandant de l'eau ou un autre liquide). *Arroser son jardin.* ▷ Fam. *Se faire arroser* : recevoir une pluie violente. ▷ Vieilli *Arroser de ses larmes* : mouiller de ses larmes. **2.** Faire circuler de l'eau dans, irriguer. *De nombreux canaux arrosent cette prairie.* – Couler à travers, baigner. *La Loire arrose la Touraine.* **3.** Fam. Célébrer en buvant. *Arroser sa promotion.* **4.** Fig. *Arroser l'ennemi de projectiles*, répandre des projectiles en grande quantité sur lui; le bombarder violemment. **5.** Fam. *Arroser quelqu'un*, lui donner de l'argent (notam. pour le corrompre). – Bas lat. *arrorare*, de *ros, roris*, «rosée».

arroseur, euse [aʀozœʀ, øz] n. **1.** Celui, celle qui arrose. **2.** n. m. Appareil utilisé pour l'arrosage. **3.** n. f. Véhicule qui sert au nettoyage des voies publiques. *Arroseuse municipale.* – De *arroser*.

arrosoir [aʀozwaʀ] n. m. Récipient muni d'une anse, d'un bec et d'une extrémité amovible, ronde et criblée de trous (appelée *pomme d'arrosoir*), qui sert à arroser. – De *arroser*.

arrow-root [aʀoʀut] n. m. Fécule très légère extraite du rhizome de diverses plantes (genres *Maranta* et *Canna*). *Des arrow-roots.* – Mot angl., de *arrow*, «flèche», et *root*, «racine».

arroyo [aʀɔjo] n. m. Canal naturel ou artificiel reliant des cours d'eau (en Amérique tropicale, en Extrême-Orient). – Mot esp.

ars [aʀ] n. m. Ligne de contact entre la poitrine et le membre antérieur chez le cheval. *Saigner un cheval à l'ars.* – Lat. *armus*, «jointure du bras et de l'épaule».

arsenal, aux [aʀsənal, o] n. m. **1.** *Arsenal maritime* : lieu où se fabriquent, se conservent ou se réparent les navires de guerre. **2.** Dépôt d'armes et de munitions. *Un arsenal d'artillerie.* **3.** Vx Fabrique d'armes. **4.** Grande quantité d'armes, et, par ext., d'objets usuels compliqués. *L'arsenal d'un bricoleur.* ▷ Fig. *L'arsenal des lois.* – Ital. *Arsenale*, d'orig. ar., nom de l'arsenal de Venise jusqu'au XVIe s.

arséniate [aʀsenjat] n. m. CHIM Autre nom de l'anhydride arsénieux As_2O_3. – De *arsenic*.

arsenic [aʀsənik] n. m. **1.** Cour. Acide arsénieux, poison violent. **2.** CHIM Élément, de numéro atomique Z = 33, de masse atomique M = 74,92 (symbole As). – Corps simple (As) de densité 5,7 pour la variété la plus courante, qui se sublime à 613 °C, utilisé pour durcir les métaux et doper les semiconducteurs. – Bas lat. d'orig. gr. *arsenicum*.

arsenical, ale, aux [aʀsənikal, o] adj. Qui contient de l'arsenic. – De *arsenic*.

arsénicisme [aʀsenisism] n. m. MED Intoxication chronique par l'arsenic et ses sels. – De *arsenic*.

arsénié, ée [aʀsenje] adj. Qui contient de l'arsenic. – De *arsenic*.

arsénieux, euse [aʀsenjø, øz] adj. CHIM Qualifie l'anhydride As_2O_3 et l'acide qui en est dérivé. – De *arsenic*.

arsénite [aʀsenit] n. m. CHIM Nom générique des sels de l'acide arsénieux. – De *arsenic*.

arséniure [aʀsenjyʀ] n. m. CHIM Nom générique des composés d'arsenic avec un corps simple. – De *arsenic*.

arsin [aʀsɛ̃] adj. m. SYLVIC *Bois arsin*, que le feu a endommagé. – De l'a. fr. *ardre*, «brûler».

arsine [aʀsin] n. f. CHIM Nom générique des composés basiques dérivés de l'hydrure d'arsenic AsH_3, redoutable gaz de combat. – De *arsenic*.

arsouille [aʀsuj] n. Pop. Voyou, mauvais sujet (s'emploie au m. ou au f. pour désigner un homme). *Une petite arsouille.* ▷ adj. *Un air, un genre arsouille*, crapuleux.

art [aʀ] n. m. **I. 1.** Activité humaine qui aboutit à la création d'œuvres. *Les chefs-d'œuvre de l'art.* – *Spécial.* (excluant la création littéraire). Cette activité en tant qu'elle s'exerce dans le domaine de la création plastique ou musicale. V. beaux-arts. *Histoire de l'art. Œuvre d'art.* – Plur. *Les arts et les lettres.* ▷ *D'art* : artistique. *Cinéma d'art et d'essai.* **2.** Chacun des domaines dans lesquels les facultés créatrices de l'homme peuvent exprimer un idéal esthétique. *Cultiver tous les arts. L'art pictural. L'art dramatique* : le théâtre. *Le septième art* : le cinéma. *Les arts de l'espace* (dessin, gravure, sculpture, architecture), opposés aux *arts temporels* (mime, poésie, musique, cinéma). *L'art sacré*, religieux. **3.** Ensemble d'œuvres caractéristiques d'une époque, d'une contrée, d'un style. *L'art antique. L'art nègre. L'art baroque.* **II. 1.** Ensemble de connaissances, de techniques nécessaires pour maîtriser une pratique donnée. *L'art du trait. L'art* *militaire, médical. La critique est aisée et l'art est difficile. Le grand art, l'art sacré, l'art hermétique* : l'alchimie. – *Travailler dans les règles de l'art*, en se conformant aux principes qui régissent l'activité exercée; le mieux possible. *Un homme de l'art*, hautement qualifié dans l'art, l'activité qu'il pratique; désigne partic. un médecin. **2.** Plur. ANC. *Les arts libéraux*, qui privilégient l'activité de l'esprit (par oppos. aux *arts mécaniques*, qui font appel au travail manuel ou au travail des machines). *Les sept arts libéraux des universités médiévales* (la grammaire, la logique, la rhétorique, qui formaient le cours d'études appelé *trivium*; l'arithmétique, la géometrie, la musique et l'astronomie, qui composaient le *quadrivium*). ▷ MOD. *Arts industriels*, dans lesquels les modes de production industriels interviennent au plus haut point. *Arts ménagers*, qui se rapportent à l'entretien d'une maison. *Arts appliqués. Arts décoratifs. Conservatoire* national des arts et métiers.* **3.** Ce qui est l'œuvre de l'homme (par opposition aux créations de la nature). *L'art gâte parfois la nature.* ▷ Artifice. *Il y a dans sa grâce plus d'art que de naturel.* **4.** Adresse, talent. *L'art de plaire.* – Lat. *ars, artis*; «science, savoir».

ENCYCL **Art nouveau.** Mouvement d'art décoratif (v. 1860 – v. 1910) caractérisé par des lignes sinueuses, des courbes et des formes organiques, qui apparut avec les théories de W. Morris. On l'appelle *modern style* dans les pays anglo-saxons, *Jugendstil* dans le monde germanique, *Secession* à Vienne, *stile liberty* en Italie et *modernismo* en Espagne. En France, on parle aussi de *style nouille* ou *style métro*. Parmi ses principaux représentants : Ph. Webb, R. Mackintosh, H. Van de Velde, A. Gaudí, S. White, L. Comfort Tiffany, H. Guimard, Auguste et Antonin Daum, E. Gallé, R. Lalique, L. Majorelle, E. Vallin.
– **Art déco.** Style qui s'illustra dans les années 1920-1930, notam. avec S. Delaunay, P. Colin, E. Ruhlmann, R. Lalique, Erté.
– **Art brut.** Notion mise en avant par J. Dubuffet (1945) pour qualifier la production artistique de personnes «indemnes de culture», qui remet en cause le professionnalisme comme véhicule d'une culture «asphyxiante».

artefact ou **artéfact** [aʀtefakt] n. m. DIDAC. Phénomène ou structure artificiels dont l'apparition est liée à la méthode utilisée lors d'une expérience, biologique notamment. – Mot angl., du lat. *artis factum*, «fait de l'art».

artel [aʀtɛl] n. m. HIST Société coopérative d'exploitation (forêts, mines, etc.) en U.R.S.S. – Mot russe, «commune».

artémia [aʀtemja] n. f. ZOOL Genre de petits crustacés branchiopodes des eaux saumâtres, présentant un polymorphisme en rapport avec la salinité du milieu aquatique et dont l'élevage, très simple à partir des œufs, permet l'utilisation comme aliment vivant pour un aquarium. – Mot lat.

artère [aʀtɛʀ] n. f. **1.** ANAT Vaisseau sanguin conduisant le sang du cœur vers les différents organes et tissus. **2.** FIG. Grande voie de circulation. *Les artères d'une ville.* – Lat. d'orig. gr. *arteria*.

artéri(o)-. Élément, du lat. *arteria*, «artère».

artériectomie [aʀteʀjɛktɔmi] n. f. CHIR Exérèse d'un segment d'artère. – De *artère*, et *-ectomie*.

artériel, elle [aʀteʀjɛl] adj. Qui appartient aux artères; relatif aux artères. *Sang artériel* : sang rouge, oxygéné. – De *artère*.

artériographie [aʀteʀjogʀafi] n. f. MED Radiographie des artères après injection d'un produit de contraste. – De *artério-*, et *-graphie*.

artériole [aʀteʀjɔl] n. f. ANAT Petite artère. – Dimin. de *artère*.

artériosclérose [aʀteʀjoskleʀoz] n. f. MED Sclérose siégeant sur les artères musculaires et rénales, liée à un déséquilibre nutritionnel, à la sénescence. – De *artère*, et *sclérose*.

artériotomie [aʀteʀjɔtɔmi] n. f. CHIR Incision, section d'une artère. – De *artère*, et *-tomie*.

artérite [aʀteʀit] n. f. MED Épaississement de la paroi artérielle, d'origine inflammatoire ou dégénérative. – De *artère*, et *-ite* 1.

artésien, enne [aʀtezjɛ̃, ɛn] adj. **1.** D'Artois. **2.** *Puits artésien*, duquel l'eau jaillit sous l'effet de la pression de la nappe souterraine. – De *Artois* (région où le premier puits de ce type fut creusé).

arthralgie [aʀtʀalʒi] n. f. MED Douleur articulaire. – Du gr. *arthron*, «articulation», et *-algie*.

arthrite [aʀtʀit] n. f. MED Inflammation aiguë ou chronique des articulations, d'origine bactérienne ou rhumatismale. – Bas lat. *arthritis*, mot gr. «goutte».

arthritique [aʀtʀitik] adj. Relatif à l'arthrite; qui souffre d'arthrite. ▷ Subst. Malade atteint d'arthrite. – De *arthrite*.

arthritisme [aʀtʀitism] n. m. MED Disposition de l'organisme à l'arthrite (V. aussi diathèse). – De *arthrite*, et *-isme*.

arthroplastie [aʀtʀoplasti] n. f. CHIR Intervention au niveau d'une articulation. – Du grec *arthron*, «articulation», et *-plastie*.

arthropodes [aʀtʀɔpɔd] n. m. pl. ZOOL Embranchement de métazoaires invertébrés cœlomates. – Sing. *Un arthropode.* – Du gr. *arthron*, «articulation», et *pous, podos*, «pied».

ENCYCL Les arthropodes sont caractérisés par un tégument rigide, inextensible, ce qui leur impose une croissance par mues et une structure articulée, à laquelle ils doivent leur aspect. Ils représentent 80 % des espèces animales connues. On distingue trois sous-embranchements : les proarthropodes, tous fossiles (trilobites du primaire); les antennates (crustacés, myriapodes et insectes); les chélicérates, c.-à-d. surtout les arachnides (araignées, scorpions).

arthroscopie [aʀtʀɔskɔpi] n. f. MED Endoscopie de l'intérieur d'une articulation. – De *arthro(se)*, et *-scopie*.

arthrose [aʀtʀoz] n. f. MED Affection chronique dégénérative non inflammatoire des articulations, avec déformation et impotence, sans altération de l'état général, survenant habituellement après cinquante ans. – Du gr. *arthron*, «articulation», et *-ose* 2.

artichaut [aʀtiʃo] n. m. **1.** BOT Légume (*Cynara scolymus*, fam. composées) dont la tige florale porte un gros capitule, la base des bractées (*feuilles d'artichaut*) et le réceptacle (*fond d'artichaut*), charnus, constituant la partie comestible. ▷ Capitule comestible de cette plante. *Artichaut à la vinaigrette.* **2.** Pièce de ferronnerie hérissée de pointes, qui garnit une clôture pour empêcher de l'escalader. – Ital. dial. *articioc*, de l'ar. *al-kharchoūf*.

article [aʀtikl] n. m. **I. 1.** Chaque partie d'une loi, d'une convention, etc., qui établit une disposition, une stipulation. *Article du Code pénal.* ▷ *Article de foi* : point de dogme religieux. **2.** *Par ext.* Partie distincte d'un compte, d'un mémoire, d'une facture, d'un inventaire. *Porter une somme à l'article des recettes, des dépenses.* **3.** Chacun des textes, distincts par leur auteur, leur titre ou leur sujet, qui composent un journal, une publication, un dictionnaire. *Un article de presse.* **4.** Chacun des sujets distincts sur lesquels porte un écrit. – *Par ext.* Question, sujet. *Il est très strict sur l'article de l'honneur.* ▷ *À l'article de la mort* : au dernier moment de la vie. ▷ INFORM Élément d'information contenu dans un fichier. **II.** Marchandise vendue dans un magasin. *Article de luxe.* ▷ *Faire l'article* : vanter un produit. – *Par ext.* Faire valoir les avantages de quelque chose. **III.** GRAM Mot lié à un substantif qu'il détermine et dont il indique le genre et le nombre. *« Le » est un article défini.* **IV. 1.** ZOOL Toute pièce simple et mobile située entre deux articulations (ex. : phalange d'un doigt ; élément d'un appendice d'arthropode). **2.** BOT Partie comprise entre deux discontinuités de structures nettes, entre deux nœuds. *Article de tige.* – Lat. *articulus*, « articulation ».

articulaire [aʀtikylɛʀ] adj. Des articulations ; relatif aux articulations. *Rhumatisme articulaire.* – Lat. *articularis.*

articulation [aʀtikylasjɔ̃] n. f. **I. 1.** Mode de jonction de pièces osseuses, mobiles ou non, entre elles. *L'articulation du fémur avec le bassin.* ▷ Ensemble des éléments de jonction des os. **2.** Assemblage de deux pièces permettant leur mouvement relatif. **II. 1.** PHON Mouvement des organes de la parole pour l'émission des sons. *Articulation orale, nasale, dentale, vélaire.* ▷ Manière de prononcer les sons d'une langue. *Une articulation nette.* **2.** DR *Articulation de faits* : énumération de faits, article par article. – Lat. *articulatio.*

articulatoire [aʀtikylatwaʀ] adj. PHON Qui se rapporte à l'articulation. – De *articuler.*

articulé, ée [aʀtikyle] adj. **1.** Qui s'articule (sens II, 2). *Les membres articulés des crustacés.* ▷ n. m. pl. Syn. anc. de *arthropodes.* **2.** Prononcé distinctement. *Phrase bien articulée.* – Pp. de *articuler.*

articuler [aʀtikyle] v. [1] **I.** v. tr. **1.** Joindre (une pièce mécanique à une autre) par un dispositif qui permet le mouvement. *Articuler une bielle sur un piston.* **2.** Prononcer distinctement. *Articulez si vous voulez qu'on vous comprenne !* **3.** DR Énoncer article par article. **II.** v. pron. **1.** PHON Se prononcer. *Le R grasseyé s'articule avec la luette.* **2.** ANAT Être joint par une articulation. *La main s'articule sur l'avant-bras.* ▷ Fig. *Son récit s'articule bien.* – Lat. *articulare.*

artifice [aʀtifis] n. m. **1.** Technique élaborée. *Artifice de style.* **2.** LITT Moyen peu naturel. *Les artifices d'une coquette.* **3.** *Pièce d'artifice* : combinaison de corps très inflammables dont la combustion donne des flammes colorées. ▷ *Feu d'artifice* : spectacle obtenu par l'agencement et la mise en œuvre de pièces d'artifice et autres dispositifs pyrotechniques (fusées, feu, etc.). ▷ Fig. *C'est un feu d'artifice*, se dit d'un dialogue, d'une œuvre écrite ou jouée, où les traits d'esprit se succèdent de façon continue. – Lat. *artificium*, « art ».

artificiel, elle [aʀtifisjɛl] adj. **1.** Qui est le produit de l'activité humaine (par oppos. à *naturel*). *Des fleurs artificielles. Un rein artificiel, une jambe artificielle.* **2.** Fig. Qui manque de simplicité. *Style artificiel.* **3.** TECH Qualifie les matières obtenues à partir de produits qui existent dans la nature (par oppos. à *synthétique*). *Textile artificiel.* – Lat. *artificialis*, « conforme à l'art ».

artificiellement [aʀtifisjɛlmɑ̃] adv. Par un moyen artificiel. – De *artificiel.*

artificier [aʀtifisje] n. m. Celui qui confectionne des pièces d'artifice ou les met en œuvre. – De *artifice.*

artificieusement [aʀtifisjøzmɑ̃] adv. Litt. D'une manière artficieuse, trompeuse. – De *artificieux.*

artificieux, euse [aʀtifisjø, øz] adj. Qui est empreint d'artifice, de ruse. *Une conduite artificieuse.* – De *artifice.*

artillerie [aʀtijʀi] n. f. **1.** MILIT Matériel de guerre comprenant les bouches à feu, leurs munitions et les engins servant à leur transport. *Artillerie motorisée. Artillerie lourde. Artillerie antiaérienne.* **2.** Ensemble du personnel servant ces armes. – De l'a. fr. *artillier*, « munir d'engins de guerre ».

artilleur [aʀtijœʀ] n. m. Militaire servant dans l'artillerie. – De *artillerie.*

artimon [aʀtimɔ̃] n. m. MAR *Mât d'artimon* ou *artimon* : le plus petit des mâts, situé à l'arrière d'un navire ayant deux mâts ou plus. *Voile d'artimon.* – Lat. *artemo, artemonis.*

artiodactyles [aʀtjɔdaktil] n. m. pl. ZOOL Ordre de mammifères ongulés dont chaque membre se termine par un nombre pair de doigts (suidés, ruminants, etc.). Syn. paridigités. – Sing. *Un artiodactyle.* – Du gr. *artios*, « pair », et *daktulos*, « doigt ».

artisan, ane [aʀtizɑ̃, an] n. (Le fém. est peu usité.) Personne qui exerce pour son propre compte un art mécanique ou un métier manuel. ▷ Fig. Auteur, cause de qqch. *Il est l'artisan de sa fortune.* – (Prov.) *À l'œuvre, on connaît l'artisan.* – Ital. *artigiano.*

artisanal, ale, aux [aʀtizanal, o] adj. Qui a rapport à l'artisan, à l'artisanat. *Travail artisanal.* – De *artisan.*

artisanalement [aʀtizanalmɑ̃] adv. De manière artisanale. – De *artisanal.*

artisanat [aʀtizana] n. m. **1.** Profession d'artisan. **2.** Ensemble des artisans. – De *artisan.*

artiste [aʀtist] n. **1.** Personne qui pratique un art, créateur dans le domaine des arts. ▷ Par ext. *Artiste capillaire, culinaire.* **2.** Interprète d'œuvres musicales, théâtrales, cinématographiques, etc. **3.** Souvent péjor. *C'est un artiste*, un bohème, un fantaisiste. – Ital. *artista.*

artistement [aʀtistəmɑ̃] adv. Avec goût, habileté. *Artistement aménagé.* – De *artiste.*

artistique [aʀtistik] adj. **1.** Relatif aux arts. *Activités artistiques.* **2.** Fait, présenté avec art. *Une décoration artistique.* – De *artiste.*

artistiquement [aʀtistikmɑ̃] adv. D'une manière artistique. – De *artistique.*

artocarpus [aʀtɔkaʀpys] n. m. BOT Genre d'arbres (fam. moracées) dont une espèce d'Asie tropicale, l'arbre à pain (*Artocarpus incisa*), donne un fruit comestible volumineux, très riche en amidon. – Du gr. *artos*, « pain », et *karpos*, « fruit ».

arum [aʀɔm] n. m. Plante herbacée (fam. aracées) aux feuilles lancéolées, aux fleurs en épi entourées d'une bractée blanche en cornet, la spathe. – Mot lat., du gr. *arôn.*

aruspice ou **haruspice** [aʀyspis] n. m. ANTIQ ROM Devin qui interprétait la volonté des dieux par certains signes, en partic. d'après l'examen des entrailles des animaux immolés. – Lat. *haruspex, haruspicis.*

aryen, enne [aʀjɛ̃, ɛn] adj. et n. Des Aryens (ou Ārya) ; relatif à ces peuples de langue et d'origine indo-européennes qui s'établirent en Iran et au N. de l'Inde entre 2 000 et 1 000 av. J.-C. (Dans les théories racistes, on trouve ce mot employé pour définir un type d'homme de « pure race », censé descendre directement, sans métissage, des Aryens ; cette notion est totalement dépourvue de fondement scientifique.) – Subst. *Un(e) Aryen(ne).* – Du sanscrit *ārya*, « noble ».

aryle [aʀil] adj. CHIM Qualifie les radicaux qui dérivent d'un hydrocarbure aromatique par perte d'un atome d'hydrogène (ex. : radical phényle $-C_6H_5$). – De *ar(omatique)*, et *-yle.*

aryténoïde [aʀitenɔid] n. m. et adj. ANAT Cartilage du larynx. – Du gr. *arutainoeidês*, « en forme d'aiguière ».

arythmie [aʀitmi] n. f. MED Irrégularité du rythme cardiaque ou respiratoire. *Arythmie par fibrillation auriculaire.* – De *a-* 1, et gr. *ruthmos*, « rythme ».

As Symbole de l'arsenic.

as [ɑs] n. m. **1.** JEU Un point seul, marqué sur une des faces d'un dé à jouer, sur une carte ou sur une moitié de domino. *As de pique. As de cœur.* ▷ Fam. *Être fichu* *comme l'as de pique* : être très négligé dans sa tenue. ▷ Fam. *Être plein aux as* : avoir beaucoup d'argent. **2.** Fam. Personne qui excelle dans un domaine, une activité. *C'est un as! Un as du volant.* **3.** ANTIQ Unité monétaire chez les Romains. – Lat. *as* (sens 3).

asbeste [asbɛst] n. m. PETROG Syn. de *amiante*. – Lat. *asbestos*, « incombustible », du gr.

asbestose [asbɛstoz] n. f. MED Maladie due à l'accumulation de poussières d'amiante dans les poumons. – De *asbeste*, et *-ose* 2.

ascaridiase [askaʀidjaz] ou **ascaridiose** [askaʀidjoz] n. f. MED Troubles dus à la présence d'ascaris dans l'intestin. – De *ascaris*, et *-ase* ou *-ose* 2.

ascaris [askaʀis] n. m. ZOOL Nématode parasite de l'intestin grêle des mammifères, dont une espèce, *Ascaris lombricoïdes*, infeste l'homme. – Gr. *askaris*.

ascendance [asɑ̃dɑ̃s] n. f. **1.** Ensemble des ancêtres directs d'un individu, d'une lignée. *Ascendance paternelle, maternelle.* Ant. descendance. **2.** ASTRO Marche ascendante d'un astre à l'horizon. **3.** Courant aérien vertical, dirigé de bas en haut, dans l'atmosphère. – De *ascendant* 2.

1. ascendant [asɑ̃dɑ̃] n. m. **1.** ASTROL Point de l'écliptique qui se lève à l'horizon au moment de la naissance de quelqu'un. *Avoir la planète Mars à l'ascendant.* **2.** n. m. (Surtout au plur.) Parent dont on descend. **3.** Fig. Influence dominante, autorité exercée sur la volonté de quelqu'un. *Avoir de l'ascendant sur quelqu'un.* – De *ascendant* 2.

2. ascendant, ante [asɑ̃dɑ̃, ɑ̃t] adj. Qui va en montant. *Mouvement ascendant.* ▷ ASTRO Qui s'élève au-dessus de l'horizon. ▷ DR *Ligne ascendante* : série des parents dont on descend directement. ▷ MATH *Progression ascendante*, qui va en augmentant numériquement. ▷ MUS *Gamme ascendante*, qui va du grave à l'aigu. Ant. descendant. – Lat. *ascendens*, de *ascendere*, « monter ».

ascenseur [asɑ̃sœʀ] n. m. Appareil à déplacement vertical, servant au transport des personnes. – Du rad. de *ascension*.

ascension [asɑ̃sjɔ̃] n. f. **I.** Action de s'élever. **1.** Action de gravir une montagne. *L'ascension de l'Everest.* **2.** Action de s'élever dans les airs au moyen d'un aérostat. *Les audacieuses ascensions de Pilâtre de Rozier.* ▷ Fig. Élévation vers la réussite sociale. *Une ascension semée d'embûches.* **II.** ASTRO *Ascension droite d'un astre* : une des deux coordonnées équatoriales d'un astre, l'angle entre le cercle horaire qui passe par le point vernal et celui qui passe par l'astre considéré. **III. 1.** THEOL *L'Ascension* : l'élévation miraculeuse du Christ ressuscité, quittant la Terre et montant au ciel. **2.** Jour où l'Église célèbre ce mystère. – Lat. *ascensio*.

ascensionnel, elle [asɑ̃sjɔnɛl] adj. Qui tend à monter, à faire monter. *Mouvement ascensionnel.* – De *ascension*.

ascèse [asɛz] n. f. Ensemble d'exercices de mortification visant à une libération spirituelle. ▷ *Par ext.* Façon de vivre, de penser, de créer, qui conduit à l'exclusion de toute compromission, de tout excès, de tout artifice. – Gr. *askêsis*, « exercice ».

ascète [asɛt] n. **1.** Personne qui se consacre aux exercices de piété, à la méditation et aux mortifications. **2.** Personne qui mène une vie particulièrement austère. *Vivre en ascète.* – Du gr. *askêtês*, de *askein*, « exercer ».

ascétique [asetik] adj. **1.** Qui a rapport à la vie, aux conceptions des ascètes. *Une spiritualité ascétique.* **2.** Austère. *Une vie ascétique et monotone de vieux garçon.* – Gr. *askêtikos*.

ascétisme [asetism] n. m. Vie, état, doctrine des ascètes. *L'ascétisme chrétien.* – De *ascète*.

ascidie [asidi] n. f. **1.** BOT Appendice creux terminant les feuilles de certaines plantes carnivores. **2.** ZOOL Animal marin dont le corps, en forme d'outre, est recouvert d'une tunique cellulosique, et dont il existe deux classes (ascidies solitaires et coloniales), du sous-embranchement des urocordés (ou tuniciers). V. cordés. – Gr. *askidion*, « petite outre ».

ASCII [aski] n. m. inv. INFORM Code standardisé de représentation des caractères alphanumériques. – Acronyme pour *American Standard Code for Information Interchange*.

ascite [asit] n. f. MED Épanchement de sérosité dans la cavité péritonéale. – Du gr. *askos*, « outre ».

ascomycètes [askɔmisɛt] n. m. pl. BOT Vaste embranchement de champignons, caractérisés par des spores formées à l'intérieur d'asques, et comprenant les morilles, les pézizes, les truffes, les levures, certaines moisissures. - Sing. *Un ascomycète.* – Du gr. *askos*, « outre », et *mukês*, « champignon ».

ascorbique [askɔʀbik] adj. BIOCHIM *Acide ascorbique* : vitamine C, antiscorbutique et stimulant général. – De *a-* 1, et *scorbut*.

ascospore [askɔspɔʀ] n. m. BOT Spore prenant naissance dans un asque. – Du gr. *askos*, « outre », et *spore*.

asdic [asdik] n. m. MAR Appareil à ultrasons servant à détecter les sous-marins, les bancs de poissons, etc. – Sigle de l'amér. *Allied Submarine Detection Investigation Committee*, « Commission de détection et d'investigation sous-marines des Alliés ».

-ase. Élément tiré de *diastase*, désignant certaines enzymes. ▷ n. f. *Ase* : syn. de *diastase*.

aselle [azɛl] n. m. ZOOL Petit crustacé isopode (genre *Asellus*), très fréquent dans les eaux douces. – Lat. *asellus*, « petit âne ».

asémantique [asemɑ̃tik] adj. LING Se dit d'un énoncé qui n'a pas de sens (mais qui peut néanmoins être grammatical). – De *a-* 1, et *sémantique*.

asepsie [asɛpsi] n. f. **1.** Absence de tout germe microbien. **2.** MED Destruction des micro-organismes par stérilisation. ▷ Ensemble des procédés utilisés dans ce but. – De *a-* 1, et gr. *sêpsis*, « putréfaction ».

aseptique [asɛptik] adj. Exempt de tout microbe. – De *asepsie*.

aseptisation [asɛptizasjɔ̃] n. f. Action de rendre aseptique. – De *aseptiser*.

aseptiser [asɛptize] v. tr. [1] Rendre aseptique. – De *aseptique*.

asexué, ée [asɛksɥe] adj. Privé de sexe. - BIOL *Reproduction asexuée* (ou *végétative*) : V. encycl. reproduction. – De *a-* 1, et *sexe*.

ashkénaze, plur. **azes** ou **azim** [aʃkenaz, azim] n. et adj. Membre d'une communauté juive d'Europe centrale ou septentrionale. - adj. *La tradition ashkénaze.* – N. propre hébreu d'abord appliqué aux Juifs d'Allemagne.

ashram [aʃʀam] n. m. En Inde, lieu où vit une communauté groupée autour d'un maître spirituel. – Mot sanscrit.

asiate [azjat] n. et adj. Péjor. Personne originaire d'Asie. – De *asiatique*.

asiatique [azjatik] adj. De l'Asie. *Les civilisations asiatiques.* ▷ Subst. *Un(e) Asiatique.* – Lat. *asiaticus*.

asilaire [azilɛʀ] adj. Relatif à l'asile. – De *asile*.

asile [azil] n. m. **1.** Lieu inviolable où l'on est à l'abri des poursuites de la justice, des persécutions, des dangers. *Les églises furent longtemps des asiles.* ▷ *Droit d'asile* : immunité accordée aux ressortissants de pays étrangers, poursuivis dans leur pays pour crimes ou délits politiques, qui évitent ainsi l'extradition. **2.** *Par ext.* Demeure, habitation. *Être sans asile.* **3.** Vieilli Établissement où l'on recueillait les indigents, les vieillards. ▷ *Asile d'aliénés* ou *asile* : hôpital psychiatrique (ne s'emploie plus en psychiatrie). – Lat. d'orig. gr. *asylum.*

asine [azin] adj. f. *Espèce, race asine* : espèce, race du genre âne. – Lat. *asininus,* de *asinus,* « âne ».

asinien, enne [azinjɛ̃, ɛn] adj. Propre à l'âne. – Lat. *asininus,* de *asinus,* « âne ».

asocial, ale, aux [asɔsjal, o] adj. (et n.) Qui n'est pas adapté à la vie en société. – De *a-* 1, et *social.*

asparagine [aspaʀaʒin] n. f. BIOCHIM Amide de l'acide aspartique présent, à de fortes concentrations, dans les pousses d'asperges. – Du lat. *asparagus,* « asperge ».

asparagus [aspaʀagys] n. m. BOT Variété d'asperge (fam. liliacées) dont le feuillage ornemental est utilisé dans la confection de bouquets. – Mot lat., « asperge ».

aspartam [aspaʀtam] n. m. Édulcorant de synthèse résultant de la combinaison de deux acides aminés (acide aspartique et phénylalanine).

aspartique [aspaʀtik] adj. BIOCHIM *Acide aspartique* : acide aminé présent dans toutes les protéines. – De *asparagine,* et *-ique.*

aspect [aspɛ] n. m. **1.** Vue d'une personne, d'une chose. *Il tremble à l'aspect de son maître.* **2.** Manière dont une personne ou une chose s'offre à la vue. *Maison à l'aspect accueillant.* **3.** Point de vue sous lequel on peut considérer un objet, une affaire. *Examiner une chose sous tous ses aspects.* **4.** LING Façon d'envisager l'action exprimée par le verbe dans son déroulement temporel. *Aspect imperfectif* (indiquant que l'action est inaccomplie), *perfectif* (indiquant que l'action est accomplie). *Aspect itératif, inchoatif.* **5.** ASTROL Situations respectives des astres par rapport à leur influence sur la destinée des hommes. – Lat. *aspectus,* de *aspicere,* « jeter les yeux sur ».

asperge [aspɛʀʒ] n. f. **1.** Plante potagère (fam. liliacées), aux pousses comestibles. **2.** Fig., fam. Personne grande et très mince. *C'est une asperge !* – Lat. *asparagus.*

asperger [aspɛʀʒe] v. tr. [**13**] Arroser légèrement en surface. *Asperger du linge pour le repasser.* – Du lat. *aspergere,* « répandre ».

aspergillose [aspɛʀʒiloz] n. f. MED Infection pulmonaire due à *Aspergillus fumigatus.* – De *aspergillus,* et *-ose* 2.

aspergillus [aspɛʀʒilys] n. m. BOT Genre de champignons ascomycètes, moisissure qui se développe sur les substances en décomposition (confitures, sirop, etc.) et qui peut être toxique. – Lat. *aspergillum,* « goupillon ».

aspérité [aspeʀite] n. f. **1.** Vx Rudesse, rugosité. *L'aspérité du sol.* – Fig. *L'aspérité du caractère.* **2.** Petite saillie qui rend une surface inégale, rude. *L'alpiniste prit pied sur une aspérité du rocher.* – Lat. *asperitas.*

asperme [aspɛʀm] adj. BOT Qui ne produit pas de graines. – Gr. *aspermos,* « sans semence ».

aspermie [aspɛʀmi] n. f. BOT Absence de graines. – MED Absence de sperme. – De *asperme.*

aspersion [aspɛʀsjɔ̃] n. f. Action d'asperger. ▷ LITURG Cérémonie de purification par l'eau bénite. – Lat. *aspersio.*

aspersoir [aspɛʀswaʀ] n. m. Goupillon servant à asperger d'eau bénite. – Lat. ecclés. *aspersorium.*

aspérule [aspeʀyl] n. f. BOT Genre de plantes herbacées à feuilles verticellées et à tige quadrangulaire (fam. rubiacées), dont une espèce (*Asperula odorata*) est, séchée, très appréciée par le bétail. – Du lat. *asper,* « rude ».

asphaltage [asfaltaʒ] n. m. Action d'asphalter. – De *asphalte.*

asphalte [asfalt] n. m. PETROG Roche sédimentaire, calcaire, poreuse, imprégnée naturellement de bitume. ▷ TRAV PUBL Revêtement pour les chaussées préparé avec cette roche, pulvérisée et mélangée à chaud à du bitume. – Bas lat. *asphaltus,* gr. *asphaltos.*

asphalter [asfalte] v. tr. [**1**] Étendre de l'asphalte sur. – De *asphalte.*

asphaltier [asfaltje] n. m. TECH Cargo aménagé pour le transport des asphaltes. – De *asphalte.*

asphaltique [asfaltik] adj. Qui contient de l'asphalte. – De *asphalte.*

asphodèle [asfɔdɛl] n. m. Plante herbacée (fam. liliacées) à fleurs blanches. – Lat. *asphodelus,* gr. *asphodelos.*

asphyxiant, ante [asfiksjɑ̃, ɑ̃t] adj. Qui asphyxie. *Des gaz asphyxiants.* ▷ Fig. Se dit d'une atmosphère moralement étouffante. – Ppr. de *asphyxier.*

asphyxie [asfiksi] n. f. **1.** Défaut d'oxygénation du sang et arrêt consécutif des battements du cœur, pouvant entraîner la mort. **2.** Fig. Oppression, contrainte. *L'asphyxie de l'opinion publique par les médias.* **3.** Fig. Diminution, arrêt de l'activité économique. *L'asphyxie d'une région.* – Gr. *asphuxia,* « arrêt du pouls ».

asphyxier [asfiksje] v. tr. [**2**] Déterminer l'asphyxie de (être vivant). ▷ v. pron. Mourir volontairement ou accidentellement par asphyxie. – De *asphyxie.*

1. aspic [aspik] n. m. Vipère brun-rouge (*Vipera aspis*), au venin très toxique, fréquente dans le sud de la France. ▷ Fig. *Langue d'aspic* : personne médisante. – Lat. *aspis.*

2. aspic [aspik] n. m. Nom courant de la lavande spic*. – Provenç. *espic,* « épi ».

3. aspic [aspik] n. m. Plat froid de viande, de poisson moulé dans une gelée. *Aspic de poulet.*

aspidistra [aspidistʀa] n. m. BOT Genre de plantes (fam. liliacées) dont une espèce (*Aspidistra eliator*), originaire du Japon, aux larges feuilles vert sombre, est utilisée comme plante d'appartement. – Du gr. *aspidion,* « petit bouclier ».

aspidobranches [aspidɔbʀɑ̃ʃ] n. m. pl. ZOOL Ordre de mollusques gastéropodes, prosobranches, très archaïques, au système nerveux peu développé, dont font partie l'ormeau et la patelle. – Sing. *Un aspidobranche.* – Du gr. *aspis,* « bouclier », et *branchies.*

aspirant, ante [aspiʀɑ̃, ɑ̃t] adj. et n. **I.** adj. Qui aspire. *Une pompe aspirante.* **II.** n. **1.** Personne qui aspire à obtenir une place, un titre, un poste. *Un aspirant au doctorat.* **2.** n. m. Grade attribué aux élèves officiers avant leur promotion au grade de sous-lieutenant. ▷ Élève officier de marine. – Ppr. de *aspirer.*

aspirateur [aspiʀatœʀ] n. m. **1.** Appareil aspirant qui sert à dépoussiérer. *Passer l'aspirateur.* **2.** CHIR Instrument destiné à pratiquer l'aspiration de liquides, de gaz. – De *aspirer.*

aspiration [aspiʀasjɔ̃] n. f. **1.** Action d'aspirer. *Aspiration des buées.* **2.** PHON Mouvement expiratoire guttural. **3.** Fig. Élan, mouvement de l'âme vers un idéal. *L'aspiration vers un monde meilleur.* – Lat. *aspiratio.*

aspiratoire [aspiʀatwaʀ] adj. Qui aspire. *Mouvement aspiratoire.* – De *aspirer.*

aspirer [aspiʀe] v. [**1**] **I.** v. tr. dir. **1.** Attirer un fluide. *Aspirer l'air, l'eau.* ▷ (S. comp.) Attirer l'air dans ses poumons. *Aspirer lentement.* **2.** PHON Prononcer en expulsant de l'air au fond du gosier. *Aspirer une consonne.* ▷ *H aspiré* : signe (la lettre h) qui interdit la liaison. **II.** v. tr.

indir. Fig. Désirer fortement, ambitionner. *Aspirer aux honneurs, au repos.* – Lat. *aspirare.*

aspirine [aspiʀin] n. f. Acide acétylsalicylique, utilisé comme analgésique, pour lutter contre la fièvre, comme anti-inflammatoire, etc. – Nom déposé; de l'all. *Aspirin,* de *a-* 1, et de *Spiraea ulmania* (voir spirée), indiquant que cet acide n'est pas extrait de cette plante qui en contient une certaine proportion.

asplenium [asplenjɔm] n. m. BOT Fougère ornementale aux feuilles entières d'un beau vert clair (ex. : *Asplenium scolopendrium,* la scolopendre). – De *a-* 1, et gr. *splên,* « rate ».

asque [ask] n. m. BOT Cellule reproductrice, caractéristique des champignons ascomycètes, à l'intérieur de laquelle se forment en général huit spores (ascospores, endospores) qui sont le résultat d'une méiose. – Gr. *askos,* « outre ».

assa-fœtida [asafetida] n. f. PHARM Résine d'odeur désagréable, antispasmodique et vermifuge, extraite d'une espèce de férule. – Lat. médiév. *asa* (mot présumé persan), et *fœtida,* « fétide ».

assagir [asaʒiʀ] v. tr. [3] Rendre sage. ▷ v. pron. Devenir sage. *S'assagir avec l'âge.* – De *a-* 2, et *sage.*

assagissement [asaʒismɑ̃] n. m. Action de rendre ou de devenir sage. – De *assagir.*

assai [asaj] adv. MUS Très (terme augmentatif précisant le mouvement). *Presto assai.* – Mot ital., « beaucoup ».

assaillant, ante [asajɑ̃, ɑ̃t] adj. Qui assaille. *Les troupes assaillantes.* ▷ Subst. (Sens collectif.) *Repousser les assaillants,* ou *l'assaillant.* – Ppr. de *assaillir.*

assaillir [asajiʀ] v. tr. [28] **1.** Attaquer vivement à l'improviste. *Assaillir un camp militaire. Être assailli par les moustiques.* **2.** Fig. *Assaillir qqn de questions,* le harceler de questions. – Lat. **assilire,* « sauter sur ».

assainir [aseniʀ] v. tr. [3] Rendre sain ou plus sain, plus pur. *Assainir une maison.* – Fig. *Assainir les finances publiques.* – De *a-* 2, et *sain.*

assainissement [asenismɑ̃] n. m. Action d'assainir. *L'assainissement d'une ville.* ▷ TRAV PUBL *Réseau d'assainissement :* ensemble de collecteurs assurant l'évacuation des eaux usées et des eaux pluviales. – De *assainir.*

assainisseur [asenisœʀ] n. m. Appareil ou produit qui combat les odeurs désagréables. *Un assainisseur d'air.* – De *assainir.*

assaisonnement [asɛzɔnmɑ̃] n. m. **1.** Action et manière d'assaisonner. *Un assaisonnement léger.* **2.** Ce qui sert à relever le goût. *Utiliser des assaisonnements variés.* – De *assaisonner.*

assaisonner [asɛzɔne] v. tr. [1] Accommoder des aliments avec des ingrédients propres à en relever le goût. *Assaisonner une salade.* ▷ Fig. Rendre plus vif, plus agréable. *Assaisonner ses écrits de traits d'esprit.* – De *a-* 2, et *saison.*

assassin, ine [asasɛ̃, in] n. m. et adj. **1.** n. m. Celui qui attente à la vie d'autrui avec préméditation. *Tomber sous les coups d'un assassin.* ▷ *Par ext.* Celui qui provoque la mort de qqn par négligence ou incompétence. *Cet anesthésiste est un assassin.* **2.** adj. Fig. Qui blesse; qui provoque. *Une pique assassine. Un clin d'œil assassin.* – P.-ê. de l'ar. *hachchâchin,* pl. de *hachchāch,* « fumeur de haschisch », par l'ital.

assassinat [asasina] n. m. Homicide volontaire commis avec circonstances aggravantes (préméditation, guet-apens). *Commettre un assassinat.* – Ital. *assassinato.*

assassiner [asasine] v. tr. [1] Tuer avec préméditation. – De *assassin.*

assaut [aso] n. m. **1.** Attaque pour emporter de force une position. *Monter à l'assaut. Repousser un assaut.* ▷ Fig. *Les assauts de la tempête.* **2.** SPORT Combat opposant deux escrimeurs. *Un assaut d'armes.* ▷ Fig. *Faire assaut d'esprit :* rivaliser sur le plan intellectuel. – Lat. pop. **assaltus,* de *saltus,* « saut ».

-asse. Suffixe donnant une valeur péjorative (ex. *mollasse, dégueulasse*).

asseau [aso] n. m. TECH Marteau employé par les couvreurs pour couper et clouer les ardoises. – Du lat. *ascia,* « hache ».

assèchement [asɛʃmɑ̃] n. m. Action d'assécher; résultat de cette action. – De *assécher.*

assécher [aseʃe] v. tr. [14] Mettre à sec. *Assécher un marais.* ▷ v. intr. MAR *Ce rocher assèche à marée basse.* ▷ v. pron. *Une rivière qui s'assèche.* – De *a-* 2, et *sécher.*

assemblage [asɑ̃blaʒ] n. m. **1.** Action d'assembler. *L'assemblage des pièces d'un moteur.* **2.** Réunion de choses diverses qui forment un tout. *Un curieux assemblage de couleurs.* ▷ BX-A Œuvre d'art contemporain composée de matériaux, d'objets divers mis ensemble. **3.** TECH Dispositif, procédé destiné à relier entre elles plusieurs pièces. *Assemblage à tenon et mortaise.* – De *assembler.*

assemblée [asɑ̃ble] n. f. **1.** Réunion de plusieurs personnes en un même lieu. *Une grande, une nombreuse assemblée.* **2.** Corps délibérant. *Convoquer, dissoudre, présider une assemblée. Assemblée générale. Assemblée nationale.* ▷ Par anal. *Assemblée d'actionnaires, de créanciers.* – Pp. fém. subst. de *assembler.*

ENCYCL **Hist.** – **Assemblée nationale constituante.** Nom que prirent les états généraux le 9 juil. 1789. La Constituante siégea jusqu'au 30 sept. 1791. Elle abolit la féodalité, proclama la souveraineté nat., la séparation des pouvoirs, l'égalité des citoyens devant la loi, organisa la France en dép., vota la Constitution civile du clergé. **Assemblée législative.** Elle succéda à la Constituante et siégea du 1er oct. 1791 au 21 sept. 1792. Elle vota la suspension du roi. – **Assemblée constituante.** Élue au suffrage universel après la révolution de fév. 1848, elle siégea du 4 mai 1848 au 27 mai 1849. **Assemblée législative.** Élue au suffrage universel le 13 mai 1849, elle succéda à la précédente le 28 mai, et fut dissoute par le coup d'État de Louis Napoléon Bonaparte, le 2 déc. 1851. – **Assemblée nationale.** Élue le 8 fév. 1871 après l'armistice qui suivit la guerre franco-all., elle prit position contre la Commune, ratifia le traité de Francfort et contraignit Thiers à démissionner (1873). Après une vaine tentative de restauration monarchique, elle se prononça pour le régime rép. et se déclara dissoute le 31 déc. 1875. – **Assemblées constituantes.** Deux assemblées de ce nom furent élues au suffrage universel après la Libération. La première siégea du 6 nov. 1945 au 26 avril 1946; le référendum du 5 mai 1946 repoussa son projet de Constitution. La seconde siégea du 11 juin au 5 oct. 1946. **Assemblée nationale.** La Chambre des députés fut désignée sous ce nom par les Constitutions de 1946 et 1958.

assembler [asɑ̃ble] **I.** v. tr. [1] **1.** Mettre ensemble, réunir. *Assembler des mots pour en faire une phrase.* **2.** Réunir par convocation. *Assembler le conseil.* **3.** Joindre des pièces pour en former un tout. *Assembler les pièces d'une machine, les feuillets d'un volume.* **II.** v. pron. Se réunir. *Les Chambres se sont assemblées.* ▷ (Prov.) *Qui se ressemble s'assemble.* – Lat. pop. *assimulare.*

assembleur, euse [asɑ̃blœʀ, øz] n. **1.** Personne qui assemble. ▷ TECH Ouvrier, ouvrière qui assemble les feuillets d'un livre. **2.** n. f. Machine qui assemble les feuilles imprimées. **3.** n. m. INFORM Programme qui permet de traduire un langage symbolique en langage machine en supprimant la phase de compilation. – De *assembler.*

assener [asene] [16] ou **asséner** [14] v. tr. Porter, donner (un coup violent). *Assener un coup de matraque.* – Lat. *assignare*, « attribuer ».

assentiment [asɑ̃timɑ̃] n. m. Adhésion, consentement (donné à une proposition, à un acte). *Donner son assentiment à un mariage.* Syn. approbation. Ant. refus. – Du lat. *assentire*, « sentir, penser de même ».

asseoir [aswaʀ] **I.** v. tr. [41] **1.** Placer (qqn) sur son séant. *Asseoir un enfant sur ses genoux.* **2.** Établir solidement. *Asseoir une maison sur ses fondations.* ▷ Fig. *Asseoir un raisonnement sur des bases solides.* **II.** v. pron. Se mettre sur son séant. *S'asseoir à une table, sur une chaise, à califourchon.* – Lat pop. **assedere*.

assermenté, ée [asɛʀmɑ̃te] adj. Qui a prêté serment. *Expert, traducteur assermenté. Témoin assermenté.* ▷ HIST *Prêtres assermentés*, qui avaient prêté serment à la Constitution civile du clergé en 1790 (par oppos. à *prêtres insermentés*). – Pp. de *assermenter*.

assermenter [asɛʀmɑ̃te] v. tr. [1] Faire prêter serment à. *Assermenter un témoin.* – De *serment*.

assertif, ive [asɛʀtif, iv] adj. DR Qui a le caractère de l'assertion. *Un jugement assertif.* – Lat. *assertus*, de *asserere* (V. assertion).

assertion [asɛʀsjɔ̃] n. f. Proposition que l'on avance comme vraie. *Des assertions mensongères.* – Lat. *assertio*, de *asserere*, « affirmer, prétendre ».

assertorique [asɛʀtɔʀik] adj. PHILO *Jugement assertorique* : chez Kant, jugement vrai mais non nécessaire (ex. : la Terre est sphérique). – All. *assertorisch*, du lat. (V. assertion).

asservir [asɛʀviʀ] **I.** v. tr. [3] **1.** Rendre esclave, assujettir, réduire à la servitude. *Asservir une nation.* Ant. libérer, délivrer, affranchir. **2.** Soumettre (qqn). *Asservir qqn à ses caprices.* **3.** TECH Réaliser un asservissement. **II.** v. pron. Se soumettre. *S'asservir à la règle.* – De *a-* 2, et *serf*.

asservissant, ante [asɛʀvisɑ̃, ɑ̃t] adj. Qui asservit. *Un travail asservissant.* – Ppr. de *asservir*.

asservissement [asɛʀvismɑ̃] n. m. **1.** Action d'asservir. **2.** État de ce qui est asservi. *Tenir un peuple dans l'asservissement.* ▷ Fig. *Asservissement aux usages, à la mode.* **3.** TECH Réaction de la part d'un organe ou d'un système sur les circuits de commande, assurant une régulation; dispositif utilisant une telle réaction. – De *asservir*.

assesseur [asesœʀ] n. m. DR Magistrat adjoint à un juge principal pour l'aider dans ses fonctions ou le suppléer en son absence. ▷ *Par ext.* Personne qui en seconde une autre dans ses fonctions. – Lat. *assessor*, « celui qui est assis auprès de quelqu'un ».

assette [asɛt] n. f. Syn. de *asseau*. – Du lat. *ascia*, « hache ».

assez [ase] adv. **1.** (Avec un verbe ou un nom.) Autant qu'il faut. *Dormir assez. Assez de courage. Assez de sel.* **2.** Avec un adj. ou un adv., sert à restreindre la signification du mot qui le suit. *Elle est assez jolie. Courir assez vite.* ▷ *Assez peu* : pas beaucoup. ▷ *C'est assez, c'en est assez, assez !*, pour faire taire un contradicteur, arrêter un importun. Fam. *En avoir assez* : ne plus pouvoir supporter (qqn, qqch). – Lat. *adsatis*.

assidu, ue [asidy] adj. **1.** Qui se trouve constamment auprès de quelqu'un ou dans quelque lieu. *Être assidu auprès d'un malade.* ▷ *Visites assidues*, fréquentes. **2.** Ponctuel, exact. *Un élève assidu.* **3.** Qui s'applique avec persévérance. *Assidu au travail.* **4.** Constant. *Des soins assidus.* – Lat. *assiduus*, de *assidere*, « être assis auprès ».

assiduité [asidɥite] n. f. Présence régulière là où l'on doit s'acquitter de ses obligations. *Assiduité d'un bon élève.* ▷ Plur. Péjor. Empressement auprès d'une femme. *Repousser des assiduités.* – De *assidu*.

assidûment [asidymɑ̃] adv. De manière assidue, régulière. *Travailler assidûment.* – De *assidu*.

assiégé, ée [asjeʒe] adj. et n. Qui subit un siège. – Pp. de *assiéger*.

assiégeant, ante [asjeʒɑ̃, ɑ̃t] adj. et n. Qui assiège. – Ppr. de *assiéger*.

assiéger [asjeʒe] v. tr. [15] **1.** MILIT Mettre le siège devant (une place, une forteresse). ▷ Par anal. *La foule assiège les guichets.* **2.** Fig. Poursuivre, obséder. *Les ennuis m'assiègent.* – De *a-* 2, et *siège*.

assiette [asjɛt] n. f. **I. 1.** Pièce de vaisselle servant à contenir les aliments. ▷ *Assiette anglaise* : plat composé de viandes froides (et parfois de charcuteries). ▷ *Pique-assiette* : parasite. **2.** Contenu d'une assiette. *Manger une assiette de soupe.* V. assiettée. **II. 1.** Vx Situation d'équilibre d'un corps. *L'assiette d'une pierre.* ▷ Mod. Adhérence des fesses et des cuisses du cavalier au corps de son cheval, lui permettant d'en sentir les réactions. **2.** Vx Situation d'une ville, d'une construction. *L'assiette d'un camp.* ▷ Mod. *L'assiette d'une route* : la surface nécessaire à sa construction. **3.** Fig. *Ne pas être dans son assiette* : se sentir mal. **4.** FIN *L'assiette de l'impôt*, sa répartition, sa base de calcul. – Lat. pop. *assedita*, de **assedere*, « asseoir ».

assiettée [asjete] n. f. Contenu d'une assiette. – De *assiette*.

assignable [asiɲabl] adj. Qui peut être assigné. – De *assigner*.

assignat [asiɲa] n. m. Papier-monnaie émis en 1789 et garanti par la vente des biens nationaux, supprimé en 1797. – De *assigner*.

assignation [asiɲasjɔ̃] n. f. **1.** Action d'affecter un fonds au paiement d'une dette, d'une rente. **2.** DR Acte par lequel une personne est sommée à comparaître en justice à un jour déterminé. ▷ *Assignation à résidence* : obligation pour qqn de résider dans un lieu déterminé. – Lat. *assignatio*.

assigner [asiɲe] v. tr. [1] **1.** Attribuer (qqch) à qqn. *Assigner une mission à une personne de confiance.* **2.** Fixer, déterminer. *Assigner une date de livraison.* **3.** Affecter un fonds ou une recette déterminée au paiement d'une dette, d'une rente, etc. **4.** DR Sommer par exploit judiciaire à comparaître devant un tribunal statuant en matière civile, à un jour déterminé. – Lat. *assignare*, « attribuer ».

assimilable [asimilabl] adj. Qui peut être assimilé. – De *assimiler*.

assimilateur, trice [asimilatœʀ, tʀis] adj. Qui assimile, qui permet l'assimilation. *La chlorophylle est un pigment assimilateur.* – De *assimiler*.

assimilation [asimilasjɔ̃] n. f. **1.** Fait de considérer deux ou plusieurs choses comme semblables. *L'assimilation d'un artisan à un artiste.* ▷ Équivalence de certaines catégories de fonctionnaires. **2.** BIOL Action d'assimiler. ▷ *Assimilation chlorophyllienne* : fonction spéciale des végétaux renfermant de la chlorophylle, qui consiste à absorber le gaz carbonique de l'air en présence de lumière, et à l'incorporer dans des molécules glucidiques (amidon) avec un rejet d'oxygène. Syn. photosynthèse. ▷ *Par ext.* Fait de se pénétrer des choses étudiées. *L'assimilation d'un théorème.* **3.** Fait de devenir semblable sur le plan social et culturel. *L'assimilation des immigrés.* **4.** PHON Phénomène par lequel un phonème adopte un ou plusieurs traits distinctifs du phonème avec lequel il est en contact. *Assimilation progressive, régressive, à distance.* – De *assimiler*.

assimilé, ée [asimile] adj. (et n.) Rendu semblable; considéré comme semblable. ▷ Subst. Militaire ou membre d'un service civil dont la situation est assimilée à celle des membres des unités de combat. – Cour. Personne qui remplit la même fonction qu'une autre sans en avoir le titre. – Pp. de *assimiler*.

assimiler [asimile] v. [1] **I.** v. tr. **1.** Présenter, considérer comme semblable. *Assimiler un cas à un autre.* **2.** BIOL En parlant d'un organisme vivant, prendre des molécules simples, organiques ou minérales, dans le milieu où il vit (N.B. : ne pas confondre avec *digérer* et *métaboliser*). *Assimiler du glucose.* ▷ Fig. *Assimiler une théorie*, la comprendre pleinement. **3.** Incorporer (des étrangers) dans une nation. *Assimiler les immigrés.* **II.** v. pron. **1.** Se considérer comme semblable (à qqn). **2.** PHYSIOL (Impropre, employé pour *se métaboliser*.) S'intégrer aux structures cellulaires d'un organisme. *Les graisses animales s'assimilent plus difficilement que les graisses végétales.* **3.** Devenir semblable aux membres d'un groupe social, d'une nation. *Les immigrants cherchent à s'assimiler dans leur nouveau pays.* – Lat. *assimilare*, de *similis*, « semblable ».

assis, ise [asi, iz] adj. **1.** Qui est sur son séant. *J'ai voyagé assis sur un strapontin.* ▷ *Magistrature assise* : ensemble des juges ou des conseillers exerçant leurs fonctions assis (par oppos. à *magistrature debout*, parquet, qui reste debout). ▷ *Place assise*, où l'on peut s'asseoir. **2.** Solidement établi. *Une réputation bien assise.* – Pp. de *asseoir*.

assise [asiz] n. f. CONSTR Rang de pierres qu'on pose horizontalement pour construire un mur. ▷ Fig. Base, fondement. *Les assises d'un raisonnement.* – Pp. fém. subst. de *asseoir*.

assises [asiz] n. f. pl. Session que tiennent les *cours d'assises*, habilitées à juger les infractions qualifiées crimes. V. encycl. cour. ▷ *Par ext.* Réunion d'un groupement, d'une association, etc. *Tenir ses assises une fois par an.* – De *asseoir*.

assistanat [asistana] n. m. Fonction d'assistant, princ. dans l'enseignement supérieur, dans les métiers du cinéma et du théâtre. – De *assistant*.

assistance [asistɑ̃s] n. f. **1.** Assemblée, auditoire. *Une nombreuse assistance.* **2.** Aide apportée à qqn. *Demander, porter assistance à un ami.* ▷ TECH Dispositif capable d'amplifier un effort manuel et de le transmettre à un mécanisme. **3.** DR Fait d'être secondé par un magistrat, un officier public. *Se prévaloir du droit d'assistance.* **4.** Nom donné à différentes administrations qui prennent en charge, qui aident certaines catégories d'individus. *Assistance publique*, autref. chargée de venir en aide aux nécessiteux, notam. aux orphelins. *Assistance publique de Paris*, chargée de la gestion des établissements hospitaliers composant le Centre hospitalier régional de Paris. *Assistance médicale. Assistance psychiatrique.* – De *assister*.

assistant, ante [asistɑ̃, ɑ̃t] n. **1.** Personne présente en un lieu. *Les assistants applaudirent l'orateur.* **2.** Celui ou celle qui seconde qqn. *L'assistant d'un médecin. Le premier assistant du metteur en scène. Les assistants d'un professeur de faculté.* ▷ *Assistant(e) social(e)* : personne ayant reçu une formation sociale et médicale, et dont le rôle est d'apporter une aide aux individus et aux familles dans le cadre des lois sociales. ▷ *Assistante maternelle* : nourrice. – Ppr. subst. de *assister*.

assisté, ée [asiste] adj. Qui bénéficie de l'assistance (publique, médicale, judiciaire). *Une personne assistée.* – Subst. *Un(e) assisté(e).* ▷ TECH Muni d'un dispositif d'assistance. *Direction assistée. Freinage assisté.* – *Conception* assistée par ordinateur.* – Pp. de *assister*.

assister [asiste] **1.** v. tr. indir. [1] Être présent. *Assister à un mariage, à une inauguration.* **2.** v. tr. Aider, seconder qqn. *Un avocat assistait le prévenu. Dieu vous assiste !* ▷ TECH Équiper d'un dispositif d'assistance. – Lat. *assistere*, « se tenir auprès ».

associatif, ive [asɔsjatif, iv] adj. **1.** Qui a rapport avec une (des) association(s). *La vie associative.* **2.** MATH *Loi associative* : loi de composition interne k telle que, quels que soient les éléments a, b et c d'un ensemble E, (akb)kc = ak(bkc). *L'addition des nombres entiers positifs est associative* [ex : (5 + 7) + 2 = 5 + (7 + 2)]. – De *association*.

association [asɔsjasjɔ̃] n. f. **I.** Union de personnes dans un intérêt commun. *Une association à trois. Association à but non lucratif.* **II.** **1.** Action d'associer des choses ; son résultat. *Une association de couleurs inattendue. Association d'idées.* **2.** ASTRO Groupe diffus d'étoiles très jeunes ou en formation au sein de la matière interstellaire. – De *associer*.

associationnisme [asɔsjasjɔnism] n. m. PHILO Doctrine selon laquelle tous les phénomènes psychologiques résultent d'associations d'idées purement automatiques. – De *association*.

associationniste [asɔsjasjɔnist] adj. Qui relève de l'associationnisme. ▷ Subst. Partisan de l'associationnisme. – De *associationnisme*.

associativité [asɔsjativite] n. f. Propriété d'une loi associative, d'un ensemble muni d'une telle loi. – De *associatif*.

associé, ée [asɔsje] n. Personne qui fait partie d'une société. ▷ (En appos.) *Membre associé* : membre d'une académie qui participe aux travaux sans être titulaire. – Pp. subst. de *associer*.

associer [asɔsje] **I.** v. tr. [2] **1.** Unir, joindre (des choses). **2.** Réunir (des personnes) dans une entreprise commune (politique, économique, sociale, intellectuelle). *Associer des gouvernements, des entrepreneurs.* ▷ *Associer qqn à une entreprise, à une activité, à un profit*, l'y faire participer. – Fig. *Associer qqn à sa gloire, à son succès.* **II.** v. pron. **1.** *S'associer à qqn, avec qqn* : s'unir à qqn dans une entreprise commune. ▷ *S'associer aux vues de qqn*, y adhérer. *Je m'associe volontiers à vos propos.* **2.** Former une association. *Ils s'associèrent pour pouvoir moderniser leur matériel.* **3.** (Choses) Aller ensemble. *Ces couleurs s'associent parfaitement.* – Lat. *associare*, de *socius*, « compagnon ».

assoiffé, ée [aswafe] adj. Qui a soif. ▷ Fig. Avide. *Être assoiffé d'honneurs.* – Pp. de *assoiffer*.

assoiffer [aswafe] v. tr. [1] Donner soif à. *La chaleur nous a assoiffés.* – De *a-* 2, et *soif*.

assolement [asɔlmɑ̃] n. m. AGRIC Alternance des cultures sur un terrain donné. (Les différentes plantes ne tirant pas les mêmes aliments du sol, celui-ci peut alors récupérer ses qualités originelles entre deux passages d'une même plante, ce qui permet l'obtention d'un rendement maximal.) – De *assoler*.

assoler [asɔle] v. tr. [1] AGRIC Faire un assolement. – De *a-* 2, et *sole*, « planche, bande de terre ».

assombrir [asɔ̃bʀiʀ] **I.** v. tr. [3] **1.** Rendre sombre. *Ces couleurs assombrissent l'appartement.* Ant. éclairer. **2.** Attrister. *Les soucis ont assombri son regard.* **II.** v. pron. **1.** Devenir sombre. *Le ciel s'est assombri.* **2.** Devenir triste, prendre une expression triste. *Son visage s'assombrit.* – De *a-* 2, et *sombre*.

assombrissement [asɔ̃bʀismɑ̃] n. m. Fait d'assombrir ou de s'assombrir ; état de ce qui est assombri. *L'assombrissement du ciel.* – De *assombrir*.

assommant, ante [asɔmɑ̃, ɑ̃t] adj. Fam. Accablant, ennuyeux. *Un travail assommant.* – Ppr. de *assommer*.

assommer [asɔme] v. tr. [1] **1.** Tuer en donnant un coup sur la tête. *Assommer un bœuf avec un merlin.* **2.** Faire perdre connaissance par des coups sur la tête. ▷ v. pron. *S'assommer contre un mur.* **3.** *Par métaph.* Accabler. *La chaleur m'assomme.* **4.** Ennuyer. *Vous m'assommez* *avec vos plaintes et vos récriminations.* – A. fr. *somme,* « sommeil ».

assommeur [asɔmœʀ] n. m. Celui qui est chargé d'abattre les animaux en les assommant. *Un assommeur de chevaux.* – De *assommer.*

assommoir [asɔmwaʀ] n. m. **1.** Instrument servant à assommer, à tuer des animaux. **2.** Vx Cabaret où l'on sert de l'alcool. *L'Assommoir, roman d'Émile Zola.* – De *assommer.*

assomption [asɔ̃psjɔ̃] n. f. RELIG CATHOL **I.** (Avec une majuscule.) **1.** Montée au ciel de l'âme et du corps de la Vierge Marie. **2.** Jour où est fêté cet événement (15 août). **II.** BX-A Œuvre d'art figurant cette scène. *Une assomption du baroque espagnol.* – Du lat. *assumere,* « enlever ».

assomptionniste [asɔ̃psjɔnist] n. m. Religieux appartenant à la congrégation des *Pères augustins de l'Assomption,* fondée en 1850 à Nîmes, consacrée notam. à l'information des catholiques par l'intermédiaire de la presse. – De *Assomption.*

assonance [asɔnɑ̃s] n. f. Répétition d'un son voyelle, dans la syllabe tonique des mots. – Du lat. *assonare,* de *sonus,* « son ».

assonancé, ée [asɔnɑ̃se] adj. Qui présente une assonance. *Des vers assonancés.* – De *assonance.*

assonant, ante [asɔnɑ̃, ɑ̃t] adj. Qui forme une assonance. *Plage et sable sont assonants.* – De *assonance.*

assorti, ie [asɔʀti] adj. **1.** Adapté, en harmonie avec. *Une cravate et une pochette assorties. Un couple bien assorti.* **2.** Pourvu de marchandises. *Une épicerie bien assortie.* **3.** (Plur.) Variés. *Hors-d'œuvre assortis.* – Pp. de *assortir.*

assortiment [asɔʀtimɑ̃] n. m. **1.** Harmonie de plusieurs choses unies en un tout. *Assortiment de couleurs.* **2.** Assemblage de choses allant ensemble. *Un assortiment de bonbons.* ▷ COMM Collection de marchandises de même sorte, mais de qualité et de prix différents. *Un assortiment de dentelles.* – De *assortir.*

assortir [asɔʀtiʀ] **I.** v. tr. [3] **1.** Mettre ensemble des choses, des personnes qui conviennent les unes avec les autres. *Assortir des couleurs. Assortir une cravate à une chemise.* **2.** Vieilli Garnir du nécessaire. *Assortir un magasin.* **II.** v. pron. **1.** Aller ensemble. *Des meubles qui s'assortissent.* **2.** Vieilli Se fournir en biens nécessaires. *S'assortir de produits étrangers.* – De *a-* 2, et *sorte.*

assoupir [asupiʀ] **1.** v. tr. [3] Provoquer l'engourdissement qui précède le sommeil. *Les vapeurs du vin l'assoupissent.* ▷ Fig. Calmer, apaiser, atténuer. *Assoupir la douleur.* **2.** v. pron. Commencer à s'endormir. *S'assoupir dans un fauteuil.* ▷ Fig. Se calmer, s'affaiblir. – Lat. pop. *assopire,* du class. *sopire,* « endormir ».

assoupissement [asupismɑ̃] n. m. Fait de s'assoupir; état de demi-sommeil. – De *assoupir.*

assouplir [asupliʀ] v. tr. [3] Rendre souple, flexible. *Assouplir le cuir, un ressort.* ▷ v. pron. Devenir souple. *Étoffe qui s'assouplit à l'usage.* – Fig. *Son caractère s'est assoupli,* est devenu plus accommodant, plus sociable. – De *a-* 2, et *souple.*

assouplissement [asuplismɑ̃] n. m. **1.** Action d'assouplir; fait de s'assouplir. *Mouvements d'assouplissement.* **2.** Correctif apporté à ce qui est trop strict. *L'assouplissement d'un règlement.* – De *assouplir.*

assouplisseur [asuplisœʀ] n. m. Produit introduit dans la lessive, ou utilisé au rinçage, destiné à rendre le linge plus doux. – De *assouplir.*

assourdir [asuʀdiʀ] [apsɔly] **I.** v. tr. [3] **1.** Causer une surdité passagère (à qqn). *Le bruit du canon l'avait assourdi.* – Pp. adj. *Un bruit assourdi.* **2.** Rendre moins sonore. *Moquette qui assourdit les pas. Cloison étudiée pour assourdir une pièce.* **3.** Fig. Diminuer la force, atténuer l'éclat (d'une couleur). *Assourdir un rouge en y mêlant du vert.* **II.** v. pron. PHON Perdre son caractère sonore, en parlant d'une consonne. *En français, le [b] s'assourdit devant une consonne sourde* (par ex. dans *absolu,* prononcé). – De *a-* 2, et *sourd.*

assourdissement [asuʀdismɑ̃] n. m. **1.** Action d'assourdir; état d'une personne assourdie. **2.** PHON Perte par une consonne du trait de sonorité. – De *assourdir.*

assouvir [asuviʀ] v. tr. [3] **1.** Rassasier. *Assouvir sa faim.* **2.** Fig. Satisfaire. *Assouvir ses désirs, sa passion.* ▷ v. pron. *Haine qui s'assouvit dans la vengeance.* – Du lat. pop. **assopire,* du class. *sopire,* « endormir ».

assouvissement [asuvismɑ̃] n. m. **1.** Action d'assouvir. **2.** État de ce qui est assouvi, de celui qui est assouvi. – De *assouvir.*

assuétude [asɥetyd] n. f. MED **1.** Tolérance de l'organisme à une drogue qui y est introduite de façon habituelle. **2.** Dépendance psychique et physique d'un toxicomane vis-à-vis de son toxique. – Lat. *assuetudo,* « habitude ».

assujetti, ie [asyʒeti] adj. Soumis. ▷ Subst. Personne que la loi soumet au paiement d'un impôt ou d'une taxe, ou à l'affiliation à un organisme. – Pp. de *assujettir.*

assujettir [asyʒetiʀ] **I.** v. tr. [3] **1.** Asservir, ranger sous sa domination. *Assujettir un peuple.* ▷ Ôter toute liberté à. *Cette tâche l'assujettit entièrement.* **2.** *Assujettir à :* soumettre à. *Il l'assujettit à ses caprices. Assujettir des contribuables à un impôt.* **3.** Fixer solidement, immobiliser (qqch). *Assujettir un chargement sur un camion.* **II.** v. pron. S'astreindre, se soumettre. *S'assujettir à une règle.* – De *a-* 2, et *sujet.*

assujettissant, ante [asyʒetisɑ̃, ɑ̃t] adj. Astreignant, qui exige de l'assiduité. *Métier assujettissant.* – Ppr. de *assujettir.*

assujettissement [asyʒetismɑ̃] n. m. **1.** Action d'assujettir; état de ce qui est assujetti, asservissement. *L'assujettissement d'un pays.* **2.** État de contrainte habituelle, dépendance. *Assujettissement aux usages.* – De *assujettir.*

assumer [asyme] v. tr. [1] Prendre sur soi la charge de. *Assumer une fonction, une responsabilité. Assumer sa condition,* l'envisager lucidement et supporter avec résolution les obligations qui en résultent. ▷ v. pron. Assumer sa condition (psychique, sociale, morale, etc.). *S'assumer pleinement.* – Lat. *assumere.*

assurable [asyʀabl] adj. Susceptible d'être couvert par une assurance. *Risque assurable.* – De *assurer.*

assurance [asyʀɑ̃s] n. f. **1.** Litt. Sérénité. *Partez en toute assurance.* **2.** Mod. Comportement confiant et ferme. *Perdre son assurance :* se décontenancer. **3.** Gage ou garanties qui rassurent. *Exiger des assurances.* ▷ (Formule épistolaire.) *Croyez à l'assurance de ma considération.* **4.** Contrat passé entre une personne et une société (compagnie d'assurances) qui la garantit contre des risques éventuels. *Contracter une assurance.* ▷ (Plur.) La compagnie qui assure. *Se renseigner auprès des assurances.* ▷ *Assurances sociales :* ensemble des assurances, le plus souvent obligatoires, qui garantissent les travailleurs contre divers risques (accidents du travail, maladie, invalidité, décès). – De *assurer.*

assurance-crédit [asyʀɑ̃skʀedi] n. f. Assurance qui garantit un créancier contre le risque d'insolvabilité de son débiteur. *Des assurances-crédits.* – De *assurance,* et *crédit.*

assurance-vie [asyʀɑ̃svi] n. f. Contrat d'assurance qui garantit, en cas de décès, le versement d'un capital au conjoint, à un ayant-droit ou à un tiers, ou, en cas de non-décès, à l'assuré. *Des assurances-vie.* – De *assurance,* et *vie.*

assuré, ée [asyʀe] adj. **1.** Hardi, sans crainte. *Un air assuré.* **2.** Certain, inévitable, infaillible. *Succès assuré.* **3.** Garanti par un contrat d'assurance. ▷ Subst. Personne qui est garantie par un contrat d'assurance. – Personne qui verse des cotisations à un organisme d'assurances. *Un assuré social.* – Pp. de *assurer.*

assurément [asyʀemɑ̃] adv. Certainement, sûrement. – De *assuré.*

assurer [asyʀe] **I.** v. tr. [**1**] **1.** Donner pour certain. *Je vous assure que...* ▷ Garantir, autoriser à croire. *Son effort nous assure de sa réussite.* **2.** Protéger par un dispositif de sûreté. *Assurer ses frontières.* ▷ Rendre sûr, garantir. *Ce traité assure la paix.* **3.** Rendre stable, ou, fig., résolu. *Assurer un mur. Assurer sa contenance.* **4.** Garantir le fonctionnement, la réalisation de. *Les ailes assurent la sustentation. L'interne assure la garde.* **5.** Garantir un droit. *Assurer une hypothèque.* ▷ Garantir ou faire garantir d'un risque par contrat. *Assurer un véhicule.* ▷ *Assurer une personne,* la garantir contre tel ou tel risque. **II.** v. pron. **1.** Vérifier, contrôler. *Assurez-vous que la porte est fermée. Assure-toi de sa bonne volonté.* **2.** Affermir sa position. *S'assurer en selle.* **3.** *S'assurer contre* : prendre des mesures de défense contre. ▷ Contracter une assurance couvrant tel ou tel risque. *S'assurer contre l'incendie.* **4.** *S'assurer de qqn,* utiliser les moyens nécessaires pour le contraindre à agir, à obtempérer, ou partic., l'emprisonner. ▷ *S'assurer de qqch,* utiliser les moyens nécessaires pour s'en rendre maître. **III.** v. intr. Fam. S'assumer avec brio. *Elle n'a plus vingt ans mais elle assure.* – Lat. pop. **assecurare,* de *securus,* « exempt de souci ».

assureur [asyʀœʀ] n. m. Personne qui garantit contre un risque par contrat. – De *assurance.*

assyrien, enne [asiʀjɛ̃, ɛn] adj. (et n.) **1.** adj. De l'Assyrie ; relatif à la civilisation assyrienne. ▷ Subst. *Un(e) Assyrien(ne).* **2.** n. m. Langue utilisée en Assyrie de 1950 à 600 av. J.-C.

assyriologie [asiʀjɔlɔʒi] n. f. Étude de la civilisation assyrienne. – De *Assyrie,* et *-logie.*

assyriologue [asiʀjɔlɔg] n. Spécialiste en assyriologie. – De *assyriologie.*

astasie [astazi] n. f. MED Trouble caractérisé par l'impossibilité de rester debout. – De *a-* 1, et gr. *stasis,* « station ».

astate [astat] n. m. CHIM Élément radioactif de numéro atomique Z = 85, de masse atomique 210 (symbole At), obtenu artificiellement et appartenant à la famille des halogènes. – Gr. *astatos,* « instable ».

astatique [astatik] adj. MECA *Système astatique,* qui reste en équilibre indifférent dans n'importe quelle position. – Du gr. *astatos,* « instable ».

aster [astɛʀ] n. m. **1.** BOT Genre de composées ornementales, à petites fleurs en forme d'étoiles. **2.** BIOL Figure constituée par un centrosome et des filaments rayonnants. *Les asters apparaissent lors des divisions cellulaires, sauf chez les végétaux chlorophylliens.* – Gr. *astêr,* « étoile ».

astéracées [asteʀase] n. f. pl. BOT Famille d'angiospermes (plus de 20 000 espèces) qui comprend notam. le tournesol et la laitue. – Sing. *Une astéracée.* – Lat. savant *asteraceæ,* du gr. *astêr,* « étoile ».

astérides [asteʀid] n. m. pl. ZOOL Sous-classe d'échinodermes dont le corps est soit pentagonal, soit en forme d'étoile à cinq branches. – Sing. *Un astéride.* – De *astérie,* et *-ide.*

astérie [asteʀi] n. f. ZOOL Échinoderme appartenant à la sous-classe des astérides ; étoile de mer. – Lat. *aster,* « étoile ».

astérisque [asteʀisk] n. m. Signe typographique (*) indiquant le plus souvent un renvoi ou annonçant une note. – Lat. d'orig. gr. *asteriscus,* « petite étoile ».

astéroïde [asteʀɔid] n. m. ASTRO Petite planète. *La plupart des astéroïdes circulent autour du Soleil sur des orbites situées entre celles de Mars et de Jupiter.* (Leur nombre est supérieur à 30 000 et leur masse totale est inférieure au 1/1 000 de celle de la Terre. Le plus gros, Cérès, a un diamètre de 1 000 km.) – Gr. *asteroeidês.*

asthénie [asteni] n. f. MED Fatigue générale. – De *a-* 1, et gr. *sthenos,* « force ».

asthénique [astenik] adj. et n. Qui est atteint d'asthénie. – De *asthénie.*

asthénosphère [astenɔsfɛʀ] n. f. GEOPH Couche interne du globe située, en dessous de la lithosphère, jusqu'au manteau. (C'est sur ce magma, analogue à un liquide visqueux, que se déplacent les plaques rigides.) – De *a-* 1, gr. *sthenos,* « force », et *sphère.*

asthmatique [asmatik] adj. et n. Qui est sujet à l'asthme. – De *asthme.*

asthme [asm] n. m. Maladie caractérisée par des crises de dyspnée paroxystique, avec blocage de la respiration en inspiration et hypersécrétion bronchique. (Son origine peut être allergique – pollen –, psychologique, infectieuse ou cardiaque – *asthme cardiaque.*) – Lat. d'orig. gr. *asthma,* « respiration difficile ».

asticot [astiko] n. m. **1.** Larve de la mouche dorée (*Lucilia cæsar*) servant d'appât pour la pêche. **2.** Fam. Bonhomme. *Un drôle d'asticot.*

asticoter [astikɔte] v. tr. [**1**] Fam. Tracasser ; agacer. – P.-ê. de l'all. *dass dich Gott ...,* « que Dieu te... ».

astigmate [astigmat] adj. et n. MED Atteint d'astigmatisme. – De *a-* 1, et du gr. *stigma,* « point ».

astigmatisme [astigmatism] n. m. MED Défaut de courbure des milieux réfringents de l'œil, rendant impossible la convergence en un seul point des rayons homocentriques. – De *astigmate.*

astiquage [astikaʒ] n. m. Action d'astiquer. – De *astiquer.*

astiquer [astike] v. tr. [**1**] Frotter pour faire reluire. – De *astic,* « os pour lisser le cuir ».

astragale [astʀagal] n. m. **1.** BOT Genre de papilionacées, dont certaines espèces produisent la gomme adragante. **2.** ANAT Os du tarse articulé en haut avec les os de la jambe, en bas avec le calcanéum et le scaphoïde. **3.** ARCHI Moulure qui sépare le fût d'une colonne de son chapiteau. – Lat. *astragalus.*

astrakan [astʀakɑ̃] n. m. Peau d'agneau nouveau-né à laine frisée, fort recherchée comme fourrure. – De *Astrakhan,* ville de Russie.

astral, ale, aux [astʀal, o] adj. Relatif aux astres. *Signes astraux.* ▷ *Corps astral* : en occultisme, principe intermédiaire entre l'âme et le corps. – Bas lat. *astralis.*

astre [astʀ] n. m. **1.** Corps céleste. *Le mouvement des astres.* ▷ Poét. *L'astre du jour, de la nuit* : le Soleil, la Lune. – *Beau comme un astre.* **2.** (Plur.) Corps célestes, considérés par rapport à leur influence sur les hommes et leur destinée. *Consulter les astres.* ▷ Sing. Fig. Destin. *Être né sous un astre favorable.* – Gr. *astron,* par le lat. *astrum.*

astreignant, ante [astʀeɲɑ̃, ɑ̃t] adj. Qui astreint ; qui constitue une contrainte. *Mesures, travail astreignants.* – Ppr. de *astreindre.*

astreindre [astʀɛ̃dʀ] **1.** v. tr. [**55**] Obliger, soumettre, assujettir. *Astreindre à des travaux pénibles.* **2.** v. pron. *S'astreindre à* : s'imposer (qqch) comme discipline. *Elle s'astreignait à une gymnastique quotidienne.* – Lat. *astringere,* « serrer ».

astreinte [astʀɛ̃t] n. f. **1.** DR Moyen de contraindre un débiteur récalcitrant, qui consiste à lui faire payer une certaine somme par jour de retard dans l'exécution de son obligation. **2.** *Par ext.* Contrainte. – Pp. fém. subst. de *astreindre.*

astringence [astʀɛ̃ʒɑ̃s] n. f. Qualité de ce qui est astringent. *L'astringence du jus de citron.* – De *astringent.*

astringent, ente [astʀɛ̃ʒɑ̃, ɑ̃t] adj. et n. m. Qui resserre les tissus vivants. *Lotion astringente.* – n. m. *Utiliser un astringent.* – Lat. *astringens,* de *astringere,* « serrer ».

astro-. Élément, du gr. *astron,* « astre ».

astrographe [astʀɔgʀaf] n. m. ASTRO Appareil qui permet de mesurer les coordonnées angulaires d'un groupe d'astres, par analyse d'un cliché photographique. – De *astro-,* et *-graphe.*

astrolabe [astʀɔlab] n. m. Anc. Instrument astronomique qui servait à déterminer la hauteur apparente des astres et à calculer les latitudes. *L'astrolabe fut inventé par Hipparque, astronome grec.* – Mod. Instrument qui permet de déterminer la latitude d'un lieu en observant le passage apparent des étoiles sous une hauteur et à une heure données. *Astrolabe à prisme.* – Gr. *astrolabos,* par le lat.

astrolâtrie [astʀɔlɑtʀi] n. f. Culte rendu aux astres. – De *astro-,* et *-latrie.*

astrologie [astʀɔlɔʒi] n. f. Étude de l'influence, réelle ou supposée, des astres sur le comportement de l'homme et des groupes sociaux, ainsi que sur leur destinée. (L'astrologie est pratiquée depuis la plus haute antiquité et a servi d'élément moteur au développement de l'astronomie, avec laquelle elle s'est longtemps confondue.) – Gr. *astrologia,* « astronomie, astrologie », par le lat.

astrologique [astʀɔlɔʒik] adj. Qui se réfère à l'astrologie. *Prédictions astrologiques.* – De *astrologie.*

astrologue [astʀɔlɔg] n. Personne qui pratique l'astrologie. – De *astrologie.*

astrométrie [astʀɔmetʀi] n. f. Branche de l'astronomie qui étudie la position des astres telle qu'elle est déterminée par des mesures d'angles. *Les catalogues d'étoiles sont définis grâce à l'astrométrie et en particulier le catalogue fondamental donnant la position d'un certain nombre d'étoiles de référence.* – De *astro-,* et *-métrie.*

astronaute [astʀɔnot] n. Vieilli Spationaute. – De *astro-,* et *-naute.*

astronautique [astʀɔnotik] n. f. Ensemble des sciences et des techniques qui permettent à des engins propulsés de sortir de l'atmosphère terrestre. – De *astro-,* sur *aéronautique.*

astronef [astʀɔnɛf] n. m. Vieilli Appareil, piloté par l'homme, capable de se déplacer hors de l'atmosphère terrestre et plus généralement hors du champ de gravitation de la Terre. Syn. mod. Engin, véhicule spatial. – De *astro-,* et *nef.*

astronome [astʀɔnɔm] n. Personne qui pratique l'astronomie. – De *astronomie.*

astronomie [astʀɔnɔmi] n. f. Étude scientifique des astres, de la structure de l'Univers. *Astronomie fondamentale* : branche la plus traditionnelle de l'astronomie associant l'astrométrie et la mécanique céleste. V. encycl. astrophysique. – Lat. *astronomia,* du gr.

astronomique [astʀɔnɔmik] adj. **1.** De l'astronomie. **2.** Fig. Exagéré, démesuré. *Des sommes astronomiques.* – De *astronomie.*

astrophysicien, enne [astʀɔfizisjɛ̃, ɛn] n. Personne qui pratique l'astrophysique. – De *astrophysique.*

astrophysique [astʀɔfizik] n. f. Partie de l'astronomie qui étudie la nature physique des astres. – De *astro-,* et *physique.*

ENCYCL D'abord limitée à l'étude du rayonnement visible, l'astrophysique a étendu son champ d'application à l'ensemble du spectre électromagnétique. C'est ainsi qu'on a vu naître la radioastronomie, c'est-à-dire l'étude des ondes radioélectriques émises par les astres. On lui doit la découverte des quasars, des pulsars et du rayonnement cosmologique à 2,7 kelvins. Puis les techniques spatiales ont permis d'étudier tous les rayonnements inobservables à partir du sol terrestre en raison de l'écran que constitue l'atmosphère. On distingue l'astronomie infrarouge (qui concerne les astres les plus froids : planètes, naines brunes, nuages interstellaires), l'astronomie U.V. (étoiles chaudes), l'astronomie X et l'astronomie gamma (astres où se produisent les plus grands transferts d'énergie : étoiles effondrées, trous noirs). L'astrophysique tente aussi d'exploiter d'autres messagers qu'envoient les astres : rayons cosmiques (protons et noyaux accélérés à des vitesses proches de la vitesse de la lumière), neutrinos émis au cœur des étoiles au cours des réactions de fusion nucléaire, ondes gravitationnelles engendrées lors de l'effondrement d'une étoile.

astructurel, elle [astʀyktyʀɛl] adj. Qui ne possède pas de structure. – De *a-* 1, et *structure.*

astuce [astys] n. f. **1.** Vx Finesse rusée, confinant à la perfidie. **2.** Vieilli Ruse pour tromper. *Les astuces du diable.* **3.** Esprit d'ingéniosité. *Il a montré beaucoup d'astuce.* **4.** Procédé ingénieux. *Multiplier les astuces pour atteindre son but.* **5.** Fam. Trait d'esprit, jeu de mots. *Faire des astuces.* – Lat. *astutia.*

astucieusement [astysjøzmɑ̃] adv. Avec astuce. – De *astucieux.*

astucieux, euse [astysjø, øz] adj. **1.** D'une finesse rusée. *Diplomate astucieux.* **2.** Plein d'ingéniosité. *Bricoleur astucieux.* **3.** Qui dénote de l'astuce. *Physionomie éveillée et astucieuse.* – De *astuce.*

asymétrie [asimetʀi] n. f. Absence de symétrie. – Gr. *asummetria.*

asymétrique [asimetʀik] adj. Qui manque de symétrie. – De *asymétrie.*

asymptomatique [asɛ̃ptomatik] adj. MED Qui ne présente pas de signes cliniques. – De *a-* 1, et *symptomatique.*

asymptote [asɛ̃ptɔt] n. f. GEOM Droite, courbe dont la distance à une courbe tend vers zéro quand cette droite ou cette courbe s'éloigne vers l'infini. – Fig. Ce vers quoi on tend sans jamais y parvenir. *« La paix universelle est une hyperbole dont le genre humain suit l'asymptote » (Hugo).* ▷ adj. *Droite asymptote à une courbe. Courbe asymptote à une parabole.* – Gr. *asumptôtos,* de *sumptôsis,* « rencontre ».

asymptotique [asɛ̃ptɔtik] adj. MATH De l'asymptote. *Courbe asymptotique.* – De *asymptote.*

asynchrone [asɛ̃kʀon] adj. Qui n'est pas synchrone. ▷ ELECTR *Moteur asynchrone* : moteur à courant alternatif dont le rotor tourne à une vitesse inférieure à celle du champ magnétique qui l'entraîne (par oppos. à *moteur synchrone,* tournant à la même vitesse). – De *a-* 1, et *synchrone.*

asyndète [asɛ̃dɛt] n. f. GRAM Suppression des mots de liaison entre les termes d'une même phrase ou de plusieurs phrases (conjonctions de coordination, adverbes), qui donne au discours plus de vigueur. – Lat. gram. d'orig. gr. *asyndeton.*

asystolie [asistɔli] n. f. MED Vieilli Insuffisance cardiovasculaire. – De *a-* 1, et *systole.*

At CHIM Symbole de l'astate.

ataraxie [ataʀaksi] n.f. PHILO Tranquillité de l'âme, fondée notam. sur la connaissance raisonnée de la «limite d'accroissement des plaisirs» (chez Démocrite). ▷ Quiétude de l'esprit que «rien ne peut troubler», absence de douleur morale (dans les philosophies épicurienne et stoïcienne). – Du gr. *ataraxia*, «absence de trouble».

atavique [atavik] adj. Qui a trait à l'atavisme. – Du lat. *atavus*, «ancêtre».

atavisme [atavism] n. m. **1.** BIOL Réapparition, chez un descendant, d'un caractère des ascendants, qui peut avoir été latent pendant plusieurs générations. **2.** Cour. Ensemble des caractères héréditaires. – De *atavique*.

ataxie [ataksi] n. f. MED Incoordination des mouvements avec conservation de la force musculaire, due à une atteinte du système nerveux central. – Du gr. *ataxia*, «désordre».

ataxique [ataksik] adj. et n. Qui se rapporte à l'ataxie; atteint d'ataxie. ▷ Subst. *Un, une ataxique.* – De *ataxie*.

-ate. Suffixe employé en chimie, pour former des substantifs (ex. *sulfate, carbonate*).

atèle [atɛl] n. m. Singe d'Amérique du Sud (genre *Ateles*, sous-ordre des platyrhiniens), aux membres très longs, aux mains sans pouce, à la queue préhensile, appelé également *singe-araignée*. – Gr. *atelês*, «incomplet».

atélectasie [atelɛktazi] n. f. MED Affaissement d'un ou plusieurs lobes du poumon, dont les alvéoles ne sont plus ventilés mais continuent à être irrigués. – Du gr. *atelês*, «incomplet», et *ektasis*, «extension».

atelier [atəlje] n. m. **1.** Local où travaille une personne exerçant une activité manuelle. *Atelier de menuisier, d'orfèvre. L'atelier d'un bricoleur.* **2.** Subdivision d'une usine, d'une fabrique, où s'exécute un type déterminé de travail. *Atelier de montage. Atelier de tréfilage.* **3.** Local où travaillent un ou plusieurs artistes plasticiens. *L'atelier d'un sculpteur.* – *Par ext.* Ensemble des élèves travaillant sous la conduite d'un maître. **4.** Compagnie de francs-maçons réunis sous le même vocable; lieu où ils s'assemblent. **5.** HIST *Ateliers de charité* : ateliers qui, sous l'Ancien Régime, procuraient du travail aux mendiants valides. – *Ateliers nationaux* : ateliers de travaux publics créés en 1848 par l'Assemblée constituante en vue de remédier au chômage. **6.** PREHIST Gisement ou partie de gisement préhist. où se trouvent des produits de débitage et de façonnage de la pierre. – De l'a. fr. *astelle*, «éclat de bois», lat. *astulla*.

atellane [atɛ(l)lan] n. f. ANTIQ ROM Comédie bouffonne, outrancière, de la Rome antique, qui préfigure la comédie italienne. – De *Atella*, v. de Campanie.

a tempera [atɑ̃peʀa] loc. adj. et adv. PEINT Se dit d'une couleur délavée dans de l'eau mêlée à un agglutinant (jaune d'œuf, gomme, etc.) et de la technique d'utilisation de cette peinture. – Mots ital., «à détrempe».

a tempo [atɛmpo] loc. adv. MUS Signe indiquant qu'on doit reprendre le mouvement initial. – Loc. ital., *«à temps»*.

atérien [ateʀjɛ̃] n. m. PREHIST Faciès culturel du paléolithique récent de l'Afrique du N.-O., ayant Bir-el-Ater (Algérie, près de Constantine) pour site éponyme.

atermoiement [atɛʀmwamɑ̃] n. m. **1.** Vx Délai accordé à un débiteur. **2.** Mod. (Généralement plur.) Action d'atermoyer, d'hésiter et de remettre à plus tard. *Décision prise après bien des atermoiements.* – De *atermoyer*.

atermoyer [atɛʀmwaje] v. [23] **1.** v. tr. Vx Retarder (un paiement). **2.** v. intr. Chercher des délais, remettre à plus tard une décision. *Nous ne pouvons plus atermoyer, prenons une décision.* – De *a-* 2, et a. fr. *termoyer*, «vendre à terme».

athée [ate] adj. et n. Qui ne croit pas en Dieu, qui en nie l'existence. – Gr. *atheos*, de *theos*, «dieu».

athéisme [ateism] n. m. Opinion ou doctrine de l'athée. – De *athée*.

athénée [atene] n. m. Lycée de garçons, en Belgique. – Lat. *athenæum*, du gr. *athênaion*, «temple ou sanctuaire d'Athéna».

athénien, enne [atenjɛ̃, ɛn] adj. et n. D'Athènes, cap. de la Grèce. ▷ Subst. *Un(e) Athénien(ne)*.

athèques [atɛk] n. m. pl. ZOOL Sous-ordre de chéloniens dépourvus de cuirasse cornée, dont le seul représentant actuel est la tortue-luth. – Sing. *Un athèque.* – De *a-* 1, et gr. *thêkê*, «boîte».

athermane [atɛʀman] adj. TECH Qualifie un matériau mauvais conducteur de la chaleur. – De *a-* 1, et gr. *thermainein*, «chauffer».

athermique [atɛʀmik] adj. PHYS *Transformation athermique*, qui s'effectue sans échange de chaleur. – De *a-* 1, et *thermique*.

athéromateux, euse [ateʀɔmatø, øz] adj. MED Constitué par l'athérome. ▷ Subst. Qui souffre d'athérome. – De *athérome*.

athérome [ateʀom] n. m. MED Lésion de la tunique interne des artères, constituée par des dépôts lipidiques (cholestérol). – Lat. d'orig. gr. *atheroma*.

athérosclérose [ateʀɔskleʀoz] n. f. MED Sclérose artérielle secondaire à l'athérome. – Du gr. *athêra*, «bouillie», et *sclérose*.

athlète [atlɛt] n. **1.** ANTIQ Celui qui concourait dans les jeux gymniques solennels de la Grèce et de Rome. **2.** Personne qui s'adonne à l'athlétisme. *Entraînement d'un athlète. Les athlètes françaises.* ▷ Par ext. *Un athlète* : un homme fort, bien bâti. – Lat. d'orig. gr. *athleta*, de *athlon*, «combat».

athlétique [atletik] adj. **1.** Relatif à l'athlétisme. *Sports athlétiques.* **2.** Propre à l'athlète. *Force athlétique.* – De *athlète*.

athlétisme [atletism] n. m. Ensemble des exercices physiques qui forment aujourd'hui l'un des sports individuels de compétition officiellement reconnus (lancers, courses, sauts). *Les épreuves d'athlétisme des jeux Olympiques.* – De *athlète*.

athrepsie [atʀɛpsi] n. f. MED Dénutrition importante du nourrisson associée à une diarrhée chronique. – De *a-* 1, et gr. *threpsis*, «nutrition».

athrocyte [atʀɔsit] n. m. ZOOL Cellule péricordiale ovoïde de certains arthropodes, remplie de déchets et considérée comme un organe excréteur. – Du gr. *athroos*, «serré», et *kutos*, «cellule».

athymie [atimi] n. f. MED Trouble de l'humeur, fréquent dans la schizophrénie, qui se traduit par l'absence de toute extériorisation affective. – De *a-* 1, et gr. *thumos*, «passion».

atlante [atlɑ̃t] n. m. ARCHI Statue qui soutient un entablement, figurant un homme robuste chargé d'un fardeau (à la manière d'Atlas portant le ciel sur ses épaules). – Ital. *atlante*, du gr. *Atlas*.

atlanthrope [atlɑ̃tʀɔp] n. m. Vx Hominidé fossile découvert dans les montagnes de l'Atlas, du genre *Homo erectus* (nom par lequel il est aujourd'hui désigné), vieux d'environ 0,7 à 0,8 million d'années. – De *Atlas*, et gr. *anthropos*, «homme».

atlantique [atlɑ̃tik] adj. **1.** De l'océan Atlantique; relatif à l'océan Atlantique. *Littoral atlantique.* **2.** Relatif au Pacte atlantique (entre les pays de l'OTAN). *Politique atlantique.* – Lat. *atlanticus*, du gr. *atlantikos*, «d'Atlas», la chaîne de l'Atlas ayant donné son nom à la mer qui borde le Maroc.

ENCYCL Le Pacte atlantique (pacte de l'Atlantique Nord), signé le 4 avril 1949 par douze États (Belgique, Canada, Danemark, États-Unis, France, Grande-Bretagne, Islande, Italie, Luxembourg, Norvège, Pays-Bas, Portugal), auxquels vinrent s'adjoindre, en 1952, la Grèce et la Turquie; en 1954, la R.F.A. et, en 1982, l'Espagne, a pour but de « sauvegarder la paix et la sécurité, et de développer la stabilité et le bien-être dans l'Atlantique Nord ». La France s'est retirée de l'organisation militaire en 1966.

atlantisme [atlɑ̃tism] n. m. Opinion, doctrine des partisans du Pacte atlantique (*atlantistes*). – Du rad. de *atlantique*.

1. atlas [atlas] n. m. ANAT Première vertèbre cervicale, qui supporte la tête. – Du géant *Atlas*.

2. atlas [atlas] n. m. Recueil de cartes géographiques ou astronomiques. ▷ *Par ext.* Recueil de planches, de tableaux. *Atlas botanique.* – Du géant *Atlas*, représenté au frontispice des premiers recueils de ce genre.

atm PHYS Symbole de l'atmosphère normale (unité de pression).

atmosphère [atmɔsfɛʀ] n. f. **1.** Enveloppe gazeuse qui entoure le globe terrestre. ▷ Enveloppe gazeuse qui entoure une planète. *L'atmosphère de Mars, de Vénus.* – *Atmosphère stellaire* : zone qui entoure la surface d'une étoile et que traversent les rayonnements d'origine thermonucléaire émis par celle-ci. (La densité des atmosphères stellaires est de l'ordre de 10^{-7} g/cm^2; températures comprises entre 3 000 et 70 000 K.) **2.** Air que l'on respire. *L'atmosphère parfumée de la roseraie.* **3.** Fig. Milieu, ambiance morale et intellectuelle. *Une atmosphère de corruption et d'intrigues.* **4.** CHIM Couche de fluide libre qui entoure un corps isolé. *Atmosphère oxydante, réductrice.* **5.** METROL *Atmosphère normale* : unité de pression atmosphérique correspondant à 1 atm = $1{,}013.10^5$ pascals. – Du gr. *atmos*, « vapeur », et *sphaira*, « sphère ».

ENCYCL **Géophys. et météo.** – L'atmosphère est constituée par un mélange de gaz et de particules solides d'origines terrestre et cosmique. On admet qu'au-delà de 1 000 km d'altitude, du fait de la raréfaction des molécules d'air, l'atmosphère ne donne plus lieu à des phénomènes observables : c'est l'*exosphère*. La classification des couches de l'atmosphère repose sur la répartition verticale des températures. La *troposphère*, comprise entre le sol et une altitude de 7 km (– 50 °C) aux pôles et 16 km (– 56 °C) à l'équateur, représente 90 % de la masse de l'atmosphère; elle contient 100 % de la vapeur d'eau atmosphérique; elle est le siège de phénomènes météorologiques (V. météorologie et nuage). La *stratosphère* (ou *ozonosphère*), où la température moyenne est de 0 °C, s'étend jusqu'à une cinquantaine de kilomètres d'altitude; on y rencontre des vents violents pouvant atteindre 350 km/h; le rayonnement solaire y transforme une partie de l'oxygène (O_2) en ozone (O_3). Dans la *mésosphère*, qui s'étend jusqu'à 80 km d'altitude, la température décroît jusqu'à atteindre – 90 °C. Dans la *thermosphère*, la température a une grande variation diurne, mais croît toujours à mesure qu'on s'élève (plusieurs centaines de degrés au-dessus de 200 km). Dans la mésosphère et la thermosphère, des couches ionisées, réunies sous le nom de *ionosphère*, jouent un rôle électromagnétique important (aurores polaires, absorption ou réflexion des ondes radioélectriques, etc.).

atmosphérique [atmɔsfeʀik] adj. De l'atmosphère; qui se rapporte à l'atmosphère. *Pression atmosphérique.* – *Agents atmosphériques*, dont l'action est localisée à la surface de la Terre, et dont l'origine est dans l'atmosphère (vent, pluie, foudre, etc.). – De *atmosphère*.

atoll [atɔl] n. m. Île corallienne en forme d'anneau, entourant une lagune. *Les atolls du Pacifique.* – Mot des îles Maldives, par l'angl.

atome [atom] n. m. **1.** CHIM Plus petite quantité d'un corps simple (de 0,1 à 1 millionième de millimètre) qui puisse entrer dans une combinaison. ▷ PHYS Système de particules dont les plus massives *(électrons)* forment un « cortège » autour du noyau. ▷ Par ext. *L'atome* : l'énergie atomique; ses applications. *L'atome dans le Marché commun.* **2.** Fig. Quantité minuscule. *Il n'a pas un atome de bon sens.* **3.** PHILO *Atomes crochus* : dans le système de Démocrite et d'Épicure, atomes qui peuvent s'accrocher les uns aux autres de façon à former les corps, la matière. ▷ Fig. *Atomes crochus entre deux personnes*, affinités qui les rapprochent. – Gr. *atomos*, « insécable », par le lat.

ENCYCL **Historique.** – L'atome, « essence de toutes choses », ne fut dans l'Antiquité qu'un concept philosophique sans base scientifique. La première théorie atomique a été élaborée par Lavoisier, Proust, Dalton et Gay-Lussac entre 1789 et 1815. Elle se perfectionna grâce à Mendeleïev (classification périodique des éléments en 1868), Einstein (équivalence masse-énergie en 1900), Planck (théorie des quanta en 1905), Rutherford (découverte du noyau en 1911), Bohr et Sommerfeld (modèles de l'atome en 1913 et 1915), de Broglie (bases de la mécanique ondulatoire en 1923), Chadwick (découverte du neutron en 1932), I. et F. Joliot-Curie (transmutation artificielle en 1934), et aboutit à la divergence du premier réacteur nucléaire en 1942 et à l'explosion de la première bombe atomique en 1945.
Structure de l'atome. – Bohr, développant les idées de Thomson et de Rutherford, a élaboré un premier modèle (l'*atome de Bohr*), illustrant la structure de l'atome : autour d'un *noyau* central, chargé positivement, des *électrons*, chargés négativement, sont en mouvement. Pour expliquer le comportement des éléments autres que l'hydrogène, on supposa d'abord que les orbites décrites par l'électron pouvaient être elliptiques *(atome de Sommerfeld)* puis que l'électron tournait sur lui-même (*hypothèse du spin*, 1925). Un électron peut tourner dans un sens ou dans l'autre (spin égal à + 1/2 ou – 1/2). Le modèle actuel de l'atome repose sur la mécanique ondulatoire, dont les lois ont été définies par Louis Victor de Broglie. Un atome est défini par son nombre de masse *A*, qui indique le nombre de nucléons, et par son nombre de charge *Z*, qui indique le nombre de nucléons chargés positivement, ou *protons* (les autres nucléons, dont le nombre est $A - Z$, sont des neutrons).

atome-gramme [atomgʀam] n. m. CHIM Syn. anc. de *mole d'atomes* : unité servant à dénombrer des atomes identiques. (Une mole d'atomes d'un élément est un ensemble de $6{,}022.10^{23}$ *[nombre d'Avogadro]* atomes de cet élément.) – De *atome*, et *gramme*.

atomicité [atɔmisite] n. f. CHIM Nombre d'atomes contenus dans une molécule. *La molécule d'eau H_2O a une atomicité égale à 3.* – De *atomique* (nombre).

atomique [atɔmik] adj. **1.** PHYS et CHIM Qui a trait à l'atome, qui le caractérise. *Noyau atomique. Théorie atomique.* – *Chaleur atomique* : produit de la masse atomique par la chaleur massique à l'état solide. *Masse atomique d'un élément, d'un isotope* : nombre mesurant la masse de moles d'atomes d'un élément ou d'un isotope de celui-ci, dans une échelle dont la base est la masse de l'isotope de masse 12 du carbone. – *Poids atomique* : poids, en un lieu déterminé, d'une masse d'élément égale à sa masse atomique. – *Nombre* ou *numéro atomique* : nombre de charges élémentaires positives du noyau de l'atome. *Le nombre atomique représente le rang de l'élément dans la classification de Mendeleïev.* – *Volume atomique* : quotient du volume molaire par le nombre de moles d'atomes de la mole. **2.** Relatif au noyau de l'atome, aux réactions nucléaires. *Énergie atomique*, produite par la fission du noyau de l'atome. *Bombe atomique.* – De *atome*.

atomisation [atɔmizasjɔ̃] n. f. Action d'atomiser, fait d'être atomisé. – *atomiser.*

atomisé, ée [atɔmize] adj. **1.** Réduit en fines particules. **2.** Qui a subi les effets des radiations atomiques. – Pp. de *atomiser.*

atomiser [atɔmize] v. tr. [1] **1.** Réduire un corps en particules extrêmement fines. **2.** (Surtout au passif.) Détruire au moyen d'armes atomiques. *Hiroshima et ses habitants furent atomisés en 1945.* **3.** Fig. Morceler à l'extrême, détruire la cohésion de. *La vie moderne atomise les groupes sociaux traditionnels.* – De *atome.*

atomiseur [atɔmizœʀ] n. m. Appareil qui permet de pulvériser très finement un liquide. – De *atomiser.*

atomisme [atɔmism] n. m. PHILO Doctrine philosophique des Anciens (Leucippe, Démocrite, Épicure, Lucrèce) selon laquelle la matière est constituée d'atomes juxtaposés indivisibles. – De *atome.*

atomiste [atɔmist] n. (et adj.) **1.** Partisan de l'atomisme. **2.** Spécialiste de la physique atomique. – De *atomisme.*

atomistique [atɔmistik] adj. et n. f. **1.** Qui se rapporte à l'atomisme. **2.** n. f. PHYS NUCL Théorie de la structure de l'atome. – De *atomisme.*

atonal, ale, als [atɔnal] adj. MUS Qui n'obéit pas aux règles du système tonal de l'harmonie classique. *Les musiques dodécaphonique et sérielle sont atonales.* – De *a-* 1, et *tonal.*

atonalité [atɔnalite] n. f. Caractère de l'écriture musicale atonale; ensemble des principes qui la régissent. – De *atonal.*

atone [atɔn] adj. **1.** MED Qui manque de tonicité. *Muscle atone.* **2.** Sans expression, sans vie (en parlant du regard). *Des yeux atones.* **3.** LING Dépourvu d'accent tonique. *Syllabe, voyelle atone.* – Gr. *atonos.*

atonie [atɔni] n. f. **1.** MED Faiblesse des tissus d'un organe. *Atonie musculaire.* **2.** Fig. Inertie morale ou intellectuelle. – De *atone.*

atonique [atɔnik] adj. MED Relatif à l'atonie. – De *atone.*

atour [atuʀ] n. m. **1.** Vx Ornement, parure. – Anc. *Dame d'atour* : dame qui présidait à la toilette d'une reine ou d'une princesse. **2.** Plur. Plaisant Éléments de la parure féminine (vêtements, linge, bijoux). *Revêtir ses plus beaux atours.* – Déverbal de l'a. fr. *atourner,* «parer».

atout [atu] n. m. **1.** Dans les jeux de cartes, couleur qui l'emporte sur les autres au cours d'une partie; carte de cette couleur. *Ne pas avoir d'atout. Jouer un atout.* **2.** Fig. *Avoir, mettre tous les atouts dans son jeu* : réunir tous les moyens de succès. – De *à,* et *tout.*

A.T.P. n. f. BIOCHIM Sigle de *adénosine-triphosphate.* V. adénosine-phosphate.

A.T.P.ase [atepeaz] n. f. BIOCHIM Enzyme qui scinde l'adénosine-triphosphate (A.T.P.) en adénosine-diphosphate (A.D.P.) avec libération d'une grande quantité d'énergie utilisable par la cellule.– Sigle de *adénosine-triphosphatase.*

atrabilaire [atʀabilɛʀ] adj. et n. **1.** Vx Qui se rapporte à l'atrabile. **2.** Fig. Vx ou litt. Qui a tendance à la mauvaise humeur; coléreux. ▷ Subst. *Un atrabilaire.* – De *atrabile.*

atrabile [atʀabil] n. f. Vx Bile noire, qui passait pour causer la mélancolie, l'hypocondrie. – Du lat. *atra,* «noire», et *bilis,* «bile».

-âtre. Suffixe exprimant un caractère approchant (ex. *brunâtre, jaunâtre*) ou une nuance péjorative (ex. *saumâtre, marâtre*).

âtre [ɑtʀ] n. m. Foyer d'une cheminée. ▷ *Par ext.* La cheminée elle-même. – Lat. pop. **astracus,* «carrelage», alt. du gr. *ostrakon,* «coquille», puis «carreaux de brique».

atrium [atʀijɔm] n. m. ANTIQ Pièce centrale de la maison romaine, dont le toit ouvert permettait de recueillir l'eau de pluie. – Mot lat.

atroce [atʀɔs] adj. **1.** D'une cruauté horrible. *Vengeance atroce.* **2.** Insupportable. *Une douleur atroce.* ▷ Extrêmement désagréable, pénible. *Un hiver atroce. Elle est d'une atroce prétention.* **3.** Fam. Très laid. *Un visage atroce.* – Lat. *atrox, atrocis.*

atrocement [atʀɔsmɑ̃] adv. D'une manière atroce. *Il a atrocement souffert.* – De *atroce.*

atrocité [atʀɔsite] n. f. **1.** Caractère de ce qui est atroce. *Crime d'une atrocité révoltante.* **2.** Action atroce. *Commettre des atrocités.* **3.** Propos calomnieux. *On raconte sur lui des atrocités.* – De *atroce.*

atrophie [atʀɔfi] n. f. MED Diminution du volume ou du poids d'un tissu, d'un organe. *Atrophie d'un muscle.* – Fig. Affaiblissement d'une faculté, d'un sentiment, etc. *Une atrophie intellectuelle.* – Lat. d'orig. gr. *atrophia,* «privation de nourriture».

atrophier [atʀɔfje] **1.** v. tr. [2] Diminuer ou faire disparaître par l'atrophie. *La suppression de l'influx nerveux atrophie les membres.* – Fig. Empêcher de se développer, intellectuellement ou moralement. *Une existence difficile a atrophié le talent de cet artiste.* **2.** v. pron. Diminuer, disparaître par atrophie. *Les ailes des oiseaux qui ne volent plus s'atrophient.* – Fig. Cesser de se développer. *Intelligence qui s'atrophie.* – De *atrophie.*

atropine [atʀɔpin] n. f. BIOCHIM Alcaloïde, extrait de la belladone, de la jusquiame et du datura, aux propriétés vagolytiques, utilisé surtout comme antispasmodique et dilatateur de la pupille. – De *atropa,* n. scientif. de la belladone.

attabler (s') [atable] v. pron. [1] S'asseoir à table. *Les convives, les joueurs s'attablèrent.* – De *a-* 2, et *table.*

attachant, ante [ataʃɑ̃, ɑ̃t] adj. **1.** Vieilli Qui intéresse, qui fixe l'attention. *Une lecture attachante.* **2.** Qui inspire un intérêt mêlé de bienveillance. *Enfant d'un caractère très attachant.* – Ppr. de *attacher.*

attache [ataʃ] n. f. **1.** Ce qui sert à attacher. *Mettre un animal à l'attache.* – Loc. fig. *Être, tenir à l'attache* : être, tenir dans une étroite dépendance. **2.** MAR *Port d'attache d'un navire,* celui où il a été inscrit sur les documents de douane établissant sa nationalité. **3.** ANAT Endroit où s'insère un muscle, un ligament. ▷ (Plur.) Poignets et chevilles. *Avoir des attaches fines.* – Déverbal de *attacher.*

attaché, ée [ataʃe] n. Fonctionnaire diplomatique ou ministériel. *Attaché d'ambassade. Attaché de cabinet,* auprès d'un ministère. *Attaché militaire, attaché naval* : officier spécialisé délégué par son gouvernement auprès d'un gouvernement étranger. *Attaché commercial* : attaché d'ambassade, ou fonctionnaire spécialisé dans les questions économiques. – Cour. Personne appartenant à un service. *Attaché de direction. Attachée de presse.* – Pp. subst. de *attacher.*

attaché-case [ataʃekɛs] n. m. Mallette plate qui sert de porte-documents. *Des attachés-cases.* – Mot anglais.

attachement [ataʃmɑ̃] n. m. **1.** Sentiment d'affection durable. *Être incapable d'un attachement quelconque.* **2.** Grande application. *Attachement à l'étude.* **3.** GEST Relevé quotidien des travaux effectués par une entreprise, spécial. une entreprise de travaux publics. – De *attacher.*

attacher [ataʃe] v. [1] **I.** v. tr. **1.** Joindre, fixer (à une chose) à l'aide d'un lien. *Attacher un chien à sa niche avec une chaîne.* **2.** Joindre, tenir serré. *Attachez vos ceintures!* – Fig. Lier (qqn) par devoir, sentiment, intérêt. *Une vieille amitié nous attache à lui.* **3.** *Attacher du prix, de l'importance à une chose,* y tenir, la considérer comme précieuse, importante. **4.** *Attacher ses regards sur* : regarder fixement. **II.** v. intr. Fam. Rester collé au fond d'un récipient (aliments). *La viande a attaché.* **III.** v. pron. **1.** Se fixer par un lien. **2.** S'accrocher de manière à adhérer. *Le lierre s'attache aux arbres.* **3.** S'appliquer à, s'intéresser fortement à. *S'attacher à ses devoirs. Historien qui s'attache à ressusciter le passé.* **4.** Suivre avec obstination. *Les Furies s'attachaient aux pas des criminels.* **5.** Se consacrer à ; se dévouer à. *S'attacher au sort d'un homme politique.* **6.** Éprouver une affection durable pour (qqn, qqch). *Elle s'est attachée à lui. Étranger qui s'attache à Paris.* – De *a-* 2, et a. fr. *tache*, « agrafe ».

attaquable [atakabl] adj. Qui peut être attaqué. *Testament attaquable en justice.* – De *attaquer.*

attaquant, ante [atakɑ̃, ɑ̃t] n. **1.** Personne qui engage une attaque. ▷ *Spécial.* Joueur de la ligne d'attaque dans certains sports d'équipe. Ant. défenseur. **2.** n. m. Syn. (off. recommandé) de *raider.* – Ppr. subst. de *attaquer.*

attaque [atak] n. f. **1.** Action d'attaquer. *Une vigoureuse attaque.* **2.** Acte de violence agressive. *Attaque nocturne.* **3.** SPORT *Ligne d'attaque*, et, par ext., *attaque* (au football, au rugby, etc.), ensemble des joueurs qui attaquent. **4.** Fig. Critique âpre. *Les attaques d'un journal satirique contre un homme politique.* **5.** Retour d'une affection périodique, accès. *Attaque de goutte, d'épilepsie. Il a eu une attaque* (d'apoplexie, de nerfs, etc.) **6.** Loc. adv. fam. *Être d'attaque* : être en forme. **7.** MUS Manière de commencer l'exécution d'un développement musical joué ou chanté, ou d'émettre une note sur un instrument. – Déverbal de *attaquer.*

attaquer [atake] **I.** v. tr. **[1] 1.** Agir avec violence contre (autrui), engager le combat contre. *Attaquer une place forte. Attaquer une passante.* ▷ (S. comp.) Prendre l'offensive. *Demain, à l'aube, nous attaquerons.* **2.** *Par ext.* Critiquer âprement. *L'opposition attaque le gouvernement.* ▷ Tâcher de renverser, de détruire. *Attaquer un préjugé.* **3.** Ronger, détériorer. *Les termites attaquent le bois.* **4.** Commencer d'exécuter. *L'orchestre attaqua une valse.* – Loc. *Écrivain, orateur qui attaque son sujet*, qui commence à le traiter. – Fig., fam. Entamer un plat. *Attaquer une dinde farcie.* **5.** Affecter, frapper. *Maladie qui attaque surtout les enfants.* **6.** DR Intenter une action judiciaire contre. *Attaquer qqn en justice.* **7.** CHIM Donner naissance à une réaction, partic. en parlant de l'action d'un liquide ou d'un gaz sur un solide. *Acide qui attaque le cuivre.* **II.** v. pron. **1.** Engager une attaque contre. *S'attaquer à plus fort que soi.* ▷ Fig. *Acteur qui s'attaque à un rôle difficile*, qui entreprend de le jouer. – Fig., fam. *S'attaquer aux hors-d'œuvre*, les entamer. **2.** Détériorer. *Le phylloxéra s'attaque à la vigne. Maladie qui s'attaque au bétail.* – De l'ital. *attaccare*, « commencer », puis *attaccare bataglia*, « commencer la bataille », d'où *attaccare* est devenu « attaquer ».

attardé, ée [ataʀde] adj. **1.** Qui est en retard. *Un passant attardé*, qui tarde à rentrer chez lui. **2.** Spécial. *Enfant attardé*, en retard, par rapport aux enfants de son âge, dans son évolution physiologique ou intellectuelle. – Pp. de *attarder.*

attarder (s') [ataʀde] v. pr. **[1]** Se mettre en retard. *Elle s'attarda devant les vitrines des magasins.* – De *a-* 2, et *tard.*

atteindre [atɛ̃dʀ] **I.** v. tr. **[55] 1.** Toucher de loin avec un projectile. *Atteindre une cible.* ▷ (En parlant du projectile lui-même.) *Flèche qui atteint la cible. Une balle l'atteignit au front.* **2.** Parvenir à. *Atteindre une ville. Atteindre sa majorité. Atteindre un prix, une hauteur.* **3.** Porter atteinte à, léser. *Ses calomnies ne sauraient m'atteindre.* **II.** v. tr. indir. *Atteindre à* : parvenir avec effort à. *Atteindre au sublime.* – Lat. pop. **attangere*, lat. class. *attingere*, de *tangere*, « toucher ».

atteint, einte [atɛ̃, ɛ̃t] adj. Attaqué, affligé. *Atteint de folie, d'une maladie grave.* – Pp. de *atteindre.*

atteinte [atɛ̃t] n. f. **1.** Vieilli Coup dont on est atteint. **2.** Effet nuisible, dommage, préjudice. *Vigne exposée aux atteintes de la gelée. Les atteintes de la médisance. Les premières atteintes d'une maladie*, ses premiers effets, ses premières manifestations. ▷ *Porter atteinte à qqn*, lui nuire. ▷ Loc. *Hors d'atteinte* : impossible à atteindre. *Les fugitifs sont maintenant hors d'atteinte.* – Pp. fém. subst. de *atteindre.*

attelage [atlaʒ] n. m. **1.** Action d'atteler ; manière d'atteler. **2.** Ensemble d'animaux attelés. **3.** TECH Dispositif servant à accrocher les wagons de chemin de fer. **4.** ESP Amarrage d'un engin spatial à un autre destiné à le propulser ; dispositif qui sert à cette opération. – De *atteler.*

atteler [atle] **1.** v. tr. **[19]** Attacher (des animaux de trait) à une charrue, à une voiture. – Par ext. *Atteler un wagon, une remorque*, l'attacher au véhicule qui doit le (la) traîner. **2.** v. pron. Fam. *S'atteler à un travail* : entreprendre un travail long, s'y appliquer avec ardeur et persévérance. – Lat. pop. **attelare*, de *telum*, « attelage ».

attelle [atɛl] n. f. **1.** Pièce du collier d'un cheval à laquelle les traits sont attachés. **2.** Lame rigide qui sert à maintenir immobile un membre fracturé. – Du lat. pop. **astella*, « copeau, morceau de bois ».

attenant, ante [at(ə)nɑ̃, ɑ̃t] adj. Contigu, qui touche à. *Son jardin est attenant au mien.* Syn. adjacent. – Ppr. de l'a. fr. *attenir*, « avoisiner ».

attendre [atɑ̃dʀ] v. **[5] I.** v. tr. **1.** Rester en place pour la venue de qqn ou de qqch. *Attendre un ami. Attendre l'autobus. J'attends qu'il vienne.* – *J'attends de vos nouvelles*, j'espère en avoir bientôt. ▷ Loc. *Vous ne perdez rien pour attendre* : vous aurez quand même le châtiment que vous méritez. **2.** Différer d'agir jusqu'à un terme fixé. *Nous attendons le beau temps pour partir.* **3.** Être prêt, préparé. *Ma voiture m'attend à la porte. Un excellent repas nous attend.* **4.** Être prévu ou prévisible ; menacer. *De graves ennuis vous attendent si vous persistez dans votre attitude.* **5.** v. tr. indir. Fam. *Attendre après qqch*, en avoir besoin. *Je n'attends pas après cette somme.* **II.** v. pron. Compter sur, se tenir assuré de. *Je m'attends à le voir d'un moment à l'autre. Je m'attends qu'il vienne* (ou : *à ce qu'il vienne*). ▷ *On peut s'attendre à ce que...* : il est fort possible que... ▷ Loc. *S'attendre à tout* : estimer que tout, même le pire, peut arriver. **III.** Loc. adv. *En attendant* : jusqu'à ce qu'arrive ce qu'on attend. ▷ Loc. conj. *En attendant que* : jusqu'à ce que. – Lat. *attendere*, « faire attention ».

attendrir [atɑ̃dʀiʀ] **I.** v. tr. **[3] 1.** Rendre tendre. *Attendrir un bifteck.* **2.** Émouvoir, exciter la sensibilité de. *Ses larmes m'ont attendri.* **II.** v. pron. Être ému, ressentir de la pitié. *Il s'est attendri sur le sort de ces malheureux.* – De *a-* 2, et *tendre.*

attendrissable [atɑ̃dʀisabl] adj. Que l'on peut facilement attendrir. – De *attendrissant.*

attendrissant, ante [atɑ̃dʀisɑ̃, ɑ̃t] adj. Qui émeut, éveille l'attendrissement. *Une attendrissante héroïne de mélodrame.* – Ppr. de *attendrir.*

attendrissement [atɑ̃dʀismɑ̃] n. m. Action de s'attendrir ; état d'une personne attendrie. *Il la regarde avec attendrissement.* – De *attendrir.*

attendrisseur [atɑ̃dʀisœʀ] n. m. Appareil utilisé en boucherie pour attendrir la viande. – De *attendrir.*

attendu, ue [atɑ̃dy] adj. et n. m. **1.** adj. Espéré, escompté. *Le triomphe tant attendu.* **2.** Loc. prép. inv. *Attendu les événements, les circonstances* : étant donné les événements, les circonstances. ▷ Loc. conj. DR *Attendu que* : vu que. *Attendu que l'accusé déclare...* **3.** n. m. DR *Les attendus d'un jugement* : les alinéas exposant ses motifs (qui commencent tous par : *attendu que*). – Pp. de *attendre.*

attenir [at(ə)niʀ] v. intr. [36] *Attenir à* : se trouver à côté de (en parlant de choses). – Du lat. pop. **attenire*, du lat. class. *attinere*, « tenir ».

attentat [atɑ̃ta] n. m. **1.** Entreprise criminelle contre une personne, une institution. *Préparer, déjouer un attentat. Attentat à la bombe. Attentat contre les libertés publiques.* **2.** DR *Attentat à la pudeur* : acte contraire à la pudeur commis en public. – De *attenter.*

attentatoire [atɑ̃tatwaʀ] adj. (Choses) Qui porte atteinte à. *Mesure attentatoire à la liberté de la presse.* – De *attenter.*

attente [atɑ̃t] n. f. **1.** Fait d'attendre. *L'attente d'une naissance.* **2.** Temps pendant lequel on attend. *L'attente prolongée engendre l'impatience. Une heure d'attente.* ▷ *Salle d'attente, salon d'attente* : pièce où l'on attend (dans une gare, chez un médecin, etc.). **3.** Espérance, prévision. *Cet événement comble notre attente. Il a déçu, trompé notre attente. Répondre à l'attente de qqn.* **4.** *File d'attente* : file formée par des gens qui attendent (à l'entrée d'un commerce, d'un spectacle, etc.). **5.** BX-A *Table d'attente* : surface où rien n'est encore peint, sculpté ou gravé. **6.** ARCHI *Pierres d'attente* : pierres en saillie destinées à former une liaison avec une construction ultérieure. – Du lat. **attenditus*, anc. pp. de *attendere.*

attenter [atɑ̃te] v. intr. [1] Commettre un attentat sur. *Attenter à la vie de qqn, à la sûreté de l'État.* – Du lat. *attentare*, « essayer avec audace ».

attentif, ive [atɑ̃tif, iv] adj. **1.** Qui a de l'attention, qui montre de l'attention. *Un écolier attentif. Être attentif à* : être en éveil, en alerte. *Oreille attentive au moindre bruit.* **2.** Vieilli Qui veille soigneusement à. *Être attentif à plaire.* – Lat. *attentivus.*

attention [atɑ̃sjɔ̃] n. f. **1.** Tension de l'esprit qui s'applique à quelque objet. *Réveiller, fixer, concentrer l'attention.* ▷ *Faire attention à* : prendre garde à. *Faire attention aux virages. Fais attention à ce que tu écris.* – *Faire attention que* (+ subj.) : Faire en sorte que. *Faites attention que cet enfant ne vous entende.* – *Faire attention que* (+ ind.) : ne pas perdre de vue. *Faites attention que le chemin est semé d'embûches.* – Interj. *Attention! Faites attention!* ▷ *Attention à...* : prenez garde à... *Attention à la peinture!* **2.** Marque de prévenance. *Une attention délicate.* – (Plur.) Égards, ménagements. *Il est plein d'attentions pour sa grand-mère.* – Lat. *attentio.*

attentionné, ée [atɑ̃sjɔne] adj. Qui est plein d'attentions (sens 2), de prévenances. *Enfant attentionné pour ses parents.* – De *attention.*

attentisme [atɑ̃tism] n. m. Politique d'attente, de temporisation. – De *attente.*

attentiste [atɑ̃tist] adj. et n. Qui pratique l'attentisme. – De *attente.*

attentivement [atɑ̃tivmɑ̃] adv. Avec attention. *Regarder attentivement l'horizon.* Ant. distraitement. – De *attentif.*

atténuant, ante [atenyɑ̃, ɑ̃t] adj. Propre à atténuer. ▷ DR *Circonstances* atténuantes.* – Cour. Par ext. *Il joue mal dans le film, mais il a des circonstances atténuantes!* – Ppr. de *atténuer.*

atténuation [atenɥasjɔ̃] n. f. **1.** Diminution de la force, de la gravité. *Atténuation d'une douleur.* **2.** DR *Atténuation d'une peine*, par application des circonstances atténuantes. **3.** ELECTR Diminution d'une grandeur (puissance, tension, intensité). ▷ TELECOM Rapport entre l'intensité (ou la tension) à l'arrivée d'une ligne et l'intensité (ou la tension) au départ, mesurée en bels. – De *atténuer.*

atténuer [atenɥe] v. tr. [1] Rendre moins fort, moins grave. *Atténuer le bruit. Atténuer une souffrance. Atténuer la gravité d'un délit.* ▷ v. pron. *Spasmes nerveux qui s'atténuent.* – Du lat. *attenuare*, « rendre mince », de *tenuis*, « mince ».

atterrages [ateʀaʒ] n. m. pl. MAR Parages de la terre. – De *atterrer.*

atterrer [ateʀe] v. tr. [1] Accabler, abattre, consterner. *Cette défaite nous a atterrés.* – A. fr. *aterrer*, « jeter à terre ».

atterrir [ateʀiʀ] v. intr. [3] **1.** MAR Reconnaître la terre en arrivant du large. **2.** Se poser sur le sol. *Avion qui atterrit. Atterrir sur la Lune.* – Fam. Tomber brutalement. *Le cavalier désarçonné atterrit dans un fossé.* – De *a-* 2, et *terre.*

atterrissage [ateʀisaʒ] n. m. Action d'atterrir. *Terrain d'atterrissage. Faire un atterrissage forcé. Train d'atterrissage d'un avion.* – De *atterrir.*

atterrissement [ateʀismɑ̃] n. m. GEOL Dépôt de matières terreuses que la mer ou les fleuves forment sur leurs bords. – De *atterrir.*

attestation [atɛstasjɔ̃] n. f. **1.** Acte d'attester. **2.** Certificat, témoignage par écrit confirmant la vérité, l'authenticité d'une chose. *Attestation du médecin, du maire.* – Bas lat. *attestatio.*

attester [atɛste] v. tr. [1] **1.** Affirmer, certifier la vérité d'une chose. *Il a attesté que cela s'était passé ainsi.* Syn. affirmer. Ant. nier, dénier. **2.** Servir de preuve à. *Des efforts qui attestent la bonne volonté.* **3.** Prendre à témoin. *J'en atteste le ciel.* – Lat. *attestari*, de *testis*, « témoin ».

atticisme [atisism] n. m. **1.** Litt. Délicatesse de langage, finesse de goût propres aux anciens Athéniens. – *Par ext.* Élégance et pureté du style. **2.** Forme propre au dialecte attique de la langue grecque ancienne. – Gr. *attikismos*, par le lat.

attiédir [atjediʀ] **1.** v. tr. [3] Rendre tiède (ce qui est chaud ou froid). *La brise attiédit l'atmosphère.* – Fig. Affaiblir (un sentiment). *Le temps a attiédi leur amour.* **2.** v. pron. Devenir tiède; devenir plus faible. – De *a-* 2, et *tiède.*

attiédissement [atjedismɑ̃] n. m. Action d'attiédir; fait de s'attiédir. – De *attiédir.*

attifer [atife] v. tr. [1] Fam. Orner, parer (qqn) d'une façon excessive ou bizarre. *Qui vous a ainsi attifée?* ▷ v. pron. *S'attifer à la mode d'autrefois.* – De *a-* 2, et de l'a. fr. *tiffer*, « parer ».

attiger [atiʒe] v. intr. [13] Pop. Exagérer.

attique [atik] adj. et n. m. **I.** adj. **1.** Qui provient d'Athènes ou de l'ancienne Attique. *Vase attique à figures noires.* **2.** Propre aux anciens Athéniens. *Dialecte attique.* – Par ext. *La finesse et l'élégance attiques.* ▷ Loc. *Sel attique* : finesse de pensée; plaisanterie délicate. **II.** n. m. ARCHI Partie supérieure d'un édifice, qui dissimule le toit. – Gr. *attikos*, par le lat.

attirable [atiʀabl] adj. Susceptible d'être attiré. – De *attirer.*

attirail, ails [atiʀaj] n. m. **1.** Vx Ensemble des objets nécessaires à une activité donnée. *Attirail de guerre.* **2.** Mod., fam. Équipement compliqué. *Attirail d'un pêcheur à la ligne.* – Bagage encombrant ou inutile. *Se déplacer avec un attirail hétéroclite.* – De *attirer.*

attirance [atiʀɑ̃s] n. f. Force qui attire moralement, affectivement. *L'attirance du plaisir. Éprouver de l'attirance pour la haute montagne.* Syn. attrait. Ant. répulsion. – De *attirer.*

attirant, ante [atiʀɑ̃, ɑ̃t] adj. Qui exerce un attrait, une séduction. *Physionomie attirante. Un spectacle attirant.* – Ppr. de *attirer.*

attirer [atiʀe] v. [1] **I.** v. tr. **1.** Faire venir à soi. *L'aimant attire le fer.* **2.** Inciter à venir. *Le miel attire* *les mouches.* **3.** Provoquer (l'intérêt, l'attention). *Jeune femme qui attire les regards, les hommages.* ▷ Éveiller un sentiment (de sympathie, d'amour) chez qqn. *J'avoue qu'elle m'attire.* **II.** v. pron. **1.** (Récipr.) *Les molécules s'attirent.* **2.** Encourir, être l'objet de. *Par sa conduite, il s'est attiré nos reproches.* – De *a-* 2, et *tirer.*

attisement [atizmɑ̃] n. m. Fig. Action d'attiser. *Attisement des convoitises.* – De *attiser.*

attiser [atize] v. tr. [1] Aviver (le feu). ▷ Fig. Exciter, aviver (un sentiment). *Attiser la discorde, la jalousie.* – Lat. pop. **attitiare,* de *titio,* « tison ».

attitré, ée [atitʀe] adj. Chargé nommément, par un titre, d'une fonction ou d'un office. *Représentant attitré d'une puissance étrangère.* – Cour. *Marchand attitré,* chez qui l'on se fournit habituellement. – De l'a. fr. *attitrer,* « charger en titre ».

attitude [atityd] n. f. **1.** Manière de tenir son corps. *Prendre diverses attitudes. Une attitude penchée, cambrée, raide, décidée. L'attitude de la soumission, du commandement.* ▷ CHOREGR Figure d'équilibre sur une seule jambe, l'autre se repliant en arrière. **2.** Conduite que l'on adopte en des circonstances déterminées. *Attitude hostile à l'égard d'un projet. Pays qui règle son attitude sur celle d'une grande puissance.* – Ital. *attitudine.*

atto-. PHYS Élément (symbole a) qui, placé devant le nom d'une unité, indique que celle-ci est divisée par un milliard de milliards (10^{18}). – Du danois *atten,* « dix-huit ».

attorney [atɔʀnɛ] n. m. **1.** En Grande-Bretagne, auxiliaire de justice qui remplit pour le compte d'un client les fonctions de mandataire, d'avoué. – Aux États-Unis, auxiliaire de justice cumulant les fonctions d'avocat et d'avoué. **2.** *Attorney général :* en Grande-Bretagne, officier de la Couronne chargé des poursuites criminelles au nom de celle-ci. – Aux États-Unis, fonction correspondant à celle de ministre de la Justice. – Mot angl.

attouchement [atuʃmɑ̃] n. m. Action de toucher avec la main. *Les rois de France passaient pour guérir les écrouelles par attouchement.* – De *attoucher,* de *a-* 2, et *toucher.*

attracteur [atʀaktœʀ] n. m. MATH Partie de l'espace (courbe ou surface) représentatif du comportement d'un système dynamique vers laquelle tend la trajectoire du point qui caractérise l'évolution de ce système. – *Attracteur étrange :* objet fractal* caractérisé par une dimension non entière. – De *attraction.*

attractif, ive [atʀaktif, iv] adj. **1.** Qui a la propriété d'attirer. **2.** Qui exerce une attraction, une séduction. – De *attraction.*

attraction [atʀaksjɔ̃] n. f. **1.** Action d'attirer; effet produit par ce qui attire. *L'attraction du fer par l'aimant.* ▷ PHYS *Attraction électrostatique :* force d'attraction entre charges électriques de signe contraire. – *Attraction magnétique :* force d'attraction entre les pôles d'aimants de noms contraires; force exercée par un aimant sur certains objets. – *Attraction terrestre :* force d'attraction exercée par la Terre, et qui se manifeste par la pesanteur. – *Attraction universelle :* V. gravitation. **2.** Ce qui séduit, ce qui attire. *Ressentir l'attraction de l'inconnu.* **3.** Élément d'un spectacle, d'une exposition, spécialement destiné à attirer le public. *Les attractions d'un music-hall. Des attractions comiques.* – Par ext. *Un parc d'attractions,* où sont présentées des attractions. ▷ Fam. Objet de curiosité. *Il est l'attraction de la soirée.* – Lat. *attractio.*

attrait [atʀɛ] n. m. **1.** Ce qui attire. *L'attrait de la gloire. Un projet qui manque d'attrait.* ▷ (Plur.) Charmes d'une femme. *Coquette qui déploie tous ses attraits.* **2.** *Éprouver de l'attrait, se sentir de l'attrait pour... :* éprouver un certain goût, une inclination pour... – De l'a. fr. *attraire,* « attirer ».

attrapade [atʀapad] n. f. ou **attrapage** [atʀapaʒ] n. m. Fam. Réprimande, gronderie, vifs reproches; querelle. – De *attraper.*

attrape [atʀap] n. f. **1.** Vx Piège pour les petits oiseaux, le menu gibier. **2.** Tromperie, tour plaisant. ▷ (Plur.) Objets destinés à mystifier. *Marchand de farces et attrapes.* – Déverbal de *attraper.*

attrape-mouches [atʀapmuʃ] n. m. inv. **1.** Nom usuel de plusieurs plantes qui retiennent, emprisonnent les petits insectes qui se posent sur leurs fleurs ou leurs feuilles, et les digèrent. **2.** Piège à mouches. – De *attrape,* et *mouches.*

attrape-nigaud [atʀapnigo] n. m. Ruse grossière. *Ce ne sont que des attrape-nigauds.* – De *attrape,* et *nigaud.*

attraper [atʀape] **I.** v. tr. [1] **1.** Prendre à une trappe, à un piège. *Attraper un oiseau avec de la glu.* **2.** Atteindre et saisir. *Attraper un papillon.* **3.** Surprendre. *Je l'ai attrapé à me voler.* **4.** Duper. *C'est un filou qui m'a attrapé.* ▷ Fam. *Être attrapé :* éprouver un mécompte, une déception. **5.** Mystifier, faire une attrape, par plaisanterie. *Je t'ai bien attrapé !* **6.** Obtenir par hasard. *J'ai attrapé le meilleur lot.* **7.** Fam. Recevoir de manière imprévue. *Attraper des coups. Attraper un rhume.* **8.** Fig., fam. Saisir et reproduire avec exactitude. *Attraper la manière d'un peintre. Il y a là un tour de main qu'il faut attraper.* **9.** Fam. Réprimander vivement. *Son père l'a attrapé. Se faire attraper par son patron.* **II.** v. pron. **1.** Vieilli S'accrocher, se prendre à. *S'attraper à un clou, dans l'embrasure d'une porte.* **2.** (Récipr.) Fam. Se disputer gravement. *Ils se sont attrapés et sont restés brouillés.* – De *a-* 2, et *trappe.*

attrayant, ante [atʀɛjɑ̃, ɑ̃t] adj. Qui exerce de l'attrait. *Un programme attrayant.* – Ppr. de l'anc. v. *attraire,* « attirer ».

attribuable [atʀibɥabl] adj. Qui peut ou doit être attribué (à). – De *attribuer.*

attribuer [atʀibɥe] **I.** v. tr. [1] **1.** Conférer, concéder. *Attribuer une place à quelqu'un.* **2.** Supposer (des qualités bonnes ou mauvaises) chez qqn. *On lui attribue du courage.* **3.** Considérer comme cause ou comme auteur de qqch. *Attribuer un incendie à la malveillance. Ce tableau fut longtemps attribué à Raphaël.* **II.** v. pron. *Spécial.* S'adjuger, revendiquer (sans y avoir droit). *Il s'attribue tout le mérite de cet ouvrage collectif.* – Lat. *attribuere,* de *tribuere,* « accorder en partage ».

attribut [atʀiby] n. m. **1.** Caractère particulier d'un être, d'une chose. *« La faculté de voler est un attribut essentiel de l'oiseau » (Buffon).* ▷ PHILO Caractère essentiel d'une substance. **2.** LOG Ce qu'on affirme ou ce qu'on nie du sujet dans une proposition. Syn. prédicat. **3.** GRAM Mot exprimant une qualité, une manière d'être, attribuée à un nom (sujet ou complément d'objet direct) par l'intermédiaire d'un verbe attributif comme *être, sembler, trouver, nommer,* etc. **4.** Emblème, signe distinctif d'une fonction, d'un personnage allégorique. *Le sceptre et la couronne sont les attributs de la royauté. L'arc et les flèches, attributs de l'Amour.* – Lat. scolast. *attributum.*

attributaire [atʀibytɛʀ] n. DR Personne qui a bénéficié d'une attribution par voie de droit. – De *attribuer.*

attributif, ive [atʀibytif, iv] adj. **1.** DR Qui attribue. *Arrêt attributif.* **2.** LOG Qui indique un attribut. ▷ GRAM *Verbe attributif,* qui relie l'attribut au mot auquel il se rapporte. – De *attribuer.*

attribution [atʀibysjɔ̃] n. f. **1.** Action d'attribuer. *Attribution de crédits.* **2.** (Plur.) Droits et devoirs attachés à certaines charges. ▷ *Spécial.* Limites de compétence. *Les attributions d'un ministre, d'un tribunal. Entrer dans les attributions de... :* être du ressort, de la compétence de... **3.** GRAM *Complément d'attribution :* autre dénomination du complément d'objet indirect ou second (ex. : Donner un livre à l'enfant). – De *attribuer.*

attristant, ante [atʀistɑ̃, ɑ̃t] adj. Qui attriste, qui déçoit. – Ppr. de *attrister.*

attrister [atʀiste] 1. v. tr. [1] Rendre triste, affliger. *Cette nouvelle m'attriste.* 2. v. pron. Devenir triste. *S'attrister de qqch.* – De *a-* 2, et *triste.*

attrition [atʀisjɔ̃] n. f. 1. MED Écorchure par frottement; violente contusion. 2. RELIG Regret d'avoir offensé Dieu, causé par la crainte du châtiment. *L'attrition est une contrition imparfaite.* 3. ECON Usure, amenuisement progressif. *Taux d'attrition de la vente d'une encyclopédie par fascicules* : taux de baisse des ventes d'un numéro à l'autre. – Du lat. *attritio,* «action de broyer».

attroupement [atʀupmɑ̃] n. m. 1. Action de s'attrouper, de se rassembler. 2. Groupe de personnes attroupées. *Disperser un attroupement.* – De *attrouper.*

attrouper [atʀupe] v. tr. [1] Assembler en troupe tumultueuse. *L'accident attroupa plus de cent personnes.* ▷ v. pron. *Les enfants s'attroupèrent.* – De *a-* 2, et *troupe.*

-ature. Suffixe, du lat. *atura,* servant à former des substantifs sur la base d'un autre substantif. (Ex. *magistrature, musculature.*)

atypique [atipik] adj. Différent du type normal. – De *a-* 1, et *type.*

au, aux [o] article défini contracté. *Au* ne s'emploie que devant les noms masculins commençant par une consonne ou un h aspiré. *Au roi, au hameau.* – Le plur. *aux* s'emploie devant tous les noms masculins ou féminins. *Aux hommes, aux femmes, aux enfants.* – De la prép. *à,* et de l'art. *le, les.*

Au CHIM Symbole de l'or.

aubade [obad] n. f. Concert donné à l'aube sous les fenêtres de quelqu'un pour l'honorer. – Provenç. *aubada.*

aubain [obɛ̃] n. m. DR ANC Étranger qui n'est pas naturalisé dans le pays où il demeure. – Lat. pop. **alibanus,* du lat. class. *alibi,* «ailleurs».

aubaine [obɛn] n. f. 1. DR ANC Droit en vertu duquel les biens formant la succession d'un aubain mort en France devenaient la propriété du seigneur ou du roi. 2. Avantage inespéré. – De *aubain.*

1. aube [ob] n. f. 1. Premières lueurs de l'aurore; moment où le ciel blanchit à l'est. *À l'aube, dès l'aube.* 2. Fig. Débuts, naissance. *L'aube de l'humanité.* – Lat. *alba,* «blanche».

2. aube [ob] n. f. LITURG Ample tunique de toile blanche. – Lat. ecclés. *alba.*

3. aube [ob] n. f. Palette solidaire d'une roue, qui reçoit la pression d'un fluide ou qui exerce une pression sur celui-ci. *Turbine à aubes. Roue à aubes.* – Peut-être du lat. *alapa,* «soufflet».

aubépine [obepin] n. f. Arbrisseau épineux (fam. rosacées), à fleurs blanches, donnant des fruits rouges. – Lat. pop. **albispinum,* du lat. class. *alba,* «blanche», et *spina,* «épine».

aubère [obɛʀ] adj. (et n. m.) Se dit d'un cheval dont la robe est un mélange uniforme de poils blancs et alezans. – Esp. *hobero.*

auberge [obɛʀʒ] n. f. 1. Vieilli Hôtel de campagne, simple et sans luxe. ▷ Loc. fam. *On n'est pas sorti de l'auberge* : les difficultés promettent d'être considérables. – Fig. *Auberge espagnole* : lieu où l'on trouve ce qu'on y apporte. 2. Mod. Restaurant dont le décor évoque une auberge (sens 1), mais qui offre une chère et un service de qualité. – Provenç. *aubergo.*

aubergine [obɛʀʒin] n. f. et adj. inv. 1. n. f. Plante potagère (*Solanum melongena,* fam. solanacées), originaire de l'Inde. – Fruit comestible de cette plante, en forme de massue, de couleur violette. 2. adj. inv. Couleur violet-cramoisi. *Des écharpes aubergine.* – Catalan *alberginia,* de l'arabe *al-bādinjān,* empr. au persan *bādindjan.*

aubergiste [obɛʀʒist] n. Personne qui tient une auberge. – De *auberge.*

aubette [obɛt] n. f. Rég. Petite construction légère sur la voie publique, servant d'abri (kiosque à journaux, arrêt d'autocar, etc.). (Mot off. recommandé pour *abribus*) – De l'a. fr. *hobe,* moyen haut all. *hûbe,* «ce qui coiffe un édicule».

aubier [obje] n. m. Partie ligneuse du tronc et des branches d'un arbre, tendre et blanchâtre, qui se trouve entre le cœur du bois et l'écorce, correspondant aux couches les plus récemment formées. – Du lat. *albus,* «blanc».

aubin [obɛ̃] n. m. Allure défectueuse d'un cheval qui galope avec les jambes de devant et trotte avec celles de derrière (ou inversement). – De l'a. fr. *hober,* «remuer».

auburn [obœʀn] adj. inv. Brun-roux (en parlant des cheveux). *Une chevelure auburn.* – Empr. à l'anglais.

aucuba [okyba] n. m. BOT Arbrisseau ornemental (genre *Aucuba,* fam. cornacées) originaire du Japon, à feuilles luisantes, d'un vert panaché de jaune, coriaces et persistantes. – Jap. *aoki.*

aucun, une [okœ̃, yn] pron. et adj. I. pron. 1. (Accompagné de *ne.*) Nul, pas un seul, personne. *J'ai écrit à plusieurs, aucun ne m'a répondu. Parmi tous ces livres, aucun n'est encore relié.* ▷ Litt. ou Vx *D'aucuns* : quelques-uns, certains. *D'aucuns le blâmeront de ce choix.* 2. *Aucun de, aucune de* : quelqu'un, quelqu'une, certain(e), un(e) quelconque (parmi d'autres). *Il saura faire ce travail mieux qu'aucun de nous. De toutes mes amies, aucune m'a-t-elle secourue?* II. adj. 1. Litt. Quelque. *Je doute qu'aucun homme le fasse.* 2. (Accompagné de *ne* ou de *sans.*) Nul, nulle, pas un, pas une. *Il n'a aucun défaut. Sans aucune hésitation.* (N.B. *Aucun,* adj., s'emploie toujours au sing. sauf devant un nom qui n'est utilisé qu'au plur., ou dont le plur. n'a pas le même sens que le sing. *Aucuns frais. Aucunes représailles.*) – Lat. pop. **aliquunus,* de *aliquis,* «quelqu'un», et *unus,* «un».

aucunement [okynmɑ̃] adv. (Employé avec *ne.*) Nullement, en aucune façon. *Je ne lui en veux aucunement.* – De *aucun.*

audace [odas] n. f. 1. Tendance à oser des actions hardies, en dépit des dangers ou des obstacles. ▷ Innovation qui brave les habitudes. *Les audaces de versification de Victor Hugo par rapport aux règles classiques. Les audaces de la mode.* 2. Péjor. Impudence. *Il a eu l'audace de prétendre... Vous avez une certaine audace, mon ami!* – Lat. *audacia.*

audacieusement [odasjøzmɑ̃] adv. Avec audace. – De *audacieux.*

audacieux, euse [odasjø, øz] adj. et n. 1. Qui a de l'audace. *Un homme audacieux.* ▷ Subst. *La fortune sourit aux audacieux.* 2. Qui dénote de l'audace. *Projet audacieux.* – De *audace.*

au-deçà [odəsa] loc. adv. De ce côté-ci (par oppos. à *au-delà*). – V. deçà.

au-dedans, au-dehors. V. dedans, dehors.

au-delà [od(ə)la] loc. adv. Plus loin (par oppos. à *au-deçà, en deçà*). ▷ n. m. inv. *L'au-delà* : l'autre monde, après la mort. – V. delà.

au-dessous, au-dessus, au-devant. V. dessous, dessus, devant.

audibilité [odibilite] n. f. Caractère de ce qui est audible. – De *audible.*

audible [odibl] adj. Susceptible d'être entendu. Ant. inaudible. – Bas lat. *audibilis*, de *audire*, « entendre ».

audience [odjɑ̃s] n. f. **1.** Vieilli ou litt. Écoute attentive prêtée à qqn qui parle. **2.** Mod. Intérêt que suscite auprès d'un public une œuvre, une pensée, etc. *Avoir l'audience des intellectuels.* **3.** Entretien accordé par un personnage de haut rang à des visiteurs. *Demander audience à un ministre.* **4.** Ceux qui écoutent; auditoire. *Audience passionnée par un conférencier.* **5.** Séance de tribunal. *Une audience publique, à huis clos, solennelle.* – Lat. *audientia*, de *audire*, « entendre ».

audiencier [odjɑ̃sje] adj. m. *Huissier audiencier*, chargé du service des audiences, des cours, des tribunaux. ▷ n. m. *Un audiencier.* – De *audience*.

audimètre [odimɛtʀ] n. m. AUDIOV Appareil placé sur un récepteur qui, en relevant les longueurs d'onde et la durée du fonctionnement du récepteur, renseigne sur l'audience auprès d'un échantillon de téléspectateurs. – De *audi(o)-*, et *mètre*.

audio-. Élément, du lat. *audire*, « entendre ».

audiofréquence [odjɔfʀekɑ̃s] n. f. PHYS Fréquence audible (comprise entre 20 et 20 000 Hz env.), dite aussi *basse fréquence* ou *fréquence acoustique*. – De *audio-*, et *fréquence*.

audiogramme [odjɔgʀam] n. m. ACOUST et MED Courbe des valeurs des seuils d'audition en fonction de la fréquence. – De *audio-*, et *-gramme*.

audiologie [odjɔlɔʒi] n. f. MED Science de l'audition. – De *audio-*, et *-logie*.

audiomètre [odjɔmɛtʀ] n. m. Appareil qui sert à mesurer l'acuité auditive et à établir les audiogrammes. – De *audio-*, et *-mètre*.

audiométrie [odjɔmetʀi] n. f. MED et ACOUST Étude de l'acuité auditive. ▷ *Audiométrie objective* : mesure de l'audition sans la participation consciente du sujet. – De *audio-*, et *-métrie*.

audionumérique [odjɔnymeʀik] n. m. et adj. TECH Ensemble des techniques de production et de reproduction du son faisant appel à l'informatique pour le numériser. ▷ adj. *Disque audionumérique.* – De *audio-*, et *numérique*.

audiophone [odjɔfɔn] n. m. Petit appareil acoustique servant à amplifier le son, utilisé par les malentendants. – De *audio-*, et *-phone*.

audioprothésiste [odjɔpʀɔtezist] n. Praticien qui délivre et contrôle les prothèses auditives. – De *audio-*, et *prothésiste*.

audiovisuel, elle [odjɔvizɥɛl] adj. et n. m. **1.** adj. Qualifie l'ensemble des techniques de communication qui font appel à la sensibilité visuelle et auditive. **2.** n. m. Ensemble de ces techniques. *Institut national de l'audiovisuel (INA)* : établissement public chargé de la conservation et de l'exploitation des archives de la radiodiffusion et de la télévision. – De *audio-*, et *visuel*.

audit [odit] n. m. Fonction destinée à contrôler, au niveau des diverses instances de conception et d'exécution d'une entreprise, la bonne gestion et la sauvegarde du patrimoine financier et l'application correcte des décisions prises. – De l'angl. *internal auditor*.

auditeur, trice [oditœʀ, tʀis] n. **1.** Personne qui écoute. *Opérer un sondage auprès des auditeurs d'une station radiophonique.* **2.** *Auditeur libre* : étudiant qui assiste à des cours sans l'obligation d'être soumis à l'examen. **3.** Nom de divers fonctionnaires. *L'auditeur à la Cour des comptes est au-dessous du référendaire, l'auditeur au Conseil d'État, au-dessous du maître des requêtes.* – Lat. *auditor*.

auditif, ive [oditif, iv] adj. Propre à l'ouïe, à ses organes. *Conduit auditif, nerf auditif.* – *Prothèse auditive*, pour corriger la surdité. – Du lat. *auditus*.

audition [odisjɔ̃] n. f. **1.** Perception des sons par l'oreille. ▷ *Seuil d'audition* : intensité minimale d'un son, à fréquence donnée, produisant une sensation auditive. **2.** Écoute. *Une audition radiophonique.* ▷ DR *Audition des témoins.* **3.** Essai que passe un artiste en vue d'un engagement. – Lat. *auditio*, de *audire*, « entendre ».

auditionner [odisjɔne] v. [1] **1.** v. intr. Présenter un échantillon de son répertoire (artistes). **2.** v. tr. *Auditionner un artiste*, assister à une présentation de son numéro pour le juger. – De *audition*.

auditoire [oditwaʀ] n. m. Ensemble des auditeurs. Syn. audience, public. – Lat. *auditorium*.

auditorat [oditɔʀa] n. m. Charge d'auditeur (sens 3). – De *auditeur*.

auditorium [oditɔʀjɔm] n. m. Salle équipée pour l'écoute, l'enregistrement, la reproduction d'œuvres sonores. – Mot lat.

auge [oʒ] n. f. **1.** Bassin de pierre, de bois ou de métal servant à donner à boire ou à manger aux animaux. **2.** Récipient utilisé par les maçons pour délayer le plâtre. **3.** GEOGR *Auge glaciaire* : vallée, d'origine glaciaire, à fond large et aux parois raides, dont le profil évoque celui d'une auge. – Lat. *alveus*, « cavité ».

augée [oʒe] n. f. Contenu d'une auge. – De *auge*.

auget [oʒɛ] n. m. **1.** Petite auge où l'on met la nourriture des oiseaux. **2.** Petite auge fixée à la circonférence d'une roue hydraulique. **3.** BALIST Pièce mécanique d'un fusil, qui reçoit la cartouche. – Dimin. de *auge*.

augite [oʒit] n. f. MINER Pyroxène d'un noir d'ébène responsable de la teinte sombre des basaltes. (C'est un silicate d'aluminium contenant en quantités variables calcium, fer et magnésium.) – Gr. *augitis*.

augment [ɔgmɑ̃] n. m. LING Addition qui se fait au commencement d'une forme verbale, à certains temps, dans certaines langues indoeuropéennes telles que le grec et le sanscrit. – Lat. *augmentum*.

augmentable [ɔgmɑ̃tabl] adj. Susceptible d'augmentation. – De *augmenter*.

augmentatif, ive [ɔgmɑ̃tatif, iv] adj. LING Se dit d'une forme grammaticale, préfixe ou suffixe, renforçant le sens d'un mot (ex. : *super* dans *superchampion*). ▷ n. m. *Un augmentatif.* – De *augment*.

augmentation [ɔgmɑ̃tasjɔ̃] n. f. **1.** Action, fait d'augmenter. *Augmentation de volume, de poids, de durée.* **2.** Majoration d'appointements. *Obtenir une augmentation.* – Lat. *augmentatio*.

augmenté, ée [ɔgmɑ̃te] adj. **1.** Qui a subi une augmentation. *Un taux d'intérêt augmenté de 3%.* **2.** MUS *Intervalle augmenté*, qui comporte un demi-ton chromatique de plus que l'intervalle juste ou majeur correspondant. – Pp. de *augmenter*.

augmenter [ɔgmɑ̃te] v. [1] **I.** v. tr. **1.** Rendre plus grand, plus considérable. *Augmenter le son, la longueur, les prix, la surface, les intérêts.* **2.** Majorer les appointements de. *Augmenter les ouvriers, les fonctionnaires.* **II.** v. pron. Rare S'accroître. **III.** v. intr. (Choses) Devenir plus grand, croître en quantité, en prix, etc. *La vie ne cesse d'augmenter. Augmenter de volume.* – Lat. imp. *augmentare*, de *augere*, « accroître ».

augural, ale, aux [ogyʀal, o] adj. Qui concerne les augures. *Science augurale.* – Lat. *auguralis*.

augure [ogyʀ] n. m. **I. 1.** ANTIQ ROM Devin qui tirait présage du chant et du vol des oiseaux. **2.** Personne qui se livre à des conjectures, prétend prédire l'avenir. **II. 1.** ANTIQ ROM Présage tiré par les augures. **2.** Ce qui semble présager l'avenir. *J'en accepte l'augure.* ▷ Loc. *Oiseau de bon, de mauvais augure* : personne qui annonce, par sa présence ou ses propos, de bonnes, de mauvaises nouvelles. – Sens I : lat. *augur.* Sens II : lat. *augurium.*

augurer [ogyʀe] v. tr. [1] Tirer de l'observation de certains signes des conjectures sur l'avenir. *Je n'augure rien de bon de tout cela.* – Lat. *augurare.*

1. auguste [ogyst] adj. et n. m. **1.** adj. Vénérable et solennel. *Une auguste assemblée.* **2.** n. m. HIST Titre porté par les empereurs romains. *Le premier auguste fut Octave.* – Lat. *augustus,* de *augur,* «consacré par les augures».

2. auguste [ogyst] n. m. Type de clown au maquillage bariolé. *L'auguste et le clown blanc.* – Par antonomase de *Auguste,* nom propre.

augustin, ine [ogystɛ̃, in] n. Religieux, religieuse qui suit la règle dite de saint Augustin. – De saint *Augustin* (354-430).

augustinien, enne [ogystinjɛ̃, ɛn] adj. **1.** Relatif à saint Augustin, à sa pensée. **2.** Qui adopte les thèses de saint Augustin sur la grâce. – De saint *Augustin.*

augustinisme [ogystinism] n. m. Doctrine de saint Augustin. – De saint *Augustin* ou de *Augustinus* (ouvrage de Jansénius).

aujourd'hui [oʒuʀdɥi] adv. et n. m. **1.** Au jour où l'on est. *Il arrive aujourd'hui.* **2.** Au temps où nous sommes, à notre époque. ▷ n. m. L'époque actuelle. *Le monde d'aujourd'hui.* – De *au, jour, de,* et *hui* (lat. *hodie,* «en ce jour»).

aula [ola] n. f. Chez les Romains, cour d'entrée d'une maison. – Mot lat.

aulique [olik] adj. HIST *Conseil aulique* : tribunal suprême dans l'ancien Empire germanique. – Lat. *aulicus,* de *aula,* «cour».

aulnaie ou **aunaie** [onɛ] n. f. SYLVIC Lieu planté d'aulnes. – De *aulne* ou *aune.*

aulne ou **aune** [on] n. m. Arbre des terrains humides (fam. bétulacées) dont une espèce (*Alnus glutinosa*), l'aulne glutineux (syn. vergne), est recherchée pour la légèreté et l'imputrescibilité de son bois. – Lat. *alnus.*

aulof(f)ée [olɔfe] n. f. MAR Mouvement d'un voilier dont l'axe se rapproche du lit du vent. Ant. abattée. – De *au lof.*

aulx [o] n. m. pl. Plur. vieilli de *ail.*

aumône [omon] n. f. **1.** Ce qu'on donne aux pauvres par charité. *Vivre d'aumônes. Faire, demander l'aumône.* Syn. obole. **2.** Fig. Faveur parcimonieuse. *L'aumône d'un sourire.* – Lat. pop. **alemosina,* du gr. *eleêmosunê,* «compassion».

aumônerie [omonʀi] n. f. **1.** Charge d'aumônier. **2.** Service administratif qui regroupe les aumôniers. *L'aumônerie des prisons.* **3.** Logement d'un aumônier. – De *aumônier.*

aumônier [omonje] n. m. **1.** Anc. Ecclésiastique attaché au service d'un grand personnage. *L'aumônier du château.* Syn. chapelain. **2.** Mod. Ecclésiastique qui exerce son ministère auprès d'une collectivité donnée. *Aumônier d'un lycée. Aumônier protestant, israélite.* – De *aumône.*

aumônière [omonjɛʀ] n. f. Anc. Petite bourse qu'on attachait, autref., à la ceinture. – De *aumône.*

aumusse [omys] n. f. **1.** Anc. Bonnet garni de fourrure en usage au Moyen Âge. **2.** Anc. Pèlerine fourrée des chanoines. – Lat. médiév. *almutia.*

aunaie. V. aulnaie.

1. aune [on] n. f. Ancienne mesure de longueur valant 1,188 m. ▷ Loc. fig. *Mesurer les autres à son aune,* les juger d'après soi-même. – Frq. **alina,* «avant-bras».

2. aune. V. aulne.

aunée [one] n. f. Longueur d'une aune. – De *aune.*

auparavant [opaʀavɑ̃] adv. Avant, antérieurement. *Il l'avait rencontré peu auparavant. Un mois auparavant.* – De *au, par,* et *avant.*

auprès [opʀɛ] adv. Litt. Dans le voisinage, non loin. *La mer est proche, il habite auprès.* – De *au,* et *près.*

auprès de [opʀɛdə] loc. prép. **1.** Dans la proximité de. *Être assis auprès de qqn ou de qqch.* **2.** Fig. Par comparaison avec. *Auprès de votre complaisance, la sienne est peu de chose.* **3.** Aux yeux de, de l'avis de. *Il passe pour érudit auprès des ignorants.* – De *au,* et *près.*

auquel. Pron. relat. V. lequel.

aura [oʀa] n. f. **1.** MED Sensation vague, précédant une crise d'épilepsie. **2.** Corps immatériel qui, selon les occultistes, entourerait certaines substances. **3.** Fig. Influence mystérieuse qui semble émaner d'une personne. *Une aura de sensibilité.* – Lat. *aura,* «souffle».

auréole [ɔʀeɔl] n. f. **1.** Couronne lumineuse dont les peintres entourent symboliquement la tête du Christ, de la Vierge et des saints. **2.** Fig. Prestige, gloire. *Parer qqn d'une auréole.* **3.** Couronne apparaissant autour de certains corps célestes; halo. **4.** Trace circulaire laissée par une tache qu'on a nettoyée. – Lat. ecclés. *aureola (corona),* «(couronne) d'or».

auréoler [ɔʀeɔle] v. tr. [1] Parer d'une auréole. ▷ Fig. Glorifier. – De *auréole.*

auréomycine [ɔʀeɔmisin] n. f. BIOL et MED Antibiotique du groupe des tétracyclines. – Du lat. *aureus,* «d'or», *-myc(e),* et *-ine.*

auriculaire [ɔʀikylɛʀ] adj. et n. m. **1.** adj. Qui se rapporte à une oreille. – ANAT Qui se rapporte à une oreillette du cœur. *Fibrillation auriculaire.* ▷ *Témoin auriculaire,* qui rapporte ce qu'il a entendu. **2.** n. m. Le plus petit doigt de la main (qu'on peut introduire dans le conduit de l'oreille). – Bas lat. *auricularius.*

auricule [ɔʀikyl] n. f. ANAT Appendice surmontant chacune des oreillettes du cœur. – Lat. *auricula,* «oreille».

auriculothérapie [ɔʀikylɔteʀapi] n. f. Méthode thérapeutique reposant sur l'idée que le pavillon de l'oreille constitue une image du fœtus et qu'en stimulant ses différents points par des aiguilles on agit sur les parties du corps qu'ils représentent. – Du lat. *auricula,* «oreille», et *-thérapie.*

auriculo-ventriculaire [ɔʀikylovɑ̃tʀikylɛʀ] adj. ANAT Appartenant à la fois à l'oreillette et au ventricule du cœur. *Orifice et sillon auriculo-ventriculaires.* – De *auricule,* et de *ventricule.*

aurifère [ɔʀifɛʀ] adj. MINER Qui contient, qui charrie de l'or. *Terrains, cours d'eau aurifères.* – Du lat. *aurum,* «or», et *-fère.*

aurification [ɔʀifikasjɔ̃] n. f. Action d'aurifier; son résultat. – De *aurifier.*

aurifier [ɔʀifje] v. tr. [2] MED Obturer (une dent) par un bloc d'or; protéger (une dent) par une couronne d'or. – Du lat. *aurum,* «or», et *-fier.*

aurige [ɔʀiʒ] n. m. ANTIQ Conducteur de char. *L'aurige de Delphes* (478 av. J.-C.), célèbre statue en bronze (musée de Delphes). – Lat. *auriga,* «cocher».

aurignacien, enne [ɔʀiɲasjɛ̃, ɛn] n. m. et adj. PREHIST Faciès culturel de la première moitié du paléolithique supérieur, caractérisé par une industrie lithique composée de lames à retouches écailleuses, de burins, de lamelles finement retouchées et d'un bel outillage osseux. ▷ adj. *La culture aurignacienne marque les débuts de l'art figuratif.* – De *Aurignac* (Hte-Garonne).

aurique [ɔʀik] adj. MAR *Voile aurique* : voile de forme trapézoïdale enverguée sur une corne. – Néerl. *oorig.*

aurochs [orɔk] n. m. Bovidé noir de grande taille (2 m au garrot) qui vécut en Europe, à l'état sauvage, jusqu'au Moyen Âge et qu'on a pu reconstituer récemment par croisements. – All. *Auerochs.*

auroral, ale, aux [orɔral, o] adj. Qui appartient à l'aurore. – De *aurore.*

aurore [orɔr] n. f. **1.** Crépuscule du matin, lumière rosée qui précède le lever du soleil. **2.** Fig. Origine, début. *L'aurore de la vie.* **3.** *Aurore polaire* : phénomène lumineux observable dans les régions polaires. *Aurore boréale, australe,* résultant du bombardement des molécules de la haute atmosphère par les rayonnements corpusculaires du Soleil et qui s'étend entre 110 et 400 km d'altitude. – Lat. *aurora.*

auscultation [ɔskyltasjɔ̃] n. f. Action d'ausculter. – Du lat. *auscultatio,* « examen ».

ausculter [ɔskylte] v. tr. [1] Écouter, directement ou à l'aide d'un stéthoscope, les bruits qui se produisent dans certaines parties internes du corps, en vue d'un diagnostic. *Ausculter le cœur. Ausculter qqn.* – Lat. *auscultare,* « écouter ».

auspice [ɔspis] n. m. **1.** (Surtout plur.) ANTIQ ROM Présage tiré de l'observation des oiseaux. **2.** Fig. *Sous d'heureux, de funestes auspices* : dans des circonstances qui présagent le succès ou l'échec. – *Sous les auspices de qqn,* sous sa protection, son patronage. – Lat. *auspicium,* de *avis,* « oiseau », et *spicere,* « examiner ».

aussi [osi] adv. et conj. **I.** adv. **1.** Également, de même. *Son père le gâte, sa mère aussi.* (On emploie *non plus* lorsque l'idée est négative. *Son père ne le gâte pas, sa mère non plus.*) **2.** Devant un adj. ou un adv. dans une comparaison, exprime l'égalité. *Cette moto est aussi rapide qu'une voiture. Ma nièce est aussi belle que gracieuse.* **II.** conj. (En tête de proposition.) C'est pourquoi, en conséquence. *Il travaille, aussi réussit-il.* ▷ Loc. conj. *Aussi bien* : après tout, d'ailleurs. *Je ne lui écris plus, aussi bien nous sommes fâchés.* ▷ *Aussi bien que* : de même que. – Du lat. pop. **alid,* du lat. class. *aliud* « autre chose », et *sic,* « ainsi ».

aussière ou **haussière** [osjɛr] n. f. MAR Fort cordage, utilisé pour l'amarrage et le remorquage des navires. – Lat. pop. **helciara,* de *helcium,* « collier de trait ».

aussitôt [osito] adv. Dans le même moment. *Il est entré et aussitôt il s'est dirigé vers moi.* ▷ Loc. conj. *Aussitôt que* : dès que. *Répondez aussitôt que vous pourrez.* – De *aussi,* et *tôt.*

austénite [ostenit] n. f. METALL Constituant des aciers, solution solide de carbone dans le fer γ. – De *Austen,* métallurgiste anglais.

austère [ɔstɛr] adj. **1.** (Personnes) Qui présente dans son attitude ou son caractère un penchant pour la gravité, la sévérité morale, la rigueur puritaine. *Un moraliste austère.* Ant. dissolu, hédoniste, libertin. **2.** (Choses) Dénué d'agréments ou de fantaisie. *Un intérieur austère.* Syn. rude, sévère. Ant. gai. – Lat. *austerus.*

austérité [ɔsterite] n. f. **1.** Caractère de ce qui est austère. ▷ ECON *Politique d'austérité,* destinée à faire baisser les prix par une diminution de la demande. **2.** (Plur.) Mortifications du corps et de l'esprit. – Lat. *austeritas.*

austral, ale, als ou **aux** [ostral, o] adj. Qui se trouve dans l'hémisphère Sud. *Terres australes,* voisines du pôle Sud. Ant. boréal. – Lat. *australis,* de *auster,* « vent du sud ».

australien, enne [ostraljɛ̃, ɛn] adj. De l'Australie, État fédéral d'Océanie. ▷ Subst. *Un(e) Australien(ne).* – *Spécial.* Aborigène d'Australie.

australopithèque [ostralɔpitɛk] n. m. PALEONT Hominidé fossile découvert en Afrique australe et orientale. (Ses restes connus les plus anciens remontent à 3,5, voire à 5 millions d'années.) – Du lat. *australis,* « méridional », et du gr. *pithêkos,* « singe ».

austro-. Élément, du lat. *Austria,* « Autriche », signifiant « autrichien ».

austro-hongrois, oise [ostroɔ̃grwa, waz] adj. et n. Relatif à l'empire d'Autriche-Hongrie (1867 - 1918). ▷ Subst. *Les Austro-Hongrois.* – Du lat. *Austria,* « Autriche », et *hongrois.*

austronésien, enne [ostronezjɛ̃, ɛn] adj. LING *Langues austronésiennes* : famille de langues parlées aux Philippines, à Taiwan, au Viêt-nam, en Indonésie, en Nouvelle-Calédonie, en Nouvelle-Guinée et à Madagascar.– De *austro-,* et *(indo)nésien.*

autan [otɑ̃] n. m. Vent de secteur Sud-Est, dans le midi de la France. – Mot provenç., du lat. *altanus,* « vent de la haute mer ».

autant [otɑ̃] adv. **I.** *Autant... que.* Marque l'égalité entre deux quantités. **1.** (Avec les quantités dénombrables.) Le même nombre de. *Autant de femmes que d'hommes.* **2.** (Avec les termes abstraits ou les quantités non dénombrables.) La même quantité de. *Autant à boire qu'à manger.* **3.** Marquant l'égalité entre deux idées exprimées par un verbe ou un adjectif. *Il travaille autant qu'il s'amuse. Bizarre autant qu'étrange!* **4.** Loc. *Autant que possible* : dans la mesure du possible. **II. 1.** La même quantité, le même degré, la même intensité. *J'en voudrais deux fois autant.* **2.** Ce dont on parle, pris individuellement. *Tous ses serments sont autant de mensonges.* ▷ Loc. prov. *Autant en emporte le vent* : ce sont choses sans lendemain. **3.** *Autant..., autant.* Pour comparer les degrés et les opposer à la fois. *Autant il peut être gai, autant il est parfois mélancolique.* **III.** Dans des loc. adv. ou conj. exprimant la proportionnalité. ▷ *D'autant* : à proportion. *Remboursez la moitié, vous serez libéré d'autant.* ▷ *D'autant plus* : à plus forte raison. ▷ *Pour autant* : malgré cela. *Il a voyagé, mais il n'a rien appris pour autant.* ▷ *D'autant (plus, moins) que* : avec cette raison (en plus ou en moins) que. *Il est malade et ne viendra pas, d'autant (plus) qu'il n'en avait pas envie.* ▷ *(Pour) autant que* : dans la mesure où (avec indic. ou subj.). *(Pour) autant qu'il m'en souvient,* ou *souvienne...* – Du lat. *alterum,* « autre », et *tantum,* « tant ».

autarcie [otarsi] n. f. Système économique d'un État, d'une région, qui peut suffire à tous ses besoins et vit seulement de ses propres ressources. – Gr. *autarkeia.*

autarcique [otarsik] adj. Relatif à l'autarcie. – De *autarcie.*

autel [otɛl] n. m. **1.** ANTIQ Table destinée aux sacrifices. **2.** Dans les rites chrétiens, table consacrée sur laquelle se célèbre la messe. ▷ Fig. (Avec une majusc.) Symbole de la religion en général. *Le Trône et l'Autel* : le pouvoir temporel et le pouvoir spirituel. – Lat. *altare,* de *altus,* « haut ».

auteur [otœr] n. m. **1.** Celui qui est la cause première de qqch. *Les auteurs de mes jours* : mes parents. *L'auteur de l'Univers* : Dieu. **2.** DR Celui de qui on tient un droit ou une propriété. *Appeler ses auteurs en garantie.* **3.** Personne qui a fait un ouvrage de littérature, de science ou d'art. ▷ Personne qui a pour métier d'écrire. *Un auteur-compositeur. La Société des auteurs. Une femme auteur.* – *Droits d'auteur* : V. droit 1 (sens I, 2). – Lat. *auctor.*

authenticité [otɑ̃tisite] n. f. Qualité de ce qui est authentique. – De *authentique.*

authentification [otɑ̃tifikasjɔ̃] n. f. Action d'authentifier. – De *authentifier.*

authentifier [otɑ̃tifje] v. tr. [2] Certifier authentique, conforme, certain. (On dit aussi, dans un registre strictement juridique, *authentiquer.*) – De *authentique.*

authentique [otɑ̃tik] adj. **1.** DR *Acte authentique*, dressé dans les formes exigées par la loi et qui fait preuve jusqu'à inscription en faux. **2.** Se dit d'une œuvre qui émane effectivement de l'auteur auquel on l'attribue. *Un authentique Vermeer.* Ant. faux. **3.** Dont la vérité ou l'exactitude ne peut être contestée. *La version authentique des faits.* Ant. imaginaire, fantaisiste. **4.** Qui émane de la nature profonde d'une personne. *Des émotions, des sentiments authentiques.* Ant. conventionnel, affecté, artificiel. – Lat. jurid. d'orig. gr. *authenticus.*

authentiquement [otɑ̃tikmɑ̃] adv. De manière authentique. – De *authentique.*

authentiquer. V. authentifier.

autisme [otism] n. m. PSYCHIAT Repliement pathologique sur soi-même, avec perte de contact avec la réalité extérieure. V. schizophrénie. – All. *Autismus,* du gr. *autos,* « soi-même ».

autiste [otist] adj. et n. Relatif à l'autisme; atteint d'autisme. *L'enfant autiste ne parle pas.* – De l'all. *autistisch.*

autistique [otistik] adj. Qui est relatif à l'autisme. *Activité autistique.* – De *autisme.*

1. auto-. Élément, du gr. *autos,* « soi-même ».

2. auto [oto] n. f. Abréviation de *automobile. Des autos.*

3. auto [auto] n. m. Drame religieux espagnol en un acte. *Auto sacramental* : auto écrit à la louange de l'Eucharistie et représenté à la Fête-Dieu en Espagne, aux XVIe et XVIIe s. – Mot esp., « acte ».

auto-accusation [otoakyzasjɔ̃] n. f. PSYCHIAT Trouble psychique consistant à s'accuser, le plus souvent à tort, d'actes ou d'intentions répréhensibles. *Des auto-accusations.*

auto-adhésif, ive [otoadezif, iv] adj. Syn. de autocollant. *Des vignettes auto-adhésives.*

auto-allumage [otoalymaʒ] n. m. Inflammation du carburant en l'absence d'étincelle à la bougie, dans les moteurs à explosion. *Des auto-allumages.*

auto-anticorps [otoɑ̃tikɔʀ] n. m. inv. Anticorps produit par un organisme contre un ou plusieurs de ses constituants, agissant contre eux comme contre des antigènes. – Calque de l'anglais *autoantibody.*

autoberge [otobɛʀʒ] n. f. Voie routière aménagée sur une berge. – De *auto(mobile),* et *berge.*

autobiographie [otobjɔgʀafi] n. f. Biographie d'une personne écrite par elle-même. Syn. mémoires.

autobiographique [otobjɔgʀafik] adj. Qui a les caractères de l'autobiographie. – De *autobiographie.*

autobronzant, ante [otobʀɔ̃zɑ̃] adj. et n. m. Se dit d'un produit cosmétique qui provoque une pigmentation de la peau, produisant un bronzage sans soleil. – De *auto-,* et ppr. de *bronzer.*

autobus [otobys] n. m. Véhicule automobile destiné aux transports en commun urbains. – De *auto(mobile),* et *(omni)bus.*

autocar [otokaʀ] n. m. Véhicule automobile destiné au transport collectif interurbain ou de tourisme. – De *auto(mobile),* et angl. *car,* « voiture ».

autocassable [otokasabl] adj. *Ampoule autocassable,* dont les extrémités se cassent par simple pression.

autocatalyse [otokataliz] n. f. CHIM Réaction chimique dans laquelle l'un des produits formés joue le rôle de catalyseur.

autocensure [otosɑ̃syʀ] n. f. Censure préventive exercée sur soi-même, et en particulier par un auteur sur ses propres œuvres.

autocéphale [otosefal] adj. **1.** *Église autocéphale* : église hiérarchiquement indépendante. *Les églises orthodoxes sont autocéphales.* **2.** *Évêque autocéphale* : évêque qui n'est pas sous l'autorité des patriarches, dans l'Église grecque. – De *auto-,* et gr. *képhalê,* « tête ».

autochenille [otoʃnij] n. f. Véhicule tout terrain muni de chenilles. – De *auto(mobile),* et *chenille.*

autochrome [otokʀom] adj. PHOTO *Procédé autochrome,* qui reproduit les couleurs par synthèse des trois couleurs fondamentales. – De *auto-,* et gr. *chrôma,* « couleur ».

autochtone [otokton] adj. et n. **1.** Se dit des populations originaires des pays qu'elles habitent. Syn. aborigène, indigène. ▷ Subst. *Les autochtones.* **2.** GEOL Se dit de formations géologiques qui n'ont pas subi de transport. *Gisement autochtone.* – Gr. *autokhthôn,* de *khthôn,* « terre ».

autoclave [otoklav] adj. et n. m. **1.** adj. Qui se ferme soi-même. *Chaudière autoclave.* **2.** n. m. TECH Récipient fermé hermétiquement à l'intérieur duquel est maintenue une forte pression, pour cuire, stériliser des substances diverses (aliments, milieux de culture, pâte à papier). – De *auto-,* et lat. *clavis,* « clé ».

autocollant, ante [otokɔlɑ̃, ɑ̃t] adj. et n. m. Qui peut être collé par simple pression. *Enveloppe autocollante.* ▷ n. m. Vignette autocollante.

autocommutateur [otokɔmytatœʀ] n. m. TELECOM Appareil qui permet la sélection et la commutation automatiques des circuits téléphoniques.

autoconsommation [otokɔ̃somasjɔ̃] n. f. Consommation des produits par leur producteur.

autocouchette(s) ou **autos-couchettes** [otokuʃɛt] adj. inv. *Train autocouchette,* qui permet, à la fois, le transport des voyageurs en couchette et de leur voiture.– De *auto(mobile),* et *couchette.*

autocrate [otokʀat] n. m. **1.** Souverain dont le pouvoir n'est limité par aucun contrôle. **2.** HIST Titre officiel des tsars à partir de Pierre le Grand. **3.** *Par anal.* Personne autoritaire, tyrannique. – Gr. *autokratês,* « qui gouverne par lui-même ».

autocratie [otokʀasi] n. f. Système politique dans lequel le monarque possède une autorité absolue. – De *autocrate.*

autocratique [otokʀatik] adj. Qui a les caractères de l'autocratie. – De *autocratie.*

autocritique [otokʀitik] n. f. **1.** POLIT Dans la pratique d'inspiration marxiste, analyse critique publique de son propre comportement. ▷ *Par ext.* Aveu de ses torts. **2.** PSYCHO Critique de soi-même, de ses comportements.

autocuiseur [otokɥizœʀ] n. m. Autoclave de ménage pour la cuisson rapide des aliments.

autodafé [otodafe] n. m. **1.** Cérémonie au cours de laquelle le pouvoir séculier faisait exécuter les jugements prononcés par l'Inquisition. – Supplice du feu. **2.** Destruction par le feu. *Faire un autodafé de ses papiers de famille.* – Portug. *auto da fe,* « acte de foi ».

autodéfense [otodefɑ̃s] n. f. **1.** Défense assurée par ses propres moyens par un individu, une collectivité, etc. **2.** PHYSIOL Réaction spontanée d'un organisme contre un agent pathogène.

autodestruction [otodɛstʀyksjɔ̃] n. f. Destruction physique ou morale de soi-même.

autodétermination [otodetɛʀminasjɔ̃] n. f. Fait, pour un peuple, de déterminer par lui-même, librement, son statut international, politique et administratif.

autodidacte [otodidakt] adj. et n. Qui s'est instruit seul, sans maître. ▷ Subst. *Un, une autodidacte.* – Gr. *autodidaktos,* de *didaskein,* « instruire ».

autodiscipline [otodisiplin] n. f. Maintien de la discipline sans intervention extérieure. - *Spécial.* Dans un établissement scolaire, maintien de la discipline par les élèves.

autodrome [otodʀom] n. m. Piste spécialement aménagée pour les courses ou les essais d'automobiles. – De *auto(mobile)*, et gr. *dromos*, « course ».

auto-école [otoekɔl] n. f. Entreprise autorisée par l'État à dispenser des cours de conduite automobile en vue de l'obtention du permis de conduire. *Des auto-écoles.* – De *auto(mobile)*, et *école*.

auto-épuration [otoepyʀɑsjɔ̃] n. f. Propriété des eaux d'éliminer elles-mêmes une partie de leurs bactéries pathogènes.

autofécondation [otofekɔ̃dɑsjɔ̃] n. f. BIOL Union de deux gamètes, mâle et femelle, produits par le même individu.

autofinancement [otofinɑ̃smɑ̃] n. m. GEST Financement des investissements d'une entreprise par prélèvement sur ses propres ressources.

autofocus [otofokys] adj. et n. m. PHOTO Se dit d'un système de mise au point automatique (équipant un appareil photographique, une caméra, etc.). *Un appareil autofocus* ou, n. m., *un autofocus.* – Mot angl., *auto-*, et *to focus*, « mettre au point ».

autogame [otogam] adj. Qui se produit par autogamie. – De *autogamie*.

autogamie [otogami] n. f. **1.** BIOL Mode de reproduction dans lequel la fécondation s'effectue à partir de deux gamètes formés dans la même cellule. **2.** BOT Mode de reproduction s'effectuant, dans une fleur hermaphrodite, par fécondation de ses ovules par son propre pollen. – De *auto-*, et gr. *gamos*, « mariage ».

autogène [otoʒɛn] adj. TECH *Soudure autogène :* soudure de pièces métalliques de même nature sans apport d'un métal étranger.

autogestion [otoʒɛstjɔ̃] n. f. Gestion d'une entreprise par les travailleurs eux-mêmes.

autogestionnaire [otoʒestjɔnɛʀ] adj. Relatif à l'autogestion ; favorable à l'autogestion. *Socialisme autogestionnaire.* – De *autogestion*.

autogire [otoʒiʀ] n. m. AERON Aéronef dont la sustentation est assurée par une voilure tournante et la propulsion par une hélice à axe horizontal. – Esp. *autogiro*, du gr. *guros*, « cercle ».

autographe [otogʀaf] adj. et n. m. Écrit de la propre main de l'auteur. *Testament autographe.* ▷ n. m. *Un autographe.*

autogreffe [otogʀɛf] n. f. CHIR Restauration d'une partie mutilée au moyen d'un greffon prélevé sur le sujet lui-même. Syn. autoplastie.

autoguidage [otogidaʒ] n. m. TECH Système qui permet à un engin de se diriger automatiquement.

autoguidé, ée [otogide] adj. Dirigé par autoguidage. *Missile autoguidé.*

auto-immun, une [otoimœ̃, yn] adj. *Maladie auto-immune*, due à une auto-immunisation (anémie hémolytique à auto-anticorps). *Des processus auto-immuns.* – De *auto-immunisation*.

auto-immunisation [otoimynizasjɔ̃] n. f. BIOL Production par l'organisme d'auto-anticorps réagissant sur un ou plusieurs de ses propres constituants (auto-antigènes). *Des auto-immunisations.* Syn. autosensibilisation.

auto-immunité [otoimynite] n. f. BIOL Propriété des individus chez lesquels se sont formés des auto-anticorps. *Des auto-immunités.* – De *auto-immunisation*.

auto-induction [otoɛ̃dyksjɔ̃] n. f. ELECTR Création d'une force électromotrice dans un circuit, par variation de son flux propre. *Des auto-inductions.* Syn. (off. déconseillé) self-induction.

autolyse [otoliz] n. f. BIOL Destruction d'un tissu par ses propres enzymes. *Lors de la métamorphose, la queue du têtard se détache à la suite d'une autolyse.* – De *auto-*, et gr. *lusis*, « destruction ».

automate [otomat] n. m. **1.** Appareil présentant l'aspect d'un être animé et capable d'en imiter les gestes. ▷ Fig. Personne dénuée d'initiative, de réflexion. **2.** TECH Appareil équipé de dispositifs qui permettent l'exécution de certaines tâches sans intervention humaine. – Gr. *automatos*, « qui se meut de soi-même ».

automaticité [otomatisite] n. f. Caractère de ce qui se fait automatiquement ou sans l'intervention de la volonté. *L'automaticité des réflexes.* – De *automatique*.

automation [otomɑsjɔ̃] n. f. Automatisation (*automation* est d'emploi critiqué). – Mot angl.

automatique [otomatik] adj. et n. m. **I.** adj. **1.** Qualifie les mouvements du corps humain exécutés sans l'intervention de la volonté, de la conscience. **2.** Qualifie un dispositif qui exécute de lui-même certaines opérations définies à l'avance. *Distributeur automatique de café.* ▷ Fig. Qui s'accomplit lorsque certaines conditions sont remplies. *Une mise à la retraite automatique.* **II.** n. m. **1.** Pistolet automatique. **2.** Système de liaison téléphonique automatique. *Dans les liaisons internationales, l'automatique est maintenant la règle.* – De *automate*.

automatiquement [otomatikmɑ̃] adv. De façon automatique. – De *automatique*.

automatisation [otomatizɑsjɔ̃] n. f. Ensemble des procédés automatiques visant à réduire ou supprimer l'intervention humaine dans les processus de production industrielle et de traitement de l'information. *L'automatisation d'une raffinerie de pétrole.* – De *automatiser*.

automatiser [otomatize] v. tr. [1] Rendre automatique le fonctionnement de. *Automatiser la gestion des stocks.* - Pp. adj. *Une chaîne de production automatisée.* – De *automatique*.

automatisme [otomatism] n. m. **1.** PHYSIOL Accomplissement des mouvements sans participation de la volonté. *L'automatisme cardiaque.* **2.** Fig. Comportement qui échappe à la volonté ou à la conscience réfléchie. *Fumer est devenu chez lui un automatisme.* **3.** TECH Dispositif dont le fonctionnement ne nécessite pas l'intervention de l'homme. – Empr. à l'angl.

automédication [otomedikatjɔ̃] n. f. MED Pratique consistant à prendre des médicaments sans avis médical et, donc, sans ordonnance.

automédon [otomedɔ̃] n. m. Poét. Cocher. – Du nom du conducteur du char d'Achille dans Homère.

automitrailleuse [otomitʀajøz] n. f. MILIT Véhicule automobile blindé puissamment armé (canon, mitrailleuse). – De *auto(mobile)*, et *mitrailleuse*.

automnal, ale, aux [otɔnal, o] adj. Qui appartient à l'automne. – De *automne*.

automne [otɔn] n. m. Saison qui succède à l'été et précède l'hiver, entre l'équinoxe (21, 22 ou 23 septembre) et le solstice (21 ou 22 décembre). ▷ Fig. *L'automne de la vie :* l'âge qui précède la vieillesse. – Lat. *autumnus*.

automobile [otomɔbil] n. f. et adj. Véhicule à moteur assurant le transport terrestre d'un nombre limité de personnes. ▷ adj. De l'automobile. *Industrie automobile.* (Abrév. : auto). *Le premier Salon de l'automobile s'est tenu en 1894.* – De *auto-*, et *mobile*.

automobilisme [otomɔbilism] n. m. Sport pratiqué avec des automobiles. – De *automobile.*

automobiliste [otomɔbilist] n. Personne qui conduit une automobile. – De *automobile.*

automoteur, trice [otomɔtœʀ, tʀis] adj. et n. **1.** adj. Qualifie un véhicule équipé d'un moteur qui lui permet de se déplacer. **2.** n. m. Péniche à moteur. **3.** CH de F n. f. Voiture propulsée par un moteur.

autonettoyant, ante [totnetwajɑ̃, ɑ̃t] adj. Qui se nettoie automatiquement, sans intervention manuelle. *Four autonettoyant.*

autonome [otonɔm] adj. **1.** Se dit d'une collectivité ou d'un territoire qui, à l'intérieur d'une structure plus vaste, s'administre librement. *Une filiale autonome. Des régions autonomes.* ▷ *Syndicat autonome,* qui n'est pas affilié à une centrale syndicale. **2.** Qui fonde son comportement sur des règles choisies librement. ▷ Qui fait preuve d'indépendance, qui se passe de l'aide d'autrui. *Un adolescent autonome.* – Gr. *autonomos,* « qui se régit par ses propres lois », de *nomos,* « loi ».

autonomie [otonɔmi] n. f. **1.** Indépendance dont jouissent les pays autonomes. **2.** Liberté, indépendance morale ou intellectuelle. **3.** Distance que peut parcourir (ou temps pendant lequel peut fonctionner) sans ravitaillement un véhicule terrestre, maritime, aérien ou spatial. – De *autonome.*

autonomisme [otonɔmism] n. m. Doctrine, mouvement politique des autonomistes. – De *autonomiste.*

autonomiste [otonɔmist] n. et adj. Partisan de l'autonomie d'un pays, d'une province. ▷ adj. *Revendications autonomistes.* – De *autonomie.*

autonyme [otonim] n. m. et adj. Substantif qui désigne un mot ayant le même signifiant. *Dans « venir est un verbe », « venir » est un autonyme.* – De *aut-,* et *-onyme,* sur *homonyme.*

autophagie [otofaʒi] n. f. BIOL Survie d'un être vivant sous-alimenté aux dépens de sa propre substance. – De *auto-,* et gr. *phagein,* « manger ».

autoplastie [otoplasti] n. f. Syn. de *autogreffe.*

autopompe [otopɔ̃p] n. f. Véhicule automobile sur lequel est montée une pompe actionnée par le moteur du véhicule. – De *auto(mobile),* et *pompe.*

autoportant, ante [otopɔʀtɑ̃, ɑ̃t] ou **autoporteur, euse** [otopɔʀtœʀ, øz] adj. CONSTR Qualifie un mur (sans poteaux d'ossature) ou une dalle (sans nervures) qui supporte son propre poids. Syn. autostable.

autoportrait [otopɔʀtʀɛ] n. m. Portrait d'un artiste exécuté par lui-même.

autopropulsé, ée [otopʀɔpylse] adj. TECH Qui possède son propre système de propulsion.

autopsie [otɔpsi] n. f. **1.** Dissection d'un cadavre et inspection de ses différents organes en vue d'un examen scientifique ou médico-légal. **2.** Fig. Examen attentif. – Gr. *autopsia,* « action de voir de ses propres yeux ».

autopsier [otɔpsje] v. tr. [2] Faire l'autopsie de. – De *autopsie.*

autopunition [otopynisjɔ̃] n. f. PSYCHO Conduite morbide d'un sujet qui combat un sentiment de culpabilité en s'infligeant une punition réelle ou symbolique.

autoradio [otoʀadjo] n. f. ou m. Poste de radio spécialement conçu pour être installé dans une automobile. – De *auto(mobile),* et *radio.*

autoradiographie [otoʀadjɔgʀafi] n. f. Radiographie obtenue en mettant une plaque photographique au contact d'un objet imprégné de substances radioactives.

autorail [otoʀɑj] n. m. CH de F Automotrice à moteur Diesel. – De *auto(mobile),* et *rail.*

autoréglage [otoʀeglaʒ] n. m. TECH Propriété d'un système capable de rétablir son fonctionnement normal sans intervention extérieure en cas de perturbation.

autorégulation [otoʀegylɑsjɔ̃] n. f. Syn. de *autoréglage* (pour des systèmes autres que technologiques). *Autorégulation d'un processus métabolique.*

autorisation [otɔʀizɑsjɔ̃] n. f. **1.** Action d'autoriser; permission. **2.** Permis délivré par une autorité. ▷ *Autorisation de crédit* : ouverture d'un crédit (par une banque). – De *autoriser.*

autorisé, ée [otɔʀize] adj. **1.** (Personnes) Pourvu d'une autorisation. **2.** (Choses) Permis. **3.** Qui fait autorité. *Un jugement autorisé. Les milieux autorisés.* – Pp. de *autoriser.*

autoriser [otɔʀize] v. [1] **I.** v. tr. **1.** Accorder à (qqn) la permission (de faire qqch). *Sa mère ne l'a pas autorisé à sortir. Son médecin lui autorise quelques sucreries.* **2.** Permettre. *J'ai autorisé cette démarche.* - *Par ext.* Fournir un motif, un prétexte (pour faire quelque chose). *Ce précédent semble nous autoriser à...* **II.** v. pron. **1.** S'accorder (qqch). *Il s'est autorisé un répit.* **2.** Prendre (qqch) comme référence, comme justification, pour... *Il s'autorise de votre exemple pour agir ainsi.* – Du lat. *auctor,* « garant ».

autoritaire [otɔʀitɛʀ] adj. **1.** Qui veut toujours imposer son autorité. Syn. tyrannique, abusif. **2.** Fondé sur l'autorité. *Un régime autoritaire.* – De *autorité.*

autoritarisme [otɔʀitaʀism] n. m. **1.** Caractère arbitraire, autoritaire, du pouvoir (politique, administratif, etc.). **2.** Tendance (de qqn) à abuser de son autorité. – De *autoritaire.*

autorité [otɔʀite] n. f. **1.** Pouvoir de commander, d'obliger à quelque chose. *L'autorité des lois.* ▷ *Autorité de justice* : pouvoir des juges. ▷ Loc. *D'autorité, de sa propre autorité* : sans y être autorisé régulièrement, en vertu du seul pouvoir qu'on s'attribue. **2.** Gouvernement, administration publique chargés de faire respecter la loi. *Force restera à l'autorité.* ▷ (Plur.) *Les autorités* : les personnes qui exercent l'autorité. **3.** Crédit, influence, ascendant. *Il a une grande autorité sur ses élèves.* **4.** *Faire autorité* : faire loi, servir de règle en la matière. *Les travaux de Pasteur sur la prophylaxie font autorité.* – Lat. *auctoritas.*

autoroute [otoʀut] n. f. Voie routière comportant deux chaussées à sens unique sans carrefour à niveau, conçue pour la circulation rapide et à grand débit des véhicules automobiles. – De *auto(mobile),* et *route.*

autoroutier, ère [otoʀutje, ɛʀ] adj. Relatif aux autoroutes; des autoroutes. *Réseau autoroutier.* – De *autoroute.*

auto sacramental. V. auto 3.

autosatisfaction [otosatisfaksjɔ̃] n. f. Satisfaction de soi-même, contentement de sa propre façon de penser, d'agir.

autosensibilisation [otosɑ̃sibilizasjɔ̃] n. f. Syn. de *auto-immunisation.*

autosome [otozom] n. m. BIOL Chromosome ne jouant aucun rôle dans la détermination du sexe. Ant. allosome ou hétérochromosome. – De *auto-,* et gr. *sôma,* « corps ».

autostable [otostabl] adj. CONSTR Syn. de *autoportant.*

auto-stop ou **autostop** [otostɔp] n. m. sing. Pratique consistant à arrêter un véhicule (au moyen d'un signe) pour être transporté gratuitement. *Faire de l'auto-stop.* Syn. fam. stop. – De *auto(mobile),* et angl. *stop,* « arrêt ».

auto-stoppeur ou **autostoppeur, euse** [otostɔpœʀ, øz] n. Personne qui pratique l'auto-stop. *Des auto-stoppeuses.* – De *auto-stop.*

autosuffisance [otosyfizɑ̃s] n. f. Autonomie de ressources ou de moyens qui dispense d'une aide extérieure.

autosuffisant, ante [otosyfizɑ̃, ɑ̃t] adj. Qualifie une personne ou un pays se suffisant à lui-même, sans aide extérieure.

autosuggestion [otosygʒɛstjɔ̃] n. f. Suggestion exercée sur soi-même. V. suggestion.

autotomie [ototɔmi] n. f. ZOOL Mutilation réflexe (patte du crabe, queue du lézard) observée chez certains animaux lorsqu'ils cherchent à échapper à un prédateur. – De *auto-*, et gr. *tomein,* « couper ».

autotransformateur [ototʀɑ̃sfɔʀmatœʀ] n. m. ELECTR Transformateur de courant alternatif dont les enroulements, primaire et secondaire, présentent une partie commune.

autotransfusion [ototʀɑ̃sfyzjɔ̃] n. f. MED Transfusion sur un individu de son propre sang prélevé précédemment dans ce but et conservé. *L'autotransfusion est utilisée notamment pour éviter une éventuelle contamination.*

autotrophe [ototʀɔf] adj. BIOL Qualifie un être vivant capable d'élaborer ses propres substances organiques à partir d'éléments minéraux. *Les végétaux sont autotrophes et les animaux hétérotrophes. Les plantes vertes sont autotrophes pour le carbone, car elles peuvent assimiler directement (respiration) le dioxyde de carbone (CO_2), composé minéral.* – De *auto-*, et gr. *trophein,* « nourrir ».

1. autour [otuʀ] adv. **I.** Dans l'espace environnant. *Un jardin avec des murs autour. Jeter ses regards tout autour.* Syn. alentour. **II.** Loc. prép. *Autour de.* **1.** Dans l'espace qui fait le tour de. *La Terre tourne autour du Soleil.* **2.** Aux environs de, dans l'entourage de. *Autour de l'église. Autour du professeur.* **3.** (Suivi d'une quantité, d'une date.) Environ. *Avoir autour de quarante ans.* – De *au,* et *tour.*

2. autour [otuʀ] n. m. ORNITH Oiseau de proie diurne (ordre des falconiformes), dont une seule espèce, l'*autour des palombes (Accipiter gentilis),* vit en Europe. – Du lat. *accipiter,* « épervier ».

autourserie [otuʀsəʀi] n. f. Art d'élever des autours. – De *autour* 2.

autovaccin [otovaksɛ̃] n. m. MED Vaccin obtenu après culture du germe prélevé sur le sujet atteint.

autre [otʀ] adj., pron. indéf. et n. m. **I.** adj. **1.** (Avec l'article indéfini.) Différent, dissemblable. *Montrez-moi un autre modèle.* ▷ *Un autre jour :* plus tard. **2.** (Avec l'article indéfini.) Second par la ressemblance, la conformité. *Un autre moi-même. C'est un autre César.* **3.** (Avec l'article défini.) Opposé, dans un groupe de deux. *L'autre rive. L'autre monde.* ▷ *L'autre jour :* l'un de ces derniers jours. **4.** (Sans article.) *Autre chose. Vous prendrez autre chose ? Passons à autre chose.* **5.** Loc. adv. *Autre part :* ailleurs, dans un autre lieu. ▷ *D'autre part :* d'un autre côté, en outre. (Souvent en corrélation avec *d'une part.*) **6.** Fam. *Nous autres, vous autres :* de notre (votre) côté, quant à nous (à vous). **II.** pron. indéf. **1.** (Renvoyant au substantif qui précède.) *J'ai vu un film, mon frère un autre.* **2.** (Avec *personne* sous-entendu, au singulier ou au pluriel.) *D'autres pardonneraient, pas moi.* ▷ *À d'autres! :* je ne crois pas ces sornettes. **3.** (Avec *choses* sous-entendu.) *J'en ai vu d'autres :* j'ai vu des choses plus extraordinaires, plus pénibles. *Il n'en fait jamais d'autres :* il commet toujours les mêmes sottises. ▷ *Entre autres :* notamment. **4.** (En relation avec *l'un* et, au plur., *les uns.*) Pour désigner deux individus, deux groupes opposés. *L'un dit blanc, l'autre dit noir.* ▷ *Ni l'un ni l'autre :* aucun des deux. ▷ *Les uns les autres :* réciproquement. *Ils s'épaulaient les uns les autres.* ▷ Loc. fig. *L'un dans l'autre :* en compensant une chose avec une autre. **III.** n. m. PHILO Toute conscience, par oppos. au sujet. *L'histoire de la personnalité est déterminée par son rapport à l'autre.* – Lat. *alter.*

autrefois [otʀəfwa] adv. Dans un temps plus ou moins lointain ; jadis. – De *autre,* et *fois.*

autrement [otʀəmɑ̃] adv. **1.** D'une autre façon. *Tiens-toi autrement!* **2.** Sans quoi, sinon. *Reposez-vous, autrement vous serez malade.* **3.** À un plus haut degré. *J'ai à traiter une affaire autrement importante.* – De *autre.*

autrichien, enne [otʀiʃjɛ̃, ɛn] adj. et n. D'Autriche, État fédéral d'Europe centrale. ▷ Subst. *Un(e) Autrichien(ne).*

autruche [otʀyʃ] n. f. Ratite struthioniforme *(Struthio camelus),* le plus grand des oiseaux actuels (2,50 m de haut), incapable de voler mais très bon coureur (40 km/h) qui vit en bandes dans les savanes africaines et qu'on élève pour ses magnifiques plumes noires ou blanches (confection de parures). – Du bas lat. *avis struthio,* gr. *strouthiôn.*

autrui [otʀɥi] pron. indéf. inv. Les autres, le prochain. *Le bien d'autrui.* – Cas régime de *autre* en a. fr., d'après *lui.*

auvent [ovɑ̃] n. m. Petit toit incliné au-dessus d'une porte. – Lat. pop. **antevannum.*

auvergnat, ate [ovɛʀɲa, at] adj. et n. **1.** adj. D'Auvergne, rég. française. ▷ Subst. *Un(e) Auvergnat(e).* **2.** n. m. Parler de l'Auvergne.

auxèse [oksɛz] ou **auxésis** [oksezis] n. f. BOT Augmentation de taille des cellules d'un végétal, entraînant l'accroissement de celui-ci. Ant. mérèse. – Gr. *auxêsis,* « augmentation ».

auxiliaire [oksiljɛʀ] adj. et n. **1.** Qui aide. *Machine auxiliaire.* – Subst. *Un auxiliaire précieux.* ▷ *Fonctionnaire auxiliaire,* ou, subst., *un(e) auxiliaire :* personne recrutée provisoirement par l'administration. Ant. titulaire. ▷ *Auxiliaires de justice :* personnes (avocat, secrétaire, greffier, huissier, etc.) qui contribuent au fonctionnement de la justice. ▷ *Auxiliaires médicaux :* soignants non médecins. **2.** GRAM *Verbes auxiliaires* ou, n. m., *auxiliaires (être* et *avoir),* qui servent à former les temps composés des verbes. – Lat. *auxiliaris.*

auxine [oksin] n. f. BOT **1.** Acide β-indolyl-acétique (A.I.A.). **2.** n. f. pl. Groupe d'hormones végétales ou phytohormones, dont l'auxine est le type, et qui ont des effets très variés sur les plantes (le principal est le phénomène d'*auxèse*). – Du gr. *auxein,* « augmenter », et *-ine.*

auxotrophe [oksɔtʀɔf] adj. BIOL Qualifie un organisme qui, pour croître, a besoin d'un ou de plusieurs macroéléments dans son alimentation. *Souche bactérienne auxotrophe pour un acide aminé.* – Du gr. *auxein,* « croître », et *trophein,* « nourrir ».

auxquels, auxquelles [okɛl] pron. relat. V. lequel.

avachir [avaʃiʀ] v. [3] **1.** v. tr. Amollir ou déformer. – Pp. adj. *Des chaussures avachies.* ▷ (S. comp.) Rendre incapable d'effort. – Pp. adj. *Il est avachi pas l'oisiveté.* **2.** v. pron. (Choses) Se déformer. *Vêtement qui s'avachit.* ▷ (Personnes) Se laisser aller. *S'avachir sur un lit.* – Du frq. **vaikjan,* « amollir ».

avachissement [avaʃismɑ̃] n. m. État d'une chose ou d'une personne avachie. – De *avachir.*

1. aval, als [aval] n. m. DR Engagement pris par un tiers de payer un effet de commerce au cas où le débiteur principal serait défaillant. *Bon pour aval.* ▷ Fig. Caution. *Donner son aval à un projet.* – Ital. *avallo,* de l'ar. *hăwālăh,* « mandat ».

2. aval [aval] n. m. sing. et adj. inv. **1.** Côté vers lequel coule un cours d'eau. **2.** Côté situé vers le bas d'une pente. ▷ adj. inv. SPORT *Ski aval*, celui qui est situé vers le bas de la pente. Ant. amont. **3.** Loc. prép. *En aval de* : au-delà de, en descendant le courant. – De *à*, et *val*.

avalanche [avalɑ̃ʃ] n. f. **1.** Glissement d'une masse considérable de neige mêlée de terre, de pierres, etc., le long des pentes d'une montagne. ▷ *Couloir* d'avalanche*. **2.** Fig. Grande quantité de. *Une avalanche d'injures*. – Du savoyard, *lavantse*, avec infl. de *aval*.

avaler [avale] v. tr. [1] **1.** Faire descendre par le gosier dans le tube digestif. *Avaler un bouillon, un œuf.* ▷ Loc. fig. *Avaler des couleuvres**. **2.** Fig. Lire avidement. *Avaler un roman policier.* **3.** Fig. Croire naïvement. *Comment a-t-il pu avaler de pareilles sornettes ?* – De *aval* 2.

avaleur [avalœʀ] n. m. *Avaleur de sabres* : bateleur dont le numéro consiste à s'introduire une lame dans le gosier. – De *avaler*.

avaliser [avalize] v. tr. [1] FIN Donner son aval à. *Avaliser un effet.* ▷ Fig. Cautionner. – De *aval* 1.

avaloir [avalwaʀ] n. m. **1.** TRAV PUBL Orifice le long d'un trottoir pour évacuer les eaux pluviales vers le réseau d'assainissement. **2.** Élément tronconique d'une cheminée, par où s'échappent les gaz et les fumées de combustion. – De *avaler*.

à-valoir [avalwaʀ] n. m. inv. Règlement partiel d'une somme. – De *à*, et *valoir*.

avance [avɑ̃s] n. f. **1.** Progression. *Il faut freiner l'avance de ces troupes.* **2.** Espace parcouru avant qqn. *Le premier avait deux longueurs d'avance.* **3.** Temps gagné (sur qqn, qqch). *Avoir deux jours d'avance.* Ant. retard. ▷ TECH *Avance à l'allumage* : dispositif permettant de régler l'instant de l'allumage, dans un moteur à explosion. ▷ Loc. adv. *À l'avance, d'avance, par avance* : de façon anticipée, avant le moment fixé. *Se réjouir d'avance.* ▷ Loc. adv. *En avance* : avant le moment prévu. **4.** Somme d'argent donnée ou reçue à titre d'acompte. *Solliciter une avance sur son salaire.* ▷ FIN *Avance en compte courant* : crédit ou découvert accordé sur un compte bancaire courant. ▷ (Plur.) Somme investie dans un capital. *Récupérer ses avances.* **5.** (Toujours au plur.) Premières démarches, premières offres pour nouer ou renouer les relations. *Répondre aux avances de qqn.* – Déverbal de *avancer*.

avancé, ée [avɑ̃se] adj. **1.** Qui se situe en avant. *Sentinelle avancée*, fort avant vers l'ennemi. **2.** Précoce. *Le blé est très avancé cette année.* ▷ *Des idées avancées*, qui devancent les opinions courantes; d'avant-garde. **3.** Arrivé à un certain degré de perfection. *Une civilisation avancée.* **4.** Dont une grande partie est écoulée, ou qui touche à son terme. *Âge avancé* : grand âge. *Après-midi bien avancé. Son manuscrit est très avancé.* **5.** Proche de la décomposition. *Viande avancée.* – Pp. de *avancer*.

avancée [avɑ̃se] n. f. **1.** Ce qui est en avant, qui fait saillie. **2.** MINES Extrémité d'une galerie en cours de creusement. **3.** PECHE Partie terminale de la ligne. – Pp. subst. fém. de *avancer*.

avancement [avɑ̃smɑ̃] n. m. **1.** Progrès, développement. *L'avancement des sciences.* Syn. progression, évolution. **2.** Promotion. *Avancement au choix, à l'ancienneté.* **3.** DR *Avancement d'hoirie* : don fait par anticipation à un héritier. – De *avancer*.

avancer [avɑ̃se] v. [12] **I.** v. intr. **1.** Aller en avant. *Il recule au lieu d'avancer.* **2.** VEN Trotter, en parlant d'un cerf. **3.** Faire des progrès vers un terme. *Ce travail avance lentement.* ▷ Fig. *Avancer en âge, en sagesse.* **4.** Obtenir de l'avancement (sens 2). **5.** Indiquer une heure plus avancée que l'heure réelle (montres). Ant. retarder. **6.** Faire saillie, dépasser de l'alignement. **II.** v. tr. **1.** Porter en avant. *Avancer un fauteuil.* **2.** Faire progresser. *Avance ton travail pour demain.* **3.** Payer par anticipation. *Il se fit avancer mille francs sur sa facture.* **4.** Prêter. *Avance-moi le prix du repas, je te rembourserai.* **5.** Faire advenir plus tôt que prévu. *La chaleur avance la végétation.* ▷ *Avancer une montre*, la mettre en avance sur l'heure réelle ou la remettre à l'heure quand elle retarde. **6.** Mettre en avant. *Ce journaliste n'avance rien qui ne soit dûment prouvé.* **III.** v. pron. **1.** (Personnes) Se porter en avant. **2.** (Choses) Faire saillie. **3.** (Temps) S'écouler. *L'après-midi s'avance et nous sommes loin de conclure.* **4.** Fig. S'engager trop avant dans ses propos ou ses démarches. *Vous vous avanceriez jusqu'à dire que...* ▷ (S. comp.) *Je crois que je me suis avancé.* – Lat. pop. **abantiare*, de *abante* « avant ».

avanie [avani] n. f. Vexation, affront public. *Essuyer des avanies.* – Ital. *avania*, « imposition des Turcs rançonnant les chrétiens ».

1. avant [avɑ̃] adv. et prép. **I.** adv. **1.** Marque l'antériorité. *Lisez avant, vous répondrez ensuite.* **2.** Marque une priorité dans la succession spatiale. *Avant, il y a un carrefour et après, une église.* **3.** Marque un éloignement du point de départ, un progrès. *N'allez pas trop avant dans le bois. Pénétrer fort avant dans la connaissance.* **4.** Loc. adv. *En avant* : devant soi. ▷ Fig. *Mettre en avant* (qqch), l'alléguer. – *Mettre en avant* (qqn), se retrancher derrière son autorité. – *Se mettre en avant* : se faire valoir. **5.** Loc. prép. *En avant de* : devant. **II.** Prép. **1.** Marque l'antériorité. *Avant l'orage, il faisait très chaud.* **2.** Marque la priorité, l'ordre dans une succession spatiale. *La boulangerie est juste avant le feu rouge.* **3.** Marque la hiérarchie, la préférence. *À l'atout, le valet est avant le neuf. Mettre Napoléon avant César.* **4.** Loc. prép. *Avant de* (avec l'infinitif) : antérieurement au fait de. (Litt. *Avant que de*.) **5.** Loc. conj. *Avant que* (Avec le subjonctif.) *Ne descendez pas avant que le train* (ne) se soit complètement arrêté. – Lat. impérial *abante*, de *ab*, « du côté de », et *ante*, « devant ».

2. avant [avɑ̃] n. m. et adj. inv. **I.** n. m. **1.** Partie antérieure d'un véhicule, d'un navire, etc. *La montée se fait par l'avant.* **2.** MILIT Front des combats. *Les soldats de l'avant.* **3.** SPORT Joueur placé devant tous les autres. **II.** adj. inv. Placé à l'avant. *La portière avant droite.* **III.** Loc. *Aller de l'avant* : progresser vivement; fig., s'engager résolument dans une affaire. – Substantivation de *avant* 1.

avantage [avɑ̃taʒ] n. m. **1.** Ce dont on peut tirer parti pour un profit, un succès; supériorité. *Quel avantage a-t-il sur moi ?* – *Avoir, prendre l'avantage* : gagner, prendre le dessus. **2.** JEU Au tennis, point marqué par un joueur lorsque la marque est à quarante partout. **3.** Profit. *Tirer avantage d'une situation.* ▷ *Avoir avantage à* : gagner à. ▷ *Avantages en nature* : élément du revenu d'un salarié qu'il ne reçoit pas sous forme d'argent (logement, voiture de fonction, etc.). – De *avant* 2.

avantager [avɑ̃taʒe] v. tr. [13] Favoriser. – De *avantage*.

avantageusement [avɑ̃taʒøzmɑ̃] adv. De manière avantageuse ou honorable. – De *avantageux*.

avantageux, euse [avɑ̃taʒø, øz] adj. **1.** Qui procure des avantages. *Prix avantageux.* **2.** Flatteur. *Avoir une opinion avantageuse de qqn.* **3.** Vain, présomptueux. *Prendre un air avantageux.* – De *avantage*.

avant-bassin [avɑ̃basɛ̃] n. m. Partie d'un port en avant du bassin. *Des avant-bassins.*

avant-bec [avɑ̃bɛk] n. m. ARCHI Partie amont d'une pile de pont. *Des avant-becs.*

avant-bras [avɑ̃bʀa] n. m. inv. Segment du membre supérieur compris entre le coude et le poignet.

avant-centre [avɑ̃sɑ̃tʀ] n. m. SPORT Au football, handball, etc. : joueur qui occupe la partie centrale de la ligne des avants. *Des avant(s)-centres.*

avant-corps [avɑ̃kɔʀ] n. m. inv. ARCHI Corps de bâtiment en saillie sur la façade.

avant-coureur [avɑ̃kuʀœʀ] adj. Précurseur. *Les signes avant-coureurs de la maladie.*

avant-dernier, ère [avɑ̃dɛʀnje, ɛʀ] adj. et n. Qui est situé avant le dernier. *L'avant-dernière page.* ▷ Subst. *L'avant-dernier au classement général. Des avant-derniers.*

avant-garde [avɑ̃gaʀd] n. f. **1.** MILIT Ensemble des éléments de reconnaissance et de protection qu'une troupe détache en avant d'elle. *Des avant-gardes.* **2.** Fig. *D'avant-garde* : qui est ou prétend être à la tête des innovations, du progrès, dans telle ou telle discipline littéraire, artistique. *Une pièce d'avant-garde.*

avant-gardisme [avɑ̃gaʀdism] n. m. Didac. Fait d'être de l'avant-garde. ▷ Bx-A Mouvement composé par de multiples courants issus du dadaïsme. – De *avant-garde.*

avant-gardiste [avɑ̃gaʀdist] adj. et n. De l'avant-garde, à l'avant-garde. ▷ Bx-A De l'avant-gardisme. ▷ Subst. *Des avant-gardistes.* – De *avant-garde.*

avant-goût [avɑ̃gu] n. m. Impression, sensation qu'on a par avance. *L'avant-goût des plaisirs à venir. Des avant-goûts.*

avant-guerre [avɑ̃gɛʀ] n. m. ou f. Période qui a précédé la guerre et, spécial., l'une des deux guerres mondiales. *Une mode d'avant-guerre. Des avant-guerres.*

avant-hier [avɑ̃tjɛʀ] adv. Dans le jour qui a précédé la veille.

avant-main [avɑ̃mɛ̃] n. m. Partie du cheval qui se trouve devant la main du cavalier. *Des avant-mains.* Ant. arrière-main.

avant-métré [avɑ̃metʀe] n. m. CONSTR Devis estimatif sommaire d'un ouvrage. *Des avant-métrés.*

avant-port [avɑ̃pɔʀ] n. m. Partie d'un port ouverte sur la mer. *Des avant-ports.*

avant-poste [avɑ̃pɔst] n. m. MILIT Poste avancé. *Des avant-postes.*

avant-première [avɑ̃pʀəmjɛʀ] n. f. Spectacle donné à l'intention des critiques avant la première représentation publique. *Des avant-premières.*

avant-projet [avɑ̃pʀɔʒɛ] n. m. Étude préliminaire d'un projet. *Des avant-projets.*

avant-propos [avɑ̃pʀɔpo] n. m. inv. Courte préface.

avant-scène [avɑ̃sɛn] n. f. **1.** Partie de la scène comprise entre le rideau et la rampe. **2.** Loge placée sur chaque côté de la scène. *Des avant-scènes.*

avant-solier [avɑ̃sɔlje] n. m. ARCHI Poutre supportant les étages en saillie d'une maison. *Des avant-soliers.*

avant-toit [avɑ̃twa] n. m. ARCHI Portion de toit en saillie. *Des avant-toits.*

avant-train [avɑ̃tʀɛ̃] n. m. Jambes de devant et poitrail d'un quadrupède. *Des avant-trains.* Ant. arrière-train.

avant-veille [avɑ̃vɛj] n. f. Jour qui précède la veille. *Des avant-veilles.*

avare [avaʀ] adj. et n. **1.** Qui a la passion de l'argent et l'accumule sans vouloir l'utiliser. Ant. prodigue, dépensier. ▷ Subst. *Un avare.* **2.** Fig. *Être avare de son temps.* – Lat. *avarus.*

avarice [avaʀis] n. f. Amour excessif de l'argent pour lui-même. – Lat. *avaritia.*

avaricieux, euse [avaʀisjø, øz] adj. D'une parcimonie mesquine. ▷ Subst (langue classique). *« La peste soit de l'avarice et des avaricieux »* (Molière). – De *avarice.*

avarie [avaʀi] n. f. **1.** Dommage arrivé à un navire ou à sa cargaison. **2.** Dommage, détérioration subie par un objet. – De l'ar., par l'ital. *avaria.*

avarié, ée [avaʀje] adj. **1.** Qui a éprouvé une avarie. *Navire, fret avarié.* **2.** Détérioré, gâté. *Viande avariée.* – Pp. de *avarier.*

avarier [avaʀje] v. tr. [2] Endommager. *La pluie a avarié les récoltes.* ▷ v. pron. S'abîmer. – De *avarie.*

avatar [avataʀ] n. m. **1.** Incarnation de Vishnu, ou d'un autre dieu, dans le brahmanisme. **2.** Fig. Transformation, métamorphose. **3.** *Abusiv.* Tracas, malheur. – Sanscr. *avatāra,* « descente ».

à vau-l'eau [avolo] loc. adv. **1.** Vx Au fil de l'eau. **2.** À l'abandon, à la ruine. *Affaire qui va à vau-l'eau.* – De *à, val,* et *eau.*

Ave [ave] ou **Ave Maria** [avemaʀja] n. m. inv. Prière à la Vierge commençant par *Ave,* dite *salutation angélique* parce que ce sont les paroles de l'archange Gabriel venu annoncer à Marie qu'elle serait la mère du Christ. – Lat. *ave,* « salut ».

avec [avɛk] prép. et adv. **A.** prép. **I. 1.** En compagnie de. *Il voyage avec un ami.* **2.** À l'égard de. *Comment se comporte-t-il avec ses enfants ?* **3.** Contre. *Se battre avec qqn.* **4.** S'agissant de. *Avec lui, il n'y a rien à faire.* **5.** Conformément à. *Penser avec Descartes que les animaux sont des machines.* ▷ Selon, aux yeux de. *Avec vous, il n'y a que le plaisir qui compte.* **6.** Pour marquer une relation entre individus. *Être ami, d'accord, en opposition, dans les pires termes,* etc., *avec qqn.* **7.** Loc. prép. *D'avec.* Pour marquer l'idée de séparation. *Divorcer d'avec...* **II. 1.** À l'aide de, grâce à. *Manger avec une fourchette.* **2.** En même temps que. *Un vent violent s'est levé avec le soleil.* **3.** En plus de. *Et avec cela, que désirez-vous ?* **4.** En ayant pris, emporté. *Il sort avec un parapluie.* **5.** Pour exprimer une relation circonstancielle. *Parler avec élégance* (manière). *Boire son whisky avec de l'eau,* à l'eau. **B.** adv. Fam. Avec cela. *Il a acheté un crayon, il dessine avec.* – Lat. pop. **apud-hoc,* « auprès de cela ».

aveline [avlin] n. f. Fruit de l'avelinier, grosse noisette allongée à cupule violacée. – Du lat. *nux abellana,* « noix d'Abella » (ville de Campanie).

avelinier [avlinje] n. m. Variété de noisetier (*Corylus avellana*) dont le fruit est l'aveline. – De *aveline.*

aven [avɛn] n. m. Gouffre naturel creusé par les eaux d'infiltration dans les régions calcaires. – A. fr. *avenc,* « gouffre ».

1. avenant, ante [avnɑ̃, ɑ̃t] adj. Qui a bon air, affable. *Visage avenant. Manières avenantes.* – Ppr. de l'anc. v. *avenir,* « convenir ».

2. avenant [avnɑ̃] n. m. DR Addition, modification à un contrat en cours. *Avenant à un marché.* – Ppr. subst. de l'anc. v. *avenir,* « revenir à (qqn) ».

avenant (à l') [alavnɑ̃] loc. adv. À proportion, en conformité. ▷ Loc. prép. *À l'avenant de* : en conformité avec. – De l'anc. v. *avenir,* qui signifie aussi « arriver ».

avènement [avɛnmɑ̃] n. m. **1.** THEOL Venue (du Messie). **2.** Accession à la souveraineté. *L'avènement de Charles X.* ▷ *Don de joyeux avènement* : don offert jadis à un nouveau souverain. – De l'anc. v. *avenir,* signifiant aussi « arriver ».

1. avenir [avniʀ] v. intr. défect. Vx Usité seulement au part. passé, *avenu,* dans l'expression *nul(le) et non avenu(e)* : considéré(e) comme inexistant(e), sans valeur. – Forme primitive de *advenir.*

2. avenir [avniʀ] n. m. **1.** Le temps à venir, les événements futurs. *Prévoir l'avenir.* ▷ Loc. adv. *À l'avenir* : désormais. **2.** Situation de qqn dans le futur. *Assurer, compromettre l'avenir de ses enfants.* ▷ Loc. adj. *D'avenir* : dont on peut espérer la réussite. *Un sportif d'avenir.* **3.**

Postérité. *Écrire pour l'avenir.* – Ellipse de *le temps à venir.*

3. avenir ou **à-venir** [avniʀ] n. m. DR Acte d'avoué à avoué, par lequel l'une des parties avertit l'autre de comparaître à date fixée, à peine de voir procéder contre lui par défaut. – De *à*, et *venir.*

Avent [avɑ̃] n. m. Temps consacré par les Églises chrétiennes à se préparer à la fête de Noël (*avènement* de Jésus), comprenant les quatre dimanches qui précèdent celle-ci. ▷ Ensemble des sermons prêchés pendant cette période. *L'Avent de Bourdaloue.* – Lat. *adventus,* « arrivée (de J.-C.) ».

aventure [avɑ̃tyʀ] n. f. **1.** Événement imprévu, extraordinaire. *Chercher l'aventure. Une aventure surprenante.* **2.** Intrigue amoureuse. *Avoir eu de nombreuses aventures.* **3.** Entreprise risquée. *Il y a un siècle, c'était une aventure de traverser l'Afrique.* **4.** Loc. adv. *D'aventure, par aventure :* par hasard. – Lat. pop. **adventura,* « ce qui adviendra ».

aventurer [avɑ̃tyʀe] **1.** v. tr. [1] Risquer, hasarder. *Aventurer sa fortune.* **2.** v. pron. Se risquer. *S'aventurer en pays inconnu.* – De *aventure.*

aventureusement [avɑ̃tyʀøzmɑ̃] adv. De façon risquée. – De *aventureux.*

aventureux, euse [avɑ̃tyʀø, øz] adj. **1.** (Personnes) Qui aime le risque. *Esprit aventureux.* **2.** (Choses) Qui comporte des risques. *Projet aventureux.* **3.** Plein d'aventures. *Vie aventureuse.* – De *aventure.*

aventurier, ère [avɑ̃tyʀje, ɛʀ] n. **1.** Personne qui cherche les aventures. *De courageux aventuriers.* **2.** Personne qui vit d'intrigues. **3.** n. m. Au Moyen Âge, soldat volontaire, mercenaire. – De *aventure.*

aventurine [avɑ̃tyʀin] n. f. **1.** Vx Pierre artificielle (« pierre d'aventure ») constituée par du verre mêlé de limaille de cuivre. **2.** Mod. Variété de quartz brun rougeâtre dans la masse duquel sont disséminées des paillettes de mica. – De *aventure,* la limaille étant jetée « à l'aventure » dans le verre.

avenu. V. avenir 1.

avenue [avny] n. f. **1.** Vx Chemin d'accès à un lieu. *Boucher les avenues.* ▷ Fig., mod. *Les avenues du pouvoir.* **2.** Voie, rue large. *L'avenue des Champs-Élysées.* – De l'anc. v. *avenir,* « arriver ».

avéré, ée [aveʀe] adj. Reconnu pour certain. *C'est un fait avéré.* – Pp. de *avérer.*

avérer [aveʀe] v. [14] **1.** v. tr. Vx Établir, prouver comme vrai. **2.** v. pron. Se révéler. *Il s'avère que :* il apparaît que. ▷ (Suivi d'un adj.) Se manifester comme. *Cette manœuvre s'est avérée utile.* ▷ Abusiv. *La nouvelle s'est avérée fausse.* – De l'a. fr. *voir,* « vrai ».

avers [avɛʀ] n. m. Face d'une pièce, d'une médaille, opposée au revers. – Lat. *adversus,* « qui est en face ».

averse [avɛʀs] n. f. Pluie soudaine et abondante de courte durée. ▷ Fig. Grande quantité de. *Une averse d'insultes.* – De *(pleuvoir) à (la) verse.*

aversion [avɛʀsjɔ̃] n. f. Violente antipathie, répugnance. *Avoir de l'aversion pour* ou *contre qqch* ou *qqn. Prendre qqn en aversion.* Ant. goût, penchant. – Lat. *aversio,* de *avertere,* « détourner ».

averti, ie [avɛʀti] adj. **1.** Informé, sur ses gardes. *Tenez-vous pour averti.* **2.** Expérimenté, compétent. *Un critique averti.* – Pp. de *avertir.*

avertir [avɛʀtiʀ] v. tr. [3] Appeler l'attention de (qqn) sur. *Je l'avais pourtant averti du danger.* – Lat. pop. **advertire,* pour *advertere,* « tourner vers ».

avertissement [avɛʀtismɑ̃] n. m. **1.** Appel à l'attention. *Un sage avertissement.* Syn. recommandation. **2.** Court avant-propos. *Avertissement de l'éditeur.* **3.** Remontrance avant la sanction. Syn. observation. **4.** FISC Invitation à payer envoyée par le contrôleur des Contributions. – De *avertir.*

avertisseur, euse [avɛʀtisœʀ, øz] n. m. et adj. **I.** n. m. **1.** Vieilli Celui qui avertit. **2.** Mod. Dispositif sonore qui avertit. *Avertisseur d'incendie, de voiture.* **II.** adj. Qui avertit. *Panneau avertisseur.* – De *avertir.*

aveu [avø] n. m. **1.** DR FEOD Déclaration constatant l'engagement du vassal envers son seigneur. ▷ *Homme sans aveu :* vagabond sans feu ni lieu. **2.** Litt. Consentement, approbation. *Il ne fait rien sans mon aveu.* **3.** Action de reconnaître qu'on a fait ou dit quelque chose. *L'aveu d'une erreur, d'un crime.* Ant. dénégation. **4.** DR Déclaration reconnaissant un fait ou un droit allégué par la partie adverse. *Aveu judiciaire,* fait en justice. *Aveu extrajudiciaire,* fait hors de la présence du juge. ▷ Loc. prép. *De l'aveu de :* selon le témoignage de, au dire de. *De l'aveu de tous, c'est un homme intelligent.* – De *avouer.*

aveuglant, ante [avœglɑ̃, ɑ̃t] adj. Éblouissant. ▷ Fig. Qu'on ne peut nier. *Vérité aveuglante.* Syn. flagrant. – Ppr. de *aveugler.*

aveugle [avœgl] adj. et n. **1.** Privé du sens de la vue. *Devenir aveugle.* ▷ Subst. *Un aveugle. Une aveugle-née.* **2.** Fig. Manquant de clairvoyance et de discernement. *La passion le rend aveugle.* **3.** Qui ne souffre pas l'examen ou la discussion (sentiments). *Une foi, une obéissance, une soumission aveugle.* **4.** Loc. adv. *En aveugle :* sans réflexion. *Juger en aveugle.* – *Essai en aveugle,* sans que le sujet d'un test ait connaissance de certaines informations. *Essai en double aveugle,* le sujet et l'expérimentateur ignorant certaines informations. – JEU *Jouer en aveugle :* aux échecs, jouer sans voir l'échiquier. **5.** ARCHI *Fenêtre aveugle :* fausse fenêtre ou fenêtre obturée, qui ne laisse pas passer le jour. – Lat. **ab oculis.*

aveuglement [avœgləmɑ̃] n. m. **1.** Vx Cécité. **2.** Fig. Manque de discernement. – De *aveugler.*

aveuglément [avœglemɑ̃] adv. Sans réflexion, sans examen. *Croire, obéir aveuglément.* – De *aveugle.*

aveugler [avœgle] v. [1] **I.** v. tr. **1.** Rendre aveugle. **2.** Gêner momentanément la vue. *L'éclat du soleil m'aveugle.* Syn. éblouir. **3.** Fig. Priver de la faculté de discernement. *La vanité l'aveugle.* Syn. égarer. **II.** v. pron. Se faire illusion, se cacher volontairement la vérité. *S'aveugler sur ses défauts.* – De *aveugle.*

aveuglette (à l') [alavøglɛt] loc. adv. **1.** Sans voir. **2.** Fig. Au hasard. – De *aveugle.*

aveulir [avøliʀ] v. tr. [3] Rendre veule. – De *veule.*

aveulissement [avølismɑ̃] n. m. Action d'aveulir; fait d'être aveuli. – De *aveulir.*

aviaire [avjɛʀ] adj. Des oiseaux, relatif aux oiseaux, à la volaille. *Peste aviaire.* – Du lat. *avis,* « oiseau ».

aviateur, trice [avjatœʀ, tʀis] n. Pilote ou membre de l'équipage d'un avion. – De *aviation.*

aviation [avjasjɔ̃] n. f. **1.** Locomotion dans l'atmosphère à l'aide d'appareils plus lourds que l'air. **2.** Ensemble des moyens permettant la navigation aérienne. ▷ *Par ext.* Tout ce qui se rapporte aux avions, à leur utilisation et au personnel qui les met en œuvre. *Aviation civile. Aviation militaire.* – Du lat. *avis,* « oiseau ».

avicole [avikɔl] adj. **1.** Se dit des parasites des oiseaux. **2.** Qui concerne l'aviculture. – Lat. *avis,* « oiseau », et *-cole.*

aviculaire [avikylɛʀ] adj. Didac. Qui concerne les oiseaux. – Lat. *avis,* « oiseau ».

aviculteur, trice [avikyltœʀ, tʀis] n. Personne qui élève des oiseaux et de la volaille. – Du lat. *avis,* « oiseau ».

aviculture [avikyltyʀ] n. f. Élevage des oiseaux et de la volaille. – Du lat. *avis,* « oiseau ».

avide [avid] adj. **1.** Qui désire ardemment se procurer qqch. *Avide de gloire, de richesse.* ▷ Cupide. *Un héritier avide.* **2.** CHIM Qui se combine facilement avec (un autre corps). – Lat. *avidus.*

avidement [avidmɑ̃] adv. De manière avide. – De *avide.*

avidité [avidite] n. f. **1.** Désir immodéré, cupidité. **2.** CHIM Caractère d'un produit avide. – Lat. *aviditas.*

avilir [aviliʀ] v. [3] **I.** v. tr. **1.** Déprécier, abaisser la valeur de. *Avilir une monnaie.* **2.** Rendre méprisable. *Avilir son nom.* Syn. déconsidérer. **II.** v. pron. Se déprécier, se dégrader. *Marchandises qui s'avilissent. S'avilir par des bassesses.* – De *vil.*

avilissant, ante [avilisɑ̃, ɑ̃t] adj. Qui avilit. Syn. dégradant. – Ppr. de *avilir.*

avilissement [avilismɑ̃] n. m. **1.** Dépréciation (d'une monnaie). **2.** Action d'avilir; état de ce qui est avili. – De *avilir.*

aviné, ée [avine] adj. Ivre. ▷ Qui dénote l'ivresse. *Démarche avinée.* – Pp. de *aviner.*

aviner [avine] v. tr. [1] Imbiber de vin (un récipient neuf). *Aviner des futailles.* – De *a-* 2, et *vin.*

avion [avjɔ̃] n. m. Aéronef plus lourd que l'air équipé d'une voilure fixe et d'un ou de plusieurs moteurs qui lui permettent de voler. – Nom de deux appareils inventés par Ader, nommés *Avion I* et *Avion II,* du lat. *avis,* « oiseau ».

avion-cargo [avjɔ̃kaʀgo] n. m. Avion aménagé pour le transport des marchandises. *Des avions-cargos.* – De *avion,* et *cargo.*

avion-citerne [avjɔ̃sitɛʀn] n. m. Avion rempli de carburant destiné à ravitailler d'autres avions en vol. *Des avions-citernes.* – De *avion,* et *citerne.*

avionique [avjɔnik] n. f. AVIAT Ensemble des équipements et des systèmes de guidage, de pilotage et de navigation qui fonctionnent avec un matériel informatique ou électronique. ▷ Technique de conception et de réalisation de ces équipements. – De *avion.*

avionneur [avjɔnœʀ] n. m. Constructeur de cellules d'avions. – De *avion.*

avion-suicide [avjɔ̃sɥisid] n. m. Syn. de *kamikaze. Des avions-suicides.* – De *avion,* et *suicide.*

avion-taxi [avjɔ̃taksi] n. m. Petit avion pouvant transporter des voyageurs à la demande. *Des avions-taxis.* – De *avion,* et *taxi.*

avipelviens [avipɛlvjɛ̃] n. m. pl. PALEONT Ordre de reptiles dinosauriens typiquement herbivores, à bec corné, dont le bassin avait une structure semblable à celui des oiseaux, et qui vécurent du trias au crétacé. – Sing. *Un avipelvien.* – Lat. *avis,* « oiseau », et *pelvis,* « bassin ».

aviron [aviʀɔ̃] n. m. **1.** MAR Rame. ▷ Cour. Rame à long manche utilisée pour les embarcations légères. **2.** Sport du canotage. *Une équipe d'aviron.* – De l'a. fr. *viron,* « tour ».

avis [avi] n. m. **1.** Opinion. *Donner un, son avis.* Syn. point de vue. ▷ *Être d'avis de* (+ inf.), *que* (+ subj.). **2.** Conseil. *Un avis charitable, paternel, amical.* **3.** Annonce d'un événement, d'un fait qu'on porte à la connaissance de qqn, du public. *Avis de passage. Avis de décès. Avis d'imposition.* **4.** FISC *Avis au tiers détenteur :* notification par laquelle le Trésor public bloque à son profit les fonds déposés dans une banque par le contribuable. **5.** *Avis au lecteur :* courte préface. – De *ce m'est à vis,* trad. du lat. pop. *(mihi est) visum,* « il m'a semblé bon ».

avisé, ée [avize] adj. Prudent, qui agit avec à-propos. *Un conseiller avisé.* – Pp. de *aviser.*

1. aviser [avize] v. tr. [1] Informer par un avis. *On m'a avisé que...* Syn. avertir. – De *avis.*

2. aviser [avize] v. [1] **1.** v. tr. Vieilli Tourner sa vue vers, apercevoir. *Aviser un ami dans la foule.* **2.** v. tr. ind. Réfléchir, faire attention. *Aviser à la situation.* ▷ (S. comp.) Prendre une décision. *Il est temps d'aviser.* **3.** v. pron. *S'aviser de :* se rendre compte brusquement de, avoir soudainement l'idée de. *S'aviser de l'arrivée de qqn. S'aviser d'un stratagème.* ▷ (Suivi de l'inf.) Être assez audacieux pour. *Si jamais vous vous avisez de me tromper...* – De *a-* 2, et *viser.*

aviso [avizo] n. m. MAR Bâtiment de guerre rapide utilisé autref. pour assurer des liaisons et auj. pour escorter d'autres navires ou pour lutter contre les sous-marins. – De l'esp. *(barca de) aviso,* « bateau d'avis ».

avitailler [avitɑje] v. tr. [1] Pourvoir de vivres, de munitions, de carburant une place, un navire, etc. – De *a-* 2, et *vitaille,* forme anc. de *victuaille.*

avitailleur [avitɑjœʀ] n. m. AVIAT Dans un aéroport : dispositif servant à avitailler un aéronef. – De *avitailler.*

avitaminose [avitaminoz] n. f. MED Affection provoquée par la carence en une ou plusieurs vitamines. – De *a-* 1, *vitamine,* et *-ose.*

avivage [avivaʒ] n. m. Action d'aviver des couleurs. – De *aviver.*

avivement [avivmɑ̃] n. m. Action d'aviver les bords d'une plaie pour en faciliter la suture. – De *aviver.*

aviver [avive] v. tr. [1] **1.** Rendre plus vif. *Aviver le feu.* Syn. attiser. **2.** Donner de l'éclat à. *Aviver une couleur, le teint.* Syn. rehausser. Ant. ternir. ▷ TECH *Aviver le marbre, les métaux,* les rendre brillants. **3.** Fig. Exciter, irriter. *Aviver une querelle, une jalousie.* **4.** CHIR *Aviver une plaie,* en mettre les parties saines à vif. – De *a-* 2, et *vif.*

avocaillon [avɔkajɔ̃] n. m. Péjor., fam. Avocat sans talent ou sans clientèle. – De *avocat.*

avocasserie [avɔkasʀi] n. f. Péjor., fam. Mauvaise chicane. – De l'anc. v. *avocasser,* péj.

avocassier, ère [avɔkasje, ɛʀ] adj. Péjor., fam. Qui se rapporte aux avocats. *Engeance avocassière.* – De l'anc. v. *avocasser,* péj.

1. avocat, ate [avoka, at] n. **1.** Personne qui fait profession de défendre des causes en justice et de conseil juridique. *Consulter un avocat. L'ordre des avocats.* ▷ *Avocat général :* magistrat du parquet, représentant du ministère public. *Avocat commis d'office,* désigné. **2.** RELIG *Avocat du diable :* celui qui, dans un procès en canonisation, est chargé de soulever les objections; cour., fig. personne qui soulève, pour mieux faire le tour de la question, et afin de mieux y répondre, des objections systématiques. **3.** Personne qui prend fait et cause pour une personne, une idée. *Se faire l'avocat d'une cause perdue.* – Lat. *advocatus.*

2. avocat [avɔka] n. m. Fruit de l'avocatier, piriforme, à la peau verte, dont la pulpe comestible, onctueuse à maturité, est très riche en vitamines. – D'un mot caraïbe, *aouicate.*

avocatier [avɔkatje] n. m. Lauracée (*Persea gratissima*) originaire d'Amérique du Sud, cultivée dans tous les pays chauds. – De *avocat* 2.

avocette [avɔsɛt] n. f. Oiseau échassier (ordre des charadriiformes) à long bec recourbé vers le haut et plumage noir et blanc. *L'avocette européenne* (Recurvirostra avocetta) *habite les marais côtiers.* – Ital. *avocetta.*

avoine [avwan] n. f. Graminacée à panicule dont une espèce (*Avena sativa*) est cultivée comme céréale pour la nourriture des chevaux (picotin d'avoine) et des volailles. – *Folle avoine* : graminée sauvage, nuisible aux cultures. – Lat. *avena*.

1. avoir [avwaʀ] v. tr. [8] **I. 1.** Posséder. *Avoir une voiture, la télévision.* ▷ Entrer en possession de, obtenir. *Il a eu le téléphone. Elle a eu un emploi de comptable.* ▷ Fam. *Avoir les moyens, avoir de quoi* : être riche. ▷ Bénéficier de. *J'espère que vous avez du beau temps.* **2.** Être dans une relation de parenté avec. *Il a une femme et deux enfants.* **3.** Pour exprimer un rapport entre personnes. *Avoir beaucoup d'amis. Avoir du monde à déjeuner.* **4.** Posséder sexuellement. ▷ Fig., fam. Duper, l'emporter sur. *Tu nous as bien eus. Courage, on les aura!* **5.** Toucher, attraper. *Avoir son train au vol.* Ant. manquer. **II. 1.** (Sans article.) Éprouver une sensation de. *Avoir chaud, faim, froid, sommeil.* **2.** (Avec article partitif.) Ressentir. *Avoir de la peine, du souci.* **3.** (Avec objet direct.) Porter sur soi. *Avoir ses papiers.* ▷ Être âgé de. *Avoir quarante ans.* **4.** (Avec objet direct et attribut.) Pour caractériser une particularité. *Il a les yeux bleus, la parole embarrassée.* **5.** *Avoir qqch* : ne pas se trouver bien (personnes); mal fonctionner (choses). *Elle n'est pas encore arrivée, elle a peut-être quelque chose.* **6.** Manifester, faire, prononcer. *Avoir un sourire de connivence. Avoir un beau geste. Avoir un mot malheureux.* **III.** (Tournures et expressions particulières.) **1.** *Avoir beau* (+ inf.) *Elle a beau se farder, elle paraît son âge* : elle se farde en vain... **2.** *En avoir à, après* (fam.), *contre (qqn),* lui manifester de l'hostilité. **3.** (Tournures impersonnelles.) *Il y a* : il existe. ▷ *Il y a cinq minutes* : cela fait cinq minutes. ▷ *Il n'y a qu'à* : il suffit de. ▷ *Qu'est-ce qu'il y a?* : qu'est-ce qui se passe? ▷ *Il n'y en a que pour lui* : il est le seul objet d'attention. **IV.** (Auxiliaire) **1.** *Avoir à,* exprimant l'obligation. *N'oublie pas ce que tu as à faire. J'ai à travailler.* ▷ *N'avoir qu'à* : avoir simplement à. *Il n'avait qu'à avouer, il était pardonné!* – (Avec nuance d'ordre.) *Tu n'as qu'à partir.* **2.** Auxiliaire des formes composées actives de tous les verbes transitifs et de la plupart des verbes intransitifs. *J'ai écrit, j'ai eu, j'ai été.* – Lat. *habere*.

2. avoir [avwaʀ] n. m. **1.** Biens, possession. *Un petit avoir.* **2.** FIN Somme due à une personne, susceptible d'être déduite du montant de la prochaine demande de paiement qui lui sera adressée. *Avoir fiscal* : syn. de *crédit* d'impôt.* – De *avoir* 1.

avoisinant, ante [avwazinɑ̃, ɑ̃t] adj. Voisin, proche.– Ppr. de *avoisiner*.

avoisiner [avwazine] v. tr. [1] **1.** Être à proximité de. **2.** Fig. Ressembler à. *Cela avoisine le génie.* – De *a-* 2, et *voisin*.

avortement [avɔʀtəmɑ̃] n. m. **1.** MED, VETER Expulsion du produit de la conception avant qu'il soit viable. **2.** Cour. Interruption provoquée de la grossesse (V. encycl.). **3.** BOT Non-développement d'un organe. **4.** Fig. Insuccès. Ant. aboutissement. – De *avorter*.

ENCYCL Depuis 1974, l'avortement médical (par aspiration ou curetage) est pratiqué légalement en France pendant les trois premiers mois de la grossesse (interruption volontaire de grossesse : I.V.G.). Un avortement thérapeutique, justifié par une maladie fœtale grave ou par une affection maternelle rendant la grossesse dangereuse, peut être décidé à toutes les dates de la grossesse par un conseil de médecins.

avorter [avɔʀte] v. intr. [1] **1.** Expulser le produit de la conception avant qu'il soit viable. **2.** BOT Ne pas parvenir à sa pleine maturité (fruits, fleurs). **3.** Fig. Ne pas aboutir, ne pas avoir le succès prévu (plans, entreprises). *Révolution qui avorte.* Syn. échouer. **4.** (Emploi transitif.) *Faire avorter un projet.* ▷ Pp. adj. *Entreprise avortée.* – Lat. *abortare*.

avorteur, euse [avɔʀtœʀ, øz] n. Péjor. Personne qui provoque l'interruption de grossesse illégalement. – De *avorter*.

avorton [avɔʀtɔ̃] n. m. **1.** Vx Prématuré. **2.** Cour., péjor. Individu difforme et chétif. – De *avorter*.

avouable [avwabl] adj. Qu'on peut avouer sans en avoir honte. *Motifs avouables.* – De *avouer*.

avoué [avwe] n. m. Officier ministériel (autref. *procureur*). (Maintenus *près les cours d'appel* par la loi du 31 décembre 1971, les *avoués près les tribunaux de grande instance* ont vu leur profession fusionnée avec la profession d'avocat.) – Du lat. *advocatus*.

avouer [avwe] v. tr. [1] **1.** Vieilli ou litt. Reconnaître pour sien. *Avouer un ouvrage. Avouer pour fils.* **2.** Vieilli Approuver, ratifier. *Principes que la morale peut avouer.* Ant. désavouer. **3.** Cour. Confesser, reconnaître. *Avouer ses erreurs.* ▷ (S. comp.) Faire des aveux. *Le prévenu a avoué.* **4.** v. pron. *S'avouer* (+ adj.) : se reconnaître (coupable, fautif, etc.). – Lat. *advocare*.

avril [avʀil] n. m. Quatrième mois de l'année, comprenant trente jours. ▷ Poét. Printemps. *Voici renaître l'avril.* ▷ *Poisson d'avril* : plaisanterie, farce faite traditionnellement le 1er avril. – Lat. *aprilis*.

avulsion [avylsjɔ̃] n. f. Action d'arracher. *L'avulsion d'une dent.* Syn. extraction. – Lat. *avulsio*.

avunculaire [avɔ̃kylɛʀ] adj. Rare Qui se rapporte à l'oncle ou à la tante. – Du lat. *avunculus,* «oncle».

avunculat [avɔ̃kyla] n. m. ETHNOL Pincipe selon lequel, dans certaines sociétés matrilinéaires, le rôle de l'oncle maternel est prédominant par rapport à celui du père. – Du rad. de *avunculaire*.

awacs [awaks] n. m. inv. Système de surveillance électronique installé à bord d'avions spéciaux; avion ainsi équipé. – Acronyme pour l'amér. *Airborne Warning and Control System,* «système d'alerte et de contrôle aéroporté».

axe [aks] n. m. **1.** Droite autour de laquelle un corps tourne. *Axe du monde,* qui relie les deux pôles de la Terre. ▷ MINER *Axe d'ordre n d'un cristal* : axe tel que les arêtes du cristal se recouvrent après une rotation de 2 π/n. **2.** TECH Pièce cylindrique autour de laquelle tourne un corps. *Axe d'une roue.* **3.** MATH Droite qui sert de référence. *Axe des abscisses.* ▷ *Axe de symétrie* : droite telle qu'à tout point d'une figure correspond son symétrique. **4.** Ligne centrale. *L'axe d'une rue.* – Voie de communication. *Les grands axes routiers.* **5.** BOT Toute partie d'un végétal qui supporte des organes appendiculaires (tige, rameau, etc.). ▷ ANAT *Axe cérébrospinal* : ensemble formé par le cerveau et la moelle épinière. Syn. névraxe. **6.** Ligne directrice (d'un projet, d'un plan). *Les grands axes de la réforme foncière.* **7.** POLIT Alliance de gouvernements en vue de coopérer à une même politique. ▷ Spécial. *L'axe Rome-Berlin* : alliance conclue en oct. 1936 entre l'Italie et l'Allemagne nazie. – Ellipt. *Les puissances de l'Axe.* – Du lat. *axis,* «essieu».

axénique [aksenik] adj. Se dit d'un être vivant élevé en laboratoire en dehors de tout contact microbien et de tout germe. – De *a-* 1, et du gr. *xénos,* «étranger».

axer [akse] v. tr. [1] **1.** Diriger selon un axe. **2.** Fig. Orienter selon telle direction. *Axer sa vie sur un idéal.* – De *axe*.

axial, ale, aux [aksjal, o] adj. Qui se rapporte à un axe. – *Éclairage axial,* au moyen de lampadaires suspendus dans l'axe d'une voie publique. – De *axe*.

axile [aksil] adj. BOT Se dit d'un mode de placentation dans lequel les graines sont groupées autour de l'axe de l'ovaire. – De *axe*.

axillaire [aksilɛʀ] adj. **1.** ANAT Qui se rapporte à l'aisselle. *Creux axillaire.* **2.** BOT *Bourgeon axillaire,* né à l'aisselle d'une feuille. – Du lat. *axilla,* «aisselle».

axiologie [aksjɔlɔʒi] n. f. PHILO Théorie des valeurs, plus partic. des valeurs morales (le bon, le bien, etc.), recherche sur leur nature et la hiérarchie à établir entre elles. – Du gr. *axios*, « qui vaut », et *-logie*.

axiologique [aksjɔlɔʒik] adj. Qui a rapport aux valeurs. – De *axiologie*.

axiomatique [aksjɔmatik] adj. et n. f. **1.** Qui tient de l'axiome. *Vérité axiomatique.* **2.** Qui raisonne sur des symboles, indépendamment de leur contenu. *Logique axiomatique.* Syn. formel. ▷ n. f. Branche de la logique qui recherche et organise en système l'ensemble des axiomes d'une science. – De *axiome*.

axiomatisation [aksjɔmatizasjɔ̃] n. f. Formulation d'un ensemble d'axiomes formant un système cohérent susceptible de constituer la base d'une théorie. – De *axiomatiser*.

axiomatiser [aksjɔmatize] v. tr. [1] Mettre sous forme d'axiome. – De *axiome*.

axiome [aksjom] n. m. Proposition générale reçue et acceptée comme vraie sans démonstration. *Tout système d'axiomes cohérents possède un modèle.* (En philosophie, le *postulat* se distingue de l'*axiome*, le premier pouvant être mis en doute alors que le second doit être accepté comme vrai.) ▷ *Par ext.* Principe posé a priori. *L'axiome selon lequel il n'y a plus de saison.* – Lat. *axioma*, du gr. *axioun*, « juger ».

axis [aksis] n. m. ANAT La seconde vertèbre cervicale, servant de pivot aux mouvements de la tête. – Mot lat. *axis*, « axe ».

axolotl [aksɔlɔtl] n. m. ZOOL Larve de l'amblystome ayant la faculté d'acquérir la maturité sexuelle et de se reproduire sans passer par le stade adulte (phénomène de néoténie). – Mot aztèque.

axone [aksɔn] n. m. ANAT Prolongement cylindrique et allongé du neurone qui conduit l'influx nerveux vers une synapse neuro-effectrice. Syn. cylindraxe. – De *axe*.

axonge [aksɔ̃ʒ] n. f. Graisse de porc fondue utilisée autref. comme lubrifiant d'essieu, ainsi qu'en parfumerie et en pharmacie. – Lat. *axungia*, de *axis*, « essieu », et *ungere*, « graisser ».

axonométrie [aksɔnɔmetʀi] n. f. TECH Représentation d'un volume en perspective à partir de trois axes faisant entre eux un angle de 120 degrés, qui conserve les distances entre les points situés sur les droites parallèles aux axes de référence. – Du gr. *axôn*, « axe », et *metron*, « mesure ».

axonométrique [aksɔnɔmetʀik] adj. TECH Relatif à l'axonométrie. *Perspective axonométrique.* – De *axonométrie*.

ayant cause [ɛjɑ̃koz] n. m. DR Celui auquel les droits d'une personne ont été transmis. *Les ayants cause.* – De *avoir*, et *cause*.

ayant droit [ɛyɑ̃dʀwa] n. m. Celui qui a droit, ou qui est intéressé à qqch. *Les ayants droit aux allocations familiales.* – De *avoir*, et *droit*.

ayatollah [ajatɔla] n. m. Dignitaire musulman chiite. – Mot arabe, « verset de Dieu ».

aye-aye [ajaj] n. m. ZOOL Lémurien malgache en voie de disparition, de la taille d'un chat, au pelage argenté, avec une queue touffue et des doigts très minces, unique représentant de la famille des daubentonidés (*Daubentonia madagascariensis*) – Onomat.

aymará [aimaʀa] n. m. Langue parlée en Bolivie et au Pérou (près de 3 millions de locuteurs). – Mot aymará.

azalée [azale] n. f. Arbuste ornemental cultivé pour ses fleurs colorées (fam. éricacées, genre *Rhododendron*). – Du gr. *azaleos*, « sec ».

azéotrope [azeotʀɔp] n. m. (et adj.) CHIM Mélange de liquides caractérisé, comme un corps pur, par une température d'ébullition constante sous une pression donnée. ▷ adj. *Un mélange azéotrope.* – De *a-* 1, du gr. *zein*, « bouillir », et *tropos*, « action de tourner ».

azéotropique [azeotʀɔpik] adj. CHIM Qui a le caractère d'un azéotrope. – De *azéotrope*.

azilien, enne [aziljɛ̃, ɛn] adj. et n. m. PREHIST Se dit d'un ensemble industriel du épipaléolithique, postérieur au magdalénien final dont il dérive. – Du *Mas d'Azil*, site préhistorique de l'Ariège.

azimut [azimyt] n. m. ASTRO Angle compris entre le plan vertical passant par l'axe de visée et le plan vertical de référence (plan du méridien de l'observateur). *Azimut d'un astre.* ▷ MILIT *Défense tous azimuts*, efficace dans toutes les directions. ▷ Fam. *Dans tous les azimuts, tous azimuts* : dans toutes les directions en même temps. *Courir dans tous les azimuts.* – De l'ar. *al-samt*, « le droit chemin ».

azimutal, ale, aux [azimytal, o] adj. Qui représente ou qui mesure des azimuts. – De *azimut*.

azimuté, ée [azimyte] adj. Pop. Fou, déboussolé. – De *azimut*.

1. azoïque [azɔik] adj. GEOL *Terrains azoïques*, qui ne contiennent ni fossiles, ni traces de vie. – De *a-* 1, et gr. *zôon*, « animal ».

2. azoïque [azɔik] adj. (et n. m.) CHIM Se dit des composés organiques renfermant le radical −N=N−. *Colorants azoïques.* – n. m. *Un azoïque.* – De *azote*.

azonal, ale, aux [azɔnal, o] adj. PEDOL Se dit d'un sol dont la constitution n'est pas liée à une zone climatique du globe terrestre, mais à des conditions locales. – De *a-* 1, et *zone*.

azoospermie [azɔɔspɛʀmi] n. f. MED Absence de spermatozoïdes dans le sperme. – De *a-* 1, gr. *zôê*, « vie », et *sperme*.

azote [azɔt] n. m. Élément de numéro atomique Z = 7, de masse atomique 14,0067 (symbole N). *L'azote est un des principaux éléments constitutifs de la matière vivante.* – Gaz (N_2 : *diazote*), incolore et inodore, peu réactif et peu soluble dans l'eau, qui bout à −196 °C et se solidifie à −210 °C. *L'azote constitue 78 % environ du volume de l'atmosphère terrestre.* – De *a-* 1, et gr. *zôê*, « vie ».

ENCYCL **Biochim.** – *Cycle de l'azote.* Les végétaux supérieurs absorbent les nitrates du sol et incorporent l'azote dans des composés organiques (acides nucléiques, protéines). Les animaux consomment ces végétaux et incorporent ainsi à leur tour l'azote. À la mort de ces derniers, les microorganismes responsables de la putréfaction de leurs cadavres libèrent les produits ammoniacaux qui vont être transformés en nitrates réutilisables par les végétaux supérieurs.

azoté, ée [azɔte] adj. Qui contient de l'azote. *Composés azotés.* – De *azote*.

azotémie [azɔtemi] n. f. MED Taux des produits d'excrétion azotés (urée, urates) dans le sang. – De *azote*, et *-émie*.

azotobacter [azɔtobaktɛʀ] n. m. MICROB Genre d'azotobactériale, aérobie et fixatrice de l'azote atmosphérique. – De *azote*, et *bacter*.

azotobactériales [azɔtobakteʀjal] n. f. pl. MICROB Classe de mycobactéries, fixant dans certaines conditions l'azote atmosphérique. – De *azotobacter*.

azoturie [azɔtyʀi] n. f. MED Élimination, parfois excessive, des composés azotés (urates, urée) par l'urine. – De *azote*, et *-urie*.

A.Z.T. n. m. ou f. MED Produit ayant une action contre les virus, utilisé dans le traitement du sida. – Sigle de *azidothymidine*.

aztèque [astɛk] adj. Relatif aux Aztèques, à leur civilisation dans l'anc. Mexique. – Mot mexicain.

azulejo [azuleʀo] n. m. Carreau de faïence émaillée, d'abord bleu, d'origine arabo-persane, employé en Espagne et au Portugal. – Mot esp., de *azul*, « bleu ».

azur [azyʀ] n. m. **1.** Ancien nom du lapis-lazuli ou *pierre d'azur.* **2.** TECH Verre coloré en bleu par une poudre d'oxyde de cobalt. **3.** Litt. Couleur bleu clair limpide. ▷ Poét. Ciel. *Contempler l'azur.* ▷ *La Côte d'Azur :* la côte méditerranéenne entre Toulon et Menton. **4.** HERALD Couleur bleue, représentée en gravure par des hachures horizontales. – Esp. *azul*, du pers., par l'ar.

azurage [azyʀaʒ] n. m. **1.** Passage du linge blanc au cours du rinçage dans une solution bleue, qui rend son aspect plus agréable. **2.** Opération destinée à masquer la teinte grisâtre d'une pâte à papier. – De *azurer.*

azuré, ée [azyʀe] adj. **1.** De la couleur de l'azur. **2.** Qui a subi l'azurage. – Pp. de *azurer.*

azuréen, enne [azyʀeɛ̃, ɛn] adj. De la Côte d'Azur. – De *azur.*

azurer [azyʀe] v. tr. [1] **1.** Rendre de couleur azur. **2.** Pratiquer l'azurage du linge. – De *azur.*

azurite [azyʀit] n. f. MINER Carbonate de cuivre hydraté naturel de couleur bleue. – De *azur*, et *-ite* 3.

azygos [azygos] adj. inv. et n. f. ANAT *Une veine azygos* ou, n. f., *une azygos :* chacune des deux veines asymétriques qui font communiquer entre elles les veines caves supérieure et inférieure. – Gr. *azugos*, « non accouplé ».

azyme [azim] adj. (et n. m.) Sans levain. *Pain azyme :* pain que mangent les juifs à l'époque de la pâque ; pain dont on fait les hosties. ▷ n. m. Pain sans levain. – *La fête des azymes* ou *les Azymes :* la pâque juive. – Lat. *azymus*, du gr. *azumos*, de *zumê*, « levain ».

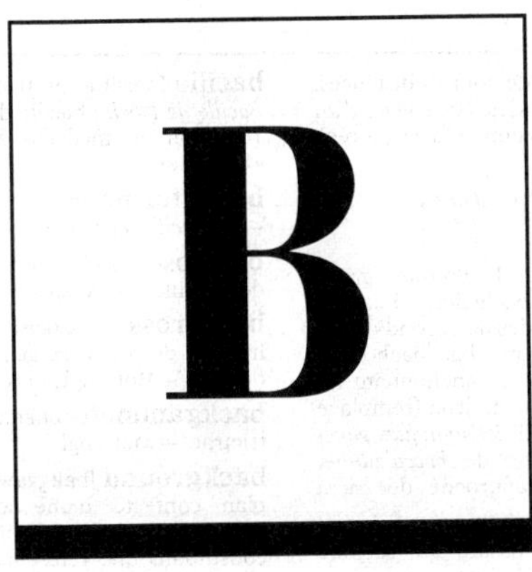

b [be] n. m. **1.** Deuxième lettre (b, B) et première consonne de l'alphabet, notant l'occlusive bilabiale sonore [b]. ▷ Loc. fig. *Le b.a.-ba* : les rudiments, les connaissances élémentaires. **2.** CHIM B : symbole du bore. ▷ PHYS b : symbole du barn. B : symbole du bel.

Ba CHIM Symbole du baryum.

B.A. [bea] n. f. Abrév. de *bonne action*.

baasiste [baasist] adj. et n. Partisan du Baas, parti politique panarabe fondé en 1952.

1. baba [baba] adj. inv. Fam. Stupéfait. *J'en suis resté baba.* – Onomat., de *ébahi*.

2. baba [baba] n. m. Gâteau spongieux préparé avec une pâte levée qu'on imbibe de sirop et de rhum. – Mot polonais.

baba cool [babakul] n. Nom donné à ceux qui, après le déclin du mouvement hippie dans les années 1970, en perpétuent le style et les idéaux. *Des babas cool.* – adj. (inv. en genre) *Une mentalité baba cool.* – De *baba*, mot hindi, « papa », et de l'angl. *cool*, « détendu, calme ».

babeurre [babœʀ] n. m. Liquide séreux, aigrelet, qui reste après qu'on a battu la crème pour obtenir le beurre. – De *battre*, et *beurre*.

babil [babil] n. m. Abondance de paroles futiles, bavardage continuel. *Le babil des enfants.* Syn. caquet. – Par anal. *Le babil de la pie.* – Déverbal de *babiller*.

babillage [babijaʒ] n. m. **1.** Action de babiller. **2.** PSYCHO Émission par l'enfant de sons plus ou moins articulés avant la période d'acquisition du langage. – De *babiller*.

babillard, arde [babijaʀ, aʀd] adj. Qui babille sans cesse ; bavard. *Il est trop babillard pour garder un secret.* ▷ n. f. Arg. Lettre, missive. – De *babiller*.

babiller [babije] v. intr. [1] Bavarder beaucoup, futilement. – Rad. *bab-*, onomat. ; a. fr. « bégayer ».

babines [babin] n. f. pl. Lèvres pendantes de certains animaux. *Singe qui remue les babines.* ▷ Fam. (Personnes) *S'en lécher, s'en pourlécher les babines* : se passer la langue sur les lèvres (en signe de gourmandise satisfaite ou en pensant à une chose savoureuse). – Du rad. *bab-*, onomat.

babiole [babjɔl] n. f. **1.** Petit objet sans grande valeur. **2.** Fig. Fait sans importance, bagatelle. – Ital. *babbola*.

babiroussa [babiʀusa] n. m. Mammifère suidé à poils rares (genre *Babirussa*), de la taille d'un sanglier, vivant aux Célèbes. (Les canines du mâle forment quatre défenses recourbées qui peuvent atteindre 40 cm.) – Mot malais.

babisme [babism] n. m. Doctrine issue de l'islam chiite. *Le babisme fut supplanté par le bahāïsme.* – Du n. de son fondateur, le *Bāb* (« porte » de la Vérité) *Mirzā Ali Muhammad* (1819-1850).

bâbord [babɔʀ] n. m. MAR Côté situé à gauche de l'axe longitudinal du navire lorsqu'on regarde vers l'avant (par oppos. à *tribord*). – Néerl. *bakboord*.

babouche [babuʃ] n. f. Chaussure en cuir sans quartier ni talon, en usage dans les pays islamiques. – Pantoufle, de même forme, en cuir ou en tissu. – Ar. *bâboûch ; papouch*.

babouin [babwɛ̃] n. m. Singe cercopithécidé africain (diverses espèces du genre *Papio* : babouin vrai, hamadryas, mandrill, etc.). V. cynocéphale. – Du rad. onomat. *bab-*.

babouvisme [babuvism] n. m. Doctrine de Gracchus Babeuf, de ses partisans *(babouvistes)*, aspirant à un système proche du communisme. – Du n. de François Noël, dit Gracchus *Babeuf* (1760-1797), révolutionnaire français.

baby [bebi ; babi] n. m. et adj. inv. (Anglicisme) **1.** n. m. Vieilli Bébé. ▷ adj. inv. *Taille baby* : de la taille d'un bébé, en parlant de vêtements. **2.** adj. inv. Plus petit que la quantité ou la dose habituelle. *Un whisky baby* ou, n. m., *un baby.* – Mot angl., « bébé ».

baby-boom [bebibum ; babibum] n. m. (Anglicisme) Explosion démographique de l'après-guerre (1945-1963). ▷ *Par ext.* Augmentation importante du taux de natalité. – Mot angl., de *baby*, « bébé », et *boom*, « explosion ».

baby-foot [babifut] n. m. inv. Jeu qui se pratique sur une table représentant un terrain de football et où se trouvent des figurines en forme de joueurs fixées sur des tringles que l'on actionne au moyen de manettes pour déplacer une petite balle. ▷ Cette table elle-même. – De l'angl. *baby*, « bébé », et *foot(ball)*.

babylonien, enne [babilɔnjɛ̃, ɛn] adj. et n. **1.** adj. De Babylone, anc. v. de Mésopotamie. ▷ Subst. *Un(e) Babylonien(ne).* **2.** n. m. *Le babylonien* : la langue anc. dérivant de l'akkadien.

baby-sitter [bebisitœʀ] n. Personne rémunérée pour garder un bébé, un jeune enfant, à la demande des parents. *Des baby-sitters.* – Mot angl., de *baby*, « bébé », et *to sit*, « se tenir (quelque part) ».

baby-sitting [bebisitiŋ] n. m. Activité d'un(e) baby-sitter. *Des baby-sittings.* – Mot angl.

1. bac [bak] n. m. **1.** Bateau à fond plat servant à faire traverser un bras d'eau ou un lac à des personnes, des véhicules. ▷ AVIAT *Bac aérien* : avion qui transporte des automobiles et leurs passagers sur de courtes distances. **2.** Récipient destiné à des usages variés. *Bac à glace d'un réfrigérateur. Bac à douche.* – Lat. pop. **baccus*, «récipient».

2. bac [bak] n. m. Fam. Abrév. de *baccalauréat.*

bacantes. V. bacchantes.

baccalauréat [bakalɔʀea] n. m. **1.** Premier grade universitaire, qui donne le titre de bachelier. – Examen qui donne ce grade, à la fin des études du second degré. *Il a obtenu le baccalauréat.* (Abrév. fam. : bac, bachot). **2.** *Baccalauréat en droit :* autref., diplôme sanctionnant les deux premières années de la licence en droit (remplacé par le *diplôme d'études juridiques* ou *économiques générales*). – Lat. médiév. *baccalaureatus*, de *baccalaureus*, d'après *baccalarius*, «bachelier», rapproché de *bacca laurea*, «baie de laurier».

baccara [bakaʀa] n. m. Jeu de hasard qui se joue avec un ou plusieurs jeux de 52 cartes, entre un banquier et des joueurs *(pontes).*

baccarat [bakaʀa] n. m. Cristal de la manufacture de Baccarat. – Du n. de *Baccarat*, localité de Meurthe-et-Moselle.

bacchanale [bakanal] n. f. **1.** Plur. ANTIQ ROM Fêtes religieuses dédiées à Bacchus. **2.** Tableau ou bas-relief représentant ces fêtes. **3.** Fig., vieilli Désordre, débauche tapageuse. – Lat. *bacchanalia*, «fêtes de Bacchus», du nom du dieu romain.

bacchante [bakɑ̃t] n. f. **1.** ANTIQ ROM Femme participant au culte de Bacchus. **2.** Fig., vieilli Femme de conduite désordonnée et sans pudeur. – Lat. *bacchans, bacchantis*, «qui célèbre les fêtes de Bacchus».

bacchantes ou **bacantes** [bakɑ̃t] n. f. pl. Arg. Moustaches. *Il a de belles bacchantes.* – De l'all. *Backen*, «joue», avec infl. de *bacchante.*

bâchage [bɑʃaʒ] n. m. Action de bâcher. – De *bâcher.*

bâche [bɑʃ] n. f. **1.** Forte toile, souvent rendue imperméable et imputrescible, destinée à mettre des voitures, des chargements, des récoltes, etc., à l'abri des intempéries. **2.** HORTIC Châssis vitré utilisé pour protéger des plantes. **3.** TECH Réservoir d'eau alimentant une chaudière. – Lat. d'orig. gaul. *bascauda*, par l'a. fr. *baschoe*, «baquet».

bachelier, ère [baʃəlje, ɛʀ] n. **1.** HIST Au Moyen Âge, jeune homme aspirant à devenir chevalier. **2.** Titre d'une personne qui a passé avec succès le baccalauréat. – Lat. pop. d'orig. gaul. **baccalaris*, «jeune homme».

bâcher [bɑʃe] v. tr. [1] Couvrir d'une bâche. – De *bâche.*

bachi-bouzouk [baʃibuzuk] n. m. HIST Soldat irrégulier enrôlé autref. en Turquie, en temps de guerre, comme volontaire. *Des bachi-bouzouks.* – Mot turc, «mauvaise tête».

bachique [baʃik] adj. Qui a rapport à Bacchus ou au vin. *Fête bachique. Chanson bachique :* chanson à boire. – Lat. *bacchicus.*

1. bachot [baʃo] n. m. Petit bac. – De *bac* 1.

2. bachot [baʃo] n. m. Fam. Baccalauréat. *Il a raté son bachot.* – De *baccalauréat.*

bachotage [baʃɔtaʒ] n. m. Action de bachoter. – De *bachot* 2.

bachoter [baʃɔte] v. intr. [1] Préparer le bachot, un examen quelconque, par un travail intensif faisant appel surtout à la mémoire. – De *bachot* 2.

bacillaire [basilɛʀ] adj. Qui se rapporte aux bacilles. *Infection bacillaire.* ▷ Subst. Malade atteint de tuberculose (porteur de bacilles de Koch). – De *bacille.*

bacille [basil] n. m. Bactérie en forme de bâtonnet. – *Bacille de Koch :* bacille de la tuberculose, découvert en 1882 par le médecin all. R. Koch. – Lat. *bacillum*, «bâtonnet».

bacilliforme [basilifɔʀm] adj. En forme de bacille. – De *bacille*, et *forme.*

bacillose [basiloz] n. f. MED Toute maladie causée par des bacilles. – De *bacille*, et *-ose* 2.

backcross [bakkʀɔs] n. m. BIOL Croisement d'un hybride de première génération avec le parent de sexe opposé. – Mot angl., «croisement en retour».

backgammon [bakgamɔ :n] n. m. Nom angl. du trictrac. – Mot angl.

background [bakgʀawnd] n. m. (Anglicisme) Arrière-plan, contexte (d'une action, d'un événement, d'une situation). ▷ Expérience, ensemble de connaissances, constituant une référence. *Son background a décidé le recruteur.* – Mot angl., de *back*, «qui est derrière», et *ground*, «sol».

bâclage [bɑklaʒ] n. m. Action de bâcler. – De *bâcler.*

bâcle [bɑkl] n. f. Traverse assurant la fermeture d'une porte, d'une fenêtre. – Déverbal de *bâcler.*

bâcler [bɑkle] v. tr. [1] **1.** Fam. Faire (un travail) trop rapidement et sans application. **2.** Vx Fermer une porte ou une fenêtre avec une bâcle. – Lat. pop. **bacculare*, de *baculum*, «bâton».

bacon [bekɔn] n. m. Lard fumé. – Frq. **bakko*, «jambon»; empr. à l'angl.

bactéricide [bakteʀisid] adj. Qui tue les bactéries. – De *bactérie*, et *-cide.*

bactérie [bakteʀi] n. f. Être vivant unicellulaire, procaryote (sans noyau individualisé), dépourvu de chlorophylle. – Gr. *baktêria*, «bâton».

ENCYCL Les bactéries sont de très petite taille (de l'ordre du micron) et munies d'une paroi externe, rigide, de nature glucidique. Elles possèdent un seul chromosome, de structure circulaire, qui se trouve plus ou moins replié sur lui-même dans le cytoplasme, sans aucune membrane autour : les bactéries sont des procaryotes. L'envahissement d'un milieu favorable se fait par division très rapide (toutes les trente minutes) des individus, ce qui correspond à une reproduction asexuée (végétative). Des phénomènes sexuels ont été récemment mis en évidence, au cours desquels les bactéries se conjuguent et échangent des portions de chromosomes. Les bactéries pratiquent tous les types de nutrition : – *autotrophie :* bactéries possédant un pigment (la bactérioviridine) qui leur permet d'effectuer une sorte de photosynthèse; – *saprophytisme :* bactéries de la putréfaction; – *parasitisme :* bactéries pathogènes qui agissent sur l'hôte soit directement, soit par la sécrétion de toxines, soit de ces deux façons à la fois. Les bactéries ont de nouveaux champs d'utilisation en biotechnologie (notam. fermentation bactérienne et manipulations génétiques).

bactérien, enne [bakteʀjɛ̃, ɛn] adj. Qui se rapporte aux bactéries; provoqué par une bactérie. *Infection bactérienne.* – De *bactérie.*

bactériologie [bakteʀjɔlɔʒi] n. f. Partie de la microbiologie qui étudie les bactéries et les infections bactériennes. – De *bactérie*, et *-logie.*

bactériologique [bakteʀjɔlɔʒik] adj. Qui se rapporte à la bactériologie. ▷ *Arme bactériologique*, qui utilise des bactéries infectieuses. – De *bactériologie.*

bactériologiste [bakteʀjɔlɔʒist] n. Biologiste qui pratique la bactériologie. – De *bactériologie.*

bactériophage [bakteʀjɔfaʒ] n. m. MICROBIOL Virus parasite de certaines bactéries. (On dit mieux *phage.*) – De *bactérie*, et *-phage.*

bactériostatique [bakteʀjɔstatik] adj. (et n. m.) Qui bloque la multiplication bactérienne. *Antibiotique bactériostatique.* – n. m. *Un bactériostatique.* – De *bactérie,* et *-statique.*

bactrien, enne [baktʀijɛ̃, ɛn] adj. Qui concerne Bactres (auj. *Balkh,* en Afghānistān) ou la Bactriane, anc. contrée d'Asie centrale. ▷ Subst. *Un(e) Bactrien(ne).* ▷ n. m. Parler des Bactriens.

bacula [bakyla] n. m. CONSTR Lattis de bois que l'on cloue au-dessous des solives et que l'on recouvre d'un enduit de plâtre qui constitue le plafond. – Lat. *baculum,* « bâton ».

badaud, aude [bado, od] n. et adj. (Rare au fém.) Personne flâneuse dont la curiosité est éveillée par le moindre spectacle de la rue. ▷ adj. *Une allure badaude.* – Provenç. *badau,* de *badar,* « béer ».

badauder [badode] v. intr. [1] Flâner en curieux. – De *badaud.*

badauderie [badodʀi] n. f. Fait de badauder; comportement du badaud. – De *badaud.*

baderne [badɛʀn] n. f. Fam. *Baderne, vieille baderne :* homme (partic., militaire) âgé et tatillon, aux idées rétrogrades. – De l'ital. ou de l'esp. *baderna,* « vieux cordage ».

badge [badʒ] n. m. **1.** Insigne scout. **2.** Insigne voyant porté sur un vêtement à des fins publicitaires ou pour indiquer son appartenance à un groupe. ▷ TECH Dosimètre porté par le personnel d'une installation nucléaire. ▷ Document d'identité magnétique ou perforé. – Mot angl., « insigne ».

badiane [badjan] n. f. BOT Plante dicotylédone, arbuste (*Ilicium verum,* fam. magnoliacées) dont le fruit, *l'anis étoilé,* aromatique, sert à fabriquer l'anisette. – Persan *badian,* « anis ».

badigeon [badiʒɔ̃] n. m. **1.** Peinture grossière dont on enduit les murs ou les plafonds. **2.** MED Liquide médicamenteux (désinfectant, analgésique, etc.) dont on enduit une partie malade.

badigeonnage [badiʒɔnaʒ] n. m. Action de badigeonner; son résultat. – De *badigeonner.*

badigeonner [badiʒɔne] v. tr. [1] **1.** Peindre avec un badigeon. **2.** MED Enduire d'un liquide médicamenteux. *Badigeonner une écorchure de mercurochrome.* – De *badigeon.*

badigeonneur [badiʒɔnœʀ] n. m. Fam., péjor. Peintre sans talent. – De *badigeonner.*

badigoinces [badigwɛ̃s] n. f. pl. Pop. Lèvres, babines.

1. badin, ine [badɛ̃, in] adj. Enjoué, plaisant. *Un esprit badin. La conversation prend un tour badin.* – Du provenç. *badau,* « niais ».

2. badin [badɛ̃] n. m. AVIAT Vx Anémomètre. – De *Badin,* nom de l'inventeur.

badinage [badinaʒ] n. m. Litt. Action de badiner; discours de qqn qui badine. *Un badinage amoureux.* – De *badiner.*

badine [badin] n. f. Baguette mince et souple. – Déverbal de *badiner.*

badiner [badine] v. intr. [1] Plaisanter, parler de manière enjouée et légère. *Il ne badine pas avec... :* il prend au sérieux, attache de l'importance à... – De *badin* 1.

badinerie [badinʀi] n. f. Ce qu'on dit, ce qu'on fait en badinant. – De *badiner.*

bad-lands [badlɑ̃ds] n. f. pl. GEOGR Région argileuse entaillée par l'érosion linéaire en ravins étroits et profonds que séparent des crêtes. (Forme fréquente sur les versants à pente forte, dans les zones de climat subdésertique ou méditerranéen, aux pluies rares et violentes.) – Angl. *bad,* « mauvais », et *land,* « terre ».

badminton [badmintɔn] n. m. Jeu apparenté au tennis, qui se joue avec un volant que l'on envoie par-dessus un filet à l'aide de raquettes. – Mot angl.

baffe [baf] n. f. Pop. Gifle.

baffle [bafl] n. m. (Anglicisme) **1.** AUDIOV Écran acoustique rigide sur lequel sont fixés un ou plusieurs haut-parleurs. **2.** Abusiv. Cour. Enceinte acoustique. – Mot angl., « chicane, zigzag ».

bafouer [bafwe] v. tr. [1] Traiter avec mépris, d'une manière outrageante; ridiculiser. Syn. outrager. – Du provenç. *bafar,* « se moquer ».

bafouillage [bafujaʒ] n. m. Action de bafouiller; propos confus, incohérents. *Un bafouillage incompréhensible.* – De *bafouiller.*

bafouille [bafuj] n. f. Fam. Lettre. *Envoyer une longue bafouille.* – Déverbal de *bafouiller.*

bafouiller [bafuje] v. intr. [1] S'exprimer d'une manière embarrassée et incohérente. ▷ v. tr. *Bafouiller des excuses, des promesses.*

bafouilleur, euse [bafujœʀ, øz] n. Personne qui s'exprime en bafouillant. – De *bafouiller.*

bâfrer [bɑfʀe] v. intr. [1] Pop., péjor. Manger avec avidité et avec excès. – De l'onomat. *baf.*

bâfreur, euse [bɑfʀœʀ, øz] n. Pop. Personne goulue, gloutonne. – De *bâfrer.*

baga [baga] adj. (inv. en genre) Des Bagas, groupe ethnique vivant sur la plaine côtière de Guinée, État d'Afrique occid. sur l'Atlantique.

bagad, plur. **bagadou** [bagad, bagadu] n. m. Formation musicale traditionnelle bretonne. – Mot breton.

bagage [bagaʒ] n. m. **1.** (Plur.) Objets que l'on transporte avec soi en déplacement. *Avoir beaucoup de bagages. L'enregistrement des bagages.* ▷ *Partir, quitter un endroit avec armes et bagages,* en emportant tout ce qui peut être emporté. ▷ (Sing.) Ensemble des objets que l'on emporte en déplacement. *Tout son bagage tenait dans une seule valise.* ▷ Loc. fam. *Plier bagage :* partir. **2.** Fig. Ensemble des connaissances acquises. *Il a un sérieux bagage scientifique.* – De l'a. fr. *bagues,* peut-être de l'angl. *bag,* « paquet ».

bagagiste [bagaʒist] n. m. Préposé aux bagages dans un hôtel, une gare, un aéroport, etc. – De *bagage.*

bagarre [bagaʀ] n. f. Rixe. *Une bagarre de rue.* ▷ Par ext. Fig., fam. Conflit. *Une bagarre politique.* – Provenç. *bagarro.*

bagarrer [bagaʀe] v. [1] **1.** v. pron. Fam. Se battre. *Gamins qui se bagarrent.* **2.** v. intr. Fam. , vieilli Lutter. *Il a bagarré dur pour avoir son poste.* – De *bagarre.*

bagarreur, euse [bagaʀœʀ, øz] adj. (et n.) Fam. Qui aime se bagarrer. – De *bagarrer.*

1. bagasse [bagas] n. f. Résidu végétal (tige de canne à sucre, de l'indigo, marc de raisin ou d'olive, etc.) dont on extrait divers produits. – Esp. *bagazo,* « marc ».

2. bagasse ! [bagas] interj. Juron du Midi. – Provenç. *bagassa,* « femme de mauvaise vie ».

bagatelle [bagatɛl] n. f. **1.** Objet de peu de prix, sans utilité. *Offrir une bagatelle.* Syn. babiole, bricole. ▷ *Acheter un objet pour une bagatelle,* pour une somme d'argent très peu élevée. – (Par antiphrase.) *Cela m'a coûté la bagatelle de trois mille francs.* **2.** Fig. Chose futile et sans importance. *S'occuper à des bagatelles. Se disputer pour une bagatelle.* **3.** Fam. *La bagatelle :* l'amour, le plaisir physique. *Ne songer qu'à la bagatelle.* – De l'ital. *bagatella,* « tour de bateleur ».

bagnard [baɲaʀ] n. m. Forçat. – De *bagne.*

bagne [baɲ] n. m. Lieu où étaient détenus les condamnés aux travaux forcés. *Le bagne de Cayenne.* ▷ Fig. Endroit où l'on est maltraité, tenu en servitude. – De l'ital. *bagno,* « bain », n. donné à une prison de Constantinople créée dans un établissement de bains.

bagnole [baɲɔl] n. f. Fam. Automobile. *Quelle belle bagnole tu as!* – De *banne,* « tombereau ».

bagou ou **bagout** [bagu] n. m. Fam. Grande facilité à se servir de la parole pour amuser, faire illusion, duper. *Il a un bagout de camelot.* – De l'anc. v. *bagouler,* « parler à tort et à travers ».

baguage [bagaʒ] n. m. **1.** ZOOL Action de baguer (la patte d'un oiseau, d'un chiroptère; un poisson, etc.), pour pouvoir l'identifier, notam. après une migration. **2.** ARBOR Incision annulaire faite dans l'écorce pour arrêter la sève. – De *baguer.*

bague [bag] n. f. **1.** Anneau, généralement orné d'une pierre, que l'on porte au doigt. *Une bague de fiançailles.* ▷ *Par anal.* Anneau que l'on met à la patte de certains animaux pour les reconnaître. **2.** Objet ayant la forme d'un anneau. ▷ ARCHI Moulure de colonne en forme d'anneau. ▷ ELECTR Anneau conducteur en laiton ou en bronze fixé sur l'arbre d'une machine. ▷ TECH Pièce creuse à paroi cylindrique. ▷ AUDIOV Anneau qui sert à fixer un objectif ou un filtre sur un appareil photo, une caméra. – Du néerl. *bagge,* « anneau ».

baguenaude [bagnod] n. f. **1.** BOT Fruit du baguenaudier, ayant la forme d'une vessie quadrangulaire. **2.** Pop. Promenade, flânerie. – Du languedocien *baganaudo.*

baguenauder [bagnode] v. intr. [1] Pop. Flâner. *Baguenauder sur les quais.* ▷ v. pron. Se balader. – De *baguenaude.*

baguenaudier [bagnodje] n. m. BOT Arbrisseau (genre *Colutea,* fam. papilionacées) à feuillage ornemental et fleurs jaunes en grappes. – De *baguenaude.*

1. baguer [bage] v. tr. [1] **1.** Garnir d'une bague, de bagues. **2.** ARBOR Faire un baguage à. – De *bague.*

2. baguer [bage] v. tr. [1] COUT Faufiler (deux épaisseurs de tissu, les plis d'un vêtement plissé). – De l'a. fr. *baguer,* « attacher ».

baguette [bagɛt] n. f. **1.** Bâton mince et flexible. – Fig. *Mener (qqn) à la baguette,* d'une manière impérieuse et brutale. ▷ *Baguettes de tambour :* petits bâtons avec lesquels on bat du tambour. ▷ *Baguette de chef d'orchestre,* pour diriger les musiciens. ▷ *Baguette magique :* attribut des magiciens et des fées, utilisé pour les enchantements. ▷ Chacun des deux bâtonnets utilisés en Extrême-Orient pour prendre des aliments. *Des baguettes chinoises.* **2.** Pain de 250 g, de forme allongée. **3.** ARCHI Petite moulure ronde, unie ou ornée. **4.** TECH Moulure de menuiserie. ▷ *Baguette électrique,* pour protéger et dissimuler des fils électriques. ▷ *Baguette de soudure :* tige utilisée comme métal d'apport pour le soudage. – Lat. *baculum,* par l'ital. *bacchetta.*

baguier [bagje] n. m. **1.** Meuble, coffret où l'on met des bagues, des bijoux. **2.** Collection d'anneaux utilisés par les bijoutiers pour mesurer le diamètre d'un doigt. – De *bague.*

bah! [bɑ] interj. Marque l'indifférence, le dédain, l'insouciance. *Bah! on verra bien.*

bahāisme ou **bahaïsme** [baaism] n. m. Religion dérivée du *babisme,* qui prêche l'amour entre les peuples, au-delà de leurs croyances et de leurs races, en vue d'une paix universelle (nombreux adeptes dans le monde entier). – De *Bahā Allāh* (1817-1892), n. de son fondateur.

bahamien, enne [baamjɛ̃, ɛn] adj. et n. Des Bahamas, archipel de l'Atlantique. ▷ Subst. *Un(e) Bahamien(ne).*

bahreïni, ie [baʀɛni] adj. et n. De Bahreïn, émirat du golfe Persique. ▷ Subst. *Les Bahreïnis.*

baht n. m. [bat] Unité monétaire de la Thaïlande.

bahut [bay] n. m. **1.** Anc. Coffre à couvercle bombé. ▷ *Par ext.* Meuble massif servant au rangement. **2.** Arg. Taxi, camion. **3.** Arg. (des écoles) Lycée, collège, école. *Il s'est fait virer du bahut.*

bai, baie [bɛ] adj. Rouge-brun, en parlant de la robe d'un cheval (à la queue et à la crinière noires). *Une jument baie.* – Lat. *badius,* « brun ».

1. baie [bɛ] n. f. BOT Fruit indéhiscent, entièrement charnu, à l'exception des graines (pépins) et de l'épicarpe (la « peau » du fruit). – Lat. *baca.*

2. baie [bɛ] n. f. **1.** Partie rentrante d'une côte occupée par la mer. *La baie d'Audierne.* **2.** Golfe. *La baie d'Hudson.* – Bas lat. *baia,* « petit port ».

3. baie [bɛ] n. f. **1.** Large ouverture pratiquée dans un mur, servant de porte ou de fenêtre. *Une large baie donnant sur la mer.* **2.** ELECTRON Châssis métallique qui reçoit des appareillages. – De l'a. fr. *baer,* « béer ».

baignade [bɛɲad] n. f. Action de prendre un bain dans la mer, une rivière, un lac, pour le plaisir. *Rivière interdite à la baignade.* ▷ *Par ext.* Lieu où l'on prend ce bain. – De *baigner.*

baigner [beɲe] v. [1] **I.** v. tr. **1.** Mettre dans l'eau, dans un liquide. *Baigner ses pieds.* ▷ Faire prendre un bain à, laver. *Baigner un enfant.* **2.** Fig. Toucher (mer, fleuves). *La Manche baigne le Cotentin.* **3.** *Par ext.* Mouiller, arroser. *Les pleurs baignaient son visage.* **II.** v. intr. **1.** Être entièrement plongé dans un liquide. *Cornichons qui baignent dans le vinaigre.* – Par exag. *Baigner dans son sang.* ▷ Loc. fam. *Ça baigne (dans l'huile) :* tout va pour le mieux. **2.** Fig. Être entouré, imprégné. *La rue baignait dans la lumière du petit jour.* **III.** v. pron. Prendre un bain. *Se baigner dans la mer, dans une baignoire.* – Bas lat. *balneare.*

baigneur, euse [bɛɲœʀ, øz] n. Personne qui se baigne. *La plage est envahie par les baigneurs.* ▷ n. f. (Avec majuscule.) BX-A Représentation picturale d'une personne qui se baigne. *« Les Grandes Baigneuses » de Cézanne.* ▷ n. m. Jouet figurant un bébé. – De *baigner.*

baignoire [bɛɲwaʀ] n. f. **1.** Grande cuve servant à prendre des bains. *Faire déborder la baignoire. Baignoire encastrée.* **2.** *Par ext.* Loge de théâtre, au rez-de-chaussée. **3.** MAR Partie supérieure du kiosque d'un sous-marin. – De *baigner.*

bail, plur. **baux** [baj, bo] n. m. **1.** DR Contrat par lequel une personne, propriétaire d'un bien, meuble ou immeuble, en cède la jouissance à une autre personne, moyennant un prix convenu, et pour une durée déterminée. *Extinction, reconduction d'un bail. Bail commercial. Bail à loyer :* louage d'une maison ou de meubles. *Bail à ferme :* louage d'une terre. *Bail à cheptel :* louage d'animaux. *Bail emphytéotique,* portant sur un immeuble et d'une durée de 18 à 99 ans. **2.** Fig., pop. *Un bail :* un long espace de temps. *Ça fait un bail qu'il est parti.* – Déverbal de *bailler,* « donner ».

baille [baj] n. f. **1.** MAR Baquet. ▷ Fig. Mauvaise embarcation. **2.** Arg. *La baille :* la mer; l'eau. *Tomber à la baille.* **3.** Arg. (des écoles) *La Baille :* l'École navale. – Ital. *baglia,* du lat. **bajula,* « porteur d'eau ».

bâillement [bɑjmɑ̃] n. m. Action de bâiller; état de ce qui est entrouvert. *Un bâillement intempestif.* – De *bâiller.*

bailler [baje] v. tr. [1] Vx Donner. ▷ Loc. mod. *Vous me la baillez belle :* vous voulez m'en faire accroire. – Lat. *bajulare,* « porter ».

bâiller [baje] v. intr. [1] **1.** Faire, en ouvrant largement la bouche, une inspiration profonde suivie d'une expiration prolongée. *Bâiller de fatigue, d'ennui.* **2.** Fig. Être entrouvert, mal joint. *Porte qui bâille.* – Bas lat. *bataculare,* de *batare,* «avoir la bouche ouverte».

bailleur, bailleresse [bajœʀ, bajʀɛs] n. **1.** DR Personne qui cède (un bien) à bail (par oppos. à *preneur*). **2.** COMM *Bailleur de fonds :* celui qui fournit les capitaux à une entreprise. – De *bailler.*

bailli [baji] n. m. **1.** HIST En France, au Moyen Âge, officier remplissant des fonctions judiciaires, militaires et financières au nom du roi. **2.** Titre donné à certains magistrats, en Italie, en Suisse et dans des régions d'Allemagne. – De l'a. fr. *baillir,* «administrer», du lat. *bajulus.*

bailliage [bajaʒ] n. m. HIST **1.** Partie du territoire soumise à l'autorité du bailli. **2.** Tribunal qui rendait la justice au nom du bailli. ▷ *Par ext.* Lieu où siégeait ce tribunal. – De *bailli.*

bâillon [bajɔ̃] n. m. Morceau d'étoffe qu'on met dans ou devant la bouche de qqn pour l'empêcher de crier. ▷ Fig. Entrave à l'expression de la pensée, des sentiments. *Mettre un bâillon à la presse.* – De *bâiller.*

bâillonnement [bajɔnmɑ̃] n. m. **1.** Action de bâillonner. **2.** État de celui, de ce qui est bâillonné. – De *bâillonner.*

bâillonner [bajɔne] v. tr. [1] Mettre un bâillon à (qqn). ▷ Fig. Forcer au silence. *Bâillonner les journaux.* – De *bâillon.*

bain [bɛ̃] n. m. **I. 1.** Immersion plus ou moins prolongée du corps ou d'une partie du corps dans l'eau, dans un liquide. *Prendre un bain de mer. Un bain de pieds, de siège.* – Par anal. *Bain de sable, de boue, de cendres.* ▷ Par anal. *Bain de soleil :* exposition à l'action des rayons du soleil, pour faire hâler la peau. ▷ Loc. fig., fam. *Être dans le bain :* être impliqué, mêlé à une affaire. – *Se mettre dans le bain :* aborder délibérément une tâche nouvelle et s'y accoutumer. **2.** Eau, liquide dans lequel on se baigne. *Préparer un bain. Un bain de lait.* **3.** Baignoire. *Remplir le bain.* **4.** (Plur.) Établissement public où l'on peut prendre des bains. *Bains maures.* ▷ Station thermale. *Les bains d'Aix-les-Bains.* **II. 1.** TECH Solution, liquide dans lequel on plonge un objet. *Bains révélateurs, fixateurs des photographes. Bain d'électrolyse pour la métallisation d'une pièce.* **2.** *Bain de bouche :* solution antiseptique avec laquelle on se nettoie la bouche. – Lat. *balneum.*

bain-marie [bɛ̃maʀi] n. m. Eau bouillante dans laquelle on plonge un récipient contenant des substances à faire chauffer lentement, sans contact direct avec le feu. *Réchauffer une sauce au bain-marie.* ▷ *Par ext.* Récipient contenant ce bain. *Des bains-marie.* – De *bain,* et prénom *Marie,* de *Marie-la-Juive,* alchimiste légendaire.

baïonnette [bajɔnɛt] n. f. **1.** Arme métallique pointue qui s'adapte au canon d'un fusil. *Charger à la baïonnette.* **2.** TECH *Joint à baïonnette,* dont le mode de fixation rappelle celui de la baïonnette. – (En appos.) *Douille baïonnette.* – De *Bayonne,* où cette arme fut d'abord fabriquée.

baisable [bɛzabl] adj. Vulg. Qui peut provoquer le désir sexuel.

baise [bɛz] n. f. Vulg. Action de baiser (1, sens 2). – Deverbal de *baiser.*

baise-en-ville [bɛzɑ̃vil] n. m. Vulg. Vieilli Petit sac contenant des affaires pour passer la nuit hors de chez soi. ▷ *Par ext.* Petit sac à main d'homme. – De *baiser, en,* et *ville.*

baisemain [bɛzmɛ̃] n. m. **1.** HIST Hommage que le vassal rendait à son suzerain en lui baisant la main. **2.** Geste de politesse consistant, pour un homme, à saluer une dame en lui baisant la main. – De *baiser,* et *main.*

baisement [bɛzmɑ̃] n. m. RELIG Action de baiser (qqch) en signe d'humilité et de vénération. – De *baiser.*

1. baiser [beze] v. tr. [1] **1.** Poser les lèvres sur. *Baiser le sol.* – *Par ext.* Poser les lèvres sur la joue, sur les lèvres de qqn. Syn. embrasser. **2.** Vulg. Avoir des relations sexuelles (avec). ▷ Fig. *Baiser quelqu'un,* le tromper. Syn. posséder. – Lat. *basiare.*

2. baiser [beze] n. m. Action de baiser (au sens 1). *Dérober un baiser. Échanger des baisers.* – *Baiser de paix,* qui scelle une réconciliation. – *Baiser de Judas :* baiser d'un traître. – Du v. *baiser.*

baiseur, euse [bezœʀ, øz] n. Personne qui aime baiser. – De *baiser* 1 (sens 2).

baisoter [bezɔte] v. tr. [1] Fam. Donner de nombreux petits baisers à. – De *baiser.*

baisse [bɛs] n. f. **1.** Abaissement du niveau. *La rivière est en baisse.* ▷ Diminution. *Baisse de la température.* **2.** Diminution du prix, de la valeur. *Les fruits sont en baisse. Grande baisse sur les fromages.* – *Spécial.* Recul du prix des valeurs en Bourse. *Jouer à la baisse.* – Déverbal de *baisser.*

baissé, ée [bese] adj. Qui a été abaissé, descendu. *Rideaux baissés. Il marchait les yeux baissés,* dirigés vers le bas. – Pp. de *baisser.*

baisser [bese] v. [1] **I.** v. tr. **1.** Mettre plus bas, diminuer la hauteur de; faire aller plus bas. *Baisser un store.* ▷ *Baisser les yeux :* regarder vers le bas. ▷ *Baisser le ton* (d'un morceau de musique) : diminuer la hauteur des sons. – *Baisser la radio,* en diminuer le son. ▷ Fig. *Baisser le ton :* parler avec moins d'assurance, d'insolence. *Baisser le nez :* être confus. *Baisser les bras :* s'avouer vaincu. **2.** MAR *Baisser pavillon :* amener son pavillon pour montrer qu'on se rend à l'ennemi ou pour saluer un autre navire. – Fig. Capituler, s'avouer vaincu. **II.** v. intr. **1.** Aller en diminuant de hauteur. *La mer baisse.* **2.** Aller en diminuant d'intensité. *La lumière baisse. Sa vue baisse,* est de moins en moins bonne. ▷ Fig. Perdre ses forces. *Ce vieillard baisse de jour en jour.* **3.** Diminuer de prix, de valeur. *Les légumes baissent.* **III.** v. pron. Se courber. *Se baisser pour passer sous une voûte.* – Lat. pop. **bassiare.*

baissier [besje] n. m. Spéculateur qui joue à la baisse en Bourse. – De *baisser.*

baissière [besjeʀ] n. f. **1.** Reste du vin, du cidre, de la bière, qui approche de la lie. **2.** Creux où séjourne l'eau de pluie dans une terre labourée. – De *baisser.*

bajocien, enne [baʒɔsjɛ̃, ɛn] adj. (et n. m.) GEOL Se dit de l'étage inférieur du jurassique moyen, où domine l'oolithe. – Du nom lat. de *Bayeux.*

bajoue [baʒu] n. f. Joue, chez les animaux. ▷ Fam. Joue pendante, chez l'homme. – De *bas,* et *joue.*

bajoyer [baʒwaje] n. m. TECH Chacun des massifs de maçonnerie qui constituent les parois latérales d'une écluse. – De *bajoue.*

bakchich [bakʃiʃ] n. m. Fam. Pourboire; pot-de-vin. – Mot persan.

bakélé [bakele] adj. (inv. en genre) Des Bakélé(s) ou Bakalai, groupe ethnique du Gabon.

bakélite [bakelit] n. f. Matière plastique obtenue par traitement du formol par le phénol. – Nom déposé ;de *Baekeland,* n. de l'inventeur.

baklava [baklava] n. m. Gâteau feuilleté très sucré, au miel, aux amandes et aux pistaches. – Mot turc.

bal, plur. **bals** [bal] n. m. **1.** Réunion consacrée à la danse. *Donner un bal. Ouvrir le bal :* être le premier, la première à danser. *Bal masqué**. *Bal costumé**. **2.** Local où se donnent des bals publics. *Les petits bals des bords de la Marne. Aller au bal chaque samedi. Bal musette* : bal populaire. – A. fr. *baller,* «danser».

balade [balad] n. f. Fam. Promenade, flânerie; excursion. *Faire une belle balade.* – De balader.

balader [balade] **1.** v. tr. [1] Fam. Promener. *Balader sa famille.* **2.** v. pron. *Je vais me balader.* – Arg. «flâner».

baladeur, euse [baladœʀ, øz] n. et adj. **I. 1.** n. Fam. Personne qui se balade, qui aime se balader. – adj. *Il a l'âme baladeuse.* **2.** n. m. Appareil comprenant un lecteur de cassettes (associé ou non à un tuner) et relié à un casque d'écoute, et que l'on porte sur soi. Syn. (off. déconseillé) walkman. **3.** n. f. Lampe électrique munie d'un long fil souple qui permet de la déplacer. **II.** adj. AUTO *Train baladeur* : organe d'une boîte de vitesses qui permet d'obtenir plusieurs rapports par déplacement des pignons. – De *balader.*

baladin [baladɛ̃] n. m. **1.** Vx Danseur de théâtre. **2.** Vieilli Comédien ambulant, saltimbanque. – Mot provenç., de *balar,* «danser».

balafon [balafɔ̃] n. m. Instrument à percussion de l'Afrique occidentale, proche du xylophone. – Du malinké (une des langues de la Guinée) *balafo,* «jouer du bala» (nom de l'instrument).

balafre [balafʀ] n. f. Longue entaille faite au visage; cicatrice qu'elle laisse. – De l'a. fr. *leffre,* «lèvre».

balafré, ée [balafʀe] adj. Marqué d'une balafre. – Pp. de *balafrer.*

balafrer [balafʀe] v. tr. [1] Blesser en faisant une balafre. *Il le balafra d'un coup de sabre.* – De *balafre.*

balai [balɛ] n. m. **1.** Ustensile de ménage destiné au nettoyage du sol, composé d'une brosse ou d'un faisceau de tiges (végétales ou de matière plastique) et d'un manche. *Balai de crin.* ▷ *Balais d'essuie-glaces,* en caoutchouc. ▷ *Manche à balai* : bâton par lequel on tient le balai; AVIAT levier de commande d'un avion; fig., fam. personne maigre. ▷ Fam. *Du balai!* : dégagez! Faites place! ▷ Fam. *Con comme un balai* : complètement con. ▷ (En appos.) *Manœuvre balai* : balayeur; manœuvre le plus mal payé. ▷ Fig. *Voiture balai* : véhicule qui recueille les coureurs cyclistes qui ont abandonné. – Dernier train (métro), dernière voiture (autobus) de la journée. **2.** ELECTR Organe qui, par frottement, transmet ou recueille le courant électrique sur la partie tournante d'une machine. **3.** CHASSE Extrémité de la queue des chiens ou des oiseaux de fauconnerie. – Mot breton, «genêt».

balai-brosse [balɛbʀɔs] n. m. Brosse dure à frotter le sol montée sur un manche à balai. *Des balais-brosses.* – De *balai,* et *brosse.*

balais [balɛ] adj. m. *Rubis balais* : rubis d'un rouge violacé ou d'un rose intense. – De l'ar. *balakhtch,* par le lat. médiév. *balascius.*

balaise. V. balèze.

balalaïka [balalaika] n. f. Petit luth à caisse triangulaire, à trois cordes, employé dans la musique russe. – Mot russe.

balance [balɑ̃s] n. f. **1.** Instrument qui sert à peser. *Une balance juste. Balance de précision. Balance romaine*, de Roberval*, électronique.* ▷ AERON *Balance aérodynamique* : dispositif pour mesurer les efforts auxquels est soumise une maquette dans une soufflerie. **2.** Équilibre. *La balance des forces, des pouvoirs.* ▷ Loc. fig. *Mettre en balance* : comparer. *Rester en balance,* dans l'indécision. *Faire entrer en balance,* en ligne de compte. *Faire pencher la balance du côté de...* : faire prévaloir... *Jeter dans la balance* : apporter (un élément nouveau) pour obtenir un résultat. **3.** ASTRO *La Balance* : la constellation zodiacale de l'hémisphère austral. ▷ ASTROL Signe du zodiaque* (24 sept.-23 oct.). – Ellipt. *Il est balance.* **4.** ECON *Balance des comptes* : confrontation comptable des échanges commerciaux d'un pays avec l'étranger. *Balance du commerce extérieur* : comparaison entre les importations et les exportations globales d'un pays. *Balance des paiements* : bilan des transactions économiques entre un pays et l'étranger. – FISC *Balance des disponibilités* : comparaison entre les revenus d'un contribuable et ses dépenses, à fin de vérification de déclaration. **5.** Filet rond et creux qui sert à pêcher les petits crustacés. **6.** Pop. Délateur, mouchard. – Lat. pop. **bilancia,* de *bis,* «deux fois», et *lanx, lancis,* «plateau».

balancé, ée [balɑ̃se] adj. Fam. (Personnes) Fait. *Bien balancé* : bien bâti. – Pp. de *balancer.*

balancelle [balɑ̃sɛl] n. f. **1.** Banc de jardin sur lequel on peut se balancer. **2.** MAR Embarcation pointue aux deux extrémités, à un seul mât. – Génois *balanzella.*

balancement [balɑ̃smɑ̃] n. m. **1.** Mouvement d'oscillation d'un corps qui s'incline alternativement d'un côté et de l'autre de son centre d'équilibre. **2.** Fig. Disposition équilibrée des parties (d'une période, d'un tableau, etc.). – De *balancer.*

balancer [balɑ̃se] v. [14] **I.** v. tr. **1.** Mouvoir, agiter par balancement. *Balancer les bras.* **2.** Fig. Faire un examen comparatif de. *Balancer le pour et le contre.* ▷ Spécial. *Balancer un compte* : réaliser l'équilibre entre débits et crédits. **3.** Compenser. *Son gain balance ses pertes.* ▷ ARCHI *Balancer un escalier* : réaliser un bon équilibre entre le nombre de marches, leur hauteur, leur largeur et leur position. **4.** Pop. Lancer (qqch). **5.** Par ext., pop. Jeter (qqch); renvoyer (qqn). ▷ Dénoncer (qqn). **II.** v. intr. Être en suspens, hésiter. *Balancer entre l'espoir et la crainte.* **III.** v. pron. **1.** S'incliner alternativement d'un côté et de l'autre. *Fleurs qui se balancent au gré du vent.* – Fig., litt. S'équilibrer, se compenser. *Ici, le bien et le mal se balancent.* **2.** Utiliser une balançoire. **3.** Pop. *S'en balancer* : s'en moquer. – De *balance.*

balancier [balɑ̃sje] n. m. **1.** Pièce oscillante qui sert à régler le mouvement d'une horloge ou d'une montre. **2.** Longue perche utilisée par les funambules pour se maintenir en équilibre. **3.** Flotteur placé sur le côté d'une embarcation pour en assurer la stabilité. *Pirogue à balancier.* **4.** Machine utilisée autref. pour la frappe des monnaies et des médailles. **5.** ENTOM Organe propre aux diptères, qui sert à diriger et à régulariser leur vol. – De *balancer.*

balancine [balɑ̃sin] n. f. MAR Cordage qui soutient l'extrémité d'un espar et lui donne son inclinaison. *Balancine de tangon, de bôme.* – De *balancer.*

balançoire [balɑ̃swaʀ] n. f. Longue pièce (de bois, de métal, etc.), posée en équilibre sur un point d'appui et sur laquelle se balancent deux personnes, placées aux deux bouts. ▷ Siège suspendu au bout de deux cordes et sur lequel on se balance. *Pousser une balançoire.* Syn. escarpolette. – De *balancer.*

balane [balan] n. f. ZOOL Crustacé cirripède très commun *(Balanus),* qui vit fixé sur un support dur (rochers, navires, moules, etc.), dans une carapace pyramidale qu'il sécrète, composée de plusieurs plaques mobiles. – Gr. *balanos,* «gland».

balanin [balanɛ̃] n. m. Charançon à très long rostre dont la larve s'attaque aux noisettes, châtaignes, glands, etc. – Gr. *balanos,* «gland».

balanite [balanit] n. f. MED Inflammation de la muqueuse du gland. – Du gr. *balanos,* «gland», et -ite 1.

balanoglosse [balanoglɔs] n. m. ZOOL Ver des plages, unique représentant de la classe des entéropneustes. – Du gr. *balanos,* «gland», et *-glosse.*

balata [balata] n. m. Arbre dicotylédone (*Mimusops balata*), produisant un latex. ▷ Ce latex, utilisé pour la fabrication de matériaux isolants.

balayage [balɛjaʒ] n. m. **1.** Action de balayer. **2.** ELECTRON Déplacement horizontal ou vertical du faisceau électronique sur la surface d'un écran de télévision. ▷ INFORM Exploration des informations se trouvant sur un support. **3.** En coiffure, décoloration de fines mèches réparties dans toute la chevelure. – De *balayer.*

balayer [baleje] v. tr. [**24**] **1.** Nettoyer avec un balai; enlever avec un balai. *Balayer une chambre. Balayer la poussière.* ▷ Fig. *Le vent a balayé le ciel, a balayé les nuages,* a chassé les nuages. – *Balayer une objection,* l'écarter. **2.** Par anal. *Faisceau lumineux d'un projecteur qui balaie le ciel nocturne.* – De *balai.*

balayette [balejɛt] n. f. Petit balai à manche court. – De *balai.*

balayeur, euse [balɛjœʀ, øz] adj. et n. **1.** adj. Qui balaie. – n. m. *Spécial.* Ouvrier chargé de balayer la voie publique. **2.** n. f. Véhicule automobile destiné au nettoiement de la voie publique. – De *balayer.*

balayures [balɛjyʀ] n. f. pl. Ce qu'on enlève avec un balai. – De *balayer.*

balbutiant, ante [balbysjɑ̃, ɑ̃t] adj. Qui balbutie. *Voix balbutiante.* – Ppr. de *balbutier.*

balbutiement [balbysimɑ̃] n. m. Action de balbutier; paroles balbutiées. *Les premiers balbutiements d'un enfant.* ▷ (Surtout au plur.) Fig. Commencements incertains. *Les balbutiements de l'Europe.* – De *balbutier.*

balbutier [balbysje] v. [1] **1.** v. intr. Articuler des mots avec difficulté ou avec hésitation, bredouiller. **2.** v. tr. *Balbutier des excuses.* – Lat. *balbutire,* de *balbus,* « bègue ».

balbuzard [balbyzaʀ] n. m. ZOOL Oiseau de proie diurne (*Pandion haliaetus,* falconiforme, balbuzard fluviatile), piscivore, d'environ 60 cm d'envergure. – Angl. *bald buzzard,* « busard chauve ».

balcon [balkɔ̃] n. m. **1.** Terrasse entourée d'une balustrade, suspendue en encorbellement sur la façade d'un édifice, et accessible par une ou plusieurs baies. ▷ Balustrade d'un balcon. *Être accoudé au balcon.* **2.** Galerie (à l'origine circulaire) d'une salle de spectacle. *Fauteuil de balcon.* – Ital. *balcone.*

balconnet [balkɔnɛ] n. m. Soutien-gorge à armature laissant le dessus de la poitrine découvert. – Dimin. de *balcon.*

baldaquin [baldakɛ̃] n. m. **1.** Dais posé ou suspendu au-dessus d'un trône, d'un lit, etc. **2.** Ouvrage d'architecture qui, soutenu par des colonnes, surmonte l'autel dans une église. *Le baldaquin de Saint-Pierre-de-Rome.* – Ital. *baldacchino,* « étoffe de soie de Bagdad ».

baleine [balɛn] n. f. **I. 1.** Mammifère marin mysticète (genres *Balæna, Eubalæna* et *Neabalæna*) comptant parmi les plus gros animaux (14 à 24 m de longueur et jusqu'à 150 tonnes). (Les baleines sont auj. très rares, les derniers représentants se trouvent dans les mers polaires, où l'on tente de les protéger d'une chasse incontrôlée.) **2.** Nom donné à des cétacés mysticètes proches des baleines (mégaptères, balénoptères). *Blanc de baleine :* partie solide de l'huile que l'on extrait notam. des sinus du cachalot et qui entre dans la fabrication de certains cosmétiques. ▷ Loc. fam. *Rire comme une baleine,* en ouvrant toute grande la bouche. **II.** Fragment flexible et résistant d'un fanon de baleine, employé autref. à divers usages. *Baleine de corset. Par ext.* Tige flexible (en métal ou de matière plastique) utilisée pour tendre du tissu. *Baleines de parapluie.* – Lat. *balæna.*

baleiné, ée [balɛne] adj. Garni de baleines (sens II). *Corset baleiné.* – De *baleine.*

baleineau [balɛno] n. m. Petit de la baleine. – Dimin. de *baleine.*

baleinier, ère [balɛnje, ɛʀ] adj. Relatif aux baleines, à leur chasse. ▷ n. m. Navire équipé et armé spécialement pour la chasse à la baleine. – De *baleine,* sens I.

baleinière [balɛnjɛʀ] n. f. **1.** Petit canot à bord de tous les bâtiments de commerce et de guerre. **2.** Embarcation légère et pointue aux deux bouts, pour la pêche à la baleine. – De *baleine,* sens I.

baleinoptère ou **balénoptère** [balenɔptɛʀ] n. m. ZOOL Mammifère cétacé mysticète voisin des baleines, dont il se distingue par son aileron dorsal, ses fanons plus courts et les sillons longitudinaux de sa gorge. Syn. rorqual. *Le balénoptère bleu atteint 33 mètres et peut peser 120 tonnes.* – De *baleine,* et gr. *ptéron,* « aile, nageoire ».

balèvre [balɛvʀ] n. f. **1.** ARCHI Saillie d'une pierre sur une autre, près d'un joint, dans un mur ou dans une voûte. **2.** CONSTR Excroissance en béton à l'emplacement des joints du coffrage. – De *ba(s),* lat. *bis,* « deux », et *lèvre.*

balèze ou **balaise** [balɛz] adj. et n. Pop. **1.** Qui a une carrure imposante. – Subst. *Un balèze, ce type!* **2.** Fig. Très instruit dans un domaine particulier. – Subst. *C'est un(e) balèze en chimie.* – Du provençal *balès,* « (homme) grotesque ».

balisage [balizaʒ] n. m. Action de baliser; ensemble des signaux et des marques qui servent à faciliter la navigation maritime ou aérienne. – De *baliser.*

1. balise [baliz] n. f. **1.** Marque très apparente destinée à faciliter la navigation maritime ou aérienne. *Balise signalant un obstacle, une épave.* ▷ Appareil émettant des signaux optiques ou radioélectriques pour guider les navires ou les avions. **2.** Signal qui matérialise le tracé d'une route.

2. balise [baliz] n. f. Fruit du balisier, dont la graine fournit un colorant pourpre. – De *balisier.*

baliser [balize] v. [1] **1.** v. tr. Munir de balises, marquer par des balises. *Baliser un terrain d'atterrissage.* **2.** v. intr. Fam. Avoir peur. – De *balise* 1.

baliseur [balizœʀ] n. m. MAR Navire spécialement aménagé pour la mise en place et l'entretien des balises. – De *baliser.*

balisier [balizje] n. m. Monocotylédone (*Canna indica,* fam. cannacées) originaire d'Amérique tropicale, à larges feuilles ornementales et à belles fleurs complexes jaunes ou rouges. Syn. canna. – De *balliri,* mot des Caraïbes.

1. baliste [balist] n. f. HIST Machine de guerre utilisée dans l'Antiquité et jusqu'au Moyen Âge, qui servait à lancer des boulets de pierre en utilisant la force motrice de câbles tordus et, plus tard, d'appareils à contrepoids. – Lat. *ballista,* du gr. *ballein,* « lancer ».

2. baliste [balist] n. m. Poisson téléostéen des massifs coralliens des mers chaudes, aux brillantes couleurs, dont la chair est parfois vénéneuse. – De *baliste* 1, par allus. à la rapidité avec laquelle se relèvent les épines de sa nageoire dorsale.

balistique [balistik] adj. et n. f. **1.** adj. Relatif au mouvement des projectiles. *Théorie, expériences balistiques.* ▷ AVIAT *Vol balistique d'un avion :* phase du vol au cours de laquelle les effets de la pesanteur sont annulés. ▷ *Engin, missile balistique,* fonctionnant sous l'effet de la gravitation seule. **2.** n. f. Science du mouvement des corps lancés dans l'espace, en partic. des projectiles lancés par les armes à feu. *Balistique externe,* qui étudie la trajectoire des projectiles. *Balistique interne,* qui étudie le mouvement des projectiles à l'intérieur de l'arme. – De *baliste* 1.

balivage [balivaʒ] n. m. Choix et marquage des baliveaux. – De *baliveau.*

baliveau [balivo] n. m. SYLVIC Jeune arbre réservé, lors de la coupe d'un taillis. – De l'a. fr. *baïf*, « celui qui regarde ».

baliverne [balivɛʀn] n. f. (Surtout au plur.) Propos frivole; sornette. *Raconter des balivernes.*

balkanique [balkanik] adj. Relatif aux Balkans, péninsule orientale et médit. de l'Europe.

balkanisation [balkanizasjɔ̃] n. f. **1.** Fractionnement arbitraire d'un pays en unités autonomes. **2.** Fig. Éclatement d'une institution, d'un organisme, nuisant à son efficacité. – De *balkanique.*

ballade [balad] n. f. **1.** Au Moyen Âge, chanson qui accompagnait certaines danses. **2.** Poème français de forme fixe, composé de trois strophes, terminées par un refrain, et clos par une strophe plus courte (envoi). *Les ballades de Villon.* ▷ Poème de forme libre, comportant souvent un refrain, sur un sujet familier ou fantastique. *Goethe et Thomas Moore ont écrit des ballades.* **3.** MUS Une des principales formes de la polyphonie franco-allemande des XIVe et XVe s. ▷ Pièce vocale ou instrumentale de forme libre, typique de la musique romantique. *Les ballades de Chopin.* – Provenç. *ballada*, de *ballar*, « danser ».

ballant, ante [balɑ̃, ɑ̃t] adj. et n. m. **I.** adj. Qui se balance. *Les bras ballants, il avançait.* **II.** n. m. **1.** Mouvement de balancement. *Ballant d'un véhicule mal chargé.* **2.** Partie ballante d'un cordage. *Ballant d'une drisse.* – De l'anc. v. *baller*, « remuer », du bas. lat. *ballare*, « danser ».

ballast [balast] n. m. **1.** MAR Anc. Lest de gravier assurant la stabilité d'une embarcation. – Mod. Réservoir de plongée. *Les ballasts d'un sous-marin.* **2.** Lit de pierres sur lequel reposent les traverses d'un chemin de fer. – Mot néerl.

ballastière [balastjɛʀ] n. f. Carrière d'où l'on extrait le ballast. – De *ballast.*

1. balle [bal] n. f. **1.** Petite sphère de matière élastique qui sert dans certains jeux. *Balle de tennis.* ▷ Loc. fig. *Saisir la balle au bond* : profiter d'une occasion favorable au bon moment. – *Renvoyer la balle* : répliquer avec vivacité. – *Se renvoyer la balle* : s'accuser réciproquement de quelque chose. – Fam. *À vous la balle* : c'est à vous de parler ou d'agir. ▷ Fig. *Enfant de la balle* : personne élevée dans le métier de ses parents et qui en connaît toutes les finesses (se dit surtout des artistes de théâtre et de cirque). **2.** Projectile métallique des armes à feu portatives. *Balle de fusil, de mitrailleuse. Balle explosive*, qui éclate à l'impact. *Balle traçante*, dont le sillage est rendu visible par une composition chimique. – Ital. *palla.*

2. balle [bal] n. f. **1.** Gros paquet de marchandises, souvent enveloppé et lié de cordes. *Une balle de coton.* **2.** Fig., pop. Figure, physionomie. *Il a une bonne balle.* **3.** Fam. (toujours au plur.) Francs. *T'as pas cent balles ?* – Frq. **balla*, « boule ».

3. balle [bal] n. f. Ensemble des pièces de l'infrutescence des graminées, enveloppe des grains, séparées de ces derniers au battage. – Gaul. **balu.*

ballerine [balʀin] n. f. **1.** Danseuse de profession qui fait partie d'un ballet. **2.** Chaussure légère de femme, sans talon. – Ital. *ballerina.*

ballet [balɛ] n. m. **1.** Danse exécutée par plusieurs personnes, qui comporte le plus souvent une part de pantomime, avec un accompagnement de musique et quelquefois de texte parlé. ▷ Musique qui accompagne cette danse. *Les ballets de Lulli, de Stravinski.* ▷ Troupe de danseurs et de danseuses. *Les ballets russes de Diaghilev.* **2.** Fig. Mouvements incessants, notam. d'allées et venues, lors d'une négociation. *Ballet diplomatique.* – Ital. *balletto*, de *ballo*, « bal ».

1. ballon [balɔ̃] n. m. **1.** Grosse balle gonflée d'air dont on se sert pour jouer, pour pratiquer certains sports. *Ballon de football, de basket.* – *Ballon de rugby*, de forme ovale. **2.** Vessie gonflée d'un gaz plus léger que l'air, qui sert de jouet aux enfants. **3.** Aéronef constitué par une enveloppe contenant un gaz plus léger que l'air. *Ballon aérostatique.* – *Ballon captif*, qui reste relié au sol par un câble. – *Ballon-sonde*, équipé d'appareils de mesure pour explorer la haute atmosphère. **4.** CHIM Vase de verre sphérique utilisé dans les laboratoires. **5.** *Verre ballon* ou, ellipt., *ballon* : verre à boire de forme hémisphérique. Par méton. *Un ballon*, son contenu. *Un ballon de beaujolais.* **6.** *Ballon d'oxygène* : vessie, bouteille d'oxygène que l'on donne à respirer à un malade, à un blessé. – Ital. dial. *ballone*, de *palla*, « balle ».

2. ballon [balɔ̃] n. m. Montagne au sommet arrondi, dans les Vosges. *Ballon de Guebwiller.* – Calque de l'all. *belchen* confondu avec *bällchen*, dimin. de *ball*, « balle ».

ballonné, ée [balɔne] adj. Gonflé, distendu. *Ventre ballonné.* – Pp. de *ballonner.*

ballonnement [balɔnmɑ̃] n. m. État du ventre ballonné. – De *ballonner.*

ballonner [balɔne] v. tr. [1] Gonfler comme un ballon; produire le ballonnement. – De *ballon* 1.

ballonnet [balɔnɛ] n. m. Petit ballon. – Dimin. de *ballon* 1.

ballot [balo] n. m. **1.** Petite balle, petit paquet de marchandises. **2.** Fig., fam. Niais, lourdaud. – De *balle* 2.

ballote [balɔt] n. f. Labiée (*Ballota foetida*), à fleurs roses dégageant une odeur fétide, très commune sur les décombres, chemins, etc. – Lat. d'orig. gr. *ballota.*

ballotine ou **ballottine** [balɔtin] n. f. Petite pièce de viande désossée, roulée et farcie, ficelée pour la cuisson. *Ballotine de volaille.* – P.-ê. de *ballotte*, « boulette ».

ballottage [balɔtaʒ] n. m. **1.** Action de ballotter; son résultat. *Ballottage du chargement d'un camion.* **2.** POLIT Dans un système électoral majoritaire, situation d'un candidat arrivé en tête d'un scrutin, mais qui n'a pas obtenu le nombre de voix nécessaire pour être élu au premier tour. *Candidat en ballottage. Scrutin de ballottage* : nouveau tour de scrutin rendu nécessaire par cette situation. – De *ballotter.*

ballottement [balɔtmɑ̃] n. m. Mouvement d'un corps qui ballotte. – De *balloter.*

ballotter [balɔte] v. [1] **1.** v. intr. Aller d'un côté et de l'autre comme une balle qu'on se renvoie; éprouver des secousses. *La barque ballotte dans les vagues.* **2.** v. tr. Agiter en secouant de côté et d'autre. *Les secousses du train ballottent les voyageurs.* – De l'a. fr. *ballotte*, « petite balle ».

ballottine. V. ballotine.

ball-trap [baltʀap] n. m. Appareil à ressort lançant des disques d'argile sur lesquels on s'exerce au tir aux oiseaux; tir effectué avec cet appareil. *Des ball-traps.* – Mot angl.

balluchon ou **baluchon** [balyʃɔ̃] n. m. Fam. Petit paquet. – De *balle* 2.

balnéaire [balneɛʀ] adj. Qui concerne les bains de mer. *Saison, station balnéaire.* – Lat. *balnearius.*

balnéothérapie [balneoteʀapi] n. f. Cure médicale par les bains. – De *balnéaire*, et *-thérapie.*

balouba ou **baluba** [baluba] adj. (inv. en genre) Des Baloubas, groupe ethnique du S. du Zaïre, État de l'Afrique équatoriale.

1. balourd [baluʀ] n. m. MECA Défaut d'équilibrage d'une pièce tournant autour d'un axe. – De *balourd* 2.

2. balourd, ourde [baluʀ, uʀd] n. et adj. **1.** n. Personne sans finesse, sans délicatesse. **2.** adj. *Un air balourd.* – Ital. *balordo.*

balourdise [baluʀdiz] n. f. **1.** Chose faite ou dite niaisement, sans finesse. **2.** Caractère d'un balourd. – De *balourd* 2.

balsa [balza] n. m. Arbre (*Ochroma grandiflora,* fam. bombacacées) d'Amérique tropicale fournissant un bois très peu dense mais résistant, utilisé comme isolant phonique, dans la réalisation de maquettes et en construction navale. – Mot esp.

balsamier [balzamje] n. m. Arbuste épineux des régions chaudes de l'Eurasie, dont de nombreuses espèces donnent des baumes. (*Commiphora opobalsamum* fournit le baume de La Mecque, base du saint chrême; *Commiphora molmol* produit la myrrhe.) – Du lat. *balsamum,* « baume ».

balsamine [balzamin] n. f. Plante dicotylédone (genre *Impatiens*) à la tige translucide, aux fleurs zygomorphes brillamment colorées, dont les fruits, à maturité, éclatent et projettent leurs graines dès qu'on les touche. – Du lat. *balsamum,* « baume ».

balsamique [balzamik] adj. **1.** Qui contient un baume, agit comme un baume. *Un médicament balsamique.* ▷ n. m. *Un balsamique.* **2.** Qui a la propriété, la vertu d'un baume. *Une essence balsamique.* ▷ Fig. *Un air balsamique.* Du lat. *balsamum,* « baume ».

balte [balt] adj. et n. De la mer Baltique. – *Pays baltes* : les trois pays qui bordent la Baltique orient. (Estonie, Lettonie, Lituanie). ▷ Subst. *Un(e) Balte.* – De *Baltique.*

baluchon. V. balluchon.

balustrade [balystʀad] n. f. ARCHI Mur plein ou ajouré qui se termine à hauteur d'appui. *Les balustrades ont été inventées à la Renaissance.* ▷ *Par ext.* Clôture ajourée et à hauteur d'appui. – Ital. *balaustrata.*

balustre [balystʀ] n. m. **1.** Petit pilier renflé. **2.** TECH Compas pour tracer des cercles de très petit diamètre. – Ital. *balaustro.*

balzacien, enne [balzasjɛ̃, ɛn] adj. et n. LITTER **1.** adj. Relatif à H. de Balzac (1799-1850), à son œuvre. ▷ *Personnage balzacien,* qui ressemble à un personnage de Balzac. **2.** n. Spécialiste de l'œuvre de Balzac.

balzan [balzɑ̃] adj. m. Se dit d'un cheval noir ou bai qui a des balzanes. – Ital. *balzano,* du lat. pop. *balteanus,* « rayé ».

balzane [balzan] n. f. Tache blanche circulaire au-dessus du sabot et au-dessous du genou d'un cheval. – De *balzan.*

bambara [bɑ̃baʀa] adj. (inv. en genre) et n. m. **1.** adj. Des Bambaras, groupe ethnique d'Afrique occid. *Le sommet d'une coiffe bambara figurant une antilope stylisée.* **2.** n. m. *Le bambara* : la langue du groupe mandé parlée par les Bambaras, une des principales d'Afrique noire.

bambin, ine [bɑ̃bɛ̃, in] n. Fam. Petit enfant (le fém. est rare). – Ital. *bambino.*

bambochade [bɑ̃bɔʃad] n. f. Tableau représentant une scène populaire ou grotesque. – Du surnom ital. *il Bamboccio,* « le Pantin », du peintre Pieter Van Laar (v. 1592-1642), qui peignit beaucoup de scènes de ce genre.

bamboche [bɑ̃bɔʃ] n. f. Fam. Débauche, grosse gaieté; bringue. *Faire bamboche.* – De l'ital. *bamboccio,* « pantin ».

bambocher [bɑ̃bɔʃe] v. intr. [1] Fam. Faire bamboche. – De *bamboche.*

bambocheur, euse [bɑ̃bɔʃœʀ, øz] n. Fam. Personne qui aime bambocher. – De *bambocher.*

bambou [bɑ̃bu] n. m. **1.** Graminée arborescente (genre *Bambusa*) de grande taille (jusqu'à 40 m) des forêts tropicales, dont quelques espèces ont été acclimatées en Europe méridionale, et qui sert à faire des clôtures, des meubles légers, etc. *Les pousses de bambou et ses graines sont comestibles.* **2.** Canne, bâton fait avec cet arbuste. **3.** Loc. fig., fam. *Coup de bambou* : grande fatigue soudaine. – Note excessive à régler. – Du malais *mambu,* par le portug.

bamboula [bɑ̃bula] n. f. Fam. *Faire la bamboula* : faire la fête, la noce. – Mot bantou.

bamiléké [bamileke] adj. (inv. en genre) Des Bamilékés, groupe ethnique du S.-O. du Cameroun, État de l'O. de l'Afrique.

bamoum ou **bamum** [bamum] adj. (inv. en genre) Des Bamoums, groupe ethnique du Cameroun, État de l'O. de l'Afrique.

1. ban [bɑ̃] n. m. **1.** HIST Dans le droit féodal, proclamation solennelle émanant d'une autorité. – *Spécial.* Mandement par lequel un seigneur convoquait ses vassaux, généralement pour aller à la guerre. – *Par ext.* L'ensemble des vassaux. ▷ Loc. fam. *Convoquer le ban et l'arrière-ban* : convoquer tout le monde. **2.** HIST Règlement seigneurial établissant des monopoles au profit du seigneur. *Ban de vendange, ban de moisson,* qui permettait au suzerain de vendre sa récolte avant ses vassaux. *Four à ban.* V. banal. **3.** *Battre le ban* : battre le tambour avant une proclamation, une annonce. *Ouvrir et fermer le ban* : faire entendre une sonnerie de clairon, de trompette ou une batterie de tambour avant et après une cérémonie militaire. ▷ Applaudissements rythmés. **4.** *Bans de mariage* : publication à la mairie, à l'église d'une promesse de mariage. *Afficher les bans.* **5.** Vieilli Exil, bannissement. ▷ Loc. *Condamné en rupture de ban* : qui quitte le lieu à lui assigné pour résidence après l'expiration de sa peine. – Fig. *Être en rupture de ban* : avoir changé de métier, d'occupation. *Professeur, avocat en rupture de ban.* – Fig. *Mettre qqn au ban de la société,* le condamner au mépris public. – Frq. **ban.*

2. ban [bɑ̃] n. m. HIST Chez les anciens Slaves du Sud : haut dignitaire, gouverneur d'une province. – Mot croate.

banal, ale, aux ou **als** [banal, o] adj. et n. m. **1.** (Plur. en *-aux.*) HIST Dont l'usage était imposé aux vassaux d'un seigneur moyennant une redevance. *Four banal. Des moulins banaux.* **2.** (Plur. en *-als*). Commun, sans originalité. *Un incident assez banal. Des idées banales, des préjugés banals.* ▷ n. m. *Le banal manque souvent d'intérêt.* – De *ban* 1.

banalement [banalmɑ̃] adv. D'une manière banale, sans originalité. – De *banal.*

banalisation [banalizasjɔ̃] n. f. **1.** Action de banaliser. **2.** CH de F Aménagement d'une voie ferrée (et notam. de sa signalisation) qui permet de faire circuler les trains indifféremment dans les deux sens sur cette voie. – De *banaliser.*

banalisé, ée [banalize] adj. Qui a été soumis à une banalisation. ▷ *Véhicule banalisé* : voiture de police qui ne possède aucune marque distinctive. – Pp. de *banaliser.*

banaliser [banalize] v. tr. [1] Rendre banal, dépouiller de son originalité ou de son caractère exceptionnel. *Un uniforme banalise les silhouettes.* – De *banal.*

banalité [banalite] n. f. **1.** DR FEOD Obligation faite aux vassaux d'utiliser le moulin, le four banal moyennant redevance. **2.** Caractère de ce qui est banal, commun. *Paysage d'une grande banalité.* **3.** Propos, idée banals. *Il m'a dit une ou deux banalités.* – De *banal.*

banane [banan] n. f. **1.** Fruit comestible du bananier, à pulpe très riche en amidon se transformant en sucres au cours de la maturation. **2.** (Par anal. de forme.) Fam. Butoir en caoutchouc d'un pare-chocs. - Fam. vieilli La médaille et le ruban d'une décoration militaire. **3.** (Par anal. de forme.) Mèche de cheveux en rouleau avançant au-dessus du front. – Mot africain, par le portug.

bananeraie [bananʀɛ] n. f. Lieu planté de bananiers. – De *bananier.*

bananier [bananje] n. m. **1.** Monocotylédone géante (jusqu'à 8 m), de la fam. des musacées, à très grandes feuilles (2,5 m x 0,4 m), originaire d'Asie et cultivée dans toutes les régions chaudes. (*Musa sapientum* produit les bananes comestibles, groupées en énormes grappes, ou régimes. *Musa textilis* produit l'abaca; *Musa ensette* est ornementale.) **2.** Navire équipé de chambres froides pour le transport des bananes. – De *banane.*

banat [bana] n. m. Province gouvernée par un ban. – De *ban* 2.

banc [bɑ̃] n. m. **1.** Long siège sur lequel plusieurs personnes peuvent prendre place côte à côte. *Les bancs de l'école. S'asseoir sur un banc dans un square.* ▷ MAR *Banc de nage,* sur lequel se placent les rameurs d'une embarcation. **2.** Couche naturelle, consistante, plus ou moins régulière et horizontale, de matières minérales superposées. *Banc de sable, de calcaire, de grès.* ▷ Plateau sous-marin. *Le banc de Terre-Neuve.* ▷ Par anal. *Banc de glace.* **3.** Amas régulier. *Banc de brouillard.* **4.** Masse de poissons qui se déplacent ensemble. *Banc de harengs.* - Par anal. *Banc d'huîtres.* **5.** TECH *Banc d'essai* : appareillage qui permet de procéder aux essais d'un matériel; fig. ce par quoi on évalue les capacités de quelqu'un. **6.** TECH Établi. *Banc de tourneur.* – Germ. *banki.*

bancable ou **banquable** [bɑ̃kabl] adj. Se dit d'un effet de commerce remplissant les conditions nécessaires pour être escompté par la Banque de France. – Du rad. de *banque.*

bancaire [bɑ̃kɛʀ] adj. Qui se rapporte à la banque. *Opérations bancaires. Chèque bancaire.* – De *banque.*

bancal, ale, als [bɑ̃kal] adj. et n. m. **1.** adj. Dont les jambes sont d'inégale longueur, boiteux. ▷ Fig. *Meuble bancal.* - Fam. *Phrase bancale,* mal équilibrée, peu correcte. **2.** n. m. Sabre court des anciens régiments de cavalerie. – De *banc.*

bancarisation [bɑ̃kaʀizasjɔ̃] n. f. FIN Action, fait de bancariser. – De *bancariser.*

bancariser [bɑ̃kaʀize] v. tr. [1] FIN Étendre l'utilisation de l'institution bancaire. – De *banque.*

banche [bɑ̃ʃ] n. f. **1.** GEOL Banc de marne très argileuse. **2.** CONSTR Coffrage amovible, qui permet de couler du béton sur une certaine hauteur. – Forme dialect. de *banc.*

banché, ée [bɑ̃ʃe] adj. CONSTR Coulé à l'aide de banches. *Béton banché.* – Pp. de *bancher.*

bancher [bɑ̃ʃe] v. tr. [1] CONSTR Couler (du béton) à l'aide de banches. ▷ Mettre en place des banches. – De *banche.*

banco [bɑ̃ko] n. m. *Faire banco* : tenir seul l'enjeu contre la banque, au baccara notam. – Mot ital., « banque ».

bancoulier [bɑ̃kulje] n. m. Grand arbre d'Asie et d'Insulinde cultivé pour son fruit oléagineux. V. aleurite. – De *Bencoule,* v. de Sumatra.

bancroche [bɑ̃kʀɔʃ] adj. (et n.) Vx, fam. Bancal, contrefait. – De *banc,* et anc. adj. *croche,* « crochu ».

banc-titre [bɑ̃titʀ] n. m. AUDIOV Tout ce qui est filmé, image par image, au moyen d'une caméra fixe : générique, sous-titres, etc. *Des bancs-titres.* – De *banc,* et *titre.*

bandage [bɑ̃daʒ] n. m. **1.** Application d'un lien, d'une bande ou de tout autre appareil servant à maintenir un pansement ou une partie du corps lésée. **2.** Cet appareil lui-même. *Épingler un bandage.* - *Spécial.* Appareil servant à contenir les hernies ou les ptôses d'organes. **3.** Bande de métal, de caoutchouc entourant la jante d'une roue, pour la tenir en place et la protéger. *Bandage plein. Bandage pneumatique.* – De *bander.*

bandagiste [bɑ̃daʒist] n. Personne qui fabrique ou qui vend des bandages, notam. des bandages herniaires. – De *bandage.*

1. bande [bɑ̃d] n. f. **1.** Morceau d'étoffe, de papier, de cuir, etc., beaucoup plus long que large. *Bande de velours. Bande à pansements. Bande, ruban de Möbius* : surface (sens 3) qui ne possède qu'une face obtenue en tordant un ruban avant de joindre ses extrémités à plat, bout à bout. ▷ *Bande de terre* : isthme étroit. *Le Grand-Bé est relié à Saint-Malo par une bande de terre.* **2.** Chacun des quatre côtés intérieurs d'un billard. *Faire un point par la bande.* ▷ Loc. fig. *Par la bande* : indirectement. *J'ai eu cette information par la bande.* **3.** Partie allongée et bien délimitée d'une chose. *Bandes d'une chaussée,* signalées par une ligne peinte. - *Par ext.* Rayures d'un tissu. *Étoffe à larges bandes.* ▷ HERALD Pièce posée diagonalement de l'angle dextre du chef à l'angle senestre de la pointe de l'écu. **4.** PHYS *Spectre de bandes* : spectre optique formé d'un ensemble de bandes lumineuses. - *Bandes d'absorption* : bandes sombres dans certaines régions d'un spectre, dues à l'absorption de certaines radiations par un gaz ou un liquide. **5.** AUDIOV *Bande sonore* ou *bande-son* : partie d'un film cinématographique réservée à l'enregistrement optique du son. ▷ *Bande magnétique* : ruban en matière plastique qui sert de support à des informations ou à l'enregistrement des sons. ▷ *Bande vidéo* : bande magnétique servant à enregistrer des images et éventuellement des sons. **6.** TELECOM *Bande publique* : syn. (off. recommandé) de *citizen band.* **7.** *Bande dessinée* : suite d'images dessinées racontant une histoire. (Abrév. : B.D. ou bédé). – Frq. **binda,* « lien ».

2. bande [bɑ̃d] n. f. Groupe de personnes combattant sous les ordres d'un chef. *Bande de rebelles.* ▷ Groupe, compagnie. *Une bande de jeunes gens.* ▷ Loc. *Faire bande à part* : rester à l'écart d'un groupe. – Ital. *banda.*

3. bande [bɑ̃d] n. f. MAR Inclinaison permanente d'un navire autour de son axe longitudinal. *Donner de la bande sur tribord.* – Provenç. *banda,* « côté »; du germ. *bandwa.*

bandé, ée [bɑ̃de] adj. **1.** Recouvert d'un bandeau. *Avoir les yeux bandés.* **2.** Protégé par une bande, un bandage. *Front bandé d'un blessé.* **3.** HERALD Qui est couvert de bandes en nombre pair. – Pp. de *bander.*

bande-annonce [bɑ̃danɔ̃s] n. f. AUDIOV Sélection d'extraits d'un film pour la publicité. *Des bandes-annonces.* – De *bande,* et *annonce.*

bandeau [bɑ̃do] n. m. **1.** Bande qui couvre les yeux, ou le front. - Loc. fig. *Avoir un bandeau sur les yeux* : ne pas voir ce qu'on devrait voir. ▷ *Par anal.* Coiffure qui applique les cheveux de chaque côté du front. **2.** ARCHI Ornement en saillie qui marque les différents étages d'un édifice. - Moulure unie. – De *bande* 1.

bandelette [bɑ̃dlɛt] n. f. **1.** Bande très longue et très mince. *Momie enveloppée de bandelettes.* **2.** ARCHI Moulure étroite et plate. – Dimin. de *bandelle,* anc. fém. de *bandeau.*

bander [bɑ̃de] v. [1] **I.** v. tr. **1.** Serrer au moyen d'une bande. *Bander une plaie.* - Recouvrir d'un bandeau. *Bander les yeux de qqn.* **2.** Tendre avec effort. *Bander un arc, un ressort.* - Par ext. *Athlète qui bande ses muscles.* - Fig. *Bander sa volonté, ses forces.* **II.** v. intr. Vulg. Être en érection. – De *bande* 1.

banderille [bɑ̃dʀij] n. f. Dard orné de bandes de papier ou de rubans, que l'on plante dans le cou des taureaux pour les exciter, pendant les corridas. – Esp. *banderilla.*

banderillero [bɑ̃deʀijeʀo] n. m. Torero qui pose les banderilles. – Mot esp.

banderole [bɑ̃dʀɔl] n. f. **1.** Flamme, étendard long et mince ; longue bande d'étoffe qui sert à décorer. *Édifice public orné de banderoles tricolores.* ▷ Mod. Grande bande de tissu qui porte une inscription. *Les banderoles des manifestants.* **2.** Vx Bretelle de fusil. – Ital. *banderuola,* « petite bannière ».

bandicoot [bɑ̃dikut] n. m. ZOOL Mammifère marsupial d'Australie dont la taille va de celle d'un rat à celle d'un blaireau. (Les diverses espèces de bandicoots, de la fam. des pérámélidés, sont les seuls marsupiaux qui possèdent un véritable placenta ; les 3e et 4e orteils sont soudés, comme chez le porc.) – Mot indien *pandikakku,* « rat-cochon ».

bandit [bɑ̃di] n. m. **1.** Vieilli Malfaiteur dangereux ; hors-la-loi. *Mandrin, Cartouche, célèbres bandits.* Syn. brigand. **2.** *Par ext.,* péjor. Homme sans scrupules. – Ital. *bandito,* « banni, hors-la-loi ».

banditisme [bɑ̃ditism] n. m. Mœurs, activités des bandits. – *Grand banditisme :* ensemble des actions criminelles les plus répréhensibles. – De *bandit.*

bandonéon [bɑ̃dɔneɔ̃] n. m. Petit accordéon de forme hexagonale. – Du nom de l'inventeur, H. *Band,* et finale d'*accordéon.*

bandothèque [bɑ̃dɔtɛk] n. f. INFORM Pièce où sont archivées les bandes magnétiques ; l'ensemble de ces bandes. – De *bande* 1, et *-thèque.*

bandoulière [bɑ̃duljɛʀ] n. f. Bande de cuir ou d'étoffe pour soutenir une arme ou un sac, qui passe sur une épaule et retombe sur la partie opposée du corps. ▷ Loc. *En bandoulière. Porter une sacoche en bandoulière.* – Esp. *bandolera.*

bang [bɑ̃g] n. m. Bruit violent provoqué par un avion lorsqu'il franchit le mur du son. – Onomat.

bangladais, aise [bɑ̃gladɛ, ɛz] adj. ou **bangladeshi** [bɑ̃gladeʃi] adj. (inv. en genre) Du Bangladesh, État d'Asie. ▷ Subst. *Un(e) Bangladais(e)* ou *un(e) Bangladeshi.*

banian [banjɑ̃] n. m. **1.** Membre d'une secte brahmanique qui comptait de nombreux commerçants. **2.** BOT *Arbre* ou *figuier des banians :* figuier de l'Inde (fam. moracées) dont les nombreuses racines aériennes et pendantes rejoignent le sol et forment de nouveaux troncs. – Mot indien *baniyan,* par l'ital.

banjo [bɑ̃dʒo] n. m. Instrument à cordes pincées (de cinq à neuf cordes) ayant pour table une peau tendue. – Mot anglo-amér., de l'esp. *bandurria,* « mandoline ».

banjoïste [bɑ̃dʒɔist] n. Instrumentiste qui joue du banjo. – De *banjo.*

banlieue [bɑ̃ljø] n. f. Ensemble des agglomérations autour d'une grande ville. – Du lat. médiév. *banleuca,* « territoire autour d'une ville, où s'exerçait le ban ».

banlieusard, arde [bɑ̃ljøzaʀ, aʀd] n. Habitant de la banlieue d'une grande ville, spécial., de la banlieue de Paris. – De *banlieue.*

banne [ban] n. f. **1.** Chariot servant particulièrement au transport du charbon. **2.** Grande malle d'osier. **3.** Grosse toile que l'on étend sur des marchandises pour les protéger. **4.** Auvent en toile, qui protège des intempéries la devanture d'une boutique. – Lat. *benna,* « chariot en osier ».

banneret [banʀɛ] n. m. HIST Seigneur qui arborait une bannière. – De *ban* 1.

banneton [bantɔ̃] n. m. Petit panier d'osier sans anse, garni de toile, où l'on fait lever la pâte à pain. – De *banne.*

bannette [banɛt] n. f. Petite banne d'osier ou de bois mince. – Dimin. de *banne.*

banni, ie [bani] adj. **1.** Exilé ou expulsé de sa patrie ; exilé, proscrit. ▷ Subst. Personne bannie. *Le rappel des bannis.* **2.** Fig. Exclu ou éloigné. *Toute tranquillité est bannie de mon cœur.* – Pp. de *bannir.*

bannière [banjɛʀ] n. f. **1.** HIST Enseigne ou drapeau autour duquel se groupaient les vassaux rassemblés par le ban. **2.** Étendard d'une confrérie, d'une société. *La bannière d'un orphéon.* ▷ Loc. fig. *Se ranger sous une bannière :* se rallier à un parti, combattre dans ses rangs. ▷ Loc. fam. *C'est la croix et la bannière :* c'est une entreprise compliquée, laborieuse, difficile. ▷ Loc. pop. *En bannière :* en chemise. – Du germ. *bandwa,* « étendard ».

bannir [baniʀ] v. tr. [2] **1.** Condamner (qqn) à quitter son pays ou son lieu de résidence. *Sous la Restauration, les anciens régicides furent bannis.* Syn. proscrire, exiler. **2.** Fig. Chasser, exclure. *Il est banni de ma mémoire. Bannissez toute crainte.* – Frq **bannjan.*

bannissement [banismɑ̃] n. m. Peine qui consiste à être banni. – De *bannir.*

banquable. V. bancable.

banque [bɑ̃k] n. f. **1.** Entreprise qui se consacre au commerce de l'argent et des titres (effets de commerce, titres de Bourse, épargne, réinvestissements). *Banque d'affaires. Banque privée. Banque contrôlée par l'État.* – *Banque centrale,* qui, dans un pays, assure l'émission de la monnaie et le contrôle du volume de la monnaie et du crédit. *Banque de France :* société par actions nationalisée, réorganisée en 1945, banque centrale, seule habilitée à émettre sur le territoire français des *billets de banque,* à fixer le taux de l'escompte et à effectuer certaines opérations pour le compte du Trésor. – *Banque mondiale :* institution financière internationale, dépendant de l'O.N.U., créée en 1946, qui accorde des prêts pour des projets de développement aux pays les plus défavorisés. ▷ Établissement où fonctionne une telle entreprise. *Compte en banque. Coffres-forts d'une banque.* **2.** *La banque :* l'ensemble des banques. *La haute banque. Rôle de la banque dans les concentrations d'entreprises.* **3.** Somme que l'un des joueurs tient devant lui pour payer les gagnants, à certains jeux de hasard. *Faire sauter la banque :* gagner tout l'argent mis en jeu. **4.** Par anal. *Banque du sang, banque d'organes :* établissements médicaux qui recueillent et conservent du sang, certains organes, pour les transfusions ou les greffes. ▷ INFORM *Banque de données :* ensemble d'informations réunies dans des fichiers. – Ital. *banca,* « banc » (qui servait de comptoir aux changeurs).

banquer [bɑ̃ke] v. intr. [1] Pop. Payer. – De *banque.*

banqueroute [bɑ̃kʀut] n. f. **1.** État du failli jugé coupable d'imprudence ou de fraude. **2.** *Banqueroute d'État :* action d'un gouvernement qui cesse de payer tout ou partie des arrérages des rentes à ses créanciers. – Ital. *banca rotta,* « banc rompu » (après la faillite d'un banquier).

banquet [bɑ̃kɛ] n. m. Festin, repas solennel, avec de nombreux convives. *Porter un toast dans un banquet.* – Ital. *banchetto,* « petit banc ».

banqueter [bɑ̃kte] v. intr. [23] **1.** Participer à un banquet. **2.** Fam. Faire bonne chère. – De *banquet.*

banquette [bɑ̃kɛt] n. f. **1.** Banc rembourré. ▷ *Banquette arrière d'une automobile.* **2.** AGRIC Replat artificiel étroit établi horizontalement ou en pente douce, pour lutter contre l'érosion du sol. ▷ Remblai de terre servant de parapet le long d'un ravin. ▷ Gradin pratiq- au flanc d'un talus. ▷ *Banquette de tir :* dans une focation, marche permettant d'accéder à un emplacement de tir. **3.** ARCHI Banc de pierre dans une embrasure. **4.** Petit chemin de circulation le long d'une route, d'une voie ferrée, d'un canal. – Languedocien *banqueta,* « petit banc ».

banquier, ère [bɑ̃kje, ɛʀ] n. (rare au fém.) **1.** Celui qui fait le commerce de la banque. *De puissants banquiers se sont entremis dans cette affaire.* **2.** Celui qui tient la banque, dans certains jeux de hasard. – De l'ital. *banca* (V. banque).

banquise [bɑ̃kiz] n. f. Très vaste amas de glaces permanentes, formé par la congélation des eaux marines au large des côtes polaires, et dont se détachent parfois des blocs flottants (packs). – De l'anc. nordique *pakki,* « paquet », et *iss,* « glace », avec influence de banc.

banquiste [bɑ̃kist] n. Vx Bateleur; forain. – De *banque,* « estrade ».

banteng [bɑ̃tɑ̃ŋ] n. m. Bœuf d'Asie du Sud, au pelage brun-roux, avec les pattes et les fesses blanches. – Mot malais.

bantou, oue [bɑ̃tu] adj. **1.** Relatif aux Bantous, populations de l'Afrique sud-équat., et à leurs langues. **2.** LING *Langues bantoues* : ensemble des langues parlées par les Bantous. – Mot africain.

bantoustan ou **bantustan** [bɑ̃tustɑ̃] n. m. En république d'Afrique du Sud, sous le régime de l'apartheid, tout territoire, « indépendant » ou non, attribué, sur une base ethnolinguistique, à l'un des peuples noirs de l'État. (Le système de l'*apartheid* réservait à chaque ethnie africaine un *bantoustan* – en angl. *homeland* – ou « foyer bantou », dont les Noirs sont déclarés citoyens, perdant ainsi leur citoyenneté sud-africaine.) – De *bantou.*

baobab [baɔbab] n. m. Arbre (*Adansonia digitata,* fam. bombacacées) au tronc énorme (jusqu'à 10 m de diamètre), des régions tropicales d'Afrique et d'Australie. – Mot arabe.

baoulé [baule] adj. (inv. en genre) Des Baoulés, peuple de la Côte-d'Ivoire, État d'Afrique occid.

baptême [batɛm] n. m. **1.** Sacrement chrétien, le premier des sept sacrements de l'Église catholique. *Le baptême se confère par immersion complète dans l'eau ou par simple ablution sur le front. Bénédictions, prières du baptême. Acte de baptême* : extrait du registre paroissial certifiant qu'une personne a été baptisée. ▷ Loc. *Nom de baptême* : prénom conféré lors du baptême. **2.** Par anal. *Baptême d'une cloche, d'un navire* : cérémonie qui consiste à les bénir en leur donnant un nom. **3.** Fig. Initiation. *Baptême du feu* : débuts d'un militaire au combat. *Baptême de l'air* : premier voyage en avion. – Lat. ecclés. *baptisma,* du gr. *baptizein,* « immerger ».

baptiser [batize] v. tr. [1] **1.** Conférer le baptême à. **2.** Fig. Donner un nom, un sobriquet à. **3.** Fig., fam. *Baptiser son vin,* le couper d'eau. – Lat. ecclés. *baptizare,* du gr. *baptizein,* « immerger ».

baptismal, ale, aux [batismal, o] adj. Relatif au baptême. *Fonts baptismaux* : cuve ou vase contenant l'eau consacrée destinée à la célébration du baptême. – Du lat. ecclés. *baptisma,* « baptême ».

baptisme [batism] n. m. Doctrine religieuse selon laquelle le baptême doit être administré aux adultes (et non aux enfants), par immersion complète. – Du lat. ecclés. *baptisma,* « baptême ».

baptistaire [batistɛʀ] adj. Relatif au baptême. *Registre baptistaire.* – Lat. ecclés. *baptistarius.*

baptiste [batist] adj. et n. Qui a rapport au baptisme. – n. Membre d'un mouvement religieux protestant répandu surtout aux États-Unis, qui adopte les thèses du baptisme. – Lat. chrét. *baptista;* repris à l'angl.

baptistère [batistɛʀ] n. m. **1.** Édifice religieux spécial. destiné, autref., à l'administration du baptême. *Les portes de bronze du baptistère de Florence furent sculptées par Ghiberti.* **2.** *Par ext.* Chapelle d'une église où se trouvent les fonts baptismaux. – Lat. ecclés. *baptisterium.*

baquet [bakɛ] n. m. Petit cuvier, généralement en bois. – De *bac* 1.

1. bar [baʀ] n. m. **1.** Débit de boissons où le client consomme au comptoir. **2.** Le comptoir lui-même. *Commander un demi au bar.* **3.** Petit meuble contenant des bouteilles de boisson. – Mot angl.

2. bar [baʀ] n. m. PHYS Unité de pression égale à 10^5 pascals. *La pression atmosphérique normale vaut très sensiblement 1 bar.* – Gr. *baros,* « pesanteur ».

3. bar [baʀ] n. m. Poisson perciforme marin *(Labrax lupus)* de l'Atlantique et de la Méditerranée, carnivore très vorace, à la chair estimée. Syn. loup. – Néerl. *baers.*

baragouin [baʀagwɛ̃] n. m. Langage incompréhensible. ▷ *Par ext.* Langue étrangère que l'on ne comprend pas. – P.-ê. du breton *bara,* « pain », et *gwin,* « vin ».

baragouinage [baʀagwinaʒ] n. m. Action de baragouiner. – De *baragouiner.*

baragouiner [baʀagwine] v. [1] **1.** v. tr. Fam. Parler une langue incorrectement. *Il baragouine l'espagnol.* **2.** v. intr. Parler une langue inintelligible. – De *baragouin.*

baragouineur, euse [baʀagwinœʀ, øz] n. Fam. Personne qui baragouine. – De *baragouiner.*

baraka [baʀaka] n. f. Fam. Chance qui semble due à une protection surnaturelle. *Avoir la baraka.* – Mot ar., « bénédiction, protection divine ».

baraque [baʀak] n. f. Construction légère et temporaire. *Baraque d'un chasseur de canards. Les baraques de la foire.* Syn. cabane. – Par ext. Fam. Maison mal bâtie, mal agencée ou mal tenue. *Je n'ai trouvé à louer qu'une vieille baraque. Il n'y a pas une assiette propre dans cette baraque!* – Ital. *baracca,* ou esp. *barraca,* « hutte ».

baraqué, ée [baʀake] adj. Pop. Robuste (en parlant d'une personne). *Un gaillard bien baraqué.* – De *baraque.*

baraquement [baʀakmɑ̃] n. m. Ensemble de baraques, servant notam. de logement provisoire à des soldats ou à des travailleurs. *Baraquements préfabriqués.* – De *baraquer.*

1. baraquer [baʀake] v. intr. [1] Rare S'établir dans des baraques. – De *baraque.*

2. baraquer [baʀake] v. intr. [1] S'accroupir, en parlant du dromadaire, du chameau. – De l'ar. *barak.*

baraterie [baʀatʀi] n. f. DR MARIT Fraude commise par le patron ou par l'équipage d'un navire au préjudice des armateurs, des assureurs ou des expéditeurs de marchandises. – De l'anc. fr. *barater,* « tromper ».

baratin [baʀatɛ̃] n. m. Fam. Discours, flot de paroles pour enjôler ou abuser; paroles sans portée réelle. *Tout ça, c'est du baratin!* – Du provenç. *barat,* même orig. que *baraterie.*

baratiner [baʀatine] v. [1] **1.** v. intr. Fam. Parler beaucoup, tenir des propos sans intérêt. **2.** v. tr. Pop. Essayer de séduire par un baratin. *Baratiner une fille.* – De *baratin.*

baratineur, euse [baʀatinœʀ, øz] adj. (et n.) Fam. Qui baratine, qui aime baratiner. – De *baratiner.*

barattage [baʀataʒ] n. m. Action de baratter. – De *baratter.*

baratte [baʀat] n. f. Récipient clos dans lequel on bat la crème pour en extraire le beurre; machine à baratter. – Déverbal de *baratter.*

baratter [baʀate] v. tr. [1] Agiter (de la crème) dans une baratte pour en faire du beurre. – De l'a. fr. *barate*, « agitation », du scandinave *barâtta*, « combat ».

barbacane [baʀbakan] n. f. **1.** Anc. Ouvrage de fortification avancé, protégeant une porte ou un pont, et percé de meurtrières. **2.** Meurtrière étroite. **3.** ARCHI Ouverture pratiquée dans un mur de soutènement pour faciliter l'écoulement des eaux. – Ar. *barbakkhaneh*.

barbadien, enne [baʀbadjɛ̃, ɛn] adj. et n. De la Barbade, île des Petites Antilles. ▷ Subst. *Un(e) Barbadien(ne)*.

barbant, ante [baʀbɑ̃, ɑ̃t] adj. Pop. Ennuyeux, fastidieux. – Ppr. de *barber*.

barbaque [baʀbak] n. f. Pop. Viande de qualité inférieure, ou très dure.

barbare [baʀbaʀ] adj. (et n.) **1.** ANTIQ Étranger, chez les Grecs et les Romains. **2.** *Par ext.* Qui n'est pas civilisé. *Une peuplade barbare.* ▷ Mod. Cruel, féroce. *Une foule barbare voulut assister à l'exécution.* **3.** (Choses) Grossier, qui choque le goût. *Quelle musique barbare!* **4.** Subst. HIST *Les Barbares* : les peuples d'origine slave, germanique ou asiatique, qui envahirent l'Empire romain aux IVe et Ve s. (Huns, Goths, Wisigoths, Vandales, Suèves, Ostrogoths). – Lat. *barbarus*, du gr.

barbaresque [baʀbaʀɛsk] adj. et n. Se dit des régions autrefois groupées sous le nom de *Barbarie*, qui désignait jusqu'au début du XIXe s. la partie de l'Afrique du Nord (Algérie, Tunisie et Tripolitaine) placée sous la suzeraineté ottomane. *Pirates barbaresques.* ▷ Subst. Habitant de la Barbarie. – Ital. *barbaresco*, « barbare ».

barbarie [baʀbaʀi] n. f. **1.** État d'un peuple qui n'est pas civilisé. *Les ténèbres de la barbarie.* **2.** Cruauté, inhumanité. *Exercer sa barbarie sur les vaincus.* ▷ Vieilli Acte barbare. – Lat. *barbaria*.

barbarisme [baʀbaʀism] n. m. Emploi d'un mot inventé ou déformé, ou d'un mot détourné de son sens normal, qui constitue une faute. (Ex. *confusionné* pour *confus*, *colidor* pour *corridor*, *recouvrir la vue* pour *recouvrer la vue*.) – Lat. médiév. *barbarismus*.

1. barbe [baʀb] n. f. **1.** (Chez l'homme.) Poils du menton et des joues. *Porter la barbe. Barbe en pointe, en collier.* ▷ Loc. fig. *Parler dans sa barbe*, sans se faire entendre, de façon inintelligible. – *Rire dans sa barbe* : rire, se moquer sans le laisser paraître. – *Faire qqch à la barbe de qqn*, en sa présence et sans qu'il s'en aperçoive. ▷ Fig., fam. *Une vieille barbe* : un homme âgé, aux idées désuètes. ▷ Fam. *La barbe! Quelle barbe!* : exclamations marquant l'ennui, l'impatience. ▷ *Barbe à papa* : confiserie faite de sucre étiré en filaments enroulé autour d'un bâtonnet. **2.** *Par anal.* Touffe de poils sous le menton de certains animaux. *Barbe d'un bouc.* **3.** (Presque toujours au plur.) Aciculés qui terminent les glumes de certaines graminées. *Les barbes d'un épi de blé.* ▷ Filaments ramifiés à angles droits, que portent les tuyaux des plumes d'oiseaux. ▷ Plur. TECH Bavures ou aspérités d'une pièce brute. **4.** Vx (Plur.) Bandes d'étoffe qui pendaient de part et d'autre de certaines coiffures de femmes. – Lat. *barba*.

2. barbe [baʀb] n. m. Cheval originaire des pays d'Afrique du Nord. ▷ adj. *Une jument barbe.* – Ital. *barbero*.

barbeau [baʀbo] n. m. **1.** Poisson téléostéen d'eau douce (*Barbus barbus*, fam. cyprinidés) pouvant atteindre 90 cm de long, qui ressemble à une carpe, mais possède quatre barbillons à la mâchoire supérieure. **2.** Arg. Souteneur. – Lat. pop. **barbellus*, de *barba*, « barbe ».

barbecue [baʀbəkju] n. m. Appareil comportant un foyer à charbon de bois surmonté d'une grille, et utilisé pour la cuisson en plein air. – Mot angl.

barbe-de-capucin [baʀbdəkapysɛ̃] n. f. **1.** Chicorée sauvage comestible, blanchie en cave. **2.** Lichen fruticuleux (*Usnea barbata*) fréquent en montagne et ressemblant à une barbe accrochée à une branche. *Des barbes-de-capucin.* Syn. usnée. – De *barbe*, et *capucin*.

barbe-de-jupiter [baʀbdəʒypitɛʀ] n. f. Syn. de *centranthe. Des barbes-de-jupiter.* – De *barbe*, et *Jupiter*.

barbelé, ée [baʀbəle] adj. Garni de pointes ou de dents. *Flèche barbelée.* – *Fil de fer barbelé* : fil de fer garni de pointes, employé pour les clôtures. ▷ n. m. (le plus souvent au plur.) Fils de fer barbelés. *Entourer un pâturage de barbelés.* – De l'a. fr. *barbel*, « petite pointe ».

barber [baʀbe] v. tr. [1] Pop. Ennuyer. *Ce travail me barbe.* ▷ v. pron. *On s'est barbés en vous attendant.* – De *barbe*.

barbet [baʀbɛ] n. m. Chien d'arrêt, griffon à poils longs (55 à 60 cm au garrot). – adj. *Un chien barbet.* ▷ Fig., fam. *Crotté comme un barbet* : couvert de boue, sali par les intempéries. – De *barbe*.

barbette [baʀbɛt] n. f. **1.** Guimpe montante de religieuse. **2.** Plate-forme en terre, sur laquelle on installe une batterie d'artillerie. **3.** MAR Batterie établie sur le pont. – De *barbe*.

barbiche [baʀbiʃ] n. f. Petite barbe qu'on laisse pousser à la pointe du menton. – De *barbe*.

barbier [baʀbje] n. m. **1.** Anc. Celui dont la profession était de tailler ou de raser la barbe. **2.** Nom cour. du *Lepadogaster* et de l'*Anthias*, poissons communs dans la Méditerranée. – De *barbe*.

barbifier [baʀbifje] v. tr. [2] **1.** Fam., vieilli Raser, faire la barbe. **2.** Fam., vieilli Ennuyer. – De *barbe*.

barbille [baʀbij] n. f. Filament, bavure qui reste au flan d'une monnaie. – De *barbe*.

1. barbillon [baʀbijɔ̃] n. m. **1.** Filament tactile de la bouche de certains poissons. **2.** (Plur.) Replis membraneux sous la langue du cheval et du bœuf. – De *barbe*.

2. barbillon [baʀbijɔ̃] n. m. ICHTYOL Petit barbeau. – De *barbeau*.

barbiturique [baʀbityʀik] n. m. (et adj.) Médicament utilisé comme hypnotique, sédatif, anesthésique, anticonvulsif, dérivé de l'*acide barbiturique* (ex. : penthotal, véronal, gardénal).– Du premier élément du mot all. *Barbitursaüre* (créé par Baeyer), et de *urique*.

barbiturisme [baʀbityʀism] n. m. Intoxication par les barbituriques. – De *barbiturique*.

barbon [baʀbɔ̃] n. m. Vx ou plaisant Vieillard désagréable ou ennuyeux. – Ital. *barbone*, « grande barbe ».

barbotage [baʀbɔtaʒ] n. m. **1.** Fait de barboter dans l'eau. **2.** CHIM Passage d'un gaz, d'une vapeur dans un liquide. – De *barboter*.

barboter [baʀbɔte] v. [1] **I.** v. intr. **1.** Remuer l'eau en nageant. *Les canards barbotent dans la mare.* **2.** CHIM *Faire barboter un gaz* : faire passer un gaz à travers un liquide. **II.** v. tr. Pop. Voler. *On m'a barboté ma montre.*

barboteuse [baʀbɔtøz] n. f. Vêtement pour enfants, d'une seule pièce, fermé entre les jambes et laissant celles-ci nues. – De *barboter*.

barbotin [baʀbɔtɛ̃] n. m. **1.** MAR Couronne en métal, entraînée par le cabestan ou le guindeau et sur le pourtour de laquelle viennent s'engrener les maillons de la chaîne à virer. **2.** Roue motrice des chenilles de tracteurs et de chars de combat. – Du n. de l'inventeur.

barbotine [baʀbɔtin] n. f. Pâte fluide utilisée en céramique, pour confectionner par coulage des pièces ou des motifs décoratifs de porcelaine tendre. – De *barboter*.

barbouillage [baʀbujaʒ] ou **barbouillis** [baʀbuji] n. m. **1.** Écriture peu lisible. **2.** Enduit de couleur fait rapidement à la brosse. **3.** Fam. Mauvaise peinture. *Un barbouillage de peintre amateur.* – De *barbouiller.*

barbouiller [baʀbuje] v. tr. [1] **1.** Salir, tacher grossièrement. *Enfant qui barbouille ses cahiers de taches d'encre.* – Fam. *Barbouiller du papier* : faire des écritures; écrire beaucoup. ▷ **Loc.** *Barbouiller le cœur, l'estomac* : donner des nausées. **2.** Peindre grossièrement. – De *barboter,* avec influence de *bouillir.*

barbouilleur, euse [baʀbujœʀ, øz] n. Peintre sans talent. – De *barbouiller.*

barbouillis. V. barbouillage.

barbouze [baʀbuz] n. et adj. **1.** n. f. Pop. Barbe. **2.** n. f. ou m. Péjor. Agent plus ou moins officiel d'un service de renseignements (police, documentation extérieure). – adj. *La centrale barbouze.* – De *barbe.*

barbu, ue [baʀby] adj. Qui a de la barbe, qui porte la barbe. *Jeune homme barbu. Menton barbu, joues barbues.* ▷ n. m. Homme qui porte la barbe. – Lat. *barbatus.*

barbue [baʀby] n. f. Poisson de mer plat voisin du turbot (*Rhombus lævis,* fam. pleuronectidés), qui atteint 80 cm de long. – De *barbu.*

barbule [baʀbyl] n. f. Chacun des filaments recourbés qui assurent l'accrochage des barbes d'une plume d'oiseau les unes aux autres. – De *barbe.*

barcarolle [baʀkaʀɔl] n. f. **1.** Chanson cadencée des gondoliers de Venise. **2.** Chant ou air sur un rythme à trois temps. *Les barcarolles de Mendelssohn, de Chopin.* – Ital. *barcarola,* de *barcarolo,* « gondolier ».

barcasse [baʀkas] n. f. Grosse barque à fond plat, d'origine méditerranéenne, servant surtout au transbordement des passagers et des marchandises. – De *barque.*

barcelonnette. V. bercelonnette.

bard [baʀ] n. m. Civière pour le transport des matériaux. – Du rad. de *béer.*

barda [baʀda] n. m. Arg. (des militaires) Équipement individuel du soldat en déplacement. ▷ *Par ext.,* fam. Bagage encombrant. *Déposez donc votre barda.* – De l'ar. *barda'a,* « bât ».

bardane [baʀdan] n. f. Plante composée (*Lappa communis*) très fréquente sur les terrains incultes, les décombres, etc., dont le capitule rose a des bractées terminées en crochets qui s'accrochent aux vêtements. (D'où les noms cour. de *pignole* : peigne, *herbe aux teigneux,* etc.) – Lat. pop. **barrum,* « boue ».

1. barde [baʀd] n. m. **1.** Poète celte qui célébrait les héros en musique. *Les bardes formaient en Gaule et en Irlande de véritables confréries.* **2.** *Par ext.* Poète national, épique et lyrique. – Lat. *bardus,* mot d'orig. gaul.

2. barde [baʀd] n. f. **1.** Ancienne armure faite de lames métalliques, dont on protégeait les chevaux de guerre. **2.** Tranche mince de lard dont on enveloppe certaines viandes à rôtir. – De l'ar. *barda'a,* « bât ».

bardé, ée [baʀde] adj. Entouré de bardes, en parlant d'une viande. *Des cailles bardées.* – De *barde* 2.

1. bardeau [baʀdo] n. m. Planchette mince et courte utilisée pour le revêtement des façades et des toits. ▷ Latte de bois posée sur des solives, pour recevoir un carrelage. – De *barde* 2.

2. bardeau. V. bardot.

1. barder [baʀde] v. tr. [1] Charger et transporter (des matériaux) sur un bard. – De *bard.*

2. barder [baʀde] v. tr. [1] **1.** Revêtir d'une barde (2, sens 1), d'une armure. *Le chevalier et sa monture étaient bardés de fer.* ▷ Fig. *Il est bardé de décorations.* – *Être bardé de préjugés.* **2.** Entourer de bardes (2, sens 2). *Barder une volaille.* – De *barde* 2.

3. barder [baʀde] v. impers. [1] Fam. Tourner mal, se gâter, devenir violent. *Ça va barder, ça barde.*

bardis ou **bardit** [baʀdi] n. m. MAR Cloison longitudinale empêchant un chargement en vrac de se déplacer sous l'effet du roulis. – De *barde* 2.

bardit [baʀdi] n. m. HIST Chant de guerre des anciens peuples germaniques et scandinaves. – Bas lat. *barditus.*

bardot ou **bardeau** [baʀdo] n. m. Hybride issu d'un cheval et d'une ânesse. – Ital. *bardotto,* « animal qui porte le bât », de l'arabe.

barème [baʀɛm] n. m. Répertoire de données chiffrées. – De *Barrême,* nom de l'inventeur.

1. barge [baʀʒ] ou **berge** [bɛʀʒ] n. f. ORNITH Oiseau charadriiforme des marais (genre *Limosa*), de la taille d'une bécasse, aux pattes et au bec très longs.

2. barge [baʀʒ] n. f. MAR Embarcation à fond plat et à faible tirant d'eau. *Barge de débarquement.* – *Barge océanique,* utilisée pour le transport de marchandises ou de matériel en haute mer. *Barge de forage.* – Var. de *barque.*

barguigner [baʀgiɲe] v. intr. [1] Vieilli *Sans barguigner* : sans hésiter. – Frq. **borganjan.*

barigoule [baʀigul] n. f. **1.** Nom provençal du lactaire délicieux, champignon comestible. **2.** *Artichauts à la barigoule,* farcis de lard et de jambon hachés, puis braisés. – Provenç. *barigoulo.*

baril [baʀil] n. m. **1.** Petit tonneau de bois. *Un baril de poudre, d'anchois.* **2.** Unité de mesure du pétrole (1 baril : 0,159 m^3). – Lat. pop. **barriculus.*

barillet [baʀijɛ] n. m. **1.** Vieilli Petit baril. **2.** ANAT Cavité derrière le tambour de l'oreille. **3.** Dispositif mécanique de forme cylindrique. *Barillet d'un revolver,* où sont logées les balles. – Dimin. de *baril.*

bariolage [baʀjɔlaʒ] n. m. Assemblage disparate de différentes couleurs. – De *barioler.*

bariolé, ée [baʀjɔle] adj. Se dit d'objets dont les couleurs sont variées, vives et mal assorties. *Robe bariolée.* – Pp. de *barioler.*

barioler [baʀjɔle] v. tr. [1] Couvrir de diverses couleurs bizarrement assorties. – Croisement de *barrer,* et a. fr. *rioler,* « rayer ».

barjo ou **barjot** [baʀʒo] adj. et n. Fam. Cinglé, toqué. – Interversion (verlan) de *jobard.*

barkhane [baʀkan] n. f. Dune en forme de croissant, d'une dizaine de mètres de haut, qui progresse rapidement sur le substrat rocheux. – Mot arabe.

barlong, longue [baʀlɔ̃, lɔ̃g] adj. Qui est plus long d'un côté que de l'autre. – De *bes,* lat. *bis,* « deux fois », et *long.*

barlotière [baʀlɔtjɛʀ] n. f. ARCHI Traverse de fer qui sert, dans les châssis de vitraux, à consolider les plombs. – Pour *barrelotière,* de *barre.*

barmaid [baʀmɛd] n. f. Serveuse d'un bar. *Des barmaids.* – Mot angl.

barman, plur. **barmen** [baʀman, baʀmɛn] n. m. Serveur d'un bar. – Mot angl.

bar-mitsva [baʀmitsva] n. f. inv. Dans le judaïsme, célébration de la majorité religieuse des garçons (treize ans). – Mots hébr., « fils des commandements ».

barn [baʀn] n. m. PHYS NUCL Unité de mesure (symbole b) de la section efficace d'un noyau atomique. – Mot angl., « grange » (idée de largeur).

barnabite [baʀnabit] n. m. Membre d'une congrégation religieuse fondée en 1530, à Milan, par Antoine

Marie Zaccaria, et installée en 1538 dans l'égl. St-Barnabé. – De *Barnabé.*

barnum [baʀnɔm] n. m. Petit kiosque ne diffusant que la presse du soir. – Du n. de Ph. T. *Barnum,* célèbre directeur de cirque américain.

baro-. Élément, du gr. *baros,* « pesanteur », impliquant une idée de gravité ou de pression atmosphérique.

barocentrique [baʀɔsɑ̃tʀik] adj. GEOM *Courbe barocentrique,* formée par les intersections, sur un plan méridien, des verticales contenues dans ce plan. – De *baro-,* et *centre.*

barographe [baʀɔgʀaf] n. m. PHYS Baromètre enregistreur. – De *baro-,* et *-graphe.*

baromètre [baʀɔmɛtʀ] n. m. **1.** Appareil servant à mesurer la pression atmosphérique. *Baromètre à mercure,* qui équilibre la pression atmosphérique par le poids d'une colonne de mercure dont on mesure la hauteur. *Baromètre anéroïde,* comportant un dispositif élastique qui se déforme selon les variations de la pression. **2.** Fig. Ce qui sert à mesurer, à estimer. *Les sondages d'opinion sont le baromètre de l'opinion publique.* – Empr. à l'angl., du gr. *baros,* « pesanteur », et *metron,* « mesure ».

barométrique [baʀɔmetʀik] adj. Relatif au baromètre ou aux variations de la pression atmosphérique. – De *baromètre.*

1. baron [baʀɔ̃] n. m. **1.** FEOD Grand seigneur du royaume. **2.** Titre nobiliaire immédiatement inférieur à celui de vicomte. **3.** Fig. Personnage important dans le monde de la politique, de la finance, etc. *Les barons de la grande industrie.* – Frq. **baro,* « homme libre ».

2. baron [baʀɔ̃] n. m. *Baron d'agneau* : pièce d'agneau (ou de mouton) comportant la selle et les deux gigots.

baronne [baʀɔn] n. f. Femme noble possédant une baronnie ; épouse d'un baron. – De *baron.*

baronnet [baʀɔnɛ] n. m. Titre de noblesse honorifique, propre à l'Angleterre, institué par Jacques Ier en 1611. – Mot anglais.

baronnie [baʀɔni] n. f. FEOD Terre seigneuriale donnant à qui la possède le titre de baron ; ce titre lui-même. – De *baron.*

baroque [baʀɔk] adj. et n. m. **1.** *Perle baroque* : perle de forme irrégulière. ▷ D'une irrégularité qui étonne, qui choque. *Une idée baroque,* bizarre, excentrique. **2.** BX-A Se dit d'un style exubérant (XVIIe s. - première moitié du XVIIIe s.). *Une église baroque.* – n. m. *Le baroque* : ce style. ▷ *Par ext.* Qui présente, à d'autres époques, en art et en littérature, les mêmes caractères que le baroque. – Portug. *barroco,* « perle irrégulière »

ENCYCL **Beaux-Arts** – Le baroque, qui s'est développé d'abord en Italie, puis en Autriche, en Bohême, en Allemagne, en Espagne et dans les pays d'Amérique latine, est caractérisé par la ligne courbe, le mouvement, l'exubérance de l'ornementation, la lourdeur ou l'expressivité marquée des formes, la tendance au pathétique et la surenchère dans le faste. Il symbolise l'esprit de la Contre-Réforme dans les pays catholiques et, par la suite, un refus des normes classiques.

baroqueux [baʀɔkø] n. m. Dans la langue du spectacle, spécialiste de la musique et de la danse baroques. (Le fém. *baroqueuse* est virtuel.) – De *baroque.*

baroquisant, ante [baʀɔkizɑ̃, ɑ̃t] adj. Marqué par le baroque. – De *baroque.*

baroquisme [baʀɔkism] n. m. **1.** Caractère propre au style baroque. **2.** Caractère d'une œuvre de style baroque. – De *baroque.*

barorécepteur [baʀɔʀeseptœʀ] n. m. MED Organe sensible à des variations de pression. – De *baro-,* et *récepteur.*

baroscope [baʀɔskɔp] n. m. PHYS Balance démontrant l'application du principe d'Archimède aux gaz. – De *baro-,* et *-scope.*

barotraumatique [baʀɔtʀomatik] adj. Dû à un barotraumatisme. – De *barotraumatisme.*

barotraumatisme [baʀɔtʀomatism] n. m. MED Ensemble de troubles graves provoqués (partic. chez un plongeur sous-marin) par une variation trop forte et trop rapide de la pression. – De *baro-,* et *traumatisme.*

baroud [baʀud] n. m. Arg. Bataille, bagarre, échauffourée. *Baroud d'honneur,* avant de déposer les armes. – Mot arabe.

barouder [baʀude] v. intr. [1] Se battre, participer à des combats. – De *baroud.*

baroudeur [baʀudœʀ] n. m. (et adj.) Homme qui aime le baroud. – De *barouder.*

barouf [baʀuf] n. m. Pop. Grand bruit, tapage. *Tu en fais un barouf !* – Ital. *baruffa,* « bagarre ».

barque [baʀk] n. f. Petit bateau non ponté. ▷ MAR *Trois-mâts barque* : trois-mâts n'ayant pas de voiles carrées au mât d'artimon. ▷ Loc. fig. *Conduire, mener sa barque* : conduire, de telle ou telle manière, une entreprise. *Il a bien mené sa barque.* – Provenç. *barca,* du lat.

barquette [baʀkɛt] n. f. **1.** Tartelette en forme de barque. *Barquette aux cerises.* **2.** Petit récipient utilisé pour le conditionnement de fruits ou d'aliments délicats. *Une barquette de fraises.* – Dimin. de *barque.*

barracuda [baʀakyda] n. m. Poisson perciforme marin *(Sphyræna barracuda),* atteignant 2 m, rapide et très vorace (il peut attaquer l'homme). – Mot angl., p.-ê. de l'espagnol.

barrage [baʀaʒ] n. m. **1.** Ce qui barre (une voie) ; action de barrer (une voie). *Barrage d'une route à l'aide de chevaux de frise.* ▷ *Barrage de police* : dispositif policier (cordon d'agents, automobiles) empêchant de passer. ▷ TECH *Vanne de barrage* : organe de coupure sur une canalisation de gaz. **2.** Ouvrage disposé en travers d'un cours d'eau pour créer une retenue ou exhausser le niveau amont. **3.** MILIT *Tir de barrage* : tir d'artillerie destiné à interdire un accès. **4.** GEOL *Lac de barrage* : lac résultant de la présence d'un obstacle (moraine, éboulis, etc.) qui empêche l'écoulement des eaux. **5.** SPORT *Match de barrage* : épreuve servant à départager deux concurrents à égalité ; épreuve qui permet la montée ou évite la descente d'un concurrent dans un groupe ou une division. – De *barrer.*

barragiste [baʀaʒist] n. SPORT Concurrent ou équipe qui doit disputer un match de barrage. – De *barrage.*

barre [baʀ] n. f. **1.** Pièce longue et rigide, de bois, de métal, etc. *Barre de fer. Barre d'appui* : barre horizontale à hauteur d'appui, sur une fenêtre, un balcon. ▷ Loc. fig., fam. *Avoir un coup de barre* : se sentir brusquement fatigué. *C'est le coup de barre* : c'est très coûteux. ▷ TECH *Barre d'attelage* : dispositif qui relie deux véhicules. – *Barre à mine* : barre métallique qui sert de levier ou d'outil de perforation. ▷ SPORT *Barre fixe* (en hauteur), *barres parallèles* (à hauteur d'homme) : agrès de gymnastique. ▷ Lingot. *La barre d'or fin est cotée en Bourse.* – Fig., fam. *C'est de l'or en barre* : c'est une bonne affaire. **2.** Trait de plume ou de crayon pour biffer ou souligner quelque chose. **3.** MAR Levier fixé à la mèche du gouvernail et permettant de l'orienter. – *Par ext.* Système permettant d'orienter le gouvernail. *Barre mécanique, électrique, commande de barre. Barre franche,* qui agit directement sur le gouvernail (par oppos. à *barre à roue*). ▷ Fig. *Être à la barre, tenir la barre* : diriger une entreprise, gouverner. **4.** GEOGR Accumulation d'alluvions fluviales en forme d'arête sur le fond marin, parallèlement à la côte, au large de vastes estuaires, là où le courant fluvial est annulé par la mer. *Barre du Missis-*

sippi, du Sénégal, de l'Amazone. **5.** Zone de hautes vagues qui viennent se briser en avant de certaines côtes. *Pirogue qui franchit la barre.* **6.** Ligne de crête due à la persistance d'une couche géologique verticale dure dans une structure sédimentaire plissée qui a été érodée. *La barre des Écrins.* **7.** MUS *Barre de mesure :* signe de notation musicale qui divise la partition en mesures. **8.** HERALD Pièce disposée diagonalement de l'angle senestre du chef à l'angle dextre de la pointe de l'écu. **9.** Emplacement réservé dans les salles d'audience judiciaire aux dépositions des témoins, parfois aux plaidoiries, et qui est généralement marqué par une barre. *Témoin appelé à la barre.* **10.** Espace entre les dents labiales (incisives et canines) et les dents jugales (prémolaires et molaires) de la mâchoire inférieure des ruminants, solipèdes, lagomorphes, etc. *La barre, chez le cheval, correspond à l'endroit où l'on place le mors.* – Lat. pop. **barra,* p.-ê. d'orig. gauloise.

barré, ée [baʀe] adj. **1.** *Rue, voie barrée,* où la circulation est interdite. **2.** *Chèque barré.* V. chèque. **3.** *Dent barrée :* dent dont la configuration des racines rend l'extraction difficile. – Pp. de *barrer.*

barreau [baʀo] n. m. **1.** Barre de bois, de fer qui sert d'assemblage, de clôture, etc. *Les barreaux d'une chaise, d'une grille.* **2.** Emplacement garni de bancs, réservé aux avocats dans les salles d'audience judiciaire, et clôturé autrefois par un barreau amovible. – Fig. Profession d'avocat. *Se destiner au barreau.* ▷ Corps, ordre des avocats d'un lieu déterminé. *Le barreau de Paris.* – De *barre.*

barrer [baʀe] v. [1] **I.** v. tr. **1.** Clore au moyen d'une barre. *Barrer une porte.* **2.** Obstruer, interrompre par un obstacle. *Barrer une route.* **3.** Tirer un trait de plume sur, biffer, rayer. *Barrer un mot.* **4.** MAR Tenir la barre de (un bateau de plaisance). **II.** v. pron. Pop. S'en aller, se sauver. *Barrons-nous!* – De *barre.*

1. barrette [baʀɛt] n. f. Bonnet carré des ecclésiastiques. ▷ Bonnet rouge des cardinaux. – Ital. *baretta,* « béret ».

2. barrette [baʀɛt] n. f. **1.** Petite barre. **2.** Petite barre formant un bijou, une broche. *Barrette de diamants.* – *Par ext.* Ruban d'étoffe monté sur une petite barre, insigne d'une décoration. **3.** Petite pince pour tenir les cheveux. – De *barre.*

barreur, euse [baʀœʀ, øz] n. Personne qui tient la barre à bord d'un voilier, d'un navire de plaisance. – De *barre.*

barricade [baʀikad] n. f. Retranchement élevé hâtivement avec des moyens de fortune pour barrer un passage, une rue et se mettre à couvert, notam. pendant une insurrection. *Les barricades parisiennes* (de 1830, de 1848, de 1871, de 1944, de mai 1968). ▷ Fig. *Ne pas être du même côté de la barricade :* avoir des opinions ou des intérêts opposés. – De l'a. fr. *barriquer,* « rouler des barriques ».

barricader [baʀikade] **I.** v. tr. [1] **1.** Obstruer (une voie de communication) par des barricades. **2.** Fermer solidement. *Barricader un portail.* **II.** v. pron. S'enfermer. – De *barricade.*

barrière [baʀjɛʀ] n. f. **1.** Assemblage de pièces de bois ou de métal formant une clôture. *Barrière d'un champ.* – *Spécial.* Clôture mobile au croisement d'une voie ferrée et d'une route. *Barrière automatique.* **2.** Vx Porte, avec ou sans barrière, à l'entrée d'une ville, d'un palais. *Barrière de l'octroi.* « *La garde qui veille aux barrières du Louvre* » *(Malherbe)* . ▷ TRANSP *Barrière de péage :* installation destinée à percevoir les péages sur une autoroute. ▷ *Barrière de dégel :* interdiction faite aux véhicules lourds d'emprunter certaines routes pendant la période du dégel. **3.** Obstacle naturel important. *La barrière des Pyrénées entre la France et l'Espagne.* ▷ Fig. *Les barrières douanières s'opposent au libre-échange.* **4.** ESP *Barrière thermique :* limite à partir de laquelle l'échauffement dû au frottement de l'atmosphère détruit les structures d'un engin. V. ablation (sens 2). – De *barre.*

barrique [baʀik] n. f. Tonneau contenant 200 à 250 litres; son contenu. ▷ Loc. fig. Pop. *Être rond comme une barrique :* avoir trop bu. – Gascon *barrico.*

barrir [baʀiʀ] v. intr. [2] Crier, en parlant de l'éléphant, du rhinocéros. – Lat. *barrire.*

barrissement [baʀismɑ̃] ou **barrit** [baʀi] n. m. Cri de l'éléphant, du rhinocéros. – De *barrir.*

barrot [baʀo] n. m. MAR Poutre transversale supportant les ponts d'un navire. – De *barre.*

bartavelle [baʀtavɛl] n. f. Perdrix (*Alectoris graeca*) du Jura et des Alpes, très voisine de la perdrix rouge. – Provenç. *bartavelo.*

bary-. Élément, du gr. *barus,* « lourd ».

barycentre [baʀisɑ̃tʀ] n. m. MATH Point G d'un espace affine tel que, si n points M_i sont affectés de coefficients a_i, dont la somme n'est pas nulle, $\sum_i^n a_i \overrightarrow{GM_i} = \vec{0}$. – De *bary-,* et *centre.*

barycentrique [baʀisɑ̃tʀik] adj. Qui se rapporte au barycentre, au centre de gravité. – De *barycentre.*

barye [baʀi] n. f. PHYS Ancienne unité de pression, égale à 1 dyne par cm^2. – Du gr. *barus,* « lourd ».

baryon [baʀjɔ̃] n. m. PHYS NUCL Particule subissant l'interaction* forte (hadron) et constituée de trois quarks; la famille des baryons comprend les nucléons (proton et neutron) et les hypérons. V. encycl. particule. – De *bary-,* et *-on,* de *électron.*

barysphère [baʀisfɛʀ] n. f. GEOL Syn. de *nifé.* – De *bary-,* et *sphère.*

baryte [baʀit] n. f. CHIM Hydroxyde de baryum ($Ba[OH]_2$), utilisé en radiologie pour opacifier le tube digestif. – Du gr. *barus,* « lourd ».

baryté, ée [baʀite] adj. Qui contient ou utilise de la baryte. – De *baryte.*

barytine [baʀitin] n. f. MINER Sulfate de baryum naturel ($BaSO_4$), très dense, incolore ou brun clair (barytine miel), transparent lorsqu'il est cristallisé. – De *baryte,* et *-ine.*

baryton [baʀitɔ̃] n. m. **1.** GRAM GR Accent grave remplaçant l'accent aigu sur la dernière syllabe d'un mot; mot qui porte cet accent. **2.** MUS Voix intermédiaire entre le ténor et la basse. – Par ext. Chanteur qui a cette voix. – Gr. *barutonos,* de *barus,* « grave », et *tonos,* « accent ».

barytose [baʀitoz] n. f. MED Maladie pulmonaire professionnelle due à l'inhalation de poussières de sulfate de baryum. – De *baryte,* et *-ose* 2.

baryum [baʀjɔm] n. m. CHIM Élément alcalino-terreux, de numéro atomique Z = 56 et de masse atomique M = 137,34 (symbole Ba). – Métal (Ba) blanc et mou, de densité 3,74, qui fond à 714 °C et bout à 1 640 °C. – Du gr. *barus,* « lourd ».

barzoï [baʀzɔj] n. m. Lévrier russe à poil long. – Mot russe.

1. bas, basse [bɑ, bɑs] adj. **I.** Qui a peu de hauteur ou d'élévation. **1.** Qui est au-dessous d'une hauteur moyenne ou normale. *Porte basse.* – Qui est au-dessous d'un degré pris comme terme d'une comparaison. *À cette heure-ci, la mer est basse.* – Spécial. *Ciel bas,* par ext., *temps bas,* couvert, avec des nuages peu élevés. *Le baromètre, le thermomètre est bas.* ▷ (En parlant de l'âge.) *En bas âge,* très jeune. **2.** (Par comparaison avec une autre partie d'un même ensemble.) *Les basses branches d'un arbre. Parties basses d'un édifice.* – (Dans l'espace géographique.) *La ville basse* (par oppos. à *la ville haute*), *le* *bas pays.* – (Avec un nom propre.) *Les basses Alpes* : la partie de la chaîne des Alpes où les sommets sont comparativement moins élevés. – Par ext. *La basse Seine* : la partie de la Seine la plus voisine de son embouchure. – Vieilli *Les planètes basses* : celles qui sont situées entre la Terre et le Soleil (Mercure et Vénus). ▷ *Ce bas monde* : ce monde où nous vivons (par oppos. au *ciel* chrétien). **3.** (En parlant de la voix ou du chant.) Grave (opposé à *haut*, à *aigu*). *Ce morceau est trop bas pour ma voix. À voix basse* : sans élever la voix. *Messe basse* : messe non chantée. Loc. fam. *Faire des messes basses* : chuchoter. **4.** Loc. *Avoir la vue basse* : ne distinguer les objets que de fort près. *Les personnes âgées ont souvent la vue un peu basse.* ▷ *Marcher la tête basse*, la tête inclinée vers l'avant. – Fig. *Avoir la tête basse* : être honteux. ▷ *Faire main basse sur* : dérober, piller. **5.** Dont la valeur matérielle est moindre. *Le change est bas*, au-dessous du cours ordinaire. *Pratiquer des prix bas*, des prix modiques. **II.** D'un niveau inférieur, avec ou sans idée de comparaison sociale ou morale. **1.** D'un rang considéré comme inférieur dans la hiérarchie sociale. *Le bas peuple. Les basses classes de la société.* – *Le bas clergé.* **2.** Inférieur, subalterne. *De basses fonctions. Besognes de basse police.* **3.** Vil, moralement méprisable. *Un individu bas. Une basse jalousie.* **4.** Trivial. *Cette expression est basse.* **5.** Qui appartient à une époque relativement récente. *Le bas latin, le bas allemand, le Bas-Empire.* **III.** (Pris adv.) **1.** Dans la partie basse, inférieure. *Le coup est parti de plus bas.* – Loc. *Chapeau bas* : en ayant enlevé son chapeau; fig. en marquant du respect. *Mettre bas les armes, la veste* : déposer les armes; enlever sa veste. ▷ *Mettre bas* : en parlant des animaux, mettre des petits au monde. ▷ Loc. *Plus bas* : plus loin en descendant. *Il habite trois maisons plus bas.* – Ci-dessous, ci-après. *Voyez dix lignes plus bas.* ▷ *Être très bas*, près de mourir. **2.** *Bas, plus bas, tout bas* : en baissant la voix; à mi-voix. **3.** Loc. *Jeter, mettre à bas* : renverser, détruire. ▷ *Bas les pattes!* : ne touchez pas! ▷ Suivi d'un nom, marque le mépris et la révolte. *À bas la tyrannie!* **4.** Loc. adv. *En bas* : dans le lieu qui est en dessous. *Il habite en bas. Regardez donc en bas.* **5.** Loc. prép. *À bas de, en bas de, au bas de* (avec ou sans mouvement) : hors de, au pied de. *Être jeté à bas de son lit. Il habite en bas de la colline*, dans la partie inférieure. *La rivière coule au bas de notre jardin.* **6.** Loc. adv. *Ici-bas* : V. ici. *Là-bas* : V. là. – Lat. *bassus.*

2. bas [bɑ] n. m. **1.** Partie inférieure. *Le bas de la montagne. Le bas de la page. Le bas de son visage est ridé.* – Loc. fig. *Il y a des hauts et des bas; avoir des hauts et des bas*, de bons et de moins bons moments. **2.** MUS Grave. – De *bas* 1.

3. bas [bɑ] n. m. Vêtement très ajusté, tricoté ou tissé, qui sert à couvrir le pied et la jambe. *Une paire de bas. Des bas de soie, des bas nylon.* – Loc. fig. *Bas de laine* : économies d'un petit épargnant. – Pour *bas-de-chausses.*

basal, ale, aux [bɑzal, o] adj. De base. *Métabolisme basal* : quantité d'énergie (exprimée couramment en calories) utilisée par un organisme au repos. – De *base.*

basalte [bazalt] n. m. Roche éruptive compacte, très dure, formée d'un agrégat de petits cristaux de feldspath, de pyroxène et d'olivine noyés dans un verre noir. *Les basaltes constituent la couche profonde de l'écorce terrestre, dite croûte océanique.* – Lat. *basaltes.*

basaltique [bazaltik] adj. Formé de basalte. – De *basalte.*

basane [bazan] n. f. **1.** Cuir très souple obtenu à partir d'une peau de mouton tannée, employé en sellerie, en maroquinerie, en reliure. **2.** (Plur.) Bandes de cuir souple protégeant l'entrejambe et le fond d'une culotte de cheval contre l'usure due au frottement de la selle. – Provenç. *bazana*; esp. *badana*; ar. *bitâna*, «doublure».

basané, ée [bazane] adj. De la couleur brune de la basane. – *Par ext.* Hâlé, bruni. *Teint basané.* – Pp. de *basaner.*

basaner [bazane] v. tr. [1] Donner la couleur de la basane (à qqch). – De *basane.*

bas-bleu [bɑblø] n. m. Péjor. Femme pédante. *Des bas-bleus.* – Trad. de l'angl. *Blue stocking*, surnom d'un brillant causeur.

bas-côté [bɑkote] n. m. **1.** ARCHI Galerie ou nef latérale d'une église. **2.** Accotement d'une route entre la chaussée et le fossé. *Des bas-côtés.* – De *bas*, et *côté.*

basculant, ante [baskylɑ̃, ɑ̃t] adj. Qui peut basculer. *Benne basculante.* – De *basculer.*

bascule [baskyl] n. f. **1.** Pièce de bois ou de métal, qui peut osciller librement autour de son axe. ▷ Balançoire faite d'une seule pièce en équilibre. ▷ Fig. *Jeu de bascule* : équilibre instable entre deux éléments contraires. **2.** Machine à peser les lourdes charges. **3.** ARCHI Porte-à-faux d'escaliers ou de balcons formant saillie. **4.** ELECTRON Circuit qui peut occuper deux états différents. – De l'a. fr. *baculer*, «frapper le derrière»; de *battre*, et *cul*, avec infl. de *bas.*

basculer [baskyle] v. [1] **I.** v. intr. **1.** Imprimer un mouvement de bascule à. *Faire basculer une poutre.* **2.** Décrire un mouvement de bascule, tomber. *Le camion a basculé dans le ravin.* **II.** v. tr. Imprimer un mouvement de bascule à. *Basculer un fardeau.* – De l'a. fr. *baculer.* V. bascule.

basculeur [baskylœʀ] n. m. Appareil pour faire basculer. – De *basculer.*

bas-de-casse [bɑdkɑs] n. m. inv. TYPO Partie inférieure de la casse d'imprimerie, où sont les caractères des lettres minuscules; ces lettres elles-mêmes. – De *bas*, et *casse.*

base [bɑz] n. f. **1.** Partie inférieure d'un corps, sur laquelle ce corps repose. *La base d'une colonne.* ▷ Fig. Ensemble des militants d'un parti politique, d'un syndicat (par oppos. aux *dirigeants*). **2.** Principal ingrédient d'un mélange. *Un produit à base de chlore.* **3.** Fig. Principe, donnée fondamentale. *Les bases d'un système.* **4.** ANAT Extrémité la plus large d'un organe. *La base du cœur* (d'où partent les vaisseaux sanguins). **5.** CHIM Corps susceptibles de fixer les protons (ions H^+) contenus dans les acides, au moyen de doublets d'électrons, et de favoriser ainsi la libération de ces protons. **6.** ELECTRON *Base d'un transistor* : couche qui sépare l'émetteur et le collecteur. **7.** GEOM Face particulière de certains volumes. *Base d'un prisme.* ▷ Côté particulier de certaines figures. *Base d'un triangle isocèle.* **8.** INFORM *Base de temps* : générateur de signaux réglant le cycle de fonctionnement d'un calculateur. *Base de données* : ensemble de fichiers contenant des informations à traiter. **9.** MATH *Base de numération* : nombre de chiffres ou de symboles utilisés dans un système de numération. *Système à base 2*, ou *binaire. Base d'un système de logarithmes*, nombre tel que si $y = \log_a x$ (logarithme à base *a* de x) on a $x = a^y$. (La base des logarithmes *décimaux* est égale à 10, celles des logarithmes *népériens* à *e*, soit 2,71828...) **10.** MILIT Zone où sont rassemblés les équipements et les services nécessaires à une action offensive ou défensive. ALPIN Camp de base. ▷ ESP *Base de lancement* : lieu où sont réunies les installations nécessaires à la préparation, au lancement, au contrôle en vol et au guidage d'engins spatiaux. – Lat. d'orig. gr. *basis.*

base-ball [bɛzbol] n. m. Jeu de balle opposant deux équipes de neuf joueurs, qui se pratique surtout aux États-Unis et au Canada. – Mot amér.

baselle [bɑzɛl] n. f. BOT Plante tropicale (genre *Basella*) dont on consomme les feuilles comme celles des épinards. – D'une langue indienne.

baser [baze] **I.** v. tr. [1] **1.** Prendre ou donner pour base. *Baser sa conduite sur l'exemple d'un grand homme.* **2.** MILIT Établir une unité dans une base militaire. *Escadrille basée à l'arrière du front.* **II.** v. pron. S'appuyer, se fonder. *Je me base sur cette probabilité.* – (Emploi critiqué.) *Baser sur, se baser sur.* – De *base.*

bas-fond [bafɔ̃] n. m. **1.** Terrain plus bas que ceux qui l'entourent. *Les bas-fonds sont souvent marécageux.* **2.** Endroit peu profond dans un cours d'eau, un lac, une mer. Syn. haut-fond. **3.** Fig. (Toujours au plur.) Couches les plus misérables et les plus dépravées d'une société, d'une population. *Les bas-fonds d'une grande cité.* – De *bas,* et *fond.*

basic [bazik] n. m. INFORM Langage de programmation. – Abrév. de l'angl. *Beginner's All purpose Symbolic Instruction Code,* « code d'instructions symboliques à usage universel destiné au débutant ».

basicité [bazisite] n. f. CHIM Caractère d'un milieu basique. – De *basique.*

baside [bazid] n. f. BOT Cellule sporifère, en forme de massue, caractéristique des basidiomycètes. – Du gr. *basis,* « base ».

basidiomycètes [bazidjɔmisɛt] n. m. pl. BOT Classe très importante (env. 1 500 espèces) de champignons caractérisés par la possession de basides, comprenant tous les champignons classiques (amanites, bolets, psalliotes, clavaires, etc.), mais également un grand nombre de formes parasites (rouille du blé, charbon du maïs, etc.). – Sing. *Un basidiomycète.* – De *baside,* et gr. *mukês, mukêtos,* « champignon ».

basileus [baziløs] n. m. HIST Titre du roi de Perse dans l'Antiquité, jusqu'à la conquête arabe, puis de l'empereur d'Orient à Byzance. – Mot gr., « roi ».

1. basilic [bazilik] n. m. **1.** ZOOL Saurien arboricole d'Amérique tropicale (genre *Basilicus*), à crête dorsale très développée. **2.** MYTH Serpent fabuleux dont le regard passait pour être mortel. – Lat. *basiliscus,* gr. *basiliskos,* « petit roi ».

2. basilic [bazilik] n. m. Plante aromatique (*Ocimum basilicum,* fam. labiées), employée comme condiment. – Bas lat. *basilicum,* gr. *basilikon,* « royal ».

basilical, ale, aux [bazilikal, o] adj. ARCHI Propre à une basilique, au plan des basiliques. – De *basilique.*

basilique [bazilik] n. f. **1.** ANTIQ Édifice rectangulaire aux vastes proportions, souvent terminé par un hémicycle à l'une de ses extrémités, qui servait de tribunal, de bourse de commerce, de lieu de négoce et de promenade. *La basilique de Maxence, au pied du Palatin, à Rome.* **2.** Église chrétienne des premiers siècles, construite d'abord sur le plan des basiliques (sens 1). *Les basiliques de Ravenne, chefs-d'œuvre de l'art byzantin.* **3.** Grande église métropolitaine ou archiépiscopale. *La basilique Saint-Pierre de Rome.* – *Par ext.* Titre concédé par le pape à certaines grandes églises. *La basilique du Sacré-Cœur à Paris.* – Du gr. *basilikê,* « royale », par le lat.

basin [bazɛ̃] n. m. Tissu de lin et de coton. – De l'a. fr. *bombasin,* compris plus tard comme *bon basin;* ital. *bombagine,* de *bombagia,* « étoffe de coton ».

basique [bazik] adj. **1.** CHIM Qui possède les caractères de la fonction base, qui peut fixer des ions H^+ en solution. *Sel basique, oxyde basique.* **2.** GEOL *Roche basique :* roche éruptive contenant peu de silice. **3.** Abusiv. (Calque de l'angl.) De base; essentiel. *Produit basique.* – De *base.*

bas-jointé, ée [baʒwɛ̃te] adj. *Cheval bas-jointé,* dont le paturon est très incliné vers l'horizontale. – De *bas,* et *jointé.*

basket [baskɛt] n. f. Chaussure de basket et, par ext., chaussure de sport à lacet, montante et antidérapante.

basket-ball [baskɛtbol] ou **basket** [baskɛt] n. m. Jeu de ballon opposant deux équipes de cinq joueurs et consistant à faire pénétrer le plus souvent possible le ballon dans le panier de l'équipe adverse. *Des basket-balls.* – Mot amér., « balle au panier ».

basketteur, euse [baskɛtœʀ, øz] n. Joueur de basket. – De *basket.*

basmati [basmati] n. m. Variété de riz à grains longs, cultivé dans le nord de l'Inde et au Pākistān. – (En appos.) *Riz basmati.*

basoche [bazɔʃ] n. f. **1.** HIST Association des clercs du parlement, dans les grandes villes de la France médiévale, qui conserva certains privilèges de juridiction jusqu'en 1789. *Les clercs de la basoche.* **2.** Vieilli, fam. Ensemble des gens de justice et de loi. – Forme pop. de *basilique.*

basochien, enne [bazɔʃjɛ̃, ɛn] adj. HIST Qui appartient à la basoche. ▷ n. m. Clerc de la basoche. – De *basoche.*

basommatophores [basɔmatɔfɔʀ] n. m. pl. ZOOL Ordre de mollusques gastéropodes pulmonés aquatiques dont les yeux ne sont pas pédonculés (limnée, planorbe, etc.), par oppos. aux stylommatophores. – Sing. *Un basommatophore.* – Du gr. *basis,* « base », *omma,* « œil », et *phorein,* « porter ».

basophile [bazɔfil] adj. BIOCHIM Qui a de l'affinité pour les colorants basiques. *Cellule basophile.* – De *base,* et *-phile.*

basophilie [bazɔfili] n. f. BIOCHIM Affinité pour les colorants basiques – De *base,* et gr. *philein,* « aimer ».

basquais, aise [baskɛ, ɛz] adj. (rare au masc.) et n. f. **1.** Du Pays basque. ▷ n. f. Habitante, femme originaire du Pays basque. **2.** Loc. CUIS *À la basquaise :* cuit avec du jambon de Bayonne, du piment doux et des tomates. *Poulet à la basquaise* ou, ellipt., *poulet basquaise.* – V. basque.

1. basque [bask] n. f. (le plus souvent au plur.) Pan de vêtement qui part de la taille. *Habit, redingote à longues basques.* – Fig., fam. *Être pendu aux basques de qqn,* ne pas le quitter; l'importuner. – A. fr. *baste* avec infl. de *basquine;* ital. *basta,* « troussis ».

2. basque [bask] adj. et n. Du Pays basque, rég. des Pyrénées occid. en France et en Espagne. *Les coutumes basques.* – Subst. *Un(e) Basque.* ▷ n. m. *Le basque :* la langue non indo-européenne, d'origine très controversée, que parlent les Basques. – Lat. *Vasco.*

basquine [baskin] n. f. Jupe ample, à plis et richement brodée, des femmes basques. – Esp. *basquina.*

bas-relief [baʀəljɛf] n. m. Sculpture faisant peu saillie par rapport au bloc qui lui sert de support. *Les bas-reliefs du Parthénon sont dus à Phidias.* ▷ *Sculpture en bas relief.* – Calque de l'ital. *basso-rilievo,* « faible relief ».

1. basse [bɑs] n. f. MUS **1.** Partie la plus grave d'un morceau. – *Voix de basse :* voix apte à chanter les parties basses. ▷ Chanteur capable de chanter ces parties. *Chaliapine fut une célèbre basse.* ▷ Instrument de musique (à vent ou à cordes) servant à exécuter la basse. ▷ *Basse continue :* basse notée indépendamment du chant, qui servait, dans la musique ancienne, de support aux accords des différentes voix, et qui donna naissance à la *basse chiffrée,* ancêtre de la notation musicale moderne. **2.** (Toujours au plur.) Grosses cordes de certains instruments. – Ital. *basso,* « bas ».

2. basse [bɑs] n. f. MAR Fond rocheux suffisamment profond pour ne jamais découvrir, mais où la mer brise aux grandes marées. – De *bas.*

basse-cour [bɑskuʀ] n. f. Cour, loges et petits bâtiments d'une exploitation rurale, où l'on élève la volaille et les lapins. *La basse-cour de la ferme. Des basses-cours.* ▷ Ensemble de ces animaux. – De *bas,* et *cour.*

basse-fosse [basfos] n. f. Cachot souterrain des anciens châteaux forts. ▷ *Cul-de-basse-fosse*. Des basses-fosses.* – De *bas,* et *fosse.*

bassement [basmɑ̃] adv. D'une manière basse, vile. *Il a agi bassement.* – De *bas.*

bassesse [basɛs] n. f. **1.** Vx Condition sociale humble ou obscure. *Reprocher à qqn la bassesse de sa naissance.* **2.** Dégradation morale, absence de fierté. *Bassesse de sentiments.* **3.** Action vile. Syn. vilenie. – De *bas.*

basset [basɛ] n. m. Chien aux pattes très courtes, le plus souvent torses. *Toutes les races de chien pourraient, par sélection, fournir des bassets.* – De *bas.*

basse-taille [bastaj] n. f. MUS *Voix de basse-taille,* ou *basse-taille* : voix de basse chantante, située entre le baryton et la basse ; chanteur qui possède cette voix. *Des basses-tailles.* – De *basse,* et *taille,* « ténor ».

basse-tige [bastiʒ] n. f. ARBOR Arbre maintenu, par la taille, au-dessous de un mètre de haut. *Des basses-tiges.* – De *bas* 1, et *tige.*

bassin [basɛ̃] n. m. **1.** Grand plat creux, généralement rond ou ovale. *Bassin de bronze, de porcelaine.* **2.** Pièce d'eau aménagée, de grandes dimensions. *Les bassins du parc de Versailles.* ▷ *Petit bassin* (d'une piscine) : partie de la piscine où les nageurs ont pied, où les enfants peuvent se baigner, par oppos. au *grand bassin.* **3.** MAR Plan d'eau d'un port, bordé de quais. *Bassin ouvert.* Syn. darse. – *Bassin de radoub* : cale sèche. **4.** GEOGR et GEOL Territoire dont les eaux de ruissellement vont se concentrer dans une mer ou un océan *(bassin maritime),* dans un fleuve *(bassin fluvial)* ou dans un lac *(bassin lacustre). Le bassin de la Loire.* – *Bassin fermé,* dont les eaux de ruissellement sont privées d'écoulement vers la mer. – *Bassin sédimentaire* : région en cuvette d'un socle où la sédimentation s'est effectuée en couches continues et relativement régulières, ce qui les fait affleurer en auréoles concentriques, les plus récentes au centre, les plus anciennes à la périphérie. *Le Bassin parisien.* – *Bassin d'effondrement* : zone affaissée d'un socle, plus ou moins fermée, limitée par des failles. Syn. limagne, fossé d'effondrement. – *Bassin minier* : région dont le sous-sol contient un gisement de minerais de grande étendue exploité par de nombreuses mines. *Bassin minier lorrain* (fer). *Bassin houiller.* **5.** ANAT Structure osseuse en forme de ceinture, qui constitue la base du tronc, et où s'attachent les membres inférieurs, chez les mammifères supérieurs et chez l'homme. *Fracture du bassin. Petit bassin* : partie inférieure du bassin, étroite, au niveau de laquelle se trouvent le rectum et les organes génito-urinaires. – Lat. pop. **baccinus,* « qui forme récipient ».

bassinage [basinaʒ] n. m. Action de bassiner. ▷ Arrosage léger. – De *bassiner.*

bassine [basin] n. f. Grande cuvette servant à divers usages domestiques. *Bassine à confitures.* ▷ Contenu d'une bassine. *Une bassine d'eau.* – De *bassin.*

bassiner [basine] v. tr. [1] **1.** Vx Chauffer avec une bassinoire. *Bassiner un lit.* **2.** Humecter, arroser légèrement. *Bassiner une plate-bande.* ▷ v. pron. *Se bassiner les yeux.* **3.** Fam. Fatiguer, ennuyer. *Il me bassine à raconter toujours les mêmes histoires.* – De *bassin.*

bassinet [basinɛ] n. m. **1.** Vx Petite bassine, petit bassin (au sens 1). ▷ Loc. fam. *Cracher au bassinet* : contribuer à quelque dépense, en général à contrecœur. **2.** HIST Calotte de fer que l'on plaçait sous le casque, au Moyen Âge. – Casque du XIVe s., arrondi, à visière mobile. ▷ Capsule d'une arme à feu à pierre, où l'on mettait l'amorce. **3.** ANAT Cavité située dans le hile rénal où se collectent les urines, qui viennent des calices et seront évacuées par les uretères. **4.** Renoncule sauvage. Syn. bouton d'or. – Dimin. de *bassin.*

bassinoire [basinwaʀ] n. f. Anc. Bassin de métal muni d'un manche et d'un couvercle percé de trous, où l'on mettait des braises et que l'on passait dans un lit pour le chauffer. – De *bassin.*

bassiste [basist] n. m. Musicien qui joue de la basse (c.-à-d., dans un orchestre classique, du violoncelle), de la contrebasse (dans un orchestre de danse, de jazz). – De *basse.*

basson [basɔ̃] n. m. MUS Instrument à vent, en bois et à anche double, la basse de la famille des bois. ▷ Syn. de *bassoniste.* – Ital. *bassone,* « grosse basse ».

bassoniste [basɔnist] n. Instrumentiste qui joue du basson. – De *basson,* et *-iste.*

basta ! [basta] interj. Marque l'agacement. – Mot ital., « assez ».

bastaing ou **basting** [bastɛ̃] n. m. CONSTR Madrier, planche en résineux. – De *bâtir.*

bastaque [bastak] n. f. ou **bastague** [bastag] n. m. MAR Hauban mobile qui retient le mât, depuis la hanche arrière, du côté du vent. *Bastaques des gréements de cotre, de goélette.* – Du néerlandais *bakstag.*

baste ! [bast] interj. Marque l'indifférence ou le mépris. *Baste ! Je me moque de ses menaces.* – Ital. *basta,* « assez ! ».

bastide [bastid] n. f. **1.** Au Moyen Âge, ouvrage de fortification. ▷ Ville fortifiée de fondation seigneuriale, royale ou abbatiale. **2.** Mod. En Provence, petite maison de campagne. – Du provenç. *bastida,* « bâtie ».

bastidon [bastidɔ̃] n. m. Petite bastide (sens 2). – De *bastide.*

bastille [bastij] n. f. Au Moyen Âge, ouvrage de fortification détaché en avant d'une enceinte ou faisant corps avec elle. – *Par ext.* Château fort. ▷ *La Bastille* : le château qui se trouvait à l'emplacement de l'actuelle place de la Bastille, à Paris, qui fut commencé par Charles V pour défendre la ville, devint prison d'État sous Richelieu, fut pris d'assaut par le peuple (14 juillet 1789) et détruit l'année suivante. ▷ *Par métaph.* Symbole du pouvoir arbitraire. – Altér. de *bastide.*

basting. V. bastaing.

bastingage [bastɛ̃gaʒ] n. m. MAR **1.** Anc. Caisson de bois ou de fer destiné à recevoir les hamacs de l'équipage, surmontant le plat-bord et les gaillards des navires de guerre, et servant à la protection contre le feu de l'ennemi. **2.** Mod. Garde-corps. – Du provenç. *bastingo,* « toile bâtie, matelassée ».

bastion [bastjɔ̃] n. m. MILIT Ouvrage fortifié formant une saillie. – Fig. *Ce pays est le bastion de l'intolérance.* – Pour *bastillon,* de *bastille.*

baston [bastɔ̃] n. m. ou f. Arg. Bagarre. – De *bastonner,* « bâtonner ».

bastonnade [bastɔnad] n. f. Coups de bâton. *La bastonnade joue un grand rôle dans certaines farces de Molière.* – Ital. *bastonata.*

bastringue [bastʀɛ̃g] n. m. **1.** Vieilli Bal de guinguette ; orchestre bruyant. **2.** Fam. Tapage, vacarme. **3.** Fam. Chose quelconque. Syn. machin, truc.

bas-ventre [bavɑ̃tʀ] n. m. Partie inférieure du ventre. *Des bas-ventres.* – De *bas,* et *ventre.*

bât [ba] n. m. Harnachement des bêtes de somme pour le transport des fardeaux. *Un bât de mulet.* ▷ Fig. *C'est là que le bât le blesse* : c'est là son point sensible, sa cause de préoccupation ou d'irritation. – Du gr. *bastazein,* « porter », par le bas lat.

bataclan [bataklɑ̃] n. m. Fam. Attirail embarrassant. ▷ *Et tout le bataclan* : et cætera ; et tout le reste. – Onomat.

bataille [bataj] n. f. **1.** Combat général entre deux armées, deux flottes, deux forces aériennes. *Engager la bataille. La bataille de Marengo.* – *Troupes en bataille,* déployées pour le combat. – *Champ de bataille* : lieu où se déroule un combat. – *Cheval de bataille* : Vx cheval propre à bien servir un jour de combat; fig. idée favorite, sur laquelle quelqu'un revient sans cesse. – *Ordre de bataille* : liste et implantation des unités constituant une armée qui livre bataille. ▷ Loc. *En bataille* : en désordre. *Cheveux en bataille.* **2.** Combat violent. *Bataille de chats.* – Fig. *Bataille d'idées. Bataille politique.* Syn. lutte. **3.** Jeu de cartes très simple qui se joue à deux. – Bas lat. **battalia*, «escrime».

batailler [bataje] v. intr. [1] **1.** Vx Livrer bataille, guerroyer. **2.** Mod. Discuter avec chaleur, avec âpreté. *Il a fallu batailler pour arracher cette concession.* **3.** Fam. Mener une lutte incessante. *J'ai bataillé pour faire fortune.* – De *bataille.*

batailleur, euse [batajœʀ, øz] adj. **1.** Qui aime à se battre. *Enfant batailleur.* **2.** Qui aime la discussion, la lutte. *Tempérament batailleur.* – De *batailler.*

bataillon [batajɔ̃] n. m. **1.** Vx ou litt. Troupe de combattants. **2.** Subdivision d'un régiment d'infanterie, groupant plusieurs compagnies. *Un bataillon de chasseurs. Bataillons d'Afrique* : V. bat'd'Af. **3.** Fig., fam. Troupe nombreuse et peu disciplinée. – Ital. *battaglione.*

bâtard, arde [bɑtaʀ, aʀd] adj. et n. **I.** adj. **1.** *Enfant bâtard,* qui est né hors du mariage. *Une fille bâtarde.* ▷ Subst. *Louis XIV légitima plusieurs de ses bâtards.* **2.** En parlant des végétaux et des animaux, qui n'est pas d'une variété, d'une race pure. *Olivier bâtard. Lévrier bâtard.* ▷ Fig. Qui est le résultat d'un mélange de genre. *Architecture d'un style bâtard.* **3.** Qui tient le milieu entre deux autres choses. ▷ CONSTR *Porte bâtarde,* intermédiaire entre une petite porte et une porte cochère. – *Ciment bâtard,* dont le liant comprend du ciment et de la chaux. ▷ Péjor. *Cette affaire s'est terminée par une solution bâtarde.* **II.** n. **1.** n. m. *Un bâtard* : un pain court. **2.** n. f. *Bâtarde* (ou *écriture bâtarde*) : écriture intermédiaire entre l'anglaise et la ronde.

batardeau [bataʀdo] n. m. **1.** TRAV PUBL Ensemble de cloisons destinées à retenir ou à détourner les eaux afin de pouvoir exécuter certains travaux au sec. **2.** MAR Caisson, appliqué contre le bord d'une embarcation, que l'on vide pour pouvoir réparer la partie de la coque ainsi mise à sec. – A. fr. *bastart,* «digue», de *bâtir.*

bâtardise [bɑtaʀdiz] n. f. État de celui qui est bâtard. *La bâtardise est signalée sur les anciennes armoiries par une brisure particulière.* – De *bâtard.*

batave [batav] adj. et n. **1.** Relatif aux Bataves, ancien peuple germanique établi à l'embouchure du Rhin. ▷ Vx ou plaisant Syn. de *hollandais.* **2.** HIST *République batave* : nom des Pays-Bas sous domination française, entre 1795 et 1806. – Lat. *Batavi.*

batavia [batavja] n. f. BOT Variété de laitue (*Lactuca sativa* var. *batavia*). – Du lat. *Batavi.*

batavique [batavik] adj. *Larme batavique* : goutte de verre terminée par une pointe très déliée que l'on produit en laissant tomber du verre liquide dans l'eau froide. – De *Batave,* parce qu'observée, à l'origine, en Hollande.

batayole [batajɔl] n. f. MAR Montant en fer servant de garde-corps ou de support de bastingage sur un navire, de rambarde verticale à l'extrémité d'un pont. – Ital. *battagliola.*

bat'd'Af [batdaf] n. m. Abrév. pop. pour *bataillons d'Afrique,* anciens bataillons disciplinaires formés de jeunes délinquants.

bateau [bato] n. m. **1.** Nom générique des engins conçus pour naviguer. *Bateau à voile, à moteur.* – *Bateau de sauvetage,* destiné à secourir les naufragés ou les nageurs en difficulté. – *Bateau pneumatique,* constitué de flotteurs gonflés. ▷ Loc. fig. *Être du même bateau,* de la même coterie, du même bord. ▷ Fam. *Mener quelqu'un en bateau,* lui en faire accroire. – *Un bateau* : une plaisanterie, une supercherie. *Il lui a monté un bateau.* **2.** MAR Embarcation de faible tonnage (par oppos. à *navire*). **3.** DR Engin de rivière (par oppos. à *navire,* engin de mer). **4.** Abaissement de la bordure d'un trottoir devant une porte cochère. *Le stationnement est interdit le long d'un bateau.* – De l'anc. angl. *bât.*

bateau-citerne [batositɛʀn] n. m. Bateau aménagé pour le transport des liquides. *Des bateaux-citernes.* – De *bateau,* et *citerne.*

bateau-feu [batofø] n. m. Bateau fixe ou ponton portant un phare pour signaler un haut-fond dangereux. *Des bateaux-feux.* – De *bateau,* et *feu* 2.

bateau-lavoir [batolavwaʀ] n. m. Anc. Ponton installé au bord d'un cours d'eau pour laver le linge. *Des bateaux-lavoirs.* – De *bateau,* et *lavoir.*

bateau-mouche [batomuʃ] n. m. Bateau de promenade sur la Seine. *Des bateaux-mouches.* – De *bateau,* et *mouche,* du fait de la petitesse de l'embarcation.

bateau-pilote [batopilɔt] n. m. Bateau qui assure un service de pilotage pour les navires. *Des bateaux-pilotes.* – De *bateau,* et *pilote.*

bateau-pompe [batopɔ̃p] n. m. Bateau pourvu de pompes à incendie. *Des bateaux-pompes.* – De *bateau,* et *pompe* 2.

batée [bate] n. f. Récipient pour le lavage des sables aurifères. – Var. de *battée,* «plat en terre battue».

batéké [bateke] adj. (inv. en genre) Des Batékés, groupe ethnique du Congo et du Zaïre, États d'Afrique équat.

batelage [batlaʒ] n. m. **1.** Allées et venues des bateaux qui chargent ou déchargent un navire. **2.** Salaire du batelier. – De *bateau.*

bateler [batle] v. tr. [22] Charger et transporter par bateau. – De *bateau.*

bateleur, euse [batlœʀ, øz] n. Vieilli Personne qui, en plein air, amuse le public par des tours d'adresse, de passe-passe, mêlés de pitreries. – De l'a. fr. *baastel,* «tour d'escamoteur».

batelier, ère [batəlje, ɛʀ] n. Personne dont le métier est de conduire les bateaux sur les cours d'eau. Syn. marinier. – De *bateau.*

batellerie [batɛlʀi] n. f. Ensemble des bateaux assurant les transports sur les cours d'eau, ou sur un cours d'eau déterminé; industrie relative à ces transports. *La batellerie du Rhône.* – De *bateau.*

bâter [bɑte] v. tr. [1] Munir d'un bât (une bête de somme). *Bâter un mulet.* – Pp. adj. Fig. *Âne bâté* : homme très ignorant. – De *bât.*

bat-flanc [baflɑ̃] n. m. inv. **1.** Planche de séparation entre deux chevaux dans une écurie. – *Par ext.* Cloison en bois, dans une chambrée de caserne. **2.** Lit de planches, dans une prison, dans une caserne, etc. – De *battre,* et *flanc.*

bath [bat] adj. inv. Fam., vieilli Beau, joli, agréable.

batholite [batɔlit] n. m. GEOL Affleurement granitique massif de forme grossièrement elliptique, contenant souvent des enclaves sédimentaires de même nature que les terrains sédimentaires avoisinants, ceux-ci ayant été modifiés au niveau du contact avec le granite. – Du gr. *bathos,* «profondeur», et *lithos,* «pierre».

bathonien [batɔnjɛ̃] n. m. GEOL Étage supérieur du jurassique moyen. – De *Bath,* v. de G.-B.

bathy-. Élément, du gr. *bathus*, « profond ».

bathyal, ale, aux [batjal, o] adj. OCEANOGR Se dit des fonds océaniques compris entre 300 et 3 000 m de profondeur, et correspondant à peu près au talus continental. – Du gr. *bathus*, « profond ».

bathymètre [batimɛtʀ] n. m. OCEANOGR Gravimètre utilisé pour mesurer les profondeurs marines. – De *bathy-*, et *-mètre*.

bathymétrie [batimetʀi] n. f. OCEANOGR Mesure, par échosondage, des profondeurs marines. – De *bathymètre*.

bathyscaphe [batiskaf] n. m. Appareil autonome pour l'exploration des grandes profondeurs marines. – De *bathy-*, et gr. *scaphê*, « barque ».

bathysphère [batisfɛʀ] n. f. Sphère d'acier suspendue à un câble porteur, destinée à l'exploration des grandes profondeurs marines. – De *bathy-*, et *sphère*.

1. bâti, ie [bɑti] adj. **1.** Constitué, construit de telle ou telle manière. *Une maison mal bâtie.* ▷ Sur quoi on a édifié un bâtiment. *Terrain bâti.* **2.** Fig. (Personnes) *Être bien (mal) bâti* : être robuste (contrefait). – Pp. de *bâtir*.

2. bâti [bɑti] n. m. **1.** Cadre d'une porte ou d'une croisée. *Bâti dormant*, fixe. **2.** Ensemble de montants et de traverses destiné à supporter ou à fixer une machine. **3.** Assemblage provisoire des pièces d'un vêtement avant couture. *Le bâti d'une robe.* – Pp. subst. de *bâtir*.

batifolage [batifɔlaʒ] n. m. Fam. Action de batifoler, de folâtrer. – De *batifoler*.

batifoler [batifɔle] v. intr. [1] Fam. Jouer à la manière des enfants, en manifestant de la joie ou en s'amusant à des futilités. *Batifoler dans l'herbe.* – De l'ital. *battifolle*, « boulevard où l'on s'amuse ».

batifoleur, euse [batifɔlœʀ, øz] n. Fam. Personne qui aime à batifoler. – De *batifoler*.

batik [batik] n. m. Procédé de décoration consistant à masquer certaines zones d'un tissu avec de la cire pour empêcher leur imprégnation par la teinture. ▷ Tissu obtenu par ce procédé. – Mot javanais.

bâtiment [bɑtimɑ̃] n. m. **1.** Construction; spécial., construction destinée à l'habitation. *Corps de bâtiment. Peintre en bâtiment.* Syn. édifice. **2.** Ensemble des corps de métiers qui concourent à la construction. ▷ Fam. *Être du bâtiment* : être de la partie; s'y connaître. ▷ Prov. *Quand le bâtiment va, tout va* : l'activité dans la construction est un indice de prospérité générale. **3.** Bateau ou navire de dimensions assez importantes. *Bâtiment de ligne* : cuirassé ou croiseur de bataille. – De *bâtir*.

bâtir [bɑtiʀ] **I.** v. tr. [2] **1.** Construire, édifier. *Bâtir une maison.* ▷ Loc. fig. *Bâtir en l'air* ou *sur le sable* : fonder qqch sur une base peu solide. – *Être bâti à chaux et à sable**. **2.** Faire construire. *Les pharaons qui ont bâti les pyramides.* **3.** Fig. Établir, fonder. *Bâtir sa fortune sur d'audacieuses spéculations.* **4.** Assembler à grands points les parties d'un vêtement. *Bâtir un chemisier.* **II.** v. pron. Être construit. *Cette maison s'est bâtie rapidement.* – Frq. **bastjan*, « assembler avec de l'écorce » *(bast)*.

bâtissable [batisabl] adj. Sur lequel on peut bâtir. – De *bâtir*.

bâtisse [bɑtis] n. f. Grand bâtiment sans caractère ou prétentieux. – De *bâtir*.

bâtisseur, euse [bɑtisœʀ, øz] n. **1.** Personne qui fait construire de nombreux bâtiments. *Louis XIV fut un grand bâtisseur.* ▷ Personne qui participe à la construction de qqch. **2.** Fig. *Lyautey, bâtisseur d'empires.* – De *bâtir*.

batiste [batist] n. f. Toile de lin d'un tissu très fin et serré. – Du nom du premier fabricant : *Baptiste*.

bâton [bɑtɔ̃] n. m. **1.** Morceau de bois long et mince, souvent fait d'une branche d'arbre. *Bâton noueux. Coups de bâton.* ▷ Fig. *Bâton de vieillesse* : personne qui assiste une personne âgée. ▷ *Bâton de commandement* : bâton porté en signe d'autorité, par certains chefs militaires ou civils, à diverses époques de l'histoire. – *Bâton de maréchal* : insigne de la dignité de maréchal de France. ▷ Loc. fig. *Mettre des bâtons dans les roues* : créer des difficultés. **2.** Objet en forme de bâton. *Un bâton de colle.* ▷ Loc. *Parler à bâtons rompus*, sans suite, avec des interruptions ou en changeant fréquemment de sujet. **3.** Trait, barre que fait un enfant qui apprend à écrire, à compter. **4.** BOT *Bâton blanc* : nom cour. d'une asphodèle. *Bâton d'or* : giroflée jaune. **5.** ENTOM *Bâton du diable* : nom cour. d'un phasme. – Bas lat. *bastum*, de **bastare*, « porter ».

bâtonnat [bɑtɔna] n. m. Fonction d'un bâtonnier de l'ordre des avocats; durée de sa fonction. – De *bâton*.

bâtonner [bɑtɔne] v. tr. [1] **1.** Frapper à coups de bâton. **2.** Rayer, biffer. – De *bâton*.

bâtonnet [bɑtɔnɛ] n. m. **1.** Petit bâton; petit objet en forme de bâton. **2.** ANAT Cellules nerveuses photoréceptrices de la rétine, responsables de la vision en lumière faible (vision scotopique) et de la vision en noir et blanc. – Dimin. de *bâton*.

bâtonnier [bɑtɔnje] n. m. Chef et représentant de l'ordre des avocats, dans le ressort de chaque barreau. *Le bâtonnier est élu annuellement par ses confrères et préside le conseil de l'ordre.* – De *bâton*.

batraciens [batʀasjɛ̃] n. m. pl. ZOOL Anc. nom des amphibiens. – Gr. *batrakhos*, « grenouille ».

battage [bataʒ] n. m. Action de battre. *Battage des tapis.* – *Battage des céréales*, pour séparer le grain des épis. – *Battage de l'or* : martelage des lames d'or pour les réduire en feuilles très minces. – *Battage de pieux* : enfoncement de pieux dans un terrain peu résistant, par ex. pour servir de fondation à une construction. ▷ Fig. et fam. *Faire du battage* : faire une publicité tapageuse et excessive. – De *battre*.

1. battant, ante [batɑ̃, ɑ̃t] adj. Qui bat. *Pluie battante*, abondante et violente. *Porte battante*, qui se referme d'elle-même. ▷ Fig. *Faire une chose tambour battant*, avec célérité et autorité. – Ppr. de *battre*.

2. battant n. m. **1.** Marteau intérieur d'une cloche. **2.** Vantail d'une porte ou d'une fenêtre. *Ouvrir une porte à deux battants.* **3.** MAR Dimension horizontale d'un pavillon, qui bat au vent (par oppos. à *guindant*, dimension verticale).– Ppr. subst. de *battre*.

3. battant, ante [batɑ̃, ɑ̃t] n. Sportif particulièrement combatif. ▷ Personne énergique qui aime à combattre. *Cet homme politique est un battant.* – Ppr. subst. de *battre*.

batte [bat] n. f. **1.** TECH Action de battre l'or ou l'argent pour le réduire en feuilles très minces. **2.** Maillet de bois plat, à long manche. **3.** Sabre de bois de certains personnages de comédie (Arlequin notam.). **4.** SPORT Bâton à bout renflé qui sert à renvoyer la balle au baseball, au cricket. – De *battre*.

battement [batmɑ̃] n. m. **I. 1.** Choc, bruit que produit ce qui bat; mouvement de ce qui bat. *Battement de mains, d'ailes.* – *Les battements du cœur*, ses pulsations. **2.** PHYS Oscillation d'amplitude due à l'interférence de deux ondes de fréquences voisines. *Le phénomène de battement est utilisé en radio pour obtenir la moyenne fréquence.* **3.** Intervalle de temps, délai. *Laissons une heure de battement entre chaque séance.* **II.** CONSTR **1.** Pièce contre laquelle s'applique le battant d'une porte. **2.** Pièce d'arrêt pour les persiennes. – De *battre*.

batterie [batʀi] n. f. **1.** Réunion de bouches à feu. *Une batterie de 105.* ▷ Subdivision d'un groupe d'artillerie;

matériel composant l'armement de cette unité. *Une batterie comporte, en général, 4 à 8 pièces et le personnel nécessaire à leur service.* ▷ MAR Emplacement des canons sur un vaisseau de guerre. ▷ Loc. *Mettre en batterie :* disposer pour le tir (une pièce d'artillerie). – Fig. *Changer ses batteries :* modifier ses projets. **2.** *Batterie de cuisine :* ensemble des ustensiles qui servent à la cuisine. **3.** ELECTR Ensemble de piles, d'accumulateurs, de condensateurs associés en série ou en parallèle. *Batterie (d'accumulateurs) d'une voiture.* ▷ Fig. *Recharger ses batteries :* reprendre des forces. **4.** Ensemble de machines semblables. *Une batterie de téléscripteurs.* **5.** AGRIC *Élevage en batterie :* élevage industriel. **6.** MUS Nom collectif des instruments de percussion dans l'orchestre. ▷ Formule rythmique, ponctuant la vie militaire, exécutée sur le tambour. ▷ Figure musicale formée d'accords brisés ou arpégés, répétée pendant plusieurs temps ou plusieurs mesures. – De *battre.*

batteur [batœʀ] n. m. **1.** Celui qui effectue le battage des céréales. **2.** Celui qui bat les métaux. *Batteur d'or.* **3.** Loc. fig. *Batteur de fer :* escrimeur enragé. ▷ *Batteur de pavé :* flâneur, fainéant. **4.** MUS Musicien qui joue de la batterie dans un orchestre de jazz, de danse. **5.** Instrument pour battre les œufs, la crème, etc. **6.** Dans une batteuse : pièce cylindrique tournant à très grande vitesse, garnie de battes qui frappent les épis pour en détacher les grains. – De *battre.*

batteuse [batøz] n. f. **1.** Machine transformant les métaux en feuilles par martelage. **2.** Machine servant à séparer les grains de la balle et de la paille. – De *batteur.*

battiture [batityʀ] n. f. Parcelle d'oxyde qui s'échappe pendant le cinglage ou le forgeage d'un métal. – De *battre.*

battle-dress [batəldʀɛs] n. m. inv. (Anglicisme) MILIT Tenue de combat à veste courte. – Mot. angl., «tenue de combat».

battoir [batwaʀ] n. m. Instrument qui sert à battre (le linge). – Fig., fam. Main grosse et large. – De *battre.*

battre [batʀ] v. [81] **A.** v. tr. **I. 1.** Donner des coups à, frapper (un être vivant). *Battre un chien, un enfant. Battre qqn à coups de poing. Battre qqn avec un bâton, une matraque.* **2.** Vaincre, avoir le dessus sur (qqn, un groupe). *Il a battu tous les candidats. Notre équipe de rugby a battu celle de la ville voisine.* ▷ Par ext. *Battre un record.* **II. 1.** Donner des coups sur (qqch) avec un instrument. *Battre un tapis, des tentures avec une tapette pour en faire sortir la poussière. Battre l'or, l'argent,* pour le réduire en feuilles très minces. – *Battre monnaie :* fabriquer des pièces de monnaie. ▷ *Battre le fer sur l'enclume.* – Loc. fig. et prov. *Il faut battre le fer quand il est chaud :* il faut profiter sans attendre de l'occasion qui se présente. **2.** Remuer, mêler en frappant à petits coups. *Battre des œufs :* mêler le blanc et le jaune. *Battre des œufs en neige*.* ▷ Par ext. *Battre les cartes,* les mélanger avant de jouer. **3.** *Battre les buissons,* les fouiller avec un bâton pour faire sortir le gibier. ▷ Par ext. *Battre le pays, la contrée, la campagne,* les parcourir pour faire des recherches. *Battre la région pour retrouver un criminel.* – Fig. *Battre la campagne :* laisser son esprit, son imagination errer, rêver. **4.** *Battre le tambour :* jouer du tambour. ▷ *Battre la retraite, le rappel :* jouer l'air de la retraite, du rappel sur le tambour. – Fig. *Battre le rappel :* appeler, rassembler des personnes. **5.** *Battre la semelle :* frapper le sol avec chaque pied alternativement (pour se réchauffer). **6.** (Choses) Heurter, frapper contre. *La mer bat les rochers. La pluie bat les carreaux. Le vent lui bat le visage.* **7.** MAR *Battre pavillon français, grec,* etc. : arborer au mât de pavillon le pavillon français, grec, etc. **III.** v. pron. **1.** Se porter des coups, lutter. *Deux enfants qui se battent.* **2.** Combattre, entrer en conflit, en lutte avec un adversaire. *Nos troupes se battent depuis plusieurs mois. Se battre pour obtenir une augmentation de salaire.* **B.** v. intr. et v. tr. indir. **1.** Être agité de mouvements répétés. *Le cœur bat. La porte bat dans le vent.* **2.** *Battre contre :* frapper. *Les volets battent contre le mur.* **3.** Agiter (une partie du corps) de façon répétée. *Battre des mains. Battre des paupières.* – Fig. *Battre de l'aile :* aller mal, être instable. *Une affaire commerciale qui bat de l'aile.* **4.** *Le tambour bat :* on bat le tambour. **C.** Loc. fig. **1.** *Battre froid à qqn,* être froid, inamical avec lui. **2.** (Choses) *Battre son plein :* se trouver à son plus haut degré. *Les festivités battent leur plein.* – Lat. *battuere,* puis *battere,* d'orig. gaul.

battu, ue [baty] adj. **1.** Défait, vaincu. *Armée, équipe battue.* **2.** Qui a reçu des coups. *Un chien battu.* ▷ Fig. *Avoir les yeux battus,* cernés, qui marquent la fatigue. *Une mine battue :* un air fatigué. **3.** Foulé, tassé. *Terre battue. Sentiers, chemins battus,* très fréquentés. – Fig. *Suivre les sentiers battus :* agir comme tout le monde, sans originalité. **4.** (Choses) Exposé aux coups de. *Falaise battue par les vents.* **5.** CHOREGR *Pas, jeté battu,* accompagné de croisements rapides des jambes. – Pp. de *battre.*

battue [baty] n. f. Action de battre le terrain pour en faire sortir le gibier et le rabattre vers les chasseurs. ▷ *Par ext.* Action de battre le terrain pour rechercher un malfaiteur, un animal égaré, une personne disparue, etc. – Pp. fém. subst. de *battre.*

bau, baux [bo] n. m. MAR Poutre transversale qui réunit deux couples d'un navire. – *Maître bau,* celui qui est placé à l'endroit où le navire est le plus large. – Frq. **balk.*

baud [bo] n. m. TELECOM Unité de vitesse de modulation en télégraphie et en téléinformatique. – De *Baudot,* n. du créateur

baudet [bodɛ] n. m. Fam. Âne. – *Être chargé comme un baudet,* très chargé. – *Spécial.* Âne étalon. – De l'a. fr. *baud,* «lascif».

baudrier [bodʀije] n. m. Bande de cuir ou d'étoffe qui se porte en écharpe et qui soutient une arme, un tambour. – P.-ê. du germ. *balt,* lat. *balteus,* «bande».

baudroie [bodʀwa] n. f. Poisson téléostéen marin qui attire les petits poissons en agitant devant son énorme gueule un lambeau membraneux de sa nageoire dorsale. (Une espèce, *Lophius piscatorius,* très commune sur les côtes européennes, est vendue sous le nom de *lotte de mer.*) – Provenç. *baudroi.*

baudruche [bodʀyʃ] n. f. **1.** Membrane très mince faite avec les intestins du bœuf ou du mouton. ▷ Anc. Ballon de cette membrane. **2.** Fig. Homme sans caractère, sans volonté.

bauge [boʒ] n. f. **1.** Lieu fangeux où gîte le sanglier. Syn. souille. ▷ Fig. Habitation sale et mal tenue. **2.** Mortier de terre grasse mêlée de paille. Syn. torchis. – A. fr. *bauche,* «boue séchée», du gaul. **balcos,* «fort».

baume [bom] n. m. **1.** Substance résineuse et odorante qui coule de certains végétaux. ▷ *Baume du Canada :* résine extraite d'une espèce de sapin *(sapin baumier),* abondant au Canada, de même indice de réfraction que le verre et utilisée pour coller des pièces d'optique (prismes, lentilles, etc.). **2.** Anc. Médicament aromatique à usage externe (frictions ou onctions). ▷ Fig. Apaisement, consolation. *Cette heureuse nouvelle est un baume pour son chagrin.* – Lat. *balsamum,* du gr.

bauquière [bokjɛʀ] n. f. MAR Ceinture longitudinale intérieure d'un navire, reliant les couples et supportant les baux. – De *bau.*

baux. V. bail et bau.

bauxite [boksit] n. f. Minerai renfermant surtout de l'alumine hydratée, plus ou moins mêlée d'oxydes de fer et de silicium, dont on extrait l'aluminium. – Du nom des *Baux-de-Provence,* où fut découvert le premier gisement.

bavard, arde [bavaʀ, aʀd] adj. et n. **1.** Qui parle beaucoup, qui aime parler. ▷ Subst. *Un bavard impénitent.* **2.** Qui commet des indiscrétions. – De *bave,* « bavardage ».

bavardage [bavaʀdaʒ] n. m. **1.** Action de bavarder. **2.** Propos vains, indiscrets ou médisants. – De *bavarder.*

bavarder [bavaʀde] v. intr. [1] **1.** Parler avec excès. **2.** Parler familièrement avec qqn, causer. **3.** Divulguer ce qu'on devrait taire. – De *bavard.*

1. bavarois, oise [bavaʀwa, waz] adj. De Bavière, Land d'Allemagne. ▷ Subst. *Un(e) Bavarois(e).*

2. bavarois [bavaʀwa] n. m. ou **bavaroise** [bavaʀwaz] n. f. Entremets froid à base de crème anglaise et de gélatine, diversement parfumé, désigné autrefois sous le nom de *fromage bavarois.* – De *Bavaria,* ancien nom de la Bavière.

bavaroise [bavaʀwaz] n. f. Boisson chaude parfumée à l'alcool, à base de thé longuement battu avec un jaune d'œuf et du sucre. – De *bavarois,* nom d'une boisson mise à la mode par les princes de Bavière.

bavasser [bavase] v. intr. [1] Fam. Bavarder, partic. en calomniant autrui. – De *baver,* « bavarder », et suff. péjor.

bave [bav] n. f. **1.** Salive visqueuse qui s'échappe de la bouche d'une personne, ou de la gueule d'un animal. **2.** Sécrétion gluante de certains mollusques. *Bave d'escargot.* – Lat. pop. *bava,* « boue ».

baver [bave] v. intr. [1] **1.** Laisser couler de la bave. **2.** Fig., fam. *Baver de :* être saisi de. *Baver d'envie.* **3.** Fig., vieilli *Baver sur qqn,* le salir de calomnies. **4.** Fig., pop. *En baver :* passer par de rudes épreuves. *Il en a bavé pour réussir.* **5.** Faire des bavures. – De *bave.*

bavette [bavɛt] n. f. **1.** Petite pièce de lingerie qui protège la poitrine des jeunes enfants. **2.** Partie supérieure d'un tablier de femme. **3.** En boucherie, morceau situé au-dessous de l'aloyau. **4.** Loc. fam. *Tailler une bavette :* bavarder. – De *bave.*

baveux, euse [bavø, øz] adj. **1.** Qui bave. ▷ Fig. *Omelette baveuse,* peu cuite et molle. **2.** Qui présente des bavures. – De *bave.*

bavocher [bavɔʃe] v. intr. [1] Former des traits ou imprimer de façon peu nette. – De *baver.*

bavoir [bavwaʀ] n. m. Pièce de tissu munie d'une attache, destinée à protéger des salissures la poitrine des bébés. – De *bave.*

bavolet [bavɔlɛ] n. m. Anc. **1.** Coiffure de paysanne. **2.** Étoffe ornant par-derrière une coiffure de femme. – De *bas,* et *volet,* « voile ».

bavure [bavyʀ] n. f. **1.** Trace des joints du moule sur un objet moulé. **2.** Trace d'encre ou de couleur débordant d'un trait peu net. ▷ Fig. Imperfection d'un travail. *Un travail sans bavures,* irréprochable. – Par euph. *Cette opération de police a comporté des bavures,* des actes (notam. de violence), des faits qui débordent le cadre du droit et de l'éthique. – De *baver.*

bayadère [bajadɛʀ] n. f. Danseuse indienne. ▷ (En appos.) *Étoffe bayadère,* à raies multicolores. *Des robes bayadère.* – Du portug. *bailadeira,* « danseuse ».

bayer [baje] v. intr. [1] Loc. *Bayer aux corneilles :* regarder en l'air niaisement. (Ne pas confondre avec bâiller.) – A. fr. *béer,* lat. pop. **batare.*

bayou [baju] n. m. Partie de méandre recoupée et occupée par un lac, ou bras mort d'un delta, en Louisiane. – De *boyau.*

bazar [bazaʀ] n. m. **1.** Marché public, en Orient. **2.** Magasin où l'on vend toutes sortes d'objets. **3.** Fig. Lieu où tout est en désordre. ▷ Objets en désordre. – Du persan *bâzâr,* « souk ».

bazarder [bazaʀde] v. tr. [1] Fam. Se défaire à bas prix de. *Bazarder ses vieux livres.* – De *bazar.*

bazooka [bazuka] n. m. MILIT Lance-roquettes antichar portatif. – Mot amér.

B.C.G. [beseʒe] n. m. Vaccin antituberculeux. – Nom déposé ; sigle de (vaccin) *bilié de Calmette et Guérin.*

B.D. ou **bédé** [bede] n. f. Abrév. de *bande* dessinée.*

Be CHIM Symbole du béryllium.

beagle [bigl] n. m. Chien basset à jambes droites. – Mot angl.

béance [beɑ̃s] n. f. Vx ou litt. État de ce qui est béant. – De *béer.*

béant, ante [beɑ̃, ɑ̃t] adj. Largement ouvert. *Un trou béant.* – Ppr. de *béer.*

béarnais, aise [beaʀnɛ, ɛz] adj. et n. Du Béarn, rég. française. ▷ *Sauce béarnaise* ou, n. f., *béarnaise :* sauce relevée à base de vinaigre, d'herbes aromatiques, de beurre et d'œufs, pour accompagner la viande et le poisson.

béat, ate [bea, at] adj. **1.** Bienheureux, tranquille. *Mener une vie béate.* **2.** Satisfait de soi-même et un peu niais. **3.** Qui exprime la béatitude. *Une mine béate.* – Lat. *beatus,* « heureux ».

béatement [beatmɑ̃] adv. D'une manière béate. – De *béat.*

béatification [beatifikasjɔ̃] n. f. RELIG CATHOL Acte du pape mettant au rang des bienheureux une personne décédée, à qui peut être rendu un culte public provisoire. – De *béatifier.*

béatifier [beatifje] v. tr. [2] RELIG CATHOL Mettre au rang des bienheureux. – Lat. ecclés. *beatificare.*

béatifique [beatifik] adj. Qui donne la félicité céleste. *Vision béatifique :* vision de Dieu dont jouissent au ciel les élus. – Lat. ecclés. *beatificus.*

béatitude [beatityd] n. n. **1.** État de plénitude heureuse, de grand bonheur. **2.** Bonheur parfait de l'élu au ciel. **3.** *Les Béatitudes :* les huit sentences du Christ, commençant par le mot *beati* (« bienheureux »), qui ouvrent le Sermon sur la Montagne et détaillent les voies d'accès au royaume des cieux. – Lat. ecclés. *beatitudo.*

beatnik [bitnik] n. et adj. **1.** n. Aux États-Unis, adepte de la *beat generation* (mouvement littéraire et phénomène social qui naquit au début des années 1950 et qui s'affirmait en prenant le contre-pied du mode de vie américain traditionnel). **2.** n. Jeune homme, jeune fille affirmant son opposition à la morale sociale et aux valeurs traditionnelles par son mode de vie, son comportement, son habillement. **3.** adj. *La génération beatnik.* – Mot amér.

1. beau ou **bel, belle** [bo, bɛl] adj. (La forme *bel* s'emploie devant les noms masculins singuliers commençant par une voyelle ou un h muet. *Un bel enfant, un bel homme.*) **I.** Qui suscite un plaisir esthétique, qui plaît par l'harmonie de ses formes, de ses couleurs, de ses sons. *Un beau château, une belle maison.* Ant. laid. – Loc. fam. *Se faire beau :* s'habiller avec soin. ▷ Loc. Vieilli *Le beau sexe :* le sexe féminin. **II.** Qui suscite l'admiration. **1.** Qui plaît, qui satisfait intellectuellement. *Une belle œuvre, un beau talent.* **2.** Qui mérite l'estime. *Un beau geste. Une belle conduite.* **3.** Distingué, raffiné. *De belles manières.* ▷ Pop. *Le beau monde :* la haute société. ▷ Iron. *Un beau parleur :* un homme qui parle bien. ▷ *Un beau joueur,* qui sait perdre avec bonne grâce. **4.** Clair, ensoleillé (temps). *Le beau temps. À la belle saison.* ▷ Loc. *Il fait beau.* ▷ Subst. *Le temps est au beau.* ▷ Fig. *Un beau jour, un beau matin :* un jour, un matin. **5.** Qui est satisfaisant, réussi. *Un beau travail. Un beau match. Faire un beau coup :* réussir un coup adroit. ▷ *Avoir la partie belle :*

disposer de tous les éléments favorables. **6.** *Par ext.* Qui est grand, important, considérable. *Une belle fortune.* ▷ Loc. *Au beau milieu* : juste au milieu. - Fig. *À belles dents* : V. dent. ▷ *Il y a beau temps que* : il y a longtemps que. **7.** Par antiphrase. *Une belle entorse. De belles promesses,* auxquelles on ne doit pas se fier. - (Augmentatif) *Un bel égoïste. Une belle fripouille.* ▷ Loc. *En faire de belles* : faire de grosses sottises. ▷ Fig., fam. *Cela te fera une belle jambe* : cela te sera bien inutile. ▷ *L'échapper* belle.* **8.** Loc. verb. *Avoir beau* (+ inf.). *Il a beau dire, il a beau faire* : quoi qu'il dise, quoi qu'il fasse. ▷ *Il ferait beau voir* : il serait étrange de voir. ▷ *Porter beau* : avoir belle apparence. **9.** Loc. adv. *Bel et bien* : réellement, incontestablement. *Il a bel et bien échoué.* ▷ *De plus belle* : encore plus, plus que jamais. – Lat. *bellus,* « joli ».

2. beau, belle [bo, bɛl] n. **I.** n. m. Ce qui est beau, ce qui suscite un plaisir esthétique, un sentiment d'admiration. *Le beau et le bien. Avoir l'amour du beau.* **II. 1.** n. m. *Un vieux beau* : un homme âgé qui cherche à séduire. **2.** Loc. *Faire le beau* : en parlant d'un animal, se tenir en équilibre sur ses pattes de derrière. **3.** n. f. *Une belle* : une belle femme. *Il courtise les belles.* ▷ *Jouer, faire la belle,* la partie décisive (quand deux adversaires ont gagné chacun une manche). **III.** n. f. Arg. *Se faire la belle* : s'évader. – De *beau* 1.

beauceron, onne [bosʀɔ̃, ɔn] adj. et n. De la Beauce, rég. du Bassin parisien. ▷ Subst. *Un(e) Beauceron(ne).*

beaucoup [boku] adv. **1.** *Beaucoup de* (+ subst.) : une grande quantité, un grand nombre de. *Il a beaucoup d'argent.* **2.** (Emploi nominal.) Un grand nombre (de personnes, de choses). *Beaucoup l'ont cru. Je lui dois beaucoup.* **3.** (Avec un verbe, un adverbe.) *Il a beaucoup bu. Il est beaucoup trop fatigué.* ▷ (Avec un comparatif.) *Il va beaucoup mieux. Il est beaucoup plus doué que moi.* **4.** Loc. adv. *De beaucoup* : nettement. *De beaucoup préférable.* – De *beau,* et *coup.*

beauf [bof] n. m. Fam. **1.** Beau-frère. **2.** Péjor. Type du Français petit-bourgeois, intolérant et borné. – Abrév. de *beau-frère.*

beau-fils [bofis] n. m. **1.** Fils que la personne que l'on a épousée a eu d'un précédent lit. **2.** Gendre. *Des beaux-fils.* – De *beau,* et *fils.*

beaufort [bofɔʀ] n. m. Fromage de Savoie, sans trous, voisin du comté. – Du n. de la localité.

beau-frère [bofʀɛʀ] n. m. **1.** Frère du mari pour la femme, de la femme pour le mari. **2.** Mari d'une sœur ou d'une belle-sœur. *Des beaux-frères.* – De *beau,* et *frère.*

beaujolais [boʒɔlɛ] n. m. Vin du Beaujolais. – Du n. de la région, à cheval sur les dép. du Rhône et de la Loire.

beau-père [bopɛʀ] n. m. **1.** Père du mari pour la femme, de la femme pour le mari. **2.** Second mari de la mère pour les enfants d'un premier lit. *Des beaux-pères.* – De *beau,* et *père.*

beaupré [bopʀe] n. m. MAR Mât incliné ou horizontal, à l'avant d'un navire. – Néerl. *boegspriet,* « mât de proue ».

beauté [bote] n. f. **1.** Qualité de ce qui suscite un sentiment d'admiration, un plaisir esthétique. *La beauté d'un visage, d'une fleur. Le culte de la beauté.* ▷ Loc. *De toute beauté* : très beau. - *En beauté* : avec noblesse, avec grande allure. *Finir en beauté.* **2.** Qualité d'une personne qui est belle. *La beauté d'un enfant. Il a une beauté naturelle.* - *Produits de beauté* : produits destinés à embellir le visage et la peau. ▷ Loc. *La beauté du diable* : l'éclat de la jeunesse. ▷ Absol. *Une beauté* : une femme très belle. ▷ Fam. *Se (re)faire une beauté* : se faire beau (belle), spécial. en se maquillant. ▷ *Être en beauté* : être plus beau (belle) qu'à l'accoutumée. **3.** (Plur.) Éléments de la beauté, parties belles d'une chose. *Les beautés de cette œuvre en font oublier les défauts.* **4.** PHYS NUCL Nombre quantique caractéristique du cinquième quark*. – Lat. pop. **bellitas.*

beaux-arts [bozaʀ] n. m. pl. **1.** Ensemble des arts plastiques : peinture, sculpture, architecture, gravure, etc. **2.** Ensemble des arts en général. **3.** *École nationale supérieure des beaux-arts* ou, absol., *les Beaux-Arts,* où l'on enseigne les arts plastiques. – De *beau,* et *art.*

beaux-parents [bopaʀɑ̃] n. m. pl. Les deux parents du conjoint (pour l'autre conjoint). – De *beau,* et *parent.*

bébé [bebe] n. m. **1.** Enfant en bas âge, nourrisson. ▷ Fig. Personne d'un caractère infantile. *C'est un vrai bébé.* **2.** (En composition avec un nom d'animal.) Très jeune animal. *Des bébés-phoques* ou *des bébés phoques.* – De l'angl. *baby.*

bébé-éprouvette [bebeepʀuvɛt] n. m. Enfant issu d'une fécondation in vitro (formation de l'œuf dans un récipient de laboratoire avant l'implantation dans l'utérus de la femme). *Des bébés-éprouvette(s).* – De *bébé,* et *éprouvette.*

bébête [bebɛt] adj. Fam. Niais. – De *bête.*

be-bop [bibɔp] ou **bop** [bɔp] n. m. **1.** Style de jazz né au début des années 1940. **2.** Danse sur un rythme rapide. – Onomat. amér.

bec [bɛk] n. m. **1.** Partie cornée et saillante, composée de deux mandibules, qui tient lieu de bouche aux oiseaux. *Un long bec, un bec crochu.* **2.** Loc. fig. *Avoir bec et ongles* : être pourvu de moyens de défense. - *Avoir bon bec* : parler d'abondance et avec malignité. - Fam. *Se prendre de bec, avoir une prise de bec (avec qqn)* : se quereller. - *Donner un coup de bec* : lancer un trait piquant. - Fam. *Rester le bec dans l'eau* : être laissé dans l'incertitude par des promesses trompeuses. - *Clouer, clore le bec à qqn,* le réduire au silence par des arguments péremptoires. - Fam. *Fermer son bec* : se taire. - *Fin bec* : gourmet. **3.** (Par analogie de forme.) ARCHI Masse de pierre formant saillie aux extrémités des piles d'un pont. - GEOGR Pointe de terre au confluent de deux rivières ou à l'embouchure d'un fleuve. - MUS Embouchure de certains instruments à anche. *Bec d'une clarinette, d'un saxophone.* **4.** Partie pointue ou saillante de certains objets, de certains outils. *Le bec d'une plume. Les becs d'un pied à coulisse.* **5.** Anc. *Bec de gaz* : appareil d'éclairage public qui fonctionnait au gaz. ▷ CHIM *Bec Bunsen* : brûleur à gaz utilisé dans les laboratoires. – Lat. d'orig. gaul. *beccus.*

bécane [bekan] n. f. **1.** Fam. Bicyclette. **2.** Arg. (de diverses professions) Appareil, machine, en général.

bécard ou **beccard** [bekaʀ] n. m. Saumon mâle dont la mâchoire inférieure prend, en période de frai, la forme d'un crochet. – De *bec.*

bécarre [bekaʀ] n. m. Signe de notation musicale (♮) que l'on place devant une note haussée ou baissée d'un demi-ton par un dièse ou un bémol à la clé, pour la rétablir dans son ton naturel. ▷ adj. *Ré bécarre.* – Ital. *b quadro,* « b carré ».

bécasse [bekas] n. f. **1.** Oiseau charadriiforme (genre *Scolopax*) migrateur qui passe l'été en Europe, à plumage brun-roux, haut sur pattes (30 cm env.), dont le très long bec lui sert à sonder la vase. ▷ Par anal. *Bécasse de mer* : nom vulg. du *Centriscus,* poisson à long rostre. **2.** Fig. Femme peu intelligente. – De *bec.*

bécasseau [bekaso] n. m. **1.** Nom de divers oiseaux migrateurs charadriiformes, de genres variés (*Calidris, Tryngilis, Micropalama,* etc.), généralement de la taille d'une alouette. **2.** Petit de la bécasse. – Dimin. de *bécasse.*

bécassine [bekasin] n. f. **1.** Oiseau migrateur charadriiforme des marais (genre *Gallinago*) au très long bec, dont plusieurs espèces vivent en Europe. **2.** Fig. Jeune fille sotte et naïve (en référence au personnage de Bécassine dessiné en 1905 par Pinchon, petite Bretonne ainsi surnommée par antiphrase à cause de son nez minuscule et célèbre par son grand parapluie et sa naïveté). – De *bécasse*.

bec-croisé [bɛkkʀwaze] n. m. Oiseau passériforme (genre *Loxia*) dont les mandibules se croisent, de la taille d'un gros moineau, abondant dans les forêts de conifères. *Des becs-croisés*. – De *bec*, et *croisé*.

bec-d'âne. V. bédane.

bec-de-cane [bɛkdəkan] n. m. Serrure sans fermeture par clé, ne comportant qu'un pêne demi-tour. ▷ Poignée recourbée d'une telle serrure. *Des becs-de-cane*. – De *bec*, et *cane*.

bec-de-corbin [bɛkdəkɔʀbɛ̃] n. m. **1.** TECH Outil recourbé pour faire des rainures. **2.** Petite pince pour travailler les métaux. *Des becs-de-corbin*. – De *bec*, et *corbin*, « corbeau ».

bec-de-lièvre [bɛkdəljɛvʀ] n. m. Malformation congénitale de la face se présentant le plus souvent comme une fissure verticale de la lèvre supérieure, rappelant celle du lièvre. *Des becs-de-lièvre*. – De *bec*, et *lièvre*.

bec-de-perroquet [bɛkdəpeʀɔkɛ] n. m. MED Ostéophyte en forme de crochet apparaissant au niveau des vertèbres dans certains rhumatismes chroniques. *Des becs-de-perroquet*. – De *bec*, et *perroquet*.

becfigue [bɛkfig] n. m. Nom cour. de divers petits oiseaux passériformes et migrateurs (pipits, gobe-mouches, etc.). – Ital. *beccafico*, « pique-figue ».

bec-fin [bɛkfɛ̃] n. m. Nom cour. de divers oiseaux passériformes au bec très effilé (fauvettes, rouges-gorges, etc.). *Des becs-fins*. – De *bec*, et *fin*.

bêchage [bɛʃaʒ] n. m. Action de bêcher, de cultiver à la bêche. – De *bêcher*.

béchamel [beʃamɛl] n. f. CUIS Sauce blanche faite de beurre, de farine et de lait. – Du n. du marquis de *Béchameil*, maître d'hôtel de Louis XIV.

bêche [bɛʃ] n. f. **1.** Outil de jardinage constitué d'un fer plat, large et tranchant et d'un manche. **2.** ARTILL *Bêche de crosse* : appendice de l'affût d'un canon, servant à l'ancrer dans le sol. – De *bêcher*.

1. bêcher [beʃe] v. tr. [1] Couper et retourner (la terre) avec une bêche. – Du lat. pop. *bissicare*, « travailler avec la *bissa* (fourche à deux dents) », de *bis* ; a. fr. *besse*.

2. bêcher [beʃe] v. [1] **1.** v. tr. Fam. Dire du mal de (qqn). **2.** v. intr. Fam. Avoir à l'égard d'autrui une attitude distante et hautaine. *Celle-là, qu'est-ce qu'elle bêche !*

becher [beʃɛʀ] n. m. CHIM Récipient cylindrique à bord arrondi. – Du n. du chimiste all. J.J. *Becher* (1635-1682).

bêcheur, euse [bɛʃœʀ, øz] n. **1.** Fam. Personne qui bêche, qui est médisante. **2.** Fam. Personne hautaine et prétentieuse. – De *bêcher* 2.

bécot [beko] n. m. Fam. Petit baiser ; baiser. – De *bec*.

bécoter [bekɔte] v. tr. [1] Fam. Donner des bécots. ▷ v. pron. Échanger des bécots. – De *bécot*.

becquée ou **béquée** [beke] n. f. Quantité de nourriture qu'un oiseau peut prendre avec son bec pour nourrir ses petits. *Donner la becquée*. – De *bec*.

becquerel [bɛkʀɛl] n. m. Unité d'activité radioactive du système international (SI) qui correspond à une désintégration par seconde (symbole Bq.). – Du n. du phys. fr. H. *Becquerel* (1852-1908).

becquet ou **béquet** [bɛkɛ] n. m. **1.** Petit bec. **2.** TYPO Feuillet additif ou rectificatif collé sur une épreuve. – Dimin. de *bec*.

becquetance [bɛktɑ̃s] n. f. Pop. Nourriture. – De *becqueter*.

becqueter ou **béqueter** [bɛkte] v. [23] **1.** v. tr. Piquer à coups de bec. *Les oiseaux ont becqueté ces fruits*. Syn. picorer. **2.** v. intr. Pop. Manger. *On va bien becqueter*. – De *bec*.

bedaine [bədɛn] n. f. Fam. Panse, gros ventre. – Var. de l'a. fr. *boudine*, « nombril ».

bédane [bedan] ou **bec-d'âne** [bɛkdɑn] n. m. Ciseau en acier plus épais que large. – De *bec*, et a. fr. *ane*, « canard » pris pour *âne*.

bédé. V. B.D.

bedeau [bədo] n. m. Laïc employé au service d'une église. – Du frq. **bidal*, « messager de justice ».

bédégar [bedegaʀ] n. m. BOT Galle chevelue des églantiers et des rosiers produite par la larve d'un hyménoptère (*Diplolepis rosæ*). – Persan *bâdaward*.

bédéphile [bedefil] n. Amateur éclairé de bandes dessinées. – De *bédé*, et *-phile*.

bedon [bədɔ̃] n. m. Fam. Ventre rebondi. Syn. bedaine. – A. fr. *boudine*, « nombril ».

bedonnant, ante [bədɔnɑ̃, ɑ̃t] adj. Fam. Qui bedonne. – Ppr. de *bedonner*.

bedonner [bədɔne] v. intr. [1] Fam. Prendre du ventre. – De *bedon*.

bédouin, ine [bedwɛ̃, in] n. Nomade des steppes d'Afrique du N. et du Moyen-Orient. ▷ adj. *Un campement bédouin*. – Ar. *bedoui*, « nomade du désert ».

bée [be] adj. f. Seulement dans la loc. *Bouche bée* : bouche ouverte, béante (d'étonnement, d'admiration, etc.). – Pp. de *béer*.

beefsteak. V. bifteck.

béer [bee] v. intr. [1] **1.** Litt. Être grand ouvert. **2.** Litt. Avoir la bouche grande ouverte. *Il en béait de surprise*. – Lat pop. **batare*.

beffroi [befʀwɑ] n. m. **1.** Tour mobile en bois dont on se servait au Moyen Âge pour s'emparer des places fortes. **2.** Tour de guet élevée dans l'enceinte d'une ville. - *Par ext*. Tour, clocher d'une église. – Moy. haut all. *bergfrid*.

bégaiement [begɛmɑ̃] n. m. **1.** Trouble de la parole, d'origine psychomotrice, se manifestant par l'impossibilité de prononcer une syllabe ou une voyelle sans la répéter, et par un débit ralenti des mots. *L'émotion entraîne parfois le bégaiement*. **2.** *Par ext*. Élocution maladroite et difficile. – De *bégayer*.

bégayant, ante [begɛjɑ̃, ɑ̃t] adj. Qui bégaie. – Ppr. de *bégayer*.

bégayer [begeje] v. intr. [24] Parler avec une élocution difficile et en répétant certaines syllabes. ▷ v. tr. *Bégayer des excuses*, les exprimer maladroitement en bredouillant. – De *bègue*.

bégayeur, euse [begɛjœʀ, øz] n. (et adj.) Personne qui bégaie. – De *bégayer*.

bégonia [begɔnja] n. m. Plante dicotylédone (genre *Begonia*) originaire d'Amérique tropicale dont diverses espèces sont cultivées pour leurs fleurs blanches ou de couleurs vives ou pour leurs feuillages panachés. – Du n. de *Bégon*, intendant de Saint-Domingue.

bégu, uë [begy] adj. Se dit d'un cheval dont les incisives indiquent un âge inférieur à celui qu'il a réellement. *Une jument béguë*.

bègue [bɛg] adj. et n. Qui bégaie. – A. fr. *béguer*, « bégayer ».

béguètement [begɛtmɑ̃] n. m. Cri de la chèvre. – De *bégueter*.

bégueter [begete ; begəte] v. intr. [21] Crier, en parlant de la chèvre. – A. fr. *béguer*, « bégayer ».

bégueule [begœl] n. f. et adj. Femme prude qui s'effarouche au moindre propos un peu libre. ▷ adj. *Elle est assez bégueule. Un critique bégueule.* – De *béer* et *gueule,* anc. injure *bée gueule,* « bouche ouverte ».

bégueulerie [begœlʀi] n. f. Caractère, manières d'une bégueule. – De *bégueule.*

béguin [begɛ̃] n. m. **1.** Coiffe de femme rappelant celle des béguines. – *Par ext.* Bonnet pour les enfants. **2.** Fig. et fam. Passion légère et passagère. *Il a le béguin pour elle.* ▷ Personne qui en est l'objet. *C'est ton béguin.* – De *béguine.*

béguinage [beginaʒ] n. m. Communauté de béguines. – De *béguine.*

béguine [begin] n. f. Aux Pays-Bas et en Belgique, religieuse vivant en communauté sans prononcer de vœux perpétuels. – Néerl. *beggaert,* « moine mendiant ».

bégum [begɔm] n. f. Titre honorifique donné aux princesses indiennes. – De l'hindi *beg,* « seigneur ».

béhaviorisme [beavjɔʀism] ou **behaviourisme** [beavjuʀism] n. m. PSYCHO Doctrine, élaborée à partir de 1913 aux É.-U. par J. B. Watson, qui propose de substituer une psychologie du comportement à une psychologie introspective qui cherchait à décrire et à expliquer les « états de conscience ». – Anglo-amér. *behaviourism,* de *behaviour,* « comportement ».

beige [bɛʒ] adj. Qui a la couleur brun clair de la laine naturelle. ▷ Subst. *Un beige clair.*

beigne [bɛɲ] n. f. Pop. Gifle. *Donner une beigne.*

beignet [bɛɲɛ] n. m. Petit morceau de fruit, de viande, etc., frit dans une pâte légère. *Beignet de pomme. Beignet de langoustine.* – De l'a. fr. *buyne,* « bosse ».

béjaune [beʒon] n. m. **1.** FAUC Oiseau jeune et non dressé. **2.** Fig., vx Jeune homme sot et niais. – De *bec jaune.*

béké [beke] n. Syn. de *créole* (à la Martinique ou en Guadeloupe). – Mot créole.

1. bel, belle. V. beau.

2. bel [bɛl] n. m. PHYS Unité sans dimension (symbole B) utilisée pour exprimer la comparaison de deux grandeurs, en général deux puissances, le nombre de bels étant égal au *logarithme décimal* de leur rapport. (On utilise surtout le décibel [dB], dixième partie du bel.) *Si les grandeurs sont des tensions ou des courants électriques, le nombre de bels est égal au double du logarithme du rapport.* – Du n. de A. Graham *Bell,* (1847-1922) physicien américain.

bêlant, ante [bɛlɑ̃, ɑ̃t] adj. **1.** Qui bêle. **2.** Fig., fam. Plaintif, geignard. *Une ritournelle bêlante.* – Ppr. de *bêler.*

bel canto [bɛlkɑ̃to] n. m. Technique du chant dans la tradition lyrique italienne (pureté du son, virtuosité). – Mots ital., « beau chant ».

bêlement [bɛlmɑ̃] n. m. Cri des animaux de race ovine et caprine. ▷ Fig. et péjor. *Les bêlements d'un chanteur.* – De *bêler.*

bélemnite [belɛmnit] n. f. PALEONT Mollusque céphalopode fossile du secondaire, à la coquille fuselée, avec un rostre en cigare. – Gr. *belemnitês,* « pierre en forme de flèche ».

bêler [bele] v. intr. [1] Faire entendre un bêlement. *Brebis qui bêle.* ▷ Fig., fam. Chanter ou s'exprimer sur un ton mal assuré ou plaintif. – Lat. *balare, belare,* onomat.

belette [bəlɛt] n. f. Petit carnivore (fam. mustélidés) brun sur le dessus, avec le ventre blanc, et dont le pelage, dans les pays froids, devient blanc en hiver. – Dimin. de *belle.*

belge [bɛlʒ] adj. De Belgique, État de l'Europe occid. ▷ Subst. *Un(e) Belge.* – Lat. *Belga.*

belgicisme [bɛlʒisism] n. m. Tournure propre aux Belges de langue française. – De *belge.*

bélier [belje] n. m. **1.** Mouton non castré. **2.** ASTRO *Le Bélier* : constellation zodiacale de l'hémisphère boréal. ▷ ASTROL Signe du zodiaque* (21 mars-20 avril). – Ellipt. *Il est bélier.* **3.** Machine de guerre utilisée par les Anciens, constituée d'une forte poutre de bois armée à l'une de ses extrémités d'une masse métallique figurant la tête d'un bélier. *Le bélier servait à ébranler et à renverser les murailles.* **4.** *Coup de bélier* : choc produit sur les parois d'une conduite par la dissipation de l'énergie cinétique d'un liquide dont l'écoulement est brusquement interrompu. ▷ *Bélier hydraulique* : appareil élévateur d'eau qui utilise le phénomène du coup de bélier. – A. fr. *belin,* rad. de *bêler.*

bélière [beljɛʀ] n. f. **1.** Anneau qui tient le battant d'une cloche. ▷ *Par ext.* Anneau servant à attacher une montre, un couteau, une breloque. **2.** Clochette du bélier qui marche en tête du troupeau. – De *bélier.*

bélinographe [belinɔgʀaf] n. m. Appareil qui permet la transmission par fil d'images, de photographies *(bélinogrammes).* – Du nom de l'inventeur, Édouard *Belin* (1876-1963).

bélître [belitʀ] n. m. Vx Homme de rien, coquin.

bélizeux, euse [belizjø, øz] ou **bélizais, aise** [belizɛ, ɛz] adj. et n. De Bélize, État d'Amérique Centrale. ▷ Subst. *Un Bélizieux, une Bélizieuse,* ou *un(e) Bélizais(e).*

belladone [bɛladɔn] n. f. Plante annuelle (fam. solanacées) à grande tige rougeâtre, à fleurs pourpres, à baies noires, qui contient divers alcaloïdes extrêmement toxiques, dont l'atropine. – De l'ital. *bella donna,* « belle dame ».

bellâtre [bɛlɑtʀ] n. m. Homme d'une beauté conventionnelle, dépourvue d'expression ; fat. – De *bel,* et *-âtre.*

belle. V. beau 1 et 2.

belle-dame [bɛldam] n. f. **1.** Nom cour. de la belladone et de l'arroche. **2.** Grand papillon cosmopolite migrateur. (V. vanesse.) *Des belles-dames.* – De *belle,* et *dame.*

belle-de-jour [bɛldəʒuʀ] n. f. Liseron (fam. convolvulacées) dont la fleur se ferme au coucher du soleil. *Des belles-de-jour.* – De *belle,* et *jour.*

belle-de-nuit [bɛldənɥi] n. f. **1.** Nom cour. d'un mirabilis, dont les fleurs ne s'ouvrent que le soir. **2.** Fig. Prostituée. *Des belles-de-nuit.* – De *belle,* et *nuit.*

belle-doche [bɛldɔʃ] n. f. Pop. Belle-mère. *Des belles-doches.* – De *belle,* et arg. *doche,* « mère ».

belle-famille [bɛlfamij] n. f. Famille du conjoint. *Des belles-familles.* – De *belle,* et *famille.*

belle-fille [bɛlfij] n. f. **1.** Fille née d'un premier mariage de la personne que l'on a épousée. **2.** Bru, femme d'un fils. *Des belles-filles.* – De *belle,* et *fille.*

bellement [bɛlmɑ̃] adv. Vx De belle manière. ▷ Doucement, avec modération. – De *beau.*

belle-mère [bɛlmɛʀ] n. f. **1.** Mère du mari pour la femme, de la femme pour le mari. **2.** Seconde épouse du père, pour les enfants du premier lit. *Des belles-mères.* – De *belle,* et *mère.*

belles-lettres [bɛllɛtʀ] n. f. pl. Vieilli Grammaire, éloquence, poésie, histoire, littérature. *Académie des inscriptions et belles-lettres.* – De *belle,* et *lettres.*

belle-sœur [bɛlsœʀ] n. f. **1.** Sœur du mari pour la femme, de la femme pour le mari. **2.** Épouse d'un frère ou d'un beau-frère. *Des belles-sœurs.* – De *belle,* et *sœur.*

bellicisme [bɛl(l)isism] n. m. Amour de la guerre; théorie, tendance des bellicistes. Ant. pacifisme. – Du lat. *bellicus,* « de guerre ».

belliciste [bɛl(l)isist] n. et adj. Partisan de la guerre, qui prône la guerre. ▷ adj. *Théories bellicistes.* Ant. pacifiste. – De *bellicisme.*

belligérance [bɛl(l)iʒeʀɑ̃s] n. f. Situation d'un pays, d'un peuple en état de guerre. – De *belligérant.*

belligérant, ante [bɛl(l)iʒeʀɑ̃, ɑ̃t] adj. et n. Se dit d'un État qui est en guerre. *Puissances belligérantes.* ▷ Subst. *Les belligérants* : les États en guerre. ▷ DR Se dit d'un combattant régulier dans une armée en guerre. – Lat. *belligerans,* ppr. de *belligerare,* « faire la guerre ».

belliqueux, euse [bɛl(l)ikø, øz] adj. **1.** Qui aime faire la guerre. *Nation belliqueuse.* Ant. pacifique. **2.** Qui aime engager des polémiques, agressif. *Tempérament belliqueux.* Ant. paisible. – Lat. *bellicosus,* « guerrier ».

bellot, otte [bɛlo, ɔt] adj. Vx Gentil, mignon. – Dimin. de *beau.*

belluaire [bɛlɥɛʀ] n. m. ANTIQ ROM Gladiateur qui combattait des bêtes féroces. Syn. bestiaire. ▷ Litt. Dompteur. – Lat. *belluarius.*

belon [bəlɔ̃] n. f. Huître à coquille plate et ronde. – De *Belon,* riv. de Bretagne.

belote [bəlɔt] n. f. Jeu de cartes qui se joue à 2, 3 ou 4 joueurs avec 32 cartes. *Faire une belote.* ▷ Réunion dans une même main de la dame et du roi d'atout, à ce jeu. – De F. *Belot,* inventeur de ce jeu.

béluga [belyga] ou **bélouga** [beluga] n. m. ZOOL Cétacé odontocète sans nageoire dorsale *(Delphinapterus leucas)* des mers arctiques, appelé aussi *baleine blanche.* – Russe *bielouha,* de *bielyi,* « blanc ».

belvédère [bɛlvedɛʀ] n. m. **1.** ARCHI Petit pavillon construit sur une éminence, au sommet d'un édifice, d'où l'on peut contempler le paysage. **2.** *Par ext.* Éminence, lieu dégagé d'où la vue s'étend au loin. – Ital. *belvedere.*

bémol [bemɔl] n. m. Signe d'altération musicale (♭) que l'on place devant une note qui doit être baissée d'un demi-ton. ▷ adj. *Ré bémol.* – Ital. *b molle,* « b rond ».

bémoliser [bemɔlize] v. tr. [1] Marquer une note d'un bémol ou armer la clé d'un ou plusieurs bémols. – De *bémol.*

bénarde [benaʀd] n. f. Serrure à clé non forée s'ouvrant des deux côtés de la porte. ▷ (En appos.) *Serrure bénarde.* – De *Bernard,* « pauvre homme ».

bénédicité [benedisite] n. m. Prière dite avant le repas, qui commence par le mot *Benedicite.* – Lat. *benedicite,* « bénissez ».

bénédictin, ine [benediktɛ̃, in] n. Religieux, religieuse de l'ordre de saint Benoît de Nursie fondé au VIe s. – Fig. *Travail de bénédictin* : travail long, exigeant une application minutieuse. ▷ adj. Relatif à l'ordre bénédictin. *La règle bénédictine.* – Lat. ecclés. *benedictinus,* de *Benedictus,* « Benoît ».

bénédiction [benediksjɔ̃] n. f. **1.** Action de bénir. *Bénédiction nuptiale* : cérémonie religieuse du mariage. *Bénédiction urbi et orbi (« à la ville et au monde »)* : bénédiction solennelle du pape à toute la chrétienté en certaines occasions. **2.** Grâce et faveur du ciel. *Dieu l'a comblé de ses bénédictions.* ▷ Fig. *C'est une bénédiction,* un événement heureux. – Lat. ecclés. *benedictio.*

bénéfice [benefis] n. m. **I. 1.** Avantage, privilège, faveur. *Gracié au bénéfice du doute.* **2.** Au Moyen Âge, concession de terre faite à un vassal par son seigneur. **3.** *Bénéfice ecclésiastique* : concession de biens-fonds ou de revenus attachée aux fonctions, aux dignités ecclésiastiques. *Les bénéfices ecclésiastiques furent abolis le 2 novembre 1789.* Syn. prébende. ▷ *Par ext.* Lieu où étaient l'église et le bien du bénéfice. **4.** DR Droit accordé par la loi. ▷ *Bénéfice de division* : droit accordé aux cautions d'une même dette d'exiger que le créancier divise son action et la réduise contre chaque caution à la part de sa dette. ▷ *Bénéfice d'inventaire* : mode d'acceptation d'une succession permettant à l'héritier de n'être tenu des dettes héréditaires que sur les biens de la succession. – Fig. *Sous bénéfice d'inventaire* : provisoirement, sous toutes réserves. **II.** Différence entre le prix de vente et le prix de revient. *Bénéfice brut,* calculé sans déduction des charges. *Bénéfice net,* charges déduites. *Bénéfices industriels et commerciaux. Bénéfices non commerciaux.* Syn. gain, profit. Ant. déficit, perte. – Lat *beneficium,* « bienfait », de *bene,* « bien », et *facere,* « faire ».

bénéficiaire [benefisjɛʀ] n. et adj. **1.** Personne qui tire un avantage de qqch. ▷ *Tiers bénéficiaire* ou *bénéficiaire* : personne à l'ordre de qui est établi un chèque, un billet à ordre, une traite. ▷ DR *Héritier bénéficiaire,* qui n'a accepté une succession que sous bénéfice d'inventaire. **2.** Qui a rapport au bénéfice, qui produit un bénéfice. *Une opération bénéficiaire.* – De *bénéficier* 1.

1. bénéficier [benefisje] n. m. HIST Celui qui avait un bénéfice ecclésiastique. ▷ adj. *Abbé bénéficier.* – Lat. méd. *beneficiarius.*

2. bénéficier [benefisje] v. tr. ind. [2] Tirer un avantage, un profit (d'une chose). Syn. profiter. *Il a bénéficié de la situation de son père.* – De *bénéfice.*

bénéfique [benefik] adj. Dont l'action, l'influence est favorable. *Un pouvoir bénéfique.* Syn. bienfaisant. – Lat. *beneficus.*

benêt [bənɛ] n. et adj. m. Niais, sot. *Un grand benêt.* – De *benoît,* anc. pp. de *bénir.*

bénévolat [benevɔla] n. m. Tâche accomplie, service rendu à titre bénévole (sens 2). – De *bénévole.*

bénévole [benevɔl] adj. et n. **1.** Litt. Favorablement disposé, bienveillant. *Un auditeur bénévole.* **2.** (Personnes) Qui fait qqch sans y être obligé et gratuitement. *Une infirmière bénévole.* ▷ Subst. *Un(e) bénévole.* – (Choses) Qui est fait sans obligation, à titre gratuit. *Un service bénévole.* – Lat. *benevolus,* « bienveillant ».

bénévolement [benevɔlmɑ̃] adv. D'une manière bénévole. – De *bénévole.*

bengali [bɛ̃gali] adj. et n. **1.** Du Bengale, rég. située au N.-E. du subcontinent indien. ▷ Subst. *Un(e) Bengali.* ▷ n. m. Langue du Bengale, du Bangladesh. **2.** n. m. ORNITH Passériforme (divers genres) au plumage coloré, originaire d'Asie ou d'Afrique tropicale. – Mot hindi.

béni, ie [beni] adj. Qui a reçu une bénédiction. *Les fidèles ont été bénis à l'issue de la cérémonie.* ▷ Qui semble bénéficier d'une protection divine. *Une journée bénie.* – Pp. de *bénir.*

bénignement [beniɲmɑ̃] adv. D'une façon bénigne. – De *bénin.*

bénignité [beniɲite] n. f. Caractère d'une personne, d'une chose bénigne. Ant. malignité. – De *bénin.*

bénin, igne [benɛ̃, iɲ] adj. **1.** Doux, bienveillant. *Un naturel bénin.* Ant. méchant. **2.** Qui est sans gravité. *Accident bénin.* – Lat. *benignus.*

béninois, oise [beninwa, waz] adj. Du Bénin, État d'Afrique occid. ▷ Subst. *Un(e) Béninois(e).*

béni-oui-oui [beniwiwi] n. m. inv. Fam. Approbateur empressé de toute initiative d'un pouvoir établi. – De l'ar. *beni,* pl. de *ben,* « fils de », et redoublement de *oui.*

bénir [beniʀ] v. tr. [2] **1.** Répandre sa grâce, sa bénédiction sur (en parlant de Dieu). – Fam., vieilli *Dieu vous bénisse,* comble vos souhaits (surtout en s'adressant à qqn qui vient d'éternuer). **2.** Appeler la protection, la bénédiction divine sur. *Le prêtre a béni les fidèles.* **3.** Consacrer au culte divin. *Bénir une chapelle.* **4.** Louer, rendre grâce avec reconnaissance à. *Les malheureux bénissent sa mémoire.* ▷ *Par ext.* Se féliciter, se réjouir de. *Je bénis cette occasion de vous rencontrer.* – Lat. *benedicere,* « louer ».

bénit, ite [beni, it] adj. Qui a reçu une bénédiction liturgique. *Pain bénit, eau bénite.* – Pp. de *bénir.*

bénitier [benitje] n. m. **1.** Bassin ou vase destiné à contenir de l'eau bénite. ▷ Fig., fam. *Se démener comme un diable dans un bénitier :* faire tous ses efforts pour sortir d'une situation difficile. ▷ Fig., fam. *Grenouille de bénitier :* bigote. **2.** Tridacne *(Tridacna gigas)* dont l'énorme coquille côtelée (1 m de diamètre) a souvent servi de bénitier. – De l'a. fr. *benoît,* pp. de *bénir.*

benjamin, ine [bɛ̃ʒamɛ̃, in] n. Le plus jeune enfant d'une famille; le plus jeune membre d'un groupe. – De *Benjamin,* le plus jeune fils de Jacob.

benjoin [bɛ̃ʒwɛ̃] n. m. Résine de différents arbres du genre *Styrax* (notam. *Styrax benzoin* d'Asie tropicale), utilisée en parfumerie et en pharmacie. – Lat. bot. *benzoe,* par l'ital.

benne [bɛn] n. f. **1.** Caisson pour la manutention des matériaux en vrac; son contenu. *Des bennes de bauxite.* ▷ *Benne preneuse :* benne à mâchoires, qui s'ouvre pour prendre les matériaux. **2.** Cabine d'ascenseur ou de téléphérique. – Var. de *banne.*

benoît, oîte [bənwa, wat] adj. Qui affecte une mine doucereuse. – Anc. pp. de *bénir.*

benoîte [bənwat] n. f. Plante herbacée (fam. rosacées) à fleurs jaunes et fruits groupés terminés par un crochet, dont la tige et la racine ont des propriétés toniques et astringentes. – De *benoît.*

benoîtement [bənwatmɑ̃] adv. D'une manière benoîte. – De *benoît.*

benthique [bɛ̃tik] adj. Du benthos. – De *benthos.*

benthos [bɛ̃tos] n. m. BIOL Ensemble des organismes vivant sur les fonds marins ou d'eau douce (par oppos. à *necton* et *plancton*). – Gr. *benthos,* « fond de la mer ».

bentonite [bɛntɔnit] n. f. TECH Argile gonflant fortement au contact de l'eau, utilisée dans l'industrie pour son pouvoir décolorant et dans les forages. – De *Fort Benton,* nom d'une v. des États-Unis.

benzène [bɛ̃zɛn] n. m. CHIM Liquide incolore, mobile, réfringent, à l'odeur caractéristique (dangereux à respirer). – Du lat. bot. *benzoe,* « benjoin ».

ENCYCL Le benzène est un solvant organique, non polaire, insoluble dans l'eau, inflammable. C'est un hydrocarbure cyclique de formule brute C_6H_6. Sa densité est de 0,88. Il bout à 80,1 °C et se solidifie à 5,5 °C.

benzénique [bɛ̃zenik] adj. Du benzène, de la nature du benzène. ▷ Chimiquement apparenté au benzène. – De *benzène.*

benzénisme [bɛ̃zenism] ou **benzolisme** [bɛ̃zɔlism] n. m. MED Intoxication par le benzol et ses dérivés (toluène, xylène, etc.), qui se manifeste par une grave aplasie de la moelle osseuse. – De *benzène* ou *benzol.*

benzine [bɛ̃zin] n. f. Mélange d'hydrocarbures provenant de la rectification du benzol. – Du rad. de *benzoïque.*

benzoate [bɛ̃zɔat] n. m. CHIM Sel ou ester de l'acide benzoïque. – Du lat. bot. *benzoe,* « benjoin », et *-ate.*

benzodiazépine [bɛ̃zɔdjazepin] n. f. PHARM Composé cyclique comprenant des éléments autres que le carbone, notam. deux atomes d'azote. *Les benzodiazépines sont employées comme tranquillisants.*

benzoïque [bɛ̃zɔik] adj. CHIM *Acide benzoïque :* acide aromatique dont certains esters sont utilisés en parfumerie. – Du lat. bot. *benzoe,* de *benzoinum,* « benjoin ».

benzol [bɛ̃zɔl] n. m. CHIM Mélange de benzène, de toluène et de xylène obtenu par distillation du goudron de houille. – Du lat. bot. *benzoe,* « benjoin », et suff. *-ol.*

benzolisme. V. benzénisme.

benzylcellulose [bɛ̃zilselyloz] n. f. CHIM Éther benzylique de la cellulose utilisé comme vernis. – De *benzyl(e),* et *cellulose.*

benzyle [bɛ̃zil] n. m. CHIM Le radical toluène $C_6H_5\text{-}CH_2\text{-}$. – Du lat. bot. *benzoe,* « benjoin ».

benzylique [bɛ̃zilik] adj. CHIM *Alcool benzylique* ou *benzoïque,* que l'on rencontre dans l'essence de jasmin, le baume du Pérou, etc. – De *benzyle.*

béotien, enne [beɔsjɛ̃, ɛn] adj. et n. **1.** De la Béotie, rég. de la Grèce anc. ▷ Subst. *Un(e) Béotien(ne).* **2.** Lourd d'esprit, ignorant (les Béotiens passaient pour tels parmi les anciens Grecs). ▷ *La Ligue béotienne,* confédération de cités, alliée des Perses contre Athènes au moment de la seconde guerre médique (480 av. J.-C.). – Gr. *boiôtos,* « habitant de la Béotie ».

B.E.P. Sigle de *brevet d'études professionnelles.*

B.E.P.C. Sigle de *brevet d'études du premier cycle.*

béquée. V. becquée.

béquet. V. becquet.

béqueter. V. becqueter.

béquille [bekij] n. f. **1.** Instrument orthopédique aidant à la marche, composé d'une ou deux tiges surmontées d'un coussinet qui sert d'appui sous l'aisselle. ▷ Canne anglaise. ▷ Fig. Appui, soutien. **2.** Poignée de serrure. **3.** Pièce destinée à soutenir, à étayer. *Béquille de queue d'avion, de navire en carénage.* – De *béquillon,* « petit bec ».

béquiller [bekije] **1.** v. intr. [1] Vx Marcher avec des béquilles. **2.** v. tr. Étayer à l'aide de béquilles. *Béquiller un navire.* – De *béquille.*

ber [bɛʀ] n. m. MAR Charpente en forme de berceau qui sert à soutenir un bateau hors de l'eau. Syn. berceau. – Lat. d'orig. gaul. *bercium.*

berbère [bɛʀbɛʀ] adj. et n. Relatif aux Berbères, groupe ethnique d'Afrique du N., vivant principalement dans les régions montagneuses. ▷ Subst. *Un(e) Berbère.* ▷ n. m. Langue de la famille chamito-sémitique, parlée par les Berbères (nombr. dialectes). – P.-ê. du lat. *barbarus.*

berbéridacées [bɛʀbeʀidase] n. f. pl. BOT Famille de dicotylédones dialypétales des régions tempérées, comprenant l'épine-vinette (genre *Berberis*) et le mahonia (genre *Mahonia*). – Sing. *Une berbéridacée.* – Du gr. *berberi,* « coquillage ».

bercail [bɛʀkaj] n. m. sing. **1.** Rare Bergerie. **2.** Fig. *Ramener une brebis au bercail :* ramener un hérétique au sein de l'Église; ramener qqn à sa famille, à une meilleure conduite. ▷ *Rentrer au bercail :* rentrer chez soi. – Lat. pop. **verbicalis,* « bergerie ».

berce [bɛʀs] n. f. Ombellifère (genre *Heracleum*) de grande taille, aux grosses inflorescences blanches, fréquente dans les prés, les lieux incultes humides, etc. – P.-ê. all. *Bartsch.*

berceau [bɛʀso] n. m. **1.** Petit lit de bébé que l'on peut généralement faire se balancer. ▷ Fig. *Dès le berceau :* dès la plus tendre enfance. ▷ Fig. Lieu où une personne est née, où une chose a commencé. *Florence a été le berceau de la peinture moderne.* **2.** (Par anal. de forme.) ARTILL Partie cintrée d'un affût de canon. – HORTIC Charmille taillée en voûte ou treillage en voûte couvert de plantes grimpantes. *Berceau de verdure.* – MAR Syn. de *ber.* – ARCHI *Voûte en berceau,* en plein cintre. – Dimin. de *ber.*

bercelonnette [bɛʀsəlɔnɛt] ou **barcelonnette** [baʀsəlɔnɛt] n. f. Berceau suspendu et mobile. – De *berceau.*

bercement [bɛʀsəmɑ̃] n. m. Action de bercer. – De *bercer.*

bercer [bɛʀse] v. tr. [14] **1.** Balancer (un enfant) dans son berceau. ▷ *Par ext.* Balancer (un enfant) en le portant dans les bras. – *Par anal.* Balancer mollement. *La mer berce les navires.* **2.** Fig. Apaiser, calmer, endormir. *Bercer sa douleur.* **3.** Fig. Tromper, amuser par de fausses espérances. *Bercer qqn de vaines promesses.* Syn. leurrer. ▷ v. pron. Se leurrer, s'amuser d'illusions. *Il se berce d'idées chimériques.* – De l'a. fr. *berz,* «berceau».

berceur, euse [bɛʀsœʀ, øz] adj. Qui berce. *Une voix berceuse.* – De *bercer.*

berceuse [bɛʀsøz] n. f. **1.** Chanson destinée à endormir les enfants. ▷ *Par ext.* Pièce de musique d'un genre doux. *La berceuse de Jocelyn.* **2.** Siège dans lequel on peut se balancer. – De *bercer.*

béret [beʀɛ] n. m. Coiffure en étoffe, ronde et plate. *Béret basque.* – Béarnais *berret,* du bas lat. *birrum.*

bergamasque [bɛʀgamask] n. f. Danse et air de danse du XVIIIe s., empruntés aux paysans de la province de Bergame. – Ital. *bergamasco.*

bergamote [bɛʀgamɔt] n. f. **1.** Variété de poire fondante. **2.** Variété d'agrume dont on tire une essence utilisée en parfumerie et en confiserie. – De l'ital. *bergamotta,* du turc.

bergamotier [bɛʀgamɔtje] n. m. Arbre fruitier de la famille de l'oranger (*Citrus bergamia*), qui produit la bergamote. – De *bergamote.*

1. berge [bɛʀʒ] n. f. Bord d'un cours d'eau. *Nous avons marché sur la berge.* – Lat. pop. **barica.*

2. berge [bɛʀʒ] n. f. Arg. An, année. *Il a dans les cinquante berges.* – Mot tzigane.

3. berge. V. barge.

berger, ère [bɛʀʒe, ɛʀ] n. **1.** Personne qui garde les moutons. Syn., litt. Pâtre. ▷ Loc. *Réponse du berger à la bergère :* réplique qui, du tac au tac, met fin à une discussion. – *L'heure du berger :* l'heure favorable aux amants. – *L'étoile du berger :* la planète Vénus. **2.** Fig. Chef, guide. *Les bons, les mauvais bergers.* **3.** n. m. Chien de berger. *Un berger allemand, de Brie.* – Lat. pop. **verbecarius.*

bergère [bɛʀʒɛʀ] n. f. Fauteuil large et profond, aux accotoirs capitonnés, garni d'un épais coussin. – De *berger.*

bergerie [bɛʀʒəʀi] n. f. **1.** Lieu où l'on parque les moutons. ▷ Fig. *Enfermer le loup dans la bergerie :* introduire un élément dangereux dans un endroit où l'on a précisément lieu de craindre sa présence. **2.** LITTER Petit poème pastoral (XVIIe s.). – De *bergère.*

bergeronnette [bɛʀʒəʀɔnɛt] n. f. Oiseau passériforme (genre *Motacilla*) à silhouette svelte, dont la longue queue s'agite sans arrêt. (Trois espèces à plumage gris ou jaune sont fréquentes en Europe, généralement au bord de l'eau.) Syn. hochequeue, lavandière. – De *berger* (cet oiseau vivant près des troupeaux).

béribéri [beʀibeʀi] n. m. Affection due à une avitaminose (B1), fréquente surtout en Extrême-Orient. – Cinghalais *béri,* «faiblesse».

berkélium [bɛʀkeljɔm] n. m. CHIM Élément radioactif artificiel appartenant à la famille des actinides*, de numéro atomique Z = 97, de masse atomique 247 (symbole Bk). – De *Berkeley,* université californienne où cet élément fut obtenu pour la première fois.

berline [bɛʀlin] n. f. **1.** Anc. Voiture hippomobile à quatre roues, recouverte d'une capote, et garnie de glaces. **2.** Mod. Automobile à quatre portes. **3.** Wagonnet assurant le transport des minerais. – De *Berlin,* lieu d'origine de cette voiture.

berlingot [bɛʀlɛ̃go] n. m. **1.** Bonbon de sucre étiré en forme de tétraèdre. *Un sac de berlingots.* **2.** Emballage de plastique ou de carton en forme de berlingot, utilisé pour le conditionnement de certains liquides. *Un berlingot de lait.* – Ital. *berlingozzo,* «gâteau».

berlinois, oise [bɛʀlinwa, waz] adj. De Berlin, cap. de l'Allemagne. ▷ Subst. *Un(e) Berlinois(e).*

berlue [bɛʀly] n. f. Fam. *Avoir la berlue :* voir quelque chose qui n'existe pas. – Fig. Être la proie d'une illusion. – Déverbal de *belluer,* «éblouir».

berme [bɛʀm] n. f. **1.** Chemin entre le pied d'un rempart et le fossé. **2.** Chemin entre une levée de terre et le bord d'un canal ou d'un fossé. ▷ TRAV PUBL Passage étroit ménagé entre le bord d'une tranchée et les déblais qui proviennent de son terrassement. – Néerl. *berm,* «talus».

bermuda [bɛʀmyda] n. m. Short dont les jambes descendent jusqu'aux genoux. – Mot amér., du nom des îles *Bermudes.*

bernacle [bɛʀnakl] ou **bernache** [bɛʀnaʃ] n. f. **1.** Oie sauvage des régions nordiques. (La bernacle cravant, *Branta bernicla,* hiverne sur les côtes européennes.) **2.** Nom cour. de l'anatife. – Irlandais *bairneach,* avec infl. de *bernicle.*

bernardin, ine [bɛʀnaʀdɛ̃, in] n. Religieux, religieuse cisterciens qui obéissent à une règle issue de la réforme de saint Bernard de Clairvaux. – De (saint) *Bernard.*

bernard-l'ermite ou **bernard-l'hermite** [bɛʀnaʀlɛʀmit] n. m. inv. Nom cour. du pagure. – De *Bernard,* et *ermite* (parce que ce crustacé se loge dans une coquille vide).

1. berne [bɛʀn] n. f. Vx Brimade consistant à faire sauter quelqu'un en l'air et à le rattraper sur une couverture tenue par plusieurs personnes. – P.-ê. de l'ar. *burnus,* par l'ital., *bernia* ; «couverture».

2. berne [bɛʀn] n. f. MAR *Mettre un pavillon, un drapeau en berne,* le hisser à mi-mât seulement, en signe de détresse ou de deuil. ▷ *Mettre les drapeaux en berne :* descendre à mi-mât les drapeaux des édifices publics, ou les attacher pour qu'ils ne flottent pas, en signe de deuil.

berner [bɛʀne] v. tr. [1] **1.** Vx Faire subir la berne. **2.** Fig. Tromper et ridiculiser. *Ce faussaire a berné les marchands de tableaux.* – De *berne* 1.

1. bernique [bɛʀnik] ou **bernicle** [bɛʀnikl] n. f. Nom cour. de la patelle. – Breton *bernic.*

2. bernique [bɛʀnik] interj. Vieilli Marque un espoir déçu. *J'espérais le trouver, mais bernique !*

bernois, oise [bɛʀnwa, waz] adj. et n. De la ville de Berne, cap. de la Suisse. ▷ Subst. *Un(e) Bernois(e).*

berquinade [bɛʀkinad] n. f. Petite œuvre au ton moralisateur un peu mièvre. – Du n. d'Arnaud *Berquin* (1747-1791), écrivain français.

berrichon, onne [beʀiʃɔ̃, ɔn] adj. et n. Du Berry, anc. prov. de France, au S. du Bassin parisien. ▷ Subst. *Un(e) Berrichon(ne).*

bersaglier [bɛʀsaglije] n. m. Soldat de l'infanterie légère, dans l'armée italienne. *Les bersagliers* (ou *bersaglieri*). – Mot ital.

berthe [bɛʀt] n. f. **1.** Large col d'une blouse, d'une robe formant pèlerine. **2.** Récipient métallique à anses utilisé pour transporter le lait. – Du nom de *Berthe* au grand pied (m. en 783).

bertillonnage [bɛʀtijɔnaʒ] n. m. Méthode d'identification des criminels fondée sur des mesures anthropométriques. – Du n. de son inventeur, le criminologue Alphonse *Bertillon* (1853-1914).

béryl [beʀil] n. m. Pierre précieuse de couleur variable : bleu ciel (aigue-marine), verte (émeraude), jaune (héliodore), rose ou incolore (silicate d'aluminium et de béryllium) – Lat. *beryllus*, gr. *bêrullos*.

béryllium [beʀiljɔm] n. m. CHIM Élément métallique de numéro atomique Z = 4, de masse atomique 9,012 (symbole Be). – Métal (Be), utilisé dans des alliages et dans l'industr. nucléaire. – De *béryl*.

bes-. V. bi-.

besace [bəzas] n. f. Sac à deux poches, avec une ouverture au milieu. – Bas lat. *bisaccia*, « double sac ».

besaiguë. V. bisaiguë.

besant [bəzɑ̃] n. m. **1.** Monnaie d'or ou d'argent qui fut d'abord frappée à Byzance. **2.** HERALD Pièce ronde de métal (or ou argent) posée sur couleur. **3.** ARCHI Ornement en forme de pièce de monnaie sculpté sur un bandeau. – Lat. *byzantium*, « monnaie de Byzance ».

bésef ou **bézef** adv. [bezɛf] Pop. Surtout dans l'expression *pas bésef* : pas beaucoup. – De l'ar. *bezzaf*.

besicles ou **bésicles** [bezikl] n. f. pl. **1.** Vx Lunettes rondes. **2.** Plaisant Lunettes. – A. fr. *bericle*, de *beril* (béryl), utilisé autref. pour faire des loupes.

bésigue [bezig] n. m. Jeu de cartes qui se joue à deux, trois ou quatre joueurs, avec deux, trois ou quatre jeux de trente-deux cartes. – P.-ê. du provençal *besi* ou *bezi*.

besogne [bəzɔɲ] n. f. **1.** Ouvrage à faire, travail à effectuer. *Une dure besogne.* – *Abattre de la besogne* : travailler efficacement et beaucoup. – *Aller vite en besogne* : travailler avec rapidité ; fig. être expéditif. **2.** Ouvrage fait, travail effectué. *Faire de la belle, de la bonne besogne.*– Anc. fém. de *besoin*.

besogner [bəzɔɲe] v. intr. [1] Péjor. Faire un travail rebutant. – De *besogne*.

besogneux, euse [bəzɔɲø, øz] adj. et n. **1.** Qui vit dans la gêne. **2.** Qui fait un travail rebutant et peu rétribué. – De *besogne*.

besoin [bəzwɛ̃] n. m. **1.** Sensation qui porte les êtres vivants à certains actes qui leur sont ou leur paraissent nécessaires. *Manger, boire, dormir sont des besoins organiques. Il ne prend pas de vacances cette année, il n'en sent pas le besoin.* ▷ (Plur.) Ce qui est indispensable à l'existence quotidienne. *Subvenir aux besoins de sa famille.* ▷ Fam. *Faire ses (petits) besoins, ses besoins naturels* : uriner, déféquer. **2.** Loc. verbale. *Avoir besoin de qqch, de qqn* : ressentir comme nécessaire qqch, la présence de qqn. *Elle est fatiguée, elle a besoin de repos. Cet enfant a besoin de sa mère.* – *Avoir besoin de* (+ inf.) : ressentir la nécessité de. *Elle a besoin de partir, de prendre des vacances.* – *Avoir besoin que* (+ subj.). *Ils ont besoin qu'on les aide.* – (Impers.) Litt. *Être besoin. Est-il besoin que...?* : faut-il que...? *Si besoin est* : si c'est nécessaire. **3.** Loc. adv. *Au besoin* : en cas de nécessité. *Écrivez-moi vite, et au besoin n'hésitez pas à téléphoner.* **4.** Dénuement, manque du nécessaire. *Être dans le besoin. Être réduit par le besoin à mendier sa nourriture.* **5.** ECON (Surtout plur.) État de privation susceptible de donner lieu à une activité de production et d'échange. ▷ Manque de ressources. *Besoin de trésorerie, de fonds de roulement.* – Frq. **bisunnia*.

besson, onne [besɔ̃, ɔn] n. Dial. Jumeau, jumelle. – Du lat. *bis*, « deux fois ».

1. bestiaire [bɛstjɛʀ] n. m. ANTIQ ROM Celui qui combattait dans le cirque contre les bêtes féroces. – Lat. *bestiarius*, de *bestia*, « bête ».

2. bestiaire [bɛstjɛʀ] n. m. **1.** Traité didactique du Moyen Âge décrivant des animaux réels ou légendaires. ▷ *Par ext.* Ensemble des représentations d'animaux (d'une culture, d'une époque, d'un pays, etc.). *Le bestiaire roman. Le bestiaire du blason.* **2.** Mod. Recueil, traité sur les animaux, généralement illustré. – Lat. méd. *bestiarium*, de *bestia*, « bête ».

bestial, ale, aux [bɛstjal, o] adj. Qui tient de la bête, qui fait descendre l'être humain au niveau de la bête. *Physionomie, fureur bestiale.* – Du lat. *bestia*, « bête ».

bestialement [bɛstjalmɑ̃] adv. D'une manière bestiale. – De *bestial*.

bestialité [bɛstjalite] n. f. **1.** État de quelqu'un qui a les instincts grossiers de la bête. **2.** Rapports sexuels entre un être humain et un animal. – De *bestial*.

bestiaux [bɛstjo] n. m. pl. Ensemble des troupeaux d'une exploitation agricole. – De *bestial*.

bestiole [bɛstjɔl] n. f. Petite bête, et, spécial., insecte. – Lat. *bestiola*, dimin. de *bestia*, « bête ».

best-of [bɛstɔf] n. m. (Anglicisme) Syn. de *compilation*. – Angl. *(the) best of*, « (le) meilleur de ».

best-seller [bɛstsɛlɛʀ] n. m. (Anglicisme) Livre à succès, qui a une grosse vente. *Les best-sellers de l'été.* – Mot amér., de *best*, « meilleur », et *to sell*, « vendre ».

1. bêta [beta] n. m. et adj. inv. **1.** Deuxième lettre (B, β initial, ϐ) de l'alphabet grec. **2.** adj. PHYS NUCL *Rayons bêta* : rayonnement constitué d'électrons émis par les corps radioactifs. **3.** adj. PHYSIOL *Onde bêta, rythme bêta*, observés sur l'électroencéphalogramme normal d'un adulte au repos, les yeux fermés. – Mot gr.

2. bêta, asse [beta, as] n. et adj. **1.** n. Fam. Personne sotte, niaise. *Un gros bêta.* **2.** adj. Niais. *Air bêta.* – De *bête*.

bêtabloquant, ante [betablɔkɑ̃, ɑ̃t] adj. et n. m. MED Se dit d'un médicament qui bloque les récepteurs bêta du système sympathique. – n. m. *Les bêtabloquants réduisent la tension artérielle et ralentissent le rythme cardiaque.* – De *bêta* 1, et ppr. de *bloquer*.

bétail [betaj] n. m. Ensemble des animaux de pâture, dans une exploitation agricole. – De *bête*.

bétaillère [betajɛʀ] n. f. Camion utilisé pour transporter le bétail. – De *bétail*.

bétaïne [betain] n. f. Alcaloïde découvert dans la racine de la betterave. – *Par ext.* Acide aminé dont la fonction amine primaire est transformée enzymatiquement en ammonium quaternaire. – Du lat. *beta*, « betterave ».

bêtatron [betatʀɔ̃] n. m. PHYS NUCL Accélérateur d'électrons non linéaire. – De *bêta* 1, et *(cyclo)tron*.

bête [bɛt] n. f. et adj. **I.** n. f. **1.** Tout être animé, à l'exception de l'être humain. *Bête à cornes. Bête de somme*, employée pour porter des charges. *Bête à bon Dieu* : coccinelle. *Bêtes puantes* : renards, blaireaux, putois, etc. *Bêtes féroces* : carnassiers, comme le lion, le tigre, etc. ▷ Au plur. *Les bêtes* : le bétail. *Mener les bêtes aux champs.* **2.** Loc. *Reprendre du poil de la bête* : réagir avec succès, recouvrer quelque chose (santé, moral, situation, etc.) qui était compromis. – (Prov.) *Morte la bête, mort le venin* : un ennemi mort cesse d'être dangereux. – *C'est sa bête noire* : se dit de ce qui inspire de l'aversion à quelqu'un. – *Chercher la petite bête* : faire preuve d'une minutie tatillonne dans la recherche d'une erreur commise par quelqu'un. – *Regarder quelqu'un comme une bête curieuse*, avec une curiosité déplaisante. – Fam. ou plaisant. *Bête à concours* : étudiant possédant les qualités indispensables pour passer brillamment les concours. – Fam. *Comme une bête* : énormément. *Il travaille comme une bête.* **II.** n. f. **1.** Être humain qui se livre à ses instincts. *Une bête immonde.* **2.** Personne dépourvue de bon sens, d'esprit, d'intelligence. *Une vieille bête.* – *Une bonne bête* : une personne gentille mais plutôt niaise. **III.** adj. Stupide, sot. *Être bête à manger du foin. Bête et méchant. Raconter des histoires bêtes.* – *Pas si bête* : pas assez sot (pour faire ou croire quelque chose). – *C'est bête, j'ai oublié de noter son numéro de téléphone.* – Lat. *bestia.*

bétel [betɛl] n. m. **1.** Plante grimpante de l'Inde (*Piper betel,* fam. pipéracées). **2.** Masticatoire stimulant utilisé dans les rég. tropicales, préparé avec des feuilles de bétel et de tabac, de la noix d'arec et de la chaux, qui stimule les glandes salivaires et ralentit la transpiration. – De l'hindi *vettila,* par le portugais.

bêtement [bɛtmɑ̃] adv. D'une manière stupide. *Se conduire bêtement.* ▷ *Tout bêtement* : tout simplement. – De *bête.*

bêtifiant, ante [betifjɑ̃, ɑ̃t] adj. Qui bêtifie. – Ppr. de *bêtifier.*

bêtifier [betifje] v. intr. [**2**] Dire, faire des bêtises, des niaiseries. – De *bête.*

1. bêtise [betiz] n. f. **1.** Défaut d'intelligence, de jugement; sottise, stupidité. *Il est d'une rare bêtise.* **2.** Action ou propos bête. *Il fait, dit des bêtises.* ▷ Action, propos, chose sans importance, insignifiants. *Se fâcher pour une bêtise,* pour un motif futile. **3.** Action imprudente ou dangereuse. *Surveillez-le, il risque de faire une bêtise.* – De *bête.*

2. bêtise [betiz] n. f. *Bêtise de Cambrai,* ou, absol., *bêtise* : berlingot à la menthe. – De *bêtise* 1.

bêtisier [betizje] n. m. Recueil de bêtises, de bévues. Syn. sottisier. – De *bêtise.*

bétoine [betwan] n. f. Plante (fam. labiacées), à fleurs mauves et ayant une rosette de feuilles bien développées à la base (ex. : la bétoine officinale, *Betonica officinalis*). – Lat. *bettonica.*

bétoire [betwaʀ] ou **bétoure** [betuʀ] n. f. **1.** Puisard pour les eaux pluviales. **2.** GEOL Gouffre où se perdent, en terrain calcaire, certains cours d'eau. – Lat. pop. **bibitoria,* « abreuvoir ».

béton [betɔ̃] n. m. **1.** Matériau obtenu par malaxage d'un mélange de gravier et de sable (agrégats) avec un liant hydraulique (généralement du ciment), en présence d'eau. *Barrage, jetée en béton.* – *Béton armé,* coulé autour d'armatures en acier qui augmentent sa résistance à la traction et au cisaillement. – *Béton précontraint,* dont les armatures sont mises en tension pour permettre au béton de travailler uniquement à la compression. **2.** SPORT *Faire jouer le béton* : V. bétonner. – A. fr. *betun,* « gravat », « boue », lat. *bitumen,* « bitume ».

bétonnage [betɔnaʒ] n. m. Action de bétonner. – De *bétonner.*

bétonner [betɔne] v. [**1**] **1.** v. tr. Construire, recouvrir ou renforcer avec du béton. *Bétonner une route.* – Pp. adj. *Abri bétonné.* **2.** Fig., fam. Parachever méticuleusement. *Bétonner un dossier.* **3.** v. intr. SPORT Au football, grouper les joueurs d'une équipe devant ses buts, à la façon d'un mur, pour parer à toute action adverse. **4.** Péjor. Bloquer l'issue de. *Son attitude agressive a bétonné les négociations.* – De *béton.*

bétonneuse [betɔnøz] n. f. Syn. cour. de *bétonnière.*

bétonnière [betɔnjɛʀ] n. f. CONSTR Machine servant à préparer le béton. Syn. cour. bétonneuse. – De *bétonner.*

bétoure. V. bétoire.

bette [bɛt] [blɛt] ou **blette** n. f. Plante comestible voisine de la betterave, aux feuilles amples, aux côtes épaisses et tendres. – Lat. *beta.*

betterave [bɛtʀav] n. f. Plante bisannuelle dicotylédone apétale (fam. chénopodiacées) cultivée pour sa racine pivotante charnue de forte taille. *Betterave sucrière (Beta vulgaris* var. *rapa),* dont la racine est très riche en saccharose (15 à 20 %). *Betterave fourragère (Beta vulgaris),* dont la racine sert d'aliment pour le bétail. *Betterave rouge (Beta vulgaris* var. *esculenta),* variété potagère. *Betterave sauvage (Beta vulgaris* var. *maritima),* aux tiges nombreuses, à la racine mince et ligneuse, aux feuilles charnues. – De *bette,* et *rave.*

betteravier, ère [bɛtʀavje, ɛʀ] adj. Qui a rapport à la betterave. *Culture betteravière.* ▷ n. m. Celui qui cultive la betterave. – De *betterave.*

betting [bɛtiŋ] n. m. Liste donnant la cote des chevaux sur un champ de courses. – Mot angl., de *to bet,* « parier ».

bétulacées [betylase] n. f. pl. BOT Famille de fagales, arbres ou arbustes à fleurs en chatons et à feuilles caduques (aulnes, noisetiers, charmes, etc.), dont le bouleau (genre *Betula*) est le type. – Sing. *Une bétulacée.* – Du lat. *betulla.*

bétyle [betil] n. m. Pierre sacrée adorée en Syrie et en Phénicie, et dont le culte passa chez les Romains. – Lat. d'orig. gr. *boetylus* par l'hébreu *Bêth-El,* « maison de Dieu ».

beuglant [bøglɑ̃] n. m. Pop. Café-concert populaire, vers 1900. – Ppr. subst. de *beugler.*

beuglante [bøglɑ̃t] n. f. Pop. Chanson chantée d'une voix assourdissante, discordante. ▷ *Pousser une beuglante* : faire des remontrances bruyantes à qqn. – Ppr. fém. subst. de *beugler.*

beuglement [bøgləmɑ̃] n. m. **1.** Cri des animaux qui beuglent. *Le beuglement des vaches.* **2.** *Par anal.* Son intense et prolongé qui assourdit. – De *beugler.*

beugler [bøgle] **I.** v. intr. [**1**] **1.** Mugir, en parlant du taureau, du bœuf et de la vache. **2.** *Par anal.,* fam. Crier, chanter très fort. ▷ Faire entendre un son puissant et désagréable. *Haut-parleur qui beugle.* **II.** v. tr. Hurler. *Beugler une chanson.* – Du lat. *buculus,* « jeune bœuf ».

beur [bœʀ] n. et adj. (inv. en genre) **1.** Arabe, en verlan (déformé). **2.** *Par ext.* Maghrébin vivant en France, appartenant à la deuxième génération de l'immigration; homme ou femme (en général enfant, adolescent ou jeune adulte) d'origine maghrébine et de nationalité française. – Déformation en verlan du mot *arabe* : *b* [*eu pour a*] *r.*

beurre [bœʀ] n. m. **1.** Substance alimentaire onctueuse obtenue par barattage de la crème du lait, mélange complexe de divers glycérides (notam. ceux des acides butyrique, oléique, palmitique et stéarique). *Beurre frais. Une demi-livre de beurre salé.* ▷ *Beurre noir,* fondu jusqu'à noircir dans la poêle. – Loc. fig., fam. *Œil au beurre noir,* noirci par un coup. ▷ Loc. fam. *Faire son beurre* : s'enrichir. – *Mettre du beurre dans les épinards* : améliorer sa situation matérielle. – *Le beurre et l'argent du beurre* : deux avantages incompatibles. *On ne peut pas avoir le beurre et l'argent du beurre.* – *Assiette au beurre* : source de profits. ▷ Loc. adj. *Beurre frais* : couleur jaune clair. *Des gants beurre frais.* **2.** Substance grasse extraite de divers végétaux. *Beurre de cacao.* **3.** CHIM Vx Nom de certains chlorures très fusibles. *Beurre d'antimoine, d'étain.* – Lat. *butyrum.*

beurré [bœʀe] n. m. Variété de poire à chair fondante. – De *beurre.*

beurrée [bœʀe] n. f. Vieilli ou dial. Tranche de pain beurrée. – De *beurrer.*

beurrer [bœʀe] v. tr. [**1**] **1.** Recouvrir de beurre. *Beurrer des tartines, des toasts.* **2.** v. pron. Pop. S'enivrer. – Pp. *Être beurré* : être ivre. – De *beurre.*

beurrerie [bœʀʀi] n. f. **1.** Vieilli Syn. de *laiterie.* **2.** Industrie du beurre. – De *beurre.*

beurrier [bœʀje] n. m. Récipient servant à conserver ou à servir le beurre. – De *beurre.*

beuverie [bøvʀi] n. f. Réunion où l'on boit avec excès. – De *boire.*

bévatron [bevatʀɔ̃] n. m. PHYS Accélérateur qui permet de communiquer à des protons une très grande énergie. – De *BeV,* unité d'un milliard d'électronvolts, sur *(cyclo)tron.*

bévue [bevy] n. f. Erreur grossière, commise par ignorance, inadvertance ou faute de jugement. – Du préf. péjor. *bé,* et *vue.*

bey [bɛ] n. m. Titre porté par de hauts dignitaires dans l'Empire ottoman (ex. le chef des janissaires), par des souverains locaux ou par des dignitaires exerçant en fait un pouvoir royal sous la suzeraineté nominale du sultan. – *Les beys de Tunis* : dynastie d'orig. ottomane qui régna sur la Tunisie de 1705 à 1957. – Mot turc, « seigneur ».

beylical, ale, aux [belikal, o] adj. Qui a rapport à un bey, à son autorité. *Le palais beylical.* – De *bey.*

beylicat [belika] n. m. Pouvoir exercé par un bey. – Territoire où s'exerce ce pouvoir. – De *bey.*

beylisme [belism] n. m. Litt. Attitude, manière d'envisager la vie qui évoque celle des héros de Stendhal, énergiques et passionnés. – De Henry *Beyle,* vrai nom de Stendhal (1783-1842).

bezant. V. besant.

bézef. V. bésef.

B.F. ELECTR Sigle de *basse fréquence*.*

bhoutanais, aise [butanɛ, ɛz] adj. Du Bouthan, État d'Asie. ▷ Subst. *Un(e) Bouthanais(e).*

Bi CHIM Symbole du bismuth.

bi-, bis-, bes-. Éléments, du lat. *bis,* signifiant deux fois, double. (Ex. : *bicolore* : de deux couleurs ; *biscuit* : deux fois cuit ; *besace* : sac à double poche.)

biafrais, aise [bjafʀɛ, ɛz] adj. et n. Du Biafra (nom que prit en 1967 la partie S.-E. du Nigeria, en sécession de 1967 à 1970). ▷ Subst. *Un(e) Biafrais(e).*

1. biais, aise [bjɛ, ɛz] adj. Vx Qui a une direction oblique. *Pont biais.* ▷ *Bouteur biais* (angl. *angledozer*). V. bouteur. – P.-ê. du gr. *epikarsios,* « oblique », par l'anc. provenç.

2. biais [bjɛ] n. m. **1.** Ligne oblique. ▷ COUT Diagonale, par rapport aux fils du tissu. *Tailler dans le biais.* **2.** Fig. Moyen détourné et ingénieux. *Chercher un biais pour engager la conversation.* **3.** Loc. adv. *De biais, en biais* : de côté. *Jeter des regards en biais.* – Fig. *Prendre quelqu'un de biais,* habilement et de façon détournée. – V. *biais* 1.

biaiser [bjeze] v. intr. [1] **1.** Être, aller de biais. **2.** Fig. User de détours. *Soyez franc, ne biaisez pas.* – Pp. adj. *Des résultats biaisés,* intentionnellement faussés. – De *biais.*

biathlon [biatlɔ̃] n. m. SPORT Épreuve olympique combinant le ski de fond et le tir. – De *bi-,* et gr. *âthlon,* « combat ».

bibelot [biblo] n. m. Petit objet de décoration. *Bibelots d'étagère.* – Mot formé par onomat., p.-ê. de *beau.*

bibeloteur, euse [biblɔtœʀ, øz] n. Vieilli Personne qui s'intéresse aux bibelots, qui les collectionne. – De *bibelot.*

biberon [bibʀɔ̃] n. m. Petite bouteille graduée, munie d'une tétine, avec laquelle on fait boire un nourrisson (ou un jeune animal). – Du lat. *bibere,* « boire ».

biberonner [bibʀɔne] v. intr. [1] Fam. Boire beaucoup et souvent. – De *biberon.*

1. bibi [bibi] n. m. Fam., vieilli Petit chapeau de femme. – Onomat.

2. bibi [bibi] pron. Pop. Moi. *Et l'addition, c'est pour qui ? C'est pour bibi !* – Onomat.

bibine [bibin] n. f. Fam. Mauvaise boisson. ▷ Bière. – P.-ê. de l'ital. *bibita,* « boisson ».

bible [bibl] n. f. **1.** RELIG (Avec une majuscule.) Ensemble des textes reconnus d'inspiration divine par les juifs et les chrétiens. À la Bible juive qu'ils considèrent comme l'Ancien Testament, les chrétiens ont ajouté le Nouveau Testament. Nous connaissons la Bible selon trois versions : hébraïque, grecque (traduction des *Septante,* Alexandrie, IIIe s. av. J.-C.) et latine *(Vulgate).* – Livre, volume contenant ces textes. ▷ (En appos.) *Papier bible,* très mince et opaque, comme celui des bibles. **2.** Manifeste, ouvrage fondamental d'une doctrine. **3.** *Par ext.* Ouvrage que l'on consulte souvent. *Ce livre, c'est ma bible.* – Lat. ecclés. *biblia,* du gr. *biblia,* plur. de *biblion,* « livre ».

biblio-. Élément, du gr. *biblion,* « livre ».

bibliobus [biblijɔbys] n. m. inv. Véhicule transportant des livres et servant de bibliothèque publique itinérante. – De *biblio(thèque),* et *(auto)bus.*

bibliographe [biblijɔgʀaf] n. Spécialiste de bibliographie. – De *bibliographie.*

bibliographie [biblijɔgʀafi] n. f. **1.** Science du livre, de l'édition. **2.** Liste des écrits se rapportant à un sujet. *Établir une bibliographie proustienne.* – De *biblio-,* et *-graphie.*

bibliographique [biblijɔgʀafik] adj. Qui a rapport à la bibliographie. *Appendice bibliographique.* – De *bibliographie.*

bibliomanie [biblijɔmani] n. f. Manie, passion des livres, surtout des livres rares et précieux. – De *biblio-,* et *manie.*

bibliophile [biblijɔfil] n. Personne qui aime les livres précieux et rares. – De *biblio-,* et *-phile.*

bibliophilie [biblijɔfili] n. f. Amour des livres, science du bibliophile. – De *bibliophile.*

bibliothécaire [biblijɔtekɛʀ] n. Personne préposée à la garde et aux soins d'une bibliothèque. – De *bibliothèque.*

bibliothèque [biblijɔtɛk] n. f. **1.** Meuble ou assemblage de planches, de tablettes, permettant de ranger des livres. *Chercher un livre sur les rayons d'une bibliothèque.* **2.** Pièce ou édifice où sont conservés des livres, mis à la disposition du public. *Bibliothèque municipale.* **3.** Collection de livres. *Une bibliothèque de dix mille volumes.* – Lat. *bibliotheca,* du gr. *bibliothêkê,* de *biblion,* « livre », et *thêkê,* « coffre ».

biblique [biblik] adj. Qui appartient, qui est propre à la Bible. – De *bible.*

bicamérisme [bikameʀism] ou **bicaméralisme** [bikameʀalism] n. m. Système politique fondé sur un Parlement composé de deux Chambres. (*Par ex.* : Chambre des députés et Sénat ; Chambre des lords et Chambre des communes, en G.-B.) – De *bi-,* et lat. *camera,* « chambre ».

bicarbonate [bikaʀbɔnat] n. m. CHIM Sel qui contient un atome d'hydrogène acide ($-HCO_3$). *Bicarbonate de soude*.* – De *bi-,* et *carbonate.*

bicarbonaté, ée [bikaʀbɔnate] adj. Qui contient du bicarbonate. – De *bicarbonate.*

bicarburation [bikaʀbyʀasjɔ̃] n. f. TECH Carburation dans un système permettent l'emploi alternatif de deux carburants. – De *bi-,* et *carburation.*

bicentenaire [bisɑ̃tnɛʀ] adj. et n. m. Âgé de deux cents ans. *Un arbre bicentenaire.* ▷ n. m. Deuxième centenaire. *Le bicentenaire de la Révolution.* – De *bi-,* et *centenaire.*

bicéphale [bisefal] adj. À deux têtes. *Aigle bicéphale :* aigle à deux têtes qui figure dans certaines armoiries. – (Abstrait) *Pouvoir bicéphale.* – De *bi-,* et *-céphale.*

biceps [bisɛps] n. m. Nom de deux muscles fléchisseurs dont l'extrémité supérieure est divisée en deux portions : *biceps brachial,* du bras, fléchisseur de l'avant-bras ; *biceps crural,* de la cuisse, fléchisseur de la jambe. – Mot lat., « qui a deux têtes ».

biche [biʃ] n. f. **1.** Femelle du cerf. – *Par ext.* Femelle d'autres cervidés. ▷ *Table à pieds de biche.* V. pied-de-biche. **2.** *Ventre de biche :* couleur d'un blanc roussâtre. **3.** Fam. Terme d'affection adressée à une jeune fille, à une femme. *Ma biche.* – Lat. pop. **bistia,* « bête ».

bicher [biʃe] v. intr. [1] Pop. **1.** Aller bien. *Ça biche ?* **2.** Être content. – De l'anc. v. *bécher,* « piquer du bec ».

bichette [biʃɛt] n. f. Rare Jeune biche. ▷ Terme d'affection. *Ma bichette.* – Dimin. de *biche.*

bichon, onne [biʃɔ̃, ɔn] n. **1.** n. m. Petit chien à poil long, issu du croisement d'un barbet et d'un épagneul. **2.** Fam. Terme d'affection. *Mon bichon !* – Aphérèse de *barbichon,* de *barbe.*

bichonner [biʃɔne] v. [1] **I.** v. tr. **1.** Vx Friser une chevelure. **2.** Parer avec soin, avec coquetterie. **3.** Fig., fam. Traiter avec de grands soins. *Elle le bichonne, son petit mari !* **II.** v. pron. Se parer avec coquetterie. *Il a beau se bichonner, il ne sera jamais élégant.* – De *bichon.*

bichromate [bikʀɔmat] n. m. CHIM Sel de l'acide chromique. – De *bi-,* et *chromate.*

bichromie [bikʀomi] n. f. TECH Impression en deux couleurs. – De *bi-,* et *-chromie.*

bicipital, ale, aux [bisipital] adj. ANAT Du biceps. *Coulisse bicipitale.* – De *biceps.*

bicolore [bikɔlɔʀ] adj. Qui présente deux couleurs. *Une étoffe bicolore.* – De *bi-,* et lat. *color,* « couleur ».

biconcave [bikɔ̃kav] adj. Qui présente deux faces concaves opposées. *Lunettes à verres biconcaves.* – De *bi-,* et *concave.*

biconvexe [bikɔ̃vɛks] adj. Qui présente deux faces convexes opposées. *Lentille biconvexe.* – De *bi-,* et *convexe.*

bicoque [bikɔk] n. f. **1.** Vx Petite ville ou place fortifiée peu importante. **2.** Fam., péjor. Petite maison peu solide, inconfortable. *Retaper une vieille bicoque.* – Ital. *bicocca,* « petit château ».

bicorne [bikɔʀn] adj. et n. **1.** adj. Qui a deux cornes. *Utérus bicorne.* **2.** n. m. Chapeau à deux pointes. *Bicorne de polytechnicien.* – Lat. *bicornis.*

1. bicot [biko] n. m. Fam. Petit de la chèvre. – Dimin. de *bique.*

2. bicot [biko] n. m. Pop. et raciste Arabe d'Afrique du Nord. – De *arbicot,* ar. *arabi,* « arabe ».

bicross [bikʀɔs] n. m. inv. **1.** Bicyclette tous terrains à pneus épais, sans garde-boue. **2.** Sport pratiqué avec cette bicyclette. – Nom déposé ; de *bi(cyclette),* et *cross.*

biculturalisme [bikyltyʀalism] n. m. Coexistence dans un même pays de deux cultures nationales (Belgique, Canada, etc.). – De *bi-,* et *culturalisme.*

biculturel, elle [bikyltyʀɛl] adj. Qui possède deux cultures. – De *bi-,* et *culturel.*

bicuspide [bikyspid] adj. **1.** BOT Qui présente deux pointes. **2.** ANAT *Valvule bicuspide,* formée de deux valves (ex. : valvule mitrale). – De *bi-,* et *cuspide.*

bicuspidie [bikyspidi] n. f. MED Anomalie d'un orifice cardiaque qui comporte deux valvules au lieu de trois. *Bicuspidie aortique.* – De *bicuspide.*

bicycle [bisikl] n. m. Anc. Vélocipède à deux roues de taille différente. – Mot angl., de *bi-,* et *cycle.*

bicyclette [bisiklɛt] n. f. Cycle à deux roues d'égal diamètre, dont la roue avant est directrice et dont la roue arrière est mise en mouvement par un pédalier. *L'ancêtre de la bicyclette est la draisienne. Faire le tour de France à bicyclette. Aller, monter, rouler à bicyclette* (fam. *en bicyclette*). – Dimin. de *bicycle.*

bidasse [bidas] n. m. Pop. Soldat. – N. pr., type caractérisant le personnage comique du soldat dans la chanson « *Avec l'ami Bidasse* ».

bide [bid] n. m. **1.** Pop. Ventre. *Avoir du bide.* **2.** Fam. Manque de succès, échec. *Avec son nouveau tour de chant, elle a fait un bide.* **3.** Pop. Mensonge, falsification, comédie. *Sa maladie, c'est du bide.* V. bidon. – De *bidon.*

bidet [bidɛ] n. m. **1.** Petit cheval de selle trapu et résistant. ▷ *Par ext.* (Souvent péjor.) Cheval. **2.** Cuvette sur pied, appareil sanitaire, de forme oblongue, utilisé pour la toilette intime. – De l'a. fr. *bider,* « trotter ».

bidimensionnel, elle [bidimɑ̃sjɔnɛl] adj. Qui a deux dimensions principales. – De *bi-,* et *dimensionnel.*

bidirectionnel, elle [bidiʀɛksjɔnɛl] adj. Qui fonctionne dans deux directions. – De *bi-,* et *directionnel.*

bidoche [bidɔʃ] n. f. Pop. Viande. – De *bidet.*

bidon [bidɔ̃] n. m. et adj. **1.** Récipient métallique portatif destiné à contenir un liquide. *Bidon d'huile.* **2.** Fam. Ventre. *Il a pris du bidon.* **3.** Fam. *Du bidon :* quelque chose de faux. *Sa réussite, c'est du bidon.* ▷ adj. inv. *Une histoire bidon.* – Scand. *bida,* « vase ».

bidonnant, ante [bidɔnɑ̃, ɑ̃t] adj. Fam. Très drôle. *Une histoire bidonnante.* – Ppr. de se *bidonner.*

bidonner (se) [bidɔne] v. pron. [1] Fam. Rire, bien s'amuser. *Qu'est-ce qu'ils ont pu se bidonner !* – De *bidon.*

bidonville [bidɔ̃vil] n. m. Agglomération d'habitations précaires, construites en matériaux de récupération, en partic. de vieux bidons, et qui se trouvent à la périphérie de certaines villes. – De *bidon,* et *ville.*

bidouiller [biduje] v. [1] Fam. **1.** v. tr. Bricoler. *Bidouiller son baladeur.* **2.** v. tr. ou intr. INFORM Bricoler avec ingéniosité pour contourner une difficulté de logiciel ou de matériel.

bidule [bidyl] n. m. Fam. Chose, objet quelconque, machin, truc. – Arg. milit., « désordre ».

bief [bjɛf] n. m. **1.** Canal conduisant l'eau sur la roue d'un moulin. **2.** Espace entre deux écluses sur une rivière ou sur un canal de navigation. – Lat. pop. d'orig. gaul. **bedum,* « fossé ».

bielle [bjɛl] n. f. MECAN Pièce de certains mécanismes destinée à transmettre un mouvement, à transformer un mouvement rectiligne alternatif en un mouvement circulaire ou inversement. – *Couler une bielle :* faire fondre accidentellement l'antifriction de la tête de bielle d'un moteur à explosion.

biellette [bjɛlɛt] n. f. Petite bielle. – Dimin. de *bielle.*

biélorusse [bjeloʀys] adj. et n. **1.** adj. De Biélorussie, rép. fédérée de l'U.R.S.S. jusqu'en 1991. ▷ Subst. *Un(e) Biélorusse.* **2.** n. m. *Le biélorusse :* la langue parlée en Biélorussie.

1. bien [bjɛ̃] adv., interj. et adj. inv. **I.** adv. de manière. **1.** De manière satisfaisante. *Je dors bien. Un enfant bien élevé.* **2.** De manière raisonnable, juste, honnête. *Il a fort bien agi.* **3.** De manière plaisante, agréable. *Un compliment bien tourné.* **4.** De manière habile. *Savoir bien parler est un art. Bien joué !* **II.** adv. d'intensité. **1.** *Bien de, bien des :* beaucoup de. *Il a manqué bien des occasions.* – Par antiphr. *Je vous souhaite bien du plaisir.* **2.** (Devant un adjectif, un participe passé, un adverbe.) Très, tout à fait. *Tu es bien beau ce matin. Elle est bien reposée. Il y en a bien trop.* **3.** (Devant un verbe.) Beaucoup. *J'espère bien vous revoir.* **4.** (Avec une quantité.) Au moins. *Il y a bien deux ans que je ne l'ai pas rencontré. Cela fait bien un kilo.* **5.** (Avec un conditionnel.) Volontiers. *Je vous dirais bien de rester.* **III.** interj. **1.** *Bien! Très bien!* : marques d'approbation. **2.** *Eh bien?* : marque d'interrogation. *Eh bien, qu'en penses-tu?* ▷ *Eh bien, soit!* : marque d'acquiescement. ▷ *Eh bien!* : marque de surprise, d'indignation. *Eh bien! je ne l'aurais pas cru!* **IV.** adj. inv. **1.** (Attribut) Bon, satisfaisant, agréable. *Tout est bien qui finit bien. Cette comédienne est vraiment bien en Bérénice.* **2.** En bonne santé, à l'aise. *Se sentir bien.* **3.** Convenable, d'un point de vue moral. *Ce n'est pas bien de mentir.* **4.** Beau. *Ils sont tous les deux bien physiquement.* **5.** (Épithète) Fam. Qui est plein de qualités. *C'est un garçon bien, on peut compter sur lui.* **6.** Fam. Convenable, d'un point de vue social. *Ce sont des gens bien.* **V.** Loc. **1.** *Bien plus* : en outre, et plus encore. *Il lui a pardonné, bien plus il est devenu son ami.* **2.** *Aussi bien* : d'ailleurs. *Qu'il parte, aussi bien nous ne l'en empêcherons pas.* **VI.** Loc. conj. *Bien que* : marque la concession, la restriction portant sur un fait réel. *Bien que d'aspect chétif, il a de la résistance. Il veut sortir bien qu'il pleuve.* – Lat. *bene.*

2. bien [bjɛ̃] n. m. **I. 1.** Ce qui est bon, avantageux, profitable. *Buvez un peu, cela vous fera du bien. Travailler pour le bien public,* l'intérêt général. *Le bien le plus précieux, c'est la santé. Dire du bien de qqch, de qqn,* en parler en termes élogieux. *Mener à bien (qqch)* : réussir (dans une entreprise). **2.** Ce que l'on possède (en argent, en propriétés). *Il a un petit bien près de Rouen,* un terrain, une maison. *Hériter des biens paternels.* – (Prov.) *Bien mal acquis ne profite jamais.* **3.** DR *Biens corporels* : choses qui ont une existence matérielle, comme les objets, les animaux, la terre. – *Biens incorporels* : choses qui représentent une valeur pécuniaire, comme le nom commercial, les droits de créance. ▷ ECON (Surtout plur.) Chose pouvant faire l'objet d'un droit et représentant une valeur économique. *Biens de consommation, d'équipement, de production.* **II.** Ce qui est conforme au devoir moral, ce qui est juste, honnête, louable. *Reconnaître le bien du mal. Rendre le bien pour le mal.* – *Homme de bien,* vertueux et charitable. ▷ Loc. adv. Fam. *En tout bien tout honneur* : sans arrière-pensée, sans mauvaise intention. – De *bien,* adv.

bien-aimé, ée [bjɛ̃neme] adj. et n. **1.** adj. Qui est tendrement aimé, particulièrement chéri. **2.** n. Personne dont on est amoureux. *Être avec sa bien-aimée. Des bien-aimés.* – De *bien,* et pp. de *aimer.*

bien-dire [bjɛ̃diʀ] n. m. (Toujours au sing.) Litt. Manière de parler élégante et distinguée. – De *bien,* et *dire.*

bien-être [bjɛ̃nɛtʀ] n. m. (Toujours au sing.) **1.** État agréable du corps et de l'esprit. *Éprouver une sensation de bien-être total.* **2.** Situation matérielle qui rend l'existence aisée et agréable. *Il jouit d'un bien-être suffisant.* – De *bien,* et *être.*

bienfaisance [bjɛ̃fəzɑ̃s] n. f. **1.** Inclination à faire du bien aux autres. *Sa bienfaisance est inépuisable.* **2.** Action de faire du bien aux autres; le bien que l'on fait dans un intérêt social. *Établissement, société de bienfaisance.* – De *bienfaisant.*

bienfaisant, ante [bjɛ̃fəzɑ̃, ɑ̃t] adj. **1.** (Personnes) Qui fait du bien aux autres. **2.** (Choses) Qui fait du bien, qui a une influence salutaire. *Un remède bienfaisant.* – Ppr. de l'anc. v. *bienfaire.*

bienfait [bjɛ̃fɛ] n. m. **1.** Vieilli Bien que l'on fait à quelqu'un, service rendu. *Accorder ses bienfaits.* – (Prov.) *Un bienfait n'est jamais perdu.* **2.** Mod. Avantage, utilité. *Les bienfaits de la science.* **3.** Résultat bienfaisant. *Vous constaterez les bienfaits de ce médicament.* – Lat. *benefactum.*

bienfaiteur, trice [bjɛ̃fɛtœʀ, tʀis] n. Personne qui fait du bien. *Une généreuse bienfaitrice. Un bienfaiteur de l'humanité.* – De *bienfait.*

bien-fondé [bjɛ̃fɔ̃de] n. m. **1.** DR Conformité d'une demande, d'un acte, à la justice et au droit. *Le bien-fondé d'une requête. Des bien-fondés.* **2.** *Par ext.* Conformité à la raison. *Le bien-fondé d'une opinion.* – De *bien,* et *fondé.*

bien-fonds [bjɛ̃fɔ̃] n. m. DR Bien immeuble. (V. bien 2, sens I, 3.) *Des bien-fonds* ou *des biens-fonds.* – De *bien,* et *fonds.*

bienheureux, euse [bjɛ̃nøʀø, øz] adj. **1.** Très heureux. *Une vie bienheureuse.* **2.** THEOL Qui jouit de la béatitude céleste. *Âmes bienheureuses.* ▷ Subst. Dans l'Église catholique, personne qui a été béatifiée. *Le bienheureux Jacques de Voragine.* – De *bien,* et *heureux.*

bien-jugé [bjɛ̃ʒyʒe] n. m. DR Décision judiciaire conforme au droit. – De *bien,* et pp. de *juger.*

bien-manger [bjɛ̃mɑ̃ʒe] n. m. (Toujours au sing.) Art de la bonne chère. – De *bien,* et *manger.*

biennal, ale, aux [bjenal, o] adj. et n. **I.** adj. **1.** Qui dure deux ans. *Charge biennale.* **2.** Qui a lieu tous les deux ans. *Foire biennale.* **II.** n. f. Manifestation artistique, culturelle, etc. qui a lieu tous les deux ans. – Bas lat. *biennalis.*

bien-pensant, ante [bjɛ̃pɑ̃sɑ̃, ɑ̃t] adj. et n. Attaché(e) à des valeurs traditionnelles, spécial., en matière de religion. ▷ Subst. *La Grande Peur des bien-pensants (essai de Georges Bernanos).* – De *bien,* et *pensant.*

bienséance [bjɛ̃seɑ̃s] n. f. Conduite publique en conformité avec les usages. *Cela choque la bienséance.* – De *bienséant.*

bienséant, ante [bjɛ̃seɑ̃, ɑ̃t] adj. Conforme à la bienséance. – De *bien,* et *séant.*

bientôt [bjɛ̃to] adv. **1.** Dans peu de temps. *Ils reviendront bientôt.* **2.** Loc. adv. *À bientôt* : formule utilisée pour prendre congé de quelqu'un que l'on compte revoir peu après. **3.** Rapidement. *Ce fut bientôt fait.* – De *bien,* et *tôt.*

bienveillance [bjɛ̃vɛjɑ̃s] n. f. Disposition favorable à l'égard de quelqu'un. *Montrer, témoigner de la bienveillance à, envers quelqu'un.* – De *bienveillant.*

bienveillant, ante [bjɛ̃vɛjɑ̃, ɑ̃t] adj. Qui a, qui marque une disposition favorable à l'égard de qqn (en général ressenti comme inférieur par l'âge, le rang social). *Un écrivain célèbre, resté bienveillant envers ses cadets.* – De *bien,* et anc. ppr. de *vouloir.*

bienvenir [bjɛ̃vəniʀ] v. intr. **[39]** Rare *Se faire bienvenir de quelqu'un,* s'en faire accueillir favorablement. – De *bien,* et *venir.*

bienvenu, ue [bjɛ̃vəny] adj. et n. **1.** adj. (Choses) Qui arrive à propos. *Une explication bienvenue.* ▷ (Personnes) Qui est accueilli avec plaisir. *Il est bienvenu partout.* **2.** n. Chose, personne qui est accueillie avec plaisir. *Soyez les bienvenues, mesdemoiselles. Cette proposition est la bienvenue.* – De *bien,* et *venu.*

bienvenue [bjɛ̃vəny] n. f. Heureuse arrivée. *Nous vous souhaitons la bienvenue.* – De *bienvenu.*

1. bière [bjɛʀ] n. f. Boisson alcoolisée produite par la fermentation du malt dans de l'eau. *Les bières sont parfumées par des fleurs de houblon* (bière blonde), *du caramel* (bière brune), *des piments* (bière âcre). *Une chope de bière, une canette de bière.* – *Bière à la pression,* tirée directement du tonneau grâce à la pression des gaz qu'elle dégage. ▷ Fig., fam. *C'est de la petite bière,* une affaire sans importance. – Néerl. *bier,* « boisson ».

2. bière [bjɛʀ] n. f. Cercueil. *La mise en bière a lieu au domicile du défunt.* – Frq. **bera,* « civière ».

biergol [biɛʀgɔl] n. m. ESP Propergol constitué de deux ergols. Syn. diergol. – De *bi-*, et *ergol*.

biface [bifas] n. m. Outil du paléolithique inférieur, obtenu à partir d'un galet de pierre dure, plus ou moins grossièrement taillé sur les deux faces. – De *bi-*, et *face*.

bifacial, ale, aux [bifasjal, o] adj. **1.** *Retouche bifaciale*, sur les deux faces d'un outil. **2.** BOT *Feuille bifaciale*, dont les deux faces ont la même structure. – De *bi-*, et *facial*.

biffage [bifaʒ] n. m. Action de biffer. – De *biffer*.

biffe [bif] n. f. **1.** Arg. Le métier de chiffonnier, l'ensemble des chiffonniers. **2.** Pop. Infanterie. – De l'a. fr. *biffe*, « étoffe rayée ».

biffer [bife] v. tr. [1] Rayer, barrer ce qui est écrit. *Il a biffé cette clause*. – De l'a. fr. *biffe*, « étoffe rayée ».

biffin [bifɛ̃] n. m. **1.** Pop. Chiffonnier. **2.** Arg. (des militaires) Soldat d'infanterie (qui porte un sac semblable à celui d'un chiffonnier). – De *biffe*.

biffure [bifyʀ] n. f. Action de biffer. ▷ Trait par lequel on biffe. – De *biffer*.

bifide [bifid] adj. SC NAT Se dit d'un organe fendu longitudinalement. *La langue bifide des serpents*. – Lat. *bifidus*, « fendu en deux ».

bifidus [bifidys] n. m. inv. Bactérie présente dans la flore intestinale et favorisant le transit. *Le bifidus entre dans la préparation de certains laits fermentés*. – Lat. *bifidus*, « fendu en deux ».

bifilaire [bifilɛʀ] adj. Constitué par deux fils. *Suspension bifilaire*. – De *bi-*, et *fil*.

biflèche [biflɛʃ] adj. Qui a deux flèches articulées à l'essieu, en parlant de certains affûts de canons modernes. – De *bi-*, et *flèche*.

bifocal, ale, aux [bifɔkal, o] adj. OPT Se dit d'un verre, d'une lentille à double foyer. – De *bi-*, et *focal*.

bifteck ou **beefsteak** [biftɛk] n. m. Tranche de bœuf grillée, à griller. ▷ Fam. *Gagner son bifteck* : gagner de quoi vivre. – Angl. *beefsteak*, « tranche de bœuf ».

bifurcation [bifyʀkasjɔ̃] n. f. **1.** Endroit où une chose se divise en deux parties, de directions différentes. *La bifurcation d'une tige, d'un chemin, d'une voie ferrée*. **2.** Fig. Possibilité de choix. – De *bifurquer*.

bifurquer [bifyʀke] v. intr. [1] **1.** Se diviser en deux, comme une fourche. *Ici, le chemin bifurque*. **2.** Changer de direction à un croisement. *Bifurquer à droite*. **3.** Fig. Prendre une direction différente. *Le colonel a bifurqué dans l'industrie*. – Du lat. *bifurcus*, « fourchu ».

bigame [bigam] adj. et n. Qui est marié à deux personnes à la fois. – Lat. ecclés. *bigamus*.

bigamie [bigami] n. f. État d'une personne qui, déjà mariée, a contracté un second mariage sans que le premier ait été annulé. – De *bigame*.

bigarade [bigaʀad] n. f. Orange amère. – Du provenç. *bigarrado*, « bigarré ».

bigaradier [bigaʀadje] n. m. Oranger (*Citrus vulgaris*) produisant des bigarades. – De *bigarade*.

bigarré, ée [bigaʀe] adj. **1.** Qui a des couleurs, des dessins variés. *Une étoffe bigarrée*. **2.** Fig. Disparate. *Une foule bigarrée*. – De l'anc. adj. *garre*, « bicolore ».

bigarreau [bigaʀo] n. m. Cerise rouge et blanche à chair ferme et sucrée. – De *bigarrer*.

bigarrer [bigaʀe] v. tr. [1] **1.** Assembler des couleurs qui tranchent. **2.** Fig. Produire un ensemble disparate. – De *bigarré*.

bigarrure [bigaʀyʀ] n. f. **1.** Assemblage de couleurs, de dessins variés. **2.** Fig. Assemblage de choses, de gens disparates. – De *bigarrer*.

big band [bigbɑ̃d] n. m. (Anglicisme) Grand orchestre de jazz. – Mot amér.

big-bang [bigbɑ̃g] n. m. ASTRO *Théorie du big-bang*, émise en 1927 par l'astronome belge Georges Lemaître et développée en 1948 par l'Américain Gamow, selon laquelle l'Univers se serait formé, il y a env. 15 milliards d'années, à la suite d'un événement originel (le big-bang) qui aurait provoqué l'émission de protons, de neutrons, d'électrons et de photons à une température très élevée. – Mot angl.

bige [biʒ] n. m. Char antique tiré par deux chevaux. – Lat. *biga*.

bigle [bigl] adj. et n. Vieilli Atteint de strabisme. – De l'anc. v. *biscler* (V. bigler).

bigler [bigle] v. [1] **1.** v. intr. Fam. Loucher. **2.** v. tr. Fam. Regarder avec convoitise ou avec étonnement. – D'abord *biscler*, p.-ê. du lat. pop. *bisoculare*, de *bis*, « deux fois », et *oculus*, « œil ».

bigleux, euse [biglø, øz] adj. et n. **1.** Fam. Qui louche. **2.** Fam. Qui ne voit pas bien. – De *bigle*.

bignone [biɲɔn] ou **bignonia** [biɲɔnja] n. m. BOT Liane ornementale (*Tecoma radicans*, fam. bignoniacées), à grosses fleurs orangées en trompette, cultivée en Europe. – De *Bignon*, bibliothécaire de Louis XIV.

bignoniacées [biɲɔnjase] n. f. pl. BOT Fam. de dicotylédones gamopétales à grosses fleurs ornementales en trompette, comprenant notam. le *catalpa*. – Sing. *Une bignoniacée*. – De *bignonia*.

bigophone [bigofɔn] n. m. **1.** Mirliton affectant la forme de divers instruments de musique. **2.** Fam. Téléphone. *Un coup de bigophone*. – Du nom de *Bigot*, inventeur de l'instrument, et *-phone*.

bigorne [bigɔʀn] n. f. **1.** Petite enclume d'orfèvre à deux pointes. **2.** Masse en bois qui sert à fouler les peaux. – Lat. *bicornis*, « à deux cornes », par le provenç.

bigorneau [bigɔʀno] n. m. Petit mollusque comestible à coquille en spirale. V. littorine. – Dimin. de *bigorne*.

bigorner [bigɔʀne] v. tr. [1] **1.** Forger sur la bigorne. **2.** Pop. Endommager. ▷ *Se bigorner* : se battre. – De *bigorne*.

1. bigot, ote [bigo, ɔt] n. (et adj.) Péjor. Personne qui fait preuve d'une dévotion étroite et pointilleuse. *Des racontars de vieilles bigotes*. – De l'anc. angl. *bî God (by God)*, « par Dieu ».

2. bigot [bigo] n. m. TECH Pioche à deux dents. – Anc. provenç. *bigos*.

bigoterie [bigɔtʀi] n. f. ou **bigotisme** [bigɔtism] n. m. Péjor. Dévotion étroite et pointilleuse. – De *bigot* 1.

bigouden, ène [bigudɛ̃, ɛn] **1.** n. m. ou f. Coiffe de la région de Pont-l'Abbé (Finistère). – adj. *Une coiffe bigoudène*. **2.** n. f. Bretonne qui porte cette coiffe. – Mot breton.

bigoudi [bigudi] n. m. Rouleau, cylindre utilisé pour friser les cheveux. *Une femme qui se met des bigoudis*.

bigre ! [bigʀ] interj. Fam. Atténuation de *bougre*, pour marquer l'étonnement. – V. bougre.

bigrement [bigʀəmɑ̃] adv. Fam. Atténuation de *bougrement*, extrêmement. – De *bigre*.

bigrille [bigʀij] adj. ELECTRON Qualifie un tube électronique muni de deux grilles. – De *bi-*, et *grille*.

bigue [big] n. f. TECH et MAR Appareil de levage pour charges importantes, constitué par un bâti dont l'extrémité supérieure porte une poulie ou un palan. *Bigue flottante*. – Provenç. *biga*, « poutre ».

biguine [bigin] n. f. Danse d'origine antillaise. – Mot antillais.

bihebdomadaire [biɛbdɔmadɛʀ] adj. Qui a lieu, qui paraît deux fois par semaine. – De *bi-*, et *hebdomadaire.*

bihoreau [biɔʀo] n. m. Héron (*Nycticorax nycticorax*) au plumage gris, noir et blanc, de mœurs crépusculaires.

bijectif, ive [biʒɛktif, iv] adj. MATH *Application bijective*, dans laquelle tout élément de l'ensemble d'arrivée est l'image d'au moins un élément de l'ensemble de départ (application surjective) et dans laquelle deux éléments distincts de l'ensemble de départ ont deux images distinctes dans l'ensemble d'arrivée (application injective). – De *bijection.*

bijection [biʒɛksjɔ̃] n. f. MATH Application bijective. – De *bi-*, et *(in)jection.*

bijou, oux [biʒu] n. m. **1.** Petit objet de parure, façonné généralement en métal noble, et associant souvent des pierres précieuses ou semi-précieuses brutes ou travaillées. *Un bijou en argent, en or, en strass. Offrir des bijoux à une femme.* **2.** Fig. Chose très jolie, fabriquée avec grand soin. *Cette voiture de sport, c'est un vrai bijou !* – Du breton *bizou*, « anneau », de *biz*, « doigt ».

bijouterie [biʒutʀi] n. f. **1.** Fabrication, commerce des bijoux. ▷ Les bijoux, en tant qu'objets d'industrie, de commerce. **2.** Magasin où l'on vend des bijoux. – De *bijou.*

bijoutier, ère [biʒutje, ɛʀ] n. **1.** Fabricant de bijoux. **2.** Personne qui tient un magasin de bijoux. – De *bijou.*

bikini [bikini] n. m. Costume de bain pour femme, composé d'un slip et d'un soutien-gorge de dimensions très réduites. – Nom déposé, du nom de l'atoll du Pacifique où eurent lieu des explosions atomiques expérimentales, les porteuses de bikini étant supposées produire sur leurs contemporains un effet « explosif ».

bilabiale [bilabjal] adj. f. (et n. f.) PHON Se dit d'une consonne dont l'articulation met en jeu le mouvement des deux lèvres (ex. : [p], [b]). – De *bi-*, et *labial.*

bilabié, ée [bilabje] adj. **1.** SC NAT Qui est partagé en deux lèvres. **2.** BOT Se dit d'une corolle gamopétale divisée en deux lèvres. – De *bi-*, et lat. *labium*, « lèvre ».

bilame [bilam] n. f. TECH Interrupteur utilisé notam. dans les thermostats, constitué par deux lames de coefficients de dilatation différents et qui fonctionne sous l'effet des variations de température. – De *bi-*, et *lame.*

bilan [bilɑ̃] n. m. **1.** FIN Document qui précise le solde de tous les comptes d'une entreprise à une date donnée. V. actif et passif. – *Dépôt de bilan* : déclaration au tribunal de commerce de cessation de paiements. **2.** PHYS *Bilan thermique* : calcul des différentes puissances calorifiques fournies et reçues par une machine ou par une installation. – *Bilan énergétique d'une réaction nucléaire* : décompte des énergies mises en jeu, compte tenu des pertes de masse. **3.** Fig. *Faire le bilan de qqch*, en tirer les enseignements qui s'imposent, en évaluer les résultats. – Ital. *bilancio*, « balance ».

bilatéral, ale, aux [bilateʀal, o] adj. **1.** Qui a deux côtés. **2.** Qui a, ou qui se rapporte à deux côtés symétriques. *Stationnement bilatéral*, autorisé sur les deux côtés d'une voie. **3.** DR Qui lie deux parties. *Un traité bilatéral.* – *Aide bilatérale*, apportée par un pays industrialisé à un État en voie de développement sans passer par l'intermédiaire des organismes internationaux. – De *bi-*, et *latéral.*

bilatéralement [bilateʀalmɑ̃] adv. De manière bilatérale. – De *bilatéral.*

bilboquet [bilbɔkɛ] n. m. Jouet formé d'une boule percée d'un trou et reliée par une ficelle à un manche à bout pointu qu'il faut faire pénétrer dans le trou de la boule lancée en l'air. – De *bille*, et dial. *bouquer*, « encorner », de *bouc.*

bile [bil] n. f. **1.** Liquide sécrété par le foie, contenant des sels et des pigments, stocké par la vésicule biliaire et excrété par le canal cholédoque dans le duodénum pendant la digestion. **2.** Fig. *S'échauffer la bile* : se mettre en colère. – *Décharger sa bile sur quelqu'un*, lui faire supporter sa mauvaise humeur. **3.** Fig., fam. *Se faire de la bile* : s'inquiéter. – Lat. *bilis.*

biler (se) [bile] v. pron. [1] Fam. S'inquiéter. – De *bile.*

bileux, euse [bilø, øz] adj. Fam. Qui s'inquiète facilement, de tempérament anxieux. – De *bile.*

bilharzie [bilaʀzi] n. f. Ver plathelminthe trématode (genre *Schistosoma*, autref. *Bilharzia*) vivant en parasite dans les vaisseaux de divers organes (reins, vessie, foie, rate, etc.) qu'il lèse, provoquant des hémorragies. – Du n. du médecin all. T. *Bilharz.*

bilharziose [bilaʀzjoz] n. f. MED Maladie parasitaire provoquée par des bilharzies, *Schistosoma mansoni* étant l'agent de la *bilharziose intestinale* en Afrique et en Amérique, *Schistosoma hæmatobium*, celui de la *bilharziose vésicale*, uniquement en Afrique. – De *bilharzie*, et *-ose* 2.

biliaire [biljɛʀ] adj. Qui a rapport à la bile. *Calculs biliaires.* ▷ Qui produit ou conduit la bile. *Vésicule biliaire.* – De *bile.*

bilieux, euse [biljø, øz] adj. **1.** Qui a rapport à la bile, qui résulte de l'abondance de bile. *Maladies bilieuses.* **2.** Fig. Coléreux. **3.** Fig. D'un tempérament inquiet, anxieux. – Lat. *biliosus.*

biligenèse [biliʒənɛz] n. f. PHYSIOL Synthèse des sels et des pigments biliaires. – De *bile*, et *genèse.*

bilingue [bilɛ̃g] adj. **1.** Écrit en deux langues différentes. *Un dictionnaire bilingue.* **2.** Qui connaît, parle deux langues. *Une secrétaire bilingue.* ▷ *Par méton.* Où l'on parle deux langues. *La Belgique et le Canada sont des pays bilingues.* – Lat. *bilinguis.*

bilinguisme [bilɛ̃gwism] n. m. Qualité d'une personne, d'une population qui parle deux langues. – De *bilingue.*

bilirubine [biliʀybin] n. f. BIOCHIM Pigment biliaire acide, jaune rougeâtre, provenant de la dégradation de l'hémoglobine des hématies. – De *bile*, et *rubine*, du lat. *rubens*, « rouge ».

bilirubinémie [biliʀybinemi] n. f. MED Concentration sérique en bilirubine. – De *bilirubine.*

biliverdine [biliveʀdin] n. f. BIOCHIM Pigment biliaire vert noirâtre dont la réduction conduit à la bilirubine au cours de la dégradation de l'hémoglobine. – De *bile*, et *verdine*, du lat. *viridis*, « vert ».

bill [bil] n. m. Proposition de loi soumise au vote du Parlement anglais. – Mot angl.

billard [bijaʀ] n. m. **1.** Jeu qui se joue avec des billes d'ivoire ou de plastique, que l'on frappe avec une queue, sur une table couverte d'un tapis de drap vert. *Une boule de billard. Faire une partie de billard.* ▷ Fig., fam. *C'est du billard* : c'est très facile. **2.** Table rectangulaire, recouverte d'un tapis de drap vert, sur laquelle on joue au billard. ▷ Fam. Table d'opération. *Passer sur le billard* : subir une opération chirurgicale. **3.** Salle où l'on joue au billard. **4.** *Billard américain, chinois, japonais, russe* : jeux où l'on cherche à placer des boules dans des cases ou des trous. **5.** *Billard électrique* : syn. de *flipper.* – De *bille* 1.

billbergia [bilbɛʀʒja] n. f. BOT Broméliacée ornementale d'appartement (genre *Bilbergia*) dont les feuilles coriaces forment, par leurs bases serrées, une citerne axiale d'où sort une hampe florale portant de nombreuses fleurs roses. – Lat. sav., du n. du bot. suédois J.G. *Billberg.*

1. bille [bij] n. f. **1.** Boule pour jouer au billard. **2.** Petite boule de pierre, de verre, d'acier, d'argile, avec laquelle jouent les enfants. *Les jeux de billes remontent à l'Antiquité.* **3.** TECH *Roulement à billes* : organe de roulement muni de sphères métalliques qui réduisent le frottement d'un axe tournant. **4.** *Crayon, stylo à bille,* dont le bout est constitué d'une petite bille de métal en contact avec de l'encre très grasse. **5.** Pop. Tête, figure. *Une drôle de bille. Une bille de clown,* comique. – P.-ê. du frq. **bikkil*, « dé ».

2. bille [bij] n. f. **1.** Pièce de bois de toute la grosseur du tronc, destinée à être équarrie et débitée. *Une bille de chêne.* **2.** Dial. Barre. *Une bille de chocolat.* – Lat. pop. **bilia*, « tronc d'arbre ».

billebaude (à la) [alabij(ə)bod] loc. adv. Vx En confusion, sans ordre. – De *bille* 1, et a. fr. *baude*, « hardie ».

billet [bijɛ] n. m. **1.** Lettre très courte. – *Billet doux, galant* : lettre d'amour. – Lettre d'avis d'une naissance, d'un mariage, d'un décès. *Billet de faire-part.* **2.** Engagement écrit de payer une somme d'argent. *Négocier un billet.* – *Billet à ordre* : effet de commerce par lequel on s'engage à payer une somme d'argent à une personne ou à son ordre. **3.** *Billet de banque* : papier-monnaie. *Une liasse de billets de cent francs. Un billet froissé.* – Fam. *Billet vert* : dollar. ▷ Absol. Pop. *Je parie vingt billets sur ce cheval.* **4.** Petit papier imprimé servant de carte d'entrée ou de parcours. *Un billet de théâtre. Billet de faveur,* gratuit. *Billet de train, d'avion. Billet ouvert* : billet d'avion non daté. *Le contrôleur poinçonne les billets.* – *Billet de loterie* : bulletin portant un numéro permettant de participer au tirage d'une loterie. **5.** *Billet de logement,* qui autorise la réquisition d'un logis pour un militaire. **6.** Papier servant d'attestation. *Billet de santé* : certificat de conformité au règlement sanitaire, établi au nom d'un individu. ▷ Fig., fam. *Je vous donne, fiche mon billet que...* : je vous garantis que... – A. fr. *billette.*

billétique [bijetik] n. f. Informatique appliquée à la billeterie. – De *billet,* et *(informa)tique.*

billette [bijɛt] n. f. **1.** Bois de chauffage scié et fendu. **2.** TECH Petite barre d'acier laminé. **3.** ARCHI Ornement fait de sections de tore disposées en série. *Les billettes sont utilisées dans l'architecture romane.* – De *bille* 2.

billetterie [bijɛtʀi] n. f. **1.** Lieu où l'on vend ou distribue des billets. **2.** Conception, émission et délivrance des billets de transport. **3.** Distributeur de billets de banque auquel donne accès une carte magnétique individuelle. – De *billet.*

billevesée [bilvəze; bijvəze] n. f. Chose, propos frivole. – Mot de l'Ouest, p.-ê. de *beille,* « boyau », et *vezé,* « gonflé ».

billion [biljɔ̃] n. m. **1.** Vx Milliard. **2.** Mod. Un million de millions, soit mille milliards. – De *bi-*, et *[mi]llion.*

billon [bijɔ̃] n. m. **1.** AGRIC Talus formé le long d'un sillon par la charrue. **2.** Ancien nom de certains alliages de cuivre. *Monnaie de billon.* – De *bille* 2.

billonnage [bijɔnaʒ] n. m. AGRIC Action de faire des billons dans un terrain. – De *billon.*

billot [bijo] n. m. **1.** Bloc de bois posé verticalement et qui présente une surface plane à sa partie supérieure. **2.** Pièce de bois sur laquelle le condamné à la décapitation posait la tête. *Mourir sur le billot.* **3.** Corbeille en bois blanc servant au transport des fruits, des légumes. – De *bille* 2.

biloculaire [bilokylɛʀ] adj. ANAT Se dit d'une cavité naturelle divisée en deux. *Estomac, utérus biloculaire.* – De *bi-*, et *loculaire.*

biloquer [bilɔke] v. tr. [1] AGRIC Faire un labour très profond avant l'hiver. – Alt. de l'a. fr. *binoquer,* de *biner.*

bimane [biman] adj. (et n.) Qui a deux mains. *L'homme est un animal bimane.* – De *bi-*, et *-mane* 1.

bimbeloterie [bɛ̃blɔtʀi] n. f. **1.** Fabrication, commerce de bibelots. **2.** Ensemble de bibelots. *Acheter de la bimbeloterie.* – De *bimbelot,* var. anc. de *bibelot.*

bimbelotier, ère [bɛ̃blɔtje, ɛʀ] n. Personne qui fabrique ou vend de la bimbeloterie. – De *bimbelot,* var. anc. de *bibelot.*

bimensuel, elle [bimɑ̃sɥɛl] adj. et n. m. Qui a lieu, qui paraît deux fois par mois. – *Une publication bimensuelle* ou, n. m., *un bimensuel.* – De *bi-*, et *mensuel.*

bimestriel, elle [bimɛstʀijɛl] adj. et n. m. Qui a lieu, qui paraît tous les deux mois. – n. m. *Cette revue est un bimestriel.* – De *bi-*, et *(se)mestriel.*

bimétallique [bimetalik] adj. **1.** ECON Qui a rapport au bimétallisme. **2.** Composé de deux métaux. – De *bi-*, et *métal.*

bimétallisme [bimetalism] n. m. ECON Système monétaire à double étalon, or et argent. – De *bi-*, et *métal.*

bimétalliste [bimetalist] adj. ECON Qui se rapporte au bimétallisme. ▷ Subst. Partisan du bimétallisme. – De *bi-*, et *métal.*

bimillénaire [bimil(l)enɛʀ] adj. et n. m. **1.** adj. Qui a deux mille ans. **2.** n. m. Deux millième anniversaire. – De *bi-*, et *millénaire.*

bimoteur [bimɔtœʀ] adj. (et n. m.) *Avion bimoteur,* muni de deux moteurs. ▷ n. m. *Un bimoteur.* – De *bi-*, et *moteur.*

binage [binaʒ] n. m. AGRIC Action de biner. – De *biner.*

binaire [binɛʀ] adj. **1.** CHIM Composé de deux éléments. *L'eau (H_2O) est un composé binaire.* **2.** MATH *Numération binaire* : numération à base deux, utilisant uniquement les chiffres 0 et 1. (Sert notam. en informatique ; les deux états 1 et 0 correspondent au passage ou à l'absence de passage du courant électrique.) **3.** MUS *Rythme binaire,* à deux temps. – Bas lat. *binarius.*

binard ou **binart** [binaʀ] n. m. Chariot à deux roues muni d'une plate-forme mobile pour charger des blocs de pierres.

binationalité [binasjɔnalite] n. f. Double nationalité. – De *bi-*, et *nationalité.*

binder [bɛ̃dɛʀ] n. m. TR PUBL Couche de liaison, à base de bitume ou de goudron, placée entre la fondation et la couche de roulement d'une chaussée. – Mot angl., « liant ».

biner [bine] v. [1] **1.** v. tr. AGRIC Ameublir et désherber (la terre), avec une binette. Syn. sarcler. **2.** v. intr. LITURG Célébrer deux messes le même jour. – Lat. *binare,* « refaire ».

1. binette [binɛt] n. f. AGRIC Petite pioche à manche court et fer large et plat. – De *biner.*

2. binette [binɛt] n. f. Pop. Visage, tête. *Tu en fais une drôle de binette !* – Probabl. de *bobinette, trombinette.*

bineuse [binøz] n. f. AGRIC Machine servant à effectuer les binages, en grande culture. – De *biner.*

bingo [bingo] n. m. Sorte de loto. – Mot américain.

biniou [binju] n. m. **1.** Cornemuse bretonne. **2.** Arg. Instrument. – *Spécial.* Instrument à vent. – Mot breton.

binoclard, arde [binɔklaʀ, aʀd] adj. et n. Fam. Qui porte des lunettes. – De *binocle.*

binocle [binɔkl] n. m. **1.** Anc. Lorgnon qui s'adapte sur le nez. **2.** (Plur.) Plaisant Lunettes. *Il a perdu ses binocles.* – Lat. scientif. *binoculus.*

binoculaire [binɔkylɛʀ] adj. et n. f. **1.** Relatif aux deux yeux. **2.** OPT Muni de deux oculaires. *Microscope* *binoculaire.* **3.** n. f. MILIT Jumelle d'observation. – De *binocle.*

binôme [binom] n. m. **1.** MATH Expression algébrique composée de la somme ou de la différence de deux monômes (ex. : $b^2 - 4ac$). – *Binôme de Newton* : formule donnant la $n^{ième}$ puissance d'un binôme. Ex. : $(x + a)^3 = x^3 + 3\,ax^2 + 3\,a^2x + a^3$. **2.** BIOL Ensemble des deux noms latins, de genre et d'espèce, servant à désigner les espèces dans la nomenclature scientifique (ex. : *Felis domesticus*; chat domestique). – Lat. médiév. *binomium,* « qui a deux noms ».

binomial, ale, aux [binɔmjal, o] adj. MATH *Loi binomiale :* loi de probabilité se référant au binôme* de Newton. – De *binôme.*

bio-. Élément, du gr. *bios,* « vie ».

biocarburant [bjokaʀbyʀɑ̃] n. m. Carburant de substitution d'origine végétale.

biocatalyse [bjokataliz] n. f. BIOCHIM Catalyse due à un biocatalyseur.

biocatalyseur [bjokatalizœʀ] n. m. BIOCHIM Composé chimique synthétisé par un être vivant et utilisé par lui pour catalyser une réaction de son métabolisme. *Les enzymes sont des biocatalyseurs.* – De *bio-,* et *catalyseur.*

biocénologie [bjosenɔlɔʒi] ou **biocénotique** [bjɔsenɔtik] n. f. Étude des biocénoses. – De *biocénose.*

biocénose ou **biocœnose** [bjosenoz] n. f. BIOL Ensemble d'êtres vivants en équilibre biologique (les effectifs de chaque espèce restant constants dans le temps). – De *bio-,* et gr. *koinos,* « commun ».

biochimie [bjoʃimi] n. f. Science qui étudie la structure chimique des êtres vivants et les phénomènes chimiques qui accompagnent les diverses manifestations de la vie.

ENCYCL *La biochimie analytique et structurale,* la plus proche de la chimie organique dont elle utilise les méthodes, définit la composition élémentaire d'un organisme, d'une cellule ou d'un composé viral. *La biochimie moléculaire* étudie à l'échelon moléculaire la structure, les séquences et les sites actifs des macromolécules biologiques et leur fonctionnement. *La biochimie quantique ou électronique,* plus proche de la biophysique, étudie la quantification de l'énergie des édifices atomiques et moléculaires en fonction de la structure ou des processus réactionnels des molécules biologiques. *La biochimie physiologique ou fonctionnelle,* qui étudie le fonctionnement chimique des organes, comporte de nombreuses subdivisions : métabolisme, biosynthèse et dégradation enzymatique, oxydoréduction, énergétique, endocrinologie, etc. *La biochimie médicale,* proche par ses subdivisions et sa méthodologie de la biochimie physiologique, en diffère cependant en ce qu'elle s'intéresse à l'organe dans son dysfonctionnement et apporte au médecin des analyses permettant un diagnostic. *La biochimie cellulaire* étudie le métabolisme cellulaire.

biochimique [bjoʃimik] adj. Relatif à la biochimie.

biochimiste [bjoʃimist] n. Biologiste qui étudie la biochimie.

bioclimatologie [bjoklimatɔlɔʒi] n. f. BIOL Science qui étudie les effets des climats sur les êtres vivants. *La bioclimatologie fait partie de la biogéographie.*

biodégradable [bjodegʀadabl] adj. Qui peut subir une biodégradation. *Détergent biodégradable.*

biodégradation [bjodegʀadasjɔ̃] n. f. CHIM Processus selon lequel des composés chimiques sont détruits par des organismes vivants (micro-organismes, par ex.).

biodétecteur [bjodetɛktœʀ] n. m. Appareil servant à mesurer la teneur de certains milieux biologiques en éléments chimiques donnés.

bioélectricité [bjoelɛktʀisite] n. f. Ensemble des phénomènes cellulaires mettant en jeu des différences de potentiel électrique entre deux milieux aux concentrations ioniques différentes.

bioélectrique [bjoelɛktʀik] adj. Relatif à la bioélectricité. *La mort est la cessation des fonctions bioélectriques du cerveau.*

bioélectronique [bjoelɛktʀɔnik] n. f. et adj. Science qui associe l'électronique et la biologie. ▷ adj. *Des processeurs bioélectroniques.*

bioélément [bjoelemɑ̃] n. m. BIOCHIM Élément chimique constitutif de la matière vivante.

bioénergétique [bjoenɛʀʒetik] adj. et n. BIOL **1.** adj. Dont les êtres vivants tirent de l'énergie. *Les sucres sont bioénergétiques.* **2.** n. f. Partie de la biochimie qui étudie les transformations que les êtres vivants font subir aux différentes formes d'énergie (lumière, chaleur, etc.).

bio-éthanol [bioeanɔl] n. m. TACH Éthanol obtenu à partir de produits agricoles.

bioéthique [bjoetik] n. f. Étude des préceptes moraux qui doivent présider aux pratiques médicales et biologiques concernant l'être humain. – Ensemble de ces préceptes.

biogenèse [bjoʒənɛz] n. f. BIOL Théorie selon laquelle tout être vivant vient d'un autre être qui lui a donné naissance (*omne vivum ex vivo*).

biogénétique [bjoʒenetik] adj. Relatif à la biogenèse. – De *biogenèse.*

biogéographe [bjoʒeɔgʀaf] n. Personne qui étudie la biogéographie.

biogéographie [bjoʒeɔgʀafi] n. f. Étude de la répartition des êtres vivants à la surface du globe, en fonction du climat, de l'altitude, des sols, etc. *La bioclimatologie, la biocénologie, la chorologie* (étude des territoires faunistiques et floristiques), *font partie de la biogéographie.*

biogéographique [bjoʒeɔgʀafik] adj. Relatif à la biogéographie. – De *biogéographie.*

biographe [bjɔgʀaf] n. Auteur d'une biographie, de biographies. *André Maurois s'est fait le biographe de Shelley et de Proust.* – De *bio-,* et *-graphe.*

biographie [bjɔgʀafi] n. f. Histoire de la vie d'un individu. *Les « Vies des hommes illustres » de Plutarque rassemblent plusieurs biographies.* – De *biographe.*

biographique [bjɔgʀafik] adj. Qui a trait à la biographie. *Des renseignements biographiques.* – De *biographie.*

bio-industrie [bjoɛ̃dystʀi] n. f. Industrie utilisant des processus de production biologiques.

biologie [bjɔlɔʒi] n. f. Science de la vie, des êtres vivants, qui traite des phénomènes vitaux fondamentaux, c'est-à-dire de la constitution chimique de la cellule, des structures et de la physiologie cellulaires, ainsi que de l'organisation et du fonctionnement général des êtres vivants (étude des grandes fonctions : nutrition, métabolisme, croissance, reproduction, photosynthèse, etc.). – De *bio-,* et *-logie.*

biologique [bjɔlɔʒik] adj. **1.** Relatif à la biologie. **2.** Propre à l'état vivant. *La reproduction est une fonction biologique.* – De *biologie.*

biologiste [bjɔlɔʒist] n. **1.** Spécialiste de l'étude de la vie, des êtres vivants. **2.** Professionnel qui met en œuvre les méthodes et les techniques de la biologie (la biochimie, partic.) au service de la médecine. – De *biologie.*

bioluminescence [bjolyminesɑ̃s] n. f. BIOL Luminescence de certains êtres vivants due à des organes spécialisés (qui utilisent notam. la dégradation de la luciférine par la luciférase).

biomasse [bjomas] n. f. BIOL Masse de l'ensemble des organismes vivant dans un biotope délimité.

biomatériau [bjomateʀjo] n. m. MED Matériau de synthèse (téflon notam.) non rejeté par l'organisme humain et sans effet secondaire fâcheux. *La chirurgie plastique utilise de plus en plus de biomatériaux intégrables ou résorbables.*

biome [bjom] n. m. BIOL Ensemble écologique présentant une grande uniformité sur une vaste surface. *Le biome à graminées d'Amérique du Nord.*

biomécanique [bjomekanik] n. f. Mécanique du vivant. *Ingénieur en biomécanique.*

biomédical, ale, aux [bjomedikal, o] adj. Qui concerne la biologie et la médecine. – *Génie biomédical* : art de construire des appareils au service de la biologie et de la médecine. ▷ *Par ext.* Appareillage servant en biologie et en médecine.

biométéorologie [bjometeɔʀɔlɔʒi] n. f. Étude de l'influence des saisons, des climats, de l'altitude, etc., sur les êtres vivants (l'homme, notam.).

biométrie [bjometʀi] n. f. BIOL Partie de la biologie qui étudie les phénomènes de la vie par les méthodes statistiques. – De *bio-*, et *-métrie.*

biomoléculaire [bjomɔlekylɛʀ] adj. BIOL Relatif aux molécules de la substance vivante.

bionique [bjɔnik] n. f. BIOL Science qui étudie les phénomènes et les mécanismes biologiques en vue de leurs applications industrielles. (Ainsi, l'hélicoptère a été inspiré par le vol de certains insectes, le sonar par le système d'ultrasons dont dispose la chauve-souris, etc.) – De *bio-*, et *(électro)nique.*

biophysicien, enne [bjofizisjɛ̃, ɛn] n. Spécialiste de la biophysique. – De *biophysique.*

biophysique [bjofisik] n. f. BIOL Science biologique qui applique les méthodes et les techniques de la physique à l'étude des êtres vivants.

biopsie [bjɔpsi] n. f. MED Prélèvement d'un fragment de tissu sur un être vivant, aux fins d'examen histologique. – De *bio-*, et gr. *opsis,* « vue ».

biorythme [bjoʀitm] n. m. Selon certaines théories, variation périodique régulière du niveau d'énergie et de performance d'un individu sur les plans physique, psychique, intellectuel. ▷ Rythme biologique (d'un individu), déterminé par les variations de son propre organisme et celles de son environnement.

biosphère [bjosfɛʀ] n. f. Partie de l'écorce terrestre et de l'atmosphère où il existe une vie organique.

biostasie [bjostazi] n. f. GEOL Période au cours de laquelle une région donnée, à la suite de phénomènes biologiques tels que l'établissement d'une forêt, de cultures denses, etc., échappe à l'érosion et accumule une épaisse couche de matériaux superficiels dus à une altération chimique des roches sous-jacentes. *La biostasie caractérise les régions géologiquement stables* (socles brésilien, canadien, etc.). Ant. rhexistasie. – De *bio-*, et gr. *stasis,* « fixité ».

biosynthèse [bjosɛ̃tɛz] n. f. BIOCHIM Synthèse de composés organiques par un organisme vivant. *La protéosynthèse est la biosynthèse des protéines.*

biotechnologie [bjotɛknɔlɔʒi] n. f. Ensemble des procédés et techniques utilisant des processus biologiques à des fins industrielles : en agriculture (cultures sans sol, amélioration génétique et adaptation des espèces, aquaculture, etc.), dans l'industrie alimentaire et pharmaceutique (fermentations, conservation, génie génétique, bionique, diététique).

biotique [bjɔtik] adj. BIOL **1.** Qui a pour origine un être vivant. **2.** Qui permet le développement d'êtres vivants. *Un milieu biotique.* – Gr. *biotikos,* « qui concerne la vie ».

biotite [bjɔtit] n. f. MINER Mica ferromagnésien brun foncé ou noir, abondant dans les roches éruptives et métamorphiques (mica du granite), utilisé comme fertilisant. – Du n. du physicien fr. Jean-Baptiste *Biot* (1774-1862), et *-ite* 3.

biotope [bjɔtɔp] n. m. BIOL Aire géographique où les facteurs écologiques gardent des valeurs à peu près constantes, qui permettent le développement de telle ou telle espèce. – De *bio-*, et *-tope.*

biotraitement [bjotʀɛtmɑ̃] n. m. TECH Traitement des effluents par un lit bactérien ou des boues activées.

biotraiteur [bjotʀɛtœʀ] n. m. TECH Appareil dans lequel s'effectue un biotraitement.

biotype [bjɔtip] n. m. BIOL Ensemble de caractères permettant une classification des êtres humains. ▷ Groupe d'individus possédant les mêmes caractéristiques morphologiques, physiologiques ou psychologiques.

biotypologie [bjotipɔlɔʒi] n. f. Étude des types morphologiques ou constitutionnels humains.

bioxyde [bjɔksid] n. m. CHIM Oxyde qui renferme deux fois plus d'oxygène que l'oxyde le moins oxygéné du même corps. – De *bi-*, et *oxyde.*

bipale [bipal] adj. Qui a deux pales. *Hélice bipale.* – De *bi-*, et *pale.*

biparti, ie [bipaʀti] ou **bipartite** [bipaʀtit] adj. **1.** Divisé en deux parties. **2.** Composé par l'union de deux partis politiques. *Un gouvernement bipartite.* – Lat. *bipartitus.*

bipartisme [bipaʀtism] n. m. Régime politique où deux partis gouvernent, ensemble ou tour à tour. *Le bipartisme aux États-Unis.* – De *biparti.*

bipartition [bipaʀtisjɔ̃] n. f. Division en deux parties. – De *bi-*, et *partition* 1.

bip-bip [bipbip] n. m. Signal acoustique basé sur la répétition d'émissions sonores brèves et identiques. *Des bips-bips.* – Onomat.

bipède [bipɛd] adj. et n. m. **1.** adj. Qui marche sur deux pieds. *Un animal bipède.* – n. m. *L'être humain est un bipède.* **2.** n. m. Deux des jambes d'un cheval. *Bipède antérieur, postérieur, latéral, diagonal.* – Lat. *bipes, bipedis,* « à deux pieds ».

1. bipenne [bipɛn] ou **bipenné, ée** [bipene] adj. **1.** ZOOL Qui a deux ailes. **2.** BOT Se dit d'une feuille composée pennée dont les folioles sont elles-mêmes divisées. – De *bi-*, et *penne.*

2. bipenne [bipɛn] [bifaze] n. f. ARCHEOL Hache de pierre polie à deux tranchants.

biphasé, ée [bifaze] adj. et n. m. ELECTR Se dit d'un système de courants résultant de la superposition de deux courants monophasés, déphasés d'un quart de période. – De *bi-*, et *phase.*

biplace [biplas] adj. et n. m. À deux places. *Un avion biplace.* – De *bi-*, et *place.*

biplan [biplɑ̃] n. m. (et adj.) Avion dont les ailes sont formées de deux plans superposés. – De *bi-*, et *plan* 1.

bipolaire [bipɔlɛʀ] adj. **1.** PHYS Qui a deux pôles. **2.** MATH *Système de coordonnées bipolaires,* dans lequel la position d'un point dans un plan est définie par ses distances à deux points fixes. **3.** BIOL Se dit d'une cellule qui possède une structure dissymétrique donnant deux zones dont les rôles physiologiques sont différents. *Neurone bipolaire,* qui a son axone et une dendrite. – De *bi-*, et *polaire.*

bipolarisation [bipɔlaʀizɑsjɔ̃] n. f. POLIT Tendance des courants politiques à se rassembler en deux blocs opposés. – De *bi-*, et *polarisation.*

bipolarité [bipɔlaʀite] n. f. **1.** PHYS État d'un corps qui a deux pôles magnétiques, électriques, etc. **2.** BIOL *Bipolarité d'une cellule,* son caractère bipolaire. – De *bi-*, et *polarité.*

bipoutre [biputʀ] adj. AVIAT Qualifie un avion dont l'arrière est constitué de deux éléments qui supportent l'empennage de queue. – De *bi-*, et *poutre.*

bippeur [bipœʀ] n. m. TECH Appareil émettant à intervalles rapprochés et réguliers des signaux sonores de faible intensité. – De *bip-bip.*

bippeur [bipœʀ] n. m. TECH Appareil émettant à intervalles rapprochés et réguliers des signaux sonores de faible intensité. – De *bip-bip.*

bique [bik] n. f. **1.** Fam. Chèvre. *Un manteau en peau de bique.* **2.** Fam., péjor. *Une vieille bique* : une vieille femme désagréable. – De *biche,* avec infl. de *bouc.*

biquet, ette [bikɛ, ɛt] n. Fam. **1.** n. m. Petit de la chèvre. **2.** n. f. Jeune chèvre. **3.** Terme d'affection. *Mon biquet.* – Dimin. de *bique.*

biquotidien, enne [bikɔtidjɛ̃, ɛn] adj. Qui a lieu, qui se fait deux fois par jour. – De *bi-*, et *quotidien.*

birbe [biʀb] n. m. Pop., péjor. *Un vieux birbe* : un vieil homme ennuyeux. – Ital. *birba,* « chenapan ».

biréacteur [biʀeaktœʀ] adj. (et n. m.) AVIAT Qui comporte deux réacteurs. – De *bi-*, et *réacteur.*

biréfringence [biʀefʀɛ̃ʒɑ̃s] n. f. PHYS Propriété des substances biréfringentes. – De *biréfringent.*

biréfringent, ente [biʀefʀɛ̃ʒɑ̃, ɑ̃t] adj. PHYS Se dit d'un cristal qui produit une double réfraction (spath d'Islande, par ex.). – De *bi-*, et *réfringent.*

birème [biʀɛm] n. f. ANTIQ Galère à deux rangs de rames ou rameurs. – Lat. *biremis,* de *remus,* « rame ».

biribi [biʀibi] n. m. **1.** Arg. (des militaires), anc. Jeu de hasard. **2.** Compagnie disciplinaire d'Afrique. – Ital. *biribissi.*

birman, ane [biʀmɑ̃, an] adj. et n. **1.** adj. De Birmanie, le plus occid. des États de l'Asie du S.-E. ▷ Subst. *Un(e) Birman(e).* **2.** n. m. Langue du groupe tibéto-birman parlée en Birmanie.

biroute [biʀut] n. f. **1.** Vulg. Pénis. **2.** Arg. (des militaires) AVIAT Manche* à air. – Mot du Nord.

bis-. V. bi-.

1. bis, bise [bi, biz] adj. Gris tirant sur le brun. *Du pain bis. Une toile bise.*

2. bis [bis] adv. **1.** Une seconde fois. (S'emploie pour obtenir que l'on répète ou que l'on recommence ce que l'on vient de dire, de faire, de chanter ou de jouer.) *Le public ravi criait « bis ! ». La cantatrice a donné en bis un air d'* Aïda. ▷ Subst. *Un bis.* **2.** Indique que le même numéro est répété. *Habiter le 9* bis, *rue Saint-Jacques.* – Lat. *bis,* « deux fois ».

bisaïeul, eule [bizajœl] n. Litt. Arrière-grand-père, arrière-grand-mère. *Des bisaïeuls.* – De *bis-*, et *aïeul.*

bisaiguë [bizɛgy] ou **besaiguë** [bəzɛgy] n. f. TECH Outil de charpentier servant à tailler les mortaises, dont une extrémité est un ciseau plat, l'autre un bédane. – Lat. pop. **bis acuta,* « deux fois aiguë ».

bisannuel, elle [bizanɥɛl] adj. **1.** Qui a lieu tous les deux ans. *Une foire bisannuelle.* **2.** Se dit d'une plante dont le cycle évolutif dure deux ans. – De *bis-*, et *annuel.*

bisbille [bizbij] n. f. Fam. Petite querelle pour des motifs futiles. *Ils sont en bisbille depuis longtemps.* – Ital. *bisbiglio,* « murmure ».

1. biscaïen, enne ou **biscayen, enne** [biskajɛ̃, ɛn] adj. (et n.) De Biscaye, une des prov. basques d'Espagne. ▷ Subst. *Un(e) Biscaïen(ne).*

2. biscaïen [biskajɛ̃] n. m. Anc. **1.** Gros mousquet. **2.** Petit boulet de fonte. – Du nom de la *Biscaye,* où cette arme fut employée pour la première fois.

biscornu, ue [biskɔʀny] adj. **1.** Qui a une forme irrégulière. *Une maison biscornue.* **2.** Fig., fam. Surprenant, extravagant. *Quelle idée biscornue !* – De *bis-*, et *cornu.*

biscotte [biskɔt] n. f. Tranche de pain de mie recuite au four. *Beurrer une biscotte sans la casser.* – Ital. *biscotto,* « biscuit ».

biscuit [biskɥi] n. m. **I. 1.** Pain en forme de galette, qui peut se conserver longtemps. *Biscuit de soldat.* ▷ Fig., fam. *S'embarquer sans biscuit* : partir en voyage sans provision ; *Par ext.,* entreprendre une affaire avec imprévoyance. **2.** Gâteau sec. *Une boîte de petits biscuits.* **3.** Pâtisserie à pâte légère, de consistance molle. *Biscuit de Savoie.* **II. 1.** Porcelaine qui a subi deux cuissons et qu'on laisse dans son blanc mat, sans peinture. *Une figurine en biscuit.* **2.** Ouvrage fait de cette porcelaine. *Un biscuit de Saxe.* – De *bis-*, et *cuit.*

biscuiter [biskɥite] v. tr. [1] TECH Chauffer (une pièce de poterie) au four pour la durcir en biscuit. – De *biscuit.*

biscuiterie [biskɥitʀi] n. f. Fabrique de biscuits, de gâteaux. – De *biscuit.*

1. bise [biz] n. f. Vent de nord à nord-est, sec et froid. POET Froid, hiver. *« La cigale, ayant chanté / Tout l'été / Se trouva fort dépourvue / Quand la bise fut venue » (La Fontaine).* – Frq. **bisa,* ou lat. *aura bisa,* « vent noir ».

2. bise [biz] n. f. Fam. Baiser. *Faire la bise* : donner un baiser. – Déverbal de *biser.*

biseau [bizo] n. m. **1.** Bord, extrémité, coupé en biais, en oblique. *Une glace taillée en biseau.* **2.** Outil à tranchant en biseau. **3.** MUS Bec de l'embouchure de certains instruments. – Partie terminale d'un tuyau d'orgue. – P.-ê. du lat. *bis,* « deux ».

biseautage [bizotaʒ] n. m. Action de tailler en biseau. – De *biseauter.*

biseauter [bizote] v. tr. [1] Tailler en biseau. *Biseauter des cartes,* leur faire une marque en biais, pour pouvoir les reconnaître et tricher. – Pp. adj. *Une glace biseautée.* – De *biseau.*

1. biser [bize] v. tr. [1] Fam. Embrasser. – Forme dial. du v. *baiser.*

2. biser [bize] v. intr. [1] AGRIC Devenir bis, grisâtre, en parlant des grains qui dégénèrent. – De *bis* 1.

biset [bizɛ] n. m. ORNITH Pigeon sauvage *(Columba livia),* dit *pigeon de roche,* au plumage gris ardoise avec un croupion blanc et des pattes rouges, souche de nombreuses races domestiques et du pigeon des villes. – De *bis* 1 (adj.).

bisexualité ou **bissexualité** [bisɛksɥalite] n. f. **1.** BIOL État des organismes bisexués. **2.** PSYCHAN Caractère bisexuel des tendances psychiques, constitutionnel chez l'être humain. – De *bi-*, et *sexualité.*

bisexué ou **bissexué, ée** [bisɛksɥe] adj. BIOL Qui possède des organes sexuels mâles et femelles. *Fleur bisexuée.* – Du rad. de *bisexuel.*

bisexuel ou **bissexuel, elle** [bisɛksyɛl] adj. **1.** Qui concerne les deux sexes chez l'être humain. **2.** Qui est à la fois hétérosexuel et homosexuel. – De *bi-*, et *sexe.*

bismuth [bismyt] n. m. Élément de numéro atomique Z = 83 et de masse atomique 208,98 (symbole Bi). – Corps simple (Bi), de densité 9,8, qui fond à 271 °C et bout vers 1 560 °C. (Il sert à fabriquer des alliages très fusibles; certains de ses composés permettent de soigner les infections intestinales.) – Lat. alchim. *bisemutum,* de l'all. *Wismuth.*

bison [bizɔ̃] n. m. Grand bovidé sauvage (1,80 m au garrot), bossu, à collier laineux. (Deux espèces autref. très fréquentes, *Bison americanus,* en Amérique du Nord, et *Bison bonasus,* en Europe centrale, sont réduites à quelques centaines de représentants, confinés dans des parcs.) – Mot lat. d'orig. germ.

bisontin, ine [bizɔ̃tɛ̃, in] adj. (et n.) De Besançon. ▷ Subst. *Un(e) Bisontin(e).* – Lat. *Bisontii.*

bisou [bizu] n. m. Fam. (langage enfantin) Baiser.

bisque [bisk] n. f. Potage fait d'un coulis de crustacés ou de volaille. *Une bisque d'écrevisses.*

bisquer [biske] v. intr. [1] Fam. Éprouver du dépit. *Faire bisquer quelqu'un.* – P.-ê. provenç. *bisca,* de *bico,* « bique ».

bissac [bisak] n. m. Vx Besace. – De *bis-,* et *sac.*

bissauguinéen, enne [bisaogineɛ̃, ɛn] adj. et n. De Guinée-Bissau, État d'Afrique. ▷ Subst. *Un(e) Bissauguinéen(ne).*

bissecteur, trice [bisɛktœʀ, tʀis] adj. et n. f. GEOM **1.** adj. Qui partage en deux parties égales. **2.** n. f. Demi-droite qui partage un angle en deux parties égales. – De *bis-,* et du lat. *secare,* « couper ».

bissection [bisɛksjɔ̃] n. f. GEOM Division géométrique en deux parties égales. – De *bis-,* et *section.*

bissel [bisɛl] n. m. TECH Essieu porteur d'une locomotive, pouvant pivoter autour d'un axe vertical. – De *Bissel,* nom de l'inventeur.

bisser [bise] v. tr. [1] Solliciter (un artiste) par des applaudissements, des acclamations, pour qu'il rejoue un morceau de musique, redonne une tirade, etc. *Bisser une cantatrice à l'issue de son récital.* ▷ *Bisser un morceau,* le jouer une deuxième fois. – De *bis* 2.

bissexte [bisɛkst] n. m. Jour ajouté au mois de février quand l'année est bissextile. – De *bis-,* et lat. *sextus,* « sixième ».

bissextile [bisɛkstil] adj. f. Se dit de l'année de 366 jours, qui revient tous les quatre ans (février a alors 29 jours), sauf les années centenaires. – Bas lat. *bissextilis.*

bissexualité. V. bisexualité.

bissexué, bissexuel. V. bisexué, bisexuel.

bistorte [bistɔʀt] n. f. BOT Renouée (*Polygonum bistorta,* fam. polygonacées) à rhizome replié en S. – Lat. *bistorta,* de *bis-,* et *torta,* « tordue ».

bistouille [bistuj] n. f. Pop. **1.** Café mélangé d'eau-de-vie. **2.** Mauvaise eau-de-vie. – De *bis-,* et *touiller.*

bistouri [bistuʀi] n. m. Instrument de chirurgie composé d'une lame tranchante fixe ou mobile sur un manche. – *Bistouri électrique,* utilisant, pour sectionner les tissus et coaguler le sang des hémorragies, la chaleur produite par un courant de haute fréquence.

bistournage [bistuʀnaʒ] n. m. Procédé de castration des animaux domestiques par torsion des cordons testiculaires. – De *bistourner.*

bistourner [bistuʀne] v. tr. [1] **1.** Tourner, courber un objet dans un sens contraire au sens naturel pour le déformer. **2.** Tourner les cordons qui aboutissent aux testicules d'un animal, pour le castrer. – De *bis-,* et *tourner.*

bistre [bistʀ] n. et adj. **1.** n. m. Couleur intermédiaire entre le brun et le jaune rouille. **2.** adj. inv. *Teinte bistre.*

bistrer [bistʀe] v. tr. [1] Donner la couleur bistre à. – De *bistre.*

bistro(t) [bistʀo] n. m. **1.** Pop. Café, petit bar. **2.** Pop. et vieilli Patron d'un tel établissement. – P.-ê. du russe *bistro,* « vite », apporté par les troupes russes qui occupaient Paris en 1815 (les soldats réclamaient ainsi leur consommation).

bisulfate [bisylfat] n. m. CHIM Sulfate acide dérivant de l'acide sulfurique et renfermant un atome d'hydrogène acide. – De *bi-,* et *sulfate.*

bisulfite [bisylfit] n. m. CHIM Sulfite acide dérivant de l'acide sulfureux et renfermant un atome d'hydrogène acide. – De *bi-,* et *sulfite.*

bisulfure [bisylfyʀ] n. m. CHIM Sulfure acide dérivant de l'acide sulfhydrique SH_2. – De *bi-,* et *sulfure.*

bit [bit] n. m. INFORM Unité de la numération binaire (0 ou 1). – Contract. de l'angl. *binary digit,* « chiffre binaire ».

bite. V. bitte 2.

bitension [bitɑ̃sjɔ̃] adj. inv. *Appareil électrique bitension,* qui peut fonctionner sous deux tensions différentes. – De *bi-* et *tension.*

biterrois, oise [biteʀwa, waz] adj. (et n.) De Béziers, ville du Sud de la France. ▷ Subst. *Un(e) Biterrois(e).* – De *Biterro,* nom lat. de Béziers.

bitoniau [bitɔnjo] n. m. Fam. Mot désignant un petit objet, partic. une petite pièce mécanique qu'on ne peut ou ne veut nommer.

bitord [bitɔʀ] n. m. MAR Petit cordage composé de plusieurs fils de caret tordus ensemble. – De *bi-,* et *tordre.*

1. bitte [bit] n. f. MAR **1.** Pièce fixée sur le pont d'un navire qui sert à tourner les aussières. **2.** Borne d'amarrage placée sur un quai. – Du scand. *biti,* « poutre ».

2. bitte ou **bite** [bit] n. f. Vulg. Pénis. – P.ê. du normand *bitter,* « boucher », de l'a. scand. *bita,* « mordre ».

bitter [bitɛʀ] n. m. Boisson alcoolisée ou non, au goût amer, fabriquée avec du genièvre. – Du néerl. *bitter,* « amer ».

bi(t)ture [bityʀ] n. f. **1.** MAR Partie du câblot ou de la chaîne d'une ancre, disposée à plat sur le pont pour filer librement quand on mouille. **2.** Fig., pop. *Prendre une biture :* s'enivrer. – De *bitte* 1.

bi(t)turer (se) [bityʀe] v. pron. [1] Pop. S'enivrer. – De *bitture.*

bitumage [bitymaʒ] n. m. Action de bitumer. – De *bitumer.*

bitume [bitym] n. m. **1.** GEOL Roche sédimentaire noirâtre ou brunâtre plus ou moins visqueuse, imprégnant des roches poreuses (roches magasins), et qui, mélangée à du calcaire concassé, fournit l'asphalte artificiel. **2.** PETROCHIM Résidu de distillation sous vide du fuel-oil, ayant la même utilisation que le bitume naturel. **3.** Fam. *Le bitume :* le sol des rues. – Lat. *bitumen.*

bitumer [bityme] v. tr. [1] Revêtir de bitume. *Bitumer un trottoir.* – De *bitume.*

bitumineux, euse [bityminø, øz] adj. TECH Qui contient du bitume ou un produit analogue. – *Schistes bitumineux :* roches sédimentaires dont on tire une huile aux caractéristiques voisines de celles du pétrole. – *Sables bitumineux :* sables qui contiennent du bitume. – Lat. *bituminosus.*

biture. V. bitture.

biunivoque [biynivɔk] adj. MATH *Correspondance biunivoque,* telle qu'à un élément d'un premier ensemble correspond un seul élément d'un second ensemble et réciproquement. – De *bi-,* et *univoque.*

bivalence [bivalɑ̃s] n. f. CHIM Propriété d'un corps possédant la valence 2. *La bivalence de l'oxygène dans H_2O.* – De *bivalent.*

bivalent, ente [bivalɑ̃, ɑ̃t] adj. CHIM Qui possède la valence 2. – De *bi-*, et *valent.*

bivalve [bivalv] adj. et n. m. ZOOL Qui a une coquille constituée de deux parties mobiles jointes par une charnière. ▷ n. m. pl. Classe de mollusques ayant une telle coquille (ex. : huître, moule). – De *bi-*, et *valve.*

biveau [bivo] n. m. TECH Équerre à branches mobiles, employée par les tailleurs de pierres, les fondeurs de caractères. – De l'a. fr. *baïf,* « béant ».

bivitellin, ine [bivitelɛ̃, in] adj. BIOL *Jumeaux bivitellins,* provenant de la fécondation de deux ovules différents (« faux jumeaux »). – De *bi-*, et *vitellin.*

bivouac [bivwak] n. m. Campement temporaire en plein air (militaires, alpinistes, etc.). – Du suisse all. *Biwacht,* « patrouille supplémentaire de nuit ».

bivouaquer [bivwake] v. intr. [1] Camper en plein air. *Les grimpeurs bivouaquaient près du glacier.* – De *bivouac.*

biwa [biwa] n. f. Luth japonais à caisse de résonance piriforme, à manche très court, monté de quatre cordes. – Mot japonais.

bizarre [bizaʀ] adj. (et n.) **1.** adj. Étrange, singulier et surprenant. *Un accoutrement bizarre.* ▷ n. m. Ce qui est étrange. *Avoir un goût marqué pour le bizarre.* **2.** Fantasque, capricieux. *« Son caractère tellement bizarre, sa folie » (Marguerite Duras).* – De l'ital. *bizzarro,* « capricieux », de l'esp. *bizarro,* « brave ».

bizarrement [bizaʀmɑ̃] adv. D'une façon bizarre. – De *bizarre.*

bizarrerie [bizaʀʀi] n. f. **1.** Caractère de ce qui est bizarre. *La bizarrerie des modes.* **2.** Caractère d'une personne qui se montre changeante, fantasque, extravagante. **3.** Action, chose bizarre. *Les bizarreries de l'orthographe.* – De *bizarre.*

bizarroïde [bizaʀɔid] adj. Fam. Insolite, étrange. – De *bizarre.*

bizut(h) [bizy] n. m. **1.** Arg. (des écoles) Élève de première année dans une classe préparatoire aux grandes écoles. **2.** *Par ext.* Élève, soldat nouvellement arrivé.

bizutage [bizytaʒ] n. m. Arg. (des écoles) Ensemble des brimades initiatiques qui marquent traditionnellement l'entrée des nouveaux élèves en classe préparatoire d'une grande école. – De *bizut.*

bizuter [bizyte] v. tr. [1] Arg. (des écoles) Faire subir les brimades traditionnelles à (un, des bizuts). – De *bizut.*

Bk CHIM Symbole du berkélium.

B.K. MED Abrév. de *bacille de Koch.*

blabla [blabla] n. m. Fam. Verbiage, bavardage vide de sens. – Onomat.

black [blak] n. et adj. Fam. *Un(e) Black :* une personne de race noire. ▷ adj. *Une musique black.* – Mot anglais, « noir ».

black-bass [blakbas] n. m. inv. Poisson téléostéen (*Micropterus salmoïdes*), carnivore très vorace atteignant 35 cm, originaire d'Amérique du Nord, appelé aussi *perche truitée.* – Mot angl., « perche noire ».

blackboulage [blakbulaʒ] n. m. Action de blackbouler. – De *blackbouler.*

blackbouler [blakbule] v. tr. [1] **1.** Faire échouer lors d'une élection. **2.** Fam. Refuser à un examen (un candidat). *Il s'est fait blackbouler au bac.* – De l'angl. *to blackball,* « rejeter » (lors d'un vote, en mettant une boule noire, *black ball,* dans l'urne).

black-jack [blakdʒak] n. m. Jeu de cartes américain. – Mot amér., « valet noir ».

black-out [blakaut] n. m. inv. (Anglicisme) **1.** Suppression de toute lumière extérieure, pour éviter qu'un objectif soit repéré par l'ennemi. **2.** Fig. *Faire le black-out sur :* garder le secret à propos de. – De l'angl. *black-out,* « noir total ».

black-rot [blakʀɔt] n. m. AGRIC Maladie de la vigne, due à un champignon pyrénomycète, *Guignardia bidwellii. Des black-rots.* – Mot angl., « pourriture noire ».

blafard, arde [blafaʀ, aʀd] adj. D'une couleur pâle, terne. *Teint blafard. Les lueurs blafardes de l'aube.* – Moyen all. *bleichvar,* « de couleur pâle ».

1. blague [blag] n. f. Petit sac, pochette pour le tabac. – Du néerl. *blag,* « enveloppe ».

2. blague [blag] n. f. **1.** Fig., fam. Histoire inventée pour mystifier quelqu'un. *Raconter des blagues.* – Fam. *Sans blague !* Interjection employée à l'annonce d'une chose qui paraît incroyable. **2.** Fam. Plaisanterie, farce. *Une sale blague.* **3.** Fam. Bêtise. *Faire des blagues. Pas de blagues !* – Déverbal de *blaguer.*

blaguer [blage] v. [1] **1.** v. intr. Fam. Dire des blagues, des plaisanteries, des mensonges. *Non mais tu blagues ?* **2.** v. tr. Fam. Se moquer de (qqn) sans méchanceté. *Garçon de café qui blague ses clients.* – De *blague* 1, avec métaphore, « se gonfler comme un sac, une enveloppe ».

blagueur, euse [blagœʀ, øz] adj. et n. Fam. Qui dit des blagues, qui aime blaguer. *Il est très blagueur.* – De *blague* 2.

blair [blɛʀ] n. m. Pop. Nez. – Abrév. de *blaireau,* par allus. à son museau allongé.

blaireau [blɛʀo] n. m. **1.** Mammifère carnivore (fam. mustélidés) plantigrade, à la fourrure épaisse, gris-brun sur le dos, noire sur le ventre. **2.** Pinceau fabriqué avec le poil de cet animal. **3.** Pinceau fourni, pour se savonner la barbe avant de se raser. – A. fr. *bler,* « tacheté », frq. **blari.*

blairer [bleʀe] v. tr. [1] Pop. Supporter (surtout dans les phrases négatives). *Il ne peut pas me blairer.* – De *blair.*

blaisois ou **blésois, oise** [blezwa, waz] adj. et n. De Blois. ▷ Subst. *Un(e) Blaisois(e).* – Du lat. *Blesæ,* « Blois ».

blâmable [blɑmabl] adj. Qui mérite d'être blâmé, répréhensible. *Action blâmable.* – De *blâmer.*

blâme [blɑm] n. m. **1.** Jugement défavorable. *Encourir le blâme des honnêtes gens.* Ant. approbation, louange. **2.** Réprimande officielle faisant partie de la gamme des sanctions scolaires, administratives, etc. *Un blâme du conseil de discipline.* – Déverbal de *blâmer.*

blâmer [blɑme] v. tr. [1] **1.** Désapprouver. *Blâmer l'attitude de qqn. « Sans la liberté de blâmer, il n'est point d'éloge flatteur » (Beaumarchais).* **2.** Réprimander ; infliger un blâme officiel. – Lat. pop. **blastemare,* « faire des reproches », lat. ecclés. *blasphemare.*

1. blanc, blanche [blɑ̃, blɑ̃ʃ] adj. **1.** Qui est de la couleur commune à la neige, à la craie, au lait, etc. *Le lis et la marguerite sont des fleurs blanches. Drapeau blanc,* qui indique la capitulation, lors d'un combat, ou le désir de parlementer. **2.** D'une couleur pâle qui se rapproche du blanc. *La race blanche. Au XVII*[e] *s., les femmes élégantes devaient avoir la peau très blanche. Un vieillard à cheveux blancs. Être blanc,* pâle. *Il est blanc comme un linge.* **3.** De couleur claire (par oppos. à d'autres choses de même espèce mais de couleur foncée). *Du vin blanc et du vin rouge. Du boudin blanc. Viande blanche :* chair de la volaille, du veau, du lapin, etc. ▷ *Armes blanches,* telles que sabre, baïonnette, etc. (par oppos. aux *armes à feu*). **4.** Vierge, non écrit. *Papier blanc. Remettre une copie blanche. Bulletin blanc,* lors d'une élection. ▷ Loc. fig. *Donner carte blanche :* laisser toute initiative, donner pleins pouvoirs. **5.** Fig. Innocent. *Sortir d'une accusation* *blanc comme neige.* **6.** *Nuit blanche*, passée sans dormir. – *Voix blanche*, sans timbre. – *Vers blancs* : en poésie, vers non rimés. – *Mariage blanc*, non consommé. – Frq. **blank*, « brillant ».

2. blanc, blanche [blɑ̃, blɑ̃ʃ] n. **I.** n. m. **1.** Couleur blanche. *Un blanc mat. Un blanc cassé*, avec des nuances d'une autre couleur. – *Être en blanc*, habillé de vêtements blancs. *En Asie, le blanc est signe de deuil. Les marins américains sont vêtus de blanc.* **2.** Couleur ou matière blanche employée pour blanchir une surface. *Blanc de titane.* **3.** Espace vierge, sans inscriptions, dans une page manuscrite ou imprimée. *Les actes de l'état civil ne doivent comporter aucun blanc. Laisser un blanc.* **4.** Partie blanche de certaines choses. *Un blanc de poulet*, morceau de chair blanche. *Blanc d'œuf*, par oppos. à la partie jaune. *Le blanc de l'œil* : la cornée. *(Se) regarder dans le blanc des yeux*, bien en face. **5.** Linge de maison. *Une exposition de blanc.* **6.** Maladie des plantes causée par des champignons microscopiques qui répandent une poudre blanche. *Blanc du chêne, du rosier.* **7.** CHIM *Blanc d'alumine* : variété d'alumine hydratée. *Blanc d'argent* : carbonate de plomb. ▷ *Blanc de baleine**. **8.** Loc. *À blanc* : jusqu'à amener la couleur blanche. *Métal chauffé à blanc.* – Fig. *Chauffer à blanc (qqn)*, exciter son intérêt, sa passion, son impatience. – *Saigner à blanc* : vider de son sang; fig. dépouiller. – *De but en blanc* : directement. – *Tirer à blanc*, avec une cartouche sans balle. **II.** n. *Un Blanc, une Blanche* : un homme, une femme de race blanche. – V. *blanc* 1.

blanc-bec [blɑ̃bɛk] n. m. Péjor. Jeune homme sans expérience. *Des blancs-becs.* – De *blanc*, et *bec*.

blanc-étoc [blɑ̃ketɔk] ou **blanc-estoc** [blɑ̃kɛstɔk] n. m. SYLVIC Coupe à blanc, dans laquelle on abat tout. *Des blancs-étocs.* – De *blanc*, et *estoc*.

blanchaille [blɑ̃ʃaj] n. f. Menu poisson blanc, souvent employé comme appât. – De *blanc*.

blanchâtre [blɑ̃ʃɑtʀ] adj. D'une couleur tirant sur le blanc. – De *blanc*.

blanche [blɑ̃ʃ] n. f. MUS Figure de note dont la valeur en temps est égale à la moitié de celle de la ronde. *Une blanche vaut deux noires.* – De *blanc*.

blanchet [blɑ̃ʃɛ] n. m. TYPO Morceau de drap dont on garnit le cylindre ou le tympan d'une presse à bras. ▷ Dans une machine offset : manchon de caoutchouc qui entoure le cylindre dit *de blanchet* et transfère les éléments à imprimer de la forme imprimante au papier. – De *blanc*.

blancheur [blɑ̃ʃœʀ] n. f. **1.** Couleur blanche; qualité de ce qui est blanc. *La blancheur de la neige. « Le vierge papier que sa blancheur défend » (Mallarmé).* **2.** Fig. Candeur, innocence. *La blancheur d'une âme pure.* – De *blanc*.

blanchiment [blɑ̃ʃimɑ̃] n. m. **1.** Action de blanchir. *Blanchiment d'un mur.* **2.** TECH Action de décolorer pour faire devenir blanc. *Blanchiment de la pâte à papier.* **3.** Fig. Action de dissimuler, par un jeu comptable, la provenance (d'argent gagné de façon illicite). – De *blanchir*.

blanchir [blɑ̃ʃiʀ] v. [2] **I.** v. tr. **1.** Rendre blanc. *Blanchir de la laine.* – *Blanchir des fruits, des légumes*, leur donner une première cuisson dans l'eau avant de les apprêter. **2.** Couvrir d'une couleur blanche. *La gelée blanchit les prés. Blanchir un mur.* **3.** Rendre propre. *Blanchir le linge.* – Par ext. Fam. *Blanchir qqn* : laver son linge. *Un domestique nourri, logé et blanchi.* **4.** Fig. Disculper. *Blanchir un accusé.* **5.** Fig. *Blanchir de l'argent*, par blanchiment*. **II.** v. intr. **1.** Devenir blanc. *Blanchir de colère. Ses cheveux ont blanchi.* **2.** Fig. *Blanchir sous le harnais* : passer sa vie dans un emploi jusqu'à un âge avancé. **III.** v. pron. **1.** Être blanchi. *Un tissu qui se blanchit facilement.* **2.** Se salir avec du blanc. **3.** Fig. Se disculper. *Se blanchir d'une accusation calomnieuse.* – De *blanc*.

blanchissage [blɑ̃ʃisaʒ] n. m. **1.** Action de blanchir le linge, de le rendre propre; résultat de cette action. *Le blanchissage d'un bleu de travail.* **2.** TECH Raffinage du sucre. – De *blanchir*.

blanchissant, ante [blɑ̃ʃisɑ̃, ɑ̃t] adj. **1.** Litt. Qui devient blanc. **2.** Qui fait devenir plus blanc. *Une lessive qui contient des agents blanchissants.* – Ppr. de *blanchir*.

blanchissement [blɑ̃ʃismɑ̃] n. m. Action, fait de blanchir. – De *blanchir*.

blanchisserie [blɑ̃ʃisʀi] n. f. **1.** Lieu où l'on blanchit le tissu, la cire, etc. **2.** Entreprise commerciale pour le lavage du linge. *Une blanchisserie-teinturerie.* – De *blanchir*.

blanchisseur, euse [blɑ̃ʃisœʀ, øz] n. Celui, celle qui blanchit le linge. *Madame Sans-Gêne était blanchisseuse.* – De *blanchir*.

blanc-manger [blɑ̃mɑ̃ʒe] n. m. CUIS Gelée faite avec du lait, du sucre, des amandes et de la gélatine. *« Le majordome fit placer près du lit un en-cas de blancs-mangers et de massepains » (Gautier).* – De *blanc*, et *manger*.

blanc-seing [blɑ̃sɛ̃] n. m. Papier signé en blanc, que peut remplir à sa convenance la personne à qui il est remis. *Des blancs-seings.* – De *blanc*, et *seing*, « signe ».

blandices [blɑ̃dis] n. f. pl. Rare, litt. Flatteries. – Lat. *blanditia*.

1. blanquette [blɑ̃kɛt] n. f. Cépage blanc. Syn. clairette. ▷ Vin blanc mousseux issu de ce cépage. *La blanquette de Limoux.* – Du provenç. *blanqueto*, dimin. de *blanc*.

2. blanquette [blɑ̃kɛt] n. f. Ragoût de viande blanche à la sauce blanche. *Blanquette de veau.* – Dimin. de *blanc*.

blaps [blaps] n. m. inv. Coléoptère (*Blaps mortisaga*) des lieux sombres et humides, qui se nourrit de matière végétale plus ou moins décomposée. – Du gr. *blaptein*, « nuire ».

blase ou **blaze** [blaz] n. m. Arg. **1.** Nom propre. **2.** Nez. – P.-ê. de *blason*.

blasé, ée [blaze] adj. Dégoûté de tout, rendu indifférent, insensible, par l'expérience ou la satiété. *Des snobs blasés.* – Pp. de *blaser*.

blaser [blaze] **I.** v. tr. [1] **1.** Émousser les sens. *L'abus de l'alcool lui a blasé le goût.* **2.** Fig. Rendre incapable d'émotions, de sentiments. *Les excès l'ont blasé.* **II.** v. pron. Devenir blasé. – Du néerl. *blasen*, « gonfler ».

blason [blazɔ̃] n. m. **1.** Ensemble des pièces qui constituent un écu héraldique. *Le blason d'une ville.* **2.** Science des armoiries, héraldique.

blasonner [blazɔne] v. tr. [1] **1.** Peindre des armoiries. **2.** Déchiffrer, expliquer des armoiries. – De *blason*.

blasphémateur, trice [blasfematœʀ, tʀis] n. Personne qui blasphème. – De *blasphémer*.

blasphématoire [blasfematwaʀ] adj. Qui contient un blasphème. *Des propos blasphématoires.* – De *blasphémer*.

blasphème [blasfɛm] n. m. **1.** Parole qui outrage la divinité, qui insulte la religion. *Blasphème contre le Saint-Esprit.* **2.** *Par ext.* Paroles injurieuses. – Lat. ecclés. *blasphemia*, du gr.

blasphémer [blasfeme] v. [16] **1.** v. tr. Outrager par des blasphèmes. *Blasphémer le nom de Dieu.* **2.** v. intr. Proférer des blasphèmes. – *Par ext.* Proférer des injures, des imprécations. – Lat. ecclés. *blasphemia*, « parole impie ».

-blaste, blasto-. Éléments, du gr. *blastos,* « germe ».

blastocœle [blastɔsɛl] n. m. ZOOL Cavité emplie de liquide, qui apparaît au cours de la formation de la blastula par écartement des blastomères. – De *blasto-*, et gr. *koilia,* « cavité ».

blastoderme [blastɔdɛʀm] n. m. BIOL Membrane de l'œuf des mammifères, constituée de deux feuillets et qui donne naissance à l'embryon. – De *blasto-*, et *derme.*

blastogenèse [blastɔʒənɛz] n. f. ZOOL Formation de la blastula à partir de l'œuf. – De *blasto-*, et *-genèse.*

blastoïdes [blastɔid] n. m. pl. Classe d'échinodermes fossiles du Primaire pourvus d'un pédoncule. – De *blasto-*, et suff. *-oïde.*

blastome [blastom] n. m. MED Tumeur maligne ayant pour origine des cellules souches *(blastes)* et atteignant le plus souvent le système nerveux central (astroblastome, glioblastome, médulloblastome, etc.). – De *blasto-*, et *-ome.*

blastomère [blastɔmɛʀ] n. m. BIOL **1.** Cellule provenant de la segmentation de l'œuf lors de la formation de la blastula. **2.** Chacune des premières cellules des embryons végétaux. – De *blasto-*, et gr. *meros,* « partie ».

blastomycètes [blastɔmisɛt] n. m. pl. BOT Groupe de champignons microscopiques se reproduisant par bourgeonnement (les levures, le muguet, etc.). – Sing. *Un blastomycète.* – De *blasto-*, et *-mycètes.*

blastomycose [blastɔmikoz] n. f. Maladie due à un blastomycète. – De *blasto-*, et *mycose.*

blastula [blastyla] n. f. BIOL Sphère constituée par les blastomères accolés, au stade final de la segmentation de l'œuf. – Du gr. *blastos,* « germe ».

blatérer [blateʀe] v. intr. [**16**] Crier, en parlant du bélier, du chameau. – Lat. *blaterare.*

blatte [blat] n. f. Nom de plusieurs espèces d'insectes nocturnes. – Lat. *blatta.*

ENCYCL De couleur brune ou jaune, les blattes peuvent atteindre 50 mm de long. Diverses espèces sont commensales de l'homme ; la blatte germanique, *Blatella germanica,* atteint 18 mm ; la blatte des cuisines, *Blatta orientalis,* ou *cafard,* atteint 30 mm ; la blatte américaine, *Periplaneta americana,* ou *cancrelat,* atteint 45 mm.

blaze. V. blase.

blazer [blezœʀ ; blazɛʀ] n. m. Veste légère, autref. de couleurs vives, auj. bleue ou noire. *Un collégien en blazer.* – Mot angl., de *to blaze,* « flamboyer ».

blé [ble] n. m. **1.** Plante graminée à épi cylindrique compact, dont le grain fournit une farine panifiable. *Blé tendre, blé dur.* ▷ Loc. fig. *Manger son blé en herbe* : V. herbe. **2.** Le grain lui-même. **3.** *Blé noir* : sarrasin. **4.** *Blé méteil* : mélange de blé et de seigle. **5.** Arg. Argent. – P.-ê. frq. **blad,* « produit du champ », ou gaul. **blato,* « farine ».

ENCYCL **Agric.** – Le blé appartient au genre *Triticum,* de la famille des graminées. C'est une plante annuelle à racines fasciculées, à épi cylindrique et compact, barbu ou non, à gros grains procurant une céréale panifiable ; on distingue les *blés vêtus,* dont les balles adhèrent au grain, et les *blés nus,* dont les balles se séparent facilement du grain. On peut croiser le blé avec du chiendent. Les blés sont originaires du bassin méditerranéen oriental et de l'Asie occidentale ; on connaît une vingtaine d'espèces de *Triticum,* mais seules quelques-unes sont utilisées par l'homme comme céréales. La principale est le *blé tendre,* type de la céréale panifiable ; c'est le blé le plus productif : il possède trois grains nus, oblongs, tendres et farineux par épillet. Le *blé poulard,* également d'un bon rendement, a un grain nu plus renflé et de moindre qualité. L'*amidonnier* (deux grains par épillet) et l' *engrain* (un grain par épillet), moins productifs, à grains vêtus, allongés et vitreux, étaient autrefois très répandus, mais leur culture est à peu près abandonnée. Le grain nu, allongé et dur, riche en gluten, du *blé dur* convient bien à la préparation des pâtes et des semoules ; c'est « le blé Macaroni » ou « blé de force ». Le *blé tendre* se plaît en climat tempéré ou tempéré froid ; c'est une céréale assez rustique.

bled [blɛd] n. m. **1.** Pays, région, en Afrique du Nord. **2.** Fam., péjor. Pays perdu, campagne déserte, village isolé. *Passer ses vacances dans un bled perdu.* – Mot ar., « terrain, pays ».

blême [blɛm] adj. **1.** Pâle, livide, en parlant du visage. *Il est blême de fatigue.* Ant. Frais, vermeil, coloré. **2.** Terne, blafard. *Une lueur blême.* – De *blêmir.*

blêmir [blemiʀ] v. intr. [**2**] Devenir blême. *Blêmir de colère.* – Frq. **blesmjan,* de *bless,* « pâle ».

blêmissement [blemismɑ̃] n. m. Fait de devenir blême. – De *blêmir.*

blende [blɛ̃d] n. f. MINER Minerai sulfuré de zinc (en partic. le sulfure de zinc ZnS). – Mot all.

blennie [bleni] n. f. ICHTYOL Poisson téléostéen à grosse tête, à corps allongé souvent couvert de mucus. *Certaines espèces sortent de l'eau pour se nourrir, par ex. la blennie coiffée* (Blennius galerita) *qui mange des balanes. Blennie baveuse (Blennius ocellaris),* vit par 30 m de fond en Méditerranée ; elle atteint 25 cm de long. – Lat. *blennius.*

blennorragie [blenɔʀaʒi] n. f. MED Maladie vénérienne due au gonocoque, caractérisée par une inflammation des organes génitaux et un écoulement purulent. – Du gr. *blenna,* « mucus », et *rhagê,* « éruption ».

blennorragique [blenɔʀaʒik] adj. MED Atteint de blennorragie. – De *blennorragie.*

blépharite [blefaʀit] n. f. MED Inflammation du bord libre des paupières. – Du gr. *blepharon,* « paupière ».

blèsement [blɛzmɑ̃] n. m. Fait de bléser. – De *bléser.*

bléser [bleze] v. intr. [**16**] Parler avec un défaut de prononciation qui fait substituer les consonnes sifflantes aux consonnes chuintantes (*seval* pour *cheval, zerbe* pour *gerbe*). – Du lat. *blaesus,* « bègue ».

blésité [blezite] n. f. Rare Défaut de prononciation de quelqu'un qui blèse. – De *bléser.*

blésois, oise. V. blaisois.

blessant, ante [blesɑ̃, ɑ̃t] adj. Qui blesse, qui offense. *Des propos blessants.* – Ppr. de *blesser.*

blessé, ée [blese] adj. et n. **1.** adj. Qui a reçu une blessure. *Un soldat blessé.* ▷ Fig. *Blessé dans son honneur.* **2.** n. Personne blessée. *Un blessé léger. Soigner les blessés.* – Pp. de *blesser.*

blesser [blese] v. tr. [**1**] **1.** Donner un coup qui fait une plaie, une fracture ou une contusion. *Blesser d'un coup d'épée, de bâton, de revolver.* ▷ Provoquer une blessure. *Ce collier blesse le cheval.* – *Par ext.* Gêner jusqu'à causer une douleur. *Ses chaussures neuves la blessent.* **2.** Causer une impression désagréable (à la vue, à l'ouïe). *Une fausse note qui blesse l'oreille.* **3.** Fig. Choquer, froisser, outrager. *Son orgueil en fut blessé.* – *Blesser quelqu'un au cœur, à vif,* douloureusement. **4.** Litt. Enfreindre. *Blesser les convenances, la pudeur, la vraisemblance, le bon goût.* **5.** Causer un tort, un préjudice à. *Blesser l'honneur de quelqu'un.* **6.** v. pron. *Se blesser avec un couteau.* – Fig. *Elle se blesse pour un rien.* – Frq. **blettjan,* « meurtrir ».

blessure [blesyʀ] n. f. **1.** Lésion comportant une plaie. *Une blessure superficielle. Sa blessure s'est refermée.* **2.** Fig. Atteinte morale. *Une blessure d'amour-propre. Rouvrir une blessure* : raviver un chagrin. – De *blesser.*

blet, blette [blɛ, blɛt] adj. Se dit des fruits trop mûrs, dont la chair est ramollie et tachée. *Des poires blettes.* – Même racine que *blesser.*

blette. V. bette.

blettir [bletiʀ] v. intr. [2] Devenir blet. – De *blet.*

blettissement [bletismɑ̃] n. m. Le fait de devenir blet. – De *blettir.*

1. bleu, eue [blø] adj. **1.** Qui est couleur d'azur. *Des yeux bleus. Des chemises bleu ciel. Un ciel bleu, sans nuages.* ▷ Fam. *Col-bleu* : marin. ▷ *Carte* bleue.* ▷ Fig. *Sang bleu,* noble. ▷ *Cordon-bleu* : fine cuisinière. ▷ CUIS *Un steak bleu,* à peine cuit. ▷ *Zone bleue,* à stationnement réglementé. **2.** D'une teinte livide. *Avoir les mains bleues de froid.* ▷ *Maladie bleue* : cardiopathie cyanogène, état pathologique dû à des malformations du cœur et des gros vaisseaux, avec une coloration bleue des téguments. *Enfant bleu,* atteint de cette maladie. – Frq. *blao.*

2. bleu [blø] n. m. (et f.) **1.** La couleur bleue. *Le bleu du ciel est dû à la diffusion des radiations solaires par l'atmosphère.* ▷ Fig., fam. *N'y voir que du bleu* : ne s'apercevoir de rien, n'y rien comprendre. *Passer au bleu* : escamoter. ▷ n. f. Loc. *La grande bleue* : la mer, spécial. la Méditerranée. **2.** Matière colorante bleue. *Bleu d'amidon, de cobalt, d'outremer, de Prusse.* **3.** Fam. Recrue nouvellement incorporée. *Par ici les bleus!* **4.** Meurtrissure ayant déterminé un épanchement sanguin sous-cutané. *Se faire un bleu à la cuisse.* **5.** Fam., péjor. *Gros bleu* : vin rouge de mauvaise qualité. **6.** CUIS *Cuire une truite au bleu,* la cuire en la jetant vivante dans de l'eau bouillante. **7.** Fromage à moisissure bleue. *Bleu de Bresse.* **8.** *Bleu de méthylène* : antiseptique de couleur bleue. **9.** Vx *Petit bleu* : télégramme (sur papier bleu). **10.** Vêtement de travail, en grosse toile bleue. *Bleu de mécanicien.* – De *bleu* 1.

bleuâtre [bløɑtʀ] adj. Qui tire sur le bleu. – De *bleu,* et *-âtre.*

bleuet [bløɛ] ou **bluet** [blyɛ] n. m. Centaurée bleue (*Centaurea cyanus*) naguère très courante dans les blés, avant l'utilisation des désherbants. – De *bleu.*

bleuir [bløiʀ] **1.** v. tr. [2] Faire devenir bleu. *Ce colorant bleuit l'eau.* **2.** v. intr. Devenir bleu. – De *bleu.*

bleuissement [bløismɑ̃] n. m. **1.** Passage d'une couleur au bleu. **2.** Action de bleuir (sens 1). – De *bleuir.*

bleusaille [bløzaj] n. f. Arg. *La bleusaille* : l'ensemble des jeunes recrues. – De *bleu.*

bleuté, ée [bløte] adj. Qui a une teinte tirant sur le bleu. – Pp. de *bleuter.*

bleuter [bløte] v. tr. [1] Passer légèrement au bleu. – De *bleu.*

bliaud ou **bliaut** [blijo] n. m. Anc. Blouse ample portée au Moyen Âge par les hommes et les femmes. – Mot d'orig. germ.

blindage [blɛ̃daʒ] n. m. **1.** Action de blinder (sens 1); ouvrage qui sert à consolider les parois d'une tranchée, d'un tunnel. **2.** Revêtement métallique qui protège un navire, un véhicule, une porte. **3.** ELECTR Gaine métallique qui empêche un circuit, un câble, de subir l'action de champs électriques et magnétiques, ou de rayonner. **4.** PHYS NUCL Écran qui assure une protection contre les rayonnements. – De *blinder.*

blindé, ée [blɛ̃de] adj. et n. m. **I.** adj. **1.** Qui est blindé. *Train blindé.* **2.** MILIT Équipé de véhicules blindés. *Division blindée. Arme blindée.* **3.** Fig., fam. Endurci. **4.** Pop. Ivre. **II.** n. m. MILIT Véhicule muni d'un blindage (automitrailleuse, char de combat). ▷ *Les blindés* : unités utilisant ces véhicules. – Pp. de *blinder.*

blinder [blɛ̃de] v. tr. [1] **1.** CONSTR Consolider les parois d'une tranchée, d'un tunnel, par un coffrage, afin de réduire les risques d'éboulement. **2.** Protéger la coque d'un navire, les structures d'un véhicule, le panneau d'une porte, etc., à l'aide d'un revêtement métallique de forte épaisseur. **3.** Fig., fam. Endurcir. *Après ce coup-là, il est blindé.* ▷ v. pron. *Se blinder contre le chagrin.* – De l'allemand *blenden,* «aveugler».

blini ou **blinis** [blini] n. m. Crêpe salée épaisse et un peu spongieuse, de petit diamètre. – Russe *blin,* plur. *blini.*

blister [blistɛʀ] n. m. Emballage de carton recouvert de plastique transparent pour articles de petit format (crochets, douilles, ampoules électriques, etc.) adaptable à un présentoir. – Mot angl. «bulle».

blizzard [blizaʀ] n. m. GEOGR Vent du grand Nord, très rapide (200 à 250 km/h), très froid, chargé de neige. – Mot amér.

1. bloc [blɔk] n. m. **1.** Masse, gros morceau d'une matière pesante et dure à l'état brut. *Des blocs de pierre.* **2.** Carnet de feuilles de papier détachables. **3.** Fam. Prison. **4.** Fig. Assemblage d'éléments homogènes. *Faire bloc* : s'unir fortement. **5.** SPORT *Bloc de départ* : Syn. (off. recommandé) de *starting-block.* **6.** AUTO *Bloc-moteur* : ensemble formé par le moteur, la boîte de vitesses et l'embrayage. ▷ *Bloc-cylindres* : ensemble des cylindres d'un moteur. **7.** Ensemble de bâtiments, d'équipements. *Bloc d'immeubles. Bloc technique. Bloc opératoire,* pour les opérations chirurgicales. **8.** loc. adv. *En bloc* : en gros, en totalité. *Il a refusé en bloc mes propositions.* – Néerl. *bloc,* «tronc abattu».

2. bloc [blɔk] n. m. Loc. adv. *À bloc.* **1.** MAR *Hisser un pavillon à bloc,* de façon qu'il soit contre la poulie de la drisse qui le supporte. ▷ De façon à bloquer, à fond. *Serrer un frein à bloc.* **2.** Fig., fam. (comme augmentatif). *Être gonflé* à bloc.* – De *bloquer.*

1. blocage [blɔkaʒ] n. m. CONSTR Débris de pierres, de briques pour remplir les vides entre deux murs. ▷ TRAV PUBL Fondation de chaussée en menus moellons compactés au cylindre. – De *bloquer.*

2. blocage [blɔkaʒ] n. m. **1.** Action de bloquer. *Le blocage des freins.* **2.** Fig. ECON Mesure prise pour assurer une stabilisation des prix. *Blocage des prix, des salaires.* **3.** ESP Protection d'une structure soumise à un échauffement aérodynamique, par injection d'hélium ou d'hydrogène dans la couche limite. – De *bloquer.*

blocaux [blɔko] n. m. pl. GEOL *Argile à blocaux,* contenant des blocs plus ou moins gros, le plus souvent d'origine glaciaire (blocs arrondis et striés). – De *bloc* 1.

blockhaus [blɔkos] n. m. Réduit fortifié. – De l'all. *Block,* «poutre», et *Haus,* «maison».

blockpnée [blɔkpne] n. f. MED Crise de suffocation, non douloureuse, équivalent mineur de l'angine de poitrine. – Angl. *block,* et du gr. *pnein,* «respirer».

block-système ou **bloc-système** [blɔksistɛm] n. m. CH de F Système de signalisation destiné à éviter les collisions entre des trains qui circulent sur une même voie. – Angl. *block-system.*

bloc-notes [blɔknɔt] n. m. Carnet de feuilles de papier détachables, pour prendre des notes. *Des blocs-notes.* – Angl. *block,* et *notes.*

bloc-système. V. block-système.

blocus [blɔkys] n. m. Investissement d'une place forte, d'un port, d'un pays. ▷ *Blocus économique* : mesures visant à l'isolement d'un pays sur le plan économique. – Du néerl. *blokhuis* (V. blockhaus).

blond, blonde [blɔ̃, blɔ̃d] adj. et n. **1.** adj. Qui est d'une couleur proche du jaune, entre le doré et le châtain clair. *Des cheveux blonds. Une moustache blonde.* **2.** Subst. Personne dont les cheveux sont blonds. *Une jolie blonde.* **3.** n. m. Couleur blonde. *Un blond vénitien,* lumineux, tirant sur le roux. **4.** *Par anal.* De couleur jaune pâle. *Du tabac blond. De la bière blonde.* – P.-ê. du germ. **blund.*

blondasse [blɔ̃das] adj. Péjor. D'un blond fade. – De *blond,* et *-asse.*

blondeur [blɔ̃dœʀ] n. f. Caractère de ce qui est blond. – De *blond.*

1. blondin, ine [blɔ̃dɛ̃, in] n. Personne qui a les cheveux blonds. – De *blond.*

2. blondin [blɔ̃dɛ̃] n. m. TECH Appareil de levage et de transport se déplaçant sur câbles aériens. – Du nom du célèbre acrobate *Blondin* qui avait traversé les chutes du Niagara sur un fil tendu.

blondinet, ette [blɔ̃dinɛ, ɛt] n. Enfant blond. – De *blond.*

blondir [blɔ̃diʀ] v. intr. [2] Devenir blond. *Ses cheveux blondissent en été.* – CUIS *Faire blondir des oignons dans une poêle.* – De *blond.*

blongios [blɔ̃ʒjɔs] n. m. ORNITH Genre d'oiseaux ciconiiformes, les plus petits hérons, appelés aussi butors nains, dont l'espèce européenne (*Ixobrychus minutus*), de la taille d'un pigeon, au plumage crème, vit cachée dans les roseaux.

bloom [blum] n. m. METALL Lingot d'acier de section rectangulaire qui n'a subi que les premières passes de laminage. – Mot angl.

bloomer [blumœʀ] n. m. Culotte courte et bouffante serrée en haut des cuisses. – De *Bloomer,* n. propre anglais.

blooming [blumiŋ] n. m. METALL Laminoir dégrossisseur. – Mot angl.

bloquant [blɔkɑ̃] adj. m. et n. m. BIOL Se dit de toute molécule synthétique présentant une analogie structurale avec des récepteurs* de la membrane cellulaire mais ne déclenchant pas l'activité pharmacologique prévisible. ▷ n. m. *La réaction entre le bloquant et le récepteur inhibe la fonction correspondante.* – Ppr. de *bloquer.*

bloquer [blɔke] v. tr. [1] **1.** Mettre en bloc. *Il a bloqué ses jours de congé pour partir en vacances.* **2.** Fermer par un blocus. *Bloquer un port.* **3.** Empêcher de bouger. *Bloquer un écrou.* **4.** SPORT *Bloquer le ballon,* l'arrêter net. – *Bloquer un coup,* en boxe, empêcher qu'il atteigne le point visé. **5.** Fig. Empêcher, interdire (une augmentation). *Bloquer les salaires.* – Empêcher le fonctionnement de. *Bloquer un compte en banque.* **6.** *Par ext.* Obstruer. *La route est bloquée par la neige.* – De *bloc.*

bloqueur, euse [blɔkœʀ, øz] adj. Qui bloque. *Un écrou bloqueur.* – De *bloquer.*

blottir (se) [blɔtiʀ] v. pron. [2] Se ramasser sur soi-même. *Se blottir dans son lit.* – P.-ê. bas all. *blotten,* « écraser ».

blousant, ante [bluzɑ̃, ɑ̃t] adj. Qui blouse (vêtements). *Ce chemisier n'est pas assez blousant.* – Ppr. de *blouser* 1.

blouse [bluz] n. f. **1.** Vêtement de travail fait de grosse toile. *Blouse de droguiste, d'écolier.* **2.** Corsage de femme en tissu léger. *Une blouse froncée à la taille.*

1. blouser [bluze] v. intr. [1] Avoir une ampleur donnée par des fronces retenues par une ceinture. *Faire blouser un chemisier.* – De *blouse.*

2. blouser [bluze] v. tr. [1] **1.** Au billard, envoyer la bille de son adversaire dans une blouse, un trou. **2.** Fig., fam. *Blouser quelqu'un,* le tromper. – De *blouse,* « trou au coin des anciens billards ».

blouson [bluzɔ̃] n. m. Veste courte qui blouse. *Un blouson de cuir.* – De *blouse.*

blue-jean(s) [bludʒin(s)] n. m. Pantalon sport de grosse toile, généralement de couleur bleue, porté indifféremment par les deux sexes. (Abrév. : jean(s)). *Des blue-jeans.* – Mot amér., « coutil bleu ».

blues [bluz] n. m. **1.** Chant populaire des Noirs américains, d'inspiration souvent mélancolique. **2.** MUS Séquence harmonique de douze mesures, organisée autour des accords de tonique, de dominante et de sous-dominante, qui sert de canevas à des improvisations, dans le jazz. – De l'amér. *blues,* « vague à l'âme, cafard ».

bluet. V. bleuet.

bluette [blyɛt] n. f. **1.** Vx Petite étincelle. **2.** Fig., vieilli Petit ouvrage sans prétention. *Une jolie bluette.* – A. fr. **belue,* « étincelle ».

bluff [blœf] n. m. **1.** Dans une partie de cartes : attitude destinée à tromper l'adversaire. **2.** *Par ext.* Parole, action dont le but est de faire illusion, d'en imposer à quelqu'un. – Mot amér.

bluffer [blœfe] v. [1] **1.** v. tr. Fam. *Bluffer quelqu'un,* le tromper. **2.** v. intr. Se vanter, faire du bluff. – De *bluff.*

bluffeur, euse [blœfœʀ, øz] n. et adj. Personne qui bluffe. – De *bluffer.*

blutage [blytaʒ] n. m. Action de bluter. – De *bluter.*

bluter [blyte] v. tr. [1] Séparer la farine du son par tamisage. – Moyen haut all. *bruteln,* même sens.

bluterie [blytʀi] n. f. **1.** TECH Machine à bluter. **2.** Lieu où l'on blute. – De *bluter.*

blutoir [blytwaʀ] n. m. Tamis à bluter. – De *bluter.*

boa [bɔa] n. m. **I. 1.** Grand serpent non venimeux d'Amérique du S. (L'espèce *Boa constrictor* atteint 6 m et tue ses proies en les étouffant dans ses anneaux.) **2.** Nom donné à de nombreux autres boïdés. **II.** Parure de plumes ou de fourrure que les femmes portent autour du cou. – Mot lat.

boat people [botpipœl] n. inv. Réfugié qui quitte avec un groupe son pays sur un bateau de fortune, spécial. dans le Sud-Est asiatique. – Exp. angl., « gens des bateaux ».

bob [bɔb] n. m. Coiffure de tissu souple, en forme de cloche, dont le bord peut être relevé. – Nom angl., diminutif de *Robert,* désignant les soldats américains.

bobard [bɔbaʀ] n. m. Fam. Histoire fantaisiste ; propos mensonger ; nouvelle inventée. *Raconter des bobards.* – A. fr. *bobeau,* « mensonge ».

bobèche [bɔbɛʃ] n. f. Disque de verre ou de métal adapté sur un chandelier pour recevoir les gouttes de bougie fondue.

bobeur, euse [bɔbœʀ, øz] n. SPORT Pratiquant du bobsleigh. – De *bob,* « bobsleigh ».

bobinage [bɔbinaʒ] n. m. **1.** Action d'enrouler sur une bobine. **2.** ELECTR Ensemble des fils enroulés, dans une machine, un transformateur. – De *bobiner.*

bobine [bɔbin] n. f. **1.** Cylindre à rebords qui sert à enrouler du fil, des pellicules photographiques, etc. **2.** ELECTR Enroulement de fil conducteur. ▷ AUTO Appareil qui produit le courant alimentant les bougies. **3.** Fam., fig. Tête, figure ; expression du visage. *Faire une drôle de bobine.*

bobineau ou **bobinot** [bɔbino] n. m. **1.** TECH Bobine où s'enroule le fil dans un métier à filer. **2.** IMPRIM Reste d'une bobine de papier inutilisé à la fin d'une opération sur rotative. **3.** AUDIOV Petite longueur de bande magnétique enroulée sur un noyau. **4.** Petite bobine. – De *bobine.*

bobiner [bɔbine] v. tr. [1] Mettre en bobine. – De *bobine.*

bobinette [bɔbinɛt] n. f. **1.** Pièce de bois qui servait autref. à fermer une porte. **2.** Fam., fig. Tête, figure. – De *bobine*.

bobineur, euse [bɔbinœʀ, øz] n. Personne qui met en bobines. – De *bobiner*.

bobineuse [bɔbinøz] n. f. ou **bobinoir** [bɔbinwaʀ] n. m. TECH Machine pour bobiner (du fil, un câble, etc.). – De *bobiner*.

1. bobo [bobo] n. m. **1.** Dans le langage des enfants, mal physique. *Avoir bobo*. **2.** Mal bénin. *Ce n'est qu'un bobo*. – Onomat.

2. bobo [bobo] adj. (inv. en genre) Des Bobos, populations africaines voltaïques.

bobonne [bɔbɔn] n. f. Fam., péjor. Épouse. (Souvent employé comme un nom propre.) *Il est venu avec bobonne ?* – De *bonne*.

bobsleigh [bɔbslɛg] n. m. SPORT Traîneau articulé à plusieurs places, qui peut glisser très vite sur des pistes de glace. (Abrév. : bob). – Mot angl., de *to bob*, «se balancer», et *sleigh*, «traîneau».

bobtail [bɔbtɛl] n. m. Chien de berger à poil long et à robe gris et blanc.

bocage [bɔkaʒ] n. m. **1.** Vx ou litt. Petit bois ombreux. **2.** Pays de prairies et de cultures coupées de haies vives et de bois. *Le bocage de Vendée. Le Bocage normand*. – Dérivé normand de *bosc*, forme primitive de *bois*.

bocager, ère [bɔkaʒe, ɛʀ] adj. **1.** Vx, litt. Des bois. *Les nymphes bocagères*. **2.** Du bocage; relatif au bocage (sens 2). – De *bocage*.

bocal, aux [bɔkal, o] n. m. Récipient en verre ou en grès à large goulot. *Des bocaux à cornichons*. – Du gr. *baukalis*, «vase réfrigérant», par le lat. et l'ital.

bocard [bɔkaʀ] n. m. TECH Broyeur à minerais. – De l'all. *Pochhammer*, «marteau à écraser».

bocardage [bɔkaʀdaʒ] n. m. TECH Action de broyer du minerai. – De *bocarder*.

bocarder [bɔkaʀde] v. tr. [1] TECH Passer au bocard. – De *bocard*.

boche [bɔʃ] n. m. et adj. Fam., péjor., vieilli Allemand. – Apocope d'*alboche*, altér. d' *allemoche*, arg. «allemand», d'après *tête de boche*, «tête de bois».

bock [bɔk] n. m. **1.** Verre à bière, d'un quart de litre environ. *Boire un bock*. **2.** *Bock à injections :* récipient muni d'un tube terminé par une canule, utilisé pour les lavements. – De l'all. *bockbier*, altér. de *Einbeckbier*, «bière d'Einbeck».

bodhisattva [bɔdisatva] n. m. inv. Dans certaines formes de bouddhisme, être (humain ou divin), avancé dans la perfection, qui n'a pas encore atteint l'état de bouddha et veille sur les hommes. – Mot sanscrit, «être qui a atteint l'état d'éveil».

bodoni [bɔdɔni] n. m. Variété de caractères typographiques créée par l'imprimeur Bodoni (1740-1813).

body [bɔdi] n. m. (Anglicisme) Syn. de *justaucorps*. – Angl. *body*, «corps».

body-building [bɔdibɥildiŋ] n. m. (Anglicisme) Syn. de *culturisme*. – Mot angl., «construction du corps».

boer [bɔɛʀ] adj. (inv. en genre) Des Boers, colons qui s'installèrent après 1652 en Afrique du Sud. – Mot néerl. «paysan».

boësse [bwɛs] n. f. TECH Brosse métallique avec laquelle le ciseleur ébarbe son ouvrage. – Du provenç. *gratta-boyssa*, «gratte, balaye».

boëte, boëtte [bwɛt] ou **boitte** [bwat] n. f. PECHE Appât. – Du breton *boued*, «nourriture».

bœuf, bœufs [bœf, bø] n. m. **1.** Mammifère ruminant de grande taille (fam. bovidés), dont le taureau et la vache domestiques constituent l'espèce *Bos primigenius taurus*. (*Bos primigenius* était l'aurochs. Au genre *Bos* appartiennent les bantengs, les gaurs, les yacks). **2.** Taureau castré. – *Le bœuf gras*, promené en pompe par les bouchers en période de carnaval, dans certaines régions. ▷ Fig. *Mettre la charrue* avant les bœufs. Avoir un bœuf sur la langue* : se taire obstinément. **3.** Chair de cet animal. *Un filet de bœuf*. **4.** Syn. de *jam-session*. **5.** adj. inv. Fam. Énorme, considérable. *Un effet, un toupet bœuf*. – Lat. *bos, bovis*.

bof! [bɔf] interj. Exprime le mépris, l'indifférence. – Onomatopée.

bogey [bɔge] n. m. SPORT Au golf, nombre de coups que réalise un joueur de bon niveau sur un parcours. – De *Bogey*, nom propre.

boghead [bɔged] n. m. GEOL Houille formée essentiellement d'algues microscopiques, noyées dans une gelée humique et bitumineuse (charbon gras), le meilleur charbon à gaz. – Nom d'un village écossais.

boghei, boguet [bɔgɛ] ou **buggy** [bygi] n. m. Anc. Petit cabriolet découvert. – De l'angl. *buggy*.

bogie ou **boggie** [bɔgi] n. m. CH de F Chariot à plusieurs essieux permettant à un wagon, une voiture ou une locomotive de s'articuler. – Mot angl.

bogomile [bɔgɔmil] n. (et adj.) Membre d'une secte néo-manichéenne apparue en Bulgarie au Xᵉ s., dont la doctrine se répandit jusqu'au Languedoc au XIIᵉ s. – adj. *La nécropole bogomile de Radimlja, en Yougoslavie*. – Mot bulgare, de *bog*, «Dieu», et *mile*, «qui aime».

1. bogue [bɔg] n. f. Enveloppe épineuse de la châtaigne. – Mot de l'O., breton *bolc'h*.

2. bogue. V. bug.

boguet. V. boghei.

bohème [bɔɛm] n. et adj. **1.** n. m. Fig. Personne qui a une vie vagabonde, au jour le jour. *Un artiste, un bohème. Une vie de bohème*. – adj. *Mener une existence bohème*. **2.** n. f. (Collectif) Ensemble des gens qui mènent une vie irrégulière et désordonnée. *La bohème des cafés*. – Du lat. médiév. *bohemus*, «habitant de la Bohême».

bohémien, enne [bɔemjɛ̃, ɛn] n. et adj. Membre de tribus vagabondes qu'on croyait originaires de la Bohême. *Une troupe de bohémiens*. – De *Bohême*.

boïar. V. boyard.

boïdés [bɔide] n. m. pl. ZOOL Famille de reptiles à laquelle appartiennent les boas, pythons et autres grands serpents constricteurs. – Sing. *Un boïdé*. – De *boa*.

1. boire [bwaʀ] v. tr. [56] **1.** Avaler (un liquide). *Buvez pendant que c'est chaud!* ▷ Loc. fam. *Boire un coup, un verre. Boire comme un trou, comme une éponge*, excessivement. ▷ *Boire à la santé de quelqu'un*, exprimer des vœux pour sa santé au moment de boire. **2.** Loc. fig. *Il y a là à boire et à manger*, du bon et du mauvais. *Ce n'est pas la mer* à boire. Boire un bouillon.* Quand le vin est tiré, il faut le boire* : il faut terminer ce que l'on a commencé. *Qui a bu, boira* : on retombe toujours dans ses mauvaises habitudes. *Boire les paroles de quelqu'un*, l'écouter avec avidité. *Boire du petit lait* : écouter avec plaisir (des flatteries). Fam. *Boire la tasse* : avaler de l'eau (en nageant, en tombant à l'eau). *Avoir toute honte bue* : n'avoir plus honte de rien. **3.** (S. comp.) Boire de l'alcool avec excès. *Il a l'habitude de boire*. **4.** Absorber, s'imprégner de. *La terre boit l'eau*. – (S. comp.) *Ce papier boit*, absorbe l'encre. – Lat. *bibere*.

2. boire [bwaʀ] n. m. *Le boire et le manger* : ce que l'on boit et mange. – *En perdre le boire et le manger* : être entièrement absorbé par une occupation, un chagrin, une passion. *Après boire* : après avoir trop bu d'alcool. *Des propos tenus après boire.* – Substant. de *boire* 1.

bois [bwa(ɑ)] n. m. **I.** Espace couvert d'arbres. *Un bois de chênes. La lisière du bois.* ▷ *Homme des bois* : individu fruste. *Être volé comme dans un bois. Je ne voudrais pas le rencontrer le soir au coin d'un bois,* se dit à propos de quelqu'un dont l'allure est inquiétante. **II. 1.** Substance solide et fibreuse qui compose les racines, la tige et les branches des arbres. *Ramasser du bois mort. Un stère de bois. Faire un feu de bois. Du bois de charpente.* **2.** Loc. *Faire feu de tout bois* : utiliser toutes les opportunités. *Il est du bois dont on fait les flûtes* : il accepte tout. *Il saura de quel bois je me chauffe,* comment je vais réagir (c'est-à-dire : violemment). *Touchons du bois* : formule pour conjurer le sort. *On n'est pas de bois* : on n'est pas insensible aux charmes de l'autre sexe. **3.** Objet en bois. *Bois d'une raquette de tennis.* **4.** MUS *Les bois* : les instruments à vent en bois. **5.** (Plur.) Os pairs ramifiés du front des cervidés mâles, qui tombent et repoussent chaque année. **6.** Arg. *Les bois* : les poteaux du but de football. *Jouer dans les bois* : être gardien de but. – Mot d'orig. germ.; lat. *boscus.*

boisage [bwazaʒ] n. m. Action de boiser (sens 1 et 2). – Ouvrage ainsi réalisé. – De *boiser.*

boisé, ée [bwaze] adj. Planté d'arbres. – Pp. de *boiser.*

boisement [bwazmɑ̃] n. m. SYLVIC Action de planter des arbres sur un terrain; les plantations d'arbres de ce terrain. – De *boiser.*

boiser [bwaze] v. tr. [1] **1.** CONSTR Garnir d'une boiserie. **2.** MINES Procéder au soutènement à l'aide d'étais en bois. **3.** Planter d'arbres. – De *bois.*

boiserie [bwazʀi] n. f. Revêtement d'un mur au moyen d'un ouvrage en menuiserie; cet ouvrage lui-même. – De *bois.*

boiseur [bwazœʀ] n. m. MINES Ouvrier chargé du boisage. – De *boiser.*

boisseau [bwaso] n. m. **1.** Anc. Mesure de capacité pour les grains (env. 13 l). ▷ Fig. *Mettre la lumière sous le boisseau* : cacher la vérité. **2.** CONSTR Élément préfabriqué, à emboîtement, pour les conduits de fumée ou de ventilation. **3.** TECH *Robinet à boisseau* : robinet muni d'un axe qu'on tourne avec une clé pour le fermer. – Lat. pop. **buxitellum.*

boissellerie [bwasɛlʀi] n. f. Fabrication de boisseaux (sens 1) et d'ustensiles ménagers en bois. – De *boisseau.*

boisson [bwasɔ̃] n. f. **1.** Tout liquide que l'on peut boire. *Une boisson rafraîchissante.* **2.** *Spécial.* Boisson alcoolisée. *Débit de boissons.* – Litt. *Être pris de boisson,* ivre. **3.** Fig. Passion de boire de l'alcool. *S'adonner à la boisson.* – Bas lat. *bibitio,* de *bibere,* « boire ».

boîte [bwat] n. f. **1.** Récipient de bois, de métal, de plastique, de carton, etc., généralement à couvercle. *Boîte carrée, ronde. Boîte à bijoux.* ▷ Loc. fam. *Mettre en boîte* : se moquer de. *Boîte à malice* : ruses dont une personne dispose. *Elle sort d'une boîte* : elle est arrangée avec soin. *Fermer sa boîte* : se taire. **2.** *Par ext.* Contenu d'une boîte. *Avaler toute une boîte de bonbons.* **3.** *Boîte à musique* : coffret contenant un mécanisme qui reproduit une mélodie. **4.** *Boîte aux (à) lettres* : réceptacle installé dans la rue ou dans une poste, destiné à recevoir le courrier à acheminer; boîte où le facteur dépose le courrier; fig. personne qui transmet des messages parfois clandestins. – *Boîte postale* (abrév. B.P.) : boîte aux lettres d'un particulier située dans un bureau de poste. **5.** ANAT *Boîte crânienne* : cavité osseuse renfermant l'encéphale. **6.** AERON *Boîte noire* : appareil enregistreur placé à l'abri des chocs, qui permet de reconstituer les circonstances d'un accident d'avion. **7.** AUTO *Boîte à gants* : casier, souvent muni d'une porte, situé près du tableau de bord. *Boîte de vitesses* : organe qui sert à modifier le rapport entre la vitesse du moteur et celle des roues motrices. **8.** TECH *Boîte à fumée* : élément d'une chaudière reliant l'extrémité des tubes de fumées à la buse d'évacuation de la cheminée. – *Boîte à vent* : caisson qui reçoit l'air d'alimentation des tuyères d'un haut fourneau. – *Boîte de dérivation, de jonction,* à l'intérieur de laquelle on raccorde des conducteurs électriques. **9.** PHYS NUCL *Boîte à gants* : enceinte à l'intérieur de laquelle on manipule des produits radioactifs à travers des ouvertures munies de gants. **10.** Fam., péjor. École, lieu de travail. *Il ne veut plus retourner dans cette sale boîte.* **11.** *Boîte de nuit* : cabaret qui sert des boissons alcoolisées, qui présente des spectacles et où l'on danse. – Lat. classique *pyxis,* lat. pop. **buxida.*

boitement [bwatmɑ̃] n. m. Fait, action de boiter, claudication. – De *boiter.*

boiter [bwate] v. intr. [1] **1.** Incliner le corps plus d'un côté que de l'autre en marchant. *Boiter du pied droit.* **2.** Fig. Être défectueux, en parlant d'un raisonnement, d'un plan – *Un vers qui boite,* qui n'a pas le nombre régulier de pieds.

boiterie [bwatʀi] n. f. Action de boiter, en parlant des êtres humains et des animaux. – De *boiter.*

boiteux, euse [bwatø, øz] adj. (et n.) **1.** Qui boite. **2.** (En parlant de choses.) En déséquilibre. *Table boiteuse.* **3.** Fig. Qui manque d'équilibre. *Une paix boiteuse.* – Irrégulier. *Période, phrase boiteuse.* – De *boiter.*

boîtier [bwatje] n. m. **1.** Coffret compartimenté. **2.** Partie d'une montre renfermant le mouvement. *Boîtier de montre.* – De *boîte.*

boitillement [bwatijmɑ̃] n. m. Boitement léger. – De *boitiller.*

boitiller [bwatije] v. intr. [1] Boiter légèrement. – De *boiter.*

boitte. V. boëte.

1. bol [bɔl] n. m. **1.** Récipient hémisphérique, destiné à contenir des liquides. *Un bol à punch.* **2.** Contenu d'un bol. *Un bol de lait.* ▷ Fig. *Prendre un* (bon) bol d'air : sortir au grand air. **3.** Pop. *Avoir du bol,* de la chance. – Fam. *En avoir ras le bol* : en avoir assez. – Angl. *bowl.*

2. bol [bɔl] ou **bolus** [bɔlys] n. m. MED *Bol alimentaire* : masse que forme, au moment d'être avalé, un aliment qui a été soumis à la mastication. – Lat. méd. *bolus,* du gr. *bôlos,* « motte ».

bolbène. V. boulbène.

bolchevik [bɔlʃevik; bɔlʃəvik] n. m. **1.** Partisan des positions de Lénine, dont les amis eurent, au IIe Congrès du Parti ouvrier social-démocrate de Russie, en 1903, une légère majorité en leur faveur. (Les amis de Lénine défendaient des positions radicales, alors que ceux de Martov, chef de file de leurs adversaires, étaient plus modérés; ces derniers furent mis en minorité, ce qui leur valut le nom de *mencheviks* *.) **2.** Vieilli, péjor. Communiste. – Mot russe, de *bolchetsvo,* « majorité ».

bolchevique [bɔlʃevik; bɔlʃəvik] adj. Vieilli Qui se rapporte au bolchevisme. – De *bolchevik.*

bolchevisation [bɔlʃevizasjɔ̃; bɔlʃəvizasjɔ̃] n. f. Action de soumettre au bolchevisme.

bolchevisme [bɔlʃevism; bɔlʃəvism] n. m. **1.** HIST Ensemble des positions idéologiques et des pratiques révolutionnaires des bolcheviks. **2.** Péjor. Communisme russe. – De *bolchevik.*

boldo [bɔldo] n. m. BOT Arbre du Chili (*Peumus boldo*) dont l'écorce, utilisée en infusion, est tonique pour le foie et dont la feuille contient un alcaloïde aux propriétés thérapeutiques. – Mot esp., de l'araucan.

bolduc [bɔldyk] n. m. Lien de couleur, plat et souvent imprimé, utilisé pour ficeler de petits paquets dans le commerce. – De *Bois-le-Duc*, où ce lien était fabriqué.

bolée [bɔle] n. f. Contenu d'un bol. *Une bolée de cidre.* – De *bol* 1.

boléro [bɔleʀo] n. m. **1.** Danse espagnole de rythme ternaire. **2.** Air sur lequel elle se danse. **3.** Veste sans manches, courte et ouverte. **4.** Petit chapeau de femme. – Esp. *bolero*, «danseur», de *bola*, «boule».

bolet [bɔlɛ] n. m. Champignon basidiomycète dont le dessous du chapeau est garni de tubes accolés, et dont de très nombreuses espèces sont comestibles (*Boletus edulis*, le cèpe de Bordeaux, notam.), tandis que d'autres sont toxiques ou allergènes. – Lat. *boletus*.

bolide [bɔlid] n. m. **1.** Grosse météorite qui produit une trace fortement lumineuse en traversant les hautes couches de l'atmosphère. ▷ Fig. *Arriver en bolide, comme un bolide*, brusquement et à toute vitesse. **2.** *Par ext.* Véhicule allant à grande vitesse. – Lat. *bolis, bolidis*; du gr. *bolis, bolidos*, «sonde, jet».

bolier [bɔlje] ou **boulier** [bulje] n. m. Grand filet de pêche utilisé le long des côtes. – Anc. provenç. *bolech*, du lat. *bolus*, «coup de filet».

bolivar [bɔlivaʀ] n. m. **1.** Unité monétaire du Venezuela. **2.** Anc. Large chapeau haut de forme. – Du n. de Simón *Bolívar*, homme polit. sud-américain (1783-1830).

bolivien, enne [bɔlivjɛ̃, ɛn] adj. et n. De Bolivie, État d'Amérique du Sud. – Subst. *Un(e) Bolivien(ne).*

bollard [bɔlaʀ] n. m. MAR Grosse masse cylindrique coudée, profondément enfoncée dans le quai d'un port, et qui sert à amarrer les navires. – Mot angl.

bolomètre [bɔlɔmɛtʀ] n. m. PHYS Appareil qui mesure l'énergie totale des rayonnements peu intenses, comme ceux des étoiles. – Du gr. *bolê*, «trait», et *-mètre*.

bombacées [bɔ̃base] n. f. pl. BOT Famille de plantes dicotylédones comprenant des arbres gigantesques, tels que le baobab (*Adansonia digitata*) d'Afrique, l'espèce *Bombax malabaricum*, ou le kapokier. – Sing. *Une bombacée.* – De *bombax*, autre n. du fromager 2.

bombage [bɔ̃baʒ] n. m. **1.** Action de bomber (sens 1). **2.** Action d'écrire sur les murs avec une peinture en bombe. – De *bombe*.

bombagiste [bɔ̃baʒist] n. m. TECH Ouvrier qui cintre des plaques de verre. – De *bomber*.

bombance [bɔ̃bɑ̃s] n. f. Bonne chère en abondance, ripaille. *Faire bombance.* – De l'a. fr. *bobance*, «faste».

bombarde [bɔ̃baʀd] n. f. **1.** HIST Ancienne pièce d'artillerie à boulets de pierre (XIVe-XVe s.). **2.** MUS Instrument à vent à anche double, ancêtre du hautbois. – Du lat. *bombus*, «bruit sourd».

bombardement [bɔ̃baʀdəmɑ̃] n. m. **1.** Action de bombarder, d'attaquer par bombes ou obus. *Un bombardement aérien.* **2.** PHYS Action de diriger un faisceau de particules (le plus souvent accélérées par un accélérateur de particules) sur une cible matérielle, en vue de produire des rayonnements divers ou de propager des réactions nucléaires. ▷ TECH *Soudage par bombardement électronique.* – De *bombarder*.

bombarder [bɔ̃baʀde] v. tr. [1] **1.** Attaquer à coups de bombes. *Bombarder une ville.* **2.** Lancer (des projectiles) en grand nombre sur (qqn, qqch). *Les enfants bombardaient de cailloux une vieille boîte de conserve.* ▷ Fig., fam. Accabler. *Il me bombarde de coups de téléphone.* **3.** PHYS Soumettre à un bombardement de particules. **4.** Fig., fam. Revêtir (qqn) avec précipitation d'un titre, d'une fonction, d'une dignité. *On l'a bombardé ambassadeur.* – De *bombarde*.

bombardier [bɔ̃baʀdje] n. m. **1.** Vx Artilleur. **2.** Avion de bombardement. ▷ *Bombardier d'eau* : V. canadair. **3.** ENTOM Nom de différents insectes qui projettent une sécrétion caustique sur l'agresseur lorsqu'ils sont attaqués. – De *bombarde*.

bombardon [bɔ̃baʀdɔ̃] n. m. Instrument à vent en cuivre, très grave (basse et contrebasse) à tube conique et à piston. – De *bombarde*.

1. bombe [bɔ̃b] n. f. Fam. *Faire la bombe* : manger, boire, se réjouir. – De *bombance*.

2. bombe [bɔ̃b] n. f. **I. 1.** Projectile explosif qu'on lançait autref. avec un canon, qu'on largue auj. d'avion. **2.** *Par ext.* Projectile ou engin explosif. *Une bombe à retardement.* ▷ Fig., fam. *Tomber comme une bombe* : arriver à l'improviste. **II.** Par anal. **1.** *Bombe glacée* : glace moulée. **2.** *Bombe calorimétrique* : appareil qui mesure les quantités de chaleur accompagnant les réactions chimiques telles que les combustions. **3.** GEOL Projection volcanique solidifiée. **4.** EQUIT Casquette de cavalier. **5.** *Bombe aérosol, bombe* : récipient dans lequel un liquide destiné à être pulvérisé est maintenu sous pression par un gaz comprimé. – Ital. *bomba*.

bombé, ée [bɔ̃be] adj. Convexe. *Un verre bombé. Il a le front bombé.* – Pp. de *bomber*.

bombement [bɔ̃bmɑ̃] n. m. Convexité, renflement. *Le bombement d'une route.* – De *bomber*.

bomber [bɔ̃be] v. tr. [1] **1.** Rendre convexe. *Bomber une tôle.* – Fig. *Bomber le torse* : prendre un air avantageux. **2.** Écrire, dessiner (sur les murs) avec une peinture en bombe. **3.** v. intr. Devenir convexe. *Ce panneau bombe.* – De *bombe*.

bombonne. V. bonbonne.

bombyx [bɔ̃biks] n. m. ENTOM Nom de divers papillons nocturnes. *La chenille du bombyx du mûrier* (Bombyx mori) *est le ver à soie.* – Lat. *bombyx*, du gr. *bombux*, «ver à soie».

bôme [bom] n. f. MAR Espar horizontal sur lequel est enverguée une voile aurique, au tiers ou triangulaire. Syn. (peu usité) gui. – *Néerl. boom*, «arbre», «mât».

bômé, ée [bome] adj. Muni d'une bôme. *Trinquette bômée.* – De *bôme*.

1. bon, bonne [bɔ̃, bɔn] adj., adv. et interj. **A.** adj. **I. 1.** Qui a les qualités propres à sa destination, qui est utile. *Avoir de bons yeux, une bonne digestion.* – Loc. fig. *Avoir bon pied, bon œil* : être en parfaite santé. – *Donner de bons conseils.* ▷ Loc. *Il est bon de, bon que...* : il est utile de, que... *Croire, juger, trouver bon.* – *Rien de bon* : rien qui vaille. **2.** Qui a acquis un certain degré de perfection dans un travail, un métier, une science. *Un bon élève. Un bon nageur. Il est bon en anglais.* Syn. sûr, capable. **3.** Qui possède une valeur intellectuelle ou artistique. *Un bon livre.* **4.** Conforme aux règles morales ou sociales. *Avoir bon esprit. La bonne société. Un jeune homme de bonne famille. Le bon droit.* Syn. équitable, juste, droit, honnête, correct. **5.** Agréable. *De la bonne cuisine. Il a la bonne vie!* – (Formule de vœux.) *Souhaiter la bonne année. Bon appétit!* **6.** Spirituel, amusant. *Un bon mot.* – *Elle est bien bonne!* : elle est très drôle, en parlant d'une histoire; (par antiphrase) c'est déplaisant, surprenant, en parlant d'un événement. ▷ Subst. Fam. *En avoir de bonnes* : exagérer, plaisanter. **7.** Aimable; simple. ▷ Loc. *Bon enfant.* – *Bon vivant**. **8.** Juste, correct. *Avoir un bon jugement. Ce calcul est bon. Écrire en bon français. Arriver au bon moment.* **9.** Loc. *Bon pour* : qui convient à. *Un médicament bon pour le foie.* ▷ *Bon pour le service* : apte à faire son service (militaire). – Fam. *Être bon pour...* : ne pas pouvoir échapper à... *Je suis bon pour l'indigestion, après un dîner pareil!* – *Il est bon* : il ne peut pas échapper. ▷ *Bon à* : propre à. *Il n'est bon à rien* : il est incapable de faire quoi que ce soit d'utile. **II. 1.**

Qui aime faire le bien (personnes). *« Un sot n'a pas assez d'étoffe pour être bon » (La Rochefoucauld).* **2.** De disposition agréable ; bienveillant, poli. *Être de bonne humeur. De bon gré. Bon accueil.* **3.** Qui montre de la bonté. *Avoir bon cœur. Une bonne action.* ▷ *Ce bon monsieur de La Palice.* – Pop. *Mon bon Monsieur.* **III. 1.** Très important. *Une bonne quantité. Cela fait un bon moment qu'il est parti. Coûter un bon prix.* ▷ *Une bonne fois pour toutes* : définitivement. ▷ *Arriver bon premier* : le premier loin devant les autres. **2.** (Par antiphrase.) Fort, violent. *Il a pris une bonne correction.* **B.** adv. **1.** adv. de manière. *Sentir bon. Tenir bon* : résister fermement. *Il fait bon* : la température est agréable. *Il fait bon* (+ inf.) : il est agréable de. *Il fait bon marcher. Il fait bon vivre à la campagne.* (Négativement) *Il ne fait pas bon s'y frotter* : on risque des désagréments à le mécontenter. **2.** Loc. adv. *À quoi bon ?* : à quoi sert-il de...? *À quoi bon tant de discours ?* ▷ *Pour de bon* : réellement (litt. *tout de bon*). *Se fâcher pour de bon.* ▷ Fam. *À la bonne* : en sympathie. *Elle m'a à la bonne.* **C.** interj. **1.** *Bon !* : marque la satisfaction. **2.** Marque la surprise, la déception. *Allons bon !* **3.** Marque le mécontentement, la restriction ironique. *Je n'ai pas fini.* – *Bon, voilà autre chose !* **4.** *C'est bon !* : assez ! – N.B. Le comparatif de supériorité de *bon* est *meilleur*. *Bon* épithète est en général placé avant le nom. – Lat. *bonus*.

2. bon [bɔ̃] n. m. **I. 1.** Ce qui est bon. *Le beau et le bon.* **2.** Ce qui est avantageux, important, intéressant. *Le bon de l'affaire, de l'histoire. Avoir du bon* : offrir des avantages. **3.** Personne qui a de la bonté. *Les bons et les méchants.* **II.** Autorisation écrite permettant à quelqu'un de toucher de l'argent, de recevoir un objet, une marchandise, etc. *Un bon de caisse de mille francs. Bon du Trésor* : obligation émise par le ministère des Finances. ▷ *Bon à tirer* : autorisation d'imprimer donnée par l'auteur ou l'éditeur à l'imprimeur. – Lat. *bonus*.

bonace [bɔnas] n. f. MAR Calme plat. – Provenç. *bonassa*.

bonapartisme [bɔnapaʀtism] n. m. Attachement au régime impérial fondé par Napoléon Bonaparte et à sa dynastie. – De *Bonaparte*.

bonapartiste [bɔnapaʀtist] adj. (et n.) Qui se rapporte au bonapartisme. – Qui fait profession de bonapartisme. – De *Bonaparte*.

bonasse [bɔnas] adj. Bon jusqu'à la niaiserie ; simple et sans malice. – Ital. *bonaccio*.

bonbon [bɔ̃bɔ̃] n. m. Petite friandise faite avec du sucre. *Des bonbons à la menthe.* – De *bon* redoublé.

bonbonne ou **bombonne** [bɔ̃bɔn] n. f. Grosse bouteille servant à garder et à transporter de l'huile, des acides, etc. *Une bonbonne de verre.* – Provenç. *bombouno*, du lat. *bombus*.

bonbonnière [bɔ̃bɔnjɛʀ] n. f. **1.** Boîte à bonbons. **2.** Fig. Petit appartement arrangé avec recherche. – De *bonbon*.

bon-chrétien [bɔ̃kʀetjɛ̃] n. m. Grosse poire jaune à chair fondante et parfumée, fort estimée. *Des bons-chrétiens.* – Lat. *poma panchresta*, du gr. *pankhrêston*, « fruit utile à tout » ; refait sur *chrétien*.

bond [bɔ̃] n. m. **1.** Saut brusque. *Faire un bond. Les bonds d'un tigre.* – Fig. *Aller par sauts et par bonds* : progresser irrégulièrement. **2.** Rejaillissement, rebondissement d'un corps inerte. ▷ Fig. *Saisir la balle au bond* : saisir l'occasion. – *Faire faux bond* : manquer à une promesse, décevoir l'attente. – Déverbal de *bondir*.

bonde [bɔ̃d] n. f. **1.** Ouverture par laquelle s'écoule l'eau d'un étang, d'un réservoir. – Pièce qui obture cet orifice. *Hausser, lâcher la bonde.* **2.** Fig. *Lâcher la bonde à sa colère, à ses larmes*, leur donner libre cours. **3.** Trou fait à un tonneau pour le remplir et le vider. ▷ Bouchon en bois qui sert à le boucher. Syn. bondon. – Gaul. **bunda*.

bondé, ée [bɔ̃de] adj. Rempli (de gens). *Un théâtre bondé de spectateurs. Un autobus bondé.* – De *bonde*.

bondérisation [bɔ̃deʀizasjɔ̃] n. f. TECH Protection des métaux contre la rouille par un traitement de surface à base de phosphates. – De l'angl. *bond*, « lien ».

bondériser [bɔ̃deʀize] v. tr. [1] TECH Procéder à la bondérisation de. – De l'angl. *bond*, « lien ».

bondieuserie [bɔ̃djøzʀi] n. f. Péjor. **1.** Dévotion outrée. **2.** Objet de piété de mauvais goût. *Une marchande de bondieuseries.* – De *bon Dieu*.

bondir [bɔ̃diʀ] v. intr. [2] **1.** Faire des bonds, sauter. *La balle bondit. Le cheval bondit.* **2.** S'élancer. *Bondir au secours de quelqu'un.* **3.** Fig. Tressaillir. *Mon cœur bondit de joie. Cela me fait bondir*, me scandalise. – Du lat. pop. **bombitire*, class. *bombire*, « résonner ».

bondissement [bɔ̃dismɑ̃] n. m. Mouvement de ce qui bondit. – De *bondir*.

bondon [bɔ̃dɔ̃] n. m. **1.** Tampon de bois qui bouche la bonde d'un tonneau. **2.** Fromage normand. – De *bonde*.

bondrée [bɔ̃dʀe] n. f. Oiseau falconiforme de 55 cm de long environ, de la couleur d'une buse. (La bondrée apivore, *Pernis apivorus*, seule espèce européenne, se nourrit parfois de guêpes et de bourdons, dont elle déterre les nids, et d'abeilles, mais surtout de vers, de chenilles, de lézards, etc.) – Du breton *bondrask*, « grive ».

bonellie [bɔnɛl(l)i] n. f. ZOOL Animal vermiforme marin (classe des échiuriens), au remarquable dimorphisme sexuel. (Le mâle a quelques mm, la femelle 1 m ; elle masculinise la larve, si celle-ci s'accole à elle.) – Du n. du naturaliste ital. F.A. *Bonelli* (1784-1830).

bongo [bɔ̃go] n. m. Instrument de percussion d'origine cubaine, composé de deux petits tambours juxtaposés, recouverts de peau sur un seul côté. – Mot esp.

bonheur [bɔnœʀ] n. m. **1.** Événement heureux, hasard favorable, chance. *Cet héritage, c'est un bonheur inespéré.* – *Porter bonheur* : favoriser, faire réussir. – *Au petit bonheur* : au hasard. – *Par bonheur* : heureusement. *Par bonheur, il est arrivé à temps.* **2.** État de bien-être, de félicité. *« Le bonheur n'est pas le fruit de la paix ; le bonheur, c'est la paix même » (Alain). Au comble du bonheur. Faire le bonheur de quelqu'un*, le rendre heureux. **3.** *Par ext.* Ce qui rend heureux. *J'ai eu le bonheur de vous rencontrer* (formule de politesse). Prov. *Le malheur des uns fait le bonheur des autres.* – De *bon*, et *heur*.

bonheur-du-jour [bɔnœʀdyʒuʀ] n. m. Petit meuble à tiroirs servant de secrétaire. *Des bonheurs-du-jour.* – De *bonheur*, et *jour*.

bonhomie [bɔnɔmi] n. f. Bonté et simplicité ; bienveillance. *Un vieillard plein de bonhomie.* – De *bonhomme*.

bonhomme [bɔnɔm], **bonshommes** [bɔ̃zɔm] n. m. (et adj.) **1.** Vx Homme bon. **2.** Vieilli Homme simple, doux, naïf. *Un bonhomme de mari.* ▷ adj. invar. Simple, doux, naïf. *Il a des aspects bonhomme.* **3.** Vieilli Vieillard. **4.** Fam., péjor. Homme. *Comment s'appelle-t-il, ce bonhomme ?* **5.** Terme d'affection (en parlant à un petit garçon). *Mon petit bonhomme, mon bonhomme.* **6.** Fam. Figure humaine grossièrement dessinée. *Dessiner des bonshommes.* **7.** Loc. *Aller son petit bonhomme de chemin* : vaquer tranquillement à ses affaires. – De *bon*, et *homme*.

boni [bɔni] n. m. Excédent, bénéfice dans une opération financière ; supplément. *Des bonis.* – Lat. *(aliquid) boni*, « quelque chose de bon ».

boniche ou **bonniche** [bɔniʃ] n. f. Péjor. Bonne, employée de maison. – De *bonne*, et suff. péjor. *-iche*.

bonichon [bɔniʃɔ̃] n. m. Fam. Petit bonnet. – De *bonnet*.

1. bonification [bɔnifikasjɔ̃] n. f. **1.** Avantage accordé sur le taux d'intérêt d'un emprunt. **2.** SPORT

Points supplémentaires accordés à un concurrent, à une équipe. – De *bonifier* 1.

2. bonification [bɔnifikasjɔ̃] n. f. Amélioration. *Bonification d'une terre.* – De *bonifier* 2.

1. bonifier [bɔnifje] v. tr. [2] Accorder une bonification sur un taux d'intérêt. *Emprunt bonifié.* – Du lat. *bonus,* « bon », et *facere* « *faire* ».

2. bonifier [bɔnifje] **1.** v. tr. [2] Rendre meilleur, améliorer. *Le fumier bonifie la terre.* **2.** v. pron. Devenir meilleur. *Le vin se bonifie en vieillissant.* – Lat. *bonificare.*

boniment [bɔnimɑ̃] n. m. **1.** Discours tenu en public par les camelots, les bateleurs, etc. **2.** Fam. Propos mensonger. *Ne crois pas tous ces boniments.* – De l'argot *bonnir,* « dire ».

bonimenter [bɔnimɑ̃te] v. intr. [1] Faire des boniments. – De *boniment.*

bonimenteur, euse [bɔnimɑ̃tœʀ, øz] n. Personne qui fait des boniments. – De *bonimenter.*

bonite [bɔnit] n. f. ICHTYOL Nom donné à plusieurs poissons méditerranéens du genre *Thynnus* (thon). – Esp. *bonito,* par l'ital.

bonjour [bɔ̃ʒuʀ] n. m. Salutation qui signifie littéralement « heureuse journée », mais qu'on emploie sans distinction d'heure. *Il lui souhaite le bonjour. Dire bonjour à qqn.* – Loc. *Facile, simple comme bonjour :* très facile. – De *bon,* et *jour.*

bonne [bɔn] n. f. **1.** Servante, domestique. *Bonne d'enfants.* **2.** *Bonne à tout faire,* et (cour.) *bonne :* employée de maison nourrie, logée et rétribuée qui s'occupe des travaux domestiques. – De *bon.*

bonne-maman [bɔnmamɑ̃] n. f. Terme affectueux pour *grand-mère. Des bonnes-mamans.* – De *bon,* et *maman.*

bonnement [bɔnmɑ̃] adv. Simplement. *Je vous le dis tout bonnement.* – De *bon.*

bonnet [bɔnɛ] n. m. **1.** Coiffure sans rebord. *Bonnet en laine. Bonnet de nuit,* qu'on mettait pour dormir. – *Bonnet à poil :* coiffure des grenadiers de l'Empire, des horse-guards anglais, etc. – *Bonnet phrygien, bonnet rouge :* coiffure retombant sur le côté adoptée par les révolutionnaires de 1789 et devenue l'emblème de la République. – *Bonnet d'âne :* coiffure à longues oreilles qu'on mettait aux élèves punis. – *Bonnet de bain :* coiffure imperméable qui empêche les cheveux d'être mouillés. **2.** Loc. fig. *Un bonnet de nuit :* une personne triste, ennuyeuse. *Être triste comme un bonnet de nuit.* – *Un gros bonnet :* un personnage important. – *Opiner du bonnet :* V. opiner. – *Avoir la tête près du bonnet :* être prompt à se fâcher. – *Prendre sous son bonnet :* prendre sous sa responsabilité. – *Jeter son bonnet par-dessus les moulins :* braver les convenances (en parlant d'une femme). – *C'est bonnet blanc et blanc bonnet :* il n'y a pas de différence. **3.** Deuxième estomac des ruminants. **4.** Chacune des deux poches d'un soutien-gorge.

bonneteau [bɔnto] n. m. Jeu de hasard et d'escamotage qui se joue avec trois cartes ou trois gobelets. – De *bonneteur.*

bonneterie [bɔnɛtʀi] n. f. **1.** Industrie ou commerce des articles en tissu à mailles (lingerie, sous-vêtements, chaussettes, etc.). **2.** Marchandise vendue par le bonnetier. **3.** Boutique d'un bonnetier. – De *bonnet.*

bonneteur [bɔntœʀ] n. m. **1.** Joueur de bonneteau. **2.** Tricheur, filou. – De *bonnet.*

bonnetier, ère [bɔntje, ɛʀ] n. **1.** Personne qui fabrique ou vend de la bonneterie. **2.** n. f. Petite armoire. – De *bonnet.*

bonnette [bɔnɛt] n. f. **1.** FORTIF Ouvrage formant saillant avancé au-delà du glacis. **2.** MAR Petite voile en forme de trapèze, que l'on ajoutait aux autres par temps calme. **3.** OPT Partie de la monture d'un oculaire servant d'appui à l'œil d'un observateur. ▷ Lentille additionnelle d'un objectif. – De *bonnet.*

bonniche. V. boniche.

bon-papa [bɔ̃papa] n. m. Terme d'affection pour *grand-père. Des bons-papas.* – De *bon,* et *papa.*

bonsaï ou **bonzaï** [bɔ̃nzaj] n. m. Arbre ou arbuste miniaturisé selon une technique et un art originaires de Chine. *Depuis environ huit cents ans, les Japonais sont passés maîtres dans la culture et l'art des bonsaïs.* – Mot jap., de *bon,* « plateau, coupe », et *saï,* « plante, arbre ».

bon sens. V. sens.

bonsoir [bɔ̃swaʀ] n. m. Formule de salutation employée le soir. – Fig., fam. *Bonsoir! :* c'est fini. *Tout est dit, bonsoir!* – De *bon,* et *soir.*

bonté [bɔ̃te] n. f. **1.** Rare (En parlant de choses.) Qualité de ce qui est bon. *La bonté d'une terre.* **2.** (En parlant de personnes.) Qualité qui pousse à faire le bien, à être bon envers autrui. *Recourir à la bonté de quelqu'un.* **3.** (Formule de politesse.) *Ayez la bonté de...* Plaisant *Ayez la bonté de vous taire.* **4.** (Plur.) Actes de bonté, de bienveillance, d'amabilité. *Avoir des bontés pour quelqu'un.* – Lat. *bonitas.*

bonus [bɔnys] n. m. **1.** Réduction du montant de la prime d'une assurance automobile accordée à un conducteur qui n'a pas été responsable d'accident pendant un certain laps de temps. Ant. malus. **2.** Gratification accordée par une entreprise à un salarié, représentant une participation aux bénéfices. – Lat. *bonus,* « bon ».

bonzaï. V. bonsaï.

bonze [bɔ̃z] n. m. **1.** Moine bouddhiste. **2.** Fig., fam. Personnage officiel d'une solennité ridicule. **3.** Fam. (Souvent péjor.) *Bonze* ou *vieux bonze :* vieillard. – Du jap. *bozu,* « prêtre », par le portugais.

bonzerie [bɔ̃zʀi] n. f. Monastère de bonzes. – De *bonze.*

bonzesse [bɔ̃zɛs] n. f. Vieilli Religieuse bouddhiste. – De *bonze.*

boogie-woogie [bugiwugi] n. m. MUS Danse sur un rythme très rapide et saccadé issu du blues. *Le boogie-woogie est proche du be-bop. Des boogie-woogies.* – Mot anglo-américain (onomat.).

booker [buke] v. tr. [1] Réserver; louer. *Booker un vol pour Londres. Ce mannequin est booké pour la semaine.* – De l'angl. *to book,* « réserver ».

bookmaker [bukmekœʀ] n. m. Personne qui prend et inscrit les paris sur les courses de chevaux. – Mot angl., de *to book,* « enregistrer », et *maker,* « faiseur ».

booléen, enne [buleɛ̃, ɛn] adj. MATH Qui concerne l'algèbre de Boole. *Logique booléenne.* – Du n. du mathématicien angl. G. *Boole* (1815-1864).

boom [bum] n. m. Syn. de boum. – Mot amér., « hausse rapide ».

boomer [bumœʀ] n. m. AUDIOV Haut-parleur pour les sons graves. – Mot angl., de *to boom,* « mugir sourdement ».

boomerang [bumʀɑ̃g] n. m. Arme des aborigènes d'Australie, lame de bois recourbée qui revient vers celui qui l'a lancée si elle n'atteint pas son but. ▷ Fig. (En appos.) *Son mensonge a eu un effet boomerang.* – Mot angl., d'une langue australienne.

booster [bustœʀ] n. m. TECH Moteur-fusée fournissant une forte poussée pendant un temps relativement court, destiné à lancer les missiles. – Angl. *booster,* « survolteur ».

bootlegger [butlɛgœʀ] n. m. HIST Contrebandier d'alcool à l'époque de la prohibition aux États-Unis. – Mot angl., de *boot leg*, « jambe de botte », dans laquelle ils cachaient les bouteilles.

boots [buts] n. m. ou f. pl. Bottes courtes. – Mot angl., « bottes ».

bop. V. be-bop.

boqueteau [bɔkto] n. m. Petit bois. – Du picard.

bora [bɔʀa] n. m. Vent violent du N.-E. soufflant sur la mer Noire et le littoral oriental de l'Adriatique. – Mot slovène et triestin, du lat. *boreas*, « vent du Nord ».

boracite [bɔʀasit] n. f. MINER Minerai contenant du bore et du magnésium. – De *borax*.

borane [bɔʀan] n. m. CHIM Nom générique des composés hydrogénés du bore, pouvant servir de propergols. – De *borax*.

borate [bɔʀat] n. m. CHIM Sel ou ester de l'acide borique. – De *borax*.

boraté, ée [bɔʀate] adj. CHIM Qui contient de l'acide borique. – De *borate*.

borax [bɔʀaks] n. m. CHIM Borate de sodium hydraté ($Na_2B_4O_7$, 10 H_2O), utilisé notam. comme décapant en soudure. – Lat. médiév. ; ar. *būraq*, « salpêtre », du persan *būrah*.

borazon [bɔʀazɔ̃] n. m. CHIM Nitrure de bore artificiel, de dureté supérieure à celle du diamant. – Du lat. médiév. *borax*.

borborygme [bɔʀbɔʀigm] n. m. **1.** Gargouillement produit par le déplacement des gaz dans le tube digestif. **2.** Fig., péjor. (souvent plur.) Paroles incompréhensibles. – Gr. *borborugmos*.

bord [bɔʀ] n. m. **I. 1.** Extrémité, limite d'une surface. *Le bord de la mer. Le bord d'un chemin.* – *Le verre est plein à ras bord.* **2.** Ce qui borde. *Une capeline à larges bords.* ▷ Ruban, galon sur le pourtour d'un vêtement. *Mettre un bord à une veste.* ▷ Loc. adv. *Bord à bord* : en mettant les bords l'un contre l'autre, sans les superposer. **3.** Loc. fig. *Au bord de* : très près de. *Avoir un mot au bord des lèvres* : être prêt à le dire. *Être au bord des larmes, de la tombe.* ▷ Fam. *Sur les bords* : légèrement. **II. 1.** MAR Côté d'un navire, d'un vaisseau. *Faire feu des deux bords. Virer de bord* : changer d'amures. *Passer pardessus bord* : tomber à la mer. **2.** *Par ext.* Le navire même. *Dîner à bord. Livre de bord.* **3.** Fig. Parti, opinion. *Nous ne sommes pas du même bord.*

bordage [bɔʀdaʒ] n. m. **1.** MAR Revêtement appliqué sur les membrures d'un navire. **2.** Rare Action, manière de border. – De *border*.

bordé [bɔʀde] n. m. **1.** MAR Ensemble des bordages. **2.** Galon servant à border les vêtements. – De *border*.

bordeaux [bɔʀdo] n. m. et adj. inv. **1.** n. m. Vin produit dans la région de Bordeaux. **2.** adj. D'une couleur proche de celle des vins rouges de Bordeaux (rouge foncé). *Des étoffes bordeaux.* – De *Bordeaux*, v. du S.-O. de la France.

bordée [bɔʀde] n. f. **1.** Décharge simultanée de tous les canons du même bord d'un navire. ▷ Fig. *Une bordée d'injures.* **2.** Moitié de l'équipage d'un navire. **3.** Chemin que parcourt un navire qui louvoie entre deux virements de bord. **4.** Fig., fam. *Tirer une bordée* : courir les lieux de plaisir. – *Être en bordée*, en escapade. – De *bord*.

bordel [bɔʀdɛl] n. m. **1.** Vulg. Lieu de prostitution. **2.** Fig., pop. Désordre. – Frq. **borda*, « cabane ».

bordelais, aise [bɔʀdəlɛ, ɛz] adj. et n. **I.** adj. De Bordeaux ; de la région de Bordeaux. ▷ Subst. *Les Bordelais.* **II.** n. f. **1.** Futaille de 225 litres. **2.** Bouteille contenant 75 centilitres. – Du n. de la v. de *Bordeaux*.

bordélique [bɔʀdelik] adj. Fam. Particulièrement désordonné. *Organisation bordélique. Ne l'engage pas, il est très bordélique.* – De *bordel*.

border [bɔʀde] v. tr. [1] **1.** Servir de bord, longer. *Le quai borde la rivière.* **2.** Garnir le bord d'une chose pour l'orner, la renforcer. *Border de fourrure un manteau.* – *Border un lit* : rentrer le bord des draps et des couvertures sous le matelas. – Par ext. *Border qqn* (dans son lit). **3.** MAR *Border une voile* : en raidir les écoutes. ▷ *Border un navire* : revêtir ses membrures de bordages. – De *bord*.

bordereau [bɔʀdəʀo] n. m. État détaillé d'articles, de pièces d'un dossier, d'opérations effectuées. – De *bord*.

borderie [bɔʀdəʀi] n. f. Petite métairie. – Frq. **borda*, « cabane ».

bordier, ère [bɔʀdje, ɛʀ] adj. GEOGR Qui borde. *Mer bordière d'un océan.* – De *bord*.

bordigue [bɔʀdig] n. f. Enceinte formée de claies, sur le bord de mer, pour prendre du poisson. – Provenç. *bordiga*.

bordure [bɔʀdyʀ] n. f. **1.** Ce qui orne, marque, renforce le bord. *La bordure d'une tapisserie. La bordure d'un tableau. Une bordure de fleurs. Une bordure de trottoir.* **2.** MAR *Bordure d'une voile*, son côté inférieur. **3.** *En bordure de* : au bord de. – De *border*.

bore [bɔʀ] n. m. CHIM Élément non métallique de numéro atomique Z = 5 et de masse atomique 10,81 (symbole B). – Corps simple (B) de densité 2,34, qui fond vers 2 079 °C et se sublime vers 2 550 °C, utilisé comme élément d'addition dans les aciers pour améliorer certaines de leurs propriétés. – De *borax*.

boréal, ale, aux [bɔʀeal, o] adj. Du Nord, septentrional. *Hémisphère boréal. Mers boréales. Aurore* boréale.* – Lat. *borealis*, « du Nord ».

borgne [bɔʀɲ] n. et adj. **1.** n. et adj. Qui n'a qu'un œil. (Le féminin *borgnesse*, toujours péjor., est rare ou vx. *Cateau la borgnesse.*) – (Prov.) *Au royaume des aveugles, les borgnes sont rois.* **2.** adj. ARCHI Sans aucune ouverture. *Mur borgne.* **3.** adj. Fig. Obscur, mal famé. *Hôtel, rue borgne.*

borie [bɔʀi] n. f. Construction de pierres sèches à couverture en encorbellement, en Provence. – Mot provenç.

borique [bɔʀik] adj. CHIM Qualifie les composés oxygénés du bore. *Acide borique. Anhydride borique.* – De *bore*.

boriqué, ée [bɔʀike] adj. PHARM *Eau boriquée* : solution aqueuse d'acide borique, utilisée autref. comme antiseptique. – De *borique*.

bornage [bɔʀnaʒ] n. m. **1.** Opération qui consiste à déterminer, puis à matérialiser la limite entre deux propriétés par des bornes. **2.** MAR Navigation côtière. – De *borner*.

borne [bɔʀn] n. f. **1.** Marque qui matérialise sur le terrain les limites d'une parcelle. *Planter, reculer une borne.* **2.** *Borne kilométrique*, indiquant les distances en kilomètres sur les routes. ▷ Fam. Kilomètre. *C'est à trois bornes d'ici.* **3.** Grosse pierre plantée au pied d'un mur, d'un bâtiment, pour les protéger des roues des voitures. – Fig., fam. *Planté comme une borne* : immobile. **4.** ELECTR Pièce de connexion. *Bornes d'une pile.* **5.** MATH *Borne supérieure* : plus petit des majorants ; *borne inférieure*, plus grand des minorants. **6.** (Plur.) Limites, frontières. *Les bornes d'un État.* – *Un horizon sans bornes.* ▷ Fig. *Une ambition sans bornes.* – *Passer, dépasser les bornes* : exagérer. – Du lat. pop. **bodina*, d'orig. gaul.

borné, ée [bɔʀne] adj. **1.** Limité, restreint. **2.** Fig. Peu intelligent. *Un esprit borné.* – Pp. de *borner*.

borne-fontaine [bɔʀn(ə)fɔ̃tɛn] n. f. Petite fontaine en forme de borne. *Des bornes-fontaines.* – De *borne,* et *fontaine.*

borner [bɔʀne] v. [1] **I.** v. tr. **1.** Marquer avec des bornes les limites de. *Borner un champ.* **2.** Limiter. *La mer et les Alpes bornent l'Italie. Borner la vue,* la limiter. **3.** Fig. Modérer, restreindre. *Borner ses ambitions.* **II.** v. pron. **1.** Se contenter de. *Se borner au nécessaire.* ▷ (S. comp.) Se restreindre. *Il faut savoir se borner.* **2.** Se limiter à. *Sa culture se borne à de vagues souvenirs.* – De *borne.*

bornoyer [bɔʀnwaje] v. [26] **1.** v. intr. Regarder d'un seul œil, pour vérifier si un alignement est droit, si une surface est plane. **2.** v. tr. Placer des jalons pour aligner des arbres, construire un mur. – De *borgne.*

borraginacées [bɔʀaʒinase] n. f. pl. BOT Famille de dicotylédones gamopétales, le plus souvent très velues (bourrache, myosotis). – Sing. *Une borraginacée.* – Du bas lat. **borrago, borraginis,* « bourrache ».

borsalino [bɔʀsalino] n. m. Chapeau de feutre à large bord.

bort [bɔʀ] n. m. MINER Diamant que ses défauts rendent inutilisable en bijouterie et qui sert à polir des outils ou d'autres diamants. – Mot angl.

bortsch [bɔʀtʃ] n. m. Plat russe, potage aux choux et aux betteraves agrémenté de tomates et de viande ou de lard, et lié avec de la crème fraîche. – Mot russe.

borure [bɔʀyʀ] n. m. CHIM Combinaison du bore et d'un métal. – De *bore,* et *-ure.*

boschiman ou **bochiman, ane** [bɔʃimɑ̃, an] adj. et n. m. **1.** adj. Des Boschimans, peuple de l'Afrique australe. **2.** n. m. LING Langue de la famille khoisan, parlée par les Boschimans. – Du néerl. *bosjesman,* « homme de la brousse ».

bosco [bɔsko] n. m. MAR Maître de manœuvre. – Du néerlandais *bootsman.*

bosniaque [bɔsnjak] ou **bosnien, enne** [bɔsnjɛ̃, ɛn] adj. et n. De Bosnie-Herzégovine. – Subst. *Un(e) Bosniaque* ou *un(e) Bosnien(ne).*

boson [bɔzɔ̃] n. m. PHYS NUCL Particule de spin entier obéissant à la statistique de Bose-Einstein. (Le comportement statistique des bosons s'oppose à celui des fermions, soumis au principe de Pauli ; le photon, les mésons, les nucléides de nombre de masse pair, sont des bosons. Les interactions* entre particules* de matière sont véhiculées par des bosons.) – Du n. du physicien indien S. *Bose* (1894-1974), et de *électr(on).*

bosquet [bɔskɛ] n. m. Petit groupe d'arbres, petit bois. *Les bosquets du parc de Versailles.* – Ital. *boschetto,* « petit bois ».

boss [bɔs] n. m. inv. (Américanisme) Fam. Chef (d'entreprise, d'atelier, etc.), patron. – *Le big boss* : le grand patron. – Mot amér. d'orig. holl.

bossage [bɔsaʒ] n. m. ARCHI Saillie laissée à dessein sur un ouvrage de bois ou de pierre et destinée à servir d'ornement. – De *bosse.*

bossa-nova [bɔsanɔva] n. f. MUS Danse brésilienne, variante de la samba. *Des bossas-novas.* – Mot brésilien.

bosse [bɔs] n. f. **1.** Tuméfaction due à une contusion. *En tombant il s'est fait une bosse au front.* – Fig. *Ne rêver que plaies et bosses* : aimer les querelles, les batailles, les rixes. **2.** Grosseur dorsale due à une déviation de la colonne vertébrale, du sternum ou des côtes. – Fig., fam. *Rouler sa bosse* : voyager. **3.** Protubérance sur le dos de certains animaux. *Le dromadaire a une bosse, le chameau en a deux.* **4.** ANAT Protubérance du crâne considérée autref. comme indice des facultés des individus. *La bosse des sciences.* – Fig., fam. *Avoir la bosse de...* : être doué pour... **5.** Relief. *Ornements en bosse. Terrain rempli de bosses.* **6.** MAR Nom de divers cordages. *Bosse d'amarrage. Bosse de ris.* – P.-ê. frq. **botja,* « coup ».

bosselage [bɔslaʒ] n. m. En orfèvrerie, travail en bosse, en relief. – De *bosseler.*

bosseler [bɔsle] v. tr. [22] **1.** En orfèvrerie, travailler en bosse. **2.** Faire des bosses à (qqch). – De *bosse.*

bossellement [bɔsɛlmɑ̃] n. m. Action de bosseler ; son résultat. – De *bosseler.*

bosselure [bɔslyʀ] n. f. **1.** En orfèvrerie, objet ou travail en bosse. **2.** Déformation d'une surface par des bosses. – De *bosseler.*

bosser [bɔse] v. [1] **1.** v. tr. MAR Maintenir avec une bosse. **2.** v. intr. Fam. Travailler. – De l'exp. dial. de l'Ouest *bosser du dos,* « être courbé » (sur son travail), de *bosse.*

bossette [bɔsɛt] n. f. **1.** Ornement en bosse de chaque côté du mors d'un cheval. **2.** TECH Semence de tapissier. **3.** Renflement présenté par les ressorts de batterie des anciennes armes à feu. – Dimin. de *bosse.*

bosseur, euse [bɔsœʀ, øz] n. Fam. Celui, celle qui travaille dur. *C'est un bosseur acharné.* – De *bosser.*

bosseyer [bɔseje] v. tr. [24] MINER Abattre le minerai en gros blocs, par perforation. – Orig. belge.

bossoir [bɔswaʀ] n. m. MAR Potence située en abord d'un navire qui permet de soulever une embarcation et de la mettre à son poste de mer. – *Bossoirs d'ancres* : sur les anciens voiliers, pièces de bois, situées à chaque bord sur l'avant du navire, qui servaient à amarrer les ancres. – De *bosse* sens 6.

bossu, ue [bɔsy] adj. et n. Qui a une ou plusieurs bosses. – Loc. fam. *Rire comme un bossu,* beaucoup et fort. – De *bosse.*

bossuer [bɔsɥe] v. tr. [1] Déformer par des bosses. *Bossuer un plat d'argent.* – De *bossu.*

boston [bɔstɔ̃] n. m. **1.** Ancien jeu de cartes ressemblant au whist. **2.** Valse lente. – Du nom de la v. de *Boston,* aux É.-U.

bostonner [bɔstɔne] v. intr. [1] Vieilli **1.** Jouer au boston. **2.** Danser le boston. – De *boston.*

bostryche [bɔstʀiʃ] n. m. ENTOM Petit coléoptère lignivore à corps cylindrique allongé et à élytres brun rouge. – Gr. *bostrukhos,* « boucle de cheveux ».

bot, bote [bo, bɔt] adj. Difforme. *Pied bot. Main bote.* – Du germ. *butta,* « émoussé ».

botanique [bɔtanik] n. f. et adj. **1.** n. f. Science qui traite des végétaux. **2.** adj. Qui concerne les végétaux, l'étude des végétaux. *Un jardin botanique,* où sont réunies les plantes que l'on veut étudier. – Gr. *botanikê,* adj. fém., de *botanê,* « plante ».

ENCYCL Un végétal « parfait » est caractérisé par : des parois cellulaires cellulosiques, rigides à un stade de la vie de l'individu ; la présence d'au moins un type de chlorophylle, donc de la fonction chlorophyllienne ; un cycle de reproduction sexuée dans lequel la phase haploïde peut être représentée par des individus très organisés et menant une vie indépendante. La botanique étudie les algues, les bryophytes (« mousses »), les cryptogames vasculaires, les phanérogames (gymnospermes et angiospermes), qui sont toutes des plantes chlorophylliennes, et les champignons. Science biologique, la botanique se subdivise en morphologie, anatomie, physiologie, cytologie, histologie, etc., auxquelles on ajoute l'épithète *végétale.* Elle représente la base scientifique de l'agronomie. Le terme *botanique* s'applique de plus en plus uniquement à la morphologie et à l'anatomie végétales.

botaniste [bɔtanist] n. Personne qui étudie la botanique. – De *botanique.*

bothriocéphale [bɔtʀijɔsefal] n. m. Genre *(Bothriocephalus)* de plathelminthe cestode, voisin du ténia, parasite de l'homme, qui se fixe à sa paroi intestinale, la contamination se faisant par la consommation de certains poissons d'eau douce. – Gr. *botrion,* « fossette, petite cavité », et *kephalê,* « tête ».

botrytis [bɔtʀitis] n. m. BOT Genre de champignons ascomycètes microscopiques, tous parasites de végétaux. (*Botrytis cinerea* produit la pourriture grise des raisins mais également la pourriture noble mise à profit dans la préparation des sauternes et du tokay.) – Gr. *botrus,* « grappe » (pour la forme des fructifications).

1. botte [bɔt] n. f. Réunion de végétaux de même nature liés ensemble. *Une botte de paille, de radis, de fleurs.* – Moy. néerl. *bote,* « touffe de lin ».

2. botte [bɔt] n. f. **1.** Chaussure de cuir, de caoutchouc ou de plastique qui enferme le pied et la jambe, parfois la cuisse. *Des bottes de cavalier.* **2.** Loc. fig. *Graisser ses bottes :* se préparer à partir. – *Avoir du foin dans ses bottes :* être riche. – *Lécher les bottes de quelqu'un,* le flatter avec bassesse. – *Bruits de bottes :* rumeurs de guerre.

3. botte [bɔt] n. f. **1.** SPORT En escrime, coup porté à l'adversaire avec un fleuret ou une épée. *Pousser, porter, parer une botte. Botte secrète.* **2.** Fig. Question, attaque imprévue. – Ital. *botta,* « coup ».

bottelage [bɔtlaʒ] n. m. Action de botteler. – De *botteler.*

botteler [bɔtle] v. tr. [22] Lier en bottes. – De *botel,* anc. dimin. de *botte* 1.

botteleur, euse [bɔtlœʀ, øz] n. Personne qui fait, qui lie des bottes. – De *botteler.*

botteleuse [bɔtløz] n. f. AGRIC Machine à botteler. – De *botteler.*

botter [bɔte] v. tr. [1] **1.** Pourvoir de bottes, chausser de bottes. **2.** Fig., fam. Convenir. *Ça me botte !* **3.** Fam. Donner un coup de pied à. *Botter le derrière de qqn.* – De *botte* 2.

botteur [bɔtœʀ] n. m. SPORT Au rugby, celui qui transforme les essais et qui tire les pénalités. – De *botter,* « donner un coup de pied ».

bottier [bɔtje] n. m. Celui qui fait des bottes, des chaussures sur mesure. – De *botte* 2.

bottillon [bɔtijɔ̃] n. m. Chaussure à tige montante, souvent fourrée. – De *botte* 2.

bottine [bɔtin] n. f. Chaussure montante serrée à la cheville. – De *botte* 2.

botulique [bɔtylik] adj. Relatif au botulisme. – De *botulisme.*

botulisme [bɔtylism] n. m. MED Toxi-infection due aux toxines sécrétées par *Clostridium botulinum,* bacille contenu dans certaines conserves et charcuteries avariées. – Du lat. *botulus,* « boudin ».

boubou [bubu] n. m. Tunique africaine ample et longue. *Des boubous colorés.* – Mot malinké (Guinée) désignant un singe, puis sa peau.

boubouler [bubule] v. intr. [1] Crier, en parlant du hibou. – Onomat.

bouc [buk] n. m. **1.** Mâle de la chèvre. **2.** Mâle de toute espèce caprine. **3.** *Bouc émissaire :* bouc que les Juifs chassaient dans le désert après l'avoir chargé des iniquités d'Israël, pour détourner d'eux la malédiction divine; fig. personne que l'on charge des fautes commises par d'autres. **4.** Barbe limitée au menton. *Porter le bouc.* – Celt.* *bucco.*

1. boucan [bukɑ̃] n. m. Viande fumée que mangeaient les Caraïbes. – *Par ext.* Gril qu'ils utilisaient pour fumer la viande. – Du tupi *moukem,* « viande fumée ».

2. boucan [bukɑ̃] n. m. Fam. Tapage. *Faire du boucan.* – Ital. *baccano,* « tapage ».

boucanage [bukanaʒ] n. m. Action de boucaner les viandes. – De *boucaner.*

boucaner [bukane] v. [1] **1.** v. tr. Fumer de la viande, du poisson. – *Par ext.* Tanner. *Le soleil boucane la peau.* **2.** v. intr. Vx Chasser le bœuf sauvage pour le cuir. – De *boucan* 1.

boucanier [bukanje] n. m. Chasseur de bœufs sauvages dans les Antilles. *Les boucaniers s'allièrent aux flibustiers au XVII*e *s.* – De *boucan* 1.

boucau [buko] n. m. Rég. Entrée d'un port, dans le Midi. – Provenç. *bouco,* « bouche ».

boucaut [buko] n. m. **1.** Vx Outre en peau de bouc. **2.** Tonneau pour enfermer des marchandises sèches. *Un boucaut de tabac.* – De *bouc,* dont on utilisait la peau.

bouchage [buʃaʒ] n. m. Action de boucher. – De *boucher* 1.

bouchain [buʃɛ̃] n. m. MAR Partie de la carène d'un navire entre les fonds et la muraille. *Coque à bouchain vif,* dont la muraille et les fonds forment un angle.

boucharde [buʃaʀd] n. f. **1.** Massette de sculpteur, de tailleur de pierre, dont les têtes sont garnies de pointes de diamant. **2.** Rouleau des cimentiers.

boucharder [buʃaʀde] v. tr. [1] Travailler à la boucharde. – De *boucharde.*

bouche [buʃ] n. f. **1.** Cavité de la partie inférieure du visage, chez l'être humain, en communication avec l'appareil digestif et les voies respiratoires. *Avoir la bouche pleine.* – *Avoir la bouche sèche, pâteuse.* ▷ Les lèvres. *Avoir la bouche grande, petite.* – *Rester bouche bée,* la bouche grande ouverte de surprise. ▷ *La bouche,* organe du goût. *Garder (qqch) pour la bonne bouche :* réserver (le meilleur) pour la fin. – *Faire la fine bouche,* le difficile. – *Faire venir l'eau à la bouche :* exciter la soif, l'appétit; – fig. exciter les désirs. – *S'ôter le pain de la bouche :* se priver du nécessaire pour secourir qqn. – Péjor. *Les bouches inutiles :* les personnes à charge, qui ne rapportent rien. ▷ *La bouche,* organe de la parole. *Il n'ouvre pas la bouche. Rester bouche close. « Cet océan de bouches ouvertes qui crient. » (Claudel).* – *Fermer la bouche de qqn,* lui imposer silence. – *Avoir toujours un mot à la bouche,* le répéter sans cesse. – *Bouche cousue ! :* gardez le secret ! – *Une nouvelle qui passe de bouche en bouche. Son nom est dans toutes les bouches :* tout le monde parle de lui. *De bouche à oreille,* oralement. **2.** Cavité buccale de certains animaux. *La bouche d'un cheval* (On dit *la gueule* pour les carnivores.) **3.** *Par anal.* Ouverture. *La bouche d'un four, d'un égout, d'un canon. Bouche de métro :* accès à une station de métro. *Bouche à feu :* pièce d'artillerie. *Bouche d'aération.* – *Spécial.* Ouverture d'une canalisation, permettant d'adapter un tuyau. *Bouche d'incendie. Bouche d'arrosage.* **4.** Embouchure. *Les bouches du Nil.* – Lat. *bucca,* « joue », puis « bouche ».

bouché, ée [buʃe] adj. **1.** Fermé, obstrué, encombré. *Avoir le nez bouché.* – Par ext. *Vin, cidre bouché,* en bouteille (par oppos. à *au tonneau*). **2.** Fig., fam. Peu intelligent. *Avoir l'esprit bouché, être bouché.* – Pp. de *boucher* 1.

bouche-à-bouche [buʃabuʃ] n. m. inv. Méthode de respiration artificielle pratiquée par un sauveteur sur un asphyxié et consistant à lui insuffler de l'air par la bouche. – De *bouche.*

bouchée [buʃe] n. f. **1.** Morceau qu'on met dans la bouche en une seule fois. *Une bouchée de pain.* – Fig. *Pour une bouchée de pain :* pour une somme dérisoire. – *Ne faire qu'une bouchée d'un plat,* le dévorer. – Fig. *Ne faire qu'une bouchée de qqn,* en triompher aisément. **2.** CUIS Petit vol-au-vent garni. *Bouchée à la reine.* – *Bouchée au chocolat :* gros chocolat fourré. – De *bouche.*

1. boucher [buʃe] v. [1] **I.** v. tr. Fermer (une ouverture, l'ouverture de qqch). *Boucher un trou, un tonneau.* – Par ext. *Boucher un chemin,* l'obstruer. – *Boucher la vue :* empêcher de voir. ▷ Fig., fam. *En boucher un coin à quelqu'un,* l'étonner. **II.** v. pron. **1.** Se fermer. *Se boucher le nez.* – Fig. *Se boucher les yeux, les oreilles :* refuser de voir, d'écouter. **2.** Être obstrué. *Le tuyau s'est bouché.* – De l'a. fr. *bousche,* «bouchon de paille»; lat. pop. **bosca.*

2. boucher, ère [buʃe, ɛʀ] n. **1.** Personne qui abat le bétail, qui vend de la viande crue au détail. *Un garçon boucher.* **2.** n. m. Fig. Homme sanguinaire. – *Par ext.* Fam. Chirurgien malhabile. *Un vrai boucher.* – De *bouc.*

boucherie [buʃʀi] n. f. **1.** Commerce de la viande des bestiaux. «*L'André était venu à Chaminadour pour s'initier chez nous au commerce de la boucherie*» *(Jouhandeau).* **2.** Boutique où se vend de la viande. **3.** Fig. Massacre, carnage. *Mener les soldats à la boucherie.* – De *boucher* 2.

bouche-trou [buʃtʀu] n. m. Fam. Personne, objet occupant momentanément une place vide. *Servir de bouche-trou. Des bouche-trous.* – De *boucher* 1, et *trou.*

bouchon [buʃɔ̃] n. m. **I. 1.** Poignée de paille tortillée. *Mettre en bouchon :* tortiller, froisser. **2.** Anc. Rameau de verdure servant d'enseigne à un cabaret. – *Par ext.* Vx Cabaret. **II. 1.** Pièce servant à fermer une bouteille, une carafe, un flacon. *Bouchon de liège, de cristal, de matière plastique. Faire sauter le bouchon :* faire partir bruyamment le bouchon d'une bouteille de cidre ou de vin mousseux. **2.** Jeu dans lequel on cherchait à atteindre avec des palets un bouchon surmonté de pièces de monnaie. – Loc. fam. *C'est plus fort que de jouer au bouchon :* c'est très surprenant. **3.** PECHE Flotteur (notam. en liège) qui maintient une ligne à la surface. **4.** *Par ext.* Ce qui empêche le passage, ou le gêne. – Spécial. *Un bouchon :* ensemble des véhicules arrêtés dans un embouteillage. – De l'a. fr. *bousche,* «bouchon de paille».

bouchonnement [buʃɔnmɑ̃] n. m. Action de bouchonner un animal. – De *bouchonner.*

bouchonner [buʃɔne] v. [1] **I.** v. tr. **1.** Mettre en bouchon, chiffonner. – Pp. adj. *Du linge bouchonné.* **2.** Frotter (un cheval) avec un bouchon de paille, pour l'essuyer et le nettoyer. **3.** Pp. adj. *Vin bouchonné,* qui a un goût de bouchon. **II.** v. intr. Former un embouteillage. – De *bouchon.*

bouchonnier [buʃɔnje] n. m. Celui qui fait, vend des bouchons de liège. – De *bouchon.*

bouchot [buʃo] n. m. Ensemble de pieux placés près des côtes, servant à la culture des moules, des coquillages. – Mot poitevin, du lat. pop. **buccale.*

bouchoteur ou **bouchotteur** [buʃɔtœʀ] n. m. Personne qui s'occupe d'un bouchot. – De *bouchot.*

bouclage [buklaʒ] n. m. **1.** TECH Mise en communication de deux circuits électriques, de deux canalisations d'eau ou de gaz (pour en équilibrer les pressions). **2.** Encerclement d'une région, d'une ville, d'un quartier par des troupes. **3.** PRESSE Fin de la rédaction (d'un numéro d'un journal). – De *boucler.*

boucle [bukl] n. f. **1.** Agrafe, anneau, muni d'une ou plusieurs pointes mobiles (ardillons), servant à tendre une ceinture, une courroie. *Une boucle de ceinture.* **2.** Pendant d'oreille. *Des boucles d'oreilles.* **3.** MAR Gros anneau métallique. **4.** Spirale formée par les cheveux frisés. *Des boucles blondes.* **5.** Courbe d'un cours d'eau. *Les boucles de la Seine.* **6.** Acrobatie aérienne, cercle vertical effectué par un avion. **7.** ELECTROACOUST Bande magnétique fermée. **8.** INFORM Séquence d'instruction qui se répète cycliquement. – Du lat. *buccula,* «petite joue».

boucler [bukle] v. [1] **I.** v. tr. **1.** Attacher par une boucle. *Boucler sa ceinture.* ▷ Fig., fam. Achever, terminer. *Boucler un dossier.* – *Boucler le budget,* l'équilibrer. **2.** Fam. Fermer. *Boucler une chambre.* – Pop. *La boucler :* se taire. – Fig., fam. Enfermer. *Boucler un cambrioleur. Se faire boucler.* **3.** Mettre en boucles (des cheveux). **4.** PRESSE *Boucler un journal,* en terminer la rédaction. **II.** v. intr. Prendre la forme de boucles. *Elle a les cheveux qui bouclent naturellement.* – Pp. adj. *Des cheveux bouclés. Un petit garçon tout bouclé.* – De *boucle.*

bouclette [buklɛt] n. f. Petite boucle. *Bouclette de cheveux.* – (En appos.) *Laine bouclette* ou, n. f., *bouclette :* laine à tricoter constituée de deux fils dont l'un est en boucle autour de l'autre. – Dimin. de *boucle.*

bouclier [buklije] n. m. **1.** Arme défensive, plaque portée au bras pour parer les coups. *Bouclier celte.* ▷ *Levée de boucliers :* geste des soldats romains en signe de résistance aux volontés de leur général; fig. manifestation d'opposition. **2.** Fig. Protection, défense. **3.** PHYS NUCL Blindage entourant un réacteur. *Bouclier biologique,* qui protège contre les radiations ionisantes. **4.** ESP *Bouclier thermique :* dispositif qui protège les structures d'un engin des effets de l'échauffement aérodynamique. **5.** ZOOL Pièce anatomique plate protégeant des organes mous. *Le bouclier céphalique des poissons cuirassés.* **6.** TECH Appareil utilisé pour le percement des souterrains. **7.** GEOL Masses de terrains continentaux formés de roches primitives. *Le bouclier canadien.* Syn. socle. – De l'anc. fr. *écu bocler,* «écu à bosse».

bouddha [buda] n. m. **1.** Dans le bouddhisme, sage qui est parvenu à la perfection et à la connaissance de la vérité. **2.** BX-A Représentation du Bouddha, fondateur du bouddhisme (VIe-Ve s. av. J.-C.). – Sanscrit *Budha.*

bouddhique [budik] adj. Qui se rapporte au bouddhisme. – De *bouddhisme.*

bouddhisme [budism] n. m. Doctrine (plus que religion) prêchée par le Bouddha. – De *Bouddha.*

ENCYCL Le bouddhisme est fondé sur une philosophie, voire une éthique (béatitude de l'émancipation), selon laquelle le sage doit anéantir en lui le désir, source de douleurs, pour atteindre le nirvāna, totale et béatifique «extinction» des illusions qui forment le fond de l'existence de l'individu. Sa diffusion a abouti à un ensemble très varié d'écoles réparties en deux branches principales : le Petit Véhicule (*hīnayāna* ou *therāvada*) et le Grand Véhicule *(mahāyāna).* Longtemps florissant en Inde, où il a auj. à peu près disparu, le bouddhisme a essaimé dans toute l'Asie du S. et du S.-E., surtout au Tibet, en Chine et au Japon.

bouddhiste [budist] n. Adepte du bouddhisme. – De *bouddhisme.*

bouder [bude] v. [1] **1.** v. intr. Témoigner de la mauvaise humeur par une mine renfrognée. – Fig. *Bouder contre son ventre :* refuser de manger par dépit. **2.** v. tr. *Elle boude son mari.* ▷ v. pron. *Ils se boudent encore.* – D'un rad. expressif *bod-.*

bouderie [budʀi] n. f. **1.** Mauvaise humeur. **2.** Fâcherie. – De *bouder.*

boudeur, euse [budœʀ, øz] adj. **1.** Qui boude volontiers. *Un enfant boudeur.* **2.** Qui marque la bouderie. *Humeur boudeuse.* – De *bouder.*

boudeuse [budøz] n. f. Siège sur lequel deux personnes peuvent s'asseoir en se tournant le dos. – De *bouder.*

boudin [budɛ̃] n. m. **1.** Boyau rempli de sang et de graisse de porc, qu'on mange cuit. – *Boudin blanc,* fait avec du lait et du blanc de volaille. ▷ *Eau de boudin,* dans laquelle on lave le boyau. – Loc. fig. *S'en aller en eau de boudin :* échouer misérablement (affaire, entreprise). **2.** Objet dont la forme rappelle celle du boudin. ▷ ARCHI Grosse moulure ronde. ▷ MINES Mèche avec laquelle on met le feu à une mine. ▷ TECH Saillie de la jante d'une roue de wagon ou de locomotive. ▷ *Ressort à boudin*, formé d'une hélice d'acier.

boudinage [budinaʒ] n. m. **1.** TECH Torsion du fil précédant l'embobinage. **2.** Façonnage en forme de boudin d'une matière pâteuse. – De *boudiner*.

boudiné, ée [budine] adj. **1.** En forme de boudin. *Doigts boudinés.* **2.** Serré dans des vêtements trop étroits. – Pp. de *boudiner*.

boudiner [budine] v. tr. [1] Exécuter l'opération du boudinage sur. – De *boudin*.

boudineuse [budinøz] n. f. TECH **1.** Appareil à boudiner une pâte. **2.** Machine finissant l'opération de cardage. – De *boudiner*.

boudoir [budwaʀ] n. m. **1.** Salon intime d'une habitation. **2.** Petit biscuit saupoudré de sucre, de forme allongée. – De *bouder*.

boue [bu] n. f. **1.** Mélange de terre ou de poussière et d'eau. Syn. fange. ▷ Fig. Abjection. *Traîner qqn dans la boue*, le couvrir de propos insultants. *Une âme de boue* : une âme vile. **2.** Limon déposé par les eaux minérales et utilisé en thérapeutique. *Bains de boue.* ▷ GEOL Sédiment très fin, riche en eau, d'origine rocheuse se déposant sur les fonds aquatiques calmes. ▷ TECH (Plur.) Résidus plus ou moins pâteux de diverses opérations industrielles. **3.** *Par ext.* Dépôt épais. *La boue d'un encrier.* – Gaul. **bawa*.

bouée [bwe] n. f. **1.** MAR Engin flottant qui sert à signaler une position, à baliser un chenal ou à repérer un corps immergé. **2.** Engin flottant qui maintient une personne à la surface de l'eau. *Bouée de sauvetage. Apprendre à nager avec une bouée.* ▷ Fig. *Bouée de sauvetage* : tout ce à quoi l'on peut se raccrocher pour se sortir d'une situation difficile ou dangereuse. – Germ. **bauk*, «signal».

boueur [buœʀ] ou **boueux** [buø] n. m. Syn de *éboueur*. – De *boue*.

boueux, euse [buø, øz] adj. **1.** Plein, couvert de boue. *Chemin, souliers boueux.* **2.** Pâteux. *Impression typographique, écriture boueuse.* – De *boue*.

bouffant, ante [bufɑ̃, ɑ̃t] adj. Qui bouffe, qui gonfle. *Manche bouffante.* – Ppr. de *bouffer*, «se gonfler».

bouffarde [bufaʀd] n. f. Fam. Pipe. – De *bouffée*.

1. bouffe [buf] adj. **1.** *Opéra bouffe* : opéra d'un genre léger, sur un thème de comédie. **2.** Comique, dans le genre de la farce italienne. – Ital. *opera buffa*, de *buffo*, «plaisant».

2. bouffe [buf] n. f. Fam. Cuisine, nourriture, repas. *Il ne pense qu'à la bouffe. On se téléphone et on se fait une bouffe ?* – Déverbal de *bouffer*.

bouffée [bufe] n. f. **1.** Souffle, exhalaison. *Bouffée de fumée, de tabac.* – Par anal. *Bouffée de vent, de chaleur.* **2.** Fig. Accès passager. *Bouffées d'orgueil.* – Pp. fém. subst. de *bouffer*.

bouffer [bufe] v. [1] **1.** v. intr. Se gonfler, prendre une forme ample. *Cheveux qui bouffent.* **2.** v. tr. Fam. Manger. – *Bouffer des briques* : n'avoir rien à manger. ▷ Fig., pop. *Se bouffer le nez* : se quereller. – Onomat.

bouffette [bufɛt] n. f. Petite houppe servant d'ornement. *Bouffettes aux harnais des chevaux.* ▷ Nœud de ruban. – De *bouffer*.

1. bouffi, ie [bufi] adj. Boursouflé, gonflé. *Bouffi de graisse. Yeux bouffis.* – Fig. *Bouffi d'orgueil.* – Pp. de *bouffir*.

2. bouffi [bufi] n. m. Hareng saur légèrement fumé. – Subst. de *hareng bouffi*, gonflé de saumure.

bouffir [bufiʀ] **1.** v. tr. [2] Rendre enflé, boursoufler. **2.** v. intr. Devenir enflé. – Var. de *bouffer*.

bouffissure [bufisyʀ] n. f. **1.** Enflure des chairs, embonpoint malsain. **2.** Fig. Vanité. – *Bouffissure du style* : affectation, emphase. – De *bouffir*.

1. bouffon [bufɔ̃] n. m. **1.** Anc. Personnage de théâtre dont l'emploi est de faire rire. Syn. histrion. **2.** Anc. Personnage grotesque attaché à un seigneur qu'il devait divertir par ses facéties. Syn. fou. **3.** *Par ext.* Personne qui s'efforce de faire rire. – Ital. *buffone*, de *buffa*, «plaisanterie».

2. bouffon, onne [bufɔ̃, ɔn] adj. **1.** Plaisant, facétieux. *Personnage bouffon.* **2.** (Choses) Ridicule, grotesque. *Une prétention bouffonne.* – Ital. *buffone*.

bouffonner [bufɔne] v. intr. [1] Vx ou Litt. Faire, dire des bouffonneries. – De *bouffon* 1.

bouffonnerie [bufɔnʀi] n. f. Facétie, plaisanterie de bouffon. – De *bouffon* 1.

bougainvillée [bugɛ̃vile] n. f. ou **bougainvillier** [bugɛ̃vilje] n. m. Plante du genre *Bougainvillea*, dicotylédone apétale grimpante, ornementale, originaire d'Amérique du Sud, acclimatée dans les régions méditerranéennes, dont les bractées prennent une couleur intense, rouge carmin ou violet. – Du n. du navigateur *Bougainville* (1729-1811).

bouge [buʒ] n. m. **1.** Partie renflée d'un objet. *Bouge d'un tonneau.* ▷ MAR Convexité du pont d'un navire. **2.** Petit logement pauvre, obscur et sale. *Habiter un bouge.* ▷ Maison mal famée. *Hanter bouges et tripots.* – Lat. d'orig. gaul. **bulga*, «sac».

bougeoir [buʒwaʀ] n. m. Petit chandelier à anse. – De *bougie*.

bougeotte [buʒɔt] n. f. Fam. Envie de déplacements, de voyages. – Manie de bouger son corps. *Avoir la bougeotte.* – De *bouger*.

bouger [buʒe] v. [15] **I.** v. intr. **1.** (Personnes) Faire un geste. *Il est assommé, il ne bouge pas.* ▷ Changer de place. *Je n'ai pas bougé de la maison.* ▷ Fig. S'agiter de manière hostile. *Les mécontents n'osèrent bouger.* **2.** (Choses) Remuer. *Dent, manche de couteau qui bouge.* Syn. branler. **II.** v. tr. Déplacer. *Bouger un objet.* ▷ v. pron. Fam. Se remuer, s'activer. – Du lat. pop. **bullicare*, «bouillonner».

bougie [buʒi] n. f. **1.** Cylindre de cire, de stéarine, de paraffine, qui brûle grâce à une mèche noyée dans la masse. *Souffler une bougie.* **2.** CHIR Tige flexible ou rigide, cylindrique, autref. en cire, utilisée pour explorer un canal naturel. **3.** MECA Dispositif d'allumage électrique qui déclenche la combustion du mélange gazeux dans le cylindre d'un moteur. **4.** OPT Ancienne unité d'intensité lumineuse, remplacée par la *candela*. – Du nom d'une v. d'Algérie, *Bougie* (auj. *Bejaia*), qui exportait la cire.

bougna ou **bougnat** [buɲa] n. m. Pop. et vieilli Marchand de charbon et de bois qui débite aussi des boissons. – Pour *charbougna* (charbonnier), par imitation plaisante du parler des Auvergnats.

bougnoul ou **bougnoule** [buɲul] n. m. Pop., inj. et raciste Travailleur immigré maghrébin; tout immigré non européen. – D'abord en argot, du wolof *bou-gnoul*, «noir».

bougon, onne [bugɔ̃, ɔn] adj. (et n.) Qui est enclin à bougonner. – De *bougonner*.

bougonnement [bugɔnmɑ̃] n. m. Fait de bougonner; paroles dites en bougonnant. – De *bougonner*.

bougonner [bugɔne] v. intr. [1] Murmurer entre ses dents, dire en grondant des choses désagréables. ▷ v. tr. *Bougonner des reproches.* – P.-ê. onomat.

bougre, esse [bugʀ, ɛs] n. **1.** Fam. Individu, gaillard. *Un bon bougre* : un brave homme. *Ah! le bougre! La petite* *bougresse!* **2.** (Pour renforcer une injure.) *Bougre d'âne.* ▷ Interj. *Bougre!* : Diable! – Du bas lat. *Bulgarus,* «Bulgare», puis, péjor. «hérétique», «sodomite», des hérétiques de Bulgarie (bogomiles) étant supposés avoir de mauvaises mœurs.

bougrement [bugʀəmɑ̃] adv. Fam. Très. *C'est bougrement embêtant.* Syn. rudement. – De *bougre.*

boui-boui [bwibwi] n. m. Fam. Café-concert, restaurant de qualité inférieure. *Des bouis-bouis.* Syn. beuglant, gargote. – Du dial. *bouis,* «étable», du lat. *bos,* «bœuf».

bouif [bwif] n. m. Arg. Cordonnier. – De *ribouis,* «savetier», de l'arg. *rebouiser,* «rajuster».

bouillabaisse [bujabɛs] n. f. Mets provenç. à base de poissons cuits dans un bouillon aromatisé. – Provenç. *bouiabaisso,* «poisson bouilli».

bouillant, ante [bujɑ̃, ɑ̃t] adj. **1.** Qui bout. ▷ Très chaud. *Du café bouillant.* **2.** Fig. Plein d'une ardeur impatiente. *Le bouillant Achille.* – Ppr. de *bouillir.*

bouille [buj] n. f. **1.** Hotte de vendangeur. **2.** Pop. Figure, tête. *Il a une bonne bouille.* – P.-ê. du lat. pop. **buttula,* de *buttis,* «tonneau».

bouilleur [bujœʀ] n. m. Celui qui fabrique de l'eau-de-vie. *Bouilleur de cru* : propriétaire qui distille sa propre récolte. – De *bouillir.*

bouilli, ie [buji] adj. et n. m. **I.** adj. **1.** (En parlant d'un liquide.) Porté à ébullition. **2.** Cuit dans un liquide qui bout. *Des légumes bouillis.* **II.** n. m. Viande bouillie. *Du bouilli de bœuf.*

bouillie [buji] n. f. **1.** Aliment, surtout destiné aux bébés, constitué de farine cuite dans un liquide (le plus souvent du lait) en ébullition, ou de farine précuite mélangée à un liquide chaud. – *Par ext.* Substance ayant perdu toute consistance. *Cette viande s'en va en bouillie.* – Fam. *Mettre en bouillie* : écraser. – Fig., fam. *Bouillie pour les chats* : propos manquant de clarté. **2.** VITIC *Bouillie bordelaise, bourguignonne* : solution de sulfate de cuivre et de chaux (ou de carbonate de sodium), destinée à combattre des maladies cryptogamiques de la vigne notamment. – De *bouillir.*

bouillir [bujiʀ] v. intr. **[34]** **1.** (En parlant d'un liquide.) Entrer en ébullition. *La lave bout dans le volcan.* **2.** Cuire dans un liquide qui bout. *Faire bouillir les légumes.* – Par ext. *Faire bouillir du linge,* pour le nettoyer. **3.** Fig., fam. *Faire bouillir la marmite* : procurer des moyens de subsistance. **4.** Fig. Être dans un état d'emportement violent. *Bouillir d'impatience.* – Absol. *Cela me fait bouillir.* – Lat. *bullire,* «former des bulles».

bouilloire [bujwaʀ] n. f. Récipient à bec et à anse servant à faire bouillir de l'eau. – De *bouillir.*

bouillon [bujɔ̃] n. m. **I.** **1.** Bulles d'un liquide en ébullition. *Éteindre au premier bouillon.* ▷ Bulles que forme un liquide qui tombe ou jaillit. *Sang qui coule à gros bouillons.* **2.** COUT Fronces d'étoffe bouffante. **3.** Plur. PRESSE Exemplaires invendus d'une publication. **II.** **1.** Aliment liquide obtenu en faisant bouillir dans de l'eau viande, poisson ou légumes. *Bouillon gras.* ▷ Fam. *Bouillon d'onze heures* : breuvage empoisonné. ▷ Fam. *Boire un bouillon* : boire en se débattant dans l'eau; fig. faire de mauvaises affaires. **2.** *Bouillon de culture* : milieu stérilisé préparé en vue de la culture de micro-organismes; fig. terrain où peut se développer un phénomène néfaste. **3.** Vx Restaurant modeste. – De *bouillir.*

bouillon-blanc [bujɔ̃blɑ̃] n. m. BOT Scrofulariacée (*Verbascum thapsus*) portant une rosette de feuilles très velues d'où sort une hampe dressée (jusqu'à 2 m) aux fleurs jaunes, employées en infusion comme émollient. *Des bouillons-blancs.* Syn. molène. – Du bas lat. **bugillo.*

bouillonnant, ante [bujɔnɑ̃, ɑ̃t] adj. **1.** Qui bouillonne. *Surface bouillonnante d'un fleuve en crue.* Syn. tumultueux. **2.** Fig. Agité par une émotion forte. – Ppr. de *bouillonner.*

bouillonné [bujɔne] adj. COUT Froncé en bouillons. ▷ n. m. Ornement d'étoffe froncé en bouillons. – Pp. de *bouillonner.*

bouillonnement [bujɔnmɑ̃] n. m. **1.** État d'un liquide qui bouillonne. **2.** Fig. État d'une personne agitée par des émotions fortes. – De *bouillonner.*

bouillonner [bujɔne] v. **[1]** **I.** v. intr. **1.** En parlant d'un liquide, former des bouillons. **2.** Fig. S'agiter sous le coup d'une émotion forte. **3.** PRESSE Avoir une partie du tirage invendue. *Journal qui bouillonne.* **II.** v. tr. COUT Froncer en bouillons (un tissu). *Bouillonner une manche.* – De *bouillon.*

bouillotte [bujɔt] n. f. **1.** Récipient rempli d'eau bouillante pour chauffer un lit. **2.** Ancien jeu de cartes. **3.** Syn. de *bouilloire.* – De *bouillir.*

bouillotter [bujɔte] v. intr. **[1]** Bouillir doucement. – De *bouillir.*

boulaie [bulɛ] n. f. Lieu planté de bouleaux. – De *bouleau.*

boulange [bulɑ̃ʒ] n. f. Fam. Métier du boulanger. – Déverbal de *boulanger* 2.

1. boulanger, ère [bulɑ̃ʒe, ɛʀ] n. et adj. **1.** Personne qui fait, qui vend du pain. **2.** adj. De boulangerie. *Levure boulangère.* – Du picard *boulenc.*

2. boulanger [bulɑ̃ʒe] v. intr. **[15]** Pétrir et faire cuire le pain. ▷ v. tr. *Boulanger de la farine.* – De *boulanger* 1.

boulangerie [bulɑ̃ʒʀi] n. f. **1.** Fabrication, commerce du pain. **2.** Boutique du boulanger. – De *boulanger* 1.

boulangisme [bulɑ̃ʒism] n. m. Doctrine nationaliste, parti du général Boulanger (1837-1891), militaire français accusé de complot en 1889.

boulangiste [bulɑ̃ʒist] adj. Qui se rapporte au boulangisme. ▷ Subst. Partisan du général Boulanger. – De *boulangisme.*

boulbène [bulbɛn] ou **bolbène** [bɔlbɛn] n. f. **1.** Terre limono-sableuse dépourvue de calcaire, contenant des concrétions ferrugineuses, appelée aussi *argile à grenailles.* **2.** Lieu où se trouve cette terre. – Gascon *boulbeno,* «terre d'alluvion».

boule [bul] n. f. **1.** Objet sphérique. *Rond comme une boule. Boule de neige.* – Fig. *Faire boule de neige* : s'amplifier. ▷ *Se mettre en boule* : se pelotonner en une attitude défensive (animaux); fig., fam. se mettre en colère. **2.** MATH Volume intérieur d'une sphère. **3.** Corps sphérique de dimension variable utilisé dans certains jeux. *Jeu de la boule* : jeu de hasard, à 9 numéros. *Jeu de boules* : jeu d'adresse qui consiste à placer des boules le plus près possible d'un but. – *Boule de billard, boule de loto.* **4.** *Arbre en boule* : arbre dont le feuillage présente une forme sphérique. **5.** *Boule-de-neige* : nom cour. de l'obier. **6.** Fam. Tête. *Avoir la boule à zéro* : avoir les cheveux coupés ras. – Fig. *Perdre la boule* : déraisonner. – Lat. *bulla,* «bulle».

boulê [bulɛ] n. f. ANTIQ Sénat d'une cité grecque. – Mot gr.

bouleau [bulo] n. m. Arbre (*Betula alba,* fam. bétulacées) commun en Europe sur les mauvaises terres, dont l'écorce blanche, lisse et brillante, porte quelques taches noires. – A. fr. *boul,* du gaul. par le lat. *betullus.*

bouledogue [buldɔg] n. m. Chien français aux pattes courtes et torses (25-35 cm de haut), à la mâchoire inférieure prognathe, au museau plat, aux grandes oreilles dressées, dont la robe est blanche avec quelques grandes taches sombres. – De l'angl. *bull,* «taureau», et *dog,* «chien».

bouler [bule] v. [1] **1.** v. intr. Rouler à terre comme une boule. *Lièvre qui boule.* ▷ Fam. *Envoyer bouler qqn,* l'éconduire, le renvoyer brutalement. **2.** v. tr. *Bouler les cornes d'un taureau,* les garnir de boules de cuir pour les rendre moins dangereuses. – De *boule.*

boulet [bulɛ] n. m. **1.** HIST Projectile sphérique dont on chargeait les canons. *Boulet rouge :* boulet rougi au feu, destiné à incendier. ▷ Loc. fig. *Tirer à boulets rouges sur qqn,* tenir des propos très violents contre lui. **2.** Boule métallique que les bagnards traînaient aux pieds. – Fig. *Traîner qqch (ou qqn) comme un boulet,* le ressentir comme une corvée, une charge pénible. **3.** TECH Aggloméré de forme ovoïde, combustible. *Boulets d'anthracite.* **4.** ZOOL Chez le cheval, articulation du canon avec le paturon. – De *boule.*

bouleté, ée [bulte] adj. MED VET Se dit d'un cheval dont le boulet est trop en avant. – De *boulet* sens 4.

boulette [bulɛt] n. f. **1.** Petite boule. ▷ CUIS Viande hachée ou pâte en boule. **2.** Fig., fam. Sottise, bévue. – Dimin. de *boule.*

bouleute [buløt] n. m. Membre de la boulê. – De *boulê.*

boulevard [bulvaʀ] n. m. **1.** Large voie plantée d'arbres dans une ville ou sur son pourtour. (Abrév. : bd). **2.** Genre théâtral, illustré par des comédies légères (naguère représentées à Paris sur les *Grands Boulevards,* entre la porte St-Martin et la Madeleine). *Théâtre de boulevard.* – Du moy. néerl. *bolwerc,* «ouvrage de fortification fait de madriers».

boulevardier, ère [bulvaʀdje, ɛʀ] n. m. et adj. **1.** n. m. Vieilli Flâneur des boulevards parisiens. ▷ Viveur élégant. **2.** adj. *Esprit boulevardier,* comique facile. – De *boulevard.*

bouleversant, ante [bulvɛʀsɑ̃, ɑ̃t] adj. Particulièrement émouvant. *Images bouleversantes d'une catastrophe.* – Ppr. de *bouleverser.*

bouleversement [bulvɛʀsəmɑ̃] n. m. Changement profond, perturbation radicale. *Un bouleversement politique.* – De *bouleverser.*

bouleverser [bulvɛʀse] v. tr. [1] **1.** Mettre dans une confusion extrême, déranger. *Bouleverser un tiroir.* **2.** Modifier totalement. *Cet événement bouleversa ses plans.* **3.** Fig. Émouvoir vivement (qqn). *Ce récit m'a bouleversé.* – De *bouler,* et *verser.*

1. boulier [bulje] n. m. Abaque, cadre comportant des boules qui glissent sur des tringles, servant à compter. – De *boule.*

2. boulier. V. bolier.

boulimie [bulimi] n. f. Augmentation pathologique de l'appétit accompagnant certains troubles psychiques. – Du gr. *boulimia,* «faim de bœuf».

boulimique [bulimik] adj. (et n.) Qui est atteint de boulimie, qui a trait à la boulimie. – De *boulimie.*

boulin [bulɛ̃] n. m. **1.** Trou pratiqué dans un mur pour permettre à un pigeon d'y nicher. **2.** TECH Trou destiné à recevoir, dans un mur, un support d'échafaudage; ce support lui-même. – De *boule.*

bouline [bulin] n. f. MAR Filin servant, au louvoyage, à haler sur la chute d'une voile carrée. – Angl. *bowline,* «cordage de proue».

boulingrin [bulɛ̃gʀɛ̃] n. m. Gazon bordé d'arbustes. – De l'angl. *bowling-green,* «gazon pour le jeu de boules».

bouliste [bulist] adj. et n. Qui a trait au jeu de boules. *Club bouliste.* ▷ Subst. Joueur de boules. – De *boule* sens 3.

boulocher [bulɔʃe] v. intr. [1] En parlant d'un tissu, d'un tricot, former à l'usage des petites boules de fibre textile.

boulodrome [bulɔdʀom] n. m. Terrain aménagé pour le jeu de boules. – De *boule,* et *-drome.*

boulon [bulɔ̃] n. m. Tige cylindrique munie d'une tête et d'un filetage sur lequel est vissé un écrou. – Dimin. de *boule.*

boulonnage [bulɔnaʒ] n. m. **1.** Action de boulonner; son résultat. **2.** Ensemble des boulons d'un montage. – De *boulonner.*

boulonnais, aise [bulɔnɛ, ɛz] adj. *Race boulonnaise :* race de chevaux réputée, aux membres puissants et courts, à l'encolure épaisse et à la crinière touffue. – De la v. de *Boulogne-sur-Mer,* et de sa région où sont élevés ces chevaux.

boulonner [bulɔne] v. [1] **1.** v. tr. Fixer avec des boulons. **2.** v. intr. Fig., fam. Travailler beaucoup. – De *boulon.*

boulonnerie [bulɔnʀi] n. f. Fabrique de boulons. – De *boulon.*

1. boulot [bulo] n. m. Fam. Travail. *C'est l'heure du boulot.* – De *boulotter.*

2. boulot, otte [bulo, ɔt] adj. (et n.) Fam. Se dit d'une personne (le plus souvent d'une femme) petite et forte. – De *boule.*

boulotter [bulɔte] v. intr. [1] **1.** Vx Aller doucement. **2.** Vx, fam. Travailler. ▷ Mod., fam. Manger. – De *(pain)* boulot,* «pain rond».

boum [bum] interj. et n. m. **1.** interj. Onomat. imitant le bruit d'un choc, d'une détonation. *Boum! Et ce fut tout.* **2.** n. m. Bruit produit par ce qui tombe; bruit d'une explosion. ▷ Fig. Réussite, succès importants et soudains. *Cette nouvelle mode fait un boum.* ▷ Loc. *En plein boum :* en état d'activité intense. **3.** n. m. Hausse subite des valeurs en Bourse. ▷ Forte poussée de prospérité économique, souvent éphémère. *Le boum japonais.* Syn. (Anglicisme) boom.

boumer [bume] v. intr. [1] Pop. Aller bien. *Ça boume ?* – De *boum,* angl. *boom,* «réussite».

1. bouquet [bukɛ] n. m. **1.** Petit bois, groupe d'arbres. **2.** Assemblage de fleurs, d'herbes liées ensemble. *Bouquet d'iris.* ▷ CUIS *Bouquet garni :* persil, thym et laurier. **3.** *Par anal.* Parfum, arôme (d'un vin, d'une liqueur). *Le bouquet d'un bordeaux.* **4.** Gerbe de fusées qui termine un feu d'artifice. ▷ Fig., fam. *C'est le bouquet :* c'est le comble. – De *bosc,* var. dial. (Normandie) de *bois.*

2. bouquet [bukɛ] n. m. **1.** Petit bouc. **2.** Lapin, lièvre mâle. Syn. bouquin. **3.** Grosse crevette rose. – De *bouc.*

bouquetière [buktjɛʀ] n. f. Marchande ambulante de fleurs. – De *bouquet* 1.

bouquetin [buktɛ̃] n. m. Chèvre sauvage (*Capra ibex*) à longues et puissantes cornes annelées, arquées vers l'arrière, que l'on trouve dans les montagnes d'Europe. – De l'all. *steinbock,* «bouc de rocher», par le provençal.

1. bouquin [bukɛ̃] n. m. **1.** Vieux livre. **2.** Fam. Livre. *Avoir toujours le nez dans ses bouquins.* – Néerl. *boek,* «livre».

2. bouquin [bukɛ̃] n. m. **1.** Vx Vieux bouc. **2.** Lièvre ou lapin mâle. – De *bouc.*

bouquiner [bukine] v. intr. [1] **1.** Vieilli Chercher de vieux livres. **2.** Fam. Lire. – De *bouquin* 1.

bouquinerie [bukinʀi] n. f. Commerce de bouquiniste. – De *bouquiner.*

bouquineur, euse [bukinœʀ, øz] n. Fam. Personne qui aime bouquiner. – De *bouquiner.*

bouquiniste [bukinist] n. Marchand de livres d'occasion, en partic., à Paris, le long des quais de la Seine. – De *bouquiner.*

bourbe [buʀb] n. f. Fange formée dans les eaux croupissantes. – Gaul. **borva.*

bourbeux, euse [buʀbø, øz] adj. Plein de bourbe. *Chemin bourbeux.* – De *bourbe.*

bourbier [buʀbje] n. m. Lieu fangeux. – Fig. Situation embarrassante et fâcheuse. *S'enliser dans un bourbier.* – De *bourbe.*

bourbillon [buʀbijɔ̃] n. m. MED Masse blanchâtre de tissus nécrosés, située au centre d'un furoncle. – De *bourbe.*

bourbon [buʀbɔ̃] n. m. Whisky américain à base d'alcool de maïs. – Du n. du comté de *Bourbon* (dans le Kentucky) où il est fabriqué.

bourbonien, enne [buʀbɔnjɛ̃, ɛn] adj. De la famille des Bourbons, dynastie qui donna des rois à divers États européens de 1555 à nos jours. *Nez bourbonien,* long et busqué.

bourcet [buʀsɛ] n. m. MAR *Bourcet* ou *voile à bourcet :* voile au tiers (suspendue au mât par un point au tiers de la longueur de la vergue). – Du néerl. *boegzeil,* «voile de proue».

bourdaine [buʀdɛn] n. f. Arbrisseau d'Europe (*Rhamnus frangula,* fam. rhamnacées) à petites fleurs verdâtres, dont les jeunes rameaux sont utilisés en vannerie et dont l'écorce a des propriétés laxatives.

bourde [buʀd] n. f. **1.** Propos mensonger, baliverne. *Raconter des bourdes.* **2.** *Par ext.* Erreur, bévue. – De l'a. fr. **bihurder,* «plaisanter».

1. bourdon [buʀdɔ̃] n. m. Long bâton des pèlerins, surmonté d'un ornement en forme de pomme. – Lat. pop. **burdo,* de *burdus,* «mulet».

2. bourdon [buʀdɔ̃] n. m. ENTOM **1.** Nom de divers genres d'insectes hyménoptères aculéates, notam. de *Bombus terrestris,* qui vit en colonies annuelles souterraines et auquel sa forte pilosité donne une allure globuleuse. (Ses couleurs peuvent être très vives – bandes alternées jaunes et noires – et sa taille respectable : jusqu'à 2,5 cm.) **2.** *Faux bourdon :* mâle de l'abeille. **3.** Fig., fam. *Avoir le bourdon :* être triste sans raison précise, avoir le cafard. – Onomat.

3. bourdon [buʀdɔ̃] n. m. **1.** MUS Basse continue dans divers instruments. ▷ *Bourdon d'orgue :* jeu d'orgue rendant les sons les plus graves. **2.** Grosse cloche à son grave. **3.** *Faux bourdon* ou *faux-bourdon :* plain-chant où la basse, transposée, forme le chant principal. – Onomat.

4. bourdon [buʀdɔ̃] n. m. TYPO Omission d'un mot, d'une phrase ou d'un paragraphe lors de la composition. – De *bourde.*

bourdonnant, ante [buʀdɔnɑ̃, ɑ̃t] adj. Qui bourdonne. – Ppr. de *bourdonner.*

bourdonnement [buʀdɔnmɑ̃] n. m. **1.** Bruit de certains insectes quand ils volent. **2.** Bruit qui rappelle le son grave et continu de ce vol. **3.** *Par anal.* Murmure sourd et confus d'une foule. **4.** *Bourdonnement d'oreilles :* impression de bruit sourd parfois continu dû princ. à des troubles circulatoires ou neurologiques. – De *bourdonner.*

bourdonner [buʀdɔne] v. intr. [1] Bruire sourdement. *Machine qui bourdonne.* – De *bourdon* 2.

bourg [buʀ] n. m. Gros village. – Bas lat. **burgus,* «château fort», d'orig. germ.

bourgade [buʀgad] n. f. Village aux habitations dispersées. – Provenç. *borgada,* ital. *borgata.*

bourgeois, oise [buʀʒwa, waz] n. et adj. **I.** n. **1.** Anc. Citoyen d'un bourg, jouissant de certains privilèges. *Bourgeois de Paris.* **2.** Anc. Sous l'Ancien Régime, personne qui n'était ni noble, ni ecclésiastique, ni travailleur manuel. Syn. roturier. **3.** Mod. Personne de la classe moyenne. – *Petit-bourgeois*.* **4.** *En bourgeois :* en civil. ▷ adj. *Habit bourgeois* (par oppos. à *uniforme*). **5.** Personne conformiste, terre à terre, fermée à la littérature et aux arts. Syn. philistin. ▷ Personne de mœurs rangées, aux opinions conservatrices. **6.** n.f. Pop. *Ma (la) bourgeoise :* ma femme. **II.** adj. **1.** Simple, familial. *Cuisine, maison bourgeoise.* – (En parlant des vins.) De qualité supérieure. *Cru bourgeois.* **2.** Traditionaliste, conservateur. *Presse bourgeoise.* **3.** Qui est sans originalité, conformiste. *Goûts bourgeois.* – De *bourg.*

bourgeoisement [buʀʒwazmɑ̃] adv. De façon bourgeoise. ▷ *Maison louée bourgeoisement,* où le locataire ne doit pas installer de commerce. – De *bourgeois.*

bourgeoisie [buʀʒwazi] n. f. **1.** Anc. Qualité de bourgeois. **2.** Classe sociale également appelée *tiers état* par les historiens de l'Ancien Régime. **3.** Dans le vocabulaire marxiste, classe dominante, qui possède les moyens de production dans un pays capitaliste. **4.** Ensemble des bourgeois (sens I, 3). – De *bourgeois.*

bourgeon [buʀʒɔ̃] n. m. **1.** Organe végétal écailleux des phanérogames, situé soit à l'extrémité d'une tige (*bourgeon terminal* ou *apical*), soit à l'aisselle d'une feuille (*bourgeon axillaire*), et contenant à l'état embryonnaire les organes de la période suivante de végétation : les feuilles et la tige qui les portera (*bourgeons à bois,* dans le cas des arbres) ou les fleurs (*bourgeons à fleurs*). **2.** Vieilli Bouton au visage. **3.** MED *Bourgeons charnus :* excroissances rougeâtres formées de cellules embryonnaires, qui envahissent les plaies et constituent le signe de la cicatrisation. – Lat. **burrionem,* accusatif de **burrio,* de *burra,* «bourre».

bourgeonnement [buʀʒɔnmɑ̃] n. m. **1.** Formation et développement des bourgeons. **2.** ZOOL Mode de reproduction asexuée par bourgeons, fréquent chez les cnidaires. – De *bourgeonner.*

bourgeonner [buʀʒɔne] v. intr. [1] **1.** Jeter, pousser des bourgeons. *Les arbres bourgeonnent. Plaie qui bourgeonne.* **2.** Fig. Se couvrir de boutons (visage). – De *bourgeon.*

bourgeron [buʀʒəʀɔ̃] n. m. Veste en toile forte, vêtement de travail que portaient autrefois les ouvriers, les soldats. – De l'a. fr. *borge,* du lat. pop. **burrica,* de *burra,* «bourre».

bourgmestre [buʀgmɛstʀ] n. m. Principal magistrat, maire de certaines villes de Belgique, des Pays-Bas, d'Allemagne, de Suisse. – Moy. haut all. *Burgmeister,* «maître du bourg».

bourgogne [buʀgɔɲ] n. m. Vin de Bourgogne. *Une bonne bouteille de bourgogne.*

bourgueil [buʀgœj] n. m. Vin rouge de la rég. de Bourgueil.

bourguignon, onne [buʀgiɲɔ̃, ɔn] adj. (et n.) **1.** De Bourgogne, rég. historique, anc. prov. de France. ▷ Subst. *Un(e) Bourguignon(ne).* **2.** *Bœuf bourguignon* ou, n. m., *bourguignon :* plat de viande de bœuf cuite dans du vin rouge avec des oignons.

bourlinguer [buʀlɛ̃ge] v. intr. [1] **1.** MAR En parlant d'un navire, rouler et tanguer violemment, en n'ayant presque pas d'erre. **2.** Naviguer beaucoup. – Fig., fam. Courir le monde, mener une vie aventureuse. – De *bourlingue,* «petite voile au sommet du mât».

bourlingueur, euse [buʀlɛ̃gœʀ, øz] n. Fam. Personne qui court le monde, mène une vie aventureuse. – De *bourlinguer.*

bourrache [buʀaʃ] n. f. Plante annuelle (*Borrago officinalis*, fam. borraginacées) à forte pilosité rêche, dont les nombreuses fleurs bleues sont utilisées, en infusion, comme diurétique et sudorifique. – Lat. médiév. *borrago*, ar. *abu rach*, «père de la sueur».

bourrade [buʀad] n. f. Coup de poing, de coude, d'épaule. *Une bourrade de connivence.* – De *bourrer*.

bourrage [buʀaʒ] n. m. **1.** Action de bourrer. *Bourrage d'un pouf.* - *Par ext.* Matériau utilisé pour bourrer. **2.** Fig., fam. *Bourrage de crâne* : propos insistants et répétés, tenus avec le dessein de tromper ou d'endoctriner; spécial. propagande intensive. Syn. matraquage. **3.** TECH Accumulation accidentelle de pellicule, de papier, etc., en un point d'une caméra, d'un projecteur, d'une imprimante, etc. – De *bourrer*.

bourrasque [buʀask] n. f. Brusque coup de vent tourbillonnant. - Fig. *Arriver en bourrasque.* – Ital. *burrasca*, du lat. *boreas*, «vent du nord».

bourratif, ive [buʀatif, iv] adj. Fam. Qui bourre (aliments). *Gâteau bourratif.* – De *bourrer*.

1. bourre [buʀ] n. f. **1.** Couche de fond (protection thermique) des fourrures des mammifères, constituée de poils fins, souples, courts et ondulés. *Les poils de bourre sont différents des jarres et des crins.* **2.** Amas de poils détachés de la peau d'animaux. **3.** *Bourre de laine, de soie*, déchets de ces matières. **4.** Duvet couvrant de jeunes bourgeons. **5.** Rondelle de feutre qui, dans une cartouche, sépare la poudre du plomb. **6.** Loc. pop. *À la bourre* : en retard. - *De première bourre* : de premier choix. – Lat. *burra*, «laine grossière».

2. bourre [buʀ] n. m. Arg., vieilli Policier. – De l'arg. *bourrique*, «agent».

bourreau [buʀo] n. m. **1.** Exécuteur des jugements criminels (*spécial.* de la peine de mort). **2.** *Par ext.* Homme cruel, inhumain. ▷ *Bourreau des cœurs* : séducteur. ▷ *Bourreau de travail* : travailleur forcené. – De l'anc. v. *bourrer*, «frapper».

bourrée [buʀe] n. f. **1.** Fagot de menues branches. **2.** Danse et air de danse à deux temps (Berry) ou à trois temps (Auvergne, Périgord), qu'on dansait autref. autour d'un feu de bourrées. – Du pp. de l'anc. v. *bourrer*, «frapper».

bourrèlement [buʀɛlmɑ̃] n. m. Litt. Torture, tourment. – De *bourreler*.

bourreler [buʀle] v. tr. [19] Usité au pp. dans la loc. *bourrelé de remords* : torturé par le remords. – De *bourreau*.

bourrelet [buʀlɛ] n. m. **1.** Cercle rembourré permettant de porter des charges sur la tête. **2.** Longue gaine étroite ou ruban épais s'adaptant aux jointures des portes et des fenêtres pour empêcher le passage des filets d'air. **3.** *Par anal.* Nom donné à divers objets allongés et renflés, ou à une partie du corps présentant une enflure. *Bourrelet de graisse.* – De l'a. fr. *bourrel*, de *bourre* 1.

bourrelier [buʀəlje] n. m. Celui qui fabrique, vend ou répare des articles en cuir, partic. des harnachements. – De l'a. fr. *bourrel*, «harnais».

bourrellerie [buʀɛlʀi] n. f. Artisanat et commerce du bourrelier. – De *bourrelier*.

bourrer [buʀe] v. tr. [1] **1.** Garnir de bourre. *Bourrer un matelas, un fusil.* **2.** Remplir complètement. *Bourrer une pipe, ses poches.* ▷ Par ext. Fam. Faire trop manger (qqn). *Bourrer ses invités.* ▷ v. pron. Manger avec excès, se gaver. - Pop. S'enivrer. **3.** Fam. *Bourrer le crâne à qqn*, chercher à le tromper par des propos mensongers réitérés. **4.** *Bourrer de coups* : frapper. – De *bourre* 1.

bourrette [buʀɛt] n. f. **1.** Soie grossière, la plus externe du cocon. **2.** Déchets de la filature de la soie. – De *bourre* 1.

bourriche [buʀiʃ] n. f. Long panier pour transporter du poisson, du gibier, etc.; son contenu. *Une bourriche d'huîtres.*

bourrichon [buʀiʃɔ̃] n. m. Fam. Tête (seulement dans la loc. fam. *Se monter le bourrichon* : se monter la tête, se faire des illusions). – Dimin. de *bourriche*.

bourricot ou **bourriquot** [buʀiko] n. m. Petit âne. – Esp. *borrico*.

bourride [buʀid] n. f. Bouillabaisse épaissie à l'aïoli.

bourrin [buʀɛ̃] n. m. Fam. Cheval. – De *bourrique*, «âne».

bourrique [buʀik] n. f. **1.** Ânesse. **2.** Fig., fam. Personne têtue et stupide. ▷ Loc. fam. *Faire tourner qqn en bourrique*, l'abrutir à force d'exigences contradictoires. – De l'esp. *borrico*, «âne».

bourriquet [buʀikɛ] n. m. **1.** Ânon, ou âne de petite espèce. **2.** CONSTR Plate-forme à claire-voie pour hisser des matériaux. – De *bourrique*.

bourriquot. V. bourricot.

bourru, ue [buʀy] adj. **1.** Âpre et rude comme la bourre. *Drap bourru.* - Par ext. *Vin bourru* : vin nouveau qui est en train de fermenter. *Lait bourru*, qui vient d'être trait. **2.** Fig. D'humeur rude et peu accommodante. *Un caractère bourru.* Ant. doux, affable. – De *bourre* 1.

1. bourse [buʀs] n. f. **1.** Petit sac destiné à contenir de l'argent, de la monnaie. - Loc. fig. *Tenir les cordons de la bourse* : disposer de l'argent. *Sans bourse délier* : sans payer. ▷ *Par ext.* L'argent dont quelqu'un dispose. *Avoir recours à la bourse d'un ami. Faire bourse commune* : partager les recettes et les dépenses. **2.** Pension versée par un organisme public ou privé à un élève, à un étudiant, pendant ses études. **3.** Poche servant à prendre les lapins à la sortie du terrier. **4.** ANAT *Bourse séreuse* ou *muqueuse* : petite poche muqueuse qui facilite le glissement de certains organes, en partic. de la peau autour des articulations. ▷ (Plur.) Scrotum. – Bas lat. *bursa*.

2. bourse [buʀs] n. f. **1.** Édifice, lieu public où s'assemblent à certaines heures les négociants, les agents de change, les courtiers, pour traiter d'affaires. *Bourse des valeurs. Bourse de commerce. La Bourse de Paris.* ▷ *Par ext.* La réunion même de ces personnes. *La Bourse a été agitée.* **2.** *Bourse du travail* : réunion des adhérents des syndicats d'une ville ou d'une région, en vue de la défense de leurs intérêts et de l'organisation de services collectifs; lieu de cette réunion et lieu d'information sur le marché du travail. – De l'hôtel de la famille *Van der Burse*, à Bruges, où les commerçants venaient négocier leurs valeurs et leurs marchandises, avec infl. de *bourse* 1.

ENCYCL *Les bourses de commerce.* Il existe en France une quinzaine de bourses de commerce, placées sous la tutelle des chambres de commerce et de l'industrie. Deux types de transactions s'y pratiquent : les «marchés libres» (liberté dans la fixation de tous les éléments du contrat) qui sont des marchés au comptant, concernant des marchandises diverses (pailles, grains, papiers et cartons, cuirs, etc.); les «marchés à terme», portant sur des produits soumis à stricte réglementation de la part des pouvoirs publics (sucre blanc, cacao en fèves, tourteaux de soja, à Paris; café Robusta, à Paris et au Havre; laine peignée, à Tourcoing), et où le prix s'établit par confrontation publique de l'offre et de la demande. Dans le «marché à terme», est fixée, par accord réciproque, l'époque où doit avoir lieu l'échange commercial. En fait, ce type de contrat n'implique pas de circulation de marchandise dans la plupart des cas, vendeur et acheteur se dégageant de leurs obligations avant l'échéance du terme en effectuant une opération inverse de celle initialement prévue : le vendeur initial rachète à l'acheteur initial la même marchandise au prix nouvellement établi selon l'offre et la demande. Le «marché à terme» joue un grand rôle économique puisqu'il permet d'établir et de surveiller des prix. Il doit, en principe protéger ainsi producteurs et industriels transformateurs de fluctuations trop grandes (garantie dans la gestion des stocks), tandis que les spéculateurs peuvent effectuer des opérations à risque. – *Les Bourses de valeurs.* Marché officiel des valeurs mobilières, elles sont aujourd'hui en France au nombre de sept : Paris (95 % des transactions), Bordeaux, Lille, Lyon, Marseille, Nancy, Nantes. Leur fonctionnement, longtemps assuré par les agents de change, est dévolu dep. 1988 aux sociétés de Bourse, seuls intermédiaires officiels. Les échanges se font sous la forme de «marché au comptant» et «à terme» (livraison des titres et paiements sont reportés à une date de «liquidation» fixée de façon réglementaire chaque mois). La fixation des cours (ou cotation), longtemps établie selon une méthode orale (dite «à la criée»), s'effectue auj. par télématique. Ce développement technique permet aux valeurs les plus importantes de bénéficier d'une cotation dite «en continue» et aux transactions de s'effectuer par simple transfert d'ordre par ce réseau et par téléphone. C'est la Société des Bourses françaises qui a la responsabilité de diffuser et de surveiller les cotations. La Commission des opérations de Bourse (COB) contrôle les informations diffusées aux porteurs de valeurs mobilières; sa mission est de protéger les épargnants des agissements frauduleux. Les principales Bourses de valeurs sont : Londres, New York, Osaka, Paris, Sydney, Tokyo, Toronto, Milan, Francfort.

bourse-à-pasteur [buʀsapastœʀ] n. f. Petite crucifère herbacée (*Capsella bursapastoris*) très courante, dont les fleurs blanches donnent des fruits cordiformes. *Des bourses-à-pasteur.* – De *bourse* 1, et *pasteur.*

boursicotage [buʀsikɔtaʒ] n. m. Fait de boursicoter. – De *boursicoter.*

boursicoter [buʀsikɔte] v. intr. [1] Jouer à la Bourse par petites opérations. – De *boursicot,* dimin. de *bourse.*

boursicotier, ère [buʀsikɔtje, ɛʀ] ou **boursicoteur, euse** [buʀsikɔtœʀ, øz] n. et adj. Personne qui boursicote. – adj. *Il est très boursicoteur.* – De *boursicoter.*

1. boursier, ère [buʀsje, ɛʀ] n. Élève, étudiant qui bénéficie d'une bourse. – De *bourse* 1.

2. boursier, ère [buʀsje, ɛʀ] n. et adj. **1.** n. Professionnel de la Bourse. **2.** adj. Qui se rapporte à la Bourse. *Transactions boursières.* – De *bourse* 2.

boursouflage [buʀsuflaʒ] ou **boursouflement** [buʀsufləmɑ̃] n. m. Action de boursoufler; son résultat. – De *boursoufler.*

boursouflé, ée [buʀsufle] adj. **1.** Enflé, bouffi. *Visage boursouflé.* **2.** Fig. Ampoulé, emphatique. *Style boursouflé.* – De *soufflé,* et *bou-,* «idée de gonflement».

boursoufler [buʀsufle] v. tr. [1] Rendre boursouflé, enflé. – De *boursouflé.*

boursouflure [buʀsuflyʀ] n. f. Enflure. – Fig. *Boursouflure du style.* – De *boursoufler.*

bousculade [buskylad] n. f. **1.** Action de bousculer. **2.** Mouvement produit par le remous d'une foule. – De *bousculer.*

bousculer [buskyle] v. tr. [1] **1.** Renverser, faire basculer. *Bousculer un pot de fleurs.* **2.** Pousser, heurter (qqn). ▷ v. pron. *On se bousculait aux soldes des grands magasins.* **3.** *Par ext.* Activer, presser. *Ne me bousculez pas, j'ai le temps. Il a été bousculé ces temps-ci.* – De *bouter,* et *cul,* avec infl. de *basculer.*

bouse [buz] n. f. Fiente des ruminants.

bouseux, euse [buzø, øz] adj. et n. **1.** adj. Rare Couvert de bouse. **2.** n. Fam., péjor. Paysan. – De *bouse.*

bousier [buzje] n. m. Nom donné à divers coléoptères qui pondent leurs œufs dans des excréments après avoir roulé ces derniers en boule (ex. : le scarabée sacré, le géotrupe). – De *bouse.*

bousillage [buzijaʒ] n. m. **1.** CONSTR Mortier de chaume et de boue. **2.** Fam. Action d'abîmer. **3.** Fam. Ouvrage bâclé. – De *bousiller.*

bousiller [buzije] v. [1] **I.** v. intr. CONSTR Maçonner avec un mélange de chaume et de boue. **II.** v. tr. **1.** CONSTR Construire en bousillage. *Bousiller un mur.* **2.** *Par ext.* Fam. Faire précipitamment et sans soin. *Bousiller son travail.* **3.** Fam. Abîmer, démolir (qqch); tuer (qqn). – De *bouse.*

bousilleur, euse [buzijœʀ, øz] n. Fam. Personne qui bousille, qui bâcle son travail. – De *bousiller.*

1. bousin [buzɛ̃] n. m. Surface tendre de certaines pierres de taille. – De *bouse.*

2. bousin [buzɛ̃] n. m. **1.** Vx Cabaret, mauvais lieu. **2.** Fam., rare Tapage. – De l'angl. *to bouse,* «s'enivrer».

boussole [busɔl] n. f. Instrument constitué par un cadran au centre duquel est fixé un axe vertical autour duquel pivote une aiguille aimantée qui indique la direction du nord magnétique (un peu différent du nord géographique, du fait de la déclinaison magnétique). *La boussole, dont le principe fut découvert par les Chinois au IIe s. apr. J.-C., ne fut utilisée en navigation qu'au XIe s.* ▷ Fig., fam. *Perdre la boussole* : perdre la tête, devenir fou. – Ital. *bussola,* «petite boîte».

boustifaille [bustifɑj] n. f. Pop. Nourriture. – P.-ê. de *bouffer.*

boustrophédon [bustʀɔfedɔ̃] n. m. ARCHEOL Ancienne écriture grecque et étrusque dont les lignes se lisaient alternativement et sans interruption de droite à gauche et de gauche à droite. – Du gr. *bous,* «bœuf», et *strophein,* «tourner», l'alternance des lignes évoquant un bœuf traçant des sillons dans un champ.

1. bout [bu] n. m. **1.** Extrémité d'un corps; limite d'un espace. *Le bout des doigts. Au bout de la ville.* – Loc. *D'un bout à l'autre. À bout portant* : le bout de l'arme à feu touchant l'objectif. ▷ Loc. fig. *Brûler la chandelle par les deux bouts* : V. chandelle. – *Manger du bout des dents, rire du bout des lèvres,* de mauvaise grâce. – *Savoir sur le bout du doigt, des doigts,* à fond. – *Avoir un mot sur le bout de la langue* : être sur le point de se rappeler un mot que l'on a oublié. – *Montrer le bout de l'oreille* : se trahir, malgré les soins mis à se cacher. – *Ne pas voir plus loin que le bout de son nez* : être inconséquent, imprévoyant. – *On ne sait par quel bout le prendre* : il est d'un caractère difficile. – *Avoir de la peine à joindre les deux bouts* : manquer d'argent, boucler difficilement son budget. – *Au bout de la terre, du monde* : très loin. – Fam. *C'est le bout du monde* : on ne peut aller plus loin dans une telle supposition, une telle possibilité. *Si je peux vous prêter mille francs, c'est le bout du monde.* **2.** Ce qui garnit l'extrémité de certaines choses. *Mettre un bout à une canne.* **3.** Petite partie, morceau. *Un bout de ruban, un bout de pain.* ▷ Loc. fam. *Petit bout* : petit garçon, petite fille. – *Un bout d'homme* : un homme très petit. – *Mettre les bouts* : s'en aller, se sauver. **4.** Terme, fin. *Le bout de l'année.* – Loc. fig. *Être au bout de son* (ou *du*) *rouleau* : avoir épuisé toutes ses ressources. – *Il n'est pas au bout de ses peines* : il n'en a pas fini avec les difficultés. ▷ *Au bout du compte* : tout bien considéré. ▷ *À bout* : sans ressource, épuisé. *Être à bout.* – *Pousser à bout* : faire perdre patience. ▷ *À bout de* : à la fin de. – Loc. *Venir à bout de...* : réussir, vaincre. ▷ *À tout bout de champ* : à tout propos, constamment. ▷ *Mettre bout à bout* : joindre par les extrémités. *Éléments d'une canne à pêche mis bout à* *bout.* ▷ *De bout en bout* : d'une extrémité à l'autre; du début à la fin. – Déverbal de *bouter.*

2. bout [but] n. m. Morceau de cordage, cordage. *Passer un bout à un bateau pour le remorquer.* – De *bout* 1.

boutade [butad] n. f. **1.** Plaisanterie. **2.** Rare Caprice. – De *bouter.*

boutargue. V. poutargue.

bout-dehors [budəɔʀ] n. m. MAR Espar qui sert à établir une voile hors de l'aplomb du navire. *Foc amuré sur un bout-dehors. Des bouts-dehors.* – De *bouter,* et *hors.*

boute-en-train [butɑ̃tʀɛ̃] n. m. inv. **1.** Personne qui sait amuser, mettre en gaieté une assemblée. **2.** Mâle que les éleveurs utilisent pour vérifier qu'une femelle est prête pour la saillie (notam. une jument). – De *bouter, en,* et *train.*

boutefeu [butfø] n. m. **1.** Anc. Mèche au bout d'un bâton, avec laquelle on mettait le feu à la charge d'un canon. **2.** MINES Personne responsable des tirs à l'explosif. **3.** Fig., vx Personne qui excite la discorde. – De *bouter,* et *feu.*

bouteille [butɛj] n. f. **1.** Récipient à col étroit et à goulot destiné à contenir des liquides. *Bouteille de verre. Mettre du vin en bouteilles.* – Son contenu. *Boire une bouteille de bière. Une bonne bouteille* : une bouteille de bon vin. ▷ *Aimer la bouteille* : aimer le vin, la boisson. ▷ *Vin qui a de la bouteille,* qui s'est amélioré en vieillissant. – Fig., fam. *Prendre de la bouteille* : vieillir. ▷ Fig. *La bouteille à l'encre* : une affaire obscure, embrouillée. **2.** *Bouteille de Leyde* : condensateur électrique constitué d'un flacon de verre dont la paroi extérieure est revêtue d'une feuille d'étain collée au verre, et la paroi intérieure d'une feuille d'étain ou de clinquant reliée à une tige métallique traversant le goulot. **3.** Récipient métallique pour gaz liquéfiés. *Bouteille de propane, de butane.* – Bas lat. **butticula,* de *buttis,* « tonneau ».

bouteiller [buteje] ou **boutillier** [butilje] n. m. HIST Un des grands officiers de la couronne, chargé de la cave du roi. – De *bouteille.*

bouteillon [butɛjɔ̃] n. m. Marmite plate dont se servent les troupes en campagne. – Du nom de *Bouthéon,* son inventeur.

bouter [bute] v. tr. [1] Vx Mettre; pousser, repousser. *Bouter les Anglais hors du royaume.* – Frq. **botan,* « frapper ».

bouterolle [butʀɔl] n. f. TECH **1.** Outil portant une empreinte en creux pour refouler les rivets. **2.** Fente sur le panneton d'une clé, près de la tige. – De *bouter.*

bouteroue [butʀu] n. f. Vx Borne qui préserve les angles des bâtiments du choc des voitures. – De *bouter,* et *roue.*

boute-selle [butsɛl] n. m. inv. Anc. Signal de trompette avertissant les cavaliers de se tenir prêts à partir. – De *bouter,* et *selle.*

bouteur [butœʀ] n. m. TRAV PUBL Engin de terrassement constitué par un tracteur à chenilles équipé à l'avant d'une lame pour pousser des terres, des déblais. Syn. (déconseillé) bulldozer. – *Bouteur biais,* dont la lame est orientable obliquement par rapport au sens de la marche (pour *angledozer*). – *Bouteur inclinable,* dont la lame est inclinable par rapport à l'horizontale. – *Bouteur à pneus,* dont les chenilles sont remplacées par des roues munies de pneumatiques. – De *bouter.*

boutillier. V. bouteiller.

boutique [butik] n. f. **1.** Lieu où un marchand étale et vend sa marchandise, magasin. *Une petite boutique. Tenir boutique.* ▷ Loc. fam. *Parler boutique* : parler de son métier. ▷ Fam. *Et toute la boutique* : et tout le reste. **2.** Magasin de vêtements, d'accessoires féminins portant le nom d'un grand couturier. **3.** *Boutique franche,* où les marchandises ne sont pas soumises au paiement des droits ou des taxes. **4.** Fig., fam. Maison mal tenue. *Quelle boutique!* **5.** PECHE Boîte à fond percé, pour conserver dans l'eau le poisson vivant. – Provenç. *botica,* du gr. *apothêkê.*

boutiquier, ère [butikje, ɛʀ] n. (et adj.) Personne qui tient boutique. ▷ Péjor. Personne à l'esprit étroit. – adj. *Des calculs boutiquiers.* – De *boutique.*

boutisse [butis] n. f. TECH Pierre taillée, brique dont la plus grande dimension est perpendiculaire à la façade. – De *bouter.*

boutoir [butwaʀ] n. m. **1.** Extrémité du groin des porcins. **2.** *Coup de boutoir* : coup violent; fig. trait d'humeur, mots blessants. – De *bouter.*

bouton [butɔ̃] n. m. **1.** Bourgeon. – *Spécial.* Bourgeon à fleur, fleur non encore épanouie. *Bouton de rose.* **2.** Petite pièce, le plus souvent ronde, qui sert à attacher ensemble les différentes parties d'un vêtement. *Recoudre un bouton. Bouton de col.* – *Bouton (à) pression* ou *bouton-pression* : bouton dont une partie s'engage dans une autre et y reste maintenue par un petit ressort. **3.** Pièce saillante et arrondie. *Bouton de porte.* ▷ Petite pièce ou touche servant à la commande d'un appareil, d'un mécanisme. *Tourner le bouton de la radio. Appuyer sur le bouton de la minuterie.* **4.** Petite élevure rouge de la peau. *Avoir le visage couvert de boutons.* – De *bouter,* « pousser ».

bouton-d'argent [butɔ̃daʀʒɑ̃] n. m. Renoncule à fleurs blanches. *Des boutons-d'argent.* – De *bouton,* et *argent.*

bouton-d'or [butɔ̃dɔʀ] n. m. Renoncule* des prés à fleurs jaunes. *Des boutons-d'or.* – De *bouton,* et *or.*

boutonnage [butɔnaʒ] n. m. **1.** Action de boutonner. **2.** Manière dont un vêtement se boutonne. – De *boutonner.*

boutonner [butɔne] v. [1] **I.** v. intr. **1.** Rare Pousser des boutons. *Les arbres boutonnent au printemps.* **2.** S'attacher avec des boutons. *Blouse qui boutonne par-derrière.* ▷ v. pron. *Jupe qui se boutonne sur le côté.* **II.** v. tr. **1.** Attacher (un vêtement) avec des boutons. *Boutonner son pardessus.* **2.** SPORT En escrime, toucher de coups de fleuret. – De *bouton.*

boutonneux, euse [butɔnø, øz] adj. Qui a des boutons sur la peau. *Visage boutonneux.* – De *bouton.*

boutonnière [butɔnjɛʀ] n. f. **1.** Petite fente pratiquée dans un vêtement, souvent bordée d'un point spécial (*point de boutonnière*), dans laquelle on passe le bouton. **2.** CHIR Incision longue et étroite. *Faire une boutonnière pour passer une sonde cannelée.* ▷ Par ext., fam. *Faire une boutonnière à quelqu'un,* une blessure, avec un instrument tranchant ou piquant. – De *bouton.*

boutre [butʀ] n. m. MAR Petit navire à voile latine, utilisé pour la pêche et le cabotage sur la côte orientale d'Afrique. – De l'ar. *būt.*

bouts-rimés [buʀime] n. m. pl. Rimes données d'avance pour écrire une pièce de vers. – Sing. *Un bout-rimé* : une pièce de vers composée de bouts-rimés. – De *bout,* et *rimé.*

bouturage [butyʀaʒ] n. m. Action de bouturer. – De *bouturer.*

bouture [butyʀ] n. f. Jeune pousse d'un végétal (autre que celles ayant naturellement un rôle dans la multiplication végétative : tubercules, bulbilles, etc.) qui, séparée de la plante originelle et mise en terre, régénère les organes manquants pour donner un végétal entier. – De *bouter.*

bouturer [butyʀe] v. [1] **1.** v. tr. Planter une bouture. **2.** v. intr. Donner, par accident, des boutures. *Cette plante a bouturé.* – De *bouture.*

bouverie [buvʀi] n. f. Étable à bœufs. – De *bœuf.*

bouvet [buvɛ] n. m. TECH Rabot à faire les languettes, les rainures dans le bois. *Bouvet à joindre.* – De *buef,* «bœuf» (à cause du sillon qu'il trace).

bouveter [buvte] v. tr. [23] TECH Raboter avec un bouvet. – De *bouvet.*

bouveteuse [buvtøz] n. f. TECH Machine à faire des rainures et des languettes dans le bois. – De *bouveter.*

bouvier, ère [buvje, ɛʀ] n. **1.** Personne qui garde les bœufs. ▷ n. m. ASTRO *Le Bouvier :* la constellation boréale dont fait partie l'étoile Arcturus. **2.** n. m. Nom donné à diverses races de chiens de berger. *Bouvier des Flandres, des Ardennes.* – Lat. *bovarius,* de *bos,* «bœuf».

bouvière [buvjɛʀ] n. f. Petit poisson (8 cm) téléostéen cyprinidé (genre *Rhodeus*) des eaux douces européennes, dont la femelle pond ses œufs dans des moules d'eau douce.

bouvillon [buvijɔ̃] n. m. Jeune bœuf. – De *bœuf.*

bouvreuil [buvʀœj] n. m. Oiseau passériforme (*Phyrrhula vulgaris,* fam. fringillidés) atteignant 14 cm de long, au bec court et fort, au plumage gris et noir, avec la poitrine rose vif et une calotte céphalique noire. – De *bouvier.*

bouvril [buvʀil] n. m. Partie d'un abattoir où on loge les bœufs. – De *bœuf.*

bovarysme [bɔvaʀism] n. m. Insatisfaction romanesque engendrant une illusion sur soi-même et une tendance à se concevoir et à se vouloir autre que l'on est. *Le Bovarysme. La psychologie dans l'œuvre de Flaubert,* titre d'une œuvre de Jules de Gaultier (1892). – De *Madame Bovary,* roman de Flaubert (mot forgé par Barbey d'Aurevilly).

bovidés [bɔvide] n. m. pl. ZOOL Famille de mammifères ruminants comprenant les bovins, les ovins et les caprins. – Sing. *Un bovidé.* – Du lat. *bos, bovis,* «bœuf».

bovin, ine [bɔvɛ̃, in] adj. et n. **1.** adj. Relatif au bœuf. *La race bovine.* ▷ Fig. *Un regard bovin,* stupide. **2.** n. m. pl. Espèce engendrée par le taureau domestique (taureaux, bœufs, vaches, veaux). – Sing. *Un bovin.* – Lat. *bovinus,* de *bos,* «bœuf».

bovinés [bɔvine] n. m. pl. ZOOL Sous-famille de bovidés comprenant, outre le bœuf, le buffle, le bison, le zébu, le yack. – Sing. *Un boviné.* – De *bovin.*

bowling [buliŋ] n. m. (Anglicisme) Jeu de quilles d'origine américaine (le joueur doit, avec deux boules, renverser dix quilles placées à 25 m). – Établissement, lieu où l'on y joue. – Mot angl., de *bowl,* «boule».

bow-string [bostʀiŋ] n. m. TRAV PUBL Pont dont le tablier est suspendu à une membrure de forme parabolique. *Des bow-strings.* – Mot angl., de *bow,* «arc», et *string,* «corde, hauban».

bow-window [bowindo] n. m. (Anglicisme) Balcon vitré en saillie sur une façade. *Des bow-windows.* Syn. (off. recommandé) oriel. – Mot angl., de *bow,* «arc», et *window,* «fenêtre».

box, [bɔks] plur. **box** ou **boxes** n. m. **1.** Stalle d'écurie pour un seul cheval. **2.** Compartiment de garage pour une automobile. **3.** Espace en partie cloisonné dans un lieu public, dans des locaux collectifs. *Le box des accusés.* – Mot angl. *box,* «boîte».

box-calf [bɔkskalf] n. m. Peau de veau imprégnée de chrome dont on fait des chaussures, des sacs, etc. *Des box-calfs.* – Mot angl., marque de cette sorte de cuir représentant une boîte *(box),* et un veau *(calf).*

boxe [bɔks] n. f. Sport de combat dans lequel deux adversaires, munis de gants, se frappent à coups de poing, selon des règles déterminées. *Boxe anglaise. Boxe française,* comportant des attaques avec le pied. *Gants de boxe :* fortes moufles de cuir, rembourrées, qui protègent les poings des boxeurs. – De l'angl. *box,* «coup».

1. boxer [bɔkse] v. [1] **1.** v. intr. Se battre à coups de poing selon les règles de la boxe. **2.** v. tr. Fam. Frapper qqn à coups de poing. – De *boxe.*

2. boxer [bɔksɛʀ] n. m. Chien de garde de grande taille (60 à 65 cm au garrot), du groupe des dogues, à la robe le plus souvent fauve, à museau plat, dont la mâchoire inférieure proéminente est dissimulée par les babines. – Mot all. «boxeur».

boxeur [bɔksœʀ] n. m. Celui qui pratique la boxe. *Le visage tuméfié d'un boxeur.* – De *boxe.*

box-office [bɔksɔfis] n. m. (Anglicisme) Enregistrement (hebdomadaire, mensuel, annuel) de la cote commerciale d'un acteur, d'un chanteur, etc. *Il vaut 5 millions au box-office. Des box-offices.* – Mot angl. «caisse (d'un théâtre)».

boy [bɔj] n. m. Domestique indigène dans les pays autrefois colonisés (Asie, Afrique, Océanie, etc.). – Mot angl. «garçon».

boyard ou **boïar** [bɔjaʀ] n. m. Seigneur, dans l'ancienne Russie et dans d'autres pays slaves. – Mot slave.

boyau [bwajo] n. m. **1.** Intestin des animaux. – Plur. Fam. Intestin de l'homme. *Rendre tripes et boyaux :* vomir violemment. ▷ *Corde de boyau* ou *boyau :* corde faite avec des intestins de chat ou de mouton, servant à garnir les violons, guitares, etc., et les raquettes de tennis. **2.** *Par anal.* Conduit souple en cuir, en toile caoutchoutée, etc. **3.** FORTIF Fossé en zigzag mettant en communication deux tranchées. – Souterrain, corridor long et étroit. **4.** CYCLISME Enveloppe de caoutchouc, plus légère que le pneu. – Lat. *botellus.*

boyauderie [bwajodʀi] n. f. **1.** Préparation des boyaux pour la cuisine, l'industrie. **2.** Lieu où sont préparés les boyaux. – De *boyau.*

boyaudier, ère [bwajodje, ɛʀ] n. Personne qui prépare les boyaux. – De *boyau.*

boycottage [bɔjkɔtaʒ] ou **boycott** [bɔjkɔt] n. m. **1.** Mise en interdit d'un patron par ses ouvriers, d'un commerçant par ses employés, etc. **2.** Refus d'acheter des marchandises provenant d'une firme, d'un pays. **3.** *Par ext.* Refus collectif de participer à (une manifestation, un événement publics). – De *boycotter.*

boycotter [bɔjkɔte] v. tr. [1] Appliquer le boycott à. – De *Boycott,* régisseur irlandais qui fut mis à l'index pour n'avoir pas obéi aux injonctions de la *Ligue agraire.*

boycotteur, euse [bɔjkɔtœʀ, øz] n. Personne qui boycotte. – De *boycotter.*

boy-scout [bɔjskut] n. m. Vieilli Scout. *Des boy-scouts.* – Mot angl. «garçon éclaireur».

bpi [bepei] n. m. INFORM Unité de densité d'information sur un support. – Abrév. de l'angl. *bit per inch.*

bq PHYS NUCL Symbole de becquerel.

Br CHIM Symbole du brome.

brabançon, onne [bʀabɑ̃sɔ̃, ɔn] adj. et n. Du Brabant. ▷ Subst. *Un(e) Brabançon(ne).* ▷ *La Brabançonne :* hymne national belge, écrit par Fr. Van Campenhout (1780-1848) lors de la révolution de 1830. – Du lat. médiév. *brabantio,* de *Bracbantia,* «Brabant», prov. du centre de la Belgique.

brabant [bʀabɑ̃] n. m. AGRIC Charrue métallique pourvue de deux jeux de socs. – De *Brabant*, province de Belgique où cette charrue fut mise au point.

bracelet [bʀaslɛ] n. m. **1.** Ornement en forme d'anneau qui se porte autour du poignet, du bras. ▷ *Bracelet de force*, en cuir, qui bande étroitement le poignet et le protège. **2.** ARCHI Anneau ornant le fût des colonnes. – De *bras*.

bracelet-montre [bʀaslɛmɔ̃tʀ] n. m. Montre que l'on porte attachée au poignet par un bracelet. *Des bracelets-montres.* – De *bracelet*, et *montre*.

brachial, ale, aux [bʀakjal, o] adj. ANAT Qui appartient, qui a rapport au bras. *Plexus brachial.* – Lat. *brachialis*.

brachiation [bʀakjasjɔ̃] n. f. ZOOL Mode de locomotion de certains singes arboricoles, qui utilisent leurs bras, extrêmement longs.

brachiopodes [bʀakjɔpɔd] n. m. pl. ZOOL Classe d'invertébrés marins à coquille formée de deux valves calcaires (une dorsale et une ventrale) et souvent munis d'un pédoncule qui les fixe au substrat. - Sing. *Un brachiopode.* – Du lat. *brachium*, « bras », et *-pode*.

brachy-. Élément, du gr. *brakhus*, « court, bref ».

brachycéphale [bʀakisefal] adj. et n. ANTHROP Se dit des hommes dont le crâne, vu du dessus, a une longueur et une largeur sensiblement égales. Ant. dolichocéphale. – De *brachy-*, et *-céphale*.

brachycères [bʀakisɛʀ] n. m. pl. ENTOM Sous-ordre de diptères à antennes courtes et à tête très mobile comprenant les mouches communes, la mouche tsé-tsé, le taon, la drosophile, etc. - Sing. *Un brachycère.* – De *brachy-*, et gr. *kéras*, « corne, antenne ».

brachyoures [bʀakjuʀ] n. m. pl. ZOOL Sous-ordre de crustacés décapodes à abdomen large et court. Syn. crabes. - Sing. *Un brachyoure.* – De *brachy-*, et gr. *oura*, « queue ».

braconnage [bʀakɔnaʒ] n. m. Action de braconner. – De *braconner*.

braconner [bʀakɔne] v. intr. [1] Chasser ou pêcher sans permis, ou en temps et lieux prohibés, ou avec des engins défendus. ▷ Fig. Empiéter sur les biens d'autrui. – Du germ. *brakko*, « chien de chasse »; a. fr. « chasser avec un braque ».

braconnier [bʀakɔnje] n. m. Chasseur, pêcheur qui braconne. – De *braconner*.

bractéal, ale, aux [bʀakteal, o] adj. BOT De la bractée. – De *bractée*.

bractée [bʀakte] n. f. BOT Petite feuille simple, souvent de couleurs vives, fixée au pédoncule floral. – Lat. *bractea*, « feuille de métal ».

bradel [bʀadɛl] n. m. Reliure par emboîtage dans un cartonnage léger. *Reliure à la bradel* ou *bradel.* – De *Bradel*, relieur.

brader [bʀade] v. tr. [1] Vendre à vil prix. *Brader ses meubles.* – Du néerl. *braden*, all. *braten*, « rôtir », puis « détruire par le feu », d'où « gaspiller ».

braderie [bʀadʀi] n. f. Foire où l'on vend au rabais. - Vente au rabais. – De *brader*.

bradycardie [bʀadikaʀdi] n. f. MED Lenteur du rythme cardiaque (moins de 60 pulsations par minute), pathologique (pouls lent permanent) ou physiologique (cœur des sportifs). – Du gr. *bradus*, « lent », et *-cardie*.

bradype [bʀadip] n. m. ZOOL Nom scientif. (*Bradypus*) du paresseux tridactyle, l'aï. – Du gr. *bradus*, « lent », et *pous*, « pied ».

braguette [bʀagɛt] n. f. Ouverture verticale partant de la ceinture, sur le devant d'un pantalon, d'un short. – Dimin. de *brague*, « culotte », provenç. *braga*, du lat. *braca*, pl. *bracæ*, « braies ».

brahman [bʀaman] n. m. Nom donné, dans les doctrines hindoues, au principe suprême, universel, absolu, infini, neutre et « non qualifié », seulement définissable comme Être, Conscience et Béatitude. – Mot sanskrit.

brahmane [bʀaman] n. m. Membre de la caste sacerdotale hindoue, la première des quatre anciennes castes héréditaires de l'Inde. – Du sanscrit *brāhmana*.

brahmanique [bʀamanik] adj. Qui se rapporte au brahmanisme. – De *brahmane*.

brahmanisme [bʀamanism] n. m. Religion de l'Inde liée à un système socioreligieux caractérisé par une division de la société en castes. (Le brahmanisme comporte de grandes variations de croyances et de philosophies, puisqu'il n'est en somme que le nom générique des divers développements de la doctrine contenue en principe dans les *Vedas* et les *Upanishad* [800-500 av. J.-C.?].) – De *brahmane*.

brai [bʀɛ] n. m. Résidu solide ou pâteux de la distillation de matières organiques (pétrole, houille, etc.). *Brai de houille, de pétrole. Brai végétal.* – De *brayer* 1.

braies [bʀɛ] n. f. pl. Anc. Pantalon ample des Gaulois, des Germains. – Lat. *braca(e)*, mot gaul.

braillard, arde [bʀɑjaʀ, aʀd] ou **brailleur, euse** [bʀɑjœʀ, øz] n. et adj. Personne qui braille, qui a l'habitude de brailler. – De *brailler*.

braille [bʀaj] n. m. Écriture en relief qui se lit avec les doigts, à l'usage des aveugles. – De *Braille*, n. de l'inventeur (1809-1852).

braillement [bʀɑjmɑ̃] n. m. Cri d'une personne qui braille. – De *brailler*.

brailler [bʀɑje] v. intr. [1] Parler, crier, chanter trop fort. ▷ v. tr. *Brailler un refrain.* – Du rad. de *braire*.

brailleur, euse. V. braillard.

braiment [bʀɛmɑ̃] n. m. Cri de l'âne. – De *braire*.

brainstorming [bʀɛnstɔʀmiŋ] n. m. (Anglicisme) Méthode de travail en groupe qui consiste à chercher des solutions originales à un problème en faisant appel à l'imagination et à la créativité des participants. – Mot angl., de *brain*, « cerveau », et *to storm*, « se déchaîner ».

brain-trust [bʀɛntʀœst] n. m. (Anglicisme) Groupe de chercheurs, de spécialistes, qui sont chargés d'élaborer un projet ou de seconder une direction. *Des brain-trusts.* – Mot anglo-amér., « trust des cerveaux ».

braire [bʀɛʀ] v. intr. [78] (Surtout à l'inf. et à la 3e personne.) **1.** Crier, en parlant de l'âne. ▷ Fam. Brailler. **2.** Fig., fam. *Faire braire* : ennuyer. – Lat. pop. **bragere*.

1. braise [bʀɛz] n. f. Charbons ardents résultant de la combustion de bois, de houille, etc. *Marrons cuits sous la braise.* – Germ. **brasa*.

2. braise [bʀɛz] n. f. Pop. Argent. – Mot du Lyonnais, « miettes », de *briser*.

braiser [bʀeze] v. tr. [1] Faire cuire à feu doux et à l'étouffée. *Une viande braisée. Endives braisées.* – De *braise* 1.

braisière [bʀezjɛʀ] n. f. **1.** Anc. Étouffoir des boulangers pour éteindre la braise. **2.** Ustensile de métal dans lequel on braise des aliments. – De *braise* 1.

brame [bʀɑm] ou **bramement** [bʀɑmmɑ̃] n. m. Cri du cerf, du daim. – De *bramer*.

bramer [bʀɑme] v. intr. [1] Crier, en parlant du cerf et du daim. ▷ Fig. Brailler, se lamenter bruyamment. – Provenç. *bramar*, « mugir, braire », germ. **brammon*.

bran [bʀɑ̃] n. m. **1.** Partie la plus grossière du son. **2.** Dial. Matière fécale. – Lat. pop. **brennus*, probabl. rad. gaul. *brenno*.

brancard [bʀɑ̃kaʀ] n. m. **1.** Chacune des deux pièces fixées à une charrette, entre lesquelles on attelle une bête de trait. ▷ Fig. *Ruer dans les brancards* : se rebeller. **2.** Civière à bras. *Évacuer un blessé sur un brancard.* – De *branque*, forme normande de *branche*.

brancardier [bʀɑ̃kaʀdje] n. m. Porteur de brancard. – De *brancard*.

branchage [bʀɑ̃ʃaʒ] n. m. Ensemble des branches d'un arbre. ▷ (Plur.) Amas de branches. *Litière de branchages.* – De *branche*.

branche [bʀɑ̃ʃ] n. f. **1.** Ramification qui pousse du tronc d'un arbre. *Branche maîtresse. Ramasser des branches mortes.* - *Par ext.* Ramification d'une plante. *Céleris en branche*, dont on mange les côtes. ▷ Loc. *Être comme l'oiseau sur la branche* : être dans une situation incertaine, précaire. ▷ Fam. *Vieille branche* : apostrophe d'amitié. **2.** *Par anal.* Ce qui ressemble à une branche par sa forme ou sa position par rapport à un axe. *Chandelier à sept branches. Les branches d'un compas.* ▷ ANAT *Les branches d'une artère, d'un nerf* : les petites artères, etc., qui proviennent des grosses artères, etc. **3.** Division, ramification. *Les branches d'une science.* **4.** *Par anal.* Une des familles issues d'un ascendant commun. *La branche aînée, la branche cadette.* - Loc. fig., fam. *Avoir de la branche*, une allure distinguée, aristocratique. – Du bas lat. *branca*, « patte ».

branché, ée [bʀɑ̃ʃe] adj. (et n.) Fam. À la mode, dans le vent. – Pp. de *brancher*.

branchement [bʀɑ̃ʃmɑ̃] n. m. **1.** Action de brancher. **2.** Organe de raccordement, canalisation. *Branchement de gaz.* ▷ CH de F Appareil d'aiguillage. **3.** INFORM Instruction qui permet de poursuivre un programme à partir d'une autre instruction si une condition est remplie *(branchement conditionnel)* ou dans tous les cas *(branchement inconditionnel).* – De *brancher*.

brancher [bʀɑ̃ʃe] v. [1] **1.** v. tr. Relier un circuit secondaire à un circuit principal. *Brancher un fer à repasser.* ▷ v. pron. *Se brancher sur un émetteur*, de façon à en recevoir les signaux, les émissions. ▷ Fam. *Être bien branché sur qqn*, bien le comprendre, bien recevoir ses propos. - *Brancher qqn sur qqn, sur une affaire*, le mettre en contact avec, l'aiguiller sur. - *Brancher qqn*, lui plaire. *Cette fille me branche bien.* **2.** v. intr. Percher sur les arbres. *Les oiseaux branchent.* – De *branche*.

branchette [bʀɑ̃ʃɛt] n. f. Petite branche. – Dimin. de *branche*.

branchial, ale, aux [bʀɑ̃kjal, o] adj. ZOOL Qui a rapport aux branchies. – De *branchie*.

branchie [bʀɑ̃ʃi] n. f. ZOOL Organe d'animaux aquatiques (crustacés, larves d'insectes, poissons, têtards d'amphibiens) qui l'utilisent pour respirer l'oxygène dissous dans l'eau. (Les branchies sont des expansions de tissus très minces, richement vascularisées, au niveau desquelles s'effectuent les échanges gazeux entre le sang et l'eau.) – Lat. d'orig. gr., *branchia*.

branchiopodes [bʀɑ̃kjɔpɔd] n. m. pl. ZOOL Ordre de crustacés entomostracés aux pattes aplaties et lobées. - Sing. *Un branchiopode.* – De *branchie*, et *-pode*.

branchu, ue [bʀɑ̃ʃy] adj. Qui a beaucoup de branches. *Arbre branchu.* – De *branche*.

brandade [bʀɑ̃dad] n. f. Morue pochée et émincée, puis pilée avec de l'ail, de l'huile, etc. – Du provenç. *brandado*, de *brandar*, « remuer ».

brande [bʀɑ̃d] n. f. Végétation des landes, des sous-bois (bruyères, genêts, etc.). ▷ Lieu où pousse une telle végétation. *Parcourir une brande.* – Lat. médiév. *branda*, « bruyère », de l'anc. v. *brander*, « brûler », du germ. **brand*, « tison », parce qu'on brûlait les bruyères.

brandebourg [bʀɑ̃dbuʀ] n. m. Ornement de broderie ou de galon réunissant les boutons de certains vêtements (vestes des anciens uniformes, notam.). *Tunique à brandebourgs.* – Du nom de l'État all. d'où venait cette mode.

brandebourgeois, oise [bʀɑ̃dbuʀʒwa, waz] adj. et n. Du Brandebourg, Länd d'Allemagne. – *Concertos brandebourgeois*, dédiés par J.-S. Bach au margrave de Brandebourg.

brandevin [bʀɑ̃dvɛ̃] n. m. Vieilli Eau-de-vie de vin. – Du néerl. *brandewijn*, « vin brûlé ».

brandiller [bʀɑ̃dije] v. tr. [1] Vx Agiter deçà, delà. ▷ v. intr. Se mouvoir deçà, delà ; se balancer. – De *brandir*.

brandir [bʀɑ̃diʀ] v. tr. [2] **1.** Agiter en l'air ; élever pour mieux frapper ou lancer. *Brandir une hache.* ▷ *Par ext.* Agiter, maintenir en l'air pour faire voir. *Il brandissait une pancarte.* **2.** Fig. Présenter comme une menace. *Brandir le Code à tout instant.* – Germ. **brand*, « tison, épée ».

brandisite [bʀɑ̃dizit] n. f. MINER Silicate d'aluminium, de calcium et de magnésium.

brandon [bʀɑ̃dɔ̃] n. m. **1.** Vx Flambeau fait de paille tortillée. **2.** Corps enflammé s'élevant d'un feu. *Le vent dispersait les brandons.* **3.** Fig. *Un brandon de discorde* : un provocateur, ou une cause de querelles. – Du germ. **brand*, « tison ».

brandy [bʀɑ̃di] n. m. Eau-de-vie, en Angleterre. – Mot angl., de *to brand*, « brûler ».

branlant, ante [bʀɑ̃lɑ̃, ɑ̃t] adj. Qui branle, peu stable. – Ppr. de *branler*.

branle [bʀɑ̃l] n. m. **1.** Mouvement oscillant d'un corps. *Le branle d'une cloche.* **2.** Fig. Impulsion donnée. *Donner le branle, mettre en branle* : faire entrer en mouvement, donner une impulsion. *Se mettre en branle* : commencer à entrer en mouvement. **3.** Danse française en vogue du Moyen Âge au XVIIe s. ; air sur lequel elle se dansait. – Déverbal de *branler*.

branle-bas [bʀɑ̃lba] n. m. inv. **1.** MAR *Branle-bas de combat* : ensemble des dispositions prises en vue d'un combat. **2.** Bouleversement, agitation. *Un branle-bas général.* – Ordre de mettre *bas* les *branles* (« hamacs »), au lever ou dans les préparatifs d'un combat.

branlement [bʀɑ̃lmɑ̃] n. m. Mouvement de ce qui branle. – De *branler*.

branler [bʀɑ̃le] **1.** v. tr. [1] *Branler la tête*, la mouvoir, la faire aller deçà, delà. **2.** v. intr. Bouger, être mal assuré, fixé. *Dent qui branle. Branler dans le manche* : être mal emmanché, en parlant d'un outil ; fig. être peu stable, peu sûr (situation, fortune, etc.). **3.** v. tr. Vulg. Masturber. ▷ v. pron. Se masturber. – Contract. de *brandeler*, de *brandir*.

braquage [bʀakaʒ] n. m. **1.** Action de braquer ; son résultat. - *Rayon de braquage* : rayon du cercle parcouru par la roue avant d'un véhicule, le volant étant tourné à fond. **2.** Arg. Attaque à main armée. – De *braquer*.

1. braque [bʀak] n. m. Chien de chasse d'arrêt à poil court, aux oreilles tombantes. – Ital. *bracco*, « chien de chasse ».

2. braque [bʀak] adj. et n. Fam. Écervelé, un peu fou. – De *braque* 1.

braquemart [bʀakmaʀ] n. m. Épée courte à deux tranchants. ▷ Fig., vulg. Pénis.

braquer [bʀake] v. tr. [1] **1.** Diriger vers un point, dans une direction déterminée (un instrument d'optique, une pièce d'artillerie, une arme à feu).

Braquer une lunette d'approche sur l'horizon. Braquer un pistolet sur qqn. ▷ Fig. *Braquer ses regards sur qqn, qqch.* **2.** Arg. Attaquer à main armée. *Braquer un convoyeur de fonds.* **3.** *Braquer les roues d'une automobile dans une direction* (ou, absol., *braquer*), les orienter le plus possible dans cette direction pour effectuer une manœuvre. **4.** *Braquer qqn,* provoquer son opposition têtue. *Braquer un enfant en le réprimandant.* ▷ v. pron. S'obstiner dans son opposition. – Probabl. lat. pop. **brachitare*, de *bracchium*, « bras ».

braquet [brakɛ] n. m. Développement d'une bicyclette. *Le dérailleur permet de changer de braquet.*

bras [bra] n. m. **1.** Membre supérieur de l'homme, rattaché à l'épaule, terminé par la main. *Lever, plier les bras.* – *Spécial.* Partie du membre supérieur comprise entre l'épaule et le coude (par oppos. à l'avant-bras, entre le coude et le poignet). – *Donner le bras à une femme,* l'accompagner en lui tenant le bras. – Fig. *Les bras m'en tombent :* j'en suis stupéfait. – Fig., fam. *Couper bras et jambes à qqn,* le mettre dans l'impuissance d'agir, le décourager. – *Rester les bras croisés,* à ne rien faire. *Recevoir à bras ouverts,* chaleureusement, avec amitié. – *Avoir sur les bras :* être responsable de, ou accablé par. *Avoir beaucoup d'affaires sur les bras.* – *Être dans les bras de Morphée :* dormir. – *Donner du « cher Monsieur » gros comme le bras à qqn,* l'appeler « cher Monsieur », souvent et en insistant. **2.** Par méton. Homme qui agit, qui travaille. *Manquer de bras,* de travailleurs. *Être le bras droit de qqn,* son principal collaborateur. **3.** Pouvoir, autorité. *Le bras séculier :* l'autorité temporelle. – Fam. *Avoir le bras long :* avoir du crédit, du pouvoir. **4.** Litt. Valeur guerrière. *Tout cède à son bras.* **5.** *Par anal.* Ce qui présente une certaine ressemblance avec les bras humains. *Les bras d'un fauteuil :* les accotoirs. *Les bras d'une croix, d'un sémaphore.* ▷ ASTRO Développement extérieur d'une galaxie spirale, prenant naissance dans son noyau. ▷ MAR Manœuvre courante fixée à l'extrémité d'une vergue ou d'un tangon et servant à l'orienter. ▷ AUDIOV *Bras de lecture :* pièce d'une platine de tourne-disque qui porte la tête de lecture. ▷ MECA *Bras de levier :* distance du support d'une force à l'axe de rotation. ▷ TECH Tige ou poutre articulée. **6.** GEOGR Affluent ou subdivision du cours d'une rivière. – *Bras de mer :* étendue de mer entre deux terres rapprochées. **7.** Loc. *À bras :* en utilisant la force des muscles de l'homme. *Pompe à bras,* qui se manie avec le bras. – *À tour de bras, à bras raccourcis :* de toute sa force. *Tomber sur qqn à bras raccourcis.* – *Bras dessus, bras dessous :* en se donnant le bras. – Lat. pop. **bracium*, class. *bracchium*, gr. *brakhiôn.*

brasage [brazaʒ] n. m. TECH Procédé de soudage consistant à assembler des pièces métalliques par apport d'un alliage dont la température de fusion est plus faible que celle des surfaces à souder. – De *braser.*

braser [braze] v. tr. [1] Souder par brasage. – De *braise.*

brasero [brazero] n. m. Récipient de métal, sur pieds, destiné à recevoir des braises, utilisé surtout pour le chauffage en plein air. – Mot esp., de *brasa*, « braise ».

brasier [brazje] n. m. **1.** Feu très vif, violent incendie. *Les sauveteurs étaient gênés par le brasier.* **2.** Fig. Passion, violence qui enflamme. *Le brasier de la guerre civile.* – De *braise.*

brasiller [brazije] v. intr. [1] **1.** Litt. Rougeoyer comme de la braise. **2.** Scintiller sous les rayons du soleil ou de la lune (en parlant de la mer). – De *braise.*

bras-le-corps (à) [abralkɔr] loc. adv. Avec les deux bras passés autour du corps (de qqn). – Fig. *Prendre la vie à bras-le-corps.*

brassage [brasaʒ] n. m. **1.** Action de brasser, de remuer; fait d'être brassé. – Fig. *Le brassage des races.* **2.** TECH Opération consistant à extraire les matières solubles du malt, dans la fabrication de la bière. – De *brasser.*

brassard [brasar] n. m. **1.** Pièce de l'armure qui couvrait le bras. **2.** Ornement ou signe de reconnaissance fixé au bras. *Brassard de secouriste.* – Altér. de *brassal;* ital. *bracciale*, de *braccio*, « bras ».

brasse [bras] n. f. **1.** Vx Longueur des deux bras étendus. **2.** Anc. unité de longueur (environ 1,60 m en France, 1,80 m en G.-B.). ▷ MAR Unité de profondeur équivalente. **3.** Nage sur le ventre dans laquelle les mouvements des bras et des jambes sont symétriques. *Brasse coulée, brasse papillon.* ▷ Distance parcourue par le nageur à chaque cycle de mouvement. – Lat. *bracchia*, plur. de *bracchium*, « bras ».

brassée [brase] n. f. Ce que peuvent contenir les deux bras. *Une brassée de bois.* – De *bras.*

1. brasser [brase] v. tr. [1] MAR Agir sur le bras (d'une vergue, d'un tangon, etc.) pour lui donner l'orientation voulue. – De *bras.*

2. brasser [brase] v. tr. [1] **1.** Opérer les mélanges pour la fabrication de la bière. **2.** Remuer pour mélanger. *Brasser un mélange.* ▷ Fig. *Brasser des affaires :* s'occuper de nombreuses affaires. ▷ Fig., fam. *Brasser de l'air :* s'affairer beaucoup sans résultat. – De l'a. fr. *brais*, « malt », contaminé par *bras.*

brasserie [brasri] n. f. **1.** Fabrique de bière; industrie de la bière. **2.** Anc. Débit de boissons où l'on ne vendait que de la bière. – Mod. Café-restaurant. – De *brasser* 2.

brasseur, euse [brasœr, øz] n. **1.** Fabricant de bière; négociant en bière. **2.** *Brasseur d'affaires :* homme qui traite beaucoup d'affaires. – De *brasser* 2.

brassière [brasjɛr] n. f. **1.** Petite chemise de bébé en toile fine ou en tricot. **2.** MAR *Brassière de sauvetage :* gilet de sauvetage. – De *bras.*

brasure [brazyr] n. f. Soudure faite avec un métal ou un alliage dont le point de fusion est infér. à celui du métal à souder; cet alliage ou ce métal d'apport. – De *braser.*

bravache [bravaʃ] n. m. et adj. Faux brave, matamore. ▷ adj. *Un air bravache.* – Ital. *bravo*, « brave » avec suff. péjor.

bravade [bravad] n. f. Défi, provocation en paroles ou en actes. – Ital. *bravata*, de *bravare* « faire le brave ».

brave [brav] adj. et n. **1.** adj. Vaillant, courageux. *Un soldat brave.* Ant. lâche. ▷ Subst. *Un brave.* – Fam. *Un brave à trois poils,* d'une bravoure éprouvée. **2.** adj. (Avant le nom.) Honnête, bon, serviable. *De braves gens.* ▷ n. m. *Mon brave,* appellation familière et condescendante. – Ital. et esp. *bravo.*

bravement [bravmɑ̃] adv. Avec bravoure. – De *brave.*

braver [brave] v. tr. [1] **1.** Résister à, tenir tête à, en témoignant qu'on ne craint pas. *Braver l'autorité, le danger.* **2.** Manquer à, ne pas respecter. *Braver l'autorité, la morale.* – De *brave.*

bravissimo [bravisimo] interj. Exclamation qui exprime une très vive approbation. *Bravo, bravissimo !* – Mot ital., superlatif de bravo.

1. bravo [bravo] interj. Exclamation qui accompagne un applaudissement, une approbation. ▷ n. m. *Des bravos répétés.* – Mot ital., « excellent ! ».

2. bravo [bravo] n. m. HIST Spadassin, assassin à gages. *Des bravi.* – Mot ital., « brave ».

bravoure [bravur] n. f. **1.** Courage face au danger. **2.** MUS Vieilli *Air de bravoure :* air d'une exécution difficile, permettant de déployer son talent. – Mod. (Souvent péjor.) *Morceau de bravoure,* de virtuosité. – Ital. *bravura.*

1. brayer [breje] v. tr. [24] CONSTR Enduire de brai. – De l'anc. nordique *braeda*, « goudronner ».

2. brayer [bReje] n. m. **1.** TECH Lanière soutenant le battant d'une cloche. **2.** Cordage pour monter une charge. – De *braies.*

1. break [bRɛk] n. m. **1.** Anc. Voiture ouverte, au siège de cocher surélevé, dont les banquettes étaient disposées dans le sens de la longueur. **2.** Mod. Automobile qui possède un hayon sur sa face arrière, et dont la banquette arrière est généralement repliable. – Mot angl.

2. break [bRɛk] n. m. (Anglicisme) **1.** MUS En jazz : arrêt momentané du jeu de l'orchestre, pour souligner une intervention d'un seul instrument. **2.** SPORT Ordre de se séparer donné par l'arbitre à deux boxeurs au corps à corps. – Mot amér., « interruption ».

breakdown [bRɛkdawn] n. m. (Anglicisme) Dépression nerveuse. – Mot angl. « effondrement ».

breakfast [bRɛkfœst] n. m. (Anglicisme) Petit déjeuner à l'anglaise. – Mot angl.

brebis [bRəbi] n. f. **1.** Mouton femelle. *Fromage de brebis.* **2.** (Par une métaph. fréquente dans les Écritures.) Chrétien par rapport à son pasteur. *Une brebis égarée* : un pécheur. Syn. ouaille. **3.** Péjor. *Brebis galeuse* : personne considérée comme donnant le mauvais exemple dans un groupe. – Lat. pop. **berbicem.*

1. brèche [bRɛʃ] n. f. **1.** Ouverture faite à un mur, une haie, etc. – *Spécial.* Trouée dans les remparts d'une ville assiégée. *Monter à l'assaut par une brèche.* ▷ Loc. fig. *Sur la brèche* : en pleine activité. – *Battre en brèche* : pratiquer une trouée dans (un rempart) à l'aide de l'artillerie. – Fig. Combattre avec succès. *Battre en brèche les idées reçues.* **2.** Vide à l'endroit où une partie a été ôtée à qqch. *Faire une brèche à un pâté.* ▷ Fig. Dommage causé à qqch que l'on entame. *Faire une brèche dans son capital.* – Anc. haut all. *brecha,* « fracture ».

2. brèche [bRɛʃ] n. f. GEOL Conglomérat de cailloux anguleux noyés dans un ciment de nature variable. – Mot d'orig. ligure.

brèche-dent [bRɛʃdɑ̃] n. et adj. Vieilli ou dial. Personne à qui il manque une ou plusieurs dents de devant. *Des brèche-dents.* – Anc. v. *brécher,* « ébrécher », et *dent.*

bréchet [bReʃɛ] n. m. Crête médiane, verticale, ventrale, du sternum des carinates, sur laquelle sont insérés les muscles moteurs des ailes. – Angl. *brisket.*

bredindin [bRədɛ̃dɛ̃] n. m. MAR Palan au-dessus d'un panneau de cale. – Onomat., p.-ê de *bredouiller.*

bredouillage [bRədujaʒ] ou **bredouillement** [bRədujmɑ̃] n. m. Action de bredouiller. – Ce qu'on bredouille. – De *bredouiller.*

bredouille [bRəduj] adj. *Revenir bredouille* (de la chasse, de la pêche), sans gibier, sans poisson ; fig. en ayant échoué dans une entreprise, une démarche. – De *bredouiller.*

bredouiller [bRəduje] v. intr. [1] Parler de manière précipitée et confuse. ▷ v. tr. *Bredouiller des excuses.* Syn. bafouiller. – Altér. de l'a. fr. *bredeler,* probabl. var. de *bretonner,* « parler comme un Breton ».

bredouilleur, euse [bRədujœR, øz] n. et adj. Personne qui bredouille. – De *bredouiller.*

breeder [bRidœR] n. m. PHYS NUCL Syn. de surrégénérateur. – Mot angl.

1. bref, brève [bRɛf, bRɛv] adj. et adv. **I.** adj. **1.** Qui dure peu. *La vie est brève.* ▷ Rapide. *À bref délai* : sous peu. Syn. court. Ant. long. **2.** Qui s'exprime en peu de mots, concis. *Soyez bref. Un bref discours.* Ant. prolixe. ▷ *Un ton bref,* sec et autoritaire. Syn. tranchant. **3.** *Syllabe, voyelle brève,* d'une courte durée d'émission. **II.** adv. En peu de mots, pour résumer. *Bref,* (litt. : *en bref*) *cela ne se peut.* – Lat. *brevis.*

2. bref [bRɛf] n. m. Rescrit du pape, traitant d'affaires généralement de moindre importance que celles évoquées par une bulle. – De *bref* 1.

bregma [bRɛgma] n. m. ANAT Point de rencontre des sutures pariéto-frontale et interpariétale, siège de la fontanelle antérieure chez le nouveau-né. – Mot gr., « le haut du crâne ».

bréhaigne [bReɛɲ] adj. f. Vieilli Se disait des femmes stériles et des femelles, également stériles, de certains animaux. – *Jument bréhaigne,* qui est stérile et possède des canines (caractère sexuel secondaire de l'étalon).

breitschwanz [bRɛtʃvɑ̃ts] n. m. Peau de l'agneau karakul mort-né, variété d'astrakan. – Mot all., « large queue ».

brêlage [bRəlaʒ] n. m. Assemblage de deux pièces de bois à l'aide d'un lien ; ligature qui sert à cet assemblage. – De *brêler.*

brelan [bRəlɑ̃] n. m. JEU Réunion de trois cartes de même valeur ou, aux dés, de trois faces semblables. *Brelan d'as.* – Anc. haut all. *bretling,* « tablette ».

brêler [bRele] v. tr. [1] Attacher (un chargement, des pièces de bois) avec des cordages. – De l'a. fr. *brael,* « ceinture », de *braies.*

breloque [bRəlɔk] n. f. **1.** Menu bijou attaché à une chaîne de montre, à un bracelet. **2.** Batterie de tambour qui annonçait la fin d'un rassemblement. ▷ Fig. *Battre la breloque* : fonctionner mal, irrégulièrement. *Horloge, cœur qui bat la breloque.*

1. brème [bRɛm] n. f. Poisson téléostéen (fam. cyprinidés) des eaux douces lentes et profondes (son corps est comprimé latéralement et atteint 70 cm de long). – Frq. **brahsima.*

2. brème [bRɛm] n. f. Arg. Carte à jouer. *Maquiller les brèmes* : marquer le dos des cartes pour les reconnaître et tricher.

brésil [bRezil] n. m. Bois rouge, utilisé en teinture. – De *braise.*

brésilien, enne [bReziljɛ̃, ɛn] adj. et n. Du Brésil, État d'Amérique du S. ▷ Subst. *Un(e) Brésilien(ne).* – De *Brésil,* « pays du brésil ».

1. brésiller [bRezije] v. tr. [1] Teindre avec du brésil. – De *brésil.*

2. brésiller [bRezije] v. tr. [1] TECH ou Litt. Rompre par petits morceaux. *Brésiller le sucre.* ▷ v. pron. Se fendre en morceaux. – De l'anc. provenç. *brezilh,* « sable fin », dér. dial. de *briser.*

bretèche [bRətɛʃ] ou **bretesse** [bRətɛs] n. f. Anc. **1.** Ouvrage de fortification, muni de créneaux et avancé sur une façade. **2.** ARCHI Balcon en bois placé sur la façade de certains hôtels de ville au XVe s. – Lat. médiév. *brittisca,* probabl. « (fortification) bretonne ».

bretelle [bRətɛl] n. f. **1.** Sangle passée sur les épaules, servant à porter certains fardeaux. *Tenir un fusil par la bretelle.* ▷ Bande élastique passée sur chaque épaule et retenant un pantalon, une jupe. *Une paire de bretelles.* – Bande de tissu maintenant une combinaison, un soutien-gorge, etc. **2.** *Par anal.* MILIT Ligne intérieure reliant deux lignes de défense. ▷ CH de F Dispositif d'aiguillage. ▷ TRAV PUBL Portion de route raccordant une autoroute à une autre voie routière. – De l'anc. haut all. *brettil,* « rêne ».

bretessé, ée [bRətese] adj. HERALD Crénelé haut et bas alternativement. – Pp. de l'anc. fr. *bretescher,* « garnir de bretèches ».

breton, onne [bRətɔ̃, ɔn] adj. et n. **1.** De Bretagne. *Calvaires bretons.* ▷ Subst. Personne originaire de Bretagne. *Un(e) Breton(ne).* **2.** n. m. *Le breton* : la langue celtique parlée dans l'ouest de la Bretagne. **3.** *Romans* *bretons* : cycle épique de romans en vers (français) du Moyen Âge, d'après des légendes et des traditions celtiques de Bretagne et de Grande-Bretagne. – Lat. *Britto, Brittonis.*

bretonnant, ante [bʀətɔnɑ̃, ɑ̃t] adj. Qui conserve la langue et les traditions bretonnes. *Breton bretonnant.* – De *breton.*

brette [bʀɛt] n. f. **1.** Anc. Épée longue et étroite. **2.** Race de vache laitière. **3.** Outil de maçon, à dents, pour crépir. – De *brette,* fém. de *bret,* «breton», lat. pop. **brittus.*

brettelé, ée [bʀɛtle] adj. CONSTR Muni de dents. *Truelle brettelée.* – Pp. de *bretteler.*

bretteler [bʀɛtle] v. tr. [22] CONSTR Tailler ou gratter avec un outil brettelé. – De *brette.*

brettelure [bʀɛtlyʀ] n. f. TECH Travail de finition exécuté sur un ouvrage avec un instrument muni de dents. – De *bretteler.*

bretteur [bʀɛtœʀ] n. m. **1.** Anc. Spadassin, ferrailleur. **2.** Fig. Fanfaron. – De *brette.*

bretzel [bʀɛtzɛl] n. m. ou f. Biscuit salé en forme de lorgnon. – Mot alsacien.

breuvage [bʀœvaʒ] n. m. **1.** Vx Boisson. **2.** Mod. Boisson spécialement composée, médicamenteuse ou non. *Un breuvage sédatif.* – Des inf. *beivre, boivre,* var. anc. de *boire.*

brève [bʀɛv] n. f. Syllabe, voyelle brève. – De *bref* 1.

brevet [bʀəvɛ] n. m. **1.** DR Acte dont le notaire ne garde pas les minutes et qu'il relève sans y inclure la formule exécutoire. **2.** Acte non scellé par lequel le roi accordait une grâce, un titre. ▷ Titre délivré au nom d'un gouvernement ou d'un souverain, permettant d'exercer certaines fonctions. **3.** Spécial. *Brevet d'invention,* ou, absol., *brevet* : titre délivré par le gouvernement à l'inventeur d'un dispositif ou d'un produit nouveau, et qui, sous certaines conditions, lui confère un droit exclusif d'exploitation pour un temps déterminé. **4.** Nom de plusieurs diplômes. *Brevet des collèges, d'études professionnelles.* ▷ Fig. *Décerner à qqn un brevet de sottise.* – Dimin. de *bref* 2.

brevetable [bʀəvtabl] adj. Susceptible d'être breveté (sens 2). – De *breveter.*

breveté, ée [bʀəvte] adj. et n. **1.** Qui a obtenu un brevet d'invention. ▷ Subst. *Un breveté.* **2.** Qui a fait l'objet d'un brevet. *Produit breveté.* – Pp. de *breveter.*

breveter [bʀəvte] v. tr. [23] **1.** Décerner un brevet d'invention à (qqn). **2.** Protéger par un brevet. *Faire breveter une invention.* – De *brevet.*

bréviaire [bʀevjɛʀ] n. m. **1.** RELIG CATHOL Livre contenant les offices, que les clercs lisent chaque jour. **2.** Fig. Livre dont on fait sa lecture habituelle. – Lat. *breviarium,* «abrégé».

bréviligne [bʀeviliɲ] adj. Qui a des mensurations courtes, un aspect trapu. – Du lat. *brevis,* «court», et *ligne.*

brévité [bʀevite] n. f. PHON Caractère bref d'une syllabe, d'une voyelle. – Lat. *brevitas.*

briard, arde [bʀijaʀ, aʀd] adj. et n. m. **1.** adj. De la Brie, rég. du Bassin parisien. **2.** n. m. Grand chien de berger à poil long.

bribe [bʀib] n. f. Petit morceau, fragment. *Une bribe de chocolat. Des bribes de conversation.* – Probabl. d'un rad. expressif.

bric-à-brac [bʀikabʀak] n. m. inv. Amas d'objets de peu de valeur et de toutes provenances. *Marchand de bric-à-brac.* ▷ Fig. *Un bric-à-brac de lieux communs et de préjugés.* Syn. fatras. – Formation expressive.

bric et de broc (de) [dəbʀikedbʀɔk] loc. adv. De pièces et de morceaux, au hasard. – Formation expressive.

brick [bʀik] n. m. MAR Petit navire à voiles à deux phares carrés. – Angl. *brig(antine).*

bricolage [bʀikɔlaʒ] n. m. Action de bricoler. ▷ Installation, réparation de fortune. – De *bricoler.*

bricole [bʀikɔl] n. f. **1.** HIST Baliste du Moyen Âge. **2.** Partie du harnais d'un cheval de trait contre laquelle s'appuie son poitrail. – *Par ext.* Courroie, lanière pour porter un fardeau, pour tirer une charrette. **3.** Petite chose sans valeur; occupation futile ou travail mal rétribué. *Perdre son temps à des bricoles.* – Ital. *briccola.*

bricoler [bʀikɔle] v. [1] **I.** v. intr. **1.** Se livrer à de menus travaux, peu rémunérés. **2.** Exécuter de menus travaux de réparation, d'agencement, etc. *Passer ses dimanches à bricoler.* **II.** v. tr. Fabriquer, réparer (qqch) avec des moyens de fortune. *Bricoler un réveil.* – De *bricole.*

bricoleur, euse [bʀikɔlœʀ, øz] n. Personne qui aime à bricoler. ▷ adj. *Elle est très bricoleuse.* – De *bricoler.*

bride [bʀid] n. f. **1.** Harnais de tête du cheval servant à le conduire. **2.** Les rênes seules. *Rendre, lâcher la bride à un cheval. Mener par la bride* : tenir les rênes sans monter. ▷ Fig. *Tenir en bride* : refréner, modérer. *Tenir la bride haute, courte à qqn,* lui accorder peu de liberté. *Laisser la bride sur le cou* : laisser libre d'agir. ▷ Loc. *À toute bride, à bride abattue* : très vite. **3.** *Par anal.* Pièce servant à attacher, à retenir. *Les brides d'un chapeau.* ▷ COUT Petit arceau fait soit de fil recouvert au point de boutonnière, soit de ganse, servant à retenir un bouton ou une agrafe, ou utilisé comme point arrêt. - Fils unissant les motifs d'une dentelle. **4.** CHIR Tissu fibreux dû à une cicatrisation anormale ou secondaire à un processus inflammatoire ou à un acte chirurgical. *Bride cicatricielle. Une bride intrapéritonéale peut provoquer une occlusion intestinale mécanique.* **5.** TECH Pièce d'assemblage des éléments d'une canalisation. – Du haut. all. *bridel,* «rêne».

bridé, ée [bʀide] adj. **1.** À qui on a passé une bride. - *Oie bridée,* dont le bec est traversé par une plume qui l'empêche de franchir grillages et clôtures. **2.** *Yeux bridés,* dont le larmier est dissimulé par un repli de peau *(épicanthus)* qui bride la paupière supérieure (caractéristiques de la grand-race jaune). – Pp. de *brider.*

brider [bʀide] v. tr. [1] **1.** Mettre la bride à. *Brider un mulet.* **2.** Assurer par une bride, un lien. ▷ COUT Arrêter par une bride. ▷ CUIS *Brider une volaille,* la ficeler pour la cuisson. ▷ MAR Serrer étroitement par un amarrage (deux ou plusieurs cordages parallèles). ▷ *Par ext.* Serrer trop. *Ce veston le bride.* **3.** AUTO *Brider un moteur,* le munir d'un dispositif qui le fait tourner à un régime inférieur à son régime normal. **4.** Fig. Contenir, refréner. *Brider sa spontanéité.* – De *bride.*

1. bridge [bʀidʒ] n. m. Jeu de cartes dérivé du whist et qui se joue avec un jeu de 52 cartes entre 2 équipes de 2 partenaires. *Un tournoi de bridge.* – Mot angl. d'orig. levantine.

2. bridge [bʀidʒ] n. m. Appareil de prothèse dentaire fixé par chacune de ses extrémités sur une dent saine. – Mot angl., «pont».

bridger [bʀidʒe] v. intr. [15] Jouer au bridge. – De *bridge* 1.

bridgeur, euse [bʀidʒœʀ, øz] n. Personne qui joue au bridge. – De *bridge* 1.

brie [bʀi] n. m. Fromage à pâte molle fermentée, fabriqué primitivement dans la Brie, rég. du Bassin parisien.

briefer [bʀife] v. tr. [1] Fam. Informer, donner des consignes au sujet d'une tâche à accomplir. – De *briefing*.

briefing [bʀifiŋ] n. m. AVIAT Réunion au cours de laquelle sont données des informations et des consignes, avant un départ en mission. ▷ *Par ext.* Toute courte réunion d'information. – Mot angl.

brièvement [bʀijɛvmɑ̃] adv. En peu de mots. Syn. succinctement. – V. bref.

brièveté [bʀijɛvte] n. f. **1.** Courte durée. *La brièveté de la vie.* **2.** Rare Concision. *Brièveté du style.* – De *brief*, var. anc. de *bref*.

brigade [bʀigad] n. f. **1.** MILIT Corps de troupe, dont la composition et les effectifs ont varié selon les époques. - De nos jours, unité d'une division, composée de plusieurs régiments. ▷ HIST *Les Brigades internationales* : les troupes de volontaires armés, venus de l'Europe entière, qui apportèrent leur soutien à la Rép. espagnole pendant la guerre civile (1936-1939). **2.** Groupe de quelques hommes. *Brigade de police.* **3.** Groupe d'ouvriers commandés par un même chef. *Brigade de cantonniers.* – Ital. *brigata*, « troupe ».

brigadier [bʀigadje] n. m. **1.** MILIT Chef d'une brigade. ▷ Fam. Général de brigade. **2.** Dans l'artillerie, la cavalerie, grade correspondant à caporal dans les autres armes. ▷ *Spécial.* Chef d'une brigade de gendarmes. ▷ Gradé de police. ▷ MAR Matelot aidant à la manœuvre d'accostage d'une embarcation. **3.** Chef d'une équipe d'ouvriers. – De *brigade*.

brigand [bʀigɑ̃] n. m. Malfaiteur qui vole, pille, commet des crimes. *Une bande de brigands.* Syn. bandit. ▷ *Par ext.* Homme malhonnête. ▷ Terme de reproche affectueux. *Mon brigand de fils.* – Ital. *brigante*.

brigandage [bʀigɑ̃daʒ] n. m. Pillage, vol à main armée. ▷ *Par ext.* Action très malhonnête, concussion. – De *brigand*.

brigantin [bʀigɑ̃tɛ̃] n. m. Anc. Navire à deux mâts, gréé comme un brick, à un seul pont. – Ital. *brigantino*.

brigantine [bʀigɑ̃tin] n. f. MAR Voile de misaine trapézoïdale. – De *brigantin*.

brigue [bʀig] n. f. Vieilli ou litt. Intrigue, manœuvre secrète et détournée pour obtenir une place, un honneur. *S'élever par la brigue, par brigue.* ▷ Vx Faction, cabale. – Ital. *briga*.

briguer [bʀige] v. tr. [1] **1.** Tâcher d'obtenir par brigue. *Briguer une faveur.* **2.** Solliciter, rechercher avec empressement. – De *brigue*.

brillamment [bʀijamɑ̃] adv. De manière brillante. *Exécuter brillamment une sonate.* – De *brillant*.

brillance [bʀijɑ̃s] n. f. **1.** Luminosité. **2.** PHYS Syn. anc. de *luminance*. – De *brillant*.

1. brillant, ante [bʀijɑ̃, ɑ̃t] adj. **1.** (Choses) Qui brille. *Un soleil brillant. Des yeux brillants.* Syn. éclatant, étincelant. Ant. sombre, terne. **2.** (Choses) Qui se manifeste avec éclat, qui attire l'attention. *Une fête brillante. Une victoire brillante. Un style brillant.* ▷ (Personnes) Qui s'impose par ses qualités intellectuelles, son esprit, sa finesse. *Un élève brillant.* **3.** *Par ext.* Abondant, riche. *Un brillant mariage. Une affaire brillante.* Syn. magnifique, splendide. Ant. médiocre. – Ppr. de *briller*.

2. brillant [bʀijɑ̃] n. m. **1.** Éclat, lustre. *Le brillant d'une pierre.* - Fig. *Le brillant de sa conversation.* **2.** Diamant taillé à facettes. – Ppr. subst. de *briller*.

brillantage [bʀijɑ̃taʒ] n. m. TECH **1.** Action de brillanter. **2.** Polissage électrolytique. – De *brillanter*.

brillanté, ée [bʀijɑ̃te] adj. *Fil, coton brillanté,* artificiellement rendu brillant. ▷ n. m. Tissu à dessins brillants. – Pp. de *brillanter*.

brillanter [bʀijɑ̃te] v. tr. [1] **1.** Tailler (une pierre précieuse) en brillant. **2.** TECH Donner un aspect brillant à. *Brillanter un métal.* ▷ Litt., rare Rendre brillant, parsemer d'ornements brillants. Ant. ternir. – De *brillant*.

brillantine [bʀijɑ̃tin] n. f. Huile parfumée pour lustrer les cheveux. – De *brillant*.

brillantiner [bʀijɑ̃tine] v. tr. [1] Enduire de brillantine. – De *brillantine*.

briller [bʀije] v. intr. [1] **1.** Jeter une lumière éclatante, avoir de l'éclat. *Le soleil brille. Un bijou qui brille.* Ant. pâlir. **2.** Fig. Se manifester clairement. *La joie brillait sur son visage.* **3.** Fig. Attirer l'attention, provoquer l'admiration. *Elle aime briller,* se faire admirer. ▷ Exceller. *Briller dans l'improvisation.* – Ital. *brillare*.

brimade [bʀimad] n. f. **1.** Plaisanterie, épreuve à caractère plus ou moins vexatoire que les anciens d'une école, d'un régiment, font subir aux nouveaux. V. aussi bizutage. **2.** *Par ext.* Mesure désobligeante, mesquine. *Les brimades d'une administration.* – De *brimer*.

brimbalement [bʀɛ̃balmɑ̃] n. m. Fam. Action de brimbaler; balancement, oscillation. – De *brimbaler*.

brimbaler [bʀɛ̃bale] v. [1] **1.** v. tr. Fam. Agiter, secouer. **2.** v. intr. Osciller. – Formation expressive sur *baller*.

brimborion [bʀɛ̃bɔʀjɔ̃] n. m. Colifichet, babiole, bagatelle. – Du lat. ecclés. *breviarium*, « bréviaire », avec infl. de *bribe*, autref. *brimbe*, « prière marmottée ».

brimé, ée [bʀime] adj. Contraint, frustré. – Pp. de *brimer*.

brimer [bʀime] v. tr. [1] **1.** Soumettre (qqn) à des brimades. **2.** Faire subir des vexations à. – D'un mot dial. de l'Ouest, « geler, flétrir »; de *brime*, altér. de *brume*.

brin [bʀɛ̃] n. m. **1.** Mince pousse, tige (d'une plante). *Brin d'herbe, de muguet.* ▷ Fig. *Un beau brin de fille* : une fille grande et bien faite. **2.** Parcelle mince et longue. *Un brin de paille, de fil.* **3.** TECH Chacun des fils d'un cordage, d'un câble électrique, etc. **4.** MAR Chacune des parties d'une manœuvre passant dans une poulie. *Brins d'un palan.* **5.** Fig. Très petite quantité. *Ajoutez un brin de sel.* ▷ Loc. adv. *Un brin* : un peu. *Nous avons causé un brin.*

brindezingue [bʀɛ̃dzɛ̃g] adj. Pop. Ivre. – Déform. arg. de *brinde*; V. *bringue* 2.

brindille [bʀɛ̃dij] n. f. Branche mince et courte. *Feu de brindilles.* – De *brin*.

bringé, ée [bʀɛ̃ʒe] adj. Qui présente des bringeures (robe des bovidés, pelage des chiens). – De *brin*.

bringeure [bʀɛ̃ʒyʀ] n. f. Bande noire sur la robe rousse ou fauve d'un bovidé. – De *bringé*.

1. bringue [bʀɛ̃g] n. f. Fam. *Une grande bringue* : une femme dégingandée. – P.-ê. de *brin*.

2. bringue [bʀɛ̃g] n. f. Fam. Beuverie, fête, bombance. *Faire la bringue* : faire la noce. – Var. de *brinde*; all. *bringe*, « (je) porte (la santé) ».

brinquebaler [bʀɛ̃kbale] ou **bringuebaler** [bʀɛ̃gbale] v. [1] **1.** v. tr. Balancer, ballotter. **2.** v. intr. Cahoter, osciller. – Formation expressive sur *baller*.

brio [bʀijo] n. m. Vivacité, virtuosité dans l'exécution d'une œuvre musicale. *Jouer avec brio.* - *Par ext.* Virtuosité (dans une activité quelconque). – Mot ital.

brioche [bʀijɔʃ] n. f. Pâtisserie faite avec de la farine, du beurre, des œufs et de la levure. ▷ Fig., fam. *Prendre de la brioche,* du ventre. – De *brier*, forme dial. de *broyer*.

brioché, ée [bʀijɔʃe] adj. Qui est confectionné comme la brioche, qui en a le goût. *Pâte briochée.* – De *brioche*.

brion [bʀiɔ̃] n. m. MAR Pièce qui relie la quille à l'étrave.

brique [bʀik] n. f. **1.** Parallélépipède rectangle de terre argileuse, cuit au four ou séché au soleil. *Une maison de briques.* ▷ adj. inv. De la couleur rougeâtre de la brique. *Un velours brique.* **2.** *Par anal.* Objet de forme parallélépipédique. *Brique de verre.* ▷ MAR Bloc de grès ayant la forme d'une brique, ou (par extension) mélange de sable et d'eau, qui sert à brosser le pont. ▷ Arg. *Une brique :* un million d'anciens francs, dix mille francs. **3.** Pop. *Bouffer des briques :* n'avoir rien à manger. – Néerl. *bricke,* all. *brechen,* « briser » ; en a. fr. « morceau, miette ».

briquer [bʀike] v. tr. [1] **1.** MAR Frotter (le pont) avec une brique. **2.** Mod. Nettoyer avec soin. – De *brique, sens 2.*

1. briquet [bʀikɛ] n. m. **1.** Vx Pièce d'acier qui, frappée avec un silex, produit des étincelles. **2.** Mod. Appareil servant à produire du feu. *Briquet à quartz.* **3.** Sabre court utilisé autref. dans l'infanterie. – Probabl. de *brique,* « morceau ».

2. briquet [bʀikɛ] n. m. Petit chien de chasse. – Dimin. de *braque.*

briquetage [bʀiktaʒ] n. m. Maçonnerie de briques ; garnissage en briques. – De *briqueter.*

briqueter [bʀikte] v. tr. [1] **1.** Garnir de briques. **2.** Appliquer un enduit (où l'on trace des lignes pour imiter la brique) sur qqch. – De *brique.*

briqueterie [bʀikɛtʀi] n. f. Fabrique de briques. – De *brique.*

briquetier [bʀiktje] n. m. Fabricant ou marchand de briques. – De *brique.*

briquette [bʀikɛt] n. f. Aggloméré en forme de brique, constitué de débris de combustibles (charbon, lignite, etc.), liés au brai. – Dimin. de *brique.*

bris [bʀi] n. m. DR Rupture. *Bris de scellés, bris de clôture.* – Déverbal de *briser.*

brisant [bʀizɑ̃] n. m. (souvent au plur.). Écueil sur lequel la mer brise et écume. – Ppr. subst. de *briser.*

brisant, ante [bʀizɑ̃, ɑ̃t] adj. TECH *Explosif brisant,* à déflagration très rapide. – Ppr. de *briser.*

briscard ou **brisquard** [bʀiskaʀ] n. m. HIST Vieux soldat chevronné. – De *brisque.*

brise [bʀiz] n. f. Vent modéré et régulier. ▷ MAR Vent de 2 à 10 m/s. *Légère brise, jolie brise, bonne brise* (V. échelle* de Beaufort). *Brise de terre,* qui souffle, la nuit, vers le large. *Brise de mer,* qui souffle, le jour, vers la terre. *Régime des brises.* – Mot probabl. frison.

brisé, ée [bʀize] adj. **1.** Rompu, mis en pièces. *Os brisé.* ▷ Fig. – *Être brisé de fatigue. Avoir le cœur brisé.* **2.** GEOM *Ligne brisée,* composée de segments de droites consécutifs qui forment des angles. ▷ ARCHI *Arc brisé,* aigu. – Pp. de *briser.*

brise-béton [bʀizbetɔ̃] n. m. inv. CONSTR Outil pour casser par percussion les dalles de béton. – De *briser,* et *béton.*

brisées [bʀize] n. f. pl. VEN Branches rompues par le veneur pour marquer la voie. ▷ Fig. *Suivre les brisées de qqn,* l'imiter. *Aller sur les brisées de qqn,* entrer en rivalité avec lui sur son propre terrain. – Pp. subst. de *briser.*

brise-fer [bʀizfɛʀ] n. m. inv. Enfant turbulent, qui brise tout. – De *briser,* et *fer.*

brise-glace(s) [bʀizglas] n. m. inv. **1.** Éperon placé en avant d'une pile d'un pont pour briser les glaces flottantes. **2.** MAR Éperon placé à l'avant d'un navire pour briser la glace. ▷ *Navire brise-glace* ou *brise-glace :* navire à étrave renforcée, construit pour briser la glace et ouvrir un passage à la navigation. – De *briser,* et *glace.*

brise-jet [bʀizʒɛ] n. m. inv. Dispositif adapté à un robinet, afin d'atténuer la force du jet. – De *briser,* et *jet.*

brise-lames [bʀizlam] n. m. inv. Ouvrage destiné à protéger un port contre la mer en amortissant la houle. Syn. jetée, môle. – Hiloire sur la plage avant d'un navire empêchant le ruissellement de l'eau vers l'arrière. – De *briser,* et *lame.*

brisement [bʀismɑ̃] n. m. Rare Action de briser, de se briser. *Le brisement des vagues.* ▷ Fig. *Brisement de cœur :* vive douleur morale. – De *briser.*

brise-mottes [bʀizmɔt] n. m. inv. AGRIC Lourd cylindre dentelé servant à briser les mottes de terre. – De *briser,* et *motte.*

briser [bʀize] v. [1] **I.** v. tr. **1.** Rompre, casser. *Briser une glace.* – Fig. *Voix brisée par le chagrin.* ▷ Fig. Détruire, anéantir. *Briser des espérances. Briser la carrière de qqn.* – *Briser le joug, ses liens :* s'affranchir. – *Briser le cœur :* peiner, affliger. **2.** Fatiguer, abattre. *Toutes ces émotions m'ont brisé.* **3.** Interrompre soudainement. *Briser une conversation.* ▷ (S. comp.) *Brisons là :* ne poursuivons pas la discussion. **II.** v. intr. *Mer qui brise,* qui déferle. **III.** v. pron. Se casser. *Le miroir est tombé et s'est brisé.* – Fig. *Ses efforts se brisent sur l'obstacle.* ▷ *La mer se brise sur les écueils,* déferle, écume. – Lat. pop. **brisare,* d'orig. gaul.

brise-tout [bʀiztu] n. m. inv. Fam. Enfant turbulent, personne maladroite qui casse tout sur son passage. – De *briser,* et *tout.*

briseur, euse [bʀizœʀ, øz] n. Celui qui brise. *Briseur d'images :* iconoclaste. – *Briseur de grève :* ouvrier qui ne fait pas grève ou qui remplace un gréviste. – De *briser.*

brise-vent [bʀizvɑ̃] n. m. inv. Ouvrage ou plantation qui protège de l'action du vent. – De *briser,* et *vent.*

brisis [bʀizi] n. m. ARCHI Ensemble des angles formés par les plans d'un comble brisé. – De *briser.*

briska [bʀiska] n. f. Voiture légère, calèche transformable en traîneau, utilisée en Russie. – Mot russe.

brisquard. V. briscard.

brisque [bʀisk] n. f. **1.** Jeu de cartes, également appelé *mariage.* **2.** MILIT Vx Chevron, galon sur la manche d'un soldat, qui indiquait un rengagement ou un certain nombre de mois de campagne. V. briscard.

bristol [bʀistɔl] n. m. Carton mince d'aspect satiné, utilisé notam. pour les cartes de visite. *Chemise de bristol.* – Du nom de la v. de *Bristol,* en G.-B., où ce carton fut fabriqué.

brisure [bʀizyʀ] n. f. **1.** Cassure ; partie brisée, détachée, fragment. *Brisures de truffes.* **2.** TECH Partie articulée d'un ouvrage de menuiserie qui se replie sur lui-même. **3.** HERALD Modification des armoiries qui distingue les branches d'une famille ou marque la bâtardise. – De *briser.*

britannique [bʀitanik] adj. (et n.) Du Royaume-Uni. *Les îles Britanniques.* ▷ Subst. *Un(e) Britannique.* – Lat. *britannicus.*

brittonique [bʀitɔnik] adj. Se dit du peuple celte établi en G.-B. avant la conquête romaine. ▷ n. m. *Le brittonique :* la langue celte parlée par ce peuple. – Du lat. *Britto, Brittonis,* « Breton ».

1. broc [bʀo] n. m. Vase à anse et à bec évasé, pour tirer ou transporter de l'eau, du vin, etc. *Broc en métal émaillé.* – Son contenu. *Il a bu tout le broc.* – Mot anc. provenç., du gr. *brokhis.*

2. broc. V. bric et de broc (de).

3. broc [bʀɔk] n. m. Pop. Brocanteur. – Abrév. de *brocanteur.*

brocante [bʀɔkɑ̃t] n. f. Activité, commerce du brocanteur. – Déverbal de *brocanter.*

brocanter [bʀɔkɑ̃te] v. intr. [1] Acheter, troquer des marchandises d'occasion, des objets anciens pour les revendre. – Probabl. de l'anc. haut all. *brocko*, « morceau ».

brocanteur, euse [bʀɔkɑ̃tœʀ, øz] n. Personne qui fait métier de brocanter. *J'ai trouvé cette lampe chez un brocanteur.* – De *brocanter*.

1. brocard [bʀɔkaʀ] n. m. Maxime juridique. – Du nom latinisé de *Burckard*, évêque de Worms, auteur d'un recueil de maximes.

2. brocard [bʀɔkaʀ] n. m. Vx ou litt. Trait piquant, raillerie mordante. – De l'anc. v. *broquer*, « piquer ».

3. brocard [bʀɔkaʀ] n. m. VEN Chevreuil mâle. *Spécial.* Chevreuil âgé d'un an et demi, dont les bois ne sont pas ramifiés. – Du normanno-picard *broque*, « dague ».

brocarder [bʀɔkaʀde] v. tr. [1] Vx ou litt. Tourner en dérision par des brocards. – De *brocard* 2.

brocart [bʀɔkaʀ] n. m. Étoffe de soie brodée d'or, d'argent. *Brocart de Venise, de Lyon.* – Ital. *broccato*, « broché ».

brocatelle [bʀɔkatɛl] n. f. **1.** Étoffe imitant le brocart. **2.** Marbre renfermant des fragments de différentes couleurs. – Ital. *broccatello*.

brochage [bʀɔʃaʒ] n. m. **1.** Action de brocher un livre (suite d'opérations comportant le pliage, l'assemblage, la couture, la pose de la couverture et le massicotage); résultat de cette action. **2.** Procédé de tissage permettant de former dans l'étoffe des dessins en relief. – De *brocher*.

broche [bʀɔʃ] n. f. **1.** Tige pointue que l'on passe au travers d'une pièce de viande, d'une volaille à rôtir, pour pouvoir la faire tourner pendant qu'elle cuit. *Mettre un poulet à la broche.* ▷ Tige métallique adaptée aux métiers à filer, sur laquelle s'enroulent les fils. ▷ Long clou sans tête. ▷ Tige d'une serrure, qui pénètre dans le trou d'une clé forée. ▷ CHIR Fixateur métallique, interne ou externe, destiné à assurer la contention d'un ou de plusieurs segments osseux. ▷ ELECTR Tige conductrice d'un contact électrique. ▷ TECH Arbre principal d'une machine-outil. **2.** Bijou de femme muni d'un fermoir à épingle, que l'on pique dans l'étoffe d'un vêtement. **3.** VEN Chacune des défenses du sanglier. – Premier bois du cerf, du daim, du chevreuil. – Lat. pop. **brocca*, fém. substantivé de *brocchus*, « saillant ».

brocher [bʀɔʃe] v. tr. [1] **1.** Procéder au brochage d'un livre. – Pp. adj. *Volume broché*, dont la couverture est en papier ou en carton mince (par oppos. à *volume relié* ou *cartonné*). **2.** Passer dans une étoffe, lors du tissage, des fils d'or, de soie, etc., qui forment un dessin en relief. **3.** Loc. HERALD *Brochant sur le tout* : passant d'un côté à l'autre de l'écu. – Fig., vieilli *Et brochant sur le tout...* : et pour comble... – De *broche*.

brochet [bʀɔʃɛ] n. m. Poisson téléostéen d'eau douce, très vorace, de couleur verdâtre. (*Esox lucius*, fréquent dans les eaux calmes, dépasse 1 m de long; c'est un carnivore vorace dont la gueule comporte plus de 700 dents acérées; il chasse à l'affût et se projette sur sa proie d'un brusque coup de nageoires.) – De *broche*, à cause de la forme pointue de son museau.

brochette [bʀɔʃɛt] n. f. **1.** Petite broche à rôtir; les morceaux enfilés sur la brochette. *Manger des brochettes.* ▷ Plaisant Groupe de personnes alignées. **2.** Petite broche à laquelle on suspend des médailles de décorations. – Dimin. de *broche*.

brocheur, euse [bʀɔʃœʀ, øz] n. **1.** Personne qui broche des livres (ou des tissus). **2.** n. f. Machine qui sert à brocher (les livres). – De *brocher*.

brochure [bʀɔʃyʀ] n. f. **1.** Dessin broché sur une étoffe. **2.** Brochage (d'un livre). **3.** Ouvrage imprimé, peu épais, à couverture de papier ou de carton mince brochée ou piquée. *Brochure publicitaire.* – De *brocher*.

brocoli [bʀɔkɔli] n. m. **1.** Variété de chou à tige érigée, à inflorescence verte moins compacte que celle du chou-fleur. **2.** Pousse de fleurs de chou ou de navet consommée comme légume. – Ital. *broccoli*, « pousses de chou ».

brodequin [bʀɔdkɛ̃] n. m. **1.** Chaussure de marche montante, qui couvre le cou-de-pied. **2.** Chaussure des acteurs comiques, chez les Anciens (les acteurs tragiques chaussaient le cothurne). – Fig., litt. Par méton. *Le brodequin* : la comédie. **3.** (Plur.) Appareil de torture qui écrasait les jambes. – Altér. sous l'infl. de *broder*, de *brosequin*, esp. *borcegui*.

broder [bʀɔde] v. [1] **I.** v. tr. Orner (une étoffe) de dessins à l'aiguille. *Broder un couvre-pied.* – (S. comp.) *Soie à broder.* **II.** v. intr. **1.** Fig. Amplifier, embellir un récit. **2.** MUS Ajouter des ornements, des variations à un thème. – Frq. **brozdôn*.

broderie [bʀɔdʀi] n. f. **1.** Dessin exécuté à l'aiguille sur une étoffe déjà tissée. *Une broderie délicate. Faire de la broderie.* ▷ Ouvrage brodé. *La « tapisserie » de Bayeux est en réalité une broderie.* **2.** Fig. Embellissement apporté à un récit, fabulation. – De *broder*.

brodeur, euse [bʀɔdœʀ, øz] n. **1.** Personne qui brode. **2.** n. f. Machine à broder. – De *broder*.

bromate [bʀɔmat] n. m. CHIM Sel ou ester de l'acide bromique. – De *brome* 2.

1. brome [bʀom] n. f. BOT Genre de graminées comprenant plus de 15 espèces fréquentes en France, notam. *Bromus arvensis*, qui fournit un fourrage pauvre. – Lat. *bromos*, mot gr.

2. brome [bʀom] n. m. CHIM Élément non métallique appartenant à la famille des halogènes, de numéro atomique Z = 35 et de masse atomique 79,9 (symbole Br). – Corps simple liquide (Br_2 : *dibrome*) qui se solidifie à – 7 °C et bout à 59 °C. *On trouve le brome dans la nature sous forme de bromures : eau de mer, gisements d'Alsace et de Stassfurt (Allemagne).* – Du gr. *brômos*, « puanteur ».

bromé, ée [bʀɔme] adj. CHIM Qui contient du brome. – De *brome* 2.

broméliacées [bʀɔmeljase] n. f. pl. BOT Famille de monocotylédones d'Amérique tropicale, très souvent épiphytes, comprenant l'*ananas* et de nombreuses plantes d'intérieur (*tillandsia, billbergia*, etc.). – Sing. *Une broméliacée.* – Du nom de *Bromel*, botaniste suédois.

bromer [bʀome] v. tr. [1] CHIM Traiter par le brome. – De *brome* 2.

bromhydrique [bʀɔmidʀik] adj. CHIM *Acide bromhydrique* : bromure d'hydrogène (HBr). – De *brom(ure)*, et *hydrique*.

bromique [bʀɔmik] adj. CHIM *Acide bromique*, de formule $HBrO_3$. – De *brome* 2.

bromisme [bʀɔmism] n. m. MED Ensemble des accidents dus à l'abus de bromures. – De *bromure*.

bromoforme [bʀɔmɔfɔʀm] n. m. CHIM Médicament à base de brome, aux propriétés anesthésiques. – De *brom(ure)*, et *-forme*.

bromure [bʀɔmyʀ] n. m. **1.** CHIM Nom générique des composés du brome. ▷ Sel ou ester de l'acide bromhydrique. **2.** IMPRIM Tirage photographique noir. – De *brome* 2.

bromuré, ée [bʀɔmyʀe] adj. CHIM Qui contient du bromure. – De *bromure*.

bronch(o)-. Élément, du grec *brogkhia*, « bronches ».

bronche [bʀɔ̃ʃ] n. f. ANAT Chacun des conduits aériens nés de la division de la trachée en deux, et chacune de leurs ramifications. *Bronches du premier, du deuxième,* *du troisième ordre. Une affection des bronches.* – Lat. médiév. *bronchia*, gr. *brogkhia*.

broncher [bʀɔ̃ʃe] v. intr. [1] **1.** En parlant d'un cheval : faire un faux pas, trébucher. **2.** Fig. Faire un geste, prononcer une parole pour protester, manifester sa désapprobation ou son impatience. *Gare à lui s'il bronche. Sans broncher* : sans protester.

bronchiole [bʀɔ̃ʃjɔl; bʀɔ̃kjɔl] n. f. ANAT Nom des ramifications les plus fines des bronches. – Dimin. de *bronche*.

bronchique [bʀɔ̃ʃik] adj. ANAT Qui a rapport aux bronches. *Artère bronchique*. – De *bronche*.

bronchite [bʀɔ̃ʃit] n. f. Inflammation de la muqueuse des bronches. – De *bronche*.

bronchitique [bʀɔ̃ʃitik] adj. (et n.) Qui a rapport à la bronchite. ▷ Qui est atteint de bronchite. – Subst. *Un bronchitique chronique*. – De *bronchite*.

broncho-dilatateur, trice [bʀɔ̃kodilatatœʀ, tʀis] adj. MED Qui dilate les bronches et les bronchioles. *Des produits broncho-dilatateurs*. – De *broncho-*, et *dilatateur*.

bronchogène [bʀɔ̃koʒɛn] adj. MED D'origine bronchique. – De *broncho-*, et *gène*.

bronchographie [bʀɔ̃kogʀafi] n. f. MED Examen radiographique de l'arbre bronchique après administration d'une substance opaque aux rayons X. – De *broncho-*, et *-graphie*.

broncho-pneumonie [bʀɔ̃kopnømɔni] n. f. MED Inflammation des bronches et du parenchyme pulmonaire, généralement d'origine microbienne. *Des broncho-pneumonies*. – De *broncho-*, et *pneumonie*.

bronchoscopie [bʀɔ̃koskɔpi] n. f. MED Examen visuel des bronches au moyen d'un tube muni d'une source lumineuse *(bronchoscope)* que l'on introduit dans la trachée et dans les bronches. – De *broncho-*, et *-scopie*.

bronchospasme [bʀɔ̃kospasm] n. m. MED Contracture spasmodique des bronches, gênant les mouvements respiratoires, caractéristique de l'asthme. – De *broncho-*, et *spasme*.

brontosaure [bʀɔ̃tozɔʀ] n. m. PALEONT Reptile fossile (genre *Brontosaurus*), le plus grand (40 m de long) des dinosauriens (crétacé), herbivore semi-aquatique. – Lat. zool., du gr. *brontê*, «tonnerre», et *saura*, «lézard».

bronzage [bʀɔ̃zaʒ] n. m. **1.** TECH Traitement de la surface d'un objet, qui lui donne l'aspect du bronze. **2.** Hâle. – De *bronzer*.

bronze [bʀɔ̃z] n. m. **1.** Alliage de cuivre et d'étain. *Statue de bronze. Couler en bronze*. Syn. (litt.) airain. – Alliage de cuivre et d'un autre métal, peu altérable, facile à mouler, et dont on améliore la dureté par addition de phosphore, la malléabilité par du zinc, la conductibilité électrique par du silicium. *Bronze d'aluminium* : alliage de cuivre et d'aluminium. ▷ *Âge du bronze* : époque où les hommes savaient fabriquer des outils et des armes en bronze, sans connaître encore le fer (IIe mill. av. J.-C. env. en Europe continentale). **2.** Objet sculpté, moulé en bronze. *Une collection de bronzes anciens*. – Ital. *bronzo*.

bronzer [bʀɔ̃ze] v. tr. [1] **1.** TECH Pratiquer le bronzage d'un objet. *Bronzer un canon de fusil.* **2.** Hâler. *Le soleil et le vent l'ont bronzé*. – Pp. adj. *Une peau bronzée*. ▷ v. pron. *Se bronzer sur la plage*. ▷ v. intr. *Elle bronze facilement*. – De *bronze*.

bronzeur [bʀɔ̃zœʀ] n. m. Ouvrier qui fait le bronzage (sens 1). – De *bronze*.

bronzier [bʀɔ̃zje] n. m. Fondeur d'objets d'art en bronze. – De *bronze*.

bronzite [bʀɔ̃zit] n. f. MINER Silicate ferro-magnésien naturel, du groupe des pyroxènes, à l'éclat semi-métallique sombre. – De *bronze*, et *-ite* 3.

brook [bʀuk] n. m. (Anglicisme) SPORT Fossé plein d'eau servant d'obstacle dans un steeple-chase. – Mot angl., «ruisseau».

broquette [bʀɔkɛt] n. f. Petit clou à tête aplatie. Syn. semence. – Mot normanno-picard, «brochette».

brossage [bʀɔsaʒ] n. m. Action de brosser. – De *brosser*.

brosse [bʀɔs] n. f. **1.** Ustensile fait d'une plaque garnie de poils durs, de brins de chiendent, de fils métalliques ou synthétiques, etc., pour nettoyer. *Brosse à habits, à cheveux*. ▷ *Cheveux taillés en brosse*, droits sur la tête comme les soies d'une brosse. **2.** Gros pinceau pour étendre les couleurs. **3.** Poils que porte le cerf aux jambes de devant. ▷ Poils du corps ou des pattes de certains insectes (abeilles, notam.). – Lat. pop. **bruscia*, de *bruscus*, var. de *ruscus*, «fragon épineux».

brosser [bʀɔse] v. [1] **1.** v. tr. Frotter, nettoyer avec une brosse. *Brosser une veste. Brosser qqn*, brosser ses vêtements. **2.** v. pron. Brosser ses propres vêtements. – *Se brosser les cheveux, les dents*. ▷ Fig., fam. *Se brosser le ventre* : être privé de nourriture. – *Il peut se brosser* : il n'aura pas ce qu'il veut, il n'obtiendra rien. **3.** v. tr. Peindre à la brosse, par larges touches. *Brosser un décor*. ▷ Fig. Décrire à grands traits. – De *brosse*.

brosserie [bʀɔsʀi] n. f. Commerce, travail du brossier. – De *brosse*.

brossier, ère [bʀɔsje, ɛʀ] n. Personne qui fabrique ou vend des brosses. – De *brosse*.

brou [bʀu] n. m. Écale verte et charnue des noix fraîches. ▷ *Brou de noix* : teinture brun foncé faite avec l'écale des noix. ▷ Liqueur stomachique, faite avec le brou de noix. – De *brout*, «pousse, rejeton», d'une racine germ.

brouet [bʀuɛ] n. m. Vx Mets liquide et peu consistant. ▷ *Brouet noir* : mets grossier des anciens Spartiates. – Plaisant Mauvais potage. – De l'a. fr. *breu*, «bouillon», anc. haut all., *brod*.

brouette [bʀuɛt] n. f. **1.** Vx Chaise fermée à deux roues, dont on attribue le perfectionnement à Pascal. Syn. vinaigrette. **2.** Petit tombereau à une roue et deux brancards, qu'on pousse devant soi. – Dimin. de **beroue*, bas lat. **birota*, «(véhicule) à deux roues».

brouettée [bʀuete] n. f. Charge d'une brouette. – De *brouette*.

brouetter [bʀuete] v. tr. [1] Transporter dans une brouette. *Brouetter de la terre*. – De *brouette*.

brouhaha [bʀuaa] n. m. Bruit confus qui s'élève dans une assemblée nombreuse. *Un grand brouhaha*. – Probabl. onomat.

brouillage [bʀujaʒ] n. m. RADIOELECTR Superposition d'une émission à une autre, rendant celle-ci inintelligible. – De *brouiller*.

brouillamini [bʀujamini] n. m. Fam. Désordre, confusion. *«Il y a trop de tintamarre là-dedans, trop de brouillamini» (Molière)*. – Altér., sous l'infl. de *brouiller*, du lat. pharm. *boli Armenii*, «du bol d'Arménie».

1. brouillard [bʀujaʀ] n. m. Nuage formé au voisinage du sol par des gouttelettes microscopiques dues à un refroidissement de l'air humide. *Les brouillards de Londres. Brouillard qui voile le paysage*. ▷ Fig. *Voir à travers un brouillard* : avoir la vue troublée. – Fam. *Foncer dans le brouillard* : aller résolument son chemin sans se laisser arrêter par les difficultés – Altér. de *brouillas*, de *broue*, m. rad. que *brouet*.

2. brouillard [bʀujaʀ] n. m. COMM Registre sur lequel on inscrit les opérations, à mesure qu'elles se font. – De *brouiller.*

brouillasse [bʀujas] n. f. Petite pluie fine, bruine. – De *brouillasser.*

brouillasser [bʀujase] v. impers. [1] Tomber, en parlant d'une pluie fine qui forme comme un brouillard. – De *brouillas* (V. brouillard 1).

brouille [bʀuj] ou **brouillerie** [bʀujʀi] n. f. Mésintelligence, fâcherie. – Déverbal de *brouiller.*

brouiller [bʀuje] v. [1] **I.** v. tr. **1.** Mettre pêle-mêle; mélanger, mêler. *Brouiller des papiers.* – *Œufs brouillés,* dont on a mélangé les blancs et les jaunes pendant la cuisson. **2.** Troubler. *Brouiller la vue.* – *Brouiller le teint :* altérer le teint du visage. ▷ *Brouiller une émission de radio,* empêcher par le brouillage de l'entendre clairement. **3.** Mettre du désordre, de la confusion dans. *L'émotion brouillait ses souvenirs.* – *Brouiller la combinaison d'un cadenas, d'un coffre,* pour la dissimuler. **4.** Désunir (des personnes), susciter le désaccord entre elles. **II.** v. pron. **1.** Se troubler. *Avoir la vue qui se brouille.* ▷ *Le temps se brouille :* le ciel se couvre de nuages. **2.** Devenir désordonné, confus. *Idées qui se brouillent.* **3.** *Se brouiller avec qqn :* se fâcher avec qqn. *Il s'est brouillé avec son frère.* – Probabl. de *bro(u),* « bouillon, boue » (V. brouet).

brouillerie. V. brouille.

brouilleur [bʀujœʀ] n. m. RADIOELECTR Appareil servant au brouillage d'un émetteur. – De *brouiller.*

1. brouillon, onne [bʀujɔ̃, ɔn] adj. et n. Qui n'a pas d'ordre, qui embrouille tout. *Caractère brouillon.* ▷ Subst. *Un brouillon.* – De *brouiller.*

2. brouillon [bʀujɔ̃] n. m. Ce que l'on écrit d'abord, avant de mettre au net. ▷ *Par méton.* Papier servant à la rédaction des brouillons. *As-tu du brouillon ?* ▷ Loc. adv. *Au brouillon. Fais d'abord ta rédaction au brouillon, tu la mettras ensuite au propre.* – De *brouiller.*

brouilly [bʀuji] n. m. Vin rouge du Beaujolais. – De *Brouilly,* commune du Rhône.

broussaille [bʀusaj] n. f. (Rare au sing.) Ensemble d'arbustes et d'arbrisseaux souvent épineux, ayant poussé en s'entremêlant. *Terrain couvert de broussailles.* ▷ Par anal. *Sourcils en broussaille(s),* durs et embrouillés. – De *brosse.*

broussailleux, euse [bʀusɑjø, øz] adj. Plein de broussailles. – De *broussaille.*

broussard, arde [bʀusaʀ, aʀd] n. Celui, celle qui parcourt la brousse, qui a l'habitude de vivre dans la brousse. *Un vieux broussard.* – De *brousse.*

1. brousse [bʀus] n. f. **1.** Végétation clairsemée, caractéristique de l'Afrique tropicale (hautes graminées mêlées d'arbres peu nombreux, savane, formations à épineux). ▷ Étendue couverte par une telle végétation. – *Par ext.* Tout ce qui n'est pas la ville. *Village de brousse.* **2.** Fam. Rase campagne. *Un patelin perdu en pleine brousse.* – Provenç. *brousso,* « broussaille ».

2. brousse [bʀus] n. f. Fromage frais, de chèvre ou de brebis. – Anc. provenç. *broce,* du frq.* *brukja,* « ce qui est brisé ».

broussin [bʀusɛ̃] n. m. Loupe, excroissance ligneuse qui vient sur le tronc ou les branches de certains arbres. – De l'a. fr. *brois,* var. *bruis,* lat. *bruscum.*

brout [bʀu] n. m. Pousse de jeunes tailles. ▷ MED VET *Mal de brout :* intoxication intestinale des herbivores qui mangent trop de plantes riches en résine ou en tanin. – Déverbal de *brouter.*

broutard [bʀutaʀ] n. m. Jeune veau mis au pâturage. – De *brouter.*

broutement [bʀutmɑ̃] n. m. **1.** Action de brouter. **2.** TECH Fonctionnement saccadé de certains mécanismes, de certains outils. – De *brouter.*

brouter [bʀute] v. [1] **1.** v. tr. Paître de l'herbe, des feuilles vertes. *Les moutons broutent l'herbe.* – (S. comp.) *La chèvre broute.* **2.** v. intr. TECH Couper par saccades et d'une façon irrégulière (outils). ▷ Entrer en action de façon saccadée, en parlant d'un embrayage, d'un système de freinage, d'une machine. – De l'a. fr. *brost,* « brout », du germ. **brustjan,* « bourgeonner ».

broutille [bʀutij] n. f. (Rare au sing.) **1.** Vx Menue branche. **2.** Fig. Futilité, chose sans valeur. – De *brout.*

brownie, ies [bʀauni, iz] n. m. (Anglicisme) Gâteau au chocolat et aux noix, noisettes, etc. – Mot amér.

brownien, enne [bʀonjɛ̃, ɛn] adj. PHYS *Mouvement brownien :* mouvement désordonné des particules microscopiques en suspension dans un liquide, dû à l'agitation thermique des molécules du liquide. – Du n. du botaniste R. *Brown* (1773-1858).

browning [bʀoniŋ] n. m. Pistolet automatique à chargeur. – Du nom de l'inventeur, J.M. *Browning.*

broyage [bʀwajaʒ] n. m. Action de broyer. *Le broyage du chanvre.* – De *broyer.*

broyer [bʀwaje] v. tr. [26] Réduire en poudre ou en pâte, écraser. *Les dents broient les aliments. Broyer des couleurs :* pulvériser des substances colorantes. ▷ Fig. *Broyer du noir :* s'abandonner à la tristesse. – Germ. **brekan,* « briser ».

broyeur, euse [bʀwajœʀ, øz] n. et adj. **1.** Ouvrier qui broie. *Broyeur de chanvre.* **2.** n. m. Appareil à broyer. *Broyeur-concasseur,* qui broie grossièrement. *Broyeur d'évier :* dispositif qui pulvérise déchets et détritus pour les évacuer par le réseau d'égout. **3.** adj. Qui broie. *Appareil buccal broyeur,* typique de certains insectes qui déchiquettent leurs aliments (guêpe, hanneton). – De *broyer.*

brrr ! [bʀʀ] interj. marquant une sensation de froid, un sentiment de peur. *Brrr! Quel temps !* – Onomat.

bru [bʀy] n. f. Vieilli Femme du fils; belle-fille. – Bas lat. **brutes,* d'orig. gotique.

bruant [bʀyɑ̃] n. m. Genre *(Emberiza)* d'oiseaux passériformes comprenant de nombreuses espèces européennes (ortolan, proyer). *Bruant ortolan.* – Var. anc. de *bruyant,* substantivé.

brucelles [bʀysɛl] n. f. pl. TECH Très fines pincettes permettant de saisir des pièces trop petites pour être tenues à la main. *Brucelles de joaillier.*

brucellose [bʀyseloz] n. f. MED VET Maladie infectieuse due à une bactérie (genre *Brucella*), fréquente chez les grands animaux d'élevage (elle peut provoquer l'avortement des femelles gravides) et transmissible à l'homme (elle se manifeste par une fièvre ondulante et des atteintes articulaires). Syn. fièvre de Malte, fièvre ondulante. – De *brucella,* nom de la bactérie agent de la maladie, du nom de D. *Bruce,* médecin australien, et *-ose.*

bruche [bʀyʃ] n. f. ENTOM Insecte coléoptère (genre *Bruchus,* fam. bruchidés) de forme trapue, pourvu d'un bec et vivant sur les fleurs où il pond ses œufs. – Lat. *bruchus,* gr. *broukhos.*

brucine [bʀysin] n. f. CHIM Alcaloïde voisin de la strychnine, qu'on extrait de la noix vomique. – Du lat. bot. *brucea,* anc. nom d'un arbuste abyssin découvert par J. Bruce.

brugnon [bʀyɲɔ̃] n. m. Pêche à peau lisse, à chair jaune et parfumée, à noyau adhérent. – Provenç. *brugnoun,* du lat. pop. **prunea.*

brugnonnier [bʀyɲɔnje] n. m. Pêcher produisant les brugnons. – De *brugnon.*

bruine [bʀɥin] n. f. Petite pluie fine. – Du lat. *pruina,* «frimas», avec infl. de *brume.*

bruiner [bʀɥine] v. impers. [1] Pleuvoir en bruine. *Il ne cesse de bruiner.* – De *bruine.*

bruire [bʀɥiʀ] v. intr. (défect.) [2] Rendre un son confus et continu. *Les vagues bruissaient.* – Lat. pop. **brugere,* croisement du lat. class. *rugire,* «rugir», et du lat. pop. **bragere,* «bramer».

bruissement [bʀɥismɑ̃] n. m. Bruit confus et prolongé. *Le bruissement du vent.* – De *bruire.*

bruit [bʀɥi] n. m. **I. 1.** Sensation perçue par l'oreille. *Le bruit du tonnerre. Les bruits de la rue. Faire du bruit.* – Cette sensation ressentie de manière désagréable. *Le bruit des voitures.* ▷ MED Son caractéristique et révélateur entendu à l'auscultation. ▷ PHYS Ensemble de sons à caractère le plus souvent accidentel. *L'intensité d'un bruit se mesure en décibels.* ▷ TELECOM *Bruit de fond* : son parasite dans un récepteur (bruits atmosphériques et cosmiques, bruits dus au fonctionnement de moteurs, aux lignes haute tension, bruits internes dus aux composants des amplificateurs, etc.). **2.** Tumulte, agitation. *Fuir le bruit du monde. Se retirer loin du bruit.* **3.** Nouvelle qui circule, rumeur. *Le bruit court. Un faux bruit immédiatement démenti.* ▷ *Faire du bruit* : provoquer l'intérêt, l'émotion du public. *Ce scandale a fait trop de bruit.* **II.** PHYS Fluctuations aléatoires de la lumière. – De *bruire.*

bruitage [bʀɥitaʒ] n. m. Reconstitution des bruits qui doivent accompagner une scène (théâtre, cinéma, radio, télévision) ; les bruits ainsi créés (bruits de pas, de tonnerre, etc.). – De *bruit.*

bruiter [bʀɥite] v. tr. [1] Réaliser le bruitage de (une émission de radio, de télévision, un film, etc.). – De *bruit.*

bruiteur [bʀɥitœʀ] n. m. Celui qui fait les bruitages. – De *bruit.*

brûlage [bʀylaʒ] n. m. **1.** Action de brûler, partic. les herbes sèches. **2.** Traitement des cheveux dont on brûle les pointes. *Se faire faire un brûlage.* – De *brûler.*

brûlant, ante [bʀylɑ̃, ɑ̃t] adj. **1.** Qui brûle, qui dégage une chaleur intense. *Soleil brûlant. Une casserole brûlante.* ▷ Fig. *Une question brûlante,* qu'il est préférable de ne pas aborder ou qui passionne vivement. **2.** Accompagné d'une très grande chaleur. *Fièvre brûlante.* **3.** Fig. Ardent, fervent. *Brûlant d'amour, d'ambition. Désir brûlant.* Ant. froid, glacé. – Ppr. de *brûler.*

brûlé, ée [bʀyle] adj. et n. m. **I.** adj. **1.** Qui a brûlé. *Du riz brûlé.* **2.** Fig. *Une tête, une cervelle brûlée* : un esprit exalté, téméraire. **3.** Fig., fam. Démasqué, découvert. *Un agent secret brûlé.* **II.** n. m. Ce qui a brûlé. *Sentir le brûlé. Avoir goût de brûlé.* ▷ Fig., fam. *Ça sent le brûlé* : l'affaire est suspecte ou la situation dangereuse. – Pp. de *brûler.*

brûle-gueule [bʀylgœl] n. m. inv. Pipe à tuyau très court. – De *brûler,* et *gueule.*

brûle-parfum [bʀylpaʀfœ̃] n. m. Vase, réchaud dans lequel on brûle des parfums. *Des brûle-parfum(s).* – De *brûler,* et *parfum.*

brûle-pourpoint (à) [abʀylpuʀpwɛ̃] loc. adv. **1.** Vx À bout portant. **2.** Sans préambule, brusquement. *Poser une question à brûle-pourpoint.* – De *brûler,* et *pourpoint.*

brûler [bʀyle] v. [1] **I.** v. tr. **1.** Consumer, détruire par le feu. *Brûler des papiers, du bois.* – Fig. *Brûler ses vaisseaux* : s'engager dans une affaire en s'ôtant tout moyen de retraite. ▷ *Spécial.* Utiliser comme combustible ou comme luminaire. *Brûler du mazout, de la bougie.* **2.** Causer une altération, une douleur, sous l'effet du feu, de la chaleur, d'un corrosif. *Ce tison m'a brûlé. Acide qui brûle la peau. Brûler un plat,* en le laissant cuire trop longtemps. – Par anal. *La gelée a brûlé les bourgeons.* ▷ v. pron. *Je me suis brûlé.* ▷ Loc. fig. *Brûler la cervelle à qqn,* le tuer d'un coup de feu à bout portant dans la tête. **3.** Soumettre au feu pour produire des modifications. *Brûler du vin,* le distiller. *Brûler du café,* le torréfier. **4.** Fig. Ne pas s'arrêter à. *Brûler un feu rouge, un stop.* ▷ Loc. *Brûler les étapes* : progresser rapidement. – *Brûler la politesse à qqn,* partir sans prendre congé de lui. ▷ THEAT *Brûler les planches* : jouer avec fougue. **5.** Fig., fam. Démasquer, compromettre. *Brûler un espion.* ▷ v. pron. *Il s'est brûlé.* **II.** v. intr. **1.** Être consumé par le feu. *La maison a brûlé.* ▷ Fig. *Le torchon* brûle.* **2.** Subir une cuisson trop prolongée. *L'omelette brûle.* **3.** Être très chaud. *La tête me brûle.* ▷ Fig. Être ardent, possédé d'un grand désir. *Brûler d'impatience. Il brûle de vous voir.* – Litt. *Brûler pour qqn,* en être épris. – *Brûler à petit feu* : être dans une grande anxiété. – Probabl. altér. de l'a. fr. *usler,* lat. *ustulare,* «brûler», sous l'infl. de l'a. fr. *bruir.*

brûlerie [bʀylʀi] n. f. **1.** Rare Lieu où l'on distille le vin pour obtenir l'eau-de-vie. **2.** Lieu où l'on torréfie le café. – De *brûler.*

brûleur [bʀylœʀ] n. m. **1.** Vx Incendiaire. **2.** Fabricant d'eau-de-vie. **3.** TECH Appareil destiné à mélanger un combustible et un comburant et à en assurer la combustion. *Brûleur à mazout.* – De *brûler.*

brûlis [bʀyli] n. m. **1.** Partie de forêt incendiée. **2.** AGRIC Champ dont on brûle la végétation pour le défricher ou le fertiliser. *Semailles sur brûlis.* – De *brûler.*

brûloir [bʀylwaʀ] n. m. **1.** Appareil de torréfaction. **2.** Appareil pour brûler les vieilles peintures. – De *brûler.*

brûlot [bʀylo] n. m. Navire que l'on chargeait de matières inflammables pour incendier les vaisseaux ennemis. ▷ Fig. *Lancer des brûlots* : attaquer par un pamphlet ou par des arguments irréfutables. – De *brûler.*

brûlure [bʀylyʀ] n. f. **1.** Sensation douloureuse. *Des brûlures d'estomac.* **2.** Lésion tissulaire produite par le feu, par un corps très chaud ou par une substance corrosive. *Une brûlure aux mains.* ▷ Par ext. Marque laissée sur ce qui a brûlé. *Brûlure de cigarette sur une nappe.* **3.** AGRIC Flétrissement, souvent suivi de nécrose, provoqué par le soleil frappant des plantes gelées, qui semblent brûlées. – De *brûler.*

brumaire [bʀymɛʀ] n. m. HIST Deuxième mois du calendrier républicain (du 22-24 oct. au 20-22 nov.). ▷ *Journée du 18 Brumaire* (9 novembre 1799, an VIII de la rép.), au cours de laquelle Bonaparte contraignit par la force le Directoire à démissionner. (Les Conseils, transférés à Saint-Cloud, grâce à l'appui de Sieyès, furent dispersés le 19 par les grenadiers. Le Consulat commençait.) – De *brume.*

brumasse [bʀymas] n. f. Petite brume. – De *brume,* et *-asse.*

brumasser [bʀymase] v. impers. [1] Faire un peu de brume. *Il brumasse.* – De *brumasse.*

brume [bʀym] n. f. Suspension dans l'atmosphère de gouttelettes d'eau microscopiques ou de particules qui réduisent la visibilité. *Brume de chaleur,* due à la réduction de la transparence de l'air sous l'effet de la chaleur. ▷ MAR Brouillard. ▷ Fig. *Les brumes de son esprit.* – Anc. provenç. *bruma,* lat. *bruma,* «(solstice d')hiver».

brumer [bʀyme] v. impers. [1] Rare Faire de la brume. – De *brume.*

brumeux, euse [bʀymø, øz] adj. **1.** Affecté par la brume. *Climat brumeux.* **2.** Fig. Qui manque de clarté. *Des idées brumeuses.* Ant. clair. – De *brume.*

brumiser [bʀymize] v. tr. [1] Vaporiser avec un brumisateur. – De *brume.*

brumisateur [bʀymizatœʀ] n. m. Appareil qui pulvérise en très fines gouttelettes un liquide, notam. pour les soins du visage. – Nom déposé, de *brume*.

brumisation [bʀymizasjɔ̃] n. f. Pulvérisation d'un liquide à l'aide d'un brumisateur. – De *brume*.

brun, brune [bʀœ̃, bʀyn] adj. et n. **1.** adj. De couleur jaune sombre tirant sur le noir. *Teint brun. Cheveux bruns. Le marron est un rouge brun.* ▷ Dont les cheveux sont bruns. *Elle est très brune.* ▷ Subst. *Une jolie brune.* - *Une brune*, en parlant d'une bière* ou d'une cigarette (V. tabac). *Je ne fume que des brunes.* **2.** n. m. Couleur brune. *Ce drap est d'un beau brun.* ▷ *Brun Van Dyck* : peinture à base de ferrocyanure de cuivre. – Bas lat. *brunus*, d'orig. germ.

brunâtre [bʀynɑtʀ] adj. Tirant sur le brun. – De *brun*, et *-âtre*.

brunch [bʀœnʃ] n. m. (Anglicisme) Petit déjeuner copieux, servant également de déjeuner, pris au milieu de la matinée. – Mot angl. de *br(eakfast)*, «petit déjeuner», et *(l)unch*, «déjeuner».

brune [bʀyn] n. f. Vx Commencement de la nuit. - Mod. *À la brune* : à la fin du jour. – De *brun*.

brunet, ette [bʀynɛ, ɛt] n. (Surtout au fém.) Personne dont les cheveux sont bruns. *Une petite brunette.* – Dimin. de *brun*.

bruni [bʀyni] n. m. Partie polie (d'un métal) (par oppos. à *mat*). – Pp. subst. de *brunir*.

brunir [bʀyniʀ] v. [2] **I.** v. tr. **1.** Rendre brun. *Le soleil l'a bruni.* **2.** TECH Polir (un métal). *Brunir l'or.* **II.** v. intr. Devenir brun. *Cheveux qui brunissent. Il a bruni au soleil.* – De *brun*.

brunissage [bʀynisaʒ] n. m. TECH Opération consistant à brunir (sens I, 2); son résultat. *Brunissage de l'or.* – De *brunir*.

brunissement [bʀynismɑ̃] n. m. Fait de devenir brun. – De *brunir*.

brunisseur, euse [bʀynisœʀ, øz] n. TECH Ouvrier, ouvrière qui brunit les métaux. – De *brunir*.

brunissoir [bʀyniswaʀ] n. m. TECH Instrument servant au brunissage des métaux. – De *brunir*.

brunissure [bʀynisyʀ] n. f. **1.** Poli d'un ouvrage qui a été bruni. **2.** Façon donnée à une étoffe que l'on teint. – De *brunir*.

brushing [bʀœʃiŋ] n. m. Procédé déposé de mise en plis, consistant à travailler les cheveux mouillés par mèches avec une brosse ronde et en les séchant au séchoir. – Angl. *brushing*, «brossage».

brusque [bʀysk] adj. et n. f. **1.** adj. Qui a une vivacité rude, sans ménagement. *Un homme brusque. Des manières brusques.* Syn. bourru. Ant. aimable, affable. **2.** adj. Subit, inopiné. *Changement brusque. Un brusque départ.* **3.** n. f. MUS Ancienne forme de danse française. – Ital. *brusco*, «rude».

brusquement [bʀyskəmɑ̃] adv. **1.** Vx D'une manière rude. **2.** D'une manière brusque, soudaine. *Il est parti brusquement.* – De *brusque*.

brusquer [bʀyske] v. tr. [1] **1.** Traiter sans ménagements. *Brusquer les gens.* **2.** Précipiter. *Brusquer les choses. Brusquer une décision.* Ant. ralentir, différer. - *Attaque brusquée* : coup de main rapide, inattendu. – De *brusque*.

brusquerie [bʀyskəʀi] n. f. Manières brusques à l'égard d'autrui. *Répondre avec brusquerie.* Syn. rudesse. – De *brusque*.

brut, brute [bʀyt] adj., n. m. et adv. **1.** Qui est encore dans son état naturel, n'a pas été modifié par l'homme. *Bois brut. Diamant brut*, non taillé. ▷ Dont la mise en œuvre n'est encore qu'ébauchée. *Sucre brut. Champagne brut*, très sec, qui n'a pas fermenté une deuxième fois. Syn. naturel. ▷ n. m. *Du brut* : des hydrocarbures non raffinés. **2.** Grossier, peu civilisé. **3.** COMM *Poids brut*, celui de la marchandise et de l'emballage (par oppos. à *poids net*). ▷ adv. *Ce colis pèse brut quarante kilos.* **4.** ECON Évalué avant la déduction des taxes, des frais ou avant l'addition des indemnités, des primes, etc. *Produit brut. Salaire brut.* - n. m. *Le brut* (par oppos. au *net*). ▷ adv. *Cela rapporte brut deux mille francs.* – Lat. *brutus*.

brutal, ale, aux [bʀytal, o] adj. **1.** Qui tient de la brute. *Passion brutale.* Syn. bestial. **2.** Grossier, violent. *Un geste brutal. Un homme brutal.* ▷ Subst. *Agir en brutal.* **3.** Dénué de ménagements, de douceur. *Franchise brutale.* – *Couleurs brutales*, éclatantes, vives. **4.** Rude et inopiné. *Une nouvelle brutale.* – Bas lat. *brutalis*.

brutalement [bʀytalmɑ̃] adv. Avec violence. *Parler, manier qqch brutalement.* Syn. rudement. Ant. délicatement. – De *brutal*.

brutaliser [bʀytalize] v. tr. [1] Traiter avec rudesse, avec brutalité. *Brutaliser une femme.* Syn. maltraiter. – De *brutal*.

brutalisme [bʀytalism] n. m. ARCHI Courant architectural, issu dans les années 1950 du fonctionnalisme, qui entend ne pas dissimuler les éléments organiques d'un bâtiment (ex. : le CNAC Georges-Pompidou, à Paris). – De *brutal*.

brutalité [bʀytalite] n. f. **1.** Dureté, violence. *La brutalité des soldats. La brutalité de son caractère.* Ant. douceur. **2.** Caractère violent et inopiné de qqch. *La brutalité d'un choc.* – De *brutal*.

brute [bʀyt] n. f. **1.** Litt. Animal, envisagé sous l'aspect de sa bestialité. **2.** Personne grossière, violente. *Cet homme est une brute.* – De l'adj. *brut*.

bruxellois, oise [bʀysɛlwa, waz] adj. et n. De la ville de Bruxelles, cap. de la Belgique. ▷ Subst. *Un(e) Bruxellois(e).*

bruyamment [bʀyjamɑ̃] adv. Avec grand bruit. – De *bruyant*.

bruyant, ante [bʀyjɑ̃, ɑ̃t] adj. **1.** Qui fait du bruit. *Conversation bruyante.* **2.** Où il se fait beaucoup de bruit. *Une rue bruyante.* Ant. silencieux. – Anc. ppr. de *bruire*.

bruyère [bʀyjɛʀ] n. f. **1.** Sous-arbrisseau (fam. éricacées), à fleurs violacées, poussant sur des landes ou dans des sous-bois siliceux. (Diverses espèces arborescentes du genre *Erica* ont des racines noueuses qui servent à la confection des pipes.) **2.** Lieu où poussent les bruyères. **3.** *Terre de bruyère* : terre acide, légère, formée de sable siliceux mélangé aux produits de décomposition des bruyères. **4.** *Coq de bruyère* : tétras. – Lat. pop. **brucaria*, du bas lat. *brucus*, gaul. **bruko*.

bryo-. Élément, du gr. *bruon*, «mousse».

bryologie [bʀijɔlɔʒi] n. f. BOT Partie de la botanique qui traite des bryophytes. – De *bryo-*, et *-logie*.

bryone [bʀijɔn] n. f. BOT Plante grimpante des haies et des lieux incultes, à fleurs blanc verdâtre (fam. cucurbitacées). (*Bryonia dioica*, commune en France, a la particularité d'avoir des pieds mâles et des pieds femelles. Les racines des *Bryonia* sont toxiques : *navets du diable.*) – Lat. *bryonia*, gr. *bruônia*.

bryophytes [bʀijɔfit] n. f. pl. BOT Embranchement comprenant en partic. les mousses et les hépatiques. - Sing. *Une bryophyte.* – De *bryo-*, et *-phyte*.

bryozoaires [bʀijɔzɔɛʀ] n. m. pl. ZOOL Ancien embranchement d'invertébrés qui regroupait les petits animaux marins vivant en colonies. - Sing. *Un bryozoaire.* – De *bryo-*, et *-zoaire*.

B.T. Sigle de *basse tension*.

B.T.S. Sigle de *brevet de technicien supérieur.*

buanderie [bɥɑ̃dʀi] n. f. Lieu où l'on fait la lessive. – De *buandier.*

buandier, ère [bɥɑ̃dje, ɛʀ] n. **1.** Personne qui blanchit les toiles neuves. **2.** Personne chargée du lavage du linge dans les grandes blanchisseries. – De l'anc. v. *buer,* «faire la lessive».

bubale [bybal] n. m. ZOOL Antilope africaine (genre *Alcelaphus*), haute de 1,30 m au garrot, dont les cornes divergent à partir d'un support commun qui prolonge le crâne. – Lat. *bubalus,* gr. *boubalos.*

bubon [bybɔ̃] n. m. MED Tuméfaction ganglionnaire. *Bubon de la peste, de la syphilis.* – Gr. *boubôn,* «tumeur à l'aine».

bubonique [bybɔnik] adj. Qui se caractérise par des bubons. *Peste bubonique.* – De *bubon.*

buccal, ale, aux [bykal, o] adj. Qui a rapport à la bouche. *Cavité buccale.* – Du lat. *bucca,* «bouche».

buccin [byksɛ̃] n. m. **1.** HIST Trompette romaine droite ou recourbée. **2.** ZOOL Genre de mollusques gastéropodes marins à coquille hélicoïdale, dont une espèce, *Buccinum nudatum* (10 cm de long), est comestible. Syn. bulot. – Lat. *buccina.*

buccinateur [byksinatœʀ] n. m. et adj. m. **1.** ANTIQ ROM n. m. Joueur de buccin. **2.** adj. m. ANAT Se dit des muscles des joues entre les deux mâchoires. ▷ n. m. *Le buccinateur.* – Lat. *buccinator.*

bucco-dentaire [bykodɑ̃tɛʀ] adj. Qui se rapporte à la bouche et aux dents. – Du lat. *bucca,* «bouche», et *dentaire.*

bucentaure [bysɑ̃tɔʀ] n. m. MYTH Centaure à corps de taureau. ▷ *Le Bucentaure,* nom du navire sur lequel embarquait le doge de Venise, le jour de l'Ascension, pour la cérémonie de ses épousailles symboliques avec la mer. – Gr. *bous,* «bœuf», et *centaure.*

bucéphale [bysefal] n. m. Syn. de *phalère.*

1. bûche [byʃ] n. f. **1.** Morceau de bois de chauffage. *Une bûche de pin.* ▷ *Bûche de Noël* : grosse bûche mise au feu pendant la veillée de Noël. – *Par anal.* Pâtisserie en forme de bûche que l'on fait pour Noël. **2.** Fig. Personne lourde, stupide. – Germ. **busk,* «baguette».

2. bûche [byʃ] n. f. Pop. Chute. *Ramasser une bûche* : tomber. – Déverbal de *bûcher,* dial., «frapper, heurter, buter».

1. bûcher [byʃe] n. m. **1.** Lieu où l'on range le bois à brûler. **2.** Amas de bois sur lequel les Anciens brûlaient les morts (et sur lequel les fidèles de certaines religions brûlent auj. les cadavres). ▷ Amas de bois sur lequel on brûlait les condamnés au supplice du feu. – De *bûche* 1.

2. bûcher [byʃe] v. tr. [1] **1.** TECH Dégrossir une pièce de bois. – Par anal. *Bûcher une pierre,* en enlever les saillies. **2.** Fam. Travailler avec ardeur. *Bûcher les maths.* ▷ (S. comp.) *Il bûche.* – De *bûche* 1.

bûcheron, onne [byʃʀɔ̃, ɔn] n. Personne qui abat des arbres dans une forêt. – De l'a. fr. *boscheron.*

bûchette [byʃɛt] n. f. Menu morceau de bois sec. – Dimin. de *bûche.*

bûcheur, euse [byʃœʀ, øz] adj. (et n.) Fam. Qui étudie avec ardeur. *Un étudiant bûcheur.* ▷ Subst. *C'est une bûcheuse.* – Du v. *bûcher.*

bucolique [bykɔlik] n. et adj. **1.** n. f. Poème pastoral. **2.** adj. Qui concerne la poésie pastorale. *Un poète bucolique.* – Lat. d'orig. gr. *bucolicus.*

bucrane ou **bucrâne** [bykʀɑn] n. m. ARCHI Ornement figurant un crâne de bœuf. – Lat. d'orig. gr. *bucranium.*

buddleia ou **buddleya** [bydleja] n. m. ARBOR Arbrisseau ornemental *(Buddleia davidii)* originaire de Chine (lilas de Chine), portant de grandes inflorescences violettes qui attirent les papillons (arbre aux papillons). – De Adam *Buddle* (? –1715), botaniste anglais.

budget [bydʒɛ] n. m. **1.** État prévisionnel et contrôlé de dépenses et recettes, généralement relatif à une année. *Budget d'activité. Budget de fonctionnement.* ▷ DR PUBL État des recettes et des dépenses présumées qu'une personne morale (État, département, commune, établissement, etc.) aura à encaisser et à effectuer pendant une période donnée. *Le budget d'une commune. Équilibre du budget.* – *Absol.* Budget de l'État. *Le Parlement a voté le budget.* **2.** *Par anal.* Revenus et dépenses d'un simple particulier. – Mot angl., d'abord «sac du trésorier», de l'a. fr. *bougette,* dimin. de *bouge,* «sac, valise».

budgétaire [bydʒetɛʀ] adj. Relatif au budget. *Contrôle budgétaire.* – De *budget.*

budgétisation [bydʒetizasjɔ̃] n. f. Inscription au budget. – De *budgétiser.*

budgétiser [bydʒetize] v. tr. [1] ou **budgéter** [bydʒete] v. tr. [14] Inscrire au budget. – De *budget.*

buée [bɥe] n. f. **1.** Vapeur qui se condense sur un corps froid. *De la buée sur les vitres.* **2.** Vapeur d'eau qui se dégage d'un liquide chauffé. *Aspirer les buées d'une cuisine.* – Pp. substantivé de l'anc. v. *buer,* «faire la lessive».

buffet [byfɛ] n. m. **1.** Meuble où l'on range la vaisselle, l'argenterie. *Un buffet de chêne massif.* – Fig. *Danser devant le buffet* : n'avoir rien à manger. **2.** Table couverte de mets, de rafraîchissements, dans une réception. **3.** Salle d'une gare où l'on sert des repas et des boissons. **4.** Ouvrage de menuiserie qui renferme un orgue. *Buffet d'orgue.*

buffetier, ère [byftje, ɛʀ] n. Vieilli Personne qui tient le buffet d'une gare. – De *buffet.*

buffle [byfl] n. m. Nom de divers grands bovinés d'Europe du Sud, d'Afrique et d'Asie du Sud. *Lait de buffle.* – Ital. *bufalo,* bas lat. **bufalus,* class. *bubalus.*

buffleterie [byflɛtʀi] n. f. Ensemble des bandes de cuir (à l'origine, de cuir de buffle) servant à l'équipement d'un soldat. – De *buffle.*

bufflonne [byflɔn] ou **bufflesse** [byflɛs] n. f. Rare Femelle du buffle. – De *buffle.*

bufonidés [byfɔnide] n. m. pl. ZOOL Famille d'amphibiens regroupant les crapauds vrais (genre *Bufo*). – Sing. *Un bufonidé.* – Du lat. *bufo,* «crapaud».

bug [bœg] n. m. ou **bogue** [bɔg] n. f. INFORM Erreur de programmation se manifestant par des anomalies de fonctionnement. – De l'angl. *bug,* «défaut».

buggy. V. boghei.

1. bugle [bygl] n. m. Instrument à vent en cuivre, à embouchure, de la famille des saxhorns. – Mot angl. empr. à l'a. fr. *bugle,* lat. *buculus,* «jeune bœuf».

2. bugle [bygl] n. f. BOT Plante labiée atteignant 30 cm de haut, à fleurs groupées en épis, dont une espèce, la bugle rampante *(Ajuga reptans),* est fréquente en France sur les sols argileux humides. – Bas lat. *bugula.*

buglosse [byglɔs] n. f. Plante à fleurs bleues (fam. borraginacées) qui pousse dans les lieux incultes. – Lat. *buglossa,* gr. *bouglôsson,* «langue de bœuf».

bugrane [bygʀɑn] n. f. Syn. de *arrête-bœuf.* – Du lat. *bucranium,* ou du lat. vulg. **boveretina,* «arrête-bœuf».

building [bildiŋ] n. m. Vaste immeuble comptant de nombreux étages. – Mot anglo-amér., de *to build,* «construire».

buire [bɥiʀ] ou **bure** [byʀ] n. f. ARCHEOL Cruche à anse, en métal ou en verre. – Altér. de *buie,* frq. **buk.*

buis [bɥi] n. m. **1.** Arbrisseau toujours vert (genre *Buxus*, fam. buxacées), à bois jaunâtre, dur et à grain fin. **2.** *Buis bénit* : branche de buis bénite le jour des Rameaux. – Lat. *buxus*.

buisson [bɥisɔ̃] n. m. **1.** Touffe d'arbustes ou d'arbrisseaux épineux. *Buisson d'églantines.* ▷ Spécial. *Buisson ardent*, forme sous laquelle Dieu apparut à Moïse pour le charger de sa mission. ▷ CHASSE *Faire buisson creux* : ne pas trouver la bête détournée; fig. ne pas trouver ce qu'on espérait. ▷ *Arbre en buisson* : arbre fruitier nain taillé. **2.** CUIS *Buisson d'écrevisses* : écrevisses disposées en buisson sur un plat. – Du rad. de *bois*.

buisson-ardent [bɥisɔ̃aʀdɑ̃] n. m. Arbuste épineux (genre *Pyracantha*, fam. rosacées) à fruits orange ou rouges, à feuillage persistant. – *Des buissons-ardents.* – De *buisson*, et *ardent*.

buissonnant, ante [bɥisɔnɑ̃, ɑ̃t] adj. BOT Qui a le port d'un buisson. *Un arbre buissonnant.* ▷ Fig. *L'évolution buissonnante de l'homme*, qui n'est pas linéaire. – De *buisson*.

buissonneux, euse [bɥisɔnø, øz] adj. **1.** Couvert de buissons. *Terrain buissonneux.* **2.** En forme de buisson. *Arbre buissonneux.* – De *buisson*.

buissonnier, ère [bɥisɔnje, ɛʀ] adj. **1.** Vx Qui s'abrite dans les buissons. *Lapin buissonnier.* **2.** Anc. *Écoles buissonnières*, tenues secrètement dans la campagne par les protestants, au XVIe s. – Mod. *Faire l'école buissonnière* : aller jouer, se promener au lieu d'aller à l'école, au travail. – De *buisson*.

bulbaire [bylbɛʀ] adj. ANAT D'un bulbe; du bulbe rachidien. – De *bulbe*.

bulbe [bylb] n. m. **1.** BOT Organe végétal de réserve de forme arrondie constitué par une tige à entrenœuds très courts portant des feuilles (écailles) qui peuvent être très modifiées mais qui sont toujours de taille relativement importante. *Bulbe solide* (glaïeul, crocus, etc.) : dont la tige est remplie de réserves, les feuilles étant desséchées. *Bulbe feuillé* (lis, tulipe, oignon, etc.) : dont les feuilles sont remplies de réserves et deviennent charnues (bulbe écailleux du lis; bulbe tuniqué de l'oignon). **2.** ANAT Nom de certains organes, ou de certaines parties d'organes renflés ou globuleux. *Bulbe de l'œil, bulbe urétral. Bulbe rachidien* : renflement de la partie supérieure de la moelle épinière où se trouvent plusieurs centres nerveux importants, notam. le centre respiratoire. **3.** ARCHI Coupole en forme de bulbe. **4.** MAR Partie profilée de l'étrave ou de la quille de certains bateaux. – Lat. *bulbus*.

bulbeux, euse [bylbø, øz] adj. **1.** *Plante bulbeuse*, pourvue d'un bulbe. **2.** ANAT Qui a la forme d'un bulbe. – Lat. *bulbosus*.

bulbille [bylbij] n. f. BOT Petit bulbe qui se développe à l'aisselle des feuilles et qui, détaché de la plante mère, peut donner une nouvelle plante. – Dimin. de *bulbe*.

bulgare [bylgaʀ] adj. et n. **1.** adj. De la Bulgarie, État de la péninsule balkanique. ▷ Subst. *Un(e) Bulgare.* **2.** n. m. *Le bulgare* : la langue slave du groupe méridional parlée en Bulgarie. – Lat. *Bulgares*.

bullaire [bylɛʀ] n. m. **1.** Recueil de bulles pontificales. **2.** Scribe qui copiait les bulles pontificales. – De *bulle* 1.

bull-dog [buldɔg] n. m. Chien anglais à poil ras, de taille moyenne, robuste et musclé. (On le confond très souvent avec le bouledogue, qui en diffère notam. par les oreilles et la queue en tire-bouchon.) *Des bull-dogs.* – Mot angl. de *bull*, «taureau», et *dog*, «chien».

bulldozer [byldɔzɛʀ] n. m. Engin de terrassement. Syn. (off. recommandé) bouteur. – Mot anglo-amér.

1. bulle [byl] n. f. **1.** HIST Petite boule de plomb attachée au sceau d'un acte pour l'authentiquer; ce sceau lui-même. **2.** Acte authentiqué par un sceau de plomb. – Spécial. *Bulle pontificale* : acte émanant du pape, désigné par son premier ou ses deux premiers mots. *Bulle Unigenitus. Bulle Ausculta fili.* – Lat. *bulla*, «boule d'or» (que portaient au cou, jusqu'à 17 ans, les enfants de famille patricienne, à Rome).

2. bulle [byl] n. f. **1.** Globule de gaz dans un liquide. – Globule de gaz inclus dans une matière fondue ou coulée. ▷ *Bulle de savon* : sphère remplie d'air dont la paroi est une pellicule d'eau savonneuse. **2.** *Par anal.* Espace graphique cerné d'un trait, dans lequel sont inscrites les paroles qu'un personnage de bande dessinée est censé prononcer. **3.** MED Vésicule soulevant l'épiderme par accumulation d'un liquide séreux. **4.** PHYS NUCL *Chambre à bulles* : enceinte servant à la détection des particules. **5.** Arg. (des militaires) *Coincer sa (la) bulle* : se reposer en dormant. – Lat. *bulla*.

3. bulle [byl] adj. inv. *Papier bulle* : papier grossier, beige ou jaune pâle, fait de pâte non blanchie. ▷ n. m. *Du bulle.*

bulletin [byltɛ̃] n. m. **1.** Avis communiqué par une autorité et destiné au public. *Bulletin de santé*, périodiquement communiqué par les médecins qui soignent un personnage important. ▷ *Bulletin mensuel, trimestriel*, où sont consignées les appréciations portées sur le travail et la conduite d'un élève. **2.** Notice, récépissé. *Bulletin de bagages.* ▷ *Bulletin-réponse* : formulaire servant à un concours, à un jeu. **3.** Revue périodique d'une administration, d'une société. *Bulletins officiels des ministères.* **4.** Rubrique d'un journal, qui donne à intervalles réguliers des informations dans tel ou tel domaine. *Bulletin économique.* **5.** Papier spécialement destiné à exprimer un vote. *Bulletin blanc*, qui n'exprime aucun choix. *Bulletin nul*, qui ne peut être pris en compte. – Ital. *bollettino*, de *bolla*, «bulle».

bulleux, euse [bylø, øz] adj. Qui contient des bulles, qui présente des bulles. ▷ MED *Râle bulleux*, variété de râle humide entendu à l'auscultation. – De *bulle* 2.

bull-finch [bulfintʃ] n. m. (Anglicisme) SPORT Obstacle de steeple-chase composé d'un talus surmonté d'une haie. – Mot angl., altér. de *bull-fence*, «clôture à taureaux».

bull-terrier [bylteʀje] n. m. Chien d'origine anglaise, ratier à robe blanche, issu de croisements entre bull-dogs et terriers. *Des bull-terriers.* – De *bull-(dog)*, et *terrier*.

bulot [bylo] n. m. Syn. de *buccin*.

buna [byna] n. m. TECH Caoutchouc artificiel obtenu à partir du butadiène. – Nom déposé; de *bu(tadiène)*, et *Na*, symbole du sodium.

bungalow [bœ̃galo] n. m. Habitation basse entourée d'une véranda. – *Par ext.* Petite maison sans étage en matériaux légers. – Mot angl., de l'hindi *bangla*, «du Bengale».

bunker [bunkɛʀ] n. m. Casemate. – Mot all.

bunodonte [bynɔdɔ̃t] adj. ZOOL Qualifie un type de dents à tubercules arrondis. *Les primates, les suidés ont des molaires bunodontes.* – Du gr. *bounos*, «colline», et *odous, odontos*, «dent».

bunraku [bunʀaku] n. m. Spectacle de marionnettes japonais, agrémenté de récitatifs, de musique et de chants. – Mot japonais.

bupreste [bypʀɛst] n. m. ENTOM Coléoptère aux brillantes couleurs (fam. buprestidés), dont les larves creusent des galeries dans les pins, les chênes, les arbres fruitiers. – Lat. *buprestis*, gr. *bouprêstis*.

buprestidés [bypʀɛstide] n. m. pl. ENTOM Famille de coléoptères regroupant tous les buprestes. – Sing. *Un buprestidé.* – De *bupreste*.

buraliste [byʀalist] n. 1. Personne préposée à un bureau de recette, de distribution, de poste, etc. 2. Personne qui tient un bureau de tabac. – De *bureau*.

1. **bure** [byʀ] n. f. Grosse étoffe de laine, généralement brune. *Manteau de bure.* – Probabl. lat. pop. **bura*, pour *burra*, «laine grossière».

2. **bure** [byʀ] n. m. MINES Puits intérieur d'une mine entre deux ou plusieurs galeries de niveaux différents. – Mot wallon, de l'anc. haut all. *bur*.

3. **bure.** V. buire.

bureau [byʀo] n. m. **I. 1.** Table de travail, ou meuble à tiroirs, à casiers, comportant une table pour écrire. *S'asseoir à son bureau. Garniture de bureau.* **2.** Pièce où se trouve la table de travail. *Un bureau bien aménagé. Le bureau du directeur.* **3.** Lieu de travail des employés, des gens d'affaires, etc. *Dès l'ouverture des bureaux. Aller au bureau.* ▷ Établissement d'administration publique. *Bureau d'enregistrement.* - *Bureau d'aide sociale*, où fonctionne le secours public. ▷ Subdivision (dans un ministère). *Chef de bureau.* **4.** Guichet d'une salle de spectacle. *Jouer à bureaux fermés*, alors que toutes les places ont déjà été retenues. **5.** MILIT Chacune des divisions spécialisées d'un état-major. **II. 1.** Ensemble des membres directeurs élus d'une assemblée, d'une association. *Élire, réunir le bureau. Le bureau de l'Assemblée nationale.* **2.** *Bureau électoral* : autorité temporaire chargée de présider aux opérations d'un scrutin, d'en assurer la régularité et la police. – De *bure* 1.

bureaucrate [byʀokʀat] n. m. Péjor. Employé de bureau. ▷ adj. *Il est très bureaucrate.* – De *bureaucratie*.

bureaucratie [byʀokʀasi] n. f. **1.** Pouvoir excessif de l'administration. **2.** Péjor. L'administration publique, l'ensemble des fonctionnaires. – De *bureau*, et *-cratie*.

bureaucratique [byʀokʀatik] adj. Relatif à la bureaucratie. – De *bureaucratie*.

bureaucratisation [byʀokʀatizasjɔ̃] n. f. Péjor. Action de bureaucratiser, de se bureaucratiser. – De *bureaucratiser*.

bureaucratiser [byʀokʀatize] v. tr. [1] Augmenter le poids de la bureaucratie dans. ▷ v. pron. *Ce parti se bureaucratise de plus en plus.* – De *bureaucrate*.

bureauticien, enne [byʀotisjɛ̃, ɛn] n. Spécialiste de l'informatisation des entreprises.– De *bureautique*.

bureautique [byʀotik] n. f. INFORM Ensemble des techniques et des moyens qui visent à automatiser les activités de bureau et principalement le traitement et la communication de la parole, de l'écrit et de l'image. – Nom déposé; de *bureau*, et *-tique*, sur *informatique*.

burelé, ée [byʀle] adj. **1.** En philatélie, se dit d'un fond rayé. **2.** HERALD Divisé en fasces diminuées. – De *bureau*, «tapis (rayé)»; d'abord terme de blason.

burette [byʀɛt] n. f. **1.** Petit flacon destiné à contenir l'huile ou le vinaigre. ▷ Flacon destiné à contenir l'eau ou le vin de la messe. **2.** Récipient, généralement métallique, à tubulure effilée, servant au graissage de pièces mécaniques. **3.** CHIM Tube gradué vertical, portant un robinet à sa partie inférieure et servant pour certains dosages volumétriques. – De *buire*.

burgau [byʀgo] n. m. Gastéropode marin (genre *Turbo*) dont la coquille est utilisée pour sa nacre. (*Turbo marmoratus*, des eaux indo-malaises, a une coquille de 15 à 20 cm de diamètre.)

burgaudine [byʀgodin] n. f. Nacre fournie par le burgau. – De *burgau*.

burgonde [byʀgɔ̃d] adj. Relatif aux Burgondes, anc. peuple germanique. – Du bas lat. *Burgundi*, n. d'un peuple germanique dans le Saint Empire.

burgrave [byʀgʀav] n. m. Ancien titre de la hiérarchie féodale dans le Saint Empire. *«Les Burgraves», drame de Victor Hugo (1843).* – All. *Burggraf*, «comte d'un bourg».

burin [byʀɛ̃] n. m. Outil d'acier taillé en biseau, qui sert dans de nombreux métiers à entailler les matériaux durs. *Sculpter au burin. Gravure au burin.* – Anc. ital. d'orig. germ. *burino*.

burinage [byʀinaʒ] n. m. TECH Travail au burin. – De *buriner*.

buriner [byʀine] v. tr. [1] Travailler au burin. - Pp. adj. Fig. *Visage buriné*, aux traits marqués. – De *burin*.

burineur [byʀinœʀ] n. m. Ouvrier qui burine. – De *buriner*.

burkinabé [byʀkinabe] adj. (inv. en genre) et n. (inv. en genre) ou **burkinais, aise** [byʀkinɛ, ɛz] adj. et n. Du Burkina Faso, État intérieur d'Afrique occid. ▷ Subst. *Un(e) Burkinabé* ou *un(e) Burkinais(e)*.

burlat [byʀla] n. f. Variété de bigarreau à chair rouge vif ou foncé.

burlesque [byʀlɛsk] adj. **1.** Qui est d'une bouffonnerie outrée. *Tenue burlesque.* ▷ n. m. *Le burlesque* : le genre, le style burlesque. **2.** *Par ext.* Qui est plaisant par sa bizarrerie. *Chanson, projet burlesque.* Syn. grotesque. Ant. sérieux. – Ital. *burlesco*, de *burla*, «plaisanterie».

burlesquement [byʀlɛskəmɑ̃] adv. De manière burlesque. – De *burlesque*.

burlingue [byʀlɛ̃g] **1.** Pop. Bureau. **2.** Arg. Ventre. – De l'arg. *burlin*, «bureau», et suff. péj.

burnous [byʀnu(s)] n. m. Grand manteau de laine à capuchon porté par les Arabes. ▷ Manteau à capuchon dont on enveloppe les bébés. – Ar. *burnūs*.

buron [byʀɔ̃] n. m. En Auvergne, bâtiment où le vacher habite et fabrique le fromage pendant l'estivage. – De l'anc. haut all. *bur* (V. bure 2), du germanique **bûr*, «hutte, cabane».

1. **bus** [bys] n. m. inv. Abrév. de *autobus*.

2. **bus** [bys] n. m. inv. INFORM Ensemble des conducteurs électriques et des conventions d'échange de signaux qui permet la transmission parallèle d'informations entre les organes d'un système informatique qui y sont connectés. – De l'angl.

busard [byzaʀ] n. m. Oiseau rapace diurne (fam. falconidés) aux longues ailes, au plumage gris ou marron, dont quatre espèces habitent les landes et les marais d'Europe. *Busard des roseaux. Busard cendré.* – De *buse* 2.

busc [bysk] n. m. **1.** Lame de baleine, de métal, de matière plastique, maintenant le devant d'un corset. **2.** Coude que forme la crosse d'un fusil. **3.** TECH Partie du soubassement d'une écluse sur laquelle butent les portes. – De l'ital. *busco*, «brindille», même rad. que *bûche*.

1. **buse** [byz] n. f. Canalisation. *Buse d'assainissement*, destinée à l'écoulement des eaux usées ou pluviales. *Buse d'aérage*, d'une galerie de mine en cul-de-sac. *Buse de haut fourneau*, élément de la tuyère par lequel passe le vent. *Buse de carburateur*, tube calibré qui règle l'entrée de l'air. – P.-ê. du moyen néerl. *bu(y)se*.

2. **buse** [byz] n. f. **1.** Nom de divers oiseaux falconiformes, appartenant à différents genres. (La *buse variable* [genre *Buteo*] doit son nom au fait que son plumage peut aller d'un brun très clair au marron foncé; elle a de 50 à 60 cm de long. C'est un rapace très courant en Europe.) **2.** Fig., fam. Personne ignorante et stupide. – De l'a. fr. *bu(i)son*, lat. *buteo*.

bushi [buʃi] n. m. Au Japon, du XIIe s. au milieu du XIXe s., classe sociale comprenant les guerriers. (Les plus élevés dans la hiérarchie – shōguns, daimyos – s'opposaient aux nobles de la cour; les moins élevés, les samouraïs, sorte de sous-officiers, encadraient les paysans.) – Mot jap.

bushido [buʃido] n. m. Code d'honneur de la caste guerrière de l'ancien Japon. – Mot jap., de *bushi.*

business [biznɛs] n. m. Fam. **1.** *Le business* : les affaires. **2.** Chose compliquée, situation embrouillée. *Je ne comprends rien à tout ce business.* **3.** Chose quelconque, truc. – Mot angl.

busqué, ée [byske] adj. Arqué. *Nez busqué.* – Pp. de *busquer.*

busquer [byske] v. tr. [1] **1.** Munir d'un busc. *Busquer un corset.* **2.** Donner la forme d'arc. – De *busc.*

busserole [bysʀɔl] n. f. BOT Arbrisseau à fruits rouges (fam. éricacées), dit aussi *raisin d'ours.* – Provenç. *bouisserolo,* de *bouis,* «buis».

buste [byst] n. m. **1.** Tête et partie supérieure du corps humain. – *Spécial.* Poitrine de la femme. **2.** Peinture, sculpture représentant un buste. *Buste en hermès,* dont le dos et les épaules sont coupés verticalement. – Ital. *busto.*

bustier [bystje] n. m. Sous-vêtement féminin ou corsage, couvrant partiellement le buste et soutenant la poitrine. – De *buste.*

but [by(t)] n. m. **1.** Point que l'on vise. *Toucher le but.* ▷ Loc. adv. *De but en blanc* : brusquement. **2.** Terme où l'on s'efforce de parvenir. *Le but d'un voyage. Nous touchons au but.* **3.** Fig. Fin que l'on se propose. *Le but de nos études. Avoir un but dans la vie.* Syn. objectif, dessein. – *Aller droit au but* : aller directement à la fin que l'on se propose, au principal d'une affaire, d'un discours. – *Les buts de la guerre* : les objectifs finals des belligérants. ▷ Loc. prép. *Dans un but, dans le but de* : en vue de, pour. (N. B. Ces locutions, rejetées par certains grammairiens, sont auj. d'un usage fréquent.) **4.** SPORT Au football, au hand-ball, au hockey, etc., rectangle délimité de chaque côté du terrain par deux poteaux verticaux et une barre transversale, et au-delà duquel l'équipe attaquante doit placer ou projeter le ballon (ou la balle, le palet, etc.). – *Ligne de but* : au rugby, ligne au-delà de laquelle on doit déposer le ballon pour marquer un essai. ▷ Point marqué par l'envoi du ballon au but. *Marquer un but.* – Probabl. frq. **but,* «souche, billot».

butadiène [bytadjɛn] n. m. CHIM Hydrocarbure diénique, CH^2=CH–CH=CH^2, dont la polymérisation, en présence de styrène ou de nitrile acrylique, fournit les principaux caoutchoucs de synthèse actuels. – De *buta(ne),* et *di(éthyl)ène.*

butane [bytan] n. m. CHIM Nom des hydrocarbures saturés de formule C_4H_{10} que l'on trouve dans le pétrole brut, le gaz naturel et les gaz de craquage du pétrole et qui servent de combustible. *Bouteille de butane.* – Du rad. de *but(ylique),* et *-ane.*

butanier [bytanje] n. m. Cargo spécialement aménagé pour le transport du butane. – De *butane.*

buté, ée [byte] adj. Obstiné, entêté. *Esprit buté.* – Pp. de *buter.*

butée [byte] n. f. **1.** TRAV PUBL Massif de pierre aux extrémités d'un pont pour résister à la poussée des arches. Syn. culée. **2.** TECH Pièce empêchant ou limitant le mouvement d'un organe mécanique. *Butée de fin de course d'un ascenseur.* – Pp. fém. subst. de *buter.*

butène [bytɛn] n. m. CHIM Hydrocarbure éthylénique, C_4H_3, provenant du craquage des pétroles. Syn. butylène. – Du rad. de *but(ylique),* et *-ène.*

1. buter [byte] v. [1] **1.** v. intr. Heurter le pied, trébucher (contre un obstacle). *Buter contre une pierre.* – Fig. *Il bute sur une difficulté mineure.* ▷ v. pron. Se heurter. *Se buter à un obstacle.* **2.** v. tr. TRAV PUBL Étayer, soutenir. *Buter un mur.* **3.** v. tr. Provoquer l'opposition têtue de. *Buter un enfant.* Syn. braquer. ▷ v. pron. S'obstiner, s'entêter. – De *but.*

2. buter. V. butter 2.

buteur [bytœʀ] n. m. SPORT Joueur adroit qui marque des buts. – De *but.*

butin [bytɛ̃] n. m. **1.** Ce que l'on a pris à l'ennemi après une victoire, ou par pillage. *Combattre pour le butin.* – *Par ext.* Ce que rapporte un pillage, un vol. *Le cambrioleur a emporté un butin estimé à plusieurs millions.* **2.** Fig. Ce qu'on se procure à la suite de travaux, de recherches. *Il a recueilli un riche butin dans ces manuscrits.* **3.** Récolte, produit d'un travail. *Le butin de l'abeille.* – Du moyen bas all. *bûte,* «partage».

butinage [bytinaʒ] n. m. Action de butiner. – De *butiner.*

butiner [bytine] v. intr. [1] Recueillir sur les fleurs le nectar et le pollen (en parlant des insectes, notam. des abeilles). ▷ v. tr. *Abeilles qui butinent les fleurs.* – De *butin.*

butineur, euse [bytinœʀ, øz] adj. Qui butine. – De *butiner.*

butoir [bytwaʀ] n. m. **1.** Pièce contre laquelle vient buter le vantail d'une porte. **2.** CH de F Obstacle à l'extrémité d'une voie pour arrêter les locomotives, les wagons. **3.** SPORT Au saut à la perche, dispositif qui permet le blocage de la perche. – De *buter.*

butomacées [bytɔmase] n. f. pl. BOT Famille de monocotylédones aquatiques de l'ordre des fluviales. – Sing. *Une butomacée.* – De *butome.*

butome [bytom] n. m. BOT Genre (fam. alismacées) de plantes aquatiques comprenant *Butomus umbellatus,* fréquent dans les eaux douces calmes, qui porte des ombelles de fleurs roses à six pétales et neuf étamines. – Lat. bot. *butomus,* gr. *boutomos.*

butor [bytɔʀ] n. m. **1.** Genre d'oiseaux ciconiiformes voisins des hérons, dont une espèce, le *butor étoilé,* au corps ramassé (75 cm de long) et au plumage brun-roux, vit dans les marais européens. *Le cri du butor est une sorte de beuglement puissant.* **2.** Fig. Homme grossier, malappris. (Le fém. *butorde* est rare.) – Du lat. *buteo, butio,* mais élément final obscur, p.-ê. *taurus,* «taureau».

buttage [bytaʒ] n. m. Action de butter. *Le buttage des artichauts.* – De *butter* 1.

butte [byt] n. f. **1.** Petite élévation de terre. ▷ *Spécial.* Petit tertre où l'on place une cible. *Butte de tir.* – Loc. fig. *Être en butte à* : être exposé à. *Être en butte à des moqueries.* **2.** Colline. *La butte Montmartre. Une butte de sable.* ▷ GEOGR *Butte-témoin* : hauteur, vestige d'un relief ancien arasé. – Forme fém. de *but.*

1. butter [byte] v. tr. [1] Entourer de terre le pied (d'un arbre, d'une plante). *Butter des pommes de terre.* – De *butte.*

2. butter ou **buter** [byte] v. tr. [1] Arg. Assassiner. – De *butte,* «jeu où l'on abat (des bouchons, des quilles)»; de *butte* de tir.

buttoir [bytwaʀ] n. m. Petite charrue servant à butter. – De *butter* 1.

butyle [bytil] n. m. CHIM Radical monovalent C_4H_9. – Du rad. de *butyrique.*

butylène [bytilɛn] n. m. CHIM Syn. de *butène.* – De *butyl(e),* et *-ène.*

butyr(o)-. Élément, du lat. *butyrum,* gr. *bouturon,* «beurre».

butyrate [bytiʀat] n. m. CHIM Sel ou ester de l'acide butyrique. – De *butyr-,* et *-ate.*

butyreux, euse [bytiʀø, øz] adj. Qui est de la nature du beurre, qui ressemble à du beurre. – Du lat. *butyrum,* « beurre ».

butyrine [bytiʀin] n. f. CHIM Ester de la glycérine et de l'acide butyrique, dont l'hydrolyse provoque le rancissement du beurre. – De *butyr-,* et *-ine.*

butyrique [bytiʀik] adj. CHIM, BIOCHIM *Acide butyrique,* de formule CH_3– CH_2–CH_2–CO_2H, présent dans de nombreux corps gras. – *Ferment butyrique* : ferment anaérobie, capable de transformer le lactose en acide butyrique et gaz carbonique *(fermentation butyrique).* – De *butyr-,* et *-ique.*

butyromètre [bytiʀɔmɛtʀ] n. m. Instrument servant à prévoir la quantité de beurre que pourra fournir un lait. – De *butyr(o)-,* et *mètre.*

buvable [byvabl] adj. Qui peut être bu, qui n'a pas un goût déplaisant. – De *boire;* a. fr. *bevable.*

buvard [byvaʀ] n. m. **1.** Sous-main composé ou recouvert d'un papier qui absorbe l'encre. **2.** (En appos.) *Papier buvard* ou *buvard* : papier qui absorbe l'encre. – De *boire.*

buvée [byve] n. f. Boisson pour le bétail composée d'eau et de farine. – De *boire.*

buvetier, ère [byvtje, ɛʀ] n. Vieilli Personne qui tient une buvette. – De *buvette.*

buvette [byvɛt] n. f. Endroit où l'on vend des boissons à consommer sur place, dans certains lieux publics. *Buvette d'une gare.* – De *boire.*

buveur, euse [byvœʀ, øz] n. **1.** Personne qui boit. *Buveur d'eau.* **2.** Personne qui boit beaucoup d'alcool, qui s'adonne à la boisson. *Un franc buveur.* – De *boire;* a. fr. *beveor.*

buxacées [byksase] n. f. pl. BOT Famille de dicotylédones des régions tempérées ou subtropicales, à fleurs apétales et fruits charnus ou secs, dont le type est le buis. – Sing. *Une buxacée.* – Du lat. *buxus,* « buis ».

by-pass [bajpas] n. m. inv. **1.** TECH Canalisation ou dispositif de dérivation qui évite le passage d'un fluide dans un appareil. **2.** AUTO Voie de dérivation permanente. **3.** CHIR Syn. de *pontage.* – Mot angl., de *pass,* « passage », et *by,* « proche, secondaire ».

byronien, enne [biʀɔnjɛ̃; bajʀɔnjɛ̃, ɛn] adj. Qui appartient à l'œuvre, qui rappelle la sensibilité ou le style de Byron (1788-1824), poète anglais.

byssinose [bisinoz] n. f. MED Pneumoconiose consécutive à l'inhalation de poussières de coton. – Du gr. *bussinos,* « de lin, de coton », et *-ose* 2.

byssus [bisys] n. m. ZOOL Appareil de fixation, sur substrat dur, de certains lamellibranches (notam. la moule), constitué par une touffe de filaments cornés que sécrète une glande située à la base du pied. – Mot lat., du gr. *bussos,* « lin très fin, coton ».

byte [bajt] n. m. (Anglicisme) INFORM Ensemble de huit bits. Syn. (off. recommandé) octet. – Mot angl.

byzantin, ine [bizɑ̃tɛ̃, in] adj. (et n.) **1.** De Byzance (anc. ville grecque qui devint au IVe s. Constantinople. *Empire byzantin. Style byzantin.* **2.** Fig. Qui fait preuve de byzantinisme. *Esprit byzantin.* – Bas lat. *Byzantinus,* de *Byzantium,* gr. *Buzantion,* « Byzance ».

ENCYCL Le nom d'Empire byzantin a été donné à l'Empire romain d'Orient après qu'il se fut séparé en 395 de l'Empire rom. d'Occident (partage ayant suivi la mort de Théodose). Cet État subsista jusqu'à la prise de Constantinople par les Turcs (1453). Il fut en butte dès le IVe s. à de graves crises relig. et sociales, et dut lutter contre les invasions barbares qui provoquèrent la chute de Rome (476). Justinien Ier (527-565) ne parvint pas à reconstituer l'Empire rom. Son règne fut un des plus grands, par l'éclat des institutions (Code Justinien), des arts et des écoles, propagatrices de l'hellénisme chrétien. Mais la constitution d'un puissant État franc protégeant Rome fit abandonner à Byzance ses visées unitaires (VIIIe s.). L'empire, affaibli par les querelles intestines, dut lutter contre les envahisseurs arabes (dès le VIIe s.) et slaves. La stabilisation polit. due à la dynastie macédonienne (867-1057) s'accompagna d'un renouveau culturel et permit une reconquête territoriale, achevée sous Basile II (976-1025). Malgré les efforts des Comnènes (1081-1185), l'intégrité de l'empire, qui, sur le plan religieux, avait rejeté définitivement l'autorité papale (schisme d'Orient, 1054), ne put être conservée devant les invasions turques, slaves et normandes. Les divisions internes favorisèrent la conquête latine née de la 4e croisade (prise de Constantinople en 1204), laquelle provoqua une division de l'État : Empire latin d'Orient, Empires de Trébizonde et de Nicée, despotat d'Épire, ces trois derniers restant aux Byzantins. Les Latins, chassés de Constantinople en 1261 par les Byzantins, se maintinrent dans le Péloponnèse et dans les îles, et l'empire ne retrouva pas son unité territoriale, gravement compromise, en outre, par les attaques des Turcs. Ceux-ci prirent Constantinople en 1453, le Péloponnèse en 1460 et Trébizonde en 1461. L'Occident n'avait point aidé à arrêter leur avance. – L'art byzantin s'est constitué à partir de la fusion d'apports gréco-romains, orientaux (perse, syrien, anatolien) et barbares. On distingue généralement trois « âges d'or » : la période justinienne (VIe-VIIIe s.); celle des empereurs macédoniens (IXe-XIe s.) et des Comnènes (fin XIe-XIIe s.), marquée par une diffusion dans les pays du Bassin méditerranéen, dans les pays slaves et le Caucase; enfin la « Renaissance » du temps des Paléologues, période d'expansion dans les pays balkaniques.

byzantinisme [bizɑ̃tinism] n. m. Goût des disputes oiseuses, subtiles à l'excès, comme celles qui opposaient les théologiens de Byzance. – De *byzantin.*

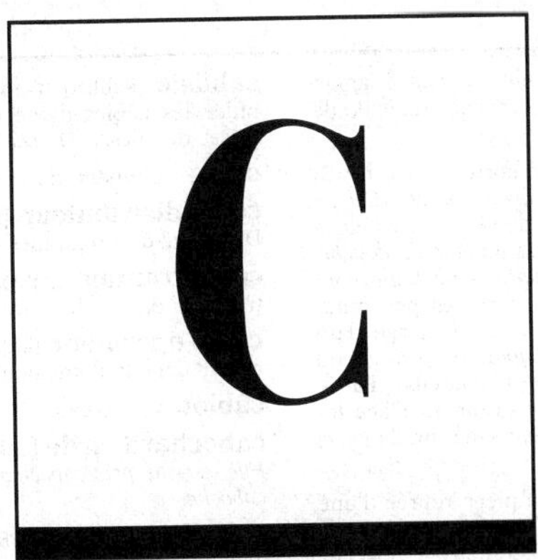

c [se] n. m. **1.** Troisième lettre (c, C) et deuxième consonne de l'alphabet notant : la fricative dentale sourde [s] devant *e, i, y* (ex. *cendre, ciel, cygne*) et, avec une cédille, devant *a, o, u* (ex. *façade, garçon, reçu*); l'occlusive sourde vélaire [k] devant *a, o, u* et devant les consonnes autres que h (ex. *car, corps, cure, croc*, etc., excepté dans *second* [səgõ] et ses dérivés); dans la combinaison *ch*, la fricative prépalatale sourde [ʃ] (ex. *cheval*) ou, dans les mots savants, l'occlusive sourde vélaire [k] (ex. *chiasme*). **2.** CHIM C : symbole du carbone. ▷ ELECTR C : symbole du coulomb. ▷ MATH C : symbole du corps des nombres complexes. ▷ PHYS °C : degré Celsius. **3.** C : chiffre romain qui vaut 100.

Ca CHIM Symbole du calcium.

C.A. n. m. Abrév. de *chiffre d'affaires.*

1. ça [sa] pron. dém. Fam. (Forme très usuelle dans la langue parlée.) Cela. *Donne-moi ça. À part ça, ça va? Ah non, pas de ça!* ▷ *Sans ça* : sinon. *Tu vas obéir, sans ça, gare!* ▷ *Comme ça* : de cette manière. *Ne te fatigue pas comme ça.* ▷ *Comme ci, comme ça* : médiocrement. *Comment ça va? Comme ci, comme ça.* ▷ Renforçant une interrogation. *Où ça? Quand ça?* ▷ Marquant la surprise, la colère, etc. *Ça, alors!* – Abrév. de *cela.*

2. ça [sa] n. m. inv. PSYCHAN *Le ça* : l'ensemble des pulsions et des tendances que le refoulement maintient dans l'inconscient. (Prend souvent la majuscule : *le Ça.*) – De *ça* 1; trad. de l'all. *es* (pron. neutre).

çà [sa] adv. de lieu. **1.** Vx Ici, tout près. *Viens çà que je t'embrasse.* ▷ Mod. *Çà et là* : de côté et d'autre. *Elle jetait ses affaires çà et là,* au hasard. **2.** interj. Vx (Pour exciter, encourager à faire qqch.) *Çà, partons!* – Marquant l'impatience, l'étonnement, etc. *Çà, allez-vous finir?* – Lat. pop. *ecce hac,* «voici, par ici».

cab [kab] n. m. Cabriolet couvert où le cocher était placé sur un siège élevé derrière la capote, en usage en Angleterre au siècle dernier. – Mot angl., abrév. de «cabriolet».

cabale [kabal] n. f. **I.** *Cabale* ou *Kabbale.* **1.** Ensemble des traditions juives relatives à l'interprétation mystique de l'Ancien Testament. **2.** Science occulte qui prétend mettre ses adeptes en communication avec le monde des esprits. **II.** Fig. **1.** Ensemble de menées concertées, intrigues visant à faire échouer qqn, qqch. *Cabale montée contre un auteur, une pièce.* Syn. complot. **2.** Ensemble des gens qui forment une cabale. *La cabale remplissait le parterre.* Syn. faction. – Hébr. *qabbalah,* «tradition».

cabaliste [kabalist] n. m. Personne versée dans l'étude de la cabale juive. – De *cabale.*

cabalistique [kabalistik] adj. **1.** Qui se rapporte à la Cabale juive. *Science cabalistique.* **2.** Qui se rapporte à la cabale, à la science occulte. ▷ Qui a un air de mystérieuse obscurité. *Signes cabalistiques.* – De *cabale.*

caban [kabɑ̃] n. m. Veste de marin, en drap de laine épais. – Ital. de Sicile *gabbano;* de l'ar. *qabâ.*

cabane [kaban] n. f. **1.** Petite construction en matériaux légers, pouvant servir d'abri. *Cabane de berger. Cabane à outils.* ▷ *Cabane à lapins,* où l'on élève des lapins; fig., péjor. maison mal construite, grand immeuble où l'on s'entasse. **2.** Pop. Prison. – Provenç. *cabanna,* bas lat. *capanna.*

cabanon [kabanɔ̃] n. m. **1.** Petite cabane. **2.** Petite maison de campagne, en Provence. **3.** Cellule où l'on enfermait les déments que l'on estimait dangereux (pratique tombée en désuétude depuis l'avènement de la chimiothérapie). – Fam. *Il est bon à mettre au cabanon* : il est fou. – De *cabane.*

cabaret [kabaʀɛ] n. m. **1.** Établissement qui présente un spectacle (chansons, attractions diverses) et où le public peut boire ou se restaurer. **2.** Vieilli Modeste débit de boissons. **3.** Vx Petit meuble aménagé pour le service des liqueurs. – Néerl. *cabret,* «petite chambre», par le picard.

cabaretier, ère [kabaʀtje, ɛʀ] n. Vieilli Personne qui tient un cabaret (sens 2). – De *cabaret.*

cabas [kaba] n. m. **1.** Panier à provisions en matériau souple, à deux anses. **2.** Panier en jonc ou en sparterie pour l'emballage des fruits secs. – Mot provenç.; lat. pop. **capacium,* de *capax,* «qui contient beaucoup».

cabêche [kabɛʃ] n. f. Pop. et vieilli *Couper cabêche* : couper la tête. – Esp. *cabeza,* «tête».

cabernet [kabɛʀnɛ] n. m. VITIC Famille de cépages rouges du Bordelais et de la Touraine. *Cabernet sauvignon* : cépage très aromatique, donnant des vins corsés et colorés, cultivé dans le S.-O. de la France. *Cabernet franc,* plus fin, planté surtout dans le Val de Loire. – Mot du Médoc.

cabestan [kabɛstɑ̃] n. m. TECH Treuil à tambour vertical. – Provenç. *cabestran,* de *cabestre;* lat. *capistrum,* «licou».

cabiai [kabjɛ] n. m. Le plus gros rongeur actuel (1 m de long), à corps massif couvert de courtes soies, végétarien, vivant en Amérique du Sud près des cours d'eau. – Du tupi.

cabillaud [kabijo] n. m. Morue fraîche. – Néerl. *kabeljau.*

cabillot [kabijo] n. m. MAR Cheville servant à amarrer les manœuvres courantes. – Provenç. *cabilhot*, de *cabilha*, « cheville ».

cabine [kabin] n. f. **1.** Chambre, à bord d'un navire. **2.** Petit réduit, local exigu servant à divers usages. *Cabine de bain*, où les baigneurs changent de vêtements. *Cabine d'essayage d'un magasin de vêtements. Cabine de douche. Cabine téléphonique. Cabine de peinture*, pour peindre au pistolet. **3.** Enceinte pour le transport des personnes (ascenseurs, téléphériques). ▷ Partie du fuselage d'un avion réservée aux passagers. – *Cabine de pilotage*, où sont regroupées les commandes de l'appareil. ▷ Partie d'un véhicule spatial dans laquelle prennent place les astronautes. – De l'anc. picard *cabine*, « maison de jeu »; par l'angl. *cabin*.

cabinet [kabinɛ] n. m. **I. 1.** Petite pièce retirée d'une habitation, destinée à différents usages. *Cabinet de toilette, de débarras. Cabinet noir*, sans fenêtre. – Spécial., vieilli *Cabinet d'aisances* ou mod., plur., *cabinets* : pièce utilisée pour uriner et déféquer. *Cuvette de cabinets.* – Par euph. Loc. *Aller aux cabinets.* **2.** Bureau, pièce destinée au travail, à l'étude. *Cabinet de travail.* **3.** Ensemble des bureaux, des locaux où les membres des professions libérales reçoivent leurs clients. *Cabinet dentaire, médical. Cabinet d'un avocat.* – Ensemble des affaires traitées dans un cabinet, clientèle. *Architecte qui vend son cabinet.* **II. 1.** Ensemble des ministres et secrétaires d'État. *Le cabinet a été renversé. Conseil de cabinet* : conseil des membres du gouvernement, présidé par le Premier ministre. **2.** Ensemble des personnes, des services qui dépendent directement d'un ministre, d'un préfet. *Chef de cabinet.* **III.** Lieu où l'on place, où l'on expose des objets d'étude ou de curiosité; *par méton.*, la collection constituée par ces objets. *Cabinet d'antiques. Le cabinet des estampes de la Bibliothèque nationale.* **IV.** Meuble à petits tiroirs, généralement sur pieds et richement décoré, qui servait à ranger des bijoux, de menus objets. *Un cabinet à bijoux d'époque Louis XIV.* – De *cabine*, ou ital. *gabinetto*, « chambre, meuble ».

câblage [kɑblaʒ] n. m. **1.** Action, manière de câbler. **2.** Ensemble des conducteurs d'un dispositif électrique ou électronique. – De *câbler*.

câble [kɑbl] n. m. **1.** Ensemble de brins d'une matière textile ou synthétique, ou de fils de métal retordus ou tressés. *Câble en chanvre, en coton, en aloès, en nylon, en acier. Câble plat, rond.* – *Spécial.* Gros cordage très résistant. *Câbles en acier d'un ascenseur.* **2.** Ensemble de fils conducteurs. *Câble nu, isolé, armé. Câble à âmes multiples. Câble coaxial*. Télévision par câble* : système de transmission télévisuel dans lequel des signaux analogiques et numériques, représentant l'information sonore et visuelle, sont transportés par câble. ▷ *Par ext.* Dépêche télégraphique. *Recevoir un câble.* **3.** *Câble hertzien* : liaison par ondes hertziennes. – Provenç. *cable*, bas lat. *capulum*, « corde ».

câblé [kɑble] n. m. Gros cordon de passementerie, formé par câblage. – De *câbler*.

cableau ou **câblot** [kɑblo] n. m. MAR Petit câble. *Câblot de grappin.* – De *câble*.

câbler [kɑble] v. tr. [1] **1.** Réunir par torsion (les brins d'un câble). **2.** Faire parvenir (une information) par télégramme. *J'ai câblé la nouvelle à Nice.* **3.** Poser les conducteurs de la télévision par câble dans (un secteur). *Câbler un quartier de Paris.* – De *câble*.

câbleur, euse [kɑblœʀ, øz] n. **1.** Ouvrier spécialisé dans le câblage de circuits électriques. **2.** n. f. Machine à fabriquer des câbles. – De *câble*.

câblier [kɑblije] n. m. (et adj. m.) **1.** Celui qui fabrique ou qui pose des câbles. **2.** Navire spécialement construit pour la pose, l'entretien et le relevage des câbles sous-marins. ▷ adj. m. *Navire câblier.* – De *câble*.

câbliste [kɑblist] n. m. AUDIOV Agent chargé de manipuler les câbles d'une caméra de télévision lors des prises de vues. – De *câble*.

câblo-. Élément, de *câble*.

câblo-distributeur [kablodistʀibytœʀ] n. m. TELECOM Diffuseur de programes par télédistribution.

câblogramme [kɑblɔgʀam] n. m. Vieilli Télégramme transmis par câble. – De *câble*, et *(télé)gramme*.

câblo-opérateur [kablooperatœʀ] n. m. TELECOM Opérateur dans le domaine de la télédistribution.

câblot. V. cableau.

cabochard, arde [kabɔʃaʀ, aʀd] adj. et n. Fam. Entêté. *Elle est un peu cabocharde. Un sacré cabochard.* – De *caboche*.

caboche [kabɔʃ] n. f. Fam. Tête. *Qu'est-ce qui se passe dans ta caboche ?* – Forme normanno-picarde, de *bosse*, confondu avec des dér. de *caput*, « tête »; a. fr. *caboce*.

cabochon [kabɔʃɔ̃] n. m. **1.** Pierre précieuse polie mais non taillée. ▷ Par ext. *Cabochon de cristal.* **2.** Clou d'ameublement à tête ouvragée. – De *caboche*.

cabomba [kabɔ̃ba] n. m. Genre de dicotylédones aquatiques d'Amérique du Sud très utilisées comme plantes d'aquarium.

cabosse [kabɔs] n. f. **1.** Vx Bosse. **2.** Fruit du cacaoyer. *La cabosse, qui rappelle par sa forme un concombre ventru, contient de 15 à 40 cacaos.* – De l'anc. fr. *caboce*, « bosse, tête ».

cabosser [kabɔse] v. tr. [1] Déformer en faisant des bosses. *Cabosser l'aile de sa voiture contre un parechocs.* – Pp. adj. *Un vieux chapeau tout cabossé.* – De l'anc. fr. *caboce*, « bosse, tête ».

1. cabot [kabo] n. m. Fam. Chien. – Anc. Chien à grosse tête. – Du rad. lat. de *caput*, « tête ».

2. cabot [kabo] n. m. Fam. Cabotin (sens 1). – Abrév. de *cabotin*.

3. cabot [kabo] n. m. Arg. milit. Caporal. – De *caporal*, par attraction de *cabot* 1.

4. cabot [kabo] n. m. Nom courant de divers poissons (chevesne, muge, chabot, etc.). – Anc. provenç. *cabotz*, lat. pop. *capoceus*, « poisson à grosse tête », de *caput*, « tête ».

cabotage [kabɔtaʒ] n. m. Navigation marchande à faible distance des côtes (par oppos. à *navigation au long cours*). – De *caboter*.

caboter [kabɔte] v. intr. [1] Faire du cabotage. – De l'esp. *cabo*, « cap ».

caboteur [kabɔtœʀ] n. m. Navire qui fait du cabotage. – De *caboter*.

cabotin, ine [kabɔtɛ̃, in] n. et adj. Fam., péjor. **1.** Mauvais comédien, qui sollicite les applaudissements du public par des effets de jeu faciles et peu naturels. **2.** Personne vaniteuse, qui aime attirer l'attention sur elle. ▷ adj. *Il est un peu cabotin.*

cabotinage [kabɔtinaʒ] n. m. Fam. **1.** Jeu affecté d'un cabotin, d'un mauvais acteur. **2.** Manière d'agir d'un cabotin (sens 2). – De *cabotin*.

cabotiner [kabɔtine] v. intr. [1] Faire le cabotin. – De *cabotin*.

caboulot [kabulo] n. m. Vieilli, pop. Débit de boissons de mauvaise apparence. – Mot franc-comtois, « réduit ».

cabrer [kabʀe] v. [1] **I.** v. tr. **1.** Faire se dresser (un animal, partic. un cheval) sur ses pattes, ses jambes postérieures. **2.** Fig. Provoquer l'opposition, la révolte de (qqn). *Il est très susceptible, vous risquez de le cabrer.* V. braquer, buter. **3.** Par ext. *Cabrer un avion*, faire pointer son avant vers le haut. **II.** v. pron. **1.** Se dresser sur les pattes, les jambes postérieures, en parlant d'un animal, partic. d'un cheval. **2.** Fig. S'emporter avec indignation, se révolter. *Il se cabre au moindre mot.* **III.** v. intr. *Avion, hélicoptère qui cabre,* qui relève anormalement l'avant. – Du rad. lat. de *capra,* « chèvre », par le provenç.

cabri [kabʀi] n. m. Chevreau, petit de la chèvre. – Provenç. *cabrit,* lat. *capra,* « chèvre ».

cabriole [kabʀijɔl] n. f. **1.** Gambade, saut léger (comme celui d'un cabri); pirouette. ▷ CHOREGR Pas sauté dans lequel une jambe bat l'autre. **2.** EQUIT Saut du cheval les quatre pieds en l'air avec ruade. – Ital. *capriola,* de *capriolo,* « chevreuil », *b* par infl. de *cabri.*

cabrioler [kabʀijɔle] v. intr. [1] Faire des cabrioles. – De *cabriole.*

cabriolet [kabʀijɔlɛ] n. m. **1.** Anc. Voiture à cheval, légère, à capote mobile, suspendue sur deux roues. ▷ Mod. Automobile décapotable. **2.** Petit fauteuil à dossier incurvé. **3.** Vx, arg. Cordelette ou chaînette servant à lier les poignets des malfaiteurs arrêtés. – De *cabrioler.*

cabus [kaby] adj. m. *Chou cabus :* chou pommé à feuilles lisses. – Anc. provenç. *cabus,* du lat. *caput,* « tête ».

CAC [kak] n. m. *Indice CAC 40 :* indice boursier représentant la moyenne des cours de quarante valeurs françaises à règlement mensuel. – Acronyme pour *cotation assistée en continu.*

caca [kaka] n. m. Fam. (Langage enfantin.) Excrément. *Faire caca.* ▷ Loc. adj. inv. *Caca d'oie :* de couleur jaune verdâtre. – Du lat. *cacare,* « déféquer ».

cacaber [kakabe] v. intr. [1] Pousser son cri, en parlant de la perdrix. – Lat. *cacabare.*

cacahuète [kakaɥɛt], **cacahouète** ou **cacahouette** [kakawɛt] n. f. **1.** Fruit souterrain de l'arachide, très riche en corps gras. *Beurre de cacahuète.* **2.** Cour. Graine contenue dans ce fruit, que l'on consomme torréfiée. *Cacahuètes salées.* – Du nahuatl *tlacacahuatl,* par l'esp.

cacao [kakao] n. m. **1.** BOT Graine de cacaoyer, qui, torréfiée puis broyée, sert à fabriquer le chocolat. *Le cacao contient de la théobromine.* Syn. fève de cacao. *Beurre de cacao :* corps gras contenu dans le cacao. **2.** Cour. Poudre de graines de cacaoyer. – Boisson chaude faite avec cette poudre délayée dans de l'eau ou du lait. – Mot esp., du nahuatl.

cacaoté, ée [kakaɔte] adj. Qui contient du cacao. *Poudre cacaotée.* – De *cacao.*

cacaoyer [kakaɔje] ou **cacaotier** [kakaɔtje] n. m. Petit arbre (*Theobroma cacao,* fam. sterculiacées) originaire du Mexique, cultivé pour ses graines, les fèves de cacao. – De *cacao.*

cacaoyère [kakaɔjɛʀ] ou **cacaotière** [kakaɔtjɛʀ] n. f. Plantation de cacaoyers. – De *cacao.*

cacarder [kakaʀde] v. intr. [1] Pousser son cri, en parlant de l'oie. – Onomat.

cacatoès ou **kakatoès** [kakatɔɛs] n. m. Perroquet (genre *Kakatoe,* fam. psittacidés) d'Australie et de Nouvelle-Guinée, à plumage blanc rosé, pourvu d'une huppe érectile. – Du malais *kakatūwa.*

cacatois [kakatwa] n. m. MAR Voile carrée, gréée par beau temps au-dessus des voiles de perroquet et de perruche. – Var. de *cacatoès.*

cachalot [kaʃalo] n. m. Mammifère marin (sous-ordre des odontocètes) à la mâchoire inférieure pourvue de dents. (*Physeter macrocephalus,* le grand cachalot, atteint 25 m de long et peut peser plus de 50 t; sa tête énorme contient le blanc de baleine, et ses intestins l'ambre gris; c'est un carnassier vorace des mers chaudes. *Kogia breviceps,* le cachalot pygmée, très rare, ne dépasse pas 3 m.) – Esp. ou portug. *cachalote,* « (poisson) à grosse tête », du lat. *caput,* « tête ».

cache-. Élément servant à former divers mots composés. – De *cacher.*

cache [kaʃ] n. **1.** n. f. Lieu où l'on peut cacher qqch, se cacher. **2.** n. m. PHOTO, CINE Feuille, lame opaque destinée à soustraire partiellement une surface sensible à l'action de la lumière. ▷ TECH Feuille de carton ajourée utilisée par les encadreurs. – Petit cadre en carton ou en plastique utilisé pour le montage des diapositives. – De *cacher.*

cache-cache [kaʃkaʃ] n. m. inv. Jeu d'enfants où l'un des joueurs doit trouver les autres qui se sont cachés. *Jouer à cache-cache.* – De *cacher.*

cache-col [kaʃkɔl] ou **cache-cou** [kaʃku] n. m. inv. Écharpe portée autour du cou.

cachectique [kaʃɛktik] adj. (et n.) MED De la cachexie; atteint de cachexie. – De *cachexie.*

cache-entrée [kaʃɑ̃tʀe] n. m. inv. Pièce mobile qui masque l'entrée d'une serrure.

cache-flammes [kaʃflam] n. m. inv. Appareil fixé à l'extrémité du canon d'une arme à feu pour masquer la flamme au départ du coup.

cachemire [kaʃmiʀ] n. m. **1.** Tissu ou tricot fait de poil de chèvre du Cachemire ou du Tibet. *Écharpe en cachemire.* **2.** Étoffe à dessins indiens caractéristiques. *Châle, nappe de cachemire.* – (En appos.) *Motif cachemire.* – De *Cachemire,* État du N. de l'Inde.

cache-misère [kaʃmizɛʀ] n. m. inv. Fam. Vêtement qui dissimule des habits usagés.

cache-nez [kaʃne] n. m. inv. Longue écharpe qui entoure le cou, préservant du froid le bas du visage.

cache-pot [kaʃpo] n. m. inv. Vase ou enveloppe dissimulant un pot de fleurs.

cache-poussière [kaʃpusjɛʀ] n. m. inv. Pardessus d'étoffe légère pour protéger les habits.

cache-prise [kaʃpʀiz] n. m. Dispositif destiné à boucher une prise électrique pour éviter les risques d'électrocution. *Des cache-prise(s).*

1. cacher [kaʃe] **I.** v. tr. [1] **1.** Mettre en un lieu secret; soustraire à la vue. *Cacher un trésor.* Syn. celer (litt.), dissimuler, planquer (pop.). – Loc. *Cacher son jeu,* aux cartes; fig. déguiser ses intentions. **2.** Empêcher de voir. *Cet immeuble cache la mer. Tu me caches le soleil.* Syn. masquer, voiler. **3.** Ne pas exprimer; taire. *Cacher sa joie. Cacher son âge.* **II.** v. pron. **1.** Se soustraire à la vue pour n'être pas trouvé. *Le voleur s'est caché.* – (Choses) *Où donc se cachent mes lunettes ?* **2.** *Se cacher de qqn,* lui cacher ce qu'on fait. *Se cacher de qqch,* ne pas convenir de qqch, le tenir secret. – Du lat. pop. **coacticare,* « comprimer », class. *coactare,* « contraindre ».

2. cacher. V. casher.

cache-radiateur [kaʃʀadjatœʀ] n. m. Panneau ajouré qui dissimule un radiateur d'appartement. *Des cache-radiateur(s).*

cache-sexe [kaʃsɛks] n. m. inv. Pièce de vêtement qui ne couvre que le sexe.

cachet [kaʃɛ] n. m. **1.** Pièce gravée faite d'une matière dure, qu'on applique sur de la cire pour y produire une empreinte; l'empreinte elle-même. ▷ Morceau de cire qui porte cette empreinte. *Le cachet a été rompu.* ▷ HIST *Lettre de cachet,* signée de la main du roi et d'un secrétaire d'État, et qui contenait un ordre d'incarcération ou de mise en exil. **2.** Marque imprimée apposée avec un tampon. *Le cachet de la poste faisant foi* (pour le lieu, la date d'envoi d'une lettre). **3.** Fig. Marque, caractère distinctif. *On reconnaît le cachet de cet écrivain.* – (S. comp.) *Peinture qui a du cachet, un certain cachet.* **4.** PHARM Capsule de pain azyme contenant un médicament. – Cour. Comprimé. *Cachet d'aspirine.* **5.** Rétribution d'un artiste pour une séance de travail. *Cachet d'un musicien, d'un acteur.* – De *cacher,* au sens anc. de «presser».

cachetage [kaʃtaʒ] n. m. Action de cacheter. – De *cacheter.*

cache-tampon [kaʃtɑ̃pɔ̃] n. m. inv. Jeu d'enfants où l'un des joueurs cache un objet que les autres doivent découvrir. *Jouer à cache-tampon.*

cacheter [kaʃte] v. tr. [20] **1.** Fermer à la cire. *Cire à cacheter. Cacheter une bouteille de vin.* – Pp. adj. *Pli diplomatique cacheté.* **2.** Clore (un pli) par collage. *Cacheter une enveloppe.* – De *cachet.*

cacheton [kaʃtɔ̃] n. m. Fam. Cachet d'un artiste. – (En loc.) Péjor. *Courir le cacheton.* – Dimin. de *cachet.*

cachette [kaʃɛt] n. f. **1.** Endroit où l'on peut se cacher, cacher qqch. **2.** Loc. adv. *En cachette :* en se cachant, en dissimulant ce qu'on fait. – Dimin. de *cache.*

cachexie [kaʃɛksi] n. f. **1.** MED Altération profonde de toutes les fonctions de l'organisme à la suite d'une maladie chronique grave. **2.** MED VET *Cachexie aqueuse du mouton, du bœuf, du porc,* provoquée par un parasite, notam. la douve. – Lat. méd. *cachexia,* gr. *kakhexia,* de *kakos,* «mauvais», et *hexis,* «constitution».

cachot [kaʃo] n. m. Cellule de prison, étroite et sombre. *Mettre au cachot.* – De *cacher.*

cachotterie [kaʃɔtʀi] n. f. Manière d'agir ou de parler avec mystère pour cacher des choses sans importance. *Faire des cachotteries.* – De *cacher.*

cachottier, ère [kaʃɔtje, ɛʀ] adj. et n. Qui aime faire des cachotteries. *Une fille cachottière.* – Subst. *C'est un cachottier.* – De *cacher.*

cachou [kaʃu] n. m. et adj. inv. **1.** Substance solide brune extraite de la noix d'arec. – Petite pastille à base de cette substance. ▷ adj. inv. De la couleur brun foncé du cachou. *Une robe cachou.* **2.** Colorant synthétique de couleur brune. – Portug. *cacho,* du tamoul ou du malais *kâchu.*

cachucha [katʃutʃa] n. f. Danse espagnole au rythme rapide. – Mot esp.

cacique [kasik] n. m. **1.** Chef de tribu, chez certains Indiens d'Amérique centrale auj. disparus. **2.** Mod. Personnalité (politique en général). – Mot arawak.

cacochyme [kakoʃim] adj. Vx ou plaisant D'une constitution faible, déficiente. – Gr. méd. *kakokhumos,* de *khumos,* «humeur».

cacodylate [kakodilat] n. m. CHIM Sel de l'acide cacodylique, employé autref. notam. comme fortifiant. – De *cacodyle.*

cacodyle [kakodil] n. m. CHIM Composé arsénié de formule $(CH_3)_2As-As(CH_3)_2$. – Du gr. *kakôdês,* «qui a une mauvaise odeur».

cacodylique [kakodilik] adj. CHIM *Acide cacodylique,* de formule $(CH_3)_2AsO_2H$. – De *cacodyle.*

cacolet [kakɔlɛ] n. m. Siège sommaire fixé de chaque côté du bât d'un mulet et qui servait au transport des blessés. – Mot des Pyrénées, p.-ê. basque.

cacophonie [kakofɔni] n. f. Assemblage désagréable de sons discordants. – *Spécial.* Rencontre de sons de la parole jugés désagréables à l'oreille. *«Non, il n'est rien que Nanine n'honore» (Voltaire).* – Gr. *kakophônia,* de *kakos,* «mauvais», et *phônê,* «son».

cacophonique [kakofɔnik] adj. Qui fait une cacophonie. – De *cacophonie.*

cactacées [kaktase] ou **cactées** [kakte] n. f. pl. BOT Famille de dicotylédones xérophiles, originaires de l'Amérique centrale, toutes ornementales, à grosses fleurs dialypétales éphémères, à tige charnue servant de réserve d'eau, et aux feuilles réduites à des épines. – Sing. *Une cactacée* ou *une cactée.* – De *cactus.*

cactus [kaktys] n. m. Plante grasse épineuse de la famille des cactacées (nopal, figuier d'Inde, etc.). – Lat. bot. *cactus,* gr. *kaktos,* «artichaut épineux».

c.-à-d. Abrév. graphique de *c'est-à-dire.*

cadastral, ale, aux [kadastʀal, o] adj. Du cadastre. *Plan cadastral.* – De *cadastre.*

cadastre [kadastʀ] n. m. **1.** Ensemble des documents qui répertorient les caractéristiques des parcelles foncières, et qui servent notam. à déterminer l'impôt foncier. **2.** Administration qui gère le cadastre. *Les employés du cadastre.* – Mot provenç., ital. *catastico,* bas gr. *katastikhon,* «liste».

cadastrer [kadastʀe] v. tr. [1] Inscrire au cadastre. – De *cadastre.*

cadavéreux, euse [kadaveʀø, øz] adj. Qui tient du cadavre. *Un teint cadavéreux.* – De *cadavre.*

cadavérine [kadaveʀin] n. f. BIOCHIM Diamine, produit de dégradation des protéines, présente dans les corps en putréfaction. – De *cadavre,* et de *-ine* 3.

cadavérique [kadaveʀik] adj. Qui a rapport au cadavre. *Rigidité, pâleur cadavérique.* – De *cadavre.*

cadavre [kada(ɑ)vʀ] n. m. Corps d'homme ou d'animal mort. *Après la bataille, le sol était jonché de cadavres.* ▷ Fig., fam. *Un cadavre ambulant :* une personne extrêmement affaiblie, très maigre. ▷ *Il y a un cadavre entre eux :* ils sont liés par un crime, un méfait. – Lat. *cadaver.*

caddie [kadi] n. m. **1.** Personne qui, au golf, porte les clubs des joueurs. **2.** (Nom déposé.) Petit chariot qui sert à transporter les bagages dans une gare, les achats dans un magasin en libre-service, etc. – Mot angl., du fr. *cadet.*

cade [kad] n. m. Genévrier du pourtour méditerranéen. *Huile de cade :* goudron à odeur très forte, extrait du cade, utilisé en dermatologie. – Mot provenç., bas lat. *catanum.*

cadeau [kado] n. m. **1.** Vx (Langue class.) Divertissement, repas offert à une dame. **2.** Mod. Ce que l'on donne en présent; objet offert. *Un cadeau de mariage, d'anniversaire.* Prov. *Les petits cadeaux entretiennent l'amitié.* – *Faire cadeau de :* offrir. ▷ Loc. fam. *Ne pas faire de cadeau à qqn,* ne pas le ménager, le traiter durement; ne pas tolérer de faute de sa part. – Du provenç. *capdel,* «chef», fig. «lettre capitale», puis «enjolivure»; lat. pop. *capitellum,* de *caput,* «tête».

cadenas [kadna] n. m. Serrure mobile dont le pêne en arceau est articulé de manière à pouvoir être passé dans un anneau, dans les maillons d'une chaîne, etc. *Clef, combinaison d'un cadenas.* – Provenç. *cadenat,* de *cadena,* «chaîne».

cadenasser [kadnase] v. tr. [1] Fermer avec un cadenas. *Cadenasser une porte.* – De *cadenas.*

cadence [kadɑ̃s] n. f. **1.** Succession rythmique de mouvements, de sons. ▷ Succession d'accents marquant le rythme en poésie, en musique. *La cadence d'un vers.* ▷ CHOREGR Mesure qui règle le mouvement de la danse. *Suivre la cadence.* ▷ *En cadence :* en mesure; avec un rythme régulier. **2.** Rythme de production (spécial., dans le travail à la chaîne). *Augmenter les cadences. Cadence infernale.* **3.** MUS Succession harmonique marquant la conclusion d'une phrase musicale. *Cadence parfaite, imparfaite. Cadence rompue.* – Ital. *cadenza,* de *cadere,* «tomber».

cadencé, ée [kadɑ̃se] adj. Qui a une cadence, rythmé. *Mouvements cadencés. Pas cadencé.* – Pp. de *cadencer.*

cadencer [kadɑ̃se] v. tr. [12] **1.** Régler (ses mouvements) sur un rythme donné. *Cadencer le pas.* **2.** Donner par l'accentuation une cadence à. *Cadencer ses phrases.* – De *cadence.*

cadène ou **cadenne** [kadɛn] n. f. MAR Pièce (chaîne, tige, plaque, etc.) qui sert à fixer sur la coque les extrémités basses des haubans d'un navire à voile. – Lat. *catena,* par le provenç.

cadenette [kadnɛt] n. f. **1.** Longue mèche de cheveux pendant sur la tempe (XVIIe s.), puis chacune des deux tresses encadrant le visage, que portaient les soldats de l'infanterie (XVIIIe s.). **2.** Tresse, natte. – Du sire de *Cadenet,* favori de Louis XIII, qui mit cette coiffure à la mode.

cadet, ette [kadɛ, ɛt] n. et adj. **1.** Chacun des enfants d'une famille nés après l'aîné. – Dernier-né, benjamin. ▷ adj. *Branche cadette,* issue d'un cadet. **2.** *Être le cadet de qqn,* être moins âgé que lui (sans lien de parenté). *Il est mon cadet de deux ans.* **3.** Loc. *C'est le cadet de mes soucis,* le moindre... **4.** SPORT Sportif âgé de 15 à 17 ans. **5.** Anc. Gentilhomme apprenant le métier des armes. *Les cadets de Gascogne.* – Gasc. *capdet,* provenç. *capdel,* «chef», par homonymie avec *cadel,* «petit d'un animal».

cadi [kadi] n. m. Juge musulman qui exerce des fonctions civiles et religieuses. – Ar. *qādi.*

cadmiage [kadmjaʒ] n. m. TECH Opération qui consiste à revêtir une surface métallique d'une couche protectrice de cadmium. – De *cadmium.*

cadmie [kadmi] n. f. TECH Dépôt résiduel, mélange de zinc, d'oxyde de zinc et d'oxyde de cadmium, dans la métallurgie du zinc. – Du lat. *cadmia,* gr. *kadmeia,* carbonate de zinc extrait près de *Kadmos* (Thèbes).

cadmié, ée [kadmje] adj. TECH Recouvert de cadmium. – De *cadmium.*

cadmium [kadmjɔm] n. m. CHIM Élément métallique de numéro atomique Z = 48, de masse atomique 112,41 (symbole Cd). – Métal (Cd) blanc, de densité 8,65, qui fond à 321 °C et bout à 765 °C, aux propriétés voisines de celles du zinc. – De *cadmie.*

cadogan. V. catogan.

cadrage [kadʀaʒ] n. m. AUDIOV Action de cadrer un sujet ; son résultat. – De *cadrer.*

cadran [kadʀɑ̃] n. m. Surface graduée sur laquelle se déplace l'aiguille d'un appareil de mesure. *Cadran d'une montre, d'un baromètre.* – Par anal. *Cadran d'appel du téléphone automatique.* ▷ *Cadran solaire,* donnant l'heure selon la position de l'ombre portée par un style. ▷ Loc. *Faire le tour du cadran* : dormir douze heures d'affilée. – Du lat. *quadrans,* ppr. de *quadrare,* «être carré» (les cadrans solaires furent d'abord carrés).

cadrat [kadʀa] n. m. TYPO Bloc de plomb parallélépipédique moins haut que le bloc-caractère, et servant à former les blancs. – Du lat. *quadratus,* «carré».

cadratin [kadʀatɛ̃] n. m. TYPO Cadrat d'un corps égal à celui du caractère, et dont la chasse est de la même force que le corps. – De *cadrat.*

cadrature [kadʀatyʀ] n. f. Assemblage des pièces qui font mouvoir les aiguilles d'une montre. – Du bas lat. *quadratura,* de *quadratus,* «carré».

cadre [kadʀ] n. m. **I. 1.** Bordure entourant un tableau, un miroir, etc. *Cadre à moulures d'une glace. Gravures dans un cadre.* **2.** Assemblage rigide de pièces formant un châssis, une armature. *Cadre de bicyclette. Cadres mobiles d'une ruche. Cadre d'une porte, d'une fenêtre,* scellé dans l'embrasure, et dans la feuillure duquel vient (viennent) battre le vantail (les vantaux). **3.** Grande caisse pour le transport (du mobilier notam.). **4.** ELECTR Circuit ou antenne mobile. **II.** Fig. **1.** Ce qui circonscrit, délimite. *Cela sort du cadre de mes fonctions. Dans le cadre de cet ouvrage, nous tenterons d'expliquer...* **2.** Ce qui constitue le milieu, l'environnement ; paysage, décor. *Les montagnes formaient un cadre grandiose. Vivre dans un cadre luxueux.* **3.** MILIT Tableau de formation des divisions et subdivisions que comporte un corps. ▷ *Cadre de réserve* : corps des officiers généraux qui ne sont plus en activité (par oppos. à *cadre d'active*). ▷ *Les cadres d'une unité,* ses gradés. *Les cadres d'un bataillon.* ▷ *Le Cadre noir* : les écuyers de l'école militaire de Saumur. **4.** (Plur.) Tableau des services de l'Administration et de leurs fonctionnaires. *Être rayé des cadres.* **5.** Personne qui assure des fonctions d'encadrement. *Un cadre moyen, supérieur. Jeune cadre dynamique.* – De l'ital. *quadro,* «carré», lat. *quadrus.*

cadrer [kadʀe] v. [1] **1.** v. intr. S'adapter à, convenir à, concorder. *Son comportement ne cadre pas avec ses idées.* **2.** v. tr. AUDIOV, CINE Placer (un sujet) dans le champ d'un appareil photo, d'une caméra, etc. – Pp. adj. *Photo mal cadrée.* – Du lat. *quadrare* ou de *cadre.*

cadreur [kadʀœʀ] n. m. AUDIOV Technicien chargé du maniement d'une caméra, opérateur de prises de vues (off. recommandé pour *cameraman*). – De *cadrer.*

caduc, uque [kadyk] adj. **1.** Qui est tombé en désuétude, qui n'a plus cours. *Théorie caduque, usage caduc.* ▷ DR *Legs caduc,* qui reste sans effet, par refus d'en jouir, incapacité ou décès du légataire. **2.** BOT *Organes caducs,* qui se renouvellent chaque année puis meurent et se détachent spontanément de la plante. *Feuilles caduques* (par oppos. à *persistantes*). **3.** ZOOL, MED Se dit d'un organe qui se sépare du corps au cours de la croissance. *Les dents de lait sont caduques.* ▷ *Membrane caduque* : muqueuse utérine qui tapisse l'œuf implanté et qui est expulsée lors de l'accouchement ou de l'avortement. – n. f. *La caduque.* – Lat. *caducus,* de *cadere,* «tomber».

caducée [kadyse] n. m. Baguette entourée de deux serpents et surmontée de deux ailes, attribut d'Hermès, dieu grec du Commerce et de la Santé ; sa représentation stylisée, emblème des pharmaciens et des médecins. – Lat. *caduceus,* du gr. *kêrukeion,* «insigne du héraut».

caducifolié, ée [kadysifɔlje] adj. BOT Se dit des plantes qui perdent leurs feuilles en hiver, ou à la saison sèche sous les tropiques ; se dit d'une forêt composée de tels arbres. – De *caduc,* et *folié.*

caducité [kadysite] n. f. Didac. Caractère caduc. *Caducité d'un acte juridique.* – De *caduc.*

cæcal, ale, aux [sekal, o] adj. Du cæcum. *Inflammation de l'appendice cæcal,* ou *appendicite.* – De *cæcum.*

cæcum [sekɔm] n. m. ANAT Segment initial du gros intestin, formant un cylindre creux fermé à sa partie inférieure, prolongé à sa partie supérieure par le côlon, et communiquant par sa face interne avec l'intestin grêle au niveau de la *valvule de Bauhin.* – Lat. méd. (*intestinum*) *cæcum,* «(intestin) aveugle».

cælostat [selɔsta] n. m. ASTRO Appareil d'observation équipé d'un miroir tournant autour d'un axe parallèle à celui de la Terre, à une vitesse égale à la moitié de la vitesse de rotation de celle-ci, de sorte que les corps célestes observés paraissent immobiles. – Du lat. *cælum,* «ciel», et *stare,* «demeurer immobile».

cæsium. V. césium.

CAF [kaf] adj. inv. Se dit d'une marchandise dans le prix de laquelle sont inclus le coût des produits eux-mêmes, l'assurance et le transport à destination. – Sigle de *coût, assurance, fret.*

1. cafard, arde [kafaʀ, aʀd] n. **1.** Hypocrite, faux dévot. ▷ adj. *Mine cafarde.* **2.** Fam. Dénonciateur, mouchard. Syn. rapporteur. – De l'ar. *kāfir,* « mécréant », et suff. péjor. *-ard.*

2. cafard [kafaʀ] n. m. **1.** Blatte. **2.** Fig. Tristesse, mélancolie sans motif précis. *Avoir le cafard.* – De *cafard* 1, par métaphore.

cafardage [kafaʀdaʒ] n. m. Action de cafarder (1). – De *cafarder.*

1. cafarder [kafaʀde] v. intr. [1] Fam. Faire le cafard, dénoncer. Syn. rapporter. – De *cafard* 1.

2. cafarder [kafaʀde] v. intr. [1] Avoir des idées noires. – De *cafard* 2.

cafardeux, euse [kafaʀdø, øz] adj. **1.** Qui a le cafard. **2.** Qui donne le cafard. *Un décor cafardeux.* – De *cafard* 2.

1. café [kafe] n. m. (et adj. inv.) **1.** BOT Chacune des deux graines contenues dans la drupe (fruit) du caféier; cette graine torréfiée. *Café en grains, moulu. Une demi-livre, un paquet de café. Moulin à café.* ▷ *Café décaféiné,* partiellement privé de sa caféine au moyen de solvants organiques. **2.** Boisson (le plus souvent chaude) obtenue par infusion de cette graine torréfiée et broyée. *Café noir,* sans lait. *Café au lait, café crème,* mélangé de lait. *Café viennois,* nappé de crème fouettée. *Café liégeois*.* ▷ Loc. fig., fam. *C'est fort de café :* c'est exagéré. ▷ adj. inv. *Des robes café.* – *Café au lait :* de la couleur brun clair du café au lait. *Une étoffe café au lait.* – Ar. *qahwa,* turc *khavé.*

2. café [kafe] n. m. Lieu public où l'on consomme des boissons. *Prendre un demi à la terrasse d'un café.* – De *café* 1.

café-concert [kafekɔ̃sɛʀ] n. m. Anc. Café où se produisaient des artistes, des chanteurs. *Des cafés-concerts.* (Abrév. pop. vieillie : caf'conc' [kafkɔ̃s].) – De *café* 2, et *concert.*

caféier [kafeje] n. m. Arbuste (fam. rubiacées) à feuilles persistantes, originaire d'Afrique équatoriale, cultivé pour sa graine (café). – De *café.*

caféière [kafejɛʀ] n. f. Plantation de caféiers. – De *café.*

caféine [kafein] n. f. Alcaloïde du café, stimulant du système nerveux, que l'on trouve également dans le thé et le maté. – De *café,* et *-ine* 3.

cafetan ou **caftan** [kaftɑ̃] n. m. Long vêtement oriental, ample et souvent richement décoré. – Turc *qăftān.*

cafeteria ou **cafétéria** [kafeteʀja] n. f. Lieu public généralement situé à l'intérieur d'un bâtiment officiel, des locaux d'une entreprise, d'un centre commercial, etc., où l'on sert du café, des boissons, des repas légers. *La cafétéria d'une faculté, d'un ministère.* – Mot américain; de l'esp. *cafeteria,* « boutique où l'on vend du café ».

café-théâtre [kafeteɑtʀ] n. m. Petit théâtre où l'on peut assister au spectacle en consommant. ▷ Petit théâtre où se jouent des spectacles courts, généralement comiques. *Des cafés-théâtres.* – De *café* 2, et *théâtre.*

cafetier, ère [kaftje, ɛʀ] n. Personne qui tient un café. – De *café* 2.

cafetière [kaftjɛʀ] n. f. **1.** Récipient dans lequel on prépare le café; récipient pour servir le café. **2.** Pop. Tête. – De *café* 1.

cafouillage [kafujaʒ] ou **cafouillis** [kafuji] n. m. Fam. Action de cafouiller, façon d'agir confuse, maladroite; fait de cafouiller, mauvais fonctionnement; la confusion qui en résulte. – De *cafouiller.*

cafouiller [kafuje] v. intr. [1] Fam. Agir de façon brouillonne et maladroite; mal fonctionner. *Cafouiller à un examen. Mécanique qui cafouille.* – Du préf. péjor. *ca-,* et *fouiller.*

cafouilleur, euse [kafujœʀ, øz] adj. Fam. Qui cafouille. – De *cafouiller.*

cafouilleux, euse [kafujø, øz] adj. Fam. Brouillon, désordonné. – De *cafouiller.*

cafouillis. V. cafouillage.

cafre [kafʀ] adj. et n. De la Cafrerie, nom ancien de l'Afrique australe.

caftan. V. cafetan.

cafter [kafte] v. [1] v. intr. Pop. Moucharder. *C'est ce trouillard qui a cafté.* ▷ v. tr. *Cafter qqn,* le dénoncer.

cage [kaʒ] n. f. **I. 1.** Loge garnie de grillage ou de barreaux où l'on enferme des oiseaux, des animaux sauvages. *Cage à serins. La cage aux lions d'une ménagerie. Cage à écureuil,* munie d'un tambour creux que l'animal peut faire tourner en s'y introduisant. ▷ Fig. Prison. **2.** SPORT Fam. Buts, au football. **II. 1.** CONSTR *La cage d'une maison,* ses murs extérieurs. ▷ Espace à l'intérieur duquel se trouve un escalier, un ascenseur. **2.** Pièce, ensemble de pièces qui entourent certains mécanismes. ▷ HORL *Cage d'une horloge, d'une montre,* contenant les rouages. ▷ TECH Bâti. *Cage de laminoir.* ▷ MAR *Cage d'hélice :* évidement pratiqué à l'arrière d'un navire pour permettre à l'hélice d'effectuer sa rotation. **3.** ELECTR (Par anal. de forme.) *Cage d'écureuil :* rotor d'un moteur, entraîné par induction sous l'action d'un champ tournant et constitué de conducteurs disposés suivant les génératrices d'un cylindre. ▷ *Cage de Faraday :* enceinte métallique isolée qui annule (écran électrostatique) l'influence électrique des corps extérieurs. **4.** MINES *Cage, cage d'extraction,* reliée par câbles à la machine d'extraction, et destinée à faire monter et descendre les berlines. **5.** *Cage thoracique :* thorax. – Lat. *cavea,* de *cavus,* « creux ».

cageot [kaʒo] n. m. Petite caisse à claire-voie, en bois léger, destinée au transport des denrées alimentaires. – De *cage.*

caget ou **cajet** [kaʒɛ] n. m. Claie dans laquelle on laisse égoutter et fermenter certains fromages. – De *cage.*

cagibi [kaʒibi] n. m. Fam. Pièce de petite dimension servant de débarras. *Ranger les balais dans un cagibi.* – Mot de l'Ouest.

cagna [kaɲa] n. f. Arg. (des militaires) Abri souterrain. – *Par ext.* Cabane, maison modeste. – Annamite *kainhà,* « la maison ».

cagnard [kaɲaʀ] n. m. Coin ensoleillé et abrité, en Provence. – A. fr. *caignart.*

cagne ou **khâgne** [kaɲ] n. f. Arg. (scolaire) Seconde année de la classe préparatoire au concours d'entrée de l'École normale supérieure (lettres). – De *cagne,* « paresse », par iron.

1. cagneux, euse [kaɲø, øz] adj. Qui a les genoux tournés vers l'intérieur. *Une jument cagneuse.* ▷ (Choses) *Genoux cagneux.* – De *cagne,* « chienne ».

2. cagneux, euse ou **khâgneux, euse** [kaɲø, øz] n. Arg. (scolaire) Élève de cagne. – De *cagne.*

cagnotte [kaɲɔt] n. f. **1.** Boîte où l'on conserve tout ou partie des mises des joueurs, à certains jeux; son contenu. *Ramasser la cagnotte.* **2.** Argent économisé par les membres d'un groupe, caisse commune. – Provenç. *cagnoto,* de *cana,* « récipient ».

cagot, ote [kago, ɔt] n. et adj. Faux dévot; bigot. *Des manières cagotes.* ▷ HIST Qui appartenait à certains groupes sociaux défavorisés groupés en isolats dans les hautes vallées d'accès difficile des Pyrénées centrales et occidentales. *Les cagots étaient victimes de diverses discri-*

minations, à l'église notam. (« bénitier des cagots »). – Mot béarnais, « lépreux », parce qu'on disait les cagots des montagnes descendants de lépreux ; d'après *bigot.*

cagoterie [kagɔtʀi] n. f. Vx Manière d'être, d'agir, du cagot. – De *cagot.*

cagoulard [kagulaʀ] n. m. Membre d'une anc. organisation terroriste d'extrême droite, *la Cagoule.* – De *(la) Cagoule,* nom donné au Comité secret d'action révolutionnaire (C.S.A.R.), actif entre 1935 et 1940.

cagoule [kagul] n. f. **1.** Vêtement de moine à capuchon et sans manches. **2.** Capuchon fermé, percé à la hauteur des yeux. *Cagoule de pénitent.* **3.** Passe-montagne. – Lat. ecclés. *cuculla,* de *cucullus,* « capuchon ».

cahier [kaje] n. m. **1.** Assemblage de feuilles de papier liées par couture ou agrafage, destiné à l'écriture manuscrite. *Cahier de brouillon. Déchirer une feuille d'un cahier. Cahier d'écolier.* **2.** *Cahier d'imprimerie,* constitué par une feuille pliée et foliotée. **3.** DR ADMIN *Cahier des charges :* acte qui précise les conditions d'un marché (vente, travaux, fournitures). **4.** n. m. pl. Mémoires, journal. *Les cahiers des états généraux.* **5.** Revue. *Les Cahiers de la Quinzaine,* dirigés par Ch. Péguy de 1900 à 1914. *Cahiers d'une société littéraire.* – Du bas lat. *quaternio,* « groupe de quatre feuilles ».

cahin-caha [kaɛ̃kaa] adv. Fam. Avec peine, tant bien que mal. *Avancer cahin-caha. Les affaires marchent? Cahin-caha!* – Lat. *qua hinc qua hac,* « par-ci, par-là ».

cahot [kao] n. m. Saut que fait un véhicule en mouvement sur un terrain inégal. – Fig. *Cette affaire ne va pas sans cahots.* – De *cahoter.*

cahotant, ante [kaɔtɑ̃, ɑ̃t] adj. **1.** Qui cahote. *Un vieux tacot cahotant.* **2.** Qui fait faire des cahots. *Chemin cahotant.* – Ppr. de *cahoter.*

cahotement [kaɔtmɑ̃] n. m. Fait de cahoter ; secousses causées par les cahots. – De *cahoter.*

cahoter [kaɔte] v. [1] **1.** v. tr. Secouer par des cahots. *La route cahote la voiture.* – Fig. *Être cahoté par la vie.* **2.** v. intr. Éprouver des cahots. *Voiture qui cahote.* – Du frq. *hottôn,* « secouer », et préf. *ca-.*

cahoteux, euse [kaɔtø, øz] adj. Qui fait éprouver des cahots. *Route cahoteuse.* – De *cahoter.*

cahute [kayt] n. f. Petite hutte ; bicoque, cabane. – De *hutte,* et p.-ê. préf. péjor. *ca-.*

caïd [kaid] n. m. **1.** Anc. En Afrique du N., magistrat assurant des fonctions judiciaires et administratives. **2.** Fam. Chef d'une bande de malfaiteurs. ▷ Homme énergique, ayant un grand ascendant sur les autres. – Ar. *qâid.*

caïeu ou **cayeu** [kajø] n. m. BOT Bulbe qui se forme sur le bulbe principal à partir d'un bourgeon axillaire. *Caïeu d'ail* ou, cour., *gousse. Des caïeux* ou *des cayeux.* – Mot normanno-picard, du lat. *catellus,* par l'a. fr.

caillasse [kajas] n. f. **1.** GEOL Dépôt caillouteux tertiaire. **2.** Fam. Accumulation de gros cailloux. *Terrain plein de caillasse. Marcher dans la caillasse.* – De *caillou.*

caille [kaj] n. f. Oiseau migrateur galliforme (fam. phasianidés) ressemblant à une petite perdrix, et dont une espèce, *Coturnix coturnix,* niche dans les champs européens et hiverne en Afrique. *La caille margotte ou carcaille.* – Mot frq., onomat.

caillé, ée [kaje] adj. et n. m. **1.** adj. Qui s'est coagulé. **2.** n. m. Lait caillé. ▷ Partie solide du lait caillé (caséine), qu'on utilise pour fabriquer le fromage. – Pp. de *cailler.*

caillebotis [kajbɔti] n. m. Treillis en acier galvanisé (sur les caniveaux) ou en lattes de bois (sur les sols humides ou boueux), laissant passer l'eau. *Le caillebotis d'une douche.* – MAR *Caillebotis couvrant une écoutille.* – De *caillebotte.*

caillebotte [kajbɔt] n. f. Masse de lait caillé. – De l'anc. v. *caillebotter,* « mettre en caillots », de *cailler,* et anc. v. *botter,* « s'agglomérer ».

caillebotté, ée [kajbɔte] adj. CHIM Qui forme des caillots. *Précipité caillebotté.* – De *caillebotte.*

caille-lait [kajlɛ] n. m. inv. Nom courant du *gaillet* qui servait à faire cailler le lait. – De *cailler,* et *lait.*

cailler [kaje] v. intr. [1] **1.** Se figer, former des caillots (lait, sang). *Lait mis à cailler dans une jatte.* ▷ v. tr. *Le jus de citron caille le lait.* ▷ v. pron. *Le lait se caille vite par temps chaud.* **2.** Fam. Avoir froid. *On caille, ici!* – Pron. *On se caille.* ▷ Impers. *Il caille, ça caille :* il fait froid. – Du lat. *coagulare.*

cailleteau [kajto] n. m. Rare Petit de la caille. – De *caille.*

1. caillette [kajɛt] n. f. Quatrième poche de l'estomac des ruminants, qui sécrète un suc (présure) faisant cailler le lait. – De *cailler.*

2. caillette [kajɛt] n. f. Vieilli Femme bavarde et frivole. – Du n. d'un bouffon.

caillot [kajo] n. m. Petite masse coagulée d'un liquide (surtout le sang). *Le caillot sanguin est constitué par un réseau de fibrine enserrant des globules rouges.* – De *cailler.*

caillou, plur. **cailloux** [kaju] n. m. **1.** Pierre petite ou moyenne ; débris de roche. *Les cailloux du chemin.* ▷ Fam. Pierre précieuse. *Tu as vu les cailloux qu'elle porte!* **2.** Fragment de cristal de roche travaillé pour la joaillerie. **3.** Pop. Crâne. *Il n'a plus un cheveu sur le caillou.* – Mot normanno-picard, du gaul. **caljavo,* « pierre ».

cailloutage [kajutaʒ] n. m. **1.** Action de caillouter. **2.** Ouvrage constitué de cailloux noyés dans un mortier. **3.** Pâte de faïence faite d'argile et de sable ou de quartz pulvérisé. – De *caillouter.*

caillouté, ée [kajute] adj. Garni de cailloux. *Une allée cailloutée.* ▷ n. m. Faïence faite en cailloutage. – Pp. de *caillouter.*

caillouter [kajute] v. tr. [1] Couvrir, garnir de cailloux. – De *caillou.*

caillouteux, euse [kajutø, øz] adj. Couvert, plein de cailloux. *Un chemin caillouteux.* – De *caillou.*

cailloutis [kajuti] n. m. Mélange de cailloux concassés, servant de revêtement routier. ▷ GEOL *Cailloutis glaciaire :* amas de cailloux, de graviers et de sable charrié par un glacier. – De *caillou.*

caïman [kaimɑ̃] n. m. **1.** Reptile crocodilien d'Amérique du Sud (genre *Caïman,* fam. alligatoridés), aux mâchoires très larges, au ventre vert-jaune. **2.** Arg. (des écoles) Répétiteur agrégé, à l'École normale supérieure. – Esp. *caiman ;* mot caraïbe.

caïque [kaik] n. m. Petite embarcation à voiles ou à rames, étroite et pointue, de la mer Égée et de la mer Noire. – Ital. *caicco,* turc *qaiq.*

cairn [kɛʀn] n. m. **1.** Monticule de pierres ou tumulus, élevé par les Celtes, en Bretagne, en Écosse, en Irlande. **2.** Monticule de pierres ou de glaçons, par lequel des explorateurs, des alpinistes jalonnent leur itinéraire ou marquent leur victoire sur une cime. – Mot irland., « tas de pierres ».

cairote [kɛʀɔt] adj. et n. Du Caire, cap. de l'Égypte. ▷ Subst. *Un(e) Cairote.*

caisse [kɛs] n. f. **I. 1.** Grande boîte (souvent en bois) servant au transport ou à la conservation des marchandises, ou au rangement d'objets divers. *Expédier, décharger des caisses. Une caisse de champagne, une caisse à* *outils.* ▷ *Par méton.* Contenu d'une caisse. **2.** TECH Dispositif de protection qui entoure certaines pièces, certains mécanismes. *Caisse d'une horloge. Caisse de poulie.* ▷ AUTO Carcasse de la carrosserie ; carrosserie. – Fam. Automobile. **3.** HORTIC Coffre ouvert, plein de terre, où l'on fait pousser certaines petites plantes, certains arbres. *Une caisse à fleurs. Palmiers en caisse.* **4.** ANAT *Caisse du tympan :* cavité située derrière le tympan contenant la chaîne des osselets et formant l'oreille moyenne. **5.** Pop. *La caisse :* la poitrine, dans l'expr. *partir de la caisse,* avoir les poumons malades, être tuberculeux. **6.** MUS Corps d'un instrument à cordes qui vibre par résonance. ▷ Cylindre en bois léger ou en métal mince fermé par deux peaux tendues et formant le corps d'un tambour. – *Caisse claire :* tambour plat sous lequel est tendu un timbre métallique réglable. *Grosse caisse :* gros tambour à la sonorité mate et sourde, qu'on frappe avec une mailloche ; tambour le plus grave de la batterie. **II. 1.** Appareil à l'usage des commerçants où est déposé l'argent perçu pour chaque vente. *Caisse enregistreuse.* – Fig. *Ne plus avoir un sou en caisse :* ne plus avoir d'argent du tout. **2.** Fonds contenus dans la caisse. *Livre de caisse. Faire sa caisse :* vérifier la correspondance entre les mouvements de fonds enregistrés et l'argent effectivement en caisse. – Fig., fam. *Tenir la caisse :* être responsable des dépenses. **3.** Bureau, guichet où s'effectuent les versements et les paiements. *Passer à la caisse :* recevoir son salaire ; recevoir le solde de son compte ; fig. être licencié. **4.** Établissement où des fonds sont déposés pour y être gérés. *Une caisse de solidarité. La Caisse des dépôts* et consignations.* – Provenç. *caissa ;* lat. *capsa,* « coffre ».

caisserie [kɛsʀi] n. f. Fabrique de caisses. – De *caisse.*

caissette [kesɛt] n. f. Petite caisse. – De *caisse.*

caissier, ère [kesje, ɛʀ] n. Personne qui tient la caisse dans un magasin, une banque, une administration. – De *caisse.*

caisson [kɛsɔ̃] n. m. **1.** MILIT Anc. Grande caisse montée sur roues, servant à transporter vivres et munitions. **2.** ARCHI Compartiment creux, orné de moulures, qui décore un plafond ou une voûte. **3.** TECH Grande caisse étanche immergée, contenant de l'air, et permettant de travailler sous l'eau. ▷ MED *Caisson hyperbare,* dans lequel on augmente la pression de l'air, utilisé en thérapeutique (traitements des accidents de décompression et de la gangrène gazeuse). – *Maladie des caissons,* survenant chez des sujets ayant été soumis à une forte pression ou à une décompression trop rapide (air comprimé, plongée sous-marine), et causée par la libération d'azote dans le sang. – Mot de l'anc. provenç.

cajeput [kaʒpyt] n. m. Huile essentielle, tonique, extraite d'un arbre de l'Inde, le cajeputier (*Melaleuca leucadendron,* fam. myrtacées) ; cet arbre. – Du malais *kayou,* « arbre », et *pouti,* « blanc ».

cajet. V. caget.

cajoler [kaʒɔle] v. [1] **I.** v. tr. **1.** Avoir des paroles, des gestes tendres pour. *Cajoler un enfant.* **2.** Vieilli Être aimable envers (qqn) pour le séduire ; flatter. **II.** v. intr. Crier (pie ou geai). – De l'a. fr. *gaioler,* « babiller ».

cajolerie [kaʒɔlʀi] n. f. **1.** Parole tendre, caresse affectueuse. **2.** Flatterie. – De *cajoler.*

cajoleur, euse [kaʒɔlœʀ, øz] adj. et n. Qui cajole. – De *cajoler.*

cajou ou **caju** [kaʒu] n. m. *Noix de cajou :* fruit comestible de l'anacardier. – De *acajou.*

cajun [kaʒœ̃] n. et adj. Habitant francophone de la Louisiane, État du S.-E. des États-Unis, sur le golfe du Mexique. ▷ Subst. *Un(e) Cajun. Les Cajuns.* ▷ adj. (inv. en genre) *La culture cajun.* – Altér. de *acadien.*

cake [kɛk] n. m. Gâteau contenant des raisins secs et des fruits confits. – Mot angl.

cake-walk [kekwok] n. m. Danse des Noirs américains, en vogue en France vers 1900. – Mot angloamér., « marche du gâteau ».

cakile [kakil] n. m. Plante des rivages marins (fam. crucifères) dont une espèce, *Cakile maritima,* qui possède une très longue tige, est dotée de feuilles épaisses et d'odorantes fleurs violettes. – Ar. *kakeleh.*

1. cal Symbole de la calorie.

2. cal, plur. **cals** [kal] n. m. **1.** Induration localisée de l'épiderme, provoquée par le frottement. *Les cals des mains du navigateur.* **2.** CHIR Formation osseuse qui soude les deux parties d'un os fracturé. *Cal vicieux,* fixant ces deux parties dans une mauvaise position. **3.** BOT Amas de cellulose qui obstrue pendant l'hiver les tubes criblés de certaines plantes (par ex. vigne). – Lat. *callus.*

calabrais, aise [kalabʀɛ, ɛz] adj. De la Calabre, province du sud de l'Italie. ▷ Subst. *Un(e) Calabrais(e).*

caladium [kaladjɔm] n. m. Plante ornementale d'appartement (fam. aracées, genre *Caladium*), à larges feuilles colorées et marbrées. – Lat. bot., du malais *kélady.*

calage [kalaʒ] n. m. **1.** Action de caler, de rendre stable à l'aide d'une cale. **2.** TECH Réglage d'un organe dans la position où il procure le meilleur rendement. *Calage des balais d'une dynamo.* – De *caler* 1.

calaison [kalɛzɔ̃] n. f. MAR Tirant d'eau d'un navire en charge. – De *caler* 2.

calamar. V. calmar.

calame [kalam] n. m. Roseau dont les Anciens se servaient pour écrire. – Lat. *calamus,* « chaume, roseau ».

calamine [kalamin] n. f. **1.** MINER Silicate hydraté de zinc utilisé comme minerai. **2.** TECH Résidu charbonneux encrassant la chambre de combustion, les pistons et les soupapes d'un moteur à explosion. ▷ Oxyde qui se forme à la surface des pièces métalliques soumises à une haute température. – Bas lat. *calamina,* de *cadmia,* « cadmie ».

calaminé, ée [kalamine] adj. Encrassé par la calamine. – De *calamine.*

calamistrer [kalamistʀe] v. tr. [1] Friser, onduler (les cheveux, la barbe). – Pp. adj. *Cheveux calamistrés.* – Du lat. *calamistrum,* « fer à friser ».

1. calamite [kalamit] n. f. PALEONT Plante fossile, cryptogame vasculaire de la période carbonifère. – Lat. *calamus,* « roseau ».

2. calamite [kalamit] n. f. **1.** Vx Aiguille aimantée fixée sur un roseau flottant. **2.** Argile blanchâtre. – Ital. *calamita,* de *calamo,* « roseau ».

calamité [kalamite] n. f. **1.** Malheur, désastre collectif qui afflige tout un pays, toute une population. *La famine, la guerre sont des calamités.* **2.** Malheur irréparable, infortune extrême. *Cette infirmité est une calamité.* – Lat. *calamitas.*

calamiteux, euse [kalamitø, øz] adj. Qui abonde en calamités. *Saison calamiteuse.* – De *calamité.*

calandrage [kalɑ̃dʀaʒ] n. m. Opération consistant à calandrer. – De *calandrer.*

1. calandre [kalɑ̃dʀ] n. f. **1.** TECH Machine composée de cylindres et servant à fabriquer des feuilles (métal, plastique, etc.), à lustrer et à lisser des étoffes ou à glacer du papier. **2.** Garniture de tôle découpée, nickelée ou chromée, placée devant le radiateur de certaines automobiles pour le protéger. – Du bas lat. **calendra ;* gr. *kulindros,* « cylindre ».

2. calandre [kalɑ̃dʀ] n. f. Alouette de grande taille (20 cm) à collet noir, du Bassin méditerranéen. – Provenç. *calandra*, du gr.

3. calandre [kalɑ̃dʀ] n. f. Charançon du blé.

calandrer [kalɑ̃dʀe] v. tr. [1] Faire passer (un matériau) dans une calandre. – De *calandre* 1.

calanque [kalɑ̃k] n. f. Crique rocheuse, en Méditerranée. – Provenç. *calanco*.

calao [kalao] n. m. Oiseau coraciadiforme d'Afrique, d'Asie et d'Océanie (genre *Buceros*), de la taille d'un faisan, dont l'énorme bec, arqué, porte près des yeux une protubérance osseuse (*casque*). – Mot malais.

calc(i)-, calco-. Élément, du latin *calx, calcis*, « chaux », indiquant la présence de calcium.

calcaire [kalkɛʀ] adj. et n. m. **1.** adj. Qui renferme du carbonate de calcium. *Une roche calcaire. Un terrain calcaire. Eau trop calcaire qu'il faut adoucir.* **2.** n. m. Roche essentiellement constituée par du carbonate de calcium. – Lat. *calcarius*, de *calx*, « chaux ».

calcanéen, enne [kalkaneɛ̃, ɛn] adj. Qui se rapporte au calcanéum. – De *calcanéum*.

calcanéite [kalkaneit] n. f. Inflammation du calcanéum. – De *calcanéum*.

calcanéum [kalkaneɔm] n. m. ANAT Os court, le plus gros du tarse, situé à la partie inférieure de l'arrière du pied, articulé en haut avec l'astragale, en avant avec le cuboïde et constituant le talon. – Mot lat., « talon ».

calcédoine [kalsedwan] n. f. Quartz fibreux imparfaitement cristallisé que l'on trouve dans les roches sédimentaires et dont de nombreuses variétés (agate, chrysoprase, cornaline, jaspe, lydienne, onyx, sardoine, etc.) sont utilisées en joaillerie. – Lat. *calcedonius*, du gr. *khalkêdôn*, de *Khalkêdôn*, v. de Bithynie (anc. région d'Asie Mineure).

calcémie [kalsemi] n. f. Teneur du sang en calcium (normalement 0,100 g/l). – De *calc(i)-*, et gr. *haima*, « sang ».

calcéolaire [kalseɔlɛʀ] n. f. Plante ornementale (fam. scrofulariacées) originaire d'Amérique du Sud, à fleurs jaune vif taché de rouge, en forme de sabot. – Lat. *calceolus*, « petit soulier ».

calci-. V. calc(i)-.

calcicole [kalsikɔl] adj. BOT Qui pousse bien sur les sols calcaires. Ant. calcifuge. – De *calci-*, et *-cole*.

calcicordés [kalsikɔʀde] n. m. pl. PALEONT Sous-embranchement fossile (du cambrien au dévonien) de cordés marins jadis rattachés aux échinodermes. – Sing. *Un calcicordé*. – De *calci-*, et *cordés*.

calciférol [kalsifeʀɔl] n. m. BIOCHIM Vitamine D_2 antirachitique que l'on obtient par irradiation de l'ergostérol. – De *calci-*, *fer*, et *(ergostér)ol*.

calcification [kalsifikasjɔ̃] n. f. Dépôt de sels calcaires intervenant dans le processus normal de formation de l'os. – De *calcium*.

calcifier [kalsifje] v. tr. [2] Recouvrir ou imprégner de carbonate de calcium. – Pp. adj. *Un squelette normalement calcifié.* ▷ v. pron. *Ses artères se sont calcifiées.* – De *calcification*.

calcifuge [kalsifyʒ] adj. BOT Qui pousse mal sur les sols calcaires. Ant. calcicole. – De *calci-*, et *-fuge*.

calcin [kalsɛ̃] n. m. **1.** Débris de verre servant de matière première pour les émaux, la verrerie. **2.** Croûte qui se forme à la surface des roches calcaires sous l'effet de la pluie. **3.** Dépôt calcaire qui se forme dans les chaudières et les bouilloires. – De *calciner*.

calcination [kalsinasjɔ̃] n. f. **1.** CHIM Transformation du carbonate de calcium en chaux sous l'action de la chaleur. **2.** Traitement d'une substance par le feu; transformation sous l'effet d'une haute température. – De *calciner*.

calciner [kalsine] v. tr. [1] **1.** Transformer (du calcaire) en chaux par l'action du feu. **2.** Soumettre à une haute température (une matière quelconque). **3.** Brûler. ▷ Pp. adj. *Rôti calciné. Poutres calcinées par un incendie.* – Fig. *Une lande calcinée par le soleil.* – Du lat. *calx, calcis*, « chaux ».

calcinose [kalsinoz] n. f. MED Dépôt pathologique de sels calcaires, généralisé ou localisé (rein, etc.). – De *calci-*, et *-ose* 2.

calcique [kalsik] adj. Relatif au calcium ou aux composés du calcium. *Dépôt calcique.* – Du lat. *calx, calcis*, « chaux ».

calcite [kalsit] n. f. MINER Carbonate naturel de calcium cristallisant dans le système rhomboédrique, constituant principal de nombreuses roches sédimentaires (calcaires, marnes, etc.). – De *calc(i)-*, et *-ite* 3.

calcitonine [kalsitɔnin] n. f. BIOCHIM Syn. de *thyrocalcitonine*. – De *calci(um), ton(ique)*, et *-ine*.

calcium [kalsjɔm] n. m. CHIM Élément alcalino-terreux très abondant dans la nature, de numéro atomique Z = 20, de masse atomique 40,1 (symbole Ca). *Le calcium, constituant du tissu osseux, est apporté à l'organisme par les aliments, notam. par les produits laitiers.* – Métal (Ca) blanc, de densité 1,55, qui fond à 838 °C et bout vers 1 440 °C. – *Oxyde de calcium* : chaux vive. – *Hydroxyde de calcium* : chaux éteinte, peu soluble dans l'eau, dont la solution (eau de chaux) permet de détecter la présence de CO_2, et qui, en suspension dans l'eau (lait de chaux), est utilisée dans l'agriculture pour augmenter le pH des terrains acides (chaulage). – *Carbonate de calcium*, qui se trouve dans la nature sous forme de calcaire, calcite. – *Sulfate de calcium*, qui existe sous forme de gypse et sert à fabriquer le plâtre. – Du lat. *calx, calcis*, « chaux ».

calciurie [kalsjyʀi] n. f. MED Taux d'élimination du calcium par les urines. – De *calci-*, et *-urie*.

calco-. V. calc(i)-.

1. calcul [kalkyl] n. m. **1.** Opération, suite d'opérations portant sur des combinaisons de nombres, sur des grandeurs. *Calcul numérique, algébrique. Calcul infinitésimal, différentiel, intégral. Règle à calcul. Calcul mental*, fait de tête, sans poser les opérations. **2.** Technique de la résolution des problèmes d'arithmétique. *Leçon de calcul.* **3.** Fig. Moyens prémédités pour le succès d'une affaire, d'une entreprise. *Les calculs de l'ambition. Déjouer les calculs de l'adversaire.* – *Agir par calcul*, par intérêt. – Déverbal de *calculer*.

2. calcul [kalkyl] n. m. Concrétion pierreuse qui se forme dans les réservoirs glandulaires et les canaux excréteurs. (Les plus fréquents sont les calculs biliaires et rénaux dont la migration dans le canal cholédoque ou dans l'uretère provoque une crise douloureuse : colique hépatique ou néphrétique.) – Lat. *calculus*, « caillou ».

calculabilité [kalkylabilite] n. f. Caractère de ce qui est calculable. – De *calculable*.

calculable [kalkylabl] adj. Qui peut être calculé. – De *calculer*.

calculateur, trice [kalkylatœʀ, tʀis] n. et adj. **1.** n. Personne qui s'occupe de calcul, qui sait calculer. **2.** adj. Habile à combiner des projets. ▷ Péjor. Qui agit par calcul. *Avoir l'esprit calculateur.* – Subst. *C'est un calculateur.* **3.** n. m. Machine à calculer qui effectue des opérations arithmétiques et logiques à partir d'informations alphanumériques, selon un programme établi au préalable. *Calculateur numérique, analogique, hybride.* **4.** n. f. *Calculatrice de bureau, de poche* : machine à calculer électronique de petite dimension. – Lat. imp. *calculator.*

calculer [kalkyle] v. tr. [1] **1.** Établir, déterminer par le calcul. *Calculer la surface d'un terrain.* – Pp. *Prix de revient calculé au plus juste.* ▷ (S. comp.) *Il ne sait pas calculer.* **2.** Fig. Prévoir, combiner. *Il a mal calculé son coup.* **3.** Apprécier, supputer. *Calculer ses chances de succès.* – Bas lat. *calculare,* de *calculus,* «caillou, jeton servant à compter».

calculette [kalkylɛt] n. f. Calculatrice de poche. – De *calculer.*

calculeux, euse [kalkylø, øz] adj. MED Qui a rapport aux calculs. *Une affection calculeuse.* – De *calcul* 2.

caldarium [kaldaʀjɔm] n. m. Salle des bains chauds (eau et vapeur), dans les thermes romains. – Mot lat.

caldeira [kaldɛʀa] n. f. GEOL Cuvette de grande dimension résultant de l'effondrement du cratère d'un volcan à la suite d'une éruption. – Mot portug., «chaudière».

caldoche [kaldɔʃ] n. et adj. Européen(ne) établi(e) en Nouvelle-Calédonie, île du Pacifique S., territ. fr. d'outre-mer. ▷ adj. *Les familles caldoches.* – De *cal(é)d(onien),* et suff. *-oche.*

1. cale [kal] n. f. **1.** Partie du navire située sous le pont le plus bas. *Arrimer le fret dans la cale, à fond de cale.* – Compartiment dans cette partie. *Cale avant. Cale à charbon.* – Fig. *Être à fond de cale* : être complètement ruiné. **2.** *Cale sèche, cale de radoub* : fosse étanche, communiquant avec la mer par des portes, qui sert à mettre les navires à sec pour les réparer ou les caréner. – Déverbal de *caler* 2.

2. cale [kal] n. f. Ce qui sert à caler, à maintenir d'aplomb ou à immobiliser quelque chose. *Mettre une cale sous un meuble.* – SPORT *Cale de départ* : syn. (off. recommandé) de *starting-block.* – De l'all. *Keil,* «coin».

3. cale [kal] n. f. Rampe permettant l'accostage des navires, des embarcations à toute heure de la marée. – Provençal *calo,* «quai en pente», ou déverbal de *caler* 2.

calé, ée [kale] adj. Fam. **1.** Qui a beaucoup de connaissances. *Il est calé en géographie. Un gars drôlement calé.* **2.** Difficile. *Il est calé, ce problème.* – Pp. de *caler* 1.

calebasse [kalbas] n. f. Fruit de différentes espèces de cucurbitacées ou de bignoniacées, qui, vidé et séché, peut servir de récipient; ce récipient; son contenu. – Esp. *calabaza.*

calebassier [kalbasje] n. m. Nom cour. d'une bignoniacée des Antilles et d'Amérique du S. (*Crescentia cujete*) dont la calebasse est le fruit. – De *calebasse.*

calèche [kalɛʃ] n. f. Voiture à cheval très légère, à quatre roues, munie, à l'arrière, d'une capote repliable et, à l'avant, d'un siège surélevé. – All. *Kalesche.*

caleçon [kalsɔ̃] n. m. Sous-vêtement masculin en forme de culotte collante, courte ou longue. – Vieilli *Caleçon de bain* : maillot de bain. – Ital. *calzoni,* de *calza,* «chausse», lat. *calceus.*

calédonien, enne [kaledɔnjɛ̃, ɛn] adj. De Calédonie, anc. nom de l'Écosse. ▷ GEOL *Plissement calédonien,* qui, à la fin du silurien, affecta la zone comprise entre l'Irlande, la Scandinavie et la Bohême, laissant de nombreuses traces en Calédonie.

cale-étalon [kaletalɔ̃] n. f. TECH Bloc métallique rectifié servant de calibre. *Des cales-étalons.*

caléfaction [kalefaksjɔ̃] n. f. **1.** Action de chauffer; son résultat. **2.** PHYS Phénomène par lequel un liquide projeté sur une plaque métallique fortement chauffée se résout en globules sphériques affectés d'un mouvement rapide et désordonné, dû à la pellicule de gaz qui se forme entre la plaque et le liquide. – Bas lat. *calefactio,* de *calefacere,* «chauffer».

calembour [kalɑ̃buʀ] n. m. Jeu de mots fondé sur une différence de sens entre des mots de prononciation similaire. *«Et quand tu vois ce beau carrosse... / Ne dis plus qu'il est amarante / Dis plutôt qu'il est de ma rente» (emprunté par Molière à l'abbé Cotin).* – Peut-être de l'anc. *cale,* «coquille», et *bourre,* «fétu; mensonger», ou du dial. *calender,* «dire des balivernes».

calembredaine [kalɑ̃bʀədɛn] n. f. Plaisanterie; propos fantaisiste, dénué de bon sens. – Altér. du dial. *calembourdaine,* même rad. que *calembour.*

calendaire [kalɑ̃dɛʀ] adj. **1.** Relatif au calendrier. *Année calendaire* : du 1er janvier au 31 décembre. **2.** LEGISL *Jour calendaire* : jour du calendrier indemnisé, en France, par les assurances sociales et l'assurance chômage. – De *calendrier.*

calendes [kalɑ̃d] n. f. pl. ANTIQ Premier jour de chaque mois chez les Romains. – Fig. *Renvoyer aux calendes grecques* : remettre à une époque qui n'arrivera jamais (les Grecs avaient un calendrier sans calendes). – Lat. *calendæ.*

calendrier [kalɑ̃dʀije] n. m. **1.** Système de division du temps en périodes adaptées aux besoins de la vie sociale et concordant en général avec des phénomènes astronomiques. *Calendrier solaire, lunaire, luni-solaire. Calendrier romain. Calendrier julien, grégorien. Calendrier républicain. Calendrier musulman, juif. Calendrier républicain,* en usage officiellement de 1793 à 1806, comprenant 12 mois de 30 jours : vendémiaire, brumaire, frimaire (automne); nivôse, pluviôse, ventôse (hiver); germinal, floréal, prairial (printemps); messidor, thermidor, fructidor (été), et 5 jours complémentaires (6 jours pour les années bissextiles). *Calendrier perpétuel* : tableau permettant d'établir le calendrier d'une année quelconque. **2.** Tableau des jours de l'année, indiquant généralement les grandes fêtes religieuses et civiles. **3.** *Par ext.* Emploi du temps fixé à l'avance. *Cette entreprise n'a pas respecté son calendrier. Le calendrier parlementaire.* – Du bas lat. *calendarium,* «livre d'échéances», de *calendæ,* «calendes».

calendula [kalɑ̃dyla] n. f. BOT Plante annuelle, médicinale (fam. composées), appelée vulgairement *souci.* – Mot lat.

cale-pied [kalpje] n. m. Butoir maintenant le pied sur la pédale d'une bicyclette. *Des cale-pieds.* – De *caler* 1, et *pied.*

calepin [kalpɛ̃] n. m. Petit carnet servant à prendre des notes. – De *Calepino,* lexicographe italien (v. 1435-1510).

1. caler [kale] v. [1] **I.** v. tr. **1.** Mettre (un objet) de niveau ou d'aplomb, ou l'immobiliser à l'aide d'une cale. *Caler une table bancale avec un morceau de carton.* **2.** Immobiliser, rendre stable. *Caler une pile de livres avec un dictionnaire.* ▷ v. pron. (Personnes) *Se caler dans un bon fauteuil.* – Fig., fam. *Se caler les joues, l'estomac* : manger abondamment, à satiété. **3.** TECH Fixer, immobiliser (une pièce). *Caler un volant sur un arbre à l'aide d'une clavette.* ▷ *Par ext.* Régler (un organe, un système, etc.) pour en obtenir le rendement optimal. *Caler l'avance à l'allumage.* **II.** v. intr. **1.** S'arrêter brusquement (machines). *Moteur qui cale.* ▷ v. tr. *Caler le moteur d'une voiture en embrayant trop vite.* **2.** Fig., fam. S'arrêter, ne pas pouvoir continuer. *Il a calé avant la fin du repas.* – De *cale* 2.

2. caler [kale] v. [1] **1.** v. tr. MAR Vx Abaisser (un mât supérieur, une basse vergue). **2.** v. intr. Mod. S'enfoncer dans l'eau. *Navire qui ne cale pas assez de l'arrière.* ▷ v. tr. *Ce navire cale six mètres.* **3.** v. intr. Fig. Reculer, céder. *Il a calé devant la menace.* – Du gr. *khalân,* «détendre», par le lat.

caleter. V. calter.

calfat [kalfa] n. m. MAR Ouvrier chargé du calfatage. – Ital. *calafato*, de l'ar. *qalfat*.

calfatage [kalfataʒ] n. m. MAR Opération consistant à calfater ; son résultat. – De *calfater*.

calfater [kalfate] v. tr. [1] Boucher avec de l'étoupe goudronnée les joints des bordages (d'un bâtiment en bois), pour les rendre étanches. – De l'ar. *qalfat*, par l'ital. *calafatare*.

calfeutrage [kalføtʀaʒ] ou **calfeutrement** [kalføtʀəmɑ̃] n. m. Action de calfeutrer ; son résultat. – De *calfeutrer*.

calfeutrer [kalføtʀe] **1.** v. tr. [1] Boucher les fentes (d'une porte, d'une fenêtre, etc.) pour empêcher l'air et le froid de pénétrer. **2.** v. pron. S'enfermer, se mettre au chaud. *Il s'est calfeutré chez lui.* – A. fr. *calefestrer*, d'apr. *feutre*.

calibrage [kalibʀaʒ] n. m. Action de donner, de mesurer un calibre. ▷ IMPRIM Évaluation de la longueur d'un texte avant la composition. – De *calibre*.

calibre [kalibʀ] n. m. **1.** Diamètre intérieur d'un tube ; *spécial.*, du canon d'une arme à feu. – *Par ext.* Diamètre extérieur d'un projectile. *Un obus de gros calibre.* ▷ Arg. *Un calibre* : un pistolet, un revolver. **2.** Diamètre d'un objet cylindrique ou sphérique. *Oranges triées selon leurs calibres. Calibre d'une colonne.* **3.** ÉLECTR *Calibre d'un appareil de mesure* : valeur maximale que celui-ci peut mesurer. **4.** MECA Instrument permettant de contrôler une dimension, un écartement, etc. *Calibre de forme. Calibre à limites.* **5.** Fig., fam. Importance, qualité, état. *Une erreur de ce calibre risque de nous attirer des ennuis.* – *Ce sont deux individus de même calibre.* – Ital. *calibro*, de l'ar. *qâlib*, « forme, moule ».

calibrer [kalibʀe] v. tr. [1] **1.** Donner le calibre convenable à (qqch). **2.** Mesurer le calibre de. **3.** *Par ext.* Classer selon le calibre. *Calibrer des œufs.* – Pp. adj. *Pommes de terre calibrées.* **4.** IMPRIM Procéder au calibrage d'un texte. – De *calibre*.

calice [kalis] n. m. **I. 1.** Coupe qui contient le vin du sacrifice eucharistique, consacré par le prêtre pendant la messe. **2.** Fig. Épreuve pénible. *Un calice de douleur. Boire le calice jusqu'à la lie* : endurer une souffrance jusqu'au bout. **II. 1.** BOT Partie la plus externe du périanthe d'une fleur, constituée par les sépales. **2.** ANAT *Calices rénaux* : tubes collecteurs de l'urine dont la réunion forme le bassinet. – Lat. *calix* (sens I) ; lat. *calyx* (sens II) ; du gr. *kalux*, « calice d'une fleur ».

caliche [kaliʃ] n. m. Roche saline du Chili et du Pérou, mélange complexe de sable et de sels dont on extrait notam. le nitrate de sodium. – Mot esp.

calicot [kaliko] n. m. **1.** Toile de coton, moins fine que la percale. ▷ Banderole de cette étoffe portant une inscription. – *Par ext.* Banderole. *Calicot publicitaire.* **2.** Vieilli Commis d'un magasin d'articles de mode. – De *Calicut*, anc. nom de Kozhicode, port du S. de l'Inde.

calicule [kalikyl] n. m. BOT Involucre formé par des bractées à la base du calice, chez certaines fleurs. – Lat. *calyculus*, du gr.

califat ou **khalifat** [kalifa] n. m. **1.** Dignité de calife. **2.** Durée du règne d'un calife ou d'une dynastie. *Le califat des Abbassides.* **3.** Territoire soumis à l'autorité d'un calife. – De *calife*.

calife ou **khalife** [kalif] n. m. HIST Titre adopté après la mort de Mahomet par les dirigeants de la communauté musulmane. (Le calife détenait les pouvoirs spirituels et temporels. Le premier calife fut Abu Bakr, en 632, auquel succédèrent Umar, Uthman et Ali.) – Ar. *khalifah*, qui signifie à la fois « successeur » et « lieutenant ».

californien, enne [kalifɔʀnjɛ̃, ɛn] adj. et n. De Californie, État de l'ouest des É.-U. ▷ Subst. *Un(e) Californien(ne).*

californium [kalifɔʀnjɔm] n. m. CHIM Élément radioactif artificiel de numéro atomique Z = 98 et de masse atomique 251 (symbole Cf). – Mot américain, de *Californie*, Seaborg ayant obtenu cet élément en 1950 à l'université de Californie.

califourchon (à) [akalifuʀʃɔ̃] loc. adv. Avec une jambe de chaque côté de ce que l'on chevauche. *Être à califourchon sur une chaise*, le dossier par-devant soi. – A. fr. *calefourchies*, de *fourche* et *caler*, ou du breton *kall*, « testicules ».

câlin, ine [kɑlɛ̃, in] adj. et n. **1.** adj. Qui aime à câliner, à être câliné. *Un enfant câlin.* – Subst. *Elle fait la câline.* **2.** adj. Doux, caressant. *Un regard très câlin. Parler sur un ton câlin.* **3.** n. m. Gestes tendres, caresses affectueuses. *Viens faire un câlin avec maman.* – De *câliner*.

câliner [kɑ(a)line] v. tr. [1] Avoir des gestes tendres pour ; caresser, cajoler. *Câliner un enfant.* – Mot de l'Ouest ; du bas lat. **calina*, « chaleur de l'été ».

câlinerie [kɑ(a)linʀi] n. f. Tendre caresse ; manières câlines. *Ils se faisaient des câlineries.* – De *câliner*.

caliorne [kaljɔʀn] n. f. MAR Gros palan destiné à la manutention des objets lourds. – Ital. *caliorna*, « palan ».

calisson [kalisɔ̃] n. m. Friandise provenç. à la pâte d'amandes et dont le dessus est glacé. – Provenç. *calissoun*, *canissoun*, « clayon de pâtissier » ; du lat. *canna*, « roseau ».

calleux, euse [kalø, øz] adj. **1.** Qui a des callosités. *Avoir les mains calleuses.* **2.** ANAT *Corps calleux* : bande de substance blanche unissant les deux hémisphères cérébraux et formant la base du sillon interhémisphérique. **3.** MED *Ulcère calleux* : ulcère gastroduodénal cicatrisé qu'entoure une zone constituée de fibrose. – Lat. *callosus*.

call-girl [kolgœʀl] n. f. Prostituée avec laquelle on prend contact par téléphone. *Des call-girls.* – De l'angl. *to call*, « appeler », et *girl*, « fille ».

calli-. Élément, du gr. *kallos*, « beauté ».

calligramme [kaligʀam] n. m. Poème dont la typographie forme un dessin. (Mot forgé par G. Apollinaire, *Calligrammes*, 1918). – De *calli(graphie)*, et *(idéo)gramme*.

calligraphe [kaligʀaf] n. Personne qui pratique la calligraphie, qui a une belle écriture. – De *calligraphie*.

calligraphie [kaligʀafi] n. f. **1.** Art de bien tracer les caractères de l'écriture. **2.** *Par ext.* Belle écriture. – Gr. *kalligraphia*, de *graphein*, « écrire ».

calligraphier [kaligʀafje] v. tr. [2] Bien tracer (les caractères de l'écriture). *Calligraphier un poème.* – De *calligraphie*.

calligraphique [kaligʀafik] adj. Qui a rapport à la calligraphie. – De *calligraphie*.

callipyge [kalipiʒ] adj. Dont les fesses sont belles et, *par ext.*, volumineuses. *Vénus callipyge*, aux belles fesses (célèbre statue de Vénus). – Gr. *kallipugos* ; de *kallos*, « beauté », et *pugê*, « fesse ».

callose [kaloz] n. f. BIOCHIM, BOT Polymère du glucose ne différant de la cellulose que par la nature des liaisons chimiques intramoléculaires. – De *callosité*.

callosité [kalozite] n. f. Épaississement et durcissement d'une partie de l'épiderme (à la paume des mains, au genou, à la plante des pieds, etc.) dus à des frottements répétés. – Lat. *callositas*.

calmant, ante [kalmɑ̃, ɑ̃t] adj. et n. m. **1.** MED Qui apaise la nervosité, qui calme la douleur. *Une infusion* *calmante.* ▷ n. m. *Un calmant.* **2.** Qui apaise. *Des paroles calmantes et réconfortantes.* – Ppr. de *calmer.*

calmar [kalmaʀ] ou **calamar** [kalamaʀ] n. m. Mollusque céphalopode à corps cylindrique et dont la coquille interne est réduite à une simple *plume* cornée. (La taille des calmars va de quelques décimètres pour *Loligo*, le calmar ordinaire ou *encornet*, comestible, à une vingtaine de mètres, tentacules allongés, pour *Architeuthis*, qui vit dans les grands fonds.) – Ital. *calamaro*, du bas lat. **calamarium*, «écritoire», à cause de la poche d'encre de l'animal.

1. calme [kalm] n. m. (Généralement au sing.) **1.** Absence de bruit, d'agitation, de mouvement. *La foule s'est dispersée dans le calme. Un calme absolu règne sur la campagne. Rétablir le calme.* ▷ MAR *Calme plat* : absence de vent sur la mer. ▷ GEOGR *Calmes équatoriaux, tropicaux* : zones de basses pressions, de vents faibles. **2.** État de sérénité, absence d'énervement chez qqn. *Il est d'un calme parfait en toute circonstance. Retrouver, perdre son calme. Du calme!* – Ital. *calma*, du gr. *kauma*, «chaleur brûlante», d'où calme de la mer par temps très chaud.

2. calme [kalm] adj. **1.** Se dit de ce qui est sans agitation, sans perturbation, de faible activité. *La mer est calme ce matin. Le marché de l'or est calme ces derniers jours. Avoir une vie bien calme.* **2.** Tranquille, maître de soi. *Être d'une humeur calme et régulière. Malgré le danger, elle est restée calme.* – De *calme* 1.

calmement [kalməmɑ̃] adv. Avec calme, dans le calme. *Bavarder calmement. L'année s'est achevée calmement.* – De *calme.*

calmer [kalme] v. tr. [1] **1.** Rendre plus calme, apaiser. *Ils ont calmé les enfants et les ont envoyés dormir.* ▷ v. pron. *Calme-toi, tu cries trop fort.* **2.** Atténuer, diminuer l'intensité (d'une sensation, d'un sentiment). *Un médicament qui calme les maux de tête.* – De *calme.*

calmir [kalmiʀ] v. intr. [3] MAR Devenir calme, en parlant de la houle, du vent. – Autre forme de *calmer.*

caló [kalo] n. m. Argot espagnol moderne comportant de nombreux mots gitans. – Mot esp.

calomel [kalɔmɛl] n. m. Chlorure de mercure, utilisé autref. pour ses propriétés purgatives, auj. comme électrode de référence dans les pH-mètres*. – Du gr. *kalos*, «beau», et *melas*, «noir».

calomniateur, trice [kalɔmnjatœʀ, tʀis] n. et adj. **1.** n. Personne qui calomnie. *Lutter contre les calomniateurs.* **2.** adj. *Des lettres calomniatrices.* – De *calomnier.*

calomnie [kalɔmni] n. f. Accusation mensongère qui attaque la réputation, l'honneur. *Être en butte à la calomnie, aux calomnies. C'est une basse calomnie!* – De *calomnier.*

calomnier [kalɔmnje] v. tr. [2] Attaquer la réputation, l'honneur de (qqn) par des accusations volontairement mensongères. *Calomnier un ennemi.* ▷ *Par ext.* Accuser à tort, même sans intention de nuire. – Lat. *calumniari.*

calomnieusement [kalɔmnjøzmɑ̃] adv. D'une façon calomnieuse. – De *calomnier.*

calomnieux, euse [kalɔmnjø, øz] adj. Qui est de la nature de la calomnie. *Des propos calomnieux. La dénonciation calomnieuse est réprimée par le Code pénal.* – De *calomnier.*

caloporteur [kalopɔʀtœʀ] ou **caloriporteur** [kalɔʀipɔʀtœʀ] adj. m. *Fluide caloporteur* : fluide qui circule dans une machine thermique et en évacue la chaleur.

calori-. Élément, du lat. *calor, caloris*, «chaleur».

calorie [kalɔʀi] n. f. **1.** Anc. unité de quantité de chaleur, égale à 4,18 joules. **2.** PHYSIOL Unité de mesure de la valeur énergétique des aliments. – Du lat. *calor, caloris*, «chaleur».

calorifère [kalɔʀifɛʀ] n. m. Appareil assurant le chauffage d'un bâtiment par la circulation, dans des conduites, d'eau ou d'air chauffés par une chaudière.

calorification [kalɔʀifikasjɔ̃] n. f. PHYSIOL Production de chaleur dans le corps des organismes vivants. – De *calorifique.*

calorifique [kalɔʀifik] adj. Relatif à la chaleur; qui produit de la chaleur. *Déperdition calorifique. Pouvoir calorifique.* – Lat. *calorificus.*

calorifuge [kalɔʀifyʒ] adj. (et n. m.) Qui conduit mal la chaleur, qui constitue un isolant thermique.

calorifugeage [kalɔʀifyʒaʒ] n. m. Action de calorifuger; son résultat. – De *calorifuge.*

calorifuger [kalɔʀifyʒe] v. tr. [13] Revêtir d'un matériau calorifuge. – De *calorifuge.*

calorimètre [kalɔʀimɛtʀ] n. m. PHYS Appareil servant à mesurer la quantité de chaleur dégagée ou absorbée dans un phénomène physique, une réaction chimique.

calorimétrie [kalɔʀimetʀi] n. f. PHYS Technique de la mesure des quantités de chaleur.

calorimétrique [kalɔʀimetʀik] adj. PHYS Relatif à la calorimétrie. – De *calorimétrie.*

caloriporteur. V. caloporteur.

calorique [kalɔʀik] n. m. et adj. **1.** n. m. Vx Fluide hypothétique qui servait de véhicule à la chaleur. **2.** adj. Relatif à la calorie. *Puissance calorique. Ration calorique.* **3.** Syn. ancien de *calorifique.* – Du lat, *calor*, «chaleur».

calorisation [kalɔʀizasjɔ̃] n. f. METALL Procédé de protection de pièces en acier contre l'oxydation, par un alliage d'aluminium. – Du lat. *calor, caloris*, «chaleur».

1. calot [kalo] n. m. Coiffure militaire faite de deux larges bandes de tissu entourant une calotte formant soufflet, appelée aussi *bonnet de police*, nom donné autref. au couvre-chef porté par les soldats punis. – De l'anc. fr. *cale*, «coiffure».

2. calot [kalo] n. m. **1.** Grosse bille. **2.** Pop. Œil. *Ouvre tes calots! Boiter des calots* : loucher. – De *écale.*

calotin, ine [kalɔtɛ̃, in] n. (et adj.) Fam., péjor. Ecclésiastique. ▷ *Par ext.* Ami et défenseur du clergé, de la «calotte». – De *calotte* 1.

1. calotte [kalɔt] n. f. **1.** Petit bonnet rond qui ne couvre que le sommet du crâne. – *Spécial.* Coiffure ecclésiastique. *Recevoir la calotte* : être élevé à la dignité de cardinal. **2.** Péjor. Ensemble du clergé et de ses partisans. *Être du côté de, pour la calotte. À bas la calotte!* **3.** ANAT *Calotte crânienne* : partie supérieure du crâne. **4.** GEOM *Calotte sphérique* : portion de sphère délimitée par un plan ne passant pas par le centre. **5.** ARCHI Voûte hémisphérique dont le cintre a peu d'élévation. **6.** GEOGR *Calotte glaciaire* : épaisse couche de glace des régions polaires. – De l'a. fr. *cale*, «coiffure», ou *écale.*

2. calotte [kalɔt] n. f. Fam. Petite tape donnée sur la joue, sur la tête. *Recevoir des calottes. Flanquer une paire de calottes à qqn.* – De *calotte* 1.

calotter [kalɔte] v. tr. [1] **1.** Donner une tape, une calotte. **2.** Fam., vieilli Voler, dérober. *Il s'est fait calotter son portefeuille.* – De *calotte* 2.

calotype [kalotip] n. m. Procédé inventé par Talbot en 1841, qui permit, pour la première fois, d'obtenir un négatif photographique. – Du gr. *kalos*, «beau», et *tupos*, «empreinte».

caloyer, ère [kalɔje; kalwaje, ɛʀ] n. Moine grec, religieuse grecque obéissant à la règle de saint Basile. – Gr. mod. *kalogeros*, «beau vieillard».

calquage [kalkaʒ] n. m. Action de calquer. – De *calque*.

calque [kalk] n. m. **1.** Copie d'un dessin obtenue généralement grâce à un papier transparent appliqué sur le modèle. *Prendre le calque d'une carte de géographie.* Syn. décalque. ▷ Papier servant à cette opération. – (En appos.) *Papier calque.* **2.** Fig. Imitation très proche du modèle. *Son dernier livre est le calque du précédent. Le fils est le calque du père !* **3.** LING Traduction d'un mot, d'une locution d'une autre langue, pour désigner une notion, un objet nouveau. *Le calque diffère de l'emprunt. Le composé « Moyen-Orient » est un calque de l'américain « Middle East ».* – Ital. *calco*, de *calcare*, « presser ».

calquer [kalke] v. tr. [1] **1.** Faire le calque de. *Calquer un motif de broderie.* **2.** Fig. Imiter de façon très fidèle. *Calquer son comportement sur celui de qqn.* – Ital. *calcare*, « presser ».

calter ou **caleter** [kalte] v. intr. ou pron. [1] Pop. S'enfuir rapidement, en courant. *Il s'est calté sans demander son reste.* – De *caler*, « reculer ».

calumet [kalymɛ] n. m. Pipe à long tuyau que fumaient les Indiens d'Amérique du Nord pendant les délibérations importantes. *Le calumet de la paix est rouge, celui de la guerre gris et blanc.* ▷ Fig. *Fumer le calumet de la paix* : se réconcilier. – Forme normanno-picarde de *chalumeau*; « roseau pour la fabrication des pipes ».

calvados [kalvados] n. m. Eau-de-vie de cidre. *Un café arrosé de calvados.* (Abrév. fam. : calva). – Nom du département d'origine.

calvaire [kalvɛʀ] n. m. **1.** Représentation de la croix du Calvaire ou des scènes de la Passion. *Giovanni Bellini a peint de nombreux calvaires.* – *Spécial.* Monument sculpté, élevé en plein air, pour commémorer la Passion. *Calvaire élevé à un croisement de routes.* **2.** Fig. Suite d'épreuves douloureuses. *Ses dernières années ont été un vrai calvaire.* – Du lat. ecclés. *calvariæ (locus)*, « (lieu) du crâne », trad. de l'araméen *gulgotâ*, « crâne », transcription de *Golgotha*, nom de la colline où Jésus fut crucifié.

calville [kalvil] n. f. Variété appréciée de pommes tardives, blanches ou rouges, de bonne conservation. – De *Calleville*, village de Normandie.

calvinisme [kalvinism] n. m. Doctrine religieuse du réformateur Jean Calvin (1509-1564) qui introduisit le protestantisme en France.

ENCYCL La doctrine religieuse fondée par Calvin, formulée dans l'*Institution de la religion chrétienne*, repose sur trois principes essentiels. 1. L'unique source de la foi est l'Écriture sainte (Ancien et Nouveau Testament). 2. L'humanité, dépravée par la Chute, est par nature indigne face à la grâce toute-puissante d'un Dieu rédempteur qui, de toute éternité, a décidé le salut de l'homme en Jésus-Christ (le corollaire de cette affirmation est la doctrine de la prédestination). 3. Le culte n'admet que deux sacrements : le baptême et la communion.

calviniste [kalvinist] adj. et n. **1.** adj. Relatif au calvinisme, à Calvin. **2.** n. Personne qui se réclame de la doctrine de Calvin. *Pendant la Contre-Réforme, les jésuites combattirent les calvinistes.* – De *calvinisme*.

calvitie [kalvisi] n. f. Absence plus ou moins complète de cheveux. *Une calvitie précoce.* – Lat. *calvities*, de *calvus*, « chauve ».

calypso [kalipso] n. m. Danse jamaïcaine à deux temps. – Mot amér., du n. de la nymphe *Calypso*.

calyptoblastiques [kaliptoblastik] n. m. pl. ZOOL Sous-ordre de cnidaires hydraires qui forment des polypes arborescents. – Sing. *Un calyptoblastique.* – Du gr. *kaluptos*, « caché », *-blast(e)*, et *-ique*.

camaïeu [kamajø] n. m. **1.** Pierre fine taillée, présentant deux couches d'une même couleur mais de nuances différentes. **2.** Œuvre peinte où sont utilisées les diverses nuances d'une même couleur. *On a peint beaucoup de camaïeux au XVIIIe s.* ▷ Fig. *Une colline en camaïeu.* – P.-ê. de l'ar. *qama'il*, « boutons de fleurs ».

camail, ails [kamaj] n. m. **1.** HIST Armure de mailles qui protégeait la tête et le cou. **2.** Petite pèlerine à capuchon que portent certains dignitaires du clergé catholique. **3.** ZOOL Ensemble des longues plumes du cou et de la poitrine chez certains oiseaux, notam. le coq. – Provenç. *capmalh*, « tête de mailles »; du lat. *caput*, « tête », et *macula*, « maille ».

camarade [kamaʀad] n. **1.** Personne avec qui on partage certaines occupations, certaines habitudes et qui de ce fait devient familière, proche; compagnon. *Camarade de régiment, d'école, d'atelier.* – *Par ext.* Ami. *Un vrai camarade.* ▷ (Appellation familière.) *Ça va, camarade ?* **2.** Appellation utilisée dans les partis et organisations socialistes, communistes, ainsi que dans certains syndicats. *Camarades syndiqués... Le camarade Untel veut intervenir.* **3.** Vx *Faire camarade* : se rendre à l'ennemi, capituler. – De l'esp. *camarada*, « chambrée », de *cámara*, « chambre ».

camaraderie [kamaʀadʀi] n. f. Familiarité entre camarades. *Un geste de camaraderie. Un père qui a des liens de camaraderie avec ses enfants.* – *Par ext.* Solidarité. – De *camarade*.

camard, arde [kamaʀ, aʀd] adj. et n. **I.** adj. *Un nez camard*, camus, plat et écrasé. ▷ Qui a un nez camard. **II.** n. **1.** Personne qui a un nez camard. **2.** n. f. Litt. *La Camarde* : la Mort. – De *camus*.

camarguais, aise [kamaʀgɛ, ɛz] adj. et n. De Camargue, région située dans le delta du Rhône. ▷ Subst. *Un(e) Camarguais(e).* – n. m. Cheval de Camargue (on dit aussi *cheval camargue*).

camarilla [kamaʀija] n. f. **1.** Vx Familiers du roi, en Espagne. **2.** Péjor. Coterie influente auprès d'un homme puissant. – Mot esp., « cabinet particulier du roi », de *cámara*, « chambre ».

cambial, ale, aux [kɑ̃bjal, o] ou **cambiaire** [kɑ̃bjɛʀ] adj. FIN Relatif au change. *Droit cambiaire.* – Du bas lat. *cambiare*, « changer ».

cambiste [kɑ̃bist] n. FIN Personne qui s'occupe d'opérations de change. – Ital. *cambista*, de *cambio*, « change ».

cambium [kɑ̃bjɔm] n. m. BOT Couche de cellules entre le bois et le liber, qui donne naissance à ces deux formations par multiplication cellulaire. – Lat. bot., de *cambiare*, « changer ».

cambodgien, enne [kɑ̃bɔdʒjɛ̃, ɛn] adj. et n. Du Cambodge, État d'Asie du Sud-Est. ▷ Subst. *Un(e) Cambodgien(ne).*

cambouis [kɑ̃bwi] n. m. Huile, graisse ayant servi à la lubrification d'organes mécaniques, noircie par les poussières et les particules qui s'y sont incorporées.

cambrage [kɑ̃bʀaʒ] ou **cambrement** [kɑ̃bʀəmɑ̃] n. m. TECH Action de cambrer qqch. – De *cambrer*.

cambré, ée [kɑ̃bʀe] adj. Courbé, arqué. *Un dos cambré*, creusé au niveau des reins. *Un pied cambré*, dont la plante est concave. – Pp. de *cambrer*.

cambrer [kɑ̃bʀe] v. tr. [1] **1.** Courber légèrement, arquer (qqch). *Cambrer un madrier.* **2.** *Cambrer le corps, les reins, la taille* : se redresser en courbant légèrement le corps en arrière. ▷ v. pron. *Ne te cambre pas trop.* – Du normanno-picard *cambre*, « courbe », lat. *camurum*, « courbé ».

cambrien, enne [kɑ̃bʀijɛ̃, ɛn] n. m. et adj. Première période de l'ère primaire; ensemble des terrains formés pendant cette période, qui contiennent les plus anciens fossiles connus. ▷ adj. De cette période. *La faune cambrienne.* – De *Cambria*, nom breton latinisé du pays de Galles.

cambriolage [kɑ̃bʀijɔlaʒ] n. m. Action de cambrioler; son résultat. *S'assurer contre le cambriolage.* – De *cambrioler.*

cambriole [kɑ̃bʀijɔl] n. f. Arg. Cambriolage, monde du cambriolage. *Le roi de la cambriole.* – De *cambrioler.*

cambrioler [kɑ̃bʀijɔle] v. tr. [1] Voler en s'introduisant dans (une maison, un lieu fermé). *Cambrioler un appartement.* – Par ext. *On nous a cambriolés pendant les vacances. Se faire cambrioler.* – De *cambrioleur.*

cambrioleur, euse [kɑ̃bʀijɔlœʀ, øz] n. Personne qui cambriole. – De l'arg. *cambriole*, « chambre ».

cambrousse [kɑ̃bʀus] n. f. Pop., péjor. Campagne. *Il n'est jamais sorti de sa cambrousse!* – Du provenç. *cambrousso*, « cahute ».

cambrure [kɑ̃bʀyʀ] n. f. **1.** État, aspect de ce qui est courbe, arqué. *Cambrure d'une poutre de bois.* **2.** Partie cambrée. *La cambrure des reins, des pieds. Cambrure d'une chaussure*, entre la semelle et le talon. – De *cambrer.*

cambuse [kɑ̃byz] n. f. **1.** MAR Magasin à vivres d'un navire. **2.** Pop., péjor. Chambre, habitation pauvre, mal tenue. – Néerl. *kabuis.*

cambusier [kɑ̃byzje] n. m. Marin responsable de la cambuse. – De *cambuse.*

1. came [kam] n. f. Pièce arrondie non circulaire ou munie d'une encoche, d'une saillie, dont la rotation permet d'imprimer à une autre pièce un mouvement rectiligne alternatif. *Un arbre à cames. Des cames à disques.* – De l'all. *Kamm*, « peigne ».

2. came [kam] n. f. Arg. Drogue. – Abrév. de *camelote.*

camé, ée [kame] adj. et n. Arg. Drogué. – De *came* 2.

camée [kame] n. m. **1.** Pierre fine (onyx, agate, etc.) formée de couches de différentes couleurs, et sculptée en relief. *Un camée monté en pendentif.* **2.** Peinture en grisaille imitant le camée. – Ital. *cameo.*

caméléon [kameleɔ̃] n. m. **1.** Reptile saurien, arboricole et insectivore, long d'environ 30 cm, qui a la faculté de changer de couleur en fonction du milieu. (Les caméléons vivent en Andalousie, en Afrique, à Madagascar, en Asie du Sud. Leurs yeux pédonculés ont des mouvements indépendants. Ils peuvent projeter leur langue très en avant pour capturer leurs proies.) **2.** Fig. Personne qui change fréquemment d'humeur, d'opinion, de conduite, selon les circonstances. – Lat. *camæleon*; du gr. *khamaileôn*, « lion qui se traîne à terre », de *khamaï*, « à terre », et *leôn*, « lion ».

camélia [kamelja] n. m. **1.** Plante arborescente (genre *Camellia*, fam. théacées) à grandes fleurs blanches, roses ou rouges, à feuilles coriaces et persistantes. (*Camellia japonica* est le camélia ornemental des jardins. *Camellia sinensis* ou *Thea sinensis* est l'arbre à thé*.) **2.** Fleur du camélia. – Lat. bot. *camellia* (Linné) en l'honneur du père *Camelli*, qui introduisit ces plantes en Europe.

camélidés [kamelide] n. m. pl. ZOOL Famille de mammifères artiodactyles sélénodontes (ruminants), sans cornes, à sabots réduits, comprenant les chameaux, les dromadaires, les lamas et les vigognes. – Sing. *Un camélidé.* – Du lat. *camelus*, « chameau ».

caméline [kamelin] n. f. Plante crucifère cultivée pour ses graines oléagineuses. – Altér. de *camomine*, bas lat. *chamæmelina*, « plante semblable à la camomille ».

camelle [kamɛl] n. f. TECH Amas de sel dans un marais salant. – Du provenç. *camello*, lat. *camelus*, « chameau » (à cause du profil irrégulier de la crête).

1. camelot [kamlo] n. m. Étoffe grossière de laine et de poil de chèvre. – Altér. de *chamelot*, de *chameau*, par l'ar. *hamlat*, « peluche ».

2. camelot [kamlo] n. m. **1.** Marchand forain, vendeur de menus objets sur la voie publique. **2.** HIST *Camelot du roi* : militant royaliste vendeur du journal *l'Action française* à la criée, entre 1908 et 1936. – Altér., d'après *camelote*, de l'arg. *coesmelot*, de *coesme*, « mercier, colporteur ».

camelote [kamlɔt] n. f. **1.** Fam. Marchandise de mauvaise qualité. **2.** Pop. Marchandise. – De l'anc. v. *cameloter*, « façonner grossièrement », de *camelot* 1.

camembert [kamɑ̃bɛʀ] n. m. Fromage de lait de vache à croûte fleurie, en forme de cylindre aplati, fabriqué selon le procédé traditionnel de la région de Camembert, dans l'Orne. – Du n. de la localité.

camer (se) v. pron. [1] Arg. Se droguer. – De *came.*

caméra [kameʀa] n. f. Appareil de prises de vues (cinéma, télévision). *Caméra électronique*, transformant une image optique en une image électronique. – Angl. *camera*, « appareil photo »; lat. scientif. *camera (obscura)*, « chambre (noire) ».

cameraman, men [kameʀaman, mɛn] n. m. (Anglicisme) Syn. (off. déconseillé) de *cadreur.* – Mot angl., de *camera*, et *man*, « homme ».

camérier [kameʀje] n. m. Huissier de la chambre privée du pape. – Ital. *cameriere*, de *camera*, « chambre ».

camériste [kameʀist] n. f. **1.** HIST Dame qui était attachée à la chambre d'une princesse, en Italie, en Espagne. **2.** Vieilli Femme de chambre. – Esp. *camarista*, de *cámara*, « chambre »; d'après l'ital. *camerista.*

camerlingue [kamɛʀlɛ̃g] n. m. Cardinal qui gère les affaires de l'Église durant la vacance du Saint-Siège. – Ital. *camerlingo.*

camerounais, aise [kamʀunɛ, ɛz] adj. Du Cameroun, État de l'Afrique de l'Ouest. ▷ Subst. *Un(e) Camerounais(e).*

caméscope [kameskɔp] n. m. Appareil portatif réunissant dans le même boîtier une caméra électronique et un magnétoscope. – Nom déposé; de *camé(ra)*, et *(magnéto)scope.*

1. camion [kamjɔ̃] n. m. **1.** Anc. Chariot bas à quatre roues. **2.** Véhicule automobile destiné au transport de charges lourdes et volumineuses. *Camion de déménagement. Camion à benne basculante. Camion-grue. Camion-citerne.* **3.** TECH Récipient dans lequel les peintres en bâtiment délaient la peinture.

2. camion [kamjɔ̃] n. m. TECH Très petite épingle. – Semble être un autre mot que *camion* 1.

camionnage [kamjɔnaʒ] n. m. Transport par camion. *Frais de camionnage.* ▷ Le prix de ce transport. – De *camion* 1 (sens 2).

camionner [kamjɔne] v. tr. [1] Transporter par camion. – De *camion* 1 (sens 2).

camionnette [kamjɔnɛt] n. f. Petit camion. – De *camion* 1 (sens 2).

camionneur [kamjɔnœʀ] n. m. **1.** Personne qui conduit un camion. **2.** Entrepreneur de camionnage. – De *camion* 1 (sens 2).

camisards [kamizaʀ] n. m. pl. HIST Protestants des Cévennes, révoltés contre Louis XIV à la suite de la révocation de l'édit de Nantes, pendant la guerre de Succession d'Espagne (1702-1705). – De l'occitan *camisa*, « chemise », parce qu'ils portaient, la nuit, une chemise blanche pour se reconnaître.

camisole [kamizɔl] n. f. **1.** Vx Vêtement court, à manches. **2.** *Camisole de force* : combinaison à manches fermées employée autref. couramment pour paralyser les mouvements des malades mentaux agités. – Ital. *camiciola*, de *camicia*, «chemise».

camomille [kamɔmij] n. f. Nom cour. de *Matricaria chamomilla* et d'*Anthemis nobilis*, toutes deux de la fam. des composées, dont les capitules odorants sont utilisés en infusion comme stimulants de la digestion. ▷ Cette infusion. – Bas lat. *camomilla*, du gr. *khamaimêlon*, «pomme à terre».

camorra [kamɔʀa] n. f. HIST Association de malfaiteurs, organisée et hiérarchisée, apparue principalement dans le royaume de Naples au XIXe s. ▷ Mod. Équivalent de la Mafia à Naples. – Mot ital.

camouflage [kamuflaʒ] n. m. Action de camoufler; son résultat. – De *camoufler*.

camoufler [kamufle] v. tr. [1] Déguiser, rendre méconnaissable ou moins visible. *Camoufler des chars avec du feuillage.* – Fig. *Camoufler son écriture. Camoufler ses sentiments.* ▷ v. pron. *Il se camoufle derrière une écharpe.* – Ital. *camufare*, «déguiser, tromper».

camouflet [kamuflɛ] n. m. **1.** Anc. Taquinerie consistant à souffler de la fumée au visage de quelqu'un. ▷ *Par ext.*, litt. Mortification, affront. *Infliger un camouflet à quelqu'un.* Syn. vexation, offense. **2.** MILIT Mine utilisée pour détruire un ouvrage adverse. – De l'anc. fr. *mouflet*, «souffle», et *ca-*, de l'anc. adj. *chault*, «chaud».

camp [kɑ̃] n. m. **1.** Espace de terrain où des troupes, des forces militaires, stationnent. *Camp volant*, provisoire. *Camp retranché* : place forte. **2.** Espace de terrain servant de lieu d'internement. *Camp de prisonniers. Camp de concentration* : V. nazisme. **3.** Lieu où des campeurs, des alpinistes dressent leurs tentes. **4.** Loc. fig. *Lever, ficher* (fam.), *foutre* (fam.) *le camp* : s'en aller, déguerpir. **5.** Parti, faction. *Il a changé de camp.* **6.** Dans certains jeux, terrain de base d'une équipe. *Envoyer la balle dans le camp adverse.* – Chacune des équipes qui s'opposent. – Ital. *campo*, «champ», lat. *campus*.

campagnard, arde [kɑ̃paɲaʀ, aʀd] adj. et n. De la campagne; qui vit à la campagne. *Manières campagnardes. Gentilhomme campagnard.* ▷ Subst. *Un(e) campagnard(e).* – De *campagne*.

campagne [kɑ̃paɲ] n. f. **I. 1.** Étendue de pays plat et non boisé. *Tomber en panne d'essence en rase (pleine) campagne.* ▷ GEOGR Paysage rural présentant des champs non clôturés et un habitat groupé. **2.** Les régions rurales (par oppos. à *la ville*). *Aller respirer l'air de la campagne. Maison de campagne. Curé, médecin de campagne. Passer ses vacances à la campagne.* – *Partie de campagne* : excursion à la campagne. – Loc. *Battre* la campagne.* **II. 1.** Expédition, ensemble d'opérations militaires. *Campagne d'Italie.* ▷ *Artillerie de campagne*, très mobile. **2.** Période d'activité d'une durée déterminée; ensemble d'opérations qui se déroulent suivant un programme établi à l'avance. *Campagne publicitaire, électorale.* – Ital. *campagna*, lat. *campania*, «plaine».

campagnol [kɑ̃paɲɔl] n. m. Rongeur muridé de petite taille à queue courte, qui cause d'importants dégâts dans les cultures, de blé notam. Syn. rat des champs. (*Arvicola terrestris* est le plus grand des campagnols européens. *Clethryonomys glareolus* est le campagnol roussâtre.) – Ital. *campagnolo*, «campagnard».

campane [kɑ̃pan] n. f. **1.** Vx Cloche, sonnaille. **2.** ARCHI Corbeille des chapiteaux corinthien et composite, en forme de cloche renversée. **3.** Dentelle blanche. – Bas lat. *campana*, «cloche».

campaniforme [kɑ̃panifɔʀm] adj. Qui a la forme d'une cloche. *Chapiteau campaniforme.* – Du bas lat. *campana*, «cloche», et *forme*.

campanile [kɑ̃panil] n. m. ARCHI **1.** Clocher à jour. – *Par ext.* Clocher isolé du corps de l'église. *Le campanile de Pise.* **2.** Lanterne qui surmonte certains édifices civils. *Le campanile de l'hôtel de ville de Lille.* – Mot ital.

campanulacées [kɑ̃panylase] n. f. pl. BOT Famille de dicotylédones dont la campanule est le type. – Sing. *Une campanulacée.* – De *campanule*.

campanule [kɑ̃panyl] n. f. Plante herbacée (fam. campanulacées) à fleurs gamopétales bleues, violettes ou blanches, en forme de clochettes. (Le genre *Campanula* comprend plus de 20 espèces poussant en France, parmi lesquelles la *rotundifolia* et la *raponticum*, très communes.) – Lat. médiév. *campanula*, de *campana*, «cloche».

campé, ée [kɑ̃pe] adj. **1.** *Bien campé* : bien bâti, vigoureux. *Un garçon bien campé.* – Fig. *Un personnage de roman bien campé*, qui s'impose avec précision. **2.** EQUIT Se dit d'un cheval dont les aplombs sont défectueux. *Campé du devant, du derrière.* – Pp. de *camper* (sens II, 2).

campêche [kɑ̃pɛʃ] n. m. Bois d'un arbre d'Amérique latine (genre *Hæmatoxylon*), qui, par infusion, donne un colorant brun-rouge. – Du n. d'une v. du Mexique.

campement [kɑ̃pmɑ̃] n. m. **1.** Action de camper. **2.** Lieu où l'on campe. **3.** Installation sommaire, provisoire. – De *camp*.

camper [kɑ̃pe] v. [1] **I.** v. intr. **1.** Établir un camp; vivre dans un camp. *La troupe campait aux abords de la ville.* **2.** Faire du camping. *Les enfants campent au bord de la mer.* **3.** Fig. S'installer sommairement et provisoirement. *Pendant notre déménagement, nous irons camper chez un ami.* **II.** v. tr. **1.** Établir dans un camp. *Camper son régiment sur la rive d'un fleuve.* **2.** Établir, poser solidement, hardiment. *Camper sa casquette sur l'oreille.* ▷ Fig. Représenter avec exactitude, avec relief. *Auteur qui campe rapidement un personnage. Récit bien campé.* **3.** Fig., fam. *Camper là qqn*, le laisser subitement. **III.** v. pron. Se placer, s'installer avec audace, avec autorité. *Il se campa hardiment en face de lui.* – De *camp*.

campeur, euse [kɑ̃pœʀ, øz] n. Personne qui pratique le camping. – De *camp*.

camphre [kɑ̃fʀ] n. m. Substance de saveur âcre et aromatique, cétone terpénique et bicyclique ($C_{10}H_{16}O$) extraite du camphrier, aux propriétés stimulantes et antiseptiques. – Lat. médiév. *camphora*; de l'ar. *kāfūr*.

camphré, ée [kɑ̃fʀe] adj. Qui contient du camphre. *Huile camphrée. Alcool camphré.* – De *camphre*.

camphrier [kɑ̃fʀije] n. m. Arbuste d'Asie du S.-E. et d'Océanie (*Cinammomum camphora*, fam. lauracées) dont on extrait le camphre par distillation du bois. – De *camphre*.

campignien, enne [kɑ̃piɲjɛ̃, ɛn] adj. (et n. m.) PREHIST Se dit d'un type assez fruste d'outillage en silex (pics, tranchets, etc.) de la fin du néolithique (chalcolithique). – De *Campigny*, localité de Seine-Marit.

campimètre [kɑ̃pimɛtʀ] n. m. MED Appareil utilisé pour mesurer l'étendue du champ visuel. – Du lat. *campus*, «champ», et *-mètre*.

camping [kɑ̃piŋ] n. m. Activité touristique qui consiste à camper, à vivre en plein air en couchant, la nuit, sous la tente. *Terrain de camping.* – Mot angl.

camping-car [kɑ̃piŋkaʀ] n. m. Véhicule automobile habitable, aménagé pour le camping. *Des camping-cars.* Syn. (off. recommandé) autocaravane. – Mot angl., de *camping*, et *car*, «voiture».

camping-gaz [kɑ̃piŋgaz] n. m. inv. Réchaud à gaz portatif. – Nom déposé; de *camping*, et *gaz*.

campos ou **campo** [kɑ̃po] n. m. Fam., vieilli Repos, congé donné à des écoliers. *Ils ont campos pour deux jours.* – Du lat. *(ire ad) campos*, «(aller aux) champs».

campus [kɑ̃pys] n. m. Parc, vaste terrain qui entoure les bâtiments de certaines universités. – *Par ext.* Université dont les divers bâtiments sont séparés; territoire d'une telle université. – Mot amér., lat. *campus*, «champ».

campyl(o)-. Élément, du gr. *kampulos*, «courbé».

campylotrope [kɑ̃pilɔtʀɔp] adj. BOT Se dit d'un ovule plus ou moins arqué. *La graine du haricot provient d'un ovule campylotrope.* – De *campylo-*, et *-trope*.

camus, use [kamy, yz] adj. Court et plat, en parlant du nez. – Dont le nez est court et plat. – P.-ê. de *museau*, et préf. péjor. *ca-*.

canada [kanada] n. f. inv. Variété de pomme reinette dite aussi «reinette du Canada». – De *(pomme du) Canada.*

canadair [kanadɛʀ] n. m. Avion de lutte contre les incendies de forêts, équipé d'importants réservoirs à eau; produit par la société de constr. aéronautique canadienne du même nom. Syn. bombardier d'eau. – Nom déposé.

canadianisme [kanadjanism] n. m. Mot, tournure propre au français parlé au Canada. *«C'est de valeur» pour «c'est dommage» est un canadianisme.* – De *canadien.*

canadien, enne [kanadjɛ̃, ɛn] adj. et n. Du Canada, État fédéral de l'Amérique du Nord. ▷ Subst. *Un(e) Canadien(ne).*

canadienne [kanadjɛn] n. f. **1.** Canoë aux extrémités relevées. **2.** Veste épaisse doublée de fourrure. – De *canadien.*

canaille [kanaj] n. f. et adj. **1.** Ramassis de gens méprisables. *Être insulté par la canaille.* Syn. racaille. **2.** Individu malhonnête, méprisable. *Cette canaille a réussi à lui extorquer de l'argent.* Syn. fripouille, escroc, scélérat. **3.** adj. Débraillé et polisson. *Une allure canaille.* – Ital. *canaglia*, de *cane*, «chien».

canaillerie [kanajʀi] n. f. **1.** Caractère, comportement d'une canaille. *Son audace n'a d'égale que sa canaillerie.* **2.** Acte malhonnête et méprisable. *Commettre une canaillerie.* – De *canaille.*

canal, aux [kanal, o] n. m. **I. 1.** Voie navigable artificielle. *Canal de navigation fluviale.* – *Canal maritime*, reliant deux mers, deux océans. *Canal de Suez, de Panamá.* **2.** GEOGR Espace de mer, relativement étroit et prolongé, entre deux rives. *Canal de Mozambique.* **3.** Tranchée creusée pour permettre la circulation des eaux. *Canaux d'irrigation*, qui amènent l'eau nécessaire aux cultures. *Canaux de drainage*, assurant l'évacuation de l'eau excédentaire. *Canaux d'amenée, de fuite, de dérivation des usines hydroélectriques.* **4.** Conduit, tuyauterie. **5.** TELECOM Voie par laquelle transitent des informations. **6.** Loc. fig. *Par le canal de* : par l'intermédiaire, l'entremise de. *J'ai obtenu ce renseignement par le canal d'un ami.* **II.** Conduit naturel d'un organisme vivant. **1.** ANAT *Canal cholédoque. Canal excréteur. Canaux semi-circulaires de l'oreille interne*, organes de l'équilibre. **2.** BOT Élément tubulaire de forme allongée. *Canaux sécréteurs de résine du pin.* – Lat. *canalis*, de *canna*, «roseau».

canaliculaire [kanalikylɛʀ] adj. SC NAT Qui est en forme de canalicule. – De *canalicule.*

canalicule [kanalikyl] n. m. ANAT Petit canal, petit conduit d'un organisme. – De *canal.*

canaliculite [kanalikylit] n. f. MED Inflammation d'un canalicule. – De *canalicule*, et *-ite* 1.

canalifère [kanalifɛʀ] adj. SC NAT Muni de canaux, de vaisseaux. *Tissu canalifère.* – De *canal*, et *-fère.*

canalisateur [kanalizatœʀ, tʀis] adj. et n. Qui canalise, rassemble. – De *canaliser.*

canalisation [kanalizasjɔ̃] n. f. **1.** Action de canaliser; son résultat. **2.** Conduit destiné à véhiculer un fluide. *Canalisations d'eau, de gaz.* ▷ Conducteur électrique. *Canalisation haute tension.* – De *canaliser.*

canaliser [kanalize] v. tr. [1] **1.** Aménager (un cours d'eau) pour le rendre navigable. **2.** Pourvoir (une région) d'un système de canaux. **3.** Fig. Rassembler et diriger dans le sens choisi. *Un service d'ordre canalisait les manifestants. Canaliser des renseignements.* – De *canal.*

cananéen, enne [kananeɛ̃, ɛn] adj. (et n.) **1.** Du pays de Canaan. **2.** n. m. Groupe de langues sémitiques (hébreu, moabite, phénicien, punique). – De *Canaan*, n. biblique de la Palestine.

canapé [kanape] n. m. **1.** Long siège à dossier où plusieurs personnes peuvent s'asseoir. *Canapé-lit* : canapé transformable en lit. **2.** CUIS Tranche de pain sur laquelle on dispose une garniture. *Servir des cailles sur canapés. Canapés au saumon.* – De l'a. fr. *conopé*, «rideau de lit»; du lat. *conopeum*, «moustiquaire», gr. *kônôpeion*, de *kônôps*, «moustique».

canaque ou **kanak** [kanak] adj. Relatif aux Canaques, groupe ethnique autochtone de la Nouvelle-Calédonie, île du Pacifique Sud, territ. français d'outre-mer. *L'organisation sociale canaque est à base tribale et coutumière.* – Mot polynésien *kanaka*, «homme».

canard [kanaʀ] n. m. **1.** Oiseau aquatique palmipède (fam. anatidés) de taille moyenne (inférieure à celle de l'oie), au bec large, au cri nasillard caractéristique, dont certaines espèces sont domestiques et d'autres sauvages. *Pour se nourrir, les canards filtrent l'eau grâce aux lamelles cornées garnissant le pourtour de leur bec. Le canard nasille, cancane*, pousse son cri. *La cane est la femelle du canard.* ▷ Loc. fam. *Un froid de canard* : un froid intense. **2.** Fig. Morceau de sucre trempé dans le café ou dans l'eau-de-vie. **3.** Fausse note, son discordant. **4.** Fig., fam. Article de journal mensonger, fausse nouvelle. ▷ Par ext. Cour., fam. Journal. **5.** Récipient à bec qui permet à un malade de boire couché.

canardeau [kanaʀdo] n. m. Jeune canard, plus âgé que le caneton. – De *canard.*

canarder [kanaʀde] v. [1] **1.** v. tr. Fam. Faire feu sur, en étant à couvert (comme pour la chasse au canard). **2.** v. intr. MUS Faire entendre des canards, des fausses notes. *Les cuivres canardaient dans les aigus.* – De *canard.*

canardière [kanaʀdjɛʀ] n. f. **1.** Lieu aménagé dans un marais, un étang, pour la chasse au canard sauvage. **2.** Long fusil pour la chasse au canard. **3.** Mare pour canards. – De *canard.*

canari [kanaʀi] n. m. Serin des Canaries, au plumage généralement jaune, apprécié pour son chant. – Esp. *canario.*

canasson [kanasɔ̃] n. m. Pop. Mauvais cheval; cheval. – Altér. péjor. de *canard.*

canasta [kanasta] n. f. Jeu de cartes qui se joue avec deux jeux de 52 cartes et 4 jokers. ▷ Série de 7 cartes, de même valeur, à ce jeu. – Mot esp., «corbeille».

cancale [kɑ̃kal] n. f. Huître de Cancale (baie sur la Manche).

1. cancan [kɑ̃kɑ̃] n. m. (Souvent au plur.) Fam. Bavardage malveillant. Syn. potin, ragot, commérage. – Du lat. *quanquam*, «quoique».

2. cancan [kɑ̃kɑ̃] n. m. *French cancan* ou *cancan* : spectacle de music-hall, quadrille acrobatique dansé par des «girls». – Onomat. enfantine pour *canard.*

1. cancaner [kɑ̃kane] v. intr. [1] Faire des cancans. – De *cancan.*

2. cancaner [kɑ̃kane] v. intr. [1] Crier, en parlant du canard. – De *cancan.*

cancanier, ère [kɑ̃kanje, ɛʀ] adj. et n. Qui aime à cancaner, à rapporter des ragots. – De *cancan* 1.

cancel [kɑ̃sɛl] ou **chancel** [ʃɑ̃sɛl] n. m. **1.** Lieu entouré d'une balustrade dans lequel on tenait le grand sceau de l'État. V. chancelier. **2.** Clôture du chœur, dans certaines églises. – Lat. *cancellus*, « barreau ».

cancer [kɑ̃sɛʀ] n. m. **1.** MED Tumeur maligne caractérisée par la prolifération anarchique des cellules d'un organe, d'un tissu. Syn. néoplasie, néoplasme. **2.** Fig. Danger insidieux, mal qui ronge. **3.** ASTRO *Le Cancer* : constellation zodiacale de l'hémisphère boréal. *Tropique du Cancer* : tropique boréal. ASTROL Signe du zodiaque* (22 juin-22 juillet). – Ellipt. *Il est cancer.* – Mot lat., « crabe ».

cancéreux, euse [kɑ̃seʀø, øz] adj. et n. **1.** adj. Du cancer, de la nature du cancer. *Tumeur cancéreuse.* **2.** adj. et n. Qui est atteint d'un cancer. – De *cancer.*

cancéri-. V. cancéro-.

cancérigène [kɑ̃seʀiʒɛn] ou **cancérogène** [kɑ̃seʀɔʒɛn] adj. Qui peut provoquer le développement d'un cancer. *Substances cancérigènes.* Syn. carcinogène. – De *cancéri-*, et *-gène.*

cancérisation [kɑ̃seʀizasjɔ̃] n. f. Transformation des cellules saines en cellules cancéreuses. – De *cancéri-*, et suff. *(i)sation* marquant un changement d'état.

cancériser (se) [kɑ̃seʀize] v. pron. [1] Subir une transformation cancéreuse. *Des polypes qui se cancérisent.* – De *cancer.*

cancéro-, cancéri-. Éléments signifiant « relatif au cancer ». – Du lat. *cancer*, « crabe ».

cancérogène. V. cancérigène.

cancérogénèse [kɑ̃seʀɔʒenɛz] n. f. MED Processus de formation d'un cancer. – De *cancéro-*, et *-génèse.*

cancérologie [kɑ̃seʀɔlɔʒi] n. f. Étude du cancer et de son traitement. Syn. carcinologie. – De *cancéro-*, et *-logie.*

cancérologique [kɑ̃seʀɔlɔʒik] adj. Relatif à l'étude ou au traitement du cancer. – De *cancérologie.*

cancérologue [kɑ̃seʀɔlɔg] n. Spécialiste du cancer. – De *cancéro-*, et *-logue.*

cancérophobie [kɑ̃seʀɔfɔbi] n. f. Peur injustifiée et angoissante d'être atteint d'un cancer. – De *cancéro-*, et *phobie.*

canche [kɑ̃ʃ] n. f. Graminée fourragère (*Aira flexuosa*) très courante en France dans les prés.

cancoillotte [kɑ̃kwajɔt] n. f. Fromage à base de lait de vache écrémé et caillé, égoutté puis fondu avec du beurre et de l'eau, fabriqué en Franche-Comté. – Du franc-comtois *coillotte*, de *caillé.*

cancre [kɑ̃kʀ] n. m. Fam. Écolier paresseux, mauvais élève. – Du lat. *cancer*, « crabe ».

cancrelat [kɑ̃kʀəla] n. m. Syn. de *cafard* (2). ▷ *Spécial.* Blatte d'Amérique. – Néerl. *kakkerlak*, avec attract. de *cancre.*

cancroïde [kɑ̃kʀɔid] n. m. Épithélioma de la peau et des muqueuses. – De *cancer*, et *-oïde.*

candela [kɑ̃dela] n. f. PHYS Unité d'intensité lumineuse (symbole cd); intensité lumineuse, dans une direction donnée, d'une source qui émet un rayonnement monochromatique de fréquence 540.10^{12} hertz et dont l'intensité énergétique dans cette direction est de 1/683 watt par stéradian. *Candela par mètre carré.* – Mot lat., « chandelle ».

candélabre [kɑ̃delabʀ] n. m. **1.** Grand chandelier à plusieurs branches. **2.** Vieilli Appareil d'éclairage, colonne supportant une ou plusieurs lampes. **3.** ARCHI Balustre figurant une torchère. – Lat. *candelabrum*, de *candela*, « chandelle ».

candeur [kɑ̃dœʀ] n. f. Pureté d'âme, innocence naïve. *Un visage plein de candeur. Parler avec candeur.* Syn. ingénuité. – Du lat. *candor*, « blancheur, éclat, franchise ».

candi [kɑ̃di] adj. m. et n. m. *Sucre candi* : sucre en gros cristaux, obtenu par refroidissement lent de sirops très concentrés. *Fruits candis* : fruits confits sur lesquels on a fait se candir une couche de sucre. ▷ n. m. *Du candi blanc.* – De l'ar. *qandi*, « sucre de canne ».

candida [kɑ̃dida] n. m. BOT, MED Genre de champignons deutéromycètes dont une espèce, *Candida albicans*, est l'agent du muguet intestinal ou vaginal. – Du lat. *candidus*, « blanc ».

candidat, ate [kɑ̃dida, at] n. Personne qui postule une charge, un emploi, un mandat, ou qui se présente à un examen, à un concours. *Les candidats aux élections. Candidat au baccalauréat.* – Lat. *candidatus*, de *candidus*, « blanc », couleur des vêtements de ceux qui briguaient une fonction publique, à Rome.

candidature [kɑ̃didatyʀ] n. f. Action, fait d'être candidat. *Poser sa candidature.* – De *candidat.*

candide [kɑ̃did] adj. Qui a, qui dénote de la candeur. *Une âme candide. Des paroles candides.* – Du lat. *candidus*, « blanc éclatant ».

candidement [kɑ̃didmɑ̃] adv. D'une manière candide. – De *candide.*

candidose [kɑ̃didoz] n. f. MED Infection due aux *Candida* (muguet buccal, atteinte digestive, localisation cutanée). – De *candida.*, et *-ose* 2.

candir [kɑ̃diʀ] v. tr. [3] Faire fondre jusqu'à cristallisation (du sucre). ▷ v. pron. Se cristalliser. – De *candi.*

candomblé [kɑ̃dɔ̃ble] n. m. et adj. inv. Rites religieux (notam. danse) voisins du vaudou, pratiqués au Brésil. ▷ adj. inv. *Cérémonie candomblé.* – Mot brésilien, d'une langue africaine.

cane [kan] n. f. Femelle du canard. *La cane canquette.* – Dér. régressif de *canard.*

canéficier [kanefisje] n. m. BOT Arbre (*Cassia fistula*, fam. légumineuses) produisant la casse. Syn. cassier. – De l'esp. *cañafistola.*

canepetière [kanpətjɛʀ] n. f. Petite outarde (*Otis tetrax*) des plaines européennes (limite nord : la latitude de la Beauce), qui hiverne en Afrique. – De *cane*, et *petière*, de *pet.*

canéphore [kanefɔʀ] n. f. ANTIQ GR Jeune fille qui, pendant certaines fêtes, portait sur la tête des corbeilles contenant les objets du culte. – Gr. *kanêphoros*, de *kaneon*, « corbeille », et *phorein*, « porter ».

1. caner [kane] v. intr. [1] Fam. Reculer, céder devant la difficulté. – De **cane, faire la cane*, « se sauver ».

2. caner ou **canner** [kane] v. intr. [1] **1.** Arg. S'enfuir, s'en aller. **2.** Pop. Mourir. – De *canne*, « jambe ».

caneton [kantɔ̃] n. m. Petit du canard plus jeune que le canardeau. – De *canette* 1.

1. canette [kanɛt] n. f. Petite cane; petite sarcelle. – Dimin. de *cane.*

2. canette ou **cannette** [kanɛt] n. f. Petit tube garni du fil de trame, dans les métiers à tisser. ▷ Bobine de fil que l'on introduit dans la navette d'une machine à coudre. – Du lat. *canna*, « tuyau », par l'ital. *canetta.*

3. canette [kanɛt] n. f. Petite bouteille de bière; son contenu. *Une canette de bière.* – Du lat. *canna*, « tuyau », par le picard *kanette.*

canevas [kanva] n. m. **1.** Grosse toile lâche servant de support pour les ouvrages de tapisserie. **2.** Ensemble de points relevés en vue de l'établissement d'une carte. **3.** Plan, ébauche, esquisse d'un ouvrage. *Le canevas d'un* *discours, d'un roman.* – Forme picarde de *caneve,* forme anc. de *chanvre.*

cange [kɑ̃ʒ] n. m. Anc. Bateau à voiles du Nil, étroit et léger. – Ar. *qandja.*

cangue [kɑ̃g] n. f. Carcan de bois très lourd, qui enserrait le cou et les poignets du condamné, utilisé autref. en Asie (notam. en Chine). – Portug. *canga,* du chinois *K'ang (Hia),* «portant sur les épaules (une cangue)».

caniche [kaniʃ] n. m. Chien de compagnie à poils crépus ou bouclés, utilisé autref. pour ses qualités de nageur dans la chasse au gibier d'eau. – De *cane.*

caniculaire [kanikylɛʀ] adj. De la canicule. *Une chaleur caniculaire.* – De *canicule.*

canicule [kanikyl] n. f. Période de fortes chaleurs; temps très chaud. – Du lat. *canicula,* «petite chienne», mot appliqué à Sirius, étoile se levant en même temps que le Soleil à l'époque des grandes chaleurs estivales.

canidés [kanide] n. m. pl. ZOOL Famille de mammifères carnivores fissipèdes digitigrades comprenant les chiens et les loups (genre *Canis*), le renard *(Vulpes),* le fennec *(Fennecus),* etc. – Sing. *Un canidé.* – Du lat. *canis,* «chien».

canif [kanif] n. m. Petit couteau de poche à lame pliable. ▷ Fig., fam. *Donner des coups de canif dans le contrat :* tromper son conjoint. – Anc. bas frq. *knif,* même famille que l'angl. *knife,* «couteau».

canin, ine [kanɛ̃, in] adj. Qui se rapporte au chien. *Race canine.* – Lat *caninus.*

canine [kanin] n. f. Dent pointue entre les incisives et les prémolaires. *Les canines supérieures.* – Lat. *caninus.*

canisse. V. cannisse.

canitie [kanisi] n. f. MED État de la barbe et des cheveux devenus blancs. – Lat. *canities,* de *canus,* «blanc».

caniveau [kanivo] n. m. **1.** Rigole au bord de la chaussée servant à l'écoulement des eaux. **2.** CONSTR Canal maçonné utilisé pour le passage de tuyauteries, de conducteurs électriques, etc.

canna [kana] n. m. BOT Syn. de *balisier.* – Mot lat.

cannabinacées [kanabinase] n. f. pl. BOT Famille de plantes dicotylédones apétales comprenant le chanvre et le houblon. – Sing. *Une cannabinacée.* – De *cannabis.*

cannabis [kanabis] n. m. BOT Nom scientif. du chanvre indien (*Cannabis sativa*). – Mot lat.

cannabisme [kanabism] n. m. MED Intoxication par le chanvre indien. – De *cannabis.*

cannage [kanaʒ] n. m. Action de tresser des joncs, des roseaux pour garnir un siège. – Fond canné d'un siège. – De *canner.*

cannaie [kanɛ] n. f. Lieu planté de cannes à sucre ou de roseaux. – De *canne,* sens 4.

canne [kan] n. f. **I. 1.** Bâton léger sur lequel on s'appuie en marchant. *Canne à pommeau d'or. Canne blanche d'aveugle.* – *Canne-épée :* canne creuse dissimulant une épée (arme prohibée). ▷ Par anal. Fam. Jambe. **2.** *Canne à pêche :* gaule, généralement en plusieurs pièces, qu'on utilise pour pêcher à la ligne. *Une canne à pêche en fibre de verre.* **3.** TECH Tube métallique dont on se sert pour souffler le verre. **4.** Nom vulgaire de certains roseaux ou bambous. ▷ *Canne à sucre :* graminée (*Saccharum officinarum*) de grande taille (2 à 3 m de haut) cultivée dans de nombreux pays tropicaux pour le sucre que l'on extrait de sa sève. **5.** TECH Bobine de fil. **II.** Dial. Récipient en cuivre étamé qui servait au transport du lait en Normandie. – Lat. *canna,* «roseau, tuyau».

canné, ée [kane] adj. Garni d'un cannage. *Une chaise cannée.* – Pp. de *canner.*

canneberge [kanbɛʀʒ] n. f. BOT Plante voisine de l'airelle, à baies comestibles; baie de cette plante.

cannelé, ée [kanle] adj. Qui présente des cannelures. *Colonne cannelée.* – De *cannelle* 2.

canneler [kanle] v. tr. [19] Orner, munir de cannelures. – De *cannelé.*

cannelier [kanəlje] n. m. Arbre (fam. lauracées) dont on tire la cannelle. – De *cannelle* 1.

1. cannelle [kanɛl] n. f. **1.** Écorce aromatique du cannelier (*Cinnamomum zeylanicum,* fam. lauracées) utilisée comme condiment. *Cannelle de Ceylan.* ▷ adj. inv. De la couleur brun rosé de la cannelle. **2.** (En appos.) *Pomme cannelle :* fruit comestible d'une anone. – De *canne,* au sens anc. de «tuyau», ou lat. médiév. *cannella.*

2. cannelle [kanɛl] ou **cannette** [kanɛt] n. f. Robinet de bois ou de métal, adapté à une cuve, à un tonneau, etc. – De *canne,* au sens anc. de «conduit, tuyau».

cannelloni [kane(ɛl)lɔni] n. m. CUIS Pâte alimentaire de forme cylindrique, garnie de farce. – Mot ital., de *canna,* «tuyau».

cannelure [kanlyʀ] n. f. **1.** Cour. Rainure, sillon longitudinal ornant certains objets. *Un meuble décoré de cannelures finement ciselées.* ▷ ARCHI Sillon vertical creusé à la surface d'une colonne, d'un pilastre. **2.** BOT Rainure longitudinale sur la tige de certaines plantes. – Ital. *cannellatura,* de *canna,* «tuyau», lat. *cana.*

1. canner [kane] v. tr. [1] Garnir d'un cannage (le fond, le dossier d'un siège). – De *canne.*

2. canner. V. caner 2.

cannetille [kantij] n. f. Fil d'or ou d'argent utilisé pour certaines broderies. – Ital. *cannutiglio;* esp. *cañutillo,* de *caña,* «roseau».

1. cannette. V. canette 2.

2. cannette. V. cannelle 2.

canneur, euse [kanœʀ, øz] ou **cannier, ère** [kanje, ɛʀ] n. Ouvrier, ouvrière qui canne les sièges. – De *canner.*

cannibale [kanibal] n. m. et adj. Qui pratique le cannibalisme. ▷ Fig. Homme cruel, féroce. – Esp. *canibal;* arawak *caniba,* qui désigne les Caraïbes.

cannibaliser [kanibalize] v. tr. [1] **1.** Démonter un appareil pour récupérer les pièces qui peuvent resservir. **2.** COMM Pour une entreprise, faire involontairement concurrence à un de ses propres produits en mettant sur le marché un produit du même type. – De *cannibale.*

cannibalisme [kanibalism] n. m. Fait de manger les êtres de sa propre espèce. ▷ Fig. Cruauté. – De *cannibale.*

cannisse ou **canisse** [kanis] n. f. Claie de roseaux. – Mot provenç., du bas lat. *cannicius,* «de roseau».

canoë [kanɔe] n. m. Canot léger, aux extrémités relevées, que l'on manœuvre à la pagaie; sport pratiqué avec ce canot. – Angl. *canoe;* de l'arawak *canoa,* par l'esp.

canoéiste [kanɔeist] n. Personne qui pratique le sport du canoë. – De *canoë.*

canoë-kayak [kanoekajak] n. m. Discipline sportive qui regroupe les épreuves sur canoë et sur kayak. – De *canoë,* et *kayak.*

1. canon [kanɔ̃] n. m. **I. 1.** Pièce d'artillerie servant à lancer autref. des boulets, auj. des obus. *Tirer un coup de canon. Canon antichar, antiaérien. Un canon de 75,* de 75 mm de calibre. *Canon mitrailleur :* arme automatique montée sur affût, sur véhicule ou sur aéronef, qui tire des obus d'un calibre supérieur à 20 mm. ▷ *Chair à canon :* les soldats sans grade, qu'on expose au danger sans égard pour leur vie. **2.** Tube d'une arme à feu. *Canon d'un fusil, d'un pistolet.* **3.** PHYS *Canon à électrons,* servant à produire un faisceau d'électrons. **II. 1.** TECH Nom de divers objets cylindriques. *Canon d'une clef.* ▷ TRAV PUBL Dispositif d'amarrage constitué d'un fût cylindrique vertical solidement ancré sur le bord des quais. **2.** Ancienne mesure de capacité pour le vin (un huitième de pinte). – Mod., pop. Petit verre de vin. *Aller boire un canon au bistrot.* **3.** ZOOL Partie de la jambe des équidés, entre le genou et le boulet. – Ital. *cannone,* du lat. *canna,* « tuyau ».

2. canon [kanɔ̃] n. m. et adj. **1.** Règle, type, modèle. **2.** THEOL Recueil des décisions solennelles des conciles. *Les canons de Nicée.* ▷ Liste des livres inspirés. *Canon des Écritures.* ▷ Ensemble des prières qui constituent l'essentiel, la partie immuable de la messe. *Canon de la messe, canon romain.* ▷ Collection des textes juridiques de l'Église. ▷ adj. *Droit canon.* **3.** BX-A Ensemble de règles déterminant, à l'origine dans la statuaire, le rapport idéal entre les dimensions des diverses parties du corps humain. *Le canon grec. Le canon du dessin de mode.* **4.** Pièce de musique dans laquelle la mélodie est reprise successivement par une ou plusieurs voix. *Un canon de Bach. Chanter en canon.* – Mot lat., du gr. *kanôn,* « règle ».

cañon ou **canyon** [kanjɔn; kanjɔ̃] n. m. GEOGR Gorge profonde creusée par un cours d'eau en terrain calcaire. *Les cañons du Colorado.* – Mot esp. du Mexique *cañon,* augmentatif de *caño,* « tube », par l'angl.

canonial, ale, aux [kanɔnjal, o] adj. **1.** Qui est réglé par les canons ecclésiastiques. **2.** Relatif au canonicat. – De *canon* 2.

canonicat [kanɔnika] n. m. **1.** Vx Bénéfice d'un chanoine. **2.** Mod. Dignité, office de chanoine. – De *canon* 2.

canonicité [kanɔnisite] n. f. Qualité de ce qui est canonique. – De *canon* 2.

canonique [kanɔnik] adj. **1.** Conforme aux canons de l'Église. *Doctrine canonique.* ▷ *Âge canonique :* âge exigé par le droit canon (minimum 40 ans) pour remplir certaines fonctions (notam. celle de servante d'un ecclésiastique). – Fam. *Une femme d'âge canonique,* d'âge respectable, assez avancé. **2.** MATH *Application, forme canonique :* formulations mathématiques liées de façon privilégiée à une structure. *On peut ramener certaines équations à une forme canonique par un simple changement de variable.* – De *canon* 2.

canoniquement [kanɔnikmɑ̃] adv. D'une manière canonique. – De *canon* 2.

canonisable [kanɔnizabl] adj. Qui est susceptible d'être canonisé, qui se prête à la canonisation. – De *canoniser.*

canonisation [kanɔnizasjɔ̃] n. f. Action de canoniser. *Le jugement de canonisation est rendu par le pape après instruction d'un procès en canonisation.* – De *canoniser.*

canoniser [kanɔnize] v. tr. [1] Faire figurer au catalogue des saints. – Lat. ecclés. *canonizare.*

canoniste [kanɔnist] n. m. Spécialiste du droit canon. – De *canon* 2.

canonnade [kanɔnad] n. f. Feu soutenu de canons. – De *canon* 1.

canonnage [kanɔnaʒ] n. m. **1.** Art du canonnier. **2.** Fait de canonner. *Canonnage des lignes ennemies.* – De *canon* 1.

canonner [kanɔne] v. tr. [1] Attaquer au canon. – De *canon* 1.

canonnier [kanɔnje] n. m. Servant d'un canon. ▷ adj. ZOOL Relatif au canon 1 (sens II, 3). *Muscles canonniers.* – De *canon* 1.

canonnière [kanɔnjɛʀ] n. f. **1.** Petit navire armé de canons. **2.** FORTIF Meurtrière pour le tir au canon ou au fusil. **3.** ARCHI Ouverture pratiquée dans un mur de soutènement pour permettre l'écoulement des eaux. – De *canon* 1.

canope [kanɔp] n. m. ANTIQ Vase funéraire employé par les Égyptiens et les Étrusques pour recevoir les viscères des morts momifiés. *Les canopes égyptiens étaient habituellement au nombre de quatre et leurs couvercles figuraient les bustes des quatre enfants d'Horus (un homme, un cynocéphale, un épervier, un chacal).* – Du lat. *Canopus,* nom d'un héros de la myth. gr., éponyme d'une ville de l'Égypte ancienne.

canot [kano] n. m. Embarcation légère et non pontée. – *Canot de sauvetage,* insubmersible, destiné à évacuer les passagers d'un navire en détresse. *Canot pneumatique,* gonflable, en toile caoutchoutée. – De l'arawak *canoa,* par l'esp.

canotage [kanɔtaʒ] n. m. Navigation sur un canot. – De *canot.*

canoter [kanɔte] v. intr. [1] Manœuvrer un canot (à l'aviron). – De *canot.*

canoteur, euse [kanɔtœʀ, øz] n. Personne qui canote. – De *canot.*

canotier [kanɔtje] n. m. **1.** MAR Marin qui fait partie de l'équipage d'un canot. ▷ Vieilli Personne qui s'adonne au canotage. **2.** Chapeau de paille à bords et à fond plats. – De *canot.*

canqueter [kɑ̃kte] v. intr. [20] Pousser son cri, en parlant de la cane. – De *cane.*

canson [kɑ̃sɔ̃] n. m. Papier fort pour le dessin, le lavis, l'aquarelle. – Du nom du fabricant.

cantabile [kɑ̃tabile] n. m. MUS Moment ou phrase musicale au mouvement lent, ample et mélodieux. ▷ adv. *Jouer cantabile.* – Mot ital., du lat. *cantabilis,* « digne d'être chanté ».

cantal, als [kɑ̃tal] n. m. Fromage de lait de vache à pâte ferme, émiettée puis pressée. – De *Cantal,* nom du département où ce fromage était initialement fabriqué.

cantaloup [kɑ̃talu] n. m. Melon à côtes rugueuses et à chair rouge-orangé. – De *Cantalupo,* villa des papes, aux environs de Rome, où ce melon était cultivé.

cantate [kɑ̃tat] n. f. Pièce musicale à caractère lyrique, d'inspiration profane ou religieuse, composée pour une ou plusieurs voix avec accompagnement d'orchestre. – Ital. *cantata,* pp. fém. de *cantare,* « chanter ».

cantatrice [kɑ̃tatʀis] n. f. Chanteuse de profession dont l'art et le métier requièrent une éducation musicale et des possibilités vocales particulières; essentiellement chanteuse de chant classique et d'opéra. – Mot ital., « chanteuse »; lat. *cantatrix.*

canter [kɑ̃tɛʀ] n. m. TURF Galop d'essai. – Mot angl.

canthare [kɑ̃taʀ] n. m. ANTIQ Vase à boire à deux grandes anses, plus hautes que le rebord. – Lat. *cantharus,* gr. *kantharos.*

cantharide [kɑ̃taʀid] n. f. **1.** ENTOM Coléoptère (fam. cantharididés, genre *Lytta*), de couleur vert métallique, long de 2 cm, appelé aussi *mouche d'Espagne.* **2.** MED Préparation à base de cantharides séchées et pilées, utilisée autref. comme aphrodisiaque et abortif. – Lat. *cantharis,* gr. *kantharis.*

cantharididés [kɑ̃taʀidide] n. m. pl. ENTOM Famille de coléoptères (méloés et cantharides) caractérisés par une tête large, un abdomen mou et des élytres. – Sing. *Un cantharididé.* – De *cantharide.*

cantharidine [kɑ̃taʀidin] n. f. CHIM Alcaloïde vésicant et aphrodisiaque, toxique pour l'appareil rénal et urogénital, que l'on tirait de la poudre de cantharide. – De *cantharide,* et *-ine.*

cantilène [kɑ̃tilɛn] n. f. **1.** Mélodie douce et mélancolique. ▷ MUS Chant profane, d'un style généralement sentimental. **2.** LITTER Complainte, récit lyrique et épique médiéval d'un martyre, d'un événement malheureux. *La Cantilène de sainte Eulalie* (premier poème en français, v. 880). – Ital. *cantilena,* mot lat., « chanson ».

cantilever [kɑ̃tiləvɛʀ] adj. (et n. m.) Suspendu en porte à faux, sans haubanage. ▷ TRAV PUBL *Poutre cantilever :* poutre utilisée dans la construction de certains ponts, dont la partie centrale repose sur les extrémités de deux poutres consoles latérales. *Pont cantilever.* ▷ AVIAT *Aile cantilever,* qui ne relie au fuselage ni mât ni hauban. – Mot angl., de *cant,* « rebord », et *lever,* « levier ».

cantine [kɑ̃tin] n. f. **1.** Local où les repas sont servis aux militaires d'une caserne, aux travailleurs d'une entreprise, aux enfants d'une école. **2.** Malle robuste. – Ital. *cantina,* « cave », de *canto,* « coin, réserve ».

cantinier, ère [kɑ̃tinje, ɛʀ] n. Personne qui tient, qui gère une cantine ; serveur, serveuse dans une cantine. ▷ n. f. Anc. Femme qui tenait une cantine dans les armées. – De *cantine.*

cantique [kɑ̃tik] n. m. **1.** Chant religieux de forme analogue à celle des psaumes. ▷ Chant religieux en langue vulgaire (et non en latin). **2.** Chez les protestants, tout chant religieux autre que les psaumes. – Lat. ecclés. *canticum,* « chant religieux ».

canton [kɑ̃tɔ̃] n. m. **1.** Vx Portion d'un territoire. ▷ Mod. Portion de route ou de voie ferrée dont l'entretien incombe à un ou plusieurs cantonniers. – Portion de voie ferrée délimitée par une signalisation. **2.** En France, subdivision administrative d'un arr., élisant un représentant au Conseil général. **3.** Chacun des 23 États de la Confédération helvétique. *Le chef-lieu du canton de Vaud est Lausanne.* ▷ Au Luxembourg, division administrative. ▷ Au Canada, division cadastrale. – Mot de l'anc. provenç. « coin, angle ».

cantonade [kɑ̃tɔnad] n. f. Chacun des côtés de la scène au-delà duquel se trouvent les coulisses. ▷ Loc. *Parler à la cantonade :* parler à un personnage qui est supposé être dans les coulisses. – *Par ext.* Parler sans s'adresser à un interlocuteur précis. – Provenç. *cantonada,* « coin de rue ».

cantonais, aise [kɑ̃tɔnɛ, ɛz] adj. et n. **1.** De canton. *Riz cantonais :* plat chinois composé de riz mêlé à quelques légumes et à de l'œuf. – Subst. *Un(e) Cantonais(e).* **2.** n. m. Dialecte chinois de la région de Canton. – De *Canton,* ville chinoise.

cantonal, ale, aux [kɑ̃tɔnal, o] adj. et n. f. pl. Qui appartient, qui a rapport au canton. *Un délégué cantonal. Les élections cantonales* ou, n. f. pl., *les cantonales.* – De *canton.*

cantonnement [kɑ̃tɔnmɑ̃] n. m. **1.** Installation temporaire de troupes de passage dans une localité ; localité où des troupes sont cantonnées. **2.** Action de diviser un terrain en parcelles délimitées ; chacune de ces parcelles. **3.** MED VET *Cantonnement des animaux malades,* leur mise à l'écart dans un enclos ; cet enclos. – De *canton.*

cantonner [kɑ̃tɔne] **I.** v. tr. [1] **1.** Établir (des troupes) dans une localité. **2.** Isoler (animaux). *Il a fallu cantonner les bêtes contagieuses.* **II.** v. pron. **1.** Se renfermer, s'isoler. *Il se cantonne chez lui depuis quelques jours.* **2.** Fig. Se spécialiser étroitement (dans), se limiter, se borner (à). *Il s'est cantonné jusqu'à présent dans les études théoriques.* – De *canton.*

cantonnier [kɑ̃tɔnje] n. m. Ouvrier chargé de l'entretien des routes et des voies ferrées. – De *canton.*

cantonnière [kɑ̃tɔnjɛʀ] n. f. Bande d'étoffe formant encadrement autour d'une porte ou d'une fenêtre. – De *canton,* « coin ».

canulant, ante [kanylɑ̃, ɑ̃t] adj. Fam., vieilli Ennuyeux. – Ppr. de *canuler.*

canular [kanylaʀ] n. m. **1.** Arg. Mystification. **2.** *Par ext.* Plaisanterie, farce. – Latinisation plaisante de *canuler.*

canule [kanyl] n. f. Petit tube rigide que l'on introduit dans une cavité du corps, par voie naturelle ou artificielle, de façon à assurer une communication facile entre l'extérieur et cette cavité (*canule trachéale*), à y introduire un liquide (*canule à lavement*), ou à drainer des liquides pathologiques qu'elle contient (*canule urétrale, vaginale*). – Lat. *cannula,* dim. de *canna,* « tuyau ».

canuler [kanyle] v. tr. [1] Fam. Importuner, ennuyer. – De *canule.*

canut, use [kany, yz] n. (Rare au fém.) Ouvrier de la soie, dans la région de Lyon. – HIST *La révolte des canuts :* révolte des ouvriers de la soie lyonnais, qui éclata en nov. 1831. – P.-ê. de *canne,* « bobine de fil ».

canyon. V. cañon.

canzone [kanzɔne] n. f. LITTER Pièce italienne de poésie lyrique divisée en strophes égales et terminée par une strophe plus courte. *Des canzoni* ou *canzones.* – Ital. *canzone,* du lat. *cantare,* « chanter ».

caodaïsme [kaɔdaism] n. m. Religion syncrétique vietnamienne, fondée en 1926. – Du vietnamien *Cao Daï,* « Être suprême ».

caoua [kawa] n. m. Pop. Café (boisson). – Mot ar.

caouanne ou **caouane** [kawan] n. f. Caret* (tortue). – Esp. *caouana,* d'une langue d'Amérique du S.

caoutchouc [kautʃu] n. m. **I. 1.** Substance élastique provenant du traitement du latex de certains végétaux (*caoutchouc naturel*) ou du traitement d'hydrocarbures diéthyléniques ou éthyléniques (*caoutchouc synthétique*). *Gants en caoutchouc.* **2.** Vieilli Vêtement imperméable en tissu caoutchouté. *Prenez un caoutchouc pour le cas où il pleuvrait.* – *Des caoutchoucs :* des chaussures imperméables. **3.** Bracelet élastique en caoutchouc. **II.** Nom usuel d'un ficus (*Ficus elastica,* fam. moracées), plante ornementale. – De l'expr. *caucho,* d'après un mot indien du Pérou.

caoutchouté, ée [kautʃute] adj. Enduit de caoutchouc. – Pp. de *caoutchouter.*

caoutchouter [kautʃute] v. tr. [1] Enduire de caoutchouc. – De *caoutchouc.*

caoutchouteux, euse [kautʃutø, øz] adj. Qui a la consistance du caoutchouc. *Un fromage caoutchouteux.* – De *caoutchouc.*

cap [kap] n. m. **I.** Vx Tête. ▷ Loc. mod. *De pied en cap :* des pieds à la tête. *Être équipé de pied en cap.* **II. 1.** GEOGR Partie d'une côte, souvent élevée, qui s'avance dans la mer. *Le cap Horn. Doubler, passer, franchir un cap.* ▷ Fig. *Passer, franchir un cap,* une limite, une étape. *Passer le cap de la cinquantaine,* des cinquante ans. – *Franchir le cap des deux millions de chiffre d'affaires.* **2.** Direction d'un navire ou d'un aéronef, définie par l'angle formé par l'axe longitudinal de l'appareil et la direction du Nord. *Cap vrai, cap magnétique, cap compas.* – Mot provenç. « tête », lat. *caput.*

C.A.P. n. m. Sigle de *certificat d'aptitude professionnelle.*

capable [kapabl] adj. **1.** Qui est susceptible d'avoir (une qualité), de faire (une chose). *Il est capable de gentillesse. Capable d'un mauvais coup. Il est capable de tout,* des pires excès pour arriver à ses fins. ▷ *Capable de* (+ inf.) :

qui est à même de, qui est apte à. *Capable de réussir. Il est capable de comprendre s'il veut s'en donner la peine.* ▷ (S. comp.) *Un homme très capable,* habile, compétent. **2.** DR Qui a les qualités requises par la loi pour. *Capable de tester, de voter.* **3.** GEOM *Arc capable :* ensemble des points d'où l'on voit la corde d'un arc de cercle sous un angle donné. – Lat. *capabilis,* de *capere,* «contenir, être susceptible de».

capacimètre [kapasimetʀ] n. m. ELECTR Appareil servant à mesurer la capacité des condensateurs. – De *capaci(té),* et *-mètre.*

capacitaire [kapasitɛʀ] n. m. Personne titulaire de la capacité en droit. – De *capacité* (sens II, 4).

capacitance [kapasitɑ̃s] n. f. ELECTR Réactance d'un condensateur au passage d'un courant alternatif sinusoïdal. – De *capaci(té),* et *(résis)tance.*

capacité [kapasite] n. f. **I. 1.** Contenance d'un récipient; volume. *La capacité d'un vase. Mesures de capacité.* **2.** ELECTR Rapport (exprimé en farads) entre la quantité d'électricité qu'un corps ou un condensateur peuvent emmagasiner et la tension qui leur a été appliquée. – *Capacité d'un accumulateur :* quantité d'électricité (exprimée en ampères-heure) que cet accumulateur peut rendre jusqu'à décharge complète. **3.** PHYS *Capacité calorifique* ou *thermique d'un corps,* quantité de chaleur nécessaire pour élever sa température de 1 °C. **II. 1.** Aptitude, habileté. *Il n'a aucune capacité pour ce travail.* ▷ (S. comp., plur.) *Elle a des capacités réduites.* **2.** Pouvoir (de faire). *La capacité d'écouter les autres.* **3.** DR Compétence légale. *Capacité de tester, de voter.* **4.** *Capacité en droit :* diplôme délivré après examen, par les facultés de droit, à des étudiants bacheliers ou non (deux ans d'études). – Lat. *capacitas,* de *capax,* «qui peut contenir».

caparaçon [kapaʀasɔ̃] n. m. Anc. Harnachement d'ornement ou de protection d'un cheval de bataille. – Esp. *caparazón,* p.-ê. de *capa,* «manteau».

caparaçonner [kapaʀasɔne] v. tr. [1] **1.** Couvrir d'un caparaçon. **2.** Recouvrir entièrement pour protéger. ▷ v. pron. *Se caparaçonner d'un épais manteau.* – De *caparaçon.*

1. cape [kap] n. f. Manteau ample et sans manches. – *Roman, film de cape et d'épée :* roman, film d'aventures, dont l'action est située à une époque où l'on portait la cape et l'épée, et qui met en scène des héros chevaleresques, batailleurs et généreux. ▷ Loc. fig. *Sous cape :* à la dérobée, en cachette. *Rire sous cape.* – Ital. *cappa,* «grand manteau à capuchon».

2. cape [kap] n. f. MAR Allure d'un voilier qui fait tête au vent en dérivant, d'un navire à moteur qui réduit sa vitesse et prend le meilleur cap pour être protégé du choc des lames (manœuvre de gros temps). *Prendre la cape, se mettre à la cape.* ▷ *Voile de cape,* très résistante et de surface réduite, utilisée pour tenir la cape. – De *cape* 1.

capéer [kapee] v. intr. [11] MAR Tenir la cape. – De *cape* 2.

capelage [kaplaʒ] n. m. MAR Boucle de cordage qui entoure un espar. – Ensemble des boucles des haubans entourant la tête d'un mât. – De *capeler.*

capelan [kaplɑ̃] n. m. Nom cour. de deux gades (genre *Gadus*) (V. morue) vendus séchés et fumés. – Provenç. *capelan,* «chapelain», p.-ê. en raison de la couleur grisâtre du dos de ce poisson.

capeler [kaple] v. tr. [19] MAR Passer un cordage en boucle autour de. *Capeler une amarre sur une bitte.* ▷ Fig. Recouvrir (en parlant d'une vague). *Bateau capelé par une déferlante. Capeler le caban, le ciré.* – Provenç. *capelar,* «coiffer», de *capel,* «chapeau».

capelet [kaplɛ] n. m. MED VET Hygroma, tumeur de la pointe du boulet. – Mot provenç., «chapelet».

capeline [kaplin] n. f. **1.** Chapeau de femme à bords larges et souples. **2.** Anc. Armure de tête avec couvre-nuque. – Ital. *cappellina,* de *cappello,* «chapeau».

CAPES [kapɛs] n. m. Acronyme pour *certificat d'aptitude professionnelle à l'enseignement secondaire.*

capésien, enne [kapesjɛ̃, ɛn] n. (et adj.) Étudiant qui prépare le CAPES; personne titulaire du CAPES. – De *CAPES* (jeu de mot avec *capétien*).

CAPET [kapɛt] n. m. Acronyme pour *certificat d'aptitude professionnelle à l'enseignement technique.*

capétien, enne [kapesjɛ̃, ɛn] adj. et n. Relatif à la dynastie des rois de France que fonda en 987 Hugues Capet. ▷ n. m. *Les Capétiens directs :* troisième dynastie des rois de France (987-1328).

capharnaüm [kafaʀnaɔm] n. m. Fam. Lieu qui renferme beaucoup d'objets entassés pêle-mêle, endroit en désordre. *Tu t'y retrouves dans ton capharnaüm ?* – Nom du village palestinien de *Capharnaüm,* en Galilée; où Jésus attira la foule.

cap-hornier [kapɔʀnje] n. m. **1.** Grand voilier dont la route passait au large du cap Horn. **2.** Marin d'un tel voilier. *Les anciens cap-horniers.* – De *cap Horn,* promontoire à l'extrême sud du Chili.

1. capillaire [kapilɛʀ] adj. et n. m. **1.** Relatif aux cheveux. *Lotion capillaire. Soins capillaires.* **2.** Fin comme un cheveu. *Tube capillaire,* très fin, très ténu. ▷ ANAT *Vaisseaux capillaires :* vaisseaux sanguins très fins, organisés en réseaux complexes entre les artérioles et les veinules dans tous les tissus. *C'est au niveau des vaisseaux capillaires que s'effectuent les échanges gazeux et nutritifs et l'élimination des déchets.* ▷ n. m. *Les capillaires.* **3.** PHYS Relatif aux phénomènes de capillarité. – Lat. *capillaris,* de *capillus,* «cheveu».

2. capillaire [kapilɛʀ] n. m. Fougère polypodiacée à pétioles longs et grêles, à feuilles très découpées (ex. : *Adiantum capillus veneris* : le cheveu-de-Vénus). – De *capillaire* 1.

capillarite [kapilaʀit] n. f. MED Lésion des vaisseaux capillaires cutanés. – De *capillaire* 1, et *-ite* 1.

capillarité [kapilaʀite] n. f. **1.** Qualité, état de ce qui est capillaire. **2.** Propriété des tubes capillaires. **3.** Phénomène d'ascension des liquides dans les tubes fins, dû à la tension superficielle entre des milieux de natures différentes. – De *capillaire* 1.

capilotade [kapilɔtad] n. f. **1.** Vieilli Ragoût fait de restes de viandes coupés en petits morceaux. **2.** Loc. fig., fam. *Mettre en capilotade :* mettre en pièces, écraser. *Être en capilotade,* en piteux état. – P.-ê. de l'esp. *capirotada,* «ragoût aux câpres».

capiston [kapistɔ̃] n. m. Arg. milit., vx Capitaine.

capitaine [kapitɛn] n. m. **1.** Officier des armées de terre et de l'air, se situant au-dessus du lieutenant et au-dessous du commandant dans la hiérarchie militaire. *Le capitaine commande une compagnie, un escadron ou une batterie.* **2.** MAR *Capitaine de vaisseau, de frégate, de corvette :* officiers de la marine militaire dont les grades correspondent, dans l'armée de terre, respectivement à ceux de colonel, de lieutenant-colonel et de commandant. – *Capitaine d'armes :* officier marinier chargé du service intérieur et de la discipline. **3.** Officier commandant un navire de commerce. *Les brevets de capitaine de 1re et de 2e classe de la navigation maritime ont remplacé ceux de capitaine au long cours et de capitaine de la marine marchande.* – *Capitaine d'un port.* ▷ Cour. Commandant d'un navire. **4.** Litt. Chef militaire. *Alexandre et Napoléon furent de grands capitaines.* **5.** Chef d'une équipe sportive. – Bas lat. *capitaneus,* de *caput,* «tête».

capitainerie [kapitɛnʀi] n. f. Bureau du capitaine d'un port. – De *capitaine.*

1. capital, ale, aux [kapital, o] adj. et n. f. **I.** adj. **1.** Principal, essentiel. *Le point capital de cette affaire. Une découverte capitale. Les sept péchés capitaux.* **2.** *Peine capitale* : peine de mort. **II.** n. f. **1.** Ville où siègent les pouvoirs publics d'un État, d'une province. *Paris, capitale de la France.* – *Capitale fédérale,* où siège le gouvernement d'une fédération d'États. *Washington est la capitale fédérale des États-Unis.* **2.** Lettre majuscule. *Écrire en capitales d'imprimerie.* – Lat. *capitalis,* de *caput,* « tête ».

2. capital, aux [kapital, o] n. m. **1.** Cour. Bien, fortune. *Avoir un petit capital.* – *Manger son capital* : se ruiner. ▷ Fig. *Le capital historique de la France.* **2.** ECON Somme de richesses produisant d'autres richesses. **3.** Ensemble des moyens (financiers et techniques) dont dispose une entreprise industrielle ou commerciale. *Évaluer le capital réel d'une société. Capital technique.* ▷ *Capital nominal* ou *social* : somme des apports initiaux contractuels des actionnaires qui constituent une société. *Société anonyme au capital de cent mille francs.* **4.** ECON (Collectif) Ceux qui détiennent les moyens de production, les capitalistes; le capitalisme. *Prôner l'union du capital et du travail,* de la bourgeoisie et du prolétariat. **5.** *Spécial.* (Plur.) Moyens financiers dont dispose une entreprise ou un particulier pour investir. *La fuite des capitaux à l'étranger. Réunir, investir des capitaux. Manquer de capitaux.* ▷ *Capitaux fixes* (biens meubles et immeubles), *circulants* (liquidités destinées à recouvrir des traites, à payer les salaires). *Capitaux propres* ou *fonds propres* : capital social et réserves appartenant en propre à une entreprise. *Capitaux permanents* : capitaux propres et dettes à long et moyen terme. *Capitaux fébriles* ou *flottants* : V. fébrile. – De *capital* 1.

capitalisable [kapitalizabl] adj. Qui peut être capitalisé. – De *capitaliser.*

capitalisation [kapitalizasjɔ̃] n. f. Action de capitaliser; son résultat. ▷ *Capitalisation boursière* : évaluation de l'ensemble des titres d'une société d'après leur cotation en Bourse. – De *capitaliser.*

capitaliser [kapitalize] v. [1] **1.** v. intr. Cour. Accumuler de l'argent pour constituer ou augmenter un capital. **2.** v. tr. ECON Accroître un capital par l'addition (des intérêts qu'il procure). – De *capital* 2.

capitalisme [kapitalism] n. m. **1.** Régime économique fondé sur la primauté des capitaux privés. *L'essor du capitalisme au XIXe s.* **2.** *Par ext.* Régime politique dans lequel le pouvoir est dépendant des détenteurs de capitaux. – De *capital* 2.

capitaliste [kapitalist] adj. et n. **1.** adj. Qui a rapport au capitalisme. *Régime capitaliste.* **2.** n. Personne qui détient des capitaux. – Fam. Personne qui est riche. *Un gros capitaliste.* – De *capital* 2.

capital-risque [kapitalʀisk] n. m. (Ne s'emploie qu'au sing.) ECON Capital en fonds propres placé dans une entreprise, spécial. dans les secteurs de pointe. – De *capital* 2, et *risque.*

capitan [kapitɑ̃] n. m. Personnage traditionnel de l'anc. comédie italienne, vantard et ridicule. ▷ Par ext. Vx Vantard, fanfaron. – Ital. *capitano.*

capitation [kapitasjɔ̃] n. f. FEOD Taxe par tête, abolie en 1789. – Bas lat. *capitatio,* « impôt par tête ».

capité, ée [kapite] adj. BOT Se dit d'un organe renflé au sommet. – Du lat. *caput,* « tête ».

capiteux, euse [kapitø, øz] adj. Qui porte à la tête, qui enivre. *Vin, parfum capiteux.* – Ital. *capitoso,* « obstiné », du lat. *caput,* « tête ».

capitolin, ine [kapitɔlɛ̃, in] adj. Du Capitole. *Jeux capitolins. Jupiter capitolin.* – Lat. *capitolinus,* de *Capitolium,* une des sept collines de Rome.

capiton [kapitɔ̃] n. m. **1.** Bourre de soie. **2.** Rembourrage piqué à intervalles réguliers (formant souvent des losanges); chacun de ces losanges. – De l'ital. *capitone,* « grosse tête ».

capitonnage [kapitɔnaʒ] n. m. Action de capitonner; garniture capitonnée. – De *capitonner.*

capitonner [kapitɔne] v. tr. [1] Rembourrer, garnir de capiton. *Capitonner les murs d'une salle de concert.* – Pp. adj. *Un siège capitonné. Une porte capitonnée.* – De *capiton.*

capitoul [kapitul] n. m. HIST Nom donné au Moyen Âge et sous l'Ancien Régime, à Toulouse, aux magistrats municipaux. – Lat. ecclés. *capitulum,* « chapitre ».

capitulaire [kapitylɛʀ] adj. et n. m. **1.** adj. Qui appartient à un chapitre de chanoines ou de religieux. *Salle capitulaire.* **2.** n. m. Loi édictée par un roi, un empereur mérovingien ou carolingien. – Lat. médiév. *capitularis,* de *capitulum,* « chapitre ».

capitulairement [kapitylɛʀmɑ̃] adv. RELIG En chapitre. – De *capitulaire.*

capitulard, arde [kapitylaʀ, aʀd] adj. et n. Péjor. Partisan de la capitulation; lâche. – De *capituler,* et suff. *-ard.*

capitulation [kapitylasjɔ̃] n. f. **1.** HIST Convention par laquelle le vainqueur s'engageait à respecter certains droits des habitants des territoires conquis. – (Plur.) Conventions réglant le statut des étrangers chrétiens, notam. dans l'Empire ottoman (1569-1923), en Iran et dans divers pays d'Extrême-Orient. **2.** MILIT Convention pour la reddition d'une place, d'une troupe. *Signer une capitulation.* **3.** Fig. Fait de composer avec un adversaire, de céder. – Lat. médiév. *capitulatio.*

capitule [kapityl] n. m. BOT Inflorescence formée de très nombreuses fleurs sessiles fixées sur un renflement terminal de l'axe floral. *Capitules des composées.* – Lat. *capitulum,* « petite tête ».

capituler [kapityle] v. intr. [1] **1.** Traiter avec l'ennemi la reddition d'une place, d'une ville, d'une armée. **2.** Fig. Venir à composition, céder. – Lat. médiév. *capitulare,* « faire une convention ».

capodastre [kapɔdastʀ] n. m. MUS Dispositif que l'on fixe sur le manche d'une guitare, et qui, pressant toutes les cordes, permet d'obtenir par leur raccourcissement une transposition mécanique. – P.-ê. de l'esp. ou de l'ital. *capotasto.*

capon, onne [kapɔ̃, ɔn] adj. (et n.) Fam., vieilli Lâche. – Ital. *accapone.*

caponnière [kapɔnjɛʀ] n. f. Chemin qui, dans une enceinte fortifiée, traverse le fossé à sec. – Ital. *capponiere,* esp. *caponera,* « cage à chapons ».

caporal, aux [kapɔʀal, o] n. m. **1.** Militaire qui a le grade le moins élevé, dans l'infanterie et l'aviation. – *Le Petit Caporal* : Napoléon Ier. – *Caporal-chef* : militaire du grade supérieur à celui de caporal et inférieur à celui de sergent. *Des caporaux-chefs.* **2.** Tabac fort, à fumer. *Du caporal supérieur.* – Ital. *caporale,* de *capo,* « tête ».

caporaliser [kapɔʀalize] v. tr. [1] Rare Imposer le caporalisme. – De *caporalisme.*

caporalisme [kapɔʀalism] n. m. Régime politique autoritaire, manière de conduire un État militairement. *Le caporalisme prussien de Bismarck.* – De *caporal.*

1. capot [kapo] n. m. **1.** MAR Toile de protection. **2.** Tôle protectrice recouvrant un moteur. – De *cape* 1.

2. capot [kapo] adj. inv. Se dit d'un joueur qui n'a fait aucune levée, aux cartes. *Être capot.* – Du provenç. *cap,* « tête », ou de *capot* 1, par métaph.

capotage [kapɔtaʒ] n. m. **1.** Disposition de la capote d'une voiture. **2.** Fermeture, protection assurée par un capot. – De *capot* 1.

capote [kapɔt] n. f. **1.** Grand manteau à capuchon. **2.** Grand manteau militaire. **3.** Chapeau de femme. **4.** Couverture d'une voiture qui se plie à la manière d'un soufflet. **5.** Fam. *Capote anglaise :* préservatif masculin. – De *capot* 1.

1. capoter [kapɔte] v. tr. [1] Munir d'une capote; fermer au moyen d'une capote. – De *capot* 1.

2. capoter [kapɔte] v. intr. [1] **1.** Se retourner par accident (automobiles, avions). **2.** MAR Chavirer. **3.** Fig. Échouer. – De *faire capot,* «chavirer», de *capot* 1.

cappadocien, enne [kapadɔsjɛ̃, ɛn] adj. et n. De la Cappadoce, anc. pays d'Asie Mineure, auj. région de Turquie. ▷ Subst. *Un(e) Cappadocien(ne).*

capparidacées [kapaʀidase] n. f. pl. BOT Famille de plantes dicotylédones dialypétales à grandes fleurs odorantes, où l'ovaire est porté par un pédoncule très long; plantes épineuses des régions chaudes arides. – Sing. *Une capparidacée.* – Du lat. bot. *capparis,* nom de genre du câprier.

cappella (a). V. a cappella.

cappuccino [kaputʃino] n. m. Café au lait à la crème chantilly. – Mot ital., «capucin», par anal. de couleur avec la robe des capucins.

câpre [kɑpʀ] n. f. Bouton floral du câprier, qui, confit dans le vinaigre, sert de condiment. – Ital. *cappero,* lat. *capperis,* gr. *kapparis.*

capricant, ante [kapʀikɑ̃, ɑ̃t] adj. Rare Inégal, irrégulier, sautillant. – Du lat. *capra,* «chèvre».

capriccio [kapʀitʃjo] n. m. MUS Composition de forme libre, souvent inspirée du folklore. *Des capriccios.* Syn. caprice. – Mot ital., «caprice».

caprice [kapʀis] n. m. **1.** Fantaisie, volonté soudaine et irréfléchie. *Satisfaire les caprices d'un enfant.* **2.** (Plur.) Changements imprévisibles. *Les caprices de la mode.* **3.** Fantaisie amoureuse. *«Les Caprices de Marianne», comédie de Musset.* – Ital. *capriccio.*

capricieusement [kapʀisjøzmɑ̃] adv. Par caprice. – De *caprice.*

capricieux, euse [kapʀisjø, øz] adj. et n. **1.** (Personnes) Qui a des caprices, fantasque. *Une diva capricieuse.* **2.** (Choses) Irrégulier, dont la forme change. *Les flots capricieux.* – De *caprice.*

capricorne [kapʀikɔʀn] n. m. **1.** ASTRO *Le Capricorne :* constellation zodiacale de l'hémisphère austral. – *Tropique du Capricorne :* tropique austral. ▷ ASTROL Signe du zodiaque* (22 déc.-20 janv.). – Ellipt. *Il est capricorne.* **2.** Coléoptère aux antennes très longues. *Le capricorne arlequin* (Acrocinus longimanus) *et le capricorne héros* (Cerambyx cerdo), *communs en France, sont des xylophages dangereux pour les charpentes.* – Lat. *capricornus,* de *caper,* «bouc», et *cornu,* «corne».

câprier [kɑpʀije] n. m. Arbuste épineux (*Capparis spinosa*) des zones périméditerranéennes, à grandes fleurs odorantes, type de la fam. des capparidacées. – De *câpre.*

caprification [kapʀifikasjɔ̃] n. f. HORTIC Procédé consistant à suspendre aux branches des figuiers cultivés des figues sauvages contenant des insectes, qui facilitent la fécondation et hâtent la maturation des fruits. – Du lat. *caprificus,* «figuier à bouc».

caprifoliacées [kapʀifɔljase] n. f. pl. BOT Famille de dicotylédones gamopétales, comprenant le chèvrefeuille (*Lonicera caprifolium*), le sureau, les viornes, la symphorine, etc. – Sing. *Une caprifoliacée.* – Du lat. *caprifolium,* «chèvrefeuille».

caprimulgiformes [kapʀimylʒifɔʀm] n. m. pl. ORNITH Ordre d'oiseaux comprenant notam. l'engoulevent (genre *Caprimulgus,* fam. caprimulgidés), le martinet, les colibris. – Sing. *Un caprimulgiforme.* – Du lat. *caprimulgus,* «sorte de chouette qui tête les chèvres», et *-forme.*

caprin, ine [kapʀɛ̃, in] adj. Qui se rapporte à la chèvre; de la chèvre. *Race caprine.* – Lat. *caprinus,* de *capra,* «chèvre».

caprins [kapʀɛ̃] ou **caprinés** [kapʀine] n. m. pl. ZOOL Sous-famille de bovidés ayant des cornes à grosses côtes transversales (chèvres, bouquetins, chamois, moutons). – Sing. *Un caprin* ou *un capriné.* – De *caprin.*

capselle [kapsɛl] n. f. Crucifère du genre *Capsella.* (*Capsella bursa pastoris,* la bourse-à-pasteur, fréquente le long des chemins, doit son nom à la forme triangulaire de son fruit.) – Lat. *capsella,* «coffret».

capside [kapsid] n. f. MICROB Formation de molécules protéiques, en forme de coque qui entoure le matériel génétique (A.D.N. ou A.R.N.) d'un virus. – Du lat. *capsa,* «boîte», et *-ide.*

capsien, enne [kapsjɛ̃, ɛn] n. m. et adj. PREHIST Faciès culturel (paléolithique final et épipaléolithique) reconnu dans plusieurs régions du Maghreb. ▷ adj. *La culture capsienne.* – De *Capsa,* nom antiq. de Gafsa, v. de Tunisie, proche du site d'El-Mekta où fut découvert le premier gisement.

capsomère [kapsɔmɛʀ] n. m. Élément constitutif de la capside virale. – De *caps(ide)* et *-mère.*

capsulage [kapsylaʒ] n. m. Opération qui consiste à fixer une capsule en métal ou en plastique sur le goulot d'une bouteille. – De *capsule.*

capsulaire [kapsylɛʀ] adj. **1.** Didac. En forme de capsule. **2.** BOT Déhiscent. – De *capsule.*

capsule [kapsyl] n. f. **1.** ANAT *Capsule articulaire :* enveloppe membraneuse qui entoure une articulation. – *Capsules surrénales :* glandes surrénales. **2.** BOT Fruit sec déhiscent contenant plusieurs graines (des lis, des tulipes, etc.). **3.** MICROB Enveloppe protectrice de certaines bactéries. **4.** CHIM Vase en forme de calotte dont on se sert pour faire évaporer un liquide. **5.** Petit tube de cuivre qui renferme une amorce de poudre fulminante. **6.** Couvercle en métal ou en plastique que l'on applique sur le bouchon ou le goulot d'une bouteille. **7.** Enveloppe soluble de certains médicaments. **8.** *Capsule spatiale :* habitacle hermétique destiné à être satellisé. – Lat. *capsula,* «petite boîte».

capsuler [kapsyle] v. tr. [1] Boucher (une bouteille) avec une capsule. – De *capsule.*

captable [kaptabl] adj. Qui peut être capté. – De *capter.*

captage [kaptaʒ] n. m. Action de capter (des eaux). – De *capter.*

captal [kaptal] n. m. Au Moyen Âge, dans le Midi, capitaine, seigneur. – Vx mot gascon, du lat. *capitalis,* «qui est à la tête».

captateur, trice [kaptatœʀ, tʀis] n. DR Personne qui se rend coupable de captation. – De *captation.*

captation [kaptasjɔ̃] n. f. DR Manœuvre malhonnête destinée à amener quelqu'un à consentir à une donation, un legs. – Lat. *captatio.*

captatoire [kaptatwaʀ] adj. Qui se rapporte à la captation. – De *captation.*

capter [kapte] v. tr. [1] **1.** Obtenir par insinuation, par artifice. *Capter la confiance de quelqu'un.* **2.** Recueillir, canaliser. *Capter les eaux d'une source. Capter le rayonnement solaire.* **3.** Recevoir (une émission radioélectrique) sur un poste récepteur. **4.** PHYS NUCL *Atome qui capte un électron,* qui l'intègre à sa couche périphérique. – Lat. *captare,* «essayer de prendre».

capteur [kaptœʀ] n. m. TECH Organe capable de détecter un phénomène (bruit, lumière, etc.) à sa source et d'envoyer l'information vers un système plus complexe (calculateur en temps réel, par ex.). – *Capteur solaire* : dispositif recueillant l'énergie calorifique du soleil. – De *capter.*

captieusement [kapsjøzmɑ̃] adv. Litt. D'une manière captieuse. – De *captieux.*

captieux, euse [kapsjø, øz] adj. Litt. Qui tend à tromper, à surprendre par de fausses apparences; insidieux. *Discours captieux.* – Lat. *captiosus,* de *capere,* « prendre ».

captif, ive [kaptif, iv] adj. et n. **1.** Privé de la liberté, emprisonné, enfermé. *Un oiseau captif.* ▷ Subst. HIST ou litt. *Un captif, une captive* : une personne privée de sa liberté et, *spécial.,* faite prisonnière au cours d'une guerre et réduite en esclavage. **2.** *Ballon captif* : aérostat retenu au sol par un câble. **3.** Litt. Assujetti. – Lat. *captivus,* de *capere,* « prendre ».

captivant, ante [kaptivɑ̃, ɑ̃t] adj. Qui captive, qui charme. *Un livre captivant.* – Ppr. de *captiver.*

captiver [kaptive] v. tr. [1] **1.** Vx Soumettre. **2.** Attirer et retenir l'attention de; séduire, charmer. *Cette histoire m'a captivé.* – Bas lat. *captivare,* « faire captif ».

captivité [kaptivite] n. f. État d'une personne captive. *Vivre en captivité.* – De *captif.*

captorhinomorphes [kaptɔʀinɔmɔʀf] n. m. pl. PALEONT Ordre de reptiles fossiles, classe des *Captorhina* (du carbonifère au permien), qui constituent la souche des reptiles évolués actuels. – Sing. *Un captorhinomorphe.* – Du lat. *captare,* de *-rhino,* et de *-morphe.*

capture [kaptyʀ] n. f. **1.** Fait de capturer. *La capture d'un animal, d'un criminel.* ▷ PHYS *Capture d'une particule,* par le noyau d'un atome. ▷ GEOGR *Capture d'un cours d'eau par un autre* : détournement naturel du premier vers le lit du second. **2.** Ce qui a été pris. – Lat. *captura,* de *capere,* « prendre ».

capturer [kaptyʀe] v. tr. [1] **1.** Prendre vivant (un être humain, un animal). *Capturer un lion.* – Par anal. *Capturer un navire ennemi.* **2.** PHYS (En parlant du noyau d'un atome.) Absorber (une particule). – De *capture.*

capuce [kapys] n. m. Capuchon en pointe de l'habit d'un moine. – Ital. *cappuccio.*

capuche [kapyʃ] n. f. **1.** Capuchon ample qui se rabat sur les épaules. **2.** Capuchon amovible d'un vêtement. – Var. de *capuce.*

capuchon [kapyʃɔ̃] n. m. **1.** Grand bonnet fixé sous le col d'une veste, d'un manteau, etc. *Capuchon d'un anorak.* **2.** Élément servant à protéger, à fermer. *Visser le capuchon d'un stylo.* – De l'ital. *cappuccio,* « capuchon des moines ».

capuchonner [kapyʃɔne] v. tr. [1] Couvrir d'un capuchon (sens 2). – De *capuchon.*

capucin, ine [kapysɛ̃, in] n. **1.** Religieux d'une branche de l'ordre des Franciscains. *Les Capucins luttèrent activement contre le protestantisme au XVI*e *s.* **2.** BOT *Barbe-de-capucin**. **3.** ZOOL Nom de divers singes d'Amérique du Sud (sajou, saki, saï, etc.). – Ital. *cappucino,* « porteur de capuce ».

capucinade [kapysinad] n. f. Vieilli, litt. Plat discours de morale. – De *capucin.*

capucine [kapysin] n. f. **1.** Plante ornementale (*Tropæolum,* fam. tropæloacées), cultivée pour ses fleurs vivement colorées. (Une espèce est grimpante.) **2.** Célèbre ronde enfantine. *Danser la capucine.* – De *capucin.*

capulet [kapylɛ] n. m. Rég. Cape de femme à capuchon, dans les Pyrénées. – Mot gascon, dimin. de *capo,* « cape ».

capverdien, enne [kapvɛʀdjɛ̃, ɛn] adj. et n. Du Cap-Vert, État insulaire au large du Sénégal. – Subst. *Un(e) Capverdien(ne).*

caque [kak] n. f. Baril où l'on met les harengs salés. – (Prov.) Vieilli *La caque sent toujours le hareng* : on garde toujours la marque de son origine. – De *caquer.*

caquelon [kaklɔ̃] n. m. Poêlon profond en terre ou en fonte. – Alsacien *kakel,* « casserole en terre ».

caquer [kake] v. tr. [1] Préparer (le poisson) pour le mettre en caque; mettre en caque. – Du néerl. *kaken,* « ôter les ouïes ».

caquet [kake] n. m. **1.** Gloussement de la poule qui vient de pondre. **2.** Fig. Bavardage importun. **3.** *Rabaisser, rabattre le caquet de qqn,* le faire taire. – De *caqueter.*

caquetage [kaktaʒ] n. m. **1.** Action de caqueter (sens 1). **2.** Bavardage, commérage. – De *caqueter.*

caqueter [kakte] v. intr. [20] **1.** Glousser après avoir pondu (poules). **2.** Fig. Bavarder à tort et à travers. – Onomat.

1. car [kaʀ] conj. de coordination. (Pour indiquer que l'on va énoncer la cause, la preuve, la raison de ce que l'on vient de formuler.) *Elle n'est pas sortie, car il pleuvait.* – Lat. *quare,* « c'est pourquoi ».

2. car [kaʀ] n. m. Autocar. – Abrév. de *autocar.*

carabe [kaʀab] n. m. ENTOM Coléoptère (genre *Carabus*), appelé cour. *jardinière,* généralement noir à reflets métalliques, au corps allongé muni de grandes pattes agiles. (De nombreuses espèces françaises sont des carnassiers utiles.) – Gr. *karabos.*

carabin [kaʀabɛ̃] n. m. **1.** HIST Soldat de cavalerie légère au XVIe s. **2.** Fam. Étudiant en médecine. – P.-ê. de *escarrabin,* mot du Midi, de la fam. de *escarbot,* « nécrophore ».

carabine [kaʀabin] n. f. Fusil léger à canon court. – De *carabin* (sens 1).

carabiné, ée [kaʀabine] adj. Fam. D'une grande force, violent. *Un rhume carabiné.* – De l'anc. v. *carabiner,* « se battre », et, fig., « souffler en tempête », de *carabine.*

carabinier [kaʀabinje] n. m. **1.** Anc. Soldat, cavalier armé d'une carabine. **2.** Gendarme, en Italie. – Douanier, en Espagne. ▷ Loc. *Arriver comme les carabiniers* : arriver trop tard (allus. aux *Brigands* d'Offenbach). – De *carabine.*

caracal [kaʀakal] n. m. Lynx africain et asiatique, au pelage fauve clair. – Mot esp., du turc *qara qâlaq,* « oreille noire ».

caraco [kaʀako] n. m. **1.** Vieilli Corsage de femme, camisole. **2.** Sous-vêtement féminin couvrant le buste. – P.-ê. du turc *kerake.*

caracole [kaʀakɔl] n. f. Demi-tours, voltes effectués par des chevaux (montés ou non). – *Par ext.* Mouvement désordonné d'un cheval. – Esp. *caracol,* « limaçon ».

caracoler [kaʀakɔle] v. intr. [1] **1.** Faire des voltes, en parlant de chevaux et de leurs cavaliers. **2.** *Par ext.* Cabrioler. **3.** Fig. Évoluer avec aisance. *Cycliste qui caracole en tête de la course.* – De *caracole.*

caractère [kaʀaktɛʀ] n. m. **I.** Empreinte, marque, figure. **1.** Signe d'une écriture. *Les caractères cunéiformes d'une tablette assyrienne. Écrivez en gros caractères.* **2.** TYPO Bloc métallique portant une figure de lettre en relief. *Caractères d'imprimerie.* – Dessin propre à un type de lettre. *Choisir les caractères d'une brochure.* **3.** Fig. Empreinte. **II.** Marque distinctive. **1.** Ce qui distingue une personne, une chose. *Les caractères héréditaires s'opposent aux caractères acquis.* **2.** Élément particulier (à une chose). *Sa maladie a un caractère grave.* **3.** *Absol.* Personnalité, originalité. *Cette œuvre manque de carac-*

tère. – *Danse de caractère,* folklorique, expressive. **III. 1.** Ensemble des possibilités de réactions affectives et volontaires qui définissent la structure psychologique d'un individu; manière d'être, d'agir. *Ces deux frères ont des caractères opposés. Montrer un bon caractère. Avoir un caractère insupportable.* **2.** Force d'âme, fermeté. *Montrer du caractère.* **3.** Ensemble de traits distinctifs (d'une personne, d'un groupe); leur transcription littéraire. *Le caractère de Joad dans «Athalie». «Les Caractères ou les mœurs de ce siècle», de La Bruyère (1688).* **4.** Personnalité (d'un peuple, d'une nation). *Le caractère national italien.* – Lat. *character* «particularité d'un signe», gr. *kharaktêr,* «empreinte».

caractériel, elle [kaʀakteʀjel] adj. et n. PSYCHO **1.** adj. Relatif au caractère (sens III, 1). *Troubles caractériels.* **2.** n. Personne qui présente des troubles du caractère. – De *caractère.*

caractérisation [kaʀakteʀizasjɔ̃] n. f. Manière dont qqch se caractérise; action, fait de caractériser. – De *caractériser.*

caractérisé, ée [kaʀakteʀize] adj. Nettement marqué, dont les caractères propres apparaissent immédiatement. *Une maladie caractérisée. Des injures caractérisées.* – Pp. de *caractériser.*

caractériser [kaʀakteʀize] v. tr. [1] **1.** Décrire avec précision (une personne ou une chose) par ses traits distinctifs. *Proust caractérise ses personnages avec subtilité.* **2.** Constituer les traits caractéristiques de. *La sottise qui caractérise cet homme.* ▷ v. pron. Être déterminé par tel ou tel caractère (sens II). – De *caractère.*

caractéristique [kaʀakteʀistik] adj. et n. f. **I.** adj. Qui distingue d'autre chose. *Une différence caractéristique.* **II.** n. f. **1.** Ce qui caractérise (qqn ou qqch). – Trait particulier. **2.** MATH *Caractéristique d'un logarithme,* sa partie entière (par oppos. à *mantisse,* sa partie décimale). – Gr. *kharaktêristikos.*

caractérologie [kaʀakteʀɔlɔʒi] n. f. Partie de la psychologie qui étudie les types de caractères. – De *caractère,* et *-logie.*

caracul. V. karacul.

carafe [kaʀaf] n. f. **1.** Bouteille de verre à base élargie et col étroit. – Son contenu. *Boire une carafe d'eau.* **2.** Loc. fam. *Rester en carafe* : être laissé de côté ou rester en panne. – Ar. *gharrāf,* par l'esp. et l'ital.

carafon [kaʀafɔ̃] n. m. **1.** Petite carafe. **2.** Fam. Tête. *Il n'a rien dans le carafon.* – De *carafe.*

caraïbe [kaʀaib] adj. et n. **I.** adj. **1.** Des Caraïbes; des îles de la mer des Caraïbes. *La zone caraïbe.* **2.** D'une ethnie amérindienne des Petites Antilles, auj. disparue. ▷ Subst. *Un(e) Caraïbe.* **II.** n. m. *Le caraïbe* : le groupe des langues de cette région. – Mot indigène, *karib.*

caraïte [kaʀait] n. m. Membre d'une secte juive qui n'accepte pas la tradition talmudique et ne reconnaît que l'autorité de l'Écriture. – De l'hébr. *kara,* «lire».

carambolage [kaʀɑ̃bɔlaʒ] n. m. **1.** Au billard, coup par lequel une bille en touche deux autres. **2.** Fig. Chocs répétés, en série. – De *caramboler.*

carambole [kaʀɑ̃bɔl] n. f. Fruit sphérique et orangé du carambolier, arbre cultivé en Inde. – *Par ext.* Bille rouge, au jeu de billard. – Esp. et portug. *carambola.*

caramboler [kaʀɑ̃bɔle] v. [1] **1.** v. intr. Au billard, toucher deux billes avec la sienne. **2.** v. tr. Fig. Heurter, bousculer, renverser. – De *carambole.*

carambouillage [kaʀɑ̃bujaʒ] n. m. ou **carambouille** [kaʀɑ̃buj] n. f. Escroquerie qui consiste à revendre au comptant des marchandises non payées. – Probabl. altér. de *carambole.*

carambouilleur [kaʀɑ̃bujœʀ] n. m. Escroc qui pratique le carambouillage. – De *carambouille.*

caramel [kaʀamɛl] n. m. **1.** Produit obtenu en chauffant du sucre. ▷ adj. inv. Brun clair. *Une étoffe caramel.* **2.** Bonbon au caramel. *Des caramels durs, mous.* – Esp. *caramelo,* «bonbon».

caramélisation [kaʀamelizasjɔ̃] n. f. Transformation du sucre en caramel. – De *caramel.*

caraméliser [kaʀamelize] v. tr. [1] **1.** Transformer du sucre en caramel. – Pp. adj. *Sucre caramélisé.* **2.** Additionner de caramel. **3.** Enduire de caramel. – De *caramel.*

carapace [kaʀapas] n. f. **1.** Formation tégumentaire très dure, enveloppe protectrice du corps de certains animaux. *Carapace cornée des chéloniens. Carapace calcifiée des crustacés, des tatous. La carapace d'une langouste.* **2.** Fig. Ce qui protège. *Un égoïste protégé par une carapace d'indifférence.* – Esp. *carapacho.*

carapater (se) [kaʀapate] v. pron. [1] Pop. S'enfuir. – De *patte,* et p.-ê. arg. *se carrer,* «se cacher».

caraque [kaʀak] n. f. et adj. **1.** n. f. Ancien navire de charge de 1 000 à 1 500 tonneaux, très élevé sur l'eau. *Les caraques desservaient les Indes et l'Amérique du Sud.* **2.** adj. ou en appos. *Porcelaine caraque* : porcelaine très fine que les caraques rapportaient en Europe. – Ar. *karrāka,* «bateau léger», par l'esp. ou l'ital.

carassin [kaʀasɛ̃] n. m. ICHTYOL Poisson téléostéen du genre *Carassius. Carassin doré* : cyprin doré (*Carassius auratus*) ou, cour., poisson rouge. – All. *Karas,* du tcheque.

carat [kaʀa] n. m. **1.** Vingt-quatrième partie d'or fin contenue dans une masse d'or. **2.** Unité de masse pour les diamants, les pierres précieuses (0,2 g). **3.** Loc. fam. *Le dernier carat* : le dernier moment, l'extrême limite. – Du gr. *keration,* «tiers d'obole».

caravagisme [kaʀavaʒism] n. m. Courant pictural issu de la peinture du Caravage (v. 1573-1610), caractérisé par le réalisme des représentations et le contraste entre l'ombre et la lumière.

caravanage [kaʀavanaʒ] Syn. (off. recommandé) de *caravaning.* – De *caravane* 2.

1. caravane [kaʀavan] n. f. **1.** Groupe de personnes (commerçants, pèlerins, nomades, etc.) voyageant ensemble pour mieux affronter les difficultés, l'insécurité de certaines traversées (des déserts notam.). **2.** *Par ext.* Groupe de personnes voyageant ensemble. *Une caravane de touristes.* – Persan *kārwān.*

2. caravane [kaʀavan] n. f. Roulotte de tourisme remorquée par une voiture et aménagée pour servir d'habitation. – Angl. *caravan.*

1. caravanier, ère [kaʀavanje, ɛʀ] n. m. et adj. **1.** n. m. Conducteur des bêtes de somme d'une caravane. **2.** adj. Relatif aux caravanes. *Piste caravanière.* – De *caravane* 1.

2. caravanier [kaʀavanje] n. m. Utilisateur d'une caravane. – De *caravane* 2.

caravaning [kaʀavaniŋ] n. m. (Anglicisme) Camping itinérant avec une caravane. Syn. (off. recommandé) caravanage. – De *caravane* 2.

caravansérail [kaʀavɑ̃seʀaj] n. m. Lieu destiné à abriter les caravanes et à héberger les voyageurs, en Orient. – Turco-persan *kārwānsarāy.*

caravelle [kaʀavɛl] n. f. **1.** Anc. Navire à trois ou quatre mâts, à voiles latines, utilisé aux XVe et XVIe s., notam. dans les grands voyages de découverte. *La* Santa-Maria, *caravelle de Christophe Colomb.* **2.** Mod. (Nom déposé.) Nom donné à un biréacteur moyen-courrier, le premier avion à réaction civil construit en France. *Une Caravelle.* – Portug. *caravela,* du bas lat. *carabus,* «canot».

carb(o)-. Élément, du lat. *carbo, carbonis,* «charbon».

carbamate [karbamat] n. m. CHIM Sel de l'acide NH_2–CO–OH (acide carbamique, non isolé; ses esters sont les uréthanes). – De *carbam(ide)*, syn. de urée, et *-ate*.

carbet [karbɛ] n. m. En Guyane française et aux Antilles, grande case, commune à plusieurs familles; hangar pour abriter les embarcations et les engins de pêche. – Mot tupi.

carbochimie [karboʃimi] n. f. Chimie industrielle des dérivés provenant de la cokéfaction de la houille (ammoniac, méthane, éthylène, acétylène, benzols, etc.), qui servent d'intermédiaires dans la synthèse de nombreux corps (matières plastiques, colorants, etc.). – De *carbo-*, et *chimie*.

carbogène [karbɔʒɛn] n. m. MED Mélange de 93 % d'oxygène et de 7 % de dioxyde de carbone (CO_2), utilisé en réanimation. – De *carbo-*, et *-gène*.

carbonade. V. carbonnade.

carbonado [karbɔnado] n. m. Diamant noir employé pour le forage de matières dures. – Mot portug. du Brésil.

carbonarisme [karbɔnarism] n. m. **1.** Ensemble des principes, de la doctrine des carbonari. **2.** Organisation, mouvement politique des carbonari. – De *carbonaro*.

carbonaro, plur. **ari** [karbɔnaro, ari] n. m. Membre d'une société secrète, active en Italie au XIXe s., qui luttait pour la libération et l'unité nationales. *Les carbonari étaient groupés en sections appelées «ventes».* – Mot ital. «charbonnier», en souvenir d'anciens conspirateurs qui se réunissaient dans des huttes de charbonniers.

carbonatation [karbɔnatasjɔ̃] n. f. CHIM Neutralisation d'une base par l'acide carbonique. – De *carbonate*.

carbonate [karbɔnat] n. m. CHIM Sel ou ester de l'acide carbonique. – De *carbone*, et *-ate*.

carbonater [karbɔnate] v. tr. [1] CHIM **1.** Transformer en carbonate. **2.** Saturer en dioxyde de carbone (CO_2). – De *carbonate*.

carbone [karbɔn] n. m. **1.** Élément non métallique de numéro atomique Z = 6 et de masse atomique 12,01 (symbole C). *La masse atomique du carbone 12, isotope ^{12}C (M = 12), a été choisie comme base pour le calcul des masses atomiques des éléments.* – Non-métal (C), qui fond à 3 600 °C et bout à 4 800 °C. ▷ *Fibre de carbone*, obtenue par pyrolyse de matières acryliques, et que l'on incorpore dans une matrice en résine époxy ou en alliage léger pour obtenir un matériau composite de très haute résistance. **2.** Cour. *Papier carbone* ou *carbone* : papier enduit d'un apprêt coloré sur une face, permettant d'exécuter des doubles, notam. en dactylographie. – Du lat. *carbo, carbonis*, «charbon».

ENCYCL Le carbone est peu abondant à l'état natif. On le trouve sous forme de diamant, de graphite (variétés allotropiques) et de charbons minéraux (houille et lignite). Sous forme combinée, l'élément carbone se rencontre dans les hydrocarbures et les carbonates; c'est l'un des constituants fondamentaux de la matière vivante. L'atmosphère contient 0,03 % de dioxyde de carbone (CO_2), lequel joue un rôle fondamental lors de la photosynthèse. L'oxyde de carbone (CO), produit par la combustion incomplète de composés carbonés, présente une grande toxicité. L'isotope radioactif ^{14}C permet la datation (V. encycl. datation) des corps organiques.

Biochim. – *Cycle du carbone.* Les végétaux chlorophylliens et certaines bactéries, dits autotrophes, assimilent sous forme de CO_2 (assimilation chlorophyllienne ou photosynthèse) le carbone à partir duquel ils synthétisent leur matière vivante. Les autotrophes sont consommés par les animaux qui, hétérotrophes, sont incapables d'une telle assimilation; le CO_2 dégagé lors de la respiration est récupéré par les autotrophes, mais une partie importante se perd, fixée sous forme de calcaire (squelettes, coquilles, etc.).

carboné, ée [karbɔne] adj. CHIM Qui contient du carbone. – De *carbone*.

carbonifère [karbɔnifɛr] n. m. et adj. **1.** n. m. GEOL Période de la fin de l'ère primaire, allant du dévonien au permien, pendant laquelle se constituèrent d'importantes couches de houille. *Le carbonifère.* ▷ adj. *La période carbonifère.* **2.** adj. Qui contient du carbone. *Roche carbonifère.* – De *carbone*, et *-fère*.

carbonique [karbɔnik] adj. CHIM *Anhydride* ou *gaz carbonique* : dioxyde de carbone (CO_2). ▷ *Acide carbonique* : acide faible (H_2CO_3), que l'on ne trouve jamais à l'état libre. ▷ *Neige carbonique* : gaz carbonique solidifié. – De *carbone*.

carbonisation [karbɔnizasjɔ̃] n. f. Réduction de matières organiques à l'état de charbon sous l'action de la chaleur. – De *carboniser*.

carboniser [karbɔnize] v. tr. [1] **1.** Réduire (un corps) en charbon par la chaleur. *Les poutres ont été carbonisées par l'incendie.* **2.** *Par ext.* Cuire, rôtir à l'excès. *Le pain est presque carbonisé.* ▷ v. pron. *Les bûches se sont complètement carbonisées.* – De *carbone*.

carbonitruration [karbɔnitryrasjɔ̃] n. f. METALL Cémentation de l'acier par le carbone et l'azote. – De *carbone*, et *nitruration*.

carbonnade ou **carbonade** [karbɔnad] n. f. Ragoût de viande de bœuf à la bière et aux oignons. – Ital. *carbonata*, de *carbone*, «charbon».

carbonyle [karbɔnil] n. m. **1.** CHIM Radical bivalent C=O que possèdent les aldéhydes, les cétones et les composés résultant de l'union du fer ou du nickel avec l'oxyde de carbone. **2.** TECH Mélange de phénols et de crésols employé pour éviter l'altération du bois. – De *carbone*, et *-yle*, du gr. *ulê*, «matière».

carborundum [karbɔrɔ̃dɔm] n. m. CHIM Carbure de silicium préparé industriellement, utilisé comme réfractaire, comme abrasif ou pour la fabrication de résistances électriques. – Nom déposé; de l'angl., *carbon*, «carbone», et *corundum*, «corindon».

carboxyhémoglobine [karbɔksiemɔglɔbin] n. f. BIOCHIM Combinaison de l'hémoglobine avec l'oxyde de carbone, qui se forme en cas d'intoxication oxycarbonée. – De *carb(one), oxy-*, et *hémoglobine*.

carboxylase [karbɔksilaz] n. f. BIOCHIM Enzyme favorisant l'hydrolyse des acides cétoniques, indispensable au catabolisme cellulaire des glucides et de l'acétylcoenzyme A. – De *carboxyle*, et *-ase*.

carboxyle [karbɔksil] n. m. CHIM Groupement monovalent –COOH caractéristique des acides carboxyliques. – De *carb(one), ox(ygène)*, et du gr. *-ulê*, «matière».

carboxylique [karbɔksilik] adj. CHIM Qui contient le groupe carboxyle. *Acide carboxylique* : acide organique R – COOH. – De *carboxyle*.

carboxypeptidase [karbɔksipɛptidaz] n. f. BIOCHIM Enzyme du groupe des peptides qui permet de libérer hors d'une chaîne peptidique un acide aminé terminal dont le radical carboxyle est libre. – De *carb(one), oxy(gène), peptide*, et *-ase*.

carburant, ante [karbyrɑ̃, ɑ̃t] adj. et n. m. **1.** adj. Qui contient une matière combustible. **2.** n. m. Combustible qui, mélangé à l'air, est facilement inflammable. (Les carburants les plus utilisés proviennent de la distillation du pétrole : essence, gazole, etc.; on peut également fabriquer des carburants synthétiques : essences, benzol, méthanol, alcool éthylique, etc.) – Ppr. de *carburer*.

carburateur, trice [karbyratœr, tris] adj. et n. m. **1.** adj. Qui sert à la carburation. **2.** n. m. Appareil servant à mélanger à l'air le carburant vaporisé qui alimente un moteur à explosion. – De *carbure.*

carburation [karbyrasjɔ̃] n. f. **1.** METALL Addition de carbone à un métal. *Acier obtenu par carburation du fer.* **2.** Mélange de l'air et du carburant dans un moteur à explosion. – De *carbure.*

carbure [karbyr] n. m. **1.** CHIM Combinaison binaire du carbone avec un métal. ▷ Vieilli *Carbures d'hydrogène* : hydrocarbures. **2.** Cour. Carbure de calcium. – De *carb(o)-,* et *-ure.*

carburé, ée [karbyre] adj. **1.** CHIM Qui contient du carbone. **2.** Mélangé à un carburant. *Gaz carburé.* – Pp. de *carburer.*

carburéacteur [karbyreaktœr] n. m. TECH Carburant spécial pour moteur à réaction. – De *carbu(rant),* et *réacteur.*

carburer [karbyre] v. [1] **I.** v. tr. Additionner de carbone (un métal). *Carburer du fer.* **II.** v. intr. **1.** (Choses) Faire la carburation. *Un moteur qui carbure bien.* ▷ Fig., pop. *Carburer au rouge, au blanc* : ne boire que du vin rouge, du vin blanc. **2.** Pop. Aller bien, marcher, fonctionner. *Alors, ça carbure ?* – De *carbure.*

carcailler [karkaje] v. intr. [1] Crier, en parlant de la caille. Syn. courcailler. – Onomat.

carcajou [karkaʒu] n. m. Syn. de *glouton* (sens 2). – Mot indien du Canada.

carcan [karkɑ̃] n. m. **1.** Anc. Cercle de fer avec lequel les criminels condamnés à l'exposition publique étaient attachés par le cou au pilori. – La peine elle-même. *Une loi de 1832 a aboli le carcan en France.* ▷ Fig. *Ce col empesé est un carcan.* **2.** Ce qui gêne, entrave la liberté (d'action, de pensée, etc.). *Le carcan des institutions.* – Lat. médiév. *carcannum.*

carcasse [karkas] n. f. **1.** Ensemble des ossements du corps d'un animal, dépouillés de leurs chairs mais encore reliés les uns aux autres. **2.** Fam. Corps humain. *Traîner, sauver sa carcasse.* **3.** Assemblage de pièces résistantes, structure qui supporte, soutient, assure la rigidité d'un ensemble. *Carcasse d'une dynamo. Carcasse d'un navire en construction. Carcasse radiale* (d'un pneu) : armature constituée d'arceaux métalliques disposés en rayons.

carcel [karsɛl] adj. inv. et n. f. Anc. *Lampe Carcel* : lampe dans laquelle l'huile était élevée jusqu'à la mèche par un mouvement d'horlogerie. – Du n. de l'horloger fr. B.G. *Carcel* (v. 1750-1812).

carcéral, ale, aux [karseral, o] adj. De la prison, relatif à la prison. *Le régime carcéral.* – Du lat. *carcer,* « prison ».

carcinoembryonnaire [karsinoɑ̃brijɔnɛr] adj. MED Se dit d'antigènes présents sur la surface des cellules du fœtus, mais également des cellules cancéreuses. *Le dosage des antigènes carcinoembryonnaires permet de surveiller l'extension d'un cancer.* – Du gr. *karkinos,* « cancer », et *embryonnaire.*

carcinogène [karsinoʒɛn] adj. Cancérigène. – Du gr. *karkinos,* « cancer », et *-gène.*

carcinologie [karsinɔlɔʒi] n. f. **1.** MED Cancérologie. **2.** ZOOL Étude des crustacés. – Du gr. *karkinos,* « cancer » (aussi : « écrevisse »), et *-logie.*

carcinomateux, euse [karsinɔmatø, øz] adj. MED De la nature du carcinome. – De *carcinome.*

carcinome [karsinom] n. m. MED Cancer du tissu épithélial. Syn. épithélioma, épithéliome. – Gr. *karkinôma,* « tumeur cancéreuse ».

carcinose [karsinoz] ou **carcinomatose** [karsinɔmatoz] n. f. MED *Carcinose miliaire* : généralisation du carcinome qui, sous forme d'un semis de granulations, envahit rapidement tous les viscères, partic. le poumon. – De *carcin(ome),* et *-ose* 2.

cardage [kardaʒ] n. m. Action de carder ; son résultat. – De *carder.*

cardamine [kardamin] n. f. BOT Plante des prés, des lieux humides (fam. crucifères, genre *Cardamina*). Syn. cour. cressonnette, cresson des prés. – Lat. *cardamina,* gr. *kardaminê,* « cresson ».

cardamome [kardamɔm] n. f. Plante du S.-E. asiatique (*Elettaria cardamomum*), dont les graines très odorantes sont utilisées notam. pour parfumer le café au Proche-Orient et comme condiment. – Lat. *cardamomum,* gr. *kardamômon.*

cardan [kardɑ̃] n. m. Dispositif comportant deux axes de rotation orthogonaux et constituant une liaison mécanique à deux degrés de liberté. *Joint de Cardan, à la Cardan,* pour accoupler deux arbres dont les axes, situés dans le même plan, ne sont ni alignés ni parallèles. *Suspension à la Cardan,* utilisée sur les navires, et qui permet à certains instruments (compas et chronomètres, notam.) de rester horizontaux malgré le roulis et le tangage. – Du nom du savant italien G. *Cardano* (1501-1576).

-carde. V. cardi(o)-.

carde [kard] n. f. **1.** Instrument pour carder (autref. garni d'inflorescences de chardon). ▷ Machine à un ou plusieurs cylindres garnis de pointes, qui sert à carder la laine, le coton. **2.** Côte médiane, comestible, des feuilles de cardon, de bette, etc. – Lat. *carda,* pl. collect. de *carduus,* « chardon ».

cardé, ée [karde] adj. Se dit de la laine seulement cardée (par oppos. à la laine *peignée,* d'aspect plus régulier). – Pp. de *carder.*

carder [karde] v. tr. [1] Peigner à l'aide d'une carde (les fibres textiles) pour les démêler et les nettoyer. *Carder le coton, la laine.* – De *carde.*

cardère [kardɛr] n. f. BOT Chardon à foulon (fam. dipsacacées) dont les inflorescences armées de fortes épines servaient autref. à carder. – Provenç. *cardero,* de *carda,* « chardon ».

cardeur, euse [kardœr, øz] n. **1.** Personne chargée du cardage. **2.** n. f. Machine à carder. – De *carder.*

cardi(o)-, -carde, -cardie. Éléments, du gr. *kardia,* « cœur ».

cardia [kardja] n. m. ANAT Orifice œsophagien de l'estomac. – Lat. médiév., « cœur ».

cardialgie [kardjalʒi] n. f. MED Douleur d'origine cardiaque. – Du lat. médiév. *cardialgia,* « maladie de cœur », du gr. *kardialgia,* « maux d'estomac ».

cardiaque [kardjak] adj. et n. **1.** Du cœur. *Insuffisance cardiaque. Crise cardiaque.* **2.** Qui souffre d'une maladie de cœur. ▷ Subst. *Un(e) cardiaque.* – Gr. *kardiakos,* de *kardia,* « cœur ».

-cardie. V. cardi(o)-.

cardigan [kardigɑ̃] n. m. Veste de laine tricotée, à manches longues, boutonnée sur le devant jusqu'en haut, sans col ni revers. – Mot angl., nom du comte *Cardigan* (1797-1868).

1. cardinal, ale, aux [kardinal, o] adj. **1.** Litt. Qui sert de pivot, d'articulation, de base ; principal. *L'idée cardinale de cette doctrine est... – Les vertus cardinales* (justice, prudence, force, tempérance) *et les vertus théologales. – Les points cardinaux* : le nord, l'est, le sud et l'ouest. **2.** *Nombres cardinaux,* qui désignent une quantité (par opposition aux *nombres ordinaux,* qui désignent un ordre, un rang). ▷ Subst. MATH *Cardinal d'un ensemble fini* : nombre des éléments de cet ensemble (noté card). *S'il existe une bijection entre deux ensembles A et B, card (A) = card (B).* – Lat. *cardinalis*, « principal ».

2. cardinal, aux [kardinal, o] n. m. **1.** Haut dignitaire ecclésiastique, membre du Sacré Collège, électeur et conseiller du pape. *Les cardinaux réunis en conclave élisent le pape. Recevoir la barrette de cardinal.* **2.** ORNITH Passériforme d'Amérique tropicale, dont il existe divers genres remarquables par leur huppe et leur coloration, rouge ou bleue en général. – Lat. ecclés. *cardinalis.*

cardinalat [kardinala] n. m. Dignité de cardinal. – De *cardinal* 2.

cardinalice [kardinalis] adj. Relatif au cardinalat. *La pourpre cardinalice.* – De *cardinal* 2.

cardio-. V. cardi(o)-.

cardiogramme [kardjogram] n. m. Tracé obtenu avec le cardiographe.

cardiographe [kardjograf] n. m. Appareil enregistrant les pulsations du cœur.

cardiographie [kardjografi] n. f. Enregistrement des battements du cœur à l'aide du cardiographe.

cardioïde [kardjɔid] n. f. MATH Courbe de formule $\rho = a(1 + \cos\theta)$ en coordonnées polaires, qui affecte la forme d'un cœur et qui est engendrée par un point d'un cercle roulant sans glisser sur un cercle égal. ▷ adj. ELECTROACOUST *Microphone cardioïde*, dont le diagramme directionnel a la forme d'une cardioïde. – De *cardio-*, et *-ide.*

cardiolipide [kardjolipid] n. m. BIOCHIM Phospholipide découvert dans le muscle cardiaque. (La mise en évidence d'anticorps anticardiolipides est à la base de la plupart des sérodiagnostics de la syphilis : test de Bordet-Wassermann, notam.)

cardiologie [kardjolɔʒi] n. f. Étude du système cardiovasculaire et de ses maladies.

cardiologue [kardjolɔg] n. Médecin spécialiste de cardiologie.

cardiomégalie [kardjomegali] n. f. MED Augmentation du volume du cœur, observée en partic. dans l'insuffisance cardiaque.

cardiomyopathie [kardjomjopati] n. f. MED Syn. de *myocardiopathie.* – De *cardio-*, *myo-*, et *-pathie.*

cardiopathie [kardjopati] n. f. MED Affection du cœur, acquise (ex. : infarctus du myocarde) ou congénitale (ex. : tétralogie de Fallot).

cardio-pulmonaire [kardjopylmɔnɛr] adj. MED Relatif au cœur et aux poumons. *Des troubles cardio-pulmonaires.*

cardiothyréose [kardjotireoz] n. f. MED Complication cardiaque de l'hyperthyroïdie. – De *cardio-*, *thyr(oïde)*, et *-ose* 2.

cardiotomie [kardjotɔmi] n. f. CHIR Ouverture chirurgicale du cœur ou du cardia. – De *cardio-*, et *-tomie.*

cardiotonique [kardjotɔnik] adj. et n. m. MED Qui augmente la tonicité du muscle cardiaque (médicaments). ▷ n. m. *La digitaline est un cardiotonique.*

cardio-vasculaire [kardjovaskylɛr] adj. Qui concerne le cœur et les vaisseaux. *Les maladies cardiovasculaires.*

cardite [kardit] n. f. MED Inflammation des trois tuniques du cœur, ou de l'une d'elles. – De *card(io-)*, et *-ite* 1.

cardium [kardjɔm] n. m. ZOOL Nom de genre de la coque (sa forme rappelant un cœur). – Du gr. *kardia*, « cœur ».

cardon [kardɔ̃] n. m. Plante (*Cynara carduncula*, fam. composées) dont on consomme la côte médiane, ou carde, après l'avoir fait blanchir en la privant d'air et de lumière. – Mot provenç. ; bas lat. *cardo, cardonis.*

carême ou **Carême** [karɛm] n. m. **1.** Période de quarante jours, du mercredi des Cendres à Pâques, consacrée par les catholiques à la préparation spirituelle à la fête de Pâques, et pendant laquelle les fidèles observent des pratiques d'abstinence et de jeûne (de moins en moins rigoureusement imposées). *Le carême est un rappel des quarante jours passés par le Christ au désert dans le jeûne et la prière.* ▷ Loc. *Arriver comme mars en carême*, régulièrement, avec opportunité, ou inévitablement. **2.** Abstinence, privation de certains plaisirs pendant les jours de carême. *Faire carême.* ▷ Loc. *Face de carême* : mine triste et austère ; personne au visage maigre et blafard. – Du lat. pop. **quaresima*, class. *quadragesima (dies)*, « le quarantième (jour avant Pâques) ».

carême-prenant [karɛmprənɑ̃] n. m. Vx **1.** Les trois jours précédant le carême (*spécial.* le Mardi gras). ▷ *Par ext.* Fête du Mardi gras. **2.** Personne déguisée, masquée. *Des carêmes-prenants.* – De *carême*, et *prenant*, « commençant ».

carénage [karenaʒ] n. m. **1.** Nettoyage, réparation de la carène d'un navire. **2.** Partie d'un port où l'on carène. **3.** Carrosserie aérodynamique. *Carénage d'une moto.* – De *caréner.*

carence [karɑ̃s] n. f. **1.** Fait pour une personne, une autorité, de manquer à ses obligations, de se dérober devant ses responsabilités. *La carence du gouvernement.* **2.** MED Absence ou insuffisance dans l'organisme d'un ou de plusieurs éléments indispensables à son équilibre et à son développement. *Carence d'apport* : défaut d'apport d'éléments indispensables à l'organisme. *Carence d'utilisation* : défaut d'utilisation par l'organisme des éléments indispensables présents dans l'alimentation. ▷ PSYCHO *Carence affective* : manque d'affection parentale, susceptible de provoquer chez un enfant certains troubles psychologiques. **3.** DR Manque total ou partiel de ressources ou de biens mobiliers permettant de couvrir la dette d'un débiteur. *Dresser un procès-verbal de carence.* – Bas lat. *carentia*, de *carere*, « manquer ».

carencé, ée [karɑ̃se] adj. MED **1.** Qui présente une carence. *Régime carencé.* **2.** Qui souffre d'une carence. *Organisme carencé.* – De *carence.*

carène [karɛn] n. f. **1.** Partie de la coque d'un navire située en dessous de la ligne de flottaison, œuvres vives. ▷ *Abattre un navire en carène* : coucher un navire à flot sur l'un de ses flancs (pour caréner l'autre). **2.** BOT Partie inférieure saillante de la corolle des papilionacées, composée des deux pétales opposés à l'étendard. – Ital. *carena*, mot génois ; lat. *carina*, « coquille de noix ».

caréner [karene] v. tr. [14] **1.** MAR Procéder au carénage de (un navire). **2.** Donner une forme aérodynamique à (une carrosserie) ; pourvoir d'un carénage. *Locomotive carénée.* – De *carène.*

carentiel, elle [karɑ̃sjɛl] adj. Dû à, relatif à une carence. *Polynévrite carentielle.* – De *carence.*

caressant, ante [karesɑ̃, ɑ̃t] adj. **1.** Qui aime caresser, être caressé. *Un animal caressant. Une enfant caressante.* **2.** Fig. Qui procure une impression de douceur. *Des paroles, des regards caressants.* – Ppr. de *caresser.*

caresse [karɛs] n. f. **1.** Attouchement tendre, affectueux ou sensuel. *Faire des caresses à un chat. Couvrir, combler un enfant de caresses. Une tendre caresse de la main.* **2.** Fig. Manifestation tendre d'amour, d'affection. *Une caresse du regard, de la voix.* ▷ Péjor. Flatterie. **3.** Fig. Effleurement. *La caresse du vent, du soleil sur la peau.* – Ital. *carezza.*

caresser [karese] v. tr. [1] **1.** Faire des caresses à. *Caresser un chien. Caresser le cou, le visage d'un être cher.*

▷ Fig. *Caresser du regard, des yeux* : regarder avec douceur, insistance et envie. **2.** Litt. Frôler, effleurer avec douceur. *Le vent caresse les blés. Caresser les cordes, les touches d'un instrument.* **3.** Fig., vieilli Flatter (qqn, un sentiment chez qqn). *Des compliments qui caressaient son amour-propre.* **4.** Fig. *Caresser un espoir, une idée, un projet,* le cultiver complaisamment. ▷ Loc. fam. *Caresser la bouteille* : avoir un fort penchant pour l'alcool. – De *caresse.*

1. caret [kaʀɛ] n. m. Dévidoir utilisé par les cordiers. ▷ *Fil de caret* : gros fil de chanvre utilisé pour la fabrication des cordages. – Mot normanno-picard, dimin. de *car,* «char».

2. caret [kaʀɛ] n. m. Grande tortue des mers chaudes (*Caretta caretta,* ordre des chéloniens), comestible, dont l'écaille est très recherchée. Syn. caouanne. – Esp. *carey,* malais *karah.*

carex [kaʀɛks] n. m. BOT Genre de roseau des zones humides à feuilles rubanées coupantes (fam. cypéracées), comprenant une centaine d'espèces françaises, communément appelé *laiche.* – Mot latin.

car-ferry [kaʀfɛʀi] n. m. Navire aménagé pour le transport des automobiles et des passagers. Syn. (off. recommandé) transbordeur. *Des car-ferries.* – Mot angl., *car,* «voiture», et *ferry,* «bac».

cargaison [kaʀgɛzɔ̃] n. f. **1.** Ensemble des marchandises dont est chargé un navire, un avion ou un camion. *Décharger une cargaison de betteraves. Une cargaison de mazout s'est déversée sur la chaussée.* **2.** Fam. Grande quantité. *Il s'est invité avec toute une cargaison d'amis.* – Anc. gasc. *cargueson,* du provenç. *cargar,* «charger».

cargo [kaʀgo] n. m. Navire destiné au transport des marchandises. – *Cargo mixte,* qui peut transporter aussi des passagers. – Abrév. de l'angl. *cargo-boat,* «navire de charge».

cargue [kaʀg] n. f. MAR Cordage utilisé pour carguer les voiles. – De *carguer.*

carguer [kaʀge] v. tr. [1] MAR Replier (une voile) contre la vergue à l'aide de cargues. – Esp. ou provenç. *cargar,* «charger».

cari, cary [kaʀi] ou **curry** [kyʀi] n. m. **1.** Assaisonnement indien composé de poudre de curcuma, de clous de girofle et d'autres épices. **2.** Plat de viande, de poisson préparé avec cet assaisonnement. *Un curry de poulet.* – Mot malayalam.

cariacou [kaʀjaku] n. m. ZOOL Cerf américain (*Odocoileus virginianus*), aux bois courbés vers l'avant, répandu de l'Alaska à la Bolivie.

cariatide ou **caryatide** [kaʀjatid] n. f. ARCHI Statue figurant une femme debout soutenant sur la tête un balcon, une corniche, etc. *Les cariatides de l'Érechthéion.* – Ital. *cariatidi,* mot lat., du gr. *karuatides,* «femmes de Karyes» (v. du Péloponnèse), qui furent réduites en esclavage et devinrent les premiers modèles de ce type de sculpture.

caribou [kaʀibu] n. m. Renne d'Amérique du Nord, qui se déplace en troupeaux importants. – Mot canadien, de l'algonquin.

caricatural, ale, aux [kaʀikatyʀal, o] adj. Qui a les caractères de la caricature. *Un nez caricatural. Une représentation caricaturale.* – De *caricature.*

caricature [kaʀikatyʀ] n. f. **1.** Dessin, peinture qui, par l'exagération de certains traits choisis, donne d'une personne une représentation satirique. **2.** Représentation délibérément déformée de la réalité, dans une intention satirique ou polémique. *Ce reportage est une caricature de la réalité.* **3.** Personne très laide ou ridiculement habillée. – Ital. *caricatura,* de *caricare,* «charger»; lat. *carricare.*

caricaturer [kaʀikatyʀe] v. tr. [1] Faire la caricature de. *Caricaturer un homme politique. Molière a caricaturé la médecine de son époque.* – De *caricature.*

caricaturiste [kaʀikatyʀist] n. Artiste, dessinateur qui fait des caricatures. – De *caricature.*

carie [kaʀi] n. f. **1.** MED *Carie osseuse* : inflammation et destruction du tissu osseux. ▷ *Carie dentaire* : altération de l'émail et de l'ivoire de la dent, évoluant vers l'intérieur par formation de cavités qui aboutissent à la destruction de celle-ci. **2.** BOT *Carie du bois* : altération et décomposition des tissus ligneux. ▷ *Carie des céréales* : maladie produite par un champignon du genre *Tilletia,* dont les spores détruisent les grains. – Lat. *caries,* «pourriture».

carié, ée [kaʀje] adj. Atteint par la carie. *Une dent cariée.* – Pp. de *carier.*

carier [kaʀje] v. tr. [2] **1.** Gâter, détruire par la carie. **2.** v. pron. Être atteint par la carie. – De *carie.*

carignan [kaʀiɲɑ̃] n. m. Cépage rouge du pourtour méditerranéen, notam. du S. de la France, donnant des vins capiteux. – Nom de lieu.

carillon [kaʀijɔ̃] n. m. **1.** Ensemble de cloches accordées à différents tons. ▷ Sonnerie que ces cloches font entendre. *Le carillon de la cathédrale a retenti dans toute la ville.* **2.** Sonnerie d'une horloge, d'une pendule, qui se déclenche à intervalles réguliers. ▷ Horloge, pendule possédant un carillon. **3.** Instrument de musique constitué de lames ou de timbres accordés que l'on fait résonner en les frappant avec un petit marteau. – Du lat. pop. **quadrinio,* du lat. class. *quaternio,* «groupe de quatre (cloches)».

carillonnant, ante [kaʀijɔnɑ̃, ɑ̃t] adj. Qui carillonne. – Ppr. de *carillonner.*

carillonné, ée [kaʀijɔne] adj. *Fête carillonnée* : fête importante annoncée par de nombreuses sonneries de cloches. – Pp. de *carillonner.*

carillonner [kaʀijɔne] v. [1] **I.** v. intr. **1.** Sonner en carillon, à la manière d'un carillon. *Les cloches, l'horloge carillonnent.* **2.** Faire résonner bruyamment, avec insistance la sonnette d'une porte. *Carillonner chez qqn pour le réveiller.* **II.** v. tr. **1.** Annoncer, indiquer par un carillon. *L'horloge a carillonné minuit.* **2.** Annoncer, répandre avec bruit (une nouvelle, un triomphe, etc.). *Carillonner une naissance.* – De *carillon.*

carillonneur [kaʀijɔnœʀ] n. m. Celui qui était chargé du fonctionnement d'un carillon. *Le carillon électrique a chassé les carillonneurs.* – De *carillonner.*

carinates [kaʀinat] n. m. pl. ORNITH Sous-classe comprenant les oiseaux munis d'un bréchet. – Sing. *Un carinate.* – Du lat. *carina,* «carène», à cause de la forme de leur sternum.

carioca [kaʀjɔka] adj. et n. De Rio de Janeiro. – Subst. *Les Cariocas.* – De *Carioca,* n. d'une rivière et d'un mont de Rio de Janeiro.

cariste [kaʀist] n. m. Conducteur d'un chariot de manutention. – Du lat. *carrus,* «chariot».

caritatif, ive [kaʀitatif, iv] adj. **1.** Qui se consacre à l'aide des plus démunis (individus, groupes sociaux, populations). *Les organisations caritatives internationales.* **2.** Qui constitue une aide, un secours. *L'action caritative d'un organisme international.* – Lat. médiéval *caritativus,* de *caritas,* «charité».

1. carlin [kaʀlɛ̃] n. m. Anc. monnaie napolitaine. – Ital. *carlino,* de *Carlo,* «Charles» (d'Anjou, 1226-1285) qui fit frapper cette monnaie.

2. carlin [kaʀlɛ̃] n. m. Chien de petite taille, à poil ras, au museau noir et aplati. – Du n. de l'acteur ital. Carlo Bertinazzi (dit *Carlino,* 1710-1783), qui jouait le rôle d'Arlequin avec un masque noir.

carline [kaʀlin] n. f. Composée épineuse bisannuelle (genre *Carlina*) dont le capitule s'ouvre ou se ferme en fonction de l'humidité atmosphérique, appelée aussi *chardon baromètre*. – Ital. *carlina*.

carlingue [kaʀlɛ̃g] n. f. **1.** MAR Forte pièce reposant sur les couples et servant de liaison longitudinale dans le fond d'un navire. **2.** AVIAT Ensemble formé par la cabine d'un avion et le poste de pilotage. – Scand. *kerling*.

carlisme [kaʀlism] n. m. Doctrine, mouvement des partisans (*carlistes*) de don Carlos d'Espagne, défenseurs d'un traditionalisme politique et religieux. – De don *Carlos* (1788-1855), prétendant au trône d'Espagne contre sa nièce Isabelle II.

carliste [kaʀlist] adj. et n. Relatif au carlisme. - Partisan du carlisme. – De don *Carlos* (V. carlisme).

carmagnole [kaʀmaɲɔl] n. f. **1.** Veste courte et étroite, à collet et revers, portée par les révolutionnaires français de 1792 à 1795. **2.** *La Carmagnole* : chanson et danse de la Révolution française, d'auteur inconnu. *La Carmagnole fut interdite sous le Consulat.* – Veste des fédérés marseillais, portée depuis le XVIIe s. par les ouvriers piémontais originaires de la ville de *Carmagnola*.

carme [kaʀm] n. m. Religieux de l'ordre du Carmel, né d'une communauté d'ermites rassemblés v. 1150 sur les pentes du mont Carmel, en Palestine. – Du mont *Carmel*.

carmélite [kaʀmelit] n. f. Religieuse de l'ordre du Carmel. – Lat. ecclés. *carmelita*.

carmin [kaʀmɛ̃] n. m. et adj. inv. **1.** Colorant d'un rouge éclatant, fourni à l'origine par la cochenille du nopal. **2.** Couleur rouge éclatant. ▷ adj. inv. *Des tentures carmin.* – Bas lat. *carminium*, de *minium*, et ar. *kermiz*.

carminatif, ive [kaʀminatif, iv] adj. *Remède carminatif*, destiné à éliminer les gaz intestinaux. – Lat. *carminativus*, de *carminare*, « nettoyer ».

carminé, ée [kaʀmine] adj. D'un rouge proche du carmin. – De *carmin*.

carnage [kaʀnaʒ] n. m. Tuerie, massacre. – De l'anc. fr. **char*, « chair ».

carnallite [kaʀnalit] n. f. MINER Chlorure double hydraté de magnésium et de potassium. – De *von Carnall*, n. pr.

carnassier, ère [kaʀnasje, ɛʀ] adj. et n. **I.** adj. **1.** Qui se nourrit de chair. *Le renard est un animal carnassier.* **2.** *Une dent carnassière* ou, n. f., *une carnassière* : grosse dent tranchante (4e prémolaire à la mâchoire supérieure et 1re molaire à la mâchoire inférieure) caractéristique des carnivores. **II.** n. m. **1.** Animal qui se nourrit de viande crue. *Le jaguar est un carnassier.* **2.** Plur. Vx Ordre de mammifères nommés auj. carnivores. – Du provenç. *carn*, « chair ».

carnassière [kaʀnasjɛʀ] n. f. Sac destiné à porter le gibier tué à la chasse. – Provenç. mod. *carnassiero*, de *carn*, « chair ».

carnation [kaʀnasjɔ̃] n. f. **1.** Teint, couleur de la chair d'une personne. **2.** BX-A Couleur des parties du corps humain représentées nues. – Du lat. *caro, carnis*, « chair », d'après *incarnation*.

carnau. V. carneau.

carnauba [kaʀnoba] n. m. ARBOR Palmier brésilien (*Copernicia cerifera*) dont les feuilles sécrètent une cire utilisée dans l'industrie (ersatz de cire d'abeille, bougies, vernis, etc.). – Mot brésilien.

carnaval, als [kaʀnaval] n. m. **1.** Période de divertissements précédant le carême, qui commence à l'Épiphanie. *Le carnaval se termine par le Mardi gras.* **2.** Réjouissances (défilés de chars, bals, etc.) se déroulant pendant cette période. *Le carnaval de Rio.* **3.** Mannequin grotesque personnifiant le carnaval dans les mascarades. ▷ Fig. Personne grotesque, ridiculement accoutrée. – Ital. *carnevale*, de *carnelevare*, « ôter (*levare*) la viande (*carne*) ».

carnavalesque [kaʀnavalɛsk] adj. **1.** Qui rappelle le carnaval. **2.** *Par ext.* Grotesque. – De *carnaval*.

carne [kaʀn] n. f. **1.** Fam. Viande de mauvaise qualité, dure. **2.** Mauvais cheval. **3.** Pop., inj. Personne détestable, méchante. *Quelle vieille carne !* – Mot ital., « viande ».

carné, ée [kaʀne] adj. **1.** BOT Qui est couleur de chair. *Rose carnée.* **2.** Qui est à base de viande. *Alimentation carnée.* – Du lat. *caro, carnis*, « chair ».

carneau ou **carnau** [kaʀno] n. m. Conduit d'une cheminée, destiné à l'évacuation des produits de la combustion. – Altér. de *créneau*.

carnet [kaʀnɛ] n. m. **1.** Cahier de petit format sur lequel on consigne des renseignements, des notes. *Carnet d'adresses. Carnet de rendez-vous.* **2.** Ensemble de feuillets, souvent détachables, réunis en cahier de format variable. *Carnet de chèques. Carnet de reçus, de quittances.* **3.** Ensemble de billets, tickets, bons, etc., que l'on n'a pas achetés à l'unité. *Carnet de timbres. Carnet de (tickets de) métro.* – De l'anc. fr. *caer* ou *caern*, « mémoire, cahier ».

carnier [kaʀnje] n. m. Petite carnassière (sac). – Mot provenç., de *carne*, « chair ».

carnivore [kaʀnivɔʀ] adj. et n. **1.** adj. Qui se nourrit de viande. *Mammifères, insectes carnivores.* ▷ BOT *Plantes carnivores*, dont les feuilles capturent des insectes qu'elles digèrent grâce à une enzyme. *Les dionées sont des plantes carnivores.* **2.** n. m. pl. ZOOL Ordre de mammifères caractérisés par le développement des canines (crocs) et des carnassières, et dont l'alimentation est fondamentalement carnée. (On les divise en trois sous-ordres : les créodontes, les fissipèdes et les pinnipèdes.) - Sing. *Un carnivore.* ▷ Plaisant (Personnes) *C'est un(e) carnivore !*, un amateur de viande. – Lat. *carnivorus*, de *caro, carnis*, « chair », et *vorare*, « dévorer ».

carolin, ine [kaʀɔlɛ̃, in] adj. Relatif à Charlemagne, à son temps. *Écriture caroline.* – Du lat. *Carolus*, « Charles ».

carolingien, enne [kaʀɔlɛ̃ʒjɛ̃, ɛn] adj. Qui a rapport à la dynastie fondée par Pépin le Bref. *L'art carolingien.* ▷ n. m. *Les Carolingiens.* – D'abord *carlovingien*, d'après le lat. *Carolus*, « Charles ».

carolus [kaʀɔlys] n. m. Anc. monnaie de billon, frappée sous Charles VIII. *Un carolus valait onze deniers.* – Lat. *Carolus*, « Charles ».

caronade [kaʀɔnad] n. f. Anc. canon de marine, gros et court. – Angl. *carronade*, de la v. d'Écosse *Carron*.

caroncule [kaʀɔ̃kyl] n. f. **1.** Petite excroissance charnue. *Caroncule lacrymale*, à l'angle interne de l'œil. ▷ Excroissance charnue de couleur rougeâtre sous le bec ou sur la tête de certains oiseaux (dindon, coq). **2.** BOT Petite protubérance de la graine de certaines plantes. – Lat. *caruncula*, de *caro*, « chair ».

carotène [kaʀɔtɛn] n. m. BIOCHIM Pigment jaune ou rouge, hydrocarbure présent dans certains végétaux (carotte, surtout) et animaux (carapace de certains crustacés, corps jaune de l'ovaire), précurseur de la vitamine A. – De *carotte*.

carotide [kaʀɔtid] n. f. Artère principale qui irrigue la face et le cerveau. ▷ adj. *Artères carotides.* (Les deux artères carotides principales, droite et gauche, issues de la crosse de l'aorte, se divisent chacune en une *carotide externe* qui irrigue la face, et une *carotide interne* qui irrigue la majeure partie de l'encéphale.) – Gr. *karôtides*, « (artères) du sommeil ».

carotidien, enne [kaʀɔtidjɛ̃, ɛn] adj. De la carotide. – De *carotide.*

carottage [kaʀɔtaʒ] n. m. **1.** Fam. Action de carotter. **2.** Prélèvement d'un échantillon de terrain (carotte), pour en déterminer la composition. – De *carotter.*

carotte [kaʀɔt] n. f. (et adj. inv.) **I. 1.** Plante (fam. ombellifères) à racine pivotante rouge, jaune ou blanche, dont certaines variétés (dites *potagères)* sont cultivées pour leur racine comestible et d'autres (dites *fourragères)* pour l'alimentation des animaux. **2.** Racine rouge orangé de la carotte potagère. *Une botte de carottes. Carottes râpées.* ▷ Loc. fam. *Les carottes sont cuites :* les dés sont jetés, il n'y a plus rien à faire. **3.** adj. inv. De la couleur de la carotte potagère; roux. *Des moustaches carotte.* **II.** Par anal. **1.** *Carotte de tabac :* feuilles de tabac à chiquer roulées en forme de carotte. ▷ Enseigne rouge des bureaux de tabac, ayant la forme de deux carottes de tabac accolées par la base. **2.** Échantillon cylindrique prélevé d'un sol par sondage. **III. 1.** Fig., fam. *Tirer une carotte à qqn,* lui soutirer de l'argent, un bien quelconque par ruse. **2.** Fig. *La carotte et le bâton :* la récompense et la sanction. – Lat. *carota,* gr. *karôton.*

carotter [kaʀɔte] v. tr. [1] **1.** Fam. Voler, obtenir (qqch) par ruse. *Il a carotté quelques francs.* **2.** Prélever une carotte (sens II, 2). – De *carotte.*

carotteur, euse [kaʀɔtœʀ, øz] ou **carottier, ère** [kaʀɔtje, ɛʀ] adj. et n. Fam. Qui carotte. ▷ Subst. *Un habile carotteur.* – De *carotter.*

carottier [kaʀɔtje] n. m. Outil servant au carottage. – De *carotter* (sens 2).

caroube [kaʀub] ou **carouge** [kaʀuʒ] n. f. **1.** Fruit du caroubier, à pulpe comestible et sucrée. *La poudre de caroube est utilisée comme antidiarrhéique.* **2.** *Carouge :* bois, rougeâtre, du caroubier. – Lat. médiév. *carrubia,* ar. *kharrûba.*

caroubier [kaʀubje] n. m. Arbre méditerranéen (fam. légumineuses), produisant la caroube et dont le bois dur est utilisé en menuiserie. – De *caroube.*

carpaccio [kaʀpatʃjo] n. m. Mets italien constitué de très fines tranches de bœuf cru arrosées d'huile d'olive et de citron. – Du n. du peintre ital. *Carpaccio* (v. 1455-1525).

carpatique [kaʀpatik] adj. Des Carpates, montagnes d'Europe centrale.

-carpe, carpo-. Éléments, du gr. *karpos,* «jointure» ou «fruit», servant à former certains mots savants (ex. *métacarpe, carpophore).*

1. carpe [kaʀp] n. f. **1.** Poisson d'eau douce (fam. cyprinidés), de grande taille, à longue nageoire dorsale, dont la mâchoire supérieure est garnie de barbillons. *La carpe habite les eaux tranquilles (rivières, canaux, étangs) et se prête aisément à l'élevage. Carpe cuir,* sans écailles. *Carpe hi-goï d'Extrême-Orient,* de couleur orangée. **2.** Loc. fam. *Rester muet, silencieux comme une carpe :* ne pas prononcer un mot. – *Bâiller comme une carpe,* largement et fréquemment. – *Saut de carpe,* par lequel on se retourne sur le dos, en un seul mouvement, sans l'aide des mains, alors qu'on est allongé sur le ventre; *par ext.* bond. – Bas lat. *carpa,* mot wisigothique.

2. carpe [kaʀp] n. m. ANAT Ensemble des huit petits os du poignet, répartis en deux rangées, reliant l'avant-bras au métacarpe. *Le grand os et l'os crochu font partie du carpe.* – Gr. *karpos,* «jointure».

carpeau [kaʀpo] ou **carpillon** [kaʀpijɔ̃] n. m. Petit de la carpe; très petite carpe. – Diminutif de *carpe* 1.

carpe diem [kaʀpedjɛm] loc. Invitation à jouir de l'instant présent. – Loc. lat. «cueille le jour», Horace, *Odes* (I, 11, 8).

carpelle [kaʀpɛl] n. m. BOT Chacune des pièces florales dont la réunion constitue le pistil, chez les angiospermes. – Du gr. *karpos,* «fruit».

carpentarien, enne [kaʀpɑ̃taʀjɛ̃, ɛn] n. et adj. Membre d'un groupe d'indigènes australiens, de haute stature, minces et noirs de peau, qui, d'après certains ethnologues, seraient arrivés en Australie après les Tasmanoïdes et les Murrayens et auraient été l'une des souches du peuplement aborigène actuel. *Les Carpentariens.* ▷ adj. *La famille carpentarienne.* – Du n. du golfe de *Carpentarie,* situé au N. de l'Australie.

carpetbagger [kaʀpɛtbagəʀ] n. m. HIST Nordiste, aventurier ou affairiste, qui cherchait à s'enrichir dans les États du Sud après la guerre de Sécession. – Mot amér., de *carpetbag,* «sac de voyage».

carpette [kaʀpɛt] n. f. **1.** Petit tapis. **2.** Fig., fam. Personne servile, sans amour-propre. – Angl. *carpet,* de l'anc. fr. *carpite.*

carphologie [kaʀfolɔʒi] n. f. MED Mouvement continuel et automatique des mains et des doigts qui semblent vouloir saisir un objet, au cours de certains délires (dans la fièvre typhoïde, par ex.). – Gr. *karphologia,* «action de ramasser des brins de paille».

carpien, enne [kaʀpjɛ̃, ɛn] adj. ANAT Du carpe. *Les huit os carpiens.* – De *carpe* 2.

carpillon. V. carpeau.

carpo-. V. -carpe.

carpocapse [kaʀpokaps] n. f. Papillon dont la chenille se développe dans les fruits à pépins, notam. les pommes et les poires. – Lat. zool. *carpocapsa,* de *carpo-,* et gr. *kaptein,* «dévorer».

carpophore [kaʀpofɔʀ] n. m. BOT Appareil qui porte les organes sporifères, chez les champignons ascomycètes et basidiomycètes. *Les «champignons de Paris» sont les carpophores d'Agaricus bisporus.* – De *carpo-,* et *-phore.*

carquois [kaʀkwa] n. m. Étui à flèches. – Lat. médiév. *tarcasius,* persan *terkech,* par le gr. byzantin.

carrare [kaʀaʀ] n. m. Marbre blanc veiné, extrait des carrières de Carrare, en Toscane.

carre [kaʀ] n. f. **1.** TECH Coin, angle saillant d'un objet. **2.** SYLVIC Entaille faite au tronc des résineux pour en extraire la résine. **3.** SPORT Baguette de métal encastrée le long des bords inférieurs d'un ski. – De *carrer.*

1. carré, ée [kaʀe] adj. **I. 1.** Qui a la forme d'un carré. *Les surfaces carrées d'un dé.* ▷ *Un mètre carré :* une surface carrée d'un mètre de côté. ▷ *Centimètre, mètre, kilomètre... carré :* mesure d'une surface d'un centimètre, mètre, kilomètre... de côté. **2.** *Racine carrée* (d'un nombre donné) : nombre dont le produit par lui-même est égal au nombre donné. *Racine carrée de seize égale quatre* ($\sqrt{16}=4$). ▷ *Nombre carré,* dont la racine carrée est un entier. **II.** Dont la forme est celle, ou rappelle celle d'un carré, d'un cube. *Une cour carrée, une boîte carrée.* ▷ Qui a des angles bien découpés, nettement marqués. *Un menton, un front carré.* – Fig. *Être carré d'épaules.* ▷ MILIT *Bataillon carré,* rangé en carré. ▷ MAR *Voile carrée :* voile quadrangulaire aux vergues horizontales hissées par le milieu. – *Mât carré,* portant des voiles carrées. **III.** Qui a un caractère tranché, net et catégorique. *Se montrer carré en affaires. Un homme carré,* rude mais franc.– Du lat. *quadratus,* pp.de *quadrare,* «rendre carré».

2. carré [kaʀe] n. m. **I. 1.** Quadrilatère aux côtés égaux et perpendiculaires deux à deux. *Si le côté d'un carré vaut a, la diagonale vaut* $a\sqrt{2}$ *et l'aire* a^2. **2.** Surface quadrangulaire, dont la forme s'apparente à celle d'un carré. *Un carré de ciel bleu.* – *Carré de laitues :*

partie d'un jardin plantée de laitues. – *Carré de soie, de coton* : foulard carré de soie, de coton. **3.** Chacune des surfaces (carrées ou non) délimitées par plusieurs perpendiculaires. *Les carrés d'un échiquier. Un carré de chocolat.* **4.** ANAT Muscle d'une forme proche de celle du carré. *Le carré de la cuisse.* **5.** *Carré de côtes* : en boucherie, ensemble des côtes découvertes, premières et secondes chez le bœuf. ▷ *Carré de côtelettes* : ensemble des côtelettes du mouton, du porc, du veau. *Bas de carré, carré découvert de veau.* **6.** PECHE Filet carré tendu sur deux arceaux croisés, attachés à une perche. Syn. carreau, carrelet. **7.** MAR Local où les officiers, sur un navire, se réunissent, prennent leurs repas. **8.** MILIT Ordre de formation en bataille qui présentait la figure d'un carré ou d'un rectangle dont les quatre côtés faisaient face à l'ennemi. **9.** TECH Palier d'un escalier. **10.** JEU Réunion de quatre cartes de même valeur. *Un carré de rois, d'as.* **11.** TECH Clé de section carrée ou rectangulaire. **12.** *Carré magique* : tableau de nombres composé, de telle façon que la somme des nombres situés sur une ligne, une colonne ou une diagonale est toujours la même. **13.** *Au carré* : d'une forme qui rappelle celle d'un carré; net, rigoureux. – Fam. *Faire (mettre) la tête au carré à qqn* : frapper avec violence qqn au visage au point de le déformer. **II. 1.** MATH Produit d'une expression, d'un nombre par lui-même. *Carré d'un nombre entier, d'une fraction. Le carré de l'hypoténuse. Élever un nombre au carré. Trois au carré (3^2) égale neuf.* **2.** Arg. (des écoles) Élève de deuxième année dans une grande école ou une classe préparatoire aux grandes écoles. – De *carré* 1.

carreau [kaʀo] n. m. **I. 1.** Pavé plat de terre cuite, faïence, linoléum, etc., de forme géométrique régulière, servant au revêtement des sols, des murs. *Carreaux protégeant un mur au-dessus d'un évier. Intercaler un grand carreau rectangulaire et deux petits carreaux carrés.* **2.** *Par ext.* Sol revêtu de carreaux. *Laver, vernir le carreau.* ▷ *Sur le carreau* : au sol, à terre, en parlant d'une personne vaincue, blessée ou tuée dans une lutte. *Rester sur le carreau. Laisser qqn sur le carreau.* **3.** MINES Emplacement au jour où se trouvent les bâtiments et les installations nécessaires à l'exploitation. **4.** *Carreau des Halles* (de Paris, naguère) : endroit où se faisait la vente des légumes et des fruits aux abords des Halles. **5.** Vitre d'une porte, d'une fenêtre. *Épier ses voisins derrière ses carreaux. Poser un carreau.* ▷ (Plur.) Fam. Lunettes. *Retire tes carreaux!* **6.** TECH Fer à repasser des tailleurs. **7.** PECHE Syn. de *carré* 2. **8.** Anc. Grosse flèche d'arbalète ou de baliste, à pointe pyramidale. **9.** Vx (Langue classique.) Coussin de forme carrée. ▷ TECH Coussin de dentellière. **II. 1.** Dessin, motif carré ou rectangulaire. *Tissu à carreaux. Des copies à grands, à petits carreaux.* **2.** *Carreau de réduction, d'agrandissement* : réseau de lignes tracées sur le papier, la toile, permettant de réduire ou d'agrandir le modèle à reproduire. *Mise au carreau d'un modèle.* **III.** Une des quatre couleurs d'un jeu de cartes, dont la marque est un carreau rouge. *Roi de carreau.* – Carte de cette couleur. *Il a trois carreaux.* ▷ Loc. fig., fam. *Se tenir à carreau* : prendre ses précautions, surveiller sa conduite afin d'éviter tout ennui ou erreur. – Prov. *Qui (se) garde (à) carreau n'est jamais capot.* – Du lat. *quadrus.*

carrée [kaʀe] n. f. **1.** Vx Châssis garni de toile servant de fond de lit. **2.** Anc. MUS Figure de note, carrée et sans queue, valant deux rondes. **3.** Arg. Chambre. – De *carré.*

carrefour [kaʀfuʀ] n. m. **1.** Endroit où se croisent plusieurs routes, plusieurs chemins, plusieurs rues. **2.** Fig. Point de rencontre. *Le carrefour de deux civilisations.* ▷ Moment où doit s'effectuer un choix important. *Se trouver au carrefour de sa vie.* ▷ Réunion organisée en vue d'un échange d'opinions. *Inviter des personnalités à un carrefour sur le thème de l'avenir de l'Europe.* – Du bas lat. *quadrifurcum,* « à quatre fourches ».

carrelage [kaʀlaʒ] n. m. **1.** Action de carreler. **2.** Surface carrelée, revêtement constitué de carreaux. *Mettre un tapis sur le carrelage.* – De *carreler.*

carreler [kaʀle] v. tr. [19] **1.** Paver avec des carreaux. **2.** Tracer des carreaux sur. *Carreler un calque.* – De *carrel,* anc. forme de *carreau.*

carrelet [kaʀlɛ] n. m. **I. 1.** Poisson de mer plat (fam. pleuronectidés), portant de petites taches orange approximativement carrées. Syn. plie. **2.** PECHE Syn. de *carré* 2. **3.** Filet pour prendre les petits oiseaux. **II. 1.** Règle à section carrée. **2.** Petite lime à quatre faces. **3.** Aiguille à extrémité quadrangulaire, utilisée par les cordonniers, les selliers, etc. – De *carrel,* anc. forme de *carreau.*

carrelette [kaʀlɛt] n. f. Syn. de *carrelet* (sens II, 1). – De *carrelet.*

carreleur [kaʀlœʀ] n. m. Ouvrier qui pose le carrelage. – De *carreler.*

carrément [kaʀemɑ̃] adv. **1.** En carré, à angles droits. **2.** Fig. D'une façon nette, ferme et sans détours. *Je lui ai parlé, avoué carrément.* – De *carré.*

carrer [kaʀe] v. [1] **I.** v. tr. **1.** TECH Donner une forme carrée à. *Carrer une poutre, une pierre.* **2.** SPORT Ajuster les carres sur (des skis). **II.** v. pron. **1.** Vx Se donner une attitude, un air important, qui manifeste le contentement de soi. **2.** S'installer confortablement, en prenant ses aises. *Se carrer sur son siège.* – De *carré.*

carrick [kaʀik] n. m. Anc. Redingote ample, à collet très long ou à collets étagés. – Mot angl., « voiture légère » et « manteau de cocher ».

carrier [kaʀje] n. m. Ouvrier ou entrepreneur travaillant à l'exploitation d'une carrière. – De *carrière* 1.

1. carrière [kaʀjɛʀ] n. f. Lieu, excavation (généralement à ciel ouvert) d'où l'on extrait des matériaux destinés à la construction. *Carrière de sable, de marbre, d'ardoise.* – P.-ê. lat. pop. **quadraria,* « lieu où l'on taille des pierres », de *quadrus,* « carré ».

2. carrière [kaʀjɛʀ] n. f. **1.** Vx Lice, enclos pour les courses de chevaux ou de chars. – Mod. EQUIT Terrain d'exercice en plein air pour les cavaliers. ▷ *Donner carrière à un cheval,* le laisser galoper librement. – Par anal. *Donner carrière à* : donner libre cours à. *Donner carrière à sa fantaisie.* **2.** Litt., vieilli Mouvement, cours (du temps, d'un astre). *Le soleil achève sa carrière.* **3.** Fig., litt. Voie, chemin sur lequel on s'engage. *La carrière de l'honneur. Entrer dans la carrière,* dans la vie. **4.** Mod. Profession, activité impliquant une série d'étapes. *Il s'est lancé dans une carrière politique. Un grand choix de carrières. Une carrière littéraire,* d'homme de lettres. ▷ Branche d'activité professionnelle. *La carrière des armes, de la magistrature.* – Fig. *Il a une carrière de séducteur devant lui.* ▷ Ensemble des étapes de la vie professionnelle. *Mener sa carrière habilement.* ▷ *La carrière* ou *la Carrière* : la carrière diplomatique. *Embrasser la Carrière.* – Ital. *carriera,* « chemin de chars »; lat. pop. **carraria,* de *carrus,* « char ».

carriérisme [kaʀjeʀism] n. m. Attitude d'une personne qui ne choisit une activité que pour satisfaire ses ambitions et ses intérêts personnels. ▷ Comportement dicté par le désir de réussir sa carrière, à n'importe quel prix. – De *carrière* 2 (sens 4).

carriériste [kaʀjeʀist] n. (Souvent péjor.) Personne qui fait preuve de carriérisme. – De *carrière* 2, sens 4.

carriole [kaʀjɔl] n. f. **1.** Petite charrette couverte. **2.** Péjor., fam. Mauvaise voiture, hippomobile. – Ital. ou provenç. *carriola;* lat. *carrus,* « char ».

carrossable [kaʀɔsabl] adj. Praticable pour les voitures. *Chemin carrossable.* – De *carrosse.*

carrossage [kaʀɔsaʒ] n. m. **1.** Action de carrosser. **2.** TECH Angle formé par le plan d'une roue avant et la verticale. – De *carrosser.*

carrosse [kaʀɔs] n. m. **1.** ANC. Luxueuse voiture à chevaux, à quatre roues, suspendue et couverte. ▷ FIG. *Rouler carrosse* : vivre dans l'opulence. ▷ *La cinquième roue du carrosse* : personne qui se sent inutile, dont on ne tient pas compte. **2.** Petite corbeille dans laquelle on couche une bouteille de vin vieux, de façon à servir celui-ci sans le troubler. – Ital. *carrozza*, de *carro*, « char »; lat. *carrus*.

carrosser [kaʀɔse] v. tr. [1] **1.** VX Voiturer en carrosse. **2.** Doter (un véhicule) d'une carrosserie. – De *carrosse*.

carrosserie [kaʀɔsʀi] n. f. **1.** Caisse, généralement en tôle, revêtant le châssis d'un véhicule. **2.** Industrie, commerce des carrosseries. – De *carrosse*.

carrossier [kaʀɔsje] n. m. Celui qui fabrique, répare des carrosseries. – De *carrosse*.

carrousel [kaʀuzɛl] n. m. **1.** Tournoi, parade où des cavaliers exécutent des joutes, des courses, des exercices divers. - Lieu où se donne un carrousel. ▷ FIG. *Un carrousel bruyant d'automobiles.* **2.** Dispositif de manutention constitué par un plateau, des éléments, etc., tournant autour d'un axe vertical. *Carrousel de distribution des bagages d'une aérogare.* – Ital. *carosello*.

carroyage [kaʀwajaʒ] n. m. Quadrillage servant à agrandir ou à réduire un dessin, une carte d'après modèle. – De *carroyer*.

carroyer [kaʀwaje] v. tr. [23] Exécuter un carroyage sur. – De *carreau*.

carrure [kaʀyʀ] n. f. **1.** Largeur du dos à la hauteur des épaules. *Avoir une belle, une forte carrure. La carrure d'une veste, d'un manteau.* **2.** Configuration large et carrée (du corps, d'une partie du corps). **3.** FIG. Envergure, valeur d'une personne. – De *carrer*.

cartable [kaʀtabl] n. m. Serviette, sacoche d'écolier. – Lat. médiév. **cartabulum*, de *charta*, « papier ».

carte [kaʀt] n. f. **I. 1.** Petit carton rectangulaire dont un côté est marqué d'une figure, spécial. d'une figure et d'une couleur (trèfle, carreau, cœur, pique), et dont on se sert pour jouer. *Un jeu de trente-deux, de cinquante-deux cartes. Des cartes à jouer. Battre les cartes. Une partie de cartes. Tours de cartes* : tours de prestidigitation exécutés avec des cartes. *Faire, tirer les cartes* : prédire l'avenir d'après les cartes. - *Château de cartes* : petit échafaudage, construction instable faite avec des cartes à jouer. *S'écrouler comme un château de cartes.* - *Par anal.* Construction, projet fragile. **2.** Loc. fig. *Avoir la carte forcée* : être obligé de se plier à certaines exigences. - *Brouiller les cartes* : semer volontairement la confusion, embrouiller une affaire. - *Avoir plus d'une carte dans son jeu* : avoir beaucoup de possibilités, de ressources. - *Jouer, mettre cartes sur table* : ne rien cacher. - *Jouer sa dernière carte* : tenter sa dernière chance. - *Jouer toutes ses cartes* : miser tout ce qu'on possède, tenter sa chance en utilisant toutes ses ressources. - *Jouer la carte de...* : s'appuyer, pour réussir, sur..., compter surtout sur... *Jouer la carte du charme, de l'économie.* - *Connaître le dessous des cartes* : connaître les dessous d'une affaire. **II.** Pièce attestant l'identité de qqn ou son appartenance à un groupe. *Carte nationale d'identité. Avoir la carte d'un parti, d'un syndicat. Carte de presse*, délivrée aux journalistes. *Carte de séjour, de travail. Carte d'étudiant. Carte d'électeur* : carte attestant l'inscription de son titulaire sur une liste électorale et lui permettant de voter. *Carte grise*, indiquant les caractéristiques d'un véhicule et le nom de son propriétaire. *Carte orange* : en région parisienne, carte d'abonnement aux transports en commun. **III. 1.** Au restaurant, liste des mets et des boissons, avec leurs prix. *Déjeuner, dîner à la carte*, qu'on compose en choisissant les plats sur la carte (par oppos. à *déjeuner au menu*). **2.** *Carte de visite* ou *carte* : petit carton rectangulaire sur lequel on fait imprimer son nom, éventuellement son adresse, sa profession, ses titres. *Laisser, envoyer, donner sa carte.* **3.** *Carte postale* ou *carte* : carte dont le recto est illustré et dont le verso est destiné à la correspondance. *Il a reçu une carte du Brésil.* **4.** TECH *Carte perforée*, dont les perforations constituent la notation d'informations à traiter par une machine. - *Carte magnétique*, munie de pistes magnétiques sur lesquelles sont enregistrées des informations. - *Carte à puce* ou *carte à mémoire* : carte magnétique comportant un dispositif de mémorisation. - *Carte Bleue* : nom déposé d'une carte de crédit. **5.** Loc. fig. *Donner carte blanche à qqn* : V. blanc (1, sens 4). **IV.** GEOGR Représentation plane à échelle réduite d'une surface de terrain. *Dessiner, reproduire la carte de (la) France. Une carte des climats. Carte politique, démographique. Carte des routes à grande circulation. Carte marine. Carte de la Lune, du ciel.* – Lat. *charta*, « papier ».

1. cartel [kaʀtɛl] n. m. **1.** ANC. Provocation en duel (par l'intermédiaire d'un *carton*). **2.** VX Accord écrit entre deux chefs militaires sur l'échange de prisonniers. **3.** Cartouche ornant le cadre de certaines pendules. ▷ Pendule murale ainsi encadrée. – Ital. *cartello*, « affiche », de *carta*, « papier ».

2. cartel [kaʀtɛl] n. m. **1.** ECON Groupement, coalition de sociétés industrielles ou commerciales tendant à s'assurer la domination du marché en éliminant la concurrence et en évitant la baisse des prix. **2.** POLIT Union, accord passé entre des organisations politiques, syndicales, etc., en vue d'une action commune déterminée. *Le Cartel des gauches gagna les élections de 1924.* – Calque de l'all. *Kartell*, « défi », de m. orig. que *cartel* 1, sens 1.

carte-lettre [kaʀtəlɛtʀ] n. f. Feuille de papier utilisée pour la correspondance, pliée et collée sans enveloppe, et qui est taxée comme une lettre. *Des cartes-lettres.*

cartellisation [kaʀtelizasjɔ̃] n. f. Fait de se grouper en cartel. – De *cartel*.

carter [kaʀtɛʀ] n. m. Enveloppe métallique rigide destinée à protéger un mécanisme ou à éviter les accidents qu'il est susceptible de provoquer. – Mot angl., du n. de l'inventeur J.H. *Carter*.

carterie [kaʀtəʀi] n. f. **1.** Fabrication des cartes à jouer. ▷ Lieu où on les fabrique. **2.** (Nom déposé.) Magasin où l'on vend des cartes postales. – De *carte*.

cartésianisme [kaʀtezjanism] n. m. Philosophie de Descartes. ▷ *Par ext.* Philosophie de ses disciples ou continuateurs (notam. Malebranche, Spinoza, Leibniz). – De *cartésien*.

cartésien, enne [kaʀtezjɛ̃, ɛn] adj. (et n.) **1.** Relatif à la doctrine, à la pensée de Descartes. ▷ Subst. Partisan de la philosophie, des théories de Descartes. **2.** Qui présente les caractères attribués à la pensée de Descartes (ordre, rigueur, méthode). **3.** *Coordonnées cartésiennes* : système de coordonnées imaginé par Descartes, dans lequel un point est défini par ses distances à trois axes généralement orthogonaux entre eux. ▷ *Produit cartésien de deux ensembles E et F* : ensemble des couples (x, y) [x, E, y, F]. – De *Cartesius*, n. lat. de *Descartes*, philosophe français (1596-1650).

carthaginois, oise [kaʀtaʒinwa, waz] adj. et n. De Carthage, v. de Tunisie. *Antiquités carthaginoises.* ▷ Subst. *Un(e) Carthaginois(e).*

carthame [kaʀtam] n. m. Plante épineuse (genre *Carthamus*, fam. composées) dont une espèce, le *carthame des teinturiers* (*Carthamus tinctorius*), donne deux colorants, le safran bâtard, jaune, et la carthamine, rouge cramoisi. – Lat. médiéval *carthamus*, ar. *qūrṭūm*.

cartier [kaʀtje] n. m. Fabricant, vendeur de cartes à jouer. – De *carte*.

cartilage [kaʀtilaʒ] n. m. Tissu conjonctif typique des cordés, dur, élastique, blanc laiteux, constituant le squelette primaire des embryons avant leur ossification. (Ce tissu ne persiste chez les adultes qu'au niveau des articulations - cartilages articulaires - et de quelques organes - pavillons auriculaires, nez, etc. - Seuls les poissons chondrichthyens conservent un squelette cartilagineux à l'état adulte.) – Lat. *cartilago*.

cartilagineux, euse [kaʀtilaʒinø, øz] adj. De la nature du cartilage, composé de cartilage. *Tissus cartilagineux*. – De *cartilage*.

cartisane [kaʀtizan] n. f. Petit morceau de carton, entouré de fil de soie, d'or ou d'argent, faisant relief dans certaines broderies. – Ital. *carteggiana*, «petit carton», de *carta*, «papier».

cartographe [kaʀtɔgʀaf] n. Spécialiste de la cartographie. – De *carte*, et *-graphe*.

cartographie [kaʀtɔgʀafi] n. f. Technique de l'établissement des cartes, des plans, d'après les données des recherches géographiques. – De *carte*, et *-graphie*.

cartographier [kaʀtɔgʀafje] v. tr. [2] Établir la carte de (qqch). – De *cartographie*.

cartographique [kaʀtɔgʀafik] adj. De la cartographie, relatif à la cartographie. *Recherches cartographiques*. – De *cartographie*.

cartomancie [kaʀtɔmɑ̃si] n. f. Divination à partir des cartes à jouer. – De *carte*, et *-mancie*.

cartomancien, enne [kaʀtɔmɑ̃sjɛ̃, ɛn] n. Personne pratiquant la cartomancie. – De *cartomancie*.

carton [kaʀtɔ̃] n. m. **1.** Feuille assez rigide, d'épaisseur variable, constituée d'une couche de pâte à papier ou de plusieurs feuilles de papier collées ensemble. *Une boîte de carton, une couverture de livre en carton*. ▷ *Carton-pâte**. *Carton mixte* : carton-pâte dont les deux faces sont recouvertes d'une feuille de papier fort. ▷ *Carton-paille*, dont la pâte est à base de fibres de paille hachées. ▷ *Carton-cuir* : carton enduit de caoutchouc, de résines synthétiques, etc., imitant le cuir. ▷ *Carton-pierre* : carton à la pâte duquel on a incorporé de l'argile, de la craie, etc., et dont la consistance et l'aspect rappellent la pierre. ▷ *Carton ondulé*, présentant des ondulations qui le rendent plus rigide. **2.** Boîte, emballage de carton fort. *Un carton à chapeau. Carton à dessins*. ▷ Casier en carton destiné à ranger, à classer des papiers, des documents. (V. cartonnier.) - FIG. *Projet qui reste dans les cartons*, qui reste en attente, qui n'est pas exploité, utilisé. **3.** BX-A Composition exécutée sur un carton léger, destinée à être reproduite (vitrail, tapisserie, fresque). *Les cartons de Raphaël*. **4.** IMPRIM Ensemble de feuilles imprimées que l'on substitue à d'autres, dans un livre. **5.** Cible de carton sur laquelle on s'exerce au tir. *Faire un carton* : tirer sur une cible d'exercice en carton ; *par ext.*, fam., gagner facilement (à un sport). – Ital. *cartone*, augmentatif de *carta*, «papier».

cartonnage [kaʀtɔnaʒ] n. m. **1.** Emballage, ouvrage en carton. **2.** Fabrication d'objets en carton. **3.** Action de cartonner (un livre). ▷ Reliure ainsi obtenue. – De *cartonner*.

cartonner [kaʀtɔne] v. tr. [1] **1.** Munir, garnir de carton. **2.** Relier (un livre) avec du carton. **3.** FAM. Faire un carton (sens 5). ▷ *Par ext.* (impers.) *Ça a cartonné sur l'autoroute*. – De *carton*.

cartonnerie [kaʀtɔnʀi] n. f. **1.** Industrie, commerce du carton. **2.** Fabrique de carton. – De *carton*.

cartonneux, euse [kaʀtɔnø, øz] adj. Qui a l'aspect, la consistance du carton. – De *carton*.

cartonnier, ère [kaʀtɔnje, ɛʀ] n. **1.** Personne qui fabrique, qui vend du carton. **2.** n. m. Meuble de bureau pour le classement des dossiers, dont les tiroirs sont des boîtes en carton. **3.** BX-A Artiste réalisant des cartons (sens 3). – De *carton*.

carton-pâte [kaʀtɔ̃pɑt] n. m. Carton fabriqué à partir de vieux chiffons, de cartons usagés. *Décors en carton-pâte*. - Loc. fig. *De, en carton-pâte* : dont le caractère factice est évident. *Personnages en carton-pâte d'un mauvais film*. – De *carton*, et *pâte*.

cartoon [kaʀtun] n. m. **1.** Bande illustrée à caractère humoristique. **2.** Chacun des dessins composant un film de dessins animés. ▷ Ce film lui-même. – Mot angl.

cartooniste [kaʀtunist] n. Réalisateur de dessin animé. – Angl. *cartoonist*.

cartophile [kaʀtɔfil] n. Celui, celle qui collectionne des cartes postales. – De *carte*, et *-phile*.

cartothèque [kaʀtɔtɛk] n. f. Meuble, local où l'on conserve des cartes (sens IV). – De *carte*, et *-thèque*.

1. cartouche [kaʀtuʃ] n. m. **1.** Ornement sculpté, présentant une surface destinée à recevoir une inscription, des armoiries. **2.** Encadrement de certaines inscriptions hiéroglyphiques. ▷ Encadrement de l'écu des armoiries. **3.** Encadrement renfermant les références d'une carte, d'un plan (numéro d'ordre, titre, date, échelle, etc.). – Ital. *cartoccio*, «cornet de papier», de *carta*, «papier».

2. cartouche [kaʀtuʃ] n. f. **1.** Étui de carton ou de métal contenant la charge d'une arme à feu. *Le culot, la douille, l'amorce d'une cartouche*. - *La bourre de fermeture d'une cartouche à plombs, d'une cartouche de chasse*. - *L'ogive de tête d'une cartouche à balle, d'une cartouche de guerre*. *Cartouche à blanc*, sans projectile. **2.** Étui contenant des matières explosives. *Une cartouche de dynamite*. **3.** Petit étui, généralement cylindrique, contenant un produit qui nécessite une certaine protection. *Cartouche d'encre pour stylo. Cartouche de gaz pour briquet*. **4.** Emballage contenant plusieurs paquets de cigarettes. *Une cartouche de cigarettes anglaises*. – Ital. *cartuccia*.

cartoucherie [kaʀtuʃʀi] n. f. **1.** Fabrique de cartouches. **2.** Dépôt de cartouches. – De *cartouche* 2.

cartouchière [kaʀtuʃjɛʀ] n. f. Sac de cuir, de toile, ou série d'étuis montés en ceinture ou en baudrier pour porter les cartouches. – De *cartouche* 2.

cartulaire [kaʀtylɛʀ] n. m. ANC. Registre sur lequel on inscrivait les chartes, titres, actes de donations, concernant les biens temporels d'un monastère, d'une église. ▷ Cet acte lui-même. – Lat. médiév. *cartularius*, «archiviste», de *carta*, «papier».

carvi [kaʀvi] n. m. Ombellifère d'Europe, appelée aussi *anis des Vosges*, *cumin des prés*, dont la racine et les fruits sont aromatiques. – Lat. médiév., ar. *karāwiya*, «racine à sucre».

cary. V. cari.

caryatide. V. cariatide.

caryo-. Élément, du gr. *karuon*, «noyau, noix».

caryocinèse [kaʀjosinɛz] n. f. BIOL Division du noyau cellulaire lors de la mitose. – De *caryo-*, et gr. *kinêsis*, «mouvement».

caryogamie [kaʀjogami] n. f. BIOL Fusion du noyau du gamète mâle avec le noyau du gamète femelle, lors de la fécondation. – De *caryo-*, et *-gamie*.

caryogramme [kaʀjogʀam] n. m. BIOL Nombre de chromosomes défini par une formule constante pour une espèce donnée et comprenant les paires de chromosomes identiques *(autosomes)* et le ou les chromosomes sexuels (*allosomes* ou *hétérochromosomes*). (Le caryogramme de l'espèce humaine est de 46 chromosomes, soit deux fois 22 autosomes et 2 chromosomes sexuels : 2 chromosomes X chez la femme, 1 chromosome X et 1 chromosome Y chez l'homme.) – De *caryo-*, et *-gramme*.

caryolyse [kaʀjoliz] n. f. BIOL Mort du noyau cellulaire. – De *caryo-*, et *-lyse*.

caryolytique [kaʀjolitik] adj. et n. BIOCHIM Se dit des substances provoquant la caryolyse. – De *caryolyse*.

caryophyllacées [kaʀjofilase] n. f. pl. Famille de plantes dicotylédones dialypétales, à ovaires libres et feuilles opposées. *Les caryophyllacées comprennent des espèces ornementales comme l'œillet, et des espèces médicinales comme la saponaire.* – Sing. *Une caryophyllacée.* – Lat. *caryophyllum*, gr. *karuophullon*, «giroflier».

caryophyllé, ée [kaʀjofile] adj. Se dit de fleurs dont les cinq pétales sont recouverts par le tube du calice. ▷ n. f. *Une caryophyllée.* – V. *caryophyllacées*.

caryopse [kaʀjɔps] n. m. BOT Fruit sec indéhiscent, typique des graminées, dans lequel le péricarpe est soudé à l'unique graine qu'il contient. – De *caryo-*, et gr. *opsis*, «apparence».

caryotype [kaʀjotip] n. m. MED Nombre de chromosomes contenus dans les cellules d'un individu, dont l'examen (par culture cellulaire et microphotographie) permet d'établir le diagnostic de certaines maladies chromosomiques (la trisomie 21, par ex.). – De *caryo-*, et *-type*.

1. cas [kɑ] n. m. **I. 1.** Ce qui arrive ou est arrivé; ce qui peut se produire; situation. *Cas grave, rare, imprévu. On peut, selon les cas, choisir la solution la mieux adaptée. Il est dans un cas particulièrement délicat. J'ai évoqué votre cas à la dernière réunion.* **2.** *Cas de conscience* : difficulté ou question sur ce que la conscience ou la foi permet ou défend en certaines circonstances. **3.** Ce qui peut être la cause de qqch. *Un cas de guerre* (V. casus belli). *C'est un cas de divorce.* **4.** Manifestation d'une maladie, atteinte. *On a relevé dix cas de choléra.* **5.** *Faire cas de* : apprécier, accorder de l'importance à. *Il fait grand cas de votre avis.* **6.** (En appos.) (Précédant un n. propre.) *Le cas X* : la personne de X, considérée sous l'angle des questions ou des problèmes particuliers qu'elle soulève. *Le cas Wagner.* – *Untel est un cas.* **7.** Loc. *C'est le cas de le dire* : cette parole est opportune, tombe bien, est à propos. **II.** Loc. **1.** Loc. prép. *En cas de* : dans l'hypothèse de. *En cas d'incendie, appeler les pompiers.* **2.** Loc. adv. *En tout cas, dans tous les cas* : quoi qu'il en soit, quoi qu'il arrive. ▷ *En ce cas* : dans cette hypothèse. ▷ *En aucun cas* (dans une propos. nég.) : quoi qu'il arrive. **3.** Loc. conj. *Au cas que* (vieilli), *au cas où* : à supposer que. ▷ *Dans le cas où, pour le cas où* : s'il arrivait que. – Lat. *casus*, «événement, chute, cas grammatical», pp. de *cadere*, «tomber».

2. cas [kɑ] n. m. LING Chacune des formes qu'un mot est susceptible de prendre dans une langue à flexions, et qui exprime sa relation aux autres parties du discours. *Le latin, l'allemand sont des langues à cas. Les cas directs* : le nominatif, l'accusatif, et parfois le vocatif. – *Cas régime.* V. régime. – *Les cas obliques* : les autres cas du paradigme. – Lat. *casus*, calque du gr. *ptôsis*, «déviation» (par rapport au nominatif).

casanier, ère [kazanje, ɛʀ] adj. et n. **1.** Qui aime rester chez soi, qui ne veut pas bouleverser ses habitudes. *Une femme casanière.* ▷ Subst. *C'est un casanier comme beaucoup de vieux garçons.* **2.** Propre aux personnes casanières. *Une vie, des goûts casaniers.* – P.-ê. ital. *casaniere*, de *casa*, «maison».

casaque [kazak] n. f. **1.** Manteau ample à longues manches. ▷ Loc. fig. *Tourner casaque* : changer d'avis, de parti. **2.** Vieilli Blouse, tunique de femme que l'on porte sur une jupe. **3.** Veste de jockey en soie, de couleur voyante. – Du persan *kazagand*.

casbah [kazba] n. f. **1.** Anc. Palais du souverain, citadelle, dans une ville d'Afrique du N. **2.** Mod. Quartier anc. des villes d'Afrique du N. – Spécial. *La Casbah*, celle d'Alger. – Ar. *qaçaba*, *qaçba*, «citadelle».

cascade [kaskad] n. f. **1.** Chute d'eau, succession étagée de chutes d'eau. *L'eau tombait en cascade, de plusieurs dizaines de mètres de hauteur.* – Fig. *Une cascade de rires, de paroles, de chiffres.* ▷ Loc. fig. *En cascade* : à de courts intervalles. *Avoir des ennuis en cascade.* **2.** Chute, numéro périlleux d'un acrobate, d'un coureur automobile, d'un gymnaste, etc. ▷ CINE *Un acrobate double la vedette du film pour les cascades.* **3.** ELECTR *Association en cascade* : montage d'appareils en série. – Ital. *cascata*, de *cascare*, «tomber».

cascader [kaskade] v. intr. [1] **1.** Tomber en cascade. **2.** Pop. et vieilli Faire le cascadeur (au sens 1), le noceur. – De *cascade*.

cascadeur, euse [kaskadœʀ, øz] n. (et adj.) **1.** Vieilli Personne qui mène une vie débridée, qui fait la noce. ▷ adj. *Un garçon cascadeur.* **2.** n. Acrobate qui exécute des sauts périlleux, des chutes diverses. ▷ CINE Personne qui exécute une cascade. – De *cascader*.

cascara sagrada [kaskaʀasagʀada] n. f. BOT Écorce, aux propriétés laxatives, de *Rhamnus purshiana* (fam. rhamnacées), arbre des côtes du Pacifique. – Esp. *cáscara*, «écorce», et *sagrada*, «sacrée».

cascatelle [kaskatɛl] n. f. Litt. Petite cascade. – Ital. *cascatella*, de *cascata*, «cascade».

cascher. V. casher.

case [kɑz] n. f. **I.** Habitation en matériaux légers des pays chauds. **II. 1.** Compartiment d'un tiroir, d'une boîte, d'un meuble, etc., à usage déterminé. **2.** Division, compartiment délimité sur une surface. *Les cases d'un registre. Mettez une croix dans la case correspondant à votre choix. Les cases d'un jeu de jacquet, de dames.* **3.** Loc. fam. *Avoir une case en moins, une case (de) vide* : être un peu fou, ou simple d'esprit. – Lat. *casa*, «chaumière».

caséeux, euse [kaʒeø, øz] adj. **1.** Qui a l'apparence du fromage. **2.** MED *Lésions tuberculeuses caséeuses*, ayant l'aspect du fromage. – Du lat. *caseus*, «fromage».

caséification [kazeifikasjɔ̃] n. f. Fait de se caséifier. – Du lat. *caseus*, «fromage».

caséifier [kazeifje] v. [2] **1.** v. tr. Faire coaguler la caséine de. *Caséifier du lait.* **2.** v. pron. MED Se nécroser en prenant un aspect caséeux. – Du lat. *caseus*, «fromage».

caséine [kazein] n. f. Protéine contenue dans le lait. – Du lat. *caseus*, «fromage».

casemate [kazmat] n. f. Abri (auj. en béton armé) servant de protection contre les tirs d'artillerie et les attaques aériennes. – De l'ital. *casamatta*, «maison folle».

caser [kɑze] v. [1] **I.** v. tr. Trouver une place pour; mettre à la place qui convient. *Caser des bagages dans le coffre d'une voiture.* – Fam. *Où allons-nous vous caser?* **II.** Fam. **1.** v. tr. Trouver un emploi, une situation pour (qqn). *Caser ses enfants dans l'Administration.* **2.** v. pron. S'établir en un lieu; trouver un emploi. ▷ Se marier. *Il a fini par se caser.* – De *case*.

caserne [kazɛʀn] n. f. **1.** Bâtiment destiné au logement des troupes. ▷ Ensemble des troupes logées dans ce bâtiment. **2.** *Par anal.* Fam. Vaste bâtiment peu avenant. **3.** Fam., péjor. Organisation, lieu où les individus sont enrégimentés comme des soldats. – Du provenç. *cazerna*, «groupe de quatre», lat. *quaterna*.

casernement [kazɛʀnəmɑ̃] n. m. **1.** Action de caserner. **2.** Lieu où l'on caserne les troupes. *Revue de casernement.* – De *caserner*.

caserner [kazɛʀne] v. tr. [1] Loger (des troupes) dans une caserne. – De *caserne*.

casernier [kazɛʀnje] n. m. Agent milit. chargé du matériel d'une caserne. – De *caserne*.

cash [kaʃ] adv. (Anglicisme) Fam. *Payer cash :* payer comptant. – Mot angl., «espèces».

casher, cacher, cascher, kascher ou **kasher, ère** [kaʃɛʀ] adj. Conforme aux lois du judaïsme concernant les aliments et leur préparation. (Se dit surtout des viandes provenant d'animaux abattus selon les rites du judaïsme et préparées conformément à ces rites.) *Viande cashère.* – Par ext. *Boucherie cashère.* – Mot hébr.

cash-flow [kaʃflo] n. m. (Anglicisme) FIN Capacité d'une entreprise à produire de la richesse, évaluée d'après l'ensemble de ses amortissements, de ses provisions et de ses bénéfices. *Des cash-flows.* Syn. (off. recommandé) marge brute d'autofinancement. – Angl. *cash,* «espèces», et *flow,* «écoulement».

casier [kɑzje] n. m. **I. 1.** Meuble de rangement composé de rayons, de compartiments. *On peut ranger cent bouteilles dans ce casier.* **2.** Petit meuble de rangement individuel. *Il y a un casier muni d'un cadenas au-dessus de chaque lit.* **3.** Case d'un meuble. **4.** PECHE Nasse destinée à la pêche aux crustacés. **II.** Fig. *Casier judiciaire :* relevé des condamnations criminelles ou correctionnelles dont un individu a fait l'objet; lieu, service où sont enregistrées ces condamnations. *Casier judiciaire vierge,* ne comportant aucune condamnation criminelle ou correctionnelle. ▷ *Casier fiscal :* relevé des amendes et des impositions de chaque contribuable. – De *case.*

casimir [kazimiʀ] n. m. Étoffe fine et légère, faite de fils de laine croisés. – Altér. angl. *cassimere,* de *kerseymere,* «cariset», de *kashmir.*

casino [kazino] n. m. Établissement de jeux, où l'on donne aussi des spectacles (notam. dans une station baln. ou therm.). – Mot ital., du lat. *casa,* «maison».

casoar [kazɔaʀ] n. m. **1.** Oiseau coureur, atteignant deux mètres, au cou et à la tête déplumés, portant sur le crâne une sorte de casque corné; il vit en Australie et en Nouvelle-Guinée. **2.** Plumet ornant le shako des saint-cyriens. – Lat. zool. *casoaris,* malais *kasuvari.*

casque [kask] n. m. **I. 1.** Coiffure rigide, faite d'un matériau résistant, pour protéger la tête. *Les Gaulois portaient des casques de cuivre ornés de cornes de taureau, de cerf, etc. Un casque de spéléologue. Le port du casque est obligatoire sur le chantier.* ▷ *Casque intégral,* qui protège le crâne, le visage et les cervicales. **2.** *Casque bleu :* membre des forces d'interposition militaire de l'O.N.U. **3.** Ensemble de deux écouteurs, appliqués sur les oreilles par un ressort cintré. **4.** Appareil chauffant emboîtant la tête utilisé pour le séchage des cheveux. *Rester sous le casque chez le coiffeur.* **II. 1.** Mollusque gastéropode des mers chaudes dont on découpe l'épaisse coquille en fragments pour y sculpter des camées. **2.** BOT Partie supérieure, en forme de casque, du calice ou de la corolle de certaines fleurs. **3.** Protubérance sur la tête ou le bec de certains oiseaux. – Esp. *casco,* «tesson», puis «crâne», et «casque», de *cascar,* «briser».

casqué, ée [kaske] adj. Coiffé d'un casque. – De *casque.*

casquer [kaske] v. intr. [**1**] Fam. Donner de l'argent, débourser. – Ital. *cascare,* «tomber».

casquette [kaskɛt] n. f. Coiffure (surtout masculine) ronde et plate, à visière. – Dimin. de *casque.*

casquettier, ère [kaskətje, ɛʀ] n. Personne qui confectionne, qui vend des casquettes. – De *casquette.*

cassable [kasabl] adj. Qui peut se casser. Ant. incassable. – De *casser.*

cassage [kasaʒ] n. m. Action de casser. – De *casser.*

cassant, ante [kasɑ̃, ɑ̃t] adj. **1.** Qui est fragile, qui se casse facilement. *Une pâte à tarte desséchée et cassante.* **2.** Autoritaire, dur, tranchant. *C'est un homme sec et cassant. Un ton cassant.* **3.** Pop. Qui fatigue (surtout dans des phrases à valeur négative). *Un boulot pas trop cassant.* – Ppr. de *casser.*

cassate [kasat] n. f. Crème glacée de différents parfums fourrée de fruits confits. *Une tranche de cassate.* – Ital. *cassata.*

1. cassation [kasasjɔ̃] n. f. **1.** Sanction par laquelle un militaire gradé est cassé. **2.** DR Action de faire perdre toute force juridique à une décision rendue en dernier ressort et de réputer non avenus tous les actes d'exécution accomplis sur le fondement de cette décision. *Former un pourvoi en cassation contre l'arrêt de la cour d'appel.* ▷ *Cour de cassation :* juridiction suprême de l'ordre judiciaire. *La Cour de cassation rejette un pourvoi, ou casse et annule la décision de la cour d'appel.* – De *casser.*

2. cassation [kasasjɔ̃] n. f. MUS Suite pour divers instruments, formée de courts morceaux et destinée à être exécutée en plein air. – Ital. *cassazione,* «départ».

cassave [kasav] n. f. Galette préparée avec la fécule du manioc. – Esp. *cazabe,* mot de Haïti.

1. casse [kɑs] n. f. IMPRIM Boîte plate à petits rebords, divisée en compartiments, ou *cassetins,* de taille inégale, et contenant les caractères typographiques. – *Haut de casse :* ensemble des cassetins du haut, contenant les majuscules. – *Bas de casse :* ensemble des cassetins du bas contenant les signes les plus employés, notam. les minuscules. – n. m. inv. (Avec traits d'union.) *Texte en bas-de-casse,* en minuscules. – Ital. *cassa,* «caisse».

2. casse [kɑs] n. f. **1.** Fruit du canéficier, longue gousse contenant une pulpe laxative. **2.** Laxatif préparé avec ce fruit. ▷ Prov. *Passe-moi la casse, je te passerai le séné :* faisons-nous des concessions mutuelles. – Lat. *cassia,* gr. *kassia.*

3. casse [kɑs] n. f. **1.** Plat de terre pour rôtir les viandes au four. **2.** TECH Grande cuillère utilisée par les verriers. – Provenç. *cassa,* lat. pop. *cattia,* «poêle».

4. casse [kɑs] n. **1.** n. f. Action de casser; dommage qui en résulte. *Il y a eu de la casse pendant le déménagement. Payer la casse.* – *Mettre, envoyer à la casse une voiture hors d'usage,* pour qu'elle soit dépecée. *Vendre à la casse,* au prix de la matière première. **2.** n. m. Arg. Cambriolage. *Faire un casse.* – Déverbal de *casser.*

1. cassé [kase] n. m. Degré de cuisson du sucre qui, jeté dans de l'eau froide, devient cassant. – De *casser.*

2. cassé, ée [kase] adj. **1.** Brisé. **2.** Qui ne fonctionne plus. **3.** DR Annulé. *Arrêt cassé* (V. cassation 1, sens 2). **4.** Privé de son grade. *Un sergent cassé* (V. cassation 1, sens 1). **5.** *Voix cassée,* éraillée, qui a perdu la clarté de son timbre normal. **6.** Usé, courbé par l'âge. *Un vieillard tout cassé.* **7.** *Blanc cassé :* blanc modifié par l'adjonction d'une très petite quantité de couleur. *Un blanc cassé de jaune.* – Pp. de *casser.*

casseau [kaso] n. m. **1.** TYPO Moitié de casse. **2.** MED VET (Plur.) Pièces de bois cylindriques servant à la castration des animaux. – De *casse* 1.

casse-cou [kasku] n. m. inv. et adj. inv. **1.** Endroit où l'on risque de tomber. *Cet escalier est un vrai casse-cou.* ▷ adj. inv. *Des parcours casse-cou.* **2.** Fam. Personne téméraire, qui prend des risques sans réfléchir. *C'est un dangereux casse-cou.* ▷ adj. inv. *Elles sont très casse-cou.*

casse-croûte [kaskʀut] n. m. inv. Fam. Petit repas léger pris rapidement.

casse-gueule [kasgœl] n. m. inv. et adj. inv. Fam. **I.** n. m. inv. **1.** Entreprise qui présente des risques. **2.** Casse-cou, endroit où l'on risque de tomber. **II.** adj. inv. **1.** Qui présente des risques. *Décision, itinéraire casse-gueule.* **2.** (Personnes) Téméraire, casse-cou.

cassement [kasmɑ̃] n. m. **1.** Rare Action de casser. **2.** *Cassement de tête* : résultat d'une grande fatigue due au bruit, au surmenage... – De *casser*.

casse-noisettes [kasnwazɛt] n. m. inv. Petit instrument, petite pince qui sert à casser la coque des noisettes.

casse-noix [kasnwa] n. m. inv. **1.** Instrument du même type que le casse-noisettes, utilisé pour casser les noix. **2.** ZOOL Nom cour. des passériformes du genre *Nucifraga*, dont le puissant bec, droit, casse les noisettes et les graines de pin.

casse-pattes [kaspat] n. m. inv. Fam. Eau-de-vie très forte, de qualité médiocre.

casse-pieds [kaspje] adj. inv. (et n. inv.) Fam. Qui ennuie, dérange. *Un voisin casse-pieds.* Syn. importun, raseur. – *Une affaire casse-pieds.* ▷ Subst. *Des casse-pieds.*

casse-pierre(s) [kaspjɛʀ] n. m. **1.** Plante qui pousse sur les pierres. (V. pariétaire.) **2.** Machine, instrument pour briser les pierres. ▷ Gros tamponnoir. *Des casse-pierre(s).*

casse-pipe [kaspip] n. m. inv. Pop. *Le casse-pipe* : la mort sur le champ de bataille ; la bataille, le front. *Aller, monter au casse-pipe.* ▷ Entreprise présentant un danger de mort.

casser [kase] v. [1] **I.** v. tr. **1.** Briser, réduire en morceaux. *Casser un vase. Le vent a cassé les branches.* ▷ Fig., (Prov.) *Qui casse les verres les paie* : qui cause un préjudice doit le réparer. ▷ Pop. *Casser la gueule à qqn*, le battre, le rouer de coups. ▷ *Casser la tête*, ou, fam., *les pieds à qqn*, l'importuner. ▷ *Casser du sucre sur (le dos de) qqn*, dire du mal de lui. ▷ Fam. *Casser la croûte* : manger. ▷ Pop. *Casser sa pipe* : mourir. ▷ Loc. *À tout casser* : extraordinaire. *Un banquet à tout casser.* ▷ Fam. *Cela ne casse rien* : cela ne sort pas de l'ordinaire, de la banalité. ▷ Loc. fam. *Casser le morceau* : avouer. ▷ *Casser les prix, les cours* : provoquer une baisse brusque des prix, des cours. **2.** DR Annuler. *Casser un jugement.* **3.** Dégrader. *Casser un officier.* **II.** v. intr. Se rompre, se briser. *Ce bois casse facilement.* **III.** v. pron. **1.** Se rompre, se briser. *La potiche s'est cassée en tombant.* ▷ Loc. fig., fam. *Se casser la tête* : s'appliquer à une chose avec acharnement ; s'efforcer de trouver une solution à un problème. ▷ (Surtout en tournure négative, s. comp.) Se donner du mal. *Tu ne t'es pas beaucoup cassé pour y arriver.* ▷ Loc. fig., fam. *Se casser le nez* : trouver porte close ; ne pas réussir dans une entreprise. **2.** Pop. *Se casser* : s'en aller, s'enfuir. – Lat. *quassare*, de *quatere*, « secouer ».

casserole [kasʀɔl] n. f. **1.** Ustensile de cuisine cylindrique à fond plat muni d'un manche. ▷ Loc. pop. *Passer à la casserole* : subir un traitement désagréable auquel on ne peut se soustraire. **2.** Arg. (du cinéma) Projecteur. **3.** Fam. Instrument désaccordé. ▷ *Chanter comme une casserole* : chanter faux. – De *casse* 3.

casserolée [kasʀɔle] n. f. Contenu d'une casserole. – De *casserole*.

casse-tête [kastɛt] n. m. inv. **1.** Courte massue utilisée comme arme. **2.** Bruit fatigant. **3.** Travail, problème demandant beaucoup d'application, de concentration. ▷ *Casse-tête chinois* : question, jeu, problème, dont la solution est difficile à trouver. – De *casser*, et *tête*.

cassetin [kastɛ̃] n. m. **1.** TYPO Compartiment d'une casse d'imprimerie. **2.** Bureau des correcteurs. – Ital. *cassettino*, de *cassetta*. V. cassette.

cassette [kasɛt] n. f. **1.** Petit coffre où l'on range ordinairement des objets précieux, de l'argent. *La cassette d'Harpagon dans « l'Avare ».* **2.** Trésor personnel d'un roi, d'un prince. **3.** Étui contenant une bande magnétique, permettant de charger instantanément un magnétophone ou un magnétoscope. – Ital. *cassetta*, de *cassa*, « caisse ».

casseur, euse [kasœʀ, øz] n. et adj. **I.** n. **1.** Personne dont le métier est de casser. *Casseur de pierres.* ▷ Commerçant qui casse et revend au poids brut des objets usagés. – *Spécial.* Ferrailleur. **2.** Arg. Cambrioleur. **3.** *Un casseur* : un mauvais garçon, un affranchi, un dur. *Jouer les casseurs.* ▷ Personne qui profite d'une manifestation pour dégrader la voie publique (mobilier urbain, magasins, etc.) ou des bâtiments publics ou privés. **II.** adj. Fam. Qui casse beaucoup par maladresse. – De *casser*.

cassie [kasi] n. f. BOT Nom cour. de l'acacia de Farnèse, ornemental et odoriférant. – Provenç. *cacio*, altér. de *acacio*, « acacia ».

cassier n. m. BOT Syn. de *canéficier*. – De *casse*.

cassine [kasin] n. f. Vieilli Petite maison isolée. ▷ Péjor. Maison mal tenue. – Piémontais *cassina*.

1. cassis [kasis] n. m. **1.** Arbuste (on dit aussi *cassissier*) à baies noires aromatiques et comestibles (*Ribes nigrum*, fam. saxifragacées). **2.** Fruit de cet arbuste. **3.** Liqueur tirée de ce fruit. – Mot poitevin, de *casse* 2, le cassis ayant servi de laxatif, comme la casse.

2. cassis [kasis] n. m. Rigole traversant perpendiculairement une route, un chemin. ▷ Creux, enfoncement, dans le sol d'une route. *La voiture cahotait sur les cassis et les dos d'âne.* – De *casser*.

cassitérite [kasiteʀit] n. f. Oxyde naturel d'étain (SnO_2), le princ. minerai de ce métal. – Gr. *kassiteros*, « étain ».

cassolette [kasɔlɛt] n. f. **1.** Petit réchaud à couvercle percé de trous, servant à brûler des parfums. **2.** Petite boîte d'orfèvrerie contenant des parfums. **3.** Petit récipient cylindrique, muni d'un manche, supportant la chaleur du four, utilisé pour servir certains mets ; mets ainsi servi. *Cassolette de fruits de mer.* – Anc. provenç. *casoleta*, « petite casserole », de *casola*.

casson [kasɔ̃] n. m. **1.** Morceau de verre destiné à être recyclé. **2.** Pain de sucre grossier. – De *casser*.

cassonade [kasɔnad] n. f. Sucre brut de canne. – De *casson*.

cassoulet [kasulɛ] n. m. Ragoût de viande d'oie, de canard, de mouton, etc., aux haricots blancs. – Mot toulousain, de *cassolo*, « terrine ».

cassure [kasyʀ] n. f. **1.** Endroit où un objet est cassé. ▷ GEOL Fissure, fracture de l'écorce terrestre. **2.** *Cassure d'un vêtement*, pliure de son étoffe. **3.** Fig. Rupture. *Ce deuil a été une cassure dans sa vie.* – De *casser*.

castagne [kastaɲ] n. f. Pop. *La castagne* : les coups, la bagarre. *Chercher, aimer la castagne.* – De l'esp. *castaña*, « châtaigne ».

castagnettes [kastaɲɛt] n. f. pl. Instrument à percussion fait de deux petites pièces en matière dure (bois, ivoire, etc.), arrondies et concaves, attachées aux doigts par un cordon, et que l'on fait résonner en les frappant l'une contre l'autre. *Une gitane qui chante et danse en jouant des castagnettes.* – Esp. *castañeta*, de *castaña*, « châtaigne ».

caste [kast] n. f. **1.** Chacune des quatre classes sociales dans la société hindoue. **2.** Classe, groupe social fermé qui cherche à maintenir ses privilèges, à préserver ses caractères. *La caste des nantis. Avoir l'esprit de caste.* – Portug. *casta*, « caste (hindoue) », fém. de *casto*, « pur ».

castel [kastɛl] n. m. Maison qui ressemble à un château, petit château. – Mot languedocien, lat. *castellum*, de *castrum*, « camp, place fortifiée ».

castelet [kastəlɛ] n. m. Petit théâtre où l'on fait jouer les marionnettes. – Dimin. de *castel*.

castillan, ane [kastijɑ̃, an] adj. et n. **1.** adj. De Castille, rég. du centre de l'Espagne. ▷ Subst. *Un(e) Cas-*

tillan(e). **2.** n. m. *Le castillan :* la langue romane parlée en Castille, devenue langue officielle de l'Espagne. Syn. (cour.) espagnol.

castine [kastin] n. f. METALL Pierre calcaire utilisée comme fondant et comme épurateur dans les hauts fourneaux. – All. *Kalkstein,* de *Kalk,* «chaux», et *Stein,* «pierre».

casting [kastiŋ] n. m. (Anglicisme) Choix de la distribution dans un spectacle, notam. dans un film. ▷ *Par ext.* Ensemble de la distribution des acteurs. Syn. (off. recommandé) distribution artistique. – Mot angl., «distribution».

castor [kastɔʀ] n. m. **1.** Rongeur aquatique (*Castor canadensis* et *Castor fiber*) de grande taille (90 cm queue comprise, 30 kg), à la fourrure serrée, brune, fort recherchée, aux pattes postérieures palmées, à la large queue écailleuse. *Le castor creuse, dans les berges des rivières, une galerie dont une extrémité débouche sous l'eau et l'autre dans une chambre souterraine, où il niche.* **2.** Fourrure de cet animal. **3.** n. m. pl. *Les Castors :* nom pris par des associations dont les membres travaillent en commun à l'édification de leurs habitations. – Mot lat., gr. *kastôr.*

castoréum [kastɔʀeɔm] n. m. Sécrétion grasse extraite d'une paire de glandes situées à la base de la queue des castors mâles et femelles, utilisée en pharmacie et en parfumerie. – De *castor.*

castramétation [kastʀametasjɔ̃] n. f. ANTIQ Art d'établir un camp militaire. – Du lat. *castra,* «camp», et *metari,* «mesurer».

castrat [kastʀa] n. m. Individu mâle castré. ▷ *Spécial.* Chanteur qu'on castrait avant la puberté pour qu'il garde une voix aiguë. – De *castrer.*

castrateur, trice [kastʀatœʀ, tʀis] adj. et n. **1.** Qui châtre (sens 3). – Subst. *En édulcorant ce texte, il a agi en castrateur.* **2.** PSYCHO Qui provoque ou peut provoquer un complexe de castration (chez qqn). *Une mère castratrice.* – De *castration.*

castration [kastʀasjɔ̃] n. f. Ablation des glandes génitales (spécial. des testicules). Syn. émasculation (pour les mâles, les hommes); ovariectomie (pour les femelles, les femmes). ▷ PSYCHAN *Angoisse de castration,* apparaissant après la découverte de la différence des sexes et qui se traduit, chez le petit garçon, par une peur fantasmatique de l'ablation du pénis et, chez la petite fille, par un sentiment coupable de manque. – *Complexe de castration :* persistance chez l'adulte de l'angoisse de castration, lui interdisant notam. l'accomplissement de l'acte sexuel. – Lat. *castratio.*

castrer [kastʀe] v. tr. [1] Pratiquer la castration sur. Syn. châtrer. – Lat. *castrare,* «châtrer».

castrisme [kastʀism] n. m. Doctrine, due à Fidel Castro, selon laquelle seule la guérilla rurale peut venir à bout des régimes autoritaires qui, en Amérique latine, avec l'appui plus ou moins déclaré des É.-U., s'opposent au développement écon. et démocratique de divers pays. – Du n. de Fidel *Castro.*

castriste [kastʀist] n. Partisan du castrisme. – Du n. de Fidel *Castro,* homme d'État cubain né en 1927.

casuel, elle [kazɥɛl] adj. et n. **1.** adj. Qui peut arriver ou non, fortuit, accidentel. **2.** n. m. Revenu éventuel venant s'ajouter au revenu fixe. – *Spécial.* Anc. Redevance versée au prêtre par les fidèles en certaines occasions. – FEOD Profits, droits et revenus fortuits. – Lat. *casualis,* de *casus,* «accident».

casuiste [kazɥist] n. m. **1.** THEOL Théologien qui étudie la morale et cherche à se prononcer sur les cas de conscience. **2.** Péjor. Personne qui argumente d'une manière trop subtile. – Esp. *casuista,* du lat. ecclés. *casus,* «cas de conscience».

casuistique [kazɥistik] n. f. **1.** Partie de la morale chrétienne portant sur les cas de conscience. **2.** Péjor. Façon trop subtile d'argumenter. – De *casuiste.*

casus belli [kazysbɛlli] n. m. inv. Fait pouvant motiver, entraîner une déclaration de guerre. – Mots lat., «cas de guerre».

cata-. Élément, du gr. *kata,* «en dessous, en arrière».

catabolique [katabɔlik] adj. Du catabolisme, qui a trait au catabolisme. – De *catabolisme.*

catabolisme [katabɔlism] n. m. BIOCHIM Chez les organismes vivants, ensemble des réactions biochimiques de dégradation au cours desquelles les grosses molécules sont transformées en molécules plus simples, avec libération d'énergie utilisable. – De *cata-,* d'après *métabolisme.*

catachrèse [katakʀɛz] n. f. RHET Figure de rhétorique qui consiste à étendre la signification d'un mot au-delà de son sens propre (ex. : *les bras d'un fauteuil*). – Gr. *katakhrêsis,* «abus».

cataclysmal, ale, aux [kataklismal, o] adj. Litt. Syn. de *cataclysmique.* – De *cataclysme.*

cataclysme [kataklism] n. m. **1.** Bouleversement de la surface terrestre. **2.** Fig. Grand malheur, bouleversement. *Un cataclysme financier.* – Lat. *cataclysmos,* du gr. *kataklusmos,* «inondation, déluge».

cataclysmique [kataklismik] adj. Didac. Qui a le caractère d'un cataclysme. ▷ GEOL Qui évoque comme cause la survenue d'un cataclysme. *Une théorie cataclysmique.* – De *cataclysme.*

catacombes [katakɔ̃b] n. f. pl. Cimetières souterrains où les premiers chrétiens se réunissaient. *Les catacombes de Rome.* – Cavités souterraines ayant servi de sépulture ou d'ossuaire. *Les catacombes de Paris.* – Lat. chrétien *catacumbæ,* altér. de *catatumbæ.*

catadioptre [katadjɔptʀ] n. m. Surface réfléchissante placée à l'arrière d'un véhicule ou sur un obstacle, qui le rend visible la nuit. Syn. cataphote. – De *catadioptrique.*

catadioptrique [katadjɔptʀik] adj. PHYS Se dit d'un instrument d'optique qui comporte au moins un miroir. – Du gr. *katoptrikos,* de *katoptron,* «miroir».

catafalque [katafalk] n. m. Estrade décorée, destinée à recevoir un cercueil. – Ital. *catafalco.*

cataire. V. chataire.

catalan, ane [katalɑ̃, an] adj. et n. **1.** adj. De Catalogne, rég. du N.-E. de l'Espagne. ▷ Subst. *Un(e) Catalan(e).* **2.** n. m. *Le catalan :* la langue romane du groupe méridional, parlée en Espagne (essentiellement en Catalogne et aux baléares), en France (Roussillon) et en Andorre (langue off.). – Lat. *Catalanus.*

catalectique [katalɛktik] adj. METR ANC Se dit d'un vers auquel il manque le dernier demi-pied. – Gr. *katalêktikos,* de *katalêgein,* «finir».

catalepsie [katalɛpsi] n. f. MED Perte provisoire de la faculté du mouvement volontaire. *La catalepsie s'observe notam. dans la schizophrénie.* – Lat. médical *catalepsis,* du gr. *katalêpsis,* «action de saisir».

cataleptique [katalɛptik] adj. (et n.) Atteint de catalepsie; de la nature de la catalepsie. – De *catalepsie.*

catalogue [katalɔg] n. m. **1.** Liste énumérative méthodique. *Le catalogue des livres d'une bibliothèque.* **2.** Brochure, souvent illustrée, proposant des objets à vendre. *Catalogue de jouets. Catalogue de vente par correspondance.* – Bas lat. *catalogus,* du gr. *katalogos,* «liste».

cataloguer [katalɔge] v. tr. [1] **1.** Enregistrer et classer dans un catalogue. **2.** Fam., péjor. *Cataloguer qqn,* le classer dans une catégorie d'une manière péremptoire. – De *catalogue.*

catalpa [katalpa] n. m. Arbre ornemental (*Catalpa bignonioïdes,* fam. bignoniacées), à grandes feuilles cordiformes et à fleurs blanches en trompette groupées en grappes aux extrémités des branches. – Mot anglo-amér., d'une langue indienne.

catalyse [kataliz] n. f. CHIM Modification de la vitesse d'une réaction chimique due à la présence d'un catalyseur. (La catalyse a une importance capitale en biologie et dans l'industr. chim. : synthèse de l'acide sulfurique, de l'acide nitrique et de l'ammoniac, industr. des matières plastiques, des textiles et des caoutchoucs synthétiques.) – *Four à catalyse :* four autonettoyant dont les parois oxydent, lors de la cuisson, les graisses projetées. – Gr. *katalusis,* « dissolution », par l'angl.

catalyser [katalize] v. tr. [1] **1.** CHIM Provoquer ou accélérer par catalyse (une réaction chimique). **2.** Fig. Entraîner une réaction, un processus quelconque. – De *catalyse.*

catalyseur [katalizœʀ] n. m. **1.** CHIM Substance qui modifie, sans subir elle-même d'altération appréciable, la vitesse d'une transformation chimique. **2.** Fig. Chose, personne qui déclenche une réaction, un processus. – De *catalyse.*

catalytique [katalitik] adj. CHIM De la catalyse. – De *catalyse.*

catamaran [katamaʀɑ̃] n. m. **1.** MAR Embarcation faite de deux coques accouplées. **2.** Système de flotteurs de l'hydravion. – Mot angl., du tamoul *katta,* « bien », et *maram,* « bois ».

cataménial, ale [katamenjal] adj. MED Relatif à la menstruation. – Du gr. *katamênia,* « menstrues », de *kata,* « par, de chaque », et *mên, mênos,* « mois ».

cataphote [katafɔt] n. m. Syn. de *catadioptre.* – Nom déposé, du gr. *kata,* « contre », et *phôs, phôtos,* « lumière ».

cataplasme [kataplasm] n. m. **1.** Bouillie médicinale que l'on applique, entre deux linges, sur une partie du corps enflammée ou indurée. *Cataplasme à la farine de lin, de moutarde.* **2.** Fig., fam. Aliment épais et indigeste. *Cette crème est un vrai cataplasme.* – Lat. *cataplasma,* mot gr., « emplâtre ».

cataplectique [kataplɛktik] adj. (et n.) De la cataplexie ; sujet à la cataplexie. – De *cataplexie.*

cataplexie [katAplɛksi] n. f. MED Perte brutale du tonus musculaire sous l'effet d'une émotion, sans perte de conscience. – Gr. *kataplêxis.*

catapultage [katapyltaʒ] n. m. Action de catapulter. – De *catapulter.*

catapulte [katapylt] n. f. **1.** Machine de guerre dont les Anciens se servaient pour lancer des pierres ou des traits. **2.** Appareil qui imprime à un avion la vitesse nécessaire pour décoller du pont d'un porte-avions, d'un navire. – Lat. *catapulta,* gr. *katapaltês.*

catapulter [katapylte] v. tr. [1] **1.** Faire décoller (un avion) avec une catapulte. **2.** Fam. Lancer (qqch) avec force. – Fig. *Ce fonctionnaire a été catapulté en province.* – De *catapulte.*

1. cataracte [kataʀakt] n. f. **1.** Chute à grand débit sur le cours d'un fleuve. *Cataractes du Niagara, du Zambèze.* Syn. chute. **2.** *Par ext.* Pluie violente. *Il tombe des cataractes.* – Lat. *cataracta,* « chutes ».

2. cataracte [kataʀakt] n. f. Affection oculaire aboutissant à l'opacité du cristallin ou à celle de sa capsule, qui frappe notam. les personnes âgées. *Traitement chirurgical de la cataracte par ablation du cristallin.* – De *cataracte* 1.

catar(r)hiniens [kataʀinjɛ̃] n. m. pl. ZOOL Infra-ordre de singes anthropoïdes appelés aussi *singes de l'Ancien Monde,* caractérisés par des narines rapprochées, séparées par une cloison nasale très mince (cercopithèque, gibbon, orang-outang, chimpanzé, gorille, etc.). – Sing. *Un catar(r)hinien.* – Du gr. *kata-,* et *rhis, rhinos,* « nez ».

catarrhe [kataʀ] n. m. **1.** Vx Inflammation, aiguë ou chronique, des muqueuses, avec hypersécrétion de celles-ci. – Spécial. Inflammation de la muqueuse des fosses nasales, rhume de cerveau. **2.** MED VET *Catarrhe auriculaire :* otite externe eczémateuse. – Lat. méd. *catarrhus,* du gr. *katarrhous,* « écoulement ».

catarrheux, euse [kataʀø, øz] adj. (et n.) **1.** Vieilli Sujet au rhume. **2.** Du catarrhe. *Toux catarrheuse.* – De *catarrhe.*

catastrophe [katastʀɔf] n. f. **1.** Événement désastreux, calamiteux. *Catastrophe ferroviaire. Catastrophe financière.* **2.** Fam. Événement malheureux, qui porte préjudice. *La perte de son emploi a été pour lui une catastrophe.* – Événement inopportun, malencontreux. *Fais attention, maladroit, tu vas encore provoquer une catastrophe !* ▷ Loc. *En catastrophe :* en prenant de gros risques. *Atterrissage en catastrophe :* atterrissage d'un avion qui, à la suite d'une avarie, doit se poser d'urgence. – *Par ext.* À la hâte, sans préparation. *Partir en catastrophe.* **3.** LITTER Dénouement, événement principal d'une tragédie. **4.** MATH *Théorie des catastrophes :* théorie, due à René Thom, qui réalise le passage de la géométrie qualitative à une modélisation de toutes les formes (celles de l'univers physique, par ex.). – Lat. *catastropha,* gr. *katastrophê,* « bouleversement ».

catastrophé, ée [katastʀɔfe] adj. Fam. Consterné, atterré. *Le petit regardait son jouet cassé d'un air catastrophé.* – De *catastrophe.*

catastrophique [katastʀɔfik] adj. **1.** Qui constitue une catastrophe. *Carambolage catastrophique sur l'autoroute.* **2.** Fam. Qui constitue ou entraîne un événement malheureux ou inopportun. *Ses résultats scolaires sont catastrophiques. Une politique catastrophique.* – De *catastrophe.*

catastrophisme [katastʀɔfism] n. m. Anc. théorie selon laquelle les changements de faune et de flore se seraient faits brusquement à la faveur de catastrophes géologiques de très grande ampleur. *La théorie de l'évolutionnisme de Darwin s'opposait au catastrophisme.* – De *catastrophe.*

catatonie [katatɔni] n. f. PSYCHIAT Syndrome, souvent observé dans la schizophrénie, caractérisé par une inertie psychomotrice, une négation du monde extérieur et, accessoirement, des attitudes et des gestes paradoxaux. – De *kata-,* et gr. *tonos,* « tension ».

catatonique [katatɔnik] adj. (et n.) Relevant de la catatonie. – De *catatonie.*

catch [katʃ] n. m. Lutte où presque tous les coups sont permis et qui constitue un spectacle sportif. – Mot angl., abrév. de *catch as catch can,* « attrape comme tu peux ».

catcher [katʃe] v. intr. [1] Pratiquer le catch. – De *catch.*

catcheur, euse [katʃœʀ, øz] n. Personne qui pratique le catch. – De *catch.*

catéchèse [kateʃɛz] n. f. Enseignement de la doctrine chrétienne. – Lat. *catechesis,* du gr. *katêkhêsis.*

catéchète [kateʃɛt] n. Personne qui enseigne la doctrine chrétienne. – De *catéchèse.*

catéchétique [kateʃetik] adj. De la catéchèse. – De *catéchèse.*

catéchine [kateʃin] n. f. TECH Matière colorante tirée du cachou. – Du lat. scientif. *(areca) catechu,* du mot indien.

catéchique [kateʃik] adj. TECH Se dit des tanins à base de catéchine, insolubles dans l'eau. – De *catéchine*.

catéchiser [kateʃize] v. tr. [1] **1.** Enseigner les éléments de la doctrine chrétienne à. *Catéchiser des enfants.* **2.** *Par ext.* Tâcher de persuader (qqn) de croire, de faire qqch. Syn. endoctriner. – Lat. *catechizare*, du gr. *katêkhein*, «instruire».

catéchisme [kateʃism] n. m. **1.** Enseignement de la doctrine chrétienne, généralement destiné à des enfants. – Leçon pendant laquelle est donné cet enseignement. – Livre qui contient cet enseignement. **2.** Ensemble des dogmes d'un système de pensée; principes fondamentaux d'une doctrine. – Lat. *catechismus*, gr. *katêkhismos*, «instruction orale».

catéchiste [kateʃist] n. Personne qui enseigne le catéchisme. – De *catéchisme*.

catéchistique [kateʃistik] adj. Relatif au catéchisme. – De *catéchisme*.

catécholamine [katekɔlamin] n. f. CHIM Amine vasopressive (adrénaline, par ex.). – De *catéchol*, autre n. de la catéchine, et *amine*.

catéchuménat [katekymena] n. m. Formation, état du catéchumène. – De *catéchumène*.

catéchumène [katekymɛn] n. **1.** Personne à qui l'on enseigne, pour la préparer au baptême, les éléments de la doctrine chrétienne. **2.** Personne qui aspire à un enseignement, à une initiation. – Lat. *catechumenus*, gr. *katêkhoumenos*.

catégorie [kategɔʀi] n. f. **1.** Classe dans laquelle on range des objets, des personnes présentant des caractères communs. Syn. ensemble, espèce, famille, genre. **2.** PHILO Qualité qui peut être attribuée à un objet. *Les dix catégories de l'être d'Aristote* (substance, quantité, qualité, relation, lieu, temps, situation, manière d'être, action, passion). ▷ *Les catégories de Kant* : les concepts fondamentaux de l'entendement pur, dont la fonction est d'unifier la diversité des intuitions sensibles. **3.** MATH Être mathématique généralisant la notion d'ensemble (ex. : catégorie des ensembles ayant les ensembles comme objets et les applications comme morphismes). – Lat. *categoria*, gr. *katêgoria*, de *katêgorein*, «énoncer».

catégoriel, elle [kategɔʀjɛl] adj. Qui concerne une catégorie déterminée de personnes. – De *catégorie*.

catégorique [kategɔʀik] adj. Clair, net, sans équivoque. *Faire une réponse catégorique.* – *Par ext.* Qui n'accepte pas la discussion. *Je suis catégorique : ma réponse est non.* ▷ PHILO *Impératif catégorique* : chez Kant, obligation absolue que constitue la loi morale. ▷ LOG *Proposition catégorique* : proposition énoncée isolément, indépendante d'une proposition antérieure. – De *catégorie*.

catégoriquement [kategɔʀikmɑ̃] adv. D'une manière catégorique. – De *catégorique*.

catégorisable [kategɔʀizabl] adj. Qui peut être classé par catégories. – De *catégorie*.

catégorisation [kategɔʀizasjɔ̃] n. f. Action de catégoriser; son résultat. – De *catégorie*.

catégoriser [kategɔʀize] v. tr. [1] Ranger par catégories. – De *catégorie*.

caténaire [katenɛʀ] adj. et n. f. CH de F Se dit du système de suspension qui maintient à une hauteur constante par rapport à la voie, le câble distribuant le courant aux véhicules électriques. *La suspension caténaire*, ou, n. f., *la caténaire*. – Lat. *catenarius*, de *catena*, «chaîne».

catgut [katgyt] n. m. CHIR Lien utilisé pour suturer les plaies, et qui est résorbé facilement par les tissus. – Mot angl., «boyau de chat».

cathare [kataʀ] n. (et adj.) Membre d'une secte hétérodoxe du Moyen Âge, répandue surtout dans le S.-O. de la France. V. albigeois. – Gr. *katharos*, «pur».

catharsis [kataʀsis] n. f. **1.** PHILO Chez Aristote, effet de purification des passions que produit la tragédie sur le spectateur. **2.** PSYCHAN Libération, sous forme d'émotion, d'une représentation refoulée dans l'inconscient et responsable de troubles psychiques. – Gr. *katharsis*, «purification».

cathartique [kataʀtik] adj. (et n.) **1.** PSYCHAN Relatif à la catharsis. *Méthode cathartique.* **2.** MED Qui purge. ▷ Subst. *Un cathartique.* – De *catharsis*.

cathédral, ale, aux [katedʀal, o] adj. Rare Du siège de l'autorité épiscopale. *Église cathédrale.* – Lat. médiév. *cathedralis*, de *cathedra*, «siège épiscopal».

cathédrale [katedʀal] n. f. **1.** Église du siège de l'autorité épiscopale. – *Par ext.* Grande église. *Cathédrales romanes d'Autun, d'Avignon, de Cahors, de Périgueux. Cathédrales gothiques de Paris, de Chartres, de Reims, d'Amiens, de Beauvais, de Sens, de Strasbourg.* **2.** (En appos.) *Verre cathédrale* : verre translucide, à surface granulée. – De *église cathédrale*.

cathepsine [katɛpsin] n. f. BIOCHIM Enzyme qui scinde les protéines en petits peptides.

catherinette [katʀinɛt] n. f. Jeune fille qui «coiffe sainte Catherine», qui fête la Sainte-Catherine l'année de ses vingt-cinq ans. (La tradition évoque la coutume qui voulait qu'autrefois, dans les églises, les jeunes filles de vingt-cinq ans renouvellent la coiffure de la statue de la sainte, leur patronne.) – De sainte *Catherine* d'Alexandrie; dimin. du prénom.

cathéter [katetɛʀ] n. m. MED Tube long et mince destiné à être introduit dans un canal, un conduit, un vaisseau ou un organe creux pour l'explorer, injecter un liquide ou vider une cavité. – Lat. médiév. *catheter*, gr. *kathetêr*.

cathétérisme [kateteʀism] n. m. MED Introduction d'un cathéter. *Cathétérisme des uretères.* – De *cathéter*.

cathétomètre [katetɔmɛtʀ] n. m. PHYS Instrument servant à mesurer la distance verticale entre deux plans horizontaux. – Du gr. *kathetos*, «vertical», et *mètre*.

cathode [katɔd] n. f. PHYS Électrode reliée au pôle négatif d'un générateur électrique lors d'une électrolyse, et siège d'une réaction de réduction. – Gr. *kata*, «en bas», et *hodos*, «chemin»; mot formé par M. Faraday, physicien et chimiste anglais (1791-1867).

cathodique [katɔdik] adj. **1.** PHYS De la cathode. *Rayons cathodiques* : faisceau d'électrons produits par la cathode d'un tube à gaz sous faible pression. *Tube cathodique* : tube à vide très poussé comportant un écran fluorescent. **2.** TECH *Protection cathodique*, destinée à ralentir la corrosion d'une surface métallique en contact avec l'eau ou exposée à l'humidité. – De *cathode*.

catholicisme [katɔlisism] n. m. Religion pratiquée par les chrétiens de l'Église catholique romaine (V. encycl. catholique). – De *catholique*.

catholicité [katɔlisite] n. f. **1.** Caractère de ce qui est catholique. **2.** Ensemble des catholiques. – De *catholique*.

catholique [katɔlik] adj. et n. **1.** Qui se rapporte, qui est propre au catholicisme. *Culte catholique.* ▷ Subst. Personne dont la religion est le catholicisme. *Une fervente catholique. Un catholique non pratiquant.* **2.** Fig., fam. *Une affaire qui n'a pas l'air très catholique*, qui semble irrégulière, louche, suspecte. – Lat. chrét. *catholicus*, gr. *katholikos*, «universel».

ENCYCL L'Église catholique se définit elle-même comme l'assemblée visible des chrétiens organisés hiérarchiquement, sous l'autorité du pape et des évêques. Cette Église « romaine » se donne comme le nouveau peuple de Dieu, peuple messianique succédant à l'ancienne Alliance mosaïque, « bien que des éléments nombreux de sanctification et de vérité subsistent hors de ses structures », note le concile Vatican II. Cette allusion et cet hommage aux autres confessions *chrétiennes* distinguent le *catholicisme* comme groupe religieux spécifique à côté des autres croyants (orthodoxes, réformés, etc.) qui, tout en adhérant au Christ et à sa révélation, n'acceptent pas intégralement certains dogmes, l'organisation et les moyens de salut de l'Église catholique.

cati [kati] n. m. Apprêt destiné à donner du lustre à une étoffe. – De *catir.*

catimini (en) [ɑ̃katimini] loc. adv. Fam. En cachette. – Du gr. *katamênia,* « menstrues ».

catin [katɛ̃] n. f. Vieilli Femme de mœurs dissolues. – Abrév. fam. puis péjor. de *Catherine.*

cation [katjɔ̃] n. m. CHIM Ion porteur d'une ou de plusieurs charges électriques positives. – De *cat(a)-,* et *ion.*

catir [katiʀ] v. tr. [3] TECH Donner à (une étoffe) un aspect ferme et lustré. Ant. décatir. – Lat. pop. *coactire,* de *coactus,* pp. de *cogere,* « pousser ensemble ».

catoblépas [katɔblepas] n. m. ANTIQ Animal fabuleux dont le regard passait pour mortel. – Du gr. *kato,* « par dessous », et *blepein,* « regarder ».

catogan [katɔgɑ̃] ou **cadogan** [kadɔgɑ̃] n. m. Coiffure formée par un nœud retenant les cheveux sur la nuque. – De *Cadogan,* n. d'un général angl. (1672-1726).

cattleya [katlɛya] n. m. Genre d'orchidées d'Amérique tropicale dont les grandes fleurs à labelle en cornet sont très recherchées. – Lat. bot. formé en angl., de W. *Cattley.*

caucasien, enne [kokazjɛ̃, ɛn] ou **caucasique** [kokazik] adj. (et n.) **1.** adj. Du Caucase, chaîne de montagnes entre la mer Noire et la mer Caspienne. – Subst. *Un(e) Caucasien(ne).* **2.** LING *Langues caucasiennes* ou *caucasiques* : famille de langues parlées dans le Caucase, comprenant notam. le géorgien.

cauchemar [koʃmaʀ] n. m. **1.** Rêve pénible, effrayant et angoissant. *La fièvre lui donnait des cauchemars.* **2.** Fig., fam. Chose ennuyeuse, obsédante; personne insupportable. *Ce cours de math, c'est mon cauchemar.* – Mot picard, de *cauquier,* « fouler », et néerl. *mare,* « fantôme ».

cauchemarder [koʃmaʀde] v. intr. [1] Faire des cauchemars. – De *cauchemar.*

cauchemardesque [koʃmaʀdesk] ou **cauchemardeux, euse** [koʃmaʀdø, øz] adj. Qui tient du cauchemar. *Une vision cauchemardesque.* – De *cauchemar.*

caudal, ale, aux [kodal, o] adj. De la queue. *Nageoire caudale. Appendice caudal.* – Du lat. *cauda,* « queue ».

caudataire [kodatɛʀ] n. m. **1.** Celui qui portait la queue de la robe d'un prélat, d'un roi, etc., dans les cérémonies. **2.** Fig. Adulateur, flatteur. – Lat. ecclés. *caudatarius,* de *cauda,* « queue ».

caudillo [kawdijo; kodijo] n. m. Chef militaire espagnol de l'époque de la Reconquista (reconquête par les chrétiens des territoires occupés par les Arabes, XIe-XIIIe s.). ▷ Titre repris par le général Franco. – Mot esp., « capitaine ».

caudrette [kodʀɛt] n. f. PECHE Filet en forme de poche que l'on suspend dans l'eau. Syn. balance. – Picard *cauderette,* de *caudière,* « chaudière ».

caulescent, ente [kolesɑ̃, ɑ̃t] adj. BOT Qui possède une tige apparente. Ant. acaule. – Du lat. *caulis,* « tige ».

caulinaire [kolinɛʀ] adj. BOT Se dit d'un organe qui naît d'une tige, ou qui a la structure d'une tige. *La pomme de terre est un tubercule caulinaire.* – Du lat. *caulis,* « tige ».

caulocaline [kolokalin] n. f. BOT Caline impliquée dans la morphogénèse de la tige. – Lat. *caulis,* « tige », et *caline.*

cauri ou **cauris** ou **coris** [koʀi; kɔʀis] n. m. Coquille d'un petit mollusque gastéropode (*Cypraea moneta*) qui servit de monnaie en Afrique noire et en Asie. – Mot tamoul.

causal, ale, aux [kozal, o] adj. et n. f. **1.** Qui implique un rapport de cause à effet. **2.** GRAM Se dit des conjonctions introduisant un complément de cause, ou de la subordonnée introduite par cette conjonction. ▷ n. f. Proposition causale. – Lat. *causalis.*

causalgie [kozalʒi] n. f. MED Sensation de brûlure cuisante avec hyperesthésie cutanée et rougeur localisée. – Du gr. *kausis,* « chaleur ».

causaliser [kozalise] v. intr. [1] PHILO Remonter des effets aux causes (induction) et déduire les effets des causes (déduction). – De *causal.*

causalisme [kozalism] n. m. PHILO Théorie fondée sur le principe de la causalité. – De *causal.*

causalité [kosalite] n. f. PHILO *Rapport de causalité :* rapport de cause à effet. – *Principe de causalité :* principe selon lequel tout phénomène a une cause. – De *causal.*

causant, ante [kozɑ̃, ɑ̃t] adj. Fam. Qui cause volontiers. *Un homme causant.* Syn. loquace. Ant. taciturne. – Ppr. de *causer* 2.

causatif, ive [kozatif, iv] adj. Syn. de *causal* (au sens 2). – *Lat. causativus.*

1. cause [koz] n. f. **1.** Procès qui se plaide et se juge à l'audience. *Gagner, perdre une cause. Les causes célèbres. Bonne, mauvaise cause. Plaider une cause.* ▷ *Avocat sans cause,* sans clientèle. ▷ *Avoir, obtenir gain de cause :* obtenir l'avantage dans un procès, dans une discussion. ▷ *En connaissance de cause :* en connaissant les faits. ▷ *En désespoir de cause :* en dernière ressource. ▷ *Être en cause :* être concerné, faire l'objet d'un débat. ▷ *Être hors de cause :* ne pas être concerné. *Le suspect fut mis hors de cause,* fut disculpé. **2.** Ensemble des intérêts d'une personne, d'un groupe, d'une idée. *Une cause juste. Défendre une cause.* ▷ *La bonne cause :* la cause que l'on croit juste; plaisant l'union légale, le mariage. ▷ *Faire cause commune avec qqn,* s'allier avec lui. ▷ *Prendre fait et cause pour qqn,* prendre sa défense. – Lat. *causa,* « procès ».

2. cause [koz] n. f. **1.** Ce qui fait qu'une chose est ou se fait. *La sécheresse fut la cause des mauvaises récoltes. Les causes de la guerre. Il s'est fâché, et non sans cause.* ▷ Fam. *Et pour cause! :* pour de bonnes raisons, pour des raisons évidentes. ▷ *Être cause de :* être responsable de, entraîner. *Les enfants sont souvent cause de soucis.* ▷ *Pour cause de :* en raison de. *Fermé pour cause d'inventaire.* ▷ GRAM *Complément de cause :* complément indiquant la raison, le motif pour lesquels une action se produit. ▷ PHILO *Cause première :* cause au-delà de laquelle on ne peut en concevoir d'autre. – *Cause finale*.* ▷ Loc. prép. *À cause de :* en tenant compte de, par l'action de. *Il est resté à cause de vous. Il n'a rien vu à cause du brouillard.* ▷ Loc. conj. Vx *À cause que :* parce que. **2.** DR Fait qui explique et justifie la création d'une obligation par la volonté des parties. *L'obligation sans cause ne peut avoir aucun effet.* – Lat. *causa.*

1. causer [koze] v. tr. [1] Être cause de, occasionner. *Causer un malheur.* – De *cause.*

2. causer [koze] v. intr. [1] **1.** S'entretenir familièrement (avec qqn). *J'ai causé avec lui à ton sujet. Nous causions.* (Incorrect : *causer à qqn.*) Syn. parler, bavarder.

– Ellipt. *Causer peinture, voyages.* ▷ *Causer de la pluie et du beau temps* : parler de choses insignifiantes. ▷ Fam. *Cause toujours...* : tu peux dire ce que tu veux, je n'en tiendrai pas compte. **2.** Fam. Parler trop, inconsidérément. – Du lat. *causari*, « plaider ».

causerie [kozʀi] n. f. Conversation; exposé fait sur le mode familier. *Notre club organise des causeries.* – De *causer* 2.

causette [kozɛt] n. f. Fam. Bavardage, conversation. *Faire la causette, un brin de causette.* – De *causer* 2.

causeur, euse [kozœʀ, øz] n. Personne qui cause. *Une aimable causeuse. Un causeur insupportable.* – De *causer* 2.

causeuse [kozøz] n. f. Petit canapé à deux places. – De *causer* 2.

causse [kos] n. m. GEOGR Plateau calcaire presque stérile, dans le centre et le sud de la France. *Causse Noir. Causse du Larzac.* – Mot du Rouergue, du lat. *calx*, « chaux ».

causticité [kostisite] n. f. **1.** Propriété d'une substance caustique. **2.** Fig. Caractère satirique, mordant. *La causticité d'une épigramme.* – De *caustique* 1.

caustification [kostifikasjɔ̃] n. f. Action de rendre un corps caustique. – De *caustique* 1.

1. caustique [kostik] adj. (et n. m.) **1.** Corrosif, qui attaque les substances organiques. *Soude caustique.* ▷ n. m. Substance caustique. *Un caustique puissant.* **2.** Fig. Satirique et mordant. *Une verve caustique.* – Lat. *causticus*, du gr. *kaustikos*, « brûlant ».

2. caustique [kostik] n. f. PHYS Surface courbe à laquelle sont tangents les rayons lumineux réfléchis ou réfractés par une autre surface courbe. – De *courbe caustique*, parce que les rayons lumineux brûlent.

cautèle [kotɛl] n. f. Litt. Précaution mêlée de ruse. – Lat. *cautela*, « défiance ».

cauteleusement [kotløzmɑ̃] adv. D'une manière cauteleuse. *Agir cauteleusement.* – De *cauteleux*.

cauteleux, euse [kotlø, øz] adj. Rusé et hypocrite. *Des manières cauteleuses.* Syn. doucereux, mielleux, sournois. – De *cautèle*.

cautère [kotɛʀ] n. m. **1.** CHIR Instrument porté à une haute température ou produit chimique utilisé pour brûler les tissus. **2.** Petite ulcération artificielle établie à l'aide d'un caustique. **3.** Loc. prov. *Un cautère sur une jambe de bois* : un remède inutile. – Lat. *cauterium*, du gr.

cautérisation [koteʀizasjɔ̃] n. f. Destruction d'un tissu vivant à l'aide d'un cautère. – Lat. médiév. *cauterisatio*.

cautériser [koteʀize] v. tr. [1] Appliquer un cautère sur. *Cautériser une plaie.* – Lat. *cauterizare*.

caution [kosjɔ̃] n. f. **1.** Garantie d'un engagement, somme consignée à cet effet. *Payer une caution. Être libéré sous caution.* ▷ *Être sujet à caution* : être douteux, suspect. **2.** Personne qui répond pour une autre. – Spécial. DR Personne qui s'engage à remplir l'obligation contractée par une autre dans le cas où celle-ci n'y satisferait pas. *Se porter caution pour qqn.* Syn. garant. – Lat. *cautio*, « précaution ».

cautionnement [kosjɔnmɑ̃] n. m. **1.** DR Contrat par lequel une personne en cautionne une autre. *Cautionnement solidaire.* **2.** Dépôt servant de garantie. – De *cautionner*.

cautionner [kosjɔne] v. tr. [1] **1.** Se porter caution pour (qqch ou qqn). *Cautionner qqn pour vingt mille francs. Cautionner l'honnêteté de quelqu'un.* **2.** Donner son appui à. *Je refuse de cautionner cette attitude.* Syn. soutenir, approuver. – De *caution*.

cavage [kavaʒ] n. m. Excavation, endroit creusé. – De *caver* 1.

1. cavaillon [kavajɔ̃] n. m. AGRIC Bande de terre entre les ceps, inaccessible à la charrue. – Provenç. *cavalhon*, lat. *caballio*.

2. cavaillon [kavajɔ̃] n. m. Petit melon jaune, de forme arrondie, à chair orangée et parfumée. – Du n. de la v. de *Cavaillon*, dans le Vaucluse.

cavalcade [kavalkad] n. f. **1.** Défilé de cavaliers. **2.** Défilé grotesque de gens à cheval, de chars, etc. *La cavalcade du Mardi gras.* **3.** Course bruyante et tumultueuse. *Nous avons entendu une cavalcade dans l'escalier.* – Ital. *cavalcata*, de *cavalcare*, « chevaucher ».

cavalcader [kavalkade] v. intr. [1] Faire des cavalcades (sens 3). – De *cavalcade*.

cavalcadour [kavalkaduʀ] n. m. Anc. *Écuyer cavalcadour*, qui avait la charge des chevaux et des équipages d'un souverain. – Ital. *cavalcatore*, « cavalier ».

1. cavale [kaval] n. f. Litt. Jument. – Ital. *cavalla*, fém. de *cavallo*, « cheval ».

2. cavale [kaval] n. f. Arg. Évasion. *Être en cavale* : être en fuite et recherché. – De *cavaler*.

cavaler [kavale] v. intr. [1] Fam. **1.** Courir, fuir. ▷ v. pron. S'enfuir. *Il s'est cavalé à toute vitesse.* **2.** Se conduire en cavaleur. – De *cavale*, « jument ».

cavalerie [kavalʀi] n. f. **1.** Anc. Ensemble des troupes militaires à cheval. *Charge de cavalerie.* ▷ Mod. Ensemble des troupes militaires motorisées. **2.** Fam. Traite frauduleuse sans contrepartie de marchandise. *Papiers de cavalerie.* – De *cavalier*.

cavaleur, euse [kavalœʀ, øz] adj. et n. Fam. Se dit de personnes constamment en quête d'aventures galantes. – De *cavaler*.

cavalier, ère [kavalje, ɛʀ] n. et adj. **I.** n. **1.** Personne qui monte à cheval. *Être bon cavalier.* **2.** Personne avec qui on forme un couple dans un bal, un cortège, etc. *Le cavalier donne la main à sa cavalière.* ▷ *Faire cavalier seul* : s'engager seul dans une entreprise. **3.** n. m. Militaire qui sert dans la cavalerie. **4.** n. m. JEU Pièce du jeu d'échecs. ▷ Carte du tarot (entre la dame et le valet). **II.** adj. **1.** Propre au cavalier; réservé aux cavaliers. *Route, allée cavalière.* **2.** Qui fait preuve de liberté excessive; inconvenant. *Ce procédé est un peu cavalier.* Syn. impertinent. **III.** n. m. et adj. **1.** MILIT Ouvrage de fortification en arrière du corps principal et le dominant. **2.** PHYS Pièce métallique servant à réaliser l'équilibre, sur une balance de précision. **3.** TECH Clou, pièce de métal ou de matière plastique en forme de U, servant à fixer un câble au mur. **4.** Petite pièce servant d'index dans un fichier. **5.** Butée mobile d'une machine à écrire. **6.** Format de papier (46 cm × 62 cm). ▷ adj. GEOM *Perspective cavalière* : projection oblique. – *Vue cavalière* : dessin représentant un paysage vu d'un point élevé. – Ital. *cavaliere*.

cavalièrement [kavaljɛʀmɑ̃] adv. D'une manière cavalière. *Traiter quelqu'un cavalièrement.* Syn. insolemment. Ant. respectueusement. – De *cavalier* 1.

cavatine [kavatin] n. f. MUS Pièce de chant assez courte, sans reprise ni seconde partie, intercalée dans un récitatif d'opéra. – Ital. *cavatina*, de *cavata*, pp. fém. de *cavare*, « creuser ».

1. cave [kav] n. f. **1.** Local souterrain servant généralement de réserve, d'entrepôt. *Avoir quelques bonnes bouteilles dans sa cave.* **2.** Quantité et choix des vins que l'on a en cave. *Avoir une bonne cave.* – Lat. *cava*, de *cavus*, « creux ».

2. cave [kav; kɑ̃v] adj. **1.** Se dit de joues creuses, d'yeux enfoncés dans les orbites. **2.** ANAT *Veine cave* : chacune des deux veines principales de l'organisme, qui aboutissent à l'oreillette droite. *Veine cave supérieure, veine cave inférieure.* – Lat. *cavus,* «creux».

3. **cave** [kav] n. f. Somme d'argent que chaque joueur met devant lui pour la miser. – De *caver* 2.

4. **cave** [kav] adj. et n. m. Arg. **1.** Dupe. **2.** Qui n'appartient pas au milieu. Ant. affranchi. – De *cavé,* pp. de *caver* 2.

caveau [kavo] n. m. **1.** Petite cave. **2.** Construction souterraine pratiquée dans une église, un cimetière et servant de sépulture. **3.** Cabaret de chansonniers situé en sous-sol. – Dimin. de *cave* 1.

caveçon [kavsɔ̃] n. m. Pièce de fer en demi-cercle que l'on met sur les naseaux d'un cheval pour le dresser. – Ital. *cavezzone,* du lat. pop **capitia,* «ce qu'on met autour de la tête».

cavée [kave] n. f. Chemin creux. – De *caver* 1.

1. **caver** [kave] v. tr. [1] Creuser, miner. ▷ *Caver les truffes :* les chercher et les déterrer, en parlant du porc. – Lat. *cavare.*

2. **caver** [kave] v. intr. [1] Miser au jeu. – Ital. *cavare,* «tirer de sa poche».

caverne [kavɛʀn] n. f. **1.** Cavité naturelle dans le roc. *L'Âge des cavernes. La caverne d'Ali-Baba.* Syn. grotte. **2.** MED Cavité pathologique située dans l'épaisseur d'un parenchyme, partic. dans le poumon. *Caverne tuberculeuse.* – Lat. *caverna,* de *cavus,* «creux».

caverneux, euse [kavɛʀnø, øz] adj. **1.** Vx Plein de cavernes. **2.** ANAT Qui comporte des cavernes pathologiques. *Poumon caverneux.* – *Tissu caverneux,* formé de capillaires qui se dilatent. – *Corps caverneux :* organes érectiles (de la verge, du clitoris). **3.** Qui semble venir d'une caverne. *Voix caverneuse.* Syn. grave, sépulcral. – Lat. *cavernosus.*

cavernicole [kavɛʀnikɔl] adj. et n. m. SC NAT Se dit d'un animal qui habite dans les anfractuosités des cavernes. *Insectes cavernicoles.* – De *caverne,* et *-cole.*

cavet [kavɛ] n. m. ARCHI Moulure concave dont le profil est d'un quart de cercle. – Ital. *cavetto,* de *cavo,* «creux».

caviar [kavjaʀ] n. m. **1.** Mets composé d'œufs d'esturgeon salés, gris foncé ou noirs. **2.** Enduit opaque (le plus souv. noir) couvrant un texte, un fragment de texte dont la censure veut interdire la lecture. – Du turc *khâviâr.*

caviarder [kavjaʀde] v. tr. [1] Cacher, noircir (un passage censuré) avec le caviar. – De *caviar* (sens 2).

cavicornes [kavikɔʀn] n. m. pl. ZOOL Ensemble des ruminants (les bovidés) dont les cornes gainent un os (le cornillon). – Sing. *Un cavicorne.* – Lat. *cavus,* «creux», et *cornu,* «corne».

caviste [kavist] n. m. Personne chargée d'une cave à vin. – De *cave* 1.

cavitaire [kavitɛʀ] adj. MED Relatif aux cavernes pulmonaires. *Tuberculose cavitaire.* – De *cavité.*

cavitation [kavitasjɔ̃] n. f. PHYS Formation, au sein d'un liquide, de cavités remplies de vapeur, lorsque la pression du liquide devient inférieure à celle de la vapeur. – De *cavité.*

cavité [kavite] n. f. Partie creuse à l'intérieur d'un corps solide, d'un tissu organique, etc. *Cavités d'un rocher. Cavité thoracique.* Ant. protubérance, saillie. – Bas lat. *cavitas,* de *cavus,* «creux».

caye [kɛ] n. f. Banc de coraux. – Esp. *cayo.*

cayeu. V. caïeu.

C.B. [sibi] n. f. Sigle de *citizen band.*

cc Abrév. non légale de *cm³.*

C.C.D. Sigle de *Coupled Charge Device* ou *Dispositif à transfert de charge* (D.T.C.), appareil inventé en 1970 par Willard S. Boyle et George E. Smith des laboratories Bell aux É.-U. et basé sur le principe du transport (ou transfert) de toutes les charges électriques mobiles emmagasinées dans un élément semi-conducteur de stockage vers un élément adjacent similaire, par le simple ajustement de tensions électriques.

C.C.P. Sigle de *compte courant postal.*

cd PHYS Symbole de la candela.

Cd CHIM Symbole du cadmium.

CD n. m. inv. Disque* compact. (Abrév. cour. : compact) – Nom déposé; sigle de l'angl. *Compact Disc.*

C.D.I. n. m. INFORM Disque compact interactif sur lequel sont stockés du son et de l'image vidéo. – Nom déposé; sigle de l'angl. *Compact Disc interactive,* «disque compact interactif».

CD-Rom n. m. inv. INFORM Disque optique dont la mémoire conserve des informations inscrites une fois pour toutes (et donc impossibles à modifier ou compléter) lisibles par un ordinateur. – Nom déposé; sigle de l'angl. *Compact Disc read only memory,* «disque compact à mémoire figée».

C.D.V. n. m. inv. Vidéodisque. – Nom déposé; sigle de l'angl. *Compact Disc Video,* «disque compact vidéo».

1. **ce** [sə], **cet** [sɛt] (devant une voyelle, un h muet) adj. dém. m. sing., **cette** [sɛt] f. sing., **ces** [se] m. pl. et f. pl. **I.** Forme simple. **1.** Indique une personne ou une chose que l'on montre ou que l'on a déjà citée. *Cette montagne. Ce conseil est excellent.* **2.** Avec une expression de temps, désigne un moment rapproché. *Ce matin, il a plu. Cette année, j'irai souvent chez vous.* ▷ *Un de ces jours :* un jour prochain. **3.** Dans une phrase exclamative, implique une valeur emphatique ou péjor. *Ces ruines, quelle merveille! Et cette pluie qui gâche nos vacances!* **II.** En construction avec les adv. *-ci* et *-là,* insiste sur le signe démonstratif. *Je préfère ce livre-ci à celui-là. Ce visage-là m'est inconnu.* – Du lat. pop. *ecce iste,* de *iste,* «celui-ci».

2. **ce** [sə] (c' devant e; ç' devant a), pron. dém. neutre. Désigne la personne ou la chose dont on parle, et représente *ceci* ou *cela.* **1.** *Ce* + v. être, présentatif non analysable précédant un nom, un adj., un infinitif, une proposition introduite par *qui* ou *que. C'est mon frère. Ce sont eux qui me l'ont dit. C'est à toi de jouer. C'est dommage. Partir, c'est mourir un peu. S'il se tait, c'est qu'il n'a rien à dire. Ce doit être fini maintenant. Ç'a été une grande joie.* ▷ *C'en est fait :* le sort en est jeté. ▷ *C'est pourquoi :* telle est la cause, le motif pour lequel... ▷ *Est-ce que...?* Formule interrogative. *Est-ce que vous viendrez ce soir?* **2.** *Ce,* antécédent d'un pron. relatif. *Je suis surpris de ce que vous me dites. C'est justement ce à quoi je pense. Ce dont je vous parle.* **3.** *Ce,* complément (surtout dans cert. expressions figées). *Ce faisant, il a déçu tout le monde. Et ce, parce qu'il voulait partir. Pour ce faire, je devrais y aller. Sur ce, il se retira.* **4.** *Ce que,* loc. adv. exclamative. *Ce qu'il m'ennuie avec ses histoires! Ce que c'est que d'être vieux!* – Du lat. pop. *ecce hoc,* de *hoc,* «ceci».

Ce CHIM Symbole du cérium.

C.E. Sigle pour comité d'entreprise.

céans [seɑ̃] adv. Vx Ici. ▷ Loc. Mod., plaisant *Le maître de céans :* le maître de maison. – De *çà,* et de l'a. fr. *enz,* «dedans».

cébidés [sebide] n. m. pl. ZOOL Famille de singes platyrrhiniens comprenant notam. les sajous, les atèles et les hurleurs. – Sing. *Un cébidé.* – Du gr. *kêbos,* «singe», et *-idés.*

ceci [səsi] pron. dém. neutre. La chose la plus proche. *Ceci est à moi, cela est à vous.* – Ce qui va suivre (par oppos. à *cela*). *Retenez-bien ceci. Ceci vous démontrera mon innocence.* – De *ce* 2, et *ci* 1.

cécidie [sesidi] n. f. BOT Hypertrophie végétale (galle, par ex.) due à l'action d'un parasite. (Dans les zoocécidies, le parasite est un animal; dans les mycocécidies, un champignon; dans les bactériocécidies, une bactérie.) – Gr. *kêkis, kêkidos,* «galle».

cécilie [sesili] n. f. ZOOL Genre (*Cecilia*) d'amphibiens apodes d'Amérique du S., fouisseurs aveugles à l'allure de gros vers (50 cm de long). – Du lat. *cæcus,* «aveugle».

cécité [sesite] n. f. **1.** État d'une personne aveugle. *Cécité congénitale, accidentelle. Cécité corticale,* due à une lésion cérébrale, sans atteinte de l'œil. ▷ *Cécité psychique :* perte de la reconnaissance de la nature et de l'usage des objets. ▷ *Cécité verbale :* alexie. **2.** Fig. Aveuglement. Ant. clairvoyance. – Lat. *cæcitas,* de *cæcus,* «aveugle».

cédant, ante [sedɑ̃, ɑ̃t] n. DR Personne qui cède son droit. – Ppr. de *céder.*

céder [sede] v. [14] **I.** v. tr. **1.** Laisser, abandonner (qqch à qqn). *Céder sa place.* ▷ *Céder du terrain :* reculer, fléchir; fig. faire des concessions. ▷ *Céder le pas (à une personne) :* s'effacer pour la laisser passer; fig. lui laisser la prééminence en telle ou telle occasion. – (Choses) Perdre de l'importance au profit de. ▷ *Le céder à :* s'avouer, être inférieur à. *Il ne le cède à personne en courage.* **2.** DR Transférer un droit sur une chose à une autre personne. – *Par ext.* Revendre. *Céder un fonds de commerce.* Syn. vendre. **II.** v. tr. indir. **1.** Ne pas résister, ne pas s'opposer, se soumettre à. *Céder au nombre, à la raison. Céder au sommeil. Elle céda à la tentation de tout lui raconter.* ▷ (S. comp.) *Les troupes durent céder.* Syn. capituler. ▷ S'abandonner (à un homme, en parlant d'une femme). *Elle finit par lui céder.* **2.** (Choses) Rompre, s'affaisser. *La branche céda sous son poids.* – Lat. *cedere,* «s'en aller».

cédétiste [sedetist] adj. et n. De la Confédération française du travail. – De *C.F.D.T.*

cedex [sedɛks] n. m. Mention, réservée aux boîtes postales ou aux distributions spéciales (administrations, usagers importants), que l'on ajoute au code postal du bureau distributeur. – Acronyme pour *courrier d'entreprise à distribution exceptionnelle.*

cedi [sedi] n. m. Unité monétaire du Ghana.

cédille [sedij] n. f. Signe placé sous la lettre c devant a, o, u, quand elle doit être prononcée [s] (ex. *garçon*). – Esp. *cedilla,* «petit c».

cédrat [sedʀa] n. m. Fruit du cédratier, gros citron que l'on consomme confit. – Ital. *cedrato,* de *cedro,* «citron», lat. *citrus.*

cédratier [sedʀatje] n. m. Citronnier à gros fruits (*Citrus medica macrocarpa*) des régions méditerranéennes. – De *cédrat.*

cèdre [sɛdʀ] n. m. Conifère de grande taille, à ramure étalée, à bois assez dur et odorant. (*Cedrus libani,* qui pousse au Liban, est l'emblème de ce pays; *Cedrus atlantica* pousse dans l'Atlas; l'un et l'autre atteignent 40 m de haut et 3,50 m de diamètre à la base. Au Canada, on appelle *cèdres* des conifères du genre *Thuya.*) – Lat. *cedrus,* du gr.

cédulaire [sedylɛʀ] adj. Relatif aux cédules. *Impôt cédulaire.* – De *cédule.*

cédule [sedyl] n. f. **1.** Vx Billet de reconnaissance de dette. **2.** DR *Cédule de citation :* ordonnance par laquelle le juge d'instance permet, en cas d'urgence, d'abréger les délais de citation. **3.** FISC Anc. *Cédule de l'impôt :* chacune des catégories de revenus imposables. – Bas lat. *schedula,* «feuillet».

C.É.E. ou **C.E.E.** Sigle de *Communauté* économique européenne.*

cégétiste [seʒetist] adj. et n. De la Confédération générale du travail. *Un délégué cégétiste.* – De *C.G.T.*

ceindre [sɛ̃dʀ] v. tr. [73] Litt. **1.** Entourer (une partie du corps). *Une corde lui ceignait les reins.* ▷ v. pron. *Se ceindre d'un pagne. Se ceindre la tête d'un bandeau.* ▷ Par ext. *Ceindre une ville de murailles,* l'en entourer. **2.** *Ceindre le diadème, la couronne :* devenir roi. *Ceindre la tiare :* devenir pape. – Lat. *cingere.*

ceinturage [sɛ̃tyʀaʒ] n. m. CONSTR Mise en place d'une ceinture autour d'un ouvrage. – De *ceinture.*

ceinture [sɛ̃tyʀ] n. f. **I. 1.** Ruban, bande souple, en tissu, en cuir, etc., dont on s'entoure la taille pour y ajuster un vêtement. *Ceinture brodée.* ▷ *Par ext.* Bord supérieur d'un pantalon ou d'une jupe. *Élargir la ceinture d'un pantalon, d'une jupe.* ▷ Fig., fam. *Se serrer la ceinture, faire ceinture :* ne pas manger, se priver, être privé de qqch. – Ellipt. *Eux, ils se gobergent, et nous, ceinture!* **2.** *Par ext.* Taille. *Avoir de l'eau au-dessus de la ceinture.* ▷ Fig., fam. *Il ne lui arrive pas à la ceinture :* il lui est très inférieur. **3.** Ce qui entoure la taille. *Ceinture de sauvetage,* en matière insubmersible, qui permet de se soutenir sur l'eau. ▷ *Ceinture de sécurité,* ou *ceinture :* sangle destinée à retenir sur son siège le passager d'un avion ou d'une automobile, en cas de choc. *Au décollage et à l'atterrissage, les passagers sont priés d'attacher leur ceinture.* ▷ *Ceinture médicale* ou *orthopédique,* qui sert à maintenir les muscles de l'abdomen. **4.** *Ceinture de judo, de karaté, d'aïkido,* dont la couleur indique le niveau atteint par la personne pratiquant l'un de ces arts martiaux. *Ceinture noire,* indiquant les degrés les plus élevés. (V. dan.) **II. 1.** Ce qui entoure. *Ceinture de murailles d'une ville.* Syn. enceinte. **2.** Ce qui est périphérique. *Chemin de fer de ceinture,* dont les lignes font le tour d'une ville. *Boulevards de ceinture.* **3.** CONSTR Bande métallique qui maintient un ouvrage. **III.** ANAT Ensemble des os qui rattachent les membres au tronc. *Ceinture pelvienne :* bassin. *Ceinture scapulaire :* omoplate et clavicule. – Lat. *cinctura,* de *cingere,* «ceindre».

ceinturer [sɛ̃tyʀe] v. tr. [1] **1.** Entourer d'une ceinture. **2.** Entourer avec ses bras pour maîtriser (une personne). *Ceinturer un malfaiteur.* **3.** CONSTR Entourer d'une ceinture (un ouvrage). – De *ceinture.*

ceinturon [sɛ̃tyʀɔ̃] n. m. Grosse ceinture d'uniforme militaire; large ceinture solide. – De *ceinture.*

cela [səla] pron. dém. neutre (contracté en *ça* dans la langue parlée). **1.** Cette chose. *Montrez-moi cela. Cela n'est pas vrai. Cela se passait hier. Nous verrons cela demain.* ▷ *Et cela* (Forme d'insistance.) *Il nous a conduits jusqu'à Paris, et cela sans accepter un centime.* ▷ *Comment cela? :* de quelle manière? (Marque l'étonnement.) ▷ *C'est cela :* pour marquer qu'on a bien compris, qu'on acquiesce. ▷ Fam., péjor. (En parlant des personnes.) *Cela (ça) veut donner des leçons aux autres et cela (ça) ne sait même pas se conduire correctement.* **2.** La chose la plus éloignée. *Ceci est à moi, cela est à vous.* – Ce dont on vient de parler; ce qui précède (par oppos. à *ceci*). *Cela vous étonne? Cela dit, je ne ferai pas d'objection.* – De *ce* 2, et *là.*

céladon [seladɔ̃] n. m. et adj. inv. **1.** Vert pâle légèrement grisé. ▷ adj. inv. *Vert céladon.* **2.** (En appos.) *Porcelaine céladon,* recouverte d'émail de couleur vert tendre. – Ellipt. *Un céladon.* – Nom d'un personnage de l'*Astrée,* à cause de la couleur de son costume de berger.

célastracées [selastʀase] n. f. pl. BOT Famille de célastrales à laquelle appartient le fusain. – Sing. *Une célastracée.* – Du gr. *kêlastra,* «nerprun», et du lat. *aceæ,* f. pl. de *aceus,* «appartenant à».

célastrales [selastʀal] n. f. pl. BOT Ordre de dicotylédones auquel appartiennent le fusain et le houx. – Sing. *Une célastrale.* – Du gr. *kêlastra,* « nerprun ».

-cèle. Élément, du gr. *kêlê,* « tumeur ».

célébrant [selebʀɑ̃] n. m. Celui qui dit la messe. – Ppr. subst. de *célébrer.*

célébration [selebʀasjɔ̃] n. f. Action de célébrer. *Célébration du centenaire de la naissance, de la mort d'un grand musicien. Célébration d'un mariage.* – De *célébrer.*

célèbre [selɛbʀ] adj. Qui est connu de tous, qui a une grande renommée. *Un auteur célèbre. Un événement tristement célèbre.* Syn. illustre, renommé. – Lat. *celeber.*

célébrer [selebʀe] v. tr. [14] **1.** Fêter avec éclat (un événement). *Célébrer un anniversaire, la victoire.* **2.** Accomplir avec solennité. *Célébrer la messe,* ou (s. comp.) *célébrer :* dire la messe. **3.** Louer, exalter publiquement et avec force. *Célébrer le talent, le mérite de qqn.* – Lat. *celebrare.*

celebret [selebʀɛt] n. m. RELIG CATHOL Autorisation épiscopale accordée à un prêtre de célébrer la messe hors de sa paroisse. – Mot lat. « qu'il célèbre ».

célébrissime [selebʀisim] adj. Très célèbre. – De *célèbre.*

célébrité [selebʀite] n. f. **1.** Large réputation, grande renommée. *La célébrité mondiale de cet artiste.* **2.** *Par ext.* Personne célèbre. *Les célébrités des arts et des lettres.* – De *célèbre.*

celer [səle] v. tr. [17] Vx, litt. Cacher, tenir secret. *Celer de sinistres desseins.* – Lat. *celare.*

céleri [selʀi] n. m. Plante potagère (*Apium graveolens,* fam. ombellifères) dont une variété est cultivée pour sa racine (*céleri-rave*) et une autre pour ses feuilles dont on consomme les côtes (*céleri branche*). – Lombard *seleri,* du lat. *selinon,* « renoncule ».

célérifère [seleʀifɛʀ] n. m. Anc. **1.** Voiture publique légère et rapide. **2.** Nom donné à un véhicule à deux roues, sans direction, que l'on tenait pour un ancêtre de la bicyclette. – Du lat. *celer, celeris,* « rapide », et *-fère.*

célérité [seleʀite] n. f. **1.** Promptitude, diligence. *Traiter une affaire avec célérité.* **2.** PHYS Vitesse de propagation. *La célérité de la lumière.* – Lat. *celeritas,* de *celer,* « rapide ».

célesta [selɛsta] n. m. MUS Instrument de musique à clavier dont le son est produit par le choc de marteaux sur des lames d'acier. – De *céleste.*

céleste [selɛst] adj. **1.** Qui appartient au ciel. *Corps célestes.* Ant. terrestre. **2.** Relatif au ciel, en tant que séjour de la Divinité. *Les esprits célestes.* – *Le père céleste :* Dieu. ▷ *Par ext.* Divin. *« Objet infortuné des vengeances célestes » (Racine).* – Litt. Merveilleux. *Elle était d'une beauté céleste.* ▷ MUS *Voix céleste :* registre de l'orgue qui produit des sons doux et voilés. **3.** *Le Céleste Empire :* la Chine, dont l'empereur était considéré comme le fils du Ciel. **4.** *Eau céleste :* solution aqueuse bleu azur de cuivre et d'ammoniac. – Lat. *cælestis,* de *cælum,* « ciel ».

célestin [selɛstɛ̃] n. m. HIST Religieux de l'ordre des Ermites de Saint-Damien. – Du n. du pape *Célestin V* (1215-1296), fondateur de l'ordre.

céliaque. V. cœliaque.

célibat [seliba] n. m. État d'une personne qui n'a jamais été mariée. *Vivre dans le célibat. Le célibat des prêtres.* Ant. mariage. – De *célibataire.*

célibataire [selibatɛʀ] adj. (et n.) Qui vit dans le célibat. *Elle est célibataire. Mère célibataire.* – Subst. *Il vit en célibataire.* – PHYS NUCL *Électron célibataire,* qui se trouve seul sur une des orbites de l'atome. – Lat. *cælibatus,* de *cælebs, cælibis,* « célibataire ».

cella [sɛlla] n. f. ANTIQ Partie réservée à la statue et à l'autel d'un dieu, dans les temples antiques. – Mot lat. « loge ».

celle. V. celui.

celle-ci. V. celui-ci.

celle-là. V. celui-ci.

cellérier, ère [seleʀje, ɛʀ] n. Religieux, religieuse préposé(e) aux celliers, aux dépenses de la bouche. ▷ Économe. – De *cellier.*

cellier [selje] n. m. Pièce dans laquelle on conserve le vin et les provisions. – Lat. *cellarium,* de *cella,* « chambre à provisions ».

cellophane [selɔfan] n. f. Pellicule cellulosique transparente servant de matériau d'emballage. *Légumes sous cellophane.* – Nom déposé ; mot angl., de *cell(ulose),* et *-phane,* cf. *diaphane.*

cellulaire [selylɛʀ] adj. **1.** Composé de cellules. *Tissu cellulaire.* **2.** De la cellule. *Organites cellulaires. Division cellulaire.* **3.** Qui a rapport aux cellules des prisonniers. *Régime cellulaire.* ▷ *Fourgon cellulaire :* voiture à compartiments fermés servant au transport des prisonniers. – De *cellule.*

cellular [selylaʀ] n. m. Tissu ajouré à mailles lâches dont on fait du linge de corps, des chemises de sport. – Mot angl. « cellulaire ».

cellulase [selylaz] n. f. BIOCHIM Enzyme qui hydrolyse la cellulose. – De *cellul(ose),* et *-ase.*

cellule [selyl] n. f. **I. 1.** Local étroit dans une prison, où sont enfermés isolément certains prisonniers. **2.** Petite chambre, partic. d'un religieux, d'une religieuse. *Cellule monastique.* **3.** Alvéole d'une ruche. **II. 1.** BIOL Le plus petit élément organisé et vivant possédant son métabolisme propre (ce qui l'oppose au virus). V. encycl. **2.** POLIT Groupement élémentaire à la base de certaines organisations politiques. *Cellule de quartier du parti communiste. Réunion de cellule.* **3.** SOCIOL Groupe d'individus considéré comme unité constitutive de l'organisation sociale. *La cellule familiale est une cellule sociale.* **4.** AVIAT Ensemble des structures (voilure et fuselage). **III.** *Cellule photoélectrique* ou *cellule :* dispositif transformant un flux lumineux en courant électrique, qu'on utilise notam. en photographie pour mesurer l'intensité de la lumière. *Régler la cellule de son appareil photographique.* – Lat. *cellula,* de *cella,* « chambre ».

ENCYCL **Biol.** – Les cellules sont classées en deux types fondamentaux : les cellules procaryotes, rudimentaires, n'ont pas de noyau nettement différencié ; les cellules eucaryotes sont les éléments de base des êtres vivants pluricellulaires, dans lesquels elles se spécialisent pour former des tissus : *cellules hépatiques, rénales, nerveuses ou neurones, cellules stomatiques,* etc. Leur taille varie de quelques µm à plusieurs cm de diamètre (jaune d'œuf).

cellulite [selylit] n. f. **1.** Cour. Infiltration du tissu conjonctif sous-cutané qui donne à la peau un aspect capitonné, en « peau d'orange ». **2.** MED Inflammation du tissu cellulaire sous-cutané, responsable de vives douleurs et d'une induration localisée ou diffuse. – De *cellule,* et *-ite.*

cellulo [selylo] n. m. Feuille de celluloïd, sur laquelle on dessine un décor, on découpe un personnage, utilisée lors du tournage d'un dessin animé. – Abrév. de *celluloïd.*

celluloïd [selylɔid] n. m. Matière plastique très inflammable, formée de nitrocellulose plastifiée par du camphre. – Nom déposé ; mot amér., de *cellulose,* et suff. *-oïd(e).*

cellulose [selyloz] n. f. Substance constitutive des parois cellulaires végétales ($C_6H_{10}O_5$)n, dont la forme la plus pure est le coton. *La cellulose constitue l'aliment de base des animaux herbivores.* – De *cellule.*

cellulosique [selylɔzik] adj. De la nature de la cellulose. *Colle cellulosique.* – De *cellulose.*

celte [sɛlt] ou **celtique** [sɛltik] adj. et n. m. **1.** adj. Des Celtes, relatif aux Celtes, groupe de peuples installés depuis le deuxième millénaire av. J.-C. sur une grande partie de l'Europe occidentale. **2.** n. m. *Le celte* ou *le celtique* : l'ensemble des langues celtiques, d'origine indo-européenne, encore vivantes en Irlande, en Écosse, au pays de Galles et en Bretagne. – Du lat. *Celtæ, celticus.*

celui [səlɥi] pron. dém. m. s., **celle** [sɛl] f. s., **ceux** [sø] m. pl., **celles** [sɛl] f. pl. (Désigne les personnes et les choses qu'on est en train d'évoquer.) **1.** Employé comme antécédent d'un relatif. *Son cousin, c'est celui qui est roux, celui dont je vous ai déjà parlé.* **2.** Suivi de la préposition *de. J'ai pris mon livre et celui de mon frère. Lequel voulez-vous ? Celui de gauche.* **3.** Mod. Devant un participe (emploi critiqué). *Les plus beaux coquillages sont ceux ramassés par Paul.* – Du lat. pop. *ecce ille.*

celui-ci, [səlɥisi], **celui-là** [səlɥila], pron. dém. m. s. ; **celle-ci,** [sɛlsi], **celle-là** [sɛlla] f. s. ; **ceux-ci,** [søsi], **ceux-là** [søla] m. pl. ; **celles-ci,** [sɛlsi], **celles-là** [sɛlla] f. pl. **1.** *Celui-ci* (pour désigner une chose, une personne rapprochée dans le temps et dans l'espace, ce dont il va être immédiatement question). **2.** *Celui-là* (pour désigner ce qui est le plus éloigné, ce qui a été dit précédemment). *J'aime la mer autant que la montagne ; celle-là est plus vivante, celle-ci plus reposante.* – De *celui,* et *-ci* 1, ou *là.*

cembro [sɑ̃bʀo] n. m. BOT Pin (*Pinus cembra,* fam. abiétacées) dont les aiguilles sont groupées par cinq, fréquent dans les hautes zones des Alpes. – Du lat. scientif. *cembra (pinus),* de l'all. de Suisse *Zember,* de l'anc. germ. *zimbar,* « bois ».

cément [semɑ̃] n. m. **1.** ANAT Couche osseuse recouvrant la racine des dents. **2.** METALL Substance avec laquelle on cémente un métal. – Lat. *cæmentum,* « moellon ».

cémentation [semɑ̃tasjɔ̃] n. f. METALL Modification de la composition superficielle d'un métal ou d'un alliage (acier, par ex.) auquel on incorpore en surface divers éléments provenant d'un cément (charbon de bois apportant du carbone à l'acier doux, par ex.). – De *cément.*

cémenter [semɑ̃te] v. tr. [1] METALL Soumettre à la cémentation. – De *cément.*

cémentite [semɑ̃tit] n. f. METALL Carbure de fer, Fe_3C, constituant des aciers. – De *cément,* et *-ite* 3.

cén(o)-. V. cœn(o)-.

cénacle [senakl] n. m. **1.** ANTIQ Salle à manger. ▷ *Spécial.* Salle dans laquelle le Christ prit son dernier repas, en compagnie de ses disciples (V. cène) et où le Saint-Esprit descendit sur les apôtres à la Pentecôte. **2.** Réunion de gens de lettres, d'artistes, partageant les mêmes goûts. *Le cénacle romantique.* – Lat. *cenaculum,* de *cena,* « repas du soir ».

cendre [sɑ̃dʀ] n. f. **I.** Résidu pulvérulent de matières brûlées. *Enlever la cendre accumulée dans une cheminée. La cendre de bois fournit un excellent engrais. Cendre de cigarette.* ▷ *Réduire en cendres* : anéantir en brûlant. – Fig. *Ses espérances furent réduites en cendres.* ▷ Fig. *Couver sous la cendre* : se développer insidieusement. *Le mécontentement qui couvait sous la cendre n'a pas tardé à éclater.* **II. 1.** Plur. *Les cendres* : les restes des morts. *Les cendres de Voltaire sont déposées au Panthéon.* ▷ Fig. *Renaître de ses cendres* : ressusciter (par allus. au phénix*). *Un vieux mythe qui renaît de ses cendres.* **2.** RELIG CATHOL *Les cendres,* symbole de deuil et de mortification. *Mercredi des Cendres* : premier jour du Carême, où le prêtre signe le front des fidèles avec une pincée de cendre pour les appeler à la pénitence. – Du lat. *cinis.*

cendré, ée [sɑ̃dʀe] adj. Qui est couleur de cendre, tirant sur le gris. *Des cheveux blond cendré. Lumière cendrée* : lumière due à la réflexion sur la Lune de la lumière solaire renvoyée par la Terre. – De *cendre.*

cendrée [sɑ̃dʀe] n. f. **1.** Écume de plomb fondu. **2.** Petit plomb de chasse. **3.** Mâchefer aggloméré dont on fait un revêtement pour les pistes de stade ; la piste ainsi revêtue. – De *cendre.*

cendrer [sɑ̃dʀe] v. tr. [1] Rare Couvrir de cendre. *Cendrer un champ fraîchement retourné.* – De *cendre.*

cendreux, euse [sɑ̃dʀø, øz] adj. **1.** Mêlé de cendre. **2.** Qui a l'aspect de la cendre. *Teint cendreux.* **3.** TECH *Métal cendreux,* dont la surface grenue se polit difficilement. – De *cendre.*

cendrier [sɑ̃dʀije] n. m. **1.** Partie inférieure d'un foyer destinée à recueillir la cendre. **2.** Récipient destiné à recevoir la cendre de tabac et les mégots. – De *cendre.*

-cène. Élément, du gr. *kainos,* « récent », entrant dans la composition de certains mots savants (ex. *oligocène, pliocène*).

cène [sɛn] n. f. **1.** RELIG (Avec une majuscule.) Dernier repas que Jésus-Christ prit avec ses apôtres, la veille de la Passion, et au cours duquel il institua l'eucharistie. **2.** *La sainte cène* : la communion dans le culte protestant. – Lat. *cena,* « repas du soir ».

cénesthésie [senɛstezi] n. f. Ensemble des sensations internes contribuant à la perception qu'un sujet a de son corps sans le concours des organes sensoriels. – Du gr. *koinos,* « commun », et *aisthêsis,* « sensibilité ».

cénesthésique [senɛstezik] adj. Relatif à la cénesthésie. *La faim et la fatigue sont des sensations cénesthésiques.* – De *cénesthésie.*

céno-. V. cœn(o)-.

cénobite [senɔbit] n. m. Moine qui vit en communauté. Ant. anachorète, ermite. – Lat. ecclés. *cœnobita,* de *cœnobium,* « monastère » ; gr. *koinobion,* « vie en commun ».

cénobitique [senɔbitik] adj. Relatif au cénobite. *Vie cénobitique.* – De *cénobite.*

cénobitisme [senɔbitism] n. m. État de celui qui vit en cénobite. – De *cénobite.*

cénotaphe [senɔtaf] n. m. Tombeau élevé à la mémoire d'un mort, mais ne contenant pas ses restes. – Bas lat. *cenotaphium,* mot gr., « tombeau vide ».

cénozoïque [ʃenɔzɔik] adj. GEOL Des ères tertiaire et quaternaire. ▷ n. m. *Le cénozoïque.* – De *céno-,* et *-zoïque.*

cens [sɑ̃s] n. m. **1.** ANTIQ Dénombrement des citoyens romains effectué tous les cinq ans. **2.** FEOD Redevance en argent payée annuellement au seigneur. **3.** *Cens électoral* : quotité d'impôt qu'un individu devait payer pour être électeur ou éligible (supprimé en 1848). – Lat. *census,* « recensement ».

censé, ée [sɑ̃se] adj. Supposé (suivi d'un inf.). *Nul n'est censé ignorer la loi. Elle est censée se trouver à Lyon.* – Du lat. *censere,* « estimer, juger ».

censément [sɑ̃semɑ̃] adv. Par supposition, apparemment. – De *censé.*

censeur [sɑ̃sœʀ] n. m. **1.** ANTIQ Magistrat romain chargé du recensement et investi du pouvoir de surveiller les mœurs. **2.** Celui qui appartient à une commission de censure officielle. (V. censure, sens 1.) **3.** *Par ext.* Celui qui s'érige en autorité pour juger défavorablement. *Un critique qui se conduit en censeur.* **4.** Personne chargée de l'organisation des études et de la discipline dans les lycées. – Lat. *censor.*

censier, ère [sɑ̃sje, ɛʀ] n. (et adj.) FEOD **1.** Celui à qui était dû le cens; celui qui le devait. **2.** n. m. Recueil de droit coutumier, composé à l'instigation d'un seigneur, à l'époque carolingienne. Syn. terrier. – De *cens.*

censitaire [sɑ̃sitɛʀ] n. m. et adj. **1.** n. m. FEOD Personne qui acquittait un cens. **2.** n. m. Homme qui payait le cens électoral. ▷ adj. *Électeur censitaire.* **3.** adj. Qui relevait du cens. *Suffrage censitaire.* – De *cens.*

censorat [sɑ̃sɔʀa] n. m. Fonction d'un censeur; durée de l'exercice de cette fonction. – De *censeur.*

censure [sɑ̃syʀ] n. f. **1.** Examen qu'un gouvernement fait faire des publications, des pièces de théâtre, des films, en vue d'accorder ou de refuser leur présentation au public. – *Par ext.* Instance administrative chargée de cet examen. *Délivrer un visa de censure. Abolir la censure. La censure a fait saisir tous les exemplaires de cet ouvrage jugé diffamatoire.* **2.** Vieilli Action de juger, de blâmer les idées, l'œuvre ou la conduite d'autrui. *S'exposer à la censure du public.* ▷ Mod. POLIT *Motion de censure :* désapprobation, votée par la majorité du Parlement, de la politique du gouvernement. *Déposer, voter une motion de censure.* **3.** RELIG CATHOL Peine disciplinaire (excommunication, interdit) que l'Église peut infliger aux fidèles par l'intermédiaire de ses ministres. **4.** PSYCHAN Opposition exercée par le sur-moi contre des pulsions inconscientes. – Lat. *censura.*

censurer [sɑ̃syʀe] v. tr. [1] **1.** Interdire ou expurger, en parlant de la censure officielle. *Certains passages de ce film ont été censurés.* **2.** Vieilli Blâmer, critiquer. ▷ Mod. *Le Parlement a censuré le gouvernement,* a voté une motion de censure. **3.** RELIG CATHOL Infliger la peine de la censure à. – De *censure.*

1. cent [sɑ̃] adj. num. et n. m. **I.** adj. num. **1.** (Cardinal - Prend un s au plur. sauf s'il est suivi d'un autre adj. num. cardinal.) Dix fois dix (100). *Cent francs. Deux cents ans. Deux cent cinquante francs.* ▷ Un nombre indéterminé, assez élevé. *Il l'a fait cent fois!* ▷ *Faire les cent pas :* aller et venir. – Fam. *Faire les quatre cents coups :* mener une vie désordonnée. – Fam. *Être aux cent coups :* être très inquiet, s'affoler. **2.** (Ordinal) Centième. *Page cent.* **II.** n. m. **1.** Le nombre cent. *Cent multiplié par cent.* ▷ Chiffres représentant le nombre cent (100). ▷ Numéro cent. *Habiter au cent.* ▷ *Pour cent. Bénéfice de trois pour cent (3 %) :* bénéfice de 3 F sur 100 F. ▷ Fam. *(À) cent pour cent :* totalement, entièrement. *Il est cent pour cent occupé par son travail.* **2.** Centaine. *Deux cents d'œufs.* ▷ Loc. fam. *Gagner des mille et des cents,* beaucoup d'argent. – Lat. *centum.*

2. cent [sɛnt] n. m. Monnaie divisionnaire des É.-U. et du Canada, valant le centième du dollar. – Mot amér.

centaine [sɑ̃tɛn] n. f. (Collectif) **1.** Nombre de cent, ou de cent environ. *Une centaine de francs. Quelques centaines.* – *Par centaines :* en grand nombre. **2.** *La centaine :* l'âge de cent ans. – De *cent* 1.

centaure [sɑ̃tɔʀ] n. m. **1.** MYTH Être fabuleux représenté comme un monstre moitié homme (tête et torse) et moitié cheval. **2.** ASTRO *Le Centaure :* constellation du ciel austral. (Une de ses étoiles, *Proxima Centauri,* est l'étoile la plus rapprochée de la Terre : 4,3 années-lumière.) – Lat. *centaurus,* gr. *kentauros.*

centaurée [sɑ̃tɔʀe] n. f. BOT **1.** Composée, le plus souvent à fleurs bleues, comprenant un grand nombre d'espèces dont le bleuet. **2.** Cour. Nom de diverses plantes, telles la centaurée bleue (fam. labiées), la centaurée jaune et la petite centaurée. – Lat. *centaurea,* gr. *kentaurié,* «plante Centaure», le centaure Chiron étant réputé avoir découvert dix-huit vertus des simples.

centavo [sɛntavo; sɑ̃tavo] n. m. Centième partie de l'unité monétaire dans plusieurs pays d'Amérique latine. – Mot esp.

centenaire [sɑ̃tnɛʀ] adj. et n. **1.** adj. Qui a cent ans. *Arbre centenaire.* ▷ Subst. *Un(e) centenaire :* personne âgée de cent ans ou plus. **2.** adj. Qui se produit, qui est censé se produire environ tous les cent ans. *Crue centenaire.* **3.** n. m. Centième anniversaire. *Fêter le centenaire de la fondation d'une ville.* – De *centaine.*

centennal, ale, aux [sɑ̃tenal, o] adj. Rare Qui a lieu tous les cent ans. *Exposition centennale.* – De *centum,* «cent», et *annus,* «année».

centésimal, ale, aux [sɑ̃tezimal, o] adj. Relatif aux divisions d'une quantité en cent parties égales. *Fraction centésimale.* ▷ PHYS *Échelle centésimale :* échelle déterminée à partir de deux graduations marquées 0 et 100, chaque degré de l'échelle représentant la centième partie de l'intervalle 0-100. – Du lat. *centesimus.*

centète [sɑ̃tɛt] n. m. ZOOL Nom scientifique du tanrec.

centétidés [sɑ̃tetide] n. m. pl. ZOOL Famille de mammifères insectivores comprenant les tanrecs. – Sing. *Un centétidé.* – De *centète.*

centi-. Élément, du latin *centum,* «cent», impliquant l'idée d'une division en centièmes.

centiare [sɑ̃tjaʀ] n. m. Centième partie de l'are, équivalant à 1 m² (symbole : ca). – De *centi-,* et *are.*

centième [sɑ̃tjɛm] adj. et n. **I.** adj. num. ord. Dont le rang est marqué par le nombre 100. *Le centième jour.* **II.** n. **1.** Personne qui occupe la centième place. *La centième de la liste.* **2.** n. m. Chaque partie d'un tout divisé en cent parties égales. *L'augmentation a été d'un centième.* **3.** n. f. Centième représentation d'une pièce de théâtre. *L'auteur de la pièce était présent à la centième.* – Lat. *centesimus.*

centigrade [sɑ̃tigʀad] adj. et n. m. **1.** adj. Cour. *Degré centigrade :* syn. impropre de *degré Celsius.* **2.** n. m. GEOM Centième partie du grade (symbole : cgr). – De *centi-,* et *grade.*

centigramme [sɑ̃tigʀam] n. m. Centième partie du gramme (symbole : cg). – De *centi-,* et *gramme.*

centile [sɑ̃til] n. m. STATIS Centième partie d'un ensemble de données classées. – De *cent* 1.

centilitre [sɑ̃tilitʀ] n. m. Centième partie du litre (symbole : cl). – De *centi-,* et *litre.*

centime [sɑ̃tim] n. m. **1.** Centième partie du franc. *Un chèque de quatre-vingt-douze francs et dix centimes.* (On dit aussi *quatre-vingt-douze francs dix.)* **2.** *Centimes additionnels :* majoration, autrefois pratiquée au profit des départements et des communes, du montant de certains impôts. – De *cent* 1.

centimètre [sɑ̃timɛtʀ] n. m. **1.** Centième partie du mètre (symbole : cm). ▷ *Par ext.* Règle ou ruban divisé en centimètres. *Un centimètre de couturière.* **2.** PHYS Unité de longueur fondamentale de l'ancien système C.G.S. – De *centi-,* et *mètre.*

centimétrique [sɑ̃timetʀik] adj. De l'ordre du centimètre. *Ondes centimétriques.* – De *centimètre.*

centon [sɑ̃tɔ̃] n. m. LITTER Poème, texte, constitué de fragments dus à des écrivains célèbres. – Du lat. *cento,* «vêtement fait de morceaux rapportés».

centrafricain, aine [sɑ̃tʀafʀikɛ̃, ɛn] adj. et n. De l'État d'Afrique centrale qui porte auj. le nom de République centrafricaine. ▷ Subst. *Un(e) Centrafricain(e).* – De *centre,* et *africain.*

centrage [sɑ̃tʀaʒ] n. m. TECH Action de centrer. ▷ Action de placer les axes de différents éléments sur une même droite. – De *centrer.*

central, ale, aux [sɑ̃tʀal, o] adj. et n. **I.** adj. **1.** Qui est au centre. *Place centrale.* Ant. périphérique. **2.** Principal, où tout converge, qui distribue tout. *Le système nerveux central* : l'encéphale et la moelle épinière. – *Chauffage central.* ▷ *Maison centrale* ou *centrale* : établissement pénitentiaire recevant les détenus condamnés à des peines d'emprisonnement supérieures à un an. *Faire deux ans de centrale.* **3.** *École centrale des arts et manufactures* ou, n. f., *Centrale,* assurant la formation d'ingénieurs (*centraliens*). **4.** MECA *Force centrale* : force dont la direction passe par un point fixe. **II.** n. m. Bureau, poste assurant la centralisation des communications téléphoniques ou télégraphiques. *Un central téléphonique.* **III.** n. f. **1.** *Centrale d'achat* : organisme commun à plusieurs entreprises dont il centralise les achats. **2.** Groupement de fédérations syndicales. *Centrale ouvrière.* **3.** Usine productrice d'énergie. *Centrale nucléaire, centrale hydraulique.* **4.** *Centrale inertielle* : ensemble d'organes (appareils à mesurer l'accélération, gyroscopes) capable de fournir la position d'un véhicule. – De *centre.*

centralien, enne [sɑ̃tʀaljɛ̃, ɛn] n. Élève ou ancien élève de l'École centrale des arts et manufactures. – De *Centrale* (sens I, 3).

centralisateur, trice [sɑ̃tʀalizatœʀ, tʀis] adj. Qui centralise. *Bureau centralisateur.* – De *centraliser.*

centralisation [sɑ̃tʀalizasjɔ̃] n. f. **1.** Action de centraliser. *Centralisation des demandes d'abonnement.* **2.** POLIT Réunion sous l'autorité d'un organisme central des diverses attributions de la puissance publique. *Centralisation politique, administrative.* Ant. décentralisation. – De *centraliser.*

centraliser [sɑ̃tʀalize] v. tr. [1] Concentrer, réunir en un même centre, sous une même autorité. *Centraliser les pouvoirs.* – De *central.*

centralisme [sɑ̃tʀalism] n. m. **1.** Tendance à la centralisation **2.** POLIT Système gouvernemental qui consiste à centraliser le pouvoir de décision dans les domaines politiques et économiques importants. ▷ Mode d'organisation d'un syndicat ou d'un parti qui interdit la constitution de tendances en ne permettant pas la remise en cause des décisions prises en congrès. *Centralisme démocratique.* – De *centraliser.*

centranthe [sɑ̃tʀɑ̃t] n. m. BOT Genre de valérianacées, dont une espèce franç., *Centranthus ruber,* ornementale, aux corymbes de fleurs rouges, pousse sur les vieux murs et les éboulis caillouteux. Syn. barbe-de-Jupiter, lilas d'Espagne. – Lat. *kentranthus,* du gr. *kentron,* «aiguillon», et *anthos,* «fleur».

centration [sɑ̃tʀasjɔ̃] n. f. PSYCHO *Loi, effet de centration* : concentration de l'attention sur un stimulus particulier au détriment des autres stimuli présents dans le champ perceptif. – De *centrer.*

centre [sɑ̃tʀ] n. m. **I. 1.** Point situé à égale distance de tous les points d'une circonférence ou de la surface d'une sphère. ▷ GEOM *Centre de répétition d'ordre n d'une figure plane* : point de cette figure tel que celle-ci reste identique à elle-même par rotation d'un énième de tour. – *Centre de symétrie* : point C qui fait correspondre à tout point A d'une figure un point A' tel que CA' = CA. – *Centre d'homothétie,* tel que CA' = k CA. – *Centre de courbure* : point de rencontre des normales d'une courbe en deux points infiniment voisins de cette courbe. **2.** *Par ext.* Milieu d'un espace quelconque. *Le centre de l'agglomération.* ▷ Spécial. *Le Centre* : les régions du centre de la France; le Massif central; la Région du Centre. **3.** POLIT Partie d'une assemblée politique qui siège entre la droite et la gauche. V. centrisme. **II.** PHYS, MECA **1.** Point d'application de la résultante des forces exercées sur un corps. ▷ *Centre de masse* ou *d'inertie* (d'un système de points matériels) : barycentre de ces points affectés de leurs masses. ▷ *Centre de gravité* : point par lequel passe la résultante des forces dues à un champ de gravitation uniforme (ce point est confondu avec le centre de masse). ▷ *Centre instantané de rotation* : point d'une figure plane en mouvement, dont la vitesse est nulle à l'instant considéré. ▷ *Centre de poussée* : point d'application de la résultante des forces qui s'exercent sur un corps. **2.** *Centre optique* : point de l'axe d'une lentille ou d'un miroir, tel que tout rayon y passant ne soit ni dévié, ni réfléchi. **III. 1.** Fig. Point d'attraction. *Centre d'intérêt.* **2.** Point de grande concentration d'activité; point d'où s'exerce une action. *La Cité de Londres est un grand centre d'affaires. Centre commercial. Centre culturel.* **3.** ANAT Région du système nerveux central qui commande le fonctionnement de certains organes vitaux. *Centre respiratoire.* **4.** Organisme assurant la centralisation de certaines activités. *Centre national de la recherche scientifique (C.N.R.S.). Centre hospitalier universitaire (C.H.U.).* **IV.** SPORT *Faire un centre* : ramener le ballon de l'aile vers l'axe du terrain. – Lat. *centrum,* gr. *kentron.*

centré, ée [sɑ̃tʀe] adj. **1.** MECA Qui tourne autour d'un point. **2.** MATH *Variable aléatoire centrée* : variable dont l'espérance mathématique est nulle. – Pp. de *centrer.*

centrer [sɑ̃tʀe] v. tr. [1] **1.** Déterminer le centre (d'une figure, d'un objet). ▷ Placer, ramener au centre. ▷ Régler les pièces tournantes d'une machine, la position de leurs axes de rotation. **2.** SPORT Envoyer le ballon vers l'axe du terrain. **3.** Fig. *Centrer le débat sur une question,* se la donner pour objet principal de discussion. – De *centre.*

centreur [sɑ̃tʀœʀ] n. m. TECH Appareil qui sert à centrer. – De *centrer.*

centre-ville [sɑ̃tʀəvil] n. m. Quartier central d'une ville, le plus ancien et le plus animé.

centrifugation [sɑ̃tʀifygasjɔ̃] n. f. TECH Séparation, sous l'action de la force centrifuge, de particules inégalement denses en suspension dans un liquide, un mélange. *Séparer la crème du lait par centrifugation.* – De *centrifuger.*

centrifuge [sɑ̃tʀifyʒ] adj. *Force centrifuge,* qui tend à éloigner du centre. Ant. centripète. ▷ *Pompe centrifuge,* dans laquelle le fluide circule du centre vers l'extérieur du corps de la pompe. – Lat. *centrum,* «centre», et *-fuge* 1.

centrifuger [sɑ̃tʀifyʒe] v. tr. [13] TECH Soumettre à la centrifugation. – De *centrifuge.*

centrifugeur [sɑ̃tʀifyʒœʀ] n. m. ou **centrifugeuse** [sɑ̃tʀifyʒøz] n. f. TECH Appareil utilisé pour la centrifugation. – De *centrifuge.*

centriole [sɑ̃tʀiɔl] n. m. BIOL Organite intracellulaire, cytoplasmique, situé près du noyau. (Présents dans presque toutes les cellules vivantes, les deux centrioles comprennent 9 groupes de 3 tubules disposés selon les génératrices d'un cylindre de 150 µm de diamètre et de 400 µm de long. Ils forment le fuseau de division pendant la mitose.) – De *centre.*

centripète [sɑ̃tʀipɛt] adj. Qui tend à rapprocher du centre d'une trajectoire; qui est dirigé vers le centre. *Force centripète. Accélération centripète* : composante de l'accélération dirigée vers le centre de courbure de la trajectoire. Ant. centrifuge. ▷ PHYSIOL *Nerfs centripètes,* qui conduisent l'excitation de la périphérie vers le centre. – Lat. *centrum,* «centre», et *petere,* «tendre vers».

centrisme [sɑ̃tʀism] n. m. POLIT Position polit., idéologie de ceux qui siègent au centre, à l'Assemblée, entre les conservateurs et les progressistes. *Le centrisme réformateur. Centrisme de gauche, de droite.* – De *centre.*

centriste [sɑ̃tʀist] adj. (et n.) Relatif au centrisme; partisan du centrisme. *Député centriste. Un centriste d'opposition.* – De *centre.*

centro-. Élément, du lat. *centrum,* «centre».

centromère [sɑ̃tʀɔmɛʀ] n. m. BIOL Zone de constriction qui sépare le chromosome en deux bras et joue un rôle important lors de la division cellulaire. – De *centro-*, et *-mère*.

centrosome [sɑ̃tʀozom] n. m. BIOL Organelle cellulaire située près du noyau, qui, après une duplication, devient le centre organisateur de la formation du fuseau achromatique lors de la division cellulaire. (Elle intervient également dans les mouvements des cils et flagelles lorsque les cellules en possèdent.) – Empr. à l'all., de *centrum*, et *sôma*.

centrospermales [sɑ̃tʀospɛʀmal] n. f. pl. BOT Vaste ordre de dicotylédones assez primitives comprenant notam. les chénopodiacées, les cactacées, etc. – Sing. *Une centrospermale*. – De *centro-*, et *sperme*.

centumvir [sɑ̃tɔmviʀ] n. m. Un des cent magistrats de la Rome antique désignés chaque année, notam. pour statuer sur les successions. – Lat. *centum*, « cent », et *vir*, « homme ».

centuple [sɑ̃typl] adj. et n. m. **1.** adj. Qui vaut cent fois. *Nombre centuple d'un autre*. **2.** n. m. Quantité qui vaut cent fois une autre quantité. *Le centuple de dix est mille*. ▷ Loc. adv. Par exag. *Au centuple* : un grand nombre de fois en plus. *Je lui rendrai cela au centuple*. – Lat. *centuplex*.

centupler [sɑ̃typle] v. tr. [1] **1.** Multiplier par cent, rendre cent fois plus grand. *Centupler un nombre*. ▷ v. intr. *Son chiffre d'affaires a centuplé en moins de dix ans*. **2.** *Par exag.* Rendre un grand nombre de fois plus grand. *Centupler sa fortune en spéculant*. – De *centuple*.

centurie [sɑ̃tyʀi] n. f. **1.** ANTIQ ROM Subdivision admin. qui comprenait cent citoyens. – Unité militaire de cent soldats. **2.** LITTER Ouvrage d'histoire dont les divisions, les chapitres correspondent à des siècles. – Lat. *centuria*, « groupe de cent ».

centurion [sɑ̃tyʀjɔ̃] n. m. ANTIQ ROM Officier subalterne de l'armée romaine, placé à la tête d'une centurie. – Lat. *centurio, centurionis*.

cénure. V. cœnure.

cep [sɛp] n. m. **1.** Pied de vigne. **2.** Partie de la charrue qui porte le soc. – Lat. *cippus*, « pied ».

cépage [sepaʒ] n. m. Variété de vigne cultivée. *Les cépages du vignoble bordelais*. – De *cep*.

cèpe [sɛp] n. m. Variété de champignons, généralement comestibles, appartenant essentiellement au genre *Boletus* (bolets). *Cèpe de Bordeaux, cèpe d'été, cèpe royal*. – Gascon *cep*, « tronc ».

cépée [sepe] n. f. Touffe de plusieurs tiges de bois ayant poussé à partir de la souche d'un arbre abattu. – De *cèpe*.

cependant [səpɑ̃dɑ̃] conj. et adv. **1.** conj. Néanmoins, toutefois, malgré cela. *Il ne devait pas venir et cependant le voici. Vous avez été très gentil, j'ai cependant un reproche à vous faire*. **2.** adv. de temps. Vx Pendant ce temps-là, cela étant en suspens. ▷ Loc. conj. Litt. *Cependant que* : pendant que, en même temps que. – De *ce*, et *pendant*; d'abord : *tout ce pendant*.

céphalalgie [sefalalʒi] n. f. MED Mal de tête. – Lat. *cephalalgia*, du gr. *kephalê* « tête », et *algos*, « douleur ».

céphalaspides [sefalaspid] n. m. pl. PALEONT Ordre d'agnathes (fin du primaire) recouverts d'une cuirasse céphalothoracique, munis d'un œil pinéal, et dont les nerfs aboutissaient à des aires qui étaient p.-ê. des organes électriques. – Sing. *Un céphalaspide*. – Du gr. *kephalê*, « tête », et *aspis, aspidos*, « vipère ».

-céphale, -céphalie, céphalo-. Éléments, du gr. *kephalê*, « tête ».

céphalée [sefale] n. f. MED Céphalalgie violente et tenace. – Lat. *cephalæa*, gr. *kephalaia*.

céphalique [sefalik] adj. ANAT Qui a rapport à la tête. *Veine céphalique* : grosse veine superficielle du bras, qu'on croyait jadis venir de la tête. ▷ ANTHROP *Indice céphalique* : rapport du diamètre transverse au diamètre antéropostérieur du crâne. – Lat. *cephalicus*, gr. *kephalikos*, de *kephalê*, « tête ».

céphalocordés [sefalokɔʀde] n. m. pl. ZOOL Sous-embranchement de cordés chez lesquels la corde dorsale se prolonge jusque dans la tête et dont le type est l'amphioxus. – Sing. *Un céphalocordé*. – De *céphalo-*, et gr. *khordê*, « boyau ».

céphalopodes [sefalopɔd] n. m. pl. ZOOL Classe de mollusques (divisée en dibranchiaux et tétrabranchiaux) chez lesquels le pied, rabattu vers l'avant autour de la bouche armée d'un bec de perroquet, est découpé en tentacules garnis de ventouses. *Les céphalopodes tels que la seiche, le calmar, le poulpe sont tous d'excellents nageurs marins*. – Sing. *Un céphalopode*. – De *céphalo-*, et *-pode*.

céphalorachidien, enne [sefaloʀaʃidjɛ̃, ɛn] adj. ANAT, MED Qui a rapport à la tête et au rachis. *Liquide céphalorachidien* : liquide contenu dans les espaces méningés, constitué d'eau à 99 %, et dont l'examen par ponction lombaire permet de déceler une méningite, une encéphalite, etc. – De *céphalo-*, et *rachidien*.

céphalosporine [sefalɔspɔʀin] n. f. PHARM Antibiotique faisant partie d'un groupe isolé à partir d'un champignon microscopique, à l'action antimicrobienne assez large. – De *céphalo-*, *spore*, et *-ine*.

céphalothorax [sefalotɔʀaks] n. m. ZOOL Partie antérieure du corps des arachnides et des crustacés décapodes, comprenant tête et thorax soudés et protégés par une carapace commune. – De *céphalo-*, et *thorax*.

céphéide [sefeid] n. f. ASTRO Étoile pulsante dont δ Céphée est le prototype et dont l'éclat varie périodiquement. La relation qui lie la période des céphéides à leur luminosité absolue, établie en 1912 par l'Américaine Henrietta Leavitt, constitue l'un des plus sûrs indicateurs de distance dans l'Univers. – Du lat. *cepheus*, mot gr., n. d'une constellation.

cérambycidés [seʀɑ̃biside] n. m. pl. ENTOM Famille de coléoptères aux couleurs vives, caractérisés par leurs longues antennes et dont les larves creusent le bois. (Le grand capricorne atteint 5 cm.) Syn. longicornes. – Sing. *Un cérambycidé*. – De *cerambyx*, nom de genre lat. du grand capricorne.

cérame [seʀam] n. m. ARCHEOL Vase grec en terre cuite. ▷ adj. *Grès cérame*, qui sert à faire des vases, des appareils sanitaires, des carrelages. – Du gr. *keramos*, « argile ».

céramique [seʀamik] n. f. **1.** Art du potier; art du façonnage et de la cuisson des objets en terre cuite (faïence, grès, porcelaine). ▷ adj. *Les arts céramiques*. **2.** Matière dont sont faits ces objets. **3.** TECH Matériau manufacturé qui n'est ni organique ni métallique. **4.** CHIM Produit obtenu par chauffage avec un liant ou par cuisson d'une poudre minérale. *Certaines céramiques sont supraconductrices à des températures supérieures à celle de l'azote liquide*. – Gr. *keramikos*, de *keramos*, « argile ».

céramiste [seʀamist] n. Personne qui fabrique des objets en céramique. – De *céramique*.

cerargyrite [seʀaʀʒiʀit] n. f. MINER Chlorure naturel d'argent. – Du gr. *keras*, « corne », et *arguros*, « argent ».

céraste [seʀast] n. m. Vipère (genre *Cerastes*) saharienne et asiatique, appelée *vipère cornue* en raison des protubérances cornées qu'elle porte au-dessus des yeux.

– (En appos.) *Vipère céraste.* – Du lat. *cerastes,* gr. *kerastês,* « cornu ».

cérat [seʀa] n. m. PHARM Onguent à base de cire et d'huile. – Lat. *ceratum,* de *cera,* « cire ».

cératias [seʀasjas] n. m. ZOOL Poisson téléostéen abyssal dont la tête est munie d'appendices tactiles et lumineux. (Le mâle, long de 8 cm, parasite sa femelle, longue de 1 m, à laquelle il est soudé, leurs deux systèmes circulatoires étant réunis.) – Du gr. *keras,* « corne ».

ceratodus [seʀatɔdys] n. m. ZOOL Poisson des rivières australiennes qui possède des branchies et un poumon. – Du gr. *kéras,* « corne », et *odous,* « dent ».

cératopsiens [seʀatɔpsjɛ̃] n. m. pl. PALEONT Sous-ordre de dinosauriens cuirassés du crétacé (genres *Protoceratops* et *Triceratops,* sorte de rhinocéros à trois cornes).– Sing. *Un cératopsien.* – Du gr. *kéras,* « corne » et *opsis,* « vue ».

cerbère [sɛʀbɛʀ] n. m. Litt. Portier, gardien intraitable. – De *Cerbère,* n. du chien gardien des Enfers dans la mythol. gr.; lat. *Cerberus,* gr. *Kerberos.*

cercaire [sɛʀkɛʀ] n. f. ZOOL Larve de trématodes (douves) possédant une queue. – Du gr. *kerkos,* « queue ».

cerce [sɛʀs] n. f. CONSTR Armature circulaire. ▷ Calibre qui permet de donner à un ouvrage une forme bombée. – De *cerceau.*

cerceau [sɛʀso] n. m. **1.** Lame circulaire de fer ou de bois, utilisée comme armature. *Cerceau de tonneau. Cerceau de crinoline.* **2.** Jouet d'enfant, cercle de bois léger que l'on fait rouler en le poussant à l'aide d'une baguette. **3.** Demi-cercle de bois, de fer. *Cerceau de tonnelle.* – Lat. imp. *circellus,* « petit cercle », de *circus,* « cercle ».

cerclage [sɛʀklaʒ] n. m. **1.** Action de cercler. **2.** MED Resserrement chirurgical du col de l'utérus, au cours de la grossesse, pour éviter une fausse couche. – De *cercler.*

cercle [sɛʀkl] n. m. **I. 1.** GEOM Courbe plane fermée, dont tous les points sont à égale distance d'un point appelé centre. ▷ *Cercle d'Euler :* cercle qui passe par les milieux des côtés d'un triangle, les pieds des hauteurs, et les milieux des segments compris entre les sommets et l'orthocentre. ▷ *Grand cercle d'une sphère,* situé dans un plan qui passe par le centre de cette sphère (les autres cercles sont appelés *petits cercles*). *Les cercles méridiens sont des grands cercles.* ▷ ASTRO *Cercle horaire d'un astre :* demi grand cercle de la sphère céleste locale, qui passe par les pôles célestes et la direction de l'astre. **2.** Périmètre d'un cercle; ligne circulaire. *L'aigle décrit des cercles dans le ciel.* **3.** Objet de forme circulaire. ▷ PHYS *Cercle oculaire :* pupille de sortie d'un instrument d'optique, sur laquelle l'observateur place son œil. **4.** ASTRO Instrument qui sert à mesurer les angles au moyen d'un cercle gradué sur toute sa circonférence. *Cercle méridien.* **5.** TECH Cerceau servant d'armature. – Cerceau de tonneau; *par ext.,* tonneau. *Vin en cercles.* **II. 1.** Personnes, objets formant une circonférence. *Un cercle de chaises.* **2.** Réunion de personnes dans un local réservé; ce local lui-même. *Cercle littéraire, politique, militaire, sportif.* ▷ *Cercle de qualité :* V. qualité. **III. 1.** Fig. Étendue. *Le cercle de nos connaissances.* **2.** LOG *Cercle vicieux :* raisonnement défectueux qui consiste à démontrer une proposition à l'aide d'une autre proposition, laquelle à son tour est démontrée par la première; cour. *par ext.* situation sans issue. – Lat. *circulus,* de *circus,* « cercle ».

cercler [sɛʀkle] v. tr. [1] Garnir, entourer de cercles, de cerceaux. *Cercler un tonneau.* – De *cercle.*

cercopithécidés [sɛʀkɔpiteside] n. m. pl. ZOOL Famille de catarhiniens dont font partie notam. la guenon, le macaque et le babouin. – Sing. *Un cercopithécidé.* – Du gr. *kerkos,* « queue », *pithéc-,* et *idés.*

cercopithèque [sɛʀkɔpitɛk] n. m. ZOOL Singe catarhinien d'Afrique à longue queue grêle et au pelage souvent coloré. (Le genre *Cercopithecus* comprend de très nombreuses espèces; certaines sont fréquentes dans les ménageries.) – Lat. *cercopithecus,* mot gr., de *kerkos,* « queue », et *pithêkos,* « singe ».

cercueil [sɛʀkœj] n. m. Caisse dans laquelle on enferme un cadavre pour l'ensevelir. *Un cercueil plombé.* – Du gr. *sarkophagos,* « qui détruit les chairs ».

céréale [seʀeal] n. f. Nom générique de toutes les plantes (graminées, polygonacées) cultivées pour leur grain. *Le blé, le seigle, l'avoine, l'orge, le maïs, le riz, le millet sont des céréales.* – Lat. *cerealis,* de *Cérès,* déesse des moissons.

céréaliculture [seʀealikyltyʀ] n. f. Culture des céréales. – De *céréale,* et *culture.*

céréalier, ère [seʀealje, ɛʀ] adj. et n. m. **I.** adj. De céréales. *Culture céréalière.* – *Faim céréalière,* due à la rareté des céréales. **II.** n. m. **1.** Producteur de céréales. **2.** Navire spécialement conçu pour le transport des céréales. – De *céréale.*

cérébelleux, euse [seʀebɛllø, øz] adj. ANAT Qui se rapporte au cervelet. ▷ *Syndrome cérébelleux,* dû à une lésion du cervelet. – Lat. *cerebellum,* de *cerebrum,* « cerveau ».

cérébellite [seʀebɛllit] n. f. MED Encéphalite localisée dans le cervelet. – Du lat. *cerebellum,* et *-ite* 1.

cérébral, ale, aux [seʀebʀal, o] adj. (et n.) **1.** ANAT Qui concerne le cerveau, l'encéphale. *Une hémorragie cérébrale.* **2.** Qui a trait à l'esprit. *Le travail cérébral.* **3.** Se dit d'une personne chez qui l'intellect prime la sensibilité. *Elle est plus cérébrale qu'intuitive.* ▷ Subst. *Un(e) cérébral(e).* – Du lat. *cerebrum,* « cerveau ».

cérébroside [seʀebʀɔsid] n. m. BIOCHIM Lipide non phosphoré comportant des molécules d'oses, constitutif notam. des membranes cellulaires. – Rad. de *cérébral,* et *-oside.*

cérébrospinal, ale, aux [seʀebʀospinal, o] adj. Du cerveau et de la moelle épinière. – Lat. *cerebrum,* et *spinal.*

cérémonial, ale, aux [seʀemɔnjal, o] ou (n. m. pl.) **als** [seʀemɔnjal] adj. et n. m. **I.** adj. Rare Qui concerne les cérémonies religieuses. **II.** n. m. **1.** Usage réglé que l'on observe lors de certaines cérémonies. *La Légion d'honneur lui a été remise suivant le cérémonial d'usage.* **2.** RELIG Livre où sont contenues les règles du cérémonial des fêtes liturgiques. **3.** Vieilli Ensemble des règles de politesse. – De *cérémonie.*

cérémonie [seʀemɔni] n. f. **1.** Ensemble des formes extérieures réglées pour donner de l'éclat à une solennité religieuse. *Une cérémonie liturgique.* **2.** Ensemble des formalités observées dans certaines occasions importantes de la vie sociale. *Les cérémonies d'une visite officielle.* **3.** Péjor. Politesse exagérée, importune. *Il fait trop de cérémonies. Sans cérémonies :* en toute simplicité. – Lat. *cærimonia,* « cérémonie sacrée ».

cérémoniel, elle [seʀemɔnjɛl] adj. Qui a trait aux cérémonies. – De *cérémonie.*

cérémonieusement [seʀemɔnjøzmɑ̃] adv. D'une façon cérémonieuse. – De *cérémonieux.*

cérémonieux, euse [seʀemɔnjø, øz] adj. Qui fait trop de cérémonies (sens 3). *Un ton cérémonieux,* affecté. – De *cérémonie.*

céreux, euse [seʀø, øz] adj. CHIM Qualifie les composés trivalents du cérium. – De *cérium.*

cerf [sɛʀ] n. m. Mammifère ruminant mâle de la famille des cervidés, portant des bois qui se renouvellent chaque année avant le rut. *«Cervus elaphus» est le cerf commun d'Europe.* – Lat. *cervus.*

cerfeuil [sɛʀfœj] n. m. Ombellifère (*Anthriscus cerefolium*) cultivée pour ses feuilles aromatiques, qu'on utilise comme condiment. – *Cerfeuil tubéreux,* aux tubercules comestibles. – Lat. *cærefolium,* du gr. *khairein,* «réjouir», et *phullon,* «feuille».

cerf-volant [sɛʀvɔlɑ̃] n. m. **1.** Lucane. **2.** Appareil fait d'une surface de papier, de toile, disposée sur une armature légère, qu'on fait monter en l'air en le tirant contre le vent avec une ficelle. *Des cerfs-volants.* – De *cerf,* et *volant.*

céride [seʀid] n. m. BIOCHIM Lipide simple, constituant majeur des cires. – Du lat. *cera,* «cire».

cérifère [seʀifɛʀ] adj. Qui produit de la cire. – Lat. *cera,* «cire», et *-fère.*

cérificateur [seʀifikatœʀ] n. m. Appareil utilisé en apiculture pour fondre et épurer la cire. – Du lat. *cera,* «cire».

cérique [seʀik] adj. CHIM Qualifie les composés du cérium tétravalent. – De *cérium.*

cerisaie [s(ə)ʀizɛ] n. f. Plantation de cerisiers. – De *cerise.*

cerise [s(ə)ʀiz] n. f. et adj. inv. **1.** n. f. Drupe comestible du cerisier. **2.** adj. inv. De la couleur de la cerise. *Des robes cerise. Rouge cerise :* rouge vif. – Lat. pop. **ceresia.*

cerisier [s(ə)ʀizje] n. m. Arbre (fam. rosacées) cultivé pour ses fruits (cerises et griottes) et son bois rosé, à grain très fin, utilisé en ébénisterie. – De *cerise.*

cérite [seʀit] ou **céritite** [seʀitit] n. f. MINER Silicate naturel hydraté de cérium, dont la température de fusion est très élevée (plus de 2 700 °C). – De *cérium.*

cérithe [seʀit] n. m. Mollusque gastéropode (genre *Cerithium*) à coquille hélicoïdale très allongée, qui, à l'état fossile, abonde dans les calcaires tertiaires. – Lat. *cerithium,* gr. *kêrukion,* «buccin».

cérium [seʀjɔm] n. m. CHIM Élément appartenant à la famille des lanthanides, de numéro atomique Z = 58 et de masse atomique 140,12 (symbole Ce). – Métal (Ce) qui fond à 795 °C et bout à 3 470 °C. – De *Cérès.*

cermet [sɛʀmɛ] n. m. TECH Matériau ductile et résistant, obtenu par frittage de poudres de métaux et de céramique. – De *cé(ramique),* et *mét(al).*

cerne [sɛʀn] n. m. **1.** Cercle bleu ou bistre, qui entoure des yeux fatigués. **2.** Cercle livide autour d'une plaie. **3.** BOT Chacun des cercles concentriques visibles sur la section des racines, du tronc, des branches d'un arbre. (Un cerne correspond à une période de végétation; le nombre de cernes indique donc l'âge du végétal.) – Lat. *circinus,* de *circus,* «cercle».

cerné, ée [sɛʀne] adj. Entouré d'un cerne. *Avoir les yeux cernés.* – Pp. de *cerner.*

cerneau [sɛʀno] n. m. Amande de la noix verte. – De *cerner,* «couper en deux».

cerner [sɛʀne] v. tr. [1] **1.** Faire comme un cerne autour de; souligner en entourant. ▷ Entourer d'un trait (un dessin). **2.** *Par ext.* Entourer, investir (un lieu) en le coupant de toute communication avec l'extérieur. *Cerner une place forte.* – (Personnes) *Nous sommes cernés!* **3.** Fig. *Cerner une question,* préciser ses limites, l'appréhender. **4.** *Cerner des noix,* retirer leur coque pour en faire des cerneaux. – *Cerner un arbre,* en détacher une couronne d'écorce. – De *cerne.*

céroplastique [seʀoplastik] n. f. Modelage de la cire. – Du gr. *kêros,* «cire», et *plastique.*

cerque [sɛʀk] n. m. ZOOL Chacun des appendices situés à l'extrémité de l'abdomen de certains insectes, qui jouent un rôle dans l'accouplement. – Gr. *kerkos,* «queue».

cers [sɛʀs] n. m. Nom donné au vent d'O. ou de N.-O. dans le Roussillon et le Languedoc. – Mot provenç., lat. *circius,* «vent d'ouest».

certain, aine [sɛʀtɛ̃, ɛn] adj. et pron. **I.** adj. (Placé après le nom.) **1.** (Choses) Sûr, indubitable. *La nouvelle est certaine.* **2.** n. m. FIN Prix de change acquitté par une monnaie dont la valeur est fixe. *Le taux de change est coté au certain à Londres.* **3.** Attribut (Personnes) Assuré de la vérité de (qqch), qui en a la certitude. *Je suis certain de ce que j'avance.* **II.** adj. (Placé avant le nom.) **1.** Se dit, en un sens vague, des personnes et des choses en quantité indéfinie. *Depuis un certain temps. Il jouit d'une certaine considération,* de quelque considération. *Un homme d'un certain âge,* qui n'est pas très âgé mais qui n'est plus jeune, par oppos. à *d'un âge certain,* âgé. **2.** (Plur.) Quelques. *Certains savants affirment que...* **3.** Devant un nom de personne. (Marquant parfois une nuance de mépris.) *Un certain X a osé le dire.* **III.** pron. (Plur.) Quelques personnes. *Certains sont venus. Certains ont refusé.* – Lat. pop. *certanus,* de *certus,* «assuré».

certainement [sɛʀtɛnmɑ̃] adv. **1.** D'une manière certaine, indubitable. **2.** *Par ext.* En vérité, assurément. *Il a certainement de vastes connaissances.* **3.** Oui (renforcé). *Viendrez-vous? – Certainement. – Certainement pas :* sûrement pas. – De *certain.*

certes [sɛʀt] adv. **1.** Vieilli Assurément, en vérité. *Oui, certes!* **2.** (En signe d'acquiescement, de concession.) *A-t-il raison? Certes, mais...* – Lat. pop. *certas,* de *certus,* «assuré».

certificat [sɛʀtifika] n. m. **1.** Écrit émanant d'une autorité et qui fait foi d'un fait, d'un droit. *Certificat de bonne conduite. Avoir de bons certificats. Certificat de travail,* remis par l'employeur pour indiquer la nature et la durée du travail du salarié. ▷ FIN *Certificat d'investissement :* titre représentant une action mais ne donnant pas de droit de vote au porteur. **2.** Attestation, diplôme prouvant la réussite à un examen; cet examen lui-même. *Certificat d'aptitude professionnelle, de capacité en droit.* – Bas lat. *certificatum.*

certificateur [sɛʀtifikatœʀ] n. m. DR Personne qui certifie une caution, une promesse, un billet. – De *certifier.*

certification [sɛʀtifikasjɔ̃] n. f. DR Assurance, donnée par écrit, de la régularité d'une pièce, d'un acte, d'une saisie, de l'authenticité d'une signature. – De *certifier.*

certifié, ée [sɛʀtifje] n. (et adj.) Personne titulaire du CAPES*. *Une certifiée d'anglais.* – adj. *Professeurs certifiés et agrégés.* – Pp. de *certifier.*

certifier [sɛʀtifje] v. tr. [2] **1.** Assurer, attester qu'une chose est vraie, certaine. *Je vous certifie que ce renseignement est exact.* **2.** DR Garantir. – Pp. adj. *Chèque certifié.* – Lat. *certificare,* de *certus,* «assuré», et *facere,* «faire».

certitude [sɛʀtityd] n. f. **1.** Qualité de ce qui est certain. *La certitude des lois mathématiques.* **2.** Conviction qu'a l'esprit d'être dans la vérité. *Ses soupçons se changèrent en certitude. Je le sais avec certitude.* **3.** PHILO Adhésion complète de l'esprit. *La question des critères de la certitude rejoint celle de la valeur de la connaissance.* – Du lat. *certitudo,* de *certus,* «assuré».

céruléen, éenne [seʀyleɛ̃, eɛn] adj. Litt. De couleur bleue, azur ou bleu-vert. – Du lat. *cæruleus,* «bleu d'azur».

cérumen [seʀymɛn] n. m. Matière molle, jaunâtre et grasse, secrétée par les glandes sébacées du conduit auditif externe qu'elle lubrifie et protège. *Bouchon de* *cérumen,* obturant le conduit auditif. – Bas lat. *cerumen,* de *cera,* « cire ».

cérumineux, euse [seʀyminø, øz] adj. Relatif au cérumen. – De *cérumen.*

céruse [seʀyz] n. f. CHIM Carbonate basique de plomb $2PbCO_3$, $Pb(OH)_2$, utilisé comme pigment blanc. (L'emploi de ce produit toxique réglementé a été largement abandonné.) Syn. blanc d'argent. – Lat. *cerussa.*

cérusite [seʀyzit] n. f. MINER Carbonate naturel de plomb. – De *céruse,* et *-ite* 3.

cerveau [sɛʀvo] n. m. **1.** ANAT Partie antérieure de l'encéphale. – *Par ext.* Substance nerveuse, en son entier, contenue dans la boîte crânienne. **2.** Facultés mentales, esprit. – Fam. *Avoir le cerveau dérangé* : être fou. **3.** Fam. *Un cerveau* : une personne très intelligente. **4.** Fig. Centre intellectuel; centre de direction. – Du lat. *cerebellum,* « petite cervelle » de *cerebrum,* « cerveau ».
ENCYCL Le cerveau, que divise en deux hémisphères symétriques un sillon antéropostérieur et que de nombreuses scissures répartissent en lobes, est formé de substance blanche et de substance grise. Parmi les diverses cavités liquidiennes qu'il renferme, les plus importantes sont les deux ventricules latéraux. Le cerveau comprend les centres de la mémoire, de la sensibilité, de la motricité, du langage, etc.

cervelas [sɛʀvəlɑ] n. m. Saucisson cuit, gros et court, assaisonné d'ail. – Ital. *cervellato,* « saucisse faite de cervelle de porc ».

cervelet [sɛʀvəlɛ] n. m. ANAT Partie de l'encéphale située au-dessous des hémisphères cérébraux et en arrière du bulbe et de la protubérance, formée de deux hémisphères symétriques et d'une partie médiane, le vermis, qui assure le contrôle de l'équilibre et la coordination des mouvements. – De *cerveau.*

cervelle [sɛʀvɛl] n. f. **1.** Substance nerveuse qui constitue le cerveau. ▷ *Se brûler la cervelle* : se tuer d'un coup d'arme à feu tiré dans la tête. **2.** CUIS Cerveau de certains animaux, destiné à servir de mets. *Cervelle d'agneau revenue dans le beurre.* **3.** Fig. Facultés mentales, esprit. *Cela lui a troublé la cervelle. Avoir une cervelle d'oiseau* : être sot ou distrait. *Se creuser la cervelle* : faire un effort de réflexion, de mémoire, d'imagination. – Fam. *Trotter dans la cervelle* : occuper l'esprit. – Lat. *cerebella.*

cervical, ale, aux [sɛʀvikal, o] adj. ANAT **1.** Du cou. *Vertèbre cervicale.* **2.** Du col utérin. *Cape cervicale* : préservatif féminin. **3.** Du col de la vessie. – Lat. *cervix, cervicis,* « cou, nuque ».

cervicalgie [sɛʀvikalʒi] n. f. MED Douleurs de la région cervicale (cou). – De *cervical,* et *-algie.*

cervicarthrose [sɛʀvikaʀtʀoz] n. f. MED Arthrose de la colonne cervicale. – De *cervical,* et *arthrose.*

cervicite [sɛʀvisit] n. f. MED Inflammation des cols utérin ou vésical. – Du rad. de *cervical,* et *-ite* 1.

cervico-brachial, ale, aux [sɛʀvikobʀakjal, jo] adj. ANAT Qui siège au niveau du plexus brachial. – De *cervical,* et *brachial.*

cervidés [sɛʀvide] n. m. pl. ZOOL Famille de mammifères artiodactyles ruminants, dont le cerf est le type, caractérisés par les bois pleins, caducs, que le mâle porte sur le front (la femelle en porte chez les rennes). *Les chevreuils, les élans, les daims sont des cervidés.* – Sing. *Un cervidé.* – Du lat. *cervus,* « cerf ».

cervier [sɛʀvje] adj. m. V. loup-cervier.

cervoise [sɛʀvwaz] n. f. Bière que les Anciens, les Gaulois en partic., fabriquaient avec de l'orge ou du blé, et qui fut en usage jusqu'au Moyen Âge. – Lat. *cerevisia,* mot gaul.

ces. V. ce.

C.E.S. n. m. Anc. Sigle de *collège d'enseignement secondaire.*

césalpiniacées [sezalpinjase] n. f. pl. BOT Sous-famille de légumineuses comprenant l'arbre de Judée, le canéficier, le campêche, etc. – Sing. *Une césalpiniacée.* – Du n. du bot. ital. Andrea *Cesalpino* (1519-1603).

césar [sezaʀ] n. m. **1.** Empereur romain. **2.** Despote. **3.** Récompense cinématographique décernée chaque année en France. – Lat. *Cæsar,* surnom de *Julius* (Jules César).

césarien, enne [sezaʀjɛ̃, ɛn] adj. **1.** Qui se rapporte à un empereur romain. **2.** Qui se rapporte à un dictateur. – De *César.*

césarienne [sezaʀjɛn] n. f. CHIR Ouverture de la paroi abdominale et de l'utérus pour extraire le fœtus vivant lorsque l'accouchement par voie basse n'est pas possible. – Du lat. *cæsar,* « enfant mis au monde par incision »; de *cædere* « couper ».

césariser [sezaʀize] v. tr. [1] CHIR Pratiquer une césarienne sur (une femme). – De *césarienne.*

césarisme [sezaʀism] n. m. **1.** HIST Gouvernement des césars. **2.** Domination d'un souverain absolu, d'un dictateur. – De *César.*

césine [sezin] n. f. CHIM Hydroxyde de césium CsOH. – De *cés(ium),* et *-ine.*

césium [sezjɔm] n. m. CHIM Élément alcalin de numéro atomique Z = 55 et de masse atomique 132,90 (symbole Cs). – Métal (Cs) de densité 1,90, qui fond à 28,3 °C et bout à 670 °C. *Le césium entre dans la fabrication de cathodes photoémissives et de tubes électroniques.* – Lat. *cæsium,* neutre de *cæsius,* « bleu », à cause de ses raies spectrales.

cessant, ante [sesɑ̃, ɑ̃t] adj. *Toute(s) affaire(s) cessante(s)* : immédiatement. – Ppr. de *cesser.*

cessation [sesasjɔ̃] n. f. Fait de mettre fin à quelque chose. *Cessation des paiements* : état de celui qui cesse de payer ses créanciers. *Cessation des hostilités* : fin officielle de l'état de guerre. – Lat. *cessatio.*

cesse [sɛs] n. f. (En loc. nég. seulement.) **1.** *N'avoir (point, pas) de cesse que...* : ne pas s'arrêter avant que... **2.** *Sans cesse* : continuellement. *Il fait sans cesse des progrès.* – De *cesser.*

cesser [sese] v. [1] **1.** v. intr. Prendre fin. *La pluie a cessé.* ▷ *Faire cesser* : interrompre. *Faire cesser une injustice.* **2.** v. tr. indir. *Cesser de* (+ inf.) : finir de. *Cesser de parler. Il a cessé de vivre* : il est mort. ▷ *Ne pas cesser de* : continuer à. – *Ne cesser de* : continuer, avec régularité et constance, à. *Il ne cesse de répéter la même chose.* **3.** v. tr. dir. Arrêter. *Cesser le combat.* – Lat. *cessare,* « fréquent », de *cedere,* « tarder, se montrer lent, s'interrompre ».

cessez-le-feu [seselfø] n. m. inv. Armistice, suspension des hostilités. *Signature du cessez-le-feu.* – De *cesser,* et *feu.*

cessibilité [sesibilite] n. f. DR Nature d'une chose susceptible d'être cédée. – De *cession.*

cessible [sesibl] adj. DR Qui peut être cédé. – De *cession.*

cession [sesjɔ̃] n. f. DR Action de céder (un droit, un bien, une créance). *Cession de biens,* par un débiteur à ses créanciers. *Cession de bail.* – Lat. *cessio.*

cession-bail [sesjɔ̃baj] n. f. FIN Mode de crédit dans lequel l'emprunteur vend un bien dont il est propriétaire à une société de crédit-bail qui le lui loue avec promesse de vente. *Des cessions-bails.* – De *cession,* et *bail.*

cessionnaire [sesjɔnɛʀ] n. DR Personne qui bénéficie d'une cession. – De *cession.*

c'est-à-dire [setadiʀ] loc. conj. **1.** Précède et annonce une explication (abrév. : c.-à-d.). *Un mille marin, c'est-à-dire 1 852 mètres.* ▷ Annonce une qualification, une comparaison. *Un chien, c'est-à-dire un compagnon.* **2.** *C'est-à-dire que* : par conséquent. *Ma voiture est en panne, c'est-à-dire que j'arriverai en retard.* ▷ Marque une gêne, un désir d'atténuation, une rectification, au début d'une réponse.. *Tu viens au cinéma ? - C'est-à-dire que j'ai du travail.* – Trad. du lat. *id est.*

ceste [sɛst] n. m. Courroie de cuir, garnie de fer ou de plomb, dont se servaient les athlètes de l'Antiquité dans le pugilat. – Lat. *cæstus.*

cestodes [sɛstɔd] n. m. pl. ZOOL Classe de plathelminthes formés de métamères dont tous les représentants (par ex., le ténia) sont des parasites intestinaux de vertébrés. - Sing. *Un cestode.* – Du rad. du lat. *cestus,* du gr. *kestos,* « ceinture ».

césure [sezyʀ] n. f. **1.** Coupe ou repos qui divise le vers après une syllabe accentuée. *Dans un alexandrin classique, la césure est après la sixième syllabe.* **2.** Coupe d'un mot en fin de ligne. – Lat. *cæsura,* « coupure ».

cet, cette. V. ce.

C.E.T. n. m. Anc. Sigle de *collège d'enseignement technique.*

cétacés [setase] n. m. pl. ZOOL Ordre de mammifères marins, comprenant les mysticètes (baleines, etc.) et les odontocètes (dauphins, etc.), de taille importante, adaptés à la vie en pleine eau grâce à leur corps pisciforme, à leurs membres antérieurs transformés en palettes natatoires et à une large nageoire caudale. - Sing. *Un cétacé.* – Lat. zool. *cœtaceus,* class. *cetus;* gr. *kêtos,* « gros poisson de mer ».

cétane [setan] n. m. CHIM Hydrocarbure saturé. – De *cét(ène),* et *-ane.*

céteau ou **séteau** [seto] n. m. Sole (poisson) de petite taille. – P.-ê. de *Sète,* ville de l'Hérault.

cétène [setɛn] n. m. CHIM Nom générique des cétones non saturées possédant le groupement =C=C=O. – Du lat. *cetus,* gr. *kêtos,* « baleine », et *-ène.*

cétoine n. f. ENTOM Coléoptère (divers genres) de 8 à 24 mm aux élytres dorés ou bronzés, vivant, en général, sur les roses. Syn. hanneton des roses. – Lat. zool. *cetonia.*

cétol [setɔl] n. m. CHIM Nom générique des corps qui possèdent à la fois la fonction alcool et la fonction cétone. – De *cét(one),* et *(alco)ol.*

cétone [setɔn] n. f. CHIM Nom générique des composés de formule R–CO–R', R et R' étant deux radicaux hydrocarbonés. (Les cétones ont des propriétés voisines de celles des aldéhydes. Elles sont difficiles à oxyder et se trouvent, dans la nature, dans les essences végétales, le camphre, par ex., auxquelles elles donnent leur parfum.) – Abrév. de *acétone.*

cétonémie [setɔnemi] n. f. MED Concentration de corps cétoniques dans le sang (elle s'élève considérablement dans le coma diabétique). – De *cétone,* et *-émie.*

cétonique [setɔnik] adj. CHIM Qui possède la fonction cétone. – De *cétone.*

cétonurie [setɔnyʀi] n. f. MED Présence de corps cétoniques dans l'urine. – De *cétone,* et *-urie.*

cétose [setoz] n. **1.** n. m. BIOCHIM Sucre simple qui possède une fonction cétone. **2.** n. f. MED État pathologique caractérisé par l'accumulation de corps cétoniques dans l'organisme. – De *cét(one),* et *-ose* 1.

cétostéroïdes [setɔsteʀɔid] n. m. pl. MED Groupe d'hormones dérivées des stérols et caractérisées par la présence en C_{17} d'un radical cétone. (Sécrétées par le testicule et la corticosurrénale, elles possèdent presque toutes une action androgène et agissent sur le métabolisme des protides et des électrolytes. Elles sont éliminées dans les urines, où on peut les doser.) – De *cét(one),* et *stéroïde.*

cetraria [setʀaʀja] n. m. BOT Genre de lichens, dont une espèce, *Cetraria islandica,* est consommée par les Islandais. – Du lat. *cetra,* « bouclier ».

ceux. V. celui.

cévenol, ole [sevnɔl] adj. (et n.) Des Cévennes, massif montagneux du S.-E. de la France.

cf. Abrév. de l'impér. lat. *confer,* « compare », et signifiant : se reporter à.

Cf CHIM Symbole du californium.

C.F.A. n. m. *Franc C.F.A.* : unité monétaire de nombreux pays africains. - Sigle de *Communauté financière africaine.*

C.F.C. n. m. Abrév. de *chlorofluorocarbone.*

cg Symbole du centigramme.

C.G.S. PHYS *Système C.G.S.* : anc. système d'unités fondé sur le centimètre, le gramme et la seconde.

ch Symbole du cheval-vapeur.

chabichou [ʃabiʃu] n. m. Fromage de chèvre du Poitou. – Du limousin *chabrichou,* de *chabro,* « chèvre ».

chabler [ʃable] v. tr. [1] Dial. Gauler. *Chabler les noix.* – Du lat. pop. *catabola,* « machine à lancer des pierres ».

1. chablis [ʃabli] n. m. Dial. Arbre, bois abattu par le vent, ou tombé.– De *chabler.*

2. chablis [ʃabli] n. m. Vin blanc sec de la région de Chablis, en Bourgogne.

chabot [ʃabo] n. m. Poisson téléostéen à grosse tête, qui peut atteindre 30 cm de long. (Les diverses espèces du genre *Cottus* sont marines, à l'exception d'une espèce européenne qui vit dans les eaux courantes très propres.) Syn. cotte. – Anc. provenç. *cabotz,* du lat. pop. *capoceus,* « poisson à grosse tête », de *caput,* « tête ».

chabraque ou **schabraque** [ʃabʀak] n. f. Anc. Peau de chèvre ou de mouton, tissu, dont on recouvrait les chevaux de selle des hussards. – All. *Schabracke,* du turc.

chabrol [ʃabʀɔl] ou **chabrot** [ʃabʀo] n. m. En loc. Rég. *Faire chabrol* : verser du vin dans du bouillon. – Mot occitan, var. de *chevreau; fa chabrou,* « boire dans son assiette », de *beire à chabro,* « boire comme la chèvre ».

chacal, als [ʃakal] n. m. Canidé d'Asie et d'Afrique *(Canis aureus)* de taille moyenne (30 cm au garrot), au pelage brun doré, au museau pointu et à la queue touffue, de mœurs grégaires, se nourrissant surtout des reliefs laissés par les grands fauves et par l'homme. (C'est probablement l'une des souches des chiens.) – Persan *chagal.*

cha-cha-cha [tʃatʃatʃa] n. m. inv. Danse dérivée de la rumba et du mambo, d'origine mexicaine. – Onomat.

chacon(n)e [ʃakɔn] n. f. Danse à trois temps apparue en Espagne à la fin du XVIe s. - Pièce instrumentale, suite de variations sur un thème court répété à la basse (basse continue). – Esp. *chacona.*

chacun, une [ʃakœ̃, yn] pron. indéf. et n. f. **1.** Personne, chose faisant partie d'un ensemble et considérée individuellement. *Chacun d'eux, chacune d'elles. Ils ont chacun sa voiture,* ou *leur voiture. Tout un chacun* : n'importe qui. **2.** *Absol.* Tout le monde. *Chacun a ses défauts.* **3.** n. f., seulement dans l'expression familière *chacun avec sa chacune* : chaque garçon étant accompagné d'une fille. – Du lat. pop. **casquunus,* croisement du lat. *quisque-unus,* et *(unum) cata unum,* « un par un ».

chadburn [ʃadbœʀn] n. m. MAR Appareil pour la transmission des ordres de la passerelle de commandement à la salle des machines. – Mot angl.

chadouf [ʃaduf] n. m. Appareil à bascule, employé surtout en Égypte et en Tunisie, pour puiser l'eau d'irrigation. – Mot ar.

chafi'isme, chafi'ite. V. shafi'isme, shafi'ite.

chafouin, ine [ʃafwɛ̃, in] n. et adj. **1.** n. Vx Personne de mine sournoise. **2.** adj. *Un air chafouin.* – De *chat,* et *foin,* anc. masc. de *fouine.*

1. chagrin, ine [ʃagʀɛ̃, in] adj. Litt. Qui est porté à la tristesse; qui manifeste de la tristesse. *Avoir l'humeur chagrine.* – P.-ê. de *chat,* et de l'anc. v. *grigner,* «montrer les dents».

1. chagrin, ine [ʃagʀɛ̃, in] adj. Litt. Qui est porté à la tristesse; qui manifeste de la tristesse. *Avoir l'humeur chagrine.* – P.-ê. de *chat,* et de l'anc. v. *grigner,* «montrer les dents».

2. chagrin [ʃagʀɛ̃] n. m. **1.** Vx Colère due au dépit. **2.** Peine morale, affliction. *Il a du chagrin.* **3.** Déplaisir, peine, tristesse due à une cause précise. *Chagrin d'amour.* – De *chagrin* 1.

3. chagrin [ʃagʀɛ̃] n. m. **1.** Cuir à surface grenue, préparé à partir de peaux de chèvre ou de mouton, utilisé pour les reliures. **2.** Loc. *Peau de chagrin* : se dit à propos d'une chose qui se réduit, se rétrécit régulièrement, par allus. au roman de Balzac (1831). – Du turc *sâgri.*

1. chagriner [ʃagʀine] v. tr. [1] **1.** Vx Irriter. **2.** Causer du chagrin, de la peine. *Cette séparation les chagrine.* – De *chagrin* 1.

2. chagriner [ʃagʀine] v. tr. [1] Préparer une peau de chèvre ou de mouton, de manière à la rendre grenue, à la convertir en chagrin. – De *chagrin* 3.

chah. V. schah.

chahut [ʃay] n. m. **1.** Vx Danse désordonnée et inconvenante. **2.** Tapage (partic. d'écoliers, de lycéens, pendant un cours). *Mener un chahut.* – De *chat-huant.*

chahuter [ʃayte] v. [1] **I.** v. intr. **1.** Vx Danser le chahut. **2.** Se livrer à des manifestations tapageuses (partic. pendant le cours d'un professeur). **II.** v. tr. **1.** Importuner (qqn, partic. un professeur) par des manifestations tapageuses. **2.** Mettre en désordre (des choses). *Ils ont tout chahuté chez lui.* – De *chat-huant.*

chahuteur, euse [ʃaytœʀ, øz] adj. (et n.) Qui aime chahuter, tapageur. *Une élève chahuteuse.* – De *chahut.*

chai [ʃɛ] n. m. Magasin au niveau du sol, utilisé pour entreposer des fûts de vin, d'eau-de-vie. *Vin élevé dans les chais du propriétaire.* – Forme poitevine de *quai.*

chaille [ʃaj] n. f. PETROG Rognon calcaro-siliceux des terrains jurassiques. – De *chaillou,* var. anc. de *caillou.*

chaînage [ʃɛnaʒ] n. m. **1.** Opération de mesure avec une chaîne d'arpenteur. **2.** Armature destinée à renforcer une maçonnerie. – De *chaîne.*

chaîne [ʃɛn] n. f. **I.** Succession d'anneaux métalliques engagés les uns dans les autres. **1.** Lien. *Galérien rivé à sa chaîne. La chaîne d'une ancre de navire.* **2.** Ornement. *Une chaîne de montre. Chaîne d'huissier. Elle porte une chaîne d'or autour du cou.* **3.** TECH *Chaîne de Vaucanson, de Galle* : chaîne de transmission, sans fin. ▷ *Chaîne de vélo,* qui transmet à la roue le mouvement du pédalier. **4.** (Plur.) Dispositif constitué de chaînes assemblées, fixable aux pneus des voitures pour éviter le dérapage sur le verglas ou la neige. **5.** *Chaîne d'arpenteur,* formée de tringles métalliques ou d'un ruban d'acier très souple, qui sert à mesurer des segments de lignes droites sur le terrain. **II.** Fig. **1.** Litt., vieilli *La chaîne, les chaînes* : la servitude; l'état de forçat, de prisonnier. *Ce peuple a brisé ses chaînes,* s'est libéré. **2.** Plur. Litt. Liens d'affection, d'intérêt, qui unissent des personnes. *Les chaînes de l'amitié, de l'amour.* **3.** Enchaînement, continuité, succession. *La chaîne des événements.* **4.** *Chaîne alimentaire* : succession des espèces végétales et animales qui vivent de la consommation des unes par les autres (végétaux – herbivores – petits carnivores – nécrophages). **III.** Fig. (Choses liées par une fonction ou unies en une structure.) **1.** Ensemble des fils longitudinaux d'un tissu. **2.** *Chaîne de montagnes* : série de montagnes se succédant dans une direction marquée. *La chaîne de la cordillère des Andes. Chaîne hercynienne.* **3.** ARCHI Syn. de *chaînage,* sens 2. *Chaîne d'angle.* **4.** ANAT *Chaîne nerveuse* : suite de ganglions nerveux réunis par des tissus conjonctifs. **5.** CHIM Suite d'atomes formant le squelette de la molécule d'un composé organique. *Chaîne carbonée.* ▷ PHYS *Réaction en chaîne,* qui, une fois amorcée, se poursuit d'elle-même. *La libération de l'énergie nucléaire provient d'une réaction en chaîne.* **6.** *Chaîne haute-fidélité* : ensemble stéréophonique comprenant une platine de lecture de disques, un ou deux amplificateurs, plusieurs haut-parleurs, éventuellement un magnétophone et un tuner, et permettant une bonne restitution des sons. **7.** AUDIOV Groupement de stations de radiodiffusion ou de télévision diffusant simultanément le même programme. *Les chaînes périphériques.* **8.** Ensemble de magasins, d'hôtels, etc. appartenant à une même société. *Chaîne de restaurants.* **9.** INDUSTR Suite de postes de travail où chaque ouvrier effectue toujours les mêmes opérations sur l'objet en cours de fabrication, qui défile devant lui. *Une chaîne de montage d'automobiles. Travail à la chaîne.* – *Par ext.* Travail répétitif, monotone. **10.** FIN *Chaîne de billets* : ensemble des effets de commerce couvrant une créance, payables à diverses échéances. **IV.** Fig. Suite de personnes qui se tiennent par la main, se passent un objet de main en main. *Faire la chaîne avec des seaux pour éteindre un incendie.* – Du lat. *cadena.*

chaîner [ʃɛne] v. tr. [1] **1.** TECH Mesurer à la chaîne d'arpenteur. **2.** ARCHI Établir un chaînage entre (des murailles). – De *chaîne.*

chaînette [ʃɛnɛt] n. f. **1.** Petite chaîne. **2.** COUT *Points de chaînette,* dont la succession imite les maillons d'une chaîne. **3.** MECA Courbe que forme une corde, une chaîne flexible, un fil, d'épaisseur et de densité uniformes, suspendu librement à deux points fixes et abandonné à l'action de la pesanteur. – Dimin. de *chaîne.*

chaîneur [ʃɛnœʀ] n. m. Arpenteur qui mesure des distances à la chaîne. – De *chaîner.*

chaînier [ʃɛnje] ou **chaîniste** [ʃɛnist] n. m. Bijoutier qui fabrique des chaînes. – De *chaîne.*

chaînon [ʃɛnɔ̃] n. m. **1.** Anneau d'une chaîne. **2.** Fig. Élément d'un ensemble. *Chaque être humain est un chaînon de la société.* **3.** Chaîne secondaire formée par un élément montagneux. – De *chaîne.*

chair [ʃɛʀ] n. f. **I. 1.** Chez l'être humain et les animaux, substance fibreuse, irriguée de sang, située entre la peau et les os. *Être bien en chair* : être un peu gros, potelé. – *En chair et en os* : en personne. ▷ *Marchand de chair humaine* : trafiquant d'esclaves. **2.** Peau (chez l'être humain). *La chair douce d'un enfant.* ▷ *Chair de poule* : aspect grenu que prend la peau sous l'effet du froid, de la peur. *Avoir la chair de poule. Donner la chair de poule* : effrayer. **3.** BX-A Carnation des personnages d'un tableau. *Rubens rend bien les chairs.* **4.** (En appos.) *Couleur chair* : couleur blanc rosé. *Un maillot couleur chair.* **5.** Vx Viande. *Vendredi, chair ne mangeras* : tu ne mangeras pas de viande le vendredi, interdiction faite autref. par l'Église cathol. – Loc. fig. *N'être ni chair ni poisson* : être indécis. **6.** Mod. Viande hachée. *Chair à pâté, à saucisses.* **7.** Partie comestible de certains animaux (viande proprement dite exclue), de certains végétaux. *La chair tendre d'une truite, d'une pêche, d'un champignon.*

II. **1.** RELIG *La chair* : le corps humain (par oppos. à *l'âme*). *La résurrection de la chair. La chair est faible.* **2.** LITT *La chair* : les instincts, spécial. l'instinct sexuel. – RELIG *L'œuvre de chair* : les relations sexuelles. *Le péché de la chair* : les relations sexuelles en dehors du mariage. – Lat. *caro*, accus. *carnem*.

chaire [ʃɛʀ] n. f. **1.** Trône d'un évêque dans une cathédrale, du pape à Saint-Pierre de Rome. *Chaire épiscopale, pontificale.* **2.** Dans une église, tribune élevée réservée au prédicateur. *L'origine de la chaire à prêcher remonte au XIV* ^e^ *s. L'éloquence de la chaire.* **3.** Tribune d'un professeur. – *Par ext.* Poste d'un professeur d'université. *Occuper une chaire de droit.* – Du gr. *kathedra*, « siège à dossier », par le lat.

chaise [ʃɛz] n. f. **1.** Siège sans bras, à dossier. *Une chaise de jardin.* ▷ *Chaise longue*, où l'on peut s'allonger, à dossier inclinable. ▷ Anc. *Chaise percée*, munie d'un récipient, pour satisfaire les besoins naturels. ▷ Loc. fig. *Être assis entre deux chaises* : se trouver dans une situation instable, inconfortable. **2.** *Chaise électrique*, sur laquelle on assoit les condamnés à mort pour les électrocuter (dans certains États des É.-U.). **3.** Anc. *Chaise à porteurs* : véhicule à une place, porté par deux hommes. ▷ *Mener une vie de bâton de chaise* : mener une vie agitée (les bâtons servant à porter une chaise n'étant pas fixes). **4.** MAR *Nœud de chaise*, formant une boucle qui ne peut se resserrer. **5.** TECH Support servant de soutien à un appareillage. – Var. de *chaire*.

chaisière [ʃɛzjɛʀ] n. f. Vx Loueuse de chaises dans une église, un jardin public. – De *chaise*.

1. chaland [ʃalɑ̃] n. m. Bateau à fond plat, qui sert à transporter les marchandises sur les fleuves et les canaux. – Du bas gr. *khelandion*.

2. chaland, ande [ʃalɑ̃, ɑ̃d] n. Vx Acheteur, client. *Attirer le chaland.* – De *chaloir*.

chalandise [ʃalɑ̃diz] n. f. COMM *Zone de chalandise* : zone d'attraction commerciale. – De *chaland* 2.

chalaze [ʃalaz] n. f. **1.** BIOL Filaments d'albumine qui, dans le blanc d'œuf, maintiennent le jaune dans une position telle que le germe, l'embryon, se trouve toujours à la partie supérieure. **2.** BOT Point de ramification du faisceau nourricier dans l'ovule des angiospermes. – Gr. *khalaza*, « grêlon ».

chalazion [ʃalazjɔ̃] n. m. MED Petite tumeur des bords libres de la paupière, d'origine inflammatoire, sans connexion avec la peau. – Du gr. *khalaza*, « grêlon ».

chalcédonien, enne [kalsedɔnjɛ̃, ɛn] adj. De Chalcédoine. ▷ RELIG CATHOL Qui se rapporte aux décisions du concile œcuménique de Chalcédoine (451), qui condamna les thèses monophysites. – De *Chalcédoine*, v. byzantine, auj. Kadiköy (Turquie), sur le Bosphore.

chalcididés [kalsidide] n. m. pl. ENTOM Famille d'insectes hyménoptères, aux couleurs métalliques, dont les larves vivent à l'intérieur des œufs d'autres insectes ou dans les chrysalides de lépidoptères. – Sing. *Un chalcididé.* – Du gr. *khalkos*, « cuivre ».

chalcographie [kalkɔgʀafi] n. f. Vx Art de graver sur le cuivre, les métaux. – Mod. Lieu destiné à la conservation des planches gravées. *La chalcographie du Louvre.* – Du gr. *khalkos*, « cuivre », et *graphie*.

chalcolithique [kalkolitik] adj. et n. m. De la période transitoire entre le néolithique et l'âge du bronze, où l'on entreprit de travailler le cuivre, le premier métal connu. – n. m. *Le chalcolithique.* – Du gr. *khalkos*, « cuivre », et *lithique*.

chalcopyrite [kalkopiʀit] n. f. MINER Sulfure naturel double de cuivre et de fer ($CuFeS_2$), d'un beau vert émeraude. – Du gr. *khalkos*, « cuivre », et *pyrite*.

chalcosine [kalkozin] n. f. MINER Sulfure de cuivre Cu_2S, l'un des plus riches minerais de cuivre. – Du gr. *khalkos*, « cuivre », et *-ine*.

chaldéen, éenne [kaldeɛ̃, eɛn] adj. et n. De Chaldée, anc. pays de Mésopotamie. ▷ Subst. *Un(e) Chadéen(ne).*

châle [ʃɑl] n. m. Grande pièce d'étoffe dont les femmes se couvrent les épaules. – De l'hindi *shal*.

chalenge, chalengeur. V. challenge, challenger.

chalet [ʃalɛ] n. m. **1.** Maison de bois des régions montagneuses. *Un chalet savoyard.* ▷ Habitation champêtre dont la forme s'inspire de celle des chalets. **2.** Vieilli *Chalet de nécessité* : petit bâtiment où sont installés des lieux d'aisances pour le public. – Mot de Suisse romande.

chaleur [ʃalœʀ] n. f. **I.** **1.** Cour. Qualité, nature de ce qui est chaud ; sensation produite par ce qui est chaud. *La chaleur d'un radiateur, du soleil.* ▷ Température élevée de l'air, temps chaud. *Vague de chaleur.* – Plur. *Les chaleurs* : la saison où le temps est chaud. **2.** PHYS Forme d'énergie qui se traduit par une augmentation ou une diminution de température, ou par un changement d'état. ▷ *Chaleur massique* : quantité de chaleur nécessaire pour élever de 1°C la température de l'unité de masse d'un corps. ▷ *Chaleur latente* : quantité de chaleur nécessaire pour faire passer l'unité de masse d'un corps de l'état solide (ou liquide) à l'état liquide (ou gazeux). ▷ *Chaleur de combustion* : quantité de chaleur dégagée par la combustion de l'unité de masse d'un corps. **3.** PHYSIOL *Chaleur animale*, produite par le corps des animaux dits à *sang chaud* (homéothermes*) grâce au catabolisme de leurs réserves. **II.** **1.** Sensation de chaud, lors d'un malaise physique. *La chaleur de la fièvre. Coup de chaleur.* **2.** État des femelles de certains animaux quand elles recherchent l'approche du mâle. *Femelle en chaleur.* **3.** Fig. Ardeur, impétuosité, véhémence. *La chaleur de la jeunesse. Il a pris votre défense avec chaleur.* **4.** Fig. Grande cordialité. *Accueillir qqn avec chaleur.* – Lat. *calor*, accus. *calorem*.

chaleureusement [ʃaløʀøzmɑ̃] adv. D'une façon chaleureuse. – De *chaleureux*.

chaleureux, euse [ʃaløʀø, øz] adj. Plein d'ardeur, d'animation, de cordialité. *Un discours chaleureux. Un accueil chaleureux.* – De *chaleur*.

châlit [ʃɑli] n. m. Bois de lit ou cadre métallique supportant le sommier ou le matelas. – Du lat. pop. **catalectus*, de *lectus*, « lit ».

challenge [ʃalɑ̃ʒ] n. m. (Anglicisme) **1.** Épreuve sportive dont le vainqueur garde un prix, un titre, jusqu'à ce qu'un concurrent le lui enlève. **2.** *Par ext.* Défi. Syn. (off. recommandé) chalenge. – Mot angl., « défi ».

challenger [ʃalɑ̃ʒœʀ] n. m. (Anglicisme) **1.** Concurrent participant à un challenge pour tenter de ravir son titre au champion. **2.** *Par ext.* Rival. Syn. (off. recommandé) chalengeur, euse. – Mot angl.

chaloir [ʃalwaʀ] v. impers. défect. Litt. Seulement dans la loc. *peu me chaut, peu m'en chaut* : peu m'importe. – Lat. *calere*, fig., « s'échauffer pour ».

chaloupe [ʃalup] n. f. Grosse embarcation non pontée (auj. à moteur, autref. à voiles, à avirons). *Chaloupe de sauvetage.*

chaloupé, ée [ʃalupe] adj. *Valse chaloupée*, qu'on danse en chaloupant. – *Démarche chaloupée.* – Pp. de *chalouper*.

chalouper [ʃalupe] v. intr. [1] Marcher, danser avec un balancement des hanches et des épaules évoquant le roulis. – De *chaloupe*.

chalumeau [ʃalymo] n. m. **1.** Vieilli Tuyau de roseau, de paille. *Boire avec un chalumeau.* **2.** Vx Flûte champêtre. **3.** Appareil destiné à produire une flamme à haute température à partir de gaz sous pression. *Chalumeau oxhy-*

drique (oxygène et hydrogène), *oxyacétylénique* (oxygène et acétylène), *à hydrogène atomique* (recombinaison d'atomes d'hydrogène dissociés par un arc électrique), *à plasma* (recombinaison d'ions au contact du métal). – Du lat. *calamus*, « roseau ».

chalut [ʃaly] n. m. Filet de pêche en forme de poche traîné sur le fond de la mer ou entre deux eaux, par un ou deux bateaux. – Mot de l'Ouest.

chalutage [ʃalytaʒ] n. m. Pêche au chalut. – De *chalut*.

chaluter [ʃalyte] v. intr. [1] **1.** Pêcher au chalut. **2.** Fig. S'engager dans l'eau ou traîner sur le fond comme un chalut. *Spinnaker qui chalute.* – De *chalut*.

chalutier [ʃalytje] n. m. **1.** Pêcheur au chalut. **2.** Bateau équipé pour la pêche au chalut. – De *chalut*.

chamade [ʃamad] n. f. **1.** Vx Signal de tambours ou de trompettes que donnaient des assiégés pour avertir qu'ils voulaient parlementer. **2.** Mod. *Cœur qui bat la chamade*, dont les battements s'accélèrent sous l'effet de l'émotion. – De l'ital. *chiamare*, « appeler ».

chamærops ou **chamérops** [kameʀɔps] n. m. BOT Palmier nain du sud de la France, qui fournit un crin végétal. – Du gr. *khamai*, « à terre », et *rôps*, « arbrisseau », par le lat.

chamailler (se) [ʃamaje] v. pron. [1] Fam. Se disputer bruyamment pour des vétilles. – P.-ê. de l'a. fr. *mailler*, « frapper ».

chamaillerie [ʃamajʀi] n. f. Fam. Querelle bruyante et sans motif sérieux. – De *chamailler*.

chamailleur, euse [ʃamajœʀ, øz] adj. (et n.) Qui aime se chamailler. – De *chamailler*.

chaman [ʃaman] n. m. Prêtre, sorcier, guérisseur dans le chamanisme. – Mot ouralo-altaïque.

chamanisme [ʃamanism] n. m. Ensemble de pratiques magico-religieuses faisant appel aux esprits de la nature et comportant notam. des techniques de guérison, que l'on observe princ. chez certains peuples de Sibérie, de Mongolie et de l'extrême Nord américain. – De *chaman*.

chamaniste [ʃamanist] adj. (et n.) Qui pratique le chamanisme. – De *chaman*.

chamarré, ée [ʃamaʀe] adj. **1.** Surchargé d'ornements. *Un costume chamarré.* ▷ Fig. *Un style chamarré.* **2.** Bariolé. *Un oiseau au plumage chamarré.* – Pp. de *chamarrer*.

chamarrer [ʃamaʀe] v. tr. [1] **1.** Garnir d'ornements très colorés. **2.** Litt. Parer, orner. – De l'esp. *zamarra*, « vêtement de berger ».

chamarrure [ʃamaʀyʀ] n. f. (Le plus souvent au plur.) Ornement qui sert à colorer. – De *chamarrer*.

chambard [ʃɑ̃baʀ] n. m. Fam. **1.** Bouleversement. **2.** Vacarme accompagné de désordre. *Faire du chambard.* – Déverbal de *chambarder*.

chambardement [ʃɑ̃baʀdəmɑ̃] n. m. Fam. Bouleversement. *Préparer un chambardement général.* – De *chambarder*.

chambarder [ʃɑ̃baʀde] v. tr. [1] Fam. Apporter des modifications profondes à, bouleverser. *Il a chambardé toute sa chambre.* – P.-ê. de *chant*, « face étroite d'un objet », et *barder*, « glisser ».

chambellan [ʃɑ̃bɛllɑ̃] n. m. HIST Officier chargé du service de la chambre d'un souverain. *En France, le titre de Grand Chambellan, apparu au XIII*[e] *s., disparut en 1870.* – Du frq. **kamarling*, rad. lat. *camera*, « chambre ».

chambertin [ʃɑ̃bɛʀtɛ̃] n. m. Vin rouge du vignoble de Gevrey-Chambertin, en Bourgogne.

chambouler [ʃɑ̃bule] v. tr. [1] Fam. Bouleverser. – De *chant*, « face étroite d'un objet » ou de *chambe*, « jambe », et *bouler*, « tomber ».

chambranle [ʃɑ̃bʀɑ̃l] n. m. Encadrement d'une porte, d'une fenêtre, d'une cheminée. – Du lat. *camerare*, « voûter ».

chambre [ʃɑ̃bʀ] n. f. **I. 1.** Pièce où l'on couche. *Chambre d'enfants. Chambre à coucher* (surtout en parlant de mobilier). *Chambre garnie, meublée*, qu'on loue garnie de meubles. ▷ *Garder la chambre* : rester chez soi à cause d'une maladie. ▷ *Valet, femme de chambre* : employés chargés du service de la maison, ainsi que du service particulier de leur employeur. ▷ *Musique de chambre*, écrite pour être jouée par peu de musiciens dans une petite salle. **2.** Loc. *En chambre* : chez soi. *Couturière en chambre*, qui travaille chez elle, à son compte. – Plaisant (En parlant d'une personne dont les aptitudes ne s'exercent pas hors de chez elle, qui prétend à des compétences qu'elle n'a pas.) *Diplomate, sportif en chambre.* **3.** Pièce spécialement aménagée pour un usage précis. *Chambre froide* : local réfrigéré où l'on entrepose des aliments périssables. – *Chambre forte*, blindée, pour entreposer de l'argent, des valeurs, des objets précieux. ▷ MAR *Chambre des cartes* : local, sur la passerelle d'un navire, où se trouvent les cartes nautiques et les instruments de navigation. – *Chambre des machines.* ▷ *Chambre à gaz* : pièce conçue pour l'exécution des condamnés à mort par des gaz toxiques. *Les chambres à gaz des camps de concentration nazis.* **II. 1.** Section d'une cour, d'un tribunal. *Chambre correctionnelle. Chambre d'accusation* : section de la cour d'appel qui intervient comme deuxième degré d'instruction en matière pénale. *Chambre des requêtes.* **2.** Assemblée parlementaire. *La Chambre des députés* : l'Assemblée nationale. *En Grande-Bretagne, le Parlement comprend la Chambre des communes, ou Chambre basse, et la Chambre des lords, ou Chambre haute.* **3.** Assemblée constituée. *Chambre de commerce* : assemblée qui représente les intérêts commerciaux et industriels d'une région auprès des pouvoirs publics. – *Chambre des métiers* : établissement public dont les membres, élus dans les mêmes conditions que les conseillers prud'hommes, sont chargés de représenter les intérêts des artisans auprès des pouvoirs publics. – *Chambre d'agriculture* : établissement public dont les membres représentent les intérêts des agriculteurs et veillent au développement, à l'équipement et à la formation dans les domaines de l'agriculture. **III. 1.** ARTILL Partie du canon d'une arme à feu où est mise la charge explosive. **2.** OPT *Chambre noire* : boîte dont une paroi est percée d'un trou de petit diamètre à l'opposé duquel se forme une image renversée des objets extérieurs. ▷ *Chambre claire* : appareil permettant de superposer deux vues, l'une directe, l'autre réfléchie. **3.** TECH *Chambre de combustion* : cavité d'un moteur dans laquelle un mélange combustible est injecté, et où s'effectue la combustion. **4.** *Chambre à air* : tube en caoutchouc, dans lequel on comprime de l'air et que l'on adapte à la jante des roues, à l'intérieur d'un pneumatique. **5.** ACOUST *Chambre sourde* : local traité de manière à offrir le minimum de réverbération aux ondes sonores. **6.** PHYS NUCL *Chambre d'ionisation* : appareil utilisé pour mesurer l'intensité d'un faisceau de rayons ionisants. – *Chambre à bulles* : enceinte à l'intérieur de laquelle on peut détecter les trajectoires des particules élémentaires. **7.** ANAT *Chambre de l'œil* : partie contenant l'humeur aqueuse, en avant du cristallin, et l'humeur vitrée, en arrière du cristallin. **8.** BOT *Chambre pollinique* : cavité servant à la fécondation des gymnospermes. – Lat. *camera*, « chambre ».

chambrée [ʃɑ̃bʀe] n. f. Ensemble des occupants d'une même chambre, partic. dans une caserne. *Camarade de chambrée.* ▷ Cette pièce elle-même. *Balayer la chambrée.* – De *chambre*.

chambrer [ʃɑ̃bʀe] v. [1] **1.** v. tr. Vx Tenir enfermé. *Chambrer qqn.* ▷ Mod., fam. *Chambrer qqn,* se moquer de lui. **2.** v. intr. (En parlant d'un vin.) Prendre la température de la pièce où il sera bu. *Laisser chambrer du vin.* – v. tr. *Chambrer du vin.* – De *chambre.*

chambrette [ʃɑ̃bʀɛt] n. f. Petite chambre. – Dimin. de *chambre.*

chambrier, ère [ʃɑ̃bʀije, ɛʀ] n. **1.** n. m. HIST Officier de la chambre du roi. **2.** n. f. Vx Femme de chambre. – De *chambre.*

chambrière [ʃɑ̃bʀijɛʀ] n. f. **1.** Béquille d'une charrette. **2.** Fouet léger à long manche. – De *chambre.*

chame [ʃam] n. m. Petit mollusque lamellibranche qui vit fixé sur les fonds rocheux avec lesquels il se confond grâce à la forme tourmentée de sa coquille. – Lat. *chama,* du gr.

chameau, eaux [ʃamo] n. m. (et adj.) **1.** Mammifère ruminant (fam. camélidés) à une ou deux bosses dorsales graisseuses qui constituent des réserves énergétiques. (*Camelus ferus,* le chameau à deux bosses, est typiquement asiatique. *Camelus dromedarius.* V. dromadaire.) *Chameau qui blatère,* qui pousse son cri, *qui baraque,* qui se couche sur le ventre en fléchissant les membres antérieurs. **2.** Fig., fam. Personne méchante, d'humeur désagréable. ▷ adj. (inv. en genre) *Ce qu'elle est chameau!* – Lat. *camelus,* gr. *kamêlos.*

chamelier [ʃaməlje] n. m. Celui qui est chargé de conduire et de soigner les chameaux. – De *chameau.*

chamelle [ʃamɛl] n. f. Femelle du chameau. – De *chameau.*

chamérops. V. chamærops.

chamito-sémitique [ʃamitosemitik] adj. LING *Famille chamito-sémitique* : famille de langues comprenant l'hébreu, l'arabe, le berbère, l'anc. égyptien, l'amharique et le groupe couchitique. *Les langues chamito-sémitiques.* – De *chamitique,* «du pays de Cham», et *sémitique.*

chamois [ʃamwa] n. m. (et adj. inv.) **I. 1.** Mammifère ruminant des montagnes d'Europe (*Rupicapra,* fam. bovidés, sous-fam. caprinés), à cornes recourbées en crochet vers l'arrière, à robe gris-beige (en été) ou noire (en hiver), blanche sur le front et la gorge. *Le chamois, haut de 0,70 m au garrot, vit dans les Alpes et dans les Pyrénées (où on le nomme* isard*) entre 2 000 et 3 000 m d'altitude.* **2.** Peau préparée du chamois. ▷ *Peau de chamois* : cuir de chamois, ou peau de mouton traitée par chamoisage. **3.** adj. inv. *Étoffe chamois,* d'un jaune clair légèrement ocré. **II.** Épreuve, test de niveau à ski (slalom spécial). *Chamois d'or, d'argent, de bronze.* – Bas lat. *camox,* mot prélatin.

chamoisage [ʃamwazaʒ] n. m. Traitement de certaines peaux qui donne un cuir lavable, souple et velouté comme le cuir de chamois. – De *chamoiser.*

chamoiser [ʃamwaze] v. tr. [1] Préparer (une peau) par chamoisage. *Cuir chamoisé.* – De *chamois.*

chamotte [ʃamɔt] n. f. TECH Argile cuite utilisée comme dégraissant en céramique et comme joint des matériaux réfractaires. – All. *Schamotte.*

champ [ʃɑ̃] n. m. **I. 1.** Étendue, pièce de terre cultivable. *Labourer un champ. Un champ de maïs.* **2.** (Plur.) Campagne, terres cultivées. *Les fleurs des champs.* – *À travers champs* : sans prendre les chemins. – *Prendre la clef des champs* : s'enfuir. **3.** Terrain. *Champ de bataille. Tomber au champ d'honneur* : être tué à la guerre. *Champ de manœuvres. Champ de foire, de courses.* **4.** Lice où avaient lieu les duels judiciaires, les tournois. – Loc. fig. *Laisser le champ libre* : se retirer d'un lieu; laisser quelqu'un libre d'agir à sa guise. **5.** HERALD Fond de l'écu. **II.** Fig. **1.** Domaine. *Un vaste champ d'action. Le champ d'une science. Champ d'application de l'impôt.* – *Donner libre champ à son imagination, à sa colère,* les laisser se manifester librement, sans restriction. **2.** Loc. adv. *Sur-le-champ* : sur l'heure même, sans délai. *À tout bout de champ* : à chaque instant, à tout propos. **III. 1.** OPT *Champ d'un instrument d'optique* : portion de l'espace vue à travers l'instrument. – CINE *Ce figurant n'est plus dans le champ.* ▷ *Champ visuel* : toute l'étendue embrassée par l'œil immobile. **2.** CHIR *Champ opératoire* : zone cutanée intéressée par l'incision opératoire; *par ext.* chacun des linges qui délimitent cette zone. **3.** PHYS Portion de l'espace où s'exerce une action, où se manifeste un phénomène. *Champ de forces, champ acoustique.* **4.** INFORM Rubrique. **5.** MATH *Champ de vecteurs* : ensemble de vecteurs dont les composantes sont des fonctions des coordonnées des points auxquels ces vecteurs sont associés. – Lat. *campus,* «plaine, terrain cultivé».

1. champagne [ʃɑ̃paɲ] n. f. **1.** GEOL Plaine calcaire, nue et sèche, ou terre dont la couche végétale repose sur un tuf crayeux. **2.** HERALD Pièce qui occupe le tiers inférieur de l'écu. – Du lat. pop. **campania,* «plaine».

2. champagne [ʃɑ̃paɲ] n. m. Vin blanc (quelquefois rosé) effervescent, élaboré à partir de raisin produit dans la zone d'appellation champagne, en Champagne. – De *(vin de) Champagne.*

champagnisation [ʃɑ̃paɲizasjɔ̃] n. f. Procédé de préparation du champagne. – De *champagniser.*

champagniser [ʃɑ̃paɲize] v. tr. [1] **1.** TECH Induire, par adjonction de sucre de canne et de levures sélectionnées, la seconde fermentation, en bouteille, d'un vin blanc d'appellation champagne. **2.** Cour. Rendre (un vin) mousseux. – Pp. *Les vins champagnisés de Californie n'ont pas droit à l'appellation de «champagne».* – De *champagne* 2.

champart [ʃɑ̃paʀ] n. m. **1.** DR FEOD Droit des possesseurs de fiefs de lever une certaine quantité de gerbes sur les terres de leurs tenanciers. **2.** Vx Mélange de froment, d'orge et de seigle, semés et récoltés ensemble, que l'on donne aux bestiaux. – De *champ,* et *part.*

champenois, oise [ʃɑ̃pənwa, waz] adj. et n. De la Champagne, anc. prov. française. ▷ Subst. *Un(e) Champenois(e).* ▷ n. f. Bouteille épaisse, propre à contenir du champagne, du vin mousseux.

champêtre [ʃɑ̃pɛtʀ] adj. **1.** Litt. Qui appartient aux champs. *Divinités champêtres,* qui présidaient aux travaux de la terre. **2.** Propre à la campagne. *Plaisirs champêtres.* – *Garde champêtre* : agent chargé de la police dans une commune rurale. – Lat. *campestris.*

champi [ʃɑ̃pi] ou **champis, is(s)e** [ʃɑ̃pi, is] n. et adj. Vx Enfant trouvé dans les champs. *François le Champi,* roman de George Sand (1849). – De *champ.*

champignon [ʃɑ̃piɲɔ̃] n. m. **1.** Cour. Végétal sans chlorophylle, au pied généralement surmonté d'un chapeau, qui pousse dans les lieux humides. *Ramasser des champignons. Champignon de couche* : agaric (*Agaricus bisporus*), cultivé dans une champignonnière. *Champignon noir* : V. oreille (oreille-de-Judas).– Loc. fig. *Pousser comme un champignon* : grandir très rapidement. (En appos.) *Ville champignon.* ▷ BOT Végétal dont le corps est un thalle, sans chlorophylle. **2.** Ce qui rappelle la forme du champignon. *Poser son chapeau sur un champignon,* sur une patère. – Fam. Pédale de l'accélérateur d'une automobile. *Appuyer sur le champignon.* – *Champignon atomique* : nuage lumineux qui accompagne une explosion nucléaire. – De l'a. fr. *champegnuel,* du lat. pop. *(fungus)* **campaniolus,* «champignon des champs».
ENCYCL Les champignons, ou mycètes, vaste classe du règne végétal, sont, comme les algues, constitués par un thalle, forme rudimentaire dépourvue de chlorophylle. Étant incapables d'assimiler les aliments minéraux, ils sont tous saprophytes (ou parasites). Les champignons

sont classés d'après leurs modes de reproduction, extrêmement complexes. Les *champignons supérieurs* ne possèdent jamais de cellules flagellées. Les *champignons inférieurs* présentent des affinités avec le règne animal. L'association d'une algue et d'un champignon donne un lichen. Tous les milieux contenant des matières organiques ont été conquis par les champignons, dont l'appareil végétatif varie de quelques cellules isolées (levures) au carpophore des basidiomycètes, en passant par le mycélium des moisissures. Le parasitisme est très développé dans certains groupes (phycomycètes), agents des *mycoses* animales et humaines, et des *maladies fongiques*, ou *cryptogamiques*, des végétaux. Les espèces comestibles sont toutes des champignons supérieurs; quelques zygomycètes sont cultivés pour leurs sécrétions d'antibiotiques.

champignonnière [ʃɑ̃piɲɔnjɛʀ] n. f. Lieu, le plus souvent souterrain (cave, carrière), où l'on cultive les champignons de couche. – *Par ext.* Couche de terreau ou de fumier préparée pour cette culture. – De *champignon*.

champion, onne [ʃɑ̃pjɔ̃, ɔn] n. **1.** n. m. Anc. Celui qui combattait en champ clos pour défendre une cause. **2.** Défenseur d'une cause. *Se poser en champion des droits de l'Homme.* **3.** Vainqueur d'une compétition sportive. *Un champion du monde d'escrime.* – En appos. *Une équipe championne du monde.* – *Par ext.* Sportif de grande valeur. *Une championne de gymnastique.* **4.** Fig., fam. Personne exceptionnelle. *C'est un vrai champion!* ▷ adj. inv. *À la pétanque, elle est champion!* – Bas lat. **campio*, ou germ. **kampjo;* du lat. class. *campus*, «champ de bataille».

championnat [ʃɑ̃pjɔna] n. m. Épreuve sportive organisée pour décerner un titre au meilleur dans une spécialité. *Le championnat du monde de boxe.* – De *champion*.

champis, isse. V. champi.

champlever [ʃɑ̃l(ə)ve] v. tr. [**16**] Pratiquer des alvéoles dans une plaque de métal pour y dessiner des figures ou y incruster des émaux. *Émail champlevé.* – De *champ*, et *lever*.

chamsin. V. khamsin.

chan ou **tch'an** [tʃan] n. m. RELIG Secte bouddhique dont la doctrine fut introduite en Chine au VIe s. par Bodhidharma, moine indien de l'école contemporaine du *dhyana*, état caractérisé par un effort pour obtenir une concentration qui mène à la connaissance de l'absolu. – Doctrine de cette secte. *Le chan pénétra à la fin du XIIe s. au Japon, où il se répandit sous le nom de zen.* – Mot chinois, du sanscr. *dhyana*, «méditation».

chançard, arde [ʃɑ̃saʀ, aʀd] adj. et n. Fam. Personne qui est favorisée par la chance. Syn. chanceux, sens 2. – De *chance*.

chance [ʃɑ̃s] n. f. **1.** Éventualité heureuse ou malheureuse. *Courir une chance. Souhaiter bonne chance.* **2.** (Plur.) Probabilités, possibilités. *Il y a peu de chances pour qu'il accepte. Calculer ses chances de succès.* **3.** Hasard heureux. *Quelle chance!* – Du lat. pop. *cadentia*, de *cadere*, «tomber»; par l'a. fr. *chéance*, «manière dont tombent les dés».

chancelant, ante [ʃɑ̃slɑ̃, ɑ̃t] adj. **1.** Qui chancelle, vacille. *Une passerelle chancelante.* **2.** Fig. Faible, ébranlé. *Santé chancelante. Courage chancelant.* – Ppr. de *chanceler*.

chanceler [ʃɑ̃sle] v. intr. [**19**] **1.** Être peu ferme sur ses pieds, sur sa base; osciller, perdre l'équilibre. *Chanceler comme un homme ivre.* **2.** Fig. Être menacé de chute, de ruine. *Un régime qui chancelle.* **3.** Fig. Hésiter. *Chanceler dans sa foi.* – Du lat. *cancellare*, «clore d'un treillis», par une évolution de sens obscure.

chancelier [ʃɑ̃səlje] n. m. **1.** HIST *Chancelier de France :* grand officier de la Couronne à qui était confiée la garde des sceaux. **2.** Titre de plusieurs grands dignitaires et de certains fonctionnaires dépositaires de sceaux. *Le grand chancelier de l'ordre de la Légion d'honneur. Un chancelier d'ambassade.* ▷ Premier ministre, en Allemagne et en Autriche. ▷ *Le chancelier de l'Échiquier :* le ministre des Finances, en G.-B. – Du lat. *cancellarius*, «huissier de l'empereur».

chancelière [ʃɑ̃səljɛʀ] n. f. **1.** Anc. Petit sac garni intérieurement de fourrure pour tenir les pieds au chaud. **2.** Épouse d'un chancelier. – De *chancelier*.

chancellerie [ʃɑ̃sɛlʀi] n. f. **1.** Bureaux, services d'un chancelier. *La grande chancellerie royale scellait les édits du grand sceau.* **2.** Administration centrale du ministère de la Justice. **3.** Services d'une ambassade. *Des intrigues de chancellerie.* **4.** *Grande chancellerie*, chargée de l'administration de l'ordre de la Légion d'honneur. **5.** *Chancellerie apostolique*, qui expédie les documents pontificaux solennels. – De *chancelier*.

chanceux, euse [ʃɑ̃sø, øz] adj. **1.** Vx Dont le résultat est incertain. **2.** Que la chance favorise. – De *chance*.

chanci [ʃɑ̃si] n. m. Fumier affecté par des moisissures. – De *chancir*.

chancir [ʃɑ̃siʀ] v. intr. et pron. [3] Moisir. – De l'a. fr. *chanir*, «blanchir», altéré d'après *rançir*, du lat. *canus*, «blanc».

chancre [ʃɑ̃kʀ] n. m. **1.** Ulcération qui marque le début de certaines infections (maladies vénériennes, maladies infectieuses). *Chancre syphilitique, lépreux. Chancre mou :* chancrelle. **2.** ARBOR Maladie des arbres, provoquée par un champignon, qui détruit l'écorce et réduit le bois en pourriture. Syn. ulcère. **3.** Fig. Ce qui dévore, détruit, dévaste. *La corruption est un chancre qui ruine toute société.* – Par ext., fig., pop. *Manger comme un chancre :* dévorer. – Lat. *cancer*, «ulcère».

chancrelle [ʃɑ̃kʀɛl] n. f. MED Lésion locale due au bacille de Ducrey, à bords taillés à pic, à fond suppurant, s'accompagnant d'une adénopathie inflammatoire. Syn. Chancre mou. – De *chancre*.

chandail [ʃɑ̃daj] n. m. Gros tricot de laine. – Aphérèse de *marchand d'ail*, ce tricot ayant d'abord été porté par les vendeurs des Halles.

Chandeleur [ʃɑ̃dlœʀ] n. f. RELIG CATHOL Fête de la présentation de Jésus au Temple et de la purification de la Vierge, célébrée le 2 février. – Du lat. pop. *(festa)* **candelorum*, «(fête) des chandelles».

chandelier [ʃɑ̃dəlje] n. m. **1.** Support pour une bougie, un cierge, une chandelle. *Chandelier en argent, en cristal. Chandelier à sept branches :* chandelier traditionnel du culte juif. **2.** MAR Support de rambarde. – De *chandelle*.

chandelle [ʃɑ̃dɛl] n. f. **1.** Anc. Petit cylindre de suif muni d'une mèche, qui servait à l'éclairage. ▷ Mod. Bougie. *Un dîner aux chandelles.* **2.** Loc. fig. *Devoir une fière chandelle à qqn*, lui être redevable d'un grand service (par allus. au cierge que l'on fait brûler à l'église en signe de reconnaissance). – *Des économies de bouts de chandelles*, mesquines et inefficaces. – *Brûler la chandelle par les deux bouts :* faire des dépenses exagérées; abuser de sa santé. – *Le jeu n'en vaut pas la chandelle :* le but ne justifie pas la peine, le risque. – *Voir trente-six chandelles :* éprouver un éblouissement, par l'effet d'un coup, d'une chute. – Fam. *Tenir la chandelle :* favoriser, en tiers complaisant, une intrigue galante. **3.** CONSTR Étai vertical. **4.** AVIAT *Monter en chandelle*, presque verticalement. **5.** SPORT *Faire une chandelle :* envoyer la balle à la verticale. – Lat. *candela*.

1. chanfrein [ʃɑ̃fʀɛ̃] n. m. Partie de la tête du cheval et de certains mammifères comprise entre les sourcils et le naseau.

2. chanfrein [ʃɑ̃fʀɛ̃] n. m. TECH Surface obtenue en abattant l'arête d'une pièce. – De l'anc. v. *chanfreindre*, « tailler en biseau », de *fraindre* (« briser, abattre »), et de *chant* 2.

chanfreiner [ʃɑ̃fʀene] v. tr. [1] TECH Abattre une arête (d'une pièce) pour former un chanfrein. – De *chanfrein* 2.

change [ʃɑ̃ʒ] n. m. **1.** Action de changer, d'échanger; troc. *Perdre au change.* **2.** Conversion d'une monnaie, d'une valeur en une autre. *Marché des changes. Cours du change* : rapport des valeurs de monnaies différentes. *Contrôle des changes*, par lequel l'État équilibre offre et demande de devises. – FIN *Risque de change*, encouru par les entreprises importatrices et exportatrices du fait des fluctuations du cours du change. *Couverture de change* : protection contre le risque de change par des opérations d'achat ou de vente de devises. ▷ Par ext. *Change* : cours du change. ▷ *Agent de change.* V. agent 2. ▷ *Lettre de change* : écrit par lequel un souscripteur (le *tireur*) enjoint à une autre personne (le *tiré*), dont il est créancier, de payer à une époque précise une somme qui lui est due, à l'ordre de telle personne dénommée (le *bénéficiaire*). **3.** VEN *La bête donne le change*, fait lever une autre bête dont les chiens suivent la voie. *Chiens qui prennent le change.* – Fig. *Donner le change à qqn*, le tromper en lui faisant prendre une chose pour une autre. *Prendre le change* : se laisser abuser. – Déverbal de *changer*.

changeant, ante [ʃɑ̃ʒɑ̃, ɑ̃t] adj. **1.** Variable, inconstant, qui change facilement. *Son humeur est changeante.* **2.** Chatoyant. *Une étoffe aux reflets changeants.* – Ppr. de *changer*.

changement [ʃɑ̃ʒmɑ̃] n. m. **I. 1.** Fait de changer, de passer d'un état à un autre. Syn. modification, mutation, transformation, variation. Ant. invariabilité, stabilité. ▷ Transformation de ce qui change ou est changé. *Un changement radical. Aimer le changement.* **2.** THEAT *Changement à vue* : changement de décor opéré sans que le rideau soit baissé; fig. changement brusque. **II. 1.** MATH *Changement d'axes* : passage d'un système de coordonnées à un autre. **2.** PHYS *Changement d'état* : passage d'un corps d'un état physique à un autre. *La fusion et la solidification sont des changements d'état.* – De *changer*.

changer [ʃɑ̃ʒe] v. [13] **I.** v. tr. **1.** Céder en échange (une chose pour une autre). – *Spécial.* Convertir. *Changer des francs en dollars. Changer des francs pour des livres sterling.* **2.** Renouveler, remplacer (qqch, qqn). *Changer la décoration d'une pièce.* ▷ *Changer un bébé*, changer ses couches. **3.** Rendre différent. *Changer ses plans. Changer le sens d'un discours. Son mariage l'a changé.* – Fam. *Changer les idées* : distraire. *Allons au cinéma, cela nous changera les idées.* **4.** *Changer (qqch) en...* : transformer en... *Son attitude a changé mes soupçons en certitude.* **II.** v. tr. indir. *Changer de.* **1.** Quitter un lieu pour un autre. *Changer de place. Changer d'air* : partir. **2.** Quitter une (des) chose(s) pour une (d')autre(s). *Changer de chaussures. Il change d'avis très souvent.* **3.** Quitter une (des) personne(s) pour une (d')autre(s). *Changer de partenaire.* **III.** v. intr. Évoluer, se modifier. *Le temps est en train de changer. Il vieillit sans changer.* – Par antiphrase. Iron. *Pour changer* : comme toujours. **IV.** v. pron. **1.** Se transformer. *La chenille se change en papillon.* **2.** Changer de vêtements. *Change-toi pour sortir.* – Du bas lat. *cambiare*.

changeur [ʃɑ̃ʒœʀ] n. m. **1.** Personne dont le métier est d'effectuer des opérations de change. **2.** Appareil qui, contre des pièces de monnaie, des billets de banque, fournit la même somme en pièces de valeur inférieure. **3.** TECH Dispositif de changement. *Changeur automatique.* – De *changer*.

chanlatte [ʃɑ̃lat] n. f. Chevron refendu, que l'on pose sur l'extrémité des chevrons d'une couverture, dans le sens des lattes. – De *chant* 2, et *latte*.

chanoine [ʃanwan] n. m. **1.** Dignitaire ecclésiastique faisant partie d'un chapitre. **2.** Religieux, dans certaines congrégations. – Fig., fam. *Avoir une mine de chanoine*, prospère et épanouie. – Du lat. *canonicus*, « clerc ».

chanoinesse [ʃanwanɛs] n. f. **1.** Anc. Religieuse qui possédait une prébende dans un chapitre de femmes. **2.** Religieuse, dans certaines congrégations. – De *chanoine*.

chanson [ʃɑ̃sɔ̃] n. f. **1.** Petite composition chantée; texte mis en musique, divisé en strophes ou couplets, avec ou sans refrain. *Les paroles d'une chanson. Chanson à boire, chanson d'amour, chanson de corps de garde.* – Loc. fig. *L'air ne fait pas la chanson* : les apparences sont souvent trompeuses. *En France, tout finit par des chansons*, allusion à la légèreté prêtée aux Français (par Brid'oison dans *le Mariage de Figaro*, de Beaumarchais). ▷ Musique (d'une chanson). *Siffler une chanson.* ▷ Texte (d'une chanson). *Il écrit des chansons.* **2.** *Par ext.* Chant. *La chanson du rossignol.* – Bruit plaisant, murmure. *La chanson du ruisseau.* **3.** Fig., fam. Propos futiles, sornettes. *Chansons que tout cela! Chanter toujours la même chanson* : radoter. *Vous connaissez la chanson* : inutile de vous préciser ces propos. **4.** LITTER Au Moyen Âge : poème épique divisé en laisses. *La Chanson de Roland.* – *Chanson de geste* : V. geste 2. – Du lat. *cantio*.

chansonner [ʃɑ̃sɔne] v. tr. [1] Vx Se moquer de (qqch, qqn) par une chanson satirique. – De *chanson*.

chansonnette [ʃɑ̃sɔnɛt] n. f. Petite chanson légère ou frivole. – Dimin. de *chanson*.

chansonnier, ère [ʃɑ̃sɔnje, ɛʀ] n. **1.** n. m. LITTER Recueil de chansons. **2.** Vieilli Auteur, compositeur de chansons. **3.** Mod. Auteur, compositeur, interprète de sketches ou de chansons satiriques d'actualité. – De *chanson*.

1. chant [ʃɑ̃] n. m. **1.** Succession de sons musicaux produits par l'appareil vocal; musique vocale. *Un chant harmonieux. Apprendre le chant avec un professeur.* ▷ *Chant grégorien*. Chant choral. Chant des partisans* : V. Druon. **2.** Composition musicale destinée à être chantée. *Chants profanes, chants sacrés.* ▷ Partie mélodique d'une composition vocale ou instrumentale. *Le chant et le contre-chant*.* **3.** *Par anal.* Ramage des oiseaux. *Le chant du rossignol.* ▷ Par ext. *Le chant des cigales.* **4.** Poésie destinée à être chantée. *Chant nuptial, funèbre.* – *Chant royal* : poème allégorique imaginé sous Charles V, qui avait cinq stances et un envoi, tous terminés par un refrain identique. **5.** Chacune des divisions d'un poème épique ou didactique. *Épopée en douze chants.* **6.** Plur. POET *Les chants* : la poésie, les poèmes. *« Les Chants du crépuscule », recueil de poèmes de Victor Hugo.* – Lat. *cantus*.

2. chant [ʃɑ̃] n. m. TECH Partie la plus étroite d'une pièce, par oppos. aux parties plus longues ou plus larges. *Poser des briques sur chant*, horizontalement, sur la face la plus étroite. – Du lat. *canthus*, « bande de roue ».

chantage [ʃɑ̃taʒ] n. m. **1.** Manière d'extorquer de l'argent à qqn en le menaçant de représailles, de révélations scandaleuses. *Être victime d'un chantage. Le chantage est un délit puni par la loi.* **2.** *Par ext.* Pression morale exercée sur qqn. *Elle lui fait du chantage au suicide.* – De *chanter*.

chantant, ante [ʃɑ̃tɑ̃, ɑ̃t] adj. **1.** Qui chante. **2.** Qui se chante aisément. **3.** Mélodieux. *Parler avec des intonations chantantes.* **4.** Vx *Café chantant* : café-concert. – Ppr. de *chanter*.

chanteau [ʃɑ̃to] n. m. **1.** Vx ou rég. Morceau coupé dans un grand pain ou dans une pièce d'étoffe. **2.** Petite douve du fond des tonneaux. **3.** Pièce qui augmente la largeur de la table d'un violon, d'un violoncelle. – De *chant* 2.

chantefable [ʃɑ̃t(ə)fabl] n. f. LITTER Récit médiéval comportant des parties récitées (fable), d'autres chantées. – De *chanter,* et *fable.*

chantepleure [ʃɑ̃tplœʀ] n. f. **1.** Entonnoir à long tuyau percé de trous à l'extrémité inférieure, pour faire couler un liquide sans le troubler. **2.** Robinet de tonneau. **3.** Ouverture pratiquée dans un mur pour l'écoulement des eaux. – De *chanter,* et *pleurer,* à cause du bruit du liquide qui s'écoule.

chanter [ʃɑ̃te] v. [1] **I.** v. intr. **1.** Former avec la voix une suite de sons musicaux. *Chanter juste, faux. Chanter en chœur.* **2.** Produire des sons harmonieux (en parlant des oiseaux, de certains insectes, etc.). *Le rossignol chante.* – Par anal. *L'eau chante dans la bouilloire.* **3.** Loc. *C'est comme si vous chantiez* : cela ne sert à rien. – *Faire chanter qqn,* exercer sur lui un chantage. – *Si cela vous chante* : si vous en avez envie. **II.** v. tr. **1.** Exécuter une partie ou un morceau de musique vocale. *Chanter des chansons.* – Fig., fam. *Chanter toujours le même refrain* : répéter toujours la même chose. – *Que me chantez-vous là ?* : que me dites-vous ? – Vx *Chanter pouilles à qqn,* l'injurier. **2.** Poét. Célébrer, vanter, raconter. *Virgile a chanté les origines de Rome.* – Fam. *Chanter victoire* : se glorifier d'un succès. – *Chanter les louanges de qqn,* faire son éloge. – Lat. *cantare,* forme fréquent. de *canere.*

1. chanterelle [ʃɑ̃tʀɛl] n. f. **1.** Corde d'un instrument qui a le son le plus aigu. – Loc. fig. *Appuyer sur la chanterelle* : insister sur qqch pour en souligner l'importance. **2.** Appeau. – De *chanter.*

2. chanterelle [ʃɑ̃tʀɛl] n. f. Champignon basidiomycète (genre *Cantharellus*) comestible dont le chapeau est évasé en forme de pavillon de trompette. (*Cantharellus cibarius* est la girolle ; *Cantharellus cornucopioides,* la trompette de la mort.) – Lat. *cantharella,* du gr. *kantharos,* « coupe ».

chanteur, euse [ʃɑ̃tœʀ, øz] n. et adj. **1.** n. Personne qui chante ; personne qui fait métier de chanter. *Une chanteuse légère, réaliste, d'opéra. Un chanteur de charme,* spécialisé dans les chansons sentimentales. **2.** adj. Se dit des oiseaux dont le chant est agréable. **3.** n. m. (En appos.) *Maître chanteur* : celui qui pratique le chantage. – Lat. *cantor.*

chantier [ʃɑ̃tje] n. m. **1.** TECH Pièce de bois, de pierre, etc., servant de support. – *Spécial.* Chacune des pièces de bois qui supportent un tonneau. **2.** Lieu où l'on entrepose des matériaux de construction, du bois de chauffage, etc. **3.** Lieu où s'effectue la construction (ou la démolition) d'un ouvrage, d'un bâtiment. *Chantier d'un immeuble en construction. Chantier interdit au public.* – *Chantier naval,* où sont construits des navires. – MINES Lieu d'abattage du minerai. ▷ Fig. *Mettre un ouvrage en chantier, sur le chantier,* le commencer. **4.** Fig., fam. Lieu où règne le désordre ; désordre. *Quel chantier !* – Du lat. *canterius,* « mauvais cheval ».

chantignole [ʃɑ̃tiɲɔl] n. f. **1.** Pièce de bois soutenant les pannes d'une charpente. **2.** Brique plate entrant dans la construction des cheminées. – De *chant* 2.

chantilly [ʃatiji] n. **1.** n. m. Dentelle à mailles hexagonales. **2.** n. f. Crème fouettée sucrée. – (En appos.) *Crème Chantilly.* – Du n. de la ville, en Ile-de-France.

chantonnement [ʃɑ̃tɔnmɑ̃] n. m. Action de chantonner. – De *chantonner.*

chantonner [ʃɑ̃tɔne] v. intr. [1] Chanter à mi-voix. ▷ v. tr. *Chantonner un air.* – De *chanter.*

chantoung. V. shantung.

chantournement [ʃɑ̃tuʀnəmɑ̃] n. m. Action de chantourner ; son résultat. – De *chantourner.*

chantourner [ʃɑ̃tuʀne] v. tr. [1] TECH Découper, évider (une pièce) selon un profil déterminé. – De *chant* 2, et *tourner.*

chantre [ʃɑ̃tʀ] n. m. **1.** Celui dont la fonction est de chanter aux offices, dans une église. **2.** Fig., litt. Celui qui célèbre, qui se fait le laudateur de. *Ce poète s'est fait le chantre des exclus.* **3.** Fig., poét. Poète. *Le chantre d'Énée* : Virgile. – Du lat. *cantor.*

chanvre [ʃɑ̃vʀ] n. m. **1.** Plante annuelle à feuilles composées palmées (genre *Cannabis sativa,* fam. cannabinacées), dont une variété est cultivée pour les fibres textiles qu'on extrait de sa tige et pour ses graines (chènevis) avec lesquelles on nourrit les oiseaux. ▷ *Chanvre indien (Cannabis sativa,* var. *indica),* dont on tire le haschisch. **2.** Textile fabriqué à partir des fibres du chanvre. ▷ Fig., fam., vieilli *Cravate de chanvre* : corde servant à la pendaison. – Du provenç. *canebe,* lat. pop. **canapus,* lat. *cannabis.*

chanvrier, ère [ʃɑ̃vʀije, ɛʀ] n. et adj. **1.** n. Personne qui cultive ou vend le chanvre. **2.** adj. Du chanvre, relatif au chanvre. *Les cultures chanvrières.* – De *chanvre.*

chaos [kao] n. m. **1.** RELIG *Le Chaos* : la confusion, le néant précédant la création du monde. **2.** GEOL Amoncellement désordonné de blocs rocheux que l'érosion a isolés de terrains hétérogènes. **3.** Fig. Désordre, confusion extrême. *Le chaos de la guerre civile.* – Mot lat. ; gr. *khaos.*

chaotique [kaotik] adj. Qui donne une impression de chaos, qui ressemble au chaos. – De *chaos.*

chapardage [ʃapaʀdaʒ] n. m. Fam. Fait de chaparder ; menu larcin. – De *chaparder.*

chaparder [ʃapaʀde] v. tr. [1] Fam. Dérober (des objets de peu de valeur). Syn. chiper. – De *chapar,* « vol », mot du sabir algérien.

chapardeur, euse [ʃapaʀdœʀ, øz] adj. (et n.) Fam. Qui chaparde. *Une gamine chapardeuse.* – De *chaparder.*

chape [ʃap] n. f. **1.** LITURG Long manteau ecclés. sans manches, agrafé par-devant, porté à l'occasion de certaines cérémonies. **2.** CONSTR Couche de ciment ou de mortier appliquée sur un sol pour le rendre plan et uni. **3.** TECH Pièce servant de monture, de couverture ou de protection dans divers mécanismes ou objets. *Chape de bielle,* enveloppant les coussinets. *Chape de poulie,* en forme d'étrier, qui supporte les extrémités de l'axe. *Chape d'un pneumatique,* sa bande de roulement. **4.** Fig. *La dictature a fait peser une chape de plomb sur le pays.* **5.** ORNITH Partie dorsale du plumage d'un oiseau dont la couleur est différente de celle des autres plumes. – Bas lat. *cappa,* « capuchon, cape ».

chapé, ée [ʃape] adj. HERALD Se dit de l'écu divisé par deux diagonales partant du milieu du chef et rejoignant les angles de la pointe. – De *chape.*

chapeau [ʃapo] n. m. **I. 1.** Coiffure de matière variable (laine, feutre, paille, etc.) apprêtée généralement pour être rigide, dont la forme change selon les époques et les modes, portée surtout au-dehors, pour des raisons de confort ou de convenances, d'élégance. *Le gibus et le melon sont des chapeaux d'homme, la capeline et la charlotte des chapeaux de femme.* ▷ *Donner un coup de chapeau, tirer son chapeau à qqn,* le saluer en soulevant son chapeau ; fig., lui rendre hommage, témoigner de l'admiration à son endroit. ▷ Fig., fam. *Chapeau ! Chapeau bas !* (Exclamations marquant l'admiration.) ▷ Loc. fig., fam. *Porter le chapeau* : endosser les responsabilités pour les autres. – *Travailler du chapeau* : déraisonner, perdre la tête. **2.** Anc. Chapeau de cardinal. *Recevoir le chapeau.* **II. 1.** Ce qui couvre ou surmonte certains objets. *Un chapeau de lampe. Le chapeau d'une lucarne. Manger le chapeau d'une religieuse au chocolat.* ▷ Partie de certains champignons, supportée par le pied. ▷ MECA Pièce qui couvre, protège une autre pièce. *Chapeau de roue* : enjoliveur d'une roue d'automobile. (Surtout dans la loc. fam. *démarrer, virer sur les chapeaux de roues*, à grande vitesse.) **2.** MUS *Chapeau chinois* : instrument à percussion composé d'une calotte métallique garnie de clochettes. **3.** PRESSE Petit texte qui présente un article de journal, de revue. – Du lat. pop. **capellus*, de *cappa*, «capuchon».

chapeauter [ʃapote] v. tr. [1] **1.** Coiffer d'un chapeau. – Pp. adj. *Une femme élégamment chapeautée.* **2.** PRESSE Introduire (un texte) par un chapeau. – Pp. adj. *Texte chapeauté d'une introduction.* **3.** Fig., fam. Contrôler, avoir sous sa responsabilité. *M. Untel chapeaute ce service.* – De *chapeau*.

chapelain [ʃaplɛ̃] n. m. **1.** Anc. Bénéficier titulaire d'une chapelle. **2.** Prêtre qui dessert une chapelle privée. – De *chapelle*.

chapelet [ʃaplɛ] n. m. **I. 1.** RELIG Objet de dévotion composé de grains enfilés que l'on fait passer un à un entre les doigts, en récitant chaque fois une prière. **2.** Prières récitées en égrenant un chapelet. *Dire son chapelet.* – *Par ext.*, fam. *Dévider, défiler son chapelet* : dire tout ce que l'on a sur le cœur. **II.** Série d'objets dont la disposition rappelle celle des grains d'un chapelet. *Un chapelet de saucisses. Chapelet d'isolateurs.* – Par ext. Série, suite. *Un chapelet de jurons.* – De l'a. fr. *chapel*, «couronne de fleurs».

chapelier, ère [ʃapəlje, ɛʀ] n. et adj. Personne qui confectionne ou qui vend des chapeaux. ▷ adj. *La tradition chapelière.* – De *chapeau*.

chapelle [ʃapɛl] n. f. **I. 1.** Lieu de culte privé. *La chapelle d'un château, d'un collège.* **2.** Partie d'une église comprenant un autel secondaire. **3.** Petite église qui n'a pas rang d'église paroissiale. *Chapelle expiatoire.* **4.** Ensemble des chanteurs et des musiciens d'une église. ▷ *Maître de chapelle* : celui qui dirige la musique et les chants dans une église. **5.** *Chapelle ardente* : salle tendue de noir, éclairée par des cierges, où l'on veille un mort. **II.** Groupement fermé de personnes ayant les mêmes idées, les mêmes affinités, les mêmes intérêts; coterie, clan. *Une chapelle littéraire.* – Lat. pop. **capella*, de *cappa*, «lieu où l'on gardait la chape de saint Martin».

chapellenie [ʃapɛlni] n. f. Dignité ou bénéfice de chapelain. – De *chapelain*.

chapellerie [ʃapɛlʀi] n. f. **1.** Commerce, fabrication des chapeaux. **2.** Lieu où l'on fabrique, où l'on vend des chapeaux. – De *chapel*, anc. forme de *chapeau*.

chapelure [ʃaplyʀ] n. f. Pain séché et concassé. – De l'anc. fr. *chapeler*, «retirer le chapeau, le dessus», du bas lat. **capulare*.

chaperon [ʃapʀɔ̃] n. m. **1.** Anc. Coiffure commune aux hommes et aux femmes, en usage au Moyen Âge. **2.** Capuchon. *Le Petit Chaperon rouge*, conte de Perrault (1697). **3.** Coiffe de cuir dont on couvre la tête des oiseaux de proie. **4.** Ornement placé sur l'épaule gauche du costume de cérémonie porté en certaines occasions par les magistrats, les avocats, les professeurs d'université, etc. **5.** CONSTR Faîtage protégeant un mur de l'infiltration des eaux de pluie. **6.** Anc. ou iron. Personne (le plus souvent âgée) qui accompagnait une jeune fille quand elle sortait. – De *chape*, au sens anc. de «capuchon».

chaperonner [ʃapʀɔne] v. tr. [1] **1.** CONSTR Couvrir d'un chaperon. *Chaperonner une muraille.* **2.** Anc. ou iron. Servir de chaperon à (une jeune fille). – De *chaperon*.

chapiteau [ʃapito] n. m. **1.** ARCHI Partie supérieure d'une colonne, posée sur le fût. *Chapiteau dorique, ionique, corinthien.* ▷ *Par ext.* Couronnement qui sert d'ornement. *Un chapiteau de buffet, de balustre.* **2.** Tente d'un cirque ambulant. ▷ Par méton. *Le chapiteau* : le cirque, le monde du cirque. ▷ *Par ext.* Abri provisoire dressé pour une manifestation (spectacle, réunion politique, etc.). – Du lat. *capitellum*, de *caput*, «tête, sommet».

chapitre [ʃapitʀ] n. m. **I. 1.** Division d'un livre, d'un traité, d'un registre. *Cet ouvrage est divisé en sept chapitres.* ▷ *Spécial.* COMPTA *Chapitre des recettes, des dépenses* : l'ensemble des recettes, des dépenses. **2.** Matière, sujet (dont il est question). *Puisque nous en venons à ce chapitre, je dois dire...* – *Sur le chapitre de, au chapitre de* : en ce qui concerne, au sujet de. **II. 1.** Corps des chanoines d'une église cathédrale ou collégiale. **2.** Assemblée délibérante de chanoines ou de religieux; lieu où se réunit une telle assemblée. ▷ Fig. *Avoir voix au chapitre* : avoir le droit de donner son avis, être qualifié pour cela. – Du lat. *capitulum*, de *caput*, «tête».

chapitrer [ʃapitʀe] v. tr. [1] **1.** Anc. Réprimander en plein chapitre. **2.** Adresser une remontrance à. – De *chapitre*.

chapka [ʃapka] n. f. Coiffure en fourrure à rabats pour la nuque et les oreilles. – Mot polonais *czapka*.

chapon [ʃapɔ̃] n. m. **1.** Jeune coq châtré, engraissé pour la table. **2.** Croûte de pain frottée d'ail que l'on met dans une salade. – Du lat. pop. **cappo*.

chaponner [ʃapɔne] v. tr. [1] Châtrer (un jeune coq). – De *chapon*.

chapska ou **schapska** [ʃapska] n. m. Coiffure militaire polonaise portée par les lanciers français sous le Second Empire. – Mot polonais.

chaptalisation [ʃaptalizasjɔ̃] n. f. TECH Procédé imaginé par Chaptal pour augmenter le degré d'alcool des vins, consistant à ajouter du sucre au moût de raisin. – De *chaptaliser*.

chaptaliser [ʃaptalize] v. tr. [1] TECH Traiter (un vin) par chaptalisation. – Du n. du chimiste fr. J. *Chaptal* (1756-1832).

chaque [ʃak] adj. indéf. **1.** (Marquant que tout élément faisant partie de l'ensemble considéré est envisagé en soi, isolément.) *Chaque âge a ses plaisirs. Une place pour chaque chose, chaque chose à sa place. À chaque instant.* **2.** (Emploi critiqué.) Chacun, chacune. *Ces roses coûtent dix francs chaque.* – Du lat. pop. **casquunus*.

char [ʃaʀ] n. m. **1.** ANTIQ Voiture à deux roues tirée par des chevaux. *Char romain.* **2.** Voiture à traction animale servant dans les campagnes au transport de lourdes charges. **3.** Voiture décorée pour les cortèges de carnaval. *Les chars de la mi-carême.* **4.** *Char funèbre* : corbillard. **5.** Véhicule blindé, armé (canon, mitrailleuses, missiles) et monté sur chenilles. *Char d'assaut, de combat.* – Lat. *carrus*.

charabia [ʃaʀabja] n. m. Fam. Parler confus, inintelligible et incorrect. – De *charabiat*, «émigrant auvergnat», p.-ê. de l'esp. *algarabia*, de l'ar. *al harbiya*, «langue de l'Ouest (le berbère)».

characées [kaʀase] n. f. pl. BOT Famille d'algues vertes très évoluées que certains caractères rapprochent des mousses. – Sing. *Une characée.* – Du lat. *Chara*, nom de genre d'une de ces plantes.

charade [ʃaʀad] n. f. Devinette consistant à faire trouver un mot (appelé «mon tout» ou «mon entier»), dont toutes les syllabes (appelées «mon premier», «mon deuxième», etc.) sont successivement suggérées par une courte définition sous forme d'énigme du mot dont elles sont homonymes. *Charade en action*, où les définitions sont mimées. – Provenç. *charrado*, «causerie», de *charra*, «causer».

charadriiformes [kaʀadʀiifɔʀm] n. m. pl. ZOOL Ordre d'oiseaux aux pattes longues et au bec effilé qui vivent dans les lieux marécageux (pluviers, vanneaux, bécasses, etc.). – Sing. *Un charadriiforme.* – Du gr. *kharadrios,* «pluvier», et *-forme.*

charançon [ʃaʀɑ̃sɔ̃] n. m. Nom cour. des coléoptères de la famille des curculionidés dont la tête est prolongée par un rostre et qui rongent les graines, les légumes et le bois. *Le charançon du blé,* ou *calandre.*

charançonné, ée [ʃaʀɑ̃sɔne] adj. Attaqué par les charançons. – De *charançon.*

charbon [ʃaʀbɔ̃] n. m. **I. 1.** Combustible solide, de couleur noire, contenant une forte proportion de carbone. *La teneur en carbone des charbons croît avec l'ancienneté du gisement : 60 % pour les tourbes, 65 % pour les lignites, 75 à 90 % pour les houilles, jusqu'à 94 % pour les anthracites. Charbon de terre :* houille. *Charbon de bois :* résidu de la pyrolyse du bois. *Charbon actif,* traité de façon à présenter une très grande surface par unité de masse (env. 2 000 m^2/g) et utilisé comme catalyseur, adsorbant, décolorant, etc. ▷ Poussière, morceau de charbon. *Il a un charbon dans l'œil. Les charbons se sont éteints.* ▷ Loc. fig. *Être sur des charbons ardents :* être impatient, ou dans un état de grande tension. **2.** ELECTR Morceau de charbon constituant un balai de dynamo, de moteur. **3.** Fusain. *Dessin au charbon.* **4.** Arg. *Aller au charbon :* accomplir un travail pénible. **II. 1.** Maladie des céréales causée par des champignons parasites dont les spores noires envahissent les grains. *Charbon du maïs (Ustilago maydis).* **2.** Maladie infectieuse, contagieuse, commune à certains animaux (porc, mouton, bœuf, cheval, lapin, etc.) et à l'homme, causée par le bacille charbonneux (*Bacillus anthracis*) et qui se traduit par des pustules qui se rompent en laissant des escarres noires. – Lat. *carbo, carbonis.*

charbonnage [ʃaʀbɔnaʒ] n. m. Exploitation d'une houillère. ▷ (Plur.) Houillères. *Les charbonnages du Nord.* – *Charbonnages de France :* établissement public chargé, depuis sa nationalisation en 1946, d'administrer les mines de combustibles minéraux en France. – De *charbon.*

charbonner [ʃaʀbɔne] v. [1] **I.** v. intr. **1.** MAR S'approvisionner en charbon (en parlant d'un navire). **2.** Se réduire en charbon sans faire de flammes. **II.** v. tr. **1.** Réduire en charbon. **2.** Noircir au charbon. – De *charbon.*

charbonnerie [ʃaʀbɔnʀi] n. f. Société secrète politique formée en France sous la Restauration. V. carbonaro. – De *charbon.*

charbonnette [ʃaʀbɔnɛt] n. f. Vx Bois débité pour faire du charbon. – Dimin. de *charbon.*

charbonneux, euse [ʃaʀbɔnø, øz] adj. **1.** Qui a l'aspect, la couleur du charbon. **2.** Relatif au charbon (sens II). – De *charbon.*

charbonnier, ère [ʃaʀbɔnje, ɛʀ] n. et adj. **I.** n. **1.** Personne qui vit du commerce du charbon, ou qui fait du charbon de bois. ▷ Loc. *La foi du charbonnier :* la foi naïve et confiante de l'homme simple. – *Charbonnier est maître chez soi :* chacun vit chez soi comme il lui plaît. **2.** n. m. Cargo aménagé pour le transport du charbon. **3.** n. f. Lieu où l'on fait du charbon de bois. **II.** adj. Relatif au charbon. *Industrie charbonnière. Production charbonnière.* – De *charbon.*

charbonnière [ʃaʀbɔnjɛʀ] n. f. Mésange à calotte noire et ventre jaune *(Parus major)* commune en Europe. – De *charbon.*

charcutaille [ʃaʀkytaj] n. f. Fam. Charcuterie (sens 2). – De *charcuterie,* et *-aille.*

charcuter [ʃaʀkyte] v. tr. [1] Fam., péjor. Opérer maladroitement (un patient). – De *charcutier.*

charcuterie [ʃaʀkytʀi] n. f. **1.** Industrie, commerce du charcutier. **2.** Spécialité à base de porc faite par le charcutier. **3.** Boutique de charcutier. – De *charcutier.*

charcutier, ère [ʃaʀkytje, ɛʀ] n. **1.** Personne qui prépare et qui vend de la viande de porc, des boudins, des saucisses, du pâté, etc. **2.** Fam., péjor. Chirurgien, dentiste maladroit. – De *chair,* et *cuit.*

chardon [ʃaʀdɔ̃] n. m. Nom cour. de diverses plantes épineuses, principalement de composées (carline, cirse, etc.) et d'ombellifères (panicaut). – Bas lat. *cardo, cardonis.*

chardonay ou **chardonnay** [ʃaʀdɔnɛ] n. m. VITIC Cépage blanc de la Bourgogne et du Mâconnais. – De *Chardonnay,* com. de Saône-et-Loire.

chardonneret [ʃaʀdɔnʀɛ] n. m. Petit oiseau passériforme commun en Europe *(Carduelis carduelis),* au plumage très coloré (rouge et jaune), friand de graines de chardons. – De *chardon.*

charentais, aise [ʃaʀɑ̃tɛ, ɛz] adj et n. Des Charentes (dép. de la Charente et de la Charente-Maritime). ▷ Subst. *Un(e) Charentais(e).* ▷ n. f. Chausson en étoffe épaisse, à semelle souple, à contrefort montant. – De *(la) Charente,* fleuve fr.

charge [ʃaʀʒ] n. f. **I. 1.** Ce qui est porté; ce que peut porter une personne, un animal, un véhicule, un navire, etc. *La charge d'un mulet. Charge utile d'un véhicule,* charge maximale compatible avec son bon fonctionnement. **2.** MAR Action de charger un navire. **3.** TECH Poussée. ▷ HYDROL Pression qui s'exerce sur les parois d'une conduite. **4.** Quantité de poudre, d'explosif qui propulse un projectile ou qui le fait exploser. *La charge d'un fusil. Charge creuse :* masse d'explosif dans laquelle est ménagée une cavité qui focalise l'onde de choc. **5.** Mesure. *Une charge de fagots.* ▷ METALL Quantité de combustible, de minerai, de fondant que l'on met dans un haut fourneau. **6.** PHYS *Charge électrique :* quantité d'électricité portée par un corps, par une particule. **7.** CHIM Substance que l'on incorpore aux matières plastiques, au caoutchouc, au papier, etc., afin d'en modifier les caractéristiques en vue d'un usage précis. **8.** GEOMORPH Masse totale des particules solides transportées par un cours d'eau, en dissolution, en suspension ou roulées sur le fond du lit. **II. 1.** Attaque impétueuse d'une troupe. *Charge de cavalerie.* **2.** Batterie ou sonnerie particulière accompagnant une charge. *Battre, sonner la charge.* **3.** Fig. *Revenir, retourner à la charge :* réitérer ses démarches, ses instances, ses reproches, etc. **III.** Ce qui pèse sur qqn, sur qqch. **1.** Ce qui embarrasse, incommode. *Imposer une charge supplémentaire à qqn.* **2.** Tout ce qui met dans la nécessité de faire des dépenses. *Les frais sont à votre charge. Charges de famille.* – Spécial. *Les charges :* les frais d'entretien d'un immeuble. – *Les charges de l'État :* les dépenses publiques. *Charges sociales :* dépenses imposées à un employeur par la législation sociale. – *Être pris en charge par la Sécurité sociale :* avoir ses frais de maladie couverts par la Sécurité sociale. **3.** *À charge de :* avec obligation de. *Il lui laisse sa maison, à charge pour lui de payer les créanciers. À charge de revanche :* avec obligation de rendre éventuellement le même service. **4.** Fonction d'officier ministériel; office ministériel. *Une charge de commissaire-priseur, de notaire.* **5.** Fig. Responsabilité. *Prendre en charge,* sous sa responsabilité. *Avoir charge d'âme(s) :* avoir la responsabilité morale d'une ou de plusieurs personnes. **6.** Fonction, mission, travail donné à accomplir. *Il s'est bien acquitté de sa charge.* – *Femme de charge,* de ménage. **7.** Indice, preuve qui pèse sur un accusé. *Relever les charges produites contre l'accusé. Témoin à charge,* dont le témoignage tend à prouver la culpabilité de l'accusé. **8.** Représentation caricaturale, imitation satirique à forme grotesque. (En appos.) *Un portrait charge. Ce rôle demande à être joué en charge.* – Déverbal de *charger.*

chargé, ée [ʃaʀʒe] adj. et n. m. **I.** adj. **1.** Qui porte une charge. *Un porteur chargé de bagages.* – Fam. *Être chargé comme un baudet*.* **2.** *Fusil chargé,* prêt à tirer. –

Par ext. *Appareil photo chargé* : prêt à l'utilisation. **3.** *Lettre chargée*, qui contient des valeurs. **4.** Embarrassé, alourdi. *Avoir l'estomac chargé. Langue chargée*, blanchâtre. **5.** Fig. Couvert de. *Ciel chargé de nuages noirs. Un vieillard chargé d'ans et d'honneurs.* **6.** Exagéré. *Un récit chargé. Le rococo est le style chargé par excellence.* **7.** Responsable. *Être chargé de famille. Chargé d'une mission officielle.* **8.** Qui porte une charge électrique. *Corps chargé positivement, négativement.* **II.** n. m. **1.** *Chargé de cours* : professeur non titularisé de l'enseignement supérieur. **2.** *Chargé d'affaires* : diplomate qui assure l'intérim d'une ambassade. *Le chargé d'affaires remplace l'ambassadeur rappelé par son gouvernement.* **3.** *Chargé de mission*, lié par contrat en vue d'une mission donnée. – Pp. de *charger*.

chargement [ʃaʀʒəmɑ̃] n. m. Action de charger (sens I). **1.** Action de charger un animal, un véhicule, un navire. *Chargement d'un train de marchandises.* ▷ *Par ext.* Ensemble des marchandises chargées. *Arrimer le chargement.* **2.** Action de déclarer à la poste les valeurs contenues dans une lettre, un paquet. **3.** Action de charger un fusil, un canon, un appareil photographique, etc. *Un appareil à chargement automatique.* – De *charger*.

charger [ʃaʀʒe] v. tr. [13] **I. 1.** Mettre une certaine quantité d'objets sur (un homme, un animal, un véhicule). *Charger un âne. Charger un cargo.* **2.** *Charger une lettre*, y enfermer des valeurs et l'expédier par pli spécial. **3.** Placer. *Charger une valise dans le coffre d'une voiture.* **4.** *Absol.* Prendre en charge. *Ce navire charge les voitures des passagers.* – Fam. *Taxi qui charge un client.* **5.** Introduire dans une arme à feu une charge, un projectile. *Charger un fusil.* **6.** *Charger un appareil photographique, une caméra*, y introduire de la pellicule vierge. **7.** ELECTR *Charger une batterie électrique, un condensateur, un accumulateur*, y accumuler une certaine quantité d'électricité. ▷ TECH *Charger un fourneau*, le remplir d'une quantité déterminée de combustible et de minerai. **8.** Peser sur. *Cette poutre charge trop le mur.* **9.** *Charger de* : emplir, couvrir avec excès de. *Charger un mur de tableaux.* **II.** Attaquer avec impétuosité. *Charger l'ennemi à la baïonnette.* – Absol. *Chargez !* **III. 1.** *Charger (qqch, qqn) de* : faire porter à, supporter par. *Charger une planche de livres. Charger un enfant d'un énorme cartable.* ▷ Confier à (qqn) l'exécution d'une tâche, la conduite d'une affaire. *Charger un avocat d'une cause.* **2.** *Charger un accusé*, faire des déclarations qui tendent à le faire condamner. **3.** Exagérer. *Cet acteur charge pour provoquer les rires.* **IV.** v. pron. **1.** Prendre pour soi, porter une charge. *Ne vous chargez pas trop.* **2.** Fig. *Se charger d'un crime, d'une faute*, en prendre la responsabilité. **3.** Prendre le soin, la responsabilité de. *Se charger d'une affaire.* **4.** (Sens passif.) Recevoir une charge, en parlant des armes à feu. *Les anciens canons se chargeaient par la bouche.* – Du lat pop. **carricare*, de *carrus*, « char ».

chargeur [ʃaʀʒœʀ] n. m. **1.** Celui qui charge les marchandises. ▷ MAR Celui à qui appartient une cargaison. **2.** Celui qui alimente une pièce d'artillerie, une arme automatique. **3.** Dispositif approvisionnant en cartouches une arme à répétition. **4.** Dispositif permettant d'approvisionner (un appareil photographique, une caméra) en pellicule vierge. **5.** ELECTR Appareil servant à la recharge d'accumulateurs. – De *charger*.

chargeuse [ʃaʀʒøz] n. f. Engin automoteur équipé d'un godet relevable pour ramasser des matériaux et les déverser ailleurs. – De *charger*.

chari'a ou **chari'ah** ou **shari'ah** [ʃaʀija] n. f. Loi canonique de l'Islam touchant les domaines de la vie religieuse, privée, sociale et politique, en vigueur dans de nombreux pays musulmans. – Mot ar., « loi ».

chariot [ʃaʀjo] n. m. **1.** Voiture à quatre roues pour le transport des fardeaux. *Chariot élévateur* : engin de manutention qui sert à gerber les matériaux. ▷ *Le Petit Chariot* : la Petite Ourse. *Le Grand Chariot* : la Grande Ourse (constellations boréales). V. Ourse. **2.** TECH Pièce, partie d'une machine qui se déplace sur des glissières, des rails, des galets, etc. *Le chariot d'une machine à écrire.* **3.** Petite table roulante. – De *charrier*.

chariotage [ʃaʀjɔtaʒ] n. m. TECH Façonnage d'une pièce au tour par déplacement de l'outil parallèlement à l'axe de rotation. – De *chariot*.

charismatique [kaʀismatik] adj. et n. **1.** Relatif à un charisme. ▷ RELIG *Mouvement charismatique* ou *renouveau charismatique* : mouvement de renouveau de la foi catholique, proche du pentecôtisme* protestant, né aux É.-U. en 1966, qui met en valeur les manifestations sensibles de la vie spirituelle (retour à la contemplation, accent mis sur la louange de Dieu, cérémonies laissant libre cours aux effusions du cœur) et dont la spiritualité s'épanouit souvent dans la vie communautaire, monastique ou non. ▷ Subst. *Un(e) charismatique* : un(e) adepte du renouveau charismatique. **2.** Qui possède, qui dégage un magnétisme particulier en raison de qualités exceptionnelles. *Personnalité charismatique. Pouvoir charismatique.* – De *charisme*.

charisme [kaʀism] n. m. **1.** THEOL Grâce imprévisible et passagère accordée par Dieu à un chrétien pour le bien de la communauté des fidèles. **2.** Dons exceptionnels d'un individu. – *Par ext.* Influence, prestige extraordinaire. – Gr. *kharisma*, « faveur, grâce ».

charitable [ʃaʀitabl] adj. **1.** Qui a de la charité pour son prochain. **2.** Qui part d'un principe de charité. *Conseil charitable.* – De *charité*.

charitablement [ʃaʀitabləmɑ̃] adv. Avec charité (souvent iron.). *Je te préviens charitablement que si tu t'avises de recommencer...* – De *charité*.

charité [ʃaʀite] n. f. **1.** THEOL Amour de Dieu et du prochain, l'une des trois vertus théologales. **2.** Bonté, indulgence. *Ayez la charité de lui pardonner.* **3.** Acte de bonté, de générosité envers autrui. *Faire la charité. Demander la charité*, une aumône. – Lat. ecclés. *caritas*, de *carus*, « cher ».

charivari [ʃaʀivaʀi] n. m. **1.** Bruit discordant, tapage. **2.** Bruit accompagné de désordre. – Du lat. **caribaria*, « mal de tête », du gr.

charlatan [ʃaʀlatɑ̃] n. m. **1.** Anc. Marchand ambulant qui vendait des drogues sur les places publiques en attirant le public par son boniment. **2.** Guérisseur qui se vante de guérir toutes sortes de maladies. ▷ Péjor. Médecin incompétent. **3.** Personne qui exploite la confiance, la crédulité d'autrui, imposteur. – Ital. *ciarlatano*, de *ciarlare*, « parler avec emphase ».

charlatanerie [ʃaʀlatanʀi] n. f. Action, propos de charlatan. – De *charlatan*.

charlatanesque [ʃaʀlatanɛsk] adj. De charlatan. – De *charlatan*.

charlatanisme n. m. Comportement, procédés de charlatan. – De *charlatan*.

charlemagne [ʃaʀləmaɲ] n. m. Loc. *Faire charlemagne* : quitter le jeu quand on vient de gagner. – De l'empereur *Charlemagne*, qui a donné son nom au roi de cœur, aux cartes.

charleston [ʃaʀlɛstɔn] n. m. Danse imitée des danses des Noirs des É.-U., qui fut très en vogue en Europe entre 1920 et 1930. – De *Charleston*, ville de Caroline du Sud.

charlot [ʃaʀlo] n. m. Pop. Homme qui manque de sérieux ou de compétence, sur qui on ne peut pas compter. – De *Charlot*, surnom français du personnage cinématographique créé par Charlie Chaplin (1889-1977).

1. charlotte [ʃaʀlɔt] n. f. Entremets fait de fruits ou de crème, et de biscuits ramollis dans un sirop. *Charlotte* *au chocolat. Un moule à charlotte.* – Du prénom *Charlotte*; orig. incert.

2. charlotte [ʃaʀlɔt] n. f. Coiffure féminine dont le bord est garni de dentelle froncée et de rubans. – Du prénom de *Charlotte* Corday, que ses portraits montrent portant une coiffure de ce type.

charmant, ante [ʃaʀmɑ̃, ɑ̃t] adj. **1.** Qui charme, séduit comme par ensorcellement. *Le prince charmant* : dans les contes de fées, jeune prince d'une grande beauté, protecteur des jeunes filles innocentes et persécutées. **2.** Plein de charme, d'agrément. *Un site charmant. Une histoire charmante.* ▷ *Par antiphrase.* Déplaisant, désagréable. *Il m'a claqué la porte au nez : charmant accueil!* – Ppr. de *charmer.*

1. charme [ʃaʀm] n. m. **1.** Enchantement magique. *Rompre un charme.* Syn. Envoûtement, maléfice, sortilège. ▷ Fig. *Rompre le charme* : couper court à qqch qui semble magique. ▷ Fam. *Se porter comme un charme* : jouir d'une santé parfaite. **2.** Effet d'attirance, de séduction, produit sur qqn par une personne ou une chose. *Le charme de la musique.* ▷ *Chanteur* de charme.* ▷ Fam. *Faire du charme à qqn,* essayer de le séduire. **3.** Vieilli ou iron. Plur. *Les charmes d'une femme* : sa beauté, ses formes. **4.** PHYS NUCL Nombre quantique caractéristique du quatrième quark*. – Du lat. *carmen,* «incantation magique».

2. charme [ʃaʀm] n. m. Arbre de moyenne grandeur très répandu dans nos forêts (genre *Carpinus,* fam. bétulacées), aux feuilles ovales, alternes, à nervures saillantes, au bois blanc et dense. – Du lat. *carpinus.*

charmer [ʃaʀme] v. tr. [1] **1.** Vx Exercer une action magique, par le moyen d'un charme. **2.** Litt. Adoucir, apaiser comme avec un charme. *Charmer l'ennui de qqn.* **3.** Plaire beaucoup, ravir par son charme. *Cette chanteuse a charmé son auditoire.* **4.** (Terme de politesse.) *Je suis charmé de vous voir,* j'en suis heureux. – De *charme* 1.

charmeur, euse [ʃaʀmœʀ, øz] n. et adj. **1.** Vx Personne qui emploie des charmes magiques. **2.** Personne qui plaît, qui séduit. *«Cet air charmé qui lui a valu sa réputation de charmeur» (S. de Beauvoir).* ▷ adj. *Un air charmeur.* – De *charme* 1.

charmille [ʃaʀmij] n. f. **1.** Plant de charmes. **2.** Allée bordée de charmes. – *Par ext.* Allée bordée d'arbres taillés en berceau. – De *charme* 2.

charnel, elle [ʃaʀnɛl] adj. **1.** Qui appartient à la chair (sens II). **2.** Qui a trait à la chair, à l'instinct sexuel. *Plaisir charnel.* – *Acte charnel, union charnelle* : acte sexuel. – Lat. *carnalis,* de *caro, carnis,* «chair».

charnellement [ʃaʀnɛlmɑ̃] adv. D'une manière charnelle. – De *charnel.*

charnier [ʃaʀnje] n. m. **1.** Anc. Ossuaire de cimetière. **2.** Amoncellement de cadavres. – Du lat. *carnarium,* «lieu où l'on conserve la viande».

charnière [ʃaʀnjɛʀ] n. f. **1.** Assemblage mobile de deux pièces enclavées l'une dans l'autre, jointes par une tige qui les traverse et forme pivot. *Les charnières d'une porte d'armoire.* **2.** ZOOL Partie où s'unissent les coquilles bivalves. **3.** Fig. Point d'articulation, de jonction. *Attaquer le front ennemi à sa charnière. Vivre à la charnière de deux siècles.* – Lat. pop. *cardinaria,* de *cardo, cardinis,* «gond».

charnu, ue [ʃaʀny] adj. **1.** Formé de chair. *Les parties charnues du corps.* **2.** Bien en chair. *Des épaules charnues.* ▷ (En parlant d'un fruit.) *Cerise charnue,* à la pulpe épaisse. – Du lat. *caro, carnis,* «chair».

charognard [ʃaʀɔɲaʀ] n. m. **1.** Animal qui se nourrit de charognes. – *Spécial.* Vautour. **2.** Fig., péjor. Personne toujours prête à tirer parti du malheur d'autrui. – De *charogne.*

charogne [ʃaʀɔɲ] n. f. **1.** Corps d'animal mort, en décomposition. **2.** Péjor. Mauvaise viande, viande avariée. *De la charogne.* **3.** Pop. (Terme d'injure.) Individu ignoble. – Du lat. *caro, carnis,* «chair».

charolais, aise [ʃaʀɔlɛ, ɛz] adj. et n. Du Charolais. ▷ n. m. Bœuf blanc du Charolais. – De *Charolais,* n. d'une région au centre de la France.

charophycées [kaʀɔfise] n. f. pl. BOT Syn. de *characées.* – Sing. *Une charophycée.* – Du lat. *chara,* n. de genre d'algues, et *-phycées.*

charpentage [ʃaʀpɑ̃taʒ] n. m. Travail de la charpente. – De *charpenter.*

charpente [ʃaʀpɑ̃t] n. f. **1.** Assemblage de pièces de bois ou de métal servant de soutien à une construction. *Bois de charpente,* propre à la construction. *La maison est vieille, mais la charpente reste bonne.* **2.** Ensemble des parties osseuses du corps humain. *La charpente osseuse* : le squelette. *Avoir une solide charpente* : être bien constitué. **3.** Fig. Structure, plan d'un ouvrage. *La charpente d'un roman.* – Déverbal de *charpenter.*

charpenté, ée [ʃaʀpɑ̃te] adj. **1.** Pourvu d'une charpente. **2.** Fig. *Un garçon charpenté,* solidement bâti. – *Un roman bien charpenté,* bien structuré. – Pp. de *charpenter.*

charpenter [ʃaʀpɑ̃te] v. tr. [1] **1.** Tailler (des pièces de charpente). **2.** Fig. Bâtir, agencer selon un plan régulier (un ouvrage de l'esprit). – Lat. pop. *carpentare,* de *carpentum,* «char à deux roues».

charpenterie [ʃaʀpɑ̃tʀi] n. f. **1.** Art, travail, technique du charpentier. **2.** Chantier de charpente. – De *charpente.*

charpentier [ʃaʀpɑ̃tje] n. m. Ouvrier qui fait des travaux de charpente. – Lat. *carpentarius,* «charron».

charpie [ʃaʀpi] n. f. **1.** Substance absorbante faite de toile effilée ou râpée. *La charpie était utilisée autref. pour panser les plaies.* **2.** Fig. *Mettre en charpie* : mettre en pièces. *Viande en charpie,* trop cuite et qui se détache. – Déverbal de l'a. fr. *charpir,* «effiler de la laine, mettre en pièces».

charrée [ʃaʀe] n. f. CHIM Résidu formé après le lessivage des soudes brutes. – P.-ê. du bas lat. *cathera (aqua),* «(eau) propre, qui purifie».

charretée [ʃaʀte] n. f. **1.** Charge d'une charrette. *Une charretée de foin.* **2.** Fig., fam. Grande quantité. *Une charretée d'insultes.* – De *charrette.*

charretier, ère [ʃaʀtje, ɛʀ] n. et adj. **1.** n. Conducteur de charrette. *Jurer, parler comme un charretier,* très grossièrement. **2.** adj. Qui permet le passage aux charrettes. *Voie charretière.* – De *charrette.*

charrette [ʃaʀɛt] n. f. **1.** Voiture à deux roues servant à porter des fardeaux, qui a ordinairement deux brancards et deux ridelles. *Atteler une charrette. Charrette à bras* : petite charrette traînée par un ou deux hommes. *Charrette anglaise* : petite voiture légère à quatre places, généralement à deux roues, tirée par un cheval. **2.** HIST *La charrette des condamnés* : tombereau qui, sous la Révolution, conduisait les condamnés à la guillotine. – Fig. *Des licenciements collectifs ont lieu dans l'entreprise, on se demande qui fera partie de la prochaine charrette.* **3.** Arg. (des architectes) Période de travail intensif pour achever un projet. – Loc. *Être charrette.* – De *char.*

charriage [ʃaʀjaʒ] n. m. **1.** Action de charrier, de transporter. **2.** GEOL Déplacement, à composante horizontale prépondérante, d'une partie d'un pli de terrain par rapport à l'ensemble du pli. ▷ *Nappe de charriage* : couche entière de terrain se déplaçant sur une très longue distance, au cours de mouvements tectoniques, et perdant tout contact avec le lieu d'où elle provient. – De *charrier.*

charrier [ʃaʀje] v. [2] **I.** v. tr. **1.** Transporter. *Charrier du fumier.* **2.** Entraîner dans son courant, en parlant d'un cours d'eau. *La rivière charrie des glaçons.* **3.** Fig., pop. *Charrier qqn,* le tourner en dérision. **II.** v. intr. Fam. *Il charrie* : il exagère. *Faut pas charrier!* – De *char.*

charroi [ʃaʀwa] n. m. Transport par chariot, charrette, etc. – De *charroyer.*

charron [ʃaʀɔ̃] n. m. Ouvrier, artisan qui fait des trains de voitures, des chariots, des charrettes. ▷ (En appos.) *Ouvrier charron.* – De *char.*

charronnage [ʃaʀɔnaʒ] n. m. Art, ouvrage du charron. – De *charron.*

charronnerie [ʃaʀɔnʀi] n. f. Fabrication des chariots, des charrettes, des roues de bois, etc. *La charronnerie a presque disparu.* – De *charron.*

charroyer [ʃaʀwaje] v. tr. **[23]** Transporter sur un tombereau, une charrette, un chariot, etc. – Var. de *charrier.*

charruage [ʃaʀɥ(y)aʒ] n. m. Labour à la charrue. – De l'anc. v. *charruer.*

charrue [ʃaʀy] n. f. Instrument servant à labourer la terre sur de grandes surfaces. *Le coutre et le soc de la charrue découpent une bande de terre que le versoir retourne.* ▷ Loc. fig. *Mettre la charrue avant, devant les bœufs* : commencer par où l'on devrait finir, suivre un ordre illogique. – Du bas lat. *carruca,* « char gaulois ».

charte [ʃaʀt] n. f. **1.** Au Moyen Âge, titre qui réglait des intérêts, accordait ou confirmait des privilèges et des franchises. **2.** *L'École des chartes* : école fondée en 1821 formant des archivistes, des bibliothécaires, des spécialistes des documents anciens. **3.** HIST *La Charte constitutionnelle* (ou simplement *la Charte*) : constitution octroyée par Louis XVIII en 1814 et révisée après la révolution de 1830. **4.** HIST *La Grande Charte* : pacte imposé en 1215 par les barons anglais au roi Jean sans Terre après la défaite de Bouvines. **5.** DR INTERN *Charte des Nations unies* : traité constitutif de l'Organisation des Nations unies (O.N.U.), signé en 1945 à San Francisco. **6.** Par ext. *Charte des libertés* : déclaration des droits et des libertés des citoyens. – Lat. *charta,* « papier ».

charte-partie [ʃaʀtpaʀti] n. f. MAR Contrat fixant les conditions d'affrètement d'un navire. *Des chartes-parties.* – De *charte,* et *partir,* « partager ».

charter [ʃaʀtɛʀ; tʃaʀtœʀ] n. m. Avion affrété pour un groupe (compagnie de tourisme, organismes divers), à un tarif inférieur à celui d'un vol régulier. *Prendre un charter pour le Mexique.* – Mot angl., « affrètement ».

chartisme [ʃaʀtism] n. m. HIST Mouvement formé en Angleterre par les ouvriers entre 1837 et 1848 afin d'obtenir des réformes sociales améliorant leur condition. – De *charte.*

chartiste [ʃaʀtist] adj. et n. **1.** Élève ou anc. élève de l'École nationale des chartes. **2.** HIST Partisan du chartisme, en Angleterre. – De *charte.*

chartreuse [ʃaʀtʀøz] n. f. **1.** Couvent de chartreux. *La Grande-Chartreuse. « La Chartreuse de Parme », roman de Stendhal (1839).* **2.** Vieilli Petite maison de campagne retirée. **3.** Liqueur jaune ou verte fabriquée par les chartreux avec des plantes aromatiques. – De *La Chartreuse,* nom de la vallée du Dauphiné où saint Bruno fonda un monastère.

chartreux, euse [ʃaʀtʀø, øz] n. Religieux, religieuse de l'ordre de saint Bruno fondé en 1084. – De *chartreuse.*

chartrier [ʃaʀtʀije] n. m. **1.** Lieu où l'on conservait les chartes. *Le chartrier de Saint-Denis.* **2.** Recueil de chartes. **3.** Celui qui gardait les chartes. – De *chartre,* var. de *charte.*

Charybde en Scylla (de) [dəkaʀibdɑ̃silla] loc. fig. De mal en pis. *Tomber (aller) de Charybde en Scylla.* – De *Kharybdys,* nom donné par les Anciens à un tourbillon du détroit de Messine, et *Scylla,* nom d'un rocher situé à proximité.

chas [ʃa] n. m. Trou d'une aiguille où passe le fil. – Du lat. **cassus,* « creux ».

chasse [ʃas] n. f. **I. 1.** Action de chasser, de poursuivre des animaux afin de les tuer pour leur chair, leur fourrure, etc., afin d'éliminer ceux qui sont nuisibles, ou par goût du sport. *Un permis de chasse. Un chien de chasse. Chasse à tir,* au fusil. *Chasse à courre,* consistant à faire poursuivre une seule bête par une meute accompagnée de veneurs à cheval, jusqu'à ce que la bête traquée tombe, épuisée de fatigue. – *Chasse sous-marine,* dans laquelle on chasse le poisson avec un fusil-harpon. **2.** (Sens collectif.) Ensemble des chasseurs, des chiens, des rabatteurs et de tout l'équipage. *La chasse a passé par là.* **3.** Période où la chasse est autorisée. *La chasse n'est pas encore ouverte.* **4.** Domaine réservé pour la chasse. *Chasse gardée.* **5.** Gibier pris ou tué. *Manger sa chasse.* **6.** Prov. *Qui va à la chasse perd sa place* : celui qui quitte sa place risque de la retrouver occupée par un autre. **II. 1.** Action de poursuivre. *Faire, donner la chasse à* : poursuivre. *Chasse à l'homme.* – Fig. *Faire la chasse aux abus.* **2.** Poursuite d'un navire, d'un avion ennemi. *Prendre en chasse un bombardier, un sous-marin.* ▷ *Aviation de chasse,* ou *la chasse* : branche de l'aviation militaire chargée d'intercepter les avions ennemis, d'attaquer des objectifs terrestres et de fournir aux troupes qui sont au sol l'appui tactique dont elles ont besoin. **III. 1.** *Chasse d'eau* : masse d'eau libérée brusquement pour nettoyer un égout, un appareil sanitaire, etc. – Dispositif libérant cette eau. **2.** TECH Espace libre donné à une machine ou à certains de ses éléments pour en faciliter le mouvement. ▷ AUTO *Angle de chasse,* formé par la verticale et l'axe des pivots des fusées des roues avant. **3.** TYPO Largeur d'une lettre. **4.** En reliure, partie du plat qui déborde le bloc formé par les pages d'un volume. – De *chasser.*

1. châsse [ʃɑs] n. f. **1.** Coffre d'orfèvrerie où sont gardées les reliques d'un saint. *La châsse de saint Maurice.* ▷ Loc. *Parée comme une châsse* : très richement parée. **2.** TECH Cadre servant à enchâsser ou à protéger divers objets. *Châsse de verres optiques.* ▷ *Châsse d'une balance* : pièce métallique servant à soulever le fléau. – Lat. *capsa,* « boîte ».

2. châsse [ʃas] n. f. ou m. (Surtout au pl.) Arg. Œil. – De *châssis,* « fenêtre ».

chassé [ʃase] n. m. CHOREGR Suite de pas précédant un saut au cours duquel un pied semble chasser l'autre. – Pp. subst. de *chasser.*

chasse-clou [ʃasklu] n. m. Poinçon servant à enfoncer les têtes de clous. *Des chasse-clous.* Syn. chasse-pointe. – De *chasser,* et *clou.*

chassé-croisé [ʃasekʀwaze] n. m. **1.** CHOREGR Pas figuré où le cavalier et sa danseuse passent alternativement l'un devant l'autre. **2.** Fig. Changement réciproque et simultané de place, de situation. *Des chassés-croisés.* – De *chasser,* et *croiser.*

chasse-goupille [ʃasgupij] n. m. Outil servant à faire sortir une goupille de son logement. *Des chasse-goupilles.* – De *chasser,* et *goupille.*

chasselas [ʃasla] n. m. VITIC Cépage blanc d'Alsace et de Pouilly-sur-Loire. ▷ Raisin de table blanc de ce cépage. ▷ Vin issu de ce cépage. – Du nom d'un village près de Mâcon.

chasse-marée [ʃasmaʀe] n. m. inv. MAR Petit bâtiment côtier à deux ou trois mâts, remontant bien au vent. – De *chasser,* et *marée.*

chasse-mouches [ʃasmuʃ] n. m. inv. Éventail, touffe de crins servant à chasser les mouches. – De *chasser,* et *mouche.*

chasse-neige [ʃasnɛʒ] n. m. inv. **1.** Dispositif placé à l'avant d'un véhicule ou véhicule qui sert à déblayer les routes ou les voies ferrées enneigées. **2.** SPORT Position des skis en V vers l'avant pour freiner en descente. – De *chasser*, et *neige*.

chasse-pierres [ʃaspjɛʀ] n. m. inv. Appareil fixé en avant des roues d'une locomotive pour écarter les pierres qui se trouveraient sur la voie. – De *chasser*, et *pierre*.

chasse-pointe. V. chasse-clou. *Des chasse-pointes.*

chassepot [ʃaspo] n. m. Fusil à aiguille en usage dans l'armée française de 1866 à 1874. – Du nom de l'armurier fr. A. A. *Chassepot.*

chasser [ʃase] v. [1] **I.** v. tr. **1.** Poursuivre (des animaux) pour les tuer ou les prendre vivants. *Chasser l'éléphant.* – Prov. *Bon chien chasse de race* : les qualités viennent de l'atavisme. **2.** Pousser, faire marcher devant soi. *Chasser un troupeau de moutons.* – Loc. prov. *Un clou chasse l'autre* : V. clou. **3.** Mettre dehors avec force, contraindre à sortir. *Chasser le chat de la cuisine.* ▷ *Par ext.* Congédier. *Il a chassé son employé, son domestique.* ▷ Fig. *Chasser les mauvaises odeurs d'un lieu*, en l'aérant. *Chassez ces sombres pensées*, éloignez-les de votre esprit. **II.** v. intr. **1.** MAR *Navire qui chasse sur ses ancres*, qui entraîne ses ancres sous l'effet du vent ou du courant. *Ancre qui chasse*, qui ne tient pas sur le fond. **2.** TYPO En parlant d'un caractère d'imprimerie, avoir un encombrement important. **3.** CHOREGR Exécuter un chassé. **4.** Déraper. *Dans le virage, les roues arrière ont chassé.* – Du lat. pop. **captiare*, de *captare*, « chercher à prendre ».

chasseresse [ʃasʀɛs] n. f. et adj. Poét. Chasseuse. *Diane chasseresse.* – De *chasser.*

chasse-roue [ʃasʀu] n. m. Pièce de fer ou borne de pierre qui empêche les roues de dégrader les côtés d'une porte cochère. *Des chasse-roues.* Syn. bouteroue. – De *chasser*, et *roue.*

chasseur, euse [ʃasœʀ, øz] n. **1.** Personne qui pratique la chasse. **2.** *Chasseur d'images* : photographe, cinéaste en quête d'images originales. – *Chasseur de son* : amateur de sons enregistrés sur le vif. – *Chasseur de primes* : dans l'ouest des É.-U., aventurier qui capturait des criminels dont la tête était mise à prix. **3.** *Chasseurs de têtes*, se dit d'Indiens d'Amazonie qui conservaient comme trophées les têtes coupées des ennemis qu'ils avaient tués. ▷ Fig. *Chasseur de têtes* : professionnel qui se charge, pour le compte d'une entreprise, du recrutement des cadres. **4.** n. m. Groom qui fait les commissions dans un hôtel, un restaurant. **5.** Nom donné à différentes subdivisions de l'infanterie et de la cavalerie et aux hommes qui les composent. *Chasseurs d'Afrique* : anc. régiments de cavalerie légère. *Chasseurs à pied, chasseurs alpins* : corps d'infanterie. **6.** MAR Navire rapide qui fait la chasse à d'autres navires, aux sous-marins en partic. **7.** Avion de chasse. *Chasseur à réaction. Chasseur-bombardier*, spécialisé dans l'attaque au sol et le bombardement tactique. **8.** CUIS *À la chasseur* ou, ellipt., *chasseur* : préparation incluant des champignons, du vin blanc, etc., pour les volailles et les œufs. *Poulet chasseur.* – De *chasser.*

chassie [ʃasi] n. f. Matière visqueuse qui s'amasse sur le bord des paupières. – P.-ê. lat. pop. **caccita*, de *cacare* (V. chier).

chassieux, euse [ʃasjø, øz] adj. Qui a de la chassie. *Des yeux chassieux.* – De *chassie.*

châssis [ʃasi] n. m. **1.** Assemblage en métal ou en bois qui sert à encadrer ou à soutenir un objet, un vitrage, etc. *Châssis à tabatière.* **2.** HORTIC *Châssis couche* : châssis vitré provoquant un effet de serre, qui empêche le refroidissement d'une couche. **3.** BX-A Cadre sur lequel est tendue la toile d'un tableau, d'un décor de théâtre. **4.** IMPRIM Cadre rectangulaire dans lequel on impose, en typographie, les pages composées et les clichés. **5.** PHOTO Cadre contenant la plaque sensible d'un appareil photo. ▷ Cadre servant au tirage d'une épreuve photographique. **6.** *Châssis de wagon, d'automobile* : assemblage métallique rigide servant à supporter la carrosserie, le moteur, etc. **7.** Fig., pop. *Un beau châssis* : le corps d'une femme bien faite. – De *châsse* 1.

chaste [ʃast] adj. **1.** Qui pratique la chasteté. *Un homme chaste.* **2.** Pur, éloigné de tout ce qui blesse la pudeur. *Des oreilles chastes* (souvent iron.). *Un amour chaste et pur.* – Lat. ecclés. *castus.*

chastement [ʃastəmɑ̃] adv. De manière chaste. – De *chaste.*

chasteté [ʃastəte] n. f. Vertu qui consiste à s'abstenir des plaisirs charnels jugés illicites ; comportement d'une personne chaste. – *Vœu de chasteté* : vœu de continence prononcé par les prêtres, les religieux, les religieuses. – Lat. *castitas.*

chasuble [ʃazybl] n. f. **1.** Ornement liturgique que le prêtre met par-dessus l'aube et l'étole pour dire la messe. *Une chasuble brodée d'or.* **2.** *Chasuble* ou, en appos., *robe chasuble* : robe de femme, sans manches, portée sur un autre vêtement dont les manches apparaissent. – Bas lat. *casubula*, probabl. altér. du lat. *casula*, « manteau à capuchon ».

chat, chatte [ʃa, ʃat] n. **1.** Petit mammifère domestique ou sauvage (fam. félidés) au pelage soyeux, à la tête surmontée d'oreilles triangulaires, aux longues vibrisses (« moustaches »), aux pattes garnies de griffes rétractiles. *Chat tigré, persan, siamois.* ▷ Loc. fig. *Appeler un chat un chat* : ne pas avoir peur des mots, parler franchement, crûment. ▷ *Avoir un chat dans la gorge* : être enroué. ▷ *Acheter chat en poche*, sans voir l'objet que l'on achète. ▷ *Avoir d'autres chats à fouetter* : avoir des choses plus importantes à faire que celle dont il est question. ▷ Fam. *Chat fourré* : magistrat. ▷ Fam. *Il n'y a pas un chat* : il n'y a personne. ▷ *Il n'y a pas de quoi fouetter un chat* : c'est une affaire de peu d'importance. ▷ *Donner sa langue au chat* : déclarer que l'on renonce à trouver la solution d'une énigme, d'une devinette. ▷ *S'entendre comme chien et chat* : s'entendre très mal, ne pas pouvoir se supporter. ▷ *Écrire comme un chat*, d'une manière illisible. ▷ Prov. *Chat échaudé craint l'eau froide* : les expériences fâcheuses rendent prudent, méfiant. – *La nuit, tous les chats sont gris* : dans l'obscurité, toutes les confusions sont possibles. – *Quand le chat n'est pas là, les souris dansent* : en l'absence du chef, les subordonnés se relâchent. **2.** Terme de tendresse. *Mon petit chat.* **3.** Jeu de poursuite enfantin. *Jouer à chat. Chat perché. Chat coupé.* – Joueur qui poursuit les autres. *Je t'ai touché ! c'est toi le chat !* **4.** *Chat à neuf queues* : fouet à neuf lanières autref. en usage sur les navires anglais. **5.** CHOREGR *Saut de chat* ou *pas de chat* : saut latéral exécuté en série, au cours duquel les jambes s'écartent tout en se repliant. (V. aussi chatte.) – Bas lat. *cattus.*

ENCYCL En dehors du chat domestique, aux nombreuses races, mais qui ne constitue qu'une seule espèce *(Felis domestica)*, divers félidés de petite taille sont nommés *chats*. *Felis sylvestris* est le chat sauvage d'Europe, *Profelis aurata*, le chat doré d'Afrique. Les chats de gouttière, siamois, angora, etc., sont des variétés de *Felis domestica.*

châtaigne [ʃatɛɲ] n. f. et adj. inv. **I. 1.** n. f. Fruit du châtaignier (V. marron). ▷ *Châtaigne d'eau* : fruit de la macre. **2.** adj. inv. De la couleur brun clair de la châtaigne. *Un pantalon châtaigne.* **II.** n. f. Pop. Coup. *Envoyer une châtaigne sur le nez de qqn.* Syn. marron. – Lat. *castanea.*

châtaigneraie [ʃatɛɲʀɛ] n. f. Lieu planté de châtaigniers. – De *châtaigne.*

châtaignier [ʃatɛɲe] n. m. Arbre des régions tempérées (diverses espèces de *Castanea*, fam. fagacées) produisant les châtaignes. (Les variétés améliorées, sélectionnées et propagées par greffe, portent le nom de marronniers; il convient de ne pas les confondre avec le *marronnier d'Inde*.) – *Par méton.* Le bois de cet arbre. – De *châtaigne*.

châtain, aine [ʃatɛ̃, ɛn] adj. et n. (Rare au fém.) De la couleur de la châtaigne, brun clair. *Cheveux châtains.* ▷ n. m. Cette couleur. ▷ Subst. (Personnes) *Un châtain clair.* – De *châtaigne*.

chataire [ʃatɛʀ] ou **cataire** [katɛʀ] n. f. Plante herbacée odorante (*Nepeta cataria, l'herbe-aux-chats,* fam. labiées), à fleurs blanches, fréquente dans les endroits incultes. – De *chat*.

château, eaux [ʃato] n. m. **1.** Forteresse entourée de fossés et défendue par de gros murs flanqués de tours ou de bastions. *Château fort, féodal, médiéval. Les oubliettes d'un château.* **2.** Habitation royale ou seigneuriale. *Le château de Chantilly, de Versailles. Les châteaux de la Loire.* **3.** Demeure belle et vaste, à la campagne. *Le château du village.* ▷ Dans le Bordelais, habitation, au milieu d'un cru auquel elle donne son nom. *Château-Mouton-Rothschild.* **4.** Loc. fig. *Bâtir, faire des châteaux en Espagne* : former des projets irréalisables. **5.** *Château de cartes.* V. carte. **6.** MAR Superstructure dominant le pont d'un navire. *Château de proue* : gaillard d'avant. **7.** *Château d'eau* : réservoir surélevé permettant la mise sous pression d'un réseau de distribution d'eau. – Lat. *castellum,* de *castrum,* « camp ».

chateaubriand ou **châteaubriant** [ʃatobʀijɑ̃] n. m. Morceau de filet de bœuf grillé très épais. – P.-ê. du nom de l'écrivain *Chateaubriand,* dont le cuisinier aurait inventé la recette, ou du nom de la ville de *Châteaubriant* (Loire-Atlantique).

châtelain [ʃatlɛ̃] n. m. **1.** HIST Seigneur possesseur d'un château et d'un territoire. **2.** Propriétaire d'un château, d'une vaste et belle demeure campagnarde. *Le châtelain du village.* – Lat. *castellanus*.

châtelaine [ʃatlɛn] n. f. **1.** Femme d'un châtelain; propriétaire d'un château. **2.** Bijou, chaîne de ceinture. – De *châtelain*.

châtelet [ʃatlɛ] n. m. Petit château fort. – De l'a. fr. *chastel,* « château ».

châtellenie [ʃatɛlni] n. f. **1.** HIST Seigneurie et juridiction d'un seigneur châtelain. **2.** Territoire soumis à la juridiction d'un châtelain. – De *châtelain*.

chat-huant [ʃayɑ̃] n. m. Nom cour. de la hulotte. *Des chats-huants.* – Du lat. pop. **cavannus,* altér. d'ap. *chat* (l'oiseau a sur la tête deux touffes de plumes qui font penser aux oreilles d'un chat), et *huer*.

châtier [ʃatje] v. tr. [2] **1.** Litt. Infliger une peine à. *Châtier un criminel.* – Prov. *Qui aime bien châtie bien* : c'est aimer véritablement qqn que de le reprendre de ses fautes. **2.** Fig., litt. Punir (qqch). *Châtier l'audace de qqn.* **3.** Fig. Rendre plus pur, plus correct. *Châtier son style.* – Pp. adj. *Langage châtié.* – Du lat. *castigare,* « corriger ».

chatière [ʃatjɛʀ] n. f. **1.** Trou pratiqué dans le bas d'une porte pour laisser passer les chats. **2.** CONSTR Trou d'aération dans une toiture. **3.** TRAV PUBL Ouverture pratiquée dans un bassin pour permettre l'écoulement des eaux. – De *chat*.

châtiment [ʃatimɑ̃] n. m. Correction, punition. *Un châtiment injuste.* – De *châtier*.

chatoiement [ʃatwamɑ̃] n. m. Reflet brillant et changeant. *Le chatoiement de la moire.* – Fig. *Le chatoiement d'un style.* – De *chatoyer*.

1. chaton [ʃatɔ̃] n. m. **1.** Jeune chat. **2.** Inflorescence unisexuée qui se détache d'une seule pièce après la floraison (chaton mâle) ou la fructification (chaton femelle). *Chatons de noisetier, de saule.* **3.** Fam. Petit amas de poussière qui s'accumule sous les meubles. Syn. mouton. – De *chat*.

2. chaton [ʃatɔ̃] n. m. Partie saillante d'une bague, marquée d'un chiffre ou portant une pierre précieuse. – Du frq. **kasto,* « caisse ».

chatonner [ʃatɔne] v. intr. [1] Rare Mettre bas, en parlant d'une chatte. – De *chaton* 1.

1. chatouille [ʃatuj] n. f. Fam. Chatouillement. *Faire des chatouilles.* – Déverbal de *chatouiller*.

2. chatouille [ʃatuj] n. f. Nom cour. de la petite lamproie de rivière. – P.-ê. alt. par *chat,* du moyen fr. *satouille*.

chatouillement [ʃatujmɑ̃] n. m. **1.** Action de chatouiller. **2.** Picotement désagréable. – De *chatouiller*.

chatouiller [ʃatuje] v. tr. [1] **1.** Causer, par un attouchement léger, un tressaillement spasmodique qui provoque un rire nerveux. *Chatouiller un bébé.* **2.** Produire une impression agréable. *Ce vin chatouille le palais.* **3.** Fig. Exciter. *Chatouiller la curiosité de qqn.* – Probabl. onomat.

chatouilleux, euse [ʃatujø, øz] adj. **1.** Sensible au chatouillement. **2.** Fig. Susceptible. *Un caractère chatouilleux.* – De *chatouiller*.

chatouillis [ʃatuji] n. m. Fam. Chatouille légère. – De *chatouiller*.

chatoyant, ante [ʃatwajɑ̃, ɑ̃t] adj. **1.** Qui chatoie. *Une étoffe chatoyante.* **2.** Litt., fig. *Style chatoyant,* où les images sont variées et nombreuses. – Ppr. de *chatoyer*.

chatoyer [ʃatwaje] v. intr. [23] Avoir des reflets changeants. ▷ Fig. *Style qui chatoie par la richesse de ses images.* – De *chat,* par anal. avec les reflets changeants de l'œil de cet animal.

châtrer [ʃɑtʀe] v. tr. [1] **1.** Rendre stérile (un être humain ou un animal) par l'ablation des testicules ou des ovaires. **2.** HORTIC Supprimer les organes de multiplication végétative de (une plante). *Châtrer un fraisier,* en coupant les stolons. **3.** Fig. Mutiler. *Châtrer un ouvrage littéraire,* par des coupures. – Lat. *castrare*.

chatte [ʃat] n. f. et adj. **I. 1.** n. f. Femelle du chat. **2.** Vulg. Sexe de la femme. **3.** adj. *Des manières chattes* : des manières câlines, comme celles d'une chatte. **II.** MAR Grappin à dents acérées qui sert à draguer des câbles, des chaînes, etc. – V. chat.

chattemite [ʃatmit] n. f. Litt. Personne qui affecte des airs doux et humbles pour tromper ou séduire. – De *chatte,* et *mite,* anc. n. pop. du chat.

chatterie [ʃatʀi] n. f. **1.** Caresse câline. *Faire des chatteries à qqn.* **2.** Friandise. – De *chatte*.

chatterton [ʃatɛʀtɔn] n. m. Ruban adhésif employé comme isolant en électricité. – Du nom de l'inventeur.

chaud, chaude [ʃo, ʃod] adj., n. et adv. **I.** Adj. **1.** Qui procure une sensation de chaleur, qui présente une température plus élevée que celle du corps humain. *Un climat chaud. De l'eau trop chaude.* **2.** Qui donne, qui produit, qui garde, qui transmet la chaleur. *Des croissants encore chauds. Avoir les mains chaudes.* – (Prov.) *Il faut battre le fer tant qu'il est chaud,* saisir les occasions quand elles se présentent. **3.** PHYSIOL *Les animaux à sang chaud,* homéothermes. **4.** Fig. *Une nouvelle toute chaude,* récente. – *Pleurer à chaudes larmes,* abondamment. – *Faire des gorges chaudes* : rire, se moquer. **5.** Fig. Ardent, sensuel. *Avoir un tempérament chaud. Avoir le sang* chaud.* **6.** Fig. *Une chaude affection,* passionnée, zélée. – Fam. *Il n'est ni chaud ni froid* : il reste indécis. **7.** Fig. *L'alerte aura été chaude,* rude. **8.** Fig. *Une voix chaude,* animée, bien timbrée. **9.** Fig., PEINT *Coloris, tons chauds,* qui évoquent le feu (rouge, orangé, etc.). **II.** N. m. **1.** Chaleur. *Il ne craint ni le chaud ni le froid.* **2.** *Un chaud et froid* : refroidissement brusque alors que l'on est en sueur. **3.** Loc. fig. *Souffler le chaud et le froid* : imposer sa volonté en étant successivement amical et hostile. **4.** *Au chaud* :

de manière que la chaleur se conserve. *Tenir un plat au chaud.* **5.** (Nominal après un verbe.) *Avoir chaud.* – *Avoir eu chaud :* avoir échappé de bien peu à un désagrément. – *Il fait chaud.* Fam. *Cela ne me fait ni chaud, ni froid,* m'est indifférent. **III.** adv. **1.** *Mangez donc chaud.* **2.** Loc. adv. *Opérer à chaud,* en pleine crise. **3.** Fam. *Cela te coûtera chaud,* cher. – Lat. *calidus.*

chaude [ʃod] n. f. **1.** TECH *Donner une chaude au fer, au verre,* les porter à une température élevée pour les travailler. **2.** Dial. Flambée. – De *chaud.*

chaudement [ʃodmɑ̃] adv. **1.** De façon à avoir chaud. *Se vêtir chaudement.* **2.** Avec ardeur, vivacité. *Cet avocat l'a chaudement défendu.* – De *chaud.*

chaude-pisse [ʃodpis] n. f. Vulg. Blennorragie. *Des chaudes-pisses.* – De *chaud,* et *pisse,* à cause des sensations de brûlures à la miction que provoque cette maladie.

chaud-froid [ʃofʀwa] n. m. Volaille ou gibier cuit, servi froid, nappé d'une sauce à base de gelée. *Des chauds-froids.* – De *chaud,* et *froid.*

chaudière [ʃodjɛʀ] n. f. **1.** Vx Grand récipient métallique pour faire chauffer, cuire, bouillir. **2.** Récipient, cuve destinée à porter un fluide (généralement de l'eau ou de la vapeur) à une température élevée. *Chaudière de chauffage central, à charbon, à mazout. Chaudière de locomotive, de bateau.* – Lat. imp. *caldaria,* rad. *calidus,* « chaud ».

chaudron [ʃodʀɔ̃] n. m. **1.** Petit récipient, de cuivre ou de fonte, muni d'une anse, surtout destiné aux usages culinaires; son contenu. *Un chaudron de légumes.* **2.** Péjor. Mauvais instrument de musique. **3.** BOT Nom de diverses maladies des arbres, partic. des conifères. – De *chaudière.*

chaudronnée [ʃodʀɔne] n. f. Contenu d'un chaudron. – De *chaudron.*

chaudronnerie [ʃodʀɔnʀi] n. f. Industrie concernant la fabrication d'objets en métal par emboutissage, estampage, rivetage, martelage et soudage. ▷ Usine, atelier où sont fabriqués de tels objets. ▷ Produit de cette industrie. – De *chaudron.*

chaudronnier, ère [ʃodʀɔnje, ɛʀ] n. Personne qui fabrique ou vend des articles de chaudronnerie. *Un chaudronnier d'art.* – De *chaudron.*

chauffage [ʃofaʒ] n. m. **1.** Action de chauffer; production de chaleur. *Appareil de chauffage.* **2.** Mode de production de chaleur; appareil destiné à chauffer. *Chauffage au bois, au gaz, à l'électricité. Chauffage central,* par des radiateurs alimentés par une chaudière unique (dans une maison, un appartement, un immeuble). *Chauffage urbain,* alimenté par ces centrales couvrant une zone urbaine. *Chauffage solaire. Le chauffage est tombé en panne.* – De *chauffer.*

chauffagiste [ʃofaʒist] n. m. Spécialiste de l'installation et de l'entretien du chauffage central. – De *chauffage.*

chauffant, ante [ʃofɑ̃, ɑ̃t] adj. Qui chauffe. *Couverture chauffante.* – Ppr. de *chauffer.*

chauffard [ʃofaʀ] n. m. Automobiliste maladroit, imprudent, ou qui ne respecte pas les règles de la conduite. – Par extens. *Chauffard des mers.* – De *chauffeur,* et suff. péjor. *-ard.*

chauffe [ʃof] n. f. **1.** TECH Action, fait de chauffer. *Contrôle de chauffe.* ▷ *Surface de chauffe :* surface d'une chaudière (parois et tubes) recevant la chaleur fournie par le foyer. ▷ *Corps de chauffe :* appareil (radiateur, tuyau à ailettes, etc.) qui diffuse la chaleur apportée par un fluide chauffant. ▷ *Bleu de chauffe :* vêtement de grosse toile bleue utilisé par divers corps de métiers (d'abord par les chauffeurs, sens 1). **2.** *Chambre de chauffe :* lieu où l'on brûle le combustible qui chauffe les fourneaux de fonderies, les chaudières de navires. – Déverbal de *chauffer.*

chauffe-bain [ʃofbɛ̃] n. m. Chauffe-eau servant à alimenter une salle de bains. *Des chauffe-bains électriques.* – De *chauffer,* et *bain.*

chauffe-biberon [ʃofbibʀɔ̃] n. m. Appareil électrique servant à faire chauffer les biberons au bain-marie. *Des chauffe-biberons.* – De *chauffer,* et *biberon.*

chauffe-eau [ʃofo] n. m. inv. Appareil de production d'eau chaude domestique. *Des chauffe-eau électriques, à gaz.* – De *chauffer,* et *eau.*

chauffe-plat(s) [ʃofpla] n. m. Plaque chauffante, réchaud de table ou de desserte. *Des chauffe-plats.* – De *chauffer,* et *plat.*

chauffer [ʃofe] v. [1] **I.** v. tr. **1.** Rendre chaud, plus chaud; donner une sensation de chaleur. *Chauffer un métal pour le travailler. L'alcool chauffe les joues.* ▷ *Chauffer au rouge, à blanc :* élever la température jusqu'à ce que le corps chauffé devienne rouge, blanc. – Fig., fam. *Être chauffé à blanc :* être très énervé, ne plus pouvoir se contenir. **2.** TECH Mettre sous pression (une machine à vapeur). – Anc. *Chauffer une locomotive.* **3.** Fig., fam. Mener vivement, activer (qqch); exciter, enthousiasmer (qqn). *Chauffer une affaire. Un chanteur qui chauffe son public.* ▷ *Chauffer un candidat,* le préparer à une épreuve, à un examen, par un travail intensif. ▷ *Chauffer les oreilles à qqn,* l'irriter. **4.** Arg. Voler. *Se faire chauffer son portefeuille.* **II.** v. intr. **1.** Devenir chaud. *Le dîner est en train de chauffer.* **2.** Dégager de la chaleur. *La houille chauffe plus que le bois.* **3.** S'échauffer à l'excès. *Cet essieu va chauffer s'il n'est pas graissé.* – Fig., fam. *Ça chauffe, ça va chauffer :* cela se gâte, cela va prendre une tournure violente. **III.** v. pron. **1.** S'exposer à la chaleur. *Se chauffer au coin du feu.* **2.** Être chauffé. *Nous ne nous chauffons qu'au mazout.* ▷ Fig., fam. *On verra de quel bois je me chauffe :* on verra de quoi je suis capable (menace). – Du lat. pop. **calefare.*

chaufferette [ʃofʀɛt] n. f. Anc. Boîte perforée contenant des braises et servant à se chauffer les pieds. – Mod. *Chaufferette électrique.* – De *chauffer.*

chaufferie [ʃofʀi] n. f. Local où sont installés des appareils de production de chaleur. – De *chauffer.*

chauffeur [ʃofœʀ] n. m. **1.** Ouvrier chargé de l'alimentation d'un foyer. *Les chauffeurs des anciennes locomotives à vapeur.* **2.** Personne qui conduit une automobile. *Chauffeur de taxi.* **3.** HIST *Les chauffeurs :* brigands qui, au début du XIXe s., brûlaient les pieds de leurs victimes pour leur faire avouer où elles cachaient leurs richesses. – De *chauffer.*

chauffeuse [ʃoføz] n. f. Siège bas à dossier pour s'asseoir auprès du feu. – De *chauffer.*

chaufour [ʃofuʀ] n. m. Four à chaux. – De *chaux,* et *four.*

chaufournier [ʃofuʀnje] n. m. Ouvrier chargé de la conduite d'un four à chaux. – De *chaufour.*

chaulage [ʃolaʒ] n. m. Action de chauler; traitement par la chaux. *Chaulage des sols, des arbres.* – De *chauler.*

chauler [ʃole] v. tr. [1] **1.** AGRIC Amender un sol en y incorporant de la chaux. **2.** Enduire de chaux. *Chauler un mur.* – De *chaux.*

chauleuse [ʃoløz] n. f. Appareil à chauler. – De *chauler.*

chaumage [ʃomaʒ] n. m. Récolte du chaume. – *Par ext.* Temps où a lieu cette récolte. – De *chaume.*

chaume [ʃom] n. m. **1.** BOT Tige herbacée des graminées (blé, avoine, etc.). **2.** AGRIC Partie des céréales qui reste dans un champ après la moisson. *Brûler le chaume.*

Syn. éteule. ▷ *Par ext.* (Surtout au pl.) Champ où le chaume est encore sur pied. *Se promener dans les chaumes.* **3.** Paille qui sert de couverture à certaines habitations rurales; cette couverture elle-même. *Une vieille ferme à toit de chaume. Le chaume d'une maison.* – Lat. *calamus,* «tige de roseau».

chaumer [ʃome] v. tr. et intr. [1] Couper, ramasser le chaume d'un champ. – De *chaume.*

chaumière [ʃomjɛʀ] n. f. Maison couverte de chaume. - Loc. fam. *Une histoire à faire pleurer dans les chaumières,* très sentimentale. – De *chaume.*

chaumine [ʃomin] n. f. Vieilli, poét. Petite chaumière. – De *chaume.*

chaussant, ante [ʃosɑ̃, ɑ̃t] adj. Qui chausse bien. *Des escarpins chaussants.* – Ppr. de *chausser.*

chausse [ʃos] n. f. TECH Filtre d'étoffe en forme d'entonnoir. – De *chausser.*

chaussé, ée [ʃose] adj. **1.** Qui porte une, des chaussure(s). *Bien, mal chaussé. Chaussé de sabots.* - Prov. *Les cordonniers sont les plus mal chaussés* : on néglige souvent les avantages les plus accessibles. **2.** Muni de pneus. *Voiture chaussée de pneus cloutés.* **3.** HERALD Se dit de l'écu divisé par deux diagonales partant des angles du chef et se rejoignant au milieu de la pointe. – Pp. de *chausser.*

chaussée [ʃose] n. f. **1.** Partie d'une route aménagée pour la circulation. *Chaussée glissante par temps de pluie.* **2.** Levée de terre servant à retenir l'eau d'un étang, d'une rivière, etc., ou utilisée comme chemin de passage dans les lieux marécageux. **3.** MAR Long écueil sous-marin. *La chaussée de Sein.* **4.** HORL Pièce d'une montre, qui porte l'aiguille des minutes. – Lat. pop. *(via) *calceata,* «(voie)» soit «couverte de chaux», soit «foulée par le talon» *(calx, calcis).*

chausse-pied [ʃospje] n. m. Instrument en forme de lame incurvée, dont on se sert pour chausser plus facilement une chaussure. *Des chausse-pieds.* – De *chausser,* et *pied.*

chausser [ʃose] v. tr. [1] **I. 1.** Mettre à ses pieds (des chaussures). *Chausser des bottes.* - Ellipt. *Chausser du 41,* porter des chaussures de cette pointure. ▷ EQUIT *Chausser les étriers* : mettre les pieds dans les étriers. ▷ Fig. *Chausser des lunettes,* les ajuster sur son nez. **2.** Mettre des chaussures à (qqn). *Chausser une fillette.* ▷ v. pron. *Se baisser pour se chausser.* **3.** Fournir en chaussures. *Un bottier célèbre qui chausse les plus grandes actrices.* ▷ v. pron. *Ne se chausser que dans les meilleures boutiques.* **4.** (En parlant de chaussures.) S'ajuster, être bien ou mal adapté. *Ce modèle vous chausse bien.* **5.** Munir de pneumatiques (un véhicule). **II.** ARBOR *Chausser un arbre,* entourer son pied de terre. Syn. butter 1. – Lat. *calceare,* de *calceus,* «soulier».

chausses [ʃos] n. f. pl. Anc. Partie du vêtement des hommes, qui couvrait le corps de la ceinture jusqu'aux genoux (*haut-de-chausses*) ou jusqu'aux pieds (*bas-de-chausses*). - Fig. *Tirer ses chausses* : s'enfuir. - Loc. *Aboyer aux chausses de qqn,* le harceler, le poursuivre de ses attaques. – Lat. vulg. **calcea,* de *calceus,* «soulier».

chausse-trape ou **chausse-trappe** [ʃostʀap] n. f. **1.** Trou recouvert où est dissimulé un piège, destiné à attraper les animaux sauvages. **2.** Fig. Piège que l'on tend à qqn; ruse que l'on emploie pour le tromper. *Attirer qqn dans des chausse-trapes.* **3.** Anc. MILIT Pièce métallique à quatre pointes assemblées en tétraèdre dont on parsemait un terrain pour en défendre le passage à la cavalerie. – Altér. (d'après *chausser,* et *trappe*) de *chauchetrepe,* de l'anc. fr. *chalcier,* «fouler aux pieds», lat. *calcare,* et *treper,* «frapper du pied».

chaussette [ʃosɛt] n. f. Bas court (porté par les deux sexes). *Chaussettes en laine, en fil, en nylon.* - *Chaussette russe* : bande de toile enveloppant le pied et le mollet. - Fam. *Jus de chaussette* : mauvais café. ▷ Loc. *Laisser tomber qqn comme une vieille chaussette* : abandonner qqn qui n'a plus d'intérêt. – De *chausse.*

chausseur [ʃosœʀ] n. m. Commerçant en chaussures, généralement sur mesure. Syn. bottier. *Un grand chausseur parisien.* – De *chausser.*

chausson [ʃosɔ̃] n. m. **1.** Chaussure d'intérieur souple, légère et confortable. *Se mettre en chaussons.* **2.** Chaussure souple utilisée dans certains sports. - *Spécial.* Chausson de danse. V. pointe. **3.** Chaussette basse tricotée pour nouveau-né. **4.** Fig. Combat à coups de pied, dérivé de la savate. *Pratiquer la canne et le chausson.* **5.** CUIS Pâtisserie faite d'un rond de pâte feuilletée plié en deux et fourré aux fruits. *Chausson aux pommes.* – De *chausser.*

chaussure [ʃosyʀ] n. f. **1.** Partie de l'habillement qui sert à couvrir et à protéger le pied (sandales, souliers, pantoufles, bottes, etc.). *Cirer, nettoyer, décrotter ses chaussures. Lacets, talons, semelles de chaussures.* Syn. soulier. ▷ Fig. *Trouver chaussure à son pied* : trouver ce qui convient, spécial. une personne avec qui se marier. **2.** Industrie de la chaussure. *Romans, capitale de la chaussure en France.* – De *chausser.*

chaut. V. chaloir.

chauve [ʃov] adj. et n **1.** Qui n'a plus, ou presque plus, de cheveux. *Avoir la tête chauve.* - *Être chauve.* ▷ Subst. *Un chauve.* **2.** *Par ext.* Litt. Nu, dépouillé. *Monts chauves.* – Lat. *calvus.*

chauve-souris [ʃovsuʀi] n. f. Mammifère muni d'ailes membraneuses, dont le corps rappelle celui d'une souris. (Nom cour. de tous les chiroptères, ordre comprenant de nombr. espèces.) *Des chauves-souris.* – Bas lat. *calvas sorices,* «souris chauve».

chauvin, ine [ʃovɛ̃, in] adj. Péjor. Qui professe un patriotisme exagéré et aveugle. *Un comportement chauvin.* ▷ Subst. *C'était un chauvin convaincu de la supériorité de son pays en tout.* ▷ *Par ext.* Qui manifeste une admiration exclusive pour sa ville, sa région, etc. *Un supporter chauvin.* – De Nicolas *Chauvin,* type du soldat enthousiaste et naïf de l'Empire, héros de *la Cocarde tricolore,* de Cogniard.

chauvinisme [ʃovinism] n. m. État d'esprit, sentiments chauvins. *Un chauvinisme exacerbé.* – De *chauvin.*

chaux [ʃo] n. f. Oxyde de calcium, de formule CaO; solide blanc de densité 3,4 g/cm^3 qui fond à 2 570 °C et bout à 2 850 °C. ▷ *Chaux éteinte* : hydroxyde de calcium $Ca(OH)_2$. ▷ *Lait de chaux* : chaux éteinte étendue d'eau jusqu'à consistance de badigeon. ▷ *Eau de chaux* : solution de chaux dans l'eau. ▷ *Chaux vive* : anc. nom de l'oxyde de calcium anhydride. ▷ Loc. fig. *Être bâti à chaux et à sable* : être d'une constitution robuste. – Lat. *calx, calcis.*

chavirement [ʃaviʀmɑ̃] ou **chavirage** [ʃaviʀaʒ] n. m. Fait de chavirer. – De *chavirer.*

chavirer [ʃaviʀe] v. [1] **I.** v. intr. **1.** Se retourner, en parlant d'un navire. *Un voilier qui chavire.* ▷ *Par ext.* Se renverser, se retourner. *La carriole chavira.* **2.** Fig., fam. Tourner, retourner. *L'émotion lui chavirait la tête.* - Pp. adj. *Avoir le cœur chaviré.* ▷ Échouer, en parlant d'un projet. *Faire chavirer les projets, les plans de qqn* (cf. faire tomber à l'eau*). **II.** v. tr. Renverser, culbuter. *Chavirer des meubles avec violence.* – Du provenç. *cap vira,* «tourner la tête».

chebec [ʃebɛk] n. m. Petit navire à trois mâts, gréé en voiles latines, utilisé autref. en Méditerranée. – Ital. *sciabecco,* ar. *chabbâk.*

chèche [ʃɛʃ] n. m. Bande de tissu léger s'enroulant en turban autour de la tête, dans les pays arabes. – Mot ar.

chéchia [ʃeʃja] n. f. Calotte de laine portée dans certains pays d'islam. *La chéchia rouge des anciennes troupes coloniales françaises.* – Ar. *châchîya*, de *Châch*, anc. n. de la ville de Tachkent (Ouzbékistan), où l'on fabriquait des bonnets.

check-list [(t)ʃɛklist] n. f. (Anglicisme) TECH Liste des vérifications à effectuer avant la mise en marche d'un appareil (notam. d'un avion). *Des check-lists.* Syn. (off. recommandé) liste de contrôle. – Mot angl., de *to check*, «vérifier», et *list*, «liste».

check-point [tʃɛkpɔint] n. m. (Anglicisme) Poste de contrôle miltaire établi sur un itinéraire. – Mot angl., de *to check*, «vérifier», et *point*, «contrôle».

check-up [(t)ʃɛkœp] n. m. inv. (Anglicisme) Bilan de santé. – Mot angl., de *to check up*, «vérifier».

cheddar [(t)ʃedaʀ] n. m. Fromage de vache anglais, à pâte dure jaunâtre ou orangée. – Du n. d'un village du Somersetshire (G.-B.).

cheddite [ʃedit] n. f. Explosif à base de chlorate de potassium ou de sodium et de nitrotoluène. – Du n. de *Chedde* (Hte-Savoie), village où fut fabriqué pour la première fois cet explosif.

chef [ʃɛf] n. m. **I. 1.** Personne qui est à la tête d'un corps constitué, qui a le premier rang, la première autorité. *Le chef de l'État* : le souverain, le président de la République. – *Le chef du gouvernement* : le Premier ministre. ▷ *Chef de file* : celui dont on suit l'exemple, les convictions. *Le chef de file des partisans de l'indépendance.* – *Chef d'école* : celui dont les doctrines sont admises par des disciples qui les propagent. ▷ Fam. *Bravo, tu es un chef!* **2.** Dans les armées, tout militaire pourvu d'un grade lui conférant une autorité. *Obéir à ses chefs.* ▷ *Sergent-chef, maréchal des logis-chef,* appelés *chefs. À vos ordres, chef!* ▷ MAR Gradé placé à la tête d'un service. *Chef de quart.* **3.** Titre d'un fonctionnaire à la tête d'un service, d'une division administrative. *Chef de service, chef de bureau.* ▷ *Chef de cabinet d'un ministre.* **4.** Personne qui dirige qqch, qui en est responsable. *Chef d'entreprise. Chef d'atelier. Chef de chantier. Chef de gare, chef de train. Le chef de cuisine d'un restaurant,* ou ellipt., *le chef.* ▷ MUS *Chef d'orchestre*, chef de chœurs.* **5.** Loc. adv. *En chef* : en qualité de chef suprême. *Général en chef des armées alliées.* ▷ *Ingénieur en chef.* **II. 1.** Vx ou litt. Tête. *Opiner du chef* : acquiescer. ▷ Loc. adv. *De son chef* : de sa propre initiative, de sa seule autorité. *Agir de son propre chef.* **2.** Mod. DR Article, point principal. *Les chefs d'accusation qui pèsent sur l'accusé.* ▷ Loc. adv. *Au premier chef* : au plus haut point. *Question importante au premier chef.* **3.** HERALD Partie supérieure de l'écu. – Du lat. *caput*, «tête».

chef-d'œuvre [ʃɛdœvʀ] n. m. **1.** Anc. Ouvrage exemplaire que devait faire un artisan pour accéder à la maîtrise, au sein d'une corporation. **2.** Œuvre capitale, parfaite en son genre. *Les chefs-d'œuvre de la sculpture grecque.* – Par ext. *Un chef-d'œuvre d'habileté, de malice,* etc. : ce qui dénote une habileté, une malice exceptionnelles.

chefferie [ʃɛfʀi] n. f. **1.** Anc. circonscription qui était placée sous l'autorité d'un officier du génie milit. **2.** En Afrique noire notam., territ. placé sous l'autorité d'un chef traditionnel. ▷ Autorité, charge d'un chef traditionnel. – De *chef.*

chef-lieu [ʃɛfljø] n. m. Localité qui est le siège d'une division administrative. *Chef-lieu de canton.* – *Chef-lieu de département* : préfecture. *Des chefs-lieux de région.*

cheftaine [ʃɛftɛn] n. f. Dans le scoutisme, jeune fille chargée de la direction d'un groupe de louveteaux, de guides ou d'éclaireuses. – Angl. *chieftain*, de l'anc. fr. *chevetain*, «capitaine».

cheik, cheikh ou **scheikh** [ʃɛk] n. m. Titre des chefs de tribu, chez les Arabes, et de certains maîtres spirituels, chez les musulmans. – Ar. *chaykh*, «vieillard».

chéilite [keilit] n. f. MED Inflammation des lèvres. – Du gr. *kheilos*, «lèvre».

cheire [ʃɛʀ] n. f. Surface, marquée par des scories, d'une coulée de lave en Auvergne. – Mot auvergnat, lat. pop. **carium*, d'orig. prélatine.

chéiroptères. V. chiroptères.

chélate [kelat] n. m. Corps chimique qui peut fixer des cations métalliques en formant un complexe stable. – Du gr. *khêlê*, «pince», l'ion métallique pouvant être fixé comme une bille dans une pince.

chélater [kelate] v. tr. [1] Former un complexe à l'aide d'un chélate. – De *chélate.*

chélateur [kelatœʀ] adj. m. et n. m. Qui agit comme un chélate. *Agent chélateur.* – De *chélater.*

chélation [kelasjɔ̃] n. f. MED Formation d'un complexe à l'aide d'un chélate, utilisée pour combattre certaines intoxications (plomb, chrome). – De *chélate.*

chelem ou **schelem** [ʃlɛm] n. m. **1.** Réalisation de toutes les levées, par un seul joueur ou une seule équipe, à certains jeux de cartes (tarot, bridge). – *Faire un petit chelem* : gagner tous les plis sauf un. *Réussir un grand chelem.* **2.** SPORT Série complète de victoires, dans un ensemble de compétitions. – Altér. de l'angl. *slam*, d'orig. obscure.

chélicérates [keliseʀat] n. m. pl. ZOOL Sous-embranchement d'arthropodes comprenant les arachnides, les mérostomes et les pycnogonides, tous pourvus d'une paire de chélicères, à l'aide de laquelle ils capturent leur proie et souvent lui inoculent un venin ou des enzymes destructrices. – Sing. *Un chélicérate.* – De *chélicère*, et *-ate.*

chélicère [kelisɛʀ] n. f. ZOOL Appendice céphalique le plus antérieur, chez les arthropodes chélicérates. – Lat. zool. *chelicera*, gr. *khêlê*, «pince», et *keras*, «corne».

chélidoine [kelidwan] n. f. BOT Papavéracée des vieux murs et des éboulis (*Chelidonium majus*, la grande éclaire), à fleurs jaunes, qui laisse écouler un latex jaune lorsqu'on la casse. Syn. herbe-aux-verrues. – Lat. *chelidonia*, gr. *khelidonia*, de *khelidôn*, «hirondelle».

chelléen, enne [ʃeleɛ̃, ɛn] n. m. (et adj.) PREHIST Le plus vieil étage du paléolithique inférieur. Syn. abbevillien. – De la localité de *Chelles*, dans la rég. parisienne.

chéloïde [kelɔid] n. f. MED Excroissance cutanée, en forme de bourrelet allongé et ramifié, qui se forme parfois sur une cicatrice. – Du gr. *khêlê*, «pince», et *-oïde.*

chéloniens [kelɔnjɛ̃] n. m. pl. ZOOL Ordre de reptiles, couramment nommés tortues, dont le corps est protégé par une carapace et un plastron ventral osseux recouverts de corne. (Leur gueule, dépourvue de dents, est armée d'un puissant bec corné. Herbivores ou carnivores, ils peuvent être marins, dulçaquicoles ou terrestres.) – Sing. *Un chélonien.* – Du gr. *khelônê*, «tortue».

chemin [ʃ(ə)mɛ̃] n. m. **I. 1.** Voie par laquelle on peut aller d'un point à un autre, généralement à la campagne. *Chemin de terre. Chemin vicinal.* **2.** Par anal. *Chemin de ronde*, aménagé dans une enceinte fortifiée pour le passage des rondes. ▷ *Se frayer un chemin à travers des taillis, la foule,* etc. : s'ouvrir un passage. ▷ *Demander son chemin* : se renseigner sur l'itinéraire à suivre pour aller quelque part. *Perdre son chemin.* **II. 1.** Distance. *La droite est le plus court chemin d'un point à un autre.* – *Faire du chemin* : parcourir une longue distance. ▷ *Par ext.* Durée d'un trajet. *Vous en avez pour deux heures de chemin.* **2.** Ce qui mène à une fin. *Les chemins de la réussite. Il veut faire fortune mais n'en prend pas le* *chemin.* ▷ Prov. *Tous les chemins mènent à Rome* : on peut atteindre le même but de nombreuses façons différentes. **3.** Loc. fig. *Il n'y va pas par quatre chemins* : il va droit au but, sans ménagements. – *Barrer le chemin à qqn*, lui faire obstacle. – *S'arrêter en chemin* : abandonner une entreprise déjà commencée. – *Faire son chemin, faire du chemin* : s'enrichir, arriver. *Ce garçon a fait son chemin par lui-même. Il a fait du chemin depuis sa sortie de l'école.* – *Aller son petit bonhomme de chemin* : V. bonhomme. – *Suivre le droit chemin* : se conduire conformément aux principes moraux de son époque. – *Montrer le chemin* : montrer l'exemple. – *Faire la moitié du chemin* : faire un geste de bonne volonté dans une négociation. **4.** MATH *Chemin d'un graphe* : suite d'arcs allant d'un point du graphe (origine) à un autre (destination). – *Chemin critique* (d'un graphe), le plus court. **5.** PHYS *Chemin optique* : produit de la distance parcourue par un rayon lumineux dans une substance donnée par l'indice de réfraction de cette substance. **6.** *Chemin de table* : napperon long et étroit. **7.** LITURG et BX-A *Chemin de croix**. – Lat. pop. **camminus*, mot celt.

chemin de fer [ʃ(ə)mɛ̃dfɛʀ] n. m. **1.** Vx Voie ferrée, constituée par deux rails parallèles, sur laquelle circulent les trains. **2.** Moyen de transport qui utilise les voies ferrées. *Voyager en chemin de fer. Accident de chemin de fer.* Syn. train. **3.** Administration qui dirige et exploite un réseau de chemin de fer. *Employé de chemin de fer. Travailler dans les chemins de fer.* ▷ *Société nationale des chemins de fer français (S.N.C.F.)* : société nationalisée qui exploite la quasi-totalité du réseau ferré français. **4.** Jeu de casino, variante du baccara. **5.** TECH Appareil ou organe qui se déplace sur des glissières, des rails ou des galets. – Trad. de l'angl. *railway.*

chemineau [ʃ(ə)mino] n. m. Vagabond, journalier qui parcourt les chemins de village en village. – Mot de l'Ouest; de *chemin.*

cheminée [ʃ(ə)mine] n. f. **1.** Construction à l'intérieur d'une habitation, aménagée en foyer et dans laquelle on fait du feu. *Se réunir autour de la cheminée.* **2.** Extrémité du conduit de cheminée, destinée à évacuer la fumée et qui dépasse du toit; ce conduit lui-même. *Les cigognes font leur nid sur les cheminées.* – *Feu de cheminée* : inflammation de la suie déposée sur les parois d'un conduit de cheminée. **3.** Tuyau servant à l'évacuation des fumées dans les machines et dans certains foyers industriels. *Cheminée d'usine.* **4.** GEOL *Cheminée d'un volcan* : canal par lequel se fait l'ascension des gaz, des fumées et de la lave. ▷ *Cheminée de fée* : colonne argileuse dégagée par l'érosion et que protège un chapeau de roche résistante. **5.** ALPIN Étroite fente rocheuse où l'on progresse à la façon des anciens ramoneurs. – Bas lat. *caminata*, de *caminus*, « âtre ».

cheminement [ʃ(ə)minmɑ̃] n. m. **1.** Action de cheminer. **2.** Fig. Évolution, progression (d'une idée, d'un sentiment). *C'est par un lent cheminement qu'il fut amené à la révolte.* ▷ Démarche intellectuelle ou artistique (d'un créateur). *Le cheminement d'un auteur.* **3.** MILIT Trajet suivi pour s'approcher à couvert des positions ennemies. **4.** TOPOGR Procédé de levée de plans consistant en mesures d'angles et de longueurs, le long d'une ligne polygonale. – De *cheminer.*

cheminer [ʃ(ə)mine] v. intr. [1] **1.** Faire du chemin; aller à pied. *Ils cheminaient à travers bois.* **2.** Fig. Évoluer, progresser, en parlant d'une idée, d'un sentiment. **3.** MILIT Progresser à couvert des positions ennemies. **4.** TOPOGR Effectuer une levée par cheminement. – De *chemin.*

cheminot [ʃ(ə)mino] n. m. Employé, ouvrier de chemin de fer. – De *chemin (de fer).*

chemisage [ʃ(ə)mizaʒ] n. m. TECH Opération par laquelle on chemise; son résultat. – De *chemise* 2.

1. chemise [ʃ(ə)miz] n. f. **1.** Vêtement surtout masculin de tissu léger qui couvre le torse. *Chemise en coton, en laine, en nylon. Chemise d'homme* ou, absol., *chemise.* – *Être en manches, en bras de chemise*, en chemise, sans veste. *Chemise de nuit* : long vêtement de nuit. **2.** Loc. fig., fam. *Jouer jusqu'à sa chemise, perdre jusqu'à sa chemise* : jouer tout ce que l'on a, se ruiner. – *Changer de (qqch) comme de chemise*, en changer très souvent. *Il change d'opinion comme de chemise.* – *Se soucier de (qqch) comme de sa première chemise*, ne pas s'en soucier du tout. – Pop. *Ils sont comme cul et chemise*, inséparables. **3.** Pièce d'uniforme caractérisant certaines formations politiques. *Les Chemises rouges* : les garibaldiens. *Les Chemises brunes* : les nazis. *Les Chemises noires* : les fascistes. – *Par ext.* Membre d'une de ces formations. – Bas lat. **camisia.*

2. chemise [ʃ(ə)miz] n. f. **1.** Couverture en papier ou en carton, renfermant des papiers divers. *Mettre des documents dans une chemise.* ▷ *Mettre un livre sous chemise*, le recouvrir. **2.** En armurerie, enveloppe en métal d'un projectile. *Chemise d'une balle, d'un obus.* **3.** CONSTR Revêtement de protection extérieur. **4.** TECH Enveloppe métallique intérieure ou extérieure d'une pièce, destinée à la protéger, à en augmenter la résistance, etc. *Chemise d'un piston.* – De *chemise* 1.

chemiser [ʃ(ə)mize] v. tr. [1] **1.** TECH Garnir d'une chemise 2 (sens 2 et 4). **2.** CUIS Garnir (les parois d'un moule) d'une substance, de papier. – De *chemise* 2.

chemiserie [ʃ(ə)mizʀi] n. f. **1.** Fabrique, magasin de chemises. **2.** Industrie de la chemise et de la lingerie masculine. – De *chemise* 1.

chemisette [ʃ(ə)mizɛt] n. f. **1.** Chemise d'homme légère à manches courtes. **2.** Corsage léger. – De *chemise* 1.

1. chemisier [ʃ(ə)mizje] n. m. Vêtement féminin analogue à la chemise d'homme. – De *chemise* 1.

2. chemisier, ère [ʃ(ə)mizje, jɛʀ] n. Personne qui confectionne ou vend des chemises. – De *chemise* 1.

chémosis [kemozis] n. m. MED Œdème de la conjonctive, qui forme un bourrelet circulaire autour de la cornée. – Mot gr.

chênaie [ʃɛnɛ] n. f. Lieu planté de chênes. – De *chêne.*

chenal, aux [ʃ(ə)nal, o] n. m. **1.** Partie navigable d'un cours d'eau ou d'un bras de mer, donnant accès à un port ou à la haute mer, ou permettant de passer entre des îles, des écueils. *Chenal balisé d'un estuaire.* **2.** Canal amenant l'eau à un moulin, une usine. – Du lat. *canalis*, « tuyau ».

chenapan [ʃ(ə)napɑ̃] n. m. Vaurien, garnement (en parlant d'un enfant). *Bande de chenapans!* Syn. galopin. – All. *Schnapphahn*, « maraudeur ».

chêne [ʃɛn] n. m. **1.** Grand arbre forestier (genre *Quercus*, fam. fagacées) à fleurs apétales et à feuilles lobées. *Le gland est le fruit du chêne. Le chêne rouvre* (Quercus robur) *est recherché pour son bois dur et résistant. Le chêne vert* (Quercus ilex) *et le chêne-liège* (Quercus suber) *ont des feuilles persistantes. Chêne pédonculé.* ▷ Fig. *Solide comme un chêne* : d'une grande robustesse, d'une santé à toute épreuve. **2.** Bois du chêne rouvre. *Porte en chêne massif.* – De *chasne*, bas lat. **cassanus*, mot gaul.

chêneau [ʃɛno] n. m. Jeune chêne. – De *chêne.*

chéneau [ʃeno] n. m. Conduit placé à la base d'un toit pour recueillir les eaux de pluie et les déverser dans les tuyaux de descente. Syn. gouttière. – Altér. de *chenau*, forme dial. de *chenal.*

chêne-liège [ʃɛnljɛʒ] n. m. Chêne à feuilles persistantes des régions méditerranéennes dont l'écorce fournit le liège. *Des chênes-lièges.* – De *chêne*, et *liège.*

chenet [ʃənɛ] n. m. Chacune des deux pièces métalliques qui se placent dans les cheminées, perpendiculairement au fond, et sur lesquelles on dispose le bois pour permettre l'accès de l'air nécessaire à la combustion. – De *chien*, les chenets ayant figuré, à l'origine, des petits chiens ou d'autres animaux accroupis.

chènevière [ʃɛnvjɛʀ] n. f. Rég. Plantation de chanvre. – Lat. pop. **canaparia*, de **canapus*; var. *canebière, cannebière* dans le S.-E.

chènevis [ʃɛnvi] n. m. Graine de chanvre que l'on donne à manger aux oiseaux et dont on extrait une huile, utilisée en savonnerie et dans la fabrication des peintures. – Lat. pop. **canaputium*; cf. a. fr. *cheneve*, « chanvre ».

chenil [ʃəni(l)] n. m. Lieu où l'on garde, où l'on élève des chiens. *Le chenil du château. Le chenil de la Société protectrice des animaux.* – De *chien*.

chenille [ʃ(ə)nij] n. f. **1.** Larve des papillons, formée d'anneaux ou segments, munie de mandibules dont elle se sert pour ronger feuilles et fleurs. *Destruction des chenilles nuisibles. La chenille du bombyx du mûrier est le ver à soie.* **2.** *Par anal.* Dispositif mécanique permettant aux véhicules automobiles de circuler sur des terrains peu consistants ou accidentés, constitué par un certain nombre de patins articulés les uns sur les autres et formant une chaîne sans fin passant sur deux roues motrices, les barbotins. *Chenilles métalliques d'un char d'assaut.* **3.** Gros cordon tors, de soie veloutée, dont on fait des objets de passementerie. – Du lat. pop. **canicula*, « petite chienne », à cause de la forme de sa tête.

chenillé, ée [ʃ(ə)nije] adj. Muni de chenilles (sens 2). *Véhicule chenillé.* – De *chenille*.

chenillette [ʃ(ə)nijɛt] n. f. **1.** Nom vulgaire d'un *Acacia* et d'un *Scorpiurus* (légumineuses). **2.** Petit véhicule chenillé. – Dimin. de *chenille*.

chenin [ʃənɛ̃] n. m. *Chenin blanc* : cépage blanc d'Anjou et de Touraine.

chénopode [kenopɔd] n. m. BOT Plante annuelle des décombres et des lieux incultes, dont on tire un vermifuge. – Lat. bot. *chenopodium*, gr. *khênopous*, « patte d'oie ».

chénopodiacées [kenopɔdjase] n. f. pl. BOT Famille de dicotylédones apétales comprenant notam. la betterave et l'épinard. – Sing. *Une chénopodiacée.* – De *chénopode*.

chenu, ue [ʃəny] adj. **1.** Que l'âge a rendu blanc. *Tête chenue.* **2.** Litt. *Arbre chenu*, dont la cime est dépouillée. – Bas lat. *canutus*, de *canus*, « blanc ».

cheptel [ʃɛptɛl] n. m. **1.** Ensemble des troupeaux d'une propriété rurale. ▷ *Cheptel national* : ensemble des têtes de bétail d'un pays. *Cheptel bovin, porcin*, etc. **2.** DR *Bail à cheptel* : contrat par lequel l'une des parties donne à l'autre un fonds de bétail pour garder un troupeau, le nourrir et le soigner à des conditions convenues entre elles. ▷ *Cheptel vif* : bétail ainsi donné à bail. – *Cheptel mort* : ensemble des moyens de production (bâtiments, matériel) donnés à bail. – Du lat. *capitale*, « ce qui constitue le capital d'un bien », de *caput*, « tête ».

chèque [ʃɛk] n. m. Mandat de paiement adressé à un banquier et servant au titulaire d'un compte à effectuer, à son profit ou au profit d'un tiers, le retrait de tout ou partie des fonds disponibles à ce compte. *Faire, émettre un chèque. Payer par chèque. Endosser un chèque.* – *Chèque barré*, qui ne peut être touché que par l'intermédiaire d'un établissement bancaire. – *Chèque à ordre*, sur lequel est indiqué le nom du bénéficiaire. – *Chèque au porteur* : chèque ne portant pas le nom du bénéficiaire, payable au porteur et devenu d'usage peu fréquent (depuis 1979, chaque chèque de cette sorte supporte un droit de timbre). – *Chèque certifié*, dont la banque émettrice garantit le recouvrement. – *Chèque sur place* ou *sur rayon*, *hors place* ou *hors rayon* : V. place. – *Chèque sans provision* ou, fam., *chèque en bois*, qui ne peut être honoré faute de fonds disponibles au compte de l'émetteur. – *Chèque en blanc*, signé sans indication de somme. – *Chèque-voyage* (de l'angl. *traveller's cheque*) : titre permettant au porteur de toucher des fonds dans un pays autre que le pays d'émission. – *Chèque-restaurant* (Nom déposé.) : ticket accepté dans les restaurants, délivré à l'employé par l'employeur qui s'acquitte ainsi de son obligation d'indemnité de repas. ▷ *Compte chèque postal*, ouvert par l'administration des Postes. *Chèque postal.* – Angl. *check*, de *to check*, « contrôler ».

chéquier [ʃekje] n. m. Carnet de chèques. – De *chèque*.

cher, chère [ʃɛʀ] adj. et adv. **I. 1.** Qui est tendrement aimé, auquel on tient beaucoup. *Un ami qui m'est cher. C'est mon vœu le plus cher.* **2.** (Langue écrite.) *Cher Monsieur, Cher Maître, Cher Ami*, etc. : formules par lesquelles on commence généralement une lettre à qqn que l'on connaît déjà. ▷ (Langue parlée, avec une nuance de politesse familière ou affectée.) *Comment allez-vous, chère madame ?* **II. 1.** Dont le prix est élevé. *La viande est chère.* ▷ Fig. Précieux, rare. *Le temps est cher.* **2.** Qui vend à haut prix. *Un couturier cher.* **3.** adv. *Cher* : à haut prix. *Acheter, payer cher.* ▷ Fig., fam. *Ça va vous coûter cher !* : vous allez avoir de gros ennuis. – *Il me le paiera cher* : je me vengerai de lui durement. – *Il ne vaut pas cher* : il est bien peu estimable. – Du lat. *carus*.

chercher [ʃɛʀʃe] v. tr. [1] **1.** S'efforcer de trouver, de découvrir ou de retrouver. *Chercher qqn dans la foule. Chercher une clé égarée.* ▷ Loc. prov. Fig. *Chercher midi à quatorze heures* : compliquer les questions les plus simples. – Pop. *Chercher des poux dans la tête de qqn*, le harceler pour des motifs futiles. **2.** Tâcher de trouver, de se procurer. *Il cherche une secrétaire. Chercher un emploi, un logement.* **3.** S'efforcer de trouver par la réflexion, par l'analyse. *Chercher la solution d'un problème.* ▷ *Spécial.* Tâcher de se rappeler. *Je cherche son nom, je ne m'en souviens pas.* ▷ v. pron. S'efforcer de mieux se connaître. *Un adolescent qui se cherche.* **4.** *Chercher à* : s'efforcer de, essayer de parvenir à. *Chercher à nuire. Il cherche à rendre les gens heureux.* **5.** Quérir, aller prendre. *Aller chercher le médecin. Va me chercher mon livre.* **6.** Pop. Provoquer. *Quand on me cherche, on me trouve.* – Fam. *Tu l'as bien cherché !* **7.** Pop. *Aller chercher dans, aux alentours de* : atteindre tel prix. *Ça va chercher dans les mille francs.* – Du bas lat. *circare*, « aller autour », de *circum*.

chercheur, euse [ʃɛʀʃœʀ, øz] n. et adj. **1.** Rare Personne qui cherche. – Cour. *Chercheur d'or.* **2.** Personne qui s'adonne à des recherches scientifiques. *Les chercheurs du C.N.R.S.* **3.** n. m. *Chercheur de télescope* : petite lunette à faible grossissement et à grand champ, qui permet d'amener rapidement l'objet à observer dans le champ du télescope. **4.** adj. *Tête chercheuse* : dispositif qui permet à un missile de se diriger automatiquement vers l'objectif au cours de la dernière phase de vol. – De *chercher*.

chère [ʃɛʀ] n. f. **1.** Mod. *Aimer la bonne chère*, la bonne nourriture. – *Faire bonne chère* : faire un bon repas. **2.** Vx *Faire bonne chère à qqn* : lui faire bon visage, bien l'accueillir. – Du bas lat. *cara*, « visage », gr. *kara*; « tête, visage ».

chèrement [ʃɛʀmɑ̃] adv. **1.** Vieilli Tendrement, affectueusement. *Aimer chèrement qqn.* **2.** Vx À haut prix. ▷ Fig., mod. *Une victoire chèrement acquise*, au prix de lourds sacrifices. – De *cher*.

chérer. V. cherrer.

chergui [ʃɛʀgi] n. m. Vent d'est, au Maroc. – Mot ar. marocain *chargî*, « oriental ».

chéri, ie [ʃeʀi] adj. Que l'on chérit. *Ma fille chérie.* ▷ Subst. *Mon chéri, ma chérie.* – Pp. de *chérir.*

chérif [ʃeʀif] n. m. Descendant de Mahomet ; prince, chez les Arabes. – Ar. *sharif,* «noble», par l'ital.

chérifat [ʃeʀifa] n. m. **1.** Qualité, dignité du chérif. **2.** Territoire sur lequel s'étend son autorité. – De *chérif.*

chérifien, enne [ʃeʀifjɛ̃, ɛn] adj. Qui concerne le chérif. ▷ *Spécial.* Relatif au Maroc. *Le royaume chérifien :* le Maroc, la dynastie régnante étant issue du Prophète. – De *chérif.*

chérir [ʃeʀiʀ] v. tr. [3] **1.** Aimer tendrement. *Chérir ses enfants. Chérir sa patrie.* **2.** Être très attaché à, se complaire dans. *Chérir la liberté. Chérir les idées noires.* – De *cher.*

chermes [kɛʀm] ou **chermès** [kɛʀmɛs] n. m. ZOOL Genre de pucerons parasites des conifères (épicéa, partic.), sur les aiguilles desquels ils provoquent des galles. – De l'ar. *qirmiz,* «cochenille».

chernozem [ʃɛʀnɔzɛm] ou **tchernoziom** [tʃɛʀnɔziɔm] n. m. PEDOL Sol noir très riche en humus, légèrement basique, convenant parfaitement à la culture des céréales et des betteraves. – Mot russe, «terre noire».

chérot [ʃeʀo] adj. m. Fam. Cher, onéreux. – De *cher.*

cherrer ou **chérer** [ʃeʀe] v. intr. [1] Arg., vieilli Exagérer, dépasser la mesure. – De *cher.*

cherry, plur. **cherries** [ʃeʀi] n. m. Liqueur de cerise. – Mot angl., «cerise».

cherté [ʃɛʀte] n. f. État de ce qui est cher ; prix élevé. *La cherté de la vie en période d'inflation. La cherté de l'or.* – De *cher.*

chérubin [ʃeʀybɛ̃] n. m. **1.** Ange tutélaire des lieux sacrés. – THEOL *Chérubins :* deuxième chœur dans la première hiérarchie des anges. **2.** BX-A Tête ou buste d'enfant porté par deux ailes. **3.** Fig. Enfant beau et doux. – (Terme d'affection.) *Mon chérubin.* – Lat. ecclés. *cherubin ;* de l'hébr. *keroûbim,* plur. de *keroûb.*

chervi ou **chervis** [ʃɛʀvi] n. m. Ombellifère (genre *Sium*) dont la racine est comestible. – Ar. *karâwija,* «carvi».

chester [ʃɛstəʀ] n. m. Fromage de vache anglais à pâte dure. – Mot angl., n. d'une localité de G.-B.

chétif, ive [ʃetif, iv] adj. **1.** Faible, maigre et maladif. *Enfant chétif.* **2.** Fig. Étroit, mesquin. *Des idéaux chétifs.* – Lat. pop. **cactivus,* croisement du lat. *captivus,* et du gaul. **cactos,* «prisonnier».

chétivement [ʃetivmɑ̃] adv. D'une manière chétive. – De *chétif.*

chétodonte [ketodɔ̃t] n. m. ICHTYOL Nom de nombr. poissons téléostéens des récifs coralliens, aux couleurs vives et aux dents fines. Syn. papillon de mer. – Du gr. *khaitê,* «crin», et *odous, odontos,* «dent».

chétognathes [ketognat] n. m. pl. ICHTYOL Classe de lophophoriens planctoniques, longs de 1 cm, hermaphrodites, munis d'un abdomen, d'une tête, d'une queue, de ganglions nerveux. – Sing. *Un chétognathe.* – Du gr. *khaitê,* «crin», et *gnathos,* «mâchoire», à cause de leur orifice buccal garni de soies.

chevaine. V. chevesne.

cheval, aux [ʃ(ə)val, o] n. m. **I. 1.** Animal domestique périssodactyle (fam. équidés). *Cheval de trait, de selle, de labour, de course. Atteler un cheval à une carriole. Monter un cheval :* être sur un cheval. ▷ *Par ext.,* fig. *Cheval de bataille :* argument polémique auquel on revient sans cesse. **2.** Équitation. *Faire du cheval. Bottes de cheval. Homme de cheval,* passionné d'équitation. **3.** Loc. fig., fam. *Fièvre de cheval,* violente. *Remède de cheval,* très énergique. *Santé de cheval,* excellente. ▷ *Cela ne se trouve pas sous le pas (sabot) d'un cheval :* cela ne se trouve pas facilement. **4.** Fam. (En parlant d'une personne.) *C'est un cheval de labour :* il travaille beaucoup, avec énergie. ▷ Fam. Grande femme à l'allure peu féminine. *Regardez ce grand cheval!* ▷ *Cheval de retour :* délinquant récidiviste. **5.** Loc. *À cheval. Être à cheval,* sur un cheval. – *Par ext.* À califourchon. *Être à cheval sur un mur.* – Par anal. *Ce domaine est à cheval sur une route.* ▷ Fig. *Être à cheval sur les principes,* ne pas admettre que l'on s'en écarte. ▷ Fig. *Monter sur ses grands chevaux :* s'emporter, le prendre de haut avec qqn. **II.** Représentation plus ou moins fidèle d'un cheval. **1.** *Chevaux de bois,* dans un manège de fête foraine ; ce manège. – *Petits chevaux :* jeu de hasard qui se pratiquait dans les casinos. – Jeu de société dans lequel les figurines progressent selon les points indiqués par un dé. – Une des pièces du jeu d'échecs. *Déplacer son cheval* (on dit mieux *cavalier*). **2.** MILIT *Cheval de frise :* obstacle mobile constitué par une monture de bois garnie de pieux ou de barbelés. **3.** *Cheval marin :* hippocampe (sens 1 et 2). **4.** SPORT *Cheval (d')arçons :* appareil au milieu duquel sont fixées des poignées, qui sert d'appui pour des exercices de gymnastique. **III.** PHYS *Cheval-vapeur :* unité de puissance (hors système) valant 736 W (symbole ch). *Des chevaux-vapeur.* ▷ *Cheval-heure :* unité d'énergie mécanique (hors système) égale au travail fourni en une heure par un moteur de 1 ch (symbole chh). ▷ *Cheval fiscal* ou *cheval :* unité prise en compte pour taxer les automobiles en fonction de leur puissance (abrév. : CV). *Une 2 CV.* – Lat. *caballus,* «mauvais cheval» ; mot gaul. qui a remplacé le lat. class. *equus.*

chevalement [ʃ(ə)valmɑ̃] n. m. **1.** TECH Ensemble d'étais destinés à soutenir provisoirement une construction ou une partie de construction à reprendre en sous-œuvre. **2.** MINES Construction supportant les molettes d'extraction – De *chevaler.*

chevaler [ʃ(ə)vale] v. tr. [1] Étayer avec des chevalements. *Chevaler un mur.* – De *cheval.*

chevaleresque [ʃ(ə)valʀɛsk] adj. Digne d'un chevalier. *Bravoure, courtoisie chevaleresque.* – De *chevalerie.*

chevalerie [ʃ(ə)valʀi] n. f. **1.** FEOD Institution milit. propre à la féodalité ; rang, qualité de chevalier. *La cérémonie de l'adoubement consacrait l'accession de l'écuyer à la chevalerie.* ▷ (Collectif) Ensemble des chevaliers. **2.** FEOD *Ordres de chevalerie,* consacrés à la défense des Lieux saints et des pèlerins (*l'ordre du Saint-Sépulcre, l'ordre de Malte*). ▷ Mod. Distinction honorifique instituée par différents États. *La Légion d'honneur est un ordre de chevalerie.* – De *chevalier.*

chevalet [ʃ(ə)valɛ] n. m. **1.** Support en bois, sur pieds, réglable en hauteur, que les peintres utilisent pour poser leur toile. – *Tableau de chevalet,* de petite dimension. **2.** Bâti en bois sur lequel on travaille dans plusieurs métiers. *Chevalet de tisserand.* **3.** MUS Pièce de bois dressée sur la table d'harmonie de certains instruments à cordes et qui sert à soutenir les cordes tendues. **4.** Anc. instrument de torture. – De *cheval.*

chevalier [ʃ(ə)valje] n. m. **I. 1.** FEOD Celui qui appartenait à l'ordre de la chevalerie. *Un preux chevalier.* – *Le Chevalier sans peur et sans reproche :* Bayard. – *Le Chevalier de la triste figure :* Don Quichotte. – *Les chevaliers de la Table ronde :* les compagnons du roi Arthur. – *Les chevaliers du Temple.* V. Templiers. ▷ Fig., plaisant *Être le chevalier servant d'une femme,* l'entourer de soins, de prévenance. **2.** Grade le plus bas d'une décoration civile ou milit., d'un ordre de chevalerie ; le titulaire de ce grade. *Chevalier de la Légion d'honneur. Chevalier de l'ordre de Malte.* **3.** ANTIQ Romain de la seconde classe des citoyens, appartenant à l'ordre équestre. **4.** Fig., fam. *Chevalier d'industrie :* individu qui vit d'affaires louches, d'expédients ; escroc, aventurier. **II. 1.** ORNITH Nom cour. de divers oiseaux charadriiformes (genres *Tringa* et voisins) élancés, à long bec fin et à longues pattes. *Le chevalier gambette combattant est commun en Europe.* **2.** *Omble chevalier* : V. omble. – Lat. *caballarius*, d'apr. *cheval*.

chevalière [ʃ(ə)valjɛʀ] n. f. Bague large et épaisse ornée d'un chaton sur lequel sont souvent gravées des initiales, des armoiries. – De *bague à la chevalière*.

chevalin, ine [ʃ(ə)valɛ̃, in] adj. Du cheval; qui a rapport au cheval. *Race chevaline. Boucherie chevaline.* – Qui tient du cheval. *Profil chevalin.* – De *cheval*.

chevauchant, ante [ʃ(ə)voʃɑ̃, ɑ̃t] adj. Qui chevauche (I, 1). *Tuiles chevauchantes.* ▷ GEOL *Pli chevauchant* : chevauchement. – Ppr. de *chevaucher*.

chevauchée [ʃ(ə)voʃe] n. f. Course, promenade à cheval. *Une longue chevauchée dans la campagne.* – De *chevaucher*.

chevauchement [ʃ(ə)voʃmɑ̃] n. m. Disposition de pièces, d'objets qui se chevauchent. *Le chevauchement des ardoises d'un toit.* – De *chevaucher*.

chevaucher [ʃ(ə)voʃe] v. [1] **I.** v. intr. **1.** Litt. Aller à cheval. **2.** Se recouvrir en partie. *Tuiles qui chevauchent régulièrement.* – TYPO *Caractères qui chevauchent*, qui sont mal alignés. ▷ v. pron. *Les lettres se chevauchent.* **II.** v. tr. **1.** Être à cheval sur. *Chevaucher une mule.* **2.** Être à califourchon sur. *Chevaucher un canon.* – Bas lat. *caballicare*, de *caballus*.

chevau-léger [ʃəvoleʒe] n. m. HIST Cavalier légèrement armé qui faisait partie d'une compagnie ou d'un régiment (de Louis XIII à Napoléon) ou de la maison du roi (de 1570 à 1787) et sous la première Restauration. *Des chevau-légers.* – De *cheval*, et *léger*.

chevêche [ʃəvɛʃ] n. f. Chouette de petite taille (*Athene noctua*, 21 cm) commune dans les forêts européennes et les milieux ouverts riches en vieux vergers et vieilles bâtisses. – P.-ê. du lat. pop. *cavannus*, «chat-huant».

chevelu, ue [ʃəvly] adj. (et n.) **1.** Dont les cheveux sont longs et fournis. ▷ Subst. *Regardez-moi tous ces chevelus!* **2.** ANAT *Cuir chevelu* : enveloppe cutanée du crâne, où naissent les cheveux. **3.** BOT *Racines chevelues*, qui portent un grand nombre de radicelles. ▷ n. m. *Le chevelu d'une racine* : l'ensemble de ses radicelles. **4.** *Astre chevelu* : comète. – De *cheveu*.

chevelure [ʃəvlyʀ] n. f. **1.** Ensemble des cheveux d'une personne. *Une belle chevelure blonde.* **2.** ASTRO Halo lumineux qui se développe autour du noyau d'une comète quand elle se rapproche du Soleil. – De *cheveu*.

chevesne, chevaine ou **chevenne** [ʃəvɛn] n. m. Poisson cyprinidé d'eau douce (*Leuciscus cephalus*) à tête large et museau arrondi, très vorace. Syn. meunier. – Du lat. pop. **capitinem*, «grosse tête».

chevet [ʃəvɛ] n. m. **1.** Tête du lit. *Table de chevet*, que l'on place près du lit, à sa portée. Syn. table de nuit. – *Livre de chevet* : livre de prédilection, que l'on garde près de soi pour y revenir souvent. ▷ *Être au chevet de qqn*, près de son lit pour le veiller ou le soigner. *Se rendre au chevet d'un malade.* **2.** ARCHI Partie semi-circulaire qui constitue l'extrémité du chœur d'une église. – Du lat. *capitium*, «ouverture d'un vêtement par laquelle on passe la tête», de *caput*, «tête».

chevêtre [ʃəvɛtʀ] n. m. **1.** Vx Bandage. **2.** CONSTR Pièce qui supporte les solives d'un plancher. – Lat. *capistrum*, «licou».

cheveu [ʃ(ə)vø] n. m. **1.** Poil du crâne, dans l'espèce humaine. *Cheveux frisés, crépus. Perdre ses cheveux* : devenir chauve. ▷ *Les cheveux blancs*, en tant que signe de vieillesse. *Par égard pour vos cheveux blancs* : par égard pour votre grand âge. – Loc. fig. *Se faire des cheveux (blancs)* : se tourmenter. ▷ (Collectif) *Le cheveu* : les cheveux. *Avoir le cheveu terne.* **2.** Loc. fig. *Faire dresser les cheveux sur la tête* : épouvanter, faire horreur. – *S'arracher les cheveux*, de désespoir. – Fam. *Mal aux cheveux* : migraine consécutive à un excès de boisson. – *Tiré par les cheveux*, amené d'une manière forcée, présenté de façon peu naturelle. – Fam. *Se prendre aux cheveux* : en venir aux mains, se battre. – *Saisir l'occasion aux cheveux*, sans hésiter. – Loc. fam. *Comme un cheveu sur la soupe* : au mauvais moment, hors de propos. **3.** Loc. fig. *Ne tenir qu'à un cheveu, s'en falloir d'un cheveu* : dépendre de très peu de chose. *Il s'en est fallu d'un cheveu que nous ne rations le train.* – Fam. *Couper les cheveux en quatre* : user de subtilités à l'excès. – *Si tu touches à un seul de ses cheveux...* : si tu lui causes le moindre mal... ▷ CUIS *Cheveux d'ange* : vermicelles longs très fins. ▷ BOT *Cheveu-de-Vénus* : fougère capillaire (*Adiantum capillus veneris*). – Du lat. *capillus*, «chevelure».

chevillage [ʃ(ə)vijaʒ] n. m. Action de cheviller; ensemble des chevilles d'un assemblage. – De *cheviller*.

chevillard [ʃ(ə)vijaʀ] n. m. Boucher qui vend en gros ou demi-gros. – De *cheville*, sens I, 3.

cheville [ʃ(ə)vij] n. f. **I. 1.** Petite pièce de bois, de métal ou de matière plastique, dont on se sert pour réaliser divers assemblages, ou que l'on enfonce dans un mur pour y introduire une vis. **2.** *Cheville ouvrière* : grosse cheville qui sert de pivot; fig. agent principal, indispensable, dans une affaire quelconque. *Plus qu'un intermédiaire, il a été la cheville ouvrière de toute l'opération.* ▷ Fig., fam. *Se mettre en cheville avec qqn*, s'associer avec lui dans une entreprise quelconque. **3.** Crochet de boucherie qui sert à suspendre de grosses pièces de viande dans un abattoir. – *Vente à la cheville* : vente de la viande en gros. **4.** MUS Pièce de bois ou de métal qui sert à régler la tension des cordes d'un instrument. **5.** VERSIF Mot ou groupe de mots inutile quant au sens, placé dans un vers pour compléter une rime ou la mesure. **II.** Articulation de la jambe et du pied. *La cheville présente deux saillies : la malléole du péroné externe, la malléole du tibia interne.* – Loc. fig., fam. *Ne pas arriver à la cheville de qqn*, lui être très inférieur. – Lat. pop. **cavicula*, de *clavicula*, «petite clé».

cheviller [ʃ(ə)vije] v. tr. [1] Joindre, assembler avec des chevilles. – Pp. adj. *Un meuble entièrement chevillé.* – Loc. fig. *Avoir l'âme chevillée au corps* : être indestructible, avoir la vie dure. – De *cheville*.

chevillette [ʃ(ə)vijɛt] n. f. Petite cheville. – Dimin. de *cheville*.

chevillier [ʃ(ə)vilje] n. m. MUS Partie d'un instrument à cordes où sont fixées les chevilles. – De *cheville*.

cheviot [ʃəvjɔt] n. m. Mouton d'Écosse, élevé sur les monts Cheviot. – Mot angl.

cheviotte [ʃəvjɔt] n. f. Laine d'Écosse tirée du cheviot. ▷ Tissu fait avec cette laine. – De *cheviot*.

chèvre [ʃɛvʀ] n. f. **1.** Mammifère ruminant (fam. bovidés) élevé pour son lait et son poil; la seule femelle (par oppos. au *bouc*). *Un fromage de chèvre* ou, n. m., *un chèvre* : un fromage fait avec du lait de chèvre. **2.** Nom cour. des bovidés sauvages du genre *Capra* (bouquetins), tous de mœurs montagnardes. **3.** Loc. fig., fam. *Devenir chèvre* : s'énerver à en perdre la tête. – *Ménager la chèvre et le chou* : ne pas prendre parti. **4.** TECH Appareil de levage constitué d'une charpente munie d'une poulie. – Lat. *capra*.

chevreau [ʃəvʀo] n. m. **1.** Petit de la chèvre, cabri. **2.** Cuir de cet animal. *Des gants de chevreau.* – De *chèvre*.

chèvrefeuille [ʃɛvʀəfœj] n. m. Liane aux fleurs odorantes, très répandue en France (genre *Lonicera*, fam. caprifoliacées). *Diverses expèces de chèvrefeuille sont utilisées pour l'ornement.* – Bas lat. **caprifolium*, «feuille de chèvre, de bouc».

chèvre-pied [ʃɛvʀəpje] adj. et n. m. Qui a des pieds de chèvre. *Satyre chèvre-pied.* ▷ n. m. *Des chèvre-pieds.* – De *chèvre*, et *pied*.

chevreter. V. chevroter 1.

chevrette [ʃəvʀɛt] n. f. **1.** Petite chèvre. **2.** Femelle du chevreuil. – Dimin. de *chèvre*.

chevreuil [ʃəvʀœj] n. m. Cervidé (*Capreolus capreolus*) de 70 cm au garrot, au pelage brun-roux l'hiver, plus gris en été. (Il atteint 45 kg et vit une quinzaine d'années. Le mâle porte des bois verticaux peu ramifiés. *Chevrillard* à 6 mois, *brocard* à 1 an, il a pour femelle une *chevrette*, pour petit un *faon*.) – Lat. *capreolus*.

chevrier, ère [ʃɛvʀije, ɛʀ] n. **1.** Personne qui mène, qui garde les chèvres. **2.** n. m. Variété de haricots à grains verts. – Lat. *caprarius*, de *capra*, « chèvre ».

chevrillard [ʃəvʀijaʀ] n. m. Petit du chevreuil âgé de six mois à un an et demi. – De *chevreuil*.

chevron [ʃəvʀɔ̃] n. m. **1.** CONSTR Pièce de bois équarrie, placée dans le sens de la pente du toit, qui supporte la couverture. **2.** Par anal. (de forme). MILIT Galon en forme de V renversé, qui se porte sur la manche d'un uniforme comme insigne d'un grade. ▷ Motif décoratif en forme de chevron. *Une veste à chevrons bleus et blancs.* – Lat. pop. **caprio*, ou **capro, capronis*; de *capra*, « chèvre ».

chevronnage [ʃəvʀɔnaʒ] n. m. Ensemble des chevrons d'un ouvrage; action de chevronner. – De *chevronner*.

chevronné, ée [ʃəvʀɔne] adj. **1.** Rare Qui a obtenu des chevrons (sens 2). **2.** *Par ext.*, fig. Qui a de l'ancienneté et une grande compétence dans un métier, une activité. *Un pilote chevronné.* – Pp. de *chevronner*.

chevronner [ʃəvʀɔne] v. tr. [1] Garnir de chevrons. – De *chevron*.

chevrotain [ʃəvʀɔtɛ̃] n. m. Nom de divers petits ruminants (0,30 m au garrot) d'Asie du S.-E. et d'Afrique, qui ne portent ni cornes ni bois. - *Chevrotain porte-musc* : cervidé *(Moschus moschiferus)* muni d'une glande ventrale, en avant des organes génitaux mâles, qui sécrète du musc en période de rut. – De *chevrot*, forme anc. de *chevreau*.

chevrotant, ante [ʃəvʀɔtɑ̃, ɑ̃t] adj. Qui chevrote. *Une voix chevrotante.* – Ppr. de *chevroter 2*.

chevrotement [ʃəvʀɔtmɑ̃] n. m. Tremblement de la voix. – De *chevroter* 2.

1. chevroter [ʃəvʀɔte] v. intr. [1] ou **chevreter** [ʃəvʀəte] v. intr. [20] Mettre bas des chevreaux. – De *chèvre*.

2. chevroter [ʃəvʀɔte] v. intr. [1] Parler ou chanter d'une voix tremblotante qui rappelle le bêlement. ▷ v. tr. *Chevroter un air.* – De *chevrot*, forme anc. de *chevreau*.

chevrotin [ʃəvʀɔtɛ̃] n. m. **1.** Petit du chevreuil avant six mois. **2.** Peau de chevreau apprêtée. **3.** Fromage au lait de chèvre. – De *chevreau*.

chevrotine [ʃəvʀɔtin] n. f. Plomb de chasse de fort calibre, pour le chevreuil et le gros gibier. *Une décharge de chevrotines.* – De *chevrotin*.

chewing-gum [ʃwiŋgɔm] n. m. Gomme à mâcher aromatisée tirée du sapotillier. V. chiclé. *Des chewing-gums.* – De l'angl. *to chew*, « mâcher », et *gum*, « gomme ».

chez [ʃe] prép. **1.** Dans la maison de, au logis de. *Je suis allé chez vous. Rester chacun chez soi. Chez Durand.* – Précédé d'une autre prép. *Passez par chez moi. Je viens de chez vous.* **2.** *Par ext.* Dans tel pays, dans telle catégorie de gens, dans tel groupe animal. *Chez les Anglais, chez les républicains, chez les mammifères.* - *Ces gens-là ne sont pas de chez nous*, ils ne sont pas de la région. – Fam. *Un petit vin bien de chez nous.* ▷ Au temps de. *Chez les Romains, les jeux du cirque étaient fort prisés.* **3.** En, dans la personne de, dans l'œuvre de. *C'est une manie chez lui. On trouve chez Mallarmé...* – Anc. fr. *chiese*, « maison »; lat. *casa*.

chez-moi [ʃemwa] **chez-soi** [ʃeswa] n. m. inv. (Connotation familière.) Domicile, lieu où l'on habite. *J'aime mon chez-moi. Aimer son chez-soi.*

chiadé, ée [ʃjade] adj. Arg. Fignolé, étudié. *Une mise en scène particulièrement chiadée.* – De *chiader*.

chiader [ʃjade] v. intr. [1] Arg., vieilli Travailler durement. *J'ai chiadé toute la nuit sur ma dissertation.* ▷ v. tr. Mod. *Chiader une question.* – De *chiade*, d'abord « brimade », de *ça chie dur*, signif. « l'affaire est poussée » (Esnault).

chialer [ʃjale] v. intr. [1] Fam. Pleurer. – De *chiailler*, dimin. de *chier*.

chiant, ante [ʃjɑ̃, ɑ̃t] adj. Fam. Très ennuyeux. *Un boulot chiant. Un type chiant.* Syn. emmerdant, barbant. – Ppr. de *chier*.

chianti [kjɑ̃ti] n. m. Vin rouge italien. – De *Chianti*, rég. de Toscane.

chiasma [kjasma] n. m. ANAT Croisement en forme d'X. *Chiasma optique* : lieu d'entrecroisement des nerfs optiques au niveau du corps de l'os sphénoïde. – Gr. *khiasma*, « croisement ».

chiasme [kjasm] n. m. RHET Figure de style disposant en ordre inverse les mots de deux propositions qui s'opposent (ex. : il était très riche en défauts, en qualités très pauvre). – Du gr. *khiasma*, « croisement ».

chiasse [ʃjas] n. f. **1.** Vx Excrément d'insecte. **2.** Pop. Diarrhée. *Avoir la chiasse.* ▷ Fig. Peur. *T'as la chiasse, pas vrai ?* – Difficulté, déveine. *Quelle chiasse !* – De *chier*.

chibouque n. f. ou **chibouk** [ʃibuk] n. m. Pipe turque à long tuyau. – Turc *tchiboucq*, « tuyau ».

chic [ʃik] n. m., adj. inv. et interj. **I.** n. m. **1.** Habileté, savoir-faire. *Il a le chic pour dire ce qu'il faut dans ces moments-là.* ▷ Loc. *De chic* : sans l'aide d'un modèle; d'inspiration et avec habileté. *Dessiner de chic. Faire un tableau de chic.* **2.** Ce qui est élégant, de bon goût, distingué. *Ce chapeau a du chic.* **II.** adj. inv. **1.** Élégant, distingué. *S'habiller chic. Un dîner très chic.* Syn. huppé. - *Bon chic bon genre* : d'une élégance classique, de bon ton (abrév. : B.C.B.G.). **2.** Amical et serviable. *Un chic type. Vous avez été très chic avec moi.* **III.** interj. Fam. Marque l'approbation, une surprise agréable. *Chic alors !* – P.-ê. de l'all. *Schick*, abrév. de *Geschick*, « tenue ».

chicane [ʃikan] n. f. **I. 1.** Procédure subtile que l'on engage sans fondement, de mauvaise foi. **2.** *Par ext.* Querelle sans fondement, tracasserie déplacée. *Chercher chicane à qqn. J'en ai assez de vos chicanes !* **II. 1.** Passage en zigzag installé sur une route et qui oblige les voitures à ralentir. *Chicane matérialisée par des bottes de paille, sur un circuit automobile.* **2.** TECH Aménagement destiné à modifier le trajet normal d'un liquide ou d'un gaz. **3.** JEU Au bridge, absence de cartes d'une couleur dans la distribution d'une main. – Déverbal de *chicaner*.

chicaner [ʃikane] v. [1] **1.** v. intr. User de chicane, dans un procès. **2.** v. intr. Contester sans fondement et avec malveillance. *On ne peut pas discuter avec vous, vous chicanez tout le temps.* ▷ v. tr. *Il n'a pas cessé de me chicaner sur les mots.* **3.** v. tr. Ennuyer, tracasser. *Chicaner qqn.* **4.** v. pron. Se disputer pour des vétilles. **5.** MAR *Chicaner le vent* : en voilier, serrer le vent de trop près.

chicanerie [ʃikanʀi] n. f. Fait de chicaner. – De *chicaner*.

chicaneur, euse [ʃikanœʀ, øz] n. Personne qui chicane. ▷ adj. *Un esprit chicaneur.* – De *chicane*.

chicanier, ère [ʃikanje, ɛʀ] n. Personne qui chicane sur la moindre chose. *C'est un chicanier.* ▷ adj. *Il est très chicanier.* – De *chicaner.*

1. chiche [ʃiʃ] adj. **1.** Qui ne se laisse pas aller à dépenser, parcimonieux. – Fig. *Il est chiche de compliments.* **2.** (Choses) Peu abondant, qui témoigne d'un esprit mesquin. *Un repas très chiche.* – Lat. **ciccum,* « zeste ».

2. chiche. V. pois.

3. chiche [ʃiʃ] interj. et adj. Fam. **1.** interj. Marque le défi. *Chiche que tu n'y vas pas!* **2.** adj. *Tu n'es pas chiche de le faire,* tu n'en es pas capable. – P.-ê. de *chiche* 1.

chiche-kebab [ʃiʃkebab] n. m. Brochette de mouton préparée à l'orientale. – *Par ext.* Plat comportant de telles brochettes. *Des chiche(s)-kebabs.* – Mot turc.

chichement [ʃiʃmɑ̃] adv. D'une manière chiche, avec parcimonie. *Vivre chichement.* – De *chiche.*

chichi [ʃiʃi] n. m. Fam. **1.** Comportement maniéré. *Faire des chichis.* **2.** Belles paroles trompeuses. *Tout ça, que chichi, et rien d'autre!* – Onomat.

chichiteux, euse [ʃiʃitø, øz] adj. Fam. Qui fait, qui aime faire des chichis. – De *chichi.*

chiclé [ʃikle] n. m. Gomme obtenue par ébullition du latex tiré des fruits verts et du tronc du sapotillier et que l'on utilise pour fabriquer le chewing-gum. – Mot espagnol.

chicon [ʃikɔ̃] n. m. **1.** Laitue romaine. **2.** Rég. (Belgique, nord de la France.) Endive. – Var. de *chicot.*

chicoracées [ʃikɔʀase] n. f. pl. Syn. de *liguliflores.* – Sing. *Une chicoracée.* – De *chicorée.*

chicorée [ʃikɔʀe] n. f. **1.** Genre de plantes de la famille des composées liguliflores, dont deux espèces sont cultivées en France : *Cichorium endiva* (chicorée frisée et scarole), plante annuelle, et *Cichorium intybus* (barbe-de-capucin, chicorée sauvage améliorée et witloof), plante vivace. **2.** *Chicorée à café* ou *chicorée* : poudre ou petits morceaux de racines torréfiées de variétés de chicorée sauvage (Magdebourg et Brunswick) que l'on peut consommer en décoction ou mélanger au café. – Lat. *cichorium;* gr. *kikkorion.*

chicot [ʃiko] n. m. **1.** Reste dressé du tronc d'un arbre brisé ou coupé. **2.** Reste d'une dent cariée ou cassée. – P. ê. même orig. que *chique.*

chicotin [ʃikɔtɛ̃] n. m. Suc très amer d'*Aloe succotrina,* aloès succotrin d'Afrique du S. – Altér. de *socotrin,* de *Socotora,* île dont cet aloès est originaire.

chiée [ʃje] n. f. Pop. Grande quantité. – Pp. fém. subst. de *chier.*

chien, chienne [ʃjɛ̃, ʃjɛn] n. **I. 1.** Quadrupède domestique de la famille des canidés. *Chien qui aboie, qui hurle, qui jappe.* – *Chien savant* : chien dressé à faire des tours; *par ext.,* fig., péjor. personne (souvent un enfant) qui répète ce qu'elle a appris à la seule fin de plaire. **2.** Loc. fig. *Mourir comme un chien* : (vx) mourir sans les sacrements de l'Église; (mod.) mourir dans l'abandon. – *Mener une vie de chien,* une vie misérable. – *Garder à qqn un chien de sa chienne,* lui garder rancune et projeter une vengeance. – *Se regarder en chiens de faïence,* sans rien dire et avec une certaine hostilité. – *Entre chien et loup* : moment du crépuscule où l'on commence à ne plus reconnaître les objets. – Prov. *Qui veut noyer son chien l'accuse de la rage* : on trouve toujours un prétexte quand on veut se débarrasser de qqn, de qqch. **3.** Fig., fam. (En parlant des choses ou des personnes, par dénigrement.) *Un temps de chien. Quelle chienne de vie!* ▷ Terme injurieux. *Chien d'Untel!* **4.** interj., juron fam. *Nom d'un chien!* **5.** *Elle a du chien* : elle a de l'allure, elle plaît par son piquant. **6.** ASTRO *Le Grand Chien, le Petit Chien* : constellations australes. **II.** n. m. **1.** Pièce d'une arme à feu portative, qui assure la percussion de l'amorce de la cartouche. *Le chien d'un pistolet.* ▷ (Par anal. de forme avec le chien d'un fusil.) *Être couché en chien de fusil,* ramassé sur soi-même, les jambes repliées. **2.** *Chien de prairie.* V. cynomys. – Lat. *canis.*

ENCYCL *Canis familiaris,* type de la fam. des canidés, a été, dès la préhistoire, sinon le compagnon, du moins un commensal des hommes. Fondamentalement carnivore, il s'est habitué à un régime presque omnivore. Les différentes races de chiens auraient pour origine commune le loup. Elles sont réparties sous les rubriques suivantes : *chiens de garde et d'utilité* : chiens de berger, dogues, saint-bernard, etc.; *chiens de chasse* : terriers, chiens courants, chiens d'arrêt, lévriers, etc.; *chiens de luxe et d'agrément* : caniches, pékinois, etc.

chien-assis [ʃjɛ̃asi] n. m. ARCHI Lucarne en charpente pratiquée dans le versant d'un toit et munie d'une baie vitrée verticale. *Des chiens-assis.* – De *chien,* et *assis.*

chiendent [ʃjɛ̃dɑ̃] n. m. **1.** Mauvaise herbe des champs et des jardins, très commune en France (*Cynodon dactylon,* fam. graminées). **2.** Nom donné à diverses graminées (genres *Baldingera, Andropogon, Agropyrum,* tous communs en France) ayant en commun avec le vrai chiendent un rhizome vivace très profond, extrêmement difficile à détruire. *Brosse de chiendent,* fabriquée avec les rhizomes séchés du chiendent. ▷ Fig. *C'est un vrai chiendent* : c'est difficile à résoudre. – De *chien,* et *dent.*

chienlit [ʃjɑ̃li] n. m. et f. **1.** Vx, vulg. Celui, celle qui défèque dans son lit. ▷ Mod., vulg. *Quelle chienlit!* : quel ennui! V. chier. **2.** Vieilli Masque de carnaval. – *Par ext.,* fig. Accoutrement ridicule. *Tu ne vas pas sortir avec cette chienlit?* **3.** n. f. Mod., fam. Agitation, désordre, pagaille. *Faire régner la chienlit.* – De *chier, en,* et *lit.*

chien-loup [ʃjɛ̃lu] n. m. Chien de berger (berger allemand), dont l'aspect rappelle celui du loup. *Des chiens-loups.* – Angl. *wolf-dog;* de *chien,* et *loup.*

chiennerie [ʃjɛnʀi] n. f. Fam. Ce qui est la cause d'un désagrément (chose, événement, situation). *Quelle chiennerie, ce couteau qui ne coupe pas!* ▷ Action basse et vile. *C'est une chiennerie d'avoir fait cela.* – De *chien.*

chier [ʃje] v. intr. [1] Vulg. **1.** Se décharger l'intestin de ses excréments. **2.** Fig., vulg. *Faire chier qqn,* l'ennuyer, lui causer des désagréments. Syn. emmerder. – *Se faire chier* : s'ennuyer. *On s'est fait chier toute la journée.* ▷ *En chier* : en voir de toutes les couleurs. ▷ *Ça va chier* : il va y avoir du grabuge. – Pp. adj. *C'est chié* : c'est extraordinaire, très réussi. – Du lat. *cacare,* esp. *cagar.*

chierie [ʃiʀi] n. f. Vulg. Chose très ennuyeuse, ennui. *Quelle chierie, cette affaire!* – De *chier.*

chiffe [ʃif] n. f. **1.** Rare Morceau de tissu de mauvaise qualité, sans tenue. **2.** Fig. *Il est mou comme une chiffe, c'est une chiffe molle* : il est sans énergie (physique ni morale). – De l'anc. fr. *chipe,* « chiffon ».

chiffon [ʃifɔ̃] n. m. **1.** Morceau de vieux linge, de vieille étoffe. *Essuyer un meuble avec un chiffon.* ▷ (Plur.) Loc. fam. *Parler chiffons* : parler de vêtements, de toilette. **2.** *Chiffon de papier* : contrat, traité dénué de valeur. – De *chiffe.*

chiffonnade [ʃifɔnad] n. f. CUIS **1.** Mélange de laitue et d'oseille, finement coupées, cuit au beurre et servant de garniture à un potage. **2.** Loc. *En chiffonnade* : coupé en très fines tranches. – De *chiffonner.*

chiffonnage [ʃifɔnaʒ] ou **chiffonnement** [ʃifɔnmɑ̃] n. m. **1.** Action de chiffonner. **2.** TECH Ponçage d'une peinture à l'aide d'un morceau de drap ou d'un abrasif très fin. – De *chiffonner.*

chiffonné, ée [ʃifɔne] adj. Froissé. *Une robe chiffonnée.* – Fig. *Avoir la mine chiffonnée,* fatiguée. – Pp. de *chiffonner.*

chiffonner [ʃifɔne] v. [1] **I.** v. tr. **1.** Froisser. ▷ v. pron. *Ma robe s'est chiffonnée.* **2.** Fig., fam. Contrarier, chagriner. *Il y a qqch qui me chiffonne dans ce que vous dites.* **II.** v. intr. **1.** S'occuper de vêtements, de toilettes féminines. *Elles adorent chiffonner.* **2.** Exercer l'activité de chiffonnier. – De *chiffon.*

chiffonnier, ère [ʃifɔnje, ɛʀ] n. **1.** Personne qui ramasse les chiffons, les vieux papiers, la ferraille; personne qui en fait commerce. ▷ Fig., fam. *Se battre comme des chiffonniers,* violemment. **2.** n. m. Petit meuble à tiroirs haut et étroit. – De *chiffon.*

chiffrable [ʃifʀabl] adj. Qui peut être chiffré; qu'on peut évaluer en chiffres. – De *chiffrer.*

chiffrage [ʃifʀaʒ] n. m. **1.** Action de chiffrer. *Chiffrage d'une dépense.* **2.** Syn. de *chiffrement.* **3.** MUS Caractère numérique placé au-dessus ou au-dessous des notes de la basse pour indiquer les accords qu'elle comporte. – De *chiffrer.*

chiffre [ʃifʀ] n. m. **1.** Caractère dont on se sert pour représenter les nombres. *Chiffres romains. Chiffres arabes.* **2.** Somme totale. *Diminuer le chiffre de ses dépenses.* ▷ Spécial. *Chiffre d'affaires :* montant total des ventes effectuées par une entreprise au cours d'une seule année (abrév. cour. : C.A.). *Doubler son chiffre d'affaires. Comparaison de chiffres d'affaires.* **3.** Écriture conventionnelle que l'on utilise pour transmettre des messages secrets, et dont la clé n'est connue que des correspondants; code secret. – *Service du chiffre :* service de certains ministères où l'on chiffre et déchiffre les dépêches. **4.** Arrangement artistique de lettres initiales d'un nom, entrelacées. *Mouchoirs brodés à son chiffre.* – De l'ar. *sifr,* «vide», d'où «zéro».

chiffrement [ʃifʀəmɑ̃] n. m. Action de chiffrer (sens 3). – De *chiffrer.*

chiffrer [ʃifʀe] v. tr. [1] **1.** Évaluer, fixer le chiffre de. *Chiffrer une dépense.* – Pp. adj. *Estimations chiffrées.* **2.** Numéroter. *Chiffrer des pages.* **3.** Traduire en signes cryptographiques. *Chiffrer un texte.* **4.** Marquer d'un chiffre (sens 4). *Chiffrer du linge.* **5.** MUS Écrire le chiffre d'un accord. – De *chiffre.*

chiffrier [ʃifʀije] n. m. Registre comptable permettant de vérifier la concordance entre le journal et le grand-livre. – De *chiffre.*

chigner [ʃiɲe] v. intr. [1] Fam., vieilli Râler, pleurnicher. – De *rechigner.*

chignole [ʃiɲɔl] n. f. **1.** Perceuse à main. **2.** Fam. Mauvaise voiture. – Du lat. pop. **ciconiola,* «petite cigogne».

chignon [ʃiɲɔ̃] n. m. **1.** Masse de cheveux roulés ou tressés, sur la nuque ou au sommet du crâne. **2.** Loc. fig., fam. *Se crêper* le chignon.* – Du lat. pop. **catenio,* de *catena,* «chaîne, chaîne de vertèbres, nuque».

chihuahua [ʃiwawa] n. m. Chien terrier d'origine mexicaine, le plus petit de tous les chiens (16 à 20 cm de haut et 0,8 à 2 kg). – De *Chihuahua,* ville du Mexique.

chiisme ou **chi'isme** [ʃiism] n. m. Courant de l'islam qui ne reconnaît ni la succession d'Abou Bakr au califat ni la doctrine de sa fille Aïcha, veuve du Prophète. ▷ Ensemble des chiites au sein de l'islam. – De *chiites.*

chiite ou **chi'ite** [ʃiit] adj. et n. Relatif au chiisme. ▷ Adepte du chiisme. Subst. *Les chiites sont nombreux en Iran et au Pākistān.* – De l'ar. *chī'i,* «partisan».

chilien, enne [ʃiljɛ̃, ɛn] adj. et n. Du Chili, État d'Amérique du Sud. ▷ Subst. *Un(e) Chilien(ne).*

chilopodes [kilopɔd] n. m. pl. ZOOL Sous-classe de myriapodes dont chaque segment ne porte qu'une paire de pattes (ex. : les scolopendres). – Sing. *Un chilopode.* – Du gr. *khilioi,* «mille», et *pous, podos,* «pied».

chimère [ʃimɛʀ] n. f. **1.** MYTH Monstre fabuleux à tête de lion, corps de chèvre et queue de dragon qui vomit des flammes. **2.** Imagination vaine, illusion. *Se complaire dans des chimères.* **3.** ZOOL Poisson holocéphale des grandes profondeurs marines, à grosse tête et à corps effilé. **4.** BOT Produit d'une greffe possédant à la fois les caractères du greffon et ceux du porte-greffe. ▷ GENET Individu porteur de caractères génétiques issus de deux génotypes différents. – Gr. *khimaira.*

chimérique [ʃimeʀik] adj. **1.** Qui se complaît dans de vaines imaginations, dans des chimères. *Esprit chimérique.* **2.** Qui a le caractère vain, illusoire, des chimères. *Espérance chimérique.* – De *chimère.*

chimie [ʃimi] n. f. Science des caractères et des propriétés des corps, de leurs actions mutuelles et des transformations qu'ils peuvent subir. – Lat. médiév. *chimia,* de *alchimia.* V. alchimie.

ENCYCL On divise la chimie en chimie pure et en chimie appliquée. La chimie pure comprend la *chimie générale* qui étudie les lois fondamentales, la *chimie minérale* qui décrit les propriétés des corps métalliques, non métalliques et de leurs composés, à l'exception des composés du carbone, dont l'étude fait l'objet de la *chimie organique.* La chimie organique se prolonge par l'étude des corps présents dans les tissus vivants *(biochimie).* La chimie pure a des ramifications interdisciplinaires : thermochimie, photochimie, radiochimie, géochimie, électrochimie, physicochimie, etc. La chimie appliquée fait profiter l'industrie de ses travaux et l'enrichit sans cesse de produits nouveaux. L'analyse immédiate et l'analyse élémentaire ont permis de déterminer la composition des mélanges puis des corps purs composés et simples (V. analyse). Chaque élément est représenté par un *symbole* (par ex. : O pour l'oxygène, Cu pour le cuivre, Na pour le sodium), auquel on associe la *masse atomique* de l'élément : 16 pour l'oxygène, 63,55 pour le cuivre, 22,99 pour le sodium, ce qui veut dire que les masses d'une mole d'atomes d'oxygène, de cuivre et de sodium correspondant aux symboles O, Cu et Na sont respectivement égales à 16 g, 63,55 g et 22,99 g. (V. atome et élément.) Les formules des corps composés sont écrites en juxtaposant les symboles des éléments constitutifs de la molécule, et en précisant en indice les proportions relatives des divers éléments constitutifs; ainsi, la molécule de chlorure de baryum $BaCl_2$ contient 1 atome de baryum pour 2 atomes de chlore. La *masse molaire* d'un corps (c.-à-d. la masse de $6{,}022.10^{23}$ molécules de ce corps) peut être calculée à partir de sa formule; ainsi, la masse molaire de l'acide sulfurique $H_2SO_4 = (2 \times 1{,}00) + (1 \times 32{,}06) + (4 \times 16) = 98{,}06$. Les formules *développées* permettent de rendre compte de la structure moléculaire d'un corps. Celle de l'alcool méthylique CH_4 s'écrit CH_3–OH (substitution du radical oxhydrile OH à un atome d'hydrogène dans le méthane CH_4). La *stéréochimie* étudie la répartition dans l'espace des atomes constituant la molécule, répartition que l'on peut déterminer lors de mesures radiocristallographiques. Les *réactions chimiques* sont représentées par des équations; l'équation H_2SO_4 + Zn → $ZnSO_4$ +H_2 signifie que la réaction de l'acide sulfurique sur le zinc produit du sulfate de zinc et est accompagnée d'un dégagement d'hydrogène. Ces réactions peuvent être endothermiques (absorbant de la chaleur, donc exigeant un apport d'énergie) ou exothermiques (dégageant de la chaleur, donc se poursuivant sans apport d'énergie après amorce du processus), et nécessitent parfois la présence d'un catalyseur. Au XXe s. s'est développée la *chimie-physique* qui a permis de rendre compte des *liaisons* entre les atomes d'une molécule, et par là de mieux connaître sa structure. Quant à la *chimie nucléaire,* elle procède de la physique du noyau.

chimio-. Élément, de *chimie.*

chimioluminescence [ʃimjolyminɛsɑ̃s] n. f. PHYS Luminescence provoquée par une oxydation lente.

chimioprophylaxie [ʃimjopʀɔfilaksi] n. f. MED Traitement préventif contre l'infection par l'administration de médicaments chimiques.

chimiorécepteur [ʃimjoʀeseptœʀ] ou **chimiosensible** [ʃimjosɑ̃sibl] adj. ANAT Sensible aux excitants chimiques (en parlant d'un organe ou d'une région du corps).

chimiorésistance [ʃimjoʀezistɑ̃s] n. f. MED Résistance de microorganismes ou de cellules cancéreuses à l'égard des substances employées en chimiothérapie.

chimiosensibilité [ʃimjosɑ̃sibilite] n. f. ANAT Sensibilité aux excitants chimiques.

chimiosynthèse [ʃimjosɛ̃tɛz] n. f. BIOCHIM Synthèse de corps organiques réalisée par les végétaux inférieurs à partir de l'énergie dégagée par une réaction chimique.

chimiotactisme [ʃimjotaktism] n. m. BIOL Propriété que possèdent certaines cellules (spermatozoïdes, globules blancs, etc.) d'être attirées (chimiotactisme positif) ou repoussées (chimiotactisme négatif) par certaines substances chimiques.

chimiothérapie [ʃimjoteʀapi] n. f. Traitement des maladies par des substances chimiques, notam. antibiotiques et anticancéreuses.

chimiotrophie [ʃimjotʀɔfi] n. f. BIOL Fait pour un être vivant autotrophe de se nourrir par chimiosynthèse (donc sans recours à la photosynthèse).

chimiotropisme [ʃimjotʀɔpism] n. m. BIOL Orientation des organes végétaux en développement due à des substances chimiques, attractives ou répulsives.

chimique [ʃimik] adj. De la chimie; relatif aux corps, aux transformations des corps que la chimie étudie. *Les symboles chimiques. Un colorant, un engrais chimique.* – De *chimie.*

chimiquement [ʃimikmɑ̃] adv. D'après les lois de la chimie. *Corps chimiquement pur,* tel qu'aucun réactif n'y révèle la présence de substances étrangères. – De *chimique.*

chimisme [ʃimism] n. m. Ensemble de phénomènes biologiques considérés du point de vue de la chimie. *Chimisme stomacal.* – De *chimie.*

chimiste [ʃimist] n. Spécialiste de la chimie. *Les chimistes de nos laboratoires ont procédé à des analyses.* – De *chimie.*

chimpanzé [ʃɛ̃pɑ̃ze] n. m. Grand singe anthropoïde, de mœurs arboricoles, dont les diverses races peuplent l'Afrique, de la Guinée aux grands lacs. – D'une langue d'Afrique occid.

china-clay [ʃinaklɛ] n. m. Terre argileuse employée pour apprêter les tissus. – Mot angl.

chinage [ʃinaʒ] n. m. TECH Opération qui consiste à teindre des fils, avant tissage, de différentes couleurs, pour que les brins placés au hasard forment une étoffe chinée. – De *chiner.*

chinchilla [ʃɛ̃ʃila] n. m. **1.** Petit rongeur de la cordillère des Andes, à fine fourrure grise très recherchée. *Un élevage de chinchillas.* **2.** Fourrure de cet animal. *Un manteau à col de chinchilla.* – Mot esp., de *chinche,* «punaise; mammifère puant»; lat. *cimex.*

1. chine [ʃin] **1.** n. m. Papier fait avec des bambous macérés dans l'eau. **2.** n. m. ou f. Porcelaine de Chine. *Un service en vieux chine.* – De *Chine.*

2. chine [ʃin] n. f. Métier, milieu de la brocante. – De *chiner* 2.

chiné adj. et n. m. **I.** adj. Dont le fil est de plusieurs couleurs. *Laine chinée.* **II.** n. m. **1.** Dessin formé par la juxtaposition irrégulière de traits de couleurs différentes. **2.** Tissu chiné. – Pp. de *chiner* 1.

1. chiner [ʃine] v. tr. [1] **1.** Procéder au chinage de. *Chiner des fils de laine, de soie.* **2.** Tisser (une étoffe) au moyen de fils chinés. **3.** Imprimer un chiné sur. – De *Chine,* pays d'origine de ce procédé.

2. chiner [ʃine] v. intr. [1] Rechercher des objets d'occasion, anciens, rares ou curieux, soit en amateur, soit pour en faire commerce. – Probabl. altér. d'*échiner,* d'abord «travailler».

3. chiner v. tr. [1] *Chiner qqn,* se moquer de lui, le railler sans malveillance. – De *chiner* 2.

chinetoque ou **chinetoc** [ʃintɔk] n. Pop., péjor. Chinois. – De *chinois,* et suff. pop. sur *toc, toqué.*

1. chineur, euse [ʃinœʀ, øz] n. Personne qui aime chiner (2), ou dont c'est le métier. – De *chiner* 2.

2. chineur, euse [ʃinœʀ, øz] n. Personne qui chine les autres. – De *chiner* 3.

chinois, oise [ʃinwa, waz] adj. et n. **I.** adj. **1.** De Chine. *Un vase chinois. Du thé chinois.* **2.** De la langue chinoise. *Apprendre la grammaire chinoise.* **3.** Fig., fam. Qui est formaliste, minutieux à l'excès. **II.** n. **1.** Habitant ou personne originaire de Chine. *Une délégation de Chinois en visite à Paris. Un(e) Chinois(e).* **2.** n. m. LING Branche de la famille des langues sino-tibétaines comprenant le mandarin (langue nationale) et de nombreux dialectes parlés en Chine. ▷ *Abusiv.* Mandarin. *Le chinois est une langue isolante**. ▷ Fig., fam. *C'est du chinois* : c'est obscur, inintelligible. **3.** n. m. Jeune fruit encore vert du bigaradier que l'on conserve en Asie (Chine et Japon) dans l'eau-de-vie ou le sirop de sucre. **4.** n. m. Passoire à grille très fine, de forme conique, utilisée en cuisine. – De *Chine,* État d'Asie orientale.

chinoiser [ʃinwaze] v. intr. [1] Fam. Chicaner, ratiociner pour des broutilles. – De *chinois.*

chinoiserie [ʃinwazʀi] n. f. **1.** Meuble, bibelot venant de Chine, ou de style chinois. ▷ Bx-A. Œuvre, décor d'inspiration chinoise. **2.** Fig., fam. Complication, chicane mesquine. – De *chinois.*

chinook [ʃinuk] n. m. **1.** Vent sec et chaud qui souffle des montagnes Rocheuses sur la Prairie américaine. **2.** Famille de langues amérindiennes de la côte du Pacifique. – Mot indien d'Amérique du N.

chintz [ʃints] n. m. Percale glacée, utilisée surtout en ameublement. – Mot angl., de l'hindi.

chiot [ʃjo] n. m. Très jeune chien. – Du lat. *catellus.*

chiottes [ʃjɔt] n. f. pl. Vulg. Cabinets, w.-c. – De *chier.*

chiourme [ʃjuʀm] n. f. Anc. Ensemble des rameurs d'une galère. ▷ Ensemble des forçats d'un bagne. *La chiourme de Brest.* ▷ *Garde-chiourme**. – Ital. *ciurma,* du lat. *celeusma,* «chant de galériens».

chiper [ʃipe] v. tr. [1] Fam. Dérober (un objet sans grande valeur) souvent par taquinerie ou plaisanterie. – De l'a. fr. *chipe,* «chiffon».

chipette [ʃipɛt] n. f. Loc. fam. *Ne pas valoir chipette* : ne rien valoir. – De l'a. fr. *chipe,* «chiffon».

chipeur, euse [ʃipœʀ, øz] adj. (et n.) Fam. Qui chipe, qui commet de menus larcins. – De *chiper.*

chipie [ʃipi] n. f. Fam. Jeune fille ou femme capricieuse, acariâtre ou malveillante. – Probabl. de *chiper.*

chipolata [ʃipɔlata] n. f. Saucisse de porc mince et longue. – Ital. *cipollata,* de *cipolla,* «oignon», parce que ce mot désignait à l'origine un plat à base d'oignon.

chipotage [ʃipɔtaʒ] n. m. ou **chipoterie** [ʃipɔtʀi] n. f. Action de chipoter, fait de se chipoter; querelle mesquine. – De *chipoter.*

chipoter [ʃipɔte] v. [1] **I.** v. intr. Fam. **1.** Manger peu et sans appétit, du bout des dents. **2.** Travailler sans suite et avec lenteur, lambiner. **3.** Marchander, contester pour des vétilles. ▷ v. tr. *Il me chipote chaque centime.* **II.** v. pron. Se quereller pour des choses sans importance. – De *chipe*, « chiffon ».

chipoteur, euse [ʃipɔtœʀ, øz] ou **chipotier, ère** [ʃipɔtje, ɛʀ] adj. (et n.) Qui chipote. – De *chipoter.*

chips [ʃips] n. f. inv. (Employé le plus souvent au plur.) Très mince rondelle de pomme de terre, frite. *Un paquet de chips.* ▷ adj. ou en appos. *Des pommes chips.* – Mot angl., « copeaux ».

1. chique [ʃik] n. f. **1.** Boulette de tabac spécial. préparé pour être mâché. **2.** Loc. fig., fam. *Avaler sa chique* : mourir. ▷ *Être mou comme une chique* : être sans énergie, sans entrain. ▷ *Couper la chique à qqn*, le faire taire subitement en lui faisant perdre contenance. – P.-ê. de l'all. *schicken*, « envoyer ».

2. chique [ʃik] n. f. Puce des régions tropicales dont la femelle, pénétrant sous la peau, peut occasionner certaines infections. – De *chique* 1 (à cause de la boule formée par l'insecte sous la peau).

chiqué [ʃike] n. m. Fam. **1.** Feinte, simulation. *C'est truqué, c'est du chiqué!* **2.** Affectation, manque de simplicité, de naturel. *Faire du chiqué* : poser, faire des manières. – De *chic.*

chiquenaude [ʃiknod] n. f. Petit coup donné par la détente brusque d'un doigt préalablement plié et raidi contre le pouce. Syn. pichenette.

chiquer [ʃike] v. tr. et intr. [1] Mâcher (une chique de tabac). *Tabac à chiquer.* – De *chique* 1.

chiqueur, euse [ʃikœʀ, øz] n. Personne qui chique. – De *chiquer.*

chir(o)-. Élément, du gr. *kheir*, « main ».

chiral, ale, aux [kiʀal, o] adj. CHIM Se dit de deux molécules qui, image l'une de l'autre dans un miroir, ne sont pas superposables (isomères* optiques). – Du gr. *kheir, kheiros*, « main ».

chiralité [kiʀalite] n. f. CHIM Propriété que possèdent deux molécules organiques chirales. – De *chirale.*

chiro-. V. chir(o)-.

chirographaire [kiʀogʀafɛʀ] adj. DR **1.** Qui ne repose que sur un acte établi sous seing privé. **2.** Se dit d'une créance non munie de sûretés réelles (qui donneraient au créancier un rang privilégié par rapport aux autres créanciers). - *Créancier chirographaire* : créancier titulaire d'une telle créance. – Lat. *chirographarius.*

chiromancie [kiʀomɑ̃si] n. f. Pratique qui consiste à prédire l'avenir et à décrire le caractère des personnes en s'appuyant sur l'étude des lignes de leurs mains. – De *chiro-*, et *-mancie.*

chiromancien, enne [kiʀomɑ̃sjɛ̃, ɛn] n. Personne qui pratique la chiromancie. – De *chiromancie.*

chiropracteur [kiʀopʀaktœʀ] n. m. Celui qui pratique la chiropraxie. – De *chiropraxie.*

chiropraxie [kiʀopʀaksi] ou **chiropractie** [kiʀopʀakti] n. f. Méthode de traitement des douleurs rachidiennes par manipulations au niveau de la colonne vertébrale. – Angl. *chiropractic*, de *chiro-*, et *practic*, « pratique ».

chiroptères [kiʀɔptɛʀ] ou **chéiroptères** [keiʀɔptɛʀ] n. m. pl. ZOOL Ordre de mammifères communément appelés chauves-souris, adaptés au vol grâce aux membranes de leurs membres antérieurs qui forment des ailes. *Les grands chiroptères sont frugivores, les plus petits généralement insectivores.* - Sing. *Un chiroptère* ou *un chéiroptère.* – De *chiro-*, et gr. *pteron*, « aile ».

chirurgical, ale, aux [ʃiʀyʀʒikal, o] adj. Qui a rapport à la chirurgie. – De *chirurgie.*

chirurgie [ʃiʀyʀʒi] n. f. Branche de la thérapeutique médicale faisant appel à la pratique des interventions manuelles ou instrumentales. *Chirurgie générale. Chirurgie esthétique* ou *plastique. Chirurgie cardiaque. Chirurgie dentaire.* – Gr. *kheirourgia*, « opération manuelle ».

chirurgien [ʃiʀyʀʒjɛ̃] n. m. Praticien spécialiste de la chirurgie. – De *chirurgie.*

chirurgien-dentiste [ʃiʀyʀʒjɛ̃dɑ̃tist] n. m. Dentiste. *Des chirurgiens-dentistes.* – De *chirurgien*, et *dentiste.*

chistera ou **chistéra** [ʃisteʀa] n. m. ou f. Panier d'osier en forme de gouttière recourbée, que l'on fixe solidement au poignet et qui sert à lancer et à recevoir la balle, à la pelote basque. – Mot esp., lat. *cistella*, « petite corbeille ».

chitine [kitin] n. f. BIOL Substance organique (polysaccharide), souple et résistante, qui constitue les téguments des arthropodes. – Gr. *chitôn*, « tunique », et *-ine.*

chitineux, euse [kitinø, øz] adj. BIOL Constitué de chitine. – De *chitine.*

chiton [kitɔ̃] n. m. **1.** ANTIQ Tunique courte et collante des anciens Grecs. **2.** Mollusque amphineure appelé aussi *oscabrion* ou *cloporte de mer*, dont la coquille est formée de plaques mobiles et qui vit collé aux pierres du littoral. – Gr. *khitôn*, « tunique ».

chiure [ʃjyʀ] n. f. Excrément (d'insecte, de mouche). – De *chier.*

chlamyde [klamid] n. f. ANTIQ Manteau des anciens Grecs fait d'une courte pièce d'étoffe agrafée sur l'épaule. – Gr. *khlamus, khlamudos.*

chlamydia [klamidja] n. f. MED Organisme présentant les caractères d'une bactérie et d'un virus, responsable de diverses infections transmissibles (chez l'homme et chez l'animal). – Du gr. *khlamus, khlamudos*, « chlamyde, casaque militaire ».

chleuh [ʃlø] n. et adj. **1.** n. m. Dialecte berbère parlé par les Chleuhs, population berbère marocaine du Haut Atlas occidental, de l'Anti-Atlas et de la vallée du Sous. **2.** n. et adj. Pop., péjor., vieilli Allemand.

chlinguer ou **schlinguer** [ʃlɛ̃ge] v. intr. [1] Pop. Puer. *Lorsqu'il a ôté ses chaussures, qu'est-ce que ça chlinguait!* – All. *schlingen.*

chloasma [kloasma] n. m. MED Ensemble de taches pigmentaires, de forme irrégulière, siégeant habituellement à la face, observées lors de certaines affections et pendant la grossesse (masque de grossesse). – Du gr. *khloasma*, « teinte jaune pâle ».

chlor(o)-. Élément, du gr. *khlôros*, « vert ».

chloracétate [klɔʀasetat] n. m. CHIM Sel ou ester des acides chloracétiques. – De *chlor-*, et *acétate.*

chloracétique [klɔʀasetik] adj. CHIM *Acides chloracétiques*, qui résultent de la substitution du chlore à l'hydrogène de l'acide acétique. – De *chloracétate.*

chlorage [klɔʀaʒ] n. m. TECH Opération qui consiste à soumettre une étoffe à l'action d'un composé chloré. – De *chlorer.*

chloral [klɔʀal] n. m. CHIM Composé organique chloré dont certains dérivés sont utilisés en thérapeutique comme hypnotiques puissants. – De *chlor-*, et *al(cool).*

chlorate [klɔʀat] n. m. CHIM Nom générique des sels ou esters des acides oxygénés dérivés du chlore. (Le plus employé est l'eau de Javel, solution aqueuse de chlorure de sodium NaCl et de chlorate de sodium NaClO.) *Les mélanges de chlorates alcalins et de combustibles constituent des explosifs.* – De *chlor-* et *-ate.*

chloraté, ée [klɔʀate] adj. CHIM Qui contient un chlorate. – De *chlorate.*

chloration [klɔʀasjɔ̃] n. f. Traitement de l'eau par le chlore, pour la rendre potable. – De *chlore.*

chlore [klɔʀ] n. m. CHIM Élément non métallique, de la famille des halogènes, de numéro atomique Z = 17 et de masse atomique 35,45 (symbole Cl). – Gaz (Cl_2 : *dichlore*) à l'odeur suffocante, de densité 2,49, qui se liquéfie à − 35 °C et se solidifie à − 101 °C. – Du gr. *khlôros,* « vert ».

chloré, ée [klɔʀe] adj. Qui renferme du chlore. – Pp. de *chlorer.*

chlorelles [klɔʀɛl] n. f. pl. Algues vertes unicellulaires, très communes, libres ou symbiotiques. – Sing. *Une chlorelle.* – Du gr. *khlôros,* « vert ».

chlorémie [klɔʀemi] n. f. MED Concentration sanguine en chlore. – De *chlor-,* et *-émie.*

chlorer [klɔʀe] v. tr. [1] Traiter par le chlore, ou par le chlorure de chaux. – De *chlore.*

chloreux [klɔʀø] adj. m. CHIM *Acide chloreux,* de formule $HClO_2$. – De *chlore.*

chlorhydrate [klɔʀidʀat] n. m. CHIM Sel résultant de l'action de l'acide chlorhydrique sur une base azotée. – De *chlorhydrique.*

chlorhydrique [klɔʀidʀik] adj. CHIM *Acide chlorhydrique* : chlorure d'hydrogène HCl, gaz incolore d'odeur piquante, extrêmement soluble dans l'eau, qui attaque presque tous les métaux. ▷ Solution aqueuse de ce gaz. Syn. (vx) acide muriatique, esprit de sel. – De *chlor-,* et *-hydrique.*

chlorique [klɔʀik] adj. CHIM *Acide chlorique,* de formule $HClO_3$. – De *chlor-* et *-ique.*

chlorite [klɔʀit] n. m. CHIM Sel de l'acide chloreux. – De *chlor-,* et *-ite* 3.

chloro-. V. chlor(o)-.

chlorobenzène [klɔʀobɛ̃zɛn] n. m. CHIM Dérivé du benzène, de formule C_6H_5Cl, utilisé dans la synthèse de l'aniline et du phénol. Syn. Chlorure de phényl. – De *chloro-,* et *benzène.*

chlorofluorocarbone [klɔʀoflyɔʀokaʀbɔn] n. m. Composé fluorocarboné*. (Abrév. : C.F.C.) – De *chloro-, fluoro-,* et *carbone.*

chloroforme [klɔʀɔfɔʀm] n. m. CHIM Nom usuel du trichlorométhane $CHCl_3$, utilisé autref. comme anesthésique général. – De *chloro-,* et *(acide) formique.*

chloroformer [klɔʀɔfɔʀme] v. tr. [1] Anesthésier, endormir au chloroforme. – De *chloroforme.*

chlorome [klɔʀom] n. m. MED Tumeur osseuse, souvent de coloration verte, révélatrice d'une leucémie. – De *chlor-,* et *-ome.*

chlorométrie [klɔʀɔmetʀi] n. f. CHIM Détermination de la quantité de chlore contenue dans un chlorure décolorant. – De *chloro-,* et *-métrie.*

chlorométrique [klɔʀɔmetʀik] adj. CHIM Relatif à la chlorométrie. – De *chlorométrie.*

chlorophycées [klɔʀɔfise] n. f. pl. BOT Classe d'algues des eaux douces et marines, appelées aussi algues vertes, dont la chlorophylle est le seul pigment. – Sing. *Une chlorophycée.* – De *chloro-,* et gr. *phukos,* « algue ».

chlorophylle [klɔʀɔfil] n. f. Pigment végétal vert qui confère aux végétaux le possédant la fonction d'assimilation du carbone par photosynthèse. (Il existe diverses sortes de chlorophylles, qui ne sont synthétisées qu'à la lumière et dont la structure moléculaire commune est voisine de celle de l'hémoglobine.) – De *chloro-,* et du gr. *phullon,* « feuille ».

chlorophyllien, enne [klɔʀɔfiljɛ̃, ɛn] adj. Qui a rapport à la chlorophylle. *Assimilation chlorophyllienne,* par photosynthèse. – *Végétaux chlorophylliens,* qui renferment de la chlorophylle (tous les végétaux, à l'exception de certaines algues et des champignons). – De *chlorophylle.*

chloroplaste [klɔʀɔplast] n. m. BOT Plaste (élément cellulaire) contenant de la chlorophylle, dans lequel s'effectue la photosynthèse chlorophyllienne. – De *chloro-,* et *plaste.*

chloroprène [klɔʀɔpʀɛn] n. m. CHIM Dérivé chloré du butadiène fournissant des caoutchoucs synthétiques par polymérisation. – De *chloro-, pr(opylène),* et *-ène.*

chlorose [klɔʀoz] n. f. **1.** MED Anémie de la jeune fille, fréquente surtout autrefois, efficacement combattue par des médications ferrugineuses, et qui se manifeste notam. par une teinte jaune verdâtre des téguments. **2.** BOT Maladie des plantes, due au manque d'air, de lumière, ou à un excès de calcaire, caractérisée par la décoloration des feuilles. – Du lat. médiév. *chlorosis,* du gr. *khlôros,* « d'un jaune verdâtre ».

chlorotique [klɔʀotik] adj. Qui est affecté de chlorose. – Relatif à la chlorose. – De *chlorose.*

chloruration [klɔʀyʀasjø] n. f. CHIM Transformation en chlorure. – De *chlorurer.*

chlorure [klɔʀyʀ] n. m. CHIM Nom générique des sels ou esters de l'acide chlorhydrique et de certains dérivés renfermant du chlore. *Chlorure de sodium (NaCl)* : sel marin. ▷ *Chlorure décolorant* : mélange de chlorures et d'un sel, d'un monoacide de formule Cl–OH (eau de Javel, chlorure de chaux). – De *chlore.*

chloruré, ée [klɔʀyʀe] adj. CHIM Qui renferme un chlorure. – Pp. de *chlorurer.*

chlorurer [klɔʀyʀe] v. tr. [1] CHIM Transformer un corps en chlorure par combinaison avec du chlore. – De *chlorure.*

choane [kɔan] n. f. ANAT Orifice mettant en communication, chez les vertébrés supérieurs, les fosses nasales et la cavité buccale. – Du gr. *khoanê,* « entonnoir ».

choanocytes [kɔanɔsit] n. f. pl. ZOOL Cellules, particulières aux spongiaires, de forme ovoïde et munies de flagelles. – Sing. *Une choanocyte.* – Du gr. *khoanê,* « entonnoir », et *-cyte.*

choc [ʃɔk] n. m. et adj. **I.** n. m. **1.** Heurt d'un corps contre un autre. *Tomber sous la violence d'un choc.* **2.** MILIT Rencontre et combat de deux troupes armées. ▷ *Troupes de choc,* spécialisées dans les coups de main et les combats en première ligne. – Fig. *Un médecin, un curé de choc,* qui n'hésite pas à affronter les situations difficiles. **3.** Fig. Conflit, opposition. *Le choc des opinions, des générations.* **4.** MED Diminution profonde et brutale du débit circulatoire, provoquant une hypotension et des troubles de la conscience, qui peut être due à une agression extérieure (choc infectieux, choc opératoire, choc des brûlés) ou à une défaillance interne (choc cardiogénique ou hémorragique). *Le choc, dont l'évolution spontanée est mortelle, requiert un traitement immédiat.* ▷ Fig. *Traitement de choc* : mesure drastique. **5.** Émotion violente, perturbation causée par un événement brutal. *Cela lui a fait un choc de retrouver sa famille après tant d'années.* **6.** METEO *Choc en retour* : effet indirect de la chute de tension qui suit l'éclair; fig. contrecoup d'un événement réagissant sur sa propre cause. **II.** adj. Qui surprend, étonne. *Des soldes à des prix choc(s).* – De *choquer.*

chocard [ʃokaʀ] n. m. Oiseau corvidé (*Coracia graculus*) de haute montagne, à bec jaune, au plumage noir et aux pattes rouges. – Var. de *choucas.*

chochotte [ʃɔʃɔt] n. f. Fam. Mijaurée. – P.-ê. var. de *chouchoute.*

chocolat [ʃɔkɔla] n. m. et adj. inv. **I.** n. m. **1.** Substance comestible à base de cacao torréfié et de sucre.

Une tablette, une barre de chocolat. Du chocolat noir, fondant, au lait. Une mousse au chocolat. **2.** Boisson au chocolat. *Un chocolat bien chaud.* **II.** adj. inv. **1.** De la couleur brun foncé du chocolat. *De la peinture chocolat.* **2.** Fam. *Être chocolat :* être déçu, trompé. – Du nahuatl *chocollatl,* par l'esp. *chocolate.*

chocolaté, ée [ʃɔkɔlate] adj. Contenant du chocolat, parfumé au chocolat. – De *chocolat.*

chocolaterie [ʃɔkɔlatʀi] n. f. Fabrique de chocolat. – De *chocolat.*

chocolatier, ère [ʃɔkɔlatje, ɛʀ] n. **1.** Personne qui fait, qui vend du chocolat. **2.** n. f. Récipient, à couvercle et bec verseur, pour servir le chocolat. – De *chocolat.*

chocotte [ʃɔkɔt] n. f. Arg., anc. Dent. ▷ Loc. fam. *Avoir les chocottes :* avoir peur. – P.-ê. du rad. de *choquer.*

choéphore [koefɔʀ] n. ANTIQ GR Personne chargée de porter les offrandes aux morts, chez les anc. Grecs. – Gr. *khoêphoros,* de *khoê,* «libation», et *phoros,* «porteur».

chœur [kœʀ] n. m. **I. 1.** ANTIQ Groupe de personnes, représentant un personnage collectif, qui chantaient, en dansant ou non, les vers d'une tragédie et prenaient ainsi part à l'action. ▷ *Par ext.* Ce que chante, déclame le chœur dans les tragédies grecques ou inspirées du modèle grec. *Les chœurs d'«Athalie».* **2.** Groupe de chanteurs qui exécutent ensemble une œuvre musicale. *Les chœurs de l'Opéra.* ▷ *Par ext.* Morceau de musique chanté par un chœur, chant des choristes. **3.** Fig. Réunion de personnes qui expriment ensemble la même chose. *Le chœur des créanciers.* ▷ *En chœur :* tous ensemble, d'un commun accord. *Ils le conspuèrent en chœur.* **II.** Partie de l'église où se trouve le maître-autel et où se tiennent ceux qui chantent l'office divin. – *Enfant de chœur :* enfant qui assiste le prêtre pendant la célébration des offices; fig. personne très naïve, crédule. *Moi, un enfant de chœur? tout de même!* – Lat. *chorus,* gr. *khoros.*

choir [ʃwaʀ] v. intr. [**51**] (Surtout à l'inf. et au pp.) **1.** Litt. ou vieilli Tomber. *Elle a chu de toute sa hauteur.* **2.** Fam. *Laisser choir :* abandonner. *Elle l'a laissé choir sans explications!* – Du lat. *cadere.*

choisi, ie [ʃwa(ɑ)zi] adj. **1.** Qui a fait l'objet d'un choix. *Cocher la réponse choisie.* **2.** *Par ext.* Qui est considéré comme ce qu'il y a de meilleur. *Société choisie.* ▷ Recherché, raffiné. *Il a formulé sa requête en termes choisis.* – Pp. de *choisir.*

choisir [ʃwa(ɑ)ziʀ] v. tr. [**3**] **1.** Adopter, sélectionner selon une préférence. *Choisir ses amis. Choisir un cadeau.* **2.** Décider de (faire une chose de préférence à une autre, à d'autres). *Il a choisi de vivre seul et de rester à Paris.* ▷ (S. comp.) *Être incapable de choisir.* – Du gotique *kausjan,* «goûter, éprouver».

choix [ʃwa] n. m. **1.** Action de choisir; décision prise lorsqu'on choisit. *Ses choix sont toujours excellents. Arrêter son choix sur qqch.* **2.** Pouvoir, faculté, liberté de choisir. *Laisser, donner le choix à quelqu'un. N'avoir que l'embarras du choix.* **3.** Ensemble de choses que l'on donne à choisir. *Présenter un choix de bagues.* **4.** Chose choisie, ensemble de choses choisies. *Voici mon choix. Un choix de poésies.* ▷ *Des marchandises de choix, de premier choix,* de qualité supérieure. **5.** *Au choix :* en ayant la possibilité de choisir. *Fromage ou dessert, au choix.* **6.** MATH *Axiome du choix,* selon lequel on peut définir une fonction qui associe à toute partie non vide d'un ensemble un et un seul élément de cet ensemble. – De *choisir.*

choke-bore [ʃɔkbɔʀ] n. m. TECH Étranglement placé à l'extrémité du canon d'un fusil de chasse pour éviter la dispersion des plombs. – Mot angl., de *to choke,* «étrangler», et *bore,* «âme (d'une arme à feu)».

chol(é)-. Élément, du gr. *kholê,* «bile».

cholagogue [kɔlagɔg] adj. MED Se dit des substances facilitant l'évacuation de la bile. ▷ n. m. *Un cholagogue.* – De *chol(é)-,* et gr. *agein,* «conduire».

cholécyste [kɔlesist] n. m. CHIR Vésicule biliaire. – De *cholé-,* et gr. *kustis,* «poche, vessie».

cholécystectomie [kɔlesistɛktɔmi] n. f. CHIR Ablation de la vésicule biliaire. – De *cholécyste,* et *-ectomie.*

cholécystite [kɔlesistit] n. f. MED Inflammation de la vésicule biliaire. – De *cholécyste,* et *-ite* 1.

cholécystographie [kɔlesistɔgʀafi] n. f. MED Examen radiologique de la vésicule biliaire. – De *cholécyste,* et *-graphie.*

cholédoque [koledɔk] adj. m. et n. m. ANAT *Canal cholédoque* ou, n. m. *le cholédoque :* canal qui s'abouche dans le duodénum, et par lequel s'écoule la bile. – Lat. méd. *choledochus,* du gr. *kholê,* «bile», et *dekhestai,* «recevoir».

cholémie [kɔlemi] n. f. MED Taux de la bile dans le sang. – De *cholé-,* et *-émie.*

choléra [kɔleʀa] n. m. Infection intestinale aiguë, très contagieuse, due au vibrion cholérique et à sa variété El Tor. – Lat. *cholera;* gr. *kholera.*

cholériforme [kɔleʀifɔʀm] adj. MED Qui a les apparences du choléra. – De *cholér(a),* et *forme.*

cholérique [kɔleʀik] adj. et n. MED **1.** adj. Du choléra, relatif au choléra. *Le vibrion cholérique, ou bacille virgule.* **2.** adj. et n. Qui est atteint du choléra. – De *choléra.*

cholestérol [kɔlɛsteʀɔl] n. m. Variété de stérol apportée par l'alimentation et synthétisée par le foie, présente dans les tissus et les liquides de l'organisme, dans laquelle on reconnaît auj. plusieurs fractions. *Le cholestérol intervient dans la synthèse des hormones sexuelles, des cortico-stéroïdes, des acides biliaires; dans le sang, il est lié aux lipoprotéines et, en excès, représente un facteur de risque cardio-vaculaire.* – De *cholé-,* et *stérol.*

cholestérolémie [kɔlɛsteʀɔlemi] n. f. MED Concentration sanguine en cholestérol, dont l'augmentation, dans certaines hyperlipémies, favorise l'athérosclérose. – De *cholestérol,* et *-émie.*

choliambe [kɔljɑ̃b] n. m. METR ANC Trimètre ïambique terminé par un spondée. – Du gr. *khôlos,* «boiteux», et *iambos,* «jambe».

choline [kɔlin] n. f. BIOCHIM Alcool azoté entrant dans la composition de certains lipides et qui se trouve, à l'état libre ou estérifié (acétylcholine), dans toutes les cellules de l'organisme. – De *cholé-,* et *-ine.*

cholinergie [kɔlinɛʀʒi] n. f. BIOCHIM Libération d'acétylcholine, médiateur chimique du système parasympathique et des nerfs moteurs. – De *cholin(e),* et *-ergie.*

cholinergique [kɔlinɛʀʒik] adj. BIOCHIM Qui agit par l'intermédiaire de l'acétylcholine. – De *cholinergie.*

cholinestérase [kɔlinɛsteʀaz] n. f. BIOCHIM Enzyme qui hydrolyse l'acétylcholine, qu'elle rend inactive. – De *choline, ester,* et *-ase.*

chômable [ʃomabl] adj. Que l'on peut ou que l'on doit chômer. *Fête chômable.* – De *chômer.*

chômage [ʃomaʒ] n. m. Fait de chômer, interruption de travail; état d'une personne privée d'emploi. *Chômage partiel,* par réduction des horaires. *Chômage technique,* imposé à certains secteurs de l'entreprise du fait de l'impossibilité, pour d'autres secteurs ou entreprises, de fournir les éléments indispensables à la fabrication. *Chômage structurel,* dû à l'inadéquation qualitative entre l'offre et la demande de travail. *Indemnité, allocation de chômage :* aide apportée au chômeur sous forme d'allocation. – De *chômer.*

chômé, ée [ʃome] adj. Se dit d'un jour où l'on ne travaille pas et qui est payé (par oppos. à *ouvré*). – Pp. de *chômer.*

chômer [ʃome] v. [1] **I.** v. intr. **1.** Cesser de travailler pendant les jours fériés. **2.** Être sans travail, être privé d'emploi. **3.** Cesser de fonctionner, d'être productif. *Laisser chômer une terre.* **II.** v. tr. Célébrer (une fête) en cessant le travail. *Chômer le 1er Mai.* – Du bas lat. *caumare,* de *cauma,* « forte chaleur ».

chômeur, euse [ʃomœʀ, øz] n. Personne privée d'emploi. – De *chômer.*

chondr(o)-. Élément, du gr. *khondros,* « cartilage ».

chondricht(h)yens [kɔ̃dʀiktjɛ̃] n. m. pl. ZOOL Classe de poissons à squelette cartilagineux (poissons cartilagineux) comprenant, notam., les sélaciens. – Sing. *Un chondricht(h)yen.* – Du gr. *khondros,* « cartilage », et *ichthus,* « poisson ».

chondriome [kɔ̃dʀijom] n. m. BIOL Ensemble des chondriosomes d'une cellule. – De *chondriosome.*

chondriosome [kɔ̃dʀijozom] n. m. BIOL Syn. de *mitochondrie.* – Du gr. *khondros,* « grain », et *sôma,* « corps ».

chondrite [kɔ̃dʀit] n. f. MED Inflammation d'un cartilage. – De *chondr(o)-,* et *-ite* 1.

chondroblaste [kɔ̃dʀoblast] n. m. ANAT Cellule élémentaire du tissu cartilagineux. – De *chondro-,* et *-blaste.*

chondroblastome [kɔ̃dʀoblastom] n. m. MED Tumeur bénigne siégeant aux extrémités des os longs chez les adolescents. – De *chondro-, -blaste,* et *-ome.*

chondrodysplasie [kɔ̃dʀodisplazi] ou **chondrodystrophie** [kɔ̃dʀodistʀɔfi] n. f. MED Trouble de la chondrogenèse. – De *chondro-, dys-,* et *-plasie* ou *-trophie.*

chondrogenèse [kɔ̃dʀoʒenɛz] n. f. BIOL Formation du tissu cartilagineux. – De *chondro-,* et *genèse.*

chondromatose [kɔ̃dʀomatoz] n. f. MED Chondrodysplasie d'origine génétique portant sur les os longs. – De *chondro-,* et *-ose* 2.

chondrome [kɔ̃dʀom] n. m. MED Tumeur formée de tissu cartilagineux. – De *chondro-,* et *-ome.*

chondrosarcome [kɔ̃dʀosaʀkom] n. m. MED Tumeur maligne formée de tissu cartilagineux et de tissu embryonnaire. – De *chondro-,* et *sarcome.*

chondrostéens [kɔ̃dʀosteɛ̃] n. m. pl. ZOOL Super-ordre de poissons téléostéens actinoptérygiens dont la colonne vertébrale demeure cartilagineuse. – Sing. *L'esturgeon est un chondrostéen.* – De *chondro-,* et gr. *osteon,* « os ».

chope [ʃɔp] n. f. Verre à bière à paroi épaisse muni d'une anse ; son contenu. *Boire une chope de bière.* – All. *schoppen.*

choper [ʃɔpe] v. tr. [1] Pop. **1.** Prendre, voler. *Choper un portefeuille.* **2.** Arrêter, attraper. *Se faire choper.* **3.** Contracter (une maladie), recevoir (un coup). *Choper la rougeole.* – Var. de *chiper,* d'après *chopper.*

chopin [ʃɔpɛ̃] n. m. Vieilli, pop. Profit, aubaine. – Conquête amoureuse qui est une bonne affaire. – De *choper.*

chopine [ʃɔpin] n. f. **1.** Anc. mesure de capacité valant une demi-pinte (46,5 cl). **2.** Pop. Bouteille de vin ; son contenu. – De *chope.*

chopper [ʃɔpe] v. intr. [1] Faire un faux pas en heurtant qqch du pied.

choquant, ante [ʃɔkɑ̃, ɑ̃t] adj. Qui choque. *Une conduite choquante. Une histoire choquante.* – Ppr. de *choquer.*

choquer [ʃɔke] v. tr. [1] **I. 1.** Donner un choc à, heurter. *Ne choquez pas ces tasses, elles sont fragiles. Choquer les verres :* trinquer. ▷ v. pron. *Verres qui se choquent.* **2.** Heurter moralement. *Votre conduite l'a beaucoup choqué.* ▷ v. pron. *Elle se choque pour bien peu.* **3.** Être en opposition avec. *Cela choque le bon sens.* **4.** Produire une impression désagréable sur. *Un hiatus qui choque l'oreille.* **5.** Fig. Éprouver moralement, donner un choc émotionnel à. *Ce deuil l'a beaucoup choqué.* **II.** MAR *Choquer une amarre, une écoute,* lui donner du mou. – Néerl. *schokken,* ou angl. *to shock,* « heurter », onomat.

choral, ale, als ou, rare, **aux** [kɔʀal, o] adj. Relatif à un chœur. *Chant choral.* ▷ n. m. Chant liturgique protestant créé par Luther. – Composition pour clavecin ou orgue sur le thème de ce chant. *Bach porta le choral à son sommet.* – Du lat. *chorus,* « chœur ».

chorale [kɔʀal] n. f. Groupe, société de chanteurs qui exécute des chœurs. *La chorale d'un lycée.* – De *choral.*

chorde. V. corde (II, 2).

chordés. V. cordés.

1. chorée [kɔʀe] n. f. MED Affection neurologique caractérisée par des mouvements involontaires amples et désordonnés des muscles. *La chorée, ou chorée de Sydenham ou danse de Saint-Guy, maladie aiguë de l'enfant, a probablement une origine infectieuse.* – Lat. *chorea,* gr. *khoreia,* « danse ».

2. chorée [kɔʀe] n. m. Syn. de *trochée* 2. – Gr. *choreios.*

chorège [kɔʀɛʒ] n. m. ANTIQ Citoyen qui, à Athènes, assumait les frais d'un chœur de danse, pour une représentation théâtrale. – Gr. *khorêgos.*

chorégie [kɔʀeʒi] n. f. **1.** ANTIQ À Athènes, charge du chorège. **2.** (Plur.) Réunion de chorales pour des manifestations culturelles. – De *chorège.*

chorégraphe [kɔʀegʀaf] n. Personne qui compose et règle des ballets. – De *chorégraphie.*

chorégraphie [kɔʀegʀafi] n. f. **1.** Art de noter les pas et les figures de danse. **2.** Art de composer, de régler des ballets. **3.** Ensemble des figures de danse qui composent un ballet. – Du gr. *khoreia,* « danse », et *-graphie.*

chorégraphique [kɔʀegʀafik] adj. Relatif à la chorégraphie, à la danse. – De *chorégraphie.*

choréique [kɔʀeik] adj. (et n.) Relatif à la chorée. – Qui est atteint de chorée. – De *chorée* 1.

chorématique [kɔʀematik] n. f. GEOGR Science de l'utilisation des chorèmes. – De *chorème.*

chorème [kɔʀɛm] n. m. GEOGR Représentation par des formes géométriques simples de la structure et de la dynamique d'un espace géographique. – Du gr. *chora,* « espace de terre, pays, contrée ».

choreute [kɔʀøt] n. m. ANTIQ Choriste, dans le théâtre grec. – Gr. *khoreutês.*

chorial, ale [kɔʀjal] adj. ANAT Relatif au chorion. – De *chorion.*

choriambe [kɔʀjɑ̃b] n. m. METR ANC Pied composé d'un chorée (ou *trochée*) et d'un ïambe. – Gr. *khoriambos.*

chorion [kɔʀjɔ̃] n. m. ZOOL Paroi externe enveloppant l'embryon des vertébrés, formée par des replis de l'allantoïde. – Gr. *khorion,* « membrane ».

choriste [kɔʀist] n. Personne qui chante dans un chœur, dans une chorale. – Lat. ecclés. *chorista,* de *chorus,* « chœur ».

chorizo [(t)ʃɔʀizo] n. m. Saucisson d'origine espagnole, plus ou moins pimenté. – Mot esp.

choroïde [kɔʀɔid] n. f. ANAT Membrane mince située entre la sclérotique et la rétine. ▷ En appos. *Plexus choroïde :* repli méningé où se forme le liquide céphalorachidien. – Gr. *khorioeidês,* de *khorion,* « membrane », et *eidês* (V. -oïde).

choroïdien, enne [kɔʀɔidjɛ̃, ɛn] adj. Qui se rapporte à la choroïde. – De *choroïde*.

chorologie [kɔʀɔlɔʒi] n. f. ECOL Répartition des êtres vivants sur un territoire donné. (On distingue : l'*autochorologie*, qui concerne les individus et les espèces; la *synchorologie*, qui concerne les associations animales et végétales.) – Du gr. *khôra*, « contrée », et *-logie*.

chorus [kɔʀys] n. m. **1.** *Faire chorus :* répéter en chœur; se joindre à d'autres pour manifester son approbation. *Il dit que cela devait cesser, et les autres firent chorus.* **2.** MUS Ensemble des mesures du thème, qui constituent le canevas des improvisations de jazz. *Prendre un chorus de trente-deux mesures.* – Mot lat., « chœur ».

chose [ʃoz] n. f. **I.** **1.** Toute réalité concrète ou abstraite conçue comme une unité. **2.** Ce que l'on ne nomme pas précisément. *Insister serait la dernière chose à faire. Chaque chose en son temps. Il faisait froid, chose rare en cette saison. Il a très bien pris la chose. Il y a de bonnes choses dans cet ouvrage*, de bons passages, de bonnes idées. *Elle lui a raconté une chose épouvantable :* elle lui a fait un récit épouvantable. *Elle porte sur la tête une chose qu'elle appelle un chapeau.* ▷ DR *Chose jugée :* ce qui a été définitivement réglé par la juridiction compétente. *L'autorité de la chose jugée.* **II.** *Spécial.* **1.** Être inanimé (par oppos. à *être vivant*); objet matériel (par oppos. à *mot*, à *idée*). *Débarrassez le grenier de toutes les choses qui l'encombrent. Les personnes et les choses. Le mot et la chose.* Syn. objet. – VX *Leçon de choses* portant sur des objets usuels, et visant à inculquer des notions scientifiques élémentaires. **2.** Ce que l'on possède en propre. *C'est mon bien, ma chose.* **3.** DR *Choses communes :* biens non susceptibles d'appropriation. *L'air, l'eau de la mer sont des choses communes.* **4.** PHILO *Chose en soi :* réalité, par oppos. à l'idée, à la représentation. **5.** *La chose publique :* l'État. **6.** (Plur.) Ce qui existe, se fait, a lieu. *Laissez les choses suivre leur cours. Les choses étant ce qu'elles sont. Il faut regarder les choses en face. Aller au fond des choses :* approfondir un sujet. **7.** n. m. Désignant un objet que l'on ne peut ou que l'on ne veut pas nommer, ou (fam.) une personne. *Passez-moi le chose, là-bas. C'est chose qui me l'a dit.* Syn. (fam.) machin, truc. **8.** (Avec valeur d'adj.) Souffrant, fatigué. *Je me sens toute chose. Rester tout chose*, stupéfait, désorienté. **III.** Loc. **1.** Loc. pron. indéf., masc. *Quelque chose :* une certaine chose. *J'ai lu quelque chose qui m'a paru fort bon. Vous prendrez bien quelque chose :* vous mangerez ou vous boirez bien un peu. ▷ Suivi de *de* et d'un adj. au masc. *Quelque chose de beau, de nouveau.* ▷ *Il y a quelque chose comme un an que je ne l'ai vu :* il y a environ un an... ▷ *C'est quelque chose ! :* exprime l'admiration, l'indignation. *On ne peut jamais avoir la paix, c'est quelque chose !* **2.** *Autre chose :* quelque chose d'autre. *Passons à autre chose.* **3.** *Grand-chose**. **4.** *Peu de chose :* quelque chose de peu d'importance, de faible valeur. *Il suffit de peu de chose pour le contenter. Nous sommes peu de chose.* **5.** *Avant toute chose :* tout d'abord. – *De deux choses l'une... :* il faut choisir entre deux possibilités. **6.** *Dites-lui bien des choses (de ma part) :* formule de politesse. – Bas lat. *causa*, « chose ».

chosifier [ʃozifje] v. tr. [2] PHILO Rendre semblable à une chose. Syn. réifier. – De *chose*, et *-fier*.

chott [ʃɔt] n. m. Lac temporaire salé, en Afrique du Nord. – De l'ar. *chatt*, « rivage d'un fleuve ».

1. chou, choux [ʃu] n. m. **1.** Crucifère du genre *Brassica* dont de nombreuses espèces et variétés sont cultivées. (Le *chou pommé*, ou *chou cabus*, est le chou commun; le *navet*, le *chou de Bruxelles*, dont on consomme les bourgeons axillaires, le *chou-fleur*, le *chou rouge*, le *colza*, la *navette*, etc., sont également des *Brassica*.) ▷ *Aller planter ses choux :* se retirer à la campagne. ▷ *C'est bête comme chou :* c'est très simple. ▷ Fam. *Être dans les choux :* être dans les derniers d'un classement, échouer dans une entreprise. ▷ *Faire chou blanc :* échouer dans une démarche. ▷ *Faire ses choux gras de qqch :* faire son profit de qqch. ▷ Fam. *Feuille de chou :* journal de peu de valeur. Syn. canard. ▷ Pop. *Rentrer dans le chou de qqn*, se précipiter sur lui pour le battre. **2.** Bouffette, coque de rubans. **3.** Pâtisserie soufflée. *Chou à la crème. Pâte à chou.* – Lat. *caulis*.

2. chou, choute [ʃu, ʃut] n. Fam. (Mot de tendresse.) *Mon chou.* ▷ adj. inv. Gentil, mignon. *Qu'elle est chou !* – De *chou* 1.

chouan [ʃuɑ̃] n. m. Insurgé royaliste de l'ouest de la France, sous la Ire République. – De Jean *Chouan*, surnom d'un chef des insurgés; forme rég. de *chat-huant* dont ils imitaient le cri.

chouannerie [ʃuanʀi] n. f. Insurrection des chouans. – De *chouan*.

choucas [ʃuka] n. m. Petit corvidé d'Europe (32 cm de long), à plumage noir et à nuque grise, qui vit en bandes dans les falaises, clochers, etc. (à ne pas confondre avec le chocard). – P.-ê. onomat.

chouchou, oute [ʃuʃu, ut] n. Fam. Préféré, favori. *Les chouchous du professeur.* – De *chou* 2.

chouchouter [ʃuʃute] v. tr. [1] Fam. Traiter en favori, dorloter. *Elle chouchoute trop son fils.* Syn. choyer. – De *chouchou*.

choucroute [ʃukʀut] n. f. CUIS Chou haché et fermenté dans la saumure. – *Spécial.* Plat constitué de ce chou cuit, de pommes de terre et de charcuterie. *Manger une choucroute.* – Alsacien *sûrkrût;* all. *Sauerkraut*, « herbe *(kraut)* sure, aigre », avec attraction de *chou*, et de *croûte*.

1. chouette [ʃwɛt] n. f. Nom donné à tous les oiseaux strigiformes (rapaces nocturnes) dont la tête est dépourvue d'aigrettes, comme la hulotte, l'effraie, la chevêche, etc. – Dimin. de l'a. fr. *choue*.

2. chouette [ʃuɛt] adj. Fam. Beau, agréable, réussi. *Une chouette robe.* ▷ Interj. (Marquant une surprise agréable). *Ils viennent ? Chouette !* – P.-ê. emploi fig. de *chouette* 1.

chou-fleur [ʃuflœʀ] n. m. Chou (genre *Brassica*) dont on consomme les inflorescences, de couleur blanche et extrêmement serrées. *Des choux-fleurs.* – De *chou* 1, et *fleur*, d'après l'ital. *cavolo fiore*.

chouïa [ʃuja] adv. Arg. *Un chouia :* un peu. *Je reprendrais bien un chouia de café. Je vais dormir un chouia.* – Ar. du Maghreb, de l'ar. class. *šāysān*, « petit à petit ».

chou-navet [ʃunavɛ] n. m. Chou, voisin des navets, dont on consomme la racine. *Des choux-navets.*

chou-palmiste [ʃupalmist] n. m. Bourgeon comestible de l'arec. *Des choux-palmistes.*

chou-rave [ʃuʀav] n. m. Nom donné à une variété de chou commun (*Brassica oleracea*) et à *Brassica rapa* (la rave), dont les racines tubérisées, à chair blanche, sont comestibles. *Des choux-raves.*

chouraver [ʃuʀave] ou **chourer** [ʃuʀe] v. tr. [1] Arg. Voler. *On m'a chouravé mon sac.* – Romani *tchorav*.

chourin, chouriner, chourineur. V. surin, suriner, surineur.

chow-chow [ʃoʃo] n. m. Chien à long poil fauve originaire de Chine. *Des chows-chows.* – Mot angl. emprunté au chinois.

choyer [ʃwaje] v. tr. [23] **1.** Soigner avec tendresse, entourer de prévenances. *Choyer un enfant.* **2.** Fig. *Choyer une idée*, l'entretenir, la cultiver. – P.-ê. de l'a. fr. *choue*, « chouette », à cause de la tendresse maternelle de cet oiseau.

chrême [kʀɛm] n. m. Huile consacrée mêlée de baume servant à certaines onctions sacramentelles des

Églises catholique et orthodoxe. – Lat. ecclés. *chrisma*, du gr. *khrisma*, « huile ».

chrestomathie [kʀɛstɔmati ; kʀɛstɔmasi] n. f. Recueil de morceaux choisis d'auteurs classiques. – Gr. *khrêstomateia*, de *khrêstos*, « utile », et *manthanein*, « apprendre ».

chrétien, enne [kʀetjɛ̃, ɛn] adj. et n. **1.** Qui est baptisé, et, à ce titre, disciple du Christ. ▷ Subst. *Un chrétien, une chrétienne.* **2.** Relatif au christianisme. *Foi, morale chrétienne. Les Églises chrétiennes.* – Lat. ecclés. *christianus*, du gr. *khristos*, « oint ».

chrétiennement [kʀetjɛnmɑ̃] adv. D'une manière chrétienne. – De *chrétien.*

chrétienté [kʀetjɛ̃te] n. f. Ensemble des chrétiens ou des pays chrétiens. – Lat. ecclés. *christianitas.*

chris-craft ou **chriscraft** [kʀiskʀaft] n. m. inv. Canot automobile léger et rapide. – Nom déposé ; angl. *craft*, « canot ».

chrisme [kʀism] n. m. Monogramme du Christ. – Gr. *khrismon.*

christ [kʀist] n. m. **1.** Celui qui est l'oint du Seigneur. – *Le Christ* : Jésus de Nazareth. **2.** Figure de Jésus crucifié. *Un christ d'ivoire.* Syn. crucifix. – Lat. ecclés. *christus*, du gr. *khristos*, « oint » ; trad. de l'hébr. *mâschiâkh.*

ENCYCL Jésus de Nazareth fut d'abord, dans le Nouveau Testament, dit *christ* (oint) par analogie avec l'Ancien Testament qui désignait ainsi le grand prêtre et le roi qui avaient reçu l'onction sainte. Cet adjectif, accolé au nom du Messie, devint un nom : le Christ, Jésus-Christ (les protestants disent *Christ*, sans article).

christiania [kʀistjanja] n. m. SPORT Technique d'arrêt et de virage à skis (flexion, extension et projection circulaire du corps). – Mot norvégien, anc. nom d'Oslo.

christianisation [kʀistjanizasjɔ̃] n. f. Action de christianiser ; fait d'être christianisé, conversion. – De *christianiser.*

christianiser [kʀistjanize] v. tr. [1] Rendre chrétien, convertir à la foi chrétienne. – De *christ.*

christianisme [kʀistjanism] n. m. Religion fondée sur l'enseignement de Jésus-Christ. – Lat. ecclés. *christianismus*, du gr. *khristianismos.*

ENCYCL Le christianisme est la religion établie par Jésus-Christ, fils de Dieu et Dieu lui-même, rédempteur du genre humain. La vie du christianisme primitif nous est connue par le Nouveau Testament : Évangiles, Actes des Apôtres, Épîtres. Ayant attiré à lui les foules par sa prédication, par l'accomplissement en lui des prophéties de l'Ancien Testament, Jésus a choisi les Apôtres, auxquels il a donné mission de répandre la doctrine qu'il leur a enseignée. Troublés d'abord par sa mort, ses premiers disciples reprendront confiance en lui, quand il leur sera apparu après sa Résurrection ; après la venue du Saint-Esprit (Pentecôte), ils commenceront la prédication proprement dite de l'Évangile et sortiront de Palestine pour gagner le monde méditerranéen. Le goût manifesté alors par le monde païen pour les religions à mystères explique en partie la diffusion rapide du christianisme qui leur ressemblait, mais s'en distinguait par la révélation de la transcendance divine du Christ et du mystère de la Trinité. Jésus présenta ces doctrines sous une forme simple et séduisante, les enrichit d'immenses trésors d'espérance et de consolation, et atteignit ainsi les humbles. Le christianisme peut se résumer ainsi : croire en Dieu, en la sainte Trinité, aimer Dieu de tout son cœur, de toute son âme et son prochain comme soi-même par amour de Dieu. Toutefois, la formation d'une orthodoxie chrétienne définie par de nombreux dogmes semble démentir la simplicité évangélique, et l'histoire de l'Église ou, mieux, des Églises (il en existe plus de 20) peut apparaître comme celle de schismes, d'hérésies, etc., dus notam. à des interprétations divergentes de dogmes souvent dérivés, seconds, périphériques.

christique [kʀistik] adj. Qui concerne la personne du Christ. – De *Christ.*

christologie [kʀistɔlɔʒi] n. f. Partie de la doctrine chrétienne qui a trait à la personne du Christ et à ses rapports avec les hommes. – De *christ*, et *-logie.*

chroma-, chromat(o)-, -chrome, -chromie, chromo-. Éléments, du gr. *khrôma, khrômatos*, « couleur ».

chromage [kʀomaʒ] n. m. TECH Dépôt par électrolyse d'une pellicule de chrome sur un objet métallique pour le protéger contre la corrosion. – De *chromer.*

chromat(o)-. V. chroma-.

chromatage [kʀɔmataʒ] n. m. TECH Imprégnation par le bichromate de potassium. – De *chromater.*

chromate [kʀɔmat] n. m. CHIM Nom générique des sels oxygénés du chrome. – De *chrom(e)*, et *-ate.*

chromatide [kʀɔmatid] n. f. BIOL Filament fin et long d'A.D.N. qui se spiralise au moment de la division cellulaire, formant des enroulements serrés qui correspondent aux chromosomes. – De *chromat(o)-*, et *-ide.*

chromatine [kʀɔmatin] n. f. BIOCHIM Structure du noyau de la cellule visible au microscope, formée de masses denses reliées entre elles par de fines terminaisons formant un réseau. (Elle contient l'A.D.N. nucléaire, de l'A.R.N., des protéines, des histones, des lipides et du calcium. Au moment de la division cellulaire, elle se condense en masses plus denses : les chromosomes.) – De *chromat(o)-*, et *-ine.*

chromatique [kʀɔmatik] adj. **1.** OPT Qui se rapporte aux couleurs. ▷ *Aberrations chromatiques* : défauts dus à la variation de l'indice de réfraction du verre d'une lentille en fonction de la longueur d'onde. **2.** MUS Qui procède par demi-tons consécutifs ascendants ou descendants. *Gamme chromatique.* ▷ *Intervalle chromatique* : intervalle entre deux notes de même nom dont l'une est altérée. **3.** BIOL Relatif aux chromosomes. – Lat. *chromaticus*, du gr. *khrôma, khrômatos*, « couleur » et « ton musical ».

chromatisme [kʀɔmatism] n. m. **1.** Ensemble de couleurs. **2.** MUS Emploi de demi-tons à l'intérieur d'une échelle diatonique. – Gr. *khrômatismos.*

chromatographie [kʀɔmatɔgʀafi] n. f. BIOCHIM Procédé de séparation de différentes substances en solution ou en suspension dans un liquide. (Il existe plusieurs techniques de chromatographie : sur papier, sur colonne échangeuse d'ions et en atmosphère gazeuse, utilisées dans les laboratoires de recherche et d'analyse pour séparer les protéines, les acides aminés, les acides gras.) – De *chromat(o)-*, et *-graphie.*

-chrome. V. chroma-.

chrome [kʀom] n. m. Élément de numéro atomique Z = 24 et de masse atomique 51,996 (symbole Cr). – Métal (Cr) blanc, très dur, de densité 7,19, qui fond à 1 875 °C et bout à 2 665 °C. – Gr. *khrôma*, « couleur », à cause de ses composés diversement colorés.

chromé, ée [kʀome] adj. TECH Qui contient du chrome. ▷ Recouvert de chrome. – De *chrome.*

chromer [kʀome] v. tr. [1] TECH Recouvrir de chrome. – De *chrome.*

chromeux, euse [kʀomø, øz] adj. CHIM Qui contient du chrome bivalent. – De *chrome.*

-chromie. V. chroma-.

chromique [kʀomik] adj. CHIM Qui contient du chrome trivalent. – De *chrome.*

chromisation [kʀomizasjɔ̃] n. f. METALL Cémentation des aciers au chrome. – De *chrome.*

chromiste [kRomist] n. m. IMPRIM Spécialiste du traitement de la couleur en photogravure. – De *chromo(lithographie)*.

chromo-. V. chroma-.

chromo [kRomo] n. m. Péjor. Mauvaise reproduction en couleurs. ▷ *Par ext.* Mauvais tableau. – Abrév. de *chromolithographie*.

chromolithographie [kRomolitɔgRafi] n. f. TECH Impression lithographique en couleurs; image ainsi obtenue. – De *chromo-*, et *lithographie*.

chromosome [kRɔmozom] n. m. BIOL Chacun des bâtonnets apparaissant dans le noyau de la cellule au moment de la division (mitose ou méiose) et résultant de la segmentation et de la condensation du réseau de chromatine. – Mot all., du gr. *khrôma*, «couleur», et *sôma*, «corps», les chromosomes absorbant électivement certains colorants.

ENCYCL Chaque chromosome est formé de deux chromatides réunies au niveau du centromère, qui définit donc deux bras. La longueur relative des bras et la position du centromère permettent de distinguer les chromosomes. Il existe en général dans le noyau cellulaire deux exemplaires identiques de chaque chromosome (paires de chromosomes homologues), l'un d'origine paternelle, l'autre d'origine maternelle. Le nombre de paires de chromosomes est caractéristique de l'espèce. Chaque noyau, en dehors des gamètes, contient $2n$ chromosomes. Le nombre n correspond à une cellule haploïde (spermatozoïde, ovule), le nombre $2n$ à une cellule diploïde. Chez l'homme, $2n = 46$. Ce nombre est très variable d'une espèce à l'autre. Chez de nombr. espèces, en partic. chez l'homme, il existe une paire de chromosomes dont les constituants sont différents chez le mâle et la femelle : ce sont les hétérochromosomes, ou chromosomes sexuels. Dans l'espèce humaine, cette paire est formée de deux chromosomes : différents chez l'homme (X et Y), identiques chez la femme (2 X). Le caryotype permet de définir ces caractéristiques. Lorsque le nombre ou la constitution des chromosomes apparaissent différents, on parle d'*aberration chromosomique*, à l'origine de certaines affections (trisomie 21 ou mongolisme). Les chromosomes renferment les mêmes constituants chimiques que la chromatine : A.D.N., A.R.N. et des protéines associées. L'A.D.N. chromosomique est porteur du code génétique, qui est transmis par l'A.R.N. messager aux ribosomes cytoplasmiques, où s'effectue la synthèse des protéines.

chromosomique [kRɔmozomik] adj. Relatif aux chromosomes. *Examen chromosomique.* – De *chromosome*.

chromosphère [kRɔmosfɛR] n. f. ASTRO Région de l'atmosphère du Soleil située entre la photosphère et la couronne, d'une épaisseur un peu inférieure à 2 000 km, et de laquelle se détachent les protubérances et les éruptions. – Mot angl., de *chromo-*, et *sphère*.

chron(o)-. V. -chrone.

chronaxie [kRɔnaksi] n. f. PHYSIOL Durée que doit avoir une excitation électrique (dont l'intensité est le double de celle de la *rhéobase*) pour provoquer une réaction d'un nerf ou d'un muscle. – De *chron(o)-*, et gr. *axia*, «valeur».

-chrone, chron(o)-. Éléments, du gr. *khronos*, «temps».

chronicité [kRɔnisite] n. f. Caractère de ce qui est chronique. – De *chronique* 2.

1. chronique [kRɔnik] n. f. **1.** Recueil de faits historiques rédigés suivant l'ordre chronologique. *Les chroniques de Saint-Denis.* **2.** Ensemble des rumeurs qui circulent. *Défrayer la chronique* : faire parler de soi (en général dans un sens défavorable). **3.** Article spécialisé qui rapporte les informations les plus récentes sur un sujet particulier. *Chronique politique, sportive, financière.* – Lat. *chronica*, du gr. *khronika (biblia)*, «annales».

2. chronique [kRɔnik] adj. MED Se dit des maladies qui ont perdu leur caractère aigu et durent longtemps, ou qui s'installent définitivement. *Bronchite, rhumatismes chroniques.* ▷ Par ext. *Chômage chronique.* – De *chronique* 1.

chroniquement [kRɔnikmɑ̃] adv. De façon chronique. – De *chronique* 2.

chroniquer [kRɔnike] v. intr. [1] Tenir une chronique dans un journal. – De *chronique* 1.

chroniqueur, euse [kRɔnikœR] n. **1.** Celui qui tient une chronique dans un journal. **2.** n. m. LITTER Auteur de chroniques historiques. *Les grands chroniqueurs du Moyen Âge.* – De *chronique* 1.

chrono [kRɔno] n. m. Fam. Abrév. cour. de *chronomètre*.

chronobiologie [kRɔnobjolɔʒi] n. f. BIOL Partie de la biologie qui étudie les phénomènes cycliques et leurs causes chez les êtres vivants : hibernation, reproduction, sommeil, floraison, fonctionnement cellulaire, etc. – De *chrono-*, et *biologie*.

chronographe [kRɔnogRaf] n. m. **1.** TECH Chronomètre. **2.** PHYS Appareil permettant de mesurer la durée d'un phénomène et d'enregistrer graphiquement la mesure effectuée. – De *chrono-*, et *graphe*.

chronologie [kRɔnolɔʒi] n. f. **1.** Science de l'ordre des temps et des dates. **2.** Liste d'événements par ordre de dates. *Établir la chronologie des faits marquants d'une période.* – Gr. *khronologia*.

chronologique [kRɔnolɔʒik] adj. Qui a rapport à la chronologie, à la classification des événements par ordre de dates. *Classer des journaux par ordre chronologique.* – De *chronologie*.

chronologiquement [kRɔnolɔʒikmɑ̃] adv. Par ordre chronologique. – De *chronologique*.

chronométrage [kRɔnometRaʒ] n. m. Action de chronométrer; son résultat. – De *chronométrer*.

chronomètre [kRɔnomɛtR] n. m. **1.** Montre de précision ayant subi divers contrôles attestés par un «bulletin officiel de marche». **2.** *Spécial.* Instrument de précision destiné à mesurer en minutes, secondes, dixièmes, centièmes et millièmes de seconde, le temps effectué par un athlète au cours d'une épreuve sportive. (Abrév. cour., fam. : chrono). – De *chrono-*, et *mètre*.

chronométrer [kRɔnometRe] v. tr. [14] Mesurer à l'aide d'un chronomètre. – Pp. adj. *Un exercice chronométré.* – De *chronomètre*.

chronométreur, euse [kRɔnometRœR, øz] n. Personne chargée du chronométrage (d'une épreuve sportive, d'un travail). – De *chronométrer*.

chronométrie [kRɔnometRi] n. f. PHYS Mesure du temps. – De *chronomètre*.

chronométrique [kRɔnometRik] adj. Qui se rapporte à la chronométrie. – De *chronométrie*.

chronophotographie [kRɔnofɔtɔgRafi] n. f. Procédé qui utilise une succession de photographies pour l'étude des mouvements rapides (vol des oiseaux, etc.). *La chronophotographie a donné naissance au cinématographe.* – De *chrono-*, et *photographie*.

chronothérapeutique [kRɔnoteRapøtik] n. f. Traitement médical qui tient compte de la chronobiologie. – De *chrono(biologie)*, et *thérapeutique*.

chrys(o)-. Élément, du gr. *khrusos*, «or».

chrysalide [kRizalid] n. f. **1.** Nymphe spécifique du lépidoptère, état transitoire entre la chenille (larve) et le papillon (imago). – *Par ext.* Cocon de la chrysalide. **2.** Fig. État de ce qui n'a pas encore atteint son plein épanouissement. – Lat. *chrysallis, -idis;* du gr. *khrusos,* «or», à cause de l'aspect de certaines chrysalides.

chrysanthème [kʀizɑ̃tɛm] n. m. Genre de composées comportant plus de 200 espèces. (*Chrysanthemum leucanthemum* est la grande marguerite; *Chrysanthemum sinense,* le chrysanthème de Chine, est la souche de très nombr. variétés de plantes ornementales.) – De *chrys-,* et gr. *anthemon,* «fleur».

chryséléphantin, ine [kʀizelefɑ̃tɛ̃, in] adj. ANTIQ Fait d'or et d'ivoire. *La statue chryséléphantine d'Athéna Parthénos, par Phidias.* – De *chrys-,* et gr. *elephas, elephantos,* «ivoire».

chryso-. V. chrys(o)-.

chrysobéryl [kʀizobeʀil] n. m. MINER Pierre précieuse naturelle de couleur variable (de vieil or à vert-jaune), constituée par de l'aluminate de béryllium. – Lat. *chrysoberyllus,* «béryl doré».

chrysocale [kʀizokal] ou **chrysochalque** [kʀizokalk] n. m. Alliage à base de cuivre, imitant l'or en bijouterie. – De *chryso-,* et gr. *khalkos,* «cuivre».

chrysocolle [kʀizokɔl] n. f. Variété de silicate de cuivre bleu turquoise, pierre semi-précieuse utilisée en joaillerie. – Gr. *khrusokolla.*

chrysolite ou **chrysolithe** [kʀizolit] n. f. MINER Pierre semi-précieuse jaune-vert, silicate naturel double de fer et de magnésium. – Lat. *chrysolithus;* gr. *lithos,* «pierre».

chrysomèle [kʀizomɛl] n. f. ENTOM Coléoptère à élytres brillamment colorés et à reflets métalliques, dont la taille varie de 4 à 10 mm. (Le genre *Chrysomela,* fam. chrysomélidés, comprend de nombr. espèces françaises qui vivent fréquemment sur des fleurs.) – De *chryso-,* et gr. *meli,* «miel».

chrysomélidés [kʀizomelide] n. m. pl. ENTOM Famille de coléoptères à corps globuleux, à élytres bombés et à antennes courtes. (Leurs larves sont souvent de dangereux phytophages : doryphores, criocères, etc.) – Sing. *Un chrysomélidé.* – De *chrysomèle.*

chrysoprase [kʀizopʀaz] n. f. MINER Variété de calcédoine vert pâle. – Lat. *chrysoprasus;* gr. *prason,* «poireau».

ch'timi [ʃtimi] n. (et adj.) Fam. Habitant ou personne originaire du N. de la France. – Mot dialectal du Nord, p.-ê. de *ch'ti,* «chétif», et *mi,* «moi».

chtonien, enne [ktɔnjɛ̃, ɛn] adj. MYTH Qui est né de la terre (qualificatif appliqué aux dieux infernaux). *Hadès et Perséphone sont des dieux chtoniens.* – Trad. du lat. *chtonius;* gr. *khthôn,* «terre».

C.H.U. Sigle de *centre hospitalo-universitaire.*

chuchotement [ʃyʃɔtmɑ̃] n. m. Action de chuchoter; le bruit qui en résulte. *On entendait des chuchotements inquiets.* – De *chuchoter.*

chuchoter [ʃyʃɔte] v. intr. [1] Parler bas en remuant à peine les lèvres. ▷ v. tr. Dire à voix basse. *Il lui chuchota quelques mots à l'oreille.* – Onomatopée.

chuchoterie [ʃyʃɔtʀi] n. f. Fam. Entretien, propos de personnes qui se parlent à l'oreille. – De *chuchoter.*

chuchoteur, euse [ʃyʃɔtœʀ, øz] n. Fam. Celui, celle qui se plaît à chuchoter. – De *chuchoter.*

chuchotis [ʃyʃɔti] n. m. Chuchotement léger. – De *chuchoter.*

chuintant, ante [ʃɥɛ̃tɑ̃, ɑ̃t] adj. et n. f. Qui chuinte. ▷ n. f. PHON *Les chuintantes :* les consonnes fricatives ch [ʃ], j et g doux [ʒ]. – Ppr. de *chuinter.*

chuintement [ʃɥɛ̃tmɑ̃] n. m. **1.** Action de chuinter. ▷ Défaut de prononciation qui consiste à chuinter. **2.** Bruit d'une chose qui chuinte. – De *chuinter.*

chuinter [ʃɥɛ̃te] v. intr. [1] **1.** Pousser son cri, en parlant de la chouette. **2.** Prononcer les sons [s] et [z] comme [ʃ] et [ʒ]. **3.** Produire un son qui ressemble au son *ch* [ʃ]. *Gaz qui chuinte en s'échappant d'une canalisation.* – Onomatopée.

chut [ʃyt] interj. et n. m. inv. Injonction de faire silence. *Chut! Écoutez...* ▷ n. m. inv. *Quelques chut agacés ramenèrent le silence dans la salle.* – Onomatopée.

chute [ʃyt] n. f. **1.** Action de choir, de tomber; mouvement de ce qui tombe. *Faire une chute de cheval.* ▷ PHYS Chute des corps, déterminée par la pesanteur. *Chute libre d'un corps qui n'est soumis qu'à l'action de son poids.* ▷ Fig. *La chute du jour :* la tombée du jour. – *La chute du rideau :* le moment où le rideau tombe, au théâtre; la fin d'un spectacle. **2.** *Chute d'eau :* masse d'eau qui se précipite d'une certaine hauteur. *Les chutes du Niagara.* ▷ Différence de hauteur entre les niveaux de deux biefs successifs d'un cours d'eau. ▷ ELECTR *Chute de potentiel :* différence de potentiel. **3.** Fig. Action de s'écrouler, de s'effondrer. *La chute d'un Empire.* – *La chute d'une valeur boursière,* l'effondrement de son cours. – *Chute d'une place forte après un siège :* sa capitulation. **4.** THEOL Faute, péché. *La chute :* le péché originel. **5.** Fait de se détacher et de tomber (pour une partie de qqch). *La chute des cheveux, des dents.* – *La chute des feuilles,* leur séparation d'avec l'arbre; *par ext.* la saison où elles tombent, l'automne. **6.** Litt. Pensée, formule brillante qui termine un texte. – RHET *La chute d'une période :* la fin, le dernier membre d'une période; MUS la fin d'une phrase musicale. **7.** Déchet, reste inutilisé d'un matériau que l'on a découpé. *Récupérer des chutes de tissu.* **8.** *La chute d'un toit,* sa pente; son extrémité inférieure. – *La chute des reins :* le bas du dos. ▷ MAR *La chute d'une voile :* le côté libre d'une voile, du point de drisse* au point d'écoute*. – Réfection de *cheoite,* anc. pp. fém. de *choir.*

chuter [ʃyte] v. intr. [1] **1.** Fam. Tomber. **2.** Ne pas réussir le contrat demandé, à certains jeux de cartes. *Chuter de deux levées, au bridge.* – De *chute.*

chutney [ʃœtne] n. m. Condiment composé de légumes et de fruits confits, épicé et sucré. – Mot angl., de l'hindi *chatni.*

chyle [ʃil] n. m. PHYSIOL Contenu liquide de l'intestin, formé par les aliments digérés et prêts à être absorbés, soit directement par le sang, soit par l'intermédiaire des vaisseaux chylifères. – Du gr. *khulos,* «suc».

chylifère [ʃilifɛʀ] adj. ANAT Qui porte le chyle. *Vaisseaux chylifères.* – De *chyle.*

chyme [ʃim] n. m. PHYSIOL Bouillie formée par les aliments partiellement digérés au sortir de l'estomac. – Du gr. *khumos,* «humeur».

chypriote [ʃipʀijɔt] ou **cypriote** [sipʀijɔt] adj. et n. De Chypre. – Subst. *Les Chypriotes sont en majorité grecs.* – Du lat. *Cyprus,* «Chypre».

1. ci [si] adv. de lieu. Marque le lieu où l'on est. **1.** Loc. *Ci-gît :* ici est enterré. **2.** (Avec un adj. ou un part.) *Ci-joint la copie de notre lettre. Les observations ci-incluses.* **3.** (En corrélation avec un nom précédé d'un démonstratif ou avec un pronom démonstratif; par oppos. à *là.*) Désigne ce dont on parle ou ce qui est proche. *Ce livre-ci, cette personne-ci. Celui-ci, ceux-ci.* **4.** Loc. adv. *Ci-après :* plus loin. – *Ci-contre :* tout à côté, vis-à-vis. – *Ci-dessus :* plus haut, supra. *Ci-dessous :* plus bas, infra. **5.** Loc. adv. (Avec les prép. *de* et *par.*) *De-ci de-là, par-ci par-là :* de côté et d'autre, en divers endroits. – *Aller de-ci de-là :* se promener sans but précis. – *On rencontre par-ci, par-là, quelques erreurs dans ce journal.* **6.** COMPTA Soit. *Cinq mètres à 20 francs, ci... 100 francs.* – Abrév. de *ici.*

2. ci [si] pron. dém. (Employé avec *ça*.) *Faire ci et ça.* – Loc. fam. *Comme ci, comme ça* : moyennement. *Ça va comme ci, comme ça, en ce moment.* – Abrév. de *ceci*.

Ci PHYS NUCL Symbole du curie.

ciao ! [tʃjao] Interj. Fam. Salut ! – Mot italien.

ci-après. V. ci 1 (sens 4).

cibiste [sibist] n. Utilisateur de la C.B. (citizen band) à des fins personnelles. – De *C.B.* (en angl. [sibi]).

cible [sibl] n. f. **1.** Disque, panneau qui sert de but pour le tir. *Atteindre la cible en plein centre.* **2.** *Par ext.* Ce que l'on vise avec une arme. *La caille est une cible difficile.* ▷ Fig. Personne visée. *Toute la soirée, il fut la cible des railleries.* **3.** PUB Ensemble des consommateurs que l'on cherche à atteindre par des moyens publicitaires. *Déterminer la cible d'une campagne publicitaire.* **4.** PHYS NUCL Surface que l'on place sur la trajectoire des particules pour étudier les phénomènes qui se produisent aux points d'impact. **5.** LING (En appos.) *Langue cible* : langue dans laquelle on traduit (par oppos. à *langue source*). – Alémanique suisse *schîbe*, all. *Scheibe*, « disque, cible ».

cibler [sible] v. tr. [1] Définir la cible (sens 3) de. *Cibler un produit ménager.* ▷ Déterminer, délimiter (une cible, sens 3). *Cibler la clientèle d'un produit de luxe.* – De *cible*.

ciboire [sibwaʀ] n. m. RELIG CATHOL Vase sacré où l'on conserve les hosties consacrées. – Du gr. *kibôrion*, « fruit du nénuphar d'Égypte ».

ciborium [sibɔʀjɔm] n. m. Baldaquin recouvrant le tabernacle de l'autel. – Mot lat., cf. *ciboire*.

ciboule [sibul] n. f. Liliacée voisine de l'oignon (*Allium fistulosum*), utilisée comme condiment. Syn. cive. – Provenç. *cebola*, lat. *cæpulla*. « petit oignon ».

ciboulette [sibulɛt] n. f. Liliacée (*Allium schœnoprasum*) dont les feuilles tubulaires sont utilisées comme condiment. Syn. civette. – De *ciboule*.

ciboulot [sibulo] n. m. Pop. Tête. – *Se creuser le ciboulot* : se creuser la tête. – De *ciboule*, « oignon », d'ap. *boule*, au sens de « tête ».

cicadaires [sikadɛʀ] ou **cicadidés** [sikadide] n. m. pl. ENTOM Sous-ordre d'insectes homoptères comprenant les cigales (genre *Cicada*) et les cicadelles. – Sing. *Un cicadaire* ou *un cicadidé*. – Du lat. *cicada*, « cigale ».

cicadelle [sikadɛl] n. f. ENTOM Insecte homoptère sauteur (10 mm de long), brunâtre, dont les diverses espèces sont les agents des maladies virales frappant des végétaux cultivés. – Du lat. *cicada*, « cigale ».

cicatrice [sikatʀis] n. f. Trace laissée par une plaie après guérison. *Il a gardé de nombreuses cicatrices de son accident.* ▷ Fig. Trace laissée par une blessure morale. *Il garde la cicatrice de cette tragédie.* – Lat. *cicatrix*.

cicatriciel, elle [sikatʀisjɛl] adj. Relatif à une cicatrice. – De *cicatrice*.

cicatricule [sikatʀikyl] n. f. Marque blanche sur le jaune d'œuf, indiquant la place du germe. – Lat. méd. *cicatricula*.

cicatrisant, ante [sikatʀizɑ̃, ɑ̃t] adj. Qui favorise la cicatrisation. *Pommade cicatrisante.* – Ppr. de *cicatriser*.

cicatrisation [sikatʀizasjɔ̃] n. f. Guérison d'une plaie. – De *cicatriser*.

cicatriser [sikatʀize] **1.** v. tr. [1] Guérir (en parlant d'une plaie). ▷ Fig. Adoucir, calmer. *Le temps cicatrise les douleurs d'amour-propre.* **2.** v. pron. Se refermer, guérir (en parlant d'une plaie). – De *cicatrice*.

cicendèle. V. cicindèle.

cicéro [siseʀo] n. m. TYPO Espace qui mesure douze points typographiques (env. 4,5 mm). – Lat. *Cicero*, « Cicéron » ; caractères de la première édition des œuvres de Cicéron en 1458.

cicérone [siseʀɔn] n. m. Vieilli ou plaisant Guide qui fait visiter aux étrangers les curiosités d'une ville. *Des cicérones.* – Mot ital., du nom de *Cicéron*, par allus. à la verbosité des guides italiens.

cicindèle ou **cicendèle** [sisɛ̃dɛl] n. f. ENTOM Coléoptère carnivore très vorace (s'attaquant aux limaces, pucerons, etc.), à longues pattes et à très gros yeux. (*Cicindela campestris*, la cicindèle champêtre, aux élytres verts tachetés de jaune, longue de 15 mm, vit en France.) – Lat. *cicindela*, rac. *candere*, « briller ».

ciclosporine [siklɔspɔʀin] n. f. BIOCHIM Polypeptide cyclique utilisé comme immunodépresseur*. – Du gr. *kuklos*, « cercle », *spore*, et *-ine*.

ciconiiformes [sikɔniifɔʀm] n. m. pl. ORNITH Ordre d'oiseaux échassiers à long cou et à long bec conique, comprenant les cigognes, les hérons, les aigrettes, les marabouts, etc. Syn. ardéiformes. – Sing. *Un ciconiiforme.* – Du lat. *ciconia*, « cigogne ».

ci-contre. V. ci 1 (sens 4).

cicutine [sikytin] n. f. CHIM Alcaloïde très toxique contenu dans la grande ciguë. Syn. conicine. – Du lat. *cicuta*, « ciguë ».

-cide. Élément, du lat. *cædes, cædis*, « action d'abattre, meurtre ».

ci-dessous, ci-dessus. V. ci 1 (sens 4).

ci-devant [sidəvɑ̃] loc. adv. et n. inv. **1.** Loc. adv. Vx ou didac. Précédemment. *Le ci-devant gouverneur.* **2.** n. inv. HIST *Les ci-devant* (pour *les ci-devant nobles*), nom donné aux nobles pendant la Révolution. – De *ci* 1, et *devant*.

cidre [sidʀ] n. m. Boisson alcoolique obtenue par fermentation du jus de pomme. *Cidre bouché*, champagnisé. – Lat. ecclés. *sicera*, « boisson enivrante ».

cidrerie [sidʀəʀi] n. f. Établissement où l'on fait du cidre. *Travailler dans une cidrerie.* – De *cidre*.

Cie Abrév. de *compagnie*.

ciel [sjɛl] n. m. (Plur. *ciels; cieux* dans quelques expr. litt.) **I.** ESP **1.** Espace dans lequel se meuvent tous les astres ; partie de l'espace que nous voyons au-dessus de nos têtes. *Carte du ciel* : représentation plane de la sphère céleste, elle est découpée en 88 zones distinctes qui recouvrent le tracé des constellations. *L'immensité du ciel* et, litt., *des cieux. Voir un avion dans le ciel.* ▷ Loc. *Entre ciel et terre* : dans l'air. *Être suspendu entre ciel et terre.* – *Lever les yeux au ciel*, en signe de supplication ou d'exaspération. – Fig. *Remuer ciel et terre* : tout mettre en œuvre pour obtenir un résultat. *Il a remué ciel et terre pour obtenir à temps son visa.* **2.** (Avec un adj., un comp.) Aspect de l'air, de l'atmosphère (selon le temps qu'il fait). *Ciel clair, nuageux, pluvieux. Un ciel de plomb.* ▷ METEO Partie du ciel présentant des caractéristiques nuageuses identiques. *Ciel pommelé, moutonné.* **3.** PEINT Représentation du ciel. *Les ciels de ce peintre sont toujours sombres.* **II.** Plafond. **1.** *Ciel de lit* : partie supérieure d'un baldaquin. **2.** MINES Plafond d'une galerie. – *Exploitation d'une mine à ciel ouvert*, à la surface du sol, à l'air libre. **III.** (Plur. *cieux*.) **1.** Le séjour de Dieu et des bienheureux, le Paradis. *Le royaume des cieux.* – *Être au ciel*, au Paradis ; *par euph.* être mort. ▷ Loc. fig., fam. *Tomber du ciel* : arriver inopinément mais très à propos. *Une occasion qui m'est tombée du ciel.* – *Être au septième ciel* : être dans un état de grande félicité. **2.** *Par ext.* La divinité, la providence. *Grâce au ciel, j'ai réussi.* ▷ Prov. *Aide-toi, le ciel t'aidera.* **3.** HIST *Le fils du Ciel* : autref. l'empereur de Chine. **4.** *Ciel !* : interj. marquant la stupéfaction, l'inquiétude, etc. *Ciel, les voilà revenus !* – Lat. *cælum*.

cierge [sjɛʀʒ] n. m. **1.** Longue chandelle de cire à l'usage des églises. *Brûler un cierge à un saint*, en signe de supplication ou de reconnaissance. **2.** Plante dont la forme rappelle celle d'un cierge. – *Spécial.* Cactacée d'Amérique, dont la tige cylindrique peut atteindre 15 m de haut. – Lat. *cereus*, de *cera*, « cire ».

cigale [sigal] n. f. 1. Insecte homoptère aux ailes transparentes et au corps sombre qui se nourrit de la sève des arbres dont il perfore l'écorce grâce à son rostre rigide. (*Cicada fraxini*, 45 mm, est abondante dans la région médit. ; seul le mâle craquette.) **2.** *Cigale de mer* : V. scyllare. – Provenç. *cigala* ; lat. *cicada*.

cigare [sigaʀ] n. m. Rouleau de tabac à fumer formé de feuilles non hachées. *Cigares de La Havane*. – Esp. *cigarro*.

cigarette [sigaʀɛt] n. f. Petit rouleau de tabac haché, enveloppé dans une feuille de papier très fin. *Papier à cigarette. Cigarettes blondes, brunes. Cigarettes médicinales*, faites avec des feuilles d'eucalyptus, de belladone ou de jusquiame. Syn. pop. clope, sèche. – Dimin. de *cigare*.

cigarière [sigaʀjɛʀ] n. f. Ouvrière qui façonnait manuellement le tabac en cigare. – De *cigare*.

cigarillo [sigaʀijo] n. m. Cigarette recouverte d'une feuille de tabac ; petit cigare. – Mot esp.

ci-gît. V. ci 1 (sens 1) et gésir.

cigogne [sigɔɲ] n. f. 1. Grand oiseau échassier migrateur à long bec. (*Ciconia ciconia* est la cigogne blanche, longue de 1 m, à pattes rouges et à rémiges noires. Elle hiverne en Afrique tropicale.) **2.** TECH Levier coudé. – Lat. *ciconia*.

cigogneau [sigɔɲo] n. m. Petit de la cigogne. – De *cigogne*.

ciguë [sigy] n. f. Plante vénéneuse (fam. ombellifères) qui contient un alcaloïde très toxique, la conicine. *La grande ciguë et la ciguë vireuse sont communes dans les décombres*. ▷ Poison que l'on en extrait. *Socrate fut condamné à boire la ciguë*. – A. fr. *ceuë*, refait d'ap. *cicuta*.

ci-inclus, use. V. inclus (sens 3).

ci-joint, ci-jointe. V. joint (sens I, 3).

cil [sil] n. m. 1. Poil garnissant le bord des paupières de l'homme et de certains animaux. **2.** BIOL *Cils vibratiles* : filaments protoplasmiques propres à certaines cellules et aux bactéries, qui ont pour fonction d'assurer la nutrition et la propulsion. **3.** BOT Poil garnissant le bord d'une partie quelconque d'un végétal. *Les cils d'une feuille*. – Lat. *cilium*.

ciliaire [siljɛʀ] adj. Des cils. ▷ ANAT *Procès ciliaires* : replis saillants de la choroïde en arrière de l'iris. – De *cil*.

cilice [silis] n. m. Chemise ou large ceinture de crin que l'on porte sur la peau, par mortification. – Lat. ecclés. *cilicium*, « étoffe en poil de chèvre de Cilicie ».

cilié, ée [silje] adj. et n. m. 1. adj. BOT Bordé de poils rangés comme des cils. *Feuilles ciliées*. **2.** n. m. pl. ZOOL *Les ciliés* : classe de protozoaires infusoires dont la cellule est couverte de cils (paramécie, stentor, vorticelle). – Sing. *Un cilié*. – De *cil*.

cillement [sijmɑ̃] n. m. Action de ciller. – De *ciller*.

ciller [sije] v. tr. [1] 1. Fermer et ouvrir rapidement (les yeux). *Ciller les yeux, des yeux, à cause du soleil*. – (S. comp.) *Une lumière éblouissante qui fait ciller*. Syn. cligner. **2.** v. intr. Fig. *Ne pas ciller* : rester sans bouger, sans manifester d'émotion. – De *cil*.

cimaise ou, vx, **cymaise** [simɛz] n. f. ARCHI 1. Moulure à la partie supérieure d'une corniche. **2.** *Par ext.* Partie d'un mur à la hauteur des yeux. – *Spécial.* Dans une galerie de peinture, cette partie, destinée à recevoir des tableaux. – Gr. *kumation*, « petite vague », de *kuma*, « vague ».

cime [sim] n. f. 1. Sommet, faîte, partie la plus élevée. *La cime d'une montagne, d'un clocher*. **2.** Fig. Le plus haut degré. *La cime des honneurs, du bonheur*. – Lat. *cyma*, « pousse » ; gr. *kuma*, « ce qui est gonflé ».

ciment [simɑ̃] n. m. 1. Matériau pulvérulent contenant du calcaire, de l'argile et du gypse, formant avec l'eau une pâte plastique qui fait prise et se solidifie en une matière dure et compacte. *Enduire, lier avec du ciment*. ▷ Abusiv. *Ciment armé* : béton armé*. **2.** *Par anal.* Toute matière liante compacte. *Ciment dentaire*. **3.** Fig. Ce qui lie ou rapproche. *Le ciment d'une alliance*. – Du lat. *cæmentum*, « pierre naturelle ».

cimentage [simɑ̃taʒ] n. m. Action de cimenter. – De *cimenter*.

cimentation [simɑ̃tasjɔ̃] n. f. TECH Consolidation des parois d'un forage par injection d'une boue colloïdale à base de ciment. – De *cimenter*.

cimenter [simɑ̃te] v. tr. [1] 1. Lier, enduire avec du ciment. *Cimenter des briques. Cimenter un mur, le perron d'une maison*. **2.** Fig. Confirmer, affermir, consolider. *Cimenter une alliance*. – De *ciment*.

cimenterie [simɑ̃tʀi] n. f. Fabrique de ciment. – De *ciment*.

cimentier [simɑ̃tje] n. m. Ouvrier qui fabrique ou qui emploie du ciment. – *Spécial.* Ouvrier spécialisé dans la mise en œuvre du béton armé. – De *ciment*.

cimeterre [simtɛʀ] n. m. Sabre oriental à lame large, tranchante des deux côtés et recourbée. – Ital. *scimitarra*, du persan.

cimetière [simtjɛʀ] n. m. 1. Lieu, terrain où l'on enterre les morts. **2.** *Par ext.* Endroit où l'on dépose ce qui est hors d'usage. *Cimetière de voitures*. – Du gr. *koimêtêrion*, « lieu où l'on dort ».

1. cimier [simje] n. m. Ornement du sommet d'un casque. – De *cime*.

2. cimier [simje] n. m. 1. En boucherie, pièce de bœuf charnue prise sur la croupe. **2.** Croupe du cheval et des bêtes fauves. – De *cime*.

cinabre [sinabʀ] n. m. 1. MINER Sulfure naturel de mercure (HgS) rouge-brun, exploité comme minerai et utilisé comme pigment dans certaines peintures. **2.** Couleur rouge vermillon. – Gr. *kinnabari*.

cinchonine [sɛ̃kɔnin] n. f. BOT Alcaloïde tonique et astringent, extrait du quinquina. – Lat. bot. *Cinchona*, genre de *quinquina* (arbre).

cincle [sɛ̃kl] n. m. ORNITH Oiseau passériforme plongeur des bords des cours d'eau, qui marche sur le fond à la recherche de sa nourriture. (*Cinclus cinclus*, le merle d'eau, atteint 17 cm de long ; son plumage est noir, avec un plastron blanc ; il est commun en Europe.) – Gr. *kigklos*.

cindynique [sɛ̃dinik] n. f. Didac. Discipline scientifique qui étudie les risques sous tous ses aspects.

ciné [sine] n. m. Fam. Abrév. de *cinéma*.

cinéaste [sineast] n. Metteur en scène, technicien de cinéma. – De *cinéma*.

ciné-club [sineklœb] n. m. Association d'amateurs de cinéma. *Fédération de ciné-clubs*.

cinéma [sinema] n. m. 1. Procédé d'enregistrement et de projection de vues photographiques animées. *L'âge d'or du cinéma muet (1918-1930). Naissance du cinéma parlant en 1927*. **2.** Art de réaliser des films ; le spectacle que constitue la projection d'un film. *Une actrice de cinéma. Cinéma d'art et d'essai. Critique de cinéma*. ▷ *Le cinéma* : l'ensemble des professionnels du cinéma ; l'industrie du spectacle cinématographique. *Le cinéma français. Travailler dans le cinéma*. **3.** Salle de spectacle où l'on projette des films. *Aller au cinéma*. (Abrév. fam. : ciné). **4.** Fig., fam. Façon d'agir pleine d'affectation, comédie. *Faire du cinéma. Arrête ton cinéma!* – Abrév. de *cinématographe.*

cinémascope [sinemaskɔp] n. m. Procédé cinématographique fondé sur l'anamorphose des images, qui donne, à la projection, une vue panoramique avec effet de profondeur. – Nom déposé; de *cinéma*, et *-scope.*

cinémathèque [sinematɛk] n. f. **1.** Endroit où l'on conserve les films de cinéma. **2.** Organisme chargé de la conservation et de la projection publique des films de cinéma. *La Cinémathèque française, fondée par H. Langlois, G. Franju et P.-A. Harlé en 1936.* – De *cinéma*, d'apr. *(biblio)thèque.*

cinématique [sinematik] adj. et n. f. **1.** adj. Relatif au mouvement. **2.** n. f. MECA Partie de la mécanique qui étudie le mouvement d'un point de vue descriptif (abstraction faite des causes du mouvement, dont s'occupe la *dynamique*). – Du gr. *kinêmatos*, de *kinêma*, «mouvement».

cinématographe [sinematɔgʀaf] n. m. **1.** HIST Appareil de projection cinématographique. *L'invention du cinématographe.* **2.** Vieilli Syn. de *cinéma.* – Du gr. *kinêma*, «mouvement», et *-graphe.*

cinématographie [sinematɔgʀafi] n. f. Ensemble des procédés du cinéma. – Du gr. *kinêma*, «mouvement», et *-graphie.*

cinématographique [sinematɔgʀafik] adj. Du cinéma. *Technique cinématographique.* – De *cinématographe.*

cinémitrailleuse [sinemitʀajøz] n. f. ARTILL MILIT Caméra qui enregistre les résultats du tir d'une arme automatique ou d'un missile, à partir d'un avion. – De *ciné*, et *mitrailleuse.*

cinémomètre [sinemɔmɛtʀ] n. m. TECH Instrument servant à mesurer la vitesse d'un corps en déplacement. ▷ *Cinémomètre-radar* : appareil servant à mesurer, par effet Doppler-Fizeau, la vitesse des véhicules sur les routes, pour déceler les infractions. – Du gr. *kinêma*, «mouvement», et *-mètre.*

cinéphile [sinefil] n. Amateur de cinéma. – De *ciné*, et *-phile.*

1. cinéraire [sineʀɛʀ] adj. *Urne cinéraire*, qui renferme les cendres d'un mort incinéré. – Lat. *cinerarius*, de *cinis, cineris*, «cendre».

2. cinéraire [sineʀɛʀ] n. f. BOT Composée ornementale (genre *Cineraria*) cultivée, selon l'espèce, pour ses feuilles gris cendré sur le revers ou pour ses fleurs. – Lat. *cinerarius.*

cinérama [sineʀama] n. m. Système de projection cinématographique qui restitue l'impression de relief par l'utilisation de trois projecteurs synchronisés donnant trois images juxtaposées sur un écran courbe. – Nom déposé; de *ciné*, et *-rama.*

cinérite [sineʀit] n. f. PETROG Roche sédimentaire composée essentiellement de cendres volcaniques et contenant souvent de nombr. fossiles. – Du lat. *cinis, cineris*, «cendre».

cinéroman [sineʀɔmɑ̃] n. m. **1.** Film à épisodes, à la mode entre 1920 et 1930. **2.** Récit en images, roman-photo utilisant les photographies tirées d'un film. – De *ciné*, et *roman.*

cinéscénie [sineseni] n. f. Syn. de *spectacle son et lumière.* – De *ciné-*, et *scène.*

cinéscope [sineskɔp] n. m. ELECTRON Tube cathodique effectuant la synthèse d'une image de télévision. – De *ciné*, et *-scope.*

cinétique [sinetik] adj. et n. f. **I.** adj. **1.** Relatif au mouvement. **2.** PHYS *Énergie cinétique* : énergie emmagasinée par un corps lors de sa mise en mouvement, égale à $1/2\ mV^2$ si le corps est en translation ou à $1/2\ J\omega^2$ s'il est en rotation (m : masse; V : vitesse; J : moment d'inertie par rapport à l'axe de rotation; ω : vitesse angulaire). – *Moment cinétique par rapport à un point* : moment, par rapport à ce point, de la quantité de mouvement. – *Théorie cinétique des gaz*, suivant laquelle les propriétés des gaz sont déduites de l'étude du mouvement d'agitation de leurs molécules. **3.** BX-A *Art cinétique* : courant de l'art contemp., né des tendances constructivistes de l'abstraction géométrique. (Les œuvres cinétiques sont animées soit d'un mouvement virtuel : Vasarely, Agam, Cruz-Diaz, etc., soit d'un mouvement réel provoqué par des procédés mécaniques et électriques : Nicolas Schöffer, Demarco, Garcia-Rossi, etc.) **II.** n. f. **1.** MECA Partie de la mécanique étudiant les phénomènes de mouvement. **2.** CHIM *Cinétique chimique* : étude de la modification de la composition d'un système chimique en fonction du temps. – Gr. *kinêtikos.*

cingalais ou **cinghalais, aise** [sɛ̃galɛ, ɛz] adj. et n. **1.** adj. De l'ethnie qui constitue près des trois quarts de la population du Sri Lanka, État insulaire de l'Asie méridionale (Ceylan). ▷ Subst. *Un(e) Cingalais(e).* **2.** n. m. Langue indo-aryenne parlée au Sri Lanka. – Tamoul *cingala*, par l'angl.

cinglant, ante [sɛ̃glɑ̃, ɑ̃t] adj. **1.** Qui fouette. *Un vent cinglant.* **2.** Fig. Blessant, mordant. *Une réplique cinglante.* – Ppr. de *cingler* 2.

cinglé, ée [sɛ̃gle] adj. et n. Fam. Un peu fou. ▷ Subst. *Encore une cinglée!* – Pp. de *cingler* 2.

1. cingler [sɛ̃gle] v. intr. [1] Litt. Faire voile vers un point à bonne allure. *Le voilier cingle vers le port.* – Du scand. *sigla.*

2. cingler [sɛ̃gle] v. tr. [1] **1.** Frapper avec un objet flexible. *Cingler un cheval avec une cravache.* **2.** Fouetter, en parlant du vent, de la pluie, de la neige. *Un vent fort nous cinglait le visage.* **3.** Fig. Critiquer (qqn) d'une façon mordante. **4.** TECH Marquer une ligne droite sur (une paroi) à l'aide d'un cordeau enduit d'une matière colorante. **5.** METALL *Cingler le fer, l'acier*, les marteler pour en chasser les scories. – Du lat. *cingula*, «ceinture».

cinnamome [sinamɔm] n. m. BOT Genre de lauracées constitué d'arbres aromatiques des pays chauds : cannelier et camphrier vrai. – Du gr. *kinnamômon*, par le lat.

cinoche [sinɔʃ] n. m. Fam. Cinéma. – De *cin(éma)*, et suff. arg. *-oche.*

cinq [sɛ̃k; sɛ̃ devant un mot commençant par une consonne] adj. inv. et n. m. inv. **I.** adj. num. inv. **1.** (Cardinal) Quatre plus un (5). *«Phèdre» est une tragédie en cinq actes.* – *Dans cinq minutes* : presque tout de suite. **2.** (Ordinal) Cinquième. *Charles V. Acte cinq.* – Ellipt. *Le cinq mars.* **II.** n. m. inv. **1.** Le nombre cinq. *Multiplier cinq par trois. Quatre-vingt-cinq.* – Loc. fam. *En cinq sec* : très rapidement. ▷ Chiffre qui représente le nombre cinq (5). *Est-ce un cinq ou un huit qu'il a écrit là?* ▷ Numéro cinq. *Rendez-vous au cinq de ma rue!* ▷ *Le cinq* : le cinquième jour du mois. **2.** Carte, face de dé ou côté de domino portant cinq marques. – Du lat *quinque.*

cinquantaine [sɛ̃kɑ̃tɛn] n. f. Nombre de cinquante ou environ. *Une cinquantaine de pages.* – *Absol.* Âge de cinquante ans. *Elle frôle la cinquantaine.* – De *cinquante.*

cinquante [sɛ̃kɑ̃t] adj. inv. et n. m. inv. **I.** adj. num. inv. **1.** (Cardinal) Cinq fois dix (50). *Cinquante francs. Un homme de cinquante ans.* **2.** (Ordinal) Cinquantième. *Page cinquante.* **II.** n. m. inv. Le nombre cinquante. ▷ Chiffres représentant le nombre cinquante (50). ▷ Numéro cinquante. *Habiter au cinquante.* – Du lat. *quinquaginta.*

cinquantenaire [sɛ̃kɑ̃tnɛʀ] adj. et n. **1.** Qui a entre cinquante et soixante ans. ▷ Subst. *Un(e) cinquante-*

naire. **2.** Qui a cinquante ans. *Un arbre cinquantenaire.* **3.** n. m. Cinquantième anniversaire. *Fêter le cinquantenaire d'une revue.* – De *cinquante,* d'apr. *centenaire.*

cinquantième [sɛ̃kɑ̃tjɛm] adj. et n. **I.** adj. num. ord. Dont le rang est marqué par le nombre 50. *La cinquantième année.* **II. 1.** n. Personne, chose qui occupe la cinquantième place. *La cinquantième de la liste.* **2.** n. m. Chaque partie d'un tout divisé en cinquante parties égales. *Deux cinquantièmes.* – De *cinquante.*

cinquième [sɛ̃kjɛm] adj. et n. **I.** adj. num. ord. Dont le rang est marqué par le nombre 5. *La cinquième fois. Monter au cinquième étage,* ou, ellipt., *au cinquième.* – Loc. *Être la cinquième roue du carrosse :* ne servir à rien. **II.** n. **1.** Personne, chose qui occupe la cinquième place. *La cinquième de la liste.* **2.** n. f. Deuxième classe du premier cycle de l'enseignement secondaire. *Redoubler la cinquième.* **3.** n. m. Chaque partie d'un tout divisé en cinq parties égales. *Le cinquième d'un héritage.* – De *cinq.*

cinquièmement [sɛ̃kjɛmmɑ̃] adv. En cinquième lieu. – De *cinquième.*

cinsaut ou **cinsault** [sɛ̃so] n. m. Cépage noir du pourtour méditerranéen, notam. du midi de la France.

cintrage [sɛ̃tʀaʒ] n. m. TECH Action de cintrer ou de courber une plaque, une barre de métal. – De *cintrer.*

cintre [sɛ̃tʀ] n. m. **1.** ARCHI Courbure concave et continue d'une voûte ou d'un arc. *Arc plein cintre,* qui a la forme d'un demi-cercle régulier. **2.** TECH Appareil qui supporte un tablier de pont ou une voûte pendant le coulage du béton. **3.** (Plur.) Partie supérieure d'une scène de théâtre. *Les décors descendent des cintres.* **4.** Support pour les vêtements, qui a la forme des épaules. *Accrocher une veste sur un cintre.* – De *cintrer.*

cintré, ée [sɛ̃tʀe] adj. **1.** Courbé en arc. **2.** Pincé à la taille. *Une veste cintrée.* **3.** Pop., vielli Un peu fou. – Pp. de *cintrer.*

cintrer [sɛ̃tʀe] v. tr. [1] **1.** ARCHI Faire un cintre, faire (un ouvrage) en cintre. **2.** TECH Courber une pièce. *Cintrer un tuyau.* **3.** COUT Ajuster (un vêtement) à la taille. – Du lat. *cinctura,* « ceinture ».

cipaye [sipaj] n. m. Anc. Soldat indien à la solde des Européens, en Inde. – *La révolte des cipayes,* contre les Anglais (1857-1858). – Persan *sipahi,* « cavalier ».

cipolin [sipɔlɛ̃] n. m. Calcaire en cristaux assez gros, traversé par des veines concentriques de mica, employé en construction pour remplacer le marbre. – De l'ital. *cipollino,* « petit oignon ».

cippe [sip] n. m. ARCHEOL Petite colonne sans base ni chapiteau, employée jadis comme borne ou stèle funéraire. – Lat. *cippus,* « colonne ».

cirage [siʀaʒ] n. m. **1.** Action de cirer. **2.** Composition, à base de cire, que l'on applique sur les cuirs pour les entretenir et les rendre brillants. *Étaler du cirage sur une chaussure.* **3.** Fig., fam. *Être dans le cirage :* être à moitié inconscient ou ivre; ne rien comprendre à qqch. – De *cirer.*

circadien, enne [siʀkadjɛ̃, ɛn] adj. PHYSIOL *Rythme circadien :* organisation séquentielle des diverses fonctions d'un organisme au cours d'une période de 24 heures. – Du lat. *circa,* « environ », et *dies,* « jour ».

circaète [siʀkaɛt] n. m. Oiseau falconiforme proche des aigles. (*Circaetus gallicus,* le circaète jean-le-blanc, atteint 1,60 m d'envergure; il vit au sud de la Loire.) – Du gr. *kirkos,* « faucon », et *aetos,* « aigle ».

circon-. V. circum-.

circomméridien. V. circumméridien.

circompolaire. V. circumpolaire.

circoncire [siʀkɔ̃siʀ] v. tr. [64] Pratiquer l'opération de la circoncision sur (qqn). – Lat. ecclés. *circumcidere,* « couper autour ».

circoncis [siʀkɔ̃si] adj. m. et n. m. Se dit d'un homme qui a subi la circoncision. – n. m. *Un circoncis.* – Pp. de *circoncire.*

circoncision [siʀkɔ̃sizjɔ̃] n. f. Opération qui consiste à exciser, complètement ou partiellement, la peau du prépuce. *La circoncision est pratiquée rituellement par les juifs et les musulmans.* – Lat. ecclés. *circumcisio.*

circonférence [siʀkɔ̃feʀɑ̃s] n. f. **1.** Ligne courbe fermée, dont tous les points sont également distants du centre. – Périmètre d'un cercle. *La longueur de la circonférence est égale à 2πR (π = 3,14; R = rayon).* **2.** *Par ext.* Ligne courbe enfermant une surface plane. *La vaste circonférence d'une capitale.* – Lat. *circumferentia,* de *circumferre,* « faire le tour ».

circonflexe [siʀkɔ̃flɛks] adj. et n. m. **1.** *Accent circonflexe* ou, n. m., *circonflexe :* signe orthographique placé sur une voyelle longue (*âme, pôle*) ou allongée par suite de la chute d'une des deux consonnes qui la suivent (*pâte, tête*), ou utilisé comme signe diacritique (*sur, sûr*). **2.** ANAT *Artères, nerfs circonflexes,* de forme sinueuse. – Lat. *circumflexus,* « courbé en arc ».

circonlocution [siʀkɔ̃lɔkysjɔ̃] n. f. Litt. Façon de parler qui exprime la pensée de manière indirecte ou imprécise. *Un discours plein de circonlocutions prudentes.* – Lat. *circumlocutio,* trad. du gr. *periphrasis.*

circonscription [siʀkɔ̃skʀipsjɔ̃] n. f. Division d'un territoire (administrative, militaire, etc.). *Circonscription électorale.* – Lat. *circumscriptio,* « espace limité ».

circonscrire [siʀkɔ̃skʀiʀ] v. tr. [67] **1.** Tracer une ligne autour de (qqch). – GEOM *Circonscrire un cercle à un polygone :* tracer un cercle passant par les sommets de ce polygone. *Circonscrire un polygone à un cercle :* tracer un polygone dont les côtés sont tangents à ce cercle. **2.** Donner des limites, mettre des bornes à. *Circonscrire un incendie, une épidémie.* **3.** Fig. Cerner, limiter. *Circonscrire le sujet d'un ouvrage.* – Lat. *circumscribere,* de *circum,* « autour de », et *scribere,* « écrire ».

circonspect, ecte [siʀkɔ̃spɛ, ɛkt] adj. **1.** Qui se tient dans une prudente réserve. *Elle est très circonspecte dans ses déclarations.* **2.** Inspiré par une prudence méfiante. *Des paroles circonspectes.* – Lat. *circumspectus.*

circonspection [siʀkɔ̃spɛksjɔ̃] n. f. Prudence, retenue, discrétion. *Agissez avec circonspection.* – Lat. *circumspectio.*

circonstance [siʀkɔ̃stɑ̃s] n. f. **1.** Ce qui accompagne un fait, un événement. *Se trouver dans des circonstances difficiles, dans une circonstance particulière.* **2.** DR *Circonstances aggravantes,* qui augmentent l'importance et parfois la nature des peines applicables. *Circonstances atténuantes,* qui, laissées à l'appréciation des juges, leur permettent de diminuer la peine encourue. **3.** Ce qui caractérise la situation présente. *Profitez de la circonstance. Dans les circonstances actuelles :* en ce moment. – Loc. adj. *De circonstance :* adapté à la situation. – Lat. *circumstantia,* de *circumstare,* « se tenir debout autour ».

circonstancié, ée [siʀkɔ̃stɑ̃sje] adj. (En parlant d'un récit, d'un rapport, etc.) Détaillé, complet. *Un exposé circonstancié.* – De *circonstance.*

circonstanciel, elle [siʀkɔ̃stɑ̃sjɛl] adj. GRAM Qui marque les circonstances. *Les compléments circonstanciels marquent un rapport de temps, de lieu, de manière, de but, de prix, de cause, de conséquence, etc.* – De *circonstance.*

circonvallation [siʀkɔ̃valasjɔ̃] n. f. MILIT Ensemble de tranchées, de travaux de défense, autour d'une place assiégée. – Du lat. *circumvallare,* « entourer d'un retranchement ».

circonvenir [siʀkɔ̃v(ə)niʀ] v. tr. [36] Agir (sur qqn) avec méthode et artifice pour obtenir qqch. *Il s'est laissé circonvenir.* – Lat. *circumvenire,* « venir autour ».

circonvoisin, ine [siʀkɔ̃vwazɛ̃, in] adj. (Surtout au plur.) Qui se trouve situé près de, autour de. *L'ennemi pilla Rome et les lieux circonvoisins.* – Du lat. médiév. *circumvicinus.*

circonvolution [siʀkɔ̃vɔlysjɔ̃] n. f. **1.** Tour décrit autour d'un centre. **2.** ANAT *Circonvolutions cérébrales :* replis sinueux séparés par des sillons qui marquent, chez les mammifères, la surface du cerveau. *Circonvolutions intestinales :* replis des intestins dans l'abdomen. – Du lat. *circumvolutus,* « roulé autour ».

circuit [siʀkɥi] n. m. **1.** Itinéraire qui oblige à des détours. *Il faut faire un long circuit pour atteindre la maison.* **2.** Itinéraire touristique. *Faire le circuit des cathédrales gothiques de France.* **3.** Itinéraire ramenant au point de départ, utilisé pour des courses. *Un circuit automobile.* ▷ Loc. *En circuit fermé :* en revenant à son point de départ. **4.** ELECTR, ELECTRON Ensemble de conducteurs reliés entre eux. ▷ *Circuit imprimé :* ensemble électrique dont les connexions sont réalisées au moyen de minces bandes conductrices incorporées dans une plaque isolante. ▷ *Circuit intégré :* bloc semi-conducteur dans lequel on a incorporé des composants, permettant de réaliser une fonction donnée. ▷ *Circuit logique :* circuit intégré qui remplit des fonctions logiques (OUI, NON, OU, etc.). ▷ *Circuit magnétique :* dispositif réalisé en matériaux ferromagnétiques, qui permet de canaliser les lignes d'induction d'un champ magnétique et d'obtenir des flux d'induction élevés. **5.** MATH *Circuit d'un graphe :* chemin partant d'un sommet du graphe et aboutissant à ce même sommet. **6.** Cheminement effectué par des services, des produits; réseau. *Un circuit de distribution, de vente.* – Lat. *circuitus,* de *circumire,* « faire le tour ».

circulaire [siʀkylɛʀ] adj. et n. f. **I.** adj. **1.** Qui a la forme d'une circonférence ou qui décrit cette figure. *Surface circulaire. Mouvement circulaire.* ▷ MATH *Fonction circulaire :* fonction qui fait correspondre à une valeur celle de sa ligne trigonométrique (ex. : y = sin x). ▷ *Secteur circulaire :* portion de plan comprise entre un arc de cercle et les rayons aboutissant aux sommets de cet arc. **2.** Qui a la forme d'un cercle ou qui évoque cette forme. *Excavation circulaire.* **3.** Par ext. *Voyage circulaire,* qui ramène au point de départ. **II.** n. f. Lettre écrite en plusieurs exemplaires destinée à plusieurs personnes. *Une circulaire ministérielle.* – Lat. *circularis.*

circulairement [siʀkylɛʀmɑ̃] adv. En cercle. – De *circulaire.*

circularité [siʀkylaʀite] n. f. Caractère de ce qui est circulaire. – Du lat. *circularis,* « circulaire ».

circulation [siʀkylɑsjɔ̃] n. f. **1.** Mouvement d'un fluide qui circule. ▷ PHYSIOL *La circulation du sang* ou (s. comp.) *la circulation :* le mouvement du sang qui part du cœur et y revient. (V. encycl.) - *Grande circulation :* circulation générale. - *Petite circulation :* circulation pulmonaire. ▷ METEO *Circulation générale de l'atmosphère :* ensemble des grands courants aériens à l'échelle planétaire. **2.** Mouvement de personnes, de véhicules sur une, des voies. *Les embarras de la circulation. Route à grande circulation.* - Loc. fig., fam. *Disparaître de la circulation :* ne plus donner de ses nouvelles. **3.** Mouvement des biens, des produits, passage de main en main. *Circulation monétaire. Retirer un produit de la circulation. Mettre en circulation :* mettre à la disposition du public. – Lat. *circulatio.*

ENCYCL **Physiol.** - La circulation sanguine permet l'apport d'oxygène, d'eau, et des nutriments indispensables aux différents organes et tissus de l'organisme. En outre, elle assure le transport des produits excrétés par la cellule (déchets ou sécrétions hormonales). Le sang oxygéné venant des poumons gagne les cavités cardiaques gauches; après éjection dans le ventricule gauche, l'aorte et ses collatérales, il vient ensuite irriguer les organes et les tissus périphériques, où l'oxygène est consommé. Le sang veineux, pauvre en oxygène et riche en acide carbonique, gagne les deux veines caves et l'oreillette droite, puis les artères pulmonaires, pour atteindre l'espace alvéolo-capillaire, où s'effectuent les échanges gazeux. Le cœur, qui agit comme une pompe, assure la circulation sanguine et permet de maintenir un niveau stable de pression artérielle.

circulatoire [siʀkylatwaʀ] adj. PHYSIOL Relatif à la circulation du sang. *Trouble circulatoire.* – De *circuler.*

circuler [siʀkyle] v. intr. [1] **1.** Se mouvoir dans un circuit. *Le sang circule dans tout l'organisme.* **2.** Aller et venir. *Les automobiles circulent à toute allure.* - *Circulez !* : ne stationnez pas! Dispersez-vous! **3.** Passer de main en main. *L'argent circule.* **4.** Fig. Se propager, se répandre. *La nouvelle circule ici depuis hier.* – Lat. *circulare,* « tourner autour ».

circum-, circon-. Élément, du lat. *circum,* « autour ».

circumduction [siʀkɔmdyksjɔ̃] n. f. Mouvement de rotation autour d'un axe ou d'un point. ▷ ANAT Mouvement faisant décrire à un membre un cône dont l'articulation forme le sommet. – Lat. *circumductio,* « action de conduire autour ».

circumméridien, enne ou **circomméridien, enne** [siʀkɔmmeʀidjɛ̃, ɛn] adj. ASTRO Qui a lieu au voisinage du méridien. – De *circum-,* et *méridien.*

circumnavigation [siʀkɔmnavigasjɔ̃] n. f. Voyage par mer autour d'un continent. – De *circum-,* et *navigation.*

circumpolaire ou **circompolaire** [siʀkɔmpɔlɛʀ] adj. ASTRO Voisin de l'un des pôles. – De *circum-,* et *polaire.*

cire [siʀ] n. f. **1.** Matière jaune et fusible avec laquelle les abeilles construisent les alvéoles de leurs ruches. *Cire vierge,* telle qu'on la trouve dans les ruches. ▷ *Par anal.* Cour. Cérumen. **2.** Substance analogue produite par certains végétaux. **3.** Préparation, à usage domestique, à base de cire et d'essence de térébenthine. *Cire à parquet.* **4.** Nom donné à des substances diverses fusibles ou plastiques. *Cire à cacheter. Cire à modeler.* **5.** ZOOL Membrane recouvrant la base du bec de certains oiseaux. – Lat. *cera.*

ciré, ée [siʀe] adj. et n. m. **1.** adj. Enduit de cire, de stéarine, etc. - *Toile cirée,* enduite d'une préparation qui la rend imperméable. **2.** n. m. Vêtement imperméable en tissu paraffiné ou plastifié. – Pp. de *cirer.*

cirer [siʀe] v. tr. [1] **1.** Enduire ou frotter de cire. *Cirer un parquet, un meuble.* **2.** Enduire de cirage. *Cirer ses chaussures.* **3.** Fig., fam. *Cirer les bottes (les pompes) à, de qqn,* le flatter bassement. – De *cire.*

cireur, euse [siʀœʀ, øz] n. **1.** Personne qui cire (les parquets, les chaussures). **2.** n. f. Appareil ménager électrique pour cirer les parquets. – De *cirer.*

cireux, euse [siʀø, øz] adj. **1.** Qui a la consistance, l'aspect de la cire. **2.** Qui a la couleur jaune pâle de la cire. *Le teint cireux d'un malade.* – De *cire.*

cirier, ère [siʀje, ɛʀ] n. **1.** n. m. Celui qui travaille la cire, qui vend des bougies, des cierges. **2.** n. m. Arbuste (*Myrica ceriferia*) d'Asie et d'Amérique tropicale qui produit de la cire. **3.** n. f. Abeille ouvrière qui produit la cire. – De *cire.*

ciron [siʀɔ̃] n. m. Vx Minuscule acarien considéré, jusqu'à l'invention du microscope, comme le plus petit animal existant. « *Dame Fourmi trouva le ciron trop petit* » *(La Fontaine).* – De l'anc. haut all. **seuro.*

cirque [siʀk] n. m. **1.** Lieu destiné chez les Romains à la célébration de certains jeux (en principe, courses de chevaux, de chars). *Les jeux du cirque. Le Grand Cirque de Rome.* **2.** Enceinte circulaire, où l'on donne en spectacle des exercices d'équitation, d'adresse, d'acrobatie, de domptage, des numéros de clowns. *Le chapiteau d'un cirque forain. Les gens du cirque.* **3.** Fig., fam. Manifestation excessive, théâtrale. *Arrête ton cirque!* **4.** GEOMORPH Dépression en cuvette circonscrite par des montagnes abruptes et produite par l'érosion. *Le cirque de Gavarnie, dans les Pyrénées.* **5.** ASTRO Dépression circulaire d'origine météorique à la surface de certains astres. *Les cirques lunaires.* – Lat. *circus.*

cirre ou **cirrhe** [siʀ] n. m. **1.** ZOOL Nom de certains appendices plus ou moins filiformes de divers invertébrés (crustacés, insectes, annélides, etc.). **2.** BOT Vrille de certaines plantes grimpantes. – Lat. *cirrus,* «filament».

cirrhose [siʀoz] n. f. MED Affection hépatique caractérisée par la prolifération du tissu conjonctif, la nécrose des hépatocytes et la présence de nodules de régénération. – Du gr. *kirros,* «jaunâtre».

cirrhotique [siʀɔtik] adj. MED Relatif à la cirrhose. – Atteint de cirrhose. – De *cirrhose.*

cirripèdes [siʀipɛd] n. m. pl. ZOOL Ordre de crustacés entomostracés marins, fixés sur un support à l'état adulte (balanes, anatifes) ou parasites (sacculines). – Sing. *Un cirripède.* – Lat. *cirrus,* «filament», et *-pède.*

cirrocumulus [siʀokymylys] n. m. METEO Couche de petits nuages blancs («moutons») constitués d'aiguilles de glace. – De *cirrus,* et *cumulus.*

cirrostratus [siʀostʀatys] n. m. METEO Nuage de haute altitude constituant un voile transparent et blanchâtre donnant un halo autour du Soleil ou de la Lune. – De *cirrus,* et *stratus.*

cirrus [siʀys] n. m. METEO Nuage en filaments, situé entre 6 et 10 km d'altitude. – Mot lat., «filament».

cirse [siʀs] n. m. BOT Nom commun des composées du genre *Cirsium,* cour. appelées *chardons.* – Lat. *cirsium.*

cis-. Élément, du lat. *cis,* «en deçà».

1. cisaille [sizaj] n. f. Gros ciseaux servant à couper des tôles, à tailler des arbustes, etc. – Du lat. pop. **cisaculum,* lat. class. *cæsalia,* «ciseau».

2. cisaille [sizaj] n. f. Rognure de métal. – *Spécial.* Rognure résultant de la fabrication des monnaies. – Déverbal de *cisailler.*

cisaillement [sizajmɑ̃] n. m. **1.** Action de cisailler. **2.** Coupure progressive d'une pièce métallique par une autre pièce avec laquelle le contact est mal assuré. *Cisaillement d'une tôle par des boulons trop serrés, sans joints.* – De *cisailler.*

cisailler [sizaje] v. tr. [1] Couper avec des cisailles; couper par cisaillement. – De *cisaille* 1.

cisalpin, ine [sizalpɛ̃, in] adj. Qui est situé en deçà des Alpes, vu d'Italie (par oppos. à *transalpin*). – HIST *Gaule cisalpine* : pour les Romains, le bassin du Pô, peuplé de Celtes. – *République Cisalpine* : État créé (1797) par Bonaparte en Italie du N. et qui, augmenté de l'Italie centrale, devint la République italienne (1802-1805), puis le royaume d'Italie (1805-1814). – De *cis,* et *alpin.*

ciseau [sizo] n. m. **1.** Outil plat, taillé en biseau tranchant à une extrémité, et servant à travailler le bois, le métal, la pierre, etc. *Ciseau de menuisier, de maçon, de sculpteur.* **2.** n. m. pl. Instrument d'acier formé de deux branches mobiles tranchantes en dedans, et jointes en leur milieu par une vis formant axe. *Une paire de ciseaux.* ▷ Par anal. SPORT *Sauter en ciseaux,* en levant les jambes tendues l'une après l'autre. – Du lat. pop. **cisellus,* altér. de **cæsellus,* de *cædere,* «couper».

ciseler [sizle] v. tr. [16] Travailler, tailler, orner avec un ciseau. *Ciseler un métal.* – Pp. adj. *Un bijou ciselé.* ▷ Fig. *Ciseler une phrase, un vers.* – De *ciseau.*

ciselet [sizlɛ] n. m. Petit ciseau d'orfèvre, de graveur. – De *cisel,* var. anc. du lat. pop. *cisellus* (V. ciseau).

ciseleur [sizlœʀ] n. m. Ouvrier, artiste dont le métier est de ciseler. – De *ciseler.*

ciselure [sizlyʀ] n. f. **1.** Art de ciseler. **2.** Ornement ciselé. – De *ciseler.*

cisjuran, ane [sisʒyʀɑ̃, an] adj. Qui est situé en deçà du Jura. *Bourgogne cisjurane.* Ant. transjuran. – De *cis-,* et *juran.*

cisoires [sizwaʀ] n. f. pl. TECH Cisailles à main, montées sur un support. – Lat. *cisoria.*

cispadan, ane [sispɑdɑ̃, an] adj. Qui est situé en deçà du Pô (par rapport à Rome). *Gaule cispadane.* – De *cis-,* et *padan,* «du Pô», d'ap. l'ital.

cissoïde [sisɔid] n. f. GEOM Courbe, équation $y^2=\frac{x^3}{2a-x}$, possédant une asymptote et un point de rebroussement, et qui est symétrique par rapport à la normale à l'asymptote menée à partir de ce point. – Gr. *kissoeidês,* «semblable au lierre».

1. ciste [sist] n. m. Plante méditerranéenne (genre *Cistus*) à fleurs dialypétales blanches, roses ou pourpres. *Le ciste de Crète sécrète le laudanum.* – Gr. *kisthos.*

2. ciste [sist] n. f. **1.** ANTIQ Corbeille que l'on portait, chez les Grecs, dans certaines fêtes solennelles. **2.** PREHIST Sépulture dans laquelle le mort était accroupi. – Lat. *cista;* gr. *kistê,* «panier».

cistercien, enne [sistɛʀsjɛ̃, ɛn] adj. et n. Qui appartient à l'ordre de Cîteaux. *Abbaye cistercienne.* ▷ n. Religieux, religieuse de l'ordre de Cîteaux, fondé en 1098 et obéissant à la règle de saint Benoît. *Un cistercien.* – Du lat. *Cistercium,* nom lat. de Cîteaux, (Côte-d'Or).

cis-trans. V. isomérie.

cistre [sistʀ] n. m. MUS Instrument à cordes, à manche et à dos plat, très en vogue aux XVIe et XVIIe s. – Ital. *citara;* devenu *cistre* par confusion avec *sistre.*

cistron [sistʀɔ̃] n. m. BIOL Ensemble de gènes renfermant l'information nécessaire à la protéosynthèse. – De *cis-,* et *-tron,* selon le modèle des mots scientifiques en *-tron.*

cistude [sistyd] n. f. Tortue (*Emys orbicularis,* 30 cm de diamètre) des marais d'Europe du S. – Lat. zool. *cistudo,* de *cista,* «corbeille», et *testudo,* «tortue».

citadelle [sitadɛl] n. f. **1.** Forteresse commandant une ville. *Une citadelle inexpugnable.* **2.** Fig. Centre important, principal. *Genève, citadelle du calvinisme.* – Ital. *cittadella,* «petite cité».

citadin, ine [sitadɛ̃, in] n. et adj. Habitant d'une ville. Ant. paysan, campagnard. ▷ adj. Qui a rapport à la ville. *Distractions citadines. Population citadine.* Ant. champêtre, rural, rustique. – Ital. *cittadino,* de *città,* «cité».

citateur, trice [sitatœʀ, tʀis] n. Rare Personne qui a l'habitude de faire des citations. – De *citation.*

citation [sitasjɔ̃] n. f. **1.** DR Sommation de comparaître devant une juridiction; acte par lequel cette sommation est signifiée. *Citation devant les tribunaux.* **2.** Passage cité d'un propos, d'un écrit. *Il multiplie les citations grecques et latines.* – Loc. *Fin de citation* : expression par laquelle on signale qu'après avoir rapporté ou dicté les paroles d'un autre on parle en son propre nom. **3.** Mention spéciale pour une action d'éclat. *Citation d'un militaire à l'ordre d'une unité, de l'armée, de la nation.* – Lat. *citatio.*

cité [site] n. f. **1.** Centre urbain, ville. ▷ *Cité de Dieu, cité céleste* : séjour des bienheureux. **2.** Partie la plus anc. d'une ville, souvent entourée de murs. *La cité de Carcassonne.* **3.** Groupe de logements. *Cité ouvrière. Cité universitaire. Cité-dortoir* : V. dortoir. *Cité-jardin,* qui comporte une importante part d'espaces verts. *Des cités-jardins.* **4.** ANTIQ Communauté politique souveraine et indépendante. *Les cités grecques.* – Mod. *Avoir droit de cité quelque part,* y être admis. – Du lat. *civitas.*

citer [site] v. tr. [1] **1.** Appeler à comparaître en justice. **2.** Rapporter, alléguer, à l'appui de ce qu'on dit. *Citer une loi, un exemple, un texte.* **3.** Signaler une personne, une chose qui mérite d'être remarquée. **4.** Décerner une citation à. *Citer qqn à l'ordre de l'armée, de la nation.* – Lat. *citare,* «convoquer en justice».

citérieur, eure [siteʀjœʀ] adj. Didac. Situé en deçà, du côté de (la personne qui parle). *La Gaule citérieure,* située, pour les Romains, de leur côté des Alpes. – Lat. *citerior.*

citerne [sitɛʀn] n. f. **1.** Réservoir d'eau pluviale. **2.** Réservoir destiné au stockage d'un liquide. *Citerne à mazout.* – Lat. *cisterna,* de *cista,* «coffre».

citerneau [sitɛʀno] n. m. Petit réservoir où l'eau s'épure avant de passer dans la citerne. – De *citerne.*

cithare [sitaʀ] n. f. **1.** Instrument de musique dérivé de la lyre, très en faveur chez les anc. Grecs. **2.** Auj., instrument d'Europe centrale composé d'une caisse de résonance plate tendue d'un grand nombre de cordes. – Gr. *kithara,* «lyre», par le lat.

citizen band [sitizənbɑ̃d] n. f. Bande de fréquence radio ouverte librement à l'émission et à la réception de messages personnels ou locaux au moyen de postes de faible puissance. – Activité des radioamateurs émettant sur cette bande de fréquence. Syn. (off. recommandé) bande publique. (Abrév. : C.B. [sibi]) – Mot angl., de *citizen,* «citoyen», et *band,* «bande».

citoyen, enne [sitwajɛ̃, ɛn] n. **1.** ANTIQ Membre d'une cité, habitant d'un État libre, qui avait droit de suffrage dans les assemblées publiques. *Les citoyens et les esclaves.* **2.** Ressortissant d'un État. *Devenir citoyen français par naturalisation.* ▷ Fam., péjor. *Un drôle de citoyen* : un drôle d'individu, de personnage. ▷ *Citoyen, citoyenne* (pour *monsieur, madame, mademoiselle* pendant la Révolution française). – De *cité.*

citoyenneté [sitwajɛnte] n. f. Qualité de citoyen. – De *citoyen.*

citrate [sitʀat] n. m. CHIM Nom des sels et esters de l'acide citrique. – Du lat. *citrus,* «citronnier», et *-ate.*

citrin, ine [sitʀɛ̃, in] adj. De la couleur du citron. – Du lat. *citrus.*

citrine [sitʀin] n. f. MINER Quartz jaune plus ou moins foncé. – Du lat. *citrus,* «citronnier».

citrique [sitʀik] adj. m. CHIM *Acide citrique* : triacide monoalcool existant dans les fruits acides, utilisé dans la préparation des boissons à goût de citron. – Du lat. *citrus,* «citronnier».

citron [sitʀɔ̃] n. m. et adj. inv. **1.** Fruit du citronnier, de couleur jaune pâle et de saveur acide. *Jus, zeste de citron. Jaune comme un citron.* – *Citron vert* : syn. de *lime.* **2.** Pop. Tête. *Prendre un coup sur le citron.* **3.** adj. inv. De la couleur jaune pâle du citron. *Rubans citron.* – Du lat. *citreum,* «citron», *citrus,* «citronnier».

citronnade [sitʀɔnad] n. f. Boisson préparée avec du jus ou du sirop de citron. – De *citron.*

citronné, ée [sitʀɔne] adj. Qui contient du citron; qui sent le citron. *Crème citronnée.* – De *citron.*

citronnelle [sitʀɔnɛl] n. f. **1.** Nom cour. de plantes des régions tropicales utilisées comme condiment et dont on extrait une huile essentielle. **2.** Nom cour. de diverses plantes exhalant une odeur de citron (mélisse, verveine, etc.). – De *citron.*

citronnier [sitʀɔnje] n. m. Arbre (*Citrus limonum,* fam. rutacées) qui produit les citrons et dont le bois clair et dense est utilisé en ébénisterie fine. – De *citron.*

citrouille [sitʀuj] n. f. **1.** Plante potagère (*Cucurbita maxima,* fam. cucurbitacées), dont le fruit comestible, jaune orangé, peut atteindre 80 cm de diamètre. **2.** Pop., fig. *Donner un coup sur la citrouille,* sur la tête. – *Avoir la tête comme une citrouille* : être abruti par qqn, qqch. – Du lat. *citreum,* «citron», par anal. de couleur.

cive [siv] n. f. Rég. Ciboule. – Du lat. *cæpa,* «oignon».

civelle [sivɛl] n. f. Jeune anguille arrivée au stade de développement qui fait suite à celui de la larve. (Elle est transparente et mesure 6 à 8 cm de long lors de la remontée des fleuves.) – Du rad. du lat. *cæcus,* «aveugle».

civet [sivɛ] n. m. CUIS Ragoût de gibier préparé avec le sang de l'animal, du vin et des oignons. *Civet de lièvre, de chevreuil.* – De *cive,* d'abord *civé,* «ragoût préparé avec des cives».

1. civette [sivɛt] n. f. Syn. de *ciboulette.* – De *cive.*

2. civette [sivɛt] n. f. **1.** Mammifère carnivore (genre *Viverra,* fam. viverridés), au museau pointu, au corps allongé, aux pattes courtes et à la queue épaisse, possédant des glandes anales à musc. (*Viverra civetta,* la principale espèce africaine, atteint 1,20 m de long, queue comprise.) **2.** Le musc sécrété par la civette. – Ital. *zibetto,* de l'ar. *zābâd,* «musc sécrété par la civette».

civière [sivjɛʀ] n. f. Dispositif muni de brancards servant à transporter des fardeaux, spécial. les blessés, les malades. – Du lat. pop. **cibaria.*

civil, ile [sivil] adj. et n. m. **I.** adj. **1.** Relatif à l'État, aux citoyens, aux rapports entre les citoyens. *État civil. Responsabilité civile. Guerre civile.* ▷ *Année* civile* (par oppos. à *année astronomique*). **2.** Qui n'est ni militaire ni religieux. *Autorités civiles. Enterrement, mariage civil.* **II.** n. m. **1.** Homme qui n'est ni militaire ni ecclésiastique. ▷ *En civil* : qui n'est pas vêtu d'un uniforme. **2.** *Le civil* : la vie civile (par oppos. à *la vie militaire*). *Que faisiez-vous dans le civil ?* **3.** DR Juridiction civile (par oppos. aux *juridictions criminelle, pénale*). *Poursuivre qqn au civil.* **III.** adj. Litt. Qui observe les usages, les convenances. *D'une façon fort civile.* Syn. courtois, poli. – Lat. *civilis,* de *civis,* «citoyen».

civilement [sivilmɑ̃] adv. **1.** DR En matière civile. *Être civilement responsable.* **2.** Avec civilité, politesse. *Parler, agir civilement.* – De *civil.*

civilisateur, trice [sivilizatœʀ, tʀis] adj. (et n.) Qui civilise, ou qui est censé civiliser, favoriser le progrès de la civilisation. *Rôle civilisateur des grandes puissances. Les Grecs furent les civilisateurs de l'Italie.* – De *civiliser.*

civilisation [sivilizasjɔ̃] n. f. **1.** Action de civiliser; état de ce qui est civilisé. *Les bienfaits et les méfaits de notre civilisation.* Ant. barbarie. **2.** Ensemble des phénomènes sociaux, religieux, intellectuels, artistiques, scientifiques et techniques propres à un peuple et transmis par l'éducation. *Civilisations grecque, chinoise, occidentale. Civilisations précolombiennes.* Syn. culture. ▷ *Aire de civilisation* : territoire sur lequel s'étend l'influence d'une civilisation. – De *civiliser.*

civilisé, ée [sivilize] adj. (et n.) Doté d'une civilisation avancée. *Pays civilisé.* Syn. policé. Ant. barbare, sauvage. – Pp. de *civiliser.*

civiliser [sivilize] v. tr. [1] **1.** Améliorer l'état intellectuel, moral, matériel (d'un pays, d'un peuple). **2.** Rendre civil, sociable. – De *civil.*

civiliste [sivilist] n. Spécialiste du droit civil. – De (droit) *civil.*

civilité [sivilite] n. f. Politesse, courtoisie. *Les règles de la civilité.* ▷ (Plur.) Témoignage de politesse. *Il nous fit mille civilités.* – Lat. *civilitas.*

civique [sivik] adj. Relatif au citoyen. *Droits civiques. Instruction civique.* – Lat. *civicus.*

civisme [sivism] n. m. Dévouement du citoyen pour son pays, de l'individu pour la collectivité. – De *civique.*

cl Symbole de centilitre.

Cl CHIM Symbole du chlore.

clabaud [klabo] n. m. Rare Chien de chasse à longues oreilles, à l'aboiement puissant. – Du rad. onomat. de *clapper.*

clabaudage [klabodaʒ] n. m. **1.** Rare Aboiements répétés. **2.** Fig. Clameurs malveillantes des médisants. – De *clabauder.*

clabauder [klabode] v. tr. [1] **1.** Rare Aboyer fréquemment. – CHASSE Aboyer hors des voies de la bête. **2.** Fig., litt. Faire du bruit mal à propos, avec malveillance; cancaner. – De *clabaud.*

clabauderie [klabodʀi] n. f. Criaillerie malveillante. – De *clabauder.*

clabaudeur, euse [klabodœʀ, øz] n. Personne qui clabaude. – De *clabauder.*

clabot, clabotage, claboter. V. crabot.

clac ! [klak] interj. Onomatopée imitant un bruit sec. *Clic clac !*

clade [klad] n. m. ZOOL, BOT Vaste ensemble regroupant des espèces issues d'un ancêtre commun. – Gr. *klados,* « rameau ».

cladisme [kladism] n. m. BIOL Méthode de classification développée dans les années 1950, qui privilégie le degré de parenté phylogénique plutôt que la ressemblance morphologique. – De *clade.*

cladistique [kladistik] adj. Relatif au cladisme. – De *cladisme.*

cladonie [kladɔni] n. f. BOT Lichen très répandu dont certaines espèces sont fruticuleuses, tandis que d'autres sont constituées d'une lame rampante. – Lat. sav. *cladonia.*

clafoutis [klafuti] n. m. Pâtisserie faite d'une pâte à flan garnie de fruits, souvent des cerises. – Mot rég. (du Centre), de *clafir,* « remplir ».

claie [klɛ] n. f. **1.** Ouvrage d'osier, de bois léger, à claire-voie. *Faire sécher des fruits sur une claie.* **2.** Treillage servant de clôture. – Du bas lat. **cleta,* mot gaul.

clair, claire [klɛʀ] adj., n. m. et adv. **I.** adj. **1.** Qui répand ou reçoit de la lumière. *Une flamme claire. Une pièce claire.* Syn. lumineux. **2.** Qui laisse passer la lumière, transparent. *Eau claire.* ▷ *Ciel, temps clair,* dégagé, sans nuages. **3.** Peu épais. *Soupe claire.* **4.** Peu serré, lâche (tissus). *Toile claire.* **5.** Net et distinct (sons). *Une voix claire. Le son clair de la flûte.* Ant. sourd, voilé. **6.** Facile à comprendre, sans équivoque. *Une démonstration claire. C'est clair comme le jour.* Syn. manifeste, évident. Ant. embrouillé, obscur. **II.** n. m. **1.** Lumière, clarté. *Le clair de (la) lune.* **2.** Partie éclairée d'un tableau, d'une photographie. **3.** *Tirer du vin au clair,* le mettre en bouteilles quand il a reposé. – Fig. *Tirer une affaire au clair,* l'élucider. **4.** Loc. *Le plus clair de* : la plus grande partie de. *Passer le plus clair de son temps à travailler.* **5.** En clair. *Message en clair* (par oppos. à *message chiffré*), écrit sans utiliser de code. **III.** adv. De manière claire, distincte. *Voir clair,* distinctement; fig. être clairvoyant. ▷ *Parler clair,* franchement, sans détour. – Lat. *clarus.*

clairance [klɛʀɑ̃s] n. f. **1.** BIOCHIM Coefficient d'épuration qui représente l'aptitude d'un organe à éliminer une substance déterminée. **2.** AVIAT Autorisation donnée par le contrôle, dans un plan de vol. (Terme off. recommandé pour *clearance.*) – De l'angl. *clearance,* d'ap. *clair.*

claire [klɛʀ] n. f. **1.** Bassin peu profond dans lequel on met les huîtres à verdir. *Fine de claire,* huître ayant séjourné plusieurs semaines dans ce type de bassin. **2.** Huître de claire. *Une douzaine de claires.* – De *clair.*

clairement [klɛʀmɑ̃] adv. **1.** D'une manière claire, distincte. **2.** D'une manière compréhensible. – De *clair.*

clairet, ette [klɛ(e)ʀɛ, ɛt] adj. **1.** *Vin clairet* : vin léger de couleur rouge clair. ▷ n. m. *Boire du clairet.* **2.** Peu épais. *Un potage clairet.* – De *clair.*

clairette [klɛ(e)ʀɛt] n. f. VITIC Cépage blanc du midi de la France, donnant des vins riches en alcool qui madérisent rapidement. ▷ Raisin blanc de ce cépage. ▷ Vin blanc mousseux issu de ce cépage. *Clairette de Die.* – De *clairet.*

claire-voie [klɛʀvwɑ] n. f. **1.** Clôture à jour. *Des claires-voies.* ▷ ARCHI Série de hautes fenêtres destinées à éclairer la nef d'une église gothique. **2.** Loc. *À claire-voie* : à jour, qui présente des intervalles, des espaces entre ses éléments. *Persiennes à claire-voie.* – De *clair,* et *voie.*

clairière [klɛʀjɛʀ] n. f. Partie dégarnie d'arbres dans un bois, une forêt. – De *clair.*

clair-obscur [klɛʀɔbskyʀ] n. m. **1.** PEINT Représentation des effets de contraste qui se produisent lorsque certaines parties d'un lieu sont éclairées alors que les autres restent dans l'obscurité. *Rembrandt est le grand maître des clairs-obscurs.* **2.** Lumière faible, douce. – Ital. *chiaroscuro.*

clairon [klɛ(e)ʀɔ̃] n. m. **1.** Instrument à vent dans le ton de si bémol, en cuivre, sans pistons ni clefs, à son clair. *Sonner du clairon.* **2.** Celui qui joue du clairon. **3.** L'un des jeux de l'orgue. – De *clair.*

claironnant, ante [klɛ(e)ʀɔnɑ̃, ɑ̃t] adj. *Voix claironnante,* forte. – Ppr. de *claironner.*

claironner [klɛ(e)ʀɔne] v. [1] **1.** v. intr. Jouer du clairon. **2.** v. tr. Fig. Annoncer bruyamment. *Claironner une nouvelle.* – De *clairon.*

clairsemé, ée [klɛʀsəme] adj. **1.** Peu dense, peu serré. *Des cheveux clairsemés.* **2.** Éparpillé. *Une population clairsemée.* – De *clair,* et *semé.*

clairvoyance [klɛʀvwajɑ̃s] n. f. Pénétration d'esprit, lucidité, perspicacité. – De *clairvoyant.*

clairvoyant, ante [klɛʀvwajɑ̃, ɑ̃t] adj. **1.** Qui voit clair (par opposition à *aveugle*). **2.** Fig. Qui est lucide, qui a un jugement perspicace. *Un esprit clairvoyant.* – De *clair,* et *voyant.*

clam [klam] n. m. Mollusque lamellibranche fouisseur (*Venus mercenaria*), voisin de la praire, comestible. – Mot anglo-amér., de *to clamp,* « serrer ».

clameau [klamo] n. m. CONSTR Clou à deux pointes utilisé pour assembler des éléments de charpente.

clamecer. V. clamser.

clamer [klame] v. tr. [1] Manifester par des cris. *Clamer sa joie, sa douleur.* – Lat. *clamare,* « crier ».

clameur [klamœʀ] n. f. Ensemble de cris tumultueux et confus. *Les clameurs de la foule.* – Lat. *clamor.*

clamp [klɑ̃p] n. m. CHIR Pince à long mors, munie d'un cran d'arrêt, servant à pincer (*clamper*) un vaisseau ou un canal. – Mot angl.

clamser ou **clamecer** [klamse] v. intr. [1] Pop. Mourir. – P.-ê. de l'all. *Klaps*, «claque».

clan [klɑ̃] n. m. **1.** Tribu formée par un groupe de familles en Écosse et en Irlande. **2.** ETHNOL Groupe d'individus tous issus d'un ancêtre commun, souvent mythique, parfois représenté par un totem. **3.** Groupe de scouts. *Clan de routiers.* **4.** Fig. Groupe fermé de personnes ayant qqch en commun. *Avoir l'esprit de clan.* – Gaélique *clann*, «famille».

clandestin, ine [klɑ̃dɛstɛ̃, in] adj. et n. **1.** Qui se fait en cachette. *Une publication clandestine.* **2.** Qui vit en marge de la société, en situation illégale. *Passager clandestin*, embarqué sur un bateau, un avion, à l'insu du commandant. ▷ Subst. *Les clandestins du temps de l'Occupation.* – Lat. *clandestinus*, de *clam*, «en secret».

clandestinement [klɑ̃dɛstinmɑ̃] adv. De manière clandestine. *Se réunir clandestinement.* – De *clandestin*.

clandestinité [klɑ̃dɛstinite] n. f. **1.** Caractère des choses, des actes clandestins. **2.** État du clandestin. *Vivre dans la clandestinité.* – De *clandestin*.

clanique [klanik] adj. Du clan; relatif à l'organisation en clans d'une société. *Structures sociales claniques.* – De *clan*.

clanisme [klanism] n. m. ETHNOL, SOCIOL Organisation sociale reposant sur le clan. – De *clanique*.

clapet [klapɛ] n. m. TECH Soupape qui ne laisse passer un fluide que dans un sens. ▷ Fig., pop. *Ferme ton clapet! :* tais-toi! – De *clapper*.

clapier [klapje] n. m. **1.** Ensemble des terriers d'une garenne. **2.** Cage à lapins domestiques. *Lapin de clapier.* **3.** Fig., fam. Logement exigu. – Mot provenç., «caillouteux».

clapot [klapo] n. m. MAR Agitation de la mer résultant de la rencontre de vagues ou de houles de directions différentes. – Déverbal de *clapoter*.

clapotement [klapɔtmɑ̃] **clapotis** [klapoti] ou, vieilli, **clapotage** [klapɔtaʒ] n. m. Bruit et mouvement léger que font de petites vagues qui se croisent et s'entrechoquent. – De *clapoter*.

clapoter [klapɔte] v. intr. [1] **1.** (En parlant de vagues légères.) S'entrechoquer avec un bruit caractéristique. **2.** Pop. Mourir. *Le vieux a clapoté.* – De *clapper*.

clapoteux, euse [klapɔtø, øz] adj. Où il y a du clapot. *Mer clapoteuse.* – De *clapot*.

clapotis. V. clapotement.

clappement [klapmɑ̃] n. m. Bruit sec fait en décollant la langue du palais. – De *clapper*.

clapper [klape] v. intr. [1] Faire entendre un clappement. – Rad. onomat.

claquage [klakaʒ] n. m. **1.** Rupture de fibres musculaires à la suite d'un violent effort. **2.** ELECTR Perforation de l'isolant d'un condensateur ou d'un transformateur soumis à un champ électrique trop intense. – De *claquer*.

claquant, ante [klakɑ̃, ɑ̃t] adj. Fam. Fatigant. – Ppr. de *claquer*.

1. claque [klak] n. **I.** n. f. **1.** Coup du plat de la main, gifle. *Recevoir une claque.* – Fam. *Tête à claques :* visage, personne qui agace (que l'on aimerait gifler). **2.** *La claque :* en studio, au théâtre, à l'opéra, groupe de personnes payées pour applaudir le spectacle. *Chef de claque.* **3.** Loc. fam. *En avoir sa claque :* en avoir assez. **4.** Fam. *Prendre ses cliques* et ses claques.* **II.** n. m. *Un chapeau claque* ou, *un claque :* haut-de-forme muni d'un ressort, qui peut s'aplatir. – Déverbal de *claquer*.

2. claque [klak] n. m. Vulg. Maison de tolérance.

claquement [klakmɑ̃] n. m. Bruit de choses qui claquent. – De *claquer*.

claquemurer [klakmyʀe] v. tr. [1] Enfermer dans un endroit étroit. ▷ v. pron. S'enfermer chez soi. – De *claquer*, et *mur*.

claquer [klake] v. [1] **I.** v. intr. **1.** Produire un bruit sec et net. *Claquer des mains.* – *Claquer des dents :* avoir peur, avoir froid, être fiévreux, de telle manière que les dents s'entrechoquent. – Fig., fam. *Claquer du bec :* ne pas manger à sa faim. **2.** Fam. Éclater. *Un joint a claqué.* – Fig. fam. *L'affaire lui a claqué dans les mains*, a raté, échoué. **3.** Pop. Mourir. *La vieille a claqué.* **II.** v. tr. **1.** Gifler (qqn). **2.** Faire claquer. *Claquer les portes.* **3.** Fam. Dépenser, dissiper. *Claquer un argent fou.* **4.** Fam. Fatiguer, épuiser. *Claquer un cheval.* – Pp. adj. *Il est arrivé complètement claqué.* ▷ v. pron. *Il se claque en travaillant la nuit.* **5.** *Se claquer un muscle*, se le froisser par claquage. **6.** ELECTR Produire le claquage de. – Onomat.

claqueter [klakete] ou **claquetter** v. intr. [20] Pousser son cri, en parlant de la cigogne, de la poule qui va pondre. – Dimin. de *claquer*.

claquette [klakɛt] n. f. **1.** Instrument formé de deux lames de bois réunies par une charnière, qui peuvent claquer l'une contre l'autre, pour donner un signal. **2.** (Plur.) Danse rythmée par des coups secs et sonores donnés avec les pieds, de la pointe et du talon, exécutée avec des chaussures dont les semelles sont munies de lames de métal. – De *claquer*.

clarain [klaʀɛ̃] n. m. MINER Constituant de la houille se présentant sous forme de barres à texture granuleuse.

clarifiant, ante [klaʀifjɑ̃, ɑ̃t] adj. et n. m. Qui clarifie; qui sert à clarifier. ▷ n. m. TECH Substance qui sert à clarifier (on dit aussi *clarificateur*). – Ppr. de *clarifier*.

clarification [klaʀifikasjɔ̃] n. f. **1.** Opération par laquelle on sépare d'un liquide les matières étrangères solides qui le troublent. **2.** Fig. Éclaircissement. – De *clarifier*.

clarifier [klaʀifje] v. tr. [2] **1.** Rendre clair (un liquide trouble). *Clarifier du vin.* **2.** Purifier. **3.** Fig. Rendre plus clair. *Clarifier la situation.* – Lat. ecclés. *clarificare*, «glorifier», du lat. *clarus*, «illustre».

clarine [klaʀin] n. f. Clochette pendue au cou des animaux qui paissent en liberté. – De *clair*.

clarinette [klaʀinɛt] n. f. MUS Instrument à vent, généralement en bois, à tube cylindrique, à clés et à anche. – Du provenç. *clarin*, «haut-bois».

clarinettiste [klaʀinetist] n. Instrumentiste qui joue de la clarinette. – De *clarinette*.

clarisse [klaʀis] n. f. Religieuse franciscaine de l'ordre de sainte Claire d'Assise (v. 1194-1253). – De *Clara*, «Claire» en lat.

clarté [klaʀte] n. f. **1.** Lumière largement répandue. *La clarté d'un jour d'été.* **2.** Transparence. *La clarté de l'eau.* ▷ PHYS *Clarté d'un instrument d'optique :* rapport entre l'éclairement de l'image et la luminance de l'objet. **3.** Fig. Qualité de ce qui se comprend facilement. *Écrire avec clarté. Clarté d'esprit.* **4.** Fig., vieilli ou litt. (Surtout au plur.) Vérité éclatante. *Les clartés de la science.* ▷ Connaissance importante. *Avoir des clartés de tout.* – Lat. *claritas*, de *clarus*, «clair».

clash [klaʃ] n. m. (Américanisme) Fam. Heurt brutal, rupture violente. – Mot angl.

classe [klas] n. f. **I. 1.** Groupe de citoyens dans une répartition civile ou politique. *La classe des chevaliers, à Rome.* **2.** Ensemble des personnes appartenant à un même groupe social. *La classe dirigeante.* ▷ *Spécial.* Selon Marx, groupe social défini par sa position et son rôle dans le processus de production. *La lutte des classes. Conscience de classe.* **3.** Ensemble de personnes, de choses, qui possèdent des caractères communs. *Toutes les classes de spectateurs sont touchées par ce film.* **4.** STATIS Ensemble d'éléments qui ont des caractéristiques communes. *Classes d'âge. Classe creuse* : classe d'âge moins nombreuse du fait d'une baisse de la natalité. **5.** SC NAT, BIOL Unité systématique contenue dans l'embranchement et contenant l'ordre. *L'ordre des carnivores fait partie de la classe des mammifères, embranchement des vertébrés.* **6.** Catégorie de fonctionnaires, de militaires. *Un préfet de première classe. Un soldat de deuxième classe.* ▷ Catégorie de places dans les trains, les navires, les avions. *Un billet de première classe.* **7.** *Par ext.* Qualité, valeur. *Un spectacle de classe. De grande classe, de haute classe.* ▷ *Spécial.* Qualité d'un bâtiment, d'un établissement. (Officiellement recommandé pour remplacer *standing*.) **8.** Répartition des élèves dans les établissements scolaires selon leur niveau d'études. *Les classes élémentaires. Redoubler une classe.* ▷ Ensemble des élèves d'une même classe. *Toute la classe a eu congé.* **9.** Enseignement du professeur. *Faire la classe.* **10.** Salle de classe. – *Par ext.* École. Loc. *En classe. Aller en classe.* **11.** Ensemble des jeunes gens nés la même année, appelés au service militaire. *La classe 1980.* ▷ Fam. *Être de la classe*, du contingent prochainement libérable. ▷ (Plur.) Instruction militaire. *Avoir fait ses classes.* **II. 1.** ASTRO *Classe spectrale* : famille d'étoiles dont les spectres présentent des caractères communs. ▷ *Classe de luminosité*, qui caractérise la luminosité d'une étoile (étoile supergéante, géante brillante, géante normale, sous-géante, naine). – PHYS *Classe d'un appareil de mesure* : coefficient qui indique l'erreur maximale qui peut entacher une mesure (donné en centièmes de la valeur maximale de la graduation). **2.** MATH *Classe d'équivalence* : ensemble des éléments d'un ensemble liés à un élément donné de cet ensemble par une relation d'équivalence. ▷ En théorie des probabilités, intervalle entre deux valeurs de la variable aléatoire. – Lat. *classis*.

classement [klasmɑ̃] n. m. **1.** Action de mettre dans un certain ordre; résultat de cette action, de ce travail. *Classement de dossiers. Les élèves étaient soumis à un classement mensuel.* **2.** DR Incorporation d'un bien dans le domaine public. ▷ *Classement sans suite* : décision du ministère public par laquelle il renonce aux poursuites pénales. – De *classer*.

classer [klase] v. tr. [1] **1.** Ranger, distribuer par classes, par catégories. *Classer les plantes.* **2.** Mettre dans un certain ordre. *Classer par ordre alphabétique.* **3.** Attribuer un rang, une catégorie à. *Classer qqn au premier rang.* **4.** Fam. *Classer qqn*, le juger dès le premier contact, ou de manière définitive. **5.** *Classer un monument*, le faire entrer dans la catégorie des monuments historiques protégés par l'État. **6.** Fig. *Classer une affaire*, ne pas lui donner suite. **7.** v. pron. *Se classer parmi* : être dans la catégorie de. *Il se classe parmi les grands spécialistes de cette matière.* – De *classe*.

classeur, euse [klasœʀ, øz] n. **1.** n. m. Portefeuille à compartiments, carton muni d'anneaux ou meuble où l'on classe des papiers. **2.** n. m. ou f. TECH Appareil servant à effectuer un classement. – De *classer*.

classicisme [klasisism] n. m. **1.** Caractère des œuvres artistiques et littéraires de l'Antiquité gréco-romaine ou du XVIIe siècle français. **2.** Caractère de ce qui est conforme à la règle, aux principes, à la mesure. *Le classicisme de ses goûts.* – De *classique*.

ENCYCL Le classicisme apparut en France au XVIIe s. et s'opposa au baroque, comme le néo-classicisme du XIXe s. s'opposera au romantisme. – L'archi. dite classique est princ. fondée sur l'emploi de la ligne droite et de l'angle droit, des courbes régulières, sur l'usage des symétriques (colonnade du Louvre) et des proportions mathématiques. Elle triomphe dans la réalisation, par Le Vau, puis J. Hardouin-Mansart, du chât. de Versailles. La sculpture imite la ronde-bosse gréco-romaine (*Vénus accroupie*, par Coysevox), donne des attitudes simples aux personnages (*Voltaire assis*, de Houdon), souvent vêtus de draperies tombantes (tombeau de Richelieu, par Girardon). – Dans le domaine de la peinture, la beauté classique est inséparable du caractère plan des surfaces : la composition repose sur une opposition rigoureuse des verticales et des horizontales (N. Poussin, Claude Lorrain) qui détermine un système radicalement inverse du mouvement continu que cultive l'art baroque. Le classicisme fut aussi l'idéal esthétique de Le Nain, Philippe de Champaigne, Le Brun, Le Sueur, Jouvenet et Mignard. – En littér., le classicisme, dans son sens le plus étroit, désigne la littér. fr. du XVIIe s., caractérisée par la prédominance d'un idéal de goût et de raison, puisé dans les œuvres des Anciens. Avec Vaugelas, Guez de Balzac, Voiture, la langue riche et chargée du XVIe s. est épurée. L'Académie française, fondée par Richelieu en 1635, commence à codifier grammaticalement le bon langage. Descartes écrit le *Discours de la méthode* (1637). Après Mairet (règle des trois unités), Corneille inaugure le théâtre classique, imité par son frère Thomas et par Rotrou. La doctrine dite de l'*école de 1660*, exprimée par Boileau, impose à la critique littéraire le culte de l'ordre (équilibre de la composition) et de la clarté. Racine, Molière et La Fontaine, chacun avec son originalité propre, portent l'écriture classique à un point de perfection formelle, seulement comparable à la beauté stylistique des deux autres « classiques » de génie : Pascal et Bossuet. L'esprit classique anime aussi de grands mémorialistes (notam. Retz) et de grands moralistes (La Rochefoucauld, La Bruyère). À la fin du siècle, la célèbre *querelle des Anciens et des Modernes* montre que la culture classique se trouve déjà en voie de transformation.

classieux [klasjø] adj. m. Fam. Qui a de la classe. – De *classe* (sens 7).

classificateur, trice [klasifikatœʀ, tʀis] n. et adj. **1.** n. Spécialiste en classification. **2.** adj. Relatif à la classification. *Méthode classificatrice.* – De *classifier*.

classification [klasifikasjɔ̃] n. f. Distribution méthodique par classes, par catégories. *La classification des espèces vivantes* : la systématique. – ASTRO *Classification stellaire*, relative à la lumière des étoiles. – CHIM *Classification périodique des éléments* : classification dans laquelle les éléments sont rangés par numéros atomiques croissants, de façon à faire apparaître dans la même colonne les éléments dont la couche de valence présente la même structure électronique. – De *classifier*.

classificatoire [klasifikatwaʀ] adj. **1.** Qui relève de la classification; qui constitue une classification. **2.** ETHNOL *Parenté classificatoire*, qui ne relève que de la reconnaissance du groupe social. – Du rad. de *classification*.

classifier [klasifje] v. tr. [2] Établir des classifications. – Du lat. *classis*, « classe », et *ficare*, « faire ».

classique [klasik] adj. et n. m. **I.** adj. **1.** Qui fait autorité, en quelque matière que ce soit. *L'ouvrage de ce jurisconsulte est devenu classique.* **2.** Qui est enseigné en classe, à l'école. *Étudier les auteurs classiques.* **3.** Des civilisations grecque et romaine, proposées en modèles. *Langues classiques* : le grec et le latin. *Études classiques.* **4.** LITTER Se dit des écrivains français du XVIIe s. et de leurs œuvres. *Le théâtre classique.* ▷ Qui suit les règles de composition et de style des artistes du XVIIe s. : clarté, mesure, refus du mélange des styles, etc. **5.** MUS *Musique classique*, qui s'est constituée vers le milieu du XVIIIe s. – *Par ext.* Musique des grands compositeurs occidentaux traditionnels (par oppos. à *musique folklorique*, à *musique de variétés*, etc.). **6.** PHYS *Physique classique* : physique macroscopique du continu (par oppos. à *physique quantique* et à *physique relativiste*). **7.** Conforme à la règle, aux principes, à la mesure. *Des vêtements très classiques. S'habiller (en style) classique.* **8.** Fam. Courant, qui se produit habituellement. *On lui a fait le coup classique...* **II.** n. m. **1.** Écrivain classique. *Étudier les classiques.* **2.** Œuvre classique. *Des classiques en format de poche.* **3.** *Par ext.* Œuvre d'une grande notoriété, qui sert de référence, de modèle. *Ce film est un classique de la comédie musicale.* ▷ Exemple type. *Gravir ce sommet est un classique de l'ascension.* **4.** Musique classique. *Elle préfère le classique aux variétés.* – Du lat. *classicus,* «de première classe».

classiquement [klasikmɑ̃] adv. D'une façon classique. – De *classique.*

clastique [klastik] adj. **1.** GEOL Se dit des roches composées d'éléments grossiers provenant de l'érosion physique de roches préexistantes (ex. : une brèche). **2.** ANAT Se dit des pièces anatomiques artificielles démontables. **3.** PSYCHO et PSYCHIAT *Crise clastique* : accès coléreux pendant lequel le malade brise des objets. – Du gr. *klastos,* «brisé».

clathre [klatʀ] n. m. BOT Champignon basidiomycète non comestible dont le carpophore rouge vif est en forme de sphère ajourée ou d'étoile. – Du lat. sav., de *clatri,* «barreaux».

claudicant, ante [klodikɑ̃, ɑ̃t] adj. Litt. Boiteux. *Une silhouette claudicante.* – Ppr. de *claudiquer.*

claudication [klodikasjɔ̃] n. f. Litt. Fait de boiter. – Lat. *claudicatio,* de *claudus,* «boiteux».

claudiquer [klodike] v. intr. [1] Litt. Boiter. *Il s'avança en claudiquant.* – Lat. *claudicare.*

clause [kloz] n. f. Disposition particulière faisant partie d'un traité, d'un édit, d'un contrat, ou de tout autre acte, soit public, soit privé. ▷ *Clause de style,* qu'il est d'usage d'insérer dans les contrats de même nature ; fig., disposition sans importance, uniquement formelle. – Bas lat. *clausa,* de *claudere,* «clore».

claustra [klostʀa] n. m. ARCHI Paroi ajourée typique de certaines architectures méditerranéennes. – Paroi ajourée utilisée en architecture intérieure. *Des claustra(s).* – Lat. *claustra,* «barrière, clôture».

claustral, ale, aux [klostʀal, o] adj. Qui a rapport à un cloître, à un monastère. *Discipline claustrale.* – Lat. médiév. *claustralis,* de *claustrum,* «cloître».

claustration [klostʀasjɔ̃] n. f. État d'une personne enfermée dans un lieu clos. *Une claustration volontaire.* – Du lat. *claustra,* «clôture».

claustre [klostʀ] n. m. CONSTR Élément préfabriqué permettant de constituer une paroi ajourée pour clore un local qui doit être ventilé naturellement. ▷ *Par ext.* Cette paroi elle-même. – Lat. *claustrum,* «clôture».

claustrer [klostʀe] v. tr. [1] (Rare à l'inf.) Enfermer (qqn). – Pp. adj. *Cette vieille dame reste claustrée chez elle.* ▷ v. pron. S'enfermer. – Fig. *Se claustrer dans le silence.* – De *claustral,* ou lat. *claustrare.*

claustrophobe [klostʀɔfɔb] adj. et n. Atteint de claustrophobie. – De *claustrophobie.*

claustrophobie [klostʀɔfɔbi] n. f. Angoisse éprouvée dans un lieu clos. – De *claustrer,* et *-phobie.*

clausule [klozyl] n. f. RHET Vers final d'une strophe. – Dernier membre d'une période oratoire, d'un vers. – Lat. *clausula.*

clavaire [klavɛʀ] n. f. BOT Champignon basidiomycète (genre *Clavaria*) en forme de touffe rameuse érigée (comestible ou toxique selon l'espèce). – Du lat. *clava,* «massue».

1. claveau [klavo] n. m. ARCHI Pierre taillée en forme de coin, élément de l'appareil* d'un arc, d'une voûte. – Lat. *clavellus,* dimin. de *clavis,* «clé».

2. claveau [klavo] n. m. MED VET **1.** Clavelée. **2.** Virus de la clavelée. – Du bas lat. *clavellus,* «pustule».

clavecin [klavsɛ̃] n. m. MUS Instrument à cordes pincées et à clavier. *Le piano a succédé au clavecin à la fin du XVIII*[e] *s.* – Du lat. *clavis,* «clé», et *cymbalum,* «cymbale».

claveciniste [klavsinist] n. Musicien, musicienne qui joue du clavecin. – De *clavecin.*

clavelée [klavle] n. f. MED VET Maladie des ovins, proche de la variole et très contagieuse. Syn. claveau. – Du bas lat. *clavellus,* «pustule».

clavetage [klavtaʒ] n. m. TECH Action de mettre une clavette, de fixer par clavette ; son résultat. – De *claveter.*

claveter ou **clavetter** [klavte] v. tr. [20] et [1] Assembler avec une, des clavettes. – De *clavette.*

clavette [klavɛt] n. f. Cheville, goupille destinée à assembler deux pièces. – De *clé.*

clavicorde [klavikɔʀd] n. m. MUS Instrument à cordes frappées et à clavier, ancêtre du piano. – Lat. *clavis,* «clé», et *cordium,* «corde».

claviculaire [klavikylɛʀ] adj. De la clavicule. – De *clavicule.*

clavicule [klavikyl] n. f. Os pair, en forme de S allongé, qui s'articule avec le sternum et l'omoplate. – Du lat. *clavicula,* «petite clé».

clavier [klavje] n. m. **1.** Ensemble des touches d'un orgue, d'un piano, d'un clavecin, etc. – *Par ext.* Ensemble des touches d'une machine à écrire, à calculer, d'une linotype, d'un ordinateur, etc. *Taper à la machine sans regarder le clavier.* **2.** Fig. Étendue des possibilités d'une personne. *Ce romancier possède un clavier un peu restreint.* – Du lat. *clavis,* «clé».

claviste [klavist] n. TECH Personne qui compose des textes d'imprimerie en actionnant un clavier. – Du lat. *clavis,* «clé».

clayère [kle(ɛ)jɛʀ] n. f. Parc à huîtres. – De *claie.*

clayette [klɛjɛt] n. f. **1.** Petite claie. V. clayon. – *Par ext.* Dans un réfrigérateur, étagère amovible à claire-voie. **2.** Emballage à claire-voie servant au transport des denrées périssables. – De *claie.*

claymore [kle(ɛ)mɔʀ] n. f. HIST Épée écossaise à lame longue et large. – Mot angl.

clayon [klɛjɔ̃] n. m. **1.** Petite claie qui sert à faire égoutter les fromages, sécher des fruits. – Petite claie ronde sur laquelle les pâtissiers portent des gâteaux. **2.** Élément de clôture. – De *claie.*

clayonnage [klɛjɔnaʒ] n. m. **1.** Assemblage de pieux, de branchages, soutenant des terres. **2.** Construction d'un tel assemblage. – De *clayon.*

clayonner [klɛjɔne] v. tr. [1] Garnir d'un clayonnage. – De *clayon.*

clé ou **clef** [kle] n. f. **I.** Instrument servant à ouvrir. **1.** Instrument de métal constitué d'une tige, d'un panneton* et d'une partie plus large permettant la prise, destiné à faire fonctionner une serrure. *Donner un tour de clé. Clé forée,* dont la tige est creuse (par oppos. à *clé bénarde*). *Clé de contact d'une automobile,* qui établit le contact pour faire démarrer le moteur. ▷ Fig. *Mettre la clé sous la porte* : s'esquiver, quitter discrètement un lieu ; faire faillite. ▷ *Sous clé* : dans un lieu, un meuble fermé à clé. ▷ *Livrer une installation clés en main,* la livrer complète, en état de fonctionnement. **2.** Loc. fig. *Prendre la clé des champs* : s'enfuir. **3.** RELIG CATHOL *Les clés de saint Pierre* : l'autorité du pape. *Les clés du royaume* : les clefs qui, symboliquement, représentent l'accès au Paradis. **4.** Ce qui permet d'entrer quelque part, d'accéder à qqch.

Cette place forte est la clé de la région. **5.** Ce dont dépend, ce qui conditionne le fonctionnement de qqch. – En appos. *Des industries clés,* essentielles pour l'économie. **6.** Ce qui permet de comprendre, d'interpréter. *La clé d'un code secret, d'un système, d'une affaire compliquée. Un roman à clé(s),* comportant des allusions à des personnes, à des faits réels. **7.** MUS Signe placé au commencement de la portée pour fixer la hauteur des notes dans l'échelle musicale. *La clé de sol, de fa, d'ut. Un bémol à la clé.* ▷ Loc. fig. *À la clé :* avec pour résultat, pour enjeu. *Il y a une récompense à la clé.* **II. 1.** Outil qui sert à visser, à serrer les écrous. *Clé anglaise, clé à molette.* **2.** ARCHI *Clé de voûte :* pierre en forme de coin qui, placée au sommet de l'arc ou de la voûte, maintient les autres pierres. – Fig. *Cet homme est la clé de voûte de cette organisation.* **3.** MUS Ce qui commande les trous du tuyau d'un instrument à vent. **4.** SPORT Prise immobilisante de judo ou de lutte. – Lat. *clavis.*

clearance. V. clairance.

clearing [kliʀiŋ] n. m. ECON POLIT *Accord de clearing :* accord international visant à un règlement financier par compensation. – Mot angl., « compensation ».

clébard [klebaʀ] ou **clebs** ou **klebs** [klɛps] n. m. Pop. Chien. – De l'ar. class. *kalb,* « chien ».

clématite [klematit] n. f. Liane grimpante (genre *Clematis,* fam. renonculacées). (*Clematis vitalba,* la vigne blanche, garnit en hiver les haies d'Europe de ses houppettes de fruits à aigrettes soyeuses. Il existe de nombr. variétés ornementales.) – Gr. *klêmatitis,* de *klêma, klêmatos,* « sarment ».

clémence [klemɑ̃s] n. f. **1.** Litt. Vertu qui consiste à pardonner les offenses, à modérer les châtiments des fautes que l'on punit. *Faire appel à la clémence de la cour.* **2.** Fig. (En parlant de la température, du temps, du climat.) Douceur. – Lat. *clementia.*

clément, ente [klemɑ̃, ɑ̃t] adj. **1.** Indulgent, porté à la clémence. *Un juge clément.* **2.** Fig. (En parlant de la température, du climat.) Doux, peu rigoureux. *L'hiver a été clément.* – Lat. *clemens.*

clémentine [klemɑ̃tin] n. f. Fruit de l'hybride de l'oranger doux (*Citrus sinensis*) et du mandarinier (*Citrus nobilis*). – Du nom du père *Clément* qui l'obtint le premier en Oranie à la fin du XIXe s.

clenche [klɑ̃ʃ] ou **clenchette** [klɑ̃ʃɛt] n. f. Pièce principale d'un loquet de porte, qui tient la porte fermée en s'insérant dans le mentonnet. – Du frq. **klinka,* « levier qui oscille ».

clephte ou **klephte** [klɛft] n. m. Nom donné en Grèce, au temps de la lutte contre la domination turque (1821), à des montagnards insoumis, mi-insurgés, mi-brigands. – Gr. *klephtês, kleptês,* « voleur ».

clepsydre [klɛpsidʀ] n. f. Horloge à eau des Anciens. – Lat. *clepsydra,* gr. *klepsydra,* « qui vole l'eau ».

cleptomane, cleptomanie. V. kleptomane, kleptomanie.

clerc [klɛʀ] n. m. **1.** Celui qui est entré dans l'état ecclésiastique en recevant la tonsure. **2.** Vx ou plaisant Personne lettrée. *Habile homme et grand clerc.* **3.** Employé d'une étude de notaire, d'huissier. *Clerc de notaire. Premier clerc.* **4.** Loc. fig. *Un pas de clerc :* une faute commise dans une affaire par inexpérience, par étourderie. – Lat. ecclés. *clericus.*

clergé [klɛʀʒe] n. m. Ensemble des ecclésiastiques attachés à une paroisse, à une ville, à un pays, à une Église. – Du lat. ecclés. *clericatus.*

ENCYCL Dans l'Église catholique, on distingue le clergé *régulier* (membres des congrégations religieuses qui obéissent à une *règle*) du clergé *séculier* (clercs qui vivent dans le *siècle,* sans appartenir à un ordre religieux); on désigne parfois du nom de *bas clergé* l'ensemble des prêtres exerçant un ministère paroissial, et du nom de *haut clergé* l'épiscopat. L'organisation du clergé est différente dans les Églises orthodoxe et réformée.

clergie [klɛʀʒi] n. f. **1.** Vx Condition des clercs. **2.** HIST *Bénéfice de clergie :* privilège établi en faveur des clercs, qui ne relevaient pas de la justice séculière. – De *clerc.*

clergyman, men [klɛʀʒiman, mɛn] n. m. Ministre du culte dans l'Église anglicane. – Mot angl.

clérical, ale, aux [kleʀikal, o] adj. **1.** Qui concerne le clergé. **2.** Qui concerne le cléricalisme. *Une faction cléricale.* – Lat. *clericalis.*

cléricalisme [kleʀikalism] n. m. Attitude, opinion des partisans d'une participation active du clergé à la vie politique. – De *clérical.*

cléricature [kleʀikatyʀ] n. f. État, condition, corps des clercs, des ecclésiastiques. – Lat. *clericatus.*

clérouchie [kleʀuʃi] ou **clérouquie** [kleʀuki] n. f. ANTIQ Colonie d'Athènes. – Gr. *klêroukhos,* de *klêros,* « parcelle », et *ekhein,* « posséder ».

1. clic ! interj. Onomatopée imitant un petit claquement bref et sec.

2. clic ou **click** [klik] n. m. PHON Son produit « en créant un vide à quelque point du chenal expiratoire en écartant les organes entre deux points où se maintient la fermeture ». « *Dans certaines langues... les clics représentent des consonnes normales combinables avec les voyelles* » (Martinet). – Onomat.

clichage [kliʃaʒ] n. m. IMPRIM **1.** Action de clicher. **2.** Préparation des clichés. – De *clicher.*

cliché [kliʃe] n. m. **1.** IMPRIM Plaque sur laquelle apparaissent en relief les éléments d'une composition typographique (texte et illustrations) et qui en permet le tirage. **2.** PHOTO Plaque ou pellicule impressionnée par la lumière et constituant l'épreuve. **3.** Fig., péjor. Idée, phrase toute faite et banale que l'on répète. *Un vieux cliché. Des clichés rebattus.* – Pp. de *clicher.*

clicher [kliʃe] v. tr. [1] IMPRIM Couler un métal en fusion dans l'empreinte (d'une ou plusieurs pages composées). – De *clic,* onomatopée.

clicherie [kliʃʀi] n. f. IMPRIM Atelier où sont préparés les clichés. – De *cliché.*

clicheur [kliʃœʀ] n. m. IMPRIM Ouvrier affecté à la préparation des clichés. – De *clicher.*

click. V. clic 2.

client, ente [klijɑ̃, ɑ̃t] n. (et adj.)**1.** Personne qui achète qqch à un commerçant. *Vendeur qui sert un client, dans un magasin.* ▷ Personne qui se fournit habituellement chez un commerçant. *C'est mon meilleur client.* ▷ ECON Acheteur. *L'Allemagne est un client de la France.* – adj. *Les organismes clients d'un producteur.* **2.** Personne qui sollicite des services contre paiement. *Clients d'un médecin, d'un avocat, d'une agence de publicité.* **3.** ANTIQ ROM Plébéien qui se mettait sous la protection d'un patricien (le *patron*) en lui abandonnant une partie de ses droits civils et politiques. – Lat. *cliens, clientis.*

clientèle [klijɑ̃tɛl] n. f. **1.** Ensemble des clients d'un commerçant, d'un avocat, d'un médecin, etc. **2.** Habitude d'un particulier de s'adresser à un fournisseur déterminé. *Ce magasin n'aura plus ma clientèle.* **3.** ANTIQ ROM Ensemble des clients d'un patricien. ▷ *Par anal.,* mod. Ensemble de personnes qui soutiennent un homme ou un parti politique. – Lat. *clientela.*

clientélisme [klijɑ̃telism] n. m. Péjor. Fait, pour un homme ou un parti politique, de chercher à élargir sa clientèle par des moyens démagogiques. – De *clientèle.*

clignement [kliɲmɑ] n. m. Action de cligner les yeux. – De *cligner.*

cligner [kliɲe] v. tr. [1] **1.** *Cligner les yeux,* les fermer à demi pour diminuer le champ visuel. **2.** Fermer et ouvrir rapidement (les yeux). *La fumée lui fait cligner les yeux.* **3.** v. tr. ind. *Cligner de l'œil :* faire signe en fermant rapidement la paupière. – P.-ê. du bas lat. **cludiniare,* de *cludere,* « fermer ».

clignotant, ante [kliɲɔtɑ̃, ɑ̃t] adj. et n. m. **1.** adj. Qui clignote. *Des feux clignotants.* **2.** n. m. AUTO Feu indicateur de changement de direction, s'allumant et s'éteignant alternativement. *Mettre son clignotant avant de tourner.* – Ppr. de *clignoter.*

clignotement [kliɲɔtmɑ̃] n. m. **1.** Mouvement convulsif des paupières. **2.** Fait de s'allumer et de s'éteindre alternativement. – De *clignoter.*

clignoter [kliɲɔte] v. intr. [1] **1.** Cligner fréquemment; remuer convulsivement les paupières. *Ses yeux ne cessent de clignoter. Clignoter des yeux.* **2.** (En parlant d'une lumière.) S'allumer et s'éteindre alternativement. – De *cligner.*

climat [klima] n. m. **1.** Ensemble des éléments qui caractérisent l'état moyen de l'atmosphère dans une région déterminée. *Climat équatorial, tropical, tempéré. Climat pluvieux, sec. Climat vivifiant, malsain.* **2.** Vieilli Pays, contrée caractérisés par un climat. *Connaître tous les climats.* **3.** Fig. Atmosphère, ambiance. *Un climat joyeux, sympathique. Climat social.* – Lat. *clima, climatis;* gr. *klima,* « inclinaison (d'un point de la Terre par rapport au Soleil) », puis « région ».

climatérique [klimateʀik] adj. et n. f. **1.** *Année climatérique :* pour les Anciens, chacune des années de la vie multiples de sept ou de neuf, considérées comme critiques. ▷ n. f. *La climatérique, la grande climatérique :* la soixante-troisième (7 x 9) année. **2.** Vx Climatique. – Gr. *klimaktêrikos,* de *klimaktêr,* « échelon ».

climatique [klimatik] adj. Qui se rapporte au climat, à ses effets. *Conditions climatiques.* ▷ *Station climatique :* lieu dont le climat est propice au traitement de certaines maladies. – De *climat.*

climatisation [klimatizasjɔ̃] n. f. Création ou maintien, dans un local, de conditions déterminées de température, d'humidité relative et de pureté de l'air. – De *climatiser.*

climatisé, ée [klimatize] adj. Maintenu à une température donnée, à l'aide d'un dispositif de climatisation, en parlant d'un lieu. *Salle climatisée.* – Pp. de *climatiser.*

climatiser [klimatize] v. tr. [1] Installer ou faire fonctionner un dispositif de climatisation. – De *climat.*

climatiseur [klimatizœʀ] n. m. Appareil destiné à assurer une climatisation. – De *climatiser.*

climatisme [klimatism] n. m. Ensemble de ce qui concerne les stations climatiques : organisation, hygiène, aménagements particuliers. – De *climat.*

climatologie [klimatɔlɔʒi] n. f. Étude des éléments du climat. - *Climatologie médicale :* étude de l'action des différents climats sur l'organisme. – De *climat,* et *-logie.*

climatologique [klimatɔlɔʒik] adj. Qui se rapporte à la climatologie. – De *climatologie.*

climatothérapie [klimatɔteʀapi] n. f. MED Utilisation à des fins thérapeutiques des propriétés des différents climats. – De *climat,* et *-thérapie.*

climax [klimaks] n. m. BOT, ECOL Stade évolutif final, en équilibre avec le climat, du peuplement végétal naturel d'un lieu. *En France, au nord de la Loire, le climax est la forêt d'arbres à feuilles caduques.* – Gr. *klimax,* « échelle ».

clin (à) [aklɛ̃] loc. adv. MAR *Embarcation bordée à clin,* dont les bordages se recouvrent les uns les autres comme les ardoises d'un toit. – Du lat. *clinare,* « incliner ».

clin d'œil [klɛ̃dœj] n. m. **1.** Signe de l'œil que l'on fait discrètement à qqn en fermant rapidement une paupière. *Faire un clin d'œil complice à qqn.* ▷ Fig. Allusion plaisante. *Les clins d'œil qu'un auteur adresse au spectateur, au lecteur.* **2.** Fig. *En un clin d'œil :* en très peu de temps. – De *cligner,* et *œil.*

clinfoc [klɛ̃fɔk] n. m. MAR Foc léger à l'extrémité du bout-dehors du beaupré. – All. *klein Fock,* « petit foc ».

clinicat [klinika] n. m. Fonction et rang de chef de clinique, dans un établissement hospitalier. – De *clinique.*

clinicien, enne [klinisjɛ̃, ɛn] adj. *Médecin clinicien* ou, subst., *clinicien,* qui pratique la médecine clinique. – De *clinique.*

clinique [klinik] adj. et n. f. **I. 1.** adj. Qui est effectué auprès du malade, sans utiliser d'appareils et sans recourir aux examens de laboratoire. *Leçons, observations cliniques. Signe clinique,* qui est décelé au simple examen. **2.** n. f. Partie de l'enseignement médical dispensée au chevet des malades d'un service hospitalier; somme des connaissances acquises de cette façon. **II.** n. f. **1.** Service hospitalier dans lequel on donne l'enseignement clinique. *Chef de clinique :* dans le système hospitalier, grade concernant les médecins, supérieur à celui d'interne et qui correspond à une fonction dans un service et à un rôle d'enseignant. **2.** Établissement de soins médicaux, public ou privé. – Gr. *klinikos,* par le lat.

cliniquement [klinikmɑ̃] adv. Sur le plan clinique. *Il est cliniquement mort.* – De *clinique.*

clinker [klɛ̃kɛʀ] n. m. TECH Nodule obtenu dans un four rotatif. *Le broyage des clinkers donne le ciment.* – Mot angl., « scorie ».

clino-. Élément, du gr. *klinein,* « être couché, penché ».

clinomètre [klinɔmɛtʀ] n. m. TECH Instrument servant à mesurer les inclinaisons sur l'horizontale. – De *clino-,* et *-mètre.*

clinquant, ante [klɛ̃kɑ̃, ɑ̃t] n. m. et adj. **I.** n. m. **1.** Lamelle d'or, d'argent, rehaussant les broderies. **2.** Mauvaise imitation de matières précieuses. *Une bague voyante en clinquant.* **3.** Fig. Faux brillant, éclat artificiel. *Le clinquant d'un discours.* **II.** adj. Qui brille d'un éclat tapageur, correspondant à un objet de peu de qualité. *Verroterie clinquante.* – Ppr. de l'anc. v. *clinquer, cliquer,* « faire du bruit ».

1. clip [klip] n. m. Bijou monté sur une pince à ressort. (On dit aussi *clips* [klips].) – Mot angl., « pince, agrafe ».

2. clip [klip] n. m. Court-métrage cinématographique ou vidéo conçu dans un but promotionnel. – Mot amér.

clipper [klipœʀ] n. m. MAR Navire à voiles, long-courrier rapide et de fort tonnage, utilisé dans la seconde moitié du XIXe s. et au début du XXe s. – Mot angl.

clique [klik] n. f. **1.** Péjor. Groupe, coterie. *Clique de politiciens véreux.* **2.** MILIT Ensemble des tambours et des clairons d'un régiment. **3.** SOCIOL Groupe de personnes liées par des obligations mutuelles. – De l'a. fr. *cliquer,* « faire du bruit ».

cliquer [klike] v. intr. [1] INFORM Appuyer sur la touche d'une souris (sens 5). – Rad. onomat. *clic.*

cliques [klik] n. f. pl. Loc. fam. *Prendre ses cliques et ses claques :* déguerpir, filer en emportant ce que l'on possède. – Mot rég., « jambes », d'apr. les onomat. *clic* et *clac.*

cliquet [klikɛ] n. m. TECH Pièce mobile qui, butant contre une roue dentée, ne permet à celle-ci qu'un sens de rotation. – Anc. fr. *cliquer,* « faire du bruit ».

cliqueter [klikte] v. intr. [20] Produire un cliquetis. *Les pièces qu'il avait dans son sac cliquetaient quand il marchait.* – Anc. fr. *cliquer,* «faire du bruit».

cliquetis [klikti] n. m. Bruit sec et léger que font certains corps sonores qui s'entrechoquent. *Le cliquetis des couverts sur les assiettes.* – De *cliqueter.*

clissage [klisaʒ] n. m. Action de clisser. – De *clisser.*

clisse [klis] n. f. **1.** Claie d'osier pour égoutter les fromages. **2.** Enveloppe d'osier tressé, pour protéger les bouteilles. – P.-ê. de *claie,* et *éclisse.*

clisser [klise] v. tr. [1] Envelopper d'une clisse. - Pp. adj. *Bouteille clissée.* – De *clisse.*

clitocybe [klitɔsib] n. m. Champignon basidiomycète à chapeau concave, à lamelles et spores blanches (nombr. espèces toxiques). – Gr. *klitos,* «incliné», et *kubê,* «tête».

clitoridectomie [klitɔʀidɛktɔmi] n. f. CHIR Ablation du clitoris. – De *clitoris,* et *-ectomie.*

clitoridien, enne [klitɔʀidjɛ̃, ɛn] adj. Qui concerne le clitoris. – De *clitoris.*

clitoris [klitɔʀis] n. m. ANAT Petit organe érectile situé à la partie antérieure de la vulve. – Gr. *kleitoris.*

clivable [klivabl] adj. Qui peut être clivé. – De *cliver.*

clivage [klivaʒ] n. m. **1.** Action et art de cliver; propriété que possèdent certains minéraux de se fracturer suivant des plans (*plans de clivages*), plus aisément que suivant d'autres. **2.** Fig., cour. Division, séparation. *Il y a eu un clivage au sein de ce parti politique.* – De *cliver.*

cliver [klive] v. tr. [1] Fendre un minéral (partic. un diamant) en suivant l'organisation de ses couches, ou de sa symétrie. ▷ v. pron. Se fendre. – Néerl. *klieven,* «fendre».

clivia [klivia] n. m. BOT Plante ornementale d'Afrique du Sud (fam. amaryllidacées), aux feuilles en ruban, portant une hampe florale généralement rouge orangé.

cloaca maxima [klɔakamaksima] n. f. Grand égout de l'ancienne Rome, attribué à Tarquin l'Ancien. – Mots lat., «le grand cloaque» de Rome.

cloaque [klɔak] n. m. **1.** Lieu servant de dépôt d'immondices. - *Par ext.* Endroit malpropre, malsain. *Cette ruelle est un vrai cloaque.* **2.** ZOOL Cavité qui, chez de nombreux animaux (notam. les oiseaux), sert de débouché commun aux voies intestinales, urinaires et génitales. – Lat. *cloaca.*

clochard, arde [klɔʃaʀ, aʀd] n. Personne sans domicile et sans travail, menant une vie misérable en marge de la société. – De *clocher* 2.

clochardisation [klɔʃaʀdizasjɔ̃] n. f. Passage à l'état de clochard, réduction à des conditions de vie misérables d'une personne, d'un groupe social. – De *clochard.*

clochardiser [klɔʃaʀdize] v. intr. [1] Réduire à l'état de clochard. ▷ v. pron. *S'il ne retrouve pas un emploi, il risque de se clochardiser.* – De *clochard.*

1. cloche [klɔʃ] n. f. **1.** Instrument sonore de métal, en forme de vase renversé, muni d'un battant (à l'intérieur) ou d'un marteau (à l'extérieur) qui le met en vibration. *Sonner les cloches à toute volée. Les cloches de l'église, annonçant les cérémonies.* **2.** Loc. fig. *Entendre un autre son de cloche,* une version différente du même récit. ▷ Fam. *Sonner les cloches à qqn,* le réprimander sévèrement. ▷ *Déménager à la cloche de bois,* en cachette (pour ne pas payer le loyer). **3.** (En appos.) *Jupe cloche,* évasée vers le bas. - *Chapeau cloche* ou *cloche :* chapeau de femme en forme de cloche. **4.** Ustensile en forme de cloche, servant à couvrir, à protéger. *Cloche à fromage(s). Cloche à melon,* qu'on place sur des melons ou des plantes fragiles pour les protéger du froid. **5.** Anc. *Cloche à plongeur* ou *à plongée :* appareil en forme de cloche, descendu verticalement dans l'eau et entraînant une certaine quantité d'air avec lui, qui permet à celui qui s'y abritait de respirer. – Bas lat. *clocca,* mot celt. d'Irlande.

2. cloche [klɔʃ] n. f. **1.** Fam. Personne stupide, sotte, incapable. *Tu es une vraie cloche.* ▷ adj. *Ce qu'il peut être cloche !* ▷ Loc. *C'est cloche :* c'est fâcheux, dommage. **2.** Pop. Clochard. - *La cloche :* le monde des miséreux, des clochards. *Être de la cloche.* – De *clocher* 2, avec infl. de *cloche* 1.

cloche-pied (à) [aklɔʃpje] loc. adv. Sur un seul pied portant à terre. *Sauter à cloche-pied.* – De *clocher* 2, et *pied.*

1. clocher [klɔʃe] n. m. **1.** Construction élevée au-dessus d'une église et dans laquelle sont suspendues les cloches. **2.** *Par ext.* Paroisse, pays natal. *N'avoir jamais quitté son clocher.* - *Intérêts, rivalités de clocher,* qui n'intéressent qu'une localité, qu'une région restreinte. *Esprit de clocher.* – De *cloche* 1.

2. clocher [klɔʃe] v. intr. [1] **1.** Vx Boiter. **2.** Fig., fam. Être défectueux. *Quelque chose qui cloche dans un raisonnement.* – Du lat. pop. *cloppicare,* de *cloppus,* «boiteux».

clocheton [klɔʃtɔ̃] n. m. Petit clocher ou ornement en forme de clocher. – Dimin. de *clocher.*

clochette [klɔʃɛt] n. f. **1.** Petite cloche. **2.** Fleur en forme de petite cloche. – Dimin. de *cloche.*

clodo ou **clodot** [klɔdo] n. Pop. Clochard. – Déformation arg. de *clochard.*

cloison [klwazɔ̃] n. f. **1.** Mur peu épais séparant deux pièces d'une habitation. **2.** ANAT Ce qui divise une cavité, ou sépare une cavité d'une autre. *Cloison nasale. Cloison des ventricules du cœur.* ▷ BOT Membrane de séparation à l'intérieur d'une cavité ou dans une masse charnue. **3.** MAR *Cloisons étanches :* cloisons métalliques qui divisent l'intérieur d'un navire en compartiments indépendants, et qui permettent de circonscrire un éventuel envahissement des eaux. - Fig. *Cloison étanche entre deux services administratifs.* – Lat. pop. **clausio, clausionis,* de *clausus,* «clos».

cloisonnage [klwazɔnaʒ] n. m. Action de cloisonner; son résultat. – De *cloisonner.*

cloisonné, ée [klwazɔne] adj. et n. m. **1.** Divisé par des cloisons, séparé en compartiments. *Hangar cloisonné.* **2.** BX-A *Émaux cloisonnés,* dont l'émail est coulé entre des bandes de métal soudées sur le fond et qui y forment un dessin. - n. m. *Un cloisonné.* – Pp. de *cloisonner.*

cloisonnement [klwazɔnmɑ̃] n. m. **1.** Ensemble de cloisons; leur disposition. **2.** Fig. État de ce qui est cloisonné; séparation, division. *Le cloisonnement entre les disciplines scolaires.* – De *cloisonner.*

cloisonner [klwazɔne] v. tr. [1] Séparer par des cloisons. – De *cloison.*

cloître [klwɑtʀ] n. m. **1.** Partie d'un monastère interdite aux laïcs, d'où les religieux ne sortent pas. **2.** *Par ext.* Monastère, abbaye. **3.** *Le cloître :* la vie conventuelle. *Les rigueurs du cloître.* **4.** Galerie intérieure couverte, entourant une cour ou un jardin, dans un monastère ou contiguë à une cathédrale, une collégiale. *Cloître gothique.* – Lat. *claustrum,* «enceinte».

cloîtré, ée [klwatʀe] adj. Qui vit dans un cloître (sens 1). *Religieuses cloîtrées.* - *Monastère cloîtré,* de l'enceinte duquel les religieux ne sortent pas. – Pp. de *cloîtrer.*

cloîtrer [klwatʀe] v. [1] **1.** v. tr. Soumettre à la règle de la clôture (sens 2). ▷ v. pron. Se retirer dans un cloître. **2.** Fig., cour. Enfermer (qqn). ▷ v. pron. Mener une vie très retirée. - *Se cloîtrer chez soi,* s'y enfermer. – De *cloître.*

clonage [klonaʒ] n. m. BIOL Technique consistant à développer une lignée (clone) de cellules à partir d'une cellule unique qui présente des caractéristiques intéressantes et qu'on isole après une sélection très stricte. – De *clone.*

clone [klo(ɔ)n] n. m. **1.** BIOL Ensemble des cellules (et, par ext., culture, tissu et même organisme) dérivant d'une seule cellule initiale dont elles sont la copie exacte. ▷ Fig. Réplique, copie exacte. **2.** INFORM Ordinateur compatible avec tout le matériel et les logiciels d'un ordinateur d'un autre modèle donné. – Gr. *klôn,* « jeune pousse ».

cloner [klɔne] v. tr. [1] BIOL Effectuer un clonage. – De *clone,* avec infl. de l'angl. *to clone.*

clonique [klo(ɔ)nik] adj. MED Se dit de convulsions consistant en contractions musculaires rapides et désordonnées. – Du gr. *klonos,* « agitation ».

clope [klɔp] n. m. ou f. Arg. Mégot; cigarette.

clopin-clopant [klɔpɛ̃klɔpɑ̃] loc. adv. Fam. En clopinant. – De l'anc. v. *cloper,* « boiter ».

clopiner [klɔpine] v. intr. [1] Marcher avec peine, en boitant. – De l'a. fr. *clopin,* « boiteux ».

clopinettes [klɔpinɛt] n. f. pl. (En loc.) Pop. *Des clopinettes :* rien. *Travailler pour des clopinettes.* – De *clope.*

cloporte [klɔpɔʀt] n. m. Crustacé isopode terrestre vivant dans les lieux humides et sombres, sous les pierres, etc.

cloque [klɔk] n. f. **1.** Gonflement de l'épiderme provoqué par un épanchement de sérosité, consécutif à une brûlure, une piqûre d'insecte, etc. **2.** HORTIC Maladie cryptogamique du pêcher et de l'amandier, due à *Taplirina deformans* (ascomycète), qui se traduit par des déformations des feuilles. – Forme picarde de *cloche,* « bulle ».

cloqué, ée [klɔke] adj. **1.** Boursouflé, en parlant d'une matière en couche mince. – *Tissu cloqué :* gaufré. **2.** HORTIC Attaqué par la cloque. – Pp. de *cloquer.*

cloquer [klɔke] v. [1] **1.** v. intr. Se boursoufler. *Couche de peinture qui cloque.* **2.** v. tr. *Cloquer un tissu,* le gaufrer. – De *cloque.*

clore [klɔʀ] v. tr. [79] **1.** Vieilli ou litt. Fermer complètement, boucher, obstruer (un passage). *Clore un conduit.* **2.** Vieilli Enclore. *Clore un jardin, un pré.* **3.** Arrêter, terminer ou déclarer terminé. *Clore une opération commerciale, un débat.* – Du lat. *claudere.*

1. clos, close [klo, kloz] adj. **1.** Fermé. *Trouver porte close.* ▷ Anc. *Champ clos :* champ entouré de barrières destiné aux tournois, aux duels. ▷ DR *À huis clos :* V. huis. ▷ *Maison close :* établissement où s'exerçait la prostitution. ▷ Loc. *En vase clos :* sans contact avec le monde extérieur, isolé, confiné. *Vivre en vase clos. Économie en vase clos.* ▷ Litt. *Nuit close :* pleine nuit. **2.** Terminé, achevé. *L'incident est clos.* – De *clore.*

2. clos [klo] n. m. Terrain cultivé entouré d'une clôture. – *Spécial.* Vignoble délimité. – Pp. subst. de *clore.*

close-combat [klozkɔ̃ba] n. m. MILIT Technique d'attaque et de défense pour le combat rapproché, au corps à corps. – Mot angl., de *close,* « proche », et *combat.*

closerie n. f. **1.** Petite exploitation rurale close; petit clos avec une maison d'habitation. **2.** Anc. À Paris, jardin réservé à des divertissements publics. – De *clos.*

clôture [klotyʀ] n. f. **1.** Ce qui enclôt un espace. *Mur de clôture d'un parc. Une clôture en bois.* **2.** Enceinte d'un couvent cloîtré. – Fig. Obligation faite aux religieux des ordres cloîtrés de vivre retirés du monde. **3.** Action d'arrêter, de terminer une chose, ou de déclarer qu'elle est arrêtée, terminée. *Clôture d'un scrutin.* – Lat. pop. **clausitura,* de *claudere,* « clore ».

clôturer [klotyʀe] v. tr. [1] **1.** Entourer de clôtures. **2.** Arrêter, déclarer terminé. *Clôturer la session parlementaire. Clôturer un compte.* – De *clôture.*

clou [klu] n. m. **I. 1.** Petite tige de métal, pointue, et ordinairement dotée d'une tête, servant à fixer, attacher ou pendre qqch. *Enfoncer un clou avec un marteau. Accrocher, suspendre un vêtement à un clou.* ▷ CHIR Tige métallique que l'on introduit dans le canal médullaire d'un os fracturé pour assurer sa contention. **2.** *Les clous :* le passage clouté. *Traverser dans les clous.* V. clouté. **3.** Loc. fig., fam. *Maigre comme un clou, gras comme un cent de clous :* très maigre. – *Cela ne vaut pas un clou :* cela n'a aucune valeur. – Interj. *Des clous! :* rien du tout! Pas question! ▷ (Prov.) *Un clou chasse l'autre :* un nouvel amour, un nouveau goût en fait oublier un autre. **II.** Fig. **1.** Fam. *Le clou :* le mont-de-piété (auj. crédit municipal). *Mettre sa montre au clou,* la mettre en gage. **2.** Arg. ou vx Prison, salle de police. *Se faire mettre au clou.* **3.** Fam. *Un vieux clou :* une automobile, une motocyclette ou une bicyclette en mauvais état. **4.** *Le clou de la fête, du programme,* la principale attraction. **III.** Par anal. de forme. **1.** Fam. Furoncle. **2.** *Clou de girofle*.* – Du lat. *clavus.*

clouage [kluaʒ] n. m. Action ou manière de clouer; résultat de cette action. – De *clouer.*

clouer [klue] v. tr. [1] **1.** Fixer, assembler avec des clous. *Clouer une caisse.* **2.** Fig., fam. Fixer, obliger (qqn) à rester quelque part, dans une situation. *Il est cloué au lit par une forte grippe.* ▷ Loc. fig., fam. *Clouer le bec à qqn,* le réduire au silence par des propos définitifs. – De *clou.*

cloutage [klutaʒ] n. m. Action de clouter; son résultat. – De *clouter.*

clouté, ée [klute] adj. Garni de clous. *Semelles cloutées.* ▷ *Passage clouté :* passage au travers des rues, délimité naguère par de grosses têtes de clous, auj. par des bandes peintes sur la chaussée et réservé aux piétons. Syn. passage (pour) piétons. – Pp. de *clouter.*

clouter [klute] v. tr. [1] Garnir ou orner de clous. – De *clou.*

clouterie [klutʀi] n. f. Fabrique, commerce de clous. – De *clouter.*

cloutier [klutje] n. m. Fabricant, marchand de clous. – De *clou,* avec *t* de *clouet,* anc. dimin. de *clou.*

clovisse [klɔvis] n. f. Mollusque lamellibranche fouisseur, comestible (*Tapes decussatus*). Syn. palourde. – Provençal *clauvisso.*

clown [klun] n. m. **1.** Acteur bouffon de cirque. *Le clown blanc. Numéro de clowns.* **2.** Fig. *Faire le clown,* le pitre. – Mot angl., « rustre, farceur ».

clownerie [klunʀi] n. f. Vieilli Farce de clown. – Pitrerie digne d'un clown. – De *clown.*

clownesque [klunɛsk] adj. Relatif aux clowns; digne d'un clown. *Attitude clownesque.* – De *clown.*

cloyère [klwajɛʀ, klɔjɛʀ] n. f. Panier à huîtres; son contenu (généralement 25 douzaines). – De *claie.*

1. club [klœb] n. m. **1.** Association, cercle de personnes qui se rassemblent régulièrement en un local déterminé, dans un but fixé (politique, sportif, amical, mondain). *Club de voile, de tennis,* etc. *Ciné-club*.* ▷ HIST *Club des Cordeliers*, des Feuillants*, des Jacobins* :* clubs politiques formés pendant la Révolution française de 1789. **2.** (En appos.) *Fauteuil club,* en cuir, large et profond. – Mot angl., « réunion, cercle ».

2. club [klœb] n. m. Crosse servant à frapper la balle au jeu de golf. – Mot angl.

clunisien, enne [klynizjɛ̃, ɛn] adj. De l'ordre monastique de Cluny, de l'architecture qu'il contribua à répandre. – De *Cluny*, v. de Saône-et-Loire où fut fondée au Xe s. une abbaye bénédictine.

clupéiformes [klypeifɔʀm] n. m. pl. ICHTYOL Ordre de poissons téléostéens malacoptérygiens, de forme allongée, à grandes écailles et queue fourchue, comprenant le hareng, l'alose, le sprat, la sardine, l'anchois, etc. – Sing. *Un clupéiforme.* – Du lat. zool. *clupea*, nom de genre du hareng.

cluse [klyz] n. f. GEOMORPH et Rég. Coupure transversale d'un anticlinal, mettant en communication deux vallées, typique du relief jurassien. *La cluse de Nantua.* – Lat. *clusa*, var. de *clausa*, de *claudere*, «fermer».

clystère [klistɛʀ] n. m. Vx **1.** Lavement. **2.** Seringue spéciale, généralement en étain, qui servait aux lavements. – Du gr. *kluzein*, «laver».

cm Symbole de centimètre.

cm² Symbole de centimètre carré.

cm³ Symbole de centimètre cube.

Cm CHIM Symbole du curium.

cnémide [knemid] n. f. ANTIQ Jambière de métal que portaient les soldats grecs. – Gr. *knêmis*.

cnidaires [knidɛʀ] n. m. pl. ZOOL Embranchement de métazoaires diploblastiques à symétrie radiaire, couverts de cellules urticantes, et dont la cavité digestive ne possède qu'un seul orifice. (Ils sont divisés en deux superclasses : les *hydrozoaires*, divisés en hydraires, hydrocoralliaires, siphonophores; les *anthozoaires*, divisés en octocoralliaires et hexacoralliaires. Les cnidaires et les cténaires étaient autref. réunis dans les cœlentérés.) – Sing. *Un cnidaire.* – Du gr. *knidê*, «ortie», par le lat.

cnidoblaste [knidoblast] n. m. Cellule urticante de l'épiderme des cnidaires. – De *cnidaire*, et *-blaste*.

cnidosporidies [knidospɔʀidi] n. f. pl. ZOOL Sous-embranchement de protozoaires parasites dont le stade initial est un germe qui ressemble à l'amibe et le stade final une spore pourvue d'un filament. – Sing. *Une cnidosporidie.* – De *cnidaires*.

co-. Préf. exprimant le concours, l'union, la simultanéité (ex. *coauteur, coaccusé, codétenu*). – Lat. *co*, var. de *cum*, «avec».

Co Abrév. angl. de *Company*.

Co CHIM Symbole du cobalt.

coaccusation [koakyzasjɔ̃] n. f. DR Poursuite simultanée contre plusieurs accusés.

coaccusé, ée [koakyze] n. Personne accusée en même temps qu'une ou plusieurs autres.

coach [kotʃ], plur. **coaches** [kotʃəs] n. m. (Anglicisme) **1.** Voiture automobile à 2 portes et 4 glaces. **2.** SPORT Entraîneur d'une équipe, d'un athlète de haut niveau. – Mot angl., «diligence».

coacher [kotʃe] v. tr. [1] Arg. (des sportifs) Entraîner (un sportif).– De *coach*.

coacquéreur, euse [koakeʀœʀ, øz] n. Personne qui acquiert un bien en commun avec une ou plusieurs autres.

coadjuteur, trice [koadʒytœʀ, tʀis] n. **1.** n. m. Prélat adjoint à un évêque. – **2.** n. f. Religieuse adjointe d'une abbesse. – Bas lat. *coadjutor*, de *adjuvare*, «aider».

coadjuvant [koadʒyvɑ̃] n. m. PHARM Médicament associé à un autre pour le rendre actif. – De *co-*, et lat. *adjuvare*, «aider».

coagulable [kɔagylabl] adj. Susceptible de se coaguler. *Le lait est coagulable.* – De *coaguler*.

coagulant, ante [kɔagylɑ̃, ɑ̃t] adj. (et n. m.) Qui fait coaguler. *La présure est coagulante.* ▷ n. m. Substance qui a la propriété de coaguler. – Ppr. de *coaguler*.

coagulation [kɔagylasjɔ̃] n. f. Fait de se coaguler; état d'une substance coagulée. *Temps de coagulation du sang. La coagulation du sang est un processus physiologique antihémorragique.* – De *coaguler*.

coaguler [kɔagyle] v. [1] **1.** v. tr. Transformer une substance organique liquide en une masse plus ou moins solide. *Coaguler du sang, du lait.* Syn. figer, cailler. **2.** v. intr. Prendre une consistance plus ou moins solide. *Le sang coagule.* – v. pron. *Le sang se coagule.* – Lat. *coagulare*.

coagulum [kɔagylɔm] n. m. Caillot, masse coagulée. – Mot lat.

coalescence [kɔalɛsɑ̃s] n. f. PHYS Formation de gouttes à partir de gouttelettes en suspension. *La pluie se forme par coalescence à partir des gouttelettes des nuages.* – Du lat. *coalescere*, «s'unir, se lier».

coalisé, ée [kɔalize] adj. et n. Ligué dans une coalition. *Peuples coalisés.*– Subst. *Les coalisés.* – Pp. de *coaliser*.

coaliser [kɔalize] v. tr. [1] Liguer, réunir (différents partis) en vue d'une lutte. ▷ v. pron. Former une coalition. – De *coalition*.

coalition [kɔalisjɔ̃] n. f. **1.** Réunion momentanée de puissances, de partis, de personnes pour lutter contre un ennemi commun. *Les sept coalitions contre la France révolutionnaire.* Syn. alliance, ligue. **2.** Accord réalisé entre personnes de même condition dans des buts économiques ou professionnels. *La coalition commerciale est illicite.* – Du lat. *coalitus*, ou de l'angl.

coaltar [kɔltaʀ] n. m. Goudron de houille. – De l'angl. *coal*, «charbon», et *tar*, «goudron».

coassement [kɔasmɑ̃] n. m. Cri de la grenouille. – De *coasser*.

coasser [kɔase] v. intr. [1] Pousser son cri, en parlant de la grenouille. – Lat. *coaxere*, du gr. *koax*, onomat.

coassocié, ée [koasɔsje] n. Personne associée à d'autres dans une affaire commerciale, financière, industrielle.

coassurance [koasyʀɑ̃s] n. f. Assurance d'un même risque par plusieurs assureurs.

coati [kɔati] n. m. ZOOL Mammifère carnivore fissipède (genre *Nasua*) d'Amérique tropicale, au très long museau. – Mot brésilien.

coauteur [kootœʀ] n. m. Auteur avec un ou plusieurs autres d'un même ouvrage. ▷ DR *Coauteur d'un crime.*

coaxial, ale, aux [koaksjal, o] adj. Qualifie un objet qui a le même axe qu'un autre. ▷ ELECTR *Câble coaxial*, constitué par un conducteur central, un conducteur périphérique (tresse métallique généralement) isolé du premier, et une gaine de protection.

cobalt [kɔbalt] n. m. Élément métallique de numéro atomique Z = 27, de masse atomique 58,93 (symbole Co). – Métal (Co) blanc, ferromagnétique, de densité 8,9, qui fond vers 1 450 °C et bout vers 2 900 °C. *Le cobalt entre dans la composition d'aciers destinés à la fabrication d'outils de coupe ultra-rapide.* – *Bombe au cobalt* : V. cobalthérapie. – All. *Kobalt*, var. de *Kobold*, «lutin».

cobaltage [kɔbaltaʒ] n. m. TECH Dépôt protecteur de cobalt appliqué sur un métal. – De *cobalt*.

cobalteux, euse [kɔbaltø, øz] adj. CHIM Qualifie les composés du cobalt au degré d'oxydation + 2. – De *cobalt*.

cobalthérapie [kɔbalteʀapi] ou **cobaltothérapie** [kɔbaltoteʀapi] n. f. MED Traitement par les rayonnements émis par le cobalt 60, isotope radioactif du cobalt. – De *cobalt*, et *-thérapie*.

cobaltique [kɔbaltik] adj. CHIM Qualifie les composés du cobalt au degré d'oxydation + 3. – De *cobalt*.

cobaye [kɔbaj] n. m. Petit rongeur (20 cm de long) d'Amérique du S. (*Cavia porcellus*), très utilisé comme animal de laboratoire et appelé également *cochon d'Inde*. – Fig. Personne, animal servant de sujet d'expérience. – Lat. zool. *cobaya*, du tupi-guarani par le portugais.

cobelligérant, ante [kobɛlliʒeʀɑ̃, ɑ̃t] adj. et n. m. Allié(e) à un ou plusieurs pays en guerre contre un ennemi commun. *Nation cobelligérante*. ▷ n. m. *Les forces armées des cobelligérants furent placées sous le commandement suprême du maréchal Foch en 1918.*

cobol [kɔbɔl] n. m. INFORM Langage de programmation utilisé en gestion d'entreprise. – Acronyme pour l'angl. *COmmon Business Oriented Language*.

cobra [kɔbʀa] n. m. Serpent venimeux dont les côtes peuvent se redresser, formant un élargissement postcéphalique caractéristique. (*Naja naja* est le cobra indien, ou serpent à lunettes. *Naja hannah*, le cobra royal, africain, atteint 4 m de long.) – Portug. *cobra (de capello)*, « couleuvre(-chapeau) ».

coca [kɔka] n. **1.** n. m. ou f. Arbuste du Pérou et de Bolivie (*Erythroxylon coca*, fam. linacées), dont les feuilles renferment divers alcaloïdes et notam. la cocaïne. **2.** n. f. Substance extraite des feuilles de coca, aux propriétés stimulantes. – Mot esp., d'une langue d'Amérique.

coca-cola [kɔkakɔla] n. m. inv. Boisson gazeuse d'abord à base de coca (auj. remplacé par un succédané) et de noix de cola. (Abrév. : coca.) – Marque déposée américaine.

cocagne [kɔkaɲ] n. f. (En loc.) **1.** *Pays de cocagne*, où l'on trouve tout à souhait et en abondance. **2.** *Mât de cocagne* : mât enduit de savon au haut duquel on s'essaie à grimper pour décrocher des lots. – Mot mérid. : provençal, ital.

cocaïne [kɔkain] n. f. Alcaloïde ($C_{17}H_{21}NO_4$) extrait des feuilles de coca, stupéfiant et anesthésique dont la vente est strictement réglementée. – De *coca*.

cocaïnisation [kɔkainizasjɔ̃] n. f. MED Utilisation thérapeutique de la cocaïne. – De *cocaïne*.

cocaïnisme [kɔkainism] n. m. MED État d'intoxication chronique par la cocaïne. – De *cocaïne*.

cocaïnomane [kɔkainɔman] n. Toxicomane accoutumé à la cocaïne. – De *cocaïne*, et *-mane*.

cocaïnomanie [kɔkainɔmani] n. f. Toxicomanie due à l'usage de cocaïne. – De *cocaïnomane*.

cocarde [kɔkaʀd] n. f. **1.** Insigne de forme souvent circulaire que l'on portait à la coiffure. **2.** Insigne circulaire aux couleurs nationales. *Cocardes d'un avion militaire*. – A. fr. *coquart*, *coquard*, « coq », et, au fig., « sot, vaniteux ».

cocardier, ère [kɔkaʀdje, ɛʀ] adj. Péjor. Qui aime l'armée, l'uniforme ; chauvin. – De *cocarde*.

cocasse [kɔkas] adj. Fam. Qui est d'une étrangeté plaisante, qui fait rire. *Une histoire cocasse*. ▷ n. m. *Le cocasse de l'histoire...* – Var. de *coquard* (V. *cocarde*).

cocasserie [kɔkasʀi] n. f. Caractère de ce qui est cocasse ; chose cocasse. – De *cocasse*.

cocci [kɔksi] n. m. pl. Bactéries en forme de grain sphérique. (Le sing. *coccus* est peu usité.) – Lat. *coccus*, « baie rouge ».

coccidie [kɔksidi] n. f. Protozoaire sporozoaire de très petite taille, ovoïde, parasite de la muqueuse intestinale ou du foie. – Du gr. *kokkos*, « grain ».

coccidiose [kɔksidjoz] n. f. MED VET Maladie parasitaire provoquée par diverses espèces de coccidies chez les bovins, ovins, volailles, lapins, etc. – De *coccidie*, et *-ose* 2.

-coccie. V. -coque.

coccinelle [kɔksinɛl] n. f. Coléoptère à corps hémisphérique, à élytres orangés ou rouges tachetés de noir, appelé aussi *bête à bon Dieu*. *À l'état larvaire ou adulte, les coccinelles chassent les pucerons*. – Du lat. *coccinus*, « écarlate ».

coccolithe [kɔkolit] n. m. BOT, PALEONT Plaquette calcaire microscopique couvrant en grand nombre le thalle de certaines algues planctoniques. (C'est un des principaux fossiles de la craie.) – Du gr. *kokkos*, « graine », et *lithos*, « pierre ».

coccus. V. cocci.

coccygien, enne [kɔksiʒjɛ̃, ɛn] adj. Relatif au coccyx. – De *coccyx*.

coccyx [kɔksis] n. m. Os situé à l'extrémité inférieure du sacrum et formé de quatre ou cinq petites vertèbres soudées entre elles. – Gr. *kokkux*, « (bec de) coucou ».

1. coche [kɔʃ] n. m. Anc. Grande voiture qui servait au transport des voyageurs. *Aller en coche*. ▷ Loc. prov. Fig. *Faire la mouche du coche* : s'agiter beaucoup et sans utilité (par allus. à la fable de La Fontaine : *le Coche et la Mouche*). ▷ Loc. fig. *Manquer le coche* : laisser échapper l'occasion. – All. *Kutsche* ; tchèque *kotchi*.

2. coche [kɔʃdo] n. m. **1.** Anc. *Coche d'eau* : chaland halé par des chevaux servant au transport des voyageurs et des marchandises, sur les voies fluviales. **2.** *Coche de plaisance* : petit bateau habitable de tourisme fluvial. – Anc. néerl. *cogge*, bas lat. *caudica*.

3. coche [kɔʃ] n. f. **1.** Entaille, encoche. *Coche d'une flèche*. **2.** *Par ext.* Marque. *Faire une coche au crayon*. – P.-ê. du lat. pop. **cocca*.

4. coche [kɔʃ] n. f. Dial. Truie. – De *cochon*.

cochenille [kɔʃnij] n. f. Nom de nombreux insectes homoptères de très petite taille, dont seul le mâle est ailé, parasites de divers végétaux. *La cochenille du nopal fournit un colorant carmin*. – Esp. *cochinilla*, « cloporte ».

1. cocher [kɔʃe] n. m. Celui qui conduit l'attelage d'une voiture. *Cocher de fiacre*. – De *coche* 1.

2. cocher [kɔʃe] v. tr. [1] Marquer d'une coche ou d'un signe. *Cochez d'une croix les cases correspondantes*. – De *coche* 3.

côcher [koʃe] v. tr. [1] Couvrir la femelle, en parlant des oiseaux. – Altér. de l'a. fr. *caucher*, *chaucher* ; lat. *calcare*, « presser, fouler ».

cochère [kɔʃɛʀ] adj. f. *Porte cochère*, par laquelle une voiture peut passer. – De *coche* 1.

cochet [kɔʃɛ] n. m. Jeune coq. Syn. coquelet. – De *coq*.

cochevis [kɔʃvi] n. m. ORNITH Alouette huppée (genre *Galerida*) des lieux sablonneux.

cochléaire [kɔkleɛʀ] adj. ANAT Qui se rapporte au limaçon de l'oreille et, par ext., à l'audition. – De *cochlée*.

cochléaria [kɔkleaʀja] n. m. Crucifère riche en vitamine C, utilisé autref. comme antiscorbutique. Syn. raifort. – Lat. *cochlearium*, « cuillère », à cause de la forme des feuilles.

cochlée [kɔkle] n. f. ANAT Limaçon de l'oreille interne. – Lat. *cochlea*, « limaçon ».

cochon, onne [kɔʃɔ̃, ɔn] n. (et adj.) **I.** n. m. **1.** Animal domestique omnivore, porc élevé pour sa chair. *Cochon de lait* : petit cochon, encore à la mamelle. ▷ Viande de cet animal. *Manger du cochon*. **2.** Loc. fig., fam. *Amis*, *copains comme cochons*, très liés. – *Tête de cochon* : caractère têtu, mauvais caractère. – *Donner des perles, de la confiture à des cochons* : donner qqch de raffiné à qui n'est pas capable de l'apprécier. **3.** *Cochon d'Inde* : cobaye. – *Cochon d'Amérique* : pécari. – *Cochon de mer* : marsouin. – *Cochon de terre* : oryctérope. **II.** n. et adj. Fam. Personne malpropre; personne indélicate, malfaisante. *Cochon d'Untel!* – Loc. *Tour de cochon* : mauvais tour. ▷ adj. Licencieux, pornographique. *Des gravures cochonnes.* – Libidineux, vicieux. *Des jeux cochons.*

cochonnaille [kɔʃɔnaj] n. f. Fam. Charcuterie. *Assiette de cochonnaille.* – De *cochon.*

cochonnée [kɔʃɔne] n. f. Portée d'une truie. – De *cochon.*

cochonner [kɔʃɔne] v. [1] **1.** v. intr. Rare Mettre bas, en parlant d'une truie. **2.** v. tr. Fam. Faire salement ou grossièrement (un ouvrage). ▷ Salir, souiller. – De *cochon.*

cochonnerie [kɔʃɔnʀi] n. f. Fam. **1.** Extrême malpropreté. *Vivre dans la cochonnerie.* ▷ Saleté, souillure. **2.** *Par ext.* Action, parole obscène. **3.** Action indélicate, qui porte tort. *Faire une cochonnerie à qqn.* **4.** Chose sale, gâtée, sans valeur. *Vous n'allez pas manger de cette cochonnerie?* – De *cochonner.*

cochonnet [kɔʃɔnɛ] n. m. **1.** Jeune cochon. **2.** Petite boule servant de but au jeu de boules. – Dimin. de *cochon.*

cochylis [kɔkilis] ou **conchylis** [kɔ̃kilis] n. m. ZOOL Papillon dont la chenille s'attaque à la feuille de la vigne. Syn. tordeuse de la vigne. – Du gr. *kogkulion*, «coquille».

cocker [kɔkɛʀ] n. m. Chien d'arrêt à poil long et grandes oreilles tombantes, ressemblant à un petit épagneul. – De l'angl. *woodcocker*, «chasseur de bécasses».

cockney [kɔknɛ] n. inv. Londonien de souche, notam. des quartiers pop. ▷ Langage pop. parlé par les cockneys. – adj. *Accent cockney.* – De l'angl. *cokenegg*, «œuf de coq», sobriquet du Londonien.

cockpit [kɔkpit] n. m. **1.** MAR Partie en creux, à ciel ouvert, située à l'arrière d'une embarcation où se tient le barreur. **2.** AVIAT Cabine constituant le poste de pilotage dans un avion. – Mot angl.

cocktail [kɔktɛl] n. m. **1.** Boisson résultant d'un mélange dans lequel entrent des alcools. ▷ *Par ext.* Mélange. *Cocktail de fruits.* – Fig. *Un heureux cocktail de malice et de gravité.* **2.** Réunion mondaine où l'on boit des cocktails. *Le vernissage de l'exposition sera suivi d'un cocktail.* **3.** *Cocktail Molotov* : projectile offensif constitué par une bouteille remplie d'un liquide explosif. **4.** MED *Cocktail lytique* : mélange de médicaments destiné à lutter contre des douleurs violentes résistant aux médicaments plus simples. – Mot anglo-amér., «queue de coq».

1. coco [koko] n. m. *Noix de coco*, fruit comestible du cocotier. (La noix de coco à maturité fournit le coprah ou blanc de coco, dont on tire divers corps gras servant à la fabrication de savons, parfums, margarine, huile, etc.) – *Lait de coco* : liquide que contient la noix de coco fraîche. – *Fibres de coco* : fibres lignifiées du cocotier, utilisées dans l'industrie. – De l'ital., puis portug. et esp., «croque-mitaine», d'après l'aspect de la noix.

2. coco [koko] n. m. **1.** Œuf (dans le langage enfantin). **2.** Terme d'affection (à l'adresse d'un enfant). *Mon petit coco.* **3.** Fam., péjor. Individu. *Un drôle de coco, celui-là!* – Onomat. d'après le cri de la poule.

3. coco [koko] n. m. Boisson rafraîchissante à base de réglisse. *Boire du coco.* – De *coco* 1.

4. coco [koko] n. et adj. Péjor. Communiste. – Abrév.

5. coco [koko] n. f. Fam., vieilli Cocaïne. – Abrév.

cocon [kɔkɔ̃] n. m. **1.** Enveloppe soyeuse que filent un grand nombre de chenilles (dont le ver à soie) pour s'y transformer en chrysalide. **2.** *Par ext.* Fig. Endroit douillet; situation où l'on se sent protégé. *Le cocon familial.* – Provenç. *coucoun*, de la même rac. que *coque.*

cocontractant, ante [kɔkɔ̃tʀaktɑ̃, ɑ̃t] n. DR Chacune des personnes qui forment ensemble l'une des parties dans un contrat. – De *co-*, et *contracter.*

cocooner [kɔkune] v. tr. [1] Rester tranquilement chez soi, rester dans son cocon (sens 2). – De *cocooning.*

cocooning [kɔkuniŋ] n. m. Comportement de ceux qui aime cocooner. – De l'angl. *to cocoon*, «envelopper, emmitoufler».

cocorico [kɔkɔʀiko] interj. et n. m. Cri du coq (on dit aussi *coquerico*). – Onomat.

cocoter ou **cocotter** [kɔkɔte] v. intr. [1] Fam. Sentir mauvais. ▷ *Ça cocote dans cette pièce.*

cocoteraie [kɔkɔtʀɛ] n. f. Plantation de cocotiers. – De *cocotier.*

cocotier [kɔkɔtje] n. m. Palmier (*Cocos mucifera*) des régions tropicales, pouvant atteindre 30 m de hauteur et donnant la noix de coco. ▷ Fig., fam. *Secouer le cocotier* (pour en faire tomber les noix) : chercher à déloger de leur place ceux qui sont plus âgés que soi, ou plus élevés dans une hiérarchie; lutter avec vigueur contre la routine, les habitudes. – De *coco* 1.

1. cocotte [kɔkɔt] n. f. **1.** Poule (dans le langage enfantin). **2.** *Cocotte en papier* : carré de papier plié, figurant une poule. **3.** Fam., vieilli Femme de mœurs légères. Syn. pop. poule. **4.** Fam. Terme affectueux (à l'adresse d'une femme). *Comment vas-tu, ma cocotte?* – Onomat.

2. cocotte [kɔkɔt] n. f. Marmite en fonte, de hauteur réduite, avec un couvercle. – *Cocotte-minute* (Nom déposé.) : autocuiseur. – De l'anc. fr. *coquemar;* d'abord *cocasse, coquasse*, «marmite».

cocu, ue [kɔky] adj. et n. Fam. **1.** adj. Qui est trompé par son conjoint. **2.** n. m. Mari ou amant trompé. ▷ Loc. fam. *Avoir une veine de cocu*, une chance peu ordinaire. – Var. de *coucou*, dont la femelle pond ses œufs dans des nids étrangers.

cocuage [kɔkɥaʒ] n. m. Fam. Fait d'être cocu; état d'une personne trompée par son conjoint. – De *cocu.*

cocufier [kɔkyfje] v. tr. [2] Fam. Faire cocu, tromper. – De *cocu*, et *-fier.*

coda [kɔda] n. f. MUS Suite des mesures conclusives d'un morceau de musique, le plus souvent brillant raccourci des thèmes essentiels. – Mot ital., «queue».

codage [kɔdaʒ] n. m. Fait de coder. – De *coder.*

code [kɔd] n. m. **I. 1.** Recueil, compilation de lois. *Le code Justinien.* **2.** Corps de lois constituées en système complet de législation sur une matière déterminée. – *Code civil*, ou *code Napoléon*, promulgué en 1804 en exécution de la volonté affirmée par la Constituante d'unifier une législation pour tous les Français. (Il est composé de : Livre I. Des personnes, de l'état civil; Livre II. Des biens et des différentes modifications de la propriété; Livre III. Des différentes manières dont on acquiert la propriété.) – *Code pénal, code de commerce, code général des impôts.* ▷ *Code de la route* : ensemble de la réglementation et de la signalisation qui régit la circulation routière. – *Passer le code*, l'épreuve théorique du permis de conduire, ayant trait au code de la route. – AUTO *Phares en code* ou *code* : feux de croisement. *Se mettre en code.* **3.** Fig. *Le code de l'honneur, de la morale, de la politique* : les préceptes en ces matières. **4.** Volume contenant le texte d'un code. **II. 1.** Système conventionnel de signes ou signaux, de règles et de lois, permettant la transformation d'un message en vue d'une utilisation particulière (transmission secrète; exploitation par des moyens informatiques). *Code secret. Code informatique.* ▷ *Code postal :* code à cinq chiffres réservé aux adresses postales, permettant le tri automatique du courrier. ▷ *Code-barres,* qui, sur l'emballage de certains produits, permet leur identification par lecture optique. *Des codes-barres.* ▷ INFORM *Code binaire,* qui utilise un système de numération à base 2 (chiffres 0 et 1). **2.** Recueil de phrases, de mots et de lettres, et de leur traduction chiffrée. **3.** BIOL, GENET *Code génétique,* inscrit dans l'A.D.N. et qui contient l'information concernant la synthèse protéique propre à chaque individu. – Lat. jur. *codex,* « planchette, recueil ».

ENCYCL **Génét.** – Le code génétique est déterminé dans une molécule d'A.D.N. par la séquence de 4 bases azotées : adénine, thymine, guanine, cytosine. Chaque triplet de bases, ou codon, représente un acide aminé donné. La molécule d'A.D.N. est transcrite dans la molécule d'A.R.N. messager, laquelle transporte l'information au niveau des ribosomes cytoplasmiques, où la protéine est alors synthétisée à partir des acides aminés voulus.

codébiteur, trice [kodebitœʀ, tʀis] n. DR Personne qui a contracté une dette, conjointement ou solidairement avec un ou plusieurs autres.

codéine [kɔdein] n. f. MED Dérivé de la morphine (méthylmorphine), utilisé comme sédatif et antitussif. – Du gr. *kôdeia,* « pavot ».

codemandeur, eresse [kodəmɑ̃dœʀ, əʀɛs] n. DR Personne qui, conjointement avec une ou plusieurs autres, forme une demande en justice.

coder [kɔde] v. tr. [1] **1.** Transcrire à l'aide d'un code secret. *Coder une dépêche.* – Pp. adj. *Message codé.* **2.** Transcrire une information selon un code, en vue de son exploitation par moyens informatiques. – De *code.*

codétenteur, trice [kodetɑ̃tœʀ, tʀis] n. DR Celui, celle qui détient, avec une ou plusieurs autres personnes, un objet, un bien quelconque.

codétenu, ue [kodetny] n. Personne qui est détenue avec ou en même temps que d'autres personnes.

codex [kɔdɛks] n. m. PHARM Recueil officiel des préparations médicamenteuses autorisées. – Mot lat. (V. code).

codicillaire [kɔdisilɛʀ] adj. DR Qui est établi par un codicille. *Legs codicillaire.* – De *codicille.*

codicille [kɔdisil] n. m. DR Disposition ajoutée à un testament pour le modifier, le compléter ou l'annuler. – Lat. *codicillus,* « tablette », de *codex* (V. code).

codificateur, trice [kɔdifikatœʀ, tʀis] adj. (et n.) Qui codifie. – De *codifier.*

codification [kɔdifikasjɔ̃] n. f. Action de codifier ; son résultat. – De *codifier.*

codifier [kɔdifje] v. tr. [2] **1.** DR Réunir des lois en un code. *Codifier la législation fiscale.* **2.** *Par ext.* Soumettre à des lois, des règles cohérentes. *Codifier l'orthographe.* – De *code,* et *-fier.*

codirecteur, trice [kodiʀɛktœʀ, tʀis] n. (et adj.) Personne qui dirige avec d'autres.

codirection [kodiʀɛksjɔ̃] n. f. Direction exercée simultanément avec d'autres.

codon [kɔdɔ̃] n. m. GENET Unité constitutive du code génétique de l'A.D.N., formant un triplet qui correspond à une suite de trois nucléotides caractérisés chacun par une base azotée. – De *code* (génétique).

coéditer [koedite] v. tr. [1] Effectuer une coédition.

coéditeur, trice [koeditœʀ, tʀis] n. Éditeur qui participe à une coédition.

coédition [koedisjɔ̃] n. f. Édition d'un ouvrage par plusieurs éditeurs en collaboration.

coefficient [kɔefisjɑ̃] n. m. **1.** MATH Valeur numérique ou littérale qui affecte une variable. *Dans 3*a, *3 est le coefficient de* a. ▷ *Spécial.* Dans les examens et les concours, nombre par lequel on multiplie la note attribuée dans une matière selon l'importance de celle-ci. *L'épreuve de mathématiques est affectée d'un coefficient élevé.* – Cour. Pourcentage non déterminé. *Prévoir un coefficient d'erreur.* **2.** PHYS Nombre correspondant à une propriété définie d'un corps. *Coefficient de dilatation, de frottement.* **3.** FIN *Coefficient de capitalisation des résultats :* ratio entre le cours boursier et le dividende par action. – De *co-,* et *efficient.*

cœlacanthe [selakɑ̃t] n. m. ZOOL, PALEONT Poisson crossoptérygien, dont la plupart des espèces ont disparu, mais dont une espèce, *Latimeria chalumnæ,* connue d'abord par des fossiles (300 millions d'années), a survécu dans le nord du canal de Mozambique (70 exemplaires pêchés depuis 1938). (Ces poissons nous renseignent sur l'évolution, car leurs nageoires sont des ébauches des membres des tétrapodes.) – Du gr. *koilos,* « creux », et *akhanta,* « épine ».

cœlentérés [selɑ̃teʀe] n. m. pl. ZOOL Ancien embranchement d'animaux inférieurs actuellement démembré en cnidaires et cténaires (actinie, corail, méduse). – Sing. *Un cœlentéré.* – Du gr. *koilos,* « creux », et *enteron,* « intestin ».

cœliaque ou **céliaque** [seljak] adj. ANAT Qui a rapport au ventre et aux intestins. – Gr. *koilia,* « ventre, intestin ».

cœlioscopie [keljɔskɔpi] n. f. MED Examen des organes pelviens par introduction d'un endoscope dans la cavité abdominale. – Du gr. *koilia,* « ventre, intestin », et *-scopie.*

cœlomate [selɔmat] n. m. ZOOL Animal pourvu d'un cœlome (essentiellement les annélides, les arthropodes, les mollusques, les échinodermes et les cordés). Ant. acœlomate. – De *cœlome.*

cœlome [selom] n. m. ZOOL Chez les métazoaires, cavité comprise entre le tube digestif et la paroi du corps, et tapissée dans l'abdomen par un tissu qui constitue le mésentère. – Gr. *koilôma,* « cavité ».

cœlostat. V. cælostat.

cœn(o)- ou **cén(o)-.** Élément, du gr. *koinos,* « commun ».

coentreprise [koɛ̃tʀəpʀiz] n. f. ECON Association d'entreprises ayant un projet économique commun.

cœnure ou **cénure** [senyʀ] n. m. Ténia (*Taenia coenurus*) qui vit dans le tube digestif du chien et dans le cerveau du mouton, chez lequel il provoque le tournis. – Du gr. *koinos,* « commun », et *oura,* « queue ».

coenzyme [koɑ̃zim] n. f. ou m. BIOCHIM Groupement actif, non protéique, d'une enzyme. *De nombreuses vitamines jouent un rôle de coenzyme.* V. encycl. enzyme.

coéquipier, ère [koekipje, ɛʀ] n. Personne qui fait équipe avec d'autres ou qui fait partie de la même équipe sportive que d'autres.

coercibilité [kɔɛʀsibilite] n. f. PHYS Qualité de ce qui est coercible. *La coercibilité des gaz.* – De *coercible.*

coercible [kɔɛʀsibl] adj. PHYS Qui peut être comprimé. – De *coercition.*

coercitif, ive [kɔɛʀsitif, iv] adj. **1.** Capable de contraindre ; qui contraint. *Moyen coercitif. Dispositions coercitives.* **2.** ELECTR *Champ coercitif :* champ magnétique capable de faire disparaître le magnétisme rémanent dans un noyau magnétique. – Du lat. *coercitus,* pp. de *coercere,* « contraindre ».

coercition [kɔɛʀsisjɔ̃] n. f. Action de contraindre qqn à faire qqch, et, spécial., à obéir à la loi. *Pouvoir de coercition d'un jugement.* – Lat. *coercitio,* de *coercere,* « contraindre ».

cœur [kœʀ] n. m. **I. 1.** Organe musculaire creux contenu dans la poitrine, agent principal de la circulation du sang. *Les pulsations, les battements du cœur.* **2.** *Par ext.* Poitrine. *Presser qqn sur son cœur.* **3.** Fig. *Avoir mal au cœur, le cœur retourné :* avoir la nausée. **II.** Fig. **1.** Siège des sentiments, des émotions. *Le cœur battant, le cœur serré. Avoir le cœur gros :* avoir du chagrin. – Fam. *Cela lui fait mal au cœur d'être obligé de partir,* il en est fortement peiné. **2.** Siège des sentiments nobles et forts; ces sentiments et, partic., le courage. *Un homme de cœur. «Rodrigue, as-tu du cœur?»* (Corneille). – Fam. *Du cœur au ventre :* du courage. – Prov. *Faire contre mauvaise fortune bon cœur :* ne pas se laisser abattre par la malchance. **3.** Siège de l'affection, de l'amour, de l'amitié. *Donner son cœur à qqn.* – *C'est un cœur d'artichaut,* une personne volage. – *Faire le joli cœur :* s'efforcer de séduire par ses manières, son élégance. – *Joli, gentil comme un cœur :* très joli, très gentil. ▷ *S'en donner à cœur joie :* prendre beaucoup de plaisir. **4.** Siège de la bonté, de la pitié. *Avoir bon cœur.* – Loc. fig. *N'avoir pas de cœur :* être égoïste. *Avoir un cœur de pierre :* être sans pitié. *Avoir un cœur d'or, le cœur sur la main :* être d'une grande générosité. **5.** Dispositions secrètes, pensée intime. *Parler à cœur ouvert, ouvrir son cœur :* parler avec une entière franchise. ▷ Loc. *En avoir le cœur net :* être délivré de ses doutes. **6.** Loc. adv. *Par cœur :* de mémoire. *Apprendre par cœur.* – *Savoir par cœur :* savoir parfaitement. ▷ *De bon cœur, de grand cœur :* très volontiers, avec plaisir. – *À cœur ouvert :* sincèrement. – *À contrecœur :* avec répugnance. **III.** (Par anal.) **1.** Milieu, centre. *Cœur de laitue.* – *Au cœur de l'hiver :* au plus fort de l'hiver. **2.** BOT *Bois de cœur :* bois central, résistant, d'un arbre (par oppos. à *aubier*). **IV.** Objet, figure en forme de cœur. ▷ Bijou en forme de cœur. *Un petit cœur en argent.* ▷ L'une des couleurs des jeux de cartes. *Faire un pli à cœur. Atout cœur.* – Lat. *cor, cordis.*

ENCYCL Le cœur est un muscle creux à quatre cavités, situé dans le médiastin antérieur, en forme de cône dont le grand axe est dirigé en avant, en bas et à gauche. Il comporte trois tuniques : le péricarde à l'extérieur; le myocarde; l'endocarde, qui tapisse les cavités. Il existe fonctionnellement et anatomiquement un cœur droit et un cœur gauche, que sépare complètement la cloison auriculo-ventriculaire. Chacun comprend une oreillette et un ventricule, qui communiquent par un orifice auriculo-ventriculaire, muni d'une valve : tricuspide à droite, mitrale à gauche. Chaque ventricule communique (par un orifice muni de valves sigmoïdes) avec une volumineuse artère, dans laquelle il éjecte le sang à chaque systole : à droite (artère pulmonaire) et à gauche (aorte). Le cœur droit est à basse pression et contient du sang noir venant des veines caves, qui s'abouchent dans l'oreillette droite. Le cœur gauche est à haute pression et contient du sang rouge oxygéné qui gagne l'oreillette gauche par les veines pulmonaires.

coexistence [koegzistɑ̃s] n. f. Existence simultanée. ▷ POLIT *Coexistence pacifique :* principe qui règle les relations entre États de régimes politiques différents afin que la divergence de leurs intérêts n'entraîne pas de conflit ouvert ou latent («guerre froide»).

coexister [koegziste] v. intr. [1] Exister ensemble, simultanément. *Des conceptions différentes qui coexistent.*

cofacteur [kofaktœʀ] n. m. MATH Coefficient multiplicateur affectant un élément d'une matrice.

coffin [kɔfɛ̃] n. m. Étui contenant de l'eau et une pierre à aiguiser, que le faucheur porte à sa ceinture. – Gr. *kophinos,* «panier».

coffrage [kɔfʀaʒ] n. m. **1.** CONSTR Moule en bois ou en métal, dans lequel est mis en place le béton frais pour y être maintenu en forme pendant la prise. **2.** Charpente maintenant la terre d'une tranchée, d'un puits, d'un remblai, etc. – De *coffre.*

1. coffre [kɔfʀ] n. m. **1.** Meuble en forme de caisse, muni d'un couvercle, qui sert à ranger divers objets. *Coffre à vêtements, à bois, à jouets.* ▷ AUTO Partie d'une voiture destinée à recevoir des bagages. **2.** Caisse spécialement destinée à renfermer de l'argent, des objets de valeur; coffre-fort. *Louer un coffre dans une banque.* **3.** Fam. Cage thoracique. *Avoir du coffre,* du souffle, une voix puissante; fig. être courageux. **4.** CONSTR Conduit de fumée en saillie par rapport à un mur. – Du bas lat. *cophinus.*

2. coffre [kɔfʀ] n. m. Poisson téléostéen (fam. ostracionidés) recouvert d'une cuirasse osseuse et habitant les récifs coralliens. – De *coffre* 1.

coffre-fort [kɔfʀəfɔʀ] n. m. Armoire blindée à serrure spéciale, destinée à enfermer des valeurs, des objets précieux. *Des coffres-forts.*

coffrer [kɔfʀe] v. tr. [1] **1.** Fam. Emprisonner. *Coffrer un malfaiteur.* **2.** TECH Mouler au moyen d'un coffrage. *Coffrer un pilier.* – De *coffre* 1.

coffret [kɔfʀɛ] n. m. **1.** Petit coffre orné, servant à enfermer des objets précieux. *Coffret à bijoux.* **2.** Cour. Boîte (avec nuance valorisante). – *Spécial.* Coffret de disques. *L'intégrale de l'œuvre d'un compositeur réunie en coffret.* – Dimin. de *coffre* 1.

cofondateur, trice [kɔfɔ̃datœʀ, tʀis] n. Personne qui fonde qqch avec d'autres personnes.

cogérance [koʒeʀɑ̃s] n. f. Gérance exercée en commun.

cogérant, ante [koʒeʀɑ̃, ɑ̃t] n. Personne qui exerce une cogérance. *Cogérants d'une société.*

cogestion [koʒɛstjɔ̃] n. f. **1.** DR Gestion, administration en commun. **2.** Système de participation active des travailleurs à la gestion de leur entreprise et, *par anal.,* des étudiants à celle de leur université.

cogitation [kɔʒitasjɔ̃] n. f. Fam. Action de méditer; réflexion. *Il était perdu dans des cogitations mélancoliques.* – Lat. *cogitatio.*

cogiter [kɔʒite] v. intr. [1] Fam., plaisant Penser, réfléchir. *Cogiter sur son avenir.* – Lat. *cogitare.*

cogito [kɔʒito] n. m. PHILO Argument énoncé par Descartes dans son *Discours de la méthode* (1637). (Dans le système cartésien, le cogito est la première évidence qui s'impose après le doute le plus radical et qui permet de conclure à la réalité de l'âme comme «substance pensante».) – De la formule lat. *cogito, ergo sum,* «je pense, donc je suis».

cognac [kɔɲak] n. m. Eau-de-vie de raisin fabriquée à Cognac et dans sa région. – Du n. de la ville.

cognassier [kɔɲasje] n. m. Arbre fruitier (*Cydonia oblonga,* fam. rosacées) originaire d'Asie, au port torturé, qui produit le coing. – De *cognasse,* var. de *coing.*

cognat [kɔgna] n. m. DR Parent par le sang (par oppos. à *agnat*). ▷ *Spécial.* Parent consanguin, en ligne maternelle. – Lat. *cognatus,* de *gnatus,* pour *natus,* «né».

cognation [kɔgnasjɔ̃] n. f. DR Parenté naturelle, consanguinité, par oppos. à la parenté civile ou agnation. – Lat. *cognatio* (V. cognat).

cogne [kɔɲ] n. **1.** n. m. Pop. Gendarme, policier. **2.** n. f. Pop. Rixe, bagarre. – De *cogner.*

cognée [kɔɲe] n. f. **1.** Forte hache pour couper les arbres. **2.** Loc. fig. *Jeter le manche après la cognée :* tout abandonner par découragement. – Du lat. pop. **cuneata,* rad. *cuneus,* «coin».

cognement [kɔɲmɑ̃] n. m. Le fait de cogner. ▷ *Cognements du moteur.* – De *cogner.*

cogner [kɔɲe] v. [1] **1.** v. tr. dir. Vx Frapper pour enfoncer. *Cogner un clou, une cheville.* ▷ Pop. Battre, frapper (qqn.) *Si ça continue, tu vas te faire cogner.* **2.** v. intr. Frapper fort (avec l'idée de répétition). *Cogner à la porte.* - Pop. *Il cogne dur :* il frappe fort (en se battant). **3.** TECH *Moteur qui cogne,* qui fonctionne mal et fait entendre un bruit saccadé. **4.** v. pron. Se heurter. *Se cogner à l'angle d'un meuble.* - Fig. *Je me suis cogné la tête contre les murs :* je me suis heurté à des difficultés insurmontables. ▷ (Récipr.) Pop. Se battre. – Du lat. *cuneare,* «enfoncer un coin».

cogneur [kɔɲœʀ] n. m. Fam. Personne qui frappe fort (*spécial.* en parlant d'un boxeur). *Attention, c'est un cogneur.* – De *cogner.*

cogniticien, enne [kɔɲitisjɛ̃, ɛn] n. INFORM Spécialiste en intelligence artificielle. – De *cognition,* d'apr. *informaticien.*

cognitif, ive [kɔgnitif, iv] adj. PHILO Relatif à la connaissance, à la cognition. *Facultés, opérations cognitives.* ▷ *Sciences cognitives :* ensemble des sciences qui étudient l'intelligence (humaine, animale, artificielle) en tant qu'instrument de la cognition : psychologie, linguistique, informatique, etc. – Lat. *cognitus.*

cognition [kɔgnisjɔ̃] n. m. PHILO Faculté de connaître. - Acte intellectuel par lequel on acquiert une connaissance. – Lat. *cognitio.*

cohabitation [koabitasjɔ̃] n. f. **1.** État de deux ou plusieurs personnes qui habitent sous le même toit. **2.** POLIT Coexistence, dans un pays de régime présidentiel ou semi-présidentiel, d'un chef de l'État et d'un Premier ministre élus par des majorités politiquement opposées et qui partagent le pouvoir. – Lat. *cohabitatio.*

cohabiter [koabite] v. intr. [1] Habiter, vivre ensemble. *Tout ce petit monde cohabite sans problèmes.* – Lat. *cohabitare.*

cohérence [kɔeʀɑ̃s] n. f. **1.** Liaison étroite, adhérence entre les divers éléments d'un corps. *Cohérence des molécules.* ▷ PHYS Caractère des faisceaux lumineux émis par les lasers. **2.** Connexion, rapport logique entre des idées, des propos. *Une histoire qui manque de cohérence.* – Lat. *cohærentia.*

cohérent, ente [kɔeʀɑ̃, ɑ̃t] adj. **1.** Qui offre de la cohésion, dont les parties sont liées logiquement entre elles. *Ensemble cohérent. Raisonnement cohérent.* **2.** Didac. Dont les éléments sont étroitements unis. *Roche cohérente,* dont les constituants sont agrégés. Syn. homogène. **3.** PHYS *Optique cohérente :* V. encycl. – Lat. *cohærens,* de *cohærere,* «adhérer ensemble».

ENCYCL **Phys.** - La lumière émise par le soleil ou par les sources habituellement utilisées (lampes et tubes électriques, arc électrique) est constituée d'une succession de *trains d'ondes* électromagnétiques, qui n'ont entre eux aucun lien de phase. En revanche, la lumière émise par les lasers* présente des propriétés de *cohérence spatiale :* tous les atomes de la source entrant en vibration simultanément, et de *cohérence temporelle :* la durée d'un train d'ondes est grande, elle est de l'ordre de 10^{-2} seconde, alors que celle d'une source classique n'est que de l'ordre de 10^{-8} seconde ; cette lumière (dite *cohérente*) possède de ce fait des propriétés très importantes : ce domaine d'études et d'applications a reçu le nom d'*optique cohérente.*

cohéreur [kɔeʀœʀ] n. m. Nom du premier détecteur d'ondes radioélectriques, imaginé par Branly. – Du lat. *cohærere,* «adhérer ensemble».

cohériter [koeʀite] v. intr. [1] DR Hériter d'un même bien qu'une ou plusieurs autres personnes.

cohéritier, ère [koeʀitje, ɛʀ] n. Personne qui cohérite.

cohésif, ive [kɔezif, iv] adj. Qui unit, qui joint. *Pouvoir cohésif.* – Du lat. **cohæsum,* supin de *cohærere,* «adhérer ensemble».

cohésion [kɔezjɔ̃] n. f. Union intime des parties d'un ensemble. *La cohésion d'un parti.* ▷ PHYS *Force de cohésion,* qui s'oppose à la séparation des molécules d'un corps (par oppos. à *effusion*). – Lat. *cohæsio.*

cohorte [kɔɔʀt] n. f. **1.** ANTIQ ROM Corps d'infanterie formant la dixième partie d'une légion. **2.** Vx ou litt. Troupe. *Des cohortes guerrières.* - *Les cohortes célestes :* les élus. Mod., fam. Groupe important de personnes. *Des cohortes d'étudiants.* – Lat. *cohors, cohortis.*

cohue [kɔy] n. f. Foule nombreuse et tumultueuse ; désordre, confusion. – De l'anc. v. **cohuer,* de *huer,* «appeler».

coi, coite [kwa, kwat] adj. Silencieux, tranquille. *Se tenir, demeurer coi.* – Du lat. *quietus.*

coiffe [kwaf] n. f. **1.** Coiffure. *Coiffes régionales traditionnelles.* **2.** Membrane recouvrant parfois la tête de l'enfant à la naissance. **3.** BOT Enveloppe de la pointe d'une racine. – Bas lat. *cofea ;* germ. *kufia,* «casque».

coiffer [kwafe] v. tr. [1] **1.** Couvrir (d'une coiffure) la tête de. *Coiffer un bébé d'un bonnet de laine.* ▷ Loc. fam. *Coiffer Sainte-Catherine :* en parlant d'une jeune fille, fêter ses 25 ans sans être mariée. **2.** Prendre pour coiffure. *Coiffer une casquette.* **3.** Arranger les cheveux de. - Pp. adj. *Être bien (mal) coiffé.* **4.** Dépasser d'une tête à l'arrivée d'une course ; vaincre au dernier moment. *Coiffer au, sur le poteau.* **5.** Fig. Réunir sous son autorité, contrôler. **6.** v. pron. *Se coiffer avec une brosse. Elle s'est coiffée d'un chapeau à plumes.* – De *coiffe.*

coiffeur, euse [kwafœʀ, øz] n. **1.** Personne qui fait le métier de couper, d'arranger les cheveux. *Coiffeur pour dames.* **2.** n. f. Table de toilette munie d'un miroir. – De *coiffer.*

coiffure [kwafyʀ] n. f. **1.** Ce qui couvre ou orne la tête. *Une coiffure élégante.* **2.** Action de coiffer ; manière de disposer les cheveux. *Coiffure en brosse.* ▷ Art de coiffer. *Salon de coiffure.* – De *coiffer.*

coin [kwɛ̃] n. m. **I. 1.** Angle saillant ou rentrant. *Coin de table. Les quatre coins d'une pièce.* ▷ *Aller au coin, mettre au coin,* en guise de punition pour un enfant, un écolier. ▷ *Coin d'un bois :* endroit où une route coupe un bois ; lieu isolé. *Je ne voudrais pas le rencontrer au coin d'un bois.* ▷ *Veillée au coin du feu,* à côté de la cheminée, près du feu. ▷ *Coins de la bouche, de l'œil,* les commissures. - *Regarder du coin de l'œil,* à la dérobée. ▷ *Coin de la rue :* endroit où deux rues se coupent. - *Absol.* Fam. *L'épicier du coin,* le plus proche. ▷ Fig., fam. *En boucher un coin à qqn,* lui fermer la bouche de surprise, l'étonner. **2.** Parcelle. *Un coin de terre. Un coin de ciel bleu.* **3.** Endroit retiré, non exposé à la vue. *Passer ses vacances dans un coin tranquille. Jetez cela dans un coin.* ▷ *Connaître qqch, qqn dans les coins,* parfaitement. ▷ Fam. *Le petit coin :* les cabinets. **II. 1.** TECH Pièce qui présente une extrémité en biseau et qui sert à fendre, à caler, etc. **2.** GEOL Faille ayant l'aspect d'un coin, due à une compression ou à une dépression latérale. **3.** Nom de deux incisives du cheval. **4.** Pièce d'acier gravée en creux servant à frapper les monnaies, les médailles. – Du lat. *cuneus.*

coinçage [kwɛ̃saʒ] n. m. TECH Action de serrer dans un coin ou avec un coin. – De *coincer.*

coincement [kwɛ̃smɑ̃] n. m. TECH État d'une pièce immobilisée accidentellement. – De *coincer.*

coincer [kwɛ̃se] v. tr. [12] **1.** Fixer avec des coins ; serrer, empêcher de bouger. *Coincer une porte pour l'empêcher de battre.* ▷ v. pron. (En parlant des pièces d'un mécanisme). Se bloquer. *La serrure s'est coincée.* ▷ (En parlant d'une partie du corps). *Il s'est coincé le doigt* *dans une porte.* **2.** Fig., fam. Acculer, immobiliser. *Il m'a coincé contre un mur.* **3.** Fig., fam. Immobiliser, prendre. *On a coincé le coupable.* – *Se faire coincer* : se faire prendre. ▷ Mettre dans l'embarras en questionnant. *Il m'a coincé sur ce sujet.* – De *coin.*

coincher [kwɛ̃ʃe] v. intr. [1] JEU Syn. de *contrer,* à la manille. – P.-ê. forme normanno-picarde de *coincer.*

coïncidence [kɔɛ̃sidɑ̃s] n. f. **1.** GEOM État de deux figures, de deux éléments qui coïncident. **2.** Fait de se produire simultanément; concours de circonstances. *Quelle coïncidence! Nous parlions justement de vous.* – De *coïncider.*

coïncident, ente [kɔɛ̃sidɑ̃, ɑ̃t] adj. Qui coïncide; concomitant. *Des empreintes coïncidentes.* – De *coïncider.*

coïncider [kɔɛ̃side] v. intr. [1] **1.** GEOM Se superposer point à point. **2.** Se produire en même temps, correspondre exactement. *Les dates de nos vacances coïncident. Leurs goûts coïncident.* – Lat. médiév. *coincidere,* «tomber ensemble».

coïnculpé, ée [koɛ̃kylpe] n. Personne inculpée avec une ou plusieurs autres pour le même délit.

coing [kwɛ̃] n. m. Fruit du cognassier, en forme de poire, de couleur jaune, au goût âpre, consommé surtout en confiture. – Du lat. *cotoneum,* du gr. *kudônia (mala),* «(pomme) de Cydonea (auj. Khanía, la Canée, en Crète)».

coït [kɔit] n. m. Accouplement, copulation. – Lat. *coitus,* de *coire,* «aller ensemble».

coite. V. coi.

1. coke [kɔk] n. m. Combustible résultant de la pyrogénation de la houille et qui sert de réducteur lors de l'élaboration de la fonte. ▷ *Coke de pétrole* : combustible obtenu par calcination du brai de pétrole. – Mot angl.

2. coke [kok] n. f. Fam. Cocaïne. – Mot anglo-amér., dimin. de *cocaïne.*

cokéfaction [kɔkefaksjɔ̃] n. f. TECH Transformation de la houille en coke. – De *coke* 1.

cokéfiant, ante [kokefjɑ̃, ɑ̃t] adj. TECH Qualifie un charbon qui tend à s'agglutiner, quand on le chauffe. – De *cokéfier.*

cokéfier [kɔkefje] v. tr. [2] TECH Transformer en coke. – De *coke* 1.

cokerie [kɔkʀi] n. f. Usine où l'on prépare du coke. – De *coke* 1.

col [kɔl] n. m. **1.** Vx Cou. **2.** Partie rétrécie. *Le col d'une bouteille.* ▷ ANAT Partie plus mince et terminale d'un organe. *Col utérin. Col vésical. Col du fémur.* **3.** Partie d'un vêtement qui entoure le cou. *Col de chemise. Col de dentelle. Col roulé. Col Claudine.* ▷ *Faux col* : col amovible qui s'adapte à une chemise d'homme; fig., fam. mousse surmontant la bière dans un verre. ▷ Par méton. *Col blanc* : employé de bureau (par oppos. à *col bleu* : ouvrier). **4.** Dépression dans une ligne de faîte ou dans un relief, faisant communiquer deux versants. *Le col du Lautaret.* – Lat. *collum,* «cou».

col-. Élément, du lat. *cum.* V. co- et com-.

cola. V. kola.

colature [kɔlatyʀ] n. f. PHARM Action de filtrer un liquide pour le débarrasser de ses impuretés; le liquide filtré. – Du lat. *colare,* «filtrer».

colback [kɔlbak] n. m. **1.** Anc. coiffure militaire à poil, munie d'une poche qui pend de côté. **2.** Pop. Collet. *Attraper qqn par le colback.* – Turc *qalpâq,* «bonnet de fourrure».

col-bleu [kɔlblø] n. m. Fam. Marin de la marine nationale. *Des cols-bleus.*

colchicine [kɔlʃisin] n. f. MED Alcaloïde extrait du colchique, médicament spécifique de la goutte. – Du lat. bot. *colchicum.*

colchique [kɔlʃik] n. m. Plante herbacée à bulbe, vénéneuse, aux fleurs en cornets (*Colchicum autumnale,* fam. liliacées), fréquente en automne dans les prés humides. – Gr. *kolkhikon,* «plante de Colchide», pays de l'empoisonneuse Médée.

colcrete [kɔlkʀɛt] n. m. CONSTR Béton obtenu par injection d'une boue colloïdale dans des agrégats. – Mot angl. de *col(loidal),* «colloïdal», et *(con)crete,* «béton».

col-de-cygne [kɔldəsiɲ] n. m. **1.** TECH Instrument, robinet, tuyauterie ayant la forme courbe du cou d'un cygne. **2.** Motif décoratif en ameublement. *Des cols-de-cygne.*

-cole. Élément, du lat. *colere,* «cultiver, habiter».

colectomie [kolektomi] CHIR Ablation partielle ou totale du côlon. – De *côlon* et du gr. *ekotomé* «ablation».

colée [kɔle] n. f. HIST Coup léger du plat de la main (plus tard, de l'épée), sur la nuque de celui que l'on armait chevalier. – De *col.*

colégataire [kolegatɛʀ] n. DR Personne instituée légataire avec une ou plusieurs autres.

coléoptères [kɔleɔptɛʀ] n. m. pl. ENTOM Ordre d'insectes ptérygotes néoptères, le plus important de tous (plus de 300 000 espèces, dont : hanneton, cicindèle, carabe, cétoine, doryphore, coccinelle, etc.). (La première paire d'ailes est transformée en étuis chitineux rigides, les élytres, qui ne servent qu'à protéger la seconde paire, membraneuse, seule utilisée lors du vol; les pièces buccales sont broyeuses; carnivores à l'état larvaire ou adulte, les coléoptères ont conquis tous les biotopes; ce sont des holométaboles.) – Sing. *Un coléoptère.* – Gr. *koleopteros,* de *koleos,* «étui», et *pteron,* «aile».

coléoptile [kɔleɔptil] n. m. BOT Étui gainant la première feuille (ou plumule) de l'embryon et de la jeune germination des graminées. – Du gr. *koleos,* «étui», et *ptilon,* «plume».

coléorhize [kɔleɔʀiz] n. m. BOT Étui de la première racine de l'embryon ou de la jeune germination des graminées. – Du gr. *koleos,* «étui», et *rhiza,* «racine».

colère [kɔlɛʀ] n. f. (et adj.) **1.** n. f. Réaction violente et agressive due à un profond mécontentement; accès d'humeur. *Être, se mettre en colère. Être blanc, rouge de colère. Il est dans une colère noire.* – Fam. *Piquer une colère.* ▷ Fig., poét. *La colère des éléments.* **2.** adj. Litt. et vx *Il est colère,* en colère. – Du lat. *cholera,* «bile».

coléreux, euse [kɔleʀø, øz] adj. Prompt à la colère. – De *colère.*

colérique [kɔleʀik] adj. Sujet à la colère. – De *colère.*

colibacille [kɔlibasil] n. m. Bacille (*Escherichia coli*) qui vit normalement dans l'intestin de l'homme et des animaux, et qui, devenu virulent dans certaines conditions, provoque des infections urinaires et intestinales (très utilisé en biotechnologie). – Du gr. *kôlon,* «gros intestin», et *bacille.*

colibacillose [kɔlibasiloz] n. f. MED Infection due au colibacille – De *colibacille,* et *-ose* 2.

colibri [kɔlibʀi] n. m. Nom cour. de tous les oiseaux de la famille des trochilidés. (De très petite taille, parfois celle d'un bourdon, à plumage très coloré, ils ont un long bec qui leur permet d'aspirer le nectar en pratiquant le vol stationnaire devant les fleurs. Ils vivent dans les rég. tropicales.) Syn. oiseau-mouche. – Mot des Antilles.

colicitant, ante [kolisitɑ̃, ɑ̃t] n. (et adj.) DR Chacun de ceux au nom desquels se fait une vente par licitation. – De *co-*, et lat. *licitans*, « qui enchérit ».

colifichet [kɔlifiʃɛ] n. m. Petit objet, petit ornement sans grande valeur. Syn. bagatelle, babiole. – Altér. de l'anc. v. *coefficher*, « ornement que l'on fichait sur la coiffe ».

coliforme [kɔlifɔʀm] adj. et n. m. BIOL Qui ressemble au colibacille. – n. m. *Des coliformes d'origine fécale sont souvent responsables de la pollution des eaux de consommation.* – De *coli(bacille)*, et *-forme*.

coliiformes [kɔliifɔʀm] n. m. pl. ZOOL Ordre d'oiseaux africains ne renfermant que les colious (genre *Colius*). – Du lat. sav. *Colius*, et *-forme*.

colimaçon [kɔlimasɔ̃] n. m. **1.** Escargot. **2.** Loc. adv. Fig. *En colimaçon* : en spirale, en hélice. *Escalier en colimaçon.* Syn. hélicoïdal. – Altér. de *calimaçon*, mot picard, de *limaçon*.

colin [kɔlɛ̃] n. m. **1.** Syn de *lieu noir (Merlangus virens).* ▷ *Abusiv.* Merlu commun (*Merluccius merluccius*). *Colin sauce mousseline.* **2.** Oiseau phasianidé américain voisin de la caille. – Altér., d'après *Colin* (diminutif de Nicolas), du moyen fr. *cole*, de l'angl. *coal(-fish)*, « (poisson-) charbon », en raison de la couleur du dos.

colinéaire [kolineɛʀ] adj. MATH *Vecteurs colinéaires*, tels qu'il existe deux scalaires a et b vérifiant $a\vec{V_1} + b\vec{V_2} = \vec{0}$. – De *co-*, et *linéaire*.

colin-maillard [kɔlɛ̃majaʀ] n. m. Jeu où l'un des joueurs, les yeux bandés, cherche à attraper les autres à tâtons et à les reconnaître. – De *Colin*, et *Maillard*, noms de personnes.

colinot ou **colineau** [kɔlino] n. m. Petit colin (poisson). – Dimin. de *colin*.

colin-tampon [kɔlɛ̃tɑ̃pɔ̃] n. m. inv. **1.** Batterie de tambour de l'ancienne garde royale suisse, dédaignée des autres corps. **2.** Fam. *Se soucier comme de colin-tampon de...* : ne faire aucun cas de... – De *colin*, et *tampon*, d'ap. *tambour*.

coliou [kɔlju] n. m. Oiseau africain (genre *Colius*. V. coliiformes), à longue queue, de la taille d'un moineau, susceptible de diriger tous ses doigts vers l'avant. – Mot afr.

colique [kɔlik] **I.** n. f. **1.** Violente douleur abdominale. *Colique hépatique*, dans l'hypocondre droit, due à la migration d'un calcul dans les voies biliaires. *Colique néphrétique*, de siège lombaire, due en général à la migration d'un calcul dans l'uretère. *Colique de plomb*, due à une intoxication saturnine. **2.** Diarrhée. **3.** Vulg. Chose ou personne ennuyeuse. *Celui-là, quelle colique !* **II.** adj. ANAT Relatif au côlon. *Artères coliques.* – Gr. *kôlikos*, de *kôlon*, « côlon ».

colis [kɔli] n. m. Objet emballé expédié par un moyen de transport public ou privé. *Colis postal.* – De l'ital. *colli*, plur. de *collo*, « charge portée sur le cou ».

colisage [kolizaʒ] n. m. COMM Conditionnement de marchandises en colis prêt à être expédié. – De *colis*.

colistier, ère [kolistje, ɛʀ] n. POLIT Candidat inscrit sur la même liste électorale qu'un ou plusieurs autres. – De *co-*, et *liste*.

colite [kɔlit] n. f. MED Inflammation du côlon. – Du gr. *kôlon*, « gros intestin », et *-ite* 1.

colitigant, ante [kolitigɑ̃, ɑ̃t] adj. *Parties colitigantes*, qui plaident l'une contre l'autre. – De *co-*, et lat. *litigare*, « être en procès ».

collaborateur, trice [kɔlabɔʀatœʀ, tʀis] n. **1.** Personne qui travaille avec une autre, avec d'autres, qui partage leur tâche. **2.** *Spécial.* Personne qui pratiquait la collaboration avec les Allemands, pendant l'Occupation*. (Abrév. fam. : collabo). – De *collaborer*.

collaboration [kɔlabɔʀasjɔ̃] n. f. **1.** Action de collaborer, participation à une tâche. **2.** *Spécial.* Agissements, attitudes favorables à l'occupant allemand (1940-1944). – De *collaborer*.

collaborationniste [kɔ(l)labɔʀasjɔnist] adj. et n. Qui est partisan, qui va dans le sens de la collaboration. – *Spécial.* en France sous l'Occupation, favorable à l'occupant allemand. *Une politique collaborationniste.* – De *collaboration*.

collaborer [kɔlabɔʀe] v. intr. [1] **1.** Travailler en commun à un ouvrage. *Collaborer à une revue.* **2.** Pendant la Seconde Guerre mondiale, pratiquer la collaboration. – Bas lat. *collaborare*, de *laborare*, « travailler ».

collage [kɔlaʒ] n. m. **I.** **1.** Action de coller; son résultat. **2.** TECH Soudure ou scellement défectueux. **3.** Incorporation de colle dans la pâte à papier. **4.** Clarification des vins à l'aide de colle. **5.** ELECTR État de deux contacts électriques se touchant. **6.** BX-A Œuvre réalisée en collant sur la surface peinte divers matériaux qui, parfois, forment seuls la composition. *Les cubistes ont réalisé les premiers collages.* **II.** Fam. Concubinage. – De *coller*.

collagène [kɔlaʒɛn] n. m. et adj. BIOCHIM **1.** n. m. Protéine de structure fibreuse qui constitue l'essentiel de la trame conjonctive. **2.** adj. Qui donne de la gélatine ou de la colle par cuisson. – De *colle*, et *-gène*.

collagénose [kɔlaʒenoz] n. f. MED Se dit d'une maladie atteignant le tissu collagène. – De *collagène*, et *-ose* 2.

collant, ante [kɔlɑ̃, ɑ̃t] adj. et n. **I.** adj. **1.** Qui colle, qui adhère. *Papier collant.* **2.** Fig. Qui moule, dessine les formes (vêtements). *Jupe collante.* **3.** Fig., fam. Qui importune, dont on ne peut se débarrasser. *Qu'est-ce qu'il est collant, celui-là !* **II.** n. **1.** n. m. Maillot moulant. – Sous-vêtement très ajusté, couvrant le bas du corps des pieds à la taille. *Des collants fins.* **2.** n. f. Arg. (des écoles) Convocation à un examen. – Ppr. de *coller*.

collapsar [kɔlapsaʀ] n. m. ASTRO Syn. anc. de *trou noir*. – Du lat. *collaps(us)*, « tombé », et désinence *ar*, de *quas(ar)*.

collapsus [kɔlapsys] n. m. MED *Collapsus cardio-vasculaire* : syndrome aigu caractérisé par une chute de tension artérielle, une cyanose, une tachycardie, des sueurs froides, dû le plus souvent à une brusque défaillance cardiaque. – *Collapsus pulmonaire* : affaissement du poumon dû à un épanchement de la plèvre ou à un pneumothorax. – Mot lat., de *collabi*, « s'affaisser ».

collatéral, ale, aux [kɔlateʀal, o] adj. et n. **I.** adj. Situé sur le côté. ▷ ARCHI *Nef collatérale d'une église*, située sur un côté de la nef princ., bas-côté. ▷ GEOGR *Points collatéraux*, situés entre chaque couple de points cardinaux. **II.** adj. et n. **1.** DR Se dit de la parenté hors de la ligne directe. *Les frères, sœurs, oncles, tantes et cousins sont des collatéraux. Succession collatérale.* **2.** ANAT Se dit des branches qui naissent d'un tronc nerveux ou vasculaire principal et qui lui sont presque parallèles. – Lat. médiév. *collateralis*, de *latus*, *lateris*, « côté ».

collatéralement [kɔlateʀalmɑ̃] adv. En ligne collatérale. – De *collatéral*.

collateur [kɔlatœʀ] n. m. Celui qui avait le droit de conférer un bénéfice ecclésiastique. – De *collation*.

1. collation [kɔlasjɔ̃] n. f. **1.** Action de conférer à qqn un titre, un bénéfice. *Collation de grade.* **2.** Comparaison de deux textes pour s'assurer de leur conformité. – Lat. *collatio* (sens 1 : lat. médiév.; sens 2 : lat. class.).

2. collation [kɔlasjɔ̃] n. f. Repas léger. – Lat. chrét. *collatio*, « conférence, discussion », parce que anc., dans les monastères, après ces courtes conférences, qui avaient lieu le soir, les moines prenaient quelque nourriture.

collationnement [kɔlasjɔnmɑ̃] n. m. Action de confronter deux textes, de les collationner. – De *collationner* 1.

1. collationner [kɔlasjɔne] v. tr. [1] Confronter deux écrits pour en vérifier la concordance. *Collationner un acte avec l'original.* – De *collation* 1, sens 2.

2. collationner [kɔlasjɔne] v. intr. [1] Prendre un repas léger. – De *collation* 2.

colle [kɔl] n. f. **1.** Matière utilisée pour faire adhérer deux surfaces. *Colle forte.* ▷ Fig. *Quel pot de colle celui-là!*, qu'il est collant! (sens 3). **2.** Arg. (des écoles) Interrogation. *Une colle de chimie.* – *Par ext.* Question difficile, délicate. *Poser des colles.* **3.** Arg. (des écoles) Punition, retenue. *Avoir deux heures de colle.* **4.** Fig., pop. *Être à la colle* : vivre en concubinage. – Lat. pop. *colla*, du gr. *kolla*.

collectage [kɔlɛktaʒ] n. m. Action de collecter. *Le collectage du lait.* Syn. ramassage. – De *collecter*.

collecte [kɔlɛkt] n. f. **1.** Action de recueillir et de rassembler. *La collecte des ordures ménagères.* **2.** Quête effectuée dans un but de bienfaisance. *Faire une collecte au profit des œuvres.* **3.** DR ANC Levée des impôts. **4.** LITURG CATHOL Oraison dite par le prêtre avant l'épître. – Lat. *collecta*, de *colligere*, «placer ensemble».

collecter [kɔlɛkte] **1.** v. tr. [1] Faire une collecte; ramasser, recueillir. *Collecter des dons, des fonds.* **2.** v. pron. MED S'amasser dans une cavité, en parlant du pus, du sang. – De *collecte*.

collecteur, trice [kɔlɛktœʀ, tʀis] n. et adj. **I.** n. Personne chargée de recueillir de l'argent. *Collecteur d'impôts.* **II.** n. m. **1.** ELECTR Ensemble des pièces conductrices d'un rotor isolées les unes des autres et sur lesquelles frottent les balais d'un moteur ou d'une génératrice. **2.** ELECTRON Une des électrodes d'un transistor. **3.** TELECOMM *Collecteur d'ondes* : conducteur qui capte les ondes hertziennes. **III.** adj. Qui recueille. *Égout collecteur d'eau pluviale.* – Bas lat. *collector*.

collectif, ive [kɔlɛktif, iv] adj. et n. m. **I.** adj. **1.** Qui réunit, qui concerne simultanément plusieurs personnes. *Travail collectif. Propriété collective.* ▷ SOCIOL *Conscience collective* : manière de penser propre à un groupe social déterminé, distincte de la manière de penser des individus de ce groupe pris séparément. **2.** GRAM Se dit d'un mot singulier désignant plusieurs choses ou plusieurs personnes (ex. : armée, foule). ▷ *Valeur, sens collectif* : valeur, sens que prend un mot qui n'est pas collectif par nature (ex. : *lion* dans *le lion est carnivore*). **II.** n. m. **1.** FIN Ensemble des crédits supplémentaires demandés à date fixe par le gouvernement. *Collectif budgétaire.* **2.** Groupement de personnes ayant des intérêts communs. – Lat. *collectivus*, «ramassé».

collection [kɔlɛksjɔ̃] n. f. **1.** Réunion d'objets de même nature. *Collection de timbres, de papillons.* ▷ *Spécial.* Réunion d'objets d'art. *Les collections du musée du Louvre.* **2.** Série d'ouvrages de même genre. *Vous trouverez cet ouvrage chez tel éditeur, dans telle collection.* ▷ Suite des divers numéros d'une publication. **3.** Série de modèles de couture. *Les collections d'hiver des grands couturiers.* **4.** MED Amas (de pus, de sang) dans une cavité. – Lat. *collectio*.

collectionner [kɔlɛksjɔne] v. tr. [1] **1.** Réunir en collection. **2.** Fig., fam. Accumuler. *Collectionner les sottises.* – De *collection*.

collectionneur, euse [kɔlɛksjɔnœʀ, øz] n. Personne qui fait une, des collections. – De *collectionner*.

collectivement [kɔlɛktivmɑ̃] adv. De manière collective; dans un sens collectif. – De *collectif*.

collectivisation [kɔlɛktivizasjɔ̃] n. f. Attribution des moyens de production à la collectivité. – De *collectiviser*.

collectiviser [kɔlɛktivize] v. tr. [1] Opérer la collectivisation de. *Collectiviser les terres.* – De *collectif*.

collectivisme [kɔlɛktivism] n. m. Doctrine économique et sociale qui réserve la propriété des moyens de production et d'échange à la collectivité (généralement l'État). – Organisation politico-économique en découlant. – De *collectif*.

collectiviste [kɔlɛktivist] adj. et n. Relatif au collectivisme. *Théorie collectiviste.* – Partisan du collectivisme. – De *collectivisme*.

collectivité [kɔlɛktivite] n. f. **1.** Ensemble d'individus ayant entre eux des rapports organisés. *La collectivité nationale, communale.* ▷ Spécial. *Les collectivités locales* ou *territoriales* : les régions, les départements et les communes. *Saint-Pierre-et-Miquelon et Mayotte ont le statut de collectivité territoriale.* **2.** Groupe, société (par oppos. à *individu*). *Apprendre à vivre en collectivité.* – De *collectif*.

collège [kɔlɛʒ] n. m. **1.** Corps ou compagnie de personnes revêtues d'une même dignité. *Collège des augures*, dans l'ancienne Rome. – Mod. *Collège des cardinaux*, ou *Sacré Collège*. **2.** *Collège électoral* : ensemble déterminé d'électeurs qui participent à une élection donnée. **3.** Établissement d'enseignement secondaire du premier cycle. **4.** Anc. Établissement d'enseignement. – *Collège de France* : établissement d'enseignement supérieur fondé à Paris, en 1530, par François Ier (*Collège des trois langues*, puis *Collège des lecteurs royaux*), pourvu auj. de 50 chaires environ. – Lat. *collegium*, «groupement, confrérie».

collégial, ale, aux [kɔleʒjal, o] adj. (et n. f.) **1.** Relatif à un chapitre de chanoines. – *Église collégiale* ou, n. f. *une collégiale* : église sans siège épiscopal et possédant néanmoins un chapitre de chanoines. **2.** Qui est fait, assuré par un collège, en commun. *Direction collégiale.* – De *collège*.

collégialité [kɔleʒjalite] n. f. Caractère de ce qui est dirigé, administré en commun (par un collège, un conseil). – De *collégial*.

collégien, enne [kɔleʒjɛ̃, ɛn] n. Élève d'un collège (sens 3). – De *collège*.

collègue [kɔlɛg] n. Personne qui remplit la même fonction qu'une autre dans la même entreprise, la même administration. – Lat. *collega*.

collemboles [kɔlɑ̃bɔl] n. m. pl. ENTOM Ordre d'insectes aptérygotes sauteurs, longs de 1 à 4 mm, très primitifs, qui affectionnent les endroits sombres et frais (écorces, sols forestiers, etc.). – Sing. *Un collembole.*

collenchyme [kɔlɑ̃ʃim] n. m. BOT Tissu de soutien des végétaux supérieurs, constitué de cellules dont les parois cellulosiques sont fortement épaissies. – Du gr. *kolla*, «colle», et *ekkhuma*, «épanchement».

coller [kɔle] v. [1] **I.** v. tr. **1.** Joindre, assembler, fixer avec de la colle. *Coller une affiche sur un mur.* **2.** TECH Imprégner de colle. *Coller de la toile.* ▷ Clarifier par collage (du vin). **3.** Appliquer; faire adhérer. *La sueur lui collait la chemise à la peau.* ▷ Par ext. *Coller son visage contre une vitre.* ▷ Fig. *Coller qqn au mur*, pour le fusiller. **4.** v. pron. Se tenir appliqué contre. *L'alpiniste se collait à la paroi.* **5.** Fig., fam. *Coller qqn*, ne pas le lâcher d'une semelle. **6.** Fam. Mettre, placer (vigoureusement, d'autorité). *Il a fini par me coller une boîte de savonnettes. Coller une gifle à qqn.* **7.** Arg. (des écoles) *Coller un élève*, lui poser une question à laquelle il ne peut répondre; lui donner une retenue. ▷ *Être collé* (à un examen) : échouer. **II.** v. intr. ou tr. indir. **1.** Adhérer. *Une boue épaisse qui colle aux souliers.* **2.** S'ajuster exactement. *Des bas qui collent* *bien.* – Fig. S'adapter étroitement. *Un discours qui colle à la réalité.* **3.** Fam. *Il y a qqch qui ne colle pas,* qui ne va pas. – Pop. *Ça colle :* ça convient, c'est correct. – De *colle.*

collerette [kɔlʀɛt] n. f. **1.** Petit collet de linge fin que portent les femmes. ▷ Anc. Collet en linge plissé. **2.** TECH Bord rabattu d'une tuyauterie, qui sert à la raccorder à une autre. – De *collier.*

collet [kɔlɛ] n. m. **1.** Vx Partie de l'habillement entourant le cou. *Collet d'un habit.* ▷ Pèlerine qui s'arrête au milieu du dos. **2.** Mod. Loc. fig. *Collet monté :* qui affecte la pruderie et la gravité. *Ils sont très collet monté.* ▷ *Prendre, saisir qqn au collet,* l'attraper violemment par le col. – *Saisir un malfaiteur au collet,* l'arrêter. **3.** En boucherie, partie du cou des animaux. *Collet de veau.* ▷ TECH Partie de la peau d'une bête, près de la tête, destinée à préparer un cuir. **4.** *Collet battu :* rebord aplati d'un tube, obtenu par martelage. **5.** Lacet, nœud coulant, servant à piéger le menu gibier. *Tendre un collet.* **6.** BOT Zone transitoire entre la racine et la tige d'une plante. **7.** ANAT Partie de la dent entre la couronne et la racine. – Dimin. de *col,* « cou ».

colleter [kɔlte] v. [20] **1.** v. tr. Prendre au collet. **2.** v. pron. Se battre. *Se colleter avec des voyous.* ▷ Fig. *Se colleter avec les difficultés de la vie.* – De *collet.*

colletin [kɔltɛ̃] n. m. Pièce d'armure qui protégeait les épaules et le cou. – De *collet.*

colleur, euse [kɔlœʀ, øz] n. **1.** Personne dont la profession est de coller. *Colleur d'affiches.* **2.** n. f. TECH Appareil pour coller (des enveloppes, des éléments de films). – De *colle,* sens 1.

colley [kɔlɛ] n. m. Chien de berger écossais. – Angl. *collie.*

collier [kɔlje] n. m. **1.** Bijou, ornement de cou. *Collier de perles.* – Spécial. Chaîne d'or que portent les chevaliers de certains ordres. *Le collier (de l'ordre) du Saint-Esprit.* ▷ Par ext. *Collier de barbe :* barbe courte qui, partant des tempes, garnit le menton. **2.** Lanière, chaîne, etc., dont on entoure le cou des animaux pour les retenir, les atteler, etc. *Collier de chien. Collier de cheval :* partie du harnais à laquelle les traits sont attachés. ▷ Fig., fam. *Reprendre le collier,* le travail. *Donner un coup de collier :* fournir un grand effort. – *Être franc du collier :* agir franchement, de manière directe. **3.** ZOOL Tache de couleurs diverses entourant le cou de certains animaux. *Couleuvre à collier. Tourterelle à collier.* **4.** TECH Anneau métallique qui sert à consolider, à maintenir une tuyauterie, à supporter des éléments, etc. – Du lat. *collare,* de *collum,* « cou ».

colliger [kɔliʒe] v. tr. [13] **1.** Vx Collectionner. **2.** Réunir en un recueil (des articles de journaux, des extraits, etc.). – Lat. *colligere,* « réunir ».

collimateur [kɔlimatœʀ] n. m. PHYS Appareil d'optique produisant des rayons parallèles, qui permet de superposer l'objet visé à l'image des repères. *Des collimateurs de tir très précis équipent aujourd'hui les avions de combat.* ▷ Loc. fig., fam. *Avoir qqn dans le collimateur,* le surveiller, le tenir à l'œil tout en étant prêt à l'attaquer. – De *collimation.*

collimation [kɔlimasjɔ̃] n. f. PHYS Action de viser à l'aide d'un collimateur (vx à l'aide d'un instrument d'optique quelconque). – Du lat. *collimare,* pour *collineare.*

colline [kɔlin] n. f. Relief de faible hauteur, à sommet arrondi, dont les versants sont en pente douce. – Bas lat. *collina,* de *collis,* « colline ».

collision [kɔlizjɔ̃] n. f. **1.** Choc de deux corps. *Collision de trains. Les deux véhicules sont entrés en collision,* se sont heurtés. **2.** Lutte violente, affrontement entre deux partis opposés. – Fig. *Collision d'idées.* **3.** PHYS Rapprochement entre des solides ou des particules tel que se produise un échange d'énergie et de quantité de mouvement. – Lat. *collisio.*

collisionneur [kɔlizjɔnœʀ] n. m. PHYS NUCL Accélérateur* de particules dans lequel entrent en collision deux faisceaux circulant en sens opposés. – De *collision.*

collocation [kɔlɔkasjɔ̃] n. f. DR COMM Action consistant à ranger les créanciers dans l'ordre suivant lequel ils doivent être payés ; cet ordre lui-même. – Lat. *collocatio,* « placement ».

collodion [kɔlɔdjɔ̃] n. m. CHIM Solution de nitrocellulose dans un mélange d'alcool et d'éther (autref. utilisée en pharmacie, en photographie et dans la fabrication des explosifs). – Du gr. *kollodês,* « collant », de *kolla,* « colle ».

colloïdal, ale, aux [kɔlɔidal, o] adj. Qualifie les solides ou les solutions liquides qui contiennent un corps dispersé sous forme de micelles. – De *colloïde.*

colloïde [kɔlɔid] n. m. et adj. **1.** n. m. CHIM Substance qui, dissoute dans un solvant, forme des particules de très petit diamètre appelées micelles (20 à 2 000 angströms). **2.** adj. MED Qui ressemble à de la gelée. – Angl. *colloid,* gr. *kolla,* « colle ».

colloque [kɔl(l)ɔk] n. m. Entretien, conférence, entre plusieurs personnes. – Spécial. Conférence, débat organisé entre spécialistes d'une discipline donnée. *Un colloque de physique nucléaire.* – Lat. *colloquium,* « entretien », rac. *loqui,* « parler ».

colloquer [kɔlɔke] v. tr. [1] DR COMM *Colloquer des créanciers,* les inscrire dans l'ordre dans lequel ils doivent être payés. – Lat. *collocare,* rac. *locus,* « lieu ».

collure [kɔlyʀ] n. f. IMPRIM Action, fait de coller des éléments de reliure. – De *colle.*

collusion [kɔlyzjɔ̃] n. f. DR Entente secrète pour tromper un tiers, lui causer préjudice. – *Par ext.* Entente, intelligence secrète pour porter préjudice. *Collusion avec l'ennemi.* – Lat. *collusio,* de *colludere,* de *cum,* « avec », et *ludere,* « jouer ».

collusoire [kɔlyzwaʀ] adj. DR Qui se fait par collusion. *Procédure collusoire.* – De *collusion.*

collutoire [kɔlytwaʀ] n. m. MED Médicament liquide destiné aux gencives et aux parois de la cavité buccale. – Du lat. *colluere,* « laver ».

colluvion [kɔlyvjɔ̃] n. f. GEOL Dépôt fin provenant de reliefs avoisinants. – De *co-,* et *alluvion.*

collybie [kɔlibi] n. f. BOT Champignon basidiomycète (genre *Collybia*) poussant sur les souches. (Deux espèces sont comestibles, dont la souchette.) – Du gr. *kollubos,* « petite pièce de monnaie ».

collyre [kɔliʀ] n. m. MED Solution médicamenteuse que l'on applique sur la conjonctive. – Gr. *kollurion,* « onguent ».

colmatage [kɔlmataʒ] n. m. Action de colmater. ▷ État de ce qui s'est colmaté. – De *colmater.*

colmater [kɔlmate] v. tr. [1] **1.** AGRIC Exhausser ou fertiliser un sol au moyen de dépôts alluviaux riches en limon. **2.** Combler, boucher. **3.** MILIT Rétablir la continuité d'un front à l'aide de troupes de renfort. *Colmater une brèche.* ▷ Fig. *Colmater les brèches :* arranger les choses plus ou moins bien. – De l'ital. *colmata,* de *colmare,* « combler ».

colocase [kɔlɔkaz] n. f. BOT Aracée (genre *Colocasia*) cultivée en Polynésie pour son rhizome comestible très riche en amidon. Syn. taro. – Lat. *colocasia,* du gr.

colocataire [kɔlɔkatɛʀ] n. Personne qui est locataire avec d'autres dans une même maison.

cologarithme [kolɔgaʀitm] n. m. MATH Logarithme de l'inverse d'un nombre : colog a = log $\frac{1}{a}$ = – log a. – De *co-*, et *logarithme.*

colombage [kɔlɔ̃baʒ] n. m. Charpente verticale dont les vides sont comblés de plâtre, de torchis, etc., utilisée autref. pour la construction des murs. *Les colombages des maisons normandes, alsaciennes.* – De *colombe,* anc. var. de *colonne.*

colombe [kɔlɔ̃b] n. f. **1.** Poét. Pigeon. **2.** Pigeon à plumage blanc (symbole de pureté et de paix). *La blanche colombe et son rameau d'olivier.* **3.** Fig. Jeune fille pure et candide. ▷ Terme d'affection. *Ma douce colombe.* – Lat. *columba.*

colombien, enne [kɔlɔ̃bjɛ̃, ɛn] adj. et n. De Colombie, État du N.-O. de l'Amérique du Sud. ▷ Subst. *Un(e) Colombien(ne).*

1. colombier [kɔlɔ̃bje] n. m. Pigeonnier. – De *colombe.*

2. colombier [kɔlɔ̃bje] n. m. TECH Format de papier (0,90 × 0,63 m). – Nom du fabricant.

colombin, ine [kɔlɔ̃bɛ̃, in] n. m. et adj. **I.** n. m. **1.** Pigeon (*Columba œnas*) au plumage gris-bleu. **2.** Fiente de pigeon, de volaille. **3.** Pop. Étron. **4.** TECH Long boudin de pâte, utilisé pour fabriquer des poteries sans tour. **II.** adj. D'une couleur grise cassée de rouge-violet. Syn. gorge-de-pigeon. – Lat. *colombus.*

1. colombo [kɔlɔ̃bo] n. m. BOT Plante vivace de Madagascar et d'Afrique orientale, dont la racine était employée en médecine. – Du bantou *kolumb,* d'après *Colombo,* capitale du Sri Lanka.

2. colombo [kɔlɔ̃bo] n. m. CUIS Plat antillais, ragoût très épicé, fait de viande ou de poisson et accompagné de riz. – De *Colombo,* capitale du Sri Lanka.

colombophile [kɔlɔ̃bɔfil] n. (et adj.) Personne qui élève des pigeons voyageurs. – De *colombe,* et *-phile.*

colombophilie [kɔlɔ̃bɔfili] n. f. Élevage des pigeons voyageurs. – De *colombophile.*

1. colon [kɔlɔ̃] n. m. **1.** HIST Dans le Bas-Empire romain, homme libre attaché à la terre qu'il travaillait. **2.** DR Celui qui cultive la terre pour son compte en payant une redevance en nature au propriétaire. – *Colon partiaire* : métayer. **3.** Cour. Celui qui habite, exploite une colonie (sens 2). **4.** Enfant qui fait partie d'une colonie de vacances. – Lat. *colonus,* de *colere,* « cultiver ».

2. colon [kɔlɔ̃] n. m. **1.** Arg. (des militaires) Colonel. **2.** Pop. (Exclamatif, en signe d'étonnement, d'admiration, de reproche, etc.) *Ben, mon colon !* – Abrév. de *colonel.*

colón [kɔlɔn] n. m. Unité monétaire (Salvador, Costa Rica).

côlon [kolɔ̃] n. m. ANAT Totalité du gros intestin qui succède à l'intestin grêle et que termine le rectum. (On distingue trois parties : le *côlon droit,* ou ascendant, qui débute par le cæcum à la jonction iléo-cæcale ; le *côlon transverse* ; le *côlon gauche,* ou descendant, qui se termine par le rectum.) – Lat. *colon,* gr. *kôlon.*

colonat [kɔlɔna] n. m. HIST État, condition de colon (sens 1). – De *colon* 1.

colonel [kɔlɔnɛl] n. m. Officier supérieur dont le grade vient immédiatement au-dessous de celui de général de brigade. *Le colonel commande un régiment dans l'armée de terre, une escadre dans l'armée de l'air.* (Le grade correspondant dans la marine est celui de *capitaine de vaisseau.*) – Ital. *colonnello,* de *colonna,* « colonne d'armée »

colonelle [kɔlɔnɛl] n. et adj. **1.** n. f. Femme d'un colonel. **2.** adj. *Compagnie colonelle* : la première d'un régiment, sous l'Ancien Régime. – De *colonel.*

colonial, ale, aux [kɔlɔnjal, o] adj. et n. **1.** adj. Relatif aux colonies, qui vient des colonies. *Exposition coloniale. Denrées coloniales.* **2.** n. Habitant ou personne originaire des colonies. **3.** n. f. *La coloniale* : les troupes coloniales, spécialement entraînées pour les campagnes outre-mer, de 1901 à 1958. – De *colonie.*

colonialisme [kɔlɔnjalism] n. m. Doctrine politique qui vise à justifier l'exploitation de colonies par une nation étrangère. – De *colonial.*

colonialiste [kɔlɔnjalist] adj. et n. **1.** adj. Relatif au colonialisme. **2.** n. Péjor. Partisan du colonialisme. – De *colonialisme.*

colonie [kɔlɔni] n. f. **1.** Groupe de personnes qui quittent leur pays pour s'établir dans une autre contrée. *C'est une colonie de Phocéens qui fonda Marseille.* – Lieu où viennent se fixer ces personnes. **2.** Territoire étranger à la nation qui l'administre et l'entretient dans un rapport de dépendance politique, économique et culturelle. *Le ministère des Colonies (devenu ministère de la France d'outre-mer) créé en 1894 disparut en 1959.* **3.** *Par ext.* Ensemble de personnes appartenant à une même nation et résidant à l'étranger. *La colonie française de Londres.* **4.** *Colonie de vacances* : centre de vacances et de loisirs ; groupe d'enfants en vacances à la campagne, à la montagne ou à la mer, sous la surveillance d'animateurs. **5.** ZOOL Rassemblement d'animaux, généralement d'une même espèce. (Agglomération d'individus, dans les groupes inférieurs tels les cnidaires, tuniciers, etc. ; rassemblement en vue de la reproduction chez les insectes et les vertébrés.) – Lat. *colonia.*

colonisateur, trice [kɔlɔnizatœʀ, tʀis] adj. et n. Qui colonise. – De *coloniser.*

colonisation [kɔlɔnizasjɔ̃] n. f. Action de coloniser ; résultat de cette action. *La colonisation de la Cochinchine par la France de 1859 à 1868.* – De *coloniser.*

colonisé, ée [kɔlɔnize] adj. et n. Qui subit la domination d'une puissance colonisatrice. *Peuple colonisé qui revendique son indépendance.* ▷ Subst. *Les colonisés* (par oppos. aux *colonisateurs*). – Pp. de *coloniser.*

coloniser [kɔlɔnize] v. tr. [1] **1.** Organiser un territoire en colonie ; y établir des colons. **2.** Envahir un territoire (pour en faire une colonie). ▷ Fig., fam. *Les touristes ont colonisé la ville.* – De *colonie.*

colonnade [kɔlɔnad] n. f. ARCHI Série de colonnes disposées autour ou sur l'un des côtés d'un édifice, à l'intérieur ou à l'extérieur, pour servir de décoration ou de promenade. *La colonnade du Louvre.* – De *colonne.*

colonne [kɔlɔn] n. f. **1.** Support vertical de forme cylindrique, ordinairement destiné à soutenir un entablement ou à décorer un édifice. ▷ Par anal. *Les colonnes d'un lit,* qui soutiennent le ciel de lit. *Lit à colonnes.* **2.** ARCHI Monument commémoratif en forme de colonne. *La colonne Vendôme.* ▷ *Colonnes d'Hercule* : chez les Anciens, le détroit de Gibraltar. **3.** Chacune des divisions verticales du texte des pages d'un livre, d'un journal, etc. *Page imprimée sur trois colonnes.* ▷ *Colonne de chiffres* : suite de chiffres placés les uns au-dessous des autres. *La colonne des dizaines, des centaines.* **4.** MILIT Corps de troupe en marche, disposé sur peu de front et beaucoup de profondeur. *Défiler en colonne par quatre.* ▷ *Par ext.* Longue suite d'individus, de véhicules en marche. *Une colonne de blindés.* ▷ *La cinquième colonne* : les agents ennemis, qui sapent la résistance de l'intérieur (par référence à la guerre d'Espagne [1936-1939] et, partic., à la bataille de Madrid où Franco en fit usage pour appuyer les quatre colonnes qui assiégeaient la ville). **5.** *Colonne vertébrale* : ensemble des vertèbres, articulées en un axe osseux qui soutient le squelette. *Maladie, déformation de la colonne vertébrale.* **6.** TECH *Colonne de production* : colonne utilisée pour acheminer les fluides exploités dans un puits de pétrole. – *Colonne* *de lavage* : laveur vertical. ▷ PHYS *Colonne d'eau, d'air, de mercure* : masse d'eau, etc., à l'intérieur d'un récipient cylindrique vertical. ▷ *Colonne à plateaux* : appareil de distillation fractionnée. ▷ AUTO *Colonne de direction* : arbre reliant le volant à la direction. **7.** CONSTR *Colonne montante* : canalisation alimentant les appareils situés aux différents niveaux d'un bâtiment. – *Colonne sèche* : tuyauterie verticale qui permet aux pompiers de raccorder les tuyaux d'incendie sans les dérouler verticalement. – Lat. *columna.*

colonnette [kɔlɔnɛt] n. f. Petite colonne. – Dimin. de *colonne.*

colonoscopie [kɔlɔnɔskɔpi] ou **coloscopie** [kɔlɔskɔpi] n. f. MED Examen du côlon par endoscopie. – De *côlon,* et *-scopie.*

colopathie [kɔlɔpati] n. f. MED Affection du côlon. – De *côlon,* et *-pathie.*

colophane [kɔlɔfan] n. f. Résidu de la térébenthine exsudée de divers conifères, que l'on utilise pour l'encollage de papiers, la fabrication de vernis et pour faire mordre les archets sur les cordes des instruments de musique. – Lat. *colophonia,* du gr., «résine de Colophon (ville de Lydie)».

colophon [kɔlɔfɔ̃] n. m. IMPRIM Note finale d'un ouvrage indiquant le nom de l'imprimeur, la date et le lieu de l'impression. Syn. achevé d'imprimer. – Grec *kolophôn,* «achèvement, couronnement».

coloquinte [kɔlɔkɛ̃t] n. f. Cucurbitacée grimpante méditerranéenne et indienne (*Citrullus colocynthis*) qui donne un gros fruit, jaune à maturité, à péricarpe dur, à la pulpe amère et purgative; le fruit lui-même. – Lat. *colocynthis,* mot gr.

colorage [kɔlɔʀaʒ] n. m. TECH Action d'ajouter un colorant à une denrée alimentaire. – De *colorer.*

colorant, ante [kɔlɔʀɑ̃, ɑ̃t] adj. et n. m. Qui colore, qui donne de la couleur. *Un produit colorant.* ▷ n. m. Substance susceptible de se fixer sur un support et de lui donner une couleur. – *Spécial.* Substance utilisée pour colorer un produit alimentaire. *L'usage des colorants (alimentaires) est réglementé.* – Ppr. de *colorer.*

coloration [kɔlɔʀasjɔ̃] n. f. Action de colorer; état de ce qui est coloré. *La coloration d'une étoffe.* – De *colorer.*

coloratur, ure [kɔlɔʀatyʀ] adj. et n. f. inv. Virtuose du chant d'opéra à grandes vocalises. *Virtuose coloratur.* ▷ n. f. *Une colorature.* – Ital. *coloratura.*

coloré, ée [kɔlɔʀe] adj. Qui a une couleur et, partic., des couleurs vives. – *Teint coloré,* vermeil. ▷ Fig. *Style coloré,* plein d'images, brillant. – Pp. de *colorer.*

colorer [kɔlɔʀe] v. tr. [1] **1.** Donner une couleur, de la couleur à. *Le soleil colore les fruits.* **2.** Fig. Embellir, présenter sous un jour favorable. **3.** v. pron. Prendre de la couleur. *Ses joues se colorèrent sous l'effet de l'émotion.* – Dér. anc. de *couleur,* refait sur le lat. *colorare.*

coloriage [kɔlɔʀjaʒ] n. m. Action de colorier; son résultat. *Le coloriage d'une image. Livre de coloriage* : recueil d'images à colorier, pour les enfants. – De *colorier.*

colorier [kɔlɔʀje] v. tr. [2] Appliquer des couleurs sur une estampe, un dessin, etc. – De *coloris.*

colorimètre [kɔlɔʀimɛtʀ] n. m. CHIM Appareil utilisé pour analyser la couleur d'une solution. – Du lat. *color,* «couleur», et *mètre.*

colorimétrie [kɔlɔʀimetʀi] n. f. CHIM Analyse de l'absorption de la lumière par une solution que l'on cherche à doser. – De *color,* et *-métrie.*

colorimétrique [kɔlɔʀimetʀik] adj. Relatif à la colorimétrie. – De *colorimétrie.*

coloris [kɔlɔʀi] n. m. **1.** Nuance résultant du mélange des couleurs, de leur emploi dans un tableau. **2.** *Par ext.* Coloration, éclat naturel. *Le coloris d'un visage, d'une fleur, d'un fruit.* – Ital. *colorito,* de *colorire,* «colorier».

colorisation [kɔlɔʀizasjɔ̃] n. f. Application d'une couleur sur. – De *coloris.*

coloriser [kɔlɔʀize] v. tr. [1] Colorier, à l'aide de l'informatique, une copie de film noir et blanc. – Dér. du lat. *color, coloris,* «couleur».

coloriste [kɔlɔʀist] n. **1.** Peintre qui excelle dans l'emploi des couleurs. **2.** Personne qui colorie des dessins, des estampes. **3.** Spécialiste de l'utilisation des couleurs en matière de décoration. – De *coloris.*

coloscopie. V. colonoscopie.

colossal, ale, aux [kɔlɔsal, o] adj. D'une grandeur exceptionnelle, gigantesque. *Un monument colossal. Un empire colossal.* ▷ Fig. *Une force colossale.* – De *colosse.*

colossalement [kɔlɔsalmɑ̃] adv. De manière colossale. – De *colossal.*

colosse [kɔlɔs] n. m. **1.** Statue d'une grandeur exceptionnelle. *Le colosse de Rhodes était mis par les Anciens au nombre des Sept Merveilles du monde.* **2.** Homme de haute stature, très robuste. **3.** *Le colosse aux pieds d'argile* : l'Empire assyrien (dans la Bible). – *Par ext.* Loc. prov. Puissance dont les fondements sont fragiles. – Gr. *kolossos.*

colossien, enne [kɔlɔsjɛ̃, ɛn] adj. et n. De la ville de Colosses, située en Asie Mineure et auj. détruite. *Épître de saint Paul aux Colossiens.*

colostomie [kɔlɔstɔmi] n. f. CHIR Création d'un anus artificiel par abouchement à la peau d'une portion de côlon. – Du gr. *kôlon,* «côlon», et *stoma,* «bouche».

colostrum [kɔlɔstʀɔm] n. m. PHYSIOL Première sécrétion de la glande mammaire après l'accouchement. – Mot lat.

colpoplastie [kɔlpɔplasti] n. f. CHIR Création d'un vagin artificiel en cas d'anomalie ou d'absence congénitale de cet organe. – Du gr. *kolpos,* «creux, giron», et *-plastie.*

colportage [kɔlpɔʀtaʒ] n. m. **1.** Action de colporter. *Colportage à domicile.* **2.** Profession de colporteur. – De *colporter.*

colporter [kɔlpɔʀte] v. tr. [1] **1.** Présenter (des marchandises) à domicile, pour les vendre. **2.** Fig. (Souvent péjor.) Répandre (une nouvelle, une information, un renseignement) en les répétant à de nombreuses reprises. *Colporter une nouvelle croustillante.* – De l'a. fr. *comporter,* du lat. *comportare,* «transporter», modifié par *col.*

colporteur, euse [kɔlpɔʀtœʀ, øz] n. **1.** Marchand ambulant qui vend ses marchandises à domicile. **2.** Fig. Personne qui propage des nouvelles, des bruits. *Colporteur de ragots.* – De *colporter.*

colposcopie [kɔlpɔskɔpi] n. f. MED Examen du vagin et du col de l'utérus au moyen d'un instrument d'optique. – Du gr. *kolpos,* «ventre, entrailles», et *-scopie.*

colt [kɔlt] n. m. **1.** Pistolet à chargement automatique (calibre 11,43 mm). **2.** *Abusiv.* Revolver. – Du nom de l'inventeur.

coltiner [kɔltine] v. tr. [1] **1.** Porter sur le cou, les épaules (un fardeau pesant). – *Par ext.* Porter. *Coltiner une énorme valise.* **2.** v. pron. Fam. Faire (une chose pénible). *C'est encore moi qui me coltine tout le travail!* – Var. de *colletiner,* de *collet,* rad. *col,* «cou».

colubridés [kɔlybʀide] n. m. pl. ZOOL Importante famille de serpents comprenant notam. les couleuvres. – Sing. *Un colubridé.* – Lat. *coluber, colubris,* «couleuvre».

columbarium [kɔlɔ̃baʀjɔm] n. m. Édifice qui reçoit les urnes renfermant les cendres des morts incinérés. *Des columbariums.* – Mot lat., « colombier », à cause des niches qui rappellent celles d'un colombier.

columbiformes [kɔlɔ̃bifɔʀm] n. m. pl. ORNITH Ordre d'oiseaux aux pattes courtes, au bec court avec une base membraneuse où s'ouvrent les narines (pigeon, tourterelle, etc.). – Sing. *Un columbiforme.* – Du lat. *columba*, « colombe », et *-forme*.

columelle [kɔlymɛl] n. f. **1.** Axe de la coquille hélicoïdale des gastéropodes. **2.** Organe en forme de colonne d'un végétal ou d'un animal. – Lat. *columella*, « petite colonne », dimin. de *columna*, « colonne ».

col-vert ou **colvert** [kɔlvɛʀ] n. m. Canard sauvage commun, à la tête verte aux reflets métalliques, au collier blanc, aux ailes et au corps gris à miroirs blancs pour le mâle. (La cane est brune.) *Des cols-verts.* – De *col*, et *vert*.

colymbidés [kɔlɛ̃bide] n. m. pl. ZOOL Famille d'oiseaux comprenant les plongeons (genre *Colymbus*), érigée en ordre : *colymbiformes.* – Sing. *Un colymbidé.* – Du gr. *kolumbos*, « plongeon », et *-idés*.

colza [kɔlza] n. m. Variété de chou-navet (*Brassica napus* var. *oleracea*) à fleurs jaunes, cultivée pour l'huile que l'on extrait de ses graines et comme aliment pour le bétail. – Néerl. *koolzaad*, « graine de chou ».

com-. Élément, du lat. *cum*, « avec », exprimant le concours, l'union, la simultanéité d'action.

1. coma [kɔma] n. m. État morbide caractérisé par la perte de la conscience, de la sensibilité, de la motilité, avec conservation plus ou moins complète des fonctions respiratoires et circulatoires. *Être dans le coma.* – Gr. *kôma*, « sommeil profond ».

2. coma [kɔma] n. f. OPT Aberration géométrique d'un système centré donnant, d'un point voisin de l'axe, une tache rappelant un peu l'aspect d'une comète. – Du gr. *komê*, « chevelure ».

comateux, euse [kɔmatø, øz] adj. et n. **1.** Qui se rapporte au coma. *Un état comateux.* **2.** Qui est dans le coma. ▷ Subst. *Un comateux.* – De *coma* 1.

comatule [kɔmatyl] n. f. ZOOL Échinoderme crinoïde libre à l'état adulte, à la différence des lis de mer, toujours fixés. (L'adulte a 10 « bras », les 5 pédoncules de la larve se divisant quand ils se rompent). – Lat. scientif. *comatula*, de *coma*, « chevelure ».

combat [kɔ̃ba] n. m. **1.** Lutte entre deux ou plusieurs personnes, entre deux corps de troupes. *Combat de gladiateurs. Combat naval.* – Lutte entre des animaux. *Combat de coqs.* ▷ *Être hors de combat* : n'être plus en mesure de combattre. **2.** Fig., litt. Lutte. *Le combat spirituel.* **3.** Lutte des humains contre l'adversité. *La vie de l'homme est un combat.* **4.** Opposition de choses entre elles. *Le combat des éléments.* – De *combattre*.

combatif, ive [kɔ̃batif, iv] adj. (et n.) Porté à la lutte, à l'offensive. *Un tempérament combatif.* ▷ Subst. *C'est un combatif.* – De *combattre*.

combativité [kɔ̃bativite] n. f. Goût du combat. – Volonté de lutte. *La combativité des troupes*, leur ardeur à se battre. – De *combatif*.

combattant, ante [kɔ̃batɑ̃, ɑ̃t] n. et adj. **I. 1.** Personne qui prend part à un combat. *Une armée de vingt mille combattants.* – *Les combattants*, par opposition aux *auxiliaires.* – *Anciens combattants* : soldats qui ont combattu pendant une guerre et qui, revenus à la vie civile, se sont regroupés en associations. *Le ministère des Anciens Combattants.* ▷ adj. *Les forces combattantes.* **2.** Fam. Personne qui prend part à une rixe. *Apostropher les combattants.* **II.** n. m. ZOOL **1.** *Combattant* ou *chevalier combattant* : oiseau de rivage (*Philomachus pugnax*, ordre des charadriiformes) à plastron bouffant de couleur variable, dont les mâles, au printemps, se livrent à des parades à allure de combats. **2.** n. m. Rutilant poisson perciforme (*Betta splendens*) d'Asie du S. dont les mâles se livrent des combats à mort. – Ppr. de *combattre*.

combattre [kɔ̃batʀ] v. [**61**] **I.** v. tr. **1.** Attaquer qqn ou se défendre contre lui. *Rodrigue combattit les Maures.* **2.** Lutter contre (qqch de mauvais, de dangereux). *Combattre un incendie, une maladie.* ▷ S'opposer à. *Combattre des théories erronées.* **II.** v. tr. indir. et intr. **1.** Livrer combat. *Combattre avec des troupes fraîches. Combattre pour une juste cause.* **2.** Faire la guerre. *Combattre pour la patrie.* **3.** Lutter. *Combattre contre les préjugés, les passions.* – Bas lat. *combattuere*, de *cum*, « avec », et *battuere*, « battre ».

combe [kɔ̃b] n. f. Dépression longue et étroite, parallèle à la direction des reliefs et entaillée dans les parties anticlinales d'un plissement. – Du gaul. *cumba*, « vallée ».

combien [kɔ̃bjɛ̃] adv. et n. m. inv. **1.** À quel point, à quel degré. *Il m'a dit combien il vous estime.* **2.** adv. interrog. *Combien de* : quelle quantité, quel nombre. *Combien de disques as-tu acheté ? Combien de temps avez-vous mis pour venir ? Combien de kilomètres y a-t-il entre ici et la ville ?* ▷ *Absol.* Quelle quantité (de temps, de distance, d'argent, etc.). *Combien coûte ce livre ?* Fam. *Combien y a-t-il d'ici à la gare ?* – Fam. *C'est combien ? Ça fait combien ?* **3.** n. m. inv. (Emploi critiqué.) *Ce journal paraît tous les combien ?* **4.** adv. exclam. *Ô combien !* (Fréquemment en incise.) *Il exagère, ô combien !*, beaucoup. **5.** *De combien* : de quelle quantité, de quel nombre d'années. *De combien s'en faut-il ? De combien est-il votre cadet ?* – De l'a. fr. *com*, « comme », et *bien*.

combientième [kɔ̃bjɛ̃tjɛm] adj. (et n.) Fam. (Formation fautive.) V. quantième. Subst. *Vous êtes le combientième ?* – De *combien*.

combinaison [kɔ̃binɛzɔ̃] n. f. **1.** Assemblage de plusieurs choses dans un certain ordre. *Combinaison de couleurs.* **2.** CHIM Formation d'un composé à partir de plusieurs corps qui s'unissent dans des proportions déterminées. **3.** MATH Dans un ensemble fini non vide comprenant n éléments, partie composée de p éléments, $p < n$ (p et n étant des entiers naturels). **4.** MUS Disposition du mécanisme des orgues permettant de préparer les jeux à jouer ultérieurement. **5.** Fig. (Souvent au plur.) Mesures, calculs faits pour réussir. *Déjouer des combinaisons malhonnêtes.* **6.** Sous-vêtement féminin, en tissu léger, porté sous la robe. ▷ Vêtement réunissant pantalon et veste en une seule pièce. *Combinaison de mécanicien, d'aviateur. Combinaison de plongée.* **7.** Ensemble de chiffres ou de lettres que l'on forme au moyen de boutons moletés, de cadrans, etc., et qui permet de faire jouer un système de fermeture (cadenas, serrure de coffre-fort, etc.) dit *à combinaison.* – Du bas lat. *combinatio*, de *combinare*, « combiner ».

combinard, arde [kɔ̃binaʀ, aʀd] adj. et n. Pop. Qui utilise des combines. *Un gars combinard.* – De *combiner*.

combinat [kɔ̃bina] n. m. Dans l'ex-U.R.S.S., réunion dans une même rég. de plus. industries présentant des affinités techniques. Syn. complexe. – Mot russe de même origine que *combiner*.

combinateur [kɔ̃binatœʀ] n. m. TECH Commutateur destiné à effectuer différentes combinaisons de circuits. – De *combiner*.

combinatoire [kɔ̃binatwaʀ] adj. et n. f. **1.** adj. MATH *Analyse combinatoire* ou, n. f., *combinatoire* : partie de l'analyse qui étudie les différentes manières de combiner les éléments d'un ensemble (théorie des arrangements, des permutations et des combinaisons, notam.). *L'analyse combinatoire a une grande importance dans le calcul des probabilités.* **2.** n. f., Didac. Combinaison d'éléments qui interréagissent. – De *combiner*.

combine [kɔ̃bin] n. f. Fam. Moyen détourné, tricherie adroite pour arriver à ses fins ou pour obtenir qqch. *Il connaît une combine pour voyager sans payer.* – De *combinaison.*

combiné, ée [kɔ̃bine] adj. et n. m. **I.** adj. **1.** Fig. Réuni. *L'ambition et le talent combinés le mèneront loin.* **2.** MILIT *Opérations combinées terre-air,* où interviennent plusieurs armes (par ex. l'infanterie et l'aviation). **II.** n. m. **1.** TECH Combinaison d'appareils ou de systèmes en un produit complexe. ▷ *Combiné téléphonique* : ensemble d'un écouteur et d'un microphone reliés par une poignée. **2.** Sous-vêtement réunissant un soutien-gorge et une gaine. **3.** SPORT Compétition regroupant plusieurs disciplines. *Le combiné alpin en ski réunit la descente, le slalom spécial et le slalom géant.* – Pp. de *combiner.*

combiner [kɔ̃bine] v. tr. [1] **1.** Arranger (plusieurs choses) dans un ordre ou dans des proportions déterminés. *Combiner des couleurs.* – v. pron. *Des matériaux qui se combinent.* **2.** CHIM Faire la combinaison de. **3.** Fig. Calculer, préparer, organiser. *Combiner un plan d'évasion.* – Lat. *combinare,* « réunir ».

comblanchien [kɔ̃blɑ̃ʃjɛ̃] n. m. Calcaire jaunâtre, très dur, susceptible d'acquérir un beau poli. – De Comblanchien, commune de Côte-d'Or dont il est originaire.

1. comble [kɔ̃bl] n. m. **1.** Vx Ce qui peut tenir au-dessus d'une mesure déjà pleine. *Le comble d'un boisseau.* **2.** Fig. Maximum, degré le plus élevé. *Le comble de l'hypocrisie. Être au comble du désespoir.* – *C'est le comble, c'est un comble* : cela dépasse la mesure. **3.** ARCHI Ensemble formé par la charpente et la couverture d'un bâtiment. *Comble brisé,* qui comporte deux inclinaisons sur le même versant. ▷ Cour. *Les combles* : partie d'un édifice se trouvant directement sous la toiture. ▷ Loc. *De fond en comble* : entièrement, du haut en bas. *Fouiller une maison de fond en comble.* – Du lat. *cumulus,* « amoncellement ».

2. comble [kɔ̃bl] adj. **1.** Vx Rempli au point de déborder. *Un boisseau comble.* – Fig. *La mesure est comble* : en voilà assez. **2.** Rempli de gens. *Une salle comble.* – De *combler.*

comblement [kɔ̃bləmɑ̃] n. m. Fait de combler (un vide, un trou, un creux). *Le comblement d'un étang.* – De *combler.*

combler [kɔ̃ble] v. tr. [1] **1.** Vx Remplir par-dessus les bords. *Combler un boisseau.* – Fig., mod. *Combler la mesure* : dépasser la mesure permise. *Ses insolences comblent la mesure.* **2.** Remplir (un vide, un trou, un creux). *Combler un puits.* **3.** Fig. Compenser. *Combler un déficit.* **4.** Fig. *Combler qqn,* le satisfaire pleinement. *Combler les désirs, les vœux de qqn,* les satisfaire pleinement. ▷ *Combler qqn de,* le gratifier en abondance de. *Combler de bienfaits, de cadeaux.* – Du lat. *cumulare,* « amonceler ».

comburant, ante [kɔ̃byʀɑ̃, ɑ̃t] n. m. et adj. CHIM Substance capable d'entretenir la combustion d'un combustible. *L'oxygène de l'air est le comburant le plus utilisé.* – Du lat. *comburens,* ppr. de *comburere,* « brûler ».

combustibilité [kɔ̃bystibilite] n. f. Aptitude d'un corps à entrer en combustion. – De *combustible.*

combustible [kɔ̃bystibl] adj. et n. m. **1.** adj. Qui peut brûler. *Corps, matière combustible.* **2.** n. m. Substance qui peut entrer en combustion (bois, charbon, essence, gaz naturel, etc.) et être utilisée pour produire de la chaleur. *Les carburants sont des combustibles qui contiennent des hydrocarbures.* **3.** PHYS NUCL *Combustible nucléaire* : matière susceptible de fournir de l'énergie par fission ou fusion nucléaire. – De *combustion.*

combustion [kɔ̃bystjɔ̃] n. f. **1.** Cour. Fait de brûler. **2.** CHIM Réaction d'oxydoréduction produisant de la chaleur. ▷ *Combustion massique* : énergie libérée par unité du combustible. – Lat. *combustio,* de *comburere,* « brûler ».

come-back [kɔmbak] n. m. inv. (Anglicisme) Réapparition d'une vedette ou d'une personnalité publique après une période de retrait ou d'inactivité. – Angl. *(to) come back,* « revenir ».

comédie [kɔmedi] n. f. **I. 1.** Vx Pièce de théâtre; endroit où on la joue. – Troupe de comédiens. **2.** *La Comédie-Française* : le Théâtre-Français officiel, dont la troupe fut constituée en 1680 et le fonctionnement réglé par le décret promulgué par Napoléon à Moscou (1812). **3.** Fig. Caprice, feinte, mensonge. *Tout cela n'est que comédie. Quelle comédie!* : que d'embarras! ▷ *Jouer la comédie* : feindre des sentiments que l'on n'éprouve pas, affecter d'avoir des idées que l'on n'a pas. **4.** LITTER *« La Comédie humaine »* : cycle romanesque d'Honoré de Balzac (1830 - 1850). **II. 1.** Pièce de théâtre où sont décrits de manière plaisante les mœurs, les défauts, les ridicules des êtres humains. *Comédie d'intrigue, de mœurs, de caractères. Comédie-ballet, comédie de boulevard.* **2.** Le genre comique (par opposition à la *tragédie* et au *drame*). *Voltaire, surtout connu pour ses drames, ne méprisait pas la comédie.* **3.** Fig. *Un personnage, une tête, une silhouette de comédie,* ridicule, drôle. – Lat. *comœdia,* « pièce de théâtre ».

comédien, enne [kɔmedjɛ̃, ɛn] n. et adj. **1.** Personne dont la profession est de jouer au théâtre, au cinéma, etc.; acteur. **2.** Acteur de comédie (par oppos. à *tragédien*). **3.** Fig. Personne encline à jouer un rôle, à feindre. ▷ adj. *Ce qu'il est comédien, ce gamin!* – De *comédie.*

comédon [kɔmedɔ̃] n. m. Petit bouchon de sébum, noirâtre au sommet, qui obstrue un pore de la peau, communément appelé « point noir ». – Du lat. *comedere,* « manger ».

comestible [kɔmɛstibl] adj. et n. m. pl. **1.** adj. Qui convient à la nourriture des êtres humains. *Un champignon comestible.* **2.** n. m. pl. Produits alimentaires. *Le rayon des comestibles d'un grand magasin.* – Du lat. *comestus,* pp. de *comedere,* « manger ».

cométaire [kɔmetɛʀ] adj. ASTRO Des comètes. – De *comète.*

comète [kɔmɛt] n. f. Petit corps céleste qui décrit une parabole ou une ellipse très allongée autour du Soleil. – Loc. fig. *Tirer des plans sur la comète* : faire des projets irréalisables. – Gr. *komêtês,* « astre chevelu », par le lat. *cometa.*

ENCYCL Les comètes sont composées d'un noyau solide (agrégat de glace et de poussières) de forme irrégulière (dimension de l'ordre de quelques km), invisible depuis la Terre. Lorsqu'une comète se rapproche du Soleil, des structures lumineuses se développent à partir du noyau : la chevelure (halo circulaire de 50 000 à 200 000 km de diamètre constitué de gaz et de poussières libérés par le noyau et éclairés par le Soleil) et, s'étirant sur plusieurs millions de km à l'opposé du Soleil, la queue de plasma (ions de la chevelure repoussés par le vent solaire) et la queue de poussière (éclairée par diffusion de la lumière solaire). La plus connue est la comète de Halley (période : env. 76 ans).

comice [kɔmis] n. m. **1.** (Plur.) ANTIQ Assemblée du peuple romain pour élire des magistrats ou voter des lois. **2.** (Plur.) HIST Réunion des électeurs. **3.** *Comice(s) agricole(s)* : assemblée formée par des cultivateurs, des propriétaires ruraux pour favoriser l'amélioration des procédés agricoles et du cheptel. – Du lat. *comitium,* « assemblée du peuple ».

comicial. V. comitial.

comics [kɔmiks] n. m. pl. (Anglicisme) Bandes dessinées, dessins humoristiques. – Mot angl.

comique [kɔmik] adj. et n. **1.** adj. Qui appartient à la comédie (sens II). *Le genre comique.* – LITTER Vx De la comédie, du théâtre, des comédiens. *« Le Roman comique » de*

Scarron (1651). ▷ n. m. Auteur comique. *Les comiques grecs.* – Acteur comique. *Les comiques troupiers étaient très appréciés vers 1900.* ▷ Fig. *Le comique de la troupe* : le bouffon, le boute-en-train. **2.** n. m. *Le comique* : le genre comique, la comédie. *Un acteur qui excelle dans le comique.* **3.** adj. Qui fait rire, plaisant, risible, ridicule. *Il lui arrive des aventures comiques.* ▷ n. m. *Le comique de l'histoire, c'est...* – Lat. *comicus*, gr. *kômikos*.

comiquement [kɔmikmɑ̃] adv. De manière comique (sens 3). – De *comique*.

comitat [kɔmita] n. m. Ancienne circonscription administrative en Hongrie. – Du bas lat. *comitatus*, «dignité comtale».

comité [kɔmite] n. m. **1.** Réunion de personnes chargées d'examiner certaines affaires, de donner un avis, de préparer une délibération, d'orienter une décision. *Élire un comité. Comité de lecture.* – *Comité d'entreprise*, élu par les salariés pour améliorer les conditions de vie du personnel et pour gérer les œuvres sociales de l'entreprise. – HIST *Comité de salut public*, qui exerça le pouvoir effectivement en 1793 et 1794, puis théoriquement jusqu'en 1795. **2.** Loc. *En petit comité* : dans l'intimité. *Une réception en petit comité.* – Angl. *committee*, de *to commit*, «confier», lat. *committere*.

comitial ou **comicial, ale, aux** [kɔmisjal, o] adj. **1.** Relatif aux comices. **2.** MED *Mal comitial* : l'épilepsie (parce que les comices romains se séparaient si, dans l'assistance, un épileptique avait une crise). *Crise comitiale.* – De *comice*.

comma [kɔma] n. m. MUS La plus petite division du ton perceptible à l'oreille. *Le ton se divise en neuf commas.* – Gr. *komma*, «membre de phrase», de *koptein*, «couper».

commandant, ante [kɔmɑ̃dɑ̃, ɑ̃t] n. **I.** n. m. **1.** Celui qui exerce un commandement militaire. *Commandant en chef.* **2.** Grade le plus bas dans la hiérarchie des officiers supérieurs, dans les armées de terre et de l'air. **3.** Officier qui commande un bâtiment de guerre ou un navire de commerce. – Appellation donnée aux officiers du grade de capitaine de corvette. **4.** AVIAT *Commandant de bord* : pilote chef de l'équipage. **II.** n. f. Fam. Femme d'un commandant. – De *commander*.

commande [kɔmɑ̃d] n. f. **1.** Demande de marchandise devant être fournie à une date déterminée. *Faire, passer (une) commande.* – Marchandise commandée. *Livrer une commande.* ▷ *Ouvrage de commande*, exécuté par un artiste à la demande d'un maître d'œuvre. ▷ *Travail sur commande, à la commande*, fait à la demande d'un client. **2.** Fig. *De commande* : affecté, feint, simulé. *Il manifestait un enthousiasme de commande.* **3.** TECH Mécanisme qui permet de provoquer la mise en marche, l'arrêt ou la manœuvre d'un ou de plusieurs organes. *Tenir les commandes.* – Fig. *Tenir les commandes d'une entreprise.* **4.** TECH Action de déclencher, d'arrêter et d'assurer le fonctionnement ou la conduite des organes ou des mécanismes d'un appareil. – De *commander*.

commandement [kɔmɑ̃dmɑ̃] n. m. **1.** Action, manière de commander. *Un ton de commandement*, impératif. – MILIT Ordre bref. *À mon commandement, marche!* **2.** DR Injonction par ministère d'huissier de s'acquitter de ses obligations. **3.** RELIG Ordre, loi émanant d'une Église. *Les dix commandements*, donnés par Yahvé à Moïse, d'après l'Ancien Testament. *Les commandements de l'Église.* **4.** Autorité, pouvoir de celui qui commande. *Avoir le commandement d'un régiment.* **5.** Ensemble de la hiérarchie militaire supérieure. *Le haut commandement des forces françaises.* – De *commander*.

commander [kɔmɑ̃de] v. [1] **I.** v. tr. dir. **1.** User de son autorité en indiquant à autrui ce qu'il doit faire. *Cet adolescent ne supporte pas qu'on le commande.* **2.** Exercer son autorité hiérarchique sur (qqn). *Commander une armée.* **3.** *Commander (qqch)* : ordonner, diriger. *Commander la manœuvre.* **4.** Fig. Appeler, exiger. *Sa conduite courageuse commande le respect.* **5.** Faire une commande de. *Commander du charbon.* **6.** Dominer, en parlant d'un lieu. *Cette éminence commande la plaine.* ▷ v. pron. S'ouvrir l'une sur l'autre, en parlant des pièces d'un appartement. *Ces deux chambres se commandent.* **7.** TECH Faire marcher, faire fonctionner. *Une cellule photoélectrique commande l'ouverture de cette porte.* **II.** v. tr. indir. **1.** Avoir autorité sur (qqn). *Commander à qqn. Commander à (qqn) de* (+ inf.). **2.** Fig. Maîtriser. *Commander à ses passions.* **III.** v. intr. User de son autorité, donner des ordres. *Ce n'est pas vous qui commandez ici.* – Lat. pop. **commandare*, de *commendare*, «confier, recommander».

commanderie [kɔmɑ̃dʀi] n. f. **1.** HIST Bénéfice affecté à l'ordre de Malte et à quelques autres ordres militaires. **2.** Résidence du commandeur d'un de ces ordres. *Une ancienne commanderie de Templiers.* – De *commander*.

commandeur [kɔmɑ̃dœʀ] n. m. **1.** HIST Chevalier pourvu d'une commanderie. *La statue du Commandeur dans «Dom Juan».* **2.** Dans certains ordres, grade audessus de celui d'officier. *Commandeur de la Légion d'honneur.* **3.** HIST *Le commandeur des croyants* : titre que prenaient les califes (et que porte toujours le roi du Maroc). – De *commander*.

commanditaire [kɔmɑ̃ditɛʀ] n. m. Bailleur de fonds dans une société en commandite. – De *commandite*.

commandite [kɔmɑ̃dit] n. f. **1.** Société dans laquelle une partie des associés (les bailleurs de fonds) ne prennent pas part à la gestion. **2.** Fonds versés par chaque associé d'une société en commandite. – De l'ital. *accomandita*, «dépôt, garde», avec infl. de *commande*.

commanditer [kɔmɑ̃dite] v. tr. [1] **1.** Verser des fonds dans une société en commandite. **2.** *Par ext.* Financer. *Mécène qui commandite une troupe théâtrale.* – De *commandite*.

commando [kɔmɑ̃do] n. m. Groupe de combat chargé d'exécuter une opération rapidement et par surprise. *Des commandos.* – Mot portug., de *commandar*, «commander», repris en all. et en angl. durant la Seconde Guerre mondiale.

comme [kɔm] adv. et conj. **I.** adv. interrog. et exclam. **1.** À quel point, combien. *Comme il est susceptible!* **2.** Comment, de quelle manière. *Voyez comme il se hâte.* – Péjor. *Dieu sait comme. Il faut voir comme.* **II.** conj. de subordination. **1.** Puisque. *Comme il l'aime, il lui pardonnera.* **2.** Tandis que. *Comme il approchait, il vit...* **III.** conj. et adv. **1.** (Comparaison) De la même manière que, ainsi que, de même que. *Faites comme lui. Comme on fait son lit, on se couche.* ▷ *Tout comme* : exactement comme. *Elle est blonde tout comme sa mère.* – *C'est tout comme* : c'est pareil. ▷ Fam. *Comme tout* : extrêmement. *Elle est amusante comme tout, votre histoire.* **2.** Ainsi que. *Blanc comme neige.* **3.** (Manière) De la manière que. *Généreux comme il est, il ne peut refuser.* – *Comme vous voudrez* : à votre convenance. – *Comme de juste* : comme il est juste. – Loc. fam. *Comme de bien entendu* : évidemment. – *Comme il faut* : convenablement. *Rétribuez-le comme il faut.* – Fam. Convenable, distingué. *Une dame tout à fait comme il faut.* – Fam. *Comme qui dirait* : d'une certaine manière. – *Comme quoi* : ce qui montre que. *Il se trompe, comme quoi cela arrive à tout le monde.* **4.** (Pour atténuer.) *Elle est comme possédée.* ▷ Fam. *Comme ci comme ça* : tant bien que mal; ni bien ni mal. *Comment ça va? – Comme ci comme ça.* **5.** Tel que. *Un homme comme lui. On n'a jamais vu une escroquerie comme celle-là.* **6.** En tant que. *Être élu comme président. Prenez-le comme modèle.* – Du lat. *quomodo*, «de quelle façon», auquel on a ajouté les sens de *cum*.

commedia dell'arte [kɔmedjadellaʀte] n. f. inv. Comédie à types conventionnels (Arlequin, Pierrot, Pantalon, Colombine, etc.), jouée par des acteurs souvent masqués qui improvisent le dialogue sur un scénario donné. *La commedia dell'arte fut introduite d'Italie en France au début du XVIIe s.* – Mots ital, «comédie de l'art», c.-à-d. de l'art de la scène.

commémoraison [kɔmemɔʀezɔ̃] n. f. LITURG Mention que l'Église catholique fait, à la messe du jour, d'un saint lorsque le jour de sa fête est consacré à une fête plus importante. – Du lat. *commemoratio*.

commémoratif, ive [kɔmemɔʀatif, iv] adj. Qui rappelle le souvenir d'une personne ou d'un événement. *Un monument commémoratif.* – De *commémorer*.

commémoration [kɔmemɔʀasjɔ̃] n. f. **1.** Cérémonie à la mémoire d'une personne ou d'un événement. *Commémoration des morts* : fête que l'Église catholique célèbre le 2 novembre. **2.** *Par ext.* Souvenir. *Prononcer un discours en commémoration de l'Armistice.* – Lat. *commemoratio*.

commémorer [kɔmemɔʀe] v. tr. [1] Rappeler le souvenir (d'une personne, d'un événement). *Commémorer la naissance d'un écrivain.* – Lat. *commemorare*.

commençant, ante [kɔmɑ̃sɑ̃, ɑ̃t] n. Débutant. *Il est commençant en anglais.* – Ppr. de *commencer*.

commencement [kɔmɑ̃smɑ̃] n. m. **1.** Premier moment dans l'existence d'une chose. *Le commencement du monde. Le commencement de l'année. Au commencement* : à l'origine. *C'est le commencement de la fin* : la mort, la défaite, la débâcle, etc., sont proches. – Prov. *Il y a (un) commencement à tout* : on ne réussit pas toujours dès les premiers essais. **2.** Partie d'une chose que l'on voit la première. *Commencement du train.* **3.** DR *Commencement de preuve par écrit* : écrit émanant de la personne à qui on l'oppose, rendant vraisemblable le fait allégué. **4.** (Plur.) Débuts. – *Spécial.* Les premières leçons dans un art, une science. – De *commencer*.

commencer [kɔmɑ̃se] v. [12] **I.** v. intr. Débuter. *La forêt commence ici. Cette histoire commence mal.* **II.** v. tr. **1.** Faire le commencement, le début, la première partie de (qqch). *Commencer un ouvrage.* **2.** Être en tête de. *Une citation bien choisie commence l'article.* **3.** Être dans le premier temps de. *Le souverain commençait son règne.* **4.** *Commencer à* ou *de* (+ inf.) : entreprendre, se mettre à. *Je commence à comprendre.* – v. impers. *Il commence à neiger.* **5.** *Commencer par* : faire en premier lieu (qqch). *Commencez par le commencement!* – Du lat. pop. **cominitiare*, de *initium*, «commencement».

commendataire [kɔmɑ̃datɛʀ] adj. et n. Qui tient un bénéfice en commende. – Lat. *commendatarius*.

commende [kɔmɑ̃d] n. f. En droit canon, attribution d'un bénéfice ecclésiastique (abbaye, prieuré, etc.) à un séculier ou à un laïc. – Lat. ecclés. *commenda*, de *commendare*, «confier».

commensal, ale, aux [kɔmɑ̃sal, o] n. et adj. **1.** n. Litt. Personne qui mange à la même table que d'autres. ▷ Sous l'Ancien Régime, officiers et serviteurs de la maison royale. **2.** adj. BIOL Désigne les êtres vivants qui vivent et se nourrissent auprès d'autres sans leur nuire (à la différence des *parasites*). *Bactéries commensales du tube digestif.* – Lat. médiév. *commensalis*, de *mensa*, «table».

commensalisme [kɔmɑ̃salism] n. m. BIOL État des commensaux (sens 2). – De *commensal*.

commensurable [kɔmɑ̃syʀabl] adj. Qualifie les grandeurs de même espèce qui peuvent être mesurées par une grandeur commune. – Bas lat. *commensurabilis*, de *mensura*, «mesure».

comment [kɔmɑ̃] adv. et n. m. inv. **1.** (Interrogatif) De quelle façon. *Comment allez-vous?* – Fam. *Comment?* (sous-entendu : *dites-vous?*) : interrogation destinée à faire répéter qqch que l'on n'a pas compris. – *Par ext.* Pourquoi. *Comment ne m'avez-vous pas attendu?* **2.** (Affirmatif) De quelle manière. *Je vais vous dire comment cela s'est passé. Je me demande comment il se porte. On ne sait comment.* – *N'importe comment* : de n'importe quelle façon; mal. ▷ n. m. inv. Manière. *Le pourquoi et le comment d'une chose*, ses causes et la manière dont elle s'est produite. **3.** Exclamation de surprise, d'étonnement, d'impatience, d'indignation. *Comment, vous ici?* **4.** *Comment donc!* pour renforcer une affirmation. *Comment donc, tu pars! Puis-je téléphoner? – Mais comment donc!* ▷ Fam. *On a gagné, et comment!* – De l'a. fr. *com*, «comme».

commentaire [kɔmmɑ̃tɛʀ] n. m. **1.** Explication d'un texte, remarques faites pour en faciliter la compréhension. **2.** Observation, explication, remarque. *Commentaires de presse.* – Fam. (Souvent plur.) *Cela se passe de commentaires. Épargnez-nous vos commentaires.* – Loc. fam. (Souvent péjor.) *Sans commentaire!* : les faits sont suffisamment éloquents. **3.** Interprétation malveillante. *Susciter les commentaires de son entourage.* – De *commenter*.

commentateur, trice [kɔmmɑ̃tatœʀ, tʀis] n. **1.** Personne qui commente un ouvrage de littérature, d'histoire, de droit. *Un commentateur de Racine.* **2.** Personne qui commente (les informations) à la radio, à la télévision. *Un commentateur sportif.* – De *commenter*.

commenter [kɔmmɑ̃te] v. tr. [1] **1.** Expliquer (un texte) par des remarques écrites ou orales. *Commenter un texte d'un auteur classique.* **2.** Interpréter, juger. *Commenter les agissements de son entourage.* **3.** Éclairer (des faits, des paroles, une information, etc.) par des commentaires. *L'ambassadeur a refusé de commenter les décisions présidentielles.* – Lat. *commentari*, «réfléchir, étudier».

commérage [kɔmeʀaʒ] n. m. Fam. Racontar, cancan. *Colporter des commérages.* – De *commère*.

commerçant, ante [kɔmɛʀsɑ̃, ɑ̃t] n. et adj. **1.** n. Personne qui fait du commerce. *Les commerçants du quartier. Commerçant en détail, en gros. Les petits commerçants.* **2.** adj. Qui fait du commerce. *Un pays commerçant.* **3.** adj. Où se trouvent de nombreux commerces. *Une rue commerçante.* – Ppr. de *commercer*.

commerce [kɔmɛʀs] n. m. **I. 1.** Négoce, achat et vente de marchandises, de biens. *Le commerce intérieur. La balance du commerce extérieur* : le rapport d'équilibre entre les importations et les exportations d'un pays. *Un tribunal de commerce. Un voyageur* de commerce.* **2.** *Le commerce* : l'ensemble des commerçants. **3.** Boutique, magasin, fonds de commerce. *Tenir un commerce.* ▷ *Faire commerce de ses charmes* : se livrer à la prostitution. **II. 1.** Litt. Relations des êtres humains les uns avec les autres. *Aimer le commerce des gens de goût. Commerce charnel.* **2.** Manière d'être en société. *Il est d'un commerce agréable.* – Lat. *commercium*, de *merx, mercis*, «marchandise».

commercer [kɔmɛʀse] v. intr. [12] Faire du commerce. *Ce pays commerce avec ses voisins.* – De *commerce*.

commercial, ale, aux [kɔmɛʀsjal, o] adj. et n. **I.** adj. **1.** Relatif au commerce. *Une entreprise commerciale.* **2.** Péjor. *Un roman, un film commercial*, réalisé dans le seul but d'être bien vendu, pour les bénéfices escomptés de cette vente. **II. 1.** n. f. Automobile fourgonnette. **2.** n. Fam. Personne travaillant dans le secteur commercial d'une entreprise. – Personne de formation commerciale. – De *commerce*.

commercialement [kɔmɛʀsjalmɑ̃] adv. De façon commerciale; du point de vue du commerce. – De *commercial*.

commercialisable [kɔmɛʀsjalizabl] adj. Qui peut être commercialisé. – De *commercialiser*, et *-able*.

commercialisation [kɔmɛʀsjalizasjɔ̃] n. f. Action de commercialiser. – De *commercialiser*.

commercialiser [kɔmɛʀsjalize] v. tr. [1] **1.** DR Assujettir aux règles du droit commercial. *Commercialiser une dette*. **2.** Mettre (qqch) dans le commerce. *Commercialiser une découverte scientifique*. – De *commercial*.

commère [kɔmɛʀ] n. f. **1.** Vx Marraine, par rapport au parrain, au père (le compère). **2.** Vieilli ou rég. Terme affectueux donné à une femme. **3.** Cour. Femme curieuse et cancanière. *Racontars de commères*. – Du lat. ecclés. *commater*, «mère avec, marraine».

commérer [kɔmeʀe] v. intr. [14] Se livrer à des commérages. – De *commère*.

commettage [kɔmetaʒ] n. m. TECH Opération de corderie qui consiste à réunir plusieurs fils déjà tordus pour en faire un câble; son résultat. – De *commettre*.

commettant [kɔmetɑ̃] n. m. DR Personne qui charge un tiers du soin de ses intérêts. – Ppr. de *commettre*.

commettre [kɔmɛtʀ] v. tr. [60] **1.** Accomplir, faire (un acte répréhensible). *Commettre un péché, une indélicatesse, un crime*. **2.** Fam., Iron. Être l'auteur de. *Commettre un livre*. **3.** Préposer (qqn) à, charger (qqn) de. *Commettre qqn à un emploi*. **4.** Vieilli Confier. *Commettre une affaire aux soins de qqn*. **5.** Vieilli Compromettre. *Commettre sa réputation*. **6.** TECH *Commettre un cordage*, le former en tordant ensemble plusieurs torons. **7.** v. pron. Se compromettre, s'exposer. *Se commettre avec des personnes louches*. – Mot normanno-picard; lat. *committere*, «mettre ensemble».

comminatoire [kɔminatwaʀ] adj. **1.** DR Se dit d'une clause, d'une disposition légale, d'un jugement qui contient la menace d'une sanction. *Astreinte comminatoire*. **2.** Qui tient de la menace, qui est destiné à intimider. *Un ton comminatoire*. – Lat. médiév. *comminatorius*, rad. *minari*, «menacer».

comminutif, ive [kɔminytif, iv] adj. CHIR Qui réduit en petits fragments. *Fracture comminutive*. – Dérivé du lat. *comminuere*, «briser».

commis [kɔmi] n. m. **1.** Employé subalterne (administration, commerce, agriculture). – *Commis boucher*. ▷ Vieilli *Commis voyageur* : voyageur de commerce. **2.** HIST Haut fonctionnaire d'un ministère, d'une administration. ▷ Mod. *Les grands commis de l'État* : les hauts fonctionnaires. – Pp. subst. de *commettre*.

commisération [kɔmizeʀasjɔ̃] n. f. Litt. Pitié, compassion. *Témoigner de la commisération à ceux qui sont dans la peine*. – Lat. *commiseratio*, de *miserari*, «avoir pitié».

commissaire [kɔmisɛʀ] n. m. **1.** Personne remplissant des fonctions généralement temporaires. – *Haut-commissaire* : haut fonctionnaire chargé d'une mission déterminée. – *Commissaire aux comptes* : agent désigné par les actionnaires d'une société anonyme pour contrôler les comptes des administrateurs. ▷ SPORT Personne qui vérifie la régularité d'une épreuve. ▷ HIST *Commissaire du peuple* : titre porté par les ministres en Russie soviétique et en U.R.S.S. de 1917 à 1946. **2.** Titulaire d'une fonction permanente. *Commissaire de police* : fonctionnaire chargé, dans les villes, du maintien de l'ordre et de la sécurité. **3.** Membre d'une commission. – Lat. médiév. *commissarius*, de *committere*, «préposer».

commissaire-priseur [kɔmisɛʀpʀizœʀ] n. m. Officier ministériel chargé de l'estimation et de la vente d'objets mobiliers dans une vente publique. *Des commissaires-priseurs*. – De *commissaire*, et *priseur*, «qui fait la prisée».

commissariat [kɔmisaʀja] n. m. Bureaux, services d'un commissaire. *Commissariat de police*. ▷ Fonction de commissaire. – De *commissaire*.

commission [kɔmisjɔ̃] n. f. **I. 1.** Attribution d'une charge, d'une mission. ▷ DR COMM Charge qu'un commettant confie à un tiers. ▷ Activité de celui qui se livre à des actes de commerce pour autrui; somme perçue pour cette activité. *Toucher une commission sur un achat*. ▷ DR *Commission rogatoire* : pouvoir donné par un tribunal à un autre, pour accomplir à sa place un acte de procédure ou d'instruction; réquisition donnée à un officier de police judiciaire de procéder à un acte d'information. **2.** Message, objet confié à une personne chargée de le transmettre à une autre. **3.** Plur. Fam. Achat des produits ménagers de consommation courante. *Faire les commissions*. **II.** Réunion de personnes chargées de l'examen, du contrôle ou du règlement de certaines affaires. *Commission d'enquête. Commission parlementaire*. – Lat. *commissio*.

commissionnaire [kɔmisjɔnɛʀ] n. **1.** Personne qui se livre à des opérations commerciales pour le compte d'autrui. ▷ *Commissionnaire en douane* : personne chargée par une autre d'accomplir les formalités de douane. **2.** Personne qui est chargée d'une commission (sens I, 2). – Personne dont le métier est de faire des commissions; coursier. – De *commissionner*.

commissionner [kɔmisjɔne] v. tr. [1] **1.** Délivrer (à qqn) une commission par laquelle on le charge de faire qqch, ou on l'y autorise. **2.** Donner commission (à qqn) pour acheter ou vendre des marchandises. – De *commission*.

commissoire [kɔmiswaʀ] adj. DR Se dit d'une clause susceptible d'entraîner l'annulation d'un contrat en cas d'inexécution. – Lat. *commissorius*.

commissure [kɔmisyʀ] n. f. **1.** Point de jonction des parties d'un organe. *La commissure des lèvres*. **2.** CONSTR Joint entre les pierres. – Lat. *commissura*.

commissurotomie [kɔmisyʀɔtɔmi] n. f. CHIR Section des commissures d'un orifice cardiaque rétréci. *Commissurotomie mitrale*. – De *commissure*, et *-tomie*.

commode [kɔmɔd] adj. et n. f. **I.** adj. **1.** Pratique, qui répond à l'usage qu'on veut en faire. *Un endroit commode pour se rencontrer. Un outil commode à manier*. **2.** Facile. *Une solution commode*. **3.** Se dit d'une personne au caractère agréable, facile à vivre (souvent empl. nég.). *Un chef exigeant et pas commode*. **II.** n. f. Meuble de rangement à hauteur d'appui, pourvu de larges tiroirs. – Lat. *commodus*.

commodément [kɔmɔdemɑ̃] adv. De manière commode. – De *commode*.

commodité [kɔmɔdite] n. f. **1.** Qualité de ce qui est commode. **2.** (Plur.) Facilités offertes par qqch. *Les commodités d'un nouveau service*. **3.** (Plur.) Vieilli Lieux d'aisances. – De *commode*.

commodore [kɔmɔdɔʀ] n. m. Officier de marine néerlandais, américain ou britannique de grade intermédiaire entre celui de capitaine de vaisseau et de contre-amiral. – Mot angl., du néerl. *kommandeur*, d'orig. fr.

commotion [kɔmosjɔ̃] n. f. **1.** Vx Secousse violente et brutale. **2.** MED Ébranlement d'un organe par un choc, abolissant ses fonctions de façon temporaire ou permanente sans détruire son tissu. *Commotion cérébrale*. **3.** Choc nerveux ou émotionnel brutal. – Lat. *commotio*, «mouvement».

commotionner [kɔmosjɔne] v. tr. [1] Frapper d'une commotion. – De *commotion*.

commuable [kɔmɥabl] ou **commutable** [kɔmytabl] adj. Qui peut être commué. – De *commuer*.

commuer [kɔmɥe] v. tr. [1] DR Transformer (une peine) en une peine moindre. – Lat. *commutare*.

commun, une [kɔmœ̃, yn] adj. et n. m. **I.** adj. **1.** Qui appartient à, qui concerne le plus grand nombre. *Le sort commun de l'humanité.* **2.** Qui est partagé par plusieurs personnes, par plusieurs choses. *Les caractères communs de tous les félins. D'un commun accord.* ▷ Loc. *En commun* : ensemble. *Ils ont mis leur argent en commun. Transports en commun.* **3.** GRAM *Nom commun* : nom de tous les individus appartenant à la même catégorie (par oppos. à *nom propre*). **4.** Répandu. *Il fait preuve d'un courage peu commun. Lieu* commun.* **5.** DR *Droit commun* : ensemble de normes juridiques applicables sur un territoire donné. **6.** MATH *Diviseur commun* : nombre qui peut en diviser exactement plusieurs autres (ex. : 3 divise 9, 36, 96, etc.). **7.** Péjor. Qui manque de distinction, d'originalité. *Une fille gentille, mais commune.* **II.** n. m. **1.** Ensemble, majorité du groupe considéré. *Le commun des mortels. Une femme hors du commun.* **2.** (Plur.) Bâtiments réservés au service dans une grande propriété. **3.** LITURG CATHOL *Le commun des martyrs, des apôtres,* etc. : la liturgie qui s'applique à tous les martyrs, à tous les apôtres qui n'ont pas un office propre. – Lat. *communis.*

communal, ale, aux [kɔmynal, o] adj. et n. **1.** adj. Qui appartient à une commune. *Budget communal. École communale.* **2.** n. m. pl. *Les communaux* : l'ensemble des biens d'une commune. – De *commune.*

communalisation [kɔmynalizasjɔ̃] n. f. Action de communaliser certains droits. *La communalisation du droit de pêche.* – De *communaliser.*

communaliser [kɔmynalize] v. tr. [1] Placer sous la dépendance de la commune. *Communaliser un bois.* – De *communal.*

communard, arde [kɔmynaʀ, aʀd] n. (et adj.) HIST Appellation donnée aux membres et partisans de la Commune de Paris en 1871 par les adversaires de celle-ci. – De *commune,* d'après *la Commune révolutionnaire* de 1793.

communautaire [kɔmynotɛʀ] adj. Relatif à la communauté. *Vie communautaire.* ▷ Relatif à la Communauté européenne. – De *communauté.*

communautariser [kɔmynotaʀize] v. tr. [1] Mettre à l'échelle de la Communauté économique européenne. – De *communauté.*

communauté [kɔmynote] n. f. **1.** Caractère de ce qui est commun à plusieurs personnes, à plusieurs groupes sociaux. *Une communauté d'idées. Des liens reposant sur une communauté linguistique. Communauté économique européenne (C.É.E.).* V. encycl. **2.** Groupe de personnes vivant ensemble et partageant des intérêts, une culture ou un idéal communs. *Une communauté de moines. Familles vivant en communauté.* ▷ Lieu abritant cette communauté. **3.** DR *Communauté entre les époux,* régime matrimonial dans lequel ils mettent en commun tout ou partie de leurs biens propres ou de leurs acquêts. – *Communauté légale* : régime prévu par la loi en cas d'absence de contrat. – *Communauté conventionnelle* : régime prévu par contrat. – De *commun.*

ENCYCL La C.É.E. (ou Marché commun) a été créée en 1957. Elle groupa d'abord les six pays de la C.E.C.A. (Communauté européenne du charbon et de l'acier) : Belgique, France, Italie, Luxembourg, Pays-Bas, R.F.A. S'y adjoignirent ensuite : le Danemark, l'Irlande et le Royaume-Uni en 1973, puis la Grèce en 1981. La Communauté des Dix a accueilli l'Espagne et le Portugal le 1er janv. 1986.

commune [kɔmyn] n. f. **1.** FEOD Ville affranchie que les bourgeois avaient le privilège d'administrer eux-mêmes. **2.** Mod. La plus petite division administrative de France, dirigée par un maire assisté de ses adjoints et du conseil municipal (élu pour 6 ans au suffrage universel). ▷ Ensemble des habitants d'une commune. **3.** HIST (Avec une majuscule). La Commune de Paris : V. encycl. **4.** *Chambre des communes* ou *Communes* : chambre des élus du peuple au Parlement britannique. – Lat. *communia.*

ENCYCL **Hist.** – On donne le nom de *Commune de Paris* à deux gouvernements de la ville de Paris. La première *Commune de Paris* fut le gouvernement municipal de la capitale de 1789 à 1795. Le 10 août 1792, une commune insurrectionnelle se substitua à la commune légale et fut à l'origine de la plupart des grandes mesures révolutionnaires, jusqu'à ce que le Comité de salut public fût devenu tout-puissant (automne 1793). La seconde *Commune de Paris* fut le gouvernement révolutionnaire formé lors de l'insurrection du 18 mars 1871 faisant suite à la défaite de la France, vaincue par la Prusse, et à la chute du Second Empire. Les Parisiens, soumis au siège prussien, étaient affamés, armés et coupés du gouvernement dirigé par Thiers à Versailles; ils désiraient résister à l'assiégeant et accusaient Thiers de pactiser avec l'ennemi. Les Versaillais (l'armée régulière) écrasèrent l'insurrection; il s'ensuivit un véritable massacre des insurgés («semaine sanglante», du 22 au 28 mai 1871).

communément [kɔmynemɑ̃] adv. Suivant le sens commun, l'opinion la plus fréquemment exprimée. *Il est communément admis que...* – De *commun.*

communiant, ante [kɔmynjɑ̃, ɑ̃t] n. Celui, celle qui reçoit le sacrement de l'eucharistie. ▷ *Premier (première) communiant(e)* : celui, celle qui communie pour la première fois. – *Par ext.* Jeune garçon ou fille qui fait sa profession de foi. – Ppr. de *communier.*

communicable [kɔmynikabl] adj. Qui peut être communiqué. *Une émotion difficilement communicable.* – De *communiquer.*

communicant, ante [kɔmynikɑ̃, ɑ̃t] adj. Qui communique. ▷ PHYS *Principe des vases communicants,* selon lequel les différentes surfaces libres d'un liquide contenu par plusieurs récipients qui communiquent par leur partie inférieure sont dans un même plan horizontal. – De *communiquer.*

communicateur, trice n. Dans la langue des médias, celui, celle qui fait preuve d'une grande facilité à communiquer avec autrui. – De *communiquer.*

communicatif, ive [kɔmynikatif, iv] adj. **1.** (Choses) Qui se communique facilement. *Un rire communicatif.* **2.** (Personnes) Qui se confie facilement. – Bas lat. *communicativus.*

communication [kɔmynikasjɔ̃] n. f. **1.** Action de communiquer, de transmettre qqch à qqn. *Avoir communication d'un dossier.* **2.** Ce qui est communiqué. *Je dois vous faire une communication urgente.* **3.** Moyen de liaison entre deux points, accès à un lieu. *Toutes les communications sont coupées avec l'étranger.* **4.** Fait d'être en relation avec qqn, qqch. *Communication avec l'au-delà.* ▷ Communication téléphonique. *Le prix de la communication a augmenté.* **5.** SOCIOL Ensemble des phénomènes concernant la possibilité, pour un sujet, de transmettre une information à un autre sujet, par le langage articulé ou par d'autres codes. **6.** Information donnée au public sur l'activité, l'image de qqn, grâce aux médias. – Lat. *communicatio.*

ENCYCL **Ling.** – D'après le linguiste Jakobson, six facteurs caractérisent la communication verbale : les locuteurs; le destinateur (émetteur, «encodeur») et le destinataire (récepteur, «décodeur»); le message (énoncé); le code (la langue française, par ex.); le contexte ou référent, appartenant à la situation qui donne lieu au dialogue ou à tel moment précis du dialogue; le contact ou canal (le téléphone, par ex.). Ces six facteurs engendrent six fonctions : *dénotative* ou référentielle, qui concerne le contenu du message; *expressive* ou émotive, qui «trahit» l'attitude du destinateur (emploi d'interjections, par ex.); *conative,* qui adresse des appels ou des ordres au destinataire; *phatique*, qui notam. maintient le contact (« allô », par ex.); *métalinguistique*, qui situe par ex. un mot dans le code (« un bouquin,... je veux dire un livre »); *poétique*, que caractérisent *redondance* et *complexité*.

communicatique [kɔmynikatik] adj. De la science et des techniques de la communication. – De *communication*.

communier [kɔmynje] v. intr. [2] **1.** Recevoir le sacrement de l'eucharistie. ▷ v. tr. Rare *Communier un mourant.* **2.** Litt. Être en parfait accord d'idées, de sentiments avec qqn. *Communier dans la même admiration pour un peintre.* ▷ Par anal. *Communier avec la nature.* – Du lat. chrét. *communicare*, « participer à, s'associer à ».

communion [kɔmynjɔ̃] n. f. **1.** Union de personnes dans une même foi. *La communion des fidèles au sein de l'Église catholique.* ▷ *Communion des saints* : partage, par tous les membres de l'Église chrétienne, tant des fidèles sur terre que des bienheureux dans le ciel, de la même richesse spirituelle. **2.** RELIG Réception du sacrement de l'eucharistie. – *Par ext.* Moment de la messe où l'officiant administre l'eucharistie aux fidèles. ▷ *Communion solennelle* (ou profession de foi) : cérémonie au cours de laquelle le jeune catholique renouvelle les engagements du baptême par une profession de foi devant les fidèles. **3.** Partage (d'idées, de sentiments) par plusieurs personnes. *Vivre en parfaite communion de pensée.* – Lat. chrétien *communio*.

communiqué [kɔmynike] n. m. Avis transmis au public, à la presse, par une autorité compétente. *Le ministère a diffusé le communiqué suivant...* – Pp. de *communiquer*.

communiquer [kɔmynike] v. [1] **I.** v. tr. **1.** Transmettre. *Communiquez vos réclamations à notre service.* **2.** (Personnes) Faire partager. *Communiquer sa joie, sa peine.* **3.** (Choses) Faire passer une qualité, un caractère, etc. *Une plaque électrique qui communique sa chaleur aux récipients.* **II.** v. pron. Se répandre, se transmettre. *L'incendie s'est communiqué à tout l'immeuble.* **III.** v. intr. **1.** (Personnes) Être en relation avec (qqn). *Communiquer par téléphone.* **2.** (Choses) Être en communication avec (qqch). *Le salon communique avec la cuisine.* – Lat. *communicare*, « être en relation avec ».

communisant, ante [kɔmynizɑ̃, ɑ̃t] adj. (et n.) Proche du communisme. *Des idées communisantes.* – De *communisme*.

communisme [kɔmynism] n. m. **1.** Organisation sociale fondée sur l'abolition de la propriété privée des moyens de production au profit de la propriété collective. **2.** Système social, politique et économique proposé par Marx (V. encycl.). **3.** Ensemble des partis, des pays ou des personnes partisans de cette doctrine. – De *commun*.

ENCYCL L'organisation communiste, marquée par l'absence de classes sociales, par l'absence de l'« exploitation de l'homme par l'homme », aurait été la forme sociale « primitive ». Cette thèse, à laquelle Marx et Engels tenaient, est peu confirmée par l'anthropologie moderne (préhistoire, protohistoire, ethnologie). On trouve chez Platon (qui ne renonce pas à l'esclavage), puis chez les paléochrétiens, chez certains Pères de l'Église, des principes d'organisation sociale fondés sur la communauté des biens. À partir du XVIe s. s'amorce un courant utopiste qui se développera jusqu'au milieu du XIXe s., de plus en plus cohérent à mesure que triomphe le capitalisme : Babeuf, Cabet, Fourier, voire Robert Owen, réclament la suppression de la propriété individuelle et l'abolition des inégalités de toutes sortes. Proudhon et les anarchistes caressent les mêmes rêves. Au contraire, pour Marx et Engels, le « socialisme scientifique » prétend dégager les lois du développement de la société et marquer les étapes de l'évolution sociale, de la lutte des classes, qui mettra fin au capitalisme. Les idées de Marx et d'Engels sont reprises, précisées, adaptées, développées par divers théoriciens dont Lénine, Trotski et Mao Zedong. La doctrine est désormais plus souvent nommée communisme que socialisme, pour marquer qu'il s'agit d'une transformation fondamentale, que seul imposera un mouvement révolutionnaire, dépouillé de toute intention réformiste, aboutissant au dépérissement de l'État. Ce mouvement révolutionnaire, d'abord triomphant au sein de sociétés à peine sorties du Moyen Âge ou du colonialisme, puis échouant à les transformer en sociétés industrielles concurrentielles, a marqué l'histoire du XXe siècle. Depuis l'effondrement en Europe des régimes dits communistes, les derniers pays se réclamant du communisme sont Cuba, la Chine, la Corée du Nord et le Viêt-nam.

communiste [kɔmynist] adj. et n. **1.** adj. Relatif au communisme. – *Parti communiste* : parti se réclamant du marxisme. **2.** n. Partisan du communisme. – Membre d'un parti communiste. – De *commun*.

commutable. V. commuable.

commutateur [kɔmytatœʀ] n. m. ELECTR, TELECOM Appareil permettant de substituer une portion d'un circuit à une autre ou de modifier successivement les connexions d'un ou de plusieurs circuits. – Du lat. scientif. *commutare*, « échanger ».

commutatif, ive [kɔmytatif, iv] adj. **1.** DR *Contrat commutatif*, dans lequel les parties fixent leurs obligations dès la conclusion de celui-ci. – *Justice commutative*, qui préconise l'égalité des obligations et des droits. **2.** MATH *Loi commutative* : opération dont le résultat est le même quel que soit l'ordre des termes ou des facteurs choisi pour l'effectuer. *L'addition et la multiplication obéissent à des lois commutatives.* – Du lat. scientif. *commutare*, « échanger ».

commutation [kɔmytasjɔ̃] n. f. **1.** Changement, substitution. *Procéder à la commutation des éléments dans un ensemble.* **2.** DR Fait de changer (une peine) en une peine moindre. *Obtenir une commutation de peine.* **3.** TELECOM Opération mettant en liaison deux lignes téléphoniques. *Commutation électronique.* **4.** ELECTR Modification des liaisons électriques dans un appareil. – Lat. *commutatio*, « changement ».

commutativité [kɔmytativite] n. f. MATH Propriété d'une loi, d'une opération commutatives. – De *commutatif*.

commutatrice [kɔmytatʀis] n. f. ELECTR Machine capable de transformer un courant alternatif en courant continu et inversement. – De *commuter*.

commuter [kɔmyte] v. tr. [1] LING Substituer, à l'intérieur d'une même classe phonétique, lexicale ou grammaticale, un élément à un autre, en vue de dégager et de classer les unités de la langue. – De *commuer*.

comorien, enne [kɔmɔʀjɛ̃, ɛn] adj. et n. Des Comores, État au N.-O. de Madagascar dans l'océan Indien. ▷ Subst. *Un(e) Comorien(ne).*

comourants [komuʀɑ̃] n. m. pl. DR Personnes périssant ensemble dans le même accident sans que l'on puisse établir médicalement l'ordre de décès. – De *co-*, et *mourant*, ppr. de *mourir*.

compacité [kɔ̃pasite] n. f. Qualité de ce qui est compact. *La compacité d'une roche.* – De *compact*.

1. compact, acte [kɔ̃pakt] adj. Dont les parties sont fortement resserrées et forment une masse très dense. *Une matière compacte. Une foule compacte.* – Lat. *compactus*, « amassé ».

2. compact, acte [kɔ̃pakt] adj. et n. m. **I.** adj. Qui tient relativement peu de place. *Un appareil photo compact. Une chaîne stéréophonique compacte.* **II.** n. m.

1. Ensemble, bloc stéréophonique comprenant la platine, l'amplificateur et le «tuner» (récepteur radio). 2. Disque* compact. – Angl. *compact*.

compactage [kɔ̃paktaʒ] n. m. Action de compacter. – De *compacter*.

compacter [kɔ̃pakte] v. tr. [1] Rendre compact (un sol). *Compacter un sol avec un rouleau compresseur.* – De *compact*.

compacteur [kɔ̃paktœʀ] n. m. Engin de travaux publics utilisé pour compacter les sols. – De *compacter*.

compagne [kɔ̃paɲ] n. f. 1. Celle qui partage, habituellement ou pendant une période déterminée, les activités de qqn. *Compagne de classe.* 2. LITT Femme, dans un couple. *C'est sa compagne de tous les instants.* – De l'anc. fr. *compain*, «compagnon; qui mange son pain avec».

compagnie [kɔ̃paɲi] n. f. 1. Fait d'être présent auprès de qqn. *Sa compagnie est très appréciée.* ▷ *En compagnie de qqn* : avec qqn. ▷ *Dame, demoiselle de compagnie* : personne appointée pour vivre auprès d'une autre. *Une dame de compagnie lui fait la lecture.* ▷ *Fausser compagnie à qqn*, le quitter sans prévenir. 2. Assemblée de personnes réunies par des activités communes, des intérêts communs. *Une nombreuse compagnie l'a salué.* ▷ FAM. *... et compagnie* : et tous les autres; et tout ce qui s'ensuit. 3. Association commerciale. *Compagnie d'assurances.* ▷ Association de personnes ayant mêmes statut ou fonctions. *Compagnie des agents de change.* ▷ *Et compagnie* (abrév. : et Cie) : désigne les associés non nommés dans une raison sociale. 4. *Compagnie théâtrale* : troupe permanente. 5. Groupe de gens armés. ▷ MILIT Dans l'infanterie, troupe commandée par un capitaine. ▷ *Compagnies républicaines de sécurité**. 6. Bande d'animaux de même espèce vivant en colonie. *Une compagnie de perdrix.* – Lat. pop. **compania*.

compagnon [kɔ̃paɲɔ̃] n. m. 1. Celui qui partage, habituellement ou pour un temps déterminé, les occupations ou la vie de qqn. – Amant, concubin, mari. ▷ Animal familier. *Le chien est un fidèle compagnon de l'homme.* 2. Ouvrier qui travaille pour le compte d'un maître. ▷ ANC. Artisan qui, dans une corporation, n'était plus apprenti, et pas encore maître. 3. Grade dans la franc-maçonnerie. – Lat. pop. **companio, companionis*, «qui mange son pain avec».

compagnonnage [kɔ̃paɲɔnaʒ] n. m. 1. Association d'instruction professionnelle et de solidarité entre ouvriers de même métier. 2. Période passée chez un maître par un compagnon après son temps d'apprentissage. – De *compagnon*.

comparable [kɔ̃paʀabl] adj. Qui peut être mis en comparaison. *Deux situations, deux personnes comparables.* ▷ *Comparable à* : qui ressemble à. *Une ville comparable à un vaste parking.* – Lat. *comparabilis*.

comparaison [kɔ̃paʀɛzɔ̃] n. f. I. 1. Action de comparer, de mettre sur le même plan pour chercher des ressemblances, des différences. *Faire, établir une comparaison. Trouver des éléments de comparaison.* ▷ *Supporter la comparaison (avec)* : être digne d'être comparé (à). 2. GRAM *Adverbe de comparaison*, indiquant un rapport d'égalité, de supériorité ou d'infériorité. *Aussi, plus, autant, moins sont des adverbes de comparaison.* ▷ *Degrés de comparaison* : degrés de signification d'un adjectif ou d'un adverbe de manière (positif, comparatif, superlatif). 3. Figure par laquelle on rapproche deux éléments en vue d'un effet stylistique. *«Beau comme un dieu», «noir comme un charbonnier», «sec comme un coup de trique» sont des comparaisons fréquentes dans la langue courante.* II. Loc. 1. *En comparaison de* : par rapport à, à l'égard de, proportionnellement à. 2. *Par comparaison à, avec* : relativement à. *Par comparaison aux salaires, le prix des loyers est élevé.* ▷ (S. comp.) *Se décider par comparaison.* 3. *Sans comparaison (avec)* : incomparable (à). *Cet ouvrage est sans comparaison avec les autres.* ▷ (Empl. adv.) Incontestablement, absolument. *C'est, sans comparaison, sa meilleure œuvre.* – Lat. *comparatio*.

comparaître [kɔ̃paʀɛtʀ] v. intr. [73] 1. Se présenter (devant la justice, une autorité compétente) sur ordre. *Comparaître devant un tribunal comme témoin, comme accusé.* 2. Se présenter (devant une autorité compétente). *Les époux ont comparu devant le maire.* – De *comparoir*.

comparant, ante [kɔ̃paʀɑ̃, ɑ̃t] adj. et n. DR Qui comparaît devant un notaire, un juge, etc. ANT. défaillant, contumax. – Ppr. de *comparoir*.

comparateur, trice [kɔ̃paʀatœʀ, tʀis] adj. et n. m. 1. adj. Qui aime à comparer. 2. n. m. TECH Instrument de mesure servant à comparer des longueurs avec une grande précision. – De *comparer*.

comparatif, ive [kɔ̃paʀatif, iv] adj. et n. I. adj. 1. Qui sert à comparer; qui comporte ou qui formule des comparaisons. *Une étude comparative des religions.* 2. GRAM *Proposition, adverbe comparatifs*, qui marquent une comparaison. II. n. m. Un des trois degrés de signification de l'adverbe ou de l'adjectif. *Comparatif d'égalité, d'infériorité, de supériorité.* III. n. f. GRAM Proposition comparative. – De *comparer*.

comparatiste [kɔ̃paʀatist] n. Spécialiste de linguistique ou de littérature comparée. – De *comparer*.

comparativement [kɔ̃paʀativmɑ̃] adv. Par comparaison. – De *comparatif*.

comparé, ée [kɔ̃paʀe] adj. *Grammaire, linguistique comparée*, qui étudie les rapports existant entre plusieurs langues. ▷ *Anatomie comparée* : étude comparative des organes des différentes espèces animales. – *Littérature comparée* : étude comparative des littératures de différents pays. – Pp. de *comparer*.

comparer [kɔ̃paʀe] v. [1] I. v. tr. 1. Examiner les rapports entre (des choses, des personnes) en vue de dégager leurs différences et leurs ressemblances. *Comparer les diverses éditions d'une œuvre.* ▷ (S. comp.) *Comparer avant d'acheter.* 2. *Comparer à, avec* : établir un rapprochement entre (des choses, des personnes) auxquelles on reconnaît des points communs. *Baudelaire compare le poète à un albatros. Comparer sa vie avec celle des autres.* II. v. pron. 1. (Souvent précédé de *pouvoir* et d'une nég.) Être comparable. *Ça ne se compare pas! Ces deux comportements ne peuvent se comparer.* 2. (Personnes) Se juger semblable, égal à. *Il se compare à Napoléon.* – Lat. *comparare*.

comparoir [kɔ̃paʀwaʀ] v. intr. défect. DR VX (Us. seulement à l'inf. et au ppr. V. comparant.) Comparaître en justice. – Du lat. *comparere*.

comparse [kɔ̃paʀs] n. 1. Figurant muet au théâtre. 2. *Par ext.* Personne jouant un rôle secondaire dans une affaire, une situation donnée. – Ital. *comparsa*, «personnage muet», pp. de *comparire*, «apparaître».

compartiment [kɔ̃paʀtimɑ̃] n. m. 1. Chacune des divisions pratiquée dans un espace, un meuble, un lieu de rangement. *Coffret à compartiments.* 2. Chacun des motifs décoratifs formés par un entrecroisement de lignes divisant une surface. *Les compartiments d'un plafond.* 3. Partie d'une voiture de chemin de fer servant pour le transport des voyageurs, limitée par des cloisons et une porte. *Compartiment de première classe.* – Ital. *compartimento*, de *compartire*, «partager».

compartimentage [kɔ̃paʀtimɑ̃taʒ] n. m. ou **compartimentation** [kɔ̃paʀtimɑ̃tasjɔ̃] n. f. 1. Fait de compartimenter. 2. Division en compartiments. – De *compartimenter*.

compartimenter [kɔ̃paʀtimɑ̃te] v. tr. [1] 1. Diviser en compartiments. 2. Séparer, diviser par de nettes limites. *Assouplir les frontières qui compartimentaient l'Europe.* – De *compartiment.*

comparution [kɔ̃paʀysjɔ̃] n. f. DR Fait de comparaître devant un juge, un notaire. ▷ *Mandat de comparution :* mandat délivré par un magistrat ou un tribunal pour faire comparaître qqn qui ne s'est pas présenté sur simple invitation. – De *comparu,* pp. de *comparaître.*

compas [kɔ̃pa] n. m. **1.** Instrument fait de deux branches reliées par une charnière, servant à tracer des angles, des cercles, à prendre certaines mesures. ▷ *Compas d'épaisseur,* à branches recourbées. ▷ *Compas de proportion,* dont les branches sont faites de règles graduées. ▷ Loc. fig. *Avoir le compas dans l'œil :* évaluer les grandeurs avec précision, d'un simple regard. **2.** MAR, AVIAT Instrument de navigation indiquant le cap. *Compas gyroscopique,* comportant un gyroscope dont l'axe se stabilise dans la direction du nord vrai. *Compas magnétique,* composé de plusieurs aiguilles aimantées fixées sur une rose des vents, indiquant le nord magnétique, et permettant d'obtenir le nord vrai grâce à certains calculs de correction. – De *compasser.*

compassé, ée [kɔ̃pase] adj. Litt. Minutieusement ordonné, réglé jusqu'à l'excès. ▷ Cour. (En parlant d'une personne, de son comportement.) Affecté, sans spontanéité. *Une politesse compassée. Un personnage compassé.* – Pp. de *compasser.*

compasser [kɔ̃pase] v. tr. [1] **1.** Mesurer avec un compas. *Compasser les distances sur une carte.* **2.** Fig., litt. Régler minutieusement, mesurer en ne laissant rien au hasard, à la spontanéité (ses comportements, son style). V. compassé. – Lat. pop. **compassare,* « mesurer avec le pas ».

compassier [kɔ̃pasje] n. m. Ouvrier qui fabrique et répare les compas. – De *compas.*

compassion [kɔ̃pasjɔ̃] n. f. Sentiment de pitié éprouvé devant les maux d'autrui et qui pousse à les partager. *Éprouver de la compassion pour qqn. Être ému, touché de compassion.* – Lat. ecclés. *compassio,* de *compati,* « souffrir avec ».

compatibilité [kɔ̃patibilite] n. f. Caractère de ce qui est compatible. *Compatibilité d'esprit, de caractère. Compatibilité de deux systèmes informatiques.* – De *compatible.*

compatible [kɔ̃patibl] adj. (et n. m.) Susceptible de s'accorder, de se concilier. *Ces deux opinions sont compatibles. Cette profession est-elle compatible avec vos obligations ?* ▷ MATH *Équations compatibles,* qui admettent des solutions communes. ▷ INFORM Qui peut être utilisé avec un autre appareil, spécial. d'une autre marque, sans modification d'interface. – n. m. *Un compatible.* – Du lat. *compati,* « souffrir avec ».

compatir [kɔ̃patiʀ] v. tr. indir. [3] **1.** Vx S'accorder (en parlant des personnes, des sentiments, des caractères). **2.** Éprouver de la compassion. *Compatir à la douleur, au deuil de qqn.* – Lat. *compati,* « souffrir avec ».

compatissant, ante [kɔ̃patisɑ̃, ɑ̃t] adj. Qui compatit, qui a de la compassion. *Une âme, des paroles compatissantes.* – Ppr. de *compatir.*

compatriote [kɔ̃patʀijɔt] n. Personne du même pays ou, par ext. de la même région qu'une autre. – Bas lat. *compatriota,* de *cum,* « avec », et *patria,* « patrie ».

compendieusement [kɔ̃pɑ̃djøzmɑ̃] adv. Vx Brièvement, succinctement. – De *compendieux.*

compendieux, euse [kɔ̃pɑ̃djø, øz] adj. Vx **1.** Sommaire, exprimé brièvement. **2.** Qui s'exprime succinctement. *Un homme compendieux dans ses paroles.* – Lat. *compendiosus,* « abrégé ».

compendium [kɔ̃pɑ̃djɔm] n. m. Didac. Abrégé. *Des compendiums de droit.* – Lat. *compendium,* « abréviation ».

compensable [kɔ̃pɑ̃sabl] adj. Qui peut être compensé. – De *compenser.*

compensateur, trice [kɔ̃pɑ̃satœʀ, tʀis] adj. et n. m. **1.** adj. (Choses) Qui apporte une compensation. ▷ PHYS *Pendule compensateur,* dont la période n'est pas affectée par les variations de température. ▷ FIN *Droits compensateurs :* droits de douane taxant une marchandise importée (pour compenser l'impôt dont elle aurait été frappée si elle avait été produite dans le pays importateur). **2.** n. m. TECH Appareil destiné à compenser les effets (d'un phénomène). *Compensateur de freinage, de dilatation.* ▷ ELECTR Appareil permettant la compensation (sens 5) d'un réseau. *Les condensateurs, les moteurs synchrones ou asynchrones sont employés comme compensateurs.* – De *compenser.*

compensation [kɔ̃pɑ̃sasjɔ̃] n. f. **1.** Action de compenser ; son résultat. *Compensation entre les pertes et les profits.* **2.** Dédommagement, avantage qui compense (une perte, un inconvénient). *Obtenir, recevoir une compensation.* ▷ *En compensation :* par contre, en revanche. *Un métier difficile, mais intéressant en compensation.* **3.** DR Mode d'extinction de deux obligations de même espèce existant réciproquement entre deux personnes. **4.** FIN En Bourse, règlement par virements, sans déplacement de numéraire. *Chambre de compensation.* **5.** ELECTR Amélioration du facteur de puissance d'un réseau. **6.** MAR, AVIAT *Compensation du compas :* opération destinée à réduire la déviation du compas. **7.** MATH *Loi de compensation :* loi des grands nombres. **8.** MED Réaction de l'organisme à une lésion primaire par des modifications secondaires tendant à rétablir l'équilibre physiologique. **9.** PSYCHO Mécanisme par lequel un sujet réagit à un complexe par une recherche d'activités valorisantes. – Lat. *compensatio.*

compensatoire [kɔ̃pɑ̃satwaʀ] ou **compensatif, ive** [kɔ̃pɑ̃satif, iv] adj. Qui établit une compensation. *Forfait, indemnité compensatoire.* – De *compenser.*

compensé, ée [kɔ̃pɑ̃se] adj. **1.** TECH Se dit d'un appareil qui a été rendu insensible aux effets de certains facteurs. **2.** *Semelle compensée :* semelle épaisse qui fait corps avec le talon. **3.** MED Se dit d'une lésion, d'une affection dont les effets secondaires ont disparu. *Cardiopathie bien compensée.* – Pp. de *compenser.*

compenser [kɔ̃pɑ̃se] v. tr. [1] **1.** Rétablir un équilibre entre (deux ou plusieurs éléments, choses). *Compenser un dommage par un avantage. Sa gentillesse compense tous ses défauts.* **2.** DR *Compenser les dépens, une dette.* V. compensation (sens 3). **3.** MAR, AVIAT *Compenser un compas.* V. compensation (sens 6). **4.** v. pron. *Gains et pertes se compensent,* s'équilibrent. – Lat. *compensare,* de *cum,* « avec », et *pensare,* « peser ».

compérage [kɔ̃peʀaʒ] n. m. **1.** Intelligence secrète entre plusieurs personnes en vue d'abuser des autres. **2.** Vx État de compère. ▷ Relation de compère ou de commère par rapport aux parents de l'enfant. – De *compère.*

compère [kɔ̃pɛʀ] n. m. **1.** Vx Parrain d'un enfant (par rapport à la marraine, ou commère, et aux parents). **2.** Fam. Camarade, complice d'un moment (dans une situation donnée). *Un bon compère, toujours prêt à la plaisanterie.* ▷ Vieilli Bon et fidèle camarade. **3.** Personne qui est de connivence avec un prestidigitateur, un bonimenteur, etc., et qui aide celui-ci à créer une illusion ou à tromper le public. – Lat. ecclés. *compater,* « père avec, parrain ».

compère-loriot [kɔ̃pɛʀlɔʀjo] n. m. **1.** Loriot (oiseau). **2.** Petite inflammation sur le bord de la paupière (V. orgelet). *Des compères-loriots.* – De *compère,* et *loriot.*

compétence [kɔ̃petɑ̃s] n. f. **I.** DR **1.** Aptitude d'une autorité administrative ou judiciaire à procéder à certains actes dans des conditions déterminées par la loi.

La célébration du mariage relève de la compétence du maire, officier d'état civil. **2.** *Compétence législative* : aptitude d'une loi déterminée à régir une situation. **II. 1.** Cour. Connaissance, expérience qu'une personne a acquise dans tel ou tel domaine et qui lui donne qualité pour en bien juger. *Faire la preuve de ses compétences. Une personne d'une compétence exceptionnelle.* ▷ Fam. Personne compétente. **2.** LING En grammaire générative, connaissance implicite que les sujets parlants ont de leur langue, et qui leur permet de produire et de comprendre un nombre infini d'énoncés jamais entendus auparavant (par oppos. à *performance*). – Lat. *competentia.*

compétent, ente [kɔ̃petɑ̃, ɑ̃t] adj. **1.** DR Dont la compétence (sens I) est reconnue. *Autorité, loi compétente. Tribunal compétent.* ▷ Requis, reconnu par la loi. *Avoir l'âge compétent pour voter, pour contracter un mariage.* **2.** Qui possède une, des compétences dans un domaine. *Un professeur compétent. Être compétent en mathématique, en cuisine,* etc. – Lat. *competens.*

compétiteur, trice [kɔ̃petitœʀ, tʀis] n. Personne en compétition (avec une ou plusieurs autres). – De *compétition.*

compétitif, ive [kɔ̃petitif, iv] adj. **1.** Vx Relatif à la compétition. **2.** Capable de supporter la compétition, la concurrence (en matière économique). *Des prix, des produits compétitifs.* – Angl. *competitive,* de même origine que *compétition.*

compétition [kɔ̃petisjɔ̃] n. f. **1.** Recherche simultanée d'un même but, d'une même réussite (par deux ou plusieurs personnes, groupes). *Les candidats se livrent à une compétition acharnée. Entrer en compétition* : rivaliser, être en concurrence. **2.** SPORT Match, épreuve. *Participer à une compétition d'athlétisme.* – Bas lat. *competitio,* de *competere,* « rechercher, briguer ».

compétitivité [kɔ̃petitivite] n. f. Caractère de ce qui est compétitif. – De *compétitif.*

compilateur, trice [kɔ̃pilatœʀ, tʀis] n. **1.** Personne qui compile. **2.** n. m. INFORM Programme qui traduit un langage* de programmation évolué en langage machine. – De *compiler.*

compilation [kɔ̃pilasjɔ̃] n. f. **1.** Action de compiler. **2.** Recueil sans originalité, fait d'emprunts. **3.** Sélection de succès (musicaux). – De *compiler.*

compiler [kɔ̃pile] v. tr. **[1]** **1.** Rassembler (des extraits de divers auteurs, des documents) pour composer un ouvrage. **2.** INFORM Traduire (un langage de programmation) en un langage utilisable par l'ordinateur. – Lat. *compilare,* de *cum,* « avec », et *pilare,* « piller ».

complainte [kɔ̃plɛ̃t] n. f. **1.** Vx Lamentation, plainte. **2.** Chanson populaire plaintive sur un sujet tragique. *La Complainte du Juif errant.* **3.** DR Action en justice d'un possesseur d'immeuble dont la possession est actuellement troublée. – De l'anc. fr. *complaindre,* « plaindre, compatir ».

complaire [kɔ̃plɛʀ] v. **[59]** **1.** v. tr. ind. Litt. Se conformer, s'accommoder au goût de qqn pour lui plaire. *Je le ferai pour vous complaire.* **2.** v. pron. Se délecter, trouver du plaisir à. *Se complaire dans ses erreurs.* – Lat. *complacere,* d'ap. *plaire.*

complaisamment [kɔ̃plɛzamɑ̃] adv. Par, avec complaisance. *Il m'a complaisamment cédé sa place.* ▷ Péjor. *Il étalait complaisamment sa vie privée en public.* – De *complaisance.*

complaisance [kɔ̃plɛzɑ̃s] n. f. **1.** Disposition à se conformer aux goûts, à acquiescer aux désirs d'autrui. *Il a eu la complaisance de me prévenir.* **2.** Péjor. Acte peu probe, comportement à caractère servile, adopté dans le seul but de plaire. *Ses complaisances répétées lui ont permis de faire carrière.* – *Attestation, certificat de complaisance,* délivré à qqn pour lui permettre d'obtenir certains avantages, et contenant des déclarations inexactes. **3.** Péjor. Sentiment de satisfaction dans lequel on se complaît par facilité, par vanité. *Raconter sa vie, vanter ses exploits avec complaisance. Se juger avec complaisance.* – De *complaire.*

complaisant, ante [kɔ̃plɛzɑ̃, ɑ̃t] adj. **1.** Prévenant, qui aime rendre service. **2.** Péjor. Qui a trop de complaisance, d'indulgence. *Se juger d'une manière complaisante.* – *Mari complaisant,* qui ferme les yeux sur les infidélités de sa femme. – Ppr. de *complaire.*

complément [kɔ̃plemɑ̃] n. m. **1.** Ce qui s'ajoute ou doit être ajouté à une chose pour la compléter. *Verser un acompte et payer le complément à la livraison.* **2.** GEOM *Complément d'un angle* : ce qui manque à un angle aigu pour former un angle droit. **3.** LING Mot ou groupe de mots relié à un autre afin d'en compléter le sens. *Le complément indirect est relié au verbe par une préposition, contrairement au complément direct.* **4.** MED Chacun des facteurs qui, intervenant en cascade, développent l'activité des anticorps. – Lat. *complementum,* de *complere,* « remplir ».

complémentaire [kɔ̃plemɑ̃tɛʀ] adj. et n. m. **I.** adj. **1.** Qui sert à compléter. *Avantages complémentaires. Informations complémentaires.* **2.** GEOM *Arcs, angles complémentaires,* dont la somme égale 90 degrés. **3.** *Couleurs complémentaires,* dont la superposition donne la lumière blanche. V. couleur. *Le violet est la couleur complémentaire du jaune.* **4.** LING *Éléments en distribution complémentaire,* qui n'ont aucun contexte commun. **II.** n. m. MATH *Complémentaire d'une partie d'un ensemble* : sous-ensemble constitué par les éléments du premier ensemble non contenus dans cette partie. *Le complémentaire d'une partie X de E se note* $\overline{X}$. – De *complément.*

complémentarité [kɔ̃plemɑ̃taʀite] n. f. **1.** Qualité de ce qui est complémentaire. *La complémentarité de vos caractères.* **2.** LING *Complémentarité de deux ou plusieurs éléments.* V. complémentaire, sens I, 4. **3.** PHYS *Principe de complémentarité,* selon lequel la propagation d'une onde et le déplacement d'une particule ne sont que deux aspects complémentaires d'une même réalité (énoncé par Niels Bohr). – De *complémentaire.*

1. complet, ète [kɔ̃plɛ, ɛt] adj. **1.** Auquel rien ne manque, qui comporte tous les éléments nécessaires. *Les œuvres complètes d'un écrivain.* ▷ *Pain complet,* auquel on a laissé le son. **2.** Qui ne peut contenir davantage. *Le théâtre affiche complet.* **3.** Entier, avec toutes ses parties; achevé. *Le premier chapitre est complet.* ▷ Loc. *Au complet, au grand complet* : dans son intégralité. *La troupe au grand complet est venue saluer.* **4.** À qui aucune qualité ne manque, dont les aptitudes sont très diversifiées. *Un artiste complet.* ▷ Qui réunit toutes les caractéristiques de sa catégorie. *Un abruti complet.* – Lat. *completus,* pp. de *complere,* « achever ».

2. complet [kɔ̃plɛ] n. m. Vêtement masculin en deux ou trois pièces assorties : veste, pantalon et gilet. *Des complets* ou, vieilli, *des complets-veston.* – De *complet* 1.

1. complètement [kɔ̃plɛtmɑ̃] n. m. Rare Action de compléter. – De *compléter.*

2. complètement [kɔ̃plɛtmɑ̃] adv. D'une façon complète, tout à fait. *Être complètement ruiné.* – De *complet* 1.

compléter [kɔ̃plete] v. **[14]** **1.** v. tr. Rendre complet. **2.** v. pron. Former un ensemble, un tout complet. *Ils ont des talents différents qui se complètent.* ▷ Devenir complet. *Sa collection se complète petit à petit.* – De *complet* 1.

complétif, ive [kɔ̃pletif, iv] adj. et n. f. LING Qui a la fonction de complément. *Proposition complétive.* ▷ n. f. *Une complétive.* – Du lat. *completivus,* « qui complète ».

complétion [kɔ̃plesjɔ̃] n. f. TECH Ensemble des opérations permettant de mettre un puits de pétrole en production. – De *complet* 1.

complétude [kɔ̃pletyd] n. f. LOG, MATH Caractère complet (d'un énoncé, d'un ensemble, etc.). – De *complet* 1, d'après *incomplétude*.

complexe [kɔ̃plɛks] adj. et n. m. **I.** adj. **1.** Qui contient plusieurs idées, plusieurs éléments. *Question, personnalité, situation complexes.* **2.** Cour. Compliqué. **3.** MATH *Nombre complexe* : nombre de la forme a + i b où a et b sont des nombres réels et $i = \sqrt{-1}$. (L'ensemble des nombres complexes, dits autref. *imaginaires*, forme le corps des complexes, noté C; un nombre complexe peut aussi s'écrire sous la forme trigonométrique : $a(\cos\theta + i\sin\theta)$ ou sous la forme exponentielle : $a(e^{i\theta})$. **4.** CHIM *Ion, molécule complexe*, constitutif d'un complexe. **5.** PHYS *Son complexe*, qui comporte plusieurs fréquences. ▷ *Lumière complexe*, formée de plusieurs radiations monochromatiques. **6.** LING *Phrase complexe*, que l'on peut décomposer en plusieurs phrases simples. **II.** n. m. **1.** GEOM Ensemble de droites dont les paramètres sont liés uniquement à trois paramètres arbitraires. **2.** CHIM Édifice formé d'atomes, d'ions ou de molécules (appelés *coordinats*) groupés autour d'un atome ou d'un ion central (appelé *accepteur*) capable d'accepter des doublets d'électrons. **3.** MED Ensemble de phénomènes pathologiques concourant au même effet global. **4.** PSYCHAN Ensemble de représentations, d'affects et de sentiments inconscients organisés selon une structure donnée, liés à une expérience traumatisante vécue par un sujet, et qui conditionnent son comportement. ▷ *Complexe d'Œdipe* : V. œdipe. ▷ *Complexe d'infériorité* : selon Adler, sentiment dévalorisant à l'égard de lui-même éprouvé par le sujet. ▷ Cour. Sentiment d'infériorité, manque de confiance en soi. *Avoir des complexes.* - *Être sans complexes* : agir avec assurance, insouciance. **5.** ECON Ensemble d'industries semblables ou complémentaires groupées dans une région. *Le complexe sidérurgique de la Ruhr.* **6.** Ensemble d'édifices aménagés pour un usage déterminé. *Un complexe scolaire, hospitalier, commercial.* – Lat. *complexus*, de *complecti*, «contenir».

complexé, ée [kɔ̃plekse] adj. (et n.) Fam. Affligé d'un (ou de) complexe(s), timide. – De *complexe*.

complexer [kɔ̃plekse] v. tr. [1] Fam. Provoquer des complexes chez (qqn). – De *complexe*.

complexifier [kɔ̃plɛksifje] v. tr. [2] Didac. Rendre complexe. ▷ v. pron. Devenir complexe. – De *complexe*.

complexion [kɔ̃plɛksjɔ̃] n. f. Litt. Constitution (d'une personne) (considérée essentiellement du point de vue de sa résistance). *Être d'une complexion délicate.* – Lat. *complexio*.

complexité [kɔ̃plɛksite] n. f. État, qualité de ce qui est complexe. *La complexité d'une proposition, de la situation.* – De *complexe*.

complication [kɔ̃plikasjɔ̃] n. f. **1.** État de ce qui est compliqué, ensemble de choses compliquées. *La complication d'une situation, d'un appareil.* **2.** (Souvent au plur.) Concours de faits, de circonstances susceptibles de perturber le bon fonctionnement de qqch. *Des complications inattendues l'ont empêché de venir.* Syn. difficulté. **3.** MED (Souvent au plur.) Apparition d'un nouveau trouble lié à un état pathologique préexistant; ce trouble lui-même. – Bas lat. *complicatio*, de *complicare*, «plier, rouler ensemble».

complice [kɔ̃plis] adj. et n. **I.** adj. **1.** Qui participe sciemment à un délit, à un crime commis par un autre. *Se faire complice d'un assassinat.* **2.** Qui prend part à une action blâmable. **3.** Qui aide, qui favorise. *L'obscurité complice.* **4.** Qui marque la complicité, la connivence. *Un sourire complice.* **II.** n. Personne complice. *Dénoncer ses complices.* – Bas lat. *complex, complicis*, «uni étroitement», de *complecti*, «contenir».

complicité [kɔ̃plisite] n. f. **1.** Participation au crime, au délit, à la faute d'un autre. **2.** Connivence, accord profond (entre personnes). *Une complicité de longue date les unissait.* – De *complice*.

complies [kɔ̃pli] n. f. pl. LITURG CATHOL Dernières prières de l'office divin, que l'on récite le soir après les vêpres. – A. fr. *complir*, «accomplir», et lat. ecclés. *completa (hora)*, «(l'heure) qui achève l'office».

compliment [kɔ̃plimɑ̃] n. m. **1.** (Surtout au plur.) Paroles de félicitations, obligeantes ou affectueuses. *Présenter ses compliments à qqn. Faire, recevoir des compliments.* **2.** (Surtout plur.) Paroles de civilité que l'on fait transmettre par un tiers à une personne absente. *Présentez mes compliments à votre sœur.* ▷ Petit discours élogieux adressé à (qqn) à l'occasion d'une fête, d'une réjouissance. *Réciter son compliment.* – Esp. *cumplimiento*, de *cumplir con alguien*, «être poli envers qqn».

complimenter [kɔ̃plimɑ̃te] v. tr. [1] Faire des compliments à. *Complimenter qqn sur son mariage.* – De *compliment*.

complimenteur, euse [kɔ̃plimɑ̃tœʀ, øz] adj. (et n.) Qui fait trop de compliments. – De *complimenter*.

compliqué, ée [kɔ̃plike] adj. (et n.) **1.** Composé d'un grand nombre de parties dont les rapports sont difficiles à comprendre. *Un appareil compliqué.* **2.** Difficile à comprendre. *Un caractère, un texte compliqué.* **3.** Qui manque de simplicité. *Un homme compliqué.* ▷ Subst. Fam. *C'est un compliqué*, qqn qui aime les complications. – Pp. de *compliquer*.

compliquer [kɔ̃plike] **1.** v. tr. [1] Rendre moins simple; rendre confus, difficile à comprendre. *Compliquer un mécanisme. Compliquer le problème.* **2.** v. pron. Devenir compliqué. *L'affaire se complique.* ▷ Fam. *Se compliquer la vie, l'existence* : se créer des difficultés, des soucis inutiles. – Lat. *complicare*, «plier, rouler ensemble».

complot [kɔ̃plo] n. m. Machination concertée secrètement entre plusieurs personnes dans le dessein de porter atteinte à la vie, à la sûreté d'une personne, ou à une institution. *Ourdir un complot.* ▷ Fam. Petite intrigue.

comploter [kɔ̃plɔte] v. [1] **1.** v. tr. Vieilli Chercher à réaliser (qqch) par un complot. *Comploter la perte de qqn.* **2.** v. intr. Préparer un complot. *Comploter contre le roi.* – De *complot*.

comploteur, euse [kɔ̃plɔtœʀ, øz] n. Personne qui complote. – De *comploter*.

componction [kɔ̃pɔ̃ksjɔ̃] n. f. **1.** RELIG Douleur, regret d'avoir offensé Dieu. **2.** Cour. Gravité affectée. *Un air de componction.* – Lat. ecclés. *compunctio*, de *compungere*, «piquer».

componé, ée [kɔ̃pone] adj. HERALD Composé de fragments carrés d'émaux de couleurs alternées. – Altér. de l'anc. fr. *couponné*, de *coupon*, avec infl. de *composer*.

componentiel, elle [kɔ̃pɔnɑ̃sjɛl] adj. LING *Analyse componentielle*, qui vise à décomposer les significations en unités de signification minimales (appelées aussi *sèmes* ou *traits sémantiques*). – Angl. *componential (analysis)*, de *component*, «élément».

comporte [kɔ̃pɔʀt] n. f. Cuve de bois pour transporter les raisins. – Du lat. *comportare* (V. comporter).

comportement [kɔ̃pɔʀtəmɑ̃] n. m. **1.** Manière d'agir, de se comporter. *Avoir un comportement agréable avec ses amis. Un comportement étrange.* **2.** PSYCHO Ensemble des réactions, des conduites conscientes et inconscientes (d'un sujet). ▷ *Psychologie du comportement* : V. béhaviorisme. – De *comporter.*

comportemental, ale, aux [kɔ̃pɔʀtəmɑ̃tal, o] adj. PSYCHO Relatif au comportement. – De *comportement.*

comportementalisme [kɔ̃pɔʀtəmɑ̃talism] n. m. Syn. de *béhaviorisme.* – De *comportemental.*

comporter [kɔ̃pɔʀte] v. [1] **I.** v. tr. **1.** (Choses) Permettre, admettre, contenir. *Règlement ne comportant pas de dérogation.* **2.** Comprendre, se composer de. *L'opération comporte trois phases.* **II.** v. pron. (Personnes) Se conduire. *Se comporter comme un enfant, en ami. Savoir se comporter.* ▷ (Choses) *Une voiture qui se comporte bien après cent mille kilomètres,* qui fonctionne bien. – Lat. *comportare,* « transporter, supporter ».

composacées. V. composé (II sens 3).

1. composant, ante [kɔ̃pozɑ̃, ɑ̃t] adj. Qui sert à former, qui entre dans la composition de. *Partie composante, élément composant d'un objet.* – Ppr. de *composer.*

2. composant [kɔ̃pozɑ̃] n. m. Élément faisant partie de la composition de qqch. *L'azote et l'oxygène sont des composants de l'air. Composants électroniques.* – De *composant* 1.

composante [kɔ̃pozɑ̃t] n. f. **1.** Cour. Chacune des parties constituant un tout. *Les composantes d'un problème, d'une personnalité.* ▷ PHYS Chacune des forces dont la somme donne la résultante. ▷ LING Chacune des parties constituant une grammaire, dans la théorie de la grammaire générative. **2.** MATH Projection d'un vecteur sur l'un des axes d'un système de coordonnées. – De *composant* 1.

composé, ée [kɔ̃poze] adj. et n. **I.** adj. Qui est constitué de plusieurs éléments. ▷ BOT *Fleur composée,* formée de l'assemblage de plusieurs fleurs sur un réceptacle commun. *Feuille composée,* formée de plusieurs folioles. ▷ MATH *Nombre composé,* qui admet d'autres facteurs que lui-même ou l'unité. ▷ CHIM *Corps composé* : voir ci-après II, 2. ▷ LING *Temps composé,* formé d'un auxiliaire et du participe passé du verbe conjugué. – *Mot composé* : mot formé d'unités lexicales qui fonctionnent de manière autonome dans la langue (par oppos. à *dérivation*) ou d'un préfixe et d'un mot (ex. : salle à manger, porte-voix, contrepartie, revenir). **II.** n. m. **1.** Tout, ensemble formé de deux ou de plusieurs parties. « *C'est* (à propos du neveu de Rameau) *un composé de hauteur et de bassesse, de bon sens et de déraison* » *(Diderot).* **2.** CHIM Corps pur qui peut se fractionner par analyse élémentaire. ▷ LING Mot composé : voir plus haut. **3.** BOT n. f. pl. Importante famille de dicotylédones gamopétales dont les fleurs sont groupées en capitules, et dont le fruit est un akène. *Les composées comptent plus de dix mille espèces parmi lesquelles l'artichaut, la laitue, le chrysanthème, le bleuet, la chicorée.* Syn. composacées. – Pp. de *composer.*

composer [kɔ̃poze] v. [1] **I.** v. tr. **1.** Former par assemblage de plusieurs éléments. *Composer un cocktail, un dîner, un décor.* **2.** IMPRIM Assembler des caractères pour former (un texte) soit à la main, soit de façon mécanique ou informatique. *Composer une page.* **3.** Entrer dans la composition de (un ensemble). *Quatre plats composaient le menu.* **II.** v. tr. **1.** Produire (une œuvre de l'esprit). *Composer un discours, un poème, un opéra.* **2.** (S. comp.) Écrire de la musique. *Beethoven a continué à composer malgré sa surdité.* **3.** (S. comp. dir.) Faire une composition scolaire. *Une classe qui compose en latin.* **III.** v. tr. Contrôler (son expression, son comportement, etc.) dans une intention déterminée. *Composer son maintien.* ▷ Fam. *Se composer une tête de circonstance.* **IV.** v. intr. Transiger, trouver un accord grâce à un compromis. *Composer avec ses créanciers.* **V.** v. pron. Être composé. *L'édifice se compose de trois bâtiments.* – Lat. *componere,* d'apr. *poser.*

composeuse [kɔ̃pozøz] n. f. TYPO Machine qui sert à composer les textes à imprimer. – De *composer.*

composite [kɔ̃pozit] adj. (et n. m.) **1.** ARCHI *Ordre composite,* qui combine l'ionique et le corinthien. ▷ n. m. *Le composite.* **2.** TECH *Matériau composite* ou, n. m., *un composite* : matériau présentant une très grande résistance, constitué de fibres (verre, bore, silice, graphite, alumine) maintenues par un liant (résine de polyester, aluminium, etc.). *Composite ciment-verre.* **3.** Cour. Composé d'éléments très différents. *Un public composite.* – Lat. *compositus,* pp. de *componere,* « arranger ».

compositeur, trice [kɔ̃pozitœʀ, tʀis] n. **1.** Personne qui écrit des œuvres musicales. **2.** IMPRIM Personne ou entreprise chargée de la composition d'un texte à imprimer. – De *composer.*

composition [kɔ̃pozisjɔ̃] n. f. **I. 1.** Action de composer; résultat de cette action. *Composition d'un repas, d'un livre.* **2.** Manière dont est composée une chose, dont ses éléments sont répartis. *Étiquette précisant la composition d'un produit. Un poème, un traité d'une savante composition. Un sonnet de sa composition,* à sa manière, de son cru. **3.** BX-A Production, œuvre. *La dernière composition d'un sculpteur, d'un peintre. Une composition pour piano et orchestre.* ▷ *Spécial.* Art d'écrire la musique. *La classe de composition du Conservatoire.* **4.** *Composition française* : rédaction, dissertation sur un sujet concernant la langue ou la littérature françaises. ▷ Épreuve scolaire en vue d'un classement. *Être premier en composition d'histoire.* **II.** Accommodement, acceptation d'un compromis. *Amener qqn à composition.* – Loc. fam. *Être de bonne composition* : être très arrangeant, avoir bon caractère. **III. 1.** MATH *Loi de composition* : application qui associe un élément d'un ensemble à un couple d'éléments d'un ensemble quelconque. ▷ Spécial. *Loi de composition interne (sur un ensemble E)* : application de ExE dans E. (La réunion et l'intersection sont des lois de composition interne sur l'ensemble des parties d'un ensemble; l'addition et la multiplication sont des lois de composition interne sur l'ensemble des entiers naturels.) **2.** CHIM Indication des éléments qui entrent dans un corps. **3.** PHYS *Composition de plusieurs forces,* leurs composantes. **4.** IMPRIM Action de composer un texte destiné à être imprimé. – De *composer.*

compost [kɔ̃pɔst] n. m. AGRIC Mélange de détritus organiques et de matières minérales (sable, cendres, etc.) destiné à engraisser et alléger un sol. – Mot angl., de l'a. fr. *compost,* « composé ».

compostage [kɔ̃pɔstaʒ] n. m. Action de marquer avec un composteur. ▷ Marque ainsi obtenue. – De *composter* 2.

1. composter [kɔ̃pɔste] v. tr. [1] Amender (une terre) avec du compost. – De *compost.*

2. composter [kɔ̃pɔste] v. tr. [1] Marquer au composteur (sens 2). – De *composteur.*

composteur [kɔ̃pɔstœʀ] n. m. **1.** TYPO Réglette à coulisse sur laquelle le compositeur ordonne les caractères destinés à l'impression. **2.** Appareil automatique qui sert à perforer ou à marquer d'un signe distinctif, à dater, à numéroter un document, un billet, grâce à des lettres et à des chiffres mobiles. – Ital. *compositore,* « compositeur ».

compote [kɔ̃pɔt] n. f. Fruits entiers ou en morceaux cuits avec du sucre. *Une compote d'abricots, de pommes.* ▷ Fig., fam. *En compote* : meurtri (en parlant d'une partie du corps). *Avoir les pieds, le nez en compote.* – Lat. *composita,* de *componere,* « mettre ensemble ».

compotier [kɔ̃pɔtje] n. m. Grande coupe pour les compotes, les entremets, les fruits. – De *compote.*

compound [kɔmpund] adj. inv. et n. **1.** adj. TECH Composé. *Machine compound,* machine à vapeur qui comporte plusieurs cylindres dans lesquels la vapeur se détend successivement. – n. f. *Une compound.* ▷ ELECTR *Fil compound :* fil électrique composé de plusieurs métaux. **2.** n. m. Composition servant à l'isolation des machines électriques. – Mot anglais.

compréhensibilité [kɔ̃pʀeɑ̃sibilite] n. f. Qualité de ce qui est compréhensible. – De *compréhensible.*

compréhensible [kɔ̃pʀeɑ̃sibl] adj. Qui peut être compris. *Un raisonnement compréhensible.* Syn. intelligible. ▷ *Une réaction bien compréhensible.* Syn. naturel, concevable. – Lat. *comprehensibilis.*

compréhensif, ive [kɔ̃pʀeɑ̃sif, iv] adj. **1.** Qui comprend (sens III.1) autrui, qui admet aisément les idées, le comportement d'autrui. *Soyez compréhensif, ne le punissez pas!* **2.** LOG Qui embrasse un nombre plus ou moins grand de caractères (en parlant d'un concept). *«Arbre» est plus compréhensif que «plante», mais moins extensif.* – Bas lat. *comprehensivus.*

compréhension [kɔ̃pʀeɑ̃sjɔ̃] n. f. **1.** Faculté de comprendre, aptitude à concevoir clairement (un objet de pensée). *Avoir une bonne compréhension d'un problème.* **2.** Possibilité, action de comprendre. *Faciliter la compréhension d'un texte par des notes.* **3.** Aptitude à discerner et à admettre le point de vue d'autrui. *Faire preuve de compréhension.* **4.** LOG Ensemble des attributs qui appartiennent à un concept (par oppos. à *extension*). – Lat. *comprehensio,* de *comprehendere,* «saisir».

comprendre [kɔ̃pʀɑ̃dʀ] v. **[52]** **A.** v. tr. **I. 1.** (Choses) Contenir, renfermer en soi. *Une université comprend plusieurs facultés. Tableau qui comprend toutes les données.* Syn. comporter. **2.** Faire entrer dans un tout, une catégorie. *Comprendre les frais de déplacement dans une facture.* Syn. inclure. **II. 1.** Pénétrer, saisir le sens de. *Comprendre une question. Comprendre le russe.* ▷ *Comprendre qqch aux mathématiques, au sport, etc.,* avoir quelques connaissances dans ces domaines. ▷ (S. comp.) *Malgré ses efforts, il n'a pas compris. – As-tu compris?* **2.** Se représenter, se faire une idée de. *Il comprend la souffrance comme une punition de Dieu.* **3.** Se rendre compte de, que. *Comprendre l'ampleur de la catastrophe. Comprendre que tout est fini.* **III. 1.** Faire preuve de compréhension (sens 3) envers. *Comprendre qqn, sa conduite, ses erreurs.* ▷ *Comprendre la plaisanterie :* ne pas se vexer lorsqu'on est l'objet d'une moquerie, d'une farce. **2.** Percevoir, pénétrer par l'intuition plus que par la raison. *Elle comprend très bien les enfants.* ▷ v. pron. (Récipr.) (Personnes) Bien se connaître et bien s'entendre. **B.** v. pron. Pouvoir être compris. *Ce texte se comprend facilement.* ▷ Loc. fam. *Ça se comprend :* c'est normal, ça se justifie. – Lat. pop. *comprendere,* class. *comprehendere,* «saisir».

comprenette [kɔ̃pʀənɛt] n. f. Fam. Faculté de comprendre. *Il a la comprenette difficile.* – De *comprendre.*

compresse [kɔ̃pʀɛs] n. f. Pièce de gaze utilisée pour nettoyer, badigeonner, panser, assécher une plaie, une contusion, un champ opératoire. – Déverbal de *compresser.*

compresser [kɔ̃pʀese] v. tr. **[1]** Serrer, presser, comprimer. – De *con-,* et *presser.*

compresseur [kɔ̃pʀesœʀ] adj. et n. m. **1.** adj. Qui comprime, sert à comprimer. ▷ TRAV PUBL *Rouleau compresseur :* cylindre servant à comprimer l'empierrement d'une chaussée. **2.** n. m. Appareil servant à comprimer un gaz. *Compresseur d'air.* – Du lat. *compressus,* pp. de *comprimere* (V. comprimer).

compressibilité [kɔ̃pʀesibilite] n. f. Qualité de ce qui peut être comprimé, réduit. *Compressibilité des frais généraux.* ▷ PHYS Aptitude d'un corps à diminuer de volume sous l'effet d'une pression. – De *compressible.*

compressible [kɔ̃pʀesibl] adj. Qui peut être réduit. ▷ PHYS Dont le volume peut être réduit sous l'effet d'une pression. – De *compresser.*

compressif, ive [kɔ̃pʀesif, iv] adj. Qui sert à comprimer. *Pansement compressif.* – Lat. médiév. *compressivus.*

compression [kɔ̃pʀesjɔ̃] n. f. **1.** TECH Action de comprimer; résultat de cette action. ▷ PHYS Diminution du volume due à l'augmentation de la pression. (V. encycl.) ▷ AUTO *Taux de compression :* rapport entre le volume maximal (point mort bas) et le volume minimal (point mort haut) de la chambre de combustion d'un moteur à explosion. **2.** Cour. Restriction, réduction. *Compression des dépenses. Compression de personnel.* – Lat. *compressio.*
ENCYCL Les solides et les liquides sont peu compressibles, contrairement aux gaz. La *compression isotherme* d'un gaz est une compression à température constante. Pour les gaz parfaits, elle obéit à la loi de Mariotte : le produit de la pression du gaz par son volume reste constant. La *compression adiabatique* est une compression sans échange de chaleur. Si elle est réversible, elle obéit, pour les gaz parfaits, à la loi de Laplace : PV^{γ} = constante (γ = rapport entre les chaleurs massiques à pression et à volume constants).

comprimable [kɔ̃pʀimabl] adj. Rare Syn. de *compressible.* – De *comprimer.*

comprimé, ée [kɔ̃pʀime] adj. et n. m. **I.** adj. **1.** Dont le volume est réduit sous l'effet de la pression. **2.** Empêché de se manifester. *Pulsions, larmes comprimées.* **II.** n. m. Pastille faite de poudre de médicament comprimée. *Comprimés d'aspirine.* – Pp. de *comprimer.*

comprimer [kɔ̃pʀime] v. tr. **[1]** **1.** Agir sur (un corps) par la pression pour en diminuer le volume. *Comprimer un gaz. – Comprimer son buste dans un corset.* **2.** (Personnes) Empêcher de se manifester. *Il comprime sa douleur, sa colère.* **3.** Réduire. *Comprimer un budget.* – Lat. *comprimere,* de *cum,* «avec», et *premere,* «serrer».

compris, ise [kɔ̃pʀi, iz] adj. **1.** Contenu, inclus (dans qqch). *Prix net, toutes taxes comprises.* ▷ Loc. adv. *Y compris :* en incluant. *Le journal a huit mille acheteurs, y compris les abonnés. – Non compris :* sans inclure. **2.** Saisi par l'intelligence. *Un texte, un problème bien, mal compris.* – Pp. de *comprendre.*

compromettant, ante [kɔ̃pʀɔmetɑ̃, ɑ̃t] adj. Qui compromet, qui peut compromettre. *Une situation, des propos compromettants.* – Ppr. de *compromettre.*

compromettre [kɔ̃pʀɔmɛtʀ] v. **[60]** **I.** v. intr. DR Faire un compromis. **II.** v. tr. **1.** Exposer à des difficultés, causer un préjudice, nuire à. *Le mauvais temps a compromis les récoltes. Compromettre sa carrière, sa santé.* **2.** Nuire à l'honneur, à la réputation de. *Compromettre une jeune fille.* ▷ v. pron. *Il s'est gravement compromis dans un scandale.* – Lat. jurid. *compromittere.*

compromis [kɔ̃pʀɔmi] n. m. **1.** DR Convention par laquelle deux personnes ayant entre elles un litige conviennent de s'en rapporter, pour sa solution, à l'appréciation d'un ou de plusieurs arbitres. *En droit civil, le compromis est interdit dans les matières qui sont d'ordre public, ou si le différend n'est pas déjà né.* **2.** Accord dans lequel on se fait des concessions mutuelles. *Ils en sont venus à un compromis.* **3.** État intermédiaire, moyen terme. *Trouver un compromis entre la rigueur et l'indulgence.* – Lat. *compromissum,* de *compromittere,* «compromettre».

compromission [kɔ̃pʀɔmisjɔ̃] n. f. **1.** Action par laquelle qqn est compromis. **2.** Expédient, action peu honorable par laquelle on s'abaisse, on se compromet. – De *compromettre.*

compromissoire [kɔ̃pʀɔmiswaʀ] adj. DR *Clause compromissoire :* convention faite d'avance par les contractants prévoyant le compromis (sens 1) pour tous les litiges pouvant survenir entre eux. *La clause compromissoire est interdite, sauf en matière commerciale.* – De *compromis.*

comptabiliser [kɔ̃tabilize] v. tr. [1] Inscrire dans une comptabilité. – De *comptable.*

comptabilité [kɔ̃tabilite] n. f. **I. 1.** Manière d'établir des comptes. *Apprendre la comptabilité.* **2.** Ensemble des comptes ainsi établis. **3.** Service, personnel qui établit les comptes. ▷ Bureau où est situé ce service. **II. 1.** COMM *Comptabilité en partie simple,* dans laquelle le commerçant établit uniquement le compte de la personne à qui il livre ou de qui il reçoit. ▷ *Comptabilité en partie double,* dans laquelle le commerçant établit à la fois son propre compte et celui de la personne avec qui il fait commerce, sous la forme de deux écritures égales et de sens contraire. **2.** GEST *Comptabilité analytique,* qui répartit charges et produits par destination, permettant ainsi une gestion décentralisée avec contrôle des prix de revient. ▷ *Comptabilité générale,* qui répartit charges et produits par nature suivant le plan comptable, facilitant ainsi la gestion financière. ▷ *Comptabilité budgétaire,* qui a pour objet de déterminer le budget global à partir de prévisions effectuées par les responsables d'unités. ▷ *Comptabilité nationale :* regroupement des statistiques sur les comptes de la nation (prix, production intérieure brute, revenus des ménages, etc.) en vue de l'élaboration du budget et du Plan. ▷ *Comptabilité publique :* ensemble de règles qui s'appliquent à la gestion des finances publiques. – De *comptable.*

comptable [kɔ̃tabl] adj. et n. **I.** adj. **1.** Qui est tenu de rendre des comptes. *Agent comptable.* **2.** Fig. Responsable, tenu de se justifier. *Un gouvernement comptable de sa politique envers le Parlement.* **3.** Relatif à la comptabilité. *Pièce comptable.* ▷ Utilisé pour établir la comptabilité. *Machine comptable.* **II.** n. Personne qui a la charge de tenir une comptabilité. *La comptable est venue pour arrêter les comptes.* – De *compter.*

comptage [kɔ̃taʒ] n. m. Action de compter pour dénombrer. – De *compter.*

comptant [kɔ̃tɑ̃] adj. m., n. m. et adv. **1.** adj. m. Payé intégralement au moment de l'achat. *Argent, deniers comptants,* comptés, débités sur-le-champ. ▷ Loc. fig. *Prendre (qqch) pour argent comptant :* être très crédule, croire (qqch) sans méfiance. *Il a pris toutes ses promesses pour argent comptant.* **2.** n. m. Argent comptant. *Avoir du comptant.* ▷ Loc. *Au comptant :* en argent comptant. *Opérations au comptant,* suivies d'un paiement immédiat (par oppos. à *opérations à terme*). **3.** adv. *Acheter, payer comptant,* avec de l'argent comptant. ▷ Loc. fig., fam. *Payer comptant :* rendre sur-le-champ le bien ou le mal que l'on a reçu. – Ppr. de *compter.*

compte [kɔ̃t] n. m. **I. 1.** Action de compter, d'évaluer; résultat de cette action. *Le compte y est. Faites-moi le compte de ce que je vous dois.* ▷ Loc. fig. *À ce compte-là :* vu de cette façon. – *Au bout du compte, en fin de compte, tout compte fait :* tout bien considéré (se dit pour conclure). *Tout compte fait, il n'est pas si méchant!* **2.** État des recettes et des dépenses, de ce que l'on doit et de ce qui est dû. *Arrêter, clore un compte.* – *Compte en banque. Compte courant :* compte ouvert à un client qui dépose ses fonds dans une banque et se réserve de les retirer en tout ou partie. *Compte de dépôt* ou *compte de chèques* (abrév. : C.C.). *Compte courant postal* (abrév. : C.C.P.), ouvert à un client dans un bureau de poste et lui permettant d'effectuer des virements et des retraits. *Compte joint,* dont les titulaires sont liés par une solidarité active (par oppos. à *compte indivis*). ▷ COMPTA *Compte d'exploitation générale :* compte de gestion qui comporte les charges et les produits. – *Compte de résultat,* qui fond, dans le nouveau plan comptable de 1982, les données du compte de pertes et profits et celles du compte d'exploitation générale. **3.** État des recettes et des dépenses de biens dont on a l'administration. **4.** Ce qui est dû à qqn. – *Donner son compte à un employé,* lui donner son salaire et, par ext., le licencier. – *Demander son compte :* exiger son dû, son salaire, et, par ext., démissionner. ▷ Fam. *Régler son compte à qqn,* le punir, le tuer, lui faire un mauvais parti. – *Règlement de comptes :* vengeance, explication violente entre deux rivaux, deux adversaires. **5.** Loc. *À bon compte :* à bon marché, à peu de frais. *Acheter une maison à bon compte.* – Fam. *S'en tirer à bon compte,* avec peu de dommages. **6.** *Cour des comptes :* V. encycl. cour. **7.** ESP *Compte à rebours :* partie de la chronologie de lancement qui précède l'ordre de mise à feu d'un lanceur spatial. **II.** Fig. **1.** *Tenir compte de :* prendre en considération, faire cas de. *Tenir compte des conseils avant d'agir.* ▷ *Faire entrer, mettre en ligne de compte un argument dans son raisonnement,* l'y inclure, le prendre en considération. **2.** *Laisser pour compte :* négliger, ne pas s'occuper de. **3.** *Être à son compte :* travailler pour soi, de manière indépendante. *Travailler pour le compte d'un employeur,* en dépendre. **4.** *Sur le compte de :* au sujet de. *Il y a beaucoup à dire sur son compte.* **5.** *Demander des comptes :* exiger un rapport explicatif, une justification. ▷ *Rendre compte de :* faire un rapport sur, expliquer. – *Rendre des comptes :* se justifier, exposer ses raisons. *Je n'ai de comptes à rendre à personne.* **6.** *Se rendre compte de, que :* comprendre. *Il s'est rendu compte de son erreur.* – Fam. *Tu te rends compte ?* (pour prendre à témoin son interlocuteur). – Lat. *computus,* de *computare,* «compter».

compte-fils [kɔ̃tfil] n. m. inv. Loupe très puissante pour examiner des tissus, des timbres-poste, des épreuves de photogravure, etc. – De *compter,* et *fil.*

compte-gouttes [kɔ̃tgut] n. m. inv. Petite pipette destinée à verser un liquide goutte à goutte. ▷ Fig. *Au compte-gouttes :* d'une façon parcimonieuse. – De *compter,* et *goutte.*

compte-minutes [kɔ̃tminyt] n. m. inv. Appareil qui émet un signal sonore lorsque le temps préalablement affiché est écoulé. – De *compter,* et *minute.*

compter [kɔ̃te] v. [1] **I.** v. tr. **1.** Dénombrer, calculer le nombre, le montant de. *Compter les personnes présentes. Compter sa fortune.* ▷ Fig. *Compter les jours, les heures :* attendre, s'ennuyer. **2.** Comprendre, inclure dans un compte, un ensemble. *N'oubliez pas de compter les taxes.* **3.** Comporter. *Un parti qui compte de nombreux membres.* ▷ *Compter parmi :* ranger au nombre de. *Compter plusieurs députés parmi ses amis.* **4.** Estimer (à un certain prix). *Il m'a compté mille francs de frais.* **5.** Calculer, mesurer parcimonieusement. *Il compte chacune de ses dépenses.* ▷ *Compter ses pas :* marcher lentement, avec précaution; fig. se comporter, agir avec prudence, avec précaution. **6.** *Compter une somme à qqn,* la lui payer. **7.** Se proposer de, avoir l'intention de. *Je compte partir demain.* ▷ Espérer. *Il compte bien te voir ce soir.* **II.** v. intr. **1.** Dénombrer; calculer. *Compter jusqu'à cent. Savoir lire et compter.* **2.** *Compter avec :* tenir compte de. *Un homme avec qui il faut compter. Compter avec l'opinion publique.* **3.** Entrer en ligne de compte, être pris en considération. *La première partie ne compte pas.* – Fam. (Langage enfantin.) *Compter pour du beurre :* ne pas compter. ▷ Être important. *Ce qui compte, c'est d'être en bonne santé.* **4.** *Compter sur :* avoir confiance en, s'appuyer sur. *Je compte sur vous pour régler cette affaire.* ▷ Pop., iron. *Compte là-dessus! :* n'y compte pas! **5.** Être parmi. *Il compte parmi les meilleurs chimistes.* **III.** Loc. prép. **1.** *À compter de :* à dater de, à partir de. **2.** *Sans compter :* en n'incluant pas. *Il me doit mille francs, sans compter les intérêts.* ▷ *Sans compter que :* sans inclure le fait que, d'autant plus que. *Il parle trop, sans compter qu'il ne dit que des bêtises!* – Lat. *computare.*

compte rendu [kɔ̃tʀɑ̃dy] n. m. Exposé, relation (d'un fait, d'un événement, d'une œuvre). *Des comptes rendus de séances.* – De *compte,* et pp. de *rendre.*

compte-tours [kɔ̃t(ə)tuʀ] n. m. inv. TECH **1.** Appareil qui compte le nombre de tours effectués par une pièce en rotation pendant un laps de temps donné. **2.** *Abusiv.* Tachymètre. – De *compter*, et *tour*.

compteur [kɔ̃tœʀ] n. m. et adj. **1.** n. m. Rare Celui qui compte. **2.** n. m. Appareil servant à mesurer différentes grandeurs (vitesse, fréquence de rotation, distance parcourue, énergie consommée ou produite, etc.) pendant un temps donné. *Compteur à gaz.* - *Compteur de particules*, qui permet de dénombrer les particules chargées électriquement. **3.** adj. Qui sert à compter. *Boulier compteur.* – De *compter*.

comptine [kɔ̃tin] n. f. Court texte, chanté ou récité par les enfants, reposant sur des jeux de langage, utilisé pour choisir le rôle des participants à un jeu. – De *compter*.

comptoir [kɔ̃twaʀ] n. m. **1.** Table longue et étroite, généralement élevée, sur laquelle un commerçant étale sa marchandise, reçoit de l'argent, sert des consommations. *Boire un café au comptoir.* **2.** Établissement commercial privé ou public installé à l'étranger. ▷ *Spécial.* Établissement commercial installé dans une colonie. *Les comptoirs créés par Colbert à Pondichéry et Chandernagor.* **3.** ECON Organisation fondée sur une entente entre producteurs ou vendeurs, et servant d'intermédiaire entre ceux-ci et leur clientèle. *Comptoir de vente, comptoir d'achat.* **4.** Établissement de banque, de crédit. *Comptoir d'escompte.* – De *compter*.

compulser [kɔ̃pylse] v. tr. [1] **1.** DR Obtenir communication (des registres, des minutes) d'un officier ministériel en vertu de l'ordonnance d'un juge. **2.** Examiner, consulter. *Compulser des notes et des documents pour préparer une thèse.* – Du lat. *compulsare*, « pousser, contraindre », d'abord « exiger ».

compulsif, ive [kɔ̃pylsif, iv] adj. **1.** Vx Qui contraint, qui oblige. **2.** PSYCHAN *Tendance, comportement compulsif* (on dit aussi *compulsionnel*). V. compulsion. – De *compulser*.

compulsion [kɔ̃pylsjɔ̃] n. f. **1.** Vx Contrainte. **2.** PSYCHAN Contrainte interne, impérieuse, qui pousse un sujet à certains comportements sous peine de sombrer dans l'angoisse. – De *compulser*.

comput [kɔ̃pyt] n. m. Calcul destiné à fixer la date des fêtes mobiles du calendrier ecclés. – Du lat. *computus*, « compte ».

computation [kɔ̃pytasjɔ̃] n. f. Méthode utilisée pour supputer le temps. – Lat. *computatio*.

comtadin ou **contadin, ine** [kɔ̃tadɛ̃, in] n. et adj. **1.** n. Habitant du comtat Venaissin. *Un(e) Comtadin(e), un(e) Contadin(e).* **2.** adj. Du comtat Venaissin. – De *comtat*.

comtal, ale, aux [kɔ̃tal, o] adj. Rare Qui appartient à un comte. – De *comte*.

comtat [kɔ̃ta] n. m. Comté (uniquement dans certains noms de lieu : *comtat Venaissin, comtat d'Avignon*). – De *comte*.

comte [kɔ̃t] n. m. **1.** HIST Sous le Bas-Empire romain, chef militaire d'un territoire. **2.** Personne dotée d'un titre de noblesse qui se situe au-dessous de celui de marquis et au-dessus de celui de vicomte. ▷ Ce titre lui-même. – Du lat. *comes, comitis*, « compagnon », puis « attaché à la suite de l'empereur ».

1. comté [kɔ̃te] n. m. **1.** Terre donnant à son possesseur le titre de comte. ▷ Domaine possédé par un comte. **2.** Subdivision administrative en G.-B., dans plus. pays du Commonwealth, aux É.-U., en Hongrie, etc. – De *comte*.

2. comté [kɔ̃te] n. m. Fromage de Franche-Comté, proche du gruyère. – De (Franche-)*Comté*, prov. fr.

comtesse [kɔ̃tɛs] n. f. **1.** Femme qui possédait, en propre, un comté. **2.** Femme d'un comte. – De *comte*.

comtois, oise [kɔ̃twa, waz] adj. Syn. de franc-comtois. – De *comté* 1.

con-. Élément, du lat. *cum*, « avec ».

1. con, conne [kɔ̃, kɔn] n. et adj. **I.** n. m. Vulg. Sexe de la femme. **II.** Injur. et grossier. **1.** Personne stupide, inintelligente. *Prendre qqn pour un con. Traiter une femme de conne.* **2.** Loc. *À la con* : idiot, stupide. *Un livre à la con.* **3.** adj. *Un type complètement con. Une histoire conne (ou con).* – Lat. *cunnus*.

2. con [kɔn] prép. ital. (« avec »), utilisée en musique, suivie d'un nom, également en italien, indiquant comment interpréter un morceau. *Con brio*, avec brio, éclat. – *Con (anima)*, avec âme.

conard, arde. V. connard.

conasse. V. connasse.

conatif, ive [kɔnatif, iv] adj. LING Qui exprime une notion d'effort (en parlant de certaines formes verbales). – Du lat. *conari*, « s'efforcer de ».

concassage [kɔ̃kasaʒ] n. m. Action de concasser. – De *concasser*.

concasser [kɔ̃kase] v. tr. [1] Réduire une matière dure en petits fragments. *Concasser du poivre. Concasser des pierres.* – Lat. *conquassare*.

concasseur [kɔ̃kasœʀ] n. m. TECH Appareil destiné à fragmenter une matière dure. – De *concasser*.

concaténation [kɔ̃katenasjɔ̃] n. f. PHILO et LING Enchaînement de plusieurs éléments. – Lat. *concatenatio*, de *catena*, « chaîne ».

concave [kɔ̃kav] adj. Qui présente une courbure en creux. *Verre concave.* Ant. convexe. – Lat. *concavus*, de *cavus*, « creux ».

concavité [kɔ̃kavite] n. f. **1.** État de ce qui est concave. *La concavité d'un miroir.* **2.** Cavité, creux. *Les concavités du crâne.* – De *concave*.

concéder [kɔ̃sede] v. tr. [14] **1.** Accorder, octroyer comme une faveur. *Concéder un droit.* **2.** Céder sur un point en litige. *Je concède que j'ai eu tort.* Syn. admettre. **3.** SPORT Abandonner (un but, un point, etc.) à un adversaire. – Lat. *concedere*, de *cedere*, « s'en aller ».

concélébration [kɔ̃selebʀasjɔ̃] n. f. Action de concélébrer ; office concélébré. – De *concélébrer*.

concélébrer [kɔ̃selebʀe] v. tr. [14] RELIG Célébrer (un office) avec un ou plusieurs autres ministres du culte. – De *con-*, et *célébrer*.

concentration [kɔ̃sɑ̃tʀasjɔ̃] n. f. **1.** Action de concentrer ; état de ce qui est concentré. *La concentration urbaine.* ▷ *Camp de concentration* : camp où sont regroupées des personnes détenues pour des motifs politiques, religieux, ethniques, etc. *Les camps de concentration nazis.* **2.** CHIM Grandeur caractérisant la richesse d'une phase (solide, liquide, gazeuse) en un de ses constituants (ex. : masse du corps dissous par unité de volume). **3.** ECON Regroupement ou fusion d'entreprises destiné à lutter plus efficacement contre la concurrence dans un secteur déterminé *(concentration horizontale)* ou aux stades successifs d'élaboration d'un produit donné *(concentration verticale).* **4.** Fig. Fait de concentrer son esprit. *Un effort de concentration.* – De *concentrer*, d'ap. l'angl.

concentrationnaire [kɔ̃sɑ̃tʀasjɔnɛʀ] adj. Relatif aux camps de concentration, de déportation. *La vie concentrationnaire.* – De *(camp de) concentration*.

concentré, ée [kɔ̃sɑ̃tʀe] adj. et n. m. **1.** Que l'on a concentré. *Lait concentré.* ▷ n. m. Substance concentrée.

Du concentré de tomate. **2.** Qui manifeste de la concentration (sens 4). – Pp. de *concentrer.*

concentrer [kɔ̃sɑ̃tʀe] v. tr. [1] **1.** Réunir, faire converger en un point. *Concentrer le rayonnement solaire. Concentrer des forces armées.* Syn. rassembler. **2.** CHIM Augmenter la concentration de. *Concentrer une solution.* **3.** Fig. Appliquer sur un objet unique. *Concentrer ses efforts sur un problème.* ▷ v. pron. Faire retour sur soi-même, appliquer sa réflexion à un unique objet de pensée. – De *con-*, et *centrer.*

concentrique [kɔ̃sɑ̃tʀik] adj. Qualifie des courbes ou des surfaces qui ont le même centre de courbure. – De *con-*, et *centre.*

concentriquement [kɔ̃sɑ̃tʀikmɑ̃] adv. GEOM De manière concentrique. – De *concentrique.*

concentrisme [kɔ̃sɑ̃tʀism] n. m. POLIT Doctrine en faveur de la concentration économique. – De *concentrer.*

concept [kɔ̃sɛpt] n. m. PHILO Représentation mentale abstraite et générale. *Le concept de table. Le concept de bonheur. Forger un concept.* – Lat. *conceptus*, de *concipere*, « concevoir ».

conceptacle [kɔ̃sɛptakl] n. m. BOT Cavité d'ouverture étroite, où se forment les gamètes ou les spores de multiplication végétative chez certaines algues. – Lat. *conceptaculum*, « réservoir ».

concepteur, trice [kɔ̃sɛptœʀ, tʀis] n. Personne qui conçoit. ▷ Mod. Personne qui conçoit des projets de publicité. – De *conception.*

conception [kɔ̃sɛpsjɔ̃] n. f. **1.** Acte par lequel un nouvel être vivant est produit par fécondation d'un ovule. ▷ *Immaculée Conception* : dogme cathol. selon lequel la Vierge Marie a été préservée du péché originel. **2.** Action, façon de concevoir une idée, création de l'imagination. *Conception hardie, originale. Il a de l'amitié une conception toute particulière.* Syn. idée, opinion. **3.** Faculté de saisir, de comprendre. *Avoir la conception vive, lente.* – Lat. *conceptio*, de *concipere*, « concevoir ».

conceptisme [kɔ̃sɛptism] n. m. Préciosité de style dans la littér. espagnole du début du XVIIe s. – Mot esp., de *concepto*, « pensée ».

conceptivité [kɔ̃sɛptivite] n. f. Faculté de concevoir, d'être fécondée. – De *conception.*

conceptualisation [kɔ̃sɛptɥalizasjɔ̃] n. f. Organisation en concepts. – De *conceptualiser.*

conceptualiser [kɔ̃sɛptɥalize] v. tr. [1] Organiser en concepts (une notion, une idée générale, etc.). – De *concept.*

conceptualisme [kɔ̃sɛptɥalism] n. m. PHILO Doctrine d'Abélard selon laquelle nos expériences révèlent les idées générales, en dépit du fait que celles-ci existaient de façon latente dans notre esprit avant toute expérience. *Synthèse du rationalisme et de l'empirisme, le nom de conceptualisme a été donné aux théories d'Aristote et de Kant.* – Du lat. *conceptualis.*

conceptuel, elle [kɔ̃sɛptɥɛl] adj. **1.** Relatif aux concepts ou à la conception. *Texte conceptuel. Acte conceptuel.* **2.** *Art conceptuel* : attitude artistique, née dans les années 60, qui accorde la primauté de l'idée sur la réalisation matérielle de l'œuvre d'art selon les techniques traditionnelles. – Lat. *conceptualis.*

concerner [kɔ̃sɛʀne] v. tr. [1] Intéresser, avoir rapport à. *En ce qui me concerne.* – Ppr. (Emploi prépositionnel.) *Loi concernant l'avortement.* – Lat. scolast. *concernere*, de *con- (cum)*, et *cernere*, « considérer ».

concert [kɔ̃sɛʀ] n. m. **1.** Accord, entente pour parvenir à une même fin. *Le concert européen.* ▷ Loc. adv. *De concert* : d'intelligence. *Agir de concert avec qqn.* **2.** MUS Harmonie formée par plusieurs voix ou plusieurs instruments, ou par une réunion de voix et d'instruments ; séance musicale. *Aller au concert. Donner un concert.* – Association musicale. *Les Concerts Colonne.* **3.** Sons ou bruits, généralement harmonieux, qui se font entendre ensemble. *Les concerts des oiseaux.* – *Un concert de louanges.* – Ital. *concerto*, « accord ».

concertant, ante [kɔ̃sɛʀtɑ̃, ɑ̃t] adj. MUS Se dit d'un morceau dans lequel plusieurs instruments exécutent alternativement la partie principale. *Symphonie concertante.* – Ppr. de *concerter.*

concertation [kɔ̃sɛʀtasjɔ̃] n. f. POLIT, ECON Conférence, échange d'idées en vue de s'entendre sur une attitude commune. – De *concerter.*

concerter [kɔ̃sɛʀte] v. [1] **I.** v. tr. **1.** Préparer en conférant avec une ou plusieurs personnes. *Concerter un dessein.* **2.** Préparer, étudier. *Concerter son attitude.* – Pp. adj. *Des paroles concertées.* Syn. préméditer. **II.** v. intr. MUS En parlant d'instruments, de voix, exécuter alternativement ou simultanément la partie principale. *Le hautbois et la flûte concertent.* **III.** v. pron. Préparer ensemble un projet, s'entendre pour agir. *Ils racontèrent la même histoire : visiblement, ils s'étaient concertés.* – De *concert.*

concertina [kɔ̃sɛʀtina] n. m. MUS Instrument à soufflet, de forme hexagonale, proche de l'accordéon. – Mot angl., de l'ital. *concerto*, « concert ».

concertino [kɔ̃sɛʀtino] n. m. **1.** Dans le concerto grosso, petit groupe d'instrumentistes qui exécutent les passages en solo. **2.** Brève composition dans le style du concerto. – Mot ital.

concertiste [kɔ̃sɛʀtist] n. Instrumentiste qui se produit en concert, généralement comme soliste. – De *concert.*

concerto [kɔ̃sɛʀto] n. m. MUS Composition en forme de sonate, qui oppose un ou plusieurs instruments (solistes) à l'orchestre. – *Concerto grosso* : première forme du concerto opposant un groupe d'instrumentistes (concertino) à une formation plus importante. – Mot ital., « concert ».

concesseur [kɔ̃sesœʀ] n. m. Celui qui concède. – De *concéder.*

concessif, ive [kɔ̃sesif, iv] adj. et n. f. GRAM Qui marque l'idée de concession. *Les propositions concessives sont introduites par « bien que », « quoique », « encore que », etc.* ▷ n. f. *Une concessive.* – De *concession.*

concession [kɔ̃sɛsjɔ̃] n. f. **1.** Action d'accorder un droit, un privilège, un bien. ▷ DR Autorisation de gérer à ses risques un service public (accordée à un particulier ou à une société privée). – *Concession domaniale* : autorisation d'exploiter à titre privatif des biens du domaine public, moyennant paiement. – *Concession commerciale*, qui fait d'un commerçant le représentant exclusif d'une firme dans une zone géographique. **2.** Chose concédée. ▷ Terre à cultiver distribuée par l'État dans une nouvelle colonie. ▷ Terrain loué ou vendu pour une sépulture. *Concession à perpétuité.* **3.** (Souvent au plur.) Ce que l'on accorde à qqn dans un litige. *Faire des concessions à un adversaire.* – Lat. *concessio.*

concessionnaire [kɔ̃sɛsjɔnɛʀ] n. **1.** Personne qui a obtenu une concession. **2.** COMM Représentant exclusif d'une marque de produit dans une région. – De *concession.*

concetti [kɔ̃se(ɛt)ti] n. m. pl. Litt. Pensées brillantes, mais trop subtiles, trop recherchées. – Mot ital., pl. de *concetto*, « concept, mot d'esprit ».

concevable [kɔ̃s(ə)vabl] adj. Qui peut se concevoir. *Il n'est pas concevable de refuser cela.* – De *concevoir.*

concevoir [kɔ̃səvwaʀ] v. tr. [5] **1.** Devenir enceinte, former (un enfant) en son sein. *Concevoir un enfant* ou, absol., *concevoir.* **2.** Former dans son esprit, créer. *Concevoir un projet.* – Pp. adj. *Une voiture conçue pour la ville.* Syn. créer, imaginer, inventer. **3.** Comprendre, avoir une idée de. *Je ne conçois pas une telle étourderie.* **4.** Éprouver. *Concevoir de l'amour pour qqn.* – Du lat. *concipere,* «recevoir».

conchoïdal, ale, aux [kɔ̃kɔidal, o] adj. **1.** Qui ressemble à une coquille. *Cassure conchoïdale.* **2.** GEOM Relatif à la conchoïde. – De *conchoïde.*

conchoïde [kɔ̃kɔid] adj. et n. f. **1.** GEOM Se dit d'une courbe ayant la courbure d'un coquillage. – n. f. *Une conchoïde.* **2.** MINER *Cassure conchoïde* (ou *conchoïdale*) : cassure qui présente une surface courbe lisse ou parcourue de stries concentriques. – Lat. *concha,* «coquille», et *-oïde.*

conchyliculture [kɔ̃ʃilikyltyʀ] n. f. Élevage des coquillages comestibles (huîtres, moules, etc.). – Du gr. *konkhulion,* «coquillage», et *-culture.*

conchylien, enne [kɔ̃kiljɛ̃, ɛn] adj. BIOL et PETROG Qui contient des coquilles. *Calcaire conchylien.* – Du gr. *konkhulion,* «coquillage».

conchyliologie [kɔ̃kiljɔlɔʒi] n. f. Science qui étudie les animaux pourvus d'une coquille («coquillages»), ainsi que la coquille elle-même. – Du gr. *konkhulion,* «coquillage», et *-logie.*

conchylis. V. cochylis.

concierge [kɔ̃sjɛʀʒ] n. Personne qui a la garde d'un immeuble. *Déposer le courrier chez le concierge.* ▷ Fam. *C'est une vraie concierge,* une personne curieuse et bavarde. Syn. gardien. – Probabl. du lat. pop. **conservius,* de *servus,* «esclave».

conciergerie [kɔ̃sjɛʀʒəʀi] n. f. Charge ou logement de concierge. ▷ HIST *La Conciergerie,* dépendance du Palais de Justice de Paris. (Autref. résidence des rois de France, elle fut transformée en prison sous Charles V; durant la Révolution, de nombr. prisonniers y furent incarcérés : Marie-Antoinette, Danton, Robespierre.) – De *concierge.*

concile [kɔ̃sil] n. m. Assemblée d'évêques et de théologiens de l'Égl. cathol., réunis pour régler des questions concernant le dogme, la liturgie et la discipline ecclésiastiques. – Lat. *concilium,* «assemblée».

ENCYCL On distingue les *conciles œcuméniques,* c.-à-d. universels, et les *conciles nationaux* ou *provinciaux,* qui n'intéressent que le clergé d'une nation ou d'une prov. ecclés. Bien qu'elle n'en ait jamais entériné officiellement la liste, l'Égl. cathol. reconnaît 21 conciles œcuméniques : Nicée I (325), Constantinople I (381), Éphèse (431), Chalcédoine (451), Constantinople II (553), Constantinople III (680-681), Nicée II (787), Constantinople IV (869-870), Latran I (1123), Latran II (1139), Latran III (1179), Latran IV (1215), Lyon I (1245), Lyon II (1274), Vienne (1311-1312), Constance (1414-1418), Bâle (1431-1437), déplacé à Ferrare (1437-1439) puis à Florence (1439-1442), Latran V (1512-1517), Trente (1545-1563), Vatican I (1869-1870), Vatican II (1962-1965). L'Égl. orthodoxe n'accepte que les sept premiers.

conciliable [kɔ̃siljabl] adj. Que l'on peut concilier. – De *concilier.*

conciliabule [kɔ̃siljabyl] n. m. **1.** Vx Réunion secrète aux desseins généralement coupables. **2.** Conversation à voix basse. *Elle avait surpris de mystérieux conciliabules qui cessaient à son approche.* – Lat. ecclés. *conciliabulum,* «concile irrégulier».

conciliaire [kɔ̃siljɛʀ] adj. Relatif à un concile. *Pères conciliaires.* – De *concile.*

conciliant, ante [kɔ̃siljɑ̃, ɑ̃t] adj. Disposé, propre à s'accorder. *Caractère conciliant.* Syn. accommodant. – Ppr. de *concilier.*

conciliateur, trice [kɔ̃siljatœʀ, tʀis] adj. et n. Qui concilie. *Rôle conciliateur. Servir de conciliateur.* Syn. médiateur. – Lat. *conciliator.*

conciliation [kɔ̃siljasjɔ̃] n. f. **1.** Action de concilier; son résultat. **2.** DR Accord que le juge d'instance cherche à réaliser entre les parties avant le commencement d'un procès. **3.** Règlement amiable des conflits collectifs du travail. Syn. arbitrage. – Lat. *conciliatio.*

conciliatoire [kɔ̃siljatwaʀ] adj. Qui se propose de concilier. *Démarche conciliatoire.* – De *concilier.*

concilier [kɔ̃silje] **1.** v. tr. [2] Accorder ensemble (des personnes divisées d'opinion, des choses contraires). *Chercher à les concilier serait peine perdue. Concilier l'intérêt et le devoir.* **2.** v. pron. Disposer favorablement, gagner à soi. *Se concilier un auditoire. Se concilier la sympathie de qqn.* – Lat. *conciliare,* «assembler».

concis, ise [kɔ̃si, iz] adj. Qui exprime beaucoup de choses en peu de mots. *Style, orateur concis.* Syn. bref. Ant. prolixe, verbeux. – Lat. *concisus,* «tranché».

concision [kɔ̃sizjɔ̃] n. f. Qualité de ce qui est concis. – De *concis.*

concitoyen, enne [kɔ̃sitwajɛ̃, ɛn] n. Citoyen de la même ville, d'un même État (qu'un autre). – De *con-,* et *citoyen,* d'ap. le lat. *concivis.*

concitoyenneté [kɔ̃sitwajɛnte] n. f. Relation entre concitoyens. – De *concitoyen.*

conclave [kɔ̃klav] n. m. **1.** Collège de cardinaux réunis pour l'élection d'un pape. **2.** Lieu où l'on procède à cette élection. – Mot du lat. médiév., «chambre fermée à clé».

conclaviste [kɔ̃klavist] n. m. Assistant d'un cardinal pendant un conclave. – De *conclave.*

concluant, ante [kɔ̃klyɑ̃, ɑ̃t] adj. Qui conclut, qui permet de conclure. *Argument concluant. Un essai concluant.* Syn. décisif, probant. – Ppr. de *conclure.*

conclure [kɔ̃klyʀ] v. [78] **I.** v. tr. **1.** Déterminer par un accord les conditions de. *Conclure une affaire.* **2.** Écrire, prononcer la péroraison de. *Il me reste à conclure mon exposé.* **II.** v. tr. indir. **1.** Tirer (une conséquence), inférer. *On a hâtivement conclu de la présence de l'accusé sur les lieux à sa culpabilité.* ▷ (S. comp.) *Il faut conclure.* **2.** Décider, donner un avis après examen et réflexion. *La police a conclu à un suicide.* – Lat. *concludere,* de *claudere,* «clore».

conclusif, ive [kɔ̃klyzif, iv] adj. Qui exprime une conclusion. *Proposition, conjonction conclusive.* – Lat. scolast. *conclusivus,* de *concludere,* «conclure».

conclusion [kɔ̃klyzjɔ̃] n. f. **1.** Action de conclure, accord final. *La conclusion d'un traité, d'une négociation.* ▷ Solution finale, issue. *L'enquête touche à sa conclusion.* **2.** Fin d'un discours, péroraison. *Une conclusion digne de l'exorde.* **3.** PHILO Proposition terminale d'un syllogisme. ▷ Cour. Conséquence tirée d'un raisonnement. *Tirer une conclusion.* – Loc. adv. *En conclusion.* – adv. Fam. *Conclusion, nous n'irons plus chez eux.* **4.** Plur. DR Exposé sommaire des prétentions des parties devant un tribunal. – Lat. *conclusio,* de *concludere,* «conclure».

concocter [kɔ̃kɔkte] v. tr. [1] Fam. **1.** Préparer en pensée. *Il a concocté un plan infaillible.* **2.** Élaborer avec soin. *Il leur a concocté un bon petit plat.* – Du lat. *concoctio,* de *con-* (*cum*), et *coctio,* «cuisson».

concombre [kɔ̃kɔ̃bʀ] n. m. **1.** Plante potagère (fam. cucurbitacées) dont le gros fruit oblong et aqueux est consommé surtout en salade. **2.** ZOOL *Concombre de mer :* nom cour. de l'holothurie. – Du lat. *cucumis,* par l'anc. provenç. *cocombre.*

concomitance [kɔ̃kɔmitɑ̃s] n. f. Coexistence, simultanéité. – Lat. scolast. *concomitantia*, de *concomitari*, « accompagner ».

concomitant, ante [kɔ̃kɔmitɑ̃, ɑ̃t] adj. Qui accompagne une chose, un fait. *Symptôme concomitant.* Syn. coexistant. – PHYS *Variations concomitantes des phénomènes physiques* : variation d'une grandeur (par ex. le volume d'un gaz) par rapport à la variation d'autres grandeurs (par ex. la pression). – Lat. *concomitans*, de *concomitari*, « accompagner ».

concordance [kɔ̃kɔʀdɑ̃s] n. f. **1.** Fait de s'accorder, d'être en conformité avec une autre chose. *La concordance de deux récits.* ▷ PHYS *Concordance de phase* : égalité de phase. *Radiations en concordance de phase.* **2.** GRAM *Concordance des temps* : règle syntaxique qui subordonne le temps du verbe de la complétive à celui de la proposition complétée. (Ex. *Je veux qu'il vienne* et *je voulais qu'il vînt.*) **3.** Ouvrage ou index rassemblant ou mentionnant les passages de la Bible qui se ressemblent. – De *concorder.*

concordant, ante [kɔ̃kɔʀdɑ̃, ɑ̃t] adj. Qui concorde. *Renseignements concordants.* – Ppr. de *concorder.*

concordat [kɔ̃kɔʀda] n. m. **1.** Accord entre le pape et un gouvernement à propos d'affaires religieuses. – *Le concordat de 1801*, entre Pie VII et Bonaparte, définit la situation du clergé catholique en France ; il fut appliqué jusqu'à la séparation des Églises et de l'État (1905). **2.** COMM Accord entre une entreprise en cessation de paiement et ses créanciers. – Lat. médiév. *concordatum*, pp. de *concordare*, « concorder ».

concordataire [kɔ̃kɔʀdatɛʀ] adj. **1.** Relatif à un concordat. **2.** Régi par un concordat. *Les évêchés alsaciens concordataires.* **3.** HIST Se dit des ecclésiastiques qui approuvèrent le concordat de 1801. **4.** COMM Qui bénéficie d'un concordat. – De *concordat.*

concorde [kɔ̃kɔʀd] n. f. Union de cœurs, de volontés ; bonne intelligence. *Rétablir la concorde.* Syn. paix. Ant. discorde. – Lat. *concordia.*

concorder [kɔ̃kɔʀde] v. intr. [1] **1.** Être en accord, en conformité. *Leurs témoignages concordent. Sa façon de vivre ne concorde pas avec ses principes.* Syn. correspondre. **2.** Contribuer au même résultat. *Actions qui concordent.* – Lat. *concordare.*

concourant, ante [kɔ̃kuʀɑ̃, ɑ̃t] adj. Qui concourt. ▷ GEOM *Droites concourantes*, qui passent par un même point. ▷ PHYS *Forces concourantes*, dont les supports passent par un même point. – Ppr. de *concourir.*

concourir [kɔ̃kuʀiʀ] v. [26] **I.** v. tr. indir. **1.** Contribuer à produire un effet. *Tout concourt à notre succès.* **2.** GEOM Se rencontrer. *Deux droites qui concourent en un même point.* **II.** v. intr. Être en concurrence (pour obtenir un prix, un emploi, etc.) ; subir les épreuves d'un concours. *Il concourt dans l'épreuve de saut.* – Lat. *concurrere*, « accourir ensemble », d'ap. *courir.*

concours [kɔ̃kuʀ] n. m. **1.** Vx Rencontre, réunion. *Un grand concours de peuple.* – Mod. *Concours de circonstances. Point de concours.* **2.** Action de concourir, de tendre ensemble vers un même but. *Réaliser un film avec le concours des habitants d'un village.* Syn. aide, collaboration. ▷ FIN *Fonds de concours* : fonds prévus pour concourir à certaines dépenses. **3.** Compétition dans laquelle les meilleurs sont récompensés. *Le concours Lépine récompense les meilleures inventions. Concours de plage.* ▷ SPORT Chacune des épreuves d'athlétisme autres que les courses, les lancers et les sauts. ▷ *Concours hippique* : compétition d'équitation avec saut d'obstacles. – Examen comparatif que subissent des candidats pour un nombre limité de places, de récompenses. *Se présenter, être reçu à un concours. Concours des grandes écoles.* ▷ *Concours général*, qui oppose les meilleurs élèves de France (classes de première et terminale) dans une discipline donnée. – Lat. *concursus*, de *concurrere.* (V. concourir).

concret, ète [kɔ̃kʀɛ, ɛt] adj. et n. m. **1.** Vx Dont la consistance est épaisse (par oppos. à *fluide*). *Boue concrète.* **2.** Qui exprime, désigne un objet, un phénomène perçu par les sens (par oppos. à *abstrait*). *« Table » est un terme concret. Illustrer une théorie à l'aide d'exemples concrets.* **3.** *Musique concrète* : musique inventée par P. Schaeffer, utilisant des sons préalablement enregistrés, en faisant varier leur forme, leur timbre, leur tessiture, etc., obtenant ainsi des « objets sonores » regroupés selon certaines lois de similitude. (On dit plutôt auj. *musique électroacoustique.*) ▷ n. m. Ce qui est concret. *Le concret et l'abstrait.* – Lat. *concretus*, de *concrescere*, « se solidifier ».

concrètement [kɔ̃kʀɛtmɑ̃] adv. D'une manière concrète, pratique. *Concrètement, qu'est-ce que cela donne ?* – De *concret.*

concréter [kɔ̃kʀete] v. tr. [1] Solidifier, épaissir. ▷ v. pron. Se coaguler, devenir solide. – De *concret.*

concrétion [kɔ̃kʀesjɔ̃] n. f. **1.** Action, fait de s'épaissir. **2.** Agrégat de plusieurs substances en un corps solide. ▷ GEOL Amas minéral cristallisé en couches concentriques ayant précipité le long des cours d'eau souterrains. *Les stalactites sont des concrétions calcaires.* ▷ MED Corps étranger solide qui se forme parfois dans les tissus ou les organes. *Les calculs sont des concrétions.* – Lat. *concretio*, de *concrescere*, « se solidifier ».

concrétisation [kɔ̃kʀetizasjɔ̃] n. f. Fait de concrétiser, de se concrétiser. *La concrétisation de vieux projets.* – De *concrétiser.*

concrétiser [kɔ̃kʀetize] v. tr. [1] Rendre concret, réel. *Concrétiser une promesse.* ▷ v. pron. *Ses espoirs se sont concrétisés.* – De *concret.*

concubin, ine [kɔ̃kybɛ̃, in] n. Personne qui vit en concubinage. – Lat. *concubina*, « qui couche avec ».

concubinage [kɔ̃kybinaʒ] n. m. Situation d'un homme et d'une femme vivant ensemble sans être mariés. – De *concubine.*

concupiscence [kɔ̃kypisɑ̃s] n. f. Vive inclination pour les plaisirs sensuels. – Lat. *concupiscentia*, de *concupiscere*, « désirer ardemment ».

concupiscent, ente [kɔ̃kypisɑ̃, ɑ̃t] adj. Qui exprime ou éprouve de la concupiscence. *Regard concupiscent.* – Lat. *concupiscens.*

concurremment [kɔ̃kyʀamɑ̃] adv. **1.** En rivalité. *Briguer concurremment une charge.* **2.** Conjointement, ensemble. *Agir concurremment.* – De *concurrent.*

concurrence [kɔ̃kyʀɑ̃s] n. f. **1.** Vx Rencontre. ▷ Loc. mod. *Jusqu'à concurrence de* : jusqu'à la limite de. **2.** Compétition, rivalité entre personnes, entreprises, etc., qui prétendent à un même avantage ; ensemble des concurrents. *Être en concurrence avec qqn. Des prix défiant toute concurrence*, très bas. ▷ *Système de la libre concurrence* : système économique laissant à chacun la liberté de produire et de vendre aux conditions qu'il souhaite. **3.** DR Égalité de rang, de droit. *Exercer une hypothèque en concurrence.* – De *concurrent.*

concurrencer [kɔ̃kyʀɑ̃se] v. tr. [12] Faire concurrence à. – De *concurrence.*

concurrent, ente [kɔ̃kyʀɑ̃, ɑ̃t] adj. et n. **1.** Vx Qui concourt au même but. *Forces concurrentes.* **2.** Qui se fait concurrence. *Des commerces concurrents.* ▷ Subst. Personne qui poursuit le même avantage qu'une autre ; commerçant qui fait concurrence. *Évincer tous ses concurrents.* – Lat. *concurrens*, de *concurrere*, « accourir ensemble ».

concurrentiel, elle [kɔ̃kyʀɑ̃sjɛl] adj. **1.** Qui peut entrer en concurrence. *Tarif, prix concurrentiel.* Syn. compétitif. **2.** Où se développe la concurrence. *Économie concurrentielle.* – De *concurrence.*

concussion [kɔ̃kysjɔ̃] n. f. DR Délit consistant à recevoir ou à exiger des sommes non dues, dans l'exercice d'une fonction publique. – Lat. *concussio,* de *concutere,* «frapper».

concussionnaire [kɔ̃kysjɔnɛʀ] adj. et n. Coupable de concussion. *Ministre concussionnaire.* – De *concussion.*

condamnable [kɔ̃danabl] adj. Qui mérite d'être condamné. *Opinion, attitude condamnable.* Syn. blâmable. Ant. justifiable. – De *condamner.*

condamnateur, trice [kɔ̃danatœʀ, tʀis] adj. et n. Qui condamne. *Regard condamnateur.* – De *condamner.*

condamnation [kɔ̃danasjɔ̃] n. f. **1.** Décision d'une juridiction de sanctionner un coupable. *Condamnation pour vol.* **2.** Blâme, critique. – Lat. *condemnatio.*

condamnatoire [kɔ̃danatwaʀ] adj. DR Portant condamnation. *Sentence condamnatoire.* – De *condamner.*

condamné, ée [kɔ̃dane] adj. et n. **1.** Qui s'est vu infliger une peine. ▷ Subst. *«Le Dernier jour d'un condamné», de V. Hugo. Un condamné à mort.* **2.** *Malade condamné,* dont la maladie est mortelle. **3.** Obligé, astreint (à). *Être condamné à l'immobilité.* **4.** *Porte, fenêtre condamnée,* par laquelle on ne peut plus passer. – Pp. de *condamner.*

condamner [kɔ̃dane] v. tr. [1] **1.** Prononcer une peine contre (qqn). *Condamner un criminel à vingt ans de prison.* – Interdire, proscrire. *La loi condamne l'usage des stupéfiants.* ▷ Par anal. *Les médecins l'ont condamné,* ont déclaré que sa maladie est mortelle. **2.** Astreindre, réduire. *Être condamné à l'immobilité. Cette panne nous condamne à renoncer à cette visite.* **3.** Blâmer, désapprouver. *Condamner la conduite de qqn.* **4.** Barrer (un passage); supprimer (une ouverture). *Condamner une porte.* Syn. barrer, boucher. **5.** Accabler. *Sa conduite la condamne.* – Lat. *condemnare.*

condé [kɔ̃de] n. m. Arg. **1.** Autorisation officieuse accordée à un délinquant d'enfreindre une interdiction, en échange de renseignements fournis à la police; ce délinquant lui-même. **2.** Policier.

condensable [kɔ̃dɑ̃sabl] adj. Qui peut être condensé. – De *condenser.*

condensabilité [kɔ̃dɑ̃sabilite] n. f. Propriété d'un corps condensable. – De *condensable.*

condensat [kondɑ̃sa] n. m. TECH Liquide obtenu par condensation. Syn. distillat. – De *condenser.*

condensateur [kɔ̃dɑ̃satœʀ] n. m. ELECTR Appareil composé de deux feuilles métalliques (*armatures*) séparées par un isolant (*diélectrique*) et servant à emmagasiner de l'énergie électrique. – De *condenser.*

condensation [kɔ̃dɑ̃sasjɔ̃] n. f. **1.** PHYS Passage de l'état gazeux à l'état solide. – *Spécial.* Transformation de la vapeur en liquide. *Eau de condensation.* **2.** CHIM *Réaction de condensation* : réaction dans laquelle deux molécules organiques se soudent en éliminant une troisième molécule (eau, ammoniac, etc.). **3.** ELECTR Accumulation d'électricité. – Lat. imp. *condensatio.*

condensé, ée [kɔ̃dɑ̃se] adj. et n. m. **I.** adj. TECH Réduit de volume par évaporation, dessiccation. *Lait condensé.* – Fig. *Un style très condensé.* **II.** n. m. **1.** Résumé d'un ouvrage littéraire. **2.** Recueil d'œuvres résumées. – Pp. de *condenser.*

condenser [kɔ̃dɑ̃se] v. tr. [1] **1.** Rendre plus dense, resserrer dans un moindre espace. ▷ Faire passer de l'état gazeux à l'état liquide. ▷ v. pron. Passer de l'état gazeux à l'état liquide. *La vapeur d'eau se condense sur les corps froids.* **2.** Fig. Exprimer de manière concise; réduire (un texte). *Condenser sa pensée. Condenser un texte.* Syn. réduire. – Lat. *condensare.*

condenseur [kɔ̃dɑ̃sœʀ] n. m. **1.** TECH Appareil permettant par refroidissement de faire passer une substance de l'état gazeux à l'état liquide. **2.** PHYS Système optique convergent, permettant de concentrer la lumière sur un objet donné. – Angl. *condenser.*

condescendance [kɔ̃desɑ̃dɑ̃s] n. f. Attitude de supériorité bienveillante mêlée de mépris. *Traiter qqn avec condescendance.* Syn. hauteur. – De *condescendre.*

condescendant, ante [kɔ̃desɑ̃dɑ̃, ɑ̃t] adj. Qui manifeste de la condescendance. *Manières condescendantes. Un homme condescendant.* – Ppr. de *condescendre.*

condescendre [kɔ̃desɑ̃dʀ] v. tr. indir. [5] Daigner. *Condescendrez-vous à me répondre ?* – Bas lat. *condescendere,* «descendre au même niveau».

condiment [kɔ̃dimɑ̃] n. m. **1.** Substance ajoutée à un aliment pour l'assaisonner, en relever le goût. *Les épices sont des condiments.* **2.** Fig. Ce qui ajoute un attrait, du piquant. *L'imprévu est un condiment à la vie.* – Lat. *condimentum.*

condisciple [kɔ̃disipl] n. m. Compagnon d'études. – Lat. *condiscipulus.*

condition [kɔ̃disjɔ̃] n. f. **1.** État, nature, qualité (d'une personne, d'une chose). *La condition humaine. La condition des vieillards.* ▷ *Mettre en condition* : préparer physiquement ou psychologiquement. **2.** Rang social. *Vivre selon sa condition.* – Vx *Une personne de condition,* de rang social élevé. **3.** (Plur.) Ensemble d'éléments, de circonstances qui déterminent une situation. *Les conditions atmosphériques. Travailler dans de bonnes, de mauvaises conditions.* **4.** Circonstance, fait dont dépendent d'autres faits, d'autres circonstances. *Condition nécessaire et suffisante.* – *Condition sine* qua non.* ▷ *À condition, sous condition* : avec certaines réserves. *Acheter à condition, sous condition. Se rendre sans condition.* ▷ *À (la) condition que* (+ indic. fut. ou subj.). *J'irai, à condition que vous veniez me chercher,* seulement si vous venez me chercher. – *À (la) condition de* (+ inf.). *Nous partirons à cinq heures, à condition d'être prêts.* **5.** Convention, clause à la base d'un accord, d'un marché. *Les conditions d'un traité.* **6.** TECH Lieu où l'on pratique le conditionnement d'un textile. *La condition de Lyon.* – Bas lat. *conditio,* du class. *condicio.*

conditionné, ée [kɔ̃disjɔne] adj. **1.** Soumis à des conditions. *Résultat conditionné par... Réflexe conditionné.* ▷ *Personne conditionnée par son milieu,* dont le comportement dépend de certaines conditions, de certaines contraintes extérieures, liées à son milieu. **2.** Qui a subi un conditionnement. *Marchandise conditionnée.* **3.** *Air conditionné* : V. conditionnement 4. – Pp. de *conditionner.*

conditionnel, elle [kɔ̃disjɔnɛl] adj. et n. m. Subordonné à un fait incertain. *Promesse conditionnelle.* ▷ n. m. GRAM Mode indiquant que l'idée exprimée par le verbe est subordonnée à une condition. (Ex. : Si j'étais riche, je serais heureux.) – Lat. *condicionalis.*

conditionnellement [kɔ̃disjɔnɛlmɑ̃] adv. À certaines conditions. *Accepter une offre conditionnellement.* – De *conditionnel.*

conditionnement [kɔ̃disjɔnmɑ̃] n. m. **1.** PSYCHO Établissement d'un comportement déclenché par un stimulus artificiel. **2.** Action d'emballer un produit avant de le présenter au consommateur; premier emballage au contact direct du produit. Syn. (off. déconseillé) packaging. **3.** Opération visant à déterminer le degré d'humidité contenu dans un textile; lieu où se fait cette opération. **4.** *Conditionnement de l'air,* pour maintenir dans un local des conditions de température, d'hygrométrie et de pureté fixées à l'avance. – De *conditionner.*

conditionner [kɔ̃disjɔne] v. tr. [1] **1.** Procéder au conditionnement d'un produit. **2.** Constituer une, la condition de. *Votre habileté conditionnera votre réussite.* – De *condition.*

conditionneur, euse [kɔ̃disjɔnœʀ, øz] n. **1.** TECH n. m. Appareil destiné au conditionnement de l'air. **2.** Personne dont le métier est de conditionner des marchandises. – De *conditionner.*

condoléances [kɔ̃dɔleɑ̃s] n. f. pl. Témoignage de sympathie à la douleur d'autrui. *Lettre de condoléances.* – Du lat. *condolere,* de *dolere,* «souffrir».

condom [kɔ̃dɔm] n. m. Vieilli Préservatif masculin. – Mot angl.

condominium [kɔ̃dɔminjɔm] n. m. Anc. autorité légale et simultanée de deux puissances sur un même pays. *Le condominium franco-britannique des Nouvelles-Hébrides.* – Mot angl., du lat. *dominium,* «souveraineté».

condor [kɔ̃dɔʀ] n. m. Le plus grand de tous les vautours (plus de 3 m d'envergure), qui vit dans les Andes *(Vultur gryphus).* – Mot esp., du quichua.

condottiere [kɔ̃dɔtjɛʀ] n. m. Nom donné, en Italie, aux chefs de mercenaires qui louaient leurs services aux différents États italiens, du XIIIe au XVIe s. *Des condottieri* ou *des condottieres.* – Mot ital.

conductance [kɔ̃dyktɑ̃s] n. f. ELECTR Inverse de la résistance (s'exprime en *siemens*). – De *conduire,* d'ap. *résistance.*

conducteur, trice [kɔ̃dyktœʀ, tʀis] n. (et adj.) **1.** Personne qui guide, qui dirige. *Un conducteur d'hommes.* ▷ CONSTR *Conducteur de travaux* : personne chargée de diriger les équipes d'un chantier. **2.** Personne aux commandes d'un véhicule, d'une machine. *Conducteur de train.* Syn. chauffeur. *Conducteur de presse.* ▷ adj. PHYS Se dit d'une pièce ou d'une matière qui transmet la chaleur, l'électricité. *Fil, vaisseau conducteur.* – n. m. *Le cuivre est un bon conducteur.* – De *conduire,* d'ap. lat. *conductor.*

conductibilité [kɔ̃dyktibilite] n. f. PHYS et ELECTR Aptitude d'un corps à transmettre la chaleur *(conductibilité thermique)* ou l'électricité *(conductibilité électrique).* – Du lat. *conductus,* pp. de *conducere,* «conduire ensemble».

conductible [kɔ̃dyktibl] adj. PHYS Capable de transmettre la chaleur ou l'électricité. (On dit plutôt *conducteur.*) – Du lat. *conductus,* pp. de *conducere.*

conduction [kɔ̃dyksjɔ̃] n. f. **1.** DR ROM Action de prendre à loyer. **2.** PHYSIOL Action de conduire, de transmettre d'un endroit à l'autre. *Conduction de l'influx nerveux.* **3.** PHYS Transmission de la chaleur par contact. – Lat. *conductio,* de *conducere,* «louer, conduire».

conductivité [kɔ̃dyktivite] n. f. ELECTR Inverse de la résistivité (électrique ou thermique). *La conductivité s'exprime en siemens par mètre.* – De *conductance,* d'apr. *résistivité.*

ENCYCL La conductivité thermique des corps est très variable. Les métaux sont de bons conducteurs de la chaleur, particulièrement l'argent et le cuivre. D'autres corps, comme la laine, le verre, le feutre, et le polystyrène expansé ont une conductivité très faible et sont employés comme matériaux d'isolation thermique. Les liquides et les gaz sont peu conducteurs de la chaleur.

conduire [kɔ̃dɥiʀ] v. [69] **I.** v. tr. **1.** Mener, guider, transporter (un être animé) quelque part. *Conduire des voyageurs. Conduire un troupeau aux pâturages.* Syn. accompagner. – *Conduire les pas, la main de qqn,* diriger sa marche, sa main. **2.** Faire aller, aboutir. *Ce chemin conduit au château;* fig. *le désespoir l'a conduit au suicide.* **3.** Commander, diriger, être à la tête de. *Conduire ses troupes, un pays, une entreprise.* ▷ *Conduire un deuil* : marcher en tête du cortège funèbre. **4.** Être aux commandes (d'un véhicule). *Conduire un train, une voiture.* – Absol. *Bien conduire* (une auto). *Permis* de conduire.* **5.** PHYS Transmettre (la chaleur, l'électricité). **II.** v. pron. Se comporter. *Bien, mal se conduire.* – Lat. *conducere,* «conduire ensemble».

conduit [kɔ̃dɥi] n. m. **1.** TECH Canal, canalisation destinée à la circulation d'un fluide. *Conduit de fumée.* **2.** ANAT Nom donné à certains canaux. *Conduit auditif.* – De *conduire.*

conduite [kɔ̃dɥit] n. f. **I. 1.** Action de conduire, de guider. *La conduite d'un aveugle, d'un troupeau.* **2.** Direction musicale. *La symphonie sera jouée sous la conduite de l'auteur.* **3.** Action de conduire un véhicule. *Conduite en état d'ivresse.* **4.** Manière de se comporter, d'agir. *Adopter une ligne de conduite.* ▷ Fam. *Acheter une conduite* : se corriger. **II.** TECH Canalisation destinée au transport d'un fluide. *Conduite d'eau, de gaz.* – Pp. fém. subst. de *conduire.*

condylarthres [kɔ̃dilaʀtʀ] n. m. pl. PALEONT Ordre de mammifères du tertiaire, plantigrades et omnivores, qui constituent p.-ê. la souche d'une partie des ongulés. – Sing. *Un condylarthre.* – De *condyle,* et gr. *arthros,* «articulation», car leur tarse possédait un astragale muni d'un condyle d'articulation.

condyle [kɔ̃dil] n. m. ANAT Éminence articulaire. – Lat. *condylus,* du gr. *kondulos,* «articulation».

condylien, enne [kɔ̃diljɛ̃, ɛn] adj. *Articulation condylienne,* dont les surfaces articulaires sont des segments d'ellipsoïde. – De *condyle.*

condylome [kɔ̃dilom] n. m. MED Petite tumeur cutanée siégeant au niveau de l'anus ou des organes génitaux. – Lat. *condyloma.*

cône [kon] n. m. **1.** Surface engendrée par une droite (la génératrice) passant par un point fixe (le sommet) et s'appuyant sur une courbe fixe (la directrice). ▷ ASTRO *Cône d'ombre, de pénombre* : ombre conique circonscrite à une planète ou à un de ses satellites, et au Soleil. **2.** BOT Fleur ou inflorescence de forme conique. *Des cônes de pin.* **3.** ZOOL Mollusque gastéropode de la fam. des conidés, à coquille conique ouverte longitudinalement, et dont certaines espèces sont venimeuses. **4.** GEOL Élévation conique au sommet de laquelle s'ouvre généralement le cratère d'un volcan. ▷ *Cône de déjection* : dépôt alluvionnaire formé par un torrent au moment où il arrive dans la vallée. **5.** ANAT *Cône terminal de la moelle épinière* : partie terminale de la moelle au niveau de la deuxième vertèbre lombaire. – Lat. *conus,* du gr. *kônos.*

confection [kɔ̃fɛksjɔ̃] n. f. **1.** Action de fabriquer, de préparer qqch. **2.** *La confection* : l'industrie des vêtements vendus tout faits (par oppos. à ceux que l'on exécute sur mesure). Syn. prêt-à-porter. – Lat. *confectio,* «achèvement».

confectionner [kɔ̃fɛksjɔne] v. tr. [1] Préparer, fabriquer. *Confectionner un gâteau, un vêtement.* – De *confection.*

confectionneur, euse [kɔ̃fɛksjɔnœʀ, øz] n. Vieilli Personne qui confectionne. ▷ Mod. Personne qui fabrique des vêtements de confection. – De *confectionner.*

confédéral, ale, aux [kɔ̃fedeʀal, o] adj. Qui se rapporte à une confédération. – De *confédération,* d'apr. *fédéral.*

confédération [kɔ̃fedeʀasjɔ̃] n. f. **1.** Association d'États qui, tout en conservant leur souveraineté, sont soumis à un pouvoir central. **2.** Groupement d'associations, de fédérations, de syndicats, etc. *La Confédération française de l'encadrement.* – Lat. *confœderatio.*

confédéré, ée [kɔ̃fedeʀe] adj. et n. **1.** Réuni en confédération. *Cantons confédérés de Suisse.* **2.** n. m. HIST *Les confédérés* : les sudistes, par oppos. aux *fédéraux,* ou *nordistes*, pendant la guerre de Sécession aux É.-U. – Pp. de *confédérer.*

confédérer [kɔ̃fedeʀe] v. tr. [14] Réunir en confédération. – Lat. *confœderare*, de *fœdus, fœderis*, «traité».

confer [kɔ̃fɛʀ] inv. (Mot latin) Mention qui signifie «comparez, reportez-vous à». (Abrév. : cf.) – Mot lat., impératif de *conferre*, «comparer».

conférence [kɔ̃feʀɑ̃s] n. f. **1.** Réunion où plusieurs personnes examinent ensemble une question. *Conférence internationale*, entre diplomates, hommes d'État. *Conférence de presse*, où des journalistes interrogent une ou plusieurs personnalités. **2.** Discours sur un sujet donné, prononcé en public avec une intention didactique. – Lat. *conferentia*, de *conferre*. V. conférer.

conférencier, ère [kɔ̃feʀɑ̃sje, ɛʀ] n. Personne qui fait une, des conférences. – De *conférence.*

conférer [kɔ̃feʀe] v. [14] **I.** v. tr. **1.** Accorder, donner. *L'aisance que confère la compétence.* **2.** Rare Rapprocher des choses pour les comparer entre elles. *Conférer plusieurs épreuves typographiques.* **II.** v. intr. *Conférer avec* : être en conversation, s'entretenir d'une affaire avec. *Conférer d'un projet avec ses collaborateurs.* – Lat. *conferre*, «porter avec, rassembler».

confesse [kɔ̃fɛs] n. f. Fam. Confession (dans les loc. *aller à confesse, revenir de confesse*). – De *confesser.*

confesser [kɔ̃fese] v. tr. [1] **1.** Déclarer (ses péchés) à un prêtre, en confession. ▷ v. pron. Confesser ses péchés; *par ext.* avouer ses fautes. **2.** Entendre en confession. *Confesser un pénitent.* **3.** Obtenir des aveux de. *Confesser un coupable.* **4.** Avouer. *Il a confessé son erreur. Je dois confesser que...* ▷ v. pron. *Se confesser de* : se reconnaître coupable de. **5.** Faire profession publique (d'une croyance). *Confesser la foi en Jésus-Christ.* – Lat. pop. *confessare*, de *confessus*, pp. de *confiteri*, «avouer, confesser».

confesseur [kɔ̃fesœʀ] n. m. **1.** Dans l'Église primitive, chrétien qui confessait sa foi au péril de sa vie. – *Par ext.* Saint qui n'est ni martyr ni apôtre. **2.** Prêtre qui entend en confession. – Lat. ecclés. *confessor.*

confession [kɔ̃fesjɔ̃] n. f. **1.** Aveu de ses péchés fait à un prêtre en vue de recevoir l'absolution, subordonnée à la contrition (regret sincère de ses fautes) et à la pénitence. – Fig., fam. *On lui donnerait le bon Dieu sans confession*, se dit d'une personne qui inspire confiance, sans que celle-ci soit justifiée. **2.** Aveu, déclaration d'une faute. *Recevoir la confession d'un criminel.* **3.** (Souvent plur.) LITTER Mémoires dans lesquels l'auteur avoue ses erreurs, ses fautes. *«Les Confessions», de Jean-Jacques Rousseau. «La Confession d'un enfant du siècle», d'Alfred de Musset (1836).* **4.** Déclaration publique de sa foi religieuse. ▷ Croyance religieuse. *Être de confession catholique.* **5.** HIST Déclaration écrite des articles de la foi chrétienne. *Confession d'Augsbourg* : V. réforme (encycl.). – Lat. ecclés. *confessio.*

confessionnal, aux [kɔ̃fesjɔnal, o] n. m. Dans une église, guérite où le prêtre entend les confessions. *Entrer au confessionnal. S'agenouiller dans un confessionnal.* – Ital. *confessionnale.*

confessionnel, elle [kɔ̃fesjɔnɛl] adj. Relatif à une confession de foi, à une religion. *École confessionnelle* : école destinée aux élèves d'une religion déterminée. – De *confession.*

confetti [kɔ̃feti] n. m. Petite rondelle de papier de couleur qu'on se lance par poignées pendant un carnaval, une fête. *Des confetti(s).* – Mot niçois, d'abord «boulette de plâtre»; ital. *confetto*, «dragée», lat. *confectus*, «préparé, confit».

confiance [kɔ̃fjɑ̃s] n. f. **1.** Espérance ferme en une personne, une chose. *Avoir confiance en qqn, en l'avenir. Homme de confiance*, en qui l'on peut avoir confiance, dont on est sûr. **2.** Assurance, hardiesse. *Avoir confiance en soi. Il est plein de confiance.* **3.** *Poser la question de confiance* : demander à l'Assemblée nationale d'approuver sa politique par un vote, en parlant du gouvernement. – Du lat. *confidentia*, d'apr. l'a. fr. *fiance*, «foi».

confiant, ante [kɔ̃fjɑ̃, ɑ̃t] adj. **1.** Qui a confiance en qqn, en qqch. *Confiant dans l'avenir.* **2.** Disposé à la confiance. *Être confiant de nature.* – Ppr. de *confier.*

confidence [kɔ̃fidɑ̃s] n. f. Communication d'un secret personnel. *Faire, recevoir des confidences.* ▷ Loc. *En confidence* : secrètement. *Parler en confidence.* – *Dans la confidence* : dans le secret. *Vous a-t-il mis dans la confidence ?* – Lat. *confidentia.*

confident, ente [kɔ̃fidɑ̃, ɑ̃t] n. **1.** Personne à qui l'on confie ses pensées intimes. **2.** THEAT Dans les tragédies classiques, personnage secondaire auquel se confie un personnage plus important. *Comédienne qui joue les confidentes.* – Ital. *confidente*, du lat. *confidens*, «confiant».

confidentialité [kɔ̃fidɑ̃sjalite] n. f. Caractère de ce qui est confidentiel. – De *confidentiel*, sur l'angl. *confidentiality.*

confidentiel, elle [kɔ̃fidɑ̃sjɛl] adj. Dit, écrit, fait en confidence, en secret. *Avis confidentiel.* – *Par ext.* De faible diffusion. *Publication confidentielle.* – De *confidence.*

confidentiellement [kɔ̃fidɑ̃sjɛlmɑ̃] adv. En confidence. – De *confidentiel.*

confier [kɔ̃fje] v. [2] **I.** v. tr. **1.** Remettre (qqch, qqn) aux soins de qqn d'autre. *Confier un dépôt. Confier ses enfants à des amis.* **2.** Litt. Livrer à l'action de. *Confier sa fortune au hasard.* **3.** Dire qqch de confidentiel (à qqn). *Confier ses peines, un secret à un ami.* **II.** v. pron. **1.** Avoir confiance en, s'en remettre à. *Se confier à la Providence.* **2.** Faire des confidences. *Se confier à qqn.* – Lat. *confidere*, d'ap. *(se) fier.*

configuration [kɔ̃figyʀasjɔ̃] n. f. **1.** Surface extérieure d'un corps, qui le limite et lui donne la forme qui lui est propre. *Configuration d'un terrain.* **2.** CHIM Disposition relative des atomes ou des molécules d'un corps dont la formule développée est asymétrique. **3.** INFORM Ensemble des éléments (matériel et logiciel) dont est constitué un système. *Procéder à la configuration d'une machine.* – Lat. *configuratio.*

configurer [kɔ̃figyʀe] v. intr. [1] **1.** Donner une forme. **2.** Représenter. ▷ v. pron. *Se configurer le passé.* **3.** INFORM Donner (à une machine) les instructions de base sur lesquelles on veut travailler. – Lat. *configurare.*

confiné, ée [kɔ̃fine] adj. **1.** Enfermé. *Un malade confiné dans sa chambre.* – Fig. *Un esprit confiné dans la routine.* **2.** *Air confiné*, insuffisamment renouvelé. – Pp. de *confiner.*

confinement [kɔ̃finmɑ̃] n. m. Action de confiner; fait de se confiner, d'être confiné. *L'enceinte de confinement d'une centrale nucléaire.* – De *confiner.*

confiner [kɔ̃fine] v. [1] **1.** v. tr. Reléguer en un lieu. *La maladie le confine chez lui.* **2.** v. tr. indir. Toucher aux limites d'une terre, d'une région, d'un pays. *La prairie qui confine à la forêt.* – Fig. Être proche de. *Sa naïveté confine à la bêtise.* **3.** v. pron. S'enfermer. *Elle se confine dans sa chambre.* – Fig. Se limiter. *Se confiner dans des tâches subalternes.* – De *confins.*

confins [kɔ̃fɛ̃] n. m. pl. Limites, extrémités d'un pays, d'une terre; parties situées à leurs frontières. *Les confins du Sahara. Ville située aux confins de trois départements.* ▷ Fig. *Plaisanterie aux confins du mauvais goût.* – Lat. *confines*, rac. *fines*, «frontière».

confire [kɔ̃fiʀ] v. tr. [64] Mettre (des produits alimentaires) dans une substance qui les conserve. *Confire des* *morceaux d'oie dans de la graisse, des cornichons dans du vinaigre. Confire des fruits,* dans du sucre. – Lat. *conficere,* «préparer».

confirmand, ande [kɔ̃fiʀmɑ̃, ɑ̃d] n. RELIG Personne qui va recevoir le sacrement de confirmation. – De *confirmation* (sens 2).

confirmatif, ive [kɔ̃fiʀmatif, iv] adj. DR Qui confirme. *Arrêt confirmatif d'un jugement.* – Lat. *confirmativus.*

confirmation [kɔ̃fiʀmasjɔ̃] n. f. **1.** Action de confirmer; son résultat. *La confirmation d'un soupçon.* – Assurance nouvelle et expresse. *J'ai reçu confirmation de la nouvelle.* **2.** RELIG Sacrement de l'Église catholique romaine qui confirme la grâce reçue au baptême. ▷ Dans l'Église protestante, confession publique de la foi chrétienne après l'instruction religieuse. **3.** DR *Arrêt de confirmation,* par lequel une cour d'appel rend exécutoire le jugement précédemment rendu. – Lat. *confirmatio.*

confirmer [kɔ̃fiʀme] v. [1] **I.** v. tr. **1.** Maintenir (ce qui est établi), sanctionner, ratifier. *Confirmer une prérogative.* **2.** Conforter. *Il m'a confirmé dans mon opinion.* **3.** Assurer la vérité de qqch, l'appuyer par de nouvelles preuves. *Expérience qui confirme une théorie. Confirmer une nouvelle.* Ant. contredire, démentir, infirmer. **4.** RELIG Administrer le sacrement de la confirmation à. **II.** v. pron. Devenir certain. *Cette information se confirme.* – Lat. *confirmare,* rac. *firmus,* «ferme».

confiscable [kɔ̃fiskabl] adj. Qui est sujet à confiscation. – De *confisquer.*

confiscation [kɔ̃fiskasjɔ̃] n. f. Action, fait de confisquer. – De *confisquer.*

confiscatoire [kɔ̃fiskatwaʀ] adj. Didac. Qui vise à confisquer. *Taxation confiscatoire.* – De *confiscation.*

confiserie [kɔ̃fizʀi] n. f. **1.** Lieu où l'on fabrique, où l'on vend des fruits confits, des sucreries, des friandises. **2.** Fabrication, commerce de ces produits. **3.** Ces produits eux-mêmes. *Un assortiment de confiseries.* – De *confire.*

confiseur, euse [kɔ̃fizœʀ, øz] n. Personne qui fabrique, qui vend de la confiserie. ▷ Loc. *Trêve des confiseurs :* période des fêtes de fin d'année, pendant laquelle l'activité politique et diplomatique se ralentit. – De *confire.*

confisquer [kɔ̃fiske] v. tr. [1] **1.** Saisir au profit du fisc, de l'État. **2.** Retirer provisoirement (un objet) à un enfant, à un écolier. **3.** Fig. Prendre pour son seul profit, accaparer. – Lat. *confiscare,* de *fiscus,* «fisc».

confit, ite [kɔ̃fi, it] adj. et n. m. **1.** adj. Conservé dans du vinaigre, dans de la graisse, dans du sucre. ▷ n. m. Préparation culinaire composée de viande cuite et conservée dans sa propre graisse. *Confit d'oie, de canard.* **2.** adj. Fig. (Personnes) *Une bigote confite en dévotion,* exagérément attachée aux formes extérieures de la piété. – Pp. de *confire.*

confiteor [kɔ̃fiteɔʀ] n. m. inv. LITURG CATHOL Prière, commençant par ce mot, qui se disait au début de la messe et avant de se confesser. *Le confiteor se récite auj. en français.* – Mot lat., «je confesse».

confiture [kɔ̃fityʀ] n. f. **1.** Fruits que l'on a longuement fait cuire dans du sucre. *Confiture de cerises, de coings. Pot de confitures.* **2.** Fig., fam. *Mettre en confiture,* en morceaux, en bouillie. – De *confit,* pp. de *confire.*

confiturerie [kɔ̃fityʀʀi] n. f. **1.** Industrie, commerce du confiturier. **2.** Lieu où l'on fabrique les confitures. – De *confiture.*

confiturier, ère [kɔ̃fityʀje, ɛʀ] n. et adj. **1.** Personne qui prépare, qui vend des confitures. ▷ adj. *L'industrie confiturière.* **2.** n. m. Pot dans lequel on sert les confitures. – De *confiture.*

conflagration [kɔ̃flagʀasjɔ̃] n. f. **1.** Vx Embrasement. **2.** Fig. Bouleversement très important (guerre, révolution). – Lat. *conflagratio,* rac. *flagrare,* «brûler».

conflictuel, elle [kɔ̃fliktɥɛl] adj. Qui recèle un conflit ou le provoque. *Situation conflictuelle.* – Du bas lat. *conflictus,* «choc».

conflit [kɔ̃fli] n. m. **1.** Vx Lutte. **2.** Antagonisme. *Le conflit des passions. Un conflit de tendances, d'autorité.* Loc. *Être, entrer en conflit avec qqn.* ▷ PSYCHAN Opposition entre des exigences internes contradictoires. *Conflit manifeste, latent.* **3.** Opposition entre deux États qui se disputent un droit. *Conflit armé :* guerre. **4.** DR Opposition qui s'élève entre deux tribunaux se prétendant tous deux compétents *(conflit positif)* ou incompétents *(conflit négatif)* au sujet de la même affaire. – Bas lat. *conflictus,* «choc».

confluence [kɔ̃flyɑ̃s] n. f. **1.** Fait de confluer. *La confluence de l'Ohio et du Mississippi.* **2.** Fig. Rencontre. *La confluence d'opinions jusque-là divergentes.* **3.** MED Rapprochement de lésions cutanées dont les contours tendent à se confondre. – Lat. *confluentia.*

confluent [kɔ̃flyɑ̃] n. m. **1.** Lieu où deux cours d'eau se réunissent. **2.** ANAT Point de rencontre de deux vaisseaux. – Du lat. *confluens, confluentis.*

confluer [kɔ̃flye] v. intr. [1] **1.** Se réunir, en parlant de deux cours d'eau. *La Dordogne conflue avec la Garonne.* **2.** Fig. Se rassembler. *La foule conflue sur la place.* – Lat. *confluere,* «couler ensemble».

confocal [kɔ̃fɔkal] adj. m. TECH *Microscope confocal :* microscope à balayage laser permettant de réaliser des coupes optiques dans l'épaisseur d'un échantillon sans le couper, les images ainsi produites étant ensuite traitées par ordinateur pour aboutir à une visualisation tridimensionnelle de l'objet étudié. – De *con-,* et *focal,* du lat. *focus,* «foyer».

confondant, ante [kɔ̃fɔ̃dɑ̃, ɑ̃t] adj. Qui remplit d'étonnement, qui trouble. *Une audace confondante.* – Ppr. de *confondre.*

confondre [kɔ̃fɔ̃dʀ] v. tr. [5] **I. 1.** Remplir d'étonnement, troubler. *Sa duplicité me confond.* **2.** Réduire (qqn) au silence en lui prouvant qu'il se trompe. *Confondre ses contradicteurs.* ▷ *Confondre un menteur,* le démasquer. **3.** v. pron. *Se confondre en excuses, en civilités :* multiplier les excuses, les marques de civilité. **II. 1.** Mêler, brouiller. *L'obscurité confondait tous les objets.* **2.** Prendre une chose, une personne pour une autre. *Confondre des noms, des dates.* ▷ (S. comp.) *Ce n'est pas lui, je confonds !* **3.** v. pron. Se mêler. *Les voix des choristes se confondent.* – Lat. *confundere,* «mêler».

confondu, ue [kɔ̃fɔ̃dy] adj. **1.** (Choses) Mêlé. **2.** (Personnes) Confus. – Pp. de *confondre.*

conformateur [kɔ̃fɔʀmatœʀ] n. m. TECH Instrument dont se servent les chapeliers pour déterminer la forme et la mesure de la tête. – De *conformer.*

conformation [kɔ̃fɔʀmasjɔ̃] n. f. **1.** Manière dont un corps organisé est conformé, dont ses parties sont disposées. **2.** MED *Vice de conformation :* malformation congénitale. **3.** CHIM Disposition dans l'espace susceptible d'être prise par les constituants d'une molécule d'un corps organique. – Bas lat. *conformatio.*

conformationnel, elle [kɔ̃fɔʀmasjɔnɛl] adj. CHIM Relatif aux conformations possibles d'une molécule. *Analyse conformationnelle.* – De *conformation.*

conforme [kɔ̃fɔʀm] adj. **I.** *Conforme à.* **1.** De même forme que, semblable à (un modèle). *Copie conforme à l'original.* – *Pour copie conforme :* formule attestant que la copie est semblable à l'original (abrév. : p. c. c.). **2.** Qui s'accorde avec, qui convient à. *Il mène une vie conforme à ses aspirations.* **II.** *Absol.* Qui s'accorde avec la majorité des opinions, des comportements en vigueur.

Dans certains régimes, il est dangereux d'avoir des idées non conformes. – Lat. *conformis.*

conformé, ée [kɔ̃fɔʀme] adj. Qui possède telle ou telle conformation. *Un enfant bien, mal conformé.* – Pp. de *conformer.*

conformément [kɔ̃fɔʀmemɑ̃] adv. De manière conforme. *Conformément à la loi.* – De *conforme.*

conformer [kɔ̃fɔʀme] v. tr. [1] **1.** Rendre conforme. *Conformer ses sentiments à ceux des autres.* **2.** v. pron. *Se conformer à :* agir selon. *Se conformer à un ordre. Se conformer aux coutumes d'un pays.* – Lat. *conformare,* de *formare,* « former ».

conformisme [kɔ̃fɔʀmism] n. m. **1.** HIST En Angleterre, profession de foi anglicane. **2.** Péjor. Attitude de ceux qui, par manque d'esprit critique, se conforment à ce qui est communément admis. – De *conformiste.*

conformiste [kɔ̃fɔʀmist] n. et adj. **1.** n. HIST Personne qui se conforme aux doctrines et aux rites de l'Église anglicane. **2.** adj. et n. Péjor. Qui se soumet aux opinions généralement admises. *Une morale conformiste.* ▷ Subst. *Un conformiste hypocrite.* – Angl. *conformist.*

conformité [kɔ̃fɔʀmite] n. f. Analogie, accord. *La conformité d'une copie avec l'original. Conformité de sentiments.* ▷ Loc. *En conformité avec :* conformément à, selon. *Mener une vie en conformité avec ses idées.* – Lat. *conformitas.*

confort [kɔ̃fɔʀ] n. m. Bien-être matériel, commodités de la vie quotidienne. *Aimer le confort. Appartement avec tout le confort.* – Fig. (Souvent péjor.) Tranquillité psychologique. *Confort intellectuel.* ▷ *Médicament de confort,* qui permet de supporter un mal, mais sans constituer un traitement de ses causes. – Angl. *comfort,* de l'a. fr. *confort,* « aide, réconfort ».

confortable [kɔ̃fɔʀtabl] adj. Qui contribue au bien-être matériel. *Un appartement confortable. Des revenus confortables,* importants. – Fig. Qui donne le confort intellectuel, la tranquillité de l'esprit. *Ses idées le mettent dans une situation peu confortable.* – De *confort.*

confortablement [kɔ̃fɔʀtabləmɑ̃] adv. De façon confortable. *Être confortablement installé.* – De *confortable.*

conforter [kɔ̃fɔʀte] v. tr. [1] Rendre plus ferme, plus solide, renforcer. *Cela me conforte dans mon opinion.* – Lat. ecclés. *confortare,* de *fortis,* « courageux ».

confraternel, elle [kɔ̃fʀatɛʀnɛl] adj. De confrère, propre à des confrères. *Des relations confraternelles.* – De *confrère,* d'après *fraternel.*

confraternité [kɔ̃fʀatɛʀnite] n. f. Relations amicales entre confrères. – De *confrère,* d'apr. *fraternité.*

confrère [kɔ̃fʀɛʀ] n. m. Personne qui appartient à la même profession intellectuelle, à la même société savante (que la personne considérée). *Un médecin estimé de ses confrères. Ils sont confrères à l'Institut.* – Lat. médiév. *confrater.*

confrérie [kɔ̃fʀeʀi] n. f. **1.** Association pieuse, le plus souvent composée de laïcs. **2.** Vieilli Association, corporation. *Une confrérie de gastronomes.* – De *confrère.*

confrontation [kɔ̃fʀɔ̃tasjɔ̃] n. f. Action de confronter des personnes, des choses. – Lat. médiév. *confrontatio.*

confronter [kɔ̃fʀɔ̃te] v. tr. [1] **1.** DR Faire comparaître en même temps des accusés, ou des accusés et des témoins, pour les interroger et comparer leurs affirmations. ▷ *Par ext.* Mettre (des personnes) en présence les unes des autres, pour comparer leurs opinions, éclaircir une question obscure, etc. ▷ Examiner deux choses en même temps pour les comparer. *Confronter deux versions d'un texte. Confronter des idées.* **2.** v. pron. Se trouver en face de (une difficulté). *Se confronter à la misère. Se confronter à un adversaire redoutable.* – Lat. médiév. *confrontare,* de *frons,* « front ».

confucéen, enne [kɔ̃fyseɛ̃, ɛn] adj. Relatif au confucianisme, inspiré par cette doctrine. – Du nom du philosophe chinois *Confucius* (VIe–Ve s. av. J.-C.).

confucianisme [kɔ̃fysjanism] n. m. Doctrine et enseignement de Confucius, philosophe chinois (VIe–Ve s. av. J.-C.).

confucianiste [kɔ̃fysjanist] adj. et n. Se dit d'une personne qui est adepte du confucianisme. – V. confucianisme.

confus, use [kɔ̃fy, yz] adj. **1.** Dont les éléments sont brouillés, mêlés. *Amas confus. Un bruit confus.* **2.** Obscur, embrouillé. *La situation reste confuse.* **3.** Embarrassé, troublé. *« Le corbeau, honteux et confus... »* (La Fontaine). – Lat. *confusus,* pp. de *confundere,* « mêler ».

confusément [kɔ̃fyzemɑ̃] adv. De manière confuse. – De *confus.*

confusion [kɔ̃fyzjɔ̃] n. f. **1.** Embarras, honte. *Vos reproches me remplissent de confusion. – À la confusion de :* à la honte de, au dépit de. **2.** Désordre. *La confusion se mit dans les rangs.* **3.** Manque d'ordre, de clarté, de précision dans l'esprit. *La confusion des idées.* **4.** MED *Confusion mentale :* syndrome psychique, aux causes variées, caractérisé par une altération de la conscience, un état de stupeur, des troubles de l'idéation. **5.** Fait de confondre, de prendre une personne, une chose, pour une autre. *Une confusion de dates.* **6.** DR *Confusion des pouvoirs :* réunion de droits, de pouvoirs qui devraient être séparés. – *Confusion des peines :* condamnation d'une personne reconnue coupable de plusieurs crimes ou délits à la peine la plus élevée prévue pour sanctionner l'une des infractions commises, et à cette peine seule. – Lat. *confusio,* « ruine, défaite ».

confusionnisme [kɔ̃fyzjɔnism] n. m. État de confusion; maintien de cet état dans les esprits. – De *confusion.*

conga [kɔ̃ga] n. f. **1.** Vx Danse cubaine à quatre temps, d'origine africaine. **2.** Mod. Tambour en bois recouvert d'une peau, de forme ovoïde, de plus de 1 m de haut, utilisé dans la musique africaine et latino-américaine. (On dit aussi *tumba.*) – Mot esp. des Antilles.

congé [kɔ̃ʒe] n. m. **1.** Permission, autorisation de se retirer. *Prendre congé :* saluer des personnes avant de partir. **2.** Permission de s'absenter, de quitter momentanément son travail. *Congé de maladie. Les congés annuels. Avoir congé le lundi. Avoir deux jours de congé.* ▷ *Les congés payés :* les vacances payées auxquelles a droit chaque année un salarié; péjor. les personnes qui ont droit aux congés payés. *Une plage envahie par les congés payés.* **3.** (Toujours employé avec le possessif.) *Demander son congé :* demander à quitter définitivement son emploi. *Donner son congé à qqn,* le renvoyer. **4.** DR En matière de louage, déclaration écrite ou orale par laquelle l'une des parties signifie à l'autre qu'elle veut mettre fin au contrat. *Donner congé à un locataire.* **5.** Attestation de paiement des droits de circulation frappant certaines marchandises (alcools, notam.). **6.** ARCHI Raccordement d'une moulure et d'un parement. **7.** TECH Évidement. – A. fr. *cumgiet,* du lat. *commeatus,* « action de s'en aller ».

congédiement [kɔ̃ʒedimɑ̃] n. m. Action de congédier. – De *congédier.*

congédier [kɔ̃ʒedje] v. tr. [2] Renvoyer qqn, lui donner ordre de se retirer. – Ital. *congedare.*

congélateur [kɔ̃ʒelatœʀ] n. m. Appareil ou partie d'un réfrigérateur qui sert à congeler des denrées alimentaires. – De *congeler.*

congélation [kɔ̃ʒelasjɔ̃] n. f. **1.** Passage d'un corps de l'état liquide à l'état solide sous l'action du froid. **2.**

Action de congeler (spécial. une denrée alimentaire). – Lat. *congelatio*.

congelé, ée [kɔ̃ʒle] adj. Qui a subi une congélation. *De la viande congelée.* V. surgelé. – Pp. de *congeler*.

congeler [kɔ̃ʒle] v. tr. [17] **1.** Faire passer de l'état liquide à l'état solide par l'action du froid. **2.** Soumettre à l'action du froid (une chose) pour qu'elle se conserve. – Lat. *congelare*.

congénère [kɔ̃ʒenɛʀ] adj. et n. **1.** adj. SC NAT De la même espèce. *Plantes congénères.* ▷ ANAT *Muscles congénères*, qui concourent à produire le même effet (par oppos. à *muscles antagonistes*). **2.** n. (Souvent péjor.) Être, animal du même genre, de la même espèce. *Lui et ses congénères.* – Lat. *congener*, rac. *genus*, «genre».

congénital, ale, aux [kɔ̃ʒenital, o] adj. Qui existe à la naissance. (Ne pas confondre avec *héréditaire*.) *Une maladie, une anomalie congénitale.* ▷ Fig. *Une inaptitude congénitale au travail*, complète, absolue. – Fam. *Un imbécile congénital.* – Du lat. *congenitus*, «né avec».

congénitalement [kɔ̃ʒenitalmɑ̃] adv. De manière congénitale. – De *congénital*.

congère [kɔ̃ʒɛʀ] n. f. Amas de neige que le vent a entassée et qui a durci. – Lat. *congeries*, «amas».

congestif, ive [kɔ̃ʒɛstif, iv] adj. Qui a rapport à la congestion; qui a tendance à la congestion. – De *congestion*.

congestion [kɔ̃ʒɛstjɔ̃] n. f. **1.** Excès de sang dans les vaisseaux d'un organe ou d'une partie d'organe. *Congestion cérébrale, pulmonaire.* **2.** Fig. Encombrement par accumulation. *La congestion des villes surpeuplées.* – Lat. *congestio*, de *congerere*, «accumuler».

congestionner [kɔ̃ʒɛstjɔne] v. tr. [1] Déterminer la congestion de. ▷ Fig. *Les embouteillages qui congestionnent la capitale.* - Pp. adj. *Un visage congestionné*, rougi par l'afflux du sang. – De *congestion*.

conglomérat [kɔ̃glɔmeʀa] n. m. **1.** PETROG Roche formée de blocs noyés dans un ciment naturel (ex. : brèche 2, poudingue). **2.** Fig. Rassemblement, association. **3.** ECON Ensemble d'entreprises aux productions variées, réunies dans un même groupe financier. – De *conglomérer*.

conglomération [kɔ̃glɔmeʀasjɔ̃] n. f. Action de conglomérer. – De *conglomérer*.

conglomérer [kɔ̃glɔmeʀe] v. tr. [14] Réunir en boule, en pelote, en masse. – Lat. *conglomerare*, de *glomus*, «pelote».

conglutination [kɔ̃glytinasjɔ̃] n. f. MED Formation d'amas volumineux de globules rouges sous l'influence d'une substance présente dans certains sérums. – De *conglutiner*.

conglutiner [kɔ̃glytine] v. tr. [1] **1.** Coaguler, rendre un liquide visqueux. **2.** Vx ou litt. Cimenter avec une matière gluante. – Lat. *conglutinare*.

congolais, aise [kɔ̃gɔlɛ, ɛz] adj. et n. Du Congo, État d'Afrique équat. ▷ Subst. *Un(e) Congolais(e).*

congratulations [kɔ̃gʀatylasjɔ̃] n. f. pl. Vx ou plaisant Félicitations. *Recevez mes sincères congratulations.* – Lat. *congratulatio*.

congratuler [kɔ̃gʀatyle] v. tr. [1] **1.** Vx ou plaisant Féliciter, complimenter. **2.** v. pron. Échanger des compliments. – Lat. *congratulari*, de *gratulari*, «féliciter».

congre [kɔ̃gʀ] n. m. Poisson téléostéen apode (fam. anguillidés) qui peut atteindre 3 m, de couleur gris-bleu, vorace et comestible. – Lat. *conger*.

congréer [kɔ̃gʀee] v. tr. [1] MAR Entourer de fils (un cordage) pour le rendre plus uni. – De l'a. fr. *conreer*, «arranger», d'apr. *gréer*.

congréganiste [kɔ̃gʀeganist] adj. et n. **1.** n. Membre d'une congrégation. **2.** adj. Qui dépend d'une congrégation. *École congréganiste.* – De *congrégation*.

congrégation [kɔ̃gʀegasjɔ̃] n. f. **1.** Au Vatican, chacune des organisations d'ecclésiastiques qui, placées sous l'autorité du pape, règlent l'administration de l'Église. *Congrégation pour la doctrine de la foi, pour le clergé, pour l'évangélisation des peuples.* **2.** Dans l'Église protestante, organisation ecclésiastique. **3.** Réunion de prêtres, de religieux, de religieuses. *Les congrégations religieuses comprennent les jésuites, les oratoriens...* – Confrérie de dévotion. *Congrégation de la Sainte Vierge.* **4.** Fig. (Souvent plaisant.) Assemblée. – Lat. *congregatio*, rac. *grex, gregis*, «troupeau».

congrégationalisme [kɔ̃gʀegasjɔnalism] n. m. Chez les protestants, autonomie de chaque église locale. – De *congrégation*.

congrès [kɔ̃gʀɛ] n. m. **1.** Réunion de personnes rassemblées pour traiter d'intérêts communs, d'études spécialisées. *Un congrès d'historiens. Palais des congrès.* **2.** Réunion de diplomates appartenant à différentes puissances, ayant pour objet de régler certaines questions internationales. *Le congrès de Vienne s'acheva en 1815.* **3.** (Avec une majuscule.) Aux É.-U., corps législatif constitué par le Sénat et la Chambre des représentants. – Lat. *congressus*, «réunion».

congressiste [kɔ̃gʀesist] n. Membre d'un congrès. – De *congrès*.

congru, ue [kɔ̃gʀy] adj. **1.** Vx Qui convient exactement. *Réponse congrue.* Ant. incongru. **2.** Anc. *Portion congrue* : rétribution annuelle versée au curé par le bénéficier d'une paroisse; *par ext.*, mod. appointements mesquins, revenus insuffisants. *Être réduit à la portion congrue.* **3.** MATH *Nombres congrus*, qui donnent le même reste lorsqu'on les divise par un même diviseur appelé *modulo. 14 est congru à 8 modulo 6* (car 14 : 6 = 2, reste 2, et 8 : 6 = 1, reste 2). – Lat. *congruus*, «convenable».

congruence [kɔ̃gʀyɑ̃s] n. f. **1.** MATH Caractère des nombres congrus. **2.** GEOM *Congruence de droites* : ensemble des droites satisfaisant à deux conditions (être tangentes à deux surfaces, par ex.). – De *congru*.

congrûment [kɔ̃gʀymɑ̃] adv. D'une manière congrue. – De *congru*.

conicine [kɔnisin] n. f. Syn. de *cicutine*. – Du gr. *kôneion*, «ciguë».

conicité [kɔnisite] n. f. Caractère de ce qui est conique. – De *conique*.

conidie [kɔnidi] ou **conidiospore** [kɔnidjɔspɔʀ] n. f. BOT Cellule de multiplication végétale immobile produite en grandes quantités par certains champignons. – Du gr. *konis*, «poussière».

conifère [kɔnifɛʀ] n. m. Plante d'une famille de gymnospermes arborescentes, résineuses, à feuilles persistantes, caractérisées par leurs cônes. *Les pins, les sapins, les cèdres, les épicéas sont des conifères.* – Lat. *conifer*, de *conus*, «cône», et *-fère*.

conique [kɔnik] adj. et n. f. **1.** adj. Qui a la forme d'un cône. **2.** adj. GEOM Qui se rapporte au cône. **3.** n. f. GEOM Courbe plane du second degré (ellipse, hyperbole ou parabole). V. cône. – Gr. *kônikos*, de *kônos*, «cône».

conirostre [kɔniʀɔstʀ] adj. et n. ZOOL Qui a un bec conique et court. ▷ Subst. *Les pinsons et les moineaux sont des conirostres.* – Du lat. *conus*, «cône», et *rostrum*, «bec».

conjectural, ale, aux [kɔ̃ʒɛktyʀal, o] adj. Fondé sur de simples conjectures. *Preuve conjecturale.* – De *conjecture*.

conjecturalement [kɔ̃ʒɛktyʀalmɑ̃] adv. De manière conjecturale. – De *conjectural*.

conjecture [kɔ̃ʒɛktyʀ] n. f. Opinion fondée sur des analogies, des vraisemblances, des présomptions, des probabilités. *Se perdre en conjectures.* – Lat. *conjectura.*

conjecturer [kɔ̃ʒɛktyʀe] v. tr. [1] Inférer, juger en fonction de conjectures. – De *conjecture.*

conjoint, ointe [kɔ̃ʒwɛ̃, wɛ̃t] n. et adj. **1.** n. Personne qui est mariée à une autre. *La signature du conjoint est requise.* **2.** adj. Lié. *Des questions conjointes.* – Pp. de l'anc. v. *conjoindre,* «lier ensemble, unir par le mariage».

conjointement [kɔ̃ʒwɛ̃tmɑ̃] adv. Ensemble, de concert avec. *Il faut agir conjointement.* – De *conjoint.*

conjoncteur [kɔ̃ʒɔ̃ktœʀ] n. m. ELECTR Dispositif qui assure la connexion d'un circuit lorsque la tension est suffisante. – De *conjonction.*

conjonctif, ive [kɔ̃ʒɔ̃ktif, iv] adj. **1.** GRAM Qui réunit deux mots, deux propositions. *«Bien que» est une locution conjonctive. Proposition conjonctive* ou, n. f., *une conjonctive.* **2.** ANAT Qui joint des parties organiques. – *Tissu conjonctif :* tissu de liaison de soutien entre les différents tissus et organes, formé par les cellules conjonctives, les fibres conjonctives et les fibres élastiques. – De l'anc. v. *conjoindre,* «lier ensemble».

conjonction [kɔ̃ʒɔ̃ksjɔ̃] n. f. **1.** Union. *La conjonction d'éléments dissemblables.* **2.** GRAM Mot invariable qui unit deux mots, deux propositions. *Mais, ou, et, donc, or, ni, car* sont des conjonctions de coordination. *Comme, quand, que* sont des conjonctions de subordination. **3.** ASTRO Situation de deux planètes (ou d'une planète et du Soleil) alignées avec la Terre. – Lat. *conjunctio.*

conjonctival, ale, aux [kɔ̃ʒɔ̃ktival, o] adj. ANAT Qui appartient à la conjonctive. – De *conjonctif.*

conjonctive [kɔ̃ʒɔ̃ktiv] n. f. ANAT Membrane qui tapisse la face antérieure de l'œil et la partie interne des paupières. – De *conjonctif.*

conjonctivite [kɔ̃ʒɔ̃ktivit] n. f. MED Inflammation de la conjonctive. – De *conjonctive,* et *-ite* 1.

conjoncture [kɔ̃ʒɔ̃ktyʀ] n. f. **1.** Situation résultant d'un concours d'événements. *Fâcheuse conjoncture.* **2.** ECON Ensemble des conditions déterminant l'état du marché à un moment donné, soit pour un produit, soit pour un ensemble de produits. – De l'a. fr. *conjointure,* refait d'ap. le lat. *conjunctus,* «lié».

conjoncturel, elle [kɔ̃ʒɔ̃ktyʀɛl] adj. ECON Qui dépend de la conjoncture. – De *conjoncture.*

conjoncturiste [kɔ̃ʒɔ̃ktyʀist] n. ECON Spécialiste de l'analyse de la conjoncture. – De *conjoncture.*

conjugable [kɔ̃ʒygabl] adj. Qui peut être conjugué. *Le verbe «seoir» n'est pas conjugable à toutes les personnes.* – De *conjuguer.*

conjugaison [kɔ̃ʒygɛzɔ̃] n. f. **1.** Action d'unir, de coordonner en vue d'un même but; son résultat. *La conjugaison de nos efforts.* **2.** GRAM Ensemble des formes que possède un verbe. *Conjugaison régulière, irrégulière. Conjugaison active, passive, pronominale.* **3.** BIOL Appariement de deux cellules avant la fécondation. ▷ Mode de reproduction sexuée typique des ciliés, dans lequel les deux cellules se séparent après avoir échangé une partie de leur A.D.N. – Lat. gram. *conjugatio.*

conjugal, ale, aux [kɔ̃ʒygal, o] adj. Qui concerne l'union du mari et de la femme. *Amour conjugal.* – Lat. *conjugalis,* de *conjugare,* «unir».

conjugalement [kɔ̃ʒygalmɑ̃] adv. **1.** Avec son conjoint. **2.** D'une manière conjugale. *Vivre conjugalement sans être marié.* – De *conjugal.*

conjugué, ée [kɔ̃ʒyge] adj. **1.** Lié ensemble, uni. *Des éléments harmonieusement conjugués.* **2.** CHIM *Liaisons conjuguées :* liaisons multiples séparées par une liaison simple, dans une molécule. **3.** MATH *Expressions conjuguées,* qui ne diffèrent que par le signe de l'un de leurs termes (ex. : a + b et a – b). ▷ *Quantités conjuguées,* entre lesquelles il existe une correspondance donnée. **4.** GEOM *Points conjugués harmoniquement* (par rapport à deux autres points A et B) ou *conjugués harmoniques* (de A et B) : points N et M tels que $\frac{MA}{MB} = -\frac{NA}{NB}$. **5.** PHYS *Points conjugués :* dans un système optique centré, ensemble de deux points dont l'un est l'image de l'autre. **6.** PHYS NUCL *Particules conjuguées :* ensemble d'une particule et de son antiparticule. – Pp. de *conjuguer.*

conjuguées [kɔ̃ʒyge] n. f. pl. BOT Ordre d'algues vertes chez lesquelles la reproduction sexuée s'effectue par fusionnement deux à deux des cellules des thalles. – Sing. *Une conjuguée.* – Pp. fém. subst. de *conjuguer.*

conjuguer [kɔ̃ʒyge] v. tr. [1] **1.** Unir. *Conjuguer ses efforts.* **2.** GRAM Réciter, écrire la conjugaison d'un verbe. ▷ v. pron. *Le verbe «aller» se conjugue avec l'auxiliaire «être».* – Lat. *conjugare,* «unir».

conjungo [kɔ̃ʒɔ̃go] n. m. Plaisant, vieilli Mariage. *Ils ne sont pas faits pour le conjungo.* – Mot lat., «j'unis».

conjurateur, trice [kɔ̃ʒyʀatœʀ, tʀis] n. **1.** Personne qui est à la tête d'une conjuration. **2.** Rare Personne qui conjure (le mauvais sort), magicien, exorciseur. – De *conjurer.*

conjuration [kɔ̃ʒyʀasjɔ̃] n. f. **1.** Association en vue d'exécuter un complot contre l'État, le souverain. *La conjuration de Catilina.* **2.** *Par ext.* Conspiration, cabale. **3.** Pratique de magie destinée à exorciser les influences néfastes. – Lat. *conjuratio.*

conjuré, ée [kɔ̃ʒyʀe] n. Personne entrée dans une conjuration. *Le chef des conjurés.* – Pp. de *conjurer.*

conjurer [kɔ̃ʒyʀe] v. tr. [1] **1.** Vieilli, litt. Préparer en complotant. *Conjurer la ruine de l'État.* ▷ v. pron. Mod. Se liguer par un complot. *Des généraux de l'état-major se sont conjurés.* – Fig. *Des hasards malheureux se conjurent contre nous.* **2.** Écarter, éloigner (une puissance néfaste) par des prières, des pratiques magiques. *Conjurer les esprits malfaisants.* **3.** Fig. Écarter (un danger, une menace). *Conjurer les craintes d'un enfant.* **4.** Prier avec insistance, supplier. *Écoutez-le, je vous en conjure.* – Du lat. *conjurare,* «jurer ensemble».

connaissable [kɔnɛsabl] adj. et n. m. Qui peut être connu. ▷ n. m. PHILO *Le connaissable,* opposé à l'*inconnaissable.* – De *connaître.*

connaissance [kɔnɛsɑ̃s] n. f. **1.** Fait de connaître une chose, fait de savoir qu'elle existe. *La connaissance sensorielle s'oppose à la connaissance abstraite.* **2.** PHILO *Problème de la connaissance :* ensemble de spéculations ayant pour but de déterminer l'origine et la valeur de la connaissance commune, scientifique ou philosophique. **3.** Idée exacte d'une réalité, de sa situation, de son sens, de ses caractères, de son fonctionnement. *Avoir une grande connaissance de la musique, des affaires.* **4.** Loc. *Avoir connaissance de (qqch) :* en venir à apprendre (qqch). – *Prendre connaissance d'une chose,* l'examiner. – *À ma connaissance :* autant que je sache. – *Venir à la connaissance de qqn :* être appris par qqn. – *En connaissance de cause :* en se rendant compte de ce que l'on fait, dit, etc. **5.** (En loc.) Conscience de sa propre existence et de l'exercice de ses facultés. *Perdre connaissance; rester, tomber sans connaissance :* avoir une syncope. *Reprendre connaissance :* revenir d'un évanouissement. **6.** (Plur.) Notions acquises; ce que l'on a appris d'un sujet. *Avoir des connaissances en électronique.* **7.** Relation entre des personnes. *Faire connaissance avec qqn :* entrer en relation avec qqn. – Fig. *J'ai commencé à faire connaissance avec la région.* ▷ *De connaissance :* que l'on connaît. *J'ai retrouvé une tête de connaissance.* – Par ext. *En pays de connaissance :* au milieu de personnes, de choses que l'on connaît. **8.** *Une connaissance* : une personne avec qui l'on est en relation. *C'est une vieille connaissance.* **9.** DR Droit de statuer sur une affaire. – De *connaître.*

connaissement [kɔnɛsmɑ̃] n. m. DR MARIT Déclaration contenant un état des marchandises chargées sur un navire. – De *connaître.*

connaisseur, euse [kɔnɛsœʀ, øz] n. et adj. Personne qui est experte en une chose. *C'est un connaisseur en art primitif.* ▷ adj. *Un regard connaisseur.* – De *connaître.*

connaître [kɔnɛtʀ] v. tr. [73] **1.** Avoir une idée pertinente de. *Je connais les raisons de leur brouille.* **2.** Être informé de. *Connaissez-vous les dernières nouvelles?* **3.** Avoir la pratique de. *Connaître une langue, une science, un métier.* **4.** Avoir l'expérience de. *Connaître la misère, le froid.* **5.** *Connaître un endroit,* y être allé. *Connaissez-vous les Caraïbes?* **6.** (Sujet nom de chose.) Avoir. *Son ambition ne connaît pas de limites.* **7.** *Ne connaître que (qqch)* : se préoccuper uniquement de. *Ne connaître que son devoir.* **8.** Savoir l'identité de (qqn). *Je le connais de vue, mais je ne lui ai jamais parlé.* **9.** Avoir des relations avec (qqn). *Je le connais depuis trois ans.* ▷ v. pron. *Elles se sont connues au pensionnat.* **10.** (Style biblique, employé auj. par plaisant.) *Connaître une femme,* avoir avec elle des relations sexuelles. **11.** Apprécier, comprendre le caractère, la personnalité de (qqn). *J'ai mis longtemps à bien le connaître.* **12.** v. pron. Avoir une juste notion de soi-même. ▷ *Ne plus se connaître* : être dominé par la passion, la colère. ▷ *S'y connaître* : être compétent. **13.** v. tr. indir. DR *Connaître de* : avoir autorité pour statuer en matière de. *Connaître d'une affaire.* – Du lat. *cognoscere.*

con(n)ard, arde [kɔnaʀ, aʀd] n. et adj. Vulg. Crétin, abruti. *C'est ce connard qui a fait la gaffe!* – De *con* 2.

con(n)asse [kɔnas] n. f. et adj. Vulg. Imbécile, idiote. *Quelle connasse, alors! Que tu es connasse!* – De *con* 2.

conné, ée [kɔne] adj. GEOL Se dit d'eaux fortement chargées en chlorures de sodium et de calcium présentes dans les gisements d'hydrocarbures. – Du lat. *connatus,* «né avec» (les hydrocarbures).

connecté, ée [kɔnɛkte] adj. ELECTR Mis en connexion. – Pp. de *connecter.*

connecter [kɔnɛkte] v. tr. [1] TECH Joindre. ▷ ELECTR Réunir par une connexion. – Lat. *conectere,* «attacher, lier ensemble».

connecteur [kɔnɛktœʀ] n. m. **1.** TECH Dispositif de connexion. **2.** ELECTR Prise de courant à broches multiples. – De *connecter.*

connecticien, enne [kɔnɛktisjɛ̃, ɛn] n. INFORM Spécialiste chargé de faire évoluer un réseau, ses applications, et d'en assurer la maintenance. – De *connectique.*

connectif, ive [kɔnɛktif, iv] n. et adj. **1.** n. m. BOT Élément d'une étamine, faisant suite au filet et liant les anthères. **2.** adj. ANAT *Tissu connectif* : tissu conjonctif. – De *connecter.*

connectique n. f. INFORM Ensemble du matériel servant à connecter des appareils (câbles, prises, etc.). – De *connection.*

connectivite [kɔnɛktivit] n. f. MED Maladie du collagène. – De *connectif,* et *-ite* 1.

connement [kɔnmɑ̃] adv. Fam. Bêtement; d'une manière conne. *Je me suis fait avoir connement.* – De *con.*

connerie [kɔnʀi] n. f. Fam. et vulg. Bêtise, stupidité. *Tu racontes des conneries, mon pauvre! Presse-toi, mais ne fais pas de conneries!* – De *con* 2.

connétable [konetabl] n. m. HIST **1.** Premier officier de la maison du roi. **2.** Titre de commandant général des armées de 1219 à 1627. **3.** Grand dignitaire du Premier Empire, en France. **4.** Titre qui se donnait aux gouverneurs de places fortes. – Du bas lat. *comes stabuli,* «comte de l'étable, grand écuyer».

connexe [kɔnɛks] adj. **1.** Qui est étroitement lié avec qqch d'autre. **2.** MATH *Espace connexe,* tel qu'il n'existe aucune partition de cet espace en deux parties ouvertes (ou fermées) non vides. **3.** DR *Affaires connexes, causes connexes,* qui sont jugées par un même tribunal. – Lat. *connexus,* de *connectere,* «lier ensemble».

connexion [kɔnɛksjɔ̃] n. f. **1.** Liaison que certaines choses ont les unes avec les autres. *Il y a connexion entre ces deux sciences.* **2.** ELECTR Liaison de conducteurs ou d'appareils entre eux. ▷ Organe qui établit cette liaison. – De *connexe.*

connexité [kɔnɛksite] n. f. Rapport, liaison de certaines choses entre elles. *Connexité entre deux causes.* – De *connexe.*

connivence [kɔnivɑ̃s] n. f. Complicité par complaisance ou tolérance; accord tacite. *Être, agir de connivence avec qqn.* – Bas lat. *conniventia,* de *conivere,* «cligner les yeux».

connivent, ente [kɔnivɑ̃, ɑ̃t] adj. **1.** BOT Se dit des organes qui se touchent vers le sommet. **2.** ANAT *Valvules conniventes* : replis sur la muqueuse antérieure de l'intestin de l'homme. – De *connivence.*

connotation [kɔnɔtasjɔ̃] n. f. **1.** LOG Sens appliqué à un terme, plus général que celui qui lui est propre (par oppos. à *dénotation*). **2.** LING Sens particulier que prend un mot ou un énoncé dans une situation ou un contexte donnés. ▷ Cour. Résonance affective (d'un mot). *Les connotations du mot «liberté».* – De *connoter.*

connoter [kɔnɔte] v. tr. [1] **1.** LOG (En parlant d'un concept.) Rassembler (des caractères). **2.** LING Signifier par connotation. – De *con-,* et du lat. *notare,* «noter»; par l'anglais.

connu, ue [kɔny] adj. et n. m. **1.** (Choses) Dont on a connaissance. *Le monde connu des Anciens.* – n. m. *Le connu.* **2.** (Personnes) Célèbre. *Elle est plus connue en tant qu'actrice qu'en tant qu'écrivain.* ▷ Loc. *Connu comme le loup blanc* : très connu. – *Ni vu ni connu!* : V. vu. – Pp. de *connaître.*

conoïde [kɔnɔid] adj. et n. m. **1.** adj. En forme de cône. **2.** n. m. GEOM Surface engendrée par une droite qui se déplace parallèlement à un plan fixe (plan directeur) en s'appuyant sur une droite fixe. – Gr. *kônoidês.*

conque [kɔ̃k] n. f. **1.** Coquille des lamellibranches et des gros gastéropodes du genre *Tritonia* (triton). ▷ MYTH Trompe des tritons, faite d'une de ces coquilles spiralées. **2.** *Par ext.* Objet ayant la forme d'une conque. **3.** ANAT Cavité du pavillon de l'oreille. – Lat. *concha,* gr. *konkhê,* «coquille».

conquérant, ante [kɔ̃keʀɑ̃, ɑ̃t] n. et adj. **I.** n. **1.** Personne qui fait des conquêtes militaires. *Un peuple de conquérants. Guillaume le Conquérant.* **2.** Personne qui gagne la sympathie, l'amour de qqn. **II.** adj. *Air conquérant* : attitude avantageuse, air dominateur, fat. – Ppr. de *conquérir.*

conquérir [kɔ̃keʀiʀ] v. tr. [35] **1.** Prendre par les armes. *Conquérir un pays.* **2.** Gagner, séduire, s'attacher. *Conquérir les cœurs. Conquérir l'estime de ses collaborateurs.* – Lat. pop. **conquærere,* class. *conquirere,* «chercher à prendre», d'ap. *quærere,* «chercher».

conquêt [kɔ̃kɛ] n. m. DR Acquêts, biens acquis pendant le mariage et qui entrent dans la communauté. – De *conquérir.*

conquête [kɔ̃kɛt] n. f. **1.** Action de conquérir. *Faire la conquête d'une province.* **2.** Ce qui est conquis. *Les conquêtes d'Alexandre. Les conquêtes de la science.* **3.** Fig.

Fait de gagner la sympathie, l'amour de qqn. *Faire la conquête d'une femme.* **4.** Fam. Personne dont on a conquis les bonnes grâces. *Il exhibe partout sa nouvelle conquête.* – Lat. pop. **conquæsita.*

conquis, ise [kɔ̃ki, iz] adj. **1.** Dont on a fait la conquête militairement. *Une ville conquise.* ▷ *Se conduire comme en pays conquis,* avec une insolence cynique. **2.** Dont on a gagné la sympathie, l'amour. *Une femme conquise.* – Pp. de *conquérir.*

conquistador [kɔ̃kistadɔʀ] n. m. HIST Nom donné aux conquérants espagnols du Nouveau Monde. *Des conquistador(e)s.* – Mot esp., « conquérant ».

consacrant [kɔ̃sakʀɑ̃] adj. m. et n. m. RELIG *Évêque consacrant,* qui sacre un autre évêque. *Prêtre consacrant,* qui consacre l'hostie. – *Un consacrant.* – Ppr. de *consacrer.*

consacré, ée [kɔ̃sakʀe] adj. **1.** Dédié à une divinité; qui a reçu une consécration religieuse. *Lieu consacré.* **2.** Sanctionné par l'usage. *Un terme consacré.* – Pp. de *consacrer.*

consacrer [kɔ̃sakʀe] v. tr. [1] **1.** Dédier à (une divinité). *Consacrer un temple à Zeus.* ▷ *Par ext.* Offrir à Dieu. *Consacrer une église.* – *Consacrer le pain et le vin,* les transformer en le corps et le sang du Christ, lors du sacrifice eucharistique. **2.** Litt. Rendre sacré, saint, vénérable. *Ce lieu fut consacré par le sang des martyrs.* **3.** Sanctionner, faire accepter de tous. *L'usage a consacré ce mot.* **4.** Destiner (qqch) à. *Consacrer ses loisirs à la musique. Consacrer sa vie à qqn.* **5.** v. pron. Se vouer à. *Se consacrer à un travail.* – Lat. *consecrare.*

consanguin, ine [kɔ̃sɑ̃gɛ̃, in] adj. (et n.) Qui est parent du côté paternel. *Frère consanguin :* frère de père seulement (par oppos. à *frère utérin*). – *Mariage consanguin,* entre proches parents (cousins germains, par ex.). ▷ Subst. *Les consanguins.* – Lat. *consanguineus,* de *sanguis,* « sang ».

consanguinité [kɔ̃sɑ̃gɥinite] n. f. **1.** Parenté du côté du père. **2.** *Par ext.* Parenté proche entre conjoints. – Lat. *consanguinitas.*

consciemment [kɔ̃sjamɑ̃] adv. De manière consciente. *Agir consciemment.* – De *conscience.*

conscience [kɔ̃sjɑ̃s] n. f. **1.** Sentiment, perception que l'être humain a de lui-même, de sa propre existence. *Perdre, reprendre conscience.* ▷ *Avoir conscience de :* connaître nettement, apprécier avec justesse. *Avoir conscience de ses droits.* **2.** PHILO Intuition plus ou moins claire qu'a l'esprit de lui-même, des objets qui s'offrent à lui, ou de ses propres opérations. *Conscience de classe.* ▷ *Par méton.* Siège des convictions, des croyances. *Liberté de conscience.* **3.** Sentiment par lequel l'être humain juge de la moralité de ses actions. *Agir selon, contre sa conscience. Avoir la conscience nette :* n'avoir rien à se reprocher. *Bonne conscience :* sentiment rassurant de n'avoir rien à se reprocher. – *Avoir qqch sur la conscience :* avoir qqch à se reprocher. – *Cas de conscience :* difficulté à se déterminer sur ce que permet ou défend la religion ou la morale. **4.** Loc. *La main sur la conscience :* en toute franchise. – *En mon âme et conscience :* selon ma conviction la plus intime. – *Par acquit de conscience :* pour n'avoir rien à se reprocher par la suite. – *En conscience, en bonne conscience :* honnêtement, franchement. **5.** *Conscience professionnelle :* souci de probité, d'honnêteté, grand soin que l'on porte à son travail. – Lat. *conscientia,* « connaissance ».

consciencieusement [kɔ̃sjɑ̃sjøzmɑ̃] adv. De manière consciencieuse. *Travailler consciencieusement.* – De *consciencieux.*

consciencieux, euse [kɔ̃sjɑ̃sjø, øz] adj. (et n.) **1.** Qui remplit scrupuleusement ses obligations. *Un élève consciencieux.* ▷ Subst. *C'est un consciencieux.* **2.** Fait avec conscience. *Un travail consciencieux.* – De *conscience.*

conscient, ente [kɔ̃sjɑ̃, ɑ̃t] adj. et n. m. **I.** adj. **1.** Qui a la conscience de soi-même, d'un fait, de l'existence d'une chose. *Malgré le choc de l'accident, il est resté conscient. Être conscient de ses obligations.* **2.** Dont on a conscience. *Ce n'est pas un mouvement conscient, c'est un réflexe.* **II.** n. m. Activité psychique consciente (par oppos. à *inconscient*). – Lat. *consciens,* de *conscire,* « avoir conscience », de *scire,* « savoir ».

conscription [kɔ̃skʀipsjɔ̃] n. f. **1.** Vieilli Inscription annuelle sur les rôles militaires des jeunes gens qui ont atteint l'âge du service national. **2.** HIST Système d'appel sous les drapeaux appliqué de 1798 à 1868, consistant à tirer au sort sur les rôles établis le nombre de citoyens nécessaires aux armées. – Bas lat. *conscriptio.*

conscrit [kɔ̃skʀi] n. m. et adj. m. **I.** n. m. **1.** Jeune homme inscrit sur les listes de recrutement et appartenant à une classe qui doit être prochainement incorporée. **2.** Soldat nouvellement incorporé. **3.** Fam., vieilli Novice. *Tu me prends pour un conscrit?* **II.** adj. m. ANTIQ ROM *Pères conscrits :* titre des sénateurs romains. – Du lat. *(patres) conscripti,* « (pères) conscrits », de *conscribere,* « enrôler ».

consécration [kɔ̃sekʀasjɔ̃] n. f. **1.** Action de consacrer. *Consécration d'un temple, d'une église, d'un autel.* **2.** LITURG Action du prêtre cathol. ou orthodoxe qui consacre, pendant la messe, le pain et le vin; moment de la messe où se fait cette action. *Les paroles de la consécration.* **3.** Sanction, confirmation. *La consécration du talent par le succès.* – Lat. *consecratio.*

consécutif, ive [kɔ̃sekytif, iv] adj. **1.** (Plur.) Se dit des choses qui se suivent sans interruption. *Trois années consécutives.* **2.** Qui suit (comme résultat). *Accident consécutif à une imprudence.* **3.** GRAM *Proposition consécutive :* subordonnée circonstancielle marquant les conséquences de l'action indiquée dans la principale. – Du lat. *consecutus,* de *consequi,* « suivre ».

consécutivement [kɔ̃sekytivmɑ̃] adv. **1.** Immédiatement après, sans interruption, coup sur coup. *Elle a eu consécutivement deux enfants.* **2.** *Consécutivement à :* par suite de. – De *consécutif.*

conseil [kɔ̃sɛj] n. m. **1.** Avis que l'on donne à qqn sur ce qu'il doit faire. *Donner, suivre un conseil. Prendre conseil de qqn,* le consulter avant d'agir. **2.** Vx Résolution. *Le conseil en est pris.* **3.** (Plur.) Vx Vues, principes qui dirigent qqn. *La justice préside à tous ses conseils.* **4.** Personne dont on prend avis. *Conseil fiscal.* – (En appos.) Partenaire et conseiller en affaires. *Ingénieur-conseil. Avocats-conseils.* **5.** DR *Conseil judiciaire :* personne que la justice choisit pour gérer les biens d'une autre personne frappée d'interdiction. **6.** Assemblée ayant pour mission de donner son avis, de statuer sur certaines affaires. *Tenir conseil :* se réunir pour délibérer, se concerter. **7.** ADMIN *Conseil des ministres :* réunion des ministres, présidée, en France, par le chef de l'État. – *Conseil de cabinet :* réunion des ministres délibérant sous la présidence du Premier ministre. – *Conseil général :* assemblée départementale composée de membres élus chacun par un canton. – *Conseil municipal,* composé de membres élus pour s'occuper des affaires communales. – *Conseil régional,* élu au suffrage universel pour administrer les affaires de la région. – *Conseil supérieur de la magistrature :* organe constitutionnel dont le but est de garantir l'indépendance de l'autorité judiciaire et qui exerce un pouvoir disciplinaire sur les magistrats. *Conseil de la Sécurité sociale, de l'Éducation nationale.* **8.** *Conseil d'administration :* groupe de personnes élues par l'assemblée générale d'une société anonyme pour administrer celle-ci conformément à la loi et aux statuts; représentation paritaire chargée de la gestion d'un organisme ou d'une administration publics. – *Conseil de famille :* assemblée de parents présidée par le juge de paix, chargée de la tutelle des mineurs et interdits. – *Conseil de discipline :* assemblée chargée de juger des questions de discipline (par ex., dans un établissement scolaire). – *Conseil de classe* : dans les établissements d'enseignement secondaire, assemblée composée des professeurs, des représentants des élèves et de leurs parents, destinée à délibérer des problèmes généraux de la classe et à examiner la situation individuelle des élèves. – *Conseil de l'ordre*, chargé de veiller au respect de la déontologie chez les avocats, les architectes, les médecins, les notaires. – *Conseil de révision**. **9.** HIST *Conseil des Dix* : V. dix. – *Conseil d'En-Haut* : conseil particulier des rois de France. – *Conseil des Anciens, conseil des Cinq-Cents* : assemblées politiques du Directoire. – *Conseil de guerre* : nom du tribunal militaire avant 1928. **10.** RELIG *Conseil œcuménique des Églises* : V. œcuménique. – *Conseil presbytéral* : chez les catholiques, représentation élue des prêtres auprès d'un évêque; chez les protestants, assemblée des responsables d'une église locale. – Lat. *consilium*, «délibération, projet, conseil; assemblée (délibérante)».

ENCYCL **Conseil constitutionnel,** organisme créé par la Constitution franç. de 1958, qu'il a pour fonction de faire respecter : régularité des élections nat. et des référendums, constitutionnalité des lois organiques et ordinaires; il doit être consulté en cas d'usage de l'article 16. Il est formé de membres de droit (anc. présidents de la Rép.) et de neuf personnalités nommées pour neuf ans. **Conseil économique et social,** organisme prévu par la Constitution de 1958, à caractère consultatif, chargé de donner des avis au gouvernement sur tout projet de loi, de décret ou tout problème de caractère économique et social (à l'exception de la loi de finances). Il est composé de représentants des différentes catégories professionnelles du pays. **Conseil d'État,** juridiction suprême de la France, dans l'ordre admin., maintenue depuis la Constitution de l'an VIII; son rôle consiste aussi à formuler des avis sur certains projets de décrets et sur les textes des projets de loi qui lui sont soumis par le gouvernement. **Conseil de la République,** seconde chambre du Parlement; sous la IVe République, elle remplaçait le Sénat, avec moins de pouvoirs.

1. conseiller [kõseje] v. tr. [1] **1.** Donner conseil à (qqn). *Conseiller un enfant indécis.* **2.** Recommander (qqch) à (qqn). *Il lui a conseillé la patience.* ▷ *Conseiller à (qqn) de. Je vous conseille de partir à l'heure.* – Lat. pop. **consiliare*, class. *consiliari.*

2. conseiller, ère [kõseje, ɛʀ] n. **1.** Personne qui donne des conseils. *Il s'est montré un conseiller avisé.* – Par ext. *La colère est mauvaise conseillère.* **2.** n. m. Membre des cours judiciaires et de certains conseils et tribunaux. *Conseiller à la Cour de cassation, à la cour d'appel. Conseiller général.* – Lat. *consiliarius.*

conseilleur, euse [kõsejœʀ, øz] n. Vx ou litt. Personne qui donne des conseils. – Mod. (souvent péjor.) Prov. *Les conseilleurs ne sont pas les payeurs* : ceux qui donnent des conseils se montrent souvent hardis en paroles, car ce ne sont pas eux qui courent des risques. – De *conseiller.*

consensuel, elle [kõsɑ̃sɥɛl] adj. **1.** DR *Contrat consensuel*, qui est formé par le seul consentement des parties. **2.** Issu d'un consensus; qui témoigne d'un consensus. *Société consensuelle*, dont les membres sont d'accord sur les questions essentielles. – De *consensus.*

consensus [kõsɛ̃sys] n. m. **1.** PHYSIOL Relation qui existe entre les différentes parties du corps. **2.** Consentement, accord entre des personnes. – Mot lat., «accord».

consentant, ante [kõsɑ̃tɑ̃, ɑ̃t] adj. Qui consent, qui donne son adhésion. – Ppr. de *consentir.*

consentement [kõsɑ̃tmɑ̃] n. m. Approbation, adhésion donnée à un projet. *Pour le mariage d'un mineur, le consentement des parents est nécessaire.* – De *consentir.*

consentir [kõsɑ̃tiʀ] v. tr. indir. [30] **1.** Donner son consentement à. *Consentir à un mariage. Je consens à ce qu'il vienne.* ▷ Prov. *Qui ne dit mot consent* : se taire équivaut à consentir. **2.** Octroyer. *Le vendeur lui a consenti un rabais.* ▷ Litt. *Consentir que* : admettre, permettre que. – Lat. *consentire.*

conséquemment [kõsekamɑ̃] adv. **1.** Vieilli De manière conséquente, logique. **2.** *Conséquemment à* : par suite de, en conséquence de. *Conséquemment à l'augmentation des prix.* – De *conséquence.*

conséquence [kõsekɑ̃s] n. f. **1.** Résultat, suite d'une action, d'un fait. *Une affaire ayant de graves conséquences.* – *Cela ne tire pas à conséquence* : cela n'a pas de réelle importance. ▷ *De conséquence* : important. *Une affaire de conséquence. Une affaire de peu de conséquence.* – *Sans conséquence* : sans importance, sans suite fâcheuse. **2.** Loc. adv. *En conséquence* : par conséquent. *En conséquence de* : en vertu de, conformément à. *En conséquence de vos instructions.* **3.** LOG Ce qui dérive, ce que l'on déduit d'un principe. *Tirer une (les) conséquence(s).* **4.** GRAM *Proposition de conséquence.* V. consécutif (sens 3). – Lat. *consequentia.*

conséquent, ente [kõsekɑ̃, ɑ̃t] adj. et n. m. **I.** adj. **1.** Qui est en accord avec soi-même, qui agit d'une manière logique. *Soyez conséquent avec vous-même!* **2.** Fam. (Emploi critiqué.) Considérable, important. *Une somme conséquente.* **3.** Loc. adv. *Par conséquent* : donc, en conséquence. *J'ai la grippe, par conséquent, je ne puis sortir.* **4.** GEOMORPH Se dit d'un cours d'eau ou d'une dépression perpendiculaire à la ligne de crête. Ant. subséquent. **II.** n. m. LOG, MATH, GRAM Second terme d'une proposition, d'un rapport, d'un raisonnement (par oppos. à *antécédent*). – Lat *consequens*, ppr. de *consequor* «venir après, suivre».

conservateur, trice [kõsɛʀvatœʀ, tʀis] n. et adj. **1.** n. Personne chargée de garder qqch. – Titre de certains fonctionnaires. *Conservatrice de musée. Conservateur des hypothèques, des eaux et forêts.* **2.** POLIT Partisan des institutions anciennes; traditionaliste. ▷ adj. *Le parti conservateur*, au Royaume-Uni (V. tory). **3.** adj. Qui conserve. *La puissance conservatrice du froid.* ▷ n. m. Substance qui assure la conservation des aliments. – Appareil utilisé pour la conservation des produits congelés. **4.** n. m. AVIAT *Conservateur de cap* : compas gyroscopique. – Lat. *conservator*, de *conservare*, «conserver».

conservation [kõsɛʀvasjõ] n. f. **1.** Action de conserver; résultat de cette action. *Conservation des aliments. Conservation des droits.* **2.** *Instinct de conservation* : instinct qui pousse un être vivant, l'être humain, à protéger sa propre vie. **3.** État de ce qui est conservé. *La conservation d'un tableau.* ▷ Loc. *En bon (mauvais) état de conservation. Cette momie est dans un état de parfaite conservation.* **4.** Fonction, charge de conservateur; administration qu'il dirige; bâtiment qui en est le siège. *La conservation d'un musée.* – Lat. *conservatio.*

conservatisme [kõsɛʀvatism] n. m. Opinion de ceux qui appartiennent à un parti conservateur; état d'esprit de ceux qui les soutiennent. Ant. progressisme. – De *conservateur* (sens 2.).

1. conservatoire [kõsɛʀvatwaʀ] adj. DR Qui conserve un droit. *L'interruption d'une prescription, le renouvellement d'une inscription d'hypothèque sont des actes conservatoires.* – De *conserver.*

2. conservatoire [kõsɛʀvatwaʀ] n. m. Établissement destiné à préserver certains domaines de la culture et à en transmettre l'enseignement. **1.** *Conservatoire national supérieur de musique* : établissement public d'enseignement musical, fondé à Paris en 1792 et qui a pris son nom actuel en 1957. **2.** *Conservatoire national supérieur d'art dramatique* : établissement public d'enseignement de l'art dramatique, issu de la division, en 1946, du Conservatoire national de musique et d'art dramatique. *Passer du Conservatoire à la Comédie-Française.* **3.** *Conservatoire national des arts et métiers (CNAM) :* établissement fondé par la Convention en 1794 comme muséum industriel, qui possède plusieurs chaires d'enseignement supérieur. – Ital. *conservatorio.*

conserve [kɔ̃sɛʀv] n. f. **1.** Vieilli Substance alimentaire préparée de manière à se conserver longtemps (salée, fumée, sucrée). **2.** Substance alimentaire qui peut se garder longtemps dans un récipient hermétiquement clos. *Ouvrir une boîte de conserve. Des haricots en conserve.* **3.** MAR *Naviguer de conserve :* se dit de navires qui font route ensemble. **4.** Loc. adv. *De conserve :* ensemble. *Ils vont de conserve au cinéma.* – Déverbal de *conserver.*

conservé, ée [kɔ̃sɛʀve] adj. Qui est maintenu en bon état. ▷ Spécial. *Être bien conservé :* avoir encore, malgré son âge, toute sa fraîcheur, sa beauté, ou toute sa vivacité. – Pp. de *conserver.*

conserver [kɔ̃sɛʀve] v. tr. [1] **1.** Ne pas se défaire de, ne pas renoncer à. *Conserver de vieilles lettres. Conserver ses habitudes.* **2.** Ne pas perdre. *Conserver son emploi.* **3.** Maintenir en bon état; faire durer. *Conserver des fruits. Conserver une bonne santé.* ▷ Fig. *Je conserve précieusement ces souvenirs heureux.* – v. pron. *Des aliments qui se conservent longtemps.* – Lat. *conservare.*

conserverie [kɔ̃sɛʀvəʀi] n. f. **1.** Fabrique de conserves alimentaires. **2.** Industrie des conserves. – De *conserve.*

considérable [kɔ̃sideʀabl] adj. **1.** Vieilli Qui mérite considération. **2.** Puissant, important. *Une fortune considérable.* – De *considérer.*

considérablement [kɔ̃sideʀabləmɑ̃] adv. Énormément. – De *considérable.*

considérant [kɔ̃sideʀɑ̃] n. m. DR Chacun des motifs qui précèdent le dispositif d'un arrêt. *Les considérants d'un jugement.* – Ppr. de *considérer.*

considération [kɔ̃sideʀasjɔ̃] n. f. **1.** Examen attentif que l'on fait d'une chose avant de se décider. *Un problème digne de considération.* – *Prendre en considération :* tenir compte de. *Prenez en considération l'âge de l'accusé.* **2.** (Plur.) Réflexions. *Se perdre en considérations oiseuses.* **3.** Motif, raison d'une action. *Cette considération l'a décidé.* ▷ *En considération de :* à cause de. *En considération des services rendus.* **4.** Estime, déférence. *Jouir de la considération publique.* – Lat. *consideratio.*

considérer [kɔ̃sideʀe] v. [14] **I.** v. tr. **1.** Regarder attentivement. *Il considérait le spectacle avec amusement.* **2.** Examiner, apprécier, envisager. *Considérer une affaire sous tous ses aspects.* – Pp. Loc. *Tout bien considéré.* **3.** Tenir compte de. *Je considère son seul mérite.* **4.** Estimer, faire cas de. *Il veut qu'on le considère.* – Pp. *Une personne très considérée dans la région.* **5.** *Considérer comme :* juger, estimer. *Je le considère comme un grand peintre.* **II.** v. pron. *Se considérer comme... :* estimer qu'on est... *Il se considère comme un génie méconnu.* – Lat. *considerare.*

consignataire [kɔ̃siɲatɛʀ] n. m. **1.** DR Le tiers entre les mains duquel est faite une consignation. **2.** MAR Négociant ou commissionnaire qui représente dans un port les intérêts de l'armateur. – De *consigner.*

consignation [kɔ̃siɲasjɔ̃] n. f. **1.** DR Dépôt d'une somme entre les mains d'un tiers ou d'un officier public; somme ainsi déposée. *Caisse des dépôts et consignations :* V. dépôt. **2.** COMM Dépôt de marchandises entre les mains d'un négociant, d'un commissionnaire. **3.** Fait de consigner un emballage, une bouteille. – De *consigner.*

consigne [kɔ̃siɲ] n. f. **1.** Ordre sous forme d'instruction donné à une sentinelle, un surveillant, un gardien, etc. *Donner, passer la consigne. La consigne est de...* ▷ *Par ext.* Instruction. **2.** Punition infligée à un soldat, à un élève, consistant en une privation de sortie. *Quatre jours de consigne. Élève en consigne,* en retenue. **3.** Endroit où l'on met les bagages en dépôt dans une gare, un aéroport. *Mettre une malle à la consigne. Consigne automatique :* placard métallique muni d'une clé qu'on obtient après paiement en pièces de monnaie introduites dans cet appareil. **4.** Fait de consigner; somme rendue en échange d'un emballage, d'une bouteille. *Cinq francs de consigne.* – Déverbal de *consigner.*

consigner [kɔ̃siɲe] v. tr. [1] **1.** DR Déposer chez un tiers une somme contre signature pour qu'elle soit délivrée ensuite à qui de droit. **2.** COMM Adresser à un consignataire. *Consigner pour mille francs de marchandises à un négociant.* **3.** Mettre par écrit. *Consigner un procès-verbal.* **4.** Priver de sortie. *Consigner un élève.* **5.** Donner des ordres pour empêcher l'accès ou la sortie (d'un lieu). *Consigner sa porte à qqn,* refuser de le recevoir. **6.** Mettre ses bagages à la consigne d'une gare, d'un aéroport. – Pp. adj. *Une malle consignée.* **7.** Facturer un emballage, une bouteille, qui, une fois rendus, seront remboursés. – Pp. adj. *Une bouteille consignée.* – Lat. *consignare,* « sceller ».

consistance [kɔ̃sistɑ̃s] n. f. **1.** Degré de liaison, de rapprochement des molécules d'un corps, qui lui donne sa dureté ou sa mollesse, sa rigidité ou son élasticité. *La consistance molle de l'argile humide.* **2.** *Absol.* État d'une matière fluide qui prend une certaine solidité. *Une pâte sans consistance.* – *Par ext.,* fig. Stabilité, solidité, permanence. *Un esprit sans consistance. La nouvelle prend de la consistance,* commence à se confirmer. – De *consister.*

consistant, ante [kɔ̃sistɑ̃, ɑ̃t] adj. **1.** Qui possède de la consistance. *Une soupe consistante.* **2.** Fig. Solide. *Il n'a aucun argument consistant à m'opposer.* – Ppr. de *consister.*

consister [kɔ̃siste] v. intr. [1] **1.** *Consister dans, en :* avoir pour essence. *La beauté consiste dans l'harmonie.* **2.** *Consister en :* être composé de. *Sa fortune consiste en actions.* **3.** *Consister à* (+ inf.) : se limiter à. *Votre tâche consiste à trier ces papiers. Le tout consiste à savoir... :* l'important est de savoir... – Lat. *consistere,* « se tenir ensemble ».

consistoire [kɔ̃sistwaʀ] n. m. **1.** Dans l'Église cathol., réunion des cardinaux sur convocation du pape. **2.** Direction administrative de certaines communautés religieuses. *Consistoire protestant, israélite.* – Du bas lat. *consistorium,* « assemblée ».

consistorial, ale, aux [kɔ̃sistɔʀjal, o] adj. et n. **1.** adj. Qui appartient à un consistoire, qui en émane. **2.** n. m. Membre d'un consistoire. *Les consistoriaux :* les membres des consistoires protestants. – De *consistoire.*

consœur [kɔ̃sœʀ] n. f. Femme appartenant au même corps, à la même compagnie, à la même société (que la personne considérée). – De *sœur,* d'ap. *confrère.*

consolable [kɔ̃sɔlabl(ə)] adj. Qui peut être consolé. *Une douleur difficilement consolable.* – De *consoler.*

consolant, ante [kɔ̃sɔlɑ̃, ɑ̃t] adj. (Rare en parlant de personnes.) Qui console, qui est propre à consoler. – Ppr. de *consoler.*

consolateur, trice [kɔ̃sɔlatœʀ, tʀis] adj. et n. Qui console. *Un espoir consolateur.* ▷ Subst. *Elle a joué les consolatrices.* – De *consoler.*

consolation [kɔ̃sɔlasjɔ̃] n. f. **1.** Soulagement apporté à la douleur morale de qqn. *Recevoir des paroles de consolation.* **2.** Sujet de soulagement, de satisfaction. *Les succès du fils sont la consolation du père.* **3.** Personne qui console. *Tu es ma seule consolation.* – Lat. *consolatio.*

console [kɔ̃sɔl] n. f. **1.** ARCHI Pièce en saillie en forme de S, destinée à supporter un balcon, une corniche, etc. **2.**

Table à deux ou quatre pieds en forme de S, appuyée contre un mur, à la mode surtout sous Louis XV. **3.** TECH Pièce encastrée dans une paroi, servant de support. **4.** MUS Dans une harpe, la partie supérieure. - Dans un orgue, meuble placé devant le buffet, qui comporte le pédalier, les claviers et les registres. ▷ ELECTROACOUST *Console de mixage* : pupitre de mixage des diverses sources sonores. **5.** INFORM Périphérique ou terminal permettant de communiquer avec l'unité centrale ou de la contrôler. – Croisement de *consolider* et *consoler*, de *sole*, « poutre ».

consoler [kɔ̃sɔle] v. [1] **1.** v. tr. Soulager (qqn) dans sa douleur, son affliction. *Consoler les affligés.* **2.** v. tr. Litt. Adoucir (un sentiment pénible). *Cet espoir console sa douleur.* **3.** v. pron. Oublier son chagrin. *Il se console difficilement de cet échec.* – Lat. *consolare.*

consolidation [kɔ̃sɔlidasjɔ̃] n. f. **1.** Action de consolider; son résultat. *La consolidation d'une fortune.* **2.** CHIR Action physiologique amenant la réunion des os fracturés par formation d'un cal. *Consolidation d'une fracture.* **3.** COMPTA *Consolidation d'un bilan* : opération comptable consistant à faire apparaître la situation financière globale d'un groupe de sociétés. ▷ FIN Conversion d'une dette à court terme en dette à long terme. – De *consolider.*

consolidé, ée [kɔ̃sɔlide] adj. FIN Qui a été soumis à une consolidation (sens 3). *Bilan consolidé. Comptes consolidés.* - *Tiers consolidé* : fonds de la rente française réduit au tiers de sa valeur nominale par la loi du 24 frimaire an VI. – Pp. de *consolider;* de l'angl. *consolidated (annuities),* même orig. que *consolider.*

consolider [kɔ̃sɔlide] v. [1] **1.** v. tr. Affermir, rendre plus solide. *Consolider un édifice.* - Par ext. CHIR *Consolider une fracture.* ▷ Fig. *Consolider sa puissance.* ▷ FIN Convertir une dette à court terme en une dette à long terme. ▷ Réunir plusieurs bilans en un seul. **2.** v. pron. S'affermir, devenir plus solide. *Bien que faible, ma cheville se consolide.* - Fig. *Son pouvoir politique sur le pays se consolide.* – Lat. *consolidare,* de *solidus,* « solide ».

consommable [kɔ̃sɔmabl] adj. Qui peut être consommé. – De *consommer.*

consommateur, trice [kɔ̃sɔmatœʀ, tʀis] n. **1.** THEOL Personne qui consomme, accomplit, amène à perfection. **2.** Personne qui achète des produits pour les consommer. *La défense des consommateurs.* - adj. *Pays consommateur* (par oppos. à *pays producteur*). **3.** Personne qui boit ou mange dans un café, une brasserie, etc. – Lat ecclés. *consummator.*

consommation [kɔ̃sɔmasjɔ̃] n. f. **1.** Achèvement, accomplissement. *La consommation d'un sacrifice. Consommation du mariage* : union charnelle des époux. - *La consommation des siècles* : la fin des siècles, la fin du monde. **2.** Usage que l'on fait de certains produits dont on ne peut se servir qu'en les détruisant. *Ils cultivent les légumes nécessaires à leur consommation.* **3.** ECON Emploi, pour la satisfaction des besoins des êtres humains, des biens produits antérieurement. *Société de consommation,* se dit, parfois péjorativement, d'un type de société où l'accroissement de la production débouche sur la multiplication des produits à consommer et, par conséquent, sur la création de nouveaux besoins et désirs. **4.** Boisson ou nourriture prise dans un café, une brasserie. *Le garçon apporte les consommations.* – Lat ecclés. *consummatio.*

consommé, ée [kɔ̃sɔme] adj. et n. m. **1.** adj. Parvenu au plus haut degré, parfait. *Un musicien consommé.* **2.** n. m. Bouillon produit par la viande dont on a épuisé tout le suc par la cuisson. *Un consommé de volaille.* – Pp. de *consommer.*

consommer [kɔ̃sɔme] v. [1] **I.** v. tr. **1.** Accomplir, achever. *Il n'a pas eu le temps de consommer son crime.* ▷ *Consommer le mariage* : avoir les premières relations sexuelles avec son conjoint. **2.** Se servir (de choses qui se détruisent par l'usage). *Consommer de la viande, du blé.* - Absol. *On consomme beaucoup.* **3.** (Choses) User. *Moteur qui consomme trop d'huile.* **II.** v. intr. Prendre une consommation (dans un café). – Lat. *consummare,* « faire la somme ».

consomptible [kɔ̃sɔ̃ptibl] adj. DR Qui peut être consommé. – Lat. *consumptibilis.*

consomptif, ive [kɔ̃sɔ̃ptif, iv] adj. MED Qui s'accompagne de consomption. – Lat. *consomptus.*

consomption [kɔ̃sɔ̃psjɔ̃] n. f. **1.** MED Amaigrissement et perte des forces dans les maladies graves et prolongées. **2.** Litt. Fait d'être consumé. – Lat. *consumptio.*

consonance [kɔ̃sɔnɑ̃s] n. f. **1.** Ressemblance de sons dans la terminaison de deux ou plusieurs mots. **2.** MUS Accord entre les sons musicaux dans l'harmonie classique occidentale. *Consonances parfaites, imparfaites.* **3.** *Par ext.* Suite de sons. *Une langue aux consonances peu harmonieuses.* – Lat. *consonantia.*

consonant, ante [kɔ̃sɔnɑ̃, ɑ̃t] adj. MUS Qui est formé par des consonances, qui produit une consonance. *Accord consonant.* - GRAM *Mots consonants,* qui ont une terminaison semblable. – Lat. *consonans, consonantis.*

consonantique [kɔ̃sɔnɑ̃tik] adj. PHON Qui a le caractère de la consonne. *Un système consonantique.* – De *consonne.*

consonantisme [kɔ̃sɔnɑ̃tism] n. m. PHON Système des consonnes d'une langue. – De *consonne.*

consonne [kɔ̃sɔn] n. f. **1.** Phonème résultant de la rencontre de l'émission vocale et d'un obstacle formé par la gorge ou la bouche. *Consonnes dentales* : [d] et [t]; *bilabiales* : [b] et [p]; *labiodentales* : [f] et [v]; *palatales* ou *vélaires* : [g] et [k]; *alvéolaires* : [s] et [z], etc. **2.** Lettre qui représente un de ces phonèmes. – Lat. gram. *consona,* « dont le son se joint à ».

consort [kɔ̃sɔʀ] n. m. pl. et adj. m. **1.** n. m. pl. (Souvent péjor.) Ceux qui sont engagés avec qqn dans une affaire louche. *Escrocs et consorts.* **2.** adj. m. *Prince consort* : époux d'une reine, qui n'est pas roi lui-même. *Le prince consort des Pays-Bas.* – Lat. *consors, consortis,* « qui partage le sort ».

consortium [kɔ̃sɔʀsjɔm] n. m. FIN Association d'entreprises. *Des consortiums.* – Mot angl., du lat., « association ».

consoude [kɔ̃sud] n. f. Borraginacée (*Symphitum consolida*) à grandes feuilles velues et à fleurs blanches ou roses, qui pousse dans les lieux humides. (Sa racine astringente fut très utilisée en médecine.) – Bas lat. *consolida,* de *consolidare,* « affermir », à cause de ses propriétés.

conspirateur, trice [kɔ̃spiʀatœʀ, tʀis] n. et adj. **1.** n. Personne qui conspire. *Il affecte des airs de conspirateur.* **2.** adj. Rare *Des ruses conspiratrices.* – De *conspirer.*

conspiration [kɔ̃spiʀasjɔ̃] n. f. **1.** Complot, conjuration contre l'État, le pouvoir. **2.** Entente secrète contre qqn (ou qqch). *Une conspiration contre vous.* – Lat *conspiratio.*

conspirer [kɔ̃spiʀe] v. [1] **1.** v. intr. Ourdir une conspiration. *Conspirer contre le souverain.* **2.** v. tr. Vieilli Projeter en secret, tramer. *Conspirer la mort d'un ennemi.* **3.** v. tr. indir. Fig., litt. Concourir, tendre au même but. *Tout conspire à votre bonheur.* – Du lat. *conspirare,* « souffler ensemble ».

conspuer [kɔ̃spɥe] v. tr. [1] Manifester bruyamment son hostilité contre (qqn), en parlant d'un groupe, d'une foule. *Les manifestants ont conspué le ministre. L'orateur s'est fait conspuer.* – Lat. *conspuere,* « cracher sur ».

constable [kɔ̃stabl] n. m. En Angleterre, officier de police chargé de veiller sur la paix publique. – Mot angl., de l'a. fr. *conestable.*

constamment [kɔ̃stamɑ̃] adv. **1.** Invariablement, toujours. *Constamment drôle.* **2.** Très souvent. *Il vient constamment la voir.* **3.** Vx Avec fermeté, avec persévérance. *Aimer constamment.* – De *constant.*

constance [kɔ̃stɑ̃s] n. f. **1.** Vieilli Fermeté, courage. *Souffrir avec constance.* **2.** Persistance, persévérance, partic. dans ses attachements. *La constance d'une amitié. La constance d'un amant.* ▷ Fam. Patience. *Pour supporter ces enfants, il faut de la constance!* **3.** État de ce qui ne change pas. *Constance des liquides de l'organisme.* ▷ BOT Mesure de la présence d'une même espèce dans divers relevés de la même association végétale. – De *constant.*

constant, ante [kɔ̃stɑ̃, ɑ̃t] adj. et n. f. **I.** adj. **1.** Vx Ferme, courageux. *Une âme constante.* **2.** Qui ne change pas; persévérant. *Constant en amour.* **3.** Qui dure; non interrompu. *Une tradition constante.* **4.** Rare Certain, indubitable. *Il est constant que...* **II.** n. f. **1.** ASTRO *Constante solaire* : quantité d'énergie de rayonnement solaire parvenant aux confins de l'atmosphère. **2.** MATH et PHYS Coefficient ou quantité dont la valeur ne change pas (par oppos. à *variable*). ▷ *Données en francs constants.* ▷ *Constante de temps* : temps pendant lequel la valeur d'une grandeur à décroissance exponentielle est divisée par *e*, base des logarithmes népériens. **3.** BIOL *Constante biologique* : élément dont le nombre ou la concentration ne varie pas dans l'organisme et sert de base de normalité. – Lat. *constans, constantis,* «qui se tient fermement».

ENCYCL Les valeurs des *constantes physiques fondamentales* sont les suivantes : masse de l'électron m = $9{,}109.10^{-31}$ kg; charge de l'électron e = $1{,}602.10^{-19}$C; constante de Planck h = $6{,}626.10^{-34}$ J.s; nombre d'Avogadro N = $6{,}022.10^{23}$; vitesse de la lumière c = 299 792 458 m/s.

constantan [kɔ̃stɑ̃tɑ̃] n. m. METALL Alliage de cuivre (55 %) et de nickel (45 %) dont la résistivité varie peu avec la température.

constat [kɔ̃sta] n. m. **1.** Procès-verbal, dressé par huissier, constatant un fait. *Constat amiable* : déclaration relatant les circonstances d'un accident (spécial. de la circulation), faite par les parties concernées. **2.** Fig. Ce qui permet de constater qqch. *Sa réflexion l'amène à un constat d'échec.* – Mot lat., «il est certain».

constatation [kɔ̃statasjɔ̃] n. f. **1.** Action de constater. *Constatation d'un fait par des témoins.* **2.** Fait constaté et rapporté, qui sert de preuve. *D'après les constatations d'un voyageur.* – De *constater.*

constater [kɔ̃state] v. tr. [1] **1.** Vérifier, établir, certifier la réalité d'un fait. *Constater la mort de qqn. Constater par un procès-verbal.* **2.** Remarquer, s'apercevoir de. *Constater des différences. Je constate que la porte ferme mal.* – Du lat. *constat,* «il est certain».

constellation [kɔ̃stɛlasjɔ̃] n. f. **1.** Groupement apparent d'étoiles ayant une configuration propre. *Il existe de nombreuses constellations : la Grande Ourse, Persée, le Lion, etc.* **2.** Groupe d'objets brillants. **3.** Fig. Réunion de personnes illustres. *Une constellation de célébrités.* – Lat. *constellatio,* de *stella,* «étoile».

constellé, ée [kɔ̃stelle] adj. **1.** Parsemé d'étoiles. *Un ciel constellé.* **2.** Parsemé d'objets, en général brillants. *Une couronne constellée de diamants.* **3.** Fig. Parsemé en abondance. *Un texte constellé de fautes.* – Lat. *constellatus,* de *constellatio,* «constellation».

consteller [kɔ̃stɛlle] v. tr. [1] **1.** Parsemer d'étoiles. **2.** Fig. Parsemer, couvrir en abondance de. – De *constellé,* ou de *constellation.*

consternant, ante [kɔ̃stɛʀnɑ̃, ɑ̃t] adj. Qui consterne. *Une nouvelle consternante.* – Ppr. de *consterner.*

consternation [kɔ̃stɛʀnasjɔ̃] n. f. Stupeur causée par un événement pénible, surprise douloureuse, accablement. – Lat. *consternatio.*

consterner [kɔ̃stɛʀne] v. tr. [1] Jeter dans l'accablement. *Cette nouvelle nous a consternés.* – Pp. adj. *Avoir l'air consterné.* – Lat. *consternare,* «abattre».

constipant, ante [kɔ̃stipɑ̃, ɑ̃t] adj. Qui constipe. – Ppr. de *constiper.*

constipation [kɔ̃stipasjɔ̃] n. f. Retard ou difficulté dans l'évacuation des selles, d'origine fonctionnelle ou organique. – De *constiper.*

constipé, ée [kɔ̃stipe] adj. et n. **1.** Qui souffre de constipation. **2.** Fig., fam. Taciturne, embarrassé, contraint. – Pp. de *constiper.*

constiper [kɔ̃stipe] v. tr. [1] Causer la constipation. *Cette alimentation m'a constipé.* – (S. comp.) *Certains aliments constipent.* – Du lat. *constipare,* «serrer».

constituant, ante [kɔ̃stitɥɑ̃, ɑ̃t] adj. et n. **1.** adj. Qui entre dans la composition de qqch. *Les parties constituantes d'une substance chimique.* **2.** n. m. CHIM Corps pur qui participe à un équilibre. **3.** adj. *Assemblée constituante,* élue pour rédiger une constitution. ▷ n. f. *La Constituante* : l'Assemblée de 1789 à 1791, qui adopta la Déclaration des droits de l'homme, la Constitution de 1791, la Constitution civile du clergé, l'abolition des privilèges, l'uniformisation des poids et mesures, etc. – n. m. *Les constituants* : les membres de la Constituante. – Ppr. de *constituer.*

constitué, ée [kɔ̃stitɥe] adj. **1.** *Les autorités constituées, les corps constitués,* établis par la Constitution. **2.** *Être bien, mal constitué,* de bonne, de mauvaise constitution physique. – Pp. de *constituer.*

constituer [kɔ̃stitɥe] v. tr. [1] **1.** Former un tout, par la réunion de deux ou plusieurs choses. *Ces trois maisons constituent tout le village.* **2.** Être en soi, représenter. *Le loyer constitue la plus grande partie de ses dépenses.* **3.** DR Établir, mettre (qqn) dans une situation légale. *Il a constitué son neveu son héritier.* **4.** DR Établir (qqch) pour qqn. *Constituer une rente, une pension, une dot à qqn,* s'engager à lui payer une rente, une pension, une dot. **5.** Créer, organiser. *Constituer un groupe de recherches.* **6.** v. pron. *Se constituer partie civile. Se constituer prisonnier :* se livrer à la justice. – Lat. *constituere,* de *statuere,* «statuer, établir».

constitutif, ive [kɔ̃stitytif, iv] adj. **1.** Qui fait partie de. **2.** Qui constitue l'essentiel de. **3.** DR *Titre constitutif,* qui établit un droit. – De *constituer.*

constitution [kɔ̃stitysjɔ̃] n. f. **1.** Ensemble des éléments constitutifs de qqch; composition. *La constitution des corps.* **2.** Complexion du corps humain (état général de son organisation et de sa nutrition). *Être de constitution délicate.* **3.** Création, fondation. *Présider à la constitution d'un ciné-club.* **4.** DR *Constitution d'avoué* : désignation d'un avoué. – *Constitution de partie civile* : demande de réparation d'un dommage. **5.** (Avec une majuscule.) Ensemble des lois fondamentales qui déterminent la forme de gouvernement d'un État. *La Constitution de 1958.* **6.** Actes solennels des papes et des conciles. *Constitution pastorale.* **7.** *Constitution civile du clergé* : nouvelle organisation donnée au clergé, en France, par le décret du 12 juillet 1790. – De *constituer.*

ENCYCL Les Constitutions françaises ont été les suivantes. **1° Constitution du 3 septembre 1791**. Votée par l'Assemblée nationale constituante, elle a établi la monarchie constitutionnelle. **2° Constitution de l'an I** (1793). Due à la Convention, elle établit le régime républicain, mais ne fut jamais appliquée. **3° Constitution de l'an III** (18 fructidor). Votée par la Convention après la chute de Robespierre, elle établit une république à caractère bourgeois. Deux assemblées élues au second degré au suffrage censitaire (Conseil des Anciens et

Conseil des Cinq-Cents) détiennent le pouvoir législatif et nomment un Directoire (5 membres) qui détient l'exécutif. **4° Constitution de l'an VIII** (22 frimaire). Due en grande partie à Bonaparte, elle établit le pouvoir consulaire après le coup d'État du 18 brumaire. **5° Constitution de l'an X** (ou sénatus-consulte organique). Votée par le Sénat après le plébiscite de 1802, elle accroît les pouvoirs du Premier consul (Bonaparte) qui est nommé consul à vie. **6° Constitution de l'an XII** (1804). Elle établit l'Empire héréditaire au profit de Napoléon. **7° Charte de 1814**. Constitution octroyée par Louis XVIII instaurant la monarchie constitutionnelle. **8° Acte additionnel aux Constitutions de l'Empire** (1815). Accordé par Napoléon à son retour de l'île d'Elbe, il établit l'Empire constitutionnel. **9° Charte de 1830**. Votée par les Chambres après la révolution de Juillet et jurée par Louis-Philippe Ier, devenu roi des Français, elle modifie la Charte de 1814 et l'esprit du régime. **10° Constitution de 1848**. Votée par l'Assemblée constituante après la révolution de Février, elle établit un gouvernement républicain démocratique, fondé sur le suffrage universel. **11° Constitution de 1852**. Élaborée par Louis Napoléon Bonaparte, après le coup d'État du 2 décembre 1851 et le plébiscite qui l'a sanctionné, elle rétablit en France le pouvoir plébiscitaire et personnel en s'inspirant de la Constitution de l'an VIII. – Le sénatus-consulte du 7 novembre 1852 modifie cette Constitution en rétablissant l'Empire au profit de Napoléon III. **12° Constitution de 1875** (IIIe République). Elle est issue d'un ensemble de lois votées par l'Assemblée nationale en 1875. Le pouvoir législatif appartient à deux Chambres : d'une part, la Chambre des députés, élue au suffrage universel par tous les citoyens de sexe masculin âgés de 21 ans au moins et jouissant de leurs droits civiques; de l'autre, le Sénat, élu par un collège comprenant les députés, les conseillers généraux, les conseillers d'arrondissement et les délégués des conseils municipaux. Le pouvoir exécutif appartient au président de la République, mais en fait il ne peut accomplir aucun acte sans contreseing ministériel. Le président de la République est élu pour 7 ans par les deux Chambres; il nomme les ministres, politiquement responsables devant les Chambres. Ceux-ci se réunissent soit en Conseil des ministres, sous la présidence du président de la République, soit en Conseil de cabinet, sous la présidence du président du Conseil. Le pouvoir judiciaire est exercé par le corps de la magistrature, dont les membres, inamovibles, sont nommés par l'exécutif. Les lois constitutionnelles ont été modifiées ou complétées en 1881 et en 1926. La Constitution de 1875 a cessé d'être appliquée en juillet 1940. **13° Constitution de 1946** (IVe République). Élaborée par une Assemblée constituante et approuvée par un référendum, elle consacre les principes de la démocratie libérale et définit les bases fondamentales de l'Union française. Le Parlement est composé de l'Assemblée nationale : 627 députés élus pour 5 ans au suffrage universel direct, au scrutin de liste départemental avec apparentements pour la majeure partie du territoire de la République française; du Conseil de la République : 320 sénateurs âgés de 35 ans au moins, élus pour 6 ans (renouvelables par moitié tous les 3 ans) au suffrage universel à deux degrés, par des collèges départementaux; cette assemblée consultative n'examine que pour avis les projets ou les propositions de loi votés en première lecture par l'Assemblée nationale. Seule cette dernière vote la loi et a l'initiative des dépenses; elle donne l'investiture au président du Conseil désigné par le président de la République; elle est seule à pouvoir mettre fin aux fonctions du président du Conseil et de son cabinet, soit en votant une motion de censure, soit en lui refusant la confiance. La Constitution de 1946 instaure également un Conseil économique. Le pouvoir exécutif appartient, comme sous la IIIe République, au Conseil des ministres. Le président de la République, élu pour 7 ans et rééligible seulement une fois par l'Assemblée nationale et le Conseil de la République réunis en Congrès, est également président de l'Union française. Le président du Conseil choisit les membres du gouvernement; il est seul responsable devant l'Assemblée nationale. (Cette dernière fit et défit les gouvernements, dont certains ne durèrent que quelques jours.) **14° La Constitution du 28 septembre 1958** (Ve République), actuellement en vigueur. Élaborée sous le contrôle direct du général de Gaulle, son trait majeur est le rôle primordial dévolu au président de la République, chef de l'État, dont relèvent désormais directement le Premier ministre et le gouvernement. La responsabilité du gouvernement devant l'Assemblée nationale demeure, mais une crise ministérielle ne peut survenir qu'à la suite du vote d'une motion de censure par la majorité des membres de l'Assemblée ou à la suite d'un vote acquis, à la même majorité, contre le gouvernement lorsqu'il engage sa responsabilité; les abstentions sont considérées comme des votes favorables au gouvernement. Le président de la République détient le pouvoir de dissoudre l'Assemblée nationale sous certaines conditions. Le cumul du mandat ministériel avec le mandat législatif est interdit; le député nommé ministre est remplacé par son suppléant. La modification de la Constitution, intervenue par voie de référendum en 1962, et en vertu de laquelle le président de la République est désormais élu au suffrage universel direct, renforce encore ce dispositif, au point que l'on peut dire que le régime de la Ve République est à la fois présidentiel et parlementaire. Les autres attributions du président de la République sont peu différentes de celles qui lui étaient conférées sous la IVe République, à l'exception cependant de celles relatives à l'article 16 de la Constitution, qui lui permet, lorsque l'indépendance de la nation ou l'intégrité de son territoire sont menacées, ou que le fonctionnement régulier des pouvoirs publics est interrompu, de prendre les pleins pouvoirs. Le Premier ministre dirige l'action du gouvernement en tant que premier collaborateur du président de la République. Le pouvoir législatif est exercé, comme sous la IVe République, par l'Assemblée nationale, élue pour 5 ans, et par le Sénat, élu pour 9 ans, renouvelable par tiers tous les trois ans. Dans la pratique, c'est le gouvernement qui propose les lois à l'approbation de l'Assemblée (projets de lois). Le contrôle de la constitutionnalité des lois revient au Conseil constitutionnel. En ce qui concerne le pouvoir judiciaire, la composition et la compétence du Conseil supérieur de la magistrature et de la Haute Cour de justice sont peu différentes de ce qu'elles étaient sous la IVe République. Le gouvernement et le Parlement sont assistés par une assemblée consultative : le Conseil économique et social, dont les membres sont désignés pour 5 ans et comprennent des représentants des principales catégories de la vie économique et sociale de la nation. La Constitution peut être révisée à l'initiative du président de la République ou à celle du Parlement. La révision n'est effective qu'après avoir été adoptée par référendum (importante innovation dans cette Constitution) ou votée à la majorité des trois cinquièmes par le Parlement réuni en Congrès.

constitutionnaliser [kɔ̃stitysjɔnalize] v. tr. **[1]** DR Rendre constitutionnel (un texte de loi). – De *constitutionnel.*

constitutionnalité [kɔ̃stitysjɔnalite] n. f. Conformité à la Constitution de l'État. – De *constitutionnel.*

constitutionnel, elle [kɔ̃stitysjɔnɛl] adj. **1.** MED *Maladie constitutionnelle*, qui relève de la constitution de l'individu. **2.** Régi par une constitution. *Monarchie constitutionnelle.* **3.** Conforme à la constitution de l'État. **4.** Relatif à la constitution de l'État. *Loi constitutionnelle.* **5.** HIST *Prêtre constitutionnel* : prêtre ayant juré fidélité à la Constitution civile du clergé en 1790. **6.** *Droit consti-*

tutionnel : partie du droit qui étudie les constitutions et leur fonctionnement. – De *constitution.*

constitutionnellement [kɔ̃stitysjɔnɛlmɑ̃] adv. Conformément à une constitution. – De *constitutionnel.*

constricteur [kɔ̃striktœr] adj. m. (et n. m.) **1.** ANAT *Muscle constricteur*, qui resserre, en agissant circulairement. – n. m. *Un constricteur.* **2.** ZOOL *Boa constricteur* ou *constrictor*, ainsi nommé parce qu'il s'enroule autour de ses proies puis se contracte pour les étouffer. – Lat. *constrictor.*

constrictif, ive [kɔ̃striktif, iv] adj. (et n. f.) **1.** MED Qui resserre. *Douleur constrictive.* **2.** PHON *Une consonne constrictive* ou, n. f., *une constrictive*, produite avec une occlusion incomplète du canal buccal. *Les fricatives et les vibrantes sont des constrictives.* – Bas lat. *constrictivus.*

constriction [kɔ̃striksjɔ̃] n. f. Resserrement par pression circulaire. – Lat. *constrictio.*

constrictor [kɔ̃striktor] adj. m. *Boa constrictor* : V. constricteur (sens 2).

constringence [kɔ̃strɛ̃ʒɑ̃s] n. f. PHYS Inverse du pouvoir dispersif d'une substance. – Lat. *constringens, constringentis*, de *constringere*, « resserrer ».

constructeur, trice [kɔ̃stryktœr, tris] n. et adj. **1.** n. Personne, entreprise qui construit. *Constructeur d'ordinateurs.* ▷ adj. *Les castors, animaux constructeurs.* **2.** adj. Qui établit qqch de nouveau. *Esprit constructeur.* – Bas lat. *constructor.*

constructible [kɔ̃stryktibl] adj. Qui peut être construit. ▷ Où l'on peut construire. *Terrain constructible.* – Du rad. lat. *constructum*, supin de *construere*, « bâtir », et *-ible.*

constructif, ive [kɔ̃stryktif, iv] adj. **1.** Apte, propre à construire, à créer. **2.** Positif. *Des propositions constructives.* – Lat. *constructivus*, de *construere*, « construire ».

construction [kɔ̃stryksjɔ̃] n. f. **1.** Action de construire. *La construction d'un navire.* **2.** Édifice. *Un ensemble de constructions nouvelles.* **3.** Ensemble des techniques qui concourent à l'acte de construire des bâtiments et des ouvrages de génie civil. ▷ *Par ext.* Branche particulière de l'industrie. *Construction mécanique, aérospatiale, navale.* **4.** Fig. Élaboration. *Une construction de l'esprit.* ▷ Art de la composition littéraire. *La construction d'un discours.* **5.** *Jeu de construction* : jeu d'enfant constitué d'éléments, de cubes, qui servent à dresser de petits ensembles figurant des maisons, des monuments, etc. **6.** GRAM Arrangement des mots suivant les règles et l'usage de la langue. **7.** GEOM Tracé d'une figure. *Construction d'un pentagone régulier.* – Lat. *constructio.*

constructivisme [kɔ̃stryktivism] n. m. Mouvement artistique issu des recherches d'avant-garde qui animèrent les arts en Russie de 1913 à 1922 environ. (Ses principaux initiateurs, le peintre et sculpteur Tatline, les sculpteurs Gabo et Pevsner, prônèrent la valorisation de l'espace en tant que tel, et l'abandon du cubisme et du futurisme, qui visaient encore à sa représentation.) – De *constructif.*

constructiviste [kɔ̃stryktivist] n. et adj. Adepte du constructivisme. – De *constructif.*

construire [kɔ̃strɥir] v. tr. [69] **1.** Disposer, assembler les parties pour former (un tout), bâtir. *Construire une machine, un pont.* **2.** Fig. Composer. *Construire un poème.* **3.** GRAM Arranger, disposer les mots d'une phrase suivant les règles de l'usage. *Construire une phrase.* **4.** GEOM Tracer (une figure). *Construire un triangle rectangle.* – Lat. *construere*, de *struere*, « élever ».

consubstantialité [kɔ̃sypstɑ̃sjalite] n. f. THEOL Unité et identité de substance entre les trois personnes de la Trinité. – Lat. ecclés. *consubstantialitas.*

consubstantiation [kɔ̃sypstɑ̃sjasjɔ̃] n. f. THEOL *Dogme de la consubstantiation* : dogme luthérien selon lequel la présence du Christ dans l'eucharistie ne fait pas disparaître la substance même du pain et du vin. – Lat. ecclés. *consubstantiatio.*

consubstantiel, elle [kɔ̃sypstɑ̃sjɛl] adj. **1.** THEOL De la même substance. *Le Fils est consubstantiel au Père.* **2.** Inséparable. – Lat. ecclés. *consubstantialis.*

consul [kɔ̃syl] n. m. **1.** ANTIQ Chacun des deux magistrats qui se partageaient, à Rome, le pouvoir exécutif au temps de la République, pendant une période d'une année, non renouvelable immédiatement. **2.** Au Moyen Âge, titre donné, dans certaines villes de France, dans le Midi en partic., aux magistrats municipaux. **3.** Titre des trois magistrats suprêmes de la République française de 1799 à 1804. *Le Premier consul* : Bonaparte. **4.** Mod. Agent diplomatique chargé, dans un pays étranger, de la défense et de l'administration des ressortissants de son pays dans le pays dont il a la charge. *Le consul de France à Calcutta.* – Mot lat.

consulaire [kɔ̃sylɛr] adj. **1.** Qui est propre aux consuls romains. **2.** *Juge consulaire* : membre des tribunaux de commerce. **3.** *Gouvernement consulaire*, établi en France par la Constitution de l'an VIII. **4.** Mod. Qui se rapporte à un consulat, à un consul à l'étranger. – Lat. *consularis.*

consulat [kɔ̃syla] n. m. **1.** HIST Dans la Rome antique, dignité, charge de consul; temps pendant lequel un consul exerçait sa charge. – *Le Consulat* : en France, gouvernement de trois consuls institué par la Constitution de l'an VIII; la période historique durant laquelle ce gouvernement dirigea la France (1799-1804). **2.** Charge de consul dans une ville étrangère. – *Par ext.* Lieu où demeure un consul, où il a ses bureaux. – Lat. *consulatus.*

consultable [kɔ̃syltabl] adj. Qui peut être consulté. *Ce livre épuisé en librairie est consultable en bibliothèque.* – De *consulter.*

consultant, ante [kɔ̃syltɑ̃, ɑ̃t] adj. et n. **1.** adj. Qui donne avis et conseil. *Avocat consultant* : avocat-conseil. *Médecin consultant.* – Subst. *Un(e) consultant(e).* **2.** n. Client, cliente d'un médecin, qui vient consulter. – Ppr. de *consulter.*

consultatif, ive [kɔ̃syltatif, iv] adj. Constitué pour donner un avis, sans pouvoir de décision. *Comité consultatif. Assemblée consultative.* – De *consulter.*

consultation [kɔ̃syltasjɔ̃] n. f. **1.** Action de consulter (qqn ou qqch). *Consultation populaire* : élection, référendum. **2.** Examen d'un malade par un médecin, et l'avis de celui-ci. **3.** Réunion de médecins délibérant sur le moyen de secourir un malade. **4.** Conférence pour examiner une affaire. *Faire une consultation.* **5.** DR Opinion d'une personne susceptible de fournir un avis technique, exprimée verbalement ou par écrit, à la demande d'un juge ou d'un tribunal. – Lat. *consultatio.*

consulte [kɔ̃sylt] n. f. Anc. Nom donné en Italie et dans quelques cantons suisses à certains conseils, permanents ou temporaires. *La consulte des finances de Rome.* – Ital. *consulta.*

consulter [kɔ̃sylte] v. [1] **I.** v. tr. **1.** Prendre l'avis de, s'adresser à (qqn) pour un conseil. *Consulter un avocat, un médecin, une voyante.* – (S. comp.) *Malade qui vient pour consulter.* ▷ v. intr. Donner une consultation. *Ce médecin consulte tous les jours.* – MED Conférer, délibérer. *Les spécialistes consultent ensemble.* **2.** Examiner pour chercher des renseignements. *Consulter un dictionnaire, des archives.* **3.** Examiner pour se déterminer. *Consulter ses goûts, ses intérêts. Consulter ses forces* : examiner si l'on est capable d'entreprendre une chose. **II.** v. pron. (Récipr.) Délibérer sur une question. *Ils se consultent pour savoir quoi faire.* – Lat. *consultare.*

consulteur [kɔ̃syltœʀ] n. m. RELIG CATHOL Docteur en théologie commis par le pape pour donner son avis sur certaines matières. *Consulteur du Saint-Office.* – De *consulter.*

consumable [kɔ̃symabl] adj. Rare Susceptible d'être consumé. – De *consumer.*

consumer [kɔ̃syme] v. tr. [1] **1.** Détruire par combustion. *Le feu consuma l'édifice.* ▷ v. pron. *Les braises se consumaient lentement.* **2.** Rare Dépenser. *Consumer son temps en démarches inutiles. Consumer son patrimoine,* le perdre, le dissiper inutilement. **3.** Litt. Épuiser, faire dépérir. *La fièvre, les chagrins le consument.* ▷ v. pron. Dépérir, s'épuiser. *Se consumer de chagrin.* – Lat. *consumere,* « détruire ».

consumérisme [kɔ̃symeʀism] n. m. Doctrine économique et commerciale des organisations de défense des consommateurs; action menée par ces organisations ou par les consommateurs eux-mêmes. – Angl. *consumerism,* de *consumer,* « consommateur ».

consumériste [kɔ̃symeʀist] adj. et n. Relatif au consumérisme. ▷ n. Partisan du consumérisme. – De *consumérisme.*

contact [kɔ̃takt] n. m. **1.** État de corps qui se touchent; action par laquelle des corps se touchent. *Point de contact.* **2.** Liaison, relation. *Mettre deux personnes en contact. Prendre contact, entrer en contact avec qqn :* entrer en liaison avec qqn. **3.** MILIT Proximité permettant le combat. **4.** ELECTR Liaison de deux conducteurs assurant le passage d'un courant. – Cour. Dispositif d'allumage d'un moteur à explosion. **5.** GEOM Propriété de deux courbes qui ont en un point la même tangente. **6.** OPT *Lentille, verre de contact :* cupule jouant le rôle de lentille correctrice, que l'on applique directement sur le globe oculaire. – Lat. *contactus,* rac. *tangere,* « toucher ».

contacter [kɔ̃takte] v. tr. [1] **1.** (Emploi déconseillé.) Établir une liaison, un contact avec (qqn). **2.** ELECTR Établir un contact avec. – De *contact,* d'apr. l'angl. *to contact.*

contacteur [kɔ̃taktœʀ] n. m. ELECTR Interrupteur commandé à distance. – De *contact.*

contactologie [kɔ̃taktɔlɔʒi] n. f. Partie de l'ophtalmologie qui s'occupe des lentilles de contact. – De *contact,* et *-logie.*

contactologiste [kɔ̃taktɔlɔʒist] n. Praticien spécialisé en contactologie. – De *contactologie.*

contadin. V. comtadin.

contage [kɔ̃taʒ] n. m. MED Substrat contenant l'agent contaminant. – Lat. scientif. *contagium.*

contagieux, euse [kɔ̃taʒjø, øz] adj. et n. **1.** Transmissible par l'intermédiaire d'un substrat véhiculant l'agent contaminant. *Maladie contagieuse.* ▷ Qui communique la contagion, qui la favorise. *Un malade contagieux.* – Subst. Sujet atteint d'une maladie contagieuse. **2.** Fig. Qui se communique facilement. *Un fou rire contagieux.* – De *contagion.*

contagion [kɔ̃taʒjɔ̃] n. f. **1.** Transmission d'une maladie par contact direct ou indirect. **2.** Fig. Imitation, propagation involontaire. – Lat. *contagio,* rac. *tangere,* « toucher ».

contagiosité [kɔ̃taʒjɔzite] n. f. MED Caractère de ce qui est contagieux. – De *contagieux.*

container [kɔ̃tenɛʀ] n. m. TECH (Anglicisme) Conteneur. – Mot angl., « récipient, contenant ».

contamination [kɔ̃taminasjɔ̃] n. f. **1.** MED Souillure par des germes pathogènes et, par ext., par des substances radioactives. *Contamination par contact direct.* **2.** METALL Introduction non souhaitée d'un élément dans un métal ou un alliage, altérant ses caractéristiques. **3.** Fig. Souillure. **4.** LING Altération (d'un mot par un autre). – Lat. *contaminatio.*

contaminer [kɔ̃tamine] v. tr. [1] **1.** MED Introduire des germes pathogènes et, par ext., des substances radioactives dans un objet ou un être vivant. *Contaminer de l'eau.* **2.** Fig. Souiller. – Lat. *contaminare.*

conte [kɔ̃t] n. m. **1.** Récit d'aventures imaginaires. *« Contes »,* de La Fontaine; *« Trois Contes »,* de Flaubert. *Conte de fées.* **2.** Histoire peu vraisemblable. *Conte à dormir debout, conte en l'air.* – De *conter.*

conté. V. comté 2.

contemplateur, trice [kɔ̃tɑ̃platœʀ, tʀis] adj. et n. Qui contemple, se plaît à la contemplation, à l'observation, à la méditation. – De *contempler.*

contemplatif, ive [kɔ̃tɑ̃platif, iv] adj. et n. **1.** Adonné à la contemplation, à la méditation. *Mener une vie contemplative.* **2.** RELIG CATHOL *Ordres contemplatifs,* voués à la contemplation. ▷ Subst. *Un contemplatif :* celui qui se voue à la contemplation dans un ordre cloîtré. – Lat. *contemplativus.*

contemplation [kɔ̃tɑ̃plasjɔ̃] n. f. **1.** Action de contempler. *Rester en contemplation devant un paysage.* **2.** Profonde application de l'esprit à un objet intellectuel. **3.** RELIG Connaissance de Dieu acquise par la méditation. – Lat. *contemplatio.*

contemplativement [kɔ̃tɑ̃plativmɑ̃] adv. Rare De manière contemplative. – De *contemplatif.*

contempler [kɔ̃tɑ̃ple] v. tr. [1] Regarder attentivement, avec admiration. *Contempler les astres.* – Fig. *« Du haut de ces pyramides, quarante siècles vous contemplent »* (attribué à Bonaparte). ▷ v. pron. *Se contempler dans un miroir.* – Lat. *contemplari.*

contemporain, aine [kɔ̃tɑ̃pɔʀɛ̃, ɛn] adj. et n. **1.** Du même temps. *Boccace était contemporain de Pétrarque.* **2.** *Absol.* De notre temps. *Les historiens contemporains. L'histoire contemporaine commence en 1789.* ▷ Subst. *Nos contemporains.* – Lat. *contemporaneus,* de *tempus,* « temps ».

contemporanéité [kɔ̃tɑ̃pɔʀaneite] n. f. Rare Qualité de ce qui est contemporain. – Du lat. *contemporaneus,* « contemporain ».

contempteur, trice [kɔ̃tɑ̃ptœʀ, tʀis] n. Litt. Personne qui dénigre, méprise. *Un contempteur des valeurs bourgeoises.* – Lat. *contemptor.*

contenance [kɔ̃t(ə)nɑ̃s] n. f. **1.** Capacité, étendue, superficie. *La contenance d'un vase.* **2.** Maintien, posture. *Ne savoir quelle contenance prendre :* ne savoir quelle attitude adopter. – (En loc.) *Par contenance :* pour se donner un maintien. – *Perdre contenance :* être embarrassé. – *Faire bonne contenance :* conserver son sang-froid dans un moment critique. – De *contenir.*

contenant [kɔ̃t(ə)nɑ̃] n. m. Ce qui contient (qqch). *Le contenant et le contenu.* – Ppr. de *contenir.*

conteneur [kɔ̃tənœʀ] n. m. Récipient métallique, servant à contenir des marchandises ou des substances afin de faciliter leur transport et leur manutention, d'assurer leur conservation et éventuellement de se protéger contre leur nocivité. *Le transport maritime par conteneurs est en plein développement.* – De l'angl. *container.*

conteneuriser [kɔ̃tənœʀize] v. tr. [1] TRANSP Mettre en conteneur. – De *conteneur.*

contenir [kɔ̃təniʀ] v. tr. [36] **1.** Avoir une capacité de, comprendre en soi (dans sa substance, dans son étendue). *Cette cuve contient cent hectolitres.* **2.** Renfermer. *Cette cuve contient du vin.* – Fig. *Ce livre contient toutes ses théories.* **3.** Maintenir, retenir. *Les gardes contiennent la foule.* **4.** Fig. Réprimer, se rendre maître de (qqch).

Contenir ses passions. ▷ v. pron. Se maîtriser. *Contenez-vous! :* ne vous mettez pas en colère! – Lat. *continere.*

content, ente [kɔ̃tɑ̃, ɑ̃t] adj. et n. m. **1.** adj. Dont le cœur et l'esprit sont satisfaits. *Il est content. L'air content,* exprimant la satisfaction. ▷ *Être content de soi :* avoir bonne opinion de soi, à tort ou à raison. ▷ *Être content de :* être satisfait de. *Il est content de son sort.* ▷ *Non content de... :* il ne lui suffit pas de... *Non content de s'enivrer, il bat sa femme.* **2.** n. m. *Avoir son content :* avoir tout ce que l'on désirait. – Lat. *contentus,* de *continere,* « contenir ».

contentement [kɔ̃tɑ̃tmɑ̃] n. m. **1.** État d'une personne contente. **2.** Vx ou litt. Satisfaction. *Le contentement de ses désirs.* – De *contenter.*

contenter [kɔ̃tɑ̃te] v. [1] **I.** v. tr. **1.** Rendre content, satisfaire (qqn). **2.** Satisfaire (qqch). *Contenter ses désirs.* **II.** v. pron. Être satisfait. *Je me contente de peu.* ▷ Se borner à. *Il s'est contenté de rire.* – De *content.*

contentieux, euse [kɔ̃tɑ̃sjø, øz] adj. et n. m. **1.** adj. DR Qui est contesté, litigieux, ou qui peut l'être. *Affaire contentieuse.* **2.** n. m. *Le contentieux :* l'ensemble des affaires contentieuses d'une administration, d'une entreprise; le service qui s'en occupe. ▷ *Par ext.* Conflit non réglé. *Avoir un contentieux avec qqn.* – Du lat. *contentiosus,* « querelleur ».

contentif, ive [kɔ̃tɑ̃tif, iv] adj. MED Qui sert à maintenir en place. – De *contenir.*

1. contention [kɔ̃tɑ̃sjɔ̃] n. f. **1.** Vx Débat. *Objet de contention.* **2.** Litt. Grande application de l'esprit. *Contention d'esprit.* – Lat. *contentio,* de *contendere,* « lutter ».

2. contention [kɔ̃tɑ̃sjɔ̃] n. f. CHIR Maintien en place d'une hernie, de fragments osseux après une fracture. – Lat. méd. *contentio.*

contenu, ue [kɔ̃t(ə)ny] adj. et n. m. **1.** adj. Maîtrisé. *Colère contenue.* **2.** n. m. Ce qui est renfermé dans un contenant. *Le contenu d'une boîte.* ▷ Fig. Substance, signification. *Le contenu d'une lettre.* Syn. teneur. – Pp. de *contenir.*

conter [kɔ̃te] v. tr. [1] **1.** Faire le récit de, narrer. *Conter ses peines.* **2.** Dire (une histoire inventée). *Je vais vous conter l'histoire de Barbe-Bleue.* **3.** Raconter des choses inventées, mensongères. *Que vous a-t-il encore conté?* ▷ *En conter de belles :* raconter des choses scandaleuses. – Du lat. *computare,* « compter ».

contestabilité [kɔ̃tɛstabilite] n. f. Caractère de ce qui est contestable. – De *contestable.*

contestable [kɔ̃tɛstabl] adj. Qui peut être contesté. – De *contester.*

contestablement [kɔ̃tɛstabləmɑ̃] adv. De façon contestable. – De *contestable.*

contestataire [kɔ̃tɛstatɛʀ] n. et adj. Personne qui conteste, qui remet en cause l'ordre établi, les valeurs dominantes. ▷ adj. *Des propos contestataires.* – De *contestation.*

contestation [kɔ̃tɛstasjɔ̃] n. f. **1.** Objection, discussion. *Ce texte a suscité bien des contestations.* ▷ Action, fait de contester. *Contestation d'un résultat, d'un document.* – *Sans contestation :* sans discussion, sans aucun doute. **2.** Remise en cause de l'ordre établi. *La contestation étudiante.* – Lat. *contestatio,* « prière pressante », et lat. jur. « ouverture d'un débat par l'appel de témoins ».

conteste (sans) [sɑ̃kɔ̃tɛst] loc. adv. Sans aucun doute, incontestablement. – De *contester.*

contester [kɔ̃tɛste] v. [1] **I.** v. tr. **1.** Refuser de reconnaître la légalité ou la légitimité de. *Contester un testament.* **2.** Mettre en doute, discuter. *Il conteste cette version des faits.* **II.** v. intr. Discuter, pratiquer la contradiction. *C'est un esprit frondeur qui se plaît à contester.* ▷ *Spécial.* Remettre en cause l'ordre établi. – Lat. jur. *contestari,* « plaider en produisant des témoins ».

conteur, euse [kɔ̃tœʀ, øz] n. **1.** Personne qui conte, qui fait des récits. *Un agréable conteur.* **2.** Auteur de contes. *Les conteurs de la Renaissance.* – De *conter.*

contexte [kɔ̃tɛkst] n. m. **1.** Ensemble des éléments qui précèdent et suivent une unité déterminée (phonème, mot, groupe de mots) dans le discours. **2.** Ensemble des circonstances qui entourent un, des événements. *Le contexte économique de l'après-guerre.* – Du lat. *contextus,* « assemblage », de *contexere,* « tisser avec ».

contextuel, elle [kɔ̃tɛkstyɛl] adj. Relatif au contexte. – De *contexte,* d'apr. *textuel.*

contexture [kɔ̃tɛkstyʀ] n. f. **1.** Liaison, agencement des différentes parties d'un tout. *Contexture des os.* **2.** TEXT Façon dont s'entrecroisent les fils de la chaîne et ceux de la trame. – Lat. *contextus,* « assemblage ».

contigu, uë [kɔ̃tigy] adj. Attenant à autre chose. *La cuisine est contiguë à la salle à manger. Deux maisons contiguës,* qui se touchent. – Fig. *Notions contiguës,* proches. – Lat. *contiguus,* de *contingere,* « toucher ».

contiguïté [kɔ̃tigɥite] n. f. Proximité immédiate dans l'espace ou dans le temps. – De *contigu.*

continence [kɔ̃tinɑ̃s] n. f. **1.** Abstention de tout plaisir charnel. **2.** MED *Continence vésicale, rectale :* fonction de rétention qu'assurent normalement les sphincters, en s'opposant au passage involontaire des urines ou des selles. – De *continent* 1.

1. continent, ente [kɔ̃tinɑ̃, ɑ̃t] adj. Qui observe la continence. – Lat. *continens,* « sobre, tempérant », de *continere,* « contenir ».

2. continent [kɔ̃tinɑ̃] n. m. **1.** Vaste étendue de terre émergée. *L'Australie n'est pas une île mais un continent.* ▷ *L'Ancien Continent :* l'Europe, l'Asie et l'Afrique. – *Le Nouveau Continent :* les deux Amériques. ▷ *Le continent :* la terre ferme, par rapport à une île. **2.** GEOL Vaste étendue granitique continue, émergée ou en partie recouverte de mers peu profondes, reposant sur un soubassement profond basaltique. *Géologiquement, les îles Britanniques font partie du continent européen.* – Du lat. *continere,* « tenir ensemble ».

ENCYCL On distingue traditionnellement cinq continents : l'Afrique, l'Amérique, l'Asie, l'Europe et l'Océanie, mais d'autres divisions sont possibles. Ainsi l'Eurasie est un continent et l'Amérique en forme deux; l'Antarctique est auj. admise comme formant un sixième continent. À l'origine, l'Amérique du N. était rattachée à l'Europe et l'Amérique du S. à l'Afrique. La théorie de la dérive des continents, perfectionnée aujourd'hui sous le nom de *théorie des plaques,* rend compte de ce fait. V. encycl. plaque.

continental, ale, aux [kɔ̃tinɑ̃tal, o] adj. et n. **1.** Relatif aux continents. ▷ GEOGR *Climat continental,* caractéristique de l'intérieur d'un continent, non soumis aux influences océaniques (été chaud, hiver froid et sec). **2.** Relatif à, qui appartient à un continent, spécial. au continent européen. *Blocus continental.* ▷ Subst. *Les continentaux :* les habitants du continent (par oppos. à *insulaires*). – De *continent* 2.

continentalité [kɔ̃tinɑ̃talite] n. f. Didac. Caractère de ce qui est continental. *La continentalité d'un climat.* – De *continental.*

contingence [kɔ̃tɛ̃ʒɑ̃s] n. f. **1.** PHILO Possibilité qu'une chose arrive ou n'arrive pas (par oppos. à *nécessité*). **2.** (Plur.) Choses sujettes à variation, et dont l'intérêt est mineur. *Il ne se soucie pas des contingences.* – De *contingent.*

contingent, ente [kɔ̃tɛ̃ʒɑ̃, ɑ̃t] adj. et n. m. **I.** adj. **1.** PHILO Qui peut arriver ou ne pas arriver. *Futurs contingents.* Ant. nécessaire. **2.** Peu important, accessoire.

II. n. m. **1.** Ensemble des conscrits effectuant leur service militaire pendant une même période. **2.** Ensemble de choses reçues ou fournies. *Retourner au grossiste un contingent de marchandises avariées.* **3.** DR Quantité de marchandises qu'il est permis d'importer. – Lat. *contingens*, ppr. de *contingere*, « arriver par hasard », de *tangere*, « toucher ».

contingentement [kɔ̃tɛ̃ʒɑ̃tmɑ̃] n. m. **1.** Partage, répartition. **2.** Limitation des importations. – De *contingenter*.

contingenter [kɔ̃tɛ̃ʒɑ̃te] v. tr. [1] Établir une répartition de, fixer un contingent (sens II, 3) à. – De *contingent*.

continu, ue [kɔ̃tiny] adj. et n. m. **I.** adj. **1.** Qui n'est pas interrompu dans le temps ou dans l'espace. *Ligne continue.* - *Journée continue* : journée de travail qui ne comporte qu'une courte pause pour le repas. ▷ n. m. Loc. *En continu* : sans interruption. **2.** ELECTR *Courant continu*, qui se propage toujours dans le même sens (par oppos. à *courant alternatif*). ▷ MATH *Fonction continue sur un intervalle*, qui varie peu si la variable varie peu. ▷ LING Dont la prononciation ne nécessite pas une interruption de l'écoulement de l'air laryngé (en parlant d'un son). *Les voyelles, contrairement aux consonnes occlusives, sont continues.* **II.** n. m. Ce qui ne comporte pas d'interruption (dans l'espace, dans le temps). – Lat. *continuus*, de *continere*, « tenir ensemble ».

continuateur, trice [kɔ̃tinɥatœʀ, tʀis] n. Personne qui continue l'œuvre commencée par une autre. *Lacépède, continuateur de Buffon.* – De *continuer*.

continuation [kɔ̃tinɥasjɔ̃] n. f. Action de continuer; son résultat. *Décider la continuation d'un programme.* - Fam. *Bonne continuation!* : formule adressée à qqn dont on prend congé. – De *continuer*.

continuel, elle [kɔ̃tinɥɛl] adj. **1.** Qui dure sans interruption. *Une pluie continuelle.* **2.** Qui se répète fréquemment et avec régularité. *Être dérangé par des interruptions continuelles.* – De *continu*.

continuellement [kɔ̃tinɥɛlmɑ̃] adv. Sans cesse, à tout moment, fréquemment. – De *continuel*.

continuer [kɔ̃tinɥe] v. [1] **I.** v. tr. Ne pas interrompre, donner une suite à. *Continuer ses études, ses recherches. Continuer son chemin, sa route.* - (S. comp.) Poursuivre, persévérer dans une activité. *C'est un bon début, continuez!* ▷ v. tr. indir. *Continuer de*, ou *à* (+ inf.). *Il continue à travailler malgré son âge. Ne vous dérangez pas, continuez de dîner.* **II.** v. intr. **1.** Se prolonger. *Le jardin continue jusqu'à la rivière.* **2.** Durer, ne pas cesser. *La séance continue.* **III.** v. pron. Être continué, se prolonger. *Des traditions qui se continuent depuis des siècles.* – Lat. *continuare*, « faire suivre, faire succéder ».

continuité [kɔ̃tinɥite] n. f. Qualité de ce qui est continu, de ce qui se continue dans le temps ou dans l'espace. *La continuité d'une politique. Solution* de continuité.* ▷ MATH Propriété d'une fonction continue. – De *continu*.

continûment [kɔ̃tinymɑ̃] adv. Sans interruption, sans cesse. – De *continu*.

continuo [kɔ̃tinɥo] n. m. MUS Basse instrumentale se continuant pendant toute la durée du morceau. Syn. basse continue. – Mot ital., « continu ».

continuum [kɔ̃tinɥɔm] n. m. Ensemble homogène d'éléments. ▷ MATH, PHYS Espace relativiste à quatre dimensions (dont l'une est le temps). – Mot lat., « le continu ».

contondant, ante [kɔ̃tɔ̃dɑ̃, ɑ̃t] adj. Qui fait des contusions, qui blesse en meurtrissant et non en coupant. *Arme, instrument contondant.* – Pp. de l'anc. v. *contondre*, lat. *contundere*, « frapper ».

contorsion [kɔ̃tɔʀsjɔ̃] n. f. Contraction, déformation, volontaire ou non, des muscles, des membres. *Des contorsions de douleur. Un clown, un acrobate qui fait des contorsions.* ▷ *Par ext.* Attitude forcée, mouvements désordonnés. *Les contorsions d'un orateur.* – Lat. *contortio*, de *torquere*, « tordre ».

contorsionner (se) [kɔ̃tɔʀsjɔne] v. pron. [1] Faire des contorsions. – De *contorsion*.

contorsionniste [kɔ̃tɔʀsjɔnist] n. Artiste de cirque, de music-hall, dont la spécialité est de faire des contorsions acrobatiques. – De *contorsion*.

contour [kɔ̃tuʀ] n. m. **1.** Limite extérieure d'un corps, d'une surface. *Tracer les contours d'une figure. Le contour du nez.* **2.** (Plur.) Méandres, courbes sinueuses. *Les contours de la Seine.* – Ital. *contorno*.

contourné, ée [kɔ̃tuʀne] adj. Dont le contour est compliqué, dessine des courbes. *Une chaise aux pieds contournés.* - Fig. *Style contourné*, peu naturel, affecté, forcé. – Pp. de *contourner*.

contournement [kɔ̃tuʀnəmɑ̃] n. m. **1.** Action de contourner. **2.** Manière dont une chose est contournée. – De *contourner*.

contourner [kɔ̃tuʀne] v. tr. [1] **1.** Tracer les contours de. *Contourner des volutes.* **2.** Suivre les contours, faire le tour de. *Contourner une île.* ▷ Fig. *Contourner une difficulté*, l'éluder par un artifice quelconque. – Ital. *contornare*.

contra-. Élément, du lat. *contra*, « contre, en sens contraire ».

contra [kɔntʀa] n. m. Guérillero en lutte contre le régime sandiniste instauré au Nicaragua. *Les contras.* – Abrév. de l'esp. *contrarrevolucionario*, « contre-révolutionnaire ».

contraceptif, ive [kɔ̃tʀasɛptif, iv] adj. et n. m. **1.** adj. Propre à la contraception, qui a des propriétés anticonceptionnelles. *Une méthode contraceptive.* **2.** n. m. Produit destiné à empêcher la conception. *Prescrire, prendre un contraceptif.* – De *contraception*.

contraception [kɔ̃tʀasɛpsjɔ̃] n. f. (Anglicisme) Action, fait d'empêcher la conception, la grossesse, d'y mettre volontairement obstacle par les méthodes anticonceptionnelles. – Mot angl., de *contra-*, et *conception*, « conception ».

ENCYCL Les méthodes naturelles de contraception (méthode Ogino-Knaus, courbe de température) sont peu fiables. Les méthodes artificielles courantes comprennent : des moyens mécaniques (diaphragme vaginal, stérilet intra-utérin qui bloque la nidation, préservatifs pour l'homme); la contraception chimique : la prise d'œstro-progestatifs (« pilule ») bloque l'ovulation.

contractant, ante [kɔ̃tʀaktɑ̃, ɑ̃t] adj. et n. DR Qui contracte, qui s'engage par une convention, un contrat. *Les parties contractantes.* ▷ Subst. *Les contractants.* – Ppr. de *contracter* 1.

contracte [kɔ̃tʀakt] adj. GRAM Se dit des déclinaisons et des conjugaisons où il y a contraction (surtout en gr.). *Déclinaison contracte. Verbes contractes.* – Lat. *contractus*.

1. contracter [kɔ̃tʀakte] v. tr. [1] **1.** S'engager à remplir certaines obligations par un contrat, une convention. *Contracter mariage. Contracter une assurance.* ▷ *Contracter des obligations* : accepter des services qui engagent à la reconnaissance. **2.** Prendre, acquérir (une habitude). *Contracter une manie, un goût.* ▷ Être atteint par (une maladie). *Contracter la varicelle.* – Du lat. jur. *contractus*, « convention ».

2. contracter [kɔ̃tʀakte] v. [1] **I.** v. tr. **1.** Diminuer le volume de. *Le froid contracte les corps.* **2.** PHYSIOL Mettre en tension, avec ou sans raccourcissement, un ou plusieurs muscles. ▷ Cour. *Contracter son visage, sa bouche. La peur de l'échec le contracte*, le rend nerveux, inquiet. - Pp. adj. *Un muscle contracté. Être contracté dans l'attente du* *résultat d'un examen.* **3.** LING Réunir (deux voyelles, deux syllabes) pour n'en former qu'une seule. *On contracte « de » et « le » en « du ».* – Pp. adj. *Deux voyelles contractées.* **II.** v. pron. **1.** Diminuer de volume. **2.** Subir une contraction (sens 2). *Muscle, visage qui se contracte.* **3.** Fig. Être brusquement tendu nerveusement. *Se contracter à l'approche du danger.* **4.** LING *Deux voyelles qui se contractent en une seule,* se réduisent à une seule. – Du lat. *contractus,* de *contrahere,* « resserrer ».

contractile [kɔ̃tʀaktil] adj. PHYSIOL Doté de contractilité. – Du lat. *contractus,* « action de resserrer ».

contractilité [kɔ̃tʀaktilite] n. f. PHYSIOL Propriété que possèdent certaines cellules (notam. celles de la fibre musculaire) de réduire l'une de leurs dimensions en effectuant un travail actif. – De *contractile.*

contraction [kɔ̃tʀaksjɔ̃] n. f. **1.** Réduction du volume d'un corps. **2.** PHYSIOL Modification dans la forme de certains tissus sous l'influence d'excitations diverses. *Contraction musculaire. Contractions :* contractions (utérines) de la femme qui accouche. *Contraction isométrique* ou *statique,* dans laquelle la fibre musculaire ne peut se raccourcir, ses deux extrémités étant fixes. *Contraction isotonique* ou *dynamique,* dans laquelle la fibre se raccourcit, l'une de ses extrémités étant fixe, l'autre libre. ▷ Cour. *Contraction du visage :* modification des traits sous l'influence d'une sensation, d'une émotion. **3.** LING Réunion de deux éléments en un seul (V. contracter 2, sens I, 3). **4.** *Contraction de texte :* exercice consistant à réduire la longueur d'un texte tout en respectant son style et son contenu. – Lat. *contractio.*

contractuel, elle [kɔ̃tʀaktɥɛl] adj. et n. **1.** Qui est stipulé par contrat. *Clauses contractuelles. Politique contractuelle.* **2.** *Agent contractuel* ou, n., *contractuel :* agent d'un service public non titulaire recruté sur la base d'un contrat. – Subst. *Spécial.* Auxiliaire de police chargé de relever les infractions aux règles de stationnement des automobiles. – Du lat. jur. *contractus,* « convention ».

contractuellement [kɔ̃tʀaktɥɛlmɑ̃] adv. De manière contractuelle. – De *contractuel.*

contracture [kɔ̃tʀaktyʀ] n. f. MED Contraction prolongée et involontaire d'un ou de plusieurs muscles sans lésion du tissu musculaire. *On observe la contracture dans le tétanos, la rage, etc.* – Lat. *contractura.*

contracturer [kɔ̃tʀaktyʀe] v. tr. [1] MED Causer la contracture de (un muscle). – De *contracture.*

contradicteur, trice [kɔ̃tʀadiktœʀ, tʀis] n. Personne qui contredit. – Lat. jur. *contradictor.*

contradiction [kɔ̃tʀadiksjɔ̃] n. f. **1.** Action de contredire; opposition faite aux idées, aux paroles d'autrui. *Accepter, refuser la contradiction. Porter la contradiction au sein d'un débat.* – *Esprit de contradiction :* disposition à contredire. **2.** Fait de se contredire, de se mettre en opposition avec ce qu'on a dit ou fait; acte, parole, pensée qui s'oppose à une autre, à d'autres. *Un exposé rempli de contradictions. La contradiction règne au sein de ce parti politique.* **3.** Désaccord, incompatibilité. *Vivre, entrer en contradiction avec son entourage.* **4.** LOG Incompatibilité entre deux propositions qui se nient mutuellement. – Lat. *contradictio.*

contradictoire [kɔ̃tʀadiktwaʀ] adj. **1.** Qui comporte une, des contradictions. *Témoignages contradictoires. Récit, attitude contradictoire.* **2.** DR Se dit de certains actes de procédure faits en présence des parties intéressées. – Lat. jur. *contradictorius.*

contradictoirement [kɔ̃tʀadiktwaʀmɑ̃] adv. D'une manière contradictoire. – De *contradictoire.*

contraignable [kɔ̃tʀɛɲabl] adj. DR Qui peut être contraint. – De *contraindre.*

contraignant, ante [kɔ̃tʀɛɲɑ̃, ɑ̃t] adj. Qui contraint, qui gêne. – Ppr. de *contraindre.*

contraindre [kɔ̃tʀɛ̃dʀ] v. [54] **I.** v. tr. **1.** Obliger, forcer (qqn) à agir contre son gré. *On m'a contraint à partir. La maladie l'a contraint à changer de métier.* **2.** Empêcher, réprimer l'expression (d'un sentiment, d'une tendance). *Contraindre son humeur, ses goûts, ses penchants.* **3.** DR *Contraindre qqn,* l'obliger, par voie de justice, à exécuter ses obligations. **II.** v. pron. **1.** Se maîtriser, maîtriser ses penchants. *Un homme austère, habitué à se contraindre.* **2.** S'obliger à. *Il se contraint à faire une heure de marche tous les matins.* – Du lat. *constringere,* « resserrer ».

contraint, ainte [kɔ̃tʀɛ̃, ɛ̃t] adj. **1.** Gêné, qui manque de naturel, d'aisance. *Il a l'air contraint. Un style contraint.* **2.** Soumis à une forte pression morale, à une contrainte puissante. *Je ne ferai cela que contraint et forcé.* – Pp. de *contraindre.*

contrainte [kɔ̃tʀɛ̃t] n. f. **1.** Violence, pression exercée sur qqn (pour l'obliger à agir, ou l'en empêcher). *Céder à la contrainte. Obtenir qqch par la contrainte.* ▷ État de celui qui subit cette violence. *Vivre dans une contrainte permanente.* **2.** Obligation, règle à laquelle on doit se soumettre. *Les contraintes de la vie en société. Les contraintes économiques.* **3.** Retenue, gêne due au fait qu'on se contraint. *Rire sans contrainte.* **4.** DR Force à laquelle le prévenu n'a pu résister en commettant l'infraction qui lui est reprochée. **5.** DR Pouvoir reconnu au créancier ou à l'État sur le patrimoine ou la personne du débiteur ou du prévenu. ▷ *Contrainte par corps :* emprisonnement du débiteur ou du prévenu (auj. aboli pour les créanciers privés). **6.** PHYS Effort qui s'exerce à l'intérieur d'un corps. *Contrainte mécanique.* – De *contraindre.*

contraire [kɔ̃tʀɛʀ] adj. et n. m. **I.** adj. **1.** Différent au suprême degré, opposé. *Des goûts contraires.* ▷ De sens opposé. *Vent contraire.* **2.** Qui gêne, qui nuit à, est incompatible avec. *Un régime contraire à la santé.* ▷ Litt. *Le sort, les dieux sont contraires,* hostiles. **3.** LOG *Propositions contraires,* qui ne peuvent être vraies l'une et l'autre, mais peuvent être toutes les deux fausses. (Ex. « Toutes les femmes sont belles » et « Aucune femme n'est belle ».) ▷ MATH *Événements contraires d'un univers,* tels que leur union donne cet univers et que leur intersection soit vide. **II.** n. m. Ce qui est inverse, tout à fait opposé. *Froid est le contraire de chaud.* – *C'est tout le contraire d'un génie :* c'est un homme médiocre. – *Tu as raison, je ne te dis pas le contraire,* je ne le conteste pas. ▷ Loc. adv. *Au contraire :* inversement. ▷ Loc. prép. *Au contraire de :* contrairement à. – Lat. *contrarius.*

contrairement [kɔ̃tʀɛʀmɑ̃] adv. D'une manière contraire à, à l'inverse de. *Contrairement à ce qu'il prétend... Contrairement aux lois.* – De *contraire.*

contralatéral, ale, aux [kɔ̃tʀalateʀal, o] ou **controlatéral, ale, aux** [kɔ̃tʀolateʀal, o] adj. MED Qui est du côté opposé. – De *contra-,* et *latéral.*

contralto [kɔ̃tʀalto] n. **1.** n. m. MUS La plus grave des voix de femme. **2.** n. f. Femme qui a cette voix. – Mot ital., « près *(contra)* de l'alto ».

contrapuntique [kɔ̃tʀapɔ̃tik] adj. MUS Relatif au contrepoint. – De l'ital. *contrappunto,* « contrepoint ».

contrapuntiste, contrapontiste [kɔ̃tʀapɔ̃tist] ou **contrepointiste** [kɔ̃tʀəpwɛ̃tist] n. MUS Compositeur qui fait usage des règles du contrepoint. – Ital. *contrappuntista.*

contrariant, ante [kɔ̃tʀaʀjɑ̃, ɑ̃t] adj. **1.** Qui se plaît à contrarier. *Un esprit contrariant.* **2.** De nature à contrarier. *Événement contrariant.* – Ppr. de *contrarier.*

contrarié, ée [kɔ̃tʀaʀje] adj. **1.** Contrecarré, dérangé. *Un projet contrarié.* **2.** Mécontent, dépité. *Un air contrarié.*

3. TECH Disposé en sens contraire. *Assemblage à joints contrariés.* – Pp. de *contrarier.*

contrarier [kɔ̃tʀaʀje] v. tr. [2] 1. S'opposer à, faire obstacle au déroulement de (qqch). *Contrarier les projets de qqn. La pluie et le vent contrariaient notre marche.* 2. Mécontenter, causer du dépit à (qqn) en ne répondant pas à son attente. *Tes paroles l'ont vivement contrarié.* ▷ Chagriner, inquiéter. *Il a reçu des nouvelles de sa famille qui l'ont contrarié.* 3. TECH Disposer de façon à obtenir un contraste. *Contrarier les couleurs d'une étoffe.* – Lat. *contrariare.*

contrariété [kɔ̃tʀaʀjete] n. f. 1. Sentiment de déplaisir créé par un obstacle, un événement imprévu. *Éprouver une grande contrariété.* 2. Rare Opposition entre des choses contraires. *Contrariété des éléments, des couleurs.* 3. DR *Contrariété de jugements :* contradiction entre deux jugements rendus en dernier ressort, entre les mêmes parties, et ayant la même cause et le même objet. – De *contrarier.*

contrarotatif, ive [kɔ̃tʀaʀɔtatif, iv] adj. TECH *Rotor, propulseur contrarotatif,* dont les hélices tournent en sens inverse. – De *contra-,* et *rotatif.*

contrastant, ante [kɔ̃tʀastɑ̃, ɑ̃t] adj. Qui forme contraste. – Ppr. de *contraster.*

contraste [kɔ̃tʀast] n. m. 1. Opposition prononcée entre deux choses ou deux personnes, chacune mettant l'autre en relief. *Être en contraste. Contraste de deux caractères.* 2. OPT *Contraste de couleurs,* qui fait qu'une couleur paraît plus vive lorsqu'on la regarde en même temps que sa couleur complémentaire. – *Contraste d'une image optique :* variations de l'éclairement dans cette image. – AUDIOV *Régler le contraste d'un poste de télévision,* régler le rapport des brillances entre parties sombres et parties claires de l'image. ▷ MED *Produit de contraste :* substance opaque aux rayons X utilisée en radiologie. ▷ LING Rapport entre une unité d'un énoncé (morphème, phonème) et celles qui forment son contexte. – Ital. *contrasto.*

contrasté, ée [kɔ̃tʀaste] adj. Qui présente un (des) contraste(s). *Tableau contrasté.* – Pp. de *contraster.*

contraster [kɔ̃tʀaste] v. [1] 1. v. intr. Former un contraste, être en opposition. *Sa conduite contraste avec ses propos.* 2. v. tr. Mettre en contraste. *Contraster les couleurs.* – Du lat. *contrastare,* « se tenir (*stare*) contre ».

contrat [kɔ̃tʀa] n. m. 1. DR Accord de volontés destiné à créer des rapports obligatoires entre les parties. *Contrat de travail, de location. Contrat de mariage,* qui fixe le régime matrimonial des époux pendant la durée du mariage. 2. Acte qui enregistre cet accord. *Rédiger, signer un contrat.* 3. JEU Au bridge, dernière annonce du camp déclarant, qui s'engage à réaliser un certain nombre de levées. *Le déclarant joue le contrat à quatre cœurs.* 4. Loc. *Remplir son contrat :* faire ce que l'on avait promis. – Lat. jur. *contractus,* « convention ».

contravention [kɔ̃tʀavɑ̃sjɔ̃] n. f. DR Infraction aux lois et aux règlements, qui relève des tribunaux de police. ▷ Cour. Amende dont est punie cette infraction. – *Spécial.* Amende pour infraction au Code de la route. ▷ Procès-verbal dressé pour cette infraction. *Trouver une contravention sur le pare-brise de sa voiture.* – Du bas lat. *contravenire,* « s'opposer à ».

contre-. Élément, du lat. *contra,* qui marque l'opposition, la proximité, la défense.

1. contre [kɔ̃tʀ] prép. et adv. I. prép. Marque : 1. L'opposition, la lutte, l'hostilité. *Nager contre le courant. Être contre le gouvernement. Se battre contre une idée, un ennemi.* ▷ *Envers et contre tous :* malgré toutes les difficultés. 2. La proximité, le contact. *Prendre un enfant contre son cœur. S'appuyer contre un pilier. Lancer une balle contre un mur. L'appentis édifié contre la maison.* 3. L'échange. *Colis contre remboursement,* en échange du... 4. La proportion. *Être élu par cinquante voix contre dix. Parier à dix contre un.* 5. L'idée de défense. *S'assurer contre le vol.* – *Un remède contre la migraine,* pour combattre la migraine. II. adv. Marque : 1. L'opposition. *Il a voté contre. J'ai toujours été contre.* 2. La proximité, le contact. *Approchez-vous du radiateur et mettez-vous contre,* tout près, à le toucher. III. Loc. adv. *Par contre :* en revanche, en compensation (expression critiquée par certains puristes). *L'appartement est petit; par contre, il n'est pas cher.* ▷ *Tout contre :* en contact étroit. ▷ MAR *Voile bordée à contre,* dont le point d'écoute est au vent. – Lat. *contra,* « en face de ».

2. contre [kɔ̃tʀ] n. m. 1. Ce qui est défavorable à, en opposition avec qqch. *Peser le pour et le contre :* évaluer les avantages et les inconvénients. 2. SPORT Contre-attaque. – En escrime, parade qui consiste à baisser sa lame en oblique sous la lame adverse, en rejetant ensuite celle-ci à l'extérieur. – En boxe, dans les sports de combat, attaque déclenchée par l'attaque de l'adversaire, presque en même temps que celle-ci. 3. *Faire un contre :* au billard, toucher deux fois la même bille avec sa propre bille par un retour imprévu de la première. 4. JEU *Faire un contre* ou *contrer :* aux cartes, défier l'adversaire de faire ce qu'il a annoncé, de remplir son contrat. *Le contre double les gains ou les pertes.* – De *contre* 1.

contre-alizé [kɔ̃tʀalize] n. m. METEO Courant aérien opposé en altitude à l'alizé. *Des contre-alizés.*

contre-allée [kɔ̃tʀale] n. f. Allée latérale, parallèle à une allée, à une voie principale. *Des contre-allées.*

contre-amiral, aux [kɔ̃tʀamiʀal, o] n. m. Officier général de la marine dont le grade se situe entre celui de capitaine de vaisseau et celui de vice-amiral.

contre-appel [kɔ̃tʀapɛl] n. m. MILIT Second appel fait à l'improviste pour contrôler le premier. *Des contre-appels.*

contre-assurance [kɔ̃tʀasyʀɑ̃s] n. f. Seconde assurance contractée comme supplément de garantie. *Des contre-assurances.*

contre-attaque [kɔ̃tʀatak] n. f. Action offensive répondant à une attaque. *Des contre-attaques.*

contre-attaquer [kɔ̃tʀatake] v. tr. [1] Effectuer une contre-attaque.

contrebalancer [kɔ̃tʀəbalɑ̃se] v. tr. [12] 1. Faire équilibre à (en parlant de deux forces opposées). 2. Être égal en force, en valeur, en mérite. *Ses qualités contrebalancent ses défauts.* 3. v. pron. Fam. *S'en contrebalancer :* s'en moquer. *Je m'en balance et je m'en contrebalance.*

contrebande [kɔ̃tʀəbɑ̃d] n. f. 1. Importation clandestine de marchandises prohibées ou taxées. *Faire de la contrebande.* 2. Marchandise introduite en contrebande. *Un receleur de contrebande.* – Ital. *contrabbando.*

contrebandier, ère [kɔ̃tʀəbɑ̃dje, ɛʀ] n. et adj. Personne qui se livre à la contrebande. ▷ adj. *Un chien contrebandier.* – De *contrebande.*

contrebas (en) [ɑ̃kɔ̃tʀəba] loc. adv. À un niveau inférieur. *Talus en contrebas.*

contrebasse [kɔ̃tʀəbas] n. f. 1. Le plus grand et le plus grave des instruments de la famille des violons. 2. Personne qui joue de la contrebasse. 3. *Voix de contrebasse :* la voix d'homme la plus basse. – Ital. *contrabbasso.*

contrebassiste [kɔ̃tʀəbasist] n. Personne qui joue de la contrebasse (V. bassiste). – De *contrebasse.*

contrebasson [kɔ̃tʀəbasɔ̃] n. m. Instrument de musique à vent en bois, dont le son est d'une octave au-dessous du basson.

contrebatterie [kɔ̃tʀəbatʀi] n. f. MILIT Tir d'artillerie pour neutraliser les batteries ennemies. – De *contre,* et *battre,* d'apr. *batterie.*

contreboutant [kɔ̃tʀəbutɑ̃] n. m. ARCHI Pièce de bois, de maçonnerie destinée à consolider un mur. (On dit aussi *contrebutement.*) – De *contre-,* et *boutant,* de *bouter.*

contrebouter [kɔ̃tʀəbute] ou **contrebuter** [kɔ̃tʀəbyte] v. tr. [1] ARCHI Opposer à (une poussée) une poussée de sens contraire. *Les arcs-boutants des cathédrales gothiques contrebutent la poussée des voûtes.*

contre-braquer ou **contrebraquer** v. intr. [1] Braquer les roues d'une automobile dans le sens inverse de celui dans lequel elles étaient braquées.

contrecarrer [kɔ̃tʀəkaʀe] v. tr. [1] S'opposer à (qqn); contrarier, empêcher (qqch). *Contrecarrer qqn, les projets de qqn.* – De l'a. fr. *contrecarre,* «opposition».

contrechamp [kɔ̃tʀəʃɑ̃] n. m. CINE et AUDIOV Prise de vues effectuée dans un sens opposé à celui de la précédente (champ).

contre-chant [kɔ̃tʀəʃɑ̃] n. m. MUS Phrase mélodique qui s'oppose au thème par un effet de contrepoint. *Des contre-chants.*

contre-choc [kɔ̃tʀəʃɔk] n. m. Choc en retour. *Des contre-chocs.*

1. contrecœur [kɔ̃tʀəkœʀ] n. m. TECH Fond d'une cheminée, depuis l'âtre jusqu'au tuyau. ▷ Plaque de fonte garnissant le fond de l'âtre.

2. contrecœur (à) [akɔ̃tʀəkœʀ] loc. adv. À regret, malgré soi. *Agir à contrecœur.*

contrecollage [kɔ̃tʀəkɔlaʒ] n. m. TECH Superposition de matériaux collés entre eux.

contrecoller [kɔ̃tʀəkɔle] v. tr. [1] TECH Procéder au contrecollage de (qqch).

contrecoup [kɔ̃tʀəku] n. m. **1.** Rebondissement, répercussion. *Être blessé par le contrecoup d'une balle.* **2.** Fig. Événement qui arrive par suite ou à l'occasion d'un autre. *Les contrecoups d'une crise économique.* ▷ *Par contrecoup :* en retour.

contre-courant [kɔ̃tʀəkuʀɑ̃] n. m. Courant allant dans le sens inverse du courant principal. *Des contre-courants.* ▷ Loc. adv. *À contre-courant :* en remontant le courant. *Nager à contre-courant.* – Fig. *Aller, vivre à contre-courant,* à l'opposé des idées, des habitudes de son époque.

contre-courbe [kɔ̃tʀəkuʀb] n. f. ARCHI Courbe concave qui suit la courbe convexe d'un arc en accolade. *Des contre-courbes.*

contre-coussinet [kɔ̃tʀəkusinɛ] n. m. TECH Pièce qui maintient le tourillon d'un arbre de transmission dans son coussinet. *Des contre-coussinets.*

contre-culture [kɔ̃tʀəkyltyʀ] n. f. Ensemble des systèmes de valeurs esthétiques et intellectuelles qui se définissent par leur opposition aux valeurs culturelles traditionnelles, considérées comme contraignantes et caduques. *Des contre-cultures.*

contredanse [kɔ̃tʀədɑ̃s] n. f. **1.** Danse rapide dans laquelle les couples se font vis-à-vis et exécutent des pas compliqués; air qui accompagne cette danse. **2.** Fam. Contravention. – Altér. de l'angl. *country dance,* «danse de campagne».

contredire [kɔ̃tʀədiʀ] v. [65] **I.** v. tr. **1.** Dire le contraire de ce que (qqn) a avancé. *Il ne supporte pas qu'on le contredise.* ▷ *Vous contredisez ses propos.* **2.** Être en contradiction avec (ce qui a été dit, établi), démentir. *Cette nouvelle contredit vos prévisions.* **II.** v. pron. **1.** (Réfl.) Tenir des propos contradictoires. *Le témoin ne cesse de se contredire.* **2.** (Récipr.) S'opposer, se démentir. *Faits qui se contredisent.* – Lat. *contradicere.*

contredit [kɔ̃tʀədi] n. m. Rare Affirmation que l'on oppose à une autre. *Propos sujets à contredit.* ▷ Loc. adv. *Sans contredit :* sans que cela puisse être contredit, contesté. *Il est sans contredit le plus compétent.* – De *contredire.*

contrée [kɔ̃tʀe] n. f. Litt. Étendue déterminée de pays, région. *Une contrée fertile.* – Lat. pop. *contrata (regio),* de *contra,* «pays en face».

contre-échange (en) [ɑ̃kɔ̃tʀeʃɑ̃ʒ] loc. adv. Litt. En échange. – De *contre-,* et *échange.*

contre-écrou [kɔ̃tʀekʀu] n. m. TECH Écrou servant à en bloquer un autre. *Des contre-écrous.*

contre-électromotrice [kɔ̃tʀelɛktʀɔmɔtʀis] adj. f. ELECTR *Force contre-électromotrice :* quotient de la puissance électrique fournie par le récepteur (autrement que par effet Joule) par l'intensité qui le traverse. *La force contre-électromotrice s'exprime en volts.*

contre-emploi n. m. Rôle qui diffère totalement de ceux confiés habituellement à un acteur en fonction de ses caractéristiques. *Des contre-emplois.*

contre-enquête [kɔ̃tʀɑ̃kɛt] n. f. Enquête faite à la suite de celle entreprise par la partie adverse ou destinée à compléter une enquête précédente. *Des contre-enquêtes.*

contre-épreuve [kɔ̃tʀepʀœv] n. f. **1.** En gravure, épreuve inversée d'un dessin dont l'encre est encore fraîche, obtenue en appliquant une feuille sur celui-ci. ▷ Fig. *Une mauvaise contre-épreuve :* une mauvaise imitation. **2.** Seconde épreuve destinée à vérifier les résultats d'une première. *Soumettre les résultats d'une opération, d'une analyse à une contre-épreuve.* – *Spécial.* Vote d'une assemblée sur une proposition opposée à celle d'abord mise aux voix, qui permet de compter les véritables opposants. *Des contre-épreuves.*

contre-espionnage [kɔ̃tʀɛspjɔnaʒ] n. m. Action visant à démasquer, surveiller et déjouer les menées des espions d'un État étranger. ▷ Organisation, service chargé de cette action. *Des contre-espionnages.*

contre-exemple [kɔ̃tʀɛgzɑ̃pl] n. m. Exemple qui contredit une règle, une affirmation. *Des contre-exemples.* – De *contre-,* et *exemple,* avec infl. de l'angl. *counter-example.*

contre-expertise [kɔ̃tʀɛkspɛʀtiz] n. f. Nouvelle expertise pratiquée pour contrôler la précédente. *La compagnie d'assurances a procédé à une contre-expertise. Des contre-expertises.*

contrefaçon [kɔ̃tʀəfasɔ̃] n. f. Imitation ou reproduction frauduleuse de l'œuvre d'autrui; objet ainsi obtenu. *La contrefaçon d'un livre, d'une pièce de monnaie, d'un chèque.* – De *contrefaire,* d'apr. *façon.*

contrefacteur n. m. Celui qui commet une contrefaçon. Syn. faussaire. – De *contrefaction,* var. rare de *contrefaçon.*

contrefaire [kɔ̃tʀəfɛʀ] v. tr. [10] **1.** Représenter en imitant. *Contrefaire la démarche de qqn.* ▷ Imiter, singer pour tourner en ridicule. **2.** Simuler (un sentiment, un comportement). *Contrefaire la folie, le chagrin.* **3.** Déguiser, dénaturer pour tromper. *Contrefaire sa voix.* **4.** Imiter, reproduire frauduleusement. *Contrefaire des billets de banque.* – Bas lat. *contrafacere.*

contrefait, aite [kɔ̃tʀəfɛ, ɛt] adj. **1.** Frauduleusement imité. *Signature contrefaite.* **2.** Difforme. *Nez, bras contrefait.* **3.** Fabriqué, artificiel, feint. *Attitude, voix contrefaite.* – Pp. de *contrefaire.*

contre-fenêtre [kɔ̃tʀəfənɛtʀ] n. f. Intérieur d'une double-fenêtre. *Des contre-fenêtres.*

contre-fer [kɔ̃tʀəfɛʀ] n. m. TECH Pièce métallique appliquée contre le fer d'un rabot, d'une varlope, etc. *Des contre-fers.*

contre-feu [kɔ̃tʀəfø] n. m. **1.** Feu allumé en certains points pour créer des clairières, afin de circonscrire un incendie de forêt. **2.** Garniture métallique placée sur le fond d'une cheminée. *Des contre-feux.*

contre-fiche [kɔ̃tʀəfiʃ] n. f. CONSTR **1.** Étai oblique qui soutient un mur. **2.** Pièce de charpente reliant le poinçon à l'arbalétrier. *Des contre-fiches.*

contreficher (se) [kɔ̃tʀəfiʃe] v. pron. [1] Fam. Se moquer complètement (de), ne prêter aucune attention (à). *Toutes tes histoires, je m'en contrefiche !* (On entend aussi, à l'inf., *se contrefiche.*) – De *contre-*, et *(se) ficher.*

contre-fil ou **contrefil** [kɔ̃tʀəfil] n. m. Sens contraire à la direction normale. *Le contre-fil du bois. Des contre-fils.* ▷ Loc. adv. *À contre-fil :* à rebours.

contre-filet ou **contrefilet** [kɔ̃tʀəfilɛ] n. m. CUIS Faux-filet. *Des contre-filets.*

contrefort [kɔ̃tʀəfɔʀ] n. m. **1.** ARCHI Pilier, mur servant d'appui à un autre mur qui subit une poussée. **2.** Pièce de cuir renforçant la partie arrière d'une chaussure. **3.** (Plur.) Dans un massif montagneux, chaînes latérales qui relient la plaine à la chaîne principale, comme pour la soutenir.

contrefoutre (se) [kɔ̃tʀəfutʀ] v. pron. [6] Pop. Se moquer complètement (de), ne prêter aucune attention (à). *S'en contrefoutre.* – De *contre-*, et *(se) foutre.*

contre-fugue [kɔ̃tʀəfyg] n. f. MUS Fugue dont le sujet est inverse du sujet primitif. *Des contre-fugues.*

contre-haut (en) [ɑ̃kɔ̃tʀəo] loc. adv. Rare À un niveau supérieur. Ant. contrebas (en).

contre-indication [kɔ̃tʀɛ̃dikasjɔ̃] n. f. MED Circonstance interdisant d'appliquer le traitement qui semblerait indiqué. *Les contre-indications d'un médicament.*

contre-indiquer [kɔ̃tʀɛ̃dike] v. tr. [1] Notifier une contre-indication. – Pp. adj. Cour. *Médicament, aliment contre-indiqué,* qui est déconseillé, qui ne convient pas.

contre-interrogatoire [kɔ̃tʀɛ̃teʀogatwaʀ] n. m. Nouvel interrogatoire mené pour contrôler le précédent. *Des contre-interrogatoires.*

contre-jour [kɔ̃tʀəʒuʀ] n. m. Éclairage d'un objet qui reçoit la lumière du côté opposé à celui du regard. *Des contre-jours.* ▷ Loc. adv. *À contre-jour :* dans un sens opposé à celui d'où vient la lumière. *Prendre une photographie à contre-jour.*

contre-la-montre [kɔ̃tʀəlamɔ̃tʀ] n. m. inv. SPORT Course contre la montre*.

contre-lettre [kɔ̃tʀəlɛtʀ] n. f. DR Acte secret aux termes duquel les parties constatent leur accord véritable alors qu'elles rédigent un acte destiné à être connu et qui déguise leur intention réelle. *Des contre-lettres.*

contremaître, esse [kɔ̃tʀəmɛtʀ, kɔ̃tʀəmɛtʀɛs] n. Personne qui surveille, dirige une équipe d'ouvriers, d'ouvrières.

contre-manifestation [kɔ̃tʀəmanifɛstasjɔ̃] n. f. Manifestation organisée en vue de protester contre une première manifestation, de la contrecarrer. *Des contre-manifestations.*

contremarche [kɔ̃tʀəmaʀʃ] n. f. **1.** MILIT Marche d'une troupe dans une direction opposée à celle suivie d'abord. **2.** Face verticale d'une marche d'escalier.

contremarque [kɔ̃tʀəmaʀk] n. f. **1.** Seconde marque apposée sur des marchandises. *Faire une contremarque à la vaisselle d'argent.* **2.** Billet délivré aux spectateurs sortant pendant l'entracte, et qui leur permet de rentrer dans la salle.

contre-mesure [kɔ̃tʀəm(ə)zyʀ] n. f. **1.** Mesure s'opposant à une autre. ▷ MILIT *Contre-mesures électroniques :* ensemble des actions et des procédés permettant l'interception des émissions radioélectriques de l'ennemi, leur brouillage et la protection des émissions amies. **2.** Loc. adv. MUS *À contre-mesure :* à contretemps.

contre-mine [kɔ̃tʀəmin] n. f. MILIT Mine pratiquée pour éventer une mine de l'ennemi ou en annuler l'effet. *Des contre-mines.*

contre-miner [kɔ̃tʀəmine] v. tr. [1] Faire une contre-mine dans, sous, à côté de.

contre-mur [kɔ̃tʀəmyʀ] n. m. CONSTR Mur bâti pour en soutenir un autre, pour lui servir de contrefort. *Des contre-murs.*

contre nature [kɔ̃tʀənatyʀ] loc. inv. Se dit de ce qui est contraire à la nature. *Des pulsions contre nature.* – De *contre (la) nature.*

contre-offensive [kɔ̃tʀɔfɑ̃siv] n. f. MILIT Offensive qui contrecarre une offensive ennemie. *Des contre-offensives.*

contrepartie [kɔ̃tʀəpaʀti] n. f. **1.** Partie qui correspond à une autre (dans un échange, une opération commerciale). *Inventeur qui cherche une contrepartie financière pour l'exploitation d'un brevet.* ▷ Loc. adv. *En contrepartie :* en échange, en compensation. **2.** Opinion, sentiment contraire. *Prendre la contrepartie de ce qu'on dit,* le contre-pied. **3.** FIN Valeur équivalente (or, devises, etc.) des billets mis en circulation par une banque. ▷ *Se porter contrepartie :* effectuer des opérations boursières en dehors des heures d'activité de la Bourse (en parlant d'un agent de change).

contre-passation [kɔ̃tʀəpasasjɔ̃] n. f. Annulation d'une écriture comptable par une nouvelle écriture contraire à la première. *Des contre-passations.* – De *contre-passer.*

contre-passer [kɔ̃tʀəpase] v. tr. [1] Procéder à la contre-passation (d'une écriture). – De *contre-*, et *passer,* « surpasser ».

contre-pente ou **contrepente** [kɔ̃tʀəpɑ̃t] n. f. **1.** Versant d'une montagne opposé à un autre. *Des contre-pentes.* – Loc. adv. *À contre-pente.* **2.** CONSTR Pente qui empêche l'écoulement normal des eaux.

contre-performance [kɔ̃tʀəpɛʀfɔʀmɑ̃s] n. f. SPORT Mauvaise performance d'un sportif. ▷ Par ext. *La contre-performance d'un homme politique à la télévision. Des contre-performances.*

contrepèterie [kɔ̃tʀəpetʀi] n. f. ou **contrepet** [kɔ̃tʀəpɛ] n. m. Permutation de lettres ou de sons à l'intérieur d'un groupe de mots, donnant à celui-ci un nouveau sens, généralement burlesque ou grivois. (Par ex. : *Métropolitain* pour *Pétain mollit trop,* en opposition plaisante à l'occupation allemande entre 1940 et 1944.) – De l'a. fr. *contrepéter,* « rendre un son pour un autre ».

contre-pied [kɔ̃tʀəpje] n. m. **1.** VEN Erreur des chiens qui prennent à rebours la piste de la bête chassée. **2.** Par ext. Cour. Chose contraire. *Prendre le contre-pied de ce que dit, de ce que fait qqn,* soutenir le contraire de ce qu'il dit, faire le contraire de ce qu'il fait. *Des contre-pieds.* ▷ SPORT Loc. adv. *À contre-pied :* dans la direction opposée à celle de l'élan. *Joueur de tennis pris à contre-pied par une balle coupée.*

contre-placage [kɔ̃tʀəplakaʒ] n. m. Application à fils croisés de feuilles de bois de part et d'autre d'un panneau. *Des contre-placages.*

contreplaqué [kɔ̃tʀəplake] n. m. TECH Matériau constitué de minces feuilles de bois collées les unes sur les autres, en alternant le sens des fibres. *Plateau en contreplaqué.* – De *contre-*, et pp. de *plaquer.*

contre-plaquer [kɔ̃tʀəplake] v. tr. [1] TECH Assembler par contre-placage.

contre-plongée [kɔ̃tʀəplɔ̃ʒe] n. f. CINE et AUDIOV Prise de vues effectuée de bas en haut. *Des contre-plongées.*

contrepoids [kɔ̃tʀəpwa] n. m. **1.** Poids qui contrebalance une force opposée. *Contrepoids d'horloge.* **2.** Cour., fig. Ce qui contrebalance (une qualité, un sentiment). *Son bon cœur fait contrepoids à son mauvais caractère.*

contre-poil (à) [akɔ̃tʀəpwal] loc. adv. Dans le sens contraire à celui dans lequel est couché le poil, à rebrousse-poil. *Étriller un cheval à contre-poil.* ▷ Fig., fam. *Prendre qqn à contre-poil,* le choquer dans ses idées, dans ses goûts, etc.

contrepoint [kɔ̃tʀəpwɛ̃] n. m. MUS Art d'écrire de la musique en superposant des lignes mélodiques. *L'harmonie enseigne à écrire correctement la musique, le contrepoint à combiner les différentes parties harmoniques.* ▷ *Par ext.* Composition écrite de cette manière. – De *contre-,* et *point,* « note » (les notes étant anc. figurées par des points).

contre-pointe [kɔ̃tʀəpwɛ̃t] n. f. **1.** Partie tranchante à l'extrémité du dos de la lame d'un sabre. ▷ SPORT En escrime, maniement du sabre où l'on combine les coups de taille et d'estoc. **2.** TECH Poupée mobile d'un tour, qui porte une pointe sur laquelle on fixe l'objet à tourner. *Des contre-pointes.*

contrepointiste. V. contrapuntiste.

contrepoison [kɔ̃tʀəpwazɔ̃] n. m. Remède qui neutralise l'effet d'un poison en cas d'intoxication. Syn. antidote.

contre-porte [kɔ̃tʀəpɔʀt] n. f. CONSTR Double porte pour isoler du bruit ou du froid. *Des contre-portes.*

contre-pouvoir [kɔ̃tʀəpuvwaʀ] n. m. Force politique, économique ou sociale dont l'action a pour effet de contraindre l'exercice du pouvoir en place. *Des contre-pouvoirs.* – De *contre-,* et *pouvoir* 2.

contre-projet ou **contreprojet** [kɔ̃tʀəpʀɔʒɛ] n. m. Projet destiné à être substitué à un autre, auquel il s'oppose en certains points. *Des contre-projets.*

contre-proposition ou **contreproposition** [kɔ̃tʀəpʀɔpozisjɔ̃] n. f. Proposition faite en réponse à une proposition précédente, à laquelle elle apporte des modifications. *Des contre-propositions.*

contre-publicité n. f. **1.** Publicité ou propagande qui a un effet contraire à celui recherché. **2.** Publicité destinée à combattre, à neutraliser une autre publicité.

contrer [kɔ̃tʀe] v. [**1**] **1.** v. intr. Aux cartes, mettre l'adversaire au défi de réaliser son contrat. **2.** v. tr. Fam. Contrecarrer, se dresser contre (avec succès). *Contrer qqn. Se faire contrer.* – De *contre.*

contre-réforme [kɔ̃tʀəʀefɔʀm] n. f. HIST *La Contre-Réforme* ou *Réforme catholique :* réforme entreprise par l'Église catholique aux XVe et XVIe s. pour combattre la Réforme* protestante.

contre-révolution [kɔ̃tʀəʀevɔlysjɔ̃] n. f. Mouvement politique visant à la destruction des résultats d'une révolution. *Des contre-révolutions.*

contre-révolutionnaire [kɔ̃tʀəʀevɔlysjɔnɛʀ] n. et adj. Celui qui est favorable à la contre-révolution. *Des contre-révolutionnaires.* ▷ adj. *Un mouvement contre-révolutionnaire.*

contrescarpe [kɔ̃tʀɛskaʀp] n. f. FORTIF Paroi extérieure du fossé qui ceinture une fortification.

contreseing [kɔ̃tʀəsɛ̃] n. m. Signature de celui qui contresigne.

contresens [kɔ̃tʀəsɑ̃s] n. m. **1.** Interprétation contraire à la signification véritable d'un texte, d'un discours. *Traduction pleine de contresens.* **2.** Sens contraire à celui que l'on doit utiliser. *Prendre le contresens d'une étoffe.* ▷ Loc. adv. *À contresens :* dans le sens contraire au sens normal. *Prendre une rue à contresens (en voiture). Comprendre à contresens.*

contresignataire [kɔ̃tʀəsiɲatɛʀ] adj. et n. Qui contresigne un acte. – De *contresigner.*

contresigner [kɔ̃tʀəsiɲe] v. tr. [**1**] DR Signer à la suite de qqn d'autre pour authentifier (un acte) ou pour marquer sa solidarité (avec une motion, une proposition, etc.). *Ce décret du président de la République doit être contresigné par le ministre responsable.*

contre-taille [kɔ̃tʀətaj] n. f. TECH Hachure qui croise les premières tailles d'une gravure; le trait qui en résulte. *Des contre-tailles.*

contretemps [kɔ̃tʀətɑ̃] n. m. **1.** Circonstance imprévue, accident inopiné qui dérange des projets. *Être empêché de sortir par un contretemps. Un léger contretemps.* ▷ Loc. adv. *À contretemps :* mal à propos, de façon inopportune. *Agir à contretemps.* **2.** MUS Attaque du son sur un temps faible ou sur la partie faible d'un temps, le temps fort – ou la partie forte du temps – qui lui succède étant occupé par un silence.

contre-timbre [kɔ̃tʀətɛ̃bʀ] n. m. Empreinte apposée sur les papiers timbrés pour indiquer une modification de leur valeur. *Des contre-timbres.*

contre-tirage [kɔ̃tʀətiʀaʒ] n. m. TECH Calque présentant une image inversée obtenu par tirage. (L'impression s'effectuant à l'envers, sur le recto du calque, il est possible de supprimer des détails de l'original sur le recto et de dessiner sur le verso.) *Des contre-tirages.*

contre-tirer [kɔ̃tʀətiʀe] v. tr. [**1**] TECH Tirer (une contre-épreuve). – De *contre-,* et *tirer.*

contre-torpilleur ou **contretorpilleur** [kɔ̃tʀətɔʀpijœʀ] n. m. MAR Bâtiment de guerre rapide et de tonnage relativement faible (1 800 à 3 000 t), destiné à combattre les torpilleurs et, comme eux, à attaquer des bâtiments ennemis à la torpille. *Des contre-torpilleurs.*

contre-transfert [kɔ̃tʀətʀɑ̃sfɛʀ] n. m. PSYCHAN Ensemble des réactions inconscientes du psychanalyste au transfert opéré sur sa personne par l'analysé. *Des contre-transferts.*

contretype [kɔ̃tʀətip] n. m. PHOTO Cliché négatif obtenu d'après un autre négatif, ou cliché positif obtenu d'après un autre positif, soit par copie intermédiaire, soit par inversion.

contre-ut [kɔ̃tʀyt] n. m. MUS Note plus élevée d'une octave que l'ut supérieur du registre normal. *Des contre-uts* ou *des contre-ut.*

contre-vair [kɔ̃tʀəvɛʀ] n. m. HERALD Fourrure figurée par des rangs de cloches renversées d'azur et d'argent, alternant. *Des contre-vairs.*

contre-valeur [kɔ̃tʀəvalœʀ] n. f. FIN Valeur donnée en échange de celle que l'on reçoit. *Des contre-valeurs.*

contrevallation [kɔ̃tʀəva(l)lasjɔ̃] n. f. FORTIF Ouvrage établi par les assiégeants autour d'une fortification pour empêcher les sorties adverses. – De *contre-,* et lat. *vallatio,* « retranchement ».

contrevenant, ante [kɔ̃tʀəvənɑ̃, ɑ̃t] n. Celui, celle qui contrevient à une prescription. *Punir les contrevenants à la loi.* – Ppr. de *contrevenir.*

contrevenir [kɔ̃tʀəvəniʀ] v. tr. indir. [**36**] Faire une chose contraire à ce qui est prescrit, ordonné. *Contrevenir à la loi.* – Lat. médiév. *contravenire.*

contrevent [kɔ̃tʀəvɑ̃] n. m. **1.** Volet extérieur. ▷ Cloison pour protéger du vent. **2.** CONSTR Élément renforçant la ferme d'une charpente.

contreventement [kɔ̃tʀəvɑ̃tmɑ̃] n. m. CONSTR Ensemble des éléments d'une charpente empêchant les déformations de celle-ci sous l'action des efforts horizontaux. – De *contrevent.*

contreventer [kɔ̃tʀəvɑ̃te] v. tr. [1] Renforcer (une charpente) au moyen d'un contreventement. – De *contrevent.*

contrevérité ou **contre-vérité** [kɔ̃tʀəveʀite] n. f. **1.** Ce que l'on dit dans l'intention de faire entendre le contraire. *Une contrevérité plaisante.* **2.** Affirmation contraire à la vérité. *Un tissu de contre-vérités.*

contre-visite [kɔ̃tʀəvizit] n. f. Visite destinée au contrôle des résultats d'une visite antérieure. *Des contre-visites.* – De *contre-*, et *visite.*

contre-voie (à) [akɔ̃tʀəvwa] loc. adv. CH de F *Monter, descendre à contre-voie* : monter, descendre d'un train par le côté opposé au quai.

contribuable [kɔ̃tʀibɥabl] n. Personne qui contribue aux dépenses publiques, qui paie des contributions. – De *contribuer.*

contribuer [kɔ̃tʀibɥe] v. tr. indir. [1] **1.** *Contribuer à* : coopérer à (l'exécution, la réalisation de), prendre part à (un résultat). *Contribuer aux progrès de la médecine. Contribuer au succès d'une affaire.* **2.** *Spécial.* Payer sa part d'une dépense, d'une charge commune. *Contribuer aux frais de copropriété, aux charges publiques.* – Lat. *contribuere*, « fournir sa part ».

contributif, ive [kɔ̃tʀibytif, iv] adj. DR Relatif à une contribution. *Part contributive.* – De *contribuer.*

contribution [kɔ̃tʀibysjɔ̃] n. f. **1.** Part payée par chacun dans une dépense, une charge commune. *Contribution aux charges du ménage.* **2.** *Spécial.* Impôt. *Contribution foncière.* – *Contributions directes* (sur les biens et revenus personnels), *indirectes* (sur les produits de consommation taxés). ▷ *Par ext.* (Plur.) Administration chargée du recouvrement de l'impôt; ses bureaux. *Inspecteur des contributions directes.* **3.** Concours apporté à une œuvre. *Contribution à la rédaction d'un ouvrage collectif.* ▷ *Mettre qqn à contribution* : avoir recours à ses services, à ses talents. – Lat. *contributio.*

contrister [kɔ̃tʀiste] v. tr. [1] Litt. Rendre très triste, affliger. *La nouvelle le contrista.* – Lat. *contristare.*

contrit, ite [kɔ̃tʀi, it] adj. **1.** RELIG Qui a le regret de ses péchés. *Un cœur contrit.* **2.** Par ext. Cour. Qui ressent ou exprime le repentir, l'affliction. *Un air contrit.* – Lat. *contritus*, « usé, rebattu ».

contrition [kɔ̃tʀisjɔ̃] n. f. RELIG Repentir sincère d'avoir péché. *Acte de contrition.* – Lat. *contritio.*

contrôlable [kɔ̃tʀolabl] adj. Qui peut être contrôlé. – De *contrôler.*

contro-latéral. V. contra-latéral.

contrôle [kɔ̃tʀol] n. m. **1.** Vérification, surveillance. *Contrôle des instruments de mesure. Contrôle d'identité. Contrôle sanitaire.* ▷ *Contrôle continu des connaissances* : système de vérification des connaissances acquises par les étudiants, au moyen d'interrogations échelonnées tout au long de l'année (loi d'orientation, 1969). ▷ FIN *Contrôle de gestion* : analyse des écarts entre prévisions et réalisations. ▷ TECH Ensemble des opérations destinées à vérifier le bon fonctionnement d'un appareillage, d'une machine, d'une installation (en s'assurant notam. de sa conformité avec les règles de sécurité). **2.** Le lieu où se tiennent les contrôleurs. *Passez au contrôle pour faire remplacer vos billets.* **3.** Organisme chargé du contrôle; le corps des contrôleurs. **4.** Maîtrise. *Perdre le contrôle de son véhicule.* ▷ SPORT *Rater le contrôle de la balle.* – Fig. *Le contrôle de soi-même.* **5.** Le fait de diriger. ▷ FIN *Prise de contrôle d'une société* : ensemble des opérations financières par lesquelles un individu ou un groupe devient détenteur de la majorité des actions de cette société. ▷ *Contrôle des naissances* (trad. de l'angl. *birth control*) : procréation dirigée, planning familial. **6.** État nominatif des personnes appartenant à un corps. *Être porté sur un contrôle.* **7.** Marque, poinçon de l'État sur les ouvrages de métal précieux. – De *contre-*, et *rôle*, au sens de « registre ».

contrôler [kɔ̃tʀole] v. tr. [1] **1.** Exercer un contrôle sur. *Contrôler la gestion d'une entreprise. Contrôler les billets des passagers.* **2.** Être maître de (une zone, un espace aérien). *L'armée contrôle déjà toute la moitié nord du pays.* – Par ext. *Contrôler une société*, en détenir la majorité des actions. ▷ *Contrôler ses réactions* : être maître de soi. – v. pron. *Il se contrôle parfaitement.* **3.** Apposer le contrôle (sens 7) sur. – De *contrôle.*

contrôleur, euse [kɔ̃tʀolœʀ, øz] n. **1.** Personne qui contrôle. *Contrôleur des contributions. Contrôleur de la navigation aérienne.* ▷ HIST *Contrôleur général des Finances* : sous l'Ancien Régime, administrateur des finances publiques. *Colbert était contrôleur général des Finances.* ▷ GEST *Contrôleur de gestion* : personne chargée de la surveillance financière permanente d'une entreprise (ou d'un de ses secteurs) et qui, à travers ses analyses, joue un rôle de conseil dans l'organisation de la production. **2.** n. m. TECH Appareil servant à effectuer un contrôle. *Contrôleur de vitesse.* – De *contrôler.*

controrde [kɔ̃tʀɔʀdʀ] n. m. Révocation d'un ordre donné. *Donner, recevoir un contrordre.* – De *contre-*, et *ordre.*

controuvé, ée [kɔ̃tʀuve] adj. Inventé pour nuire. *Assertions controuvées.* – Pp. de l'anc. v. *controuver*, « imaginer ».

controversable [kɔ̃tʀɔvɛʀsabl] adj. Susceptible d'être controversé. – De *controverser.*

controverse [kɔ̃tʀɔvɛʀs] n. f. Débat suivi, contestation sur une question, une opinion, un point doctrinal. *Il y a là matière à controverse.* – Lat. *controversia*, « mouvement opposé ».

controversé, ée [kɔ̃tʀɔvɛʀse] adj. Débattu, qui est l'objet d'une controverse. *Un point très controversé*, sur lequel personne n'est d'accord. – Pp. de *controverser.*

controverser [kɔ̃tʀɔvɛʀse] v. tr. [1] Rare Discuter, débattre (spécial., d'un dogme, d'un point de doctrine). – De *controverse.*

controversiste [kɔ̃tʀɔvɛʀsist] n. RELIG Personne qui traite des sujets de controverse religieuse. – De *controverse.*

1. contumace [kɔ̃tymas] n. f. État de celui qui, prévenu dans une affaire criminelle, ne se présente pas devant la cour d'assises. *Condamné par contumace*, par défaut. (La contumace, qui vaut aveu du crime, est jugée en audience publique, mais sans jury et sans audition ni des témoins ni de la défense.) – Du lat. *contumacia*, « orgueil », de *contumax*, « fier, obstiné, rebelle ».

2. contumace [kɔ̃tymas] ou **contumax** [kɔ̃tymaks] adj. et n. Se dit de la personne citée en justice qui ne se présente pas devant le tribunal. *Être déclaré contumace.* ▷ Subst. *Un(e) contumace* ou *contumax.* – Lat. *contumax*, « fier, obstiné, rebelle ».

contus, use [kɔ̃ty, yz] adj. CHIR Qui est le siège d'une contusion ou qui en résulte. *Plaie contuse.* – De *contusion.*

contusion [kɔ̃tyzjɔ̃] n. f. Lésion des tissus sous-jacents à la peau, sans déchirure des téguments. – Lat. *contusio*, de *contundere*, « frapper ».

contusionner [kɔ̃tyzjɔne] v. tr. [1] CHIR Faire une contusion. ▷ Cour. Meurtrir, blesser (par contusion). – Pp. adj. *Jambe toute contusionnée.* – De *contusion.*

conurbation [kɔnyʀbasjɔ̃] n. f. GEOGR Groupement de plusieurs villes rapprochées constituant une région urbaine. *La conurbation Lille-Roubaix-Tourcoing.* – De *con-*, et lat. *urbs*, « ville ».

convaincant, ante [kɔ̃vɛ̃kɑ̃, ɑ̃t] adj. Qui a les qualités requises pour convaincre. *Un argument convaincant.* – Ppr. de *convaincre.*

convaincre [kɔ̃vɛ̃kʀ] v. tr. [**57**] **1.** Amener par des raisons, des preuves, à reconnaître la vérité d'un fait, d'une proposition; persuader. *Il m'a convaincu de la réalité du danger. Il faut le convaincre d'agir sans tarder.* **2.** *Convaincre qqn (d'une faute),* donner des preuves certaines (de sa culpabilité). *Convaincre qqn de trahison. Il a été convaincu de meurtre.* – Lat. *convincere.*

convaincu, ue [kɔ̃vɛ̃ky] adj. Qui a la conviction, la parfaite assurance de. *Être convaincu de son bon droit.* ▷ Qui est sûr de ce qu'il croit. *Un militant, un partisan convaincu.* – Qui marque la conviction. *Parler d'une voix convaincue.* – Pp. de *convaincre.*

convalescence [kɔ̃valesɑ̃s] n. f. Période qui succède à la maladie et pendant laquelle le fonctionnement normal de l'organisme se rétablit. – Lat. *convalescentia.*

convalescent, ente [kɔ̃valesɑ̃, ɑ̃t] adj. Qui est en convalescence. ▷ Subst. *Un convalescent, une convalescente.* – Lat. *convalescens*, ppr. de *convalescere*, « reprendre des forces ».

convecteur [kɔ̃vɛktœʀ] n. m. TECH Appareil de chauffage utilisant le phénomène de convection, constitué d'un tuyau à ailettes et d'une gaine verticale. – De *convection.*

convection [kɔ̃vɛksjɔ̃] n. f. PHYS Transport de chaleur sous l'effet des mouvements d'un liquide, d'un gaz, d'un plasma. – *Courants de convection* (marins, atmosphériques, au sein du magma). – Lat. *convectum*, de *vehere*, « transporter ».

convenable [kɔ̃vnabl] adj. **1.** Qui convient, qui est à propos, adapté. *La réponse convenable.* **2.** Conforme aux convenances. *Une tenue convenable. C'est un jeune homme très convenable.* – De *convenir.*

convenablement [kɔ̃vnabləmɑ̃] adv. De manière convenable. – De *convenable.*

convenance [kɔ̃vnɑ̃s] n. f. **1.** Rapport de conformité entre les choses qui vont bien ensemble. – Spécial. *À sa convenance :* à son goût. *Chercher une robe à sa convenance.* **2.** Utilité, commodité particulière. *Demander une mutation pour convenances personnelles.* ▷ Spécial. *Mariage de convenance*, de raison, où les rapports de naissance, de fortune, sont déterminants. **3.** *Les convenances :* la bienséance, la décence. *Observer, braver les convenances.* – De *convenir.*

convenir [kɔ̃vniʀ] v. tr. indir. [**36**] **I.** (Avec *être*; cour., fautif avec *avoir*.) **1.** *Convenir de :* s'accorder sur. *Nous sommes convenus d'un prix.* **2.** Reconnaître, tomber d'accord. *Il avait fait une erreur et a bien voulu en convenir.* **II. 1.** (Auxil. *avoir*.) Être en rapport de conformité, être en harmonie. *Le mot convient à la chose. Ce poste ne lui convient pas.* – Plaire, agréer. *Cette situation ne lui a pas convenu. Ça me convient.* **2.** v. pron. (récipr.) Se plaire, s'entendre. *Ils se sont si bien convenu qu'ils ont décidé de se marier.* **3.** Loc. impers. *Il convient de* (+ inf.) : il sied de, il est convenable de; il est utile de. *Il convient de se taire quand qqn parle.* ▷ Litt. *Il convient que* (+ subj.) : il faut que. *Il convient que vous reveniez dès que possible.* – Lat. *convenire*, « venir avec ».

convent [kɔ̃vɑ̃] n. m. Assemblée générale d'une loge maçonnique. – Lat. *conventus*, « réunion », par l'angl.

convention [kɔ̃vɑ̃sjɔ̃] n. f. **I. 1.** Accord, pacte, contrat entre deux ou plusieurs personnes (physiques, morales, publiques). *Conventions collectives :* accord conclu entre des représentants des salariés et des représentants des employeurs pour régler les conditions de travail. ▷ Stipulation particulière, clause que contient un traité, un pacte ou un contrat. **2.** Ce qu'il convient d'admettre. *Les conventions sociales*, ou, ellipt., *les conventions.* ▷ Ce que l'on a tacitement convenu d'admettre. *Les conventions du théâtre.* **3.** Loc. adj. *De convention :* qui n'a de valeur, de sens, que par l'effet d'une convention. *Signe de convention.* – Péjor. Qui ne résulte que de l'usage établi par les conventions sociales. *Un sourire, des amabilités de convention.* **II. 1.** HIST Assemblée nationale munie de pouvoirs extraordinaires, soit pour établir une constitution, soit pour la modifier. **2.** Aux É.-U., congrès d'un parti réuni pour désigner un candidat à la présidence. – *La Convention nationale :* assemblée constituante française qui gouverna du 21 sept. 1792 au 26 oct. 1795, succédant à l'Assemblée législative après la chute de la royauté. – Lat. *conventio*, de *convenire*, « venir avec ».

conventionné, ée [kɔ̃vɑ̃sjɔne] adj. Qui a passé une convention avec un organisme officiel (notam. avec la Sécurité sociale). *Clinique conventionnée.* – De *convention.*

conventionnel, elle [kɔ̃vɑ̃sjɔnɛl] adj. et n. m. **I.** adj. **1.** Qui résulte d'une convention. *Obligation conventionnelle. Signe conventionnel.* **2.** Qui est conforme aux conventions sociales. *Terminer une lettre par une formule conventionnelle* (de politesse). – *Qqn de très conventionnel :* personne qui manque d'originalité, qui est trop respectueuse des conventions sociales. **3.** MILIT *Armes conventionnelles*, autres que nucléaires, biologiques et chimiques. **II.** n. m. HIST *Un conventionnel :* député à la Convention nationale. – De *convention.*

conventionnellement [kɔ̃vɑ̃sjɔnɛlmɑ̃] adv. De manière conventionnelle. ▷ Par convention. *Parties conventionnellement liées.* – De *conventionnel.*

conventionnement [kɔ̃vɑ̃sjɔnmɑ̃] n. m. Accord tarifaire entre un membre d'une profession médicale ou un établissement de soins et un organisme officiel (Sécurité sociale). – De *convention.*

conventuel, elle [kɔ̃vɑ̃tɥɛl] adj. Qui a rapport aux couvents. *Assemblée conventuelle*, composée de tous les membres du couvent. – Lat. ecclés. *conventualis*, de *conventum*, « couvent ».

convenu, ue [kɔ̃v(ə)ny] adj. Conforme à un accord. – Loc. *Comme convenu. Il est arrivé à huit heures comme convenu.* ▷ Établi par convention. *Langage convenu :* code. ▷ Sans originalité. *Style convenu.* – Pp. de *convenir.*

convergence [kɔ̃vɛʀʒɑ̃s] n. f. **1.** Action de converger; fait de converger; fig. *convergence de points de vue.* ▷ GEOM Disposition de lignes qui se dirigent vers un même point. ▷ MATH *Convergence d'une suite :* propriété d'une suite dont le terme U_n tend vers une valeur finie lorsque le paramètre n tend vers l'infini. – *Convergence d'une série :* propriété d'une série dont la somme des termes tend vers une valeur finie. **2.** PHYS *Convergence d'une lentille :* inverse de sa distance focale. – De *convergent.*

convergent, ente [kɔ̃vɛʀʒɑ̃, ɑ̃t] adj. **1.** Qui converge. *Des routes convergentes.* – Fig. *Idées convergentes.* – GEOM *Lignes convergentes.* ▷ MATH *Série convergente*, dont la somme des termes tend vers une limite. **2.** PHYS Dont la fonction est de faire converger. *Lentille convergente.* – Lat. *convergens*, ppr. de *convergere*, « converger ».

converger [kɔ̃vɛʀʒe] v. intr. [**13**] **1.** Se diriger vers un même lieu. *Faire converger des troupes sur une ville. Converger vers un même lieu.* ▷ PHYS, GEOM Tendre vers un seul et même point. ▷ MATH Tendre vers une valeur donnée, sans jamais l'atteindre. **2.** Fig. Avoir le même but, la même tendance. *Faire converger ses efforts. Ils ont des idées qui convergent.* – Bas lat. *convergere*, de *con- (cum)*, et *vergere*, « incliner vers ».

convers, erse [kɔ̃vɛʀ, ɛʀs] adj. Se dit d'un religieux non prêtre, d'une religieuse qui n'est pas une « religieuse de chœur » admise à chanter les offices dans le chœur de l'église ou de la chapelle, et qui sont en général employés aux besognes domestiques dans leur communauté. *Frère convers.* – Lat. ecclés. *conversus*, « converti ».

conversation [kɔ̃vɛʀsasjɔ̃] n. f. **1.** Échange de propos entre deux ou plusieurs personnes, sur des sujets variés. *Lier conversation avec qqn. Sujet de conversation plaisant.* **2.** Matière, sujet de cet échange ; ce qui s'y dit. *Changer de conversation.* **3.** Art, manière de s'entretenir en société des sujets les plus divers. *Avoir de la conversation.* – Lat. *conversatio*, « fréquentation ».

conversationnel, elle [kɔ̃vɛʀsasjɔnɛl] adj. INFORM Qui permet le dialogue homme-machine. – De *conversation.*

1. converse [kɔ̃vɛʀs] adj. LOG *Proposition converse*, à laquelle on a fait subir une conversion. - n. f. *La converse d'une proposition.* – Lat. *conversus*, « retourné ».

2. converse. V. convers,

converser [kɔ̃vɛʀse] v. intr. [1] S'entretenir, échanger des paroles avec. *Ils conversèrent ensemble quelques instants.* – Du lat. *conversari*, « fréquenter ».

conversion [kɔ̃vɛʀsjɔ̃] n. f. **1.** Transformation d'une chose en une autre (changement de nature, de forme). *Conversion des métaux.* ▷ FIN *Conversion des monnaies*, leur échange contre d'autres pour une même valeur. **2.** *Spécial.* Changement de religion. *La conversion d'un protestant au catholicisme.* - *Par ext.* Changement de parti, d'opinion. *Conversion au socialisme.* ▷ RELIG *La conversion des âmes*, le fait de les ramener sur le chemin de Dieu. **3.** LOG Opération qui consiste, dans une proposition, à faire du sujet l'attribut et de l'attribut le sujet sans étendre abusivement la compréhension de l'un des concepts. (Ex. : la conversion de « *Tous* les oiseaux sont des animaux ailés » ne doit pas donner « *Tous* les animaux ailés sont des oiseaux » mais « *Certains* animaux ailés sont des oiseaux ».) **4.** Changement de direction (spécial., d'une troupe militaire). - SPORT Demi-tour exécuté à l'arrêt par un skieur. – Lat. *conversio.*

converti, ie [kɔ̃vɛʀti] adj. et n. Qui a été amené à changer de religion. - Qui a été ramené sur le chemin de la religion. *Un pécheur converti.* ▷ Loc. *Prêcher un converti* : s'évertuer à convaincre qqn qui est déjà convaincu. – Pp. de *convertir.*

convertibilité [kɔ̃vɛʀtibilite] n. f. FIN Qualité de ce qui est convertible. *Libre convertibilité d'une monnaie* : échange légalement libre d'une monnaie contre de l'or ou contre d'autres monnaies. – De *convertible.*

convertible [kɔ̃vɛʀtibl] adj. **1.** Qui peut être converti en une autre chose ou échangé contre une autre chose. ▷ FIN *Obligations convertibles.* **2.** Se dit d'un meuble qui peut, en se transformant, avoir un autre usage. *Un canapé convertible.* ▷ n. m. *Un convertible.* – De *convertir.*

convertir [kɔ̃vɛʀtiʀ] v. tr. [3] **1.** Changer, transformer. *Convertir de la fonte en acier. Convertir des valeurs en espèces.* ▷ FIN Réduire le taux (d'une rente). **2.** Amener (qqn) à changer de religion et, par ext., de parti, d'opinion. *Les missionnaires voulaient convertir au christianisme les peuples d'Afrique et d'Asie.* ▷ v. pron. Adopter une religion ; changer de religion, de croyance. *Se convertir au judaïsme.* - Revenir aux principes de la religion. *Ce libertin s'est converti.* – Lat. *convertere*, « se tourner vers ».

convertissable [kɔ̃vɛʀtisabl] adj. Qui peut être converti (convertir, sens 1). – De *convertir.*

convertissage [kɔ̃vɛʀtisaʒ] n. m. METALL Transformation de la fonte en acier au convertisseur. – De *convertir.*

convertissement [kɔ̃vɛʀtismɑ̃] n. m. FIN Action de convertir. – De *convertir.*

convertisseur [kɔ̃vɛʀtisœʀ] n. m. **1.** Rare et souvent iron. Celui qui s'efforce de faire des conversions (sens 2) ou qui s'en flatte. **2.** TECH Appareil ou dispositif qui transforme. ▷ ELECTR Appareil qui transforme un courant en un autre. *Convertisseur statique*, qui transforme un courant alternatif en courant continu sans utiliser d'organes mobiles (par oppos. à *groupe convertisseur*). ▷ ELECTRON Appareil permettant de passer d'un système de télévision à un autre (de PAL à SECAM, par ex.). - *Convertisseur d'images* : tube électronique permettant d'obtenir une image à partir d'une autre image. ▷ METALL Appareil qui affine la fonte en acier au moyen d'un courant d'oxygène ou d'air. *Convertisseur Thomas, Bessemer.* ▷ AUTO *Convertisseur de couple* : organe, servant à la fois d'embrayage et de boîte de vitesses, qui transmet aux roues l'effort moteur par l'intermédiaire d'un liquide. – De *convertir.*

convexe [kɔ̃vɛks] adj. **1.** Bombé, courbé en dehors. *Miroir convexe.* Ant. concave. **2.** MATH *Volume convexe*, tel que tout segment qui joint deux points quelconques de ce volume est contenu à l'intérieur de ce volume. *Surface convexe* : surface plane telle que tout segment joignant deux points quelconques de cette surface est contenu dans cette surface. *Fonction numérique convexe*, telle que la surface du plan située au-dessus de sa courbe représentative est convexe. – Lat. *convexus.*

convexité [kɔ̃vɛksite] n. f. État de ce qui est convexe ; rondeur, courbure sphérique. – De *convexe.*

convict [kɔ̃vikt] n. m. Criminel condamné à la déportation ou aux travaux forcés, dans le droit anglo-saxon. « *Pirates après avoir été convicts, ces misérables écumaient le Pacifique* » (J. Verne). – Mot angl., du lat. *convictus*, « convaincu d'un crime ».

conviction [kɔ̃viksjɔ̃] n. f. **1.** Certitude que l'on a (de la vérité, d'un fait, d'un principe). *L'intime conviction des jurés quant à l'innocence du prévenu.* - DR *Pièce à conviction*, qui établit la preuve évidente et indubitable d'un fait. **2.** (Surtout plur.) Idées, opinions que l'on tient pour vraies et auxquelles on est fortement attaché. *Heurter qqn dans ses convictions. Les convictions religieuses.* – Lat. imp. *convictio*, de *convincere*, « convaincre ».

convier [kɔ̃vje] v. tr. [2] **1.** Inviter (à un repas, à une fête). - Pp. *Les enfants conviés à la fête.* **2.** Fig. Engager à. *Dormons, tout nous y convie.* – Du lat. pop. **convitare.*

convive [kɔ̃viv] n. Personne qui participe à un repas avec d'autres. *De joyeux convives.* – Lat. *conviva.*

convivial, ale, aux [kɔ̃vivjal, o] adj. **1.** Relatif aux repas, aux banquets. *Des échanges conviviaux.* ▷ Qui concerne la convivialité. **2.** INFORM Se dit d'un système informatique, d'un logiciel dont l'utilisation est simplifiée grâce à une interface bien adaptée aux besoins de l'utilisateur. – Mot angl., du lat. imp. *convivalis.*

convivialité [kɔ̃vivjalite] n. f. **1.** Goût pour les repas réunissant de nombreux convives. ▷ *Par ext.* Ensemble des rapports favorables des personnes d'un milieu social, entre elles et face à ce milieu. **2.** INFORM Caractère convivial (d'un système). – Angl. *conviviality*, même origine que *convivial.*

convocable [kɔ̃vɔkabl] adj. Qui peut être convoqué. – De *convoquer.*

convocation [kɔ̃vɔkasjɔ̃] n. f. **1.** Action de convoquer. *La convocation d'une assemblée.* **2.** Billet, feuille par laquelle on convoque. *Recevoir une convocation.* – De *convoquer.*

convoi [kɔ̃vwa] n. m. **1.** Réunion de voitures, de bateaux cheminant ensemble vers une même destination. - *Convoi de blé*, de véhicules transportant du blé. *Former un convoi. Escorter un convoi.* ▷ Spécial. *Convoi* *(de chemin de fer).* **2.** Cortège funèbre. – Déverbal de *convoyer.*

convoiement [kɔ̃vwamɑ̃] n. m. Rare Syn. de *convoyage.* – De *convoyer.*

convoiter [kɔ̃vwate] v. tr. [1] Désirer avidement. *Convoiter le bien d'autrui.* – Lat. pop. **cupidietare,* de *cupiditas,* « cupidité ».

convoitise [kɔ̃vwatiz] n. f. Désir immodéré de possession. *Des bijoux qui provoquent la convoitise.* – De *convoiter.*

convoler [kɔ̃vɔle] v. intr. [1] Plaisant *Convoler en justes noces :* se marier. – Du lat. *convolare,* « voler avec »; lat. jur., « se remarier ».

convoluté, ée [kɔ̃vɔlyte] adj. BOT Enroulé sur soi-même ou autour de qqch. *Feuilles convolutées.* – Lat. *convolutus,* de *convolvere,* « enrouler ».

convolvulacées [kɔ̃vɔlvylase] n. f. pl. BOT Famille de dicotylédones gamopétales superovariées généralement grimpantes (par enroulement de la tige : plantes volubiles), dont le type est le liseron et dont la patate douce fait partie. - Sing. *Une convolvulacée.* – Du lat. *convolvulus,* « liseron ».

convolvulus [kɔ̃vɔlvylys] n. m. Liseron. – Lat. *convolvulus,* de *convolvere,* « enrouler ».

convoquer [kɔ̃vɔke] v. tr. [1] **1.** Faire se réunir. *Convoquer le Parlement.* **2.** Mander, inviter à se présenter. *Convoquer qqn à un examen.* – Lat. *convocare,* rac. *vox,* « voix ».

convoyage [kɔ̃vwajaʒ] n. m. Fait de convoyer. Syn. rare convoiement. – De *convoyer.*

convoyer [kɔ̃vwaje] v. tr. [23] **1.** Escorter, accompagner pour protéger. *Bâtiments de guerre qui convoient des cargos.* **2.** TRANSP Conduire (un véhicule, un bateau) au destinataire qui doit en prendre livraison. **3.** Transporter (qqch, qqn). *Convoyer des matières premières.* – Bas lat. *conviare,* « se mettre en route avec », rac. *via,* « route ».

convoyeur, euse [kɔ̃vwajœʀ] n. **1.** Personne qui convoie, qui escorte pour protéger. *Convoyeurs de fonds.* ▷ n. m. MAR Bâtiment qui en escorte d'autres. **2.** n. m. TECH Dispositif de manutention continue pour le transport des matériaux (sur bande, rouleaux, chaîne, bac métalliques, etc.). – De *convoyer.*

convulsé, ée [kɔ̃vylse] adj. Agité, contracté par des convulsions. – Pp. de *convulser.*

convulser [kɔ̃vylse] v. tr. [1] Agiter de convulsions. ▷ v. pron. *Se convulser de douleur.* – Du lat. *convulsus,* de *convellere,* « arracher, ébranler ».

convulsif, ive [kɔ̃vylsif, iv] adj. MED Ayant la nature d'une convulsion. - Cour. *Rire, mouvement convulsif,* nerveux. – De *convulsion.*

convulsion [kɔ̃vylsjɔ̃] n. f. **1.** Contraction involontaire et transitoire des muscles, localisée ou généralisée. (Les convulsions peuvent être rapides et brusques - *cloniques* - ou durables - *toniques.* On les observe au cours de l'épilepsie, du tétanos, de la tétanie, etc. Chez l'enfant, elles peuvent survenir lors d'une fièvre élevée.) **2.** Fig. (Le plus souvent au plur.) Troubles sociaux violents. *Les convulsions d'une révolution, d'une guerre civile.* – Du lat. *convulsio.*

convulsionnaire [kɔ̃vylsjɔnɛʀ] n. MED Personne qui a des convulsions. - HIST *Les convulsionnaires :* jansénistes fanatiques qui étaient pris de convulsions hystériques sur la tombe du diacre Pâris au cimetière Saint-Médard, à Paris (1727-1732) où des miracles se seraient produits. – De *convulsion.*

convulsionner [kɔ̃vylsjɔne] v. tr. [1] MED Causer des convulsions ou des mouvements convulsifs. - Pp. adj. *Un visage convulsionné.* – De *convulsion.*

convulsivement [kɔ̃vylsivmɑ̃] adv. D'une façon convulsive. – De *convulsif.*

coobligation [koɔbligasjɔ̃] n. f. DR Obligation réciproque ou commune, entre deux ou plusieurs personnes.

coobligé, ée [koɔbliʒe] n. DR Personne soumise à une coobligation. – De *coobligation.*

cooccupant, ante [koɔkypɑ̃, ɑ̃t] adj. et n. DR Qui occupe un logement ou un local avec d'autres.

cookie, ies [kuki, iz] n. m. (Mot amér.) Gâteau sec à l'intérieur moelleux, contenant des fragments de fruits secs ou de chocolat. – Mot amér.

cool [kul] adj. Fam. (Anglicisme) Détendu, calme. ▷ Spécial. Se dit d'une manière de jouer le jazz : *cool jazz* opposé au *hot jazz* (plus énergique et exubérant). – Mot angl. « frais », par opposition à *hot,* « chaud » (d'abord employé en musique).

coolie [kuli] n. m. Manœuvre, porteur indien ou chinois, en Extrême-Orient. – P.-ê. emprunté à un parler hindi par l'intermédiaire de l'angl.

coopérant, ante [kɔopeʀɑ̃, ɑ̃t] n. Personne chargée par son gouvernement d'une mission d'assistance technique ou culturelle dans certains pays étrangers en voie de développement. - *Spécial.* Appelé qui remplit ses obligations militaires dans le cadre d'un service civil à l'étranger (notam. dans les pays en voie de développement). – Ppr. subst. de *coopérer.*

coopérateur, trice [kɔopeʀatœʀ, tʀis] n. Membre d'une coopérative. – De *coopérer.*

coopératif, ive [kɔopeʀatif, iv] adj. **1.** Qui résulte de la coopération de plusieurs personnes. ▷ Spécial. *Société coopérative :* V. coopérative. **2.** Qui coopère volontiers. *Un associé coopératif.* – Bas lat. *cooperativus.*

coopération [kɔopeʀasjɔ̃] n. f. **1.** Action de coopérer. *Travailler en coopération avec qqn.* **2.** ECON Organisation en coopérative d'une entreprise commerciale. *Société de coopération.* **3.** Politique d'aide économique, culturelle et technique aux pays en voie de développement; cette aide. *Ministère de la Coopération.* - *Appelé qui part en coopération,* comme coopérant. – Bas lat. *cooperatio.*

coopératisme [kɔopeʀatism] n. m. ECON Théorie fondée sur l'extension des coopératives de production et de consommation. – De *coopération.*

coopérative [kɔopeʀativ] n. f. ECON Société à forme coopérative, dont les associés participent à part égale au travail, à la gestion et au profit. *Coopérative de production. Coopérative de consommation :* groupement de consommateurs pour l'achat de marchandises en gros. - *Coopératives agricoles,* réglementées par l'ordonnance du 12 octobre 1945 et qui doivent être agréées comme telles. *Groupement de coopératives* (en fédération). – De *coopérer.*

coopérer [kɔopeʀe] v. [14] **1.** v. intr. Opérer, travailler conjointement avec qqn. *Des services qui coopèrent.* **2.** v. tr. indir. *Coopérer à des travaux.* – Bas lat. *cooperari.*

cooptation [koɔptasjɔ̃] n. f. Mode de recrutement d'une assemblée, consistant à faire élire les nouveaux membres par les membres déjà élus. – Lat. *cooptatio.*

coopter [koɔpte] v. tr. [1] Admettre par cooptation. – Lat. *cooptare,* de *optare,* « choisir ».

coordinat [koɔʀdina] n. m. CHIM Groupement d'atomes, d'ions, de molécules, qui entoure un atome ou un ion central dans un complexe. Syn. ligand. – De *coordination.*

coordinateur. V. coordonnateur.

coordination [kooRdinasjɔ̃] n. f. **1.** Action de coordonner; état de ce qui est coordonné. *La coordination des mouvements. Coordination des projets d'aménagement.* **2.** GRAM *Conjonction de coordination,* qui sert à lier deux mots, deux groupes de mots ou deux propositions ayant même nature et même fonction *(mais, ou, et, donc, or, ni, car).* **3.** CHIM *Composé de coordination :* syn. de *complexe.* ▷ *Nombre de coordination :* syn. de coordinence. – Bas lat. *coordinatio,* de *ordinatio,* «mise en ordre».

coordinence [kooRdinɑ̃s] n. f. CHIM Nombre de coordinats pouvant entourer un ion ou un atome central. *Liaison de coordinence :* V. datif. – De *coordin(at),* et *(val)ence.*

coordonnant, ante [kooRdɔnɑ̃, ɑ̃t] adj. et n. m. **1.** adj. Qui coordonne. **2.** n. m. LING Mot ou locution qui assure une fonction de coordination. – Ppr. de *coordonner.*

coordonnateur, trice [kooRdɔnatœR, tRis] ou **coordinateur, trice** [kooRdinatœR, tRis] adj. et n. Qui coordonne. – De *coordonner.*

coordonné, ée [kooRdɔne] adj. et n. f. **I.** adj. **1.** Qui se produit, est produit dans un rapport de simultanéité et d'harmonie. *Des efforts bien coordonnés.* **2.** GRAM *Propositions coordonnées,* unies par une conjonction de coordination. **II.** MATH n. f. pl. Ensemble des nombres qui permettent de définir la position d'un point dans un espace (à deux ou plusieurs dimensions) par rapport à un repère. – Sing. *Une coordonnée.* ▷ Par ext. Fam. *Laissez-moi vos coordonnées,* les renseignements qui me permettront de savoir où vous joindre. – Pp. de *coordonner.*

coordonner [kooRdɔne] v. tr. [1] Produire, organiser dans un rapport de simultanéité et d'harmonie dans un but déterminé. *Coordonner ses efforts.*

copahu [kɔpay] n. m. Résine provenant du copayer, très odorante, autref. utilisée contre la blennorragie. – Mot tupi.

copain, copine [kɔpɛ̃, kɔpin] n. Fam. Camarade que l'on aime bien. *Un copain de classe, de régiment. Un petit copain, une petite copine :* un amoureux, une amoureuse. – Forme de l'a. fr. *compain,* «avec qui on partage le pain».

copal [kɔpal] n. m. Résine sécrétée par certains conifères du genre *Agathis* et par le copayer, utilisée dans la fabrication de vernis. – Mot esp., du nahuatl *copalli.*

copartage [kopaRtaʒ] n. m. DR Partage entre plusieurs personnes.

copartageant, ante [kopaRtaʒɑ̃, ɑ̃t] adj. et n. DR Qui est appelé à partager avec d'autres (un héritage, un objet quelconque). *Héritier copartageant.* – Ppr. de *copartager.*

copartager [kopaRtaʒe] v. tr. [1] DR Partager avec une ou plusieurs personnes. *Copartager un héritage.*

coparticipant, ante [kopaRtisipɑ̃, ɑ̃t] adj. et n. DR Qui coparticipe. – Ppr. de *coparticiper.*

coparticipation [kopaRtisipasjɔ̃] n. f. DR Participation avec d'autres à une entreprise quelconque.

coparticiper [kopaRtisipe] v. tr. indir. [1] DR Participer en commun.

copayer [kɔpaje] n. m. Nom cour. de divers arbres tropicaux (genre *Copaïfera,* fam. césalpiniacées) fournissant un bois rouge et le copahu. – Empr. au tupi, par l'intermédiaire du portugais, de *copahu.*

copeau [kɔpo] n. m. Morceau, éclat enlevé par un instrument tranchant. *Copeaux de bois, de métal.* – A. fr. *coispel,* lat. pop. **cuspellus,* class. *cuspis,* «pointe».

copépodes [kɔpepɔd] n. m. pl. ZOOL Ordre de crustacés entomostracés (ex. : le cyclope) pourvus d'appendices natatoires très développés, marins (planctoniques) ou d'eau douce, libres ou parasites. – Sing. *Un copépode.* – Du gr. *kopê,* «rame», et *-pode.*

copermuter [kopɛRmyte] v. tr. [1] Échanger un bénéfice (*spécial,* un bénéfice ecclésiastique).

copernicien, enne [kɔpɛRnisjɛ̃, ɛn] adj. Relatif au système de Copernic. – Du n. de l'astronome polonais Nicolas *Copernic* (1473-1543).

copiable [kɔpjabl] adj. Qui peut être copié. – De *copier.*

copiage [kɔpjaʒ] n. m. Action, fait de copier qqch. *Durant un examen le copiage est déconseillé! Copiage d'un modèle en plusieurs exemplaires.* – De *copier.*

copie [kɔpi] n. f. **1.** Reproduction exacte d'un écrit. *L'original et la copie. Copie certifiée conforme* (à l'original). ▷ Devoir rédigé par un élève, à remettre au professeur. – *Feuille de copie :* papier quadrillé à l'usage des écoliers, sur lequel sont faits les devoirs. **2.** Reproduction qui imite une œuvre d'art. *Ce tableau est une copie d'un Raphaël.* ▷ *Par ext.* Ce qui est emprunté, imité. *Sa pièce n'est qu'une pâle copie de Pirandello.* **3.** AUDIOV Film positif tiré d'un négatif. **4.** IMPRIM Texte à composer.– Fam. *Journaliste, écrivain en mal de copie,* en mal de sujet d'article. – Du lat. *copia,* «abondance».

copier [kɔpje] v. [2] **I.** v. tr. **1.** Faire la copie manuscrite, la transcription de. **2.** Exécuter la copie de (une œuvre d'art). *Copier un tableau.* **II.** v. intr. Arg. (des écoles) Reproduire frauduleusement. *Élève qui copie sur son voisin.* – De *copie.*

copieur, euse [kɔpjœR, øz] n. (et adj.) **1.** Arg. (des écoles) Celui, celle qui copie frauduleusement. **2.** n. m. Machine à photocopier. – De *copier.*

copieusement [kɔpjøzmɑ̃] adv. De manière copieuse. *Servez-vous copieusement.* – De *copieux.*

copieux, euse [kɔpjø, øz] adj. Abondant. *Repas copieux.* Syn. plantureux. Ant. maigre, chiche. – Lat. *copiosus,* de *copia,* «abondance».

copilote [kopilɔt] n. AVIAT et cour. Second pilote, capable d'aider et de remplacer le pilote principal. ▷ SPORT Lors d'une course automobile sur route, passager qui indique au pilote les données issues des repérages.

copinage [kɔpinaʒ] n. m. Fam., péjor. Entraide par relations. *C'est par copinage qu'il a obtenu son poste.* – De *copain.*

copine. V. copain.

copiner [kɔpine] v. intr. [1] Fam. Être copain. – Devenir copain. *Ils ont vite copiné.* – De *copain.*

copiste [kɔpist] n. **1.** Personne qui recopiait les manuscrits, avant l'invention ou l'expansion de l'imprimerie. **2.** Imitateur du style d'un auteur, d'un artiste. **3.** Personne qui copie des œuvres d'art. – De *copie.*

coplanaire [koplanɛR] adj. GEOM Qui est situé dans le même plan. *Droites, courbes coplanaires.* – De *co-,* et lat. *planus,* «plan».

copolymère [kopɔlimɛR] n. m. CHIM Macromolécule obtenue par polymérisation d'un mélange de monomères.

coposséder [kopɔsede] v. tr. [1] DR Posséder (une chose) en commun avec une personne ou plusieurs.

copossesseur [kopɔsesœR] n. m. DR Celui, celle qui possède qqch en commun avec une personne ou plusieurs.

copossession [kopɔsesjɔ̃] n. f. Le fait de posséder en commun.

coprah ou **copra** [kɔpRa] n. m. Albumen de coco mûr dont on extrait diverses matières grasses. – Du malayalam *kopparah,* par le portugais *copra.*

coprésidence [kɔprezidɑ̃s] n. f. Présidence assurée conjointement par plusieurs personnes *(coprésidents)* ou par les représentants de plusieurs gouvernements ou organismes.

coprésident, ente [kɔprezidɑ̃, ɑ̃t] n. Personne, institution ou gouvernement participant à une coprésidence.

coprin [kɔprɛ̃] n. m. Champignon basidiomycète à lamelles et à chapeau rabattu. (*Coprinus fimetarius* pousse sur le fumier, d'autres coprins poussent sur les troncs, les souches, etc.) (comestible sauf avec de l'alcool). *Le coprin a servi à faire de l'encre.* – Du gr. *kopros,* « excrément ».

coprince [kɔprɛ̃s] n. m. Titre porté par le président de la République française et l'évêque espagnol d'Urgel, qui partagent la suzeraineté (symbolique) de la principauté d'Andorre.

copro-. Élément, du gr. *kopros,* « excrément ».

coprocesseur [kɔprɔsesœr] n. m. INFORM Processeur auxiliaire destiné à une série de tâches spécifiques (fonctions, graphiques, etc.).

coproculture [kɔprɔkyltyr] n. f. MED Culture bactériologique des selles pour déceler la présence de germes pathogènes. – De *copro-,* et *culture.*

coproducteur, trice [kɔprɔdyktœr, tris] n. Personne qui produit (un spectacle) avec une autre ou plusieurs autres.

coproduction [kɔprɔdyksjɔ̃] n. f. Production en commun. *Film, livre en coproduction.*

coprolalie [kɔprɔlali] n. f. PSYCHIAT Impulsion morbide à tenir des propos orduriers. – De *copro-,* et gr. *lalia,* « bavardage ».

coprolithe [kɔprɔlit] n. m. PALEONT Excrément fossile. – De *copro-,* et *-lithe.*

coprologie [kɔprɔlɔʒi] n. f. MED Étude des matières fécales ou des engrais. – De *copro-,* et *-logie.*

coprophage [kɔprɔfaʒ] adj. et n. Se dit des insectes qui se nourrissent d'excréments (*bousiers*). ⊳ Subst. *Les coprophages.* – De *copro-,* et *-phage.*

coprophagie [kɔprɔfaʒi] n. f. PSYCHOPATHOL Tendance pathologique à manger des excréments. – De *coprophage.*

coprophilie [kɔprɔfili] n. f. PSYCHOPATHOL Intérêt pathologique pour ce qui touche aux excréments. – De *copro-,* et *philie.*

copropriétaire [kɔprɔprijetɛr] n. Celui, celle qui partage la propriété de qqch avec une ou plusieurs autres personnes. – *Spécial.* Celui, celle qui possède un bien immobilier en copropriété. *Assemblée générale des copropriétaires d'un immeuble.*

copropriété [kɔprɔprijete] n. f. DR Propriété commune à plusieurs personnes. *Copropriété immobilière régie par la loi du 10 juillet 1965.*

copte [kɔpt] n. et adj. **1.** n. *Les Coptes* : les chrétiens monophysites d'Égypte et d'Éthiopie. ⊳ n. m. *Le copte* : la langue dérivée de l'ancien égyptien, parlée du IIIe au XIIIe s. et servant auj. uniquement de langue liturgique. **2.** adj. Relatif aux Coptes, à leur civilisation, à leur langue. – Du gr. *Aiguptios,* « Égyptien », par aphérèse de la syllabe initiale.

ENCYCL Lors de la conquête de l'Égypte, les Arabes donnèrent à ses habitants le nom de *Coptes,* nom qui fut ensuite limité à la partie, minoritaire, de la population qui demeura chrétienne. Au nombre auj. de 13 millions env., les Coptes, descendants directs des Égyptiens de l'époque pharaonique, étaient devenus chrétiens au IIIe s. et n'avaient pas suivi le concile de Chalcédoine (451) dans sa condamnation du monophysisme ; ils forment la plus importante communauté chrétienne à l'intérieur du monde musulman. On nomme également souvent Coptes les chrétiens d'Éthiopie adeptes du monophysisme qui, jusqu'en 1959, dépendaient hiérarchiquement du patriarche copte d'Alexandrie.

copula [kɔpyla] n. f. BIOL Cellule diploïde résultant de l'union de deux gamètes. Syn. œuf, zygote. – Lat. *copula,* « ce qui sert à attacher, union, lien ».

copulateur, trice [kɔpylatœr, tris] adj. ZOOL Qui sert à la copulation. *Appendice copulateur.* – De *copuler.*

copulatif, ive [kɔpylatif, iv] adj. LOG, GRAM Qui sert à lier les termes, les propositions. *Terme copulatif. Conjonction copulative.* – Lat. *copulativus.*

copulation [kɔpylasjɔ̃] n. f. **1.** Union du mâle et de la femelle ; accouplement, coït. ⊳ BOT Fécondation. **2.** CHIM Réaction de condensation d'une amine ou d'un phénol avec un diazoïque (composé contenant deux atomes d'azote réunis par une double liaison). – Lat. *copulatio,* « assemblage ».

copule [kɔpyl] n. f. **1.** LOG Verbe (partic. *être*) en tant qu'il affirme ou qu'il nie le prédicat du sujet. **2.** GRAM Ce qui lie le sujet d'une proposition à l'attribut (partic. le verbe *être*). – Lat *copula.*

copuler [kɔpyle] v. intr. [1] S'accoupler. (Triv. en parlant d'êtres humains.) – Lat. *copulare,* « lier ensemble ».

copyright [kɔpirajt] n. m. **1.** Droit que détient un auteur ou un éditeur d'exploiter une œuvre littéraire, artistique, etc., pendant une durée déterminée. **2.** Mention qui est faite de ce droit sur le support matériel de l'œuvre (signe © suivi du nom de l'ayant droit et de l'année de publication). – Mot angl., « droit de copie ».

1. coq [kɔk] n. m. **1.** Mâle de la poule domestique et de divers galliformes (ordre des galliformes, fam. phasianidés), à crête charnue rouge vif, au chant éclatant (« cocorico ») caractéristique. – *Coq de bruyère* : V. tétras. – *Coq de roche* : V. rupicole. ⊳ *Figure de coq,* à la pointe d'un clocher. ⊳ *Coq gaulois,* emblème de la France. ⊳ Loc. *Fier comme un coq* : très fier. – *Rouge comme un coq* : très rouge (de colère, etc.). – *Mollets de coq* : mollets grêles. – *Être comme un coq en pâte* : être bien soigné, avoir toutes ses aises. **2.** Fig. *Le coq du village* : le garçon qui a le plus de succès auprès des filles. **3.** SPORT *Poids coq* : catégorie de boxeurs pesant entre 53,524 kg et 55,337 kg (professionnels). – Onomat. d'apr. le cri du coq.

2. coq [kɔk] n. m. MAR Cuisinier, à bord d'un navire. *Maître coq.* – Néerl. *kok* ou ital. *cuoco,* du lat. *coquus,* « cuisinier ».

coq-à-l'âne [kɔkalɑn] n. m. inv. Passage sans transition ni motif d'un sujet à un autre dans une conversation, un discours. *Faire des coq-à-l'âne.* – De *(passer du) coq à l'âne.*

coquard ou **coquart** [kɔkar] n. m. Fam. Tuméfaction de la région de l'œil, due à un coup. – De *cocarde,* altér. d'apr. *coque.*

-coque, -coccie. Éléments, du grec *kokkos,* « grain », servant à former des noms de micro-organismes.

coque [kɔk] n. f. **I. 1.** Enveloppe externe, dure, d'un œuf (cornée chez les sélaciens, calcaire chez les oiseaux). ⊳ *Œuf à la coque,* cuit à l'eau dans sa coque sans être durci. **2.** Enveloppe ligneuse de certaines graines, ayant subi une sclérification. *Coque de noix.* **3.** Lamellibranche marin *(Cardium edule),* comestible, très fréquent sur les côtes sableuses où il vit enfoui. **4.** *Coque de cheveux, de rubans* : boucle de cheveux, nœud de rubans en forme de coque d'œuf. **5.** MAR Boucle dans une amarre neuve qui n'a pas été élongée et détordue. **II. 1.** MAR Ensemble de la membrure et du bordé d'un navire. **2.** Carcasse du corps d'un avion. **3.** AUTO Carrosserie d'une automobile sans châssis. **4.** CONSTR Structure de faible épaisseur.

coquecigrue [kɔksigʀy] n. f. Vx **1.** Animal fantastique. **2.** Baliverne, récit extravagant. *Raconter des coquecigrues.* – P.-ê. de *coq-grue*, croisé avec *ciguë*.

coquelet [kɔklɛ] n. m. CUIS Jeune coq. *Coquelet à l'échalote.* – Dimin. de *coq*.

coquelicot [kɔkliko] n. m. Papavéracée à fleur rouge vif (*Papaver rhoes*), fréquente dans les champs de céréales. ▷ adj. inv. De la couleur rouge du coquelicot. *Un ruban coquelicot.* – Altér. de *coquerico*, anc. nom du coq (de l'onomat. de son cri), par comparaison avec sa crête.

coqueluche [kɔklyʃ] n. f. **1.** Maladie infectieuse, contagieuse, immunisante, due au bacille de Bordet-Gengou, fréquente surtout chez l'enfant, caractérisée par une toux quinteuse, asphyxiante, évoquant le chant du coq. **2.** Anc. Capuchon porté par les femmes. **3.** Fig., fam. *Être la coqueluche de* : être très prisé, très admiré par. *Il est la coqueluche des dames.* – Signifiait d'abord «capuchon», du lat. *cucullus*; «grippe», d'ap. *coq*, à cause de la toux.

coquelucheux, euse [kɔklyʃø, øz] adj. De la coqueluche. *Toux coquelucheuse.* ▷ adj. et n. Qui est atteint de la coqueluche. – De *coqueluche*.

coquemar [kɔkmaʀ] n. m. Bouilloire à anse et à couvercle, munie de pieds. – Du bas lat. *cucuma*.

coquet, ette [kɔkɛ, ɛt] adj. **1.** Qui cherche à plaire, à séduire. *Des mines coquettes*, inspirées par le désir de plaire. ▷ n. f. Vieilli Femme qui cherche à plaire. *Le manège d'une coquette.* ▷ THEAT *Grande coquette* : premier rôle féminin dans les comédies de caractère. *Jouer les grandes coquettes.* **2.** Qui aime être élégant. *Un homme coquet.* Ant. négligé. **3.** Dont l'aspect est agréable, soigné. *Un jardin coquet.* **4.** Fam. Important, considérable (en parlant d'une somme d'argent). *Cela vous coûtera la coquette somme de...* – De *coquet*, «petit coq».

coquetier [kɔktje] n. m. Petit récipient dans lequel on place l'œuf que l'on mange à la coque. – De *coque*.

coquetière [kɔktjɛʀ] n. f. Ustensile servant à faire cuire les œufs à la coque. – De *coque*.

coquettement [kɔkɛtmɑ̃] adv. D'une manière coquette. *S'habiller coquettement.* – De *coquet*.

coquetterie [kɔkɛtʀi] n. f. **1.** Désir de plaire, d'attirer les hommages; artifice, manœuvre inspirée par ce désir. *La coquetterie de Célimène, dans «le Misanthrope». Faire des coquetteries.* ▷ Fam. *Avoir une coquetterie dans l'œil* : loucher légèrement. **2.** Goût de la parure, manière élégante de s'habiller. **3.** Bon goût, manière élégante de décorer, d'arranger. *Appartement décoré avec coquetterie.* – De *coquet*.

coquillage [kɔkijaʒ] n. m. Animal testacé (pourvu d'une coquille). *Manger des coquillages.* – Coquille vide d'un tel animal. *Collier de coquillages.* – De *coquille*.

coquillard [kɔkijaʀ] n. m. HIST Malfaiteur qui arborait une coquille, comme les pèlerins; gueux. – De *coquille*, et *-ard*.

coquillart [kɔkijaʀ] n. m. MINER Pierre contenant des coquilles fossiles. – De *coquille*.

coquille [kɔkij] n. f. **I. 1.** Enveloppe dure, calcaire, univalve ou bivalve, sécrétée par le tégument de certains mollusques (lamellibranches, gastéropodes, etc.). *Coquille d'huître, d'escargot.* ▷ *Coquille Saint-Jacques* : lamellibranche comestible du genre *Pecten*; coquille vide de ce mollusque, emblème des pèlerins de Saint-Jacques-de-Compostelle. ▷ Loc. fig. *Rentrer dans sa coquille* : se replier sur soi-même, refuser la communication, l'échange avec autrui. **2.** ARCHI Motif ornemental figurant une coquille plus ou moins stylisée. *Coquille Louis XV.* **3.** TECH Élément ayant pour section une demi-couronne circulaire. ▷ Moule utilisé en fonderie. **4.** SPORT Appareil de protection des parties génitales (utilisé dans les sports de combat notam.). ▷ En escrime, partie de la monture d'une arme qui protège la main contre les coups adverses. **5.** CHIR *Coquille plâtrée* : appareillage amovible en plâtre, qui immobilise le rachis du patient. **6.** TYPO Faute de composition. **II. 1.** Matière calcaire qui recouvre l'œuf. ▷ (En appos.) *Un chemisier coquille d'œuf*, beige pâle. **2.** Enveloppe ligneuse d'une amande, d'une noisette, etc. ▷ Fam. *Coquille de noix* : embarcation très légère. – Croisement du lat. *conchylium*, «coquillage», et *coccum*, «excroissance».

coquiller [kɔkije] v. intr. [1] En parlant de la croûte du pain, avoir des boursouflures. – De *coquille*.

coquillette [kɔkijɛt] n. f. Pâte alimentaire en forme de cylindre courbe. – Dimin. de *coquille*.

coquillier, ère [kɔkije, ɛʀ] adj. et n. m. **1.** adj. GEOL Qui contient une grande proportion de coquilles. *Sable, calcaire coquillier.* **2.** n. m. Collection de coquilles. – De *coquille*.

coquin, ine [kɔkɛ̃, in] n. et adj. **1.** n. Vx Personne sans honneur ni probité; fripon, misérable. *C'est un coquin de la pire espèce.* **2.** Mod. Personne espiègle, malicieuse (surtout en parlant d'un enfant). *Petit coquin, où es-tu caché?* – adj. *Un air, des yeux coquins.* **3.** adj. Leste, grivois. *Raconter des histoires coquines.*

coquinerie [kɔkinʀi] n. f. **1.** Vx Action, caractère de coquin; scélératesse. **2.** Malice, espièglerie. – De *coquin*.

1. cor [kɔʀ] n. m. **I. 1.** Anc. Trompe d'appel formée d'une corne ou d'une défense d'animal creusée et percée. *Le cor de Roland.* **2.** Mod. Instrument à vent, en cuivre, à embouchure, constitué d'un tube conique enroulé sur lui-même et terminé par un large pavillon. *Sonner du cor.* – *Cor de chasse*, en général en *ré*, quelquefois en *mi* bémol. – *Cor d'harmonie* : instrument d'orchestre en *fa*, doté de pistons de rechange qui allongent le tube et permettent de jouer dans tous les tons. – *Cor à pistons* (ou *chromatique*), en *fa*, le seul utilisé auj. dans les orchestres. ▷ Loc. *Chasser à cor et à cri*, à grand bruit, avec le cor et les chiens. – Fig. *Demander à cor et à cri*, à grand bruit, en insistant. **3.** *Cor anglais* : hautbois en *fa*, au timbre rauque. ▷ *Cor de basset* : clarinette en *fa*, appelée aussi clarinette alto. **II.** (Plur.) Andouillers des bois des cervidés. *Un cerf dix cors*, qui a cinq andouillers sur chaque bois et qui est âgé de sept ans. – Lat. *cornu*.

2. cor [kɔʀ] n. m. Petite tumeur dure, formée par induration, souvent douloureuse, siégeant sur les orteils ou à la plante des pieds. – De l'a. fr. *cor(n)* «matière cornée».

cora. V. kora.

coraciadiformes [kɔʀasjadifɔʀm] n. m. pl. ZOOL Ordre d'oiseaux aux doigts antérieurs généralement soudés et qui logent dans des cavités (le martin-pêcheur, la huppe, etc.). – Sing. *Un coraciadiforme.* – Du gr. *korax*, «corbeau», par le lat. *coracias*, nom de genre du rollier.

coracoïde [kɔʀakɔid] adj. ANAT *Apophyse coracoïde*, située au bord supérieur de l'humérus. – Du gr. *korax*, «corbeau», et *-oïde*.

corail, aux [kɔʀaj, o] n. m. **1.** Nom cour. des madréporaires. **2.** *Corail rouge (Corallium rubrum)* : octocoralliaire ramifié à squelette calcaire rouge-orangé, formant des colonies, très utilisé en joaillerie. **3.** *Serpent corail* : nom cour. de l'élaps. **4.** Nom cour. de la substance rouge des coquilles Saint-Jacques et de l'oursin. **5.** Poét. *De corail* : vermeil. *Des lèvres de corail.* ▷ (En appos.) De la couleur du corail. *Rubans corail.* – Lat. *corallium*, du gr. *korallion*.

corailleur, euse [kɔʀajœʀ, øz] n. et adj. Qui pêche, qui travaille le corail. – De *corail.*

corallien, enne [kɔʀaljɛ̃, ɛn] adj. Qui est formé de coraux. *Récifs coralliens, calcaire corallien.* – De *corail.*

corallifère [kɔʀalifɛʀ] adj. Qui porte des coraux. – De *corail,* et *-fère.*

coralliforme [kɔʀalifɔʀm] adj. Qui a la forme du corail. – De *corail,* et *-forme.*

coralligène [kɔʀaliʒɛn] adj. Qui produit le corail. ▷ OCEANOGR *Étage coralligène* : niveau des fonds marins, où prospèrent les coraux, habité par une flore et une faune spécifiques. – De *corail,* et *-gène.*

corallin, ine [kɔʀalɛ̃, in] adj. et n. f. **1.** adj. Couleur de corail. **2.** n. f. BOT Algue calcaire articulée formant des petits buissons blanchâtres. – De *corail.*

coran [kɔʀɑ̃] n. m. (Avec une majuscule.) Livre sacré des musulmans. ▷ Exemplaire de ce livre. *Un coran du XVII*^e^ *s.* – De l'ar. *(al-)qur'ān,* «(la) lecture».

ENCYCL Le Coran, pour les musulmans, est la parole incréée de Dieu, révélée à Mahomet par l'archange Gabriel, et non un message inspiré, d'où l'importance capitale du texte. Du vivant du Prophète, le Coran (en arabe, «récitation») avait été noté sur divers supports (omoplates de chameau, feuilles de palmier, tessons de poterie) et, le plus souvent, retenu de mémoire. Après la mort du Prophète et de ses compagnons, il apparut nécessaire, le Coran étant le fondement de la société musulmane (culte, droit, rapports sociaux, familiaux ou internationaux), d'en fixer le texte. Le troisième calife, Uthman, ordonna (entre 644 et 656) de recenser tous les recueils existants et, après la rédaction d'une version unique, ils furent détruits. Le Coran se compose de 114 chapitres *(sourates)* rangés dans l'ordre décroissant de leur longueur. Chaque sourate, dont le nom est tiré d'un épisode qui y est conté, est divisée en versets *(ayat).* Les sourates se groupent, selon le lieu où elles furent révélées, en mekkoises (La Mecque) et médinoises (Médine). Les sourates mekkoises, les plus courtes, au style concis et poétique, ont un souffle prophétique. Les sourates médinoises, longs chapitres légiférants, codifient la vie musulmane.

coranique [kɔʀanik] adj. Du Coran, relatif au Coran. *La loi coranique.* – De *Coran.*

corbeau [kɔʀbo] n. m. **1.** Nom donné aux deux plus grandes espèces du genre *Corvus* (fam. corvidés). (*Corvus corax,* le grand corbeau noir, atteint 60 cm; son bec, droit, est très puissant; devenu rare, il subsiste en France dans les massifs montagneux. Le corbeau freux, *Corvus frugilegus,* est plus petit.) **2.** Pop., vieilli Prêtre. **3.** Auteur de lettres ou de coups de téléphone anonymes. **4.** ARCHI Pierre ou élément en saillie sur un parement de maçonnerie, qui supporte l'une des extrémités d'un linteau, la retombée d'un arc, etc. – Var. *corbel,* de l'a. fr. *corp, corbe,* du lat. *corvus.*

corbeille [kɔʀbɛj] n. f. **1.** Panier sans anse. *Corbeille à papier.* – Son contenu. *Corbeille de fruits.* ▷ *Corbeille de mariage* : présents offerts à des jeunes mariés. **2.** ARCHI Partie du chapiteau corinthien, entre l'astragale et l'abaque, portant des feuilles d'acanthe. **3.** HORTIC Massif de fleurs. **4.** À la Bourse, espace entouré d'une balustrade, autour duquel les agents de change font offres et demandes. *L'informatique fait disparaître les corbeilles. À la corbeille* : à la Bourse. **5.** THEAT Galerie à balcon située au-dessus des fauteuils d'orchestre. **6.** BOT *Corbeille-d'argent* : crucifère ornementale (*Alyssum maritimum* et *Iberis sempervirens*) aux nombr. fleurs d'un blanc très pur. *Des corbeilles-d'argent.* – Bas lat. *corbicula,* de *corbis,* «panier».

corbières [kɔʀbjɛʀ] n. m. Vin rouge des Corbières. – De *Corbières,* ensemble montagneux des Pyrénées orientales françaises.

corbillard [kɔʀbijaʀ] n. m. Voiture, fourgon mortuaire. *Le corbillard des pauvres.* – Du n. de la v. de *Corbeil,* depuis laquelle un coche d'eau allait jusqu'à Paris.

corbillon [kɔʀbijɔ̃] n. m. **1.** Petite corbeille. **2.** Fig. Jeu de société où, à la question *«je te tends mon corbillon, qu'y met-on?»,* le joueur doit répondre par un mot rimant avec *on.* *«Et, s'il faut qu'avec elle on joue au corbillon, / Et qu'on vienne à lui dire à son tour : Qu'y met-on?...» Molière)*– De *corbeille.*

corbin [kɔʀbɛ̃] n. m. **1.** Vx Corbeau. **2.** TECH *Bec-de-corbin.* V. ce mot. – Lat. *corvinus,* de *corvus,* «corbeau».

corbleu! [kɔʀblø] interj. Ancien juron. – Euph. pour *corps de Dieu.*

cordage [kɔʀdaʒ] n. m. **I.** MAR Câble, corde à bord d'un navire. **II. 1.** Action de mesurer le bois à la corde. **2.** Action de garnir de cordes une raquette de tennis; les cordes de cette raquette. – De *corde.*

corde [kɔʀd] n. f. **I. 1.** Lien fait des brins retordus d'une matière textile. *Attacher une malle avec une corde. Une corde lisse, à nœuds. Une corde de nylon.* ▷ Loc. fig. *Avoir plus d'une corde à son arc*.* – *Tirer sur la corde* : exagérer. ▷ *Corde à sauter* : corde dont chaque extrémité est munie d'une poignée et que l'on fait tourner en sautant par-dessus à chaque passage, pour jouer ou pour s'entraîner. **2.** *Spécial.* Lien que l'on passe autour du cou des condamnés à la potence; le supplice de la potence. *Mériter la corde. Il ne vaut pas la corde pour le pendre.* ▷ Loc. fig. *Parler de corde dans la maison d'un pendu* : aborder un sujet embarrassant pour les personnes présentes. **3.** Trame d'une étoffe. *Habit usé jusqu'à la corde.* – Fig. *Une histoire usée jusqu'à la corde.* **4.** SPORT Limite intérieure de la piste d'un hippodrome (à cause de la corde qui marquait autref. cette limite). *Cheval qui tient la corde,* qui galope près de la corde. – *Par ext.* Limite intérieure d'une piste, d'un circuit de course. ▷ Fam. *Prendre un virage à la corde,* en serrant de près le bord intérieur. **5.** GEOM Droite qui sous-tend un arc. ▷ AVIAT *Corde de l'aile* : segment de droite joignant le bord d'attaque au bord de fuite. **6.** Câble tendu en l'air sur lequel marche, danse un acrobate. *Danseuse de corde.* ▷ Fig. *Être sur la corde raide* : se maintenir avec difficulté dans une situation délicate. **7.** MUS Fil d'une matière flexible (boyau, crin, métal, fibre synthétique) tendu sur un instrument de musique et mis en vibrations par différents systèmes (doigts, archet, marteau, etc.). *Le violon, la guitare, le piano sont des instruments à cordes.* – *Les cordes* : les instruments à cordes frottées. *Orchestre à cordes.* ▷ Fig. *Vous avez touché en lui la corde sensible* : vous l'avez particulièrement touché, ému, intéressé. **8.** Loc. *Être dans les cordes de qqn,* dans ses possibilités. *J'essaierai de trouver un emploi dans mes cordes.* **II. 1.** ANAT *Cordes vocales* : replis du larynx dont les vibrations produisent les sons vocaux. – *Corde du tympan* : rameau nerveux, branche du nerf facial. **2.** ZOOL *Corde* ou *chorde dorsale* : structure anatomique dorsale limitée à la queue (qui disparaît chez les tuniciers), donnant les corps vertébraux chez les vertébrés adultes. – Lat. *chorda,* du gr. *khordê,* «boyau».

1. cordé, ée [kɔʀde] adj. En forme de cœur. – Du lat. *cor, cordis,* «cœur».

2. cordé, ée [kɔʀde] adj. PROTOHIST *Céramique cordée,* décorée par impression de cordelettes sur l'argile crue (Chalcolithique, surtout). – De *corde.*

cordeau [kɔʀdo] n. m. **1.** Petite corde que l'on tend pour obtenir des lignes droites. *Allée tirée au cordeau.* – Fig. *Au cordeau* : très régulièrement. *Des lettres tracées au cordeau.* **2.** PECHE Ligne de fond pour pêcher les anguilles. **3.** TECH *Cordeau détonant* : gaine remplie d'un explosif, servant de détonateur. – *Cordeau Bickford* : mèche à combustion lente. – De *corde.*

cordée [kɔʀde] n. f. **1.** Vieilli Quantité pouvant être entourée par une corde. *Cordée de bois.* **2.** PECHE Crin auquel sont attachés plusieurs hameçons. **3.** Caravane d'alpinistes réunis par une corde. *Premier de cordée.* – De *corde.*

cordeler [kɔʀdəle] v. tr. [**19**] Tordre en forme de corde. *Cordeler des cheveux.* – De *cordel,* anc. forme de *corde.*

cordelette [kɔʀdəlɛt] n. f. Corde mince. – Dimin. de *cordel* (V. cordeler).

cordelier, ère [kɔʀdəlje, ɛʀ] n. **1.** Sobriquet donné, en France, sous l'Ancien Régime, aux Frères mineurs observants, ou franciscains, et aux religieuses du tiers ordre régulier de Saint-François, ou franciscaines, qui portaient une ceinture de corde. **2.** HIST *Club des Cordeliers :* club fondé par Danton, Marat, C. Desmoulins dans l'ancien couvent des Cordeliers à Paris (1790). – De *cordelle.*

cordelière [kɔʀdəljɛʀ] n. f. **1.** Cordon de soie, de laine servant de ceinture ou d'ornement de passementerie. **2.** ARCHI Baguette d'ornement en forme de corde. – De *cordelier.*

cordelle [kɔʀdɛl] n. f. Corde pour haler les bateaux. – Dimin. de *corde.*

corder [kɔʀde] v. tr. [**1**] **1.** Tordre, mettre en corde. *Corder du chanvre.* **2.** Entourer, lier avec une corde. *Corder une malle.* **3.** Garnir (une raquette) de cordes. **4.** v. pron. Devenir coriace, filandreux (légumes). – De *corde.*

corderie [kɔʀdəʀi] n. f. **1.** Technique de la fabrication des cordes, des cordages. **2.** Lieu où l'on fabrique, où l'on entrepose des cordes. – De *cordier.*

c(h)ordés [kɔʀde] n. m. pl. ZOOL Vaste embranchement d'animaux possédant une corde dorsale, au moins pendant leur embryogenèse. (Ce sont les tuniciers : ascidies ou anémones de mer; les céphalocordés : amphioxus; et les vertébrés.) - Sing. *Un c(h)ordé.* – De *corde* II, sens 2.

cordi-. Élément, du lat. *cor, cordis,* « cœur ».

cordial, ale, aux [kɔʀdjal, o] adj. et n. m. **1.** Vieilli ou litt. Qui stimule l'organisme; tonique. *Breuvage cordial.* ▷ n. m. *Prendre un cordial.* - *Par ext.* Boisson alcoolisée. **2.** Fig. Qui vient du cœur, sincère. *Affection cordiale. Paroles cordiales.* – Lat. *cordialis,* de *cor, cordis,* « cœur ».

cordialement [kɔʀdjalmɑ̃] adv. Avec affection et sincérité. *Saluer cordialement qqn.* ▷ Par antiphr. *Ils se détestent cordialement,* de tout cœur, profondément. – De *cordial.*

cordialité [kɔʀdjalite] n. f. Manière de parler, d'agir, affectueuse et ouverte. – De *cordial.*

cordier, ère [kɔʀdje, ɛʀ] n. **1.** Personne qui fabrique, qui vend des cordes. **2.** n. m. MUS Partie d'un instrument où s'attachent les cordes. – De *corde.*

cordiforme [kɔʀdifɔʀm] adj. En forme de cœur. Syn. cordé. – De *cordi-,* et *-forme.*

cordillère [kɔʀdijɛʀ] n. f. GEOL Chaîne de montagnes parallèles à crête élevée et continue. *La cordillère des Andes.* – Esp. *cordillera,* du lat. *chorda,* « corde ».

cordite [kɔʀdit] n. f. CHIM Poudre à base de nitroglycérine, se présentant sous la forme d'une corde. – Mot angl., de *cord,* « corde ».

cordon [kɔʀdɔ̃] n. m. **1.** Petite corde servant à divers usages. *Cordon de sonnette, de tirage. Cordons d'un bonnet.* - Loc. fig. *Tenir les cordons de la bourse :* régir les dépenses. ▷ Anc. Petite corde permettant au concierge d'ouvrir la porte sans sortir de sa loge. *Cordon, s'il vous plaît!* **2.** Ruban servant d'insigne à certains ordres. *Grand cordon de la Légion d'honneur.* **3.** Par anal. *Cordon ombilical,* qui relie le fœtus au placenta. - *Cordon médullaire :* faisceau de fibres nerveuses dans la moelle épinière. **4.** TECH Pièce de forme très allongée. *Cordon prolongateur électrique. Cordon chauffant.* **5.** Bord façonné d'une pièce de monnaie. **6.** ARCHI Grosse moulure de section circulaire. **7.** Série d'éléments alignés. *Cordon d'arbres. Cordon de troupes. Cordon sanitaire :* série de postes de surveillance le long d'une frontière ou autour d'une région, mis en place pour tenter d'enrayer une épidémie ou pour en éviter le risque. **8.** GEOL *Cordon littoral :* langue continue de sable, d'alluvions, déposés par les courants côtiers et qui, parfois, emprisonnent une nappe d'eau salée (lagune). – De *corde.*

cordonal, ale, aux [kɔʀdɔnal, o] adj. ANAT Relatif aux cordons de la moelle épinière. – De *cordon.*

cordon-bleu [kɔʀdɔ̃blø] n. m. Cuisinière chevronnée. *Des cordons-bleus.*– De *cordon,* et *bleu* 1.

cordonner [kɔʀdɔne] v. tr. [**1**] Réunir plusieurs filaments pour former un cordon. – De *cordon.*

cordonnerie [kɔʀdɔnʀi] n. f. **1.** Métier de cordonnier. **2.** Atelier, boutique de cordonnier. – De *cordonnier.*

cordonnet [kɔʀdɔnɛ] n. m. **1.** Petite tresse, ruban de passementerie. **2.** Fil tors à trois brins. *Boutonnières faites au cordonnet.* – Dimin. de *cordon.*

cordonnier, ère [kɔʀdɔnje, ɛʀ] n. **1.** Vx Personne qui fabrique et vend des chaussures. ▷ Prov. *Les cordonniers sont les plus mal chaussés :* on néglige souvent les avantages dont on peut disposer facilement. **2.** Artisan qui répare les chaussures. – D'apr. *corde, cordon,* de l'anc. fr. *cordoan,* « cuir de (Cordoue) ».

cordouan, ane [kɔʀduɑ̃, an] adj. et n. De Cordoue, ville d'Espagne (Andalousie). ▷ n. m. Cuir de chèvre, travaillé à Cordoue.

coré. V. korê.

corectopie [kɔʀɛktɔpi] n. f. MED Position anormale de la pupille qui n'occupe pas le centre de l'iris. – Gr. *korê,* « pupille », et *ektopos,* « déplacé ».

coréen, enne [kɔʀeɛ̃, ɛn] adj. et n. **1.** De Corée, péninsule d'Asie orientale. ▷ Subst. *Un(e) Coréen(ne).* **2.** n. m. *Le coréen :* la langue du groupe ouralo-altaïque parlée en Corée.

corégone [kɔʀegɔn] n. m. ZOOL Poisson salmonidé (*Coregonus*) lacustre (lavaret, féra, etc.). – Gr. *korê,* « pupille », et *gonia,* « angle ».

coreligionnaire [kɔʀəliʒjɔnɛʀ] n. Personne qui professe la même religion qu'une autre, que d'autres. – De *co-,* et *religion.*

coréopsis [kɔʀeɔpsis] n. m. BOT Genre de composées tropicales comprenant de nombr. espèces ornementales. – Du gr. *koris, koreôs,* « punaise », et *opsis,* « apparence ».

coriace [kɔʀjas] adj. **1.** Qui est dur comme du cuir. *Une viande coriace.* Ant. tendre. **2.** Fig., fam. Se dit d'une personne dure, qu'il est difficile de faire céder. *Un adversaire coriace.* Syn. obstiné. – Lat. *coriaceus,* de *corium,* « cuir ».

coriacité [kɔʀjasite] n. f. État de ce qui est coriace. – De *coriace.*

coriandre [kɔʀjɑ̃dʀ] n. f. Ombellifère (*Coriandrum sativum*) à fleurs blanches ou rougeâtres, dont le fruit est utilisé dans la fabrication de liqueurs, la feuille comme herbe aromatique et la graine comme condiment. – Lat. *coriandrum,* du gr. *koriandron.*

coricide [kɔʀisid] adj. et n. m. PHARM Qui détruit les cors. *Substance coricide.* - n. m. *Un coricide.* – De *cor* 2, et *-cide.*

corindon [kɔʀɛ̃dɔ̃] n. m. MINER Alumine anhydre cristallisée, naturelle ou artificielle, très dure, utilisée comme abrasif dans l'industrie. *Le saphir et le rubis sont des corindons.* – Empr. au tamoul *corundum.*

corinthien, enne [kɔʀɛ̃tjɛ̃, ɛn] n. et adj. **1.** n. et adj. De Corinthe. *Épîtres de Paul aux Corinthiens.* **2.** adj. Se dit de l'ordre architectural grec caractérisé par l'emploi de la feuille d'acanthe dans l'ornementation des chapiteaux. – Du lat. *Corinthus,* «Corinthe», port de Grèce.

corme [kɔʀm] n. f. Fruit du cormier (ou sorbier ou alisier), qui ressemble à une petite pomme de 2,5 cm de diamètre. – Lat. vulg. **corma,* mot gaul.

cormier [kɔʀmje] n. m. Nom cour. de *Sorbus domestica,* le sorbier domestique, cultivé en région méditerranéenne et dont le bois, très dur, sert en ébénisterie. – De *corme.*

cormophytes [kɔʀmɔfit] n. m. pl. BOT Groupe des végétaux caractérisés par la présence d'un axe aérien (par oppos. à *thallophytes*). – Sing. *Un cormophyte.* – Du lat. *cormus,* «morceau de bois», et du gr. *phuton,* «plante».

cormoran [kɔʀmɔʀɑ̃] n. m. Oiseau pélécaniforme (genre *Phalocrocorax*) à plumage noirâtre et à long cou, répandu sur toutes les côtes. *Excellent plongeur, le cormoran est dressé pour la pêche en Extrême-Orient.* – A. fr. *corp,* «corbeau», et *marenc,* «marin».

cormus [kɔʀmys] n. m. BOT Appareil végétatif plus différencié que le thalle. – Lat. scientif. *cormus,* gr. *kormos,* «morceau de bois».

cornac [kɔʀnak] n. m. **1.** Personne chargée de conduire et de soigner un éléphant. **2.** Fig., fam. Personne qui guide qqn. – De *cornaca,* mot esp. ou portug., du cingalais.

cornacées [kɔʀnase] n. f. pl. BOT Famille de dicotylédones dialypétales arborescentes, voisines des ombellifères, comprenant le cornouiller, les sorbiers, l'aucuba, etc. – Sing. *Une cornacée.* – Du lat. *cornus,* «cornouille».

cornage [kɔʀnaʒ] n. m. MED, MED VETER Sifflement laryngotrachéal intense et bruyant. – De *corner.*

cornaline [kɔʀnalin] n. f. Calcédoine translucide rouge ou jaune, utilisée en joaillerie. – De *corne.*

cornaquer [kɔʀnake] v. tr. [1] Fam. Servir de guide à (une personne, un groupe). – De *cornac.*

cornard [kɔʀnaʀ] adj. et n. m. **1.** Cheval atteint de cornage. **2.** Pop. Mari trompé. **3.** Arg. milit. Erreur, contretemps. – De *corne,* et *-ard.*

corne [kɔʀn] n. f. **1.** Appendice céphalique, dur et pointu, constitué de kératine sécrétée par l'épiderme de certains mammifères. (Différant des bois des cervidés, production osseuse dermique, ces cornes sont paires ou impaires, et pleines, chez les rhinocéros; paires et creuses, chez les bovidés; elles peuvent être caduques ou permanentes.) *Cornes de bœuf. Un coup de corne.* – Loc. *Bêtes à cornes :* bœufs, vaches, chèvres (par oppos. aux moutons et aux brebis). ▷ Loc. fig., fam. *Prendre le taureau par les cornes :* affronter résolument les difficultés. ▷ Loc. fam. *Faire les cornes :* faire, par dérision, avec les doigts, un signe qui représente des cornes. ▷ Loc. fig., fam. *Avoir, porter des cornes :* être trompé par son conjoint. **2.** *Par ext.* Appendice céphalique d'un animal. *Les cornes d'un escargot. Vipère à cornes.* **3.** Attribut du diable, des divinités malfaisantes. **4.** Matière dure constituant les cornes (V. kératine), les ongles, les griffes, les sabots, etc. *Dur comme la corne. Un peigne de corne.* ▷ *Corne cutanée,* constituée par l'épaississement des couches cornées de l'épiderme. *Avoir de la corne sous les pieds.* ▷ *Corne à chaussures :* chausse-pied (autrefois fait de corne). **5.** Objet fait d'une corne creuse. – *Spécial.* Trompe d'appel. *Corne de berger.* ▷ Par ext. *Corne de brume.* ▷ MYTH *Corne d'abondance :* corne (de la chèvre Amalthée) toujours remplie de fruits, de fleurs, symbolisant la prospérité, la richesse. **6.** Pointe, angle saillant. *Les cornes d'un croissant. Corne d'un bois. Chapeau à deux, trois cornes* (V. bicorne, tricorne). – Coin replié. *Corne à la page d'un livre.* ▷ ARCHI Angle saillant d'un abaque. **7.** ANAT Nom donné à certaines parties de l'organisme, en forme de corne. *Corne utérine.* **8.** ELECTR Tige métallique servant à protéger les isolateurs des effets des arcs. *Cornes de garde.* – Lat. *cornu.*

corné, ée [kɔʀne] adj. Qui est de la nature, qui a l'apparence de la corne. – *Tissu corné :* partie dure et résistante des cornes, des ongles, des sabots. – De *corne.*

corned-beef [kɔʀnbif] n. m. inv. Conserve de viande de bœuf. Syn. fam. singe. – Mot angl., de *corned,* «formé de grains, granulé» et «salé», et *beef,* «bœuf».

cornée [kɔʀne] n. f. Partie transparente de la conjonctive de l'œil, située devant l'iris. – Lat. *cornea,* de *tunica cornea,* «tunique cornée»; de *corneus,* «corné».

cornéen, enne [kɔʀneɛ̃, eɛn] adj. Relatif à la cornée. *Lentilles cornéennes.* – De *cornée.*

cornéenne [kɔʀneɛn] n. f. PETROG Roche métamorphique très dure, au grain très fin. – De *cornée.*

corneille [kɔʀnɛj] n. f. Nom de divers oiseaux corvidés (genre *Corvus*), voisins des corbeaux. (La corneille noire, *Corvus corone,* de 45 cm de long, au plumage entièrement noir, est très fréquente en Europe.) *La corneille oraille.* ▷ Fam. *Bayer* aux corneilles.* – Du lat. pop. **cornicula,* de *cornix, cornicis.*

cornélien, enne [kɔʀneljɛ̃, ɛn] adj. **1.** Relatif à Pierre Corneille et à son œuvre. *Tragédie cornélienne. Héros cornélien.* **2.** Qui met en balance le devoir et la passion; qui constitue un dilemme douloureux. *Situation cornélienne.* – Du n. du poète dramatique fr. (1606-1684).

cornement [kɔʀnəmɑ̃] n. m. **1.** Bourdonnement des oreilles. **2.** Bruit émis par un tuyau d'orgue quand la soupape de soufflerie est ouverte. – De *corner* 1.

cornemuse [kɔʀnəmyz] n. f. Instrument de musique à vent, composé d'une série de tuyaux à anches et d'un sac en peau de mouton ou de chèvre que l'on gonfle en soufflant par un tuyau porte-vent. – Déverbal de *cornemuser,* de *corner,* et *muser,* «jouer de la musette».

cornemuseur [kɔʀnəmyzœʀ] ou **cornemuseux** [kɔʀnəmyzø] n. m. Joueur de cornemuse. – De *cornemuse.*

1. corner [kɔʀne] v. intr. [1] **1.** Sonner d'une corne, d'un cornet. **2.** Donner la sensation d'un bourdonnement. *Les oreilles me cornent.* **3.** Fam. Parler très fort. *Corner aux oreilles de qqn.* ▷ v. tr. Répéter à grand bruit, répandre, publier. *Il cornait la nouvelle dans les rues de la ville.* Syn. claironner. **4.** MED VETER Faire entendre le râle appelé *cornage,* en parlant d'un cheval. – De *corne* (sens 5).

2. corner [kɔʀne] v. tr. [1] Plier le coin de. *Corner les pages d'un livre.* – Pp. adj. *Carte cornée,* laissée au domicile de qqn qui est absent. – De *corne* (sens 6).

3. corner [kɔʀnɛʀ] n. m. (Anglicisme) SPORT Au football, coup de pied tiré par un joueur à partir d'un des deux coins de la ligne de but adverse, lorsque le ballon a été envoyé au-delà de cette ligne par l'équipe qui défend ce but. Syn. (off. recommandé) tir d'angle. – Mot angl., «coin».

cornet [kɔʀnɛ] n. m. **1.** Petite corne, petite trompe. ▷ MUS *Cornet à pistons :* instrument à vent, en cuivre, comprenant une embouchure et des pistons, généralement en *si* bémol. **2.** Objet creux et conique ou tronconique, servant de récipient; son contenu. *Un cornet de papier. Un cornet de bonbons. Un cornet à dés.* ▷ Vx *Cornet acoustique :* instrument présentant une extrémité évasée en pavillon et une extrémité très étroite, que l'on introduisait dans le canal auditif, et qui permettait de remédier à la faiblesse de l'ouïe. **3.** ANAT Ensemble des lames osseuses contenues dans les fosses nasales. **4.** Pop. Estomac. *Je n'ai rien dans le cornet.* – De *corne.*

cornette [kɔʀnɛt] n. f. **1.** Anc. Coiffure de certaines religieuses. **2.** MAR Pavillon à deux pointes, aux couleurs nationales. **3.** Vx Étendard d'une compagnie de cavalerie; la compagnie elle-même. ▷ Officier qui portait cet étendard. – De *corne.*

cornettiste [kɔʀnɛtist] n. Personne qui joue du cornet à pistons. – De *cornet.*

corn flakes [kɔʀnflɛks] n. m. pl. Flocons de maïs grillés. – Amér. *cornflake,* de *corn,* «maïs», et *flake,* «flocon».

corniaud [kɔʀnjo] n. m. et adj. **1.** n. m. Chien bâtard. **2.** n. m. et adj. Pop. Imbécile, niais. – De *corne,* «coin» : chien bâtard, conçu au coin des rues.

1. corniche [kɔʀniʃ] n. f. **1.** ARCHI Partie supérieure de l'entablement. – *Par ext.* Ornement saillant. *Corniche d'une armoire. Corniche d'un plafond.* **2.** Surface horizontale étroite située à flanc de falaise, de coteau. *Chemin en corniche. Route de la corniche.* – Ital. *cornice,* p.-ê. du gr. *korônis,* «courbe».

2. corniche [kɔʀniʃ] n. f. Arg. (des écoles) Classe préparatoire à l'école spéciale militaire de Saint-Cyr. – De *cornichon* 2.

1. cornichon [kɔʀniʃɔ̃] n. m. **1.** Cucurbitacée (*Cucumis sativus*) cultivée pour son fruit vert, allongé et arqué, que l'on confit dans le vinaigre pour l'utiliser comme condiment; ce fruit. **2.** Fam. Personne sotte, niaise. – Dimin. de *corne.*

2. cornichon [kɔʀniʃɔ̃] n. m. Arg. (des écoles) Élève de corniche. (V. corniche 2.)

cornier, ère [kɔʀnje, ɛʀ] adj. et n. f. **1.** adj. Qui est à la corne, à l'angle de qqch. *Pilastre cornier.* ▷ *Jointure cornière :* chéneau de tuiles situé à la jonction de deux pentes d'un toit et qui en reçoit les eaux. **2.** n. f. TECH Profilé métallique en équerre servant à renforcer des angles. – De *corne.*

cornillon [kɔʀnijɔ̃] n. m. ZOOL Axe osseux des cornes des bovidés. – De *corne.*

corniot. V. corniaud.

cornique [kɔʀnik] adj. et n. De Cornouailles, comté du S.-O. de l'Angleterre. ▷ n. m. *Le cornique :* le dialecte de Cornouailles, auj. disparu. – Du rad. de *Cornouailles*; en angl. *cornish.*

corniste [kɔʀnist] n. m. Musicien qui joue du cor. – De *cor.*

cornouille [kɔʀnuj] n. f. Petit fruit rouge vermillon, comestible, du cornouiller mâle. – Du lat. *cornu,* «corne».

cornouiller [kɔʀnuje] n. m. Genre de cornacées comprenant des arbres et des arbustes. (*Cornus mas* est le cornouiller mâle, commun en France; son bois dur sert à faire des manches d'outils.) – De *cornouille.*

cornu, ue [kɔʀny] adj. **1.** Qui a des cornes. *Les bêtes cornues.* **2.** Fig., fam. *Raisons, visions cornues,* bizarres, extravagantes. **3.** Fam. Dont le conjoint est infidèle. *Mari cornu.* – Lat. *cornutus.*

cornue [kɔʀny] n. f. **1.** CHIM Vase à col allongé et recourbé servant à la distillation. **2.** METALL Récipient métallique garni de matériaux réfractaires. – De *cornu.*

corollaire [kɔʀɔlɛʀ] n. m. **1.** LOG Proposition qui découle nécessairement et évidemment d'une autre proposition. ▷ MATH Conséquence découlant immédiatement d'une proposition déjà démontrée. (En appos.) *Proposition corollaire.* **2.** Cour. Conséquence immédiate, évidente. – Du lat. *corollarium,* «petite couronne».

corolle [kɔʀɔl] n. f. Partie du périanthe d'une fleur constituée par l'ensemble des pétales. – Du lat. *corolla,* dim. de *corona,* «couronne».

coron [kɔʀɔ̃] n. m. Maison ou groupe de maisons de mineurs, en Belgique et dans le nord de la France. – Mot du Nord, de l'a. fr. *cor,* «coin».

coronaire [kɔʀɔnɛʀ] adj. ANAT *Artères coronaires,* qui irriguent le muscle cardiaque (myocarde) et dont la thrombose provoque l'infarctus du myocarde. – Du lat. *coronarius,* de *corona,* «couronne».

coronal, ale, aux [kɔʀɔnal, o] adj. **1.** ANAT En forme de couronne. *L'os coronal* (subst., le coronal) : l'os frontal.. **2.** ASTRO Qui se rapporte à la couronne solaire. – Lat. *coronalis.*

coronarien, enne [kɔʀɔnaʀjɛ̃, ɛn] adj. et n. Qui se rapporte aux vaisseaux coronaires. *Insuffisance coronarienne,* due à une sténose des vaisseaux coronaires et qui se traduit par l'angine de poitrine. ▷ Subst. *Un(e) coronarien(ne) :* malade atteint de troubles des artères coronaires. – De *coronaire.*

coronarite [kɔʀɔnaʀit] n. f. MED Inflammation des artères coronaires, pouvant provoquer une angine de poitrine. – De *coronaire,* et *-ite* 1.

coronarographie [kɔʀɔnaʀɔgʀafi] n. f. MED Radiographie des artères coronaires après injection d'un produit de contraste. – De *coronaire,* et *-graphie.*

coronelle [kɔʀɔnɛl] n. f. Couleuvre (genre *Coronella*) de petite taille (75 cm), ovovivipare, commune dans le sud de la France. – Du lat. *corona,* «couronne».

coroner [kɔʀɔnɛʀ] n. m. Officier de justice chargé d'enquêter sur les cas de mort non naturelle, dans les pays anglo-saxons. – Mot angl., de l'anc. normand *coroneor,* «représentant de la couronne», du lat. *corona,* «couronne».

coronille [kɔʀɔnij] n. f. Genre (*Coronilla*) de papilionacées arbustives servant à faire des haies et dont certaines espèces sont des herbacées fourragères. – Esp. *coronilla,* «petite couronne».

coronographe [kɔʀɔnogʀaf] n. m. ASTRO Instrument d'optique permettant l'observation permanente de la couronne solaire et de ses protubérances. – Du lat. *corona,* «couronne», et *-graphe.*

coronoïde [kɔʀɔnɔid] adj. ANAT Se dit de deux apophyses, l'une au maxillaire supérieur, l'autre à l'extrémité supérieure du cubitus. – Gr. *koronê,* «corneille», et *eidos,* «forme».

coronoïdien, enne [kɔʀɔnɔidjɛ̃, ɛn] adj. ANAT Qui appartient à une apophyse coronoïde. – De *coronoïde.*

corossol [kɔʀɔsɔl] n. m. BOT Fruit comestible d'un arbre tropical de la famille des anonacées *(corossolier),* dont on fait aussi une boisson fermentée et du vinaigre. – Mot créole des Antilles.

corozo [kɔʀɔzo] n. m. Albumen corné, très dur, des graines d'un palmier *(ronier),* utilisé dans la confection de petits objets et appelé également *ivoire végétal.* – Mot esp. de l'Équateur, «fruit d'un palmier».

corporal [kɔʀpɔʀal] n. m. LITURG CATHOL Linge bénit, figurant le linceul de Jésus-Christ, que le prêtre étend sur l'autel pour y poser le calice et l'hostie. – Lat. ecclés. *corporale,* de *corpus,* «corps» (de Jésus-Christ).

corporatif, ive [kɔʀpɔʀatif, iv] adj. Qui a rapport aux corporations. – De *corporation.*

corporation [kɔʀpɔʀasjɔ̃] n. f. **1.** HIST Réunion d'individus de même profession en un corps particulier, ayant ses règlements propres, ses privilèges, ses jurés chargés de les défendre (V. jurande), etc., et reconnue par l'autorité. *La loi Le Chapelier de 1791 a aboli les corporations.* **2.** Cour. Ensemble des professionnels exerçant une même activité. Syn. profession. – Mot angl. « réunion, corps constitué », du lat. médiév. *corporari*, « se former en corps ».

corporatisme [kɔʀpɔʀatism] n. m. **1.** POLIT Doctrine favorable à une organisation sociale regroupant salariés et employeurs au sein de corporations (par oppos. au groupement des travailleurs en syndicats). *Le gouvernement de Vichy voulut instaurer le corporatisme en France par la Charte du travail de 1941.* **2.** Attitude qui consiste à défendre uniquement les intérêts de sa corporation, de sa caste. – De *corporation*.

corporatiste [kɔʀpɔʀatist] adj. Conforme au corporatisme; qui a rapport au corporatisme. *Politique corporatiste.* – De *corporatisme*.

corporel, elle [kɔʀpɔʀɛl] adj. **1.** Relatif au corps. *Châtiment corporel. Accident corporel.* ▷ PSYCHO *Schéma corporel :* image qu'une personne se fait de son corps. **2.** Qui a un corps. *Êtres corporels.* – Lat. *corporalis*.

corporellement [kɔʀpɔʀɛlmɑ̃] adv. D'une manière corporelle. *Punir corporellement.* – De *corporel*.

corps [kɔʀ] n. m. **I.** La partie matérielle d'un être animé (partic., de l'homme). **1.** (Par oppos. à *âme*, à *esprit*, etc.) *Le corps humain. Les exercices du corps.* – Fig. *Se donner corps et âme :* se dévouer entièrement. – *Faire commerce de son corps, vendre son corps :* se livrer à la prostitution. – *Avoir le diable au corps :* être habité par une passion déchaînée. **2.** Constitution, conformation. *Avoir un corps gracieux.* **3.** Tronc (par oppos. à *membres*, à *tête*). *Il lui a passé son épée à travers le corps.* – *Par ext.* Partie de l'habillement couvrant le tronc. *Le corps d'une cuirasse.* **4.** Personne (par oppos. à *bien*, à *chose*). DR Séparation de corps. – Cour. *Garde du corps :* celui qui veille à la sécurité d'une personne qui l'a engagé à cet effet. **5.** Dépouille mortelle, cadavre. *Levée du corps. On a retrouvé son corps dans la rivière.* **6.** Loc. *Lutter (au) corps à corps*, de très près, en touchant directement son adversaire. – *Corps à corps :* lutte qui se fait corps à corps. ▷ *À bras-le-corps :* V. bras. – Fig. *Prendre le problème à bras-le-corps*, l'attaquer résolument et dans son entier. ▷ *À corps perdu :* sans souci pour sa personne, sans ménagement pour soi, totalement. ▷ *À son corps défendant :* malgré soi; contre son gré. ▷ *Passer sur le corps de qqn*, le culbuter, le fouler au pied. – Fig. *Il faudra d'abord me passer sur le corps.* **II.** Objet, substance matériels. **1.** *Corps solide, gazeux. La chute des corps.* ▷ CHIM *Corps simple :* V. élément. *Corps composé :* V. composé (sens II, 2). ▷ ASTRO *Corps célestes :* les étoiles, les planètes, la matière interstellaire, les rayons cosmiques, etc. ▷ MED *Corps étranger*, introduit dans l'organisme et non assimilable par lui. ▷ PHYS *Corps noir*, qui absorbe complètement le rayonnement thermique qu'il reçoit. **2.** ANAT Nom de différents organes. *Corps calleux**. *Corps jaune :* corps temporaire agissant comme une glande qui apparaît après l'ovulation et qui sécrète la progestérone. **3.** Partie principale, essentielle (d'une chose). *Corps d'une pompe :* bloc dans lequel joue le piston. *Corps de logis :* partie principale d'un bâtiment ou construction principale (maison de maître, etc.) d'une propriété. – *Corps d'un livre, d'un article, d'un texte*, etc., considéré sans les préface, introduction, table, etc. – *Corps d'une doctrine*, ses points essentiels. ▷ MAR *Navire perdu corps et biens*, disparu sans que rien subsiste ni du navire ni de la cargaison, sans que survive aucun membre de l'équipage, aucun passager. ▷ DR *Corps du délit :* le délit considéré en lui-même. ▷ METEO Partie centrale d'un système nuageux. **4.** Épaisseur, solidité, consistance. *Ce papier n'a pas de corps. Un vin qui a du corps.* – *Prendre corps :* prendre de la consistance, de la force. ▷ Fig. *Une idée qui prend corps.* – *Faire corps avec (qqch) :* adhérer fortement à, ne faire qu'une seule masse avec. **5.** TYPO Hauteur d'un caractère d'imprimerie. **III.** (Abstrait) **1.** Être collectif que forme une société, un peuple, une corporation, etc. *Le corps social. Le corps de la noblesse. Le corps électoral. Les ingénieurs du corps des mines.* – Spécial. *Esprit de corps :* entente, habitude de se soutenir entre membres d'une même corporation, d'un même groupe social ou professionnel. *L'esprit de corps des polytechniciens.* **2.** MILIT *Corps d'armée*, groupant 2 à 4 divisions. *Général de corps d'armée.* – *Corps de l'artillerie, du génie*, ensemble de ceux qui appartiennent à ces armes. – *Corps expéditionnaire :* troupe constituée en vue d'une expédition lointaine. *Corps franc :* compagnie d'un régiment chargée des opérations de commando et de l'exécution des coups de main. **3.** CHOREGR *Corps de ballet :* ensemble de la troupe des danseurs et danseuses. **4.** THEOL *Corps mystique du Christ :* l'Église elle-même, en tant que rassemblement de tous les baptisés formant un corps dont J.-C. est la tête. **5.** MATH Anneau unitaire (structure algébrique) tel que pour tout élément a (différent de 0) de celui-ci, il existe un élément a' de cet anneau vérifiant $a'a = 1$. *Corps des nombres réels, des nombres rationnels.* – Lat. *corpus*.

corps-mort [kɔʀmɔʀ] n. m. MAR Lourde masse (grosse ancre, bloc de béton, etc.) coulée au fond de l'eau et reliée par une chaîne à une bouée ou à un caisson flottant, destinée à fournir aux navires un mouillage à poste fixe. *Des corps-morts.*

corpulence [kɔʀpylɑ̃s] n. f. Masse du corps. *Un homme de forte corpulence.* – Lat. *corpulentia*, de *corpus*, « corps ».

corpulent, ente [kɔʀpylɑ̃, ɑ̃t] adj. De forte corpulence. *Une femme corpulente.* – De *corpulence*.

corpus [kɔʀpys] n. m. **1.** Recueil concernant une même matière. *Corpus d'inscriptions latines.* **2.** LING Ensemble fini d'éléments, d'énoncés, réunis en vue d'une analyse linguistique. – Mot lat., « corps ».

corpusculaire [kɔʀpyskylɛʀ] adj. PHYS NUCL Relatif aux corpuscules. *Dimensions corpusculaires.* ▷ *Théorie corpusculaire*, fondée sur la discontinuité de la matière et de l'énergie. – De *corpuscule*.

corpuscule [kɔʀpyskyl] n. m. **1.** ANAT Élément très ténu. *Corpuscules de Malpighi :* petites granulations glandulaires de la rate; glomérules constitutifs du rein. **2.** PHYS Vx Minuscule élément de matière. – Lat. *corpusculum*.

corral, als [kɔʀal] n. m. En Amérique du S., enclos où l'on parque le bétail. ▷ En tauromachie, partie de l'arène où l'on parque les taureaux. – Mot esp., « basse-cour ».

corrasion [kɔʀazjɔ̃] n. f. GEOMORPH Dans les régions désertiques sèches, usure et polissage des roches par les particules solides que transporte le vent. – Lat. *corradere*, « racler », d'ap. *érosion*.

correct, ecte [kɔʀɛkt] adj. **1.** Exempt de fautes. *Une phrase correcte. La réponse correcte.* **2.** Conforme aux règles, aux convenances, aux lois. *Attitude correcte.* **3.** Fam. Dont la qualité est convenable, acceptable. *Comme repas, c'était très correct.* – Lat. *correctus*, « corrigé ».

correctement [kɔʀɛktəmɑ̃] adv. Sans faute; conformément aux règles, aux convenances. *Parler correctement.* – De *correct*.

correcteur, trice [kɔʀɛktœʀ, tʀis] n. et adj. **1.** n. Personne qui corrige et qui note (un devoir, un examen). **2.** n. TYPO Personne chargée de la correction des fautes de composition. **3.** n. m. Dispositif de correction. *Un correcteur gazométrique.* – INFORM *Correcteur orthographique :* logiciel associé à un traitement de texte, qui permet la vérification automatique de l'orthographe des textes saisis. **4.** adj. Qui corrige. *Verres correcteurs*, qui corrigent, compensent les défauts de la vision. – Lat. *corrector*.

correctif, ive [kɔʀɛktif, iv] adj. et n. m. **1.** adj. Qui a la vertu de corriger, d'atténuer. *Gymnastique correc-*

tive, destinée à corriger une attitude vicieuse et à atténuer ses conséquences sur le squelette ou dans la musculature. **2.** MED *Substance corrective*, que l'on ajoute à une autre (partic. un médicament) pour en adoucir l'action. ▷ n. m. *Un correctif.* **3.** n. m. Ce qui atténue ou corrige (un texte, un propos). *Apporter un correctif à un communiqué.* – Lat. médiév. *correctivus.*

correction [kɔʀɛksjɔ̃] n. f. **1.** Action de corriger, de réformer; résultat de cette action. *La correction des abus.* **2.** Châtiment corporel. *Enfant qui reçoit une correction.* ▷ Coups reçus par qqn. **3.** Changement que l'on fait à un ouvrage. *Apporter des corrections à un chapitre.* ▷ TYPO Indication des fautes de composition sur une épreuve. ▷ *Spécial.* Action de corriger un devoir d'écolier, d'étudiant. *Terminer la correction d'une copie.* **4.** Qualité de ce qui est correct, conforme aux règles et aux convenances. *Correction du style, de la langue. Correction de la tenue. La plus élémentaire correction :* le minimum de politesse, de savoir-vivre. – Lat. *correctio.*

correctionnalisation [kɔʀɛksjɔnalizasjɔ̃] n. f. DR Action de correctionnaliser. – De *correctionnaliser.*

correctionnaliser [kɔʀɛksjɔnalize] v. tr. [**1**] DR Donner, par voies légales, à une affaire pénale un caractère correctionnel, la rendre de la compétence du tribunal correctionnel. *Correctionnaliser un crime.* – De *correctionnel* (tribunal).

correctionnel, elle [kɔʀɛksjɔnɛl] adj. et n. f. DR Se dit des peines que l'on applique aux actes qualifiés de délits par la loi, et des tribunaux compétents pour juger ces délits. *Peine correctionnelle. Tribunal correctionnel.* – n. f. *Passer en correctionnelle*, en jugement devant un tribunal correctionnel. – De *correction.*

corrégidor [kɔʀeʒidɔʀ] n. m. HIST Premier magistrat d'une ville ou d'une province espagnole sans gouverneur (XVe-XIXe s.). – Mot esp., de *corregir*, « corriger ».

corrélat [kɔʀela] n. m. Didac. Terme d'une corrélation, d'un rapport. – Dér. régressif de *corrélation.*

corrélatif, ive [kɔʀelatif, iv] adj. Qui est en relation logique avec autre chose. *Droit et devoir sont des termes corrélatifs.* – *Obligation corrélative*, subordonnée à l'accomplissement d'une première obligation. ▷ GRAM *Mots corrélatifs*, qui vont ensemble et indiquent une relation entre deux membres d'une phrase (par ex. *tel... que*). – Lat. scolast. *correlativus.*

corrélation [kɔʀelasjɔ̃] n. f. **1.** Relation entre deux choses, deux termes corrélatifs. **2.** MATH Relation que l'on établit entre deux séries de variables aléatoires. – Lat. scolast. *correlatio.*

corrélativement [kɔʀelativmɑ̃] adv. De manière corrélative. – De *corrélatif.*

corréler [kɔʀele] v. tr. [**14**] Faire la corrélation entre (deux choses, deux termes). – De *corrélation.*

correspondance [kɔʀɛspɔ̃dɑ̃s] n. f. **I. 1.** Rapport de conformité, de symétrie, d'analogie. *C'est la parfaite correspondance d'idées entre eux qui a permis à l'affaire d'aboutir si rapidement. Correspondance entre les parties d'un ouvrage.* ▷ *Théorie des correspondances :* doctrine selon laquelle il existerait une analogie terme à terme et une action réciproque entre les différents règnes de l'univers (planètes, métaux, caractères humains). **2.** TRANSP Liaison entre deux lignes de transport (train, métro, autocar, etc.) ou entre deux moyens de transport. *Il y a deux correspondances pour aller à cette station.* – Moyen de transport qui assure une correspondance. *Il a raté la correspondance pour Paris qui passe à huit heures.* **3.** MATH Notion généralisant celles de fonction et d'application. **II.** Échange régulier de lettres entre deux personnes; les lettres elles-mêmes. *Entretenir une correspondance avec qqn. La correspondance de Gide a fait l'objet de nombreuses publications.* ▷ Par ext. *Correspondance téléphonique.* – De *correspondre* 1.

correspondancier, ère [kɔʀɛspɔ̃dɑ̃sje, ɛʀ] n. Employé chargé de la correspondance dans une administration, une société commerciale. – (En appos.) *Secrétaire correspondancière.* – De *correspondance.*

correspondant, ante [kɔʀɛspɔ̃dɑ̃, ɑ̃t] adj. et n. **I.** adj. Qui a des rapports avec, qui correspond. *Des écrous et des boulons correspondants.* ▷ GEOM *Angles correspondants*, formés par deux droites parallèles que coupe une troisième et situés de part et d'autre de la sécante, l'un interne, l'autre externe. (Ils sont égaux.) ▷ PHYS *États correspondants :* état de deux fluides qui ont même pression, même température et même volume réduits. V. réduit 1. **II.** n. **1.** Personne avec qui on est en relation épistolaire. – *Par ext.* Personne avec qui on est en relation téléphonique. **2.** Personne chargée par un journal, une agence de presse, une station de radio ou de télévision, d'envoyer des nouvelles du lieu où elle se trouve. *Hemingway fut le correspondant de guerre de plusieurs grands journaux américains.* **3.** Titre donné par une société savante à des savants résidant à l'étranger ou en province et n'assistant pas à ses réunions. – (En appos.) *Membre correspondant de l'Académie des sciences.* **4.** Personne chargée de veiller sur un jeune élève interne qui se trouve éloigné de sa famille. – Ppr. de *correspondre* 1.

correspondre [kɔʀɛspɔ̃dʀ] v. [**5**] **I. 1.** v. tr. indir. ou intr. Être en rapport de conformité avec, être approprié à (qqch). *Cet article ne correspond pas à mon texte. On leur avait livré des armes sans les munitions qui correspondent.* ▷ Être en rapport de symétrie, d'analogie avec. *Théorie qui correspond à une conception matérialiste du monde.* **2.** v. intr. (Sujet nom de chose.) Communiquer l'un avec l'autre. *Pièces, chambres qui correspondent.* **II.** v. intr. Avoir un échange de lettres (avec qqn). – Absol. *Cesser de correspondre.* – Lat. scolast. *correspondere*, de *respondere*, « répondre ».

corrida [kɔʀida] n. f. **1.** Spectacle au cours duquel des hommes affrontent des taureaux dans une arène. **2.** Fig., fam. Agitation, bousculade, dispute bruyante. – Mot esp.

corridor [kɔʀidɔʀ] n. m. **1.** Passage qui met en communication plusieurs appartements d'un même étage, plusieurs pièces d'un appartement. **2.** HIST Bande de terre neutralisée. *Le corridor de Dantzig* (1918-1939), qui désenclavait la ville en lui donnant accès à la mer. – Ital. *corridore*, « (galerie) où l'on court ».

corrigé, ée [kɔʀiʒe] adj. et n. m. **1.** adj. *Surface corrigée :* selon la loi du 1er sept. 1948, élément de calcul du prix d'un loyer (habitation uniquement) sur la base de la surface réelle affectée de coefficients tenant compte des divers éléments de confort du logement. **2.** n. m. Devoir donné comme modèle à des élèves. *Donner le corrigé d'une version latine.* – Pp. de *corriger.*

corrigeable [kɔʀiʒabl] adj. Qui peut être corrigé. – De *corriger.*

corrigeage [kɔʀiʒaʒ] n. m. TYPO Opération qui consiste à effectuer (sur écran) les corrections demandées (sur épreuves). – De *corriger.*

corriger [kɔʀiʒe] v. tr. [**13**] **1.** Rectifier les erreurs, les défauts (de qqch). *Corriger un texte, une épreuve d'imprimerie.* ▷ *Corriger un devoir*, en relever les fautes et le noter. **2.** Vieilli *Corriger les mœurs*, les redresser. – Mod. *Corriger les défauts de qqn.* ▷ v. pron. S'efforcer de rectifier son attitude, de supprimer ses défauts. **3.** Tempérer, adoucir. *Corriger l'acidité du citron avec du sucre.* **4.** Punir, châtier, en infligeant une peine corporelle. *Corriger un enfant qui a désobéi.* – Donner des coups à (qqn), battre. *Il l'a durement corrigé.* – Lat. *corrigere*, « redresser », de *regere*, « diriger ».

corrigeur, euse [kɔʀiʒœʀ, øz] n. TYPO Personne qui effectue le corrigeage. – De *corriger.*

corroborant, ante [kɔʀɔbɔʀɑ̃, ɑ̃t] adj. Rare Qui confirme. *Preuves corroborantes.* – Ppr. de *corroborer.*

corroboration [kɔʀɔbɔʀasjɔ̃] n. f. Rare Action de corroborer. – De *corroborer.*

corroborer [kɔʀɔbɔʀe] v. tr. [1] Appuyer, confirmer, ajouter du crédit à (une idée, une opinion). *Déposition qui corrobore un témoignage.* – Lat. *corroborare,* rac. *robur,* « force ».

corrodant, ante [kɔʀɔdɑ̃, ɑ̃t] adj. Qui corrode, qui ronge. Syn. corrosif. – Ppr. de *corroder.*

corroder [kɔʀɔde] v. tr. [1] Ronger, détruire lentement. *L'acide corrode les métaux.* ▷ Fig. *L'envie corrode les meilleures amitiés.* – Lat. *corrodere,* de *rodere,* « ronger ».

corroi [kɔʀwɑ] n. m. TECH Dernière façon donnée au cuir (foulage, battage, etc.). – De l'anc. fr. *conreer* (V. corroyer).

corroierie [kɔʀwaʀi] n. f. Atelier, art du corroyeur. – De *corroi.*

corrompre [kɔʀɔ̃pʀ] v. tr. [53] **1.** Gâter, altérer par décomposition. *La chaleur corrompt la viande.* ▷ Fig. (Sens moral.) Diminuer, altérer. *La crainte corrompt le plaisir.* **2.** Dépraver, pervertir. *Corrompre les mœurs.* **3.** Détourner de son devoir par des dons, des promesses. *Corrompre des témoins.* – Lat. *corrumpere.*

corrompu, ue [kɔʀɔ̃py] adj. **1.** Altéré par décomposition. **2.** Fig. Dépravé. *Âme corrompue.* **3.** Qui s'est laissé corrompre (sens 3) ou que l'on peut corrompre. *Fonctionnaire corrompu.* – Pp. de *corrompre.*

corrosif, ive [kɔʀɔzif, iv] adj. (et n. m.) **1.** Qui corrode, qui ronge. *Substance corrosive.* Syn. corrodant. ▷ n. m. *Un corrosif.* **2.** Fig. Incisif, mordant. *Style, humour corrosif.* – Lat. *corrosivus.*

corrosion [kɔʀɔsjɔ̃] n. f. Action ou effet de ce qui est corrosif. ▷ CHIM Détérioration superficielle des métaux d'origine chimique ou électrochimique (partic. sous l'effet de l'humidité, du sel, etc.). *La corrosion du fer par l'acide.* ▷ GEOL *Corrosion des sols,* par les eaux de ruissellement. – Lat. médiév. *corrosio,* de *corrodere,* « corroder ».

corroyage [kɔʀwajaʒ] n. m. **1.** TECH Opération de finition (industrie du cuir, menuiserie). **2.** Forgeage ou soudage de pièces métalliques. – De *corroyer.*

corroyer [kɔʀwaje] v. tr. [23] TECH Soumettre au corroyage. – De l'a. fr. *conreer,* « préparer; avoir soin de ».

corroyeur [kɔʀwajœʀ] n. m. Ouvrier chargé du corroyage des cuirs. – De *corroyer.*

corrupteur, trice [kɔʀyptœʀ, tʀis] adj. et n. Qui corrompt. ▷ Subst. Celui, celle qui détourne qqn de son devoir en le soudoyant. – De *corruption.*

corruptibilité [kɔʀyptibilite] n. f. Nature de ce qui est corruptible. – De *corruptible.*

corruptible [kɔʀyptibl] adj. **1.** Qui est sujet à la corruption. *Produit corruptible.* **2.** Que l'on peut circonvenir, détourner de son devoir. *Un juge corruptible.* Ant. incorruptible. – De *corruption.*

corruption [kɔʀypsjɔ̃] n. f. **1.** Altération d'une substance par putréfaction. *Corruption de la viande.* **2.** Litt. Altération, déformation. *Corruption du goût. Corruption d'un texte.* **3.** Fig. Dépravation (des mœurs, de l'esprit, etc.). *La corruption de la jeunesse.* **4.** Moyens employés pour circonvenir qqn, le détourner de son devoir. *Corruption de fonctionnaire.* – Lat. *corruptio.*

cors [kɔʀ] n. m. pl. V. cor 1, sens II.

corsage [kɔʀsaʒ] n. m. Vêtement ou partie de vêtement féminin recouvrant le buste. *Corsage à manches courtes.* – De l'anc. fr. *cors, corps.*

corsaire [kɔʀsɛʀ] n. m. **1.** HIST Navire armé en course par des particuliers avec l'autorisation du gouvernement (lettre de marque), pour faire la chasse aux navires marchands d'un pays ennemi. – Commandant d'un tel navire. *Les plus célèbres corsaires français furent Jean Bart, Duguay-Trouin et Surcouf.* **2.** *Abusiv.* Navire monté par des pirates; pirate. **3.** Pantalon moulant s'arrêtant au-dessous du genou. – Ital. *corsaro,* de *corsa,* « course ».

corse [kɔʀs] adj. et n. **1.** adj. De Corse, île française de la Méditerranée. ▷ Subst. *Un(e) Corse.* **2.** n. m. *Le corse :* la langue romane parlée en Corse.

corsé, ée [kɔʀse] adj. **1.** Qui a du corps, de la consistance, de la force. *Vin, café corsé. Goût corsé.* **2.** Fig., fam. *Addition corsée,* trop élevée. ▷ *Histoire corsée,* grivoise. – Pp. de *corser.*

corselet [kɔʀsəlɛ] n. m. **1.** Anc. Corps d'une cuirasse. **2.** Vieilli Petit corsage serré à la taille. **3.** ZOOL Partie dorsale chitineuse du premier segment thoracique (prothorax) des insectes. – De l'anc. fr. *cors, corps.*

corser [kɔʀse] v. tr. [1] Donner de la force, de la consistance. *Corser un plat avec des épices.* – Par ext. *Corser un récit.* ▷ v. pron. Fam. *Ça se corse :* ça se complique; ça devient intéressant. – Du moyen fr. *corser, courser,* « saisir au corps ».

corset [kɔʀsɛ] n. m. Sous-vêtement féminin, baleiné et lacé, qui moule la taille, de la poitrine aux hanches. ▷ MED *Corset orthopédique :* dispositif qui maintient l'abdomen, le thorax et la colonne vertébrale. – De l'anc. fr. *cors, corps.*

corseter [kɔʀsəte] v. tr. [18] **1.** Rare Mettre un corset à (qqn). **2.** Fig. Donner un cadre serré à. – De *corset.*

corsetier, ère [kɔʀsətje, ɛʀ] n. Personne qui fait ou vend des corsets. – De *corset.*

corso [kɔʀso] n. m. *Corso fleuri :* défilé de chars fleuris, lors de certaines fêtes. *Le corso fleuri de Cabourg, de Nice.* – Ital. *corso,* « cours, promenade ».

cortège [kɔʀtɛʒ] n. m. **1.** Suite de personnes qui en accompagnent une autre avec cérémonie. – Spécial. *Cortège funèbre.* **2.** *Par ext.* Groupe de gens qui défilent. *Manifestants qui se forment en cortège.* **3.** Fig. *La vieillesse et son cortège d'infirmités,* et les infirmités de toutes sortes qui l'accompagnent. **4.** *Par anal.* PHYS NUCL *Cortège d'électrons :* ensemble des électrons qui entourent un noyau atomique. – Ital. *corteggio,* de *corteggiare,* « faire la cour ».

Cortes [kɔʀtɛs] n. f. pl. **1.** HIST Assemblée législative en Espagne et au Portugal. **2.** Mod. Parlement espagnol qui comprend le Sénat et le Congrès des députés. – Mot esp., pl. de *corte,* « cour ».

cortex [kɔʀtɛks] n. m. ANAT Couche superficielle de certains organes. *Cortex surrénal.* – Absol. *Le cortex :* l'écorce cérébrale. – Mot lat., « écorce ».

cortical, ale, aux [kɔʀtikal, o] adj. **1.** BOT Relatif à l'écorce. **2.** ANAT Qui appartient, qui dépend d'un cortex. *Cellules corticales,* du cortex cérébral. – *Hormones corticales :* V. corticosurrénal. – Lat. *cortex, corticis,* « écorce ».

cortico-. Élément, du lat. *cortex, corticis,* « écorce », utilisé pour former des mots essentiellement médicaux, avec le sens de « relatif au cortex ».

corticoïde [kɔʀtikɔid] n. m. BIOCHIM Nom générique des hormones sécrétées par les corticosurrénales et de leurs dérivés synthétiques. – De *cortico-,* et *-oïde.*

ENCYCL Il existe une trentaine de corticoïdes, répartis en 3 groupes : les minéralocorticoïdes (aldostérone, etc.), qui règlent le métabolisme de l'eau et des électrolytes; les glucocorticoïdes (cortisol, etc.), qui agissent sur le métabolisme glucido-protidique; les 17-cétostéroïdes, qui ont une fonction androgénique. Ce sont des stéroïdes dont la synthèse est sous la dépendance de l'A.C.T.H., ou corticostimuline, d'origine hypophysaire.

corticostéroïde [kɔʀtikosteʀɔid] n. m. BIOCHIM Syn. de *corticoïde*. – De *cortico-*, et *stéroïde*.

corticostérone [kɔʀtikɔsteʀɔn] n. f. BIOCHIM Un des glucocorticoïdes sécrétés par la corticosurrénale. – De *cortico-*, *stér(ol)*, et *(horm)one*.

corticostimuline [kɔʀtikɔstimylin] n. f. BIOCHIM Hormone hypophysaire qui règle la sécrétion de corticoïdes par les corticosurrénales. Syn. A.C.T.H. – De *cortico-*, et *stimuline*.

corticosurrénal, ale, aux [kɔʀtikɔsyʀ(ʀ)enal, o] adj. et n. f. Qui a rapport au tissu cortical de la glande surrénale. – n. f. *La corticosurrénale* : ce tissu lui-même. – *Hormones corticosurrénales* ou, n. f., *les corticosurrénales*, qui assurent une fonction de régulation des métabolismes. – De *cortico-*, et *surrénal*.

corticothérapie [kɔʀtikɔteʀapi] n. f. MED Emploi thérapeutique des hormones corticosurrénales et de l'A.C.T.H. – De *cortico-*, et *thérapie*.

corticotrope [kɔʀtikɔtʀɔp] adj. Qui a des affinités pour les corticosurrénales. *Axe corticotrope*. – De *cortico-*, et *-trope*.

cortinaire [kɔʀtinɛʀ] n. m. BOT Champignon basidiomycète de couleurs très vives variant selon l'espèce. (La plupart de ces champignons sont toxiques ou mortels.) – De *cortine* 1.

1. cortine [kɔʀtin] n. f. BOT Chez certains basidiomycètes (cortinaires), réseau de filaments reliant le bord du chapeau au pied. – Lat. *cortina*, «chaudière, cuve».

2. cortine [kɔʀtin] n. f. BIOCHIM Extrait corticosurrénal total, naturel. – Du rad. de *cortex*.

cortisol [kɔʀtizɔl] n. m. BIOCHIM Hormone (17-hydroxy corticostérone) la plus active et la plus importante parmi les corticoïdes agissant sur le métabolisme des glucides, sécrétés par la corticosurrénale. – De *corti(co)-*, et *sol*.

cortisone [kɔʀtizɔn] n. f. BIOCHIM Hormone sécrétée par la corticosurrénale, moins active que le cortisol. (Synthétisée, elle est utilisée comme thérapeutique anti-inflammatoire, antiallergique, etc.) – Mot angl., du rad. de *cortex*, et *(horm)one*.

corton [kɔʀtɔ̃] n. m. Vin de Bourgogne très réputé du vignoble d'Aloxe-Corton (Côte-d'Or). – Du n. de la commune.

coruscant, ante [kɔʀyskɑ̃, ɑ̃t] adj. Vx ou litt. Brillant, étincelant. – Lat. *coruscans*.

corvéable [kɔʀveabl] adj. Qui est soumis à la corvée. *Taillable et corvéable à merci*. – De *corvée*.

corvée [kɔʀve] n. f. **1.** DR FEOD Travail gratuit dû par les serfs, les paysans, au seigneur ou au roi. **2.** *Par ext.* Travail que font tour à tour les soldats d'une unité, les membres d'une collectivité, etc. *Corvée d'eau, de vivres*. **3.** Toute chose qu'on est obligé de faire et qu'on trouve pénible ou désagréable. – Du lat. pop. *corrogata (opera)*, «travail sollicité», de *corrogare*, «convoquer *(rogare)* ensemble».

corvette [kɔʀvɛt] n. f. **1.** MAR Anc. Petit bâtiment de guerre à trois mâts, rapide, destiné à des missions d'éclaireur. – Mod. Escorteur de haute mer spécialisé dans la lutte contre les sous-marins ou la lutte anti-aérienne. **2.** *Capitaine de corvette* : officier supérieur de la marine militaire, du grade correspondant à celui de commandant dans les autres armes. – Du moy. néerl. *korver*, «bateau chasseur».

corvidés [kɔʀvide] n. m. pl. ZOOL Famille de grands oiseaux passériformes, à fort bec droit, aux pattes robustes, de régime omnivore (corbeaux, corneilles, choucas, geais, pies, etc.). – Sing. *Un corvidé*. – Du lat. *corvus*, «corbeau».

corybante [kɔʀibɑ̃t] n. m. ANTIQ GR Prêtre de Cybèle, déesse de la maternité. – Gr. *korubas*, *korubantos*.

corymbe [kɔʀɛ̃b] n. m. BOT Inflorescence (du sureau, par ex.) dans laquelle les pédoncules floraux partent de l'axe à des hauteurs différentes et s'allongent de telle façon que toutes les fleurs sont dans un même plan. – Gr. *korumbos*, «bouquet».

coryphée [kɔʀife] n. m. **1.** Chef du chœur dans le théâtre de la Grèce antique. ▷ CHOREGR Troisième grade dans l'ordre hiérarchique du corps de ballet de l'Opéra de Paris. **2.** Fig., litt. Celui qui a le plus d'autorité dans un groupe. *Le coryphée d'un parti politique*. – Gr. *koruphaios*, de *koruphê*, «tête».

coryza [kɔʀiza] n. m. Rhinite catarrhale aiguë, rhume de cerveau. – Gr. *koruza*, «écoulement nasal».

cos MATH Abrév. de *cosinus*.

cosaque [kɔzak] n. m. et adj. **1.** n. m. Homme faisant partie des populations guerrières originaires d'Asie centrale utilisées par les princes moscovites au XVᵉ s. pour coloniser les steppes du Sud. ▷ Fig. Homme dur, brutal. **2.** adj. D'origine cosaque, relatif aux Cosaques. – Ukrainien *kozak*; par le polonais.

ENCYCL Les populations cosaques comprenaient les *Cosaques du Don* (groupe ling. grand-russien), les *Cosaques du Dniepr* et les *Zaporogues* (du groupe ling. petit-russien). À partir de 1917, ils se heurtèrent aux bolcheviks et durent s'intégrer au nouvel ordre soviétique.

cosécante [kosekɑ̃t] n. f. MATH Vx Inverse du sinus d'un angle (abrév. *cosec*).

cosignataire [kosiɲatɛʀ] n. et adj. Personne qui signe avec une autre ou avec d'autres un document.

cosigner [kosiɲe] v. tr. [1] Signer avec une ou plusieurs personnes (un document).

cosinus [kɔsinys] n. m. MATH *Cosinus d'un angle aigu d'un triangle rectangle* : rapport du côté adjacent à l'hypoténuse. V. trigonométrie. (Abrév. : cos).

-cosme, cosmo-. Éléments, du gr. *kosmos*, «ordre, univers».

cosmétique [kɔsmetik] n. m. et adj. Substance utilisée pour l'hygiène et la beauté de la peau, des cheveux. ▷ adj. *Un produit cosmétique*. – Gr. *kosmêtikos*, «relatif à la parure», de *kosmos*, «parure».

cosmétologie [kɔsmetɔlɔʒi] n. f. Partie de l'hygiène qui concerne les soins de beauté et l'utilisation des cosmétiques. – De *cosmétique*, et *-logie*.

cosmétologue [kɔsmetolɔg] n. Spécialiste de cosmétologie. – De *cosmétique*, et *-logue*.

cosmique [kɔsmik] adj. **1.** Relatif à l'Univers. **2.** ASTRO De l'espace extra-terrestre. *Poussières cosmiques* : très petits corps qui circulent dans l'espace. – *Rayons cosmiques* : flux de particules de haute énergie d'origine extraterrestre, découvert en 1911 par le physicien autrichien Victor Franz Hess, constitué essentiellement de protons (90 %) et de noyaux d'hélium, et, en plus faibles quantités, de noyaux de carbone, d'azote, d'oxygène, de fer, ainsi que d'électrons. L'énergie de chacune des particules peut atteindre 10^{21} électronvolts; leur interaction avec les hautes couches de l'atmosphère crée des gerbes de particules, dont l'étude a été à l'origine de la découverte du *positon* et du *muon*. – Gr. *kosmikos*, de *kosmos*, «monde, univers».

cosmo-. V. -cosme.

cosmodrome [kɔsmodʀom] n. m. Terrain aménagé pour le lancement des engins spatiaux, en ex-U.R.S.S. – De *cosmo-*, et *-drome.*

cosmogonie [kɔsmogɔni] n. f. Théorie (mythique, philosophique ou scientifique) de la formation de l'Univers. *Les cosmogonies de l'Antiquité.* ▷ ASTRO Théorie de la formation des corps célestes. – Gr. *kosmogonia.*

cosmogonique [kɔsmogɔnik] adj. Relatif à la cosmogonie. – De *cosmogonie.*

cosmographie [kɔsmogʀafi] n. f. ASTRO Description du ciel tel qu'il se présente pour un observateur terrestre, les astres étant situés sur une sphère fictive de grand rayon *(sphère céleste)* dont la Terre occupe le centre. – Gr. *kosmographia.*

cosmographique [kɔsmogʀafik] adj. ASTRO Relatif à la cosmographie. – De *cosmographie.*

cosmologie [kɔsmolɔʒi] n. f. **1.** Partie de l'astronomie qui a pour objet l'étude de la structure et de l'évolution de l'Univers considéré comme un tout. *Les concepts relativistes et l'essor récent de la physique des particules jouent un grand rôle en cosmologie.* **2.** PHILO *Cosmologie (rationnelle)* : étude métaphysique de l'Univers. – Gr. *kosmologia.*

cosmologique [kɔsmolɔʒik] adj. Relatif à la cosmologie. – Relatif au monde. *Sciences cosmologiques.* – De *cosmologie.*

cosmonaute [kɔsmonot] n. Pilote ou passager d'un véhicule spatial. (Supplanté auj. par *spationaute.*) – De *cosmos,* d'apr. *(astro)naute.*

cosmophysique [kɔsmofizik] n. f. Science ayant pour objet l'étude de la structure physique des corps célestes, notam. par expérimentation directe sur le sol des astres. – De *cosmo-, et physique.*

cosmopolite [kɔsmopɔlit] n. m. et adj. **1.** Vx Qui se déclare citoyen du monde, qui refuse de se laisser enfermer dans le cadre étroit de l'appartenance à une nation. **2.** Mod. Qui s'accommode aisément des mœurs et des usages des pays où il vit. **3.** Composé de personnes originaires de pays divers. *Une société cosmopolite.* – Gr. *kosmopolitês,* « citoyen *(politês)* du monde *(cosmos)* ».

cosmopolitisme [kɔsmopɔlitism] n. m. **1.** Doctrine, opinion de ceux qui se disent cosmopolites. *Le cosmopolitisme, idée conforme aux idéaux des Lumières, était fréquent au XVIIIᵉ s.* **2.** Manière de vivre cosmopolite. – De *cosmopolite.*

1. cosmos [kɔsmos] n. m. **1.** PHILO Univers, considéré comme un tout organisé et harmonieux (par oppos. à *chaos,* dans les cosmogonies de l'Antiquité). **2.** L'espace extra-terrestre. – Mot gr., « ordre », d'où « univers ».

2. cosmos [kɔsmos] n. m. Genre de composées originaires d'Amérique tropicale dont les fleurs rappellent celles du dahlia simple. – Lat. sc. *cosmos,* du gr. *kosmos,* « ornement ».

cosmotron [kɔsmotʀɔ̃] n. m. PHYS NUCL Syn. de *bévatron.* – De *cosmos* (la vitesse des protons accélérés étant comparable à celle des rayons cosmiques), d'apr. *(cyclo)tron.*

cosmovision [kɔsmovizjɔ̃] n. f. Transmission télévisée dans le monde entier. – De *cosmo-,* et *(télé)vision.*

cossard, arde [kɔsaʀ, aʀd] adj. et n. Fam. Paresseux.

1. cosse [kɔs] n. f. **1.** Enveloppe des petits pois, haricots, fèves, etc., que l'on enlève pour récupérer les graines *(écossage).* **2.** ELECTR Plaque métallique que l'on fixe à l'extrémité d'un conducteur pour en faciliter la connexion. **3.** MAR Pièce métallique qui protège l'intérieur d'un œil épissé (V. œil). – Lat. pop. **cocea,* class. *cochlea.*

2. cosse [kɔs] n. f. Fam. Paresse. *« Elle se vautrait dans une vraie cosse » (Céline).* – De *cossard.*

cossidés [kɔside] n. m. pl. Famille de papillons de grande taille (9 cm d'envergure pour le *cossus*), dont les chenilles creusent des galeries dans le bois. – Sing. *Un cossidé.* – Du lat. scientif. *cossus,* du lat. class. *cossis,* « ver du bois », et *-idés.*

cossu, ue [kɔsy] adj. (Personnes) Riche, opulent. *Un homme cossu.* – *Par ext.* (Choses) Qui dénote la richesse, l'opulence. *Un appartement cossu.* – P.-ê. fig. de *(fèves) cossues,* « qui portent beaucoup de cosses ».

cossus [kɔsys] n. m. Lépidoptère de grande taille (9 cm d'envergure), au corps épais, dont les chenilles (dites *gâte-bois*) creusent des galeries dans les arbres. – Mot lat.

costal, ale, aux [kɔstal, o] adj. ANAT Qui concerne les côtes. *Douleur costale.* – Du lat. *costa,* « côte ».

costard [kɔstaʀ] n. m. Pop. Costume d'homme. – De *cost(ume),* et suff. arg. *-ard.*

costaricien, enne [kɔstaʀisjɛ̃, ɛn] adj. et n. Du Costa Rica, État d'Amérique centrale. ▷ Subst. *Un(e) Costaricien(ne).*

costaud, aude [kɔsto] adj. et n. (Fém. rare.) Fam. Fort, solide, résistant. *Un type très costaud. Elle est vraiment costaud.* ▷ Subst. *Un(e) costaud(e).* – Du romani *cochto,* « solide ».

costière [kɔstjɛʀ] n. f. **1.** TECH Rainure pour faire glisser les décors d'un théâtre. **2.** CONSTR Encadrement d'une cheminée, en saillie. – De *coste,* « côte ».

costume [kɔstym] n. m. **1.** Manière de se vêtir propre à une époque, à un pays. *Le costume français, breton,* etc. **2.** Vêtement, habillement. *Un costume ecclésiastique.* ▷ Cour. Vêtement d'homme composé d'un pantalon et d'une veste (et parfois d'un gilet; V. complet). *Mettre un costume pour aller dîner.* ▷ *Spécial.* Habit pour le théâtre, déguisement. *Dessiner les costumes d'une pièce. Mettre un costume de pirate.* – Mot ital. « coutume ».

costumé, ée [kɔstyme] adj. Vêtu d'un costume de théâtre ou d'un déguisement. *Elle était costumée en bergère.* ▷ *Bal costumé,* où les invités sont travestis. – De *costume.*

costumer [kɔstyme] v. tr. [1] Revêtir d'un costume, d'un déguisement. – v. pron. *Se costumer pour une fête.* – De *costume.*

costumier, ère [kɔstymje, ɛʀ] n. Personne qui confectionne, vend, loue ou répare des costumes de théâtre, de cérémonie, de bal costumé, etc. – De *costume.*

cosy [kɔzi] ou **cosy-corner** [kɔzikɔʀnɛʀ] n. m. Ensemble d'ameublement (divan, étagères) disposé dans un coin de pièce. *Des cosys* ou *des cosies. Des cosy-corners.* – Mot angl., « (coin) confortable ».

cotan ou (anc.) **cotg** MATH Symbole de cotangente.

cotangente [kɔtɑ̃ʒɑ̃t] n. f. MATH Quotient du cosinus d'un arc par son sinus (symbole : cotan).

cotation [kɔtasjɔ̃] n. f. **1.** Action de coter. *Cotation en Bourse.* **2.** TECH Ensemble des cotes d'un dessin. – De *coter.*

cote [kɔt] n. f. **1.** Marque numérale dont on se sert pour classer les pièces d'un procès, d'un inventaire, les livres d'une bibliothèque, etc. *La cote d'un document à la Bibliothèque nationale.* **2.** FIN Indication du cours de valeurs mobilières. *Admission* de valeurs à la cote.* – *Par ext.* Bulletin où est publiée la cote des valeurs de la Bourse. **3.** *Par ext.* Évaluation, estimation de la valeur de diverses marchandises. *La cote d'une voiture à l'argus.* ▷ TURF *La cote d'un cheval :* le rapport entre la totalité des sommes engagées dans les paris sur une course et la part engagée sur chaque animal, et, *par ext.,* l'estimation des chances de chaque cheval en fonction de ce rapport. **4.** Cour., fam. *Cote d'amour* : partie de la note donnée à un candidat, qui tient compte d'éléments autres que ceux qui résultent des épreuves (antécédents, présentation, impression laissée au correcteur, au jury, etc.). – *Avoir la cote auprès de qqn*, être prisé, estimé de cette personne. **5.** TECH Chiffre qui indique une dimension (sur un schéma, sur un plan). ▷ GEOM Nombre qui indique, dans un système de coordonnées cartésiennes, la distance d'un point au plan horizontal. – *Par ext.* Désignation de ce point sur une carte. – Indications sur une courbe de niveaux. *Cote de niveau, d'altitude.* ▷ *Cote d'alerte* : niveau d'un fleuve au-delà duquel il y a risque d'inondation ; fig. seuil à partir duquel une situation devient critique. **6.** Part de chacun dans une dépense commune (partic., un impôt, une contribution, etc.). *La cote mobilière.* ▷ Fig. *Cote mal taillée* : dépense commune mal répartie ; compromis. – Lat. médiév. *quota*, de *quota pars*, « part qui revient à chacun ».

côte [kot] n. f. **I. 1.** Chacun des os longs et courbes qui forment la cage thoracique. *L'homme a douze paires de côtes.* ▷ Loc. fam. *On lui compterait les côtes, on lui voit les côtes* : il est très maigre. – Fig. *Rire à s'en tenir les côtes* : rire beaucoup. – Pop. *Avoir les côtes en long* : être très paresseux ; être courbatu. ▷ Loc. adv. *Côte à côte* : à côté l'un de l'autre. *Marcher côte à côte.* ▷ En boucherie : *côte de bœuf, côte de porc*, etc. **2.** *Par anal.* Saillie qui divise une surface courbe, dans divers objets. *Côtes d'un melon.* ▷ ARCHI *Côtes d'un dôme.* – *Côtes d'une colonne* : petites moulures séparant les cannelures. ▷ *Étoffe à côtes*, qui présente des lignes en relief sur sa surface. *Velours à grosses côtes.* **II. 1.** Pente d'une montagne ; route qui monte. *Une côte raide. Monter, descendre une côte.* ▷ GEOMORPH *Relief de côte*, caractérisé par un relief dissymétrique, provoqué par la présence d'une couche résistante, modérément inclinée et interrompue par l'érosion. Syn. cuesta. **2.** Rivage de la mer. *Côte escarpée. Une côte hérissée d'écueils.* ▷ MAR *Aller à, donner à la côte* : s'échouer sur le rivage. *Navire qui va à la côte.* – Fig. *Il est à la côte* : il est sans ressources, ses affaires vont très mal. – Lat. *costa*, « côté ».

coté, ée [kɔte] adj. **1.** *Être coté* : être apprécié, estimé. *Un acteur très coté.* **2.** FIN *Valeur cotée*, admise pour les transactions en Bourse. **3.** GEOM *Géométrie cotée*, dans laquelle un point est défini par sa projection sur un plan horizontal et par sa cote. ▷ TECH *Croquis coté* : représentation d'un objet par ses projections, avec l'indication de ses principales dimensions. – Pp. de *coter*.

côté [kote] n. m. **I. 1.** Partie du corps, de l'aisselle à la hanche, où sont situées les côtes. *Être blessé au côté.* ▷ Partie droite ou gauche du corps. *Être couché sur le côté.* **2.** GEOM Chacun des segments de droite formant le périmètre d'un polygone. *Les côtés d'un triangle.* ▷ Ligne, surface limitant un objet. *Les côtés d'un meuble, d'une boîte.* **3.** Une des parties, des faces d'une chose (par oppos. à l'autre, à l'une des autres, aux autres). *Le bulletin est imprimé sur un seul côté. Le potager est de l'autre côté du mur.* ▷ Partie latérale d'une chose. *Entrez par le côté gauche de la maison.* **II. 1.** Aspect, manière dont se présente une chose, une situation, une personne. *Les bons, les mauvais côtés de qqn, de qqch. Prendre la vie du bon côté.* **2.** Parti, camp, opinion. *Être du côté du plus fort. Mettre les rieurs de son côté.* **3.** Ligne de parenté. *Cousin du côté du père, parent du côté maternel.* **III.** Loc. **1.** Loc. prép. *À côté de* : près de, tout près de. *Le pain est sur la table, à côté du vin. Il habite à côté de son bureau.* ▷ *À mes (tes, nos...) côtés* : avec, auprès de moi (toi, nous...). Fig. Au(x) côté(s) de : avec, en soutenant. *Il a toujours milité à nos côtés.* ▷ En dehors de (en n'atteignant pas le but visé). *Le ballon est passé à côté du filet.* – Fig. *Passer complètement à côté de la question.* ▷ En comparaison de. *À côté d'elle, il paraît tout petit.* **2.** Loc. adv. *À côté* : tout près d'ici. *Il habite à côté.* **3.** Loc. prép. *Du côté de* : dans la direction de. *Il est parti du côté de la gare.* ▷ Dans les environs de. *Il s'est installé du côté de Bordeaux.* ▷ Avec, auprès de, en accord avec (qqn, un groupe, une opinion). *Être du côté des faibles.* ▷ Fam. *Du côté* ou, absol., *côté* : du point de vue de. *(Du) côté argent, ne vous inquiétez pas.* ▷ *De mon (ton, leur...) côté* : pour ma (ta, leur...) part. *Je pense, de mon côté, pouvoir faire qqch.* ▷ *De tout côté, de tous côtés* : de toute(s) part(s) ; dans toutes les directions. *Nous sommes cernés de tout côté. Courir de tous côtés.* ▷ *D'un côté..., de l'autre* : d'un point de vue..., de l'autre. *D'un côté il a raison, de l'autre il a tort.* **4.** Loc. adv. *De côté* : de biais, obliquement. *Regarder, marcher de côté.* ▷ Sur le côté. *Sauter de côté*, en faisant un écart. ▷ Fam. *Mettre de côté* : écarter, mettre en réserve. *Tu dis cela parce que tu mets de côté ton amour-propre. Mettre de l'argent de côté.* ▷ Fam. *Laisser de côté* : négliger, ne pas tenir compte de. *Laissons de côté nos divergences.* – Lat. pop. **costatum*, « partie du corps où sont les côtes ».

coteau [kɔto] n. m. **1.** Versant d'une colline. ▷ *Spécial.* Versant d'une colline planté de vignobles. **2.** Petite colline. – De *côte*.

côtelé, ée [kotle] adj. Couvert de côtes (surtout en parlant d'un tissu). *Velours côtelé.* – De *côte*.

côtelette [kotlɛt] n. f. **1.** Côte des animaux de boucherie de taille moyenne (mouton, porc). **2.** Fam. Côte (d'une personne). – Dimin. de *côte*.

coter [kɔte] v. tr. [1] **1.** Marquer d'un chiffre, d'une lettre, numéroter (un chapitre, les pages d'un document). **2.** FIN Marquer à la valeur du jour. *Coter des marchandises, des actions à la Bourse.* **3.** Apprécier par une note. *Coter la copie d'un candidat.* ▷ *Un restaurant très coté*, très apprécié. **4.** TECH Inscrire les cotes sur (un schéma, un plan, etc.). *Coter un croquis.* – De *cote*.

coterie [kɔtʀi] n. f. **1.** Anc. Association de paysans entretenant les terres du seigneur. **2.** Mod., péjor. Groupe de personnes se coalisant pour défendre leurs intérêts. *Coterie politique, littéraire. Rivalité de coteries.* – De l'anc. fr. *cotier*, « tenancier », du germ. *kote*, « cabane », puis « association de paysans ».

côtes-du-rhône [kotdyʀon] n. m. inv. Appellation de vins réputés de la vallée du Rhône au sud de Lyon.

coteur [kɔtœʀ] n. m. FIN Professionnel qui effectue des cotations en Bourse. – De *coter*.

cotg. V. cotan.

cothurne [kɔtyʀn] n. m. ANTIQ Bottine montant jusqu'à mi-jambe, lacée par-devant, chez les Grecs et les Romains. ▷ Anc. Chaussure à semelle épaisse portée par les acteurs tragiques. ▷ Par ext. Litt. *Le cothurne* : le genre tragique (par oppos. à *socque**). – Gr. *kothornos*.

coticé, ée [kɔtise] adj. HERALD Chargé de bandes diminuées de largeur traversant l'écu en diagonale. – P.-ê. de *(bande) costice*, de l'anc. fr. *coste*, « côte ».

cotidal, ale, aux [kɔtidal, o] adj. GEOGR, MAR *Courbe cotidale* : courbe passant par tous les points où la marée a lieu à la même heure. – Mot angl., de *co-*, et *tidal*, « de la marée ».

côtier, ère [kotje, ɛʀ] adj. (et n. m.) Relatif au bord de mer ; proche des côtes. *Population côtière.* – *Fleuve côtier*, qui prend sa source près des côtes. ▷ *Pilote côtier* ou, n. m., *côtier* : pilote qui a la connaissance, la pratique d'une côte. – De *côte*.

cotignac [kɔtiɲak] n. m. Confiture de coings. *Le cotignac d'Orléans.* – Provenç. *codonat*, de *codonh*, « coing ».

cotillon [kɔtijɔ̃] n. m. **1.** Anc. Jupon que portaient les femmes du peuple. ▷ Loc. fam. *Courir le cotillon* : courtiser les femmes. **2.** Danse terminant un bal. ▷ Danse avec jeux, réjouissances diverses pour une fête. *Accessoires de cotillon* ou *cotillons* : serpentins, confettis, etc. – De *cotte*.

cotinga [kɔtɛ̃ga] n. m. Bel oiseau passériforme (genre *Cotinga*) d'Amérique tropicale, de la taille d'un merle. – D'une langue amérindienne.

cotisant, ante [kɔtizɑ̃, ɑ̃t] adj. et n. Qui paie une cotisation. – Ppr. de *cotiser*.

cotisation [kɔtizasjɔ̃] n. f. **1.** Action de cotiser; somme ainsi réunie. **2.** Quote-part. *Verser sa cotisation.* – *Cotisation sociale :* versement obligatoire aux organismes d'assurance sociale. *Cotisations patronales, salariales.* – De *cotiser*.

cotiser [kɔtize] **1.** v. intr. [1] Payer sa quote-part. *Cotiser à un parti, à une mutuelle.* **2.** v. pron. Contribuer, en apportant chacun sa participation, à réunir une somme pour couvrir une dépense commune. *Se cotiser pour offrir un cadeau à qqn.* – De *cote*.

côtoiement [kotwamɑ̃] n. m. Fait de côtoyer. – De *côtoyer*.

coton [kɔtɔ̃] n. m. (et adj. inv.) **1.** Matière constituée par les longs poils de cellulose fixés aux graines du cotonnier. V. encycl. **2.** Étoffe fabriquée avec cette matière. *Une robe de coton imprimé.* **3.** Fil de coton. *Un écheveau de coton à broder.* **4.** *Coton hydrophile,* que l'on a débarrassé de ses substances graisseuses et résineuses. ▷ Fam. *Un coton :* un morceau de coton hydrophile. **5.** Loc. fig. *Élever un enfant dans du coton,* avec mollesse, en l'entourant de trop de soins. ▷ Fam. *Avoir les bras, les jambes en coton :* être très affaibli, ressentir une grande mollesse dans les membres. ▷ Fam. *Filer un mauvais coton :* être dans une situation difficile, pénible (pour sa santé, ses affaires, sa réputation). **6.** adj. inv. Pop. Difficile. *C'est coton. Des affaires coton.* – Ital. *cottone*; de l'ar. *qoton*.

cotonéaster [kɔtɔneastɛʀ] n. m. Arbrisseau ornemental (genre *Cotoneaster*, fam. rosacées) originaire de l'Himalaya et de l'Extrême-Orient, au feuillage fin et aux fruits rouges ou orangés. – Lat. mod.

cotonnade [kɔtɔnad] n. f. Étoffe de coton, pur ou mélangé. – De *coton*.

cotonner (se) [kɔtɔne] v. pron. [1] Se couvrir d'un léger duvet rappelant les fibres de coton. *Une étoffe qui se cotonne après le premier lavage.* ▷ *Fruit qui se cotonne,* dont la pulpe devient molle et spongieuse. – De *coton*.

cotonnerie [kɔtɔnʀi] n. f. **1.** Culture du coton. **2.** Lieu où se cultive, où se travaille le coton. – De *coton*.

cotonneux, euse [kɔtɔnø, øz] adj. **1.** Dont l'aspect, la consistance rappelle la ouate. *Un ciel cotonneux.* **2.** Couvert de poils fins. *Fruit cotonneux.* ▷ *Poire, pomme cotonneuse,* qui s'est cotonnée. – De *coton*.

cotonnier, ère [kɔtɔnje, ɛʀ] n. et adj. **1.** n. m. Végétal herbacé annuel, ou arbustif vivace (genre *Gossypilum*, fam. malvacées), à grandes fleurs jaunes, originaire de l'Inde, cultivé dans tous les pays chauds pour la fibre qui entoure ses graines dont on tire de l'huile. **2.** n. Personne qui travaille le coton. **3.** adj. Qui a rapport au coton. *Industrie, production cotonnière.* – De *coton*.

coton-poudre [kɔtɔ̃pudʀ] n. m. Substance explosive formée de cellulose nitrée. Syn. fulmicoton.

coton-tige [kɔtɔ̃tiʒ] n. m. Bâtonnet aux deux extrémités duquel est enroulé du coton hydrophile, pour nettoyer les oreilles ou le nez. *Des cotons-tiges.* – Nom déposé.

côtoyer [kotwaje] v. tr. [23] **1.** Aller côte à côte avec, marcher auprès de (qqn). *Côtoyer chaque jour les mêmes personnes sur le même trajet.* ▷ Fig. Fréquenter, être en relation avec. *Il côtoie de nombreux médecins dans sa profession.* **2.** Aller le long de. *La route côtoie la rivière.* ▷ Fig. Frôler, être proche de (qqch). *Une histoire, une personne qui côtoie le ridicule.* – De *côte*.

cotre [kɔtʀ] n. m. Voilier à un mât, gréant foc et trinquette. – De l'angl. *cutter*, «qui fend» (l'eau).

cottage [kɔtaʒ; kɔtɛdʒ] n. m. Petite maison de campagne, coquette et rustique. – Mot angl., «maison de fermiers» (V. coterie).

cotte [kɔt] n. f. **I. 1.** Vx Tunique. **2.** Vx Courte jupe plissée. **3.** Vêtement de travail couvrant les jambes et la poitrine. *Cotte de plombier.* **4.** Anc. *Cotte d'armes :* tunique qui se portait sur la cuirasse. ▷ *Cotte de mailles :* armure souple faite de mailles de fer, en forme de tunique. **II.** Chabot (poisson). – Frq. **kotta*.

cotutelle [kotytɛl] n. f. DR Tutelle dont une personne est chargée avec une autre.

cotuteur, trice [kotytœʀ, tʀis] n. DR Personne chargée avec une autre d'une tutelle.

cotyle [kɔtil] n. m. ou f. ANAT Cavité d'un os dans laquelle s'articule la tête d'un autre os. – Gr. *kotulê*.

cotylédon [kɔtiledɔ̃] n. m. **1.** ANAT Ensemble des masses charnues situées sur la face maternelle du placenta, qu'elles relient à l'utérus. **2.** BOT Feuille primordiale constitutive de l'embryon des préphanérogames et des phanérogames. – Gr. *kotulêdôn*, «creux d'une coupe».

cotylédoné, ée [kɔtiledɔne] adj. BOT Dont les embryons sont pourvus de cotylédons. – De *cotylédon*.

cotyloïde [kɔtilɔid] adj. *Cavité cotyloïde :* cavité de l'os iliaque où s'articule la tête fémorale. – De *cotyle*, et *-oïde*.

cou [ku] n. m. **1.** Partie du corps qui joint la tête au thorax. *Porter un bijou, un foulard autour du cou. Avoir un long cou.* **2.** Loc. *Passer la corde au cou de qqn,* le pendre; fig. l'épouser. ▷ Loc. fig. *Tendre le cou* (pour que le bourreau le coupe) : se laisser maltraiter sans résister. ▷ *Se casser, se rompre le cou :* se blesser grièvement en tombant; fig. échouer. ▷ *Laisser la bride sur le cou à qqn :* V. bride. ▷ *Sauter, se jeter au cou de qqn,* l'embrasser avec chaleur, effusion. ▷ *Prendre ses jambes à son cou :* se sauver en courant. ▷ *Jusqu'au cou :* complètement. *Être dans les soucis, le travail jusqu'au cou.* **3.** *Par anal.* Partie longue et amincie d'un récipient. *Le cou d'une bouteille, d'une aiguière.* – Du lat. *collum*.

couac [kwak] n. m. Son faux, ou déplaisant pour l'oreille, produit par un chanteur ou un instrument à vent. *Faire un couac.* – Onomat.

couagga [kwaga] n. m. ZOOL Zèbre (*Equus quagga quagga*) auj. disparu, dont l'arrière-train n'était pas rayé. – Onomat. du cri de cet animal.

couard, arde [kwaʀ, aʀd] adj. et n. Lâche, poltron. – De l'a. fr. *coe*, «queue».

couardise [kwaʀdiz] n. f. Poltronnerie, lâcheté. – De *couard*.

couchage [kuʃaʒ] n. m. Action de coucher, de se coucher. *Sac de couchage.* ▷ *Par ext.* Ensemble des objets qui servent à se coucher. – De *coucher* 1.

couchant, ante [kuʃɑ̃, ɑ̃t] adj. et n. m. **1.** adj. Qui se couche. *Soleil couchant.* ▷ CHASSE *Chien couchant :* chien d'arrêt qui se couche dès qu'il flaire le gibier. – Fig. *Faire le chien couchant :* s'abaisser, flagorner pour plaire. **2.** n. m. Endroit de l'horizon où le soleil se couche; son aspect. ▷ Moment où le soleil se couche. *Partir au couchant.* – Ppr. de *coucher* 1.

couche [kuʃ] n. f. **I. 1.** Litt. Lit. *La couche nuptiale. Partager, délaisser la couche de qqn.* **2.** (Plur.) Période d'alitement qui suit l'accouchement. *Être en couches. Mourir en couches.* ▷ Accouchement. *Couches difficiles.* ▷ Sing. *Fausse* couche.* **3.** Linge (auj. bande absorbante et jetable) dont on enveloppe un bébé de la taille aux cuisses de façon à former une protection. – *Des couches-culottes.* **II. 1.** Substance étalée sur une surface. *Passer une couche de peinture.* **2.** HORTIC Terre à laquelle on incorpore du fumier dont la fermentation provoque une élévation de température favorable à la germination et à la croissance des jeunes plantes. *Champignons de couche.* **3.** PHYS *Couche mince* : dépôt d'une épaisseur de l'ordre d'un micron. **4.** PHYS NUCL *Couche de demi-atténuation* : épaisseur d'une substance qui absorbe 50 % d'un rayonnement. **5.** PHYS *Couche électronique d'un atome* : chacun des niveaux d'énergie correspondant à une probabilité de présence d'un ou plusieurs électrons. ▷ *Couche limite* : dans l'écoulement d'un fluide le long d'une paroi solide, mince couche du fluide influencé par le contact avec la paroi. **6.** Pop. *En avoir, en tenir une couche* : être stupide. **III. 1.** Épaisseur de substance, de matière (considérée avec d'autres). *Les couches de l'atmosphère.* ▷ GEOL Lit rocheux dont la composition est relativement homogène, l'épaisseur plus ou moins importante, la surface étendue, et qui s'est sédimenté dans des conditions géologiques constantes. *Couche calcaire.* Syn. strate. **2.** Fig. Classe sociale, catégorie de personnes. *Les couches les plus défavorisées, les couches possédantes.* **IV.** TECH **1.** *Plaque de couche* : armature métallique de la tranche d'une arme à feu. **2.** *Arbre de couche* : arbre moteur. – De *coucher* 1.

couché, ée [kuʃe] adj. (et n. m.) **1.** Allongé sur un lit, étendu. *Rester couché une journée.* ▷ Prêt pour le sommeil ; endormi. *À cette heure-là, ils doivent être couchés.* **2.** Incliné, penché. *Navire couché,* incliné sous l'action du vent. – GEOL *Pli couché, incliné sous l'effet de l'érosion.* **3.** *Papier couché* : papier couvert d'une couche d'enduit qui le rend lisse et brillant. ▷ n. m. *Un beau couché.* – Pp. de *coucher.*

1. coucher [kuʃe] v. [1] **I.** v. tr. **1.** Étendre de tout son long (qqn, qqch qui est normalement vertical). *Coucher une armoire pour la réparer. Coucher un blessé sur une civière.* ▷ Mettre au lit. *Coucher un enfant.* ▷ *Coucher qqn chez soi,* l'héberger. ▷ *Coucher un fusil en joue,* l'épauler pour viser. – Par ext. *Coucher en joue* : viser. **2.** Incliner, pencher. *La pluie a couché les blés.* **3.** Étendre, étaler en couche. *Coucher une couleur sur une surface.* **4.** Fig., litt. *Coucher par écrit* : consigner. ▷ *Coucher qqn, coucher une clause sur son testament* : V. inscrire, insérer. **II.** v. intr. **1.** S'allonger pour prendre du repos. *Coucher sur un lit de camp.* **2.** *Coucher avec qqn* : passer la nuit avec qqn dans le même lit ; fam. avoir des relations sexuelles avec qqn. **3.** Passer la nuit. *Coucher à l'hôtel, à la belle étoile, chez des amis.* **4.** Loc. fam. *Un nom à coucher dehors,* difficile à prononcer, à comprendre. **III.** v. pron. **1.** S'allonger pour se reposer. *Se coucher dans l'herbe.* ▷ Se mettre au lit. *Se coucher tous les soirs à la même heure.* ▷ Prov. *Comme on fait son lit, on se couche* : on prépare son avenir par sa conduite actuelle. **2.** Se pencher en avant, se courber. *Se coucher sur le guidon de sa bicyclette.* **3.** Descendre sous l'horizon (soleil, astres). *Le soleil se couche.* Ant. se lever. – Lat. *collocare,* « placer, étendre ».

2. coucher [kuʃe] n. m. **1.** Action, moment de se coucher, de se mettre au lit. *Les préparatifs du coucher.* **2.** Moment où un astre disparaît sous l'horizon. *Le coucher du soleil.* ▷ *Coucher de soleil* : représentation (peinte, photographique, etc.) du soleil se couchant. – De *coucher* 1.

coucherie [kuʃʀi] n. f. (Souvent plur.) Pop., péjor. Rapports sexuels sans amour. – De *coucher* 1.

couchette [kuʃɛt] n. f. Lit étroit, dans une cabine de navire, un compartiment de chemin de fer, etc. – De *coucher* 1.

coucheur, euse [kuʃœʀ, øz] n. Fig., fam. *Mauvais coucheur* : personne difficile à vivre, chicanière. – De *coucher* 1.

couchis [kuʃi] n. m. CONSTR Lit de sable, de terre, de lattes préparé pour un pavage, un plancher. *Couchis de lattes.* – De *coucher* 1 sens 3.

couchitique [kuʃitik] adj. LING Qualifie un groupe de langues d'Afrique orientale, parlées princ. en Somalie, appartenant à la famille chamito-sémitique. – De *Couch,* nom donné par les Anciens à la Nubie et au Soudan central actuels.

couci-couça [kusikusa] loc. adv. Fam. À peu près, ni bien ni mal. – Altér. d'apr. *comme ci, comme ça,* de *coussi-coussi* ; ital. *così così,* « ainsi ainsi ».

coucou [kuku] n. m. **1.** Oiseau de silhouette allongée, à longue queue, généralement de mœurs parasites. (Le coucou commun d'Europe, *Cuculus canorus,* gris à ventre blanc, atteint 35 cm de long et hiverne en Afrique. La femelle pond ses œufs dans le nid d'autres oiseaux qui élèvent le jeune coucou, lequel expulse leurs oisillons et leurs œufs.) **2.** Nom des autres oiseaux du genre *Cuculus* et de la fam. des cuculidés. **3.** Nom cour. des primevères sauvages, des narcisses des bois et de diverses anémones à fleurs jaunes. **4.** Pendule de style rustique dont la sonnerie imite le cri du coucou. **5.** Aux XVIIIe et XIXe s., petite voiture publique à deux roues. **6.** Fam. Vieil avion ; petit avion. **7.** *Coucou !* : interj. des enfants jouant à cache-cache ou de qqn manifestant plaisamment sa présence, son arrivée. – Du lat. *cuculus,* onomat.

coucoumelle [kukumɛl] n. f. Nom usuel de divers champignons (spécial. de l'amanite vaginée, comestible). – Provenç. mod. *coucoumèlo.*

coude [kud] n. m. **1.** Articulation entre le bras et l'avant-bras, formée, en haut, par le condyle de l'humérus, en bas, par les têtes cubitale et radiale. *Mettre, poser les coudes sur la table. Donner un coup de coude à qqn.* ▷ Loc. fig., fam. *Lever le coude* : boire beaucoup. – *Huile de coude* : dépense d'énergie musculaire, mouvement. *Frotte, n'aie pas peur d'employer l'huile de coude !* – *Se serrer les coudes* : se soutenir mutuellement. – *Au coude à coude* : en se tenant très proches les uns des autres. ▷ Loc. fam. *Jouer des coudes* : se frayer un passage au milieu d'un grand nombre de personnes en les écartant sans ménagement ; fig. faire son chemin sans souci d'autrui. **2.** Dans un vêtement, partie de la manche couvrant le coude. *Veste trouée aux coudes.* **3.** ZOOL Articulation de la patte antérieure des onguligrades, analogue au coude de l'homme, mais intégrée dans le corps. *Coude de l'âne.* **4.** *Coude d'un chemin, d'une rivière, d'un tuyau* : angle. – Du lat. *cubitus.*

coudée [kude] n. f. **1.** Anc. Mesure de longueur (env. 0,50 m). **2.** Loc. mod. *Avoir les coudées franches* : pouvoir agir librement, sans contrainte. – De *coude.*

cou-de-pied [kudpje] n. m. Partie supérieure du pied, articulée avec la jambe. *Des cous-de-pied.* – De *cou,* et *pied.*

couder [kude] v. tr. [1] Plier en forme de coude. *Couder une barre à angle droit.* – De *coude.*

coudière [kudjɛʀ] n. f. Accessoire servant à protéger le coude des chocs. – De *coude.*

coudoiement [kudwamɑ̃] n. m. Fait de coudoyer. – De *coudoyer.*

coudoyer [kudwaje] v. tr. [23] **1.** Vx Heurter du coude. **2.** Se trouver en contact avec. *Coudoyer qqn dans la foule.* – (Abstrait) *Un discours dans lequel la démagogie coudoie la médiocrité.* – De *coude.*

coudraie [kudʀɛ] n. f. Lieu planté de coudriers. – De l'a. fr. *coudre,* anc. nom du *coudrier.*

coudre [kudʀ] v. tr. [76] Joindre au moyen d'un fil passé dans une aiguille. *Coudre un bouton.* ▷ *Coudre la manche, le col d'une chemise,* les réunir au corps du vêtement. ▷ (S. comp.) *Coudre bien, vite. Coudre à la machine, à la main.* ▷ *Coudre une plaie,* la refermer chirurgicalement. ▷ *Coudre les cahiers d'un livre,* en assembler les pages par un fil pour former une brochure. ▷ *Machine à coudre,* qui permet d'exécuter des travaux de couture. *Le premier modèle de machine à coudre, dû à*

Thimonnier, date de 1830. – Du lat. pop. **cosere*, class. *consuere*, de *suere*, « coudre ».

coudrier [kudʀije] n. m. Noisetier, avelinier. – Du lat. pop. *colurus*.

couenne [kwan] n. f. **1.** Épiderme fibreux, très résistant, du porc. **2.** Peau de cochon flambée et raclée. *Couenne de lard.* **3.** Pop. Peau de l'homme. *Se gratter la couenne* : se raser. ▷ Péjor. Personne imbécile, maladroite. – Du lat. pop. **cutinna*, de *cutis*, « peau ».

couenneux, euse [kwanø, øz] adj. **1.** Semblable à la couenne. **2.** Recouvert d'une couenne. ▷ MED *Angine couenneuse* : diphtérie. – De *couenne*.

1. couette [kwɛt] n. f. Édredon de plume ou de matière synthétique qui, mis dans une housse, remplace le drap et la couverture. – Du lat. *culcita*, « oreiller ».

2. couette [kwɛt] n. f. Fam. Petite touffe de cheveux retenue par un lien. – De l'anc. fr. *coue*, « queue ».

couffin [kufɛ̃] n. m. Rég. Cabas souple. ▷ Son contenu. *Un couffin de pommes.* ▷ Cour. Berceau transportable en paille ou en osier, muni d'anses. – Provenç. mod. *coufo*, bas lat. *cophinus*, « panier », par l'ar. *kūfa*.

coufique [kufik] adj. et n. m. De Coufa, v. auj. en Irak *(Kūfa)*. ▷ *L'écriture coufique* ou, n. m., *le coufique* : la calligraphie arabe utilisée notam. sur les monuments dès les premiers siècles de l'hégire. – Du n. de la ville.

couguar [kugaʀ] ou **cougouar** [kugwaʀ] n. m. Puma. – Du portug. *cucuarana*, du tupi *susuarana*, d'apr. *jaguar*.

couic ! [kwik] interj. Onomat. imitant le son d'un cri étranglé.

couille [kuj] n. f. Vulg. Testicule. – Pop., plaisant Qqch qui ne va pas, qui cloche. *Y a une couille là-dedans !* – Du bas lat. **colea*, du lat. *coleus*, « sac de cuir ».

couillon, onne [kujɔ̃] n. et adj. Pop. Idiot, imbécile. – De *couille*.

couillonnade [kujɔnad] n. f. Pop. Sottise, erreur grossière. – De *couillon*.

couillonner [kujɔne] v. tr. [1] Pop. Tromper, gruger. – De *couillon*.

couinement [kwinmɑ̃] n. m. Cri du lièvre, du lapin. – De *couiner*.

couiner [kwine] v. intr. [1] Pousser de petits cris aigus. – Onomat.

coulabilité [kulabilite] n. f. METALL Qualité d'un alliage qui se coule facilement. – De *couler*.

coulage [kulaʒ] n. m. **1.** Action de couler (sens II, 1). ▷ TECH *Coulage d'un métal, du béton.* **2.** Fam. Perte provenant de gaspillages, de petits larcins. – De *couler* (dans un moule).

1. coulant [kulɑ̃] n. m. **1.** Anneau (d'une ceinture, d'une courroie). **2.** BOT Stolon du fraisier. – Ppr. subst. de *couler*.

2. coulant, ante [kulɑ̃, ɑ̃t] adj. **1.** Qui coule. *Camembert coulant.* ▷ *Nœud coulant*, qui se serre quand on tire l'extrémité du lien. **2.** Aisé, qui semble se faire sans effort. *Style coulant.* **3.** Fam. Accommodant, facile, indulgent. *Un patron très coulant.* – Ppr. de *couler*.

1. coule [kul] n. f. Long vêtement à capuchon de certains religieux. – Du lat. *cuculla*, de *cucullus*, « capuchon ».

2. coule (à la) [alakul] loc. adv. Pop. *Être à la coule* : être au courant, informé; être habitué aux astuces d'une pratique, d'un métier. *C'est un gars à la coule.* – De *couler*.

coulé [kule] n. m. **1.** MUS Liaison entre deux ou plusieurs notes. **2.** JEU Au billard, coup par lequel une bille suit presque la même ligne que la première bille touchée. **3.** SPORT En escrime, action de glisser le fer le long de la lame adverse. – Pp. de *couler*.

coulée [kule] n. f. **1.** GEOL Terrain pâteux répandu en discordance sur d'autres terrains et solidifié par la suite. *Coulée de lave, de boue.* **2.** VEN Trace laissée par le passage répété d'un animal dans des buissons, un sous-bois, etc. **3.** METALL Action de couler un métal; masse de métal que l'on coule. *Coulée continue* : technique consistant à couler le métal en continu et à lui faire subir un premier laminage. – De *couler*.

coulemelle [kulmɛl] n. f. Lépiote à chapeau comestible et à pied coriace. – Lat. *columella*.

couler [kule] v. [1] **I.** v. intr. **1.** Se mouvoir, aller d'un endroit à un autre d'un mouvement continu (liquides). *Le ruisseau coule lentement.* ▷ Se liquéfier. *Cire, beurre qui coule.* **2.** Laisser échapper un liquide. *Le tonneau coule. Robinet qui coule goutte à goutte.* **3.** Sortir, s'échapper (liquides). *Le sang coulait de sa lèvre fendue. Laisser couler ses larmes.* ▷ *Faire couler le sang* : être responsable d'un massacre, d'une guerre, de blessures. *Une guerre qui a fait couler beaucoup de sang.* ▷ Fig. *Faire couler de l'encre* : susciter de nombreux écrits. ▷ (Choses) *Couler de source* : être la conséquence évidente, naturelle. **4.** Glisser, s'échapper. *Farine, sable qui coule dans la main.* ▷ Fig. *L'argent lui coule entre les doigts* : il est très dépensier. **5.** Passer, s'écouler (temps). *Les jours coulaient paisiblement.* **6.** S'enfoncer, disparaître dans l'eau. *Le navire a coulé.* ▷ Fig. *Une affaire, une entreprise qui coule.* Syn. sombrer. **II.** v. tr. **1.** Faire passer un liquide d'un récipient dans un autre. **2.** Verser (une substance fluide) dans un moule où elle se solidifie. *Couler du béton, de l'acier en fusion.* **3.** Glisser, faire passer discrètement (qqch) quelque part. *Couler une pièce de monnaie dans la main de qqn.* – Par ext. *Couler un regard à qqn.* **4.** MUS *Couler des notes*, les jouer, les chanter liées. **5.** *Couler un navire*, le faire sombrer. ▷ Fig. Ruiner, discréditer. *Couler qqn, couler une maison de commerce.* **6.** Passer (son temps). *Couler des jours heureux.* ▷ v. pron. Loc. fam. *Se la couler douce* : mener une vie agréable, sans soucis. **III.** v. pron. **1.** Se glisser adroitement, furtivement. *Se couler le long d'un mur.* **2.** Fig. Se perdre, perdre son crédit. – Du lat. *colare*.

couleur [kulœʀ] n. f. **I. 1.** Impression produite sur l'œil par les diverses radiations constitutives de la lumière; qualité particulière de ces radiations. *Les couleurs du prisme. Couleurs simples, couleurs composées. Robe de couleur claire, vive, passée.* ▷ (En appos.) *Ruban couleur chair, couleur acajou.* **2.** Toute couleur qui n'est ni noire ni grise ni blanche. *Une carte postale en couleurs.* ▷ Tissu, vêtement de couleur. *Laver le blanc et les couleurs séparément.* **3.** (Plur.) Habit, signe distinctif (d'un groupe). *Porter les couleurs d'un club sportif.* ▷ *Les couleurs* : le pavillon national. *Envoyer, hisser les couleurs.* **4.** Chacune des quatre marques (trèfle, carreau, cœur, pique) dans un jeu de cartes. ▷ *Annoncer la couleur*, la couleur de l'atout; fig. Expliquer clairement ses intentions. **5.** Teint, carnation du visage. *Avoir des couleurs* : avoir le teint rose, frais, signe de bonne santé. ▷ *Changer de couleur* : pâlir, rougir à la suite d'une émotion. ▷ *Homme de couleur*, qui n'est pas de race blanche (spécial. homme à la peau noire ou très brune). **6.** Coloris (d'un tableau). *Des couleurs trop contrastées.* **II.** Substance colorante. *Broyer, mélanger des couleurs. Marchand de couleurs* : droguiste. **III. 1.** *Couleur locale*, propre à chaque objet indépendamment de son exposition particulière à la lumière; fig. ensemble des caractéristiques extérieures des personnes et des choses en un lieu et à une époque donnés. **2.** Opinion professée (partic. politique). *La couleur d'un journal.* **3.** Apparence, aspect sous lequel se présente une situation. *Voir l'avenir sous de sombres couleurs. Cet incident a une couleur comique. La couleur du temps.* – Loc. *Haut en couleur* :

qui a le teint très coloré ; fig. d'une originalité accentuée. ▷ Loc. prép. *Sous couleur de* : sous prétexte de. *Calomnier sous couleur de défendre.* **4.** Loc. prov. *Des goûts et des couleurs, il ne faut disputer* : chacun peut avoir son opinion. ▷ Fam. *En faire voir de toutes les couleurs à qqn,* l'ennuyer de mille façons. ▷ Fam. *Ne pas voir la couleur de (qqch)* : n'avoir jamais pu voir, apprécier (qqch), ou bénéficier de (qqch, partic. de ce qui vous est dû). *Je n'ai jamais vu la couleur de ce qu'il me doit.* **IV.** PHYS NUCL Grandeur qui détermine les interactions qu'un quark* peut exercer. – Lat. *color, coloris.*

ENCYCL **Phys.** Un corps apparaît coloré parce qu'il ne diffuse et ne réfléchit qu'une partie de la lumière blanche qu'il reçoit, ou parce qu'il émet lui-même de la lumière s'il est porté à une température suffisante. On peut décomposer une lumière blanche à l'aide d'un prisme ; les couleurs fondamentales sont le rouge, l'orangé, le jaune, le vert, le bleu, l'indigo et le violet. Deux couleurs dont la superposition donne la teinte blanche sont appelées *complémentaires* (par ex. le violet est la couleur complémentaire du jaune). Une couleur quelconque peut être créée à partir des trois couleurs *primaires* (le rouge, le jaune et le bleu) ou de leurs couleurs complémentaires. C'est le principe de la quadrichromie, utilisé dans l'imprimerie, la photographie, le cinéma et la télévision.

couleuvre [kulœvʀ] n. f. Serpent (fam. colubridés) dont la mâchoire supérieure est dépourvue de crochets venimeux, très répandu en Europe. (La couleuvre à collier, *Natrix natrix,* aquatique, fréquente en France, atteint 2 mètres de long. La couleuvre de Montpellier [genre *Malpolon*] atteint 2,50 m de long et possède des crochets venimeux dans la gorge.) ▷ Fig. *Avaler des couleuvres* : essuyer des affronts sans protester ; croire n'importe quoi. – Lat. *colubra,* « couleuvre femelle ».

couleuvreau [kulœvʀo] n. m. Petit de la couleuvre. – De *couleuvre.*

couleuvrine [kulœvʀin] n. f. MILIT Ancienne pièce d'artillerie au canon allongé. – De *couleuvre.*

coulis [kuli] adj. et n. m. **I.** adj. *Vent coulis,* qui se glisse par les fentes. **II.** n. m. **1.** Suc, extrait obtenu en passant au tamis un aliment cru ou après cuisson lente et prolongée. *Coulis de tomates.* **2.** CONSTR Substance assez fluide (mortier, plâtre, métal fondu) pour pénétrer dans les joints. – De *couler.*

coulissant, ante [kulisɑ̃, ɑ̃t] adj. Monté sur une (des) coulisse(s) ; qui coulisse. – Ppr. de *coulisser.*

coulisse [kulis] n. f. **1.** COUT Repli ménagé dans une étoffe pour passer un cordon, un ruban, etc., et serrer à volonté. *Passer un lacet dans une coulisse.* **2.** TECH Rainure permettant à une pièce mobile de se déplacer par glissement. *Porte à coulisse. Pied à coulisse* : V. pied (sens C, 4). **3.** THEAT Rainure sur laquelle glissent les châssis mobiles des décors. ▷ (Sing. et plur.) Partie d'un théâtre, invisible du public, derrière les décors. – Fig. *Rester dans la (les) coulisse(s)* : ne pas se montrer, laisser ignorer sa présence. – Fig., péjor. *Les coulisses de la politique,* les manœuvres cachées. **4.** FIN Avant 1962, marché assuré à la Bourse par les courtiers. – De l'adj. *coulis.*

coulisseau [kuliso] n. m. TECH Pièce qui se meut dans une coulisse. – De *coulisse.*

coulissement [kulismɑ̃] n. m. Fait de coulisser, glissement sur coulisse. – De *coulisser.*

coulisser [kulise] v. [1] **1.** v. tr. COUT Munir d'une (de) coulisse(s). *Coulisser un sac de toile.* **2.** v. intr. Glisser sur des coulisses. *Porte qui coulisse.* – De *coulisse.*

coulissier [kulisje] n. m. FIN Courtier qui négociait des valeurs sur le marché de la coulisse (sens 4). – De *coulisse.*

couloir [kulwaʀ] n. m. **1.** Passage de dégagement, de forme allongée, qui permet d'aller d'un point à un autre. *Couloir d'un appartement, d'un immeuble. Les couloirs du métro.* ▷ (Plur.) Galeries avoisinant une salle de séance. *Les couloirs du Palais-Bourbon. Bruits de couloirs* : nouvelles officieuses recueillies dans les couloirs. **2.** GEOL Passage étroit délimité au sein d'un relief, d'une étendue. *Rivière encaissée dans un couloir pierreux.* – *Couloir d'avalanches* : chemin encaissé sur une pente montagneuse, suivi généralement par les avalanches. ▷ *Couloir d'autobus* : passage sur une voie de circulation, réservé aux véhicules de transport en commun, aux taxis et aux véhicules de secours d'urgence. ▷ SPORT Bande délimitée sur une piste d'athlétisme, dans un bassin de natation, etc., réservée à un seul concurrent (sauf dans les relais). ▷ AVIAT *Couloir aérien* : itinéraire imposé à la circulation aérienne. – De *couler.*

coulomb [kulɔ̃] n. m. PHYS Unité SI de charge électrique (symbole C). *Un coulomb = 1 ampère × 1 seconde.* – Du n. du physicien fr. C. de *Coulomb* (1736-1806).

coulomètre [kulɔmɛtʀ] ou **coulombmètre** [kulɔ̃mɛtʀ] n. m. ELECTR Appareil servant à mesurer une quantité d'électricité. – De *coulomb.*

coulométrie [kulɔmetʀi] n. f. Méthode de dosage d'un corps par la mesure de la quantité d'électricité nécessaire pour l'oxyder ou le réduire complètement. – De *coulomètre.*

coulommiers [kulɔmje] n. m. Fromage de lait de vache, à pâte molle et à croûte fleurie. – Du n. de la v. de *Coulommiers* (Seine-et-Marne).

coulpe [kulp] n. f. Vx Faute, péché. ▷ Anc. *Battre sa coulpe* : se frapper la poitrine en disant « mea culpa » (c'est ma faute) ; *par ext.,* mod. avouer sa culpabilité, montrer son repentir. – Lat. *culpa.*

coulure [kulyʀ] n. f. **1.** Traînée laissée par ce qui a coulé. *Une coulure de peinture.* **2.** TECH Partie du métal qui coule par les joints du moule pendant la fonte. **3.** BOT Altération ou élimination du pollen des végétaux par des éléments atmosphériques (froid, pluie persistante, etc.), ce qui rend impossibles la fécondation et la fructification, spécial. de la vigne. Syn. millerandage. – De *couler.*

coumarine [kumaʀin] n. f. Substance odorante contenue dans la fève tonka, fruit d'un arbre d'Amérique du S. (coumarou) utilisée en pharmacie pour son pouvoir anticoagulant. – De *coumarou,* mot de la Guyane.

country [kuntʀi] n. f. (ou m.) Genre musical issu de la musique folklorique américaine. – Abrév. de l'angl. *country music,* de *country,* « campagne », et *music,* « musique ».

coup [ku] n. m. **I.** Choc produit par le heurt violent de deux corps ; résultat du choc. *Enfoncer un clou à coups de marteau. Frapper à grands coups.* **1.** Choc violent que reçoit une personne que l'on frappe. *Coup de pied, de poing.* ▷ *Sans coup férir*.* ▷ *Coup de grâce,* par lequel on assure la fin d'un condamné à mort ; fig. événement, action qui aggrave une situation déjà difficile. ▷ *Coup bas* : en boxe, coup donné au-dessous de la ceinture ; fig. action déloyale. ▷ *Coup de pied de l'âne*.* ▷ Fig. *Coup de bec*, coup de patte*.* ▷ Fig. *Faire d'une pierre* deux coups.* ▷ Fig. *Coup d'épée dans l'eau,* acte sans résultat. **2.** Décharge d'une arme à feu. *Coup de revolver, de pistolet. Coup de semonce*.* ▷ *Faire coup double* : tuer deux pièces d'un même coup de feu ; fig. obtenir deux résultats par la même action. **3.** Blessure de la sensibilité, choc moral. *Sa mort a été un coup terrible pour elle.* ▷ Fam. *Être aux cent* coups.* – *Tenir le coup* : résister aux épreuves physiques et morales. – *Coup dur* : ennui, épreuve pénible. **4.** SPORT *Coup franc* : sanction contre une équipe qui a commis une faute. ▷ *Coup de pied de réparation* : V. penalty. ▷ *Coup droit.* Au tennis, coup puissant par lequel on renvoie la balle presque horizontalement, au ras du filet. Syn. drive. En escrime, mouvement rectiligne de la pointe vers la cible adverse, coordonné avec un mouvement du corps. **II.** Action de très courte durée accomplie en une seule fois. **1.** Action soudaine d'un élément naturel. *Coup de tonnerre.* ▷ METEO *Coup de vent*.* ▷ Fig. *Coup de foudre*.* **2.** CUIS *Coup de feu*.* **3.** MAR *Coup de barre*.* **4.** Mouvement bref et rapide (d'une partie du corps). *Coup d'œil*.* ▷ Fig. *Donner un coup de main*, de pouce*, d'épaule*.* ▷ MILIT *Coup de main*.* ▷ Fam. *Coup de gueule* : engueulade soudaine et de courte durée. **5.** Mouvement, action produite par un outil, un ustensile, un instrument que l'on manie. *Coup de balai*, de plumeau.* – *Coup de filet*.* ▷ *Coup de téléphone** ou (fam.) *coup de fil*.* **6.** Bruit soudain. *Entendre des coups de feu. Coup de sonnette. Les douze coups de minuit.* **7.** Action ponctuelle, momentanée. *Faire un mauvais coup. Tenter le coup. Faire les cent** (ou *les quatre cents*) *coups.* – Fam. *Manquer son coup* : échouer. – Fam. *Être dans le coup* : participer à une action; être informé. ▷ *Coup de maître* : action remarquable, ouvrage très réussi. – *Coup d'essai* : première tentative. **8.** Action soudaine, entraînant des bouleversements. *Coup d'État*.* – *Coup de théâtre*.* **9.** Quantité absorbée, consommée en une fois. *Boire à petits coups.* ▷ Pop. *Offrir, payer un coup, le coup* : inviter à boire. **III.** Loc. **1.** Loc. adv. *À coup sûr* : sûrement, certainement. ▷ *Après coup* : plus tard, une fois la chose faite. *Je m'en suis aperçu après coup.* ▷ *Coup sur coup* : l'un après l'autre, sans interruption. ▷ *Tout à coup, tout d'un coup* : soudain, subitement. ▷ *Sur le coup* : à l'instant même, immédiatement. *Sur le coup, je n'ai pas compris.* **2.** Loc. prép. *Sous le coup de* : sous la menace de, sous l'effet de. *Il est encore sous le coup du choc.* ▷ *À coups de, à grands coups de* : en frappant avec. *Fendre des bûches à coups de hache.* – Fig. En se servant de. *Traduire à coups de dictionnaires.* – Du lat. *colaphus,* lat. pop. *colpus,* gr. *kolaphos.*

coupable [kupabl] adj. et n. **1.** Qui a commis une faute, un délit, un crime. *Se rendre coupable de vol. L'accusé est reconnu coupable.* – Subst. *On a retrouvé le coupable.* ▷ (Sens atténué). Responsable. *C'est lui qui est coupable de cette mauvaise plaisanterie.* – Subst. *Le coupable de cette maladresse.* ▷ PSYCHO *Se sentir coupable* : avoir un sentiment de culpabilité. **2.** Qui est contraire à la morale, aux convenances, au devoir. *Négligence coupable. Pensées coupables.* – Lat. *culpabilis,* rac. *culpa,* «faute, péché».

coupage [kupaʒ] n. m. Action de mélanger plusieurs vins, plusieurs alcools. *Vin obtenu par coupages successifs.* ▷ Addition d'eau à un liquide. *Eau minérale pour le coupage des biberons.* – De *couper.*

coupant, ante [kupɑ̃, ɑ̃t] adj. **1.** Qui coupe. *Outil coupant.* **2.** Fig. Autoritaire, impérieux. *Un ton coupant.* – Ppr. de *couper.*

coup-de-poing [kudpwɛ̃] n. m. **1.** Arme métallique, masse percée de trous pour laisser passer les doigts, parfois hérissée de pointes. *Coup-de-poing américain.* **2.** PREHIST Silex tranchant taillé pour servir d'arme de main. *Des coups-de-poing.*

1. coupe [kup] n. f. **1.** Verre à boire évasé, à pied. *Une coupe à champagne.* ▷ *Par méton.* Son contenu. *Boire une coupe de champagne.* ▷ (Prov.) *Il y a loin de la coupe aux lèvres* : il y a loin du rêve à la réalité, du projet à sa réalisation. **2.** Récipient évasé monté sur un pied; son contenu. *Une coupe à fruits, à glace.* ▷ Vase de cette forme offert comme prix au vainqueur d'un tournoi, d'une compétition sportive; la compétition elle-même. *La coupe Davis. Un match de coupe.* – Lat. *cuppa.*

2. coupe [kup] n. f. **1.** Action de couper. *La coupe des blés.* ▷ COUT *Faire un patron avant de procéder à la coupe.* ▷ JEU Action de diviser en deux paquets un jeu de cartes avant une partie. ▷ SYLVIC Action de couper des arbres dans une forêt. ▷ Étendue de bois sur pied à abattre. – *Coupe réglée* : coupe annuelle d'une quantité de bois déterminée. *Mettre une forêt en coupe réglée.* Fig. *Mettre (qqn ou qqch) en coupe(s) réglée(s)* : opérer des prélèvements abusifs au détriment de (qqn ou qqch). – *Coupe claire* : abattage d'un grand nombre d'arbres dans un taillis. – *Coupe sombre* : abattage d'une partie des arbres seulement, pour permettre l'ensemencement; fig. élimination importante (dans un texte). *Pratiquer une coupe sombre dans un texte.* **2.** Manière dont une chose est coupée. *Costume de bonne coupe. Coupe de cheveux.* ▷ VERSIF *Coupe d'un vers, d'une phrase* : manière dont les repos y sont ménagés. **3.** Ce qui a été coupé. *Une coupe de drap* : un coupon de drap. ▷ Préparation microscopique. *Observer une coupe histologique au microscope.* **4.** Endroit où qqch a été sectionné. *Coupe d'une planche révélant un défaut du bois.* ▷ *Coupe syllabique* : frontière entre deux syllabes. **5.** Représentation de la section verticale d'une pièce, d'un bâtiment, etc. **6.** Loc. JEU *Être sous la coupe de (qqn)* : craindre que la carte que l'on vient de jouer ne soit coupée par celle d'un autre joueur; fig. être sous la dépendance, sous l'emprise de (qqn). – De *couper.*

1. coupé [kupe] n. m. **1.** Anc. Compartiment avant d'une diligence. **2.** Automobile à deux portes généralement à deux places. **3.** Pas de danse dans lequel une jambe se substitue à l'autre. – Pp. subst. de *couper.*

2. coupé, ée [kupe] adj. **1.** Divisé par une coupe, sectionné. *Fleurs coupées.* **2.** Qui est taillé, découpé d'une certaine manière. *Des fruits coupés en dés. Un pantalon mal coupé.* **3.** SPORT *Balle coupée,* à laquelle on a donné de l'effet de façon que son rebond soit modifié. **4.** Châtré. *Un chat coupé.* – Pp. de *couper.*

coupe-choux [kupʃu] n. m. inv. Fam., anc. Sabre court des fantassins. ▷ Rasoir à longue lame. – De *couper,* et *choux.*

coupe-cigare(s) [kupsigaʀ] n. m. Instrument pour couper le bout des cigares. *Des coupe-cigares.* – De *couper,* et *cigare.*

coupe-circuit [kupsiʀkwi] n. m. inv. ELECTR Dispositif de sécurité constitué d'un alliage qui fond si l'intensité du courant est trop élevée, coupant ainsi le circuit. – De *couper,* et *circuit.*

coupe-coupe [kupkup] n. m. inv. Sorte de sabre destiné à abattre les branches dans une forêt très épaisse. – De *couper.*

coupée [kupe] n. f. MAR Ouverture pratiquée dans la muraille d'un navire et donnant accès à l' *échelle de coupée,* qui permet de monter à bord. – Pp. fém. subst. de *couper.*

coupe-faim [kupfɛ̃] adj. inv. et n. m. inv. Se dit de produits (alimentaires ou pharmaceutiques) destinés à couper la faim. – De *couper,* et *faim.*

coupe-feu [kupfø] n. m. inv. Obstacle ou espace libre destiné à éviter ou à interrompre la propagation d'un incendie. – (En appos.) *Porte coupe-feu, cloison coupe-feu.* – De *couper,* et *feu.*

coupe-file [kupfil] n. m. Carte officielle permettant à son titulaire de circuler librement là où la circulation est interdite au public, ou de bénéficier d'un passage prioritaire. *Des coupe-files* ou *des coupe-file.* – De *couper,* et *file.*

coupe-gorge [kupgɔʀʒ] n. m. inv. Endroit, passage isolé où l'on risque de se faire voler, assassiner. – De *couper,* et *gorge.*

coupe-jarret [kupʒaʀɛ] n. m. Vx ou plaisant Brigand, assassin. *Des coupe-jarrets.* – De *couper,* et *jarret.*

coupellation [kupɛllasjɔ̃] n. f. METALL Séparation de l'or et de l'argent contenus dans un alliage par fusion en atmosphère oxydante. – De l'anc. v. *coupeller,* de *coupelle.*

coupelle [kupɛl] n. f. **1.** Petite coupe. **2.** CHIM Récipient fait avec des os calcinés dans lequel on pratique la coupellation. – De *coupe* 1.

coupe-ongles [kupɔ̃gl] n. m. inv. Pince ou petits ciseaux à lames courbes pour couper les ongles. – De *couper*, et *ongle*.

coupe-papier [kuppapje] n. m. inv. Couteau de bois, d'ivoire, de métal, etc., pour couper le papier plié, les pages d'un livre. – De *couper*, et *papier*.

couper [kupe] v. [1] **I.** v. tr. **1.** Diviser avec un instrument tranchant. *Couper du papier avec des ciseaux. Couper du bois.* ▷ Loc. fig. *Couper l'herbe sous le pied de qqn*, le supplanter dans une affaire, un projet. – Fam. *Couper les cheveux en quatre* : compliquer les choses à plaisir, être inutilement subtil. – Fig. *Donner sa tête à couper que...* : affirmer absolument que... – Fig. *Un brouillard à couper au couteau*, très épais. **2.** Cour. Tailler (un vêtement) dans de l'étoffe. *Couper une robe.* **3.** Blesser en entamant la peau, la chair. *La scie lui a coupé le doigt profondément.* **4.** Fig. Produire l'impression d'une coupure. *Vent qui coupe le visage.* **5.** Interrompre, empêcher le passage de. *Couper un circuit, le courant.* – *Couper la retraite à l'ennemi. Couper le cours d'un fleuve.* – *Couper la fièvre, la faim, l'appétit.* – *Couper le souffle* : essouffler; fig. étonner, surprendre grandement. – Pop. *Couper le sifflet, la chique* : faire taire (en inspirant l'étonnement, la crainte). *Ça vous la coupe!* : cela vous étonne, vous n'avez plus rien à répondre. – *Couper la parole à qqn* : interrompre qqn qui était en train de parler; imposer le silence. ▷ *Couper une communication téléphonique.* – Absol. *Nous avons été coupés.* **6.** Supprimer, censurer. *Certains passages du livre, du film ont été coupés.* **7.** Traverser, partager. *Une droite qui coupe un plan. Ce petit chemin coupe une grande route.* **8.** Mélanger un liquide à un autre. *Couper d'eau le lait, le vin.* **9.** JEU Séparer un jeu de cartes en deux parties. ▷ Jouer un atout quand on ne peut fournir la couleur demandée. **10.** SPORT Au tennis, au tennis de table, donner de l'effet à (une balle). **II.** v. intr. Être tranchant. *Ce rasoir coupe bien.* **III.** v. tr. indir. **1.** *Couper à* : échapper à, éviter. *Couper à une corvée.* **2.** *Couper court à* : abréger brusquement, faire cesser. *Pour couper court à toute discussion, il quitta la pièce.* **IV.** v. pron. **1.** Se blesser avec un instrument tranchant. *Se couper jusqu'à l'os.* **2.** *Étoffe qui se coupe*, qui s'use aux plis. **3.** Se croiser, s'entrecroiser. *Des routes qui se coupent à angle droit.* **4.** Fig. Se contredire après avoir menti. *Elle affirmait une chose, puis se coupait maladroitement.* – De *coup*, proprement « diviser d'un coup ».

couperet [kupʀɛ] n. m. **1.** Couteau large et lourd pour trancher ou hacher la viande. **2.** Couteau de la guillotine. ▷ Fig. *Le couperet du temps imparti.* **3.** TECH Outil d'acier servant à couper les filets d'émail. – De *couper*.

1. couperose [kupʀoz] n. f. CHIM, MINER Anc. nom de différents sulfates hydratés. *Couperose bleue* : sulfate de cuivre. *Couperose verte* : sulfate de fer. *Couperose blanche* : sulfate de zinc. – D'ap. lat. médiév. *cupri rosa*, « rose de cuivre ».

2. couperose [kupʀoz] n. f. Dilatation des petits vaisseaux sur le visage, apparaissant comme de minces filets rouges.

couperosé, ée [kupʀoze] adj. Atteint de couperose. *Un visage couperosé.* – De *couperose* 2.

coupeur, euse [kupœʀ, øz] n. **1.** Personne dont la profession consiste à couper (des étoffes, des cuirs, du papier, etc.). **2.** *Coupeur de...* : personne qui coupe... *Coupeur de bourse* : voleur. *Coupeur de têtes. Coupeur de cheveux en quatre* : V. couper I, 1. **3.** n. f. Machine qui sert à couper. – De *couper*.

coupe-vent [kupvɑ̃] n. m. inv. **1.** CH de F Dispositif placé à l'avant d'une locomotive, destiné à réduire la résistance de l'air. – (En appos.) *Une haie, un mur coupe-vent.* **2.** Vêtement qui ne laisse pas passer le vent. – De *couper*, et *vent*.

couplage [kuplaʒ] n. m. **1.** TECH Action d'assembler deux éléments; son résultat. **2.** ELECTR Mode de branchement de deux circuits électriques, tel que les variations d'intensité ou de tension de l'un se répercutent sur l'autre. ▷ Interconnexion entre deux circuits permettant de transférer de l'énergie de l'un sur l'autre. ▷ Opération qui consiste à établir une liaison électrique entre un générateur et un réseau déjà sous tension. **3.** PHYS Rapport entre deux systèmes entre lesquels se produit un transfert d'énergie. ▷ TECH *Le couplage d'une nouvelle centrale au réseau.* – De *coupler*.

1. couple [kupl] n. f. **1.** Ensemble de deux choses, de deux individus de même espèce. *Une couple de bœufs.* **2.** VEN Lien servant à attacher deux chiens de chasse ensemble. – Du lat. *copula*, « lien, liaison ».

2. couple [kupl] n. m. **1.** *Un couple* : un homme et une femme; le mari et la femme. *Des couples dansaient au milieu de la piste.* ▷ (Animaux) *Un couple de serins.* **2.** MATH Groupe de deux éléments (a, b) appartenant à deux ensembles différents (A et B). **3.** MAR Section transversale de la carène au droit d'une membrure. – Pièce à deux branches courbes et symétriques montant de la quille au plat-bord. – *Maître couple* : couple dont les branches sont les plus écartées. – *S'amarrer à couple*, côte à côte avec un autre bateau. **4.** MECA Système de deux forces parallèles, égales et de sens contraire. – *Moment du couple* : produit de l'intensité de la force par le bras de levier. ▷ AUTO *Couple moteur* : travail résultant des forces qu'exercent, sur le vilebrequin, la bielle et les paliers. – *Couple conique* : organe qui transmet aux roues le mouvement de l'arbre moteur. **5.** ELECTR *Couple thermoélectrique* : ensemble de deux conducteurs de nature différente soudés entre eux en deux points. (Si l'on maintient une différence de température entre les deux soudures, un courant circule dans le circuit.) **6.** CHIM *Couple oxydoréducteur*, constitué de la forme oxydée et de la forme réduite d'un élément (ex. : Cu^{2+}/Cu). – *Couple acido-basique*, constitué de la forme acide et de la forme basique d'un même acide faible (ex. : $CH_3{-}COOH/CH_3{-}COO^-$). – De *couple* 1.

couplé, ée [kuple] adj. TURF *Chevaux couplés*, appartenant au même propriétaire et engagés dans la même course. – *Pari couplé* ou, n. m., *couplé* : pari consistant à désigner soit les deux premiers d'une course *(pari gagnant)*, soit deux des trois premiers arrivés *(pari placé)*. – Pp. de *coupler*.

coupler [kuple] v. tr. [1] **1.** VEN Attacher avec une couple. *Coupler des chiens.* **2.** TECH Assembler (des éléments) deux par deux. *Coupler des essieux.* **3.** ELECTR Réunir par un couplage. *Coupler des circuits.* – Du lat. *copulare*, « réunir ».

couplet [kuplɛ] n. m. Strophe d'une chanson qu'achève un refrain. *Premier, deuxième couplet.* ▷ (Plur.) Chanson. *Couplets satiriques.* – Du provenç. *cobla*, « couple de vers ».

coupleur [kuplœʀ] n. m. TECH Dispositif permettant de raccorder deux circuits, d'accoupler deux organes. ▷ ELECTR *Coupleur automatique*, permettant de raccorder une machine synchrone sur le réseau. – De *coupler*.

coupoir [kupwaʀ] n. m. TECH Outil servant à couper. – De *couper*.

coupole [kupɔl] n. f. **1.** Partie concave d'un dôme. – *Par ext.* Dôme. *La coupole de Saint-Pierre de Rome. La coupole du palais Mazarin.* – *La Coupole* : l'Institut de France. *Siéger sous la Coupole*, à l'Académie française. ▷ ASTRO *Coupole astronomique* : dôme qui abrite une lunette, un télescope, etc. **2.** MILIT Partie supérieure d'une tourelle cuirassée. *Coupole tournante.* – De l'ital. *cupola*, du lat. *cupula*, « petite cuve ».

coupon [kupɔ̃] n. m. **1.** Morceau d'étoffe restant d'une pièce. *Un coupon de toile.* **2.** FIN Titre joint à une action, une obligation, et que l'on détache pour en toucher les dividendes. **3.** Ticket attestant l'acquittement d'un droit. *Coupon de retour.* – De *couper.*

coupure [kupyʀ] n. f. **1.** Incision, entaille faite par un instrument tranchant. *Avoir une coupure à la main.* **2.** Suppression, retranchement dans un ouvrage littéraire, un film. *La Commission de contrôle a exigé certaines coupures.* **3.** Article, passage découpé dans un journal. *Coupures de presse.* **4.** Billet de banque. *Petites coupures :* billets de faible valeur. **5.** Interruption. *Coupure de courant, de gaz, d'eau, etc.* : arrêt de la fourniture de courant, de gaz, d'eau, etc., par l'organisme distributeur. **6.** MATH Partition des nombres rationnels en deux sous-ensembles tels que tout élément du premier soit inférieur à tout élément du second. **7.** GEOL Fracture. – De *couper.*

couque [kuk] n. f. Nom de certaines pâtisseries flamandes. – Du néerl. *coek.*

cour [kuʀ] n. f. **I.** Espace environné de murs ou de bâtiments dépendant d'une maison, d'un immeuble public ou privé. *Un appartement sur cour. La cour de récréation d'une école. Cour d'honneur d'un château, d'un palais.* ▷ THEAT *Côté cour :* côté de la scène à gauche de l'acteur (par oppos. à *côté jardin*). ▷ *Cour des Miracles :* lieu de réunion des mendiants de Paris, du Moyen Âge au XVIIe s., où disparaissaient comme par miracle les infirmités qu'ils simulaient pour mendier ; fig. lieu où se trouve une population misérable et inquiétante. **II. 1.** Lieu où résident un souverain et son entourage. *Vivre à la cour.* **2.** Société vivant autour d'un souverain. *Les gens de cour :* les courtisans. ▷ *Cour du roi Pétaud* ou *pétaudière**. **3.** Souverain et ses ministres. – *Être bien, mal en cour :* jouir ou non de la faveur du souverain (et, par ext., de qqn). **4.** Ensemble des gens qui entourent une personne et s'efforcent de lui plaire. *Avoir une cour d'admirateurs.* **5.** *Faire la* (ou *sa*) *cour à qqn :* essayer de gagner sa bienveillance. – *Faire la cour à une femme,* chercher à la séduire. **III. 1.** Siège de justice (ne s'emploie auj. que pour les juridictions supérieures). *Une cour d'assises. Une cour d'appel. La Cour de cassation.* **2.** Ensemble des magistrats de l'une de ces juridictions siégeant ensemble. *Messieurs, la cour !* **3.** *Cour d'amour :* au Moyen Âge, réunion littéraire d'hommes et de femmes, généralement nobles, jugeant des questions de galanterie chevaleresque. – Du lat. pop. *cortis, curtis,* du class. *cohors, cohortis,* « cour de ferme », confondu avec *curia,* « lieu de réunion d'une assemblée ».

ENCYCL **Cour d'appel,** juridiction du second degré chargée de juger les appels formés contre les décisions des juridictions inférieures. – **Cour d'assises,** tribunal qui juge les crimes et qui est composé de magistrats (un président et deux assesseurs) et de citoyens (un jury de neuf jurés tirés au sort). La cour siège, périodiquement dans chaque département, en public (sauf si le huis clos est prononcé) et ses jugements sont sans appel sauf à se pourvoir en cassation. – **Cour de cassation,** tribunal suprême franç., dans l'ordre judiciaire, chargé de veiller au respect de la loi : il peut casser, en dernier ressort, les décisions qui lui sont déférées, renvoyant l'affaire devant un tribunal de même ordre et de même rang que celui dont la décision a été cassée. La Cour n'examine que les points de droit et non pas les faits, dont l'appréciation appartient souverainement aux juridictions inférieures. – **Cour des comptes,** tribunal admin. franç., chargé (depuis 1807) de la vérification et du jugement des comptes en deniers publics. En dehors de ses attributions de justice, la Cour, dans le cadre d'un rapport annuel rendu public, contrôle la gestion financière des administrations et organismes publics. – **Cour de sûreté de l'État,** tribunal unique franç., auquel fut déférée en temps de paix (de 1963 à 1981) toute affaire relevant de la sûreté de l'État. – **Cour internationale de justice,** tribunal siégeant à La Haye, créé en 1945 (organisme de l'O.N.U.) pour arbitrer notam. les conflits entre États. Ses quinze membres sont élus par l'Assemblée générale et le Conseil de sécurité à la majorité absolue pour neuf ans. – **Cour suprême des États-Unis,** juridiction suprême créée par la Constitution de 1787. Les neuf juges inamovibles qui la composent auj. sont nommés par le prés. des États-Unis. Elle régit les rapports entre les États, les États et le gouvernement fédéral, mais aussi entre le citoyen et les instances constitutionnelles.

courage [kuʀaʒ] n. m. **1.** Fermeté d'âme permettant de supporter ou d'affronter bravement le danger, la souffrance. *Combattre avec courage.* Syn. bravoure, cran (fam.). Ant. couardise, lâcheté, poltronnerie, pusillanimité (litt.). **2.** Ardeur, zèle, énergie dans une entreprise. ▷ Fig., fam. *Prendre son courage à deux mains :* concentrer son énergie, sa volonté pour s'imposer un effort. – De *cor,* var. anc. de *cœur,* au fig.

courageusement [kuʀaʒøzmɑ̃] adv. Avec courage. *Se défendre courageusement.* Syn. fermement, résolument. – De *courage.*

courageux, euse [kuʀaʒø, øz] adj. Qui a du courage ; qui dénote du courage. *Se montrer courageux. Une attitude, des paroles courageuses.* Syn. brave. Ant. lâche, pusillanime. – De *courage.*

courailler [kuʀaje] v. intr. [1] Fam. Avoir de nombr. aventures galantes. – De *courir.*

couramment [kuʀamɑ̃] adv. **1.** Sans hésitation, facilement. *Parler couramment le russe.* **2.** D'une manière habituelle, fréquente. *Cela se voit couramment.* – De *courant* 1.

1. courant, ante [kuʀɑ̃, ɑ̃t] adj. **1.** Qui court. CHASSE *Chien courant,* qui aboie quand il flaire le gibier. ▷ *Eau courante,* qui coule. Ant. stagnant. – Eau distribuée par des tuyauteries. *L'eau courante n'est pas installée.* ▷ *Main* courante.* ▷ MATH *Point courant :* point caractéristique d'une courbe. **2.** Présent, actuel. *L'année courante. Le 15 courant, fin courant :* le 15, le dernier jour du mois en cours. **3.** FIN *Compte* courant.* **4.** Qui a lieu, qui a cours ordinairement, habituellement. *Prix courant. Affaires courantes.* Syn. ordinaire. ▷ *Monnaie courante,* qui a un cours légal. – Fig. *C'est monnaie courante :* c'est fréquent, banal. – Ppr. de *courir.*

2. courant [kuʀɑ̃] n. m. **1.** Mouvement d'un fluide dans une direction déterminée. *Les courants marins. Nager contre le courant. Courants atmosphériques.* ▷ *Courant d'air :* air en mouvement passant à travers un espace resserré. *Être en plein courant d'air.* ▷ METEO *Courants aériens :* mouvements de l'air atmosphérique. – *Courant de perturbation* ou *courant perturbé :* courant entraînant des perturbations atmosphériques. *Courant perturbé d'ouest.* – *Courant-jet :* violent courant aérien au voisinage de la tropopause. **2.** ELECTR Mouvement d'ensemble de particules chargées électriquement. *Dans un métal, un courant est dû au mouvement d'électrons sous l'action d'un champ électrique. Coupure de courant. Panne de courant.* ▷ *Courant continu,* dont l'intensité reste constante. – *Courant alternatif :* V. alternatif. – *Courants de Foucault,* qui se développent dans les masses métalliques sous l'effet de champs magnétiques variables. **3.** Fig. Déplacement orienté de personnes, de choses ; tendance générale. *Les courants de populations. Les grands courants de pensée. Le courant de l'Histoire.* **4.** Succession de moments, cours. *Dans le courant du mois, de l'année.* **5.** Ce qui est courant, normal, habituel. *Le courant des affaires.* ▷ *Courant d'affaires :* quantité moyenne d'affaires que fait une entreprise. **6.** Loc. *Au courant :* informé, au fait (d'une chose). *(Se) mettre, (se) tenir au courant. Être au courant de l'actualité.* **7.** MAR Partie mobile d'une manœuvre (par oppos. à *dormant*). – Ppr. de *courir.*

ENCYCL Un courant marin peut être dû : à des forces de gravité qui créent des *courants de marées,* engendrés par les variations du niveau de la mer; aux vents, qui provoquent des courants superficiels, ainsi le *Gulf Stream* (chaud) et le *courant de Humboldt* (froid); à des différences de densité, de salinité, de température, etc.

courante [kuʀɑ̃t] n. f. **1.** Danse ancienne au rythme vif sur une mesure à trois temps; air de cette danse. **2.** Pop. Diarrhée. – Ppr. fém. de *courir*.

courbage [kuʀbaʒ] ou **courbement** [kuʀbəmɑ̃] n. m. Action de courber; état de ce qui est courbé. – De *courber*.

courbaril [kuʀbaʀil] n. m. Arbre (*Hymenoa courbaril*, fam. légumineuses) fournissant le copal, et dont le bois est utilisé en ébénisterie. – Mot des Caraïbes.

courbatu, ue [kuʀbaty] adj. Qui éprouve une grande fatigue; harassé. – De *court*, et *battu*, « battu à bras raccourcis ».

courbature [kuʀbatyʀ] n. f. **1.** Douleur musculaire due à un effort prolongé ou à un état fébrile. **2.** MED VET Raideur musculaire généralisée dont souffre momentanément un cheval après un effort trop intense. – De **courbatu*.

courbaturé, ée [kuʀbatyʀe] adj. Qui ressent des courbatures. – De *courbature*.

courbaturer [kuʀbatyʀe] v. tr. [1] Causer une courbature à. – De *courbature*.

courbe [kuʀb] adj. et n. f. **I.** adj. Se dit d'une ligne qui n'est ni droite ni composée de segments de droite, d'une surface qui n'est ni plane ni composée de surfaces planes. Ant. droit, plan. **II.** n. f. **1.** Ligne courbe. *Un cercle est une courbe fermée. Les courbes du corps humain.* **2.** MATH Ligne continue dont les points ont une même propriété caractéristique représentée par son équation. – *Courbe plane*, dont tous les points sont dans un même plan. *Courbe gauche*, dont les points ne sont pas dans un même plan. ▷ Ligne représentant graphiquement les variations d'un phénomène. *Courbe de température. Courbe des salaires. Courbe de niveau**. **3.** TECH Pièce cintrée. **4.** Élément de voie courbe. *Aborder une courbe à grande vitesse.* – Du lat. *curvus*.

courbé, ée [kuʀbe] adj. Rendu courbe, plié, fléchi. – Pp. de *courber*.

courbement. V. courbage.

courber [kuʀbe] v. [1] **I.** v. tr. **1.** Rendre courbe. *Courber une branche.* **2.** Fléchir, baisser. *Il doit courber la tête pour passer la porte.* – Fig. *Courber le front, la tête* : témoigner sa soumission. **II.** v. intr. Plier, fléchir, devenir courbe. *Courber sous le poids.* **III.** v. pron. **1.** Devenir courbe. *Pièce qui se courbe à la chaleur.* **2.** Fig. Céder, se soumettre. *Je refuse de me courber devant lui.* – Du lat. *curvare*.

courbette [kuʀbɛt] n. f. **1.** EQUIT Mouvement du cheval levant les deux membres antérieurs fléchis. **2.** Fig., fam. Politesse exagérée et obséquieuse. *Faire des courbettes.* Syn. platitude. – Ital. *corbetta*.

courbure [kuʀbyʀ] n. f. Forme ou état d'une chose courbe. *La courbure des pieds d'un fauteuil Louis XV.* Syn. cambrure. *Double courbure* : courbure en S. ▷ GEOM *Courbure moyenne d'un arc de courbe* : rapport entre l'angle formé par les tangentes aux points extrêmes de cet arc et la longueur de celui-ci. *Courbure en un point d'une courbe* : limite de la courbure moyenne d'un arc infiniment petit dont les extrémités tendent à se rapprocher de ce point. ▷ PHYS *Courbure de l'univers* : courbure créée dans l'espace-temps de la théorie de la relativité générale par la présence de matière, d'autant plus forte que la densité de matière y est plus grande. – De *courber*.

courcailler [kuʀkaje] v. intr. [1] Crier, en parlant de la caille. Syn. carcailler. – De *courcaillet*.

courcaillet [kuʀkajɛ] n. m. **1.** Cri de la caille. **2.** Appeau imitant ce cri. – Onomat.

courçon ou **courson** [kuʀsɔ̃] n. m., **courçonne** ou **coursonne** [kuʀsɔn] n. f. Branche d'arbre fruitier taillée court. – De *court*.

courette [kuʀɛt] n. f. Petite cour. – Dimin. de *cour*.

coureur, euse [kuʀœʀ, øz] n. **1.** Personne, animal exercé à la course. *Cette jument est une bonne coureuse.* ▷ Personne qui pratique la course ou qui participe à une course. *Coureur cycliste. Coureur de fond.* **2.** Personne qui parcourt (un lieu), fréquente (un endroit). *Un grand coureur de pays.* Syn. voyageur. *Coureur de cafés, de tripots.* **3.** Fam. Personne qui court les aventures galantes. *Un coureur de filles, de jupons. C'est une coureuse.* **4.** n. m. pl. ZOOL Anc. nom des ratites (ex. l'autruche). – De *courir*.

courge [kuʀʒ] n. f. **1.** Nom cour. de diverses cucurbitacées des genres *Cucurbita* et *Lagenoria*, cultivées pour leur fruit comestible; ce fruit. (Le fruit de la courge, appelé aussi *potiron* ou *citrouille* [*Cucurbita maxima*], atteint une taille considérable.) **2.** Pop. Imbécile. – Altér. de l'a. fr. *coorde, cohourde*, du lat. *cucurbita*.

courgette [kuʀʒɛt] n. f. Courge (*Cucurbita pepo*) dont les fruits le plus souvent allongés sont consommés jeunes; ce fruit. – Dimin. de *courge*.

courir [kuʀiʀ] v. [26] **A.** v. intr. **I.** (Sujet n. d'être animé.) **1.** Aller avec vitesse, mouvoir rapidement les jambes ou les pattes. *Courir vite. Courir à toutes jambes.* **2.** SPORT Disputer une course, une compétition. *Voir courir des cyclistes. Les chevaux qui courent à Longchamp.* **3.** Se porter rapidement vers. *Courir au feu, aux armes. Le bonheur est dans le pré, cours-y vite, cours-y vite* (P. Fort). **4.** Faire qqch en se hâtant. *Lisez plus lentement, ne courez pas.* ▷ *Courir à sa perte, à sa ruine* : se conduire de manière à hâter sa perte, sa ruine. **5.** *Courir après une chose*, la rechercher avec ardeur. *Courir après l'argent, après les honneurs.* – Fam. *Courir après qqn*, le poursuivre de ses assiduités. **II.** (Sujet n. de chose.) **1.** Être en cours, suivre son cours. *L'affaire qui court. Par les temps qui courent* : dans les circonstances actuelles. **2.** Fig. Se mouvoir rapidement. *Ses doigts couraient sur le clavier.* **3.** Couler (en parlant des liquides). *Le ruisseau court dans la prairie.* **4.** Circuler; se propager. *Faire courir un bruit. La nouvelle court déjà dans la ville.* **5.** MAR Faire route. *Courir vent arrière. Courir sur son ancre* : conserver de la vitesse après avoir mouillé. **B.** v. tr. **1.** Poursuivre pour attraper. *Courir le cerf* : V. courre. **2.** SPORT Participer à (une course, une compétition). *Courir le marathon. Courir le Prix de l'Arc-de-Triomphe.* **3.** Parcourir. *Courir le monde.* ▷ Fréquenter. *Courir les bals.* – Fam. *Courir les rues* : être fréquent, banal. *Des occasions comme celle-ci, ça ne court pas les rues.* **4.** Rechercher avec ardeur. *Courir les honneurs.* ▷ Fam. *Courir les filles, les garçons* : rechercher les aventures. **5.** S'exposer à. *Courir un risque, un danger.* – A remplacé l'a. fr. *courre*, du lat. *currere*.

courlis [kuʀli] n. m. Oiseau charadriiforme à long bec fin, arqué vers le sol (genre *Numenius*). *Courlis cendré*, à plumage brunâtre, fréquent sur les côtes et dans les marais d'Europe.

couronne [kuʀɔn] n. f. **1.** Ornement encerclant la tête, insigne de dignité, marque d'honneur ou parure. *Couronne de lauriers, de fleurs. La couronne de fer des rois lombards.* – *Couronne d'épines*, qui fut placée par dérision sur la tête du Christ, « roi des Juifs ». *Couronne héraldique* : ornement de l'écu. ▷ *Triple couronne* : tiare papale. **2.** Autorité, dignité royale, impériale. *L'héritier de la couronne.* ▷ Territoire royal. *Duché réuni à la Couronne.* **3.** Objet de forme circulaire. *Couronne funéraire.* ▷ *En couronne* : en cercle. *Pain en couronne.* ▷ AUTO Roue dentée. ▷ ASTRO Partie la plus externe de l'atmosphère solaire. ▷ MATH *Couronne circulaire* : aire comprise entre deux cercles concentriques. ▷ MILIT Fortification semi-circulaire. **4.** *Par anal.* Tonsure monastique. **5.** ANAT Partie de la dent qui sort de la gencive. ▷ CHIR Revêtement en métal placé sur une dent pour la protéger. **6.** ZOOL Partie du pied du cheval située au-dessus du sabot. **7.** BOT Ensemble des appendices libres ou soudés qui naissent à la face interne de certaines corolles. **8.** TECH Format de papier (46 cm × 36 cm). **9.** Unité monétaire de l'Islande, du Danemark, de la Norvège, de la Suède et de la Tchécoslovaquie. – Lat. *corona,* mot gr.

couronné, ée [kuʀɔne] adj. **1.** Qui a reçu, qui porte une couronne. *Tête couronnée :* souverain. **2.** Fig. Récompensé. *Ouvrage couronné par l'Académie française.* **3.** *Couronné de :* entouré, surmonté par. *Colline couronnée de verdure.* **4.** *Cheval couronné,* blessé au genou. – *Par ext.* (En parlant d'une personne.) *Avoir le genou couronné,* éraflé, blessé. ▷ *Cerf couronné,* dont les bois se terminent par une ramification comprenant plusieurs andouillers. – Pp. de *couronner.*

couronnement [kuʀɔnmɑ̃] n. m. **1.** Action de couronner; cérémonie au cours de laquelle on couronne un souverain. **2.** ARCHI Ouvrage situé à la partie supérieure d'une façade, d'un mur, d'une pile de pont, etc. **3.** MED VETER Lésion au genou d'un cheval. **4.** Fig. *Le couronnement de :* le plus haut degré, l'achèvement de. *C'est le couronnement de sa carrière.* – De *couronner.*

couronner [kuʀɔne] v. tr. [1] **1.** Mettre une couronne sur la tête de (qqn). **2.** Sacrer souverain. **3.** Décerner un prix, une récompense à; honorer. *Couronner le vainqueur, un ouvrage.* **4.** Surmonter. *Un entablement couronne l'édifice.* **5.** Fig. Parfaire, mettre un heureux terme à. *Le succès a couronné son entreprise.* – Lat. *coronare.*

couros. V. kouros.

couroucou [kuʀuku] n. m. Oiseau grimpeur (ordre des trogoniformes) des forêts tropicales, arboricole, à longue queue et au plumage vivement coloré. – Onomat.

courre [kuʀ] v. tr. (Usité seulement à l'inf.) VEN Poursuivre (un gibier). *Courre le cerf.* ▷ Loc. *Chasse à courre :* chasse à cheval avec des chiens courants, où l'on s'efforce d'atteindre la bête (cerf, sanglier, renard, etc.) en la fatiguant. – Anc. inf. de *courir,* du lat. *currere.*

courrier [kuʀje] n. m. **1.** Anc. Personne qui précédait la voiture de poste pour préparer les relais. **2.** Anc. Employé de l'administration des postes qui portait les lettres en malle-poste. – Vx Porteur de dépêches. **3.** Moyen de transport assurant un service postal ou commercial. *Courrier maritime, aérien.* ▷ AVIAT *Court-courrier, moyen-courrier, long-courrier :* V. ces mots. **4.** Ensemble de la correspondance transmise par un service postal. *Faire, lire son courrier. Le courrier partira à 17 heures.* **5.** Nom de certains journaux, de certaines chroniques d'un journal. *Le Courrier de N...* – Ital. *corriere,* de *correre,* «courir».

courriériste [kuʀjeʀist] n. Journaliste chargé d'une chronique, d'un courrier. Syn. chroniqueur. – De *courrier.*

courroie [kuʀwa] n. f. Bande étroite et longue faite d'une matière souple, et servant à lier, à relier. *Courroie de cuir, de caoutchouc, de nylon.* ▷ TECH *Courroie de transmission :* lien flexible sans fin, servant à transmettre le mouvement entre deux axes de rotation. – Du lat. *corrigia.*

courroucer [kuʀuse] v. tr. [12] Litt. Mettre en colère, irriter. – Pp. adj. *Un air courroucé.* – Du bas lat. **corruptiare,* de *corrumpere,* «aigrir».

courroux [kuʀu] n. m. Litt. Colère, irritation. *Craignez mon courroux!* – Fig. *Les flots en courroux.* – Déverbal de *courroucer.*

1. cours [kuʀ] n. m. **I. 1.** Mouvement des liquides, en partic. des eaux d'une rivière, d'un fleuve. *Le cours rapide d'un torrent. Remonter, descendre le cours d'une rivière.* ▷ *Cours d'eau :* ruisseau, rivière, fleuve. ▷ Fig. *Donner libre cours à :* ne pas opposer de résistance à, laisser aller. *Donner libre cours à ses larmes, à sa fureur, à ses sentiments.* **2.** Longueur du parcours d'une rivière, d'un fleuve, etc. *Le Rhône n'est pas navigable sur tout son cours.* **3.** Mouvement des astres. *Le cours du Soleil.* **4.** Suite, enchaînement d'événements dans le temps. *Le cours des affaires. Nous avons dû nous arrêter en cours de route.* **II.** FIN **1.** Circulation régulière de monnaie, d'effets de commerce, etc. – *Monnaie à cours légal,* acceptée par les caisses publiques et les particuliers pour sa valeur nominale. – *Monnaie à cours forcé,* dont le pouvoir d'achat varie, mais qui est obligatoirement acceptée pour sa valeur nominale dans les règlements intérieurs. ▷ *Avoir cours :* être en usage (monnaie). *Ces vieilles pièces n'ont plus cours.* – Fig. *Ce genre de comportement n'a pas cours ici!* **2.** Taux qui sert de base aux transactions de valeurs mobilières. *Cours de la Bourse.* – *Cours du change :* valeur relative d'une monnaie par rapport à une monnaie étrangère. **III. 1.** Suite de leçons portant sur une matière déterminée; chacune de ces leçons. *Cours d'histoire, de français. Cours par correspondance.* ▷ *Chargé* de cours.* **2.** Ouvrage renfermant une suite de leçons. *Le «Cours de philosophie positive» d'Auguste Comte.* **3.** Degré d'enseignement. *Cours préparatoire, élémentaire, moyen, supérieur.* – Du lat. *cursus,* «course, cours».

2. cours [kuʀ] n. m. *Navigation au long cours,* de longue durée. ▷ *Capitaine au long cours.* – A. fr., «voyage en mer».

3. cours [kuʀ] n. m. Avenue, promenade plantée d'arbres. *Le cours Albert-Ier à Paris.* – De l'ital. *corso.*

course [kuʀs] n. f. **1.** Action de courir. *Course rapide. Rejoindre qqn à la course.* ▷ Fam. *Être dans la course :* être au courant; comprendre. **2.** SPORT Compétition, épreuve de vitesse. *Course à pied. Course cycliste, automobile.* ▷ Absol. *Les courses :* les courses hippiques. *Jouer aux courses.* **3.** Action de parcourir; trajet, espace parcouru ou à parcourir. *Une course de trois kilomètres.* **4.** TECH Espace parcouru par une pièce mobile. *La course d'un piston.* **5.** Mouvement, marche en avant, progrès. *Le temps emporte tout dans sa course.* **6.** Allées et venues, démarches effectuées pour se procurer qqch. *Garçon de courses.* ▷ Commissions, achats. *Faire une, des courses.* **7.** HIST *Guerre de course :* guerre sur mer (capture de vaisseaux, incursions en territoire ennemi en vue de pillage). *Armer un navire en course.* – Forme fém. de *cours,* peut-être d'apr. ital. *corsa.*

course-croisière [kuʀskʀwazjɛʀ] n. f. Course au large, à la voile, sur un parcours d'au moins une centaine de milles. *Des courses-croisières.*

course-poursuite [kuʀspuʀsɥit] n. f. Poursuite effrénée, riche en rebondissements. *Des courses-poursuites.*

courser [kuʀse] v. tr. [1] Fam. Suivre. *Un garçon coursait la fille.* – De *course.*

coursier, ère [kuʀsje, ɛʀ] n. **1.** Personne chargée de faire des courses. Syn. commissionnaire. **2.** n. m. Litt. Cheval. *Un fougueux coursier.* – De *course.*

coursive [kuʀsiv] n. f. Passage, couloir, à bord d'un navire. – Ital. *corsiva,* «passage».

courson, coursonne. V. courçon, courçonne.

1. court, courte [kuʀ, kuʀt] adj., n. m. et adv. **I.** adj. **1.** De peu de longueur. *La droite est le plus court chemin d'un point à un autre. Des cheveux courts. Vêtement trop court.* Ant. long. **2.** Qui dure peu. *Les nuits d'été sont courtes. Une courte harangue.* Syn. bref. ▷ *Avoir la mémoire courte :* ne pas pouvoir, ou ne pas vouloir, se souvenir. **3.** Peu éloigné dans le temps ou dans l'espace. *Échéance à court terme.* ▷ *Avoir la vue courte :* ne pas distinguer, ou mal distinguer, les objets éloignés; fig. manquer de prévoyance, de pénétration. **4.** Insuffisant, sommaire.

Un dîner un peu court. « C'est un peu court, jeune homme » (E. Rostand). **II.** n. m. Ce qui est court. – Spécial. *Le court* : les robes et les jupes, les vêtements courts. ▷ *Au (plus) court* : par le plus court chemin ; fig. par le moyen le plus rapide. *Régler une difficulté en coupant au plus court.* **III.** adv. **1.** En retranchant une certaine longueur de qqch. *Attacher court un animal.* **2.** Brusquement, subitement. *S'arrêter, tourner court. Couper court aux discussions.* ▷ *Demeurer, rester court* : ne plus savoir que dire. **3.** *Être à court de* : manquer, ne plus avoir de. *Être à court d'argent, d'arguments.* **4.** *De court* : à l'improviste. *Prendre qqn de court.* **5.** *Tout court* : sans rien ajouter de plus. *Lui l'aime bien, mais elle, l'aime tout court.* – Lat. *curtus.*

2. court [kuʀ ; kɔʀt] n. m. SPORT Terrain de tennis. – Mot angl., de l'a. fr. *court,* « cour ».

courtage [kuʀtaʒ] n. m. **1.** Profession, activité des courtiers. ▷ COMM Vente directe au consommateur (par oppos. à *vente en magasin*). *Les grandes encyclopédies sont souvent vendues par courtage.* **2.** Transaction effectuée par un courtier ; commission perçue pour cette transaction. *Frais de courtage.* – De *courtier.*

courtaud, aude [kuʀto, od] n. et adj. **1.** n. m. Cheval, chien auquel on a coupé les oreilles et la queue. **2.** adj. Fam. De taille courte et ramassée. *Un homme courtaud.* – De *court.*

court-bouillon [kuʀbujɔ̃] n. m. CUIS Bouillon fait d'eau additionnée de sel, de vinaigre ou de vin blanc et d'épices, dans lequel on fait cuire le poisson. *Des courts-bouillons.*

court-circuit [kuʀsiʀkɥi] n. m. Connexion volontaire ou accidentelle de deux points d'un circuit, entre lesquels il existe une différence de potentiel, par un conducteur de faible résistance. *Des courts-circuits.*

court-circuiter [kuʀsiʀkɥite] v. tr. [1] **1.** ELECTR Mettre en court-circuit. **2.** Fig. Éliminer un ou plusieurs intermédiaires. *Mode de distribution qui court-circuite les filières commerciales habituelles.* – De *court-circuit.*

court-courrier [kuʀkuʀje] n. m. Avion de transport pour étapes courtes (moins de 2 500 km). *Des court-courriers.*

courtepointe [kuʀtəpwɛ̃t] n. f. Couverture de lit piquée. – Altér. de l'anc. fr. *coute-pointe,* de *coute,* « lit de plume », et *poindre,* « piquer ».

courtier, ère [kuʀtje, ɛʀ] n. Personne qui met un objet ou un produit à la disposition de la clientèle. *Courtier d'assurances, de change, d'affrètement.* – Du provenç. *corratier,* « coureur ».

courtilière [kuʀtiljɛʀ] n. f. Insecte orthoptère (*Gryllotalpa vulgaris*), de couleur brune, long de 4 à 5 cm, dont les pattes antérieures (*palettes*) fouissent le sol, creusant des galeries qui endommagent les jardins. Syn. taupe-grillon. – De l'anc. fr. *courtil,* « jardin », du bas lat. **cohortile,* de *cohors,* « cour ».

courtine [kuʀtin] n. f. **1.** Vx Rideau de lit, tenture. **2.** Muraille réunissant les tours d'une enceinte fortifiée, d'un château fort. – Bas lat. *cortina,* « tenture ».

courtisan, ane [kuʀtizɑ̃, an] n. et adj. **1.** Personne vivant à la cour d'un souverain, d'un prince. **2.** Personne qui, par intérêt, cherche à plaire. *Un vil courtisan.* ▷ adj. *Esprit courtisan.* **3.** n. f. Prostituée d'un rang social élevé. *Les courtisanes grecques.* – De l'ital. *cortigiano,* de *corte,* « cour ».

courtisanerie [kuʀtizanʀi] n. f. Rare Attitude de courtisan ; basse flatterie. – De *courtisan.*

courtiser [kuʀtize] v. tr. [1] Faire sa cour à, rechercher les bonnes grâces de. *Courtiser les grands.* ▷ *Courtiser une femme,* lui faire la cour, chercher à la séduire. – D'ap. *courtisan,* de l'a. fr. *courtoyer.*

court-jointé, ée [kuʀʒwɛ̃te] adj. Se dit d'un cheval aux paturons trop courts. *Des chevaux court-jointés.* – De *court,* et *joint.*

court-jus [kuʀʒy] n. m. Pop. Syn. de *court-circuit. Des courts-jus.* – De *court,* et *jus,* « courant ».

court-métrage ou **court métrage.** V. métrage.

courtois, oise [kuʀtwa, waz] adj. **1.** Qui manifeste ou exprime la politesse, le respect d'autrui. *Se montrer courtois. Des paroles, des manières courtoises.* Syn. affable, aimable, civil, poli. **2.** Qualifie un genre littéraire en vogue au Moyen Âge, exaltant l'amour mystique et chevaleresque. *Amour courtois. Littérature, roman courtois.* **3.** *Armes courtoises,* mousses ou mouchetées. ▷ Fig. *Lutter à armes courtoises,* avec loyauté. – De l'anc. fr. *court,* « cour ».

courtoisement [kuʀtwazmɑ̃] adv. D'une manière courtoise. – De *courtois.*

courtoisie [kuʀtwazi] n. f. Politesse, civilité. *Traiter qqn avec courtoisie. Merci de votre courtoisie.* – De *courtois.*

court-vêtu, ue [kuʀvety] adj. Qui porte un vêtement court. *Des femmes court-vêtues.*

couru, ue [kuʀy] adj. **1.** Recherché, à la mode. *Un spectacle couru.* **2.** Fam. *C'est couru* : c'est d'avance certain. – Pp. de *courir,* « se propager ».

couscous [kuskus] n. m. Mets d'Afrique du Nord, composé de semoule de blé dur cuite à la vapeur, de bouillon aux légumes et de viande. – Mot ar. du Maghreb.

cousette [kuzɛt] n. f. Fam., vieilli Jeune apprentie couturière. – De *coudre.*

couseur, euse [kuzœʀ, øz] n. Personne qui coud. ▷ n. f. En reliure, ouvrière qui assemble par couture les cahiers des livres. – De *coudre.*

1. cousin [kuzɛ̃] n. m. Moustique fin et allongé *(Culex pipiens),* le plus répandu en France. – Du lat. pop. **culicinus,* de *culex.*

2. cousin, ine [kuzɛ̃, in] n. Parent issu de l'oncle ou de la tante, ou de leurs descendants. *Cousin(e) germain(e)* : fils (fille) du frère ou de la sœur du père ou de la mère. *Cousin issu de germain,* issu de cousin germain. *Cousin(e) par alliance* : conjoint(e) d'un cousin ou d'une cousine. – Du lat. *consobrinus.*

cousinage [kuzinaʒ] n. m. Vieilli **1.** Parenté entre cousins. **2.** Ensemble des parents. *Inviter tout le cousinage.* – De *cousin.*

cousiner [kuzine] v. intr. [1] Vieilli Être cousin. ▷ Tenir compte, faire état de son cousinage. *Elle cousine beaucoup* : elle entretient des liens avec ses parents les plus éloignés. ▷ Fig. Fréquenter, s'entendre avec. *Elles ne cousinent guère ensemble.* – De *cousin.*

coussin [kusɛ̃] n. m. **1.** Petit sac cousu, rempli de plumes, de crin, de bourre, de matière synthétique, etc., servant à supporter confortablement une partie du corps. *Coussins de canapé. Être calé avec des coussins.* **2.** TECH *Coussin d'air* : couche d'air sous pression permettant à un aéroglisseur ou à un engin de manutention de se maintenir au-dessus d'une surface. *La sustentation par coussin d'air permet d'atteindre de très grandes vitesses ou réduisant les forces de traînée et de roulement.* – Du lat. pop. **coxinum,* de *coxa,* « cuisse ».

coussinet [kusinɛ] n. m. **1.** Petit coussin. *Coussinet de selle.* **2.** ARCHI Côte de la volute d'un chapiteau ionique. **3.** ZOOL Pelote plantaire. **4.** TECH Pièce qui maintient un rail sur une traverse. **5.** TECH Cylindre à l'intérieur duquel tourne un arbre. – Dimin. de *coussin.*

cousu, ue [kuzy] adj. Assemblé par une couture. *Rideaux cousus à la machine.* ▷ Fam. *Cousu main* : cousu à la main. – Fig., fam. *Du travail cousu main,* de première qualité. ▷ Fig., fam. *Être cousu d'or*, très riche. ▷ Fig. *Une ruse cousue de fil blanc*, grossière, qui ne trompe personne. ▷ Fig. *Garder bouche cousue* : ne rien dire, rester d'une discrétion absolue. – Loc. fam. *Motus et bouche cousue!* – Pp. de *coudre*.

coût [ku] n. m. **1.** Ce que coûte une chose. *Le coût d'une denrée*. ▷ *Le coût de la vie* : ce que coûtent les biens et services durant une période donnée. Syn. valeur, montant, prix. **2.** COMPTA *Coût fixe* : dans le calcul d'un prix de revient, charge constante liée à la capacité de production d'une entreprise (par oppos. à *coût de production*, comprenant montant des achats et coût de fabrication). – De *coûter*.

coûtant [kutɑ̃] adj. m. *Prix coûtant* : prix qu'une chose a coûté. *Vendre à prix coûtant*, sans bénéfice. – Ppr. de *coûter*.

couteau [kuto] n. m. **1.** Instrument tranchant composé d'une lame et d'un manche. *Couteau de poche, à découper, à cran d'arrêt*. ▷ Fig. *Avoir le couteau sous la gorge* : subir une contrainte, une menace. – *Être à couteaux tirés avec qqn*, en conflit ouvert avec lui. ▷ Fig., fam. *Second couteau* : personnage secondaire, comparse. **2.** TECH Instrument, outil plus ou moins tranchant. *Couteau de vitrier, de maçon, de peintre. Peindre au couteau*. ▷ *Le couteau de la guillotine* : le couperet. *Je le jurerais la tête sous le couteau* (ou : *j'en mettrais ma tête à couper*). **3.** Prisme triangulaire qui supporte le fléau d'une balance. **4.** Lamellibranche fouisseur, remarquable par sa coquille rectangulaire longue et étroite, fréquent sur les côtes sableuses de France (genres *Solen* et *Ensis*), comestible. – Du lat. *cultellus*, de *culter*.

couteau-scie [kutosi] n. m. Couteau dont la lame est dentelée. *Des couteaux-scies*.

coutelas [kutlɑ] n. m. **1.** Épée courte et large à un seul tranchant. **2.** Grand couteau de cuisine. – De l'ital. *coltellaccio*.

coutelier, ère [kutəlje, ɛʀ] n. (et adj.) Personne qui fabrique, qui vend des instruments tranchants (couteaux, rasoirs, etc.). ▷ adj. *Industrie coutelière*. – De *couteau*.

coutellerie [kutɛlʀi] n. f. **1.** Industrie, commerce des couteaux, des instruments tranchants. **2.** Lieu où l'on fabrique, où l'on vend des couteaux, des instruments tranchants. – Ensemble des produits fabriqués ou vendus par les couteliers. – De *coutelier*.

coûter [kute] v. [1] **I.** v. intr. et tr. indir. **1.** Nécessiter un paiement pour être acquis. *Ce vase coûte cent francs. Objet qui coûte cher*. (N. B. : Le pp. *coûté* est inv. quand il se rapporte à une somme.) *Les centaines de milliers de francs que cette maison m'a coûté*. – *Absol*. Être cher. *Un luxe qui coûte*. **2.** Occasionner, entraîner des frais, des dépenses. *Son procès lui a coûté cher*. **3.** Fig. Occasionner des peines, des sacrifices. *Son impudence lui coûtera cher. Il n'y a que le premier pas qui coûte*. ▷ (Impers.) *Il m'en coûte de l'avouer*. ▷ Loc. adv. *Coûte que coûte* : quoi qu'il puisse en coûter, à tout prix. **II.** v. tr. Causer (une peine, une perte). *Les peines que ce travail m'a coûtées. Coûter la vie* : entraîner la mort. – Du lat. pop. *constare*, «avoir pour prix».

coûteusement [kutøzmɑ̃] adv. D'une manière coûteuse. *Être coûteusement vêtu*. – De *coûteux*.

coûteux, euse [kutø, øz] adj. **1.** Qui entraîne une dépense importante. *Un voyage coûteux*. **2.** Fig. Qui entraîne des pertes, des peines. *Une victoire coûteuse*. – De *coûter*.

coutil [kuti] n. m. Toile très serrée et lissée. *Coutil de lin, de coton*. – De *coute*, anc. forme de *couette*.

coutre [kutʀ] n. m. AGRIC Couteau situé en avant du soc de la charrue, qui fend la terre verticalement. – Du lat. *culter*, «couteau».

coutume [kutym] n. f. **1.** Manière d'agir, pratique consacrée par l'usage qui se transmet de génération en génération. *Respecter les coutumes d'un pays. La coutume veut que vous fassiez un vœu*. Syn. tradition. ▷ *Les us et coutumes* : l'ensemble des usages et des coutumes. **2.** Habitude individuelle. *Il a coutume de faire une sieste après le déjeuner*. ▷ Prov. *Une fois n'est pas coutume* : l'habitude ne naît pas d'une manière d'agir exceptionnelle. ▷ *De coutume* : à l'ordinaire. *Il est aussi gai que de coutume*. **3.** DR Droit né de l'usage. *La coutume était autrefois l'une des sources du droit français. Pays de coutume* (le centre et le nord de la France) et *pays de droit écrit* (le Midi). **4.** DR Recueil du droit coutumier d'un pays. – Du lat. *consuetudinem*, de *consuescere*, «accoutumer, habituer, s'habituer».

coutumier, ère [kutymje, ɛʀ] adj. **1.** Qui a coutume de faire qqch. *Ne vous inquiétez pas de son silence, il est coutumier du fait*. **2.** Ordinaire, habituel. *Les occupations coutumières*. **3.** Qui appartient à la coutume. *Droit coutumier*, consacré par l'usage (par oppos. à *droit écrit*). ▷ n. m. Recueil des coutumes d'un pays. *Les coutumiers de Normandie*. – De *coutume*.

coutumièrement [kutymjɛʀmɑ̃] adv. Suivant la coutume. – De *coutumier*.

couture [kutyʀ] n. f. **1.** Action de coudre; ouvrage exécuté par qqn qui coud. *Faire de la couture. Des points de couture*. **2.** Art de coudre; métier, commerce d'une personne qui coud. *Cours de couture. Maison de couture*. ▷ *Haute couture* : ensemble des grands couturiers qui font la mode. **3.** Suite de points exécutés à l'aide d'un fil et d'une aiguille pour assembler deux pièces. *Couture de pantalon. Coutures apparentes*. ▷ Loc. fig. *Sous toutes les coutures* : dans les moindres détails. – *Battre à plate(s) couture(s) quelqu'un*, le vaincre totalement, le terrasser; l'emporter sur tous les points. **4.** Fig. Cicatrice en longueur. – Du lat. pop. **consutura*, de *consuere*, «coudre».

couturé, ée [kutyʀe] adj. Couvert de cicatrices. *Visage couturé*. – Pp. de l'anc. v. *couturer*, même sens.

couturier [kutyʀje] n. m. **1.** Personne qui dirige une maison de couture. *Collections des grands couturiers parisiens*. **2.** ANAT Muscle de la cuisse qui fléchit la jambe sur la cuisse et la cuisse sur le bassin. – De *couture*.

couturière [kutyʀjɛʀ] n. f. **1.** Celle qui coud, qui exécute, à son propre compte, des vêtements féminins. *Aller chez sa couturière pour un essayage*. **2.** THEAT *Répétition des couturières*, ou *couturière* : dernière répétition avant la générale, qui permet aux costumières de faire leurs dernières retouches. – De *couture*.

couvain n. m. **1.** Ensemble des œufs, chez divers insectes (abeilles, fourmis, punaises, etc.). **2.** Ensemble des œufs, larves et nymphes contenus dans une ruche. – De *couver*.

couvaison [kuvɛzɔ̃] n. f. ou **couvage** [kuvaʒ] n. m. **1.** Action de couver. **2.** Temps que dure cette action. – De *couver*.

couvée [kuve] n. f. Ensemble des œufs couvés en même temps par un oiseau. – *Par ext*. Ensemble des petits éclos de ces œufs. *Une poule et sa couvée*. *«Adieu veau, vache, cochon, couvée!»* (La Fontaine). – Fig., fam Nombreux enfants de la même famille. – De *couver*.

couvent [kuvɑ̃] n. m. **1.** Maison de religieux ou de religieuses. *Entrer au couvent*, dans un ordre religieux. ▷ Communauté religieuse. *Tout le couvent était rassemblé*. **2.** Vieilli Pensionnat de jeunes filles tenu par des religieuses. – Du lat. *conventus*.

couventine [kuvɑ̃tin] n. f. Personne qui vit ou qui est élevée dans un couvent. – De *couvent*.

couver [kuve] v. [1] **I.** v. tr. **1.** En parlant des oiseaux, se tenir sur des œufs pour les faire éclore. *Une poule qui couve ses œufs*. **2.** Fig. Entourer d'une tendre sollicitude. *Cette mère couve ses enfants.* ▷ Fam. *Couver des yeux* : ne pouvoir détacher son regard de (qqch, qqn). **3.** Fig. Préparer par la pensée, élaborer sous forme de projet. *Couver de mauvais desseins.* Syn. fam. concocter, mijoter. **4.** *Couver une maladie*, en porter les germes. **II.** v. intr. Se préparer sourdement, en étant prêt à se manifester. *Le feu couve sous la cendre. Le mécontentement couvait.* – Du lat. *cubare*, « être couché ».

couvercle [kuvɛʀkl] n. m. Ce qui sert à couvrir (un pot, une boîte, etc.). – Du lat. *cooperculum*, de *cooperire*, « couvrir ».

1. couvert, erte [kuvɛʀ, ɛʀt] adj. **1.** Muni d'un couvercle, d'un toit. *Maison couverte en ardoises.* **2.** Habillé, vêtu. *Être bien, chaudement couvert.* – Qui porte une coiffure sur la tête. *Je vous en prie, restez couvert.* **3.** *Couvert de...* : qui a sur lui beaucoup de... *Un arbre couvert de fruits. Un vêtement couvert de taches.* – Fig. *Être couvert de dettes* : être très endetté. **4.** Dissimulé, caché. *Un ciel couvert*, masqué par les nuages. *Sa voix fut couverte par le brouhaha.* ▷ *Parler à mots couverts*, en termes voilés, par allusions. **5.** Protégé, dégagé de toute responsabilité. *Il est couvert par ses supérieurs.* – Pp. de *couvrir.*

2. couvert [kuvɛʀ] n. m. **I. 1.** Ce qui couvre, toit. – Loc. *Le vivre et le couvert* : de quoi manger et s'abriter. **2.** Abri, ombrage formé par des feuillages. *Se réfugier sous le couvert d'un bois.* **3.** *À couvert (de)* : à l'abri (de), en sûreté. *Se mettre à couvert de la pluie. Être à couvert.* **4.** *Sous couvert de* : sous prétexte de. *Sous couvert de littérature, il ne fait que du commerce.* **5.** *Sous le couvert de* : dans une enveloppe portant l'adresse d'un autre; sous la responsabilité de. *Sous le couvert du ministre.* **II. 1.** Ce dont on couvre une table avant de servir les mets. *Mettre, dresser le couvert.* **2.** Ensemble des ustensiles destinés à chacun des convives. *Ajouter un couvert.* ▷ Cuillère et fourchette, et, parfois, couteau. *Couverts en argent.* – Pp. subst. de *couvrir.*

couverte [kuvɛʀt] n. f. TECH Enduit vitreux transparent recouvrant certaines poteries, certaines faïences. – De *couvrir.*

couverture [kuvɛʀtyʀ] n. f. **I.** Ce qui sert à couvrir, à envelopper, à protéger. **1.** CONSTR Ouvrage situé à la partie supérieure d'une construction, destiné à la protéger des intempéries. *Couverture de tuiles, d'ardoises, de zinc.* **2.** Épaisse pièce d'étoffe, de laine, de coton, de matière synthétique, destinée à protéger du froid, à couvrir un lit. *Border les couvertures. Couverture chauffante*, garnie de résistances électriques. ▷ Loc. fig., fam. *Tirer la couverture à soi* : s'adjuger la meilleure part; chercher à se faire valoir, à s'attribuer tout le mérite d'une réussite. **3.** Ce qui couvre, protège un livre, un cahier. *Couverture toilée.* **II.** Fig. **1.** Ce qui sert à dissimuler, à protéger. *Commerce qui n'est qu'une couverture pour dissimuler un trafic illicite.* **2.** FIN, COMM Garantie donnée pour un paiement. **3.** *Couverture sociale* : protection garantie à un assuré social. **4.** Dans le journalisme, fait de couvrir un événement. *Assurer la couverture d'un match.* – Du bas lat. *coopertura*, de *cooperire*, « couvrir ».

couveuse [kuvøz] n. f. et adj. f. **1.** Femelle d'oiseau de basse-cour apte à couver. *Une bonne couveuse.* – adj. f. *Une poule couveuse.* **2.** Appareil à température constante dans lequel on pratique des couvaisons artificielles. **3.** Appareil dans lequel on place les nouveau-nés fragiles, notam. les prématurés, pour les maintenir à température constante et diminuer le risque infectieux. – De *couver.*

couvi [kuvi] adj. m. Se dit d'un œuf gâté pour avoir été à demi couvé. – De *couver.*

couvoir [kuvwaʀ] n. m. Local réservé aux couveuses animales ou artificielles. – De *couver.*

couvre-chef [kuvʀəʃɛf] n. m. Vx ou plaisant Chapeau, coiffure. *Des couvre-chefs.* – De *couvrir*, et *chef*, « tête ».

couvre-feu [kuvʀəfø] n. m. **1.** Signal marquant l'heure de se retirer et d'éteindre les lumières. *Sonner le couvre-feu.* **2.** Interdiction qui est faite (en général en période de guerre ou de graves troubles sociaux) de sortir à certaines heures. *Des couvre-feux.* – De *couvrir*, et *feu.*

couvre-lit [kuvʀəli] n. m. Pièce d'étoffe dont on recouvre un lit. *Des couvre-lits.* – De *couvrir*, et *lit.*

couvre-nuque [kuvʀənyk] n. m. Pièce d'étoffe adaptée à la coiffure, qui sert à protéger la nuque du soleil. *Des couvre-nuques.* – De *couvrir*, et *nuque.*

couvre-objet [kuvʀɔbʒɛ] n. m. Lamelle de verre recouvrant une préparation microscopique. *Des couvre-objets.* – De *couvrir*, et *objet.*

couvre-pied(s) [kuvʀəpje] n. m. Couverture, généralement épaisse ou édredon, qui couvre le lit à mi-longueur. *Des couvre-pieds.* – De *couvrir*, et *pied.*

couvre-plat [kuvʀəpla] n. m. Couvercle en forme de cloche dont on recouvre un plat. *Des couvre-plats.* – De *couvrir*, et *plat.*

couvreur [kuvʀœʀ] n. m. Artisan, ouvrier qui couvre les maisons, répare les toitures. – De *couvrir.*

couvrir [kuvʀiʀ] **I.** v. tr. [32] **1.** Placer sur (une chose) une autre qui la protège, la cache, l'orne, etc. *Couvrir une maison. Couvrir un livre pour le protéger.* ▷ JEU *Couvrir une carte*, en mettre une autre par-dessus. ▷ FIN *Couvrir une enchère* : surenchérir. **2.** Habiller, vêtir. *Couvrir ses épaules d'un châle.* **3.** Mettre en grande quantité sur, charger (qqch) de. *Couvrir un habit de broderies.* ▷ Fig. *Cet incident les a couverts de ridicule.* **4.** Être répandu sur. *Des feuilles couvrent les allées.* **5.** Cacher, dissimuler. *Voile qui couvre le bas du visage.* **6.** Garantir, abriter; protéger, défendre. *Couvrir qqn de son corps.* ▷ Fig. *Couvrir qqn*, se déclarer responsable de ce qu'il fait, le protéger. – Par ext. *Couvrir les fautes d'un ami.* ▷ *L'amnistie a couvert ce crime*, fait qu'on ne peut plus poursuivre son auteur. **7.** Balancer, compenser. *La recette ne couvre pas les frais.* ▷ FIN Donner une garantie pour un paiement; payer. *Couvrir un emprunt.* **8.** Parcourir (une distance). *Couvrir trente kilomètres en une heure.* **9.** S'accoupler avec (la femelle), en parlant d'un animal mâle. *Étalon qui couvre une jument.* **10.** Dans le journalisme, assurer l'information sur un événement. *Un envoyé spécial couvre les élections.* **II.** v. pron. **1.** Se vêtir. *Se couvrir chaudement.* ▷ Mettre un chapeau sur sa tête. *Couvrez-vous, monsieur.* **2.** Mettre sur soi, porter. *Se couvrir de bijoux.* – Fig. *Se couvrir de gloire, de honte.* **3.** Se cacher, se dissimuler; se retrancher derrière. *Se couvrir des apparences de la vertu. Se couvrir d'un prétexte.* ▷ *Le ciel se couvre*, il est obscurci par des nuages. **4.** Se mettre à l'abri. *Se couvrir d'un bouclier.* – Fig. Se garantir. *Il s'est bien couvert contre un tel risque.* – Du lat. *cooperire.*

covalence [kovalɑ̃s] n. f. CHIM Liaison entre deux atomes, caractérisée par la mise en commun d'une ou de plusieurs paires d'électrons.

covalent, ente [kovalɑ̃, ɑ̃t] adj. CHIM Relatif à la covalence. *Liaison covalente.* – De *covalence.*

covariance [kovaʀjɑ̃s] n. f. MATH, STATIS En calcul des probabilités, valeur correspondant à la plus ou moins grande corrélation qui existe entre deux variables aléatoires.

covariant, ante [kovaʀjɑ̃, jɑ̃t] n. m. et adj. **1.** n. m. MATH, STATIS Fonction déduite d'autres fonctions et telle qu'elle ne varie que d'un facteur constant lorsqu'on applique une transformation linéaire aux variables des autres fonctions. **2.** adj. Relatif aux covariants ou à la covariance. – De *covariance.*

covendeur, euse [kovɑ̃dœʀ, øz] n. DR Personne qui vend avec une autre un bien possédé en commun.

cover-girl [kɔvœʀgœʀl; kɔvɛʀgœʀl] n. f. Jeune femme qui pose pour les photographes de mode, notam. pour illustrer les couvertures des magazines. *Des cover-girls.* – Mot anglo-amér., de *cover,* «couverture», et *girl,* «fille» : «fille de couverture».

cow-boy [kobɔj; kawbɔj] n. m. Gardien de bétail ou de chevaux dans les ranches du Far West. *Des cow-boys.* – Mot anglo-amér., «vacher».

cowper [kupɛʀ] n. m. METALL Appareil servant à récupérer la chaleur d'un haut fourneau. – Du n. de l'inventeur.

cow-pox [kopɔks] n. m. inv. Éruption variolique (vaccine) qui se manifeste sur le pis des vaches sous forme de pustules dont le contenu sert à préparer le *vaccin antivariolique.* – Angl. *cow,* «vache», et *pox,* «variole».

coxal, ale, aux [kɔksal, o] adj. ANAT Relatif à la hanche. *Os coxal :* os iliaque. – Du lat. *coxa,* «cuisse».

coxalgie [kɔksalʒi] n. f. MED **1.** Douleur de la hanche. **2.** Tuberculose de l'articulation coxo-fémorale. – Du lat. *coxa,* «cuisse», et *-algie.*

coxalgique [kɔksalʒik] adj. Relatif à la coxalgie. ▷ adj. et n. Atteint de coxalgie. – De *coxalgie.*

coxaplana [kɔksaplana] n. f. MED Déformation de la hanche, consécutive à une ostéochondrite juvénile, et pouvant provoquer une boiterie et des douleurs. – Du lat. *coxa,* «cuisse», et *plana,* «plane».

coxarthrose [kɔksaʀtʀoz] n. f. MED Arthrose de la hanche. – Du lat. *coxa,* «cuisse», et *arthrose.*

coxo-fémoral, ale, aux [kɔksofemɔʀal, o] adj. ANAT Relatif à la hanche et à la partie supérieure du fémur. *Les articulations coxo-fémorales.* – Du lat. *coxa,* «cuisse», et *fémur.*

coyau [kɔjo] n. m. CONSTR Petit chevron relevant la partie basse du chevronnage d'une toiture, pour que celle-ci déborde le nu du mur. – De l'a. fr. *coe,* «queue».

coyote [kɔjɔt] n. m. Canidé d'Amérique du Nord (*Canis latrans*), proche du loup et du chacal. – Aztèque *coyotl.*

c.q.f.d. Abrév. de *ce qu'il fallait démontrer,* formule qui conclut une démonstration mathématique.

Cr CHIM Symbole du chrome.

crabe [kʀab] n. m. **1.** Nom cour. de très nombr. crustacés décapodes brachyoures, marins pour la plupart mais dont quelques-uns sont dulçaquicoles ou terrestres. (*Carcinus maenas* est le crabe vert, très fréquent sur les côtes françaises, *Cancer pagurus* est le tourteau, *Portunus puber* est l'étrille.) – *Crabe des cocotiers :* crustacé décapode de Polynésie, à l'abdomen mou, comme celui du pagure, aux mœurs terrestres; son goût est proche de celui de la langouste. **2.** Fig. *Panier de crabes :* groupe de personnes qui se dénigrent ou cherchent à se nuire. **3.** Fig. *Marcher en crabe,* de côté. – Moyen néerl. *krabbe.*

crabier [kʀabje] n. m. Nom de divers animaux (oiseaux, mammifères) qui se nourrissent de crabes. – (En appos.) *Héron crabier.* – De *crabe.*

crabot [kʀabo] ou **clabot** [klabo] n. m. TECH Couronne dentée servant à accoupler deux pièces mécaniques. – Du rad. germ. *krappa,* «crampon, crochet».

crabotage [kʀabɔtaʒ] ou **clabotage** [klabɔtaʒ] n. m. TECH Accouplement au moyen de crabots. – De *crabot.*

craboter [kʀabɔte] ou **claboter** [klabɔte] v. tr. [1] Accoupler au moyen de crabots. – De *crabot.*

crabs ou **krabs** [kʀabs] ou **craps** ou **kraps** [kʀaps] n. m. Jeu d'argent se pratiquant avec deux dés. – Mot anglais.

crac! [kʀak] interj. Onomat. qui imite le bruit sec de qqch qui se brise, ou qui évoque la soudaineté. *Crac! la branche cassa. Et crac, il disparut!*

crachat [kʀaʃa] n. m. **1.** Salive ou mucosité que l'on crache. – MED Syn. de *expectoration. Crachat hémoptysique,* teinté de sang. *Crachat rouillé,* jaunâtre, caractéristique de la pneumonie. **2.** Fig., fam. Plaque, insigne des grades supérieurs, dans les ordres de chevalerie. – De *cracher.*

craché, ée [kʀaʃe] adj. Fig., fam. D'une ressemblance parfaite. *Cet enfant, c'est son père tout craché, c'est le portrait craché de son père.* – Pp. de *cracher.*

crachement [kʀaʃmɑ̃] n. m. **1.** Action de cracher. *Crachement de sang.* **2.** Fig. Projection, éjection. *Des crachements de flammes. Les crachements d'une mitrailleuse, d'un volcan.* **3.** Bruit parasite émis par un haut-parleur. – De *cracher.*

1. cracher [kʀaʃe] v. [1] **I.** v. tr. **1.** Rejeter (qqch) de la bouche. *Cracher du sang.* ▷ Fig. *Cracher des injures :* proférer des injures avec véhémence. **2.** Pop. Donner, dépenser. *Il a craché pas mal de fric.* **3.** Fig. Rejeter au-dehors. *Les volcans crachent du feu.* **II.** v. intr. **1.** Rejeter par la bouche de la salive, des mucosités. **2.** Fig., fam. *Cracher sur une chose, sur qqn,* s'exprimer avec dédain à son sujet. **3.** *Plume, stylo qui crache,* qui fait jaillir l'encre de tous côtés. **4.** Faire entendre des crachements. *Un vieux poste de radio qui crache.* – Du lat. pop. **craccare,* onomat.

2. cracher (se) ou **crasher (se)** [kʀaʃe] v. pron. [1] Fam. Se poser en catastrophe, en parlant d'un avion; sortir accidentellement d'une route, d'une piste, etc. – Calque de l'anglais *to crash.*

cracheur, euse [kʀaʃœʀ, øz] adj. et n. m. **1.** adj. Rare Qui crache souvent. **2.** n. m. *Cracheur de feu :* bateleur qui emplit sa bouche d'un liquide inflammable et le rejette en l'enflammant. – De *cracher* 1.

crachin [kʀaʃɛ̃] n. m. Pluie fine et dense. – Mot dial. de l'Ouest.

crachiner [kʀaʃine] v. impers. [1] Pleuvoir sous forme de crachin. *Il crachine.* – De *crachin.*

crachoir [kʀaʃwaʀ] n. m. **1.** Récipient dans lequel on crache. **2.** Fig., fam. *Tenir le crachoir :* parler sans arrêt. – *Tenir le crachoir à qqn,* l'écouter parler sans pouvoir parler soi-même. – De *cracher* 1.

crachotement [kʀaʃɔtmɑ̃] n. m. **1.** Fait de crachoter. **2.** Bruit que fait entendre ce qui crachote. – De *crachoter.*

crachoter [kʀaʃɔte] v. intr. [1] **1.** Cracher souvent et peu à la fois. **2.** Fig. Faire entendre de petits crachements, de légers crépitements. *Poste de radio qui crachote.* – De *cracher* 1.

crack [kʀak] n. m. (Anglicisme) **1.** Poulain favori d'une écurie de course. **2.** Fam. Personne très forte dans un domaine. *En philo, c'est un crack.* – *Faire son crack :* poser, se vanter. Syn. champion. – Mot angl., «fameux», de *to crack,* «craquer, se vanter».

cracker [kʀakœʀ] n. m. (Anglicisme) Petit gâteau sec léger et salé, servi à l'apéritif.

cracking [kʀakiŋ] n. m. (Anglicisme) TECH Syn. (off. déconseillé) de *craquage.* – Mot angl., de *to crack,* «briser».

craie [kʀɛ] n. f. **1.** Roche sédimentaire généralement blanche, tendre et perméable, de densité 1,25, constituée presque exclusivement de carbonate de calcium sous forme de coccolite (squelettes de foraminifères et autres êtres vivants microscopiques ayant vécu au crétacé). *Le blanc de Meudon, le blanc de Troyes, le blanc d'Espagne sont des variétés de craie.* **2.** Bâton, autref. en craie, auj. en plâtre moulé, avec lequel on écrit spécial. sur un tableau noir. *Craie de couleur.* – Du lat. *creta*, « craie, argile ».

crailler [kʀaje] v. intr. [**1**] Crier, en parlant de la corneille. – Onomat.

craindre [kʀɛ̃dʀ] v. tr. [**54**] **1.** Redouter, avoir peur de, chercher à éviter (qqch ou qqn). *Craindre la douleur. Ce chien craint son maître. Il ne craint pas le ridicule.* - *Ne craindre ni Dieu ni diable* : ne reculer devant rien. - *Absol.* Avoir des appréhensions, des inquiétudes. *Craindre pour sa réputation.* **2.** *Craindre que* (+ subj.) : considérer comme probable une chose fâcheuse. *Je crains qu'il n'arrive en retard.* ⊳ Impers. *Il est à craindre que* (+ subj.) : il faut malheureusement s'attendre que. *Il est à craindre qu'il ne puisse réaliser ses projets.* **3.** *Craindre de* (+ inf.). *Il craint d'échouer.* - *Ne pas craindre de* : accomplir un acte avec audace. *Il n'a pas craint d'intervenir* : il a eu le courage d'intervenir. *Il n'a pas craint de mentir* : il a eu l'effronterie de mentir. *Je ne crains pas de dire que...* : je suis certain, je puis affirmer que... **4.** (Choses) Être sensible à. *Cette plante craint le froid.* **5.** v. intr. (Emploi défectif.) Pop. *Ça craint* : c'est affreux; c'est difficile; par antiphr., c'est excellent. – Du lat. pop. *cremere*, altér. de *tremere*, « trembler », sous l'influence d'un rad. gaul. *crit-*.

crainte [kʀɛ̃t] n. f. **1.** Sentiment de trouble, d'inquiétude à l'idée d'un mal possible ou menaçant. *Être saisi de crainte. La crainte du châtiment.* **2.** Loc. conj. *De crainte que* : de peur que. *Ne lui dites rien, de crainte qu'il ne le répète.* **3.** Loc. prép. *De crainte de, crainte de, dans la crainte de* : de peur de. *De crainte de se tromper.* – Déverbal de *craindre*.

craintif, ive [kʀɛ̃tif, iv] adj. **1.** Sujet à la crainte. *Un naturel craintif.* **2.** Qui dénote la crainte. *Une voix craintive.* – De *crainte*.

craintivement [kʀɛ̃tivmɑ̃] adv. D'une façon craintive. *Parler craintivement.* – De *craintif*.

crambe [kʀɑ̃b] ou **crambé** [kʀɑ̃be] n. m. Crucifère (*Crambe maritima*), dite aussi « chou marin », qui pousse sur les côtes de la Manche, et dont on consomme les pétioles blanchis par la cuisson. – Gr. *krambê*, « chou ».

cramer [kʀame] v. [**1**] **1.** v. tr. Fam. Brûler légèrement. *Cramer un steak.* **2.** v. intr. Brûler, roussir. – Lat. *cremare*, « brûler »; mot rég. du Centre, var. dial. de l'anc. v. *cremer*.

cramoisi, ie [kʀamwazi] adj. **1.** D'une couleur rouge foncé. *Une draperie cramoisie.* **2.** Très rouge. *Il était cramoisi de colère.* – Ar. *qirmezi*, « colorant rouge (produit par une cochenille) ».

crampe [kʀɑ̃p] n. f. **1.** Contraction involontaire, douloureuse et passagère, d'un muscle ou d'un groupe musculaire. *Avoir une crampe dans le bras.* **2.** *Crampe d'estomac* : douleur vive qui semble avoir son siège dans la paroi de ce viscère. – Frq. **kramp*.

crampon [kʀɑ̃pɔ̃] n. m. (et adj. inv.) **1.** TECH Pièce de métal, recourbée, à une ou plusieurs pointes, qui sert à fixer. ⊳ Pièce fixée sous la semelle d'une chaussure pour éviter de glisser (sur la glace, sur un sol boueux). *Des chaussures à crampons.* ⊳ Élément fixé sur un pneumatique pour améliorer l'adhérence sur une route enneigée ou verglacée. **2.** BOT Racines adventives de diverses plantes grimpantes (lierre, par ex.), qui leur permettent de s'accrocher à un support. **3.** Fig., fam. Personne insistante et importune. *Quels crampons, ces gens!* - adj. inv. *Qu'elle est crampon!* – Frq. **krampo*, « courbé ».

cramponner [kʀɑ̃pɔne] v. tr. [**1**] **1.** TECH Attacher avec un crampon. *Cramponner des fers.* **2.** Fig., fam. Importuner par son insistance. *Il me cramponne pour que je l'écoute.* **3.** v. pron. S'accrocher de toutes ses forces. *Enfant qui se cramponne au cou de sa mère.* ⊳ Fig. *Il se cramponne à ses idées folles.* – De *crampon*.

cramponnet [kʀɑ̃pɔnɛ] n. m. TECH Partie d'une serrure dans laquelle on met le pêne. – De *crampon*.

cran [kʀɑ̃] n. m. **1.** Entaille faite dans un corps dur pour accrocher ou arrêter qqch. *Couteau à cran d'arrêt.* ⊳ *Cran de mire*, qui détermine la ligne de mire d'une arme à feu. **2.** Trou d'une courroie, servant d'arrêt. *Serrer son ceinturon d'un cran.* **3.** Ondulation donnée à la chevelure. *Se faire des crans.* **4.** Fig. *Monter, baisser d'un cran* : passer à un degré supérieur, inférieur. *Il monte d'un cran dans mon estime.* **5.** Fam. Énergie, courage. *Avoir du cran.* **6.** Fam. *Être à cran*, de très mauvaise humeur, exaspéré. – De l'anc. v. *créner*, « entailler ».

1. crâne [kʀɑn] n. m. **1.** Boîte osseuse contenant l'encéphale de l'homme, des vertébrés. (Chez l'homme, il comprend huit os : le frontal, les deux temporaux, les deux pariétaux, le sphénoïde, l'ethmoïde et l'occipital. La partie inférieure est percée du trou occipital, qui permet le passage de la moelle épinière. Les os de la voûte se réunissent par des sutures, qui ne sont pas fermées chez le jeune enfant, laissant des espaces non ossifiés, les fontanelles.) **2.** Cour. Tête. *J'ai mal au crâne.* - Fig., fam. *Mets-toi cela dans le crâne* : comprends cela et ne l'oublie plus. *Bourrer le crâne à qqn*, l'endoctriner. – Lat. médiév. *cranium*, gr. *kranion*.

2. crâne [kʀɑn] adj. Vieilli Audacieux, hardi. *Un crâne soldat. Avoir l'air crâne.* – De *crâne* 1.

crânement [kʀɑnmɑ̃] adv. Vieilli Hardiment. *Se conduire crânement.* – De *crâne* 2.

crâner [kʀɑne] v. intr. [**1**] Fam. Faire le brave; poser, se montrer prétentieux. – De *crâne* 2.

crânerie [kʀɑnʀi] n. f. **1.** Vieilli Courage devant le danger. **2.** Fam. Affectation de bravoure. – De *crâner*.

crâneur, euse [kʀɑnœʀ, øz] n. et adj. Fam. Personne prétentieuse, qui pose. *Une petite crâneuse.* - adj. *Il est trop crâneur.* – De *crâner*.

crani(o)-. Élément, du gr. *kranion*, « crâne ».

craniectomie [kʀanjɛktɔmi] n. f. CHIR Détachement complet d'un volet osseux crânien, qui peut, ensuite, être remis en place. – De *crânien*, et *-ectomie*.

crânien, enne [kʀɑnjɛ̃, ɛn] adj. ANAT Qui appartient, qui a rapport au crâne. *Traumatisme crânien. Les nerfs crâniens* : l'ensemble des douze paires de nerfs qui naissent directement de l'encéphale. – De *crâne* 1.

craniologie [kʀanjɔlɔʒi] n. f. Syn. de *phrénologie*. – De *cranio-*, et *-logie*.

crantage [kʀɑ̃taʒ] n. m. TECH Action de cranter; son résultat. – De *cranter*.

cranter [kʀɑ̃te] v. tr. [**1**] Faire des crans (sens 1 et 3) à. - Pp. adj. *Une roue crantée.* – De *cran*.

crapahuter [kʀapayte] v. intr. [**1**] Progresser, marcher sur un terrain difficile, accidenté. – D'après *crapaud*, « appareil de gymnastique » dans l'arg. de Saint-Cyr.

crapaud [kʀapo] n. m. **1.** Amphibien anoure, à la peau verruqueuse. (Carnivore, le crapaud détruit limaces, insectes et vers de terre. Terrestre à l'état adulte, il ne va à l'eau qu'au printemps, pour la reproduction. *Bufo bufo*, fam. bufonidés, est le crapaud commun d'Europe, mais il existe de nombr. autres genres, appartenant à diverses familles.) **2.** MINER Impureté opaque incluse dans une pierre précieuse. **3.** Cour. (En appos.) *Fauteuil crapaud* : petit fauteuil bas. - *Piano crapaud* et, ellipt., *crapaud* : piano à queue, plus petit que le demi-queue. – De l'a. fr. *crape*, « ordure », de *escraper*, « nettoyer, racler »; frq. **krappon*.

crapaudine [kʀapodin] n. f. **1.** TECH Palier servant de support et de guide à un axe vertical. **2.** Plaque percée ou grille placée à l'extrémité d'un tuyau pour arrêter les ordures. **3.** CUIS *Poulet, canard, pigeon à la crapaudine,* que l'on aplatit avant de les faire griller ou rôtir. – De *crapaud.*

crapouillot [kʀapujo] n. m. MILIT Petit mortier utilisé pendant la guerre de 1914-1918. – De *crapaud.*

craps. V. crabs.

crapule [kʀapyl] n. f. **1.** Vieilli Débauche grossière. **2.** Vieilli Ceux qui vivent dans la débauche. **3.** Individu malhonnête. *C'est une crapule.* – Du lat. *crapula,* « ivresse ».

crapulerie [kʀapylʀi] n. f. Malhonnêteté. – De *crapule.*

crapuleusement [kʀapyløzmɑ̃] adv. D'une façon crapuleuse. – De *crapuleux.*

crapuleux, euse [kʀapylø, øz] adj. **1.** Vieilli Qui se plaît dans la crapule. **2.** Relatif à la crapule. ▷ *Crime crapuleux,* qui a le vol pour mobile. – De *crapule.*

craquage [kʀakaʒ] n. m. TECH Procédé thermique ou catalytique de raffinage servant à augmenter la proportion des composants légers d'une huile de pétrole par modification de la structure chimique de ses constituants. (Syn. off. recommandé de *cracking.*) – De *craquer,* pour traduire l'angl. *cracking.*

craquant, ante [kʀakɑ̃, ɑ̃t] adj. Qui fait entendre des craquements. – Ppr. de *craquer.*

craque [kʀak] n. f. Fam. Mensonge, hâblerie. *Raconter des craques.* – Déverbal de *craquer,* au sens anc. de « mentir ».

craquelage [kʀaklaʒ] n. m. TECH Action de craqueler la céramique. – De *craqueler.*

craquelé, ée [kʀakle] adj. Fendillé. *Poterie craquelée.* – Pp. de *craqueler.*

craquèlement [kʀakɛlmɑ̃] ou **craquellement** [kʀakɛlmɑ̃] n. m. Fait de se craqueler; aspect qui en résulte. – De *craqueler.*

craqueler [kʀakle] v. tr. [**19**] Fendiller. ▷ v. pron. *Le mur se craquèle.* - Pp. adj. *Une poterie craquelée.* – De *craquer.*

craquelin [kʀaklɛ̃] n. m. Biscuit qui craque sous la dent. – Moyen néerl. *crakeline.*

craquelure [kʀaklyʀ] n. f. Défaut d'un vernis, d'une peinture qui se fendille. – De *craqueler.*

craquement [kʀakmɑ̃] n. m. Bruit sec que font certaines choses en se cassant, en éclatant. *Le craquement du bois sec.* – De *craquer.*

craquer [kʀake] v. [**1**] **I.** v. intr. **1.** Faire un bruit sec. *La table craque. Le pain dur craque sous la dent.* ▷ v. tr. *Craquer une allumette,* l'allumer par frottement. **2.** Céder, se casser en faisant du bruit. - *Plein à craquer,* au point de risquer d'éclater. *Ma valise est pleine à craquer.* **3.** Fig. Échouer. *L'affaire a craqué.* **4.** Fam. S'effondrer nerveusement. *Je suis à bout, je vais craquer!* - Fam., plaisant Ne pas résister (à une tentation). *J'ai craqué et je l'ai acheté.* **II.** v. tr. TECH Soumettre au craquage (un produit pétrolier). – Du rad. onomat. *crac.*

craquètement ou **craquettement** [kʀakɛtmɑ̃] n. m. **1.** Action de craqueter. **2.** MED Craquement convulsif des dents. **3.** Cri de la cigogne, de la grue. – De *craqueter.*

craqueter [kʀakte] v. intr. [**20**] **1.** Craquer avec de petits bruits secs. *Le sel craquette dans le feu.* **2.** Crier (en parlant de la cigogne, de la grue). - Faire crisser ses élytres (en parlant de la cigale). – Dimin. de *craquer.*

craqueur [kʀakœʀ] n. m. TECH Installation de craquage. – De *craquage.*

crase [kʀɑz] n. f. **1.** GRAM GR Fusion de la syllabe finale d'un mot et de la syllabe initiale du mot suivant. **2.** MED Propriété du sang de coaguler. – Gr. *krasis,* « mélange, contraction ».

crash [kʀaʃ] n. m. AVIAT Atterrissage de fortune, effectué train rentré. *Des crashs* ou *des crashes.* – Abrév. de l'angl. *crash-landing,* de *to crash,* « s'écraser », et *landing,* « atterrissage ».

crasher (se). V. cracher (se).

crassane [kʀasan] n. f. Variété de poires rondes, jaunâtres, à chair fondante. – De *Crazannes,* village de Saintonge, d'où elle est originaire.

crasse [kʀas] n. f. (et adj. f.) **1.** n. f. Saleté qui s'amasse sur la peau, les vêtements, les objets. *Un habit luisant de crasse.* **2.** TECH Résidu d'une matière. **3.** METALL Scorie d'un métal en fusion. **4.** AVIAT, MAR Fam. Brume épaisse. **5.** Fam. Mauvais procédé, indélicatesse. *Faire une crasse à qqn.* **6.** adj. f. Fam. *Une ignorance crasse,* grossière. – Lat. *crassus,* « gras, épais ».

crasseux, euse [kʀasø, øz] adj. Couvert de crasse. *Visage crasseux.* – De *crasse.*

crassier [kʀasje] n. m. METALL Entassement des scories de hauts fourneaux. – De *crasse.*

crassulacées [kʀasylase] n. f. pl. BOT Famille de dicotylédones dialypétales qui comprend des arbrisseaux et des herbes à tiges et feuilles charnues, plantes grasses des terrains secs. *Les joubarbes et les orpins sont des crassulacées.* - Sing. *Une crassulacée.* – Du lat. bot. *crassula,* de *crassus,* « gras ».

crassule [kʀasyl] n. f. BOT Petite plante herbacée ornementale (*Crassula rubens,* seule espèce européenne, fam. crassulacées), à fleurs rouges, fréquente sur les vieux murs, les éboulis, etc. – Lat. bot. *crassula,* de *crassus,* « gras ».

-crate, -cratie, -cratique. Éléments, du gr. *kratos,* « force, puissance ».

cratère [kʀatɛʀ] n. m. **1.** ANTIQ Grand vase à large orifice et à deux anses, dans lequel on mélangeait le vin et l'eau. **2.** Dépression conique par où sortent les produits émis par un volcan, et dont le fond est généralement obstrué, en période d'inactivité, par un bouchon de lave solidifiée. ▷ Par ext. *Cratère lunaire :* dépression en forme de cirque à la surface de la Lune. - *Cratère météorique, cratère d'impact,* dû à la chute d'une météorite sur la Terre. - *Cratère de bombe,* dû à l'éclatement d'une bombe. **3.** TECH Ouverture dans la partie supérieure d'un fourneau de verrier. – Lat. *crater,* gr. *kratêr.*

craterelle [kʀatʀɛl] n. f. BOT Champignon basidiomycète (genre *Craterellus*), comestible, cour. nommé *corne d'abondance* et *trompette-de-la-mort* ou *trompette-des-morts.* – Lat. bot. *craterella,* dimin. de *crater,* à cause de sa forme en entonnoir.

cratériforme [kʀateʀifɔʀm] adj. En forme de coupe, de cratère. – De *cratère,* et *-forme.*

-cratie, -cratique. V. -crate.

cravache [kʀavaʃ] n. f. **1.** Badine flexible servant de fouet aux cavaliers. **2.** Fig. *Mener à la cravache,* durement. – All. *Karbatsche,* par le polonais; du turc *qyrbâtch,* « fouet de cuir ».

cravacher [kʀavaʃe] v. [**1**] **1.** v. tr. Frapper avec une cravache. *Cravacher son cheval.* **2.** v. intr. Fig., fam. Se dépêcher. – De *cravache.*

cravate [kʀavat] n. f. **1.** Mince bande d'étoffe qui se noue autour du cou ou du col de la chemise. *Nœud, épingle de cravate.* - Par ext. *Cravate de fourrure,* portée par les femmes. ▷ *Cravate de chanvre :* V. chanvre. - Loc. fig., pop. *S'en jeter un derrière la cravate :* boire un verre d'une boisson alcoolisée. **2.** *Cravate de drapeau :* morceau d'étoffe à franges que l'on attache en haut de la hampe. **3.** Insigne des commandeurs de certains ordres. *Recevoir la cravate de commandeur de la Légion d'honneur.* **4.** SPORT En lutte, torsion imprimée au cou de l'adversaire. – Forme francisée de *Croate,* à cause de la bande de linge que les cavaliers croates portaient autour du cou.

cravater [kʀavate] v. tr. [1] **1.** Mettre une cravate à. **2.** Pop. Tromper par des mensonges. **3.** Fam. Saisir (qqn) par le cou. – *Par ext.* Prendre, attraper (qqn). *Les inspecteurs avaient cravaté le pickpocket.* – De *cravate.*

crave [kʀav] n. m. Oiseau corvidé des falaises et des montagnes (*Coracia pyrrhocorax*), long de 38 cm env., au plumage noir, au bec et aux pattes rouges.

crawl [kʀol] n. m. SPORT Nage rapide consistant en un battement continu des pieds avec un mouvement alterné des bras. – Mot angl.

crawler [kʀole] v. intr. [1] Nager le crawl. – Pp. adj. *Dos crawlé* : nage sur le dos, en crawl. – De *crawl.*

crayeux, euse [kʀɛjø, øz] adj. **1.** Qui contient de la craie. *Terrain crayeux.* **2.** Qui a la couleur de la craie. *Une face crayeuse.* – De *craie.*

crayon [kʀɛjɔ̃] n. m. **1.** Morceau de minerai coloré, et partic. morceau de plombagine, propre à écrire ou à dessiner. **2.** Petite baguette de bois, garnie intérieurement d'une mine de crayon (sens 1), servant à écrire ou à dessiner. *N'écrivez pas au crayon, mais à l'encre.* – Par ext. *Crayon à bille* : stylo à bille. **3.** Dessin au crayon. *Une collection de crayons d'Ingres.* **4.** Manière d'un dessinateur. *Avoir le crayon facile, moelleux.* – De *craie.*

crayon-feutre [kʀɛjɔ̃føtʀ] n. m. Stylo dont la plume est remplacée par une pointe en feutre. *Des crayons-feutres.*

crayonnage [kʀɛjɔnaʒ] n. m. **1.** Fait de crayonner. **2.** Dessin rapide fait au crayon. – De *crayonner.*

crayonné [kʀɛjɔne] n. m. Esquisse destinée à donner une idée d'une illustration, d'une affiche publicitaire. – Pp. de *crayonner.*

crayonner [kʀɛjɔne] v. tr. [1] **1.** Dessiner, écrire au crayon. **2.** Écrire rapidement. *Crayonner quelques mots dans un carnet.* **3.** Esquisser. – De *crayon.*

créance [kʀeɑ̃s] n. f. **1.** Vx Croyance que l'on accorde à une chose. – Loc. mod. *Donner créance à* : ajouter foi à. **2.** Vieilli Confiance que qqn inspire. **3.** *Lettres de créance* : acte servant à accréditer un agent diplomatique d'un pays auprès du gouvernement d'un autre pays. *Le nouvel ambassadeur a remis ses lettres de créance au président de la République.* **4.** DR Droit d'exiger de qqn l'exécution d'une obligation, le paiement d'une dette. – Titre établissant ce droit. ▷ *Abandon de créance* : effacement d'une dette, sans contrepartie. – De *creire,* ancienne forme de *croire,* ou du lat. pop. *credentia.*

créancier, ère [kʀeɑ̃sje, ɛʀ] n. Personne à qui est due l'exécution d'une obligation, le paiement d'une dette. *Il ne paie pas ses créanciers. Créancier hypothécaire,* dont la créance est garantie par une hypothèque. – De *créance.*

créateur, trice [kʀeatœʀ, tʀis] n. et adj. **I.** n. **1.** n. m. RELIG (Avec une majuscule.) Celui qui a créé toutes choses, Dieu. *Adorer le Créateur.* **2.** Personne qui crée, qui a créé. *Lavoisier, créateur de la chimie moderne.* **3.** Artiste novateur. *Est-il un véritable créateur ou un simple opportuniste ?* **4.** SPECT Premier interprète d'un rôle. *Cette comédienne va reprendre le rôle dont elle fut la créatrice.* **II.** adj. Qui crée, qui invente. *Génie créateur. Force créatrice.* – Lat. *creator.*

créatif, ive [kʀeatif, iv] adj. et n. Capable de création, d'invention. *Un enfant créatif.* ▷ Subst. *Aider les créatifs.* – De *création.*

créatine [kʀeatin] n. f. BIOCHIM Constituant azoté de l'organisme, notam. des fibres musculaires où il joue un important rôle énergétique. – Du gr. *kreas, kreatos,* « chair ».

créatinémie [kʀeatinemi] n. f. BIOCHIM Concentration sanguine en créatine. – De *créatine,* et *-émie.*

créatinine [kʀeatinin] n. f. BIOCHIM Constituant basique contenu dans les muscles et dans le sang, épuré par le glomérule rénal. – De *créatine,* et *-ine.*

création [kʀeasjɔ̃] n. f. **1.** RELIG Action de Dieu créant de rien l'Univers. *La création du monde* et, absol., *la Création.* **2.** Univers, ensemble des êtres créés. *Les merveilles de la création.* **3.** Invention, œuvre de l'imagination, de l'industrie humaine. *Les créations de Michel-Ange.* **4.** Fondation d'une entreprise, d'une institution, etc. *La création d'une maison de commerce.* **5.** SPECT Fait de jouer un rôle pour la première fois ; ce rôle. *Il revient à la scène dans une création.* – Première représentation d'une œuvre. *Assister à la création d'un opéra.* **6.** COMM Nouveau modèle. *Elle portait une création d'un grand couturier.* – Lat. *creatio.*

créativité [kʀeativite] n. f. Capacité à créer, à inventer. – De *créatif.*

créature [kʀeatyʀ] n. f. **1.** RELIG L'être humain, considéré par rapport à Dieu. **2.** Individu de l'espèce humaine (se dit en partic. des femmes). *Une belle créature. De malheureuses créatures.* **3.** Péjor., vieilli Femme méprisable. *Il s'affiche avec des créatures.* **4.** Fig., péjor. Personne qui tient sa position, sa fortune, d'une autre. *Les créatures d'un homme politique.* – Lat. *creatura.*

crécelle [kʀesɛl] n. f. **1.** Instrument de musique à percussion en bois, fait d'une roue dentée mue par une manivelle. *La crécelle est aujourd'hui un jouet.* **2.** Fig. *Voix de crécelle* : voix criarde et déplaisante. ▷ Personne qui possède ce genre de voix. – Probabl. du lat. pop. **crepicella,* class. *crepitacillum,* « claquette », de *crepitare,* « craquer ».

crécerelle [kʀesʀɛl] n. f. Le plus commun des falconiformes d'Europe (*Falco tinnunculus*), long de 35 cm, à plumage roussâtre. – De *crécelle.*

crèche [kʀɛʃ] n. f. **1.** Vx Mangeoire des bestiaux. *Mettre du foin dans la crèche.* **2.** Mangeoire où Jésus fut déposé au moment de sa naissance. – *Par ext.* Petite construction représentant l'étable de Bethléem et les scènes de la Nativité. *Les santons de la crèche.* **3.** Établissement équipé pour la garde diurne des enfants en bas âge. **4.** Pop. Chambre, logement. – Du frq. **krippia.*

crécher [kʀeʃe] v. intr. [14] Pop. Habiter. *Où est-ce que tu crèches ?* – De *crèche.*

crédence [kʀedɑ̃s] n. f. **1.** Meuble, partie de buffet sur lesquels on dépose la vaisselle, les couverts, les plats. **2.** LITURG CATHOL Petite table près de l'autel, où l'on dispose les objets du culte. – De l'ital. *credenza,* « confiance », dans la loc. *fare la credenza,* « faire l'essai » (des mets, des boissons).

crédibiliser [kʀedibilize] v. tr. [1] Rendre crédible. – De *crédible.*

crédibilité [kʀedibilite] n. f. Caractère de ce à quoi l'on peut faire crédit, de ce que l'on peut croire. – Lat. *credibilitas,* de *credere,* « croire ».

crédible [kʀedibl] adj. Digne de foi ; que l'on peut croire. – Lat. *credibilis,* de *credere,* « croire ».

crédirentier, ère [kʀediʀɑ̃tje, ɛʀ] n. DR Personne créancière d'une rente (par oppos. à *débirentier*). – De *crédit,* et *rentier.*

crédit [kʀedi] n. m. **1.** Faculté de se procurer des capitaux, par suite de la confiance que l'on inspire ou de la solvabilité que l'on présente. *Avoir du crédit. Faire crédit, donner à crédit* : céder des marchandises sans en exiger le paiement immédiat. *Vendre, acheter à crédit.* **2.** Cession de capitaux, de marchandises, à titre d'avance, de prêt. *Ouvrir un crédit à qqn,* s'engager à lui faire des avances de fonds jusqu'à concurrence d'une certaine somme. – *Carte de crédit,* délivrée par un organisme bancaire, qui permet d'acquérir un bien ou un service sans avoir à le payer immédiatement et d'effectuer des retraits d'espèces. – *Crédit à court, moyen, long terme :* avance consentie par un organisme financier pour une durée inférieure à deux ans, de deux à dix ans, de plus de dix ans. – *Crédit-relais :* prêt destiné à faire la liaison entre une dépense immédiate et une rentrée d'argent attendue. – *Crédit revolving,* qui se renouvelle au fur et à mesure des remboursements de l'emprunteur. ▷ FIN *Crédit croisé :* échange temporaire entre banques centrales d'un certain montant de leurs monnaies respectives afin de soutenir le cours de change de l'une d'elles. Syn. (off. déconseillé) swap. – *Lettre* de crédit.* ▷ *Crédit d'impôt :* créance sur le Trésor public. Syn. avoir fiscal. **3.** *Établissement de crédit :* établissement destiné à faciliter l'avance des capitaux. – Nom de certaines sociétés bancaires. *Crédit foncier. Crédit Lyonnais. Crédit industriel et commercial.* **4.** *Crédit municipal :* établissement municipal de prêt sur gage. Syn. anc. mont-de-piété. **5.** Somme prévue par le budget pour une dépense publique. *Les crédits du ministère de la Défense nationale.* **6.** Partie d'un compte où figure ce qui est dû à un créancier. **7.** Confiance qu'inspire une personne, considération dont elle jouit, influence qu'elle exerce. *Il a perdu tout crédit.* – Lat. *creditum,* de *credere,* « croire ».

crédit-bail [kʀedibaj] n. m. FIN Type de crédit dans lequel le prêteur offre à l'emprunteur la location d'un bien, assortie d'une promesse unilatérale de vente. *Des crédits-bails.*

créditer [kʀedite] v. tr. [1] FIN *Créditer qqn d'une somme :* inscrire cette somme à son crédit, avec les sommes qui lui sont dues. ▷ *Créditer un compte :* inscrire une somme au crédit d'un compte. – De *crédit.*

créditeur, trice [kʀeditœʀ, tʀis] n. et adj. **1.** n. Personne qui a ouvert un crédit à une autre personne. ▷ Personne qui a une somme portée à son crédit sur un compte. **2.** adj. *Compte, solde créditeur,* positif. – Lat. *creditor,* « créancier ».

credo [kʀedo] n. m. **1.** RELIG (Avec une majuscule.) Premier mot du symbole des Apôtres dit en latin, profession de foi chrétienne. – Cette profession de foi elle-même. *Réciter le Credo.* **2.** *Par ext.* Ensemble de principes sur lesquels repose une opinion. *Un credo politique.* – Mot lat., « je crois », de *credere,* « croire ».

crédule [kʀedyl] adj. Qui croit facilement. *Tromper une personne crédule.* – Lat. *credulus,* de *credere,* « croire ».

crédulement [kʀedylmɑ̃] adv. D'une façon crédule. – De *crédule.*

crédulité [kʀedylite] n. f. Facilité excessive à admettre un fait non confirmé, une opinion non assurée. *Abuser de la crédulité de qqn.* – Lat. *credulitas.*

créer [kʀee] v. tr. [11] **1.** Tirer du néant, donner l'être à. *Dieu créa l'Univers en six jours.* **2.** Imaginer, inventer. *Créer une œuvre.* **3.** Fonder, instituer, organiser. *Créer un prix littéraire.* **4.** SPECT Jouer pour la première fois (une pièce, un rôle, un morceau de musique). *La Champmeslé créa plusieurs pièces de Racine.* **5.** Produire, engendrer, causer. *Il va nous créer des ennuis.* – Lat. *creare.*

crémaillère [kʀemajɛʀ] n. f. **1.** TECH Organe rectiligne denté servant à transformer un mouvement circulaire en mouvement rectiligne ou inversement. *Chemin de fer à crémaillère,* utilisé sur les pentes abruptes. **2.** Pièce métallique munie de crans, utilisée pour suspendre, soutenir à des hauteurs variables un élément mobile, par ex. un chaudron au-dessus du feu dans une cheminée. – Fig., fam. *Pendre la crémaillère :* célébrer par un repas, une fête, une nouvelle installation. **3.** FIN Régime dans lequel les parités de change sont révisables par des modifications de faible amplitude. – De l'a. fr. *cramail, cremail;* du lat. pop. **cramaculus,* de **cremasculus,* gr. *kremastêr,* « qui suspend ».

crémant [kʀemɑ̃] n. m. et adj. m. Se dit d'un vin de Champagne qui a une mousse légère et peu abondante. – Ppr. de *crémer.*

crémaster [kʀemastɛʀ] n. m. ANAT Muscle releveur du testicule. – Du gr. *kremastêr,* « qui suspend ».

crémation [kʀemasjɔ̃] n. f. Action de brûler les cadavres, incinération. – Lat. *crematio,* de *cremare,* « brûler ».

crématoire [kʀematwaʀ] adj. et n. m. Qui concerne la crémation. *Four crématoire,* ou, n. m., *un crématoire,* où l'on brûle les cadavres et les débris humains. – Spécial. *Fours crématoires des camps d'extermination nazis.* – Du lat. *cremare,* « brûler ».

crematorium [kʀematɔʀjɔm] n. m. Lieu où les morts sont incinérés. – Mot lat., de *cremare,* « brûler ».

crème [kʀɛm] n. f. (et adj. inv.) **1.** Substance grasse de couleur jaune pâle, à la surface du lait qui a reposé, avec laquelle on fait le beurre. *De la crème fraîche. Crème fouettée. Crème Chantilly.* ▷ (En appos.) *Un café crème* ou, ellipt. et fam., *un crème :* un café additionné de crème ou de lait. **2.** Entremets fait de lait, de sucre et d'œufs, qui a la consistance de la crème. *Crème au chocolat.* **3.** Liqueur fine et très sirupeuse. *Crème de cassis.* **4.** Préparation pâteuse. *Crème pour les chaussures.* **5.** Produit de toilette onctueux. *Crème de beauté,* pour la beauté de la peau. **6.** adj. inv. D'un blanc tirant sur le beige. *Des écharpes crème.* **7.** Fig., fam. *C'est la crème des hommes,* le meilleur des hommes. – Du lat. pop. d'orig. gaul. *crama,* croisé avec le lat. ecclés. *chrisma,* repris du gr., « huile ».

crémer [kʀeme] v. [14] **1.** v. intr. Se couvrir de crème. *Lait qui crème.* **2.** v. tr. Donner la coloration crème à. *Crémer du fil.* **3.** v. tr. CUIS Ajouter de la crème à. *Crémer une sauce.* – De *crème.*

crémerie [kʀemʀi] n. f. **1.** Boutique où l'on vend des produits laitiers, des œufs, etc. **2.** Fig., fam. *Changer de crémerie :* aller dans un autre endroit. – De *crème.*

crémeux, euse [kʀemø, øz] adj. **1.** Qui contient beaucoup de crème. *Du lait crémeux.* **2.** Qui a la consistance de la crème. *Une lotion crémeuse.* – De *crème.*

crémier, ère [kʀemje, ɛʀ] n. Commerçant, commerçante qui tient une crémerie. – De *crème.*

crémone [kʀemɔn] n. f. Verrou double utilisé pour la fermeture des croisées. – P.-ê. du rad. de *crémaillère,* ou de la v. de *Crémone,* en Italie.

créneau [kʀeno] n. m. **1.** Échancrure rectangulaire pratiquée en haut d'un mur de fortification ou dans un parapet, et qui permet de tirer sur l'ennemi en étant à couvert. **2.** Motif décoratif figurant un créneau. **3.** *Par anal.* Espace libre, intervalle de temps disponible. ▷ ESP *Créneau de lancement :* période pendant laquelle un lancement est possible. ▷ COMM Secteur dans lequel une entreprise a intérêt à exercer son activité, du fait de la faible concurrence. ▷ *Faire un créneau :* garer un véhicule entre deux autres véhicules en stationnement. – De l'a. fr. *cren,* forme anc. de *cran.*

crénelage [kʀenlaʒ] n. m. **1.** Ensemble des créneaux d'une fortification. **2.** TECH Cordon sur l'épaisseur d'une pièce de monnaie, d'une médaille. – De *créneler.*

crénelé, ée [kʀenle] adj. **1.** Muni de créneaux. *Mur crénelé.* **2.** TECH Muni de crans. – Pp. de *créneler.*

créneler [kʀenle] v. tr. [19] **1.** Munir de créneaux. *Créneler une muraille.* ▷ Pp. adj. *Un mur crénelé.* **2.** TECH

Munir de crans, de dents. ▷ Pp. adj. *Une roue crénelée.* ▷ Faire des cordons sur (une pièce de monnaie). ▷ Pp. adj. *Une pièce crénelée.* – De *créneau.*

crénelure [kʀenlyʀ] n. f. Dentelure en créneaux. – De *créneler.*

crénothérapie [kʀenoteʀapi] n. f. MED Ensemble des méthodes thérapeutiques utilisant les eaux minérales sous diverses formes (boisson, bain, inhalation, etc.). – Du gr. *krênê,* «source», et *-thérapie.*

créodontes [kʀeɔdɔ̃t] n. m. pl. PALEONT Mammifères carnivores fossiles (de l'éocène au miocène), ancêtres probables des carnivores fissipèdes. - Sing. *Un créodonte.* – Du gr. *kreas,* «chair», et *odous, odontos,* «dent».

créole [kʀeɔl] adj. et n. **1.** adj. Se dit d'une personne de race blanche née dans une des anciennes colonies des régions tropicales. *Un(e) créole.* **2.** CUIS *Riz à la créole,* cuit dans beaucoup d'eau puis séché au four. **3.** n. m. LING Langue provenant du contact d'une langue locale ou importée (partic. d'une langue africaine) avec l'anglais, le français, l'espagnol ou le portugais, et servant de langue maternelle à une communauté culturelle. *Le créole de la Guadeloupe. Créole français d'Haïti.* ▷ adj. *Le parler créole de la Martinique.* **4.** n. f. Boucle d'oreille composée d'un anneau. – De l'esp. *criollo,* du port. *crioulo,* «serviteur nourri dans la maison».

créosote [kʀeɔzɔt] n. f. Mélange de phénols, incolore, d'odeur forte, utilisé comme antiseptique et comme produit d'imprégnation pour la protection des bois. – Du gr. *kreas,* «chair», et *sôzein,* «conserver».

créosoter [kʀeɔzɔte] v. tr. [1] Imprégner de créosote. – De *créosote.*

crêpage [kʀɛ(e)paʒ] n. m. **1.** Apprêt que l'on donne au crêpe. **2.** Action de crêper les cheveux; son résultat. **3.** Fam. *Crêpage de chignon :* bataille, violente altercation entre femmes. – De *crêper.*

1. crêpe [kʀɛp] n. f. Fine galette plate et ronde à base de farine, d'un liquide (eau, lait ou bière) et d'œufs, généralement cuite sur une plaque. *Crêpes de froment. Crêpes au sucre, au fromage, au chocolat.* – De l'anc. adj. *cresp,* «frisé, crépu», du lat. *crispus,* «frisé».

2. crêpe [kʀɛp] n. m. **1.** Tissu léger et non croisé, fabriqué avec de la soie ou de la laine très fine et qui a un aspect grenu obtenu par une extrême torsion des fils. ▷ Morceau de crêpe (ou de tissu analogue) noir, que l'on porte en signe de deuil. *Mettre un crêpe au revers de son manteau.* **2.** Caoutchouc brut épuré. *Des bottillons à semelles de crêpe.* – De *crêpe* 1.

crêpelé, ée [kʀɛple] adj. Frisé, crêpé avec de très petites ondulations. – De *crêper.*

crêpelu, ue [kʀɛply] adj. Frisotté, crêpelé. – De *crêper.*

crêpelure [kʀɛplyʀ] n. f. État des cheveux crêpelus. – De *crêpelé.*

crêper [kʀɛ(e)pe] v. tr. [1] **I. 1.** Faire gonfler (les cheveux) en repoussant une partie de chaque mèche vers la racine. **2.** v. pron. Être crêpé. *Cheveux qui se crêpent.* ▷ Loc. fig., fam. *Se crêper le chignon :* se battre, se disputer violemment (en parlant de femmes). **II.** Apprêter (le crêpe) en tordant les fils de chaîne. ▷ Donner l'aspect du crêpe à. *Crêper un papier.* – De *crêpe* 2.

crêperie [kʀɛpʀi] n. f. Établissement où l'on fait et où l'on consomme des crêpes. – De *crêpe* 1.

crépi [kʀepi] n. m. Enduit projeté sur un mur et non lissé. – Pp. subst. de *crépir.*

crêpier, ère [kʀɛpje, ɛʀ] n. Personne qui vend des crêpes. – De *crêpe* 1.

crépine [kʀepin] n. f. **1.** Bande de passementerie, brodée de jours et ornée de franges. «*Les lourdes tentures de damas cramoisi à longues crépines*» (G. Sand). **2.** En boucherie, épiploon de l'agneau, du veau, du porc. **3.** TECH Filtre placé à l'aspiration d'une canalisation. – De *crêpe* 2.

crépinette [kʀepinɛt] n. f. Saucisse plate enveloppée dans de la crépine. – De *crépine.*

crépins [kʀepɛ̃] n. m. pl. Outils et marchandises servant au cordonnier. *Commerce de cuirs et crépins.* – Du n. de saint *Crépin,* patron des cordonniers.

crépir [kʀepiʀ] v. tr. [3] Enduire (une muraille) de crépi. – De l'anc. fr. *crespir,* «friser», puis «rendre (une surface) grenue».

crépissage [kʀepisaʒ] n. m. Action de crépir. – De *crépir.*

crépissure [kʀepisyʀ] n. f. **1.** Syn. de *crépi.* **2.** État de ce qui est crépi. – De *crépir.*

crépitement [kʀepitmɑ̃] n. m. ou (rare) **crépitation** [kʀepitasjɔ̃] n. f. Bruit produit par ce qui crépite; fait de crépiter. *Le crépitement d'une arme automatique. La crépitation d'un feu de bois sec.* ▷ MED *Crépitation osseuse :* bruit produit par le frottement des fragments d'un os fracturé. - Bruit dû à la compression de parties emphysémateuses, notam. du poumon. – De *crépiter.*

crépiter [kʀepite] v. intr. [1] Produire une suite de bruits secs. *Un feu de bois qui crépite.* – Lat. *crepitare.*

crépon [kʀepɔ̃] n. m. Crêpe épais. ▷ *Papier crépon :* papier d'aspect gaufré. – De *crêpe* 2.

crépu, ue [kʀepy] adj. **1.** Très frisé. **2.** BOT *Feuilles crépues,* irrégulièrement gaufrées sur toute leur surface. – De l'anc. adj. *cresp.* V. crêpe 1.

crépure [kʀepyʀ] n. f. Action de crêper, état de ce qui est crêpé. – De *crêper.*

crépusculaire [kʀepyskylɛʀ] adj. **1.** Du crépuscule, qui rappelle le crépuscule. *Lueurs crépusculaires.* ▷ *Animal crépusculaire,* qui ne sort qu'au crépuscule. **2.** Fig., litt. Qui est sur son déclin. **3.** LITTER Se dit d'un groupe d'écrivains italiens du début du XXe s., qui tendirent vers une suppression des effets littéraires, en réaction contre les trois astres que furent Carducci, Pascoli et d'Annunzio. – De *crépuscule.*

crépuscule [kʀepyskyl] n. m. **1.** Lumière diffuse qui précède le lever du soleil ou qui suit son coucher. «*Les derniers rayons du crépuscule du soir*» (Stendhal). **2.** *Spécial.* Tombée du jour, crépuscule du soir. *Se promener au crépuscule.* **3.** Fig., litt. Déclin. *Le crépuscule d'une vie.* «*Le Crépuscule des dieux*», *opéra de Wagner.* «*Les Chants du crépuscule*», *poèmes de V. Hugo.* – Lat. *crepusculum,* de *creper,* «obscur».

crescendo [kʀeʃendo] adv. et n. m. inv. **1.** adv. MUS En augmentant progressivement l'intensité du son. ▷ *Par anal.* En augmentant. *Sa mauvaise humeur va crescendo.* **2.** n. m. inv. Passage exécuté crescendo. ▷ *Par anal.* Augmentation progressive. *Un crescendo de cris.* – Mot ital., «en croissant», de *crescere,* «croître».

crésol [kʀesɔl] n. m. CHIM Phénol dérivé du toluène, de formule $CH_3 - C_6H_4 - OH$. *Les crésols sont des antiseptiques puissants.* – De *cré(o)-s(ote),* et *-ol.*

cresson [kʀəsɔ̃] n. m. Crucifère aquatique comestible (*Nasturtium officinale*) à fleurs blanches, fréquente en France dans les eaux courantes. *Cresson de fontaine. Une salade de cresson et de betterave.* ▷ *Cresson alénois :* crucifère (*Lepidium sativum*) cultivée en remplacement du cresson vrai. Syn. nasitort. – Frq. **kresso.*

cressonnette [kʀɛ(ə)sɔnɛt] n. f. Nom cour. (fam. crucifères) de la cardamine des prés, à feuilles comestibles. – De *cresson.*

cressonnière [kʀɛ(ə)sɔnjɛʀ] n. f. Lieu où croît le cresson. *Cressonnière artificielle.* – De *cresson.*

crésus [kʀezys] n. m. Fam. Homme extrêmement fortuné. *C'est un vrai crésus.* ▷ Loc. Cour. *Être riche comme Crésus.* – Lat. *Croesus*, gr. *Kroïsos*, en fr. *Crésus*, roi de Lydie à la richesse légendaire.

crésyl [kʀezil] n. m. CHIM Antiseptique à base d'eau, de savon, de crésol et d'huile de créosote. – Nom déposé; de *crés(ol).*

crêt [kʀɛ] n. m. GEOMORPH Crête rocheuse dominant une combe dans un relief jurassien. *Le crêt de la Neige, le plus haut sommet du Jura, domine Genève.* – Var. dial. (Jura) de *crête.*

crétacé, ée [kʀetase] adj. et n. m. **1.** adj. Vx GEOL Qui est de la nature de la craie. **2.** n. m. GEOL Période de la fin du secondaire, s'étendant de moins 140 à moins 65 millions d'années, caractérisée par des dépôts considérables de craie. *On distingue le crétacé inférieur et le crétacé supérieur.* ▷ adj. *Terrain crétacé*, formé à cette période. – Lat. *cretaceus*, de *creta*, «craie».

crête [kʀɛt] n. f. **I. 1.** Excroissance en lame d'origine tégumentaire dont sont pourvus certains animaux. *Triton à crête dorsale. La crête du coq est charnue et rouge.* ▷ *Par ext.* Huppe sur la tête de certains oiseaux. *Crête d'alouette.* **2.** ANAT Saillie osseuse. *Crête iliaque.* **II. 1.** Sommet, faîte. *Crête d'un toit, d'une muraille. La crête d'une montagne.* ▷ *Crête d'une vague*, sa partie supérieure, frangée d'écume. **2.** GEOGR *Ligne de crête :* ligne reliant les points les plus élevés d'un relief, appelée aussi *ligne de partage des eaux.* **3.** MILIT Arête formée par l'intersection de deux talus. **4.** METEO *Crête de haute pression :* longue bande de haute pression s'allongeant entre deux dépressions stationnaires. V. dorsale. **5.** ELECTR *Tension, courant de crête :* valeur maximale d'une tension, d'un courant variable. – Lat. *crista.*

crêté, ée [kʀete] adj. Qui a une crête. – De *crête.*

crête-de-coq [kʀɛtdəkɔk] n. f. **1.** MED Papillome d'origine vénérienne des muqueuses génitales. **2.** BOT Nom cour. de divers rhinanthes. *Des crêtes-de-coq.* – De *crête, de*, et *coq.*

crételle [kʀetɛl] n. f. Graminée fourragère (*Cynosurus cristatus*) très commune. – De *crête.*

crétin, ine [kʀetɛ̃, in] adj. et n. **1.** MED Se dit d'une personne atteinte de crétinisme. **2.** Fam. Se dit d'une personne stupide, ignorante. – Mot du Valais, var. de *chrétien*, «innocent».

crétinerie [kʀetinʀi] n. f. Fam. Stupidité, bêtise. – De *crétin.*

crétinisation [kʀetinizɑsjɔ̃] n. f. Action de crétiniser; son résultat. – De *crétiniser.*

crétiniser [kʀetinize] v. tr. [1] Rendre crétin, abêtir. *Crétiniser les foules avec des spectacles abrutissants.* – De *crétin.*

crétinisme [kʀetinism] n. m. **1.** MED Affection congénitale due à une insuffisance thyroïdienne et caractérisée par une idiotie, un nanisme, une atrophie génitale et un ralentissement de toutes les fonctions de l'organisme. **2.** *Par ext.* Cour. Imbécillité, grande stupidité. – De *crétin.*

crétinoïde [kʀetinɔid] adj. MED Qui ressemble au crétin. ▷ *État crétinoïde :* état proche du crétinisme, mais moins accentué. – De *crétin*, et *-oïde.*

crétois, oise [kʀetwa, waz] adj. et n. **1.** adj. De l'île de Crète. *La cité crétoise de Cnossos.* ▷ Subst. *Un(e) Crétois(e).* **2.** n. m. *Le crétois :* la langue de la Crète antique. – Du lat. *Creta*, Crète, île grecque de la mer Égée.

cretonne [kʀətɔn] n. f. Toile de coton très forte. – De *Creton*, village de l'Eure, renommé pour ses toiles au XVIe s.

creusage [kʀøzaʒ] ou **creusement** [kʀøzmɑ̃] n. m. Action de creuser; son résultat. *Le creusement d'un canal.* – De *creuser.*

creuser [kʀøze] v. [1] **I.** v. tr. **1.** Rendre creux; faire un creux dans. *Le jeûne et la fatigue lui ont creusé les joues. Creuser la terre.* **2.** Fig. *Creuser l'estomac :* donner un vif appétit. ▷ (S. comp.) Fam. *L'effort, ça creuse!* **3.** Pratiquer (une cavité). *Creuser un trou, une tranchée.* **4.** Fig. Approfondir. *Creuser un sujet, une question.* **II.** v. pron. **1.** Devenir creux. *Dent qui se creuse.* **2.** Fig., fam. *Se creuser la tête, la cervelle :* se donner beaucoup de peine pour résoudre un problème. ▷ (S. comp.) *Vous ne vous êtes pas beaucoup creusé!* – De *creux.*

creuset [kʀøzɛ] n. m. **1.** Vase qui sert à faire fondre certaines substances. **2.** METALL Partie inférieure d'un haut fourneau, qui reçoit la fonte et le laitier. **3.** Fig. Point de rencontre de divers éléments qui se mêlent, se confondent. *La capitale, creuset d'influences, d'idées et de cultures.* – Altér. de l'anc. fr. *croisnel*, «lampe», gallorom. **croseolus*, par attract. de *creux* et changement de suff.

creux, euse [kʀø, øz] adj., n. m. et adv. **I.** adj. **1.** Dont l'intérieur présente un vide, une cavité. *Dent creuse. Mur creux.* ▷ *Avoir le ventre creux :* avoir très faim. ▷ *Son creux :* son rendu par un objet creux que l'on frappe. **2.** Qui présente un enfoncement. *Assiettes creuses et assiettes plates. Joues creuses*, caves. ▷ *Chemin creux*, situé en contrebas, encaissé. ▷ *Mer creuse*, agitée, houleuse. **3.** *Heures creuses*, pendant lesquelles l'activité est ralentie (par oppos. à *heures de pointe*). **4.** Fig. Sans substance, sans intérêt. *Des paroles creuses. Raisonnement creux.* **II.** n. m. **1.** Cavité, vide à l'intérieur d'un corps. *Le creux d'un rocher.* **2.** Dépression, concavité. *Le creux de la main.* ▷ *Creux des lames, des vagues*, hauteur entre leur base et leur sommet. – Fig. *Être au (ou dans le) creux de la vague :* traverser une période de difficultés, d'échecs. **III.** adv. *Sonner creux :* rendre un son creux (sens I, 1). – Du lat. pop. **crossus*, **crosus*; probabl. d'orig. gaul.

crevaison [kʀəvɛzɔ̃] n. f. **1.** Action de crever; son résultat. ▷ Dégonflement d'un pneumatique qui a été percé. **2.** Pop. Mort; épuisement. *C'est une vraie crevaison, ce boulot!* – De *crever.*

crevant, ante [kʀəvɑ̃, ɑ̃t] adj. Fam. **1.** Qui fait crever de rire. *Une histoire crevante.* **2.** Qui épuise, fait crever de fatigue. *Un voyage crevant.* – Ppr. de *crever.*

crevard, arde [kʀəvaʀ, aʀd] adj. et n. Fam. Qui va mourir. ▷ Faible, malingre. – De *crever*, et suff. *-ard.*

crevasse [kʀəvas] n. f. **1.** Fissure profonde. *La terre desséchée était fendue de crevasses. Les crevasses d'une muraille.* ▷ GEOL Large fente béante à la surface d'un glacier ou d'une roche dure. **2.** Fissure de la peau. – De *crever.*

crevasser [kʀəvase] v. tr. [1] Faire des crevasses à. ▷ v. pron. Se fendre, se fissurer. – Pp. adj. *Elle avait les mains crevassées par le froid.* – De *crevasse.*

crève [kʀɛv] n. f. Pop., rare Mort ou maladie mortelle. *Avoir la crève.* – (Sens atténué.) Loc. Cour., fam. *Attraper la crève :* prendre froid. – Déverbal de *crever.*

crevé, ée [kʀəve] adj. et n. m. **I.** adj. **1.** Éclaté, percé, déchiré. *Pneu crevé.* **2.** (Plantes, animaux et, pop., personnes.) Mort. *Des rats crevés.* **3.** Fam. Très fatigué, épuisé. **II.** n. m. **1.** Ouverture longitudinale sur la manche d'un vêtement, laissant apparaître la doublure. **2.** Syn. de *crevard.* – Pp. de *crever.*

crève-cœur [kʀɛvkœʀ] n. m. inv. Grand chagrin mêlé de dépit. – De *crever*, et *cœur.*

crève-la-faim [kʀɛvlafɛ̃] n. m. inv. Fam. Personne misérable, indigente. – De *crever, la*, et *faim.*

crever [kʀəve] v. [16] **I.** v. intr. **1.** Éclater, s'ouvrir sous l'effet d'une tension. *Le ballon a crevé. Pneu d'une* *voiture qui crève.* ▷ Fam. *J'ai crevé* : un pneu de ma voiture a crevé. **2.** Fig., fam. Être envahi à l'extrême (par un sentiment, une émotion). *Crever d'orgueil, d'envie, de jalousie. Crever de rire.* **3.** (Plantes, animaux.) Mourir. *Tous les arbres ont crevé. Le chien a crevé de froid.* ▷ (Personnes) Pop. Mourir. *Alors, je vais crever tout seul dans mon coin?* ▷ Fam. *Crever de faim, de froid* : avoir très faim, très froid. – (Sens atténué.) *Allons manger, je crève de faim.* **II.** v. tr. **1.** Percer, rompre, faire éclater. *Crever un sac en papier, un ballon. Crever les yeux à qqn.* ▷ Fig., fam. *Cela crève les yeux* : on ne voit que cela, c'est évident. ▷ Fig. *Crever le cœur de* : causer une vive contrariété, une grande peine à. **2.** Épuiser (un animal ou, fam., une personne) en lui imposant un effort excessif. *Crever un cheval. Ce travail la crève.* ▷ v. pron. Fam. *Se crever au travail, à la tâche.* – Du lat. *crepare,* «craquer».

crevette [kʀəvɛt] n. f. Nom de plusieurs crustacés décapodes macroures («à longue queue») marins, à longues antennes et à longues pattes. (Il en existe de nombr. espèces, notam. la crevette grise, *Crangon crangon,* le bouquet ou crevette rose, *Leander serratus,* qui atteint 10 cm de long.) ▷ *Crevette d'eau douce* : syn. de *gammare.* – Forme normande de *chevrette* (à cause des sauts).

crevettier [kʀəvɛtje] n. m. **1.** Filet pour pêcher les crevettes. **2.** Bateau utilisé pour la pêche à la crevette. – De *crevette.*

cri [kʀi] n. m. **1.** Son de voix aigu ou élevé qu'arrache la douleur, l'émotion, ou destiné à être entendu de loin. *Pousser un cri. Cri d'horreur, de peur, de joie, de surprise. Pousser des cris d'indignation. Protester, demander à grands cris,* avec force, insistance. – Loc. *Jeter les hauts cris* : se récrier avec véhémence. *À cor et à cri* : à grand bruit (V. cor). ▷ *Spécial.* Annonce des marchands ambulants pour interpeller, attirer les clients. *Les cris des vendeurs de journaux, des rémouleurs.* ▷ *Dernier cri* : dernière mode, suprême élégance. *Une robe (du) dernier cri.* **2.** Fig. Opinion manifestée hautement. *Un cri unanime d'admiration. Un cri d'amour, de passion.* ▷ Appel. *Cette lettre est un cri. Le cri de la misère.* **3.** *Par ext.* Mouvement intérieur (qui nous pousse à réagir). *Un cri du cœur. Le cri de la conscience.* **4.** Bruit caractéristique émis par la voix d'un animal. *Le cri de la chouette est le hululement.* **5.** Bruit aigre produit par certaines choses. *Le cri de la scie.* – Déverbal de *crier.*

criaillement [kʀi(j)ɑjmɑ̃] n. m. Cri désagréable, récrimination aigre. – De *criailler.*

criailler [kʀi(j)ɑje] v. tr. [1] **1.** Crier, se plaindre sans cesse d'une manière désagréable. **2.** Crier (faisan, oie, perdrix, pintade, paon). – De *crier,* et *-ailler.*

criaillerie [kʀi(j)ɑjʀi] n. f. Cri, récrimination répétée et sans motif important. – De *criailler.*

criailleur, euse [kʀi(j)ɑjœʀ, øz] n. et adj. Personne qui ne cesse de criailler. – De *criailler.*

criant, ante [kʀijɑ̃, ɑ̃t] adj. **1.** (Choses) Qui incite à se plaindre, à protester. *Une injustice criante.* **2.** Évident, manifeste. *Ressemblance criante entre deux personnes.* – Ppr. de *crier.*

criard, arde [kʀijaʀ, aʀd] adj. **1.** Qui crie souvent et désagréablement. *Un enfant criard.* **2.** Qui blesse l'oreille. *Voix criarde. Oiseaux criards.* **3.** Péjor. Qui heurte la vue (par sa vivacité, son bariolage). *Couleurs criardes.* **4.** Par méton. *Dettes criardes,* dont le remboursement est réclamé avec insistance. – De *crier,* et *-ard.*

criblage [kʀiblaʒ] n. m. TECH Action de cribler. ▷ Triage mécanique. *Le criblage des petits pois.* – De *crible.*

crible [kʀibl] n. m. **1.** TECH Appareil muni de trous pour trier des matériaux. Syn. tamis. **2.** Loc. fig. *Passer au crible* : examiner avec un soin et une attention extrêmes. *Passer au crible les déclarations d'un suspect.* – Lat. pop. *criblum,* class. *cribrum.*

cribler [kʀible] v. tr. [1] **1.** TECH Passer au crible. *Cribler du sable, des grains.* **2.** *Par anal.* Percer, marquer en de nombreux endroits. *Cribler qqn de coups de couteau. Cribler une cible de balles.* – Pp. adj. *Corps criblé de coups, de bleus. Sol criblé de taches.* – Fig. *Criblé de dettes,* couvert de dettes. – De *crible.*

cribleur, euse [kʀiblœʀ, øz] n. TECH **1.** Personne qui crible. **2.** n. m. ou f. Machine pour cribler. – De *cribler.*

criblure [kʀiblyʀ] n. f. **1.** Ce qui est resté sur le crible. **2.** BOT Maladie bactérienne au cours de laquelle les feuilles se couvrent de petites nécroses circulaires (de quelques mm de diamètre). *La criblure du cerisier.* – De *cribler.*

cric [kʀik] n. m. Appareil comportant une crémaillère ou une vis entraînée par une manivelle, qui sert à soulever des corps lourds sur une faible hauteur. *Cric à manivelle. Cric hydraulique. Cric losange.* – Moy. all. **Krier,* «crémaillère (d'arbalète)».

cric-crac [kʀikkʀak] interj. (et n. m. inv.) Onomatopée évoquant le bruit d'un mécanisme qui joue, d'une serrure que l'on ouvre ou ferme. ▷ n. m. inv. *Entendre des cric-crac.*

cricket [kʀikɛ(t)] n. m. Jeu, sport qui se joue à deux équipes de douze, avec des battes et des balles de cuir (surtout pratiqué en G.-B. et dans les pays du Commonwealth). – Mot angl., «bâton».

cricoïde [kʀikɔid] n. m. et adj. ANAT Cartilage annulaire du larynx inférieur. ▷ adj. *Cartilage cricoïde.* – Gr. *krikoeidês,* de *krikos,* «anneau».

cri-cri ou **cricri** [kʀikʀi] n. m. Nom familier du grillon. *Des cri-cri* ou *cricris.* – Onomat.

crid. V. kriss.

criée [kʀije] n. f. **1.** *Vente à la criée* ou *criée* : vente aux enchères en public. *Vendre à la criée des meubles saisis.* ▷ Cour. *À la criée* : avec présentation de la marchandise d'une voix forte. *Journaux vendus à la criée.* **2.** Bâtiment où l'on vend le poisson à la criée, dans un port de pêche. – Pp. fém. subst. de *crier.*

crier [kʀije] v. [2] **I.** v. intr. **1.** Pousser un cri, des cris. *Crier à tue-tête. Il crie comme si on l'écorchait.* **2.** Élever la voix. *Discutez sans crier.* **3.** Exprimer son mécontentement, sa colère en élevant très haut la voix. *On ne peut rien lui dire, il se met aussitôt à crier* (V. protester, se fâcher). **4.** *Crier à l'injustice, au scandale, à la trahison* : dénoncer avec véhémence l'injustice, etc. ▷ *Crier au miracle* : déclarer, affirmer bien haut qu'un miracle, ou qqch considérée comme tel, s'est produit. **5.** (Choses) Produire un son aigu et discordant. *Essieu qui crie. La serrure crie, il faut la graisser.* ▷ Heurter la vue. *Ces couleurs crient trop ensemble.* **6.** (Animaux) Pousser le cri de son espèce. *La volaille effrayée criait, courait dans tous les sens.* **II.** v. tr. **1.** Dire à voix très haute. *Crier des ordres.* **2.** Proclamer, dire hautement. *Crier son innocence.* **3.** *Spécial.* Annoncer publiquement la vente de. *Crier la dernière édition d'un journal.* ▷ Mettre à l'enchère. *Crier des meubles.* **4.** Loc. *Crier vengeance* : exiger, appeler la vengeance. ▷ *Crier grâce,* pour implorer la clémence de son adversaire. ▷ *Crier famine, misère,* s'en plaindre hautement. ▷ *Crier gare* : prévenir d'un danger, d'un risque encouru. **III.** v. tr. indir. *Crier au feu. Crier au secours, à l'aide* : appeler pour avertir et demander de l'aide. – Du lat. pop. **critare,* contract. de *quiritare,* «appeler les citoyens au secours».

crieur, euse [kʀijœʀ, øz] adj. et n. **1.** adj. Qui pousse des cris fréquemment. *Les mouettes crieuses.* **2.** Anc. *Crieur public* : Homme qui proclamait publiquement les annonces publiques. **3.** Marchand ambulant qui annonce ce qu'il vend. *Crieur de journaux.* – De *crier.*

crime [kʀim] n. m. **1.** Cour. Infraction grave aux prescriptions de la morale. *Accuser qqn de tous les maux et de* *tous les crimes. Être capable de tous les crimes par amour de l'argent.* ▷ *Par exag.* Acte répréhensible, blâmable. *C'est un crime d'avoir abattu ces arbres. Ce n'est pas un crime :* ce n'est pas très grave. **2.** Cour. Meurtre. *Chercher l'arme, le mobile du crime. Crime passionnel. Crime parfait,* dont on ne parvient pas à découvrir l'auteur. **3.** DR Infraction punie d'une peine afflictive ou infamante (par oppos. à *contravention* et à *délit*). *Le crime est justiciable de la cour d'assises.* – *Crime de lèse*-majesté.* – *Crime de guerre,* commis en violation des lois et coutumes de la guerre. – *Crime contre l'humanité,* commis en violation des règles du droit international, par les gouvernements ou les citoyens d'un État. – Lat. *crimen,* «accusation».

criminalisation [kʀiminalizasjɔ̃] n. f. Action de criminaliser. – De *criminaliser.*

criminaliser [kʀiminalize] v. tr. [1] DR Transformer (une affaire civile ou correctionnelle) en affaire criminelle. – De *criminel.*

criminaliste [kʀiminalist] n. Juriste spécialiste du droit criminel. – De *criminel.*

criminalistique [kʀiminalistik] n. f. et adj. **1.** n. f. Science de toutes les techniques d'investigation policière. **2.** adj. Relatif à cette science. – De *criminaliste.*

criminalité [kʀiminalite] n. f. **1.** Caractère de ce qui est criminel. **2.** Ensemble des faits criminels considérés dans une société donnée, pendant une période donnée. *Baisse, accroissement du taux de criminalité.* – De *criminel.*

criminel, elle [kʀiminɛl] adj. et n. **I.** Cour. **1.** adj. Qui est condamnable, répréhensible du point de vue de la morale. *Une action, une passion criminelle.* **2.** n. Personne qui a commis un crime. *Le criminel s'est enfui par la fenêtre.* ▷ adj. Relatif à une personne qui a commis un crime. *Main criminelle.* **II.** DR **1.** n. Coupable d'un crime (sens 3). *Condamner un criminel.* **2.** adj. Qui a trait à la répression pénale. *Instruction criminelle. Chambre criminelle de la Cour de cassation. Le droit criminel.* ▷ n. m. Juridiction criminelle. *Poursuivre un inculpé au criminel.* – Bas lat. jurid. *criminalis.*

criminellement [kʀiminɛlmɑ̃] adv. **1.** D'une manière criminelle. *Se conduire criminellement.* **2.** DR Devant la juridiction criminelle. *Poursuivre qqn criminellement.* – De *criminel.*

criminologie [kʀiminɔlɔʒi] n. f. Science de la criminalité; étude de ses causes, de ses manifestations, de sa prévention et de sa répression. – De *criminel,* et *-logie.*

criminologiste [kʀiminɔlɔʒist] ou **criminologue** [kʀiminɔlɔg] n. Spécialiste en criminologie. – De *criminologie.*

crin [kʀɛ̃] n. m. **1.** Poil long et rêche du cou et de la queue de certains mammifères. *Le crin du lion. Crin de cheval.* **2.** Ces crins, considérés comme matériau. *Matelas de crin.* **3.** Par anal. *Crin végétal :* fibres végétales employées aux mêmes usages que le crin animal. **4.** Fig., fam. *À tous crins :* énergique, entier. *C'est un partisan à tous crins de...* ▷ *Être comme un crin,* grincheux, de mauvaise humeur. – Du lat. *crinis,* «cheveu».

crincrin [kʀɛ̃kʀɛ̃] n. m. Fam. Mauvais violon. – Onomatopée.

crinier [kʀinje] n. m. Ouvrier qui prépare le crin. – De *crin.*

crinière [kʀinjɛʀ] n. f. **1.** Ensemble des crins du cou de certains animaux. *La crinière du lion.* ▷ Par ext. *Crinière d'un casque :* touffe de crins qui le garnit. **2.** Fam. Chevelure abondante, épaisse. – De *crin.*

crinoïdes [kʀinɔid] n. m. pl. ZOOL Classe d'échinodermes, fixés par un pédoncule (lis de mer), ou libres à l'état adulte (comatule), dont le corps en forme de calice est bordé de cinq tentacules, divisés ou non. – Sing. *Un crinoïde.* – Gr. *krinoeidês,* «en forme de lis».

crinoline [kʀinɔlin] n. f. **1.** Vx Étoffe de lin à trame de crin, servant à faire des jupons, des cols. **2.** *Par ext.* Jupon bouffant maintenu par une cage de lames d'acier et des baleines, à la mode au Second Empire. *Robes à crinoline.* **3.** TECH *Échelle à crinoline :* échelle de secours munie d'arceaux servant de garde-corps. – Ital. *crinolino,* de *crino,* «crin», et *lino,* «lin».

criocère [kʀijɔsɛʀ] n. m. ZOOL Coléoptère chrysomélidé (genre *Crioceris*), nuisible, long de 8 mm, aux élytres vivement colorés. – Du gr. *krios,* «bélier», et *keras,* «corne».

crique [kʀik] n. f. **1.** Petit enfoncement de la mer dans une côte rocheuse. *Abriter un voilier dans une crique.* **2.** METALL Fissure qui se produit dans une pièce métallique. ▷ TECH Fente apparaissant dans une structure sous l'effet de contraintes. – Anc. scand. *kriki.*

criquer [kʀike] v. intr. [1] TECH Se fendiller (métal). – De *crique.*

criquet [kʀikɛ] n. m. Insecte orthoptère sauteur, à antennes courtes et élytres longs, au chant caractéristique, appelé souvent (et abusiv.) *sauterelle.* (*Schistocerca gregaria,* criquet pèlerin; *Locusta migratoria,* criquet migrateur.) *Les criquets, communs en France, constituent en Afrique et en Asie de véritables fléaux.* – Onomat.

crise [kʀiz] n. f. **1.** MED Changement rapide, généralement décisif, en bien ou en mal, survenant dans l'état d'un malade. ▷ Accident subit chez un sujet atteint d'une maladie chronique, ou apparemment en bonne santé. *Crise d'asthme. Crise d'appendicite. Crise cardiaque.* **2.** Paroxysme d'un sentiment, d'un état psychologique. *Traverser une crise de conscience. Avoir une crise de larmes, de désespoir. Crise de nerfs :* état de tension extrême qui se manifeste par des cris, des pleurs. ▷ *Être en crise :* traverser une période difficile, où l'on est amené à résoudre de nombreuses contradictions. ▷ Fam. *Prendre, piquer une crise, faire sa crise :* être en proie à une violente colère. **3.** Moment difficile et généralement décisif dans l'évolution d'une société, d'une institution. *La crise de l'Église.* ▷ *Crise ministérielle :* période entre la chute d'un ministère et la formation d'un nouveau cabinet. ▷ *La crise :* la période où les difficultés économiques, politiques et idéologiques sont ressenties comme paroxystiques. *C'est la crise. Que pensez-vous de la crise ?* – Lat. méd. *crisis,* gr. *krisis,* «décision».

crispant, ante [kʀispɑ̃, ɑ̃t] adj. Qui agace, crispe. – Ppr. de *crisper.*

crispation [kʀispasjɔ̃] n. f. **1.** Contraction, resserrement qui ride la surface de qqch. *Crispation du papier qui se consume.* **2.** Contraction musculaire involontaire. *La crispation de son front révélait sa colère contenue.* **3.** Impatience, vive irritation. – De *crisper.*

crispé, ée [kʀispe] adj. **1.** Resserré, plissé. *Une surface crispée.* **2.** Contracté. *Mains crispées par le froid.* **3.** Fig. Contrarié, irrité. *Il parut crispé.* ▷ Tendu, contraint. *Un sourire crispé.* – Pp. adj. de *crisper.*

crisper [kʀispe] v. [1] **I.** v. tr. **1.** Resserrer en plissant la surface de. *Le froid crispe la peau.* **2.** Provoquer la crispation musculaire (d'une partie du corps). *Douleur, colère qui crispe le visage.* **3.** Fig. Causer de l'impatience, de la contrariété à (qqn). *Son arrogance me crispe.* **II.** v. pron. Se contracter. *Se crisper au moindre bruit.* – Lat. *crispare,* «friser, rider».

crispin [kʀispɛ̃] n. m. **1.** Anc. Type de valet fanfaron, sans scrupule et flagorneur, de la commedia dell'arte. **2.** Manchette de cuir ajoutée aux gants pour protéger le poignet. – De l'ital. *Crispino* n. d'un valet de la Commedia dell'arte.

criss. V. kriss.

crissement [kʀismɑ̃] n. m. Action de crisser; bruit produit par ce qui crisse. *Crissement des feuilles sèches sous les pas.* – De *crisser.*

crisser [kʀise] v. intr. [1] Produire un grincement par écrasement ou par frottement. *Pneus qui crissent. Le sable crisse sous les pas.* – Du frq. **krisan,* «craquer».

crissure [kʀisyʀ] n. f. TECH Ride formée dans une barre ou une feuille de métal. – De *crisser.*

cristal, aux [kʀistal, o] n. m. **1.** CHIM, MINER Solide, souvent limité naturellement par des faces planes, formé par la répétition périodique, dans les trois directions de l'espace, d'un même ensemble de constituants (atomes, ions ou molécules). V. maille, réseau cristallin. **2.** *Cristal de roche* : quartz. **3.** Variété de verre pur et dense, très sonore, riche en oxyde de plomb. *Un service à porto en cristal.* ▷ (Plur.) Objets de cristal. *Une table luxueuse, couverte de cristaux et de porcelaines fines.* **4.** Fig., litt. Eau, glace limpide et pure. *Le cristal d'un lac.* ▷ *De cristal* : pur, limpide, harmonieux. *Une voix de cristal.* **5.** ELECTRON *Cristal liquide* : substance organique dont les molécules peuvent être orientées sous l'effet d'un champ électrique, utilisée pour l'affichage numérique des données. ▷ *Cristal piézoélectrique* : lame cristalline laissant apparaître une charge électrique proportionnelle à la pression qu'on exerce sur elle. **6.** Cour. *Cristaux de glace, de neige* : particules résultant de la cristallisation de l'eau. - Abusiv. *Cristaux de soude* : carbonate de sodium cristallisé servant au nettoyage. – Lat. *crystallis,* gr. *krustallos,* «glace».

cristallerie [kʀistalʀi] n. f. **1.** Art de fabriquer le cristal, les objets de cristal. ▷ Ensemble d'objets en cristal. *L'argenterie et la cristallerie d'un grand restaurant.* **2.** Lieu où l'on fabrique, où l'on vend des objets en cristal. – De *cristal.*

cristallier [kʀistalje] n. m. **1.** Fabricant de cristaux (au sens 3). **2.** Armoire à cristaux (au sens 3). – De *cristal.*

cristallifère [kʀistalifɛʀ] adj. Didac. Qui contient des cristaux (sens 1). – De *cristal* et *-fère.*

1. cristallin, ine [kʀistalɛ̃, in] adj. **1.** Propre au cristal. *Structure cristalline.* **2.** Qui contient des cristaux. ▷ MINER *Roche cristalline,* dont les minéraux constitutifs sont cristallisés. *Calcaire, schiste cristallin.* - *Système cristallin* : chacun des sept systèmes (cubique, quadratique, orthorhombique, triclinique, hexagonal, rhomboédrique, monoclinique) définis par la forme géométrique de la maille. - *Réseau cristallin* : V. réseau. **3.** Litt. Pur, clair comme le cristal. ▷ Pur comme le son rendu par le cristal. *Voix cristalline.* – De *cristal.*

2. cristallin [kʀistalɛ̃] n. m. ANAT Élément constitutif de l'œil, en forme de lentille biconvexe, dont la courbure est modifiable sous l'action des muscles ciliaires, et qui concentre les rayons lumineux de la rétine. *La cataracte détermine l'opacification du cristallin.* – De *cristallin* 1.

cristallisable [kʀistalizabl] adj. PHYS Susceptible de se cristalliser. – De *cristalliser.*

cristallisant, ante [kʀistalizɑ̃, ɑ̃t] adj. PHYS Qui détermine la cristallisation. *Propriétés cristallisantes.* – Ppr. de *cristalliser.*

cristallisation [kʀistalizasjɔ̃] n. f. **1.** PHYS Formation de cristaux (par solidification, condensation d'un gaz en solide, évaporation d'un solvant, ou refroidissement d'une solution saturée). ▷ *Cristallisation fractionnée* : fractionnement d'un mélange de corps dissous par abaissement progressif de la température. **2.** Corps formé d'un ensemble de cristaux. *Une cristallisation basaltique.* **3.** Fig., litt. Fait de se cristalliser (idées, sentiments, sensations). *Cristallisation des espérances, des souvenirs.* ▷ Litt. Phénomène par lequel l'imagination de celui qui aime, selon Stendhal, transfigure l'objet de sa passion en lui attribuant sans cesse de nouvelles perfections. – De *cristalliser.*

cristalliser [kʀistalize] v. [1] **I. 1.** v. tr. TECH Provoquer la cristallisation (d'une substance). *Cristalliser du sucre.* - Pp. adj. *Un paquet de sucre cristallisé.* **2.** v. intr. PHYS Prendre la forme de cristaux. **3.** v. pron. Former des cristaux. **II.** Fig., litt. **1.** v. tr. Donner forme, transformer en un ensemble cohérent (des éléments dispersés). *Un parti qui réussit à cristalliser les ambitions, les aspirations des citoyens. Fait, incident qui cristallise une angoisse latente.* **2.** v. intr. ou pron. Prendre forme, devenir cohérent (idées, sentiments, sensations). – De *cristal.*

cristallisoir [kʀistalizwaʀ] n. m. CHIM Récipient en verre dans lequel on fait cristalliser les corps dissous. – De *cristalliser.*

cristallo-. Élément, du gr. *krustallos,* «cristal».

cristallo-électrique [kʀistaloelɛktʀik] adj. PHYS Relatif aux propriétés électriques des cristaux. Syn. piézoélectrique. – De *cristallo-,* et *électrique.*

cristallogénie [kʀistaloʒeni] n. f. Science de la formation des cristaux. – De *cristallo-,* et *-génie.*

cristallographe [kʀistalɔgʀaf] n. Spécialiste de l'étude des cristaux. – De *cristallo-,* et *-graphe.*

cristallographie [kʀistalɔgʀafi] n. f. Science qui étudie la structure et la formation des cristaux. – De *cristallo-,* et *-graphie.*

cristallographique [kʀistalɔgʀafik] adj. Relatif à la cristallographie. – De *cristallographie.*

cristalloïde [kʀistalɔid] adj. et n. **1.** adj. Vx Qui a l'apparence d'un cristal. **2.** n. m. Corps dissous qui peut être dialysé (par oppos. à *colloïde*). **3.** n. f. ANAT Capsule du cristallin. – De *cristallo-,* et *-oïde.*

cristallophyllien, enne [kʀistalɔfiljɛ̃, ɛn] adj. GEOL *Roche cristallophyllienne,* dont les minéraux constitutifs sont disposés en lits superposés plus ou moins réguliers. *Les gneiss, les micaschistes cristallophylliens sont le résultat du métamorphisme.* – De *cristallo-,* et gr. *phullon,* «feuille».

criste-marine. n. f. V. crithmum.

cristi ! [kʀisti] interj. Fam., vieilli Mot qui marque la surprise ou l'indignation. – Abrév. de *sacristi.*

critère [kʀitɛʀ] ou vx **critérium** [kʀiteʀjɔm] n. m. Principe, point de repère auquel on se réfère (pour énoncer une proposition, émettre un jugement, distinguer et classer des objets, des notions). *Les critères de la beauté. Ce n'est pas un critère pour le juger.* ▷ MATH Condition nécessaire et suffisante. – Lat. scolast. *criterium,* du gr. *kritêrion,* de *krinein,* «discerner».

critérium [kʀiteʀjɔm] n. m. SPORT Épreuve organisée en vue d'établir un classement des concurrents. *Être éliminé, sélectionné dans un critérium.* ▷ *Spécial.* Course de poulains ou de pouliches du même âge, permettant d'apprécier leur valeur future (par oppos. à *omnium*). – Lat. scolast. *criterium,* du gr. *kritêrion,* «ce qui sert à juger».

crithmum [kʀitmɔm] ou **crithme** [kʀitm] n. m. BOT Plante ombellifère (*Crithmum maritimum,* appelée cour. *criste-marine, perce-pierre, fenouil de mer* ou *marin*) des bords de mer rocheux, dont on utilise les feuilles confites dans du vinaigre comme condiment. – Mot lat. du gr. *krêthmon.*

criticisme [kʀitisism] n. m. PHILO Doctrine de Kant qui place à la base de la réflexion philosophique une étude rigoureuse visant à déterminer les conditions et les limites de notre faculté de connaître. ▷ *Par ext.* Philosophie qui met la théorie de la connaissance à la base de la réflexion. – De *critique* (n. f.).

criticiste [kritisist] adj. et n. Qui appartient au criticisme. - Subst. Partisan du criticisme. – De *criticisme.*

criticité [kritisite] n. f. PHYS NUCL État d'un milieu ou d'un système devenu critique. – De *critique.*

critiquable [kritikabl] adj. Sujet à la critique. – De *critiquer.*

critique [kritik] adj. et n. **A.** adj. **I. 1.** MED Qui annonce ou accompagne une crise; qui décide de l'évolution d'une maladie. *Phase critique.* ▷ Spécial. *Âge critique :* ménopause. **2.** Qui détermine un changement en bien ou en mal (en parlant d'une situation, d'une période, d'un état). *Instant critique.* ▷ Par ext. *Être dans une situation critique,* difficile, pénible, dangereuse. **3.** PHYS *Point critique :* limite supérieure de la phase d'équilibre liquide-vapeur d'un fluide (état caractérisé par une température, une pression et un volume critiques). *Un gaz ne peut être liquéfié que si sa température est inférieure à la température critique.* ▷ PHYS NUCL *Masse critique :* masse de matériau fissile nécessaire au déclenchement d'une réaction en chaîne. **II. 1.** Qui s'applique à discerner les qualités et les défauts d'une œuvre, d'une production de l'esprit. *Compte rendu critique d'une pièce de théâtre. Présentation, exposé critique d'une thèse.* **2.** Qui cherche à établir la vérité, la justesse d'une proposition, d'un fait. *L'examen critique d'une doctrine. Étude critique des Évangiles.* ▷ *Édition critique,* établie après examen et comparaison des divers manuscrits ou éditions antérieures. ▷ *Esprit critique,* qui ne tient pour vraie une proposition qu'après l'avoir établie ou démontrée, et après avoir examiné toutes les objections susceptibles de lui être opposées. *Manquer d'esprit critique.* **3.** Qui porte un jugement sévère, qui blâme ou dénigre. *Juger qqn en termes très critiques.* **B.** n. **I.** n. f. **1.** Art de juger les œuvres littéraires et artistiques. *«La critique est aisée, et l'art est difficile»* (Destouches). *La critique littéraire.* **2.** Jugement porté sur une œuvre littéraire ou artistique; ensemble de ces jugements. *Lire les critiques avant d'aller voir un film. La critique a été encore meilleure dans la presse étrangère que dans la presse française.* **3.** Ensemble des critiques (sens B, II). *«La critique a beaucoup trop d'esprit, c'est ce qui la fera mourir» (G. Sand).* **4.** Analyse rigoureuse (d'une œuvre, d'une production de l'esprit, d'une personne). *«La Critique de la raison pure», ouvrage de Kant. Critique dogmatique, historique, thématique du roman. Soumettre sa conduite à une critique vigilante. La nouvelle critique :* V. encycl. **5.** Désapprobation, jugement négatif, sévère. *Se livrer à une critique systématique de son entourage. Accabler qqn de critiques.* **II.** n. (Rare au fém.) **1.** Personne qui juge des œuvres littéraires et artistiques. *Critique littéraire, critique d'art.* **2.** Vx Celui qui aime à censurer, à blâmer. – Bas lat. *criticus,* gr. *kritikos,* de *krinein,* «juger comme décisif».

ENCYCL **La nouvelle critique,** mouvement d'analyse et de critique littéraire qui se développa en France au début des années 60. S'inspirant, selon les auteurs, des méthodes de la psychanalyse, du structuralisme, de la linguistique ou de la sociologie, ce mouvement composite affirma l'autonomie de l'œuvre littéraire, irréductible à une causalité extérieure, biographique et événementielle.

critiquer [kritike] v. tr. [1] **1.** Examiner en critique. *Critiquer un livre, une doctrine.* **2.** Juger avec sévérité, avec blâme. *Critiquer ses amis, ses voisins.* ▷ (S. comp.) *Il ne fait que critiquer.* – De *critique.*

critiqueur, euse [kritikœr, øz] adj. et n. Rare Qui se plaît à critiquer. – De *critiquer.*

croassement [kroasmɑ̃] n. m. Cri du corbeau, de la corneille. ▷ Plur. Fig. Propos malveillants. – De *croasser.*

croasser [kroase] v. intr. [1] Crier (corbeaux, corneilles). – Onomatopée.

croate [kroat] adj. et n. **1.** De la Croatie. ▷ Subst. *Un(e) Croate.* **2.** n. m. *Le croate :* la langue parlée en Croatie. *Le serbo-croate s'écrit soit en caractères latins (croate), soit en caractères cyrilliques (serbe).*

croc [kro] n. m. **1.** Instrument à pointes recourbées servant à suspendre. **2.** Longue perche munie d'un crochet. **3.** *Croc à fumier :* instrument à dents pour ramasser, étaler le fumier. **4.** Chacune des quatre canines de certains carnivores. *Les crocs d'un lion.* **5.** Fam. Dents de l'homme. ▷ Fig., fam. *Montrer les crocs :* menacer, se mettre en colère. ▷ Fig., pop. *Avoir les crocs :* avoir très faim. – Frq. **krok,* «crochet».

croc-en-jambe [krokɑ̃ʒɑ̃b] n. m. **1.** Action de mettre le pied devant la jambe de qqn pour le faire tomber. **2.** Fig. Moyen déloyal utilisé pour nuire à qqn. *Des crocs-en-jambe.* – De *croc, en,* et *jambe.*

croche [krɔʃ] adj. et n. f. **1.** adj. Vx Courbe, crochu. *Nez croche.* ▷ Fig., fam. *Avoir les mains croches :* être avare; V. crochu. **2.** n. f. pl. Tenailles de forgeron. **3.** n. f. MUS Note dont la queue porte un crochet, et qui vaut le quart d'une blanche, ou le huitième d'une ronde. *Double croche, triple croche :* croche qui porte deux, trois crochets et qui vaut la moitié, le tiers de la croche. – De *croc.*

croche-pied [krɔʃpje] n. m. Syn. de *croc-en-jambe. Des croche-pieds.* – De *crocher,* et *pied.*

crocher [krɔʃe] v. tr. [1] **1.** Saisir avec un croc. ▷ MAR Saisir. - (S. comp.) *L'ancre a croché,* a accroché le fond. **2.** Tordre en forme de crochet. *Crocher un fil de fer.* – De *croc.*

crochet [krɔʃɛ] n. m. **I. 1.** Instrument recourbé pour suspendre, maintenir, attacher. *Clou à crochet. Boucle et crochet d'une agrafe. Crochet d'attelage d'une locomotive.* - Fig., fam. *Vivre aux crochets de qqn,* à ses dépens. **2.** Instrument, tige présentant une extrémité recourbée servant à saisir. *Crochet de chiffonnier. Crochet de serrurier :* instrument recourbé en L, pour ouvrir les serrures. **3.** Grosse aiguille à pointe recourbée utilisée pour le tricot ou la dentelle. *Faire une écharpe au crochet.* **4.** Chacune des canines du mulet et du cheval. ▷ Chacune des deux dents recourbées des serpents venimeux, généralement percée d'un canal qui la relie aux glandes à venin. **II. 1.** ARCHI Motif ornemental en forme de feuille recourbée. **2.** TYPO Signe [], voisin de la parenthèse. **3.** Détour, changement de direction. *Faire un crochet pour éviter les embouteillages.* **4.** SPORT En boxe, coup porté par un mouvement du bras en arc de cercle. *Parer un crochet du droit.* – De *croc.*

crochetable [krɔʃtabl] adj. Qui peut être crocheté (sens 1). – De *crocheter.*

crochetage [krɔʃtaʒ] n. m. Action de crocheter (une serrure); résultat de cette action. – De *crocheter.*

crocheter [krɔʃte] v. tr. [18] **1.** Ouvrir (une serrure, une porte, etc.) avec un crochet. *Crocheter un coffre-fort.* **2.** Piquer à l'aide d'un crochet. **3.** Garnir (un ouvrage) d'une bordure exécutée au crochet. *Crocheter le bas des manches et le col d'un gilet.* – De *crochet.*

crocheteur [krɔʃtœr] n. m. **1.** Malfaiteur qui crochète les serrures. **2.** Anc. Portefaix qui utilisait un crochet (sens I, 3). – De *crocheter.*

crochu, ue [krɔʃy] adj. **1.** Recourbé en forme de croc. *Nez, doigts crochus.* ▷ Fig., fam. *Avoir les doigts crochus :* être avare, rapace. ▷ ANAT *Os crochu :* l'un des huit os du carpe. **2.** PHILO *Atomes crochus :* dans le système de Démocrite et d'Épicure, atomes qui peuvent s'accrocher les uns aux autres de façon à former les corps, la matière. ▷ Fig. *Atomes crochus entre deux personnes,* affinités qui les rapprochent. – De *croc.*

crocodile [krokodil] n. m. **1.** Grand reptile carnivore vorace, aux pattes courtes, aux mâchoires très longues, vivant dans les eaux chaudes. *Les vagissements du crocodile.* ▷ Fig. *Larmes de crocodile,* hypocrites, simulées. **2.** Peau de crocodile. *Une ceinture, des chaussures en crocodile.* (Abrév. fam. : croco). **3.** CH de F Pièce métallique placée entre les rails, qui déclenche un signal. – Lat. *crocodilus*, gr. *krokodeilos.*

ENCYCL Le crocodile, qui vit au bord de l'eau, salée ou douce, est un reptile de l'ordre des crocodiliens, et spécial. du genre *Crocodilus* (bien que l'on nomme abusiv. crocodiles tous les crocodiliens). Le crocodile du Nil *(Crocodilus niloticus)* dépasse 8 m de long; il a l'aspect d'un gros lézard aux mâchoires très longues (plus de 70 cm). Le crocodile de la mer des Indes et des zones tropicales *(Crocodilus porosus)* est dangereux pour l'homme et le bétail; son cuir écailleux, très résistant, constitue un produit de luxe en maroquinerie.

crocodiliens [kʀɔkɔdiljɛ̃] n. m. pl. ZOOL Ordre de reptiles sauriens de grande taille (alligators, caïmans, crocodiles, gavials), amphibies, présentant des caractères très évolués (notam. un cœur à quatre cavités, comme les mammifères) et dont le cuir est doublé de plaques osseuses dermiques. – Sing. *Un crocodilien.* – De *crocodile.*

crocus [kʀɔkys] n. m. Plante vivace bulbeuse (fam. iridacées) à grande fleur violette, jaune ou blanche. (*Crocus sativus* fournit le safran.) – Mot lat., du gr. *krokos,* « safran ».

croire [kʀwaʀ] v. [71] **I.** v. tr. **1.** Tenir pour vrai, estimer comme véritable. *Croire ce qu'on dit. Croire un récit.* **2.** Avoir confiance (en qqn, en la sincérité de ses dires). *Je le crois, car il ne ment jamais. Croyez-moi, je n'avais jamais vu un tel désordre!* ▷ *En croire* : s'en rapporter à (qqn, à ses dires). *À l'en croire, tout peut changer très rapidement.* ▷ *Ne pas en croire ses oreilles, ses yeux* : être stupéfait, très surpris par ce que l'on entend, par ce que l'on voit. ▷ Fam. *Je te crois! Je vous crois! Je crois bien!* : je suis d'accord avec toi, avec vous! *ou* : c'est sûr, c'est évident, cela ne m'étonne pas. **3.** *Croire* (+ inf.) : tenir pour véritable (ce qui n'est pas). *Il a cru entendre un bruit. Il croyait être définitivement rétabli mais il a eu une rechute.* ▷ *Croire que* : estimer, supposer que. *Je crois qu'il fera beau demain. Je ne crois pas qu'il puisse tenir ses promesses. Il est à croire* (ou, fam., *c'est à croire*) *qu'il n'a jamais travaillé!* **4.** *Croire qqch, qqn* (suivi d'un attribut) : estimer, imaginer, tenir pour vraisemblable ou possible. *Je ne crois pas cette tentative inutile. Je le crois honnête.* ▷ v. pron. S'imaginer être, se prendre pour. *Elle se croit une grande comédienne.* **II.** v. tr. indir. **1.** *Croire en qqn, en qqch,* avoir confiance en lui (en elle). *Il croit beaucoup en cet enfant. Croire en soi. Croire en l'avenir* : avoir confiance en l'avenir. **2.** *Croire à une chose,* être convaincu de sa valeur, de sa portée. *Croire à la science, au progrès.* – Fam. *Croire dur comme fer* : être fermement convaincu. **3.** Être persuadé de la réalité, de la vérité, de l'existence de qqch. *Croire en Dieu et à son amour. Croire aux revenants, à l'enfer, à la vie éternelle.* ▷ *Croire à un changement,* le tenir pour probable. **III.** v. intr. **1.** Accepter entièrement, sans examen ni critique (une proposition, des paroles, etc.). *Croire et ne jamais discuter, voilà sa règle.* **2.** *Spécial.* Avoir la foi. *Il n'est pas pratiquant mais il croit.* – Du lat. *credere.*

croisade [kʀwazad] n. f. **1.** HIST Nom donné aux expéditions parties d'Occident du XIe au XIIIe s. pour délivrer les Lieux saints de Palestine de la domination musulmane, puis pour assurer leur défense. ▷ *Croisade des albigeois* : expédition conduite, avec une cruauté impitoyable, contre les populations hérétiques du midi de la France par Simon de Montfort de 1209 à 1218. **2.** Mod. Campagne, lutte menée en vue d'un objectif précis. *Croisade pour la paix, pour le désarmement.* – Réfection de *croisée* et de *croisement,* empl. dans ce sens d'après l'ital. *crociata* et l'esp. *cruzada.*

ENCYCL On compte huit croisades principales, mais ce nombre ne rend pas compte de la complexité du mouvement, car le va-et-vient des croisés fut continu entre l'Occident et l'Orient. – La *1re croisade* (1096-1099), décidée par le pape Urbain II pendant le concile de Clermont (1095), comporta une croisade populaire (prêchée par Pierre l'Ermite, mais mal organisée et rapidement massacrée par les Turcs en Anatolie) et la croisade des barons, commandée par Godefroi de Bouillon; celle-ci aboutit à la prise de Jérusalem (1099), puis à la création du roy. de Jérusalem, dont Baudouin, comte de Flandre, frère de Godefroi de Bouillon, fut le prem. souverain (1100). – La *2e croisade* (1147-1149), prêchée par saint Bernard de Clairvaux à Vézelay et commandée par le roi de France Louis VII le Jeune et l'empereur Conrad III, échoua devant Damas. – La *3e croisade* (1189-1192), prêchée par Guillaume, archevêque de Tyr, fut commandée par le roi de France Philippe Auguste et le roi d'Angleterre Richard Cœur de Lion, d'une part, l'empereur Frédéric Barberousse, d'autre part; les croisés ne parvinrent pas à reprendre Jérusalem, que Saladin avait enlevée en 1187. – La *4e croisade* (1202-1204), organisée par le pape Innocent III, prêchée par son légat Pierre Capuano, commandée par Baudouin IX, comte de Flandre, et Boniface Ier de Montferrat, fut détournée de son but (l'Égypte) par les Vénitiens, qui l'amenèrent à se tourner contre Byzance; cela aboutit au pillage de Constantinople (1204), ainsi qu'à la constitution des États latins de Grèce : Empire latin, principauté de Morée, empire maritime de Venise. – La *5e croisade* (1217-1221), décidée par Innocent III, commandée par Jean de Brienne, roi nominal de Jérusalem, et André II de Hongrie, et dirigée contre l'Égypte, remporta quelques succès (prise de Damiette en 1219), puis échoua. – La *6e croisade* (1228-1229) fut commandée, après de multiples tergiversations, par l'empereur Frédéric II, alors excommunié, qui, par un traité avec le sultan d'Égypte Al Kamil, obtint la cession de Jérusalem. – La *7e croisade* (1248-1254), commandée par le roi Saint Louis, dirigée contre l'Égypte dont le sultan était devenu maître de Jérusalem (1244), se solda par un échec : défaite de Mansourah et capture du roi (1250). – La *8e croisade* (1270), inachevée, fut également commandée par Saint Louis qui mourut de la peste devant Tunis. – Les croisades, étendues sur deux siècles, se détournèrent de leur objectif initial. La foi cessa d'être la grande inspiratrice, surtout après la 3e croisade, et leur utilisation au profit des intérêts temporels de la papauté finit par leur ôter leur caractère de guerres « justes » contre l'infidèle et de pèlerinage aux Lieux saints.

croisé, ée [kʀwaze] adj. et n. m. **I.** adj. **1.** En forme de croix ou de X. *Baguettes croisées.* ▷ *De l'étoffe croisée,* ou n. m., *du croisé* : de l'étoffe à fils très serrés. ▷ *Vêtement croisé,* dont les bords se superposent en partie. *Boutonnage croisé* (par oppos. à *bord-à-bord*). **2.** *Mots croisés* : jeu qui consiste à trouver, d'après une définition souvent en forme d'énigme, des mots se croisant à angle droit sur une grille qui peut être lue horizontalement et verticalement. **3.** MILIT *Feux, tirs croisés,* qui prennent l'ennemi sous deux angles différents. – Fig. *Être pris sous les feux croisés de la critique.* **4.** LITTER *Rimes croisées,* alternées. **5.** Produit par croisement (êtres vivants à reproduction sexuée). *Chien croisé avec un loup.* **II.** n. m. Celui qui partait en croisade. – Pp. de *croiser.*

croisée [kʀwaze] n. f. **1.** Endroit où deux choses se croisent. *La croisée des chemins.* – Fig. *Se trouver à la croisée des chemins* : être dans une situation où un choix décisif s'impose. ▷ ARCHI *Croisée d'ogives* : croisement des ogives d'une voûte gothique. *Croisée du transept* : croisement de la nef et du transept. **2.** Châssis vitré à un ou plusieurs vantaux qui sert à clore une fenêtre. ▷ *Par ext.* Fenêtre. – De *croiser.*

croisement [kʀwazmɑ̃] n. m. **1.** Fait de croiser, de se croiser; disposition en croix. *Croisement de deux fils, de deux bandes de tissu. Croisement de deux véhicules.* ▷ TEXT Entrelacement des fils d'un tissu. **2.** Point où deux ou plusieurs lignes ou voies se croisent. *Croisement de la voie ferrée et de la route.* ▷ Carrefour. *Ralentir aux croisements.* **3.** Méthode de reproduction par fécondation entre individus (animaux ou plantes) de même espèce ou d'espèces voisines. **4.** LING Formation d'un mot par télescopage entre deux mots ou par contamination. – De *croiser.*

croiser [kʀwaze] v. [1] **I.** v. tr. **1.** Disposer en croix ou en X. *Croiser les jambes, les mains. Croiser un habit,* en faire passer un pan sur l'autre. ▷ *Croiser la baïonnette,* la diriger en avant, perpendiculairement au corps. ▷ *Croiser le fer :* engager les épées, se battre à l'épée ; fig. s'affronter. **2.** Passer au travers de (une route, un chemin). *Route nationale croisant un chemin communal.* **3.** *Croiser qqn :* passer à côté de lui en allant dans la direction opposée. *Je l'ai croisé sur le boulevard. Voiture qui en croise une autre.* **4.** Faire se reproduire des êtres vivants (de races ou d'espèces différentes). *Croiser deux races bovines, deux plantes.* **II.** v. intr. **1.** *Veste qui croise,* dont un côté couvre l'autre et s'y boutonne. **2.** MAR Aller et venir dans une même zone, naviguer. *Navire qui croise au large de la côte.* **III.** v. pron. **1.** Être disposé en croix ou en X. *Routes qui se croisent.* **2.** *Pans, côtés d'un vêtement qui se croisent,* qui se superposent. **3.** *Personnes, véhicules qui se croisent,* dont les trajectoires sont inverses sur la même route. ▷ *Regards qui se croisent,* qui se rencontrent. **4.** (Animaux, plantes.) Se reproduire par croisement. **5.** Vx Entreprendre une croisade (sens 1). – De *croix.*

croiserie [kʀwazʀi] n. f. Ouvrage de vannerie en brins d'osier croisés. – De *croiser.*

croisette [kʀwazɛt] n. f. **1.** Petite croix. **2.** Nom cour. d'une gentiane (*Gentiana cruciata*) et d'un gaillet (*Galium cruciatum*), aux pétales disposés en croix. **3.** Fleuret de garde en forme de croix. – De *croix.*

croiseur [kʀwazœʀ] n. m. MAR Bâtiment de guerre, rapide et de tonnage moyen, servant à éclairer la marche des escadres, à engager le combat avant les navires de ligne et à exercer une surveillance sur une grande distance. – De *croiser.*

croisière [kʀwazjɛʀ] n. f. **1.** MAR Action de croiser dans une zone déterminée pour y exercer une surveillance (bâtiment de guerre). **2.** Voyage d'agrément en mer. *Croisière en Méditerranée.* ▷ *Par anal.* Voyage d'agrément en avion. ▷ *Vitesse de croisière d'un avion, d'un navire :* vitesse à laquelle un avion, un navire effectue un long parcours sans usure anormale des moteurs. – Par anal. *Vitesse de croisière d'une voiture.* – De *croiser.*

croisillon [kʀwazijɔ̃] n. m. **1.** Traverse d'une croix, d'une croisée. ▷ ARCHI Bras du transept d'une église. **2.** Pièce qui divise le châssis d'une fenêtre. ▷ (Plur.) Pièces disposées en croix à l'intérieur d'un châssis, servant à supporter les vitres. **3.** (Plur.) Ensemble de motifs, de pièces en forme de croix, de X. – De l'a. fr. *croisille,* « petite croix ».

croissance [kʀwasɑ̃s] n. f. **1.** Développement progressif des êtres organisés, de leur taille. *Croissance difficile, harmonieuse d'un enfant.* ▷ BIOL Accroissement des diverses parties d'un être vivant, ou adjonction de nouvelles parties semblables à des parties préexistantes, à l'exclusion de toute adjonction de fonctions nouvelles. ▷ MED *Troubles de croissance :* nanisme, gigantisme, acromégalie, etc. – *L'hormone de croissance :* l'hormone somatotrope. **2.** Augmentation, développement. *Croissance démesurée des villes.* – *Croissance économique :* phénomène se manifestant par l'augmentation du produit national brut par habitant sur une certaine période. – Lat. *crescentia.*

1. croissant [kʀwasɑ̃] n. m. **1.** Figure échancrée de la Lune à son premier ou dernier quartier. ▷ Par anal. *Dessiner un croissant.* **2.** Période pendant laquelle la Lune croît, de la nouvelle à la pleine lune. **3.** Emblème de l'Empire turc, de l'islam. *La lutte de la croix et du croissant.* **4.** Faucille en forme de croissant servant à élaguer. **5.** Cour. Petite pâtisserie de pâte feuilletée en forme de croissant. *Manger des croissants au petit déjeuner.* – De *croître* (sens 5), d'ap. l'all. *Hörnchen,* n. donné à des pâtisseries à Vienne après la victoire sur les Turcs, en 1686.

2. croissant, ante [kʀwasɑ̃, ɑ̃t] adj. Qui s'accroît, qui va en augmentant. *Le nombre croissant des accidents de la route. Ambition croissante.* ▷ MATH *Fonction croissante,* qui varie dans le même sens que la variable dont elle dépend. – *Suite croissante :* suite telle que l'élément de rang n est toujours inférieur à celui de rang $n + 1$. – Ppr. de *croître.*

croît [kʀwa] n. m. **1.** AGRIC Augmentation du nombre de sujets d'un cheptel par la naissance des petits. **2.** Gain de poids vif des animaux. – Déverbal de *croître.*

croître [kʀwatʀ] v. intr. [72] **1.** Se développer, grandir. *Les petits de l'animal croissent, au début de leur vie, plus rapidement que ceux de l'homme.* **2.** Augmenter en volume, en intensité, en nombre. *La rivière a crû. Le bruit croît. L'abstentionnisme croît à chaque scrutin.* **3.** (Plantes) Se développer, pousser naturellement. *Champignons qui croissent en abondance au pied de certains arbres.* – Du lat. *crescere.*

croix [kʀwa] n. f. **I. 1.** Instrument de supplice composé de deux pièces de bois croisées, sur lequel on fixait certains condamnés à mort dans l'Antiquité (esclaves, notam.). *Mettre qqn en croix. Mourir sur la croix.* **2.** Spécial. *La Croix,* sur laquelle Jésus-Christ fut crucifié. *Jésus portant sa croix. Le mystère de la Croix :* le mystère de la rédemption des hommes par la mort que Jésus a soufferte sur la croix. ▷ Fig. *Chacun porte sa croix :* chacun connaît des épreuves douloureuses, a sa part de souffrance. ▷ *Chemin de croix :* suite de quatorze tableaux représentant les étapes de la Passion de Jésus. – *Faire le (un) chemin de croix :* s'arrêter pour prier devant chacun de ces tableaux en respectant les étapes du chemin parcouru par le Christ jusqu'à sa crucifixion. ▷ *Signe de (la) croix :* geste rituel des chrétiens (orthodoxes et catholiques), dessinant une croix. *Faire un signe de croix en pénétrant dans une église.* **3.** *La croix :* la religion chrétienne. *Faire triompher la croix.* **4.** Représentation figurée de la croix de Jésus-Christ. *La croix pectorale des évêques. Croix funéraire,* placée sur une tombe. ▷ Bijou en forme de croix. *Offrir une croix à un premier communiant.* **II. 1.** Objet, signe, ornement composé de deux éléments qui se croisent. *Croix du drapeau danois, suisse.* **2.** Décoration en forme de croix de différents ordres de chevalerie. *La croix de la Légion d'honneur. Croix de guerre :* décoration remise à un combattant qui s'est illustré pendant une guerre. ▷ Cour. *Recevoir la croix,* la croix de la Légion d'honneur. **3.** Marque formée par deux traits qui se croisent. *Marquer une page d'une croix.* ▷ Fig. *Mettre, faire une croix sur une chose,* la tenir pour perdue, y renoncer. **4.** *En croix :* croisé, qui forme une croix, un X. *Couverts disposés en croix sur une assiette. Carrefour en croix. Étendre les bras en croix.* **5.** COUT *Point de croix,* dans lequel le fil forme une croix, utilisé en broderie, en tapisserie. **6.** Signe en forme de croix. – *Croix grecque,* dont les quatre branches sont égales. – *Croix latine,* dont la branche inférieure est plus longue que les autres. – *Croix de Saint-André,* en forme de X. – *Croix de Saint-Antoine,* en forme de T. – *Croix de Lorraine,* à deux croisillons inégaux. – *Croix de Malte,* dont les quatre branches égales vont en s'élargissant. – *Croix tréflée, potencée.* ▷ ASTRO *Croix du Sud :* V. ce mot.– Lat. *crux, crucis.*

cromlech [kʀɔmlɛk] n. m. Monument mégalithique formé de blocs espacés dressés en cercle. – Mot gallois et breton, « pierre en courbe ».

cromorne [kʀɔmɔʀn] n. m. Instrument de musique à vent, en bois, de la famille de la bombarde, en usage au

XVIe et au XVIIe s. ▷ Mod. Un des jeux d'anche de l'orgue. – All. *Krummhorn,* «cor courbe».

crooner [kʀunœʀ] n. m. Chanteur de charme. – Mot américain.

1. croquant [kʀɔkɑ̃] n. m. **1.** HIST Paysan révolté, en Guyenne, sous les règnes de Henri IV et de Louis XIII. **2.** Vx, péjor. Paysan. ▷ Homme rustre, sans éducation. – P.-ê. du provençal *croucà,* «arracher», ou de *croc* ou *croquer* (sens de détruire).

2. croquant, ante [kʀɔkɑ̃, ɑ̃t] adj. et n. m. Qui croque sous la dent. *Biscuits croquants.* ▷ n. m. Cartilage de la volaille et de certaines viandes. – Ppr. de *croquer.*

croque au sel (à la) [alakʀɔkosɛl] loc. adv. Avec du sel pour seul assaisonnement. *Artichauts, tomates à la croque au sel.* – De *croquer, au,* et *sel.*

croque-madame [kʀɔkmadam] n. m. inv. Croque-monsieur surmonté d'un œuf sur le plat. – De *croquer,* et *madame.*

croquembouche [kʀɔkɑ̃buʃ] n. m. CUIS Pièce montée composée de petits choux caramélisés et fourrés de crème. – De *croque, en,* et *bouche.*

croque-mitaine [kʀɔkmitɛn] n. m. Être imaginaire et terrible que l'on évoquait autref. pour effrayer les enfants et les faire obéir. *Si tu n'es pas sage, le croque-mitaine viendra te prendre!* ▷ Fam. Personne qui se fait redouter par son apparence sévère. *Jouer les croque-mitaines.* – De *croquer,* et *mitaine,* «gant», ou p.-ê. altér. néerl. *metjien,* «petite fille».

croque-monsieur [kʀɔkmøsjø] n. m. inv. Mets fait de deux tranches de pain de mie entre lesquelles on place une tranche de jambon et du fromage, et que l'on fait griller ou frire. – De *croquer,* et *monsieur.*

croque-mort [kʀɔkmɔʀ] n. m. Fam. Employé d'une entreprise de pompes funèbres. *Des croque-morts.* ▷ Loc. fam. *Avoir une figure, une tête de croque-mort :* avoir un air lugubre. – De *croquer,* au fig. «faire disparaître», et *mort.*

croqueneau ou **croquenot** [kʀɔkno] n. m. Pop. Soulier. – P.-ê. de *croquer,* «craquer».

croquer [kʀɔke] v. [1] **I.** v. intr. Faire un bruit sec sous la dent. *Chocolat qui croque.* **II.** v. tr. **1.** Manger (qqch qui produit un bruit sec) en broyant avec les dents. *Croquer une pomme. Croquer du sucre.* ▷ v. intr. *Croquer dans un fruit.* **2.** Fig. Faire disparaître rapidement. *Croquer un héritage,* le dilapider. ▷ MUS *Croquer des notes,* ne pas les jouer, les escamoter. **3.** Loc. fig., pop. *Croquer le marmot :* se morfondre à attendre. **4.** PEINT Esquisser rapidement, sur le vif, les traits essentiels de. *Croquer un paysage, un visage.* ▷ *Personne jolie à croquer,* très jolie. ▷ *Par anal.* Décrire, présenter les caractères essentiels de. *Il nous a croqué en quelques phrases le portrait de sa future femme.* **5.** Au jeu de croquet, atteindre et projeter loin du but (la boule de l'adversaire). – De *croc.*

1. croquet [kʀɔkɛ] n. m. Dial. Biscuit sec, mince et croquant. – De *croquer.*

2. croquet [kʀɔkɛ] n. m. Jeu qui consiste à pousser sous des arceaux, suivant un itinéraire déterminé, des boules de bois avec un maillet. *Faire une partie de croquet.* – Angl. *crocket,* du fr. *crochet,* ou de *croquer,* au sens anc. de «frapper».

3. croquet [kʀɔkɛ] n. m. Galon à petites dents, servant à border un ourlet ou à orner un vêtement. – Var. de *crochet.*

croquette [kʀɔkɛt] n. f. CUIS Boulette de pâte, de viande hachée, etc., passée dans du jaune d'œuf et de la chapelure, puis frite. *Croquettes de poisson.* – De *croquer.*

croquignol, ole [kʀɔkiɲɔl] adj. Fam. Amusant et bizarre, comique. – De *croquignole,* ou dér. régressif de *croquignolet.*

croquignole [kʀɔkiɲɔl] n. f. **1.** Vx Chiquenaude. **2.** Petite pâtisserie croquante. – P.-ê. de *croquer.*

croquignolet, ette [kʀɔkiɲɔlɛ, ɛt] adj. Fam. (souvent iron.) Mignon, amusant, surprenant. – De *croquignole* (sens 2).

croquis [kʀɔki] n. m. **1.** Représentation schématiquement dessinée d'un objet. ▷ PEINT Esquisse rapide indiquant les traits essentiels. *Faire un croquis. Carnet de croquis.* **2.** GEOM *Croquis coté :* V. coté. – De *croquer.*

croskill [kʀɔskil] n. m. AGRIC Rouleau en fonte pour briser les mottes de terre. – Du nom de l'inventeur.

crosne [kʀon] n. m. Tubercule comestible d'une labiée (*Stachys sieboldi*), présentant plusieurs renflements successifs. – De *Crosne,* com. de l'Essonne où la plante fut cultivée.

cross [kʀɔs] n. m. SPORT Course sur un parcours tout terrain (cyclisme, motocyclisme, équitation, etc.). – Mot angl. de *to cross,* «traverser, parcourir».

cross-country [kʀɔskuntʀi] n. m. SPORT Course à pied au milieu d'obstacles naturels. *Des cross-countries.* – Mot angl. de *cross,* et *country,* «campagne».

crosse [kʀɔs] n. f. **1.** Bâton pastoral d'évêque ou d'abbé, à bout recourbé. **2.** Bâton à bout recourbé utilisé dans certains jeux pour frapper ou pousser la balle. *Crosse de hockey.* **3.** Partie du fût d'un fusil, d'un pistolet, etc., qu'on appuie contre l'épaule ou que l'on serre dans la main pour tirer. ▷ *Mettre la crosse en l'air :* se rendre ou se mutiner (en parlant de soldats). **4.** TECH Pièce recourbée à une de ses extrémités. *Crosse de violon.* ▷ ANAT Partie recourbée d'un vaisseau. *Crosse de l'aorte :* courbe de l'aorte dans le médiastin, à sa sortie du cœur. ▷ BOT Extrémité recourbée d'une inflorescence et de certaines feuilles. *Crosse de fougère.* **5.** Loc. fig., pop. *Chercher des crosses :* chercher querelle. – Du frq. **krukkja,* avec infl. de *croc.*

crossé, ée [kʀɔse] adj. RELIG CATHOL *Abbé crossé,* qui a le droit de porter la crosse. – De *crosse.*

crosser [kʀɔse] v. tr. [1] Rare **1.** Pousser avec une crosse. *Crosser une balle.* **2.** Fam., vieilli Traiter avec mépris, dureté. *Un homme à crosser.* – De *crosse.*

crossette [kʀɔsɛt] n. f. AGRIC Branche de vigne, de figuier, de saule, etc., taillée et destinée à faire une bouture. – De *crosse.*

crossing-over [kʀɔsiŋɔvɛ(ə)ʀ] n. m. (Anglicisme) BIOL Enjambement* (des chromosomes). – Mot angl.

crossoptérygiens [kʀɔsɔpteʀiʒjɛ̃] n. m. pl. ZOOL Ordre de poissons à choane ayant vécu du dévonien au permien et dont les nageoires préfigurent les membres des amphibiens. (Ils se divisent en actinistiens, ou *cœlacanthes,* encore en vie, et en *rhipidistiens,* qui, sans doute amphibies, constituent la souche des stégocéphales). – Sing. *Un crossoptérygien.* – Lat. scientif. *crossopterygii,* du gr. *krossos,* «frange», et *pterux,* «aile, nageoire».

crotale [kʀɔtal] n. m. **1.** Serpent très venimeux d'Amérique (genre *Crotalus*), atteignant 2 m de long, et dont l'extrémité de la queue est constituée d'étuis cornés qui produisent un bruit de crécelle quand il se déplace (d'où son appellation cour. de *serpent à sonnette*). **2.** MUS Sorte de castagnette en usage dans l'Antiquité. – Lat. *crotalum,* gr. *krotalon.*

croton [kʀɔtɔ̃] n. m. BOT Euphorbiacée arbustive ou arborescente (*Croton tiglium*), qui produit des graines (petits pignons d'Inde) dont on tire une huile purgative. – Gr. *krotôn.*

crotte [kRɔt] n. f. **1.** Fiente de certains animaux. *Crotte de lapin, de souris.* – *Par ext.* Tout excrément solide. ▷ Fam. *C'est de la crotte, de la crotte de bique* : cela n'a aucune valeur. ▷ Fam. *Crotte !* : interj. de dépit, de surprise. **2.** Vieilli Boue des rues qui salit. *Être tout couvert de crotte.* **3.** *Crotte en chocolat* : bonbon de chocolat. – Frq. **krotta*.

crotté, ée [kRɔte] adj. Couvert de boue. *Souliers crottés.* – Pp. de *crotter.*

crotter [kRɔte] v. [1] **1.** v. tr. Salir avec de la boue. ▷ v. pron. *Il s'est crotté en jouant.* **2.** v. intr. Faire des crottes (sens 1). – De *crotte.*

crottin [kRɔtɛ̃] n. m. **1.** Excrément solide des équidés. **2.** Petit fromage de chèvre de forme ronde. – De *crotte.*

croulant, ante [kRulɑ̃, ɑ̃t] adj. et n. **1.** adj. Qui croule ou qui est près de crouler. *Une maison croulante.* **2.** n. Fam. Adulte, personne âgée. – Ppr. de *crouler* 1.

croule [kRule] n. f. **1.** Vol nuptial de la bécasse. **2.** Chasse pratiquée pendant le passage des bécasses, au printemps. – Déverbal de *crouler* 2.

1. crouler [kRule] v. intr. [1] **1.** Tomber en se désagrégeant. *Un mur qui croule.* **2.** Fig. S'effondrer. *L'empire croulait de toutes parts.* – *Crouler de fatigue.* – Du lat. pop. **corrotulare*, «faire rouler».

2. crouler [kRule] v. intr. [1] Crier (en parlant de la bécasse). – Altér. de l'all. *grillen*, «crier», d'après *crouler* 1.

croup [kRup] n. m. Laryngite à fausses membranes, presque toujours d'origine diphtérique. – Mot angl. dial., p.-ê. onomat.

croupade [kRupad] n. f. EQUIT Saut d'école dans lequel le cheval ramène ses membres postérieurs sous lui. – De *croupe.*

croupe [kRup] n. f. **1.** Partie de divers animaux (cheval, âne, etc.) qui s'étend des reins à la naissance de la queue. – *Monter en croupe* : monter derrière celui qui est en selle. **2.** Fig., fam. Partie postérieure de l'être humain (se dit en partic. des femmes). *Elle a une jolie croupe.* **3.** GEOGR Sommet arrondi d'une colline. – Frq. **kruppa.*

croupetons (à) [akRuptɔ̃] loc. adv. Dans une position accroupie. *Se tenir à croupetons.* – De *croupe.*

croupi, ie [kRupi] adj. *Eau croupie*, stagnante et corrompue. – Pp. de *croupir.*

croupier, ère [kRupje, ɛR] n. Employé(e) d'une maison de jeu qui tient le jeu et la banque pour le compte de l'établissement. – De *croupe*; d'abord *cavalier croupier*, «qui monte en croupe», puis «associé d'un joueur», qui se tenait derrière lui.

croupière [kRupjɛR] n. f. **1.** Partie du harnais passant sous la queue du cheval, du mulet, etc., rattachée à la sellette par-dessus la croupe. **2.** Loc. fig. *Tailler des croupières à qqn*, lui susciter des difficultés. – De *croupe.*

croupion [kRupjɔ̃] n. m. **1.** Extrémité postérieure du tronc des oiseaux, portant des plumes rétrécies. *Le croupion d'un poulet.* ▷ Zone d'attache de la queue, chez les mammifères. **2.** HIST (Par dénigr.) *Le Parlement Croupion* : la fraction du Parlement anglais que Cromwell conserva en 1648. – De *croupe.*

croupir [kRupiR] v. intr. [3] **1.** (Liquides) Se corrompre faute de mouvement. *L'eau croupit.* – (Choses) Se corrompre dans une eau stagnante. *Herbes qui croupissent dans une mare.* **2.** Fig. Vivre dans l'ordure, dans un état dégradant. *Croupir dans sa crasse. Croupir dans le vice.* ▷ (S. comp.) Être inactif, improductif. – De l'anc. fr. *(soi) cropir*, «s'accroupir».

croupissant, ante [kRupisɑ̃, ɑ̃t] adj. Qui croupit. *Mare croupissante.* – Fig. Inactif. – Ppr. de *croupir.*

croupissement [kRupismɑ̃] n. m. Fait de croupir; état de ce qui croupit. – De *croupir.*

croupon [kRupɔ̃] n. m. TECH (Industr. du cuir). Partie centrale (dos et croupe) d'une peau. – De *croupe.*

croustade [kRustad] n. f. **1.** CUIS Pâté chaud à croûte croquante. **2.** Mets préparé avec des tranches épaisses de pain de mie creusées et garnies. **3.** En Languedoc, pâtisserie faite de couches alternées de pâte très fine et de pommes. – Provenç. mod. *croustado*, de *crousto*, «croûte».

croustillant, ante [kRustijɑ̃, ɑ̃t] adj. **1.** Qui croustille. *Croissants croustillants.* **2.** Fig. Qui contient des détails scabreux ou grivois. *Histoire croustillante.* – Ppr. de *croustiller.*

croustiller [kRustije] v. intr. [1] Craquer agréablement sous la dent. *Une galette qui croustille.* – Du lat. *crusta*, «croûte».

croustilleux, euse [kRustijø, øz] adj. Vieilli ou litt. Hardi, croustillant (au sens 2). *Révélations croustilleuses.* – De *croustiller.*

croûte [kRut] n. f. **I. 1.** Partie extérieure du pain, que la cuisson a durcie. *La croûte et la mie du pain.* – *Par ext.* Reste de pain durci. *Tremper des croûtes de pain dans sa soupe.* ▷ Loc. fig., fam. *Casser la croûte* : manger. – *Gagner sa croûte* : gagner de quoi manger; gagner sa vie. **2.** Pâte cuite renfermant un pâté. *Pâté en croûte.* **3.** Partie superficielle du fromage. *Manger un camembert avec la croûte.* **II.** *Par anal.* **1.** Tout ce qui se forme et durcit sur qqch. *Une croûte de tartre.* ▷ MED Plaque non vascularisée qui se forme à la surface des téguments lors de la cicatrisation d'une plaie, de certaines affections dermatologiques. **2.** GEOL *Croûte terrestre* : partie la plus superficielle du globe terrestre. (Elle se compose de la croûte continentale granitique, constituant le sol des continents, et de la croûte océanique basaltique, continue sur tout le globe, qui constitue le sous-sol des continents et le sol des fonds océaniques.) Syn. écorce terrestre. **3.** Fam. Mauvais tableau. **4.** TECH Partie du cuir obtenue par sciage, côté chair. – (En appos.) *Cuir croûte.* – Lat. *crusta.*

croûter [kRute] v. intr. [1] **1.** Former une croûte. *La neige croûte au printemps.* **2.** Pop. Manger. *Quand est-ce qu'on croûte ?* – De *croûte* (sens 2), de *(casser la) croûte.*

croûteux, euse [kRutø, øz] adj. Qui forme une croûte; qui présente l'aspect d'une croûte. – De *croûte.*

croûton [kRutɔ̃] n. m. **1.** Morceau de croûte, en partic. à l'extrémité d'un pain; extrémité d'un pain. *Il ne restait plus qu'un croûton à manger.* **2.** CUIS Petit morceau de pain frit. *Préparer des croûtons pour accompagner une soupe. Omelette aux croûtons.* **3.** Fig., fam. Individu routinier, confiné dans l'habitude. *Un vieux croûton.* – De *croûte.*

crown-glass [kRonglas] n. m. inv. (Anglicisme) TECH Verre optique, utilisé dans la fabrication des lentilles. – Mot angl., de *crown*, «couronne», et *glass*, «verre».

croyable [kRwajabl] adj. (Choses) Qui peut être cru. *Est-ce croyable ? C'est à peine croyable.* Ant. incroyable. – De *croire.*

croyance [kRwajɑ̃s] n. f. **1.** Fait de croire. *La croyance aux bienfaits du progrès scientifique.* ▷ *Spécial.* Fait de croire en Dieu. *«Le plus sceptique a ses moments de croyance superstitieuse»* (P. Mérimée). **2.** Ce que l'on croit, ce à quoi on adhère (en matière politique, philosophique, et, spécial., religieuse). *Respecter les croyances d'autrui. «Hors en religion, je n'ai aucune croyance»* (Chateaubriand). – De *croire.*

croyant, ante [kRwajɑ̃, ɑ̃t] adj. et n. Qui a la foi. *Elle était très croyante.* ▷ Subst. *Les croyants et les athées.* – Ppr. de *croire.*

1. cru, crue [kRy] adj. Que l'on croit. *Une chose crue de tous.* – Pp. de *croire.*

2. cru [kRy] n. m. **1.** Terroir considéré relativement à sa production. *Les spécialités du cru.* ▷ Spécial. *Vin du* *cru*, fait avec le raisin de l'endroit. – Ellipt. *Un grand cru. Les crus de Bourgogne, de Bordeaux. Bouilleur de cru.* **2.** Fig., fam. *De son cru* : de sa propre invention. *Il fit encore quelques bons mots de son cru et prit congé.* – De *crû*, pp. de *croître*.

3. cru, crue [kRy] adj. (et adv.) **1.** Qui n'est pas cuit. *Viande crue.* – adv. *Manger cru.* **2.** Naturel, brut, non préparé. *Chanvre cru.* **3.** Dit, fait sans ménagement. *Une réponse bien crue.* – adv. *Parler cru à qqn.* ▷ Licencieux, inconvenant. *Plaisanteries, propos très crus.* **4.** Que rien n'atténue, violent (lumière, couleur). **5.** Loc. adv. *À cru* : sur la peau nue. ▷ *Monter à cru*, sans selle. – Lat. *crudus*, «saignant», de *cruor*, «sang».

crû, crue [kRy] Pp. du v. *croître*.

cruauté [kRyote] n. f. **1.** Inclination à faire souffrir. *Traiter qqn avec cruauté.* ▷ Caractère de ce qui est cruel. *La cruauté d'une action.* – *La cruauté du tigre*, sa férocité. **2.** Acte cruel. *Commettre des cruautés.* **3.** Fig. Caractère de ce qui est rigoureux. *La cruauté du sort, du destin.* **4.** Vx Indifférence de celui, de celle qui fait souffrir ceux qui l'aiment. – Lat. *crudelitas*.

cruche [kRyʃ] n. f. **1.** Vase à large panse, à col étroit et à anses. *Une cruche en grès, en terre.* – Son contenu. *Une cruche d'eau.* ▷ (Prov.) *Tant va la cruche à l'eau qu'à la fin elle se casse* : tout finit par s'user; à force de s'exposer à un péril, on finit par y succomber. **2.** Fig., fam. Personne sotte. *Quelle cruche!* – Frq. **kruka*.

cruchon [kRyʃɔ̃] n. m. Petite cruche; son contenu. – Dimin. de *cruche*.

crucial, ale, aux [kRysjal, o] adj. **1.** Qui est en forme de croix. *Incision cruciale.* **2.** Fig. *Expérience cruciale*, décisive (indiquant une direction sûre comme le poteau indicateur à un carrefour; expr. due à Fr. Bacon). **3.** Décisif, capital. *Point crucial. Moment crucial.* – Lat. *crucialis*, de *crux, crucis*, «croix».

cruciféracées [kRysifeRase] ou **crucifères** [kRysifɛR] n. f. pl. BOT Famille de dicotylédones dialypétales superovariées dont la corolle à 4 pétales forme une croix et dont les fruits sont des siliques. *Les crucifères sont très nombreuses : chou, navet, cresson, moutarde, giroflée, etc.* – Sing. *Une cruciféracée* ou *une crucifère.* – De *crucifère*.

crucifère [kRysifɛR] adj. Qui porte une croix. *Colonne crucifère.* – Lat. ecclés. *crucifer*.

crucifié, ée [kRysifje] adj. et n. **1.** Se dit d'une personne mise en croix. – Spécial. *Le Crucifié* : Jésus-Christ. **2.** Fig. Qui éprouve une grande souffrance morale. *Un cœur crucifié.* – Pp. de *crucifier*.

crucifier [kRysifje] v. tr. [2] **1.** Supplicier (qqn) en le fixant sur une croix pour l'y faire mourir. *Les Romains ont crucifié le Christ.* **2.** Fig. Tourmenter cruellement. *Son malheur le crucifie.* ▷ RELIG Mortifier. *Crucifier ses passions.* – Lat. *crucifigere*.

crucifix [kRysifi] n. m. Croix sur laquelle est représenté le Christ crucifié. *Un crucifix en bois, en argent, en or.* – Lat. ecclés. *crucifixus*, pp. de *crucifigere*, «fixer sur la croix».

crucifixion [kRysifiksjɔ̃] n. f. ou **crucifiement** [kRysifimɑ̃] n. m. **1.** Action de crucifier. **2.** BX-A Représentation peinte ou sculptée de Jésus-Christ sur la Croix. – Lat. ecclés. *crucifixio*.

cruciforme [kRysifɔRm] adj. En forme de croix. – Du lat. *crux, crucis*, «croix», et *-forme*.

cruciverbiste [kRysivɛRbist] n. Amateur de mots croisés. – Du lat. *crux, crucis*, «croix», et *verbum*, «mot».

crudité [kRydite] n. f. **1.** Rare (Aliments) Qualité de ce qui est cru. ▷ Cour. *Crudités* : légumes divers que l'on mange crus, généralement en salade. *Assiette de crudités.* **2.** Fig. Caractère d'un propos, d'une représentation dont le réalisme choque. **3.** Fig. Caractère d'une lumière, d'une couleur qui tranche violemment. *La crudité d'un éclairage.* – Du lat. *cruditas*, «indigestion».

crue [kRy] n. f. Élévation du niveau d'un cours d'eau, pouvant provoquer son débordement. *Les crues du Nil. Élever des digues pour canaliser une rivière en crue.* – Pp. fém. subst. de *croître*.

cruel, elle [kRyɛl] adj. **1.** Qui prend plaisir à faire souffrir, à voir souffrir. *C'est un tyran cruel.* ▷ Fig. *Destin, sort cruel.* **2.** Qui dénote la cruauté. *Action cruelle.* **3.** Sévère, inflexible. *Un père cruel.* ▷ Vieilli Insensible (en parlant d'une femme courtisée). *Une beauté cruelle.* **4.** Qui cause une grande souffrance. *Une cruelle maladie.* – Lat. *crudelis*, de *crudus*, «cru», au fig. «qui aime le sang».

cruellement [kRyɛlmɑ̃] adv. **1.** D'une manière cruelle. *Battre qqn cruellement.* **2.** D'une manière douloureuse, intolérable. *Être cruellement éprouvé par la mort d'un parent.* – De *cruel*.

cruenté, ée [kRyɑ̃te] adj. MED Imprégné de sang. *Plaie cruentée.* – Lat. *cruentus* «sanglant», de *cruor*, «sang».

cruiser [kRuizœR] n. m. (Anglicisme) MAR Petit yacht à moteur. – Mot angl., «croiseur».

crûment [kRymɑ̃] adv. D'une manière crue (3, sens 3). *Répondre crûment.* – De *cru* 3.

cruor [kRyɔR] n. m. MED Partie du sang qui se coagule (par oppos. à *sérum*). – Mot lat., «sang».

crural, ale, aux [kRyRal, o] adj. ANAT Qui appartient à la cuisse. *Arcade crurale.* – Lat. *cruralis*, de *crus, cruris*, «jambe».

crusher [kRyʃœR] n. m. TECH Cylindre de métal mou utilisé pour mesurer la puissance d'un explosif. – Mot angl., «écraseur».

crustacé, ée [kRystase] adj. et n. **1.** adj. Vx SC NAT Dont le corps est couvert d'une membrane dure et cassante. **2.** n. m. pl. Mod. ZOOL *Les crustacés* : classe d'arthropodes antennates dont le tégument chitineux est fortement minéralisé par des sels de calcium. (Généralement aquatiques à respiration branchiale, ils sont ovipares. On les divise en *malacostracés*, ou crustacés supérieurs : homard, crevette, crabe, etc., et en *entomostracés*, ou crustacés inférieurs : daphnie, etc.) – Sing. *Un crustacé.* ▷ Cour. Se dit des crustacés aquatiques comestibles (homard, langoustine, crevette, crabe, etc.). *Faire un repas de crustacés.* – Lat. savant *crustaceus*, de *crusta*, «croûte».

cruzeiro [kRuzeRo] n. m. Unité monétaire du Brésil. – Mot portug., de *cruz*, «croix».

cry(o)-. Élément, du gr. *kruos*, «froid».

cryanesthésie [kRijanɛstezi] n. f. MED Anesthésie par le froid. – De *cry(o)-*, et *anesthésie*.

crylor [kRilɔR] n. m. TECH Textile synthétique acrylique. – Nom déposé; de *polyacrylonitrile*.

cryoclastie [kRijoklasti] n. f. GEOL Fragmentation des roches par une succession de gels et de dégels. – De *cryo-*, et gr. *klastein*, «briser».

cryoconducteur, trice [kRijokɔ̃dyktœR, tRis] adj. et n. m. ELECTR Conducteur porté à très basse température pour diminuer sa résistivité. – De *cryo-*, et *conducteur*.

cryoconservation [kRijɔkɔ̃sɛRvasjɔ̃] n. f. TECH Conservation (de tissus organiques notam.) à très basse température. – De *cryo-*, et *conservation*.

cryoélectronique [kRijoelɛktRɔnik] adj. et n. f. ELECTRON Partie de l'électronique qui utilise les supraconducteurs. – De *cryo-*, et *électronique*.

cryogène [kRijoʒɛn] adj. PHYS Qui produit du froid. *L'azote liquide est cryogène.* – De *cryo-*, et *-gène*.

cryogénie [kʀijoʒeni] n. f. PHYS Production de très basses températures. – De *cryo-*, et *-génie.*

cryogénique [kʀijoʒenik] adj. Relatif à la cryogénie. – De *cryogénie.*

cryoglobuline [kʀijoglɔbylin] n. f. BIOCHIM Protéine sérique qui précipite au froid. (Sa présence, pathologique, est parfois liée à une maladie hématologique.) – De *cryo-*, et *globuline.*

cryoglobulinémie [kʀijoglɔbylinemi] n. f. MED Présence de cryoglobuline dans le sang. – De *cryo-*, *globuline*, et *-émie.*

cryolithe ou **cryolite** [kʀijɔlit] n. f. MINER Aluminofluorure naturel de sodium. – De *cryo-*, et *-lithe.*

cryomètre [kʀijɔmɛtʀ] n. m. PHYS Instrument qui sert à mesurer l'abaissement du point de congélation d'un solvant après dissolution d'un soluté. – De *cryo-* et *-mètre.*

cryométrie [kʀijometʀi] n. f. PHYS Mesure des températures de congélation. – De *cryomètre.*

cryostat [kʀijosta] n. m. TECH Appareil servant à maintenir des objets à de très basses températures. – De *cryo-*, et *-stat.*

cryothérapie [kʀijoteʀapi] n. f. MED Traitement fondé sur l'emploi du froid. – De *cryo-*, et *-thérapie.*

cryoturbation [kʀijotyʀbasjɔ̃] n. f. GEOL Déplacement, sous l'action d'une alternance de gels et de dégels, des éléments de la couche superficielle du sol. – De *cryo-*, et lat. *turbare*, d'ap. *perturbation.*

cryptage n. m. Action de crypter; son résultat. ▷ Procédé consistant à coder une transmission afin de ne la rendre intelligible qu'aux détenteurs d'un décodeur. – De *crypto-* et suff. *-age.*

crypte [kʀipt(ə)] n. f. Caveau construit au-dessous d'une église. – Chapelle souterraine dans une église. – Lat. *crypta*, «galerie souterraine».

crypter [kʀipte] v. tr. [1] **1.** Coder une transmission afin de la rendre intelligible aux seuls détenteurs d'un décodeur. – Pp. adj. *Une chaîne de télévision cryptée.* **2.** INFORM Transformer un message de manière qu'il ne soit accessible qu'aux possesseurs du code utilisé. – Pp. adj. *Des données cryptées.* – Du gr. *kruptos*, «caché».

cryptique [kʀiptik] adj. **1.** Qui vit dans les grottes. **2.** Souterrain. – De *crypte.*

crypto-. Élément, du gr. *kruptos*, «caché».

cryptocalvinisme [kʀiptokalvinism] n. m. Doctrine qui, sur l'Eucharistie, rapprochait le point de vue luthérien du point de vue calviniste et dont les adeptes furent persécutés, en Allemagne, à la fin du XVIe s. – De *crypto-*, et *calvinisme.*

cryptocommunisme [kʀiptokomynism] n. m. Sympathie, non exprimée, pour la doctrine ou les idées communistes, sans adhésion au parti. – De *cryto-*, et *communisme.*

cryptocommuniste [kʀiptɔkɔmynist] adj. et n. Partisan occulte du communisme. – De *crypto-*, et *communiste.*

cryptogame [kʀiptogam] adj. et n. m. **1.** BOT Se dit des végétaux dont les organes de fructification sont cachés ou peu apparents. **2.** n. m. pl. *Les cryptogames* : vaste ensemble de végétaux dont le mode de reproduction est resté longtemps mystérieux, à cause de la taille, de la position, du caractère aléatoire des organes reproducteurs. (Ils s'opposent aux phanérogames. Ce sont les algues, les champignons, les mousses, etc.) *Les cryptogames vasculaires* : les fougères. – De *crypto-*, et *-game.*

cryptogamie [kʀiptogami] n. f. BOT **1.** Reproduction des cryptogames. **2.** Étude des cryptogames. – De *cryptogame.*

cryptogamique [kʀiptogamik] adj. BOT Se dit des maladies végétales dues à un champignon parasite. *La cloque est une maladie cryptogamique.* – De *cryptogamie.*

cryptogénétique [kʀiptoʒenetik] adj. MED Dont la cause reste inconnue. *Maladie cryptogénétique.* – De *crypto-*, et *génétique.*

cryptogramme [kʀiptɔgʀam] n. m. Message rédigé dans une écriture secrète, dépêche chiffrée. – De *crypto-*, et *-gramme.*

cryptographie [kʀiptɔgʀafi] n. f. Technique des écritures secrètes. – De *crypto-*, et *-graphie.*

cryptographique [kʀiptɔgʀafik] adj. Relatif à la cryptographie. *Procédé cryptographique.* – De *cryptographie.*

cryptophyte [kʀiptofit] n. f. BOT Plante dont les bourgeons passent la mauvaise saison cachés dans le sol (*géophyte*), dans l'eau (*hydrophyte*) ou dans la vase (*hélophyte*). – De *crypto-*, et *-phyte.*

cryptorchidie [kʀiptɔʀkidi] n. f. MED Absence d'un seul ou des deux testicules dans les bourses, par défaut de migration à partir de l'abdomen, due à une malformation congénitale. – De *crypto-*, et gr. *orkhis*, «testicule».

Cs CHIM Symbole du césium.

csar. V. tsar.

csardas [ksaʀdas] ou **czardas** [gzaʀdas] n. f. inv. Danse hongroise populaire à deux mouvements, le premier lent, le second rapide. – Mot hongrois.

cténaires [ktenɛʀ] ou **cténophores** [ktenɔfɔʀ] n. m. pl. ZOOL Embranchement de métazoaires à symétrie bilatérale, pélagiques, se déplaçant à l'aide de huit palettes ciliées, autref. réunis aux cnidaires dans les cœlentérés. – Sing. *Un cténaire* ou *un cténophore.* – Lat. scientif., du gr. *kteis, ktenos*, «peigne», à cause de leurs palettes.

Cu CHIM Symbole du cuivre.

cubage [kybaʒ] n. m. **1.** Action de cuber, de mesurer un volume. **2.** Cour. Résultat de cette mesure. *Déterminer le cubage d'une pièce de bois.* – De *cuber.*

cubain, aine [kybɛ̃, ɛn] adj. et n. De Cuba, île des Antilles. ▷ Subst. *Un(e) Cubain(e).*

cubature [kybatyʀ] n. f. GEOM Détermination du volume d'un solide. – De *cube.*

cube [kyb] n. m. **1.** Polyèdre limité par six carrés (hexaèdre régulier). (Surface = $6a^2$; volume = a^3, a étant la dimension de l'arête du cube.) **2.** MATH Troisième puissance d'un nombre. *4 au cube* (4^3). *Élever 4 au cube* ($4^3 = 4 \times 4 \times 4 = 64$). *64 est le cube de 4.* ▷ (En appos.) *Centimètre cube* (cm^3), *mètre cube* (m^3), etc. : unités de mesure du volume d'un corps ou de sa contenance. *Ce bassin a une capacité de 4 mètres cubes.* **3.** Objet en forme de cube. – *Jeu de cubes* : jeu destiné aux jeunes enfants. **4.** Arg. (des écoles) Élève se préparant pour la troisième fois au concours d'accès à une grande école. – Lat. *cubus*, gr. *kubos*, «dé à jouer».

cuber [kybe] v. [1] **1.** v. tr. Évaluer le nombre d'unités de volume cubiques de. *Cuber du bois.* **2.** v. intr. Avoir une certaine contenance. *Cette citerne cube 300 litres.* **3.** Fig., fam. Représenter une grosse masse, une grosse quantité. *Cent francs par-ci, cent francs par-là, ça finit par cuber.* – De *cube.*

cubilot [kybilo] n. m. METALL Four servant à la refusion de la fonte et des métaux. – Altér. angl. *cupilo, cupelow*, var. dial. (Sheffield) de *cupola*, «four à coupole»; de même orig. que le fr. *coupole.*

cubique [kybik] adj. et n. f. **1.** Qui a la forme d'un cube. *Construction cubique.* **2.** MATH Qui est à la troisième puissance. ▷ Qui est du troisième degré. *Fonction,* *équation cubique.* ▷ *Racine cubique d'un nombre,* dont le cube a ce nombre comme valeur (symbole : $\sqrt[3]{\ }$). *Si* $a = \sqrt[3]{b}$ (racine cubique de *b*), $a^3 = b$. **3.** n. f. Courbe dont l'équation est du troisième degré. – De *cube.*

cubisme [kybism] n. m. Mouvement artistique, né en 1906-1907, qui rompt avec la vision naturaliste traditionnelle en représentant le sujet fragmenté, décomposé en plans géométriques inscrits dans un espace tridimensionnel de peu de profondeur. – De *cube.*
ENCYCL Le tableau de Picasso *les Demoiselles d'Avignon* (1907) marque traditionnellement la naissance du cubisme. On y décèle l'influence de Cézanne (pour qui *« il faut traiter la nature par le cylindre, la sphère, le cône »*), de la statuaire romane espagnole et de la sculpture d'Afrique noire. Dans ce qu'on a appelé le *cubisme analytique* (1910-1912/1913), plusieurs aspects d'un même sujet géométrisé, fragmenté, s'inscrivent simultanément dans l'espace. Le *cubisme synthétique* (1913-1914) voit la réduction du sujet à son essence et l'on a pu parler d'une véritable esthétique conceptuelle, surtout à propos de J. Gris, qui, partant du cylindre, « fait une bouteille ». Avec F. Léger, R. Delaunay, A. Gleizes, J. Metzinger, L. Marcoussis, R. La Fresnaye, A. Lhote, etc., le cubisme a proposé, jusqu'en 1930 env., des formes généralement restées plus proches de la nature et, par conséquent, plus « lisibles ».

cubiste [kybist] adj. et n. Qui se rapporte au cubisme. ▷ Subst. Artiste dont l'œuvre relève du cubisme. – De *cubisme.*

cubitainer [kybitenɛʀ] n. m. Récipient cubique en plastique, utilisé pour transporter des liquides, notam. du vin. *Un cubitainer de bourgogne.* – Nom déposé.

cubital, ale, aux [kybital, o] adj. Relatif au coude, au cubitus. *Muscles cubital antérieur et cubital postérieur.* – De *cubitus.*

cubitus [kybitys] n. m. ANAT Le plus gros des deux os de l'avant-bras, qui s'articule, en bas, avec les os du carpe et, en haut, avec l'humérus au niveau de l'articulation du coude. (Il est relié au radius à ses deux extrémités, supérieure et inférieure.) *L'extrémité supérieure du cubitus, ou « olécrane », forme la saillie du coude.* – Mot lat., « coude ».

cuboïde [kybɔid] adj. et n. m. **1.** adj. En forme de cube. **2.** ANAT Os du tarse, en avant du calcanéum. – Gr. *kuboeidês.*

cucu ou **cucul** [kyky] adj. inv. Fam. Bêtement naïf; simpliste et niais à la fois. – Redoublement de *cul.*

cuculidés [kykylide] n. m. pl. Famille d'oiseaux renfermant les coucous (genre *Cuculus*). – Sing. *Un cuculidé.* – Du lat. *cuculus,* « coucou ».

cuculiformes [kykylifɔʀm] n. m. pl. Ordre d'oiseaux comprenant notam. les coucous et les touracos; ordre autref. inclus dans les grimpeurs. – Sing. *Un cuculiforme.* – Du lat. *cuculus,* « coucou » et *-forme.*

cucurbitacées [kykyʀbitase] n. f. pl. BOT Famille de dicotylédones gamopétales dont la tige est une liane souvent charnue (ex. : courges, cornichons, melons, etc.). – Sing. *Une cucurbitacée.* – Lat. scientif., de *cucurbita,* « courge ».

cucurbite [kykyʀbit] n. f. TECH Partie inférieure renflée de l'alambic. – Lat. *cucurbita,* « courge ».

çudra. V. sudra.

cue-bid [kjubid] n. m. Au bridge, annonce consistant à répéter la couleur adverse au palier immédiatement supérieur, pour indiquer, soit un jeu très fort, soit le contrôle de cette couleur (as, as-roi, chicane). – Angl. *cue,* « réplique », et *bid,* « appel, demande ».

cueillaison [kœjɛzɔ̃] n. f. **1.** Litt., (souvent fig.) Action de cueillir. *La cueillaison d'un baiser.* **2.** AGRIC Saison où l'on cueille. – De *cueillir.*

cueillette [kœjɛt] n. f. **1.** Récolte de certains fruits. *La cueillette des olives.* **2.** Produit de cette récolte. *Une cueillette abondante.* – De *cueillir.*

cueilleur, euse [kœjœʀ, øz] n. Personne qui cueille. *Les cueilleurs de cerises.* – De *cueillir.*

cueillir [kœjiʀ] v. tr. [27] **1.** Détacher (des fleurs, des fruits, des légumes) de la branche ou de la tige. *Cueillir des roses. Cueillir un bouquet de fleurs.* **2.** Fig. Recueillir. *Cueillir un baiser.* – Métaph. *« Cueillez dès aujourd'hui les roses de la vie »* (Ronsard). *Cueillir des lauriers :* avoir des succès. **3.** Fam., fig. *Cueillir un malfaiteur,* l'arrêter, l'appréhender sans qu'il s'y attende. *Ils ont cueilli l'escroc à sa descente d'avion.* ▷ Passer prendre (qqn). *Il nous a cueillis à l'arrivée du train pour nous conduire à l'hôtel.* – Du lat. *colligere,* « ramasser, rassembler ».

cueilloir [kœjwaʀ] n. m. Instrument servant à cueillir les fruits hors de portée (constitué d'un panier et d'une cisaille fixés au bout d'une perche). ▷ Panier où l'on met ce que l'on cueille. – De *cueillir.*

cuesta [kwɛsta] n. f. GEOMORPH Syn. de *relief de côte.* – Mot esp., « côte ».

cui-cui [kɥikɥi] n. m. inv. Onomatopée évoquant le cri des petits oiseaux.

cuiller ou **cuillère** [kɥijɛʀ] n. f. **1.** Ustensile de table formé d'une palette creuse à manche, servant à manger les aliments liquides ou peu consistants. *Cuiller à café, à dessert. Petite cuiller. Cuiller à soupe. Cuiller à pot.* ▷ *Biscuit à la cuiller :* biscuit long et menu, très léger. ▷ Contenu d'une cuiller. *Versez deux cuillers à soupe de sucre.* Syn. cuillerée. **2.** Ustensile en forme de cuiller. *Cuiller de plombier.* – PECHE Pièce métallique brillante, munie d'hameçons, servant d'appât pour le poisson. – CHIR Chacune des deux parties d'un forceps dont la concavité s'adapte à la tête du fœtus. **3.** Loc. fam. *Ne pas y aller avec le dos de la cuiller :* agir sans ménagement, ne pas y aller de main morte. – *Être à ramasser à la petite cuiller :* être en piteux état, être très fatigué. – Du lat. *cochlearium,* « ustensile à manger les escargots (*cochlea*) ».

cuillerée [kɥij(ə)ʀe] n. f. Ce que contient une cuiller. *Une cuillerée à soupe, à dessert, à café* (env. 20 g, 10 g et 5 g d'eau, selon les normes du codex). – De *cuiller.*

cuilleron [kɥijʀɔ̃] n. m. **1.** Partie creuse d'une cuiller, au bout du manche. **2.** ZOOL Lame cornée qui protège les balanciers des diptères (mouches). – De *cuiller.*

cuir [kɥiʀ] n. m. **1.** Peau épaisse de certains animaux, contenant une couche dermique fibreuse. **2.** Cette peau séparée de la chair et préparée pour les besoins de l'industrie. *Le tannage a pour but de transformer la peau en cuir (tannage végétal, tannage minéral ou chamoisage). Veste, bagages en cuir. Cuir de Russie,* parfumé à l'essence de bouleau. **3.** *Cuir chevelu :* peau du crâne humain, où sont implantés les cheveux. **4.** Fig., fam. Vice de langage qui consiste à faire une liaison incorrecte entre des mots. Ex. : *Il va (t) à Paris* [ilvatapaʀi] au lieu de [ilvaapaʀi] . – Du lat. *corium.*

cuirasse [kɥiʀas] n. f. **1.** Anc. Partie de l'armure destinée à protéger le tronc. – *Défaut de la cuirasse :* intervalle non protégé entre deux pièces de la cuirasse; fig. point faible. *Trouver le défaut de la cuirasse.* **2.** Blindage de protection. ▷ MAR Enveloppe métallique destinée à protéger certains navires de guerre (*cuirassés*). **3.** ZOOL Ensemble des plaques anguleuses et dures qui, chez certains poissons et mammifères, couvrent tout ou partie du corps. – Enveloppe protectrice de certains infusoires. **4.** Fig. Ce qui protège, ce dont on affecte de se protéger. *La cuirasse de l'indifférence.* – Du lat. pop. *coriacea,* « de cuir », du lat. class. *corium,* « cuir ».

cuirassé, ée [kɥiʀase] adj. et n. m. **1.** Couvert, protégé par une cuirasse. ▷ n. m. Bâtiment de guerre armé d'artillerie lourde et protégé par un blindage d'acier. **2.** Fig. Endurci moralement, insensible. *Une âme cuirassée.* – Pp. de *cuirasser.*

cuirassement [kɥiʀasmɑ̃] n. m. MAR, FORTIF Action de cuirasser, de blinder. – *Par ext.* La cuirasse, le blindage ainsi posé. – De *cuirasser.*

cuirasser [kɥiʀase] v. tr. [1] Revêtir d'une cuirasse. *Cuirasser un navire.* ▷ v. pron. Revêtir une cuirasse. – Fig. *Se cuirasser contre les coups du sort,* s'en protéger. – De *cuirasse.*

cuirassier [kɥiʀasje] n. m. Anc. Cavalier portant une cuirasse. *Cuirassier blessé,* tableau de Géricault. – Mod. Soldat d'un régiment de cavalerie. – De *cuirasse.*

cuire [kɥiʀ] v. [69] **I.** v. tr. **1.** Soumettre à l'action du feu, de la chaleur, afin de préparer pour la consommation. *Cuire des légumes, de la viande.* **2.** Soumettre (un corps) à l'action transformatrice du feu, de la chaleur, pour le rendre propre à un usage déterminé. *Cuire des briques.* **3.** Réaliser la cuisson (en parlant d'une source de chaleur). *La braise cuit mieux que la flamme.* **4.** Fig. Donner une sensation de brûlure. *Le soleil cuisait ses épaules.* – *La honte cuisait ses joues.* **II.** v. intr. **1.** Être soumis à l'action du feu, de la chaleur, pour devenir propre à l'alimentation. *La soupe cuit. Ces légumes cuisent bien, mal,* ils sont faciles, difficiles à cuire. ▷ Fig., fam. *Un dur à cuire* : une personne très résistante (à la fatigue, à la douleur, etc.). **2.** Fig., fam. Avoir très chaud. *Ouvrez une fenêtre, on cuit ici!* **3.** Causer une sensation de brûlure, une douleur. *Cette écorchure me cuit.* ▷ Loc. impers. *En cuire à (qqn). Il vous en cuira* : vous vous en repentirez. – Du lat. pop. **cocere,* class. *coquere.*

cuisant, ante [kɥizɑ̃, ɑ̃t] adj. **1.** Qui provoque une sensation de brûlure. *Un froid cuisant.* **2.** Fig. Qui affecte vivement. *Un échec cuisant. Des paroles cuisantes.* – Ppr. de *cuire.*

cuisine [kɥizin] n. f. **1.** Pièce où l'on apprête les mets. *Batterie, ustensiles de cuisine.* ▷ *Cuisine roulante* : fourneau ambulant servant à préparer la nourriture des troupes en campagne. **2.** Manière, art de préparer les mets. *La cuisine française est renommée. Livre, recettes de cuisine.* **3.** Ordinaire d'une maison, nourriture. *La cuisine est médiocre chez lui. Faire la cuisine. Des odeurs de cuisine.* **4.** Fig., fam. Manigances, opérations louches. *Cuisine électorale.* – Lat. *cocina, coquina,* de *coquere,* « cuire ».

cuisiner [kɥizine] v. [1] **I.** v. intr. Apprêter les mets, faire la cuisine. *Elle cuisine bien. Il aime cuisiner.* **II.** v. tr. **1.** Accommoder, préparer (un mets). *Cuisiner un ragoût.* – Pp. adj. *Plat cuisiné,* vendu tout préparé. **2.** Fig., fam. *Cuisiner qqn,* le presser de questions pour lui faire avouer qqch. – De *cuisine.*

cuisinette [kɥizinɛt] n. f. Petite cuisine. Syn. (off. recommandé) de *kitchenette.* – Dimin. de *cuisine.*

cuisinier, ère [kɥizinje, ɛʀ] n. Personne qui fait la cuisine. *Un bon cuisinier.* – De *cuisine.*

cuisinière [kɥizinjɛʀ] n. f. Fourneau de cuisine. *Cuisinière électrique, à gaz, à charbon.* – De *cuisiner.*

cuisiniste [kɥizinist] n. m. Concepteur et installateur de cuisines. – De *cuisine.*

cuissage [kɥisaʒ] n. m. DR FEOD *Droit de cuissage* : droit qu'auraient possédé certains seigneurs de passer avec la femme d'un serf la première nuit de ses noces. – De *cuisse.*

cuissard [kɥisaʀ] n. m. **1.** Partie de l'armure protégeant la cuisse. **2.** Culotte des coureurs cyclistes, s'arrêtant à mi-cuisse. – De *cuisse.*

cuissardes [kɥisaʀd] n. f. pl. Bottes dont la tige couvre les cuisses. – De *cuisse.*

cuisse [kɥis] n. f. Segment supérieur du membre inférieur de l'homme, contenant le fémur, articulé sur le bassin à la partie supérieure et au genou à la partie inférieure. *Le muscle de la cuisse.* – Fam. *Se croire sorti de la cuisse de Jupiter* : étaler un orgueil injustifié. ▷ (Animaux) *Une cuisse de poulet.* – Lat. *coxa,* « hanche », puis « cuisse ».

cuisseau [kɥiso] n. m. En boucherie, partie du veau comprise entre la queue et le rognon. – De *cuissot.*

cuisse-madame [kɥismadam] n. f. Poire jaune, de forme allongée. *Des cuisses-madame.*

cuisson [kɥisɔ̃] n. f. **1.** Action de faire cuire; son résultat. *La cuisson d'un rôti. Temps de cuisson. Cuisson des briques.* **2.** Fig. Douleur semblable à une brûlure. *La cuisson d'une blessure.* – Du lat. *coctio, coctionis,* de *coquere,* avec infl. de *cuire.*

cuissot [kɥiso] n. m. Cuisse de gibier de grande taille. *Cuissot de chevreuil.* – De *cuisse.*

cuistance [kɥistɑ̃s] n. f. Arg. (des militaires) puis fam. Cuisine, nourriture. *S'occuper de la cuistance.* Syn. tambouille. – De *cuisine,* p.-ê. d'ap. *becquetance.*

cuistot [kɥisto] n. m. Fam. Cuisinier. – De *cuistance.*

cuistre [kɥistʀ] n. m. (et adj.) Litt. Homme pédant, prétentieux. – A. fr. *quistre,* nominatif de *coistron,* « marmiton », du bas lat. **coquistro,* « officier chargé de goûter les mets ».

cuistrerie [kɥistʀəʀi] n. f. Litt. Pédantisme, manières de cuistre. – De *cuistre.*

cuit, cuite [kɥi, kɥit] adj. et n. f. **1.** Qui a subi une cuisson. *Pommes cuites au four. Poteries de terre cuite.* ▷ n. f. TECH Action de cuire. *La cuite de la porcelaine.* **2.** Fig. Dont le coloris est chaud. *Tons cuits.* **3.** Pop. Ivre. *Être complètement cuit.* ▷ n. f. Ivresse. *Prendre une cuite* : s'enivrer. **4.** Fig., fam. Fini, perdu. *C'est cuit* : les jeux sont faits, tout est perdu. *Je suis cuit* : c'en est fait de moi. **5.** Fig., fam. *C'est du tout cuit* : c'est acquis, gagné d'avance. – Pp. de *cuire.*

cuiter (se) [kɥite] v. pron. [1] Fam. S'enivrer. – De *cuite.*

cuivrage [kɥivʀaʒ] n. m. TECH Action de recouvrir d'une couche de cuivre; cette couche elle-même. – De *cuivrer.*

cuivre [kɥivʀ] n. m. **I.** Élément métallique de numéro atomique Z = 29 et de masse atomique 63,55 (symbole Cu). – Métal (Cu) usuel de couleur brun orangé, de densité 8,92, qui fond à 1 083 °C et bout à 2 567 °C. *Fil de cuivre.* ▷ *Cuivre jaune* : laiton (par oppos. à *cuivre rouge,* cuivre pur). **II.** Objet en cuivre. **1.** Objet usuel ou d'ornement fait de cuivre ou de laiton. *Fourbir, astiquer les cuivres.* **2.** MUS *Les cuivres* : les instruments à vent en alliage de cuivre (trompettes, trombones, etc.). **3.** TECH Planche gravée sur cuivre; gravure tirée de cette planche. – Du lat. **coprium, cuprium,* du class. *(æs) cyprium,* « (bronze de) Chypre ».

ENCYCL **Chim.** – Le cuivre est un très bon conducteur de l'électricité (fabrication de fils électriques) et de la chaleur (ustensiles de cuisine). Il entre dans la composition de nombreux alliages : notam. bronzes et laitons. Ses propriétés anticryptogamiques font utiliser le *sulfate de cuivre* dans la bouillie* bordelaise.

cuivré, ée [kɥivʀe] adj. **1.** De la couleur brun orangé du cuivre. *Teint cuivré. Les reflets cuivrés d'une chevelure.* **2.** Qui a un timbre éclatant, rappelant les instruments de cuivre. *Une voix cuivrée.* – Pp. de *cuivrer.*

cuivrer [kɥivʀe] v. tr. [1] **1.** TECH Recouvrir de cuivre. **2.** Fig. Donner une couleur de cuivre à. *Le soleil cuivre le teint.* – De *cuivre.*

cuivreux, euse [kɥivʀø, øz] adj. CHIM Qui renferme du cuivre au degré d'oxydation + 1. – De *cuivre.*

cuivrique [kɥivʀik] adj. CHIM Qui renferme du cuivre au degré d'oxydation + 2. – De *cuivre*.

cul [ky] n. m. **1.** Fam. Partie postérieure de l'homme et de certains animaux, comprenant les fesses et le fondement. *Donner, recevoir des coups de pied au cul. Botter le cul à qqn.* ▷ Loc. fig., fam. *En tomber sur le cul* : être stupéfait. – *Être comme cul et chemise*, inséparables. – *Renverser cul par-dessus tête* : culbuter. ▷ Loc. fig., vulg. *En avoir plein le cul* : être excédé. – *Être à cul* : ne plus avoir de ressources. – *Être assis, avoir le cul entre deux chaises* : être dans une position fausse, ne savoir quel parti prendre. – *Lécher le cul à qqn*, le flatter bassement. – *Tirer au cul* : esquiver les corvées (V. flanc). **2.** Partie inférieure, fond de certaines choses. *Cul de bouteille. Cul d'une poulie.* ▷ Loc. fam. *Faire cul sec* : vider son verre d'un trait. – Lat. *culus*.

culard [kylaʀ] adj. m. et n. m. ELEV *Bœuf culard*, dont l'arrière-train fort développé fournit plus de viande de bonne qualité que les bovins appartenant aux races traditionnellement élevées. ▷ n. m. *Les culards sont nés de la zootechnie.* – De *cul*.

culasse [kylas] n. f. TECH **1.** Pièce mobile qui ferme la partie arrière du canon d'une arme à feu. **2.** Partie supérieure, démontable, du bloc-moteur d'un moteur à explosion. *Joint de culasse.* **3.** En bijouterie, partie inférieure d'une pierre taillée. – De *cul*.

cul blanc [kyblɑ̃] n. m. Nom cour. de divers oiseaux à croupion blanc, notam. d'un chevalier, de l'hirondelle de fenêtre et du traquet motteux. *Des culs-blancs.* – De *cul*, et *blanc*.

culbutage [kylbytaʒ] n. m. **1.** Action de culbuter. **2.** ESP Mouvement désordonné d'un véhicule spatial autour de son centre de gravité. – De *culbuter*.

culbute [kylbyt] n. f. **1.** Exercice que l'on exécute en posant les mains et la tête à terre, et en roulant sur soi-même les jambes levées. *Faire des culbutes.* Syn. (fam.) galipette. **2.** Chute à la renverse. **3.** Fig. Faillite, ruine. ▷ Prov. *Au bout du fossé, la culbute* : les actions irréfléchies peuvent avoir des suites fâcheuses. ▷ *Faire la culbute* : se retrouver ruiné. **4.** COMM *Faire la culbute* : revendre au double du prix d'achat. – De *culbuter*.

culbuter [kylbyte] v. [1] **I.** v. intr. Tomber à la renverse. **II.** v. tr. **1.** Renverser cul par-dessus tête, bousculer. *Il culbutait tout sur son passage.* **2.** Rejeter en désordre. *Culbuter l'ennemi.* **3.** Fig. Faire tomber, ruiner. *Culbuter un ministère.* – De *cul*, et *buter*.

culbuteur [kylbytœʀ] n. m. **1.** TECH Dispositif servant à faire basculer un récipient pour le vider de son contenu. **2.** AUTO Dispositif qui actionne les soupapes d'un moteur à explosion. – De *culbuter*.

cul-de-basse-fosse [kyd(ə)bɑsfos] n. m. Cachot souterrain creusé dans une basse-fosse. *Des culs-de-basse-fosse.* – De *cul*, *de*, *bas*, et *fosse*.

cul-de-four [kydfuʀ] n. m. ARCHI Voûte en forme de quart de sphère (demi-coupole). *Des culs-de-four.* – De *cul*, *de*, et *four*.

cul-de-jatte [kydʒat] n. (et adj.) Personne privée de jambes. *Des culs-de-jatte.* – De *cul*, *de*, et *jatte*.

cul-de-lampe [kydlɑ̃p] n. m. **1.** ARCHI Ornement d'un lambris ou d'une voûte ressemblant au dessous d'une lampe d'église. **2.** ARTS GRAPH Vignette imprimée à la fin d'un livre, d'un chapitre. *Des culs-de-lampe.* – De *cul*, *de*, et *lampe*.

cul-de-porc [kydpɔʀ] n. m. MAR Nœud en forme de bouton, pratiqué à l'extrémité d'un cordage en entrelaçant les torons de celui-ci. *Des culs-de-porc.* – Altér. de *cul-de-pot*, d'ap. *porc*.

cul-de-poule [kydpul] n. m. Renflement arrondi en forme de cul de poule. *Le cul-de-poule d'une espagnolette*, dans lequel pivote la tige au niveau de la poignée. *Des culs-de-poule.* ▷ *Bouche en cul de poule*, dont les lèvres s'arrondissent en une moue pincée. – De *cul*, *de*, et *poule*.

cul-de-sac [kydsak] n. m. **1.** Impasse, voie sans issue. *Des culs-de-sac.* **2.** Fig. Situation, entreprise sans avenir. – De *cul*, *de*, et *sac*.

culée [kyle] n. f. ARCHI Ouvrage d'appui à l'extrémité d'un pont, d'une voûte. *Culée d'arc-boutant.* – De *cul*.

culer [kyle] v. intr. [1] MAR Aller en arrière, reculer (navires, embarcations). – De *cul*.

culeron [kylʀɔ̃] n. m. Partie de la croupière sur laquelle repose la queue du cheval harnaché. – De *cul*.

culicidés [kyliside] n. m. pl. ZOOL Famille de diptères nématocères, dont fait partie le cousin (moustique du genre *Culex*). – Sing. *Un culicidé.* – Lat. *culex*, *culicis*, « cousin », et *-idé*.

culière [kyljɛʀ] n. f. Sangle que l'on attache au derrière d'un cheval pour empêcher le harnais de glisser en avant. – De *cul*.

culinaire [kylinɛʀ] adj. Relatif à la cuisine. *Art culinaire.* – Lat. *culinarius*, de *culina*, « cuisine ».

culminant, ante [kylminɑ̃, ɑ̃t] adj. *Point culminant* : point où un astre est le plus haut sur l'horizon. – *Par ext.* Partie la plus élevée d'une chose, plus haut degré. *Il est arrivé au point culminant de sa carrière.* – Ppr. de *culminer*.

culmination [kylminɑsjɔ̃] n. f. ASTRO Passage d'un astre au méridien d'un lieu donné. – Lat. *culminatio*, de *culminare*, « culminer ».

culminer [kylmine] v. intr. [1] **1.** ASTRO Passer au méridien (en parlant d'un astre). **2.** Atteindre son plus haut point, son plus haut degré. *Les Alpes culminent au mont Blanc.* – Fig. *L'émotion culmina à sa vue.* – Lat. médiév. *culminare*, de *culmen*, « comble ».

culot [kylo] n. m. **I. 1.** Partie inférieure de certains objets (partic. d'une lampe d'église, d'un bénitier). **2.** ARCHI Élément portant en surplomb en forme de cône ou de pyramide. **3.** Extrémité, fond métallique. *Culot d'une ampoule. Culot à vis, à baïonnette. Culot de la douille d'une cartouche.* **II.** Dépôt qui se forme au fond d'un récipient. **1.** Partie métallique restant au fond d'un creuset. **2.** BIOL Partie inférieure des liquides organiques ou autres préparations soumises à la centrifugation. **3.** Résidu amassé dans le fourneau d'une pipe. **III.** Pop., vieilli Dernier-né d'une famille. **IV.** Fam. Audace excessive. *Quel culot!* Syn. aplomb, toupet. *Y aller au culot* : payer d'audace. – De *cul*.

culottage [kylɔtaʒ] n. m. Action de culotter (une pipe). – De *culotter*.

culotte [kylɔt] n. f. **1.** Vêtement masculin qui couvre de la ceinture aux genoux en enveloppant chaque jambe séparément. *Culottes de drap. Culotte courte* : pantalon s'arrêtant aux genoux porté par les petits garçons. *Faire un accroc à son fond de culotte.* ▷ Fig., fam. *Femme qui porte (la) culotte*, qui gouverne le ménage plus que son mari. – Péjor. *Culotte de peau* : vieux militaire borné. **2.** Sous-vêtement couvrant de la ceinture au haut des cuisses, porté par les femmes, les enfants. *Culotte de coton, de nylon. Culottes en plastique pour les bébés.* **3.** En boucherie, partie du bœuf située entre le filet et l'échine. **4.** CONSTR Élément de raccordement de conduites d'évacuation. – De *cul*.

culotté, ée [kylɔte] adj. **1.** *Pipe culottée*, dont le fourneau est revêtu d'un dépôt charbonneux. **2.** *Par ext.* Noirci, patiné par un long usage. *Cuir culotté.* **3.** Fam. D'une audace excessive. – Pp. de *culotter* 1 ; sens 3, de *culot* sens IV.

1. culotter [kylɔte] v. tr. [1] *Culotter une pipe*, la faire se revêtir d'un dépôt charbonneux en commençant par la fumer lentement, sans avoir bourré le fourneau. – De *culot*.

2. culotter [kylɔte] v. tr. [1] Mettre une culotte à. *Culotter un enfant.* – Pp. adj. *Un bébé bien, mal culotté.* ▷ v. pron. *Cet enfant a vite appris à se culotter tout seul.* – De *culotte*.

culottier, ère [kylɔtje, ɛʀ] n. Personne qui fabrique des culottes, des pantalons. – De *culotte*.

culpabilisant, ante [kylpabilizɑ̃, ɑ̃t] adj. Qui culpabilise. – Ppr. de *culpabiliser*.

culpabilisation [kylpabilizasjɔ̃] n. f. Fait de culpabiliser; sa conséquence. – De *culpabiliser*.

culpabiliser [kylpabilize] v. tr. [1] Faire éprouver à (qqn) de la culpabilité. ▷ v. pron. Se sentir coupable. – De *coupable*, d'ap. le lat. *culpabilis*, « coupable ».

culpabilité [kylpabilite] n. f. **1.** Caractère de ce qui est coupable; état d'un individu reconnu coupable. *La culpabilité de cet homme est évidente.* **2.** PSYCHO *Sentiment de culpabilité* : état affectif consécutif à un acte réel ou fictif, précis ou imprécis, que le sujet considère comme répréhensible. – Du lat. *culpabilis*, « coupable ».

culte [kylt] n. m. **1.** Hommage religieux que l'on rend à un dieu ou à un saint personnage. *Le culte de Dieu. Le culte des saints.* **2.** Ensemble des cérémonies par lesquelles on rend cet hommage. *Ministre du culte.* Syn. rite. **3.** Religion. *Culte catholique, protestant, israélite.* **4.** *Absol.* Office religieux, chez les protestants. *Aller au culte.* **5.** Fig. Admiration passionnée mêlée de vénération. *Vouer un culte à la mémoire de sa mère.* – (En appos.) *Livre culte. Film culte.* – Lat. *cultus*, pp. de *colere*, « adorer ».

cul-terreux [kyteʀø] n. m. Fam., péjor. Paysan. *Des culs-terreux.*

-culteur. Élément, du lat. *cultor*, « qui cultive ».

cultisme [kyltism] n. m. Syn. de *gongorisme*. – Esp. *cultismo*, du lat. *cultus*, « cultivé ».

cultivable [kyltivabl] adj. Susceptible d'être cultivé. *Terre cultivable.* – De *cultiver*.

cultivar [kyltivaʀ] n. m. BOT Variété obtenue par sélection au cours de cultures successives. – De *cultivé*, et *var(iété)*.

cultivateur, trice [kyltivatœʀ, tʀis] n. et adj. **1.** Personne qui cultive, exploite une terre. ▷ adj. *Un peuple cultivateur.* **2.** n. m. Nom de divers instruments agricoles. – De *cultiver*.

cultivé, ée [kyltive] adj. **1.** Mis en culture. *Terrain cultivé.* **2.** Fig. Qui possède une culture intellectuelle. *Esprit cultivé.* – Pp. de *cultiver*.

cultiver [kyltive] v. tr. [1] **I. 1.** Travailler la terre de manière à lui faire produire des végétaux. *Cultiver un champ, un jardin.* **2.** Faire pousser, faire venir (un végétal). *Cultiver des fleurs.* **II.** Fig. **1.** Développer, perfectionner (une faculté intellectuelle) par l'éducation, l'instruction. *Cultiver sa mémoire. Cultiver un don.* ▷ v. pron. Enrichir, cultiver son esprit. *Lire pour se cultiver.* **2.** S'adonner à (un art, une science, etc.). *Cultiver les sciences.* ▷ *Cultiver la vertu, la sagesse* : s'appliquer à être vertueux, sage. **3.** Conserver, entretenir des relations amicales avec (qqn). *Cultiver l'amitié d'un grand personnage.* – *C'est une relation à cultiver*, à ne pas négliger, qui peut être utile. – Lat. médiév. *cultivare*, de *cultus*, pp. de *colere*, « cultiver ».

cultuel, elle [kyltɥɛl] adj. Relatif au culte. *Édifice cultuel. Association cultuelle.* – De *culte*.

cultural, ale, aux [kyltyʀal, o] adj. Relatif à la culture de la terre. – De *culture*.

culturalisme [kyltyʀalism] n. m. École américaine contemporaine d'anthropologie, qui tente d'infléchir les thèses de la psychanalyse freudienne dans le sens d'une interprétation plus sociologique que biologique. – De *culturel*.

-culture. Élément, du lat. *cultura*, « culture ».

culture [kyltyʀ] n. f. **I. 1.** Action de cultiver la terre, travail visant à la rendre productive. *Encourager la culture. Pays de grande, de petite culture. Culture mécanique.* ▷ *Culture sèche* : syn. (off. recommandé) de *dry-farming*, ensemble de techniques culturales appliquées dans les régions semi-arides pour éviter au maximum l'évaporation (ameublissement poussé du sol, permettant une bonne pénétration des eaux pluviales). **2.** Action de cultiver (tel végétal). *La culture du blé.* ▷ Par anal. *Culture de la soie.* **3.** (Plur.) Terres cultivées. *Marcher dans les cultures.* **4.** BIOL *Culture de tissus* : technique de laboratoire qui consiste à faire vivre des tissus animaux ou végétaux sur des milieux synthétiques. – *Bouillon de culture* : milieu liquide dans lequel on fait se développer des micro-organismes. **II.** Fig. **1.** Développement des facultés intellectuelles. *La culture de l'esprit.* **2.** Ensemble des connaissances acquises par un individu. *Avoir une culture étendue. Culture générale. Culture littéraire, philosophique. Culture classique.* ▷ *Culture de masse*, répandue par les techniques de diffusion massive (*mass media* : télévision, radio, presse, cinéma) au sein de la masse sociale sans tenir compte des structures internes (classe, âge, sexe). **3.** Ensemble des activités soumises à des normes socialement et historiquement différenciées, et des modèles de comportement transmissibles par l'éducation, propre à un groupe social donné. *Chaque société a sa propre culture. Culture occidentale.* **4.** *Culture physique* : gymnastique. – Lat. *cultura*.

culturel, elle [kyltyʀɛl] adj. Relatif à la culture intellectuelle, à la civilisation. *Héritage culturel.* – De *culture*.

culturisme [kyltyʀism] n. m. Gymnastique visant à développer la musculature dans un but esthétique. – De *culture*.

culturiste [kyltyʀist] n. Adepte du culturisme. – De *culturisme*.

cumin [kymɛ̃] n. m. Ombellifère (*Cuminum officinale*) cultivée en Europe centrale pour ses fruits aromatiques et carminatifs; ses fruits. *Pain au cumin.* – *Cumin des prés* : carvi. – Lat. *cuminum*, du gr. *kuminon*, mot d'orig. orient.

cumul [kymyl] n. m. **1.** DR Action de poursuivre un certain objet simultanément par plusieurs voies de droit. **2.** Fait d'exercer simultanément deux fonctions, deux emplois. – De *cumuler*.

cumulable [kymylabl] adj. Qui peut être cumulé. – De *cumuler*.

cumulard [kymylaʀ] n. m. Fam., péjor. Personne qui cumule plusieurs fonctions rétribuées. – De *cumuler*, et suff. péjor. *-ard*.

cumulatif, ive [kymylatif, iv] adj. Qui résulte de l'accumulation, implique l'accumulation. *Fonction cumulative. Un médicament à effet cumulatif.* – De *cumuler*.

cumuler [kymyle] v. tr. [1] **1.** Réunir, joindre ensemble (plusieurs droits, plusieurs qualités). **2.** Occuper (plusieurs places), toucher (plusieurs traitements) à la fois. *Cumuler deux emplois.* – Lat. *cumulare*.

cumulo-nimbus ou **cumulonimbus** [kymylɔnɛ̃bys] n. m. inv. METEO Nuage à grand développement vertical dont le sommet s'étale en forme d'enclume. *Le cumulo-nimbus est signe d'orage.* – De *cumulus*, et *nimbus*.

cumulostratus. V. strato-cumulus.

cumulus [kymylys] n. m. inv. METEO Nuage dense, à contours nets, plus ou moins développé verticalement et présentant des protubérances qui le font ressembler à un chou-fleur. – Mot lat., « amas ».

cunéiforme [kyneifɔʀm] adj. En forme de coin. **1.** ANAT *Os cunéiformes* : les trois os qui occupent la rangée antérieure du tarse avec le cuboïde et le scaphoïde. **2.** *Écriture cunéiforme* : anc. écriture notamment des Perses, des Mèdes, des Assyriens, combinant des signes en forme de coin et de fer de lance. – Lat. *cuneus*, « coin », et *-forme*.

cunnilingus [kynilɛ̃gys] ou **cunnilinctus** [kynilɛ̃ktys] n. m. Pratique sexuelle consistant à exciter avec la bouche le sexe de la femme. – Du lat. *cunnus*, « con », et *linctus*, supin de *lingere*, « lécher ».

cupide [kypid] adj. Qui a un amour immodéré du gain, de l'argent. *Usurier cupide. Esprit cupide.* Syn. avide. Ant. désintéressé. – Lat. *cupidus*, de *cupere*, « désirer ».

cupidement [kypidmɑ̃] adv. D'une manière cupide. – De *cupide*.

cupidité [kypidite] n. f. Désir immodéré de s'enrichir, amour du gain. Syn. avidité, convoitise. – Lat. *cupiditas*.

cupressales [kypʀesal] n. f. pl. BOT Ordre de gymnospermes comprenant notam. les cyprès (genre *Cupressus*), les genévriers et les séquoias. – Sing. *Une cupressale*. – Du lat. *cupressus*, « cyprès ».

cupri-, cupro-. Élément, du lat. *cuprum*, « cuivre », utilisé notam. pour former les noms d'alliages à base de cuivre.

cuprifère [kypʀifɛʀ] adj. **1.** MINER Qui renferme du cuivre. **2.** METALL Relatif à l'industrie du cuivre. *Exploitation cuprifère*. – De *cupri-*, et *-fère*.

cuprique [kypʀik] adj. CHIM De la nature du cuivre. – Du lat. *cuprum*, « cuivre ».

cuprisme [kypʀism] n. m. MED Intoxication par les sels de cuivre. – De *cuprum*, « cuivre ».

cupro-. V. cupri-.

cupro-ammoniacal, ale, aux [kypʀoamɔnjakal, o] adj. CHIM *Liqueur cupro-ammoniacale* ou *liqueur de Schweitzer* : liquide qui dissout la cellulose. – De *cupro-*, et *ammoniacal*.

cupropotassique [kypʀopɔtasik] adj. CHIM *Liqueur cupropotassique* ou *liqueur de Fehling* : solution alcaline utilisée pour le dosage du glucose et l'analyse des sucres. – De *cupro-*, et *potassique*.

cupule [kypyl] n. f. Petit organe en forme de coupe. *Cupule du radius. Cupule de gland.* – *Par anal.* Petit objet en forme de coupe. – Lat. *cupula*, « petit tonneau », confondu avec *cuppa*, « coupe ».

cupulifères [kypylifɛʀ] n. f. pl. BOT Syn. de *fagacées*. – Sing. *Une cupulifère*. – De *cupule*, et *-fère*.

curabilité [kyʀabilite] n. f. MED Caractère d'un mal curable. – De *curable*.

curable [kyʀabl] adj. Qui peut être guéri. *Un mal curable.* Ant. incurable. – Lat. médiév. *curabilis*.

curaçao [kyʀaso] n. m. Liqueur faite avec de l'eau-de-vie, du sucre et des écorces d'oranges amères. – De *Curaçao*, n. d'une île des Antilles qui produit des oranges.

curage [kyʀaʒ] n. m. **1.** Action de curer, de nettoyer; résultat de cette action. *Le curage d'une fosse, d'un puits, d'un étang.* **2.** CHIR Extirpation à la main (sans instruments) du contenu d'une cavité. – Excision des éléments d'une région. *Curage ganglionnaire.* – De *curer*.

curare [kyʀaʀ] n. m. Alcaloïde d'origine le plus souvent végétale, qui bloque temporairement la plaque neuromusculaire, entraînant une paralysie généralisée. *Autrefois utilisé comme poison, le curare est employé notamment en anesthésie.* – Mot d'une langue des Antilles.

curarisation [kyʀaʀizasjɔ̃] n. f. MED Action de curariser (un patient). – De *curariser*.

curariser [kyʀaʀize] v. tr. [1] MED Administrer du curare à. – De *curare*.

curatelle [kyʀatɛl] n. f. DR Charge, fonction du curateur. – Lat. médiév. *curatela*, de *curatio*, d'ap. *tutela*.

curateur, trice [kyʀatœʀ, tʀis] n. **1.** DR ROM Officier public chargé de fonctions très diverses. **2.** DR Personne nommée par le juge des tutelles pour assister dans l'administration de ses biens un mineur émancipé, un incapable. *Curateur aux biens d'un absent. Curateur à succession vacante. Curateur ad hoc*, nommé pour veiller à des intérêts particuliers. **3.** En Belgique, administrateur d'une université. – Lat. jurid. *curator*, de *curare*, « prendre soin de ».

curatif, ive [kyʀatif, iv] adj. Destiné à la guérison des maladies. *Moyens curatifs.* ▷ n. m. *Des curatifs.* – Du lat. *curare*, « soigner ».

curculionidés [kyʀkyljɔnide] n. m. pl. ENTOM Famille cosmopolite d'insectes coléoptères phytophages (50 000 espèces au moins) nommés couramment *charançons*. – Sing. *un curculionidé*. – Du lat. *curculio*, « charançon ».

curcuma [kyʀkyma] n. m. BOT Genre de zingibéracées. (Le rhizome de *Curcuma longa*, le *safran des Indes*, entre dans la composition du cari.) – Mot esp., de l'ar. *kourkoum*, « safran ».

1. cure [kyʀ] n. f. **I.** Vx Souci. – Mod., litt. *N'avoir cure de* : n'avoir aucun souci de. *Je n'en ai cure.* **II.** MED **1.** Traitement d'une maladie ou d'une affection chirurgicale. – *Par ext.*, cour. Usage prolongé (d'une chose salutaire). *Une cure de soleil, de repos.* **2.** Séjour thérapeutique dans une station thermale, une maison de repos, etc. *Aller en cure.* – Lat. *cura*, « soin ».

2. cure [kyʀ] n. f. **1.** Charge de curé, fonction ecclésiastique à laquelle est attachée la direction d'une paroisse. **2.** Territoire dépendant d'un curé. **3.** Presbytère. – Lat. *cura*, d'ap. *curé*.

curé [kyʀe] n. m. **1.** Prêtre qui a la charge d'une paroisse. *« Journal d'un curé de campagne »*, roman de G. Bernanos. **2.** Pop., péjor. Ecclésiastique. *Les curés* : le clergé. *Bouffer du curé* : être anticlérical. – Du lat. ecclés. *curatus*, « chargé d'une paroisse », de *curare*, « prendre soin ».

cure-dent(s) [kyʀdɑ̃] n. m. Petit instrument servant à se curer les dents. *Des cure-dents.* – De *curer*, et *dent*.

curée [kyʀe] n. f. **1.** VEN Partie de la bête donnée aux chiens après la chasse. **2.** Moment de la chasse où l'on donne la curée; sonnerie de cor annonçant ce moment. **3.** Fig. Lutte pleine d'âpreté pour le partage des profits, des places. – De *cuir*.

cure-ongles [kyʀɔ̃gl] n. m. inv. Petit instrument servant à nettoyer le dessous des ongles. – De *curer*, et *ongle*.

cure-oreille(s) [kyʀɔʀɛj] n. m. Petit instrument servant à nettoyer le conduit de l'oreille. *Des cure-oreilles.* – De *curer*, et *oreille*.

cure-pipe [kyʀpip] n. m. Petit instrument qui sert à vider le fourneau d'une pipe. *Des cure-pipes.* – De *curer*, et *pipe*.

curer [kyʀe] v. tr. [1] **1.** Nettoyer (qqch) en grattant. *Curer un étang.* ▷ v. pron. *Se curer les dents, les ongles.* **2.** *Curer une vigne en pied* : ôter du cep le bois inutile. – Lat. *curare*, « prendre soin de ».

curetage [kyʀtaʒ] n. m. CHIR Grattage et nettoyage d'une cavité naturelle ou pathologique. *Curetage de l'utérus, d'un abcès.* – De *cureter.*

cureter [kyʀte] v. tr. [**20**] CHIR Effectuer le curetage de. – De *curette.*

curette [kyʀɛt] n. f. **1.** TECH Outil servant à nettoyer. Syn. écouvillon. **2.** CHIR Petit instrument servant à cureter une cavité naturelle ou une plaie. – De *curer.*

curial, ale, aux [kyʀjal, o] adj. **1.** ANTIQ ROM Relatif à la curie romaine. **2.** Relatif à une cure (2), à un curé. *Maison curiale* : presbytère. – Lat. *curialis.*

curiate [kyʀjat] adj. ANTIQ ROM *Comices curiates* : la plus ancienne assemblée politique de Rome. – De *curie* 1.

curide [kyʀid] n. m. CHIM Chacun des éléments dont le numéro atomique est supérieur à 96 (numéro du *curium*). – De *curium.*

1. curie [kyʀi] n. f. **I.** ANTIQ ROM **1.** Fraction de la tribu romaine. **2.** Lieu de réunion du sénat. **II.** Gouvernement central de l'Église catholique. *Curie romaine.* – Lat. *curia.*

2. curie [kyʀi] n. m. PHYS NUCL Unité de radioactivité (symbole Ci), correspondant à $3{,}7.10^{10}$ désintégrations par seconde (activité de 1 g de radium env.). – Du n. des physiciens fr. Pierre (1859-1906) et Marie (1867-1934) *Curie.*

curietest [kyʀitɛst] n. m. PHYS NUCL Appareil servant à mesurer l'activité de préparations radioactives. – De *Curie* (V. curie), et *test.*

curiethérapie [kyʀiteʀapi] n. f. MED Irradiation thérapeutique par le radium. Syn. radiumthérapie. – De *Curie* (V. curie), et *thérapie.*

curieusement [kyʀjøzmɑ̃] adv. **1.** Avec curiosité. *Regarder curieusement.* **2.** D'une manière curieuse, bizarre. *Ils se ressemblent curieusement.* Syn. bizarrement, étrangement. – De *curieux.*

curieux, euse [kyʀjø, øz] adj. et n. **1.** Qui a un grand désir de voir, d'apprendre, de savoir. *Un esprit curieux. Il est curieux de tout.* **2.** Qui cherche à savoir, à connaître les secrets d'autrui. *Curieux jusqu'à écouter aux portes.* ▷ Subst. *J'ai surpris cette curieuse à lire mon courrier. Une foule de curieux qui contemplaient l'incendie.* **3.** Qui excite la curiosité. *Un curieux personnage. Une curieuse mésaventure.* Syn. bizarre, étrange, singulier. ▷ n. m. Aspect curieux, singulier d'une chose. *Le curieux de l'affaire, c'est que...* – Lat. *curiosus*, « qui a soin de ».

curiosité [kyʀjɔzite] n. f. **1.** Désir de voir, de connaître, de s'instruire. *Satisfaire sa curiosité. Piquer la curiosité de qqn.* **2.** Désir indiscret de connaître les affaires d'autrui. *La curiosité est un vilain défaut.* **3.** Objet, chose remarquable par sa rareté, sa beauté, etc. *Magasin de curiosités. Les curiosités d'une ville.* – Lat. *curiositas*, « soin ».

curiste [kyʀist] n. Personne qui fait une cure thermale. – De *cure* 1.

curium [kyʀjɔm] n. m. CHIM Élément radioactif artificiel, appartenant à la famille des actinides, de numéro atomique Z = 96 et de masse atomique 247 (symbole Cm). – Du n. des physiciens Pierre et Marie *Curie.*

curling [kœʀliŋ] n. m. SPORT Jeu consistant à faire glisser sur la glace un palet vers une cible. – Mot angl., de *to curl*, « enrouler ».

curopalate [kyʀɔpalat] n. m. HIST Dignitaire byzantin, chef de la garde du palais. – Du lat. *cura*, « soin », et *palatium*, « palais ».

curriculum vitæ [kyʀikylɔmvite] n. m. inv. Ensemble des renseignements concernant l'état civil, les titres, les capacités et les activités passées d'une personne. *Fournir un curriculum vitæ* ou, ellipt., *un curriculum.* (Abrév. cour. : C.V.) – Mots lat., « cours de la vie ».

curry. V. cari.

curseur [kyʀsœʀ] n. m. **1.** TECH Repère coulissant (d'une règle à calcul, d'une hausse de fusil, etc.). **2.** INFORM Repère lumineux indiquant sur un écran l'emplacement de la frappe à venir. **3.** Fil que l'on déplace dans le champ d'un oculaire pour mesurer le diamètre apparent d'un astre. – Du lat. *cursor*, « coureur ».

cursif, ive [kyʀsif, iv] adj. **1.** *Écriture cursive*, tracée à main courante. ▷ n. f. *Une belle cursive moulée.* **2.** Fig. Rapide, bref. *Lecture cursive. Remarques cursives.* – Lat. médiév. *cursivus*, de *currere*, « courir ».

cursivement [kyʀsivmɑ̃] adv. De manière cursive. *Lire, écrire cursivement.* – De *cursif.*

cursus [kyʀsys] n. m. Ensemble des phases successives d'une carrière, d'un cycle d'études. *Cursus universitaire.* – Mot lat., de *cursus honorum*, « succession des magistratures dans la carrière des honneurs ».

curule [kyʀyl] adj. ANTIQ ROM *Chaise curule* : siège d'ivoire réservé aux magistrats romains occupant les plus hautes charges. – Lat. *curulis.*

curv(i)-. Élément, du lat. *curvus*, « courbe ».

curviligne [kyʀviliɲ] adj. GEOM Formé par des lignes courbes. *Triangle curviligne.* ▷ MATH *Abscisse curviligne*, repérant la position d'un point sur une courbe par rapport à une origine prise sur celle-ci. – De *curvi-*, et *ligne.*

curvimètre [kyʀvimɛtʀ] n. m. TECH Appareil servant à mesurer la longueur d'une courbe tracée sur papier. – De *curvi-*, et *-mètre.*

cuscutacées [kyskytase] n. f. pl. BOT Famille de dicotylédones parasites à tige volubile. - Sing. *Une cuscutacée.* – De *cuscute.*

cuscute [kyskyt] n. f. Genre *(Cuscuta)* de plantes parasites des légumineuses (fam. convolvulacées). – Lat. médiév. *cuscuta*, de l'ar. *kuchūt.*

cuspide [kyspid] n. f. BOT Longue pointe acérée d'un végétal. – Lat. *cuspis, cuspidis*, « pointe ».

custode [kystɔd] n. f. **1.** LITURG Pavillon recouvrant le ciboire qui contient les hosties consacrées. - Petite boîte servant à transporter les hosties. **2.** AUTO Partie arrière du pavillon d'une automobile. *Glace de custode* : vitre arrière. – Du lat. *custodia*, « garde ».

cutané, ée [kytane] adj. ANAT Qui appartient à la peau. *Lésion cutanée.* – Du lat. *cutis*, « peau ».

cuti n. f. Fam. Abrév. de *cuti-réaction* (à la tuberculine). - *Virer sa cuti* : présenter pour la première fois une cuti-réaction ; fig., fam., changer radicalement de comportement, de conviction.

cuticule [kytikyl] n. f. **I.** ANAT Peau très fine, membrane ou pellicule recouvrant une structure anatomique. **II.** BOT Couche de cutine recouvrant les organes aériens herbacés (feuilles, pollen, etc.) des végétaux. **III.** ZOOL **1.** Couche superficielle chitineuse, résistante, du tégument des invertébrés (notam. des arthropodes). **2.** Couche vernissée externe de la coquille des mollusques. – Lat. *cuticula*, « petite peau ».

cutine [kytin] n. f. BOT Substance cireuse imperméable, constituant principal de la cuticule des végétaux. – Du lat. *cutis*, « peau ».

cuti-réaction [kytiʀeaksjɔ̃] n. f. MED Réaction cutanée apparaissant au point d'inoculation d'une substance lorsque le sujet est allergique à cette substance ou immunisé contre elle, et qui constitue un test. - *Cuti-réaction à la tuberculine* ou, par abrév., *cuti*, qui marque un état d'allergie à cette substance, permet de détecter la rencontre avec le bacille de la tuberculose. *Des cuti-réactions.* – De *cutis*, « peau », et *réaction*.

cutter [kytœʀ] n. m. Instrument muni d'une lame tranchante (en général coulissante) pour couper le papier, le carton, etc. – Mot angl.

cuvage [kyvaʒ] n. m. ou **cuvaison** [kyvɛzɔ̃] n. f. Opération consistant à faire fermenter la vendange dans les cuves. – De *cuver*.

cuve [kyv] n. f. **1.** Grand récipient servant à la fermentation du vin, de la bière, etc. **2.** Grand récipient à usage ménager ou industriel. *Cuve à mazout. Cuve de teinturier, de photographe.* **3.** METALL Dans un haut fourneau, tronc de cône évasé vers le bas, dans lequel s'effectue la réduction du minerai. – Lat. *cupa*.

cuveau [kyvo] n. m. Petite cuve. – Dimin. de *cuve*.

cuvée [kyve] n. f. **1.** Quantité de vin qui se fait en une seule fois dans une cuve. *Première cuvée.* **2.** Vin qui provient de la récolte d'une même vigne. *Une bonne cuvée.* – De *cuve*.

cuvelage [kyvlaʒ] ou **cuvellement** [kyvɛlmɑ̃] n. m. **1.** CONSTR Revêtement étanche qui protège contre les infiltrations d'eau. **2.** TECH Ensemble des tubes qui consolident les parois d'un puits de pétrole. – De *cuveler*.

cuveler [kyvle] v. tr. [**19**] Garnir d'un cuvelage. – De *cuve*.

cuver [kyve] v. [**1**] **1.** v. intr. Demeurer dans une cuve pour y fermenter. *Ce vin a bien assez cuvé.* **2.** v. tr. Fig., fam. *Cuver son vin* : dormir ou se reposer après avoir trop bu. – De *cuve*.

cuvette [kyvɛt] n. f. **1.** Bassin portatif large et peu profond, servant à divers usages. *Cuvette et pot à eau de faïence.* ▷ *Cuvette de w.-c.* **2.** PHYS Petit réservoir à mercure dans lequel plonge le tube d'un baromètre. **3.** GEOL Dépression naturelle. – De *cuve*.

cuvier [kyvje] n. m. Cuve servant aux vendanges. – De *cuve*.

CV Abrév. de *cheval* fiscal.*

C.V. n. m. Sigle de *curriculum vitæ*.

cyan-, cyani-, cyano-. CHIM Élément, du gr. *kuanos*, « bleu sombre », qui indique la présence du radical -C≡N dans une molécule.

cyan [sjɑ̃] n. m. TECH Couleur bleu-vert, complémentaire du rouge. – Gr. *kuanos*, « bleu sombre ».

cyanamide [sjanamid] n. f. CHIM Substance cristallisée qui se polymérise facilement. *La cyanamide calcique est un engrais.* – De *cyan-*, et *amide*.

cyanhydrique [sjanidʀik] adj. CHIM *Acide cyanhydrique* : liquide incolore (appelé aussi *cyanure d'hydrogène, acide prussique*), poison violent de formule H-C≡N, qui sert à fabriquer le nitrile acrylique, point de départ de fibres et résines synthétiques. – De *cyan-*, et *hydrique*.

cyani-, cyano-. V. cyan-.

cyanocobalamine [sjanɔkɔbalamin] n. f. BIOCHIM La vitamine B12. – De *cyano-*, *cobal(t)*, et *amine*.

cyanogène [sjanɔʒɛn] n. m. et adj. **1.** n. m. CHIM Gaz incolore, poison violent, de formule N≡C-C≡N. **2.** adj. MED Qui produit une cyanose. – De *cyano-*, et *-gène*.

cyanophycées [sjanɔfise] n. f. pl. BOT Vaste groupe d'algues procaryotes occupant tous les milieux (mer, eaux douces, terre) et comprenant notam. les nostocs et les oscillaires. Syn. algues bleues. – Sing. *Une cyanophycée.* – De *cyano-*, et gr. *phukos*, « algue ».

cyanose [sjanoz] n. f. MED Coloration bleue des téguments due à l'augmentation du taux d'hémoglobine réduite dans le sang capillaire et traduisant un trouble de l'oxygénation, le plus souvent d'origine respiratoire. – De *cyano-*, et *-ose* 2.

cyanoser [sjanose] v. tr. [**1**] Entraîner une cyanose. ▷ v. pron. *Son doigt s'est cyanosé.* – Pp. adj. Atteint de cyanose. *Un membre cyanosé.* – De *cyanose*.

cyanuration [sjanyʀasjɔ̃] n. f. **1.** CHIM Introduction d'un groupe cyanure dans une molécule. **2.** METALL Procédé de durcissement superficiel de l'acier par immersion dans un cyanure. ▷ Opération consistant à soumettre un minerai à l'action d'un cyanure pour en extraire le métal. – De *cyanurer*.

cyanure [sjanyʀ] n. m. CHIM Sel ou ester de l'acide cyanhydrique. (Les cyanures de métaux lourds forment des complexes très stables; le ferrocyanure ferrique, ou *bleu de Prusse*, est utilisé comme pigment.) – *Groupe cyanure* : le groupe -C≡N. – De *cyano(gène)*, et *-ure*.

cyanurer [sjanyʀe] v. tr. [**1**] CHIM et METALL Procéder à la cyanuration de. – De *cyanure*.

cybernéticien, enne [sibɛʀnetisjɛ̃, ɛn] n. Spécialiste de la cybernétique. – De *cybernétique*.

cybernétique [sibɛʀnetik] n. f. Ensemble des théories et des études sur les systèmes considérés sous l'angle de la commande et de la communication. (La cybernétique trouve des applications dans l'industrie, en biologie, dans le domaine des arts. L'informatique est une application de la cybernétique.) – Angl. *cybernetics*, du gr. *kubernêtikê*, de *kuberman*, « gouverner ».

cycas [sikas] n. m. BOT Gymnosperme préphanérogame (genre *Cycas*) à port de palmier, vivant dans les régions tropicales et dont les ovules ont la grosseur d'un œuf de poule. – Lat. scientif., altér. de *koikas*, accus. pl. de *koix*, « palmier d'Égypte ».

cyclable [siklabl] adj. Accessible aux cycles (bicyclettes et cyclomoteurs). *Piste cyclable.* – De l'anc. v. *cycler*, « aller en cycle », et *-able*.

cyclamen [siklamɛn] n. m. Plante ornementale (fam. primulacées) aux fleurs complexes blanches ou roses, et aux feuilles maculées, dont le tubercule est toxique. – (En appos.) De la couleur du cyclamen. *Des papiers peints cyclamen.* – Mot lat., du gr. *kuklaminos*.

cyclane [siklan] n. m. CHIM Hydrocarbure cyclique saturé. – De *cycl(ique)*, et suff. *-ane*.

1. cycle [sikl] n. m. **1.** ASTRO Période d'un nombre déterminé d'années après laquelle certains phénomènes astronomiques se reproduisent constamment dans le même ordre. *Cycle solaire* : période d'env. 22 ans, généralement divisée en 2 périodes de 11 ans, pendant laquelle l'activité solaire a des variations. *Cycle lunaire* : période de 18 ans et 11 jours à l'issue de laquelle les phases de la Lune reviennent aux mêmes époques. **2.** Suite de phénomènes se renouvelant constamment dans un ordre immuable. *Le cycle des saisons.* – PHYSIOL *Le cycle menstruel.* **3.** ECON Succession de divers états de l'économie, comprenant généralement quatre phases : expansion, prospérité, récession, dépression ou crise. **4.** Ensemble de transformations que subit un corps ou un système d'un état initial jusqu'à un état final identique à l'état initial. PHYS *Cycle de Carnot* : cycle composé de deux isothermes et de deux adiabatiques. – BIOCHIM *Le cycle de Krebs* : concerne notamment l'oxydation des carbones (transformés en CO_2) et des hydrogènes (transformés en H_2O). *Les cycles de l'azote, du carbone.* ▷ CHIM Chaîne fermée que forme le squelette d'une molécule. **5.** BIOL *Cycle biologique* ou *cycle de reproduction* : ensemble des étapes par lesquelles passe un être vivant, du moment où il est fécondé jusqu'à celui où il devient capable de se reproduire. ▷ GEOL *Cycle d'érosion* : ensemble des étapes qui conduisent une chaîne de montagnes à être transformée en pénéplaine par l'action des agents d'érosion. ▷ ASTRO *Cycle du carbone* ou *cycle de Bethe* : ensemble de réactions thermonucléaires qui expliquent la transformation de l'hydrogène en hélium dans les étoiles. **6.** LITTER Ensemble de poèmes épiques relatifs à un même groupe de personnages ou aux mêmes événements. *Le cycle troyen. Le cycle de la Table ronde.* **7.** Ensemble des classes groupées, dans l'enseignement. *Premier cycle du secondaire,* de la 6ᵉ à la 3ᵉ. – Gr. *kuklos,* « cercle », lat. *cyclus.*

2. cycle [sikl] n. m. Véhicule à deux roues, plus rarement trois (V. tricycle), mû par la force des jambes (bicyclette) ou par un petit moteur (cyclomoteur). – Mot angl., du gr. *kuklos.*

cyclique [siklik] adj. **1.** Relatif à un cycle (astronomique, chronologique, etc.). **2.** Qui se reproduit suivant un cycle. – PHYS *Transformations cycliques.* – MED *Maladie cyclique,* dont l'apparition dans une population (ou l'évolution chez un individu) est marquée par des phases bien déterminées. ▷ Qui se reproduit à intervalles réguliers. *Phénomènes cycliques.* – ECON *Crise cyclique.* **3.** BOT *Fleur cyclique,* dont les divers éléments (sépales, pétales, étamines, carpelles) sont disposés en cercles concentriques. Ant. acyclique; spiralé. **4.** CHIM *Composé cyclique,* dont la molécule renferme un ou plusieurs cycles. **5.** LITTER Relatif à un cycle littéraire. *Épopées cycliques.* – De *cycle.*

cycliquement [siklikmã] adv. De façon cyclique. – De *cyclique.*

cyclisation [siklizasjɔ̃] n. f. CHIM Transformation d'un hydrocarbure à chaîne ouverte en un composé cyclique. – De *cycle* 1.

cyclisme [siklism] n. m. Pratique de la bicyclette; sport qui utilise la bicyclette. *Aimer le cyclisme. La page du cyclisme d'un journal sportif.* – De *cycle* 2.

cycliste [siklist] n. et adj. **1.** n. Personne qui fait de la bicyclette. **2.** adj. Relatif à la bicyclette, au cyclisme. *Course cycliste.* – De *cycle.*

cyclo-. Élément, du gr. *kuklos,* « cercle ».

cyclo-cross [siklokʀɔs] n. m. inv. SPORT Épreuve cycliste pratiquée en terrains variés. – De *cycle* 2, et de l'angl. *cross (country).*

cyclohexane [sikloegzan] n. m. CHIM Hydrocarbure cyclique de formule C_6H_{12}, dont les dérivés sont utilisés comme insecticides. – De *cyclo-,* et *hexane.*

cyclohexanol [sikloegzanɔl] n. m. CHIM Alcool dérivé du cyclohexane, donnant l'acide adipique, constituant du nylon. – De *cyclohexane.*

cycloïdal, ale, aux [siklɔidal, o] adj. GEOM Relatif à la cycloïde (1); qui décrit une cycloïde. *Pendule cycloïdal,* dont le mobile décrit une cycloïde. – De *cycloïde* 1.

1. cycloïde [siklɔid] n. f. GEOM Courbe décrite par un point d'un cercle qui roule sans glisser sur une droite. – De *cyclo-,* et *-oïde.*

2. cycloïde [siklɔid] n. et adj. PSYCHIAT Atteint de cycloïdie. – Relatif à la cycloïdie. – De *cycle* 1.

cycloïdie [siklɔidi] n. f. PSYCHIAT Stade prémorbide de la cyclothymie (V. ce mot). – De *cycloïde* 2.

cyclomoteur [siklomɔtœʀ] n. m. Cycle à moteur auxiliaire d'une cylindrée inférieure à 50 cm³. – De *cyclo-,* et *moteur.*

cyclomotoriste [siklomɔtɔʀist] n. Personne qui fait du cyclomoteur. – De *cyclomoteur.*

cyclonal, ale, aux [siklɔnal, o] ou **cyclonique** [siklɔnik] adj. METEO Relatif à un cyclone. *Aire cyclonale.* – *Pluies cycloniques,* qui accompagnent un cyclone. – De *cyclone.*

cyclone [siklon] n. m. **1.** Mouvement giratoire rapide de l'air autour d'une dépression de faible étendue. (La partie centrale est appelée *œil du cyclone.*) *Région dévastée par un cyclone.* **2.** TECH Appareil servant à séparer un gaz de ses poussières, sous l'effet de la force centrifuge. – Mot angl., du gr. *kuklos,* « cercle ».

cyclope [siklɔp] n. m. **1.** MYTH (Avec une majuscule.) Nom de géants, dans la mythologie grecque, qui n'avaient qu'un seul œil au milieu du front. **2.** ZOOL Genre (*Cyclops*) de crustacés copépodes munis d'un œil unique et qui utilisent leurs antennes comme appendices locomoteurs. – Lat. *cyclops,* gr. *kuklôps,* de *kuklos,* « cercle » et *ops,* « œil ».

cyclopéen, enne [siklɔpeɛ̃, ɛn] adj. **1.** Qui a rapport aux Cyclopes. **2.** Cour. Énorme, gigantesque. *Déployer une énergie cyclopéenne.* **3.** CONSTR *Béton cyclopéen,* qui contient de gros agrégats. **4.** *Monuments cyclopéens :* constructions gigantesques, de très haute antiquité, faites d'énormes blocs de pierre. – De *cyclope.*

cyclo-pousse [siklopus] n. m. Pousse-pousse tiré par un cycliste. *Des cyclo-pousses.* – De *cyclo-,* et *pousser.*

cyclostomes [siklostom] n. m. pl. ZOOL Seul ordre d'agnathes ayant des représentants vivants (ex. : les lamproies). – Sing. *Un cyclostome.* – De *cyclo-,* et lat. scientif. *stoma,* « bouche ».

cyclothymie [siklotimi] n. f. PSYCHO Constitution psychique caractérisée par l'alternance de périodes d'excitation euphorique et de dépression mélancolique. – Mot all., du gr. *kuklos,* « cercle », et *thumos,* « humeur, affectivité, état d'esprit ».

cyclothymique [siklotimik] adj. et n. Relatif à la cyclothymie; atteint de cyclothymie. – De *cyclothymie.*

cyclotourisme [sikloturism] n. m. Tourisme à bicyclette. – De *cycle* 2, et *tourisme.*

cyclotron [siklotʀɔ̃] n. m. PHYS NUCL Accélérateur de particules constitué de deux électrodes creuses en forme de demi-cylindre entre lesquelles on établit un champ électrique alternatif. (Les particules y décrivent des demi-cercles dont le rayon augmente à chacun de leur passage entre les électrodes.) – De *cyclo-,* et *(électron.*

cygne [siɲ] n. m. **1.** Grand oiseau anatidé à plumage blanc ou noir (cygne d'Australie) et au long cou très souple. (*Cygnus olor,* le *cygne tuberculé* des pièces d'eau des parcs, peut atteindre 1,50 m; il possède un tubercule à la base du bec et un plumage blanc.) – *Une blancheur de cygne :* une blancheur éclatante. – *Un cou de cygne,* fin, long et gracieux. **2.** Fig. *Le chant du cygne :* le dernier chef-d'œuvre d'un poète, d'un musicien, etc., avant sa mort (par allus. à la légende du chant particulièrement mélodieux du cygne mourant). **3.** Fig. *Le Cygne de Mantoue :* Virgile. *Le Cygne de Cambrai :* Fénelon. **4.** ASTRO *Le Cygne :* constellation boréale. – Du lat. pop. *cicinus,* de *cycnus,* gr. *kuknos.*

cylindrage [silɛ̃dʀaʒ] n. m. TECH Action de compresser, d'aplanir à l'aide d'un cylindre. *Le cylindrage de l'acier dans le laminoir à train continu. Cylindrage au rouleau compresseur d'un revêtement routier.* – De *cylindre.*

cylindraxe [silɛ̃dʀaks] n. m. ANAT Axone. – De *cylindre,* et *axe.*

cylindre [silɛ̃dʀ] n. m. **1.** Volume obtenu en coupant les génératrices d'une surface cylindrique par deux plans parallèles. – *Cylindre de révolution :* volume engendré par la rotation d'un rectangle autour de l'un de ses côtés (surface latérale = $2\pi Rh$; surface totale = $2\pi R(h+R)$; volume = $\pi R^2 h$, *h* étant la hauteur et *R* le rayon du cercle de base). **2.** TECH Appareil en forme de rouleau. *Cylindre de laminoir. Cylindre compresseur.* ▷ Organe dans lequel se déplace un piston. *Moteur à huit cylindres (disposés) en V* (abrév. : V8). Ellipt. *Un huit-cylindres.* – *Une huit-cylindres :* une voiture dont le moteur a huit cylindres. **3.** MED *Cylindres urinaires :* éléments cylindriques microscopiques de substance protéique formés dans les canaux urinaires et retrouvés dans les urines (leur augmentation est pathologique). – Lat. *cylindrus,* gr. *kulindros.*

cylindrée [silẽdʀe] n. f. AUTO Volume engendré par le déplacement des pistons dans les cylindres (égal au produit de la course d'un piston par la somme des surfaces transversales des pistons; exprimé en *cm³* et en *litres*). *Une voiture de 1 300 cm³ de cylindrée. Une voiture de course de 3,5 l de cylindrée.* – Ellipt. *Une petite, une grosse cylindrée.* – Pp. fém. subst. de *cylindrer.*

cylindrer [silẽdʀe] v. tr. [1] TECH Procéder au cylindrage de. *Cylindrer une route.* – De *cylindre.*

cylindrique [silẽdʀik] adj. **1.** Qui a la forme d'un cylindre. *Boîte cylindrique.* **2.** GEOM *Surface cylindrique* : surface engendrée par une droite qui se déplace parallèlement à elle-même en s'appuyant sur une courbe plane. – De *cylindrer.*

cylindroïde [silẽdʀɔid] adj. Qui a presque la forme d'un cylindre. – MINER *Cristal cylindroïde.* – De *cylindre,* et *-oïde.*

cymaise. V. cimaise.

cymbalaire [sẽbalɛʀ] n. f. BOT Scrofulariacée (*Linaria cymbalaria,* la linaire cymbalaire) à petites fleurs violet pâle, fréquente en France sur les vieux murs. Syn. ruine-de-Rome. – Bas lat. *cymbalaria,* lat. class. *cymbalaris.*

cymbale [sẽbal] n. f. MUS Instrument à percussion, disque de cuivre ou de bronze muni d'une poignée (et faisant partie d'une *paire de cymbales,* que l'on frappe l'une contre l'autre) ou monté sur pied (et frappé avec une baguette, une mailloche, etc.). – Lat. *cymbalum,* gr. *kumbalon.*

cymbalier [sẽbalje] n. m. ou **cymbaliste** [sẽbalist] n. Musicien(ne) qui joue des cymbales. – De *cymbale.*

cymbalum [sẽbalɔm] ou **czimbalum** [tʃimbalɔm] n. m. Instrument à cordes frappées, en forme de trapèze, dérivé du tympanon et employé dans les orchestres hongrois. – Hongrois *czimbalom,* du lat. *cymbalum,* par une langue romane.

cyme [sim] n. f. BOT Inflorescence dont l'axe principal, terminé par une fleur, porte un, deux ou plusieurs rameaux, eux-mêmes terminés par une fleur et ramifiés de la même façon (ex. : myosotis, bourrache, etc.). – Lat. *cyma,* « cime ».

cymrique. V. kymrique.

cynégétique [sineʒetik] adj. et n. f. Qui concerne la chasse. *Des exploits cynégétiques.* ▷ n. f. Art de la chasse. – Gr. *kunêgetikos,* de *kunêgetein,* « chasser avec une meute ».

cynips [sinips] n. m. Insecte hyménoptère de petite taille (3 à 5 mm), à corps noir ou orange selon les espèces, qui provoque des galles sur le chêne et le rosier. – Du gr. *kuôn, kunos* « chien », et *ips,* « insecte rongeur ».

cynique [sinik] adj. et n. **1.** PHILO Se dit de l'école du philosophe grec Antisthène (Vᵉ-IVᵉ s. av. J.-C.) et de ses disciples (Diogène, Ménippe, etc.), qui professaient le mépris des conventions sociales dans le dessein de mener une vie conforme à la nature. *L'école cynique. Les philosophes cyniques.* ▷ Subst. *Les cyniques. Diogène le cynique.* **2.** Cour. Qui se plaît à ignorer délibérément la morale, les convenances. *Conduite cynique.* – Du lat. *cynicus,* « du chien », d'orig. gr. (à cause du gymnase où Antisthène enseignait, le *Cynosarges,* « mausolée du chien »).

cyniquement [sinikmɑ̃] adv. De manière cynique. – De *cynique.*

cynisme [sinism] n. m. **1.** PHILO Philosophie morale de l'école cynique. **2.** Cour. Attitude de celui qui affecte de se moquer de la morale, des convenances. *Parler avec cynisme.* – De *cynique.*

cyno-. Élément, du gr. *kuôn, kunos,* « chien ».

cynocéphale [sinosefal] n. m. Singe dont la tête ressemble à celle d'un chien (ex. : babouin). – De *cyno-,* et *-céphale.*

cynodrome [sinodʀom] n. m. Piste aménagée pour les courses de chiens. – De *cyno-,* et *-drome.*

cynoglosse [sinoglɔs] n. f. BOT Borraginacée ornementale (genre *Cynoglossum*) à fleurs pourpres, dont la feuille rugueuse ressemble à une langue de chien. – Lat. scientif., d'orig. gr.; de *cyno-,* et gr. *glôssa,* « langue ».

cynomys [sinomis] n. m. Gros rongeur d'Amérique du N. que son cri a fait nommer *chien de prairie.* – De *cyno-,* et gr. *mus,* « rat ».

cynophile [sinofil] adj. et n. Didac. Qui aime les chiens; qui s'intéresse à l'élevage ou au dressage des chiens. *Association cynophile.* – De *cyno-,* et *-phile.*

cynorhodon [sinoʀɔdɔ̃] n. m. BOT Réceptacle rouge et charnu de l'églantier, dont on fait des confitures. Syn. gratte-cul. – De *cyno-,* et gr. *rhodon,* « rose ».

cypéracées [sipeʀase] n. f. pl. BOT Famille de monocotylédones apétales herbacées et vivaces dont la tige est pleine et sans nœuds (ex. : souchet, laîche, scirpe). – Sing. *Une cypéracée.* – Lat. *cyperos,* gr. *kupeiros,* « souchet ».

cypho-scoliose [sifoskɔljoz] n. f. MED Double déviation de la colonne vertébrale, dans les sens latéral et postérieur. – De *cyphose,* et *scoliose.*

cyphose [sifoz] n. f. MED Déviation de la colonne vertébrale à convexité postérieure. – Gr. *kuphôsis,* « courbure ».

cyprès [sipʀɛ] n. m. Conifère (genre *Cupressus*) à feuilles vertes écailleuses imbriquées et persistantes, fréquent dans les régions méditerranéennes et dont le bois est utilisé en ébénisterie. *Un cimetière planté de cyprès.* – *Cyprès chauve* : taxodium. – Bas lat. *cypressus,* lat. *cupressus,* du gr. *kuparissos.*

cyprin [sipʀɛ̃] n. m. Nom cour. des poissons de la famille des cyprinidés. – Lat. *cyprinus,* gr. *kuprinos,* « carpe ».

cyprinidés [sipʀinide] n. m. pl. ZOOL Famille de téléostéens à grandes écailles, munis d'une seule nageoire dorsale et de dents pharyngiennes (ex. : carpe, « poisson rouge » ou cyprin doré, barbeau, tanche, etc.). – Sing. *Un cyprinidé.* – De *cyprin,* et suff. *-idés.*

cypriote. V. chypriote.

cyrénaïque [siʀenaik] n. et adj. **1.** De la v. antique de Cyrène, auj. ruinée (vestiges en Libye). **2.** PHILO Se dit de la doctrine et des disciples d'Aristippe, fondateur de l'école de Cyrène, qui faisait de l'impression subjective du plaisir le souverain bien (doctrine qu'il ne faut pas confondre avec l'épicurisme). *L'école cyrénaïque.* ▷ Subst. *Les cyrénaïques.* – Lat. *cyrenaicus,* gr. *kurênaikos.*

cyrillique [siʀilik] adj. *Alphabet cyrillique* : alphabet adapté de l'alphabet grec et utilisé pour noter plusieurs langues slaves et notam. le russe. – De saint *Cyrille* (v. 827-869), qui serait l'inventeur de cet alphabet.

cyst(i)-. V. -cyste.

-cyste, cyst(i)-, cysto-. Éléments, du gr. *kustis,* « vessie ».

cystectomie [sistɛktɔmi] n. f. CHIR Résection totale ou partielle de la vessie. – De *cyst-,* et gr. *ektomê,* « ablation ».

cystéine [sistein] n. f. BIOCHIM Acide aminé possédant un radical soufré et qui, synthétisé à partir de la méthionine, joue un rôle important dans les phénomènes d'oxydoréduction. – All. *Cysteïn.*

cysticercose [sistisɛʀkoz] n. f. MED, MED VET Développement, dans l'organisme, de cysticerques (spécial. de cysticerques de *Tænia solium*, le ver solitaire). – De *cysticerque*, et *-ose* 2.

cysticerque [sistisɛʀk] n. m. ZOOL Larve de ténia à son dernier stade, qui se présente sous la forme d'une petite vésicule (env. 1 cm de diamètre) pleine de liquide séreux contenant un scolex invaginé. – Lat. scientif., de *cyst-*, et gr. *kerkos*, «queue».

cystidés [sistide] ou **cystoïdes** [sistɔid] n. m. pl. PALEONT Classe d'échinodermes du primaire dont le test était formé de plaques calcaires octogonales. – Sing. *Un cystidé* ou *cystoïde*. – De *cyst-*, et gr. *eidos*, «forme».

cystine [sistin] n. f. BIOCHIM Acide aminé formé par la réunion de deux molécules de cystéine et jouant un rôle important dans les liaisons protéiques. – De *cyst-*, et *-ine*.

cystique [sistik] adj. ANAT Qui appartient à la vessie ou à la vésicule biliaire. - *Canal cystique*, ou n. m., *le cystique* : canal qui relie la vésicule biliaire au canal hépatique pour former le canal cholédoque. – Du gr. *kustis*, «vessie».

cystite [sistit] n. f. MED Inflammation de la vessie. – De *cyst-*, et *-ite* 1.

cysto-. V. -cyste.

cystographie [sistɔgʀafi] n. f. MED Radiographie de la vessie après injection d'une substance opaque aux rayons X. – De *cysto-*, et *(radio)graphie*.

cystoïdes. V. cystidés.

cystoscope [sistɔskɔp] n. m. MED Instrument qui permet d'explorer visuellement la vessie après cathétérisme de l'urètre. – De *cysto-*, et *-scope*.

cystoscopie [sistɔskɔpi] n. f. Examen de la vessie au cystoscope. – De *cystoscope*.

cystostomie [sistɔstɔmi] n. f. CHIR Intervention consistant à aboucher la vessie à la paroi abdominale. – De *cysto-*, et *-stomie*.

cystotomie [sistɔtɔmi] n. f. CHIR Incision de la vessie. – De *cysto-*, et *-tomie*.

-cyte, cyto-. Élément, du gr. *kutos*, «cavité, cellule» (ex. *spermatocyte, leucocyte*, etc.).

cytise [sitiz] n. m. Plante arbustive (fam. papilionacées, genre *Cytisus*), aux fleurs jaune d'or en grappes. Syn. faux ébénier. – Lat. *cytisus*, d'orig. gr.

cyto-. V. -cyte.

cytobactériologique [sitobaktɛʀjɔlɔʒik] adj. MED *Examen, analyse cytobactériologique* : recherche de bactéries, de cellules anormales, etc. – De *cyto-*, et *bactériologique*.

cytobiologie [sitobjɔlɔʒi] n. f. Didac. Biologie cellulaire. – De *cyto-*, et *biologie*.

cytochimie [sitoʃimi] n. f. BIOL Étude de la constitution et du fonctionnement chimiques des cellules, spécial. des cellules vivantes. – De *cyto-*, et *chimie*.

cytochrome [sitokʀom] n. m. BIOCHIM Pigment cellulaire contenant du fer et jouant un rôle essentiel dans la respiration cellulaire. – De *cyto-*, et *chrome*.

cytodiagnostic [sitodjagnɔstik] n. m. MED Diagnostic fondé sur la recherche de cellules anormales dans un liquide organique ou dans un tissu lésé. – De *cyto-*, et *diagnostic*.

cytofluométrie [sitɔflyɔmetʀi] n. f. BIOL Méthode d'analyse permettant un tri des cellules après marquage immunologique de certaines d'entre elles (les cellules cancéreuses notam.). – De *cyto-*, *fluo-*, et *-métrie*.

cytogénétique [sitɔʒenetik] n. f. BIOL Discipline consacrée à l'observation microscopique des chromosomes. – De *cyto-*, et *génétique*.

cytokine [sitɔkin] n. f. BIOL Ensemble des sécrétions cellulaires, comprenant les interleukines (IL1 à IL6) et les interférons (IFNα à IFNγ), qui collaborent à la défense immunitaire de l'organisme. – De l'angl. *cytokin*.

cytologie [sitɔlɔʒi] n. f. BIOL Science qui étudie la cellule sous tous ses aspects. – De *cyto-*, et *-logie*.
ENCYCL La cytologie se divise en plusieurs disciplines. La *cytochimie* étudie la localisation des divers constituants chimiques de la cellule; la *cytogénétique* s'intéresse au matériel génétique (acides nucléiques) de la cellule. La *cytomorphologie*, qui utilise le microscope électronique, décrit les structures cellulaires. La *cytophysiologie* étudie la physiologie des organites cellulaires. La cytologie est fondamentale en médecine pour établir un diagnostic.

cytologique [sitɔlɔʒik] adj. De la cytologie, relatif à la cytologie. – De *cytologie*.

cytolyse [sitoliz] n. f. BIOCHIM Dissolution, destruction de la cellule. – De *cyto-*, et *-lyse*.

cytolytique [sitolitik] adj. **1.** Relatif à la cytolyse. **2.** Qui produit la cytolyse. – De *cytolyse*.

cytopathologie [sitopatolɔʒi] n. f. MED Étude des affections de la cellule. – De *cyto-*, et *pathologie*.

cytophérèse [sitɔfeʀɛz] n. f. BIOL Technique d'extraction de cellules sanguines, reposant sur des phénomènes de sédimentation. – De *cyto-*, et gr. *aphæresis*, «action d'enlever».

cytoplasme [sitɔplasm] n. m. BIOL Ensemble constitué du hyaloplasme et des organelles cellulaires, dans une cellule vivante. (S'oppose traditionnellement au noyau et à la membrane.) Syn. protoplasme. – De *cyto-*, et *(proto)plasme*.

cytoplasmique [sitɔplasmik] adj. Relatif au cytoplasme. – De *cytoplasme*.

cytosine [sitozin] n. f. BIOCHIM Base pyrimidique, constituant fondamental des nucléoprotéines et des gènes. – De *cyto-*, *-s-* de liaison, et *-ine*.

cytostatique [sitostatik] adj. MED Qui bloque la multiplication cellulaire. *Les médicaments cytostatiques sont administrés contre le cancer.* – De *cyto-*, et *statique*.

cytotoxine [sitotɔksin] n. f. MED Toxine d'origine cellulaire. – De *cyto-*, et *toxine*.

cytotoxique [sitotɔksik] adj. MED Se dit de tout médicament ou moyen de défense immunitaire (anticorps) capable de tuer les cellules vivantes. – De *cytotoxine*, d'après toxique.

cytotropisme [sitotʀopism] n. m. BIOL Attraction exercée par une cellule sur une autre. – De *cyto-*, et *tropisme*.

czar. V. tsar.

czardas. V. csardas.

czimbalum. V. cymbalum.

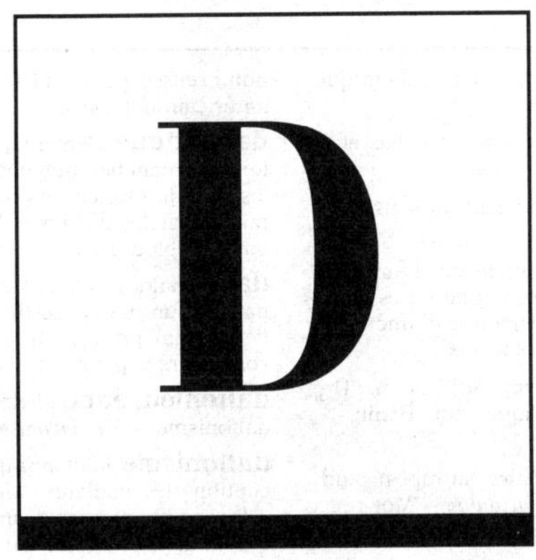

d [de] n. m. **1.** Quatrième lettre (d, D) et troisième consonne de l'alphabet notant l'occlusive dentale sonore [d] qui, en position finale, ne se prononce pas, sauf dans des mots d'emprunt (ex. *caïd, plaid*) et devant une voyelle où elle s'assourdit en [t] de liaison (ex. : *un grand arbre* [œ̃gʀɑ̃taʀbʀ], *un grand homme* [œ̃gʀɑ̃tɔm]). **2.** Pop. *Système D* (première lettre de *débrouillard*) : art de se débrouiller, même par des procédés douteux. **3.** D : chiffre romain qui vaut 500. **4.** PHYS D : symbole du *debye*. **5.** CHIM D : symbole du deutérium.

1. da [da] interj. Vx ou plaisant Particule quelquefois jointe à l'affirmative *oui* pour la renforcer. *Oui-da.* – Contract. de *dis va*, double impér.

2. da [da] Abrév. du préf. *déca-* (ex. *dam*, décamètre ; *dal*, décalitre).

d'abord. V. abord.

da capo [dakapo] loc. adv. MUS Indique, dans un morceau, qu'il faut reprendre depuis le début. (Abrév. : D.C.) – Loc. ital., « depuis le commencement ».

d'accord. V. accord.

dace [das] adj. et n. De la Dacie, rég. antique qui correspond à la Roumanie actuelle. ▷ Subst. Habitant de cette région. *Les Daces.* – Lat. *Dacius*.

dache (à) [adaʃ] loc. adv. Arg. Au diable, très loin. *Envoyer à Dache.* – P.-ê de *diache*, déformation de *diable*.

dacron [dakʀɔ̃] n. m. Textile synthétique à base de polyester. – Nom déposé.

dactyl(o)-, -dactyle. Éléments, du gr. *daktulos*, « doigt ».

dactyle [daktil] n. m. **1.** METR ANC Pied composé d'une longue et de deux brèves, élément fondamental de l'hexamètre grec et latin. *Le dactyle a été ainsi nommé par analogie avec le doigt dont la première phalange est plus longue que les deux autres.* **2.** BOT Graminée fourragère (*Dactylis glomerata*, « dactyle aggloméré »), très commune en France. – Lat. *dactylus*, du gr. *daktulos*, « doigt ».

dactylique [daktilik] adj. METR Qui contient des dactyles. *Hexamètre dactylique.* – De *dactyle*.

dactylo [daktilɔgʀaf] [daktilo] ou vx **dactylographe** n. (Le plus souvent fém.) Personne qui utilise professionnellement une machine à écrire. *Une dactylo expérimentée.* – De *dactylo-*, et *-graphe*.

dactylographie [daktilɔgʀafi] n. f. Technique de l'écriture à la machine. (Abrév. : dactylo). – De *dactylographe*.

dactylographier [daktilɔgʀafje] v. tr. [2] Écrire à la machine. *Dactylographier un rapport.* – De *dactylographie*.

dactylographique [daktilɔgʀafik] adj. Relatif à la dactylographie. – De *dactylographie*.

dactylologie [daktilɔlɔʒi] ou **dactylophasie** [daktilɔfazi] n. f. Didac. Langage des sourds-muets, reposant sur des signes et mouvements conventionnels des doigts. – De *dactylo-*, et *-logie*, ou *phasie*, du gr. *phasis*, de *phanai*, « dire ».

dactyloscopie [daktilɔskɔpi] n. f. Procédé d'identification au moyen des empreintes digitales. *L'anthropométrie judiciaire utilise la dactyloscopie.* – De *dactylo-*, et *-scopie*.

1. dada [dada] n. m. **1.** (Mot enfantin.) Cheval. *Aller à dada.* **2.** Fig., fam. Thème de prédilection, idée sur laquelle on revient sans cesse. *Enfourcher son dada.* Syn. marotte. – Onomat.

2. dada [dada] n. m. et adj. inv. Mouvement de révolte littéraire et esthétique né en 1916 par réaction contre la guerre, le militarisme, et qui exprima d'abord un refus absolu de l'art, récusé jusque dans ses manifestations d'avant-garde (cubisme, futurisme). – adj. inv. *Manifeste dada.* – Mot choisi dans le dictionnaire parce que vide de sens, par les fondateurs du mouvement (Tzara, Huelsenbeck, Ball, Arp, Duchamp, Picabia, Man Ray notam.).

dadais [dadɛ] n. m. Personne niaise, gauche. *Un grand dadais.* – Onomat.

dadaïsme [dadaism] n. m. *Le dadaïsme* : le mouvement dada. – De *dada* 2.

dadaïste [dadaist] adj. (et n.) Qui suit le dadaïsme. *École dadaïste.* ▷ Subst. Adepte du dadaïsme. – De *dada* 2.

dague [dag] n. f. **1.** Épée très courte ; poignard à lame très aiguë. **2.** VEN Chacun des bois droits et courts, non ramifiés, des cerfs, des daims, dans leur deuxième année. – Défense d'un vieux sanglier. – Provenç. *daga*, p.-ê. du lat. pop. **daca*, « épée dace ».

daguerréotype [dagɛʀeɔtip] n. m. **1.** Appareil photographique inventé par Daguerre, permettant de fixer une image sur une plaque de cuivre argenté. **2.** Image ainsi obtenue. – Du n. de l'inventeur, Louis Jacques Mandé *Daguerre* (1787-1851), et *-type*.

daguerréotypé, ée [dagɛʀeotipe] adj. Reproduit par daguerréotype. – de *daguerréotype*.

daguerréotypie [dagɛʀeɔtipi] n. f. Ancien procédé de photographie, qui utilisait le daguerréotype. – De *daguerréotype*.

daguet [dagɛ] n. m. VEN Jeune cerf ou jeune daim qui porte encore ses dagues. – De *dague.*

dahabieh [daabjɛ] n. f. Grande barque à voiles et à rames, utilisée sur le Nil. – Ar. *dahabiyah.*

dahir [daiʀ] n. m. Ordonnance émanant du souverain du Maroc. – Mot arabe.

dahlia [dalja] n. m. Plante ornementale, de la fam. des composées (genre *Dahlia*), à racines tubéreuses et à grandes fleurs vivement colorées, originaire d'Amérique du Sud. – Du n. de *Dahl,* botaniste suédois.

dahoméen, enne [daɔmeɛ̃, ɛn] adj. et n. Du Dahomey, région historique d'Afrique, auj. Bénin. ▷ Subst. *Un(e) Dahoméen(ne).*

dahu [day] n. m. Animal imaginaire, attrape-nigaud pour les gens crédules. *La chasse au dahu.* – Mot rég., var. de *darue,* « chasse de nuit aux oiseaux », avec infl. de *garou.*

daigner [deɲe] v. tr. [1] Vouloir bien, condescendre à (faire qqch). *Il n'a pas daigné répondre.* – Du lat. *dignari,* « juger digne ».

d'ailleurs. V. ailleurs.

daim, daine [dɛ̃, dɛn] n. **1.** Petit cervidé d'Europe. *Le daim brame,* pousse son cri. (*Dama dama* atteint 1 m au garrot; son pelage brun-roux est tacheté de blanc; le mâle porte des bois aplatis.) **2.** Cuir de daim. - *Par ext.* Envers du cuir de veau ayant l'apparence du cuir de daim. *Manteau de daim.* – Bas lat. **damus,* du lat. class. *dama.*

daïmyo ou **daïmio** [daimjo] n. m. Seigneur japonais possesseur d'un vaste fief, de la fin du XVIe au XIXe s. – Mot japonais.

dais [dɛ] n. m. **1.** Baldaquin de bois ou d'étoffe aménagé au-dessus d'un autel, d'un trône, d'un lit, d'une chaire à prêcher. ▷ Pavillon d'étoffe supporté par quatre hampes, pour abriter le saint sacrement dans les processions. **2.** ARCHI Petite voûte saillante abritant une statue. **3.** Par ext. *Un dais de feuillage, de verdure.* – Du lat. *discus,* « disque, plateau ».

dakarois, oise [dakaʀwa, waz] adj. et n. De Dakar, cap. du Sénégal. ▷ Subst. *Un(e) Dakarois(e).*

dakin [dakɛ̃] n. m. *Eau de Dakin* : solution d'hypochlorite de sodium employée comme désinfectant des plaies. – Du n. du chimiste angl. H.D. *Dakin* (1880-1952).

dalaï-lama [dalailama] n. m. Titre conféré au chef suprême, temporel et spirituel, des bouddhistes tibétains, les lamaïstes. - *Le quatorzième dalaï-lama a reçu le P. Nobel de la paix en 1989.* - *Des dalaï-lamas.* – Mot mongol, de *dalaï,* « océan de sagesse », et du tibétain *lama,* « supérieur ».

dallage [dalaʒ] n. m. **1.** Action de daller. **2.** Revêtement de dalles. *Dallage en mosaïque.* – De *daller.*

dalle [dal] n. f. **1.** Plaque de matériau dur de taille variable, servant au revêtement d'un sol, d'un toit. *Le sol était recouvert de dalles de marbre. Dalle funéraire* : pierre tombale. - Revêtement de sol en béton. *Couler une dalle sur un sol de terre battue.* **2.** Fig., pop. Gorge, gosier. *Avoir la dalle* : avoir faim. *Avoir la dalle en pente* : aimer boire. *Se rincer la dalle* : se désaltérer. **3.** Arg. *Que dalle* : rien. *On n'y voit que dalle.* – Mot normand, de l'anc. scandinave *daela,* « gouttière ».

daller [dale] v. tr. [1] Couvrir, paver de dalles. – De *dalle.*

dalmate [dalmat] adj. et n. De la Dalmatie, rég. montagneuse de la Croatie. ▷ Subst. *Un(e) Dalmate.* – Lat. *dalmatius.*

dalmatien [dalmasjɛ̃] n. m. Grand chien d'agrément (50 à 60 cm au garrot), à robe blanche portant de nombreuses petites taches noires ou brunes. – Anglo-américain *dalmatian.*

dalmatique [dalmatik] n. f. **1.** HIST Tunique blanche à longues manches, que portaient les empereurs romains, les rois de France lors de leur sacre. **2.** LITURG Tunique portée par les diacres et les évêques. – Lat. ecclés. *dalmatica,* « blouse en laine de Dalmatie ».

dalot [dalo] n. m. **1.** MAR Ouverture pratiquée dans le pavois d'un navire, destinée à l'écoulement des eaux. **2.** Petit canal pratiqué dans les remblais des routes, de voies ferrées pour l'écoulement des eaux. – De *dalle.*

daltonien, enne [daltɔnjɛ̃, ɛn] adj. et n. MED Atteint de daltonisme. – De *daltonisme.*

daltonisme [daltɔnism] n. m. MED Trouble de la perception des couleurs, anomalie héréditaire récessive. – Du n. du physicien angl. J. *Dalton* (1766-1844), qui étudia cette anomalie sur lui-même.

dam [dam] n. m. **1.** Vx Dommage, préjudice. ▷ Mod. Loc. *Au grand dam de qqn,* à son détriment; à son grand regret. **2.** THEOL Peine des damnés consistant en l'éternelle privation de la vue de Dieu. – Du lat. *damnum.*

damage [damaʒ] n. m. Action de damer, de tasser un sol. – De *damer.*

daman [damɑ̃] n. m. Mammifère ongulé herbivore d'Afrique et du Proche-Orient (genre *Daman,* ordre des hyracoïdes), qui ressemble à une marmotte. – Mot arabe.

damas [dama] n. m. **1.** Tissu, le plus souvent de soie, autref. fabriqué à Damas, qui présente des dessins satinés sur un fond mat. - *Par ext.* Étoffe imitant le damas. **2.** TECH Acier présentant une surface moirée. **3.** Variété de prunier mirabelle. – De *Damas,* capitale de la Syrie.

damascène [damasɛn] adj. et n. De Damas, cap. de la Syrie. ▷ Subst. *Un(e) Damascène.*

damasquinage [damaskinaʒ] n. m. Action de damasquiner. – De *damasquiner.*

damasquiner [damaskine] v. tr. [1] Incruster de filets de métal précieux (une surface métallique). *Pistolet damasquiné.* – De *damasquin,* « de Damas ».

damasquinerie [damaskinʀi] n. f. Art de damasquiner. – De *damasquiner.*

damasquineur [damaskinœʀ] n. m. Personne dont le métier est de damasquiner. (Le f. *damasquineuse* est virtuel). – De *damasquiner.*

damassé, ée [damase] adj. et n. m. **1.** Tissé comme du damas. *Linge damassé.* ▷ n. m. Étoffe ainsi tissée. **2.** TECH *Acier damassé,* dont la surface présente des dessins moirés. – Pp. de *damasser.*

damasser [damase] v. tr. [1] Donner la façon du damas à (une étoffe, un acier). – De *Damas,* capitale de la Syrie.

damassure [damasyʀ] n. f. Travail, aspect du damassé. – De *damasser.*

1. dame [dam] n. f. **I. 1.** Vx Femme noble; femme d'un noble (par oppos. à *demoiselle,* femme d'un bourgeois). ▷ Femme à laquelle un chevalier avait voué sa foi. *Rompre une lance pour sa dame.* - Mod., plaisant *La dame de ses (mes, tes) pensées* : la femme aimée. **2.** Femme d'un rang social relativement élevé. *C'est une grande dame. La première dame d'un pays,* l'épouse du chef de l'État. **3.** Terme courtois pour *femme. Il était en compagnie d'une dame.* « *Au bonheur des dames* » (roman d'Émile Zola). **4.** Femme mariée. *C'est une dame ou une demoiselle ?* - Pop. Épouse. *Et votre dame, ça va ?* **5.** Nom que portent certaines religieuses. *Les dames du Sacré-Cœur.* **6.** Titre donné aux femmes ayant certains offices auprès de reines et de princesses. *Dame d'honneur.* ▷ *Dame de* *compagnie.* V. compagnie. **II.** Fig. **1.** JEU Chacune des quatre cartes figurant une reine. *La dame de trèfle.* ▷ Pièce du jeu d'échecs, appelée aussi *reine.* ▷ Chacun des pions avec lesquels on joue au jacquet. ▷ *Jeu de dames :* jeu qui se joue à deux sur un damier, avec des pions noirs et blancs, et qui consiste à prendre tous les pions de l'adversaire. (Une *dame,* à ce jeu, est un pion doublé, c.-à-d. recouvert d'un pion de même couleur). *Aller à dame :* avancer un pion jusqu'aux dernières cases du côté de l'adversaire. **2.** MAR *Dame de nage :* évidement demi-circulaire servant de point d'appui à un aviron. **3.** Outil servant à tasser un sol. Syn. demoiselle, hie. – Du lat. *domina,* « maîtresse ».

2. dame ! [dam] interj. **1.** Fam., vieilli Certes. *Dame, oui! Oh! dame non.* **2.** Marque une explication, une excuse, sur un ton d'évidence. *Je ne lui ai pas prêté d'argent; dame! il m'en devait déjà.* – Abrév. de l'a. fr. *par Nostre Dame!*

dame-d'onze-heures [damdɔ̃zœʀ] n. f. Plante bulbeuse du genre ornithogale dont les fleurs s'épanouissent vers onze heures du matin. *Des dames-d'onze-heures.* – De *dame* 1, *d',* et *onze heures.*

dame-jeanne [damʒɑn] n. f. Grosse bouteille ou bonbonne renflée, de verre ou de grès, souvent cerclée d'osier. *Des dames-jeannes.* – D'un emploi métaphorique de *dame,* et prénom *Jeanne,* personnification de la bouteille par anal. de forme.

1. damer [dame] v. tr. [1] *Damer un pion :* aux dames, aux échecs, transformer un pion en dame. ▷ Fig., fam. *Damer le pion à qqn,* le supplanter, l'emporter sur lui. – De *dame* 1 (sens II, 1).

2. damer [dame] v. tr. [1] Tasser (un sol), le rendre compact. *Damer la neige. Piste damée.* – De *dame* 1 (sens II, 3).

damier [damje] n. m. **1.** Tablette carrée divisée en cent carreaux alternativement blancs et noirs, sur laquelle on joue aux dames. **2.** *Par ext.* Surface divisée en carrés de couleurs différentes. *Le damier des champs et des prés vus du haut de la montagne.* – De *dame* 1 (sens II, 1).

damnable [danabl] adj. **1.** RELIG Qui mérite la damnation éternelle. **2.** Pernicieux, blâmable. – De *damner.*

damnation [danasjɔ̃] n. f. Châtiment des damnés. ▷ Litt. Juron inspiré par la colère. *Enfer et damnation!* – Lat. ecclés. *damnatio.*

damné, ée [dane] adj. et n. **1.** Condamné aux expiations de l'enfer. ▷ Subst. *Les damnés.* **2.** Fam. Maudit. *Ce damné coquin!* **3.** *Être l'âme damnée de qqn,* l'aider dans la réalisation de ses mauvais desseins en lui obéissant aveuglément. – Pp. de *damner.*

damner [dane] v. tr. [1] **1.** RELIG Condamner aux peines de l'enfer. ▷ *Dieu me damne! :* anc. juron. **2.** Causer la damnation de. ▷ Fig., fam. *Faire damner qqn,* le tracasser jusqu'à l'exaspérer. – Lat. ecclés. *damnare,* du class., « condamner ».

damoiseau [damwazo] n. m. **1.** Au Moyen Âge, jeune gentilhomme qui n'était pas encore chevalier. **2.** Fam., plaisant Jeune homme qui fait le galant auprès des femmes. – Du lat. pop. **dom(i)nicellus,* dimin. de *dominus,* « seigneur ».

damoiselle [damwazɛl] n. f. Vx Titre donné aux jeunes filles nobles. – Forme anc. de *demoiselle,* du lat. pop. **dom(i)nicella,* dimin. de *domina.*

dan [dan] n. m. Dans les arts martiaux japonais (judo, karaté, aïkido, etc.), chacun des degrés dans la hiérarchie des titulaires de la ceinture noire. *Ceinture noire sixième dan. Passer le premier dan.* – Mot japonais.

danaïde [danaid] n. f. Lépidoptère diurne d'Afrique (genre *Danaïs,* fam. des danaïdés), aux ailes orange, atteignant 8 cm d'envergure. – Du gr. *Danaïdês,* nom des 50 filles de Danaos.

dancing [dɑ̃siŋ] n. m. (Anglicisme) Établissement public de danse. Syn. discothèque. – De l'angl. *dancing-house,* « maison de danse ».

dandinant, ante [dɑ̃dinɑ̃, ɑ̃t] adj. Qui dandine, se dandine. *Une allure dandinante.* – Ppr. de *dandiner.*

dandinement [dɑ̃dinmɑ̃] n. m. Action de dandiner, de se dandiner; mouvement qui en résulte. – De *dandiner.*

dandiner [dɑ̃dine] v. intr. [1] Balancer son corps d'un mouvement régulier et rythmé. *Marcher en dandinant.* ▷ v. pron. *Il se dandinait d'un pied sur l'autre.* – De l'a. fr. *dandin,* « clochette ».

dandy [dɑ̃di] n. m. **1.** HIST En Grande-Bretagne, nom donné aux jeunes hommes élégants de la haute société. **2.** Homme qui cherche à exprimer, par son comportement et par sa mise, un idéal de parfaite élégance et de raffinement aristocratique. **3.** Cour. Homme qui affecte une grande recherche dans sa toilette. – Mot anglais.

dandysme [dɑ̃dism] n. m. **1.** Idéal esthétique, comportement du dandy (sens 1). **2.** Recherche dans la mise, raffinement du dandy. – De *dandy.*

danger [dɑ̃ʒe] n. m. **1.** Ce qui expose à un mal quelconque, ce qui peut compromettre la sécurité ou l'existence de qqn, de qqch. *Courir un danger. Être en danger de mort. La Patrie est en danger.* Syn. péril, risque. ▷ Fam. *Il n'y a pas de danger que :* il n'arrivera sûrement pas que... *Elle est fatiguée, mais il n'y a pas de danger qu'il l'aide!* ▷ Loc. *C'est un danger public,* se dit de qui met les autres en péril, par son insouciance, sa maladresse, ses imprudences. **2.** MAR Obstacle à la navigation (écueil, épave, etc.). *Prendre une passe en suivant un alignement qui pare les dangers.* – Du lat. pop. **dominiarium,* « pouvoir de domination », de *dominus,* « maître »; d'abord *dangier.*

dangereusement [dɑ̃ʒʀøzmɑ̃] adv. D'une manière dangereuse. *Vivre dangereusement.* – De *dangereux.*

dangereux, euse [dɑ̃ʒʀø, øz] adj. **1.** Qui constitue, qui présente un danger. *Route dangereuse.* **2.** Qui peut nuire, dont il faut se méfier. *Un bandit dangereux. Un animal dangereux.* – De *danger.*

dangerosité [dɑ̃ʒʀozite] n. f. PSYCHOL, didac. Caractère dangereux, capacité de passer à l'acte agressif. – Dér. savant de *dangereux.*

danois, oise [danwa, waz] adj. et n. **I.** adj. Du Danemark, État d'Europe. ▷ Subst. *Un(e) Danois(e).* **II.** n. m. **1.** Langue scandinave parlée au Danemark. **2.** Chien de très grande taille (80 à 90 cm au garrot), à robe rase et claire (blanche ou gris acier), parfois tachetée de sombre, appelé aussi *dogue allemand.* – Germ. *danisk.*

dans [dɑ̃] prép. **1.** Marquant le lieu (indique le rapport qui existe entre deux choses dont l'une contient ou reçoit l'autre). ▷ (Emplacement) *Marcher dans la ville. Tomber dans un puits. Mettre du vin dans un verre.* – Par ext. *Je l'ai lu dans le journal.* ▷ (Milieu, situation.) *Entrer dans les ordres. Être dans la magistrature. Servir dans l'aviation.* ▷ (Rapports de circonstance, d'état, de situation, de disposition morale ou physique.) *Il montra du courage dans l'infortune. Dans la paix comme dans la guerre. Être dans la force de l'âge. Être dans le doute. Tomber dans la misère.* **2.** Marquant la manière. ▷ (Conformité à qqch.) *Recevoir dans les règles.* ▷ (Tendance, intention.) *Recherches dans l'intérêt des familles. Agir dans l'espoir de plaire.* **3.** Marquant le temps. ▷ (Durée, époque.) *Dans ma jeunesse. Être dans sa vingtième année. Dans l'attente de vous lire.* ▷ (Délai dans l'avenir.) *Il arrivera dans deux jours.* **4.** Fam. Marquant l'approximation. *Cela va chercher dans les trente francs.* – Du lat. pop. *deintus,* renforcement de *intus,* « dedans ».

dansable [dɑ̃sabl] adj. Qui peut se danser. – De *danser.*

dansant, ante [dɑ̃sɑ̃, ɑ̃t] adj. **1.** Qui danse. ▷ Fig. *Un reflet dansant.* **2.** Propre à faire danser. *Musique dansante.* **3.** Où l'on peut danser. *Soirée dansante.* – Ppr. de *danser.*

danse [dɑ̃s] n. f. **1.** Suite de mouvements rythmiques du corps, évolution à pas réglés, le plus souvent à la cadence de la musique ou de la voix. *Pas de danse. Cours de danse. Danse classique, rythmique, folklorique. Salle de danse.* **2.** Air, musique à danser. *Jouer une danse.* **3.** Fig., pop. Correction, volée de coups. *Recevoir, administrer une danse.* **4.** Fig. *Entrer dans la danse :* s'engager dans une entreprise, une bataille, à laquelle on n'avait d'abord pris aucune part. – *Mener la danse :* diriger une entreprise, une affaire, une action. **5.** *Danse de Saint-Guy :* chorée* de Sydenham. – Déverbal de *danser.*

danser [dɑ̃se] v. [1] **I.** v. intr. **1.** Mouvoir son corps en cadence, le plus souvent au son d'une musique. *Apprendre à danser. Inviter une femme à danser.* ▷ Fig., fam. *Ne savoir sur quel pied danser :* être embarrassé, indécis. **2.** *Par anal.* Remuer, se mouvoir, s'agiter. *Les flammes dansent dans la cheminée.* **II.** v. tr. Exécuter (une danse). *Danser le rock.* – Du frq. **dintjan,* « se mouvoir de-ci, de-là ».

danseur, euse [dɑ̃sœʀ, øz] n. Personne qui danse, par plaisir ou par profession. *Être bon danseur. Un couple de danseurs. Danseuse étoile. Danseur, danseuse de corde :* funambule. ▷ SPORT *En danseuse :* position d'un cycliste qui pédale sans s'asseoir sur la selle. – De *danser.*

dantesque [dɑ̃tɛsk] adj. D'une horreur grandiose, rappelant le caractère de *l'Enfer* de *la Divine Comédie* de Dante. *Paysage dantesque.* – Du n. du poète italien *Dante* Alighieri (1265-1321).

danubien, enne [danybjɛ̃, ɛn] adj. et n. m. **1.** adj. Du Danube, de sa région. **2.** n. m. PREHIST *Le danubien :* l'ensemble des faciès culturels néolithiques de l'Europe centrale et occidentale à céramique rubannée ou poinçonnée (milieu du Ve millénaire – fin du IIIe millénaire av. J.-C.). – De *Danube,* fleuve d'Europe centrale.

dao. V. tao.

D.A.O. Sigle de *dessin assisté par ordinateur.*

daphné [dafne] n. m. Arbrisseau (*Daphne mezereum,* fam. thyméléacées), à fleurs roses très odorantes, appelé aussi *joli-bois* ou *bois-joli.* – Gr. *daphnê,* « laurier ».

daphnie [dafni] n. f. Crustacé branchiopode d'eau douce de très petite taille, appelé aussi *puce d'eau* (genre *Daphnia*), qui se déplace par saccades. *La daphnie séchée ou vivante sert d'aliment aux poissons d'aquarium.* – Lat. scientif. *daphnia,* du gr. *daphnê,* « laurier ».

d'après. V. après.

daraise [daʀɛz] n. f. Déversoir d'un étang. – Du gaul. *doraton,* « porte ».

darbouka. V. derbouka.

darce. V. darse.

dard [daʀ] n. m. **1.** Ancienne arme de jet composée d'une pointe de fer montée sur une hampe de bois. **2.** Fig. Trait acéré. *Les dards de la calomnie.* **3.** ARCHI Ornement en forme de fer de lance, séparant les oves. **4.** *Par anal.* Aiguillon de certains animaux. *Le dard de la guêpe.* ▷ Langue du serpent. **5.** HORTIC Rameau court, porteur de fruits, de certains arbres fruitiers (pommiers, poiriers). **6.** TECH Partie la plus chaude de la flamme d'un chalumeau. – Lat. *dardus,* du frq. **darod,* « javelot ».

darder [daʀde] v. tr. [1] **1.** Vx Frapper, blesser avec un dard. *Darder une baleine.* **2.** Fig. Lancer comme un dard, une flèche. *Darder sur qqn des regards aigus. Le soleil darde ses rayons.* ▷ (S. comp.) *Rayons de soleil qui dardent.* – De *dard.*

dardillon [daʀdijɔ̃] n. m. Petit dard. – Dimin. de *dard.*

dare-dare [daʀdaʀ] loc. adv. Fam. En toute hâte.

dari [daʀi] n. m. Forme du persan parlé en Afghānistān (langue officielle). – Mot persan.

darne [daʀn] n. f. CUIS Tranche de gros poisson. *Darne de saumon béarnaise.* – Breton *darn,* « morceau ».

darse ou **darce** [daʀs] n. f. MAR Bassin d'un port. – Du génois *darsena,* ar. *dâr as-sinâ'a,* « lieu de fabrication ».

darsonvalisation [daʀsɔ̃valizasjɔ̃] n. f. MED Traitement utilisant des courants de haute fréquence. – De Arsène *d'Arsonval* (1851-1940), qui étudia cette thérapeutique.

dartre [daʀtʀ] n. f. Plaque sèche, squameuse ou durcie de la peau, dans certaines dermatoses. *Avoir des dartres sur le visage.* – Du bas lat. *derbita,* m. gaul.

dartreux, euse [daʀtʀø, øz] adj. **1.** Qui tient de la dartre. *Dermatose dartreuse.* **2.** Qui a des dartres. – De *dartre.*

darwinien, enne [daʀwinjɛ̃, ɛn] ou **darwiniste** [daʀwinist] adj. et n. Qui a rapport à Ch. Darwin et au darwinisme. ▷ Subst. Partisan du darwinisme. – Du n. du naturaliste angl. Ch. *Darwin* (1809-1882).

darwinisme [daʀwinism] n. m. Théorie, émise par Ch. Darwin, selon laquelle les divers êtres vivants actuels résulteraient de la sélection naturelle au sein du milieu de vie. *Le darwinisme s'oppose au lamarckisme.* – De *Darwin.*

dasycladales [dazikladal] n. f. pl. BOT Ordre d'algues vertes des mers chaudes à thalle siphonné connues comme fossiles. – Sing. *Une dasycladale.* – Du gr. *dasus,* « touffu », et *klados,* « rameau ».

dasypodidés [dazipɔdide] n. m. pl. ZOOL Famille de xénarthres comprenant les tatous (genre *Dasypus*). – Sing. *Un dasypodidé.* – Du gr. *dasus,* « velu », et *pous, podos,* « pied ».

dasyure [dazjyʀ] n. m. Mammifère marsupial d'Australie (genre *Dasyurus*) carnivore ou arboricole, à pelage tacheté, dont l'aspect rappelle celui de la martre. – Du gr. *dasus,* « velu », et *oura,* « queue ».

datable [databl] adj. *Manuscrit, fossile datable,* auquel on peut attribuer une date avec certitude. – De *dater.*

datage [dataʒ] n. m. Action de mettre la date, de porter une date sur (un document, un acte). – De *dater.*

dataire [datɛʀ] n. m. RELIG CATHOL Anc. Cardinal placé à la tête de la daterie. – Lat. ecclés. *datarius,* de *data* (V. date).

datation [datasjɔ̃] n. f. **1.** Syn. de *datage.* **2.** Action de déterminer, d'attribuer une date. *Datation d'un site préhistorique.* ▷ Date attribuée. – De *dater.*

ENCYCL La datation peut se faire par diverses méthodes. Les unes permettent d'établir l'ancienneté d'un objet par rapport à un autre ; les autres de déterminer l'âge de l'objet étudié. Elles sont toutes fondées sur des phénomènes cycliques : les anneaux concentriques formés annuellement dans le tissu ligneux d'un arbre lors de sa croissance, la vitesse de dépôt des sédiments, des dépôts dus à la fonte des anciens glaciers, les fluctuations de niveau d'une mer ou d'un lac, la stratigraphie, la typologie, la paléontologie, les pollens fossiles (palynologie), l'étude du géomagnétisme, la thermoluminescence (pour déterminer la date de cuisson d'une céramique). On dosera les traces que certains éléments radioactifs ont laissées lors de leur désintégration. Ainsi la datation par le carbone 14 est possible parce que le carbone naturel renferme (en très faible pourcentage) un isotope radioactif de masse atomique 14 (^{14}C) dont la période est d'environ 5 700 ans. Toute matière organique contient donc du ^{14}C. La recherche de sa proportion dans un composé carboné (cendres de bois, par ex.) et la connaissance de la proportion qu'il contenait au moment où il faisait partie d'un organisme vivant permettent de fixer la date de la mort de cet organisme. Une découverte récente, utilisant le couple uranium-thorium, aurait toutefois permis d'établir que la datation par le ^{14}C n'est plus fiable quand les fossiles dépassent 9 000 ans.

datcha [datʃa] n. f. Maison de campagne russe. – Mot russe.

date [dat] n. f. **1.** Indication précise du jour, du mois et de l'année. *Inscrire sur un registre la date d'un mariage. La date d'une lettre. Date de naissance.* ▷ *Prendre date* : s'engager pour un jour déterminé à faire qqch. **2.** Moment, époque précise où une chose est faite. *Fixer la date des prochaines élections.* ▷ FIN *Date de valeur* : jour à partir duquel une opération prend effet sur un compte. ▷ *Amitié de longue date,* qui dure depuis longtemps. *Un ami de fraîche date,* récent. *Le premier, le dernier en date* : le plus ancien, le plus récent connu. ▷ Moment marqué par un événement important; événement important. *La découverte du phonographe est une date dans l'histoire de la technique. Faire date* : marquer un moment important, décisif. – Du lat. médiév. *data (littera),* «(lettre) donnée», premiers mots de la formule indiquant la date où un acte avait été rédigé.

dater [date] v. [1] **I.** v. tr. Mettre la date sur (un document, un acte, etc.). *Dater une lettre. Dater un chèque.* – Pp. *Journal daté du 3 mars.* ▷ *Dater une couche géologique,* en déterminer l'époque. **II.** v. intr. **1.** *Dater de* : avoir eu lieu, avoir commencé d'exister à (telle date, telle époque). *Immeuble qui date du XIXe s.* ▷ Loc. adv. *À dater de* : à partir de. *À dater de ce jour, le stationnement est interdit dans cette rue.* **2.** (S. comp.) Être démodé, paraître ancien. *Les dialogues datent, dans ce vieux film.* – De *date.*

daterie [datʀi] n. f. RELIG CATHOL Bureau d'enregistrement de la chancellerie pontificale (au XVe s.), puis office central des grâces et des bénéfices. *Les attributions de la daterie, supprimée par Paul VI en 1967, sont maintenant déférées à la secrétairerie d'État.* – De *dataire.*

dateur, euse [datœʀ, øz] n. m. et adj. **1.** n. m. Appareil à lettres et chiffres mobiles où la date est apposée manuellement ou automatiquement. *Cadran de montre avec dateur.* **2.** adj. *Composteur dateur, tampon dateur,* qui permettent de marquer la date. – De *dater.*

1. datif [datif] n. m. GRAM Cas marquant l'attribution dans les langues à déclinaison. – Lat. *dativus (casus),* «(cas) attributif», de *dare,* «donner».

2. datif, ive [datif, iv] adj. **1.** DR Nommé par le conseil de famille ou par le juge. *Tuteur datif, tutelle dative.* **2.** CHIM, PHYS *Liaison dative,* appelée aussi *liaison semi-polaire, liaison de coordinence,* par laquelle un atome donneur met en commun son doublet d'électrons avec un atome accepteur. *Une fois établie, la liaison dative ne se distingue pas de la liaison de covalence ordinaire.* – Lat. *dativus (tutor),* «(tuteur) qui est donné».

dation [dasjɔ̃] n. f. DR Action de donner. ▷ *Dation en paiement* : opération par laquelle un débiteur remet en paiement à son créancier une chose autre que celle qui faisait l'objet de l'obligation. *La dation en paiement doit être conventionnelle.* – Lat. *datio,* de *dare,* «donner».

datte [dat] n. f. Baie comestible, très sucrée, de forme allongée (3 à 4 cm), produite par le dattier. *Dattes fraîches. Dattes fourrées.* – Provenç. *datil,* lat. *dactylus,* du gr. *daktulos,* «doigt».

dattier [datje] n. m. Palmier d'Afrique et du Proche-Orient (*Phœnix dactylifera*) atteignant 20 m de haut, cultivé pour la production des dattes. – De *datte.*

datura [datyʀa] n. m. BOT Solanacée à grandes fleurs en cornet, toxique et narcotique. *La stramoine («Datura stramonium») est un datura.* – Hindi *dhatūra,* par le portug.

daube [dob] n. f. CUIS Manière de cuire les viandes braisées, dans un récipient couvert, avec un assaisonnement relevé. *Du bœuf en daube.* ▷ Viande ainsi accommodée. *Servir une daube.* – De l'ital. *addobbo,* «assaisonnement».

1. dauber [dobe] v. tr. [1] CUIS Cuire (une viande) en daube. – De *daube.*

2. dauber [dobe] v. tr. ou intr. [1] Vx ou litt. *Dauber qqn* ou *sur qqn,* le railler, se moquer de lui. – Probabl. du lat. *dealbare,* «blanchir», de *albus,* «blanc».

daubière [dobjɛʀ] n. f. Braisière utilisée pour cuire les viandes en daube. – De *daube.*

1. dauphin [dofɛ̃] n. m. **1.** Cétacé odontocète (fam. delphinidés), de 2 à 4 m de long, dont les mâchoires, étroites et très longues, forment une sorte de bec garni de nombreuses dents. (Le dauphin des Anciens, *Delphinus delphis,* dauphin commun, a les flancs rayés. *Tursiops truncatus,* le dauphin à gros nez, est le dauphin souffleur. Toutes les espèces sont grégaires; leur sens social et leur psychisme sont très développés; ils communiquent et se repèrent à l'aide d'ultrasons.) **2.** TECH Tube recourbé, en bas d'une descente d'eaux pluviales, pour évacuer ces eaux sur le sol. – Du bas lat. *dalfinus,* lat. class. *delphinus,* gr. *delphis.*

2. dauphin [dofɛ̃] n. m. **1.** Titre qui servait à désigner l'héritier du trône de France (en général le fils aîné du roi) après 1349. *Le dernier à porter le titre de dauphin fut le fils de Charles X.* ▷ Personne portant ce titre; fils aîné du roi de France. **2.** *Par ext.* Successeur présumé d'un chef d'État, d'un personnage important, d'un chef d'entreprise, choisi par lui. – De *Dauphiné*; anc. prov. de France; d'abord titre de seigneur du Dauphiné.

dauphine [dofin] n. f. HIST Femme du dauphin de France. – De *dauphin* 2.

dauphinelle [dofinɛl] ou **delphinelle** [dɛlfinɛl] n. f. BOT Renonculacée ornementale (genre *Delphinium,* nombr. espèces) aux grandes inflorescences. Syn. cour. pied-d'alouette. – Du gr. *delpinion*; *ph* d'ap. *dauphin.*

dauphinois, oise [dofinwa, waz] adj. et n. **1.** adj. Du Dauphiné. ▷ Subst. *Un(e) Dauphinois(e).* ▷ *Gratin dauphinois* : gratin de pommes de terre au beurre et à la crème fraîche. **2.** n. m. *Le dauphinois* : l'ensemble des parlers romans du nord du Dauphiné. – Du n. du *Dauphiné,* anc. prov. française.

daurade ou **dorade** [dɔʀad] n. f. Poisson téléostéen marin au corps comprimé latéralement, aux mâchoires très puissantes armées de fortes dents, dont les écailles ont des reflets dorés ou argentés. – Du provenç. *daurada,* «doré».

davantage [davɑ̃taʒ] adv. **1.** Plus. *Ne m'en demandez pas davantage. Il est riche, mais son père l'était bien davantage.* **2.** Plus longtemps. *Je ne peux rester davantage.* **3.** Vx En outre, de plus. *Rien davantage* : rien de plus. **4.** Vx ou litt. Le plus. *Choisissez l'ouvrage qui vous plaît davantage.* **5.** *Davantage que, de* : plus que, de. *Davantage d'argent. Rien ne me plaît davantage que...* (Locutions très usitées mais rejetées par certains grammairiens.) – De *d',* et *avantage.*

davier [davje] n. m. **1.** CHIR Pince à longs bras et à mors très courts pour extraire les dents, ou pour maintenir des os en chirurgie osseuse. **2.** TECH Barre de fer dont l'une des extrémités est recourbée en crampon, servant au menuisier à serrer et à assembler des pièces. **3.** MAR

Rouleau, monté sur un axe horizontal, servant à supporter une aussière ou un câble sur lequel s'exerce un effort. *Davier d'étrave.* – Dimin. de l'a. fr. *david*, outil de menuisier.

dazibao [da(d)zibao] n. m. En Chine, affiche manuscrite traitant de l'actualité politique. – Mot chinois.

dB PHYS Symbole de décibel.

D.C.A. [desea] n. f. Artillerie antiaérienne. – Sigle de *défense contre avions.*

d.d.p. ELECTR Abrév. de *différence de potentiel.*

D.D.T. n. m. Insecticide puissant. – Sigle de *dichlorodiphényl-trichloréthane.*

1. de [d] devant une voyelle ou un h muet, [də] [dy, de], **d', du, des**, prép. (*d'*; devant une voyelle ou un h muet; *du*, contraction de *de le; des*, contraction de *de les*). **I.** La préposition *de* exprime des rapports, extrêmement nombreux à partir du sens fondamental, d'*origine*, de *point de départ*, et notam. : **1.** Le lieu (départ, séparation, extraction, provenance). *Venir de Toulouse. Tenir une nouvelle de qqn. Natif de Lyon.* – (Éloignement) *C'est à cent mètres de chez moi.* ▷ (Particule nobiliaire.) *Madame de Grignan.* **2.** L'intervalle de temps (*de... à...*). *Du matin au soir.* ▷ La durée. *De jour, de nuit* : pendant le jour, la nuit. **3.** Le cheminement, la progression, la répétition, l'intervalle (*de... en...*). *Épidémie qui s'étend de jour en jour. Relais disposés de place en place.* **4.** La cause. *Mourir de faim. Être rouge de colère.* ▷ (Introduisant une propos. à l'indic. ou au subj.) *Il est triste de ce que vous ne lui écrivez* (ou *écriviez*) *plus.* **5.** La manière. *Rire de bon cœur. Citer de mémoire.* **6.** L'instrument, le moyen. *Coup de bâton. Signe de tête. Suivre des yeux.* **7.** La mesure. *Un navire de cent mètres. Un enfant de six mois.* **8.** L'auteur, l'agent. *Le crime de l'assassin. « L'Énéide » de Virgile.* ▷ (Introduisant le complément d'agent d'un verbe au passif.) *Être vu de tous.* **II.** *De* peut marquer également : **1.** Un rapport de possession ou assimilé à la possession. *Le livre de Paul. Un bien de famille. La beauté d'une femme.* **2.** Le rapport de la partie à l'ensemble. *Le quart de la somme. Le reste du temps.* – Du contenant au contenu. *Un panier de cerises.* – D'une chose aux éléments ou à la matière dont elle est faite. *Une colonne de marbre.* **3.** La qualité. *Un homme de génie.* ▷ La condition, la profession. *Un homme de lettres.* ▷ La catégorie, l'espèce. *Une robe du soir. Un chien de race.* **4.** La destination, l'emploi. *Salle de spectacle.* **III.** Enfin, *de* s'analyse comme un mot-outil de sens neutre. **1.** Devant l'objet d'un v. tr. indir. *Médire de qqn.* **2.** Devant les adjectifs, participes passés, adverbes en relation avec certains pronoms. *Quelqu'un de bien. Rien de tel.* **3.** Devant un infinitif sujet ou complément. *D'y retourner ne vous donnerait que du regret. Il est fâcheux de ne pas s'entendre. Arrêtez de courir.* **4.** Devant l'infinitif de narration. *Et moi de rire encore, et lui de crier de plus belle.* **5.** Devant l'attribut de l'objet des verbes *taxer, traiter, qualifier. Traiter qqn de voleur.* **6.** Dans les appositions. *La ville de Nantes. Ce fou de Rameau.* **7.** Dans certaines locutions figées. *Comme de juste. À vous de jouer.* – Lat. class. *de*, propr. « au sujet de », s'est substitué en bas lat. à l'emploi du génitif.

2. de [də] , **du** [dy] , **de la** [dəla] , **des** [dɛ] articles partitifs (devant les noms d'objets qui ne peuvent être comptés). *Boire du cidre en mangeant des rillettes.* – (Abstrait) *Il y a du vrai dans ce qu'il dit.* ▷ Vx *De* : pour *du, de la, des* devant un adj. *Boire de grosse piquette, manger de gros pain bis.* – De la prép. *de.*

1. de-, dé-, des-, dés-. Élément, du lat. *dis-*, marquant l'éloignement, la séparation, l'opposition.

2. de-, dé-, des-, dés-. Élément, du lat. *de-*, indiquant soit un mouvement de haut en bas, soit un renforcement (ou le commencement) de l'action.

1. dé [de] n. m. **1.** Petit cube de matière dure (os, bois, plastique, etc.) dont chacune des six faces est marquée d'un nombre différent de points, de un à six, et qui sert dans de nombreux jeux de hasard. *Lancer les dés. Cornet à dés. Dé pipé*, que l'on a truqué pour s'assurer de gagner. ▷ Fig. *Coup de dé* (ou *de dés*) : entreprise, opération hasardeuse. *Risquer sa fortune sur un coup de dés. Les dés sont jetés* : la décision est prise, on ne peut plus revenir en arrière. **2.** TECH Partie d'un piédestal en forme de cube. ▷ Pierre taillée cubique. **3.** CUIS Petit morceau de forme cubique. *Couper le lard en dés.* – Du lat. *datum*, « pion de jeu », pp. de *dare*, « donner ».

2. dé [de] n. m. *Dé* ou *dé à coudre* : petit fourreau de métal, protégeant le bout du doigt qui pousse l'aiguille. – Du lat. pop. **ditale*, pour *digitale*; rac. *digitus*, « doigt »; *dé* d'ap. *dé* 1.

D.E.A. n. m. Un des diplômes universitaires du 3ᵉ cycle. – Sigle de *diplôme d'études approfondies.*

dead-heat [dɛdit] n. m. (adj. et adv.) TURF, SPORT Franchissement de la ligne d'arrivée par plusieurs concurrents simultanément. – adj. inv. *Des chevaux dead-heat.* – adv. *Se terminer dead-heat.* – Mot angl., « course à résultat nul ».

deal [dil] n. m. (Anglicisme) Marché, contrat. – Mot angl.

dealer [dilœʀ] n. m. (Anglicisme) Revendeur de drogue. – Mot angl., « revendeur, négociant ».

déambulateur [deɑ̃bylatœʀ] n. m. Appareil à pieds aidant à la marche, sur lequel on s'appuie et que l'on déplace devant soi. – De *déambuler.*

déambulation [deɑ̃bylasjɔ̃] n. f. Action de déambuler. – De *déambuler.*

déambulatoire [deɑ̃bylatwaʀ] adj. et n. m. **1.** adj. Vx Relatif à la déambulation, à la promenade. **2.** n. m. Appareil conçu pour aider à la marche, sur lequel on s'appuie et qu'on déplace à chaque pas. **3.** n. m. ARCHI Galerie qui relie les bas-côtés d'une église en passant derrière le chœur. – Du lat. *deambulatorium*, « galerie ».

déambuler [deɑ̃byle] v. intr. [1] Marcher, se promener sans but précis. – Lat. *deambulare.*

débâcher [debaʃe] v. tr. [1] Retirer la bâche de. *Débâcher un camion.*

débâcle [debɑkl] n. f. **1.** Rupture de la glace recouvrant un cours d'eau. Ant. embâcle. **2.** Bouleversement entraînant l'effondrement, la ruine. *Débâcle financière.* – Spécial. *La débâcle d'une armée vaincue.* Syn. déroute. – Déverbal de *débâcler.*

débâcler [debɑkle] **1.** v. tr. [1] Vx Retirer la bâcle de fermeture (d'une porte, ou d'une fenêtre). **2.** v. intr. *Rivière qui débâcle*, dont les glaces se rompent et sont entraînées par le courant.

débagouler [debagule] **1.** v. intr. [1] Vx, pop. Vomir. **2.** v. tr. Fig., fam. Dire, proférer (toutes les injures, les paroles qui viennent à la bouche). – De *dé-*, et *bagou.*

déballage [debalaʒ] n. m. **1.** Action de déballer. **2.** Étalage, pour la vente, d'objets en vrac; commerce de ces objets. **3.** Fig., fam. Étalage (de ce qui jusqu'alors était resté secret). – De *déballer.*

déballastage [debalastaʒ] n. m. MAR Opération consistant à évacuer l'eau de mer dont on leste un navire lorsqu'il revient à vide. *Le déballastage des pétroliers est une cause importante de pollution.* – De *dé-*, et *ballast.*

déballer [debale] v. tr. [1] **1.** Retirer (une marchandise) de son emballage. *Déballez d'abord les assiettes.* – Pp. adj. *Les objets déballés traînaient sur le sol.* ▷ Par ext. *Caisses à moitié déballées.* **2.** Exposer (des marchandises à vendre). *Déballer des tissus.* **3.** Fig., fam. Étaler, exposer. *Déballer ses sentiments, ses griefs, ce qu'on a sur le cœur.* – De *dé-*, et *balle* 2.

déballeur, euse [debalœʀ, øz] n. Personne qui déballe (qqch); ouvrier préposé au déballage. – De *déballer.*

déballonner (se) [débalɔne] v. pron. [1] Fam., péjor. Se dégonfler. – De *dé-*, et *(pneu) ballon.*

débalourder [debaluʀde] v. tr. [1] TECH Enlever le balourd (d'une pièce tournante). – De *dé-*, et *balourd.*

débandade [debɑ̃dad] n. f. Fuite, dispersion désordonnée. ▷ Loc. adv. *À la débandade* : dans la confusion et le désordre. – De *débander* 2.

1. débander [debɑ̃de] v. tr. [1] **1.** Enlever la bande, le bandage de. *Débander une plaie. Débander les yeux de qqn.* **2.** Détendre ce qui est bandé. *Débander un ressort.* ▷ Absol. Fig., vulg. Ne plus être en érection. ▷ Loc. fig., fam. *Sans débander* : sans relâcher son effort.

2. débander [debɑ̃de] **1.** v. tr. [1] Vx Mettre en désordre, disperser (une troupe). **2.** v. pron. Se disperser en désordre. *L'armée s'est débandée dès le début de la bataille.* – De *dé-*, et *bande* 2, d'ap. l'ital. *sbandare,* «éparpiller, disperser».

débaptiser [debatize] v. tr. [1] Changer le nom de (qqn ou qqch). *Débaptiser une rue.*

débarbouillage [debaʀbujaʒ] n. m. Action de débarbouiller ou de se débarbouiller. – De *débarbouiller.*

débarbouiller [debaʀbuje] **1.** v. tr. [1] Laver le visage de. *Débarbouiller un enfant,* nettoyer ce qui lui barbouille le visage. - Pp. adj. *Un enfant mal débarbouillé.* ▷ v. pron. Se nettoyer le visage; se laver sommairement. **2.** v. pron. Fig., fam., vieilli Se tirer d'affaire. *Débarbouille-toi comme tu peux!*

débarbouillette [debaʀbujet] n. f. (Canada) Petit carré de ratine dont on se sert pour se laver. – De *débarbouiller.*

débarcadère [debaʀkadɛʀ] n. m. Quai ou appontement aménagé pour débarquer ou embarquer des voyageurs, des marchandises. Syn. embarcadère. – De *débarquer,* d'apr. *embarcadère.*

débardage [debaʀdaʒ] n. m. Action de débarder; son résultat. – De *débarder.*

débarder [debaʀde] v. tr. [1] **1.** MAR Débarquer (un chargement). **2.** TECH Transporter (des marchandises, spécial., des arbres abattus) du lieu de production ou d'extraction à un autre lieu. – De *dé-*, et *bard*; d'abord «décharger d'un bard».

débardeur [debaʀdœʀ] n. m. **1.** Ouvrier qui travaille au chargement et au déchargement de marchandises. **2.** Maillot couvrant le haut du corps, à encolure et emmanchures très échancrées. – De *débarder.*

débarquement [debaʀkəmɑ̃] n. m. **1.** Action de débarquer (des marchandises, des passagers). *Quai de débarquement.* **2.** Action d'une personne qui débarque; moment de cette action. *Il a été arrêté à son débarquement.* **3.** Fig., fam. Action de révoquer (qqn), de se débarrasser (de qqn). *Le débarquement d'un préfet.* **4.** MILIT Opération qui consiste à transférer sur un littoral des troupes embarquées sur un navire avec leurs véhicules et leur armement. *Le débarquement du 6 juin 1944 sur les côtes normandes.* – De *débarquer.*

débarquer [debaʀke] v. [1] **I.** v. tr. **1.** Faire passer à terre (les passagers, les marchandises d'un navire). ▷ *Par ext.* Enlever, faire sortir (d'un train, d'un avion). ▷ MILIT *Débarquer un commando.* **2.** Fig., fam. Se débarrasser de (qqn), le révoquer. **II.** v. intr. **1.** Quitter le bateau et descendre à terre. *Quelques membres de l'équipage ont débarqué à Toulon.* ▷ Par ext. *Débarquer d'un train, d'un avion.* ▷ MILIT Effectuer une opération de débarquement. *Napoléon renonça à débarquer en Angleterre.* **2.** Fam. Arriver à l'improviste (quelque part, partic. chez qqn). *Il débarque de temps en temps chez nous.* – De *dé-*, et *barque.*

débarras [debaʀa] n. m. **1.** Disparition d'un embarras, délivrance de ce qui embarrassait. *Les voilà partis, bon débarras!* **2.** Lieu où l'on range les objets encombrants. *Ranger les balais dans le débarras.* – Déverbal de *débarrasser.*

débarrasser [debaʀase] **I.** v. tr. [1] Dégager (un endroit) de ce qui embarrasse. *Débarrasser une chambre, une cave.* ▷ Libérer (un lieu, une personne) de (ce qui gêne, encombre). *Débarrassez donc le bureau de toutes ces paperasses. Débarrassez-le de son manteau.* ▷ (S. comp.) Enlever le couvert d'une table. ▷ Fam. *Débarrassez-moi le plancher!* : allez-vous-en! - Pp. adj. *Une table débarrassée.* **II.** v. pron. **1.** *Se débarrasser d'une chose,* s'en défaire, l'abandonner. *Se débarrasser d'une vieille voiture.* - *Se débarrasser d'une manie, d'une idée.* **2.** *Se débarrasser de qqn,* l'éloigner; *par euph.,* le tuer. – De *dé-*, et rad. de *embarrasser* (pour *désembarrasser*).

débat [deba] n. m. **I. 1.** Examen et discussion d'une question par des personnes d'avis différents. *Un débat animé. Entrer dans le cœur du débat.* **2.** Conflit moral, psychologique. *Être en proie à un débat de conscience, à un débat intérieur.* **II.** Plur. **1.** Discussion sur une question, dans une assemblée politique. *Les débats parlementaires.* **2.** DR Phase du procès comprenant les plaidoiries des avocats et les conclusions du ministère public. *Assister aux débats.* – Déverbal de *débattre.*

débâter [debɑte] v. tr. [1] Ôter le bât à (une bête de somme). *Débâter un mulet.* – De *dé-*, et *bât.*

débattement [debatmɑ̃] n. m. AUTO Amplitude maximale des mouvements verticaux des axes de roues par rapport à la carrosserie.

débatteur, euse [debatœʀ, øz] n. Personne remarquable dans le débat public. – Angl. *debater.*

débattre [debatʀ] **1.** v. tr. [61] Discuter, examiner de façon contradictoire avec une ou plusieurs personnes. *Débattre une affaire, une question.* ▷ v. tr. indir. *Débattre sur, débattre de qqch.* **2.** v. pron. Lutter énergiquement pour résister, se dégager. *À force de se débattre, il a réussi à s'échapper.* ▷ Fig. *Se débattre contre la misère.*

débauchage [deboʃaʒ] n. m. **1.** Action de débaucher (sens I, 1) un employé **2.** Action de débaucher (sens I, 2) du personnel. – De *débaucher.*

débauche [deboʃ] n. f. **1.** Dérèglement des mœurs, recherche excessive des plaisirs sensuels. *Incitation de mineurs à la débauche.* **2.** Fig. *Débauche de* : profusion, abus de. *Raconter une histoire avec une débauche d'images, de détails.* – Déverbal de *débaucher.*

débauché, ée [deboʃe] n. et adj. Personne qui vit dans la débauche. *«J'aime encore le vin et les femmes, c'est assez, il est vrai, pour faire de moi un débauché» (A. de Musset).* Ant. rangé, sage, vertueux. ▷ adj. *Un homme débauché.* – Pp. de *débaucher.*

débaucher [deboʃe] v. tr. [1] **I. 1.** Inciter (qqn) à quitter son travail, son emploi. *Débaucher un employé.* **2.** Licencier, faute de travail. Ant. embaucher. - Absol. *Un secteur industriel où l'on débauche.* **II. 1.** Entraîner (qqn) dans le plaisir, la débauche. *Débaucher un jeune homme.* ▷ v. pron. *Il a commencé à se débaucher très jeune.* **2.** Fam. (Sens atténué.) Détourner momentanément (qqn) de son travail, de ses occupations pour le divertir. *Allez, je vous débauche : je vous emmène au cinéma.*

débaucheur, euse [deboʃœʀ, øz] n. Vx Personne qui incite à la débauche. – De *débaucher* (sens II, 1).

débecter, débéqueter ou **débecqueter** [debekte] v. tr. [1] Fam. Dégoûter. – De *dé-*, et *bequeter,* «manger», de *bec.*

débet [debɛ] n. m. FIN Ce qui reste dû après l'arrêté d'un compte. – Mot lat., «il doit».

débile [debil] adj. et n. **I.** adj. **1.** Qui manque de force, de vigueur. *Un corps, un esprit débile.* **2.** Fam. Idiot, stupide. *Une histoire complètement débile.* **II.** n. MED *Débile mental* ou *débile :* sujet atteint d'une arriération mentale (dont on évalue l'importance par le quotient intellectuel, établi en fonction de l'âge). *Débile léger, profond.* – Lat. *debilis,* « faible ».

débilitant, ante [debilitɑ̃, ɑ̃t] adj. **1.** Qui affaiblit, débilite. *Remède débilitant.* **2.** Fig. Déprimant. *Vivre dans un cadre débilitant.* – Ppr. de *débiliter.*

débilité [debilite] n. f. **1.** MED État de faiblesse extrême. *Débilité congénitale.* **2.** MED État d'un débile mental. **3.** Fam. Chose débile. – Lat. *débilitas,* « faiblesse ».

débiliter [debilite] v. tr. [1] Rendre débile, affaiblir. ▷ Fig. Déprimer, affaiblir moralement. – Lat. *debilitare,* « affaiblir ».

débinage [debinaʒ] n. m. Pop. et vieilli Action de débiner qqn. – De *débiner.*

débine [debin] n. f. Pop. Indigence, misère. *Être dans la débine.* – Déverbal de *débiner* 1.

1. débiner [debine] v. tr. [1] Pop. Dénigrer, médire de. – P.-ê. de *dé-,* et régional *biner,* « s'accoupler ».

2. débiner (se) [debine] v. pron. [1] Fam. Se sauver, partir précipitamment. – P.-ê. de *dé-,* et a. fr. *s'en bin(n)er,* « fuir ».

débineur, euse [debinœʀ, øz] n. Pop. Personne qui débine. – De *débiner.*

débirentier, ère [debiʀɑ̃tje, ɛʀ] n. DR Personne débitrice d'une rente (par oppos. à *crédirentier*). – De *débit* 2, et *rentier.*

1. débit [debi] n. m. **1.** Vente continue au détail d'une marchandise. *Boutique qui a un fort débit. Produit de faible débit.* **2.** *Débit de boissons :* établissement où l'on vend des boissons à consommer sur place. – *Débit de tabac :* bureau de tabac. **3.** Manière de réciter, de parler. *Un orateur au débit rapide.* **4.** Manière dont on coupe, on taille (le bois, la pierre, etc.). *Débit en planches, en rondins d'un arbre.* **5.** Quantité de fluide qui s'écoule en un temps donné. *Débit d'un fleuve.* ▷ *Par anal.* Quantité fournie, capacité de production, par unité de temps, en un point donné. *Débit d'une source électrique. Le débit horaire d'une autoroute.* – Déverbal de *débiter.*

2. débit [debi] n. m. **1.** Compte des sommes dues par qqn. *Porter une dépense au débit de qqn.* Ant. crédit. **2.** COMPTA Compte de toutes les sommes qui ont été versées à un tiers. – Lat. *debitum,* « dette », de *debere,* « devoir ».

débitage [debitaʒ] n. m. Action de débiter (le bois, la pierre, etc.); son résultat. Syn. débit (sens 4). – De *débiter* 1.

débitant, ante [debitɑ̃, ɑ̃t] n. Vx Personne qui vend au détail. ▷ Mod. *Débitant de tabac, de boissons :* personne qui tient un débit de tabac, de boissons. – Ppr. de *débiter.*

1. débiter [debite] v. tr. [1] **1.** Tailler, découper en morceaux prêts à l'emploi. *Débiter de la pierre. Débiter un quartier de bœuf.* **2.** Vendre (une marchandise) au détail. **3.** Fournir (une certaine quantité de matière, de fluide, d'électricité, etc.) en une période donnée. *Source qui débite tant de litres par heure.* **4.** Vx Déclamer, raconter en détaillant. **5.** Péjor. Énoncer, réciter d'une manière monotone. *Débiter une leçon sans la comprendre.* ▷ Péjor. Raconter, répandre (des sottises, des mensonges, etc.). – De *dé-,* et *bitte,* « billot », de l'anc. scand.

2. débiter [debite] v. tr. [1] Porter une somme au débit de (qqn). *Débiter un client d'une somme.* ▷ Par ext. *Débiter un compte de telle somme.* Ant. créditer. – De *débit* 2.

débiteur, trice [debitœʀ, tʀis] n. et adj. **1.** Personne qui doit de l'argent. *Débiteur insolvable.* ▷ adj. *Solde, compte débiteur,* où le débit est supérieur au crédit. Ant. créditeur. **2.** Fig. Personne qui a une obligation morale envers une autre. *Vous m'avez rendu un grand service, et je reste votre débiteur.* – De *débiter* 2.

débitmètre [debimɛtʀ] n. m. Appareil permettant de mesurer le débit.

déblai [deblɛ] n. m. **1.** Action de déblayer. **2.** *Par ext.* (Surtout au plur.) Terres, décombres que l'on retire d'un terrain. – TRAV PUBL *Route en déblai,* en tranchée. Ant. remblai. – Déverbal de *déblayer.*

déblaiement ou **déblayement** [deblɛmɑ̃] n. m. Opération par laquelle on déblaie. – De *déblayer.*

déblatérer [deblateʀe] v. intr. [14] Fam. Parler longtemps et avec violence (contre qqch, qqn). *Déblatérer contre le gouvernement.* ▷ v. tr. *Déblatérer des injures.* – Lat. *deblaterare,* « bavarder ».

déblayage [deblɛjaʒ] n. m. Action de déblayer. – De *déblayer.*

déblayement. V. déblaiement.

déblayer [debleje] v. tr. [21] **1.** Enlever des terres, des décombres de. *L'armée est venue déblayer les rues après le tremblement de terre.* **2.** Dégager (un lieu) de ce qui l'encombre. *Déblayer une cave.* ▷ Fig. *Déblayer le terrain :* aplanir les difficultés, préparer avant d'entreprendre. – De *dé-,* et *blé;* d'abord *desblaer,* « moissonner, enlever le blé ».

déblocage [deblɔkaʒ] n. m. Action, fait de débloquer. – De *débloquer.*

débloquer [deblɔke] v. [1] **I.** v. tr. **1.** Remettre en mouvement (une machine, une pièce bloquée). *Débloquer le balancier d'une horloge.* **2.** Permettre le mouvement (de marchandises, de fonds bloqués). *Débloquer les crédits.* ▷ *Débloquer les salaires :* permettre l'augmentation des salaires jusqu'alors bloqués. **3.** TYPO Remplacer dans une composition (une lettre bloquée). **II.** v. intr. Pop. Dire des choses dépourvues de sens, divaguer.

débobiner [debɔbine] v. tr. [1] Dérouler (ce qui est embobiné). ▷ TECH Démonter les enroulements (d'un appareil, d'un dispositif électrique). – De *dé-,* et *bobine.*

déboire [debwaʀ] n. m. **1.** Vx Arrière-goût désagréable laissé par ce qu'on a bu. **2.** (Surtout au plur.) Contrariété, déception pénible. *Ses enfants lui ont causé des déboires.*

déboisement [debwazmɑ̃] n. m. Action de déboiser; son résultat. – De *déboiser.*

déboiser [debwaze] v. tr. [1] Dégarnir (une terre) de ses bois, de ses arbres. – Pp. adj. *Colline déboisée.* ▷ v. pron. Perdre ses bois. *La région s'est déboisée en quelques années.*

déboîtement [debwatmɑ̃] n. m. **1.** MED Luxation. **2.** Action de déboîter. – De *déboîter.*

déboîter [debwate] v. [1] **I.** v. tr. **1.** Faire sortir (une pièce) de son logement, disjoindre (des éléments emboîtés). *Déboîter une porte. Déboîter des tuyaux.* **2.** MED Luxer. – v. pron. *Se déboîter l'épaule.* **II.** v. intr. **1.** Sortir d'une colonne, d'un cortège, en se déplaçant vers le côté (personnes). **2.** Sortir d'une file (véhicules). *Voiture qui déboîte pour tourner.* – De *dé-,* et *boîte.*

débonder [debɔ̃de] v. tr. [1] **1.** Ôter la bonde de. *Débonder un tonneau.* **2.** Fig. *Débonder son cœur,* ou absol., *débonder :* s'épancher sans retenue. ▷ v. pron. *Se débonder.* – De *dé-,* et *bonde.*

débonnaire [debɔnɛʀ] adj. **1.** Vieilli Bon jusqu'à la faiblesse. *Un roi débonnaire.* **2.** Mod. Bienveillant. *Avoir l'air, être d'humeur débonnaire.* – De *de bonne aire,* « de bonne race ».

débonnairement [debɔnɛʀmɑ̃] adv. D'une manière débonnaire. – De *débonnaire.*

débonnaireté [debɔnɛʀte] n. f. Litt. Bonté allant jusqu'à la faiblesse. – De *débonnaire.*

débordant, ante [debɔʀdɑ̃, ɑ̃t] adj. **1.** Qui déborde, qui passe les limites. **2.** Fig. Qui ne peut se contenir et se manifeste avec exubérance. *Joie débordante.* – Ppr. de *déborder.*

débordé, ée [debɔʀde] adj. **1.** Rare Sorti de ses bords. *Fleuve débordé.* **2.** Fig. Surchargé (d'activités, d'obligations, etc.). *Être débordé de travail, de soucis.* – Absol. *Je préfère remettre notre rendez-vous à demain, aujourd'hui je suis débordé.* **3.** Fig. Qui reste impuissant devant les événements, qui n'en a plus le contrôle. *Le service d'ordre a été débordé.* **4.** MILIT, SPORT Contourné, dépassé. *Débordé par les ailes.* – Pp. de *déborder.*

débordement [debɔʀdəmɑ̃] n. m. **1.** Fait de déborder. *Débordement d'un cours d'eau.* **2.** Fig. Profusion, abondance excessive. *Un débordement de paroles.* **3.** (Plur.) Fig. Excès, conduite dissolue. *Se livrer à des débordements.* **4.** MILIT, SPORT Action de déborder. – De *déborder.*

déborder [debɔʀde] v. [1] **I.** v. intr. **1.** Laisser son contenu se répandre par-dessus bord. *Vase qui déborde.* ▷ Loc. fig. *La goutte d'eau qui fait déborder le vase* : l'événement, le fait qui rend insupportable une situation déjà très pénible. ▷ Fig. S'épancher, manifester des opinions, des sentiments longtemps contenus. *Laisser déborder son cœur.* ▷ Fig. *Déborder de vitalité, de courage. Déborder de joie.* **2.** Se répandre par-dessus bord. *Le lait a débordé de la casserole. Rivière qui déborde.* **II.** v. tr. **1.** Ôter le bord, la bordure de. *Déborder un napperon.* **2.** *Déborder des draps* : tirer les bords des draps de dessous le matelas. – Par ext. *Déborder un lit.* **3.** MAR *Déborder une embarcation,* l'éloigner de la coque d'un navire ou du quai où elle est accostée, la pousser vers le large. – Absol. *Déborde!* **4.** Dépasser les limites, le bord de. *Cette pierre déborde l'autre de quelques centimètres.* – Fig. *Conférencier qui déborde le sujet annoncé.* **5.** MILIT, SPORT Dépasser en contournant. *L'ennemi, l'adversaire a débordé notre aile.* – De *dé-,* et *bord.*

débosseler [debɔsle] v. tr. [17] Faire disparaître les bosses de (qqch). *Débosseler une casserole.*

débotté [debɔte] ou **débotter** n. m. **1.** Vx Moment où l'on se débotte. – *Par ext.* Moment où l'on arrive. **2.** Loc. fig. Mod. *Au débotté, au débotter* : à l'improviste, sans préparation. – Subst. de *débotter.*

débotter [debɔte] v. tr. [1] Ôter les bottes à (qqn). ▷ v. pron. Retirer ses bottes. – De *dé-,* et *botte.*

débouchage [debuʃaʒ] n. m. Action de déboucher. – De *déboucher* 1.

débouché [debuʃe] n. m. **1.** Issue, endroit où un passage resserré débouche sur un espace plus vaste. *Débouché d'une vallée, d'un col.* **2.** TRAV PUBL Section de passage d'un pont. **3.** Moyen de placer un produit, une marchandise, d'en assurer l'écoulement; marché. *Trouver à l'étranger de nouveaux débouchés.* **4.** *Par ext.* (Surtout au plur.) Carrières, professions auxquelles telle formation professionnelle, telles études donnent accès. *Spécialité à laquelle peu de débouchés sont offerts.* – Pp. subst. de *déboucher* 2.

débouchement [debuʃmɑ̃] n. m. Action de dégager de ce qui obstrue. – De *déboucher* 1.

1. déboucher [debuʃe] v. tr. [1] **1.** Dégager de ce qui bouche, obstrue. *Déboucher un évier.* **2.** Ôter le bouchon de. *Déboucher une bouteille.*

2. déboucher [debuʃe] v. intr. [1] **1.** Sortir d'un endroit resserré pour entrer dans un endroit plus large. *Un groupe de touristes déboucha sur la place.* **2.** Aboutir à (un lieu plus vaste, un passage plus large), en parlant d'une voie; se jeter dans, en parlant d'un cours d'eau. *Chemin qui débouche dans la plaine, sur la route. La Seine débouche dans la Manche.* **3.** Fig. *Déboucher sur* : aboutir à (un autre domaine, des perspectives, des conclusions nouvelles). *Hypothèse qui débouche sur une remise en question des connaissances actuelles.* – De *dé-,* et *bouche.*

débouchoir [debuʃwaʀ] n. m. Outil qui sert à déboucher un conduit. ▷ TECH Outil de lapidaire. – De *déboucher* 1.

déboucler [debukle] v. tr. [1] **1.** Ouvrir en détachant l'ardillon d'une boucle. *Déboucler un ceinturon.* **2.** Défaire les boucles (d'une chevelure, de la chevelure de qqn).

déboulé [debule] n. m. **1.** CHOREGR Mouvement constitué d'une suite de demi-tours sur les pointes ou les demi-pointes. **2.** SPORT Course rapide, puissante. *Avoir un bon déboulé.* **3.** VEN Départ rapide et à l'improviste du lapin, du lièvre devant le chasseur. *Tirer un lièvre au déboulé* ou *au débouler.* – Pp. subst. de *débouler.*

débouler [debule] v. intr. [1] **1.** Fam. Rouler comme une boule de haut en bas. – *Par ext.* Descendre très vite, comme une boule qui roule. *Débouler du haut de la rue sans s'arrêter.* – v. tr. *Il déboula les deux étages.* **2.** VEN Fuir précipitamment et à l'improviste devant le chasseur (V. déboulé, sens 3). – De *dé-,* et *boule.*

déboulonnage [debulɔnaʒ] ou **déboulonnement** [debulɔnmɑ̃] n. m. Action de déboulonner; état de ce qui est déboulonné. – De *déboulonner.*

déboulonner [debulɔne] v. tr. [1] **1.** Enlever les boulons de, démonter (ce qui était boulonné). **2.** Fig., fam. *Déboulonner qqn,* lui faire perdre son prestige, sa réputation; lui retirer son poste, ses responsabilités. *Déboulonner un homme politique.*

débouquer [debuke] v. intr. [1] MAR Déboucher d'une passe, d'un chenal dans la mer. – De *dé-,* et *bouque,* du provenç. *bouca,* «bouche».

débourbage [debuʀbaʒ] n. m. TECH Opération par laquelle on débourbe (un minerai, un liquide). *Le débourbage du vin.* – De *débourber.*

débourber [debuʀbe] v. tr. [1] **1.** Ôter la bourbe de. *Débourber une mare.* ▷ TECH Ôter la gangue (d'un minerai). – Purifier (un liquide) par décantation. **2.** Sortir de la bourbe. *Débourber un camion.* ▷ Fig., vieilli Tirer (qqn) d'une situation difficile. – De *dé-,* et *bourbe.*

débourbeur [debuʀbœʀ] n. m. TECH Appareil qui sert à débourber. – De *débourber.*

débourrage [debuʀaʒ] n. m. **1.** TECH Opération qui consiste à enlever la bourre des cardes. **2.** EQUIT Premier dressage d'un poulain. – De *débourrer.*

débourrement [debuʀmɑ̃] n. m. ARBOR Épanouissement des bourgeons des arbres. – De *débourrer.*

débourrer [debuʀe] v. [1] **I.** v. tr. **1.** Ôter la bourre de. *Débourrer une peau avant de la tanner.* **2.** Dégarnir de ce qui bourre. *Débourrer une pipe,* en retirer le tabac, les cendres. **3.** EQUIT Commencer à dresser (un poulain). **II.** v. intr. **1.** ARBOR Éclore, sortir de sa bourre, en parlant des bourgeons. **2.** Arg. Déféquer.

débours [debuʀ] n. m. (Souvent au plur.) Somme déboursée. *Rentrer dans ses débours.* – Déverbal de *débourser.*

déboursement [debuʀsəmɑ̃] n. m. Action de débourser. – De *débourser.*

débourser [debuʀse] v. tr. [1] Sortir (une certaine somme) de sa bourse, de sa caisse, pour payer. *N'avoir rien à débourser.* – De *dé-,* et *bourse.*

déboussoler [debusɔle] v. tr. [1] Fam., fig. Faire perdre la tête à qqn., le déconcerter. *Ses propos m'ont déboussolé.* – De *dé-,* et *boussole.*

debout [dəbu] adv. et adj. **I.** adv. **1.** Sur un de ses bouts, en position verticale. *Poser un tonneau debout.* ▷

Fig. *Mettre une affaire debout*, la créer, l'organiser. **2.** (Personnes) Sur ses pieds, en station verticale (par oppos. à *couché, assis*). *Se mettre debout.* ▷ *Debout! :* interj. par laquelle on ordonne à qqn de se lever, on l'invite à partir. **3.** Levé, hors de son lit. *Être debout à 5 heures tous les matins.* – Loc. *Dormir debout :* être fatigué au point de s'endormir sans être couché; fig., être très fatigué. – Fig. *Une histoire à dormir debout*, inimaginable, invraisemblable. **4.** *Être, tenir debout :* résister à la destruction, à l'usure. *Cette vieille bâtisse est encore debout.* ▷ Fig. *Tenir debout* (souvent nég.) : être cohérent, vraisemblable (en parlant d'une théorie, d'un récit, etc.). *Un raisonnement, une argumentation qui ne tient pas debout. Cette explication tient debout.* **II.** adj. inv. **1.** DR *La magistrature debout :* le ministère public (qui intervient debout, par oppos. à la *magistrature assise* *). **2.** MAR *Navire debout à la lame, au vent*, qui présente son avant à la lame, au vent. ▷ *Vent debout*, contraire à la direction suivie par le navire, l'avion. *Décoller, atterrir vent debout*, face au vent. – De *de*, et *bout*.

débouté [debute] n. m. DR Rejet d'une demande en justice. – Pp. subst. de *débouter*.

déboutement [debutmɑ̃] n. m. DR Action de débouter. – De *débouter*.

débouter [debute] v. tr. [1] DR Déclarer (qqn) mal fondé dans la demande qu'il a faite en justice. *Le tribunal a débouté le demandeur de sa prétention.*

déboutonner [debutɔne] v. tr. [1] **1.** Dégager de leurs boutonnières les boutons de. *Déboutonner son manteau.* **2.** v. pron. Déboutonner ses vêtements. ▷ Fig., fam. Dire tout ce qu'on pense, parler sans retenue; avouer, dire tout ce qu'on sait.

débraillé, ée [debʀɑje] adj. et n. m. **1.** adj. Dont les vêtements sont en désordre. *Un enfant sale et débraillé.* ▷ Négligé, sans soin. *Une allure, une tenue débraillée.* ▷ Fig. *Des manières débraillées*, trop libres, inconvenantes. **2.** n. m. Mise négligée. ▷ Fig. *Le débraillé du style.* – De *dé-*, et a. fr. *braiel, brail*, « ceinture ».

débrailler (se) [debʀɑje] v. pron. [1] Fam. Se découvrir d'une manière malséante, partic. en déboutonnant ses vêtements sur la poitrine. ▷ Fig. Prendre un tour trop libre, ne plus respecter les convenances. *Réunion, discussion qui se débraille.* – De *débraillé*.

débranchement [debʀɑ̃ʃmɑ̃] n. m. Action de débrancher. – De *débrancher*.

débrancher [debʀɑ̃ʃe] v. tr. [1] **1.** CH de F Séparer (des wagons ou des voitures) d'un convoi pour les diriger sur une autre voie. **2.** Interrompre la connexion, supprimer le branchement de. *Débrancher un poste de radio, une prise électrique.*

débrayage [debʀɛjaʒ] n. m. **1.** Action de débrayer. **2.** Arrêt du travail; grève. – De *débrayer*.

débrayer [debʀɛje] v. [21] **1.** v. tr. TECH Désaccoupler (l'arbre entraîné) de l'arbre moteur d'une machine. ▷ (S. comp.) AUTO *Débrayer pour passer les vitesses.* **2.** v. intr. Cesser le travail à la fin de la journée, dans une usine. – *Spécial.* Cesser le travail en signe de mécontentement, se mettre en grève. *Tous les ateliers ont débrayé.* – A remplacé *désembrayer*, de *dés-*, et *embrayer*.

débrayeur [debʀɛjœʀ] n. m. TECH Mécanisme servant à débrayer. – De *débrayer*.

débridé, ée [debʀide] adj. Qui a perdu toute contrainte, sans mesure. *Imagination débridée.* – Pp. de *débrider*.

débridement [debʀidmɑ̃] n. m. **1.** Action de débrider. **2.** MED Sectionnement de la bride qui comprime ou étrangle un organe. – Large incision pratiquée dans un foyer purulent. **3.** Fig. Déchaînement. *Le débridement des passions.* – De *débrider*.

débrider [debʀide] v. tr. [1] **1.** Ôter la bride à. *Débrider un cheval.* **2.** Libérer (qqch) de ce qui serre, contraint comme une bride. ▷ AUTO *Débrider un moteur*, lui permettre de tourner plus vite, après rodage. ▷ MED Pratiquer le débridement de. *Débrider un abcès, une plaie.* – Fig., cour. *Débrider les yeux à qqn*, lui faire voir la vérité. ▷ (S. comp.) *Sans débrider :* sans interruption.

débris [debʀi] n. m. (Surtout au plur.) **1.** Fragment d'un objet brisé, ou en partie détruit. *Les débris d'un vase.* ▷ Ruines (d'un bâtiment, d'une ville). – Fig., litt. *Les débris d'un empire, d'une civilisation.* **2.** *Débris fossiles, débris organiques :* restes plus ou moins bien conservés d'êtres organisés. **3.** Restes d'une chose en partie consommée. *Les débris d'un repas.* **4.** Fam., péjor. *Un vieux débris :* une personne âgée, diminuée physiquement et intellectuellement. – Déverbal de l'a. fr. *débriser*, « mettre en morceaux ».

débrochage [debʀɔʃaʒ] n. m. IMPRIM Action de débrocher un livre. – De *débrocher*.

débrocher [debʀɔʃe] v. tr. [1] **1.** Retirer de la broche (une viande, une volaille embrochée). **2.** IMPRIM Découdre (un livre broché) après en avoir ôté la couverture. – De *dé-*, et *broche*.

débronzer [debʀɔ̃ze] v. intr. [1] Perdre son bronzage. *J'ai débronzé en une semaine.*

débrouillage [debʀujaʒ] n. m. **1.** Action de débrouiller. **2.** Fait de se débrouiller. – De *débrouiller*.

débrouillard, arde [debʀujaʀ, aʀd] adj. et n. Fam. Qui sait se débrouiller. *Un enfant débrouillard.* ▷ Subst. *C'est un débrouillard.* – De *débrouiller*.

débrouillardise [debʀujaʀdiz] n. f. Fam. Aptitude (d'une personne) à se débrouiller. – De *débrouillard*.

débrouille [debʀuj] n. f. Fam. Fait de se tirer d'affaire, d'embarras, grâce à sa propre habileté. – Déverbal de *débrouiller*.

débrouillement [debʀujmɑ̃] n. m. Action de débrouiller qqch. – De *débrouiller*.

débrouiller [debʀuje] **I.** v. tr. [1] **1.** Démêler, mettre, remettre en ordre (une chose qui est embrouillée). *Débrouiller un écheveau.* **2.** Fig. Éclaircir, dénouer. *Débrouiller une affaire confuse, un mystère. Débrouiller un texte difficile.* **3.** Fam. *Débrouiller qqn*, lui apprendre à se tirer d'embarras, lui donner les rudiments d'un savoir. **II.** v. pron. Fam. Se tirer d'embarras. *Il a su se débrouiller au milieu de toutes ces difficultés.* ▷ *Spécial.* Se tirer d'affaire, arriver à ses fins par son habileté. *C'est un homme qui arrive toujours à se débrouiller.*

débrouilleur, euse [debʀujœʀ, øz] n. Rare Personne qui débrouille ce qui est embrouillé, confus. – De *débrouiller*.

débroussaillement [debʀusɑjmɑ̃] n. m. Action de débroussailler; son résultat. – De *débroussailler*.

débroussailler [debʀusɑje] v. tr. [1] Enlever les broussailles de. *Débroussailler un chemin.* ▷ Fig. Commencer à tirer au clair. *Débroussailler une question, un problème.* – De *dé-*, et *broussaille*.

débrousser [debʀuse] v. tr. [1] Défricher (la brousse). – De *dé-*, et *brousse*.

débuché ou **débucher** [debyʃe] n. m. CHASSE Moment où la bête sort du bois, du taillis; sonnerie de trompe qui annonce ce moment. – Substant. de *débucher*.

débucher [debyʃe] [1] **1.** v. intr. CHASSE Sortir du bois (gibier). *Le cerf a débuché.* **2.** v. tr. Faire sortir (une bête) du bois. *Débucher le sanglier.* – De *dé-*, et *bûche* (au sens anc.), « bois, forêt ».

débudgétisation [debydʒetizasjɔ̃] n. f. Action de débudgétiser; son résultat. – De *débudgétiser*.

débudgétiser [debydʒetize] v. tr. [1] Enlever une charge au budget de l'État et lui trouver un autre mode de couverture financière. *Le programme de construction des autoroutes de liaison a été débudgétisé.* – De *dé-*, et *budget.*

débureaucratiser [debyʀokʀatize] v. tr. [1] Réduire l'importance de la bureaucratie de. *Débureaucratiser un parti.* ▷ v. pron. (En parlant d'un État, d'un organisme.) Réduire sa propre bureaucratie. – De *dé-*, et *bureaucratiser.*

débusquement [debyskəmɑ̃] n. m. Action de débusquer. – De *débusquer.*

débusquer [debyske] v. tr. [1] **1.** VEN Faire sortir (le gibier) du bois, du terrier. ▷ v. intr. Sortir du bois, de son terrier. **2.** Chasser (qqn) d'un abri, d'une position protégée. *Débusquer l'ennemi.* – De *débucher*, d'ap. *embusquer.*

début [deby] n. m. **1.** Commencement. *Depuis le début du mois. Du début jusqu'à la fin. Tout au début, au tout début.* **2.** (Au plur.) Premiers essais, premiers pas (dans une activité, une carrière). *Faire ses débuts dans le monde. Les débuts d'un comédien, d'un écrivain.* – Déverbal de *débuter.*

débutanisation [debytanizasjɔ̃] n. f. TECH Opération consistant à retirer le butane et le propane de l'huile brute. – De *dé-*, et *butane.*

débutant, ante [debytɑ̃, ɑ̃t] n. et adj. **I.** n. **1.** Personne qui débute dans une activité, un métier. *Un rôle de débutant.* ▷ *Spécial.* Personne sans expérience. *C'est du travail de débutant.* **2.** n. f. Jeune fille qui fait ses débuts dans le monde. *Le bal des débutantes* (Abrév. fam. : deb. *Le bal des debs*). **II.** adj. *Un avocat débutant.* – Ppr. subst. de *débuter.*

débuter [debyte] v. intr. [1] **1.** Commencer (choses). *La séance débute à 8 heures.* **2.** Faire ses débuts (dans une activité, une carrière). *Il a débuté comme simple manœuvre.* ▷ v. tr. *Il a mal débuté sa journée* (construction déconseillée par certains grammairiens). – De *dé-*, et *but.*

debye [dəbaj] n. m. PHYS Unité de moment électrique qui équivaut à $\frac{1}{3}$. 10^{-29} coulomb-mètre, servant à exprimer les moments dipolaires de molécules (symbole D). – Du nom du physicien néerl. Petrus *Debye* (1884-1966).

déca-. Élément, du gr. *deka*, « dix ».

deçà [dəsa] prép. et adv. **I.** prép. **1.** Vx De ce côté-ci (opposé à *delà*). *Deçà et delà le fleuve, le pays n'est pas le même.* **2.** Loc. prép. Vx *Au deçà de* : de ce côté-ci. *« Vérité au deçà des Pyrénées, erreur au-delà » (Pascal).* – Mod. *En deçà de* : au-dessous de. *En deçà de la rivière.* – Fig. *Rester en deçà de la vérité* : dire moins que la vérité ; ne pas tout dire. **II.** loc. adv. *Deçà... delà, deçà et delà, deçà delà* : d'un côté et de l'autre, de côté et d'autre, de tous côtés. *« Elles s'enfuirent toutes, qui deçà, qui delà » (Racine).* – De *de*, et *çà.*

décabriste [dekabʀist] [desɑ̃bʀist] ou **décembriste** n. m. HIST Membre d'un groupe de conspirateurs russes du début du règne de Nicolas Ier, qui voulaient écarter du trône le nouvel empereur, de tendance absolutiste, au profit de son frère Constantin ; la révolte (26 déc. 1825) fut rapidement matée et les *décabristes* furent sévèrement condamnés et déportés en Sibérie. – Du russe *dekabr*, « décembre ».

décachetage [dekaʃtaʒ] n. m. Action de décacheter. – De *décacheter.*

décacheter [dekaʃte] v. tr. [20] Ouvrir (ce qui est cacheté). *Décacheter une lettre.*

décadaire [dekadɛʀ] adj. **1.** Qui se rapporte aux décades, dans le calendrier républicain. **2.** Qui a lieu, ou qui paraît tous les dix jours. *Compte rendu décadaire.* – De *décade.*

décade [dekad] n. f. **1.** Période de dix jours consécutifs. ▷ *Spécial.* Période de dix jours, dans le calendrier* républicain de 1793, remplaçant la semaine. **2.** *Par ext.* (Emploi critiqué.) Période de dix ans. *La première décade du XXe siècle.* **3.** LITTER Partie d'un ouvrage composée de dix livres, dix chapitres, etc. *Il ne subsiste que la première et la troisième décades de l'« Histoire romaine » de Tite-Live.* – Lat. *decas, decadis* ; gr. *deka*, « dix ».

décadenasser [dekadnase] v. tr. [1] Ouvrir en enlevant le cadenas. *Décadenasser une malle.*

décadence [dekadɑ̃s] n. f. Commencement de la chute, de la ruine. *Tomber en décadence.* ▷ *Spécial.* Période de déclin politique et économique, accompagné d'un déclin des institutions, des valeurs d'une société. *Les poètes de la décadence*, des derniers siècles de l'Empire romain. – Lat. médiév. *decadentia*, de *cadere*, « tomber ».

décadent, ente [dekadɑ̃, ɑ̃t] adj. (et n.) **1.** Qui résulte de la décadence ou la traduit ; qui est en décadence. *Siècle décadent. Peinture décadente.* **2.** LITTER *L'école décadente* : l'école littéraire et philosophique qui prépara le symbolisme. ▷ n. m. *Les décadents.* – De *décadence.*

décadentiste adj. LITT Se dit des poètes français des années 1880-1890 qui, en réaction contre les parnassiens, adoptèrent les idées de Baudelaire, Verlaine et Mallarmé. – De *décadent.*

décadi [dekadi] n. m. HIST Dixième jour de la décade dans le calendrier républicain. – De *déca-*, d'apr. *lundi.*

décaèdre [dekaɛdʀ] adj. et n. m. GEOM **1.** adj. Qui a dix faces. **2.** n. m. Polyèdre limité par dix faces. – De *déca-*, et *-èdre.*

décaféiné, ée [dekafeine] adj. et n. m. Dont on a extrait la caféine. *Un café décaféiné.* ▷ n. m. *Un décaféiné.* (Abrév. fam. : un déca). – Pp. de *décaféiner.*

décaféiner [dekafeine] v. tr. [1] Enlever la caféine (du café). – De *dé-*, et *caféine.*

décagonal, ale, aux [dekagɔnal, o] adj. GEOM Qui a la forme d'un décagone. – De *décagone.*

décagone [dekagɔn] n. m. GEOM Polygone à dix angles et dix côtés. – De *déca-*, et *-gone.*

décagramme [dekagʀam] n. m. Unité valant dix grammes (symbole dag).

décaissement [dekɛsmɑ̃] n. m. Action de décaisser. – De *décaisser.*

décaisser [dekɛse] v. tr. [1] **1.** Sortir (qqch) d'une caisse. *Décaisser un meuble.* **2.** Sortir (des fonds) d'une caisse pour effectuer un paiement, un versement. – De *dé-*, et *caisse.*

décalage [dekalaʒ] n. m. **1.** TECH Action de décaler. **2.** Position, état de ce qui est décalé (dans le temps ou dans l'espace). – *Décalage horaire* : différence (en plus ou en moins) d'heure légale entre deux pays situés sur des fuseaux horaires différents. ▷ ASTRO *Décalage spectral* : phénomène se traduisant, dans le spectre des étoiles, par des raies décalées vers la couleur rouge. **3.** Fig. Inadéquation, différence entre deux choses, deux faits. *Il y a un décalage énorme entre sa version des faits et la réalité.* – De *décaler.*

décalaminage [dekalaminaʒ] n. m. TECH Action de décalaminer ; son résultat. – De *décalaminer.*

décalaminer [dekalamine] v. tr. [1] TECH Enlever la calamine de. *Décalaminer un moteur.* – De *dé-*, et *calamine.*

décalcification [dekalsifikasjɔ̃] n. f. MED Diminution du calcium de l'organisme provoquant une fragilité osseuse, localisée ou diffuse. – De *décalcifier.*

décalcifier [dekalsifje] v. tr. [2] MED Priver d'une partie de son calcium. - v. pron. Être atteint de décalcification.

décalcomanie [dekalkɔmani] n. f. Procédé de décoration par report de figures ou de motifs qui se détachent d'un papier que l'on applique sur l'objet à décorer. *Porcelaines décorées par décalcomanie.* - Cour. *Album de décalcomanies pour les enfants.* - *Par méton.* Image appliquée par ce procédé. – De *décalquer,* et *manie.*

décaler [dekale] v. tr. [1] **1.** Ôter les cales de. **2.** Faire subir un léger déplacement (dans le temps ou dans l'espace) à. *Décaler la date d'un départ.*

décalitre [dekalitʀ] n. m. Mesure de capacité valant dix litres (symbole dal). – De *déca-,* et *litre.*

décalogue [dekalɔg] n. m. *Le Décalogue* : les dix principes fondamentaux de la loi juive, énoncés au chap. XX de l'*Exode,* que Dieu aurait lui-même gravés sur les tables de pierre (les Tables de la Loi) que Moïse lui présenta dans le massif du Sinaï. – Lat. *decalogus,* gr. *dekalogos,* de *deka-,* « dix », et *logos,* « loi ».

décalotter [dekalɔte] v. tr. [1] Ôter la calotte de (qqch). – De *dé-,* et *calotte.*

décalquage [dekalkaʒ] ou **décalque** [dekalk] n. m. Action de décalquer ; son résultat. – De *décalquer.*

décalquer [dekalke] v. tr. [1] Reporter le calque de (qqch) sur une surface quelconque. *Papier à décalquer.*

décalvant, ante [dekalvɑ̃, ɑ̃t] adj. Qui rend chauve. *Pelade décalvante.* – De *dé-,* et lat. *calvus,* « chauve ».

décalvation [dekalvasjɔ̃] n. f. MED Chute des cheveux. – Bas lat. *decalvatio,* « action de se raser la tête ».

décamètre [dekamɛtʀ] n. m. Unité de longueur égale à dix mètres (symbole dam). ▷ TECH Chaîne ou ruban d'une longueur de 10 m servant à certaines mesures. - Spécial. *Décamètre d'arpenteur.*

décamétrique [dekametʀik] adj. TELECOM *Les ondes décamétriques* : les ondes courtes (entre 10 et 100 m). – De *décamètre.*

décamper [dekɑ̃pe] v. intr. [1] **1.** Vx Lever le camp. *L'ennemi décampa dès l'aube.* **2.** Fam. S'enfuir, partir à la hâte. Syn. détaler, déguerpir. – De *dé-,* et *camp.*

décan [dekɑ̃] n. m. ASTROL Chaque dizaine de degrés de chacun des signes du zodiaque. *Le troisième décan du Bélier.* – Lat. *decanus.*

décanat [dekana] n. m. Dignité de doyen ; exercice, durée de cette dignité. – Lat. ecclés. *decanatus,* de *decanus,* « chef de dix hommes ».

décaniller [dekanije] v. intr. [1] Pop. S'enfuir prestement, décamper. – P.-ê. de *dé-,* et lyonnais *canille,* « jambe », de *canne.*

décantage [dekɑ̃taʒ] n. m. ou **décantation** [dekɑ̃tasjɔ̃] n. f. Action de décanter ; son résultat. – De *décanter.*

décanter [dekɑ̃te] v. tr. [1] Laisser reposer (un liquide) pour le séparer des matières solides qu'il tenait en suspension. ▷ v. pron. *Cidre qui se décante.* - Fig. Se clarifier. *Laisser la situation se décanter avant d'agir.* – Lat. des alchimistes *decanthare,* de *canthus,* « bec de cruche ».

décanteur [dekɑ̃tœʀ] n. m. TECH Appareil servant à décanter. *Les décanteurs d'une station d'épuration d'eau.* – De *décanter.*

décapage [dekapaʒ] n. m. Action de décaper. – De *décaper.*

décapant, ante [dekapɑ̃, ɑ̃t] adj. et n. m. **1.** adj. Qui décape. - Fig. *Des propos décapants,* incisifs, qui bousculent. **2** n. m. Substance chimique assurant le décapage. – Ppr. de *décaper.*

décapeler [dekaple] v. tr. [19] MAR Enlever le capelage de. *Décapeler un mât.* ▷ v. intr. *Amarre qui décapelle de la bitte.*

décapement [dekapmɑ̃] n. m. TRAV PUBL Action de décaper (un sol). – De *décaper.*

décaper [dekape] v. tr. [1] **1.** TECH Débarrasser (une surface métallique) des oxydes ou des impuretés qui y adhèrent. *Décaper des poutrelles métalliques.* ▷ Par ext., cour. *Décaper une table en bois avant de la vernir.* **2.** TRAV PUBL Enlever la couche superficielle d'un sol. – De *dé-,* et *cape.*

décapeuse [dekapøz] n. f. TRAV PUBL Engin de terrassement pour décaper les sols. (Terme off. recommandé pour *scraper.*) – De *décaper.*

décapitation [dekapitasjɔ̃] n. f. Action de décapiter. – De *décapiter.*

décapiter [dekapite] v. tr. [1] **1.** Trancher la tête de (qqn). *Décapiter un condamné.* **2.** *Par anal.* Enlever la partie supérieure de (qqch). *Décapiter des arbres.* **3.** Fig. Enlever la partie essentielle de. - Pp. *Un parti décapité par la mort de son chef.* – Lat. médiév. *decapitare,* de *caput,* « tête ».

décapodes [dekapɔd] n. m. pl. ZOOL **1.** Ordre de mollusques céphalopodes dibranchiaux caractérisés par la présence de 10 tentacules et d'une coquille interne recouverte de chair (seiches, calmars et fossiles : bélemnites). **2.** Sous-ordre de crustacés malacostracés eucarides pourvus de 5 paires de pattes locomotrices (la première paire pouvant prendre la forme de pinces). *Les macroures (langouste), et les brachyoures (crabe) sont des décapodes.* - Sing. *Un décapode.* – De *déca-,* et *-pode.*

décapotable [dekapɔtabl] adj. Qui peut être décapoté. - *Voiture décapotable* ou, *n. f. une décapotable.* – De *décapoter.*

décapoter [dekapɔte] v. tr. [1] **1.** Ouvrir la capote (d'une voiture). **2.** Retirer, ouvrir le ou les capots (d'un moteur). – De *dé-,* et *capote.*

décapsulage [dekapsylaʒ] n. m. Action de décapsuler. – De *décapsuler.*

décapsuler [dekapsyle] v. tr. [1] Enlever la capsule de. *Décapsuler une bouteille.* – De *dé-,* et *capsule.*

décapsuleur [dekapsylœʀ] n. m. Ustensile pour décapsuler les bouteilles. Syn. ouvre-bouteilles. – De *décapsuler.*

décarbonatation [dekaʀbɔnatasjɔ̃] n. f. TECH Action de décarbonater. – De *décarbonater.*

décarbonater [dekaʀbɔnate] v. tr. [1] CHIM Éliminer d'un corps le dioxyde de carbone. – De *dé-,* et *carbonate.*

décarboxylase [dekaʀbɔksilaz] n. f. BIOCHIM Enzyme qui catalyse la décarboxylation de substances organiques.

décarboxylation [dekaʀbɔksilasjɔ̃] n. f. BIOCHIM Perte spontanée ou enzymatique d'une molécule de dioxyde de carbone. – De *décarboxylase.*

décarburant [dekaʀbyʀɑ̃] n. m. CHIM Substance ayant la propriété de débarrasser une autre substance du carbone qu'elle contient. – Ppr. subst. de *décarburer.*

décarburation [dekaʀbyʀasjɔ̃] n. f. METALL Action d'enlever à la fonte une partie de son carbone pour la transformer en acier ; son résultat. – De *décarburer.*

décarburer [dekaʀbyʀe] v. tr. [1] METALL Débarrasser un métal du carbone qu'il contient. – De *dé-,* et *carbure.*

décarcasser (se) [dekaʀkase] v. pron. [**1**] Fam. Se donner beaucoup de peine. – De *dé-*, et *carcasse*.

décarcération. V. désincarcération. – De *dé-*, et lat. *carcer*, «prison».

décasyllabe [dekasil(l)ab] adj. et n. m. ou **décasyllabique** [dekasil(l)abik] adj. Qui a dix syllabes. *Vers décasyllabe* ou *décasyllabique.* ▷ n. m. *Un décasyllabe.* – De *déca-*, et *syllabe, syllabique.*

décathlon [dekatlɔ̃] n. m. SPORT Compétition masculine d'athlétisme, inscrite aux jeux Olympiques, comportant dix épreuves (4 courses, 3 sauts, 3 lancers). – De *déca-*, d'apr. *pentathlon.*

décathlonien [dekatlɔnjɛ̃] n. m. SPORT Athlète pratiquant le décathlon. – De *décathlon.*

décati, ie [dekati] adj. **1.** Qui a perdu son lustre, en parlant d'une étoffe. *Un vieux pardessus en drap décati.* **2.** Fig., péjor. Qui a perdu sa fraîcheur. *Un vieil homme décati.* – Pp. de *décatir.*

décatir [dekatiʀ] **1.** v. tr. [**3**] TECH Enlever (à une étoffe) le lustre et le brillant produits par les apprêts. *Décatir le drap, la toile de lin.* **2.** v. pron. Fig., péjor. Perdre sa fraîcheur, sa beauté; vieillir. *Commencer à se décatir.* – De *dé-*, et *catir.*

décatissage [dekatisaʒ] n. m. TECH Action de décatir une étoffe. – De *décatir.*

decauville [dəkovil] n. m. CH de F Chemin de fer à voie étroite (40-60 cm). – De *Decauville,* n. de l'inventeur.

décaver [dekave] v. tr. [**1**] JEU Dépouiller un partenaire de sa mise (cave). ▷ v. pron. Perdre sa mise. – De *dé-*, et *cave.*

décédé, ée [desede] adj. et n. Mort. *Un oncle décédé.* ▷ Subst. *Les ayants droit du décédé.* – Pp. de *décéder.*

décéder [desede] v. intr. [**14**] (Personnes) Mourir. – Lat. *decedere*, «s'en aller».

décelable [deslabl] adj. Qui peut être décelé. – De *déceler.*

décèlement [desɛlmɑ̃] n. m. Rare Action de déceler. – De *déceler.*

déceler [desle] v. tr. [**17**] **1.** Découvrir (ce qui était caché). *Impossible de déceler le moindre indice.* **2.** Être l'indice de; faire découvrir, révéler. *C'est un léger bruit qui décela sa présence.* – De *dé-*, et *celer.*

décélération [deseleʀasjɔ̃] n. f. Accélération négative, diminution de la vitesse d'un mobile. *Les effets de la décélération sur l'organisme d'un cosmonaute.* – De *dé-*, et *(ac)célération.*

décélérer [deseleʀe] v. intr. [**14**] Effectuer, subir une décélération. – De *décélération.*

décéléromètre [deseleʀɔmɛtʀ] n. m. TECH Appareil utilisé pour mesurer les décélérations. – De *décélérer*, et *-mètre.*

décembre [desɑ̃bʀ] n. m. Douzième et dernier mois de l'année, comprenant trente et un jours. *Le jour de Noël est le 25 décembre.* ▷ HIST *2 Décembre* : nom du coup d'État du 2 déc. 1851, exécuté par Louis Napoléon Bonaparte, alors président de la Rép., en souvenir d'Austerlitz et du sacre de Napoléon Ier. L'Assemblée législ., mise hors d'état d'agir, fut dissoute et le suffrage universel rétabli. Cette manœuvre préluda à l'établissement du Second Empire, le 2 déc. 1852. – Lat. *decembris (mensis).*

décembriste. V. décabriste.

décemment [desamɑ̃] adv. **1.** D'une manière décente. *Se vêtir, se comporter décemment.* **2.** En tenant compte des convenances, du bon sens. *On ne peut décemment pas le faire attendre.* – De *décent.*

décemvir [desɛmviʀ] n. m. ANTIQ ROM Magistrat romain qui faisait partie d'un collège de dix membres. (Les décemvirs, au Ve s. av. J.-C., furent chargés de rédiger un code juridique.) – Lat. *decemvir.*

décemvirat [desɛmviʀa] n. m. Dignité de décemvir. – Période pendant laquelle Rome fut soumise à l'autorité des décemvirs. – De *décemvir.*

décence [desɑ̃s] n. f. Respect de la pudeur, de la correction, de la modestie. *Montrer de la décence dans sa tenue.* – *Ayez au moins la décence de vous taire.* – Lat. *decentia*, de *decere*, «convenir».

décennal, ale, aux [desenal, o] adj. **1.** Qui dure dix ans. *Engagement décennal.* **2.** Qui revient tous les dix ans. *Exposition décennale.* – Bas lat. *decennalis*, «qui dure, qui revient tous les dix ans».

décennie [deseni] n. f. Période de dix ans. – De *décennal.*

décent, ente [desɑ̃, ɑ̃t] adj. Conforme à la décence, convenable. *Une tenue décente.* ▷ Raisonnable, acceptable. *Un salaire décent.* – Lat. *decens, decentis.*

décentrage [desɑ̃tʀaʒ] n. m. Action de décentrer; fait d'être décentré. ▷ OPT, PHOTO Syn. de *décentrement.* – De *décentrer.*

décentralisateur, trice [desɑ̃tʀalizatœʀ, tʀis] adj. et n. Qui concerne la décentralisation. *Une réforme décentralisatrice.* ▷ Subst. Partisan de la décentralisation. – De *décentraliser.*

décentralisation [desɑ̃tʀalizasjɔ̃] n. f. **1.** Transfert de compétences d'un organisme central à des organismes régionaux ou locaux. **2.** Répartition dans un pays d'entreprises, de services, d'organismes jusqu'alors concentrés en un même lieu. – De *décentraliser.*

décentraliser [desɑ̃tʀalize] v. tr. [**1**] Procéder à la décentralisation de.

décentrement [desɑ̃tʀəmɑ̃] [desɑ̃tʀasjɔ̃] n. m. ou **décentration** n. f. **1.** OPT Défaut d'alignement des centres des lentilles. **2.** PHOTO Action de décentrer l'objectif d'un appareil photographique. Syn. décentrage. – De *décentrer.*

décentrer [desɑ̃tʀe] v. tr. [**1**] TECH Déplacer le centre de, ou écarter (qqch) du centre de. ▷ PHOTO Déplacer l'objectif d'un appareil photographique parallèlement à la surface sensible (pour éviter les déformations dues à la perspective). *Décentrer un objectif en largeur.*

déception [desɛpsjɔ̃] n. f. Sentiment d'une personne trompée dans ses espérances. *Votre attitude lui a causé une cruelle déception.* – Lat. *deceptio*, «tromperie».

décérébrer [deseʀebʀe] v. tr. [**14**] PHYSIOL Ôter, détruire le cerveau de (un animal). ▷ Pp. adj. *Étude des réflexes sur la grenouille décérébrée.* – Fig. Qui semble privé de cerveau. *Une brute décérébrée.* – De *dé-*, et lat. *cerebrum*, «cerveau».

décerner [desɛʀne] v. tr. [**1**] **1.** Accorder (à qqn des récompenses, des honneurs). *Décerner les palmes académiques à un professeur.* **2.** DR Vx Édicter, établir juridiquement. *La loi ne décerne aucune peine pour cette faute.* ▷ Mod. Ordonner qqch contre qqn. *Décerner un mandat de dépôt.* – Lat. *decernere*, «décider, décréter».

décerveler [desɛʀvəle] v. tr. [**17**] **1.** Fam. Faire sauter, détruire la cervelle de. **2.** Fig. Retirer tout jugement à, abrutir. – De *dé-*, et *cervelle.*

décès [desɛ] n. m. DR ADMIN Mort naturelle d'une personne. *Acte de décès.* – Cour. Mort. *Le décès d'un de ses proches l'a beaucoup affecté.* – Lat. *decessus*, de *decedere*, «décéder».

décevant, ante [des(ə)vɑ̃, ɑ̃t] adj. Qui apporte des déceptions. *Une réaction décevante de sa part.* – Ppr. de *décevoir.*

décevoir [desəvwaʀ] v. tr. [5] **1.** Tromper (qqn) dans ses espérances. *Ce voyage m'a beaucoup déçu.* **2.** Litt. Ne pas répondre à l'attente de. *Il ne vous pardonnera jamais d'avoir déçu sa confiance.* – Lat. *decipere,* «tromper».

déchaîné, ée [deʃene] adj. **1.** (Choses) Très violent. *Les vents déchaînés.* ▷ Outré. *Un snobisme déchaîné.* **2.** (Personnes) Exubérant; délivré de toute retenue. *Il est déchaîné ce soir! La foule déchaînée d'une émeute.* – Pp. de *déchaîner.*

déchaînement [deʃɛnmɑ̃] n. m. Action de déchaîner, de se déchaîner; état de ce qui est déchaîné. *Le déchaînement de l'envie.* – De *déchaîner.*

déchaîner [deʃene] v. tr. [1] **1.** Exciter, soulever, libérer de tout frein. *Une polémique qui déchaîne les passions.* **2.** v. pron. *Les éléments s'étaient déchaînés avec une violence inouïe.* ▷ (Personnes) S'emporter violemment. *Tous se déchaînèrent contre lui.* – De *dé-,* et *chaîne.*

déchant [deʃɑ̃] n. m. MUS Contrepoint primitif écrit au-dessus du plain-chant, princ. en usage aux XIIe, XIIIe et XIVe s. – Lat. médiév. *discantus;* de *dé-,* et *chant.*

déchanter [deʃɑ̃te] v. intr. [1] **1.** Rare Changer de ton. **2.** Rabattre de ses prétentions, de ses espérances.

décharge [deʃaʀʒ] n. f. **I. 1.** Vx Action d'enlever une charge. **2.** Lieu où l'on décharge (des ordures, des déchets). *Décharge publique.* **3.** TECH *Tuyau de décharge,* par lequel se fait l'écoulement des eaux. – Ouverture pratiquée pour permettre cet écoulement. *Déboucher une décharge.* **4.** ARCHI *Arc de décharge,* construit pour diminuer, en la répartissant, la charge supportée par la partie inférieure d'un édifice. **II. 1.** Action de faire partir un projectile d'arme à feu. – Salve, tir simultané de plusieurs armes à feu. *Décharge d'artillerie.* **2.** *Décharge électrique :* phénomène qui se produit lorsqu'un conducteur soumis à un potentiel électrique perd brusquement sa charge. ▷ *Décharge disruptive,* qui entraîne la perforation d'un diélectrique. – *Décharge d'un condensateur,* qui neutralise les charges des armatures de ce condensateur. – *Décharge d'un accumulateur,* réduction de la quantité d'électricité emmagasinée. *Une batterie dont la décharge est anormale.* **III. 1.** DR Se dit de tout ce qui tend à réduire ou à invalider les charges qui pèsent sur un accusé (dans l'expr. *à décharge*). *Témoin à décharge.* ▷ Cour. *Il faut dire à sa décharge...* **2.** Attestation qui dégage la responsabilité de qqn. *Faire signer une décharge.* **3.** FISC Annulation d'une imposition abusive. – Déverbal de *décharger.*

déchargement [deʃaʀʒəmɑ̃] n. m. **1.** Action de décharger (un navire, un camion, etc.). *Procéder au déchargement d'un avion.* **2.** Enlèvement des projectiles introduits dans une arme à feu. – De *décharger.*

déchargeoir [deʃaʀʒwaʀ] n. m. TECH Ouverture, conduit par lequel s'échappe le trop-plein d'un bassin. – De *décharger.*

décharger [deʃaʀʒe] v. [13] **I.** v. tr. **1.** Enlever les marchandises, les objets dont un navire, un camion, etc., sont chargés. *Décharger un bateau. Décharger des briques d'un camion.* **2.** Débarrasser d'un poids qui surcharge. *Décharger un plancher.* **3.** v. pron. S'écouler (en parlant des eaux). *Le trop-plein se décharge dans un bassin.* **4.** Fig. *Décharger son cœur, sa bile, sa colère :* dire enfin l'objet de sa souffrance, de sa rancœur, de son mécontentement. **II.** v. intr. IMPRIM Maculer. *Cette encre décharge.* ▷ Déteindre (en parlant d'une étoffe). **III.** *Décharger de.* **1.** Dispenser (qqn d'une charge, d'un travail). *Je vous déchargerai de ce soin.* – v. pron. *Il se décharge de toute la comptabilité sur ses collaborateurs.* **2.** Innocenter (un accusé des charges qui pèsent contre lui). *Les conclusions des experts l'ont totalement déchargé de cette accusation.* **IV.** v. tr. **1.** Enlever la charge de (une arme à feu). *Décharger un pistolet avant de le nettoyer.* ▷ *Décharger une arme à feu,* tirer tous les projectiles qu'elle contient. **2.** Débarrasser (un appareil) de sa charge électrique. *Décharger une batterie.* – v. pron. *Pile qui se décharge à l'humidité.*

déchargeur [deʃaʀʒœʀ] n. m. Vx Celui qui décharge des marchandises. – De *décharger.*

décharné, ée [deʃaʀne] adj. **1.** Débarrassé de sa chair. *Un squelette décharné.* ▷ Fig. *Un style décharné,* sec, aride. **2.** Extrêmement maigre. *Visage décharné.* – Pp. de *décharner.*

décharnement [deʃaʀnəmɑ̃] n. m. État d'une personne décharnée. – De *décharner.*

décharner [deʃaʀne] v. tr. [1] **1.** Dépouiller de la chair. *Décharner un os.* **2.** Amaigrir. *La maladie l'a décharné.* – De *dé-,* et a. fr. *charn,* «chair».

déchaumage [deʃomaʒ] n. m. AGRIC Action de déchaumer. – De *déchaumer.*

déchaumer [deʃome] v. tr. [1] AGRIC Enterrer les éteules (chaumes) par un labour léger. – De *dé-,* et *chaume.*

déchaumeuse [deʃomøz] n. f. Charrue légère pour déchaumer. – De *déchaumer.*

déchaussage [deʃosaʒ] n. m. AGRIC Syn. de *déchaussement.* – De *déchausser.*

déchaussé, ée [deʃose] adj. **1.** Sans chaussure. *Pied déchaussé.* – *Carmes déchaussés* ou *déchaux*.* **2.** Dont la base a une mauvaise assise. *Mur déchaussé.* – *Dent déchaussée,* dont la racine n'est plus maintenue correctement dans l'alvéole dentaire. – Pp. de *déchausser.*

déchaussement [deʃosmɑ̃] n. m. **1.** Fait de se déchausser (construction; dent); état de ce qui est déchaussé. *Le déchaussement des dents.* – CONSTR *Le déchaussement d'un mur.* **2.** ARBOR Opération qui consiste à dégager le pied des arbres ou des vignes pour y mettre du fumier. – De *déchausser.*

déchausser [deʃose] v. [1] **I.** v. tr. **1.** Ôter ses chaussures à (qqn). ▷ v. pron. *Se déchausser avant d'entrer.* **2.** Mettre à nu le pied, la base de (qqch). *Déchausser un arbre, un mur.* – *Déchausser une dent,* la dégager de la gencive. ▷ v. pron. *Avoir les dents qui se déchaussent.* **II.** v. intr. SPORT Ôter ses skis. – ALPIN Ôter de ses chaussures les crampons à glace. – Lat. pop. **discalceare,* de *calceus,* «soulier».

déchausseuse [deʃosøz] n. f. Charrue légère pour le déchaussement des vignes. – De *déchausser.*

déchaussoir [deʃoswaʀ] n. m. Outil pour déchausser (les dents; les arbres). – De *déchausser.*

déchaux [deʃo] adj. *Carmes * déchaux,* qui vont pieds nus dans leurs sandales. – Du lat. pop. *discalceus,* pp. de *discalceare,* «déchausser».

dèche [dɛʃ] n. f. Fam. Misère ou gêne passagère. *Être dans la dèche.* – Probabl. de *déchoir,* ou de *déchéance.*

déchéance [deʃeɑ̃s] n. f. **1.** Diminution, perte du rang social, de la réputation. *La déchéance d'une grande maison.* ▷ Cour. Affaiblissement (d'une faculté physique); décadence morale, avilissement. *Tomber dans la déchéance la plus totale.* **2.** DR Perte d'un droit ou d'une faculté (pour défaut d'usage dans les délais fixés ou dans les conditions prescrites par la loi). *Déchéance de la puissance paternelle.* ▷ Suspension (de qqn) d'un rang, d'une fonction. *L'Assemblée nationale prononça la déchéance de Louis XVI.* – HIST *Noble frappé de déchéance par décret royal.* – De *déchoir.*

déchet [deʃɛ] n. m. **1.** Vx Perte qu'une chose éprouve dans sa quantité. *Le déchet du pain à la cuisson.* ▷ Mod. DR COMM *Déchet de route :* part admise de dépréciation (qualitative ou quantitative) d'une marchandise au cours d'un transport (par fer, mer, route, etc.). *Le déchet de route* *n'engage pas la responsabilité du transporteur.* **2.** Ce qui tombe lorsqu'on coupe, rogne, etc. (une matière). *Des déchets de viande, de laine.* **3.** (Plur.) Résidus, restes (sales, dangereux, etc.). *Déchets radioactifs.* **4.** Fig. Personne déchue, pitoyable ou méprisable. *C'est un déchet. Un déchet de la société.* – De *déchoir.*

déchetterie [deʃɛtʀi] n. f. Lieu public où les particuliers peuvent déposer dans des containers appropriés un certain type de déchets (métal, plastique, etc.). – De *déchet.*

déchiffrable [deʃifʀabl] adj. Qui peut être déchiffré. – De *déchiffrer.*

déchiffrage [deʃifʀaʒ] n. m. Action de déchiffrer. – MUS Lecture et exécution à première vue d'un morceau de musique. – De *déchiffrer.*

déchiffrement [deʃifʀəmɑ̃] n. m. Action de déchiffrer (un texte codé; une affaire compliquée, etc.). – De *déchiffrer.*

déchiffrer [deʃifʀe] v. tr. [1] **1.** Trouver la signification de, traduire en clair (ce qui est écrit en chiffres, en caractères inconnus). *Déchiffrer un message codé. Déchiffrer des hiéroglyphes.* **2.** Lire (ce qui est difficile à lire). *Déchiffrer une écriture.* **3.** MUS Lire, jouer ou chanter de la musique à première vue. **4.** Fig. Démêler, pénétrer (ce qui est compliqué, obscur, etc.). *Déchiffrer une affaire.* Litt. *Déchiffrer quelqu'un.*

déchiffreur, euse [deʃifʀœʀ, øz] n. Personne chargée du déchiffrement. – Personne qui sait déchiffrer. – De *déchiffrer.*

déchiquetage [deʃiktaʒ] n. m. Action de déchiqueter; son résultat. – De *déchiqueter.*

déchiqueter [deʃikte] v. tr. [20] **1.** Déchirer, tailler en menus morceaux. *Bête sauvage qui déchiquette sa proie.* – Pp. *Les lambeaux d'une étoffe déchiquetée.* **2.** Fig. Mettre en pièces (une idée, un argument, etc.). – Probabl. a. fr. *eschiqueté,* «découpé en cases comme un échiquier».

déchiqueteur [deʃiktœʀ] n. m. TECH Machine servant à déchiqueter. *Passer des journaux à détruire au déchiqueteur.* – De *déchiqueter.*

déchiqueture [deʃiktyʀ] n. f. Taillade, déchirure. – De *déchiqueter.*

déchirant, ante [deʃiʀɑ̃, ɑ̃t] adj. Qui émeut pathétiquement. *Un spectacle déchirant. Des cris déchirants.* – Ppr. de *déchirer.*

déchiré, ée [deʃiʀe] adj. Qui subit ou a subi un déchirement. – Pp. de *déchirer.*

déchirement [deʃiʀmɑ̃] n. m. **1.** Action de déchirer; son résultat. – *Déchirement d'un muscle :* claquage. **2.** Fig. Souffrance morale extrême. *Cette séparation lui causa un réel déchirement.* **3.** Plur. Fig. Discordes, luttes intestines. *Les déchirements d'un pays en proie à la guerre civile.* – De *déchirer.*

déchirer [deʃiʀe] v. tr. [1] **1.** Mettre en pièces, en morceaux, sans se servir d'un instrument tranchant. *Déchirer du tissu.* ▷ v. pron. *Le papier se déchire facilement.* – MED *Se déchirer un muscle :* se rompre des fibres musculaires. **2.** Fig. Produire une sensation douloureuse ou désagréable sur. *Cette musique déchire les oreilles.* – Litt. *Ce spectacle déchirait mon âme.* **3.** Fig. Troubler par des dissensions violentes; diviser. *Les guerres de Religion déchirèrent la France au XVI*ᵉ *s.* ▷ v. pron. (récipr.) S'outrager; s'injurier. *Des politiciens qui se déchirent entre eux.* – Du frq. **skerjan,* «séparer, partager».

déchirure [deʃiʀyʀ] n. f. **1.** Rupture faite en déchirant. *Faire une déchirure à un vêtement.* – MED Rupture d'un tissu. *Déchirure musculaire.* **2.** Litt., fig. Douleur morale très vive. – De *déchirer.*

déchlorurer [deklɔʀyʀe] v. tr. [1] Didac. Débarrasser (l'alimentation, l'eau, le sol, etc.) des chlorures. – *Régime déchloruré,* sans sel. Syn. désodé. – De *dé-,* et *chlorurer.*

déchocage [deʃɔkaʒ] n. m. MED Ensemble de manœuvres pratiquées en urgence pour ranimer un sujet en état de choc (hémorragie grave, choc anaphylactique, etc.). – De *dé-,* et *choc.*

déchoir [deʃwaʀ] v. intr. [51] (Princ. employé à l'infinitif et au pp.) Tomber d'un état dans un autre, inférieur. *Déchoir de son rang.* ▷ *Être déchu d'un droit,* en être dépossédé. – Du lat. pop. **decadere,* de *cadere,* «tomber».

déchristianisation [dekʀistjanizasjɔ̃] n. f. **1.** Action de déchristianiser. **2.** Fait de se déchristianiser; perte de la pratique chrétienne. – De *déchristianiser.*

déchristianiser [dekʀistjanize] **1.** v. tr. [1] Faire perdre la religion chrétienne à (un peuple, une nation, un État). **2.** v. pron. Perdre la religion chrétienne. – Pp. adj. *Une région déchristianisée.*

déchu, ue [deʃy] adj. **1.** Tombé dans un état inférieur; atteint de déchéance. *Gloire déchue. Roi déchu.* **2.** Privé de (un droit, une qualité juridique, etc.). *Déchu de la nationalité française.* **3.** THEOL Qui a perdu l'état de bienheureux. *Ange déchu.* ▷ n. m. pl. *Les déchus :* les anges révoltés contre Dieu. – Pp. de *déchoir.*

déci-. Élément, du lat. *decimus,* «dixième partie».

décibel [desibɛl] n. m. PHYS Unité (égale à 1/10 de bel) sans dimension, exprimant le rapport entre deux grandeurs, notam. deux intensités sonores (symbole dB). – De *déci-,* et *bel.*

décidable [desidabl] adj. **1.** Qui peut faire l'objet d'une décision. **2.** LOG *Formule décidable :* formule mathématique qui peut être démontrée ou réfutée. – De *décider.*

décidabilité [desidabilite] n. f. LOG Propriété d'une formule décidable. – De *décidable.*

décidé, ée [deside] adj. **1.** Sur quoi on a pris une décision. *C'est une chose décidée.* **2.** Résolu, ferme. *Une personne décidée.* – Par anal. *Un air décidé.* – Pp. de *décider.*

décidément [desidemɑ̃] adv. **1.** Vx D'une manière décidée. *Agir décidément.* **2.** Mod. (Au début d'une phrase.) Vraiment, tout bien considéré, d'une manière certaine. *Décidément, il n'a pas de chance.* – De *décider.*

décider [deside] v. [1] **I.** v. tr. dir. **1.** Prendre la résolution, la décision de. *J'ai décidé son départ.* – (S. comp.) *C'est lui qui décide.* **2.** *Décider qqn à faire qqch :* déterminer qqn à faire qqch. *Je l'ai décidé à venir.* **3.** Vx Porter un jugement définitif sur (une chose douteuse ou contestée). *L'Église a décidé ce point.* **II.** v. tr. indir. **1.** *Décider de qqch :* statuer sur, décréter sur, disposer de qqch. *C'est la justice qui décidera du bien-fondé de votre plainte.* – *Une conversation qui décida de son avenir.* **2.** *Décider de* (suivi de l'inf.) : prendre la résolution de. *Il a décidé de partir.* **III.** v. pron. **1.** *Se décider à* (+ inf.) : prendre la décision de. *Il s'est enfin décidé à revenir.* **2.** *Se décider pour* (ou *contre*) *qqn ou qqch :* se prononcer pour (ou contre), se déclarer partisan (ou adversaire) de qqn ou qqch. – Lat. *decidere,* «trancher».

décideur [desidœʀ] n. m. Personne qui a le pouvoir de prendre des décisions. ▷ adj. *Je ne suis pas décideur en cette matière.* – De *décider.*

décigrade [desigʀad] n. m. GEOM Dixième partie du grade (symbole dgr).

décigramme [desigʀam] n. m. Dixième partie du gramme (symbole dg).

décile [desil] n. m. STATIS Dixième partie de l'intervalle des données. – Lat. *decilis.*

décilitre [desilitʀ] n. m. Dixième partie du litre (symbole dl).

décimal, ale, aux [desimal, o] adj. et n. f. **1.** adj. Qui a pour base le nombre 10. *Numération décimale. Logarithme décimal.* - *Système décimal,* fondé sur la numération décimale. ▷ *Fraction décimale,* dont le dénominateur est une puissance de 10. - *Nombre décimal :* nombre composé d'une partie entière et d'une fraction décimale séparées par une virgule. *2,5 est un nombre décimal. 5 est la partie décimale de 2,5.* **2.** n. f. Chacun des chiffres qui forment une fraction décimale dans un nombre et sont séparés de la partie entière par une virgule. *5 et 6 sont des décimales dans 2,56.* – De *décime.*

décimalisation [desimalizasjɔ̃] n. f. Conversion d'un système de mesure non décimal en système de mesure décimal. *La décimalisation des poids et mesures britanniques.* – De *décimaliser.*

décimaliser [desimalize] v. tr. [1] Opérer la décimalisation de (un système de mesure). – De *décimal.*

décimalité [desimalite] n. f. Didac. Caractère de ce qui est décimal. – De *décimal.*

décimateur [desimatœʀ] n. m. Anc. Celui qui avait le droit de lever la dîme dans une paroisse. – De *décime.*

décimation [desimasjɔ̃] n. f. **1.** ANTIQ ROM Action de décimer; son résultat. **2.** Mod. Ravages commis dans une population par une catastrophe naturelle, une guerre, etc. – Lat. *decimatio.*

décime [desim] n. **1.** n. m. FISC Taxe ou impôt égal au dixième du principal et qui vient s'y ajouter (partic., à titre d'amende fiscale). ▷ Rare Dixième partie du franc. **2.** n. f. HIST Impôt levé par le roi sur le clergé. – Lat. *decimus,* «dixième».

décimer [desime] v. tr. [1] **1.** ANTIQ ROM Mettre à mort un homme sur dix par tirage au sort. *Décimer une armée après une mutinerie.* **2.** Mod. Faire périr une proportion importante d'une population, en parlant d'une catastrophe naturelle, d'une guerre, etc. *La grande peste de 1348 décima l'Europe.* – Bas lat. *decimare,* de *decem,* «dix».

décimètre [desimɛtʀ] n. m. **1.** Dixième partie du mètre (symbole dm). *Le décimètre carré* (dm^2) *est la centième partie du mètre carré; le décimètre cube* (dm^3) *est la millième partie du mètre cube.* **2.** TECH Règle mesurant 1 dm, graduée en centimètres et millimètres. ▷ Cour. *Décimètre* ou *double décimètre :* règle graduée mesurant 20 centimètres.

décimétrique [desimetʀik] adj. De l'ordre du décimètre. - TELECOMM *Ondes décimétriques :* ondes radioélectriques ultra-courtes. *Le radar utilise des ondes décimétriques.* – De *décimètre.*

décintrage [desɛ̃tʀaʒ] ou **décintrement** [desɛ̃tʀəmɑ̃] n. m. TRAV PUBL Action de décintrer; son résultat. *Le décintrage d'une voûte.* – De *décintrer.*

décintrer [desɛ̃tʀe] v. tr. [1] **1.** TRAV PUBL Débarrasser (une voûte, un arc) des cintres établis pour sa construction. **2.** Défaire les coutures qui cintrent (un vêtement).

décisif, ive [desizif, iv] adj. **1.** Qui résout, qui tranche (ce qui est incertain). *Une démonstration décisive.* - *Moment décisif,* où une chose se décide. - *Victoire, bataille décisive.* **2.** Qui indique l'esprit de décision. *Un ton décisif.* – Lat. médiév. *decisivus.*

décision [desizjɔ̃] n. f. **1.** Action de décider; son résultat. *Prendre une décision énergique. Décision de justice.* ▷ MILIT Document transmettant des ordres. *Exécuter une décision de l'état-major.* **2.** Qualité d'une personne ferme et résolue. *Montrer de la décision. Esprit de décision.* – Lat. jur. *decisio.*

décisionnel, elle [desizjɔnɛl] adj. Relatif à une décision. *Argument décisionnel.* – De *décision.*

décisoire [desizwaʀ] adj. DR Qui a la propriété de décider (qqch). *Serment décisoire.* – Lat. médiév. *decisorius.*

déclamateur, trice [deklamatœʀ, tʀis] n. m. et adj. **1.** ANTIQ ROM Rhéteur qui faisait des exercices d'éloquence dans les écoles. **2.** Mod., péjor. Celui, celle qui déclame, orateur emphatique. – De *déclamer.*

déclamation [deklamasjɔ̃] n. f. **1.** Manière, action et art de déclamer. **2.** Cour. Langage pompeux et affecté. – De *déclamer.*

déclamatoire [deklamatwaʀ] adj. Emphatique, pompeux. *Ton déclamatoire.* – De *déclamer.*

déclamer [deklame] v. tr. [1] Réciter à haute voix avec le ton et les accentuations convenant à l'intelligence du texte. *Déclamer des vers.* - Péjor. *Déclamer un discours.* ▷ v. intr. Péjor. Parler avec emphase. *Chaque fois qu'il aborde ses sujets favoris, il ne parle plus, il déclame.* - Litt. *Déclamer contre :* parler violemment contre (qqn ou qqch). – Lat. *declamare,* de *clamare,* «crier».

déclarant, ante [deklaʀɑ̃, ɑ̃t] n. et adj. DR Personne qui déclare un fait (naissance, décès), une identité, etc., à qui de droit. *Le témoin déclarant.* – Ppr. de *déclarer.*

déclaratif, ive [deklaʀatif, iv] adj. **1.** DR Se dit d'un acte par lequel on constate un état de choses, un fait, un droit, etc. *Acte déclaratif de propriété. Jugement déclaratif de filiation,* qui atteste une filiation contestée. **2.** GRAM *Verbes déclaratifs,* qui indiquent une communication (ex. : dire, raconter, etc.), par opposition à ceux qui expriment une disposition d'esprit (ex. : croire, vouloir, juger, etc.). – Lat. *declarativus.*

déclaration [deklaʀasjɔ̃] n. f. **1.** Action de déclarer; discours, acte, écrit par lequel on déclare. *Faire une déclaration.* - *Déclaration de guerre.* **2.** Absol. Action de déclarer ses sentiments amoureux à la personne concernée. *Faire sa déclaration.* **3.** Action de proclamer ouvertement et solennellement; proclamation solennelle. *Déclaration de principes. La Déclaration des droits de l'homme et du citoyen. La Déclaration d'indépendance des États-Unis d'Amérique.* **4.** Action de porter (qqch) à la connaissance des autorités compétentes. *Déclaration d'une naissance à la mairie.* ▷ DR Jugement déclarant un fait comme accompli. *Déclaration de faillite.* ▷ *Déclaration d'impôts :* écrit par lequel le contribuable déclare ses revenus et ses biens soumis à l'impôt. – Lat. *declaratio.*

ENCYCL **Hist.** - *Déclaration des droits (Bill of Rights) :* acte constitutionnel anglais ratifié par Guillaume III (1689). Il rappelait les droits fondamentaux du Parlement et des sujets. - *Déclaration d'indépendance :* acte par lequel les treize colonies angl. d'Amérique proclamèrent leur indép. (4 juillet 1776), prélude à la guerre d'Indépendance (1776-1783) des É-U. - *Déclaration des droits de l'homme et du citoyen :* acte voté par l'Assemblée constituante le 26 août 1789. Ses dix-sept art. définissaient les droits du citoyen (égalité devant la loi, respect de la propriété, liberté d'expression) et de la nation (souveraineté, séparation des pouvoirs). La source essentielle de ces principes se trouve dans les théories polit. des philosophes du XVIIIe s. Les diverses Constitutions de la Rép. franç. les ont repris ou complétés, notam. celles de 1793 (2e Déclaration des droits de l'homme) et de 1795 (3e Déclaration). - *Déclaration universelle des droits de l'homme :* acte voté le 10 déc. 1948 par l'O.N.U. Il cherche à définir les droits individuels, les libertés publiques, les droits écon., soc. et culturels, et à fixer les rapports de l'homme et de la société.

déclaratoire [deklaʀatwaʀ] adj. DR Qui déclare quelque chose, en parlant d'un acte juridique. – De *déclarer.*

déclaré, ée [deklaʀe] adj. Avoué, reconnu, qui a nettement pris parti. *Un adversaire déclaré (de...).* – Pp. de *déclarer.*

déclarer [deklaʀe] v. [1] **I.** v. tr. **1.** Manifester, faire connaître. *Déclarer ses intentions.* – *Déclarer la guerre :* annoncer qu'on va commencer les hostilités. **2.** Manifester l'existence de (qqch) aux autorités compétentes. *Déclarer un objet de valeur à la douane. Rien à déclarer ?* – *Déclarer un décès, une naissance à la mairie.* **3.** Décréter. *Déclarer une transaction nulle et non avenue.* **II.** v. pron. **1.** Manifester son existence, en parlant d'un phénomène dangereux. *Le choléra s'est déclaré. L'incendie s'est déclaré à midi.* **2.** Faire connaître sa pensée, ses intentions, son point de vue, etc. *Il s'est déclaré surpris par votre attitude.* – *Il s'est déclaré incompétent pour juger.* **3.** Prendre parti, se prononcer (pour ou contre). *Il s'est nettement déclaré contre la peine de mort.* **4.** (S. comp.) Vieilli, litt. Avouer son amour. *Il n'ose se déclarer.* – Lat. *declarare.*

déclassé, ée [deklase] adj. et n. Hors de sa classification ou de son classement. ▷ Déchu de son rang, de sa position sociale. *Bourgeois, noble déclassé.* ▷ Subst. *C'est un déclassé.* – Pp. de *déclasser.*

déclassement [deklasmɑ̃] n. m. Action de déclasser, de se déclasser; état de ce qui est déclassé. *Déclassement social.* – De *déclasser.*

déclasser [deklase] v. tr. [1] **1.** Déranger (ce qui est classé). *Déclasser des dossiers.* **2.** Provoquer, être à l'origine de la chute de (qqn) vers une classe sociale inférieure. *Ses parents prétendent qu'un tel mariage l'a déclassé.* ▷ SPORT Faire rétrograder à une place inférieure un concurrent pour pénaliser un manquement au règlement de l'épreuve. – v. pron. *Se déclasser.* **3.** Classer (qqn ou qqch) à un rang inférieur. *Déclasser un restaurant.* ▷ *Déclasser un monument,* lui retirer sa qualification de monument classé (V. classer, sens 5). ▷ Spécial. *Déclasser un voyageur,* le faire changer de classe (le plus souv., le faire passer dans une classe inférieure).

déclaveter [deklavte] v. tr. [20] TECH Enlever une clavette (d'une pièce). – De *dé-,* et *clavette.*

déclenche [deklɑ̃ʃ] n. f. TECH Appareil servant à séparer deux pièces d'une machine pour permettre le libre mouvement de l'une d'elles. – Déverbal de *déclencher.*

déclenchement [deklɑ̃ʃmɑ̃] n. m. Action de déclencher, fait de se déclencher; son résultat. *Une manette permet le déclenchement du mécanisme. Le déclenchement d'une offensive.* – De *déclencher.*

déclencher [deklɑ̃ʃe] v. tr. [1] **1.** Amorcer le fonctionnement de. *Déclencher le système d'alarme.* ▷ v. pron. *Le dispositif s'est déclenché automatiquement.* **2.** Provoquer subitement. *Son attitude déclencha une huée générale.* ▷ v. pron. *Réaction chimique qui se déclenche.* – De *dé-,* et *clenche.*

déclencheur [deklɑ̃ʃœʀ] n. m. Appareil qui déclenche un mécanisme. *Le déclencheur (de l'obturateur) d'un appareil photographique.* – De *déclencher.*

déclic [deklik] n. m. **1.** Décrochement d'un organe, d'une pièce (*cliquet*) qui déclenche le fonctionnement d'un mécanisme. *Faire fonctionner un déclic.* **2.** Bruit sec et métallique que fait un mécanisme qui se déclenche. **3.** Fig., fam. Prise de conscience, compréhension soudaine. *Pour lui, cette phrase a été le déclic.* – Déverbal de l'anc. v. *décliquer,* de *cliquer,* «faire un bruit sec».

déclin [deklɛ̃] n. m. État de ce qui tend vers sa fin, de ce qui perd de sa force. *Le déclin du jour. Une gloire sur son déclin.* – De *décliner.*

déclinable [deklinabl] adj. GRAM Qui peut se décliner. – De *décliner.*

déclinaison [deklinɛzɔ̃] n. f. **1.** GRAM Dans les langues flexionnelles (latin, russe, etc.), ensemble des formes (cas) que peuvent prendre les noms, pronoms et adjectifs selon leur fonction dans la phrase. **2.** PHYS *Déclinaison magnétique :* angle qui sépare la direction du nord magnétique de celle du nord géographique. **3.** ASTRO *Déclinaison d'un astre :* hauteur d'un astre audessus du plan équatorial. – De *décliner.*

déclinant, ante [deklinɑ̃, ɑ̃t] adj. Qui est sur son déclin. – Ppr. de *décliner.*

déclinatoire [deklinatwaʀ] adj. et n. **1.** adj. DR Se dit des exceptions, des moyens que l'on soulève pour décliner la compétence d'une juridiction devant laquelle on est cité. *Exceptions déclinatoires.* ▷ n. m. Acte par lequel on décline la compétence d'une juridiction. *Élever un déclinatoire devant le tribunal.* **2.** n. m. Boussole servant, dans les relevés topographiques, à orienter une carte. – De *décliner.*

décliner [dekline] v. [1] **I.** v. intr. **1.** Tendre vers sa fin. *Le jour commence à décliner.* **2.** S'affaiblir, tomber en décadence. *Ses forces déclinent de jour en jour.* **3.** ASTRO S'éloigner de l'équateur céleste. *Un astre qui décline.* **II.** v. tr. **1.** GRAM Énumérer les différents cas (nominatif, génitif, etc.) de la déclinaison d'un mot. ▷ v. pron. *En latin, les noms et les adjectifs se déclinent.* **2.** Fig. Énumérer. *Décliner ses nom, prénoms et qualités.* **3.** DR Écarter, refuser de reconnaître (qqch). *Décliner la compétence du tribunal.* **4.** Refuser d'accepter (qqch). *Décliner une invitation.* – *Décliner toute responsabilité dans une affaire.* – Lat. *declinare.*

décliquetage [dekliktaʒ] n. m. Action de décliqueter; son résultat. – De *décliqueter.*

décliqueter [deklikte] v. tr. [20] TECH Dégager le cliquet (d'un mécanisme).

déclive [dekliv] adj. et n. f. Qui va en pente. *Terrain déclive.* – n. f. *Chaussée en déclive.* – Lat. *declivis,* de *clivus,* «pente».

déclivité [deklivite] n. f. État de ce qui est en pente; pente. *La déclivité d'un terrain.* – Lat. *declivitas,* «pente».

décloisonnement [deklwazɔnmɑ̃] n. m. Fait de décloisonner (surtout au sens 2); état de ce qui est décloisonné. *Décloisonnement des services d'une administration.* – De *décloisonner.*

décloisonner [deklwazɔne] v. tr. [1] **1.** Ôter les cloisons de. **2.** Fig. Enlever ce qui sépare, ce qui fait obstacle à la communication entre (des services, des bureaux, des filières, etc.).

déclore [deklɔʀ] v. tr. [79] Vieilli Ôter les clôtures de.

déclouer [deklue] v. tr. [1] Défaire, enlever les clous de (ce qui était cloué). *Déclouer des planches.*

déco (art). V. art (encycl.).

décocher [dekɔʃe] v. tr. [1] **1.** Lancer avec un arc, une arbalète. *Décocher une flèche.* – *Par ext.* Lancer, envoyer très brusquement. *Décocher un coup de poing à qqn.* **2.** Fig. Lancer vivement (une remarque malicieuse, ironique, etc.). *Décocher un sarcasme.* – De *dé-,* et *coche,* «entaille».

décocté [dekɔkte] n. m. TECH Produit d'une décoction. – De *décoction.*

décoction [dekɔksjɔ̃] n. f. Procédé consistant à faire bouillir une substance dans un liquide, pour en extraire les principes solubles. – *Par méton.* Produit ainsi obtenu. – Bas lat. *decoctio,* de *decoquere,* «réduire par la cuisson».

décodage [dekɔdaʒ] n. m. Action de décoder. – De *décoder.*

décoder [dekɔde] v. tr. [1] **1.** Déterminer le sens (d'un message codé). – Transformer en langage clair (une information codée). **2.** Procéder au décryptage de (une émission de télévision, un message informatique).

décodeur [dekɔdœʀ] n. m. **1.** TECH Appareil qui permet de décoder des informations. **2.** LING Sujet parlant, en tant que destinataire actif du message linguistique. – De *décoder.*

décoffrage [dekɔfʀaʒ] n. m. CONSTR Opération qui consiste à ôter les coffrages d'un ouvrage lorsque le béton a une résistance suffisante. – De *décoffrer.*

décoffrer [dekɔfʀe] v. tr. [1] CONSTR Procéder au décoffrage de.

décoiffage [dekwafaʒ] ou **décoiffement** [dekwafmɑ̃] n. m. Action de décoiffer (qqn ou qqch). – De *décoiffer.*

décoiffer [dekwafe] v. tr. [1] **1.** Vieilli Enlever le chapeau de (qqn). – v. pron. *Se décoiffer :* se découvrir afin de saluer quelqu'un **2.** Déranger, défaire la coiffure de (qqn). *Le vent m'a décoiffé. Être décoiffé.* **3.** TECH Ôter ce qui coiffe (qqch). *Décoiffer une fusée d'obus.*

décoincement [dekwɛ̃smɑ̃] ou **décoinçage** [dekwɛ̃saʒ] n. m. Action de décoincer; son résultat. – De *décoincer.*

décoincer [dekwɛ̃se] v. tr. [12] Dégager (ce qui était coincé).

décolérer v. intr. [14] Cesser d'être en colère. (S'emploie négativement.) *Il ne décolère pas.* – De *dé-*, et *colère.*

décollable [dekɔlabl] adj. Qui peut être décollé. – De *décoller.*

décollage [dekɔlaʒ] [dekɔlabl] [dekwɛ̃saʒ] [dekwɛ̃smɑ̃] n. m. **1.** Action d'enlever (ce qui était collé). **2.** AVIAT Fait de décoller; moment où un avion décolle. ▷ ECON (Trad. de l'angl. *take off.*) *Décollage économique :* moment du développement d'un pays, à partir duquel on considère que celui-ci a quitté le niveau des pays sous-développés. *Le difficile décollage économique des jeunes nations du tiers monde.* – De *décoller* 1.

décollation [dekɔlasjɔ̃] n. f. Vx Action par laquelle on décapite qqn. *La décollation de saint Jean-Baptiste.* – De *décoller* 2.

décollectivisation [dekɔlɛktivizasjɔ̃] n. f. Action de décollectiviser; fait d'être décollectivisé.

décollectiviser [dekɔlɛktivize] v. tr. [1] Faire cesser la collectivisation.

décollement [dekɔlmɑ̃] n. m. Action de décoller, de se décoller; état de ce qui est décollé. – MED Séparation d'un tissu, d'un organe, de la partie à laquelle il adhérait. *Décollement de la rétine.* – De *décoller* 1.

1. décoller [dekɔle] v. [1] **1.** v. tr. Séparer, détacher (ce qui était collé). *Décoller une étiquette.* – v. pron. *La couverture du livre se décolle.* **2.** v. intr. Quitter le sol (en parlant d'un avion) ou un plan d'eau (en parlant d'un hydravion). *Notre avion a pu décoller malgré le brouillard.* ▷ SPORT Se séparer du peloton. **3.** v. intr. Fig., fam. *Il ne décolle pas de chez nous,* il y est toujours, ne s'en va pas. – Pop. Maigrir. *Il avait drôlement décollé, après sa jaunisse.*

2. décoller [dekɔle] v. tr. [1] Vx, litt. Couper le cou à, décapiter (qqn). – Lat. *decollare,* rac. *collum,* «cou».

décolletage [dekɔltaʒ] n. m. **1.** Action de décolleter. *Le décolletage d'une robe.* ▷ Échancrure du corsage laissant le cou nu; décolleté. **2.** TECH Fabrication de vis, boulons, etc., au tour à décolleter. *Le décolletage permet la production de vis en très grande série.* **3.** AGRIC Action de décolleter (sens 4.). – De *décolleter.*

décolleté, ée [dekɔlte] adj. et n. **1.** adj. Qui laisse apparaître le cou, les épaules, le haut de la poitrine. *Une robe décolletée.* ▷ Par ext. *Une femme décolletée,* qui porte une robe décolletée. **2.** n. m. *Le décolleté :* la partie décolletée d'un vêtement. ▷ *Porter un décolleté,* un vêtement décolleté. ▷ *Par ext.* Parties du corps que laisse apparaître un décolleté. *Un beau décolleté.* – Pp. de *décolleter.*

décolleter [dekɔlte] v. tr. [20] **1.** Découvrir, laisser apparaître le cou, les épaules, le haut de la poitrine. **2.** Couper (un vêtement) de manière à dégager le cou. *Décolleter une robe.* **3.** TECH Fabriquer des pièces (vis, boulons, clous, etc.) les unes à la suite des autres à partir d'une même barre de métal. *Tour à décolleter :* machine-outil servant au décolletage. **4.** AGRIC Couper le haut de certaines racines pour les empêcher de bourgeonner. *Décolleter les betteraves avant de les mettre en silo.* – De *dé-*, et *collet,* dimin. de *col.*

décolleteur, euse [dekɔltœʀ, øz] n. **1.** TECH Personne spécialisée dans le travail au tour à décolleter. **2.** n. f. Machine à décolleter les racines. – De *décolleter.*

décolonisation [dekɔlɔnizasjɔ̃] n. f. Processus par lequel un peuple accède à l'indépendance, cesse de dépendre politiquement de l'État qui l'avait colonisé. – De *décoloniser.*

décoloniser [dekɔlɔnize] v. tr. [1] Accorder l'indépendance à (une colonie).

décolorant, ante [dekɔlɔʀɑ̃, ɑ̃t] adj. et n. m. CHIM Qui décolore. ▷ n. m. *Un décolorant. Les décolorants.* – Ppr. de *décolorer.*

décoloration [dekɔlɔʀasjɔ̃] n. f. **1.** Perte de la couleur naturelle. **2.** Opération qui consiste à décolorer. *Se faire faire une décoloration chez le coiffeur.* – De *décolorer.*

décoloré, ée [dekɔlɔʀe] adj. Qui a perdu sa couleur. *Une tenture décolorée. Cheveux décolorés à l'eau oxygénée.* – Pp. de *décolorer.*

décolorer [dekɔlɔʀe] **1.** v. tr. [1] Faire perdre en partie ou complètement sa couleur à (qqch). *Décolorer une étoffe. Se faire décolorer les cheveux* ou, s. comp., *se faire décolorer.* **2.** v. pron. Perdre de sa couleur ou sa couleur. *Cheveux qui se décolorent au soleil.* – Lat. *decolorare.*

décombres [dekɔ̃bʀ] n. m. pl. **1.** Ruines, gravats qui restent après la démolition ou la destruction d'un édifice. *Des décombres encore fumants.* **2.** Fig. Restes de ce qui a été détruit. *Les décombres d'un empire.* – Orig. gaul.; de *combre,* «barrage de rivière».

décommander [dekɔmɑ̃de] **1.** v. tr. [1] Annuler (une invitation, une commande, etc.). *Il a décommandé toutes les invitations qu'il avait lancées.* **2.** v. pron. Annuler un rendez-vous. *La réunion est reportée, le conférencier s'étant décommandé.*

de commodo et incommodo [dekɔmɔdo-ɛtinkɔmɔdo] loc. lat. ADMIN *Enquête de commodo et incommodo,* faite par l'Administration avant une déclaration d'utilité publique (en cas d'expropriation), ou avant d'accorder l'autorisation d'établir une industrie considérée comme potentiellement dangereuse, insalubre ou incommode. – Mots lat., «au sujet de la commodité et de l'incommodité».

décompensation [dekɔ̃pɑ̃sasjɔ̃] n. f. MED Rupture de l'équilibre de l'organisme face à une affection jusqu'alors bien tolérée.

décompensé, ée [dekɔ̃pɑ̃se] adj. MED Se dit d'une affection au cours de laquelle l'organe atteint ne peut plus remplir son rôle (jusqu'alors assuré par compensation des parties restées saines). *Cardiopathie décompensée.* – De *décompensation.*

décomplexer [dekɔ̃plɛkse] v. tr. [1] Fam. Enlever à qqn ses complexes, ses inhibitions. – v. pron. *Depuis cette époque, il s'est décomplexé.*

décomposable [dekɔ̃pozabl] adj. Susceptible d'être décomposé. – De *décomposer.*

décomposer [dekɔ̃poze] v. tr. [1] **1.** Séparer les parties, les éléments d'une chose; analyser. *Décomposer une phrase.* – CHIM *Décomposer de l'eau.* – PHYS *Décomposer une force,* déterminer ses composantes. – MATH *Décomposer un nombre.* V. décomposition. **2.** Altérer profondément, gâter. *La chaleur décompose les matières* *animales.* – v. pron. *La viande se décompose sous l'effet de la chaleur.* **3.** Fig. Altérer, bouleverser. *La terreur décomposait son visage. Il était décomposé.* ▷ v. pron. *Ses traits se décomposèrent.*

décomposition [dekɔ̃pozisjɔ̃] n. f. **1.** Résolution d'une chose, d'un corps, en ses éléments; séparation de ses différentes parties constituantes. ▷ MATH *Décomposition d'un nombre en facteurs premiers :* opération qui consiste à remplacer un nombre par un produit équivalent de nombres premiers (ex. : $540 = 2^2 \times 3^3 \times 5$). *Décomposition d'un polynôme en un produit de facteurs :* opération qui consiste à transformer une somme de termes ($Ax^n + Bx^{n-1} + ...$) en un produit de facteurs (A (x–a) (x–b)...). **2.** Altération profonde d'une substance organique. *Cadavre en état de décomposition avancée.* **3.** Fig. Altération. *La décomposition de ses traits montrait qu'il avait peur.* **4.** Fig. Destruction, éclatement. *Les invasions barbares hâtèrent la décomposition de l'Empire romain.* – De *décomposer.*

décompresser [dekɔ̃pʀese] v. intr. [1] Faire cesser ou diminuer une compression ▷ Fam. Relâcher sa tension nerveuse.

décompresseur [dekɔ̃pʀesœʀ] n. m. TECH **1.** Appareil qui réduit la pression (d'un fluide, d'un gaz comprimés). **2.** Soupape qui réduit la compression d'un moteur à explosion lors de sa mise en marche.

décompression [dekɔ̃pʀesjɔ̃] n. f. Action de décomprimer; son résultat. *La décompression d'un gaz.* ▷ MED *Accident de décompression* (on dit aussi *maladie des caissons*) : V. barotraumatisme.

décomprimer [dekɔ̃pʀime] v. tr. [1] TECH Réduire ou faire cesser une compression.

décompte [dekɔ̃t] n. m. **1.** Déduction à faire sur une somme. *Faire le décompte des taxes sur une marchandise.* **2.** Compte détaillé d'une somme due. *Faire le décompte d'une facture.* – Déverbal de *décompter.*

décompter [dekɔ̃te] v. [1] **1.** v. tr. Déduire d'une somme. *Décompter les frais généraux d'un bénéfice.* **2.** v. intr. Se dit d'une pendule dont la sonnerie n'est pas en accord avec l'heure indiquée par les aiguilles. *Réveil qui décompte.*

déconcentration [dekɔ̃sɑ̃tʀasjɔ̃] n. f. ADMIN Système administratif dans lequel les agents locaux d'un organisme centralisé ont un certain pouvoir de décision à leur échelon. ▷ Cour. Transfert d'une partie des bureaux, usines, etc., d'un organisme centralisé en un lieu éloigné du siège de cet organisme. – De *déconcentrer.*

déconcentrer [dekɔ̃sɑ̃tʀe] v. tr. [1] **1.** Procéder à une répartition moins concentrée, moins centralisée. **2.** Fig. Troubler la concentration de (qqn). *Déconcentrer un artiste.* ▷ v. pron. Relâcher sa concentration, son attention.

déconcertant, ante [dekɔ̃sɛʀtɑ̃, ɑ̃t] adj. Qui déconcerte. *Une question déconcertante.* – Ppr. de *déconcerter.*

déconcerter [dekɔ̃sɛʀte] v. tr. [1] **1.** Troubler, dérouter, faire perdre contenance à (qqn). *Un rien suffit pour le déconcerter. Ce raisonnement m'a déconcerté.* **2.** Vx, litt. Déranger. *Cela déconcerte mes projets.*

déconfit, ite [dekɔ̃fi, it] adj. **1.** Vx, litt. Battu dans un combat. *Les assaillants, déconfits, abandonnèrent le siège de la ville.* **2.** Mod. Abattu, décontenancé. *Avoir la mine déconfite. Être tout déconfit.* – Pp. d'un anc. v. *déconfire,* « mettre en déroute ».

déconfiture [dekɔ̃fityʀ] n. f. **1.** Fam. Ruine financière; faillite morale. *Société qui tombe en déconfiture.* **2.** DR État d'un débiteur non commerçant insolvable. **3.** Vx, litt. Entière défaite (au combat). – De l'anc. v. *déconfire* (V. déconfit).

décongélation [dekɔ̃ʒelasjɔ̃] n. f. Action de décongeler. – De *décongeler.*

décongeler [dekɔ̃ʒle] v. tr. [17] Ramener (un corps congelé) à une température plus élevée que 0 °C. *Décongeler de la viande.*

décongestion [dekɔ̃ʒɛstjɔ̃] n. f. Action de décongestionner; son résultat. – De *décongestionner.*

décongestionnant, ante [dekɔ̃ʒɛsjɔnɑ̃, ɑ̃t] adj. Qui décongestionne. – Ppr. de *décongestionner.*

décongestionnement [dekɔ̃ʒɛsjɔnmɑ̃] n. m. Fait de décongestionner. – De *décongestionner.*

décongestionner [dekɔ̃ʒɛstjɔne] v. tr. [1] **1.** MED Atténuer ou faire disparaître la congestion de (un organe). **2.** Fig. Atténuer, faire cesser l'encombrement de (une voie, un service). *Cette nouvelle avenue décongestionnera le centre de la ville.*

déconnage [dekɔnaʒ] n. m. Fam. Fait de déconner, de dire des conneries. – De *déconner.*

déconnante, ante [dekɔnɑ̃, ɑ̃t] adj. Fam. **1.** (Personnes) Qui déconne. **2.** (Choses) Qui ne fonctionne pas. **3.** Absurde. – Ppr. de *déconner.*

déconnecter [dekɔnɛkte] v. tr. [1] Démonter, débrancher (ce qui connecte : tuyauterie de raccordement, raccord électrique). ▷ Par ext. Fig. Séparer, détacher d'un tout.

déconner [dekɔne] v. intr. [1] Fam. **1.** Dire ou faire des conneries. *Vous avez fini de déconner?* **2.** *Il y a quelque chose qui déconne,* qui ne marche pas. – De *dé-,* et *con.*

déconnexion [dekɔnɛksjɔ̃] n. f. **1.** Action de déconnecter; son résultat. **2.** Par ext. MED *Déconnexion neurovégétative :* suppression des réactions neurovégétatives par l'administration de médicaments. – De *déconnecter.*

déconseiller [dekɔ̃seje] v. tr. [1] Conseiller de ne pas faire. *Je le lui ai vivement déconseillé.*

déconsidération [dekɔ̃sideʀasjɔ̃] n. f. Litt. Perte de l'estime et de la considération publiques. – De *déconsidérer.*

déconsidérer [dekɔ̃sideʀe] **1.** v. tr. [14] Faire perdre la considération, l'estime dont jouissait (qqn). *Cette affaire risque de le déconsidérer.* **2.** v. pron. Agir de telle façon qu'on perd la considération, l'estime dont on jouissait. *Il se déconsidère par ses mauvaises fréquentations.*

déconsigner [dekɔ̃siɲe] v. tr. [1] **1.** Lever la consigne, la punition infligée à. *Déconsigner des troupes.* **2.** Retirer, dégager (les bagages mis à la consigne). *Déconsigner une malle.* **3.** Rembourser le prix de la consigne d'un emballage (princ. pour les bouteilles en verre).

décontamination [dekɔ̃taminasjɔ̃] n. f. Suppression de la contamination (de corps ayant subi l'action de radiations, de substances ou de germes nocifs).

décontaminer [dekɔ̃tamine] v. tr. [1] Procéder à la décontamination de.

décontamineur n. m. TECH Professionnel chargé de décontaminer les sites et les objets pollués par des substances nocives, notam. des poussières radioactives, ou les personnes qui ont été en contact avec elles. – De *décontaminer.*

décontenancer [dekɔ̃tnɑ̃se] **1.** v. tr. [12] Faire perdre contenance à (qqn). *Cette question l'a décontenancé.* **2.** v. pron. Perdre contenance. *Il ne s'est pas décontenancé pour autant.* – De *dé-,* et *contenance.*

décontractant, ante [dekɔ̃tʀaktɑ̃, ɑ̃t] adj. Qui détend, qui aide à se décontracter. – Ppr. de *décontracter.*

décontracté, ée [dekɔ̃tʀakte] adj. **1.** Relâché (muscles). **2.** Détendu. **3.** Fig., fam. Insouciant. – Pp. de *décontracter.*

décontracter [dekɔ̃tʀakte] v. tr. [1] **1.** Faire cesser la contraction de. *Décontracter ses muscles.* **2.** v. pron. Se détendre; pratiquer la décontraction musculaire. *Décontractez-vous en respirant fortement.*

décontraction [dekɔ̃tʀaksjɔ̃] n. f. **1.** Relâchement du muscle succédant à la contraction. **2.** Détente physique. **3.** Fig., fam. Insouciance, laisser-aller.

décontracturant, ante [dekɔ̃tʀaktyʀɑ̃] adj. et n. m. MED Se dit d'une substance ou d'une manœuvre destinées à faire cesser une contracture musculaire. – n. m. Substance destinée à faire cesser une contracture musculaire. – Ppr. de *décontracturer.*

déconvenue [dekɔ̃v(ə)ny] n. f. Désappointement dû à un insuccès, à un contretemps, à une erreur; vive déception. *Essuyer, subir, éprouver une déconvenue.* – De *dé-*, et *convenu*, de *convenir.*

décor [dekɔʀ] n. m. **1.** Ensemble de ce qui sert à décorer. *Cet hôtel particulier offre un superbe décor Empire.* **2.** Au théâtre, au cinéma, à la télévision, ensemble de ce qui sert à représenter les lieux de l'action. *Changer les décors.* **3.** Fig. *L'envers du décor :* le côté caché des choses. *Changement de décor :* évolution soudaine et marquée. **4.** Environnement, cadre. *Mon décor quotidien.* **5.** Fam. *Aller, entrer dans le décor :* sortir des limites d'une route, d'une piste d'aéroport, etc., et heurter les obstacles qui les bordent. – Déverbal de *décorer.*

décorateur, trice [dekɔʀatœʀ, tʀis] n. **1.** Personne dont la profession est d'orner l'intérieur des appartements. *Peintre décorateur. Décoratrice d'intérieur.* **2.** Personne dont la profession est de créer des décors de théâtre, de cinéma, de télévision. *Ce décorateur se consacre à l'opéra.* – De *décorer.*

décoratif, ive [dekɔʀatif, iv] adj. **1.** Qui décore agréablement, qui enjolive. *Des objets décoratifs.* **2.** *Arts décoratifs,* qui ont pour fin la décoration, la stylisation, l'embellissement des objets d'utilité. *Musée des Arts décoratifs. Une grande exposition des arts décoratifs eut lieu à Paris en 1925.* – Abrév. *Le style art déco :* V. art* déco. – De *décorer.*

décoration [dekɔʀasjɔ̃] n. f. **1.** Action d'orner au moyen de peintures, tentures, sculptures, etc. *Elle a effectué elle-même la décoration de son appartement.* **2.** Ensemble de ce qui décore. *La décoration d'une villa pompéienne.* **3.** Insigne d'une récompense, d'un ordre honorifique. *Recevoir une décoration.* – Bas lat. *decoratio.*

décorder [dekɔʀde] v. tr. [1] **1.** TECH Disjoindre les brins (d'une corde, d'un câble). **2.** Enlever les cordes de. *Décorder une raquette.* **3.** v. pron. ALPIN Se détacher d'une cordée.

décorer [dekɔʀe] v. tr. [1] **1.** Orner, parer, embellir. *Décorer un appartement.* **2.** Fig. Orner d'une apparence séduisante mais trompeuse. *Le cuisinier décore ce plat d'un nom ronflant.* **3.** Conférer une décoration à (qqn). *Décorer qqn de l'ordre du Mérite.* – Lat. *decorare*, de *decus, decoris*, « ornement ».

décorner [dekɔʀne] v. tr. [1] **1.** Arracher les cornes de. ▷ Fig., fam. *Un vent à décorner les bœufs,* très violent. **2.** Aplatir les coins cornés de. *Décorner de vieilles images.* – De *dé-*, et *corne.*

décorticage [dekɔʀtikaʒ] n. m. **1.** Opération qui consiste à décortiquer. **2.** Fig. Analyse minutieuse et complète. – De *décortiquer.*

décortication [dekɔʀtikasjɔ̃] n. f. **1.** Action de décortiquer. **2.** Grattage du tronc d'un arbre pour détruire les parasites. **3.** CHIR Action de débarrasser un organe de son enveloppe fibreuse, normale ou pathologique. – De *décortiquer.*

décortiquer [dekɔʀtike] v. tr. [1] **1.** Enlever l'écorce d'un arbre, l'enveloppe d'une graine, la carapace d'un crustacé, etc. *Décortiquer des cacahuètes.* **2.** Fig. Faire l'analyse minutieuse et complète de (qqch). *J'ai beau décortiquer sa lettre, je n'y comprends rien.* – Lat. *decorticare*, de *cortex, corticis*, « écorce ».

décorum [dekɔʀɔm] n. m. sing. **1.** Pompe officielle. *Le décorum de la Cour.* **2.** Dignité, respect des convenances, des usages de la société. *Respecter le décorum.* – Lat. *decorum*, de *decere*, « convenir ».

décote [dekɔt] n. f. **1.** FIN Baisse du cours, de la valeur. **2.** Réduction d'impôt.

découcher [dekuʃe] v. intr. [1] Coucher ailleurs que chez soi; ne pas revenir chez soi de toute une nuit. *Jeune homme qui commence à découcher.*

découdre [dekudʀ] v. [76] **I.** v. tr. **1.** Défaire (ce qui est cousu). *Découdre un ourlet.* – v. pron. Se dit des choses dont la couture se défait. *L'ourlet s'est décousu.* **2.** VEN Déchirer avec ses défenses. *Le sanglier a décousu un chien.* **II.** v. intr. *En découdre :* se battre.

découler [dekule] v. intr. [1] **1.** Vx Couler lentement et de manière continue. **2.** Être la conséquence de. *Les effets qui découlent d'une telle décision.*

découpage [dekupaʒ] n. m. **1.** Action de découper. *Procéder au découpage d'une tarte.* **2.** Image que les enfants découpent. *Elle joue avec des découpages.* **3.** AUDIOV *Découpage d'un film :* texte (ou « script ») découpé en plans et comportant toutes les indications nécessaires au tournage du film. – De *découper.*

découpe [dekup] n. f. TECH Action de découper; résultat de cette opération. – COUT Coupe pratiquée dans un vêtement ou morceau de tissu ajouté à un vêtement, dans un but décoratif. – Déverbal de *découper.*

découpé, ée [dekupe] adj. **1.** Coupé suivant un dessin, un contour. *Une photographie découpée dans une revue.* **2.** Qui comporte de nombreuses échancrures. *Côte découpée. Feuille découpée,* dont le limbe comporte de profondes échancrures. – Pp. de *découper.*

découper [dekupe] v. tr. [1] **1.** Couper en morceaux ou en tranches. *Découper un poulet, un gigot.* – Absol. *Savoir découper. Un couteau à découper.* **2.** Couper avec régularité. *Découper du drap.* **3.** Couper de manière à former une figure. *Découper en festons.* ▷ Couper avec des ciseaux en suivant un contour. *Découper une photo dans un journal.* **4.** AUDIOV Procéder au découpage d'un film. **5.** v. pron. *Cette viande se découpe facilement.* – *Se découper sur :* se détacher sur (un fond). *Le clocher se découpe sur le ciel.*

découpeur, euse [dekupœʀ, øz] n. **1.** Celui, celle qui travaille à découper. **2.** n. f. TECH Machine qui sert à découper. – De *découper.*

découplage [dekuplaʒ] n. m. ELECTRON, TELECOMM Suppression du couplage entre deux circuits. – De *découpler.*

découplé, ée [dekuple] adj. **1.** VEN Détaché. *Chiens découplés.* **2.** *Être bien découplé,* vigoureux et bien bâti. – Pp. de *découpler.*

découpler [dekuple] v. tr. [1] **1.** VEN Détacher (des chiens attachés par une couple*). **2.** ELECTRON, TELECOM Empêcher (deux circuits) de réagir l'un sur l'autre.

découpoir [dekupwaʀ] n. m. TECH Instrument pour découper. ▷ Tranchant d'une découpeuse (sens 2). – De *découper.*

découpure [dekupyʀ] n. f. **1.** Action de découper une étoffe, du papier, etc.; son résultat. **2.** Irrégularité d'un contour. *Les découpures d'une baie.* – De *découper.*

découragéant, ante [dekuʀaʒɑ̃, ɑ̃t] adj. **1.** (Personnes) Qui fait perdre courage, patience. *Un candidat décourageant de bêtise.* **2.** (Choses) Qui fait perdre courage. *Un échec décourageant.* – Ppr. de *décourager.*

découragement [dekuʀaʒmɑ̃] n. m. Abattement, perte de courage. *Tomber dans le découragement.* – De *décourager.*

décourager [dekuʀaʒe] v. tr. [13] **1.** Ôter le courage, l'énergie à. *Les obstacles le découragent. Cela décourage.* – Pp. adj. *Découragé par la pluie, il renonça à sortir.* **2.** *Décourager qqn de,* lui faire perdre l'envie de. *Il voulait partir, ses amis l'en ont découragé.* **3.** Rebuter. *Il décourage ma patience.* **4.** v. pron. Perdre courage. *Ne vous découragez pas!* – De *dé-,* et *courage.*

découronnement [dekuʀɔnmɑ̃] n. m. Action de découronner. – De *découronner.*

découronner [dekuʀɔne] v. tr. [1] **1.** Enlever la couronne de. *Découronner un roi.* **2.** Fig. Priver de ce qui couronne. *Découronner un arbre de sa cime.*

décours [dekuʀ] n. m. **1.** ASTRO Déclin de la lune. **2.** Période de déclin des maladies. – Lat. *decursus,* «course sur une pente».

décousu, ue [dekuzy] adj. et n. m. **1.** Dont la couture est défaite. *Vêtement décousu.* **2.** Fig. Sans suite. *Style décousu. Une conversation décousue.* – n. m. *Le décousu d'un discours.* – Pp. de *découdre.*

décousure [dekuzyʀ] n. f. **1.** Vx Endroit décousu (d'un vêtement). **2.** VEN Plaie faite à un chien par un sanglier, un cerf. – Du pp. de *découdre.*

1. découvert [dekuvɛʀ] n. m. **1.** FIN Solde débiteur d'un compte. *Vendre à découvert* : vendre en Bourse des valeurs qu'on ne possède pas. *Être à découvert* : avoir un compte en banque dont le solde est négatif. **2.** Loc. adv. *À découvert* : sans protection. *Combattre à découvert.* ▷ Fig. Clairement. *Parler à découvert.* – Pp. subst. de *découvrir.*

2. découvert, erte [dekuvɛʀ, ɛʀt] adj. Qui n'est pas couvert. *La tête découverte. Une allée découverte.* – *Pays découvert,* non boisé. ▷ Spécial. *Côte d'agneau découverte,* dont l'os est partiellement découvert. ▷ Fig. *À visage découvert* : ouvertement, sans se cacher. – Pp. de *découvrir.*

découverte [dekuvɛʀt] n. f. **1.** Action de découvrir ce qui était caché ou inconnu. *La découverte d'un trésor, d'un vaccin.* **2.** Chose que l'on a découverte. *Exploiter une découverte.* **3.** SPECT Arrière-plan en trompe l'œil d'un décor. **4.** Loc. adv. *Aller à la découverte,* en reconnaissance. – Fig. *Il va à la découverte des nouvelles idées.* – Pp. fém. subst. de *découvrir.*

découvreur, euse [dekuvʀœʀ, øz] n. Celui, celle qui fait des découvertes. – De *découvrir.*

découvrir [dekuvʀiʀ] v. [32] **I.** v. tr. **1.** Ôter ce qui couvre. *Découvrir un pot.* **2.** Laisser voir. *Une robe sans manches qui découvre les bras.* **3.** Faire cesser la protection de. *Découvrir sa dame,* au jeu d'échecs, la laisser isolée. **4.** Révéler (ce qui était tenu caché). *Découvrir ses sentiments à qqn.* – Fig. *Découvrir son jeu* : laisser paraître ses intentions. **5.** Voir, apercevoir (ce qui n'est pas visible d'ailleurs). *Du haut de la tour, on découvre un beau panorama.* **6.** Trouver (ce qui n'était pas connu, ce qui était ignoré). *Découvrir une mine. Découvrir une planète. Découvrir la cause d'une maladie.* **7.** Parvenir à connaître (ce qui était caché, secret). *Découvrir un complot.* **II.** v. intr. *La mer découvre,* se retire. **III.** v. pron. **1.** Retirer ce qui couvre (le corps). *Ce malade se découvre continuellement. Se découvrir devant qqn,* ôter son chapeau pour le saluer. **2.** S'éclaircir (temps, ciel). *Le ciel se découvre.* **3.** S'exposer. *Le bataillon s'est découvert.* **4.** Se montrer. *La ville se découvre dans le lointain.* **5.** Livrer sa pensée. *Il se découvre à ses interlocuteurs.* **6.** Apprendre à se connaître soi-même. *Il s'est découvert fort tard.* – Bas lat. *discooperire,* «mettre à découvert».

décrassage [dekʀasaʒ] ou **décrassement** [dekʀasmɑ̃] n. m. TECH Opération qui consiste à débarrasser la grille d'un foyer des matières non combustibles. ▷ Opération qui consiste à enlever les crasses et scories qui surnagent. – De *décrasser.*

décrasser [dekʀase] v. tr. [1] **1.** Enlever la crasse de. **2.** Fig., fam. *Décrasser qqn,* lui inculquer les rudiments d'un savoir; le former aux habitudes de la société. **3.** v. pron. Fig., fam. Commencer à acquérir les premières notions de ce qui vous est appris. – De *dé-,* et *crasse.*

décrément [dekʀemɑ̃] n. m. INFORM Valeur dont une variable diminue à chaque exécution d'une opération cyclique. – Angl. *decrement* ; lat. *decrementum,* de *decrescere.*

décrémenter [dekʀemɑ̃te] v. tr. [1] INFORM Diminuer d'un décrément. – De *décrément.*

décrépir [dekʀepiʀ] v. tr. [3] CONSTR Enlever le crépi (d'un mur). – Pp. *Un mur décrépi.*

décrépissage [dekʀepisaʒ] n. m. CONSTR Action de décrépir. – De *décrépir.*

décrépit, ite [dekʀepi, it] adj. Très affaibli par la vieillesse. *Un vieillard décrépit.* – Lat. *decrepitus.*

décrépitude [dekʀepityd] n. f. **1.** Vieilli État de vieillesse extrême, de délabrement physiologique. **2.** Fig. Décadence. *Une institution en pleine décrépitude.* – De *décrépit.*

decrescendo [dekʀeʃɛndo] ou **décrescendo** adv. et n. m. inv. **1.** adv. MUS En décroissant, en diminuant l'intensité des sons. – n. m. inv. Phrase musicale jouée decrescendo. *Faire un decrescendo.* **2.** Fig., fam. En décroissant, en déclinant. *Ragots qui vont decrescendo.* – Mot ital., «en décroissant», du lat. *decrescere.*

décret [dekʀɛ] n. m. **1.** Décision, ordre émanant du pouvoir exécutif. *Un décret ministériel.* ▷ Fig. *Les décrets de la Providence, du destin, de la critique.* **2.** RELIG CATHOL Décision, ordre émanant de l'Église. *Décret pontifical.* – Lat. *decretum,* «décision, sentence».

décrétale [dekʀetal] n. f. HIST RELIG Ordonnance du pape, sous forme d'épître, pour régler des questions d'administration ecclésiastique ou de discipline. – Lat. ecclés. *decretalis.*

décréter [dekʀete] v. tr. [14] **1.** Ordonner, régler par un décret. *Décréter la mobilisation générale.* **2.** Décider de manière autoritaire. *Il a décrété qu'il ne voulait plus me voir.* **3.** Vx Lancer un décret contre. *Décréter qqn de prise de corps.* – De *décret.*

décret-loi [dekʀɛlwa] n. m. Décret que prend un gouvernement et qui a force de loi. *Des décrets-lois.*

décreusage [dekʀøzaʒ] ou **décruage** [dekʀyaʒ] ou **décrusage** [dekʀyzaʒ] n. m. TECH Action de décreuser; son résultat. – De *décreuser* ou de *décruer* ou de *décruser.*

décreuser [dekʀøze] , **décruer** [dekʀye] ou **décruser** [dekʀyze] v. tr. [1] TECH Débarrasser (un textile) des matières qui adhèrent aux fils. – *Décreuser,* du dauphinois *descreusa,* de *dé-,* et *cru,* «non préparé»; *décruer* et *décruser,* même orig.

décri [dekʀi] n. m. **1.** Vx Proclamation par laquelle une monnaie était décriée. **2.** Litt. Perte de la réputation, de la considération dont on jouissait. *Être victime d'un décri injuste.* – Déverbal de *décrier.*

décrier [dekʀije] v. tr. [2] **1.** Vx Interdire par proclamation la circulation d'une monnaie, la vente d'une marchandise. **2.** S'efforcer de ruiner la réputation, l'autorité de (qqn, qqch). *Décrier un auteur.* – Pp. adj. *Une œuvre très décriée par la critique.*

décrire [dekʀiʀ] v. [67] **I.** v. tr. **1.** Représenter, dépeindre par des mots, en paroles ou par écrit. *Décrire une personne, une ville. Je renonce à décrire la confusion qui suivit.* **2.** Dessiner (une ligne courbe). *Les sinuosités que décrit la rivière.* **3.** GEOM Tracer, parcourir. *Un point qui se meut décrit une ligne droite ou courbe.* **II.** v. pron. Être représenté au moyen d'un discours. *Une telle scène ne peut se décrire.* – Lat. *describere*, d'apr. *écrire*.

décrispation [dekʀispasjɔ̃] n. f. **1.** Action de décrisper; état qui en résulte. **2.** Atténuation des tensions, des conflits.

décrisper [dekʀispe] v. tr. [1] **1.** Décontracter (les muscles). **2.** Atténuer les tensions, les conflits. *Décrisper la situation politique.*

décrochage [dekʀɔʃaʒ] n. m. **1.** Action de décrocher. *Le décrochage des wagons.* **2.** MILIT Mouvement qui permet de décrocher. **3.** AVIAT Réduction brusque de la portance, lorsque l'angle d'incidence de la voilure dépasse la valeur maximale admissible. **4.** Fam. Le fait d'abandonner une activité. – De *décrocher*.

décrochement [dekʀɔʃmɑ̃] n. m. **1.** État de ce qui est décroché. **2.** Partie en retrait (dans une ligne, une surface). *Un décrochement dans une façade.* **3.** GEOL Faille accompagnée d'un déplacement horizontal des deux blocs. – De *décrocher*.

décrocher [dekʀɔʃe] v. [1] **I.** v. tr. **1.** Détacher (une chose qui était accrochée). *Décrocher un tableau.* ▷ Loc. fam. *Décrocher la timbale* : obtenir ce que l'on postulait depuis longtemps; être le gagnant dans une compétition. – *Vouloir décrocher la lune* : demander, tenter l'impossible. – *Bâiller à se décrocher la mâchoire* : faire de longs bâillements. ▷ (S. comp.) Décrocher le combiné d'un appareil téléphonique. *Pour appeler, décrochez et attendez la tonalité.* **2.** Fig., fam. Obtenir. *Il a enfin décroché son examen.* **II.** v. intr. **1.** Fam. Interrompre une activité. **2.** Fam. Ne plus porter son attention sur qqch. *La conférence m'ennuyait trop, j'ai décroché une demi-heure avant la fin.* **3.** MILIT Rompre le contact avec l'ennemi; se replier. **4.** AVIAT Subir le phénomène du décrochage, en parlant d'un aéronef. – De *dé-*, et *croc*.

décrochez-moi-ça [dekʀɔʃemwasa] n. m. inv. Boutique, éventaire de fripier. – De *décrocher*.

décroiser [dekʀwaze] v. tr. [1] Cesser de croiser, faire cesser le croisement de. *Décroiser les bras.*

décroissance [dekʀwasɑ̃s] n. f. **1.** Diminution. *La décroissance de la fièvre.* **2.** PHYS NUCL *Décroissance radioactive* : diminution, au cours du temps, de l'activité d'une substance radioactive. – De *décroître*.

décroissant, ante [dekʀwasɑ̃, ɑ̃t] adj. **1.** Qui décroît. **2.** MATH *Fonction décroissante*, qui varie dans le sens inverse de la variable dont elle dépend. *Suite décroissante*, dont les termes diminuent de valeur. – Ppr. de *décroître*.

décroissement [dekʀwasmɑ̃] n. m. Diminution. – De *décroître*.

décroît [dekʀwɑ] n. m. ASTRO Décroissement de la Lune pendant son dernier quartier. – Déverbal de *décroître*.

décroître [dekʀwɑtʀ] v. intr. [72] Diminuer peu à peu; décliner. *Les jours décroissent en automne. Ses forces décroissent.* – N.B. *Décroître* se conjugue comme *croître*, sauf *décru*, qui ne prend pas d'accent circonflexe. – Lat. pop. *discrescere*.

décrottage [dekʀɔtaʒ] n. m. Action de décrotter; son résultat. – De *décrotter*.

décrotter [dekʀɔte] v. tr. [1] **1.** Ôter la boue de. *Décrotter des souliers.* **2.** Fig., fam. Dépouiller (qqn) de sa rusticité. *Il a besoin d'être décrotté.* – De *dé-*, et *crotte*, « boue ».

décrotteur [dekʀɔtœʀ] n. m. **1.** VX Celui qui fait le métier de décrotter, de cirer les chaussures. **2.** TECH Appareil pour décrotter (spécial. pour retirer la boue des véhicules de chantier). **3.** AGRIC Machine débarrassant les tubercules et les racines de la terre qui y reste collée après l'arrachage. – De *décrotter*.

décrottoir [dekʀɔtwaʀ] n. m. Lame de métal, scellée généralement dans le mur extérieur d'une maison, utilisée pour décrotter ses chaussures avant d'entrer. – De *décrotter*.

décruage. V. décreusage.

décrue [dekʀy] n. f. **1.** Baisse du niveau des eaux (après une crue). *La décrue de la rivière s'est accentuée.* **2.** Fig. Décroissance. – Pp. fém. subst. de *décroître*.

décruer. V. décreuser.

décrusage. V. décreusage.

décruser. V. décreuser.

décrutement [dekʀytmɑ̃] n. m. ECON Technique favorisant la mobilité de la main-d'œuvre, qui consiste, pour une entreprise, à faciliter le départ de certains de ses salariés (cadres notam.) en leur assurant un autre emploi. – Trad. de l'angl. *outplacement*, de *dé-*, et *(re)crutement*.

décryptage [dekʀiptaʒ] n. m. **1.** Action de découvrir le sens d'un texte chiffré dont on ne possède pas la clef. **2.** Action d'obtenir une émission cryptée sous forme intelligible au moyen d'un décodeur. **3.** INFORM Action d'accéder à une information cryptée. – De *décrypter*.

décrypter [dekʀipte] v. tr. [1] Procéder au décryptage de. – De *dé-*, et gr. *kruptos*, « caché ».

déçu, ue [desy] adj. Qui a éprouvé une déception. ▷ *Espoir déçu*, non réalisé. – Pp. de *décevoir*.

décubitus [dekybitys] n. m. MED Attitude du corps qui repose en position horizontale. *Décubitus dorsal, ventral, latéral.* – Lat. *decubitus*, de *decumbere*, « se mettre au lit ».

de cujus [dekyʒys] n. m. inv. DR Défunt, testateur. *Les volontés du de cujus.* – De la loc. juridique lat. *de cujus (successione agitur)* : « celui de la succession de qui il s'agit ».

déculasser [dekylase] v. tr. [1] TECH Ôter la culasse de (une arme à feu, un moteur). – De *dé-*, et *culasse*.

déculottée [dekylɔte] n. f. Fam. Défaite humiliante. ▷ Fessée. – De *déculotter*.

déculotter [dekylɔte] **I.** v. tr. [1] **1.** Ôter la culotte, le pantalon de (qqn). **2.** Fam. *Déculotter une pipe*, enlever les dépôts agglomérés dans son fourneau. **II.** v. pron. **1.** Retirer sa culotte, son pantalon. **2.** Fig., pop. Abandonner toute réserve. ▷ Céder honteusement.

déculpabilisation [dekylpabilizasjɔ̃] n. f. Action de déculpabiliser; son résultat. – De *déculpabiliser*.

déculpabiliser [dekylpabilize] v. tr. [1] Libérer (qqn) d'un sentiment de culpabilité.

déculturation [dekyltyʀasjɔ̃] n. f. ETHNOL Perte ou dégradation de l'identité culturelle. – De *dé-*, et *culture*, d'apr. *acculturation*.

décuple [dekypl] adj. et n. **1.** adj. Qui vaut dix fois. **2.** n. m. Quantité qui vaut dix fois une autre quantité. *Je lui ai rendu le décuple de son prêt.* – Lat. *decuplus*, de *decem*, « dix ».

décuplement [dekypləmɑ̃] n. m. Action de décupler; résultat de cette action. – De *décupler*.

décupler [dekyple] v. [1] **I.** v. tr. **1.** Rendre dix fois plus grand. *Décupler sa fortune.* **2.** Fig. Augmenter considérablement. *Le désir de vaincre décuple ses forces.* **II.** v. intr. Devenir dix fois plus grand. *La valeur de ce tableau a décuplé.* – De *décuple*.

décurie [dekyʀi] n. f. ANTIQ ROM Troupe de dix soldats, le dixième de la centurie. – Lat. *decuria*, de *decem*, «dix».

décurion [dekyʀjɔ̃] n. m. ANTIQ ROM **1.** Chef d'une décurie. **2.** Membre d'une curie (sénat municipal dans l'Empire romain). – Lat. *decurio*.

décurrent, ente [dekyʀɑ̃, ɑ̃t] adj. BOT Se dit d'un organe lamellaire qui se prolonge sur son support. *Feuille décurrente*, dont le limbe se prolonge sur la tige. – Lat. *decurrens*, «qui court le long de».

décussé, ée [dekyse] adj. BOT Se dit d'organes dont les axes sont à angle droit. *Feuilles opposées décussées*, dont les paires successives sont à angle droit (chez les orties, par ex.). – Lat. *decussatus*.

décuvage [dekyvaʒ] n. m. ou **décuvaison** [dekyvɛzɔ̃] n. f. TECH Action de transvaser le vin, après fermentation, de la cuve dans les tonneaux. – De *décuver*.

décuver [dekyve] v. tr. [1] TECH Retirer (le vin) de la cuve.

dédaignable [dedɛɲabl] adj. (Surtout dans des phrases négatives.) Qui mérite d'être dédaigné. *Ces marques de faveur ne sont pas dédaignables.* – De *dédaigner*.

dédaigner [dedeɲe] v. tr. [1] **1.** Traiter avec dédain, marquer du dédain à l'égard de. *Dédaigner le pouvoir.* **2.** Négliger, rejeter comme sans intérêt, ou indigne de soi. *Dédaigner les services de qqn.* **3.** v. tr. indir. Litt. *Dédaigner de* (+ inf.). *Il dédaigne de nous parler.*

dédaigneusement [dedɛɲøzmɑ̃] adv. Avec dédain. *Il a dédaigneusement repoussé mon offre.* – De *dédaigneux*.

dédaigneux, euse [dedɛɲø, øz] adj. et n. Qui éprouve du dédain, qui montre du dédain. *Une mine dédaigneuse.* ▷ Subst. *Faire le dédaigneux.* – De *dédaigner*.

dédain [dedɛ̃] n. m. Mépris, vrai ou affecté, manifesté par le ton, l'allure, les manières. *Recevoir un compliment avec dédain. Le dédain des honneurs.* – Déverbal de *dédaigner*.

dédale [dedal] n. m. **1.** Labyrinthe, lieu où l'on s'égare à cause de la complication des détours. *Le dédale des traboules lyonnaises.* **2.** Fig. Ensemble compliqué où il est difficile de se reconnaître. *Le dédale de la jurisprudence.* – Lat. *Dædalus*, gr. *Daidalos*, n. du légendaire architecte grec, constructeur du labyrinthe de Cnossos en Crète.

dédaléen, enne [dedaleɛ̃, ɛn] adj. Qui tient du dédale. – De *dédale*.

dedans [dədɑ̃] adv., prép. et n. m. **I.** adv. de lieu. **1.** À l'intérieur. *On le cherchait dehors, il était dedans.* **2.** Loc. Fam. *Mettre qqn dedans*, le tromper. ▷ Pop. *Mettre, fourrer dedans* : emprisonner, consigner ▷ Pop. *Il lui rentre dedans* : il le frappe. **3.** Loc. adv. *Là-dedans* : là, à l'intérieur, là où vous êtes. *Entrez là-dedans! Que faites-vous là-dedans?* ▷ *Au-dedans, en dedans* : à l'intérieur. *Il fait froid au-dedans comme au-dehors. La porte ouvre en dedans. Avoir les genoux en dedans*, cagneux. ▷ *De dedans* : de l'intérieur. *Il vient de dedans.* ▷ *Par-dedans*, par l'intérieur. *Passez par-dedans.* **II.** prép. de lieu. **1.** Vx Dans. *Dedans la ville.* **2.** Loc. prép. Vx *Par-dedans. Il a passé par-dedans la cour.* ▷ *En dedans de* : à l'intérieur de. *La maison se situe en dedans du village.* ▷ *Au-dedans de* : à l'intérieur de. *Au-dedans du village se trouve l'église.* **III.** n. m. **1.** Partie intérieure d'une chose. *Le dedans d'une maison.* **2.** Fig. Esprit (par oppos. au corps); monde intérieur (par oppos. au monde extérieur); intérieur (par oppos. à l'extérieur). *L'Espace du dedans*, titre d'un recueil de poèmes d'Henri Michaux. *Les ennemis du dedans*, de l'intérieur. – De *de*, et *dans*.

dédicace [dedikas] n. f. **1.** RELIG (judaïsme) Consécration du Temple de Jérusalem au culte. **2.** LITURG CATHOL Consécration d'une chapelle, d'une église au culte divin; inscription qui relate cette consécration. **3.** Consécration d'un monument à une personne. ▷ *Par ext.* Inscription qui relate cette consécration. **4.** Inscription par laquelle un auteur dédie son œuvre à qqn, ou en offre un exemplaire avec sa signature. *La dédicace des «Fleurs du mal» de Baudelaire à Théophile Gautier.* – Lat. ecclés. *dedicatio*, «consécration».

dédicacer [dedikase] v. tr. [12] Faire l'hommage (d'un livre, d'une photographie), par une dédicace. – Pp. adj. *Cette comédienne envoie son portrait dédicacé à ses admirateurs.* – De *dédicace*.

dédicataire [dedikatɛʀ] n. Personne à qui un ouvrage est dédié. *Gaston Calmette, dédicataire de «Du côté de chez Swann» de M. Proust.* – Du lat. *dedicatio*.

dédicatoire [dedikatwaʀ] adj. *Épître dédicatoire*, qui exprime une dédicace. – Du lat. *dedicatio*.

dédier [dedje] v. tr. [2] **1.** Consacrer au culte divin; placer sous l'invocation d'un saint. *Dédier une chapelle à un saint.* – Pp. adj. *Temple dédié à Vénus.* **2.** Faire hommage (d'un ouvrage) par une inscription (dédicace) placée en tête. *Il a dédié son premier livre à sa mère.* – Pp. adj. *Une thèse dédiée à son maître.* **3.** Fig. Consacrer, vouer. *Il a dédié sa vie à l'étude.* ▷ Pp. adj. INFORM Se dit d'un ordinateur consacré à un seul ensemble de tâches. **4.** Fig. Offrir. *Il a dédié sa collection de tableaux à l'État.* – Lat. ecclés. *dedicare*, «consacrer».

dédifférenciation [dedifeʀɑ̃sjasjɔ̃] n. f. BIOL Perte (pour une cellule, un tissu) d'une partie ou de la totalité de ses caractères propres. *La dédifférenciation des cellules cancéreuses.*

dédifférencié, ée [dedifeʀɑ̃sje] adj. BIOL Qui a subi une dédifférenciation. – Ppr. de *dédifférencier*.

dédifférencier (se) [dedifeʀɑ̃sje] v. pron. [2] BIOL Perdre (pour une cellule ou un tissu) les caractères propres à sa fonction, totalement ou en partie.

dédire [dediʀ] **1.** v. tr. [65] Vx *Dédire qqn*, le désavouer. **2.** v. pron. Désavouer ce qu'on a dit; se rétracter. *Les témoins se sont dédits.* – Pop. *Cochon qui s'en dédit* : formule pour prêter serment.

dédit [dedi] n. m. **1.** Révocation d'une parole donnée. **2.** DR Pénalité stipulée dans un contrat contre celui qui manque à l'exécution. *Payer un dédit.* – Pp. subst. de *dédire*.

dédommagement [dedɔmaʒmɑ̃] n. m. **1.** Réparation d'un dommage. *Obtenir mille francs de dédommagement.* **2.** Fig. Compensation. *Trouver un dédommagement à ses malheurs.* – De *dédommager*.

dédommager [dedɔmaʒe] v. tr. [13] **1.** Indemniser d'un dommage. *La compagnie d'assurances les dédommagera.* **2.** Offrir une compensation à. *Rien peut-il dédommager de la perte d'un être cher?* ▷ v. pron. Trouver un dédommagement, une compensation. – De *dé-*, et *dommage*.

dédorer [dedɔʀe] v. tr. [1] **1.** Enlever la dorure de. **2.** v. pron. Perdre sa dorure. – Pp. adj. *Un cadre dédoré.*

dédouanement [dedwanaʒ] [dedwanmɑ̃] ou **dédouanage** n. m. Action de dédouaner (une marchandise); son résultat. – De *dédouaner*.

dédouaner [dedwane] v. tr. [1] **1.** Faire sortir (une marchandise) de la douane en acquittant les droits. **2.** Fig. Réhabiliter (qqn). ▷ v. pron. Se réhabiliter, se blanchir. *Un ancien malfaiteur qui cherche à se dédouaner.* – De *dé-*, et *douane*.

dédoublage [dedublaʒ] n. m. **1.** Action de dédoubler (un vêtement). **2.** TECH Action de diluer l'alcool par l'eau. – De *dédoubler*.

dédoublement [dedubləmɑ̃] n. m. **1.** Action de dédoubler (sens I, 2); son résultat. **2.** PSYCHIAT *Dédou-*

blement de la personnalité : absence du sentiment de l'unité et de l'identité de la personnalité, observée chez certains psychopathes, deux personnalités différentes et autonomes coexistant chez le même individu, en même temps ou successivement. – De *dédoubler*.

dédoubler [deduble] **I.** v. tr. [1] **1.** Ôter la doublure de. *Dédoubler une veste.* **2.** Diviser en deux. *Dédoubler une classe aux effectifs trop nombreux. Dédoubler un train,* en faire partir un second, alors qu'un seul était prévu. **II.** v. pron. **1.** Se séparer en deux. **2.** PSYCHIAT Souffrir de dédoublement de la personnalité.

dédramatiser [dedʀamatize] v. tr. [1] Ôter son caractère dramatique à. *Dédramatiser une situation conflictuelle.*

déductibilité [dedyktibilite] n. f. Caractère de ce qui est déductible. *La déductibilité de certains frais dans une déclaration de revenus.* – De *déductible*.

déductible [dedyktibl] adj. Qui peut être déduit, soustrait. – Du lat. *deductum*.

déductif, ive [dedyktif, iv] adj. LOG Qui procède par déduction. *Un raisonnement déductif.* Ant. inductif. – Lat. *deductum*.

déduction [dedyksjɔ̃] n. f. **1.** Soustraction. *Ces mille francs viennent en déduction de ce que vous avez déjà touché.* Syn. défalcation. **2.** LOG Méthode de raisonnement par laquelle on infère d'un principe ou d'une hypothèse toutes les conséquences qui en découlent. *La forme la plus classique de la déduction est le syllogisme, étudié par Aristote, dans lequel on conclut du général au particulier.* Ant. induction. **3.** Cour. Raisonnement rigoureux; conclusion d'un tel raisonnement; action de déduire. – Lat. *deductio*.

déduire [dedɥiʀ] v. tr. [69] **1.** Retrancher, soustraire d'une somme. *De cette somme, je déduis vingt francs.* **2.** LOG Tirer par déduction (une proposition) comme conséquence d'une autre, admise. **3.** Tirer comme conséquence. *On peut en déduire que...* – Lat. *deducere*, « faire descendre ».

déduit [dedɥi] n. m. Vx ou litt. Divertissement amoureux, plaisir. – De *déduire*, « divertir, amuser » en a. fr.

déesse [deɛs] n. f. **1.** MYTH Divinité de sexe féminin. *Minerve était la déesse de la Sagesse chez les Romains.* **2.** Fig. Femme d'une grande beauté et d'une grâce imposante. – Du lat. *dea*.

de facto [defakto] loc. adv. De fait et non de droit (par oppos. à *de jure*). – Loc. lat., « de fait ».

défaillance [defajɑ̃s] n. f. **1.** Faiblesse physique, évanouissement. *Il est tombé en défaillance.* ▷ MED *Défaillance cardiaque* : insuffisance cardiaque aiguë. **2.** Faiblesse morale. *Tout homme a ses défaillances.* **3.** Faiblesse, incapacité. *La défaillance du gouvernement.* ▷ DR Non-exécution d'une clause, d'un paiement. **4.** Arrêt du fonctionnement normal. *Défaillance du système de sécurité.* – De *défaillir*.

défaillant, ante [defajɑ̃, ɑ̃t] adj. **1.** Qui s'affaiblit, qui devient faible. *Des forces défaillantes. Murmurer d'une voix défaillante.* **2.** Sur le point de s'évanouir (personnes). **3.** DR Qui fait défaut. *Témoin défaillant.* – Ppr. de *défaillir*.

défaillir [defajiʀ] v. intr. [28] **1.** Tomber en faiblesse, s'évanouir. *Défaillir de peur.* **2.** S'affaiblir. *Son courage défaille.* **3.** Litt. Faiblir, manquer de force morale. *Agissez sans défaillir!*

défaire [defɛʀ] **I.** v. tr. [10] **1.** Changer l'état d'une chose, de manière qu'elle ne soit plus ce qu'elle était. *Ce que l'un fait, l'autre le défait.* **2.** Détacher, dénouer. *Défaire sa cravate.* **3.** Litt. Battre, vaincre, mettre en déroute. *Alexandre défit Darius.* **4.** Vx ou litt. Délivrer, débarrasser. *Défaites-moi de cet importun.* **II.** v. pron. **1.** Cesser d'être fait, construit, formé. *Le nœud s'est défait.* **2.** Se délivrer, se débarrasser. *Se défaire d'un fâcheux.* ▷ *Se défaire d'un objet,* le vendre ou le donner.

défait, aite [defɛ, ɛt] adj. **1.** Qui n'est plus fait, construit, formé. *Un nœud défait. Le lit défait.* **2.** Vaincu, en déroute. *Une armée défaite.* **3.** Abattu, épuisé. *Il apparut, pâle et défait.* – Pp. de *défaire*.

défaite [defɛt] n. f. **1.** Perte d'une bataille. *La défaite de Waterloo.* ▷ Perte d'une guerre. *La défaite de 1940.* Syn. déroute. **2.** Échec. *Essuyer une défaite aux élections.* – Pp. fém. subst. de *défaire*.

défaitisme [defɛtism] n. m. **1.** Manque de confiance dans l'issue victorieuse des hostilités. – Fait d'exprimer et de propager des idées correspondant à cet état d'esprit. **2.** *Par ext.* Manque de confiance dans le succès. – De *défaite*.

défaitiste [defɛtist] adj. et n. **1.** adj. Qui a trait au défaitisme. ▷ Empreint de défaitisme. *Tenir des propos défaitistes.* **2.** n. Personne qui fait preuve de défaitisme. – De *défaitisme*.

défalcation [defalkasjɔ̃] n. f. Déduction, retranchement, décompte. – De *défalquer*.

défalquer [defalke] v. tr. [1] Rabattre; déduire (une somme) d'un compte. *Il faut défalquer les frais du bénéfice brut.* – Lat. médiév. *defalcare*, « couper avec la faux (*falx*) ».

défatiguer [defatige] v. tr. [1] Supprimer la fatigue ou les effets de la fatigue chez (qqn).

défaufiler [defofile] v. tr. [1] COUT Défaire un faufil.

défausse [defos] n. f. **1.** Action de se débarrasser d'une carte. **2.** Carte défaussée. – Déverbal de *défausser2*.

1. défausser [defose] v. tr. [1] Redresser (ce qui a été faussé). *Défausser une tringle.*

2. défausser [defose] v. tr. [1] JEU Se débarrasser de (une carte inutile ou gênante). *Défausser un petit cœur.* ▷ v. pron. *Se défausser à pique.* ▷ Fig. Se débarrasser, se décharger. *Se défausser d'une obligation.* – De *dé-*, et *faux*.

défaut [defo] n. m. **I. 1.** Imperfection physique. *Elle avait un corps de déesse, sans le moindre défaut.* **2.** Imperfection dans un objet, point faible dans une matière. *Cette poutre présente un défaut. Les défauts d'un diamant.* **3.** Fig. Imperfection morale. *Il est trop âgé pour se corriger de ses défauts.* **4.** Imperfection dans une œuvre d'art, un ouvrage de l'esprit. *Critiquer les défauts d'un roman. Les défauts du système sont-ils compensés par ses réussites?* **II. 1.** Manque (de qqch). *Le défaut de preuves l'a fait acquitter.* ▷ *Faire défaut* : manquer. *Le talent lui fait cruellement défaut.* **2.** Absence (de certaines qualités, de certains avantages). *Défaut de jugement, de mémoire.* **3.** Endroit où se rejoignent deux os, deux articulations. *Le défaut des côtes, de l'épaule.* **4.** *Défaut de la cuirasse* : intervalle entre les pièces contiguës d'une armure. – Fig. Point faible d'un système, d'un raisonnement. **5.** VEN *Les chiens sont en défaut,* ont pris une fausse piste. – Fig. *Être en défaut* : commettre une faute, une erreur; manquer à ses engagements. *Ma mémoire est souvent en défaut. Quand je lui demande un service, je ne le trouve jamais en défaut.* **6.** PHYS NUCL *Défaut de masse* : différence entre la somme des masses des nucléons d'un noyau et la masse du noyau, correspondant à l'énergie de liaison des nucléons. **7.** PHYS *Défauts de réseau* : irrégularités (lacunes d'ions, ions déplacés en position interstitielle, etc.) qui perturbent la structure parfaite d'un réseau cristallin. **8.** DR Situation du défendeur ou du prévenu qui ne fait pas valoir ses moyens de défense devant le tribunal. *Juger par défaut,* contre un défendeur qui fait défaut. *Défaut de comparaître* : situation du défendeur qui ne se présente pas, ou qui, en matière civile, ne constitue pas avocat. **9.** Loc. prép. *À défaut de* : faute de, en l'absence de. *Un travail bien rémunéré, à défaut d'être intéressant.* – Anc. pp. de *défaillir.*

défaveur [defavœʀ] n. f. Disgrâce, perte de la faveur. *Être en défaveur auprès de qqn.*

défavorable [defavɔʀabl] adj. Qui n'est pas favorable. *Émettre un avis défavorable.*

défavorablement [defavɔʀabləmɑ̃] adv. D'une manière défavorable. *Sa requête fut défavorablement accueillie.* – De *défavorable.*

défavorisant, ante [defavɔʀizɑ̃, ɑ̃t] adj. Qui défavorise. – Ppr. de *défavoriser.*

défavorisé, ée [defavɔʀize] adj. et n. Dépourvu d'avantages, spécial. économiques; pauvre. ▷ Subst. *Les défavorisés* : les pauvres. – Pp. de *défavoriser.*

défavoriser [defavɔʀize] v. tr. [1] Mettre (qqn) en défaveur; donner moins d'avantages qu'aux autres à (qqn). *Ce testament l'a défavorisé.*

défécation [defekasjɔ̃] n. f. **1.** CHIM Séparation, par précipitation, des constituants d'une solution (industrie sucrière). **2.** Expulsion des matières fécales. – Bas lat. *defaecatio.*

défectif, ive [defɛktif, iv] adj. GRAM Se dit d'un verbe, d'une forme verbale qui ne comporte pas tous ses temps, tous ses modes ou toutes ses personnes. *« Choir », « clore », « faillir » sont des verbes défectifs.* – Lat. *defectivus,* de *deficere,* « faire défaut ».

défection [defɛksjɔ̃] n. f. Abandon d'un parti, d'une cause. *Faire défection* : abandonner, ne pas être présent. *Il a fait défection au dernier moment.* – Lat. *defectio,* de *deficere,* « faire défaut ».

défectueusement [defɛktɥøzmɑ̃] adv. D'une manière défectueuse. – De *défectueux.*

défectueux, euse [defɛktɥø, øz] adj. **1.** Qui manque des qualités, des conditions requises. *Marchandises défectueuses. Une argumentation défectueuse.* **2.** DR Entaché d'un défaut. – Lat. médiév. *defectuosus,* de *deficere,* « faire défaut ».

défectuosité [defɛktɥozite] n. f. Défaut, imperfection. *Les défectuosités d'un meuble.* – De *défectueux.*

défendable [defɑ̃dabl] adj. Qui peut être défendu. *Une place défendable.* – Fig. *Cette opinion n'est plus défendable.* – De *défendre.*

défendeur, deresse [defɑ̃dœʀ, d(ə)ʀɛs] n. DR Personne contre qui est introduite une action en justice. – De *défendre.*

défendre [defɑ̃dʀ] v. [5] **I.** v. tr. **1.** Protéger, soutenir contre une agression. *Défendre sa vie, son honneur, ses intérêts. L'aigle défend ses petits.* **2.** Résister pour rester maître de (qqch). *Défendre une position contre l'ennemi.* **3.** Plaider pour (qqn). *Défendre un accusé.* **4.** Plaider pour (qqch). *Défendre une opinion.* **5.** Loc. fig. *À son corps défendant* : à contrecœur, malgré soi. *J'ai agi à mon corps défendant.* **6.** *Défendre de* : mettre à l'abri de, préserver de (choses). *Ce mur nous défend du froid.* **7.** Prohiber, interdire (qqch à qqn). *Défendre le vin à un malade. Il est défendu de parler au conducteur.* **II.** v. pron. **1.** Repousser une attaque, une agression, y résister. *Il ne se défendait que mollement.* **2.** Fam. Se débrouiller. *Pour parler anglais, je (ne) me défends pas mal.* **3.** Chercher à se justifier. *Il se défend violemment des critiques.* **4.** Nier (une chose qu'on vous impute). *Il se défend d'avoir emporté ce livre.* **5.** Se mettre à l'abri de (qqch). *Se défendre du froid.* **6.** S'empêcher d'éprouver (un sentiment); se retenir de (faire qqch). *Je ne puis me défendre d'une certaine partialité envers lui. Elle ne peut se défendre de pleurer.* – Lat. *defendere.*

défends. V. défens.

défendu, ue [defɑ̃dy] adj. **1.** Protégé. *Une ville défendue par ses remparts.* **2.** Interdit, réprouvé par la morale. *Livre défendu. Fruit défendu* : chose d'autant plus convoitée qu'elle est interdite. – Pp. de *défendre.*

défenestration [defənɛstʀasjɔ̃] n. f. Action de jeter une personne par la fenêtre. – HIST *Défenestration de Prague* (23 mai 1618) : acte de violence par lequel les protestants de Bohême, s'insurgeant contre l'empereur Mathias, précipitèrent par la fenêtre de la salle du Conseil deux des quatre gouverneurs. (Ce fut le prélude de la guerre de Trente Ans.) – Du lat. *de-,* et *fenestra.*

défenestrer [defənɛstʀe] v. tr. [1] Jeter (qqn) par la fenêtre. – De *dé-* et *fenêtre,* d'après *défenestration.*

défens ou **défends** [defɑ̃] n. m. *Bois en défends,* dont la coupe est interdite ou dans lequel il est interdit de faire entrer des bestiaux. – Lat. *defensus,* pp. de *defendere.*

1. défense [defɑ̃s] n. f. **1.** Action de repousser une agression dirigée contre soi ou contre d'autres. *Prendre la défense des opprimés. Venez à ma défense.* ▷ DR *Légitime défense* : droit de se défendre par la force contre une agression. *Être en état de légitime défense,* dans une situation telle qu'étant attaqué, on est en droit de se défendre par la force. **2.** Action de défendre une position contre l'ennemi. *Mettre une place en état de défense. Ligne de défense. La défense de Verdun.* **3.** Moyen de protection. *Des ouvrages de défense autour d'une ville menacée.* ▷ *Installer des défenses à une fenêtre.* **4.** *Défense nationale* : ensemble des moyens employés par une nation pour se protéger contre l'ennemi. *Le ministre de la Défense nationale. Défense contre avions (D.C.A.). La défense passive tend à réduire les effets des attaques aériennes.* ▷ *Gouvernement de la Défense nationale* : gouvernement provisoire de la France (4 sept. 1870 – 12 février 1871) en guerre contre la Prusse, composé de républicains modérés parmi lesquels L. Gambetta. **5.** Ce qu'on dit, ce qu'on écrit pour défendre qqn ou se défendre soi-même. *On ne voulut pas écouter sa défense.* **6.** DR Ensemble des moyens employés par une personne pour se défendre en justice. *L'accusé modifie son système de défense.* – Par ext. *La défense* : l'avocat, par oppos. à *l'accusation,* représentée par le ministère public. *La parole est à la défense.* **7.** PHYSIOL *Défense de l'organisme,* contre les traumatismes, les microbes. **8.** PSYCHAN *Défense du moi* : ensemble des processus inconscients utilisés par le moi pour se défendre. *Les mécanismes de défense sont plus ou moins intégrés au moi : refoulement, sublimation, régression, projection.* **9.** Prohibition, interdiction. *Défense d'afficher.* **10.** SPORT Manière de s'opposer aux offensives de l'adversaire; ensemble des joueurs d'une équipe qui s'opposent à ces offensives. – Lat. *defensa.*

2. défense [defɑ̃s] n. f. Dent de certains mammifères, dont la croissance se prolonge durant la vie entière et qui, atteignant de grandes dimensions, sort de la cavité buccale. *Les défenses sont soit des canines (sanglier, chevrotain), soit des incisives (éléphant, narval).* – De *défense* 1.

défenseur [defɑ̃sœʀ] n. m. **1.** Celui qui défend, soutient, protège. *Défenseur des opprimés. Les défenseurs de la patrie.* **2.** Fig. Personne qui défend (une cause, une opinion, une doctrine). *Elle s'érige en défenseur de la morale.* **3.** DR Avocat qui défend en justice. *Avoir un bon défenseur.* – Lat. *defensor.*

défensif, ive [defɑ̃sif, iv] adj. Fait pour la défense. *Traité défensif. Armes défensives. Guerre défensive.* – Lat. médiév. *defensivus.*

défensive [defɑ̃siv] n. f. État d'une armée prête à se défendre, ou qui s'efforce de contenir une attaque ennemie. ▷ Loc. *Être, se tenir sur la défensive* : être prêt, se tenir prêt à se défendre (au propre et au figuré). – De *défensif.*

déféquer [defeke] v. [14] **1.** v. tr. CHIM Clarifier (un liquide). **2.** v. intr. Évacuer les matières fécales. – Lat. *defaecare*, « débarrasser de la lie », de *faex, faecis*, « lie ».

déférence [defeʀɑ̃s] n. f. Politesse respectueuse, considération. *Témoigner de la déférence à une personne âgée.* – De *déférer*.

1. déférent [defeʀɑ̃] adj. m. **1.** ASTRO *Cercles déférents* : cercles qui ont été imaginés par les Anciens pour expliquer le mouvement des planètes. **2.** ANAT *Canal déférent* : conduit excréteur du testicule, par lequel le sperme gagne les vésicules séminales pour se jeter dans l'urètre. – Lat. *deferens*, ppr. de *deferre*. V. déférer.

2. déférent, ente [defeʀɑ̃, ɑ̃t] adj. Qui témoigne de la déférence. *Une attitude déférente.* – Lat. *deferens, deferentis*.

déférer [defeʀe] v. tr. [14] **1.** Accorder, décerner (un titre, un honneur). *Le peuple romain déféra le consulat à Scipion.* **2.** DR Traduire (un accusé) en justice. Soumettre à une juridiction. *Déférer un jugement à la Cour de cassation.* **3.** v. tr. indir. Céder par respect. *Déférer au désir de qqn.* – Lat. *deferre*, « porter », bas lat. « faire honneur ».

déferlage [defɛʀlaʒ] n. m. MAR Action de déferler. – De *déferler*.

déferlant, ante [defɛʀlɑ̃, ɑ̃t] adj. Qui déferle. ▷ n. f. Vague qui déferle. – Ppr. de *déferler*.

déferlement [defɛʀləmɑ̃] n. m. **1.** Action de déferler. *Écouter le déferlement des vagues.* **2.** Fig. Déploiement, manifestation de grande ampleur. *Un déferlement de mécontentement.* – De *déferler*.

déferler [defɛʀle] v. [1] **1.** v. tr. MAR Déployer. *Déferler une voile, un pavillon.* **2.** v. intr. Se déployer et se briser en écume (en parlant des vagues). **3.** Fig. Se répandre avec abondance, violence. *Les injures déferlaient sur lui.* – De *dé-*, et *ferler**.

déferrage [defɛʀaʒ], **déferrement** [defɛʀmɑ̃] n. m. ou **déferrure** [defɛʀyʀ] n. f. Action de déferrer; son résultat. – De *déferrer*.

déferrer [defɛʀe] v. tr. [1] **1.** Ôter une ferrure. **2.** Ôter le fer du pied d'un cheval. ▷ v. pron. *Le cheval s'est déferré*, a perdu un fer.

déferrure. V. déferrage.

défeuillaison [defœjɛzɔ̃] n. f. Chute des feuilles. – De *défeuiller*.

défeuiller [defœje] v. tr. [1] Litt. Enlever ou faire tomber les feuilles (d'un arbre). *L'orage défeuille les arbres.* ▷ v. pron. Perdre ses feuilles. *Arbre qui se défeuille.* – De *dé-*, et *feuille*.

défeutrage [deføtʀaʒ] n. m. Traitement destiné à éviter le feutrage. – De *défeutrer*.

défeutrer [deføtʀe] v. tr. [1] Traiter (la laine) lors de la filature, de façon qu'elle ne puisse feutrer une fois tissée.

défi [defi] n. m. **1.** Anc. Provocation à un combat singulier, au Moyen Âge. **2.** Mod. Provocation. *Un défi au bon sens. Prendre un air de défi. Mettre qqn au défi de faire qqch. Relever le défi.* – De *défier*.

défiance [defjɑ̃s] n. f. Crainte d'être trompé, méfiance. *Ses mensonges répétés inspirent la défiance.* – De *défier*.

défiant, ante [defjɑ̃, ɑ̃t] adj. Pénétré de défiance. *Un caractère défiant.* – Ppr. de *défier*.

défibrage [defibʀaʒ] n. m. TECH Action de défibrer (le bois, en partic., pour le transformer en pâte à papier). – De *défibrer*.

défibrer [defibʀe] v. tr. [1] TECH Ôter les fibres de. – De *dé-*, et *fibre*.

défibreur, euse [defibʀœʀ, øz] n. **1.** TECH Personne qui défibre le bois. **2.** n. f. TECH Machine pour défibrer le bois. – De *défibrer*.

défibrillation [defibʀijasjɔ̃] n. f. MED Techcnique thérapeutique (choc électrique) permettant le rétablissement d'un rythme cardiaque normal chez un malade en état de fibrillation. – De *dé-*, et *fibrillation*.

déficeler [defisle] v. tr. [19] Ôter la ficelle de (un paquet, un objet ficelé).

déficience [defisjɑ̃s] n. f. **1.** BIOL Insuffisance organique ou fonctionnelle. *Déficience mentale. Déficience hépatique.* **2.** Fig. Faiblesse, insuffisance. – De *déficient*.

déficient, ente [defisjɑ̃, jɑ̃t] adj. **1.** Se dit d'un organe qui n'assure pas normalement ses fonctions. *Un cœur déficient.* **2.** Trop faible, insuffisant. *Son vocabulaire est déficient.* – Lat. *deficiens*, ppr. de *deficere*, « manquer ».

déficit [defisit] n. m. **1.** Ce qui manque à certaines choses. *Déficit sur la récolte.* **2.** Excédent des dépenses sur les recettes dans une comptabilité. *Le déficit du budget. Le bilan de cette affaire présente un gros déficit. Être en déficit.* **3.** MED *Déficit immunitaire* : incapacité, pour l'organisme, de trouver la réponse immunitaire adaptée. – Mot lat., « (la chose) manque ».

déficitaire [defisitɛʀ] adj. **1.** Trop faible, insuffisant. *Une récolte déficitaire.* **2.** Qui présente un déficit. *Commerce déficitaire.* – De *déficit*.

1. défier [defje] v. tr. [2] **1.** Provoquer (qqn) en combat singulier. - *Par ext.* Provoquer à une lutte quelconque. *Défier qqn à la course.* ▷ v. pron. *Elles se sont défiées aux cartes.* **2.** Braver, se dresser contre. *Défier la morale.* **3.** Déclarer à qqn qu'on le croit incapable d'exécuter qqch. *Je vous défie de m'en donner la preuve.* **4.** Résister aux attaques, aux coups de (choses). *Notre bateau défiait la tempête. Ce mur a défié le temps.* – De *dé-*, et *fier*.

2. défier (se) [defje] v. pron. [2] *Se défier de* : avoir de la défiance envers. *Se défier des flatteurs, des racontars.* – De *dé-*, et *fier*, d'apr. le lat. *diffidere*.

défiguration [defigyʀasjɔ̃] n. f. Rare Action de défigurer (qqn ou qqch); état de ce qui est défiguré. – De *défigurer*.

défigurement [defigyʀmɑ̃] n. m. Rare **1.** État de qqn qui est défiguré. **2.** Le fait de défigurer qqch. – De *défigurer*.

défigurer [defigyʀe] v. tr. [1] **1.** Altérer l'aspect du visage. *Cette blessure l'a défiguré.* **2.** Gâter la forme, l'allure, l'aspect de (qqch). *Défigurer un tableau par des retouches.* **3.** Fig. Altérer, dénaturer, rendre méconnaissable. *Défigurer la vérité. Défigurer la pensée d'un auteur.* – De *dé-*, et *figure*, « face ».

défilage [defilaʒ] n. m. TECH **1.** Action d'ôter les fils. **2.** Phase de la fabrication du papier, consistant à mettre les chiffons en charpie. – De *défiler* 1.

défilé [defile] n. m. **1.** Passage étroit et encaissé entre deux montagnes. *Troupe surprise dans un défilé.* **2.** Suite d'unités militaires en marche au pas cadencé, passant devant un chef ou rendant les honneurs. *Le défilé du 14 Juillet.* **3.** File de personnes, de véhicules en marche. *Le défilé des amis à la sacristie. Le défilé des chars au carnaval.* – Pp. subst. de *défiler* 2.

défilement [defilmɑ̃] n. m. **1.** MILIT Stationnement ou cheminement à couvert des vues et à l'abri des tirs de l'ennemi. **2.** Dans un magnétophone, un magnétoscope, déroulement continu de la bande magnétique; dans un appareil de projection, déroulement du film. – De *défiler* 2.

1. défiler [defile] v. [1] **I.** v. tr. **1.** Défaire (un tissu) fil à fil. **2.** Ôter le fil passé dans. *Défiler des perles.* ▷ v. pron. *Votre collier s'est défilé.* **3.** Fig., fam. *Défiler son chapelet* : dire tout ce que l'on sait de désagréable sur qqn ou qqch. **4.** MILIT *Défiler un ouvrage*, le garantir des vues et des feux d'enfilade de l'ennemi. **II.** v. pron. **1.** Se mettre à couvert des vues et des feux d'enfilade de l'ennemi. **2.** Fig., fam. S'esquiver, se dérober. *Se défiler au moment de payer. Quand on lui demande un service, il se défile.* – De *dé-*, et *fil*.

2. défiler [defile] v. intr. [1] **1.** Aller à la file. *Ils défilent en colonne par deux.* **2.** Faire un défilé. *Les soldats défilent en rangs serrés.* **3.** Fig. Se succéder avec régularité. *Les jours défilaient, monotones.*

défileuse [defiløz] n. f. TECH Machine qui effectue le défilage (sens 2). – De *défilage*.

défini, ie [defini] adj. **1.** Déterminé, expliqué par une définition. *Mot défini.* ▷ n. m. *«Prouver tout, en substituant mentalement les définitions à la place des définis» (Pascal).* **2.** Précisé. *Une tâche bien définie.* **3.** GRAM *Article défini* : le, la, les. *Passé défini* ou *passé simple* : temps qui fait référence à un moment précis du passé : *«Je fus» est un passé défini.* **4.** CHIM *Loi des proportions définies* ou *loi de Proust*, qui pose que les proportions suivant lesquelles des corps simples se combinent sont des valeurs fixes et discontinues. **5.** MATH *Quantité définie*, déterminée par le nombre qui l'exprime. – Pp. de *définir*.

définir [definiʀ] v. tr. [3] **1.** Expliquer, préciser en quoi consiste un concept. *Définir la liberté en l'opposant à l'aliénation. Définir un mot*, donner son sens, sa définition. **2.** Décrire de façon précise. *Il a du mal à définir le sentiment qu'il a éprouvé.* – Lat. *definire*, rac. *finire*, «finir».

définissable [definisabl] adj. Que l'on peut définir. – De *définir*.

définitif, ive [definitif, iv] adj. Qui ne peut plus, ne doit plus être modifié. *Version définitive d'une œuvre.* – *Vous en parlez en des termes bien définitifs*, catégoriques, excessifs. ▷ n. m. *Le définitif et le provisoire.* – Fam. *Cet achat, c'est du définitif.* ▷ Loc. adv. *En définitive* : en conclusion, en dernière analyse. *En définitive, je crois qu'il a raison.* – De *définir*.

définition [definisjɔ̃] n. f. **1.** PHILO Ensemble de propositions qui analysent la compréhension d'un concept. *La définition doit être courte, claire, précise, exempte de contradictions.* **2.** Explication précise de ce qu'un mot signifie. *Il est plus difficile de donner la définition des mots abstraits que celle des mots concrets.* **3.** MATH *Ensemble de définition*, dans lequel une relation entre les éléments est possible. **4.** AUDIOV Nombre de lignes balayées par le spot pour composer une image de télévision. – *Haute définition* : définition de plus de mille lignes. **5.** THEOL Affirmation claire et solennelle d'un dogme par le magistère. *La définition de l'infaillibilité pontificale par le concile Vatican I en 1870.* **6.** Loc. adv. *Par définition* : en vertu de la définition même de ce dont on parle. *Un triangle a, par définition, trois côtés.* – De *définir*.

définitionnel, elle [definisjɔnɛl] adj. Didac. Qui concerne ou constitue une définition. – De *définition*.

définitivement [definitivmɑ̃] adv. D'une manière définitive. *Une affaire définitivement close.* – De *définitif*.

défiscalisation [defiskalizasjɔ̃] n. f. FISC Fait de défiscaliser; son résultat.

défiscaliser [defiskalize] v. tr. [1] FISC Exonérer d'impôts.

déflagrant, ante [deflagʀɑ̃, ɑ̃t] adj. CHIM Qui a la propriété de déflagrer. – Ppr. de *déflagrer*.

déflagrateur [deflagʀatœʀ] n. m. TECH Appareil servant à enflammer des matières explosives. – De *déflagrer*.

déflagration [deflagʀasjɔ̃] n. f. CHIM Mode de combustion dans lequel la vitesse de propagation de la flamme est de l'ordre d'un mètre par seconde. ▷ Cour. Explosion. *La déflagration a soufflé les vitres des maisons environnantes.* – Lat. *deflagratio*.

déflagrer [deflagʀe] v. intr. [1] CHIM S'enflammer en explosant. – De *déflagration*.

1. déflation [deflasjɔ̃] n. f. GEOL Érosion éolienne des sols désertiques. – All. *Deflation*, du lat. *deflare*, «enlever en soufflant».

2. déflation [deflasjɔ̃] n. f. ECON **1.** Phénomène économique par lequel la demande globale devient insuffisante par rapport à la quantité de produits et de services offerts par l'économie. **2.** Ensemble des mesures (restriction de crédit, compression des dépenses publiques, majoration des impôts, etc.) destinées à lutter contre l'inflation et le déséquilibre extérieur. – Angl. *deflation*, même sens, au propre : «dégonflement».

déflationniste [deflasjɔnist] adj. ECON Qui tient d'une déflation, relatif à une déflation. *Mesures déflationnistes.* – De *déflation* 2.

défléchir [defleʃiʀ] v. tr. [3] Didac. Détourner de sa direction.

déflecteur, trice [deflɛktœʀ, tʀis] adj. et n. **1.** adj. Qui défléchit (un fluide, un courant gazeux). **2.** n. m. TECH Appareil servant à modifier la direction d'un fluide. ▷ AUTO Dispositif aérodynamique destiné à modifier l'écoulement de l'air autour d'un véhicule; cour. partie latérale de la vitre d'une portière, constituée d'un petit volet orientable. – De *défléchir*.

défleuraison. V. défloraison.

défleurir [deflœʀiʀ] v. [3] **1.** v. tr. Faire tomber, ôter les fleurs de. *La gelée a défleuri les abricotiers.* **2.** v. intr. Perdre ses fleurs.

déflexion [deflɛksjɔ̃] n. f. **1.** OBSTETR Mouvement d'extension de la tête de l'enfant au moment du dégagement. **2.** PHYS Déviation d'un faisceau de particules. – De *défléchir*.

défloraison [deflɔʀɛzɔ̃] ou **défleuraison** [deflœʀɛzɔ̃] n. f. Chute des fleurs.

défloration [deflɔʀasjɔ̃] n. f. Action de déflorer (sens 2). – De *déflorer*.

déflorer [deflɔʀe] v. tr. [1] **1.** Vx Ôter la fleur de (une plante). ▷ Fig., mod. Faire perdre sa fraîcheur, sa nouveauté à. *Déflorer un sujet*, lui faire perdre le charme de la nouveauté en le traitant superficiellement ou avec maladresse. **2.** Litt. *Déflorer une jeune fille*, lui faire perdre sa virginité. – Lat. *deflorare*.

défoliant, ante [defɔljɑ̃, ɑ̃t] n. et adj. **1.** n. m. Produit chimique provoquant la chute des feuilles. **2.** adj. *Un produit défoliant.* – Ppr. de *défolier*.

défoliation [defɔljasjɔ̃] n. f. BOT Chute des feuilles d'un végétal à feuilles caduques. – Du lat. *defoliare*, «défeuiller».

défolier [defɔlje] v. tr. [1] Provoquer, en général par des moyens chimiques, la défoliation de. – De *dé-*, et du lat. *folium*, «feuille».

défonçage [defɔ̃saʒ] ou **défoncement** [defɔ̃smɑ̃] n. m. Action de défoncer; résultat de cette action. ▷ AGRIC Labour profond. – De *défoncer*.

défonce [defɔ̃s] n. f. Arg. État dans lequel se trouve un drogué après usage d'hallucinogènes. *Il est en pleine défonce.* – *La défonce* : l'usage de la drogue. – Déverbal de *défoncer*, sens II, 1.

défoncé, ée [defɔ̃se] adj. **1.** Éventré, brisé par enfoncement. *Siège défoncé.* **2.** *Chemin défoncé*, plein d'ornières, de nids-de-poule. **3.** Arg. Qui est sous l'effet d'une drogue. – Pp. de *défoncer*.

défoncer [defɔ̃se] v. [12] **I.** v. tr. **1.** Ôter le fond de. *Défoncer un tonneau.* **2.** Briser, crever en enfonçant. *Défoncer un mur. Défoncer un canapé.* **3.** *Défoncer un terrain,* le labourer en profondeur. – TRAV PUBL Ameublir ou creuser. **II.** v. pron. **1.** Arg. Se droguer. *Il se défonce au hasch.* **2.** Fam. Donner le meilleur de soi-même dans un travail, une activité quelconque.

défonceuse [defɔ̃søz] n. f. **1.** AGRIC Charrue très robuste servant à défoncer. **2.** TECH Machine à bois utilisée pour effectuer des découpes à l'intérieur d'une pièce. **3.** TRAV PUBL Appareil servant à défoncer le sol. – De *défoncer.*

déforestation [defɔʀestasjɔ̃] n. f. Destruction de la forêt. – De *dé-*, et bas lat. *forestis,* «forêt», par infl. de l'angl. *deforestation.*

déformable [defɔʀmabl] adj. Qui peut être déformé. – De *déformer.*

déformant, ante [defɔʀmɑ̃, ɑ̃t] adj. Qui déforme. *Miroir déformant. Rhumatisme déformant.* ▷ Fig. *Version déformante d'un événement.* – Ppr. de *déformer.*

déformateur, trice [defɔʀmatœʀ, tʀis] adj. Litt. Qui déforme (sens 2). *Une vision déformatrice de la réalité.* – De *déformer.*

déformation [defɔʀmasjɔ̃] n. f. Altération de la forme première, habituelle. *Déformation d'un organe.* – TECH *Déformation permanente d'une pièce métallique,* qu'on a étirée, tordue ou fléchie en dépassant sa limite d'élasticité. ▷ Fig. *Votre récit est une déformation systématique de la vérité.* – *Déformation professionnelle* : ensemble d'habitudes, d'automatismes acquis dans l'exercice d'une profession et qui se manifestent intempestivement dans la vie courante. – De *déformer.*

déformer [defɔʀme] v. tr. [1] **1.** Altérer la forme de (une chose matérielle). *Déformer le corps, un vêtement. La colère déformait ses traits.* ▷ v. pron. *Objet qui se déforme sous l'action de la chaleur, de l'humidité, etc.* **2.** Fig. Reproduire inexactement. *Déformer les paroles, la pensée de qqn.* ▷ *Déformer qqn,* modifier, altérer son esprit, son comportement. *Son éducation l'a déformé.* – Lat. *deformare,* rac. *forma,* «forme».

défoulement [defulmɑ̃] n. m. PSYCHAN Retour dans le conscient de souvenirs, d'affects refoulés. ▷ Cour. Fait de se défouler. – De *dé-*, et *(re)foulement.*

défouler (se) [defule] v. pron. [1] Se livrer à des actions sur lesquelles pouvait peser un interdit; libérer, dans une activité quelconque, une énergie bridée par ailleurs. *Se défouler en faisant du sport.* – Fam. S'épancher sans retenue. – D'apr. *défoulement.*

défournage [defuʀnaʒ] ou **défournement** [defuʀnəmɑ̃] n. m. TECH Action de défourner. – De *défourner.*

défourner [defuʀne] v. tr. [1] Retirer du four. *Défourner du pain, des porcelaines.* – De *dé-*, et *four.*

défraîchi, ie [defʀeʃi] adj. Qui a perdu sa fraîcheur, son éclat. *Costume défraîchi.* ▷ *Visage défraîchi,* fané, flétri. – Pp. de *défraîchir.*

défraîchir [defʀeʃiʀ] v. tr. [3] Faire perdre sa fraîcheur, son éclat à. *Un vêtement que la pluie avait défraîchi.* ▷ v. pron. *Tentures qui se défraîchissent,* qui passent, perdent leur éclat. – De *dé-*, et *frais.*

défraiement [defʀemɑ̃] n. m. Paiement par lequel on défraie qqn, remboursement. – De *défrayer.*

défrayer [defʀeje] v. tr. [21] **1.** Payer la dépense, les frais de (qqn). *Défrayer qqn du coût de ses déplacements.* Syn. dédommager. **2.** Fig. *Défrayer la conversation,* en faire les frais en y participant largement, ou parce qu'on en est l'objet. ▷ *Défrayer la chronique* : faire beaucoup parler de soi. – De *dé-*, et *frayer,* «faire les frais».

défrichable [defʀiʃabl] adj. Qui peut être défriché. – De *défricher.*

défrichage [defʀiʃaʒ] ou **défrichement** [defʀiʃmɑ̃] n. m. Action de défricher; son résultat. – De *défricher.*

défricher [defʀiʃe] v. tr. [1] Travailler à rendre cultivable (une terre en friche). ▷ Fig. *Défricher le terrain* : commencer à étudier un sujet, prendre des dispositions avant d'entreprendre un travail, etc. – De *dé-*, et *friche.*

défricheur, euse [defʀiʃœʀ, øz] n. Personne qui défriche. ▷ Fig. *Les défricheurs de l'art du futur.* – De *défricher.*

défripement [defʀipmɑ̃] n. m. Action de défriper; son résultat. – De *défriper.*

défriper [defʀipe] v. tr. [1] Défroisser (ce qui est fripé, chiffonné).

défrisement [defʀizmɑ̃] n. m. Action de défriser. – De *défriser.*

défriser [defʀize] v. tr. [1] **1.** Défaire la frisure de. *La pluie m'a défrisée, a défrisé mes cheveux.* **2.** Fig., fam. Désappointer, contrarier, décevoir, déplaire à. *Tu ne vas pas faire ça! – Pourquoi? ça te défrise ?*

défroisser [defʀwase] v. tr. [1] Aplatir, rendre lisse, uni (ce qui est froissé).

défroncer [defʀɔ̃se] v. tr. [12] Défaire les fronces de. *Défroncer une jupe.* ▷ Fig. *Défroncer les sourcils.*

défroque [defʀɔk] n. f. **1.** RELIG ou Vx Ce qu'un religieux laisse en mourant. *La défroque des moines appartenait à l'abbé.* **2.** Cour. Vêtements usés ou démodés qu'on ne porte plus. ▷ Péjor. Vêtements usagés et ridicules. – Déverbal de *défroquer.*

défroqué, ée [defʀɔke] adj. et n. Qui a quitté l'état monastique ou ecclésiastique. *Un prêtre défroqué.* ▷ Subst. *Un défroqué.* – Pp. de *défroquer.*

défroquer [defʀɔke] v. [1] **1.** v. tr. Faire quitter le froc, l'habit monastique ou ecclésiastique à (qqn). **2.** v. pron. ou intr. Quitter l'état monastique, ecclésiastique. – De *dé-*, et *froc.*

défunt, unte [defœ̃, œ̃t] adj. et n. **1.** Qui est mort. *Votre défunte mère.* V. feu 1. ▷ Subst. *Prier pour les défunts.* **2.** Litt., fig. Révolu. *Ses espérances défuntes.* – Lat. *defunctus,* pp. de *defungi,* «accomplir sa vie».

dégagé, ée [degaʒe] adj. **1.** Que rien n'encombre. *Un couloir bien dégagé.* – *Ciel dégagé* : ciel sans nuages. **2.** Qui donne une impression de liberté, d'aisance (allure, démarche, etc.). *Un air dégagé.* Ant. embarrassé, gauche, gêné. **3.** Affranchi, libéré (des conventions; d'une obligation). *Un esprit dégagé de tout préjugé. Un jeune homme dégagé des obligations militaires.* – Pp. de *dégager.*

dégagement [degaʒmɑ̃] n. m. **1.** Action de dégager des objets gagés. **2.** Action de dégager ce qui est encombré; son résultat. **3.** Passage facilitant la circulation. *Couloir de dégagement.* ▷ TRANSP *Itinéraire de dégagement,* qui permet de résorber ou d'éviter un embouteillage. **4.** Fait de se dégager (en parlant d'un fluide). – CHIM *Dégagement de chaleur* ou *dégagement calorifique* : production de chaleur lors d'une réaction. **5.** SPORT Action de dégager, au rugby, au football. ▷ En escrime, changement de ligne suivi d'un coup droit. **6.** OBSTETR Dernier temps de l'accouchement. – De *dégager.*

dégager [degaʒe] v. [13] **I.** v. tr. **1.** Retirer (ce qui avait été donné en gage). *Dégager des objets du Crédit municipal.* ▷ Fig. *Dégager sa parole,* la retirer après l'avoir engagée. **2.** Débarrasser de ce qui obstrue, encombre. *Dégager une porte, un passage.* Absol. Pop. *Dégagez! Y'a rien à voir.* **3.** Délivrer, libérer de ce qui enferme. *Dégager une place forte encerclée.* ▷ Fig. Libérer (de ce qui engage). *Dégager qqn d'une responsabilité, d'une obligation.* **4.** Produire (une émanation). *Dégager une odeur sulfureuse.*

Dégager de l'oxygène. **5.** Isoler d'un ensemble, faire apparaître (une idée, une impression). *Dégager l'idée centrale d'un texte, la morale d'une histoire.* **II.** v. intr. SPORT Au rugby, au football, envoyer le ballon loin de ses buts ou loin de son camp. *Dégager en touche.* ▷ En escrime, effectuer un dégagement. **III.** v. pron. **1.** Sortir. *Des fumées se dégageaient des décombres.* ▷ Fig. Émaner, ressortir. *Une impression pénible se dégage de ce film.* **2.** Se libérer (d'une contrainte, d'une entrave). *Se dégager d'une obligation.* – De *dé-*, et *gage.*

dégaine [degɛn] n. f. Fam. Tournure, allure originale ou ridicule. *Quelle dégaine!* – Déverbal de *dégainer.*

dégainer [degɛne] v. tr. [1] Tirer (une arme) de sa gaine, de son fourreau. *Dégainer un couteau.* – (S. comp.) *Dégainer et tirer.* – De *dé-*, et *gaine.*

déganter [degɑ̃te] v. tr. [1] Ôter les gants de. ▷ v. pron. Ôter ses gants. – De *dé-*, et *gant.*

dégarnir [degaʀniʀ] v. [3] **1.** v. tr. Dégager de ce qui garnit. *Dégarnir une chambre de ses meubles.* **2.** MILIT Retirer des troupes de (un secteur, une place). *Dégarnir les ailes d'une armée.* **3.** v. pron. Perdre ce qui garnissait. - *Spécial.* Perdre ses cheveux. *Ses tempes se dégarnissent.* - Absol. *Il se dégarnit.*

dégât [degɑ] n. m. (Le plus souvent au plur.) Dommage, destruction, détérioration. *La grêle a fait de gros dégâts.* – Déverbal de l'anc. v. *dégaster,* «dévaster».

dégauchir [degoʃiʀ] v. tr. [3] TECH Rendre plane (la surface d'une pièce de menuiserie ou de charpente, d'une pierre).

dégauchissage [degoʃisaʒ] ou **dégauchissement** [degoʃismɑ̃] n. m. TECH Action de dégauchir. – De *dégauchir.*

dégauchisseuse [degoʃisøz] n. f. TECH Machine-outil servant à dégauchir les pièces de bois ou de métal. – De *dégauchir.*

dégazage [degazaʒ] n. m. TECH Action de dégazer. ▷ *Spécial.* Élimination des gaz et des résidus contenus dans les cuves d'un pétrolier. – De *dégazer.*

dégazer [degaze] v. tr. [1] TECH Pratiquer le dégazage de. *Dégazer une eau.* ▷ v. intr. *Ce pétrolier a dégazé en haute mer.* – De *dé-*, et *gaz.*

dégazolinage [degazɔlinaʒ] n. m. TECH Opération qui consiste à dégazoliner. – De *dégazoliner.*

dégazoliner [degazɔline] v. tr. [1] TECH Extraire d'un gaz naturel les hydrocarbures liquides. – De *dé-*, et *gazoline.*

dégel [deʒɛl] n. m. **1.** Fonte de la glace, de la neige par suite de l'élévation de la température. - *Barrière de dégel* : V. barrière. **2.** Fig. Fait de se dégeler. - *Spécial.* Détente des relations entre deux États, deux groupements. *Le dégel des relations internationales.* – Déverbal de *dégeler.*

dégelée [deʒle] n. f. Pop. Volée de coups. *Il a pris une de ces dégelées!* – Pp. fém. subst. de *dégeler.*

dégeler [deʒle] v. [17] **I.** v. tr. **1.** Faire qu'une chose qui était gelée cesse de l'être. **2.** Fig. Rendre moins réservé, détendre. *Dégeler un auditoire.* - v. pron. *L'atmosphère de la réunion s'est rapidement dégelée.* **3.** FIN Remettre en circulation (une somme qui avait été bloquée). *Dégeler des crédits.* **II.** v. intr. Cesser d'être gelé. - Impers. *Il dégèle.*

dégénératif, ive [deʒeneʀatif, iv] adj. Qui présente les caractéristiques de la dégénérescence; qui amène celle-ci. – De *dégénérer.*

dégénéré, ée [deʒeneʀe] adj. et n. **1.** Qui a dégénéré. *Une espèce dégénérée.* **2.** Vieilli Qui est atteint d'anomalie congénitale, spécial. psychique. ▷ Fam. *Il est complètement dégénéré,* stupide, idiot. ▷ Subst. *Un(e) dégénéré(e).* – Pp. de *dégénérer.*

dégénérer [deʒeneʀe] v. intr. [14] **1.** S'abâtardir, perdre les qualités du type primitif de sa race, en parlant d'un animal ou d'une espèce. **2.** En parlant de l'être humain, perdre de ses qualités morales et intellectuelles, de son mérite. **3.** *Dégénérer en* : changer de nature, de caractère (en allant en s'aggravant, de mal en pis). *Discussion qui dégénère en querelle. Son rhume a dégénéré en bronchite.* – Lat. *degenerare,* rac. *genus, generis,* «race».

dégénérescence [deʒeneʀesɑ̃s] n. f. **1.** Fait de dégénérer. *La dégénérescence d'une espèce animale.* **2.** MED Altération d'un tissu ou d'un organe dont les cellules perdent leurs caractères spécifiques et se transforment en une substance inerte. *Dégénérescence graisseuse, calcaire.* ▷ *Dégénérescence d'une tumeur* : transformation d'une tumeur bénigne en tumeur maligne. – De *dégénérer.*

dégermer [deʒɛʀme] v. tr. [1] Enlever le germe, les germes de. *Dégermer des pommes de terre.* – De *dé-*, et *germe.*

dégingandé, ée [deʒɛ̃gɑ̃de] adj. Fam. Qui a l'air disloqué dans ses mouvements, sa démarche. *Un grand diable tout dégingandé.* – A. fr. *hinguer,* «se diriger», croisé avec *ginguer,* «gigoter».

dégivrage [deʒivʀaʒ] n. m. Action de dégivrer. *Le dégivrage d'un réfrigérateur.* – De *dégivrer.*

dégivrer [deʒivʀe] v. tr. [1] Ôter le givre de. *Dégivrer les glaces d'une voiture.* – De *dé-*, et *givre.*

dégivreur [deʒivʀœʀ] n. m. TECH Appareil servant à dégivrer, à éviter la formation de givre. – De *dégivrer.*

déglaçage [deglasaʒ] ou **déglacement** [deglasmɑ̃] n. m. Action de déglacer. – De *déglacer.*

déglacer [deglase] v. tr. [12] **1.** Ôter la glace de. - *Spécial.* Débarrasser (une route, une rue) du verglas. **2.** TECH Ôter le lustre d'une surface brillante (papier, tissu, etc.). **3.** CUIS Dissoudre dans du vin, dans de l'eau, etc., les sucs caramélisés formés au fond d'un récipient. – De *dé-*, et *glace.*

déglinguer [deglɛ̃ge] v. tr. [1] Fam. Disloquer, démolir. - Pp. adj. *Une voiture toute déglinguée.* – Altér. de *déclinquer,* de *clin.*

dégluer [deglye] v. tr. [1] Débarrasser de la glu. *Dégluer un oiseau.* – De *dé-*, et *glu.*

déglutination [deglytinasjɔ̃] n. f. LING Séparation des éléments d'une même forme (ex. : *ma mie* pour *m'amie*). Ant. agglutination. – De *dé-*, et *(ag)glutination.*

déglutir [deglytiʀ] v. tr. [3] Avaler (sa salive, un aliment). – Bas lat. *deglutire,* «avaler».

déglutition [deglytisjɔ̃] n. f. Action de déglutir. – De *déglutir.*

dégobiller [degɔbije] v. tr. et intr. [1] Pop. Vomir. – De *dé-*, et *gober.*

dégoiser [degwaze] v. intr. [1] Fam., péjor. Parler avec volubilité. - v. tr. *Dégoiser des âneries.*

dégommage [degɔmaʒ] n. m. **1.** Action de dégommer. **2.** Fig., fam., vieilli Destitution. – De *dégommer.*

dégommer [degɔme] v. tr. [1] **1.** Ôter la gomme de (qqch). **2.** Fig., fam. Renvoyer, destituer. *On l'a dégommé de sa place.* – De *dé-*, et *gomme.*

dégonflage [degɔ̃flaʒ] n. m. **1.** Action de dégonfler. *Le dégonflage des pneus.* **2.** Fig., fam. Fait de se dégonfler (sens 2). – De *dégonfler.*

dégonflé, ée [degɔ̃fle] adj. et n. **1.** Qui a perdu tout ou partie de ce qui le gonflait. *Pneu complètement dégonflé,* à plat. **2.** Fig., fam. Celui, celle qui se dégonfle (sens 2). *C'est un type dégonflé.* – Subst. *Bande de dégonflés!* – Pp. de *dégonfler.*

dégonflement [degɔ̃fləmɑ̃] n. m. Action de dégonfler; fait de se dégonfler (choses). – De *dégonfler.*

dégonfler [degɔ̃fle] **1.** v. tr. [1] Vider (une chose) de ce qui la gonflait. *Dégonfler un ballon.* **2.** v. pron. Fig., fam. Perdre son assurance, manquer de courage au moment de faire qqch. *Alors, tu te dégonfles?*

dégorgement [degɔʀʒəmɑ̃] n. m. **1.** Action de dégorger; fait de se dégorger. *Un dégorgement de bile.* **2.** Écoulement d'eau, d'immondices, etc., d'un endroit où elles étaient retenues. *Le dégorgement d'un égout.* **3.** TECH Action de dégorger un tissu. – De *dégorger.*

dégorgeoir [degɔʀʒwaʀ] n. m. **1.** TECH Extrémité d'un déversoir par où les eaux dégorgent. **2.** Dispositif servant à dégorger les conduits. **3.** Outil en forme de fourchette, servant à retirer l'hameçon de la gorge des poissons. – De *dégorger.*

dégorger [degɔʀʒe] v. [13] **I.** v. tr. **1.** Expulser, évacuer (un liquide). *Oléoduc crevé qui dégorge du pétrole.* **2.** Débarrasser (un conduit) de ce qui l'engorge. *Dégorger un tuyau.* **3.** TECH Débarrasser (du cuir, de la laine, etc.) des substances étrangères. *Dégorger de la laine.* **II.** v. intr. **1.** Se déverser, déborder. *Ravines qui dégorgent dans un étang.* – (S. comp.) *Réservoir qui dégorge.* ▷ v. pron. S'épancher, se vider. *Étang qui se dégorge dans des canaux.* **2.** CUIS *Faire dégorger* : faire rendre du liquide à. *Faire, laisser dégorger des concombres.* – *Faire dégorger des escargots,* leur faire rendre leur eau, leur bave. – De *dé-,* et *gorge.*

dégoter [degɔte] ou **dégotter** v. [1] **1.** v. tr. Fam. Trouver, obtenir. *Il a dégoté une bonne place.* ▷ Découvrir. *J'ai dégoté un bon petit restaurant.* **2.** v. intr. Pop. Avoir telle allure. *Il dégote plutôt mal.* – «Déplacer la pierre appelée *go*»; celt. *gal,* «caillou».

dégoudronner [degudʀɔne] v. tr. [1] Enlever le goudron de.

dégoulinade [degulinad] n. f. Fait de dégouliner; ce qui dégouline. *Peindre un mur sans faire de dégoulinades.* – De *dégouliner.*

dégouliner [deguline] v. intr. [1] S'écouler goutte à goutte ou en filet. *L'eau qui dégouline du toit.* – De *dé-,* et *goule,* «gueule».

dégoupiller [degupije] v. tr. [1] TECH Enlever la goupille de. *Dégoupiller une grenade.*

dégourdi, ie [deguʀdi] adj. et n. Fam. Actif, avisé, débrouillard. *Il est très dégourdi pour son âge.* ▷ Subst. *C'est un drôle de dégourdi!* – Pp. de *dégourdir.*

dégourdir [deguʀdiʀ] v. tr. [3] **1.** Faire cesser l'engourdissement de. *Dégourdir ses doigts avant de se mettre au piano.* ▷ v. pron. *Se dégourdir les jambes.* **2.** Faire chauffer légèrement. *Dégourdir de l'eau.* ▷ TECH Soumettre à une légère cuisson. *Dégourdir une pâte de poterie.* **3.** Fig., fam. Faire perdre sa gaucherie, sa timidité à (qqn). *Ce voyage va le dégourdir un peu.* – v. pron. *Il s'est bien dégourdi.* – De *dé-,* et *gourd.*

dégourdissement [deguʀdismɑ̃] n. m. Action de dégourdir; son résultat. *Le dégourdissement des jambes après une longue immobilité.* – De *dégourdir.*

dégoût [degu] n. m. **1.** Répugnance pour certains aliments; manque d'appétit. *Avoir un dégoût pour le vin.* **2.** *Par ext.,* fig. Répugnance, aversion. *Éprouver un dégoût profond pour les sports brutaux.* – Déverbal de *dégoûter.*

dégoûtamment [degutamɑ̃] adv. Rare D'une façon dégoûtante. *Manger dégoûtamment.* – De *dégoûtant.*

dégoûtant, ante [degutɑ̃, ɑ̃t] adj. et n. **1.** Qui inspire de la répugnance, de l'aversion, par son aspect. *Une nourriture dégoûtante.* – Très sale. *Cette table est dégoûtante.* **2.** Fig. Qui inspire du dégoût par sa bassesse morale. ▷ Subst. *Vous êtes un dégoûtant,* un être vil, répugnant par son indélicatesse. **3.** Fam. Révoltant. *C'est trop injuste; c'est vraiment dégoûtant!* – Ppr. de *dégoûter.*

dégoûté, ée [degute] adj. **1.** Qui éprouve du dégoût. – *Dégoûté de* : qui a perdu le goût de. *Un homme aigri, dégoûté de tout.* **2.** Qui éprouve facilement du dégoût. – *Par ext.* Délicat, difficile. ▷ Subst. *Faire le dégoûté,* le délicat. – Pp. de *dégoûter.*

dégoûter [degute] v. tr. [1] **1.** Vx Ôter l'appétit à. **2.** Inspirer de la répugnance, de l'aversion à. *Toutes ces bassesses me dégoûtent.* **3.** *Dégoûter de* : enlever le désir, le goût de. *Il est dégoûté du jeu car il perd toujours.* **4.** v. pron. *Se dégoûter de* : prendre en dégoût, en horreur, en aversion. *Il s'est totalement dégoûté de son travail.* – De *dé-,* et *goût.*

dégoutter [degute] v. intr. [1] **1.** Couler goutte à goutte. *La sueur lui dégouttait du front.* **2.** Laisser tomber goutte à goutte. *Les toits dégouttent de pluie.* – De *dé-,* et *goutte.*

dégradant, ante [degʀadɑ̃, ɑ̃t] adj. Avilissant. *Un acte dégradant.* – Ppr. de *dégrader.*

1. dégradation [degʀadasjɔ̃] n. f. **1.** DR Destitution infamante d'un ordre, d'une qualité, d'un grade, etc., à titre de peine. *Dégradation militaire,* entraînant la perte du grade et la mise au niveau d'homme de troupe. – *Dégradation civique,* entraînant la perte des droits civiques. **2.** Dégât fait à un édifice, à une propriété. *Dégradation de monument, dégradation d'édifice public.* **3.** Délabrement, détérioration. *Immeuble dans un état de dégradation pitoyable.* ▷ Fig. *La dégradation de la situation économique.* **4.** PHYS *Dégradation de l'énergie* : tendance de toute énergie à se transformer en chaleur. – De *dégrader* 1.

2. dégradation [degʀadasjɔ̃] n. f. Diminution progressive (de la lumière, des couleurs). – De *dégrader* 2.

dégradé [degʀade] n. m. Disposition dégradée des valeurs, des couleurs, en peinture, en photographie, etc. *Papier photographique qui donne de bons dégradés.* – Pp. subst. de *dégrader* 2.

1. dégrader [degʀade] v. tr. [1] **1.** Destituer (qqn) de son grade, de sa dignité. *Dégrader un militaire.* **2.** Fig. Avilir. *La corruption dégrade l'homme.* **3.** Endommager, détériorer (qqch). *Dégrader un monument.* ▷ v. pron. Se détériorer, s'aggraver. *La situation se dégrade de jour en jour.* – Bas lat. *degradare,* de *gradus,* «degré».

2. dégrader [degʀade] v. tr. [1] Diminuer progressivement (la lumière, les couleurs, etc.). *Ce peintre sait bien dégrader les tons.* – Ital. *digradare,* rac. *grado,* «degré».

dégrafer [degʀafe] v. tr. [1] Détacher, défaire (ce qui est agrafé). *Dégrafer son corsage.* ▷ v. pron. *Ma ceinture s'est dégrafée.* – De *dé-,* et *(a)grafer.*

dégraissage [degʀɛsaʒ] n. m. Action de dégraisser; son résultat. *Le dégraissage d'un vêtement.* – De *dégraisser.*

dégraisser [degʀese] v. tr. [1] **1.** Enlever la graisse de. *Dégraisser du bouillon.* **2.** Enlever les taches de graisse de. *Dégraisser un pantalon, une jupe.* **3.** TECH *Dégraisser une pièce,* l'amincir. **4.** v. tr. et intr. Fam. Alléger. *Cette entreprise dégraisse (ses effectifs),* supprime les employés en surnombre. – De *dé-,* et *graisse.*

dégraisseur, euse [degʀɛsœʀ, øz] n. Personne qui dégraisse les habits, les étoffes. – De *dégraisser.*

dégras [degʀɑ] n. m. Mélange d'acide et de corps gras servant à imperméabiliser cuirs et peaux. – Déverbal de *dégraisser,* sur *gras.*

dégravoiement [degʀavwamɑ̃] n. m. Effet d'une eau courante qui déchausse une construction ou chasse les graviers. – De *dégravoyer.*

dégravoyer [degʀavwaje] v. tr. [23] **1.** Dégrader, déchausser (une construction), en parlant de l'eau courante. **2.** Enlever le gravier (du lit d'une rivière). – De *dé-*, et *gravois.*

degré [dəgʀe] n. m. **I.** Litt. Chacune des marches qui forment un escalier, qui servent d'entrée ou de soubassement aux grands édifices. *Les degrés de l'hôtel de ville.* – L'escalier lui-même. **II. 1.** Échelon, rang, niveau. *Parvenir au plus haut degré de la gloire. Ouvrage d'un haut degré de technicité. Au plus haut degré, au suprême degré* (loc. marquant un superl. absolu renforcé). *Il est intelligent au suprême degré.* **2.** Rang dans une hiérarchie. ▷ DR *Degré de juridiction :* place qu'occupe un tribunal dans la hiérarchie des juridictions. ▷ *Degré de parenté :* nombre de parents qui séparent les membres d'une famille. *Ils sont cousins au septième degré.* ▷ Place d'un cycle d'études dans un cursus scolaire ou universitaire. *Enseignement du 1er degré.* **3.** MED *Brûlures du premier degré* (rougeur douloureuse), *du deuxième degré* (avec bulles, œdème) *ou du troisième degré* (carbonisation des tissus). ▷ GRAM *Degré de comparaison* ou *de signification :* niveau d'expression d'un adjectif ou d'un adverbe (positif, comparatif ou superlatif). ▷ MUS Position relative de chaque note dans la gamme selon la tonalité. **4.** MATH *Degré d'un polynôme, d'une équation,* valeur la plus élevée des exposants des monômes qui les constituent. *$ax^2 + bx + c = 0$ est une équation du second degré en x.* **5.** Loc. adv. *Par degrés :* graduellement. *S'acclimater par degrés.* **III. 1.** PHYS Chacune des divisions de l'échelle de mesure d'un système donné. – *Degré Celsius :* unité de température. V. échelle. *Degré Kelvin :* anc. nom du kelvin. *Degré Fahrenheit :* degré d'une échelle de température où au 0 °C correspond le 32 °F et au 100 °C le 212 °F. (Les correspondances sont les suivantes : $C = \frac{5}{9}(F - 32)$ et $F = \frac{9}{5}C + 32$ Cette échelle est encore cour. employée en G.-B. et en Amérique du Nord.) **2.** GEOM Unité d'arc égale à la 360e partie du cercle. ▷ Unité d'angle correspondant à un arc de 1 degré (symbole : °). *360° = 400 gr. = 2π rad.* **3.** CHIM Unité qui caractérise la concentration d'une solution. *Degré Gay-Lussac* (symbole °GL) : nombre de cm^3 d'alcool dans 100 cm^3 d'un mélange eau - alcool éthylique. – *Degré Baumé,* mesurant la densité d'une solution (non légal, mais cour. employé dans certaines industries). – *Degré hydrotimétrique,* mesurant la dureté d'une eau. – De *dé-*, et lat. *gradus.*

dégréer [degʀee] v. tr. [11] MAR Dégarnir de son gréement (un bateau). – Ôter de sa place *(un élément du gréement). Dégréer un foc et le plier.*

dégressif, ive [degʀesif, iv] adj. Qui diminue par degrés. *Tarif dégressif.* – *Impôt dégressif,* dont le taux diminue à mesure que baissent les revenus. Ant. progressif. – Du lat. *degressus,* de *degredi,* « descendre ».

dégressivité [degʀesivite] n. f. Caractère de ce qui est dégressif. *Dégressivité d'une taxe.* – De *dégressif.*

dégrèvement [degʀɛvmɑ̃] n. m. Action de dégrever. *Demander un dégrèvement fiscal.* – De *dégrever.*

dégrever [degʀəve] v. tr. [16] Dispenser du paiement d'une partie ou de la totalité d'un impôt, d'une charge fiscale. *Dégrever les petits contribuables.*

dégriffé, ée [degʀife] adj. et n. m. Se dit d'un vêtement dont la marque a été enlevée et vendu à prix réduit. – Pp. de *dégriffer.*

dégriffer [degʀife] v. tr. [1] Retirer la marque commerciale pour un circuit de vente à prix réduit. – De *dé-*, et *griffe.*

dégringolade [degʀɛ̃gɔlad] n. f. Fam. Action de dégringoler; son résultat. – Fig. *La dégringolade des prix.* – De *dégringoler.*

dégringoler [degʀɛ̃gɔle] v. [1] **1.** v. tr. Descendre avec précipitation. *Dégringoler un escalier quatre à quatre.* **2.** v. intr. Faire une chute rapide (d'un lieu élevé en pente). *Dégringoler d'un toit.* ▷ Fig. *Les prix à l'exportation ont dégringolé.* – De *dé-*, et a. fr. *gringoler,* de *gringole,* « colline », du moy. néerl. *crinc,* « courbure ».

dégrippant [degʀipɑ̃] n. m. TECH Produit permettant de supprimer le grippage. – Ppr. subst. de *dégripper,* de *dé-*, et *gripper.*

dégripper [degʀipe] v. tr. [1] Faire cesser le grippage de. *Dégripper les rouages d'une machine.*

dégrisement [degʀizmɑ̃] n. m. Action de dégriser; le fait de se dégriser, d'être dégrisé. – De *dégriser.*

dégriser [degʀipe] [degʀize] v. tr. [1] **1.** Dissiper l'ivresse de (qqn). *L'air frais achèvera de le dégriser.* ▷ v. pron. Cesser d'être ivre. *Il commence à se dégriser.* **2.** Fig. Faire cesser (pour qqn) une illusion, un charme trompeur. *Le contact avec la réalité des faits l'a tout à fait dégrisé.*

dégrossir [degʀosiʀ] v. tr. [3] **1.** Ébaucher, donner une première forme à (une matière que l'on façonne). *Dégrossir un bloc de marbre.* **2.** Fig. Commencer à débrouiller, à éclaircir. *Dégrossir une affaire par des contacts officieux.* **3.** Fig., fam. *Dégrossir qqn,* lui donner les premiers rudiments d'instruction, d'éducation. – Pp. adj. *Un individu mal dégrossi.* – De *dé-*, et *gros,* d'apr. *grossir.*

dégrossissage [degʀosisaʒ] n. m. Action de dégrossir (une matière); première ébauche effectuée. – De *dégrossir.*

dégrossisseur [degʀosisœʀ] n. m. METALL Train de laminoir utilisé pour les premières passes. – De *dégrossir.*

dégrouiller (se) [degʀuje] v. pron. [1] Fam. Se dépêcher. *Dégrouille-toi !* – De *dé-*, et *(se) grouiller.*

dégroupage [degʀupaʒ] n. m. TRANSP Action de séparer des colis groupés pour les répartir par destination.

dégrouper [degʀupe] v. tr. [1] TRANSP Procéder au dégroupage de.

déguenillé, ée [deg(ə)nije] adj. Dont les vêtements sont en lambeaux. *Être tout déguenillé.* – De *dé-*, et *guenille.*

déguerpir [degɛʀpiʀ] v. [3] **1.** v. tr. DR ANC Abandonner la possession de (un immeuble). *Déguerpir un héritage.* ▷ Mod. *Sommation à déguerpir :* injonction légale à quitter les lieux. **2.** v. intr. Cour. Se sauver, partir précipitamment. *Je vous dis de déguerpir, et vite !* – De *dé-*, et a. fr. *guerpir;* frq. **werpon.*

déguerpissement [degɛʀpismɑ̃] n. m. DR Action de déguerpir. – De *déguerpir.*

dégueulasse [degœlas] adj. et n. Très fam. Dégoûtant, ignoble (au physique ou au moral). *Ce plat est dégueulasse. T'es dégueulasse ! Faire une chose pareille, c'est dégueulasse.* ▷ Subst. *T'es un dégueulasse.* – De *dégueuler.*

dégueulasserie [degœlasʀi] n. f. Vulg. Chose, action dégueulasse. *Faire des dégueulasseries à qqn.* – De *dégueulasse.*

dégueuler [degœle] v. tr. et intr. [1] Vulg. Vomir. – De *dé-*, et *gueule.*

dégueulis [degœli] n. m. Vulg. Matières vomies. – De *dégueuler.*

déguisé, ée [degize] adj. Revêtu d'un déguisement. – Fig. Feint, dissimulé. *Amour déguisé. Pensée déguisée.* ▷ *Fruits déguisés,* enrobés de sucre fondant ou de chocolat. – Pp. de *déguiser.*

déguisement [degizmɑ̃] n. m. **1.** Ce qui sert à se déguiser. *Louer un déguisement. Un déguisement d'Indien.*

2. Vieilli Artifice pour cacher la vérité. *Parler sans déguisement.* – De *déguiser.*

déguiser [degize] v. tr. [1] 1. Habiller (qqn) de sorte qu'on ne puisse le reconnaître. – (Plus souvent pron.) *Détective qui se déguise pour une enquête.* 2. Habiller (qqn) d'un costume inhabituel, amusant, grotesque, etc., à l'occasion d'une fête ou pour qu'il joue un rôle. *Déguiser un enfant en Pierrot.* ▷ v. pron. *Se déguiser en mousquetaire.* 3. Rendre méconnaissable. *Déguiser sa voix, son écriture.* 4. Fig. Cacher sous des apparences trompeuses, dissimuler (qqch). *Déguiser sa perfidie sous les dehors de l'amitié.* – De *dé-*, et *guise*, «manière d'être».

dégurgiter [degyʀʒite] v. tr. [1] Rendre ce qu'on avait ingurgité. – De *dé-*, et *(in)gurgiter.*

dégustateur [degystatœʀ] n. m. Spécialiste de la dégustation (en partic. des vins). – De *déguster.*

dégustation [degystasjɔ̃] n. f. Action de déguster. *Une dégustation de fruits de mer.* ▷ *Spécial.* Art de reconnaître au goût la qualité, l'origine, l'âge d'une boisson (partic. du vin). – De *déguster.*

déguster [degyste] v. tr. [1] 1. Goûter (une boisson, un mets, etc.) pour en apprécier la qualité. *Déguster un vin, un fromage.* 2. Fig. Apprécier, savourer, se délecter de. *Nous sommes restés là à déguster le spectacle.* 3. (S. comp.) Pop. Recevoir des injures, des coups. *Qu'est-ce qu'il a dégusté !* – Lat. *degustare*, de *gustare*, «goûter».

déhalage [dealaʒ] n. m. MAR Action de déhaler, de se déhaler. – De *déhaler.*

déhaler [deale] v. tr. [1] MAR Déplacer (un navire) au moyen de ses amarres. ▷ v. pron. *Se déhaler.*

déhanchement [deɑ̃ʃmɑ̃] n. m. 1. Action de se déhancher. 2. Démarche de ceux qui se déhanchent. – De *déhancher.*

déhancher (se) [deɑ̃ʃe] v. pron. [1] 1. Balancer les hanches en marchant. – *Par ext.* Avoir une démarche voluptueuse. 2. Faire reposer le poids du corps sur une jambe, l'autre étant légèrement fléchie. – De *dé-*, et *hanche.*

déharnacher [deaʀnaʃe] v. tr. [1] Retirer le harnais à (un cheval, un animal de trait).

déhiscence [deisɑ̃s] n. f. BOT Ouverture, lors de la maturation, d'une anthère ou d'un fruit, qui permet au pollen ou aux graines de s'échapper. *Déhiscence longitudinale des gousses et des follicules.* – De *déhiscent.*

déhiscent, ente [deisɑ̃, ɑ̃t] adj. BOT Se dit des organes clos qui s'ouvrent naturellement au moyen de sutures préexistantes. *La silique de giroflée est déhiscente.* – Lat. bot. *déhiscens*, de *dehiscere*, «s'ouvrir».

dehors [dəɔʀ] adv., prép. et n. m. I. 1. adv. de lieu. À l'extérieur, hors du lieu ou de la chose en question. *Rester dehors. Sortir du linge de la buanderie pour le faire sécher dehors.* – Interj. *Dehors !* : sortez ! ▷ Fig. *Mettre, flanquer, jeter qqn dehors*, le chasser. 2. Loc. *Mettre toutes voiles dehors* : déployer toutes ses voiles, en parlant d'un navire. ▷ Fig. *Toutes voiles dehors* : en déployant toutes ses ressources; le plus vite possible. *Il a filé toutes voiles dehors.* II. Loc. adv. et prép. 1. *En dehors* : à, vers l'extérieur. *La porte ouvre en dehors. – Marcher avec les pieds en dehors.* ▷ *En dehors de* : à l'extérieur de. *Habiter en dehors de la ville.* – Fig. *Je n'ai rien à vous dire en dehors de cela*, mis à part, à l'exclusion de cela. 2. *Au-dehors* : extérieurement, hors d'un lieu clos. *Il faisait au-dehors un temps affreux.* ▷ *Au-dehors de* : à l'extérieur de. *Au-dehors des fortifications.* 3. *De dehors* : de l'extérieur. ▷ *Par-dehors* : par l'extérieur. *Il est passé par-dehors.* III. n. m. 1. Partie extérieure d'une chose. *Le dehors et le dedans.* 2. Plur. Fig. Extérieur, apparence d'un individu. *Sous des dehors modestes, il est fort orgueilleux.* – Lat. pop. *deforis*, de *foris*, d'après *hors.*

déhouiller [deuje] v. tr. [1] MINES Extraire la houille de (un gisement). – De *dé-*, et *houille.*

déicide [deisid] n. et adj. 1. Pour les chrétiens, meurtre de Dieu en la personne du Christ. – *Le déicide* : la crucifixion de Jésus. 2. Meurtrier de Dieu. – adj. *Un peuple déicide.* – Lat. ecclés. *deicida*, d'apr. *(homi)cida.*

déictique [deiktik] adj. LING Se dit d'un élément à référence variable servant à désigner avec précision ou avec insistance (ex. : *ci* dans *ce livre-ci*). – Gr. *deiktikos*, «démonstratif».

déification [deifikasjɔ̃] n. f. Action de déifier; son résultat. – De *déifier.*

déifier [deifje] v. tr. [2] 1. Diviniser, placer (qqn) au rang des dieux. *Les Romains déifièrent plusieurs empereurs.* 2. Vénérer, rendre un culte à (qqn, qqch). *Les anciens Égyptiens déifiaient le chat.* – Lat. *deificare*, de *deus, dei*, «dieu».

déisme [deism] n. m. PHILO Opinion, croyance de ceux qui admettent l'existence d'un être suprême mais qui refusent de lui appliquer toute détermination précise et rejettent la révélation, les dogmes et les pratiques religieuses.

déiste [deist] n. Personne qui fait profession de déisme. – adj. *Les philosophes déistes.* – De *déisme.*

déité [deite] n. f. Litt. Divinité, dieu ou déesse de la mythologie. – Lat. ecclés. *deitas.*

déjà [deʒa] adv. de temps. 1. Dès le moment même, au moment où l'on parle, dès à présent. *J'ai déjà fini mon ouvrage.* 2. Dès le moment (passé ou à venir) dont on parle. *Le soleil était déjà levé lorsqu'il se réveilla. Quand vous arriverez, je serai déjà parti.* 3. Auparavant. *Je vous l'avais déjà dit.* 4. *Déjà !* Interj. marquant la surprise devant ce qui arrive plus vite qu'on ne s'y attendait. *Déjà prêt !* 5. (Marquant, dans une affirmation, que la chose affirmée n'est pas sans importance.) *C'est déjà gentil d'être venu.* ▷ (En fin de phrase, pour se faire rappeler ce que l'on a oublié.) *C'est combien, déjà ?* – De *des (dé-)*, et a. fr. *ja*, «tout de suite», du lat. *jam*; cf. jadis, jamais.

déjanter [deʒɑ̃te] v. tr. [1] Faire sortir (un pneu) de la jante. ▷ v. pron. *Le pneu s'est déjanté.* – De *dé-*, et *jante.*

déjauger [deʒoʒe] v. intr. [13] MAR En parlant d'un bateau, avoir sa ligne de flottaison hors de l'eau. – De *dé-*, et *jauge.*

déjà-vu [deʒavy] n. m. inv. Ce qui n'a rien de nouveau, rien d'original. *C'est du déjà-vu, votre invention révolutionnaire.* ▷ *L'impression de déjà-vu* ou *déjà vu* : l'impression de voir (une scène) pour la seconde fois.

déjection [deʒɛksjɔ̃] n. f. 1. Évacuation des matières fécales de l'intestin. – (Plur.) Matières évacuées. 2. (Plur.) GEOL Matières rejetées par un volcan. ▷ GEOMORPH *Cône de déjection* : dépôt alluvionnaire laissé par un torrent à l'endroit où il débouche sur une vallée. – Lat. *dejectio*, «action de jeter dehors».

déjeté, ée [deʒ(ə)te] adj. 1. Disjoint; gauchi, courbé. – (Personnes) *Le malheureux est tout déjeté.* 2. GEOL Dont les flancs n'ont pas la même inclinaison, en parlant des plis montagneux. *Plis déjetés.* – Pp. de *déjeter.*

déjeter [deʒ(ə)te] v. tr. [20] Déformer, tordre, gauchir. ▷ v. pron. S'écarter de sa position naturelle; se déformer. *Sa colonne vertébrale s'est déjetée.*

1. déjeuner [deʒœne] v. intr. [1] Prendre le repas du milieu du jour. ▷ Prendre le petit déjeuner, le repas du matin. – Lat. pop. *disjejunare*, **disjunare*, «rompre le jeûne».

2. déjeuner [deʒœne] n. m. 1. Repas du milieu du jour. *«Le Déjeuner sur l'herbe», tableau de Manet (1863).* 2. Repas du matin, appelé le plus souvent *petit déjeuner.* 3. Ensemble des mets qui composent ces repas (partic., le repas du milieu du jour). *Le déjeuner est servi.* **4.** Fig. *Un déjeuner de soleil :* une étoffe dont la couleur passe facilement. – *Par anal.* Ce qui est éphémère. *La chance est un déjeuner de soleil.* **5.** Grande tasse et soucoupe assorties qui servent au petit déjeuner. *Un déjeuner en porcelaine.* – Du v. *déjeuner.*

déjouer [deʒwe] v. tr. [1] Faire échouer (une intrigue). *Déjouer un complot.*

déjucher [deʒyʃe] **1.** v. intr. [1] Quitter le juchoir, en parlant des poules. **2.** v. tr. Faire quitter le juchoir à (une poule).

déjuger (se) [deʒyʒe] v. pron. [13] Revenir sur ce que l'on avait jugé, décidé. *Il ne peut faire cela sans se déjuger.*

de jure [deʒyʀe] loc. adv. et adj. De droit. *Reconnaître de jure l'existence d'un nouvel État.* (Par oppos. à *de facto*). – Mots lat., «selon le droit».

delà [dəla] adv. et prép. **I.** adv. **1.** adv. de lieu (joint à *deçà* ou *deci*). *Rosiers plantés deçà, delà,* de côté et d'autre. – *Marcher deci, delà,* ici et là. **2.** Loc. adv. *Au-delà, par-delà :* encore plus, encore davantage, encore plus loin. *On l'a satisfait, et au-delà. Ils ont poussé jusqu'à l'équateur et même par-delà.* ▷ Loc. adv. Rare *En delà :* plus loin. *C'est un peu plus en delà.* – À l'extérieur (par oppos. à *en deçà*). *En delà de la limite.* **II.** prép. **1.** Vx prép. de lieu. De l'autre côté de. *Delà le fleuve.* ▷ Mod. Loc. prép. *Par-delà :* de l'autre côté, plus loin que. *Par delà les Alpes. Vouloir se situer par-delà les polémiques.* **2.** *Au-delà de :* en passant par-dessus, en dépassant. *Au-delà des mers.* ▷ Fig. (Marquant le dépassement d'une chose.) *Il a réussi au-delà de nos espérances.* – De *de-*, et *là.*

délabré, ée [delabʀe] adj. En mauvais état, en ruine. *Ferme délabrée.* – Fig. *Estomac délabré.* – Pp. de *délabrer.*

délabrement [delabʀəmɑ̃] n. m. État de ce qui est délabré. – De *délabrer.*

délabrer [delabʀe] **1.** v. tr. [1] Rare Mettre en mauvais état, détériorer. *La tempête a délabré cette cabane.* ▷ Compromettre la solidité de, ruiner. *Ses excès ont délabré sa santé.* **2.** v. pron. Cour. Tomber en ruine. *Monument qui se délabre faute d'entretien.* – Fig. *Un pays dont l'économie se délabre.* – Provenç. *deslabrar,* «déchirer».

délacer [delase] v. tr. [12] Défaire le laçage de. *Délacer un soulier.* ▷ v. pron. *Mon soulier s'est délacé.*

délai [delɛ] n. m. **1.** Temps accordé pour faire une chose, pour s'acquitter d'une obligation. *Travaux à terminer dans un délai de deux ans.* ▷ *Délai de préavis* ou *délai-congé :* délai que doit respecter chacune des parties engagées dans un contrat de travail, avant de donner congé à l'autre. **2.** Retard, remise à une époque plus éloignée. *Accorder un délai supplémentaire à qqn.* – *Sans délai :* sans nul retard, immédiatement. – De l'a. fr. *deslaier,* «différer».

délainage [delɛnaʒ] n. m. TECH Action de délainer. – De *délainer.*

délainer [delene] v. tr. [1] TECH Enlever la laine de (peaux de moutons écorchés). – De *dé-*, et *laine.*

délaissé, ée [delese] adj. **1.** Laissé sans secours, sans subsistance, sans affection (personnes). *Enfants délaissés.* **2.** Abandonné (choses). *Procédure délaissée.* – Pp. de *délaisser.*

délaissement [delɛsmɑ̃] n. m. **1.** Action de délaisser. – DR *Délaissement d'enfant.* **2.** Manque de tout secours, de toute assistance. *Une personne dans un état de total délaissement.* – De *délaisser.*

délaisser [delese] v. tr. [1] **1.** Laisser (qqn) sans secours, sans assistance; abandonner. *Ses amis l'ont délaissé.* **2.** S'occuper de moins en moins de (une chose, une activité). *Il délaisse ses études.* **3.** DR Abandonner (un droit). ▷ Renoncer à. *Délaisser des poursuites.*

délaiter [delɛte] v. tr. [1] TECH Débarrasser (le beurre) du petit-lait. – De *dé-*, et *lait.*

délaiteuse [delɛtøz] n. f. TECH Machine à délaiter. – De *délaiter.*

délarder [delaʀde] v. tr. [1] **1.** CONSTR Enlever, diminuer une partie du lit (d'une pierre). **2.** Ôter le lard de. – De *dé-*, et *lard.*

délassant, ante [delasɑ̃, ɑ̃t] adj. Qui délasse. *Une soirée délassante.* – Ppr. de *délasser.*

délassement [delɑsmɑ̃] n. m. **1.** Repos qu'on prend pour se délasser. *S'accorder une minute de délassement.* **2.** Distraction délassante. *La pêche est son délassement.* – De *délasser.*

délasser [delɑse] **1.** v. tr. [1] Reposer, faire cesser la lassitude de. *La marche délasse l'esprit.* – (S. comp.) *Le sommeil délasse.* **2.** v. pron. Se reposer. *Faire une sieste pour se délasser.* ▷ Se reposer en se distrayant. *Einstein se délassait en jouant du violon.* – De *dé-*, et *las.*

délateur, trice [delatœʀ, tʀis] n. et adj. Personne qui pratique la délation. – adj. *Une démarche délatrice.* – Lat. *delator.*

délation [delɑsjɔ̃] n. f. Dénonciation par vengeance, par intérêt ou par vilenie. *Encourager la délation.* – Lat. *delatio,* de *delatus,* pp. de *deferre,* «dénoncer».

délavage [delavaʒ] n. m. Action de délaver; son résultat. – De *délaver.*

délavé, ée [delave] adj. **1.** Détrempé. *Terrain délavé.* **2.** Dont la couleur s'est éclaircie, affaiblie. *Tissu délavé.* – Pp. de *délaver.*

délaver [delave] v. tr. [1] **1.** Pénétrer d'eau, détremper. *L'orage a délavé les champs.* **2.** Éclaircir, affaiblir avec de l'eau une teinture, une couleur étendue sur du papier.

délayage [delɛjaʒ] n. m. **1.** Action de délayer; état de ce qui est délayé. **2.** Fig., fam. Manque de précision et de concision dans la manière de s'exprimer. *C'est du délayage, ce rapport.* – De *délayer.*

délayer [deleje] v. tr. [21] **1.** Détremper (une substance) dans un liquide. *Délayer de la farine.* **2.** Fig. *Délayer sa pensée,* lui faire perdre sa force en l'exprimant trop longuement. – Lat. pop. **delicare,* de *deliquare,* «clarifier, transvaser».

delco [dɛlko] n. m. AUTO Dispositif d'allumage pour moteur à explosion, utilisant une bobine d'induction; cette bobine elle-même. – Nom déposé; initiales de la *Dayton Engineering Laboratories COmpany.*

deleatur [deleatyʀ] ou **déléatur** n. m. inv. TYPO Signe typographique (ʒ) qui indique une suppression à effectuer sur une épreuve. – Mot lat., «qu'il soit effacé».

délébile [delebil] adj. Rare Qui s'efface; qui peut être effacé. *Encre délébile.* Ant. indélébile. – Lat. *delebilis,* de *delere,* «détruire».

délectable [delɛktabl] adj. Litt. Qui délecte. *Un vin délectable.* Syn. délicieux. – Lat. *delectabilis.*

délectation [delɛktasjɔ̃] n. f. **1.** Plaisir qu'on savoure. *Manger, lire, paresser avec délectation.* **2.** THEOL *Délectation morose :* complaisance avec laquelle on pense au péché, sans intention de le commettre. – Lat. *delectatio.*

délecter [delɛkte] **1.** v. tr. [1] Vx ou litt. Charmer, causer une joie vive à. **2.** v. pron. Cour. Trouver un vif plaisir à (qqch). *Le repas était délicieux et je me délectais.* – *Se délecter d'un spectacle.* – Lat. *delectare.*

délégant, ante [delegɑ̃, ɑ̃t] n. DR Personne qui délègue (par oppos. à *délégataire*). – Ppr. subst. de *déléguer.*

délégataire [delegatɛʀ] n. DR Personne à qui l'on délègue (par oppos. à *délégant*). – De *déléguer.*

délégation [delegasjɔ̃] n. f. **1.** Commission donnée par une personne à une autre pour agir en ses lieu et place. *Agir en vertu d'une délégation.* ▷ *Délégation de poste* : dans l'Université, poste d'un suppléant dans la chaire d'un titulaire. *Auxiliaire qui assure une délégation.* **2.** Procuration, écrit par lequel on délègue qqn. **3.** Action de déléguer, transfert (d'un pouvoir). *Délégation de pouvoirs d'un ministre à son chef de cabinet.* ▷ DR Opération par laquelle un individu (le délégant) ordonne à un autre (le délégué) de donner à (ou de faire qqch au profit de) un troisième (le délégataire). *Délégation de solde* (d'un militaire à sa famille), pendant la durée d'une campagne. *Délégation de créance.* **4.** Ensemble de personnes déléguées pour représenter un corps, une société, etc. *Le ministre a reçu une délégation.* – Lat. *delegatio.*

délégué, ée [delege] n. Personne chargée d'une délégation ou appartenant à une délégation. *Délégué du personnel, délégué de classe. L'assemblée a élu ses délégués.* – adj. *Personne déléguée.* – Pp. subst. de *déléguer.*

déléguer [delege] v. tr. [**14**] **1.** Charger (qqn) d'une mission, d'une fonction, avec pouvoir d'agir. *Administration qui délègue un fonctionnaire dans une commission.* **2.** Transmettre (un pouvoir) par délégation. *Savoir déléguer ses responsabilités.* – Lat. *delegare.*

délestage [delɛstaʒ] n. m. Action de délester. *Itinéraire de délestage.* – De *délester.*

délester [delɛste] v. tr. [**1**] **1.** Décharger de son lest (un navire, un aéronef). **2.** Fam. Soulager d'un poids, d'un fardeau. *Le bagagiste nous a délestés de nos valises.* ▷ Fig., iron. *On l'a délesté de son portefeuille,* on le lui a volé. **3.** Détourner de (une route encombrée) une partie des véhicules qui l'empruntent. **4.** ELECTR Réduire la charge de (un réseau électrique).

délétère [deletɛʀ] adj. **1.** Dangereux pour la santé, la vie ; toxique. *Un gaz délétère.* **2.** Fig., litt. Corrupteur, pernicieux. *Un discours délétère.* – Gr. *dêlêtêrios,* « nuisible ».

délétion [delesjɔ̃] n. f. BIOL Rupture d'un chromosome et disparition d'une de ses parties, provoquant une mutation. – Lat. *deletio,* « destruction ».

délibérant, ante [delibeʀɑ̃, ɑ̃t] adj. Qui délibère. *Assemblée délibérante.* – Ppr. de *délibérer.*

délibératif, ive [delibeʀatif, iv] adj. Relatif à la délibération. ▷ *Voix délibérative* : voix de celui qui a qualité pour voter (par oppos. à *voix consultative*). – Lat. *deliberativus.*

délibération [delibeʀasjɔ̃] n. f. **1.** Action de délibérer. *La délibération du jury.* **2.** Examen qu'on fait en soi-même relativement à un parti à prendre. *Agir après délibération.* **3.** Litt. Décision. *Prendre une délibération.* – Lat. *deliberatio.*

délibératoire [delibeʀatwaʀ] adj. Didac. Relatif à la délibération. – De *délibérer.*

délibéré, ée [delibeʀe] adj. et n. m. **I.** adj. **1.** Arrêté, décidé de façon consciente. *Avoir la volonté délibérée de nuire.* ▷ *Marcher d'un pas délibéré,* ferme et résolu. **2.** Loc. adv. *De propos délibéré* : à dessein, avec une intention bien arrêtée. **II.** n. m. DR Délibérations d'un tribunal, d'une cour, avant jugement. – Pp. de *délibérer.*

délibérément [delibeʀemɑ̃] adv. De façon délibérée, résolument. – De *délibéré.*

délibérer [delibeʀe] v. [**14**] **I.** v. intr. **1.** Discuter, se concerter pour résoudre un problème, prendre une décision. *Les membres du conseil délibèrent sur la question.* **2.** Litt. Réfléchir avant de prendre une résolution, un parti. **II.** v. tr. indir. *Délibérer de* : discuter de, se concerter au sujet de. *Nous avons délibéré de cette affaire hier.* – Lat. *deliberare.*

délicat, ate [delika, at] adj. **1.** Fin, raffiné. *Une soie délicate. Une saveur délicate.* Ant. grossier. **2.** Qui a été exécuté avec beaucoup de minutie, d'adresse. *Une statuette délicate.* ▷ Par ext. *Le ciseau délicat du sculpteur.* **3.** Qui peut aisément être altéré, endommagé. *Une plante délicate.* **4.** Qui demande de la prudence, de la circonspection. *Se trouver dans une situation délicate.* **5.** Qui apprécie les moindres nuances. *Un esprit délicat. Un palais délicat.* ▷ (Avec une nuance péjor.) *Vous êtes bien délicat!* – Subst. *Faire le délicat.* **6.** Qui dénote le sens moral, la probité ; qui montre des scrupules. *Une conscience délicate. Un procédé peu délicat.* ▷ Qui fait preuve de, ou dénote tact et sensibilité. *Un homme délicat. Une délicate attention.* – Lat. *delicatus.*

délicatement [delikatmɑ̃] adv. D'une façon délicate. – De *délicat.*

délicatesse [delikatɛs] n. f. Qualité de ce qui est délicat. **1.** Finesse, subtilité. *La délicatesse d'une teinte.* **2.** Précision, adresse dans un travail, dans un geste. *La délicatesse d'un coup de pinceau. Prendre qqch avec délicatesse,* doucement, avec précaution. **3.** Qualité de ce qui est délicat, fragile. *La délicatesse d'un tissu.* **4.** Qualité de ce qui doit être abordé, traité avec circonspection, prudence. *Étant donné la délicatesse de cette affaire...* **5.** Disposition à sentir, penser, juger avec subtilité. *Délicatesse des sentiments.* **6.** Probité, rigueur morale. *Un procédé qui manque de délicatesse.* ▷ Tact, finesse. *Il a montré beaucoup de délicatesse à son égard.* – De *délicat.*

délice [delis] n. **1.** n. m. sing. Vif plaisir. – *Par ext.* Cour. *Cette poire est un délice.* **2.** n. f. pl. Litt. Jouissances, plaisirs. *Les délices enivrantes de l'amour.* – Lat. *delicium.*

délicieusement [delisjøzmɑ̃] adv. D'une façon délicieuse. – De *délicieux.*

délicieux, euse [delisjø, øz] adj. **1.** Extrêmement agréable. *Une odeur délicieuse.* **2.** Exquis, charmant. *Une femme délicieuse.* – Lat. *deliciosus.*

délictueux, euse [deliktɥø, øz] ou **délictuel, elle** [deliktɥɛl] adj. DR Qui présente les caractères d'un délit. *Des faits délictueux.* – De *délit,* sur le lat. *delictum.*

délié, ée [delje] adj. **I. 1.** Extrêmement mince, ténu. ▷ n. m. Partie fine, déliée, d'une lettre calligraphiée. *Tracer les pleins et les déliés.* **2.** Fig. *Avoir l'esprit délié* : avoir de la finesse d'esprit, de la subtilité. **II. 1.** Qui n'est plus lié. *Des rubans déliés.* **2.** Fig. Souple, agile. *Les doigts déliés d'un harpiste.* – Pp. de *délier.*

délier [delje] v. tr. [**2**] **1.** Défaire ce qui lie ou ce qui est lié. *Délier un lacet, une gerbe.* – Loc. *Sans bourse délier* : sans payer. ▷ Fig. *Délier la langue à qqn,* le faire parler. *Le vin lui déliera la langue.* **2.** Fig. Dégager (d'une obligation, d'un engagement). *Délier qqn d'un serment.* **3.** THEOL Absoudre.

délimitation [delimitasjɔ̃] n. f. Action de délimiter. – Lat. *delimitatio.*

délimiter [delimite] v. tr. [**1**] Assigner des limites à. *Délimiter un territoire.* – Fig. *Délimiter une question.* – Lat. *delimitare.*

délinéament [delineamɑ̃] n. m. Didac. Trait qui indique un contour. – Ligne. *Les délinéaments de la main.* – Du lat. *delineare,* « délinéer, esquisser », avec infl. de *linéament.*

délinéateur [delineatœʀ] n. m. TRAV PUBL Balise munie de cataphotes blancs, placée le long des accotements d'une route pour indiquer la limite de la chaussée. – De *dé-,* et du lat. *linea,* « ligne ».

délinquance [delɛ̃kɑ̃s] n. f. Ensemble de crimes et délits considérés d'un point de vue statistique. *La délinquance juvénile.* – De *délinquant.*

délinquant, ante [delɛ̃kɑ̃, ɑ̃t] n. Personne qui a commis un délit. ▷ adj. *La jeunesse délinquante.* – Ppr. d'un anc. v. *délinquer* ; lat. *delinquere,* « commettre une faute ».

déliquescence [delikesɑ̃s] n. f. **1.** Propriété qu'ont certains corps d'absorber l'eau atmosphérique et de s'y dissoudre. **2.** Fig. État de ce qui se décompose, tombe en ruine; dégénérescence. *Tomber en déliquescence.* – De *déliquescent.*

déliquescent, ente [delikesɑ̃, ɑ̃t] adj. **1.** Qui possède la propriété de déliquescence. ▷ BOT Qui se liquéfie au cours de la maturation. *Les lamelles des coprins sont déliquescentes.* **2.** Fig. Décadent; sans fermeté, sans rigueur. *Prose déliquescente.* – Lat. *deliquescens,* de *deliquescere,* «se liquéfier».

délirant, ante [deliʀɑ̃, ɑ̃t] adj. **1.** En proie au délire. *Un patient délirant.* **2.** Fig. *Un enthousiasme délirant,* excessif, désordonné. – Ppr. de *délirer.*

délire [deliʀ] n. m. **1.** Désordre des facultés intellectuelles caractérisé par une perception erronée de la réalité, qui est souvent interprétée selon un thème (persécution, grandeur, mélancolie, mysticisme, etc.). ▷ Par ext. Cour. *C'est du délire!* : c'est extravagant, insensé. **2.** Fig. Trouble extrême provoqué par des émotions, des passions violentes. *Le délire de l'amour. Foule en délire.* – Lat. *delirium.*

délirer [deliʀe] v. intr. [1] Avoir le délire. *Une forte fièvre fait délirer.* – Fig. *Il délire de joie.* – Lat. *delirare,* «sortir du sillon», de *lira,* «sillon».

delirium tremens [deliʀjɔmtʀemɛ̃s] n. m. inv. Délire alcoolique aigu accompagné d'agitation, d'hallucinations, de tremblements, de fièvre et de déshydratation grave. – Mots lat. «délire tremblant».

1. délit [deli] n. m. **1.** DR En droit civil, acte qui cause à autrui un dommage quelconque, de par la faute ou sous la responsabilité de son auteur. **2.** DR En droit pénal, infraction punie d'une peine correctionnelle (par oppos. à *crime* et à *contravention*). ▷ Loc. *En flagrant délit* : au moment même de la consommation du délit. – *Le corps du délit* : le délit considéré en lui-même, abstraction faite de la personne du délinquant. **3.** DR *Délit d'initié,* consistant, dans les affaires, à se servir d'informations confidentielles pour en tirer un profit personnel. **4.** Cour. Infraction plus ou moins grave à la loi. – Lat. *delictum,* de *delinquere.*

2. délit [deli] n. m. **1.** Plan perpendiculaire au litage, dans une pierre. **2.** Discontinuité, veine d'une pierre, parallèle au plan de litage. – De *déliter.*

délitage [delitaʒ] n. m. Action de déliter. – De *déliter.*

délitement [delitmɑ̃] n. m. Division d'une pierre suivant la direction des couches. – De *déliter.*

déliter [delite] **I.** v. tr. [1] **1.** CONSTR Poser une pierre en délit (2, sens 1), de façon que le plan de litage soit vertical. **2.** Détacher, débiter (une pierre) dans le sens de ses lignes de stratification. **II.** v. pron. **1.** Se fragmenter en plaques parallèles à la direction du litage (roches, pierres). **2.** En parlant de la chaux, se désagréger dans l'eau qu'elle absorbe. – De *dé-,* et *lit.*

délitescence [delitesɑ̃s] n. f. Fait de se déliter, de se désagréger. – De *déliter.*

délitescent, ente [delitesɑ̃, ɑ̃t] adj. Qui se délite. – De *délitescence.*

délivrance [delitesɑ̃s] [delivʀɑ̃s] n. f. **1.** Action de délivrer, de libérer; son résultat. *La ville fête sa délivrance.* **2.** Fig. Soulagement. *La délivrance d'une inquiétude.* **3.** Action de délivrer, de remettre qqch. *La délivrance des marchandises, d'une ordonnance.* **4.** OBSTETR Expulsion des annexes fœtales. – *Par ext.* Cour. Accouchement. – De *délivrer.*

délivre [delivʀ] n. m. MED Enveloppes du fœtus, arrière-faix. (V. faix 2.) – Déverbal de *délivrer.*

délivrer [delivʀe] v. tr. [1] **I. 1.** Faire recouvrer la liberté à. *Délivrer un captif.* **2.** *Délivrer qqn de,* le débarrasser de (ce qui l'entrave, le gêne). *Délivrer un prisonnier de ses menottes. – Délivrez-moi de cet importun!* ▷ v. pron. *Il s'est délivré de toutes ses obligations.* **II.** Remettre entre les mains, livrer. *Délivrer un certificat à qqn.* – Bas lat. *deliberare,* class. *liberare,* «mettre en liberté», d'apr. *livrer.*

délocalisation [delɔkalizasjɔ̃] n. f. **1.** Suppression du caractère local. **2.** Changement de localisation. **3.** PHYS État d'un électron, dans une molécule ou un ion, dont la dépendance s'étend à plus de deux atomes.

délocalisé [delɔkalize] adj. CHIM *Liaison délocalisée,* formée d'orbitales moléculaires qui s'étendent à plus de deux noyaux atomiques.

déloger [delɔʒe] v. [13] **I.** v. intr. Abandonner son logement, l'endroit où l'on se trouve. *Il finira bien par déloger tôt ou tard.* **II.** v. tr. **1.** Faire quitter (à qqn) le logement qu'il occupe. Syn. expulser. **2.** Chasser d'une position. *Déloger l'ennemi.*

déloyal, ale, aux [delwajal, o] adj. Dépourvu de loyauté; qui dénote le manque de loyauté. *Un adversaire déloyal. Une attaque déloyale.*

déloyalement [delwajalmɑ̃] adv. De manière déloyale. – De *déloyal.*

déloyauté [delwajote] n. f. **1.** Manque de loyauté. *La déloyauté d'un ennemi.* **2.** Acte déloyal. *Il s'est rendu coupable d'une déloyauté.*

delphinaptère [dɛlfinaptɛʀ] n. m. Dauphin des mers arctiques, long de 5 à 7 m, au museau court. Syn. dauphin blanc, bélouga. – Du gr. *delphis, delphinos,* «dauphin», et *apteros,* «sans ailes».

delphinelle. V. dauphinelle.

delphinidés [dɛlfinide] n. m. pl. ZOOL Famille de cétacés odontocètes de taille petite ou moyenne (2 à 10 m), pourvus en général d'un aileron dorsal et d'un bec aux nombreuses dents (dauphin, globicéphale, orque, etc.). – Sing. *Un delphinidé.* – Du lat. *delphinus,* «dauphin».

delphinium [dɛlfinjɔm] n. m. BOT Renonculacée à fleurs zygomorphes. Syn. cour. pied-d'alouette. – Gr. *delphinion,* «pied d'alouette».

delta [dɛlta] n. m. **1.** Quatrième lettre de l'alphabet grec (δ, Δ). **2.** AVIAT *Aile delta* ou *en delta,* en forme de triangle isocèle. ▷ SPORT *Aile delta* : voilure triangulaire (appelée aussi *aile volante*) utilisée par les adeptes du deltaplane. **3.** Embouchure d'un fleuve divisée en deux ou plusieurs bras par des dépôts d'alluvions et affectant la forme d'un triangle. *Le delta du Rhône.* – Mot gr.

deltaïque [dɛltaik] adj. GEOGR Qui se rapporte à un delta. – De *delta.*

deltaplane [dɛltaplan] n. m. Appareil de vol à voile constitué d'une surface alaire triangulaire *(aile delta, aile volante)* fixée sur une armature tubulaire et d'un harnais permettant un vol en suspension. – De *(aile) delta,* et *planer.*

deltoïde [dɛltɔid] adj. et n. m. ANAT Se dit du muscle triangulaire de l'épaule, qui s'insère en haut sur la clavicule et l'omoplate, en bas sur l'humérus, et qui permet le mouvement d'abduction du bras. ▷ n. m. *Le deltoïde.* – Gr. *deltoeidês,* «en forme de delta».

déluge [delyʒ] n. m. **1.** (Souvent avec une majuscule.) Inondation universelle, d'après la Bible. *Lors du Déluge, Noé se réfugia dans son arche.* ▷ Loc. fig. *Remonter au déluge,* fort loin dans le passé. **2.** *Par exag.* Pluie torrentielle. *La pluie ne s'arrête pas, c'est un déluge.* V. diluvien. ▷ Fig. *Un déluge de paroles, de larmes.* – Lat. *diluvium,* «inondation».

déluré, ée [delyʀe] adj. D'un esprit vif et astucieux. ▷ Péjor. Très libre dans ses mœurs. *Une fille délurée.* – Pp. de *délurer.*

délurer [delyʀe] v. tr. [1] Rendre moins gauche, plus dégourdi. ▷ Péjor. Déniaiser, dévergonder. – v. pron. *Il s'est un peu déluré.* – De *dé-*, et *leurre.*

délustrer [delystʀe] v. tr. [1] Enlever le lustre (d'une étoffe) (opération de *délustrage*). – De *dé-*, et *lustre.*

délutage [delytaʒ] n. m. TECH Action de déluter. – De *déluter.*

déluter [delyte] v. tr. [1] TECH Ôter le lut de. – De *dé-*, et *lut.*

démagnétisation [demaɲetizasjɔ̃] n. f. PHYS, TECH Action de démagnétiser. – De *démagnétiser.*

démagnétiser [demaɲetize] v. tr. [1] PHYS, TECH Faire disparaître le magnétisme de. *Démagnétiser une montre.*

démagogie [demagɔʒi] n. f. **1.** Politique, procédés d'un démagogue. **2.** Didac. État social dans lequel le pouvoir politique est aux mains de la multitude. – Gr. *dêmagôgia.*

démagogique [demagɔʒik] adj. De la démagogie, relatif à la démagogie. – Gr. *dêmagôgikos.*

démagogue [demagɔg] n. et adj. **1.** n. Personnage politique qui feint de soutenir les intérêts des masses pour mieux les dominer; personne qui professe des théories propres à flatter les passions et les préjugés populaires. ▷ adj. *Un politicien démagogue.* **2.** adj. (Sens atténué.) Se dit d'une personne qui cherche à s'attirer la faveur d'un groupe, la popularité, par des platitudes, une complaisance excessive. – Gr. *dêmagôgos,* «meneur de peuple, chef d'un parti populaire».

démaigrir [demegʀiʀ] v. tr. [3] TECH Amincir (une pierre, une pièce de bois).

démaillage [demɑjaʒ] n. m. Action de démailler. – De *démailler.*

démailler [demɑje] v. tr. [1] Défaire les mailles de. ▷ v. pron. *Bas qui se démaille.* – De *dé-*, et *maille.*

démailloter [demajɔte] v. tr. [1] Défaire le maillot, les langes de (un bébé). – De *dé-*, et *maillot.*

demain [dəmɛ̃] adv. **1.** Jour qui suivra celui où l'on est. *Demain il fera beau.* ▷ (Emploi nominal.) *Demain sera un grand jour.* – *À demain :* jusqu'au lendemain (formule pour prendre congé). **2.** Dans un futur proche. *Qu'en sera-t-il demain ?* ▷ (Emploi nominal.) *De quoi demain sera-t-il fait ?* – Lat. *de mane,* «à partir du matin».

démanchement [demɑ̃ʃmɑ̃] n. m. Action de démancher; état de ce qui est démanché. – De *démancher.*

démancher v. [1] **1.** v. tr. Enlever le manche de. *Démancher un balai, un couteau.* ▷ v. pron. *Marteau qui se démanche.* **2.** v. tr. Défaire, déglinguer, disloquer. ▷ v. pron. *Mécanique qui se démanche.* **3.** v. intr. MUS Dans le jeu de certains instruments à cordes, retirer le pouce gauche de dessous le manche pour jouer les notes aiguës. **4.** v. pron. Fam. *Se démancher :* se donner de la peine, se démener pour un résultat. – De *dé-*, et *manche.*

demande [d(ə)mɑ̃d] n. f. **1.** Action de demander. *Rejeter une demande.* ▷ *Par ext.* Écrit exprimant une demande. *Demande de prélèvement.* – Chose demandée. **2.** *Demande en mariage :* démarche par laquelle on demande une jeune fille en mariage. **3.** DR Action intentée en justice en vue de faire reconnaître ses droits. *Une demande en dommages-intérêts.* **4.** ECON Besoins en produits, en services, que le consommateur est prêt à acquérir pour un prix donné. *La loi de l'offre et de la demande.* – Déverbal de *demander.*

demander [d(ə)mɑ̃de] v. tr. [1] **I. 1.** S'adresser à qqn pour obtenir qqch. *Demander un verre d'eau, de l'aide. Je vous demande de partir.* ▷ *Demander la main d'une jeune fille,* la demander en mariage. **2.** Loc. *Ne demander qu'à :* n'avoir d'autre désir que de. *Je ne demande qu'à vous aider.* ▷ Fam. *Ne pas demander mieux :* accepter volontiers. **3.** Faire connaître qu'on a besoin de (qqn). *Demander un médecin. On demande une secrétaire.* **4.** Avoir besoin de, nécessiter. *Sa santé demande des ménagements.* **5.** S'enquérir de, chercher à prendre contact avec. *Qui demandez-vous ?* **6.** DR Faire une demande en justice. *Demander le divorce.* **II.** Interroger qqn pour apprendre qqch. *Demander son chemin à un passant. Je lui ai demandé s'il avait terminé.* ▷ v. pron. S'interroger soi-même. *Je me demande si j'ai bien fait.* – Du lat. *demandare,* «confier», de *de,* et *mandare,* «mander, solliciter» en lat. pop.

demandeur, deresse [d(ə)mɑ̃dœʀ, d(ə)ʀɛs] n. **1.** DR Personne qui forme une demande en justice. **2.** *Demandeur d'emploi :* personne à la recherche d'un travail inscrite à l'A.N.P.E. – De *demander.*

démangeaison [demɑ̃ʒɛzɔ̃] n. f. **1.** Picotement de l'épiderme qui incite à se gratter. *Les piqûres de moustiques provoquent des démangeaisons.* **2.** Fig., fam. Vif désir. *«Il faut qu'un galant homme ait toujours grand empire / Sur les démangeaisons qui nous prennent d'écrire»* (Molière). – De *démanger.*

démanger [demɑ̃ʒe] v. intr. [13] **1.** Faire éprouver une démangeaison à. *Le dos me démange.* **2.** Fig., fam. *Les poings, la langue lui démangent :* il a grande envie de frapper, de parler. – De *dé-* (au sens d'accomplissement), et *manger,* «ronger».

démantèlement [demɑ̃tɛlmɑ̃] n. m. Action de démanteler; son résultat. – De *démanteler.*

démanteler [demɑ̃tle] v. tr. [17] **1.** Démolir (des fortifications, les fortifications de). *Démanteler une muraille, un château.* **2.** Fig. Anéantir, abattre. *Démanteler un réseau de trafiquants.* – De *dé-*, et a. fr. *manteler,* de *mantel,* «manteau».

démantibuler [demɑ̃tibyle] v. tr. [1] Fam. Disloquer, démolir, mettre en pièces. *On a démantibulé ce piano en le transportant.* – Altér. de *démandibulé*; de *dé-*, et *mandibule,* d'après *démanteler.*

démaquillage [demakijaʒ] n. m. Action de démaquiller, de se démaquiller. – De *démaquiller.*

démaquillant, ante [demakijɑ̃, ɑ̃t] adj. et n. m. Qui est utilisé pour démaquiller. *Crème démaquillante.* ▷ n. m. *Un démaquillant.* – Ppr. de *démaquiller.*

démaquiller [demakije] v. tr. [1] Enlever le maquillage de. *Démaquiller son visage.* ▷ v. pron. *Se démaquiller.* – (Faux pron.) *Se démaquiller les yeux.*

démarcage. V. démarquage.

démarcatif, ive [demaʀkatif, iv] adj. Qui sert à démarquer. *Une borne démarcative.* – De *démarcation.*

démarcation [demaʀkasjɔ̃] n. f. **1.** Action de fixer une limite; cette limite. *Les États révisèrent la démarcation de leurs frontières.* ▷ *Ligne de démarcation,* séparant deux zones d'un territoire. – HIST *La ligne de démarcation,* fixée par l'armistice franco-allemand de juin 1940 entre la zone occupée de la France et la zone «libre» administrée par le gouvernement de Vichy. **2.** Fig. Séparation, délimitation. *La démarcation entre les classes sociales.* – P.-ê. de l'esp. *demarcación,* de *demarcar,* «marquer».

démarchage [demaʀʃaʒ] n. m. Travail du démarcheur. – De *démarche.*

démarche [demaʀʃ] n. f. **1.** Façon de marcher. *Une démarche gracieuse.* **2.** Fig. Façon dont procède un raisonnement, une pensée. *Une démarche logique.* **3.** Action menée pour atteindre un but, réussir une affaire. *Faire des démarches pour obtenir un poste.* – De l'anc. v. *démarcher,* «fouler aux pieds».

démarcher [demaʀʃe] v. tr. [1] Visiter à domicile dans le but de placer des marchandises, des services. – De *démarche.*

démarcheur, euse [demaʀʃœʀ, øz] n. Personne dont le métier est de placer des marchandises, des services à domicile. – De *démarche.*

démarier [demaʀje] v. tr. [2] AGRIC Éclaircir (un semis) en arrachant des jeunes plants. *Démarier des carottes.*

démarquage ou **démarcage** [demaʀkaʒ] n. m. Action de démarquer (sens 2); son résultat. – De *démarquer.*

démarque [demaʀk] n. f. **1.** JEU Partie où l'un des joueurs perd un nombre de points égal à celui marqué par l'autre joueur. *Jouer à la démarque.* **2.** Action de démarquer des marchandises. **3.** GEST *Démarque inconnue* : différence entre le stock comptable et le stock réel, par suite de vol ou d'erreur de gestion. – Déverbal de *démarquer.*

démarquer [demaʀke] v. tr. [1] **1.** Enlever la marque de. *Démarquer du linge.* **2.** Plagier. *Démarquer une œuvre littéraire.* **3.** *Démarquer des marchandises,* en enlever la marque pour les vendre à moindre prix. **4.** SPORT Libérer (un coéquipier) de l'emprise (marquage) d'un adversaire. ⊳ v. pron. Prendre du recul ou ses distances vis-à-vis de qqn ou de qqch. – De *dé-,* et *marque.*

démarqueur, euse [demaʀkœʀ, øz] n. Personne qui démarque, qui plagie. – De *démarquer.*

démarrage [demaʀaʒ] n. m. Action de démarrer; résultat de cette action. – De *démarrer.*

démarrer [demaʀe] v. [1] **I.** v. tr. **1.** MAR Rare Larguer l'amarre de. *Démarrer un bateau.* **2.** Faire fonctionner, mettre en mouvement. *Démarrer un moteur.* – Fig. *Démarrer une nouvelle affaire.* **II.** v. intr. **1.** MAR Vx Quitter le port. **2.** Se mettre en mouvement, commencer à fonctionner. *Le train démarre. Moteur qui démarre.* – Fig. *De nouvelles industries vont démarrer.* – De *dé-,* et *(a)marrer.*

démarreur [demaʀœʀ] n. m. Petit moteur électrique auxiliaire, actionné par la batterie, qui sert à lancer le moteur d'un véhicule automobile. – De *démarrer.*

démascler [demaskle] v. tr. [1] TECH Écorcer (un chêne-liège). – Provenç. *demascla,* « émasculer ».

démasquer [demaske] v. tr. [1] **1.** Enlever son masque à (qqn). **2.** Fig. Dévoiler, montrer sous son vrai jour. *Démasquer une intrigue, un hypocrite.* – Pp. adj. *Un escroc démasqué.* **3.** MILIT *Démasquer une batterie* : repérer une batterie camouflée. – Fig. *Démasquer ses batteries* : montrer des desseins jusqu'alors cachés. ⊳ v. pron. Faire connaître ses intentions.

démâtage [demɑtaʒ] n. m. Action, fait de démâter. – De *démâter.*

démâter [demɑte] v. [1] **1.** v. tr. Enlever le(s) mât(s) de (un navire). *Démâter un voilier.* **2.** v. intr. MAR Perdre son (ses) mât(s). *L'embarcation a démâté.* – De *dé-,* et *mât.*

dématérialisation [dematerjalizasjɔ̃] n. f. **1.** Fait de se dématérialiser. **2.** PHYS NUCL Transformation en photons d'une particule et de son antiparticule qui se sont annihilées l'une l'autre. **3.** FIN Remplacement de la représentation matérielle de valeurs mobilières par une inscription au compte de leur propriétaire ou d'un intermédiaire. – De *dématérialiser.*

dématérialiser [dematerjalize] v. tr. [1] **1.** Rendre immatériel, intangible. **2.** PHYS NUCL Détruire les particules matérielles, celles-ci se transformant en énergie rayonnante. ⊳ v. pron. *Un négaton et un positon se dématérialisent en donnant deux photons gamma.*

d'emblée. V. emblée (d').

dème [dɛm] n. m. ANTIQ GR L'une des divisions politiques de l'anc. Attique aux nombreuses fonctions (fiscale, administrative, cultuelle, etc.). – Gr. *dêmos,* « peuple ».

démêlage [demɛlaʒ] ou **démêlement** [demɛlmɑ̃] n. m. Action de démêler; son résultat. – De *démêler.*

démêlant, ante [demelɑ̃, ɑ̃t] n. m. Produit qui facilite le démêlage des cheveux. ⊳ adj. *Crème démêlante.* – Ppr. de *démêler.*

démêlé [demele] n. m. Altercation, désaccord. *Avoir un démêlé avec qqn.* – *Avoir eu des démêlés avec la justice* : avoir encouru une condamnation. – Pp. subst. de *démêler.*

démêler [demele] v. tr. [1] **1.** Séparer ce qui est emmêlé. *Démêler ses cheveux.* **2.** Fig. Tirer de la confusion, éclaircir. *Démêler une intrigue. Démêler le vrai du faux.* **3.** v. pron. (passif) *Fils qui se démêlent facilement.* ⊳ Fig. *Imbroglio qui se démêle.*

démêloir [demɛlwaʀ] n. m. Peigne à grosses dents. – De *démêler.*

démêlure [demelyʀ] n. f. (Le plus souvent plur.) Cheveux tombés au cours de la coiffure. – De *démêler.*

démembrement [demɑ̃bʀəmɑ̃] n. m. Fig. Action de démembrer; son résultat. *Le démembrement de la Pologne.* – De *démembrer.*

démembrer [demɑ̃bʀe] v. tr. [1] **1.** Séparer les membres du tronc de. *Démembrer un sanglier.* **2.** Fig. Morceler, séparer les parties de. *Démembrer un royaume.* – De *dé-,* et *membre.*

déménageable [demenaʒabl] adj. Qui peut être déménagé. – De *déménager.*

déménagement [demenaʒmɑ̃] n. m. Action de déménager; son résultat. – De *déménager.*

déménager [demenaʒe] v. [13] **I.** v. tr. Transporter (des objets, des meubles) d'un endroit à un autre. – Par ext. *Déménager une maison, un placard.* **II.** v. intr. **1.** Changer de logement. *Nous espérons déménager bientôt.* – Fam. *Déménager à la cloche de bois,* en cachette et sans avoir payé le loyer. **2.** Fig., fam. Déraisonner. – De *dé-,* et *ménage.*

déménageur [demenaʒœʀ] n. m. Entrepreneur, ouvrier qui fait des déménagements. – De *déménager.*

démence [demɑ̃s] n. f. **1.** Cour. Altération grave du psychisme d'un individu. *Être atteint de démence.* ⊳ Cour. *C'est de la démence!* : c'est déraisonnable, insensé. V. délire. **2.** DR Aliénation mentale qui, reconnue au moment de l'infraction, entraîne l'irresponsabilité. **3.** MED Diminution irréversible des facultés mentales. ⊳ *Démence précoce* ou *juvénile. Démence sénile.* – Lat. *dementia.*

démener (se) [dem(ə)ne] v. pron. [16] **1.** S'agiter violemment. *Se démener comme un beau diable, comme un diable dans un bénitier.* **2.** Fig. Se donner beaucoup de peine pour la réussite d'un projet, d'une entreprise. *Il s'est démené pour obtenir cette place.*

dément, ente [demɑ̃, ɑ̃t] adj. et n. Atteint de démence. ⊳ Mod., fam. Extraordinaire, sensationnel. *C'est dément!* – Extravagant, déraisonnable. *Des prix déments.* – Lat. *demens, dementis.*

démenti [demɑ̃ti] n. m. Action de démentir; ce qui dément. *Les faits apportent un démenti formel à votre hypothèse.* – Pp. subst. de *démentir.*

démentiel, elle [demɑ̃sjɛl] adj. **1.** Qui se rapporte à la démence, dénote la démence. **2.** Fam., cour. Extravagant, insensé. *Des idées complètement démentielles.* – De *dément.*

démentir [demɑ̃tiʀ] v. tr. [30] **1.** Affirmer que qqn n'a pas dit la vérité. *Démentir un témoin.* **2.** Affirmer le contraire de (ce qui a été dit), déclarer faux. *Démentir une nouvelle.* ▷ Contredire. *Les autres témoignages démentent ses assertions.* **3.** Fig. Être en contradiction avec. *Sa conduite dément ses paroles.* **4.** v. pron. Faiblir, cesser. *Sa patience ne s'est jamais démentie.*

démerdard, arde [demɛʀdaʀ, aʀd] ou **démerdeur, euse** [demɛʀdœʀ, øz] adj. et n. Très fam. Qui sait se démerder. – De *démerder.*

démerder (se) [demɛʀde] v. pron. [1] Très fam. Se débrouiller. *Démerde-toi pour arriver à l'heure.* – Se hâter (surtout à l'impér.). *Démerdez-vous!* – De *dé-*, et *merde.*

démérite [demeʀit] n. m. Ce qui fait perdre l'estime d'autrui. *Il n'y a pas de démérite à agir ainsi.* – Déverbal de *démériter.*

démériter [demeʀite] v. intr. [1] Agir d'une façon telle que l'on perd l'estime d'autrui. *Il a grandement démérité à leurs yeux en agissant ainsi.*

démesure [deməzyʀ] n. f. Manque de mesure, excès. *La démesure de son ambition.* – De *dé-*, et *mesure.*

démesuré, ée [deməzyʀe] adj. **1.** Qui excède la mesure normale. *Taille démesurée.* **2.** Fig. Excessif, immodéré. *Une vanité démesurée.* – De *démesure.*

démesurément [deməzyʀemɑ̃] adv. D'une manière démesurée. – De *démesuré.*

1. démettre [demɛtʀ] v. tr. [60] Déplacer (un os), luxer. *Il lui a démis le bras.* – v. pron. *Se démettre l'épaule.*

2. démettre [demɛtʀ] v. tr. [60] Destituer d'un emploi, d'une charge, d'une dignité. Syn. révoquer. ▷ v. pron. Démissionner. *Se démettre de ses fonctions.* – Lat. *dimittere*, « congédier ».

démeubler [demøble] v. tr. [1] Enlever tout ou partie des meubles de (un lieu). – De *dé-*, et *meuble.*

demeurant (au) [odəmœʀɑ̃] loc. adv. D'ailleurs, au reste. – Ppr. de *demeurer.*

demeure [dəmœʀ] n. f. **I. 1.** DR Retard mis à remplir une obligation. **2.** *Mettre un débiteur en demeure de payer*, le sommer d'acquitter ses dettes. ▷ Cour. *Mettre qqn en demeure de tenir ses promesses, ses engagements.* ▷ *Il n'y a pas péril en la demeure* : on ne risque rien à maintenir les choses en l'état. **II.** Loc. adv. *À demeure* : de façon permanente. *Châssis fixé à demeure.* **III.** Habitation, maison d'une certaine importance. *Une belle demeure.* – Fig., litt. *La dernière demeure* : la tombe. *Conduire qqn à sa dernière demeure.* – Déverbal de *demeurer.*

demeuré, ée [dəmœʀe] adj. (et n.) Mentalement retardé. *Un enfant demeuré.* – Pp. de *demeurer.*

demeurer [dəmœʀe] v. intr. [1] **1.** (Avec l'auxiliaire *avoir.*) Avoir sa demeure, son habitation. *Il demeure à la campagne. Nous avons demeuré longtemps dans ce quartier.* **2.** Litt. S'arrêter, rester un certain temps en quelque endroit. *Notre vaisseau a (est) demeuré trois jours à l'ancre.* Syn. séjourner. **3.** Persister, durer (choses). *Les écrits demeurent.* **4.** (Avec l'auxiliaire *être.*) Persister à être (dans un certain état). *Il est demeuré inébranlable.* ▷ *En demeurer d'accord avec qqn*, tomber d'accord après discussion. ▷ Loc. *En demeurer là* : ne pas donner suite à qqch. **5.** *Demeurer à qqn*, lui rester, lui être laissé. *Ce titre lui demeure.* – Lat. *demorari*, « tarder », d'où « séjourner, habiter ».

demi-. Élément, de l'adj. *demi*, désignant la division par deux ou le caractère imparfait, incomplet. (Rem. : demi- est toujours inv.)

demi, ie [d(ə)mi] adj., n. et adv. **I.** adj. **1.** (Devant un nom et suivi d'un trait d'union, inv.). Qui est la moitié exacte d'un tout. *Un demi-kilo. Une demi-livre.* V. aussi hémi-, semi-. ▷ Fig. Incomplet, imparfait. *Ce n'est qu'un demi-succès. Il n'y a que demi-mal.* **2.** *Et demi, ie* (après un nom, s'accordant en genre seulement) : plus une moitié. *Il est deux heures et demie. Sept ans et demi.* **II.** n. **1.** n. m. La moitié d'une unité. *Un demi plus un demi égalent une unité.* **2.** n. La moitié d'une chose. *Ne me donne pas une part entière, un morceau entier, je n'en veux qu'une demie, qu'un demi.* **3.** n. m. Verre de bière qui contient 25 cl (un demi-litre à l'origine); contenu de ce verre. *Un demi de blonde.* **4.** n. f. Demi-heure après l'heure juste. *L'horloge sonne les demies. J'ai rendez-vous à la demie.* **5.** n. m. SPORT Joueur qui assure la liaison entre les avants et les trois-quarts (rugby) ou entre les arrières et les avants (football). **III.** adv. **1.** À moitié. *Des bouteilles demi-vides.* **2.** En partie, presque, imparfaitement. *C'est un vieil original, demi-fou.* **IV.** Loc. adv. *À demi* : à moitié. *Le travail est plus qu'à demi fait.* ▷ Imparfaitement. *Un rôti à demi cuit.* – Lat. pop. **dimedius*, class. *dimidius* refait sur *medius.*

demi-botte [d(ə)mibɔt] n. f. Botte qui ne monte qu'à mi-mollet. *Des demi-bottes.*

demi-brigade [d(ə)mibʀigad] n. f. HIST Nom donné au régiment sous la Révolution. ▷ Mod. Formation de troupes composée de deux ou trois bataillons et commandée par un colonel. *Des demi-brigades.*

demi-centre [d(ə)misɑ̃tʀ] n. m. SPORT Au football, joueur qui, au milieu du terrain, organise la défense et fournit la balle aux avants. *Des demi-centres.*

demi-cercle [d(ə)misɛʀkl] n. m. GEOM Moitié d'un cercle, limitée par un diamètre. *Des demi-cercles.*

demi-certitude [dəmisɛʀtityd] n. f. Certitude partielle.

demi-circulaire [d(ə)misiʀkylɛʀ] adj. Qui a la forme d'un demi-cercle. V. semi-circulaire. *Des structures demi-circulaires.*

demi-clef [d(ə)mikle] n. f. MAR Nœud le plus simple, formé avec le brin libre d'un cordage passé en boucle autour du brin sous tension. *Des demi-clefs.*

demi-colonne [d(ə)mikɔlɔn] n. f. ARCHI Colonne engagée de la moitié de son diamètre dans une maçonnerie. *Des demi-colonnes.*

demi-deuil n. m. **1.** Vx Deuil moins strict que l'on portait après la période de grand deuil (vêtements noir mêlé de blanc, gris ou mauves). *Des demi-deuils.* **2.** CUIS *Poularde demi-deuil*, blanchie après introduction sous la peau de lamelles de truffes (noires).

demi-dieu n. m. MYTH Enfant mâle issu des amours d'un dieu et d'une femme, d'une déesse et d'un homme, ou héros divinisé pour ses exploits. *Des demi-dieux.* – De *demi-*, et *dieu*; lat. *semideus.*

demi-douzaine [d(ə)miduzɛn] n. f. Moitié d'une douzaine. *Des demi-douzaines.*

demi-droite [d(ə)midʀwat] n. f. MATH Segment de droite dont une extrémité est rejetée à l'infini. *Des demi-droites.*

démieller [demjele] v. tr. [1] Ôter le miel (des rayons de cire). – De *dé-*, et *miel.*

demi-fin, -fine [d(ə)mifɛ̃, fin] adj. **1.** Qui n'est ni gros ni fin. *Des petits pois demi-fins.* **2.** Qui contient la moitié de son poids d'alliage. *Or demi-fin.* ▷ n. m. *Un bracelet en demi-fin.*

demi-finale [d(ə)mifinal] n. f. SPORT Épreuve éliminatoire dont les vainqueurs disputeront la finale. *Des demi-finales.*

demi-finaliste [d(ə)mifinalist] n. Concurrent ou équipe qualifiés pour une demi-finale. *Des demi-finalistes.*

demi-fond [d(ə)mifɔ̃] n. m. inv. SPORT *Course de demi-fond* : course de moyenne distance, qui demande à la fois des qualités de vitesse et d'endurance. *Un coureur de demi-fond.*

demi-frère [d(ə)mifʀɛʀ] n. m. Frère seulement par le père (frère consanguin) ou par la mère (frère utérin). *Des demi-frères.*

demi-gros [d(ə)migʀo] n. m. inv. Vente qui se situe entre le gros et le détail. *Commerce de demi-gros.*

demi-heure [d(ə)mijœʀ] n. f. Moitié d'une heure. *Des demi-heures.*

demi-jour [d(ə)miʒuʀ] n. m. Faible clarté. *Des demi-jours.*

demi-journée [d(ə)miʒuʀne] n. f. Moitié d'une journée, spécial. d'une journée de travail. *Des demi-journées.*

demi-lieue [d(ə)miljø] n. f. Moitié d'une lieue. *Des demi-lieues.*

démilitarisation [demilitaʀizasjɔ̃] n. f. Action de démilitariser. – De *démilitariser.*

démilitariser [demilitaʀize] v. tr. [1] Empêcher toute activité militaire (dans une zone déterminée), y supprimer toute installation de matériel militaire.

demi-litre [d(ə)militʀ] n. m. Moitié d'un litre. *Des demi-litres.*

demi-longueur [d(ə)milɔ̃gœʀ] n. f. SPORT *Gagner d'une demi-longueur,* en franchissant la ligne d'arrivée avec la moitié de la longueur (du cheval, du bateau, etc.) d'avance sur le suivant. *Des demi-longueurs.*

demi-lune [d(ə)milyn] n. f. **1.** FORTIF Ouvrage avancé, en demi-cercle ou en saillant, situé au droit de la courtine. **2.** ARCHI Place semi-circulaire à l'entrée d'un palais, à l'extrémité d'un jardin, etc. *Des demi-lunes.* **3.** AMEUB *En demi-lune* : de forme semi-circulaire (fin XVIIIe-déb. XIXe s.).

demi-mal [d(ə)mimal] n. m. Mal, dommage moindre que celui qu'on pouvait redouter. *Des demi-maux.*

demi-mesure [d(ə)mim(ə)zyʀ] n. f. **1.** Moitié d'une mesure. *Une demi-mesure de blé.* **2.** Mesure, démarche, précaution insuffisante. *Vous n'obtiendrez rien avec des demi-mesures.*

demi-mondaine [d(ə)mimɔ̃dɛn] n. f. Vieilli Femme du demi-monde. *Des demi-mondaines.*

demi-monde [d(ə)mimɔ̃d] n. m. Vieilli Milieu social composé de femmes aux mœurs légères et de leur entourage. *Des demi-mondes.*

demi-mort, -morte [d(ə)mimɔʀ, mɔʀt] adj. Presque mort. *Ils étaient demi-morts* (ou, loc., *à demi morts*) *de faim.*

demi-mot (à) [ad(ə)mimo] loc. adv. Sans qu'il soit nécessaire de tout dire. *Comprendre à demi-mot.*

déminage [deminaʒ] n. m. Action de retirer les mines d'une zone terrestre ou maritime, de les rendre inoffensives. – De *déminer.*

déminer [demine] v. tr. [1] Procéder au déminage de. – De *dé-,* et *mine.*

déminéralisation [demineʀalizasjɔ̃] n. f. **1.** TECH Action de déminéraliser; son résultat. **2.** MED Perte pathologique, localisée ou diffuse, des sels minéraux contenus dans la substance osseuse. – De *déminéraliser.*

déminéraliser [demineʀalize] v. tr. [1] TECH Débarrasser des sels minéraux. *Eau déminéralisée.* ▷ v. pron. MED Être atteint de déminéralisation. – De *dé-,* et *minéral,* d'apr. *minéraliser.*

démineur [deminœʀ] n. m. Spécialiste du déminage. – (En appos.) *Char démineur.* – De *déminer.*

demi-pause [d(ə)mipoz] n. f. MUS Figure de silence d'une durée égale à celle d'une blanche, placée sur la troisième ligne de la portée sous la forme d'un petit trait. *Des demi-pauses.*

demi-pension [d(ə)mipɑ̃sjɔ̃] n. f. Pension qui ne comporte qu'un seul repas par jour. *Hôtel qui propose la demi-pension et la pension complète.* ▷ *Spécial.* Pension qui ne comporte que le repas de midi, dans un établissement scolaire. *Des demi-pensions.*

demi-pensionnaire [d(ə)mipɑ̃sjɔnɛʀ] n. Élève qui prend son repas de midi dans un établissement scolaire. *Externes, demi-pensionnaires et internes.* – De *demi-pension.*

demi-pièce [d(ə)mipjɛs] n. f. **1.** Moitié d'une pièce de tissu. **2.** Tonneau de vin de 110 l environ. *Des demi-pièces.*

demi-place [d(ə)miplas] n. f. Place à moitié prix. *Des demi-places.*

demi-plan [d(ə)miplɑ̃] n. m. GEOM Partie d'un plan, limitée par une droite. *Des demi-plans.*

demi-portion [d(ə)mipɔʀsjɔ̃] n. f. Fam., péjor. Personne chétive, de petite taille. – Personne insignifiante. *Des demi-portions.*

demi-quart [d(ə)mikaʀ] n. m. Huitième d'un tout (partic., d'un kilogramme ou d'un litre). *Des demi-quarts.*

demi-queue [d(ə)mikø] adj. et n. m. *Piano demi-queue,* plus petit que le piano à queue et plus grand que le crapaud. ▷ n. m. *Des demi-queues.*

demi-reliure [d(ə)miʀəljyʀ] n. f. TECH Reliure dont le dos n'est pas de la même matière que les plats. *Des demi-reliures.*

demi-rond [d(ə)miʀɔ̃] n. m. TECH Couteau de corroyeur dont la lame est de section semi-circulaire. *Des demi-ronds.*

demi-ronde [d(ə)miʀɔ̃d] n. f. TECH Lime dont une face est plate et l'autre arrondie. *Des demi-rondes.* ▷ adj. *Lime demi-ronde.*

1. démis, ise [demi, iz] adj. Luxé, désarticulé. *Cheville démise.* – Pp. de *démettre* 1.

2. démis, ise [demi, iz] adj. Destitué, révoqué. *Être démis de ses fonctions.* – Pp. de *démettre* 2.

demi-saison [d(ə)misɛzɔ̃] n. f. Automne ou printemps. *Les demi-saisons.* – *Vêtements de demi-saison,* que l'on porte pendant cette période.

demi-sang [d(ə)misɑ̃] n. m. inv. Cheval ou jument provenant de reproducteurs dont un seul est pur-sang, ou de deux demi-sang.

demi-sec [dəmisɛk] adj. m. et n. m. Se dit d'un vin ou d'un cidre plus sucré que le sec et moins que le doux. – n. m. *On a servi des demi-secs.*

demi-sel [dəmisɛk] [d(ə)misɛl] n. m. inv. **1.** (En appos.) *Beurre demi-sel,* peu salé. **2.** Fromage blanc frais, légèrement salé. **3.** Arg. Malfaiteur peu aguerri.

demi-sœur [d(ə)misœʀ] n. f. Sœur par le père ou la mère seulement. V. demi-frère. *Des demi-sœurs.*

demi-solde [d(ə)misɔld] n. **1.** n. f. Solde réduite de moitié des militaires en disponibilité. *Des demi-soldes.* **2.** n. m. inv. Militaire percevant cette solde. ▷ *Spécial.* Officier de l'Empire mis à l'écart par la Restauration.

demi-sommeil [d(ə)misɔmɛj] n. m. État intermédiaire entre l'état de veille et le sommeil. *Des demi-sommeils.*

demi-soupir [d(ə)misupiʀ] n. m. MUS Silence d'une durée égale à celle d'une croche, figuré sur la troisième ligne de la portée par un signe en forme de 7. *Des demi-soupirs.*

démission [demisjɔ̃] n. f. Acte par lequel on renonce à un emploi, à une dignité. *Donner sa démission.* – Lat. *demissio,* «action d'abaisser», pour servir de dér. à *démettre.*

démissionnaire [demisjɔnɛʀ] adj. et n. Qui vient de donner sa démission. ▷ Fig. Qui ne fait pas face à ses responsabilités. – De *démission.*

démissionner [demisjɔne] v. intr. [1] **1.** Donner sa démission. ▷ v. tr. Iron. *Démissionner qqn,* le renvoyer. **2.** *Par ext.* Fam. Renoncer à faire qqch, abandonner. *C'est vraiment trop compliqué; moi, je démissionne.* **3.** Fig. Renoncer à faire face à une situation qui exigerait qu'on assume ses responsabilités. – De *démission.*

demi-tarif [d(ə)mitaʀif] n. m. Tarif inférieur de moitié au plein tarif. *Place à demi-tarif. Des demi-tarifs.* – adj. inv. *Billets demi-tarif.*

demi-teinte [d(ə)mitɛ̃t] n. f. **1.** Teinte peu soutenue. *Un tissu imprimé tout en demi-teintes.* ▷ Fig. *Un poème en demi-teinte.* **2.** MUS Sonorité atténuée.

demi-tige [d(ə)mitiʒ] n. f. ARBOR Arbre fruitier dont on réduit la hauteur en le taillant. *Des demi-tiges.*

demi-ton [d(ə)mitɔ̃] n. m. MUS Intervalle le plus petit entre deux notes consécutives de la gamme tempérée. *Demi-ton diatonique,* entre deux notes de noms différents. *Demi-ton chromatique,* entre deux notes de même nom, dont l'une est altérée par un dièse ou un bémol. *Des demi-tons.*

demi-tour [d(ə)mituʀ] n. m. Moitié d'un tour; volte-face. *Demi-tour à droite! Demi-tour, droite! Des demi-tours.* – *Faire demi-tour :* se retourner; revenir sur ses pas.

démiurge [demjyʀʒ] n. m. **1.** PHILO Nom donné par Platon, dans le *Timée,* à l'ordonnateur du cosmos, différent de Dieu, pure Intelligence. **2.** Litt. Créateur d'une œuvre, généralement de grande envergure. – Gr. *dêmiourgos,* « artisan ».

demi-vie [d(ə)mivi] n. f. PHYS NUCL Durée à l'issue de laquelle la moitié d'un corps radioactif s'est désintégrée. *Des demi-vies.* Syn. période.

demi-vierge [dəmivjɛʀʒ] n. f. Jeune fille qui est restée vierge mais qui mène une vie fort libre (par allus. au roman de Marcel Prévost, *les Demi-Vierges,* 1894).

demi-volée [d(ə)mivɔle] n. f. SPORT Renvoi de la balle (tennis) ou du ballon (rugby, football) à l'instant même de son rebond. *Des demi-volées.*

démixtion [demiksjɔ̃] n. f. PHYS, CHIM Séparation d'un mélange en plusieurs fractions, lorsque les proportions des constituants sont incompatibles avec l'équilibre du mélange.

démobilisable [demɔbilizabl] adj. Qui doit être démobilisé. *Un appelé démobilisable.* – De *démobiliser.*

démobilisateur, trice [demɔbilizatœʀ, tʀis] adj. Qui démobilise. – De *démobiliser.*

démobilisation [demɔbilizasjɔ̃] n. f. Action de démobiliser. – De *démobiliser.*

démobiliser [demɔbilize] v. tr. [1] **1.** Renvoyer à la vie civile (les hommes appelés sous les drapeaux). **2.** Fig. POLIT Diminuer l'enthousiasme combatif de. *Mot d'ordre qui démobilise les masses.* ▷ v. pron. Ne plus se sentir motivé pour agir. *Même les plus obstinés se démobilisèrent.*

démocrate [demɔkʀat] n. et adj. **1.** Partisan de la démocratie. – adj. *Un parti démocrate.* **2.** Membre d'un des deux grands partis politiques américains. *Les démocrates et les républicains.* – adj. *Le Parti démocrate.* – De *démocratie.*

démocrate-chrétien, enne [demɔkʀatkʀetjɛ̃, ɛn] n. et adj. POLIT Qui se réclame à la fois du christianisme et de la démocratie. – Subst. *Les démocrates-chrétiens.* – De *démocrate,* et *chrétien.*

démocratie [demɔkʀasi] n. f. **1.** Régime politique où la souveraineté est exercée par le peuple. « *Lorsque, dans la république, le peuple en corps a la souveraine puissance, c'est une démocratie* » *(Montesquieu).* **2.** Pays qui vit sous un tel régime. *Les démocraties antiques.* ▷ *Les démocraties populaires :* les pays de l'Est qui se réclamaient du marxisme-léninisme (économie dirigée de type socialiste). – *Démocratie libérale,* dont l'organisation économique est de type capitaliste libéral. – Gr. *dêmokratia,* de *dêmos,* « peuple », et *kratos,* « puissance, pouvoir ».

démocratique [demɔkʀatik] adj. **1.** Conforme à la démocratie. *Élection démocratique. Régime démocratique.* **2.** À la portée du plus grand nombre. *Un moyen de transport démocratique.* – Gr. *dêmokratikos.*

démocratiquement [demɔkʀatikmɑ̃] adv. D'une manière démocratique. *Représentants syndicaux démocratiquement désignés.* – De *démocratique.*

démocratisation [demɔkʀatizasjɔ̃] n. f. Action de démocratiser; fait de se démocratiser. – De *démocratiser.*

démocratiser [demɔkʀatize] v. tr. [1] **1.** Rendre démocratique. *Démocratiser les institutions.* ▷ v. pron. *Le régime de ce pays se démocratise.* **2.** Mettre à la portée du plus grand nombre. ▷ v. pron. *La pratique de l'équitation se démocratise.* – De *démocratie.*

démodé, ée [demɔde] adj. Passé de mode. *Chapeau démodé.* – Pp. de *démoder.*

démoder [demɔde] v. tr. [1] Mettre hors de mode. – Cour. v. pron. Cesser d'être à la mode. – De *dé-,* et *mode.*

démodex [demɔdɛks] n. m. Acarien microscopique parasite des glandes sébacées et des follicules pileux des mammifères, qui provoque chez l'homme la formation de comédons. – Lat. sc., du gr. *dêmos,* « graisse », et gr. tardif *dêx,* « ver ».

démoduler [demɔdyle] v. tr. [1] TELECOM, ELECTRON Séparer (un signal modulé en phase, en amplitude ou en fréquence) de l'onde porteuse.

démographe [demɔgʀaf] n. Spécialiste de la démographie. – De *démographie.*

démographie [demɔgʀafi] n. f. Science qui décrit et étudie les peuples (natalité, mortalité, etc.), les populations (âge, profession, etc.). *Les apports de la démographie à la géographie humaine.* – *Par méton.* État d'une population (sous l'aspect quantitatif). – Gr. *dêmos,* « peuple », et *-graphie.*

démographique [demɔgʀafik] adj. **1.** Qui a rapport à la démographie. *Étude démographique.* **2.** Qui a rapport aux populations, envisagées du point de vue quantitatif. *Poussée démographique.* – De *démographie.*

demoiselle [d(ə)mwazɛl] n. f. **I. 1.** Jeune fille, femme non mariée. **2.** *Demoiselle d'honneur :* jeune fille qui accompagne la mariée. *Les demoiselles d'honneur et les garçons d'honneur.* ▷ Jeune fille attachée à la cour d'une reine, d'une princesse. **3.** Anc. Femme d'un bourgeois (par oppos. à *dame**, femme noble). **II.** Fig. **1.** Nom cour. de diverses petites libellules, partic. du genre *Calopteryx.* **2.** GEOL *Demoiselle* ou *demoiselle coiffée :* cheminée* de fée. **3.** TECH Outil de paveur qui sert à compacter. Syn. hie, dame. – Lat. pop. **dominicella,* de *domina,* « dame ».

démolir [demɔliʀ] v. tr. [3] **1.** Détruire, abattre pièce par pièce (ce qui était construit). *Démolir une maison.* **2.** Fig. Ruiner, abattre complètement. *Démolir la réputation de qqn.* **3.** Mettre en pièces, rendre inutilisable. *Démolir un appareil.* **4.** Fam. *Démolir qqn,* le rosser. *Se faire démolir.* ▷ Fatiguer à l'extrême, exténuer. *Cette marche forcée nous a complètement démolis.* ▷ Ruiner la santé de. *C'est l'alcool qui l'a démoli.* – Lat. *demoliri,* de *moliri,* « bâtir ».

démolissage [demɔlisaʒ] n. m. Action de démolir. – De *démolir.*

démolisseur, euse [demɔlisœʀ, øz] n. **1.** Celui, celle qui travaille à démolir. *La pioche des démolisseurs.* **2.** Fig. Celui qui s'acharne à ruiner des idées, des systèmes. **3.** Fam. Destructeur. – De *démolir.*

démolition [demɔlisjɔ̃] n. f. **1.** Action de démolir. *Entreprise de démolition.* – Fig. *La démolition des institutions.* **2.** (Plur.) Matériaux provenant de constructions démolies. – Lat. *demolitio.*

démon [demɔ̃] n. m. **1.** MYTH Génie bon ou mauvais. ▷ *Le démon de Socrate* : le génie, la voix intérieure (personnification de la conscience morale) qui, aux dires de Socrate, lui inspirait sa conduite. (On dit aussi le *daïmôn* [dajmɔn] *socratique.*) **2.** Ange déchu, chez les chrétiens et les juifs. – Spécial. *Le démon* : le diable, Satan. **3.** Fig. Personne méchante, mauvaise. *Méfiez-vous d'elle, c'est un démon.* ▷ *C'est un petit démon,* un enfant turbulent, bruyant. **4.** *Le démon de...* : l'instinct mauvais qui pousse vers... *Le démon du jeu.* ▷ *Avoir* (ou *être possédé par*) le démon de midi : se dit d'une personne qui, au milieu («midi») de sa vie, éprouve le désir violent d'avoir à nouveau des aventures amoureuses. – Lat. ecclés. *daemon,* gr. *daimôn,* «génie protecteur, dieu».

démonétisation [demɔnetizasjɔ̃] n. f. Action de démonétiser. – De *démonétiser.*

démonétiser [demɔnetize] v. tr. [1] **1.** Enlever sa valeur légale à (une monnaie). – Pp. adj. *Pièce démonétisée,* qui n'a plus cours. **2.** Fig. Déprécier, discréditer. – De *dé-,* et lat. *moneta,* «monnaie».

démoniaque [demɔnjak] adj. et n. **1.** Relatif au démon; qui a le caractère qu'on prête au démon. *Personnage démoniaque.* – *Perfidie démoniaque.* **2.** Qui est possédé du démon. ▷ Subst. *L'exorcisation d'un démoniaque.* – Lat. ecclés. *dæmoniacus.*

démonisme [demonism] n. m. Croyance aux démons (sens 1). – De *démon.*

démonologie [demɔnɔlɔʒi] n. f. Étude du démon, des démons. – De *démon,* et *-logie.*

démonstrateur, trice [demɔ̃stʀatœʀ, tʀis] n. **1.** Celui, celle qui fait la démonstration d'un appareil, d'un produit, etc. *Démonstratrice en produits de beauté.* **2.** Vx ou litt. Personne ou chose qui démontre. – Lat. *demonstrator.*

démonstratif, ive [demɔ̃stʀatif, iv] adj. et n. m. **1.** Qui sert à démontrer. *Argument démonstratif.* **2.** Qui a tendance à s'extérioriser, à manifester ses sentiments. *Un homme peu démonstratif.* **3.** GRAM Qui sert à montrer, à désigner ce dont on parle. *Adjectifs démonstratifs* (ce, cet, cette, ces). *Pronoms démonstratifs* (celui, celle, etc.). ▷ n. m. *«Ce» et «celui» sont des démonstratifs.* – Lat. *demonstrativus.*

démonstration [demɔ̃stʀasjɔ̃] n. f. **1.** Action de démontrer; raisonnement par lequel on démontre. ▷ Ce qui prouve, démontre. *Votre manière d'agir est une excellente démonstration de l'absurdité de vos principes.* **2.** Leçon pratique, explication donnée en montrant les objets dont on parle. *Professeur qui fait une démonstration de physique.* ▷ *Spécial.* Explication pratique concernant un appareil, un produit, etc., donnée par un représentant ou un vendeur. *Démonstration gratuite à domicile.* **3.** Témoignage, manifestation extérieure d'un sentiment. *Faire des démonstrations d'amitié, d'affection à qqn.* **4.** Manifestation publique spectaculaire. *L'aéro-club a organisé une grande démonstration aérienne.* ▷ MILIT Manœuvres faites pour donner le change à l'ennemi ou pour l'intimider. *La Marine a fait une importante démonstration navale en Méditerranée.* – Lat. *demonstratio.*

démonstrativement [demɔ̃stʀativmɑ̃] adv. D'une manière démonstrative, convaincante. – De *démonstratif.*

démontable [demɔ̃tabl] adj. Qui peut être démonté; qui est prévu pour être démonté. – De *démonter.*

démontage [demɔ̃taʒ] n. m. Action de démonter, de désassembler. – De *démonter.*

démonté, ée [demɔ̃te] adj. **1.** Dont on a mis les éléments en pièces détachées. **2.** *Mer démontée,* dont les lames sont très grosses et déferlent. – Pp. de *démonter.*

démonte-pneu [demɔ̃t(ə)pnø] n. m. Outil, levier qui sert à déjanter un pneu. *Des démonte-pneus.* – De *démonter,* et *pneu.*

démonter [demɔ̃te] v. tr. [1] **1.** Séparer, désassembler (des pièces assemblées). *Démonter un mécanisme. Démonter une roue.* ▷ (Faux pron.) *Se démonter la mâchoire.* **2.** Jeter (qqn) à bas de sa monture. *Cheval qui démonte son cavalier.* **3.** Fig. Causer du trouble à, déconcerter. *Cette objection le démonta.* ▷ v. pron. Perdre contenance. *Se démonter devant un contradicteur.*

démontrable [demɔ̃tʀabl] adj. Qui peut être démontré. – De *démontrer.*

démontrer [demɔ̃tʀe] v. tr. [1] **1.** Établir par un raisonnement rigoureux l'évidence, la vérité de. *Démontrer un théorème.* **2.** Témoigner par des signes extérieurs de. *Ces quelques incidents démontrent la difficulté de l'entreprise.* – Lat. *demonstrare,* «montrer, démontrer».

démoralisant, ante [demɔʀalizɑ̃, ɑ̃t] adj. **1.** Qui est propre à décourager, à abattre. *Votre ingratitude est démoralisante.* **2.** Vx, litt. Qui démoralise, qui fait perdre le sens moral. *Influences démoralisantes.* – Ppr. de *démoraliser.*

démoralisateur, trice [demɔʀalizatœʀ, tʀis] adj. et n. Qui démoralise (sens 1). *Tenir des propos démoralisateurs.* – De *démoraliser.*

démoralisation [demɔʀalizasjɔ̃] n. f. **1.** Action de décourager, de démoraliser. – État d'une personne, d'une collectivité démoralisée. **2.** Vx, litt. Action de faire perdre le sens moral; son résultat. – De *démoraliser.*

démoraliser [demɔʀalize] v. tr. [1] **1.** Donner un mauvais moral à, abattre, décourager. *Cet échec l'a démoralisé.* ▷ v. pron. Perdre courage. **2.** Vx, litt. Corrompre, faire perdre le sens moral à. *Le luxe démoralisa les Romains.* – De *dé-,* et *moral,* d'apr. *moraliser.*

démordre [demɔʀdʀ] v. tr. indir. [6] *Démordre de* (s'emploie surtout négativement) : se départir de, renoncer à. *Il s'entête dans son erreur, et il n'en démordra pas.* – De *dé-,* et *mordre.*

démotique [demɔtik] n. **1.** n. m. Ancienne écriture égyptienne à l'usage du peuple. ▷ adj. *L'écriture démotique est une simplification de l'écriture hiératique.* **2.** n. f. Grec moderne communément parlé. – Gr. *dêmotikos,* de *dêmos,* «peuple».

démotivant, ante [demɔtivɑ̃, ɑ̃t] adj. Qui démotive. – Ppr. de *démotiver.*

démotivation [demɔtivasjɔ̃] n. f. Action de démotiver; son résultat.

démotiver [demɔtive] v. tr. [1] Retirer toute motivation à (qqn). *L'inertie de son partenaire a fini par le démotiver.*

démoucheter [demuʃte] v. tr. [20] *Démoucheter un fleuret* : ôter le bouton (la *mouche*) qui est à la pointe. – Pp. adj. *Fleuret démoucheté.*

démoulage [demulaʒ] n. m. Action de démouler. – De *démouler.*

démouler [demule] v. tr. [1] Retirer du moule. *Démouler une pièce de fonderie, un gâteau.*

démoustiquer [demustike] v. tr. [1] Débarrasser (un lieu) des moustiques. – Pp. adj. *Une région démoustiquée.* – De *dé-,* et *moustique.*

démultiplexeur [demyltiplɛksœʀ] n. m. ELECTRON Système électronique intégré qui réalise l'opération inverse de celle effectuée par un multiplex. (Les entrées-informations sont restituées sous la forme d'une combinaison des entrées-adresses).

démultiplicateur, trice [demyltiplikatœʀ, tʀis] n. et adj. MECA Dispositif qui réduit la vitesse transmise par un moteur en même temps qu'il augmente le couple moteur. – adj. *Une roue démultiplicatrice.* – De *démultiplier.*

démultiplication [demyltiplikasjɔ̃] n. f. MECA Ensemble de systèmes démultiplicateurs ; effet de ces systèmes, rapport (inférieur à 1) entre la vitesse de l'arbre entraîné et celle de l'arbre moteur. – De *démultiplier.*

démultiplier [demyltiplije] v. tr. [2] Réduire par une démultiplication la vitesse de.

démunir [demyniʀ] v. tr. [3] Dépouiller (d'une chose nécessaire). *L'afflux de commandes nous a démunis de notre stock.* ▷ v. pron. Se dessaisir de ce qu'on aurait dû conserver par-devers soi, et *spécial.* (sans comp. indir.) de son argent. *Il ne veut pas se démunir avant d'avoir retrouvé du travail.*

démuseler [demyzle] v. tr. [17] **1.** Ôter sa muselière à (un animal). **2.** Fig. Rendre libre. *Démuseler la presse.*

démutiser [demytize] v. tr. [1] Apprendre à parler à (des sourds). – De *dé-*, et de *mutisme.*

démystification [demistifikasjɔ̃] n. f. Action de démystifier ; son résultat. – De *démystifier.*

démystifier [demistifje] v. tr. [2] **1.** Désabuser (qqn qui a été victime d'une mystification, d'une tromperie). **2.** Cour. Démythifier.

démythification [demitifikasjɔ̃] n. f. Action de démythifier ; son résultat. – De *démythifier.*

démythifier [demitifje] v. tr. [2] Ôter son caractère mythique à. *Démythifier la geste de Charlemagne.* – De *dé-*, et *mythe* ; d'apr. *démystifier.*

dénasalisation [denazalizasjɔ̃] n. f. PHON Perte par un phonème de son caractère nasal (ex. : *bon* [bɔ̃] , *un bon artiste* [œ̃bɔnaʀtist]). – De *dénasaliser.*

dénasaliser [denazalize] v. tr. [1] PHON Opérer la dénasalisation de (un phonème).

dénatalité [denatalite] n. f. Décroissance du nombre des naissances dans un pays.

dénationalisation [denasjɔnalizasjɔ̃] n. f. **1.** Action de dénationaliser une entreprise, une industrie ; son résultat. **2.** Vieilli Perte du caractère national. – De *dénationaliser.*

dénationaliser [denasjɔnalize] v. tr. [1] **1.** Rendre au secteur privé (une entreprise, une industrie nationalisée). **2.** Vieilli Faire perdre son caractère national à.

dénaturalisation [denatyʀalizasjɔ̃] n. f. Action de dénaturaliser ; son résultat. – De *dénaturaliser.*

dénaturaliser [denatyʀalize] v. tr. [1] Faire perdre les droits acquis par naturalisation à.

dénaturant, ante [denatyʀɑ̃, ɑ̃t] adj. et n. m. Qui dénature ; qui sert à la dénaturation. *Produit dénaturant.* ▷ n. m. *La naphtaline est utilisée comme dénaturant du sel marin.* – Ppr. de *dénaturer.*

dénaturation [denatyʀasjɔ̃] n. f. **1.** Action de dénaturer (une chose). – TECH Opération qui consiste à dénaturer une substance pour la rendre impropre à la consommation alimentaire et la réserver à l'usage industriel. ▷ BIOCHIM *Dénaturation d'une protéine,* altération de sa structure. **2.** Fig. Déformation, altération de la nature d'un fait, d'une idée. *Dénaturation d'une théorie scientifique dans un mauvais ouvrage de vulgarisation.* – De *dénaturer.*

dénaturé, ée [denatyʀe] adj. **1.** TECH Qui a subi une dénaturation. *Alcool dénaturé.* ▷ Fig. Faux, altéré. *Un texte dénaturé.* **2.** Qui va à l'encontre de ce qui est considéré comme naturel. *Mœurs dénaturées.* ▷ *Spécial.* Qui manque aux sentiments naturels d'affection ou d'humanité. *Père dénaturé.* – Pp. de *dénaturer.*

dénaturer [denatyʀe] v. tr. [1] **1.** Changer la nature, les caractères spécifiques de. *Engrais chimique qui dénature le goût des légumes.* ▷ TECH Opérer la dénaturation de. *Dénaturer de l'alcool.* **2.** Fig. Changer le caractère de, altérer, déformer. *Citation tronquée qui dénature la pensée de l'auteur.* – De *dé-*, et *nature.*

dénazification [denazifikasjɔ̃] n. f. Ensemble des mesures prises en Allemagne, après la victoire des Alliés en 1945, pour combattre et détruire l'influence du nazisme. – De *dénazifier.*

dénazifier [denazifje] v. tr. [2] Débarrasser des caractères du nazisme. – De *dé-*, et *nazi.*

dendr(o)-, -dendron. Éléments, du gr. *dendron,* « arbre ».

dendrite [dɑ̃dʀit] n. f. **1.** MINER Arborisation formée par de fins cristaux de sels métalliques ou de métaux à l'état natif à la surface de diverses roches. **2.** ANAT Prolongement arborescent du cytoplasme de la cellule nerveuse. – Du gr. *dendron,* « arbre », et *-ite* 3.

dendrochronologie [dɑ̃dʀokʀɔnɔlɔʒi] n. f. GEOL, PALEONT Méthode de datation par l'examen des couches concentriques annuelles des arbres, des arbres fossiles.

dendroclimatologie [dɑ̃dʀoklimatɔlɔʒi] n. f. PALEONT Méthode de détermination des paléoclimats par reconstitution des caractéristiques de la croissance des arbres aux époques considérées.

dendrologie [dɑ̃dʀɔlɔʒi] n. f. BOT Partie de la botanique qui étudie les arbres. – De *dendro-*, et *-logie.*

dendrologique [dɑ̃dʀɔlɔʒik] adj. Qui concerne la dendrologie. *La recherche dendrologique.* – De *dendrologie.*

-dendron. V. dendr(o)-.

dénébulateur [denebylatœʀ] n. m. TECH Appareil servant à dénébuler (brûleur à mazout, par ex.). – De *dénébuler.*

dénébulation [denebylasjɔ̃] n. f. TECH Action de dénébuler. – De *dénébuler.*

dénébuler [denebyle] ou **dénébuliser** [denebylize] v. tr. [1] TECH Dissiper artificiellement un brouillard (sur les pistes d'un aéroport, en partic.). – De *dé-*, et rad. de *nébuleux.*

dénégation [denegasjɔ̃] n. f. **1.** Action, fait de nier. *Opposer une dénégation formelle à des allégations mensongères.* **2.** DR *Dénégation d'écriture* : refus de reconnaître l'authenticité d'une pièce écrite produite en justice. **3.** PSYCHAN Mécanisme de défense d'un sujet qui, tout en formulant un désir, jusque-là refoulé, nie qu'il lui appartienne. – Lat. *denegatio.*

dénégatoire [denegatwaʀ] adj. DR Qui a le caractère d'une dénégation. – De *dénégation.*

déneigement [denɛʒmɑ̃] n. m. Opération qui consiste à déneiger. – De *déneiger.*

déneiger [deneʒe] v. tr. [13] Ôter la neige de. *Déneiger une route.* – De *dé-*, et *neige.*

dengue [dɛ̃g] n. f. MED Maladie virale aiguë caractérisée par une éruption, une fièvre, une conjonctivite, des douleurs musculaires et articulaires, transmise par les moustiques et qui sévit à l'état endémique dans les zones tropicales et subtropicales. – Mot esp., « minauderie » (à cause de la démarche raide que donnent ces douleurs).

déni [deni] n. m. **1.** DR Refus d'une chose due. ▷ *Déni (de justice)* : refus que fait un juge de statuer alors qu'il a été régulièrement saisi (délit pénal). – Cour. Refus d'accorder son droit à qqn. *Vous ne pouvez me refuser cela après me l'avoir promis, ce serait un déni odieux.* **2.** Vx ou litt. Action de dénier (un fait, une assertion). *Apporter un déni formel aux affirmations de la presse.* – Déverbal de *dénier*.

déniaiser [denjeze] v. tr. [1] **1.** Rendre moins niais. *La vie indépendante l'a un peu déniaisé.* **2.** Fam. Faire perdre sa virginité à (un garçon, une fille). – De *dé-*, et *niais*.

dénicher [deniʃe] v. [1] **I.** v. tr. **1.** Ôter du nid. *Dénicher des oiseaux.* **2.** Fig. Trouver, découvrir à force de recherches. *Dénicher un objet rare.* ▷ Faire sortir par force qqn du lieu qu'il occupe. *Dénicher les ennemis de leur position.* **II.** v. intr. Abandonner son nid. *Les fauvettes ont déniché.*

dénicheur, euse [deniʃœʀ, øz] n. **1.** Personne qui déniche les oiseaux. **2.** Fig. Personne qui sait découvrir (des objets rares). *C'est un incomparable dénicheur de pièces grecques.* – De *dénicher*.

dénicotiniser [denikɔtinize] v. tr. [1] Enlever la nicotine de. *Dénicotiniser le tabac.* – De *dé-*, et *nicotine*.

denier [dənje] n. m. **1.** ANTIQ Monnaie romaine qui valut dix, puis seize as. *Les trente deniers de Judas*, que Judas reçut pour avoir désigné le Christ. **2.** Anc. Monnaie française qui valait le douzième d'un sou. ▷ Mod. Plur. *Payer qqch de ses deniers*, de son propre argent. *En être de ses deniers*, de sa poche. **3.** RELIG CATHOL *Denier du culte* : somme recueillie auprès des fidèles pour subvenir aux frais du culte et à l'entretien du clergé. ▷ Fam. *Les deniers de l'État, les deniers publics* : les fonds publics. **4.** TECH Unité de mesure de la finesse d'un fil (de soie, et, par ext. de nylon, etc.) valant 0,05 g pour 450 m de ce fil. *Un fil de 3 deniers légaux est un fil dont 450 m pèsent 0,05 g × 3, soit 0,15 g.* – Lat. *denarius*.

dénier [denje] v. tr. [2] **1.** Ne pas reconnaître, ne pas accorder (un droit) à (qqn). *Je vous dénie formellement le droit de tenir de tels propos.* **2.** Vx Nier la réalité de (une chose, un fait). ▷ Mod. Refuser de prendre à son compte, de se voir imputer (qqch). *Je dénie toute responsabilité dans cette affaire.* – Lat. *denegare*, de *negare*, « nier ».

dénigrement [denigʀəmɑ̃] n. m. Action de dénigrer. – De *dénigrer*.

dénigrer [denigʀe] v. tr. [1] Chercher à diminuer le mérite, la valeur de (qqn, qqch). *Dénigrer un rival.* Syn. noircir, discréditer, décrier. Ant. vanter, louer. – Lat. *denigrare*, « noircir ».

dénigreur, euse [denigʀœʀ, øz] adj. et n. Rare Qui dénigre. *Des propos dénigreurs.* ▷ Subst. *Un dénigreur peu sympathique.* – De *dénigrer*.

denim [dənim] n. m. Tissu sergé, très solide, généralement à trame blanche ou grise et à fil de chaîne bleu indigo, initialement fabriqué à Nîmes. *Les blue-jeans sont faits en denim.* – Mot des États-Unis, du nom de la ville de *Nîmes*.

dénitrifiant, ante [denitʀifjɑ̃, ɑ̃t] adj. TECH Qui dénitrifie. ▷ MICROB *Bactéries dénitrifiantes*, qui transforment les nitrates du sol ou des eaux (aliment essentiel des plantes) en azote organique inutilisable par les végétaux. – De *dénitrifier*.

dénitrification [denitʀifikasjɔ̃] n. f. TECH Action de dénitrifier; élimination de l'azote d'un sol. – De *dénitrifier*.

dénitrifier [denitʀifje] v. tr. [2] TECH Enlever l'azote, ou l'un de ses composés, de (une substance, un sol).

dénivelée [denivle] n. f. ou **dénivelé** n. m. Différence d'altitude entre deux points (partic. entre les deux extrémités d'une remontée mécanique, entre une arme et son objectif). – Pp. fém. subst. de *déniveler*.

déniveler [denivle] v. tr. [19] **1.** Rendre accidenté (ce qui était nivelé). **2.** Donner une certaine inclinaison, une certaine pente à; changer le niveau de.

dénivellation [denivɛlasjɔ̃] n. f. ou **dénivellement** [denivɛlmɑ̃] n. m. **1.** Action de déniveler; son résultat. **2.** Différence de niveau; inégalité du terrain. – De *déniveler*.

dénombrable [denɔ̃bʀabl] adj. Qu'on peut compter, dénombrer; dont on peut dénombrer les éléments. ▷ MATH *Ensemble dénombrable*, en correspondance biunivoque avec une partie de l'ensemble des entiers positifs. *L'ensemble des nombres rationnels et celui des nombres algébriques sont dénombrables.* – De *dénombrer*.

dénombrement [denɔ̃bʀəmɑ̃] n. m. Action de dénombrer; son résultat. – De *dénombrer*.

dénombrer [denɔ̃bʀe] v. tr. [1] Faire le compte détaillé de, recenser. *Dénombrer des effectifs.* – Lat. *denumerare*, d'apr. *nombrer*.

dénominateur [denɔminatœʀ] n. m. ARITH Terme d'une fraction placé sous le numérateur et indiquant en combien de parties égales l'unité a été divisée. *Le dénominateur de $\frac{7}{3}$ est 3. Le plus petit dénominateur commun de $\frac{1}{6}$ et de $\frac{2}{15}$ est 30 ($\frac{1}{6} = \frac{5}{30}$ et $\frac{2}{15} = \frac{4}{30}$).* ▷ Fig. *Dénominateur commun* : caractère, particularité que des personnes ou des choses ont en commun.

dénominatif, ive [denɔminatif, iv] adj. et n. m. LING **1.** adj. Qui dénomme, désigne. **2.** n. m. Dérivé d'un nom. *« Rationner », qui vient de « ration », est un dénominatif.* – Bas lat. *denominativus*.

dénomination [denɔminasjɔ̃] n. f. Désignation d'une personne, d'une chose donnée par un nom. – Nom assigné à une chose. *Ce médicament est connu sous plusieurs dénominations.* – Bas lat. *denominatio*.

dénommé, ée [denɔme] n. ADMIN ou péjor. (Devant un nom propre.) Celui, celle qui a pour nom... *J'ai eu affaire au dénommé Untel.* – Pp. subst. de *dénommer*.

dénommer [denɔme] v. tr. [1] **1.** Cour. Assigner un nom à (une chose). *Il est souvent difficile de dénommer simplement une technique nouvelle.* **2.** Désigner par un nom, par son nom (un objet, une personne). *« Demoiselle » est un terme employé couramment pour dénommer diverses libellules.* – Lat. *denominare*.

dénoncer [denɔ̃se] v. tr. [12] **I. 1.** *Dénoncer (qqn)*, le signaler, l'indiquer comme coupable à la justice, à l'autorité. *Dénoncer un criminel.* ▷ v. pron. *« Promesses d'amnistie complète s'il (le délinquant inconnu) se dénonce » (M. Pagnol).* **2.** *Dénoncer (qqch)* : faire connaître publiquement en s'élevant contre (un acte répréhensible). *Dénoncer l'arbitraire d'une décision.* **3.** Indiquer, révéler (qqch). *Tout en lui dénonce la fausseté.* **II. 1.** DR Signifier par voie légale à un tiers qu'une action est engagée contre lui. **2.** Cour. Faire connaître la cessation, la rupture de (un engagement contractuel). *Dénoncer un contrat. Dénoncer un armistice.* – Lat. *denuntiare*, « faire savoir ».

dénonciateur, trice [denɔ̃sjatœʀ, tʀis] n. et adj. Celui, celle qui dénonce (qqn, qqch). ▷ adj. *Écrit dénonciateur.* – Bas lat. *denuntiator*.

dénonciation [denɔ̃sjasjɔ̃] n. f. **1.** Action de dénoncer (qqn). *Être arrêté sur dénonciation.* ▷ Action de dénoncer qqch. *Des dénonciations grandiloquentes.* **2.** DR Signification légale. *Dénonciation de saisie-arrêt.* **3.** Action de dénoncer (un engagement contractuel). *Dénonciation d'un traité.* – Lat. *denuntiatio*.

dénotatif, ive [denɔtatif, iv] adj. Relatif à la dénotation. – De *dénotation*.

dénotation [denɔtasjɔ̃] n. f. **1.** Fait de dénoter; chose dénotée. **2.** LING, LOG Désignation de tous les objets appartenant à la classe définie par un concept (par oppos. à *connotation*). V. compréhension, extension. – Lat. *denotatio*, « indication ».

dénoter [denɔte] v. tr. [1] **1.** Marquer, être le signe de. *Tout cela dénote de réelles qualités de cœur.* **2.** LING, LOG Désigner (un sujet) indépendamment de ses qualités (par oppos. à *connoter*). *« Tout nom dénote un ou des sujets et connote les qualités appartenant à ces sujets » (Goblot).* – Lat. *denotare*, « désigner, faire connaître ».

dénouement ou **dénoûment** [denumɑ̃] n. m. Fait de se dénouer; son résultat. *Le dénouement d'une crise.* ▷ Manière dont se termine un roman, une pièce de théâtre, etc. *Un dénouement inattendu.* – De *dénouer.*

dénouer [denwe] v. tr. [1] **1.** Défaire (un nœud); détacher (ce qui était noué). *Dénouer sa ceinture.* – v. pron. *Ses nattes se sont dénouées.* ▷ Fig., vieilli *Dénouer la langue à qqn*, la lui délier, le faire parler. **2.** Démêler, débrouiller, trouver la solution de, mettre fin à (une affaire embrouillée, compliquée). *Chercher le moyen de dénouer une crise.* ▷ v. pron. Fig. Se terminer. *L'intrigue de cette pièce se dénoue fort plaisamment.*

dénoyautage [denwajotaʒ] n. m. Action de dénoyauter. *Le dénoyautage mécanique des olives* (avec un *dénoyauteur*). – De *dénoyauter.*

dénoyauter [denwajote] v. tr. [1] Enlever le noyau de (un fruit). – De *dé-*, et *noyau.*

denrée [dɑ̃ʀe] n. f. Marchandise destinée à la nourriture de l'homme et des animaux. *Denrée périssable.* ▷ Fig. *La générosité est une denrée rare.* – De *denier*, « marchandise de la valeur d'un denier ».

dense [dɑ̃s] adj. **1.** Compact, épais. *Une forêt dense.* – *Une population dense*, nombreuse relativement à la surface qu'elle occupe. **2.** Fig. *Un style dense*, riche et concis. – *Une vie dense*, riche d'événements. **3.** PHYS Dont la densité est élevée. *Élément plus dense qu'un autre.* **4.** MATH *Ensemble dense dans un autre ensemble*, tel qu'il existe au moins un élément α de ce dernier qui réponde à l'inéquation $a < \alpha < b$, a et b étant deux éléments quelconques du premier ensemble. – Lat. *densus*, « épais ».

densément [dɑ̃semɑ̃] adv. De manière dense. – De *dense.*

densification [dɑ̃sifikasjɔ̃] n. f. Augmentation de la densité. ▷ URBAN *Densification de l'habitat* : augmentation du nombre de logements construits sur une surface donnée. – De *densi(té)*, et *-fication*, du lat. *facere*, « faire ».

densifier [dɑ̃sifje] v. tr. [1] **1.** TECH Augmenter par pression de la densité de (un bois). – *Par ext.* Rendre plus dense (un matériau). ▷ v. pron. *L'os s'est densifié depuis la dernière radio.* **2.** Augmenter en nombre (un ensemble, une population). *Densifier un réseau ferroviaire.* – Pp. adj. *Une zone urbaine très densifiée.* ▷ v. pron. *La population de la région s'est densifiée depuis le recensement.* – De *dense.*

densimètre [dɑ̃simɛtʀ] n. m. PHYS Appareil servant à mesurer la densité des liquides. ▷ PHYS NUCL Appareil comportant une source de rayonnement ionisant pour déterminer la densité d'un milieu par la mesure de l'absorption ou de la diffusion du rayonnement. – De *densi(té)*, et *-mètre.*

densimétrie [dɑ̃simetʀi] n. f. PHYS Mesure des densités. – De *densimètre.*

densité [dɑ̃site] n. f. **1.** Qualité de ce qui est dense. ▷ GEOGR *Densité de la population* : nombre d'habitants (d'une région, d'un pays) au kilomètre carré. ▷ Fig. *La densité d'un style*, sa richesse et sa concision. **2.** PHYS *Densité d'un liquide ou d'un solide*, rapport entre la masse d'un volume de ce liquide ou de ce solide et la masse du même volume d'eau à 4 °C. *La densité du mercure est 13,55.* ▷ *Densité d'un gaz*, rapport entre la masse d'un volume donné de ce gaz et la masse du même volume d'air, dans les mêmes conditions de température et de pression. *La densité du butane est 2.* ▷ ELECTR *Densité de courant* : rapport entre l'intensité qui traverse un conducteur et la section droite de ce conducteur. ▷ *Densité optique* : logarithme décimal du rapport du flux incident au flux transmis. – Lat. *densitas.*

densitomètre [dɑ̃sitɔmɛtʀ] n. m. PHYS Photomètre servant à mesurer la densité optique. – De *densi(té)*, et *-mètre.*

dent [dɑ̃] n. f. **I. 1.** Chez l'homme, organe de consistance très dure, de coloration blanche, implanté sur le bord alvéolaire des maxillaires et servant à la mastication. *Dents de lait, de sagesse. Dent cariée.* **2.** ZOOL Formation osseuse du squelette des vertébrés, qui sert à la mastication, parfois à la défense. *Les dents d'un éléphant, d'un sanglier*, ses défenses. **3.** Loc. fam. *N'avoir rien à se mettre sous la dent* : n'avoir rien à manger. – Fam. *Avoir la dent, avoir la dent creuse* : avoir faim. – *Mordre à belles dents*, de toutes ses dents, avec avidité. *Manger du bout des dents*, sans appétit. ▷ *Parler entre ses dents*, de manière indistincte. *Ne pas desserrer les dents* : garder un silence obstiné. ▷ Loc. fig. *Avoir les dents longues* : être très ambitieux. *Un jeune loup aux dents longues.* – *Avoir la dent dure* : ne pas ménager celui dont on parle. – *Avoir une dent contre qqn* : avoir une rancune, une animosité particulière contre qqn. – *Se faire les dents* : s'aguerrir. ▷ *Grincer des dents* : montrer de l'agacement, de la colère. *Il va y avoir des pleurs et des grincements de dents.* ▷ *Être sur les dents* : être débordé de travail; être accablé, surmené. ▷ *Être armé jusqu'aux dents*, très bien armé. ▷ *Prendre le mors* aux dents.* ▷ *Œil pour œil, dent pour dent* : formule de la loi du talion*. **II.** *Par anal.* **1.** Pointe ou saillie que présentent certains objets. *Les dents d'un râteau, d'un peigne, d'un pignon, d'un timbre-poste. Les dents d'une scie.* ▷ Loc. *En dents de scie* : présentant une suite d'arêtes, de montées et de descentes. *Graphique en dents de scie.* – Fig. *Un marché qui progresse en dents de scie*, irrégulièrement. **2.** BOT *Les dents d'une feuille, d'un calice*, etc., les échancrures de leurs bords. **3.** GEOGR Pic montagneux. *La dent Blanche.* – Lat. *dens, dentis.*

ENCYCL **Anat.** – Chaque dent se compose de trois parties : la racine, incluse dans l'alvéole; la couronne, qui fait saillie hors du bord alvéolaire; le collet, par lequel la racine s'unit à la couronne. La dent est creusée d'une cavité centrale, la cavité pulpaire, qui contient les rameaux vasculo-nerveux correspondants. Elle est faite de dentine, ou ivoire, recouverte d'émail sur la couronne et de cément sur la racine. Les dents, implantées sur les maxillaires, dessinent deux courbes paraboliques : les arcades dentaires.

dentaire [dɑ̃tɛʀ] adj. Qui appartient, qui a rapport aux dents, à leur traitement. *Arcade dentaire. École dentaire.* – *Formule dentaire*, qui indique le nombre et la répartition des dents d'un individu, d'une espèce (homme et animal). – Lat. *dentarius.*

dental, ale, aux [dɑ̃tal, o] adj. et n. f. Vx Relatif aux dents. *Un nerf dental.* ▷ PHON *Consonnes dentales*, qui se prononcent en appliquant la langue contre les dents. – n. f. *D* [d] *et t* [t] *sont des dentales.* – De *dent.*

dentale [dɑ̃tal] n. m. Mollusque marin (genre *Dentalium*) dont la coquille tronconique arquée est ouverte aux deux extrémités. – Lat. scientif. *dentalium*, du lat. *dens, dentis*, « dent », en raison de la forme pointue de ce mollusque.

dent-de-lion [dɑ̃dəljɔ̃] n. f. Autre nom du pissenlit, en raison de la découpure de ses feuilles. *Des dents-de-lion.* – Lat. médiév. *dens leonis.*

denté, ée [dɑ̃te] adj. **1.** TECH Garni de dents. *Roue dentée.* **2.** BOT Dont les bords présentent des dents. *Feuille dentée.* – De *dent.*

dentée [dɑ̃te] n. f. VEN Coup de dent du chien au gibier. ▷ Coup du sanglier, donné avec ses défenses. – De *dent.*

dentelé, ée [dɑ̃t(ə)le] adj. et n. m. **1.** adj. Qui est coupé ou découpé en forme de dents. *Les bords dentelés d'un timbre-poste.* – *Par ext.* Découpé. *Un rivage dentelé.* **2.** ANAT *Muscles dentelés :* muscles du tronc présentant des structures en forme de doigts qui s'insèrent sur les côtes. ▷ n. m. *Le grand, le petit dentelé.* – Pp. de *denteler.*

denteler [dɑ̃t(ə)le] v. tr. [**19**] Découper (qqch) en forme de dents. *Denteler le bord d'un tissu pour éviter qu'il ne s'effiloche.* – De *dent.*

dentelle [dɑ̃tɛl] n. f. **1.** Tissu à jours et à mailles très fines fait avec du fil de lin, de soie, de laine, d'or, etc., et dont le bord est généralement dentelé. *La dentelle se fait à l'aide d'aiguilles, de fuseaux, de crochets, de navettes ou de métiers.* – *Robe de dentelle.* – *Porter des dentelles,* des parures en dentelle. **2.** Ce qui évoque la dentelle par son aspect. *Dentelle de pierre des clochers gothiques.* – (En appos.) *Crêpes dentelle,* très fines. – De *dent.*

dentellerie [dɑ̃tɛlʀi] n. f. Fabrication, commerce de la dentelle. – De *dentelle.*

dentellier, ère [dɑ̃təlje, ɛʀ] adj. et n. f. **1.** adj. Qui concerne la dentelle. *Industrie dentellière.* **2.** n. f. Ouvrière qui fait de la dentelle. *La Dentellière, tableau de Vermeer (Louvre).* ▷ TECH Machine à fabriquer la dentelle. – De *dentelle.*

dentelure [dɑ̃tlyʀ] n. f. **1.** Découpure en forme de dents. – Par ext. BOT *Les dentelures d'une feuille.* **2.** ARCHI Ornement de sculpture dentelé. – De *denteler.*

denticule [dɑ̃tikyl] n. m. ARCHI Ornement de section carrée, rappelant une dent, caractéristique des corniches ionique et corinthienne. – Lat. *denticulus,* «petite dent, dentelure de frise».

denticulé, ée [dɑ̃tikyle] adj. ARCHI Garni de denticules. *Colonne denticulée.* – De *denticule.*

dentier [dɑ̃tje] n. m. Prothèse dentaire amovible constituée de plusieurs dents artificielles montées sur une même pièce rigide. – De *dent.*

dentifrice [dɑ̃tifʀis] n. m. Préparation servant au nettoyage et à l'entretien des dents, des gencives, et à l'antisepsie de la bouche. *Tube de dentifrice.* – adj. *Pâte, eau, poudre dentifrice.* – Lat. *dentifricium,* de *dens, dentis,* «dent», et *fricare,* «frotter».

dentine [dɑ̃tin] n. f. BIOCHIM Élément constitutif de la dent, d'une consistance proche de celle de l'os. Syn. ivoire. – De *dent,* et *-ine.*

dentiste [dɑ̃tist] n. Praticien diplômé spécialiste des soins dentaires. *Aller chez le dentiste. Chirurgien-dentiste.* – De *dent.*

dentisterie [dɑ̃tist(ə)ʀi] n. f. Pratique des soins dentaires. – De *dentiste.*

dentistique [dɑ̃tistik] n. f. TECH Fabrication de prothèses dentaires grâce à la conception et à la fabrication assistées par ordinateur. – De *dentiste,* et *-ique,* d'apr. *informatique.*

dentition [dɑ̃tisjɔ̃] n. f. **1.** Ensemble des phénomènes anatomiques et physiologiques conduisant à la mise en place de la denture. **2.** Cour., *abusiv.* Denture. – Lat. *dentitio, dentitionis.*

denture [dɑ̃tyʀ] n. f. **1.** Ensemble des dents. *La denture complète de l'homme adulte comprend 32 dents.* **2.** TECH Ensemble des dents d'un outil, d'un pignon. – De *dent.*

dénucléarisation [denykleaʀizasjɔ̃] n. f. MILIT Action, fait de dénucléariser; résultat de cette action. – De *dénucléariser.*

dénucléariser [denykleaʀize] v. tr. [**1**] MILIT Prohiber ou réduire en quantité l'armement nucléaire de (un pays, un groupe de pays). – Pp. adj. *Zone dénucléarisée,* où ne se trouve plus aucune arme nucléaire. – De *dé-* et *nucléaire.*

dénudation [denydasjɔ̃] n. f. Action de dénuder; état de ce qui est dénudé. *La dénudation d'une veine. La dénudation d'une roche.* – De *dénuder.*

dénudé, ée [denyde] adj. Mis à nu; dépouillé de son enveloppe. *Des épaules dénudées.* – *Arbre dénudé,* sans feuilles. *Paysage dénudé,* sans végétation. – Pp. de *dénuder.*

dénuder [denyde] v. tr. [**1**] Mettre à nu, dépouiller de ce qui recouvre, garnit. *Dénuder une partie du corps. Dénuder un tronc d'arbre de son écorce, un fil électrique de sa gaine.* ▷ v. pron. *En automne, les arbres se dénudent.* – Lat. *denudare.*

dénué, ée [denɥe] adj. Dépourvu, privé (de). *Un livre dénué d'intérêt.* – Pp. de *dénuer.*

dénuement [denymɑ̃] n. m. Manque du nécessaire. *Vivre dans un profond dénuement.* ▷ *Par métaph.* État de ce qui est dépouillé d'un bien moral. *Le dénuement de l'âme, du cœur.* – De *dénuer.*

dénuer (se) [denɥe] v. pron. [**1**] Litt. Se priver (de). – Autre forme de *dénuder.*

dénutri, ie [denytʀi] adj. MED Qui souffre de dénutrition. *Un enfant gravement dénutri.* – De *dénutrition.*

dénutrition [denytʀisjɔ̃] n. f. MED Déficience nutritionnelle consécutive à une carence d'apports (vitamines, protéines) ou à des troubles dus à un déséquilibre entre l'assimilation et la désassimilation.

déodorant [deɔdɔʀɑ̃] n. m. et adj. (Anglicisme) Désodorisant corporel. ▷ adj. *Un savon déodorant.* – Angl. *deodorant.*

déontologie [deɔ̃tɔlɔʒi] n. f. **1.** Théorie des devoirs moraux. **2.** Morale professionnelle, théorie des devoirs et des droits dans l'exercice d'une profession (en partic. la profession médicale). – Gr. *deon, deontos,* «devoir», et *-logie.*

déontologique [deɔ̃tɔlɔʒik] adj. Relatif à la déontologie. – De *déontologie.*

dépaillage [depɑjaʒ] n. m. Action de dépailler; son résultat. – De *dépailler.*

dépailler [depɑje] v. tr. [**1**] Dégarnir de sa paille. *Dépailler une chaise.*

dépalisser [depalise] v. tr. [**1**] Détacher les branches d'un arbre palissé (mis en espalier).

dépannage [depanaʒ] n. m. Action de dépanner. *Entreprise de dépannage.* – De *dépanner.*

dépanner [depane] v. tr. [**1**] **1.** Remettre en état de fonctionnement, réparer (une machine, un appareil en panne). **2.** Fig., fam. Tirer d'embarras. *Vous m'avez rendu un service qui m'a bien dépanné. Peux-tu me dépanner de cent francs ?* – De *dé-,* et *panne.*

dépanneur, euse [depanœʀ, øz] n. et adj. **1.** n. Ouvrier, ouvrière (mécanicien, électricien, etc.) qui se charge des dépannages. **2.** adj. Qui dépanne. – De *dépanner.*

dépanneuse [depanøz] n. f. Voiture équipée pour remorquer les véhicules en panne. – De *dépanner.*

dépaquetage [depaktaʒ] n. m. Action de dépaqueter. – De *dépaqueter.*

dépaqueter [depakte] v. tr. [**20**] Défaire (un paquet); sortir d'un paquet. *Dépaqueter des marchandises.* – De *dé-,* et *paquet.*

dépareillé, ée [depaʀeje] adj. **1.** Qui a été séparé d'un ou de plusieurs objets avec lesquels il formait un ensemble. *Des chaussettes dépareillées.* **2.** Qui forme un ensemble incomplet. *Jeu de cartes dépareillé.* – De *dépareiller.*

dépareiller [depaʀeje] v. tr. [1] Altérer l'ordonnance régulière d'une paire ou d'un ensemble d'objets assortis. – De *dé-*, et *pareil.*

déparer [depaʀe] v. tr. [1] Nuire à la beauté, au bon effet de (un ensemble). *Ce fauteuil moderne dépare le reste du mobilier.* – (S. compl.) *Ce meuble ne dépare pas.*

déparier [depaʀje] v. tr. [2] **1.** Ôter l'une des deux choses qui forment une paire. *Déparier des gants.* **2.** Séparer le mâle et la femelle de certains animaux. *Déparier des pigeons.* Syn désapparier. – De *dé-*, et l'anc. v. *parier*, «accoupler, apparier».

1. départ [depaʀ] n. m. Litt. Séparation, distinction (entre deux choses). – Loc. *Faire le départ entre* (deux choses abstraites). – Déverbal de *départir.*

2. départ [depaʀ] n. m. **1.** Action de partir. *Les départs en vacances. Donner le signal du départ.* ▷ SPORT *Faux départ* : départ non valable (certains concurrents étant partis avant le signal). **2.** Action de quitter une fonction, un emploi, une situation. *Refuser le départ du ministre.* **3.** Lieu d'où l'on part. *Rassembler des coureurs au départ.* **4.** Commencement d'une action, d'un mouvement. *Il a pris un mauvais départ. Reprenons l'affaire à son point de départ.* ▷ *Au départ* : d'abord, au début. *Au départ, nous ne voulions pas acheter une si grande maison.* – *De départ* : initial. *Le projet de départ.* – Déverbal de *départir.*

départager [depaʀtaʒe] v. tr. [13] **1.** DR Faire cesser un partage en parts égales (de voix, de suffrages). *Organiser un second tour de scrutin pour départager les voix.* **2.** *Par ext.* Choisir entre (deux opinions, deux personnes, deux partis). *Comme il ne pouvait y avoir deux gagnants on s'en remit au sort pour les départager.*

département [depaʀtəmɑ̃] n. m. **1.** Chaque partie de l'administration des affaires publiques attribuée à un ministre ou constituant un ensemble spécialisé et autonome. *Le département de la marine.* **2.** Division des services de certaines administrations. *Le département des manuscrits d'une bibliothèque.* **3.** Chacune des principales divisions administratives de la France et de quelques autres pays. *Le département du Lot. Chef-lieu de département.* – De *départir.*

départemental, ale, aux [depaʀtəmɑ̃tal, o] adj. Qui appartient au département (sens 3). *Fonds départementaux. Route départementale.* – De *département.*

départementalisation [depaʀtəmɑ̃talizasjɔ̃] n. f. Action de départementaliser; son résultat. – De *départementaliser.*

départementaliser [depaʀtəmɑ̃talize] v. tr. [1] **1.** Conférer le statut de département à (un territoire). **2.** Faire relever de la compétence du département (ce qui relevait de celle de l'État ou d'une collectivité publique). – De *département*, d'après *nationaliser.*

départir [depaʀtiʀ] v. [30] **I.** v. tr. Distribuer, attribuer comme part. *Départir des faveurs, des tâches.* **II.** v. pron. *Se départir de.* **1.** Rare Se désister de, renoncer à. *Il s'est départi de sa demande.* **2.** Abandonner (un comportement). *Il ne s'est pas départi de son calme.* Ant. conserver, garder. – De *partir* 1.

dépassant [depɑsɑ̃] n. m. COUT Garniture qui dépasse à dessein une partie d'un vêtement. – Ppr. subst. de *dépasser.*

dépassement [depɑsmɑ̃] n. m. **1.** Action de dépasser. *Dépassement sans visibilité.* ▷ Fait de se dépasser. *Le sublime, c'est le dépassement de soi-même.* **2.** Fait d'excéder, de dépasser. *Dépassement de crédit.* – De *dépasser.*

dépasser [depɑse] v. tr. [1] **1.** Aller plus loin que, au-delà de (qqch). *Dépasser une limite, un but.* – Fig. *Le succès a dépassé mes espérances.* – Fam. *Dépasser les bornes* : exagérer. **2.** Devancer, laisser derrière soi en allant plus vite. *Il a essayé de dépasser le camion dans la ligne droite.* Syn. doubler. – Fig. *Il a rattrapé son aîné dans ses études et il est sur le point de le dépasser.* Syn. distancer. ▷ Fig., fam. *Être dépassé par les événements* : ne pas être en mesure de contrôler la situation. – *Cela me dépasse*, me déconcerte. – *C'est dépassé*, démodé. **3.** Être plus grand, plus important que. *Cet immeuble dépasse les autres. Cette dépense dépasse mes prévisions.* ▷ Absol. *Sa chemise dépasse.* ▷ v. pron. Accomplir une chose hors du commun, exceptionnelle; se transcender. *Aimer à se dépasser.*

dépassionner [depasjɔne] v. tr. [1] Rendre moins passionné, plus objectif. *Dépassionner un débat.*

dépatouiller (se) [depatuje] v. pron. [1] Fam. Se sortir d'une situation difficile, embarrassante. *Il est assez grand pour se dépatouiller tout seul.* Syn. se dépêtrer. – De *patouiller*, dér. de *patte.*

dépavage [depavaʒ] n. m. Action de dépaver. – De *dépaver.*

dépaver [depave] v. tr. [1] Arracher, ôter les pavés de. *Dépaver une rue.*

dépaysant, ante [depeizɑ̃, ɑ̃t] adj. Qui dépayse. – Ppr. de *dépayser.*

dépaysement [depeizmɑ̃] n. m. **1.** Action de dépayser; état d'une personne dépaysée. *Il supportera mal le dépaysement.* **2.** Changement d'habitudes, généralement agréable, bénéfique. *Aimer le dépaysement.* – De *dépayser.*

dépayser [depeize] v. tr. [1] **1.** Vx Faire changer de pays, de lieu. *Dépayser des animaux.* **2.** Fig. Dérouter, désorienter en tirant de son milieu, de ses habitudes. *Le climat, le rythme de vie, les gens, tout cela l'a beaucoup dépaysé.* – De *dé-*, et *pays.*

dépeçage [depəsaʒ] ou **dépècement** [depɛsmɑ̃] n. m. Action de dépecer. *Le dépeçage d'une bête après l'abattage.* – De *dépecer.*

dépecer [depəse] v. tr. [16] Mettre en pièces, en morceaux (surtout un animal). *Dépecer un bœuf.* ▷ *Par ext.* Analyser en détail, disséquer. *Ses détracteurs ont dépecé son livre.* – De *dé-*, et a. fr. *pèce*, «pièce».

dépeceur, euse [depəsœʀ, øz] n. Personne qui dépèce. – De *dépecer.*

dépêche [depɛʃ] n. f. **1.** Correspondance officielle concernant les affaires publiques. *Une dépêche diplomatique, ministérielle.* **2.** Vieilli Communication, officielle ou privée, transmise par voie rapide. Syn. télégramme. *Envoyer, recevoir une dépêche.* **3.** (Dans le titre de certains journaux.) *La Dépêche du Midi.* – Déverbal de *dépêcher.*

dépêcher [depe(ɛ)ʃe] **1.** v. tr. [1] Envoyer (qqn) en hâte. *Le gouvernement a dépêché un chargé de mission.* ▷ Loc. fig. fam. *Dépêcher qqn dans l'autre monde*, le tuer. ▷ Litt. Faire promptement qqch. *Dépêcher un discours.* **2.** v. pron. Se hâter. *Dépêchez-vous, ou vous serez en retard.* – De *dé-*, et rad. d'*empêcher.*

dépeigner [depeɲe] v. tr. [1] Déranger, défaire la coiffure de (qqn). Syn. décoiffer.

dépeindre [depɛ̃dʀ] v. tr. [55] Décrire, représenter par le discours. *Dépeindre une situation, un caractère.* ▷ v. pron. (passif) *Cette scène horrible ne peut se dépeindre.* Syn. raconter. – Du lat. *depingere*, d'apr. *peindre.*

dépenaillé, ée [dep(ə)naje] adj. **1.** Vêtu de haillons; mal habillé. Syn. déguenillé. **2.** En lambeaux, très endommagé. *Un vieux livre dépenaillé.* – De *dé-*, et *penaille* (vx), «tas de loques», dér. anc. de *pan.*

dépendance [depɑ̃dɑ̃s] n. f. **1.** État d'une personne, d'une chose, qui dépend d'une autre. *Être sous la dépen-*

dance de qqn. **2.** Rapport qui fait dépendre une chose d'une autre. *Ces phénomènes sont dans une dépendance mutuelle.* **3.** Par méton. (Souvent au plur.) Ce qui dépend de qqch. *Le château et ses dépendances. Cette île fut longtemps une dépendance de la France.* – De *dépendre* 1.

dépendant, ante [depɑ̃dɑ̃, ɑ̃t] adj. Qui dépend de. *Il est financièrement dépendant de ses parents.* Ant. indépendant, autonome. ▷ GRAM *Une proposition subordonnée est dépendante de la principale.* – Ppr. de *dépendre* 1.

dépendeur [depɑ̃dœʀ] n. m. Fam. *Un grand dépendeur d'andouilles* : un individu de grande taille, benêt et maladroit. – De *dépendre* 2.

1. dépendre [depɑ̃dʀ] v. tr. indir. [5] **1.** *Dépendre de* : être assujetti à, sous la domination de. *Les enfants dépendent de leurs parents. Je ne dépends que de moi-même.* ▷ Relever de l'autorité de. *Sa nomination dépend du ministre.* **2.** Appartenir, être rattaché à. *Ce prieuré dépend de telle abbaye.* **3.** Être fonction de. *Son succès dépendra de son travail.* ▷ v. impers. *Il ne dépend que de vous que vous réussissiez.* ▷ Fam. *Ça dépend* : c'est variable, c'est selon les circonstances. *Irez-vous vous promener? – Ça dépend!* – Lat. *dependere*,« pendre de », d'où « se rattacher à ».

2. dépendre [depɑ̃dʀ] v. tr. [5] Détacher (ce qui était pendu). *Dépendre un tableau.*

dépens [depɑ̃] n. m. pl. **I.** DR Frais de justice. *Etre condamné aux dépens.* **II.** Loc. prép. *Aux dépens de.* **1.** En occasionnant des frais à. *Il vit à mes dépens.* **2.** Fig. En causant du tort, du dommage à. *Réussir aux dépens d'autrui.* ▷ *Rire aux dépens de qqn,* se moquer de lui. – Lat. *dispensum,* de *dispendere,* « distribuer ».

dépense [depɑ̃s] n. f. **I.** Action de dépenser. **1.** Emploi d'argent. *Faire de grandes dépenses.* **2.** Argent déboursé. *Participer aux dépenses.* – Loc. fam. *Regarder à la dépense* : être économe, près de ses sous. – COMPTA Compte détaillé de l'argent dépensé. *La dépense excède la recette.* ▷ FIN *Dépenses publiques* : dépenses incombant à l'État, et couvrant le fonctionnement des services publics. ▷ FISC *Dépenses fiscales* : coût, en termes de manque à gagner, des allégements fiscaux. **3.** Emploi d'une chose. *Dépense de temps, d'énergie.* **II.** Vx Lieu où l'on garde des provisions (dans une maison, une communauté, etc.). *La dépense d'un lycée.* – Lat. *dispensa,* pp. fém. subst. de *dispendere,* « distribuer ».

dépenser [depɑ̃se] v. [1] **I.** v. tr. **1.** Employer (de l'argent). *Dépenser une fortune, un héritage.* – Absol. *Dépenser beaucoup, sans compter.* **2.** Fig. Employer, puiser dans (des ressources). *Dépenser son temps, ses forces, son énergie, sa salive.* **3.** Consommer. *Ces machines dépensent beaucoup d'électricité.* **II.** v. pron. **1.** (Passif) Être dépensé. *Il se dépense des sommes énormes dans les casinos.* **2.** Déployer une grande activité. *Elle se dépense sans compter pour les siens.* – De *dépense.*

dépensier, ère [depɑ̃sje, ɛʀ] adj. (et n.) Qui aime la dépense, qui dépense excessivement. *Une femme dépensière.* Ant. économe. – De *dépenser.*

déperdition [depɛʀdisjɔ̃] n. f. PHYS Perte (d'énergie). *Déperdition de chaleur.* ▷ Fig. Diminution, perte. *La vieillesse entraîne une déperdition des forces.* – Lat. *deperdere,* d'apr. *perdition.*

dépérir [depeʀiʀ] v. intr. [3] **1.** S'affaiblir progressivement, décliner. *Cet arbre dépérit à cause de la sécheresse. Cet homme dépérit à vue d'œil.* **2.** Fig. Se détériorer, être en voie de destruction; péricliter. *Les affaires dépérissent.* – Lat. *deperire.*

dépérissement [depeʀismɑ̃] n. m. État de ce qui dépérit. *Le dépérissement de la végétation.* ▷ Fig. *Le dépérissement d'une industrie,* son déclin. – De *dépérir.*

dépersonnalisation [depɛʀsɔnalizasjɔ̃] n. f. PSYCHIAT Trouble mental caractérisé par la sensation d'être étranger à soi-même. – De *dépersonnaliser.*

dépersonnaliser [depɛʀsɔnalize] v. tr. [1] **1.** Faire perdre sa personnalité à. **2.** Ôter le caractère personnel, individuel à. – De *dé-,* et *personnel.*

dépêtrer [depetʀe] v. tr. [1] **1.** Débarrasser d'une entrave les pieds de. **2.** Dégager, délivrer. *C'est lui qui m'a dépêtré de ce bourbier.* ▷ v. pron. *Je ne peux me dépêtrer de cette glu.* – Fig., fam. *Ne pas pouvoir se dépêtrer de qqn,* ne pas pouvoir s'en débarrasser. – De *dé-,* et *(em)-pêtrer.*

dépeuplement [depœpləmɑ̃] n. m. Action de dépeupler, fait de se dépeupler; état de ce qui est dépeuplé. *Le dépeuplement des campagnes.* Syn. dépopulation. – De *dépeupler.*

dépeupler [depœple] **1.** v. tr. [1] Dégarnir, vider de ses habitants. *Les vacances ont dépeuplé la capitale.* – Par ext. *Dépeupler une forêt* (de ses animaux, de ses arbres). **2.** v. pron. Perdre son peuplement. *Régions qui se dépeuplent.*

déphasage [defɑzaʒ] n. m. **1.** PHYS Différence de phase entre deux phénomènes alternatifs de même fréquence. **2.** Fig., fam. Fait d'être déphasé. – De *dé-,* et *phase.*

déphasé, ée [defɑze] adj. **1.** PHYS Qui présente un déphasage. **2.** Fig., fam. Perturbé dans son rythme de vie; troublé dans ses pensées. *Il travaille la nuit et il dort le jour, il est complètement déphasé.* – De *dé-,* et *phase.*

déphosphoration [defɔsfɔʀasjɔ̃] n. f. METALL Opération consistant à éliminer le phosphore de la fonte ou de l'acier. – De *dé-,* et *phosphore.*

déphosphorer [defɔsfɔʀe] v. tr. [1] METALL Procéder à la déphosphoration de. – De *déphosphoration.*

dépiauter [depjote] v. tr. [1] **1.** Fam. Enlever la peau de (un animal). *Dépiauter un lapin.* Syn. écorcher. – Par ext. *Dépiauter une orange.* ▷ Fig. *Dépiauter un texte,* l'analyser minutieusement. **2.** v. pron. Pouvoir être dépiauté. *Cet animal se dépiaute facilement.* – De *dé-,* et *piau,* forme dial. de *peau.*

dépierrer [depjɛ(e)ʀe] v. tr. [1] Enlever les pierres de. *Dépierrer un chemin.* – De *dé-,* et *pierre.*

dépigmentation [depigmɑ̃tasjɔ̃] n. f. BIOL, MED Disparition du pigment (d'un tissu, partic. de la peau).

1. dépilage [depilaʒ] n. m. TECH Action de dépiler les peaux pour le tannage. – De *dépiler* 1.

2. dépilage [depilaʒ] n. m. TECH Action d'enlever, dans une mine, les piliers d'une couche exploitée. – De *dépiler* 2.

dépilation [depilasjɔ̃] n. f. **1.** MED Action de dépiler; son résultat. ▷ Chute de poils. **2.** Cour. Action d'éliminer les poils superflus. – De *dépiler* 1.

dépilatoire [depilatwaʀ] adj. et n. m. Qui sert à faire tomber les poils. *Crème, lotion dépilatoire.* ▷ n. m. *Un dépilatoire.* – De *dépilation.*

1. dépiler [depile] v. tr. [1] **1.** Faire tomber les poils, les cheveux de. **2.** TECH Ôter en les raclant les poils de (une peau avant de la tanner). – Lat. *depilare,* de *pilus,* « poil ».

2. dépiler [depile] v. tr. [1] TECH Abattre les piliers d'une mine. – De *dé-,* et *pile* 1.

1. dépiquage [depikaʒ] n. m. AGRIC Action de dépiquer (1, sens 2) pour repiquer. – De *dépiquer* 1.

2. dépiquage [depikaʒ] n. m. AGRIC Action de dépiquer (2). – De *dépiquer* 2.

1. dépiquer [depike] v. tr. [1] **1.** COUT Défaire les piqûres de. *Dépiquer un col.* **2.** AGRIC Déplanter des semis pour les repiquer en pleine terre. *Dépiquer des salades.*

2. dépiquer [depike] v. tr. [1] AGRIC Faire sortir le grain des épis par battage, foulage et roulage. – Du provenç. mod. *depica*, de l'esp. *espigo*, « épi ».

dépistage [depistaʒ] n. m. Action de dépister. *Dépistage de la tuberculose par des examens systématiques.* – De *dépister*.

dépister [depiste] v. tr. [1] **I. 1.** CHASSE Découvrir (le gibier) à la piste. – *Par ext.* Découvrir, retrouver (qqn) en suivant une trace. *La police a rapidement dépisté les coupables.* **2.** Découvrir (ce qui était dissimulé). *Dépister une fraude.* – *Dépister une maladie.* **II.** Faire perdre la piste, la trace à. *Dépister des créanciers.* – De *dé-*, et *pister*.

dépit [depi] n. m. **1.** Vive contrariété mêlée de colère, causée par une déception, une blessure d'amour-propre. *Manifester son dépit. Agir par dépit.* **2.** Loc. prép. *En dépit de* : malgré, sans tenir compte de. *Réussir en dépit des obstacles.* – Du lat. *despectus*, « mépris ».

dépité, ée [depite] adj. Qui conçoit, montre du dépit. *Un amant dépité. Une mine dépitée.* – Pp. adj. de *dépiter*.

dépiter [depite] v. tr. [1] Litt. Causer du dépit à. *Votre refus l'a dépité.* – De *dépit*.

déplacé, ée [deplase] adj. **1.** Qui a été changé de place. **2.** Fig. Qui n'est pas à sa place étant donné la situation, les circonstances. *Des propos déplacés. Cette dispute devant des tiers est déplacée.* Syn. malséant, incongru, inopportun. **3.** *Personne déplacée*, qui a été contrainte de quitter son pays. – Pp. de *déplacer*; sens 3, de l'angl. *displaced person*.

déplacement [deplasmɑ̃] n. m. **1.** Action de déplacer, de se déplacer; fait d'être déplacé. *Déplacement d'air. Cela vaut le déplacement.* ▷ Cour., abusiv. *Déplacement d'une vertèbre.* **2.** Voyage. *Cet emploi exige des déplacements fréquents.* **3.** MAR *Déplacement d'un navire*, poids du volume d'eau déplacé par la carène. **4.** CHIM *Déplacement d'un équilibre* : modification de la composition d'un système de corps chimiques en équilibre (due à une modification de pression, de température, de concentration). **5.** GEOM Transformation (translation, rotation) d'une figure en figure égale. – De *déplacer*.

déplacer [deplase] v. [12] **I.** v. tr. **1.** Ôter (une chose) de la place qu'elle occupe. *Déplacer un meuble.* – *Déplacer les foules*, les attirer massivement derrière soi. ▷ Fig. *Déplacer la question* : s'écarter de l'objet précis d'une discussion. – *Déplacer des montagnes* : faire l'impossible. **2.** Fig. Faire changer (qqn) de poste. *Déplacer un fonctionnaire.* **3.** MAR Avoir un déplacement de. *Cuirassé déplaçant 35 000 t.* **II.** v. pron. **1.** Changer de place (choses). *Les nuages se déplaceront vers l'intérieur du pays.* **2.** Quitter un lieu, aller d'un lieu à un autre (personnes). *Vous devrez aller le voir, car il se déplace rarement.* – De *dé-*, et *place*.

déplafonnement [deplafɔnmɑ̃] n. m. FIN Fait de déplafonner. *Déplafonnement des crédits.* – De *déplafonner*.

déplafonner [deplafɔne] v. tr. [1] FIN Faire cesser le plafonnement de, supprimer la limite supérieure de. *Déplafonner les cotisations de la Sécurité sociale.*

déplaire [deplɛʀ] v. [59] **I.** v. tr. indir. **1.** Ne pas plaire à, ne pas être du goût de. *Ce livre m'a déplu. Il a un visage sournois qui me déplaît.* Syn. rebuter. ▷ Impers. *Il me déplaît de* : il m'est désagréable de. *Il ne me déplairait pas de le revoir.* **2.** Causer du chagrin à, offenser, fâcher. *Son comportement m'a beaucoup déplu.* ▷ *Ne vous (en) déplaise* : nonobstant votre opinion, votre mécontentement. *« Je chantais, ne vous déplaise » (La Fontaine).* **II.** v. pron. N'éprouver aucun plaisir, ne pas se trouver bien. *Je me déplais en sa compagnie*; fig. *ces plantes se déplaisent à l'ombre.* – (Récipr.) *Au premier coup d'œil ils se sont déplu.* – Lat. pop. *displacere*, de *placere*, « plaire ».

déplaisant, ante [deplɛzɑ̃, ɑ̃t] adj. **1.** Qui ne plaît pas. *Un visage déplaisant. Une situation déplaisante.* Syn. antipathique, désagréable. **2.** Qui contrarie, qui offense. *Des allusions déplaisantes.* Syn. désobligeant. – Ppr. de *déplaire*.

déplaisir [deplɛziʀ] n. m. **1.** Vx Chagrin, affliction. **2.** Contrariété, mécontentement. *Il a omis de m'en prévenir, à mon grand déplaisir.*

déplanter [deplɑ̃te] v. tr. [1] **1.** Enlever de terre (un végétal) pour le planter ailleurs. *Déplanter un arbre, un piquet.* **2.** Dégarnir de ses plantes. *Déplanter un verger.*

déplâtrage [deplɑtʀaʒ] n. m. Action de déplâtrer. – De *déplâtrer*.

déplâtrer [deplɑtʀe] v. tr. [1] **1.** Ôter le plâtre de. *Déplâtrer un mur.* **2.** CHIR Enlever un plâtre de. *Déplâtrer un bras.* – Par ext. *Déplâtrer qqn.*

déplétif, ive [depletif, iv] adj. MED Qui provoque la déplétion. ▷ n. m. *Un déplétif* : un médicament qui présente des propriétés déplétives. – De *déplétion*.

déplétion [deplesjɔ̃] n. f. **1.** MED Déperdition, spontanée ou provoquée, de liquides ou de substances organiques. **2.** ASTRO Hétérogénéité d'un astre, caractérisée par une diminution locale de son champ de gravitation. – Lat. *depletio*, de *deplere*, « vider ».

dépliage [deplijaʒ] ou **dépliement** [deplimɑ̃] n. m. Action de déplier; fait de se déplier. – De *déplier*.

dépliant, ante [deplijɑ̃, ɑ̃t] adj. et n. m. **1.** adj. Qui se déplie. *Canapé dépliant.* **2.** n. m. Page plus grande que la couverture d'un livre, qu'on déplie pour la consulter. *Les dépliants des tableaux synoptiques d'un ouvrage.* **3.** n. m. Prospectus imprimé formé de plusieurs volets que l'on déplie. *Dépliants d'une agence de voyages.* – Ppr. subst. de *déplier*.

déplier [deplije] **1.** v. tr. [1] Étaler, étendre, ouvrir (ce qui était plié). *Déplier sa serviette. Déplier son journal.* – Par ext. *Déplier de la marchandise*, la sortir, l'étaler, l'exposer. **2.** v. pron. S'étaler, s'ouvrir, s'étendre. *Les ailes de l'oiseau se déplièrent.*

déplisser [deplise] v. tr. [1] Défaire les plis, effacer les faux plis de. *Déplisser une jupe.* ▷ v. pron. *Vêtement qui se déplisse sans repassage.*

déploiement [deplwamɑ̃] n. m. Action de déployer, état de ce qui est déployé. *Déploiement d'un parachute.* – Par ext. *Un grand déploiement de forces policières. Un déploiement de richesses.* – De *déployer*.

déplomber v. tr. [1] **1.** Enlever un sceau de plomb de. *Déplomber un colis.* **2.** CHIR Enlever l'amalgame de (une dent obturée).

déplorable [deplɔʀabl] adj. **1.** Vx Triste, affligeant. *Sa fin fut déplorable.* **2.** Regrettable, fâcheux. *Un incident déplorable.* **3.** Cour. Très mauvais, blâmable. *Un travail déplorable. Une conduite déplorable.* – De *déplorer*.

déplorablement [deplɔʀabləmɑ̃] adv. D'une manière déplorable. – De *déplorable*.

déploration [deplɔʀasjɔ̃] n. f. **1.** Didac. Fait de se lamenter, de manifester de la douleur. **2.** BX-A *Déploration du Christ* : œuvre représentant le Christ pleuré par Marie, Madeleine et saint Jean, après la descente de croix. – Du lat. imp. *deploratio*, « plainte lamentatoire », du supin de *deplorare*.

déplorer [deplɔʀe] v. tr. [1] **1.** Vx *Déplorer qqn*, le pleurer. ▷ Mod. Témoigner une grande affliction de. *Déplorer la mort de qqn.* **2.** Trouver mauvais, regretter. *Je déplore la maladresse de cette mesure.* – Lat. *deplorare*.

déployé, ée [deplwaje] adj. Étendu, déplié. *Voguer toutes voiles déployées.* ▷ *Rire à gorge déployée*, aux éclats, bruyamment. ▷ MILIT *Ligne déployée* : dispositif d'étalement d'une troupe qui permet de faire face à l'ennemi. – Pp. de *déployer*.

déployer [deplwaje] v. tr. [23] **1.** Étendre, développer (ce qui était plié). *Déployer des tentures.* ▷ v. pron. *Son parachute ne s'est pas déployé.* **2.** MILIT *Déployer des troupes,* leur faire occuper un grand espace de terrain; leur faire prendre le dispositif de combat. ▷ v. pron. *L'armée se déploie dans la plaine.* **3.** Fig. Montrer, étaler. *Déployer tous ses talents pour convaincre un auditoire.*

déplumer [deplyme] **I.** v. tr. [1] Rare Ôter ses plumes à. *Déplumer un oiseau.* **II.** v. pron. **1.** Perdre ses plumes; s'arracher les plumes. *Les oiseaux se déplument à coups de bec.* **2.** Fig., fam. Perdre ses cheveux. *Il se déplume sur le sommet du crâne.* – Pp. adj. *Crâne déplumé.* **3.** Fig. Perdre son argent. *Il s'est déplumé au jeu.*

dépoétiser [depɔetize] v. tr. [1] Ôter son caractère poétique à. – De *dé-*, et *poétiser.*

dépoitraillé, ée [depwatʀaje] adj. Fam., péjor. Dont la poitrine est fort découverte. – De *dé-*, et *poitrail.*

dépolarisant, ante [depɔlaʀizɑ̃, ɑ̃t] adj. PHYS Qui fait cesser la polarisation. – Ppr. de *dépolariser.*

dépolarisation [depɔlaʀizasjɔ̃] n. f. PHYS **1.** Suppression des effets de la polarisation. **2.** Transformation de la lumière polarisée en lumière naturelle. – De *dépolariser.*

dépolariser [depɔlaʀize] v. [1] v. tr. PHYS Faire cesser la polarisation (électrique, lumineuse) de. ▷ v. intr. Perdre sa polarisation.

dépoli, ie [depɔli] adj. Qui a perdu son poli. *Verre dépoli,* que le dépolissage a rendu translucide (et non plus transparent). – Pp. de *dépolir.*

dépolir [depɔliʀ] v. tr. [3] Ôter le poli de. ▷ v. pron. Perdre son poli. – De *dé-*, et *polir.*

dépolissage [depɔlisaʒ] n. m. TECH Action de dépolir; son résultat. *Dépolissage du verre, des métaux.* – De *dépolir.*

dépolitisation [depɔlitizasjɔ̃] n. f. Action de dépolitiser; son résultat. – De *dépolitiser.*

dépolitiser [depɔlitize] v. tr. [1] Ôter son caractère politique à (qqch), toute conscience politique à (qqn). *Dépolitiser un sujet. Dépolitiser la jeunesse.* ▷ v. pron. Rompre avec la politique.

dépolluant, ante [depɔlɥɑ̃, ɑ̃t] adj. et n. m. Se dit d'un produit qui dépollue. – Ppr. de *dépolluer.*

dépolluer [depɔlɥe] v. tr. [1] Supprimer les effets de la pollution. *Dépolluer une plage.*

dépollueur [depɔlɥœʀ] adj. (et n. m.) Qui combat la pollution, ses effets. *Navire dépollueur.* – De *dépolluer.*

dépollution [depɔlysjɔ̃] n. f. Action de dépolluer; son résultat. – De *dépolluer.*

dépolymérisation [depɔlimeʀizasjɔ̃] n. f. CHIM Transformation d'un polymère en une substance de masse molaire plus faible par un processus inverse de celui de la polymérisation.

dépolymériser [depɔlimeʀize] v. tr. [1] CHIM Effectuer la dépolymérisation de. – De *dépolymérisation.*

déponent, ente [depɔnɑ̃, ɑ̃t] adj. et n. m. Se dit des verbes latins qui ont une forme passive et un sens actif. – Lat. *deponens.*

dépopulation [depɔpylasjɔ̃] n. f. **1.** Action de dépeupler; fait de se dépeupler. **2.** État d'un pays qui se dépeuple. *La dépopulation des campagnes.* Syn. dépeuplement.

déport [depɔʀ] n. m. DR Acte par lequel un juge, un arbitre se récuse ou démissionne. – Déverbal de *(se) déporter.*

déportation [depɔʀtasjɔ̃] n. f. **1.** Peine d'exil, afflictive et infamante, appliquée autref. aux crimes politiques. *Déportation simple. Déportation dans une enceinte fortifiée.* **2.** Internement dans un camp de concentration situé dans une région éloignée du domicile de la victime ou dans un pays étranger. – Lat. *deportatio.*

déporté, ée [depɔʀte] n. (et adj.) **1.** Personne condamnée à la déportation. **2.** Personne internée dans un camp de concentration. – Pp. subst. de *déporter.*

déportement [depɔʀtəmɑ̃] n. m. **1.** Vx Conduite. ▷ Mod. (Plur.) Actes de débauche. **2.** Fait d'être déporté, dévié de sa direction. – De *déporter.*

déporter [depɔʀte] v. [1] **I.** v. tr. **1.** Faire subir la déportation à (qqn). *Les nazis déportèrent plusieurs millions de Juifs en Allemagne et en Pologne.* **2.** Dévier, entraîner hors de la bonne direction. *Son chargement mal équilibré le déportait vers la droite.* **II.** v. pron. Se récuser. – Lat. *deportare,* «déporter, exiler».

déposant, ante [depozɑ̃, ɑ̃t] n. **1.** DR Personne qui fait une déposition en justice. **2.** Personne qui effectue un dépôt dans une banque, une Caisse d'épargne, etc. *Les déposants de la Caisse d'épargne.* – Ppr. subst. de *déposer.*

dépose [depoz] n. f. TECH Opération consistant à déposer ce qui était fixé, posé. *Frais de pose et de dépose.* – Déverbal de *déposer* 2.

1. déposer [depoze] v. [1] **A.** v. tr. **I.** Destituer du pouvoir souverain. *Déposer un pape, un roi.* **II. 1.** Poser (ce que l'on porte). *Déposer un fardeau.* – Fig. *Déposer les armes :* cesser le combat, se rendre. **2.** Fig., litt. Quitter, se dépouiller de. *Déposer sa fierté. Sylla déposa la dictature.* **3.** Placer, mettre, laisser quelque part. *Déposer son manteau sur une chaise. La voiture m'a déposé à la porte.* ▷ LEGISL *Déposer un projet de loi,* le soumettre à l'Assemblée nationale. ▷ *Déposer une plainte :* porter plainte en justice. **4.** Mettre en dépôt, donner en garde. *Déposer de l'argent à la banque.* ▷ COMM *Déposer une marque de fabrique, un brevet,* en effectuer le dépôt légal pour se garantir des contrefaçons. *Modèle déposé.* ▷ DR COMM *Déposer son bilan :* se déclarer en cessation de paiement. **5.** Former un dépôt, en parlant d'un liquide. *Cette eau a déposé beaucoup de sable.* ▷ v. intr. *Laisser un vin déposer.* ▷ v. pron. *La lie se dépose au fond de la bouteille.* **B.** v. intr. DR Faire une déposition en justice. *Le témoin est venu déposer à la barre.* – Lat. *deponere,* d'apr. *poser.*

2. déposer [depoze] v. tr. [1] TECH Ôter (un objet) de la place où il avait été fixé, posé. *Déposer une serrure.*

dépositaire [depozitɛʀ] n. **1.** Personne qui reçoit qqch en dépôt. *Ces documents ne vous appartiennent pas, vous n'en êtes que le dépositaire.* – Fig. *Nous sommes les dépositaires d'une grande tradition.* **2.** Commerçant chargé de vendre des marchandises qui lui sont confiées. *Le dépositaire exclusif de telle marque.* – Lat. jurid. *depositarius.*

déposition [depozisjɔ̃] n. f. **1.** Destitution, privation du pouvoir souverain. **2.** DR Déclaration d'un témoin en justice. *La déposition de l'expert fit grande impression.* **3.** BX-A *Une déposition de croix :* une œuvre représentant le Christ descendu de la croix. – Lat. jurid. *depositio.*

déposséder [depɔsede] v. tr. [14] Priver (qqn) de ce qu'il possédait. *Déposséder qqn de ses biens.* Syn. dépouiller.

dépossession [depɔsɛsjɔ̃] n. f. Action de déposséder; son résultat. – De *déposséder.*

dépôt [depo] n. m. **1.** Action de déposer, de placer qqch quelque part. *Le dépôt des ordures est interdit à cet endroit.* ▷ Action de remettre, de confier qqch à qqn. – *Spécial.* Action de confier des fonds à un organisme bancaire. *Effectuer un dépôt à la banque. Banque de dépôt,* qui utilise les dépôts à vue de ses clients pour diverses opérations de crédit. ▷ *Caisse des dépôts et consignations :* établissement public chargé de recevoir et d'administrer les fonds appartenant à divers services publics (caisses d'épargne, de retraite, de Sécurité sociale, etc.). ▷ *Dépôt légal* : dépôt obligatoire de plusieurs exemplaires d'une œuvre littéraire ou audiovisuelle, lors de sa parution, aux services officiels compétents. **2.** Chose confiée, donnée en garde. *Restituer un dépôt.* – *Dépôt à vue*, dont le propriétaire peut disposer à tout moment. – Fig. *Un secret est un dépôt sacré.* **3.** Lieu où l'on garde des objets. *Dépôt d'armes clandestin.* ▷ Lieu où l'on gare des locomotives, des autobus, etc. ▷ Lieu de vente au détail de certains produits. *Dépôt de pain. Dépôt de vin.* **4.** Établissement où sont hébergées ou gardées certaines personnes. *Dépôt des équipages de la flotte* : caserne des marins à terre, dans un port de guerre. – *Dépôt de la préfecture de police* ou, absol., *dépôt* : lieu où l'on emprisonne provisoirement les individus qui viennent d'être arrêtés. *Tout ce joli monde a été conduit au dépôt.* **5.** Matières qui se déposent au fond d'un récipient contenant un liquide. *Dépôt au fond d'une bouteille de vin.* **6.** Matière recouvrant une surface. *Dépôt électrolytique. Dépôt calcaire sur les parois d'une bouilloire.* – GEOL Accumulation de matériaux détritiques d'origine minérale. *Dépôt éolien, glaciaire*, etc. – Lat. jurid. *depositum.*

dépotage [depɔtaʒ] ou **dépotement** [depɔtmɑ̃] n. m. Action de dépoter; son résultat. – De *dépoter.*

dépoter [depɔte] v. tr. [1] **1.** Ôter d'un pot. *Dépoter une plante.* **2.** TECH Transvaser (un liquide, notam. un hydrocarbure). – Par ext. *Dépoter un wagon-citerne.* – De *dé-*, et *pot.*

dépotoir [depɔtwaʀ] n. m. **1.** Lieu destiné à recevoir les matières provenant des vidanges. **2.** Lieu où l'on dépose les ordures; décharge publique. ▷ Fig., fam. Lieu en grand désordre, très sale. *Quel dépotoir, cette chambre!* – De *dépoter.*

dépôt-vente [depovɑ̃t] n. m. Magasin où les particuliers déposent ce qu'ils veulent vendre. *Des dépôts-ventes.*

dépouille [depuj] n. f. **I. 1.** Peau enlevée à un animal. – ZOOL Tégument épidermique dont se débarrassent, à époques fixes, certains animaux. *La dépouille d'un serpent.* **2.** Fig., litt. *La dépouille mortelle* : le corps d'un défunt. **3.** (Plur.) Butin pris à l'ennemi. ▷ ANTIQ ROM *Dépouilles opimes**. **II.** TECH Taille oblique donnée au bord d'un outil. – Déverbal de *dépouiller.*

dépouillé, ée [depuje] adj. **1.** Dont on a ôté la peau. *Lapin dépouillé.* **2.** Dégarni, dépourvu. *Arbre dépouillé de ses feuilles.* **3.** Fig. Sobre, simple, sans fioritures. *Formes dépouillées.* – Pp. de *dépouiller.*

dépouillement [depujmɑ̃] n. m. **1.** Action de dépouiller; état de ce qui est dépouillé. **2.** Inventaire, examen, analyse minutieuse. *Dépouillement d'un scrutin.* – De *dépouiller.*

dépouiller [depuje] v. tr. [1] **I. 1.** Enlever la peau de (un animal). *Dépouiller une anguille.* – *Par ext.* Priver de ce qui couvre ou garnit. *Dépouiller un temple de ses ornements. Le vent a dépouillé les arbres.* ▷ v. pron. Ôter, perdre ce qui couvre. *Se dépouiller de ses vêtements. La forêt se dépouille de sa verdure.* **2.** Déposséder. *Dépouiller qqn de ses biens.* ▷ v. pron. *Se dépouiller en faveur de qqn.* **3.** Fig. Faire l'inventaire, l'examen minutieux et approfondi de. *Dépouiller un compte, un dossier.* ▷ *Dépouiller un scrutin* : dénombrer les suffrages en faveur de chacun des candidats, de chacune des propositions, etc. **II.** Litt. **1.** Quitter, perdre (ce qui enveloppait). *L'insecte dépouille sa première carapace.* **2.** Fig. Abandonner, renoncer à. *Dépouiller sa morgue.* ▷ v. pron. *Se dépouiller de ses préjugés.* – Lat. *despoliare.*

dépourvu, ue [depuʀvy] adj. **1.** Qui a perdu ce dont il était pourvu; qui manque du nécessaire. *«La cigale se trouva fort dépourvue» (La Fontaine).* ▷ *Dépourvu de* : dénué, privé de. *Un jardin dépourvu de fleurs. Être dépourvu de bon sens.* Ant. doté, muni, pourvu. **2.** Loc. adv. *Au dépourvu* : à l'improviste, sans préparation. *Il m'a pris au dépourvu.*

dépoussiérage [depusjeʀaʒ] n. m. Action de dépoussiérer. – De *dépoussiérer.*

dépoussiérant [depusjeʀɑ̃] n. m. TECH Produit qui facilite le dépoussiérage en retenant les poussières. – Ppr. subst. de *dépoussiérer.*

dépoussiérer [depusjeʀe] v. tr. [14] Enlever les poussières de. – Fig. Remettre à neuf, renouveler. *Dépoussiérer un secteur administratif.* – De *dé-*, et *poussière.*

dépoussiéreur [depusjeʀœʀ] n. m. TECH Appareil à dépoussiérer. – De *dépoussiérer.*

dépravation [depʀavasjɔ̃] n. f. Action de dépraver; son résultat. *Dépravation du goût, du jugement, des mœurs.* – *Spécial.* Débauche sexuelle. *Tomber dans la dépravation.* Syn. corruption, perversion, vice. – Lat. *depravatio.*

dépravé, ée [depʀave] adj. **1.** Altéré, corrompu. **2.** Perverti, vicieux, immoral. *Mœurs dépravées. Des gens dépravés.* ▷ Subst. *Un(e) dépravé(e).* – Pp. de *dépraver.*

dépraver [depʀave] v. tr. [1] **1.** Altérer, dégrader. *Dépraver le goût.* **2.** Amener (qqn) à faire et à aimer le mal; corrompre. *Ses fréquentations l'ont dépravé. Dépraver les mœurs.* Syn. pervertir. – Lat. *depravare*, «tordre, corrompre».

déprécation [depʀekasjɔ̃] n. f. RELIG Prière faite pour écarter un malheur, un danger, ou pour obtenir le pardon d'une faute. – Lat. *deprecatio.*

dépréciateur, trice [depʀesjatœʀ, tʀis] n. Personne qui déprécie. – De *déprécier.*

dépréciatif, ive [depʀesjatif, iv] adj. Qui déprécie, vise à déprécier. *Avis dépréciatif.* – De *déprécier.*

dépréciation [depʀesjasjɔ̃] n. f. Action de déprécier, de se déprécier; état d'une chose dépréciée. – De *déprécier.*

déprécier [depʀesje] v. tr. [2] **1.** Rabaisser, diminuer le prix, la valeur de. *L'installation d'une usine à proximité a déprécié ce terrain.* Syn. dévaloriser. ▷ v. pron. *Monnaie qui se déprécie.* **2.** Dénigrer, chercher à déconsidérer. *Il ne parle de vous que pour vous déprécier.* Ant. exalter, vanter. – Lat. *depretiare*, de *pretium*, «prix».

déprédateur, trice [depʀedatœʀ, tʀis] adj. (et n.) Qui commet des déprédations. – Bas lat. *deprædator.*

déprédation [depʀedasjɔ̃] n. f. **1.** Vol, pillage accompagné de destruction, de détérioration. **2.** Détérioration causée à des biens matériels. **3.** Malversation, détournement. *Déprédation des finances publiques.* **4.** Exploitation de la nature sans précautions écologiques. – Bas lat. *deprædatio*, de *præda*, «proie».

déprendre (se) [depʀɑ̃dʀ] v. pron. [52] Litt. Se détacher, se dégager. *Se déprendre de qqn, d'une affection, d'une habitude.*

dépresseur [depʀesœʀ] n. m. et adj. m. PHARM Produit qui diminue l'activité mentale. – adj. m. *Ne pas conduire quand on prend un médicament dépresseur de la vigilance.* – Du lat. *depressus*, «abaissé».

dépressif, ive [depʀesif, iv] adj. et n. PSYCHIAT Relatif à la dépression. *État dépressif.* – Subst. Personne sujette à la dépression. – De *dépression.*

dépression [depʀesjɔ̃] n. f. Abaissement au-dessous d'un niveau donné; enfoncement. **1.** GEOL, GEOMORPH Zone, plus ou moins étendue, en forme de cuvette. **2.** TECH Pression inférieure à la pression atmosphérique. ▷ METEO Zone dans laquelle la pression atmosphérique est plus basse que dans les régions voisines. **3.** PSYCHIAT État psychique pathologique caractérisé par une asthénie, un ralentissement de l'activité intellectuelle et motrice, accompagné de tristesse et d'anxiété. *Dépression ner-*

veuse. **4.** ECON Période de ralentissement des affaires, crise. – Lat. *depressio,* « enfoncement ».

dépressionnaire [depʀesjɔnɛʀ] adj. METEO Qui est le siège d'une dépression. *Zone dépressionnaire d'Islande.* – De *dépression.*

dépressurisation [depʀesyʀizasjɔ̃] n. f. TECH Action de dépressuriser (la cabine d'un avion, d'un engin spatial). – De *dépressuriser.*

dépressuriser [depʀesyʀize] v. tr. [1] TECH Faire cesser la pressurisation de.

déprimant, ante [depʀimɑ̃, ɑ̃t] adj. Qui déprime, abat. *Une nouvelle déprimante.* Syn. démoralisant. – Ppr. de *déprimer.*

déprime [depʀim] n. f. Fam. Abattement, idées noires. – Déverbal de *déprimer.*

déprimé, ée [depʀime] adj. et n. Qui est dans un état dépressif. *Il est très déprimé.* ▷ Subst. *Un déprimé chronique.* – Pp. de *déprimer.*

déprimer [depʀime] v. tr. [1] **1.** Produire un affaissement, un enfoncement dans (qqch). *Le choc a déprimé l'os frontal.* **2.** BIOL Diminuer l'activité de. *Ce produit déprime le centre respiratoire.* **3.** Diminuer l'énergie, abattre le moral de (qqn). *Sa maladie l'a beaucoup déprimé.* – Lat. *deprimere,* « presser de haut en bas ».

dépriser [depʀize] v. tr. [1] Litt. Apprécier au-dessous de sa valeur. *Dépriser qqn, un ouvrage.* Syn. mésestimer.

De profundis [depʀɔfɔ̃dis] n. m. RELIG CATHOL Un des psaumes de la pénitence devenu la prière pour les morts, et qui commence par ces mots. – Mots lat., « des profondeurs ».

déprogrammation [depʀɔgʀamasjɔ̃] n. f. Action, fait de déprogrammer. – De *déprogrammer.*

déprogrammer [depʀɔgʀame] v. tr. [1] **1.** Supprimer une émission de télévision, annuler un spectacle. **2.** INFORM Supprimer d'un programme (qqch qui y figurait, qui en faisait partie). **3.** Fig. Aider (qqn, notam. un adepte d'une secte désireux d'échapper à son emprise) à retrouver un équilibre psychologique.

déprogrammeur, euse [depʀɔgʀamœʀ, øz] n. Celui, celle qui s'attache à déprogrammer (sens 3). – De *déprogrammer.*

dépucelage [depyslaʒ] n. m. Fam. Action de dépuceler. – De *dépuceler.*

dépuceler [depysle] v. tr. [19] Fam. Faire perdre son pucelage, sa virginité à. – De *dé-,* et *pucelle.*

depuis [dəpɥi] prép. **I.** (Exprimant le temps.) **1.** À partir de (tel moment, tel événement passé). *Nous sommes à Paris depuis le 1er janvier. Depuis quand êtes-vous absents ?* – Iron. *Depuis quand nous tutoyons-nous ?* ▷ adv. *Qu'est-il arrivé depuis ? Je ne l'ai pas revu depuis.* **2.** Pendant (un espace de temps qui s'est étendu jusqu'au moment dont on parle). *Je vous attends depuis une demi-heure. Il n'avait pas plu depuis longtemps.* – Exclam. *Depuis le temps que je voulais vous voir ! :* il y a si longtemps que je voulais vous voir ! **3.** Loc. conj. *Depuis que. Depuis qu'il fait froid, je ne sors plus.* **II.** (Exprimant l'espace, avec une idée de mouvement ou d'étendue.) À partir de (tel endroit). *Il est venu à pied depuis Rouen. La douleur s'étendait depuis le genou jusqu'à l'aine.* ▷ Abusiv. *Elle surveillait les enfants depuis son balcon* (il faudrait dire : *de son balcon*). *Notre envoyé spécial nous parle depuis Beyrouth* (*de Beyrouth*). **III.** Fig. *Depuis... jusqu'à* (introduisant le premier terme d'une série ininterrompue). *Depuis le plus jeune jusqu'au plus vieux.* – De *de,* et *puis.*

dépulper [depylpe] v. tr. [1] Enlever la pulpe de. *Dépulper des betteraves.* – De *dé-,* et *pulpe.*

dépuratif, ive [depyʀatif, iv] adj. et n. m. Propre à purifier l'organisme. *Une eau dépurative.* ▷ n. m. *Prendre un dépuratif.* – De *dépurer.*

dépuration [depyʀasjɔ̃] n. f. Action de dépurer ; son résultat. – De *dépurer.*

dépurer [depyʀe] v. tr. [1] MED, TECH Rendre plus pur. – Lat. *depurare,* de *purus,* « pur ».

députation [depytasjɔ̃] n. f. **1.** Envoi d'une ou de plusieurs personnes chargées d'une mission ; ces personnes elles-mêmes. *Recevoir une députation.* Syn. délégation. **2.** Fonction de député. *Se présenter à la députation.* – Bas lat. *deputatio,* « délégation ».

député [depyte] n. m. **1.** Celui qui est envoyé (par une nation, une ville, une assemblée, etc.) pour remplir une mission particulière. **2.** Personne nommée ou élue pour faire partie d'une assemblée délibérante. *Les députés de la noblesse, du clergé, du tiers état.* **3.** Membre de l'Assemblée nationale. *Élire un député.* – (En appos.) *Une femme député.* – Du bas lat. *deputatus,* « représentant de l'autorité ».

députer [depyte] v. tr. [1] Envoyer (qqn) comme député. *Ils le députèrent pour plaider leur cause.* – Du lat. *deputare,* « tailler », par ext. « assigner, estimer ».

déqualification [dekalifikasjɔ̃] n. f. Baisse ou perte de la qualification professionnelle (de qqn).

déqualifier [dekalifje] v. tr. [1] Faire perdre ou baisser la qualification professionnelle de (qqn).

der [dɛʀ] n. Fam. *Der des ders :* dernier des derniers. – Spécial. *La der des ders :* la dernière de toutes les guerres (s'est dit de la guerre 1914-1918). ▷ JEU *Dix de der :* les dix derniers points attribués à celui qui fait le dernier pli à la belote. – Abrév. de *dernier, dernière.*

déraciné, ée [deʀasine] adj. et n. **1.** Arraché de terre (végétaux). **2.** Fig. Qui a quitté son pays, son milieu d'origine. *Des émigrants déracinés.* ▷ Subst. *« Les Déracinés » (1897), œuvre de M. Barrès.* – Pp. de *déraciner.*

déracinement [deʀasinmɑ̃] n. m. Action de déraciner ; état de ce qui est déraciné. – Fig. État d'une personne déracinée. – De *déraciner.*

déraciner [deʀasine] v. tr. [1] **1.** Tirer de terre, arracher avec ses racines (un végétal). *Déraciner un arbre.* – Par anal. *Déraciner une dent.* **2.** Fig. Faire disparaître, détruire complètement. *Déraciner un préjugé, un vice.* Syn. extirper. **3.** Fig. *Déraciner qqn,* lui faire quitter sa région, son milieu d'origine. – De *dé-,* et *racine.*

dérader [deʀade] v. intr. [1] MAR Quitter une rade à cause du gros temps (en parlant d'un navire). – De *dé-,* et *rade.*

dérager [deʀaʒe] v. intr. [1] Litt. Cesser d'être en rage. (Ne s'emploie qu'à la forme négative.) *Il n'a pas déragé de la soirée.* Syn. décolérer.

déraillement [deʀɑjmɑ̃] n. m. Accident de chemin de fer dans lequel le train est sorti des rails. – De *dérailler.*

dérailler [deʀɑje] v. intr. [1] **1.** Sortir des rails. *Le convoi a déraillé.* **2.** Fig., fam. Fonctionner mal, se dérégler, dévier. *Ce baromètre déraille complètement. Sa voix déraille dans les aigus.* **3.** Fig., fam. S'égarer dans un raisonnement ; perdre tout bon sens. *Ce n'est pas cela du tout ! Tu dérailles, mon vieux !* Syn. déraisonner. – De *dé-,* et *rail.*

dérailleur [deʀɑjœʀ] n. m. **1.** TECH Dispositif permettant de faire passer la chaîne d'une bicyclette d'un pignon sur un autre de diamètre différent. **2.** CH de F Dispositif permettant à un wagon de changer de voie. – De *dérailler.*

déraison [deʀɛzɔ̃] n. f. Litt. Manque de raison ; manière de penser, d'agir contraire à la raison.

déraisonnable [deʀɛzɔnabl] adj. Qui n'est pas raisonnable. *Personne déraisonnable. Il serait déraisonnable de partir maintenant.*

déraisonnablement [deʀɛzɔnabləmɑ̃] adv. De manière déraisonnable. – De *déraisonnable.*

déraisonner [deʀɛzɔne] v. intr. [1] Penser, parler contrairement à la raison, au bon sens. *Ça, un chef-d'œuvre ? Mais tu déraisonnes !*

dérangement [deʀɑ̃ʒmɑ̃] n. m. **1.** Action de déranger ; état de ce qui est dérangé. **2.** Désordre. **3.** Fig. Trouble apporté dans des habitudes. *Causer du dérangement à qqn.* **4.** Mauvais fonctionnement, dérèglement. *Téléphone en dérangement.* **5.** Indisposition passagère. *Dérangement intestinal.* – De *déranger.*

déranger [deʀɑ̃ʒe] v. tr. [13] **1.** Ôter (une chose) de sa place habituelle. *Déranger des livres. Vous rangerez ce que vous avez dérangé.* – *Par ext.* Mettre du désordre dans. *Déranger une chambre.* **2.** Obliger (qqn) à quitter sa place. *Il a dérangé dix personnes pour accéder à son fauteuil.* ▷ v. pron. *Ne vous dérangez pas, je vous l'apporte.* **3.** Interrompre, troubler (qqn) dans ses occupations. *Cette musique me dérange. Prière de ne pas déranger.* ▷ v. pron. *Continuez votre travail, ne vous dérangez pas pour moi.* – Contrarier, gêner. *Cela vous dérange-t-il de reporter notre rendez-vous ?* **4.** Provoquer des troubles physiologiques. *Mets indigestes qui dérangent le foie.* ▷ Pp. adj. *Avoir le cerveau dérangé* : déraisonner, divaguer.

dérapage [deʀapaʒ] n. m. **1.** Action de déraper. ▷ Fig. Changement incontrôlé. *Dérapage des prix.* **2.** SPORT À skis, mouvement de glissade latérale contrôlé avec les carres. – De *déraper.*

déraper [deʀape] v. intr. [1] **1.** TECH Glisser, lorsque l'adhérence n'est plus suffisante. *La voiture a dérapé sur une plaque de verglas.* ▷ Fig. S'écarter de façon incontrôlée. *La conversation a dérapé.* **2.** À skis, pratiquer le dérapage (sens 2). **3.** MAR En parlant d'une ancre, ne plus assurer la tenue sur le fond. ▷ v. tr. *Déraper l'ancre* ou, absol., *déraper* : arracher l'ancre du fond pour la remonter. – Provenç. *derapa,* de *rapar,* « saisir », du germ. **hrapôn.*

dérasé, ée [deʀɑze] adj. *Bande dérasée* : couloir situé en bordure d'une autoroute, et réservé aux arrêts d'urgence. – Pp. de *déraser.*

dérasement [deʀɑzmɑ̃] n. m. Action de déraser ; son résultat. – De *déraser.*

déraser v. tr. [1] CONSTR Abattre le sommet de (un mur).

dératé, ée [deʀate] n. *Courir comme un(e) dératé(e),* très rapidement. – Pp. de l'anc. v. *dérater,* « enlever la rate » (pour, croyait-on, faire courir plus vite les chiens).

dératisation [deʀatizasjɔ̃] n. f. Action de dératiser. – De *dératiser.*

dératiser [deʀatize] v. tr. [1] Débarrasser des rats. *Dératiser un navire, une cave.* – De *dé-,* et *rat.*

dérayer [deʀɛje] v. tr. [21] AGRIC Creuser profondément un sillon pour délimiter deux champs contigus. – De *dérayure,* d'apr. *rayer.*

dérayure [deʀɛjyʀ] n. f. AGRIC Sillon obtenu en dérayant.

derbouka [dɛʀbuka] ou **darbouka** [daʀbuka] n. m. Tambour d'Afrique du N. fait d'une peau tendue sur l'orifice d'un vase sans fond en terre cuite. – Ar. *darabukha.*

derby [dɛʀbi] n. m. **1.** TURF Course de chevaux qui a lieu chaque année à Epsom, en Angleterre. – *Derby français* : prix du Jockey Club, qui se court à Chantilly. **2.** SPORT Rencontre opposant deux équipes sportives d'une même ville ou de deux villes voisines. **3.** Chaussure lacée sur le cou-de-pied. – Mot angl., du n. de Lord *Derby,* qui créa, en 1780, le derby d'Epsom.

derechef [dəʀəʃɛf] adv. Vx ou litt. De nouveau. – De *de-, re-,* et *chef.*

déréglé, ée [deʀegle] adj. **1.** Qui est mal réglé, qui fonctionne mal. *Montre déréglée.* ▷ Sans mesure. *Appétit déréglé. Imagination déréglée.* **2.** Qui ne suit pas les règles de la morale. *Conduite déréglée.* – Pp. de *dérégler.*

dérèglement [deʀɛgləmɑ̃] n. m. **1.** État de ce qui est déréglé. *Le dérèglement des saisons.* **2.** Vieilli Absence de règles morales, désordre, inconduite. *Vivre dans le dérèglement. Le dérèglement des mœurs.* – De *dérégler.*

déréglementation [deʀegləmɑ̃tasjɔ̃] n. f. Fait d'alléger ou de supprimer la réglementation (d'un secteur, notam. économique).

déréglementer [deʀegləmɑ̃te] v. tr. [1] Pratiquer la déréglementation de.

dérégler [deʀegle] v. tr. [14] **1.** Déranger le réglage de ; détraquer (un mécanisme). *Le froid dérègle les horloges.* – Par ext. *La boisson lui a déréglé l'estomac.* **2.** Vieilli Faire négliger les règles de la morale, du devoir, etc. *Cette passion pour l'argent qui dérègle les mœurs.*

déréliction [deʀeliksjɔ̃] n. f. THEOL État de l'homme abandonné à lui-même, privé de toute assistance divine. ▷ Litt. État d'abandon et de solitude extrême. – Lat. *derelictio,* « abandon ».

dérépresseur [deʀepʀesœʀ] adj. m. et n. m. BIOL Se dit d'un gène qui effectue une dérépression. – De *dérépression.*

dérépression [deʀepʀesjɔ̃] n. f. BIOL Mécanisme par lequel un gène échappe à l'inhibition du gène qui contrôle ses activités. – Angl. *derepression.*

déresponsabiliser [deʀɛspɔ̃sabilize] v. tr. [1] Retirer le sens des responsabilités à (qqn, un groupe). – De *dé-,* et *responsable.*

dérider [deʀide] v. tr. [1] **1.** Faire disparaître les rides. **2.** Égayer. *Dérider qqn.* ▷ v. pron. Perdre sa mauvaise humeur, quitter son air morose.

dérision [deʀizjɔ̃] n. f. Moquerie méprisante. *Je disais cela par dérision. Tourner (qqn, qqch) en dérision* : se moquer de manière méprisante de (qqn, qqch). – Bas lat. *derisio,* de *deridere,* « se moquer de ».

dérisoire [deʀizwaʀ] adj. **1.** Litt. Qui incite à la dérision. *Des propos dérisoires. Il était dérisoire dans son malheur.* **2.** Ridiculement bas, insignifiant. *Un salaire dérisoire.* – Bas lat. *derisorius.*

dérisoirement [deʀizwaʀmɑ̃] adv. Litt. D'une manière dérisoire. – De *dérisoire.*

dérivatif, ive [deʀivatif, iv] adj. et n. m. **1.** Cour. Qui procure une diversion pour l'esprit. *Activités dérivatives.* – n. m. *Le travail est un dérivatif au chagrin, aux soucis.* **2.** LING Qui permet la formation de dérivés. *Préfixe, suffixe dérivatif.* – Bas lat. *derivativus.*

1. dérivation [deʀivasjɔ̃] n. f. **1.** Action de dériver, de dévier de son cours. *Dérivation d'un cours d'eau.* ▷ *Ligne branchée en dérivation,* entre deux points d'un circuit électrique. **2.** MATH Calcul de la dérivée d'une fonction. **3.** LING Processus de formation de mots nouveaux à partir d'un radical (ex. : *accidentel* par suffixation de *accident* ; *revenir* par préfixation de *venir* ; *dégaine* par suppression du *r* de *dégainer* ; etc.). – Lat. *derivatio.*

2. dérivation [deʀivasjɔ̃] n. f. **1.** MAR, AVIAT Action de dériver (sous l'effet des courants, du vent). **2.** ARTILL Fait, pour un projectile, de s'écarter du plan de tir (phénomène dû à sa rotation ou à l'effet du vent). – De *dériver* 2.

dérive [deʀiv] n. f. **1.** MAR, AVIAT Dérivation d'un avion, d'un navire, sous l'effet du vent, des courants. *Navire qui subit une dérive de 3° ouest par rapport à son cap. Angle de dérive.* ▷ *Bateau qui va à la dérive,* qui va au gré des éléments sans pouvoir se diriger. – Fig. *Ses affaires vont à la dérive. Il est à la dérive* : il se laisse aller au gré des circonstances. **2.** GEOL *Dérive des continents* : déplacement des masses continentales. (V. encycl.) **3.** MAR Aileron vertical immergé et amovible, destiné à diminuer la dérive d'un bateau à voile *(dériveur).* ▷ AVIAT Gouvernail de direction d'un avion. **4.** MILIT Angle selon lequel on modifie le tir pour compenser la dérivation des projectiles. **5.** TECH Déplacement du zéro d'un appareil de mesure. – Déverbal de *dériver* 2.

ENCYCL Selon la théorie de la dérive des continents, due à Wegener (1912), les continents actuels résulteraient de la division, au cours des ères secondaire et tertiaire, d'un continent unique, le Gondwana; chaque morceau aurait dérivé ensuite sous l'effet des forces dues à la rotation de la Terre, ces déplacements étant possibles grâce à la viscosité du manteau sur lequel flotteraient les continents. Cette théorie connaît auj., sous une forme nouvelle, un regain de faveur dû à la théorie des plaques*.

1. dérivé [deʀive] n. m. **1.** LING Mot qui dérive d'un autre. *«Dépuration» est un dérivé de «dépurer».* **2.** CHIM Corps qui provient d'un autre (par distillation, combinaison, etc.). *L'essence est un dérivé du pétrole.* – Pp. subst. de *dériver* 1.

2. dérivé, ée [deʀive] adj. Détourné de son cours, en parlant d'un cours d'eau. *Canal dérivé.* ▷ ELECTR *Loi des courants dérivés*, qui permet de déterminer la répartition du courant entre plusieurs conducteurs placés en dérivation. – Pp. de *dériver* 1.

dérivée [deʀive] n. f. MATH Limite du rapport entre l'accroissement d'une fonction continue (résultant de l'accroissement de la variable) et l'accroissement de la variable, lorsque ce dernier tend vers zéro. – Pp. fém. subst. de *dériver* 1.

1. dériver [deʀive] v. [1] **I.** v. tr. dir. **1.** Détourner de son cours. *Dériver un ruisseau.* **2.** MATH *Dériver une fonction*, en calculer la dérivée. **II.** v. tr. indir. **1.** *Dériver de* : découler de, être issu de. *Une conception du monde qui dérive des philosophies de la Grèce antique.* **2.** LING Tirer son origine de. *Une part importante du vocabulaire français dérive du latin. Mot qui dérive d'un autre.* – Lat. *derivare*, de *rivus* «ruisseau».

2. dériver [deʀive] v. intr. [1] **1.** MAR, AVIAT Avoir tendance (sous l'effet des courants, du vent) à s'écarter du cap suivi. **2.** MAR Aller au gré du vent et de la mer sans pouvoir se diriger, en parlant d'un navire. – De l'angl. *to drive* par croisement avec *dériver* 1.

3. dériver [deʀive] [1] ou **dériveter** [deʀivte] v. tr. [20] TECH Défaire (ce qui est rivé).

dériveur [deʀivœʀ] n. m. Voilier muni d'une dérive (par oppos. à *quillard*). – De *dériver* 2.

derm(o)-. V. dermato-.

dermaptères [dɛʀmaptɛʀ] n. m. pl. ENTOM Groupe d'insectes aux ailes antérieures coriaces, dont le perce-oreille est le représentant le plus connu. – Sing. *Un dermaptère.* – Du gr. *derma, dermatos*, «peau», et *-ptère.*

dermatite [dɛʀmatit] ou **dermite** [dɛʀmit] n. f. MED Inflammation de la peau. *Dermatite séborrhéique.* – Lat. méd. *dermatitis*

dermato-, -derme, derm(o)-. Éléments, tirés du gr. *derma, dermatos*, «peau».

dermatologie [dɛʀmatɔlɔʒi] n. f. MED Partie de la médecine qui traite de la peau et de ses maladies. – De *dermato-*, et *-logie.*

dermatologique [dɛʀmatɔlɔʒik] adj. Qui a rapport à la dermatologie. – De *dermatologie.*

dermatologiste [dɛʀmatɔlɔʒist] ou **dermatologue** [dɛʀmatɔlɔg] n. MED Médecin spécialiste en dermatologie. – De *dermatologie.*

dermatose [dɛʀmatoz] n. f. MED Maladie de la peau. – Lat. méd. *dermatosis.*

-derme. V. dermato-.

derme [dɛʀm] n. m. Partie profonde de la peau, située sous l'épiderme, formée de tissu conjonctif et contenant des vaisseaux, des nerfs et les follicules pileux. *C'est le derme des animaux qui, après tannage, donne le cuir.* – Gr. *derma*, «peau».

dermeste [dɛʀmɛst] n. m. Coléoptère (genre *Dermestides*) dont la larve dévore les vêtements, les tentures, les fourrures, etc. – Lat. zool., de *derm-*, et gr. *esthein*, «manger».

dermique [dɛʀmik] adj. Relatif au derme, à la peau. – De *derme.*

dermite. V. dermatite.

dermoptères [dɛʀmɔptɛʀ] n. m. pl. ZOOL Ordre de mammifères, proches des insectivores, auquel appartient le galéopithèque. – Sing. *Un dermoptère.* – De *dermo-*, et gr. *pteron*, «aile», à cause des membranes qui, tendues entre leurs membres antérieurs, leur permettent de voler.

dernier, ère [dɛʀnje, ɛʀ] adj. et n. **1.** (Avant le nom.) Qui vient après tous les autres. *Le dernier jour du mois. La dernière édition* (de la journée) *d'un journal* (ellipt. *la dernière*). – *Rendre le dernier soupir* : expirer. – *Dire son dernier mot* : faire entendre que la position adoptée, que la décision prise est définitive. *Je vous le laisse à vingt francs, mais c'est mon dernier mot! Avoir le dernier mot dans une polémique* : l'emporter. ▷ (Après le nom.) *Le jugement dernier.* ▷ (Attribut) *Il est parti dernier. Il est bon dernier au classement général.* ▷ Subst. *Le dernier de la classe. «Le Dernier des Mohicans»*, roman de Fenimore Cooper (1826). ▷ Loc. adv. *En dernier* : après tous les autres, après le reste. *Nous verrons cela en dernier.* **2.** Qui précède immédiatement; le plus récent. *L'année dernière. Habillé à la dernière mode. Nouvelles de la dernière heure. Aux dernières nouvelles.* – Fam. *Vous connaissez la dernière ?*, la dernière histoire. ▷ Subst. Dernier-né. *C'est son petit dernier.* **3.** Extrême. *Le dernier degré de la perfection.* ▷ Subst. *C'est le dernier des individus* ou *le dernier des derniers* : c'est le plus méprisable, le plus bas. *C'est à la portée du dernier des imbéciles.* – Du lat. pop. **deretranus*, du lat. class. *deretro*, «en arrière», par l'a. fr. *derrain*, refait sur *premier.*

dernièrement [dɛʀnjɛʀmɑ̃] adv. Depuis peu, récemment. *Je l'ai vu tout dernièrement.* – De *dernier.*

dernier-né [dɛʀnjene], **dernière-née** [dɛʀnjɛʀne] n. Enfant né le dernier. *Les derniers-nés, les dernières-nées.*

derny [dɛʀni] n. m. SPORT Cyclomoteur qui sert à entraîner les cyclistes, dans certaines courses. – Du n. de l'inventeur.

dérobade [deʀɔbad] n. f. Action de se dérober. *La dérobade d'un cheval devant l'obstacle.* ▷ Fig. *Il a coupé court aux questions par une dérobade.* – De *dérober.*

dérobé, ée [deʀɔbe] adj. **1.** Pris en cachette, volé. *Restituer un objet dérobé.* **2.** Secret, dissimulé. *Escalier dérobé.* – Pp. de *dérober.*

dérobée (à la) [aladeʀɔbe] loc. adv. Subrepticement, sans être vu. *Je l'observais à la dérobée.* – Du pp. de *dérober.*

dérober [deʀɔbe] v. [1] **I.** v. tr. **1.** Prendre en cachette, voler (qqch). *On lui a dérobé sa montre.* – Fig. *Dérober un secret.* ▷ Prendre subrepticement ou par surprise. *Dérober un baiser.* **2.** Soustraire. *Dérober un coupable à la justice.* **3.** Cacher, empêcher de voir. *Ce mur me dérobe le paysage.* **II.** v. pron. **1.** *Se dérober à* : se soustraire à. *Se dérober à toutes les questions.* ▷ (S. comp.) *Chaque fois qu'on l'interroge, il se dérobe.* **2.** Fléchir, faiblir. *Ses genoux se dérobèrent sous lui.* **3.** EQUIT *Cheval* *qui se dérobe devant un obstacle, qui se dérobe,* qui refuse de sauter un obstacle. – De l'a. fr. *rober,* frq. **raubôn.*

dérochage [deʀɔʃaʒ] n. m. TECH Action de dérocher un métal. – De *dérocher* 1.

dérochement [deʀɔʃmɑ̃] n. m. TRAV PUBL Enlèvement de roches. – De *dérocher* 2.

1. dérocher [deʀɔʃe] v. tr. [1] TECH Nettoyer (un métal) avec de l'acide, du borax. – De *dé-,* et *rocher* 2.

2. dérocher [deʀɔʃe] v. [1] **1.** v. intr. ALPIN Faire une chute en montagne, tomber d'une paroi rocheuse. *Il a déroché.* Syn. dévisser. ▷ v. pron. *Il se dérocha au moment le plus inattendu.* **2.** v. tr. TRAV PUBL Enlever les roches de. *Dérocher le lit d'une rivière.* – De *dé-,* et *roche.*

déroder [deʀɔde] v. tr. [1] TECH Abattre, en forêt, les arbres qui dépérissent; enlever les souches. *Déroder un bois.* – De *dé-,* et lat. *rodere,* «ronger».

dérogation [deʀɔgasjɔ̃] n. f. **1.** DR Fait de s'écarter de la loi, d'un principe de droit. **2.** Cour. Action de déroger à (qqch). *Je ne tolérerai aucune dérogation au règlement.* – Lat. *derogatio.*

dérogatoire [deʀɔgatwaʀ] adj. DR **1.** Qui accorde une dérogation. *Acte dérogatoire.* **2.** Qui a le caractère d'une entorse à la loi. *Cette clause de votre contrat est dérogatoire et illicite* (en vertu du principe de droit civil qui veut qu'aucune convention particulière ne déroge aux lois qui intéressent l'ordre public). – Lat. *derogatorius.*

dérogeance [deʀɔʒɑ̃s] n. f. HIST Action par laquelle on perd la qualité de noble. – De *déroger.*

déroger [deʀɔʒe] v. tr. indir. [13] *Déroger à.* **I. 1.** S'écarter de (un usage, une loi, une convention). *Déroger à la loi.* **2.** Faire une chose indigne de. *Déroger à la majesté du trône.* ▷ (S. comp.) S'abaisser. *Il ne pourrait faire une chose pareille sans déroger.* **II.** HIST *Déroger à noblesse :* perdre la noblesse en exerçant une activité incompatible avec la qualité de noble. – (S. comp.) *«Hélas! le dernier des Sigognac a dérogé!»* (Th. Gautier). – Lat. *derogare,* de *rogare,* «demander».

dérouillée [deʀuje] n. f. Pop. Correction, volée de coups. *Flanquer une dérouillée à qqn.* – Pp. fém. subst. de *dérouiller.*

dérouiller [deʀuje] v. [1] **I.** v. tr. **1.** Ôter la rouille de. *Dérouiller une arme.* **2.** Fig., cour. Faire perdre son engourdissement à. *La lecture dérouille l'esprit.* – (Faux pron.) *Se dérouiller les jambes.* **3.** Pop. Battre. *Je l'ai dérouillé.* **II.** v. intr. Pop. Recevoir des coups. *Si tu continues, tu vas dérouiller.* – *Par ext.* Souffrir, avoir mal. *On m'a arraché une dent... ce que j'ai pu dérouiller!*

déroulage [deʀulaʒ] n. m. **1.** Action de dérouler. ▷ TECH *Déroulage d'une bille d'okoumé.* (V. dérouler, sens 3.) **2.** Déroulement. *Le déroulage d'une bobine.* – De *dérouler.*

déroulement [deʀulmɑ̃] n. m. **1.** Action de dérouler; son résultat. *Le déroulement d'un tuyau d'arrosage.* **2.** Fig. Succession dans le temps. *Saisir les faits dans leur déroulement.* – De *dérouler.*

dérouler [deʀule] v. tr. [1] **1.** Étaler (ce qui était roulé). *Dérouler un tapis.* ▷ v. pron. *Pelote de laine qui se déroule.* – Fig. *Le panorama superbe qui se déroulait devant nous.* **2.** Fig. Exposer selon une succession donnée. *Il déroula tout son raisonnement avec une assurance parfaite.* ▷ v. pron. Se produire selon une succession donnée. *Les faits se sont déroulés rapidement.* **3.** TECH Détacher en feuilles minces les couches successives de (une bille de bois).

dérouleur [deʀulœʀ] n. m. **1.** TECH Appareil servant à dérouler (des produits livrés en rouleau). **2.** INFORM Élément périphérique d'un ordinateur qui assure le déroulement de la bande magnétique lors de l'enregistrement ou de la lecture de données. – De *dérouler.*

dérouleuse [deʀuløz] n. f. TECH **1.** Machine pour dérouler le bois. **2.** Dispositif permettant d'enrouler et de dérouler, un câble, un fil électrique, etc. – De *dérouler.*

déroutant, ante [deʀutɑ̃, ɑ̃t] adj. Qui déroute, déconcerte. *Une réponse déroutante. Un mode d'expression déroutant.* – Ppr. de *dérouter.*

déroute [deʀut] n. f. **1.** Fuite en désordre d'une armée vaincue. *Mettre une armée en déroute.* **2.** Fig. Défaite, revers grave; déconfiture. *Ses affaires sont en déroute.* – Déverbal de l'a. fr. *desroter,* «s'enfuir».

déroutement [deʀutmɑ̃] n. m. Modification de l'itinéraire d'un moyen de transport. – De *dérouter.*

dérouter [deʀute] v. tr. [1] **1.** Vx Détourner (qqn) de sa route. **2.** Modifier l'itinéraire initialement prévu (d'un moyen de transport). *Dérouter un avion en raison du brouillard.* **3.** Fig. Déconcerter, mettre sur une fausse voie. *Ses mensonges me déroutent.* ▷ Pp. adj. *Dérouté par la nouvelle, il resta muet.* – De *dé-,* et *route.*

derrick [deʀik] n. m. Chevalement qui supporte les tubes de forage des puits de pétrole. Syn. (off. recommandé) tour de forage. – Mot angl., de *Derrick,* bourreau de Londres, au XVIIe s., dont le nom devint synonyme de «gibet».

1. derrière [dɛʀjɛʀ] prép. et adv. **I.** prép. **1.** Après, en arrière de (par oppos. à *devant*). *Marcher les uns derrière les autres. Les mains derrière le dos.* – Fig. *Avoir une idée derrière la tête :* avoir une idée non avouée. **2.** De l'autre côté de. *Derrière le mur. Derrière la montagne.* **3.** Fig. Après (dans une succession, un ordre). *X est derrière Y au classement général.* **II.** adv. **1.** En arrière, après, ou du côté opposé au devant. *Regarder derrière. Il marche derrière. Demeurer loin derrière.* **2.** Loc. adv. *Par-derrière :* du côté opposé à celui auquel une personne ou une chose fait face. *Attaquer l'ennemi par-derrière.* – Fam. Sournoisement. *Faire des coups par-derrière.* – Du bas lat. *deretro,* de *retro,* «en arrière»; *derrière* sous l'infl. de *derrain.* V. dernier.

2. derrière [dɛʀjɛʀ] n. m. **1.** Partie postérieure d'une chose. *Le derrière de la maison.* Ant. devant, façade. **2.** Partie de l'homme et de quelques animaux qui comprend les fesses et le fondement. *Tomber sur le derrière. Mettre qqn dehors à coups de pied au derrière.* – De *derrière* 1.

derviche [dɛʀviʃ] n. m. Religieux musulman faisant partie d'une confrérie rattachée le plus souvent au soufisme. *Derviche tourneur,* qui effectue des danses rituelles tourbillonnantes. – Persan *darwich,* «pauvre».

1. des-, dés-. V. de- 1.

2. des-, dés-. V. de- 2.

des [de] art. **I. 1.** art. déf. pl. contracté *(de les). Le catalogue des livres de la bibliothèque. La salle des débats.* **2.** art. partitif. *Verser des arrhes. Reprenez des tripes.* **II.** art. indéf. (plur. de *un, une*). *Une table, des tables. Des amis sont venus me voir.* ▷ (Avec une valeur emphatique.) *Il rentre à des une heure du matin.* – De *de,* et *les.*

dès [dɛ] prép. **I.** (Marquant le temps.) **1.** À partir de, aussitôt après. *Dès l'enfance. Dès maintenant.* ▷ Loc. conj. *Dès que :* aussitôt que. *Dès que vous arriverez, je pourrai partir.* **2.** Loc. adv. *Dès lors :* à partir de ce moment. *Dès lors, il devient suspect.* ▷ Loc. conj. *Dès lors que :* à partir du moment où. *Dès lors que vous acceptez, le marché est conclu.* **II.** (Marquant le lieu.) Depuis, à partir de. *Fleuve navigable dès sa source.* – Du lat. pop. *de ex,* renforcement de *ex,* «hors de».

désabonnement [dezabɔnmɑ̃] n. m. Action de se désabonner. – De *désabonner.*

désabonner [dezabɔne] v. tr. [1] Faire cesser l'abonnement de (qqn). ▷ v. pron. *Cette revue ne m'intéressait plus, je me suis désabonné.*

désabusé, ée [dezabyze] adj. Qui n'a plus d'illusions, revenu de tout. *Une personne désabusée. Prendre un air désabusé.* ▷ Subst. *Un(e) désabusé(e).* – Pp. de *désabuser.*

désabusement [dezabyzmɑ̃] n. m. Litt. Fait de désabuser; état d'une personne désabusée. – De *désabuser.*

désabuser [dezabyze] v. tr. [1] Vx ou litt. Détromper (qqn) de ce qui l'abuse, désillusionner.

désaccord [dezakɔʀ] n. m. **1.** Dissentiment, différence d'opinion. *Ce léger désaccord entre eux n'a fait que croître avec le temps.* ▷ Manque d'accord, désunion. *Ces discussions amenèrent le désaccord dans la famille.* **2.** Discordance (entre des choses). *Le désaccord flagrant entre la théorie et la pratique.*

désaccorder [dezakɔʀde] v. tr. [1] **1.** Rare Détruire l'accord entre les personnes. **2.** MUS Faire perdre l'accord (à un instrument). *L'humidité a désaccordé ce piano.* ▷ v. pron. *Harpe qui se désaccorde.*

désaccoupler [dezakuple] v. tr. [1] Séparer (ce qui était par couple, ce qui était couplé). *Désaccoupler des bœufs.* – TECH *Désaccoupler des circuits électriques.*

désaccoutumance [dezakutymɑ̃s] n. f. MED Cessation de l'état d'accoutumance d'un organisme à une substance. *La désaccoutumance des stupéfiants nécessite un traitement approprié.*

désaccoutumer [dezakutyme] v. tr. [1] Faire perdre une habitude à (qqn). ▷ v. pron. *Se désaccoutumer de fumer. Se désaccoutumer du tabac.*

désacralisation [desakʀalizasjɔ̃] n. f. Action de désacraliser; son résultat. – De *désacraliser.*

désacraliser [desakʀalize] v. tr. [1] Retirer le caractère sacral attaché à (une fonction, une pratique, une institution). *Désacraliser la justice.*

désactivation [dezaktivasjɔ̃] n. f. PHYS NUCL Action de désactiver; son résultat. *La désactivation des déchets radioactifs.*

désactiver [dezaktive] v. tr. [1] PHYS NUCL Débarrasser une substance de sa radioactivité.

désadaptation [dezadaptasjɔ̃] n. f. Fait de perdre, d'avoir perdu son adaptation.

désadapté, ée [dezadapte] adj. et n. Qui a perdu son adaptation (à un milieu social, professionnel, etc.) ▷ Subst. *Un(e) désadapté(e).* – Pp. de *désadapter.*

désadapter [dezadapte] v. tr. [1] Faire perdre à (qqn) son adaptation (sociale, professionnelle, etc.). *L'incarcération prolongée désadapte les détenus.* ▷ v. pron. *Se désadapter progressivement.*

désaffectation [dezafɛktasjɔ̃] n. f. DR Action de désaffecter.

désaffecté, ée [dezafɛkte] adj. Qui n'assure plus le service auquel il était affecté, pour lequel il était prévu. *Une grange désaffectée transformée en garage.* – Pp. de *désaffecter.*

désaffecter [dezafɛkte] v. tr. [1] **1.** Ôter à (un édifice) son affectation première. *Désaffecter une caserne, une église.* **2.** FIN Cesser d'affecter (une somme) à un emploi déterminé.

désaffection [dezafɛksjɔ̃] n. f. Perte de l'affection. *La désaffection du peuple pour son souverain.* – Cessation de l'intérêt porté à qqch. *La désaffection du public pour le théâtre.*

désagréable [dezagʀeabl] adj. Déplaisant, qui cause du désagrément. *Personne désagréable. Nouvelle désagréable.*

désagréablement [dezagʀeabləmɑ̃] adv. D'une manière désagréable. *Être désagréablement surpris.* – De *désagréable.*

désagrégation [dezagʀegasjɔ̃] n. f. Séparation des différentes parties d'un corps; dislocation, dissolution. – Fig. *La désagrégation des institutions.* – De *désagréger.*

désagréger [dezagʀeʒe] v. tr. [15] Séparer (ce qui est agrégé), décomposer, disjoindre. *L'humidité désagrège le plâtre.* ▷ v. pron. *Ce mur se désagrège.*

désagrément [dezagʀemɑ̃] n. m. Déplaisir, ennui, souci. *Causer du désagrément. Vous allez vous attirer bien du désagrément.*

désaimantation [dezɛmɑ̃tasjɔ̃] n. f. Action de désaimanter. – De *désaimanter.*

désaimanter [dezɛmɑ̃te] v. tr. [1] Faire disparaître l'aimantation de.

désaliénation [dezaljenasjɔ̃] n. f. Cessation de l'aliénation (mentale ou sociale). – De *désaliéner,* d'après *aliénation.*

désaliéner [dezaljene] v. tr. [14] Faire cesser l'aliénation de (qqn, qqch); libérer.

désaltérant, ante [dezalteʀɑ̃, ɑ̃t] adj. Qui apaise bien la soif. *Une boisson très désaltérante.* – Ppr. de *désaltérer.*

désaltérer [dezalteʀe] v. tr. [14] Apaiser la soif de (qqn). *Désaltérer un malade fiévreux.* – (S. comp.) *L'eau pure, le thé désaltèrent.* ▷ v. pron. Apaiser sa soif, boire. *Allons nous désaltérer au bar.*

désambiguïsation [dezɑ̃bigɥizasjɔ̃] n. f. Didac. Action de désambiguïser. – De *désambiguïser.*

désambiguïser [dezɑ̃bigɥize] v. tr. Didac. Supprimer l'ambiguïté. – De *dés-,* et *ambigu.*

désamidonnage [dezamidɔnaʒ] n. m. Opération par laquelle on désamidonne. – De *désamidonner.*

désamidonner [dezamidɔne] v. tr. [1] Éliminer l'amidon de. *Désamidonner du linge.*

désaminase [dezaminɑz] n. f. BIOCHIM Enzyme qui effectue la désamination. – De *dés-, amin(é),* et *-ase.*

désamination [dezaminasjɔ̃] n. f. BIOCHIM Perte, par un acide aminé, de son groupement aminé.

désamorçage [dezamɔʀsaʒ] n. m. Action de désamorcer; état de ce qui est désamorcé. *Le désamorçage d'une mine. Le désamorçage d'une pompe.* – De *désamorcer.*

désamorcer [dezamɔʀse] v. tr. [12] **1.** Ôter l'amorce de. *Désamorcer une bombe.* **2.** Interrompre l'état de fonctionnement de. *Désamorcer une pompe.* **3.** Fig. Faire perdre à (une chose) son caractère destructeur ou menaçant. *Désamorcer les antagonismes.*

désannexer [dezanɛkse] v. tr. [1] Restituer un territoire à l'État auquel il appartenait avant son annexion.

désapparier [dezapaʀje] v. tr. [1] Syn. de *déparier.*

désappointement [dezapwɛ̃tmɑ̃] n. m. État d'une personne désappointée; déception, contrariété. *Elle en conçut un vif désappointement.* – De *désappointer.*

désappointer [dezapwɛ̃te] v. tr. [1] Décevoir (qqn) dans son attente, dans son espérance. – Pp. adj. *Un air désappointé.* – A. fr. *desappointer,* « destituer », de *dés-,* et *appointer;* par l'angl. *disappointed.*

désapprendre [dezapʀɑ̃dʀ] v. tr. [52] Oublier (ce qu'on avait appris).

désapprobateur, trice [dezapʀɔbatœʀ, tʀis] adj. Qui désapprouve, marque la désapprobation. *Un ton désapprobateur.* – De *désapprouver,* d'après *approbateur.*

désapprobation [dezapʀɔbasjɔ̃] n. f. Action de désapprouver. *Geste de désapprobation. La désapprobation fut générale.*

désapprouver [dezapʀuve] v. tr. [1] Ne pas agréer, juger mauvais, blâmer. *Désapprouver un projet. Il désapprouve formellement votre attitude. Désapprouver qqn,* lui donner tort, le blâmer.

désapprovisionnement [dezapʀɔvizjɔnmɑ̃] n. m. Action de désapprovisionner; son résultat. – De *désapprovisionner.*

désapprovisionner [dezapʀɔvizjɔne] v. tr. [1] 1. Priver de son approvisionnement. 2. Dégarnir de provision. *Désapprovisionner un compte bancaire.*

désarçonner [dezaʀsɔne] v. tr. [1] 1. Mettre (un cavalier) hors des arçons, jeter (qqn) à bas de la selle. *Son cheval l'a désarçonné.* 2. Fig. Faire perdre contenance à, déconcerter. *Cette question l'a complètement désarçonné.* – De *dés-*, et *arçon.*

désargenté, ée [dezaʀʒɑ̃te] adj. 1. Qui a perdu sa couche d'argent. *Des couverts désargentés.* 2. Fam. Démuni d'argent. *Je suis fort désargenté en ce moment.* – Pp. de *désargenter.*

désargenter [dezaʀʒɑ̃te] v. tr. [1] 1. TECH Enlever la couche d'argent de (un objet recouvert d'argent). ▷ v. pron. *Les couverts se désargentent.* 2. Fam., rare Retirer son argent à (qqn). ▷ v. pron. *Se désargenter au baccara.*

désarmant, ante [dezaʀmɑ̃, ɑ̃t] adj. Qui fléchit la rigueur, l'irritation. *Un sourire désarmant.* – Ppr. de *désarmer.*

désarmement [dezaʀməmɑ̃] n. m. 1. Action de désarmer (qqch). *Le désarmement d'un fort. Le désarmement d'un paquebot.* 2. Action de réduire ou de supprimer les forces militaires. *De nombreuses réunions de la conférence pour le désarmement se sont tenues sous les auspices de l'O.N.U., en vue de limiter l'armement nucléaire des grandes puissances.* – De *désarmer.*

désarmer [dezaʀme] v. [1] I. v. tr. 1. Enlever, arracher ses armes à (qqn). *Désarmer un malfaiteur.* – Enlever les armes de. *Désarmer un fort,* en retirer les canons. ▷ *Désarmer une arme à feu,* la rendre inoffensive en libérant le ressort de percussion. 2. Fig. *Ces plaisanteries l'ont désarmé,* lui ont ôté tout moyen de s'irriter. – Pp. adj. *Elle se sentit désarmée par tant de candeur.* 3. MAR *Désarmer un navire,* le débarrasser de son matériel mobile et débarquer son équipage. II. v. intr. Renoncer à tous préparatifs militaires; réduire son armement (en parlant d'un État). *Toutes les puissances désarmèrent à la fois.* ▷ Fig. Se débarrasser d'un sentiment hostile, d'une rancune. *Il est trop rancunier pour désarmer. Il lui en veut et ne désarmera pas.*

désarrimage [dezaʀimaʒ] n. m. 1. Action de désarrimer. *Désarrimage d'un bateau, de deux engins spatiaux.* 2. TRANSP Dérangement de l'arrimage d'une cargaison (navire, avion). – De *désarrimer.*

désarrimer [dezaʀime] v. tr. [1] Faire que qqch ne soit plus arrimé, déranger (des marchandises arrimées).

désarroi [dezaʀwa] n. m. 1. Mod. Trouble, confusion de l'esprit. *Le bouleversement de ses projets l'avait plongé dans un désarroi complet.* 2. Vx Désorganisation, désordre. *Une maison en désarroi.* – De l'a. fr. *desarroyer, desareer,* «mettre en désordre».

désarticulation [dezaʀtikylasjɔ̃] n. f. 1. Action de désarticuler ou de se désarticuler; son résultat. 2. CHIR Opération consistant à désarticuler. – De *désarticuler.*

désarticuler v. tr. [1] 1. Faire sortir de l'articulation. *Désarticuler un os de poulet.* – v. pron. *L'os s'est désarticulé.* (Faux pron.) *Se désarticuler le coude.* 2. CHIR Amputer au niveau de l'articulation. 3. Défaire (ce qui était articulé). *Désarticuler les pièces d'un mécanisme.* – Pp. adj. *Pantin désarticulé.* 4. v. pron. Se contorsionner en donnant l'impression que les os sortent de leurs articulations. *Contorsionniste qui se désarticule.*

désassemblage [dezasɑ̃blaʒ] n. m. Action de désassembler ou de se désassembler. – De *désassembler.*

désassembler [dezasɑ̃ble] v. tr. [1] Défaire (ce qui est assemblé). *Désassembler une charpente.* ▷ v. pron. *Meuble qui se désassemble.*

désassimilation [dezasimilasjɔ̃] n. f. 1. PHYSIOL Élimination des substances préalablement assimilées par un organisme vivant. 2. BIOL Décomposition partielle des organelles cellulaires. – De *désassimiler.*

désassimiler [dezasimile] v. tr. [1] Produire une désassimilation.

désassortiment [dezasɔʀtimɑ̃] n. m. Action de désassortir; état de ce qui est désassorti. – De *désassortir.*

désassortir [dezasɔʀtiʀ] v. tr. [3] Rendre incomplet (un assortiment); dépareiller. – Pp. adj. *Un service désassorti.*

désastre [dezastʀ] n. m. 1. Événement funeste, grande calamité, catastrophe. *Cette inondation fut un désastre pour la région. Le désastre boursier de Wall Street en octobre 1929.* 2. Grave échec. *Cette opération a été un désastre.* – It. *disastro,* de *disastrato,* «né sous une mauvaise étoile».

désastreusement [dezastʀøzmɑ̃] adv. Rare D'une manière désastreuse. – De *désastreux.*

désastreux, euse [dezastʀø, øz] adj. 1. Qui a le caractère d'un désastre. *Un événement désastreux pour notre économie.* 2. Cour. Très fâcheux; qui porte tort. *Votre attitude est désastreuse.* – De *désastre.*

désatellisation [desatɛl(l)izasjɔ̃] n. f. ESP Action de désatelliser. – De *désatelliser.*

désatelliser [desatɛl(l)ize] v. tr. [1] ESP Faire quitter son orbite à un satellite ou à un engin spatial.

désavantage [dezavɑ̃taʒ] n. m. 1. Cause d'infériorité. *Le désavantage d'une position.* 2. Préjudice, dommage. *Cette clause du contrat est à votre désavantage.*

désavantager [dezavɑ̃taʒe] v. tr. [13] 1. Frustrer d'un avantage; faire supporter un désavantage à. *Désavantager un de ses enfants.* 2. Mettre en état d'infériorité. *Il est désavantagé par sa mauvaise mémoire.*

désavantageusement [dezavɑ̃taʒøzmɑ̃] adv. D'une manière désavantageuse. – De *désavantageux.*

désavantageux, euse [dezavɑ̃taʒø, øz] adj. Qui cause un désavantage. *Ne vous laissez pas imposer ces conditions désavantageuses.*

désaveu [dezavø] n. m. 1. Déclaration par laquelle on désavoue ce qu'on a dit ou fait. *Faire un désaveu public de sa doctrine.* 2. Fait de désavouer qqn. *Il a subi le désaveu de ses supérieurs.* 3. DR *Désaveu de paternité* : action par laquelle un mari fait déclarer judiciairement qu'il n'est pas le père d'un enfant né de sa femme légitime, pendant le mariage. – Déverbal de *désavouer.*

désavouer [dezavwe] v. tr. [1] 1. Ne pas vouloir reconnaître comme sien. *Désavouer une signature. Désavouer un enfant.* 2. Déclarer qu'on n'a pas autorisé (qqn) à dire ou à faire qqch. *Désavouer un ambassadeur.* 3. Désapprouver, condamner. *Désavouer la conduite de qqn.*

désaxé, ée [dezakse] adj. 1. Qui s'est écarté de son axe. 2. Déséquilibré mentalement. *Un esprit désaxé.* – Subst. *Un(e) désaxé(e).* – Pp. de *désaxer.*

désaxer v. tr. [1] 1. Écarter de son axe. 2. Fig. Faire perdre à (qqn) son équilibre mental, physique. – De *dés-*, et *axe.*

descamisados [deskamisadɔs] n. m. pl. HIST Surnom des libéraux espagnols (1820), puis (1943-1955) des partisans argentins du général Perón, qui s'appuyaient sur le prolétariat misérable. – Mot esp., «sans chemise».

descellement [desɛlmɑ̃] n. m. Action de desceller; son résultat. – De *desceller.*

desceller [desele] v. tr. [1] **1.** Défaire ce qui était scellé. *Desceller des barreaux.* **2.** Ôter le sceau de.

descendance [desɑ̃dɑ̃s] n. f. **1.** Vx Filiation; fait de descendre de qqn. **2.** Ensemble des descendants, postérité. *Une nombreuse descendance.* **3.** BIOL Ensemble des individus issus d'un couple par reproduction sexuée. – De *descendre.*

descendant, ante [desɑ̃dɑ̃, ɑ̃t] n. et adj. **1.** n. Individu issu d'une personne, d'une famille données. *C'est le seul descendant de cette maison.* **2.** adj. Qui descend. *Marée descendante.* ▷ MILIT *Garde descendante,* celle qui quitte son poste, qui est relevée par la garde montante. ▷ MUS *Gamme descendante,* qui va de l'aigu au grave. – Ppr. de *descendre.*

descenderie [desɑ̃dʀi] n. f. TECH Galerie de mine en pente. – De *descendre.*

descendeur, euse [desɑ̃dœʀ, øz] n. SPORT Sportif, sportive dont la spécialité est la descente (à bicyclette, à skis). – De *descendre.*

descendre [desɑ̃dʀ] v. [6] **I.** v. tr. (Avec l'auxiliaire *avoir.*) **1.** Parcourir de haut en bas. *Descendre un escalier, une colline. Descendre un fleuve,* en suivre le cours en allant vers l'embouchure. **2.** Mettre, porter plus bas. *Descendre un tableau. Descendre du vin à la cave.* **3.** Fam. Abattre. *Descendre un avion.* ▷ Pop. *Descendre qqn,* l'abattre, le tuer. **4.** Fam. Vider. *Descendre une bouteille,* la boire entièrement. **II.** v. intr. (Avec l'auxiliaire *être* ou, vx, *avoir.*) **1.** Aller de haut en bas. *Descendre de la montagne.* – Litt. *Descendre au cercueil, au tombeau :* mourir. ▷ Loc. *Descendre dans la rue :* participer à une manifestation. *Des milliers de Marseillais sont descendus dans la rue.* **2.** Mettre pied à terre. *Il descendit de sa bicyclette.* ▷ *Descendre à terre :* débarquer. **3.** S'arrêter quelque part pour y coucher, pour y séjourner. *Descendre à l'hôtel.* **4.** Fig. Entrer. *Descendre en soi-même :* consulter sa conscience. *Descendre dans le détail :* examiner tous les détails. **5.** Fig. Être issu de, tirer son origine de. *Il descend d'une famille de magistrats.* **6.** Aller en pente du haut vers le bas. *La route descend puis remonte.* **7.** (Sujet n. de chose.) Aller du haut vers le bas. *Le baromètre descend. Le soleil descend. La nuit descend quand le soleil se couche.* **8.** Baisser. *La mer descend.* ▷ Par anal. *Les prix descendent.* **9.** MUS Parcourir l'étendue des sons de l'aigu vers le grave. *Ce chanteur a une voix qui descend très bas.* – Lat. *descendere.*

descenseur [desɑ̃sœʀ] n. m. TECH *Ascenseur-descenseur :* ascenseur pouvant supporter une charge à la descente. – D'apr. *ascenseur.*

descente [desɑ̃t] n. f. **1.** Action de descendre. *La descente à la cave se fait par un escalier très raide. Saluer qqn à la descente du train.* **2.** Irruption d'ennemis venus par terre ou par mer. *La descente des Sarrasins en Espagne.* **3.** Visite d'un lieu pour une opération de justice ou de police. *Une descente de police.* **4.** Mouvement de haut en bas d'une chose. *Descente en vol plané d'un avion.* **5.** Pente. *Descente rapide. Ralentir dans les descentes.* **6.** SPORT Épreuve de ski chronométrée sur une pente de forte dénivellation comportant des portes de contrôle. **7.** Action par laquelle on descend qqch. *Descente d'un fleuve.* **8.** MYTH *Descente aux Enfers :* récit du voyage fabuleux de certains personnages aux Enfers. *Les plus célèbres descentes aux enfers sont celles d'Orphée, d'Hercule, de Thésée, d'Ulysse, d'Énée, et celles de «la Divine Comédie» de Dante et des «Aventures de Télémaque» de Fénelon.* ▷ *Descente de croix :* tableau ou sculpture représentant Jésus-Christ mort que l'on descend de la croix. *Rubens et Rembrandt ont peint des descentes de croix.* **9.** *Descente de lit :* tapis mis à côté du lit. **10.** MED *Descente d'organe :* ptôse, prolapsus. *Descente de matrice.* **11.** Pop. *Avoir une bonne descente :* boire en grande quantité. **12.** CONSTR *Descente d'eaux pluviales :* canalisation verticale servant à évacuer les eaux de pluie. ▷ *Descente de paratonnerre :* conducteur reliant le paratonnerre à la prise de terre. – De *descendre,* sur le modèle de *pente.*

déscolarisation [deskɔlaʀizasjɔ̃] n. f. Action de déscolariser; son résultat.

déscolariser [deskɔlaʀize] v. tr. [1] *Déscolariser un enfant,* le retirer de l'école, le soustraire au système scolaire.

descripteur [deskʀiptœʀ] n. m. **1.** Celui qui fait une, des descriptions. **2.** INFORM Ensemble des signes qui servent à décrire un fichier, un lexique. – Bas lat. *descriptor.*

descriptible [deskʀiptibl] adj. Rare Qui peut être décrit. – Probabl. d'apr. *indescriptible.*

descriptif, ive adj. et n. m. **1.** Qui décrit, qui a pour objet de décrire. *Poésie descriptive.* **2.** CONSTR *Devis descriptif,* décrivant les caractéristiques d'un ouvrage et son mode d'exécution. ▷ n. m. *Un descriptif détaillé.* **3.** MED *Anatomie descriptive,* qui décrit avec précision les formes, les aspects de chacun des organes. **4.** *Linguistique descriptive,* qui rend compte des phénomènes verbaux qu'elle observe (par oppos. aux grammaires traditionnelles de caractère normatif). **5.** MATH *Géométrie descriptive :* représentation de figures projetées sur un plan (géométrie cotée) ou sur plusieurs plans. – Du lat. *descriptivus.*

description [deskʀipsjɔ̃] n. f. **1.** Écrit ou discours par lequel on décrit. *Faire la description d'une tempête. Un chaos qui défie toute description.* **2.** DR Inventaire. *Le procès-verbal de saisie contient la description des meubles.* – Lat. *descriptio.*

déséchouer [dezeʃwe] v. tr. [1] MAR Remettre à flot (un navire échoué).

déségrégation [desegʀegasjɔ̃] n. f. Suppression de la ségrégation raciale.

désembourber [dezɑ̃buʀbe] v. tr. [1] Tirer hors de la boue. *Désembourber une voiture.*

désemparé, ée [dezɑ̃paʀe] adj. **1.** Qualifie un navire, un avion, etc., que ses avaries empêchent de manœuvrer. **2.** Qui a perdu tous ses moyens, qui ne sait plus que dire, que faire. *Un homme désemparé.* – Pp. de *désemparer.*

désemparer [dezɑ̃paʀe] v. tr. [1] **1.** Vx Abandonner l'endroit que l'on occupe. – Mod. *Sans désemparer :* sans interruption, avec persévérance. *L'assemblée décida de siéger sans désemparer.* **2.** MAR Vx Mettre hors d'état de manœuvrer. *Désemparer un vaisseau à coups de canon.* – De *dés-,* et anc. v. *emparer,* «fortifier».

désemplir [dezɑ̃pliʀ] v. [3] **1.** v. tr. Rare Vider en partie. *Désemplir un bassin.* **2.** v. intr. (Surtout dans des phrases négatives.) *Ne pas désemplir :* être toujours plein, ne pas cesser d'être fréquenté. *Sa maison ne désemplit pas.* **3.** v. pron. *La salle se désemplit.*

désenchaîner [dezɑ̃ʃene] v. tr. [1] Délivrer de ses chaînes. – Fig. Libérer d'une forte contrainte.

désenchanté, ée [dezɑ̃ʃɑ̃te] adj. (et n.). Désillusionné, déçu, blasé. *Il est revenu désenchanté de ce voyage.* ▷ Subst. *«Les Désenchantées»,* roman de Pierre Loti. – Pp. de *désenchanter.*

désenchantement [dezɑ̃ʃɑ̃tmɑ̃] n. m. **1.** Vx Action de faire cesser un enchantement. **2.** Sentiment de désillusion. – De *désenchanter.*

désenchanter [dezɑ̃ʃɑ̃te] v. tr. [1] **1.** Vx ou litt. Rompre l'enchantement de. **2.** Dissiper les illusions de (qqn).

désenclaver [dezɑ̃klave] v. tr. [1] **1.** Faire cesser l'enclavement de. **2.** Faire cesser l'isolement de (une région) par l'extension des moyens de transport et de communication et l'accroissement des échanges économiques.

désencombrer [dezɑ̃kɔ̃bʀe] v. tr. [1] Débarrasser de ce qui encombre. *Désencombrer un grenier.*

désencrasser [dezɑ̃kʀase] v. tr. [1] Nettoyer, faire disparaître la crasse de.

désendettement [dezɑ̃detmɑ̃] n. m. Fait de se désendetter. – De *(se) désendetter.*

désendetter (se) [dezɑ̃dete] v. pron. [1] Se décharger de ses dettes.

désenfler [dezɑ̃fle] v. intr. [1] Devenir moins enflé. *Son genou désenfle.*

désengagement [dezɑ̃gaʒmɑ̃] n. m. Action de désengager ou de se désengager. *Désengagement politique* : fait de renoncer à un engagement politique. – De *désengager.*

désengager [dezɑ̃gaʒe] v. tr. [13] Libérer d'un engagement. *Il a désengagé ses capitaux.* ▷ v. pron. *Se désengager d'une obligation.*

désengorger [dezɑ̃gɔʀʒe] v. tr. [13] Faire cesser l'engorgement de. *Désengorger une tuyauterie.*

désengrener [dezɑ̃gʀəne] v. tr. [16] TECH Faire cesser l'engrènement de.

désenivrer [dezɑ̃nivʀe] v. tr. [1] Faire passer l'ivresse de. *L'air frais l'a désenivré.* ▷ v. intr. *Ne pas désenivrer* : être toujours ivre.

désennuyer [dezɑ̃nɥije] v. tr. [22] Dissiper, chasser l'ennui de (qqn); distraire. *Visiter un malade pour le désennuyer.* ▷ v. pron. *Jouer aux cartes pour se désennuyer.*

désenrayer [dezɑ̃ʀeje] v. tr. [21] TECH Débloquer (un mécanisme enrayé). *Désenrayer une mitrailleuse.*

désensabler [dezɑ̃sable] v. tr. [1] Dégager, sortir du sable (qqch).

désensibilisateur [desɑ̃sibilizatœʀ] n. m. PHOTO Produit servant à désensibiliser une émulsion photographique. – De *désensibiliser.*

désensibilisation [desɑ̃sibilizasjɔ̃] n. f. **1.** MED Procédé destiné à faire disparaître la sensibilité anormale ou l'allergie à l'égard de certains allergènes normalement bien tolérés. (La désensibilisation spécifique consiste à introduire l'allergène dans l'organisme à doses infimes progressivement croissantes, de façon à induire une tolérance, par ex. dans le traitement de l'asthme allergique.) **2.** PHOTO Opération qui consiste à diminuer la sensibilité d'une émulsion. – De *désensibiliser.*

désensibiliser [desɑ̃sibilize] v. tr. [1] **1.** MED Pratiquer une désensibilisation sur. **2.** PHOTO Pratiquer la désensibilisation de (une émulsion).

désensorceler [dezɑ̃sɔʀsəle] v. tr. [19] Délivrer d'un ensorcellement.

désentoilage [dezɑ̃twalaʒ] n. m. Action de désentoiler. *Désentoilage d'un tableau* : opération qui consiste à enlever la toile qui lui sert de support afin de la remplacer. – De *désentoiler.*

désentoiler [dezɑ̃twale] v. tr. [1] Enlever la toile de (un tableau, un vêtement, etc.).

désentraver [dezɑ̃tʀave] v. tr. [1] Débarrasser de ses entraves.

désenvaser [dezɑ̃vɑze] v. tr. [1] **1.** Retirer la vase de. *Désenvaser un bassin.* **2.** Sortir de la vase. *Désenvaser une barque.*

désépaissir [dezepesiʀ] v. tr. [3] Rendre moins épais.

déséquilibre [dezekilibʀ] n. m. **1.** Absence d'équilibre. *Le déséquilibre de la balance des paiements.* **2.** Manque d'équilibre mental. *Il donne des signes de déséquilibre.*

déséquilibré, ée [dezekilibʀe] adj. et n. **1.** Qui manque d'équilibre. **2.** Qui ne jouit pas de toutes ses facultés mentales, dont l'équilibre psychique est perturbé. – Subst. *Un(e) déséquilibré(e).* – Pp. de *déséquilibrer.*

déséquilibrer [dezekilibʀe] v. tr. [1] **1.** Faire perdre l'équilibre à (qqn); rompre l'équilibre de (qqch). *Sa valise trop lourde le déséquilibre.* **2.** Troubler l'esprit, l'équilibre mental de. *La mort de son fils l'a complètement déséquilibrée.*

déséquiper [dezekipe] v. tr. [1] **1.** MAR Désarmer (un navire). **2.** Retirer son équipement à. ▷ v. pron. Retirer son équipement.

1. désert, erte [dezɛʀ, ɛʀt] adj. **1.** Qui est sans habitants. *Une île déserte.* **2.** Peu fréquenté, où il n'y a personne. *Rue déserte.* **3.** Sans cultures, sans végétation. *Paysage désert.* – Du lat. *desertus,* «abandonné».

2. désert [dezɛʀ] n. m. **1.** Région où les rigueurs du climat sont telles que la vie végétale et animale est presque inexistante. *On distingue les déserts chauds, où les précipitations sont inférieures à 200 millimètres d'eau par an* (Sahara), *et les déserts froids* (Antarctique et Arctique), *dont les basses températures sont peu propices à la vie.* **2.** Vx Lieu écarté, isolé. **3.** Fig. Grande solitude morale; isolement total. *«Le Désert de l'amour»,* roman de François Mauriac. **4.** Loc. fig. *Prêcher dans le désert* : parler sans être écouté. – Bas lat. *desertum,* de *desertus.*

déserter [dezɛʀte] v. tr. [1] **1.** Abandonner (un lieu). *Les habitants ont déserté le village.* – Pp. adj. *Une ville désertée.* **2.** Fig. Abandonner, trahir. *Déserter une cause.* **3.** (S. comp.) En parlant d'un militaire, refuser de rejoindre son corps ou le quitter illégalement avec l'intention de n'y pas revenir; abandonner son poste. – Passer à l'ennemi. – De *désert* 1.

déserteur [dezɛʀtœʀ] n. m. **1.** Militaire qui a déserté. *Fusiller un déserteur.* **2.** Fig. Celui qui abandonne une cause, un parti, une religion. – De *déserter.*

désertification [dezɛʀtifikasjɔ̃] ou **désertisation** [dezɛʀtizasjɔ̃] n. f. Transformation en désert (d'une région). – De *désert 2.*

désertifier [dezɛʀtifje] v. tr. [1] **1.** Transformer en désert. **2.** Dépeupler. **3.** v. pron. *Une région qui se désertifie.* – De *désert* 2.

désertion [dezɛʀsjɔ̃] n. f. **1.** Action de déserter (en parlant d'un militaire). *Désertion à l'étranger, à l'ennemi.* **2.** Fig. Acte de celui qui abandonne un parti, une cause, une religion. *Le groupe ne s'est pas remis de la désertion de son chef.* – Bas lat. *desertio,* «abandon».

désertique [dezɛʀtik] adj. **1.** Qui a les caractères du désert. *Région désertique.* **2.** Du désert, propre au désert. *Climat, flore désertique.* – De *désert* 2.

désescalade [dezɛskalad] n. f. Processus inverse de l'escalade, dans le domaine militaire, social, etc.

désespérance [dezɛspeʀɑ̃s] n. f. Litt. Lassitude découragée de celui qui a perdu l'espoir.

désespérant, ante [dezɛspeʀɑ̃, ɑ̃t] adj. **1.** Qui jette dans le désespoir, qui cause un vif chagrin. *Cette pensée est désespérante.* **2.** Décourageant. *Il est désespérant de sottise.* – Ppr. de *désespérer.*

désespéré, ée [dezɛspeʀe] adj. et n. **1.** Abandonné au désespoir. *Un amoureux désespéré.* ▷ Subst. *Le geste fou d'un désespéré.* **2.** Inspiré par le désespoir. *Prendre un parti désespéré.* **3.** Qui ne laisse plus aucun espoir. *Être dans une situation désespérée.* **4.** *Par ext.* Extrême. *Tentative désespérée.* – Pp. de *désespérer.*

désespérément [dezɛspeʀemɑ̃] adv. **1.** D'une façon désespérée. *Elle l'avait désespérément attendu.* **2.** Par exag. *Un livre désespérément ennuyeux,* d'un ennui qui décourage le lecteur. **3.** Éperdument. *Ils se sont battus désespérément jusqu'au bout.* – De *désespéré.*

désespérer [dezɛspeʀe] v. [**14**] **1.** v. tr. indir. Perdre l'espoir (de). *Désespérer de réussir.* – Cesser d'espérer (en). *Désespérer de qqn,* perdre l'espoir de le voir se comporter comme on le souhaiterait. **2.** v. intr. Perdre espoir. *Ne désespérez jamais.* **3.** v. tr. Litt. *Désespérer que* (+ subj.) : ne plus espérer que. *Je ne désespère pas qu'il aille mieux.* **4.** v. tr. Affliger profondément, réduire au désespoir. *La conduite de son fils le désespère.* **5.** v. pron. Se livrer, se laisser aller au désespoir.

désespoir [dezɛspwaʀ] n. m. **1.** État de celui qui a perdu l'espoir. *Tomber dans le désespoir. Être au désespoir :* être désespéré ; *par exag.* être navré, désolé. *Je suis au désespoir de ne pouvoir vous accompagner.* **2.** *Faire le désespoir de qqn,* lui causer une profonde affliction. – *Être le désespoir de :* être une personne, une chose qui désespère. **3.** *Désespoir des peintres :* plante *(Saxifraga umbrosa)* dont les fleurs, qui tremblent au moindre courant d'air, sont très difficiles à peindre. **4.** Loc. adv. *En désespoir de cause :* en dernière ressource et sans trop y croire.

désétatiser [dezetatize] v. tr. [**1**] Réduire le rôle ou la part de l'État dans (une industrie).

déshabillage [dezabijaʒ] n. m. Action de déshabiller ou de se déshabiller. – De *déshabiller.*

déshabillé [dezabije] n. m. **1.** Vx Vêtement d'intérieur. *« Voici encore un petit déshabillé pour faire le matin mes exercices » (Molière).* – Fig. *En déshabillé :* sans affectation. **2.** Mod. Léger vêtement d'intérieur pour les femmes. *Un déshabillé de dentelle.* – Pp. subst. de *déshabiller.*

déshabiller [dezabije] **I.** v. tr. [**1**] **1.** Enlever à (qqn) les vêtements qu'il porte. *Déshabiller un enfant.* **2.** TECH Enlever le revêtement, les accessoires de. **3.** Fig. Mettre à nu, à découvert. **II.** v. pron. **1.** Retirer ses vêtements. *Se déshabiller pour prendre un bain.* **2.** Quitter ses vêtements de ville (manteau, gants, chapeau, etc.) pour une tenue d'intérieur.

déshabituer [dezabitɥe] v. tr. [**1**] Faire perdre à (qqn) l'habitude de. *Déshabituer qqn de boire.* ▷ v. pron. *Il n'arrive pas à se déshabituer du tabac.*

déshalogénase [dezalɔʒenɑz] n. f. BIOCHIM Enzyme qui catalyse une réaction au cours de laquelle des molécules d'halogène sont extraites des corps organiques qui les contiennent. – De *dés-, halogène,* et *-ase.*

désherbage [dezɛʀbaʒ] n. m. Action de désherber. – De *désherber.*

désherbant, ante [dezɛʀbɑ̃, ɑ̃t] adj. et n. m. Qui détruit les mauvaises herbes. – n. m. *Un désherbant puissant.* – Ppr. de *désherber.*

désherber [dezɛʀbe] v. tr. [**1**] Ôter les mauvaises herbes de. *Désherber les allées.* – De *dés-,* et *herbe.*

déshérence [dezeʀɑ̃s] n. f. DR État d'une succession vacante. *Droit de déshérence :* droit qu'a l'État de recueillir la succession des individus morts intestats et sans héritiers. – De *dés-,* et a. fr. *heir, hoir,* « héritier ».

déshérité, ée [dezeʀite] adj. et n. **1.** adj. Privé d'un héritage. *Neveux déshérités.* **2.** adj. Fig. Privé de dons naturels, défavorisé par le sort. *Une région déshéritée.* – Subst. *Aider les pauvres, les déshérités.* – Pp. de *déshériter.*

déshériter [dezeʀite] v. tr. [**1**] **1.** Priver de sa succession (ses héritiers légitimes). *Il veut déshériter son fils au profit de son neveu.* **2.** Fig., litt. Priver (qqn, qqch) des avantages naturels.

déshonnête [dezɔnɛt] adj. Vieilli Contraire à la pudeur, à la bienséance. *Paroles, gestes déshonnêtes.*

déshonnêtement [dezɔnɛtmɑ̃] adv. Rare D'une manière déshonnête. – De *déshonnête.*

déshonnêteté [dezɔnɛtte] n. f. Vx Indécence, impudeur. – De *déshonnête.*

déshonneur [dezɔnœʀ] n. m. Perte de l'honneur, honte, opprobre, infamie. *Être souillé par le déshonneur.* ▷ Ce qui cause le déshonneur. *Il n'est pas homme à souffrir un déshonneur.*

déshonorant, ante [dezɔnɔʀɑ̃, ɑ̃t] adj. Qui déshonore. *Une conduite déshonorante.* – Ppr. de *déshonorer.*

déshonorer [dezɔnɔʀe] v. tr. [**1**] **1.** Ôter l'honneur à (qqn). *Cette action vile l'a déshonoré.* ▷ v. pron. *Il s'est déshonoré.* **2.** Vieilli *Déshonorer une femme,* la séduire, abuser d'elle. **3.** Fig. Flétrir, ternir, enlaidir (qqch). *Cette affreuse statue déshonore la place.*

déshuiler [dezɥile] v. tr. [**1**] TECH Enlever l'huile de. *Déshuiler les eaux usées d'une usine avant de les rejeter.*

déshumanisation [dezymanizasjɔ̃] n. f. Perte du caractère humain (de qqn, de qqch). *La déshumanisation du paysage urbain.* – De *déshumaniser.*

déshumaniser [dezymanize] v. tr. [**1**] Faire perdre son caractère humain à (qqch), sa qualité d'être humain à (qqn). *Conditions d'existence qui déshumanisent l'individu.* – Pp. adj. *Un monde déshumanisé.*

déshydratant, ante [dezidʀatɑ̃, ɑ̃t] adj. Qui déshydrate (en parlant d'une substance, d'un milieu). – Ppr. de *déshydrater.*

déshydratation [dezidʀatasjɔ̃] n. f. **1.** Action de déshydrater. *Déshydratation de denrées alimentaires en vue de leur conservation.* **2.** MED Diminution de la quantité d'eau contenue dans l'organisme. – De *déshydrater.*

déshydraté, ée [dezidʀate] adj. **1.** Qui a été privé de son eau. **2.** MED Atteint de déshydratation. **3.** Fam. Assoiffé. *Je suis déshydraté, je meurs de soif!* – Pp. de *déshydrater.*

déshydrater [dezidʀate] **1.** v. tr. [**1**] TECH Enlever l'eau combinée ou mélangée à (un corps). **2.** v. pron. MED Perdre son eau, en parlant de l'organisme.

déshydrogénase [dezidʀɔʒenɑz] n. f. BIOCHIM Enzyme capable de libérer l'hydrogène constitutif des molécules organiques. – De *dés-, hydrogèn(e),* et *-ase.*

déshydrogénation [dezidʀɔʒenasjɔ̃] n. f. CHIM Action de déshydrogéner. – De *déshydrogéner.*

déshydrogéner [dezidʀɔʒene] v. tr. [**14**] CHIM Éliminer tout ou partie de l'hydrogène de (un corps). – De *dés-,* et *hydrogène.*

desiderata [dezideʀata] n. m. plur. Choses désirées. *Exposez vos desiderata.* – Plur. du mot lat. neutre *desideratum.*

design [dizajn] n. m. inv. (Anglicisme) **1.** Mode de création industrielle qui vise à adapter la forme des objets (appareils, outils, machines, etc.) à la fonction qu'ils doivent remplir tout en leur conférant une beauté plastique qui rende agréable leur utilisation. Syn. (off. recommandé) esthétique industrielle. **2.** Style de décoration inspiré de ce mode de création (dépouillement des formes, emploi de couleurs pures, utilisation de matériaux tels que le verre, l'acier, l'aluminium et les matières plastiques). *Des meubles de style design.* ▷ Ellipt. *Des meubles design.* – Mot angl., « dessin, plan, esquisse », du fr. *dessin.*

désignatif, ive [deziɲatif, iv] adj. Qui désigne. – Bas lat. *designativus.*

désignation [deziɲasjɔ̃] n. f. **1.** Action de désigner. *La désignation d'un aristocrate par son titre de noblesse.* **2.** Action de désigner (qqn) pour une charge, un emploi, une affectation. *Sa désignation pour Paris est officielle.* **3.** LING Ce qui désigne (sens 5). *La désignation de « cabaretier » appliquée au propriétaire d'un débit de boissons est vieillie.* – Lat. *designatio.*

designer [dizajnœʀ] n. m. (Anglicisme) Spécialiste du design. – Mot angl., de *design*.

désigner [deziɲe] v. tr. [1] **1.** Indiquer (une personne ou une chose), d'une manière distinctive, par un signe, un geste, une marque. *Il a désigné la personne qui l'avait frappé.* **2.** Annoncer, indiquer. «*La mine désigne les biens de la fortune*» *(La Bruyère).* **3.** Fixer, marquer. *Désignez l'endroit de votre choix.* **4.** Signaler. *Désigner qqn à l'hostilité générale.* ▷ v. pron. Se signaler soi-même. *Il s'est désigné à l'attention générale.* **5.** LING En parlant d'un signe, renvoyer à (qqch). *Le mot «vilain» désignait le paysan libre au Moyen Âge.* **6.** Appeler (qqn) à une charge, une dignité, une fonction. *Désigner son successeur.* – Lat. *designare*, de *signum*, «signe».

désillusion [dezil(l)yzjɔ̃] n. f. Perte des illusions, déception, désenchantement. *Il a été aigri par cette désillusion.*

désillusionner [dezil(l)yzjɔne] v. tr. [1] Faire perdre à (qqn) une, ses illusions. *Son échec l'a désillusionné.*

désincarcération [dezɛ̃kaʀseʀasjɔ̃] ou **décarcération** [dekaʀseʀasjɔ̃] n. f. Opération consistant à extraire une ou des victimes d'un accident du lieu où elles se trouvent bloquées (véhicule, chemin de fer, avion, immeuble, etc.) lorsqu'elles ne peuvent en sortir sans dommages par leurs propres moyens. – De *dés-*, et *(in)carcération*.

désincarcérer [dezɛ̃kaʀseʀe] v. tr. [14] Procéder à une désincarcération.

désincarnation [dezɛ̃kaʀnasjɔ̃] n. f. Action de se désincarner; état de ce qui est désincarné. – De *désincarner*.

désincarné, ée [dezɛ̃kaʀne] adj. **1.** RELIG Dégagé de son enveloppe charnelle (en parlant des morts, des esprits). **2.** Fig. Qui néglige les considérations matérielles, qui tend à l'abstraction.

désincarner [dezɛ̃kaʀne] v. tr. [1] Diminuer la quantité des chairs; atténuer l'aspect charnel. *Ce peintre désincarne ses modèles.* ▷ v. pron. Perdre l'apparence charnelle. *L'homme invisible de H.G. Wells s'incarne et se désincarne à volonté.* – Quitter un corps. *Une âme qui se désincarne.* ▷ Litt. Se détacher de la condition humaine. – De *désincarné*.

désincrustant, ante [dezɛ̃kʀystɑ̃, ɑ̃t] adj. et n. m. **1.** adj. Qui sert à désincruster. **2.** n. m. TECH Substance servant à enlever les dépôts qui se forment dans les appareils contenant une eau calcaire. – Ppr. de *désincruster*.

désincrustation [dezɛ̃kʀystasjɔ̃] n. f. **1.** TECH Action de désincruster (un appareil où circule de l'eau chaude). **2.** *Désincrustation de la peau du visage*, soins cosmétiques consistant à la débarrasser de ses cellules mortes et à la nettoyer. – De *désincruster*.

désincruster [dezɛ̃kʀyste] v. tr. [1] TECH Ôter les dépôts incrustés de.

désindexation [dezɛ̃dɛkasjɔ̃] n. f. Suppression de l'indexation. – De *désindexer*.

désindexer [dezɛ̃dɛkse] v. tr. [1] Pratiquer la désindexation de. – Pp. *Une valeur boursière désindexée.*

désindustrialisation [dezɛ̃dystʀijalizasjɔ̃] n. f. ECON Ensemble des mécanismes économiques qui réduisent le nombre et l'importance des établissements industriels d'une région, d'un pays.

désinence [dezinɑ̃s] n. f. **1.** LING Terminaison qui sert à marquer le cas, le nombre, le genre, la personne, etc. **2.** BOT Terminaison de certains organes. – Lat. médiév. *desinentia*, de *desinere*, «finir».

désinfectant, ante [dezɛ̃fɛktɑ̃, ɑ̃t] adj. et n. m. Qui sert à désinfecter. – n. m. *Un désinfectant efficace.* – Ppr. de *désinfecter*.

désinfecter [dezɛ̃fɛkte] v. tr. [1] Nettoyer à l'aide d'une substance (désinfectant) qui détruit les germes pathogènes. *Désinfecter une plaie. Désinfecter une salle d'hôpital.*

désinfecteur [dezɛ̃fɛktœʀ] adj. et n. m. Qui est utilisé pour désinfecter. *Appareil désinfecteur*, ou n. m., *un désinfecteur.* – De *désinfecter*.

désinfection [dezɛ̃fɛksjɔ̃] n. f. Destruction de la flore microbienne d'un lieu, d'une partie de l'organisme, par des moyens mécaniques (lavage, brossage), physiques (chaleur) ou chimiques (antiseptiques, antibiotiques).

désinflation [dezɛ̃flasjɔ̃] n. f. Réduction de l'inflation.

désinformation [dezɛ̃fɔʀmasjɔ̃] n. f. Suppression de l'information, réduction de sa portée ou modification de son sens.

désinsectisation [dezɛ̃sɛktizasjɔ̃] n. f. Action de désinsectiser; son résultat. – De *dés-*, et *insecte*.

désinsectiser [dezɛ̃sɛktize] v. tr. [1] Débarrasser des insectes nuisibles. *Désinsectiser une région impaludée.* – De *dés-*, et *insecte*.

désintégration [dezɛ̃tegʀasjɔ̃] n. f. **1.** Action de désintégrer. **2.** PHYS NUCL Action de désintégrer (par bombardement de particules); fait de se désintégrer (radioactivité naturelle, fission nucléaire). – De *désintégrer*.

désintégrer [dezɛ̃tegʀe] **I.** v. tr. [14] **1.** Détruire l'intégrité de, ruiner complètement. **2.** PHYS NUCL Détruire (un noyau atomique) pour libérer de l'énergie. **II.** v. pron. **1.** PHYS NUCL Se dématérialiser. ▷ Se transformer en émettant un rayonnement et de l'énergie (en parlant d'un noyau). **2.** TECH Se détruire, être détruit complètement. *Le satellite s'est désintégré en rentrant dans l'atmosphère.*

désintéressé, ée [dezɛ̃teʀese] adj. **1.** Qui n'est pas motivé par son intérêt particulier. *Un homme désintéressé.* **2.** Où l'intérêt ne joue aucun rôle. *Une action désintéressée.* – Pp. de *désintéresser*.

désintéressement [dezɛ̃teʀɛsmɑ̃] n. m. **1.** Détachement de tout intérêt personnel. *Montrer un entier désintéressement.* **2.** Action de désintéresser qqn. – De *désintéresser*.

désintéresser [dezɛ̃teʀese] **1.** v. tr. [1] Payer à (une personne) ce qu'elle peut avoir à réclamer, indemniser, dédommager. *Désintéresser ses créanciers.* **2.** v. pron. *Se désintéresser de* : n'avoir plus d'intérêt pour, ne plus s'occuper de.

désintérêt [dezɛ̃teʀɛ] n. m. Perte de l'intérêt pour qqch.

désintoxication [dezɛ̃tɔksikasjɔ̃] n. f. **1.** Action de débarrasser des toxines. **2.** Traitement destiné à guérir une intoxication, due à l'alcool, aux stupéfiants, etc. *Cure de désintoxication.* – De *désintoxiquer*.

désintoxiquer [dezɛ̃tɔksike] v. tr. [1] **1.** Débarrasser des toxines. **2.** Supprimer les effets d'une intoxication chez (qqn). *Désintoxiquer un alcoolique.*

désinvestir [dezɛ̃vɛstiʀ] v. [3] **1.** v. tr. MILIT Cesser d'investir. *Désinvestir une place.* **2.** v. intr. PSYCHAN Cesser d'investir. ▷ ECON Réduire ou supprimer l'investissement.

désinvestissement [dezɛ̃vɛstismɑ̃] n. m. **1.** ECON Action de réduire ou de supprimer les investissements. **2.** PSYCHAN Cessation d'un investissement.

désinvolte [dezɛ̃vɔlt] adj. **1.** Qui a une allure libre et dégagée. *Un jeune homme désinvolte.* **2.** Trop libre, léger jusqu'à l'insolence. *Sa réponse désinvolte l'a vexé.* – Ital. *disinvolto*; esp. *desenvuelto*, «développé».

désinvolture [dezɛ̃vɔltyʀ] n. f. **1.** Air dégagé. **2.** Légèreté, sans-gêne. *Il agit à mon égard avec une grande désinvolture.* – Ital. *disinvoltura*.

désir [deziʀ] n. m. **1.** « Tendance qui a pris conscience d'elle-même » (Spinoza); tendance particulière à vouloir obtenir qqch pour satisfaire un besoin, une envie. *Formuler un désir. Modérer ses désirs.* ▷ *Désir de* (+ inf.). *Le désir de plaire.* ▷ *Désir de* (+ subst.). *Le désir d'enfant.* **2.** Attirance sexuelle. *Brûler de désir.* – De *désirer.*

désirable [deziʀabl] adj. **1.** Qui excite le désir, qui mérite d'être désiré. *C'est un sort désirable.* **2.** Qui suscite l'attirance sexuelle. *Une femme désirable.* – De *désirer.*

désirer [deziʀe] v. tr. [1] **1.** Avoir le désir de (qqch). *Désirer les honneurs. C'est tout ce qu'il désire. Vous désirez ?* ▷ *Désirer que* (+ subj.). *Je désire qu'il réussisse.* **2.** *Se faire désirer* : se faire longtemps attendre; mettre peu d'empressement à satisfaire les désirs d'autrui. **3.** Loc. *Laisser à désirer* : présenter quelque imperfection. *Son éducation laisse un peu à désirer.* **4.** Éprouver une attirance sexuelle pour. – Du lat. *desiderare,* « regretter l'absence de ».

désireux, euse [deziʀø, øz] adj. Qui désire. *Il se montre très désireux de succès.* ▷ *Désireux de* (+ inf.) : qui a envie de. *Il est désireux de vous satisfaire.* – De *désirer.*

désistement [dezistəmɑ̃] n. m. **1.** DR Renoncement volontaire à (une poursuite). *Désistement d'instance, d'action.* **2.** Action de retirer sa candidature (en faveur d'un autre candidat). – De *désister.*

désister (se) [deziste] v. pron. [1] **1.** DR Renoncer à (une poursuite). *Se désister d'une plainte.* **2.** Retirer sa candidature à une élection, en faveur d'un autre candidat. *Se désister au second tour en faveur d'un candidat mieux placé.* – Lat. *desistere.*

desman [dɛsmɑ̃] n. m. Mammifère insectivore aquatique (genre *Desmana*) au pelage brun qui vit dans les Pyrénées et en Russie. – Du suédois *desmanratta,* « rat musqué ».

desmolase [dɛsmɔlaz] n. f. BIOCHIM Enzyme capable de scinder les chaînes carbonées avec libération d'énergie. – Du gr. *desmos,* « lien », et *-ase.*

désobéir [dezɔbeiʀ] v. tr. indir. [3] *Désobéir à* : ne pas obéir, refuser d'obéir à (qqn, un ordre). *Il a désobéi à son père. Militaire qui désobéit aux ordres.* – Absol. *Pierre a désobéi.*

désobéissance [dezɔbeisɑ̃s] n. f. Action de désobéir. *Un acte de désobéissance. Désobéissance civile.* – De *désobéir.*

désobéissant, ante [dezɔbeisɑ̃, ɑ̃t] adj. Qui désobéit (en parlant d'un enfant). *Une fillette désobéissante.* – Ppr. de *désobéir.*

désobligeance [dez;ɔbliʒɑ̃s] n. f. Litt. Disposition à désobliger autrui; défaut d'obligeance. – De *désobliger.*

désobligeant, ante [dezɔbliʒɑ̃, ɑ̃t] adj. Qui n'aime pas à obliger; qui désoblige, vexe. *Son procédé est tout à fait désobligeant. Insinuations désobligeantes.* – Ppr. de *désobliger.*

désobliger [dezɔbliʒe] v. tr. [13] Litt. Causer de la peine, du déplaisir à (qqn), le vexer. *Vous me désobligeriez en agissant ainsi.*

désobstruction [dezɔbstʀyksjɔ̃] n. f. Rare Action de désobstruer; son résultat.

désobstruer [dezɔpstʀye] v. tr. [1] Débarrasser de ce qui obstrue. *Désobstruer un tuyau.*

désodé, ée [desɔde] adj. Sans sodium, sans sel. *Régime désodé.*

désodorisant, ante [dezɔdɔʀizɑ̃, ɑ̃t] adj. et n. m. Qui enlève les odeurs. – n. m. *Un désodorisant très efficace.* – Ppr. de *désodoriser.*

désodoriser [dezɔdɔʀize] v. tr. [1] Enlever l'odeur qui imprègne (une matière, un corps, un objet, etc.). – *Spécial.* Enlever les mauvaises odeurs au moyen d'un produit parfumé. – De *dés-,* et du lat. *odor.*

désœuvré, ée [dezœvʀe] adj. Qui ne sait pas, qui ne veut pas s'occuper. *Des vacanciers désœuvrés.* ▷ Subst. *Un(e) désœuvré(e).* – De *dés-,* et *œuvre.*

désœuvrement [dezœvʀəmɑ̃] n. m. État d'une personne désœuvrée. *Le désœuvrement le poussait à fumer.* – De *désœuvré.*

désolant [dezɔlɑ̃] adj. Qui désole; attristant. *C'est désolant.* – Ppr. de *désoler.*

désolation [dezɔlasjɔ̃] n. f. **1.** Vieilli ou litt. Ravage, ruine, destruction. *Désolation par la famine.* **2.** Affliction extrême. *Cette mort les a plongés dans la désolation.* – Bas lat. *desolatio.*

désolé, ée [dezɔle] adj. **1.** Profondément affligé. – Par ext. *Un regard désolé.* **2.** Marqué par la désolation. *Un paysage désolé.* – Pp. de *désoler.*

désoler [dezɔle] v. [1] **I.** v. tr. **1.** Vx ou litt. Dévaster, dépeupler, ruiner. *La peste désolait la Provence.* **2.** Causer une grande affliction à (qqn). *Votre conduite me désole.* **3.** Contrarier. *Votre absence m'a désolé.* **II.** v. pron. Être très contrarié. *Il se désole de ne pouvoir vous rendre ce service.* – Lat. *desolare,* « laisser seul », d'où « ravager ».

désolidariser [desolidaʀize] **1.** v. tr. [1] Rare Rompre l'union entre, soustraire à la solidarité (des personnes, des groupes). ▷ (Compl. n. de chose.) Désunir, disjoindre. *Désolidariser les pièces d'un mécanisme.* **2.** v. pron. *Se désolidariser de, d'avec (une personne, un groupe)* : cesser d'être solidaire.

désoperculer [dezɔpɛʀkyle] v. tr. [1] APIC Enlever les opercules (des alvéoles) pour la récolte du miel. – De *dés-,* et *opercule.*

désopilant, ante [dezɔpilɑ̃, ɑ̃t] adj. Qui fait beaucoup rire. *Un acteur désopilant.* – Ppr. de *désopiler.*

désopiler [dezɔpile] v. tr. [1] **1.** MED Vx *Désopiler la rate,* la désobstruer de ses humeurs. **2.** v. pron. Vieilli S'amuser énormément, rire beaucoup. – De *dés-,* et a. fr. *opiler,* « obstruer »; lat. *oppilare.*

désordonné, ée [dezɔʀdɔne] adj. **1.** Vieilli Livré au désordre, indiscipliné. *Une armée désordonnée.* **2.** Qui manque d'ordre. *Un enfant désordonné.* **3.** Qui n'est pas en ordre. *Une chambre désordonnée.* **4.** Déréglé. *Une vie désordonnée.*

désordre [dezɔʀdʀ] n. m. **1.** Manque d'ordre; état de ce qui n'est pas en ordre. *Il est d'un désordre effrayant. Une maison en désordre.* **2.** Trouble, confusion, incohérence. *Le désordre des idées.* **3.** Mauvais état de ce qui est mal organisé, mal dirigé. *Le désordre des finances publiques.* **4.** Dérèglement des mœurs. **5.** Tumulte, trouble. *Un grand désordre règne dans l'assemblée.* **6.** (Plur.) Troubles, dissensions qui agitent une société. *Des désordres qui dégénèrent en émeutes.* **7.** (Le plus souvent au plur.) Troubles physiologiques. *L'eau magnésienne provoque des désordres intestinaux.*

désorganisateur, trice [dezɔʀganizatœʀ, tʀis] adj. et n. Qui désorganise. – De *désorganiser.*

désorganisation [dezɔʀganizasjɔ̃] n. f. Action de désorganiser, fait de se désorganiser; son résultat. *La désorganisation des affaires publiques.* – De *désorganiser.*

désorganiser [dezɔʀganize] v. tr. [1] **1.** Altérer profondément. *La tumeur a désorganisé les tissus environnants.* **2.** Détruire l'organisation de. *Désorganiser un service public.* ▷ v. pron. Perdre son organisation, se désagréger. *À la mort de son chef, le groupe s'est désorganisé.*

désorientation [dezɔʀjɑ̃tasjɔ̃] n. f. Rare Action de désorienter; son résultat. – De *désorienter.*

désorienter [dezɔʀjɑ̃te] v. tr. [1] **1.** Faire perdre la notion de l'orientation à. *La brume acheva de nous déso-*

rienter. **2.** Fig. Déconcerter, dérouter, troubler. *La mort de son père l'a désorienté.* – Pp. adj. *Depuis qu'elle a perdu son emploi, elle se sent désorientée.*

désormais [dezɔʀmɛ] adv. À l'avenir, dès ce moment-ci, dorénavant. *Désormais vous déjeunerez avec nous.* – De *dés-*, *or*, «maintenant», et *mais*, «plus».

désorption [desɔʀpsjɔ̃] n. f. PHYS, CHIM Rupture des liaisons entre un corps adsorbé et le substrat. Ant. adsorption. – De *dé-*, et *(ab)sorption*.

désossé, ée [dezɔse] adj. **1.** Dont on a ôté les os. **2.** Fig. Dont les membres, extrêmement souples, semblent n'avoir plus d'os. ▷ Subst. *Valentin le Désossé* : célèbre danseur de bal public, immortalisé par Toulouse-Lautrec. – Pp. de *désosser*.

désossement [dezɔsmɑ̃] n. m. Action de désosser, de se désosser. – De *désosser*.

désosser [dezɔse] v. [1] **1.** v. tr. Ôter l'os, les os (et, par anal, les arêtes) de. *Désosser un gigot.* **2.** v. pron. Fig. Se désarticuler, faire des contorsions avec une extrême souplesse. – De *dés-*, et *os*.

désoxydant, ante [dezɔksidɑ̃, ɑ̃t] adj. et n. m. CHIM Réducteur. – n. m. *Un désoxydant.* – Ppr. de *désoxyder*.

désoxydation [dezɔksidasjɔ̃] n. f. Action de désoxyder; son résultat.

désoxyder [dezɔkside] v. tr. [1] Ôter l'oxyde de. *Désoxyder les pièces d'un mécanisme.*

désoxyribonucléique [dezɔksiʀibɔnykleik] adj. BIOCHIM *Acide désoxyribonucléique* (abrév. A.D.N.; D.N.A. ou DNA chez les Anglo-Saxons) : acide nucléique, constituant chimique essentiel des chromosomes du noyau des cellules vivantes. – De *dés-*, *oxy(gène)*, et *ribonucléique*.

ENCYCL L'A.D.N. constitue le support biochimique de l'hérédité et joue un rôle essentiel dans la synthèse des protéines spécifiques. Un schéma de structure hélicoïdale a été proposé par Crick et Watson (1953); dans ce schéma, les macromolécules d'A.D.N. affectent la forme d'un long escalier en spirale pouvant grouper entre 3 et 10 millions de nucléotides. L'A.D.N. est constitué par 4 bases : adénine et thymine, guanine et cytosine, reliées deux à deux par une liaison hydrogène labile qui permet le dédoublement des chaînes pendant la mitose. La quantité d'A.D.N. présente dans chaque noyau est constante pour une espèce donnée et constitue 70 à 90 % du poids sec du noyau. V. aussi chromosome, nucléique et code (génétique).

desperado [dɛspeʀado] n. m. Homme que son attitude négative face à la société rend disponible pour toutes sortes d'entreprises hasardeuses ou violentes. – Mot esp., «désespéré».

despotat [dɛspɔta] n. m. État gouverné par un despote (sens 2). – De *despote*.

despote [dɛspɔt] n. **1.** n. m. Souverain qui exerce un pouvoir arbitraire et absolu. **2.** n. m. HIST Dans l'Empire byzantin, prince (gouverneur de province ou souverain d'un petit État). **3.** n. Fig. Personne tyrannique. *C'est un despote dans sa famille.* – adj. *Un patron despote.* – Gr. *despotês*, «maître».

despotique [dɛspɔtik] adj. **1.** Absolu et arbitraire. *Un gouvernement despotique.* **2.** Qui a un caractère autoritaire, tyrannique. *Un ton despotique.* – Gr. *despotikos*.

despotiquement [dɛspɔtikmɑ̃] adv. De façon despotique. – De *despotique*.

despotisme [dɛspɔtism] n. m. **1.** Pouvoir absolu et arbitraire du despote. – Gouvernement despotique. ▷ HIST *Despotisme éclairé* : nom donné à la doctrine selon laquelle le souverain doit gouverner en s'appuyant sur les principes rationalistes propres aux philosophes du XVIIIe s. **2.** Fig. Autorité qui s'exerce de manière despotique, tyrannique. *Le despotisme d'un chef.* – De *despote*.

desquamation [dɛskwamasjɔ̃] n. f. MED Exfoliation de l'épiderme sous forme de squames ou de plaques plus ou moins étendues. – De *desquamer*.

desquamer [dɛskwame] v. [1] **1.** v. tr. Débarrasser des squames. **2.** v. intr. MED Se détacher par squames. *Cette dermatose le fait desquamer.* ▷ v. pron. *Peau qui se desquame.* – Lat. *desquamare*, «écailler», de *squama*, «écaille».

desquels, desquelles [dekɛl] pron. relatifs. V. lequel.

D.E.S.S. n. m. Un des diplômes universitaires de 3e cycle. – Sigle de *diplôme d'études supérieures spécialisées*.

dessablement [desabləmɑ̃] [desablaʒ] ou **dessablage** n. m. **1.** Action de dessabler; son résultat. **2.** TECH Élimination des particules minérales en suspension dans les eaux usées. – De *dessabler*.

dessabler [desable] v. tr. [1] TECH Enlever le sable de. – De *dés-*, et *sable*.

dessaisir [desɛziʀ] **1.** v. tr. [3] DR Enlever à (une juridiction) ce dont elle a été saisie. *Dessaisir un tribunal d'une affaire.* **2.** v. pron. *Se dessaisir de* : donner, remettre en d'autres mains (ce qu'on avait en sa possession). *Se dessaisir d'un dossier.*

dessaisissement [desɛzismɑ̃] n. m. Action de dessaisir, de se dessaisir; son résultat. – De *dessaisir*.

dessalage [desalaʒ] n. m. MAR Fait de dessaler (sens 3), chavirage. – De *dessaler*.

dessalé, ée [desale] adj. **1.** Débarrassé totalement ou partiellement de son sel. **2.** Fig., fam. Déniaisé. «*Huit de ces élèves disaient qu'ils étaient dessalés et traitaient les autres de puceaux*» *(Sartre)*. – Pp. de *dessaler*.

dessalement [desalmɑ̃] ou **dessalage** [desalaʒ] n. m. Action de dessaler, d'ôter le sel; résultat de cette action. *Dessalement de l'eau de mer.* – De *dessaler*.

dessaler [desale] v. [1] **1.** v. tr. Enlever, en partie ou en totalité, le sel de. *Dessaler un jambon.* ▷ v. intr. *Mettre du porc à dessaler.* **2.** v. tr. Fig. Rendre moins niais, dégourdir (notam. en matière sexuelle). – v. pron. *Il s'est rapidement dessalé.* **3.** v. intr. MAR Chavirer, en parlant d'un petit voilier. ▷ Tomber à l'eau à la suite d'un chavirage.

dessangler [desɑ̃gle] v. tr. [1] Défaire ou relâcher les sangles de. *Dessangler sa monture.* – De *dés-*, et *sangle*.

dessaouler. V. dessoûler.

desséchant, ante [deseʃɑ̃, ɑ̃t] adj. **1.** Qui dessèche. *Chauffage desséchant.* **2.** Fig. Qui empêche l'épanouissement. *Une activité professionnelle desséchante.* – Ppr. de *dessécher*.

dessèchement [desɛʃmɑ̃] n. m. Action de dessécher; état de ce qui est desséché. – De *dessécher*.

dessécher [deseʃe] **I.** v. tr. [14] **1.** Rendre sec. *La canicule a desséché les prairies.* **2.** Amaigrir. *La vieillesse a desséché son corps.* **3.** Fig. Faire perdre la vivacité des sentiments, la spontanéité, la sensibilité à. *Ses études l'ont complètement desséché.* **II.** v. pron. **1.** Devenir sec. **2.** Fig. Perdre sa sensibilité, sa spontanéité, ses qualités de cœur.

dessein [desɛ̃] n. m. Litt. Intention, projet. *Avoir le dessein de voyager.* ▷ Loc. adv. *À dessein* : exprès, intentionnellement. *Je l'ai fait à dessein.* ▷ Loc. prép. *À dessein de* : avec l'intention de. *Il est allé chez vous à dessein de vous parler.* – De l'a. fr. *desseigner*, d'apr. l'ital. *disegno*, «dessein».

desseller [desele] v. tr. [1] Enlever la selle de. *Desseller un mulet.*

desserrage [desεʀaʒ] n. m. Action de desserrer. – De *desserrer.*

desserrement [desεʀmɑ̃] n. m. Fait de se desserrer, d'être desserré. – De *desserrer.*

desserrer [deseʀe] v. tr. [1] Relâcher (ce qui est serré). *Desserrer sa cravate. Desserrer un écrou.* ▷ Loc. *Ne pas desserrer les dents* : se taire obstinément. – v. pron. *Le nœud s'est desserré.*

dessert [desεʀ] n. m. Ce qu'on mange à la fin du repas (mets sucrés, fruits, etc.). *Fromage ou dessert.* – *Par ext.* Moment où le dessert est servi. *Arriver au dessert.* – De *desservir* 2.

1. desserte [desεʀt] n. f. **1.** Fait de desservir une localité, un lieu. *Desserte par car.* – *Chemin de desserte d'une exploitation.* **2.** Vx Service d'une paroisse, d'une chapelle, etc. – De *desservir* 1.

2. desserte [desεʀt] n. f. Petit meuble destiné à recevoir la vaisselle nécessaire au service et celle qui a été desservie. – De *desservir* 2.

dessertir [desεʀtiʀ] v. tr. [3] TECH Dégager de sa monture. *Dessertir la pierre d'une bague.*

dessertissage [desεʀtisaʒ] n. m. Action de dessertir. – De *dessertir.*

desservant [desεʀvɑ̃] n. m. RELIG Ecclésiastique qui dessert une paroisse, une chapelle, etc. – Ppr. subst. de *desservir* 1.

1. desservir [desεʀviʀ] v. tr. [30] **1.** Assurer les communications avec (une localité, un lieu). *Le train qui dessert le bourg.* ▷ Par ext. *Ce couloir dessert plusieurs pièces.* **2.** RELIG Assurer le service de (une paroisse, une chapelle, etc.). *Ecclésiastique qui dessert plusieurs villages.* – Lat. *deservire.*

2. desservir [desεʀviʀ] v. tr. [30] Enlever les plats, les couverts de (la table). – De *dés-*, et *servir* I sens 6.

3. desservir [desεʀviʀ] v. tr. [30] Nuire à (qqn) en produisant une impression fâcheuse. *Il vous a desservi auprès de vos proches. Son attitude arrogante le dessert.* – De *dés-*, et *servir* I sens 3.

dessiccateur [desikatœʀ] n. m. TECH Appareil propre à assurer la dessiccation d'une substance. – De *dessiccation.*

dessiccatif, ive [desikatif, iv] adj. et n. m. Qui dessèche. – n. m. *Un dessiccatif.* – Lat. *desiccativus.*

dessiccation [desikasjɔ̃] n. f. Action de dessécher; fait de se dessécher. – Lat. *desiccatio.*

dessiller [desije] v. tr. [1] Vx Ouvrir les paupières. *Dessiller les yeux.* ▷ Mod., fig. *Dessiller les yeux à qqn, de qqn,* le désabuser, lui faire voir les choses sous leur vrai jour. – De *dés-*, et a. fr. *ciller,* «coudre les paupières d'un oiseau de proie pour le dresser».

dessin [desε̃] n. m. **1.** Représentation d'objets, de personnages, etc. sur une surface, au crayon, à la plume, etc. *Un dessin de Raphaël. Dessin à main levée,* exécuté sans règle ni compas. – *Dessin industriel* : représentation linéaire (généralement par projection sur trois plans) d'une pièce mécanique, d'une machine, etc. – *Dessin assisté par ordinateur (D.A.O.)* : dessin industriel effectué par un ordinateur à partir du programme et des données qu'il a reçus. ▷ Ensemble de lignes agencées pour produire un effet visuel. *Le dessin d'un tissu, d'un papier mural.* ▷ Contour, forme naturelle. *Le dessin des sourcils.* ▷ Grands traits d'un ouvrage. *Le dessin général d'un projet.* **2.** Art de la représentation des objets sur une surface plane par des moyens graphiques. *Prendre des leçons de dessin.* **3.** *Dessin animé* : film tourné à partir d'une série de dessins qui décomposent le mouvement en ses phases successives. – Déverbal de *dessiner.*

dessinateur, trice [desinatœʀ, tʀis] n. **1.** Personne qui s'adonne à l'art du dessin. ▷ Personne dont la profession est d'exécuter des dessins. *Dessinateur en publicité. Dessinateur industriel.* **2.** Peintre qui donne une importance prépondérante au dessin (par oppos. à *coloriste*). – De *dessiner,* d'apr. l'ital. *designatore.*

dessiner [desine] v. [1] **I.** v. tr. **1.** Représenter au moyen du dessin. *Dessiner une fleur.* – (S. comp.) *Il dessine.* **2.** (Sujet nom de chose.) Accuser, faire ressortir (les formes du corps). *Robe qui dessine la silhouette.* ▷ Figurer, avoir la forme de. *L'ombre des feuillages dessine une dentelle.* **II.** v. pron. **1.** Se détacher, apparaître nettement sur un fond. *La montagne se dessine sur le ciel.* **2.** Devenir plus apparent, commencer à se développer. *Formes qui se dessinent.* ▷ Fig. *Projets qui se dessinent.* – Altér. de l'ital. *disegnare,* d'apr. lat. *designare.*

dessolement [desɔlmɑ̃] n. m. Action de dessoler (un champ). – De *dessoler* 2.

1. dessoler [desɔle] v. tr. [1] Enlever la sole du sabot de. *Dessoler un cheval, un mulet.* – De *dés-*, et *sole* 1.

2. dessoler [desɔle] v. tr. [1] AGRIC Changer l'ordre des cultures d'un assolement. – De *dés-*, et *(as)soler.*

dessouder [desude] v. tr. [1] **1.** TECH Ôter la soudure de; disjoindre (des éléments soudés). ▷ v. pron. *Pièces qui se dessoudent.* **2.** Arg. Assassiner.

dessoûler ou **dessaouler** [desule] v. [1] **1.** v. tr. Fam. Faire cesser, diminuer l'ivresse de. *L'air frais de la nuit l'avait dessoûlé.* **2.** v. intr. Cesser d'être soûl. *Il ne dessoûle pas.*

1. dessous [d(ə)su] prép. et adv. **I.** prép. marquant la position d'une chose sous une autre. **1.** Vx Sous. *Regardez dessous le lit.* **2.** Loc. prép. *De dessous* (marquant la provenance). *On l'a retiré de dessous les décombres.* ▷ Par-dessous. *Porter un gilet par-dessous sa veste.* ▷ Au-dessous de. *La température est au-dessous de zéro.* – Fam. *Être au-dessous de tout* : n'avoir aucune valeur, ne présenter aucun intérêt. **II.** adv. de lieu. Plus bas, à un niveau inférieur, dans la partie inférieure. *Cherchez dessous. Sens dessus dessous* : V. dessus (sens II). ▷ Loc. adv. *Au-dessous* : plus bas. *La citadelle est sur la colline, la ville est au-dessous.* ▷ *Ci-dessous* : ci-après, plus loin dans le texte. *Voyez la note ci-dessous.* ▷ *En dessous, par-dessous* : sous autre chose. *Ce vêtement est fait pour se mettre en dessous. Passez par-dessous.* – *Regarder en dessous,* sans lever la tête, sournoisement. – Fig., fam. *Agir en dessous,* d'une manière dissimulée, hypocrite. ▷ *Là-dessous* : sous cela. *Déposez votre panier là-dessous.* – Fig. *Il y a quelque chose là-dessous* : cela est suspect. – De *de,* et *sous.*

2. dessous [d(ə)su] n. m. **1.** Ce qui est en dessous; l'envers, le côté inférieur. *Le voisin du dessous. Le dessous d'une table, d'une étoffe.* ▷ Loc. *Avoir le dessous* : être en état d'infériorité dans une lutte quelconque. **2.** *Dessous de...* : objet que l'on place sous une bouteille, un plat, etc., pour protéger ce qui est dessous. **3.** Fig. Ce qui est caché, secret. *Vous ne connaissez pas les dessous de l'affaire.* **4.** (Plur.) Vêtements de dessous, lingerie féminine. *Des dessous de soie.* – De *dessous* 1.

dessous-de-bras [d(ə)sudbʀɑ] n. m. inv. Pièce de tissu protégeant un vêtement de la transpiration aux aisselles.

dessous-de-plat [d(ə)sudpla] n. m. inv. Support destiné à recevoir les plats déposés sur la table.

dessous-de-table [d(ə)sudtabl] n. m. inv. Somme donnée clandestinement par un acheteur en plus du prix régulièrement fixé.

dessuinter [desɥε̃te] v. tr. [1] TECH Éliminer le suint de (la laine). (Opération de *dessuintage.*)

1. dessus [d(ə)sy] [sɑ̃] prép. et adv. **I.** prép. marquant la position d'une chose sur une autre. **1.** Vx Sur. *Dessus la table.* **2.** Loc. prép. *Par-dessus* : sur, au-delà, par-delà.

Sauter par-dessus une barrière. – *Par-dessus tout* : principalement, surtout. – *Par-dessus le marché* : en plus. ▷ *Au-dessus de* : plus haut que. *Le tableau qui est au-dessus de la cheminée.* – (Marquant une supériorité quelconque.) *Les enfants au-dessus de dix ans.* – *Un travail au-dessus de tout éloge.* **II.** adv. de lieu. Plus haut, à un niveau supérieur, dans la partie supérieure. – *Sens dessus dessous* : en plaçant dessous ce qui devrait normalement être dessus. *Poser une caisse sens dessus dessous. Il a tout mis sens dessus dessous* : il a tout bouleversé. ▷ Loc. adv. *Au-dessus* : plus haut. *Le sel est sur l'étagère du bas, la farine est au-dessus.* – Fig. *L'auteur n'a rien produit qui soit au-dessus,* qui soit supérieur. ▷ *Ci-dessus* : plus haut, avant dans le texte. *Voyez ci-dessus, page...* ▷ *En dessus* : du côté supérieur. *Ce pain est brûlé en dessus.* ▷ *Là-dessus* : sur cela. *Mettez le paquet là-dessus.* – Fig. Sur ce sujet, sur cette affaire. *Passons là-dessus.* – Aussitôt après. *Là-dessus, il m'a quitté.* ▷ *Par-dessus* : sur cela. *Mettez votre manteau par-dessus.* – De *de,* et *sur* ou *sus.*

2. dessus [d(ə)sy] n. m. **1.** Ce qui est au-dessus, l'endroit, le côté supérieur. *Le dessus d'une table, d'une étoffe.* ▷ *Avoir le dessus* : avoir l'avantage dans une lutte. **2.** *Dessus de...,* objet que l'on place sur (un autre) pour le protéger, le décorer. *Un dessus de cheminée.* **3.** *Le dessus du panier* : ce qu'il y a de meilleur. – De *dessus* 1.

dessus-de-lit [d(ə)sydli] n. m. inv. Syn. de *couvre-lit.*

dessus-de-porte [d(ə)sydpɔʀt] n. m. inv. Ornement peint ou sculpté formant encadrement au-dessus du chambranle d'une porte.

déstabilisateur, trice [destabilizatœʀ, tʀis] adj. Qui déstabilise. – De *déstabiliser.*

déstabilisation [destabilizasjɔ̃] n. f. Action de déstabiliser. – De *déstabiliser.*

déstabiliser [destabilize] v. tr. [1] Saper la stabilité de (un État, un régime, une situation).

déstalinisation [destalinizasjɔ̃] n. f. Processus, engagé par N. Khrouchtchev (XXe Congrès du parti communiste de l'U.R.S.S., 1956), de libéralisation du régime soviétique stalinien (et, par la suite, du socialisme autoritaire dans les démocraties populaires). – De *déstaliniser.*

déstaliniser [destalinize] v. tr. [1] Libéraliser (un parti, un État, où règne le stalinisme). – De *dé-,* et *Staline,* homme d'État soviétique (1879-1953).

destin [dɛstɛ̃] n. m. **1.** Puissance qui, selon certaines croyances, réglerait la vie des hommes et le cours des événements. *Les arrêts du destin. Le Destin,* cette puissance divinisée. **2.** Sort particulier d'une personne ou d'une chose. *Un destin malheureux. Le destin d'une œuvre littéraire.* – Déverbal de *destiner.*

destinataire [dɛstinatɛʀ] n. Personne à qui l'on adresse un envoi. *Indiquer lisiblement l'adresse du destinataire.* ▷ n. m. LING Celui auquel un message est adressé (par le destinateur). – De *destiner.*

destinateur [dɛstinatœʀ] n. m. LING Celui qui adresse un message (au destinataire). – De *destiner.*

destination [dɛstinasjɔ̃] n. f. **1.** Rôle, emploi assigné à une personne ou à une chose. *La destination de cette pièce reste à déterminer.* **2.** Lieu où doit se rendre une personne, où une chose est expédiée. *Parvenir à destination.* – Lat. *destinatio.*

destinée [dɛstine] n. f. **1.** Destin (sens 1). *Se révolter contre la destinée.* **2.** Sort (d'une personne). *Ma destinée était de vous rencontrer.* **3.** Vie, existence. – *Unir sa destinée à qqn,* l'épouser, s'unir à lui. – De *destiner.*

destiner [dɛstine] v. tr. [1] **1.** Réserver (qqch) à qqn. *Je vous ai destiné cette tâche.* **2.** Réserver (une chose) à tel ou tel usage. ▷ Pp. adj. *Salle destinée aux réunions.* **3.** Orienter (qqn) vers une carrière, une occupation. *Destiner son fils à la carrière diplomatique.* – v. pron. *Se destiner à la magistrature.* – Lat. *destinare.*

destituer [dɛstitɥe] v. tr. [1] Priver (qqn) de sa charge, de son emploi, de sa fonction. *Destituer un fonctionnaire.* Syn. révoquer, casser. – Lat. *destituere.*

destitution [dɛstitysjɔ̃] n. f. Action de destituer; fait d'être destitué. *Pour un militaire, la destitution entraîne la perte du grade.* – Lat. *destitutio.*

déstocker [destɔke] v. tr. et intr. [1] Diminuer un stock par son utilisation ou sa mise en vente.

destrier [dɛstʀije] n. m. ANC. Cheval de bataille (par oppos. à *palefroi,* cheval de cérémonie). – De l'a. fr. *destre,* «main droite», le destrier étant conduit de la main droite par l'écuyer quand le chevalier ne le montait pas.

destroyer [dɛstʀwaje] n. m. MAR Contre-torpilleur rapide. – Mot angl. de *to destroy,* «détruire».

destructeur, trice [dɛstʀyktœʀ, tʀis] adj. et n. Qui détruit. *Un combat destructeur.* – *Une philosophie destructrice.* – Lat. *destructor.*

destructible [dɛstʀyktibl] adj. Qui peut être détruit. – Lat. scientif. *destructibilis.*

destructif, ive [dɛstʀyktif, iv] adj. Qui provoque, peut provoquer la destruction. *La force destructive du vent.* – Bas lat. *destructivus.*

destruction [dɛstʀyksjɔ̃] n. f. Action de détruire; fait d'être détruit. *La destruction d'une ville.* Ant. construction. – Lat. *destructio.*

déstructuration [destʀyktyʀasjɔ̃] n. f. Destruction de la structure. – De *déstructurer.*

déstructurer [destʀyktyʀe] v. tr. [1] Détruire la structure de (qqch).

désuet, ète [dezɥɛ, ɛt] adj. Dont on ne fait plus usage. *Un style désuet.* – Lat. *desuetus.*

désuétude [dezɥetyd] n. f. Abandon de l'usage d'une chose. – Loc. *Tomber en désuétude. Coutume tombée en désuétude.* – Lat. *desuetudo.*

désulfiter [desylfite] v. tr. [1] VITIC Éliminer le dioxyde de soufre (des moûts). – De *dé-,* et *sulfite.*

désulfuration [desylfyʀasjɔ̃] n. f. Élimination du soufre contenu dans un corps. – De *désulfurer.*

désulfurer [desylfyʀe] v. tr. [1] CHIM, TECH Éliminer le soufre contenu dans (un corps). *Désulfurer de la fonte.* – De *dé-,* et *sulfure.*

désuni, ie [dezyni] adj. **1.** Séparé par la mésentente. **2.** *Cheval désuni,* qui galope sans synchroniser le mouvement de ses membres antérieurs et celui de ses membres postérieurs. – Pp. de *désunir.*

désunion [dezynjɔ̃] n. f. Division, mésentente, désaccord. *Mettre la désunion dans une famille.* – De *désunir.*

désunir [dezyniʀ] v. tr. [3] **1.** Rare Disjoindre, séparer (ce qui était joint, uni). **2.** Cour. Rompre l'union, la bonne entente entre (des personnes). *Désunir un couple.* **3.** v. pron. SPORT Perdre la coordination de ses mouvements.

désynchronisation [desɛ̃kʀɔnizasjɔ̃] n. f. TECH État de ce qui n'est plus synchrone. *Désynchronisation de deux alternateurs. Désynchronisation du son et de l'image.* – De *désynchroniser.*

désynchroniser [desɛ̃kʀɔnize] v. tr. [1] TECH Faire cesser le synchronisme de.

détachable [detaʃabl] adj. Qui peut être détaché. *Coupon détachable.* – De *détacher* 1.

détachage [detaʃaʒ] n. m. Action de détacher. – De *détacher* 2.

détachant, ante [detaʃɑ̃, ɑ̃t] adj. et n. m. Qui enlève les taches. - n. m. *Un détachant.* – Ppr. de *détacher* 2.

détaché, ée [detaʃe] adj. **1.** Qui n'est plus attaché. **2.** Séparé. *Pièce détachée,* que l'on peut se procurer isolément pour remplacer une pièce usagée d'un mécanisme. **3.** Fig. Qui vit dans le détachement; qui manifeste le détachement. *Il est détaché de tout. Un air détaché.* – Pp. de *détacher* 1.

détachement [detaʃmɑ̃] n. m. **1.** État d'esprit d'une personne qui n'attache pas d'importance particulière à qqch; indifférence. *Le détachement vis-à-vis des biens de ce monde. Considérer les choses avec détachement.* **2.** MILIT Fraction d'une unité constituée, en mission temporaire hors de son unité d'origine. **3.** Position d'un fonctionnaire provisoirement affecté à un autre service. – De *détacher* 1.

1. détacher [detaʃe] v. [1] **I.** v. tr. **1.** Dégager (qqn, qqch) de ce qui l'attache; défaire (ce qui sert à attacher). *Détacher un animal. Détacher des liens.* **2.** Séparer, éloigner (une chose) d'une autre à laquelle elle est jointe, avec laquelle elle est en contact. *Détacher une feuille d'un carnet. Détacher les bras du corps.* ▷ Fig. Écarter, détourner (qqn) d'une personne, d'un groupe. *Ses nouvelles occupations l'ont détaché de nous.* **3.** Séparer (une, des personnes) d'un groupe en vue d'une action donnée. *On l'a détaché pour accueillir les nouveaux venus.* ▷ Affecter provisoirement à un autre service. *Détacher un fonctionnaire.* **4.** Faire ressortir, mettre en évidence, en relief. *Détachez bien le premier plan dans votre dessin.* **5.** MUS *Détacher des notes,* exécuter chacune d'elles sans les lier. **II.** v. pron. **1.** Cesser d'être attaché. *La vache s'était détachée.* **2.** Se séparer. *Les feuilles mortes se détachent des branches.* ▷ Cesser d'être attaché par un lien affectif. *Se détacher progressivement de sa famille.* **3.** SPORT Prendre de l'avance sur les autres concurrents, dans une course. **4.** Ressortir, être en évidence, en relief. *Lettres noires qui se détachent sur un fond blanc.* – De *attacher,* par changement de préfixe; de l'a. fr. *tache,* «agrafe».

2. détacher [detaʃe] v. tr. [1] Faire disparaître une (des) tache (s) de. *Détacher un vêtement.* – De *dé-,* et *tache.*

détail [detaj] n. m. **1.** Vente ou achat de marchandises par petites quantités (par oppos. à *gros*). *Magasin de détail. Acheter au détail.* **2.** Fig. Ensemble considéré dans ses moindres particularités. *Le détail d'un compte, d'une affaire.* ▷ Loc. adv. *En détail :* avec toutes les circonstances, en tenant compte de chacun des éléments de l'ensemble. *Il a raconté son aventure en détail.* **3.** Cour. Élément accessoire. *Se perdre dans les détails. C'est un détail :* cela a peu d'importance. **4.** MILIT *Officier de détail,* chargé de l'administration et du ravitaillement d'une unité. – Déverbal de *détailler.*

détaillant, ante [detajɑ̃, ɑ̃t] n. Commerçant qui vend au détail (par oppos. à *grossiste*). – Ppr. subst. de *détailler.*

détailler [detaje] v. tr. [1] **1.** Couper en morceaux, diviser en parties. *Détailler un bœuf.* **2.** Vendre (une marchandise) au détail. *Détailler de la farine.* **3.** Fig. Raconter, exposer en détail. *Détailler une histoire.* **4.** Observer les détails de. *Détailler un tableau.*

détaler [detale] v. intr. [1] Fam. S'enfuir au plus vite. *Détaler comme un lapin.* – De *dé-,* et *étal.*

détartrage [detaʀtʀaʒ] n. m. Action de détartrer. – De *détartrer.*

détartrant, ante [detaʀtʀɑ̃, ɑ̃t] adj. et n. m. Qui dissout le tartre. – Ppr. de *détartrer.*

détartrer [detaʀtʀe] v. tr. [1] Enlever le tartre de. – De *dé-,* et *tartre.*

détaxation [detaksasjɔ̃] n. f. Action de détaxer; son résultat. – De *détaxer.*

détaxe [detaks] n. f. Suppression, diminution ou remboursement d'une taxe. – Déverbal de *détaxer.*

détaxer [detakse] v. tr. [1] Supprimer ou réduire une taxe sur.

détecter [detɛkte] v. tr. [1] Déceler la présence de (un phénomène, un objet caché). – De l'angl. *to detect;* du lat. *detegere,* «découvrir, mettre à nu».

détecteur, trice [detɛktœʀ, tʀis] n. et adj. Appareil servant à détecter (un objet, un phénomène). *Détecteur de mines, de grisou, de fumées,* etc. - Adj. *Sonde détectrice.* – Angl. *detector,* sur le lat.

détection [detɛksjɔ̃] n. f. Action de détecter. – Angl. *detection,* sur le lat. *detectio.*

détective [detɛktiv] n. m. Personne qui effectue des enquêtes, des filatures privées. *Détective privé.* – Angl. *detective.*

déteindre [detɛ̃dʀ] v. [55] **1.** v. tr. Enlever la teinture, la couleur de. *Cette lessive déteint les vêtements.* **2.** v. intr. Perdre sa couleur. *Ce tissu déteint au lavage.* ▷ *Déteindre sur :* communiquer sa couleur à. - Fig. *Ses idées ont déteint sur vous.*

dételage [detlaʒ] n. m. Action de dételer (sens 1). – De *dételer.*

dételer [detle] v. [19] **1.** v. tr. Détacher (un animal attelé). **2.** v. intr. Fig., fam. Renoncer à son métier, aux plaisirs. ▷ Interrompre une occupation. – De *dé-,* et *(at)teler.*

détendeur [detɑ̃dœʀ] n. m. TECH Appareil servant à réduire la pression d'un fluide. – De *détendre.*

détendre [detɑ̃dʀ] v. tr. [6] **1.** Faire cesser la tension de (qqch). *Détendre un ressort. Détendre un arc.* ▷ v. pron. Cesser d'être tendu. *Le piège se détendit brusquement.* **2.** Fig. Faire cesser la tension mentale de; reposer. *Allez faire un tour, cela vous détendra. Détendre l'atmosphère par une plaisanterie.* ▷ v. pron. *Je me détends en écoutant de la musique.* **3.** TECH Diminuer la pression (d'un fluide). ▷ v. pron. *La vapeur se détend dans le cylindre.* **4.** Détacher, enlever (ce qui était tendu). *Détendre une tapisserie.*

détendu, ue [detɑ̃dy] adj. **1.** (Choses) Qui n'est plus tendu. *Un élastique détendu.* **2.** Fig. Sans tension nerveuse, calme. *Avoir l'air détendu.* – Pp. de *détendre.*

détenir [det(ə)niʀ] v. tr. [36] **1.** Conserver, retenir pardevers soi. *Détenir de l'argent volé.* ▷ Fig. *Détenir l'autorité, un titre sportif.* **2.** Retenir (qqn) en prison. – Lat. *detinere,* de *de-,* et *tenere,* «tenir».

détente [detɑ̃t] n. f. **1.** TECH Mécanisme qui permet de détendre un ressort. ▷ *Spécial.* Mécanisme qui provoque la percussion, dans une arme à feu. *Avoir le doigt sur la détente* (abusiv. *sur la gâchette*). ▷ Loc. fig., fam. *Être dur à la détente.* (V. dur, sens I, 3.) **2.** PHYS Expansion d'un fluide préalablement comprimé. **3.** Brusque effort musculaire, produisant un mouvement rapide. *Détente sèche de la jambe d'appel d'un sauteur.* **4.** Fig. Apaisement d'une tension mentale, repos. *Profiter de ses heures de détente pour lire.* **5.** Amélioration d'une situation internationale tendue. *La politique de détente qui a suivi la guerre froide.* – De *détendre.*

détenteur, trice [detɑ̃tœʀ, tʀis] n. Personne qui détient qqch. *La détentrice du titre mondial de saut en hauteur.* – Bas lat. jurid. *detentor.*

détention [detɑ̃sjɔ̃] n. f. **1.** Action de détenir qqch. *Détention illégale d'armes.* ▷ DR Fait de disposer d'une chose sans en être le possesseur. **2.** État d'une personne incarcérée. ▷ DR Peine afflictive, privative de liberté. - *Détention préventive,* d'un inculpé en attente de jugement. – Lat. *detentio.*

détenu, ue [detəny] n. et adj. Personne que l'on détient en prison. – Pp. de *détenir.*

détergent, ente [detɛʀʒɑ̃, ɑ̃t] adj. et n. m. **1.** VX MED Qui déterge. **2.** Qui nettoie en dissolvant les impuretés. *Substance détergente.* ▷ n. m. *Un détergent.* Syn. détersif. – Lat. *detergens*, ppr. de *detergere*, « nettoyer ».

déterger [detɛʀʒe] v. tr. [1] **1.** MED Nettoyer (une plaie, un ulcère). **2.** TECH Faire disparaître (les impuretés) en les dissolvant avec un détergent. – Lat. *detergere*, « nettoyer ».

détérioration [deteʀjɔʀasjɔ̃] n. f. Action de détériorer; son résultat. – Bas lat. *deterioratio*.

détériorer [deteʀjɔʀe] v. tr. [1] **1.** Mettre en mauvais état, abîmer, dégrader. *Les intempéries ont détérioré la maison.* ▷ v. pron. *Matériel qui se détériore.* **2.** Fig. *Détériorer sa santé.* ▷ v. pron. *Situation qui se détériore.* – Bas lat. *deteriorare*, de *deterior*, « pire ».

déterminable [detɛʀminabl] adj. Qui peut être déterminé. – De *déterminer*.

déterminant, ante [detɛʀminɑ̃, ɑ̃t] adj. et n. m. **I.** adj. Qui détermine, qui amène à prendre une décision. *Un argument déterminant.* **II.** n. m. **1.** LING Élément qui détermine un substantif (article, adjectif possessif, démonstratif, indéfini, numéral, etc.) (par oppos. à *déterminé*). **2.** MATH Nombre qui est déduit du produit des éléments d'une matrice carrée et qu'on utilise pour résoudre un système de *n* équations à *n* inconnues. – Ppr. de *déterminer*.

déterminatif, ive [detɛʀminatif, iv] adj. (et n. m.) LING Qui caractérise un mot, en détermine le sens. *Adjectif déterminatif.* ▷ n. m. *Un déterminatif.* – De *déterminer*.

détermination [detɛʀminasjɔ̃] n. f. **1.** Action de déterminer, de préciser. *La détermination de l'âge d'une roche.* **2.** PHILO Relation de dépendance d'un élément de connaissance par rapport à un autre. **3.** Intention, résolution. *Avoir la détermination de réussir.* **4.** Fermeté de caractère. *Agir avec détermination.* – Lat. *determinatio*.

déterminé, ée [detɛʀmine] adj. et n. m. **I.** adj. **1.** Fixé, délimité. **2.** Résolu, décidé. *Une attitude déterminée.* **3.** PHILO Qui est la conséquence de phénomènes antérieurs. (V. déterminisme.) **II.** adj. et n. m. LING Qui est précisé par le déterminant. – n. m. *Le déterminé.* – Pp. de *déterminer*.

déterminer [detɛʀmine] v. tr. [1] **1.** Fixer, régler. *Déterminer la durée d'un congé.* **2.** Faire prendre une résolution à. *Je l'ai déterminé à abandonner ce projet.* Syn. décider. ▷ v. pron. Prendre une résolution. *Se déterminer à agir.* **3.** Établir avec précision, d'une manière positive. *Déterminer la distance du Soleil à la Terre.* **4.** LING Caractériser, préciser la valeur ou la signification de (un mot, et spécial. d'un nom par un déterminant). *L'article détermine le nom.* **5.** Être la cause de. *Le choc a déterminé l'explosion.* – Lat. *determinare*, « marquer les limites de ».

déterminisme [detɛʀminism] n. m. PHILO **1.** Caractère d'un ordre nécessaire de faits répondant au principe de causalité. **2.** Système philosophique selon lequel tout dans la nature obéit à des lois rigoureuses, y compris les conduites humaines (« les mêmes causes produisent les mêmes effets »), d'où la possibilité de prévoir et de reproduire un phénomène. – All. *Determinismus*.

déterministe [detɛʀminist] adj. et n. **1.** adj. Qui se rapporte au déterminisme. **2.** n. Partisan du déterminisme. – De *déterminisme*.

déterrage [deteʀaʒ] n. m. **1.** Action de soulever hors de terre le soc d'une charrue. **2.** Destruction dans leur terrier (de certaines bêtes). – De *déterrer*.

déterré, ée [deteʀe] adj. et n. **1.** adj. Qui a été sorti de terre. **2.** Subst., dans la loc. fig. *Avoir un air, une mine de déterré* : avoir le visage pâle et défait (comme un cadavre). – Pp. de *déterrer*.

déterrement [detɛʀmɑ̃] n. m. Action de déterrer. – De *déterrer*.

déterrer [deteʀe] v. tr. [1] **1.** Retirer de la terre (ce qui y était enfoui). *Déterrer un trésor.* ▷ *Spécial.* Exhumer (un corps). **2.** Fig. Découvrir (une chose, une personne cachée). *Déterrer un livre rare.* – De *dé-*, et *terre*.

détersif, ive [detɛʀsif, iv] adj. et n. m. Syn. de *détergent*. – Du lat. *detersus*, pp. de *detergere*, « nettoyer ».

détersion [detɛʀsjɔ̃] n. f. Nettoyage au moyen d'un détergent. – Lat. médical *detersio*.

détestable [detɛstabl] adj. **1.** Rare Qui doit être, qui mérite d'être détesté. **2.** Très mauvais, exécrable. – Lat. *detestabilis*.

détestablement [detɛstabləmɑ̃] adv. De façon détestable. – De *détestable*.

détester [detɛste] v. tr. [1] **1.** Vx Maudire. **2.** Mod. Avoir (qqn, qqch) en horreur. *Détester qqn.* – *Par ext.* Ne pas pouvoir supporter. *Détester les bavards.* – Lat. *detestari*, « détourner en prenant les dieux à témoin ».

déthéiné, ée [deteine] adj. Dont on a extrait la théine. *Un thé déthéiné.* – De *dé-*, et *théine*.

détirer [detiʀe] v. tr. [1] TECH Étendre en tirant.

détonant, ante [detɔnɑ̃, ɑ̃t] adj. (et n. m.) Qui détone, produit une détonation. *Mélange détonant.* ▷ n. m. Produit qui peut détoner. – Ppr. de *détoner*.

détonateur [detɔnatœʀ] n. m. TECH Amorce qui renferme une substance servant à faire détoner une charge d'explosif. ▷ Fig. Fait, événement qui provoque une action. *Cet incident fut le détonateur de la grève.* – De *détoner*.

détonation [detɔnasjɔ̃] n. f. **1.** Cour. Bruit fait par ce qui détone, explose. **2.** CHIM Mode de combustion dans lequel la vitesse de propagation de la flamme est de l'ordre du km par s. – De *détoner*.

détoner [detɔne] v. intr. [1] Exploser bruyamment. – Lat. *detonare*, de *tonare*, « tonner ».

détonner [detɔne] v. intr. [1] **1.** MUS Sortir du ton. – Cour. Chanter faux. **2.** Fig. Contraster désagréablement avec autre chose, ne pas s'harmoniser. *La couleur de cette écharpe et celle de votre robe détonnent.* – De *dé-*, et *ton*, au sens musical.

détordre [detɔʀdʀ] v. tr. [6] Remettre dans son premier état (ce qui a été tordu). ▷ v. pron. *Fil qui se détord.*

détortiller [detɔʀtije] v. tr. [1] Défaire (ce qui était tortillé).

détour [detuʀ] n. m. **1.** Changement de direction par rapport à la ligne directe. *Les détours d'une rivière, d'un chemin.* **2.** Trajet qui s'écarte du plus court chemin. *Faire un détour.* **3.** Fig. Moyen indirect, subterfuge. *User de détours pour atteindre son but.* ▷ Circonlocution. *Avouer sans détour.* – Déverbal de *détourner*.

détourage [detuʀaʒ] n. m. **1.** TECH Opération par laquelle on donne à une pièce en cours d'usinage sa forme définitive. **2.** ARTS GRAPH Opération qui consiste à éliminer le fond entourant le sujet central d'une photo, d'un dessin, par découpage ou usage d'un cache. – De *détourer*.

détourer [detuʀe] v. tr. [1] **1.** TECH Procéder au détourage de (une pièce). **2.** ARTS GRAPH Procéder au détourage de (un sujet). – De *dé-*, et *tour*.

détourné, ée [detuʀne] adj. **1.** Qui fait un détour. *Un chemin détourné.* ▷ Fig. *Moyens détournés* : moyens indirects, biais. **2.** Qui s'exprime indirectement, de façon voilée. *Un compliment détourné.* – Pp. de *détourner*.

détournement [detuʀnəmɑ̃] n. m. **1.** Action d'éloigner de la voie directe, de sa destination initiale. *Détour-*

nement de la circulation. – *Détournement d'avion :* action de contraindre un avion à changer de destination. **2.** DR Soustraction frauduleuse. *Un détournement de fonds.* **3.** DR *Détournement de mineur(e) :* action de soustraire une personne mineure à l'autorité de ses parents ou de son tuteur; COUR. incitation d'une personne mineure à la débauche. – De *détourner.*

détourner [detuʀne] v. tr. [1] **1.** Écarter du chemin suivi ou à suivre; changer la direction, l'itinéraire de. *Détourner un train.* – Contraindre (un avion) à changer de destination. – Fig. *Détourner qqn de son devoir.* ▷ *Détourner la conversation,* l'orienter vers un autre sujet. *Détourner l'attention de qqn.* **2.** Tourner dans une autre direction. *Détourner la tête.* **3.** Soustraire frauduleusement. *Détourner une grosse somme.*

détoxication [detɔksikasjɔ̃] n. f. MED Neutralisation du pouvoir toxique (de certains corps). – Élimination des toxines. – De *dé-,* et *toxique.*

détracteur, trice [detʀaktœʀ, tʀis] n. et adj. Personne qui s'efforce de rabaisser la valeur de qqch, le mérite de qqn. *Une loi qui a ses détracteurs.* – adj. *Un esprit détracteur.* – Lat. *detractor,* de *detrahere,* «tirer en bas».

détraqué, ée [detʀake] adj. Fam. Atteint de troubles mentaux, déséquilibré. – Subst. *Un(e) détraqué(e).* – Pp. de *détraquer.*

détraquement [detʀakmɑ̃] n. m. **1.** Action de détraquer; son résultat. **2.** Fig. Fait d'être détraqué. – De *détraquer.*

détraquer [detʀake] v. tr. [1] **1.** Déranger (un mécanisme). *Détraquer une serrure, une horloge.* ▷ v. pron. *Montre, système qui se détraque.* **2.** Fig., fam. Troubler le fonctionnement de. *Médicaments qui détraquent le foie. Cette histoire lui a détraqué le cerveau.* ▷ v. pron. *Le temps se détraque.* – De *dé-,* et *trac,* «trace».

1. détrempe [detʀɑ̃p] n. f. **1.** PEINT Pigments délayés dans de l'eau et additionnés d'un liant et d'un fixatif. **2.** Œuvre exécutée avec cette préparation. – Déverbal de *détremper* 1.

2. détrempe [detʀɑ̃p] n. f. TECH Opération qui détruit la trempe de l'acier. – Déverbal de *détremper* 2.

1. détremper [detʀɑ̃pe] v. tr. [1] Délayer dans un liquide; mouiller abondamment. *Détremper du pain.* – Bas lat. *distemperare,* «délayer».

2. détremper [detʀɑ̃pe] v. tr. [1] TECH Détruire la trempe de (l'acier).

détresse [detʀɛs] n. f. **1.** Angoisse causée par un danger imminent ou par le besoin, la souffrance. *Un cri de détresse.* ▷ Situation qui cause cette angoisse. – Dénuement, misère. **2.** Situation périlleuse d'un navire, d'un aéronef, etc. *Signaux de détresse. Navire en détresse.* – Lat. pop. **districtia,* «étroitesse».

détriment [detʀimɑ̃] n. m. **1.** Vx Dommage, préjudice. **2.** Loc. prép. *Au détriment de :* au préjudice de. *Il travaille au détriment de sa santé.* – Lat. *detrimentum,* de *deterere,* «user en frottant».

détritique [detʀitik] adj. GEOL Se dit des dépôts ou des roches (grès, conglomérats) provenant de la désagrégation mécanique de roches préexistantes. – De *détritus.*

détritus [detʀity(s)] n. m. (Le plus souvent au plur.) Débris, ordures. – Lat. *detritus,* «broyé, usé».

détroit [detʀwa] n. m. **1.** Passage maritime resserré entre deux terres. *Le détroit de Gibraltar.* **2.** ANAT Nom donné aux deux rétrécissements du bassin. *Détroit supérieur,* séparant le grand bassin du pelvis. *Détroit inférieur :* orifice inférieur du pelvis. – Lat. *districtus.*

détromper [detʀɔ̃pe] v. tr. [1] Tirer (qqn) d'erreur. ▷ v. pron. *Détrompez-vous :* ne croyez pas cela, revenez de votre erreur.

détrôner [detʀone] v. tr. [1] **1.** Déposséder du trône, du pouvoir souverain. **2.** Fig. Supplanter. *Un champion qui en détrône un autre. Théorie qui en détrône une autre.* – De *dé-,* et *trône.*

détrousser [detʀuse] v. tr. [1] Litt. Voler (qqn) en usant de violence. *Bandits qui détroussaient les voyageurs.*

détrousseur [detʀusœʀ] n. m. Litt. Celui qui détrousse. – De *détrousser.*

détruire [detʀɥiʀ] v. tr. [69] **1.** Démolir, abattre (un édifice). *Détruire un immeuble vétuste.* **2.** Anéantir (en altérant, en cassant, en brûlant, etc.). *Détruire des papiers compromettants.* ▷ Fig. *Détruire une illusion.* **3.** Donner la mort à. *Poison qui détruit les rongeurs.* ▷ v. pron. Se suicider. – Ruiner sa santé. *Il se détruit en buvant.* – Lat. pop. **destrugere.*

dette [dɛt] n. f. **1.** Ce qu'on doit à qqn. – *Spécial.* Somme d'argent qu'on doit. *Avoir des dettes. Reconnaissance de dette :* acte écrit par lequel le débiteur reconnaît une créance. ▷ FIN *Dette publique :* ensemble des sommes dues par l'État. **2.** Fig. Obligation morale envers qqn. *Une dette de reconnaissance.* – Lat. *debita,* de *debere,* «devoir».

détumescence [detymesɑ̃s] n. f. MED Réduction du volume d'une tumeur, d'un organe érectile.

DEUG [dœg] n. m. Diplôme qui sanctionne le premier cycle des études universitaires. – Acronyme pour *Diplôme d'études universitaires générales.*

deuil [dœj] n. m. **1.** Douleur, tristesse que l'on éprouve de la mort de qqn. *Un deuil très éprouvant. Un jour de deuil.* **2.** Marques extérieures du deuil. *Vêtements de deuil,* noirs ou foncés. *Prendre, porter le deuil, être en deuil :* porter des vêtements de deuil. *Deuil national.* ▷ Fig., fam. *Ongles en deuil :* malpropres, noirs. **3.** Temps pendant lequel on porte le deuil. *L'usage a abrégé le deuil.* **4.** Cortège funèbre. *Mener le deuil.* **5.** Fam. *Faire son deuil d'une chose,* ne plus compter sur elle, la considérer comme perdue. – Bas lat. *dolus,* de *dolere,* «souffrir».

deus ex machina [deusɛksmakina] n. m. Dans le théâtre antique, dieu qui, sortant de la machinerie de la scène, intervenait pour apporter à une situation sans issue un dénouement heureux. ▷ Fig. Personnage, événement qui vient arranger providentiellement une situation difficile, dans une œuvre dramatique ou dans la réalité. – Mots lat. : «un dieu (descendu) au moyen d'une machine», au théâtre.

deut-, deuter-, deutéro-. Éléments, du grec *deuteros,* «deuxième».

deutérium [døteʀjɔm] n. m. CHIM Isotope de l'hydrogène, de masse atomique 2 (symbole D). – Corps simple diatomique (formule D_2) nommé aussi *hydrogène lourd.* (Son principal dérivé est l'eau lourde, D_2 O.) – De *deuter(o)-,* et *-ium.*

deutérocanonique [døteʀɔkanɔnik] adj. THEOL CATHOL Se dit des livres de la Bible reconnus comme inspirés (et donc introduits dans le canon des Écritures) par les catholiques à une date relativement tardive. V. apocryphe. – De *deutéro-,* et *canonique.*

deutéromycètes [døteʀɔmisɛt] n. m. pl. BOT Ensemble des champignons dont on ne connaît pas la reproduction sexuée. – Sing. *Un deutéromycète.* – De *deutéro-,* et *-mycète.*

deutéron [døteʀɔ̃] ou **deuton** [døtɔ̃] n. m. PHYS NUCL Noyau de deutérium, constitué d'un proton et d'un neutron. – De *deutérium,* d'après *neutron.*

deutsche Mark. V. mark.

deux [dø] adj. inv. et n. m. inv. **I.** adj. num. inv. **1.** (Cardinal) Un plus un (2). *Les deux mains.* ▷ (Marquant un très petit nombre indéterminé.) *J'habite à deux pas d'ici.* ▷ (Opposé à l'unité.) *Deux avis valent mieux qu'un.* ▷ (Marquant la différence.) *Ton père et toi, cela fait deux.* – *Tenir et promettre sont deux,* deux choses bien différentes. **2.** (Ordinal) Deuxième. *Article deux.* – Ellipt. *Le deux août.* **II.** n. m. inv. **1.** Le nombre deux. *Deux et deux font quatre.* ▷ Chiffre représentant le nombre deux (2). ▷ Numéro deux. *Habiter au deux.* ▷ *Le deux :* le deuxième jour du mois. **2.** Carte, face de dé, ou côté de domino portant deux marques. *Le deux de carreau. Sortir un deux. Le double deux.* **3.** SPORT En aviron, embarcation manœuvrée par deux rameurs. *Deux barré. Deux sans barreur.* – Lat. *duo.*

deux-deux (à) [adødø] loc. adj. MUS *Mesure à deux-deux* (2/2 ou ₵C), à deux temps, avec une blanche par temps. – De *deux.*

deuxième [døzjɛm] adj. et n. **1.** adj. numéral ord. Dont le rang est marqué par le nombre 2. *Le deuxième lundi du mois. Habiter au deuxième étage,* ou, ellipt., *au deuxième.* **2.** n. Personne, chose qui occupe la deuxième place. *La deuxième de la classe.* – De *deux.*

deuxièmement [døzjɛmmɑ̃] adv. En second lieu. – De *deuxième.*

deux-mâts [dømɑ] n. m. inv. Voilier à deux mâts.

deux-pièces [døpjɛs] n. m. inv. **1.** Costume féminin comportant une veste et une jupe du même tissu. *Complet deux-pièces :* veste et pantalon de même tissu, pour homme. ▷ Maillot de bain composé d'un slip et d'un soutien-gorge. **2.** Appartement comportant deux pièces.

deux-points [døpwɛ̃] n. m. inv. **1.** Signe de ponctuation (:) introduisant une énumération, une explication, etc. **2.** Signe de la division.

deux-ponts [døpɔ̃] n. m. inv. Avion à deux ponts.

deux-quatre (à) [adøkatʀ] loc. adj. MUS *Mesure à deux-quatre* (2/4), à deux temps avec une noire par temps.

deux-roues [døʀu] n. m. inv. Véhicule à deux roues (bicyclette, cyclomoteur, vélomoteur, motocyclette, etc.).

deux-temps [døtɑ̃] n. m. inv. Moteur à deux temps.

dévaler [devale] v. [1] **1.** v. intr. Aller très vite ou brusquement du haut vers le bas. *Avalanche qui dévale.* **2.** v. tr. Descendre rapidement. *Dévaler un escalier.* – De *dé-,* et *val.*

dévaliser [devalize] v. tr. [1] Voler à (qqn) son argent, ses vêtements. *Dévaliser un passant.* – Par ext. *Dévaliser une villa.* – De *dé-,* et *valise.*

dévalorisant, ante [devalɔʀizɑ̃, ɑ̃t] adj. Qui dévalorise. – Ppr. de *dévaloriser.*

dévalorisation [devalɔʀizasjɔ̃] n. f. Action de dévaloriser; son résultat. Syn. dépréciation. – De *dévaloriser.*

dévaloriser [devalɔʀize] v. tr. [1] Déprécier, diminuer la valeur de. ▷ v. pron. *Marchandise qui s'est dévalorisée.*

dévaluation [devalɥasjɔ̃] n. f. Abaissement de la valeur légale d'une monnaie par rapport aux monnaies étrangères ou à l'étalon de référence. – De *dé-,* et *(é)valuation.*

dévaluer [devalɥe] v. tr. [1] Opérer la dévaluation de. *Dévaluer une monnaie.* ▷ Pp. adj. Monnaie dévaluée. ▷ Fig. *Certaines valeurs morales sont dévaluées.* – Angl. *to devaluate,* d'apr. *évaluer.*

devanāgarī [devanagaʀi] ou **nāgarī** [nagaʀi] n. m. Écriture utilisée pour le sanskrit. – Mot indien.

devancement [dəvɑ̃smɑ̃] n. m. Fait de devancer; résultat de cette action. – De *devancer.*

devancer [d(ə)vɑ̃se] v. tr. [12] **1.** Marcher, aller en avant de; dépasser, distancer. *Coureur qui devance ses concurrents.* **2.** Surpasser, avoir l'avantage sur. *Élève qui devance ses condisciples.* **3.** Être en avance (dans le temps). – Fig. *Son génie avait devancé son siècle.* **4.** Aller au-devant de, prévenir (qqch). *Devancer une attaque.* – Loc. *Devancer l'appel :* s'engager dans l'armée, pour la durée légale, avant l'appel de sa classe. – De *devant,* d'apr. *avancer.*

devancier, ère [d(ə)vɑ̃sje, ɛʀ] n. Personne qui en a précédé une autre. – De *devancer.*

1. devant [d(ə)vɑ̃] prép. et adv. **I.** prép. **1.** En avant de. *Marcher devant les autres.* Ant. derrière. **2.** Vis-à-vis de, en face de, contre. *La voiture est garée devant la maison.* – *Par ext.* En présence de. *Il l'a dit devant témoin.* ▷ Fig. *Avoir du temps, de l'argent devant soi :* disposer d'un certain temps, d'une certaine somme d'argent. **3.** Loc. prép. *Au-devant de :* à la rencontre de; en avant pour prévenir. *Aller au-devant des arrivants.* ▷ DR *Par-devant :* en présence de. *Contrat passé par-devant notaire.* **II.** adv. **1.** adv. de lieu. *Je pars devant.* **2.** adv. de temps. Auparavant. (Vx, sauf dans la loc. prov. *Être Gros-Jean comme devant :* n'avoir pas avancé dans ses affaires malgré ses efforts, ou avoir été trompé.) **3.** Loc. adv. *Par-devant :* à la face, à la partie antérieure; par l'avant. – De *avant.*

2. devant [d(ə)vɑ̃] n. m. **1.** Face antérieure d'une chose, côté opposé à celui de derrière. *Le devant d'une maison, d'une robe.* **2.** Plur. (en loc.) *Prendre les devants :* partir avant qqn, le dépasser en allant plus vite; fig. prendre l'initiative, devancer qqn en faisant qqch. – De *devant* 1.

devanture [d(ə)vɑ̃tyʀ] n. f. **1.** Façade d'une boutique. **2.** *Par ext.* Étalage, objets exposés dans une vitrine. *Remarquer une bague à la devanture d'une bijouterie.* – De *devant* 2.

dévasement [devɑzmɑ̃] n. m. Action de dévaser. – De *dévaser.*

dévaser [devɑze] v. tr. [1] Débarrasser de la vase. *Dévaser un port.* – De *dé-,* et *vase.*

dévastateur, trice [devastatœʀ, tʀis] adj. et n. Qui dévaste. *Un fléau dévastateur.* ▷ Subst. *Les Mongols furent de grands dévastateurs.* Syn. destructeur. – Bas lat. *devastator.*

dévastation [devastasjɔ̃] n. f. Action de dévaster; son résultat. *Les dévastations dues aux guerres.* Syn. ravage. – Bas lat. *devastatio.*

dévaster [devaste] v. tr. [1] Ruiner, causer de grands dégâts à. *Un tremblement de terre a dévasté la région.* Syn. saccager, ravager. – Lat. *devastare,* « piller, ravager ».

déveine [deven] n. f. Fam. Mauvaise chance persistante. *Tu parles d'une déveine !* Syn. guigne. Ant. veine. – De *dé-,* et *veine* III, sens 2.

développable [devlɔpabl] adj. Qui peut se développer. ▷ GEOM *Surface développable,* qui peut être étalée sur un plan sans subir de déformation. *Une surface cylindrique est développable.* – De *développer.*

développante [devlɔpɑ̃t] n. f. GEOM Courbe plane servant à définir une développée. – Ppr. fém. subst. de *développer.*

développé [devlɔpe] n. m. SPORT Mouvement consistant à amener progressivement une haltère à bout de bras à la verticale, depuis la hauteur des épaules. – Pp. subst. de *développer.*

développée [devlɔpe] n. f. GEOM Lieu des centres de courbure d'une courbe plane. – Pp. subst. fém. de *développer.*

développement [devlɔpmɑ̃] n. m. **1.** Action de déployer, de donner toute son étendue à. – Fig. Déroulement. *Développement des opérations.* – GEOM Action de développer un solide. – MATH Action de développer une expression algébrique. **2.** Exposition détaillée. *Développement d'une idée. Introduction, développement et conclusion d'un exposé.* **3.** Accroissement naturel d'un organisme vivant par l'acquisition de nouvelles fonctions, de nouveaux organes (distinct de la croissance). *Développement d'un bourgeon.* – Accroissement des facultés mentales ou intellectuelles. *Le développement de l'intelligence chez l'enfant.* **4.** Ampleur, importance, extension que prend une chose qui évolue. *Une entreprise en plein développement.* Syn. essor, expansion. – *Pays en voie de développement, en développement,* dont le niveau économique n'a pas atteint celui de l'Europe occidentale ou de l'Amérique du Nord (expression créée pour remplacer *sous-développé*). **5.** TECH Ensemble des opérations permettant de faire apparaître l'image sur un cliché photographique. **6.** Distance parcourue par une bicyclette à chaque tour de pédalier. – De *développer.*

développer [devlɔpe] v. [1] **I.** v. tr. **1.** Rare Ôter l'enveloppe de. *Développer un paquet.* **2.** Étendre ce qui était plié, enroulé; déployer. *Développer un rouleau de papier.* – Fig. Exposer en détail, avec une certaine longueur. *Développer une idée, un sujet, un argument.* – GEOM Représenter sur un plan les différentes faces d'un corps solide. – MATH Effectuer une série de calculs. *Développer une série :* transformer une fonction en une somme algébrique de termes. **3.** Faire croître. *Développer la mémoire, l'intelligence, les goûts de qqn.* ▷ Faire prendre de l'ampleur, de l'importance, de l'extension. *Développer une affaire. Développer un pays.* **4.** Mener l'ensemble des opérations de la conception d'un produit à sa mise sur le marché. *Développer un prototype.* **5.** TECH Traiter (un cliché photographique) pour faire apparaître l'image. **6.** Avoir (tel développement), en parlant d'une bicyclette. *Cette bicyclette développe 7 mètres.* **II.** v. pron. **1.** Se déployer, s'étendre. *L'armée se développa dans la plaine.* – Fig. *L'intrigue se développait lentement.* **2.** Prendre de l'extension, de l'importance; grandir. *Une ville qui se développe. La pratique de ce sport s'est beaucoup développée ces dernières années.* – De l'a. fr. *voloper,* du bas lat. *faluppa,* «balle de blé», avec infl. de *volvere,* «tourner», et de *envelopper.*

1. devenir [dəvniʀ] v. intr. [36] **1.** Passer d'un état à (un autre). *Devenir vieux, riche. Cette petite affaire est devenue une grosse entreprise.* **2.** Avoir tel ou tel résultat, tel ou tel sort, telle ou telle issue. *Qu'allons-nous devenir? Je ne l'ai pas vu depuis des années, qu'est-il devenu?* – Lat. *devenire,* «arriver», en bas lat. «devenir».

2. devenir [dəvniʀ] n. m. PHILO Transformation des choses, des êtres; ensemble des changements dans leur déroulement temporel. *Les philosophies du devenir s'opposent aux philosophies de l'être, qui insistent sur la permanence.* – De *devenir* 1.

déventer [devɑ̃te] v. tr. [1] MAR Empêcher (un navire, une voile, etc.) d'être soumis à l'effet du vent. *Foc trop bordé qui dévente la grand-voile.* – De *dé-,* et *vent.*

déverbal, aux [devɛʀbal, o] n. m. LING Nom formé à partir du radical d'un verbe, spécial. sans suffixe. *Moulinage est un déverbal de mouliner.* – De *dé-, verbe,* et suff. *al.*

dévergondage [devɛʀgɔ̃daʒ] n. m. Conduite, notam. sexuelle, dépourvue de pudeur, de retenue. *Le dévergondage a nui à sa carrière.* Syn. débauche. – Fig. Fantaisie excessive. – De *dévergonder.*

dévergondé, ée [devɛʀgɔ̃de] adj. Qui est sans retenue, sans pudeur, notam. dans sa conduite sexuelle. ▷ Subst. *Un(e) dévergondé(e).* – De *dé-,* et a. fr. *vergonde,* var. de *vergogne.*

dévergonder (se) [devɛʀgɔ̃de] v. pron. [1] Abandonner toute retenue, toute pudeur notam. sur le plan de la conduite sexuelle; se débaucher. – De *dévergondé.*

déverguer [devɛʀge] v. tr. [1] MAR Ôter (une voile) de sa vergue ou de sa draille. Ant. enverguer. – De *dé-,* et *vergue.*

dévernir [devɛʀniʀ] v. tr. [3] Ôter le vernis de. *Dévernir un meuble.*

déverrouillage [devɛʀujaʒ] n. m. Action de déverrouiller. – De *déverrouiller.*

déverrouiller [devɛʀuje] v. tr. [1] **1.** Ouvrir en tirant le verrou de. *Déverrouiller une porte.* **2.** Libérer (un mécanisme préalablement immobilisé). *Déverrouiller le train d'atterrissage d'un avion.*

devers [dəvɛʀ] prép. **1.** Vx Du côté de. *Tourne ton visage devers moi.* **2.** Loc. prép. Rare *Par-devers :* par-devant. – DR *Se pourvoir par-devers le juge.* ▷ *Par ext.* En la possession de. *Garder des documents par-devers soi.* – De *de-,* et *vers.*

dévers, erse [devɛʀ, ɛʀs] adj. et n. **I.** adj. CONSTR Qui n'est pas d'aplomb. **II.** n. m. **1.** TECH Différence de niveau entre les deux rails d'une voie de chemin de fer, les deux bordures d'une chaussée. *Dans les courbes, le dévers contrarie les effets de la force centrifuge.* **2.** CONSTR Pente ou gauchissement d'une pièce. – Lat. *deversus,* «détourné».

déversement [devɛʀsəmɑ̃] n. m. Action de déverser, de se déverser. – De *déverser.*

déverser [devɛʀse] v. tr. [1] **1.** Faire couler (un liquide). *Déverser le trop-plein dans le ruisseau.* ▷ v. pron. S'écouler. *Les eaux de pluie se déversent dans une citerne.* **2.** *Par ext.* Déposer en épandant, en versant. *Déverser du charbon dans une cave par le soupirail.* – Par anal. *Les avions déversent des flots de touristes.* **3.** Fig. Épancher, répandre. *Déverser son mépris, sa rancœur.*

déversoir [devɛʀswaʀ] n. m. TECH Ouvrage servant à évacuer l'eau en excès. *Le déversoir d'un barrage.* – De *déverser.*

dévêtir [devɛtiʀ] v. tr. [33] Litt. Enlever la totalité ou une partie des vêtements de. *Dévêtir un enfant.* Syn. déshabiller. ▷ v. pron. *Se dévêtir pour aller se baigner.*

dévî [devi] n. f. Divinité féminine de la mythologie hindoue. – Mot sanscr., «déesse».

déviance [devjɑ̃s] n. f. PSYCHO Conduite qui s'écarte des normes sociales. – De *déviant.*

déviant, ante [devjɑ̃, ɑ̃t] adj. (et n.) Dont la conduite s'écarte des normes sociales. – Ppr. de *dévier.*

déviateur, trice [devjatœʀ, tʀis] adj. Qui produit une déviation. *Pression déviatrice.* ▷ n. m. TECH Appareil servant à dévier un fluide. – De *dévier.*

déviation [devjasjɔ̃] n. f. **I.** Fait de s'écarter de sa direction. **1.** TECH Angle que fait la direction d'un projectile avec le plan de tir. **2.** Différence angulaire entre la direction du nord magnétique et la direction du nord indiquée par un compas soumis à l'influence des masses ferreuses du navire ou de l'aéronef («nord du compas»). **3.** TECH Déplacement de l'aiguille d'un appareil de mesure. **4.** PHYS Angle formé par le rayon incident et le rayon qui traverse un système optique. **5.** MED Direction anormale d'un organe, d'une partie du corps. *Déviation utérine. Déviation de la colonne vertébrale.* **6.** Fig. Écart, variation dans la conduite. *Suivre ses principes sans déviation.* **II. 1.** Action de changer la direction de qqch. *Déviation d'un cours d'eau, d'une route.* **2.** Itinéraire détourné. *Prenez la déviation à gauche.* – Bas lat. *deviatio.*

déviationnisme [devjasjɔnism] n. m. Fait de s'écarter de la stricte conformité à une doctrine, à la ligne d'un parti. – De *déviation.*

déviationniste [devjasjɔnist] adj. (et n.) Qui s'écarte de la ligne d'un parti. – De *déviationnisme.*

dévidage [devidaʒ] n. m. Action de dévider du fil. – De *dévider.*

dévider [devide] v. tr. [1] **1.** Mettre en écheveau ou en pelote (le fil embobiné ou en fuseau). **2.** Dérouler. *Dévider une bobine.* **3.** Fig., fam. *Dévider son chapelet* : dire tout ce que l'on a sur le cœur.

dévideur, euse [devidœʀ, øz] n. Personne qui dévide du fil, de la laine, etc. – De *dévider.*

dévidoir [devidwaʀ] n. m. Appareil servant à dévider ou à dérouler. – De *dévider.*

dévier [devje] v. [2] **1.** v. intr. S'écarter de sa direction. *La balle a dévié. Dévier de la bonne route.* – Fig. *Dévier d'une ligne de conduite.* **2.** v. tr. Écarter, détourner de la direction normale. *Les gendarmes déviérent la circulation.* – Lat. *deviare*, de *via*, «voie».

devin, devineresse [dəvɛ̃, dəvinʀɛs] n. Personne qui prétend prédire les événements et découvrir les choses cachées. *Les devins de l'Antiquité.* – Lat. pop. **devinus*, class. *divinus.*

devinable [d(ə)vinabl] adj. Qui peut être deviné. – De *deviner.*

deviner [d(ə)vine] v. tr. [1] **1.** Rare Révéler ce qui doit arriver. *Peut-on deviner l'avenir?* **2.** Découvrir, savoir par conjecture, par supposition. *Deviner la pensée de qqn. Sais-tu ce qui est arrivé? – Je ne le sais pas, mais je le devine.* – Absol. *Deviner juste.* ▷ v. pron. Être deviné. *La fin de l'histoire se devine aisément.* – Lat. pop. **devinare*, class. *divinare.*

devinette [d(ə)vinɛt] n. f. Question que l'on pose par jeu pour en faire deviner la réponse. *Jouer aux devinettes.* – De *deviner.*

dévirer [deviʀe] v. tr. [1] MAR Tourner en sens inverse. *Dévirer un cabestan.*

devis [d(ə)vi] n. m. État détaillé des travaux à effectuer accompagné de l'estimation de leur prix. *Devis descriptif*, qui donne une description détaillée des travaux à effectuer, des matériaux à employer, des délais d'exécution. *Devis estimatif*, qui donne une évaluation du prix des travaux. – Déverbal de l'anc. v. *deviser*, pris au sens «organiser».

dévisager [devizaʒe] v. tr. [13] Regarder longuement et attentivement un visage. *Il m'a dévisagé avec insistance.* – De *dé-*, et *visage.*

1. devise [d(ə)viz] n. f. Sentence indiquant les goûts, les qualités, la résolution de qqn. *«Plutôt souffrir que mourir, c'est la devise des hommes» (La Fontaine).* ▷ HERALD Sentence concise particulière à une famille, une ville, etc., inscrite sur un ruban au-dessus de l'écu. *La devise de Paris est : «Fluctuat nec mergitur», il est battu par les flots mais ne sombre pas.* – De *deviser.*

2. devise [d(ə)viz] n. f. FIN Monnaie émise par une banque nationale, envisagée par rapport à d'autres. *Le franc est la devise française.* – Probablement emprunt à l'all. *Devise*, du fr.; on imprimait des *devises* (V. devise 1) sur les billets de change.

deviser [dəvize] v. intr. [1] Litt. S'entretenir familièrement. *Nous devisions gaiement entre amis.* – Lat. pop. *devisare*, de *dividere*, «diviser».

dévissage [devisaʒ] n. m. Opération qui consiste à dévisser. – De *dévisser.*

dévisser [devise] v. [1] **1.** v. tr. TECH Ôter (une vis, un écrou). – Démonter (une pièce vissée). *Dévisser une serrure.* **2.** v. intr. ALPIN Lâcher prise d'une paroi et faire une chute.

de visu [devizy] loc. adv. Après avoir vu, en voyant. *S'assurer de visu de la véracité d'un récit.* – Mots lat.

dévitalisation [devitalizasjɔ̃] n. f. Action de dévitaliser. – De *dévitaliser.*

dévitaliser [devitalize] v. tr. [1] *Dévitaliser une dent*, en retirer le tissu vital (la pulpe et le nerf). – De *dé-*, et *vital.*

dévitaminé [devitamine] adj. Qui a perdu ses vitamines.

dévitrification [devitʀifikasjɔ̃] n. f. **1.** CHIM Passage de l'état vitreux à l'état cristallin. **2.** TECH Action de dévitrifier le verre; son résultat. – De *dévitrifier.*

dévitrifier [devitʀifje] v. tr. [2] **1.** CHIM Détruire la vitrification de. **2.** TECH Faire perdre (au verre) sa transparence en le chauffant longtemps. – De *dé-*, et *vitrifier.*

dévoiement [devwamɑ̃] n. m. **1.** CONSTR Changement de direction d'un conduit. **2.** État d'une personne dévoyée. – De *dévoyer.*

dévoilement [devwalmɑ̃] n. m. Action de dévoiler; fait de se dévoiler. – De *dévoiler.*

dévoiler [devwale] v. tr. [1] **1.** Enlever le voile qui dissimule (qqn ou qqch). *Dévoiler une statue.* **2.** Fig. Découvrir, révéler (ce qui était secret, caché). *Dévoiler un scandale.* ▷ v. pron. Cesser d'être caché, se montrer. *Ses intentions se sont dévoilées ensuite.* – Se trahir. *Le traître s'est dévoilé.* **3.** TECH Faire perdre son voile à, rendre plan. *Dévoiler une roue.*

1. devoir [dəvwaʀ] v. [44] **I.** v. tr. **1.** Avoir à donner ou à restituer (une somme d'argent) à qqn. *Je te dois vingt francs.* **2.** Être redevable de (qqch) à (qqn), tenir de. *Il lui doit sa situation. L'Égypte doit sa fertilité au Nil.* – *Devoir à (qqn) de* (+ inf.). *Je lui dois d'avoir été promu à ce poste.* **3.** Avoir pour obligation (morale) envers (qqn). *Il me doit le respect.* **II.** v. auxil. suivi de l'inf., marque : **1.** La nécessité inéluctable, l'obligation. *Nous devons tous mourir. Je dois finir cela avant demain.* **2.** Le futur proche, l'intention. *Je dois m'absenter prochainement. Nous devions partir quand l'orage éclata.* **3.** La possibilité, la vraisemblance. *Il doit se tromper.* **4.** (Au conditionnel.) La probabilité. *Il devrait être près du but, maintenant.* **5.** (Au subjonctif imparfait, avec inversion du sujet.) Litt. Même si. *Je le ferai, dussé-je y passer la nuit. Il fera des excuses, dût-il en mourir de honte.* **III.** v. pron. **1.** Être tenu de se sacrifier, de se dévouer. – *Se devoir à* : avoir des obligations morales envers. *On se doit à sa famille.* **2.** (Impers.) *Cela se doit* : cela doit être. – *Comme il se doit* : comme il le faut, comme il est convenable. – Lat. *debere.*

2. devoir [dəvwaʀ] n. m. **1.** Ce à quoi on est obligé par la morale, la loi, la raison, les convenances, etc. *Il a fait son devoir. Manquer à tous ses devoirs.* ▷ *Se mettre en devoir de* : se mettre en état de, commencer à. **2.** *Le devoir* : l'ensemble des règles qui guident la conscience morale. *Agir par devoir.* **3.** Plur., vieilli *Présenter ses devoirs à qqn*, lui présenter ses respects. – *Les derniers devoirs* : les honneurs funèbres. **4.** Tâche écrite donnée à un élève. *Faire ses devoirs. Devoir de mathématiques. Devoirs de vacances.* – De *devoir* 1.

dévoltage [devɔltaʒ] n. m. ELECTR Action de dévolter. – De *dévolter.*

dévolter [devɔlte] v. tr. [1] ELECTR Diminuer la tension dans (un circuit). – De *dé-*, et *volt.*

dévolteur [devɔltœʀ] n. m. ELECTR Appareil servant à diminuer la tension. – De *dévolter.*

dévolu, ue [devɔly] adj. et n. m. **I.** adj. **1.** DR Acquis, échu par droit. *Succession dévolue à l'État.* **2.** *Par ext.* Réservé, destiné. *Nous accomplissons les tâches qui nous sont dévolues.* **II.** n. m. Anc. Provision d'un bénéfice ecclésiastique vacant. *Obtenir par dévolu.* ▷ Loc. mod. *Jeter son dévolu sur* : fixer son choix sur. – Lat. *devolutus*, de *devolvere*, «dérouler, faire passer à».

dévolutif, ive [devɔlytif, iv] adj. DR Qui fait qu'une chose est dévolue. *Effet dévolutif de l'appel*, qui consiste à dessaisir le premier juge au profit de la juridiction supérieure. – De *dévolu.*

dévolution [devɔlysjɔ̃] n. f. DR Transmission d'un bien, d'un droit d'une personne à une autre en vertu de la loi. *À défaut de parents dans la ligne paternelle ou maternelle du de cujus, il y a dévolution de sa succession à une autre ligne.* ▷ HIST *Guerre de Dévolution* (1667-1668), menée par Louis XIV et marquée par la conquête de villes flamandes et de la Franche-Comté; le traité d'Aix-la-Chapelle (1668) lui laissa la Flandre mérid. mais rendit à l'Espagne la Franche-Comté. – Lat. médiév. *devolutio.*

devon [devɔ̃] n. m. PECHE Poisson artificiel muni d'hameçons et servant d'appât. – Mot angl., du comté de *Devon.*

dévonien, enne [devɔnjɛ̃, ɛn] n. m. et adj. GEOL Période de l'ère primaire qui suit le silurien et précède le carbonifère. ▷ adj. *La période dévonienne.* – Angl. *devonian,* «du comté de Devon» où l'on commença à étudier ces terrains.

dévorant, ante [devɔʀɑ̃, ɑ̃t] adj. **1.** Qui dévore. *Loups dévorants.* Syn. vorace. ▷ Fig. *Une soif dévorante de connaître.* **2.** Qui consume, détruit. *Un feu dévorant.* ▷ Fig. *Une passion dévorante.* – Ppr. de *dévorer.*

dévorateur, trice [devɔʀatœʀ, tʀis] adj. Litt. Qui dévore. – Bas lat. *devorator, devoratrix.*

dévorer [devɔʀe] v. tr. [1] **1.** Manger en déchirant avec les dents, avaler avidement. *Le tigre dévore sa proie.* – Fig. *Elle a été dévorée par les moustiques.* **2.** Manger avec gloutonnerie. *Cet enfant ne mange pas, il dévore.* ▷ Fig. *Dévorer un livre,* le lire très vite et avec passion. ▷ *Dévorer des yeux* : regarder avec insistance, avec convoitise. **3.** Fig. Détruire, consumer. *Les flammes dévorèrent leur maison en un clin d'œil. Les impôts ont dévoré mes économies.* ▷ Tourmenter (peine, affliction). *Elle était dévorée par le chagrin.* – Lat. *devorare.*

dévoreur, euse [devɔʀœʀ, øz] n. (et adj.) Personne qui dévore. – Fig. *Chaudière dévoreuse de fuel. Lecteur dévoreur de romans policiers.* – De *dévorer.*

dévot, ote [devo, ɔt] adj. et n. **1.** Attaché aux pratiques religieuses, pieux. ▷ Subst. *Les vrais et les faux dévots.* – Par ext., péjor. bigot. **2.** Vx *Faux dévot,* qui simule la dévotion d'une façon outrée et ostentatoire. Syn. tartufe. **3.** Qui est fait avec dévotion. *Prière dévote.* – Lat ecclés. *devotus,* «dévoué à Dieu».

dévotement [devɔtmɑ̃] adv. D'une manière dévote. *Prier dévotement.* – De *dévot.*

dévotion [devosjɔ̃] n. f. **1.** Vive piété, attachement aux pratiques religieuses. *Dévotion sincère, affectée.* **2.** (Plur.) Pratique religieuse. *Faire ses dévotions.* **3.** Culte rendu à un saint. *La dévotion à la Vierge.* – Fig. *Elle a pour la musique une véritable dévotion.* ▷ *Être à la dévotion de qqn,* lui être entièrement dévoué. – Lat. ecclés. *devotio.*

dévoué, ée [devwe] adj. Plein de dévouement. *Être dévoué, tout dévoué à qqn,* disposé à le servir sans restriction. ▷ (Dans les formules épistolaires.) *L'expression de mes sentiments dévoués.* – Pp. de *dévouer.*

dévouement [devumɑ̃] n. m. **1.** Action de se dévouer. *Le dévouement de Vincent de Paul.* **2.** Disposition à servir qqn, abnégation de soi en faveur d'autrui. *Preuve de dévouement.* – De *dévouer.*

dévouer [devwe] v. [1] **I.** v. tr. Vx ou litt. Vouer, consacrer. *Dévouer sa vie à la science.* **II.** v. pron. **1.** Se consacrer, se livrer sans réserve (à qqch). *Se dévouer à une grande cause.* **2.** *Absol.* Se sacrifier. *Elle se dévoue pour ses enfants.* – Fam. *C'est toujours elle qui se dévoue pour faire la vaisselle.* – Lat. *devovere.*

dévoyé, ée [devwaje] adj. et n. Sorti du droit chemin. *Un adolescent, un esprit dévoyé.* ▷ Subst. *Une bande de dévoyés.* – Pp. de *dévoyer.*

dévoyer [devwaje] v. tr. [23] Détourner du droit chemin. *Les mauvaises fréquentations l'ont dévoyé.* ▷ v. pron. Se détourner du droit chemin. – De *dé-,* et *voie.*

déwatté, ée [dewate] adj. ELECTR Vieilli *Courant déwatté* ou *réactif,* déphasé d'un angle de 90° par rapport à la tension, et de puissance moyenne nulle, par ex. dans un condensateur ou dans une bobine. – De *dé-,* et *watt.*

dextérité [dɛksteʀite] n. f. **1.** Adresse manuelle. *La dextérité d'un sculpteur, d'un chirurgien.* **2.** Fig. Adresse de l'esprit. *Négocier une affaire avec dextérité.* Syn. habileté, adresse. Ant. maladresse, gaucherie. – Lat. *dexteritas,* de *dexter.* V. dextre.

dextralité [dɛkstʀalite] n. f. Fait d'être droitier. – Du lat. *dextra,* «main droite».

dextran [dɛkstʀɑ̃] n. m. BIOCHIM Polyoside (sucre) de masse molaire élevée, utilisé en chromatographie. – All. *Dextran,* de *dextr* (o)-, et *-an,* suff. de noms d'anhydrides obtenus à partir d'hydrates de carbone.

dextre [dɛkstʀ] n. f. et adj. **1.** n. f. Vx Main droite. ▷ *Par extens.* Côté droit. **2.** adj. HERALD *Le côté dextre* : le côté droit de l'écu (c.-à-d. le côté gauche pour l'observateur). **3.** adj. SC NAT Qui décrit une hélice dans le sens des aiguilles d'une montre. *Coquille dextre.* Ant. senestre. – Lat. *dextera,* fém. de *dexter,* «qui est à droite».

dextrine [dɛkstʀin] n. f. BIOCHIM Produit de l'hydrolyse partielle de l'amidon. – De *dextre,* cette substance en solution étant dextrogyre.

dextro-. Élément, du lat. *dexter,* «qui est à droite».

dextrocardie [dɛkstʀokaʀdi] n. f. MED Déplacement du cœur, acquis ou plus souvent congénital, dans l'hémithorax droit. – De *dextro-,* et *-cardie.*

dextrogyre [dɛkstʀoʒiʀ] adj. PHYS Qui fait tourner à droite le plan de polarisation de la lumière. *Le glucose est dextrogyre.* V. isomérie. – De *dextro-,* et *-gyre.*

dextrose [dɛkstʀoz] n. f. BIOCHIM Glucose. – De *dextro-(gyre),* et *-ose* 1.

dey [dɛ] n. m. Chef de la milice turque qui gouvernait la régence d'Alger avant la conquête française. – Turc *dâi,* «oncle», titre honorifique.

dg Symbole de décigramme.

dharma [daʀma] n. m. Conformité aux normes naturelles, sociales ou métaphysiques, l'une des notions essentielles de la civilisation indienne. – Mot sanscr. de *dhri,* «tenir».

di-. Élément, du gr. *dis,* «deux fois».

dia-. Préfixe, du gr. *dia-,* signifiant la séparation, la distinction (ex. *diacritique*), ou «à travers» (ex. *diagraphe*).

dia! [dja] interj. Cri des charretiers pour faire aller leurs chevaux à gauche, par oppos. à *hue* (à droite). ▷ Fig. *L'un tire à hue, l'autre à dia* : ils se contrarient, s'opposent, au lieu de combiner leurs efforts. – Anc. forme de *da.*

diabète [djabɛt] n. m. Terme générique désignant un ensemble d'affections caractérisées par une augmentation de la faim, de la soif, de la diurèse, et des modifications hydroélectrolytiques sanguines responsables d'une cachexie. (Le mot employé sans épithète désigne généralement le *diabète sucré.*) – Lat. médiév. *diabetes,* du gr. *diabêtês,* «qui traverse», à cause de l'émission surabondante d'urine.

ENCYCL Le *diabète sucré* est caractérisé par une augmentation de la glycémie avec présence de sucre dans les urines (glycosurie). Le diabète sucré peut être dû à une sécrétion insuffisante d'insuline par le pancréas (diabète dit insulino-dépendant, car le sujet doit recevoir un apport quotidien d'insuline) ou à un trouble de l'utilisation du glucose sans défaut d'insuline. Le *diabète insi-*

pide, dû à l'absence de sécrétion d'A.D.H. (hormone antidiurétique) par l'hypophyse, se manifeste par une diurèse très importante.

diabétique [djabetik] adj. et n. Relatif au diabète; atteint de diabète. – Subst. *Un(e) diabétique*. – De *diabète*.

diabétologie [djabetɔlɔʒi] n. f. Didac. Partie de la médecine consacrée au diabète. – De *diabète*, et *-logie*.

diabétologue [djabetɔlɔg] n. Médecin spécialiste du diabète. – De *diabète*, et *-logue*.

diable [djɑbl] n. m. et interj. **I. 1.** Démon, ange déchu voué au mal. – Absol. *Le diable* : Satan. ▷ Représentation traditionnelle d'un démon caractérisé par des oreilles pointues, des petites cornes, des pieds fourchus et une longue queue. ▷ Loc. prov. et fam. *La beauté du diable* : la beauté, la fraîcheur de la jeunesse. – *Avoir le diable au corps* : être turbulent, emporté ou très déréglé dans sa conduite. ▷ *C'est le diable* : c'est le difficile, le contrariant de la chose. – *Ce n'est pas le diable* : c'est peu de chose, ce n'est pas très pénible, très difficile. *Je vous demande seulement d'arriver à l'heure, ce n'est quand même pas le diable !* – *Ce serait bien le diable si* : ce serait fort étonnant si. ▷ *Faire le diable à quatre* : faire beaucoup de bruit. ▷ Vieilli *Le diable m'emporte si, du diable si* (renforçant ce que l'on dit). *Le diable m'emporte si je mens.* ▷ *Ne croire ni à Dieu ni à diable* : ne croire à rien. ▷ *Se débattre, remuer comme un (beau) diable* : remuer beaucoup, en déployant une grande vigueur. ▷ *Tirer le diable par la queue* : avoir des difficultés financières. ▷ Loc. adv. *À la diable* : vite et mal. *S'habiller à la diable.* ▷ *Au diable, au diable vauvert* (par allus. au château Vauvert, dans les environs de Paris, que l'on disait hanté) : très loin. *Il habite au diable.* – *Envoyer qqn au diable, à tous les diables*, le chasser, le repousser sans ménagement. – (Dans une tournure exclamative.) *Qu'il aille au diable ! Au diable l'avarice !* ▷ *En diable* : extrêmement. *Elle est séduisante en diable.* ▷ Loc. adj. *Diable de* (exprimant le mécontentement, la surprise, etc.) *Un diable de métier. Diable d'homme !* ▷ *Du diable. Avoir un esprit du diable, de tous les diables* : avoir beaucoup d'esprit. *Il fait un vent du diable*, très violent. **2.** Fig., Vx Personne méchante ou violente. – Mod. *Un petit diable* : un enfant espiègle et turbulent. **3.** (Avec une épithète.) Personne, individu. *Un bon diable* : un brave homme. – *Un grand diable* : un homme de grande taille, dégingandé. – *Un pauvre diable* : un miséreux. **II.** (Objets) **1.** Petite figure de diable, montée sur un ressort, qui surgit d'une boîte à l'ouverture. *Surgir comme un diable d'une boîte.* **2.** TECH Chariot à deux roues servant à transporter des objets lourds. **III.** (Animaux) *Diable cornu* : moloch. – *Diable de mer* : raie cornue. – *Diable de Tasmanie* : V. sarcophile. **IV.** interj. (Marquant la surprise, l'admiration, le mécontentement, le doute, l'inquiétude, etc.) *Diable, c'est loin !* ▷ *Que diable !* (Renforçant une exclamation, une interrogation.) *Défendez-vous, que diable ! Que diable lui voulez-vous ?* – Lat. ecclés. *diabolus*, du gr. *diabolos*, propr. « calomniateur ».

diablement [djɑbləmɑ̃] adv. Fam. Excessivement. *Il fait diablement chaud.* – De *diable*.

diablerie [djɑbləʀi] n. f. **1.** Sortilège, ensorcellement. **2.** Vx Machination secrète. *Quelque diablerie retarde cette affaire.* **3.** Malice, espièglerie. *Encore une de ses diableries !* **4.** LITTER Au Moyen Âge, pièce dramatique où le diable jouait le rôle principal. *Diablerie à deux, à quatre personnages.* – BX-A Dessin représentant des diables. *Les diableries de Callot.* – De *diable*.

diablesse [djɑblɛs] n. f. **1.** Rare Diable femelle. **2.** Fig., vx Femme méchante, rusée, intrigante. – Mod. Femme remuante, fillette turbulente. *Quelle diablesse !* – De *diable*.

diablotin [djɑblɔtɛ̃] n. m. **1.** Petit diable; petite figure de diable. **2.** Fig. Enfant vif et turbulent. **3.** Bonbon enveloppé avec un petit pétard dans une papillote. **4.** Larve de l'empuse. – Dimin. de *diable*.

diabolique [djabɔlik] adj. **1.** Qui vient du diable. *Pouvoir diabolique.* Syn. démoniaque. **2.** Fig. Qui semble venir du diable, à la fois astucieux et méchant. *Invention diabolique. Esprit diabolique.* Syn. infernal, satanique. **3.** Très désagréable, très difficile. *Une situation diabolique.* – Lat. ecclés. *diabolicus*, gr. *diabolikos*, de *diabolos*, « calomniateur ».

diaboliquement [djabɔlikmɑ̃] adv. Avec une astuce, une méchanceté diabolique. *Une ruse diaboliquement préparée.* – De *diabolique*.

diabolo [djabɔlo] n. m. **1.** Jouet, bobine creuse que l'on fait rouler sur une cordelette tendue entre deux baguettes, pour la lancer en l'air et la rattraper. **2.** TECH Avant-train mobile permettant le déplacement des semi-remorques séparées de leur tracteur. **3.** Limonade au sirop. *Diabolo grenadine, citron, menthe*, etc. – De *diable*, d'apr. l'ital. *diavolo*.

diachronie [djakʀɔni] n. f. LING Évolution des faits dans le temps. Ant. synchronie. – De *dia-*, et *-chronie*.

diachronique [djakʀɔnik] adj. LING Relatif à la diachronie. *Linguistique diachronique.* Syn. évolutif, historique. Ant. statique, synchronique. – De *diachronie*.

diacide [diasid] n. m. et adj. CHIM Composé possédant deux fonctions acide. – De *di-*, et *acide*.

diaclase [djaklɑz] n. f. GEOL Fissure affectant une roche en place. *Le réseau de diaclases est le point d'attaque préférentiel de l'érosion chimique par les eaux d'infiltration.* – Gr. *diaklasis*, « brisure en deux ».

diaconal, ale, aux [djakɔnal, o] adj. Relatif au diacre, au diaconat. – Lat. ecclés. *diaconalis*.

diaconat [djakɔna] n. m. **1.** Deuxième ordre majeur chez les catholiques, premier chez les orthodoxes. **2.** Fonction d'un diacre, durée de cette fonction. – Lat. ecclés. *diaconatus*.

diaconesse [djakɔnɛs] n. f. **1.** Dans l'Église primitive, jeune fille ou veuve qui se consacrait à certaines activités religieuses. **2.** Chez les protestants, femme vivant en communauté, et qui se voue à des missions d'assistance (malades, nécessiteux, etc.). – Lat. ecclés. *diaconissa*.

diacoustique [djakustik] n. f. PHYS Partie de l'acoustique qui traite de la réfraction des sons. – De *dia-*, et *acoustique*.

diacre [djakʀ] n. m. **1.** Ministre des cultes catholique et orthodoxe qui a reçu le diaconat. **2.** Dans les Églises protestantes, laïc remplissant bénévolement diverses fonctions (administration, assistance aux nécessiteux, etc.). – Lat. ecclés. *diaconus*, gr. *diakonos*, « serviteur ».

diacritique [djakʀitik] adj. Qui sert à distinguer, à différencier. *Signe diacritique* : signe graphique destiné soit à distinguer des mots homographes (par ex., l'accent sur le *à* préposition distingue ce mot de *a*, forme conjuguée du verbe avoir), soit les différentes prononciations d'une même lettre (par ex., *č* et *ć*, en croate notent [tz] et [tʃ]). – Gr. *diakritikos*, « qui distingue ».

diadème [djadɛm] n. m. **1.** Bandeau de tête qui, dans l'Antiquité, était l'insigne de la royauté. – *Par métaph.* La royauté. **2.** Parure de tête féminine en forme de bandeau, de couronne. *Un diadème de pierres précieuses.* – Lat. *diadema*, gr. *diadêma*.

diadoque [djadɔk] n. m. **1.** Nom donné aux généraux qui se disputèrent l'empire d'Alexandre. **2.** Nom autref. donné au prince héritier de Grèce. – Gr. *diadokhos*, « successeur ».

diagenèse [djaʒənɛz] n. f. GEOL Ensemble des phénomènes physico-chimiques transformant un sédiment frais en une roche cohérente. – De *dia-*, et *genèse*.

diagnose [djagnoz] n. f. **1.** MED Connaissance d'une maladie à partir des symptômes, des signes diagnostiques. **2.** BIOL Détermination des caractéristiques d'une espèce. - *Par ext.* BOT Texte décrivant ces caractéristiques. – Du gr. *diagnosis*, « discernement ».

diagnostic [djagnɔstik] n. m. Acte par lequel le médecin, en groupant les symptômes et les données de l'examen clinique et paraclinique, les rattache à une maladie bien identifiée. ▷ *Par ext.* Évaluation d'une situation donnée, jugement porté sur telle conjoncture, tel ensemble de circonstances. – De *diagnostique*.

diagnostique [djagnɔstik] adj. Qui a rapport au diagnostic. *Signes diagnostiques.* – Gr. *diagnôstikos*, « apte à reconnaître ».

diagnostiquer [djagnɔstike] v. tr. [1] Faire le diagnostic de. *Le médecin a diagnostiqué un cancer.* ▷ Par ext. *Cet expert a diagnostiqué des erreurs de gestion.* – De *diagnostic*.

diagonal, ale, aux [djagɔnal, o] adj. Qui joint deux angles opposés. *Ligne diagonale.* ▷ MATH *Matrice diagonale*, dont tous les éléments sont nuls sauf ceux de la diagonale. – Bas lat. *diagonalis*, de *diagonus*, gr. *diagônios*, « ligne tracée d'un angle à un autre ».

diagonale [djagɔnal] n. f. **1.** Segment de droite reliant deux sommets non consécutifs d'un polygone. **2.** Loc. adv. *En diagonale* : suivant la diagonale, en biais. *Il traversa le carrefour en diagonale.* ▷ Fig., fam. *Lire en diagonale*, rapidement et superficiellement. – De *diagonal*.

diagonalement [djagɔnalmɑ̃] adv. En diagonale. – De *diagonal*.

diagonaliser [djagɔnalize] v. tr. [1] MATH *Diagonaliser une matrice*, en déduire une matrice diagonale et une matrice carrée inversible. – De *diagonal*.

diagramme [djagʀam] n. m. **1.** Représentation graphique de la variation d'une grandeur. *Diagramme de température.* Syn. Courbe, graphique. **2.** Dessin géométrique sommaire représentant les parties d'un ensemble et leur position les unes par rapport aux autres. - BOT *Diagramme floral* : schéma indiquant le nombre, les positions et les rapports des pièces florales (vues par l'ouverture du périanthe). – Gr. *diagramma*, « dessin ».

diagraphe [djagʀaf] n. m. Instrument composé de miroirs ou de prismes, et qui permet de reproduire l'image d'un objet sans connaissances spéciales en dessin. – De *dia-*, et *graphe*, d'apr. *diagramme*.

diagraphie [djagʀafi] n. f. **1.** Art de dessiner au moyen du diagraphe. **2.** GEOL Enregistrement continu des grandeurs physiques caractérisant les couches de terrain traversées au cours d'un forage. - Visualisation (notam. au moyen de l'ordinateur) des données fournies par un tel enregistrement. – De *diagraphe*.

dial [djal] n. m. CHIM Composé possédant deux fonctions aldéhyde. – De *di-*, et *al(déhyde)*.

dialcool [dialkɔl] n. m. CHIM Composé possédant deux fonctions alcool. Syn. diol, glycol. – De *di-*, et *alcool*.

dialdéhyde [dialdeid] n. m. CHIM Syn. de *dial*. – De *di-*, et *aldéhyde*.

dialectal, ale, aux [djalɛktal, o] adj. D'un dialecte. *Forme dialectale.* – De *dialecte*.

dialecte [djalɛkt] n. m. Manière de parler une langue, particulière à une province, une région. *Dialecte picard.* – Lat. *dialectus*, gr. *dialektos*.

dialecticien, enne [djalɛktisjɛ̃, ɛn] n. Personne qui entend la dialectique ou qui discute habilement. – De *dialectique*, d'apr. le lat. *dialecticus*.

dialectique [djalɛktik] n. f. **I.** PHILO **1.** Chez Platon, art de la discussion, du dialogue, considéré comme le moyen de s'élever des connaissances sensibles aux Idées. ▷ Chez Aristote, logique du probable (par oppos. à *analytique*). **2.** Au Moyen Âge, logique formelle (par oppos. à *rhétorique*). *La dialectique, la rhétorique et la grammaire formaient la division inférieure des arts enseignés dans les universités.* **3.** Chez Kant, « logique de l'apparence », celle de la pensée qui, voulant se libérer de l'expérience, tombe dans les antinomies. **4.** Chez Hegel, progression de la pensée qui reconnaît l'inséparabilité des contradictoires (*thèse* et *antithèse*), puis découvre un principe d'union (*synthèse*) qui les dépasse. ▷ adj. *Démarche dialectique.* **5.** Chez Marx, mouvement progressif de la réalité qui évolue (comme la pensée chez Hegel) par le dépassement des contradictions. ▷ adj. *Mouvement dialectique de l'histoire. Matérialisme dialectique.* **II.** Cour. Manière de discuter, d'exposer, d'argumenter. *Une dialectique serrée.* – Lat. *dialectica*, gr. *dialektikê*, « art de discuter ».

dialectiquement [djalɛktikmɑ̃] adv. Selon les formes de la dialectique. *Raisonner dialectiquement.* – De *dialectique*.

dialectologie [djalɛktɔlɔʒi] n. f. LING Étude, science des dialectes. – De *dialecte*, et *-logie*.

dialectologue [djalɛktɔlɔg] n. LING Spécialiste de la dialectologie. – De *dialectologie*.

diallèle [djal(l)ɛl] n. m. LOG Cercle* vicieux. – Gr. *diallêlos*, « réciproque ».

dialogique [djalɔʒik] adj. LITTER En forme de dialogue. *Écrit dialogique.* – Lat. *dialogicus*, du gr. *dialogikos*.

dialogue [djalɔg] n. m. **1.** Entretien, conversation entre deux personnes. **2.** Ensemble des paroles échangées entre les personnages d'une pièce de théâtre, d'un film. *Le scénario est bon, mais le dialogue est vulgaire.* **3.** Composition littéraire ayant la forme d'une conversation entre deux ou plusieurs personnes. *Les dialogues de Platon.* – Lat. *dialogus*, gr. *dialogos*, de *legein*, « parler ».

dialoguer [djalɔge] v. [1] **1.** v. intr. Converser avec un interlocuteur. **2.** v. tr. Mettre sous forme de dialogue. *Dialoguer un roman.* – De *dialogue*.

dialoguiste [djalɔgist] n. Auteur du dialogue d'un film. – De *dialogue*.

dialypétale [djalipetal] adj. et n. f. pl. BOT Se dit d'une fleur dont les pétales sont libres les uns par rapport aux autres. Ant. gamopétale. ▷ n. f. pl. Ordre d'angiospermes dont les fleurs sont dialypétales. - Sing. *Une dialypétale.* – Du gr. *dialuein*, « séparer », et *pétale*.

dialyse [djaliz] n. f. **1.** CHIM Procédé de séparation des corps colloïdaux par diffusion à travers des parois semi-perméables. **2.** MED Procédé thérapeutique d'épuration extra-rénale (parfois dit *rein artificiel*), qui permet d'éliminer les toxines et l'eau contenues en excès dans le sang. - *Dialyse péritonéale* : méthode d'épuration sanguine par diffusion à travers la cavité péritonéale. – Gr. *dialusis*, « séparation ».

dialysépale [djalisepal] adj. BOT Se dit des fleurs dont le calice porte des sépales séparés. Ant. gamosépale. – Gr. *dialuein*, « séparer », et *sépale*.

dialyser [djalize] v. tr. [1] **1.** CHIM Préparer ou purifier une substance par dialyse. **2.** MED *Dialyser un malade*, le soumettre à une dialyse (sens 2). – De *dialyse*.

dialyseur [djalizœʀ] n. m. CHIM Appareil servant à effectuer la dialyse. – De *dialyse*.

diamagnétique [djamaɲetik] adj. PHYS Qui possède la propriété de diamagnétisme. – De *dia-*, et *magnétique*.

diamagnétisme [djamaɲetism] n. m. PHYS Propriété que possèdent certains corps de s'aimanter en sens inverse du champ magnétique dans lequel ils sont placés. – De *dia-*, et *magnétisme*.

diamant [djamɑ̃] n. m. **1.** Variété de carbone pur cristallisé dans le système cubique, caractérisé par une extrême dureté. *Le diamant est une pierre précieuse. Diamant blanc-bleu.* **2.** Bijou orné d'un diamant. *Offrir un diamant.* **3.** TECH Outil servant à couper le verre. **4.** Fig., litt. Ce qui brille comme un diamant. *Les diamants de la rosée.* – Lat. *adamas, adamantis.* V. aimant.

ENCYCL On distingue 3 variétés de diamants : le *bort*, transparent, mais comportant de nombreux défauts et que l'on utilise pour tailler le verre et les minéraux ; le *carbonado*, diamant noir utilisé pour le forage des roches ; le *diamant transparent de joaillerie*, que l'on taille à facettes après clivage, les nombreux feux qu'il jette étant dus à son indice de réfraction très élevé (2,40 à 2,46) et que l'on caractérise par son *eau* (couleur, transparence) et par son poids, exprimé en *carats.*

diamantaire [djamɑ̃tɛʀ] adj. et n. m. **1.** adj. Qui a l'éclat du diamant. *Roche diamantaire.* **2.** n. m. Ouvrier qui taille les diamants. – Négociant en diamants. – De *diamant.*

diamanté, ée [djamɑ̃te] adj. **1.** Garni d'une pointe de diamant ou d'iridium. **2.** *Éclat diamanté*, rappelant celui du diamant. – Pp. de *diamanter.*

diamanter [djamɑ̃te] v. tr. [1] **1.** Orner de diamants. ▷ Garnir d'une pointe de diamant. **2.** Faire briller comme un diamant. – De *diamant.*

diamantifère [djamɑ̃tifɛʀ] adj. Qui contient du diamant. *Terrain diamantifère.* – De *diamant*, et *-fère.*

diamantin, ine [djamɑ̃tɛ̃, in] adj. Qui a la dureté ou l'éclat du diamant. Syn. adamantin. – De *diamant.*

diamantine [djamɑ̃tin] n. f. TECH Poudre à polir à base d'alumine cristallisée. – De *diamantin.*

diamétral, ale, aux [djametʀal, o] adj. Qui appartient au diamètre ; qui passe par le diamètre. – De *diamètre.*

diamétralement [djametʀalmɑ̃] adv. **1.** GEOM Dans le sens du diamètre. *Points diamétralement opposés.* **2.** Cour., fig. *Avis, points de vue diamétralement opposés*, absolument, radicalement opposés. – De *diamètre.*

diamètre [djamɛtʀ] n. m. **1.** GEOM Segment de droite joignant deux points d'un cercle, d'une sphère, et passant par le centre. **2.** *Par ext.* Segment de droite de plus grande longueur reliant deux points d'une courbe ou d'une surface fermée. ▷ *Diamètre d'un objet cylindrique ou sphérique*, sa plus grande largeur ou grosseur. **3.** PHYS *Diamètre apparent d'un objet*, angle sous lequel il est vu. – Lat. *diametrus*, gr. *diametros.*

diamide [diamid] n. f. CHIM Composé qui possède deux fois la fonction amide. – De *di-*, et *amide.*

diamine [diamin] n. f. CHIM Composé qui possède deux fois la fonction amine. – De *di-*, et *amine.*

diane [djan] n. f. Batterie de tambour ou sonnerie de clairon pour éveiller les soldats ou les matelots. *Battre, sonner la diane.* – Ital. *diana*, rac. *dia*, « jour ».

diantre ! [djɑ̃tʀ] interj. Vieilli, plaisant Diable (juron). *Diantre ! Quel audace !* – Dans une phrase interrogative, marque l'étonnement. *Que diantre voulez-vous ?* – Altér. euph. de *diable.*

diapason [djapazɔ̃] n. m. MUS **1.** Étendue des sons que peut parcourir une voix ou un instrument, de la note la plus grave à la plus aiguë. **2.** Petit instrument composé d'une lame d'acier recourbée et qui, mis en vibration, produit la note *la.* **3.** Fig *Se mettre au diapason de qqn*, adopter le même ton, la même attitude que lui. – Mot lat., gr. *diapasôn*, de *dia pasôn (khordôn)*, « par toutes (les cordes) ».

diapause [djapoz] n. f. BIOL Phase de latence (œufs ou larves d'insectes ; graine avant la germination). – De *dia-*, et *pause.*

diapédèse [djapedɛz] n. f. BIOL Migration des globules blancs hors des capillaires, par des mouvements amiboïdes. – Gr. *diapêdêsis*, de *dia*, « à travers », et *pêdân*, « jaillir ».

diaphane [djafan] adj. Qui se laisse traverser par la lumière sans permettre de distinguer nettement les formes. *Une brume diaphane.* Syn. translucide. – Fig. *Un visage diaphane*, aux traits fins et à la carnation délicate. – Gr. *diaphanês*, « transparent ».

diaphanéité [djafaneite] n. f. Rare Qualité de ce qui est diaphane. – De *diaphane.*

diaphanoscopie [diafanoskɔpi] n. f. MED Méthode d'examen de certaines parties du corps (sinus, testicules, etc.) utilisant l'éclairage par transparence. – De *dia-*, gr. *phainein*, « briller », et *-scopie.*

diaphragmatique [djafʀagmatik] adj. ANAT Du diaphragme. *Hernie diaphragmatique.* – De *diaphragme.*

diaphragme [djafʀagm] n. m. **1.** ANAT Muscle transversal qui sépare le thorax de l'abdomen, et qui joue un rôle très important dans la respiration (traversé par l'aorte, l'œsophage et la veine cave inférieure, il est innervé par les nerfs phréniques). **2.** Préservatif féminin constitué d'une membrane en caoutchouc souple oblitérant le fond du vagin. **3.** SC NAT Cloison qui sépare un fruit capsulaire. **4.** TECH Cloison extensible, percée d'un orifice, que l'on place à l'intérieur d'une canalisation ou d'un appareil (pour réduire ou mesurer un débit, limiter les faisceaux lumineux traversant un instrument d'optique, etc.). *Diaphragme d'un appareil photo.* **5.** Membrane élastique. *Pompe à diaphragme.* **6.** Renfort permettant d'éviter le flambement d'une pièce. **7.** Cloison étanche (séparant les ergols dans un réservoir, par ex.). – Lat. méd. d'orig. gr. *diaphragma*, « séparation, cloison ».

diaphragmer [djafʀagme] v. [1] **1.** v. tr. TECH Munir d'un diaphragme. **2.** v. intr. Régler l'ouverture d'un appareil photographique en agissant sur le diaphragme. – De *diaphragme.*

diaphyse [djafiz] n. f. ANAT Partie d'un os long comprise entre ses deux extrémités (*épiphyses*). – Gr. *diaphusis*, « division ».

diaporama [djapɔʀama] n. m. Projection organisée de diapositives (constituant un spectacle, un moyen publicitaire, un procédé d'enseignement). – De *diapo(sitive)*, et *-(o)rama.*

diapositive [djapozitiv] n. f. Épreuve photographique positive sur support transparent, destinée à être projetée. – De *dia-*, et *positif.*

diapré, ée [djapʀe] adj. Qui présente des couleurs variées. *Un tissu diapré.* – Pp. de *diaprer.*

diaprer [djapʀe] v. tr. [1] Litt. Nuancer de plusieurs couleurs. – De l'a. fr. *diaspre*, « drap à fleurs ».

diaprure [djapʀyʀ] n. f. État de ce qui est diapré, variété de couleurs. – De *diaprer.*

diarrhée [djaʀe] n. f. Évacuation fréquente de selles liquides. – Lat. *diarrhoea*, du grec.

diarrhéique [djaʀeik] adj. Relatif à la diarrhée. *Selles diarrhéiques.* – De *diarrhée.*

diarthrose [djaʀtʀoz] n. f. ANAT Articulation présentant des surfaces articulaires mobiles les unes sur les autres, permettant des mouvements étendus (ex. : le coude et le genou). – Gr. *diarthrôsis.*

diaspora [djaspɔʀa] n. f. **1.** HIST Dispersion des Juifs, au cours des siècles, hors du territoire de leurs ancêtres. – *Par ext.* Dispersion d'une ethnie quelconque. **2.** Ensemble des membres d'une ethnie, d'une communauté dispersée. *La diaspora tsigane. La diaspora juive* ou *la Diaspora.* – Mot gr., « dispersion ».

diastase [djastaz] n. f. BIOCHIM Syn. anc. de *enzyme*. – Gr. *diastasis*, « séparation ».

diastole [djastɔl] n. f. PHYSIOL Période de repos du cœur, pendant laquelle les ventricules se remplissent et se dilatent sous l'effet de l'afflux sanguin. *La diastole succède à la systole*. – Gr. *diastolê*, « dilatation ».

diastolique [djastɔlik] adj. Relatif à la diastole. – De *diastole*.

diathermane [djatɛʀman] adj. Qui laisse passer la chaleur. – De *dia-*, et gr. *thermos*, « chaud ».

diathermie [djatɛʀmi] n. f. MED Procédé thérapeutique qui utilise les courants de haute fréquence pour produire des effets thermiques dans la profondeur des tissus. – De *dia-*, et *thermie*.

diatomées [djatɔme] n. f. pl. BOT Classe d'algues brunes unicellulaires enfermées dans une coque siliceuse (frustule) formée de deux pièces évoquant une boîte et son couvercle. *Les diatomées sont fréquentes dans le plancton marin et le plancton d'eau douce, ainsi que dans tous les endroits humides*. – Sing. *Une diatomée*. – Gr. *diatomos*, « coupé en deux ».

diatomique [diatɔmik] adj. CHIM Se dit des corps dont la molécule comporte deux atomes. – De *di-*, et *atomique*.

diatomite [djatɔmit] n. f. PETROG Roche sédimentaire peu dense, blanche, poreuse, composée essentiellement de frustules de diatomées. Syn. tripoli, kieselguhr. – De *diatomées*, et *-ite* 3.

diatonique [djatɔnik] adj. MUS Qui procède par succession naturelle des tons et demi-tons de la gamme (par oppos. à *chromatique*). – Gr. *dia*, « par », et *tonos*, « ton »; lat. *diatonicus*.

diatoniquement [djatɔnikmɑ̃] adv. MUS Suivant une succession diatonique. – De *diatonique*.

diatribe [djatʀib] n. f. Critique amère et virulente. *Prononcer une diatribe contre qqn*. – Gr. *diatribê*, « discussion d'école ».

diaule [djol] n. f. ANTIQ GR Flûte double. – Du gr. *di(s)*, « deux », et *aulos*, « flûte ».

diazo-. CHIM Préfixe indiquant la présence du groupement -N=N- dans la molécule. – De *di-*, et *azo(te)*.

diazoïque [diazɔik] adj. (et n. m.) CHIM Se dit des composés doublement azotés obtenus par action de l'acide nitreux sur une amine aromatique, qui servent notam. à préparer des colorants industriels. – De *diazo-*, et *-ique*.

dibranches [dibʀɑ̃ʃ] ou **dibranchiaux** [dibʀɑ̃kjo] n. m. pl. ZOOL Sous-classe de céphalopodes possédant deux branchies, que l'on divise en *octopodes* (pieuvre, élédone, etc.) et en *décapodes* (calmar, seiche, etc.). – Sing. *Un dibranche* ou *un dibranchial*. – De *di-*, et *branchie*.

dicaryon [dikaʀjɔ̃] n. m. BOT Chez les champignons supérieurs, couple de noyaux, l'un mâle, l'autre femelle, qui se divisent séparément et simultanément puis fusionnent. – De *di-*, et gr. *karuon*, « noyau ».

dicastère [dikastɛʀ] n. f. 1. ANTIQ Section d'un tribunal athénien. 2. RELIG CATHOL Organisme de la curie romaine. *Les dicastères comprennent les congrégations, les tribunaux, les secrétariats, les conseils, les commissions et les offices*. – Gr. *dikastêrion*, « tribunal ».

dichotome [dikɔtɔm] adj. BOT Qui se ramifie par dichotomie. *Tige dichotome*. – Gr. *dikhotomos*, « coupé en deux ».

dichotomie [dikɔtɔmi] n. f. 1. BOT Mode de ramification par bifurcations successives, donnant deux ramifications de même taille. 2. Pour un médecin, fait de toucher une part des honoraires du chirurgien ou du laboratoire d'analyses auquel il adresse un malade. *La dichotomie est une pratique illicite*. 3. LOG Division d'un genre en deux espèces qui en recouvrent l'extension. – Gr. *dikhotomia*.

dichotomique [dikɔtɔmik] adj. Qui se divise de deux en deux. *Division dichotomique*. – De *dichotomie*.

dichroïque [dikʀɔik] adj. Qui présente le phénomène de dichroïsme. *Une gemme dichroïque*. – Du gr. *dikhroos*, « de deux couleurs ».

dichroïsme [dikʀɔism] n. m. PHYS Propriété que possèdent certains corps de présenter une coloration différente selon la direction de l'observation. – Du gr. *dikhroos*, « de deux couleurs ».

dichromatique [dikʀomatik] adj. Qui présente deux couleurs. – De *di-*, et gr. *khrôma*, *khrômatos*, « couleur ».

dicibilité [disibililte] n. f. Caractère de ce que l'on peut exprimer. – De *dicible*.

dicible [disibl] adj. Qui peut être exprimé. – Du lat. chrétien *dicibilis*.

dicline [diklin] adj. BOT Se dit d'une fleur unisexuée, ou d'une plante portant de telles fleurs. – De *di-*, et gr. *klinê*, « lit ».

dicotylédone [dikɔtiledɔn] n. f. et adj. BOT *Les dicotylédones* : sous-classe d'angiospermes comprenant toutes les plantes dont la graine renferme un embryon à deux cotylédons. (Les fleurs comportent 2 ou 5 – ou un multiple, parfois très élevé, de ces nombres – pièces florales de chaque type : sépales, pétales, etc., ce qui les différencie des monocotylédones. Les plus anciennes dicotylédones connues datent du crétacé.) – Sing. *Une dicotylédone*. ▷ adj. *Une plante dicotylédone*. – De *di-*, et *cotylédon*.

dicrote [dikʀɔt] adj. MED *Pouls dicrote* : pouls pathologique où le dicrotisme devient perceptible au palper, sous forme de deux pulsations pour chaque battement du cœur. – Gr. *dikrotos*, de *di-*, et *krotos*, « bruit ».

dicrotisme [dikʀɔtism] n. m. PHYSIOL Réflexion de l'onde systolique à la périphérie du système artériel. – De *dicrot(e)*, et *-isme*.

dictame [diktam] n. m. 1. BOT Rutacée à grappes de fleurs blanches ou pourpres utilisée autrefois dans la préparation des vulnéraires. 2. Fig., litt. Adoucissement, consolation. – Lat. *dictamnum*, du gr.

dictateur [diktatœʀ] n. m. 1. ANTIQ ROM Magistrat extraordinaire investi pour une brève durée de pouvoirs illimités. 2. Homme politique qui exerce un pouvoir absolu, sans contrôle. – Lat. *dictator*.

dictatorial, ale, aux [diktatɔʀjal, o] adj. 1. D'un dictateur, d'une dictature. *Pouvoir dictatorial*. 2. Impérieux, tranchant. *Parler sur un ton dictatorial*. – De *dictateur*.

dictature [diktatyʀ] n. f. 1. ANTIQ ROM Pouvoir, dignité du dictateur; temps pendant lequel s'exerce ce pouvoir. 2. Pouvoir absolu, sans contrôle. ▷ POLIT *Dictature du prolétariat* : chez Marx, première étape de l'évolution vers le socialisme, destinée à l'élimination définitive de la bourgeoisie, et pendant laquelle le pouvoir est exclusivement exercé par le prolétariat. 3. Fig. *La dictature de la mode*. – Lat. *dictatura*.

dictée [dikte] n. f. 1. Action de dicter. *Écrire sous la dictée*. – Fig. *Elle agissait sous la dictée de son ressentiment*. 2. Exercice scolaire consistant à dicter à des écoliers un texte qu'ils doivent orthographier correctement. – Le texte dicté lui-même. *Dictée sans faute*. – Pp. fém. subst. de *dicter*.

dicter [dikte] v. tr. [1] 1. Prononcer lentement, en articulant (des mots, des phrases, etc.) pour qu'une ou plusieurs personnes les écrivent, les prennent en note.

Dicter une lettre à son secrétaire. **2.** Suggérer, inspirer à qqn ce qu'il doit dire ou faire. *C'est la raison qui doit nous dicter nos actes.* **3.** Imposer. *Le vainqueur dicte ses conditions.* – Lat. *dictare.*

diction [diksjɔ̃] n. f. Manière d'articuler les mots d'un texte, d'un discours. *Cet orateur a une bonne diction.* Syn. élocution, prononciation. – Lat. *dictio.*

dictionnaire [diksjɔnɛʀ] n. m. Ouvrage qui recense et décrit, dans un certain ordre, un ensemble particulier d'éléments du lexique. *Dictionnaire médical, étymologique.* – *Dictionnaire de la langue,* ou *dictionnaire de langue,* qui décrit le sens, les valeurs, les emplois, etc. des mots d'une langue. *Le dictionnaire de l'Académie française.* – *Dictionnaire bilingue,* qui donne les équivalents des mots et expressions d'une langue dans une autre langue. *Un dictionnaire français-anglais.* – *Dictionnaire encyclopédique,* qui, outre les descriptions de mots, fournit des développements encyclopédiques consacrés aux objets désignés par les mots. – Lat. médiév. *dictionarium,* de *dictio,* « action de dire ».

dictionnairique [diksjɔnɛʀik] adj. et n. f. Didac. Du dictionnaire; qui concerne le (les) dictionnaire(s). *La production dictionnairique.* ▷ n. f. Pratique de la rédaction, de l'édition de dictionnaires. – De *dictionnaire.*

dicton [diktɔ̃] n. m. Phrase passée en proverbe. *Un dicton populaire.* Syn. adage. – Lat. *dictum,* « sentence ».

dictyoptères [diktjɔptɛʀ] n. m. pl. ENTOM Ordre d'insectes des régions chaudes et tempérées comprenant notam. les blattes et les mantes religieuses. – Sing. *Un dictyoptère.* – Du gr. *diktuon,* « réseau » et *-ptère.*

dictyosome [diktjozom] n. m. BIOL Organite cellulaire formé d'une pile d'écailles aplaties (saccules), au nombre de 4 ou 5, qui élabore des polyholosides (sucres) et des protéines. Syn. appareil de Golgi. – Gr. *diktuon,* « réseau », et *-some.*

didacticiel [didaktisjɛl] n. m. INFORM Ensemble des programmes destinés à un enseignement assisté par ordinateur. – De *didacti(que),* et *(logi)ciel.*

didactique [didaktik] adj. et n. f. **I.** adj. **1.** Qui est propre à instruire; qui est destiné à l'enseignement. *Traité didactique.* **2.** Qui appartient au vocabulaire savant (par oppos. au vocabulaire de la langue courante). *Terme didactique. Langue didactique.* **II.** n. f. Théorie et technique de l'enseignement. – Gr. *didaktikos,* de *didaskein,* « enseigner ».

didactyle [didaktil] adj. ZOOL Qui possède deux doigts. *L'autruche est didactyle.* – De *di-,* et *dactyle.*

didascalie [didaskali] n. f. Didac. Indications scéniques données par l'auteur, accompagnant le texte d'une œuvre théâtrale. – Du gr. *didaskalia,* « enseignement ».

didelphe [didɛlf] adj. ZOOL Qualifie un utérus à deux branches, dont chacune est abouchée à un vagin distinct. – De *di-,* et gr. *delphos,* « matrice ».

didelphidés [didɛlfide] n. m. pl. ZOOL Famille de marsupiaux à laquelle appartient l'opossum (genre *Didelphys*), dont la femelle a un utérus didelphe. – Sing. *Un didelphidé.* – De *didelphe.*

dièdre [djɛdʀ] n. m. **1.** GEOM Figure formée par deux demi-plans issus de la même droite (arête). *Angle d'un dièdre :* intersection d'un dièdre et d'un plan perpendiculaire à l'arête. ▷ adj. *Angle dièdre.* **2.** AVIAT Valeur qui caractérise l'angle formé par les deux ailes d'un avion, d'un planeur. (Cette valeur est celle du complément de la moitié de cet angle; elle est nulle si les ailes sont dans un même plan.) – De *di-,* et du gr. *hedra,* « plan ».

diélectrique [dielɛktʀik] adj. et n. m. **1.** adj. ELECTR Qui conduit mal l'électricité. ▷ *Constante diélectrique :* syn. de *permittivité relative.* ▷ *Rigidité diélectrique :* valeur du champ électrique, au-delà de laquelle un isolant peut être perforé (exprimée en kV/cm). **2.** n. m. Corps isolant. – *Spécial.* Isolant placé entre les armatures d'un condensateur. – De *di(a)-,* et *électrique.*

diencéphale [diɑ̃sefal] n. m. ANAT Partie du cerveau située entre les deux hémisphères et en avant du cerveau moyen, creusée dans toute son étendue par le troisième ventricule. – De *di-,* et *encéphale.*

diène [djɛn] n. m. CHIM Hydrocarbure dont la molécule contient deux doubles liaisons entre les atomes de carbone. *Les diènes permettent d'obtenir des caoutchoucs synthétiques.* – De *di-,* et *(éthyl)ène.*

diérèse [djeʀɛz] n. f. **1.** PHON Division d'une diphtongue en deux syllabes. **2.** CHIR Procédé utilisé pour diviser des tissus organiques dont la continuité pourrait être nuisible. – Gr. *diairesis,* « séparation ».

diergol [diɛʀgɔl] n. m. Syn. de *biergol.* – De *di-,* et *ergol.*

dièse [djɛz] n. m. MUS Signe d'altération (#) qui indique que le son de la note devant laquelle il est placé est élevé d'un demi-ton. – adj. *Un fa dièse.* – Lat. *diesis,* du gr., « intervalle ».

diesel [djezɛl] n. m. Moteur à combustion interne fonctionnant avec des combustibles lourds (gazole en partic.). – (En appos.) *Moteur Diesel.* – Du n. de l'ingénieur all. R. *Diesel* (1858-1913).

diéser [djeze] v. tr. [**14**] MUS Marquer d'un dièse. – De *dièse.*

dies irae [djɛsiʀe] n. m. LITURG Hymne latin chanté (ou récité) à la messe des morts, qui commence par ces mots; air sur lequel cet hymne est chanté. – Mots lat., « jour de colère ».

1. diète [djɛt] n. f. **1.** MED Régime alimentaire prescrit dans un but thérapeutique. **2.** Cour. Privation d'aliments solides imposée à un malade. *Se mettre à la diète.* – Gr. *diaita,* « genre de vie ».

2. diète [djɛt] n. f. **1.** HIST Assemblée politique où l'on règlait les affaires publiques dans certains pays. *Charles Quint fit comparaître Luther devant la diète d'Augsbourg.* **2.** Assemblée de certains ordres religieux. – Lat. médiév. *dieta,* « jour assigné », de *dies,* « jour ».

diététicien, enne [djetetisjɛ̃, ɛn] n. Spécialiste de la diététique. – De *diététique.*

diététique [djetetik] n. et adj. **1.** n. f. Branche de l'hygiène qui traite de l'alimentation. **2.** adj. Relatif à l'alimentation. ▷ Cour. Se dit d'une alimentation saine, équilibrée, pauvre en calories. *Un menu diététique.* – Lat. *diæteticus,* gr. *diaitêtikos,* de *daitan,* « soumettre à un régime ».

diéthylamine [dietilamin] n. f. CHIM Amine de formule $C_2H_5\text{-}NH\text{-}C_2H_5$. – De *di-, éthyl(e),* et *amine.*

diéthylénique [dietilenik] adj. CHIM Se dit d'un composé possédant deux fois la fonction carbure éthylénique. – De *di-,* et *éthylénique.*

diéthylstilbestrol ou **diéthylstilbœstrol** [djetilstilbɛstʀɔl] n. m. CHIM, ELEV Œstrogène de synthèse utilisé comme anabolisant dans l'élevage du bétail (interdit en Europe).

dieu [djø] n. m. **1.** L'Être suprême, créateur et conservateur de l'univers, adoré dans les diverses religions monothéistes (en ce sens, s'écrit avec une majuscule, et n'a pas de pluriel). *La crainte de Dieu. Le Dieu des armées. Le bon Dieu.* ▷ Loc. RELIG CATHOL *Le bon Dieu :* l'hostie consacrée, le viatique. *Porter le bon Dieu à un malade.* – Loc. fam. *On lui donnerait le bon Dieu* (la communion) *sans confession :* se dit d'une personne d'apparence trompeusement innocente. ▷ Loc. *Dieu m'en garde! À Dieu ne plaise! :* puisse cela ne pas m'arriver, se produire. – (Appuyant une demande, une prière instante.) *Faites-le, pour l'amour de Dieu, au nom de Dieu.* – (Appuyant ce qu'on affirme ou ce qu'on nie.) *Dieu sait si nous avons souhaité ce moment! Dieu sait que j'y suis opposé!* – (Exprimant l'incertitude, le doute.) *Il arrivera Dieu sait quand. Dieu seul sait maintenant où il est.* ▷ (Exclamatif) *Dieu! Mon Dieu! Grand Dieu!* – Jurons. *Nom de Dieu! Mais bon Dieu, faites donc attention!* **2.** Être surhumain adoré dans les religions polythéistes et supposé présider à certaines catégories de phénomènes (en ce sens, s'écrit avec une minuscule, et possède un pluriel : *dieux*). *Les dieux de l'Olympe. Mars, dieu de la guerre.* ▷ Fig., fam. *Promettre, jurer ses grands dieux* : affirmer avec de grands serments. ▷ *Faire son dieu de qqn,* lui vouer une vénération profonde. ▷ *Être beau comme un dieu,* très beau. *Skier comme un dieu,* à la perfection. – Lat. *deus.*

diffa [difa] n. f. Réception, accompagnée d'un festin, offerte aux hôtes de marque en Afrique du Nord. – Mot ar.

diffamant, ante [difamɑ̃, ɑ̃t] adj. Dit ou fait pour diffamer. *Des propos diffamants.* – Ppr. de *diffamer.*

diffamateur, trice [difamatœʀ, tʀis] n. (et adj.) Personne qui diffame. – De *diffamer.*

diffamation [difamasjɔ̃] n. f. **1.** Action de diffamer. *La diffamation est un délit.* **2.** Acte diffamatoire. *Ce discours est une diffamation.* – Bas lat. *diffamatio.*

diffamatoire [difamatwaʀ] adj. Qui a pour but de diffamer. *Libelle, placard diffamatoire.* – De *diffamer.*

diffamer [difame] v. tr. [1] Attaquer l'honneur, la réputation de. *Diffamer ses adversaires.* – Lat. *diffamare,* de *fama,* « renommée ».

différé, ée [difeʀe] adj. et n. m. **1.** adj. Ajourné. *Réunion différée pour des raisons de commodité. Paiement différé.* **2.** n. m. AUDIOV Procédé consistant à enregistrer une émission et à la diffuser ultérieurement. *Le match de football sera retransmis en différé.* Ant. direct. – Pp. de *différer* 2.

différemment [difeʀamɑ̃] adv. D'une manière différente. – De *différent.*

différence [difeʀɑ̃s] n. f. **1.** Ce qui distingue une chose, une personne d'une autre. *Différence d'âge.* **2.** Excès d'une quantité sur une autre; résultat de la soustraction. *La différence entre 30 et 20 est 10.* – *Différence de deux ensembles A et B* : ensemble constitué par les éléments de A qui n'appartiennent pas à B. ▷ FIN Solde d'une opération de bourse dans un marché à terme. ▷ ELECTR *Différence de potentiel* : tension (abrév. : d.d.p.). – Lat. *differentia.*

différenciateur, trice [difeʀɑ̃sjatœʀ, tʀis] adj. Qui différencie. *Élément différenciateur.* – De *différencier.*

différenciation [difeʀɑ̃sjasjɔ̃] n. f. **1.** Action de différencier; fait de se différencier. *L'activité professionnelle est un facteur important de différenciation sociale.* **2.** BIOL Acquisition (par les cellules d'un être vivant) de certains caractères selon leurs fonctions. – De *différencier.*

différencier [difeʀɑ̃sje] v. tr. [2] **1.** Distinguer, marquer la différence entre. *Différencier ces deux nuances est difficile.* **2.** MATH V. différentier. **3.** v. pron. Se distinguer par un ou des caractères dissemblables. *Ces deux fleurs se différencient par leur parfum.* ▷ BIOL Subir la différenciation. – Lat. scolast. *differentiare.*

différend [difeʀɑ̃] n. m. Opposition, désaccord. *Un vif différend les sépare.* – Variante orthographique de *différent.*

différent, ente [difeʀɑ̃, ɑ̃t] adj. Dissemblable, distinct. *Ce mot a des sens différents.* ▷ Plur. (Devant le nom.) Divers, plusieurs. *Différentes personnes m'ont confirmé l'histoire.* – Lat. *differens.*

différentiation [difeʀɑ̃sjasjɔ̃] n. f. MATH Calcul d'une différentielle. – De *différentier.*

1. différentiel, elle [difeʀɑ̃sjɛl] adj. **1.** Qui constitue une différence. *Caractères différentiels.* ▷ COMM *Tarif différentiel,* qui diminue à mesure que le poids ou la distance augmente. **2.** Se dit d'appareils servant à mesurer des différences. *Compteur différentiel.* **3.** MATH *Calcul différentiel,* dont l'objet est l'étude des variations infinitésimales des fonctions. – De *différence.*

2. différentiel [difeʀɑ̃sjɛl] n. m. TECH Organe permettant la transmission d'un mouvement de rotation à deux arbres qui peuvent tourner à des vitesses différentes. – De *différence.*

différentielle [difeʀɑ̃sjɛl] n. f. MATH Fonction linéaire qui fait correspondre à un nombre p le nombre q = df (p) = pf′ (x). (Si la fonction dérivable f(x) est égale à y, on peut écrire dy = f′(x)dx.) – De *différence,* d'après le bas lat. *differentiales.*

différentier [difeʀɑ̃sje] v. tr. [1] MATH Calculer la différentielle d'une fonction. (On écrit aussi *différencier.*) – Var. orthographique de *différencier.*

1. différer [difeʀe] v. intr. [14] Être différent. *Il diffère de son frère par le caractère. Couleurs qui diffèrent.* – Lat. *differre.*

2. différer [difeʀe] v. tr. [14] Retarder, remettre à plus tard. *Différer son voyage.* – Lat. *differre.*

difficile [difisil] adj. (et n.) **1.** Qui donne de la peine, des efforts; qui cause des soucis. *Un chemin difficile. Une situation difficile.* **2.** Exigeant, délicat. *Être très difficile pour la nourriture.* ▷ Subst. *Faire le (la) difficile* : se montrer exigeant. – Lat. *difficilis.*

difficilement [difisilmɑ̃] adv. Avec peine. *S'exprimer difficilement.* – De *difficile.*

difficulté [difikylte] n. f. **1.** Caractère de ce qui est difficile. *Mesurer la difficulté d'une entreprise.* Ant. facilité. ▷ *En difficulté* : dans une situation délicate. **2.** Chose difficile; obstacle, empêchement. *Il a dû surmonter de grosses difficultés.* **3.** Objection, contestation. *Faire des difficultés.* – Lat. *difficultas.*

difficultueux, euse [difikyltɥø, øz] adj. **1.** Vieilli Qui fait des difficultés. *Personne difficultueuse.* **2.** *Abusiv.* Qui présente de nombreuses difficultés. *Une entreprise difficultueuse.* – De *difficulté.*

diffluence [diflyɑ̃s] n. f. Action de diffluer; état de ce qui est diffluent. – De *diffluent.*

diffluent, ente [diflyɑ̃, ɑ̃t] adj. Qui se répand, se disperse de tous côtés. *Une rivière diffluente.* – Lat. *difluens,* ppr. de *diffluere,* « s'écouler en divers sens ».

diffluer [diflye] v. intr. [1] Se répandre, s'épancher de divers côtés. – Lat. *diffluere,* de *fluere,* « couler ».

difforme [difɔʀm] adj. Qui n'a pas la forme qu'il devrait avoir; contrefait, disproportionné, mal bâti. *Un visage difforme.* – Lat. médiév. *difformis,* de *forma,* « forme ».

difformité [difɔʀmite] n. f. Défaut dans la conformation, les proportions. *Souffrir d'une difformité.* – Lat. médiév. *difformitas.*

diffracter [difʀakte] v. tr. [1] Produire la diffraction de. – De *diffraction.*

diffraction [difʀaksjɔ̃] n. f. PHYS Modification de la direction de propagation d'une onde au voisinage d'un obstacle et notam. quand elle traverse une ouverture. *Diffraction lumineuse, acoustique.* – Du lat. *diffringere,* « mettre en morceaux ».

ENCYCL Les phénomènes de diffraction (*franges* si l'objet présente une arête, *anneaux* si celui-ci est un écran percé d'une ouverture circulaire) limitent l'utilisation des instruments d'optique (en partic. dans leur pouvoir séparateur). Les halos formés autour de la Lune ou du Soleil sont dus à des phénomènes de diffraction.

diffus, use [dify, yz] adj. **1.** Répandu, renvoyé dans toutes les directions. *Lumière, chaleur diffuse.* **2.** (À propos d'un discours.) Imprécis et délayé. *Exposé diffus.* - Par ext. *Orateur diffus.* **3.** MED Qui n'est pas circonscrit. *Phlegmon diffus.* – Lat. *diffusus,* «répandu».

diffusément [difyzemɑ̃] adv. De manière diffuse, peu nette. – De *diffus.*

diffuser [difyze] v. tr. [1] **1.** Répandre dans toutes les directions. *Les corps mats diffusent la lumière.* **2.** Transmettre sur les ondes. *La radio diffuse un concert.* **3.** Répandre dans le public. *Les journaux ont diffusé la nouvelle.* ▷ COMM Vendre ou distribuer gratuitement au public (journaux, livres, disques ou films). – De *diffus.*

diffuseur [difyzœʀ] n. m. **1.** Personne qui diffuse. *Un diffuseur de nouvelles.* **2.** TECH Appareil permettant d'effectuer la diffusion, la dialyse, la macération, la dissolution d'une substance dans une autre. *Diffuseur de parfum.* **3.** Appareil captant ou renvoyant une onde acoustique de façon irrégulière. ▷ Appareil d'éclairage qui donne une lumière diffuse. **4.** COMM Personne, société qui diffuse (journaux, livres, disques ou films). *Un diffuseur de presse.* – De *diffuser.*

diffusible [difyzibl] adj. Qui peut être diffusé. *Une substance diffusible.* – De *diffuser.*

diffusion [difyzjɔ̃] n. f. **1.** Action de diffuser; fait de se propager, de se répandre. *La diffusion de la lumière, des connaissances.* **2.** CHIM Transfert de matière tendant à égaliser le potentiel chimique des différents éléments d'un système. (Il se produit rapidement dans les gaz, lentement dans les liquides, et très lentement dans les solides.) **3.** PHYS NUCL *Séparation isotopique par diffusion gazeuse* : procédé permettant d'enrichir l'uranium naturel en isotope 238, fondé sur le fait que la vitesse de diffusion d'un gaz à travers un écran poreux est inversement proportionnelle à la racine carrée de sa masse molaire. **4.** Radiodiffusion. *La diffusion d'un concert en stéréophonie.* **5.** COMM Action de diffuser; son résultat. ▷ Nombre d'exemplaires distribués d'une publication. – Lat. *diffusio.*

digamma [digama] n. m. Sixième lettre de l'alphabet grec archaïque, correspondant au V latin (son [w]). – Mot gr.

digérer [diʒeʀe] v. tr. [14] **1.** Faire l'assimilation des aliments. *Il ne digère pas les œufs.* **2.** Fig. Assimiler intellectuellement. *Digérer ses lectures.* **3.** Fig., fam. Endurer, accepter sans rien dire. *Digérer un affront.* - Pp. adj. *Reproche mal digéré.* – Lat. *digerere,* «distribuer».

digest [diʒɛst] n. m. (Anglicisme) Résumé d'un livre, d'un article; revue spécialisée dans la publication de tels résumés. – Mot amér., «condensé».

1. digeste [diʒɛst] adj. Facile à digérer. *Un mets digeste.* – De *digérer,* d'après *indigeste.*

2. digeste [diʒɛst] n. m. DR ROM Recueil des décisions des jurisconsultes, établi sous Justinien. Syn. pandectes. – Lat. *digesta,* de *digerere,* «diviser, répartir».

digesteur [diʒɛstœʀ] n. m. **1.** TECH Appareil d'épuration des eaux usées. **2.** Syn. d'*autoclave.* – Du lat. *digestum.*

digestibilité [diʒɛstibilite] n. f. Caractère de ce qui est digestible. – De *digestible.*

digestible [diʒɛstibl] adj. Qui peut être digéré. – Bas lat. *digestibilis.*

digestif, ive [diʒɛstif, iv] adj. et n. m. **1.** adj. Qui concourt à la digestion. *Suc digestif.* ▷ ANAT *Appareil digestif* : ensemble des organes dont la fonction est la digestion. (Chez l'homme, l'appareil digestif comprend : le tube digestif, parcouru par le bol alimentaire [pharynx, œsophage, estomac, intestin grêle et gros intestin]; les organes dont les actions métaboliques et les sécrétions jouent un rôle dans la digestion [foie, pancréas, voies biliaires].) **2.** n. m. Liqueur, alcool que l'on boit à la fin du repas. – Du lat. *digestus.*

digestion [diʒɛstjɔ̃] n. f. **1.** Ensemble des processus physiologiques concourant à la transformation des aliments, permettant leur assimilation par l'organisme. *Avoir une bonne digestion.* **2.** PHARM Macération à chaud d'une substance dans un dissolvant. – Lat. *digestio.*

digicode [diʒikɔd] n. m. Appareil électromécanique commandant l'ouverture d'une porte et qui fonctionne à l'aide d'un clavier sur lequel on compose un code d'accès. – Nom déposé; de *digi(tal)* 2, et *code.*

digit-, digiti-, digito-. Préfixes, du lat. *digitus,* «doigt».

digit [diʒit] n. m. (Anglicisme) INFORM Symbole graphique représentant un caractère numérique dans un système de numération donné, et servant à représenter des données et à transmettre des ordres. - *Digit binaire* : syn. de *bit.* – Mot angl. «nombre».

1. digital, ale, aux [diʒital, o] adj. Des doigts. *Empreintes digitales.* – Lat. *digitalis,* de *digitus,* «doigt».

2. digital, ale, aux [diʒital, o] adj. INFORM Syn. (off. déconseillé) de *numérique.* - *Affichage digital,* à variation discontinue, par quantités entières (par oppos. à *affichage analogique*). *Une montre à affichage digital.* – De l'angl. *digit,* «nombre».

digitale [diʒital] n. f. Scrofulariacée toxique dont les fleurs de diverses couleurs sont en forme de doigt de gant. *La digitale pourprée, ou pourpre, est très commune en France.* – De *digital* 1.

digitaline [diʒitalin] n. f. MED Produit extrait de la digitale pourprée et possédant une action tonicardiaque, très utilisée en thérapeutique. – De *digitale.*

1. digitalisation [diʒitalizasjɔ̃] n. f. MED Traitement par la digitaline. – De *digitale.*

2. digitalisation [diʒitalizasjɔ̃] n. f. INFORM Syn. de *numérisation.* – De *digitaliser.*

digitaliser [diʒitalize] v. tr. [1] INFORM Syn. de *numériser.* - Pp. adj. *Informations digitalisées.* – Angl. *to digitalize,* de *digit.*

digitation [diʒitasjɔ̃] n. f. Structure évoquant la forme des doigts, concernant notam. certains faisceaux musculaires. – Dér. savant. du lat. *digitus,* «doigt».

digité, ée [diʒite] adj. BOT Qui est divisé en forme de doigts. *Une feuille digitée.* – Du lat. *digitus,* «doigt».

digitigrade [diʒitigʀad] adj. et n. m. ZOOL Se dit des vertébrés terrestres dont les doigts constituent la surface d'appui sur le sol. - n. m. *Le chien est un digitigrade* (par oppos. à *plantigrade*). – Du lat. *digitus,* «doigt», et *-grade.*

diglossie [diglɔsi] n. f. LING État d'un groupe humain ou d'une personne qui pratique deux langues de niveaux socioculturels différents. *La diglossie des Arabes qui emploient l'arabe littéraire et l'arabe parlé. La diglossie du Breton qui parle le français à l'extérieur et le breton en famille.* – De l'angl. *diglossia,* de *di-,* et gr. *glôssa,* «langue».

digne [diɲ] adj. **1.** Qui a de la dignité, qui inspire le respect. *Un homme très digne.* ▷ Vieilli (Devant le subst.) Qui mérite de l'estime. *Une digne mère de famille.* **2.** *Digne de* : qui mérite (qqch). *Personne digne de louanges. Attitude digne de mépris.* **3.** *Digne de* : qui est conforme à, qui a les mêmes qualités que (qqch, qqn). *Réponse digne d'un sot. Fils digne de son père.* – Lat. *dignus.*

dignement [diɲmɑ̃] adv. **1.** Avec dignité. *Il s'en alla dignement.* **2.** Vieilli Comme il convient, justement. *Récompenser dignement qqn.* – De *digne.*

dignitaire [diɲitɛʀ] n. m. Celui qui est pourvu d'une dignité (sens II). *Dignitaire de l'Église.* – De *dignité.*

dignité [diɲite] n. f. **I. 1.** Respect que mérite qqch ou qqn. *La dignité de sa conduite.* – PHILO *Dignité de la personne humaine* : valeur particulière que représente l'humanité de l'homme et qui mérite le respect. **2.** Respect de soi-même. *Il manque de dignité. Avoir sa dignité,* sa fierté. ▷ Allure grave et fière qui évoque ce respect de soi. *Des manières empreintes de dignité.* **II.** Fonction éminente, haute distinction. *Accéder à la plus haute dignité de l'État.* – Lat. *dignitas.*

digon [digɔ̃] n. m. MAR **1.** Morceau de fer barbelé ajusté à une perche, servant à harponner les poissons. **2.** Bâton portant un pavillon ou une flamme. – De l'anc. v. *diguer,* « piquer ».

digression [digʀesjɔ̃] n. f. **1.** Développement qui s'écarte du sujet traité. *Assez de digressions, allons au fait!* **2.** ASTRO Éloignement apparent d'une planète par rapport au Soleil. – Lat. *digressio,* de *digredi,* « s'éloigner ».

digue [dig] n. f. **1.** Construction servant à contenir les eaux marines ou fluviales. **2.** Fig. Ce qui retient. *Rompre les digues de la morale et du devoir.* – Du moyen néerl. *dijc.*

diktat [diktat] n. m. Péjor. Convention diplomatique, clause d'un traité imposée par la force. ▷ Fig. Ce qui est imposé, dicté. *Les diktats de la nature.* – Mot all., « chose dictée ».

dilacération [dilaseʀasjɔ̃] n. f. Didac. Action de dilacérer; son résultat. – Lat. *dilaceratio.*

dilacérer [dilaseʀe] v. tr. [**14**] Didac. Déchirer, mettre en pièces. – Lat. *dilacerare.*

dilapidateur, trice [dilapidatœʀ, tʀis] adj. et n. Litt. Qui dilapide. – Subst. *Dilapidateur des finances publiques.* – De *dilapider.*

dilapidation [dilapidasjɔ̃] n. f. Action de dilapider; son résultat. – Lat. *dilapidatio,* « dissipation ».

dilapider [dilapide] v. tr. [**1**] Ruiner par des dépenses excessives et désordonnées. *Dilapider sa fortune.* ▷ Fig. Gâcher, gaspiller. *Dilapider ses heures de loisir.* – Lat. *dilapidare.*

dilatabilité [dilatabilite] n. f. Propriété qu'ont les corps de se dilater sous l'effet de la chaleur. – De *dilatable.*

dilatable [dilatabl] adj. Qui peut se dilater. – De *dilater.*

dilatateur, trice [dilatatœʀ, tʀis] adj. et n. m. **1.** adj. Qui sert à dilater. – ANAT *Muscles dilatateurs,* qui ont pour fonction de dilater certains organes. **2.** n. m. CHIR Instrument qui sert à agrandir une ouverture, à la tenir béante. – De *dilater.*

dilatation [dilatasjɔ̃] n. f. Action de dilater ou de se dilater; son résultat. ▷ MED Augmentation (thérapeutique ou pathologique) du calibre d'un canal ou d'une cavité. *Dilatation des bronches.* ▷ PHYS Augmentation du volume d'un corps sous l'effet de la chaleur, sans altération de la nature de ce corps. – Bas lat. *dilatatio,* « extension ».

ENCYCL Les liquides se dilatent plus que les solides. On appelle *coefficient de dilatation linéaire* d'un corps, entre les températures t_0 et t_1, l'allongement de ce corps par unité de longueur et par degré d'élévation de température. Il est égal à $1,2.\ 10^{-5}$ pour l'acier, à $3,1.\ 10^{-5}$ pour le zinc et à $0,9.\ 10^{-5}$ pour le verre ordinaire, entre 0 et 100 °C. En première approximation, le *coefficient de dilatation volumique* (accroissement du volume par unité de volume) des gaz ne dépend pas de leur nature spécifique (loi de Gay-Lussac). Pour les gaz parfaits, il est égal à 1/273,15.

dilater [dilate] v. tr. [**1**] **1.** Augmenter le volume, la dimension de. *La chaleur dilate les corps.* ▷ Fig. *La joie dilate le cœur.* **2.** v. pron. S'élargir, augmenter de volume. – Lat. *dilatare,* « élargir », de *latus,* « large ».

dilatoire [dilatwaʀ] adj. **1.** Qui procure un délai, vise à gagner du temps. *Moyen dilatoire. Réponse dilatoire.* **2.** DR Qui tend à retarder, à prolonger un procès. *Exception dilatoire.* – Lat. jurid. *dilatorius,* de *dilatus,* pp. de *differre,* « remettre (à plus tard) ».

dilatomètre [dilatɔmɛtʀ] n. m. Appareil destiné à mesurer les variations de volume. – De *dilater,* et *-mètre.*

dilection [dilɛksjɔ̃] n. f. RELIG Amour et tendresse spirituels. *La dilection du prochain.* – Lat. *dilectio,* de *diligere,* « chérir ».

dilemme [dilɛm] n. m. **1.** Cour. Situation qui donne à choisir impérativement entre deux partis, chacun entraînant des conséquences graves. *Se trouver confronté à un dilemme* (souvent pris abusiv. pour *alternative*). **2.** PHILO Raisonnement présentant en majeure (II, sens 3) une alternative dont les différents termes conduisent à la même conclusion. – Bas lat. *dilemma,* gr. *dilêmma.*

dilettante [dilɛtɑ̃t] n. Cour. Personne qui exerce une activité pour le plaisir et sans s'y appliquer vraiment. *Faire de la peinture en dilettante.* – Péjor. *C'est un dilettante, on ne peut pas lui confier un travail sérieux.* – Mot ital., « celui qui s'adonne à un art par plaisir ».

dilettantisme [dilɛtɑ̃tism] n. m. Caractère, attitude du dilettante. – De *dilettante.*

diligemment [diliʒamɑ̃] adv. Avec diligence; rapidement et avec soin. – De *diligent.*

1. diligence [diliʒɑ̃s] n. f. **1.** Vx Soin, zèle. *Travailler avec diligence.* **2.** Vx ou litt. Rapidité, efficacité dans l'exécution d'une tâche. ▷ Loc. *Faire diligence* : se hâter. **3.** DR Requête. *À la diligence de Monsieur le Procureur.* – Lat. *diligentia.*

2. diligence [diliʒɑ̃s] n. f. Anc. Voiture à chevaux couverte servant au transport des voyageurs. – De *(carosse de) diligence.*

diligent, ente [diliʒɑ̃, ɑ̃t] adj. **1.** Vieilli ou litt. Qui apporte du soin et de l'empressement à ce qu'il fait. *Être diligent dans son travail.* **2.** Vieilli Qui se hâte. *Aller d'un pas diligent.* – Lat. *diligens.*

diligenter [diliʒɑ̃te] v. tr. [**1**] ADMIN, DR Mener avec diligence (V. diligence 1). *Diligenter une affaire.*

diluant, ante [dilɥɑ̃, ɑ̃t] adj. et n. m. Qui dilue, qui sert à diluer. – Ppr. de *diluer.*

diluer [dilɥe] v. tr. [**1**] Délayer dans un liquide. *Diluer un peu de peinture dans de l'essence.* ▷ Ajouter du solvant à (une solution). ▷ Fig. Affaiblir, atténuer. *Une manière de diluer les responsabilités.* – Lat. *diluere,* « délaver, tremper ».

dilution [dilysjɔ̃] n. f. Action de diluer; son résultat. – Lat. *dilutio,* « action de laver ».

diluvial, ale, aux [dilyvjal, o] adj. GEOL Qui appartient au diluvium. *Terrain diluvial.* – Du lat. *diluvium,* « inondation ».

diluvien, enne [dilyvjɛ̃, ɛn] adj. Qui a rapport au déluge. *Les eaux diluviennes.* – Par exag. *Des pluies diluviennes,* très abondantes. – Du lat. *diluvium,* « inondation ».

diluvium [dilyvjɔm] n. m. GEOL Terrain formé au quaternaire par des alluvions fluviales. – Mot lat., « inondation ».

dimanche [dimɑ̃ʃ] n. m. Septième jour de la semaine, qui suit le samedi, traditionnellement consacré à Dieu et au repos, dans le monde chrétien. *Aller à l'église le dimanche. Nous rentrerons dimanche. Un dimanche de Pentecôte.* ▷ Fam. *Habits du dimanche,* les plus beaux. ▷ Fam., péjor. *Du dimanche* : amateur ou inexpérimenté. *Un peintre du dimanche.* – *Un chauffeur du dimanche,* qui conduit avec maladresse. – Du lat. ecclés. *dies dominicus,* « jour du Seigneur ».

dîme [dim] n. f. HIST Prélèvement sur les récoltes au profit de l'Église. *Payer la dîme. Abolition des dîmes en 1789.* – *Par ext.* Impôt. – Du lat. *decima*, de *decimus*, « dixième ».

dimension [dimɑ̃sjɔ̃] n. f. **1.** Étendue considérée comme susceptible de mesure. *Les trois dimensions :* longueur, largeur, hauteur. ▷ *La quatrième dimension :* le temps, dans la théorie de la relativité. **2.** Grandeur mesurée par rapport aux unités d'un système défini. *Prendre les dimensions d'une pièce.* **3.** Fig. Grandeur évaluée selon des critères variables d'importance. *Un homme de cette dimension! – Voir la dimension internationale d'un événement.* – Lat. *dimensio*, de *metiri*, « mesurer ».

dimensionnel, elle [dimɑ̃sjɔnɛl] adj. Relatif aux dimensions. – De *dimension.*

dimère [dimɛʀ] n. m. CHIM Composé résultant de la combinaison *(dimérisation)* de deux molécules semblables. *$N_2 O_4$ est le dimère de NO_2.* – De *di-*, et *-mère.*

diminué, ée [diminɥe] adj. **1.** Qui a subi une diminution. *Prix diminué. Épaisseur diminuée.* ▷ *Bas, tricot diminué*, dont la forme, à certains endroits, est le résultat d'une diminution. **2.** MUS *Intervalle diminué*, qui comporte un demi-ton chromatique de moins que l'intervalle juste ou mineur correspondant. **3.** Affaibli au physique ou au moral. *Il est très diminué depuis son accident.* – Pp. de *diminuer.*

diminuendo [diminɥɛndo] adv. MUS En affaiblissant progressivement l'intensité du son. – Mot ital. « en diminuant ».

diminuer [diminɥe] v. [1] **I.** v. tr. **1.** Rendre moindre (une grandeur, une quantité). *Diminuer la longueur d'une planche. Diminuer les impôts.* ▷ (S. comp.) Réduire le nombre de mailles (d'un tricot). **2.** Rendre moins fort, modérer. *Son observation diminua mon enthousiasme.* **3.** Déprécier, dénigrer (qqn). *Diminuer ses ennemis.* ▷ v. pron. S'avilir. *Il s'est diminué par cette attitude.* **II.** v. intr. **1.** Devenir moindre. *Les provisions ont diminué. – Les jours diminuent*, raccourcissent. **2.** Faiblir. *Son ardeur diminue.* – *Spécial.* (Personnes) S'affaiblir physiquement ou moralement. *Il a bien diminué.* – Lat. *diminuere*, « mettre en morceaux, briser ».

diminutif, ive [diminytif, iv] adj. et n. m. **1.** adj. LING Qui affaiblit le sens d'un mot ou lui ajoute l'idée de petitesse. *Les suffixes diminutifs dans « gentillet » et « fillette ».* **2.** n. m. Cour. Transformation d'un nom ou d'un prénom, exprimant la familiarité ou l'affection. *Jeannot est le diminutif de Jean.* – Bas lat. gram. *diminutivus.*

diminution [diminysjɔ̃] n. f. Action de diminuer; son résultat. *Une diminution de prix.* ▷ *Spécial.* Réduction, à certains rangs, du nombre de mailles d'un tricot par rapport aux rangs précédents. – Point de tricot employé pour faire des diminutions. – Lat. *diminutio*, « retranchement ».

dimorphe [dimɔʀf] adj. **1.** Didac. Qui peut prendre deux formes différentes. **2.** CHIM Qui peut cristalliser dans deux systèmes différents. *Le soufre est dimorphe.* – De *di-*, et *-morphe.*

dimorphisme [dimɔʀfism] n. m. Didac. Caractère de ce qui est dimorphe. ▷ SC NAT *Dimorphisme sexuel :* propriété, pour une espèce animale, de présenter d'un sexe à l'autre des caractères morphologiques différents non directement liés à la reproduction (pelage, plumage, etc.). – De *dimorphe.*

dinanderie [dinɑ̃dʀi] n. f. **1.** Fabrication artistique d'objets en cuivre jaune; ces objets. **2.** Production d'objets artisanaux par martelage de feuilles de métal. – De *dinandier.*

dinandier [dinɑ̃dje] n. m. Vx Fabricant ou marchand de dinanderie. – De *Dinant*, ville de Belgique, célèbre par ses cuivres.

dinar [dinaʀ] n. m. **1.** Anc. Monnaie d'or arabe. **2.** Unité monétaire d'Algérie, d'Irak, de Jordanie, de Tunisie, etc. – Mot ar.

dînatoire [dinatwaʀ] adj. *Goûter dînatoire :* goûter abondant qui tient lieu de dîner. – De *dîner* 1.

dinde [dɛ̃d] n. f. **1.** Femelle du dindon. **2.** Fig. Femme stupide, niaise. *C'est une petite dinde!* – De *poule d'Inde*, anc. nom de la pintade, originaire d'Abyssinie, donné au dindon par les Espagnols, quand ils le découvrirent en Amérique.

dindon [dɛ̃dɔ̃] n. m. **1.** Gros oiseau de basse-cour (ordre des galliformes, fam. phasianidés), originaire d'Amérique du Nord, dont la tête est pourvue de caroncules érectiles rouges, et dont la queue peut se déployer en éventail. *Dindon qui fait la roue.* – *Spécial.* Le mâle, par oppos. à *dinde.* **2.** Fig. Homme balourd, peu intelligent. *Ce dindon!* ▷ Prov. *Être le dindon de la farce :* être la victime, la dupe, d'une plaisanterie. – De *dinde.*

dindonneau [dɛ̃dɔno] n. m. Petit de la dinde. – Jeune dindon. – Dimin. de *dindon.*

dindonner [dɛ̃dɔne] v. tr. [1] Vieilli, fam. Berner, duper. *Il s'est fait dindonner.* – De *dindon.*

1. dîner [dine] v. intr. [1] **1.** Prendre le repas du soir. *Être invité à dîner.* ▷ (Prov.) *Qui dort dîne :* le sommeil tient lieu de nourriture. **2.** Vx ou rég. Prendre le repas de midi. – Du lat. pop. **disjunare*, « rompre le jeûne ».

2. dîner [dine] n. m. **1.** Repas du soir. *Préparer le dîner. Dîner d'affaires.* **2.** Mets composant ce repas. *Le dîner est servi.* **3.** Vx ou rég. Repas de midi. – De *dîner* 1.

dînette [dinɛt] n. f. **1.** Simulacre de repas que font les enfants. *Jouer à la dînette.* ▷ *Par ext.* Petit repas intime. **2.** Service de table miniature dont les enfants se servent pour jouer. *Dînette de poupée.* – Dimin. de *dîner* 2.

dîneur, euse [dinœʀ, øz] n. Convive, à un dîner. – De *dîner* 1.

dinghy [diŋgi], plur. **dinghys** ou **dinghies** [diŋgiz] n. m. (Anglicisme) Embarcation de sauvetage pneumatique. – Mot angl., du hindi.

1. dingo [dɛ̃go] n. m. Chien d'Australie (0,50 à 0,60 m au garrot), p.-ê. domestiqué, puis retourné à la vie sauvage, et qui, comme le loup, chasse en meute. – Mot angl., d'un parler australien.

2. dingo [dɛ̃go] adj. et n. m. Fam. Fou, cinglé. *Il est complètement dingo.* – De *dingue.*

dingue [dɛ̃g] adj. et n. Fam. **1.** Fou. *Il est dingue, ce type!* – Subst. *Un* (e) dingue. **2.** Marqué de quelque manière par la démesure, l'excès, l'extravagance, etc. *Il y avait une ambiance dingue!* – P.-ê. de la *dingue*, en arg. « paludisme », ou de *dinguer.*

dinguer [dɛ̃ge] v. intr. [1] Fam. Tomber. ▷ *Envoyer dinguer :* repousser vivement; fig. éconduire brutalement. – D'un rad. onomat. *din-, ding-*, exprimant le balancement des cloches.

dinornis [dinɔʀnis] n. m. PALEONT Oiseau ratite fossile du pléistocène, de Nouvelle-Zélande, éteint récemment. *Dinornis robustus* atteignait 3,50 m de haut; ses ailes étaient réduites à des moignons. – Du gr. *deinos*, « terrible », et *ornis*, « oiseau ».

dinosaure [dinɔzɔʀ] ou **dinosaurien** [dinɔzɔʀjɛ̃] n. m. **1.** PALEONT *Les dinosaures* ou *dinosauriens :* ensemble de reptiles du secondaire caractérisés par leur gigantisme. – Sing. *un dinosaure* ou *un dinosaurien.* **2.** Fig. fam. Personne, institution considérable comme il n'en existe plus. – Du gr. *deinos*, « terrible », et *saura*, « lézard ».
ENCYCL On divise les dinosauriens en deux ordres : les *avipelviens*, au bassin comparable à celui des oiseaux, possédaient un bec corné (ex. : *Iguanodon, Triceratops*); les *sauripelviens* avaient un bassin de type reptilien (ex. :

Diplodocus, Tyrannosaurus). Leur extinction brutale fait l'objet de diverses interprétations.

dinothérium [dinɔteʀjɔm] n. m. PALEONT Proboscidien du miocène et du pléistocène de l'Ancien Monde (5 m env. au garrot, mandibule munie de deux défenses dirigées vers le sol et courbées vers l'arrière). – Du gr. *deinos*, « terrible », et *thêrion*, « animal ».

diocésain, aine [djɔsezɛ̃, ɛn] adj. et n. Qui a rapport au diocèse ; qui en fait partie. ▷ Subst. Fidèle appartenant à un diocèse. – De *diocèse*.

diocèse [djɔsɛz] n. m. **1.** Circonscription ecclésiastique placée sous la juridiction d'un évêque. *Le diocèse de Paris.* **2.** ANTIQ Circonscription administrative de l'Empire romain. – Gr. *dioikêsis*, « administration ».

diode [djɔd] n. f. ELECTRON Composant à deux électrodes et qui redresse le courant alternatif. – De *di-*, et *-ode*.

dioïque [djɔik] adj. BOT Se dit des plantes (chanvre, houblon, certains fucus, etc.) chez lesquelles les fleurs mâles et les fleurs femelles se trouvent sur des pieds séparés. Ant. monoïque. – De *di-*, et gr. *oikia*, « maison ».

dionée [djɔne] n. f. BOT Plante carnivore d'Amérique du N. *Dionée attrape-mouches (Dionœa muscipula).* – Lat. bot. *dionæa*, « plante de Dioné », mère de Vénus.

dionysiaque [djɔnizjak] adj. et n. f. pl. **1.** Relatif à Dionysos. *Le culte dionysiaque.* ▷ n. f. pl. ANTIQ GR *Les dionysiaques* : les fêtes en l'honneur de Dionysos (on dit aussi *dionysies*). **2.** PHILO Qui a rapport au caractère, à la signification prêtée à Dionysos par la mythologie. – Terme employé par Nietzsche pour exprimer l'ivresse extatique, l'enthousiasme et l'inspiration que rien ne bride (par oppos. à *apollinien*). – Gr. *dionusiakos*, de *Dionysos*, dieu de la mythologie grecque.

dioptre [djɔptʀ] n. m. PHYS Système optique formé de deux milieux inégalement réfringents, séparés par une surface plane, sphérique, etc. – Du gr. *dioptrion*, de *diorân*, « voir à travers ».

dioptrie [djɔptʀi] n. f. Unité de vergence des systèmes optiques (symbole : δ) équivalant à la vergence d'une lentille ayant 1 m de distance focale dans un milieu dont l'indice de réfraction est 1. – De *dioptrique*.

dioptrique [djɔptʀik] n. f. et adj. **1.** n. f. PHYS Partie de la physique qui étudie la réfraction de la lumière. **2.** adj. Qui a rapport à la dioptrique. – Gr. *dioptrikê*, de *diorân*, « voir à travers ».

diorama [djɔʀama] n. m. Tableau panoramique qui, par certains jeux de la lumière, donne l'illusion du réel en mouvement. – D'apr. *(pano)rama*, préf. gr. *dia*, « à travers ».

diorite [djɔʀit] n. f. PETROG Roche éruptive grenue, généralement claire, surtout constituée de plagioclases. – Du gr. *diorizein*, « distinguer ».

dioscoréacées [djɔskɔʀease] n. f. pl. BOT Famille de monocotylédones, très proche des amaryllidacées, fréquemment dioïques et à tiges volubiles. – Sing. *Une dioscoréacée.* – De *Dioscorea*, nom de genre de l'igname.

dioxine [di(j)ɔksin] n. f. CHIM Appellation courante du tétrachloro-dibenzo-paradioxine, produit très toxique (lésions cutanées).

dioxyde [di(j)ɔksid] n. m. CHIM Oxyde contenant deux atomes d'oxygène. Syn. bioxyde. – *Dioxyde de carbone* : gaz carbonique (CO_2). – De *di-*, et *oxyde*.

dipétale [dipetal] adj. Qui a deux pétales. – De *di-*, et *pétale*.

diphasé, ée [difɑze] adj. ELECTR Qui présente deux phases (courant). – De *di-*, et *phase*.

diphtérie [difteʀi] n. f. Maladie infectieuse due au bacille de Klebs-Lœffler, contagieuse, à déclaration obligatoire, caractérisée par la production de pseudomembranes fibrineuses au niveau du pharynx et du larynx, parfois responsables d'une asphyxie (*croup*). – Du gr. *diphtera*, « membrane ».

diphtérique [difteʀik] adj. et n. Qui a rapport à la diphtérie ; atteint de diphtérie. – De *diphtérie*.

diphtongaison [diftɔ̃gɛzɔ̃] n. f. PHON Transformation d'un son en diphtongue. – De *diphtonguer*.

diphtongue [diftɔ̃g] n. f. PHON Voyelle unique dont le timbre se modifie en cours d'émission. *Les phonéticiens considèrent que, à part certaines prononciations régionales, le français ne possède pas de diphtongues.* ▷ *Diphtongue ascendante* ou *fausse diphtongue*, où la semi-consonne est le premier élément (*pied, lui*). ▷ *Diphtongue descendante*, où la semi-consonne est le second élément (*travail*). – Lat. gram. *diphtongus*, du gr. *diphtongos*, « double son ».

diphtonguer [diftɔ̃ge] v. tr. [1] PHON Transformer en diphtongue. ▷ v. pron. Se transformer en diphtongue. – De *diphtongue*.

dipl(o)-. Élément, du gr. *diploos*, « double ».

diploblastique [diploblastik] adj. ZOOL Qualifie les animaux inférieurs dont l'embryon ne comporte que deux feuillets, à savoir les spongiaires, les cnidaires et les cténaires. – De *diplo-*, et gr. *blastos*, « germe ».

diplocoque [diplɔkɔk] n. m. MICROB Genre de bactéries formées d'éléments groupés par paires. *Les pneumocoques sont des diplocoques.* – De *diplo-*, et gr. *kokkos*, « graine ».

diplodocus [diplɔdɔkys] n. m. PALEONT Dinosaure herbivore des terrains marécageux du jurassique des montagnes Rocheuses, qui atteignait parfois 32 m de long. – De *diplo-*, et gr. *dokos*, « poutre », à cause des os doubles de sa queue.

diploé [diplɔe] n. m. ANAT Couche spongieuse située entre les tables interne et externe des os de la voûte du crâne. – Gr. *diploê*, « chose double ».

diploïde [diplɔid] adj. BIOL Se dit d'un être vivant dont les cellules contiennent une paire de chaque chromosome typique de l'espèce, soit un nombre total pair, noté 2n. (L'homme a 23 paires de chromosomes, soit 2n = 46.) Ant. haploïde. – De *dipl-*, et *-oïde*.

diplomate [diplɔmat] n. et adj. **1.** Personne chargée par un gouvernement d'une fonction de négociation avec un État étranger. *Les ambassadeurs sont des diplomates.* **2.** *Par anal.* Personne qui a du tact avec autrui, qui est habile à négocier. *Dans les affaires, c'est un diplomate habile.* – adj. *Elle est très diplomate.* **3.** n. m. Gâteau fait de biscuits à la cuiller, de crème et de fruits confits. – De *diplomatique*, d'apr. *aristocrate*.

diplomatie [diplɔmasi] n. f. **1.** Ce qui concerne les relations entre les États, l'art des négociations entre gouvernements. ▷ Politique diplomatique. *Critiquer la diplomatie d'un pays.* ▷ Carrière diplomatique. *Entrer dans la diplomatie.* ▷ Ensemble des diplomates. *Toute la diplomatie française de Londres était invitée.* **2.** *Par anal.* Tact et habileté. *Faire preuve de diplomatie.* – De *diplomatique*, d'apr. *aristocratie*.

diplomatique [diplɔmatik] adj. et n. f. **I.** adj. **1.** Qui a rapport à la diplomatie. *Être chargé d'une mission diplomatique.* ▷ *Valise diplomatique* : bagage ou colis appartenant à certains diplomates et sur lesquels l'administration des douanes n'a pas le droit de visite. **2.** Fig. Qui a rapport au tact et à l'habileté dans les relations ou négociations privées. **II.** n. f. Didac. *La diplomatique* : la science qui étudie les diplômes, les chartes, les documents anciens et examine leur authenticité. ▷ adj. Qui a rapport à la diplomatique. – Du lat. scientif. moderne *diplomaticus*, « relatif aux documents officiels ».

diplomatiquement [diplɔmatikmɑ̃] adv. De manière diplomatique. – De *diplomatique.*

diplôme [diplom] n. m. **1.** Titre ou grade, généralement délivré par un établissement d'enseignement à la fin d'un cycle d'études. *Diplôme de bachelier. Diplôme de l'École des hautes études commerciales.* ▷ Examen nécessaire à l'obtention d'un diplôme. *Passer un diplôme.* **2.** Certificat écrit attestant l'obtention d'un diplôme. *Photocopie d'un diplôme.* **3.** VX Acte officiel accordant à qqn un droit, un privilège. – Lat. *diploma,* mot gr. propr. «plié en deux».

diplômé, ée [diplome] adj. et n. Qui a obtenu un diplôme. *Infirmière diplômée.* ▷ n. *Un diplômé de l'École des chartes.* – De *diplôme.*

diplômer [diplome] v. tr. [1] Délivrer un diplôme à. – De *diplôme.*

diplopie [diplɔpi] n. f. MED Trouble de la vue dans lequel les objets paraissent doubles. – De *dipl-,* et gr. *ops, opos,* «œil».

dipneustes [dipnøst] n. m. pl. ICHTYOL Ordre de poissons ostéichtyens d'eau douce possédant des branchies et des poumons. (Ils vivent dans des mares d'Afrique, d'Amérique du S. et d'Australie, et utilisent l'oxygène de l'air pour survivre. Ils sont apparus au dévonien.) – Sing. *Un dipneuste.* – De *di-,* et gr. *pneuein,* «respirer».

dipolaire [dipɔlɛʀ] adj. PHYS, CHIM Relatif à un dipôle. *Moment dipolaire.* – De *di-,* et *polaire.*

dipôle [dipol] n. m. **1.** PHYS Ensemble de deux charges électriques ou magnétiques infiniment voisines et de signes opposés. **2.** TECH Dispositif électrique qui ne comporte que deux bornes. – De *di-,* et *pôle.*

dipsacacées [dipsakase] ou **dipsacées** [dipsase] n. f. pl. BOT Famille de dicotylédones gamopétales inférovariées, herbes vivaces ou annuelles des régions tempérées, dont les fleurs sont groupées en capitules (ex. : la cardère, la scabieuse). – Sing. *Une dipsacacée* ou *une dipsacée.* – Du lat. *dipsacus,* «cardère».

dipsomane [dipsɔman] ou **dipsomaniaque** [dipsɔmanjak] adj. et n. Qui souffre de dipsomanie. – De *dipsomanie.*

dipsomanie [dipsɔmani] n. f. MED Impulsion pathologique à boire de grandes quantités de liquides alcooliques. – Du gr. *dipsa,* «soif», et *mania,* «folie».

diptère [diptɛʀ] adj. ARCHI Se dit d'un édifice entouré d'un portique à double rangée de colonnes. *Temple diptère.* – Gr. *dipteros,* «à deux ailes», de *pteron,* «aile».

diptères [diptɛʀ] n. m. pl. ENTOM Ordre d'insectes comportant les mouches, les taons, les moustiques. – Sing. *Un diptère.* – Lat. scientif. *diptera,* du gr.

diptérocarpacées [dipteʀokaʀpase] n. f. pl. BOT Famille de dicotylédones dialypétales superovariées, arbres d'Asie du S. aux fruits munis d'ailes, qui donnent des bois d'ébénisterie et du camphre. – Sing. *Une diptérocarpacée.* – Du gr. *dipteros,* «à deux ailes», et *-carpe.*

diptyque [diptik] n. m. **1.** ANTIQ Tablette double enduite de cire, sur laquelle on écrivait au style. **2.** BX-A Tableau formé de deux panneaux rabattables l'un sur l'autre. **3.** Fig. Œuvre littéraire ou artistique en deux parties. – Gr. *diptukha,* «tablettes pliées en deux».

1. dire [diʀ] v. tr. [65] **I. 1.** Faire entendre au moyen de la parole, énoncer. *Dites trente-trois!* – Prov. *Qui ne dit mot consent :* ne pas répondre équivaut à accepter ce qu'on propose. **2.** Exprimer par la parole. *Dire ce qu'on voit. Elle dit être pressée* ou *qu'elle est pressée.* ▷ Loc. *Cela va sans dire :* c'est tout à fait évident. – *À vrai dire, à dire vrai :* pour s'exprimer d'une manière conforme à la vérité. – *Pour ainsi dire :* en quelque sorte (formule d'atténuation). – *Cela dit* (ou, moins correct, *ceci dit*) : sur ces paroles. *Cela dit, venons-en au fait,* après cette introduction, ce préambule... – *Soit dit en passant* (pour inclure une remarque étrangère au propos). – *Entre nous soit dit :* en confidence. – *C'est vite dit :* c'est plus facile en paroles qu'en actes. *Il n'y a qu'à, il n'y a qu'à... c'est vite dit!* ▷ À l'impératif, pour appeler l'attention de l'interlocuteur. *Dites-moi, cher ami...* – Fam. (Insistant sur une question.) *Tu viendras, dis?* ▷ Loc. fam. *Tu l'as dit! :* marquant l'approbation. – *Comme dit l'autre :* formule d'accompagnement d'une locution proverbiale, d'une citation dont l'auteur est supposé connu. *Comme dit l'autre, l'argent ne fait pas le bonheur.* **3.** Exprimer (un avis, un jugement). *Dire du mal de qqn.* ▷ Loc. *Parler pour ne rien dire,* pour dire des choses sans intérêt ou futiles. – *Dire son fait, ses (quatre) vérités à qqn,* lui dire sans ménagement ce que l'on pense de sa conduite. – *Avoir beau dire :* donner son opinion, s'exprimer en vain. *Tu as beau dire, tu ne nous convaincras pas.* – *Je ne vous le fais pas dire :* vous en convenez vous-même. – *C'est vous qui le dites* (pour exprimer des réserves, son désaccord sur ce qui vient d'être dit). *Je n'ai rien fait pour l'éviter... c'est vous qui le dites!* – *Qu'en dites-vous? :* comment jugez-vous cela?, l'approuvez-vous? *Que diriez-vous d'un bon dîner?,* cela vous serait-il agréable? ▷ *Dire que...* (Introduisant une phrase exprimant le regret, la tristesse, l'étonnement.) *Dire qu'il était si mignon quand il était petit!* ▷ (Avec l'idée de penser, de croire.) *Qui l'eût dit? :* qui aurait pu l'imaginer, le prévoir? – *On dirait que :* on pourrait penser, imaginer que. *On dirait qu'il nous évite.* **4.** Raconter. *Je vais vous en dire une bien bonne.* – *Je me suis laissé dire que... :* on, quelqu'un, m'a rapporté que... (sans que je sache encore s'il faut le croire). – *On dit que :* le bruit court que. *On dit que le gouvernement s'apprête à démissionner.* – (En incise.) *Cet endroit, dit-on, est un des plus dangereux de la côte.* **5.** Réciter, lire, débiter. *Dire des vers. Dire sa leçon.* – Spécial. *Dire la messe.* **6.** Exprimer selon la règle ou l'usage de la langue. *Comment dit-on cela en anglais? Il est fautif de dire «pallier à».* **7.** Exprimer sa volonté, son intention, commander; recommander. *Qui vous a dit de partir? Ne pas se le faire dire deux fois :* ne pas hésiter à faire ce qui est demandé. *Tenez-vous-le pour dit :* considérez que c'est mon dernier mot, que c'est un ordre. **8.** (En loc.) Exprimer (une critique, une objection). *Il n'y a rien à dire, c'est parfait. Qu'avez-vous à dire à cela? :* que pouvez-vous répondre, quelles objections pouvez-vous opposer? – Prov. *Bien faire et laisser dire :* il faut faire ce que l'on doit sans se soucier de l'opinion d'autrui. **II.** Exprimer, énoncer par écrit. *L'auteur le dit dans son ouvrage.* – (En parlant de l'écrit lui-même.) *Que dit le Code civil sur ce point?* **III.** (Sujet nom de chose.) **1.** Révéler, indiquer. *Son sourire disait toute sa joie. Que dit le baromètre? Quelque chose me dit que... :* j'ai l'impression, le sentiment que... – *En dire long :* laisser entendre plus qu'il n'est exprimé. *Un silence qui en disait long.* ▷ Prédire. *Dire l'avenir, la bonne aventure.* **2.** *Dire à... :* intéresser, tenter; plaire à. *Il me propose de partir avec lui, cela ne me dit rien. Cela ne me dit rien qui vaille :* cela ne me paraît pas très engageant, très rassurant. – *Si le cœur vous en dit :* si cela vous tente, vous fait plaisir. **3.** *Vouloir dire :* signifier. *Que veut dire cette expression? Que veulent dire ces cris?* **IV.** Constructions pronominales. **1.** (Réfléchi) Dire à soi-même, faire à part soi quelque réflexion. *Je me suis dit que j'avais eu tort.* **2.** (Réciproque) *Nous nous sommes dit des amabilités.* **3.** (Passif) *«Zazou» ne se dit plus guère.* **4.** (Avec attribut.) Se prétendre, se faire passer pour. *Il se dit spirituel. Elle se dit ingénieur.* – Lat. *dicere.*

2. dire [diʀ] n. m. **1.** Litt. (Surtout au plur.) Ce qu'on dit. *Nous nous assurerons de la véracité de ses dires.* – *Au dire des observateurs,* selon leur témoignage, leur avis. – DR *À dire d'experts :* à l'estimation des experts. *Les dédommagements seront soumis à dire d'experts.* **2.** DR Pièce de procédure où se trouvent consignés les moyens et les réponses des parties. – De *dire* 1.

direct, ecte [diʀɛkt] adj. et n. m. **I.** adj. **1.** Droit, sans détour. *Voie directe, mouvement direct.* – Fig. *Une accusation directe. Il a été très franc, très direct.* ▷ *Ligne directe :* ligne généalogique des ascendants et descendants, par oppos. à *ligne collatérale.* **2.** Immédiat, sans intermédiaire. *Les conséquences directes d'un accident. Entretenir des rapports directs avec un supérieur. La connaissance directe,* par oppos. à la *connaissance discursive.* ▷ GRAM *Complément direct,* construit sans préposition. – *Style direct,* qui rapporte telles quelles les paroles prononcées. **3.** Formel, absolu. *Preuve directe. De deux affirmations en contradiction directe, l'une exclut nécessairement l'autre.* **4.** LOG *Proposition directe,* par oppos. à celle, dite *inverse,* qui résulte du renversement de ses termes. **5.** CH de F *Train direct,* qui ne s'arrête qu'à certaines grandes stations. ▷ n. m. *Prendre le direct pour Marseille.* **II.** n. m. **1.** SPORT En boxe, coup droit. *Envoyer un direct.* **2.** AUDIOV *Émission en direct* (par oppos. à *en différé*), diffusée dans l'instant même de la prise de vues ou de son. ▷ *Les impératifs du direct.* – Lat. *directus,* de *dirigere,* «diriger».

directement [diʀɛktəmɑ̃] adv. **1.** Tout droit, sans détour. *Je me rendrai directement chez vous.* **2.** D'une manière directe. *Aborder directement un sujet,* sans préambule. **3.** *Directement opposé, contraire :* en opposition totale, en contradiction absolue. *Des conceptions directement contraires.* **4.** Sans intermédiaire. *Communiquer directement avec qqn.* – De *direct.*

directeur, trice [diʀɛktœʀ, tʀis] n. et adj. **I.** n. **1.** Personne qui dirige, qui est à la tête d'une entreprise, d'un service, etc. *Directeur d'une usine. Directeur du personnel. Directrice d'un lycée.* **2.** *Directeur de conscience :* prêtre choisi par une personne pour la conduire en matière de morale et de religion. **3.** AVIAT *Directeur de vol :* dispositif qui enregistre les données du vol d'un avion et les transmet au système de pilotage automatique. **4.** HIST *Un Directeur :* un des cinq membres qui constituaient le Directoire. **II.** adj. **1.** Qui dirige. *Comité directeur.* **2.** Fig. *Principe directeur, ligne directrice,* servant à déterminer une ligne de conduite. *Schéma* directeur.* **3.** MECA *Roues directrices,* qui permettent de diriger un véhicule. **4.** GEOM *Plan directeur :* plan auquel sont parallèles les génératrices d'une surface réglée. – *Vecteur directeur d'une droite :* vecteur porté par cette droite. – *Coefficient directeur d'une droite :* pente de cette droite. ▷ n. f. Ligne sur laquelle s'appuie la génératrice qui engendre une surface. – Lat. *director.*

directif, ive [diʀɛktif, iv] adj. **1.** Qui a ou peut avoir la propriété, la fonction de diriger. *Force directive, indication directive.* **2.** PHYS Qui rayonne ou fonctionne dans une direction privilégiée. *Micro directif.* Syn. directionnel. – Du lat. scientif. *directum,* supin de *dirigere.*

direction [diʀɛksjɔ̃] n. f. **I. 1.** Action de diriger. *Assurer la direction des travaux, d'un groupe, d'une entreprise. Travailler sous la direction d'un spécialiste.* **2.** Fonction, poste de directeur. *Obtenir une direction, la direction d'un service.* ▷ *La direction :* le ou les directeurs; les personnes ou les services qui les assistent. *La direction commerciale d'une société.* ▷ Siège, bureau du ou des directeurs, de leur personnel. *Votre dossier est à la direction.* **3.** Action de diriger, de conduire. *La direction d'un attelage, d'un bateau, d'un train,* etc. **II. 1.** Orientation ou sens du déplacement d'une personne, d'une chose. *Choisir une direction. Être dans la bonne direction. Changer de direction. En direction de, dans la direction de :* vers. – Fig. *Il faut orienter nos conjectures dans une autre direction.* ▷ Fig. Ligne de conduite. *Prendre une bonne, une mauvaise direction.* **2.** Ensemble des organes (volant, colonne, boîtier) qui servent à diriger un véhicule. ▷ *Direction assistée,* dans laquelle l'effort imprimé au volant est amplifié par un servomoteur. – Lat. *directio.*

directionnel, elle [diʀɛksjɔnɛl] adj. PHYS Syn. de *directif. Antenne directionnelle.* – De *direction.*

directive [diʀɛktiv] n. f. **1.** MILIT Instruction générale, moins impérative qu'un ordre, donnée par le haut commandement militaire. **2.** Par ext. (Surtout au plur.) Instructions, indications générales données par une autorité. *Demander, recevoir des directives.* – De *directif.*

directivité [diʀɛktivite] n. f. **1.** PHYS Direction préférentielle dans l'émission ou la réception d'un rayonnement sonore ou électrique. **2.** Fait d'être directif (dans un enseignement, un entretien, etc.), d'orienter, de guider dans une direction préétablie. – De *directif.*

directoire [diʀɛktwaʀ] n. m. **1.** Conseil chargé de diriger et d'administrer (une société, une banque, etc.). **2.** HIST *Le Directoire :* le comité de cinq membres chargé du pouvoir exécutif de 1795 à 1799. – *Par ext.* Le régime politique sous lequel vécut la France pendant cette période. ▷ *Le style Directoire :* le style créé à cette époque. – (En appos.) *Un meuble Directoire.* – Lat. *directorium,* de *directus,* pp. de *dirigere,* «diriger».

directorial, ale, aux [diʀɛktɔʀjal, o] adj. **1.** HIST Relatif au Directoire. *Le régime directorial.* **2.** Relatif à la fonction de directeur. *Bureau directorial.* – De *directeur.*

dirham [diʀam] n. m. Unité monétaire du Maroc et des Émirats arabes unis. – Mot ar. du gr. *drakhmê.*

dirigé, ée [diʀiʒe] adj. Soumis à une direction, à une autorité. *Une entreprise bien dirigée.* – *Économie dirigée,* régie dans sa totalité ou sa quasi-totalité par la puissance publique (par oppos. à *économie libérale*). – Pp. de *diriger.*

dirigeable [diʀiʒabl] adj. et n. m. **1.** adj. Qui peut être dirigé. *Ballon dirigeable.* **2.** n. m. Aéronef propulsé par un ou plusieurs moteurs dont la sustentation est assurée par des ballonnets contenant un gaz plus léger que l'air (hydrogène ou hélium) enfermés dans une enveloppe. – De *diriger.*

dirigeant, ante [diʀiʒɑ̃, ɑ̃t] adj. et n. Qui dirige, qui détient l'autorité, le pouvoir. *Les classes dirigeantes.* ▷ Subst. *Les dirigeants d'une entreprise, d'un parti politique.* – Ppr. de *diriger.*

diriger [diʀiʒe] v. tr. [13] **I. 1.** Conduire (en tant que chef, organisateur, responsable). *Diriger un ministère. Diriger des travaux.* ▷ (S. comp.) *C'est lui qui dirige.* ▷ Spécial. *Diriger des acteurs,* les mettre en scène. **2.** Exercer une autorité intellectuelle ou morale sur. *Diriger un élève, ses études.* **3.** (Sujet nom de chose.) *L'intérêt public a dirigé toute sa vie.* **II. 1.** Guider le déplacement de. *Le guide vous dirigera dans la vieille ville. Diriger un véhicule.* ▷ v. pron. *Se diriger vers :* aller dans la direction de. **2.** Donner telle orientation, telle destination à. *Diriger un bateau vers le port. Diriger ses pas vers un lieu, ses regards sur un objet.* – Fig. *Diriger son attention sur, vers qqch.* – Lat. *dirigere,* «diriger, aligner, ordonner».

dirigisme [diʀiʒism] n. m. Doctrine économique et politique qui prône l'économie dirigée; système économique et politique qui pratique une telle économie. – De *diriger.*

dirigiste adj. et n. **1.** adj. Qui est inspiré par le dirigisme. *Plan économique dirigiste.* **2.** n. Partisan du dirigisme. – De *dirigisme.*

dirimant, ante [diʀimɑ̃, ɑ̃t] adj. DR Qui rend nul ou qui fait obstacle. *Empêchement dirimant au mariage.* – Du lat. *dirimere,* «annuler».

dis-. Élément, du lat. *dis,* indiquant la séparation, l'absence, l'opposition.

disamare [disamaʀ] n. f. BOT Fruit constitué de deux samares accolées. *La disamare de l'érable.* – De *di-,* et *samare.*

discal, ale, aux [diskal, o] adj. MED Relatif aux disques intervertébraux. *Hernie discale.* – Du lat. *discus,* «disque».

discale [diskal] n. f. COMM Perte de poids d'une marchandise en vrac, notam. par évaporation. – Ital. *discalo*, « déchet ».

discarthrose [diskaʀtʀoz] n. f. MED Altération dégénérative du disque intervertébral. – De *disque*, et *arthrose*.

discernable [disɛʀnabl] adj. Qui peut être discerné. – De *discerner*.

discernement [disɛʀnəmɑ̃] n. m. **1.** Litt. Action de différencier par l'esprit. *Le discernement du vrai d'avec le faux.* **2.** Cour. Faculté d'apprécier avec justesse les situations, les choses. *Faire preuve de discernement. Agir sans discernement.* – De *discerner*.

discerner [disɛʀne] v. tr. [1] **1.** Distinguer, reconnaître par la vue. *Discerner des formes dans la nuit.* ▷ Par ext. *Discerner la rumeur des vagues.* – Fig. *Je discerne quelque réticence dans son accord.* **2.** Faire la distinction entre, différencier. *Discerner les diverses nuances du vert. Discerner le bien du mal.* – Lat. *discernere*, « séparer, distinguer ».

disciple [disipl] n. m. **1.** Personne qui reçoit l'enseignement d'un maître. *Démosthène fut le disciple d'Isée.* – *Les disciples de Jésus-Christ* : les douze apôtres. **2.** Personne qui a adopté la doctrine d'un maître. *Les disciples de Freud.* – Lat. ecclés. *discipulus*, « disciple du Christ », en lat. class. « élève ».

disciplinable [disiplinabl] adj. Qui peut être discipliné. – De *discipliner*.

disciplinaire [disiplinɛʀ] adj. Qui a rapport à la discipline (d'un corps, d'un établissement, etc.). *Mesure disciplinaire.* ▷ MILIT *Compagnie, bataillon disciplinaire* : unités spéciales auxquelles sont affectés les militaires ayant fait l'objet de graves sanctions et où la discipline est particulièrement sévère. – De *discipline*.

disciplinairement [disiplinɛʀmɑ̃] adv. Conformément à la discipline. – De *disciplinaire*.

discipline [disiplin] n. f. **I. 1.** Domaine particulier de la connaissance; matière d'enseignement. *Disciplines scientifiques, littéraires.* **2.** Ensemble des règles de conduite imposées aux membres d'une collectivité pour assurer le bon fonctionnement de l'organisation sociale; obéissance à ces règles. *Sanctionner un manquement à la discipline.* **3.** Règle de conduite que l'on s'impose. *Sportif qui s'astreint à une discipline rigoureuse.* **II.** HIST Anc. Châtiment qu'imposait le maintien de la règle, dans certains monastères catholiques. ▷ Châtiment corporel appliqué comme pénitence pour certains péchés graves. – *Par ext.* Fouet dont on se servait comme instrument de pénitence ou de mortification. *Se donner la discipline.* – Lat. *disciplina*.

discipliné, ée [disipline] adj. Qui se soumet à la discipline. – Pp. de *discipliner*.

discipliner [disipline] v. tr. [1] **1.** Habituer (qqn) à se conformer à la discipline. *Discipliner un élève, une troupe.* – Fig. *Discipliner la force des eaux*, la régulariser. **2.** Régler en exerçant un contrôle sur, maîtriser. *Discipliner ses passions, sa force, son corps.* ▷ v. pron. *Vous devriez vous discipliner.* – De *discipline*.

disc-jockey [diskʒokɛ] n. m. (Anglicisme) Animateur de radio ou de discothèque qui choisit et passe des disques (ou des bandes enregistrées). *Des disc-jockeys.* – Mot américain.

discman [diskman] n. m. inv. Appareil comprenant un lecteur laser relié à un casque d'écoute et que l'on porte sur soi. – Nom déposé; mot angl. de *disc*, « disque » et *man*, « homme ».

disco [disko] n. m. Musique de variétés fortement rythmée et saccadée. – (En appos.) *Musique, boîte, style disco.* – Mot anglo-américain; de *discothèque*.

discobole [diskɔbɔl] n. m. ANTIQ Athlète qui lançait le disque, le palet. – Gr. *diskobolos*.

1. discographie [diskɔgʀafi] n. f. Répertoire méthodique de disques enregistrés. – De *disque*, sur *(biblio)graphie*.

2. discographie [diskɔgʀafi] n. f. MED Radiographie d'un disque intervertébral après injection d'un liquide opaque aux rayons X. – De *disque*, et *(radio)graphie*.

discoïde [diskɔid] adj. En forme de disque. – Du gr. *diskos*, « disque », et *-oïde*.

discomycètes [diskɔmisɛt] n. m. pl. BOT Groupe d'ascomycètes comprenant les pézizes et les morilles. – Sing. *Un discomycète.* – Du gr. *diskos*, « disque », et *-mycètes*.

discontinu, ue [diskɔ̃tiny] adj. (et n. m.) **1.** Qui n'est pas continu. *Mouvement discontinu.* ▷ MATH *Fonction discontinue* : fonction dont la variation est nulle quand la variable varie peu. – n. m. *La physique du discontinu.* **2.** Qui n'est pas continuel. *Un bruit discontinu.* – Lat. scolast. *discontinuus*.

discontinuation [diskɔ̃tinɥasjɔ̃] n. f. Rare Interruption, suspension. – Lat. scolast. *discontinuatio*.

discontinuer [diskɔ̃tinɥe] v. [1] **1.** v. tr. Vx ou litt. Interrompre, suspendre. *Discontinuer un ouvrage commencé.* **2.** v. intr. Mod. (Dans des phrases à valeur négative.) *La pluie n'a pas discontinué*, n'a pas cessé. – *Sans discontinuer* : sans s'arrêter. *Travailler sans discontinuer.* – Lat. médiév. *discontinuare*.

discontinuité [diskɔ̃tinɥite] n. f. Absence de continuité. *Discontinuité d'un phénomène.* ▷ MATH Propriété des fonctions discontinues. – De *discontinu*, d'apr. *continuité*.

disconvenance [diskɔ̃vnɑ̃s] n. f. Litt. Défaut de convenance, inégalité, disproportion. *Disconvenance d'âge. Disconvenance de caractère.* – De *disconvenir*, d'apr. *convenance*.

disconvenir [diskɔ̃v(ə)niʀ] v. tr. indir. [36] *Disconvenir de* : ne pas convenir de. – (Avec la négation.) *Vous avez raison, je n'en disconviens pas* : j'en tombe d'accord. – Lat. *disconvenire*.

discophile [diskɔfil] n. et adj. Amateur ou collectionneur de disques enregistrés. – De *disque*, et *-phile*.

discordance [diskɔʀdɑ̃s] n. f. **1.** Absence ou défaut d'accord, d'harmonie. *Discordance de goûts, d'opinions.* **2.** GEOL État de deux couches dont les stratifications ne sont pas parallèles, une phase orogénique s'étant produite avant le dépôt de la nouvelle couche sur l'ancienne. – De *discorder*.

discordant, ante [diskɔʀdɑ̃, ɑ̃t] adj. Qui n'est pas en accord, en harmonie. *Caractères discordants. Sons discordants.* – Ppr. de *discorder*.

discorde [diskɔʀd] n. f. Dissentiment grave; dissension. *Semer la discorde.* – *Pomme de discorde* : sujet de dispute et de division (par allus. à la pomme que Pâris remit à Vénus, provoquant la haine de Junon et Minerve). – Lat. *discordia*.

discorder [diskɔʀde] v. intr. [1] **1.** Vx Être en désaccord. **2.** MUS Être discordant. – A. fr. *descorder*, d'apr. lat. *discordare*.

discothécaire [diskɔtekɛʀ] n. Personne qui a la charge d'une discothèque (sens 1). – De *discothèque*, d'apr. *bibliothécaire*.

discothèque [diskɔtɛk] n. f. **1.** Collection de disques enregistrés. ▷ Endroit, meuble où on les conserve. ▷ Organisme d'archivage, de prêt de disques. **2.** Établissement où l'on peut écouter des disques et danser. – De *disque*, et *-thèque*.

discount [diskunt] n. m. (Anglicisme) Rabais sur un prix, remise. Syn. (off. recommandé) ristourne. – Mot anglais.

discounter [diskawntœʀ] n. m. (Anglicisme) Commerçant ou magasin qui pratique le discount. – Mot angl.

discoureur, euse [diskuʀœʀ, øz] n. Péjor. Personne qui aime à discourir. – De *discourir.*

discourir [diskuʀiʀ] v. intr. [26] **1.** Vieilli Converser. **2.** Mod., péjor. Parler longuement sur un sujet. *Nous avons assez discouru de cette affaire.* – Du lat. *discurrere,* « courir çà et là ».

discours [diskuʀ] n. m. **1.** Vieilli Ce que dit une personne, propos. – Mod. Paroles (par oppos. à *fait,* à *action*). *Pas tant de discours, au travail!* **2.** Exposé oratoire à l'intention d'un public sur un sujet déterminé. *Prononcer, improviser, faire un discours.* **3.** Exposé écrit de caractère didactique; traité, essai. *« Discours sur les passions de l'amour »,* de Pascal. **4.** Expression verbale de la pensée. – *Les parties du discours* : les catégories de mots distinguées par la grammaire traditionnelle (article, nom, pronom, verbe, adjectif, adverbe, préposition, conjonction, interjection). ▷ LING Ensemble des paroles, des énoncés (verbaux ou non). *Langue et discours.* **5.** PHILO Entendement (par oppos. à *intuition*). – Du lat. *discursus,* d'apr. *cours.*

discourtois, oise [diskuʀtwa, waz] adj. Qui n'est pas courtois. *Personnage discourtois. Procédé discourtois.* – Réfection de l'a. fr. *descourtois,* sous l'influence de l'ital. *discortese.*

discourtoisement [diskuʀtwazmɑ̃] adv. Rare D'une manière discourtoise. – De *discourtois.*

discourtoisie [diskuʀtwazi] n. f. Vx Manque de courtoisie. – Ital. *discortesia.*

discrédit [diskʀedi] n. m. Diminution, perte du crédit dont jouissait qqch, qqn. *Le discrédit des valeurs boursières. Jeter le discrédit sur qqn.* – Ital. *discredito.*

discréditer [diskʀedite] v. tr. [1] Faire tomber dans le discrédit. ▷ v. pron. *Se discréditer par des mensonges.* – De *dis-,* et *crédit.*

1. discret, ète [diskʀɛ, ɛt] adj. **1.** Qui parle ou agit avec retenue, tact, réserve. *Il est discret, il ne vous importunera pas de questions gênantes.* ▷ Par ext. *Des manières discrètes.* **2.** Qui n'attire pas l'attention, qui ne se remarque pas. *Faire un signe discret. Un costume discret.* ▷ *Un endroit discret,* à l'abri des regards, d'éventuels gêneurs. **3.** Qui sait garder un secret. *Un ami discret.* – Lat. médiév. *discretus.*

2. discret, ète [diskʀɛ, ɛt] adj. **1.** MATH, PHYS *Grandeur, quantité discrète,* composée d'unités distinctes (nombres, objets, etc.), par oppos. à *grandeur, quantité continue* (durée, vitesse, etc.). **2.** MED Se dit d'une éruption dont les manifestations cutanées sont distinctes, séparées (par oppos. à *confluent*). – Lat. class. *discretus,* « séparé ».

discrètement [diskʀɛtmɑ̃] adv. D'une manière discrète. – De *discret* 1.

discrétion [diskʀesjɔ̃] n. f. **I.** Vx Aptitude à discerner, à juger, à décider. – Mod. *À la discrétion de :* à la volonté, au jugement de. *Je laisse cela à votre discrétion.* ▷ Loc. adv. *À discrétion :* à volonté. *Boisson à discrétion.* **II. 1.** Réserve, retenue délicate; modération. *Parler, agir avec discrétion. S'habiller avec discrétion.* **2.** Qualité d'une personne qui sait garder un secret. *Vous pouvez compter sur ma discrétion.* – Lat. *discretio,* « discernement ».

discrétionnaire [diskʀesjɔnɛʀ] adj. Qui est laissé à la discrétion de qqn. – DR *Pouvoir discrétionnaire d'un magistrat,* faculté qui lui est laissée de prendre des mesures hors des règles établies. – De *discrétion.*

discrétionnairement [diskʀesjɔnɛʀmɑ̃] adv. D'une manière discrétionnaire. – De *discrétionnaire.*

discrétoire [diskʀetwaʀ] n. m. Conseil tenu, dans des couvents, par le supérieur, ou la supérieure, avec les religieux conseillers; lieu de ce conseil. – De *discret* 1.

discriminant, ante [diskʀiminɑ̃, ɑ̃t] adj. et n. m. **1.** adj. Qui établit une séparation, une distinction. **2.** n. m. MATH Expression qui permet de déterminer si une équation du second degré possède des racines réelles. *$ax^2 + bx + c = 0$ admet deux racines réelles si le discriminant $b^2 - 4ac$ est positif ou nul.* – Ppr. de *discriminer.*

discrimination [diskʀiminasjɔ̃] n. f. **1.** Séparation, distinction. *Les coupables seront jugés sans discrimination de rang ni de fortune.* **2.** Cour. Fait de distinguer des autres un groupe (social) et de restreindre ses droits. *Discrimination raciale.* – Bas lat. *discriminatio.*

discriminatoire [diskʀiminatwaʀ] adj. Qui établit une discrimination entre les personnes. *Mesures discriminatoires.* – De *discrimination.*

discriminer [diskʀimine] v. tr. [1] Distinguer, mettre à part. – Lat. *discriminare.*

disculpation [diskylpasjɔ̃] n. f. Rare Action de disculper ou de se disculper. – De *disculper.*

disculper [diskylpe] v. tr. [1] Mettre (qqn) hors de cause, montrer qu'il n'est pas coupable. *Disculper un prévenu. Ce témoignage l'a entièrement disculpé.* ▷ v. pron. *Se disculper :* se justifier. – De *dis-,* et *coulpe*; refait d'apr. lat. *culpa.*

discursif, ive [diskyʀsif, iv] adj. **1.** LOG Qui procède par le raisonnement ou repose sur lui. *La déduction est un procédé discursif.* – *Connaissance discursive,* par oppos. à *connaissance intuitive* ou *directe.* **2.** Qui passe d'un sujet à un autre, qui n'est pas rigoureusement continu. *Un mémoire intéressant, encore qu'un peu discursif.* **3.** Didac. Du discours, relatif au discours. – Du lat. *discursus,* « discours ».

discussion [diskysjɔ̃] n. f. **1.** Action de discuter, d'examiner contradictoirement qqch. *Discussion d'un projet de loi.* ▷ MATH *Discussion d'une équation :* étude de la nature des solutions suivant les différents cas qui peuvent se présenter. **2.** Fait de contester, d'élever des objections. *Pas de discussion, je vous demande d'obéir.* **3.** Conversation, débat, échange de vues. *J'ai eu avec lui une longue discussion.* ▷ *Par ext.* Dispute, altercation. *Leur discussion a tourné au pugilat.* – Lat. *discussio,* « secousse, examen attentif ».

discutable [diskytabl] adj. **1.** Qui prête à discussion, à contestation. *Un raisonnement discutable.* **2.** Critiquable, douteux. *Procédé discutable.* – De *discuter.*

discutailler [diskytɑje] v. intr. [1] Fam., péjor. Discuter longuement sur des détails sans importance. – De *discuter.*

discuté, ée [diskyte] adj. Qui soulève des objections, des critiques, des controverses. *Une décision discutée.* – Pp. de *discuter.*

discuter [diskyte] v. [1] **I.** v. tr. **1.** Débattre d'une chose, l'examiner contradictoirement. *Discuter les clauses d'un contrat.* ▷ v. pron. *Cette conclusion n'est pas définitive, elle peut se discuter.* **2.** Contester, trouver des objections à. *Discuter le bien-fondé d'une décision.* – (S. comp.) *Obéissez sans discuter.* **II.** v. intr. ou tr. indir. Échanger des opinions, des arguments sur un sujet. *Discuter sur un événement.* – *Discuter de* (qch). *Discuter de politique* (ou, ellipt.), *discuter politique.* ▷ Absol. Fam. Converser, bavarder. *Passer la soirée à discuter.* – Lat. *discutere,* « agiter ».

discuteur, euse [diskytœʀ, øz] adj. (et n.). Rare Qui aime à discuter. – De *discuter.*

disert, erte [dizɛʀ, ɛʀt] adj. Qui parle avec facilité et élégance. – Lat. *disertus.*

disette [dizɛt] n. f. Manque ou rareté de choses nécessaires, et partic. de vivres. – P.-ê. du gr. *disektos,* «année bissextile, malheureuse».

diseur, euse [dizœʀ, øz] n. **1.** Personne qui dit habituellement (telle ou telle chose). – *Diseuse de bonne aventure :* femme qui fait profession de prédire l'avenir. **2.** *Un fin diseur, une fine diseuse :* une personne qui récite, qui raconte avec art. – De *dire.*

disgrâce [dizgʀɑs] n. f. **1.** Perte, privation des bonnes grâces dont on jouissait. *Encourir la disgrâce royale. Tomber en disgrâce.* **2.** Vx Infortune, malheur. *Une cruelle disgrâce.* **3.** Défaut de grâce. – Ital. *disgrazia.*

disgracié, ée [dizgʀasje] adj. **1.** Tombé en disgrâce. **2.** Qui manque de grâce, au physique ou au moral. *Disgracié de* (ou *par*) *la nature.* – Pp. de *disgracier.*

disgracier [dizgʀasje] v. tr. [2] Priver de sa faveur, de ses bonnes grâces. *Disgracier un favori.* – De *disgrâce.*

disgracieusement [disgʀasjøzmɑ̃] adv. D'une manière disgracieuse. – De *disgracieux.*

disgracieux, euse [dizgʀasjø, øz] adj. Dépourvu de grâce. *Une démarche disgracieuse.* – De *dis-,* et *gracieux.*

disjoindre [disʒwɛ̃dʀ] v. tr. [56] Séparer (ce qui était joint). *Disjoindre les lattes d'un plancher.* ▷ v. pron. *Les pierres du mur commencent à se disjoindre.* ▷ DR *Disjoindre deux causes,* les séparer pour les juger indépendamment l'une de l'autre. – *Disjoindre un article d'un projet de loi,* le séparer de la loi en discussion, pour l'examiner à part, l'ajourner ou l'écarter. – De *des-,* et *joindre,* d'apr. lat. *disjungere.*

disjoint, ointe [disʒwɛ̃, wɛ̃t] adj. **1.** Séparé ou mal joint. *Une fenêtre aux carreaux disjoints.* **2.** MATH *Ensembles disjoints,* dont l'intersection est vide. – Pp. de *disjoindre.*

disjoncter [disʒɔ̃kte] v. intr. [1] Se mettre en position de coupure de courant (en parlant d'un disjoncteur). ▷ Fig., fam. Perdre le sens des réalités, perdre la tête. – De *disjoncteur.*

disjoncteur [diʒɔ̃ktœʀ] n. m. ELECTR Interrupteur dont l'ouverture se produit automatiquement si l'intensité dépasse une valeur donnée. – Du lat. *disjunctum,* supin de *disjungere,* «disjoindre».

disjonctif, ive [disʒɔ̃ktif, iv] adj. et n. f. **1.** GRAM Qui sépare les idées tout en reliant les termes ou les propositions de la phrase. *Une particule disjonctive* (ex. : *ou, ni*) ou, n. f., *une disjonctive.* **2.** LOG *Proposition disjonctive,* dont les termes sont séparés par un mot disjonctif. – *Syllogisme disjonctif,* dont la majeure est une alternative, ou proposition disjonctive. ▷ n. f. *Une disjonctive :* une alternative disjonctive (par oppos. à *alternative exclusive*). – Lat. *disjunctivus.*

disjonction [disʒɔ̃ksjɔ̃] n. f. **1.** Action de séparer ce qui est joint; son résultat. – DR *Disjonction de deux procédures. Disjonction d'un article d'un projet de loi* (V. disjoindre). **2.** RHET Suppression des particules conjonctives (par oppos. à *conjonction*). *«Dans un chemin montant, sablonneux, malaisé» (La Fontaine).* – Lat. *disjunctio.*

dislocation [dislɔkasjɔ̃] n. f. **1.** Déboîtement, luxation d'un os, d'un membre. **2.** Fig. Séparation des parties d'un ensemble. *Dislocation d'un empire.* – Lat. méd. *dislocatio.*

disloquer [dislɔke] v. tr. [1] **1.** Démettre, déboîter (une articulation). *Un retour de manivelle lui a disloqué le poignet.* – Par ext. *Disloquer un bras.* – Par anal. *Disloquer les pièces d'un mécanisme.* ▷ v. pron. *Contorsionniste qui se disloque.* **2.** Fig. Désunir, diviser, démembrer. *Disloquer un parti, un cortège, un empire.* ▷ v. pron. *Association qui se disloque.* – Lat. médiév. *dislocare,* «déboîter».

dismutation [dismytasjɔ̃] n. f. CHIM Réaction au cours de laquelle un élément est en partie oxydé, en partie réduit. – De *dis-,* et *(trans)mutation.*

disparaître [dispaʀɛtʀ] v. intr. [73] **I.** Cesser d'être visible. **1.** (Choses) *Les nuages ont disparu* ou (vx ou litt., marquant l'état) *sont disparus. Le village disparaît sous la neige.* **2.** (Personnes) Quitter un lieu, partir. *Elle a disparu de son domicile.* – Fam. *Disparaissez! :* sortez, déguerpissez! ▷ (En parlant de choses égarées ou dérobées.) *Mes papiers ont disparu.* **II.** Cesser d'être. **1.** Mourir, périr. *Passagers qui disparaissent dans un naufrage.* **2.** Ne plus exister, ne plus se manifester. *L'enflure a disparu.* – Fig. *Vos craintes finiront par disparaître.* – De *dis-,* et *paraître;* remplace a. fr. *disparoir.*

1. disparate [dispaʀat] adj. Qui ne forme pas un ensemble harmonieux. *Vêtements disparates.* – Lat. *disparatus,* «inégal».

2. disparate [dispaʀat] n. f. Vx ou litt. Défaut choquant de convenance, d'harmonie. *Ses déclarations et ses actes présentent une singulière disparate.* – Esp. *disparate,* «absurdité, extravagance».

disparité [dispaʀite] n. f. Différence, dissemblance entre des choses que l'on compare. *La disparité des salaires.* – Lat. *dispar, disparis,* de *dis-,* et *par, paris,* d'après *parité.*

disparition [dispaʀisjɔ̃] n. f. Action de disparaître; son résultat. – De *disparaître.*

disparu, ue [dispaʀy] adj. et n. **1.** Qui a cessé d'être visible. ▷ Égaré ou dérobé. *Les bijoux disparus.* **2.** Qui a cessé d'exister. – Subst. *Un(e) disparu(e) :* un(e) défunt(e). ▷ *Spécial.* Se dit d'une personne présumée décédée mais dont la mort n'a pu être établie avec certitude. *Un soldat porté disparu.* – Pp. de *disparaître.*

dispatcher [dispatʃe] v. tr. [1] (Anglicisme) Syn. (off. déconseillé) de *distribuer, répartir (des documents, des tâches).* – Mot angl., de *to dispatch,* «répartir».

dispatching [dispatʃiŋ] n. m. (Anglicisme) **1.** TECH Syn. (off. déconseillé) de *répartition, distribution. Dispatching des trains sur un réseau ferré, du courant électrique.* **2.** Action de distribuer (qqch); son résultat. – Mot angl., de *to dispatch,* «répartir».

dispendieusement [dispɑ̃djøzmɑ̃] adv. D'une manière dispendieuse. – De *dispendieux.*

dispendieux, euse [dispɑ̃djø, øz] adj. Coûteux, qui occasionne ou nécessite de grandes dépenses. *Un train de vie dispendieux.* – Bas lat. *dispendiosus,* de *dispendium,* «dépense».

dispensaire [dispɑ̃sɛʀ] n. m. MED Établissement, public ou privé, de diagnostic, de prophylaxie et de soins sans hospitalisation, et dont les services sont gratuits ou peu coûteux. *Un dispensaire d'hygiène mentale.* – Angl. *dispensary.*

dispensateur, trice [dispɑ̃satœʀ, tʀis] n. et adj. Personne ou chose qui dispense, qui distribue. *Le dispositif, dispensateur inépuisable d'énergie.* – adj. *Un prince dispensateur de bienfaits.* – Lat. *dispensator,* «administrateur».

dispense [dispɑ̃s] n. f. Exemption (de la règle commune, d'une obligation, d'une charge). *Dispense de service militaire. Dispense d'âge,* qui permet d'accéder à certains droits avant l'âge prescrit. – Pièce qui atteste cette exemption. *Présenter une dispense.* – Déverbal de *dispenser.*

dispenser [dispɑ̃se] v. tr. [1] **1.** Distribuer. *Dispenser des blâmes, des récompenses.* – Pp. adj. *L'enseignement dispensé dans cet établissement est d'un bon niveau.* **2.** *Dispenser de :* exempter de (la règle commune, une obligation, une tâche); exempter de (faire qqch). *Dispenser un élève d'exercices physiques. Une bonne mémoire ne dis-*

pense pas de réfléchir. – Par euph. *Je vous dispense de vos remarques :* je vous prie ou je vous somme de me les épargner. – Pp. adj. *Il est dispensé du service militaire.* ▷ v. pron. *Se dispenser de venir.* – *Je me dispenserais bien de cette obligation,* je m'y soustrairais volontiers. – Lat. *dispensare.*

dispersement [dispɛʀsəmɑ̃] n. m. Rare Action de disperser; son résultat. *Le dispersement d'un cortège.* – De *disperser.*

disperser [dispɛʀse] v. tr. [1] **1.** Éparpiller, répandre de tous côtés. *Le vent disperse les feuilles mortes.* **2.** Placer dans des endroits divers; disséminer. *Disperser des soldats.* ▷ Fig. *Disperser ses forces, sa pensée, son attention,* les appliquer à des objets trop variés. ▷ v. pron. Fig. Avoir des occupations trop diverses. **3.** Séparer en faisant aller dans des directions différentes. *Disperser un attroupement.* ▷ v. pron. *Les manifestants se sont dispersés dans le calme.* – Lat. *dispersus,* pp. de *dispergere,* « répandre çà et là ».

dispersif, ive [dispɛʀsif, iv] adj. PHYS *Pouvoir dispersif :* propriété des surfaces réfringentes de séparer les radiations de longueurs d'onde différentes. – Du lat. *dispersum.*

dispersion [dispɛʀsjɔ̃] n. f. **1.** Action de disperser; fait de se disperser. *La dispersion des nuages par le vent. Dispersion des manifestants.* ▷ Fig. *Dispersion de l'esprit, de l'attention.* **2.** CHIM Dissémination d'une substance au sein d'une autre. **3.** PHYS Séparation d'un rayonnement complexe en rayonnements de longueurs d'onde différentes. *Dispersion de la lumière blanche par un prisme.* **4.** MATH En calcul des probabilités, écart de la variable aléatoire de part et d'autre de la moyenne. *La dispersion de la variable aléatoire est définie par sa variance.* **5.** *Dispersion du tir :* répartition des points d'impact de projectiles tirés par une même arme. – Lat. *dispersio.*

disponibilité [disponibilite] n. f. État d'une chose ou d'une personne disponible. **1.** (Plur.) Fonds, capitaux dont on peut disposer immédiatement. *J'investirai selon mes disponibilités.* **2.** Situation d'un fonctionnaire temporairement déchargé de ses fonctions. *Être en disponibilité.* ▷ Situation d'un militaire, toujours apte au service actif, mais renvoyé dans ses foyers. – De *disponible.*

disponible [disponibl] adj. **1.** Dont on peut disposer. *Logement disponible.* **2.** En disponibilité. *Fonctionnaire disponible.* **3.** Qui n'est soumis à aucune sorte d'obligation; qui est exempt de toute contrainte intellectuelle ou morale. *Se garder disponible.* – Lat. médiév. *disponibilis,* de *disponere,* « disposer ».

dispos, ose [dispo, oz] adj. Qui est en bonne condition physique et mentale. *Être frais et dispos.* – De l'ital. *disposto.*

disposant, ante [dispozɑ̃, ɑ̃t] n. DR Personne qui dispose de tout ou partie de ses biens par donation ou testament. – Ppr. subst. de *disposer.*

disposé, ée [dispoze] adj. **1.** Arrangé, ordonné. *Des parterres disposés à la française.* **2.** *Être disposé à :* être prêt à, se proposer de. *Il est disposé à nous aider.* ▷ *Être bien disposé pour, envers, à l'égard de qqn,* être dans des dispositions, des sentiments favorables à son égard. – Pp. de *disposer.*

disposer [dispoze] v. [1] **I.** v. tr. **1.** Arranger dans un certain ordre. *Disposer des troupes pour un combat.* **2.** *Disposer qqn à,* le préparer à (qqch), l'inciter à (faire qqch). *Les récents événements nous avaient disposés à cette éventualité.* ▷ v. pron. *Se disposer à :* se préparer à, être sur le point de. *Je me disposais à vous téléphoner quand j'ai trouvé votre message.* **II.** v. tr. indir. *Disposer de :* avoir à sa disposition, pouvoir utiliser. *Il dispose de moyens considérables, d'un personnel compétent.* ▷ *Disposer de qqn :* user de ses services comme on l'entend. *Disposez de moi, je ne peux rien vous refuser.* – Absol. (En s'adressant à un subalterne.) *Vous pouvez disposer* (sous-entendu, de vous-même) : je ne vous retiens pas. **III.** v. intr. Stipuler, prescrire. *Disposer par contrat.* – Lat. *disponere,* francisé d'après *poser.*

dispositif [dispozitif] n. m. **1.** TECH Agencement des divers organes d'un système mécanique; le système, l'appareil lui-même. *Dispositif d'alarme.* **2.** MILIT Ensemble des forces mises en place pour remplir une mission donnée. **3.** DR Partie d'un texte legislatif ou énoncé final d'une décision de justice, par oppos. au préambule de ce texte, aux motifs de cette décision. – Du lat. *dispositus,* supin de *disponere,* « disposer ».

disposition [dispozisjɔ̃] n. f. **1.** Arrangement, manière dont sont disposées des choses les unes par rapport aux autres. *La disposition des lieux.* **2.** (Plur.) Mesures que l'on prend avant de ou pour faire qqch. *Il faut prendre vos dispositions pour arriver à l'heure.* **3.** *Disposition à :* tendance, inclination à. *Disposition à la paresse.* **4.** (Plur.) Aptitudes. *Avoir des dispositions pour la musique.* **5.** Sentiment à l'égard de qqch, de qqn; attitude d'esprit. *Être dans telle disposition à l'égard d'un projet. Je suis dans les meilleures dispositions envers lui.* **6.** Dans les loc. *à ma (votre, leur,* etc.) *disposition, à la disposition de,* pouvoir d'utiliser, de se servir de qqch; faculté d'user des services de qqn. *Les documents sont à la disposition de la justice. Je reste à votre entière disposition.* **7.** DR Pouvoir, action de disposer de son bien. – Acte par lequel on en dispose. **8.** *Les dispositions d'une loi, d'un règlement,* etc. : les points qu'elle (il) règle; ce qu'elle (il) ordonne. – Lat. *dispositio.*

disproportion [dispʀɔpɔʀsjɔ̃] n. f. Défaut de proportion, de convenance entre plusieurs choses. *Disproportion entre un délit et sa sanction. La disproportion des forces de deux adversaires,* l'inégalité de leurs forces. – De *dis-,* et *proportion.*

disproportionné, ée [dispʀɔpɔʀsjɔne] adj. Qui manque de proportion. *Une colère disproportionnée à* (ou *avec*) *sa cause. Des membres disproportionnés.* – De *disproportion.*

disputailler [dispytaje] v. intr. [1] Fam., péjor. Disputer longtemps sur des futilités. – De *disputer.*

dispute [dispyt] n. f. **1.** Vx Échange plus ou moins vif d'opinions, d'idées, d'arguments sur une question importante ou délicate. *Dispute scientifique, théologique.* **2.** Altercation, querelle. *Une conversation qui dégénère en dispute.* – Déverbal de *disputer.*

disputé, ée [dispyte] adj. Que l'on dispute, qui est l'objet d'une lutte. *Une victoire disputée. Une épreuve très disputée.* – Pp. de *disputer.*

disputer [dispyte] v. [1] **I.** v. tr. indir. Vx ou litt. **1.** Avoir une dispute (sens 1). *Disputer sur un point de droit. Disputer de la raison d'État.* **2.** Rivaliser de. *Les disciples disputent de savoir avec leur maître.* **II.** v. tr. **1.** Lutter pour obtenir ou conserver. *Disputer la possession d'un bien à qqn. Disputer la victoire, le terrain.* **2.** Vx ou litt. *Le disputer en :* rivaliser de. *Cet art le dispute en rigueur à celui des classiques.* **3.** SPORT *Disputer un combat, une course,* y participer comme concurrent. **4.** Fam. *Disputer qqn,* le réprimander. **III.** v. pron. **1.** (Récipr.) Se quereller. *Se disputer avec qqn.* **2.** (Passif) SPORT *L'épreuve s'est disputée en deux manches.* – Lat. *disputare,* « discuter ».

disquaire [diskɛʀ] n. Marchand(e) de disques. – De *disque* (sens 4).

disqualification [diskalifikasjɔ̃] n. f. Action de disqualifier; son résultat. – Mot angl.

disqualifier [diskalifje] v. tr. [2] **1.** Interdire une course hippique, une compétition sportive à (un concurrent qui n'est pas en règle); exclure (un concurrent), pour infraction aux règles, du droit de poursuivre une épreuve ou de bénéficier de la victoire, de l'avantage acquis. **2.** *Par anal.* Faire perdre à (qqn) la considération, le crédit dont il jouissait. *Ce mensonge l'a disqualifié aux yeux de tous.* ▷ v. pron. Démériter, se discréditer. *Se disqualifier par son ingratitude.* – Empr. à l'angl. *to disqualify,* du fr. *qualifier.*

disque [disk] n. m. **1.** ANTIQ Palet pesant, de pierre ou de métal, que les athlètes grecs s'exerçaient à lancer. – Mod. Palet de bois cerclé de fer que lancent les athlètes, de dimension et de poids réglementaires différents selon les catégories d'âge ou de sexe. **2.** Surface visible circulaire d'un astre. *Le disque du Soleil.* **3.** Objet de forme ronde et plate. – ANAT *Disque intervertébral* : lentille biconvexe de tissu fibreux, située entre deux vertèbres. (Le déplacement pathologique de son centre, le *nucleus pulposus,* constitue une hernie discale.) **4.** (Ellipt., pour *disque phonographique.*) Plaque mince et circulaire en matière synthétique pour l'enregistrement et la reproduction des sons. ▷ Par anal. *Disque vidéo* – *Disque compact* (abrév. : C.D.) : disque de petite dimension, lu par système optique. – INFORM *Disque magnétique* ou *disque dur* : support circulaire d'informations. **5.** MATH Ensemble des points intérieurs à un cercle, comprenant *(disque fermé)* ou ne comprenant pas *(disque ouvert)* sa frontière. – Lat. *discus,* « palet ».

disquette [diskɛt] n. f. INFORM Disque constitué de pistes concentriques, utilisé comme mémoire externe et permettant l'accès direct. – Dimin. de *disque.*

disruptif, ive [disʀyptif, iv] adj. ELECTR Qualifie une décharge brusque provoquant une étincelle. – Du lat *disruptum,,* « rompu ».

dissection [disɛksjɔ̃] n. f. Action de disséquer. *Instruments de dissection.* – Lat. *dissectio,* « taille, coupe ».

dissemblable [disɑ̃blabl] adj. Qui n'est pas semblable. *Des caractères dissemblables.* – De *dis-,* et *semblable.*

dissemblance [disɑ̃blɑ̃s] n. f. Absence de ressemblance ; différence. – De *dis-,* et *(res)semblance.*

dissémination [diseminasjɔ̃] n. f. Action de disséminer ; son résultat. – Lat. *disseminatio.*

disséminer [disemine] v. tr. [1] Répandre çà et là, disperser. *Le vent dissémine certains pollens.* ▷ *Par ext.* Disperser. – Pp. adj. *Un peuple disséminé.* – Lat. *disseminare,* de *semen,* « semence ».

dissension [disɑ̃sjɔ̃] n. f. Vif désaccord dû à la diversité des sentiments, des opinions, des intérêts. *Apaiser les dissensions.* – Lat. *dissensio,* de *dissentire,* « être en désaccord ».

dissentiment [disɑ̃timɑ̃] n. m. Différence de vues, de jugement, qui cause des conflits. – Du lat. *dissentire,* « être en désaccord ».

disséquer [diseke] v. tr. [14] **1.** Séparer en ses différentes parties un corps organisé (cadavre humain, animal, plante) pour l'étudier. **2.** Fig. Analyser minutieusement. *Disséquer une œuvre littéraire.* – Lat. *dissecare,* « couper en deux ».

dissertation [disɛʀtasjɔ̃] n. f. **1.** Exposé généralement écrit d'une réflexion méthodique sur un sujet. *Une dissertation savante.* **2.** Exercice scolaire consistant en une composition écrite sur un sujet littéraire ou philosophique. – Lat. *dissertatio.*

disserter [disɛʀte] v. intr. [1] Faire une dissertation ; exposer méthodiquement ses idées (surtout oralement). – Péjor. Discourir longuement, d'une manière ennuyeuse ou pédante. – Lat. *dissertare.*

dissidence [disidɑ̃s] n. f. Action, état de l'individu, du groupe qui cesse d'obéir à l'autorité établie ou qui se sépare de la communauté à laquelle il appartenait ; état qui en résulte. *Province qui entre en dissidence.* ▷ Par ext. *Rallier la dissidence* : rallier le groupe des dissidents. – Lat. *dissidentia.*

dissident, ente [disidɑ̃, ɑ̃t] adj. et n. Qui est en dissidence. *Faction dissidente.* – Subst. *Un(e) dissident(e).* – Lat. *dissidens,* ppr. de *dissidere,* « être en désaccord. ».

dissimilation [disimilasjɔ̃] n. f. LING Modification apportée à un phonème pour le différencier d'un phonème identique ou très semblable, à l'intérieur du même mot. *Le latin « ululare » est devenu « hurler » par dissimilation des deux « l ».* – De *dis-,* et *(as)similation.*

dissimilitude [disimilityd] n. f. Absence de similitude. – Lat. *dissimilitudo,* « différence ».

dissimulateur, trice [disimylatœʀ, tʀis] adj. et n. Se dit d'une personne qui sait dissimuler ou qui en a l'habitude. – Lat. *dissimulator.*

dissimulation [disimylasjɔ̃] n. f. **1.** Action de dissimuler ; son résultat. **2.** Caractère d'une personne qui dissimule ; duplicité, hypocrisie. – Lat. *dissimulatio.*

dissimulé, ée [disimyle] adj. **1.** Caché. **2.** Hypocrite, sournois. *Un caractère dissimulé.* – Pp. de *dissimuler.*

dissimuler [disimyle] v. tr. [1] **1.** Tenir caché, ne pas laisser paraître (des sentiments, des pensées, etc.). *Dissimuler sa joie.* – Pp. adj. *Colère mal dissimulée.* – (S. comp.) *Inutile de dissimuler.* ▷ v. pron. *Une émotion qui ne peut plus se dissimuler.* **2.** Taire, laisser ignorer à. *On lui dissimula l'incident. Je ne vous dissimulerai pas que je suis mécontent,* je tiens à vous le faire savoir. ▷ v. pron. *Je ne me dissimule pas les difficultés de l'entreprise.* **3.** Masquer, cacher, rendre moins visible. *Dissimuler son visage. Dissimuler les défauts d'un ouvrage.* ▷ v. pron. *Se dissimuler derrière une tenture.* – Lat. *dissimulare.*

dissipateur, trice [disipatœʀ, tʀis] n. et adj. Personne qui dissipe des biens. ▷ adj. *Une administration dissipatrice.* – Bas lat. *dissipator,* « destructeur ».

dissipation [disipasjɔ̃] n. f. **1.** Action de dissiper ; son résultat. *La dissipation d'un malentendu.* – Fait de se dissiper. *La dissipation du brouillard.* **2.** Action de dissiper (des biens). *Dissipation d'un patrimoine.* **3.** Manque d'attention, de sérieux. *Dissipation d'un élève, d'une classe.* **4.** Litt. Conduite débauchée. *Vivre dans la dissipation.* – Lat. *dissipatio,* « dispersion, destruction, gaspillage ».

dissipé, ée [disipe] adj. **1.** Inattentif, turbulent. *Un élève dissipé.* **2.** Litt. Livré aux plaisirs, à la licence. *Une existence dissipée.* – Pp. de *dissiper.*

dissiper [disipe] v. tr. [1] **1.** Faire disparaître en écartant, en dispersant ; mettre fin à. *La lumière dissipe les ténèbres. Le vent dissipe les nuages.* – Fig. *Dissiper un malaise, des craintes, des soupçons.* ▷ v. pron. *Le brouillard s'est dissipé.* **2.** Perdre en dépenses, en prodigalités. *Dissiper sa fortune.* – Fig. *Dissiper son temps, sa jeunesse.* **3.** *Dissiper qqn,* le distraire, détourner son attention ; l'inciter à des écarts de conduite. *Dissiper ses camarades de classe. Exemples qui dissipent la jeunesse.* ▷ v. pron. *Élèves qui se dissipent.* – Lat. *dissipare,* « disperser, détruire ».

dissociable [disɔsjabl] adj. Qui peut être dissocié. *Ces causes ne sont pas dissociables.* – De *dissocier.*

dissociation [disɔsjasjɔ̃] n. f. **1.** Action de dissocier ; son résultat. *Dissociation des budgets de fonctionnement et de recherche.* **2.** CHIM Réaction équilibrée par laquelle un corps pur donne naissance à d'autres corps purs (dissociation thermique) ou à des ions (dissociation électrolytique). – De *dissocier.*

dissocier [disɔsje] v. tr. [2] **1.** Séparer (des personnes, des choses, qui étaient liées ou réunies). *Dissocier deux questions,* les distinguer, les disjoindre. **2.** PHYS, CHIM Séparer (les éléments constitutifs d'un corps). *Dissocier les molécules d'un gaz.* – Lat. *dissociare.*

dissolu, ue [disɔly] adj. Qui vit dans la licence. *Homme dissolu.* Ant. austère, vertueux. – Lat. *dissolutus,* pp. de *dissolvere,* «délier, rompre, relâcher».

dissolubilité [disɔlybilite] n. f. 1. Rare Syn. de *solubilité.* 2. POLIT *Dissolubilité d'une assemblée* : possibilité, pour une assemblée, d'être dissoute. – De *dissoluble.*

dissoluble [disɔlybl] adj. 1. Rare Soluble. 2. POLIT Qui peut être dissous. *L'Assemblée nationale est dissoluble.* – Lat. *dissolubilis,* «séparable, divisible».

dissolutif, ive [disɔlytif, iv] adj. CHIM Qui dissout. – Lat. *dissolutivus.*

dissolution [disɔlysjɔ̃] n. f. 1. Vx ou litt. Transformation ou anéantissement d'une substance par décomposition. – Fig. *Une économie menacée de dissolution.* 2. PHYS, CHIM Dispersion des molécules d'un corps (le *soluté*) dans un liquide (le *solvant*); le mélange homogène *(solution)* qui en résulte. *Une dissolution de sulfate de cuivre.* 3. DR Action de mettre légalement fin à (qqch). *Dissolution du mariage.* ▷ Acte par lequel il est mis fin, avant le terme légal, au mandat d'une assemblée élue. *Dissolution d'un conseil municipal.* – *Dissolution de société* : décision amiable ou judiciaire mettant fin à l'existence d'une société et entraînant sa liquidation. 4. Litt. Dérèglement des mœurs, débauche. *On prête à la Rome décadente les pires dissolutions.* – Lat. *dissolutio.*

dissolvant, ante [disɔlvɑ̃, ɑ̃t] adj. et n. m. Qui a la propriété de dissoudre. ▷ n. m. Syn. de *solvant.* – *Spécial.* Produit employé pour dissoudre le vernis à ongles. – Ppr. de *dissoudre.*

dissonance [disɔnɑ̃s] n. f. 1. Rencontre de sons qui ne s'accordent pas; effet désagréable dû à leur succession ou à leur simultanéité. *Dissonance de mots, de syllabes.* ▷ MUS Accord, intervalle qui donne une impression plus ou moins prononcée d'incohérence harmonique et qui appelle une consonance. 2. Fig. Discordance, manque d'harmonie. – Bas lat. *dissonantia.*

dissonant, ante [disɔnɑ̃, ɑ̃t] adj. Désagréable à l'oreille. *Voix dissonante. Phrase dissonante.* ▷ MUS *Accord dissonant,* qui forme dissonance. – Ppr. de *dissoner.*

dissoner [disɔne] v. intr. [1] Former dissonance. – Lat. *dissonare.*

dissoudre [disudʀ] v. tr. [75] 1. Opérer la dissolution d'un corps. *L'eau pure dissout le gypse.* – Fig. Faire disparaître. *«L'aube dissout les monstres» (P. Éluard).* ▷ v. pron. *Le sel se dissout dans l'eau.* 2. DR Annuler. *Dissoudre un mariage.* – *Dissoudre une assemblée élue,* mettre fin à son mandat. ▷ v. pron. *Le mariage se dissout notamment par le décès d'un des conjoints.* – Du lat. *dissolvere,* «désagréger»; d'apr. *absoudre.*

dissous, dissoute [disu, disut] adj. 1. Qui a subi une dissolution. 2. Qui a été annulé; qui a cessé d'exister. *Une association dissoute.* – Pp. de *dissoudre.*

dissuader [disɥade] v. tr. [1] Détourner (qqn) d'un projet, d'une résolution. – Lat. *dissuadere,* de *suadere,* «conseiller».

dissuasif, ive [disɥazif, iv] adj. Qui dissuade; propre à dissuader. *Moyens dissuasifs.* – De *dissuader.*

dissuasion [disɥazjɔ̃] n. f. Action de dissuader; son résultat. – MILIT *Force de dissuasion* : ensemble des moyens (armes nucléaires, notam.) destinés, par leur puissance de destruction, à dissuader un éventuel ennemi d'engager les hostilités. – Lat. *dissuasio.*

dissyllabe [disil(l)ab] ou **dissyllabique** [disil(l)abik] adj. et n. m. Qui a deux syllabes. *Vers dissyllabiques,* composés de deux syllabes. – n. m. *Un dissyllabe* ou *dissyllabique* : un mot dissyllabe. – De *di-,* et *syllabe.*

dissymétrie [disimetʀi] n. f. Absence, défaut de symétrie. – De *dis-,* et *symétrie.*

dissymétrique [disimetʀik] adj. Qui manque de symétrie ou qui présente une dissymétrie. *Cristal dissymétrique.* – De *dissymétrie.*

distal, ale, aux [distal, o] adj. Didac. Qui est le plus éloigné du centre, de l'origine dans une structure anatomique. Ant. proximal. ▷ *Face distale d'une dent,* partie qui est proche des extrémités des arcades dentaires. – Mot angl., du lat. *distans,* «éloigné».

distance [distɑ̃s] n. f. 1. Espace qui sépare deux lieux, deux choses. *Distance d'une ville à une autre. Parcourir, franchir une distance.* – Loc. adv. *À distance* : de loin. *Dispositif qui se commande à distance.* ▷ GEOM *Distance d'un point à une droite, à un plan* : distance d'un point au pied de la perpendiculaire menée de ce point sur la droite, le plan. ▷ ASTRO *Distance angulaire* : angle formé par deux directions visées par un observateur. 2. Espace qui sépare deux personnes. ▷ Loc. *Prendre ses distances* : se disposer en ligne à la distance du bras étendu, devant soi ou latéralement (militaires, gymnastes, etc.). Fig. *Face à son indélicatesse, j'ai pris mes distances.* – *Tenir à distance* : empêcher d'approcher; fig. empêcher, par une attitude réservée, toute manifestation d'empressement ou de familiarité. – Fig. *Garder, conserver ses distances* : se montrer distant. 3. *Par anal.* Intervalle de temps. *Distance qui sépare deux époques, deux événements.* – Loc. adv. *À distance* : après un certain temps ou avec le recul du temps. *Reconstitution des faits à distance.* 4. Différence de rang, de valeur, de nature, etc. *Supprimer les distances entre personnes de conditions différentes.* – Lat. *distantia.*

distancer [distɑ̃se] v. tr. [12] 1. Dépasser. 2. SPORT Mettre une certaine distance entre soi et les autres concurrents, dans une course. *Se laisser, se faire distancer.* – Pp. adj. *Le favori est distancé.* ▷ Faire rétrograder, dans le classement d'une course, un concurrent contre lequel une irrégularité a été relevée. – De *distance.*

distanciation [distɑ̃sjasjɔ̃] n. f. Action de prendre du recul (au sens fig.) par rapport à qqn, à qqch, ou de mettre une certaine distance entre deux choses, deux séries, deux faits, etc. ▷ THEAT *Effet de distanciation* : prise de conscience critique du spectateur par rapport au personnage, provoquée par le jeu de l'acteur volontairement détaché de son rôle, interprété comme à distance. – De *distance*; pour traduire l'all. *Verfremdungs(effekt)* de Brecht.

distancier (se) [distɑ̃sje] v. pron. [2] Didac. Prendre ses distances (par rapport à qqn, qqch). *Se distancier d'un maître. Il s'est distancié de la nouvelle orientation de son parti.* – De *distance,* d'ap. le lat. *distantia,* «distance».

distant, ante [distɑ̃, ɑ̃t] adj. 1. Qui est à une certaine distance dans l'espace ou le temps. *Le bourg est peu distant, est distant de trois kilomètres.* 2. Réservé ou froid dans son attitude, son comportement. *Être distant avec qqn. Un air distant.* – Lat. *distans, distantis.*

distendre [distɑ̃dʀ] v. tr. [6] 1. Augmenter par tension, de manière considérable ou excessive, les dimensions normales d'une chose. *Distendre les muscles, un ressort.* 2. v. pron. Devenir moins tendu, moins serré; se relâcher. *La peau se distend avec l'âge.* – Fig. *Liens d'amitié qui se distendent.* – Lat. *distendere.*

distension [distɑ̃sjɔ̃] n. f. 1. Augmentation considérable ou excessive, sous l'effet d'une tension, de la surface, du volume d'une chose. 2. Relâchement à la suite d'une extension excessive. *Distension d'une courroie.* – Lat. *distensio,* «tension».

disthène [distɛn] n. m. MINER Silicate naturel d'aluminium, à deux clivages orthogonaux, de teinte bleu nacré, fréquent dans les roches éruptives. – De *di-,* et gr. *sthenos,* «force».

distillat [distila] n. m. Produit d'une distillation. – De *distiller.*

distillateur, trice [distilatœʀ, tʀis] n. Fabricant de produits obtenus par distillation. ▷ *Spécial.* Fabricant d'eau-de-vie. – De *distiller.*

distillation [distilasjɔ̃] n. f. Opération qui consiste à faire passer un mélange liquide à l'état de vapeur, de façon à séparer ses divers constituants. – *Distillation des vins, des fruits, des moûts,* etc., qui donne les liqueurs alcooliques. – *Distillation fractionnée,* pour séparer des liquides inégalement volatils. – *Distillation du pétrole :* V. encycl. – Bas lat. *distillatio,* « écoulement ».
ENCYCL Le principe de la distillation repose sur le fait que des substances mélangées ont, à une température donnée, des pressions de vapeur différentes. La distillation *simple,* utilisée notam. pour produire des alcools à partir de cidre ou de vin, consiste à porter le liquide à ébullition et à recueillir les produits les plus volatils par condensation. La distillation *fractionnée,* utilisée dans l'industrie, s'effectue dans des colonnes à plateaux. La distillation *atmosphérique* consiste à séparer, à la pression atmosphérique, l'essence, le kérosène, le gazole et les produits les plus lourds réunis dans le pétrole brut.

distiller [distile] v. [1] **I.** v. tr. **1.** Opérer la distillation de. *Distiller du vin, des plantes aromatiques.* ▷ *Par ext.* Produire par élaboration (un liquide, un suc). *L'abeille distille le miel.* **2.** (Surtout fig.) Produire, répandre peu à peu (et comme goutte à goutte). *L'aube distillait un jour blafard. Distiller des informations. Des propos qui distillent la haine.* **II.** v. intr. **1.** Passer à l'état de vapeur par distillation, en parlant d'un corps. *L'alcool ordinaire distille à 78,5 °C.* **2.** Couler goutte à goutte. *Le sang distillait de la blessure.* – Lat. *distillare,* « tomber goutte à goutte », rac. *stilla,* « goutte ».

distillerie [distilʀi] n. f. **1.** Industrie des produits distillés; spécial., des liqueurs alcoolisées. **2.** Lieu de distillation. – De *distiller.*

distinct, incte [distɛ̃, ɛ̃kt] adj. **1.** Qui est séparé, différent (d'une chose comparable). *Des pétales distincts. Des fonctions distinctes.* Ant. confondu. **2.** Qui se perçoit nettement. *Des formes, des paroles distinctes.* – Lat. *distinctus,* du supin de *distinguere,* « distinguer ».

distinctement [distɛ̃ktəmɑ̃] adv. D'une manière distincte. *Prononcer distinctement.* – De *distinct.*

distinctif, ive [distɛ̃ktif, iv] adj. Qui permet de distinguer. *Signe distinctif.* – De *distinct.*

distinction [distɛ̃ksjɔ̃] n. f. **1.** Action de distinguer, de faire la différence entre des choses ou des personnes. *Faire la distinction entre le bonheur et la félicité.* **2.** Division, séparation. *Distinction des pouvoirs exécutif et législatif.* **3.** Marque d'honneur décernée à qqn en reconnaissance de ses mérites. *Distinction officielle, honorifique. Recevoir une distinction.* **4.** Élégance du maintien, des manières, du langage. *Sa distinction ajoute à sa beauté.* – Lat. *distinctio.*

distinguable [distɛ̃gabl] adj. Qui peut être distingué. – De *distinguer.*

distingué, ée [distɛ̃ge] adj. **1.** Remarquable par ses mérites. *Un économiste distingué.* **2.** Qui a de la distinction. *Un monsieur très distingué.* **3.** (Dans une formule de politesse, à la fin d'une lettre.) Tout particulier. *L'assurance de ma considération distinguée.* – Pp. de *distinguer.*

distinguer [distɛ̃ge] v. [1] **I.** v. tr. **1.** Rendre particulier, différent, reconnaissable. *Sa taille le distingue des autres.* **2.** Faire la différence entre (des personnes ou des choses). *Savoir distinguer le fer de l'acier.* ▷ v. intr. *Distinguer entre le possible et le probable.* **3.** Remarquer, porter un intérêt particulier à (qqn qui se signale par ses mérites). *Le professeur l'a tout de suite distingué.* **4.** Percevoir avec quelque netteté, par les sens ou par l'esprit. *Distinguer une odeur, un bruit. Je distingue assez bien vos intentions.* **II.** v. pron. **1.** Être reconnaissable (à cause de telle ou telle particularité). *Papier qui se distingue par son grain.* **2.** Se signaler par ses qualités, ses mérites, etc. *Se distinguer par ses talents, son audace.* **3.** Être perçu, reconnu. *Une voix se distinguait dans la rumeur.* – Lat. *distinguere.*

distinguo [distɛ̃go] n. m. Distinction que l'on fait dans une argumentation, entre deux idées, deux points. – Fam. Distinction d'une subtilité excessive. *Il s'empêtre dans des distinguos sans fin.* – Lat. scolast. *distinguo,* « je distingue ».

1. distique [distik] n. m. VERSIF Réunion de deux vers, formant un ensemble complet par le sens, parfois une maxime. – Dans la versification grecque et latine, réunion d'un hexamètre et d'un pentamètre. – Gr. *distikhon,* de *dis-,* et *stikhos,* « rangée, ligne, vers ».

2. distique [distik] adj. BOT *Feuilles distiques,* qui s'insèrent sur la tige en deux rangées opposées. – Gr. *distikas,* « à deux rangées ».

distomatose [distɔmatoz] n. f. MED, MED VET Nom générique des maladies, fréquentes chez les ovidés, rares chez l'homme, dues à l'infestation de divers organes (foie, poumons, etc.) par les distomes ou douves. – De *di-, stomat-,* et *-ose.*

distordre [distɔʀdʀ] v. tr. [6] **1.** Faire subir une distorsion à. *Distordre un membre.* ▷ v. pron. Subir une torsion. **2.** TECH Déformer (une onde, un signal). – Lat. *distorquere.*

distorsion [distɔʀsjɔ̃] n. f. **1.** Torsion, déplacement d'une partie du corps. *Distorsion du tronc.* **2.** PHYS Aberration géométrique d'un système optique centré. **3.** TECH Déformation d'un signal, d'une onde électromagnétique ou acoustique. **4.** Fig. Déséquilibre générateur de tension. – *Par ext.* Déformation. *La distorsion des faits dans un récit.* – Bas lat. *distorsio.*

distraction [distʀaksjɔ̃] n. f. **1.** Manque d'attention, relâchement de l'attention. *Avoir des distractions. Par distraction, il a mis des chaussettes de couleurs différentes.* **2.** Délassement, amusement, dérivatif. *Sa distraction favorite est de jouer aux échecs.* **3.** DR Séparation d'une partie d'avec le tout. *Faire distraction d'une somme en faveur de qqn.* – *Distraction de saisie :* incident par lequel un tiers, qui se prétend propriétaire de tout ou partie d'un bien saisi, demande que ce dernier soit ôté de la saisie. – *Distraction de dépens,* qui permet à l'avocat ou à l'avoué du gagnant de faire payer directement ses frais par le perdant. – Lat. *distractio,* « action de tirer en sens divers ».

distraire [distʀɛʀ] v. tr. [58] **1.** Séparer (une partie) d'un tout. *Distraire une somme d'argent d'un héritage.* **2.** *Par ext.* Détourner à son profit (qqch). *Distraire une grosse somme d'argent.* **3.** Déranger (qqn) dans son occupation. *Distraire un élève en plein travail.* ▷ *Distraire l'attention de qqn,* l'éloigner de son objet. **4.** Divertir, amuser. *Il distrait la compagnie par ses plaisanteries.* **5.** v. pron. S'amuser, se détendre. *On va au cinéma pour se distraire.* – Lat. *distrahere,* « tirer en sens divers »; a. fr. *detraire.*

distrait, aite [distʀɛ, ɛt] adj. et n. **1.** Qui ne prête pas attention à ce qu'il dit, à ce qu'il fait. *Il est distrait au point d'oublier ses affaires partout où il va.* ▷ Subst. *« Le Distrait », comédie de Regnard (1697).* **2.** Inattentif. *Il a l'air perpétuellement distrait.* – *Écouter d'une oreille distraite, regarder d'un œil distrait.* – Pp. de *distraire.*

distraitement [distʀɛtmɑ̃] adv. D'une manière distraite, sans prêter attention. – De *distrait.*

distrayant, ante [distʀɛjɑ̃, ɑ̃t] adj. Qui distrait. *Un spectacle distrayant.* – Ppr. de *distraire.*

distribuer [distʀibɥe] v. tr. [1] **1.** Donner à diverses personnes (les éléments partagés d'un ensemble); répartir, partager. *Le préposé de l'administration des Postes distribue le courrier. Distribuer les rôles d'une pièce de théâtre,* et, absol., *distribuer une pièce* : attribuer son rôle à chacun des interprètes. **2.** Répartir dans plusieurs endroits. *Conduites qui distribuent l'eau dans un immeuble.* **3.** *Distribuer un appartement* : affecter un usage particulier aux différentes pièces. – Pp. adj. *Un vieil appartement mal distribué.* **4.** Donner au hasard, dispenser. *Distribuer des coups dans toutes les directions.* **5.** Classer, ordonner. *Distribuer harmonieusement les paragraphes dans un article.* – Lat. *distribuere.*

distributaire [distʀibytɛʀ] adj. et n. DR Personne qui reçoit une part dans une distribution. – De *distribuer,* d'apr. *donataire.*

distributeur, trice [distʀibytœʀ, tʀis] adj. et n. **I.** adj. Qui distribue. *Organe distributeur. Appareil distributeur de billets.* **II.** n. **1.** Personne qui distribue. *Un distributeur de tracts.* **2.** Personne ou organisme chargé de la diffusion commerciale, spécial. de films. *Les distributeurs retardent la sortie de ce film.* **3.** n. m. Appareil servant à distribuer (des objets, un fluide, etc.). *Un distributeur automatique de billets.* **4.** n. m. ELECTR Appareil servant à relier des circuits. – Bas lat. *distributor.*

distributif, ive [distʀibytif, iv] adj. **1.** (Choses) Qui distribue. – *Justice distributive,* qui répartit les peines et les récompenses selon les mérites (par oppos. à *justice commutative*). **2.** GRAM, LOG Qui désigne séparément (par oppos. à *collectif*). *«Chaque» est un adjectif distributif.* **3.** MATH *Loi distributive par rapport à une autre loi,* telle que $a \times (b + c) = (a \times b) + (a \times c)$. *La multiplication est distributive par rapport à l'addition* $[8 \times (4 + 2) = (8 \times 4) + (8 \times 2)]$. – Lat. médiév. *distributivus.*

distribution [distʀibysjɔ̃] n. f. **1.** Répartition (de choses) entre plusieurs personnes. *Distribution de vivres. La distribution du courrier.* ▷ *Distribution des prix* : cérémonie au cours de laquelle les meilleurs élèves sont récompensés, à la fin de l'année scolaire. **2.** THEAT, CINE Recherche des interprètes et attribution des rôles. – *Par ext.* Ensemble des interprètes. *Ce film bénéficie d'une prestigieuse distribution.* **3.** COMM *Circuit de distribution,* par lequel un produit parvient au consommateur. **4.** Arrangement, ordonnance, disposition. *La distribution des paragraphes dans un texte.* **5.** LING Environnement d'un élément dans un énoncé. **6.** Division selon la destination. *La distribution des pièces d'un logement.* **7.** MATH En calcul des probabilités, répartition de la densité de probabilité suivant les valeurs de la variable aléatoire. **8.** TECH Répartition vers les utilisateurs. *Distribution de l'électricité, du gaz.* Syn. (off. recommandé) de *dispatching.* ▷ Ensemble des organes qui commandent la circulation, la répartition du fluide dans un moteur, une machine. – Lat. *distributio.*

distributionnalisme [distʀibysjɔnalism] n. m. LING Théorie selon laquelle l'analyse distributionnelle est le critère de description de la langue. – Mot angl., *distributionalism,* de *to distribute,* «distribuer».

distributionnel, elle [distʀibysjɔnɛl] adj. LING, LOG Qui a trait à la distribution des éléments dans un énoncé. *Grammaire distributionnelle.* – De l'angl. *distributional.*

distributivement [distʀibytivmɑ̃] adv. MATH et LOG En un sens distributif. – De *distributif.*

distributivité [distʀibytivite] n. f. MATH et LOG Caractère des lois distributives. – De *distributif.*

district [distʀikt] n. m. **1.** HIST Étendue de juridiction administrative ou judiciaire. **2.** Sous la Révolution, chacune des divisions principales d'un département, remplacées aujourd'hui par des *arrondissements,* moins nombreux. **3.** *District fédéral* : nom donné dans divers États fédéraux (États-Unis, notam.) au territoire englobant la capitale fédérale et ses environs. – *District urbain,* qui regroupe des communes voisines ou formant une même agglomération. **4.** *Par ext.* Région. – Bas lat. *districtus,* «territoire».

distyle [distil] adj. ARCHI Se dit d'une construction présentant deux colonnes de front. *Un temple distyle.* – De *di-,* et gr. *stulos,* «colonne».

1. dit [di] n. m. **1.** Vieilli ou plaisant Mot, sentence, *Les dits et les gestes de cet individu. Dits et redits* : propos nombreux, bavardages. **2.** LITTER Récit comique en vers ou en prose, des XIIe, XIIIe et XIVe s. *Le Dit de l'herberie,* de Rutebeuf. – Du pp. de *dire.*

2. dit, dite [di, dit] adj. **1.** Loc. *C'est (une) chose dite* : voilà une chose convenue, n'en parlons plus. **2.** Surnommé. *Charles V, dit le Sage.* **3.** DR (Accolé à l'article défini.) *Ledit, ladite, lesdits, lesdites* : celui, celle, ceux, celles dont on vient de parler. – Pp. de *dire.*

dithyrambe [ditiʀɑ̃b] n. m. **1.** ANTIQ GR Poème lyrique en l'honneur de Dionysos. **2.** Louange enthousiaste, et le plus souvent excessive. – Lat., d'orig. gr., *dithyrambus.*

dithyrambique [ditiʀɑ̃bik] adj. **1.** ANTIQ GR De la nature du dithyrambe. **2.** Très élogieux; élogieux à l'excès. *Des louanges dithyrambiques.* – Lat. *dithyrambicus.*

dito [dito] adv. (S'emploie surtout dans les écritures commerciales pour éviter la répétition d'un mot.) Déjà dit, de même (espèce). *Vingt balles de coton à tant, trente dito, à tant.* (Abrév. : d°). – Toscan *ditto,* ital. *detto,* «dit».

diurèse [djyʀɛz] n. f. MED Production d'urine; débit urinaire. – Lat. méd., d'orig. gr., *diuresis.*

diurétique [djyʀetik] adj. et n. m. **1.** adj. MED Qui augmente la sécrétion urinaire. **2.** n. m. *Les plantes fournissent de nombreux diurétiques.* – Bas lat. méd. *diureticus.*

diurnal, aux [djyʀnal, o] n. m. LITURG CATHOL Livre de prières contenant toutes les heures de l'office qui se récitent durant le jour. – Lat. ecclés. *diurnale.*

diurne [djyʀn] adj. **1.** Qui dure un jour (vingt-quatre heures). ▷ ASTRO *Mouvement diurne* : mouvement quotidien de rotation apparent d'un astre autour de l'axe de la Terre. *Le mouvement diurne de l'étoile polaire est pratiquement nul.* ▷ *Arc diurne* : durée, exprimée en degrés d'arc, entre le lever et le coucher d'un astre. **2.** Qui a lieu pendant le jour. Ant. nocturne. ▷ BOT *Plante diurne,* dont la fleur s'épanouit durant le jour. ▷ ZOOL *Animal diurne,* qui est actif (chasse, migration, etc.) pendant le jour. Ant. nocturne, crépusculaire. – *Rapaces diurnes* : les falconiformes (aigles, faucons). – Lat. *diurnus,* de *dies,* «jour».

diva [diva] n. f. Cantatrice talentueuse et célèbre. – Fig. Personne capricieuse et vaniteuse. – Ital. *diva,* «déesse».

divagation [divagasjɔ̃] n. f. **1.** DR Action de laisser divaguer (un animal). *Le propriétaire d'un animal est responsable des dégâts que peut causer la divagation de celui-ci.* **2.** *Divagation d'un cours d'eau,* inondation qui se produit quand il sort de son lit. **3.** Fig. Fait de s'égarer, de s'écarter de son sujet. *Se perdre dans des divagations.* ▷ Propos incohérents. *Les divagations d'un mythomane.* – De *divaguer.*

divaguer [divage] v. intr. [1] **1.** DR Errer çà et là. *Laisser divaguer des bestiaux.* **2.** *Cours d'eau qui divague,* qui sort de son lit. **3.** Fig. S'écarter de son sujet sans raison, s'égarer dans ses propos. ▷ Perdre la tête, tenir des propos incohérents. *Il est ivre, il divague.* – Bas lat. *divagari,* «errer çà et là».

divan [divɑ̃] n. m. **1.** HIST Salle de conseil garnie de coussins chez les Orientaux; assemblée qui siège à ce conseil. – Anc. Conseil d'État de la Turquie; *par ext.,* l'Empire ottoman. **2.** Anc. Salle de réception garnie de coussins le long des murs, dans les maisons orientales (turques notam.). **3.** Canapé sans dossier ni bras, garni de coussins et pouvant servir de lit. **4.** LITTER *Divan* ou *diwan* : recueil de poèmes arabes ou persans. – Turc *divan*, de l'ar. *dīwān*, « registre ».

dive [div] adj. f. Vieilli ou plaisant Divine. *La dive bouteille* : le vin. (Ne s'emploie plus que dans cette expression figée.) – Lat. *diva*, « divine ».

divergence [divɛʀʒɑ̃s] n. f. **1.** Fait de diverger; état de ce qui diverge. **2.** Fig. Différence, désaccord. *S'opposer par une divergence d'opinions.* **3.** MATH *Divergence d'un vecteur* : somme des dérivées partielles de chaque composante du vecteur par rapport à la coordonnée correspondante. **4.** PHYS NUCL Fonctionnement autonome d'un réacteur nucléaire (lorsque la réaction commence à s'entretenir d'elle-même, sans apport d'énergie). *Entrer en divergence* : en parlant d'une réaction de fission nucléaire, s'entretenir d'elle-même. – Lat. *divergentia*.

divergent, ente [divɛʀʒɑ̃, ɑ̃t] adj. **1.** Qui diverge ▷ MATH *Série divergente*, qui ne tend pas vers une limite. ▷ PHYS Qualifie des rayons qui s'écartent les uns des autres. – *Lentille divergente*, qui, plus épaisse sur ses bords qu'en son centre, fait diverger les rayons qui la traversent. **2.** Fig. Qui est en désaccord, opposé. *Avis divergents.* – Lat. *divergens*.

diverger [divɛʀʒe] v. intr. [13] **1.** Aller en s'écartant de plus en plus (en parlant de deux ou de plusieurs choses rassemblées au départ). *Lignes, rayons qui divergent.* **2.** Fig. Ne pas se rejoindre, être en désaccord. *Leurs opinions à ce sujet divergent complètement.* – Lat. *divergere*, « incliner ».

divers, erse [divɛʀ, ɛʀs] adj. **1.** Vx Qui présente plusieurs aspects différents. *Un esprit divers.* **2.** (Plur.) Différent, distinct. *Les divers sens d'un mot.* **3.** (Plur.) Plusieurs. *Nous parlerons de diverses choses successivement.* **4.** *Faits divers* : V. fait 1. – Lat. *diversus*, « opposé », et, par ext., « varié ».

diversement [divɛʀsəmɑ̃] adv. De diverses manières. – De *divers*.

diversifiable [divɛʀsifjabl] adj. Qui peut être diversifié. – De *diversifier*.

diversification [divɛʀsifikasjɔ̃] n. f. Action de diversifier, fait de se diversifier. ▷ *Spécial.* Production et commercialisation de biens de consommation nouveaux et différents (par oppos. à *spécialisation*). – De *diversifier*.

diversifier [divɛʀsifje] v. tr. [2] Rendre divers; varier. *Diversifier le choix de ses expressions.* ▷ v. pron. Être différent. *Les coutumes se diversifient selon les époques.* – Lat. médiév. *diversificare*.

diversiforme [divɛʀsifɔʀm] adj. BIOL Qui a une forme variable. Syn. hétéromorphe, polymorphe. – Du lat. *diversus*, « divers », et *-forme*.

diversion [divɛʀsjɔ̃] n. f. **1.** MILIT Opération destinée à détourner l'attention de l'ennemi. *Tenter une diversion.* **2.** Fig. Action de détourner le cours des idées, des préoccupations de qqn. *Faire diversion* : détourner l'attention pour ne pas aborder un sujet. ▷ *Par ext.* Distraction, dérivatif. *Incident qui crée une diversion.* – Bas lat. *diversio*, de *divertere*, « détourner ».

diversité [divɛʀsite] n. f. **1.** Variété, différence. *La diversité des opinions.* **2.** Opposition, divergence. *La diversité de leurs idées ne les empêche pas d'être amis.* – Lat. *diversitas*.

diverticule [divɛʀtikyl] n. m. **1.** MED Cavité pathologique terminée en cul-de-sac et communiquant avec un conduit naturel, le tube digestif notam. **2.** Rare Lieu écarté; petit détour. *Le guide conseillait d'emprunter un diverticule.* – Lat. *diverticulum*, « endroit écarté ».

divertimento [divɛʀtimɛnto] n. m. MUS Syn. de *divertissement* (sens 4). – Mot italien.

divertir [divɛʀtiʀ] v. tr. [3] **1.** DR Soustraire d'un ensemble, s'approprier (illégitimement). *Divertir des fonds.* **2.** Vieilli Détourner (qqn) de (qqch). *Qu'est-ce qui le divertit de son projet?* **3.** Mod., cour. Récréer, amuser. *Ce spectacle m'a diverti.* ▷ v. pron. S'amuser, se distraire. *Se divertir agréablement.* – Lat. *divertere*, « détourner ».

divertissant, ante [divɛʀtisɑ̃, ɑ̃t] adj. Distrayant, amusant. *Spectacle divertissant.* – Ppr. de *divertir*.

divertissement [divɛʀtismɑ̃] n. m. **1.** Vieilli Ce qui divertit qqn, le détourne momentanément de ce qui l'occupe. *« Chercher le divertissement et l'occupation au dehors » (Pascal).* **2.** Mod. Récréation, distraction, passe-temps. *Jouer aux cartes est son divertissement préféré.* **3.** DR *Divertissement de fonds, des effets d'une succession*, détournement frauduleux, recel. **4.** MUS Composition instrumentale de la seconde moitié du XVIIIe s., écrite pour être jouée en plein air. Syn. divertimento. – Intermède libre, dans la fugue. ▷ Morceau composé d'airs chantés et de danses, inséré dans un opéra, dans une comédie-ballet, aux XVIIe et XVIIIe s. – De *divertir*.

divette [divɛt] n. f. Vieilli Petite diva, chanteuse d'opérette, de café-concert. – De *diva*.

dividende [dividɑ̃d] n. m. **1.** MATH Le nombre divisé (par oppos. à *diviseur*). **2.** FIN Part de bénéfice distribuée à chaque actionnaire d'une société. *Donner, toucher des dividendes.* – Portion attribuée à chaque créancier sur la somme qui reste à partager après la liquidation d'une faillite. – Lat. *dividendus*, « qui doit être divisé », de *dividere*.

divin, ine [divɛ̃, in] adj. et n. m. **1.** Qui appartient à un dieu, aux dieux, à Dieu. *La divine Providence.* **2.** Qui est dû à un dieu, aux dieux, à Dieu. *Célébrer le culte divin.* ▷ n. m. *Un aperçu du divin.* **3.** Divinisé (se dit des héros mythiques, des personnages historiques de l'Antiquité). *Le divin Auguste.* **4.** Excellent, parfait. *Une beauté divine.* **5.** *Par exag.* Extrêmement agréable, délicieux, ravissant. *Ce dîner a été tout simplement divin.* – Lat. *divinus*.

divinateur, trice [divinatœʀ, tʀis] n. et adj. Anc. Personne qui pratiquait la divination. ▷ adj. Qui prévoit l'avenir. *Une intuition divinatrice.* – Bas lat. *divinator*.

divination [divinasjɔ̃] n. f. **1.** Art de deviner l'avenir par l'interprétation des présages. *Les Romains recouraient à la divination dans leurs affaires publiques et privées.* **2.** Faculté de deviner le futur, d'expliciter des pressentiments. *Elle semble posséder un réel pouvoir de divination.* – Lat. *divinatio*.

divinatoire [divinatwaʀ] adj. Qui procède de la divination (au sens 1). *Art divinatoire.* – *Baguette divinatoire*, qui permettrait aux sourciers de repérer des sources, des métaux enfouis, etc. – Du lat. *divinatum*.

divinement [divinmɑ̃] adv. **1.** Par la vertu divine. *Divinement inspiré.* **2.** À la perfection. *Elle chante divinement.* – De *divin*.

divinisation [divinizasjɔ̃] n. f. Action de diviniser; son résultat. – De *diviniser*.

diviniser [divinize] v. tr. [1] **1.** Mettre au rang des dieux. – Pp. adj. *Un empereur romain divinisé.* **2.** Donner un caractère divin à. *Diviniser un animal.* **3.** Fig. Exalter, glorifier. *Diviniser la force.* – De *divin*.

divinité [divinite] n. f. **1.** Essence, nature divine. *La divinité du Verbe.* **2.** Dieu. *Adorer la Divinité.* ▷ *Les divinités des eaux.* **3.** Fig. Chose, personne que l'on adore comme un dieu. *L'argent est sa divinité.* – Lat. *divinitas*.

divis, ise [divi, iz] adj. et n. m. DR Partagé (par oppos. à *indivis*). *Propriétés divises.* – Loc. adv. *Par divis* : par suite d'un partage. – Lat. *divisus*,.

diviser [divize] v. tr. [1] **I. 1.** Partager en plusieurs parties. *Diviser une propriété entre plusieurs personnes. Une tragédie classique est divisée en cinq actes.* ▷ v. pron. *L'année se divise en douze mois dans le calendrier grégorien. 4 se divise par 2 et par 4.* **2.** MATH Effectuer la division de. *En divisant 16 par 4, on obtient 4.* **3.** Séparer en parties. *Diviser une tarte en six.* **II. 1.** Désunir. *Diviser pour régner. Le projet gouvernemental divise l'opinion.* **2.** v. pron. S'opposer. *Se diviser sur l'opportunité d'un projet.* – Lat. *dividere*, d'apr. *devise*.

diviseur, euse [divizœʀ, øz] n. (et adj.) **1.** n. m. MATH Nombre qui divise un autre nombre appelé dividende. **2.** n. m. ELECTR *Diviseur de tension* : appareil qui fournit une tension de sortie inférieure à la tension d'entrée. *Diviseur de fréquence* : montage fournissant une fréquence de sortie qui est sous-multiple de la fréquence d'entrée. **3.** n. Rare Personne qui désunit. ▷ adj. *Des idées diviseuses.* – Lat. *divisor*.

divisibilité [divizibilite] n. f. MATH Propriété d'un nombre divisible. – De *divisible*.

divisible [divizibl] adj. **1.** Qui peut être divisé. **2.** MATH Se dit d'un nombre qui peut être divisé sans reste. *9 est divisible par 3.* – Bas lat. *divisibilis*.

division [divizjɔ̃] n. f. **1.** Action de diviser; état d'une chose divisée. *Division d'un État en provinces. La division d'un livre en chapitres.* **2.** MATH Opération, notée : consistant à partager un nombre (le dividende) en un certain nombre (le diviseur) de parties égales, dont chacune est le quotient. **3.** GEOM *Division harmonique* *. **4.** Chaque partie d'un tout divisé. *Les divisions d'un territoire peuvent être géographiques, administratives, politiques.* **5.** ECON, POLIT *Division du travail* : organisation de la production par répartition du travail en tâches spécialisées. **6.** MILIT Unité importante regroupant des troupes de différentes armes et des services, placée sous les ordres d'un général. *Une division aéroportée, blindée.* **7.** BIOL *Division cellulaire* : V. mitose et méiose. **8.** Réunion de plusieurs bureaux sous la direction d'un chef. *La division du personnel.* **9.** DR Partage. *Division d'un héritage.* – *Bénéfice de division*, permettant à la caution non engagée solidairement d'exiger du créancier qu'il divise ses poursuites entre chaque caution solvable. **10.** Fig. Désunion, discorde, opposition. *Semer la division dans les esprits.* – Lat. *divisio*.

divisionnaire [divizjɔnɛʀ] adj. et n. **1.** Qui concerne une division. *Monnaie divisionnaire*, celle qui représente la division de l'unité monétaire. **2.** Qui appartient à une division. – *Inspecteur divisionnaire*, qui inspecte une certaine portion, une division du territoire. ▷ Subst. *Un divisionnaire* : un commissaire (de police) divisionnaire. **3.** n. m. Fam. Général de division. – De *division*.

divisionnisme [divizjɔnism] n. m. PEINT Procédé qui consiste à juxtaposer sur la toile de petites touches de couleur pure. *Seurat fut le principal théoricien du divisionnisme, lui-même à l'origine du pointillisme.* – De *division*.

divisionniste [divizjɔnist] n. et adj. PEINT Artiste, théoricien adepte du divisionnisme. – adj. *Peintre divisionniste.* – De *divisionnisme*.

divorce [divɔʀs] n. m. **1.** Rupture légale du mariage. *Être en instance de divorce.* **2.** Séparation complète, opposition entre deux choses. *Divorce entre la raison et la passion.* – Lat. *divortium*, « séparation »; de *dis-*, et *vertere*, « tourner ».

divorcé, ée [divɔʀse] adj. et n. Séparé par un divorce. ▷ Subst. *Un(e) divorcé(e).* – Pp. de *divorcer*.

divorcer [divɔʀse] v. intr. [12] **1.** Rompre légalement, par divorce, son mariage. *Elle a divorcé l'an dernier. Il a divorcé de sa première femme.* **2.** Fig., rare Rompre avec. *Cet homme politique a divorcé d'avec son parti.* – De *divorce*.

divulgateur, trice [divylgatœʀ, tʀis] n. Personne qui divulgue. – Bas lat. *divulgator*.

divulgation [divylgasjɔ̃] n. f. Action de divulguer. *La divulgation d'un accord secret.* – Bas lat. *divulgatio*.

divulguer [divylge] v. tr. [1] Rendre public (ce qui n'était pas connu). *Divulguer un secret.* – Lat. *divulgare*; de *vulgus*, « foule ».

divulsion [divylsjɔ̃] n. f. **1.** Rare Action de séparer violemment. **2.** CHIR Dilatation forcée. *Divulsion du pilore.* – Arrachement. *Fracture par divulsion.* – Lat. *divulsio*, de *divellere*, « arracher ».

diwan [diwan] n. m. LITTER Recueil de poèmes d'un écrivain arabe ou persan. Syn. (francisé) divan – Mot ar., « recueil, registre ».

dix [dis] en fin de groupe de mots; [diz] devant une voyelle ou un *h* muet; [di] devant une consonne ou un *h* aspiré. adj. inv. et n. m. inv. **I.** adj. num. inv. **1.** (Cardinal) Neuf plus un (10). *J'ai passé dix jours à Paris.* ▷ Loc. *Dix fois* : souvent. *Je vous l'ai répété dix fois.* **2.** (Ordinal) Dixième. *Tome X. Charles X.* – Ellipt. *Le dix janvier.* **II.** n. m. inv. **1.** Le nombre dix. *Dix fois dix font cent.* ▷ Chiffres utilisés pour écrire le nombre dix (10). *Le dix est mal formé.* ▷ Numéro dix. *Il habite au dix de ta rue.* ▷ *Le dix* : le dixième jour du mois. *Je pars en vacances le dix.* **2.** JEU Carte portant dix marques. *Dix de cœur.* **3.** HIST *Conseil des Dix*, fondé à Venise en 1310 et qui, à partir du XVIe s., détint la réalité de l'exécutif de la République. – Lat. *decem*.

dix-huit [dizɥit] adj. inv. et n. m. inv. **I.** adj. num. inv. **1.** (Cardinal) Dix plus huit (18). *La majorité légale est fixée à dix-huit ans.* **2.** (Ordinal) Dix-huitième. *Louis XVIII.* – Ellipt. *Le dix-huit mars.* **II.** n. m. inv. Le nombre dix-huit. *Multiplier dix-huit par trois.* ▷ Chiffres représentant le nombre dix-huit (18). *Son dix-huit ressemble à un quinze.* ▷ Numéro dix-huit. *Habiter au dix-huit.* ▷ *Le dix-huit* : le dix-huitième jour du mois. *J'ai rendez-vous chez mon dentiste le dix-huit.* – De *dix*, et *huit*.

dix-huitième [dizɥitjɛm] adj. et n. **I.** adj. num. ord. Dont le rang est marqué par le nombre 18. *Le dix-huitième jour. Le dix-huitième siècle* ou ellipt., *le dix-huitième.* **II.** n. **1.** Personne, chose qui occupe la dix-huitième place. *La dix-huitième de sa promotion.* **2.** n. m. Chaque partie d'un tout divisé en dix-huit parties égales. *Le dix-huitième de 72 est 4.* **3.** n. f. MUS Intervalle de quarte redoublé à deux octaves. – De *dix-huit*.

dix-huitièmement [dizɥitjɛmmɑ̃] adv. En dix-huitième lieu. – De *dix-huitième*.

dixième [dizjɛm] adj. et n. **I.** adj. num. ord. Dont le rang est marqué par le nombre 10. *La dixième voiture d'un convoi. Le dixième arrondissement*, ou, ellipt., *le dixième.* **II.** n. **1.** Personne, chose qui occupe la dixième place. *La dixième de la famille.* **2.** n. m. Chaque partie d'un tout divisé en dix parties égales. *Le dixième de son salaire. Les quatre dixièmes d'une somme.* **3.** n. m. Billet de loterie nationale qui a dix fois moins de valeur qu'un billet entier. **4.** n. f. MUS Intervalle de dix degrés diatoniques ou d'une octave et d'une tierce. – De *dix*.

dixièmement [dizjɛmmɑ̃] adv. En dixième lieu. – De *dixième*.

dix-neuf [diznœf] adj. inv. et n. m. inv. **I.** adj. num. inv. **1.** (Cardinal) Dix plus neuf (19). *Elle s'est mariée à dix-neuf ans* [diznœvɑ̃]. **2.** (Ordinal) Dix-neuvième. *Chapitre dix-neuf.* – ellipt. *Le dix-neuf août.* **II.** n. m. inv. Le nombre dix-neuf. *Dix-neuf moins trois font seize.* ▷ Chiffres représentant le nombre dix-neuf (19). *Le dix-neuf est mal écrit.* ▷ Numéro dix-neuf. *Jouer le dix-neuf.* ▷ *Le dix-neuf* : le dix-neuvième jour du mois. *Que faites-vous le dix-neuf?* – De *dix*, et *neuf*.

dix-neuvième [diznœvjɛm] adj. et n. **I.** adj. num. ord. Dont le rang est marqué par le nombre 19. *Le dix-neuvième essai. Le dix-neuvième siècle* ou ellipt., *le dix-neuvième.* **II.** n. **1.** Personne, chose qui occupe la dix-neuvième place. *La dix-neuvième à partir de la droite.* **2.** n. m. Chaque partie d'un tout divisé en dix-neuf parties égales. *Un dix-neuvième de la surface.* **3.** n. f. MUS Intervalle formé de deux octaves et d'une quinte. – De *dix-neuf.*

dix-sept [disset] adj. inv. et n. m. inv. **I.** adj. num. inv. **1.** (Cardinal) Dix plus sept (17). *Avoir dix-sept ans.* **2.** (Ordinal) Dix-septième. *Page dix-sept. La rangée dix-sept. Louis XVII.* – Ellipt. *Le dix-sept octobre.* **II.** n. m. inv. Le nombre dix-sept. *Dix-sept plus trois égale vingt.* ▷ Chiffres représentant le nombre dix-sept (17). *Le dix-sept est illisible.* ▷ Numéro dix-sept. *Composer le dix-sept.* ▷ *Le dix-sept* : le dix-septième jour du mois. *Nous sommes le dix-sept.* – De *dix,* et *sept.*

dix-septième [dissetjɛm] adj. et n. **I.** adj. num. ord. Dont le rang est marqué par le nombre 17. *La dix-septième représentation. Le dix-septième siècle,* ou, ellipt., *le dix-septième.* **II.** n. **1.** Personne, chose qui occupe la dix-septième place. **2.** n. m. Chaque partie d'un tout divisé en dix-sept parties égales. *Un dix-septième du poids.* **3.** n. f. MUS Intervalle formé de deux octaves et d'une tierce. – De *dix-sept.*

dizain [dizɛ̃] n. m. Pièce de poésie, stance de dix vers. – De *dix* ; var. *dixain.*

dizaine [dizɛn] n. f. **1.** Nombre de dix. *Unité, dizaine, centaine.* **2.** Réunion de dix unités. ▷ *Par ext.* Quantité proche de dix. *Une dizaine de personnes l'entouraient.* **3.** Groupe de dix grains successifs d'un chapelet. *Vous direz en pénitence trois dizaines de chapelet.* – De *dix.*

dizygote [dizigɔt] adj. BIOL *Jumeaux dizygotes,* qui proviennent de deux œufs. Syn. faux jumeaux, jumeaux bivitellins. Ant. monozygote. – De *di-,* et *zygote.*

djaïn, djaïnisme. V. jaïn, jaïnisme.

djebel [dʒebɛl] n. m. Montagne, région montagneuse, en Afrique du N. – Mot ar., « montagne ».

djellaba [dʒɛlaba] n. f. Robe longue à manches longues et à capuchon, portée par les habitants de l'Afrique du N. – Mot ar. du Maroc.

djemā'a [dʒemaa] n. f. HIST Assemblée des notables d'un douar, en Afrique du N. – Mot ar., « assemblée ».

djiboutien, enne [dʒibusjɛ̃, ɛn] adj. et n. De Djibouti, État d'Afrique orientale. ▷ Subst. *Un(e) Djiboutien(ne).*

djihad ou **jihad** [dʒiad] n. m. Démarche individuelle de recherche de la perfection ou démarche collective pour étendre l'islam par la force (sens proche de *guerre sainte*). – Mot ar., « effort ».

djinn [dʒin] n. m. Génie, lutin, esprit de l'air, chez les Arabes. *« Les Djinns », poème de Victor Hugo, dans « les Orientales ».* – Mot ar.

dl Symbole de décilitre.

dm, dm², dm³ Symbole de décimètre, de décimètre carré, de décimètre cube.

D.N.A. ou **DNA** BIOCHIM Sigle de l'anglais *desoxyribonucleic acid,* souvent utilisé pour A.D.N.*.

do [do] n. m. inv. MUS Nom donné, à l'imitation des Italiens, à *ut,* première note de la gamme. – Ital. *do.*

doberman [dɔbɛʀman] n. m. Chien à poil ras, svelte et musclé. – Mot all., du n. de *Dober,* créateur de la race.

dobson [dɔbsɔn] n. m. PHYS Unité de mesure de l'épaisseur de la couche d'ozone. *100 dobsons correspondent à une couche d'ozone de 1 millimètre d'épaisseur à 0°C.*

docile [dɔsil] adj. **1.** Vieilli *Docile à* : qui obéit à. *Docile à qqn, qqch.* **2.** Mod. Obéissant. *Un chien docile.* ▷ Par ext. *Une chevelure docile,* facile à arranger, à peigner. – Lat. *docilis,* de *docere,* « enseigner ».

docilement [dɔsilmɑ̃] adv. Avec docilité. – De *docile.*

docilité [dɔsilite] n. f. **1.** Vieilli *Docilité à* : disposition à obéir (à). *Sa docilité aux injonctions du maître.* **2.** Mod. Soumission, disposition à obéir, à se laisser conduire. *Un élève qui fait preuve d'une parfaite docilité.* – Lat. *docilitas,* « aptitude à apprendre ».

docimasie [dɔsimazi] n. f. **1.** ANTIQ GR À Athènes, enquête sur un magistrat avant son entrée en fonctions. **2.** CHIM Vx Analyse des mélanges métalliques. **3.** MED Épreuves auxquelles on soumet certains organes d'un cadavre pour déterminer les causes de la mort. – Gr. *dokimasia,* « épreuve ».

docimologie [dɔsimɔlɔʒi] n. f. Étude des divers modes de sélection (tests, examens, concours, etc.), destinée à en corriger les imperfections et à en améliorer le fonctionnement. – Du gr. *dokimasia,* « épreuve », et *-logie.*

dock [dɔk] n. m. **1.** Bassin entouré de quais, servant au chargement et au déchargement des navires. **2.** Chantier de réparation de navires. *Dock flottant* : installation d'un bassin de radoub mobile, permettant de mettre au sec les navires dans un port. **3.** (Plur.) Grands hangars servant d'entrepôts dans les ports. *Des docks à coton.* – Mot angl.

docker [dɔkɛʀ] n. m. Ouvrier qui travaille à charger et à décharger les navires. – Mot angl., de *dock.*

docte [dɔkt] adj. (Souvent iron.) Savant, érudit. *Je vous laisse à ce docte entretien.* – Lat. *doctus,* « savant ».

doctement [dɔktəmɑ̃] adv. (Souvent iron.) D'une manière savante, pédante. *Il parle doctement des sujets qu'il connaît le moins.* – De *docte.*

docteur [dɔktœʀ] n. m. **1.** Vieilli ou péjor. Savant, pédant. *Il use d'un langage de docteur.* **2.** Personne qui, après soutenance d'une thèse, est promue, dans une université, au plus haut grade. *Docteur ès lettres, ès sciences. Elle est docteur en droit.* **3.** Personne qui a le titre de docteur en médecine. *Consulter le docteur. Docteur Geneviève Durand.* **4.** RELIG CATHOL *Docteur de l'Église* : titre donné par le Saint-Siège aux plus éminents théologiens et apologistes du catholicisme. *Saint Jean Chrysostome, saint Augustin, saint Thomas d'Aquin, sainte Thérèse d'Ávila comptent parmi les docteurs de l'Église.* ▷ RELIG *Docteur de la loi,* qui interprétait et enseignait la loi judaïque. – Lat. *doctor,* « maître ».

doctoral, ale, aux [dɔktɔʀal, o] adj. **1.** Didac. Qui se rapporte aux docteurs, au doctorat. **2.** Péjor. Pédant. *Un ton doctoral.* – De *docteur.*

doctoralement [dɔktɔʀalmɑ̃] adv. Péjor. D'une manière doctorale. – De *doctoral.*

doctorat [dɔktɔʀa] n. m. **1.** Grade de docteur. *Il possède son doctorat d'État. Thèse de doctorat.* **2.** Épreuve à passer pour obtenir ce grade. *Il se présente au doctorat.* – Lat. médiév. *doctoratus.*

doctoresse [dɔktɔʀɛs] n. f. Vieilli Femme qui a passé son doctorat en médecine. V. docteur. – Fém. de *docteur.*

doctrinaire [dɔktʀinɛʀ] n. et adj. **1.** n. m. RELIG CATHOL Membre de l'une ou l'autre des deux congrégations de la Doctrine* chrétienne. **2.** n. m. pl. HIST Philosophes et hommes politiques qui, sous la Restauration, proposaient une doctrine intermédiaire entre celle du droit divin et celle de la souveraineté populaire. *Royer-Collard et Guizot furent des doctrinaires.* ▷ adj. *Parti doctrinaire.* **3.** n. Personne systématiquement attachée à une doctrine. *Cette journaliste était une doctrinaire du stalinisme.* **4.** adj. Péjor. Dogmatique. *Manifester un attachement doctrinaire à une cause.* – De *doctrine.*

doctrinal, ale, aux [dɔktʀinal, o] adj. Qui a trait à une doctrine, à un ensemble de doctrines. *Des débats doctrinaux.* – Bas lat. *doctrinalis.*

doctrine [dɔktʀin] n. f. **1.** Ensemble des opinions que l'on professe, des thèses que l'on adopte. *Cette doctrine nouvelle me paraît fausse. Quelle est votre doctrine en* *la matière ?* **2.** Système intellectuel (religieux, philosophique, socio-économique, etc.), qui est lié à un penseur ou à un thème. *La doctrine de Platon, la doctrine de l'immortalité de l'âme.* **3.** DR Interprétation théorique des règles du droit (par oppos. à *la jurisprudence,* qui est l'application pratique des lois). **4.** RELIG CATHOL *Prêtres de la Doctrine chrétienne :* membres d'une congrégation fondée au XVIe s. pour l'instruction religieuse du peuple. – *Frères de la Doctrine chrétienne :* membres d'une congrégation de religieux non prêtres fondée en Alsace au XIXe s. – *Congrégation pour la Doctrine de la foi :* congrégation de la Curie romaine, qui a succédé à la congrégation du Saint-Office en 1965. – Lat. *doctrina,* « enseignement, science, doctrine ».

document [dɔkymɑ̃] n. m. **1.** Chose écrite qui peut servir à renseigner, à prouver. *Documents historiques. Documents de famille.* – *Par ext.* Ce qui peut servir à renseigner, à prouver. *Ce reportage est un document humain.* **2.** DR Certificat commercial servant à identifier une marchandise à transporter. – Lat. *documentum,* « ce qui sert à instruire », « enseignement ».

documentaire [dɔkymɑ̃tɛʀ] adj. et n. m. **1.** adj. Qui repose sur des documents. – Qui possède un caractère de document. *Ce film a une valeur documentaire.* – *À titre documentaire :* à titre de renseignement. **2.** adj. COMM *Traite documentaire :* traite accompagnée de documents tels que factures, récépissés, etc. **3.** n. m. Film à but didactique. *Un documentaire sur la vie des lions.* ▷ adj. *Séquences documentaires.* – De *document.*

documentaliste [dɔkymɑ̃talist] n. Personne spécialisée dans la recherche, la mise en ordre et la diffusion des documents. *La documentaliste de l'entreprise.* ▷ En appos. *Archiviste documentaliste.* – De *document,* d'apr. *journaliste.*

documentariste [dɔkymɑ̃taʀist] n. Cinéaste spécialiste du film documentaire. – De *documentaire.*

documentation [dɔkymɑ̃tasjɔ̃] n. f. **1.** Action de documenter, de se documenter. **2.** Ensemble de documents. *Une riche documentation.* ▷ *Centre de documentation :* endroit où sont réunis des ouvrages et documents sur un sujet. *Centre de documentation théâtrale.* – De *documenter.*

documenté, ée [dɔkymɑ̃te] adj. Qui se fonde sur une documentation. *Étude sérieusement documentée.* – Qui est informé, dispose de nombreux documents. *Chercheur mal documenté.* – Pp. de *documenter.*

documenter [dɔkymɑ̃te] v. tr. [1] Fournir des documents à (qqn). *Documenter un chercheur.* ▷ v. pron. Rechercher, amasser des documents pour soi-même. *Se documenter sur un point d'histoire.* – De *document.*

dodéca-. Élément, du gr. *dôdeka,* « douze ».

dodécaèdre [dɔdekaɛdʀ] n. m. GEOM Solide à douze faces. *Un dodécaèdre régulier a pour faces douze pentagones égaux.* – De *dodéca-,* et *-èdre.*

dodécagonal, ale, aux [dɔdekagɔnal, o] adj. Qui a douze angles. – De *dodécagone.*

dodécagone [dɔdekagɔn] n. m. GEOM Polygone qui a douze côtés. – De *dodéca-,* et *-gone.*

dodécaphonique [dɔdekafɔnik] adj. Qui utilise le dodécaphonisme. *Musique dodécaphonique. Un musicien dodécaphonique.* – De *dodéca-,* et gr. *-phônas,* « son ».

dodécaphonisme [dɔdekafɔnism] n. m. MUS Méthode de composition atonale mise au point par A. Schönberg en 1923, dans laquelle est utilisée, sans répétitions, la série des douze sons de l'échelle chromatique. – De *dodécaphonique.*

dodécasyllabe [dɔdekasi(l)lab] adj. et n. m. Qui a douze syllabes. – n. m. *L'alexandrin est un dodécasyllabe.* – De *dodéca-,* et *syllabe.*

dodelinement [dɔdlinmɑ̃] n. m. Action de dodeliner (de la tête, du corps). – De *dodeliner.*

dodeliner [dɔdline] v. intr. ou tr. [1] (Se) balancer doucement. *Dodeliner (de) la tête.* – Du rad. onomatopéique *dod-.*

1. dodo [dodo] n. m. Syn. de *dronte.* – Du néerl. *dodaers.*

2. dodo [dodo] n. m. (Langage enfantin.) **1.** Loc. *Faire dodo :* dormir. *On va faire un gros dodo.* **2.** Lit. *Aller au dodo.* – Onomat., de *dormir.*

dodu, ue [dɔdy] adj. Gras, potelé. *Un poulet dodu. Elle est un peu trop dodue.* – Orig. p.-ê. onomatopéique.

dogaresse [dɔgaʀɛs] n. f. Femme d'un doge. – Ital. de Venise *dogaressa.*

dog-cart [dɔgkaʀt] n. m. Voiture légère à deux roues permettant de transporter des chiens de chasse. *Des dog-carts.* – Mot angl., « charrette à chiens ».

doge [dɔʒ] n. m. Premier magistrat de plusieurs rép. italiennes au Moyen Âge, notam. à Venise et Gênes. (À Venise, le pouvoir quasi absolu du doge fut limité par la création du Grand Conseil en 1143, puis du Conseil des Dix* en 1310. À Gênes, d'abord élus à vie, les doges le furent pour deux ans, de 1339 à 1797.) – Mot ital. (de Venise), du lat. *dux, ducis,* « chef ».

dogmatique [dɔgmatik] adj. et n. **1.** Qui concerne le dogme. *Théologie dogmatique.* **2.** PHILO Qui affirme certaines vérités (par oppos. à *sceptique*). *La philosophie dogmatique.* ▷ Subst. *Les dogmatiques.* **3.** Décisif et tranchant; qui n'admet pas la contradiction. *User d'un ton dogmatique.* **4.** n. f. RELIG Ensemble des vérités de foi organisées en corps de doctrine. – Lat., d'orig. gr., *dogmaticus.*

dogmatiquement [dɔgmatikmɑ̃] adv. D'une manière dogmatique. – De *dogmatique.*

dogmatiser [dɔgmatize] v. intr. [1] **1.** RELIG Traiter du dogme. **2.** Fig. S'exprimer d'une manière sentencieuse. *Il dogmatise sur tout.* – Lat. ecclés. *dogmatizare.*

dogmatisme [dɔgmatism] n. m. **1.** Caractère des doctrines philosophiques ou religieuses dogmatiques. *Le dogmatisme s'oppose au scepticisme.* **2.** Attitude intellectuelle consistant à affirmer des idées sans les discuter. *Le dogmatisme étroit d'un théoricien.* – De *dogmatiser.*

dogme [dɔgm] n. m. **1.** Principe établi; enseignement reçu et servant de règle de croyance, de fondement à une doctrine. *Le dogme de la Trinité. Dogme philosophique, politique.* **2.** RELIG *Le dogme :* l'ensemble des articles de foi d'une religion, notam. du catholicisme. *Attaquer le dogme.* – Lat. *dogma,* gr. *dogma,* « opinion ».

dogon [dɔgɔ̃] adj. (inv. en genre) Des Dogons, peuple de l'Afrique noire, vivant au Mali. ▷ Subst. *Un(e) Dogon.*

dogue [dɔg] n. m. **1.** Chien de garde à grosse tête, au museau écrasé, aux mâchoires très puissantes. *Les boxers et les danois sont des dogues.* **2.** Fig., fam. *Un dogue :* un homme coléreux, hargneux. – *Être d'une humeur de dogue :* être de très mauvaise humeur, irascible. – Angl. *dog,* « chien ».

doigt [dwa] n. m. **I. 1.** Chacune des cinq parties articulées, mobiles, qui terminent la main. *Les cinq doigts de la main sont : le pouce, l'index, le médius (ou majeur), l'annulaire et l'auriculaire. Chaque doigt comporte trois phalanges, sauf le pouce qui n'en a que deux.* ▷ *Les doigts de pied :* les orteils. ▷ *Les doigts d'un gant :* les parties du gant qui gainent les doigts. ▷ Loc. fig. *Mettre le doigt sur :* découvrir, deviner. – *Avoir des doigts de fée :* être d'une grande habileté manuelle. – *Avoir les doigts verts :* être bon jardinier. – *Se mordre les doigts :* éprouver des regrets très vifs. – *Donner, taper sur les doigts de qqn,* le réprimander, le rappeler à l'ordre. – *Obéir au doigt et à* *l'œil*, ponctuellement, au premier signe. – *Mon petit doigt me l'a dit*, s'emploie en parlant à un enfant pour lui faire croire que l'on connaît ce qu'il cache. – *Être comme les deux doigts de la main*, très liés. – *Savoir qqch sur le bout des doigts*, parfaitement. – *Avoir de l'esprit jusqu'au bout des doigts* : être très spirituel. – Fam. *Se mettre le doigt dans l'œil* : se tromper lourdement. – Fam. *Faire qqch les doigts dans le nez*, avec une grande facilité. **2.** *Un doigt* : un travers de doigt, pris comme mesure. *Un doigt de vin*. – Fig., fam. *Faire un doigt de cour à une femme*. ▷ *À deux doigts de* : très près de. **II.** Chacune des parties articulées attachées à la patte, au pied de certains vertébrés (et à la main du singe). *Les doigts des pattes antérieures des chauves-souris soutiennent la membrane alaire*. **III.** TECH Pièce servant de cran d'arrêt, de butoir. – Lat. pop. **ditus*, de *digitus*.

doigté [dwate] n. m. **1.** MUS Jeu des doigts sur les instruments à cordes, à clavier, etc. ▷ Indication chiffrée, sur la partition, du jeu des doigts. **2.** Habileté des doigts. *Cette dactylo a un excellent doigté*. **3.** Fig. Tact, finesse. *Il a beaucoup de doigté*. – Pp. subst. de *doigter*.

doigter [dwate] v. intr. [1] **1.** Placer les doigts de telle ou telle manière sur l'instrument dont on joue. ▷ v. tr. *Comment doigter ces trois mesures ?* **2.** v. tr. *Doigter une partition*, y indiquer le doigté. – De *doigt*.

doigtier [dwatje] n. m. Fourreau servant à couvrir, à protéger un doigt. – De *doigt*.

doit [dwa] n. m. COMPTA Partie d'un compte contenant les dettes. *Le doit dépasse l'avoir*. – Du v. *devoir*.

dojo [dɔʒo] n. m. Salle d'entraînement et de compétition pour les arts martiaux. – Mot jap.

dol [dɔl] n. m. DR Artifice destiné à abuser autrui, tromperie. – Lat. *dolus*, « ruse ».

dolby [dɔlbi] n. m. ELECTROACOUST Système de réduction du bruit de fond des bandes magnétiques, par compression puis expansion de bandes de fréquences déterminées du spectre audible. – Nom déposé, de *Dolby*, n. de l'inventeur.

dolce [dɔltʃe] adv. MUS Indique qu'un passage doit être exécuté avec douceur. (Abrév. : dol.) – Mot ital., « doucement ».

dolcissimo [dɔltʃisimo] adv. MUS Très doucement. – Mot ital.

doléance [dɔleɑ̃s] n. f. (Surtout au plur.) Plainte, récrimination. *Faire ses doléances*. ▷ HIST *Cahiers de doléances* : cahiers rédigés pour les états généraux sur lesquels étaient consignées les protestations adressées au roi. – De l'a. fr. *douloir*, lat. *dolere*, « souffrir ».

dolent, ente [dɔlɑ̃, ɑ̃t] adj. **1.** Litt. Qui éprouve une souffrance physique, qui est mal en point. *Se sentir dolent*. **2.** Triste et plaintif. *Voix dolente*. – Lat. pop. **dolentus*, class. *dolens*, de *dolere*, « souffrir ».

doler [dɔle] v. tr. [1] TECH Aplanir ou réduire l'épaisseur de, avec un instrument tranchant. V. doloire. – Lat. *dolare*, « façonner ».

dolic ou **dolique** [dɔlik] n. m. Papilionacée (genre *Dolichos*) voisine des haricots et consommée comme ceux-ci. – Gr. *dolikhos*, « haricot ».

dolicho-. Élément, du gr. *dolikhos*, « long ».

dolichocéphale [dɔlikosefal] adj. et n. ANTHROP Se dit des hommes dont le crâne a une longueur (distance front-occiput) supérieure à sa largeur (diamètre pariétal). Ant. brachycéphale. – De *dolicho-*, et *-céphale*.

doline [dɔlin] n. f. GEOMORPH Syn. de *sotch*. – Mot slave.

dolique. V. dolic.

dollar [dɔlaʀ] n. m. Unité monétaire des États-Unis, du Canada, ainsi que de nombr. États (Australie, Taiwan, Liberia, etc.) de la *zone dollar* (symbole $). – Mot angloamér., du bas all. *daler*.

dolman [dɔlmɑ̃] n. m. Veste militaire à brandebourgs portée autref. par les hussards. – Empr., par l'all. et le hongrois, d'un mot turc.

dolmen [dɔlmɛn] n. m. Chambre funéraire mégalithique composée d'une grande dalle reposant sur deux ou plusieurs pierres verticales. – Du breton *dol*, « table », et *men*, « pierre ».

doloire [dɔlwaʀ] n. f. TECH **1.** Instrument utilisé pour réduire l'épaisseur d'une pièce de bois. **2.** Instrument pour gâcher la chaux, le sable. – Lat. pop. **dolatoria*, de *dolare*, « façonner ».

dolomie [dɔlɔmi] n. f. PETROG Roche sédimentaire formée essentiellement de dolomite. – De *Dolomieu* (1750-1801), nom du géologue fr. qui a découvert et analysé cette roche.

dolomite [dɔlɔmit] n. f. PETROG Carbonate naturel double de calcium et de magnésium. – De *Dolomieu*.

dolomitique [dɔlɔmitik] adj. PETROG Qui renferme de la dolomite. *Calcaire dolomitique*. – De *dolomite*.

dolomitisation [dɔlɔmitizasjɔ̃] n. f. PETROG Ensemble des phénomènes par lesquels un calcaire se transforme en dolomie. – De *dolomite*.

dolosif, ive [dɔlɔzif, iv] adj. DR Qui présente les caractères du dol. *Manœuvres dolosives*. – Lat. *dolosus*.

dom [dɔ̃] n. m. **1.** Titre d'honneur donné aux religieux de plusieurs ordres (bénédictins, chartreux). **2.** Titre donné aux nobles, au Portugal. *Dom Miguel*. V. aussi don 2. – Lat. *dominus*, « seigneur ».

DOM [dɔm] n. m. inv. Acronyme pour *département (français) d'outre-mer*. *La Guadeloupe, la Martinique, la Guyane française et la Réunion constituent les DOM*. – Les DOM-TOM [dɔmtɔm] : les départements et territoires (français) d'outre-mer.

domaine [dɔmɛn] n. m. **1.** Propriété foncière. *Un domaine de 50 hectares*. – Fig. *Cette pièce est son domaine, je n'y mets jamais les pieds*. **2.** Ensemble des biens. *Le domaine de l'État, le domaine national. Direction ou Administration générale de l'enregistrement et des domaines* ou, absol., *le Domaine*. ▷ *Tomber dans le domaine public* : cesser d'être la propriété des ayants droit de productions artistiques, littéraires, etc. **3.** Fig. Tout ce qu'embrasse un art, une activité intellectuelle donnée. *Avoir des connaissances dans tous les domaines. Agrandir le domaine de la science*. ▷ Ensemble des connaissances, des compétences de qqn. *Ceci n'est pas de mon domaine*. **4.** MATH *Domaine de définition d'une fonction* : ensemble des valeurs de la variable pour lesquelles une fonction est définie. – Lat. *dominium*, « propriété ».

domanial, ale, aux [dɔmanjal, o] adj. Qui appartient à un domaine, en partic. au domaine de l'État. *Forêt domaniale*. – Lat. médiév. *domanialis*.

domanialiser [dɔmanjalize] v. tr. [1] ADMIN Annexer au domaine de l'État. *Domanialiser une forêt*. – De *domanial*.

domanialité [dɔmanjalite] n. f. DR Caractère de ce qui est domanial. – De *domanial*.

1. dôme [dom] n. m. Église cathédrale, en Italie et en Allemagne. *Le dôme de Milan*. – Ital. *duomo*, lat. ecclés. *domus*, « maison de Dieu ».

2. dôme [dom] n. m. **1.** ARCHI Comble arrondi qui recouvre un édifice. *Le dôme du Panthéon*. ▷ Par anal. *Un dôme de feuillage*. **2.** GEOL Surélévation arrondie et régulière. *Les dômes du Massif central*. **3.** TECH Objet de forme hémisphérique. *Le dôme d'une chaudière*. – Provenç. *doma*, du gr. *dôma*, « maison ».

domestication [dɔmɛstikasjɔ̃] n. f. Action de domestiquer; résultat de cette action. *Domestication d'animaux sauvages.* – Fig. *Domestication de l'énergie solaire.* – De *domestiquer.*

domesticité [dɔmɛstisite] n. f. **1.** Vx État de domestique. *Contrat de domesticité.* **2.** Ensemble des domestiques. *La domesticité d'un hôtel* (on dit plutôt auj. *le personnel*). – Bas lat. *domesticitas.*

domestique [dɔmɛstik] adj. et n. m. **I.** adj. **1.** Qui est de la maison, qui appartient à la maison. *Vie, travaux domestiques. Vertus domestiques.* ▷ n. m. Vx Intérieur, ménage. *Vivre dans son domestique.* **2.** Se dit d'animaux sauvages dont l'espèce a été apprivoisée (pour le trait, la garde, la chasse, l'alimentation, l'agrément). *Le cheval, le chien sont des animaux domestiques.* Ant. sauvage. **II.** n. m. **1.** Vx Personne attachée à la maison d'un prince, d'un grand seigneur. *La Bruyère fut domestique de la maison de Condé.* **2.** Serviteur, servante à gages. *Un vieux domestique.* (N.B. : *domestique* pouvant avoir une connotation péjorative, on dit plutôt auj. *employé(e) de maison, gens de maison.*) – Lat. *domesticus,* de *domus,* « maison ».

domestiquer [dɔmɛstike] v. tr. [1] **1.** Rendre domestique (un animal, une espèce animale sauvage). *Le chat fut domestiqué par les Égyptiens.* **2.** Fig., péjor. Amener (une personne, un groupe) à une soumission complète. *Domestiquer un peuple.* **3.** *Par ext.* Tirer parti de (une source d'énergie naturelle). *Domestiquer l'énergie atomique.* – De *domestique.*

domicile [dɔmisil] n. m. **1.** Lieu où demeure une personne. *Vous pouvez m'écrire à mon domicile.* ▷ Loc. adv. *À domicile* : au lieu d'habitation. *Livrer des marchandises à domicile. Travailler à domicile.* – *Sans domicile fixe (S.D.F.)* : en état de vagabondage. **2.** DR Lieu où une personne, une société est légalement et officiellement établie. *Domicile fiscal.* – *Domicile élu* : lieu choisi pour l'exécution d'un acte. – Lat. *domicilium,* de *domus,* « maison ».

domiciliaire [dɔmisiljɛʀ] adj. Relatif au domicile. *Visite domiciliaire* : visite d'un domicile par autorité de la justice. – De *domicile.*

domiciliataire [dɔmisiljatɛʀ] n. m. DR Personne (généralement un banquier) au domicile de laquelle est payable une traite, un effet de commerce, un coupon d'intérêt ou un dividende. – De *domiciliation.*

domiciliation [dɔmisiljasjɔ̃] n. f. DR Désignation du domicile où un effet est payable. – De *domicilier.*

domicilié, ée [dɔmisilje] adj. Qui a son domicile (en tel lieu). *Monsieur Untel, domicilié à Paris.* – Pp. de *domicilier.*

domicilier [dɔmisilje] v. tr. [2] **1.** Fixer un domicile à. **2.** FIN Élire un domicile pour le paiement d'une traite. – De *domicile.*

dominance [dɔminɑ̃s] n. f. BIOL Caractère dominant d'un gène. – De *dominant.*

dominant, ante adj. **1.** Qui domine, prévaut. *Couleur, idée dominante. Qualité dominante.* Syn. principal. Ant. accessoire, secondaire. ▷ BIOL Se dit d'un allèle, qui, se trouvant avec un allèle gouvernant un même caractère, s'exprime seul dans le phénotype de l'hybride. (En ce qui concerne la couleur des yeux, par ex., le gène « yeux noirs » domine son allèle « yeux bleus ».) Ant. récessif. **2.** Qui domine, exerce une autorité sur. – DR *Fonds dominant* : fonds en faveur duquel une servitude est établie. **3.** Qui surplombe. *Cette forteresse occupe une position dominante.* – Ppr. de *dominer.*

dominante [dɔminɑ̃t] n. f. **1.** Ce qui domine, qui est prépondérant. *Une dominante verte sur une photo.* **2.** Matière principale, dans les universités. **3.** MUS Cinquième degré de la gamme diatonique. – Note principale, dans le plain-chant. **4.** ASTROL Signes et planètes prépondérants dans le ciel au moment de la naissance. – De *dominant.*

dominateur, trice [dɔminatœʀ, tʀis] adj. et n. Qui domine, aime à dominer. *Esprit dominateur.* Ant. humble, soumis. – Lat. *dominator.*

domination [dɔminasjɔ̃] n. f. **I. 1.** Puissance, autorité souveraine. *César voulut étendre sa domination.* **2.** Influence, ascendant. *Subir une domination morale.* **II.** (Plur.) THEOL Premier chœur de la deuxième hiérarchie des anges. – Lat. *dominatio.*

dominer [dɔmine] v. tr. [1] **1.** Avoir une puissance absolue sur. *Ce conquérant cherchait à dominer le monde.* – Fig. Être maître de. *Dominer sa colère. Dominer les événements.* ▷ v. intr. *Athènes dominait en Grèce.* ▷ v. pron. *Savoir se dominer en toute circonstance.* **2.** Prévaloir, l'emporter en quantité, en intensité sur. *Il parlait d'une voix claire qui dominait le brouhaha.* Syn. prédominer, dépasser. **3.** Être plus haut que, s'élever au-dessus de. *La citadelle domine la ville.* Syn. surmonter, surplomber. ▷ Fig. *Dominer son sujet,* l'embrasser dans son ensemble, bien le connaître. – Lat. *dominari,* de *dominus,* « maître ».

1. dominicain, aine [dɔminikɛ̃, ɛn] n. et adj. **1.** n. Religieux, religieuse de l'ordre de Saint-Dominique. **2.** adj. Relatif aux dominicains. – De *Dominique* de Guzmán, fondateur de l'ordre.

2. dominicain, aine [dɔminikɛ̃, ɛn] adj. et n. De Saint-Domingue et de la rép. Dominicaine. – Subst. *Un(e) Dominicain(e).* – De *Dominique,* trad. fr. de *Domingo.*

dominical, ale, aux [dɔminikal, o] adj. **1.** Qui appartient au Seigneur. *L'oraison dominicale* : le Pater. **2.** Du dimanche. *Repos dominical.* – Bas lat. *dominicalis,* dimin. de *dominicus.*

dominion [dɔminjɔn] n. m. Chacun des pays autrefois sous la tutelle du Royaume-Uni et actuellement membres du Commonwealth en pays libres et indépendants. – Mot angl.

domino [dɔmino] n. m. **I.** Vx **1.** Camail noir des ecclésiastiques. **2.** Déguisement de bal masqué, consistant en une longue robe munie d'un capuchon. **II.** Mod. **1.** JEU (Plur.) Jeu de société composé de vingt-huit petites plaques marquées chacune deux fois d'un certain nombre de points combinés. *Une partie de dominos.* – (Sing.) Chacune de ces plaques. **2.** ELECTR Pièce cubique ou parallélépipédique servant à raccorder des conducteurs.

dominoterie [dɔminɔtʀi] n. f. Anc. Fabrication et commerce de papier servant à faire des jeux de société (loto, jeu de l'oie, etc.); produit de cette industrie. – De *dominotier.*

dominotier [dɔminɔtje] n. m. **1.** Anc. Fabricant ou marchand de dominoterie. **2.** Ouvrier qui façonne les plaques d'os ou d'ivoire recouvrant les dominos. – De *domino,* « papier marbré », dont les figures étaient appelées *figures de domino.*

dommage [dɔmaʒ] n. m. **1.** Ce qui fait du tort. *Causer, subir un dommage.* Syn. préjudice. ▷ (Plur.) DR *Dommages et intérêts* ou *dommages-intérêts* : indemnité due en réparation d'un préjudice. **2.** (Plur.) Dégâts. *L'incendie a causé des dommages importants.* ▷ *Dommages de guerre* : dommages subis par des personnes dans leurs biens, du fait d'actes de guerre; indemnités et réparations allouées à ces personnes, à la charge de l'État ou de l'ennemi. **3.** Chose fâcheuse, regrettable. *Quel dommage!* – Ellipt. *Dommage qu'il pleuve!* – Fam. *Bien sûr qu'il sait lire, à son âge, ce serait dommage!* – De *dam.*

dommageable [dɔmaʒabl] adj. Qui cause un dommage. *La grêle est dommageable pour les récoltes.* – De *dommage.*

domotique [dɔmɔtik] n. f. Informatique appliquée à l'ensemble des systèmes de sécurité et de régulation des tâches domestiques destinés à faciliter la vie quotidienne. – Du lat. *domus,* « maison ».

domptable [dɔ̃(p)tabl] adj. Susceptible d'être dompté. *Animal domptable.* – De *dompter.*

domptage [dɔ̃(p)taʒ] n. m. Action de dompter ; résultat de cette action. – De *dompter.*

dompter [dɔ̃(p)te] v. tr. [1] **1.** Forcer (un animal sauvage) à obéir. *Dompter un cheval.* Syn. dresser. **2.** *Par ext.* Subjuguer, soumettre à son autorité. *Dompter des rebelles.* Syn. mater. **3.** Fig., litt. Maîtriser, vaincre. *Dompter une passion. Dompter la force des eaux.* Syn. discipliner. – Lat. *domitare.*

dompteur, euse [dɔ̃(p)tœʀ, øz] n. Personne qui dompte les animaux sauvages. *Dompteur de fauves.* – De *dompter.*

dompte-venin [dɔ̃t(ə)vənɛ̃] n. m. inv. Herbe (*Vincetoxicum officinale*) à petites fleurs blanches, fréquente en France, qui doit son nom à ses propriétés émétiques (elle était autref. utilisée comme contre-poison). – De *dompter,* et *venin.*

DOM-TOM [dɔmtɔm] n. m. pl. Ensemble des départements et des territoires français d'outre-mer. V. DOM et TOM.

1. don [dɔ̃] n. m. **1.** Action de donner. *Faire un don.* – *Don du sang, d'organe.* – *Faire (le) don de soi, de sa vie :* se dévouer entièrement, se sacrifier. **2.** Chose donnée. *Don en nature, en espèces.* ▷ HIST *Don gratuit :* versement que le clergé et les États d'une province faisaient au roi pour subvenir aux besoins publics. **3.** Fig. Avantage naturel (considéré comme donné par la providence, par le sort, etc.). *La beauté est un don. Cet enfant a tous les dons.* ▷ *Par ext.* Aptitude innée à (qqch). *Le don des langues.* – (En mauv. part.) *Vous avez le don de me mettre en colère.* – Lat. *donum.*

2. don [dɔ̃] n. m., **doña** [dɔɲa] n. f. Titre d'honneur des nobles d'Espagne, qui s'applique auj. à tous les hommes d'un certain rang, placé devant le nom de baptême. *Don Quichotte. Doña Isabel.* – Mot esp., du lat. *dominus,* « seigneur ».

3. don [dɔ̃] n. m. Titre de courtoisie en Italie. – Du lat. *dominus,* « seigneur ».

donacie [dɔnasi] n. f. Insecte coléoptère (genre *Donacia,* fam. chrysomélidés), long de 10 mm, dont les élytres ont des reflets métalliques, et qui vit sur les plantes aquatiques. – Lat. scientif. *donacia,* du gr. *donax, donakos,* « roseau ».

donataire [dɔnatɛʀ] n. DR Personne à qui est faite une donation. – Lat. *donatarius.*

donateur, trice [dɔnatœʀ, tʀis] n. **1.** Personne qui fait un don. *Nous remercions les généreux donateurs.* ▷ *Spécial.* Personne qui donne à une église un tableau sur lequel elle se fait représenter. *Vierge au donateur.* **2.** DR Personne qui fait une donation. – Lat. *donator.*

donation [dɔnasjɔ̃] n. f. DR Contrat par lequel une personne (donateur) se dépouille gratuitement et irrévocablement, de son vivant, d'une partie de ses biens, en faveur d'une autre personne (donataire), qui accepte. *Donation entre vifs.* ▷ Acte constatant ce contrat. – Lat. *donatio.*

donatisme [dɔnatism] n. m. HIST Doctrine des donatistes, qui liaient la validité des sacrements à la sainteté du ministre, condamnée au concile d'Arles (314). – De *donatiste.*

donatiste [dɔnatist] n. Partisan de Donat, évêque de Carthage (IVe s.). – Du n. de cet évêque.

donax [dɔnaks] n. m. ZOOL Lamellibranche comestible (*Donax vittatus*) abondant en France sur les côtes sablonneuses, long de 3 cm env., qui possède deux longs siphons. Syn. olive, pignon. – Gr. *donax,* « tuyau » (à cause des siphons).

donc [dɔ̃k] conj. **1.** (Introduisant la conclusion d'un raisonnement, marquant la conséquence.) *« Je pense, donc je suis » (Descartes). J'ignorais son adresse, je ne pouvais donc pas lui écrire.* **2.** (Pour reprendre la suite d'un discours interrompu.) *Nous disions donc que...* **3.** (Marquant l'étonnement, la surprise, l'impatience ; appuyant une affirmation, un ordre.) *Qu'avez-vous donc ? Allons donc, ce n'est pas possible ! Taisez-vous donc ! Mais comment donc !* – Lat. imp. *dunc,* croisement de *dumque,* de *dum,* « allons ! », et *tunc,* « alors ».

dondon [dɔ̃dɔ̃] n. f. Fam., péjor. Femme lourde, ayant beaucoup d'embonpoint. *Une grosse dondon.* – Onomat. exprimant le balancement (cf. *dodeliner*).

dong [dɔ̃g] n. m. Unité monétaire du Viêt-nam. – Mot vietnamien.

donjon [dɔ̃ʒɔ̃] n. m. **1.** Tour principale d'un château fort, constituant l'ultime refuge en cas d'assaut. *Le donjon de Vincennes.* **2.** MAR Tour cuirassée d'où était conduit le tir des bâtiments de ligne. – Lat. pop. **dominio,* « tour du seigneur », de *dominus,* « seigneur ».

don Juan [dɔ̃ʒɥɑ̃] n. m. Grand séducteur. *Des don(s) Juans.* – N. pr. d'un séducteur, héros d'une comédie de Molière.

donjuanesque ou **don-juanesque** [dɔ̃ʒɥanɛsk] adj. Relatif au caractère, à la légende de Don Juan. *Des manœuvres don-juanesques.* – De *Don Juan.*

donjuanisme ou **don-juanisme** [dɔ̃ʒɥanism] n. m. Manière d'être d'un don Juan. *Des don-juanismes* (plur., rare). – De *Don Juan.*

donnant, ante [dɔnɑ̃, ɑ̃t] adj. **1.** Vx Qui donne volontiers. *Il n'est pas donnant.* **2.** Loc. adv. *Donnant donnant :* que l'on ne donne qu'en échange de qqch. – Ppr. de *donner.*

donne [dɔn] n. f. JEU Action de distribuer les cartes ; les cartes distribuées. *Fausse, mauvaise donne.* – Déverbal de *donner.*

donné, ée [dɔne] adj. et n. **I.** adj. **1.** Accordé, octroyé, attribué. *Une récompense donnée par la ville.* – *Par exag.* Vendu à très bas prix. *À ce prix, c'est donné.* **2.** Représenté. *Tragédie donnée à la Comédie-Française.* **3.** Déterminé, connu. *En un temps donné.* **4.** Loc. prép. inv. *Étant donné :* considérant. *Étant donné deux triangles rectangles...* ▷ Loc. conj. *Étant donné que :* puisque, du fait que. *Étant donné qu'il pleut, cela m'étonnerait qu'il vienne.* **II.** n. m. LOG *Le donné :* ce qui est immédiatement présent à la conscience avant toute élaboration. **III.** n. f. **1.** Supposition, notion, élément servant de base à un raisonnement, une recherche, etc. *S'appuyer sur des données fausses.* ▷ INFORM Information servant à effectuer des traitements. *Banque de données.* **2.** MATH Grandeur permettant de résoudre une équation, un problème. – Pp. de *donner.*

donner [dɔne] v. [1] **A.** v. tr. **I.** Remettre. **1.** Faire don de, abandonner gratuitement et définitivement. *Donner des étrennes. Donner de vieux vêtements.* ▷ Loc. *Donner sa vie :* se sacrifier. – *Donner son temps à une tâche, à qqn.* Syn. consacrer. ▷ Fig. prov. DR *Donner et retenir ne vaut,* et, fam., *donner c'est donner, reprendre c'est voler :* le donateur doit se dessaisir irrévocablement. – *Qui donne aux pauvres, prête à Dieu :* Dieu nous rendra le bien que nous faisons aux malheureux. – *Qui donne tôt, donne deux fois :* accorder promptement une grâce en double la valeur. **2.** Céder en échange. *Donnez-moi pour trente francs de petits fours.* **3.** Confier en dépôt. *Donner des chaussures à réparer, du linge à repasser.* **4.** Attribuer, assigner. *Donner des lois à un pays. Donner un nom à un enfant.* **II.** Mettre à la disposition de. **1.** Présenter, offrir. *Donner le bras, la main à qqn. Donner une soirée, une* *réception en l'honneur de qqn.* ▷ Distribuer. *Donner des cartes à des joueurs.* – Absol. *À qui le tour de donner?* **2.** *Donner qqn à qqn* : accorder. *Il a donné sa fille* (en mariage) *à son voisin.* **3.** Dénoncer, livrer. *Donner ses complices.* **4.** Communiquer, transmettre. *Donner de ses nouvelles. Donner l'heure. Donner un ordre.* – *Je vous le donne en mille* : je vous défie de le deviner. – INFORM *Donner des instructions à un ordinateur.* ▷ Exposer (qqch à qqn). *Donner un cours, une conférence. Le notaire donna lecture du testament. Donner (son) congé.* ▷ Transmettre par contagion. *Il a donné son rhume à toute la famille.* **5.** Fig. Concéder, octroyer, accorder. *Il a donné son accord pour le projet. Je vous donne trois jours pour réfléchir.* ▷ *Donner sa parole* : promettre, s'engager. ▷ *Donner à qqn de* : permettre, accorder (surtout en tournure passive). *Il m'a été donné de m'exprimer.* ▷ v. pron. *Se donner du bon temps, s'en donner à cœur joie* : mener une vie gaie, être gai. **III.** Causer. **1.** Produire. *Cette source donne de l'eau potable. Notre entrevue n'a rien donné.* – Absol. *Le blé n'a pas donné.* **2.** Causer, susciter. *Donner du souci. Donner du fil à retordre. Donner chaud, froid, soif, faim.* – *Donner à...* : fournir l'occasion de. *Donner à penser, à entendre.* **3.** (En loc.) Exercer une action. *Donner des soins. Donner des coups de pied. Donner le fouet.* – Fig. *Donner un coup de main* : aider. ▷ MAR *Donner du mou à* : détendre (un cordage). **4.** Fig. Attribuer. *Quel âge lui donnes-tu? Donner tort, raison à qqn.* ▷ v. pron. *Se donner l'air de* : affecter de, faire semblant de. **B.** v. intr. **1.** Heurter, toucher. *Donner de la tête contre le mur.* – Fig. *Ne plus savoir où donner de la tête* : être très occupé. **2.** Se jeter dans. *Le vent donne dans les voiles.* – Fig. *Donner dans le panneau,* s'y jeter, y tomber. *Donner dans (un travers),* y être porté. *Donner dans la bigoterie.* **3.** MILIT Attaquer, charger. *Faites donner la Garde!* **4.** Faire retentir, sonner. *Donner de la voix, donner du cor.* **5.** *Donner sur* : avoir accès, avoir vue sur. *Fenêtre qui donne sur la rue.* **C.** v. pron. **1.** Faire don de soi-même, se dévouer. *Se donner à la patrie, à une cause.* ▷ *Se donner à* : accorder ses faveurs à, en parlant d'une femme. ▷ *Se donner en spectacle* : se faire remarquer. ▷ *Se donner pour* : se faire passer pour. **2.** (Passif) Être donné. *Cela se donne pour rien.* – Se faire, être livré. *L'assaut s'est donné cette nuit.* **3.** (Récipr.) *Les deux galopins se donnaient des coups de pied.* – Lat. *donare,* « faire un don ».

donneur, euse [dɔnœʀ, øz] n. et adj. **I.** n. **1.** *Donneur de* : personne qui donne. *Donneur de cartes.* ▷ DR, FIN *Donneur d'aval. Donneur d'ordre* : V. opérateur. **2.** Pop. Dénonciateur, mouchard. **3.** n. m. MED Personne qui donne son sang pour une transfusion, un organe pour une greffe (rein, œil, etc.). *Donneur de sang. Donneur universel,* dont le sang (du groupe O) est compatible avec tous les autres groupes sanguins. **II.** adj. **1.** Qui donne facilement. *Elle n'est pas très donneuse.* **2.** CHIM *Atome donneur,* celui qui fournit un doublet d'électrons dans une liaison covalente (par oppos. à *receveur*). – De *donner.*

don Quichotte [dɔ̃kiʃɔt] n. m. Homme généreux et naïf qui prétend redresser tous les torts. *Qu'est-ce que c'est que ce petit don Quichotte? Des don(s) Quichottes.* – Du n. du héros d'un roman de Cervantès, écrivain espagnol.

donquichottisme ou **don-quichottisme** [dɔ̃kiʃɔtism] n. m. Manières, attitude d'un don Quichotte. *Des don-quichottismes* (plur., rare). – De *don Quichotte.*

dont [dɔ̃] pron. relatif inv. Sert à introduire une proposition correspondant à un complément introduit par la prép. *de. Dont* peut être : **I.** Complément du verbe. **1.** Comp. d'objet indir. *L'homme dont je t'ai parlé.* **2.** Comp. circonstanciel. *À la façon dont il s'y prenait, j'ai cru qu'il allait tout casser. La famille dont il sort est illustre.* (Mais au sens concret : *le bâtiment d'où il sort.*) **II.** Comp. de n. et d'adj. *Un combat dont l'enjeu est l'honneur. Ce nom dont vous êtes fier.* **III.** (Introduisant une proposition sans verbe.) Parmi lesquels, lesquelles. *Ils ont choisi dix personnes, dont moi.* – Du lat. pop. *de unde,* renforcement de *unde,* « d'où ».

donzelle [dɔ̃zɛl] n. f. Fam. Jeune vaniteuse. – Anc. provenç. *donzela,* d'apr. l'ital.

dop [dɔp] n. m. TECH Calotte métallique supportant le diamant pendant la taille. – Mot holl.

dopa [dɔpa] n. f. BIOCHIM Dérivé de la tyrosine et précurseur de la dopamine; son isomère naturel, ou *L-dopa,* est utilisé pour traiter la maladie de Parkinson. – Acronyme pour *DihydrOxyPhényl Alanine.*

dopadécarboxylase [dopadekaʀbɔksilɑz] n. f. BIOCHIM Enzyme de décarboxylation qui transforme la dopa en dopamine et l'histidine en histamine. – De *dopa,* et *décarboxylase.*

dopage [dɔpaʒ] n. m. **1.** Utilisation d'une substance qui a pour effet d'augmenter les performances physiques d'un individu. (Les produits utilisés sont dangereux, aussi sont-ils prohibés dans les compétitions sportives.) **2.** CHIM Modification de certaines des propriétés (d'une substance) par addition d'un dope. – De *doper.*

dopamine [dɔpamin] n. f. BIOCHIM Dérivé de la dopa par décarboxylation, précurseur de la noradrénaline, utilisé en cardiothérapie. – De *dopa,* et *amine.*

dopant [dɔpɑ̃] n. m. Stimulant, excitant. – Ppr. subst. de *doper.*

dope [dɔp] n. **1.** n. m. CHIM Produit que l'on ajoute en petites quantités à une substance pour en modifier les caractéristiques (lubrifiants, semiconducteurs, etc.). **2.** n. f. Arg. Drogue (sens 3). – Mot anglais.

doper [dɔpe] v. [1] **I.** v. tr. **1.** Administrer un stimulant à. *Doper un cheval.* – Fig. Stimuler. *Tes encouragements l'ont dopé.* **2.** CHIM Ajouter un dope à une substance. **II.** v. pron. Avoir recours au dopage. – *Par ext.* Prendre un excitant. – Angl. *to dope,* « droguer ».

doping n. m. (Anglicisme) Syn. (off. déconseillé) de *dopage.*

Doppler (effet) [dɔplɛʀ] n. m. PHYS *Effet Doppler-Fizeau* : phénomène suivant lequel la fréquence apparente d'un mouvement vibratoire varie selon la vitesse relative de la source par rapport à l'observateur. – Du n. du phys. autrich. C. *Doppler* (1803-1853).

ENCYCL L'effet Doppler a été observé pour le son par Doppler en 1843 et appliqué aux phénomènes lumineux par Fizeau en 1848. En médecine, il permet de mesurer le déplacement du sang artériel et le débit de n'importe quel vaisseau. Cette technique associée à l'échographie (*échographie Doppler* ou *échodoppler*) permet d'établir la cartographie dynamique du système vasculaire.

dorade. V. daurade.

dorage [dɔʀaʒ] n. m. Action de dorer; son résultat. – De *dorer.*

doré, ée [dɔʀe] adj. et n. m. **1.** Recouvert d'or. *Livre doré sur tranche. Le vermeil est de l'argent doré.* **2.** De la couleur de l'or. *Des cheveux dorés.* **3.** Fig. Fortuné, brillant. *Mener une existence dorée.* ▷ HIST *Jeunesse dorée* : jeunes gens fortunés qui participèrent, après le 9 Thermidor, au mouvement de réaction contre la Terreur; – mod., cour. jeunes gens riches et oisifs. ▷ *La Légende dorée* : V. légende. **4.** n. m. Coloration dorée. *Le doré de ce cadre s'est terni.* – Pp. de *dorer.*

dorénavant [dɔʀenavɑ̃] adv. À partir de ce moment, à l'avenir. *Dorénavant, je serai exact.* – A. fr. *ore, or,* « maintenant », *en,* et *avant.*

dorer [dɔʀe] v. tr. [1] **1.** Appliquer une mince couche d'or sur. *Dorer un cadre.* – Absol. *Dorer à l'or fin.* ▷ Fig. *Dorer la pilule à qqn* : adoucir une communication désagréable par des paroles aimables, flatteuses. **2.** Donner une teinte d'or à. *Le soleil dore la peau. Mai dore d'ajoncs la lande bretonne.* – CUIS Enduire de jaune d'œuf avant la cuisson pour colorer. *Dorer un pâté.* ▷ v. pron. *Se dorer au soleil.* – Lat. imp. *deaurare,* du lat. class. *aurare,* de *aurum,* « or ».

doreur, euse [dɔʀœʀ, øz] n. Personne dont le métier est de dorer. *Doreur sur cuir.* – De *dorer.*

dorien, enne [dɔʀjɛ̃, ɛn] adj. et n. **1.** De Doride, contrée d'Asie Mineure. ▷ Subst. *Les Doriens.* **2.** n. m. Dialecte de la langue grecque ancienne.

dorique [dɔʀik] adj. et n. m. Se dit du plus simple des trois ordres d'architecture grecque et de ce qui s'y rapporte. *Colonne dorique :* colonne légèrement conique, cannelée, posée directement sur le soubassement d'un chapiteau demi-circulaire en forme de coussin qui supporte l'architrave et soutient le bâtiment. ▷ n. m. *Le dorique.* – Lat. *doricus,* gr. *dôrikos.*

1. doris [dɔʀis] n. f. ZOOL Nom cour. de gastéropodes nudibranches, fréquents sur les côtes atlantiques, dont les branchies forment un bouquet autour de l'anus. – Lat. sav., de *Doris,* n., dans la myth. gr., de la mère des Néréides.

2. doris [dɔʀis] n. m. MAR Embarcation à rames, à fond plat, pointue et relevée aux deux extrémités.

dorisme [dɔʀism] n. m. Caractère propre à la littérature ou au dialecte doriens. – De *dorien.*

dorlotement [dɔʀlɔtmɑ̃] n. m. Action de dorloter. – De *dorloter.*

dorloter [dɔʀlɔte] v. tr. [1] Traiter délicatement, avec tendresse. *Dorloter un enfant. Se faire dorloter.* Syn. cajoler. ▷ v. pron. Être aux petits soins pour soi-même. – De l'a. fr. *dorelot,* « boucle de cheveux » ; p.-ê. rad. *do-,* cf. dodeliner.

dormance [dɔʀmɑ̃s] n. f. BOT État de divers organes végétaux (bourgeons, graines, etc.) qu'une contrainte physiologique – interne ou liée à des facteurs externes (durée du jour, humidité, etc.) – empêche de se développer. – De *dormant.*

dormant, ante [dɔʀmɑ̃, ɑ̃t] adj. et n. m. **1.** Rare Qui dort. *La Belle au bois dormant.* **2.** Immobile, stagnant. *Eau dormante.* Ant. courant, vif. **3.** BOT Qui est en état de dormance. **4.** Qui ne bouge pas, fixe. *Châssis dormant.* ▷ n. m. CONSTR Partie fixe d'un châssis, d'une porte, d'une fenêtre (par oppos. à *ouvrant*). – Ppr. de *dormir.*

dormeur, euse [dɔʀmœʀ, øz] n. **1.** n. Personne qui dort, ou qui aime dormir. **2.** n. m. Tourteau (crabe). **3.** n. f. Boucle d'oreille formée d'une perle ou d'une pierre précieuse montée sur un pivot et serrée derrière l'oreille par un écrou. – De *dormir.*

1. dormir [dɔʀmiʀ] v. intr. [30] **I. 1.** Être dans le sommeil. *Dormir profondément, légèrement. Dormir du sommeil du juste,* d'un sommeil calme et profond. *Dormir debout :* avoir une forte envie de dormir. – Fig. *Histoire à dormir debout,* extravagante. ▷ Fig. *Dormir sur ses deux oreilles :* ne pas être inquiet. ▷ *Ne dormir que d'un œil :* dormir légèrement. ▷ Loc. prov. *Il ne faut pas éveiller le chat qui dort :* il ne faut pas rappeler un vieux sujet de querelle. – *Qui dort dîne :* quand on dort, on ne sent pas la faim. Ant. veiller. **2.** Poét. Être mort. *C'est dans ce cimetière qu'il dort à jamais. Qu'ils dorment en paix.* Syn. reposer. **3.** v. tr. *Dormir son sommeil, sa nuit.* – Fam. *Il n'a pas dormi son compte.* **II.** Rester immobile, inactif. **1.** (Personnes) Ne pas agir, être lent. *Nous avons à faire, ce n'est pas le moment de dormir. Dormir sur ses lauriers*.* **2.** (Choses) Rester oublié, improductif. *Des manuscrits qui dorment dans des classeurs. Laisser dormir des capitaux.* **3.** Être immobile, stagner, en parlant de l'eau. – Prov. *Il n'est pire eau que l'eau qui dort :* il faut se méfier des gens calmes, d'apparence inoffensive. – Lat. *dormire.*

2. dormir [dɔʀmiʀ] n. m. Litt. Sommeil. *Perdre le dormir.* – De *dormir* 1.

dormitif, ive [dɔʀmitif, iv] adj. Vx ou plaisant Qui provoque le sommeil. *Potion dormitive.* – Fig. *Un sermon dormitif.* Syn. soporifique. – Du lat. *dormitum,* pp. de *dormire.*

dormition [dɔʀmisjɔ̃] n. f. RELIG Pour les catholiques et les orthodoxes, la mort de la Vierge (qui fut comme un sommeil), avant l'Assomption. – Lat. *dormitio,* de *dormire,* « dormir ».

dorsal, ale, aux [dɔʀsal, o] adj. et n. **1.** ANAT Qui appartient au dos. *Épine dorsale. Les muscles dorsaux* ou, n. m., *les dorsaux.* – Par anal. *Face dorsale du pied, de la main.* **2.** Qui se fixe sur le dos. *Parachute dorsal* (par oppos. à *ventral*). – Lat. médiév. *dorsalis,* class. *dorsualis.*

dorsale [dɔʀsal] n. f. **1.** GEOL Ligne continue de montagnes terrestres ou sous-marines. *La dorsale médio-atlantique.* **2.** METEO Axe de hautes pressions entre deux zones dépressionnaires. Ant. talweg. **3.** PHON Phonème qui s'articule avec le dos de la langue. – Lat. médiév. *dorsalis,* class. *dorsualis.*

dorsalgie [dɔʀsalʒi] n. f. MED Douleur localisée au dos. – De *dorsal,* et *-algie.*

dortoir [dɔʀtwaʀ] n. m. **1.** Grande salle commune où l'on couche. *Le dortoir d'un lycée.* ▷ (En appos.) *Ville-dortoir, cité-dortoir,* située à la périphérie d'une grande ville, et où logent des personnes dont le lieu de travail est ailleurs. **2.** ECOL Endroit où une collectivité animale se rassemble pour dormir. – Lat. *dormitorium,* « chambre à coucher ».

dorure [dɔʀyʀ] n. f. **1.** Action, art de dorer. *Dorure sur cuir, sur bois.* **2.** Couche d'or. *La dorure s'est écaillée.* **3.** Ce qui est doré. *Les dorures du plafond.* **4.** Poét. Couleur d'or. *La pâle dorure de ses cheveux.* **5.** CUIS Action de dorer au jaune d'œuf ; son résultat. – De *dorer.*

doryphore [dɔʀifɔʀ] n. m. Coléoptère (*Leptinotarsa decemlineata,* fam. chrysomélidés), long de 10 mm, aux élytres jaunes rayés longitudinalement de noir. (L'adulte et la larve, très voraces, dévastent les champs de pommes de terre.) – Du gr. *doruphoros,* « porte-lance ».

dos [do] n. m. **I. 1.** Partie arrière du corps de l'homme, comprise entre la nuque et les reins. *Avoir le dos plat, voûté.* – Par euph. *Le bas du dos :* les fesses. ▷ Loc. fig. *Avoir bon dos :* se dit d'une chose ou d'une personne sur laquelle on se décharge des accusations, des responsabilités auxquelles on ne veut pas faire face. *Les absents ont bon dos.* – *Courber le dos :* se résigner, céder. – Fam. *En avoir plein le dos :* être excédé. – *Scier le dos à qqn,* l'importuner. – *Tendre le dos :* se préparer à qqch de fâcheux. ▷ *Tourner le dos :* s'en aller. ▷ *Tourner le dos à qqn, à qqch,* présenter son dos à. *Il tournait le dos au nouveau venu. La plage n'est pas par là, vous lui tournez le dos.* – Fig. Abandonner (qqn). *Il est devenu si irascible que ses amis lui ont tourné le dos.* ▷ *À dos :* sur le dos. *Ces pierres ont été transportées à dos d'homme.* – Fig. *Se mettre qqn à dos,* s'en faire un ennemi. ▷ *Au dos :* sur le dos. *Sac au dos.* ▷ *Dans le dos :* le long du dos. *Les cheveux dans le dos.* – Fig. *Donner froid dans le dos :* effrayer, horrifier. – Fig., fam. *Passer la main dans le dos de qqn,* le flatter. – Fig. *Agir dans le dos de qqn,* à son insu, sournoisement. ▷ *De dos :* du côté du dos (par oppos. à *de face*). *Apercevoir qqn de dos.* ▷ *Dos à dos :* dos contre dos. *On les plaça dos à dos pour savoir lequel était le plus grand.* – Fig. *Renvoyer dos à dos deux adversaires,* ne donner raison ni à l'un ni à l'autre. ▷ *Sur le dos. Dormir sur le dos.* – Fig. Sur soi, sur son corps. *N'avoir rien à se mettre sur le dos.* – Fig. *Se laisser manger la laine sur le dos :* se laisser exploiter. ▷ Loc. adj. *En dos d'âne :* qui présente deux pentes séparées par une arrête arrondie. *Pont en dos d'âne.* **2.** ZOOL Face supérieure du corps des vertébrés comprise, chez les tétrapodes, entre le cou et la croupe. *Le dos d'un poisson.*

Faire une promenade à dos de mulet. **II.** *Par anal.* **1.** Partie d'un vêtement couvrant le dos. *Robe ornée d'un pli dans le dos.* - Dossier. *Le dos d'une chaise.* **2.** Partie supérieure et convexe de certains organes ou objets. *Le dos de la main* (par oppos. à *paume*). *Le dos du pied* (par oppos. à *plante*). *Le dos d'une cuiller.* **3.** Envers d'un objet. *Le dos d'un billet.* - *Voir au dos,* au verso. – Lat. pop. *dossum,* class. *dorsum,* appliqué surtout aux animaux.

dosable [dozabl] adj. Dont on peut faire le dosage. – De *doser.*

dosage [dozaʒ] n. m. **1.** Action de doser; son résultat. **2.** CHIM Détermination quantitative des composants d'une substance. **3.** PHARM Action de déterminer la dose d'un médicament. **4.** Fig. Répartition, proportion. *Trouver le bon dosage de souplesse et de rigueur.* – De *doser.*

dos d'âne ou **dos-d'âne** [dodɑn] n. m. inv. **1.** Faible relief constitué de deux pentes symétriques qui se rejoignent en crête. **2.** Bombement transversal (sur une voie). *Cahoter sur des dos d'âne.* **3.** *Dos d'âne* ou *dos-d'âne* ou *bureau (à) dos d'âne :* bureau au plateau incliné. **4.** Loc. adj. *En dos d'âne :* qui présente deux pentes séparées par une arête arrondie. *Pont en dos d'âne.*

dose [doz] n. f. **1.** Quantité (d'un médicament) à administrer en une seule fois. *Ne pas dépasser la dose prescrite.* **2.** Quantité et proportion des ingrédients composant un mélange. *Mettre une dose d'anisette pour cinq d'eau.* **3.** Quantité quelconque. *Dose létale**. *Dose maximale admissible de rayonnements :* quantité totale de rayonnements qu'un individu peut absorber sans risque au cours de sa vie. ▷ Fig. *Une forte dose d'orgueil, de sottise.* ▷ Fam. *Avoir sa dose (de qqch, de qqn),* en avoir assez, en être à saturation. - *En avoir, en tenir une dose :* être très bête. – Lat. médiév. *dosis,* mot gr. «action de donner».

doser [doze] v. tr. [1] **1.** Déterminer la dose de. **2.** CHIM Procéder au dosage de. **3.** Fig. Combiner dans telles ou telles proportions. *Savoir doser ses distractions.* Syn. mesurer, proportionner. – De *dose.*

doseur [dozœʀ] n. m. TECH Appareil servant à effectuer un dosage. ▷ En appos. *Verre doseur.* – De *doser.*

dosimètre [dozimɛtʀ] n. m. PHYS NUCL Appareil servant à mesurer les quantités de rayonnements auxquels une personne ou un matériel ont été soumis. (Le taux de rayonnement se mesure à l'aide d'un compteur de particules.) – De *dose,* et *-mètre.*

dosimétrie n. f. PHYS NUCL Mesure de doses de radiation. *Dosimétrie neutronique :* évaluation de l'irradiation due aux neutrons. – De *dosimètre.*

dossard [dosaʀ] n. m. SPORT Pièce d'étoffe marquée d'un numéro qui se porte sur le dos lors d'une compétition. – De *dos.*

dosse [dɔs] n. f. Première ou dernière planche, encore garnie d'écorce, que l'on scie en débitant un arbre. – Forme fém. de *dos.*

dosseret [dosʀɛ] n. m. **1.** ARCHI Petit pilastre servant de jambage à une ouverture. **2.** CONSTR Surface verticale à laquelle est adossé un appareil sanitaire, une paillasse de laboratoire, etc. **3.** TECH Pièce renforçant le dos d'une scie. – Dimin. de *dossier.*

1. dossier [dosje] n. m. Partie d'un siège sur laquelle on appuie le dos. *Le dossier d'un fauteuil.* – De *dos.*

2. dossier [dosje] n. m. Ensemble de documents sur le même sujet; carton où ceux-ci sont rangés. *Étudier un dossier. Le numérotage des dossiers.* – De *dos* (d'un livre).

dot [dɔt] n. f. Biens qu'une femme apporte à l'occasion de son mariage ou lorsqu'elle entre au couvent. *Avoir une grosse dot.* ▷ DR Biens donnés par un tiers dans le contrat de mariage. – Lat. jurid. *dos, dotis,* «don».

dotal, ale, aux [dɔtal, o] adj. DR Relatif à la dot. ▷ Anc. *Régime dotal :* régime matrimonial dans lequel chacun des époux garde la propriété de tous ses biens, mais où l'administration et la jouissance d'une partie des biens de la femme reviennent au mari. – Lat. *dotalis.*

dotation [dɔtasjɔ̃] n. f. **1.** DR Ensemble des revenus, des dons attribués à un établissement d'utilité publique. **2.** MILIT Ensemble de l'armement et de l'équipement affectés à une unité. **3.** Revenus ou biens assignés à un souverain, aux membres de sa famille, à certains hauts fonctionnaires. – De *doter.*

doter [dote] v. tr. [1] **1.** Donner des biens en dot à. **2.** Assigner une dotation à. *Doter un hôpital.* **3.** Fournir en matériel. - Pp. *Une cuisine dotée d'un équipement moderne.* **4.** Fig. Gratifier. *La nature l'a doté de grands talents.* – Lat. *dotare.*

douaire [dwɛʀ] n. m. DR ANC Biens réservés par un mari à sa femme en cas de veuvage. – Lat. médiév. *dotarium.*

douairière [dwɛʀjɛʀ] n. f. **1.** DR ANC Veuve jouissant d'un douaire. *Une princesse douairière.* **2.** Mod. Vieille femme d'allure solennelle. – Fém. de l'a. fr. *douairier,* dér. de *douaire.*

douane [dwan] n. f. **1.** Administration publique chargée de percevoir des droits sur les marchandises exportées ou importées. **2.** Lieu où est établi le bureau de la douane. *S'arrêter à la douane.* **3.** Taxe perçue par la douane. *Le paiement de la douane.* – Anc. ital. *doana,* ar. *dīwān,* «registre».

1. douanier [dwanjo] n. m. Personne qui visite les marchandises importées ou exportées et perçoit les droits sur celles-ci. – De *douane.*

2. douanier, ère [dwanje, ɛʀ] adj. Relatif à la douane. *Tarif douanier.* ▷ *Union douanière :* convention commerciale entre plusieurs États, concernant les importations et les exportations. – De *douane.*

douar [dwaʀ] n. m. **1.** Campement de nomades, en Afrique du N. **2.** HIST Circonscription administrative rurale en Afrique du N. du temps de la domination française. – Ar. maghrébin *dwār.*

doublage [dublaʒ] n. m. **1.** COUT Action de garnir d'une doublure. *Doublage d'une jupe.* **2.** CONSTR Action de doubler une paroi d'un revêtement; ce revêtement lui-même. **3.** AUDIOV Enregistrement des dialogues d'un film dans une langue différente de celle de l'original. ▷ Fait de remplacer un acteur par sa doublure. – De *doubler.*

double [dubl] adj., n. m. et adv. **I.** adj. **1.** Égal à deux fois la chose simple. *Une double paye. Une double part de gâteau.* **2.** Composé de deux choses pareilles ou de même nature. *Une double porte.* ▷ Fig. *Un mot à double sens,* qui a deux significations possibles. **3.** Qui se fait deux fois. *Un double contrôle.* ▷ *Double emploi :* répétition inutile. ▷ *Coup* double.* - Fig. *Faire coup* double.* **4.** Fig. Qui a deux aspects dont un seul est connu, visible. *Une personnalité double.* **5.** ASTRO *Étoile double :* système de deux étoiles tournant l'une autour de l'autre. **6.** BOT *Fleur double,* dont les étamines se sont transformées en pétales. **7.** CHIM *Sel double :* cristal ionique dans la composition duquel on trouve plus de deux sortes d'ions (aluns, par ex.). **8.** FIN *Comptabilité en partie double,* dans laquelle on procède à une double écriture, l'une au débit, l'autre au crédit. **9.** GEOM *Point double :* point où se coupent deux branches d'une courbe. **II.** n. m. **1.** Quantité multipliée par deux. *Six est le double de trois.* ▷ *Jouer à quitte ou double :* jouer une partie dont l'enjeu consiste soit à perdre tout son gain soit à le doubler. ▷ Loc. adv. *En double. Avoir qqch en double,* en deux exemplaires. *Plier une couverture en double,* en deux. **2.** Copie, reproduction d'une chose. *Le double d'une lettre.* **3.** Fig. Être réel ou imaginaire qui ressemble à une personne donnée. ▷ ANTIQ Dans les croyances égyptiennes, l'ombre du mort. **4.** SPORT Partie de tennis, de ping-pong opposant deux équipes de deux joueurs. *Double mixte,* où chaque équipe est composée d'un homme et d'une femme. **III.** adv. En double quantité. *Voir double* : voir deux objets là où il y en a un seul. – Lat. *duplus*.

doublé, ée [duble] adj. et n. m. **I.** adj. **1.** Multiplié par deux. *Un prix doublé.* **2.** Pourvu d'une doublure. *Une robe doublée.* **3.** Fig. *Doublé de* : qui est également. *Un poète doublé d'un musicien.* **4.** AUDIOV Dont on a effectué le doublage. *C'est un film doublé.* ▷ Qui est remplacé par sa doublure. *Un acteur doublé.* **II.** n. m. **1.** Orfèvrerie recouverte d'une plaque de métal précieux. *Un bracelet en doublé or.* **2.** Double réussite. **3.** EQUIT Action de se rendre perpendiculairement d'une piste à l'autre, en faisant deux pas à droite ou à gauche. – Pp. subst. de *doubler*.

doubleau [dublo] n. m. et adj. **1.** n. m. CONSTR Solive plus forte que les autres. **2.** adj. ARCHI *Arc doubleau* : arc en saillie qui renforce une voûte. – De *double*.

1. doublement [dubləmɑ̃] adv. Pour deux raisons; de deux manières. – De *double*.

2. doublement [dubləmɑ̃] n. m. Action de doubler, de multiplier par deux. *Le doublement d'une consonne.* – De *doubler*.

doubler [duble] v. [1] **I.** v. tr. **1.** Multiplier par deux. *Doubler la somme.* ▷ Fig. Augmenter. *L'attente doublait son anxiété.* **2.** Disposer en double. *Doubler une couverture en la pliant.* **3.** Mettre une doublure, un revêtement à. *Doubler une veste. Doubler une cloison.* **4.** v. pron. Fig. *Se doubler de* : s'accompagner de. *Une observation qui se double d'un reproche.* **5.** Dépasser (une personne, un véhicule). *Doubler une voiture.* ▷ *Doubler un cap,* le franchir. – Fig. *Doubler le cap de la trentaine.* ▷ Fig., fam. *Doubler qqn,* le trahir. *Elle s'est fait doubler.* **6.** AUDIOV *Doubler un film,* procéder à son doublage. ▷ *Doubler un acteur,* le remplacer. **II.** v. intr. Être multiplié par deux. *Les prix ont doublé.* – Lat. imp. *duplare*.

doublet [dublɛ] n. m. **1.** Pierre fausse constituée d'un morceau de cristal dont le dessous a été coloré. **2.** LING Mot de même origine qu'un autre, mais de forme différente, l'un étant de formation populaire, l'autre de formation savante. *Pasteur est le doublet savant de pâtre.* **3.** PHYS *Doublet électronique* : ensemble formé par deux électrons occupant la même case quantique. – De *double*.

1. doublon [dublɔ̃] n. m. TYPO Répétition fautive d'un ou de plusieurs mots, d'un paragraphe. – De *double*.

2. doublon [dublɔ̃] n. m. Anc. monnaie d'or espagnole. – De l'esp. *doblón*, dér. de *doble*, « double ».

doublure [dublyʀ] n. f. **1.** Étoffe qui garnit l'intérieur d'un objet, d'un vêtement. *La doublure d'un manteau, d'un coffret.* **2.** CINE Acteur qui joue à la place d'un autre (par ex., dans des scènes périlleuses). – De *doubler*.

douce-amère [dusamɛʀ] n. f. Solanacée grimpante, à fleurs violettes et à baies rouges (morelle). *Des douces-amères.* – De *douce*, et *amère*.

douceâtre [dusɑtʀ] adj. D'une douceur fade. *Une boisson douceâtre.* – De *doux*, et *-âtre*.

doucement [dusmɑ̃] adv. **1.** De façon modérée. *La pente descend doucement.* **2.** Sans rudesse, avec douceur. *Traiter qqn doucement.* **3.** Médiocrement. *Les affaires marchent doucement. Le malade se porte doucement, tout doucement.* ▷ Interj. (Pour inciter à la modération.) *Doucement! Vous allez tomber.* – De *doux*.

doucereusement [dusʀøzmɑ̃] adv. Rare D'une manière doucereuse. – De *doucereux*.

doucereux, euse [dusʀø, øz] adj. **1.** Vieilli D'une douceur peu agréable au goût. *Vin doucereux.* **2.** Fig. Doux avec affectation. *Une mine doucereuse.* – De *douceur*.

doucette [dusɛt] n. f. Rég. Mâche (salade). – Dimin. de *doux*.

doucettement [dusɛtmɑ̃] adv. Fam. Très doucement. *Il va doucettement.* – De *doucet*, dimin. de *doux*.

douceur [dusœʀ] n. f. **1.** Saveur douce, agréable au goût. *La douceur du miel.* ▷ *Des douceurs* : des pâtisseries, des sucreries. **2.** Qualité de ce qui flatte les sens. *La douceur d'un parfum, de l'air.* **3.** Sentiment agréable. *La douceur de vivre, d'aimer.* **4.** Qualité d'une personne qui est calme, bienveillante. *Un caractère plein de douceur.* ▷ Loc. adv. *En douceur* : sans brusquerie, avec précaution. *Allez-y en douceur.* – Bas lat. *dulcor*, de *dulcis*, « doux ».

douche [duʃ] n. f. **1.** Jet d'eau qui arrose le corps et dont on use pour des raisons hygiéniques et parfois médicales. ▷ *Douche écossaise*, alternativement chaude et froide; fig. situation dans laquelle un événement désagréable succède brutalement à un événement agréable. **2.** Appareil sanitaire composé d'une pomme d'arrosage et d'une canalisation d'alimentation en eau. **3.** Fam. Grosse averse; aspersion d'un liquide sur qqn. **4.** Fig. Désillusion brutale. *Cette nouvelle a été une douche pour lui.* **5.** Fam. Réprimande sévère. *Si son père l'apprenait, il recevrait une bonne douche.* – Ital. *doccia*.

doucher [duʃe] v. tr. [1] **1.** Faire prendre une douche à. *Doucher un enfant.* ▷ v. pron. Prendre une douche. **2.** Fam. Arroser (de pluie, d'un liquide quelconque). *L'orage l'a surpris, il s'est fait doucher.* **3.** Fig., fam. Tempérer rudement (un mouvement d'excitation). *Doucher l'enthousiasme de qqn.* **4.** Fam. Infliger une réprimande sévère à. *Il s'est fait doucher par le patron.* – De *douche*.

doucine [dusin] n. f. **1.** ARCHI Moulure concave en haut et convexe en bas. **2.** TECH Rabot utilisé pour faire ces moulures. – De *doux*.

doucir [dusiʀ] v. tr. [3] TECH Polir (une glace, un métal). – De *doux*.

doucissage [dusisaʒ] n. m. TECH Action de doucir. – De *doucir*.

doudou [dudu] n. f. Fam., dial. Terme d'affection destiné à une femme, aux Antilles. – Redoublement de *doux*.

doudoune [dudun] n. f. Fam. Veste, manteau fait d'une double couche de tissu léger rembourré, généralement de duvet. – Redoublement de *doux*.

doué, ée [dwe] adj. **1.** *Doué de* : pourvu naturellement de. *L'homme est un être doué de conscience.* **2.** Qui a des aptitudes naturelles. *Un élève très doué. Il est doué en français.* – Pp. de *douer*.

douelle [dwɛl] n. f. **1.** ARCHI Surface intérieure (intrados) ou extérieure (extrados) d'un voussoir. **2.** TECH Petite douve d'un tonneau. – De l'a. fr. *doue* pour *douve*.

douer [dwe] v. tr. [1] Pourvoir de (un avantage). *La nature l'a doué d'un heureux caractère.* – Lat. *dotare*, « pourvoir »; doublet pop. de *doter*.

douille [duj] n. f. **1.** Partie évidée dans laquelle vient se fixer un manche, un outil. **2.** Pièce métallique évidée, que l'on fixe au bout d'une clé de mécanicien. *Clé à douille.* **3.** Partie de la cartouche qui contient la poudre. **4.** Pièce servant à recevoir le culot d'une ampoule électrique. – Frq. **dulja*, ou lat. **dolium*, « cuve pour le transport du moût ».

douillet, ette [dujɛ, ɛt] adj. **1.** Doux, bien rembourré. *Un lit douillet.* **2.** Fig. Trop sensible à la douleur physique. *Une personne très douillette.* – Lat. *ductilis*, « malléable »; a. fr. *doille*, « mou ».

douillette [dujɛt] n. f. Manteau ouaté. *Douillette d'ecclésiastique, d'enfant.* – De *douillet*.

douillettement [dujɛtmɑ̃] adv. D'une façon douillette. – De *douillet*.

douleur [dulœʀ] n. f. **1.** Sensation pénible ressentie dans une partie du corps, résultant d'une impression quelconque produite avec trop d'intensité. *Éprouver une vive douleur.* ▷ Spécial. *Être dans les douleurs,* celles de l'accouchement. ▷ Cour. *Avoir des douleurs,* des rhumatismes. **2.** Impression morale pénible. *Avoir la douleur de perdre un être cher. Les grandes douleurs sont muettes.* – Lat. *dolor.*

douloureusement [duluʀøzmɑ̃] adv. D'une manière douloureuse. – De *douloureux.*

douloureux, euse [duluʀø, øz] adj. **1.** Qui provoque une douleur physique. *Une plaie douloureuse.* **2.** Où la douleur est ressentie, en parlant d'une partie du corps. *Des pieds douloureux.* **3.** Qui provoque une douleur morale. *Un souvenir douloureux.* **4.** Qui exprime la douleur. *Des plaintes douloureuses.* **5.** n. f. Fam. *La douloureuse :* la note à payer. – Bas lat. *dolorosus.*

doum [dum] n. m. Palmier d'Afrique (*Hyphaena thebaica*). – Ar. *dāwn* ou *dūm.*

douma [duma] n. f. Conseil, assemblée, dans la Russie des tsars. ▷ Nom donné aux assemblées législatives russes entre 1905 et 1917. – Mot russe, « assemblée ».

dourine [duʀin] n. f. MED VET Trypanosomiase grave et contagieuse que les équidés contractent lors du coït. – P.-ê. de l'ar. *darin,* « croûteux ».

douro [duʀo] n. m. Ancienne monnaie d'argent espagnole. – Esp. *duro.*

doute [dut] n. m. **1.** Hésitation à croire à la réalité d'un fait, à la vérité d'une affirmation. *Dans le doute, abstiens-toi.* ▷ *Mettre en doute :* contester. **2.** *Spécial.* Attitude de celui qui n'est pas sûr de sa foi religieuse. **3.** PHILO *Doute méthodique :* principe de Descartes posé comme condition première pour trouver matière à asseoir les fondements d'une certitude. *Le doute méthodique ne s'applique ni aux règles morales ni à la foi.* **4.** Soupçon, méfiance. *J'ai des doutes sur sa loyauté.* **5.** Loc. adv. *Sans doute :* probablement. *J'irai sans doute le voir demain.* ▷ *Sans aucun doute, sans nul doute :* incontestablement. – Déverbal de *douter.*

douter [dute] v. tr. indir. et dir. [1] **1.** Hésiter à croire à. *Douter de la réussite d'une entreprise. Je doute qu'il vienne.* **2.** Mettre en question (des vérités établies). *Douter même de l'évidence.* **3.** *Ne douter de rien :* être trop sûr de soi. *Les sots ne doutent de rien.* **4.** Ne pas avoir confiance en, soupçonner. *Douter de qqn, de son amitié.* **5.** v. pron. Pressentir, avoir l'intuition de. *Se douter de qqch. Je me doutais qu'il n'y arriverait pas.* – Lat. *dubitare,* « craindre, hésiter ».

douteux, euse [dutø, øz] adj. **1.** Qui n'est pas certain (quant à sa réalité ou à sa réalisation). *Un succès douteux.* **2.** Obscur, équivoque. *Une réponse douteuse.* **3.** Dont la qualité laisse à désirer. *Un travail douteux.* ▷ Malpropre. *Un col de chemise douteux.* **4.** Qui éveille la méfiance quant à sa probité, sa moralité. *Un homme d'affaires douteux. Des mœurs douteuses.* – De *doute.*

1. douve [duv] n. f. **I. 1.** FORTIF Fossé rempli d'eau entourant un château. **2.** AGRIC Petit fossé pour l'écoulement des eaux de pluie. **3.** EQUIT Fossé plein d'eau, précédé d'une claie. **II.** TECH Chacune des planches incurvées qui forment un tonneau. – Du bas lat. *doga,* « récipient ».

2. douve [duv] n. f. Ver plathelminthe trématode, parasite interne des vertébrés. (Il s'infiltre dans les canaux biliaires des mammifères, de l'homme, généralement par l'intermédiaire des plantes aquatiques.) – Bas lat. *dolva,* d'orig. gauloise.

douvelle [duvɛl] n. f. Petite douve de tonneau. – De *douve* 1.

doux, douce [du, dus] adj., adv. et n. **I.** adj. **1.** D'une saveur peu prononcée ou sucrée. *Doux comme le miel.* – *Cidre doux,* qui contient encore du sucre, la fermentation continuant en bouteille. – *Eau douce,* qui n'est pas salée (par oppos. à *l'eau de mer* et à *eau dure*). **2.** Agréable aux sens. *Une lumière douce. Une fourrure douce. Une chaleur douce.* **3.** Modéré. *Une pente douce. Cuire qqch à feu doux.* **4.** Qui fait naître un sentiment, une émotion agréable. *De doux souvenirs.* **5.** Qui n'est pas agressif; clément, affable; qui dénote le calme, la bienveillance. *Une petite fille douce et gentille. Une physionomie douce.* **6.** TECH *Métal doux,* ductible et malléable. **7.** *La taille-douce :* l'art de la gravure en creux (burin, pointe sèche). **II.** adv. **1.** Loc. *Filer doux :* se soumettre sans résister. **2.** Loc. adv. *Tout doux :* très doucement. **3.** Loc. adv. Fam. *En douce :* à l'insu d'autrui. **III.** n. **1.** n. m. Ce qui est doux; ton doux. *Passer du grave au doux.* **2.** Personne douce. *Heureux les doux!* – Du lat. *dulcis.*

doux-amer, douce-amère [duzamɛʀ, dusamɛʀ] adj. À la fois agréable et pénible. *Des réflexions douces-amères.*

douzain [duzɛ̃] n. m. **1.** Ancienne pièce de monnaie française du XVIe s., qui valait douze deniers. **2.** Poème de douze vers. – De *douze.*

douzaine [duzɛn] n. f. **1.** Ensemble de douze objets de même nature. *Une douzaine d'œufs.* **2.** Quantité voisine de douze. *Une douzaine de personnes.* – De *douze.*

douze [duz] adj. inv. et n. m. inv. **I.** adj. inv. **1.** (Cardinal) Dix plus deux (12). *Les douze mois de l'année.* **2.** (Ordinal) Douzième. *Louis XII.* – Ellipt. *Le douze avril.* **II.** n. m. inv. Le nombre douze. *Douze plus deux égale quatorze.* ▷ Chiffres représentant le nombre douze (12). *Le douze est mal écrit.* ▷ Numéro douze. *Habiter au douze.* ▷ *Le douze :* le douzième jour du mois. *Nous sommes le douze.* – Du lat. *duodecim,* gr. *dôdeka.*

douzième [duzjɛm] adj. et n. **I.** adj. num. ord. Dont le rang est marqué par le nombre 12. *Le douzième mois de l'année. Le douzième arrondissement* ou, ellipt., *le douzième.* **II.** n. **1.** Personne, chose qui occupe la douzième place. *La douzième du classement.* **2.** n. m. Chaque partie d'un tout divisé en douze parties égales. *Un douzième des terres.* ▷ FIN *Douzième provisoire :* acompte sur le budget général, dont le gouvernement peut disposer provisoirement. **3.** n. f. MUS Intervalle de douze sons et de onze degrés conjoints. – De *douze.*

douzièmement [duzjɛmmɑ̃] adj. En douzième lieu. – De *douzième.*

doxologie [dɔksɔlɔʒi] n. f. LITURG Prière, formule pour glorifier Dieu. – Gr. ecclés. *doxologia,* « glorification ».

doyen, enne [dwajɛ̃, ɛn] n. **1.** Personne la plus ancienne dans un corps, une compagnie. *Le doyen du Sénat.* ▷ Personne la plus âgée d'un groupe. *Elle est notre doyenne.* **2.** Titre universitaire conféré à celui qui dirige une faculté. *Le doyen de la faculté de droit.* **3.** Titre ecclésiastique. *Un curé-doyen.* – Lat. ecclés. *decanus,* « chef de dix hommes, dizenier ».

doyenné [dwajene] n. **1.** n. m. Dignité ecclésiastique du doyen. ▷ Territoire sous l'autorité d'un doyen. ▷ Demeure du doyen. **2.** n. f. Poire fondante. – De *doyen.*

doyenneté [dwajɛnte] n. f. Qualité de doyen d'âge. – De *doyen.*

D.P.L.G. Sigle de *diplômé par le gouvernement.*

Dr Abrév. de *docteur.*

drachme [dʀakm] n. f. **1.** ANTIQ GR Poids valant env. 4 g. ▷ Principale unité de monnaie. **2.** Unité monétaire de la Grèce moderne. – Bas lat. *dragma,* lat. *drachma,* du gr.

draconien, enne [dʀakɔnjɛ̃, ɛn] adj. D'une excessive sévérité. *Conditions draconiennes.* – De *Dracon,* n. d'un Athénien (VIIe s. av. J.-C.), auteur d'un code pénal très rigoureux.

drag [dʀag] n. m. Grande voiture dans laquelle les dames suivaient une chasse à courre simulée. – Mot angl., de *to drag*, « traîner ».

dragage [dʀagaʒ] n. m. Action de draguer. *Dragage d'un chenal.* ▷ *Dragage de mines :* opération consistant à rechercher et à détruire des mines immergées. – De *draguer.*

1. dragée [dʀaʒe] n. f. **1.** Confiserie constituée d'une amande recouverte de sucre. *Des dragées de baptême.* ▷ Loc. fig. *Tenir la dragée haute à qqn,* lui faire payer cher un avantage, le prendre de haut. **2.** Menu plomb de chasse. ▷ Pop. Balle d'arme à feu. – Altér. du lat. *tragemata,* gr. *tragêmata,*« friandises ».

2. dragée [dʀaʒe] n. f. AGRIC Mélange de fourrages. – Du lat. pop. *dravocata,* de *dravoca,* « ivraie ».

drageoir [dʀaʒwaʀ] n. m. Vx Sorte de coupe ou de boîte pour servir des dragées, des confiseries. – De *dragée* 1.

drageon [dʀaʒɔ̃] n. m. BOT Rejet qui naît d'une racine. – Frq. **draibjo,* « pousse ».

drageonnage [dʀaʒɔnaʒ] ou **drageonnement** [dʀaʒɔnmɑ̃] n. m. BOT Action de drageonner. – De *drageonner.*

drageonner [dʀaʒɔne] v. intr. [1] BOT Émettre des drageons. – De *drageon.*

dragon [dʀagɔ̃] n. m. **I. 1.** Animal fabuleux ayant des griffes, des ailes et une queue de serpent. *Le dragon du jardin des Hespérides.* ▷ *Spécial.* Dans l'iconographie chrétienne, symbole du démon. *Saint Michel terrassant le dragon.* **2.** Fig. Gardien intraitable. ▷ Loc. *Dragon de vertu* ou *dragon :* femme d'une vertu excessive; femme acariâtre. **3.** ZOOL *Dragon volant :* saurien de l'Asie du Sud-Est, pourvu d'un repli membraneux sur les flancs, dont il se sert pour planer d'arbre en arbre. ▷ *Dragon de Komodo :* grand varan de l'île de Komodo. **4.** ASTRO *Le Dragon :* constellation située entre la Grande et la Petite Ourse. **II.** Anc. Soldat de cavalerie qui servait à cheval et à pied. – Mod. Soldat d'une unité blindée. *Le 5e (régiment de) dragons.* – Lat. *draco.*

dragonnade [dʀagɔnad] n. f. HIST Persécution exercée sous Louis XIV contre les protestants du S.-O. et du S. de la France. (On obligeait les protestants à loger des dragons, qui avaient pour mission de se livrer à toutes sortes d'excès, supposés les inciter à la conversion au catholicisme, ce qui mettrait automatiquement fin aux dits excès.) – De *dragon.*

dragonne [dʀagɔn] n. f. Lanière double ornant la poignée d'une épée ou d'un sabre, que l'on passe au poignet. ▷ Courroie d'un bâton de ski, d'un appareil photo, etc., que l'on passe au poignet. – Fém. de *dragon.*

dragonnier [dʀagɔnje] n. m. Amaryllidacée arborescente des pays chauds (*Dracæna draco*), qui sécrète une résine rouge (*sang-de-dragon*). – De *(sang-)dragon.*

drague [dʀag] n. f. **1.** Filet muni d'une armature et d'un manche, servant à la pêche aux huîtres, aux moules. **2.** Engin de terrassement flottant utilisé pour approfondir un chenal, extraire des matériaux. *Drague à godets.* **3.** Fig., fam. *La drague :* le fait, l'action de draguer (sens II). – Angl. *drag,* « crochet », de *to drag,* « tirer ».

draguer [dʀage] v. [1] **I.** v. tr. **1.** Pêcher avec une drague. **2.** Approfondir un chenal ou extraire des matériaux à l'aide d'une drague. **3.** Rechercher et détruire les mines sous-marines. **II.** v. intr. Fig., fam. Flâner en quête d'aventures. ▷ v. tr. Aborder, racoler. *Draguer une fille, un garçon.* – De *drague.*

dragueur, euse [dʀagœʀ, øz] n. **1.** Personne qui pêche à la drague. **2.** n. m. Ouvrier qui drague des matériaux. **3.** n. m. Bateau qui drague. – *Dragueur de mines :* bâtiment de guerre spécialement aménagé pour le dragage des mines sous-marines. **4.** Fig., fam. Personne qui drague, qui a l'habitude de draguer, de flâner en quête d'aventures. – De *draguer.*

1. draille [dʀɑj] n. f. MAR Cordage, généralement métallique, sur lequel on hisse une voile. *Draille de trinquette.* – Autre forme de *traille.*

2. draille [dʀɑj] n. f. Dial. Chemin de transhumance. – Franco-provençal *draya,* « sentier ».

drain [dʀɛ̃] n. m. **1.** Conduit souterrain qui sert à épuiser l'eau des sols trop humides. **2.** MED Tube percé de trous qui assure l'élimination d'un liquide (pus, ascite, etc.). – Mot angl., de *to drain,* « dessécher ».

drainage [dʀɛnaʒ] n. m. **1.** Action d'assainir un terrain au moyen de drains ou de fossés. **2.** MED Évacuation d'un liquide pathologique à l'aide d'un drain qui assure son écoulement continu. **3.** Fig. Action de drainer (sens 3). – De *drainer.*

drainer [dʀɛne] v. tr. [1] **1.** Assainir (un terrain) par drainage. **2.** MED Pratiquer le drainage (d'une plaie, d'une collection liquide). **3.** Fig. Attirer vers soi, rassembler. *Drainer les capitaux.* – De *drain.*

draisienne [dʀɛzjɛn] n. f. Anc. Vélocipède mû par le va-et-vient des pieds sur le sol, ancêtre de la bicyclette. – Du n. de l'inventeur, le baron *Drais* von Sauerbronn (1785-1851).

draisine [dʀɛzin] n. f. CH de F Wagonnet à moteur utilisé pour la surveillance et l'entretien des voies. – Altér. de *draisienne.*

drakkar [dʀakaʀ] n. m. HIST Navire à étrave très relevée, utilisé par les Vikings. – Mot scand., « dragon », à cause de l'emblème sculpté à la proue.

dramatique [dʀamatik] adj. et n. f. **1.** Du théâtre; écrit pour le théâtre. *L'art dramatique. Une œuvre dramatique.* ▷ n. f. Pièce de théâtre télévisée. **2.** Se dit de ce qui est particulièrement émouvant, poignant dans un texte, un récit. *Les passages dramatiques d'un roman.* – Par anal. *Un récit dramatique.* ▷ Grave, dangereux, tragique (dans la réalité). *Des événements dramatiques.* – Bas lat. *dramaticus,* « qui concerne le drame »; gr. *dramatikos,* « théâtral ».

dramatiquement [dʀamatikmɑ̃] adv. D'une manière dramatique. – De *dramatique.*

dramatisation [dʀamatizasjɔ̃] n. f. Fait, action de dramatiser. – De *dramatiser.*

dramatiser [dʀamatize] v. tr. [1] **1.** Rendre dramatique. *Dramatiser une scène.* **2.** Exagérer la gravité, l'importance (d'un événement, d'une situation). – De *drame.*

dramaturge [dʀamatyʀʒ] n. Auteur de pièces de théâtre. – Gr. *dramatourgos.*

dramaturgie [dʀamatyʀʒi] n. f. Art de composer des œuvres dramatiques; traité sur ce sujet. – Gr. *dramatourgia.*

drame [dʀam] n. m. **1.** Vx Ouvrage composé pour le théâtre. ▷ *Spécial.* LITTER Genre dramatique où le pathétique et le sublime côtoient le familier et le grotesque; œuvre théâtrale de ce genre. *Le drame romantique.* ▷ Mod. Pièce de théâtre dont le sujet est tragique. **2.** Événement tragique. *Les drames de la Révolution. Un drame épouvantable s'est produit dans cette famille.* – Bas lat. *drama,* gr. « action ».

drap [dʀa] n. m. **1.** Étoffe de laine dont les fibres sont feutrées par foulage. ▷ *Drap mortuaire :* pièce de drap ou de velours noir dont on couvre une bière. ▷ *Drap d'or, de soie :* tissu d'or, de soie. – HIST *Le Camp du Drap d'or :* lieu situé dans le Pas-de-Calais où se rencontrèrent François Ier et Henri VIII d'Angleterre, chacun rivalisant dans l'étalage des richesses. **2.** Chacune des deux grandes pièces de toile qui couvrent un lit et entre lesquelles on se couche. ▷ Fig. *Dans de beaux draps* : dans une situation embarrassante. *Il s'est mis dans de beaux draps.* – Bas lat. *drappus*, p.-ê. mot gaul.

drapé, ée [dʀape] adj. et n. m. **1.** TECH Préparé comme le drap. **2.** Garni d'un drap. **3.** Disposé en draperie. – Fig., plaisant *Il est parti drapé dans sa dignité.* ▷ n. m. Arrangement de plis (d'un vêtement, d'une tenture). – Pp. de *draper.*

drapeau [dʀapo] n. m. **1.** Pièce d'étoffe attachée par un de ses côtés à une hampe et servant d'emblème, de signe de ralliement, etc. *Le drapeau tricolore.* ▷ *Drapeau blanc*, qui, en temps de guerre, indique que l'on désire parlementer ou se rendre. ▷ Fig. *Être sous les drapeaux* : effectuer son service militaire légal. **2.** AVIAT *Hélice en drapeau*, dont le plan moyen des pales est orienté parallèlement à la direction du déplacement de l'avion, pour réduire la résistance à l'avancement lorsque le moteur s'arrête en vol. – Dimin. de *drap.*

draper [dʀape] v. tr. [1] **I. 1.** Disposer harmonieusement les plis d'une étoffe, d'un vêtement sur (une personne, une statue). **2.** Former des plis harmonieux avec (une étoffe, un vêtement). *Draper une ceinture.* **II.** v. pron. S'envelopper dans un vêtement lâche et flottant. *Se draper dans son manteau.* ▷ Fig. *Se draper dans sa dignité* : prendre un air noble et digne. – De *drap.*

1. draperie [dʀapʀi] n. f. **1.** Étoffe, tenture, disposée avec art, en grands plis. **2.** PEINT, SCULP Représentation des étoffes drapées. – De *drap.*

2. draperie [dʀapʀi] n. f. Manufacture, commerce du drap. *Travailler dans la draperie.* – De *drapier.*

drap-housse [dʀaus] n. m. Drap resserré sur les bords par un élastique de manière à emboîter le matelas. *Des draps-housses.* – De *drap*, et *housse.*

drapier, ère [dʀapje, ɛʀ] n. et adj. Anc. Personne qui fabrique, vend des draps. – (En appos.) *Les marchands drapiers.* ▷ adj. *L'industrie drapière.* – De *drap.*

1. drastique [dʀastik] adj. et n. m. Se dit d'un purgatif énergique. – Gr. *drastikos*, «qui agit».

2. drastique [dʀastik] adj. Rigoureux, radical. *Utiliser des moyens drastiques.* – Angl. *drastic*, gr. *drastikos*, «qui agit».

dravidien, enne [dʀavidjɛ̃, ɛn] adj. et n. Qui concerne les Dravidiens, peuples occupant la plus grande partie du Dekkan, des monts Vindhya au cap Comorin, et le nord du Sri Lanka. *L'art dravidien.* ▷ Subst. *Un(e) Dravidien(ne).* ▷ LING *Langues dravidiennes* : ensemble de langues non indo-européennes, formant un bloc original car cette famille linguistique n'est apparentée à aucune autre, parlées dans le S. de l'Inde et le N. du Sri Lanka : tamoul (ou tamil), télougou, malayalam et kannara (ou kannada). – Du sanscr. *Drâvida*, prov. du S. de l'Inde, par l'angl.

drawback [dʀobak] n. m. Remboursement des droits de douane payés sur les matières premières qui ont servi à fabriquer des objets exportés. – Mot angl., de *to draw*, «tirer», et *back*, «en arrière».

drayer [dʀeje] v. tr. [21] TECH Égaliser l'épaisseur de (une peau).

drayoire [dʀejwaʀ] n. f. TECH Couteau servant à drayer.

dreadnought [dʀɛdnɔt] n. m. (Mot anglais.) MAR Vx Cuirassé de gros tonnage du déb. du XXe s. – Mot angl., «qui ne redoute rien».

drêche [dʀɛʃ] n. f. Résidu du brassage de la bière, déchets d'orge servant d'aliment pour le bétail. – Du gaul. *drasca*; a. fr. *drasche*, «cosse».

1. drège [dʀɛʒ] n. f. Grand filet pour pêcher sur le fond de la mer.

2. drège [dʀɛʒ] n. f. TECH Peigne de fer servant à séparer la graine de lin des tiges. – All. *Dresche*, de *dreschen*, «battre au fléau».

drelin [dʀəlɛ̃] interj. et n. m. Onomatopée évoquant le tintement d'une clochette.

drépanocytose [dʀepanɔsitoz] n. f. MED Maladie due à une anomalie héréditaire de la structure de l'hémoglobine, surtout rencontrée chez les Noirs et pouvant se manifester par des troubles plus ou moins graves liés à une hémolyse. – Du gr. *drepanon*, «faux, serpe», *-cyte*, et *-ose* 2.

dressage [dʀesaʒ] n. m. **1.** Action de faire tenir droit, d'élever. **2.** TECH Opération qui consiste à dresser (sens I, 4), à rendre plan; son résultat. **3.** Action d'habituer un animal à faire telle ou telle chose (tour d'adresse, tâche déterminée, etc.). *Le dressage des chiens de cirque.* – Péjor. Éducation trop stricte. *Le dressage d'un enfant.* – De *dresser.*

dresser [dʀese] v. [1] **I.** v. tr. **1.** Lever, tenir droit (une partie du corps). *Dresser la tête.* – Fig. *Dresser l'oreille* : écouter attentivement; être particulièrement attentif. **2.** Faire tenir droit. *Dresser une échelle contre une façade.* **3.** Élever, construire, installer. *Dresser un échafaud, une tente.* **4.** TECH Rendre parfaitement plan. *Dresser au rabot les chants d'une planche.* **5.** Préparer (en disposant matériellement). *Dresser la table* : mettre le couvert. *Dresser un buffet*, le garnir. **6.** Préparer, établir. *Dresser un contrat, un plan.* **7.** Fig. *Dresser une personne contre une autre*, la mettre dans des dispositions défavorables à son égard. **8.** Effectuer le dressage de (un animal). *Dresser un chien.* – Par ext. *Je vais le dresser* (en parlant de qqn), l'obliger à obéir, à se soumettre. **II.** v. pron. **1.** Se tenir droit, levé. *Se dresser sur la pointe des pieds.* – Fig. *Se dresser sur ses ergots* (par allusion au coq) : prendre une attitude provocante, menaçante. – Fig. *Avoir les cheveux qui se dressent sur la tête* : avoir très peur. **2.** Fig. *Se dresser contre* : s'élever, protester contre. *Se dresser contre une injustice.* **3.** (Passif) Être susceptible de recevoir un dressage. *Les éléphants, les ours et même les chats se dressent.* – Du lat. pop. *directiare*, de *directus*, «droit».

dresseur, euse [dʀesœʀ, øz] n. Personne qui dresse des animaux. – De *dresser.*

dressoir [dʀeswaʀ] n. m. Étagère, buffet à gradins où l'on expose la vaisselle. – De *dresser.*

dreyfusard, arde [dʀefyzaʀ, aʀd] n. et adj. HIST Partisan de Dreyfus, de la révision du procès de Dreyfus. – adj. *Sympathies dreyfusardes.* – Du n. du capitaine Alfred *Dreyfus* injustemùent condamné pour espionnage au profit de l'all., réhabilité en 1906 et dont le procès divisa la France.

dribble [dʀibl] n. m. SPORT Action de progresser en contrôlant le ballon. – Angl. *to dribble*, «tomber goutte à goutte».

dribbler [dʀible] v. intr. [1] SPORT Contrôler la balle en progressant. – De *dribble.*

dribbleur [dʀiblœʀ] n. m. SPORT Joueur spécialiste du dribble. – De *dribbler.*

drift [dʀift] n. m. GEOL Dépôt laissé par le recul d'un glacier. – Mot angl., «ce qui est poussé».

drill [dʀij] n. m. ZOOL Babouin d'Afrique occidentale, de grande taille, à face noire. – De *mandrill.*

1. drille [dʀij] n. f. TECH Outil de bijoutier constitué d'une tige où est fixé un foret, munie d'un volant et entraînée par le déroulement d'un double cordon. – De l'all. *drillen*, «percer en tournant».

2. drille [dʀij] n. m. **1.** Vx Soldat, soudard. **2.** *Un joyeux drille* : un gai luron, un joyeux camarade.

drisse [dʀis] n. f. MAR Cordage servant à hisser une corne, une voile, un pavillon. – Ital. *drizza.*

drive [dʀajv] n. m. (Anglicisme) **1.** TENNIS Syn. de *coup* droit.* **2.** GOLF Coup puissant et précis donné à la balle au départ d'un trou. – Mot angl.

1. driver [dʀive] v. [1] **1.** v. intr. Exécuter un drive, au golf, au tennis. ▷ v. tr. *Driver une balle.* **2.** v. tr. Conduire (un cheval) dans une course de trot attelé. – De l'angl. *to drive,* «conduire, pousser».

2. driver [dʀivœʀ; dʀajvœʀ] n. m. **1.** EQUIT Conducteur de sulky. **2.** GOLF Club de bois servant à exécuter le drive. – Mot angl.

drogman [dʀɔgmɑ̃] n. m. Nom donné autrefois aux interprètes dans les pays du Levant. – Du gr. byzantin *dragoumanos,* «interprète», de l'ar. *tardjumān;* V. truchement.

drogue [dʀɔg] n. f. **1.** Vx Matière première employée pour les préparations pharmaceutiques, pour la teinture. **2.** Péjor. Substance médicamenteuse. *Il absorbe trop de drogues.* **3.** Stupéfiant. *Un trafiquant de drogue.* – P.-ê. néerl. *drog,* «chose sèche», ou ital. *droga,* du lat. *drogia.*

drogué, ée [dʀɔge] adj. et n. Qui s'adonne aux stupéfiants. – Pp. subst. de *droguer.*

droguer [dʀɔge] **I.** v. tr. [1] Péjor. Donner des remèdes inutiles, faire absorber beaucoup de médicaments à (qqn). *Droguer un malade.* **II.** v. pron. **1.** Péjor. Prendre trop de médicaments. **2.** Prendre des stupéfiants. – De *drogue.*

droguerie [dʀɔgʀi] n. f. **1.** Vx Drogues, médicaments. **2.** Commerce des couleurs et des produits d'entretien; magasin où l'on vend de tels produits. – De *drogue.*

droguet [dʀɔgɛ] n. m. **1.** Vx Étoffe moitié laine moitié fil. **2.** Étoffe semée d'un motif broché. – De *drogue,* dans le sens anc. de «chose de mauvaise qualité».

droguiste [dʀɔgist] n. Marchand de couleurs et de produits d'entretien. – De *drogue.*

1. droit [dʀwa] n. m. **I. 1.** Faculté d'accomplir une action, de jouir d'une chose, d'y prétendre, de l'exiger. *Les droits et les devoirs. La Déclaration des droits de l'Homme* (V. encycl. déclaration). *Être dans son droit.* ▷ Loc. *Avoir droit à :* pouvoir prétendre à, bénéficier de. *Il a eu droit à une gratification.* – *Être en droit de :* avoir le droit de. – *Avoir un droit sur. Le père de famille de l'ancienne Rome avait droit de vie et de mort sur ses enfants.* – *Droit divin,* qui vient de Dieu. *Monarque de droit divin.* – *Droit d'aînesse :* privilège qui, dans une succession, avantageait l'aîné. – *Droits civiques,* attachés à la qualité de citoyen (notam. éligibilité, droit de vote). – (Au sens moral.) *Les droits de l'amitié.* **2.** Taxe. *Droits de péage, d'octroi, d'enregistrement. Payer un droit d'entrée.* – *Droits d'auteur :* somme que l'auteur touche sur la vente, la reproduction ou la représentation de ses œuvres. ▷ *Droits de tirage spéciaux :* monnaie internationale créée par le F.M.I. en 1969 servant d'instrument de crédit accordé aux États membres. **II.** *Le droit.* **1.** Ensemble des règles qui régissent les rapports entre les hommes. *Opposer le droit à la force.* **2.** Loc. *Faire droit à :* rendre justice à. *Faire droit à une demande,* lui donner une suite favorable. – *De droit, de plein droit :* sans contestation possible. *Cela lui revient de droit.* – *À qui de droit :* à qui est habilité, qualifié. *Adressez-vous à qui de droit.* – *À bon droit :* avec raison, justement. *Il se plaint à bon droit.* **3.** Pouvoir d'agir selon sa volonté. *Le droit du plus fort.* **4.** Ensemble des dispositions juridiques qui règlent les rapports entre les hommes. *Droit romain. Droit canon. Droit civil, droit pénal. Droit international. Droit commercial. Droit des affaires. Droit du travail.* **5.** Science du droit. *Apprendre le droit. La faculté de droit.* – Bas. lat. *directum,* du class. *directus* (adj.).

2. droit, droite [dʀwa, dʀwat] adj., n. m. et adv. **I.** adj. **1.** Qui n'est pas courbe, qui trace une ligne qui ne dévie pas. *Droit comme un I. Avoir le nez droit.* **2.** Qui va par le chemin le plus court d'un point à un autre. *Une ligne droite. En droite ligne :* directement. **3.** Vertical. *Ce mur n'est pas bien droit.* **4.** (Vêtements) *Veste droite* (opposé à *croisée* ou *cintrée*); *jupe droite* (opposé à *ample*). **5.** ASTRO *Ascension droite :* angle formé par le méridien de l'astre et le méridien du point vernal. **6.** GEOM *Angle droit,* formé par deux droites perpendiculaires. *L'angle droit vaut 90°.* ▷ n. m. *La somme des angles d'un triangle est égale à deux droits.* **7.** ANAT *Muscle droit,* dont les fibres sont verticales. ▷ n. m. *Grand droit de l'abdomen.* **8.** Juste, équitable. *Un esprit droit.* **9.** (Personnes) Honnête et loyal. *Un homme très droit.* **II.** adv. **1.** En ligne droite. *Tout droit. Aller droit devant soi.* ▷ *Marcher droit :* en ligne droite; fig., bien se conduire. **2.** Directement. *Aller droit au fait.* – Lat. *directus.*

3. droit, droite [dʀwa, dʀwat] adj. et n. m. **1.** adj. Qui est du côté opposé à celui du cœur. *La main droite. La rive droite d'un fleuve,* celle qui est du côté de la main droite en descendant son cours. – Fig. *Le bras droit de qqn,* son collaborateur indispensable. ▷ SPORT *Coup* droit.* Ant. gauche. **2.** n. m. En boxe, le poing droit. *Un direct du droit.* – De *droit* 2.

droite [dʀwat] n. f. **1.** GEOM Ligne droite. ▷ *Droite affine,* munie d'une origine et d'un point par rapport auquel ses autres points peuvent être repérés. **2.** *La droite :* le côté droit, la partie droite. *Prendre sur la droite :* tourner à droite. *Garder sa droite :* se tenir sur le côté droit (d'une route). **3.** *La droite d'une assemblée :* ceux qui siègent à la droite du président (traditionnellement les conservateurs). ▷ *La droite :* l'ensemble des conservateurs. – *Un ministre de droite. Une revue d'extrême droite.* **4.** Loc. adv. *À droite :* du côté droit. *À droite et à gauche :* de tous côtés. – De *droit* 2.

droitement [dʀwatmɑ̃] adv. Honnêtement, équitablement. – De *droit* 2.

droitier, ère [dʀwatje, ɛʀ] adj. **1.** Qui se sert habituellement de sa main droite. *Êtes-vous droitier ou gaucher?* **2.** Fam. De droite, en politique. *Une déviation droitière.* – De *droit* 3.

droiture [dʀwatyʀ] n. f. **1.** État d'un esprit droit (2, sens 9), honnête. *La droiture du jugement.* **2.** État d'une personne droite, sincère. *Un caractère plein de droiture.* – De *droit* 2.

drolatique [dʀolatik] adj. Comique (en parlant d'un texte, d'un spectacle). – De *drôle.*

drôle [dʀol] n. m. et adj. **I.** n. m. **1.** Vieilli Polisson, mauvais sujet. ▷ Enfant espiègle. *Un petit drôle.* **2.** Rég. Petit garçon. **II.** adj. **1.** Plaisant, comique. *Cet acteur est drôle.* – Fam. *Ce n'est pas drôle :* c'est fâcheux. **2.** Singulier, curieux. *C'est drôle qu'il n'écrive pas comme prévu.* ▷ Fam. Étrange. *Un drôle de personnage, une drôle d'histoire.* – *La drôle de guerre :* V. guerre. **3.** Fam. (Intensif) *Une drôle de bagarre :* une bagarre acharnée. *Il a une drôle de veine,* beaucoup de chance. – Néerl. *drol,* «petit bonhomme, lutin».

drôlement [dʀolmɑ̃] adv. **1.** D'une manière drôle. **2.** D'une manière étrange. *Il est toujours drôlement attifé.* **3.** Fam. Extrêmement. *Il est drôlement fatigué.* – De *drôle.*

drôlerie [dʀolʀi] n. f. **1.** Bouffonnerie, facétie. **2.** Comique. *Un livre plein de drôlerie.* – De *drôle.*

drôlesse [dʀolɛs] n. f. Vieilli Fille, femme méprisable. – De *drôle,* sens I, 1.

dromadaire [dʀɔmadɛʀ] n. m. Chameau à une seule bosse *(Camelus dromedarius),* parfaitement adapté au climat désertique chaud, que l'on utilise comme monture ou comme bête de somme de l'Inde à l'Afrique centrale (appelé aussi cour. *chameau*). – Bas lat. *dromedarius,* du gr. *dromas, dromados,* «coureur».

-drome, -dromie. Éléments, du gr. *dromos,* «course».

dronte [dʀɔ̃t] n. m. Oiseau columbiforme (genre *Raphus*) à bec énorme, de la taille d'un dindon, incapable de voler. (Il vécut aux Mascareignes et fut exterminé au XVIIIe s.) Syn. dodo. – Mot d'un parler de l'océan Indien, par le hollandais.

drop-goal [dʀɔpgol] n. m. (Anglicisme) SPORT Au rugby, coup de pied en demi-volée par lequel on tente de projeter le ballon entre les poteaux de but. *Des drop-goals.* - Ellipt. : *drop. Des drops.* Syn. (off. recommandé) coup de pied tombé. – Mots angl., de *to drop*, « laisser tomber », et *goal*, « but ».

drosera [dʀozeʀa] n. m. Plante carnivore (*Drosera rotundifolia*) des marais européens, qui capture les insectes à l'aide de poils glanduleux enduits d'une pepsine qui les digère. Syn. rossolis. – Lat. bot. *drosera*, gr. *droseros*, « humide de rosée ».

drosophile [dʀɔzɔfil] n. f. ENTOM Mouche du vinaigre (*Drosophila melanogaster*), brun clair, longue de 2 mm, dont le patrimoine génétique est particulièrement utile à la recherche (nombreuses mutations, chromosomes de grande taille, cycle de reproduction très court). – Lat. savant, du gr. *drosos*, « rosée », et *-phile*.

drosse [dʀɔs] n. f. MAR Cordage ou chaîne transmettant les mouvements de la barre au gouvernail. – Altér. de l'ital. *trozza* avec le *d* de *drisse*; du lat. *tradux*, « sarment de vigne ».

drosser [dʀɔse] v. tr. [1] MAR Entraîner vers la côte, vers un danger (un navire). *Courant qui drosse un navire sur un haut-fond.* – Néerl. *drossen*, « emmener, entraîner ».

dru, drue [dʀy] adj. et adv. **I.** adj. **1.** Épais, touffu. *Blés drus.* **2.** Fig. Fort, vigoureux. *Des pages drues et colorées.* **II.** adv. En grande quantité, d'une manière serrée. *Ses cheveux poussent dru. La grêle tombe dru.* – Du gaul. *drûto*, « vigoureux ».

drugstore [dʀœgstɔʀ] n. m. En France, magasin de luxe composé d'un restaurant, ou d'un bar, et de stands divers (cadeaux, livres, journaux, épicerie, etc.). – Nom déposé; mot anglais, « magasin (*store*) de médicaments (*drug*) ».

druide [dʀɥid] n. m. Nom des anciens prêtres gaulois et bretons, représentant une classe sacerdotale chargée de la célébration du culte, de l'éducation de la jeunesse et des décisions de justice. – Lat. d'orig. gaul. *druida*.

druidique [dʀɥidik] adj. Relatif aux druides. *La récolte du gui de chêne, plante sacrée, est l'une des coutumes druidiques les mieux connues.* – De *druide*.

druidisme [dʀɥidism] n. m. Religion, doctrine des druides. – De *druide*.

drumlin [dʀœmlin] n. m. GEOMORPH Surface d'une moraine de fond, après la fonte du glacier, qui présente des collines ovales parallèles. – Mot irlandais, du gaélique *druim*, « bord d'une colline ».

drums [dʀœms] n. m. pl. (Anglicisme) MUS Batterie (dans un orchestre de jazz, de rock, un spectacle de variétés). – Mot angl., de *to drum*, « jouer de la batterie ».

drupe [dʀyp] n. f. BOT Fruit charnu (cerise, prune, pêche, olive, etc.) dont l'endocarpe lignifié forme un noyau contenant l'amande (la graine). – Du lat. *drupa*, « pulpe ».

druze [dʀyz] adj. Relatif aux Druzes, populations habitant surtout en Syrie, en Jordanie, au Liban et en Israël. – .

dry [dʀaj] adj. inv. et n. m. inv. (Anglicisme) **1.** adj. inv. Sec, non moelleux, en parlant du champagne. *Extra-dry* : très sec. **2.** n. m. inv. Cocktail à base de vermouth blanc sec et de gin. – Mot angl., « sec ».

dryade [dʀijad] n. f. MYTH Nymphe qui protège les forêts. – Gr. *druas, druados*, de *drus*, « chêne ».

dry-farming [dʀajfaʀmiŋ] n. m. (Anglicisme) AGRIC Syn. (off. déconseillé) de *culture sèche*. V. culture (sens I, 1). *Des dry-farmings.* – Mots angl.

du [dy] article m. sing. **1.** Article défini contracté. *Le fils du voisin.* **2.** Article partitif. *Prendre du bon temps.* – Contraction de la préposition *de* et de l'article défini *le*.

dû, due [dy] adj. et n. m. **1.** Que l'on doit. *Chose promise, chose due.* ▷ n. m. *Réclamer son dû.* **2.** Provoqué par. *Une grande fatigue due au surmenage.* **3.** DR *Acte en bonne et due forme*, rédigé dans les formes légales. – Pp. de *devoir*.

dual [dyal] n. m. MATH *Dual de l'espace vectoriel E* : espace vectoriel, noté E*, constitué par les formes linéaires de E. – Du bas lat. *dualis*, « deux ».

dualisme [dyalism] n. m. **1.** PHILO Système qui admet la coexistence de deux principes irréductibles (le corps et l'âme, par ex.). Ant. monisme. **2.** *Par ext.* Coexistence de deux principes essentiellement différents. *Le compromis de 1867 établit le dualisme de l'Autriche-Hongrie avec la monarchie austro-hongroise.* – Lat. mod. *dualismus*, du lat. *dualis*, « composé de deux ».

dualiste [dyalist] adj. (et n.) **1.** Qui a le caractère du dualisme. *Théorie dualiste.* **2.** Qui professe le dualisme. ▷ Subst. *Un(e) dualiste.* – De *dualisme*.

dualité [dyalite] n. f. **1.** Caractère de ce qui est double. **2.** Coexistence de deux principes différents. – Du lat. *dualis*.

dubitatif, ive [dybitatif, iv] adj. Qui exprime le doute. *Air, geste dubitatif.* – Bas lat. *dubitativus*, de *dubitare*, « craindre, hésiter ».

dubitativement [dybitativmɑ̃] adv. D'une manière dubitative. *Répondre dubitativement.* – De *dubitatif*.

1. duc [dyk] n. m. **1.** Anc. Souverain de certains États (duchés). *Les ducs de Bourgogne.* **2.** Titre de noblesse le plus élevé, sous l'Ancien Régime. - V. aussi archiduc, et grand-duc. – Lat. *dux, ducis*, « chef ».

2. duc [dyk] n. m. Anc. Voiture de grand luxe à deux places, avec un siège devant pour le cocher et un derrière pour les domestiques. – De *duc* 1.

3. duc [dyk] n. m. Nom cour. de divers hiboux. (Le grand duc, *Bubo bubo*, long de 70 cm, rare, vit réfugié dans les forêts de montagne; le moyen duc, *Asio otus*, de 35 cm, et le petit duc, *Otus scops*, de 20 cm, sont plus fréquents; tous trois sont européens.) – Lat. *dux, ducis*, « chef ».

ducal, ale, aux [dykal, o] adj. Propre à un duc, à une duchesse. *Un palais ducal.* – Bas lat. *ducalis*, « de chef, d'empereur ».

ducasse [dykas] n. f. Fête populaire, dans la Flandre, le Hainaut et l'Artois. *La ducasse de Douai.* – Var. dial. de l'a. fr. *dicasse*, de *Dédicace*, nom d'une fête cathol.

ducat [dyka] n. m. Anc. Pièce d'or ou d'argent d'origine italienne, qui s'est répandue dans toute l'Europe. – Ital. *ducato*, « monnaie à l'effigie d'un duc », monnaie des ducs ou doges de Venise.

duce [dutʃe] n. m. *Le Duce* : titre qu'avait pris Benito Mussolini, chef du gouvernement fasciste italien de 1922 à 1945. – Mot ital., « chef », lat. *dux, ducis*.

duché [dyʃe] n. m. Étendue de territoire à laquelle le titre de duc est attaché. *Le duché de Parme.* - *Duché-pairie* : terre à laquelle était attaché le titre de duc et pair. *Des duchés-pairies.* – De *duc* 1.

duchesse [dyʃɛs] n. f. **1.** Femme qui possède un duché. *Anne, duchesse de Bretagne.* **2.** Épouse d'un duc. *La duchesse de Windsor.* ▷ Fam. *Elle prend des allures de duchesse, elle fait sa duchesse* : elle affecte un air de dignité, de supériorité. **3.** Fig. *Lit à la duchesse* : grand lit à colonnes et à baldaquin. ▷ *Duchesse* : lit de repos à dossier. **4.** n. f. inv. Variété de poire fondante très parfumée. – (En appos.) Des poires duchesse. – De *duc* 1.

ducroire [dykʀwaʀ] n. m. FIN Prime que l'on paie à un commissionnaire de marchandises lorsqu'il s'en porte garant. – De *dû*, et *croire*, au sens archaïque de « vendre à crédit ».

ductile [dyktil] adj. TECH Qui peut être étiré sans se rompre. – Lat. *ductilis*, de *ducere*, « conduire, tirer ».

ductilité [dyktilite] n. f. TECH Propriété d'un corps de se laisser étirer en fils sans se rompre. *De tous les métaux, l'or est celui qui possède la plus grande ductilité.* – De *ductile*.

duègne [dɥɛɲ] n. f. Anc. Gouvernante, femme d'un âge respectable, chargée, en partic. en Espagne, de veiller sur la conduite d'une jeune fille. – THEAT Emploi de duègne. *Jouer les duègnes de Hugo.* – Esp. *dueña*.

1. duel [dɥɛl] n. m. **1.** Anc. Combat singulier entre deux personnes. **2.** Combat, devant témoins, entre deux personnes dont l'une estime avoir été offensée par l'autre. *Provoquer en duel. Duel à l'épée, au pistolet.* **3.** Fig. Combat entre deux armées. *Duel d'artillerie.* **4.** Fig. *Duel oratoire* : assaut d'éloquence entre deux personnes. – Lat. *duellum*, forme archaïque de *bellum*, « guerre ».

2. duel [dɥɛl] n. m. GRAM Nombre qui s'emploie pour désigner deux personnes, deux choses, considérées comme formant un groupe indissociable. *Le duel existe en grec, en sanscrit.* – Lat. *dualis*.

duelliste [dɥelist] n. m. Celui qui se bat en duel. – De *duel* 1, p.-ê. de l'ital. *duellista*.

duettiste [dɥetist] n. Personne qui chante ou joue en duo avec une autre. *Des duettistes de music-hall.* – De *duetto*.

duetto [dɥeto] n. m. MUS Petit morceau à deux voix ou à deux instruments. – Mot italien.

duffel-coat ou **duffle-coat** [dœfœlkot] n. m. Manteau trois-quarts chaud, en laine, avec un capuchon. *Des duffel-coats, des duffle-coats.* – Mots angl., de *duffel*, « tissu de laine », de *Duffel*, v. des Flandres, et *coat*, « manteau ».

dugon [dygɔ̃] ou **dugong** [dygɔ̃g] n. m. ZOOL Mammifère sirénien *(Halicore dugung)* atteignant 3 m de long, très massif, qui vit sur les côtes de l'océan Indien. – Du malais *duyung*.

duit [dɥi] n. m. **1.** TECH Lit artificiel d'un cours d'eau, créé entre des digues, pour les besoins de la navigation. **2.** PÊCHE Digue artificielle barrant l'embouchure d'un cours d'eau maritime et retenant le poisson lors du reflux. – De l'a. fr. *duire*, lat. *ducere*, « conduire ».

duite [dɥit] n. f. TECH Longueur du fil conduit par la navette d'une lisière d'une étoffe à l'autre. – De l'a. fr. *duire*, « conduire, mener ».

dulçaquicole [dylsakikɔl] adj. BIOL Qui vit dans les eaux douces. – Du lat. *dulcis*, « doux », *aqua*, « eau », et *-cole*.

dulcification [dylsifikasjɔ̃] n. f. PHARM Action de dulcifier; son résultat. – De *dulcifier*.

dulcifier [dylsifje] v. tr. [2] PHARM Tempérer l'âcreté ou l'amertume d'un liquide en le mêlant à un liquide plus doux. – Bas lat. *dulcificare*, « rendre doux », de *dulcis*, « doux ».

dulcinée [dylsine] n. f. Plaisant Femme dont on est épris. *Il ne quitte pas sa dulcinée.* – De *Dulcinée* de Toboso, aimée par Don Quichotte, dans le roman de Cervantès.

dulie [dyli] n. f. THEOL *Culte de dulie* : culte de vénération rendu aux anges et aux saints (par oppos. à *culte de latrie*, rendu à Dieu seul). – Lat. ecclés. *dulia*, gr. *douleia*, « servitude ».

dum-dum [dumdum] n. f. inv. MILIT Balle de fusil dont l'enveloppe se déchire dans la blessure. *L'emploi des dum-dum a été interdit par la Convention internationale de La Haye de 1899.* – (En appos.) *Une balle dum-dum.* – De *Dum-Dum*, n. d'une localité de l'Inde où cet engin fut fabriqué.

dûment [dymɑ̃] adv. Selon les formes prescrites. – De *dû*.

dumping [dœmpiŋ] n. m. (Anglicisme) ECON Pratique consistant à vendre des marchandises sur le marché extérieur à des prix beaucoup plus bas que ceux du marché national pour éliminer des concurrents. – *Par ext.* Fait de vendre à un prix trop bas. – Mot angl., de *to dump*, « entasser, déblayer ».

dundee [dœndi] n. m. Anc. Petit voilier à deux mâts à gréement aurique. – De l'angl. *dandy*, d'après *Dundee*, port d'Écosse.

dune [dyn] n. f. Colline de sable accumulé par les vents dominants, au bord de la mer ou dans les déserts. – Moy. néerl. *dunen*, d'orig. gaul.

dunette [dynɛt] n. f. MAR Superstructure élevée sur le pont supérieur, à l'arrière d'un navire et sur toute sa largeur. – De *dune*.

duo [dyo; dɥo] n. m. MUS Composition pour deux voix ou deux instruments. *Chanter un duo.* – Interprétation d'une telle composition. *Leur duo manquait d'harmonie.* ▷ Fam., plaisant *Ils se chamaillent encore, quel duo!* – Mot ital., « deux ».

duodécimal, ale, aux [dɥodesimal, o] adj. MATH, INFORM Qualifie un système de numération à base 12. – Du lat. *duodecimus*, « douzième ».

duodénal, ale, aux [dɥɔdenal, o] adj. ANAT Relatif au duodénum. – De *duodénum*.

duodénite [dɥɔdenit] n. f. MED Inflammation du duodénum. – De *duodénum*.

duodénum [dɥɔdenɔm] n. m. ANAT Première portion de l'intestin grêle, comprise entre l'estomac et le jéjunum, et dont la boucle (*cadre*) enserre la tête du pancréas. – Lat. méd. *duodenum*, de *duodenum (digitorum)*, « de douze doigts » (de longueur).

duodi [dɥodi] n. m. HIST Le deuxième jour de la décade, dans le calendrier républicain. – Lat. *duo*, « deux », et *dies*, « jour ».

duopole [dɥɔpɔl] n. m. ECON Situation d'un marché partagé entre deux vendeurs concurrents. – De *duo*, « deux », d'apr. *monopole*.

dupe [dyp] n. f. et adj. **1.** n. f. Personne trompée ou facile à tromper. *Faire des dupes. Être la dupe de tout le monde.* ▷ *Un jeu de dupes, un marché de dupes* : une affaire où l'on a été trompé, où l'on risque de l'être. **2.** adj. *Être dupe, être dupe de (qqn, qqch).* – Emploi plaisant de *dupe*, « huppe », oiseau d'apparence stupide.

duper [dype] v. tr. [1] Prendre pour dupe, tromper. *Duper un concurrent.* – Pp. adj. *Un client dupé.* – De *dupe*.

duperie [dypʀi] n. f. **1.** Action de duper qqn; son résultat. *Être victime d'une duperie.* **2.** État de celui qui est dupe. *Vivre dans la duperie.* – De *duper*.

dupeur, euse [dypœʀ, øz] n. Vx Personne qui dupe. – De *duper*.

duplex [dyplɛks] n. m. **1.** TELECOM Système de télécommunication permettant la réception et l'envoi simultanés des messages. **2.** Appartement réparti sur deux étages reliés par un escalier intérieur. – Mot lat., « double ».

duplicata [dyplikata] n. m. inv. DR Copie d'un document, d'un acte, qui comporte la mention « duplicata». *Le duplicata d'un diplôme.* – Lat. médiév. *duplicata (littera),* «lettre redoublée».

duplicateur [dyplikatœʀ] n. m. TECH Appareil permettant de tirer des copies d'un original. – Bas lat. *duplicator,* «celui qui double».

duplication [dyplikasjɔ̃] n. f. **1.** Action de doubler. ▷ BIOCHIM Phénomène par lequel une molécule ou un organite peut donner naissance à un nouvel élément semblable. **2.** Fait, action de dupliquer (sens 2 et 3). **3.** TELECOM Installation d'un duplex (sens 1). – Lat. *duplicatio.*

duplicité [dyplisite] n. f. Caractère d'une personne qui ne se montre pas sous son vrai jour, qui est hypocrite. – Bas lat. *duplicitas.*

dupliquer [dyplike] v. tr. **1.** TELECOM Établir en duplex (un équipement). **2.** Faire des duplicata. **3.** INFORM Faire une copie de. *Dupliquer un fichier.* – Lat. *duplicare,* «doubler».

duquel. V. lequel.

dur, dure [dyʀ] adj., adv. et n. **I.** adj. **1.** Difficile à entamer, à pénétrer. *Bijou en pierre dure. Une matière dure comme le fer.* – Fig. *Croire qqch dur comme fer,* avec une conviction absolue. ▷ *Un œuf dur,* cuit, dont le blanc et le jaune se sont solidifiés. **2.** Dépourvu d'élasticité, de moelleux. *Un lit dur.* **3.** Qui oppose une résistance, qui ne cède pas sous l'effort. *Tirez fort sur la poignée, elle est un peu dure. Un fusil dur à la détente.* – Fig., fam. *Il est dur à la détente* : il est avare; il ne comprend pas vite. – MAR *Mer dure,* dont les lames, courtes et hachées, s'opposent à l'avancement du navire. ▷ Loc. fig. *Avoir l'oreille dure, être dur d'oreille* : être un peu sourd. *Avoir la tête dure* : être obstiné, têtu, ou comprendre difficilement. ▷ Fam. Difficile à faire. *Un problème assez dur.* ▷ *Dur à* (+ subst.) : qui résiste à. *Être dur à la fatigue, au mal.* ▷ *Dur à* (+ inf.) : difficile à. *Un plat dur à digérer.* – Fig., fam. *Une personne dure à cuire* ou, subst., *un(e) dur(e) à cuire* : personne déterminée et obstinée, ou qui a une grande résistance physique ou morale. **4.** Difficile à supporter, pénible. *Un hiver dur. Des reproches durs à entendre. Les temps sont durs* : la vie est difficile. *Mener la vie dure à qqn,* lui causer des difficultés, du tourment. **5.** Déplaisant, sans harmonie. *Un visage fermé et dur. Un dessin dur.* **6.** Sans indulgence, sans douceur. *Un père dur pour ses enfants. Un cœur dur.* **7.** *Eau dure,* qui a une forte teneur en calcium ou en magnésium. **II.** adv. Fam. Énergiquement, intensément. *Taper dur. Il gèle dur.* **III.** n. **1.** n. m. Ce qui est dur. *Le dur et le moelleux.* **2.** n. f. *Coucher sur la dure, à la dure,* à même le sol. **3.** n. Fam. Personne qui ne recule devant rien, que le risque n'effraie pas. *«Je voulais être un homme. Un dur» (Sartre). Une dure.* **4.** Loc. adv. *À la dure* : rudement, sans ménagement. *Un enfant élevé à la dure.* – Lat. *durus.*

durabilité [dyʀabilite] n. f. **1.** Caractère de ce qui est durable. **2.** DR Durée d'utilisation d'un bien. – De *durable,* ou bas lat. *durabilitas.*

durable [dyʀabl] adj. Qui peut durer, stable. *Une paix durable.* – De *durer.*

durablement [dyʀabləmɑ̃] adv. D'une manière durable. – De *durable.*

duralumin [dyʀalymɛ̃] n. m. METALL Alliage d'aluminium et de cuivre, dur et léger. (Abrév. : dural). – Nom déposé; de *Düren,* v. d'Allemagne où l'alliage fut créé, et *alumin(ium),* avec infl. de *dur.*

duramen [dyʀamɛn] n. m. BOT Bois de cœur, dont la lignification est achevée. – Mot lat., de *durus,* «dur».

durant [dyʀɑ̃] prép. **1.** (Avant le nom.) Au cours de, pendant. *Durant la Renaissance.* **2.** (Après le nom, dans certaines loc.) Pendant la durée continue, complète de. *Il a souffert sa vie durant.* – Ppr. de *durer.*

durcir [dyʀsiʀ] v. [3] **I.** v. tr. **1.** Rendre plus dur. *La chaleur durcit la terre.* **2.** Fig. Rendre moins accommodant, moins conciliant. *Durcir son attitude.* **3.** Donner une apparence moins douce, moins harmonieuse à. *La maladie avait durci ses traits.* **II.** v. pron. ou intr. Devenir dur. *La colle se durcit* ou *durcit en séchant.* – De *dur.*

durcissement [dyʀsismɑ̃] n. m. Action de durcir, de se durcir. *Le durcissement d'une pâte à la cuisson.* ▷ Fig. *Le durcissement des positions des adversaires.* – De *durcir.*

durcisseur [dyʀsisœʀ] n. m. TECH Produit qui sert à faire durcir une substance. *Mélanger le durcisseur et l'adhésif d'une colle.* ▷ Verni conçu pour durcir les ongles. *Un durcisseur d'ongles incolore.* – De *durcir.*

durée [dyʀe] n. f. **1.** Espace de temps que dure une chose. *La durée de la vie.* **2.** MUS Temps pendant lequel doit être maintenu un son, un silence. **3.** PHILO Temps vécu, forme que prend la succession des états de conscience d'un sujet (par oppos. au *temps objectif, mesurable*). – De *durer.*

durement [dyʀmɑ̃] adv. D'une manière dure. – De *dur.*

dure-mère [dyʀmɛʀ] n. f. ANAT La plus externe des trois enveloppes qui forment les méninges. *Des dures-mères.* – Trad. du lat. méd. *dura mater.*

durer [dyʀe] v. intr. [1] **1.** Continuer d'être (pendant un certain temps). *Leur entretien a duré une heure.* **2.** *Absol.* Se prolonger, persister. *C'est trop beau pour que cela dure. Faire durer le plaisir.* **3.** Se conserver avec ses qualités. *Ces chaussures ont duré un an.* **4.** Sembler long (en parlant du temps). *Cette heure dura une éternité. Le temps me dure.* **5.** Fam., rég. *Ne pas pouvoir durer en place* : ne pas pouvoir rester en place. – Lat. *durare,* «durcir; endurer, résister, durer».

dureté [dyʀte] n. f. **1.** Qualité de ce qui est dur, difficile à entamer. *La dureté du diamant, d'une viande.* **2.** Manque de douceur. *Dureté d'un visage, d'une voix.* **3.** Caractère de ce qui est difficile à supporter, pénible. *La dureté d'un climat. La dureté d'une séparation.* **4.** Raideur, défaut d'harmonie. *La dureté des contours, du style.* **5.** Insensibilité, sévérité. *Dureté d'un chef envers ses subordonnés.* **6.** *Dureté de l'eau,* sa teneur en calcium et en magnésium. – De *dur.*

durham [dyʀam] n. et adj. Se dit d'un bovin d'une race originaire du Durham, dont on importe en France des spécimens destinés à améliorer les races autochtones. – De *Durham,* n. d'un comté angl.

durillon [dyʀijɔ̃] n. m. Callosité provoquée par un frottement et une pression répétés, sur la paume des mains et la plante des pieds. – De *dur.*

durion [dyʀjɔ̃] ou **durian** [dyʀiɑ̃] n. m. BOT Arbre de l'Inde, cultivé pour son fruit comestible de la taille du melon. – Du malais *dourian,* par l'esp., puis le lat. savant.

durit ou **durite** [dyʀit] n. f. TECH Tube de caoutchouc armé, utilisé pour raccorder les canalisations des moteurs à explosion. – Nom déposé; probabl. de *dur.*

duse [dyz] n. f. TECH Orifice calibré limitant le débit dans un tuyau sous pression. – All. *Düse.*

duumvir [dyɔmviʀ] n. m. ANTIQ ROM Magistrat qui exerçait une charge conjointement avec un autre. – Mot lat., de *duo,* «deux», et *vir,* «homme».

duumvirat [dyɔmviʀa] n. m. ANTIQ ROM **1.** Charge, dignité de duumvir. **2.** Exercice des fonctions de duumvir. – Lat. *duumviratus,* de *duumvir.*

duvet [dyvɛ] n. m. **I. 1.** Plume très légère. – Ensemble des plumes couvrant tout le corps des oiseaux, sous les tectrices de l'adulte et chez certains oisillons. **2.** *Par ext.* Poil fin et tendre qui recouvre certains mammifères. *Le duvet de la chèvre du Cachemire.* **3.** Sac de couchage bourré de duvet (sens 1). **II.** *Par anal.* **1.** Peau cotonneuse de certains fruits. *Le duvet d'une pêche.* **2.** Première barbe d'un jeune homme; poil très fin. *Un fin* *duvet ombrait sa lèvre supérieure.* – Altér. de *dumet,* dimin. de l'a. fr. *dum* ou *dun,* refait sur *plume*; scand. *dunn.*

duveté, ée [dyvte] adj. Couvert de duvet. *Peau duvetée.* – De *duvet.*

duveteux, euse [dyvtø, øz] adj. **1.** Couvert de duvet. **2.** Qui a l'aspect du duvet. *Une étoffe duveteuse.* – De *duvet.*

Dy CHIM Symbole du dysprosium.

dyade [dijad] n. f. PHILO ANC Réunion de deux principes opposés et complémentaires. *La dyade pythagoricienne de l'unité et de l'infini.* – Du gr. *duas, duados,* « dualité ».

dyke [dik ; dajk] n. m. GEOL Filon de roche volcanique injecté dans une crevasse verticale. – Mot angl., « digue ».

dynam(o)-, -dynamie. Éléments, du gr. *dunamis,* « force ».

dynamique [dinamik] adj. et n. f. **I.** adj. **1.** Relatif aux forces, et aux mouvements qu'elles engendrent. *Électricité dynamique* : courant électrique (par oppos. à *électricité statique*). **2.** Fig. Qui manifeste une force, une puissance engendrant un mouvement. *Art dynamique.* Ant. statique. **3.** Fig. Qui manifeste de l'énergie, de l'entrain, de la vitalité. *Un chef d'équipe dynamique.* **II.** n. f. **1.** MECA Partie de la mécanique qui traite des relations entre les forces et des systèmes sur lesquels ces forces agissent. **2.** PSYCHO *Dynamique de(s) groupe(s)* : étude expérimentale des lois qui régissent le comportement des petits groupes et des individus au sein de ces groupes. – Ensemble des techniques qui visent à améliorer, grâce à l'influence du groupe, le comportement d'un individu (ou celui du groupe). – Gr. *dunamikos,* de *dunamis,* « force ».

dynamiquement [dinamikmɑ̃] adv. **1.** MECA Au point de vue de la dynamique. **2.** Avec entrain, dynamisme. – De *dynamique.*

dynamisation [dinamizasjɔ̃] n. f. Action de dynamiser. *La dynamisation d'une équipe.* – De *dynamiser,* par l'angl. *dynamization.*

dynamiser [dinamize] v. tr. [1] Donner du dynamisme à. *Dynamiser une équipe, un mouvement.* – De *dynamisme.*

dynamisme [dinamism] n. m. **1.** Puissance d'action, activité entraînante. *Mener une entreprise avec dynamisme.* **2.** PHILO Tout système qui, dans l'explication de l'univers, admet l'existence de forces irréductibles à la masse et au mouvement (par oppos. à *mécanisme*). – Du gr. *dunamis,* « force, puissance ».

dynamiste [dinamist] adj. et n. PHILO Qui concerne, qui soutient le dynamisme. – De *dynamisme.*

dynamitage [dinamitaʒ] n. m. Action de dynamiter. – De *dynamiter.*

dynamite [dinamit] n. f. **1.** Explosif constitué de nitroglycérine mélangée à une substance solide qui la stabilise. *La dynamite fut inventée par Nobel en 1867. Dynamite-gomme* : mélange de nitroglycérine et de nitrocellulose. **2.** Fig., fam. *C'est de la dynamite* : se dit d'une chose, d'un événement capable de susciter une réaction violente, intense ; d'une personne dynamique, remuante. – Du gr. *dunamis,* « force ».

dynamiter [dinamite] v. tr. [1] Faire sauter à la dynamite. *Dynamiter une voie ferrée.* – De *dynamite.*

dynamiteur, euse [dinamitœʀ, øz] n. **1.** Vx Fabricant de dynamite. **2.** Personne qui exécute un dynamitage. ▷ Fig. *Dynamiteur de la morale bourgeoise.* – De *dynamite.*

dynamo [dinamo] n. f. Génératrice de courant continu. – Abrév. de *(machine) dynamo-électrique.*

dynamo-. V. dynam-.

dynamo-électrique [dinamoelɛktʀik] adj. ELECTR Qui transforme l'énergie cinétique en électricité (machines). – De *dynamo-,* et *électrique.*

dynamographe [dinamɔgʀaf] n. m. Instrument servant à enregistrer la force musculaire. – De *dynamo-,* et *-graphe.*

dynamométamorphisme [dinamometamɔʀfism] n. m. GEOL Métamorphisme dû à des forces mécaniques qui donnent des roches à minéraux broyés. – De *dynamo-,* et *métamorphisme.*

dynamomètre [dinamɔmɛtʀ] n. m. PHYS Appareil servant à la mesure des forces. *Dynamomètre à ressort, piézoélectrique.* – De *dynamo-,* et *-mètre.*

dynamométrique [dinamɔmetʀik] adj. Relatif à la mesure des forces. – De *dynamomètre.*

dynaste [dinast] n. m. **1.** HIST Petit souverain régnant sous la dépendance d'un souverain plus puissant. **2.** ENTOM Scarabée d'Amérique centrale, de grande taille, dont le mâle porte deux longues cornes formant une pince puissante. – Gr. *dunastês,* « souverain ».

dynastie [dinasti] n. f. **1.** Succession de souverains d'une même famille qui ont régné sur un pays. *Dynastie des Mérovingiens, des Carolingiens, des Capétiens.* **2.** *Par anal.* Succession d'hommes illustres d'une même famille. *La dynastie des Estienne.* – Gr. *dunasteia,* « domination ».

dynastique [dinastik] adj. Qui concerne une dynastie. – De *dynastie.*

-dyne, dyn(o)-. Éléments, du gr. *dunamis,* « force ».

dyne [din] n. f. PHYS Force qui communique à une masse de 1 gramme une accélération de 1 cm/s^2 (symbole : dyn). (Cette unité du système C.G.S. est exclue du système SI, dans laquelle les forces se mesurent en newtons.) – Du gr. *dunamis,* « force ».

dynode [dinɔd] n. f. ELECTRON Électrode dont le rôle essentiel est de fournir une émission secondaire, dans un tube électronique. – De *dyn-,* et *-ode.*

dys-. Élément, du gr. *dus,* « difficulté, mauvais état ».

dysarthrie [dizaʀtʀi] n. f. MED Difficulté de la parole due à une lésion des organes de la phonation. – De *dys-,* et *-arthrie.*

dyscalculie [diskalkyli] n. f. PSYCHO, MED Perturbation de l'apprentissage du calcul. – De *dys-,* et *calcul,* d'apr. *dyslexie, dysorthographie...*

dyschondroplasie [diskɔ̃dʀoplazi] n. f. MED Affection génotypique caractérisée par un défaut de l'ossification de la métaphyse des os longs. – De *dys-,* gr. *chondros,* « cartilage », et *-plasie.*

dyschromatopsie [diskʀɔmatɔpsi] n. f. MED Trouble de la perception des couleurs. – De *dys-, chrom-,* et gr. *opsis,* « vue ».

dyschromie [diskʀɔmi] n. f. MED Trouble de la pigmentation de la peau (vitiligo, albinisme, etc.). – De *dys-,* et gr. *khrôma,* « couleur ».

dyscinésie [disinezi] ou **dyskinésie** [diskinezi] n. f. MED Difficulté à exécuter des mouvements. – De *dys-,* et *-kinésie.*

dyscrasie [diskʀazi] n. f. MED Mauvaise constitution. – De *dys-,* et gr. *krasis,* « humeur ».

dyscrasique [diskʀazik] adj. Relatif à une dyscrasie. – De *dyscrasie.*

dysenterie [disɑ̃tʀi] n. f. Maladie infectieuse, contagieuse, caractérisée par l'émission de selles fréquentes, abondantes, glaireuses, sanglantes et douloureuses. *La dysenterie amibienne est due à « Entamœba histolytica »; la* *dysenterie bacillaire à une shigelle (bacille de Shiga).* – De *dys-*, et gr. *entera*, « entrailles ».

dysentérique [disɑ̃teʀik] adj. Relatif à la dysenterie; qui ressemble à la dysenterie. *Syndrome dysentérique.* – De *dysenterie.*

dysfonctionnement [disfɔ̃ksjɔnmɑ̃] n. m. Didac. Trouble, anomalie dans le fonctionnement. – De *dys-*, et *fonctionnement.*

dysglobulinémie [disglɔbylinemi] n. f. MED Anomalie quantitative ou qualitative des immunoglobulines sériques (ex. : la maladie de Kahler). – De *dys-*, *globuline*, et *-émie.*

dysgraphie [disgʀafi] n. f. MED Trouble dans l'apprentissage de l'écriture. – De *dys-*, et *-graphie.*

dyshidrose ou **dysidrose** [dizidʀoz] n. f. MED Variété d'eczéma, siégeant aux mains et aux pieds. – De *dys-*, et gr. *idros*, « sueur »; empr. angl.

dyskinésie. V. dyscinésie.

dyslexie [dislɛksi] n. f. MED Difficulté à identifier, comprendre et reproduire le langage écrit. – De *dys-*, et gr. *lexis*, « mot ».

dyslexique [dislɛksik] adj. et n. Qui est atteint de dyslexie. – De *dyslexie.*

dysménorrhée [dismenɔʀe] n. f. MED Menstruation difficile et douloureuse. – De *dys-*, gr. *mên*, « mois », et *-rrhée.*

dysorthographie [dizɔʀtɔgʀafi] n. f. MED Trouble de l'acquisition et de la pratique de l'orthographe. – De *dys-*, et *orthographe.*

dysorthographique [dizɔʀtɔgʀafik] adj. et n. MED Atteint de dysorthographie. – De *dys-*, et *orthographe.*

dyspareunie [dispaʀøni] n. f. MED Douleur pendant les rapports sexuels (chez la femme). – De *dys-*, et gr. *pareunazein*, « coucher auprès de, avec ».

dyspepsie [dispɛpsi] n. f. MED Digestion douloureuse et difficile. – De *dys-*, et gr. *peptein*, « cuire, digérer ».

dyspepsique [dispɛpsik] ou **dyspeptique** [dispɛptik] adj. (et n.) MED Relatif à la dyspepsie; atteint de dyspepsie. – De *dyspepsie.*

dyspnée [dispne] n. f. MED Trouble de la respiration accompagnant les affections respiratoires et cardiaques, et certains accidents neurologiques. – De *dys-*, et gr. *pnein*, « respirer ».

dyspraxie [dispʀaksi] n. f. MED Terme servant à désigner les différentes formes d'apraxie. – De *dys-*, et *-praxie.*

dysprosium [dispʀozjɔm] n. m. CHIM Élément appartenant à la famille des lanthanides, de numéro atomique Z = 66, de masse atomique 162,5 (symbole : Dy). – Métal (Dy) qui fond à 1 407 °C et bout vers 2 600 °C. – Du gr. *dusprositos*, « difficile à atteindre ».

dystonie [distɔni] n. f. MED Trouble de la tension, du tonus. – De *dys-*, et *-tonie.*

dystrophie [distʀɔfi] n. f. MED Anomalie du développement d'un organe, due à un trouble de la nutrition. – De *dys-*, et gr. *trophê*, « nourriture ».

dysurie [dizyʀi] n. f. MED Difficulté à uriner. – De *dys-*, et *-urie.*

dytique [ditik] n. m. ENTOM Coléoptère carnivore, hôte des eaux stagnantes, long de 5 cm, vorace et très bon plongeur. – Gr. *dutikos*, « plongeur ».

e [ə] n. m. **1.** Cinquième lettre (e, E) et deuxième voyelle de l'alphabet, notant les sons : [ɛ] ou *e* ouvert (ex. *père, rêve, jouet, ciel*); [e] ou *e* fermé (ex. *bonté, cacher, courez*); [ə] ou *e* muet, qui se prononce (ex. *petit*) ou non (ex. *enjouement, flamme, rapidement*) et qui s'élide devant une voyelle ou un h muet (ex. : *Je n'ai pas vu l'homme qu'il a invité*); [ɑ̃] ou *e* nasal (ex. *vent*), et, en combinaison, le son [ø] ou *eu* fermé (ex. *peu, voeu*), le son [œ] ou *eu* ouvert (ex. *seul, oeuf*) et le son vocalique où il ne se prononce pas (ex. le son [o], écrit *eau* de *beau*). *Un e tréma**. **2.** BIOL *Vitamine E* : vitamine liposoluble. **3.** GEOGR E. : abrév. de *Est*. **4.** MATH *e* : symbole de la base des logarithmes népériens. **5.** MUS E : notation alphabétique de la note *mi*. **6.** PHYS E : symb. de l'énergie. ▷ e, symb. de l'électron.

é-, ef-, es- ou **ex-.** Préfixe, du lat. *e(x)*, marquant une idée de sortie, d'extraction, d'éloignement ou d'achèvement.

E.A.O. Sigle de *enseignement assisté par ordinateur*.

eau [o] n. f. **I. 1.** Substance liquide, transparente, inodore et sans saveur, de formule H_2O. *L'eau se solidifie à 0°C et bout à 100°C, à partir de 1 200°C, elle se dissocie en hydrogène et en oxygène.* **2.** Ce liquide, abondant sur la Terre à l'état plus ou moins pur. *Eau de source, de pluie. Eau claire, trouble. Eau douce* : eau non salée (par oppos. à *eau de mer*). Fam. *Marin d'eau douce*, inexpérimenté. *Eau gazeuse*, qui contient du dioxyde de carbone (par oppos. à *eau plate*). *Eaux usées* : eaux salies, impures, rejetées après usage. *Eau de vaisselle*, qui a servi à laver la vaisselle; fig., fam. soupe, sauce insipide, trop allongée. ▷ Loc. et prov. *C'est une goutte d'eau dans la mer*, peu de chose. *C'est une tempête dans un verre d'eau*, beaucoup de bruit pour rien. *Un coup d'épée dans l'eau* : une démarche inutile, sans résultat. *Il faut se méfier de l'eau qui dort*, des apparences doucereuses ou pacifiques. *Mettre de l'eau dans son vin* : devenir plus modéré, moins intransigeant. *Se noyer dans un verre d'eau* : être arrêté par la moindre difficulté. – Fig., fam. *Tourner en eau de boudin* : tourner court, échouer. *Vert d'eau* : vert pâle. ▷ CONSTR *Mettre hors d'eau un bâtiment*, en terminer la couverture, l'étanchéité. ▷ LITURG *Eau baptismale, bénite, consacrée.* **3.** Toute masse plus ou moins considérable de ce liquide (mer, rivière, lac, etc.). *Le niveau des eaux. Hautes, basses eaux. Le bord de l'eau.* ▷ Loc. et prov. *À fleur d'eau*, à la surface de l'eau. *Au fil de l'eau*, en suivant le courant. *D'ici là, il passera de l'eau sous les ponts* : cela n'arrivera pas de sitôt. *Être comme un poisson dans l'eau* : être dans son élément. *Grandes eaux* : aménagements des bassins avec des jets d'eau; les eaux jaillissantes elles-mêmes. *L'eau va à la rivière* : les richesses, les honneurs vont à ceux qui en sont déjà bien pourvus. *Nager entre deux eaux*, en restant recouvert par l'eau; fig., louvoyer entre deux partis. *Pêcher en eau trouble* : se procurer un profit à la faveur du désordre. *Se jeter à l'eau* : se lancer avec courage dans une entreprise. *Tomber à l'eau* : échouer. *Son projet est tombé à l'eau.* ▷ ADMIN *Eaux et Forêts* : les forêts, les rivières, les lacs, etc., en tant qu'objet d'une surveillance de l'État et d'une législation spéciale. **4.** (Plur., en loc.) Eaux qui possèdent des vertus curatives ou bienfaisantes et dont on fait usage soit en s'y baignant, soit en les absorbant comme boisson. *Ville d'eaux. Aller aux eaux. Prendre les eaux.* – Sing. *Eau minérale, thermale.* **5.** Préparation aqueuse usitée en médecine, en parfumerie, dans l'industrie. *Eau oxygénée* : peroxyde d'hydrogène. *Eau de Cologne. Eau de toilette. Eau de Javel**. **II.** Liquide produit par un organisme. **1.** (En loc.) Sueur, salive. *Suer sang et eau. Être en eau. L'eau en vient à la bouche.* **2.** (Plur.) Liquide amniotique. *Poche des eaux. Perdre les eaux.* **3.** Suc de certains fruits. *Cette poire a beaucoup d'eau.* **III.** Transparence, éclat d'une pierre précieuse. *Des perles d'une belle eau.* ▷ Fig. *De la plus belle eau* : parfait dans son genre. – Iron. *Un paresseux de la plus belle eau.* – Du lat. *aqua*.

eau-de-vie [odvi] n. f. Liqueur alcoolique extraite par distillation du jus fermenté de fruits, de plantes ou de grains. *L'armagnac, le cognac, le rhum, le whisky sont des eaux-de-vie.* – Lat. des alchimistes, *aqua vitæ*.

eau-forte [ofɔʀt] n. f. **1.** Acide nitrique additionné d'eau dont se servent les graveurs. *Graver à l'eau-forte.* **2.** BX-A Gravure obtenue en faisant mordre par l'acide nitrique une plaque de cuivre ou de zinc recouverte d'un vernis protecteur, sur lequel on a dessiné à l'aide d'une pointe qui a mis le métal à nu. *Des eaux-fortes.* – Lat. alchim. *aqua fortis*.

eaux-vannes [ovan] n. f. pl. TECH Eaux qui proviennent des fosses d'aisances, des bassins de vidange. – De *eau*, et *vanne*.

ébahi, ie [ebai] adj. Très étonné, surpris, stupéfait. *En rester ébahi.* Syn. éberlué, interdit. – Pp. de *ébahir*.

ébahir [ebaiʀ] v. tr. [3] Frapper d'étonnement. *Sa performance nous a ébahis.* ▷ v. pron. S'étonner. – De *é-*, et a. fr. *baer*, var. de *bayer*.

ébahissement [ebaismɑ̃] n. m. Étonnement, très grande surprise. Syn. stupéfaction. – De *ébahir*.

ébarbage [ebaʀbaʒ] ou **ébarbement** [ebaʀbəmɑ̃] n. m. Action d'ébarber, son résultat. – De *ébarber*.

ébarber [ebaʀbe] v. tr. [1] Enlever les barbes, les irrégularités, les bavures de. *Ébarber des plumes, de l'orge, du papier. Ébarber une pièce de métal.* – De *é-*, et *barbe*.

ébarbeuse [ebaʀbøz] n. f. TECH Machine à ébarber le métal. – De *ébarber*.

ébarboir [ebaʀbwaʀ] n. m. TECH Outil servant à ébarber. – De *ébarber.*

ébarbure [ebaʀbyʀ] n. f. TECH Particule qui se détache à l'ébarbage. – De *ébarber.*

ébats [eba] n. m. pl. Mouvements, jeux de qqn qui s'ébat. – Spécial. *Ébats amoureux.* – Déverbal de *(s')ébattre.*

ébattre (s') [ebatʀ] v. pron. [61] S'amuser, se divertir en se donnant du mouvement. *Enfants qui s'ébattent.* Syn. folâtrer. – De *é-*, et *battre.*

ébaubi, ie [ebobi] adj. Vieilli Très étonné, qui éprouve une surprise mêlée d'admiration. – Pp. de *ébaubir.*

ébaubir [ebobiʀ] v. tr. [2] Vieilli Étonner grandement. ▷ v. pron. *Il s'ébaubissait d'un tel spectacle.* – Var. de l'a. fr. *abaubir,* «rendre bègue», du lat. *balbus,* «bègue».

ébauchage [eboʃaʒ] n. m. TECH Action de donner une première forme. – De *ébaucher.*

ébauche [eboʃ] n. f. **1.** Première forme donnée à une œuvre, à un ouvrage. *La première ébauche d'un tableau, d'une sculpture, d'un roman.* – Fig. *L'ébauche d'une législation.* **2.** Commencement d'une chose, amorce. *L'ébauche d'un sourire.* Syn. esquisse. **3.** TECH Forme grossière d'une pièce. *Une ébauche de clé.* – Déverbal de *ébaucher.*

ébaucher [eboʃe] v. [1] **I.** v. tr. **1.** Donner une première forme à (un ouvrage). *Ébaucher une statue. Ébaucher un roman.* **2.** TECH Dégrossir. *Ébaucher du chanvre. Ébaucher un diamant.* **3.** Fig. Commencer et ne pas achever. *Ébaucher un geste, un sourire. Ébaucher une idylle.* Syn. esquisser. Ant. achever, parfaire. **II.** v. pron. (passif) Être ébauché; commencer à prendre tournure. – De *é-*, et a. fr. *balc, bauch,* «poutre».

ébaucheur, euse [eboʃœʀ, øz] n. TECH Ouvrier, ouvrière qui ébauche, qui donne une première forme à un ouvrage. – De *ébaucher.*

ébauchoir [eboʃwaʀ] n. m. TECH Outil (de sculpteur, notam.) servant à ébaucher. – De *ébaucher.*

ébaudir [ebodiʀ] v. tr. [3] Vx Rendre joyeux, amuser. ▷ v. pron. (Anc. s'esbaudir.) Se réjouir et manifester sa joie. – De *é-*, et a. fr. *bald, baud,* «joyeux», d'orig. frq.

ébénacées [ebenase] n. f. pl. BOT Famille d'ébénales comprenant les ébéniers. – Sing. *Une ébénacée.* – De *ébène.*

ébénales [ebenal] n. f. pl. BOT Ordre de dicotylédones gamopétales des régions tropicales comprenant les ébénacées, les styracacées, etc. – Sing. *Une ébénale.* – De *ébène.*

ébène [ebɛn] n. f. **1.** Bois de l'ébénier, dur, très dense, noir, veiné de brun ou de blanc, utilisé en ébénisterie de luxe. **2.** *Par comparaison.* Couleur d'un noir éclatant. *Chevelure d'ébène.* ▷ Fig. *Bois d'ébène* : nom donné autref. par les négriers aux esclaves noirs. – Lat. *ebenus,* gr. *ebenos.*

ébénier [ebenje] n. m. Arbre exotique (genre *Dyospiros,* fam. ébénacées) à fleurs unisexuées et à fruits juteux. (*Dyospiros ebenum,* de Ceylan et du S. de l'Inde, produit une ébène noire exempte de veines. *Dyospiros kaki,* cultivé en Provence, produit les kakis.) ▷ *Faux ébénier* : autre nom du cytise. – De *ébène.*

ébéniste [ebenist] n. m. **1.** Ouvrier qui fabrique des meubles de luxe en utilisant la technique du placage (placage d'ébène à l'origine). **2.** *Par ext.* Ouvrier, artisan, qui fabrique, qui vend des meubles. – De *ébène.*

ébénisterie [ebenistəʀi] n. f. Travail, art de l'ébéniste. – De *ébéniste.*

éberlué, ée [ebɛʀlɥe] adj. Très étonné, stupéfait. – Pp. de *éberluer.*

éberluer [ebɛʀlɥe] v. tr. [1] Vieilli Étonner grandement, ébahir. – De *é-*, et *berlue.*

éblouir [ebluiʀ] v. tr. [3] **1.** Troubler par une lumière trop vive la vue de. *Le soleil l'éblouissait.* **2.** Fig. Surprendre, séduire par une apparence brillante mais trompeuse. *Se laisser éblouir par l'éloquence de qqn.* ▷ Mod. Susciter l'admiration, l'émerveillement. *Sa virtuosité nous a éblouis.* – Du lat. pop. *exblaudire,* du frq. *blaudi,* «faible».

éblouissant, ante [ebluisɑ̃, ɑ̃t] adj. **1.** Qui éblouit. *Une neige éblouissante.* **2.** Fig. Qui émerveille. *Une grâce éblouissante.* – Ppr. de *éblouir.*

éblouissement [ebluismɑ̃] n. m. **1.** Gêne dans la perception visuelle, causée par une lumière trop vive. *L'éblouissement provoqué par les phares.* ▷ *Par ext.* Trouble de la vue dû à un malaise. *Des éblouissements causés par la fatigue.* **2.** Fig. Émerveillement. *Ce spectacle fut un éblouissement.* – De *éblouir.*

ébonite [ebɔnit] n. f. TECH Combinaison de caoutchouc et de soufre (au moins 25 %). (Cet excellent isolant électrique a perdu de son intérêt depuis l'apparition des résines synthétiques.) – De l'angl. *ebony,* «ébène».

éborgnage [ebɔʀɲaʒ] n. m. HORTIC Action de supprimer les yeux (bourgeons) inutiles d'un arbre fruitier. – De *éborgner.*

éborgnement [ebɔʀɲəmɑ̃] n. m. Action d'éborgner (sens 1); son résultat. – De *éborgner.*

éborgner [ebɔʀɲe] v. tr. [1] **1.** Rendre borgne. **2.** HORTIC Pratiquer l'éborgnage de. **3.** v. pron. Se crever un œil. – De *é-*, et *borgne* (sens 1).

éboueur [ebuœʀ] n. m. Employé chargé de débarrasser la voie publique des ordures ménagères et des boues. Syn. boueur ou boueux. – De *é-*, et *boue.*

ébouillantage [ebujɑ̃taʒ] n. m. Action d'ébouillanter. – De *ébouillanter.*

ébouillanter [ebujɑ̃te] v. tr. [1] Tremper dans l'eau bouillante ou arroser d'eau bouillante. *Ébouillanter une volaille pour la plumer. Ébouillanter une théière.* ▷ v. pron. Se brûler avec un liquide bouillant. – De *é-*, et *bouillant.*

éboulement [ebulmɑ̃] n. m. **1.** Fait de s'ébouler. *L'éboulement d'une muraille.* **2.** Éboulis. – De *ébouler.*

ébouler [ebule] **1.** v. tr. [1] Provoquer la chute, l'effondrement de (qqch). **2.** v. pron. S'affaisser, s'effondrer en se désagrégeant. *Le tunnel s'est éboulé.* – De *é-*, et a. fr. *boel, boiel,* anc. forme de *boyau.*

éboulis [ebuli] n. m. **1.** Amas de matériaux éboulés. **2.** GEOMORPH Accumulation de matériaux grossiers au pied d'un relief, due à une érosion mécanique. – De *ébouler.*

ébourgeonnement [ebuʀʒɔnmɑ̃] ou **ébourgeonnage** [ebuʀʒɔnaʒ] n. m. HORTIC Action d'ébourgeonner. – De *ébourgeonner.*

ébourgeonner [ebuʀʒɔne] v. tr. [1] HORTIC Ôter les bourgeons inutiles (des arbres fruitiers). – De *é-*, et *bourgeon.*

ébouriffant, ante [ebuʀifɑ̃, ɑ̃t] adj. Fam. Extraordinaire, renversant. *Un succès ébouriffant.* – Ppr. de *ébouriffer.*

ébouriffé, ée [ebuʀife] adj. Rebroussés et en désordre (en parlant des cheveux, des poils d'un animal). – Par ext. *Tu es tout ébouriffé.* – Probabl. provenç. mod. *esbourifat;* de *é-*, et *bourre.*

ébouriffer [ebuʀife] v. tr. [1] **1.** Rebrousser en désordre (les cheveux). **2.** Fig., fam. Stupéfier, ahurir. **3.** v. pron. *S'ébouriffer les cheveux.* ▷ Fig. *Il s'ébouriffe à la moindre crudité de langage.* – De *ébouriffé.*

ébourrer [ebuʀe] v. tr. [1] TECH Enlever la bourre (d'une peau d'animal). – De *é-*, et *bourre.*

ébouter [ebute] v. tr. [1] TECH Raccourcir en coupant le bout. – De *é-*, et *bout.*

ébranchage [ebʀɑ̃ʃaʒ] ou **ébranchement** [ebʀɑ̃ʃmɑ̃] n. m. Action d'ébrancher un arbre. – De *ébrancher.*

ébrancher [ebʀɑ̃ʃe] v. tr. [1] Dépouiller (un arbre) d'une partie ou de la totalité de ses branches. – De *é-*, et *branche.*

ébranchoir [ebʀɑ̃ʃwaʀ] n. m. Serpe à long manche qui sert à ébrancher les arbres. – De *ébrancher.*

ébranlement [ebʀɑ̃lmɑ̃] n. m. **1.** Mouvement provoqué par une secousse, par un choc. ⊳ PHYS Déformation due à un choc. **2.** Fig. Menace de ruine, d'effondrement. *L'ébranlement d'un empire.* **3.** Commotion nerveuse. *L'ébranlement dû à un accident.* – De *ébranler.*

ébranler [ebʀɑ̃le] v. [1] **I.** v. tr. **1.** Provoquer des secousses, des vibrations dans. *Le passage du train ébranlait toute la maison.* **2.** Rendre moins stable, moins solide à la suite d'un ébranlement. *Le vent a ébranlé la cheminée.* ⊳ Fig. *Une crise qui ébranle l'État. Ébranler sa santé.* **3.** Rendre (qqn) moins ferme dans ses convictions, ses sentiments. *Vos raisons l'ont ébranlé.* **II.** v. pron. Se mettre en branle, en mouvement. *Convoi qui s'ébranle.* – De *é-*, et *branler.*

ébrasement [ebʀazmɑ̃] n. m. ou **ébrasure** [ebʀazyʀ] n. f. **1.** CONSTR Espace compris entre les montants d'une porte ou d'une fenêtre et le parement du mur intérieur. **2.** ARCHI Proportion dans laquelle une ouverture est ébrasée. – De *ébraser.*

ébraser [ebʀaze] v. tr. [1] ARCHI Élargir (une baie) suivant un plan oblique. – Var. de *embraser.*

ébrèchement [ebʀɛʃmɑ̃] n. m. Action d'ébrécher. – De *ébrécher.*

ébrécher [ebʀeʃe] v. tr. [14] **1.** Abîmer en faisant une brèche. *Ébrécher une tasse.* ⊳ v. pron. *Le couteau s'est ébréché.* ⊳ Pp. *Un vieux pot ébréché.* **2.** Fig., fam. Diminuer, entamer. *Ébrécher ses économies.* – De *é-*, et *brèche.*

ébréchure [ebʀeʃyʀ] n. f. Éclat correspondant à une brèche faite sur un objet; point où un objet est ébréché. – De *ébrécher.*

ébriété [ebʀijete] n. f. Ivresse. – Lat. *ebrietas*, de *ebrius*, « ivre ».

ébrouement [ebʀumɑ̃] n. m. Action, fait de s'ébrouer. – De *ébrouer.*

ébrouer (s') [ebʀue] v. pron. [1] **1.** En parlant de certains animaux (cheval, notam.), expirer très fortement en faisant vibrer (« ronfler ») ses naseaux. **2.** Se secouer pour se nettoyer, se sécher. *Il s'ébroue après sa douche. Chien qui s'ébroue au sortir de l'eau.* – Probabl. de *é-*, et *brouée*, dial. « écume », de même rad. que *brouet.*

ébruitement [ebʀɥitmɑ̃] n. m. Action d'ébruiter; son résultat. – De *ébruiter.*

ébruiter [ebʀɥite] v. tr. [1] Divulguer, rendre public. *Ébruiter une nouvelle.* ⊳ v. pron. *L'affaire s'est ébruitée.* – De *é-*, et *bruit.*

ébulliomètre [ebyljɔmɛtʀ] ou **ébullioscope** [ebyljɔskɔp] n. m. PHYS Appareil servant à déterminer le point d'ébullition d'un liquide. – Du lat. *ebullio, ebullire*, « bouillir », et *-mètre* ou *-scope.*

ébulliométrie [ebyljɔmetʀi] ou **ébullioscopie** [ebyljɔskɔpi] n. f. PHYS Mesure de la température d'ébullition des solutions (pour déterminer le degré alcoolique, la masse molaire d'un corps, etc.). – De *ébulliomètre* ou *ébullioscope.*

ébullition [ebylisjɔ̃] n. f. **1.** État d'un liquide qui bout. *Un liquide entre en ébullition lorsque la pression de sa vapeur saturante est égale à la pression qu'il supporte.* ⊳ PHYS État d'un liquide qui se vaporise dans sa masse même. **2.** Fig. *En ébullition* : surexcité, vivement agité. *Une ville en ébullition.* – Bas lat. *ebullitio.*

éburné, ée [ebyʀne] ou **éburnéen, enne** [ebyʀneɛ̃, ɛn] adj. Qui a l'aspect de l'ivoire. – Lat. *eburneus*, « d'ivoire ».

écaillage [ekajaʒ] n. m. **1.** Action d'enlever les écailles (d'un poisson) ou d'ouvrir (un coquillage bivalve). **2.** TECH Défaut d'une peinture, d'une poterie qui s'écaille. – De *écailler.*

écaille [ekaj] n. f. **1.** Chacune des plaques minces, imbriquées ou non, recouvrant tout ou partie du corps de certains animaux. **2.** Matière cornée tirée de la carapace de certaines tortues de mer (caret, notam.) et utilisée dans la marqueterie et la confection d'objets de luxe (peignes, par ex.). **3.** Vx Chacune des deux valves d'une coquille d'huître, de moule, etc. **4.** Petite plaque, fine lamelle qui se détache d'une surface qui s'effrite. *Des écailles de peinture.* – Fig. *Les écailles lui sont tombées des yeux* : la vérité lui est enfin apparue. **5.** BOT Nom de diverses formations de nature foliaire. *Les écailles d'un bourgeon. Écailles d'un lis* : feuilles gorgées de réserves qui constituent le bulbe. **6.** ANAT Partie de l'os temporal. **7.** TRAV PUBL Plaque utilisée comme parement des murs en terre armée. – Du germ. occid. *skalja*, « tuile ».

1. écailler [ekaje] v. tr. [1] **1.** Enlever les écailles de. *Écailler un poisson.* **2.** Ouvrir (un coquillage). *Écailler des huîtres.* **3.** Détacher par plaques minces. ⊳ v. pron. *Vernis qui s'écaille.* – De *écaille.*

2. écailler, ère [ekaje, ɛʀ] n. Personne qui vend, qui ouvre des huîtres et d'autres coquillages. – De *écaille.*

écailleux, euse [ekajø, øz] adj. **1.** Qui a des écailles. *Un poisson, un bulbe écailleux.* **2.** Qui se détache par plaques minces. *Ardoise écailleuse.* – De *écaille.*

écaillure [ekajyʀ] n. f. TECH Pellicules se détachant d'une surface. *Les écaillures d'un vernis.* – Du v. *écailler.*

écale [ekal] n. f. Enveloppe recouvrant la coque dure des noix, des amandes, etc. – Du frq. *skala*, « écaille ».

écaler [ekale] v. tr. [1] Enlever l'écale de. *Écaler des noix.* – Par ext. *Écaler des œufs.* – De *écale.*

écalure [ekalyʀ] n. f. Pellicule dure de certains fruits ou de certaines graines. *Écalure de café.* – De *écaler.*

écang [ekɑ̃] n. m. Outil qui sert à écanguer. – Déverbal de *écanguer.*

écanguer [ekɑ̃ge] v. tr. [1] TECH Broyer (les tiges de lin ou de chanvre) pour en retirer la filasse.

écarlate [ekaʀlat] n. f. et adj. **1.** n. f. Colorant rouge vif, obtenu à partir de la cochenille. – *Par ext.* Étoffe teinte de cette couleur. *Un manteau d'écarlate.* **2.** adj. De la couleur de l'écarlate. *Des rideaux écarlates. Devenir écarlate de fureur.* – Lat. médiév. *scarlata*; du persan *sagirlat.*

écarquiller [ekaʀkije] v. tr. [1] Ouvrir tout grands (les yeux). – Altér. de *écartiller*, de *quart.*

1. écart [ekaʀ] n. m. **1.** Intervalle entre deux choses qu'on écarte ou qui s'écartent. *L'écart des doigts.* ⊳ *Faire le grand écart* : écarter les jambes tendues d'avant en arrière ou de gauche à droite, jusqu'à ce qu'elles touchent le sol sur toute leur longueur. **2.** Différence, variation, décalage (par rapport à un point de référence). *Des écarts de température, de prix. L'écart entre le rêve et la réalité. Écart entre le modèle et la copie.* ⊳ ECON Syn. (off. recommandé) de *gap.* ⊳ STATIS *Écart quadratique moyen* ou *variance* : moyenne des carrés de la différence entre chaque valeur de la variable aléatoire et la moyenne de ces valeurs. *Écart type* : racine carrée de la variance. ⊳ PHYS *Écart angulaire* : différence entre deux angles. **3.** Action de s'écarter de sa direction, de sa position. *Le cheval a fait un écart.* ⊳ Fig. Action de s'écarter des règles de bonne conduite. *Des écarts de jeunesse, de* *langage.* **4.** ADMIN Groupe de maisons éloigné de l'agglomération communale. **5.** MED VET Entorse de l'épaule du cheval. **6.** Loc. adv. *À l'écart* : dans un lieu écarté, isolé. *Habiter à l'écart.* – Fig. *Laisser, tenir qqn à l'écart,* le laisser, le maintenir dans l'isolement. **7.** Loc. prép. *À l'écart de* : en dehors de. *Une maison à l'écart de la ville.* – Fig. *Rester à l'écart des discussions.* – Déverbal de *écarter* 1.

2. écart [ekaʀ] n. m. Action d'écarter les cartes; les cartes qui ont été écartées par un joueur. – Déverbal de *écarter* 2.

écarté [ekaʀte] n. m. Jeu dans lequel on peut écarter des cartes pour les remplacer par d'autres. – Pp. subst. de *écarter* 2.

écartelé [ekaʀtəle] adj. m. HERALD Partagé en quatre quartiers égaux. – Pp. de *écarteler.*

écartèlement [ekaʀtɛlmɑ̃] n. m. Supplice consistant à arracher les membres d'un condamné en les faisant tirer dans des sens opposés par quatre chevaux. – De *écarteler.*

écarteler [ekaʀtəle] v. tr. [20] **1.** Faire subir le supplice de l'écartèlement à. **2.** (Employé au passif et au pp.) Fig. Partager, déchirer. *Être écartelé entre des sentiments contraires.* – Pour *équarterer,* de *quartier,* « partager en quatre ».

écartement [ekaʀtəmɑ̃] n. m. **1.** Action d'écarter, de s'écarter. **2.** État de ce qui est écarté. **3.** Espace qui sépare une chose d'une autre. *Écartement des rails de chemin de fer. Écartement des yeux.* – De *écarter* 1.

1. écarter [ekaʀte] v. [1] **I.** v. tr. **1.** Séparer, éloigner l'une de l'autre (des choses jointes ou rapprochées). *Écarter les jambes. Écarter une chaise de la table.* **2.** Tenir à distance. *Écarter un enfant d'un endroit dangereux.* **3.** Déplacer (des choses qui gênent le passage, la vue). *Écarter les branches pour passer.* **4.** Repousser, chasser. *Écarter les importuns.* – Fig. *Écarter un risque, un danger.* ▷ Rejeter, exclure. *Sa candidature a été écartée.* **5.** Détourner, changer la direction de. *Écarter qqn de sa route.* – Fig. *Écarter qqn de ses devoirs.* **II.** v. pron. **1.** S'éloigner (de qqn, de qqch). *S'écarter d'un groupe, d'un endroit.* **2.** Se détourner de. *S'écarter de son chemin.* – Fig. *S'écarter de son sujet.* – Lat. pop. *exquartare,* de *quartus,* « quart ».

2. écarter [ekaʀte] v. tr. [1] Mettre de côté (certaines cartes de son jeu) pour en reprendre d'autres. – De *carte,* d'apr. l'ital. *scartare.*

écarteur [ekaʀtœʀ] n. m. **1.** Dans les courses landaises, homme qui excite la vache et l'évite au dernier moment en faisant un écart. **2.** CHIR Instrument utilisé pour écarter les lèvres d'une incision, pour dilater certains canaux. – De *écarter* 1.

ecballium [ɛkbaljɔm] n. m. Plante de la famille des cucurbitacées dont le fruit éclate en projetant ses graines. – Lat. bot., du gr. *ekballein,* « lancer au-dehors ».

ecce homo [ɛkseɔmo] n. m. inv. BX-A Tableau ou statue représentant le Christ couronné d'épines. – Mots lat., « voici l'homme », prononcés par Ponce Pilate en présentant au peuple juif le Christ couronné d'épines.

ecchymose [ekimoz] n. f. MED Marque cutanée de couleur bleu-noir, puis violacée, verdâtre ou jaunâtre, souvent secondaire à un traumatisme, et due à une infiltration sanguine sous-jacente. Syn. cour. bleu. – Gr. *egkhumôsis.*

ecclésial, ale, aux [eklezjal, o] adj. Qui a rapport à l'Église, à la communauté des chrétiens. – Lat. *ecclesia.*

ecclésiastique [eklezjastik] adj. et n. m. Qui a rapport à l'Église, au clergé. *Fonctions ecclésiastiques.* ▷ n. m. Membre du clergé. *Un jeune ecclésiastique.* – Gr. *ekklêsiastikos,* lat. ecclés. *ecclesiasticus.*

ecclésiologie [eklezjɔlɔʒi] n. f. THEOL Partie de la théologie qui traite de l'Église; étude théorique de l'Église. – Du radical de *ecclésiastique,* et *-logie.*

ecdysone [ɛkdizɔn] n. f. BIOCHIM Hormone stéroïde, présente chez les arthropodes, qui, sécrétée par la glande prothoracique à partir du cholestérol, déclenche les phénomènes de mue (la néotémine a une action antagoniste). – Du gr. *ekdusis,* « action d'échapper ».

écervelé, ée [esɛʀvəle] adj. et n. Qui est sans jugement, sans prudence; étourdi. – De *é-,* et *cervelle.*

E.C.G. n. m. MED Sigle de *électrocardiogramme.*

échafaud [eʃafo] n. m. **1.** Plate-forme dressée sur la place publique pour l'exécution des condamnés à mort. *Monter à* (ou *sur*) *l'échafaud.* ▷ *Par ext.* Peine capitale. *Risquer l'échafaud.* **2.** Vx Estrade ou plate-forme sur tréteaux servant de tribune, de plancher de théâtre. – Forme renforcée de l'a. fr. *chafaud,* lat. pop. **catafalicum,* du préf. gr. *kata,* « en bas », et lat. *fala,* « tour de bois ».

échafaudage [eʃafodaʒ] n. m. **1.** Construction provisoire faite de planches, de perches et de traverses en bois ou en métal, qui permet l'accès à tous les niveaux d'un bâtiment qu'on édifie ou qu'on rénove. **2.** *Par ext.* Amas de choses assemblées ou posées les unes sur les autres. *Un échafaudage de caisses.* – Fig. Assemblage sans consistance d'idées, d'arguments. *Ce bel échafaudage s'est écroulé devant les faits.* **3.** (Abstrait) Action d'amasser, d'édifier peu à peu. *L'échafaudage d'une œuvre philosophique.* – De *échafauder.*

échafauder [eʃafode] v. [1] **1.** v. intr. Mettre en place un échafaudage. ▷ v. pron. Se construire. **2.** v. tr. Fig. Édifier en esprit; combiner. *Échafauder un plan, une théorie.* ▷ v. pron. *Des hypothèses qui s'échafaudent.* – De *échafaud.*

échalas [eʃala] n. m. Piquet fiché en terre pour soutenir un cep de vigne, un jeune arbre. – Par comparaison, fam. Personne grande et maigre. – Altér. d'ap. *échelle* du rég. **charas,* lat. pop. **caracium,* gr. *kharax,* « pieu ».

échalasser [eʃalase] v. tr. [1] Soutenir au moyen d'échalas. – De *échalas.*

échalier [eʃalje] ou **échalis** [eʃali] n. m. Petite échelle double pour franchir une haie. – Clôture mobile à l'entrée d'un pré, d'un champ. – Var. dial. de *escalier.*

échalote [eʃalɔt] n. f. Plante potagère (*Allium ascalonium*), originaire d'Orient, dont le bulbe parfumé est utilisé comme condiment. – Lat. *ascalonia (cepa),* « oignon d'Ascalon », v. de Palestine.

échancrer [eʃɑ̃kʀe] v. tr. [1] Creuser le bord de; tailler en arrondi ou en V. *Littoral que la mer échancre. Échancrer une robe.* – De *é-,* et *chancre.*

échancrure [eʃɑ̃kʀyʀ] n. f. Partie échancrée, découpure. *Échancrures d'un littoral. Échancrure d'un corsage.* – De *échancrer.*

échange [eʃɑ̃ʒ] n. m. **1.** Fait d'échanger, de céder une chose contre une autre. *Faire, proposer un échange.* ▷ DR Opération contractuelle par laquelle les parties se donnent respectivement une chose pour une autre. *Échange avec soulte,* comportant la remise d'une somme d'argent qui compense la différence de valeur entre les choses échangées. ▷ ECON *Échange direct* : troc. *Échange indirect,* par l'intermédiaire de la monnaie. *Échanges internationaux* : opérations commerciales de pays à pays. ▷ (En parlant de personnes.) *Échange de prisonniers. Échange de partenaires.* **2.** *Par anal.* Fait de s'adresser réciproquement telles ou telles choses. *Échange de compliments, de coups, de bons procédés. Un échange de vues.* **3.** BIOL Transfert réciproque de substances entre l'organisme, la cellule, et le milieu extérieur. *Échanges gazeux,* dans la respiration, dans la photosynthèse des plantes. *Échanges cellulaires*, par lesquels la cellule emprunte les matériaux nécessaires à sa survie et restitue soit des déchets, soit des produits qu'elle a synthétisés. ▷ CHIM *Échange isotopique* : remplacement d'un élément par un de ses isotopes. ▷ PHYS *Échange de chaleur* : transfert de chaleur entre deux corps. **4.** Loc. adv. *En échange* : en contrepartie, par compensation. ▷ Loc. prép. *En échange de* : pour prix de, en contrepartie de. – Déverbal de *échanger*.

échangeable [eʃɑ̃ʒabl] adj. Qui peut être échangé ; qui peut être l'objet d'un échange. *Des marchandises échangeables*. – De *échanger*.

échanger [eʃɑ̃ʒe] v. tr. [15] **1.** Donner une chose et en obtenir une autre à la place. *Échanger des livres. Échanger du minerai contre des produits manufacturés*. ▷ (En parlant de personnes.) *Échanger des otages contre la promesse de l'impunité*. **2.** S'adresser, se remettre réciproquement. *Échanger une correspondance, des documents*. – Fig. *Échanger des compliments, des injures*. – Du lat. pop. **excambiare*, du bas lat. *cambiare*.

échangeur, euse [eʃɑ̃ʒœʀ, øz] n. m. (et adj.) **1.** TECH *Échangeur de chaleur* : récipient où s'opère un transfert de chaleur entre un fluide chaud et un fluide froid. **2.** Ouvrage de raccordement de routes ou d'autoroutes qui évite aux usagers toute intersection à niveau des voies. **3.** CHIM *Échangeur d'ions* : solide insoluble qui, au contact d'une solution, échange les ions qu'il contient avec d'autres ions, de même signe, présents dans la solution. *Les échangeurs d'ions sont utilisés pour adoucir l'eau*. – adj. *Résine échangeuse d'ions*. ▷ *Par ext.* Appareil qui utilise de telles substances. – De *échanger*.

échangisme [eʃɑ̃ʒism] n. m. **1.** ECON Théorie qui privilégie l'échange dans l'analyse économique, par rapport à la production et à la consommation. **2.** Échange de partenaire sexuel pratiqué entre deux couples ou en groupe, avec le consentement des participants. – De *échange*.

échangiste [eʃɑ̃ʒist] n. **1.** DR Personne qui est partie contractante dans un échange de biens. **2.** Personne qui pratique l'échangisme (sens 2). – De *échanger*.

échanson [eʃɑ̃sɔ̃] n. m. Anc. Officier dont les fonctions étaient de servir à boire à la table du roi, du prince auquel il était attaché. – Plaisant Personne qui sert à boire. – Du lat. médiév. *scantio*, frq. *skankjo*.

échantillon [eʃɑ̃tijɔ̃] n. m. **1.** Petite quantité d'une marchandise, qui sert à faire apprécier la qualité de celle-ci, ou, comme moyen publicitaire, à faire connaître son existence. *Un échantillon de vin, de parfum, d'étoffe*. ▷ Personne, chose considérée dans ce qu'elle a de typique ; spécimen. *Un échantillon de l'humour britannique*. ▷ Fig. Exemple, aperçu. *Donner un échantillon de ses talents, de sa bassesse*. **2.** CONSTR Type de certains matériaux, selon la réglementation en vigueur. *Pavés, briques, ardoises d'échantillon*. **3.** STATIS Ensemble d'individus choisis comme représentatifs d'une population. *Faire un sondage sur un échantillon de 1 000 personnes*. Syn. panel. – Du lat. pop. *scandaculum*, « jauge », rad. *scandere*, « monter », comme dans *scala*, « échelle ».

échantillonnage [eʃɑ̃tijɔnaʒ] n. m. **1.** Assortiment d'échantillons. *Échantillonnage d'étoffe*. **2.** Action d'échantillonner, de prélever des échantillons. *Échantillonnage d'une marchandise, d'une production*. **3.** STATIS Choix d'un échantillon d'intérêt statistique. – De *échantillonner*.

échantillonner [eʃɑ̃tijɔne] v. tr. [1] **1.** Prélever des échantillons de. *Échantillonner des vins*. **2.** TECH *Échantillonner des peaux*, leur donner une forme régulière en enlevant les bords. **3.** STATIS Choisir un échantillon dans une population. – De *échantillon*.

échantillonneur, euse [eʃɑ̃tijɔnœʀ, øz] n. Personne chargée d'échantillonner. – De *échantillonner*.

échappatoire [eʃapatwaʀ] n. f. Moyen habile et détourné pour se tirer d'une difficulté. – De *échapper*.

échappée [eʃape] n. f. **1.** SPORT Action menée par un ou plusieurs concurrents, partic. dans une course cycliste, pour se détacher du peloton et conserver une avance sur celui-ci. **2.** *Échappée de vue* et, plus cour., *échappée* : espace resserré mais par lequel la vue peut porter au loin. *Il y a, entre les collines, une échappée superbe sur la mer*. **3.** Fig. Passage qui permet d'entrevoir brièvement. *On trouve dans son ouvrage quelques échappées sur sa vie*. **4.** Espace de dégagement à l'entrée d'une cour, d'un bâtiment, pour faciliter le passage des véhicules. – *Échappée d'un escalier*, hauteur, espace libre au-dessus de celui-ci. – Pp. fém. subst. de *échapper*.

échappement [eʃapmɑ̃] n. m. TECH **1.** Mécanisme oscillant régulateur du mouvement des rouages d'une montre. **2.** Évacuation des gaz de combustion d'un moteur. – Système qui permet cette évacuation. ▷ *Pot d'échappement* : appareil, appelé aussi *silencieux*, qui diminue le bruit de l'échappement. *Échappement libre*, sans pot d'échappement ou dont le pot d'échappement n'atténue plus les bruits. – De *échapper*.

échapper [eʃape] v. [1] **I.** v. intr. **1.** S'enfuir, se soustraire à. *Échapper des mains de l'ennemi, à la surveillance d'un gardien*. ▷ Se détacher affectivement de. *Elle sent bien que son mari lui échappe*. ▷ *Laisser échapper* : ne pas retenir (par maladresse ou par mégarde). *Laisser échapper un objet. Laisser échapper un cri, un soupir, un secret*. – Fig. *Laisser échapper sa chance, une occasion*, la laisser passer, se perdre. **2.** N'être plus tenu, retenu. *Le vase m'a échappé, m'a échappé des mains. Cet héritage pourrait bien vous échapper*, ne pas vous revenir. ▷ *Son nom m'échappe*, je ne l'ai plus en mémoire. ▷ Être dit ou fait par mégarde. *Le geste, le mot lui a échappé*. **3.** *Échapper à* : se dérober à (qqn ou qqch qui menace de nous saisir, de nous atteindre). *Échapper à ses poursuivants. Échapper à des recherches, des sévices*. – Se sauver ou être sauvé de. *Échapper à un accident, à la mort*. ▷ Ne pas donner prise à. *Il échappe à toute critique*. ▷ *Échapper à une corvée*, l'éviter, s'y soustraire. **4.** Ne pas être perçu, compris. *Ce détail, ce sens, cette allusion m'a échappé. Rien ne lui échappe* : son attention n'est jamais en défaut. **5.** Être soustrait à, exempté de. *Ces revenus échappent à l'impôt*. **II.** v. tr. Dans la loc. *L'échapper belle* : éviter de justesse un danger. *Sa maison a brûlé, il l'a échappé belle*. **III.** v. pron. **1.** S'enfuir, s'évader. *Les détenus se sont échappés*. – Fam. *J'essaierai de m'échapper un moment*, de m'esquiver, de prendre un moment sur mes occupations. **2.** SPORT Faire une échappée. *Un coureur s'est échappé*. **3.** Sortir, se répandre plus ou moins brusquement ou abondamment. *Fumée qui s'échappe d'un conduit. Sang qui s'échappe d'une blessure*. **4.** S'évanouir, disparaître. – Fig. *Il a vu s'échapper ses dernières illusions*. – Lat. pop. **excappare*, « sortir de la chape », de *ex-*, et bas lat. *cappa*, « manteau, sorte de coiffure ».

écharde [eʃaʀd] n. f. Petit éclat d'un corps quelconque, et partic. de bois, entré dans la peau par accident. – Du frq. *skarda*, « éclat de bois ».

échardonner [eʃaʀdɔne] v. tr. [1] **1.** Enlever les chardons d'un champ. **2.** TEXT Enlever les gratterons des laines, avant ou après le peignage. – De *é-*, et *chardon*.

écharnage [eʃaʀnaʒ] n. m. Action d'écharner. – De *écharner*.

écharner [eʃaʀne] v. tr. [1] TECH Enlever les tissus musculaires et adipeux d'une peau avant de la tanner. – De *é-*, et *charn*, anc. forme de *chair*.

écharpe [eʃaʀp] n. f. **1.** Bande d'étoffe qui se porte obliquement d'une épaule à la hanche opposée, ou qui se noue autour de la taille, et sert d'insigne de certaines dignités, de certaines fonctions. *Écharpe tricolore de maire*. ▷ Bandage passé au cou et utilisé pour l'immobilisation temporaire, en flexion, du membre supérieur.

Avoir, porter le bras en écharpe. ▷ Par ext. *En écharpe* : obliquement, de biais. *Prendre un véhicule en écharpe*, le heurter de flanc. – MILIT *Tir d'écharpe*, oblique par rapport à la ligne du front. **2.** Bande d'étoffe, de tricot, qui se porte sur les épaules ou autour du cou. **3.** TECH Pièce de bois placée en diagonale dans un bâti de menuiserie. – Du frq. **skirpja*, « sac ».

écharper [eʃaʀpe] v. tr. [1] **1.** Faire avec un instrument tranchant une grande blessure à (qqn). **2.** Mettre en pièces, massacrer. *Le meurtrier fut écharpé par la foule.* – Fam. *Se faire écharper* : se faire maltraiter, en actes ou en paroles. ▷ v. pron. (Récipr.) *Au cours d'une querelle, ils se sont écharpés.* – De l'a. fr. *charpir*, « déchirer ».

échasse [eʃɑs] n. f. **1.** Chacun des deux longs bâtons munis d'un étrier où l'on pose le pied pour marcher à une certaine hauteur au-dessus du sol. ▷ Fam. *Marcher, être monté sur des échasses* : avoir de longues jambes. **2.** CONSTR Perche de bois utilisée verticalement dans les échafaudages. **3.** ORNITH Oiseau blanc et noir des marais méditerranéens, aux pattes très longues et fines, type de l'ordre des charadriiformes. – Du frq. *skakkja*.

échassiers [eʃɑsje] n. m. pl. ORNITH Ancien ordre hétéroclite d'oiseaux à pattes longues, actuellement démantelé en ciconiiformes, charadriiformes et gruiformes. – (Sing.) Oiseau de cet ordre (héron, cigogne, outarde, etc.). – De *échasse*.

échauboulure [eʃobulyʀ] n. f. MED VET Maladie éruptive du cheval et du bœuf. – De *échauder*, et *bouillure*.

échaudage [eʃodaʒ] n. m. Action d'échauder. ▷ *Spécial.* Brûlure des vignes, des céréales par le soleil. – De *échauder*.

échaudé, ée [eʃode] adj. AGRIC Se dit des plantes atteintes d'échaudage. *Blé échaudé*, dont les grains sont flétris, noircis et pauvres en farine. – Pp. de *échauder*.

échauder [eʃode] v. tr. [1] **1.** Jeter de l'eau chaude sur ; plonger dans l'eau chaude ou bouillante. *Échauder un cochon*, pour ôter plus facilement son poil. **2.** Causer une brûlure avec un liquide très chaud. – Fig. *Être échaudé* : essuyer un mécompte, une déception. ▷ Prov. *Chat échaudé craint l'eau froide* : on redoute même l'apparence de ce qui a nui. – Du lat. pop. **excaldare*.

échaudoir [eʃodwaʀ] n. m. TECH **1.** Lieu d'un abattoir où les bêtes abattues sont échaudées et préparées. **2.** Grand récipient pour échauder. – De *échauder*.

échauffement [eʃofmɑ̃] n. m. Action d'échauffer, son résultat ; fait de s'échauffer, d'être échauffé. **1.** TECH Élévation anormale de la température par frottement (d'organes mécaniques, de l'air, etc.). **2.** SPORT Action de s'échauffer. – Ensemble des exercices que l'on fait pour s'échauffer. **3.** Début de fermentation sous l'action de la chaleur. *Échauffement des céréales, des farines.* **4.** Vieilli Légère inflammation. – De *échauffer*.

échauffer [eʃofe] v. [1] **I.** v. tr. **1.** Rendre chaud, spécial. de manière inhabituelle ou excessive. *Frottement qui échauffe un essieu.* **2.** Fig. Animer, exciter. *La nouvelle échauffa les esprits.* – Loc. *Échauffer la bile, les oreilles à qqn*, l'impatienter, provoquer son irritation. **3.** Produire la fermentation de. *Une trop longue exposition au soleil échauffe les grains.* **II.** v. pron. **1.** Fig. S'animer, s'exciter. *La conversation soudain s'échauffa.* **2.** Commencer à fermenter. *Les foins s'échauffent.* **3.** SPORT Se préparer avant un entraînement, une épreuve, par des exercices d'assouplissement et de mise en condition physique. – Du lat. pop. *excalefare*.

échauffourée [eʃofuʀe] n. f. Affrontement inopiné qui met aux prises de façon plus ou moins violente et confuse deux groupes d'adversaires. ▷ MILIT Petit engagement de groupes isolés. – De *chaufourrer*, dial., « chauffer, poursuivre, frapper ».

échauguette [eʃoɡɛt] n. f. Guérite de pierre placée en encorbellement sur une muraille fortifiée, au sommet d'une tour. – Du frq. **skarwahta*, « troupe de guet ».

èche. V. esche.

échéance [eʃeɑ̃s] n. f. **1.** Date à laquelle un paiement, une obligation, un engagement quelconque vient à exécution ; terme d'un délai. *Échéance d'une lettre de change, d'une traite, d'un loyer.* ▷ *Payer de lourdes échéances. Faire face à ses échéances* : être en mesure de régler, dans les délais impartis, un paiement, etc. **2.** Temps qui sépare l'engagement de l'échéance ; délai. *Un emprunt à courte échéance.* ▷ Fig. *À longue échéance* : sur un long temps ou dans un temps éloigné. *À brève échéance* : bientôt. *Je vous ferai part de mes conclusions à brève échéance.* – Du ppr. de *échoir*.

échéancier [eʃeɑ̃sje] n. m. Livre où sont inscrits par ordre d'échéance les effets à payer ou à recevoir. – De *échéance*.

échéant, ante [eʃeɑ̃, ɑ̃t] adj. **1.** Qui vient à échéance. *Effet échéant.* **2.** Loc. adv. *Le cas échéant* : si le cas se présente, à l'occasion. – Ppr. de *échoir*.

échec [eʃɛk] n. m. **I.** Plur. **1.** Jeu qui se joue sur un tableau carré divisé en soixante-quatre cases égales alternativement claires et foncées, et qui oppose deux adversaires disposant chacun de seize figurines (pièces) respectivement noires et blanches. *Une partie d'échecs.* **2.** Ensemble des pièces de ce jeu (8 pions, 2 tours, 2 cavaliers, 2 fous, la reine ou la dame, le roi). *Des échecs en ivoire.* **II.** Sing. **1.** Aux échecs, position du roi qui se trouve sur une case battue par une pièce de l'adversaire. – Coup qui crée cette situation, et que son auteur doit signaler par le mot *échec*. *Échec au roi. Être en échec. Échec et mat**. ▷ adj. *Être échec.* **2.** Par anal. *Faire échec à* : entraver, empêcher, contrecarrer. *Faire échec à des manœuvres politiques.* – *Tenir, mettre qqn en échec*, le mettre en difficulté, s'opposer avec succès à la réalisation de ses intentions, de son entreprise. **3.** Insuccès. *Tentative vouée à l'échec. Échec à un concours, un examen.* ▷ Revers, défaite. *Essuyer, subir un échec. Démarches qui se soldent par un échec.* **4.** PSYCHAN *Névrose d'échec* : névrose caractérisée par la recherche systématique, mais inconsciente, de l'échec. *Conduite d'échec*, qui résulte de cette névrose, ou d'autres analogues, et où domine un sentiment d'impuissance et de résignation. – Altér. de l'anc. *eschac*, de l'arabo-persan *shâh*, « roi » dans l'expr. *shâh mat*, « le roi est mort ».

échelette [eʃlɛt] n. f. Vx ou Rég. **1.** Petite échelle. **2.** Ridelle légère et mobile utilisée pour les chargements sur bâts ou sur charrettes. **3.** *Compte par échelettes*, dans lequel les acomptes sont imputés sur les intérêts avant de l'être sur le capital. – Dimin. de *échelle*.

échelier [eʃəlje] n. m. Rég. Échelle faite d'une seule perche traversée par des chevilles qui servent d'échelons. – De *échelle*.

échelle [eʃɛl] n. f. **I.** Appareil composé de deux montants parallèles ou convergents réunis par des traverses régulièrement espacées qui permettent de monter ou de descendre. *Monter à, sur une échelle. Dresser une échelle contre un mur. Échelle double*, faite de deux échelles articulées à la partie supérieure. *Échelle de meunier* : escalier droit sans contremarches. *Échelle de coupée*, qui sert à monter à bord d'un navire. *Échelle de corde*, dont les montants sont en corde. ▷ Loc. *Faire la courte échelle à qqn*, lui servir de support avec ses mains, puis ses épaules, pour atteindre un point élevé ; fig., favoriser sa réussite. – Fig., fam. *Il n'y a plus qu'à tirer l'échelle* : il est impossible de faire mieux (ou, iron., pire). – *Monter à l'échelle* : prendre au sérieux une mystification, une plaisanterie. **II. 1.** Série d'êtres ou de choses qui s'organise selon un ordre, une hiérarchie, une progression. *Échelle des êtres*, des organismes les plus simples aux plus complexes. *Échelle sociale* : hiérarchie des positions sociales, des conditions des individus dans une société. *S'élever dans l'échelle sociale. Tout jugement moral implique une échelle des valeurs.* **2.** ECON *Échelle mobile* : système d'indexation de prix ou de revenus sur un élément économique variable. *Échelle mobile des salaires,* indexés sur le coût de la vie. **3.** MUS Succession des sons produits par des instruments ou des voix, du plus grave au plus aigu. *Échelle naturelle* ou *diatonique**. **III.** Ensemble de graduations d'un instrument ou d'un tableau de mesures; mode de graduation des phénomènes mesurés. *Échelle d'un baromètre. Échelle thermométrique Celsius* (du n. d'Anders Celsius, astronome suédois [1701-1744]), ainsi définie à l'origine : le point 0 est la température de la glace fondante et le point 100 celle de l'ébullition de l'eau sous pression atmosphérique normale. V. aussi degré Fahrenheit, Kelvin, température. *Échelle de Beaufort,* échelle pour la mesure de la vitesse du vent, associant un état de la mer et cotée de 0 (calme) à 12 (ouragan). *Échelle de Richter* : échelle utilisée pour mesurer l'énergie libérée par une secousse tellurique. – MATH *Échelle logarithmique* : système de divisions proportionnelles aux logarithmes des nombres. **IV.** Rapport des dimensions, des distances figurées sur un plan, un croquis, une carte, etc., avec les dimensions, les distances dans la réalité. *Ce plan est à l'échelle de 1/50 000.* – Par anal. *Échelle d'une maquette. Échelle de réduction, d'agrandissement d'un modèle.* – Fig. *Faire qqch sur une grande, une vaste échelle* : travailler, opérer en grand. ▷ *À l'échelle de* : à la mesure de, aux dimensions de. *Un urbanisme à l'échelle de l'homme.* – Du lat. *scala.*

échelon [eʃlɔ̃] n. m. **1.** Chacun des barreaux d'une échelle. **2.** Fig. Degré dans une série, une hiérarchie. *Le dernier échelon* : le degré supérieur ou le degré inférieur. – Fig. *Il est remonté d'un échelon dans mon estime.* – *Spécial.* Degré d'avancement d'un fonctionnaire à l'intérieur d'un même grade, d'une même fonction. *Passer au septième échelon. Descendre un* ou *d'un échelon.* ▷ Chacun des différents niveaux de décision d'une administration, d'un corps, d'une entreprise, etc. *Initiatives prises à l'échelon communal, départemental.* **3.** MILIT Chacun des éléments d'une troupe disposée en profondeur. *Échelon d'attaque.* – De *échelle.*

échelonnement [eʃlɔnmɑ̃] n. m. Action d'échelonner; son résultat. – De *échelonner.*

échelonner [eʃlɔne] v. tr. [1] **1.** Placer de distance en distance, ou à des dates successives. *Échelonner des postes de secours. Échelonner des paiements.* ▷ v. pron. *Livraisons qui s'échelonnent sur un an.* **2.** MILIT Disposer (des troupes) par échelons. – De *échelon.*

échenillage [eʃ(ə)nijaʒ] n. m. Action d'écheniller. – De *écheniller.*

écheniller [eʃ(ə)nije] v. tr. [1] **1.** Ôter les chenilles de. *Écheniller un arbre.* **2.** Fig. Supprimer ce qui est inutile, élaguer. *Écheniller un texte en ôtant les redites.* – De *é-,* et *chenille.*

échenilloir [eʃ(ə)nijwaʀ] n. m. Sécateur à écheniller. – De *écheniller.*

écheveau [eʃvo] n. m. **1.** Longueur de fil roulée en cercle ou repliée sur elle-même. *Écheveau de laine, de coton.* **2.** Fig. Ensemble compliqué, embrouillé. *Un écheveau d'intrigues.* – Probabl. du lat. *scabellum,* «petit banc», et, par ext., «dévidoir», «écheveau».

échevelé, ée [eʃəvle] adj. **1.** Dont la chevelure est en désordre. **2.** Fig. Débridé, effréné. *Une course échevelée. Une improvisation échevelée.* – Pp. de *écheveler.*

écheveler [eʃəvle] v. tr. [19] Litt. Mettre en désordre la chevelure de. – De *é-,* et *chevel* (V. cheveu).

échevette [eʃvɛt] n. f. Petit écheveau. – TECH Longueur fixe, et variable selon les textiles, de fil dévidé. – De *écheveau.*

échevin [eʃ(ə)vɛ̃] n. m. Magistrat municipal, en France avant 1789, en Belgique et aux Pays-Bas de nos jours. – Du frq. **skapin.*

échevinage [eʃ(ə)vinaʒ] n. m. Fonction d'échevin; temps d'exercice de cette fonction. ▷ Corps des échevins; ressort de leur juridiction. – De *échevin.*

échidné [ekidne] n. m. ZOOL Mammifère monotrème (genres *Echidna* et *Zaglossus*) à bec corné, fouisseur insectivore d'Australie et de Nouvelle-Guinée, dont le corps, long de 25 à 30 cm, est couvert de piquants. – Lat. *echidna,* du gr., «vipère».

échiffe [eʃif] ou **échiffre** [eʃifʀ] n. f. ou m. CONSTR *Mur d'échiffre* : mur dont la partie supérieure supporte le limon d'un escalier. – Anc. fr. **eschif, escif,* «abrupt».

échin(o)-. Préfixe, du gr. *ekhinos,* «hérisson».

1. échine [eʃin] n. f. **1.** Colonne vertébrale. *Se rompre l'échine.* ▷ Fig. *Courber l'échine* : se soumettre. – *Avoir l'échine souple* : être complaisant jusqu'à la servilité. **2.** En boucherie, morceau du haut du dos du porc. – Du frq. **skina,* «baguette de bois», d'où «aiguille, os long».

2. échine [eʃin] n. f. ARCHI Pierre en forme de coussinet placée sous le tailloir du chapiteau dorique. – Lat. d'orig. gr. *echinus.*

échiner [eʃine] **1.** v. tr. [1] Vx Rompre l'échine à; tuer, assommer. **2.** v. pron. (réfl.) Fig. Se fatiguer, se donner de la peine. *Je m'échine à lui faire comprendre.* Syn. fam. s'esquinter. – De *échine* 1.

échinidés [ekinide] n. m. pl. ZOOL Classe d'échinodermes à test globuleux garni de piquants (oursins). – Gr. *ekhinos,* «hérisson».

échinococcose [ekinokɔkoz] n. f. MED Parasitose extrêmement grave due à l'échinocoque du chien. – De *échinocoque,* et *-ose* 2.

échinocoque [ekinokɔk] n. m. ZOOL Ténia de l'intestin des carnivores. (*Echinococcus granulosus* vit chez le chien; sa larve, nommée *hydatide,* peut envahir tous les organes de l'homme où elle développe un *kyste hydatique,* dans lequel elle grossit et se multiplie de façon asexuée : 2 millions de larves par kyste.) – Lat. sav. *echinococcus,* de *échino-,* et gr. *kokkos,* «grain».

échinodermes [ekinodɛʀm] n. m. pl. ZOOL Embranchement de métazoaires triploblastiques marins dont la symétrie bilatérale, fondamentale, disparaît au cours du développement larvaire pour former une organisation rayonnée. – Sing. *Un échinoderme.* – De *échino-,* et *derme.*

ENCYCL Les échinodermes possèdent un squelette calcaire interne fréquemment garni de piquants. On distingue les crinoïdes (comatules), les échinidés (oursins) et les stelléroïdes (astéries, nommées cour. *étoiles de mer,* et ophiures).

échinorynque [ekinoʀɛ̃k] n. m. ZOOL Ver dont l'extrémité antérieure a la forme d'une trompe armée de crochets, dépourvu de tube digestif, qui parasite l'intestin du porc. *La classe des échinorynques est parfois rattachée à celle des plathelminthes.* – De *échino-,* et gr. *runkhos,* «bec».

échiquier [eʃikje] n. m. **I. 1.** Tableau carré, divisé en 64 carrés, appelés cases, alternativement blancs et noirs, et sur lequel on joue aux échecs. ▷ Surface dont la disposition rappelle celle d'un échiquier. – *Planter des arbres en échiquier,* en quinconce. **2.** Fig. Lieu, domaine où s'opposent les partis, les intérêts. *L'échiquier économique.* **II. 1.** En Grande-Bretagne, administration financière centrale. *Le chancelier de l'Échiquier* : le ministre des Finances britannique. **2.** HIST *L'Échiquier* : cour féodale des ducs de Normandie qui jugeait en dernier ressort des affaires précédemment soumises à des juridictions inférieures. – De *échec.*

échiuriens [ekjyʀjɛ̃] n. m. pl. ZOOL Classe de métazoaires invertébrés marins vermiformes, pourvus d'une trompe. V. bonellie. - Sing. *Un échiurien.* – Du gr. *ekhis,* « vipère », et *oura,* « queue ».

écho [eko] n. m. **1.** Phénomène de répétition d'un son par réflexion sur une paroi ; son ainsi répété. *Seul l'écho lui répondait.* **2.** Lieu où ce phénomène se produit. - Loc. fig. *À tous les échos :* partout. *Répandre une nouvelle à tous les échos.* **3.** TECH Onde réfléchie ou diffusée par un obstacle et revenant vers sa source. *Sur le radar, on enregistre l'écho de l'impulsion émise.* **4.** Plur. Fig. Propos répétés. *J'ai eu quelques échos de votre conduite.* - Nouvelle, information locale donnée dans les journaux. - Titre de divers journaux. *« Les Échos ».* **5.** Fig. Ce qui reproduit, répète qqch ou y répond. *Se faire l'écho de :* répéter ce que l'on a entendu, propager. - *Ne pas trouver d'écho :* ne recueillir aucune approbation, aucune adhésion. **6.** LITTER, MUS Phrase ou portion de phrase, rime ou note reprenant la précédente et produisant un effet d'écho. *Thème, rime en écho.* – Lat. *echo,* gr. *êkhô.*

échodoppler [ekodɔplɛʀ] n. m. MED Technique d'investigation associant échographie et effet Doppler. Syn. échographie Doppler. – De *écho(graphie),* et *(effet) Doppler,* du n. du phys. autrich. Ch. *Doppler* (1803-1853).

échographie [ekogʀafi] n. f. MED Méthode d'exploration médicale utilisant la réflexion des ultrasons par les organes. *L'échographie est très utilisée pour les examens prénatals. Échographie Doppler :* V. échodoppler. – De *écho,* et *-graphie.*

échoir [eʃwaʀ] v. défect. [54] **1.** v. tr. indir. Être dévolu par le sort (à). *Cela lui échoit en partage.* **2.** v. intr. Arriver à échéance. *Le premier règlement échoit à la fin de l'année.* - Pp. adj. *Terme échu.* – Du lat. pop. **excadere,* class. *excidere.*

écholalie [ekolali] n. f. MED Impulsion morbide à répéter, en écho, les derniers mots des phrases entendues. – De *écho,* et gr. *lalia,* « bavardage ».

écholocation [ekolɔkasjɔ̃] ou **écholocalisation** [ekolɔkalizasjɔ̃] n. f. ZOOL Localisation des obstacles et des proies par émission d'ultrasons puis réception des ultrasons réfléchis, observée chez certains animaux (chauves-souris, dauphins). – De *écho,* et *localisation.*

1. échoppe [eʃɔp] n. f. Petite boutique, le plus souvent faite de planches et adossée à un mur. *Échoppe de cordonnier.* – Anc. néerl. *schoppe,* avec infl. de l'angl. *shop,* « magasin ».

2. échoppe [eʃɔp] n. f. TECH Burin de graveur. – Du lat. *scalprum.*

échopper [eʃɔpe] v. tr. [1] TECH Graver avec une échoppe. – De *échoppe* 2.

échosondeur [ekosɔ̃dœʀ] n. m. TECH Instrument utilisant la réflexion des ultrasons pour déterminer la profondeur des fonds marins. – De *écho,* et *sonde.*

échotier [ekɔtje] n. m. Rédacteur chargé des échos dans un journal. – De *écho.*

échouage [eʃwaʒ] n. m. MAR Situation d'un navire que l'on échoue volontairement. *Bassin d'échouage.* – De *échouer.*

échouement [eʃumɑ̃] n. m. (En parlant d'un navire.) Action d'échouer. – De *échouer.*

échouer [eʃwe] v. intr. [1] **I. 1.** Toucher le fond, accidentellement ou non, et cesser de flotter (en parlant d'un navire). *Le navire a échoué sur la plage.* - Par anal. *Une baleine qui échoue.* ▷ v. tr. *Échouer un navire,* le faire échouer volontairement. Ant. renflouer. ▷ v. pron. Se mettre au sec accidentellement. *L'épave s'est échouée sur le sable.* **2.** Fig. Aboutir en un lieu sans l'avoir vraiment voulu. *Renvoyé de partout, il échoua dans ce modeste emploi.* **II. 1.** (Personnes) Ne pas réussir. *Il a échoué à ses examens.* **2.** (Choses) Ne pas aboutir. *L'attaque échoua devant la résistance ennemie.* Syn. manquer, avorter, rater.

écidie [esidi] n. f. BOT Fructification particulière aux rouilles et que l'on observe sur la face inférieure des feuilles atteintes. – Du gr. *oikidion,* « petite maison ».

écidiospore [esidjɔspɔʀ] n. f. BOT Spore à double noyau produite par les écidies, se reproduisant par multiplication végétative. – De *écidie,* et *spore.*

écimage [esimaʒ] n. m. AGRIC Action d'écimer. – De *écimer.*

écimer [esime] v. tr. [1] AGRIC Couper (la cime d'un végétal) pour favoriser la production de ramifications ou la fructification. *Écimer le maïs.* Syn. étêter. – De *é-,* et *cime.*

éclaboussement [eklabusmɑ̃] n. m. Action d'éclabousser. – De *éclabousser.*

éclabousser [eklabuse] v. tr. [1] **1.** Faire rejaillir un liquide, de la boue sur. **2.** Fig. Faire subir un dommage, un préjudice par contrecoup. *Toutes ces rumeurs ont éclaboussé sa réputation.* – Du rad. onomat. *klapp.*

éclaboussure [eklabusyʀ] n. f. **1.** Liquide salissant qui a rejailli. *Recevoir des éclaboussures de boue.* **2.** Fig. Dommage subi par contrecoup. – De *éclabousser.*

éclair [eklɛʀ] n. m. **I. 1.** Lumière violente et brève provoquée par une décharge électrique entre deux nuages ou entre un nuage et le sol. *Éclair en trait, en boule.* ▷ Loc. fig. *Vif, rapide comme l'éclair :* très vif, très rapide. - *En un éclair, en l'espace d'un éclair :* très rapidement, en un instant. ▷ CHIM *Point d'éclair :* température à laquelle une huile s'enflamme. **2.** *Par anal.* Vive lueur, rapide et passagère. *Les éclairs d'un phare. Ce diamant lance des éclairs.* - Fig. *Un éclair de malice brillait dans ses yeux.* **3.** Fig. Ce qui a la vivacité, la rapidité de l'éclair. *Avoir un éclair de génie, d'intelligence.* ▷ (En appos.) Très rapide. *Un voyage éclair. Guerre éclair.* **II.** Petit gâteau allongé fourré de crème pâtissière. *Éclair au chocolat, au café.* – De *éclairer.*

éclairage [eklɛʀaʒ] n. m. **1.** Action, manière d'éclairer à l'aide d'une lumière artificielle. *Éclairage au gaz, à l'électricité. Éclairage direct,* dans lequel le flux lumineux est dirigé sur l'objet à éclairer (par oppos. à *éclairage indirect*). ▷ Dispositif servant à éclairer. *Éclairage public :* ensemble des appareils et du réseau d'éclairage des espaces publics (routes, rues, etc.). **2.** Manière dont une chose est éclairée. *Éclairage naturel, artificiel.* Syn. lumière. **3.** PHYS Produit du flux lumineux par le temps (exprimé en lumen-seconde). **4.** Fig. Manière dont une chose est considérée. *Je ne vois pas la situation sous cet éclairage.* – De *éclairer.*

éclairagisme [eklɛʀaʒism] n. m. TECH Étude des procédés d'éclairage. – De *éclairage.*

éclairagiste [eklɛʀaʒist] n. m. TECH Spécialiste de l'éclairage artificiel. – De *éclairage.*

éclairant, ante [eklɛʀɑ̃, ɑ̃t] adj. Qui a la propriété d'éclairer. *Fusée éclairante.* ▷ Fig. *Une comparaison éclairante.* – Ppr. de *éclairer.*

éclaircie [eklɛʀsi] n. f. **1.** Espace clair dans un ciel chargé de brume ou de nuages. - Diminution importante de la nébulosité, interruption du temps pluvieux ; période au cours de laquelle elle se produit. *Le temps sera généralement pluvieux avec quelques éclaircies.* **2.** Fig. Amélioration momentanée. *La situation diplomatique présente des éclaircies.* **3.** AGRIC et SYLVIC Opération consistant à éclaircir un semis, une futaie, etc. – Pp. fém. subst. de *éclaircir.*

éclaircir [eklɛʀsiʀ] v. tr. [2] **1.** Rendre clair, plus clair. *Cette couleur lui éclaircit le teint.* Ant. assombrir, foncer, obscurcir. ▷ v. pron. *L'orage passe, le ciel s'est rapidement éclairci.* **2.** Rendre plus net, plus pur. *Le miel* éclaircit la voix. ▷ *Il toussa pour s'éclaircir la gorge.* **3.** Rendre moins épais, moins dense. *Éclaircir une sauce.* Syn. allonger. Ant. épaissir. ▷ v. pron. *Sa chevelure s'éclaircit,* devient moins dense. ▷ AGRIC et SYLVIC Enlever des plants (d'un semis, d'une futaie, etc.) pour favoriser la croissance des autres. **4.** Fig. Rendre clair, intelligible; élucider. *Il faudrait éclaircir votre pensée. Éclaircir une affaire, une énigme.* Syn. démêler, clarifier. Ant. embrouiller, compliquer. ▷ v. pron. *La situation s'est éclaircie.* – Lat. pop. **exclaricire,* de *clarus,* « clair ».

éclaircissage [eklɛʀsisaʒ] n. m. AGRIC et SYLVIC Action d'éclaircir. – De *éclaircir.*

éclaircissement [eklɛʀsismɑ̃] n. m. **1.** Action d'éclaircir, de rendre moins sombre. *L'éclaircissement d'une teinte.* **2.** Explication d'une chose difficile à comprendre ou qui prête à équivoque. *Demander des éclaircissements.* Syn. explication, justification. – De *éclaircir.*

éclaire [eklɛʀ] n. f. *Éclaire* ou *grande éclaire* : nom cour. de la chélidoine. – De *éclairer,* parce qu'on tirait de cette plante un collyre.

éclairé, ée [ekleʀe] adj. **1.** Qui reçoit de la lumière. *Une pièce bien éclairée.* **2.** Fig. Qui a des lumières, des connaissances, de l'expérience. *Un esprit éclairé. Un public éclairé.* – Par ext. *Un avis éclairé.* – Pp. de *éclairer.*

éclairement [eklɛʀmɑ̃] n. m. **1.** PHYS Quotient du flux lumineux par unité de surface (exprimé en lux, c.-à-d. en lumen/m^2). **2.** Manière dont une surface est éclairée. *L'éclairement d'un plan de travail.* – De *éclairer.*

éclairer [ekleʀe] v. tr. [1] **I. 1.** Répandre de la clarté, de la lumière sur; illuminer. *Le Soleil éclaire la Terre. Une lampe jaune éclairait faiblement la pièce.* ▷ (S. comp.) *Cette lampe éclaire mal.* **2.** Fournir, procurer de la lumière à (qqn). *Je passe devant vous pour vous éclairer.* ▷ v. pron. *S'éclairer au gaz, à l'électricité.* **3.** Rendre plus clair, plus lumineux. *Ces grandes baies éclairent la pièce.* ▷ Fig. *Un sourire éclaira son visage.* Ant. assombrir. – v. pron. *Son visage s'éclaira de joie.* **4.** Vx Allumer. *Éclairer une lanterne.* **5.** JEU *Éclairer le jeu* ou, absol., *éclairer* : jouer de manière à faire connaître les cartes que l'on a en main. **II. 1.** Expliquer à (qqn), mettre (qqn) en état de comprendre. *Il éclaira ses amis sur la situation. Je ne suis pas au courant, voulez-vous m'éclairer.* Syn. informer, instruire. ▷ v. pron. Acquérir des connaissances. *Les esprits commencent à s'éclairer.* **2.** Rendre (qqch) intelligible. *L'enquête a éclairé bien des points obscurs.* ▷ v. pron. *Tout s'éclaire.* **3.** MILIT *Éclairer la marche d'une unité,* reconnaître au préalable son itinéraire par l'envoi d'éclaireurs. – Lat. pop. **exclariare,* class. *exclarare,* de *clarus,* « clair ».

éclaireur, euse [eklɛʀœʀ, øz] n. **1.** n. m. MILIT Soldat envoyé pour reconnaître un itinéraire, une position. ▷ *Par ext.* Loc. *Marcher en éclaireur* : être envoyé en reconnaissance. – Cour. *Partir en éclaireur,* le premier. **2.** n. Membre d'une organisation laïque de scouts. – De *éclairer.*

éclampsie [eklɑ̃psi] n. f. MED Syndrome convulsif grave, parfois observé en fin de grossesse, lors de l'accouchement ou immédiatement après, dû à une toxémie gravidique. – Du gr. *eklampein,* « briller soudainement, éclater ».

éclamptique [eklɑ̃ptik] adj. (et n. f.) **1.** Relatif à l'éclampsie. **2.** Qui souffre d'éclampsie. ▷ n. f. *Une éclamptique.* – De *éclampsie.*

éclat [ekla] n. m. **I. 1.** Fragment détaché d'un corps dur. *Le pare-brise a volé en éclats.* **2.** Son, bruit soudain, plus ou moins violent. *Des éclats de voix. Des éclats de rire. Rire aux éclats.* **3.** Fig. Bruit, réaction retentissante. *La nouvelle fit un grand éclat.* ▷ Manifestation violente, scandale. *On craint qu'il ne fasse un éclat.* **II. 1.** Vive lumière émanant d'une source lumineuse, d'un corps brillant; intensité de cette lumière. *L'éclat d'un diamant. Ses yeux brillaient d'un éclat fiévreux.* ▷ Lumière vive et brève. *Compter les éclats d'un phare.* **2.** Vivacité d'une couleur, qualité de ce qui frappe le regard par sa splendeur. *L'éclat d'une rose. L'éclat de la beauté.* **3.** Fig. Ce qui frappe par des qualités brillantes. *Un style qui a de l'éclat.* – *Une action, un coup d'éclat,* remarquable, dont on parle. – Déverbal de *éclater.*

éclatage [eklataʒ] n. m. AGRIC Action d'éclater (sens I, 3). – De *éclater.*

éclatant, ante [eklatɑ̃, ɑ̃t] adj. **1.** Qui brille avec éclat, qui frappe le regard. *Lumière, blancheur éclatante. Une beauté éclatante.* Ant. sombre, terne, obscur. **2.** Sonore, retentissant. *Un son éclatant.* **3.** Qui se manifeste avec évidence, intensité, éclat. *Victoire éclatante. Bonne foi éclatante.* – Ppr. de *éclater.*

éclaté [eklate] adj. et n. m. TECH *Un dessin éclaté* ou, n. m., *un éclaté* : un dessin qui présente séparés les uns des autres les éléments d'un mécanisme ou d'une construction complexes pour mettre en évidence leur agencement. – Pp. de *éclater.*

éclatement [eklatmɑ̃] n. m. **1.** Action d'éclater; résultat de cette action. *Éclatement d'un obus.* **2.** Répartition, division en plusieurs éléments. *Éclatement d'un fichier en sous-fichiers.* – *Éclatement d'un groupe politique.* – De *éclater.*

éclater [eklate] v. intr. [1] **I. 1.** Se rompre, se briser avec violence et par éclats. *Ce bois a éclaté. La bombe a éclaté sur la ville.* – Par exag. *Taisez-vous, ma tête va éclater!* Syn. exploser. **2.** Se séparer en plusieurs éléments. *L'autoroute de Normandie éclate en deux tronçons à Rocquencourt.* **3.** v. tr. AGRIC Répartir (une touffe végétale) en plusieurs éléments. *Éclater un dahlia,* séparer ses tubercules pour que chacun donne un nouveau pied. **II. 1.** Faire entendre un bruit soudain et violent. *Des applaudissements éclatèrent. Le tonnerre éclata dans le silence de la nuit.* **2.** Manifester un sentiment brusquement et bruyamment. *Éclater de rire. Éclater en injures, en sanglots.* – *Absol.* Se mettre en colère. *Il s'était longtemps contenu et, brusquement, il éclata.* **3.** Fig. Se manifester d'une manière soudaine et violente. *L'incendie éclata pendant la nuit. Une révolte éclata.* **4.** Fig. Se manifester avec évidence, intensité, éclat. *Sa gloire éclata aux yeux du monde. Je ferai éclater la vérité.* **5.** v. pron. Mod., fam. S'amuser, se divertir sans retenue. *Ils se sont éclatés toute la soirée.* – Du frq. *slaitan,* « fendre ».

éclateur [eklatœʀ] n. m. ELECTR Ensemble constitué par deux électrodes et un diélectrique, et qui assure la protection contre les surtensions. – De *éclater.*

éclectique [eklɛktik] adj. (et n.) **1.** PHILO Qui appartient à l'éclectisme. *Doctrine éclectique.* ▷ Qui est partisan de l'éclectisme. – Subst. *Un, une éclectique.* **2.** Qui choisit dans divers genres ce qui lui plaît sans s'asservir à un seul. *Être éclectique dans ses lectures, ses goûts, ses fréquentations.* ▷ Divers. *Avoir des goûts éclectiques.* Ant. exclusif, sectaire. – Gr. *eklektikos,* de *eklegein,* « choisir ».

éclectisme [eklɛktism] n. m. **1.** PHILO Système composé d'idées ou d'éléments doctrinaux empruntés à des philosophes d'écoles différentes. **2.** Largeur d'esprit permettant d'accueillir toute idée avec compréhension. *Faire preuve d'éclectisme.* – De *éclectique.*

éclimètre [eklimɛtʀ] n. m. TECH Instrument servant à déterminer l'angle de la direction visée avec l'horizontale ou la verticale. – Du gr. *ekkli(nês),* « incliné », et *mètre.*

éclipse [eklips] n. f. **1.** Disparition momentanée d'un astre lorsqu'un autre astre s'interpose sur le trajet des rayons lumineux qui l'éclairent. *Éclipse de Lune* : se dit lorsque la Terre porte ombre sur la Lune. *Éclipse de Soleil* : se dit lorsque la Lune, passant entre la Terre et le Soleil, intercepte les rayons lumineux de celui-ci (il s'agit en fait d'une *occultation* du Soleil par la Lune, et le terme d'éclipse, utilisé couramment, est impropre). *Éclipse partielle* (et *annulaire** dans le cas du Soleil), *éclipse totale.* **2.** Fig. Disparition ou défaillance momentanée. *Son succès a connu quelques éclipses. Éclipse de mémoire.* – Lat. *eclipsis*, gr. *ekleipsis.*

éclipser [eklipse] v. [1] **I.** v. tr. **1.** ASTRO Intercepter la lumière émise par un astre (en parlant d'un autre astre). *La Lune éclipse quelquefois le Soleil.* **2.** Fig. Empêcher (qqch ou qqn) de paraître, en attirant sur soi toute l'attention. *Éclipser ses partenaires.* Syn. surpasser, surclasser, effacer. **II.** v. pron. **1.** Fam. Disparaître, partir discrètement. *S'éclipser d'une réunion.* Syn. s'esquiver. **2.** ASTRO Subir une éclipse. – De *éclipse.*

écliptique [ekliptik] adj. et n. m. ASTRO **1.** adj. Relatif aux éclipses ou à l'écliptique (sens 2). **2.** n. m. Plan de l'orbite de la Terre autour du Soleil. – Lat. *eclipticus*, gr. *ekleiptikos*, « relatif aux éclipses ».

ENCYCL *L'écliptique* est incliné en moyenne de 23° 27' sur le plan de l'équateur. L'intersection de ces deux plans détermine la ligne des équinoxes, la ligne des solstices, située dans l'écliptique, étant perpendiculaire à celle des équinoxes.

éclissage [eklisaʒ] n. m. CH de F Jonction au moyen d'éclisses. – De *éclisser.*

éclisse [eklis] n. f. **1.** Éclat de bois. **2.** Bois de refend servant à confectionner les seaux, les tambours, etc. **3.** CH de F Pièce servant à relier deux rails. **4.** CHIR Syn. de *attelle.* – De *éclisser.*

éclisser [eklise] v. tr. [1] **1.** CH de F Relier (des rails) par des éclisses. **2.** CHIR Maintenir (un membre fracturé) au moyen d'éclisses. – Du frq. **slitan*, « fendre en éclats ».

éclopé, ée [eklɔpe] adj. et n. Qui marche avec peine, à cause d'une blessure à la jambe. *Un vieillard éclopé.* – Subst. *Un(e) éclopé(e).* ▷ Se dit des militaires momentanément hors de combat à la suite de blessures ou de maladies légères. – De *é-*, et a. fr. *cloper*, « boiter ».

éclore [eklɔʀ] v. intr. [57] **1.** Naître d'un œuf. *Les poussins viennent d'éclore. – Par ext.* S'ouvrir pour donner naissance à un animal (en parlant d'un œuf). *Les œufs sont* (ou *ont*) *éclos ce matin.* **2.** *Par anal.* Commencer à s'ouvrir (en parlant des fleurs). *Le soleil a fait éclore les résédas.* **3.** Fig., litt. Naître, paraître, se manifester. *Les grands génies que ce siècle vit éclore.* – Du lat. pop. **exclaudere*, class. *excludere*, « faire sortir ».

éclosion [eklozjɔ̃] n. f. **1.** Fait d'éclore (en parlant d'un œuf, d'un animal). **2.** Épanouissement des fleurs. **3.** Fig., litt. Naissance, première manifestation. *L'éclosion d'un talent.* – De *éclore.*

éclusage [eklyzaʒ] n. m. **1.** Manœuvre par laquelle on fait franchir une écluse à un bateau. **2.** GEOL Dans un relief volcanique, reprise d'écoulement de la lave fluide contenue dans un tunnel sous-basaltique. – De *écluser.*

écluse [eklyz] n. f. Ouvrage étanche, délimité par deux portes, un radier et des parois latérales (les bajoyers), permettant à un bateau de passer d'un bief à un autre. – Bas lat. *exclusa*, « (eau) séparée du courant ».

éclusée [eklyze] n. f. **1.** Volume d'eau nécessaire pour faire passer l'eau d'une écluse du niveau amont au niveau aval et inversement. **2.** Nombre de bateaux reçus simultanément dans une écluse. – Pp. fém. subst. de *écluser.*

écluser [eklyze] v. tr. [1] **1.** Faire passer un bateau d'un bief à l'autre par une écluse. **2.** Pop. Boire. *Écluser un godet.* – De *écluse.*

éclusier, ère [eklyzje, ɛʀ] n. (et adj.) Personne préposée à la garde et à la manœuvre d'une écluse. ▷ adj. *Maison éclusière*, de l'éclusier. – De *écluse.*

écobuage [ekɔbɥaʒ] n. m. AGRIC Action d'écobuer. *L'écobuage est une technique archaïque de fertilisation.* – De *écobuer.*

écobuer [ekɔbɥe] v. tr. [1] AGRIC Arracher par plaques la végétation sauvage (d'une terre), la sécher, la brûler et utiliser les cendres comme engrais. – De *é-*, et dial. *gobe*, « motte de terre », rad. gaul. **gobbo*, « morceau ».

écœurant, ante [ekœʀɑ̃, ɑ̃t] adj. Qui écœure. *Un gâteau écœurant.* ▷ Fig. Moralement repoussant, révoltant. *Il est d'une servilité écœurante.* ▷ (Sens atténué.) *Elle a une chance écœurante au jeu*, qui décourage. – Ppr. de *écœurer.*

écœurement [ekœʀmɑ̃] n. m. **1.** Action d'écœurer; état d'une personne écœurée. **2.** Fig. Répugnance. *Ces scènes avaient suscité l'écœurement général.* – De *écœurer.*

écœurer [ekøʀe] v. tr. [1] **1.** Soulever le cœur de dégoût. *Ces sucreries m'écœurent.* **2.** Fig., fam. Provoquer la répugnance de (qqn). *Sa conduite m'écœure.* **3.** Fig. Abattre le moral de (qqn). *Toutes ces difficultés l'ont écœuré.* Syn. décourager, démoraliser. – De *é-*, et *cœur.*

écoinçon [ekwɛ̃sɔ̃] n. m. ARCHI **1.** Portion de mur triangulaire délimitée par deux côtés curvilignes (extrados d'arc, etc.) et un bandeau droit. **2.** Pierre formant l'encoignure de deux murs. – De *é-*, et *coin.*

écolâtre [ekɔlatʀ] n. m. Au Moyen Âge, ecclésiastique qui dirigeait l'école attachée à l'église cathédrale. – Du lat. médiév. *scholaster.*

école [ekɔl] n. f. **1.** Établissement où l'on dispense un enseignement collectif de connaissances générales, ou de connaissances particulières nécessaires à l'exercice d'un métier, d'une profession, ou à la pratique d'un art. *École communale. École de dessin, de musique. École polytechnique, navale. Grandes écoles* : écoles d'enseignement supérieur, dont l'accession est généralement soumise à une sélection sévère (concours, etc.) et qui dispensent un enseignement de haut niveau. ▷ *Spécial.* Établissement d'enseignement primaire (par oppos. à *lycée, université, faculté*). *Maître, maîtresse d'école.* ▷ (Collectif) Ensemble des élèves et des professeurs qui fréquentent un tel établissement. *Les écoles de la ville participaient à la fête.* – HIST *L'École* : l'enseignement universitaire médiéval de la philosophie et de la théologie. **2.** Ce qui est propre à instruire, à former. *S'instruire à l'école de l'expérience, de la vie.* – Loc. *Être à bonne école* : être avec des gens capables de bien conseiller, de bien former. **3.** Ensemble des adeptes d'un même maître, d'une même doctrine; cette doctrine elle-même. *L'école de Platon, d'Hippocrate.* ▷ BX-A Groupe d'artistes présentant des points communs (origine, style, formation, etc.). *L'école flamande.* ▷ Loc. *Faire école* : servir de modèle à des imitateurs; gagner à ses principes, à son opinion. **4.** MILIT Chacun des degrés de l'instruction militaire. *École du soldat. École de bataillon.* ▷ EQUIT *Haute école* : ensemble des exercices destinés à amener un cheval au plus haut degré de dressage; exécution de ces exercices. – Lat. *schola*, gr. *skholê.*

écolier, ère [ekɔlje, ɛʀ] n. **1.** Enfant qui fréquente une école primaire. – Loc. fig. *Le chemin des écoliers* : le chemin le plus long, où l'on flâne. ▷ (En appos.) *Papier écolier* : papier blanc quadrillé. **2.** Personne novice, inexpérimentée, malhabile. *Ce n'est qu'un écolier.* – Du bas lat. *scolaris*, « scolaire ».

écolo [ekolo] n. et adj. Fam. Abrév. de *écologiste* et de *écologique.*

écologie [ekɔlɔʒi] n. f. **1.** BIOL Science qui étudie les conditions d'existence d'un être vivant et les rapports qui s'établissent entre cet être et son environnement. **2.** Cour. Protection de la nature, de l'environnement. – Du gr. *oikos*, « maison, habitat », et *-logie*, d'apr. *éco(nomie).*

ENCYCL L'écologie se subdivise en *autoécologie* (étude des rapports d'une seule espèce avec le milieu où elle vit), *synécologie* (étude des rapports des espèces appartenant à un même groupement avec le milieu où elles vivent) et *dynamique des populations* (modifications et causes de l'abondance des espèces dans un même milieu).

écologique [ekɔlɔʒik] adj. Relatif à l'écologie. – De *écologie.*

écologisme [ekɔlɔʒism] n. m. Mouvement, action des écologistes (sens 2). – De *écologie.*

écologiste [ekɔlɔʒist] n. **1.** Biologiste qui étudie l'écologie d'une espèce, les associations animales et végétales, l'environnement. **2.** Personne attachée à la protection de la nature et des équilibres biologiques. – De *écologie.*

écologue [ekɔlɔg] n. Spécialiste des problèmes liés à l'écologie. – De *écologie.*

écomusée [ekomyze] n. m. Musée de l'homme et de la nature où l'homme est interprété dans son milieu naturel, la nature dans sa sauvagerie, mais aussi telle que la société l'a adaptée à son usage (définition de G.-H. Rivière, créateur du mot). – De *éco(logie),* et *musée.*

éconduire [ekɔ̃dɥiʀ] v. tr. [**69**] Mettre dehors, repousser avec plus ou moins de ménagements; ne pas agréer. *Éconduire un importun.* Litt. ou plaisant *Elle éconduit tous ses soupirants.* Syn. repousser. – Altér. d'apr. *conduire,* de l'a. fr. *escondire,* «refuser», du lat. médiév. *excondicere,* de *ex-,* négatif, et *condicere,* «convenir, conclure».

économat [ekɔnɔma] n. m. **1.** Emploi, bureau, charge d'économe. **2.** Magasin créé par une entreprise en vue de fournir à son personnel des denrées à meilleur compte que dans le commerce. – De *économe.*

économe [ekɔnɔm] n. et adj. **I.** n. Personne chargée de la recette, de la dépense et de toute l'administration matérielle d'un établissement, d'une communauté. **II.** adj. **1.** Qui dépense avec mesure. *Une maîtresse de maison économe. Économe jusqu'à l'avarice.* **2.** Fig. *Être économe de paroles, d'éloges,* les mesurer, ne pas les prodiguer. – Lat. ecclés. *œconomus,* gr. *oikonomos,* de *oikos,* «maison» et *nomos,* «administration».

économétrie [ekɔnɔmetʀi] n. f. Application des méthodes mathématiques aux sciences économiques. – De *écono(mie),* et *-métrie.*

économie [ekɔnɔmi] n. f. **I. 1.** Soin à ne dépenser que ce qui convient; épargne dans la dépense. *Vivre avec la plus stricte économie.* – Fam. *Vivre à l'économie,* sans beaucoup dépenser. Ant. gaspillage, prodigalité. **2.** GEST *Économie d'échelle :* réduction des coûts unitaires des produits fabriqués par une entreprise lorsqu'elle accroît sa capacité de production. **3.** Ce qui est épargné. *Il n'y a pas de petites économies. Économie de temps, d'énergie.* – Fig., fam. *Économie(s) de bouts de chandelles*.* ▷ (Plur.) Argent épargné. *Avoir des économies.* **II. 1.** Administration, gestion d'une maison, d'un ménage, d'un bien. *Économie domestique.* ▷ Didac. *Économie privée, publique, mixte.* – *Économie politique :* science (nommée auj. *science économique*) qui a pour objet l'étude des phénomènes de production, de circulation, de répartition et de consommation des richesses. – *Économie rurale :* science des procédés tendant à obtenir le meilleur rendement d'un sol. **2.** Ensemble des faits relatifs à la production, à la circulation, à la répartition et à la consommation des richesses dans une société. *Avoir une économie florissante. Économie fermée,* dans laquelle les échanges internationaux sont très réduits (par oppos. à *économie ouverte*). *Économie dirigée :* système dans lequel l'État oriente, régularise et contrôle l'activité économique du pays. Syn. dirigisme. *Économie de marché*.* **3.** Harmonie existant entre les différentes fonctions d'un organisme vivant. *L'économie animale.* ▷ Fig. Distribution des parties d'un tout, coordination d'ensemble. *L'économie d'une pièce de théâtre.* – De *économe,* d'ap. le gr. *oikonomia.*

ENCYCL C'est à partir de la Renaissance que l'*économie politique* (l'expression apparaît en 1615) devint une discipline de pensée autonome, détachée de la philosophie et préoccupée exclusivement de la création et de la circulation des biens matériels à l'échelle nationale (d'où l'association des deux mots économie et politique). Cette conjonction demeurera jusqu'à la fin de la première moitié du XXe s. Le développement du socialisme redonnant au mot politique un sens philosophique, et l'accroissement des échanges internationaux détachant la pensée politique du seul cadre national, l'économie politique se transforma en *science économique*; cette mutation fut favorisée par le recours de plus en plus fréquent à l'outil statistique et par l'introduction des mathématiques dans la recherche économique. Pendant longtemps (en fait jusqu'à la parution en 1936 de la *Théorie générale de l'emploi, de l'intérêt et de la monnaie* de Keynes), il avait semblé à la majorité des penseurs que, dans une économie de marché, le volume de la production s'établissait automatiquement sur une longue période, assurant ainsi le plein emploi de la main-d'œuvre. Keynes découvrit que les équilibres de sous-emploi pouvaient également être durables. Les économistes entreprirent alors de déterminer les conditions de l'équilibre général, à l'échelle macroéconomique. Ainsi la science économique s'est-elle fixé comme principal objectif de sa recherche les équilibres fondamentaux.

économique [ekɔnɔmik] adj. **1.** Relatif à l'économie, à l'économie politique. *Doctrines économiques. Crise économique. Zone économique.* **2.** Qui réduit la dépense, qui coûte peu. *Les grosses quantités sont plus économiques que les petites.* – De *économie.*

économiquement [ekɔnɔmikmɑ̃] adv. **1.** À peu de frais. *Se distraire économiquement.* Ant. coûteusement. **2.** Du point de vue de la science économique. *Une politique économiquement défendable.* ▷ *Les économiquement faibles :* les personnes dont les ressources sont très insuffisantes. – De *économique.*

économiser [ekɔnɔmize] v. tr. [**1**] **1.** Épargner. *Économiser le pain, l'énergie.* – Fig. *Économiser son temps, ses forces.* Syn. ménager. Ant. gaspiller. **2.** Faire des économies, mettre de côté (une somme d'argent). *Il économise une partie de son salaire.* ▷ v. intr. *Il économise sur ses revenus.* Syn. épargner. Ant. dépenser. – De *économie.*

économiseur [ekɔnɔmizœʀ] n. m. TECH Dispositif permettant une économie d'essence, de combustible, d'électricité, etc. – De *économiser.*

économisme [ekɔnɔmism] n. m. Doctrine qui attribue aux faits économiques un rôle prépondérant dans la politique, la civilisation, etc. – De *économie.*

économiste [ekɔnɔmist] n. Spécialiste de science économique. V. économie (encycl.). – De *économie.*

écope [ekɔp] n. f. MAR Pelle creuse servant à épuiser l'eau embarquée. – Frq. **skôpa.*

écoper [ekɔpe] v. tr. [**1**] **1.** MAR Vider l'eau (d'une embarcation) à l'aide d'une écope. **2.** Fam. Subir, recevoir (une punition, un dommage). *Il a écopé (de) trois jours d'arrêts.* ▷ (S. comp.) Subir des reproches, des coups; avoir des ennuis. *C'est lui qui a écopé.* Syn. pop. trinquer. – De *écope.*

écorçage [ekɔʀsaʒ] n. m. Action d'écorcer. – De *écorcer.*

écorce [ekɔʀs] n. f. **1.** Épaisse enveloppe des troncs et des branches des arbres. *Écorces de hêtre, de chêne.* ▷ Loc. prov. *Entre l'arbre et l'écorce il ne faut pas mettre le doigt :* il ne faut pas intervenir dans des querelles entre proches. **2.** *Par anal.* Peau épaisse de divers fruits. *Écorce d'orange.* **3.** GEOL *Écorce terrestre :* croûte* terrestre.

4. Fig. Aspect extérieur, apparence. *L'écorce est rude mais le cœur est bon.* – Du lat. *scortea,* « manteau de peau, outre », de *scorteus,* « de peau ».

écorcer [ekɔʀse] v. tr. [12] **1.** Retirer l'écorce de. *Écorcer un arbre.* ▷ v. pron. Perdre son écorce, en parlant d'un arbre. *Ce chêne s'écorce.* **2.** Peler, décortiquer. *Écorcer une mandarine. Écorcer du riz.* – De *écorce.*

écorché, ée [ekɔʀʃe] adj. et n. **1.** adj. Dont on a enlevé la peau. ▷ Fig. Qui est mal prononcé. *Un nom écorché.* **2.** BX-A n. m. Figure, gravure, statue, etc., représentant un homme ou un animal dépouillé de sa peau. – *Par ext.* Dessin qui montre l'intérieur d'un mécanisme. *Un écorché de voiture.* ▷ Fig. n. Personne dont la sensibilité est à fleur de peau, très vive. *C'est un écorché vif.* – Pp. de *écorcher.*

écorchement [ekɔʀʃəmɑ̃] n. m. Action d'écorcher. *Écorchement d'un lapin.* – De *écorcher.*

écorcher [ekɔʀʃe] v. tr. [1] **1.** Dépouiller de sa peau. *Écorcher un lapin, une anguille.* **2.** Blesser superficiellement. *Mon soulier m'a écorché le talon. Un genou écorché.* – v. pron. *S'écorcher (à) la main.* Syn. griffer, égratigner. ▷ *Par ext.* Déchirer, enlever superficiellement un morceau de. *Un obus a écorché la façade.* Syn. érafler. – Par exag. *Écorcher les oreilles :* offenser l'ouïe, en parlant d'un son. **3.** Fig. Prononcer d'une manière incorrecte. *Écorcher une langue. Écorcher le nom de qqn.* Syn. estropier. **4.** Fig., vieilli Exiger un prix trop élevé de. *Écorcher le client.* Syn. voler, estamper (fam.). – Bas lat. *excorticare,* de *cortex,* « enveloppe, écorce ».

écorcherie [ekɔʀʃəʀi] n. f. Dans un abattoir, lieu où l'on écorche les bêtes. – De *écorcher.*

écorcheur [ekɔʀʃœʀ] n. m. **1.** Personne dont le métier est d'écorcher les bêtes mortes. **2.** Fig., vieilli Personne qui fait payer trop cher ses marchandises, ses services. ▷ HIST *Les Écorcheurs :* les mercenaires sans emploi, organisés en bandes, qui pillèrent quelques provinces de France au XVe s. – De *écorcher.*

écorchure [ekɔʀʃyʀ] n. f. **1.** Plaie superficielle de la peau. Syn. égratignure. **2.** *Par ext.* Légère éraflure à la surface d'une chose. *Faire une écorchure à un mur.* **3.** Fig. Atteinte légère mais cuisante. *Écorchure d'amour-propre.* – De *écorcher.*

écorner [ekɔʀne] v. tr. [1] **1.** Rompre une corne ou les cornes à (un animal). **2.** Casser, déchirer, un angle, un coin d'un objet. *Écorner un livre.* **3.** Fig. Diminuer, réduire par une atteinte, un dommage. *Écorner son patrimoine.* Syn. entamer, ébrécher. – De *é-,* et *corne.*

écornifler [ekɔʀnifle] v. tr. [1] Fam., vieilli Se procurer (qqch) aux dépens d'autrui. *Écornifler un repas.* – Croisement de *écorner* et a. fr. *nifler.* V. renifler.

écornifleur, euse [ekɔʀniflœʀ, øz] n. Fam., vieilli Parasite, pique-assiette. – De *écornifler.*

écornure [ekɔʀnyʀ] n. f. Éclat, morceau provenant d'un objet écorné; brèche qui en résulte. – De *écorner.*

écossais, aise [ekɔsɛ, ɛz] adj. et n. **1.** adj. D'Écosse, région du nord de la Grande-Bretagne. *Le costume écossais.* ▷ Subst. *Un(e) Écossais(e). Hospitalité écossaise,* gracieuse et désintéressée. **2.** *Étoffe écossaise* ou, n. m., *écossais :* étoffe à carreaux de couleurs. – Par ext. *Une écharpe, une couverture écossaise.* **3.** n. f. Danse populaire d'Écosse. – De *Écosse,* bas lat. *Scotia.*

écosser [ekɔse] v. tr. [1] Enlever la cosse de. *Écosser des pois.* – De *é-,* et *cosse.*

écosseuse [ekɔsøz] n. f. Machine à écosser les pois, les haricots, etc. – De *écosser.*

écosystème [ekosistɛm] n. m. BIOL Ensemble écologique constitué par un milieu (sol, eau, etc.) et des êtres vivants, entre lesquels existent des relations énergétiques, trophiques, etc. *Un lac, une forêt, un aquarium en équilibre biologique constituent autant d'écosystèmes.* – De *éco(logie),* et *système.*

1. écot [eko] n. m. Litt. Quote-part due par un convive pour un repas. ▷ Fig. *Payer son écot :* contribuer à une dépense collective. – Frq. **skot,* au sens fig. « contribution ».

2. écot [eko] n. m. SYLVIC Tronc d'arbre portant encore des bouts de branches coupées. – Frq. **skot,* « rejeton, pousse ».

écoté, ée [ekɔte] adj. HERALD Se dit d'une pièce en forme d'arbre ou de rameau d'arbre figuré avec des branches coupées. – Pp. de l'anc. fr. *écoter,* « ébrancher ».

écotype [ekotip] n. m. BIOL Être vivant présentant des variations morphologiques ou physiologiques plus ou moins importantes, dues au biotope auquel il s'est adapté. *Les variations d'un écotype sont héréditaires, ce qui le différencie d'un accommodat.* – De *éco(logie),* et *-type.*

écoulement [ekulmɑ̃] n. m. **1.** Action de s'écouler; mouvement d'un fluide qui s'écoule. *Écoulement des eaux.* – Spécial. MED *Écoulement de sécrétions, de pus.* ▷ Par anal. *Écoulement de la foule, des véhicules.* **2.** Possibilité de vente; vente, débit. *Écoulement de marchandises.* – De *écouler.*

écouler [ekule] v. [1] **I.** v. tr. Vendre, débiter (une marchandise) jusqu'à épuisement. *Il a écoulé tout son stock.* ▷ v. pron. Se vendre. *Un produit qui s'écoule facilement.* **II.** v. pron. **1.** Couler hors de quelque endroit (liquides). *L'eau s'écoule par cette fente.* – Par anal. *La foule s'écoula peu à peu.* **2.** Fig. Passer, disparaître progressivement. *Le temps s'écoulait lentement.* – De *é-,* et *couler.*

écoumène ou **œcoumène** ou **œkoumène** [ekumɛn] n. m. **1.** Ensemble des terres peuplées d'hommes, chez les anc. Grecs. **2.** Mod. GEOGR Ensemble des terres habitées ou exploitées. – Gr. *oikoumenê,* « terre habitée ».

écourgeon. V. escourgeon.

écourter [ekuʀte] v. tr. [1] **1.** Rendre plus court en longueur. *Écourter une jupe.* – Spécial. *Écourter un chien,* lui couper la queue ou les oreilles. *Écourter un cheval,* lui couper la queue. **2.** Rendre plus court en durée. *Écourter une conversation, ses vacances.* Syn. abréger. – De *é-,* et *court.*

1. écoute [ekut] n. f. **1.** Action d'écouter (une émission radiophonique et, *par ext.,* une émission de télévision). *Être à l'écoute. Heure, moment de grande écoute.* **2.** Vx Lieu propre à écouter ce qui se dit sans être vu. ▷ Mod. *Être aux écoutes :* être vigilant; fig., être aux aguets. *C'est un inquiet continuellement aux écoutes.* **3.** Action d'écouter à l'insu des interlocuteurs. *Écoutes téléphoniques.* – Déverbal de *écouter.*

2. écoute [ekut] n. f. MAR Cordage assujetti au coin inférieur d'une voile et servant à la border. *Écoute de foc, de grand-voile.* ▷ *Point d'écoute :* coin inférieur d'une voile, où est assujettie l'écoute. – Frq. **skôta,* « cordage de voile »; *escote.*

écouter [ekute] v. tr. [1] **1.** Prêter l'oreille pour entendre. *Allô, j'écoute. Parlez, je vous écoute.* – (S. comp.) *Elle écoute aux portes.* ▷ Fam. *N'écouter que d'une oreille,* distraitement. ▷ *Écoute! écoutez! :* interj. employée pour réclamer l'attention. ▷ v. pron. *Il s'écoute parler.* **2.** Prêter attention à l'avis de (qqn), suivre (un avis). *Cet entêté ne veut écouter personne. Écouter les conseils de ses aînés.* ▷ Pp. adj. (Personne) *Un conseillé très écouté,* qui émet des avis dont on fait cas. ▷ Par ext., fig. Suivre un sentiment, une impulsion, une inspiration. *N'écouter que son courage, que son cœur.* ▷ v. pron. Être trop attentif à soi-même, à sa santé. *Il s'écoute trop.* – Du bas lat. *ascultare,* class. *auscultare;* d'abord *escolter.*

écouteur, euse [ekutœʀ, øz] n. **1.** Vieilli Curieux, indiscret qui écoute ce qui se dit autour de lui. **2.** n. m. TECH Appareil transformant des signaux électriques en sons perceptibles par l'oreille. *Le combiné téléphonique comporte un écouteur et un micro.* – De *écouter.*

écoutille [ekutij] n. f. MAR Ouverture pratiquée sur le pont d'un navire pour donner accès aux entreponts et aux cales. – Esp. *escotilla,* de *escotar,* « échancrer », du frq. **skaut,* « bord, marge ».

écouvillon [ekuvijɔ̃] n. m. Brosse fixée à une longue tige, et destinée à nettoyer l'intérieur des récipients étroits, des objets tubulaires, etc. – De l'a. fr. *escouve,* du bas lat. *scopa,* « balai ».

écouvillonnage [ekuvijɔnaʒ] n. m. Nettoyage effectué à l'écouvillon. – De *écouvillonner.*

écouvillonner [ekuvijɔne] v. tr. [1] Nettoyer avec un écouvillon. – De *écouvillon.*

écrabouillage [ekʀabujaʒ] ou **écrabouillement** [ekʀabujmɑ̃] n. m. Fam. Action d'écrabouiller. – De *écrabouiller.*

écrabouiller [ekʀabuje] v. tr. [1] Fam. Écraser complètement, réduire en bouillie. – Croisement de *écraser* avec a. fr. *esbouillier,* « éventrer », de *boiel,* « boyau ».

écran [ekʀɑ̃] n. m. **1.** Panneau servant à garantir contre l'ardeur du feu. *Écran de cheminée.* **2.** *Par ext.* Objet interposé pour dissimuler ou protéger. – GEST *Société écran,* derrière laquelle se dissimule le véritable bénéficiaire. ▷ ESP *Écran thermique :* revêtement des structures de missiles et d'engins spatiaux, destiné à atténuer les effets thermiques dus à la rentrée dans l'atmosphère. V. ablation. ▷ MILIT *Écran de fumée :* nuage émis par des appareils fumigènes. ▷ PHYS NUCL Blindage de protection. ▷ ELECTRON *Grille-écran :* grille d'un tube électronique, placée au voisinage de l'anode. **3.** Surface sur laquelle sont projetées des images. *L'écran d'une salle de cinéma. Un écran perlé,* revêtu de minuscules billes de verre qui augmentent son pouvoir réfléchissant. – *Par ext.* L'art cinématographique. *Les vedettes de l'écran.* ▷ Surface sur laquelle apparaissent les images. *L'écran d'un téléviseur. Le petit écran :* la télévision. ▷ INFORM Périphérique d'ordinateur sur lequel s'affichent les données. *Écran tactile.* Syn. moniteur. – Du néerl. *scherm,* « paravent ».

écrasant, ante [ekʀazɑ̃, ɑ̃t] adj. **1.** Très lourd, difficile à supporter. *Un fardeau écrasant. Besogne écrasante. Chaleur écrasante.* Syn. accablant. **2.** Qui domine, qui est très supérieur. *Obtenir une majorité écrasante.* – Ppr. de *écraser.*

écrasement [ekʀazmɑ̃] n. m. Action d'écraser; résultat de cette action. *Blessé par écrasement.* ▷ Fig. Anéantissement. *L'écrasement des armées ennemies.* – De *écraser.*

écraser [ekʀaze] v. [1] **I.** v. tr. **1.** Aplatir, déformer par une forte compression, un coup violent; tuer en aplatissant. *Écraser un insecte.* – *Écraser sa cigarette,* pour l'éteindre. ▷ v. pron. *L'avion s'est écrasé au sol.* **2.** Broyer en pressant. *Écraser du grain. Écraser des légumes, des fruits.* – Par exag. *Sa poigne énergique vous écrasait la main.* – *Spécial.* Tuer en passant sur (qqn) en voiture. *Tu as failli écraser un piéton.* ▷ v. pron. Par exag. *On s'écrasait :* la foule était très dense. **3.** Vaincre, anéantir. *L'armée fut écrasée.* ▷ Opprimer. *Le fort écrase le faible.* **4.** Fig. Faire supporter une charge excessive à. *Écraser le peuple d'impôts. Être écrasé de travail.* Syn. accabler. **5.** Dominer de sa masse; faire paraître plus petit, plus bas, plus court. *La citadelle écrase la ville.* – Fig. Humilier, rabaisser. *Écraser qqn de son mépris.* **6.** INFORM *Écraser des données,* les supprimer involontairement par superposition. **7.** Pop. *En écraser :* dormir profondément. **II.** v. intr. ou pron. Pop. Se soumettre, obtempérer sans mot dire, ne pas insister. *Oh! écrase! Écrase-toi!* – De é-, et empr. au moyen angl. *to crasen,* probabl. d'orig. scand.

écraseur, euse [ekʀazœʀ, øz] n. Fam. Mauvais conducteur (qui écrase les passants), chauffard. – De *écraser.*

écrémage [ekʀemaʒ] n. m. Action d'écrémer. – De *écrémer.*

écrémer [ekʀeme] v. tr. [14] **1.** Enlever la crème (du lait). *Du lait écrémé, demi-écrémé* (par oppos. à *entier*). **2.** Fig. Prendre ce qu'il y a de meilleur dans. *Écrémer une collection.* **3.** TECH Enlever les scories qui surnagent sur un liquide en fusion. *Écrémer le verre.* – De *é-,* et *crème.*

écrémeuse [ekʀemøz] n. f. Machine servant à écrémer le lait par centrifugation. – De *écrémer.*

écrêtement [ekʀetmɑ̃] n. m. MILIT, TECH Action d'écrêter. – De *écrêter.*

écrêter [ekʀete] v. tr. [1] **1.** MILIT Abattre le sommet (d'un ouvrage) à l'aide d'un tir d'artillerie. **2.** TECH Diminuer la hauteur de. *Écrêter les pics d'une courbe.* **3.** AGRIC Couper le haut des tiges (des céréales). *Écrêter du blé.* – De *é-,* et *crête.*

écrevisse [ekʀəvis] n. f. **1.** Crustacé décapode macroure d'eau douce, à fortes pinces, d'Amérique et d'Eurasie. (*Astacus pluviatilis,* l'écrevisse française, verdâtre, atteint 15 cm de long, pinces comprises; elle constitue un mets de choix, de même que *Cambarus affinis,* l'écrevisse américaine, introduite en Europe.) – *Être rouge comme une écrevisse,* très rouge (comme l'écrevisse cuite). **2.** Cuirasse formée de lamelles se chevauchant. – Frq. **krebitja,* cf. all. *Krebs.*

écrier (s') [ekʀije] v. pron. [2] Prononcer, dire en criant, en s'exclamant. *Je m'écriai que c'était une injustice.* – De *é-,* et *crier.*

écrin [ekʀɛ̃] n. m. Petit coffret où l'on dispose des bijoux, des objets précieux. *Écrin capitonné.* – *Par méton.* Son contenu. – Du lat. *scrinium.*

écrire [ekʀiʀ] v. tr. [67] **I. 1.** Tracer, former (des lettres, des caractères). **2.** Orthographier. *Comment écrivez-vous ce mot?* ▷ v. pron. *Ça s'écrit comme ça se prononce.* **3.** Mettre, noter, consigner par écrit. *Écrire son adresse. Je vais l'écrire pour ne pas l'oublier.* Syn. inscrire, marquer. ▷ v. pron. *Tout ce qui se dit ne s'écrit pas.* **4.** Rédiger (une correspondance). *Écrire une lettre.* – Absol. *Laissez votre adresse, on vous écrira.* – Dire, annoncer par lettre. *Il m'a écrit qu'il ne viendrait pas.* ▷ v. pron. Entretenir une correspondance. *Nous nous écrivons régulièrement.* **II. 1.** Composer une œuvre (littéraire, musicale), un article (journalistique, scientifique), etc. *Écrire des poèmes, un roman, une symphonie.* – Absol. *Il écrit dans des revues scientifiques.* – *Écrire au courant de la plume,* en composant aussi vite, à mesure qu'on écrit. – *Spécial.* Faire le métier d'écrivain. *Il écrit depuis l'âge de vingt ans.* **2.** Exprimer sa pensée par l'écriture de telle ou telle manière. *L'art d'écrire. Cet auteur écrit bien.* **3.** Avancer une proposition, dire, exposer dans un ouvrage imprimé. *Voltaire a écrit : « Il faut cultiver notre jardin. »* – Du lat. *scribere.*

écrit, ite [ekʀi, it] adj. et n. m. **I.** adj. **1.** Tracé. *Je ne peux pas lire, c'est trop mal écrit.* **2.** Couvert de signes d'écriture. *Papier écrit des deux côtés.* **3.** Consigné, noté, exposé par écrit. *Langue écrite et langue parlée. Un ouvrage mal écrit.* ▷ Fig. Évident, manifeste. *C'est écrit sur son visage.* **4.** Fig. Décidé par le sort, le destin, la Providence. *Il est écrit que je ne serai jamais tranquille. C'était écrit.* **II.** n. m. **1.** Papier, parchemin, etc. sur lequel est écrit qqch; ce qui est écrit. *Les paroles s'envolent, les écrits restent.* ▷ Loc. adv. *Par écrit :* sur le papier. *Il s'est engagé par écrit.* **2.** Ouvrage de l'esprit. *Les écrits de Hugo.* **3.** Épreuves écrites d'un examen (par oppos. à l'*oral*). *Être reçu à l'écrit.* – Pp. de *écrire.*

écriteau [ekʀito] n. m. Tableau portant une inscription destinée au public. Syn. pancarte. – De *écrit.*

écritoire [ekʀitwaʀ] n. f. Anc. Coffret renfermant tout ce qui est nécessaire pour écrire. – Du lat. médiév. *scriptorium*, de *scriptorius*, «qui sert à écrire».

écriture [ekʀityʀ] n. f. **1.** Représentation des mots, des idées, du langage au moyen de signes. *Écriture alphabétique, idéographique, phonétique.* **2.** Caractères écrits, forme des lettres tracées. *Écritures ronde, bâtarde, anglaise, gothique.* **3.** Manière particulière à chacun de former les lettres. *J'ai reconnu son écriture. Une belle écriture.* **4.** Fig. Manière de s'exprimer par écrit. *Une écriture simple.* **5.** ADMIN Ce que l'on inscrit, ce que l'on consigne pour garder trace d'une opération. *Employé aux écritures.* ▷ (Plur.) Comptabilité d'un commerçant, d'un industriel, d'une administration. *Tenir les écritures.* ▷ DR Écrits que l'on fait à l'occasion d'un procès. **6.** (Avec une majuscule.) Texte saint, sacré. *L'Écriture sainte, les Saintes Écritures* ou, absol., *les Écritures* : l'Ancien et le Nouveau Testament, la Bible. – Lat. *scriptura.*

écrivailler [ekʀivaje] ou **écrivasser** [ekʀivase] v. intr. [1] Fam., péjor. Écrire en mauvais style des choses sans valeur. – De *écrivailleur, écrivassier.*

écrivailleur, euse [ekʀivajœʀ, øz] n. ou **écrivaillon** [ekʀivajɔ̃] n. m. Fam., péjor. Écrivain sans talent. Syn. écrivassier, plumitif. – De *écrivain.*

écrivain [ekʀivɛ̃] n. m. **1.** Personne dont la profession est d'écrire. ▷ *Écrivain public*, qui, moyennant rémunération, se charge d'écrire pour les illettrés. **2.** Personne qui compose des ouvrages littéraires. Syn. auteur. – Lat. pop. **scribanem*, class. *scribam*, accus. de *scriba*, «greffier».

écrivasser. V. écrivailler.

écrivassier, ère [ekʀivasje, ɛʀ] n. **1.** Syn. de *écrivailleur.* **2.** Personne qui a la manie d'écrire. – De *écrivain.*

1. écrou [ekʀu] n. m. DR Procès-verbal inscrit sur le registre d'une prison lors d'une incarcération. *Levée d'écrou* : acte qui remet un prisonnier en liberté. – Du frq. **skrôda*, «morceau coupé, lambeau».

2. écrou [ekʀu] n. m. TECH Pièce dont l'intérieur est fileté de façon à recevoir une vis, un boulon.

écrouelles [ekʀuɛl] n. f. pl. Nom anc. de l'adénopathie cervicale tuberculeuse chronique. *On attribuait aux rois de France le pouvoir de guérir les écrouelles par simple attouchement.* – Du lat. pop. **scrofellae*, var. de bas lat. *scrofulae.*

écrouer [ekʀue] v. tr. [1] DR Inscrire (qqn) sur le registre d'écrou. ▷ *Par ext.* Emprisonner. *Il a été écroué à la Santé.* – De *écrou* 1.

écrouir [ekʀuiʀ] v. tr. [3] METALL Déformer (un métal) au-delà de sa limite élastique. *Un métal écroui est plus dur, mais sa résistance à la rupture est diminuée.* – Mot wallon, de *é-*, et *crou*, var. de *cru*, au sens de «brut».

écrouissage [ekʀuisaʒ] n. m. METALL Action d'écrouir; son résultat. – De *écrouir.*

écroulement [ekʀulmɑ̃] n. m. Fait de s'écrouler. **1.** Chute, éboulement. *Écroulement d'une maison, d'un mur.* Syn. effondrement. **2.** Fig. Ruine complète, soudaine. *L'écroulement d'une monarchie.* **3.** Défaillance physique. *Il lutta un moment puis ce fut l'écroulement.* – De *écrouler.*

écrouler (s') [ekʀule] v. pron. [1] **1.** Tomber en s'affaissant, de toute sa masse et avec fracas. *La tour s'est écroulée.* – (Avec ellipse du pronom.) *Vous allez faire écrouler la maison.* **2.** Fig. S'anéantir, tomber en décadence. *Cet empire s'écroulait de toutes parts.* **3.** Avoir une défaillance brutale après avoir fourni un effort. *Il s'écroula trois mètres avant le but.* – De *é-*, et *crouler.*

écroûter [ekʀute] v. tr. [1] **1.** Ôter la croûte de. *Écroûter le pain.* **2.** AGRIC Briser, ameublir la croûte superficielle du sol. – De *é-*, et *croûte.*

écroûteuse [ekʀutøz] n. f. AGRIC Herse servant à écroûter. – De *écroûter.*

écru, ue [ekʀy] adj. TECH Qui n'a pas encore été blanchi. *Toile écrue.* – *Par ext.* De la couleur beige jaunâtre de la toile non blanchie. *Une robe écrue.* – De *cru.*

-ectasie. Élément, du gr. *ektasis*, «dilatation».

ectasie [ɛktazi] n. f. MED Dilatation d'un organe creux ou d'un vaisseau. *Ectasie aortique.* – Gr. *ektasis*, «dilatation».

ecthyma [ɛktima] n. m. MED Affection cutanée microbienne, se traduisant par des pustules dont le centre est recouvert d'une croûte. – Gr. *ekthuma.*

ectinite [ɛktinit] n. f. PETROG Roche provenant de la métamorphisation d'une roche sédimentaire préexistante, sans apport de minéraux étrangers. – De *ecto-*, et suff. *-ite* 3.

ecto-. Élément, du gr. *ektos*, «au-dehors».

ectocardie [ɛktɔkaʀdi] n. f. MED Situation anormale du cœur. – De *ecto-*, et *-cardie.*

ectoderme [ɛktɔdɛʀm] ou **ectoblaste** [ɛktɔblast] n. m. EMBRYOL Feuillet embryonnaire externe appelé à former la peau et ses annexes, ainsi que le système nerveux et les organes sensoriels. V. endoderme et mésoderme. – *Ectoderme*, de *ecto-*, et *-derme*, ou *-blaste.*

ectodermique [ɛktɔdɛʀmik] adj. Relatif à l'ectoderme; qui en dérive. – De *ectoderme.*

-ectomie. Élément, du gr. *ektomê*, «ablation».

ectoparasite [ɛktopaʀazit] n. m. et adj. ZOOL Parasite externe. *La puce est un ectoparasite.* Ant. endoparasite. – De *ecto-*, et *parasite.*

ectopie [ɛktɔpi] n. f. MED Emplacement anormal d'un organe. *Ectopie congénitale.* – Du gr. *ek-*, marquant l'éloignement, et *topos*, «lieu, endroit».

ectopique [ɛktɔpik] adj. Anormalement situé. *Testicule ectopique.* – De *ectopie.*

ectoplasme [ɛktɔplasm] n. m. **1.** Forme visible qui serait produite par émanation psychique de certains médiums en état de transe. **2.** BIOL Zone périphérique hyaline du cytoplasme de certains protozoaires à locomotion amiboïde, où se produisent des courants et des changements de viscosité, responsables de l'émission des pseudopodes. – De *ecto-*, et *-plasme.*

ectoproctes [ɛktɔpʀɔkt] n. m. pl. ZOOL Classe de lophophoriens de très petite taille, vivant dans les mers en colonies, dont l'anus débouche à l'extérieur de la couronne de tentacules. V. bryozoaires. – Sing. *Un ectoprocte.* – De *ecto-*, et gr. *proktos*, «anus».

ectropion [ɛktʀɔpjɔ̃] n. m. MED Retournement vers l'extérieur du bord libre des paupières qui découvre une partie du globe oculaire. – De *ect(o)-*, et gr. *tropê*, «tour».

1. écu [eky] n. m. **1.** Anc. Bouclier des hommes d'armes au Moyen Âge. ▷ HERALD Figure, généralement en forme de bouclier, portant les armoiries. **2.** Ancienne monnaie, généralement d'argent, portant un écu aux armoiries du roi. – Du lat. *scutum*, «bouclier».

2. écu n. m. ou **ECU** [eky] n. m. inv. Unité de compte de la Communauté européenne. *L'écu a été créé en 1979.* – Acronyme formé sur l'angl. *European Currency Unit.*

écubier [ekybje] n. m. MAR Ouverture située de chaque côté de l'étrave, servant au passage des chaînes ou des câbles d'ancre.

écueil [ekœj] n. m. **1.** Rocher ou banc de sable à fleur d'eau présentant un danger pour la navigation. **2.** Fig.

Obstacle, cause possible d'échec. *Il a su éviter les écueils d'une telle entreprise.* – Du lat. *scopulus,* du gr. *skopelos,* « rocher ».

écuelle [ekɥɛl] n. f. **1.** Assiette épaisse et creuse, sans rebord; son contenu. *Écuelle en bois.* **2.** TECH Vide compris entre deux filets consécutifs d'une vis. – Du lat. pop. *scutella.*

écuellée [ekɥele] n. f. Rég. Contenu d'une écuelle. – De *écuelle.*

écuisser [ekɥise] v. tr. [1] SYLVIC Faire éclater (le tronc d'un arbre) à l'abattage. – De *é-,* et *cuisse.*

éculé, ée [ekyle] adj. **1.** Dont le talon est usé. *Des bottes éculées.* **2.** Fig. Qui est usé, qui a perdu son pouvoir à force d'avoir servi. *Une plaisanterie éculée.* – Pp. de *éculer.*

éculer [ekyle] v. tr. [1] Rare User (le talon d'une chaussure). – De *é-,* et *cul.*

écumage [ekymaʒ] n. m. Action d'écumer. *Écumage des confitures.* – De *écume.*

écumant, ante [ekymɑ̃, ɑ̃t] adj. Couvert d'écume. *Une mer écumante. Cheval écumant.* – Fig. *Un homme écumant de colère,* fou de colère. – Ppr. de *écumer.*

écume [ekym] n. f. **1.** Mousse blanchâtre se formant à la surface d'un liquide agité, chauffé ou en fermentation. *L'écume des vagues. L'écume d'un pot-au-feu.* ▷ METALL Masse de scories qui surnagent sur un métal en fusion. **2.** Bave mousseuse de certains animaux. **3.** Mousse blanchâtre s'amassant sur le corps d'un cheval ou d'un taureau en sueur. *Cheval couvert d'écume.* **4.** MINER *Écume de mer :* silicate naturel hydraté de magnésium (sépiolite), d'un blanc pur, utilisé comme matériau pour la fabrication de pipes de luxe. – Frq. **skum.*

écumer [ekyme] v. [1] **I.** v. intr. **1.** Se couvrir d'écume. *La mer écume.* **2.** (Animaux) Baver. *Le taureau écumait.* – Fig. Être exaspéré. *Écumer de rage.* **II.** v. tr. **1.** Ôter l'écume de la surface (d'un liquide). *Écumer un bouillon.* **2.** Fig. *Écumer les mers,* y pratiquer la piraterie. – Par ext. *Des gangsters ont écumé le quartier.* – De *écume.*

écumeur [ekymœʀ] n. m. *Écumeur des mers :* pirate. – De *écumer.*

écumeux, euse [ekymø, øz] adj. Qui écume. *Mer écumeuse.* – De *écume.*

écumoire [ekymwaʀ] n. f. Ustensile de cuisine formé d'un disque mince légèrement incurvé, percé de trous et muni d'un long manche, servant à écumer. – De *écumer.*

écurer [ekyʀe] v. tr. [1] Vieilli Nettoyer. *Écurer un puits.* – Lat. pop. **excurare,* de *curare.*

écureuil [ekyʀœj] n. m. Petit rongeur arboricole de la famille des sciuridés, au pelage généralement brunroux, à la queue en panache, se nourrissant de petits animaux, de fruits secs (glands, noisettes) ou de graines. *L'écureuil d'Europe (Sciurus vulgaris) a 25 cm de long et une queue de 20 cm. Écureuil volant :* polatouche. *Écureuil de Russie :* petit-gris. ▷ ELECTR *Moteur à cage d'écureuil,* dont le rotor est constitué de conducteurs disposés suivant les génératrices d'un cylindre. – Du lat. pop. **sciriolus,* pour **sciuriolus,* de *sciurus*; gr. *skiouros.*

écurie [ekyʀi] n. f. **1.** Bâtiment destiné à loger les chevaux, les ânes ou les mulets. ▷ MYTH *Les écuries d'Augias :* écuries malpropres dont le nettoiement constitua l'un des travaux d'Hercule. **2.** Ensemble des chevaux de course appartenant à un même propriétaire. **3.** Ensemble des coureurs représentant une même marque, en cyclisme ou en sport automobile. – De *écuyer.*

écusson [ekysɔ̃] n. m. **1.** HERALD Petit écu armorial, parfois employé comme meuble d'un écu plus grand. **2.** MILIT Petite pièce de drap, cousue au collet ou sur la manche d'un uniforme, indiquant l'arme et l'unité de celui qui la porte. ▷ Petite pièce de tissu ou de métal indiquant l'appartenance à un groupe. *Porter l'écusson d'un club sportif, d'un collège, d'une province.* **3.** Cartouche sculpté ou peint portant des inscriptions ou des armoiries, et pouvant servir d'enseigne. **4.** TECH Plaque ornant l'entrée d'une serrure. **5.** ARBOR Fragment comportant un bourgeon, un peu d'écorce, de liber et de bois, que l'on détache d'un végétal lors de la montée de la sève et qui, glissé sous l'écorce d'un autre, constitue un greffon. *Greffe en écusson.* – De *écu.*

écussonnage [ekysɔnaʒ] n. m. ARBOR Action d'écussonner. – De *écusson.*

écussonner [ekysɔne] v. tr. [1] **1.** Mettre un écusson sur (qqch). **2.** ARBOR Greffer en écusson. *Écussonner un rosier.* – De *écusson.*

écuyer, ère [ekɥije, ɛʀ] n. **I.** n. m. **1.** HIST Jeune noble qui, avant l'adoubement, s'attachait au service d'un chevalier et portait son écu. **2.** Anc. Titre des officiers chargés de l'intendance des écuries royales. **3.** Anc. Officier royal chargé du service de bouche. *Écuyer tranchant,* qui découpait la viande. **II.** n. **1.** Personne qui monte à cheval. – *Bottes à l'écuyère :* bottes montant plus haut que le genou par-devant et échancrées parderrière. **2.** n. m. Professeur d'équitation. *Un écuyer du Cadre noir de Saumur.* **3.** Personne faisant des exercices équestres dans un cirque. – Du bas lat. *scutarius,* de *scutum,* « bouclier ».

eczéma [ɛgzema] n. m. MED Affection cutanée caractérisée par des lésions érythémateuses, prurigineuses et vésiculeuses, évoluant par poussées. – Gr. méd. *ekzema,* de *ekzein,* « bouillonner ».

eczémateux, euse [ɛgzematø, øz] adj. et n. MED Relatif à l'eczéma; atteint d'eczéma. – De *eczéma.*

edam [edam] n. m. Fromage de Hollande à pâte cuite, en forme de grosse boule recouverte d'une pellicule de paraffine rouge. – De *Edam,* localité des Pays-Bas.

édaphique [edafik] adj. Relatif au sol. *Les principaux facteurs édaphiques sont l'humidité, la composition chimique et la structure du sol.* – Du gr. *edaphos,* « sol ».

edelweiss [edɛlvɛs] n. m. inv. Composée montagnarde *(Leontopodium alpinum)* formée de petits capitules jaunes (0,5 cm de diamètre) groupés en bouquet, et de feuilles blanches disposées en couronne en dessous. – All. *edel,* « noble », et *weiss,* « blanc ».

éden [edɛn] n. m. (Avec une majuscule.) Nom du paradis terrestre dans la Bible. – Litt. *Un éden :* un lieu paradisiaque. – Mot hébr.

édénique [edenik] adj. Litt. Syn. de *paradisiaque.* – De *éden.*

édenté, ée [edɑ̃te] adj. et n. Qui a perdu ses dents. *Un vieillard édenté.* – Subst. *Un vieil édenté.* ▷ Par méton. *Un sourire édenté. Un peigne édenté.* – Pp. de *édenter.*

édenter [edɑ̃te] v. tr. [1] Rompre, user les dents de (qqch). *Édenter un peigne, une scie.* – De *é-,* et *dent.*

édentés [edɑ̃te] n. m. pl. ZOOL Ancien ordre groupant les mammifères euthériens dépourvus de dents, actuellement disloqué en xénarthres (tatous, fourmiliers, paresseux), pholidotes (pangolins) et tubulidentés (oryctérope). – Pp. subst. de *édenter,* lat. sav. *edentata.*

édicter [edikte] v. tr. [1] Prescrire sous forme de loi, de règlement. – Du lat. *edictum,* de *edicere,* « déclarer ».

édicule [edikyl] n. m. Petite construction utilitaire élevée sur la voie publique (kiosque, urinoir, etc.). – Lat. *ædicula.*

édifiant, ante [edifjɑ̃, ɑ̃t] adj. Qui édifie; qui porte à la vertu. *Une vie édifiante. Un spectacle édifiant.* – Ppr. de *édifier* 2.

1. édification [edifikasjɔ̃] n. f. **1.** Action de bâtir (un édifice). *L'édification des cathédrales.* **2.** Constitution, création. *L'édification du socialisme.* – De *édifier* I.

2. édification [edifikasjɔ̃] n. f. Action d'édifier. *Il parlait pour l'édification des fidèles.* – De *édifier* II.

édifice [edifis] n. m. **1.** Grand bâtiment. *Restauration des édifices publics.* ▷ DR Toute construction (bâtiment ou ouvrage d'art). **2.** *Par anal.* Ensemble compliqué. *L'édifice d'une coiffure.* – (Abstrait) *Apporter sa pierre à l'édifice* : contribuer modestement à une grande œuvre. – Lat. *ædificium,* «bâtiment».

édifier [edifje] v. tr. [2] **I. 1.** Bâtir (un édifice, un monument). **2.** Constituer, créer. *Édifier une fortune. Édifier une doctrine.* **II. 1.** Porter à la vertu par l'exemple. *Son comportement édifiait les foules.* **2.** Iron. Renseigner sur les mauvaises intentions de qqn, ou sur des faits répréhensibles. *Son discours cynique m'a édifié. Maintenant, te voilà édifié!* – Lat. *ædificare,* «construire».

édile [edil] n. m. **1.** ANTIQ ROM Magistrat préposé aux édifices, aux jeux, à l'approvisionnement des villes. **2.** Mod., litt. Magistrat municipal. *Les édiles de notre cité.* – Lat. *ædilis.*

édilité [edilite] n. f. **1.** ANTIQ ROM Magistrature des édiles. – Temps pendant lequel s'exerçait cette magistrature. **2.** Mod., litt. Magistrature municipale. – Lat. *ædilitas.*

édit [edi] n. m. HIST Sous l'Ancien Régime, loi promulguée par un roi ou un gouverneur. *Édit de Nantes,* qu'Henri IV rendit le 13 avril 1598 pour donner un statut légal à l'Église réformée en France. – Lat. *edictum,* de *edicere,* «déclarer, ordonner».

éditer [edite] v. tr. [1] **1.** Publier (un ouvrage). *Éditer des romans, de la musique.* **2.** Faire paraître (une œuvre, le plus souvent relativement ancienne, dont on a établi et annoté le texte). *Éditer «la Chanson de Roland».* – Formé sur le lat. *editus,* pp. de *edere,* «produire, faire paraître au jour».

éditeur, trice [editœʀ, tʀis] n. **1.** Personne qui prépare la publication de certains textes. *Notes de l'éditeur.* **2.** Personne ou société assurant la publication et, le plus souvent, la diffusion d'un ouvrage. *Un éditeur célèbre.* – (En appos.) *Maison éditrice.* ▷ *Éditeur responsable,* sous la responsabilité duquel paraît une publication périodique. ▷ Par ext. *Éditeur de musique.* **3.** INFORM Programme pour la saisie et la modification de texte. – De *éditer.*

édition [edisjɔ̃] n. f. **1.** Publication et diffusion d'une œuvre écrite. *Maison d'édition. Édition à compte d'auteur,* pour laquelle l'auteur paie lui-même les frais d'impression. – Par anal. *Édition d'une gravure, d'une carte.* – Par ext. *Édition d'un disque, d'un film.* **2.** Ensemble des livres ou des journaux publiés en une seule fois. *Édition revue et corrigée. Édition originale. Acheter une édition originale,* en acheter un exemplaire. *Édition spéciale.* **3.** Action d'établir (un texte); texte ainsi édité. *Édition critique d'un film.* **4.** Industrie et commerce du livre. *Travailler dans l'édition.* **5.** INFORM Mise en forme des résultats avant impression. – De *éditer.*

1. éditorial, aux [editɔʀjal, o] n. m. Article de fond reflétant les grandes orientations d'une publication (journal, revue) et émanant souvent de la direction. – Anglo-amér. *editorial,* de *editor,* «rédacteur en chef».

2. éditorial, ale, aux [editɔʀjal, o] adj. Qui concerne l'édition, le métier d'éditeur. *Une réunion éditoriale.* – Calque de l'anglais *editorial,* de *editor,* «directeur de collection, directeur littéraire».

éditorialiste [editɔʀjalist] n. Personne qui écrit l'éditorial d'une publication. – De *éditorial* 1.

-èdre. Élément, du gr. *hedra,* «siège, base», qui sert à former des termes de géométrie.

édredon [edʀədɔ̃] n. m. Couvre-pied constitué d'une poche remplie de duvet (d'eider, à l'orig.). – Empr. au danois *ederduun,* de l'anc. nordique et islandais *œdur, aedar,* «eider», et *duun,* «duvet».

éducable [edykabl] adj. Qui peut être éduqué. – De *éduquer.*

éducateur, trice [edykatœʀ, tʀis] n. et adj. **1.** n. Personne qui éduque, qui s'occupe d'éducation. *Éducateur spécialisé,* qui s'occupe d'enfants délinquants ou retardés. **2.** adj. Qui concerne l'éducation, qui la donne. *Le rôle éducateur que joue la pratique du sport d'équipe.* – De *éducation.*

éducatif, ive [edykatif, iv] adj. **1.** Qui concerne l'éducation. *Théories éducatives.* **2.** Qui éduque. *Jeux éducatifs.* – De *éduquer.*

éducation [edykasjɔ̃] n. f. **1.** Action de développer les facultés morales, physiques et intellectuelles; son résultat. *L'éducation de cet enfant a été négligée. Avoir reçu une bonne éducation.* – *Éducation physique,* par la pratique d'exercices physiques appropriés au développement harmonieux du corps humain. *Éducation civique. Éducation musicale.* **2.** Connaissance et pratique des usages (politesse, bonnes manières, etc.) de la société. *Avoir de l'éducation. Un homme sans éducation.* **3.** Action de développer une faculté particulière de l'être humain. *L'éducation du goût.* – Lat. *educatio.*

édulcorant, ante [edylkɔʀɑ̃, ɑ̃t] adj. et n. m. Se dit d'une substance donnant une saveur douce. ▷ n. m. PHARM Principe adoucissant d'un médicament, d'une potion, etc. – Substance naturelle ou synthétique présentant un pouvoir sucrant plus élevé (jusqu'à 200 fois) que le saccharose, utilisée comme succédané du sucre. – Ppr. subst. de *édulcorer.*

édulcorer [edylkɔʀe] v. tr. [1] **1.** PHARM Adoucir (un médicament, une potion) en ajoutant un édulcorant. **2.** Fig. Adoucir; affadir. *Transmettre des reproches à qqn, en les édulcorant.* – Lat. scientif. *edulcorare,* bas lat. *dulcorare,* de *dulcis,* «doux».

éduquer [edyke] v. tr. [1] Donner une éducation à, élever, former (qqn). *Éduquer ses enfants.* – Lat. *educare.*

E.E.G. n. m. MED Sigle pour *électro-encéphalogramme.*

éfaufiler [efofile] v. tr. [1] TECH Tirer les fils de la trame d'un tissu. – De *é-,* et *faufiler.*

effaçable [efasabl] adj. Qui peut être effacé. Ant. ineffaçable, indélébile. – De *effacer.*

effacé, ée [efase] adj. **1.** (Choses) Dont l'image, les traits, les couleurs ont plus ou moins disparu. *Miniature effacée.* **2.** Fig. (Personnes) Qui se tient à l'écart, qui ne se fait pas remarquer. *Un garçon timide et effacé.* – Pp. de *effacer.*

effacement [efasmɑ̃] n. m. **1.** Fait d'effacer, action d'effacer; son résultat. *L'effacement des couleurs d'un tableau.* **2.** Fig. Action de s'effacer, attitude de celui qui est effacé. – De *effacer.*

effacer [efase] v. [14] **I.** v. tr. **1.** Enlever, faire disparaître toute trace de (ce qui est écrit, marqué). *Effacer une inscription sur un mur.* – Par ext. *Écolier qui efface son ardoise.* – *Effacer une bande magnétique,* faire disparaître ce qui y est enregistré. ▷ Supprimer (ce qui est écrit) en rayant, en raturant. **2.** Fig. Faire disparaître, faire oublier. *Le temps efface bien des souvenirs.* ▷ Éclipser, surpasser au point de faire oublier tous les autres. *Il a effacé tous ses contemporains.* **3.** *Effacer le corps,* le tenir de côté, en retrait. *Effacer la jambe.* **II.** v. pron. **1.** S'enlever, disparaître (en parlant d'une marque). *Une tache d'encre s'efface difficilement.* – Fig. *Des souvenirs qui s'effacent.* **2.** Se mettre de côté. *Il s'effaça* *pour la laisser passer.* ▷ Fig. *S'effacer devant qqn,* lui céder le pas. – De *é-,* et *face.*

effaceur [efasœʀ] n. m. Dispositif servant à effacer. *Effaceur d'encre.* – (En appos.) *Crayon effaceur.* – De *effacer.*

effaçure [efasyʀ] n. f. Trace de ce qui est effacé; trace d'effacement. – De *effacer.*

effaner [efane] v. tr. [1] AGRIC Ôter les fanes (du blé, du maïs, etc.). – De *é-,* et *fane.*

effarant, ante [efaʀɑ̃, ɑ̃t] adj. Qui effare. – Cour., par exag. *Son ignorance est effarante.* – Ppr. de *effarer.*

effaré, ée [efaʀe] adj. Égaré, stupéfié par un trouble violent. – Pp. de *effarer.*

effarement [efaʀmɑ̃] n. m. État d'une personne effarée. – De *effarer.*

effarer [efaʀe] v. tr. [1] Troubler vivement, stupéfier. *Cette nouvelle l'a effaré.* – Du lat. *efferare,* «rendre sauvage, farouche».

effarouchement [efaʀuʃmɑ̃] n. m. Action d'effaroucher; état d'une personne effarouchée. – De *effaroucher.*

effaroucher [efaʀuʃe] v. tr. [1] **1.** Faire fuir (un animal) en l'effrayant. *Effaroucher le gibier.* **2.** Fig. Mettre (qqn) en défiance; choquer (qqn) en alarmant. *Vos plaisanteries trop familières l'ont effarouchée.* Ant. rassurer. ▷ v. pron. *Personne timide qui s'effarouche facilement.* – De *é-,* et *farouche.*

effarvatte [efaʀvat] n. f. ORNITH Rousserolle *(Acrocephalus scirpaceus),* longue d'env. 12 cm, au plumage brunâtre, fréquente en France. – Altér. dial. de *fauvette.*

effecteur, trice [efɛktœʀ, tʀis] n. m. et adj. PHYSIOL Organe qui agit sous l'influence d'une commande nerveuse ou hormonale, en réponse aux stimulations reçues par les organes récepteurs. – adj. *Organe effecteur.* – Angl. *effector,* de *to effect,* «effectuer».

1. effectif, ive [efɛktif, iv] adj. **1.** Qui produit des effets, qui est efficace. *Une collaboration effective.* **2.** Qui est de fait; qui est tangible, réel. *La valeur officielle d'une monnaie et sa valeur effective sur le marché des changes.* – Lat. médiév. *effectivus,* de *effectus.* V. effet.

2. effectif [efɛktif] n. m. Nombre des personnes qui composent un groupe, une collectivité. *L'effectif d'un régiment, d'une entreprise.* – De *effectif* 1.

effectivement [efɛktivmɑ̃] adv. Réellement; en effet. *Ces paroles ont été effectivement prononcées.* – De *effectif* 1.

effectuer [efɛktɥe] v. tr. [1] Faire (une action plus ou moins complexe); accomplir. *Effectuer une opération délicate. Effectuer un paiement.* ▷ v. pron. S'accomplir. *La rentrée des classes s'est effectuée normalement.* – Lat. médiév. *effectuare,* de *effectus.* V. effet.

efféminé, ée [efemine] adj. Qui a des caractéristiques féminines. *Allure efféminée. Jeune homme efféminé.* Ant. masculin, viril. – Pp. de *efféminer.*

efféminer [efemine] v. tr. [1] Litt. Rendre efféminé. – Lat. *effeminare,* de *femina,* «femme».

effendi [efɛndi] n. m. Titre de courtoisie, dans l'empire ottoman. – Mot turc, «seigneur».

efférent, ente [efeʀɑ̃, ɑ̃t] adj. ANAT *Vaisseaux, conduits efférents,* qui sortent d'un organe. – *Nerfs efférents,* qui véhiculent l'influx nerveux du centre à la périphérie. Ant. afférent. – Lat. *efferens,* de *effere,* «porter hors».

effervescence [efɛʀvesɑ̃s] n. f. **1.** Bouillonnement de certaines substances au contact de certaines autres, dû à un dégagement de gaz. *Effervescence du calcaire mouillé d'acide.* **2.** Fig. Émotion vive, agitation. *La ville était en effervescence.* – De *effervescent.*

effervescent, ente [efɛʀvesɑ̃, ɑ̃t] adj. **1.** Qui est en effervescence; qui peut entrer en effervescence. *Comprimés effervescents.* **2.** Fig. Qui est comme en ébullition; agité. *Une foule effervescente.* – Lat. *effervescens,* de *effervescere,* «bouillonner».

1. effet [efɛ] n. m. **1.** Ce qui est produit par une cause. *Cette mesure a eu pour effet de mécontenter tout le monde. Ses promesses sont restées sans effet, n'ont pas été suivies d'effet,* il n'en est rien résulté. *Médicament qui commence à faire son effet,* à agir, à opérer. – DR Conséquences de l'application d'une loi, d'une décision administrative, etc. *En France, les lois n'ont pas d'effet rétroactif.* **2.** Spécial. TECH Effort transmis par un mécanisme. *Un mécanisme à double effet.* **3.** PHYS Phénomène particulier obéissant à des lois précises. *Effet photoélectrique.* ▷ ELECTR *Effet Joule :* dégagement de chaleur dû au passage d'un courant électrique dans un conducteur. (Il se calcule par la *loi de Joule :* $Q = RI^2t$; Q en joules, R en ohms, I en ampères et *t* en secondes.) *Effet photoélectrique.* **4.** Loc. adv. *En effet :* effectivement. *Vous n'y êtes pas allé, n'est-ce pas ? – En effet, j'étais malade.* ▷ *À cet effet :* dans cette intention, pour obtenir ce résultat. *Prenez les dispositions à cet effet.* **5.** BX-A et LITTER Impression particulière produite par un procédé. *Un tableau tout en demi-teintes produisant un effet de grande douceur.* – Ce procédé. *Des effets de lumière.* ▷ Par anal. *Des effets de voix. Avocat qui fait des effets de manche.* – (Souv. péjor.) *Chercher l'effet :* chercher à impressionner (par des procédés qui traduisent souvent l'affectation). ▷ CINE, AUDIOV *Effets spéciaux :* procédés techniques ou trucages destinés à créer une illusion visuelle ou sonore. **6.** Cour. Impression que fait une chose ou une personne sur qqn. *Cela m'a fait un effet pénible. Faire son effet :* produire une vive impression. ▷ *Faire l'effet de :* avoir l'air de, donner l'impression de. *Il m'a fait l'effet d'un incapable.* **7.** *Donner de l'effet à un ballon, une balle de tennis, une boule de billard, etc.,* lui imprimer un mouvement de rotation qui lui donne une trajectoire non rectiligne ou un rebond anormal. – Lat. *effectus,* de *efficere,* «exécuter, réaliser».

2. effet [efɛ] n. m. **1.** FIN, COMM *Effet de commerce :* titre portant engagement de payer une somme (lettre de change, billet à ordre, chèque, warrant). **2.** (Plur.) Objets qui sont à l'usage d'une personne. – *Spécial.* Linge et vêtements. *Ranger ses effets dans une malle.* – De *effet* 1.

effeuillage [efœjaʒ] n. m. **1.** AGRIC et ARBOR Action d'effeuiller un végétal. **2.** Fig. Syn. de *strip-tease.* (Terme officiellement recommandé.) – *De effeuiller.*

effeuillaison [efœjɛzɔ̃] n. f. BOT Chute naturelle des feuilles. – De *effeuiller.*

effeuillement [efœjmɑ̃] n. m. Chute des feuilles. – De *effeuiller.*

effeuiller [efœje] v. tr. [1] Dépouiller de ses feuilles. *Effeuiller un arbuste.* ▷ Par anal. *Effeuiller une fleur,* en arracher les pétales. – De *é-,* et *feuille.*

effeuilleuse [efœjøz] n. f. Fam. Stripteaseuse. – De *effeuiller.*

1. efficace [efikas] n. f. Vx Efficacité. – Lat. *efficacia.*

2. efficace [efikas] adj. **1.** (Choses) Qui produit l'effet attendu. *Un traitement efficace.* – (Personnes) Dont l'action produit l'effet attendu. *Il s'est montré très efficace dans son travail.* **2.** ELECTR *Intensité efficace d'un courant alternatif :* valeur de l'intensité du courant continu qui produirait le même dégagement de chaleur que le courant alternatif considéré dans les mêmes conditions. – Lat. *efficax, efficacis.*

efficacement [efikasmɑ̃] adv. D'une manière efficace. *Travailler efficacement.* – De *efficace.*

efficacité [efikasite] n. f. **1.** Qualité de ce qui est efficace. **2.** Productivité, rendement. *Technologie d'une très* *haute efficacité.* ▷ ELECTR *Efficacité lumineuse d'un projecteur, d'une ampoule, etc.* : flux lumineux, rapporté à la puissance consommée (elle s'exprime en lumens par watt). – De *efficace.*

efficience [efisjɑ̃s] n. f. (Emploi critiqué.) Qualité de ce qui est efficient (sens 2). *L'efficience d'une entreprise sur le marché européen.* – Angl. *efficiency,* du lat. *efficientia.*

efficient, ente [efisjɑ̃, ɑ̃t] adj. **1.** PHILO *Cause efficiente,* qui produit un effet, une transformation. *En physique, l'énergie est la cause efficiente du travail.* **2.** (Anglicisme, emploi critiqué.) Qui a de l'efficacité, du dynamisme. *Un jeune cadre efficient.* – Lat. *efficiens,* de *efficere,* « réaliser ».

effigie [efiʒi] n. f. **1.** Représentation d'un personnage sur une monnaie, une médaille. *Médaille frappée à l'effigie de Louis XIV.* **2.** Représentation, image de qqn. *Brûler qqn en effigie.* – Lat. *effigies.*

effilage [efilaʒ] ou **effilement** [efilmɑ̃] n. m. Action d'effiler; son résultat. – De *effiler.*

effilé, ée [efile] adj. et n. m. Mince, fin, allongé. *Une lame effilée.* ▷ n. m. Frange faite de simples fils. – Pp. de *effiler.*

effilement [efilmɑ̃] n. m. Effilage. – De *effiler.*

effiler [efile] v. tr. [1] **1.** Défaire (une étoffe) fil à fil. ▷ v. pron. *Tissu qui s'effile.* **2.** Rendre mince comme un fil; rendre effilé. *Effiler une lame.* ▷ v. pron. Aller en s'amincissant. *Ce cap s'effile à son extrémité.* – De *fil.*

effilochage [efilɔʃaʒ] n. m. Action d'effilocher (du tissu et, partic., du chiffon pour la fabrication du papier de luxe); résultat de cette action. – De *effilocher.*

effiloche [efilɔʃ] n. f. Soie de rebut trop légère. – Déverbal de *effilocher.*

effiloché, ée [efilɔʃe] adj. et n. m. **1.** adj. Séparé en brins (en parlant d'un tissu). *Un vêtement effiloché.* **2.** n. m. Charpie provenant de tissus effilochés. – Pp. subst. de *effilocher.*

effilocher [efilɔʃe] v. tr. [1] Séparer (un tissu) en brins pour le réduire en charpie. – Fig. *Le vent effilochait les nuages.* ▷ v. pron. S'effiler par l'usure. *Couverture qui s'effiloche.* – De *é-,* et *filoche,* dér. anc. et dial. de *fil.*

effilocheur, euse [efilɔʃœʀ, øz] n. **1.** Personne qui effiloche les chiffons pour la fabrication du papier. **2.** n. f. TECH Machine à effilocher. – De *effilocher.*

efflanqué, ée [eflɑ̃ke] adj. Qui a les flancs creux et décharnés. *Cheval efflanqué.* ▷ (Personnes) Maigre et sec. *Une femme grande et efflanquée.* – De *é-,* et *flanc.*

effleurage [eflœʀaʒ] n. m. MED Massage léger. – De *effleurer.*

effleurement [eflœʀmɑ̃] n. m. Action d'effleurer; caresse légère. – De *effleurer.*

effleurer [eflœʀe] v. tr. [1] **1.** Entamer superficiellement; érafler. *La balle n'a fait que l'effleurer.* ▷ *Par ext.* Toucher légèrement. *Elle a effleuré sa main.* ▷ Fig. Atteindre légèrement. *Sa réputation n'a même pas été effleurée.* **2.** Ne pas approfondir, examiner superficiellement (une question). *Il n'a fait qu'effleurer le sujet.* – De *é-,* et *fleur.*

effleurir [eflœʀiʀ] v. intr. [3] CHIM Devenir efflorescent. – De *é-,* et *fleurir,* d'apr. *efflorescence.*

effloraison [eflɔʀɛzɔ̃] n. f. BOT Fait de fleurir. *L'effloraison des arbres fruitiers.* – De *é-,* et *floraison.*

efflorescence [eflɔʀesɑ̃s] n. f. **1.** CHIM Dépôt qui se forme à la surface des hydrates salins. ▷ MED Éruption cutanée. **2.** Fig., litt. Épanouissement, floraison. *L'efflorescence d'un grand nombre de jeunes talents.* – Du lat. sav. *efflorescere,* « fleurir ».

efflorescent, ente [eflɔʀesɑ̃, ɑ̃t] adj. **1.** CHIM Qui forme ou qui est susceptible de former une efflorescence. **2.** Fig., litt. Qui fleurit, s'épanouit. *Un art efflorescent.* – Lat. *efflorescens,* ppr. de *efflorescere,* « fleurir ».

effluent, ente [eflyɑ̃, ɑ̃t] adj. et n. m. **1.** adj. Qui s'écoule d'une source, d'un lac, d'un glacier. **2.** n. m. Liquide qui s'écoule hors de qqch. *Les effluents radioactifs d'un réacteur nucléaire.* – Spécial. *Les effluents urbains* : l'ensemble des eaux usées. – Lat. *effluens,* ppr. de *effluere,* « s'écouler ».

effluve [eflyv] n. m. **1.** (Abus. au fém. plur.) Émanation qui s'exhale d'un corps organisé. *Plantes odoriférantes qui exhalent des effluves parfumés.* **2.** PHYS *Effluve électrique* : décharge électrique dans un gaz, accompagnée d'une faible émission de lumière. – Lat. *effluvium,* « écoulement ».

effondrement [efɔ̃dʀəmɑ̃] n. m. **1.** AGRIC Action d'effondrer des terres. **2.** Fait de s'effondrer. *L'effondrement d'un toit.* ▷ GEOL Affaissement du sol. *Cratère d'effondrement. La Limagne est un fossé d'effondrement.* **3.** Fig. Écroulement, ruine. *L'effondrement d'une fortune.* – De *effondrer.*

effondrer [efɔ̃dʀe] **I.** v. tr. [1] **1.** Briser, défoncer. *Effondrer un coffre.* **2.** AGRIC Labourer, remuer (le sol) très profondément. *Effondrer la terre pour y mêler l'engrais.* **II.** v. pron. S'écrouler. *Maison qui s'effondre.* – Fig. *L'Empire romain s'effondra sous les coups des Barbares.* – Du lat. pop. **exfunderare,* bas lat. *exfundare,* de *fundus,* « fond ».

efforcer (s') [efɔʀse] v. pron. [14] Faire tous ses efforts pour, employer tous ses moyens à (faire qqch). *S'efforcer de courir. S'efforcer de comprendre les autres.* – De *é-,* et *forcer.*

effort [efɔʀ] n. m. **1.** Action énergique des forces physiques, intellectuelles ou morales. *L'ennemi fit un effort désespéré pour nous déloger. Faire un effort de compréhension envers qqn. Allons, faites un effort!* – *Sans effort* : sans peine, facilement. *Triompher sans effort.* ▷ Dépense, aide financière. *Faire un effort en faveur des déshérités.* **2.** Vieilli Vive douleur intramusculaire due à une contraction violente d'un muscle. – Fam. *Se faire un effort,* une hernie. ▷ MED VET Entorse. *Effort du boulet.* **3.** Force avec laquelle un corps tend à exercer son action. *L'effort de l'eau a rompu la digue.* ▷ MECA Force tendant à déformer ou à rompre un corps. *Effort tranchant.* – Déverbal de *(s')efforcer.*

effraction [efʀaksjɔ̃] n. f. DR Bris de clôture, fracture de serrure. *Vol avec effraction* (circonstance aggravante). – Du lat. jurid. *effractura,* d'apr. *fraction.*

effraie [efʀɛ] n. f. Chouette longue d'env. 35 cm (genre *Tyto*), aux ailes rousses, au ventre très clair tacheté de gris et aux yeux cernés d'une collerette de plumes blanches. *L'effraie loge dans les greniers, les clochers, les ruines et pousse un long cri aigu.* – Altér. de *orfraie* avec attraction de *effrayer.*

effranger [efʀɑ̃ʒe] v. tr. [13] Effiler (une étoffe) sur le bord pour constituer une frange. ▷ v. pron. S'effilocher. – De *é-,* et *frange.*

effrayant, ante [efʀɛjɑ̃, ɑ̃t] adj. Qui effraie, qui inspire l'effroi. *Un spectacle effrayant.* ▷ *Par exag.,* fam. Excessif, très pénible. *Une chaleur effrayante.* – Ppr. de *effrayer.*

effrayer [efʀeje] v. tr. [21] Provoquer la frayeur de, épouvanter. ▷ v. pron. *Ne vous effrayez pas.* – Du lat. pop. **exfridare,* « faire sortir de la paix »; frq. **fridu,* « paix ».

effréné, ée [efʀene] adj. Qui est sans frein, sans retenue. *Ambition effrénée. Passion effrénée.* Ant. modéré, mesuré. – Lat. *effrenatus,* de *frenum,* « frein ».

effritement [efʀitmɑ̃] n. m. Fait de s'effriter; état de ce qui est effrité. ▷ Fig. *Effritement des cours* (en parlant de la Bourse). – De *effriter.*

effriter [efʀite] v. tr. [1] Désagréger, mettre en morceaux. ▷ v. pron. Se désagréger, tomber en morceaux. *Le plâtre de ce plafond s'effrite.* – Fig. *Son crédit s'effrite.* – De *é-*, et *fruit*; ext. de sens, p.-ê. sous l'infl. de *friable*, par altér. de *effruiter*, « rendre stérile, épuiser (une terre) ».

effroi [efʀwɑ] n. m. Frayeur intense, épouvante. *Inspirer l'effroi. Avoir les yeux pleins d'effroi.* – De *effrayer*.

effronté, ée [efʀɔ̃te] adj. et n. Impudent, trop hardi. *Un regard effronté.* – Qui témoigne de l'effronterie. *Une mimique effrontée.* ▷ Subst. *Un(e) effronté(e).* – De *é-*, et *front*.

effrontément [efʀɔ̃temɑ̃] adv. D'une manière effrontée. *Mentir effrontément.* – De *effronté*.

effronterie [efʀɔ̃tʀi] n. f. Hardiesse excessive, impudence. *Parler avec beaucoup d'effronterie.* – De *effronté*.

effroyable [efʀwajabl] adj. Qui cause de l'effroi, de l'horreur, de la répulsion. *Une scène effroyable.* ▷ Par exag., fam. Excessif, pénible. *Il fait un temps effroyable.* – De *effroi*.

effroyablement [efʀwajabləmɑ̃] adv. D'une manière effroyable. – Par exag., fam. *Elle est effroyablement laide.* – De *effroyable*.

effusif, ive [efyzif] adj. PETROG *Roche effusive* : V. magmatique. – Du rad. de *effusion*.

effusion [efyzjɔ̃] n. f. **1.** Vx Épanchement d'un liquide. ▷ Mod. *Sans effusion de sang* : sans que le sang soit versé. **2.** Fig. Vive manifestation (d'un sentiment). *Effusion de tendresse.* – (S. comp.) *Accueillir qqn avec effusion.* – Lat. *effusio*, de *effundere*, « répandre ».

égaiement [egɛmɑ̃] ou **égayement** [egɛjmɑ̃] n. m. Action d'égayer; fait de s'égayer. – De *égayer*.

égailler (s') [egaje] v. pron. [1] Se disperser. – Probabl. du lat. pop. **æguaIiare*, du lat. *æqualis*, « égal, uni »; mot dial. de l'Ouest.

égal, ale, aux [egal, o] adj. (et n.) **1.** Pareil, semblable en nature, en quantité, en qualité, en droit. *Deux poids égaux. Tous les Français sont égaux devant la loi. L'équateur se trouve à égale distance des deux pôles.* – MATH *Ensembles égaux*, qui possèdent exactement les mêmes éléments. – GEOM *Figures égales*, superposables. *Triangles égaux.* ▷ Subst. Personne qui est au même rang qu'une autre. *Traiter d'égal à égal. Considérer qqn comme son égal.* – *N'avoir pas d'égal, être sans égal* : être le premier, l'unique en son genre. – (Choses) *Une joie sans égale. Des rôles égal.* ▷ Loc. prép. *À l'égal de* : autant que, de la même manière que. *Elle l'admire à l'égal d'un dieu.* **2.** Qui ne varie pas. *Un mouvement toujours égal*, uniforme. – (Personnes) *Être en tout égal à soi-même. Être d'humeur égale.* **3.** Qui est uni, de niveau, régulier. *Un chemin bien égal.* **4.** Indifférent. *Tout lui est égal. Ça m'est égal.* ▷ Loc. *C'est égal* : cela ne change rien, peu importe. *Vous le déclarez honnête, c'est égal, je m'en méfie.* – Réfection de l'a. fr. *evel, ivel* sur le lat. *æqualis*.

égalable [egalabl] adj. Qui peut être égalé. Ant. inégalable. – De *égaler*.

également [egalmɑ̃] adv. **1.** De manière égale. *Partager également.* Ant. inégalement. **2.** Pareillement, aussi, de même. *Vous y allez ? J'y vais également.* – De *égal*.

égaler [egale] v. tr. [1] Être égal à. *Quatre multiplié par deux égale huit.* ▷ Atteindre le même degré, le même niveau que. *Égaler qqn en puissance. Égaler un champion.* – De *égal*.

égalisateur, trice [egalizatœʀ, tʀis] adj. Qui égalise. – SPORT *Marquer le point égalisateur.* – De *égaliser*.

égalisation [egalizasjɔ̃] n. f. Action d'égaliser. – SPORT *But d'égalisation* (des scores). – De *égaliser*.

égaliser [egalize] v. [1] **I.** v. tr. **1.** Rendre égal. *Égaliser les lots dans un partage.* **2.** Rendre uni, plan. *Égaliser un terrain.* **II.** v. intr. SPORT Obtenir, en cours de partie, le même nombre de points, marquer le même nombre de buts que l'adversaire. *Réussir à égaliser quelques minutes avant la fin du match.* – De *égal*.

égaliseur [egalizœʀ] n. m. ELECTRON Appareil qui permet de modifier la courbe de réponse d'un système électro-acoustique d'enregistrement ou de reproduction (chaîne hi-fi, magnétophone, etc.). – De *égaliser*.

égalitaire [egalitɛʀ] adj. Qui a pour but l'égalité. *Lois égalitaires.* ▷ Qui professe l'égalitarisme. *Théorie égalitaire.* – De *égalité*.

égalitarisme [egalitaʀism] n. m. Doctrine professant l'égalité absolue de tous les hommes, sous tous les aspects (civil, politique, économique, social). – Du rad. de *égalitaire*.

égalitariste [egalitaʀist] n. et adj. **1.** n. Partisan de l'égalitarisme. **2.** adj. Qui professe l'égalitarisme. *Théorie égalitariste.* – De *égalitarisme*.

égalité [egalite] n. f. **1.** Rapport entre les choses égales; parité, conformité. *Égalité d'âge, de mérite. Rapport d'égalité.* – MATH Rapport entre des grandeurs égales; formule qui exprime ce rapport. *Une égalité algébrique.* – GEOM *Conditions d'égalité de deux triangles* : ensemble des règles qui permettent de déterminer si deux triangles sont égaux (par ex. : deux angles et un côté égaux, si le côté est compris entre les deux angles). **2.** Principe selon lequel tous les hommes, possédant une égale dignité, doivent être traités de manière égale. *Égalité civile* (mêmes droits, mêmes devoirs devant la loi), *égalité politique* (même droit de gouvernement de la cité). **3.** Uniformité (d'un mouvement); modération, mesure (du tempérament). *Égalité du pouls. Égalité d'humeur.* **4.** État de ce qui est plan, uni. *L'égalité d'un terrain.* – Lat. *æqualitas*.

égard [egaʀ] n. m. **1.** Attention, considération particulière (pour qqn ou qqch). *Il n'a eu aucun égard à ce que je lui ai dit.* ▷ Loc. prép. *Eu égard à* : en considération de. *Il a été condamné avec sursis eu égard à son jeune âge.* – *À l'égard de* : pour ce qui concerne, vis-à-vis de. *Il s'est mal conduit à mon égard.* – Par comparaison. *La Terre est bien petite à l'égard du Soleil.* ▷ Loc. adv. *À tous égards* : sous tous les rapports. *Il est parfait à tous égards.* – *À différents égards, à certains égards* : sous différents aspects, à certains points de vue. **2.** Déférence, estime. *Je ne le ferai pas, par égard pour vous.* – Plur. *Avoir des égards pour qqn.* – De *é-*, et *garder*; de l'a. fr. *esgarder*, « veiller sur ».

égaré, ée [egaʀe] adj. **1.** Qui a perdu son chemin. *Voyageur égaré.* ▷ Fig. Trompé, abusé, jeté dans l'erreur. **2.** Qui dénote l'égarement, le trouble de l'esprit. *Des yeux égarés.* – Pp. de *égarer*.

égarement [egaʀmɑ̃] n. m. **1.** Fait d'avoir l'esprit égaré. **2.** (Surtout au pl.) Litt. Dérèglement, erreur. *Les égarements du cœur.* – De *égarer*.

égarer [egaʀe] v. [1] **I.** v. tr. **1.** Détourner du bon chemin, fourvoyer. *Le plan était faux et m'a bel et bien égaré.* **2.** Ne plus savoir où l'on a mis, perdre momentanément (qqch). *Égarer ses lunettes.* **3.** Fig. Jeter dans l'erreur, détourner du droit chemin. *Ne vous laissez pas égarer par ces théories fallacieuses.* ▷ *Égarer l'esprit*, le troubler. *La suspicion égare l'esprit.* **II.** v. pron. Se fourvoyer, se perdre. *S'égarer dans une forêt.* ▷ Fig. *Débat qui s'égare.* – *Esprit qui s'égare.* – Formation hybride, de *é-*, et frq. **waron*, « avoir soin ».

égayement. V. égaiement.

égayer [egeje] v. [24] **I.** v. tr. **1.** Réjouir, rendre gai. *Égayer des convives.* **2.** Donner quelque ornement agréable à (qqch). *Égayer un ouvrage par des broderies de* *couleur.* **3.** Rendre plus agréable, plus gai. *Le soleil égaie l'appartement.* **II.** v. pron. Devenir gai. *Ils commençaient à s'égayer.* – De *é-*, et *gai.*

égéen, enne [eʒeɛ̃, ɛn] adj. Qui concerne, dans le monde antique, la mer Égée et ses îles situées entre la Grèce et la Turquie. – De *(mer) Égée.*

égérie [eʒeʀi] n. f. Inspiratrice d'un artiste, d'un poète, d'un homme politique. *Juliette Drouet, l'égérie de Victor Hugo.* – De *Egeria*, nom latin de la nymphe qui aurait été la conseillère du roi légendaire de Rome Numa Pompilius.

égide [eʒid] n. f. **1.** MYTH Bouclier de Zeus et d'Athéna. **2.** Fig. Protection, sauvegarde. *Se placer sous l'égide de qqn. L'égide des lois.* – Lat. d'orig. gr. *ægis, ægidis.*

églantier [eglɑ̃tje] n. m. Nom vulg. de divers rosiers sauvages (notam. *Rosa canina*) servant fréquemment de porte-greffe aux variétés cultivées. – Var. de l'a. fr. *aiglant*, du lat. pop. **æquilentum*, pour **aculentum*, du class. *aculeatus*, «qui a des piquants».

églantine [eglɑ̃tin] n. f. Fleur de l'églantier. – De *églantier.*

églefin [egləfɛ̃] ou **aiglefin** [egləfɛ̃] ou **aigrefin** [ɛgʀəfɛ̃] n. m. Poisson téléostéen *(Gadus æglefinus)* voisin de la morue, long d'env. 1 m, à la chair très estimée. – Du moy. néerl. *schelvisch.*

église [egliz] n. f. **1.** (Avec une majuscule.) Communion de personnes unies par une même foi chrétienne. *L'Église de Corinthe. Les Églises d'Asie Mineure. L'Église d'Orient. Les Églises orthodoxes* (grecque, russe). *Les Églises réformées* ou *protestantes. L'Église apostolique arménienne*, évangélisée par les apôtres Thaddée et Barthélemy, selon la tradition. ▷ Absol. *L'Église* : l'Église catholique, apostolique et romaine. *Le pape est le chef visible de l'Église.* **2.** Édifice consacré, chez les chrétiens catholiques et orthodoxes, au culte divin. *Église paroissiale. Aller à l'église.* **3.** (Avec une majuscule.) État ecclésiastique; clergé en général. *Un homme d'Église.* – Lat. *eclesia*, var. pop. du lat. ecclés. d'orig. gr. *ecclesia.*

églogue [eglɔg] n. f. LITTER Petit poème pastoral ou bucolique. *Les églogues de Virgile, de Ronsard, de Chénier.* – Lat. *ecloga*, gr. *eklogê.*

ego [ego] n. m. **1.** PHILO *L'ego* : le sujet transcendantal, le moi en tant que principe unificateur de l'expérience interne, depuis Kant. **2.** PSYCHAN *L'ego* : le moi. – Mot lat., «moi»; d'abord en all.

égocentrique [egosɑ̃tʀik] adj. et n. Qui manifeste de l'égocentrisme. *Comportement égocentrique. Personnage égocentrique.* ▷ Subst. *Un(e) égocentrique.* – Du lat. *ego*, «moi», et *centre.*

égocentrisme [egosɑ̃tʀism] n. m. Tendance à tout ramener à soi, à faire de soi le centre de tout. – De *égocentrique.*

égoïne [egɔin] n. f. Scie à main sans monture, munie d'une poignée. – (En appos.) *Scie égoïne.* – Altér. de l'a. fr. *escohine*, du lat. *scobina*, «lime, râpe».

égoïsme [egɔism] n. m. Amour exclusif de soi; disposition à rechercher exclusivement son plaisir et son intérêt personnels. *«L'égoïsme est un poison de l'amitié» (Balzac).* Ant. altruisme, générosité. – Du lat. *ego*, «moi».

égoïste [egɔist] adj. et n. Qui manifeste de l'égoïsme. *Des enfants égoïstes. Des sentiments égoïstes.* ▷ Subst. *Un(e) égoïste.* – De *égoïsme.*

égoïstement [egɔistəmɑ̃] adv. D'une façon égoïste. – De *égoïste.*

égorgement [egɔʀʒəmɑ̃] n. m. Action d'égorger. – De *égorger.*

égorger [egɔʀʒe] v. tr. [15] **1.** Couper la gorge à (un animal). *Égorger un mouton, un poulet.* ▷ *Par ext.* Tuer (qqn) en lui coupant la gorge. **2.** Vielli, fig., fam. Exiger un prix exorbitant de (qqn). *Égorger le client.* – De *é-*, et *gorge.*

égorgeur, euse [egɔʀʒœʀ, øz] n. Meurtrier qui égorge ses victimes. – De *égorger.*

égosiller (s') [egozije] v. pron. [1] **1.** Crier, parler jusqu'à s'en faire mal à la gorge. **2.** Crier ou chanter très fort. – De *é-*, et rad. de *gosier.*

égotisme [egɔtism] n. m. **1.** Tendance marquée à s'analyser et à parler de soi. **2.** Attitude de celui qui ramène tout à soi-même, qui cultive à l'excès ce qu'il a de personnel, d'original. *«Souvenirs d'égotisme» (Stendhal).* – Angl. *egotism*, trad. du fr. *égoïsme.*

égotiste [egɔtist] n. et adj. Personne qui pratique l'égotisme. ▷ adj. Qui manifeste de l'égotisme. *Attitude égotiste.* – De *égotisme.*

égout [egu] n. m. **1.** Vx ou TECH Eau qui s'écoule. *L'égout des toits.* **2.** Mod. Canalisation souterraine servant à l'évacuation des eaux pluviales et usées (système du *tout-à-l'égout*). *Bouche, regard, plaque d'égout.* ▷ Fig., litt. Lieu souillé, cloaque. – Déverbal de *égoutter.*

égoutier [egutje] n. m. Ouvrier chargé de l'entretien des égouts. – De *égout.*

égouttage [egutaʒ] ou **égouttement** [egutmɑ̃] n. m. Action d'égoutter; fait de s'égoutter. – De *égoutter.*

égoutter [egute] v. tr. [1] Faire écouler peu à peu l'eau ou l'humidité de. *Égoutter la vaisselle.* ▷ v. pron. *Laisser le linge s'égoutter.* – De *é-*, et *goutte.*

égouttoir [egutwaʀ] n. m. Ustensile qui sert à faire s'égoutter qqch. - *Spécial.* Casier à claire-voie pour l'égouttage de la vaisselle. – De *égoutter.*

égoutture [egutyʀ] n. f. Liquide qui tombe de ce qu'on égoutte; les dernières gouttes que contient un récipient. – De *égoutter.*

égrappage [egʀapaʒ] n. m. Action d'égrapper. – De *égrapper.*

égrapper [egʀape] v. tr. [1] Détacher (les grains) de la grappe. *Égrapper des raisins, des groseilles.* – De *é-*, et *grappe.*

égrappoir [egʀapwaʀ] n. m. TECH Machine agricole qui sert à égrapper le raisin. – De *égrapper.*

égratigner [egʀatiɲe] v. tr. [1] **1.** Blesser superficiellement la peau, écorcher. - v. pron. *S'égratigner avec une aiguille.* ▷ Par anal. *Égratigner la terre*, la labourer superficiellement. - *Égratigner un meuble*, y faire une éraflure. **2.** Fig. *Égratigner qqn*, le dénigrer, médire à son propos. *Il ne peut parler sans égratigner les gens.* – De *é-*, et de l'a. fr. *gratiner*, de *gratter.*

égratignure [egʀatiɲyʀ] n. f. **1.** Légère blessure faite en (s')égratignant. *Ce n'est qu'une égratignure.* ▷ *Par anal.* Dégradation légère, éraflure (d'une chose). **2.** Fig. Légère blessure d'amour-propre. – De *égratigner.*

égrenage [egʀənaʒ] ou **égrènement** [egʀɛnmɑ̃] n. m. Action d'égrener; fait de s'égrener. – De *égrener.*

égrener [egʀəne] v. tr. [19] **1.** Détacher le grain, les graines de (une plante, une grappe, une cosse). *Égrener du blé, du raisin. Égrener des petits pois.* **2.** Par anal. *Égrener un chapelet*, en faire passer un à un les grains entre ses doigts, à chaque prière. ▷ Fig. Faire entendre (des sons) l'un après l'autre en les détachant nettement. *La pendule égrena les douze coups de minuit.* **3.** v. pron. Se séparer, s'espacer (en parlant d'éléments disposés en rang, en file). *Colonne de fantassins qui s'égrène le long d'une route.* – De *é-*, et *grain.*

égreneuse [egʀənøz] n. f. AGRIC Machine à égrener. *Égreneuse à maïs.* – De *égrener.*

égrillard, arde [egʀijaʀ, aʀd] adj. Licencieux, grivois. *Chanson égrillarde. Prendre un air égrillard.* – De l'a. fr. *escriller*, «glisser».

égrisage [egʀizaʒ] n. m. TECH Action d'égriser. – De *égriser.*

égrisée [egʀize] n. f. TECH Poudre de diamant servant à égriser les pierres précieuses. – Pp. fém. subst. de *égriser.*

égriser [egʀize] v. tr. [1] TECH Polir par frottement. *Égriser un diamant, une glace.* – Du néerl. *gruizen,* « broyer ».

égrotant, ante [egʀɔtɑ̃, ɑ̃t] adj. Vx ou litt. Maladif, de santé fragile. *Vieillard égrotant.* – Lat. *ægrotans.*

égrugeage [egʀyʒaʒ] n. m. TECH Action d'égruger. – De *égruger.*

égruger [egʀyʒe] v. tr. [13] TECH Réduire en poudre à l'aide d'un pilon. *Égruger du sel.* – De *é-,* et *gruger.*

égueuler [egœle] v. tr. [1] Rare Casser l'ouverture, le goulot de (un vase, une bouteille, etc.). - Pp. adj. GEOMORPH *Cratère (volcanique) égueulé,* dont une partie de la paroi a été détruite au cours d'une éruption. – De *é-,* et *gueule.*

égyptien, enne [eʒipsjɛ̃, ɛn] adj. et n. **1.** Qui appartient à l'Égypte; qui concerne l'Égypte, État d'Afrique du N.-E. ▷ Subst. *Un(e) Égyptien(ne).* **2.** n. m. *L'égyptien :* la langue de l'ancienne Égypte. **3.** n. f. TYPO Caractère d'allure trapue, à empattement rectiligne et de même épaisseur que les jambages des lettres. – De *Égypte,* lat. *Ægyptus.*

égyptologie [eʒiptɔlɔʒi] n. f. Étude de l'Antiquité égyptienne. – De *Égypte,* et *-logie.*

égyptologue [eʒiptɔlɔg] n. Spécialiste en égyptologie. – De *égyptologie.*

eh! [e] interj. marquant la surprise, l'admiration, la douleur, etc. *Eh! nous voici! Eh! Quelle belle fille! Eh! vous me faites mal.* - *Eh bien! :* marque la surprise ou renforce ce que l'on dit. *Eh bien! que faites-vous?* - *Eh quoi! :* marque la surprise ou l'indignation. *Eh quoi! vous, agir ainsi!* – Onomatopée.

éhonté, ée [eɔ̃te] adj. Sans vergogne; effronté, impudent. *Un menteur éhonté.* - Par ext. *Des affabulations éhontées,* incroyables, grossières. – De *é-,* et *honte.*

eider [edɛʀ] n. m. Gros anatidé (canard) marin, noir et blanc (genre *Somateria*), abondant sur les côtes scandinaves et dont le duvet était autrefois utilisé pour confectionner les édredons. – Island. *ædur.*

eidétique [ɛjdetik] adj. **1.** PHILO Qui se rapporte à l'essence des choses. *La « réduction eidétique » (Husserl, Sartre, Merleau-Ponty) est substitution de la considération des essences à l'expérience concrète.* **2.** PSYCHO *Image eidétique :* représentation imaginaire hallucinatoire d'une parfaite netteté. – Du gr. *eidos,* « forme, essence »; all. *eidetisch.*

einsteinium [ɛnstɛnjɔm] n. m. CHIM Élément radioactif artificiel appartenant à la famille des actinides, de numéro atomique Z = 99 et de masse atomique 254 (symbole Es). – Du n. du physicien Albert *Einstein* (1879-1955).

éjaculation [eʒakylasjɔ̃] n. f. Fait d'éjaculer. – De *éjaculer.*

éjaculer [eʒakyle] v. tr. [1] PHYSIOL Émettre avec force (une sécrétion) hors de l'organisme. - (S. comp.) Émettre du sperme lors de l'orgasme. – Lat. *ejaculare* ou *ejaculari.*

éjectable [eʒɛktabl] adj. AVIAT *Siège éjectable, cabine éjectable,* qui peuvent être éjectés hors de l'avion avec le pilote, en cas de danger. – De *éjecter.*

éjecter [eʒɛkte] v. tr. [1] **1.** Rejeter au-dehors avec une certaine force. **2.** Fam. Chasser, renvoyer. – Lat. *ejectare.*

éjecteur [eʒɛktœʀ] n. m. et adj. TECH **1.** Dispositif permettant d'évacuer un fluide (notam. au moyen d'un jet d'air comprimé). **2.** Pièce servant à éjecter les douilles vides d'une arme à feu automatique. **3.** Ensemble formé par la tuyère et la chambre de combustion d'un moteur-fusée. - adj. *Appareil éjecteur.* – De *éjecter.*

éjection [eʒɛksjɔ̃] n. f. **1.** Action d'éjecter. *Éjection d'un fluide, d'une cartouche.* - AVIAT *Éjection d'un pilote,* hors de son appareil au moyen d'un siège, d'une cabine éjectable. **2.** PHYSIOL Syn. de *déjection.* **3.** Fam. Renvoi, expulsion. – Lat. *ejectio.*

éjointer [eʒwɛ̃te] v. tr. [1] Casser la jointure de l'aile (d'un oiseau) pour qu'il ne puisse plus voler. – De *é-,* et a. fr. *jointe,* « articulation ».

ektachrome [ɛktakʀom] n. m. PHOTO Film en couleurs inversible. – Nom déposé.

élaboration [elabɔʀasjɔ̃] n. f. **1.** Action d'élaborer; son résultat. *L'élaboration d'une thèse.* **2.** Transformation ou production d'une substance organique. *L'élaboration de la bile par le foie.* – De *élaborer.*

élaborer [elabɔʀe] v. tr. [1] **1.** Préparer, produire par un long travail de réflexion. *Élaborer un modèle de voiture, une théorie.* **2.** En parlant d'organismes vivants, d'organes ou de glandes, faire subir diverses modifications et transformations aux substances soumises à leur action, ou produire certaines sécrétions. *Les abeilles élaborent le miel. Les glandes des serpents qui élaborent le venin.* – Lat. *elaborare,* de *labor,* « travail ».

elæagnus. V. éléagnus.

elæis ou **éléis** [eleis] n. m. Palmier à huile d'Afrique occidentale (*Elæis guineensis*) produisant des fruits dont la pulpe donne l'huile de palme, et la graine l'huile de palmiste. – Lat. bot., gr. *elaiêeis,* « plein d'huile ».

élagage [elagaʒ] n. m. Action d'élaguer; son résultat. – De *élaguer.*

élaguer [elage] v. tr. [1] **1.** Débarrasser (un arbre) des branches nuisibles à son développement, à sa fructification, etc. **2.** Fig. Débarrasser (un texte) de ce qui l'allonge inutilement. *Il faudra élaguer cette scène.* – De *é-,* et anc. scand. *laga,* « arranger ».

élagueur [elagœʀ] n. m. **1.** Celui qui élague les arbres. **2.** Émondoir. – De *élaguer.*

1. élan [elɑ̃] n. m. Cervidé de grande taille (*Alces alces,* 2 m au garrot), à pelage brun, aux bois plats palmés, qui vit en Scandinavie, en Russie et au Canada. (À ne pas confondre avec l' *éland*). – Haut all. *elend,* du baltique *elnis.*

2. élan [elɑ̃] n. m. **1.** Mouvement d'un être qui s'élance, d'une chose qui est lancée vigoureusement. *Prendre son élan pour franchir un obstacle. Donner de l'élan à une balançoire.* **2.** Fig. Mouvement affectif provoqué par un sentiment passionné. *Les élans du cœur. Avoir un élan vers qqn.* – Déverbal de *élancer.*

élancé, ée [elɑ̃se] adj. Grand et mince, svelte. *Une jeune fille élancée. Une colonne élancée.* – De *élan* 2.

élancement [elɑ̃smɑ̃] n. m. **1.** Douleur vive et lancinante. *Un abcès qui provoque des élancements.* **2.** TECH Rapport entre la longueur et la plus petite dimension transversale d'une pièce, d'un matériau. **3.** Litt. Élan spirituel, mystique. – De *élancer.*

élancer [elɑ̃se] v. [14] **1.** v. tr. Vx Pousser avec force. **2.** v. intr. Faire éprouver des élancements. *Une blessure qui élance douloureusement.* **3.** v. pron. Se porter en avant avec impétuosité. *S'élancer à l'assaut.* - Par anal. *Le pin s'élance vers le ciel.* ▷ Fig. *Son âme s'élançait vers Dieu.* – De *é-,* et *lancer.*

éland [elɑ̃] n. m. Très grande antilope africaine (genre *Taurotragus,* 1,75 m au garrot), dont les cornes droites sont ornées de côtes en hélice. *L'éland du Cap et l'éland de Derby sont les deux seules espèces d'élands.* – V. élan 1.

élapidés [elapide] n. m. pl. ZOOL Famille de serpents venimeux comprenant les cobras et les serpents corail. – Sing. *Un élapidé.* – Du lat. sc. *elaps.*

élaps [elaps] n. m. Genre de reptiles ophidiens venimeux (*Élapidés*) dont le plus remarquable est le serpent corail d'Amérique du Sud. – Lat. scientif. *elaps.*

élargir [elaʀʒiʀ] v. tr. [2] **1.** Rendre plus large, plus vaste. *Élargir un vêtement, une rue.* ▷ v. pron. *Le fleuve s'élargit à cet endroit.* **2.** Fig. Donner plus d'ampleur, plus de champ à. *Élargir le débat.* ▷ v. pron. *Le domaine de la science s'est considérablement élargi.* **3.** DR Relaxer, faire sortir (de prison). *Élargir un prisonnier.* – De *é-*, et *large.*

élargissement [elaʀʒismɑ̃] n. m. **1.** Action de rendre plus large; son résultat. *L'élargissement d'une voie.* **2.** Fig. Développement, extension. *L'élargissement des connaissances.* **3.** DR Libération d'un prisonnier. *Il a obtenu son élargissement.* – De *élargir.*

élasmobranches [elasmobʀɑ̃ʃ] n. m. pl. ICHTYOL Groupe de poissons cartilagineux (chondrichthyens) comprenant les sélaciens (ou requins) et les raies. – Sing. *Un élasmobranche.* – Du gr. *elasmos*, «feuillet», et *branchies.*

élasticimétrie [elastisimetʀi] n. f. PHYS Mesure des déformations élastiques des matériaux. – De *élastici(té)*, et *-métrie.*

élasticité [elastisite] n. f. **1.** Propriété des corps qui tendent à reprendre leur forme première après avoir été déformés. *L'étude de l'élasticité des solides relève de la résistance des matériaux. Limite d'élasticité,* au-delà de laquelle le corps conserve la déformation qu'on lui a fait subir. ▷ *Par ext.* Qualité d'un objet fait de matière élastique. *L'élasticité d'un ressort. L'élasticité de la peau, des muscles.* **2.** Souplesse. *L'élasticité des membres.* **3.** Fig. Faculté d'adaptation. *L'élasticité d'un programme, d'un règlement.* ▷ Péjor. *L'élasticité d'une conscience.* – Lat. mod. scientif. *elasticitas*, de *elasticus*, «élastique».

élastique [elastik] adj. et n. **I.** adj. **1.** Qui possède de l'élasticité. *Le caoutchouc est élastique.* ▷ *Par ext.* Fait de tissu ou de matière élastique. *Des bretelles élastiques.* – ANAT *Fibres élastiques* : fibres du tissu conjonctif caractérisées par leur élasticité (elles constituent le *tissu élastique*). – PHYS *Corps parfaitement élastique,* qui reprend exactement la même forme quand l'agent de sa déformation a cessé son action. – *Déformation élastique,* qui n'est pas permanente (par oppos. à *déformation plastique*). – *Choc élastique,* au cours duquel l'énergie cinétique totale du projectile se conserve. **2.** Fig. Souple, que l'on peut adapter facilement. *Un horaire élastique.* ▷ Péjor. *Une conscience élastique,* qui manque de rigueur, de droiture. **3.** MILIT *Défense élastique,* qui consiste à se replier devant toute pression trop forte de l'ennemi afin d'éviter la percée. **II.** n. m. Tissu contenant des fibres de caoutchouc. – *Spécial.* Ruban circulaire de caoutchouc servant de lien. *Entourer un paquet d'un élastique.* ▷ Pop. *Les lâcher avec un élastique* : se séparer difficilement de son argent. – Lat. scientif. *elasticus*, du gr. *elasis*, de *elaunein*, «action de pousser».

élastofibre [elastɔfibʀ] n. f. CHIM Fibre élastique à base de polyuréthane. – Du rad. de *élastique*, et *fibre.*

élastomère [elastɔmɛʀ] n. m. CHIM Polymère possédant des propriétés élastiques. – Du rad. de *élastique*, et *(poly)mère.*

élatéridés [elateʀide] n. m. pl. ENTOM Famille de coléoptères qui ont la faculté de sauter lorsqu'ils sont sur le dos (ex. : les taupins). – Sing. *Un élatéridé.* – Du lat. zool. *elater*, insecte type de cette famille; gr. *elatêr*, «qui pousse».

élavé, ée [elave] adj. VEN Dont la couleur est pâle comme si elle avait déteint. *Un animal au poil élavé.* – De l'anc. v. *élaver*, «effacer».

eldorado [ɛldɔʀado] n. m. **1.** *L'Eldorado* : le pays imaginaire d'Amérique du Sud, où les conquistadores espagnols croyaient trouver en abondance or et pierres précieuses. **2.** Pays d'abondance, de délices. – Mot esp., «le doré, le pays de l'or».

éléagnacées ou **élæagnacées** [eleagnase] n. f. pl. BOT Famille de plantes dicotylédones à fleurs, composée d'arbres et d'arbustes souvent épineux, dont le genre type est l'éléagnus. – Sing. *Une éléagnacée* ou *une élæagnacée.* – Lat. sc. *elæagnacæ*, de *elæagnus* (V. éléagnus).

éléagnus ou **elæagnus** [eleagnys] n. m. BOT Arbre ou arbuste des terrains pierreux et découverts de la zone tempérée de l'hémisphère N. *Eleagnus angustifolia est appelé cour. «chalef» ou «olivier de Bohême».* – Lat. sc. *elæagnus*, du gr. *elaia*, «olivier, olive», et *agnos*, «pur, chaste».

éléate [eleat] ou **éléatique** [eleatik] adj. et n. **1.** adj. Relatif à Élée ou à ses habitants. **2.** n. m. pl. *Les Éléates* : les philosophes de l'école d'Élée, fondée au VIe s. av. J.-C. par Xénophane de Colophon et dont les principaux représentants sont Parménide, Zénon d'Élée et Mélissos. – Lat. *eleaticus*, de *Elea*, nom de la ville anc. d'Élée, en Grande Grèce, auj. Castellamare della Bruca, en Italie du S.

électeur, trice [elɛktœʀ, tʀis] n. **1.** Personne qui a le droit de participer à une élection. *Pour être électeur en France, il faut avoir 18 ans.* **2.** n. m. (Avec une majuscule.) HIST Chacun des sept princes ou évêques du Saint Empire romain germanique qui avaient le droit d'élire l'empereur. *Le Grand Électeur* : l'Électeur de Brandebourg. – Bas lat. *elector*, «celui qui choisit».

électif, ive [elɛktif, iv] adj. **1.** Choisi ou attribué par élection. *Président électif. Couronne élective.* **2.** Qui choisit de façon préférentielle. ▷ CHIM Anc. *Affinité élective* : propriété que possède un corps simple de décomposer un corps composé pour s'unir à l'un de ses éléments. – Fig. *Les Affinités électives* : l'accord spontané et profond entre des personnes. ▷ MED Se dit d'une affection dont le siège est toujours le même. – Bas lat. *electivus.*

élection [elɛksjɔ̃] n. f. **1.** Action d'élire une ou plusieurs personnes par un vote. *L'élection d'un député. Les élections municipales.* **2.** Vx Action de choisir. ▷ THEOL Choix fait par Dieu. *L'élection du peuple d'Israël.* ▷ DR *Élection de domicile* : choix d'un domicile légal. ▷ Cour. *Terre, patrie d'élection,* que l'on a choisie, pays d'adoption. **3.** DR ANC *Pays d'élection* : circonscription financière de l'Ancien Régime où la répartition de l'impôt était faite par des élus (par oppos. à *pays d'États* où l'impôt était levé par les États provinciaux). – Bas lat. *electis*, «choix».

électivité [elɛktivite] n. f. **1.** Rare Caractère de ce qui est électif. **2.** BIOL Propriété des substances qui se fixent sur un élément cellulaire, un organe ou un tissu particulier et non sur d'autres. – De *électif.*

électoral, ale, aux [elɛktɔʀal, o] adj. **1.** Relatif aux élections. *Une liste, une campagne électorale.* ▷ *Collège électoral* : ensemble des électeurs d'une circonscription. **2.** HIST Relatif à un Électeur du Saint Empire romain germanique. – De *électeur.*

électoralisme [elɛktɔʀalism] n. m. Orientation dans un sens démagogique de la politique d'un parti ou d'un gouvernement à l'approche d'une élection. – De *électoral.*

électoraliste [elɛktɔʀalist] adj. et n. **1.** Qui a rapport à l'électoralisme. **2.** Qui pratique l'électoralisme. ▷ Subst. *Un(e) électoraliste.* – De *électoral.*

électorat [elɛktɔʀa] n. m. **1.** Qualité, droit d'électeur; usage de ce droit. *Les conditions d'électorat.* **2.** Ensemble d'électeurs, des électeurs. *Électorat urbain. L'électorat d'un pays.* **3.** HIST Dignité d'Électeur, dans le Saint Empire romain germanique; territoire administré par un Électeur. *L'Électorat de Trèves.* – De *électeur.*

électret [elɛktʀɛ] n. m. TECH Matériau qui crée un champ électrique permanent. *Microphone à électret.* – Angl. *electret,* de *electr(icity),* et *(magn)et,* «aimant».

électricien, enne [elɛktʀisjɛ̃, ɛn] n. Physicien, physicienne spécialiste de l'étude ou des applications de l'électricité. ⊳ n. m. Ouvrier ou artisan spécialisé dans le montage d'installations électriques. – (En appos.) *Ouvrier électricien.* – De *électricité.*

électricité [elɛktʀisite] n. f. Une des propriétés fondamentales de la matière, caractéristique de certaines particules (électron, proton) qui exercent et subissent l'interaction électromagnétique. (V. encycl. électromagnétisme, interaction.) ⊳ Courant électrique. *Faire poser l'électricité. Panne d'électricité.* – Fam. *Allumer, éteindre l'électricité,* la lumière électrique. – Fig., fam. *Il y a de l'électricité dans l'air,* une excitation, une animosité dans le comportement ou les paroles, qui laissent présager quelque éclat. – Lat. scientif. *electricitas.*

ENCYCL Dès le VIe s. av. J.-C., les Grecs constatèrent que l'ambre frotté attirait de nombreux corps légers. Au XVIIIe s., on montra qu'on peut faire apparaître par frottement deux sortes d'électricité, baptisées positive et négative, et l'on parvint ainsi au concept de *charge électrique* : des objets chargés se repoussent ou s'attirent selon qu'ils portent des charges de même signe ou de signes contraires. La loi fondamentale de cette interaction, dite *électrostatique,* homologue de la gravitation* universelle de Newton, fut établie en 1785 par Coulomb. À partir de 1800, la pile de Volta permit de réaliser les premiers *courants électriques.* À la suite de l'expérience réalisée en 1820 par Œrsted et analysée par Laplace et Ampère, on découvrit les actions dites *électrodynamiques* qui s'exercent entre les courants et on établit que le *champ magnétique* créé par un courant est proportionnel à l'*intensité* de celui-ci, c.-à-d. à la charge qu'il transporte par unité de temps. L'étude des courants électriques *(électrocinétique)* fut complétée en 1826 par Ohm, qui établit la relation entre l'intensité traversant un conducteur et la différence de potentiel aux bornes de celui-ci et définit ainsi la notion de résistance. En 1831, Faraday dégagea le concept de *force électromotrice** et établit les lois du phénomène d'*induction électromagnétique,* ouvrant ainsi la voie aux applications techniques de l'électricité (générateurs, dynamos, transformateurs, etc.) dont l'étude constitue l'*électrotechnique.* En 1841, Joule établit les lois régissant le dégagement de chaleur dans un conducteur *(effet Joule).* En 1864, Maxwell prédit l'existence des *ondes électromagnétiques,* mises en évidence expérimentalement en 1885 par Hertz, et montra l'unité profonde de l'électrostatique et du magnétisme, fondant ainsi l'*électromagnétisme**. À la fin du XIXe s., la découverte de l'électron ouvrit la voie aux réalisations ultérieures de l'*électronique**.

électrification [elɛktʀifikasjɔ̃] n. f. Action d'électrifier; son résultat. – De *électrifier.*

électrifier [elɛktʀifje] v. tr. [2] **1.** Alimenter en énergie électrique, par l'installation d'une ligne, d'un réseau de distribution. *Électrifier une vallée.* **2.** Équiper pour la traction électrique (une voie ferrée).– Pp. adj. *Ligne électrifiée.* – De *électrique.*

électrique [elɛktʀik] adj. **1.** Qui a rapport à l'électricité. *Phénomène électrique. Énergie électrique.* – Qui produit de l'électricité. *Générateur électrique.* – Qui est mû par l'énergie électrique. *Moulin à café électrique.* ⊳ PHYS *Charge électrique* : quantité d'électricité portée par un corps. *Les charges électriques se répartissent à la surface d'un conducteur et se localisent en un point d'un isolant.* ⊳ *Courant électrique* : V. courant. ⊳ *Poisson électrique* : poisson qui a la propriété de produire des décharges électriques contre ses proies ou ses agresseurs. **2.** Fig. Qui évoque par la vivacité, le contact, l'apparence, etc., les effets d'un courant électrique. *Tempérament électrique. Bleu électrique.* – Lat. scientif. *electricus,* du lat. *electrum,* gr. *êlektron,* «ambre jaune» (V. encycl. électricité).

électriquement [elɛktʀikmɑ̃] adv. Au moyen du courant électrique. – De *électrique.*

électrisable [elɛktʀizabl] adj. Qui peut être électrisé. – De *électriser.*

électrisant, ante [elɛktʀizɑ̃, ɑ̃t] adj. **1.** Rare Qui électrise. **2.** Fig. Qui enthousiasme. *Un discours électrisant.* – Ppr. de *électriser.*

électrisation [elɛktʀizasjɔ̃] n. f. Action d'électriser; état d'un corps électrisé. *Électrisation d'un bâton de verre.* – De *électriser.*

électriser [elɛktʀize] v. tr. [1] **1.** Communiquer une charge électrique à (un corps). *Électriser par frottement, par contact.* **2.** Fig. Causer une vive impression à, saisir, enthousiasmer. *Discours qui électrise un auditoire.* – De *électrique.*

électro-. Élément, du rad. de *électricité.*

électroacoustique ou **électro-acoustique** [elɛktʀoakustik] n. f. et adj. Science et technique des applications de l'électricité à la production, à l'enregistrement et à la reproduction des sons. ⊳ adj. *Techniques électroacoustiques* (ou *électro-acoustiques*). *Musique électroacoustique,* qui applique les méthodes de l'électroacoustique à la synthèse ou à la déformation des sons.

électroaimant ou **électro-aimant** [elɛktʀoɛmɑ̃] n. m. Appareil constitué d'un noyau en fer doux ou en ferrosilicium (alliage de fer et de silicium) et d'un bobinage dans lequel on fait passer un courant électrique pour créer un champ magnétique. *Les électroaimants (ou électro-aimants) sont utilisés dans les accélérateurs de particules, les commandes par relais, les haut-parleurs, les appareils de levage.*

électrobiogenèse [elɛktʀobjɔʒənɛz] n. f. Production de phénomènes électriques par les tissus vivants.

électrobiologie [elɛktʀobjɔlɔʒi] n. f. Partie de la biologie qui étudie les relations entre les phénomènes électriques et les processus biologiques.

électrocardiogramme [elɛktʀokaʀdjɔgʀam] n. m. MED Tracé obtenu par l'enregistrement de l'activité électrique du cœur au moyen d'un électrocardiographe, permettant de déceler d'éventuelles affections : insuffisance cardiaque, infarctus du myocarde, péricardite. (Abrév. : E.C.G.)

électrocardiographe [elɛktʀokaʀdjɔgʀaf] n. m. MED Appareil enregistrant les courants électriques qui accompagnent les contractions cardiaques. – De *électro-, cardio-,* et *-graphe.*

électrocardiographie [elɛktʀokaʀdjɔgʀafi] n. f. MED Étude de l'activité électrique du cœur par l'électrocardiogramme. – De *électrocardiographe.*

électrocautère [elɛktʀokotɛʀ] n. m. MED Cautère constitué d'un conducteur porté au rouge par un courant électrique.

électrochimie [elɛktʀoʃimi] n. f. Science et technique des applications de l'énergie électrique à la chimie (conversion de l'énergie chimique en énergie électrique dans les piles et les accumulateurs; conversion inverse dans l'électrolyse).

électrochimique [elɛktʀoʃimik] adj. Qui concerne l'électrochimie. – De *électrochimie.*

électrochoc [elɛktʀoʃɔk] n. m. Procédé thérapeutique, utilisé parfois encore en psychiatrie (pour la schizophrénie, les états dépressifs, confusionnels, etc.), qui consiste à provoquer artificiellement une crise épileptique, par le passage d'un courant alternatif à travers la boîte crânienne.

électrochrome [elɛktʀokʀom] adj. PHYS Qui change de couleur lorsqu'il est soumis à une tension électrique. *Polymère électrochrome.*

électrocinétique [elɛktʀosinetik] n. f. ELECTR Étude des effets des courants électriques sans tenir compte des phénomènes magnétiques qu'ils provoquent.

électrocoagulation [elɛktʀokɔagylasjɔ̃] n. f. MED Destruction des tissus par électrothermie.

électrocuter [elɛktʀɔkyte] v. tr. [1] Tuer par électrocution. ▷ v. pron. *S'électrocuter en touchant une prise.* – Anglo-amér. *to electrocute,* de *electro-,* et *(to exe)cute,* « exécuter ».

électrocution [elɛktʀɔkysjɔ̃] n. f. **1.** Exécution des condamnés à mort par le courant électrique (aux États-Unis). **2.** Mort accidentelle causée par le courant électrique. – De *électrocuter.*

électrode [elɛktʀɔd] n. f. **1.** Pièce conductrice permettant l'arrivée du courant électrique au point d'utilisation. **2.** Chacune des pièces (anode* ou cathode*) d'un dispositif électrochimique qui permettent le passage des électrons. **3.** MED Conducteur utilisé soit en électrothérapie, soit pour recueillir les courants électriques de l'organisme. – De *électro-,* et *-ode.*

électrodiagnostic [elɛktʀodjagnɔstik] n. m. MED Diagnostic de certaines affections des nerfs ou des muscles par l'étude de leur réponse à l'action d'un courant électrique.

électrodialyse [elɛktʀodjaliz] n. f. TECH Procédé de séparation des sels minéraux d'une solution par diffusion à travers une membrane semi-perméable de part et d'autre de laquelle la solution est portée à des potentiels électriques différents. *L'électrodialyse est utilisée pour le dessalement de l'eau de mer.*

électrodynamique [elɛktʀodinamik] n. f. et adj. Partie de la physique qui a pour objet l'étude des actions mécaniques s'exerçant entre des circuits parcourus par des courants électriques. ▷ adj. *Phénomènes électrodynamiques.*

électrodynamomètre [elɛktʀodinamɔmɛtʀ] n. m. PHYS, TECH Appareil de mesure de l'intensité d'un courant utilisant les forces électrodynamiques.

électro-encéphalogramme [elɛktʀoɑ̃sefalɔgʀam] n. m. MED Tracé obtenu par électro-encéphalographie. (Abrév. : E.E.G.) *Des électro-encéphalogrammes.* – De *électro-, encéphale,* et *-gramme.*

électro-encéphalographie [elɛktʀoɑ̃sefalɔgʀafi] n. f. Enregistrement graphique, au moyen d'électrodes placées à la surface du crâne, des différences de potentiel électrique qui se produisent au niveau de l'écorce cérébrale. *L'électro-encéphalographie permet de diagnostiquer certaines affections (épilepsie, tumeurs, hémorragies). Des électro-encéphalographies.* – De *électro-, encéphale,* et *-graphie.*

électroérosion [elɛktʀoeʀozjɔ̃] n. f. TECH Procédé d'usinage utilisant les étincelles produites entre une cathode alimentée par un générateur à relaxation et la pièce à usiner qui, plongée dans un liquide diélectrique, forme anode.

électrofaible [elɛktʀofɛbl] adj. PHYS *Théorie électrofaible,* proposée en 1967 par Weinberg et Salam pour unifier dans une même description les interactions* électromagnétique et faible. – De *électro(magnétique),* et *faible.*

électroformage [elɛktʀofɔʀmaʒ] n. m. TECH Méthode de production ou de reproduction de pièces métalliques par dépôt électrolytique.

électrogène [elɛktʀɔʒɛn] adj. Qui produit de l'électricité. *Appareil électrogène d'un poisson électrique.* ▷ *Groupe électrogène :* ensemble formé d'un moteur et d'une génératrice électrique.

électroluminescence [elɛktʀolyminesɑ̃s] n. f. PHYS Propriété de certains corps de devenir luminescents sous l'action d'une décharge électrique ou d'un champ électrique variable.

électroluminescent, ente [elɛktʀolyminesɑ̃, ɑ̃t] adj. Se dit d'un corps doué de l'électroluminescence. *Le néon est électroluminescent.* – De *électroluminescence.*

électrolysable [elɛktʀɔlizabl] adj. Qui peut être électrolysé. – De *électrolyser.*

électrolyse [elɛktʀɔliz] n. f. Décomposition chimique de certaines substances (électrolytes) sous l'effet d'un courant électrique. V. électrochimie. – De *électro-,* et *-lyse.*

électrolyser [elɛktʀɔlize] v. tr. [1] Faire l'électrolyse de. – De *électrolyse.*

électrolyseur [elɛktʀɔlizœʀ] n. m. Appareil destiné à faire une électrolyse. – De *électrolyser.*

électrolyte [elɛktʀɔlit] n. m. Composé (acide, base, sel) qui, à l'état liquide ou en solution, peut être décomposé par électrolyse en ions positifs (cations) et négatifs (anions). – De *électro-,* et *-lyte.*

électrolytique [elɛktʀɔlitik] adj. Qui a rapport à un électrolyte ou à l'électrolyse; qui se fait par électrolyse. – De *électrolyte.*

électrolytiquement [elɛktʀɔlitikmɑ̃] adv. Au moyen de l'électrolyse. – De *électrolytique.*

électromagnétique [elɛktʀomaɲetik] adj. Qui a rapport à l'électromagnétisme. - *Rayonnement électromagnétique :* onde, constituée de photons, qui se propage dans l'espace.

électromagnétisme [elɛktʀomaɲetism] n. m. Partie de la physique dans laquelle interviennent toutes les notions liées à l'existence de charges électriques. – De *électromagnétique.*

ENCYCL L'interaction* électromagnétique s'exerce entre toutes les particules possédant une charge électrique. Tout système de particules chargées est la source d'un *champ électromagnétique* qui peut être calculé à l'aide des *équations de Maxwell.* Ce champ est caractérisé par deux vecteurs notés E *(champ électrique)* et B *(champ magnétique).* Dans le cas particulier de charges immobiles, B est nul et les propriétés du champ E sont celles de l'électrostatique (V. électricité). Toute charge en mouvement accéléré émet des *ondes électromagnétiques.* Ce phénomène est appelé *rayonnement* électromagnétique.*

électromécanicien, enne [elɛktʀomekanisjɛ̃, ɛn] n. Spécialiste des machines et des mécanismes électriques.

électromécanique [elɛktʀomekanik] n. f. et adj. **1.** n. f. Ensemble des applications de l'électricité à la mécanique. **2.** adj. Se dit des mécanismes à commande électrique. *Contacteur électromécanique.*

électroménager, ère [elɛktʀomenaʒe, ɛʀ] adj. et n. m. *Appareil électroménager :* appareil à usage domestique fonctionnant à l'électricité. ▷ n. m. *Le secteur économique de l'électroménager.*

électrométallurgie [elɛktʀometalyʀʒi] n. f. Ensemble des techniques de préparation ou d'affinage des métaux faisant appel à l'électricité (chauffage dans un four électrique ou à électrolyse).

électromètre [elɛktʀɔmɛtʀ] n. m. Appareil servant à mesurer, par un procédé électrostatique, une différence de potentiel ou à vérifier qu'un corps est chargé. – De *électro-,* et *-mètre.*

électrométrie [elɛktʀometʀi] n. f. Étude et emploi des électromètres. – De *électromètre.*

électromoteur, trice [elɛktʀomɔtœʀ, tʀis] adj. (et n. m.) Qui produit, mécaniquement ou chimiquement, de l'énergie électrique. *Les dynamos, les piles sont des appareils électromoteurs.* ▷ *Force électromotrice :* force caractéristique d'un générateur traduisant son aptitude à maintenir une différence de potentiel entre deux points d'un circuit ouvert, ou à entretenir un courant électrique dans un circuit fermé. (Abrév. : f.é.m.) - *Force contre-électromotrice :* force caractéristique des récepteurs transformant l'énergie électrique en énergie chimique ou mécanique. (Abrév. : f.c.é.m.) ▷ n. m. Générateur électrique.

électron [elɛktʀɔ̃] n. m. Particule constitutive de la partie externe de l'atome, qui porte une charge électrique négative de $1,602.10^{-19}$ coulomb et a une masse de $0,911.10^{-30}$ kg. (V. encycl. particule et électronique.) – Empr. à l'angl., du gr. *êlektron,* « ambre jaune ».

électronégatif, ive [elɛktʀonegatif, iv] adj. CHIM Se dit d'un élément qui a tendance à capter des électrons (particules négatives). Ant. électropositif.

électronégativité [elɛktʀonegativite] n. f. CHIM Propriété des éléments électronégatifs. – De *électronégatif.*

électronicien, enne [elɛktʀonisjɛ̃, ɛn] n. et adj. Spécialiste de l'électronique. - adj. *Ingénieur électronicien.* – De *électronique.*

électronique [elɛktʀonik] adj. et n. **I.** adj. **1.** Qui se rapporte ou qui est propre à l'électron. *Flux électronique.* **2.** Qui se rapporte à l'électronique ; qui se fonde sur ses lois. *Microscope électronique.* - *Musique électronique,* qui utilise des sons musicaux créés à partir d'oscillations électriques amplifiées. **II.** n. f. Science ayant pour objet l'étude de la conduction électrique dans le vide, les gaz et les semi-conducteurs. ▷ Ensemble des techniques dérivées de cette science. – De *électron.*

ENCYCL La découverte des rayons cathodiques par Hittorf (1869) puis leur étude par Crookes, Perrin et Thompson sont à l'origine de l'électronique, car ces rayons sont constitués d'électrons accélérés grâce à la forte différence de potentiel qui existe entre la cathode et l'anode des tubes qui les émettent. Les découvertes se succèdent rapidement à la fin du XIXe siècle et au XXe siècle : l'effet thermoélectronique par Edison en 1884, l'électron par Thompson en 1897, la lampe diode par Fleming en 1904, la diode à jonction par Shockley en 1948, découverte qui permettra la construction des transistors, puis des circuits intégrés (1966). Les électrons utilisés dans les tubes électroniques (diodes, triodes, etc.) sont extraits des atomes de certains corps (tungstène, oxydes alcalino-terreux). Selon la forme d'énergie utilisée pour rompre la liaison qui les unit au noyau atomique, on distingue divers types d'*émissions* : thermoélectronique ou thermoélectrique (énergie apportée sous forme de chaleur); photoélectrique ou photoélectronique (apport d'énergie par un rayonnement); par l'effet d'un champ électrique de haute intensité appliqué à la surface du corps émetteur; secondaire, lorsqu'on bombarde une surface par des électrons ou par des ions. Du fait de leur inertie à peu près nulle et de leur charge, ils peuvent être aisément accélérés et déviés sous l'action de champs magnétiques et électriques.

électronucléaire [elɛktʀonykleeʀ] adj. et n. m. Qui concerne l'électricité produite par la fission nucléaire. *Centrale électronucléaire.* (V. encycl. nucléaire.) ▷ n. m. *L'électronucléaire :* l'ensemble des techniques qui permettent la production d'électricité par des moyens nucléaires.

électronvolt [elɛktʀɔ̃vɔlt] n. m. PHYS NUCL Unité d'énergie égale à la variation d'énergie cinétique d'un électron qui subit une variation de potentiel de 1 volt (symbole eV).

électro-optique [elɛktʀoɔptik] n. f. (et adj.) PHYS Étude des phénomènes lumineux liés aux phénomènes électriques. ▷ adj. *Cristal électro-optique :* cristal liquide.

électro-osmose [elɛktʀoosmoz] n. f. TECH Entraînement électrique des liquides à travers une matière poreuse.

électrophone [elɛktʀɔfɔn] n. m. Appareil électrique de reproduction des enregistrements sonores sur disques. – De *électro-,* et *-phone.*

électrophorèse [elɛktʀofɔʀɛz] n. f. CHIM Séparation, sous l'action d'un champ électrique, de molécules protéiques ionisées dont les mobilités sont différentes. (L'électrophorèse est utilisée en biochimie pour certaines analyses - notam. l'analyse du sérum sanguin - ainsi que dans l'industrie, par ex. pour la peinture d'apprêt des pièces métalliques.) – De *électro-,* et gr. *phorêsis,* « transport ».

électropositif, ive [elɛktʀopozitif, iv] adj. CHIM Se dit d'un élément qui a tendance à perdre des électrons (particules négatives). Ant. électronégatif.

électropuncture ou **électroponcture** [elɛktʀopɔ̃ktyʀ] n. f. MED Méthode thérapeutique reposant sur les principes de l'acupuncture et l'utilisation d'aiguilles dans lesquelles passe un courant électrique. – De *électro-,* et *(acu)puncture* ou *(acu)poncture.*

électroradiologie [elɛktʀoʀadjɔlɔʒi] n. f. MED Ensemble des utilisations médicales (diagnostics et traitements) de l'électricité et de la radiologie.

électroscope [elɛktʀoskɔp] n. m. Instrument qui sert à détecter et à mesurer les charges électriques. – De *électro-,* et *-scope.*

électrostatique [elɛktʀostatik] n. f. et adj. ELECTR Partie de la physique qui étudie les propriétés des corps porteurs de charges électriques en équilibre. ▷ adj. Relatif à l'électricité statique. *Phénomène électrostatique.*

électrostriction [elɛktʀostʀiksjɔ̃] n. f. ELECTR Variation des dimensions d'un diélectrique sous l'influence d'un champ électrique.

électrotechnicien, enne [elɛktʀotɛknisjɛ̃, ɛn] n. TECH Spécialiste de l'électrotechnique. – De *électrotechnique.*

électrotechnique [elɛktʀotɛknik] n. f. et adj. Ensemble des applications industrielles de l'électricité. ▷ adj. Qui concerne ces applications.

électrothérapie [elɛktʀoteʀapi] n. f. MED Utilisation thérapeutique de l'électricité. – De *électro-,* et *-thérapie.*

électrothermie [elɛktʀotɛʀmi] n. f. TECH Ensemble des techniques reposant sur la transformation de l'énergie électrique en chaleur. – De *électro-,* et *-thermie.*

électrovalence [elɛktʀovalɑ̃s] n. f. CHIM Valence d'un ion (égale à sa charge). ▷ *Liaison par électrovalence :* liaison forte entre deux atomes dont l'un cède à l'autre plusieurs électrons de sa couche externe.

électrovalve [elɛktʀovalv] ou **électrovanne** [elɛktʀovan] n. f. TECH Vanne dont l'ouverture et la fermeture sont commandées par un électroaimant. – De *électro-,* et *valve* ou *vanne.*

électrum [elɛktʀɔm] n. m. Alliage naturel d'or et d'argent. – Mot lat., gr. *êlektron.*

électuaire [elɛktɥɛʀ] n. m. Anc. Médicament composé d'extraits de plantes, de poudres minérales et de miel. – Bas lat. *electuarium,* altér. d'apr. *electus,* « choisi », du gr. *ekleikton,* de *ekleikhein,* « lécher ».

élédone [eledɔn] n. f. Mollusque céphalopode octopode méditerranéen, appelé aussi *poulpe musqué,* dont chaque tentacule n'a qu'une seule rangée de ventouses (contrairement à la vraie pieuvre qui en a deux). – Gr. *eledônê*, « polype ».

élégamment [elegamɑ̃] adv. Avec élégance. *S'habiller, parler, marcher élégamment.* – De *élégant.*

élégance [elegɑ̃s] n. f. **1.** Qualité esthétique naturelle ou acquise alliant la grâce, la distinction et la simplicité. *L'élégance d'un mouvement. L'élégance de l'école florentine. Écrire avec élégance.* Ant. vulgarité, lourdeur. **2.** Raffinement de bon goût dans l'habillement, la parure, les manières. ▷ *Faire des élégances :* chercher à être élégant avec ostentation. **3.** Manières délicates et raffinées dans l'ordre moral. *Agir avec élégance.* – Lat. *elegantia.*

élégant, ante [elegɑ̃, ɑ̃t] adj. (et n.) Qui a de l'élégance. *Un style élégant. Trouver une solution élégante à un problème.* ▷ Subst. Personne élégante. *Des élégantes se promenaient sur le boulevard.* – Lat. *elegans,* « distingué, de bon goût ».

élégiaque [eleʒjak] adj. **1.** LITTER Relatif à l'élégie. *Œuvre élégiaque.* ▷ *Poète élégiaque,* auteur d'élégies. **2.** METR ANC *Distique élégiaque,* composé d'un hexamètre et d'un pentamètre (versification grecque ou latine). – De *élégie.*

élégie [eleʒi] n. f. Poème lyrique d'un ton mélancolique. *Les élégies de Ronsard. Les élégies des Grecs et des Latins étaient composées de distiques élégiaques*.* – Lat. d'orig. gr. *elegia.*

éléis. V. elæis.

élément [elemɑ̃] n. m. Chacune des choses qui, en combinaison avec d'autres, forme un tout. *Connaître tous les éléments d'un problème.* **1.** TECH Partie d'un ensemble constitué de pièces identiques. *Accumulateur de cinq éléments. Éléments d'un meuble de rangement.* **2.** MATH Être mathématique qui appartient à un ensemble (ou à plusieurs). *+ 2, + 3, + 4 sont des éléments de l'ensemble N des entiers naturels. Élément commun à plusieurs ensembles. 0 est l'élément neutre pour l'addition.* **3.** LING Constituant d'une unité linguistique de niveau supérieur, isolable par l'analyse. *L'élément vocalique d'une syllabe. Mot composé de plusieurs éléments* (radical, affixe, désinence). **4.** (Plur.) Principes fondamentaux d'une discipline. *Connaître les éléments de la grammaire anglaise.* **5.** Personne appartenant à un groupe. *Les bons éléments d'une classe.* **6.** *Les quatre éléments :* l'eau, l'air, la terre, le feu, considérés par les Anciens comme constitutifs de tous les corps dans l'Univers. ▷ *Les éléments :* les forces de la nature. *Lutter contre les éléments déchaînés.* **7.** Milieu dans lequel vit un animal. *L'eau est l'élément du poisson.* ▷ Fig. (Personnes) *Être dans son élément :* se sentir à l'aise en se trouvant dans un certain milieu, ou en évoquant des questions que l'on connaît bien. *En compagnie des artistes, il est dans son élément.* **8.** CHIM Configuration atomique caractérisée par son numéro atomique Z, qui représente le nombre de protons contenus dans le noyau. *La molécule d'oxygène O_2 et la molécule d'ozone O_3 comportent l'une deux atomes, l'autre trois atomes de l'élément oxygène O.* V. atome. – Lat. *elementum.*

élémentaire [elemɑ̃tɛʀ] adj. **1.** Qui concerne les premiers éléments d'une discipline. *Cours d'anglais élémentaire. Notions élémentaires.* – *Ce problème est élémentaire,* facile à comprendre. ▷ *Cours élémentaire 1re et 2e années :* dans le cycle primaire, classes intermédiaires entre le cours préparatoire et le cours moyen. – Anc. *Classe de mathématiques élémentaires* (fam. *mathélem*), qui préparait au baccalauréat scientifique. **2.** Réduit à l'essentiel. *La plus élémentaire des politesses. C'est élémentaire de faire cela.* **3.** CHIM *Analyse élémentaire :* recherche des éléments présents dans un corps. – Bas lat. *elementarius,* de *elementum,* dont le premier sens paraît avoir été « lettre de l'alphabet ».

éléotrague [eleɔtʀag] n. m. Antilope africaine à longue queue, dite « antilope des marais ». – Du gr. *heleios,* « de marais », et *tragos,* « bouc ».

éléphant [elefɑ̃] n. m. **I.** Mammifère proboscidien herbivore à peau rugueuse, muni d'une trompe et de défenses. *L'éléphant est le plus gros animal terrestre actuel. L'éléphant barrit. L'éléphant vit en troupeaux conduits par une femelle. L'éléphant d'Asie (Elephas indicus), reconnaissable à ses petites oreilles triangulaires, est plus petit que l'éléphant d'Afrique (Loxodonta africanus).* V. mammouth, mastodonte. ▷ Loc. fig., fam. *Un éléphant dans un magasin de porcelaine :* une personne d'une grande maladresse. – *Avoir une mémoire d'éléphant :* avoir beaucoup de mémoire. **II.** *Éléphant de mer :* mammifère marin herbivore des îles Kerguelen (*Macrorhinus leoninus*), le plus grand des pinnipèdes, variété de phoques atteignant une masse de 5 tonnes et 5 mètres de long, munis d'une trompe. – Lat. *elephantus.*

éléphante [elefɑ̃t] n. f. Rare Éléphant femelle. – De *éléphant.*

éléphanteau [elefɑ̃to] n. m. Petit de l'éléphant. – Dimin. de *éléphant.*

éléphantesque [elefɑ̃tɛsk] adj. Qui rappelle l'éléphant par sa taille, son aspect. *Des proportions éléphantesques.* – Iron. *Une grâce éléphantesque.* – De *éléphant,* et *-esque.*

éléphantiasique [elefɑ̃tjazik] adj. et n. De l'éléphantiasis; qui en est atteint. – De *éléphantiasis.*

éléphantiasis [elefɑ̃tjazis] n. m. MED Augmentation considérable du volume d'un membre ou d'une partie du corps, due à un œdème chronique des téguments, observée essentiellement dans certaines filarioses. – Mot gr. et lat.

éléphantin, ine [elefɑ̃tɛ̃, in] adj. Didac. **1.** Propre à l'éléphant; qui ressemble à l'éléphant. **2.** Fait d'ivoire. – De *éléphant.*

élevage [elvaʒ] n. m. Production et entretien (des animaux domestiques ou utiles). *Élevage des volailles, des abeilles.* – De *élever.*

élévateur [elevatœʀ] adj. et n. m. **1.** ANAT Se dit des muscles qui élèvent certaines parties du corps. ▷ n. m. *L'élévateur de la paupière.* **2.** TECH Qualifie les appareils de manutention capables de lever des charges. *Un chariot élévateur* ou, n. m., *un élévateur.* – De *élever.*

élévation [elevasjɔ̃] n. f. **1.** Action de lever, d'élever. *L'élévation de la main.* ▷ LITURG CATHOL Moment de la messe où le prêtre élève l'hostie et le vin consacrés. **2.** Construction ou rehaussement. *L'élévation d'un monument.* **3.** Hauteur. ▷ ASTRO Hauteur d'un astre au-dessus de l'horizon. ▷ TECH *Vue en élévation* ou *élévation :* dessin représentant la projection d'un objet sur un plan vertical. ▷ *Une élévation de terrain* ou *une élévation :* un terrain plus haut que ceux du voisinage. *Se cacher derrière une élévation.* **4.** Fait de s'élever (par rapport à une échelle de grandeur). *Élévation du niveau des eaux. Élévation de la température.* **5.** Action d'élever, de s'élever à un rang supérieur. *Élévation à une dignité.* **6.** Caractère élevé (de l'âme, de l'esprit). *L'élévation des sentiments.* – De *élever.*

élévatoire [elevatwaʀ] adj. TECH Qui sert à lever, à élever. *Pompe élévatoire.* – De *élever.*

élève [elɛv] n. **1.** Personne qui reçoit les leçons d'un maître, qui fréquente un établissement scolaire. *Les élèves du lycée. Un élève d'une grande école.* ▷ MILIT *Élève officier :* militaire qui suit des cours pour devenir officier. *Élève officier d'active, de réserve.* **2.** Personne qui, instruite dans un art ou dans une science par un maître, s'inspire de ses travaux. *Raphaël fut l'élève du Pérugin.* – Déverbal de *élever.*

élevé, ée [elve] adj. **1.** Haut. *Une montagne élevée. Des prix élevés.* **2.** D'un haut niveau intellectuel ou moral.

Des conversations élevées. Une âme élevée. **3.** *Bien, mal élevé* : qui a reçu une bonne, une mauvaise éducation. – Pp. de *élever.*

élever [elve] v. [**19**] **I.** v. tr. **1.** Mettre, porter plus haut. *Élever un fardeau. Élever les bras.* ▷ *Élever une maison d'un étage,* la surélever d'un étage. ▷ *Élever la voix, le ton* : parler plus fort pour être mieux entendu ou être obéi. – *Élever la voix en faveur de qqn, de qqch.* ▷ *Élever une critique, une protestation* : formuler une critique, etc. **2.** Construire (en hauteur). *Élever une statue, un monument.* **3.** Fig. Placer à un rang supérieur. *Élever qqn à la dignité d'officier de la Légion d'honneur.* ▷ Fig. *Lecture qui élève l'âme.* **4.** Porter à un degré supérieur. *Élever la température d'un local. Élever le taux de l'escompte.* Syn. relever. ▷ MATH *Élever un nombre à la puissance deux, trois, etc.,* calculer son carré, son cube, etc. **5.** *Élever des enfants,* subvenir à leurs besoins et assurer leur développement physique et moral. *C'est sa grand-mère qui l'a élevé.* ▷ *Spécial.* Éduquer. *Élever des enfants chrétiennement. Ne pas savoir élever ses enfants.* **6.** *Élever des animaux,* en faire l'élevage. *Elle élève des poules et des lapins.* **II.** v. pron. **1.** Monter. *Des oiseaux s'élevaient dans le ciel.* **2.** Se dresser. *Une statue s'élève au milieu de la place.* **3.** Surgir, naître. *Un cri s'élève. Des discussions, des doutes s'élèvent.* **4.** (Choses) Atteindre un degré supérieur. *La température s'élève.* ▷ *S'élever à...* : atteindre, se monter à... *La facture s'élève à 1 000 francs.* **5.** (Personnes) Parvenir à un rang supérieur. *S'élever dans la hiérarchie. S'élever au-dessus des préjugés,* les dépasser par la hauteur de son jugement. **6.** *S'élever contre* : s'opposer violemment à. *Il s'élevait contre l'injustice.* – De *é-,* et *lever.*

éleveur, euse [elvœʀ, øz] n. **1.** Personne qui élève des animaux. **2.** n. f. TECH Appareil protecteur, chauffé artificiellement, utilisé dans l'élevage des poussins. **3.** n. m. Celui qui surveille le vieillissement du vin. – (En appos.) *Vin mis en bouteilles chez le propriétaire éleveur.* – De *élever.*

élevure [elvyʀ] n. f. Léger gonflement de la peau à la suite d'une irritation. – De *élever.*

elfe [ɛlf] n. m. Génie qui, dans la mythologie scandinave, symbolisait les forces de la nature. – Angl. *elf.*

élider [elide] v. tr. [**1**] Effectuer l'élision de (une voyelle). ▷ v. pron. *L'article défini s'élide devant les mots commençant par une voyelle ou un h muet* (ex. *l'ami*). – Pp. adj. *Article élidé.* – Lat. *elidere.*

éligibilité [eliʒibilite] n. f. Qualité d'une personne éligible. – De *éligible.*

éligible [eliʒibl] adj. Qui remplit les conditions nécessaires pour pouvoir être élu. – Bas lat. *eligibilis.*

élimer [elime] v. tr. [**1**] User (un tissu) par frottement. – Pp. adj. *Veste élimée,* usée à force d'être portée. Syn. râper. – De *é-,* et *limer.*

éliminable [eliminabl] adj. Qui peut être éliminé. – De *éliminer.*

éliminateur, trice [eliminatœʀ, tʀis] adj. Qui élimine. – De *éliminer.*

élimination [eliminasjɔ̃] n. f. Action d'éliminer; son résultat. *Élimination d'un candidat, d'une équipe sportive.* ▷ *Procéder par élimination* : aboutir à la vérité en montrant la fausseté de toutes les hypothèses possibles, moins une. ▷ Fait d'éliminer une substance de l'organisme. *Élimination urinaire. Élimination de toxines.* – De *éliminer.*

éliminatoire [eliminatwaʀ] adj. et n. f. **1.** adj. Qui a pour but ou pour résultat d'éliminer. *Épreuve éliminatoire. Note éliminatoire,* au-dessous de laquelle on est éliminé, dans un examen. **2.** n. f. SPORT Épreuve préliminaire permettant de sélectionner les concurrents les plus qualifiés. *Les éliminatoires d'un championnat.* – De *éliminer.*

éliminer [elimine] v. tr. [**1**] **1.** Écarter après sélection. *Éliminer un candidat. Cette équipe de football a été éliminée de la Coupe.* Ant. admettre. **2.** Chasser hors de l'organisme. *Éliminer un calcul.* **3.** MATH *Éliminer une inconnue dans un système d'équations,* en formant un système qui compte une équation de moins et dans lequel cette inconnue n'apparaît plus. – Lat. *eliminare,* «chasser hors du seuil», de *limen,* «seuil».

élingue [elɛ̃g] n. f. MAR Cordage dont on entoure un objet et qui, accroché à une grue ou à un palan, sert à le soulever. – Frq. **slinga.*

élinguer [elɛ̃ge] v. tr. [**1**] MAR Entourer d'une élingue. *Élinguer un tonneau.* – De *élingue.*

élinvar [elɛ̃vaʀ] n. m. METALL Alliage de fer, de nickel et de chrome peu sensible aux variations de température, utilisé en horlogerie et en métrologie. – Nom déposé; de *él(asticité),* et *invar(iable).*

élire [eliʀ] v. tr. [**67**] **1.** Vx Choisir. ▷ DR Mod. *Élire domicile quelque part* : V. élection* de domicile; *par ext.* s'installer quelque part. **2.** Nommer à une fonction par voie de suffrages. *Élire le président de la République au suffrage universel.* – Du lat. pop. **exlegere,* class. *eligere,* «choisir».

élisabéthain, aine [elizabetɛ̃, ɛn] adj. Relatif à Élisabeth Ire d'Angleterre, à son règne. *Le théâtre élisabéthain.* – Angl. *elizabethan.*

élision [elizjɔ̃] n. f. Suppression d'une voyelle à la fin d'un mot, quand le mot suivant commence par une voyelle ou un h muet. *L'apostrophe est le signe de l'élision en français* (ex. : *l'amie, l'habit*). – Lat. *elisio.*

élite [elit] n. f. **1.** Ensemble formé par les meilleurs éléments d'une communauté. *Œuvre qui ne peut être comprise que par une élite.* ▷ *D'élite* : parmi les meilleurs. *Un tireur d'élite,* particulièrement habile. **2.** Plur. *Les élites* : les membres des catégories sociales jouissant d'une position particulièrement élevée. – De *élit,* anc. pp. de *élire.*

élitisme [elitism] n. m. Système favorisant l'élite au détriment des autres membres d'une communauté. – De *élite.*

élitiste [elitist] adj. Inspiré par l'élitisme. – De *élitisme.*

élixir [eliksiʀ] n. m. **1.** Vx Substance la plus pure extraite d'un corps. ▷ Philtre magique. **2.** PHARM Préparation pharmaceutique qui résulte du mélange d'un sirop avec un alcoolat. – De l'ar. *al-iksīr,* n. de la pierre philosophale, du gr. *xêrion,* «médicament sec».

elle, elles [ɛl] pron. pers. f. de la troisième pers. sujet ou comp. *Elle viendra demain. Que font-elles?* (V. il.) – *On les condamna, elle et son complice. Il faut le lui dire, à elle.* (V. lui.) ▷ Fam. L'histoire que l'on raconte, l'incident que l'on relate. *Écoute, elle est fameuse celle-là! Oui, elle est bien bonne.* – Du lat. *illa.*

ellébore ou **hellébore** [e(l)lebɔʀ] n. m. Renonculacée herbacée vivace dont les feuilles composées forment un éventail et dont la fleur, généralement toxique, a cinq sépales faiblement colorés et dix pétales presque invisibles. *L'ellébore passait autrefois pour guérir la folie. L'ellébore noir, ou rose de Noël, fleurit en décembre.* – Lat. d'orig. gr. *helleborus.*

1. ellipse [elips] n. f. GRAM Procédé syntaxique ou stylistique consistant à omettre un ou plusieurs mots à l'intérieur d'une phrase, leur absence ne nuisant ni à la compréhension ni à la syntaxe. *Il y a ellipse du verbe dans la deuxième partie de la phrase «Pierre mange des cerises, Paul des fraises».* – Lat. *ellipsis,* gr. *elleipsis,* «manque».

2. ellipse [elips] n. f. GEOM Lieu des points dont la somme des distances à deux points fixes (foyers) est constante. *Une ellipse est une conique. Un cercle est une ellipse dont les foyers sont confondus. Un astre qui gravite* *autour d'un autre astre décrit une ellipse.* – *Grand axe d'une ellipse,* droite qui passe par ses foyers. – *Petit axe d'une ellipse,* droite perpendiculaire au grand axe qui passe par le milieu du segment reliant les foyers. ▷ Cour. Courbe fermée de forme ovale. *La fumée de sa cigarette dessinait des ellipses.* – Lat. scientif. *ellipsis,* gr. *elleipsis,* par métaph.

ellipsoïdal, ale, aux [elipsɔidal, o] adj. GEOM Qui a la forme d'un ellipsoïde. – De *ellipsoïde.*

ellipsoïde [elipsɔid] n. m. et adj. **1.** n. m. GEOM Surface fermée dont le cône directeur est imaginaire et dont toute section est une ellipse. *Ellipsoïde de révolution :* solide engendré par la révolution d'une ellipse autour de l'un de ses axes. **2.** adj. Qui a la forme d'une ellipse. – De *ellipse* 2, et *-oïde.*

1. elliptique [eliptik] adj. Qui contient une, des ellipses. *Un énoncé, un tour elliptique.* ▷ *Par ext.* Qui utilise l'ellipse, s'exprime par allusions, sous-entendus. *Un écrivain, un style elliptique.* – De *ellipse* 1.

2. elliptique [eliptik] adj. GEOM Qui a la forme d'une ellipse. *Orbite elliptique d'un astre.* – Lat. scientif. *ellipticus.*

elliptiquement [eliptikmɑ̃] adv. Par ellipse, d'une façon elliptique. – De *elliptique* 1.

élocution [elɔkysjɔ̃] n. f. Manière de s'exprimer oralement, d'organiser et d'articuler les mots, les phrases. *Élocution élégante, facile. Avoir des problèmes d'élocution.* – Lat. *elocutio.*

élodée ou **hélodée** [elɔde] n. f. Plante d'eau douce (*Elodea canadensis*) originaire du Canada, à petites fleurs blanches unisexuées, se reproduisant très facilement, souvent utilisée dans les aquariums. – Du gr. *helôdês,* « des marais ».

éloge [elɔʒ] n. m. **1.** Discours à la louange de qqn, de qqch. *Éloge académique.* – *« L'Éloge de la folie » (Érasme).* **2.** Cour. Louange. *Faire l'éloge de qqn. Être couvert d'éloges.* – Bas lat. *elogium,* du gr. *eulogia,* « louange ».

élogieusement [elɔʒjøzmɑ̃] adv. D'une manière élogieuse. – De *élogieux.*

élogieux, euse [elɔʒjø, øz] adj. Qui contient un éloge, des louanges. *Parler d'une œuvre en termes élogieux.* – De *éloge.*

éloigné, ée [elwaɲe] adj. **1.** Qui est loin dans l'espace, dans le temps. *Pays éloigné. En des temps fort éloignés.* ▷ *Cousin, parent éloigné,* avec qui l'on a des liens de parenté indirects. Ant. proche. **2.** Fig. Différent. *Un récit bien éloigné de la vérité.* – Pp. de *éloigner.*

éloignement [elwaɲmɑ̃] n. m. Action d'éloigner, fait de s'éloigner; son résultat. ▷ Distance (dans le temps ou dans l'espace). *L'éloignement entre le domicile et le lieu de travail. L'éloignement rend le passé confus.* ▷ Fig. Distance, écart. *L'éloignement entre la théorie et la pratique.* – De *éloigner.*

éloigner [elwaɲe] v. [1] **I.** v. tr. **1.** Mettre, envoyer loin; écarter. *Éloigner sa chaise du feu. Ce détour nous éloigne de la maison.* **2.** Séparer dans le temps. *Chaque jour nous éloigne de ces événements.* ▷ Retarder, remettre à plus tard. *Ces incidents éloignent l'heure de la réalisation du projet.* **3.** Fig. Écarter. *Éloigner qqn de ses devoirs. Son intolérance a éloigné de lui tous ses amis.* **II.** v. pron. **1.** Aller loin, augmenter progressivement la distance qui sépare (d'un point fixe). *Il s'éloigna à grands pas. Le bateau s'éloigne de la rive.* ▷ Devenir de plus en plus lointain (dans le temps). *Le temps où il vécut s'éloigne de nous. L'espoir d'une paix prochaine s'éloigne chaque jour davantage.* **2.** Fig. (Personnes) Se détourner, se détacher. *Il s'éloigne de sa femme.* ▷ (Choses) S'écarter. *Cette doctrine s'éloigne de la nôtre.* – De *é-,* et *loin.*

1. élongation [elɔ̃gasjɔ̃] n. f. MED **1.** Vieilli Entorse ligamentaire. **2.** Traction excessive exercée sur un organe (muscle, tendon, nerf, etc.). – Lésion résultant de cette traction. **3.** *Élongation vertébrale :* méthode thérapeutique consistant à exercer une traction sur la colonne vertébrale. – De *élonger.*

2. élongation [elɔ̃gasjɔ̃] n. f. **1.** ASTRO Angle maximal formé par la direction du Soleil et celle d'une planète inférieure, et dont le sommet est la Terre. **2.** PHYS Distance d'un point en vibration, par rapport à sa position au repos. – Bas lat. *elongatio,* « éloignement ».

élonger [elɔ̃ʒe] v. tr. [13] **1.** Vx Allonger, étirer dans le sens de la longueur. **2.** MAR *Élonger un cordage, un câble,* le déployer pour en défaire les coques et le mettre en état de servir. **3.** MED Distendre, étirer (un nerf, un ligament). – De *é-,* et *long.*

éloquemment [elɔkamɑ̃] adv. Avec éloquence. *Défendre éloquemment une cause.* – De *éloquent.*

éloquence [elɔkɑ̃s] n. f. **1.** Aptitude à s'exprimer avec aisance; capacité d'émouvoir, de persuader par la parole. *Son éloquence a séduit l'auditoire.* **2.** *Par ext.* Qualité de ce qui est expressif, significatif. *L'éloquence d'un geste, d'un regard.* – Lat. *eloquentia.*

éloquent, ente [elɔkɑ̃, ɑ̃t] adj. **1.** Qui a de l'éloquence. *Orateur éloquent.* **2.** Qui est exprimé avec éloquence. *Plaidoirie, discours éloquent.* **3.** Qui touche, convainc, suscite l'émotion ou l'intérêt. *Des larmes éloquentes.* ▷ Qui est significatif, expressif. *Un silence éloquent.* – Lat. *eloquens.*

élu, ue [ely] n. et adj. **1.** THEOL *Les élus :* ceux que Dieu a admis à la béatitude. – Par ext. *Les élus de la gloire, de la fortune.* ▷ adj. *Le peuple élu :* les Hébreux. **2.** Personne choisie par élection. *Les élus du peuple.* ▷ adj. *Un délégué élu à l'unanimité.* **3.** Personne choisie par inclination, par amour. *Il va épouser l'élue de son cœur.* – Pp. de *élire.*

élucidation [elysidasjɔ̃] n. f. Action d'élucider; éclaircissement. – De *élucider.*

élucider [elyside] v. tr. [1] Rendre clair (ce qui est confus, embrouillé pour l'esprit). *Élucider un texte. Élucider une affaire criminelle.* – Bas lat. *elucidare.*

élucubration [elykybʀasjɔ̃] n. f. Vx Ouvrage composé à force de veilles et de travail. ▷ Mod., péjor. Œuvre de l'esprit, réflexion laborieusement construite, absurde ou sans intérêt. *D'interminables élucubrations.* – Du bas lat. *elucubratio.*

élucubrer [elykybʀe] v. tr. [1] **1.** Vx Composer à force de veilles et avec peine. **2.** Mod., péjor. Élaborer, construire (une réflexion, un raisonnement, etc.) de manière compliquée et confuse. *Il passe son temps à élucubrer des théories sans intérêt.* – Lat. *elucubrare,* « travailler, exécuter en veillant ».

éluder [elyde] v. tr. [1] Éviter avec adresse, esquiver; se soustraire à. *Éluder une difficulté, une question embarrassante.* – Lat. *eludere,* « éviter en se jouant ».

élusif, ive [elyzif, iv] adj. Rare Qui élude. *Propos élusifs.* – Du lat. *elusus,* supin de *eludere,* « se jouer de ».

élution [elysjɔ̃] n. f. CHIM En chromatographie, entraînement par un solvant d'un des constituants d'un mélange, adsorbé sur un support. – Du bas lat. *elutio,* « action de laver ».

éluvial, ale, aux [elyvjal, o] adj. GEOL Se dit d'une roche ou d'un terrain constitué, sur place, par la désagrégation d'une roche préexistante. *L'argile des sotchs est éluviale.* Ant. alluvial. – De *eluvium.* V. éluvion.

éluviation [elyvjasjɔ̃] n. f. GEOL Entraînement vers les horizons inférieurs de substances en solution par l'eau d'infiltration. – De *éluvial.*

éluvion [elyvjɔ̃] n. f. Roche éluviale. Ant. alluvion. – Francisation du lat. *eluvium,* formé d'apr. *diluvium.*

élyséen, enne [elizeɛ̃, ɛn] adj. **1.** MYTH Qui appartient aux champs Élysées, séjour des âmes vertueuses aux Enfers. **2.** Mod. Relatif au palais de l'Élysée, à la présidence de la République française. *Les milieux élyséens.* – Lat. *Elysius*, de *Elysium*, « l'Élysée », séjour des héros de la mythologie après leur mort.

élytre [elitʀ] n. m. ENTOM Aile antérieure coriace, très rigide, inapte au vol, des coléoptères et des orthoptères. *La paire d'élytres protège les ailes postérieures membraneuses, seules aptes au vol.* – Du gr. *elutron*, « étui ».

élytrocèle [elitʀɔsɛl] n. f. MED Hernie de l'intestin, qui refoule la paroi postérieure du vagin. – Du gr. *elutron*, « vagin », et *-cèle*, de *kêlê*, « hernie ».

elzévir [ɛlzeviʀ] n. m. **1.** Volume imprimé par l'un des Elzévir. **2.** *Par ext.* Caractère d'imprimerie, fin, net, à empattement triangulaire, du type employé par les Elzévir. – De *Elzévir* ou *Elzevier*, n. d'une famille d'imprimeurs des Pays-Bas aux XVIe et XVIIe s.

em-. V. en-.

émaciation [emasjasjɔ̃] n. f. Amaigrissement extrême, souvent d'origine pathologique. – De *émacier*.

émacié, ée [emasje] adj. Qui est devenu extrêmement maigre. *Visage émacié.* – Du lat. *emaciatus*, de *macies*, « maigreur ».

émacier [emasje] v. tr. [2] Rare Rendre très maigre. *La faim a émacié ses joues.* ▷ v. pron. *Ses mains se sont émaciées.* – Lat. impérial *emaciare*.

émail, aux [emaj, o] n. m. **1.** Mélange composé de matières fusibles (silice, carbonate de potassium et fondant) qu'on applique sur les céramiques et les métaux, et qui, après passage au four, forme un enduit dur et brillant d'aspect vitreux. *Pièce d'orfèvrerie en émail cloisonné* (obtenu par coulage de l'enduit vitreux dans des alvéoles formés par de fines bandes d'or ou d'argent soudées sur une surface métallique), *en émail champlevé* (obtenu en logeant l'enduit vitreux dans des alvéoles creusés dans l'épaisseur même d'une plaque de métal). ▷ Cour. *Une cuisinière, un poêle en émail*, en tôle, en fonte émaillée. **2.** (Surtout au plur.) Objet d'art émaillé. *Les émaux de Bernard Palissy.* **3.** Substance transparente et dure qui recouvre la couronne des dents. **4.** Fig., poét. Éclat et diversité des couleurs (partic., des fleurs). V. émailler, sens 2. **5.** Plur. HERALD Couleurs, métaux et fourrures de l'écu. – Du frq. **smalt*.

émaillage [emajaʒ] n. m. Action d'émailler; travail ainsi obtenu. – De *émailler*.

émailler [emaje] v. tr. [1] **1.** Recouvrir d'émail. *Émailler de la porcelaine.* – Pp. *Casserole en fonte émaillée.* **2.** Fig., poét. Orner, embellir (en parsemant de points colorés, lumineux). *Le printemps a émaillé les prairies de fleurs.* ▷ Cour. Parsemer pour embellir. *Émailler un discours de citations.* – Iron. *Un devoir émaillé de fautes.* – De *émail*.

émaillerie [emajʀi] n. f. Art de l'émailleur. – De *émailler*.

émailleur, euse [emajœʀ, øz] n. Personne qui travaille l'émail. – De *émailler*.

émaillure [emajyʀ] n. f. TECH **1.** Art, travail de l'émailleur. **2.** Ouvrage en émail. – De *émailler*.

émanation [emanasjɔ̃] n. f. **1.** Fait d'émaner; ce qui émane. ▷ Émission, production de particules, d'effluves, d'odeurs qui se dégagent de certains corps. *Émanations pestilentielles.* ▷ GEOL Dégagement de gaz ou jaillissement de liquides à la surface de la Terre. *Les fumerolles, les geysers sont des émanations du sol.* ▷ PHYS NUCL Corps simple provenant de la désintégration du radium, de l'actinium ou du thorium. **2.** Fig. Ce qui émane, provient (de qqch, de qqn); manifestation. *Cette décision est une émanation de la volonté populaire.* **3.** THEOL Manière dont le Fils procède du Père, et le Saint-Esprit du Père et du Fils. ▷ PHILO Doctrine selon laquelle tous les êtres de l'Univers, esprits et corps, ne sont qu'une extension de la substance divine. – Lat. ecclés. *emanatio*.

émancipateur, trice [emɑ̃sipatœʀ, tʀis] adj. (et n.) Qui émancipe, incite à l'émancipation. *Doctrine émancipatrice.* – De *émanciper*.

émancipation [emɑ̃sipasjɔ̃] n. f. **1.** DR Acte juridique qui, mettant un mineur hors de la puissance parentale ou de la tutelle, lui permet d'administrer ses biens et de toucher ses revenus. **2.** Action d'émanciper, de s'émanciper. – De *émanciper*.

émanciper [emɑ̃sipe] v. [1] **I.** v. tr. **1.** DR Mettre hors de la puissance paternelle par l'acte juridique de l'émancipation. **2.** Cour. Affranchir d'une autorité, d'une domination. *Émanciper un serf, un esclave. Émanciper un peuple, une colonie.* **II.** v. pron. **1.** Devenir indépendant, se libérer (d'une autorité, d'une servitude, d'une contrainte intellectuelle ou morale). *Jeunes pays qui s'émancipent.* **2.** Péjor. Se donner trop de licence, abandonner les convenances. – Lat. *emancipare*, de *ex-*, et *mancipium*, « prise en main, propriété ».

émaner [emane] v. intr. [1] **1.** S'exhaler, se dégager (d'un corps). *La chaleur qui émane d'un poêle. Marais d'où émanent des odeurs malsaines.* ▷ Fig. *La douceur qui émanait de son visage.* **2.** Fig. Provenir, découler de. *Dans un régime démocratique, le pouvoir doit émaner du peuple. Une dépêche émanant du Premier ministre.* **3.** THEOL et PHILO Être produit, provenir par émanation (sens 3). – Lat. *emanare*.

émargement [emaʀʒəmɑ̃] n. m. Action d'émarger. *Émargement d'un état de paiement.* ▷ *Feuille d'émargement* : feuille comportant une liste nominative qui doit être signée par chaque personne concernée (pour attester qu'elle est présente, qu'elle a perçu un traitement, etc.). – De *émarger*.

émarger [emaʀʒe] v. tr. [15] **1.** Mettre sa signature en marge (d'un compte, d'un état, etc.). *Émarger une circulaire.* ▷ (S. comp.) Toucher des appointements, un traitement. **2.** TECH Rogner, diminuer la marge de. *Émarger une estampe.* – De *é-*, et *marge*.

émasculation [emaskylasjɔ̃] n. f. **1.** Ablation des organes sexuels mâles. *Émasculation partielle* : ablation des testicules. V. aussi castration. *Émasculation totale* : ablation des testicules et du pénis. **2.** Fig., litt. Affaiblissement, abâtardissement. – De *émasculer*.

émasculer [emaskyle] v. tr. [1] **1.** Pratiquer l'émasculation de, châtrer. **2.** Fig. Affaiblir, diminuer la force, la vigueur de. *Texte émasculé par la censure.* – Lat. *emasculare*, de *masculus*, « mâle ».

embâcle [ɑ̃bɑkl] n. f. Amoncellement de glaçons sur un cours d'eau, gênant ou empêchant la navigation. Ant. débâcle. – De l'a. fr. *embâcler*, « embarrasser », d'apr. *débâcle*.

emballage [ɑ̃balaʒ] n. m. **1.** Action d'emballer. *Expédier un paquet franco de port et d'emballage.* **2.** Ce dans quoi on emballe un objet. *Emballage perdu*, non remboursé par le vendeur ou l'expéditeur. *Emballage consigné.* **3.** SPORT Ultime effort fourni par un coureur à l'approche du but. – De *emballer*.

emballement [ɑ̃balmɑ̃] n. m. **1.** Fait de s'emballer; enthousiasme, élan non contrôlé. *Montrer un grand emballement pour qqch, qqn.* **2.** Fonctionnement d'un moteur à un régime trop élevé. – De *emballer*.

emballer [ɑ̃bale] v. [1] **I.** v. tr. **1.** Empaqueter, mettre dans un emballage (un objet, une marchandise destinée à être rangée, transportée, vendue). *Emballer des verres.* – Pp. adj. *Un cadeau joliment emballé.* **2.** Fig. fam. Emmener (qqn) en voiture. ▷ Arg. Arrêter, emprisonner. *Les flics l'ont emballé.* **3.** Fig. fam. Réprimander vertement. *Il s'est drô-*

lement fait emballer. **4.** *Emballer un moteur,* le faire tourner à un régime anormalement élevé. - Pp. adj. *Un moteur emballé.* **5.** Fig. fam. Enthousiasmer. *Le film nous a emballés.* - *Ça ne m'emballe pas* : cela ne me plaît guère. - Pp. adj. *Elle n'est pas emballée à l'idée de sortir.* **II.** v. pron. **1.** *Cheval qui s'emballe,* qui prend le mors aux dents, qui échappe au contrôle de son cavalier. ▷ Par anal. *Moteur qui s'emballe,* qui tourne à un régime anormalement élevé. **2.** Fig., fam. Se laisser emporter par un mouvement de colère, d'impatience ou d'enthousiasme. *Il ne peut pas aborder ce sujet sans s'emballer.* – De *en-*, et *balle* 2.

emballeur, euse [ɑ̃balœʀ, øz] n. Personne dont la profession est d'emballer des marchandises. – De *emballer.*

embarbouiller [ɑ̃baʀbuje] v. tr. [1] **1.** Vx Barbouiller complètement. **2.** Fam. Faire perdre à (qqn) le fil de ses idées. ▷ v. pron. S'embarrasser, s'empêtrer (dans ce qu'on dit, ce qu'on fait). *S'embarbouiller dans des explications confuses.* – De *en-*, et *barbouiller.*

embarcadère [ɑ̃baʀkadɛʀ] n. m. Môle, jetée, appontement aménagé pour l'embarquement ou le débarquement des passagers ou des marchandises. Syn. débarcadère. – Esp. *embarcadero,* de *barca,* « barque ».

embarcation [ɑ̃baʀkasjɔ̃] n. f. Petit bateau non ponté; tout petit bateau. – Esp. *embarcación.*

embardée [ɑ̃baʀde] n. f. **1.** MAR Brusque changement de cap d'un bateau, involontaire et momentané. **2.** Cour. Écart brusque que fait un véhicule. – Pp. de *embarder* (vx), provenç. *embarda,* « embourber », de *bard,* « boue », lat. pop. *barrum.*

embargo [ɑ̃baʀgo] n. m. **1.** DR MARIT Défense faite aux navires marchands qui se trouvent dans un port d'en sortir. **2.** *Par ext.* Mesure administrative visant à empêcher la libre circulation d'une marchandise, d'un objet. *Mettre l'embargo sur les armes.* – Mot esp., de *embargar,* « embarrasser », lat. pop. **imbarricare,* de *barra,* « barre ».

embarquement [ɑ̃baʀkəmɑ̃] n. m. Action d'embarquer, de s'embarquer. *Embarquement des troupes et des véhicules.* – De *embarquer.*

embarquer [ɑ̃baʀke] v. [1] **I.** v. tr. **1.** Charger, faire monter dans un bateau. *Embarquer des passagers, des marchandises.* **2.** Recevoir par-dessus bord (de l'eau de mer). *Embarquer une déferlante.* **3.** *Par ext.* Charger dans un véhicule. *Embarquer des caisses dans un camion.* **4.** Fam. Emmener (qqn). *On a embarqué tous les enfants dans la voiture.* ▷ Fam. Arrêter, s'assurer de la personne de (qqn) en l'emmenant. *La police a embarqué quelques manifestants.* **5.** Pop. Emporter. *Vous embarquez la marchandise ?* **6.** Fig., fam. Engager (qqn) dans une affaire difficile, compliquée ou malhonnête. *Il vous a embarqué dans une sale histoire.* **7.** Fam. (Surtout au pp.) Engager, mettre en train (qqch). *Cette affaire est plutôt mal embarquée.* **II.** v. intr. **1.** Monter à bord d'un bateau pour voyager. *Il embarque demain pour la Grèce.* ▷ *Par ext.* Monter à bord d'un avion (ou, fam., d'un véhicule) pour voyager. **2.** MAR *Vagues qui embarquent,* qui passent par-dessus bord et se répandent dans le bateau. **III.** v. pron. **1.** Embarquer (sens II, 1). *S'embarquer pour le Canada.* **2.** Fig., fam. S'engager (dans une entreprise difficile, hasardeuse ou malhonnête). *Il s'est embarqué dans une drôle d'affaire.* – De *en-*, et *barque.*

embarras [ɑ̃baʀa] n. m. **1.** Vx Obstacle au passage, encombrement. *Un embarras de voitures.* **2.** Gêne, difficulté rencontrée dans la réalisation de qqch. *Causer de l'embarras, créer des embarras à qqn. Affronter les embarras et les complications.* **3.** *Embarras gastrique, digestif* : trouble gastro-intestinal, avec ou sans fièvre, d'origine toxique ou infectieuse. **4.** Position difficile, gênante. *Être dans l'embarras. Tirer qqn d'embarras.* ▷ *Spécial.* Pénurie d'argent. *Aider qqn dans l'embarras.* **5.** Perplexité, doute. *Éprouver, manifester de l'embarras devant un problème difficile.* **6.** Trouble, malaise, gêne (de qqn qui ne sait que dire, que faire). *Ma question l'avait mis dans l'embarras. Dissimuler son embarras.* ▷ Loc. *Faire de l'embarras, des embarras* : se donner de grands airs, faire des manières. ▷ *Avoir l'embarras du choix* : avoir un large choix, un choix plus que suffisant. – Déverbal de *embarrasser.*

embarrassant, ante [ɑ̃baʀasɑ̃, ɑ̃t] adj. Qui cause de l'embarras. *Bagages embarrassants. Question embarrassante. Cas embarrassant.* – Ppr. de *embarrasser.*

embarrassé, ée [ɑ̃baʀase] adj. **1.** Encombré. *Rue embarrassée.* **2.** Compliqué, embrouillé. *Affaire embarrassée.* **3.** Gêné, contraint, perplexe. *Je suis bien embarrassé pour vous répondre. Un air embarrassé.* – Pp. de *embarrasser.*

embarrasser [ɑ̃baʀase] v. [1] **I.** v. tr. **1.** Vieilli Obstruer, encombrer. *Voiture qui embarrasse le chemin.* **2.** Gêner, entraver la liberté de mouvement de (qqn). *Votre parapluie vous embarrasse.* **3.** Fig. Mettre (qqn) dans une situation difficile, gênante. *Ces complications m'embarrassent.* ▷ Troubler, rendre perplexe. *Cette question, visiblement, l'embarrassait.* **II.** v. pron. **1.** Entraver la liberté de ses gestes en se chargeant de. *S'embarrasser de colis.* **2.** Se préoccuper, se soucier à l'excès de. *S'embarrasser de tout et des autres. Ne pas s'embarrasser de scrupules.* **3.** S'empêtrer, s'emmêler dans. *S'embarrasser dans les plis de sa robe.* ▷ Fig. *S'embarrasser dans ses discours.* – De l'esp. *embarazar* ou ital. *imbarazzare,* du lat. *barra,* « barre ».

embarrer [ɑ̃baʀe] **1.** v. intr. [1] TECH Placer un levier sous un fardeau afin de le soulever. **2.** v. pron. *Cheval qui s'embarre,* qui s'empêtre en passant une jambe de l'autre côté du bat-flanc ou de la barre, à l'écurie. – De *en-*, et *barre.*

embase [ɑ̃baz] n. f. TECH Pièce servant de support à une autre pièce. - Renfort à la base d'une pièce. – De l'a. fr. *embaser,* de *base.*

embasement [ɑ̃bazmɑ̃] n. m. ARCHI Base continue qui fait saillie au pied d'un bâtiment, et sur laquelle il repose. – De *embase.*

embastiller [ɑ̃bastije] v. tr. [1] **1.** Vx Fortifier en entourant de bastilles. *Embastiller une ville.* **2.** HIST Mettre à la Bastille. ▷ Mod., plaisant Mettre en prison. – De *en-*, et *bastille.*

embattage [ɑ̃bataʒ] n. m. Action d'embattre; son résultat. – De *embattre.*

embattre ou **embatre** [ɑ̃batʀ] v. tr. [61] TECH *Embattre une roue,* la cercler à chaud d'un bandage métallique. – De *en-*, et *battre.*

embauchage [ɑ̃boʃaʒ] n. m. Action d'embaucher; résultat de cette action. – De *embaucher.*

embauche [ɑ̃boʃ] n. f. Possibilité d'embauchage. – Déverbal de *embaucher.*

embaucher [ɑ̃boʃe] v. tr. [1] Engager (un salarié). *Il a embauché un nouveau coursier.* ▷ Fam. *Embaucher tous ses amis pour déménager.* – De *en-*, et du rad. de *débaucher.*

embaucheur, euse [ɑ̃boʃœʀ, øz] n. Personne qui embauche. – De *embaucher.*

embauchoir [ɑ̃boʃwaʀ] n. m. Instrument qui sert à élargir les chaussures ou à éviter qu'elles ne se déforment. – De *emboucher,* pour *embouchoir.*

embaumement [ɑ̃bommɑ̃] n. m. Action d'embaumer (un cadavre); son résultat. *L'embaumement de Ramsès II.* – De *embaumer.*

embaumer [ɑ̃bome] v. tr. [1] **1.** Remplir (un cadavre) de substances balsamiques pour empêcher qu'il ne se corrompe. *Les Égyptiens embaumaient les corps des pharaons.* **2.** Remplir d'une odeur agréable, parfumer. *Ce bouquet embaume la chambre.* ▷ (S. comp.) *Ces roses embaument.* – De *en-*, et *baume.*

embaumeur [ɑ̃bomœʀ] n. m. Spécialiste de l'embaumement. – De *embaumer.*

embecquer [ɑ̃beke] v. tr. [1] **1.** Vx Donner la becquée à (un oiseau). **2.** Gaver (une volaille). – De *en-,* et *bec.*

embéguiner [ɑ̃begine] **1.** v. tr. [1] Vx Coiffer d'un béguin. **2.** v. pron. Fig. et vx *S'embéguiner de* : s'engouer, s'enticher de. – De *en-,* et *béguin.*

embellie [ɑ̃beli] n. f. MAR Calme passager du temps, de la mer. ▷ Éclaircie. – Fig. *Un jour d'embellie pendant une semaine difficile.* – De *embellir.*

embellir [ɑ̃beliʀ] v. [2] **I.** v. tr. **1.** Rendre beau ou plus beau. *Embellir un appartement.* **2.** Fig. Orner aux dépens de l'exactitude; enjoliver. *Embellir un personnage, une situation dans un récit.* **II.** v. intr. Devenir beau, ou plus beau. *Un enfant qui embellit chaque jour.* ▷ Loc. *Ne faire que croître et embellir* : augmenter en bien ou, iron., en mal. *Sa méchanceté ne fait que croître et embellir.* – De *en-,* et *beau.*

embellissement [ɑ̃belismɑ̃] n. m. Action d'embellir; ce qui contribue à embellir qqch. *Les embellissements d'une ville.* – De *embellir.*

embellisseur [ɑ̃belisœʀ] adj. m. Qui embellit. *Agent embellisseur dans un shampooing.* – De *embellir.*

emberlificoter [ɑ̃bɛʀlifikɔte] Fam. **I.** v. tr. [1] **1.** Embrouiller, emmêler, entortiller. *Emberlificoter une ficelle.* **2.** Fig. Enjôler, séduire (qqn) pour le tromper. *Il vous a emberlificoté avec de belles promesses.* **II.** v. pron. **1.** S'emmêler. *Ma ligne s'est emberlificotée.* **2.** S'empêtrer. *La bête s'était emberlificotée dans le filet.* – Fig. *S'emberlificoter dans ses explications.* – Formation pop. expressive.

emberlificoteur, euse [ɑ̃bɛʀlifikɔtœʀ, øz] n. Fam. Personne qui cherche à emberlificoter, à brouiller les choses ou à tromper. – De *emberlificoter.*

embêtant, ante [ɑ̃bɛtɑ̃, ɑ̃t] adj. Fam. Qui embête. *Vous ne pourrez pas venir? Comme c'est embêtant!* – Ppr. de *embêter.*

embêtement [ɑ̃bɛtmɑ̃] n. m. Fam. Ennui, souci, contrariété. *Une vie pleine d'embêtements.* – De *embêter.*

embêter [ɑ̃bete] **1.** v. tr. [1] Fam. Contrarier, ennuyer. *Ça m'embête, toutes ces histoires.* ▷ Déranger, importuner. *Cesse donc de m'embêter!* **2.** v. pron. Fam. S'ennuyer fortement. *Un citadin qui s'embête à la campagne.* – De *en-,* et *bête.*

embiellage [ɑ̃bjelaʒ] n. m. TECH Ensemble des bielles d'un moteur et de leurs liaisons avec le vilebrequin. – De *en-,* et *bielle.*

emblavage [ɑ̃blavaʒ] n. m. AGRIC Action d'emblaver; son résultat. – De *emblaver.*

emblave [ɑ̃blav] n. f. Terre fraîchement emblavée. – Déverbal de *emblaver.*

emblaver [ɑ̃blave] v. tr. [1] AGRIC Ensemencer (une terre) de blé et, par ext., de toute autre céréale. – De *en-,* et *blef,* anc. forme de *blé.*

emblavure [ɑ̃blavyʀ] n. f. Terre emblavée. – De *emblaver.*

emblée (d') [dɑ̃ble] Loc. adv. Du premier coup, sans difficulté. *Être reçu d'emblée. D'emblée, il avait dominé ses adversaires.* – De l'a. fr. *embler,* du lat. *involare,* « se précipiter sur ».

emblématique [ɑ̃blematik] adj. Qui sert d'emblème; relatif à un emblème. *Le croissant, figure emblématique de l'islam.* – Du bas lat. *emblematicus,* « plaqué ».

emblème [ɑ̃blɛm] n. m. **1.** Figure symbolique, conventionnelle, le plus souvent accompagnée d'une devise. *La nef, emblème de Paris.* **2.** *Par ext.* Attribut, marque extérieure représentant une autorité, une corporation, une association, une ligue, un parti, etc. *La grenade, emblème de la gendarmerie.* **3.** Être ou objet devenu, par tradition, la représentation d'une chose abstraite. *Le coq, emblème de la vigilance.* – Du lat. *emblema,* gr. *emblêma,* « ornement rapporté, mosaïque ».

embobeliner [ɑ̃bɔb(ə)line] v. tr. [1] **1.** Vx Envelopper (qqn, qqch) dans qqch, emmitoufler. ▷ v. pron. *S'embobeliner dans des châles.* **2.** Fig., fam. Enjôler par des paroles flatteuses. – De *en-,* et a. fr. *bobelin,* « brodequin ».

1. embobiner [ɑ̃bɔbine] v. tr. [1] Enrouler sur une bobine. *Embobiner du fil.* – De *bobine.*

2. embobiner [ɑ̃bɔbine] v. tr. [1] Fam. Enjôler, séduire, embobeliner. – Altér. d' *embobeliner.*

emboîtable [ɑ̃bwatabl] adj. Qui peut s'emboîter. – De *emboîter.*

emboîtage [ɑ̃bwataʒ] n. m. **1.** TECH Action d'emboîter, de mettre en boîte. **2.** Cartonnage, étui qui protège un livre de luxe. – De *emboîter.*

emboîtement [ɑ̃bwatmɑ̃] n. m. Assemblage constitué par deux pièces qui s'emboîtent. ▷ ANAT Articulation dans laquelle la convexité d'un os est engagée dans la concavité de l'autre. – De *emboîter.*

emboîter [ɑ̃bwate] v. tr. [1] **1.** Faire pénétrer (une pièce dans une autre), assembler (plusieurs pièces) en les ajustant. *Emboîter des tuyaux.* ▷ v. pron. *Poupées gigognes qui s'emboîtent les unes dans les autres.* **2.** Envelopper très exactement. *Chaussure qui emboîte bien le pied.* **3.** Loc. *Emboîter le pas à qqn,* le suivre de près; fig. imiter. *Ils ont protesté, et nous leur avons emboîté le pas.* – De *en-,* et *boîte.*

emboîture [ɑ̃bwatyʀ] n. f. TECH Endroit où deux pièces s'emboîtent; manière dont elles s'emboîtent. – De *emboîter.*

embole [ɑ̃bɔl] n. m. MED Corps qui oblitère un vaisseau, provoquant l'embolie*. – Gr. *embolê,* « action de jeter; choc, invasion ».

embolie [ɑ̃bɔli] n. f. MED Oblitération d'un vaisseau par un corps étranger (caillot, graisses, cellules malignes, bulle de gaz) qui provoque une thrombose du territoire vasculaire touché. *Embolie pulmonaire, cérébrale.* – Du gr. *embolê,* « invasion, choc »; d'abord en all.

embolisation [ɑ̃bɔlizasjɔ̃] n. f. MED Administration thérapeutique par des sondes intravasculaires d'emboles* dans le lieu précis où ils doivent agir. – De *embolie.*

embolisme [ɑ̃bɔlism] n. m. Intercalation d'un mois lunaire destiné à rétablir la concordance de l'année lunaire avec l'année solaire, dans le calendrier athénien; ce mois. – Bas lat. d'orig. gr. *embolismus.*

embolismique [ɑ̃bɔlismik] adj. *Mois embolismique,* ajouté par embolisme. *Année embolismique,* où avait lieu l'embolisme. – De *embolisme.*

embonpoint [ɑ̃bɔ̃pwɛ̃] n. m. **1.** Vx État d'une personne en bonne santé. **2.** Mod. État d'une personne un peu grasse. *Prendre de l'embonpoint.* – De *en bon point,* « en bon état ».

embossage [ɑ̃bɔsaʒ] n. m. MAR Action d'embosser un navire; position d'un navire embossé. – De *embosser.*

embosser [ɑ̃bɔse] v. tr. [1] MAR Maintenir l'axe longitudinal d'un navire dans une direction fixe en amarrant le navire entre deux coffres ou en mouillant deux ancres, l'une par l'avant, l'autre par l'arrière. ▷ v. pron. *S'embosser dans un estuaire.* – De *en-,* et *bosse,* « sorte de cordage ».

embouche [ɑ̃buʃ] n. f. Prairie très fertile où l'on pratique l'engraissement des bestiaux; engraissement des bestiaux en prairie. – Déverbal de *emboucher.*

embouché, ée [ɑ̃buʃe] adj. Fig., fam. *Être mal embouché* : se conduire avec grossièreté; n'avoir à la bouche que des paroles grossières. – Pp. de *emboucher.*

emboucher [ɑ̃buʃe] v. tr. [1] **1.** Mettre à la bouche (un instrument à vent). *Emboucher un clairon.* ▷ Fig. *Emboucher la trompette* : discourir avec des airs solennels; faire savoir à grand bruit. **2.** *Emboucher un cheval,* lui mettre le mors dans la bouche. – De *en-*, et *bouche*.

embouchoir [ɑ̃buʃwaʀ] n. m. **1.** MUS Rare Embouchure. **2.** Anneau fixant le canon d'un fusil sur le fût. – De *emboucher*.

embouchure [ɑ̃buʃyʀ] n. f. **1.** Ouverture resserrée, étroite. *« Un vase à long col et d'étroite embouchure » (La Fontaine).* **2.** Endroit où un cours d'eau se jette dans la mer, dans un lac. *Le Havre se trouve à l'embouchure de la Seine.* **3.** MUS Partie d'un instrument à vent qu'on place contre les lèvres ou dans la bouche. **4.** Partie du mors qui entre dans la bouche du cheval. – De *emboucher*.

embouquer [ɑ̃buke] v. tr. [1] MAR Pénétrer dans (une passe étroite). *Embouquer un chenal.* – De *en-*, et *bouque*, du provenç. *bouca*, « bouche ».

embourber [ɑ̃buʀbe] v. tr. [1] Engager, enfoncer dans un bourbier. *Embourber un camion.* ▷ v. pron. *Le tombereau s'est embourbé.* ▷ Fig. *Il s'embourbe dans des explications maladroites.* – De *en-*, et *bourbe*.

embourgeoisement [ɑ̃buʀʒwazmɑ̃] n. m. Fait de s'embourgeoiser. – De *embourgeoiser*.

embourgeoiser [ɑ̃buʀʒwaze] v. [1] **1.** v. tr. Donner un caractère bourgeois à. **2.** v. pron. Prendre le caractère, les habitudes, les modes de vie et de pensée bourgeois. *Un anticonformiste qui s'est embourgeoisé avec l'âge.* – De *en-*, et *bourgeois*.

embourrer [ɑ̃buʀe] v. tr. [1] TECH Rembourrer. – De *en-*, et *bourrer*.

embourrure [ɑ̃buʀyʀ] n. f. TECH Toile grossière qui sert à maintenir le rembourrage des sièges. – De *embourrer*.

embout [ɑ̃bu] n. m. Garniture fixée à l'extrémité d'un objet allongé (pour en éviter l'usure, notam.). *Un embout de parapluie. Embout isolant,* adapté au bout d'un conducteur électrique. *Embout d'une seringue,* où se fixe l'aiguille. – De *en-*, et *bout*.

embouteillage [ɑ̃butɛjaʒ] n. m. **1.** Action de mettre en bouteilles. **2.** Encombrement qui arrête la circulation. *Être pris dans les embouteillages.* – De *embouteiller*.

embouteiller [ɑ̃buteje] v. tr. [1] **1.** Mettre en bouteilles. *Embouteiller du vin.* **2.** Barrer (une voie) en y provoquant un encombrement. *Camion à l'arrêt qui embouteille une rue.* – De *en-*, et *bouteille*.

emboutir [ɑ̃butiʀ] v. tr. [2] **1.** TECH Donner une forme à (une tôle plane), par emboutissage. **2.** Heurter violemment, défoncer (partic. avec une automobile). *Il a embouti un mur.* **3.** TECH Garnir (un ornement) d'un revêtement de protection. – De *en-*, et *bout,* « coup » (cf. bouter).

emboutissage [ɑ̃butisaʒ] n. m. TECH Action de donner, par compression, une forme à une pièce métallique initialement plane. *L'emboutissage s'effectue au moyen de presses, la pièce à emboutir étant placée sur une matrice où elle subit l'action d'un poinçon.* – De *emboutir*.

emboutisseur, euse [ɑ̃butisœʀ, øz] n. **1.** Ouvrier (ouvrière) spécialisé(e) dans l'emboutissage. **2.** n. f. TECH Machine-outil servant à l'emboutissage. – De *emboutir*.

embranchement [ɑ̃bʀɑ̃ʃmɑ̃] n. m. **1.** Division en branches, en rameaux, d'un tronc d'arbre, d'une branche et, par ext., d'une voie, d'une canalisation, etc. *Se trouver à un embranchement et ne pas savoir quelle voie suivre.* **2.** BIOL Unité systématique de division (des animaux, des bactéries, des végétaux), entre le règne et le sous-embranchement. *Dans le règne animal, l'embranchement des cordés comprend essentiellement le sous-embranchement des vertébrés.* – De *en-*, et *branche*.

embrancher [ɑ̃bʀɑ̃ʃe] v. tr. [1] Opérer la jonction d'une conduite, d'une canalisation, d'une voie, etc., avec une autre. *Embrancher un tuyau à une canalisation plus importante.* ▷ v. pron. *Chemins forestiers qui s'embranchent sur une route départementale.* – De *embranchement*.

embrasement [ɑ̃bʀazmɑ̃] n. m. **1.** Litt. Incendie vaste et violent. **2.** Litt. Illumination. *L'embrasement d'une cathédrale par le soleil qui passe à travers les vitraux.* **3.** Fig. Ardeur, exaltation. – De *embraser*.

embraser [ɑ̃bʀaze] v. tr. [1] Litt. **1.** Mettre en feu, mettre le feu à. ▷ v. pron. *La paille s'embrasa en quelques instants.* **2.** *Par ext.* Échauffer extrêmement. – Pp. adj. *L'air embrasé par un soleil de plomb.* **3.** Fig. Illuminer, donner l'aspect d'un grand incendie à. *Le soleil embrasait le couchant.* **4.** Fig. Répandre sa violence destructrice, meurtrière sur (une région, une population). *La guerre a embrasé une partie du Moyen-Orient.* **5.** Fig. Exalter, remplir de ferveur. *L'amour embrasait son cœur.* ▷ v. pron. *Son cœur s'est embrasé.* – De *en-*, et *braise*.

embrassade [ɑ̃bʀasad] n. f. Action de deux personnes qui s'embrassent. *Leurs retrouvailles donnèrent lieu à des embrassades chaleureuses.* – De *embrasser*.

embrasse [ɑ̃bʀas] n. f. Bande d'étoffe, passementerie, cordon servant à retenir un rideau. – Déverbal de *embrasser*.

embrassé, ée [ɑ̃bʀase] adj. **1.** HERALD Se dit d'un écu partagé en trois triangles, celui du milieu étant de couleur, les autres de métal, ou inversement. **2.** En versif. *Rimes embrassées,* groupées par quatre (deux masculines, deux féminines), la première rimant avec la quatrième, la deuxième avec la troisième. – Pp. de *embrasser*.

embrassement [ɑ̃bʀasmɑ̃] n. m. Litt. Action d'embrasser, de s'embrasser. – De *embrasser*.

embrasser [ɑ̃bʀase] v. tr. [1] **1.** Serrer, étreindre entre ses bras. ▷ Prov. *Qui trop embrasse mal étreint* : qui entreprend trop de choses à la fois s'expose à n'en réussir aucune. **2.** *Par ext.* Donner un baiser, des baisers à. *Embrasser un enfant.* ▷ v. pron. (récipr.) *Ils s'embrassèrent tendrement.* **3.** Fig. Saisir par la vue (une vaste étendue). *Un point de vue élevé d'où l'on embrasse toute la vallée.* ▷ Saisir par l'intelligence (des choses nombreuses et variées). *Vouloir embrasser tous les problèmes à la fois.* **4.** Fig. Contenir, englober. *Cette science embrasse bien des matières.* **5.** Fig. Choisir, prendre (un parti), adopter (une idée, une carrière). *Embrasser la cause des déshérités. Embrasser la carrière préfectorale.* – De *en-*, et *bras*.

embrasure [ɑ̃bʀazyʀ] n. f. Ouverture pratiquée dans l'épaisseur d'un mur pour y placer une porte ou une fenêtre. ▷ *Spécial.* Ouverture pratiquée dans le mur d'un ouvrage fortifié pour permettre le tir. – P.-ê. de *embraser*.

embrayage [ɑ̃bʀɛjaʒ] n. m. Action d'embrayer. ▷ Dispositif permettant d'embrayer. *Embrayage à disque, à plateau, hydraulique. Panne d'embrayage.* – De *embrayer*.

embrayer [ɑ̃bʀeje] v. tr. [24] **1.** Mettre en contact deux pièces dont l'une entraîne l'autre. ▷ *Absol.* Établir la communication entre un moteur et ce qu'il doit mettre en mouvement (partic. un véhicule automobile). Ant. débrayer. **2.** Fig., pop. Se mettre au travail. ▷ Fig., fam. *Embrayer sur* : commencer, attaquer. *Embrayer sur un numéro dès la fin du précédent, dans un spectacle.* – *Embrayer sur un autre sujet.* – De *em-*, et *braie,* « traverse de bois mobile d'un moulin à vent ».

embrèvement [ɑ̃bʀɛvmɑ̃] n. m. TECH Assemblage oblique de deux pièces de bois. – De *embrever*.

embrever [ɑ̃bʀəve] v. tr. [16] TECH Joindre (deux pièces) par embrèvement. – Lat. pop. *imbiberare*.

embrigadement [ɑ̃bʀigadmɑ̃] n. m. **1.** Vx Action d'embrigader (des régiments, des hommes). **2.** Mod. Action d'embrigader des gens; son résultat. *Travailler à l'embrigadement de tous les partisans disponibles.* ▷ Spécial. Péjor. *L'embrigadement des jeunes dans les mouvements de jeunesse de l'Italie fasciste.* – De *embrigader.*

embrigader [ɑ̃bʀigade] v. tr. [1] **1.** Vx Grouper (des régiments) en brigades; incorporer (des hommes) dans les cadres d'une brigade. **2.** Mod. Enrôler (des gens) sous une direction commune pour réaliser les mêmes desseins. ▷ *Spécial.* Péjor. Faire entrer (des gens) dans un mouvement dont la discipline réduit ou annihile la liberté individuelle. *Refuser de se laisser embrigader.* – De *en-*, et *brigade.*

embringuer [ɑ̃bʀɛ̃ge] v. tr. [1] Fam. Engager fâcheusement. ▷ v. pron. *Pourquoi est-il allé s'embringuer dans une affaire aussi douteuse?* – Pp. *Une affaire mal embringuée,* mal engagée. – Mot dial., de *en-*, et *bringue* ou *brique,* «morceau».

embrocation [ɑ̃bʀɔkasjɔ̃] n. f. Application d'un liquide gras sur une partie du corps malade ou fatiguée; ce liquide. – Lat. médiév. *embrocatio,* bas lat. *embrocha,* du gr. *embrokhê.*

embrochement [ɑ̃bʀɔʃmɑ̃] n. m. Action d'embrocher. – De *embrocher.*

embrocher [ɑ̃bʀɔʃe] v. tr. [1] **1.** Mettre à la broche (un morceau de viande, une volaille). **2.** *Par ext.* Fam. Blesser (qqn) avec une arme pointue. **3.** v. pron. Se blesser profondément, s'empaler, en heurtant violemment un objet pointu. *S'embrocher sur un piquet.* – De *en-*, et *broche.*

embronchement [ɑ̃bʀɔ̃ʃmɑ̃] n. m. TECH Assemblage de pièces embronchées. – De *embroncher.*

embroncher [ɑ̃bʀɔ̃ʃe] v. tr. [1] TECH Disposer (des ardoises, des tuiles) de manière qu'elles se chevauchent régulièrement. – De *en-*, et a. fr. *bronc,* «saillie, nœud», lat. pop. **bruncus,* «souche».

embrouillage [ɑ̃bʀujaʒ] n. m. Rare, fam. Action d'embrouiller; confusion, état de ce qui est embrouillé. – De *embrouiller.*

embrouillamini [ɑ̃bʀujamini] n. m. Fam. Confusion, désordre. – Forme renforcée de *brouillamini.*

embrouille [ɑ̃bʀuj] n. f. Fam. Affaire confuse et emmêlée; embrouillement destiné à tromper. *J'en ai assez de vos embrouilles!* – Déverbal de *embrouiller.*

embrouillé, ée [ɑ̃bʀuje] adj. **1.** Emmêlé. *Écheveau embrouillé.* **2.** Fig. Extrêmement confus. *Un discours très embrouillé.* – Pp. de *embrouiller.*

embrouillement [ɑ̃bʀujmɑ̃] n. m. Action, fait d'embrouiller. ▷ Fig. État de ce qui est embrouillé. – De *embrouiller.*

embrouiller [ɑ̃bʀuje] v. tr. [1] **1.** Mettre en désordre, emmêler (du fil). *Embrouiller un écheveau.* **2.** Fig. Rendre obscur, compliqué, confus. *Embrouiller une affaire.* ▷ Faire perdre le fil de ses idées à, troubler (qqn). *À force d'entrer dans les détails, il a fini par m'embrouiller.* ▷ v. pron. *S'embrouiller dans ses explications, dans ses comptes.* – De *en-*, et *brouiller.*

embroussaillé, ée [ɑ̃bʀusaje] adj. Encombré de broussailles. *Un chemin tout embroussaillé.* ▷ Fig. Emmêlé comme des broussailles. *Cheveux embroussaillés.* – De *en-*, et *broussaille.*

embruiné, ée [ɑ̃bʀɥine] adj. Couvert de bruine. – De *en-*, et *bruine.*

embrumer [ɑ̃bʀyme] v. tr. [1] **1.** Couvrir, charger de brume. – Par ext. *La fumée des usines embrume le village.* – Pp. adj. *Paysage embrumé.* ▷ v. pron. *Le ciel s'embrume.* **2.** Fig., litt. Assombrir, attrister. *Les chagrins qui embrument la vie.* – De *en-*, et *brume.*

embrun [ɑ̃bʀœ̃] n. m. (Le plus souvent au plur.) Gouttelette d'eau arrachée par le vent à la surface d'une grande étendue d'eau (océan, lac), à la crête des vagues. – Mot provenç., de *embruma,* «embrumer».

embryo-. Élément, du gr. *embruon,* «embryon».

embryogenèse [ɑ̃bʀijoʒənɛz] ou **embryogénie** [ɑ̃bʀijoʒeni] n. f. BIOL Développement de l'embryon animal ou végétal. *Les divers stades de l'embryogenèse d'un vertébré sont : la morula, résultat de la segmentation initiale, la blastula, la gastrula et, enfin, la neurula, le dernier stade avant l'état de larve (lorsqu'il existe).* – De *embryo-*, et *genèse* ou *-génie.*

embryogénique [ɑ̃bʀijoʒenik] adj. BIOL Relatif à l'embryogénèse. – MED *Tumeur, anomalie embryogénique,* liée à des anomalies du développement intra-utérin. – De *embryogenèse.*

embryologie [ɑ̃bʀijɔlɔʒi] n. f. BIOL Partie de la biologie qui étudie l'embryogenèse. – De *embryo-*, et *-logie.*

embryologique [ɑ̃bʀijɔlɔʒik] adj. Qui a rapport à l'embryologie. – De *embryologie.*

embryologiste [ɑ̃bʀijɔlɔʒist] n. Spécialiste de l'embryologie. – De *embryologie.*

embryon [ɑ̃bʀijɔ̃] n. m. **1.** BIOL Vertébré aux premiers stades de son développement, qui suivent la fécondation. (Pour l'espèce humaine, on parle d'*embryon* pour les trois premiers mois, puis de *fœtus.*) – *Embryon congelé :* embryon obtenu par fécondation artificielle et conservé dans l'azote liquide en vue d'une implantation utérine et d'une gestation ultérieures. ▷ BOT Germe qui donne naissance à une plantule. **2.** Fig. Chose inachevée, à peine commencée; germe. *Un embryon de projet.* – Gr. *embruon,* de *bruein,* «croître».

embryonnaire [ɑ̃bʀijɔnɛʀ] adj. **1.** BIOL Relatif à l'embryon, à l'état de développement d'un embryon par rapport à celui d'un sujet adulte. *Stade embryonnaire.* **2.** Fig. Qui est au premier stade de son développement, en germe. *Projet embryonnaire.* – De *embryon.*

embryopathie [ɑ̃bʀijopati] n. f. MED Malformation congénitale due à une atteinte de l'embryon humain au cours de son développement dans l'utérus, d'origine infectieuse (rubéole, par ex.), toxique (médicamenteuse : thalidomide, par ex.) ou métabolique. – De *embryo-*, et *-pathie.*

embryotomie [ɑ̃bʀijɔtɔmi] n. f. CHIR Écrasement ou résection d'un fœtus mort, pour faciliter son extraction par les voies naturelles. – De *embryo-*, et *-tomie.*

embu, ue [ɑ̃by] adj. et n. m. PEINT Qui présente des embus. *Couleurs embues.* ▷ n. m. Ton terne et mat que prend en séchant une peinture dont le médium a été absorbé, à l'application, par le support. – Pp. de l'anc. v. *emboire,* du lat. *imbibere,* «s'imprégner de».

embûche [ɑ̃byʃ] n. f. (Le plus souvent au plur.) **1.** Ruse, machination destinée à nuire à qqn. *Dresser des embûches.* **2.** *Par extens.* Difficulté, obstacle. *Parcours plein d'embûches.* – Déverbal de l'a. fr. *embuschier,* «se mettre en embuscade», de *en-*, et *bûche.*

embuer [ɑ̃bɥe] v. tr. [1] Couvrir de buée. – Pp. adj. *Vitres embuées.* ▷ v. pron. *Lunettes qui s'embuent.* – Fig. *Avoir les yeux qui s'embuent,* se remplissent de larmes. – De *en-*, et *buée.*

embuscade [ɑ̃byskad] n. f. Stratagème qui consiste à se cacher pour surprendre l'ennemi. *Se mettre en embuscade. Tendre une embuscade. Tomber dans une embuscade.* – Ital. *imboscata,* de *imboscare,* de *bosco,* «bois», avec infl. de *embusquer.*

embusqué, ée [ɑ̃byske] adj. et n. m. **1.** adj. En embuscade. **2.** n. m. Mobilisé affecté par faveur à un poste sans danger en temps de guerre. ▷ Militaire affecté à un poste facile en temps de paix. – Pp. de *embusquer.*

embusquer [ɑ̃byske] v. tr. [1] **1.** Mettre en embuscade. *Embusquer quelques hommes derrière des taillis.* ▷ v. pron. *Le malfaiteur s'était embusqué dans un recoin.* **2.** Affecter par complaisance (un militaire) à un poste sans danger, en temps de guerre. *Il a pu faire embusquer son fils.* ▷ v. pron. Se cacher. – Se faire affecter à un poste ne présentant aucun danger. – Réfection de l'a. fr. *embûcher,* de *bûche,* d'ap. l'ital. *imboscare,* de *bosco,* « bois ».

éméché, ée [emeʃe] adj. Légèrement ivre. – De l'anc. v. *émécher,* « moucher (une chandelle) », probabl. de *mèche.*

émeraude [emʀod] n. f. Pierre précieuse translucide, de couleur vert bleuté, variété de béryl (silicate double d'aluminium et de bérylium). – (En appos.) *Vert émeraude* : vert clair un peu bleuté. *Des tissus vert émeraude,* ou, adj. inv. *émeraude.* ▷ Par ext. *Émeraude orientale* : corindon vert. – Du lat. d'orig. gr. *smaragdus.*

émergé, ée [emɛʀʒe] adj. Qui n'est pas plongé dans un liquide. *Les terres émergées ne couvrent pas la moitié du globe.* – Pp. de *émerger.*

émergence [emɛʀʒɑ̃s] n. f. Action d'émerger; état de ce qui émerge. – *Point d'émergence d'une source* : l'endroit par où elle sort. ▷ PHYS *Point d'émergence* (d'un rayon lumineux). ▷ ASTRO Émersion. – De *émergent.*

émergent, ente [emɛʀʒɑ̃, ɑ̃t] adj. **1.** Qui émerge. ▷ PHYS *Rayons émergents* : rayons lumineux qui sortent d'un milieu après l'avoir traversé. **2.** Didac. *Année émergente,* par laquelle on commence à compter une ère ou une période. – Lat. *emergens, emergentis.*

émerger [emɛʀʒe] v. intr. [13] **1.** Se dégager, sortir d'un milieu après y avoir été plongé; apparaître au-dessus du niveau de l'eau. *Émerger de la brume. Ce n'est qu'une petite partie des icebergs que l'on voit émerger.* **2.** ASTRO Réapparaître après avoir été occulté, en parlant d'un astre. **3.** Fig. Sortir de l'ombre, apparaître plus clairement. *Un espoir de solution commençait à émerger au fil des discussions.* – Lat. *emergere,* de *mergere,* « plonger ».

émeri [emʀi] n. m. Variété de corindon qui, réduit en poudre, est utilisé comme abrasif, antidérapant, etc. *Toile, papier (d')émeri,* sur lesquels est collée de la poudre d'émeri, et qui servent à poncer. ▷ *Bouchage à l'émeri* : bouchage hermétique obtenu en dépolissant à l'émeri les parties en contact (bouchon de verre et goulot, par ex.). – Fig., fam. *Il est bouché à l'émeri* : il est complètement borné, il ne comprend rien. – Du bas lat. *smyris,* gr. *smuris.*

émerillon [emʀijɔ̃] n. m. **1.** ORNITH Petit faucon de Scandinavie *(Falco colombarius),* long d'env. 30 cm, qui hiverne en Europe occid. **2.** TECH Système de jonction de deux pièces, de deux chaînes, etc., permettant à chacune de tourner sur elle-même indépendamment de l'autre. – A. fr. *esmeril,* frq. **smiril.*

émerillonné, ée [emʀijɔne] adj. Rare Vif, éveillé (comme un émerillon, sens 1). *Avoir l'œil émerillonné.* – De *émerillon.*

émeriser [emʀize] v. tr. [1] TECH Garnir d'émeri pulvérisé. – De *émeri.*

émérite [emeʀit] adj. Vieilli Qui est à la retraite et jouit des honneurs de son titre. *Professeur émérite.* – Qui a une longue pratique de qqch. *Un artisan émérite.* ▷ Mod. Qui a acquis une connaissance remarquable d'une science, d'un art, d'un métier. *Technicien émérite.* – Lat. *emeritus,* « (soldat) qui a fini de servir, vétéran ».

émersion [emɛʀsjɔ̃] n. f. **1.** Action, fait d'émerger. *Émersion d'un sous-marin.* **2.** ASTRO Réapparition d'un astre après une éclipse ou une occultation. – Lat. scientif. *emersio,* class. *emersus,* de *emergere,* « émerger ».

émerveillement [emɛʀvɛjmɑ̃] n. m. Fait de s'émerveiller; état de celui qui s'émerveille. – De *émerveiller.*

émerveiller [emɛʀvɛje] v. tr. [1] Frapper d'admiration. *Émerveiller l'auditoire par son savoir.* ▷ v. pron. Être frappé d'admiration, d'étonnement devant qqch que l'on trouve merveilleux. *S'émerveiller de peu de chose.* – De *é-,* et *merveille.*

émétique [emetik] adj. MED Qui provoque le vomissement. *Substance émétique.* ▷ n. m. *Un émétique.* – Lat. *emeticus,* d'orig. gr.

émetteur, trice [emetœʀ, tʀis] adj. et n. **1.** Qui émet. *La banque émettrice.* ▷ Subst. *L'émetteur d'un chèque sans provision.* **2.** *Poste émetteur* ou, n. m., *émetteur* : appareil qui émet des ondes radioélectriques. ▷ Station émettrice de radiodiffusion ou de télévision. – De *émettre.*

émettre [emɛtʀ] v. tr. [60] **1.** Mettre en circulation. *Émettre des billets de banque. Chèque émis à telle date.* **2.** Produire, envoyer vers l'extérieur. *Émettre un son.* ▷ *Émettre des ondes hertziennes.* – (S. comp.) *Cette station cesse d'émettre à 21 heures.* ▷ PHYS *Émettre un rayonnement.* **3.** Fig. Exprimer. *Émettre une opinion, un avis favorable. Émettre des vœux.* – Lat. *emittere,* d'apr. *mettre.*

émeu [emø] ou **émou** [emu] n. m. Grand oiseau (ordre des struthioniformes, sous-classe des ratites, genre *Dromiceius*), à plumage gris et brun, aux ailes réduites, vivant en bandes dans les plaines d'Australie. *L'émeu, qui peut atteindre 2 m, est incapable de voler.* – Mot des îles Moluques.

émeute [emøt] n. f. **1.** Vieilli Tumulte séditieux dans la rue. **2.** Mod. Soulèvement populaire, le plus souvent spontané. *Manifestation qui tourne à l'émeute.* – De *émouvoir.*

émeutier, ère [emøtje, ɛʀ] n. Personne qui fomente une émeute ou y prend part. – De *émeute.*

-émie. Élément, du gr. *haima,* « sang ».

émiettement [emjɛtmɑ̃] n. m. Action d'émietter, fait de s'émietter; état de ce qui est émietté. – Fig. *L'émiettement de l'autorité, du pouvoir.* – De *émietter.*

émietter [emjete] v. tr. [1] Réduire en miettes, en petits morceaux. *Émietter du pain.* ▷ *Par anal.* Réduire en petites parcelles. *Émietter une terre en petites propriétés.* ▷ Fig. *Émietter ses forces, ses efforts,* les disperser. ▷ v. pron. Tomber en miettes. – Fig. Se disperser, s'éparpiller. *Le pouvoir s'émiette.* – De *é-,* et *miette.*

émigrant, ante [emigʀɑ̃, ɑ̃t] n. Personne qui émigre. *Convoi d'émigrants.* – Ppr. subst. d' *émigrer.*

émigration [emigʀasjɔ̃] n. f. **1.** Action d'émigrer. *L'émigration russe en France après la révolution communiste de 1917.* ▷ Ensemble des personnes qui émigrent ou qui ont émigré. – *Spécial.* Ensemble des nobles émigrés, pendant la Révolution. *On voulait, dans les rangs de l'Émigration, lever une armée contre la jeune république.* **2.** ZOOL Migration. – Bas lat. *emigratio.*

émigré, ée [emigʀe] adj. et n. Qui a émigré. *Travailleurs émigrés.* ▷ Subst. *Un émigré politique.* – Spécial. HIST *Les Émigrés* : les nobles français qui allèrent se fixer à l'étranger, pendant la Révolution. – Pp. de *émigrer.*

émigrer [emigʀe] v. intr. [1] **1.** Quitter son pays pour aller s'établir dans un autre. *Beaucoup d'Italiens émigrèrent en Amérique, au début du XXe s.* **2.** Changer de contrée, en parlant des animaux. – Lat. *emigrare.*

émincé [emɛ̃se] n. m. Mince tranche de viande cuite, accompagnée d'une sauce. *Un émincé de veau.* – Pp. subst. de *émincer.*

émincer [emɛ̃se] v. tr. [12] Couper en tranches minces. – De *é-,* et *mince.*

éminemment [eminamɑ̃] adv. Excellemment, au plus haut degré. – De *éminent.*

éminence [eminɑ̃s] n. f. **1.** Élévation de terrain, hauteur, monticule. *Une éminence d'où l'on embrasse tout le paysage.* ▷ ANAT Saillie, protubérance. **2.** Titre d'honneur donné aux cardinaux. *Son Éminence le cardinal Untel.* ▷ HIST *Éminence grise* : surnom donné au père Joseph, conseiller de Richelieu. – Cour. Personne dont l'influence secrète inspire les actes et les décisions d'une autorité. – Lat. *eminentia.*

éminent, ente [eminɑ̃, ɑ̃t] adj. **1.** Supérieur en mérite, en condition. *Personnage éminent. Occuper une position éminente.* **2.** Remarquable, considérable. *L'éminente connaissance qu'a de tel problème tel spécialiste.* – Lat. *eminens, eminentis.*

éminentissime [eminɑ̃tisim] adj. Très éminent (titre honorifique superl. réservé aux cardinaux en certaines occasions). – Ital. *eminentissimo,* de *eminente,* «éminent».

émir [emiʀ] n. m. Titre attribué autref. aux descendants du Prophète, puis conféré par les califes aux titulaires des grands commandements. ▷ Nom donné à certains chefs, souverains ou princes, dans les pays musulmans. *L'émir du Koweït.* – Mot ar., «prince».

émirat [emiʀa] n. m. **1.** Dignité d'émir. **2.** État gouverné par un émir. – De *émir.*

1. émissaire [emisɛʀ] n. m. Personne envoyée pour accomplir une mission, une mission secrète. – Lat. *emissarius.*

2. émissaire [emisɛʀ] n. et adj. **1.** n. m. Cours d'eau par lequel s'évacue l'eau d'un lac. ▷ TRAV PUBL Collecteur principal d'un réseau d'assainissement. **2.** n. f. ANAT *Les émissaires* ou, adj., *les veines émissaires* : petites veines qui traversent le crâne. – Lat. *emissarium,* «déversoir».

émissif, ive [emisif, iv] adj. PHYS Qui a le pouvoir d'émettre (des radiations, et spécial. des radiations lumineuses). *Pouvoir émissif. Cathode émissive.* – Du lat. *emissum,* supin de *emittere.*

émission [emisjɔ̃] n. f. **1.** PHYSIOL Action de lancer, de pousser (un liquide) hors du corps. *Émission d'urine.* **2.** Action de produire (un son articulé). *Émission de voix.* **3.** PHYS Production (d'électrons, de lumière). *Émission photoélectronique, thermoélectronique.* ▷ TELECOM Action de diffuser (un message, de la musique, etc.) au moyen d'ondes électromagnétiques. – *Par ext.* Programme (radiophonique, télévisé) ainsi diffusé. *Émission en direct, en différé. Une émission de télévision appréciée du public.* **4.** FIN Mise en circulation (de valeurs : monnaies, titres ou effets de commerce). *L'émission d'un emprunt par la S.N.C.F.* – Lat. *emissio.*

émissole [emisɔl] n. f. Poisson sélacien comestible (*Mustelus mustelus,* fam. carcharhinidés), appelé aussi *chien de mer,* long de 1 à 2 m, à petites dents, qui vit en Méditerranée. – Ital. *mussolo,* du lat. *mustela.*

émittance [emitɑ̃s] n. f. PHYS Syn. anc. de *excitance.* – De *émettre.*

emmagasinage [ɑ̃magazinaʒ] n. m. Action d'emmagasiner; son résultat. – De *emmagasiner.*

emmagasiner [ɑ̃magazine] v. tr. [1] **1.** Mettre en magasin, stocker. *Emmagasiner des céréales.* **2.** Fig. Acquérir, accumuler. *Emmagasiner des connaissances.* ▷ Amasser, mettre en réserve. *Emmagasiner de la chaleur.* – De *en-,* et *magasin.*

emmaillotement [ɑ̃majɔtmɑ̃] n. m. Action, manière d'emmailloter. – De *emmailloter.*

emmailloter [ɑ̃majɔte] v. tr. [1] Mettre (un bébé) dans un maillot, dans des langes. ▷ *Par ext.* Envelopper. *Emmailloter un doigt blessé.* – v. pron. *S'emmailloter dans une couverture.* – De *en-,* et *maillot.*

emmancher [ɑ̃mɑ̃ʃe] v. tr. [1] **1.** Mettre un manche à (un outil). *Emmancher une faux.* **2.** Fig., fam. Commencer, mettre en train. *Emmancher une affaire.* ▷ v. pron. *L'affaire s'emmanche mal.* – De *en-,* et *manche* (sens 1).

emmanchure [ɑ̃mɑ̃ʃyʀ] n. f. Chacune des ouvertures d'un vêtement à laquelle est cousue une manche. – De *en-,* et *manche* (sens 2).

emmêlement [ɑ̃mɛlmɑ̃] n. m. Action d'emmêler; fait de s'emmêler. – De *emmêler.*

emmêler [ɑ̃mɛle] v. tr. [1] **1.** Mêler, enchevêtrer. *Emmêler des fils.* ▷ v. pron. *Écheveau qui s'est emmêlé.* **2.** Fig. Embrouiller. *Emmêler une affaire.* ▷ v. pron. *S'emmêler dans ses explications.* – De *en-,* et *mêler.*

emménagement [ɑ̃menaʒmɑ̃] n. m. Action d'emménager. – De *emménager.*

emménager [ɑ̃menaʒe] v. intr. [13] S'installer dans un nouveau logement. *Nous emménageons demain.* ▷ v. tr. *Emménager des meubles.* – De *en-,* et *ménage.*

emménagogue [ɑ̃menagɔg] adj. MED Se dit des substances qui provoquent ou favorisent l'écoulement menstruel. ▷ n. m. *Un emménagogue.* – Du gr. *emmêna,* «menstrues», et *agôgos,* «qui attire».

emmener [ɑ̃mne] v. tr. [16] Mener avec soi (qqn) d'un lieu dans un autre. *Emmener ses enfants à la campagne.* – De *en-,* et *mener.*

emment(h)al, als [emɛ̃tal] n. m. Fromage de vache cuit fabriqué à l'origine dans la vallée de l'Emme (ou *Emmenthal*), en Suisse.

emmerdant, ante [ɑ̃mɛʀdɑ̃, ɑ̃t] adj. Fam. Ennuyeux, embêtant, gênant. – Ppr. de *emmerder.*

emmerdement [ɑ̃mɛʀdəmɑ̃] n. m. Fam. Ennui, contrariété. *Avoir des emmerdements.* (Abrév. : emmerde). – De *emmerder.*

emmerder [ɑ̃mɛʀde] v. tr. [1] Fam. Agacer, contrarier, gêner à l'excès. *Il commence à m'emmerder, celui-là!* – Tenir pour méprisable. *De toute façon, je l'emmerde!* ▷ v. pron. S'ennuyer à l'excès. *Qu'est-ce qu'on s'emmerde, dans ce bled!* – De *en-,* et *merde.*

emmerdeur, euse [ɑ̃mɛʀdœʀ, øz] n. Fam. Personne qui ennuie ou qui gêne les autres. ▷ Personne pointilleuse ou chicanière à l'excès. – De *emmerder.*

emmétrope [emetʀɔp] adj. et n. MED Se dit d'un œil dont la vision est normale. – Gr. *emmetros,* «proportionné», et *ops, opos,* «œil».

emmétropie [emetʀɔpi] n. f. Qualité de l'œil emmétrope. – De *emmétrope.*

emmieller [ɑ̃mjele] v. tr. [1] **1.** Vx Enduire de miel, sucrer avec du miel. **2.** Fam. *Par euph.* Emmerder. – De *en-,* et *miel.*

emmitoufler [ɑ̃mitufle] v. tr. [1] Envelopper chaudement, douillettement. ▷ v. pron. *Bien s'emmitoufler.* – De *en-,* et *mitoufle,* altér. de *mitaine,* d'apr. *moufle,* et a. fr. *emmoufler.*

emmurement [ɑ̃myʀmɑ̃] n. m. **1.** HIST Emprisonnement à perpétuité que prononçait le tribunal d'Inquisition. **2.** Action d'emmurer; son résultat. – De *emmurer.*

emmurer [ɑ̃myʀe] v. tr. [1] **1.** HIST Faire subir l'emmurement à. **2.** Enfermer en murant. *Emmurer un trésor.* – Par ext. *Spéléologue qu'un éboulement a emmuré.* ▷ v. pron. Fig. *S'emmurer dans sa douleur.* – De *en-,* et *mur.*

émoi [emwa] n. m. **1.** Trouble, agitation suscitée par l'émotion ou l'inquiétude. *La population était en émoi.* **2.** Trouble intime, de nature affective ou sensuelle. *Émoi esthétique, amoureux.* – De l'a. fr. *esmayer,* «troubler», du lat. pop. **exmagare,* «priver de sa force».

émollient, ente [emɔljɑ̃, ɑ̃t] adj. et n. m. MED Qui relâche, qui ramollit les tissus. *Décoction émolliente.* ▷ n. m. *Un émollient.* – Lat. *emolliens,* ppr. de *emollire,* «amollir».

émolument [emɔlymɑ̃] n. m. **1.** DR Part d'actif qui revient à qqn par succession ou dans un partage de biens communs. **2.** n. m. pl. Honoraires d'un officier ministériel. ▷ *Par ext.* Rétribution fixe ou variable attachée à une place, un emploi. – Lat. *emolumentum,* «profit».

émonction [emɔ̃ksjɔ̃] n. f. PHYSIOL Évacuation des déchets de l'organisme. – Lat. *emunctum,* de *emungere,* «moucher».

émonctoire [emɔ̃ktwaʀ] n. m. PHYSIOL Organe (pores cutanés, reins, poumons, foie, anus, etc.) qui permet l'évacuation des déchets organiques. – De *émonction.*

émondage [emɔ̃daʒ] n. m. Action d'émonder. – De *émonder.*

émonder [emɔ̃de] v. tr. [1] Retrancher (d'un arbre) les branches nuisibles ou inutiles. Syn. élaguer. – Fig. *Émonder un texte.* – Lat. *emundare,* «nettoyer».

émondes [emɔ̃d] n. f. pl. ARBOR Branches coupées par émondage. – Déverbal de *émonder.*

émondeur, euse [emɔ̃dœʀ, øz] n. Personne qui émonde. – De *émonder.*

émondoir [emɔ̃dwaʀ] n. m. ARBOR Outil qui sert à l'émondage. – De *émonder.*

émorfilage [emɔʀfilaʒ] n. m. TECH Action d'émorfiler; son résultat. – De *émorfiler.*

émorfiler [emɔʀfile] v. tr. [1] TECH Débarrasser du morfil (un outil affûté). – De *é-,* et *morfil.*

émotif, ive [emɔtif, iv] adj. et n. **1.** Relatif à l'émotion; qui est dû à l'émotion. *Un choc émotif.* **2.** Qui est sujet à des émotions intenses. *Une nature émotive.* ▷ Subst. *Un émotif, une émotive.* – De *émotion.*

émotion [emosjɔ̃] n. f. **1.** Trouble intense de l'affectivité, réaction immédiate, incontrôlée ou inadaptée à certaines impressions ou à certaines représentations. *L'émotion se traduit organiquement par des réactions neurovégétatives ou motrices* (rougeur, transpiration, tremblement, etc.). *Être paralysé par l'émotion.* – Fam. *Donner des émotions à qqn.* ▷ Réaction affective (agréable ou désagréable) éprouvée comme un trouble. *Réciter un poème avec émotion.* **2.** Agitation, trouble collectif. *L'émotion populaire était à son comble.* – De *émouvoir,* d'apr. *motion,* «mouvement».

émotionnel, elle [emosjɔnɛl] adj. Qui appartient à l'émotion; qui en est le produit. *Tension, réaction émotionnelle.* – De *émotion.*

émotionner [emɔsjɔne] v. tr. [1] Fam. Causer de l'émotion, des émotions. ▷ v. pron. S'émouvoir. *Il ne s'émotionne pas facilement.* – De *émotion.*

émotivité [emɔtivite] n. f. Caractère d'une personne émotive. ▷ PSYCHO Un des éléments de l'affectivité, qui traduit l'aptitude plus ou moins prononcée de l'individu à réagir aux impressions ressenties. – De *émotif.*

émottage [emɔtaʒ] ou **émottement** [emɔtmɑ̃] n. m. AGRIC Action d'émotter; son résultat. – De *émotter.*

émotter [emɔte] v. tr. [1] AGRIC Briser les mottes de terre (d'un champ) après un labour afin d'ameublir la terre. – De *é-,* et *motte.*

émotteur [emɔtœʀ] n. m. ou **émotteuse** [emɔtøz] n. f. AGRIC Rouleau, herse qui sert à émotter. – De *émotter.*

émou. V. émeu.

émouchet [emuʃɛ] n. m. Nom cour. de certains petits rapaces, notam. de la crécerelle. – A. fr. *moschet, mouchet,* dimin. de *mouche.*

émoudre [emudʀ] v. tr. [77] TECH Vx Aiguiser sur la meule. *Émoudre des ciseaux.* – Lat. *emolere.*

émoulage [emulaʒ] n. m. TECH Action d'émoudre; son résultat. – De *émoudre.*

émouleur [emulœʀ] n. m. TECH Ouvrier qui aiguise les instruments tranchants. Syn. rémouleur. – De *émoudre.*

émoulu, ue [emuly] adj. **1.** Aiguisé sur la meule. **2.** Fig. *Frais émoulu, fraîche émoulue* : récemment sorti(e) (d'une école). *Un jeune cadre frais émoulu d'H.E.C.* – Pp. de *émoudre.*

émoussement [emusmɑ̃] n. m. Action d'émousser; état de ce qui est émoussé. – De *émousser.*

émousser [emuse] v. tr. [1] **1.** Rendre mousse, moins tranchant, moins aigu. *Émousser un rasoir.* ▷ v. pron. *Lame qui s'émousse vite.* **2.** Fig. Rendre moins vif, atténuer, affaiblir. *L'habitude émousse le plaisir.* ▷ v. pron. *Il y a des rancunes qui ne s'émoussent pas.* – De *é-,* et *mousse.*

émoustillant, ante [emustijɑ̃, ɑ̃t] adj. Qui émoustille. – Ppr. de *émoustiller.*

émoustiller [emustije] v. tr. [1] Mettre en gaieté. ▷ Exciter, disposer aux plaisirs sensuels. – Probabl. de *mousse,* «écume».

émouvant, ante [emuvɑ̃, ɑ̃t] adj. Qui émeut, qui suscite une émotion plus ou moins vive. – Ppr. de *émouvoir.*

émouvoir [emuvwaʀ] v. tr. [43] **1.** Susciter l'émotion de. *Émouvoir qqn aux larmes.* ▷ v. pron. *Une personne lente à s'émouvoir.* **2.** Susciter l'intérêt ou la sympathie de; troubler, inquiéter. *Sa détresse nous a émus.* ▷ v. pron. *Les pouvoirs publics se sont émus de cette situation.* – Lat. *e(x)movere.*

empaillage [ɑ̃pajaʒ] n. m. Action d'empailler. – De *empailler.*

empaillement [ɑ̃pajmɑ̃] n. m. **1.** Empaillage. **2.** AGRIC Ensemble des pailles d'une récolte de céréales. ▷ Approvisionnement en paille. ▷ Action de nourrir le fumier avec des pailles usées. – De *empailler.*

empailler [ɑ̃paje] v. tr. [1] **1.** Emplir avec de la paille la peau d'un animal mort de manière à en conserver les formes naturelles. Syn. naturaliser. ▷ Fig., fam. *Avoir l'air empaillé,* peu énergique, emprunté. **2.** *Empailler un siège,* le garnir de paille. V. rempailler. **3.** Envelopper, protéger avec de la paille. *Empailler un arbre, des semis.* – De *en-,* et *paille.*

empailleur, euse [ɑ̃pajœʀ, øz] n. **1.** Personne qui empaille des animaux. V. taxidermiste. **2.** Rare Personne qui empaille des sièges. V. rempailleur. – De *empailler.*

empalement [ɑ̃palmɑ̃] n. m. **1.** Supplice du pal. **2.** Fait d'empaler, d'être empalé ou de s'empaler. – De *empaler.*

empaler [ɑ̃pale] v. tr. [1] **1.** Infliger le supplice du pal à (qqn), en le transperçant d'un pieu introduit par l'anus. **2.** *Par ext.* Percer de part en part, embrocher. *Volailles empalées.* **3.** v. pron. Être transpercé par un objet pointu que l'on a heurté. *S'empaler sur un pieu en tombant.* – De *en-,* et *pal.*

empan [ɑ̃pɑ̃] n. m. Anc. Mesure de longueur à peu près égale à l'intervalle entre l'extrémité du pouce et celle du petit doigt d'une main étendue. – Du frq. **spanna.*

empanacher [ɑ̃panaʃe] v. tr. [1] Orner d'un panache. ▷ Fig. Orner à l'excès. *Empanacher son langage.* – v. pron. *S'empanacher de rubans.* – De *en-,* et *panache.*

empanner [ɑ̃pane] MAR **1.** v. tr. [1] Vx Mettre en panne (un voilier). ▷ v. intr. Être mis en panne. **2.** v. intr. Mod. En parlant d'un voilier aux allures portantes, recevoir le vent du côté de la grand-voile opposé à celui qui le recevait jusqu'alors, à la suite d'une manœuvre volontaire, d'une faute de barre ou d'une saute de vent. – De *en-*, et *panne*, «pièce latérale d'une vergue».

empaquetage [ɑ̃paktaʒ] n. m. Action d'empaqueter. – De *empaqueter*.

empaqueter [ɑ̃pakte] v. tr. [20] Mettre en paquet. *Empaqueter des livres*. – De *en-*, et *paquet*.

emparer (s') [ɑ̃paʀe] v. pron. [1] **1.** Se saisir (d'une chose), s'en rendre maître par des moyens violents ou irréguliers. *S'emparer du pouvoir, d'un héritage, d'une ville*. **2.** Se saisir vivement (de qqch) pour tel ou tel usage. *Il s'est emparé de l'outil dont j'avais besoin*. **3.** Envahir, dominer (qqn) en parlant d'une sensation, d'un sentiment, etc. *Torpeur qui s'empare des sens. La colère s'empara de lui*. – Anc. provenç. *amparar*, du lat. pop. **anteparare*, «disposer par-devant».

empâtement [ɑ̃pɑtmɑ̃] n. m. **1.** État de ce qui est empâté ou pâteux. *L'empâtement de la langue, de la voix*. ▷ PEINT Superposition de couches de peinture ou étalement d'une couche épaisse sur un tableau. **2.** Engraissement d'une volaille. **3.** État d'un visage ou d'un corps empâté, bouffi. – De *empâter*.

empâter [ɑ̃pɑte] v. tr. [1] **1.** TECH Remplir, enduire de pâte, ou d'une matière pâteuse. ▷ Enduire (de plâtre par ex.) des éléments pour les unir. – Mêler à de l'eau (un produit solide) pour obtenir une pâte. **2.** Rendre pâteux. *Les liqueurs empâtent la bouche*. **3.** *Empâter une volaille*, l'engraisser. **4.** Gonfler, épaissir, alourdir. *Visage que l'éthylisme a empâté*. ▷ v. pron. *Il s'est empâté avec l'âge*. – De *pâte*.

empathie [ɑ̃pati] n. f. Identification affective à une personne ou à une chose. *La reconstitution de faits lointains demande souvent à l'historien de procéder par empathie*. – De *en-*, et *-pathie*; d'apr. *sympathie*.

empattement [ɑ̃patmɑ̃] n. m. **1.** CONSTR Massif de maçonnerie qui sert de pied, de base à un mur. **2.** BOT Base d'un tronc ou d'une branche d'arbre. **3.** TYPO Trait horizontal ou motif triangulaire qui souligne le haut et le bas du jambage d'une lettre. **4.** TECH Distance entre les essieux extrêmes d'un véhicule. – De *empatter*.

empatter [ɑ̃pate] v. tr. [1] TECH Fixer avec des pattes. – De *en-*, et *patte*.

empaumer [ɑ̃pome] v. tr. [1] **1.** Recevoir (la balle) dans la paume, à certains jeux. **2.** Fig., fam. *Empaumer qqn*, se jouer de lui, le duper ou le circonvenir. *Se laisser, se faire empaumer*. – De *en-*, et *paume*.

empaumure [ɑ̃pomyʀ] n. f. **1.** VEN Partie du merrain qui porte les andouillers du cerf. **2.** Partie du gant qui couvre la paume. – De *empaumer*.

empêché, ée [ɑ̃peʃe] adj. Embarrassé, gêné. *Il se trouva fort empêché pour lui répondre*. ▷ Retenu par un empêchement. *Le ministre, empêché, n'a pu venir*. – Pp. de *empêcher*.

empêchement [ɑ̃pɛʃmɑ̃] n. m. Ce qui empêche d'agir, embarrasse, fait obstacle. *Je ne vois pas d'empêchement à ce projet. Un empêchement de dernière minute*. – De *empêcher*.

empêcher [ɑ̃peʃe] v. tr. [1] **1.** Entraver (qqn) dans son action, ses projets; mettre dans l'impossibilité de (faire telle chose). *Il a voulu m'empêcher de parler. Il faudrait empêcher qu'ils s'associent*. ▷ v. pron. (Le plus souvent en tournure négative.) S'abstenir, se défendre de. *Il ne peut s'empêcher de médire. On ne peut s'empêcher de le trouver sympathique*. **2.** S'opposer, mettre un obstacle à. *Empêcher une mauvaise action*. ▷ Loc. impers. *Il n'empêche que, n'empêche que* : malgré cela, néanmoins, et pourtant. *Ces produits sont mauvais, n'empêche qu'ils se vendent*. – Fam. *Il est tard, n'empêche, il aurait pu venir*. – Du bas lat. *impedicare*, de *pedica*, «lien, lacet, piège».

empêcheur, euse [ɑ̃pɛʃœʀ, øz] n. Vieilli Personne qui empêche. – Loc. *Empêcheur de danser* (ou *de tourner*) *en rond* : trouble-fête. – De *empêcher*.

empeigne [ɑ̃pɛɲ] n. f. Dessus d'un soulier, depuis le cou-de-pied jusqu'à la pointe. ▷ Loc. fig. Inj. *Gueule d'empeigne* : visage antipathique ou disgracieux. – De *en-*, et *peigne*, a. fr. *piegne*, «métacarpe», par anal. de forme.

empennage [ɑ̃pen(n)aʒ] n. m. **1.** Action d'empenner. **2.** AVIAT Ensemble des plans fixes placés à l'arrière d'un aéronef, d'un avion, pour assurer sa stabilité en vol. – De *empenner*.

empenne [ɑ̃pɛn] n. f. Ensemble des plumes qui garnissent le talon d'une flèche. – Déverbal de *empenner*.

empenneler [ɑ̃pɛnle] v. intr. [19] MAR Mouiller avant l'ancre principale une ancre plus petite reliée à la première par une chaîne, pour assurer une meilleure tenue du mouillage. – De *empenelle*, «petite ancre servant à empenneler», de *empenne*.

empenner [ɑ̃pɛn(n)e] v. tr. [1] Garnir (une flèche) d'une empenne, de plumes. – De *en-*, et *penne*.

empereur [ɑ̃pʀœʀ] n. m. **1.** Titre porté, à partir d'Auguste, par le chef souverain de l'Empire romain, puis de l'Empire byzantin. **2.** Titre porté par Charlemagne, puis par les souverains du Saint Empire romain germanique. **3.** Souverain de certains États. *L'empereur de toutes les Russies. L'empereur du Japon*. ▷ Absol. (en France). *L'Empereur* : Napoléon Ier. – Lat. *imperator*.

emperler [ɑ̃pɛʀle] v. tr. [1] **1.** Garnir de perles. **2.** Fig. Couvrir de gouttelettes. *La sueur emperlait son visage*. ▷ v. pron. *L'herbe s'emperle de rosée*. – De *en-*, et *perle*.

empesage [ɑ̃pəzaʒ] n. m. Action d'empeser; son résultat. – De *empeser*.

empesé, ée [ɑ̃pəze] adj. **1.** Apprêté avec de l'empois. **2.** Fig. Guindé, compassé. *Personnage empesé. Air, style empesé*. Ant. aisé, naturel. – Pp. de *empeser*.

empeser [ɑ̃pəze] v. tr. [16] Apprêter (du linge) avec de l'empois. – De *empois*.

empester [ɑ̃pɛste] v. tr. [1] **1.** Vx Infecter de la peste ou de tout autre mal contagieux. ▷ Fig. Corrompre, vicier. *La délation organisée empestait le climat social*. **2.** *Par ext.* Empuantir. *La fumée de l'usine empeste le voisinage*. ▷ Dégager (une odeur désagréable). *Son haleine empeste le vin*. – (S. comp.) *Va te laver, tu empestes*. Pp. adj. *Une atmosphère empestée*. – De *en-*, et *peste*.

empêtrer [ɑ̃petʀe] v. tr. [1] **1.** Vx Entraver (un animal). **2.** Mod. Embarrasser par des liens, par qqch qui gêne, qui empêche les mouvements. *Empêtrer ses pieds dans un filet, dans des herbes*. ▷ v. pron. *S'empêtrer dans son vêtement*. **2.** Fig. Mettre dans des difficultés, dans une situation compliquée ou fâcheuse. *On l'a empêtré dans une affaire véreuse*. ▷ v. pron. *S'empêtrer dans ses contradictions*. – Du lat. pop. **impastoriare*, du lat. médiév. *pastoria*, «entrave à bestiaux», de *pastorius*, «pastoral».

emphase [ɑ̃faz] n. f. **1.** Vx Force expressive. **2.** Mod., péjor. Exagération prétentieuse dans le ton, le geste, l'expression, le style. *Parler avec emphase. Une solennité pleine d'emphase*. Syn. enflure, grandiloquence. Ant. naturel, simplicité. **3.** LING Forme d'expression qui consiste à marquer d'une insistance particulière l'un des éléments de la phrase (ex. : *Nous, nous voulons bien*). – Lat. *emphasis*, rhét. gr.

emphatique [ɑ̃fatik] adj. **1.** Qui s'exprime avec emphase. *Orateur emphatique*. ▷ Boursouflé, guindé, ampoulé. *Un discours emphatique*. **2.** LING Relatif à l'emphase, employé par emphase. *Pluriel emphatique*. – De *emphase*.

emphatiquement [ɑ̃fatikmɑ̃] adv. De manière emphatique. – De *emphatique.*

emphysémateux, euse [ɑ̃fizematø, øz] adj. et n. MED Atteint d'emphysème. – De *emphysème.*

emphysème [ɑ̃fizɛm] n. m. MED Infiltration gazeuse diffuse du tissu cellulaire. *Emphysème pulmonaire* : affection pulmonaire caractérisée par la dilatation et la destruction des bronchioles respiratoires et du tissu conjonctif de la paroi alvéolaire. (Il peut être diffus ou localisé et se traduit par une insuffisance respiratoire, puis par une insuffisance cardiaque.) – Gr. *emphusêma.*

emphytéose [ɑ̃fiteoz] n. f. DR Contrat de longue durée (18 à 99 ans) par lequel un propriétaire concède la jouissance d'un immeuble moyennant une redevance annuelle, le preneur ayant un droit d'hypothèque et la charge d'exécuter les travaux destinés à améliorer le fonds. – Lat. jur. d'orig. gr. *emphyteusis.*

emphytéote [ɑ̃fiteɔt] n. DR Personne qui jouit d'un bail emphytéotique. – Lat. médiév. *emphyteota.*

emphytéotique [ɑ̃fiteɔtik] adj. DR Qui appartient à l'emphytéose. – Lat. médiév. *emphyteoticus.*

empiècement [ɑ̃pjɛsmɑ̃] n. m. COUT Pièce rapportée à la partie supérieure d'un vêtement. – De *en-,* et *pièce.*

empierrement [ɑ̃pjɛʀmɑ̃] n. m. **1.** Action d'empierrer; son résultat. **2.** Matériaux qui servent à empierrer. – De *empierrer.*

empierrer [ɑ̃pjɛʀe] v. tr. [1] Garnir de pierres. *Empierrer une chaussée.* – De *en-,* et *pierre.*

empiétement ou **empiètement** [ɑ̃pjɛtmɑ̃] n. m. **1.** Action d'empiéter; son résultat. **2.** Fig. Usurpation. – De *empiéter.*

empiéter [ɑ̃pjete] v. intr. [14] **1.** Gagner pied à pied, s'étendre partiellement (sur la terre d'autrui). *Empiéter sur le champ du voisin.* ▷ Par anal. *La mer empiète sur les côtes.* **2.** Fig. Usurper en partie (les droits, le pouvoir de qqn). *Vous empiétez sur ses attributions.* – De *en-,* et *pied.*

empiffrer (s') [ɑ̃pifʀe] v. pron. [1] Fam. Manger avec excès, gloutonnement. *S'empiffrer de gâteaux.* – De *en-,* et *piffre,* vx ou dial., « gros, goulu ».

empilable [ɑ̃pilabl] adj. Qui a été conçu pour être empilé. – De *empiler.*

empilage [ɑ̃pilaʒ] ou **empilement** [ɑ̃pilmɑ̃] n. m. **1.** Action de mettre en piles. **2.** Action de serrer, d'entasser. – De *empiler.*

empile [ɑ̃pil] n. f. PECHE Fil ou crin auquel on attache l'hameçon. – De *en-,* et *pile,* « petites cordes en pile sur la ligne ».

empiler [ɑ̃pile] v. tr. [1] **1.** Mettre en pile. *Empiler des caisses, des pièces de monnaie.* ▷ *Par anal.* Serrer, entasser. – v. pron. *S'empiler dans une voiture.* – Pp. adj. *Assiettes empilées.* **2.** Fam. Duper sur le prix ou la qualité d'une marchandise. *Se faire empiler.* – De *en-,* et *pile.*

empileur, euse [ɑ̃pilœʀ, øz] n. **1.** Personne qui empile des marchandises. **2.** Fam. Celui qui dupe ou cherche à duper. – De *empiler.*

empire [ɑ̃piʀ] n. m. **1.** Domination souveraine. *Conquérir l'empire des mers.* ▷ Fig. Domination morale, ascendant. *Avoir de l'empire sur qqn, sur soi-même.* **2.** Régime où l'autorité politique est détenue par un empereur. *À Rome, l'empire succéda à la république.* ▷ Règne d'un empereur. *L'Empire, le Premier Empire* : le règne de Napoléon Ier. *Le Second Empire* : le règne de Napoléon III. ▷ BX-A *Style Empire,* celui des œuvres d'art, du mobilier du Premier Empire. **3.** État gouverné par un empereur; son territoire. *L'empire d'Orient. L'Empire latin de Constantinople ou d'Orient. L'Empire byzantin**. *Les frontières de l'Empire romain.* ▷ Loc. *Pour un empire* : d'aucune manière, pour rien au monde. *Je ne le ferais pas pour un empire!* **4.** HIST Ensemble de territoires placés sous l'autorité d'un gouvernement central. *L'Empire britannique.* – Lat. *imperium.*

empirer [ɑ̃piʀe] v. [1] **1.** v. intr. Devenir pire. *Sa situation a empiré.* **2.** v. tr. Rendre pire. *Les remèdes ont empiré son état.* Syn. aggraver. Ant. améliorer. – Du lat pop. *impejorare,* du bas lat. *pejorare,* « aggraver ».

empiriocriticisme [ɑ̃piʀjokʀitisism] n. m. Courant philosophique du XIXe s. qui dénie toute valeur absolue à la science, et que Lénine a combattu dans *Matérialisme et Empiriocriticisme* (1909). – De *empir(isme),* et *criticisme.*

empirique [ɑ̃piʀik] adj. (et n. m.) **1.** Qui se fonde sur l'expérience et non sur un savoir théorique. *Des connaissances empiriques.* **2.** PHILO Relatif à l'empirisme. **3.** n. m. Vx Guérisseur. – Lat. d'orig. gr. *empiricus,* « médecin empirique ».

empiriquement [ɑ̃piʀikmɑ̃] adv. D'une manière empirique. – De *empirique.*

empirisme [ɑ̃piʀism] n. m. **1.** Système, méthode qui se fonde sur la seule expérience sans recourir au raisonnement, à la théorie. **2.** PHILO Doctrine selon laquelle toute connaissance dérive de l'expérience (opposée au rationalisme et à la théorie des idées innées). – De *empirique.*

empiriste [ɑ̃piʀist] n. Partisan de l'empirisme. *Empiristes matérialistes* (Bacon, Hobbes, Locke, etc.), *idéalistes* (Berkeley, Hume, etc.). – De *empirisme.*

emplacement [ɑ̃plasmɑ̃] n. m. Lieu qu'occupe, qu'occupait qqch ou qui convient pour placer ou édifier qqch. *L'emplacement d'un édifice, d'une cité disparue. Étudier l'emplacement d'un barrage. Louer un emplacement de parking, une place de parking.* – De l'anc. v. *emplacer,* « placer », de *en-,* et *placer.*

emplafonner [ɑ̃plafɔne] v. tr. [1] Heurter avec violence. *Le camion a emplafonné le mur de la ferme.* – De *en-, plafond* et suffixe verbal.

emplanture [ɑ̃plɑ̃tyʀ] n. f. **1.** MAR Ensemble des pièces supportant le pied d'un mât. **2.** AVIAT Jonction des ailes sur le fuselage. – De *en-,* et *planter;* de *emplanter,* « planter ».

emplâtre [ɑ̃platʀ] n. m. **1.** MED Médicament à usage externe, pâteux, qui adhère bien à l'endroit où on l'applique. **2.** Fig., fam. Personne sans énergie, incapable. – Lat. d'orig. gr. *emplastrum.*

emplette [ɑ̃plɛt] n. f. **1.** Achat (d'une marchandise quelconque). *Faire l'emplette d'un vase.* **2.** Chose achetée. *Montrez-moi vos emplettes.* – Lat. pop. **implicta,* de *implicare,* « plier dans, engager ».

emplir [ɑ̃pliʀ] v. tr. [3] **1.** Vieilli ou litt. (on emploie plutôt *remplir*). Rendre plein. *Emplir une bouteille.* – Par ext. *La pièce est emplie de gens.* **2.** Fig. Combler. *Une pensée qui emplit de joie.* – v. pron. *La chambre s'emplissait de parfum.* – Lat. pop. **implire,* class. *implere.*

emplissage [ɑ̃plisaʒ] n. m. Rare Action d'emplir. – De *emplir.*

emploi [ɑ̃plwɑ] n. m. **1.** Usage que l'on fait d'une chose; manière d'en faire usage. *L'emploi d'un outil, d'un mot. Faire mauvais emploi de sa fortune. Mode d'emploi. Une chose qui fait double emploi,* qui est superflue parce qu'elle a le même usage qu'une autre. **2.** Vx Activité, occupation quelconque. ▷ Mod. Travail rémunéré. *Une offre, une demande d'emploi. Agence nationale pour l'emploi* (A.N.P.E.). **3.** THEAT, CINE Rôle que l'on confie habituellement à un acteur. *Emploi de valet.* – Déverbal de *employer.*

employable [ɑ̃plwajabl] adj. Qui peut être employé. – De *employer.*

employé, ée [ɑ̃plwaje] n. Salarié ayant un emploi non manuel (par oppos. à *ouvrier*). – Pp. subst. de *employer.*

employer [ɑ̃plwaje] v. [26] **I.** v. tr. **1.** Faire usage de. *Employer un produit. Bien employer son temps. Employer la douceur.* **2.** Faire travailler en échange d'un salaire. *Cette entreprise emploie deux mille personnes.* **II.** v. pron. **1.** Être utilisé (pour un usage quelconque). *Cette substance s'emploie en pharmacie.* ▷ Être usité, en parlant d'un mot, d'une tournure. *Ce terme ne s'emploie plus.* **2.** *S'employer à* : s'occuper activement de, s'appliquer à. *S'employer à soulager les misères d'autrui.* – Du lat. *implicare,* «plier dans», d'où «mêler à, engager à».

employeur, euse [ɑ̃plwajœʀ, øz] n. Personne qui emploie un (des) salarié(s). – De *employer.*

emplumé, ée [ɑ̃plyme] adj. Garni de plumes. – De *en-,* et *plume.*

empocher v. tr. [1] Toucher (de l'argent). *Empocher une grosse somme.* Ant. débourser. – De *en-,* et *poche.*

empoignade [ɑ̃pwaɲad] n. f. Fam. Discussion violente. – De *empoigner.*

empoigne [ɑ̃pwaɲ] n. f. **1.** Vx Action d'empoigner. **2.** Mod., fam. *Foire d'empoigne* : conflit tumultueux entre des personnes se disputant des biens ou des avantages. – Déverbal de *empoigner.*

empoigner [ɑ̃pwaɲe] v. tr. [1] **1.** Saisir avec les mains en serrant fortement. *Empoigner qqn au collet.* **2.** Fig. Émouvoir vivement. *Ce drame m'a empoigné.* **3.** v. pron. (récipr.) Se colleter. ▷ Fig. S'injurier, se quereller. – De *en-,* et *poing.*

empois [ɑ̃pwa] n. m. Colle légère d'amidon utilisée pour empeser le linge. – Du lat. *impensa,* «dépensé», d'où «matériaux, ingrédients».

empoisonnant, ante [ɑ̃pwazɔnɑ̃, ɑ̃t] adj. Fam. Embêtant, très ennuyeux. – Ppr. de *empoisonner.*

empoisonnement [ɑ̃pwazɔnmɑ̃] n. m. **1.** Fait d'être empoisonné, intoxication. *Un empoisonnement dû à des denrées avariées.* **2.** Action d'empoisonner volontairement (qqn). *L'empoisonnement est un crime.* **3.** Fam. Ennui, contrariété. *Il n'a que des empoisonnements.* – De *empoisonner.*

empoisonner [ɑ̃pwazɔne] v. tr. [1] **1.** Faire absorber du poison à (qqn) dans le dessein de le tuer. *On dit qu'il a empoisonné sa femme.* **2.** Intoxiquer. *Être empoisonné par des champignons.* ▷ Fig. Pp. *Des louanges empoisonnées,* perfides. **3.** Infecter de poison. *Empoisonner une rivière.* – Par ext. Infecter (d'une odeur incommodante). *Puanteur qui empoisonne l'air.* **4.** Fig. Troubler, gâter. *Ce souvenir empoisonnait son existence.* **5.** Vx Corrompre moralement. *Des influences qui empoisonnent la jeunesse.* **6.** Fam. Importuner, ennuyer. *Cet individu m'empoisonne.* – De *en-,* et *poison.*

empoisonneur, euse [ɑ̃pwazɔnœʀ, øz] n. **1.** Personne coupable d'empoisonnement. **2.** Fig. Personne qui corrompt moralement. **3.** Fam. Importun. – De *empoisonner.*

empoisser [ɑ̃pwase] v. tr. [1] Enduire de poix. – De *en-,* et *poix.*

empoissonner [ɑ̃pwasɔne] v. tr. [1] Peupler de poissons. *Empoissonner un cours d'eau.* – De *en-,* et *poisson.*

emporium [ɑ̃pɔʀjɔm] n. m. ANTIQ ROM Comptoir commercial créé à l'étranger. – Mot lat., du gr.

emportement [ɑ̃pɔʀtəmɑ̃] n. m. Mouvement violent inspiré par une passion. – *Spécial.* Accès de colère. *Parler avec emportement.* – De *emporter.*

emporte-pièce [ɑ̃pɔʀtəpjɛs] n. m. inv. **1.** TECH Instrument à tranchant servant à découper des pièces d'une forme déterminée dans le carton, le papier, le cuir, etc. **2.** Loc. fig. *Parler à l'emporte-pièce,* avec une franchise brutale. *Un mot à l'emporte-pièce,* mordant, acerbe. – De *emporter,* et *pièce.*

emporter [ɑ̃pɔʀte] v. tr. [1] **1.** Prendre avec soi et porter ailleurs. *Emportez vos livres.* – Fig. *Emporter un agréable souvenir.* ▷ Loc. *Il ne l'emportera pas en paradis* : je me vengerai tôt ou tard. **2.** Pousser, entraîner. *Un nageur emporté par le courant.* – Fig. *L'ardeur qui nous emporte.* **3.** Enlever avec violence, arracher. *Un obus lui a emporté la jambe.* – Par ext. *La maladie l'a emporté très vite,* l'a fait mourir en peu de temps. **4.** Obtenir par un effort. *Emporter une position, une affaire.* – Loc. fam. *Emporter le morceau* : gagner, réussir. **5.** *L'emporter sur* : avoir la supériorité, prévaloir sur. *L'amour l'emporte souvent sur la raison.* **6.** v. pron. S'abandonner à la colère. *S'emporter contre qqn.* – De *en-,* et *porter.*

empoté, ée [ɑ̃pɔte] adj. (et n.) Fam. Peu dégourdi. – De *en-,* et a. fr. ou dial. *pot,* «engourdi, gros».

empoter [ɑ̃pɔte] v. tr. [1] **1.** Planter (un végétal) dans un pot. **2.** TECH Charger (un liquide, notam. un hydrocarbure) dans un véhicule de transport. Ant. dépoter. – De *en-,* et *pot.*

empourprer [ɑ̃puʀpʀe] v. tr. [1] Colorer de pourpre, de rouge. *Le soleil couchant empourpre l'horizon.* ▷ v. pron. *Son visage s'empourpra.* – De *en-,* et *pourpre.*

empoussiérer [ɑ̃pusjeʀe] v. tr. [16] Couvrir de poussière. – De *en-,* et *poussière.*

empreindre [ɑ̃pʀɛ̃dʀ] v. tr. [73] (Rare à l'actif.) **1.** Imprimer en creux ou en relief par pression sur une surface. – Pp. *Un sceau empreint sur de la cire.* **2.** Fig. Marquer de certains traits de caractère. *Son visage est empreint de douceur. Un ton empreint d'autorité.* – Lat. pop. **impremere,* class. *imprimere.*

empreinte [ɑ̃pʀɛ̃t] n. f. **1.** Marque de ce qui est empreint. *Empreinte de pas.* ▷ (Plur.) *Empreintes digitales* : traces laissées sur une surface par les sillons de la peau des doigts. ▷ PALEONT Figures de plantes, d'animaux empreintes sur certaines pierres. **2.** Fig. Marque, trace caractéristique. *L'empreinte de l'éducation.* – Pp. fém. subst. de *empreindre.*

empressé, ée [ɑ̃pʀese] adj. Zélé, ardent. *Un soupirant empressé.* – Pp. de *empresser.*

empressement [ɑ̃pʀesmɑ̃] n. m. **1.** Sollicitude, prévenance. *Accueillir qqn avec empressement.* **2.** Hâte, diligence. *Faire un travail avec empressement.* – De *empresser.*

empresser (s') [ɑ̃pʀese] v. pron. [1] **1.** *S'empresser de* : se hâter de. *S'empresser de partir.* **2.** Montrer du zèle, de la prévenance. *S'empresser auprès de ses invités.* – De *en-,* et *presser.*

emprésurer [ɑ̃pʀezyʀe] v. tr. [1] Additionner de présure. *Emprésurer le lait pour qu'il caille.* – De *en-,* et *présure.*

emprise [ɑ̃pʀiz] n. f. **1.** Domination morale, intellectuelle, influence. *L'emprise de la presse sur l'opinion.* **2.** DR Action d'exproprier qqn d'une portion de terrain pour y faire des travaux d'intérêt public; ce terrain. – Pp. subst. de l'anc. v. *emprendre,* «entreprendre», du lat. pop. **imprehendere,* class. *prehendere,* «prendre».

emprisonnement [ɑ̃pʀizɔnmɑ̃] n. m. **1.** Action de mettre en prison; état d'une personne emprisonnée. **2.** Peine de prison. – De *emprisonner.*

emprisonner [ɑ̃pʀizɔne] v. tr. [1] **1.** Mettre en prison. *Emprisonner un criminel.* **2.** *Par ext.* Tenir comme enfermé. *La tempête nous emprisonne dans l'île.* ▷ Fig. *Il est emprisonné dans son mensonge.* – De *en-,* et *prison.*

emprunt [ɑ̃pʀœ̃] n. m. **1.** Action d'emprunter (spécial. de l'argent); chose ou somme empruntée. ▷ FIN Somme d'argent prêtée à une personne morale ou physique par une autre personne pour lui permettre de procéder à une dépense sans avoir à en régler immédiatement le montant. **2.** Action de prendre à un auteur, à un artiste, un élément de son œuvre, pour l'inclure dans la sienne ; cet élément. ▷ LING Intégration dans une langue d'un mot étranger ; ce mot. **3.** TRAV PUBL Excavation faite pour se procurer des matériaux destinés à faire un remblai. **4.** Loc. adj. *D'emprunt* : que l'on ne possède pas en propre. *Un nom d'emprunt* : un faux nom. – Déverbal de *emprunter*.

emprunté, ée [ɑ̃pʀœ̃te] adj. **1.** Qui n'appartient pas en propre à qqn. *Un nom emprunté.* **2.** Qui manque de naturel, d'aisance. *Un air emprunté.* – Pp. de *emprunter*.

emprunter [ɑ̃pʀœ̃te] v. tr. [1] **1.** Se faire prêter. *Emprunter des livres, de l'argent.* **2.** Fig. Prendre, s'approprier. *Corneille a emprunté le sujet d'« Horace » à Tite-Live. Emprunter un mot au grec.* **3.** Imiter. *Emprunter la voix de qqn.* – Fig. *Emprunter les apparences de la vérité.* **4.** Prendre (un chemin). *Emprunter un nouvel itinéraire.* **5.** Utiliser (un moyen de locomotion). *Emprunter sa voiture pour se déplacer.* – D'une forme pop. du bas lat. *impromutuare*, lat. jur. *promutuum*, « avance d'argent », class. *mutuum*.

emprunteur, euse [ɑ̃pʀœ̃tœʀ, øz] n. Personne qui emprunte (partic. de l'argent). – De *emprunter*.

empuantir [ɑ̃pyɑ̃tiʀ] v. tr. [3] Infecter d'une mauvaise odeur. *Cet égout empuantit le quartier.* – De *en-*, et *puant*.

empuse [ɑ̃pyz] n. f. **1.** MYTH Spectre dont Hécate, divinité lunaire et infernale, suscitait la vision. **2.** ENTOM Mante verdâtre *(Empusa egena)* du sud de la France, qui peut atteindre 60 mm de long et dont la larve est nommée *diablotin*. **3.** BOT Moisissure parasite de divers insectes (notam. des mouches). – Lat. zool. *empusa*, du gr. *empousa*, « espèce de monstre femelle ».

empyème [ɑ̃pjɛm] n. m. MED Collection purulente située dans une cavité naturelle. ▷ *Spécial.* Pleurésie purulente. – Gr. *empuêma*, de *puon*, « pus ».

empyrée [ɑ̃piʀe] n. m. MYTH Sphère céleste la plus éloignée de la Terre, séjour des divinités supérieures. – *Par ext.*, litt. Séjour des bienheureux. ▷ Fig. Ciel, paradis. – Lat. ecclés. *empyrius*, gr. *empur(i)os*, « en feu ».

empyreumatique [ɑ̃piʀømatik] adj. Qui tient de l'empyreume. *Goût empyreumatique.* – De *empyreume*.

empyreume [ɑ̃piʀøm] n. m. CHIM ANC Odeur ou saveur désagréable se dégageant de certaines substances végétales ou animales soumises à la distillation ou à l'action du feu. – Gr. *empureuma*, de *pûr*, « feu ».

ému, ue [emy] adj. **1.** Qui est sous l'emprise d'une émotion. *Il fut ému à ce spectacle.* **2.** Qui s'accompagne d'émotion, qui marque l'émotion. *Un souvenir ému.* – Pp. de *émouvoir*.

émulation [emylasjɔ̃] n. f. Sentiment qui pousse à égaler ou à surpasser qqn en mérite, en travail, en savoir. *Une saine émulation régnait au sein de cette équipe.* – Lat. *aemulatio*.

émule [emyl] n. Litt. Personne qui cherche à en égaler ou à en surpasser une autre sur le plan de certaines qualités. *Être l'émule d'un grand maître.* – Lat. *æmulus*, « rival ».

émulseur [emylsœʀ] n. m. TECH Appareil servant à préparer les émulsions. – De *émulsion*.

émulsif, ive [emylsif, iv] adj. PHARM Qui peut fournir de l'huile. – De *émulsion*.

émulsifiant, ante [emylsifjɑ̃, ɑ̃t] adj. et n. m. **1.** adj. TECH Qui stabilise une émulsion. **2.** n. m. CHIM Produit tensio-actif qui stabilise une émulsion en enrobant d'un film les gouttelettes en suspension. – De *émulsion*.

émulsifier [emylsifje] v. tr. [2] Mettre en émulsion. – Pp. adj. *Lotion émulsifiée.* – De *émulsion*.

émulsion [emylsjɔ̃] n. f. Dispersion d'un liquide au sein d'un autre avec lequel il n'est pas miscible. *Une émulsion stable, instable. Une émulsion naturelle* (lait), *artificielle* (pommade). *L'émulsion de bitume dans de l'eau est utilisée pour les revêtements routiers.* ▷ Préparation, à base de gélatine et, généralement, d'un sel d'argent photosensible, utilisée en photographie. – Du lat. *emulsum*, supin de *emulgere*, « traire ».

émulsionner [emylsjɔne] v. tr. [1] **1.** PHARM Mêler une émulsion à (une boisson). **2.** Mettre en émulsion. – De *émulsion*.

en- ou **em-** (devant p, b, m). Élément, du lat. *in-* et *im-*, de *in*, « dans », servant à la formation de verbes composés, avec le radical substantif qu'il précède (ex. *enterrer, emprisonner, encadrer*).

1. en [ɑ̃] prép. **I.** Marquant : **1.** Le lieu. *Vivre en France. Aller en Allemagne.* **2.** Le temps. *En hiver, en plein jour.* ▷ La durée. *Il a fait ce travail en dix jours.* **3.** Le cheminement, la progression, la répétition, l'intervalle (*de... en...*). *De temps en temps. De kilomètre en kilomètre.* **4.** L'état, la manière d'être. *Un arbre en fleur. Un terrain en jachère. Un pays en guerre.* ▷ La matière. *Une montre en or.* ▷ La forme. *Un escalier en colimaçon.* **5.** Le domaine, la spécialité, le point de vue. *Docteur en médecine. Idée fondamentale en droit français.* **6.** Le changement d'état, la mutation, la transformation. *Transmuer en or les métaux vils.* ▷ Le mode de division. *Ils se séparèrent en plusieurs groupes.* **7.** La manière dont se fait l'action. *S'épuiser en vains efforts.* ▷ (Introduisant un nom attribut.) *Se conduire en potentat. Offrir un cadeau en prime.* **II.** Dans la construction *en* + part. prés. (gérondif), exprimant la cause, la simultanéité, la manière. *En tombant, il s'est démis le pied. Elle travaille en chantant. Partir en courant.* **III.** En loc. **1.** Loc. prép. *En cas de. En dépit de. En face de. En vue de. En qualité de. En comparaison de.* **2.** Loc. conj. *En sorte que. En tant que.* **3.** Loc. adv. *En arrière. En avant. En hâte. En vain.* – Lat. *in*.

2. en [ɑ̃] pron. adverbial. **I.** Marquant la provenance, l'origine, l'extraction. *J'en viens. Il s'en sortira.* **II. 1.** Représentant une chose ou un animal, une idée ou un énoncé. *Cette affaire est délicate, le succès en est douteux. Cette idée lui plaît, il en parle sans cesse. Soyez-en convaincu. N'en doutez pas.* **2.** (Avec des adj. numéraux ou des adv. de quantité.) *Vous parlez de mes fils, mais je n'en ai qu'un.* **III.** Dans certains gallicismes. *Ne pas s'en faire. Savoir où l'on en est. C'en est fait. Quoi qu'il en soit. En être pour ses frais.* – Lat. *inde*.

enamourer (s') [ɑ̃namuʀe] ou **énamourer (s')** [enamuʀe] v. pron. [1] Litt. Tomber amoureux. *Elle s'est enamourée de lui.* – Pp. adj. *Un air enamouré*, amoureux. – De *en-*, et *amour*.

énanthème [enɑ̃tɛm] n. m. MED Éruption siégeant sur les muqueuses. – De *exanthème*, par substitution du préf. gr. *en*, « dans ».

énantiomère [enɑ̃tjɔmɛʀ] n. m. CHIM Une des formes de deux molécules chirales*. – Du gr. *enantios*, « opposé », et *-mère*.

énantiomorphe [enɑ̃tjɔmɔʀf] adj. CHIM Qualifie deux composés dont les molécules sont identiques mais non superposables, les unes étant comme les images des autres dans un miroir. – Du gr. *enantios*, « opposé », et *-morphe*.

énantiose [enɑ̃tjoz] n. f. PHILO Chacune des dix oppositions fondamentales, chez les pythagoriciens (le bien et le mal, l'un et le multiple, etc.). – Gr. *enantiôsis*, « opposition ».

énarque [enaʀk] n. Élève, ancien élève de l'École nationale d'administration. – De *ÉNA*, acronyme de l'école, et *-arque*.

énarthrose [enartʀoz] n. f. ANAT Articulation dont les deux surfaces sont des segments de sphère, l'un convexe, l'autre concave. – Gr. *enarthrôsis*.

en-avant [ɑ̃navɑ̃] n. m. inv. SPORT Au rugby, faute commise par un joueur qui lance le ballon avec la main en direction du camp adverse ou qui le passe à un partenaire placé devant lui. – Substantivation de *en avant*.

en-but [ɑ̃byt] n. m. inv. SPORT Au rugby, surface où les joueurs peuvent marquer un essai, derrière la ligne de but. – De *en*, et *but*.

encabaner [ɑ̃kabane] v. tr. [1] TECH Placer (les vers à soie) sur des claies garnies de branches de mûrier et de bruyère pour favoriser la formation des cocons. – Provenç. *encabana*, de *cabano*, «cabane».

encablure [ɑ̃kablyʀ] n. f. MAR Ancienne mesure de longueur valant environ 180 m, utilisée pour estimer les petites distances. – De *en-*, et *câble*.

encadrement [ɑ̃kɑdʀəmɑ̃] n. m. **1.** Action d'entourer d'un cadre; son résultat. *Cet encadrement convient bien à ce portrait.* **2.** ARCHI Ornement en saillie qui entoure certains éléments (baie, panneaux). *Apparaître dans l'encadrement d'une porte.* **3.** MILIT *Tir d'encadrement*, de réglage. **4.** FIN *Encadrement du crédit* : sa limitation (par les pouvoirs publics). **5.** Ensemble des cadres (dans l'armée, dans une entreprise, une collectivité). – De *encadrer*.

encadrer [ɑ̃kɑdʀe] v. tr. [1] **1.** Placer dans un cadre. *Faire encadrer un pastel. Encadrer ses diplômes.* ▷ Iron., fig., fam. *À encadrer* : grotesque, ridicule. *C'est une déclaration à encadrer.* ▷ Pop., fig. *Ne pas pouvoir encadrer une personne*, ne pas pouvoir la supporter. Syn. encaisser. **2.** Entourer à la manière d'un cadre. *Ses tresses encadraient son visage.* ▷ MATH Placer entre deux valeurs limites. ▷ MILIT *Encadrer un objectif*, régler sur lui un tir d'artillerie. **3.** Mettre (une formation militaire) sous la responsabilité de cadres. *Encadrer les nouveaux appelés.* ▷ Par ext. *Une formation politique bien encadrée.* – De *en-*, et *cadre*.

encadreur, euse [ɑ̃kɑdʀœʀ, øz] n. Artisan spécialiste de l'encadrement des tableaux, gravures, etc. – De *encadrer*.

encagement [ɑ̃kaʒmɑ̃] n. m. **1.** Action d'encager. **2.** MILIT *Tir d'encagement*, qui isole l'objectif. – De *encager*.

encager [ɑ̃kaʒe] v. tr. [13] Mettre en cage (un animal). ▷ Fig., fam. Emprisonner. – De *en-*, et *cage*.

encaissable [ɑ̃kɛsabl] adj. Qui peut être encaissé. *Une somme immédiatement encaissable.* – De *encaisser*.

encaissage [ɑ̃kɛsaʒ] n. m. Rare Mise en caisse. *Encaissage d'une plante.* – De *encaisser*.

encaisse [ɑ̃kɛs] n. f. FIN Somme disponible qui se trouve dans la caisse d'un établissement financier ou commercial. *Encaisse métallique* : valeurs disponibles en métaux précieux. *Encaisse or de la Banque de France*, montant des espèces et des lingots en or qu'elle possède dans ses coffres en garantie des billets émis. – Déverbal de *encaisser*.

encaissé, ée [ɑ̃kese] adj. Resserré entre des bords élevés et escarpés. *Fleuve encaissé. Route encaissée.* – Pp. de *encaisser*.

encaissement [ɑ̃kɛsmɑ̃] n. m. **1.** Rare Mise en caisse, emballage. **2.** État de ce qui est encaissé. *L'encaissement d'une vallée.* ▷ TRAV PUBL Tranchée. **3.** FIN Action de recevoir de l'argent et de le mettre en caisse. – *Par ext.* Paiement effectif du montant d'un chèque, d'une traite. *Mettre un chèque à l'encaissement.* Syn. recouvrement. – De *encaisser*.

encaisser [ɑ̃kese] v. tr. [1] **1.** Rare Mettre dans une caisse. *Encaisser une plante.* **2.** Toucher (de l'argent) en paiement. *Encaisser le montant d'une facture.* **3.** Fig., fam. Recevoir (un, des coups). *Il a encaissé un direct du droit.* ▷ (S. comp.) *Boxeur qui encaisse bien.* ▷ *Par ext.* Supporter sans protester. *Il a mal encaissé cette humiliation.* ▷ *Ne pas pouvoir encaisser qqn*, ne pas pouvoir le supporter. **4.** Resserrer entre deux versants abrupts. ▷ v. pron. *La vallée s'encaisse entre deux parois rocheuses.* – De *en-*, et *caisse*.

encaisseur [ɑ̃kɛsœʀ] n. m. Celui qui encaisse de l'argent. ▷ Garçon de recette d'une banque qui effectue des recouvrements à domicile. – De *encaisser*.

encalminé, ée [ɑ̃kalmine] adj. MAR Se dit d'un voilier immobilisé par manque de vent. – De *en-*, et *calme*.

encan (à l') [alɑ̃kɑ̃] loc. adv. Aux enchères publiques. *Mettre, vendre des meubles à l'encan.* ▷ Fig., péjor. *Mettre à l'encan* : livrer de façon honteuse au plus offrant. *Mettre sa conscience à l'encan.* – Du lat. médiév. *inquantum*, du lat. *in quantum*, «pour combien».

encanaillement [ɑ̃kanajmɑ̃] n. m. Fait de s'encanailler. – De *encanailler*.

encanailler (s') [ɑ̃kanaje] v. pron. [1] Fréquenter ou imiter des gens vulgaires aux mœurs relâchées. *Bourgeois qui cherche à s'encanailler.* – De *en-*, et *canaille*.

encapuchonner [ɑ̃kapyʃɔne] **1.** v. tr. [1] Couvrir d'un capuchon. **2.** v. pron. Se couvrir la tête d'un capuchon. – De *en-*, et *capuchon*.

encaquer [ɑ̃kake] v. tr. [1] **1.** TECH Mettre dans une caque. *Encaquer des harengs.* **2.** Fam., Vx Entasser (des personnes) dans un local, une voiture, etc. ▷ v. pron. S'entasser. – De *en-*, et *caque*.

encart [ɑ̃kaʀ] n. m. Feuillet mobile ou cahier tiré à part que l'on insère dans un ouvrage imprimé. *Un encart publicitaire.* – Déverbal de *encarter*.

encartage [ɑ̃kaʀtaʒ] n. m. Action d'encarter; résultat de cette action. – De *encarter*.

encarter [ɑ̃kaʀte] v. tr. [1] **1.** Insérer (un encart) entre les feuillets d'un ouvrage imprimé. **2.** TECH Fixer sur un carton des articles pour la vente. *Encarter des agrafes, des boutons.* – Ital. *incartere*, de *carta*, «feuillet d'un livre»; de *en-*, et *carte*.

encarteuse [ɑ̃kaʀtøz] n. f. TECH Machine servant à fixer des objets sur des cartons. *Une encarteuse d'agrafes.* – De *encarter*.

en-cas ou **encas** [ɑ̃kɑ] n. m. inv. **1.** Vx Ce qui est tenu prêt à servir en cas de besoin. **2.** Repas sommaire tenu prêt en cas de besoin. – Substantivation de *en cas (de besoin, d'imprévu)*.

encaserner [ɑ̃kazɛʀne] v. tr. [1] Mettre dans une caserne. – Fig. Soumettre à une discipline très stricte. – De *en-*, et *caserne*.

encasteler (s') [ɑ̃kastəle] v. pron. [17] MED VET Être atteint d'encastelure, en parlant d'un cheval. – De l'ital. *incastellare*, «fortifier», du lat. *castellum*, «château».

encastelure [ɑ̃kastəlyʀ] n. f. MED VET Rétrécissement pathologique de l'arrière des sabots, accompagné d'un resserrement de la fourchette, chez le cheval. – De *encasteler*.

encastrable [ɑ̃kastʀabl] adj. (et n. m.) Qui peut être encastré. *Un lave-vaisselle encastrable.* ▷ n. m. Meuble, appareil qui peut être encastré. – De *encastrer*.

encastrement [ɑ̃kastʀəmɑ̃] n. m. Action d'encastrer; son résultat. ▷ TECH Cavité, creux destiné à recevoir une pièce encastrée. – De *encastrer*.

encastrer [ɑ̃kastʀe] v. tr. [1] Insérer, ajuster dans un espace spécialement ménagé, creusé. *Encastrer un coffre-fort.* ▷ v. pron. *Un lit qui se replie et s'encastre dans un placard.* – Ital. *incastrare*.

encaustique [ɑ̃kɔstik] n. f. **1.** ANTIQ Peinture composée de couleurs délayées dans de la cire fondue. **2.** Produit à base de cire et d'essence, utilisé pour entretenir et faire briller les parquets, les meubles. – Lat. *encaustica*, du gr. *enkaiein*, «faire brûler dans; peindre à la cire fondue».

encaustiquer [ɑ̃kɔstike] v. tr. [1] Étendre de l'encaustique sur. – De *encaustique*.

encavement [ɑ̃kavmɑ̃] n. m. Action d'encaver. – De *encaver*.

encaver [ɑ̃kave] v. tr. [1] Mettre en cave (des vins, des alcools). – De *en-*, et *cave*.

enceindre [ɑ̃sɛ̃dʀ] v. tr. [55] Rare Entourer d'une enceinte. *Enceindre une ville de murailles.* – Lat. *incingere*.

1. enceinte [ɑ̃sɛ̃t] n. f. **1.** Ce qui entoure, enclôt un espace et le protège. *Une enceinte de murailles. Mur d'enceinte d'une ville fortifiée.* **2.** Espace clos, dont l'accès est protégé. *L'enceinte d'un tribunal.* ▷ PHYS NUCL *Enceinte de confinement* : bâtiment fermé entourant un réacteur nucléaire pour empêcher la dispersion des matières radioactives en cas d'accident. **3.** *Enceinte acoustique* : ensemble composé d'une boîte rigide et de haut-parleurs disposés sur une ou plusieurs faces. *Les enceintes asservies améliorent la restitution des sons.* – Pp. fém. subst. de *enceindre*.

2. enceinte [ɑ̃sɛ̃t] adj. f. *Femme enceinte*, en état de grossesse. *Être enceinte de six mois.* – Du bas lat. *incincta*, de *incingere*, «ceinturer».

encens [ɑ̃sɑ̃] n. m. **1.** Substance résineuse qui dégage un parfum pénétrant quand on la fait brûler. *Encens indien, encens d'Arabie ou d'Afrique. L'encens est utilisé dans les cérémonies religieuses. Faire brûler des bâtons d'encens.* **2.** Fig. Louanges excessives, flatteries, marques d'admiration. – Lat. ecclés. *incensum*, propr. «ce qui est brûlé».

encensement [ɑ̃sɑ̃smɑ̃] n. m. Action d'encenser. – De *encenser*.

encenser [ɑ̃sɑ̃se] v. tr. [1] **1.** Honorer en balançant l'encensoir, en faisant brûler de l'encens. *Encenser l'autel. Encenser l'évêque.* **2.** EQUIT (S. comp.) *Cheval qui encense*, qui bouge sa tête de haut en bas. **3.** Fig. Flatter, rendre des hommages excessifs à. *Encenser qqn, les qualités de qqn.* – De *encens*.

encenseur, euse [ɑ̃sɑ̃sœʀ, øz] n. **1.** Rare Personne qui encense (sens 1). **2.** Vx Flatteur. – De *encenser*.

encensoir [ɑ̃sɑ̃swaʀ] n. m. Cassolette suspendue à de petites chaînes dans laquelle on brûle l'encens, et dont on se sert pour encenser. ▷ Fig., fam. *Donner des coups d'encensoir* : flatter de manière excessive. – De *encenser*.

encépagement [ɑ̃sepaʒmɑ̃] n. m. VITIC Ensemble des cépages formant un vignoble. – De *en-*, et *cépage*.

encéphalalgie [ɑ̃sefalalʒi] n. f. MED Migraine, céphalée. – De *encéphale*, et *-algie*.

encéphale [ɑ̃sefal] n. m. ANAT Masse nerveuse contenue dans la boîte crânienne, comprenant le cerveau, le cervelet et le tronc cérébral. – Gr. *egkephalos*, «(ce) qui est dans la tête».

encéphalique [ɑ̃sefalik] adj. ANAT De l'encéphale. – De *encéphale*.

encéphalite [ɑ̃sefalit] n. f. MED Inflammation plus ou moins étendue de l'encéphale, qui se manifeste par des symptômes multiples (troubles de la conscience, paralysies, crises convulsives, etc.), d'origine infectieuse, toxique, dégénérative, etc. *Encéphalite léthargique. Encéphalite traumatique.* – De *encéphale*, et *-ite* 1.

encéphalocèle [ɑ̃sefalɔsɛl] n. f. MED Ectopie, à la face externe du crâne, d'une partie du cerveau ou de ses annexes, généralement congénitale. – De *encéphale*, et *-cèle*.

encéphalogramme [ɑ̃sefalɔgʀam] n. m. MED Électro-encéphalogramme. – De *encéphale*, et *-gramme*.

encéphalographie [ɑ̃sefalɔgʀafi] n. f. MED Examen de l'encéphale par radiographie. – De *encéphale*, et *-graphie*.

encéphaloïde [ɑ̃sefalɔid] adj. MED *Tumeur encéphaloïde*, qui a l'aspect et la consistance de l'encéphale. – De *encéphale*, et *-oïde*.

encéphalomyélite [ɑ̃sefalomjelit] n. f. MED Inflammation généralisée du système nerveux central, le plus souvent d'origine virale. – De *encéphale*, et *myélite*.

encéphalopathie [ɑ̃sefalɔpati] n. f. MED Terme générique recouvrant les affections encéphaliques diffuses généralement d'origine toxique ou métabolique et qui se manifestent par la confusion mentale, le coma ou des crises comitiales. *Encéphalopathie infantile. Encéphalopathie alcoolique.* – De *encéphale*, et *-pathie*.

encerclement [ɑ̃sɛʀkləmɑ̃] n. m. Action d'encercler; fait d'être encerclé. – De *encercler*.

encercler [ɑ̃sɛʀkle] v. tr. [1] **1.** Entourer d'une ligne en forme de cercle. *Au tableau, le professeur avait encerclé, à la craie, chaque mot nouveau.* **2.** Entourer de toutes parts, cerner. *Un cordon de policiers encerclait la maison.*

enchaînement [ɑ̃ʃɛnmɑ̃] n. m. Suite, ensemble de choses qui s'enchaînent, qui dépendent les unes des autres. *Un enchaînement de circonstances.* ▷ MUS Succession de deux accords selon les règles de l'harmonie. ▷ CHOREGR Suite de pas formant une figure complète. – De *enchaîner*.

enchaîner [ɑ̃ʃene] v. [1] **I.** v. tr. **1.** Attacher avec une chaîne. *Enchaîner un animal dangereux.* **2.** Fig. Asservir, soumettre. *Enchaîner un peuple.* **3.** Fig., litt. Lier, retenir (par une obligation morale, par des sentiments, etc.). *Ses souvenirs l'enchaînent à cette maison. Être enchaîné par une promesse.* **II. 1.** v. tr. Lier, coordonner, mettre en mutuelle dépendance. *Enchaîner des preuves.* ▷ v. pron. *Propositions de géométrie qui s'enchaînent.* **2.** v. intr. THEAT Reprendre, après s'être arrêté, la suite des répliques. ▷ CINE Lier la dernière image d'une séquence à la première de la suivante. – Pp. adj. *Fondu* enchaîné.* ▷ Cour. Dans la conversation, passer d'un sujet à un autre sans interruption. *Il a parlé des conditions de travail puis il a enchaîné sur les salaires.* – De *en-*, et *chaîne*.

enchanté, ée [ɑ̃ʃɑ̃te] adj. **1.** Soumis à un enchantement. *Forêt enchantée.* **2.** Ravi, heureux. *Il est enchanté de son voyage.* ▷ *Enchanté de vous connaître* (formule de politesse). – Pp. de *enchanter*.

enchantement [ɑ̃ʃɑ̃tmɑ̃] n. m. **1.** Action d'enchanter par un procédé magique; effet ainsi produit. *Rompre, briser un enchantement.* ▷ Loc. *Comme par enchantement* : avec une rapidité, une facilité qui semblent tenir de la magie. ▷ Fig. *Les enchantements de l'amour.* **2.** *Par ext.* État d'une personne qui est enchantée, ravissement profond. *Elle est dans l'enchantement.* **3.** Chose qui ravit, procure un vif plaisir. *Cette fête était un enchantement.* – De *enchanter*.

enchanter [ɑ̃ʃɑ̃te] v. tr. [1] **1.** Ensorceler par des opérations magiques. **2.** Fig. Séduire comme par un charme magique. *Une voix qui enchantait tous ceux qui l'entendaient.* **3.** *Par ext.* Causer un vif plaisir à, ravir. *Cette nouvelle m'enchante.* – Lat. *incantere*.

enchanteur, teresse [ɑ̃ʃɑ̃tœʀ, tʀɛs] n. et adj. **1.** n. Personne qui enchante, magicien. *L'enchanteur Merlin.* ▷ Fig. Personne qui sait charmer, captiver. *Ce poète est un enchanteur.* **2.** adj. Qui enchante, ravit. *La beauté enchanteresse d'un paysage. Regard enchanteur.* – De *enchanter*.

enchâssement [ɑ̃ʃasmɑ̃] n. m. Action d'enchâsser; état de ce qui est enchâssé. – De *enchâsser*.

enchâsser [ɑ̃ʃɑse] v. tr. [1] **1.** Mettre dans une châsse. *Enchâsser des reliques.* **2.** Fixer sur un support, dans un logement ménagé à cet effet. *Enchâsser une pierre précieuse.* **3.** Fig. Insérer, intercaler. *Enchâsser une citation dans un discours.* – De *en-*, et *châsse.*

enchâssure [ɑ̃ʃɑsyʀ] n. f. Monture, objet dans lequel une chose est enchâssée. – De *enchâsser.*

enchausser [ɑ̃ʃose] v. tr. [1] HORTIC Couvrir (des légumes) de paille ou de fumier pour les faire blanchir ou les préserver de la gelée.

enchemisage [ɑ̃ʃmizaʒ] n. m. Action d'enchemiser. – Enveloppe d'un objet enchemisé. – De *enchemiser.*

enchemiser [ɑ̃ʃmize] v. tr. [1] Revêtir, envelopper d'une chemise protectrice. *Enchemiser un livre.* – De *en-*, et *chemise.*

enchère [ɑ̃ʃɛʀ] n. f. **1.** Offre d'un prix supérieur à la mise à prix ou aux offres déjà faites lors d'une adjudication. *Faire une enchère. Mettre aux enchères. Pousser les enchères. Vente aux enchères volontaire* (consentie par le vendeur), *judiciaire* (par décision de justice). *Folle enchère :* enchère faite témérairement et aux conditions de laquelle l'enchérisseur ne peut satisfaire. **2.** Dans certains jeux de cartes, annonce supérieure à la précédente. *Bridge aux enchères.* – Déverbal de *enchérir.*

enchérir [ɑ̃ʃeʀiʀ] v. intr. [3] **1.** Vx Devenir plus cher. *La viande enchérit.* **2.** *Enchérir sur qqn, sur un prix :* faire une offre supérieure à celle qui vient d'être faite par qqn, au prix proposé. **3.** Fig., litt. *Enchérir sur (qqch) :* surpasser, aller au-delà de (ce qui a déjà été fait, proposé). *Théorie qui enchérit sur les hypothèses les plus audacieuses.* – De *en-*, et *cher.*

enchérissement [ɑ̃ʃeʀismɑ̃] n. m. Vx, rare Hausse de prix. – De *enchérir.*

enchérisseur, euse [ɑ̃ʃeʀisœʀ, øz] n. Personne qui fait une enchère. – De *enchérir.*

enchevaucher [ɑ̃ʃ(ə)voʃe] v. tr. [1] CONSTR Joindre (des tuiles, des ardoises, etc.) par recouvrement. – De *en-*, et *chevaucher.*

enchevêtrement [ɑ̃ʃ(ə)vɛtʀəmɑ̃] n. m. **1.** Action d'enchevêtrer; état de ce qui est enchevêtré. **2.** Ensemble, amas de choses enchevêtrées. **3.** Fig. Confusion, complication. *L'enchevêtrement d'un raisonnement sans rigueur.* – De *enchevêtrer.*

enchevêtrer [ɑ̃ʃ(ə)vetʀe] **I.** v. tr. [1] **1.** Vx Mettre un licou à (un cheval). **2.** CONSTR Unir (des solives) par un chevêtre. **3.** Cour. Embrouiller, emmêler (une chose avec une autre, les différentes parties d'une chose). *Enchevêtrer des fils de plusieurs couleurs.* ▷ Fig. *Des affaires étroitement enchevêtrées.* **II.** v. pron. **1.** *Cheval qui s'enchevêtre,* qui se prend le paturon dans la longe de son licou. **2.** (Choses) S'emmêler, s'embrouiller. ▷ Fig. *Idées, phrases qui s'enchevêtrent.* **3.** (Personnes) S'embrouiller, s'empêtrer. – De *en-*, et *chevêtre.*

enchevêtrure [ɑ̃ʃ(ə)vetʀyʀ] n. f. **1.** CONSTR Assemblage de solives ménageant un vide à travers un plancher. **2.** MED VET Blessure au pli du paturon que se fait un cheval en s'enchevêtrant. – De *enchevêtrer.*

enchifrené, ée [ɑ̃ʃifʀəne] adj. Fam. Qui a les fosses nasales embarrassées par un rhume de cerveau. – De *en-*, et de l'a. fr. *chief,* «tête».

enclave [ɑ̃klav] n. f. **1.** Terrain entouré par une autre propriété, qui n'a aucune issue sur la voie publique, ou seulement une issue insuffisante pour permettre son exploitation. **2.** *Par ext.* Territoire enfermé dans un autre. *Le comtat Venaissin était une enclave des États pontificaux dans le territoire français.* **3.** GEOL Roche contenue à l'intérieur d'une autre roche et ayant une composition différente. – Déverbal de *enclaver.*

enclavement [ɑ̃klavmɑ̃] n. m. Action d'enclaver; état d'une terre, d'un territoire enclavé. – De *enclaver.*

enclaver [ɑ̃klave] v. tr. [1] **1.** Enclore, entourer (une terre) comme enclave. *Le propriétaire dont les fonds sont enclavés peut réclamer un passage sur les fonds de ses voisins.* **2.** Engager, insérer (une chose, un élément dans un autre, entre deux autres). – Lat. pop. **inclavere,* «fermer avec une clef».

enclenche [ɑ̃klɑ̃ʃ] n. f. TECH Évidement pratiqué dans une pièce mobile, servant à entraîner une autre pièce munie d'un ergot. – Déverbal de *enclencher.*

enclenchement [ɑ̃klɑ̃ʃmɑ̃] n. m. **1.** Action d'enclencher; état d'une pièce enclenchée. **2.** TECH Organe mobile rendant deux pièces solidaires. – De *enclencher.*

enclencher [ɑ̃klɑ̃ʃe] v. tr. [1] TECH Mettre en marche (un mécanisme) en rendant solidaires deux pièces par enclenchement. ▷ Fig. *L'affaire est enclenchée,* engagée, mise en train. – De *en-*, et *clenche.*

enclin, ine [ɑ̃klɛ̃, in] adj. *Enclin à :* qui a un penchant prononcé pour. *Être enclin à la paresse.* – Déverbal de l'anc. v. *encliner,* «saluer qqn en s'inclinant», du lat. *inclinare.*

encliquetage [ɑ̃kliktaʒ] n. m. TECH Mécanisme destiné à empêcher une pièce de tourner dans le sens inverse de la rotation normale. – De *encliqueter.*

encliqueter [ɑ̃klikte] v. tr. [20] TECH Faire fonctionner un encliquetage. – De *en-*, et *cliquet.*

enclitique [ɑ̃klitik] n. m. LING Mot atone qui a la propriété de prendre appui sur un mot précédent, porteur de ton, et qui s'unit avec lui dans la prononciation. (Ex. : *ce* dans *est-ce, je* dans *puis-je*). – Bas lat. d'orig. gr. *encliticus.*

enclore [ɑ̃klɔʀ] v. tr. [79] **1.** Entourer de murs, de fossés, de haies, etc. *Enclore un champ.* **2.** Former une clôture autour de. *Petites haies qui enclosent le jardin.* – Du lat. pop. **inclaudere,* class. *includere.*

enclos [ɑ̃klo] n. m. **1.** Terrain entouré d'une clôture. ▷ Petit domaine entouré de murs. **2.** *Par ext.* Ce qui clôt un terrain. – Pp. subst. de *enclore.*

enclosure [ɑ̃klozyʀ] n. f. HIST Pratique qui se répandit au XVIIIe s. en Angleterre, et qui consistait à clôturer les champs et pâturages jadis ouverts. (Cet usage entraîna la disparition des vieilles pratiques communautaires et appauvrit les paysans au profit des éleveurs de moutons.) – Mot angl., «clôture».

enclouage [ɑ̃kluaʒ] n. m. **1.** Action d'enclouer. **2.** CHIR Procédé consistant en l'emploi de clous ou de prothèses en forme de clous pour maintenir en bonne position les fragments d'un os fracturé. – De *enclouer.*

enclouer [ɑ̃klue] v. tr. [1] **1.** Blesser avec un clou (une bête, en la ferrant). **2.** TECH ANC Démilitariser (une arme) en plaçant une tige dans la lumière du canon. **3.** CHIR Maintenir par enclouage les fragments d'un os fracturé. – De *en-*, et *clou.*

enclouure [ɑ̃kluyʀ] n. f. MED VET Blessure d'une bête enclouée. – De *enclouer.*

enclume [ɑ̃klym] n. f. **1.** Masse métallique sur laquelle on forge les métaux. ▷ *Par anal.* Pièce de l'outillage (d'un cordonnier, d'un couvreur) qui reçoit le choc lorsqu'on travaille les matériaux au marteau. ▷ Loc. fig. *Remettre un ouvrage sur l'enclume,* y travailler de nouveau pour l'améliorer. *Se trouver entre l'enclume et le marteau :* se trouver pris entre deux personnes, deux partis dont les intérêts sont contraires. **2.** ANAT Un des osselets de l'oreille moyenne. *Le marteau et l'enclume.* – Du lat. pop. **includo,* altér. p.-ê. par attract. de *includere,* «enfermer»; bas lat. *incudo, incudinis,* class. *incus, incudis.*

encoche [ɑ̃kɔʃ] n. f. Petite entaille; logement pratiqué dans une pièce pour en recevoir une autre. – Déverbal de *encocher*.

encochement [ɑ̃kɔʃmɑ̃] ou **encochage** [ɑ̃kɔʃaʒ] n. m. Action d'encocher; résultat de cette action. – De *encocher*.

encocher [ɑ̃kɔʃe] v. tr. [1] **1.** Entailler, faire une encoche à. **2.** Par ext. *Encocher une flèche* : ajuster la coche de la flèche sur la corde de l'arc. – De *en-*, et *coche* 3.

encoignure [ɑ̃kwaɲyʀ; ɑ̃kɔɲyʀ] n. f. **1.** Angle rentrant formé par la jonction de deux pans de mur. **2.** Petit meuble destiné à être placé dans un coin, un angle. – De l'anc. v. *encoigner*, «mettre dans un coin»; de *en-*, et *coin*.

encollage [ɑ̃kɔlaʒ] n. m. **1.** Action d'encoller; résultat de cette action. **2.** *Par ext.* Apprêt ou enduit pour encoller. – De *encoller*.

encoller [ɑ̃kɔle] v. tr. [1] Enduire (des tissus, du papier, etc.) de colle, d'apprêt ou de gomme. *Encoller le dos d'un livre que l'on broche.*

encolleur, euse [ɑ̃kɔlœʀ, øz] n. **1.** Personne qui effectue des encollages. **2.** n. f. Machine servant à encoller. – De *encoller*.

encolure [ɑ̃kɔlyʀ] n. f. **1.** Cou du cheval et de certains animaux. *Par ext.* Longueur du cou du cheval. *Cheval qui a deux encolures d'avance sur les autres à l'arrivée.* **2.** Cou d'un homme. *Un gaillard à forte encolure.* **3.** Dimension du tour de cou, du col d'un vêtement (partic. d'une chemise). **4.** Partie du vêtement entourant le cou. *Une robe à l'encolure très dégagée.* – De *en-*, et *col*, *cou*.

encombrant, ante [ɑ̃kɔ̃bʀɑ̃, ɑ̃t] adj. Qui tient beaucoup de place. *Un meuble encombrant.* ▷ Fig. Gênant, importun. *Un personnage encombrant.* – Ppr. de *encombrer*.

encombre (sans) [sɑ̃zɑ̃kɔ̃bʀ] loc. adv. Sans incident, sans rencontrer d'obstacle. – De *encombrer*.

encombré, ée [ɑ̃kɔ̃bʀe] adj. Que des choses, des personnes encombrent. *Une rue encombrée.* ▷ Fig. *Carrière encombrée*, qui présente peu de débouchés du fait du nombre élevé de candidats. – Pp. de *encombrer*.

encombrement [ɑ̃kɔ̃bʀəmɑ̃] n. m. **1.** Action d'encombrer; état qui en résulte. **2.** Accumulation d'un grand nombre de choses qui encombrent. ▷ *Spécial.* Embouteillage. **3.** Dimensions d'un objet, volume qu'il occupe. *Un meuble d'un faible encombrement.* – De *encombrer*.

encombrer [ɑ̃kɔ̃bʀe] **I.** v. tr. [1] **1.** Embarrasser, obstruer. *Voitures en stationnement qui encombrent les trottoirs.* **2.** Fig. Gêner, embarrasser en occupant de manière excessive. *Les multiples obligations qui encombrent l'existence.* **II.** v. pron. S'embarrasser. *S'encombrer de bagages.* ▷ Fig. *Ne pas s'encombrer de scrupules.* – De *en-*, et a. fr. et dial. *combre*, bas lat. d'orig. gaul. *combrus*, «abattis d'arbres».

encontre (à l') [alɑ̃kɔ̃tʀ] loc. prép. *À l'encontre de* : dans le sens contraire de, à l'opposé de. *Aller à l'encontre de* : s'opposer à, être contraire à. *Théorie qui va à l'encontre des idées reçues.* – Du lat. pop. *incontra*.

encorbellement [ɑ̃kɔʀbɛlmɑ̃] n. m. ARCHI Cons-truction en saillie du plan vertical d'un mur, soutenue par des consoles, des corbeaux ou un segment de voûte. – De *en-*, et *corbeau* (terme d'archi.).

encorder (s') [ɑ̃kɔʀde] v. pron. [1] SPORT Se relier par une même corde par mesure de sécurité (alpinistes). – De *en-*, et *corde*.

encore ou (poét.) **encor** [ɑ̃kɔʀ] adv. **1.** adv. de temps. Jusqu'à cette heure, jusqu'à ce moment. *Il est encore ici. Il était encore étudiant l'an dernier.* ▷ (Avec une nég.) Pas jusqu'à maintenant, pas jusqu'au moment dont on parle. *Elle n'est pas encore rentrée. Il n'était pas encore marié. Tu ne le connais pas encore.* **2.** (Marquant la répétition.) De nouveau, une fois de plus. *C'est encore vous? Il a encore gagné.* **3.** (Marquant l'idée d'une plus grande quantité.) *Donne-lui encore à boire! J'en veux encore*, une fois de plus, davantage. *Qu'est-ce qu'il te faut encore?*, de plus, en outre. *Non seulement il pleut, mais encore il fait froid.* ▷ (Renforçant un comparatif, un verbe marquant un changement de quantité, d'état.) *Elle est encore plus intelligente que belle. On peut raccourcir encore les manches.* **4.** (Marquant le doute, la restriction.) *Il a demandé un prêt; encore faut-il qu'on le lui accorde! Cette viande est tout au plus mangeable, et encore!* ▷ Loc. conj. *Encore si...! Si encore...!* : si seulement... *Encore s'il voulait travailler... Si encore il était généreux, mais il n'en est même pas capable!* **5.** Loc. conj. Litt. *Encore que* (+ subj.) : bien que, quoique. *Encore qu'il soit jeune, il ne laisse pas d'être sage.* – *Encore que* (+ cond.) : marquant une éventualité. *Encore qu'il guérirait difficilement.* – Du lat. pop. *hinc ad horam* ou *hanc ad horam*, «d'ici jusqu'à l'heure».

encorné, ée [ɑ̃kɔʀne] adj. **1.** Qui a des cornes. *Taureau bien encorné*, qui porte de belles cornes. **2.** VETER *Atteinte encornée* : blessure du cheval au boulet, sous la corne. – Pp. de *encorner*.

encorner [ɑ̃kɔʀne] v. tr. [1] Frapper, percer à coups de corne. *Le taureau a encorné le matador.* – De *en-*, et *corne*.

encornet [ɑ̃kɔʀnɛ] n. m. Petit calmar comestible (*Loligo vulgaris*) abondant le long des côtes. – De *en-*, et *cornet*.

encornure [ɑ̃kɔʀnyʀ] n. f. Façon dont les cornes (d'un animal) sont implantées. – De *encorner*.

encourageant, ante [ɑ̃kuʀaʒɑ̃, ɑ̃t] adj. Qui encourage. *Paroles encourageantes.* ▷ Qui donne de l'espoir. *Les premiers résultats sont encourageants.* – Ppr. de *encourager*.

encouragement [ɑ̃kuʀaʒmɑ̃] n. m. **1.** Action d'encourager. ▷ *Société d'encouragement* : société fondée pour encourager une activité dans un domaine quelconque. **2.** Propos, acte par lequel on encourage (qqn, qqch). *Recevoir des encouragements de toute part.* – De *encourager*.

encourager [ɑ̃kuʀaʒe] v. tr. [13] **1.** Donner, inspirer du courage, de la volonté à (qqn). *Ce premier succès l'a encouragé. Encourager un enfant d'un sourire.* ▷ Inciter. *Encourager un débutant à persévérer.* **2.** Soutenir, favoriser l'essor, le développement de (qqch). *Encourager les arts.* – De *en-*, et *courage*.

encourir [ɑ̃kuʀiʀ] v. tr. [26] Litt. S'exposer à, tomber sous le coup de (une sanction, un désagrément). *Encourir les rigueurs de la loi.* – Du lat. *incurrere*, «courir contre».

en-cours ou **encours** [ɑ̃kuʀ] n. m. inv. FIN Montant de l'ensemble des titres représentant des engagements financiers en cours (dans une banque). *En-cours de crédit.* – De *en* 1, et *cours* 1.

encrage [ɑ̃kʀaʒ] n. m. Action d'enduire d'encre; son résultat. – De *encrer*.

encrassement [ɑ̃kʀasmɑ̃] n. m. Fait de s'encrasser; son résultat. – De *encrasser*.

encrasser [ɑ̃kʀase] v. tr. [1] **1.** Recouvrir de crasse. **2.** Obstruer, recouvrir d'un dépôt nuisible au bon fonctionnement. ▷ v. pron. *Bougies d'allumage qui s'encrassent.* – Fig. *Il s'encrasse dans la médiocrité.* – De *en-*, et *crasse*.

encratisme [ɑ̃kʀatism] n. m. Doctrine des encratites, disciples de Tatien, apologiste syrien (v. 170 ap. J.-C.), qui tenaient la matière pour abominable et s'abstenaient de tout plaisir charnel. – Du gr. *egkratês*, «continent».

encre [ɑ̃kʀ] n. f. **1.** Substance liquide, noire ou colorée, servant à écrire, à dessiner, à imprimer. *Une bouteille d'encre. Une tache d'encre. Encre d'imprimerie.* ▷ Loc. *Noir comme de l'encre.* – *C'est la bouteille à l'encre* : c'est une affaire, une situation obscure, embrouillée, confuse. ▷ Fig. Manière dont on écrit, style. *Trois lettres de sa plus belle encre.* **2.** Liquide chargé de pigments noirs émis par les céphalopodes dibranchiaux lorsqu'ils sont menacés par un prédateur. – Bas lat. *encau(s)tum*, gr. *egkauston*. V. encaustique.

encrer [ɑ̃kʀe] v. tr. [1] IMPRIM Charger, enduire d'encre (un rouleau de presse, une pierre lithographique, etc.). – De *encre*.

encreur, euse [ɑ̃kʀœʀ, øz] adj. Qui sert à encrer. *Rouleau encreur.* – De *encrer*.

encrier [ɑ̃kʀije] n. m. **1.** Petit récipient pour mettre l'encre. *Il trempa sa plume dans son encrier.* **2.** IMPRIM Réservoir qui alimente en encre les rouleaux encreurs d'une presse. – De *encre*.

encrine [ɑ̃kʀin] n. m. ZOOL Lis de mer (genre *Encrinus*) qui fut très abondant au trias et que l'on rencontre princ. à l'état de fossile. – Lat. zool. *encrinus*, gr. *krinon*, «lis».

encroué, ée [ɑ̃kʀue] adj. SYLVIC Se dit d'un arbre qui, en tombant, a enchevêtré ses branches à celles d'un autre. – De l'anc. v. *encrouer*, «accrocher».

encroûtement [ɑ̃kʀutmɑ̃] n. m. **1.** Action d'encroûter, fait de s'encroûter. **2.** Fig. (Personnes) Fait de s'encroûter. *Se résigner à l'encroûtement d'une vie trop rangée.* – De *encroûter*.

encroûter [ɑ̃kʀute] v. [1] **I.** v. tr. Recouvrir d'une croûte. *Gratter la terre qui encroûte des chaussures.* ▷ TECH Enduire (un mur) de mortier. **II.** v. pron. **1.** Se couvrir d'une croûte. **2.** Fig. S'abêtir, se cantonner dans des habitudes, des opinions figées. *S'encroûter dans un travail routinier.* – De *en-*, et *croûte*.

enculage [ɑ̃kylaʒ] n. m. Grossier Action d'enculer. – Loc. fam. *Enculage de mouches* : attachement excessif à des vétilles, à des points de détail. – De *enculer*.

enculé [ɑ̃kyle] n. m. Grossier Injure de mépris (s'adressant à un homme). – Pp. subst. de *enculer*.

enculer [ɑ̃kyle] v. tr. [1] Grossier Pratiquer le coït anal, la sodomisation. – De *en-*, et *cul*.

enculeur [ɑkylœʀ] n. m. Grossier Celui qui encule. – Loc. fam. *Enculeur de mouches*, qui a tendance à s'attarder sur des vétilles. – De *enculer*.

encuvage [ɑ̃kyvaʒ] ou **encuvement** [ɑ̃kyvmɑ̃] n. m. Action d'encuver. – De *encuver*.

encuver [ɑ̃kyve] v. tr. [1] Mettre dans une cuve. – De *en-*, et *cuve*.

encyclique [ɑ̃siklik] n. f. Lettre adressée par un pape aux évêques, au clergé et aux fidèles de tous les pays ou d'un pays déterminé, à propos d'un problème de doctrine ou d'actualité. *Pie XI condamna le nazisme dans l'encyclique «Mit brennender Sorge» (1937).* – Lat. ecclés. *(litteræ) encyclicæ*, du gr. *egkuklios*, «circulaire, qui embrasse tout».

encyclopédie [ɑ̃siklɔpedi] n. f. **1.** Vx Ensemble de toutes les connaissances humaines. **2.** Ouvrage où l'on traite de toute la connaissance humaine. *Encyclopédie alphabétique, thématique*, dont les articles sont rangés par ordre alphabétique, par thème. ▷ Spécial. *Encyclopédie* ou *Dictionnaire raisonné des sciences, des arts et des métiers*, ou cour. l'*Encyclopédie*, vaste ouvrage composé au XVIIIe s., essai de synthèse des connaissances de l'époque. *Diderot, aidé par d'Alembert, dirigea l'«Encyclopédie», qui fut rédigée, notamment, par Voltaire, Montesquieu, Rousseau, Turgot, Condillac.* **3.** *Par ext.* Ouvrage traitant d'une science, d'une technique ou d'un art de manière exhaustive. *Encyclopédie de la musique.* **4.** Fig. *Encyclopédie vivante* : personne qui possède des connaissances étendues et variées. – Du gr. *egkuklios paideia*, «instruction embrassant tout le cycle du savoir».

encyclopédique [ɑ̃siklɔpedik] adj. **1.** Relatif à l'encyclopédie, à l'ensemble des connaissances. *Dictionnaire encyclopédique.* ▷ (Par oppos. à *lexicographique*.) Relatif aux objets, aux notions, considérés en tant que tels. *Développement encyclopédique complétant une description lexicographique, dans un dictionnaire encyclopédique.* V. dictionnaire. **2.** Fig. *Avoir un esprit, un savoir, un cerveau encyclopédique* : posséder des connaissances en tout genre. – De *encyclopédie*.

encyclopédiste [ɑ̃siklɔpedist] n. **1.** n. m. HIST Collaborateur de l'*Encyclopédie* de Diderot et d'Alembert. *Madame de Pompadour et d'Argenson protégèrent les encyclopédistes.* **2.** Mod. n. Rédacteur, rédactrice d'articles d'encyclopédie. – De *encyclopédie*.

endémie [ɑ̃demi] n. f. Persistance dans une région d'une maladie qui frappe une partie importante de la population. – Du gr. *endêm(i)on nosêma*, propr. «maladie indigène», d'apr. *épidémie*.

endémique [ɑ̃demik] adj. **1.** Qui a le caractère de l'endémie. *La peste fut longtemps endémique en Europe.* ▷ Cour. *Chômage endémique.* **2.** BIOL Se dit d'une espèce (animale ou végétale) dont l'aire de répartition est peu étendue et bien limitée. – De *endémie*.

endémisme [ɑ̃demism] n. m. Caractère d'une maladie endémique. – BIOL Fait, pour une espèce vivante, d'avoir une répartition limitée à une région bien déterminée. – De *endémie*.

endenté, ée [ɑ̃dɑ̃te] adj. **1.** HERALD Se dit d'une pièce composée de triangles alternés de divers émaux. **2.** Rare Pourvu de dents. *Bouche bien endentée.* – Pp. de *endenter*.

endenter [ɑ̃dɑ̃te] v. tr. [1] TECH **1.** Garnir (une roue) de dents. **2.** Unir (deux pièces) au moyen de dents. – De *en-*, et *dent*.

endettement [ɑ̃dɛtmɑ̃] n. m. Fait de s'endetter, d'être endetté. – De *endetter*.

endetter [ɑ̃dete] **1.** v. tr. [1] Engager dans des dettes. *Cet achat m'endettera pour plusieurs années.* **2.** v. pron. Faire des dettes. *S'endetter auprès de ses amis.* – De *en-*, et *dette*.

endeuiller [ɑ̃dœje] v. tr. [1] **1.** Plonger dans le deuil, dans la tristesse. *Sa mort a endeuillé toute la ville.* **2.** Fig. Donner un aspect de tristesse à. *Un paysage qu'endeuillent les cheminées d'usines.* – De *en-*, et *deuil*.

endêver [ɑ̃dɛve] v. intr. [1] **1.** Vx, fam. Avoir un vif dépit. **2.** Vieilli *Faire endêver* : faire enrager. – De l'a. fr. *desver*, «être fou», même rad. que *rêver*.

endiablé, ée [ɑ̃djable] adj. **1.** Vx Que le diable possède. **2.** Vieilli Qui a le diable au corps. ▷ Mod. Extrêmement turbulent. *Un enfant endiablé.* **3.** Plein de fougue. *Une verve endiablée. Un film au rythme endiablé.* – De *en-*, et *diable*.

endiamanté, ée [ɑ̃djamɑ̃te] adj. Recouvert de diamants (ou de choses qui scintillent comme le diamant). – De *en-*, et *diamant*.

endiguement [ɑ̃digmɑ̃] n. m. Action d'endiguer; son résultat. – De *endiguer*.

endiguer [ɑ̃dige] v. tr. [1] **1.** Contenir par des digues. *Endiguer un cours d'eau.* **2.** Fig. Contenir, refréner. *Endiguer des passions.* – De *en-*, et *digue*.

endimancher (s') [ɑ̃dimɑ̃ʃe] v. pron. [1] Mettre ses plus beaux habits, ses habits du dimanche. *S'endimancher pour un mariage.* – Pp. adj. *Avoir l'air endimanché* : paraître mal à l'aise dans de beaux habits rarement portés. – De *en-*, et *dimanche*.

endive [ɑ̃div] n. f. Bourgeon hypertrophié de la witloof obtenu par forçage dans l'obscurité et consommé cru ou cuit. – Du gr. *entub(i)on.*

endo-. Élément, du gr. *endon,* « au-dedans ».

endocarde [ɑ̃dɔkaʀd] n. m. ANAT Tunique interne du cœur, qui tapisse les cavités et les valvules. – De *endo-,* et *-carde.*

endocardite [ɑ̃dɔkaʀdit] n. f. MED Inflammation de l'endocarde, en général d'origine infectieuse. – De *endocarde,* et *-ite* 1.

endocarpe [ɑ̃dɔkaʀp] n. m. BOT Partie la plus interne du fruit, au contact de la graine, qui, dans les drupes, constitue la coque du noyau. – De *endo-,* et *-carpe.*

endocrine [ɑ̃dɔkʀin] adj. f. ANAT *Glandes endocrines :* glandes à sécrétion interne, dont le produit est déversé dans le sang. *Les glandes endocrines sous le contrôle de l'hypothalamus et de l'hypophyse sont la thyroïde, les surrénales et les gonades (testicules ou ovaires).* Ant. exocrine. – De *endo-,* et gr. *krinein,* « sécréter ».

endocrinien, enne [ɑ̃dɔkʀinjɛ̃, ɛn] adj. Qui concerne les glandes endocrines. – De *endocrine.*

endocrinologie [ɑ̃dɔkʀinɔlɔʒi] n. f. Discipline médicale étudiant la pathologie, la régulation et le mode d'action des glandes endocrines. V. hormone. – De *endocrine,* et *-logie.*

endocrinologue [ɑ̃dɔkʀinɔlɔg] ou **endocrinologiste** [ɑ̃dɔkʀinɔlɔʒist] n. Médecin spécialiste des glandes endocrines. – De *endocrinologie.*

endoctrinement [ɑ̃dɔktʀinmɑ̃] n. m. Action d'endoctriner; son résultat. – De *endoctriner.*

endoctriner [ɑ̃dɔktʀine] v. tr. [1] Faire la leçon à (qqn) pour qu'il adhère à une doctrine, une idéologie. - Pp. *Le sectarisme d'un néophyte endoctriné.* – De *en-,* et *doctrine.*

endocytose [ɑ̃dositoz] n. f. BIOL Mode de pénétration à l'intérieur d'une cellule dont la membrane enveloppe la particule à ingérer. – De *endo-, cyto-,* et *-ose* 2.

endoderme [ɑ̃dodɛʀm] n. m. **1.** BOT Assise interne de l'écorce dans la racine et la tige. **2.** ZOOL Feuillet embryonnaire interne appelé à constituer la paroi du tube digestif, les glandes annexes (foie, par ex.) et, chez les mammifères, les poumons. Syn. endoblaste.

endogamie [ɑ̃dɔgami] n. f. SOCIOL Obligation qu'ont les membres de certaines tribus de contracter mariage à l'intérieur de leur tribu. Ant. exogamie. – Angl. *endogamy;* de *endo-,* et *-game.*

endogène [ɑ̃dɔʒɛn] adj. **1.** BOT Se dit d'un élément qui se forme à l'intérieur de l'organe qui l'engendre. **2.** MED Qui est produit dans l'organisme. *Intoxication endogène.* Ant. exogène. **3.** GEOL *Roches endogènes :* roches éruptives.

endolorir [ɑ̃dɔlɔʀiʀ] v. tr. [2] Rendre douloureux. - Pp. *Un membre endolori.* – De l'anc. v. *endoulourir* d'ap. le lat. *dolor.*

endolorissement [ɑ̃dɔlɔʀismɑ̃] n. m. État d'une partie du corps endolorie. – De *endolorir.*

endomètre [ɑ̃dɔmɛtʀ] n. m. ANAT Muqueuse utérine. – De *endo-,* et du gr. *mêtra,* « matrice ».

endométrite [ɑ̃dometʀit] n. f. MED Inflammation de l'endomètre. – De *endomètre,* et *-ite* 1.

endommagement [ɑ̃dɔmaʒmɑ̃] n. m. Action d'endommager; son résultat. – De *endommager.*

endommager [ɑ̃dɔmaʒe] v. tr. [13] Causer du dommage à (qqch). *La grêle a endommagé les récoltes.* – De *en-,* et *dommage.*

endomorphisme [ɑ̃dɔmɔʀfism] n. m. MATH Morphisme tel que l'ensemble d'arrivée et l'ensemble de départ soient confondus.

endoparasite [ɑ̃dɔpaʀazit] n. m. BIOL Parasite qui vit à l'intérieur du corps de son hôte. *Les douves, les trypanosomes sont des endoparasites.* Ant. ectoparasite.

endoproctes [ɑ̃dɔpʀɔkt] n. m. pl. ZOOL Classe de lophophoriens dont l'anus est situé en dedans de la couronne de tentacules. - Sing. *Un endoprocte.* – De *endo-,* et gr. *prôktos,* « anus ».

endoréique [ɑ̃dɔʀeik] adj. GEOMORPH Se dit d'un cours d'eau qui se déverse dans un plan d'eau ou une dépression intérieure, sans rapport avec la mer. *Le Jourdain est un fleuve endoréique.* ▷ Par ext. *Région endoréique,* dont les cours d'eau sont endoréiques (phénomène d'*endoréisme).* Ant. exoréique. – De *endo-,* et gr. *rhein,* « couler ».

endormeur, euse [ɑ̃dɔʀmœʀ, øz] n. (et adj.) Rare Personne qui entretient les gens dans une sécurité trompeuse. ▷ adj. *« Meuse endormeuse » (Charles Péguy).* – De *endormir.*

endormi, ie [ɑ̃dɔʀmi] adj. (et n.) **1.** Qui dort. **2.** Fig. Lent, nonchalant, peu vif; qui a une activité réduite. *Un enfant endormi et paresseux. Une petite ville endormie.* ▷ Subst. *Bande d'endormis!* – Pp. de *endormir.*

endormir [ɑ̃dɔʀmiʀ] **I.** v. tr. [30] **1.** Faire dormir. *Endormir un enfant en le berçant. L'anesthésiste endort le patient qui va être opéré.* **2.** Provoquer le sommeil en ennuyant, lasser. *Ce conférencier endort son auditoire.* **3.** Tromper (qqn) pour l'empêcher d'agir. *Il l'endort par de belles paroles.* **4.** Atténuer (une sensation), rendre moins vif (un sentiment, une impression). *Endormir la douleur. Endormir la vigilance de ses gardiens.* **5.** Engourdir, enlever toute activité à. *Le froid endort la végétation.* **II.** v. pron. **1.** Commencer à dormir. **2.** Fig. *S'endormir du sommeil de la tombe, s'endormir dans le Seigneur :* mourir. **3.** Perdre de son activité, de sa vigilance, de sa vivacité. *Le succès le pousse à s'endormir dans l'autosatisfaction.* – Lat. *indormire.*

endormissement [ɑ̃dɔʀmismɑ̃] n. m. Moment où l'on passe de l'état de veille au sommeil. – De *endormir.*

endorphine [ɑ̃dɔʀfin] n. f. BIOCHIM Peptide qui se forme naturellement dans le cerveau, constitué de nombreux acides aminés, présent notam. dans l'hypothalamus et qui a une action analgésique. *Les endorphines et les enképhalines peuvent être considérées comme des morphines endogènes.* – De *end(o)-,* et *(m)orphine.*

endos [ɑ̃do] n. m. FIN Endossement. – Déverbal de *endosser.*

endoscope [ɑ̃dɔskɔp] n. m. MED Instrument muni d'un système lumineux, destiné à explorer certains conduits, certaines cavités du corps (estomac, vessie, etc.). – De *endo-,* et *-scope.*

endoscopie [ɑ̃dɔskɔpi] n. f. MED Technique d'observation, de prélèvement et d'exérèse chirurgicale (polypes, calculs, petites tumeurs) pratiquée en introduisant un endoscope* ou un fibroscope* à l'intérieur du corps à partir d'un orifice naturel ou à travers la paroi abdominale. – De *endoscope.*

endosmomètre [ɑ̃dɔsmɔmɛtʀ] n. m. PHYS Appareil servant à mesurer la pression osmotique. – De *endosmo(se),* et *-mètre.*

endosmose [ɑ̃dɔsmoz] n. f. PHYS Passage, à travers une membrane semi-perméable séparant deux solutions, du solvant de la solution la moins concentrée vers la plus concentrée. – De *endo-,* et gr. *ôsmos,* « poussée ».

endossable [ɑ̃dosabl] adj. Que l'on peut endosser. *Chèque endossable.* – De *endosser.*

endossataire [ɑ̃dosatɛʀ] n. FIN Personne pour laquelle un effet est endossé. – De *endosser.*

endossement [ɑ̃dosmɑ̃] n. m. FIN Action de transférer la propriété d'un effet de commerce en l'endossant. – De *endosser.*

endosser [ɑ̃dose] v. tr. [1] **1.** Mettre sur son dos (un vêtement), revêtir (un habit). *Endosser son manteau avant de sortir.* **2.** Assumer, prendre sur soi, prendre la responsabilité de. *Endosser les conséquences d'une décision.* **3.** FIN Inscrire au dos d'un chèque, d'une traite, l'ordre de les payer. *Endosser une lettre de change.* **4.** Exécuter une endossure. – De *en-*, et *dos.*

endosseur [ɑ̃dosœʀ] n. m. FIN Personne qui endosse un effet. – De *endosser.*

endossure [ɑ̃dosyʀ] n. f. TECH Préparation du dos d'un livre pour le relier. – De *endosser.*

endothélial, ale, aux [ɑ̃dɔteljal, o] adj. HISTOL Qui appartient à l'endothélium. *Cellules endothéliales.* – De *endothélium.*

endothélium [ɑ̃dɔteljɔm] n. m. HISTOL Tissu qui tapisse la paroi interne de l'appareil circulatoire. – De *endo-*, et rad. de *épithélium.*

endothermique [ɑ̃dɔtɛʀmik] adj. CHIM Qualifie une réaction qui absorbe de la chaleur. Ant. exothermique.

endotoxine [ɑ̃dɔtɔksin] n. f. MICROB Toxine qui n'est libérée que lors de la destruction de la bactérie qui la sécrète.

endroit [ɑ̃dʀwɑ] n. m. **I. 1.** Lieu, place, partie déterminée d'un espace. *Voici l'endroit où il veut bâtir sa maison. Habiter un endroit isolé.* – Par euph., fam. *Le petit endroit :* les cabinets. **2.** Place, partie déterminée d'une chose. *À quel endroit du corps a-t-il été blessé ?* **3.** Fig. Aspect de la personnalité. *Prendre qqn par son endroit faible, son endroit sensible.* **4.** Partie déterminée d'un ouvrage de l'esprit. *À cet endroit de son discours, il s'arrêta. Applaudir à l'endroit qu'il faut.* **5.** Côté sous lequel se présente habituellement un objet (par opposition à *envers*). *Remettre son chandail à l'endroit. L'endroit d'une étoffe.* **II.** Loc. **1.** Loc. prép. *À l'endroit de :* à l'égard de, envers (qqn). *Il a mal agi à votre endroit.* **2.** Loc. adv. *Par endroits :* çà et là, de place en place, à certains endroits. *Ce film est vulgaire par endroits.* – De *en-*, et *droit.*

enduction [ɑ̃dyksjɔ̃] n. f. TECH Opération qui consiste à enduire un support textile d'un produit destiné à le protéger ou à améliorer ses caractéristiques. – Formation savante et hybride, de *enduire,* et de *induction.*

enduire [ɑ̃dɥiʀ] v. tr. [69] Couvrir d'un enduit. *Enduire un mur de plâtre.* ▷ v. pron. *Elle s'est enduite de crème pour bronzer.* – Lat. *inducere.*

enduit [ɑ̃dɥi] n. m. Matière molle dont on couvre la surface de certains objets. ▷ *Spécial.* Mélange utilisé pour la préparation, le lissage d'une surface avant l'application de la peinture. – Pp. subst. de *enduire.*

endurable [ɑ̃dyʀabl] adj. Qui peut être enduré. – De *endurer.*

endurance [ɑ̃dyʀɑ̃s] n. f. **1.** Capacité de résister à la fatigue, aux souffrances. **2.** TECH *Épreuve d'endurance :* essai de fonctionnement de longue durée auquel sont soumis certains matériels pour vérifier leurs qualités mécaniques et leur résistance. – De *endurer.*

endurant, ante [ɑ̃dyʀɑ̃, ɑ̃t] adj. Dur au mal, à la fatigue, aux souffrances. – Ppr. de *endurer.*

endurci, ie [ɑ̃dyʀsi] adj. **1.** Devenu insensible. *Un cœur endurci.* **2.** Qui s'est fortifié dans son état, ses habitudes. *Un célibataire endurci. Un pécheur endurci.* – Pp. de *endurcir.*

endurcir [ɑ̃dyʀsiʀ] **I.** v. tr. [3] **1.** Rendre plus fort, plus robuste ; accoutumer à la fatigue, à la souffrance, etc. *Le sport endurcit le corps.* **2.** Rendre insensible, impitoyable. *Les déceptions répétées lui ont endurci le cœur.* **II.** v. pron. **1.** Devenir plus fort, plus résistant. **2.** Devenir insensible, impitoyable. *S'endurcir dans le vice, le crime.*

endurcissement [ɑ̃dyʀsismɑ̃] n. m. État d'une personne devenue insensible. *L'endurcissement d'un criminel.* – De *endurcir.*

endurer [ɑ̃dyʀe] v. tr. [1] **1.** Souffrir, supporter (une épreuve pénible). *Les tourments qu'il endura pendant la guerre.* **2.** Fam. Tolérer, supporter. *Je ne peux pas endurer ça !* – Lat. médiév. *indurare,* ext. de sens du lat. class. « (se) durcir ».

enduro [ɑ̃dyʀo] n. m. SPORT Épreuve motocycliste d'endurance tout-terrain. – Mot angl. du rad. de *endurance,* de même orig. que le fr. *endurance.*

endymion [ɑ̃dimjɔ̃] n. m. Plante à bulbe, à petites fleurs bleues odorantes. *« Endymion nutans » est la jacinthe des bois.* – Du nom mythol. *Endymion,* personnage aimé de Diane (selon certains mythes) ou de Séléné (selon d'autres récits).

-ène. CHIM Suffixe désignant un hydrocarbure non saturé (ex. *benzène, toluène*).

énéolithique [eneɔlitik] n. m. et adj. Dernière période de la préhistoire. – adj. De cette période. Syn. chalcolithique. – Du lat. *æneus,* « en cuivre », et *lithique.*

énergétique [enɛʀʒetik] adj. et n. f. **I.** adj. **1.** Qui se rapporte à l'énergie. *Les besoins énergétiques d'une nation.* ▷ PHYSIOL *Aliments énergétiques,* qui apportent beaucoup d'énergie à l'organisme. **2.** TECH *Bilan énergétique d'une réaction :* comparaison des apports et des pertes d'énergie dans cette réaction. **II.** n. f. PHYS Étude des manifestations de l'énergie sous ses diverses formes. – Anglais *energetic,* gr. *energêtikos.*

énergie [enɛʀʒi] n. f. **1.** Force, puissance d'action. *Il manque d'énergie pour persévérer.* **2.** Force, puissance physique. *Ce sportif a déployé toute son énergie pour gagner.* **3.** Fermeté, résolution (que l'on fait apparaître dans ses actes). *L'énergie des mesures prises sauva le pays.* **4.** PHYS Grandeur qui représente la capacité d'un corps ou d'un système à produire un travail, à élever une température, etc. *L'énergie électrique, nucléaire. Économies d'énergie.* – Bas lat. *energia,* gr. *energeia,* « force en action ».

ENCYCL L'énergie se manifeste sous des formes très diverses : énergie calorifique, électromagnétique, électrique, nucléaire, mécanique, chimique, etc. L'équivalence des formes d'énergie implique que *l'énergie totale* (mise en jeu lors de la transformation d'une énergie en une autre) reste constante (premier principe de la thermodynamique). Il y a *irréversibilité* des échanges d'énergie ; ainsi, l'énergie mécanique peut se transformer entièrement en énergie calorifique. En revanche, la transformation inverse ne peut être totale, elle est toujours accompagnée de pertes de chaleur (second principe de la thermodynamique). Le *joule* (symbole J) est l'unité d'énergie du système SI.

énergique [enɛʀʒik] adj. **1.** (Personnes) Qui a de la force, de l'énergie, de la détermination. *Une femme énergique et courageuse.* **2.** (Choses) Strict, rigoureux. *Prendre des mesures énergiques contre l'inflation.* – De *énergie.*

énergiquement [enɛʀʒikmɑ̃] adv. D'une manière énergique. – De *énergique.*

énergisant, ante [enɛʀʒizɑ̃, ɑ̃t] adj. et n. m. **1.** adj. Qui donne de l'énergie. **2.** n. m. MED Substance destinée à stimuler le tonus psychique. – De *énergie.*

énergumène [enɛʀgymɛn] n. **1.** Vx Possédé du démon. *Exorciser un énergumène.* **2.** Mod. Personne exaltée qui s'agite, qui crie. – Lat. ecclés. *energumenus,* du gr. *energein,* « influencer ».

énervant, ante [enɛʀvɑ̃, ɑ̃t] adj. **1.** Vieilli Qui affaiblit. *Une température énervante.* **2.** Qui agace, qui porte sur les nerfs. – Ppr. de *énerver.*

énervation [enɛʀvasjɔ̃] n. f. **1.** MED Ablation ou section d'un nerf. **2.** HIST Supplice qui consistait à brûler les tendons (nommés *nerfs*) des jarrets et des genoux. **3.** Vieilli Abattement physique ou moral. – Bas lat. *enervatio,* « épuisement, fatigue ».

énervé, ée [enɛʀve] adj. (et n.) **1.** Agacé, irrité. *Un enfant énervé par la chaleur.* ▷ Subst. *Quels énervés!* **2.** Qui trahit l'énervement. *Un haussement d'épaules énervé.* **3.** HIST Qui a subi le supplice de l'énervation. *Les énervés de Jumièges* : les deux fils de Clovis II ayant subi ce supplice. – Pp. de *énerver.*

énervement [enɛʀvəmɑ̃] n. m. **1.** Vieilli Affaiblissement. **2.** État d'une personne énervée. *Elle s'est mise à sangloter d'énervement.* – De *énerver.*

énerver [enɛʀve] v. tr. [1] **1.** Vieilli Faire perdre sa force, sa vigueur à; affaiblir. *Les voluptés énervent l'âme.* **2.** Agacer, irriter. *Tout ce bruit l'énerve.* **3.** v. pron. Perdre son calme, le contrôle de ses nerfs. *Du calme, ne nous énervons pas!* – Lat. *enervare.*

enfaîteau [ɑ̃feto] n. m. CONSTR Tuile faîtière demi-cylindrique. – De *enfaîter.*

enfaîtement [ɑ̃fɛtmɑ̃] n. m. CONSTR Ce qui couvre le faîte d'un toit. – De *enfaîter.*

enfaîter [ɑ̃fete] v. tr. [1] CONSTR Couvrir le faîte (d'un toit). – De *en-,* et *faîte.*

enfance [ɑ̃fɑ̃s] n. f. **1.** Période de la vie de l'être humain qui va de la naissance jusqu'à l'âge de la puberté. *Dès sa plus tendre enfance. Une enfance très malheureuse.* **2.** *L'enfance* : les enfants. *La cruauté de l'enfance.* **3.** Fig. Début, commencement, premier temps. *L'enfance du monde.* – Loc. fam. *C'est l'enfance de l'art* : c'est très facile à faire. – Lat. *infantia.*

enfant [ɑ̃fɑ̃] n. (et adj.) **1.** Être humain, de la naissance jusqu'à l'âge de la puberté. *Un enfant sage, bruyant. Aménager une chambre d'enfant. Un spectacle pour enfants.* ▷ Fig. Adulte qui se comporte de façon puérile. *Ce sont de grands enfants. Elle fait l'enfant.* ▷ adj. *Vous êtes bien enfant de croire à ces balivernes. Rester très enfant.* **2.** *Enfant de chœur* : petit garçon qui sert la messe; fig. naïf. *Un malin qui veut se faire passer pour un enfant de chœur.* **3.** Fils ou fille, quel que soit son âge; personne, par rapport à ses parents. *Être l'aîné de six enfants. Attendre un enfant* : être enceinte. *Enfant naturel, enfant de l'amour,* né hors mariage. **4.** Descendant. *D'après la Bible, nous sommes tous enfants d'Adam et Ève.* ▷ HIST *Les enfants de France* : les princes, enfants légitimes des rois de France, et ceux qui en descendent. ▷ Personne originaire d'un pays, d'une région, d'un milieu. *Un enfant de la Bretagne. Lui aussi est un enfant de la bourgeoisie.* ▷ *Enfant prodigue,* qui, ayant quitté la maison paternelle, revient au foyer où il est bien accueilli, selon l'Évangile. ▷ *Enfant de Marie* : jeune fille appartenant à une congrégation catholique vouée à la Vierge; fig. (le plus souvent iron.) jeune fille vertueuse et naïve. ▷ *Enfant de troupe* : fils de militaire élevé aux frais de l'État, autref. dans une caserne, auj. dans une école militaire préparatoire. **5.** Terme de familiarité, d'affection. *Mon (cher) enfant,* en parlant à qqn de plus jeune que soi. *Il ne faut pas vous décourager, mon enfant.* **6.** Fig. Production, effet, résultat. *« Ressentiments jaloux, noirs enfants du dépit » (Corneille).* – Lat. *infans,* « qui ne parle pas ».

enfantement [ɑ̃fɑ̃tmɑ̃] n. m. **1.** Vieilli Accouchement. *Les douleurs de l'enfantement.* **2.** Fig. Création laborieuse (d'une œuvre). – De *enfanter.*

enfanter [ɑ̃fɑ̃te] v. tr. [1] **1.** Litt. Mettre un enfant au monde, accoucher. **2.** Fig. Produire, créer, faire naître. *Enfanter des projets, un ouvrage.* – De *enfant.*

enfantillage [ɑ̃fɑ̃tijaʒ] n. m. Comportement, discours puérils. – De l'anc. adj. *enfantil,* du bas lat. *infantilis,* « d'enfant ».

enfantin, ine [ɑ̃fɑ̃tɛ̃, in] adj. **1.** Qui a le caractère de l'enfance. *Les découvertes enfantines.* **2.** Qui est à la portée des enfants; très facile. *Ce problème est d'une simplicité enfantine.* **3.** Péjor. Qui relève de l'enfantillage. *Cessez ce babillage enfantin!* – De *enfant.*

enfariner [ɑ̃faʀine] v. tr. [1] **1.** Saupoudrer de farine. **2.** v. pron. Fam. Se couvrir le visage de poudre. *Une vieille coquette qui s'enfarine.* **3.** Pp. Loc. fam. *Venir la bouche, la gueule, le bec enfariné,* avec la sotte confiance du quémandeur naïf (allus. aux personnages de niais des comédies bouffonnes, qui avaient le visage couvert de farine). – De *en-,* et *farine.*

enfer [ɑ̃fɛʀ] n. m. **I.** Plur. **1.** (Avec une majuscule.) Lieu souterrain, séjour des âmes des morts, dans la mythologie gréco-latine. *La descente aux enfers. Le Styx et l'Achéron, fleuves des enfers.* **2.** (Bible) Séjour des morts. *Entre sa mort et sa résurrection le Christ est descendu aux enfers.* **II.** Sing. **1.** Dans le christianisme, lieu de supplice des damnés. *Le paradis, l'enfer et le purgatoire.* **2.** Fig. *Une vie d'enfer,* pleine de tourments. ▷ *Un feu, un bruit d'enfer,* extrêmement violents. **3.** Fig. Souffrance permanente. *Sa vie est devenue un enfer.* **4.** Partie d'une bibliothèque qui contient des ouvrages interdits au public. *Faire des recherches à l'enfer de la Bibliothèque nationale.* – Du lat. ecclés. *infernum,* « lieu d'en bas ».

enfermement [ɑ̃fɛʀməmɑ̃] n. m. Fait d'enfermer ou d'être enfermé. – De *enfermer.*

enfermer [ɑ̃fɛʀme] v. tr. [1] **1.** Mettre dans un lieu clos, d'où l'on ne peut sortir. *Enfermer un enfant dans sa chambre.* ▷ v. pron. *S'enfermer pour travailler.* – Fig. *S'enfermer dans son chagrin.* **2.** Mettre (qqch) dans un lieu fermé, dans un meuble clos. *Enfermer des habits dans une armoire.* **3.** Vieilli Contenir, comprendre. *Cet ouvrage enferme bien des erreurs.* Syn. mod. renfermer.

enferrer [ɑ̃fere] v. tr. [1] **1.** Rare Percer avec une épée, une pique. *Enferrer son ennemi.* **2.** v. pron. Se jeter sur l'arme de son adversaire. – Fig., cour. Se nuire à soi-même; tomber dans son propre piège. *Il s'est enferré dans ses mensonges.* – De *en-,* et *fer.*

enfeu [ɑ̃fø] n. m. ARCHEOL Niche funéraire en arcade, à fond plat, ménagée dans les murs d'une église. – De *enfouir.*

enfieller [ɑ̃fjele] v. tr. [1] Litt. Rendre fielleux, amer. *L'envie enfielle l'âme.* – De *en-,* et *fiel.*

enfièvrement [ɑ̃fjevʀəmɑ̃] n. m. Action d'enfiévrer; état de ce qui est enfiévré. – De *enfiévrer.*

enfiévrer [ɑ̃fjevʀe] v. tr. [14] **1.** Donner la fièvre à. **2.** Fig. Exciter, susciter l'ardeur de. *Une agitation qui enfiévrait les esprits.* Syn. passionner, exalter. – De *en-,* et *fièvre.*

enfilade [ɑ̃filad] n. f. Série de choses se suivant sur une même ligne, en file. *Pièces disposées en enfilade.* – Fig. *Une enfilade de phrases.* ▷ MILIT *Tir d'enfilade,* dirigé dans le sens de la longueur de l'objectif. – De *enfiler.*

enfilage [ɑ̃filaʒ] ou **enfilement** [ɑ̃filmɑ̃] n. m. Action d'enfiler. *Enfilage de perles.* – De *enfiler.*

enfiler [ɑ̃file] v. tr. [1] **1.** Passer un fil à travers, par le trou de. *Enfiler une aiguille. Enfiler des perles pour faire un collier.* ▷ Fig., fam. *Enfiler des perles* : perdre son temps à des futilités. – Débiter, mettre à la suite. *Enfiler des phrases.* **2.** Fam. Passer, mettre (un vêtement). *Enfiler une robe.* **3.** S'engager dans. *Enfiler une rue.* ▷ v. pron. *S'enfiler dans un passage étroit.* **4.** Vx Percer de part en part. *Enfiler son adversaire au cours d'un combat.* **5.** Vulg. Posséder sexuellement. **6.** Vieilli, vulg. Duper. *Se laisser enfiler.* **7.** v. pron. Pop. Manger, avaler. *Il s'est enfilé tout le plat de légumes.* – Exécuter (une corvée). *J'ai dû m'enfiler toute la vaisselle.* Syn. s'envoyer, se taper. – De *en-,* et *fil.*

enfileur, euse [ɑ̃filœʀ, øz] n. Personne qui enfile. *Enfileur de perles.* ▷ Fig., *Enfileur de mots* : grand discoureur. – De *enfiler.*

enfin [ɑ̃fɛ̃] adv. **1.** À la fin, en dernier lieu, après avoir longtemps attendu. *«Enfin, Malherbe vint» (Boileau). Enfin, cette affaire est terminée.* **2.** (Marquant l'impatience, le désir d'être compris ou obéi.) *Vous tairez-vous enfin! Mais enfin, laissez-moi donc!* **3.** (Pour résumer, conclure ou couper court quand on ne peut exprimer une idée plus complètement.) *«C'est un homme qui... Ah!... un homme... un homme enfin» (Molière).* **4.** (Introduisant une précision, un correctif à une affirmation.) *Il a plu tous les jours, enfin, presque.* **5.** (Marquant l'acceptation résignée.) *Enfin, puisque vous y tenez tellement.* – Pour *en fin.*

enflammer [ɑ̃flame] v. tr. [1] **1.** Mettre le feu à. *Enflammer une bûche.* ▷ v. pron. Prendre feu. *Ce bois humide s'enflamme mal.* **2.** Fig. Échauffer. *L'alcool enflamme le sang.* **3.** Colorer vivement, faire briller. *Des joues enflammées par la fièvre.* **4.** Litt. Emplir d'ardeur, de passion. *Ce discours enflamma leur courage. Des lettres enflammées.* ▷ v. pron. *S'enflammer pour une cause.* Syn. s'animer, s'exciter, s'exalter. **5.** Irriter, provoquer l'inflammation de. – Lat. *inflammare.*

enflé, ée [ɑ̃fle] adj. et n. **I.** adj. **1.** Gonflé. *Des jambes enflées.* **2.** Fig. Vain, fier. *Enflé de son succès.* – *Style enflé,* ampoulé. **II.** n. Pop. Imbécile. *Espèce d'enflé!* – Pp. de *enfler.*

enfléchure [ɑ̃fleʃyʀ] n. f. MAR Cordage ou barreau de bois placé horizontalement entre les haubans et permettant de grimper dans la mâture. – De *en-,* et *flèche.*

enfler [ɑ̃fle] v. [1] **I.** v. tr. **1.** Vieilli Gonfler d'air. *Enfler les joues.* – Fig. *Son succès l'a enflé de vanité.* **2.** Augmenter le volume de. *Les pluies ont enflé la rivière.* Syn. grossir. – Fig. *Enfler la voix,* parler plus fort. **3.** Fig., fam. Exagérer, amplifier, grossir. *Enfler une dépense, un incident.* Syn. gonfler. **II.** v. intr. Augmenter de volume par suite d'un gonflement morbide. *Son œil meurtri commençait à enfler.* – Lat. *inflare.*

enfleurage [ɑ̃flœʀaʒ] n. m. TECH Action d'enfleurer. – De *enfleurer.*

enfleurer [ɑ̃flœʀe] v. tr. [1] TECH Imprégner d'essence odorante. – De *en-,* et *fleur*; «orner de fleurs».

enflure [ɑ̃flyʀ] n. f. **1.** Gonflement d'une partie du corps; œdème. **2.** Fig. Exagération, emphase. *Enflure du style.* **3.** Pop. Enfoiré. – De *enfler.*

enfoiré, ée [ɑ̃fwaʀe] adj. et n. **1.** adj. Vulg. Souillé d'excréments. **2.** n. (et adj.) Pop. Idiot, abruti. – Pp. de l'anc. v. *enfoirer,* «salir d'excréments»; de *en-,* et *foire* 2.

enfoncé, ée [ɑ̃fɔ̃se] adj. Logé au fond, reculé. *Des yeux enfoncés dans leurs orbites.* Ant. saillant. – Pp. de *enfoncer.*

enfoncement [ɑ̃fɔ̃smɑ̃] n. m. **1.** Action d'enfoncer; son résultat. *Enfoncement d'une ligne de bataille.* **2.** Partie enfoncée ou reculée. *Enfoncement de terrain.* – ARCHI Partie en retrait d'une façade. Syn. renfoncement. Ant. saillie. – De *enfoncer.*

enfoncer [ɑ̃fɔ̃se] v. [14] **I.** v. tr. **1.** Pousser vers le fond, faire pénétrer dans qqch. *Enfoncer un clou.* – Fig., fam. *Il a essayé de lui enfoncer quelques principes dans la tête.* ▷ *Enfoncer qqn,* l'accabler. *Loin de le défendre, ses complices l'ont enfoncé.* **2.** Rompre en poussant, en pesant sur. *Enfoncer une porte.* Syn. défoncer, forcer. ▷ Fig., fam. *Enfoncer une porte ouverte,* découvrir une vérité évidente, triompher facilement. **3.** *Par anal.* Faire plier, rompre les rangs d'une troupe en les forçant. *Enfoncer un bataillon ennemi.* – *Par ext.* Vaincre, surpasser. *Enfoncer l'adversaire par des arguments de poids.* **II.** v. intr. Aller vers le fond. *On enfonçait dans la boue jusqu'aux chevilles.* **III.** v. pron. **1.** Aller vers le fond, s'affaisser. *Le navire commençait à s'enfoncer dans l'eau. Plancher qui s'enfonce.* – Fig. *Plus elle mentait et plus elle s'enfonçait.* **2.** Pénétrer bien avant (dans qqch). *S'enfoncer dans la forêt.* **3.** Fig. S'adonner tout entier à. *S'enfoncer dans l'étude.* Syn. s'absorber, se plonger. – De *en-,* et *fond.*

enfonceur [ɑ̃fɔ̃sœʀ] n. m. Fam. *Enfonceur de portes ouvertes* : personne qui découvre des évidences. – De *enfoncer.*

enfonçure [ɑ̃fɔ̃syʀ] n. f. Creux, cavité. – De *enfoncer.*

enfouir [ɑ̃fwiʀ] v. tr. [3] **1.** Mettre ou cacher en terre. *Enfouir du fumier. Enfouir un trésor.* Syn. enterrer. ▷ v. pron. *Poisson qui s'enfouit dans la vase.* **2.** Cacher sous d'autres objets. *Enfouir des documents au fond d'une malle.* – Lat. pop. **infodire,* class. *infodere.*

enfouissement [ɑ̃fwismɑ̃] n. m. Action d'enfouir; son résultat. *La loi prescrit l'enfouissement des animaux morts de maladies contagieuses.* – De *enfouir.*

enfouisseur [ɑ̃fwisœʀ] n. m. AGRIC Appareil adapté à la charrue, servant à enfouir du fumier dans le sillon tracé. – De *enfouir.*

enfourchement [ɑ̃fuʀʃəmɑ̃] n. m. **1.** TECH Assemblage par tenon et mortaise, sans épaulement. **2.** ARCHI Première retombée des angles des voûtes d'arêtes. – De *en-,* et *fourche.*

enfourcher [ɑ̃fuʀʃe] v. tr. [1] **1.** Rare Percer d'une fourche. **2.** Monter à califourchon sur. *Enfourcher un cheval, une bicyclette.* – De *en-,* et *fourche.*

enfourchure [ɑ̃fuʀʃyʀ] n. f. **1.** Point où une branche forme une fourche. **2.** Partie interne des jambes au point où elles se joignent au tronc. **3.** EQUIT Partie du corps du cheval qui se trouve entre les cuisses du cavalier. – De *en-,* et *fourche.*

enfournage [ɑ̃fuʀnaʒ] , **enfournement** [ɑ̃fuʀnəmɑ̃] n. m. ou **enfournée** [ɑ̃fuʀne] n. f. Action d'enfourner. – De *enfourner.*

enfourner [ɑ̃fuʀne] v. tr. [1] **1.** Mettre dans un four. *Enfourner le pain.* **2.** Fig., fam. Mettre dans la bouche largement ouverte. *Il a enfourné le gâteau tout entier.* – *Par ext.* Introduire, mettre à la hâte (dans qqch). *Enfourner des vêtements dans une valise.* **3.** TECH Mettre dans un creuset (les matières à fondre). – De *en-,* et *four.*

enfourneur [ɑ̃fuʀnœʀ] n. m. Ouvrier chargé de l'enfournage. – De *enfourner.*

enfreindre [ɑ̃fʀɛ̃dʀ] v. tr. [55] Ne pas respecter (un règlement, une convention). *Enfreindre une loi, des ordres.* Syn. contrevenir (à), transgresser. – Du lat. pop. **infrangere,* du class. *infringere,* «briser».

enfuir (s') [ɑ̃fɥiʀ] v. pron. [32] Prendre la fuite. *S'enfuir de prison.* Syn. fuir, s'échapper, se sauver. ▷ Fig. *Les années qui se sont enfuies.*

enfumage [ɑ̃fymaʒ] n. m. Action d'enfumer les abeilles. – De *enfumer.*

enfumer [ɑ̃fyme] v. tr. [1] **1.** Remplir, envelopper de fumée. *Enfumer un terrier.* – *Enfumer des abeilles,* les engourdir avec de la fumée (pour visiter la ruche). **2.** Noircir de fumée. *Les lampes ont enfumé le plafond.* – De *en-,* et *fumée.*

enfumoir [ɑ̃fymwaʀ] n. m. Appareil qui sert à enfumer les abeilles. – De *enfumer.*

enfûtage [ɑ̃fytaʒ] n. m. Action d'enfûter; son résultat. – De *enfûter.*

enfûter [ɑ̃fyte] ou **enfutailler** [ɑ̃fytaje] v. tr. [1] Mettre en fût, en futaille. *Enfutailler du vin.* – De *en-,* et *fût, futaille.*

engagé, ée [ɑ̃gaʒe] adj. **1.** Entrepris, commencé. *La partie est engagée.* **2.** Qui s'est enrôlé dans l'armée. ▷ n. m. *Un engagé volontaire*.* **3.** Qui prend ouvertement parti pour une cause. *Littérature, écrivain engagés.* – Pp. de *engager.*

engageant, ante [ɑ̃gaʒɑ̃, ɑ̃t] adj. Attirant, qui séduit. *Une offre assez engageante.* – Ppr. de *engager.*

engagement [ɑ̃gaʒmɑ̃] n. m. **1.** Action de mettre en gage. *Engagement d'effets au Crédit municipal.* **2.** Promesse, obligation. *Manquer à ses engagements.* **3.** Obligation que l'on contracte de servir, de faire qqch ; acte qui en fait foi. *Acteur qui signe un engagement.* – Enrôlement volontaire d'un soldat. *Prime d'engagement.* **4.** Attitude d'un intellectuel, d'un artiste, qui prend parti pour une cause en mettant son œuvre au service de celle-ci. **5.** MILIT Combat de courte durée. *Engagement d'avant-gardes.* **6.** MED Descente de la tête du fœtus dans l'excavation pelvienne, au début de l'accouchement. **7.** SPORT Coup d'envoi d'une partie. **8.** FIN *Engagement de dépenses* : décision d'engager des dépenses. – De *engager.*

engager [ɑ̃gaʒe] v. tr. [**15**] **I. 1.** Mettre, donner en gage. *Elle a engagé ses bijoux pour nourrir sa famille.* **2.** Donner pour caution. *Engager sa foi, son honneur.* ▷ v. pron. *S'engager pour qqn,* le cautionner. **3.** Lier par une promesse, une convention. *Cela n'engage à rien.* Syn. obliger, astreindre. ▷ v. pron. *Je m'engage à vous rembourser.* **4.** Faire supporter une responsabilité à. *Ces paroles n'engagent que moi.* ▷ v. pron. Manifester son engagement. *Auteur, philosophe qui s'engage.* **5.** Prendre à gages, prendre à son service. *Engager un employé de maison.* Syn. embaucher. ▷ v. pron. *S'engager comme bonne à tout faire.* – *S'engager dans la marine.* Absol. *S'engager* : s'enrôler dans l'armée. **II.** Introduire. **1.** Faire pénétrer (une chose dans une autre). *Engager une balle dans le canon d'une arme.* ▷ v. pron. *Le pied s'engage dans l'étrier.* **2.** Diriger dans une voie. *Engager un bateau dans un chenal.* ▷ v. pron. *La voiture s'est engagée dans l'avenue.* ▷ Fig. *C'est lui qui m'a engagé dans cette mauvaise affaire.* – v. pron. *Elle s'est engagée dans une entreprise hasardeuse.* **3.** Faire entrer, mettre en jeu. *Engager des capitaux dans une affaire.* **4.** Commencer, provoquer. *Engager un procès. Engager la conversation.* ▷ v. pron. *Le combat s'engagea à l'aube.* **5.** Amener (qqn) à faire qqch. *C'est ce qui m'a engagé à vous parler.* Syn. inciter, exhorter, encourager. – De *en-*, et *gage.*

engainant, ante [ɑ̃genɑ̃, ɑ̃t] adj. BOT Se dit d'une feuille dont le pétiole constitue une gaine autour de la tige. – Ppr. de *engainer.*

engainer [ɑ̃gene] v. tr. [**1**] **1.** Rare Mettre dans une gaine. *Engainer un sabre.* Syn. (cour.) rengainer. **2.** BOT Envelopper comme dans une gaine. – Pp. adj. *Tige engainée.* – De *en-*, et *gaine.*

engamer [ɑ̃game] v. intr. [**1**] PECHE Avaler complètement l'hameçon, en parlant d'un poisson. – D'un mot rég. *gâmo,* « goitre ».

engazonnement [ɑ̃gazɔnmɑ̃] n. m. Action d'engazonner. – De *engazonner.*

engazonner [ɑ̃gazɔne] v. tr. [**1**] Ensemencer de gazon. – De *en-*, et *gazon.*

engeance [ɑ̃ʒɑ̃s] n. f. Péjor. Catégorie de personnes méprisables. *Quelle sotte engeance!* – De l'a. fr. *(a)eng(i)er,* « accroître, faire pulluler », probabl. du lat. *indicare.*

engelure [ɑ̃ʒlyʀ] n. f. Lésion due au froid, siégeant habituellement aux extrémités et caractérisée par un œdème rouge, douloureux, dur, compliqué parfois d'ampoules et de crevasses. – De l'a. fr. *engeler, de en-*, et *gel.*

engendrement [ɑ̃ʒɑ̃dʀəmɑ̃] n. m. Action d'engendrer. Syn. génération. – De *engendrer.*

engendrer [ɑ̃ʒɑ̃dʀe] v. tr. [**1**] **1.** Procréer, en parlant des mâles. *Abraham engendra Isaac.* ▷ THEOL Produire, faire naître. *Le Père, dans la Trinité, engendre le Fils.* **2.** Fig. Être la cause de, faire naître. *L'insalubrité engendre des maladies.* – Fam. *Ne pas engendrer la mélancolie* : être fort gai. Syn. causer, créer, provoquer. **3.** GEOM Décrire, former une ligne, une surface. *La rotation d'un triangle autour d'une de ses hauteurs engendre un cône.* – Du lat. *ingenerare.*

engerbage [ɑ̃ʒɛʀbaʒ] n. m. Action d'engerber. – De *engerber.*

engerber [ɑ̃ʒɛʀbe] v. tr. [**1**] Mettre en gerbes. *Engerber du blé.* – De *en-*, et *gerbe.*

engin [ɑ̃ʒɛ̃] n. m. **1.** Appareil conçu pour remplir une fonction déterminée sans l'intervention ou avec une intervention réduite de la force musculaire de l'homme. *Engins de levage, de terrassement.* **2.** MILIT, ESP Appareil équipé d'un système autonome de propulsion et de guidage, conçu pour évoluer dans l'atmosphère (engins-sondes, lanceurs spatiaux et missiles). **3.** Instrument, outil quelconque. *Engins de guerre. Engins de pêche, de chasse.* – *Par ext.,* fam. Objet que l'on ne peut nommer précisément. *Je ne sais pas me servir de cet engin-là.* – Du lat. *ingenium,* « talent, intelligence ».

engineering [ɛnʒiniʀiŋ] n. m. TECH Terme anglo-saxon remplacé auj. par *ingénierie.* – Mot angl., « art de l'ingénieur ».

englober [ɑ̃glɔbe] v. tr. [**1**] Réunir, comprendre en un tout. *La même accusation vous englobe tous.* – De *en-*, et *globe.*

engloutir [ɑ̃glutiʀ] v. tr. [**2**] **1.** Avaler gloutonnement. Syn. dévorer, engouffrer. – Pp. adj. *Un poulet entier englouti par ce goinfre!* **2.** Faire disparaître dans un gouffre. *La mer a englouti le navire et son équipage.* – Fig. Absorber, consumer. *Ces dépenses ont englouti toutes mes économies.* ▷ Pp. adj. *Une ville engloutie.* – Bas lat. *inglutire.* V. glouton.

engloutissement [ɑ̃glutismɑ̃] n. m. Action d'engloutir ; son résultat. – De *engloutir.*

engluage [ɑ̃glyaʒ] ou **engluement** [ɑ̃glymɑ̃] n. m. Action d'engluer ; résultat de cette action. – De *engluer.*

engluer [ɑ̃glye] v. tr. [**1**] **1.** Enduire de glu ou d'une matière gluante. *Engluer un piège.* – Pp. *Des doigts englués de confiture.* **2.** Prendre à la glu. *Engluer des oiseaux.* ▷ Fig. *Se laisser engluer par de belles paroles.* – De *en-*, et *glu.*

engobage [ɑ̃gɔbaʒ] n. m. TECH Action d'engober. – De *engober.*

engobe [ɑ̃gɔb] n. m. TECH Matière terreuse dont on recouvre une céramique pour masquer sa couleur naturelle. – Déverbal de *engober.*

engober [ɑ̃gɔbe] v. tr. [**1**] TECH Appliquer un engobe. – De *en-*, et *gobe,* dial. « motte de terre ».

engommage [ɑ̃gɔmaʒ] n. m. Action d'engommer. – De *engommer.*

engommer [ɑ̃gɔme] v. tr. [**1**] Enduire de gomme. *Engommer une toile.* – De *en-*, et *gomme.*

engoncement [ɑ̃gɔ̃smɑ̃] n. m. Fait d'être engoncé. – De *engoncer.*

engoncer [ɑ̃gɔ̃se] v. tr. [**12**] En parlant de vêtements, faire paraître le cou enfoncé dans les épaules. *Ce manteau vous engonce.* – De *en-*, et *gond.*

engorgement [ɑ̃gɔʀʒəmɑ̃] n. m. **1.** Obstruction formée dans un tuyau, un canal, etc. **2.** MED Accumulation de sang, de sérosité ou de liquide dans un organe. *L'engorgement mammaire est très douloureux.* – De *engorger.*

engorger [ɑ̃gɔʀʒe] v. tr. [**15**] **1.** Obstruer, boucher un conduit. *Saletés qui engorgent un tuyau.* ▷ v. pron. (Passif) *Ce canal s'est engorgé.* **2.** MED Provoquer l'engorgement de. – De *en-*, et *gorge.*

engouement [ɑ̃gumɑ̃] n. m. **1.** Fig. Fait de s'engouer. *Elle est coutumière de ces engouements.* Syn. emballement, toquade. (fam.). **2.** MED Arrêt des matières fécales dans l'anse intestinale herniée. – De *engouer.*

engouer (s') [ɑ̃gwe] v. pron. [1] **1.** Vx S'étrangler, s'étouffer. **2.** Mod. *S'engouer de :* se prendre d'une passion excessive et passagère pour. *Il s'engoua subitement de peinture.* Syn. s'enticher. – De *en-*, et *goue* (V. *joue*).

engouffrement [ɑ̃gufʀəmɑ̃] n. m. Action d'engouffrer, de s'engouffrer. – De *engouffrer.*

engouffrer [ɑ̃gufʀe] **I.** v. tr. [1] **1.** Litt. Faire disparaître dans un gouffre. *La mer engouffra le vaisseau.* **2.** Fig., fam. Dévorer, engloutir. *Il a engouffré tout un plateau de petits fours.* **II.** v. pron. **1.** Litt. Se perdre, tomber dans un gouffre. *Le radeau s'est engouffré au milieu du fleuve.* – Fig. *Des fortunes s'engouffrent dans les spéculations.* **2.** Entrer avec violence dans un lieu resserré. *Le vent s'engouffre dans la cheminée.* **3.** Pénétrer précipitamment dans. *Ils se sont engouffrés dans le couloir.* – De *en-*, et *gouffre.*

engoulevent [ɑ̃gulvɑ̃] n. m. Oiseau au plumage roussâtre qui ressemble à un grand martinet (genre *Caprimulgus*, ordre des caprimulgiformes). *L'engoulevent d'Europe hiverne en Afrique.* – De l'a. fr. *engouler*, « avaler », de *goule*, var. de *gueule*, et *vent*, cet oiseau chassant le bec grand ouvert.

engourdir [ɑ̃guʀdiʀ] v. tr. [2] **1.** Causer l'engourdissement de. *Le froid lui engourdissait les mains.* **2.** Fig. Diminuer, ralentir l'activité, l'énergie de. Ant. dégourdir. – De *en-*, et *gourd.*

engourdissement [ɑ̃guʀdismɑ̃] n. m. **1.** Privation momentanée de la sensibilité ou de la mobilité. *Changer souvent de position pour lutter contre l'engourdissement.* **2.** Fig. État de torpeur, absence de vivacité. – De *engourdir.*

engrain [ɑ̃gʀɛ̃] n. m. Blé d'Asie Mineure (*Triticum monococcum*, le petit épeautre), très peu cultivé en France.

engrais [ɑ̃gʀe] n. m. **1.** Action d'engraisser. *Mettre un bœuf, un porc à l'engrais.* **2.** AGRIC Toute matière qui augmente la fertilité du sol, en constituant un aliment supplémentaire pour les plantes (par oppos. à *amendement*). – Déverbal de *engraisser.*

ENCYCL On distingue les engrais *naturels :* fumier, eaux usées, guano, et les engrais *chimiques :* nitrates, phosphates, sels de potassium, calcium, etc. En ce qui concerne leur action, les engrais *plastiques*, qui fournissent des apports en grande quantité (azote, phosphore, etc.), s'opposent aux engrais *catalytiques*, qui fournissent des oligo-éléments (fer, manganèse, chrome, etc.). Enfin, les engrais *verts* ou *verdage*, plantes (légumineuses notam.) semées puis enfouies sur place par un labour, enrichissent le sol en matières organiques.

engraissement [ɑ̃gʀesmɑ̃] ou **engraissage** [ɑ̃gʀesaʒ] n. m. Action d'engraisser du bétail ; son résultat. – De *engraisser.*

engraisser [ɑ̃gʀese] v. [1] **I.** v. tr. **1.** Faire devenir gras. *Engraisser de la volaille.* ▷ v. pron. Devenir gras. *Laisser du bétail s'engraisser.* **2.** Améliorer par des engrais. *Engraisser les terres.* **3.** Fig., fam. Rendre riche, florissant. *La pénurie engraisse les trafiquants.* ▷ v. pron. *S'engraisser aux dépens de qqn.* **II.** v. intr. Devenir gras. *Elle a engraissé.* Syn. grossir, épaissir. Ant. maigrir. – Lat. pop. **ingrassiare*, pour **incrassiare*, bas lat. *incrassare*, du class. *crassus*, « gras ».

engraisseur [ɑ̃gʀesœʀ] n. m. Personne qui engraisse les bestiaux. – De *engraisser.*

engramme [ɑ̃gʀam] n. m. PSYCHO Trace laissée dans les centres nerveux par toute activité antérieure. – Gr. *en*, « dans », et *gramma*, « caractère, trait ».

engrangement [ɑ̃gʀɑ̃ʒmɑ̃] n. m. Action d'engranger. – De *engranger.*

engranger [ɑ̃gʀɑ̃ʒe] v. tr. [15] **1.** Mettre, déposer dans une grange. *Engranger du blé.* **2.** Fig. Faire provision de, accumuler. *Engranger des connaissances.* – De *en-*, et *grange.*

1. engraver [ɑ̃gʀave] v. tr. [1] **1.** Engager dans la vase, le sable. *Engraver un bateau.* ▷ v. intr. ou pron. *Le bateau (s')engrava.* – Pp. adj. *Une embarcation engravée.* **2.** Recouvrir de gravier. *La rivière a engravé la plaine.* – De *en-*, et rad. de *grève* 1, *gravier.*

2. engraver [ɑ̃gʀave] v. tr. [1] CONSTR Sceller (une feuille de plomb ou de zinc) dans une maçonnerie.

engravure [ɑ̃gʀavyʀ] n. f. CONSTR Feuille de plomb, de zinc, que l'on engrave. – De *engraver 2.*

engrenage [ɑ̃gʀənaʒ] n. m. **1.** TECH Dispositif composé de deux pièces munies de dents, permettant d'assurer une liaison mécanique entre deux arbres qui ne tournent généralement pas à la même vitesse. *Engrenages cylindriques, hélicoïdaux, coniques, hypoïdes. Engrenages à vis sans fin.* **2.** Fig. Enchaînement de circonstances auquel il est difficile d'échapper. *Être pris dans un engrenage de difficultés. Mettre le doigt dans l'engrenage.* – De *engrener 2.*

1. engrènement [ɑ̃gʀɛnmɑ̃] n. m. Action d'engrener. – De *engrener 1.*

2. engrènement [ɑ̃gʀɛnmɑ̃] n. m. **1.** TECH Action d'engrener une roue. **2.** CHIR Pénétration réciproque des deux fragments d'un os fracturé. – De *engrener 2.*

1. engrener [ɑ̃gʀəne] v. tr. [16] **1.** Mettre (du grain) dans la trémie d'un moulin pour le moudre. ▷ *Engrener une batteuse*, l'alimenter en épis. **2.** Engraisser avec du grain. *Engrener des volailles, des chevaux.* – De *en-*, et *grain.*

2. engrener [ɑ̃gʀəne] v. tr. [16] TECH Faire entrer les dents d'une roue dans celles d'un pignon pour lui communiquer un mouvement. – De *en-*, et *grain*, p.-ê. sous l'influence de *encrené*, « entaillé de crans ».

engreneur [ɑ̃gʀənœʀ] n. m. Ouvrier qui engrène la batteuse. – De *engrener 1.*

engreneuse [ɑ̃gʀənøz] n. f. Appareil servant à engrener mécaniquement une batteuse. – De *engrener 1.*

engrenure [ɑ̃gʀənyʀ] n. f. **1.** TECH Position de deux roues qui s'engrènent. **2.** ANAT Position de deux os à dentelures qui s'engrènent. – De *engrener 2.*

engrosser [ɑ̃gʀose] v. tr. [1] Vulg. Rendre grosse, enceinte. – De *en-*, et a. fr. *groisse*, « grosseur ».

engrumeler [ɑ̃gʀymle] v. tr. [22] Rendre grumeleux. ▷ v. pron. Se mettre en grumeaux. – De *en-*, et *grumeau.*

engueulade [ɑ̃gœlad] n. f. Fam. Action d'engueuler, de s'engueuler ; violents reproches. *Prendre une engueulade.* – De *engueuler.*

engueuler [ɑ̃gœle] v. tr. [1] Fam. Faire des reproches véhéments à, invectiver. *Je l'ai drôlement engueulé.* ▷ v. pron. *Ils n'arrêtent pas de s'engueuler.* – De *en-*, et *gueule.*

enguichure [ɑ̃giʃyʀ] n. f. Courroie servant à porter un cor de chasse ou un bouclier. – De l'a. fr. *enguiché*, « garni d'une *guiche* ou *guige* (courroie) ».

enguirlander [ɑ̃giʀlɑ̃de] v. tr. [1] **1.** Garnir de guirlandes. **2.** Fam. *Par euph.* Engueuler. – De *en-*, et *guirlande.*

enhardir [ɑ̃aʀdiʀ] v. tr. [3] Donner de la hardiesse à. *Le succès l'a enhardi.* Ant. intimider, décourager. ▷ v. pron. Prendre de la hardiesse, de l'assurance. – De *en-*, et *hardi.*

enharmonie [ɑ̃naʀmɔni] n. f. MUS **1.** Rapport entre deux notes qui ne diffèrent que d'un comma (ex. : *do* dièse et *ré* bémol, *fa* et *mi* dièse). **2.** Troisième genre de la musique antique. – De *enharmonique*, d'apr. *harmonie*.

enharmonique [ɑ̃naʀmɔnik] adj. MUS **1.** Relatif à l'enharmonie. **2.** *Genre enharmonique*, qui procédait par quarts de tons. – Bas lat. d'orig. gr. *enharmonicus*.

enharnacher [ɑ̃aʀnaʃe] v. tr. [1] Rare **1.** Mettre un harnais à. *Enharnacher un cheval.* **2.** Fig. Revêtir d'un costume ridicule. Syn. accoutrer, harnacher. – De *en-*, et *harnais*.

enhendée [ɑ̃ɑ̃de] adj. f. HERALD Se dit d'une croix dont les branches sont terminées par trois pointes. – De l'anc. fr. *enhanster*, de *hanste*, «lance».

enherber [ɑ̃nɛʀbe] v. tr. [1] Mettre (un terrain) en pré, en herbe. – De *en-*, et *herbe*.

énième [enjɛm] adj. num. ord. Qui est à un rang indéterminé. *Je te le dis pour la énième fois.* – De *n*, lettre désignant un nombre indéterminé, et suff. *-ième*.

énigmatique [enigmatik] adj. Qui renferme une énigme, qui tient de l'énigme. *Paroles énigmatiques. Personnage énigmatique.* Syn. mystérieux. Ant. clair. – Bas lat. *ænigmatice*, «d'une manière énigmatique».

énigmatiquement [enigmatikmɑ̃] adv. D'une manière énigmatique. – De *énigmatique*.

énigme [enigm] n. f. **1.** Chose à deviner d'après une description en termes obscurs et ambigus. *Trouver le mot de l'énigme*, le mot proposé par l'énigme; fig., l'explication de ce que l'on ne comprenait pas. **2.** Fig. Ce qui est difficile à comprendre. *Une énigme policière. Cette personne est une énigme pour moi.* Syn. mystère, problème. – Discours obscur, phrase ambiguë. *Parler par énigmes.* – Lat. *ænigma*, du gr. *ainigma*; a. fr., *ainigme*.

enivrant, ante [ɑ̃nivʀɑ̃, ɑ̃t] adj. **1.** Qui enivre. *Boisson enivrante.* **2.** Fig. Qui trouble au plus haut point, qui transporte. *Une beauté enivrante.* Syn. grisant, troublant. – Ppr. de *enivrer*.

enivrement [ɑ̃nivʀəmɑ̃] n. m. **1.** Vx Ivresse. **2.** Fig. Exaltation de l'âme, des passions. *L'enivrement de l'amour.* Syn. griserie, transport. – De *enivrer*.

enivrer [ɑ̃nivʀe] v. tr. [1] **1.** Rendre ivre. *Le vin enivre.* ▷ v. pron. *Il s'est enivré pour oublier.* Syn. griser, soûler. **2.** Fig. Étourdir, exalter. *Enivrer de louanges.* ▷ v. pron. *Il s'enivrait des senteurs printanières.* – De *en-*, et *ivre*.

enjambée [ɑ̃ʒɑ̃be] n. f. **1.** Grand pas. *Marcher à grandes enjambées. D'une enjambée*, d'un seul pas; fig., d'un seul coup. *L'auteur décrit la naissance du héros, puis, d'une enjambée, passe à son adolescence.* **2.** Espace parcouru en faisant un tel pas. *Distant de trois enjambées.* – De *en-*, et *jambe*.

enjambement [ɑ̃ʒɑ̃bmɑ̃] n. m. **1.** Vx Action d'enjamber. **2.** BIOL *Enjambement des chromosomes* : entrecroisement des chromosomes homologues qui, au cours de la phase précédant la méiose, échangent certains fragments de chromatides après s'être appariés, opérant ainsi un mélange des gènes qu'ils portent. Syn. (anglicisme déconseillé) crossing-over. **3.** POET Rejet au vers suivant d'un ou de plusieurs mots qui complètent le sens du premier vers. Ex. : *«Du palais d'un jeune lapin,/Dame belette, un beau matin,/S'empara...» (La Fontaine).* – De *enjamber*.

enjamber [ɑ̃ʒɑ̃be] v. [1] **I.** v. tr. Franchir en étendant la jambe par-dessus. *Enjamber un ruisseau. Enjamber un parapet.* ▷ Par ext. *Viaduc qui enjambe la vallée.* **II.** v. intr. **1.** Se prolonger, avancer. *Cette poutre enjambe sur le mur.* **2.** Fig. Usurper, empiéter. *Enjamber sur le domaine de son voisin.* – De *en-*, et *jambe*.

enjaveler [ɑ̃ʒavle] v. tr. [19] AGRIC Mettre en javelles. *Enjaveler du blé.* – De *en-*, et *javelle*.

enjeu [ɑ̃ʒø] n. m. **1.** Somme que l'on mise au jeu et qui revient au gagnant. *Garder les enjeux.* **2.** Fig. Ce qu'on risque de gagner ou de perdre dans une entreprise, une compétition. *Il engagea une bataille acharnée dont l'enjeu était la suprématie en Europe.* – Pour *en jeu*.

enjoindre [ɑ̃ʒwɛ̃dʀ] v. tr. [56] Ordonner, prescrire. *La loi enjoint de respecter le bien d'autrui.* – Du lat. *injugere*, d'apr. *joindre*.

enjôler [ɑ̃ʒole] v. tr. [1] Séduire par des manières, des paroles flatteuses. – De *en-*, et *geôle*.

enjôleur, euse [ɑ̃ʒolœʀ, øz] n. et adj. **1.** n. Personne qui enjôle. **2.** adj. Charmeur, séducteur. – De *enjôler*.

enjolivement [ɑ̃ʒɔlivmɑ̃] n. m. ou **enjolivure** [ɑ̃ʒɔlivyʀ] n. f. Ornement, ajout qui enjolive. *Apporter des enjolivements à un jardin.* – De *enjoliver*.

enjoliver [ɑ̃ʒɔlive] v. tr. [1] Rendre plus joli, orner. *Enjoliver sa maison.* – Fig. *Enjoliver un récit*, y ajouter des détails plus ou moins exacts pour l'embellir, l'agrémenter. – De *en-*, et *joli*.

enjoliveur, euse [ɑ̃ʒɔlivœʀ, øz] n. **1.** n. Rare Personne qui a tendance à enjoliver ses récits. **2.** n. m. Cour. AUTO Garniture qui recouvre la partie centrale extérieure d'une roue. – De *enjoliver*.

enjoué, ée [ɑ̃ʒwe] adj. Qui a ou qui dénote de la gaieté, de l'enjouement. *Un caractère enjoué. Conversation enjouée.* Syn. gai. Ant. grave, maussade, triste. – De *en-*, et *jeu*.

enjouement [ɑ̃ʒumɑ̃] n. m. Gaieté aimable, bonne humeur. *Elle répondit avec enjouement.* Syn. entrain. Ant. gravité, austérité. – De *enjoué*.

enkysté, ée [ɑ̃kiste] adj. BIOL et MED Qui est enfermé dans un kyste. – De *en-*, et *kyste*.

enkystement [ɑ̃kistəmɑ̃] n. m. BIOL et MED Formation d'un kyste. – De *enkyster*.

enkyster (s') [ɑ̃kiste] v. pron. [1] BIOL et MED S'entourer d'une couche de tissu conjonctif dense qui isole du tissu environnant. *Les cellules amibiennes s'enkystent parfois dans le côlon.* – De *enkysté*.

enlacement [ɑ̃lasmɑ̃] n. m. Action d'enlacer; son résultat. – De *enlacer*.

enlacer [ɑ̃lase] v. tr. [14] **1.** Passer des festons, des cordons, des lacets, etc., les uns dans les autres. *Enlacer des rubans, des branches.* – Par anal. *Enlacer des initiales.* ▷ v. pron. *Des rubans multicolores s'enlaçaient dans sa chevelure.* Syn. entremêler, entrelacer. **2.** (Choses) Entourer en serrant. *Des guirlandes de serpentins enlaçaient les tables et les chaises.* – (Personnes) Étreindre, serrer dans ses bras. *Des couples enlacés.* ▷ v. pron. *Ils s'enlacèrent une dernière fois.*

enlaçure [ɑ̃lasyʀ] n. f. TECH Assemblage d'un tenon et d'une mortaise à l'aide de chevilles. – De *enlacer*.

enlaidir [ɑ̃lɛdiʀ] v. tr. [2] Rendre laid. *Ce chapeau vous enlaidit.* ▷ v. intr. Devenir laid. *Il enlaidit de jour en jour.* ▷ v. pron. Se rendre laid. *S'enlaidir à plaisir.* Ant. embellir. – De *en-*, et *laid*.

enlaidissement [ɑ̃lɛdismɑ̃] n. m. Action, fait d'enlaidir. Ant. embellissement. – De *enlaidir*.

enlevage [ɑ̃lvaʒ] n. m. **1.** TECH Opération de teinturerie consistant à détruire la teinture ou le mordant. **2.** SPORT Action d'accélérer le mouvement des avirons en fin de course. – De *enlever*.

enlèvement [ɑ̃lɛvmɑ̃] n. m. **1.** Action d'emporter qqch d'un lieu. *Enlèvement des ordures ménagères.* **2.** Action d'enlever une personne. *Enlèvement d'enfant.* Syn. rapt. **3.** MILIT Action de s'emparer d'une position ennemie. – De *enlever*.

enlever [ɑ̃lve] v. tr. [19] **I. 1.** Soulever en l'air. *Enlever des pierres avec une grue.* **2.** Fig. Ravir, transporter d'admiration. *Enlever son auditoire.* **3.** Exécuter avec vivacité et brio. *Enlever un morceau de musique.* – Pp. *Un portrait enlevé.* **II. 1.** Déplacer, mettre plus loin. *Enlevez cette horreur de ma vue !* ▷ Retirer, ôter. *Enlève tes chaussures avant d'entrer.* **2.** Faire disparaître. *Enlever une tache.* – v. pron. *Cette tache s'enlève à l'eau chaude.* ▷ Fig. Soulager de, priver de. *Cette nouvelle m'enlève un grand souci. Cela n'enlève rien à ses qualités.* **III.** Prendre. **1.** Emporter. *Enlever des marchandises.* **2.** S'emparer de. *Enlever une place, une ville.* – Fig. *Enlever la première place. Son concurrent a enlevé le marché.* **3.** Ravir, emmener (qqn) de gré ou de force. *Enlever un enfant pour obtenir une rançon. Enlever une femme.* ▷ Litt. Faire mourir. *Le choléra l'a enlevé.* – Loc. *Être enlevé (ou ravi) à l'affection des siens* : mourir. – Pour *en lever.*

enlevure [ɑ̃lvyʀ] n. f. BX-A Partie d'un haut-relief ou d'un demi-relief qui se détache du fond. – De *enlever.*

enliasser [ɑ̃ljase] v. tr. [1] Mettre en liasse. – De *en-*, et *liasse.*

enlier [ɑ̃lje] v. tr. [2] CONSTR Alterner les joints d'une maçonnerie en plaçant les briques, les pierres, etc., tantôt dans le sens de la longeur, tantôt dans le sens de la largeur.

enlisement [ɑ̃lizmɑ̃] n. m. Fait de s'enliser. – De *enliser.*

enliser [ɑ̃lize] **1.** v. tr. [1] Enfoncer dans un sol mouvant. *Il a enlisé sa voiture en voulant passer la rivière à gué.* **2.** v. pron. Disparaître peu à peu dans un sol mouvant, s'enfoncer. *S'enliser dans la vase.* ▷ Fig. *S'enliser dans des difficultés, dans la routine.* – Mot dial., de *en-*, et a. fr. et dial. *lise*, « sable mouvant ».

enluminer [ɑ̃lymine] v. tr. [1] **1.** Orner d'enluminures. *Enluminer un livre.* ▷ Fig. *Enluminer son style.* **2.** Colorer vivement (la peau, le teint). – Du lat. *illuminare*, avec changement de préf., « éclairer, embellir ».

enlumineur, euse [ɑ̃lyminœʀ, øz] n. Artiste qui fait des enluminures. *Jean Fouquet, Bourdichon furent des enlumineurs célèbres au XVe s.* – De *enluminer.*

enluminure [ɑ̃lyminyʀ] n. f. **1.** Art d'enluminer. **2.** Lettre ornée, ou miniature, colorée, des anciens manuscrits. **3.** *Par ext.* Litt. Coloration très vive (du visage). – De *enluminer.*

ennéa-. Élément, du gr. *ennea*, « neuf ».

ennéade [enead] n. f. Didac. Assemblage de neuf choses semblables, ou assemblée de neuf personnes. – Du bas lat. *enneas, enneadis* « neuvaine, neuf jours », gr. *enneas, enneados*, « ensemble de neuf ».

ennéagonal, ale, aux [eneagɔnal, o] adj. GEOM Qui a neuf angles. – De *ennéagone.*

ennéagone [eneagɔn] n. m. GEOM Polygone à neuf côtés. ▷ adj. *Pyramide ennéagone.* – De *ennéa-*, et *-gone.*

ennéasyllabe [eneasil(l)ab] n. m. (et adj.) VERSIF Vers de neuf syllabes. – De *ennéa-*, et *syllabe.*

enneigé, ée [ɑ̃neʒe] adj. Couvert de neige. *Route enneigée.* – De *en-*, et *neige.*

enneigement [ɑ̃nɛʒmɑ̃] n. m. État d'un sol enneigé. ▷ Épaisseur de la couche de neige en un lieu donné. – De *enneigé.*

ennemi, ie [ɛnmi] n. et adj. **1.** Personne qui hait qqn, qui cherche à lui nuire. *Un ennemi juré. Se faire un ennemi de plus.* Ant. ami. ▷ adj. *Des frères ennemis.* ▷ *Ennemi public* : homme considéré comme dangereux pour la société. ▷ Chose opposée, nuisible à une autre. *Le mieux est l'ennemi du bien.* **2.** Personne qui éprouve de l'aversion pour (qqch). *Un ennemi de la contrainte.* **3.** (Sing. collect. ou plur.) Ceux contre qui on se bat, en période de guerre, leur État, leur armée. *L'ennemi a violé nos frontières. Être fait prisonnier par l'ennemi.* ▷ Loc. *Passer à l'ennemi* : se ranger aux côtés de ceux que l'on combattait jusqu'ici ; fig. trahir son parti, ses engagements. ▷ adj. *Nation, armée ennemie. Mission en territoire ennemi.* Ant. allié. – Du lat. *inimicus.*

ennoblir [ɑ̃nɔbliʀ] v. tr. [2] Conférer de la noblesse, de la dignité à. *La vertu ennoblit l'homme.* – De *en-*, et *noble.*

ennoblissement [ɑ̃nɔblismɑ̃] n. m. Rare Action d'ennoblir ; état de ce qui est rendu noble. – De *ennoblir.*

ennoiement [ɑ̃nwamɑ̃] n. m. GEOL Invasion d'un littoral par les eaux marines, à la suite d'une transgression, ou de mouvements tectoniques. – De *en-*, et *noyer.*

ennoyage [ɑ̃nwajaʒ] n. m. GEOL Disparition d'accidents tectoniques (reliefs, failles) sous une couverture sédimentaire. – De *en-*, et *noyer.*

ennuager [ɑ̃nyaʒe] v. tr. [13] Couvrir de nuages. – Fig. *Elle est apparue ennuagée de dentelles.* ▷ v. pron. *Ciel qui s'ennuage.* – De *en-*, et *nuage.*

ennui [ɑ̃nɥi] n. m. **1.** Vx Vif chagrin, grande tristesse. **2.** Lassitude morale, absence d'intérêt pour toute chose. *L'ennui naît de l'uniformité. Être rongé par l'ennui. Mourir d'ennui.* ▷ Absence de tout intérêt, sentiment de vide que produit qqch. *Il ne ressent que de l'ennui pour ce travail monotone.* **3.** Sentiment désagréable que provoque un souci, une contrariété ; ce souci, cette contrariété. *Causer des ennuis à qqn. Avoir des ennuis d'argent.* – Déverbal de *ennuyer.*

ennuyant, ante [ɑ̃nɥijɑ̃, ɑ̃t] adj. Vieilli ou rég. Qui ennuie passagèrement. – Ppr. de *ennuyer.*

ennuyé, ée [ɑ̃nɥije] adj. Contrarié, soucieux. *Avoir l'air très ennuyé.* – Pp. de *ennuyer.*

ennuyer [ɑ̃nɥije] v. tr. [22] **1.** Causer de l'ennui à, contrarier (qqn). *Cet échec l'ennuie beaucoup.* **2.** Importuner, lasser. *Il ennuie tout le monde avec ses exigences.* ▷ Rebuter, susciter un ennui profond chez. *Un conférencier qui ennuie son auditoire.* **3.** v. pron. Éprouver un ennui profond, se morfondre. *Il est seul, il s'ennuie toute la journée.* ▷ *S'ennuyer de* : regretter ou être affecté par l'absence, l'éloignement de. *S'ennuyer de ses proches, de son pays.* – Du bas lat. *inodiare*, « être objet de haine », de *odium*, « haine ».

ennuyeusement [ɑ̃nɥijøzmɑ̃] adv. De manière ennuyeuse. – De *ennuyeux.*

ennuyeux, euse [ɑ̃nɥijø, øz] adj. **1.** Qui est propre à ennuyer, à contrarier. *Ces événements sont ennuyeux pour l'avenir.* **2.** Qui ennuie, lasse l'intérêt. *Un livre ennuyeux. Un bavard ennuyeux.* – De *ennui.*

énoncé [enɔ̃se] n. m. **1.** Action d'énoncer ; ce qui est énoncé. *L'énoncé des faits.* ▷ *L'énoncé d'un jugement, d'une loi.* ▷ MATH Ensemble de données à résoudre, de propositions à démontrer. **2.** LING Ensemble d'éléments de communication ayant une signification qui se suffit à elle-même. – Pp. subst. de *énoncer.*

énoncer [enɔ̃se] v. tr. [12] Exprimer sa pensée, la rendre par des mots. *Énoncer une vérité.* ▷ v. pron. *« Ce que l'on conçoit bien s'énonce clairement » (Boileau).* – Lat. *enuntiare.*

énonciatif, ive [enɔ̃sjatif, iv] adj. Qui énonce. – Lat. *enuntiativus.*

énonciation [enɔ̃sjasjɔ̃] n. f. **1.** Action, manière d'énoncer ; fait d'être énoncé. **2.** LING Production d'un énoncé. – Lat. *enuntiatio.*

enorgueillir [ɑ̃nɔʀgœjiʀ] v. tr. [3] Rendre orgueilleux. *Tous ces succès l'enorgueillissent.* ▷ v. pron. *S'enorgueillir de* : tirer orgueil de. *S'enorgueillir de son savoir.* – De *en-*, et *orgueil.*

énorme [enɔʀm] adj. Démesuré, extraordinairement grand ou gros. *Un énorme bloc.* – Fig. *Une dette énorme.* ▷

Fam. Remarquable, incroyable. *Un culot énorme.* – Du lat. *enormis,* «qui sort de la règle».

énormément [enɔʀmemɑ̃] adv. Beaucoup, infiniment. *Je l'aime énormément.* - D'une manière excessive, démesurément. *Il boit énormément.* – De *énorme.*

énormité [enɔʀmite] n. f. **1.** Caractère de ce qui est énorme. *L'énormité d'un bâtiment, d'un paquebot.* ▷ Fig. *L'énormité de son crime.* **2.** Fam. Parole ou action d'une extravagance ou d'une stupidité énorme. *Dire des énormités.* – Lat. *enormitas,* «grandeur ou grosseur démesurée».

énouer [enwe] v. tr. [1] TECH Débarrasser (une étoffe) de ses nœuds. – De *é-,* et *nouer.*

enquérir (s') [ɑ̃keʀiʀ] v. pron. [38] *S'enquérir de :* se renseigner, s'informer, demander des renseignements sur. *S'enquérir du prix de qqch.* – Lat. *inquirere.*

enquerre (à) [ɑ̃nkɛʀ] loc. adj. HERALD *Armes à enquerre,* qui présentent une bizarrerie contraire aux lois de l'héraldique, qu'il faut élucider. – Anc. forme de *enquérir.*

enquête [ɑ̃kɛt] n. f. **1.** Étude d'une question, s'appuyant sur des témoignages, des informations. *Enquête journalistique, sociologique.* **2.** Recherche faite par une autorité judiciaire, administrative ou religieuse. *Ouvrir une enquête. Enquête parlementaire.* – Du lat. pop. **inquaesita,* de *inquirere,* «rechercher».

enquêter [ɑ̃kete] v. intr. [1] Ouvrir, poursuivre une enquête. *Enquêter sur un crime.* – De *enquête.*

enquêteur, euse ou **trice** [ɑ̃ketœʀ, øz, tʀis] n. et adj. Personne qui mène une enquête, y participe. - adj. *Magistrat enquêteur.* – De *enquête.*

enquiquinant, ante [ɑ̃kikinɑ̃, ɑ̃t] adj. Fam. Qui enquiquine. – Ppr. de *enquiquiner.*

enquiquiner [ɑ̃kikine] v. tr. [1] Fam. Ennuyer, agacer. *Il nous enquiquine.* – De *en-,* et *quiqui,* en arg. «gorge, cou».

enquiquineur, euse [ɑ̃kikinœʀ, øz] n. et adj. Fam. Personne qui enquiquine, importun. ▷ adj. *Que tu es enquiquineur!* – De *enquiquiner.*

enracinement [ɑ̃ʀasinmɑ̃] n. m. Action d'enraciner, fait de s'enraciner. – De *enraciner.*

enraciner [ɑ̃ʀasine] **I.** v. tr. [1] **1.** Faire prendre racine à. *Enraciner un arbre.* **2.** Fig. Implanter profondément (dans l'esprit, les mœurs, etc.). *Enraciner un préjugé.* **II.** v. pron. **1.** Prendre racine. *Plante qui s'enracine dans un mur.* **2.** Fig. *S'enraciner dans un pays.* – De *en-,* et *racine.*

enragé, ée [ɑ̃ʀaʒe] adj. et n. **1.** Furieux. *La jalousie le rend enragé.* **2.** Passionné, acharné. *Un joueur enragé.* ▷ Subst. *Un enragé de la marche à pied.* **3.** HIST *Les enragés :* en 1793, révolutionnaires partisans de mesures sévères contre les riches et de la formation d'une armée du peuple, dont les idées inspirèrent en partie les Montagnards. **4.** Atteint de la rage. *Un chien enragé.* ▷ Loc. fam. *Manger de la vache enragée :* mener une vie de privations. – Pp. de *enrager.*

enrageant, ante [ɑ̃ʀaʒɑ̃, ɑ̃t] adj. Qui met en rage, en colère. – Ppr. de *enrager.*

enrager [ɑ̃ʀaʒe] v. intr. [15] Éprouver un vif déplaisir; être en colère, en rage. *J'enrage de voir qu'il a gagné.* ▷ *Faire enrager :* irriter, taquiner. – De *en-,* et *rage.*

enraiement [ɑ̃ʀɛmɑ̃] ou **enrayement** [ɑ̃ʀɛjmɑ̃] n. m. Action d'arrêter une extension fâcheuse. *L'enraiement d'un fléau.* – De *enrayer* 1.

enrayage [ɑ̃ʀɛjaʒ] n. m. Blocage d'un mécanisme (notam. d'une arme à feu). – De *enrayer* 1.

1. enrayer [ɑ̃ʀɛje] v. tr. [24] **I. 1.** Arrêter l'extension de (une chose fâcheuse). *Enrayer une épidémie.* **2.** v. pron. Se bloquer, en parlant d'un mécanisme (notam. d'une arme à feu). **II.** Garnir (une roue) de ses rayons. – De *en-,* et *rai,* «rayon».

2. enrayer [ɑ̃ʀeje] v. intr. [21] AGRIC Tracer le premier sillon avec la charrue. *Enrayer un champ.* – De *en-,* et *raie,* «sillon».

enrégimenter [ɑ̃ʀeʒimɑ̃te] v. tr. [1] **1.** Incorporer dans un régiment. **2.** Faire entrer dans un groupe, un parti qui exige une stricte discipline. *Être enrégimenté par une secte.* Syn. embrigader. – De *en-,* et *régiment.*

enregistrable [ɑ̃ʀəʒistʀabl] adj. Qui peut être enregistré. – De *enregistrer.*

enregistré, ée [ɑ̃ʀəʒistʀe] adj. Qui a été enregistré. *Acte enregistré. Bagages enregistrés. Conversation enregistrée.* – Pp. de *enregistrer.*

enregistrement [ɑ̃ʀəʒistʀəmɑ̃] n. m. **1.** Action d'enregistrer; son résultat. *L'enregistrement d'une transaction.* - Spécial. *L'enregistrement des bagages.* ▷ DR Inscription sur un registre public de certains actes, moyennant le paiement de droits. **2.** Opération consistant à recueillir sur un support matériel des informations (sons, images) qui peuvent être restituées par une lecture; informations ainsi recueillies. *Un enregistrement sur disque. Écouter un enregistrement.* **3.** INFORM Ensemble d'informations pouvant faire l'objet d'un transfert en bloc entre une mémoire centrale et un dispositif d'entrée/sortie. – De *enregistrer.*

enregistrer [ɑ̃ʀəʒistʀe] v. tr. [1] **1.** Inscrire sur un registre. *Enregistrer une plainte.* - Spécial. *Faire enregistrer des bagages.* ▷ DR Mentionner un acte sur un registre public. *Enregistrer une donation.* **2.** Consigner par écrit. *Enregistrer ses dépenses sur un cahier.* ▷ *Par ext.* Noter dans sa mémoire. *Enregistrer la physionomie de qqn.* **3.** Constater, observer. *Enregistrer une amélioration du temps.* **4.** Transférer des informations (sonores, visuelles, codées) sur un support matériel (disque, bande magnétique, etc.). *Enregistrer la voix de qqn, des images.* ▷ Par ext. *Un artiste qui a enregistré des chansons à succès.* **5.** PHYS Recueillir les variations d'une grandeur (température, pression, etc.). – De *en-,* et *registre.*

enregistreur, euse [ɑ̃ʀəʒistʀœʀ, øz] adj. et n. m. TECH Qualifie un appareil capable d'enregistrer les variations d'une grandeur (vitesse, température, etc.). - *Caisse enregistreuse,* qui effectue mécaniquement des calculs. ▷ n. m. Appareil enregistreur. – De *enregistrer.*

enrêner [ɑ̃ʀene] v. tr. [1] Mettre les rênes à (un cheval). – De *en-,* et *rêne.*

enrhumé, ée [ɑ̃ʀyme] adj. Qui a un rhume. – Pp. de *enrhumer.*

enrhumer [ɑ̃ʀyme] **1.** v. tr. [1] Causer un rhume à. *Ce temps m'a enrhumé.* **2.** v. pron. Contracter un rhume. – De *en-,* et *rhume.*

enrichi, ie [ɑ̃ʀiʃi] adj. **1.** (péjor.) Dont la fortune est récente. *Un négociant enrichi.* **2.** Se dit d'un corps dont la teneur en l'un de ses constituants a été augmentée. *Un minerai enrichi.* ▷ PHYS NUCL Qualifie un combustible nucléaire dont la teneur en matière fissile est plus élevée qu'à l'état naturel. *Uranium enrichi.* – Pp. de *enrichir.*

enrichir [ɑ̃ʀiʃiʀ] **I.** v. tr. [2] **1.** Rendre riche. *Le commerce l'a enrichi.* Ant. appauvrir. **2.** Apporter qqch de précieux ou de nouveau à. *Enrichir un musée d'une œuvre célèbre.* - *Enrichir son esprit.* ▷ METALL Augmenter la teneur en métal d'un minerai par élimination des éléments stériles. ▷ PHYS NUCL Augmenter la teneur isotopique d'un corps radioactif en éliminant les isotopes indésirables. **II.** v. pron. Devenir riche. *Enrichissez-vous.* - Fig. *Son vocabulaire s'est enrichi.* – De *en-,* et *riche.*

enrichissant, [ɑ̃ʀiʃisɑ̃] **ante** adj. Qui enrichit. - Fig. *Une expérience enrichissante.* – Ppr. de *enrichir.*

enrichissement [ɑ̃ʀiʃismɑ̃] n. m. Action d'enrichir, de s'enrichir; son résultat. *L'enrichissement d'un pays.* – Fig. *L'enrichissement d'une pensée.* ▷ METALL Procédé qui consiste à enrichir un minerai (lavage, flottation). – De *enrichir.*

enrobage [ɑ̃ʀɔbaʒ] ou **enrobement** [ɑ̃ʀɔbmɑ̃] n. m. **1.** Action d'enrober. **2.** TECH Revêtement des électrodes de soudure servant à éviter l'oxydation du métal. – De *enrober.*

enrobé [ɑ̃ʀɔbe] n. m. TRAV PUBL Matériau pour le revêtement des chaussées. – Pp. subst. de *enrober.*

enrober [ɑ̃ʀɔbe] v. tr. [1] **1.** Recouvrir (un produit, une denrée) d'une couche qui le protège ou en améliore le goût. *Enrober un médicament.* – Pp. *Une amande enrobée dans du sucre.* Fig., fam. *Il est enrobé,* rondelet, grassouillet. **2.** Fig. Envelopper pour atténuer ou déguiser. *Enrober un reproche dans une phrase aimable.* – De *en-,* et *robe.*

enrochement [ɑ̃ʀɔʃmɑ̃] n. m. TECH Amoncellement de blocs de roche qui protègent la base d'une digue, d'une jetée, etc., contre l'action des lames. – De *en-,* et *roche.*

enrocher [ɑ̃ʀɔʃe] v. tr. [1] TECH Mettre en place un enrochement. – De *en-,* et *roche.*

enrôlement [ɑ̃ʀolmɑ̃] n. m. Action d'enrôler, de s'enrôler. *Un enrôlement forcé.* ▷ Document officiel attestant que l'on est enrôlé. – De *enrôler.*

enrôler [ɑ̃ʀole] **1.** v. tr. [1] Inscrire sur les rôles de l'armée. *Enrôler des soldats.* – *Par ext.* Faire entrer dans un groupe. *Enrôler qqn dans un parti.* **2.** v. pron. *S'enrôler dans la marine.* – De *en-,* et *rôle.*

enrouement [ɑ̃ʀumɑ̃] n. m. Altération de la voix qui devient rauque et voilée. – De *enrouer.*

enrouer [ɑ̃ʀwe] v. tr. [1] Rendre rauque, sourde (la voix). *L'abus du rhum avait enroué sa voix.* – Pp. adj. *Une voix enrouée.* ▷ v. pron. *S'enrouer à force de crier.* – De *en-,* et a. fr. *ro(i)e,* «rauque», du lat. *raucus.*

enroulement [ɑ̃ʀulmɑ̃] n. m. **1.** Action d'enrouler; fait de s'enrouler. *L'enroulement d'un fil.* **2.** Ce qui forme une crosse, une spirale. *L'enroulement d'une volute.* **3.** ELECTR Bobinage obtenu en enroulant un fil conducteur. – De *enrouler.*

enrouler [ɑ̃ʀule] v. tr. [1] Rouler plusieurs fois (une chose) sur elle-même ou autour d'une autre. *Enrouler une corde. Enrouler un câble sur un treuil.* Ant. dérouler. ▷ v. pron. *Câble qui s'enroule automatiquement.* – *Par ext.* S'envelopper dans. *S'enrouler dans une couverture.* – De *en-,* et *rôle.*

enrouleur, euse [ɑ̃ʀulœʀ, øz] adj. et n. m. Qui sert à enrouler. ▷ n. m. TECH Tambour sur lequel s'enroule un câble. – De *enrouler.*

enrubanner [ɑ̃ʀybane] v. tr. [1] Garnir de rubans. – Pp. adj. *Un paquet enrubanné.* – De *en-,* et *ruban.*

ensablement [ɑ̃sɑbləmɑ̃] n. m. Action de remplir de sable; obstruction par le sable. ▷ Fait de s'ensabler. – De *ensabler.*

ensabler [ɑ̃sɑble] **I.** v. tr. [1] Couvrir, remplir de sable. *Le vent a ensablé la route côtière.* – Pp. adj. *Une voie ensablée.* **II.** v. pron. **1.** Se recouvrir, se remplir de sable. *Le chenal s'ensable.* **2.** S'enfoncer dans le sable. *Véhicule qui s'est ensablé.* – De *en-,* et *sable.*

ensachage [ɑ̃saʃaʒ] n. m. Action d'ensacher. – De *ensacher.*

ensacher [ɑ̃saʃe] v. tr. [1] Mettre dans un sac, un sachet. *Ensacher des chocolats.* – Spécial. *Ensacher un fruit,* le mettre dans un sachet pour le protéger, quand il est sur l'arbre. – De *en-,* et *sac.*

ensacheur, euse [ɑ̃saʃœʀ, øz] n. **1.** Personne qui ensache des marchandises. **2.** n. f. TECH Machine servant à ensacher. – De *ensacher.*

ensanglanter [ɑ̃sɑ̃glɑ̃te] v. tr. [1] **1.** Tacher, couvrir de sang. *Une blessure qui ensanglante le visage.* – Pp. adj. *Des mains ensanglantées.* **2.** Fig., litt. Souiller par un acte meurtrier. *Les exactions qui ont ensanglanté le pays.* – De *en-,* et *sanglant.*

enseignant, ante [ɑ̃seɲɑ̃, ɑ̃t] adj. et n. Qui enseigne. – *Le corps enseignant* : l'ensemble des personnes chargées d'enseigner. ▷ Subst. Membre du corps enseignant. – Ppr. de *enseigner.*

1. enseigne [ɑ̃sɛɲ] n. f. **1.** Inscription, emblème placé sur la façade d'un établissement commercial. *L'enseigne d'un parfumeur.* ▷ Fig. *Être logés à la même enseigne* : se trouver dans la même situation. **2.** Signe de ralliement militaire, drapeau. *Les enseignes romaines.* **3.** Vx Marque, indice. ▷ Loc. conj. Mod. *À telle enseigne que* : la preuve en est que. – Lat. *insignia.*

2. enseigne [ɑ̃sɛɲ] n. m. Anc. Officier chargé de porter le drapeau. ▷ *Enseigne de vaisseau* : officier de marine dont le grade correspond à celui de lieutenant (*enseigne de 1re classe*) ou de sous-lieutenant (*enseigne de 2e classe*). – Pour *porte-enseigne.*

enseignement [ɑ̃sɛɲmɑ̃] n. m. **1.** Action, manière d'enseigner; son résultat. *L'enseignement de l'histoire. Un enseignement méthodique. Enseignement assisté par ordinateur (E.A.O.).* ▷ Organisation de l'instruction. *L'enseignement public ou privé.* – *Enseignement général* (par oppos. à *enseignement technique* ou *professionnel*). **2.** Profession des enseignants. *Faire carrière dans l'enseignement.* **3.** Leçon donnée par l'exemple, l'expérience. *Les malheurs d'autrui doivent servir d'enseignement.* – De *enseigner.*

enseigner [ɑ̃seɲe] v. tr. [1] Transmettre (un savoir théorique ou pratique). *Enseigner le latin, la danse.* – Par anal. *L'expérience nous enseigne que...* ▷ (S. comp.) Exercer la profession d'enseignant. – Lat. pop. **insignare,* du lat. class. *insignire* «signaler».

ensellé, ée [ɑ̃sɛle] adj. Se dit d'un cheval dont le dos forme un creux exagéré. – De *en-,* et *selle.*

ensellement [ɑ̃sɛlmɑ̃] n. m. Col peu marqué entre deux collines. – De *ensellé.*

ensellure [ɑ̃selyʀ] n. f. ANAT Concavité postérieure de la portion lombaire de la colonne vertébrale. – De *ensellé.*

ensemble [ɑ̃sɑ̃bl] adv. et n. m. **I.** adv. **1.** L'un avec l'autre, les uns avec les autres. *Ils vivent ensemble.* **2.** Simultanément. *Démarrer ensemble.* **II.** n. m. **1.** Groupe d'éléments considérés globalement. *L'ensemble des habitants d'un pays. Une vue d'ensemble.* ▷ MATH Collection d'objets ou d'identités (les éléments) désignés par le même mot ou la même expression. *Ensemble des entiers naturels* (0, +1, +2...). *Théorie des ensembles,* qui représente la partie des mathématiques consacrée à l'étude des propriétés des ensembles (V. encycl.). ▷ Loc. adv. *Dans l'ensemble* : d'une façon générale, en gros. **2.** Groupe d'éléments unis par des traits communs. *Un ensemble de chefs-d'œuvre. Un ensemble de musiciens.* ▷ Costume de femme composé de plusieurs pièces assorties. *Acheter un ensemble habillé.* ▷ *Grand ensemble* : vaste groupe de hauts immeubles, conçu comme une unité architecturale et destiné à abriter une population nombreuse. ▷ TECH Objet complexe constitué d'un grand nombre de composants. **3.** Accord, harmonie entre des éléments, concourant à un effet unique. *Des mouvements de gymnastique exécutés avec un ensemble irréprochable.* – Du lat. *insimul.*

ENCYCL **Math.** – Un ensemble peut être défini soit par la connaissance individuelle de ses éléments (ensemble des élèves d'une classe), soit par l'énoncé de propriétés restrictives caractérisant l'élément générique au sein d'un ensemble plus vaste (ensemble des Français nés entre le 1er janv. 1959 et le 31 déc. 1962). La *théorie des ensembles* est due au mathématicien Cantor (1880). Approfondie depuis, elle est devenue l'un des fondements des mathématiques modernes. On considère surtout les opérations portant sur les ensembles de nombres : ensemble N des entiers naturels, ensemble Z des entiers relatifs, Q des nombres rationnels, R des nombres réels. La *théorie des catégories*, introduite en 1945, est une généralisation de la théorie des ensembles. Une catégorie est formée d'une classe, notée *Ob*(ℂ), dont les éléments sont appelés *objets* de ℂ, et d'une classe, notée *Mor*(ℂ), dont les éléments sont appelés *morphismes*. Par exemple, la catégorie des ensembles est la catégorie dont les objets sont les ensembles et dont les morphismes sont les applications.

ensemblier, ère [ɑ̃sɑ̃blije, ɛʀ] n. Artiste qui combine des ensembles décoratifs. – De *ensemble*.

ensemencement [ɑ̃smɑ̃smɑ̃] n. m. Action d'ensemencer. – De *ensemencer*.

ensemencer [ɑ̃smɑ̃se] v. tr. [14] **1.** Mettre de la semence dans (la terre). **2.** Introduire des spores (bactéries, champignons, etc.) dans (un milieu de culture). ▷ *Ensemencer une rivière, un étang*, en les peuplant d'alevins. – De *en-*, et *semence*.

enserrer [ɑ̃seʀe] v. tr. [1] Entourer en serrant. *Une large ceinture lui enserrait la taille.* – Par anal. *Un petit champ enserré par les bois.*

enseuillement [ɑ̃sœjmɑ̃] n. m. ARCHI Hauteur entre l'appui d'une fenêtre et le plancher. – De *en-*, et *seuil*.

ensevelir [ɑ̃səvliʀ] **I.** v. tr. [2] **1.** Inhumer, enterrer. *Ensevelir un mort.* **2.** Recouvrir d'un amoncellement de matériaux. *La lave du volcan a enseveli le village tout entier.* ▷ Pp. adj. Fig. *Un souvenir enseveli au fond de la mémoire.* **II.** v. pron. Fig. S'enfoncer dans. *S'ensevelir dans la douleur, la solitude.* – De *en-*, et a. fr. *sepelir, sevelir*, lat. *sepelire*, « mettre un mort dans un tombeau ».

ensevelissement [ɑ̃səvlismɑ̃] n. m. Action d'ensevelir. – De *ensevelir*.

ensilage [ɑ̃silaʒ] n. m. AGRIC Action d'ensiler. – De *en-*, et *silo* ou de *ensiler*.

ensiler [ɑ̃sile] v. tr. [1] AGRIC Mettre en silo. *Ensiler du fourrage.* – De *en-*, et *silo*.

en-soi [ɑ̃swa] n. m. inv. PHILO Nature propre de la chose, au-delà de ce que nous en percevons ou connaissons. *Les existentialistes opposent l'en-soi au pour-soi.*

ensoleillement [ɑ̃sɔlɛjmɑ̃] n. m. État de ce qui est ensoleillé. *L'ensoleillement des collines.* ▷ *Durée d'ensoleillement d'un lieu* : temps pendant lequel il demeure ensoleillé. – De *ensoleiller*.

ensoleiller [ɑ̃sɔleje] v. tr. [1] (Surtout au passif.) Éclairer, échauffer par la lumière du soleil. *Pièce ensoleillée.* ▷ Fig. Rendre radieux (par l'éclat de la beauté, de la grâce, du bonheur, etc.). *Ce souvenir ensoleille ma vie.* – De *en-*, et *soleil*.

ensommeillé, ée [ɑ̃sɔmeje] adj. Gagné ou engourdi par le sommeil. *Voix ensommeillée.* – De *en-*, et *sommeil*.

ensorcelant, ante [ɑ̃sɔʀsəlɑ̃, ɑ̃t] adj. Fig. Qui ensorcelle. *Un sourire, des yeux ensorcelants.* – Ppr. de *ensorceler*.

ensorceler [ɑ̃sɔʀsəle] v. tr. [19] **1.** Mettre sous le pouvoir d'un sortilège. **2.** Fig. Exercer sur (qqn) un charme, une influence irrésistible. – De *en-*, et *sorcier*.

ensorceleur, euse [ɑ̃sɔʀsəlœʀ, øz] n. (et adj.) **1.** Vx Personne qui ensorcelle ; jeteur de sort. **2.** Fig. Personne qui ensorcelle (sens 2). ▷ adj. Rare Qui ensorcelle. – De *ensorceler*.

ensorcellement [ɑ̃sɔʀsɛlmɑ̃] n. m. Fait d'ensorceler ou d'être ensorcelé. – De *ensorceler*.

ensoufrer [ɑ̃sufʀe] v. tr. [1] Vx Soufrer ; imprégner de soufre. – De *en-*, et *soufre*.

ensouple [ɑ̃supl] n. f. TECH Rouleau du métier à tisser sur lequel on monte la chaîne. – Du bas lat. *insubulum*.

ensoutaner [ɑ̃sutane] v. tr. [1] Fam., péjor. Faire prendre la soutane à. ▷ v. pron. *Il s'est ensoutané.* – De *en-*, et *soutane*.

ensuite [ɑ̃sɥit] adv. **1.** Après (dans le temps). *Réfléchissez d'abord, vous répondrez ensuite.* **2.** Après (dans l'espace). *Au premier plan se trouvaient les parterres, ensuite les bassins.* **3.** Loc. prép. Vx ou litt. *Ensuite de* : à la suite de. *Ensuite de son exposé, il s'offrit à répondre aux questions.* – En conséquence de. *Ensuite de la réprimande, il obtempéra.* – De *en*, prép., et *suite*.

ensuivre (s') [ɑ̃sɥivʀ] v. pron. [77] (Usité seulement à l'inf. et aux 3e pers. du sing. et du plur.) Survenir, se produire par voie de conséquence ; découler logiquement. *Frapper (qqn) jusqu'à ce que mort s'ensuive.* – Impers. *Il s'ensuit que...* ▷ Loc. *Et tout ce qui s'ensuit* : et tout ce qui vient après cela, se rattache à cela. *Nous avons connu la guerre, les privations, et tout ce qui s'ensuit.* – Du lat. *insequi*, d'ap. *suivre*.

entablement [ɑ̃tabləmɑ̃] n. m. **1.** ARCHI Partie supérieure d'un édifice au-dessus d'une colonnade, qui comprend l'architrave, la frise et la corniche. ▷ Partie (en saillie ou non) du sommet des murs d'un édifice, sur laquelle repose la charpente de la toiture. **2.** TECH Corniche ou saillie couronnant certains objets. *Entablement d'un meuble. Entablement d'un quai*, sa partie supérieure. – De *en-*, et *table*.

entabler [ɑ̃table] v. tr. [1] TECH Ajuster à demi-épaisseur (deux pièces de bois, de métal). – De *en-*, et *table*.

entablure [ɑ̃tablyʀ] n. f. Endroit où s'ajustent deux pièces entablées (branches d'une paire de ciseaux, par ex.). – De *entabler*.

entacher [ɑ̃taʃe] v. tr. [1] **1.** Souiller, flétrir moralement. *Faute qui entache l'honneur.* **2.** Diminuer le mérite, la valeur de. *Lourdeurs de style qui entachent un ouvrage.* ▷ Pp. DR *Acte entaché de nullité*, contenant un vice de forme ou passé par un incapable (sens 2). – De *en-*, et *tache*.

entaillage [ɑ̃tɑjaʒ] n. m. Action d'entailler. – De *entailler*.

entaille [ɑ̃tɑj] n. f. **1.** Coupure dans une pièce de bois, une pierre, etc., dont on enlève une partie. *Entailles à mi-bois, en sifflet*, pour ajuster deux pièces. *Entailles de gemmages.* **2.** *Par anal.* Coupure profonde faite dans les chairs. – Déverbal de *entailler*.

entailler [ɑ̃tɑje] v. tr. [1] Faire une entaille à. ▷ Par anal. *Un tesson lui a entaillé le pied.* ▷ v. pron. *Il s'est entaillé le visage.*

entame [ɑ̃tam] n. f. **1.** Premier morceau coupé d'un pain, d'un rôti, etc. *L'entame d'un jambon.* **2.** Première carte jouée dans une partie. – Déverbal de *entamer*.

entamer [ɑ̃tame] v. tr. [1] **I. 1.** Faire une incision, une coupure à. *Entamer la peau.* **2.** Couper un premier morceau dans. *Entamer un rôti.* ▷ Commencer d'employer ou de consommer. *Entamer son capital.* **3.** Commencer à détruire ou à désorganiser ; ébranler. *Entamer la résistance d'un ennemi.* ▷ Fig. *Entamer la résolution, l'assurance, les convictions de qqn.* **4.** (Choses) Couper, attaquer, pénétrer dans. *L'acide entame certains métaux.* ▷ Fig. Porter atteinte à. *Ces rumeurs finiront par entamer son crédit.* **II.** Commencer, entreprendre. *Entamer un débat, un procès.* ▷ *Absol.* Au jeu de cartes, être le premier à jouer. **III.** Pp. adj. *Un sachet de bonbons entamé.* – *Les négociations entamées, le conflit sera vite réglé.* – Du bas lat. *intaminare*, « souiller » ; rad. *tangere*, « toucher ».

entartrage [ɑ̃taʀtʀaʒ] ou **entartrement** [ɑ̃taʀtʀəmɑ̃] n. m. TECH Formation d'un tartre, d'un dépôt calcaire (sur les parois d'un récipient, d'une chaudière, etc.). – De *entartrer.*

entartrer [ɑ̃taʀtʀe] v. tr. [1] Produire l'entartrage de. – Pp. *Une bouilloire entartée.* ▷ v. pron. *Les canalisations s'entartrent.* – De *en-*, et *tartre.*

entassement [ɑ̃tasmɑ̃] n. m. **1.** Action d'entasser. *L'entassement de gerbes en meules.* ▷ Ensemble de choses mises en tas, amassées ou accumulées. *Un entassement de livres.* **2.** Fait de s'entasser, d'être entassé. – De *entasser.*

entasser [ɑ̃tɑse] v. tr. [1] **1.** Mettre en tas. *Entasser des fagots.* ▷ Amasser, accumuler. *Entasser de la paille dans une grange.* – Fig. *Entasser une fortune, des connaissances.* ▷ v. pron. *La neige s'entassait en congères.* **2.** Réunir, serrer dans un lieu étroit (des personnes). *Entasser des passagers dans une voiture.* ▷ v. pron. *Spectateurs qui s'entassent sur des gradins.* – De *en-*, et *tas.*

ente [ɑ̃t] n. f. ARBOR **1.** Greffe sur un arbre d'un scion pris à un autre arbre. ▷ Le scion lui-même. **2.** Arbre sur lequel on a fait une ente. **3.** *Prune d'ente,* dont on fait les pruneaux. – Déverbal de *enter.*

enté, ée [ɑ̃te] adj. HERALD *Écu enté,* dont les partitions entrent les unes dans les autres à angles arrondis. – Pp. de *enter.*

entéléchie [ɑ̃teleʃi] n. f. PHILO Chez Aristote, accomplissement suprême d'une chose, totalement réalisée dans son essence. – Gr. *entelekheia,* « énergie agissante et efficace », par le latin.

entelle [ɑ̃tɛl] n. m. Grand singe gris (*Semnopithecus entellus*) de l'Inde du N. Syn. langur. – Du lat. zoologique *entellus.*

entendement [ɑ̃tɑ̃dmɑ̃] n. m. PHILO Faculté de concevoir et de comprendre. *Les philosophes ont opposé l'entendement tantôt à la volonté tantôt à la sensibilité et à la raison (cartésiens et kantiens).* – Forme logique et discursive de la pensée. ▷ Cour. Intelligence, compréhension. *Voilà qui dépasse mon entendement.* – De *entendre.*

entendeur [ɑ̃tɑ̃dœʀ] n. m. **1.** Vx Celui qui entend, comprend. **2.** Mod. Loc. *À bon entendeur, salut!* : que celui qui a compris ce que l'on vient de dire en fasse son profit (formule d'avertissement). – De *entendre.*

entendre [ɑ̃tɑ̃dʀ] v. tr. [5] **I. 1.** Litt. Percevoir le sens de, saisir par l'intelligence, comprendre. *Il n'entendra pas ces subtilités.* – *Ne pas entendre malice, moquerie à qqch* : ne pas y mettre (ou ne pas y voir) de malice, de moquerie. ▷ Cour. *Que faut-il entendre par...?* – *Faire, laisser, donner à entendre que* : insinuer que. **2.** (Personnes) Vouloir dire. *J'ai parlé de vertu, j'entendais le courage. Qu'entendez-vous par là?* **3.** Vx Être compétent ou habile dans (une chose). *Entendre l'économie ne dispose pas nécessairement à la politique.* **4.** Avoir l'intention, la volonté de. *J'entends qu'on me respecte,* ou *être respecté.* – *Que chacun fasse comme il l'entend,* selon sa manière, sa conviction ou sa convenance. **II. 1.** Percevoir (un, des sons), saisir par l'ouïe. *Entendre un bruit.* – (S. comp.) *Il n'entend pas de l'oreille droite.* ▷ *Entendre dire une chose, en entendre parler,* l'apprendre, en être informé par qqn ou par la rumeur publique. – *Ne pas vouloir entendre parler d'une chose* : se refuser à la connaître. – *On n'entend plus parler de lui* : on n'a plus de ses nouvelles. *Vous entendrez parler de moi* : je vous réserve un traitement de ma façon. ▷ *Faire entendre* : produire, émettre (un bruit, un son). *Une voix se fit entendre.* ▷ Loc. fig. *Ne pas l'entendre de cette oreille(-là)* : être d'un avis différent ou contraire. **2.** Prêter l'oreille, prêter attention à. *Entendez-moi, ensuite vous jugerez.* ▷ Écouter. *Aller entendre un conférencier.* – Par ext. *(Que) le Ciel vous entende!,* vous exauce! (ou : puissiez-vous dire vrai!). ▷ *À l'entendre* : à le croire. **III.** v. pron. **1.** (Passif) Être compris. *Cette phrase ne peut s'entendre que dans un sens.* – *(Cela) s'entend* : bien entendu, cela va de soi. **2.** (Récipr.) Se comprendre l'un l'autre. *S'entendre à demi-mot.* ▷ Être en bonne intelligence. *Nous nous entendons parfaitement. S'entendre avec qqn.* – Se mettre d'accord. *Ils se sont entendus sur la marche à suivre.* **3.** (Réfl.) *S'entendre à* : être compétent dans, habile à. *Il s'entend à la peinture, à peindre des paysages.* – Litt. *S'entendre en* : être versé dans. *Il s'entend bien en meubles anciens.* – Cour. *Il s'y entend* : il s'y connaît. **4.** (Passif) Être entendu, perçu par l'ouïe. *Sa voix s'entendait parmi toutes les autres.* – (Récipr.) *On ne s'entend plus dans ce vacarme.* – (Réfl.) *Vous ne vous entendez donc pas?* – Du lat. *intendere,* « tendre vers », d'où « porter son attention vers ».

entendu, ue [ɑ̃tɑ̃dy] adj. **1.** Compris, et, par ext., convenu, conclu. *L'affaire est entendue. C'est (bien) entendu.* – Ellipt. *Entendu!* ▷ (Par concession.) *J'ai manqué d'à-propos, c'est entendu, mais vous-même n'avez pas été plus prompt.* ▷ Loc. adv. *Bien entendu* : assurément, cela va de soi. – Fam. *Comme de bien entendu.* **2.** *Bien (mal) entendu* : (vx) avec (sans) art, intelligence, goût; (mod.) bien (mal) compris, conçu. *Un civisme bien entendu se conçoit-il sans justice sociale?* **3.** Vieilli Compétent ou habile dans (une chose). *On le dit entendu aux opérations boursières.* – Cour. *Air, sourire entendu,* de qqn qui sait, ou qui veut marquer sa complicité, ou sa supériorité. – Pp. de *entendre.*

enténébrer [ɑ̃tenebʀe] v. tr. [16] Plonger dans les ténèbres, envelopper de ténèbres. – Fig. Assombrir, affliger. *Une existence enténébrée d'incessants malheurs.* – De *en-*, et *ténèbre.*

entente [ɑ̃tɑ̃t] n. f. **1.** Vx Fait de comprendre. – Mod. *Mot, phrase à double entente,* que l'on peut comprendre, interpréter de deux façons. **2.** Fait d'être ou de se mettre d'accord; bonne intelligence. *Entente qui règne dans une famille.* ▷ Accord entre des groupes, des sociétés, des pays. *Entente commerciale.* ▷ DR Accord ou action concertée, en principe interdits, ayant pour but ou pour effet d'entraver ou d'annuler le jeu de la concurrence. **3.** HIST *Entente cordiale* : convention de bons rapports entre la France et l'Angleterre (une première fois sous Louis-Philippe, ensuite par l'accord de 1904). – *Triple-Entente,* ou *l'Entente* : alliance d'abord diplomatique, puis militaire, de la France, de l'Angleterre et de la Russie, conclue, en 1907, contre l'Allemagne. – Du lat. pop. *intenditus,* « compris ».

enter [ɑ̃te] v. tr. [1] **1.** ARBOR Greffer par ente. *Enter un prunier.* **2.** TECH Ajuster ou abouter deux pièces de bois. – Du lat. pop. **imputare,* de *putare,* « tailler, émonder ».

entér(o)-, -entère. Éléments, du gr. *enteron,* « intestin ».

entéralgie [ɑ̃teʀalʒi] n. f. MED Douleur intestinale. – De *entér(o)-*, et *-algie.*

entérinement [ɑ̃teʀinmɑ̃] n. m. Action d'entériner; son résultat. – De *entériner.*

entériner [ɑ̃teʀine] v. tr. [1] **1.** DR Rendre valable en ratifiant juridiquement. *Entériner un jugement.* **2.** Fig. Établir ou admettre comme valable, assuré, définitif. *Entériner un projet, un usage.* – De l'a. fr. *enterin,* « complet, achevé », dér. de *entier.*

entérique [ɑ̃teʀik] adj. MED Qui a rapport aux intestins. – De *entérite.*

entérite [ɑ̃teʀit] n. f. MED Inflammation de la muqueuse intestinale, qui s'accompagne de diarrhée et parfois d'hémorragie. – De *entér(o)-*, et *-ite* 1.

entérocolite [ɑ̃teʀokɔlit] n. f. MED Inflammation simultanée des muqueuses de l'intestin grêle et du côlon.

entérocoque [ɑ̃teʀokɔk] n. m. MICROB Streptocoque dont la présence, normale dans l'intestin, peut devenir pathogène pour d'autres organes. – De *entéro-*, et *-coque.*

entérokinase [ɑ̃teʀokinaz] n. f. BIOCHIM Enzyme sécrétée par la muqueuse duodénale et qui contribue, par activation de la trypsine, au mécanisme de la digestion. – De *entéro-*, gr. *kinêsis*, « mouvement », et *-ase.*

entéropathie [ɑ̃teʀopati] n. f. MED Affection de l'intestin. – De *entéro-*, et *-pathie.*

entéropneustes [ɑ̃teʀopnøst] n. m. pl. ZOOL Classe d'hémicordés marins longs de 3 cm à 2,50 m, vermiformes, vivant enfouis dans le sable ou la vase, dont le type est le *balanoglosse.* – Sing. *Un entéropneuste.* – De *entéro-*, et gr. *pneustikos*, « respiratoire ».

entérorénal, ale, aux [ɑ̃teʀoʀenal, o] adj. MED Qui se rapporte à la fois à l'intestin et à l'appareil urinaire. *Syndrome entérorénal.*

entérostomie [ɑ̃teʀostɔmi] n. f. CHIR Abouchement d'une anse intestinale à la paroi de l'abdomen, afin de réaliser un anus artificiel, temporaire ou permanent. – De *entéro-*, et gr. *stoma*, « bouche, embouchure ».

entérovaccin [ɑ̃teʀovaksɛ̃] n. m. MED Vaccin administré par voie buccale et absorbé par l'intestin.

enterrement [ɑ̃tɛʀmɑ̃] n. m. **1.** Action de mettre un mort en terre. *Procéder à l'enterrement des cadavres.* Syn. inhumation. **2.** Ensemble des cérémonies funéraires qui accompagnent un enterrement. *Un enterrement civil, religieux.* ▷ Fig., fam. *Faire, avoir une tête d'enterrement :* avoir l'air triste. **3.** Convoi funèbre. *Regarder passer un enterrement.* **4.** Fig. Fait de laisser tomber dans l'oubli. *L'enterrement d'une affaire.* – De *enterrer.*

enterrer [ɑ̃teʀe] v. tr. [1] **1.** Inhumer, mettre (un corps) en terre. *Après la bataille, il fallut enterrer les morts.* **2.** Assister aux obsèques de. *Je suis allé enterrer un ami.* ▷ Loc. fig. *Il nous enterrera tous :* il nous survivra. ▷ *Enterrer sa vie de garçon :* pour un jeune homme, passer une dernière soirée avant de se marier, en faisant la fête avec ses amis. **3.** Enfouir dans la terre. *Enterrer une canalisation.* ▷ *Par ext.* Recouvrir par amoncellement. *Les locataires ont été enterrés sous les décombres de l'immeuble.* **4.** Fig. Laisser tomber dans l'oubli. *Enterrer un projet.* **5.** v. pron. Se retirer. *Il est allé s'enterrer à la campagne.* – De *en-*, et *terre.*

entêtant, ante [ɑ̃tetɑ̃, ɑ̃t] adj. Qui entête. *Odeur entêtante.* – Ppr. de *entêter.*

en-tête [ɑ̃tɛt] n. m. Inscription imprimée ou gravée, à la partie supérieure de papiers utilisés pour la correspondance. *Utiliser le papier à en-tête d'une administration. Des en-têtes.*

entêté, ée [ɑ̃tete] adj. et n. Qui a l'habitude de s'entêter, obstiné. *Un enfant entêté.* Syn. têtu. ▷ Subst. *C'est un entêté.* – Pp. de *entêter.*

entêtement [ɑ̃tɛtmɑ̃] n. m. Fait de s'entêter. *Faire preuve d'entêtement. Agir avec entêtement.* ▷ Caractère d'une personne entêtée. – De *entêter.*

entêter [ɑ̃tete] **1.** v. tr. [1] Étourdir par des émanations qui montent à la tête. *Le parfum entête.* **2.** v. pron. Persister dans ses résolutions sans tenir compte des circonstances. *Malgré les conseils, il s'entête à partir.* Syn. s'obstiner. – De *en-*, et *tête.*

enthalpie [ɑ̃talpi] n. f. PHYS Grandeur thermodynamique (H), définie par la relation $H = U + PV$ (U : énergie interne, P : pression, V : volume). *La quantité de chaleur reçue par un système qui évolue à pression constante est égale à sa variation d'enthalpie.* – De *en-*, et gr. *thalpein*, « chauffer ».

enthousiasmant, ante [ɑ̃tuzjasmɑ̃, ɑ̃t] adj. Qui provoque l'enthousiasme. *Une nouvelle enthousiasmante.* – Ppr. de *enthousiasmer.*

enthousiasme [ɑ̃tuzjasm] n. m. **1.** ANTIQ Exaltation extraordinaire que l'on croyait d'inspiration divine. *L'enthousiasme prophétique.* **2.** Litt. Exaltation des facultés de l'âme et de l'esprit, chez l'artiste, l'écrivain, le créateur, sous l'effet de l'inspiration. *Enthousiasme poétique.* ▷ Cour. *Travailler sans enthousiasme,* sans entrain. **3.** Émotion intense se traduisant par de grandes démonstrations de joie. *Mouvements, débordements d'enthousiasme.* **4.** Admiration manifestée avec ardeur. *Parler d'un auteur avec enthousiasme.* – Gr. *enthousiasmos*, « transport divin », de *entheos*, *enthous*, « de dieu ».

enthousiasmer [ɑ̃tuzjasme] **1.** v. tr. [1] Provoquer l'enthousiasme de. *Cette œuvre m'a enthousiasmé.* **2.** v. pron. Devenir enthousiaste. *S'enthousiasmer pour un projet.* – De *enthousiasme.*

enthousiaste [ɑ̃tuzjast] adj. et n. Qui ressent ou manifeste de l'enthousiasme. *Un accueil enthousiaste.* – De *enthousiasme.*

enthymème [ɑ̃timɛm] n. m. LOG Syllogisme réduit à deux propositions. *« Je suis homme ; je suis donc sujet à l'erreur » est un enthymème dans lequel la proposition « or, tout homme est sujet à l'erreur » est sous-entendue.* – Lat. d'orig. gr. *enthymema.*

entichement [ɑ̃tiʃmɑ̃] n. m. Rare Fait de s'enticher. Syn. engouement. – De *enticher.*

enticher [ɑ̃tiʃe] **1.** v. tr. [1] Litt. *Enticher qqn de,* lui inspirer un attachement déraisonnable pour. *Qui l'a entiché de cette opinion ?* – Cour. Pp. adj. *Entiché de :* immodérément attaché à. *Un jeune homme entiché de sport.* **2.** v. pron. *S'enticher de :* se prendre d'un grand attachement, d'un attachement excessif pour. *Elle s'est entichée de cet inconnu.* – De l'anc. v. *entechier*, de *teche*, var. de *tache.*

entier, ère [ɑ̃tje, ɛʀ] adj. et n. m. **1.** adj. (Après le nom.) À quoi rien ne manque. *Une boîte de gâteaux entière.* Syn. complet. Ant. entamé. – *Cheval entier,* qui n'a pas été castré. Ant. cheval hongre. ▷ MATH *Nombre entier :* nombre formé d'une somme d'unités (par oppos. à *nombre fractionnaire, décimal,* etc.). – *Partie entière d'un nombre,* celle qui se trouve à gauche de la virgule (par oppos. à la *partie décimale*). ▷ n. m. *Un entier :* un nombre entier. *L'ensemble des entiers naturels,* noté N (0, 1, 2, 3...). *L'ensemble des entiers relatifs,* noté Z (..., −2, − 1, 0, + 1, + 2,...). **2.** adj. (Après le nom.) Dans toute son étendue. *Connaître l'œuvre entière d'un auteur.* – Dans toute la durée. *Attendre une heure entière, une année entière.* – *Payer place entière,* sans réduction de prix. ▷ *Tout entier :* absolument entier. *La ville tout entière s'est déplacée pour voir la course.* – *Se donner tout entier à qqch,* y consacrer tout son temps, toute son ardeur. ▷ Loc. *Dans son (leur, etc.) entier* ou *en entier :* en totalité. *Traiter un problème en entier.* **3.** (Avant ou après le nom.) Absolu, sans réserve. *Laisser à qqn une entière liberté. Avoir en qqn une confiance pleine et entière.* **4.** (Après le nom.) D'un caractère tranché, peu enclin aux nuances. *C'est un homme entier.* – Du lat. *integer*, « non touché ».

entièrement [ɑ̃tjɛʀmɑ̃] adv. Tout à fait, complètement. *Une maison entièrement détruite.* Syn. totalement. – De *entier.*

entité [ɑ̃tite] n. f. PHILO **1.** Ce qui constitue l'essence d'un être, d'une chose. **2.** Objet de pensée qui existe en soi, en dehors de tout contexte. – Lat. scolast. *entitas*, de *ens*, *entis*, ppr. de *esse*, « être ».

entoilage [ɑ̃twalaʒ] n. m. **1.** Action d'entoiler. **2.** Toile ayant servi à entoiler. – De *entoiler.*

entoiler [ɑ̃twale] v. tr. [1] **1.** Fixer sur une toile. *Entoiler une carte de géographie.* **2.** Garnir de toile. *Entoiler une brochure,* pour la relier. – De *en-*, et *toile.*

entôlage [ɑ̃tolaʒ] n. m. Arg. ou pop. Action, fait d'entôler qqn. – De *entôler.*

entôler [ɑ̃tole] v. tr. [1] Arg. En parlant d'une prostituée, voler (un client). ▷ Pop. Voler, rouler. – De *en-*, et *tôle*, en arg. «chambre».

entolome [ɑ̃tɔlɔm] n. m. Champignon basidiomycète forestier (genre *Entoloma*, fam. agaricacées) à lamelles et spores roses, sans volve ni anneau (certaines espèces sont comestibles, une très toxique). *L'entolome livide est vénéneux.* – Du gr. *entos*, «à l'intérieur», et *lôma*, «bordure».

entomo-. Élément, du gr. *entomon*, «insecte».

entomologie [ɑ̃tɔmɔlɔʒi] n. f. Partie de la zoologie qui traite des insectes. – De *entomo-*, et *-logie*.

entomologique [ɑ̃tɔmɔlɔʒik] adj. Qui a rapport à l'entomologie. – De *entomologie*.

entomologiste [ɑ̃tɔmɔlɔʒist] n. Spécialiste de l'entomologie. – De *entomologie*.

entomophage [ɑ̃tɔmɔfaʒ] adj. Didac. Qui se nourrit d'insectes. *Oiseau entomophage.* Syn. insectivore. *Les plantes entomophages*, ou *plantes carnivores*. – De *entomo-*, et *-phage*.

entomophile [ɑ̃tɔmɔfil] adj. BOT Qualifie les plantes (orchidées, sauges, etc.) dont la pollinisation est assurée par les insectes. – De *entomo-*, et *-phile*.

entomostracés [ɑ̃tɔmɔstʀase] n. m. pl. ZOOL Sous-classe de crustacés, planctoniques pour la plupart, dépourvus d'appendices abdominaux, qui comprend notam. les branchiopodes, les cirripèdes et les copépodes. – Sing. *Un entomostracé.* – Du gr. *entomos*, «coupé», et *ostrakhon*, «coquille».

entonnage [ɑ̃tɔnaʒ], **entonnement** [ɑ̃tɔnmɑ̃] n. m., ou **entonnaison** [ɑ̃tɔnɛzɔ̃] n. f. TECH Mise en tonneau (d'un liquide). – De *entonner* 1.

1. entonner [ɑ̃tɔne] v. tr. [1] Mettre en tonneau. ▷ Fig., fam. Manger goulûment. *Entonner la nourriture comme un goinfre. Entonner une énorme part de gâteau.* – De *en-*, et *tonne*.

2. entonner [ɑ̃tɔne] v. tr. [1] Commencer à chanter. *Entonner la Marseillaise.* – Fig. *Entonner les louanges de qqn.* – De *en-*, et *ton*.

entonnoir [ɑ̃tɔnwaʀ] n. m. **1.** Instrument de forme conique servant à verser un liquide dans un récipient à goulot étroit. ▷ *En entonnoir* : en forme d'entonnoir. **2.** Excavation produite dans le sol par l'explosion d'une mine, d'un obus. – De *entonner* 1.

entorse [ɑ̃tɔʀs] n. f. **1.** Lésion douloureuse par élongation ou déchirure d'un ou des ligaments d'une articulation, due à un traumatisme et accompagnée d'un œdème. *Une entorse à la cheville.* **2.** Fig. *Faire une entorse à* : contrevenir exceptionnellement à. *Faire une entorse au règlement.* – De l'a. fr. *entordre*, «tordre».

entortillement [ɑ̃tɔʀtijmɑ̃] ou **entortillage** [ɑ̃tɔʀtijaʒ] n. m. Action de s'entortiller; état de ce qui est entortillé. – De *entortiller*.

entortiller [ɑ̃tɔʀtije] **I.** v. tr. [1] **1.** Envelopper dans qqch que l'on tortille. *Entortiller des bonbons dans du papier.* **2.** Enrouler (qqch) autour d'un objet. *Entortiller une ficelle autour d'un paquet.* **3.** Fig. *Entortiller qqn*, l'amener insidieusement à faire ce que l'on désire. **4.** Fig. Rendre obscur par l'emploi de circonlocutions, de périphrases. *Entortiller une réponse. Des phrases entortillées.* **II.** v. pron. **1.** S'enrouler. *Serpent qui s'entortille autour d'une branche.* ▷ Fam. S'envelopper. *S'entortiller dans son manteau.* **2.** Fig. S'embrouiller. *S'entortiller dans ses explications.* – De *entort*, pp. de l'a. fr. *entordre*, «tordre».

entour [ɑ̃tuʀ] n. m. Litt. Plur. *Les entours* : les environs. *Les entours d'une place.* ▷ Loc. adv. *À l'entour* : alentour. ▷ Loc. prép. *À l'entour de* : dans les environs de.

entourage [ɑ̃tuʀaʒ] n. m. **1.** Ce qui entoure pour protéger, orner, etc. *L'entourage d'un massif.* **2.** Ensemble des personnes qui vivent habituellement auprès de qqn. *Avoir de bons rapports avec son entourage.* – De *entourer*.

entouré, ée [ɑ̃tuʀe] adj. Recherché, admiré ou aidé par de nombreuses personnes. – Pp. de *entourer*.

entourer [ɑ̃tuʀe] v. tr. [1] **1.** Être autour de, enceindre. *Les murs qui entourent le jardin.* – *L'ennemi entoure la ville*, la cerne. **2.** Mettre, disposer autour de. *Entourer son cou d'une écharpe.* **3.** Former l'environnement, l'entourage de (qqn). *Les gens qui nous entourent.* **4.** Aider (qqn), être prévenant, attentionné envers lui. **5.** v. pron. *S'entourer de* : réunir autour de soi. *S'entourer d'amis.* – Fig. *S'entourer de précautions.* – De *entour*.

entourloupe [ɑ̃tuʀlup] n. f. Fam. Abrév. de *entourloupette*.

entourloupette [ɑ̃tuʀlupɛt] n. f. Fam. Mauvais tour; tromperie. *Faire une entourloupette à qqn.* – De l'arg. *ent(o)urer*, «duper», p.-ê d'apr. *envelopper*, «circonvenir».

entournure [ɑ̃tuʀnyʀ] n. f. Emmanchure. *Veste qui gêne aux entournures.* ▷ Fig. *Être gêné aux entournures* : ne pouvoir agir à sa guise; avoir des difficultés financières. – De l'a. fr. *entourner*, «se tenir autour».

entr(e)-. Préf., du lat. *inter.* **1.** Exprimant l'espace, l'intervalle qui sépare deux choses. Ex. : *entracte.* **2.** Exprimant la réciprocité. Ex. : *s'entraider, s'entrechoquer.* **3.** Exprimant une action qui ne se fait qu'incomplètement. Ex. : *entrebâiller, entr'apercevoir.*

entracte [ɑ̃tʀakt] n. m. Intervalle qui sépare un acte d'un autre dans la représentation d'une pièce de théâtre, une partie d'une autre dans un spectacle. ▷ Fig. Temps de repos, d'interruption. *Se ménager un entracte dans une journée de travail.*

entraide [ɑ̃tʀɛd] n. f. Action de s'entraider; son résultat. *Comité d'entraide.* – Déverbal de *entraider*.

entraider (s') [ɑ̃tʀede] v. pron. [1] S'aider mutuellement.

entrailles [ɑ̃tʀɑj] n. f. pl. **1.** Ensemble des viscères renfermés dans l'abdomen et dans la poitrine de l'homme et de l'animal; intestins, boyaux. *Les Anciens cherchaient des présages dans les entrailles de certains animaux.* **2.** Litt. Sein de la mère. *Le fruit de vos entrailles* : votre enfant. **3.** Litt. Lieux les plus profonds. *Les entrailles de la Terre.* **4.** Fig., litt. Cœur, siège de la sensibilité, de l'affection. *La nouvelle lui avait profondément remué les entrailles. Être sans entrailles*, sans cœur, incapable d'affection, de tendresse. – Du bas lat. *intralia*, «ce qui est à l'intérieur», class. *interanea*.

entrain [ɑ̃tʀɛ̃] n. m. **1.** Gaieté franche et communicative. *Avoir de l'entrain. Être plein d'entrain.* **2.** Zèle, ardeur. *Travailler avec entrain.* **3.** Vivacité, mouvement. *Comédie pleine d'entrain.* – De la loc. *être en train*.

entraînant, ante [ɑ̃tʀenɑ̃, ɑ̃t] adj. Qui entraîne par sa vivacité communicative. *Musique entraînante.* – Ppr. de *entraîner*.

entraînement [ɑ̃tʀɛnmɑ̃] n. m. **1.** Action d'entraîner. *Céder à l'entraînement des passions.* **2.** MECA Communication du mouvement d'un mécanisme moteur. *Courroie d'entraînement du ventilateur d'une voiture.* **3.** Préparation (d'un homme, d'un animal) à une épreuve sportive. *L'entraînement d'un boxeur.* ▷ *Par ext.* Préparation à un exercice quelconque. *Manquer d'entraînement pour un travail.* – De *entraîner*.

entraîner [ɑ̃tʀene] v. tr. [1] **I. 1.** Traîner avec soi (qqch). *Avalanche qui entraîne tout sur son passage.* **2.** Emmener, conduire (qqn) par la force. *Les agents l'entraînèrent au poste.* ▷ Conduire (qqn) avec soi. *Il l'avait entraîné un peu à l'écart et lui parlait à l'oreille.* – Fig. *Ce sont des escrocs qui l'ont entraîné dans cette affaire.* **3.**

Pousser (qqn) à faire (qqch) en exerçant une pression sur son esprit, sur sa volonté. *Entraîner qqn au mal. Il s'est laissé entraîner par la colère.* **4.** Avoir pour résultat, pour conséquence nécessaire. *Les maux que la guerre entraîne. La proposition A entraîne la proposition B.* **II.** MECA Mettre en mouvement (qqch). *Moteur électrique qui entraîne un mécanisme.* – *Spécial.* Communiquer le mouvement d'un mécanisme moteur à. *Un galet entraîne le plateau de l'électrophone.* **III.** SPORT **1.** Préparer (un homme, un animal) à une compétition. *Entraîner un cheval.* – *Par ext.* Préparer (qqn) à un exercice quelconque. **2.** v. pron. Pratiquer un entraînement sportif. *Il s'est entraîné sérieusement avant le championnat.* ▷ *S'entraîner à* : s'exercer à. *S'entraîner au tir. S'entraîner à taper à la machine.* – Sens I et II, de *en-*, et *traîner.* Sens III, d'apr. l'angl. *to train*, « dresser ».

entraîneur [ɑ̃tʀɛnœʀ] n. m. **1.** Celui qui entraîne des chevaux de course. ▷ Celui qui entraîne des sportifs. *L'entraîneur d'une équipe de football.* **2.** *Entraîneur d'hommes* : celui qui est apte à entraîner beaucoup de gens, à emporter leur adhésion. *Un orateur brillant, un remarquable entraîneur d'hommes.* – De *entraîner.*

entraîneuse [ɑ̃tʀɛnøz] n. f. Femme qui, dans un cabaret, un dancing, entraîne les clients à consommer, à danser. – De *entraîneur.*

entrait [ɑ̃tʀɛ] n. m. CONSTR Pièce de charpente horizontale à la base d'une ferme*, qui soutient les arbalétriers. – Pp. subst. de l'anc. v. *entraire*, « attirer », de *traire*, « tirer ».

entrant, ante [ɑ̃tʀɑ̃, ɑ̃t] adj. et n. Qui entre (dans un corps, un groupe). *Les députés entrants* : ceux qui viennent d'être élus. ▷ Subst. (Surtout au plur.) *Les entrants et les sortants.* – Ppr. de *entrer.*

entrapercevoir ou **entr'apercevoir** [ɑ̃tʀapɛʀsəvwaʀ] v. tr. [4] Apercevoir à peine, fugitivement. *Je l'ai entraperçu, il avait l'air pressé.* ▷ v. pron. *Ils se sont entraperçus de loin.* – De *entr(e)-*, et *apercevoir.*

entrave [ɑ̃tʀav] n. f. **1.** Lien que l'on attache aux jambes de certains animaux pour les empêcher de s'éloigner, de ruer. *Mettre des entraves à un cheval.* – Par ext. *Prisonnier chargé d'entraves.* **2.** Fig. Ce qui gêne, ce qui asservit. *Se libérer des entraves de la dictature.* – Déverbal de *entraver* 1.

entravé, ée [ɑ̃tʀave] adj. **1.** À qui l'on a mis des entraves. *Cheval entravé.* – Fig. *Libertés entravées.* **2.** *Jupe entravée*, très resserrée dans le bas. **3.** PHON *Voyelle entravée*, suivie de deux consonnes dont la première forme syllabe avec elle (comme dans *par-tir*). – Pp. de *entraver* 1.

1. entraver [ɑ̃tʀave] v. tr. [1] **1.** Mettre des entraves à (un animal). *Entraver un cheval.* **2.** Fig. Gêner, retarder. *Entraver le cours de la justice.* – De *en-*, et a. fr. *tref*, « poutre »; du lat. *trabs.*

2. entraver [ɑ̃tʀave] v. tr. [1] Pop. Comprendre. *J'y entrave que dalle, à ton truc.* – Altér. de l'anc. v. *enterver*, « comprendre »; du lat. *interrogare.*

entraxe [ɑ̃tʀaks] n. f. TECH Distance entre les axes de deux voies ferrées voisines ou entre deux essieux.

entre-. V. entr(e)-.

entre [ɑ̃tʀ] prép. **1.** Dans l'espace qui s'étend d'un lieu à un autre. *Distance entre deux villes.* ▷ Dans l'espace qui sépare deux personnes, deux choses. *Le jardin s'étendait entre la maison et le chemin. Entre parenthèses.* **2.** Dans l'intervalle qui sépare deux états, deux situations. *Entre la vie et la mort. Flotter entre l'impatience et la crainte.* – Loc. *Entre deux âges* : à l'âge mûr. – *Entre chien et loup* : V. chien. **3.** Dans un intervalle de temps. *Venez entre midi et deux heures.* **4.** Parmi (les éléments d'un ensemble). *Quel est le meilleur d'entre eux?* – Loc. *Entre autres, entre autres choses* : particulièrement, parmi d'autres personnes, d'autres choses que l'on évoque. *Il y a plusieurs responsables, vous, entre autres.* ▷ Au milieu de. *S'étendre entre les fleurs.* – Loc. *Entre nous* : de manière confidentielle; en tête à tête. *Entre nous, qu'en avez-vous fait? Venez ce soir, nous en parlerons entre nous.* **5.** (Exprimant la réciprocité.) *Ils se livraient entre eux à des guerres sans merci.* **6.** (Exprimant une relation, un rapport de comparaison, d'opposition, etc.) *Comparer deux objets entre eux.* – Lat. *inter.*

entrebâillement [ɑ̃tʀəbajmɑ̃] n. m. Espace laissé par ce qui est entrebâillé. *Apercevoir qqn dans l'entrebâillement d'une porte.* – De *entrebâiller.*

entrebâiller [ɑ̃tʀəbaje] v. tr. [1] Ouvrir à demi. *Entrebâiller une porte.* – Pp. adj. *Une fenêtre entrebâillée.*

entre-bande [ɑ̃tʀəbɑ̃d] n. f. TECH Chaque extrémité d'une pièce d'étoffe. *Des entre-bandes.*

entrechat [ɑ̃tʀəʃa] n. m. CHOREGR Saut léger pendant lequel le danseur croise ou entrechoque les pieds rapidement et à plusieurs reprises. ▷ Cour. Saut. *Un enfant qui gambade et fait des entrechats.* – De l'ital. *capriola intrecciata*, « saut entrelacé », d'apr. *chasser* (cf. chassé-croisé).

entrechoquement [ɑ̃tʀəʃɔkmɑ̃] n. m. Choc réciproque. – De *entrechoquer.*

entrechoquer [ɑ̃tʀəʃɔke] v. tr. [1] Choquer, heurter l'un contre l'autre. ▷ v. pron. *Évitez que les verres ne s'entrechoquent.* – Fig. *Les souvenirs s'entrechoquaient dans sa tête.*

entrecolonne [ɑ̃tʀəkɔlɔn] ou **entrecolonnement** [ɑ̃tʀəkɔlɔnmɑ̃] n. m. ARCHI Intervalle entre deux colonnes.

entrecôte [ɑ̃tʀəkot] n. f. Morceau de viande de bœuf coupé dans le train de côtes après désossage. *Une entrecôte grillée.*

entrecouper [ɑ̃tʀəkupe] **1.** v. tr. [1] Couper, interrompre en divers endroits. *Entrecouper un discours d'éclats de rire.* **2.** v. pron. Se couper mutuellement. *Lignes qui s'entrecoupent.*

entrecroisement [ɑ̃tʀəkʀwazmɑ̃] n. m. Disposition de choses qui s'entrecroisent. – De *entrecroiser.*

entrecroiser [ɑ̃tʀəkʀwaze] v. tr. [1] Croiser ensemble en divers sens. ▷ v. pron. *Lignes qui s'entrecroisent.*

entrecuisse [ɑ̃tʀəkɥis] n. m. Espace entre les cuisses.

entredéchirer (s') ou **entre-déchirer (s')** [ɑ̃tʀədeʃiʀe] v. pron. [1] Litt. Se déchirer l'un l'autre.

entre-deux [ɑ̃tʀədø] n. m. inv. **1.** Vieilli Partie, espace entre deux choses. *Dans l'entre-deux des fenêtres.* ▷ Fig. Solution intermédiaire, terme entre deux extrêmes. *Ils ont réussi à négocier un entre-deux.* **2.** Console placée entre deux fenêtres. **3.** Bande de dentelle ou de broderie ornant la lingerie.

entre-deux-guerres [ɑ̃tʀədøgɛʀ] n. m. inv. Période entre les deux guerres mondiales (1918-1939).

entredévorer (s') ou **entre-dévorer (s')** [ɑ̃tʀədevɔʀe] v. pron. [1] Se dévorer mutuellement.

entrée [ɑ̃tʀe] n. f. **1.** Action d'entrer. **2.** Lieu par où l'on entre. *Porte d'entrée. Entrée des artistes*, dans un théâtre. – *Par ext.* Vestibule. *Voulez-vous attendre dans l'entrée?* ▷ Fig. MATH *Tableau à double entrée*, donnant la valeur de chacun des éléments situés à l'intersection d'une ligne et d'une colonne. – Par anal. *Entrées d'un dictionnaire, d'une encyclopédie* : mots distingués typographiquement (caractère gras le plus souvent), qui, placés en tête des articles, leur servent d'adresse. *La liste des entrées d'un dictionnaire constitue sa nomenclature.* ▷ *Entrée d'un fichier informatique.* **3.** Accession d'une personne au sein d'une communauté, d'un corps, d'une collectivité, etc. *L'entrée d'un écrivain à l'Académie.* ▷ Accession à un titre, un rang, une charge. *Entrée en fonction.* **4.** Faculté, possibilité d'entrer. *Entrée inter-*

dite au public. – *Par ext.* Faculté d'être admis. *Avoir ses entrées, ses petites et ses grandes entrées, quelque part* (ou *chez qqn*). **5.** Action de faire entrer, introduction. *L'entrée des marchandises étrangères sur le territoire national.* ▷ INFORM *Entrée/sortie :* transfert d'information entre une mémoire centrale et un périphérique. **6.** Droit d'accès à un spectacle. *Avoir des entrées gratuites pour l'Opéra.* **7.** Commencement d'une chose. *L'entrée de l'hiver.* ▷ Loc. adv. Vieilli *D'entrée.* – Mod. *D'entrée de jeu :* dès le début, d'emblée. ▷ CUIS Mets servi entre les hors-d'œuvre et les rôtis. – Cour. Ce que l'on sert au début du repas. *Prendre des crudités en entrée.* – Pp. fém. subst. de *entrer.*

entrefaites [ɑ̃tʀəfɛt] n. f. pl. Loc. *Sur ces entrefaites :* à ce moment-là. – Pp. de l'anc. v. *entrefaire,* «faire dans l'intervalle».

entrefer [ɑ̃tʀəfɛʀ] n. m. ELECTR Coupure dans un circuit magnétique.

entrefilet [ɑ̃tʀəfilɛ] n. m. Court article de journal.

entregent [ɑ̃tʀəʒɑ̃] n. m. Manière habile de se conduire, de nouer des relations utiles.

entr'égorger (s') [ɑ̃tʀegɔʀʒe] v. pron. [13] S'égorger mutuellement.

entre-jambe ou **entrejambe** [ɑ̃tʀəʒɑ̃b] n. m. **1.** Partie de la culotte ou du pantalon qui se trouve entre les jambes. **2.** TECH Espace compris entre les deux pieds d'un meuble. *Des entre-jambes.*

entrelacement [ɑ̃tʀəlasmɑ̃] n. m. État de choses entrelacées. – De *entrelacer.*

entrelacer [ɑ̃tʀəlase] v. tr. [12] Enlacer l'un dans l'autre. ▷ v. pron. *Des branches qui s'entrelacent.*

entrelacs [ɑ̃tʀəlɑ] n. m. Ornement constitué de motifs entrelacés. – Déverbal de *entrelacer.*

entrelarder [ɑ̃tʀəlaʀde] v. tr. [1] **1.** CUIS Piquer (une viande) de lard. *Entrelarder un filet de bœuf.* **2.** Fig. Entremêler. *Entrelarder un discours de citations.*

entremêlement [ɑ̃tʀəmɛlmɑ̃] n. m. Action d'entremêler; état de choses entremêlées. – De *entremêler.*

entremêler [ɑ̃tʀəmele] v. tr. [1] Mêler plusieurs choses. *Entremêler des fils de laine et de coton.* ▷ v. pron. *Motifs géométriques qui s'entremêlent.*

entremets [ɑ̃tʀəmɛ] n. m. Plat sucré que l'on sert avant le dessert ou qui, le plus souvent, en tient lieu.

entremetteur, euse [ɑ̃tʀəmɛtœʀ, øz] n. (Surtout au fém.) Péjor. Personne qui sert d'intermédiaire dans une intrigue galante; proxénète. – De *entremettre.*

entremettre (s') [ɑ̃tʀəmɛtʀ] v. pron. [60] Intervenir dans une affaire intéressant d'autres personnes que soi afin de faciliter leur rapprochement. *S'entremettre dans une affaire délicate.*

entremise [ɑ̃tʀəmiz] n. f. Action de s'entremettre. – Loc. prép. *Par l'entremise de :* par l'intervention, l'intermédiaire de. *Obtenir qqch par l'entremise de qqn.* – Pp. fém. subst. de *entremettre.*

entre-nœud [ɑ̃tʀənø] n. m. BOT Portion de tige comprise entre deux nœuds. *Des entre-nœuds.*

entrepont [ɑ̃tʀəpɔ̃] n. m. MAR Intervalle, étage compris entre deux ponts, dans un navire.

entreposage [ɑ̃tʀəpozaʒ] n. m. Action d'entreposer. – De *entreposer.*

entreposer [ɑ̃tʀəpoze] v. tr. [1] Déposer dans un entrepôt. *Entreposer des balles de coton.* – *Par ext.* Mettre en dépôt, déposer. *Entreposer du vin dans une cave.*

entreposeur [ɑ̃tʀəpozœʀ] n. m. Celui qui tient ou garde un entrepôt. – *Spécial.* Agent chargé de garder ou de vendre des marchandises dont le gouvernement a le monopole. *Entreposeur de tabac.* – De *entreposer.*

entrepositaire [ɑ̃tʀəpozitɛʀ] n. m. Celui qui entrepose des marchandises ou les reçoit en dépôt. – De *entreposer,* d'apr. *dépositaire.*

entrepôt [ɑ̃tʀəpo] n. m. Lieu, bâtiment où l'on dépose des marchandises. ▷ *Spécial.* Magasin public où des marchandises importées peuvent être déposées sans avoir à acquitter des droits de douane (perçus seulement lors de l'introduction de ces marchandises sur le marché intérieur). – Déverbal de *entreposer.*

entreprenant, ante [ɑ̃tʀəpʀənɑ̃, ɑ̃t] adj. Hardi, audacieux dans ses projets. *Un commerçant fort entreprenant.* – *Spécial.* Hardi auprès des femmes. *Un garçon fort entreprenant.* – Ppr. de *entreprendre.*

entreprendre [ɑ̃tʀəpʀɑ̃dʀ] v. tr. [74] **1.** Se décider à faire une chose et s'engager dans son exécution. *Entreprendre des travaux. Entreprendre de faire qqch.* **2.** Fam. Chercher à gagner, à séduire qqn. ▷ *Entreprendre qqn sur une question,* l'en entretenir.

entrepreneur, euse [ɑ̃tʀəpʀənœʀ, øz] n. **1.** Celui qui se charge d'effectuer certains travaux pour autrui, et partic. des travaux de construction. *Un entrepreneur de plomberie, de travaux publics.* **2.** Chef d'entreprise. *Responsabilité dont la charge incombe à l'entrepreneur.* – De *entreprendre.*

entreprise [ɑ̃tʀəpʀiz] n. f. **1.** Ce que l'on veut entreprendre; mise à exécution d'un projet. *Il faudra du temps pour mener à bien une telle entreprise.* **2.** DR Engagement à faire, à fournir qqch. *Contrat d'entreprise.* ▷ *Donner, mettre à l'entreprise,* en adjudication. **3.** ECON Cour. Unité économique de production à but commercial (biens et services). *Entreprise de transports. Entreprise privée, individuelle. Entreprise publique,* contrôlée par l'État ou les collectivités publiques. **4.** Attaque, action (contre qqn ou qqch). *Une entreprise inadmissible contre la liberté d'association.* – Pp. fém. subst. de *entreprendre.*

entrer [ɑ̃tʀe] v. [1] **I.** v. intr. **1.** Passer du dehors au dedans (d'un lieu). *Entrer dans une ville. Bateau qui entre dans le port.* ▷ Fam. (Se dit d'un véhicule.) *Entrer dans un arbre,* le percuter. **2.** (Choses) Pénétrer. *Clef qui n'entre pas dans la serrure.* **3.** Commencer à être dans (tel état, telle situation). – *Entrer en religion, en convalescence. Entrer en concurrence avec qqn.* **4.** Commencer à faire partie (d'un groupe, d'une collectivité). *Entrer dans une entreprise, une administration.* – *Entrer en religion, dans les ordres :* embrasser la vie religieuse, le sacerdoce. **5.** Être au commencement de. *Entrer dans l'hiver. Il entre dans sa cinquième année.* **6.** Être employé (dans la composition de). *Les produits qui entrent dans la formule de ce médicament.* – Fig. Être un élément de. *Cela n'entre en rien dans ma détermination.* **7.** Pénétrer par l'esprit; comprendre, partager. *Entrer dans les vues de qqn,* les partager, y adhérer. **II.** v. tr. **1.** Faire entrer (qqch). *Entrer du tabac en contrebande.* **2.** INFORM Introduire (des données) dans un ordinateur; les valider. – Lat. *intrare.*

entresol [ɑ̃tʀəsɔl] n. m. Étage à plafond bas situé entre le rez-de-chaussée et le premier étage. – Esp. *entresuelo,* de *suelo,* «sol, plancher».

entre-temps [ɑ̃tʀətɑ̃] loc. adv. Pendant ce temps, dans cet intervalle. – Altér. de l'a. fr. *entretant,* par attract. de *temps.*

entretenir [ɑ̃tʀətniʀ] v. tr. [36] **I. 1.** Maintenir en bon état. *Entretenir un jardin.* ▷ Faire durer. *Petites attentions qui entretiennent l'amitié.* – *Entretenir une correspondance avec qqn.* ▷ v. pron. Prendre soin de soi. *Elle s'entretient en bonne santé.* **2.** Fournir de quoi subsister à, subvenir aux dépenses de. *Entretenir ses enfants.* – Spécial. *Entretenir une femme* (dont on est l'amant). **II.** *Entretenir qqn de,* avoir avec lui une conversation sur. *Je voulais vous entretenir de cette affaire.* ▷ v. pron. *Elle s'est entretenue de cette question avec moi.*

entretenu, ue [ɑ̃tʀətny] adj. **1.** Maintenu dans tel état. *Maison bien, mal entretenue.* - *Absol.* Bien entretenu. *Jardin entretenu.* **2.** Maintenu dans le même état. - PHYS *Ondes entretenues,* que l'on soumet à des impulsions de même fréquence pour qu'elles conservent leur amplitude. **3.** Aux dépenses de qui qqn subvient. *Il est entretenu par sa famille. Femme entretenue* (par un amant). – Pp. de *entretenir.*

entretien [ɑ̃tʀətjɛ̃] n. m. **I. 1.** Action de maintenir en bon état; dépense qu'exige cette conservation. *L'entretien d'un bâtiment.* **2.** Ce qui est nécessaire à la subsistance, à l'habillement. *Dépenses d'entretien.* **II.** Conversation, entrevue. *J'ai eu un entretien avec le directeur.* – Déverbal de *entretenir.*

entretoise [ɑ̃tʀətwaz] n. f. TECH Pièce (d'une charpente, d'un meuble, etc.) qui relie deux autres pièces en les maintenant écartées l'une de l'autre. – De *entre-,* et a. fr. *toise,* «pièce de bois».

entretoisement [ɑ̃tʀətwazmɑ̃] n. m. TECH Action d'entretoiser. – De *entretoiser.*

entretoiser [ɑ̃tʀətwaze] v. tr. [1] TECH Raidir au moyen d'entretoises. – De *entretoise.*

entretuer (s') ou **entre-tuer (s')** [ɑ̃tʀətɥe] v. pron. [1] Se tuer l'un l'autre, les uns les autres.

entrevoie [ɑ̃tʀəvwa] n. f. Espace qui sépare deux voies de chemin de fer.

entrevoir [ɑ̃tʀəvwaʀ] v. tr. [46] **1.** Voir imparfaitement, en passant. ▷ v. pron. *Nous nous sommes entrevus une fois,* rencontrés fugitivement une fois. **2.** Fig. Concevoir, prévoir de manière imprécise. *Entrevoir des difficultés.*

entrevous [ɑ̃tʀəvu] n. m. CONSTR Intervalle entre deux solives. ▷ Espace entre deux poteaux d'une cloison, garni de briques, de plâtre. – De *entre-,* et a. fr. *vous,* «voûté».

entrevoûter [ɑ̃tʀəvute] v. tr. [1] CONSTR Garnir (les entrevous) avec un matériau de remplissage. – De *entrevous,* d'apr. *voûter.*

entrevue [ɑ̃tʀəvy] n. f. Rencontre concertée entre personnes qui doivent se parler, s'entretenir. *Entrevue diplomatique.* Syn. entretien. – Pp. fém. subst. de *entrevoir.*

entrisme [ɑ̃tʀism] n. m. Pratique politique consistant à introduire dans un groupe (parti, syndicat) de nouveaux militants en vue de modifier la ligne d'action. – De *entrer.*

entriste [ɑ̃tʀist] adj. et n. De l'entrisme, qui pratique l'entrisme. – De *entrisme.*

entropie [ɑ̃tʀɔpi] n. f. PHYS Grandeur thermodynamique S, fonction d'état d'un système, qui caractérise l'état de désordre de celui-ci. (S ne peut pas diminuer au cours d'une transformation d'un système qui n'échange pas de travail avec l'extérieur.) – Mot all., du gr. *entropia,* «retour en arrière».

entropion [ɑ̃tʀɔpjɔ̃] n. m. MED Renversement du bord de la paupière vers le globe oculaire. – Du gr. *en-,* «dans», et *tropê,* «tour».

entroque [ɑ̃tʀɔk] n. m. PALEONT Élément constitutif du squelette des crinoïdes (classe d'échinodermes) fixés. *À l'état fossile, les entroques constituent des bancs de calcaire* (dévonien et bajocien). – Du gr. *en-,* «dans», et *trokhos,* «disque».

entrouvrir [ɑ̃tʀuvʀiʀ] v. tr. [35] Ouvrir à demi, un peu. *Entrouvrir la porte.* - Pp. adj. *Fenêtre entrouverte.* ▷ v. pron. *Ses yeux se sont entrouverts.*

entuber [ɑ̃tybe] v. tr. [1] Fam. Voler, tromper, duper. – De *en-,* et *tube.*

enturbanné, ée [ɑ̃tyʀbane] adj. Qui est coiffé d'un turban. – De *en-,* et *turban.*

enture [ɑ̃tyʀ] n. f. **1.** ARBOR Fente où l'on place une ente, une greffe. **2.** TECH Assemblage de deux pièces de bois bout à bout. – De *enter.*

énucléation [enykleasjɔ̃] n. f. CHIR Extirpation d'une tumeur, d'un organe. - Cour. Ablation totale de l'œil. – Du lat. *nucleus,* «noyau».

énucléer [enyklee] v. tr. [1] Pratiquer l'énucléation de. – Lat. *enucleare,* «ôter le noyau».

énumératif, ive [enymeʀatif, iv] adj. Qui énumère. – De *énumérer.*

énumération [enymeʀasjɔ̃] n. f. Action d'énumérer. - Liste de ce qu'on énumère. – Lat. *enumeratio.*

énumérer [enymeʀe] v. tr. [14] Énoncer un à un les éléments d'un ensemble. *Énumérer les affluents de la Seine.* Syn. dénombrer, détailler. – Lat. *enumerare,* «dénombrer».

énurésie [enyʀezi] n. f. MED Incontinence d'urine, le plus souvent nocturne. – Du gr. *en-,* «dans», et *ourein,* «uriner».

énurétique [enyʀetik] adj. et n. Qui souffre d'énurésie. – De *énurésie.*

envahir [ɑ̃vaiʀ] v. tr. [2] **1.** Entrer de force dans (un territoire). *Envahir une province.* **2.** *Par ext.* Occuper entièrement, remplir. *Les eaux ont envahi les prés.* - Pp. adj. *Chambre envahie par le désordre.* ▷ Fig. *La crainte envahit son esprit.* – Du lat. *invadere,* «pénétrer dans».

envahissant, ante [ɑ̃vaisɑ̃, ɑ̃t] adj. Qui envahit; indiscret, importun. *Une personne envahissante.* – Ppr. de *envahir.*

envahissement [ɑ̃vaismɑ̃] n. m. Action, fait d'envahir; état d'une région envahie. - Fig. *L'envahissement de nos villes par l'automobile.* – De *envahir.*

envahisseur, euse [ɑ̃vaisœʀ, øz] n. et adj. Personne qui envahit. - Adj. *Les troupes envahisseuses.* – De *envahir.*

envasement [ɑ̃vazmɑ̃] n. m. Fait de s'envaser. ▷ État de ce qui est envasé. – De *envaser.*

envaser [ɑ̃vaze] v. tr. [1] Remplir de vase. ▷ v. pron. *La baie s'envase.* – De *en-,* et *vase.*

enveloppant, ante [ɑ̃vlɔpɑ̃, ɑ̃t] adj. **1.** Qui enveloppe. *Surface enveloppante.* **2.** Fig. Qui cherche à séduire, à captiver. *Des manières enveloppantes.* – Ppr. de *envelopper.*

enveloppe [ɑ̃vlɔp] n. f. **1.** Ce qui sert à envelopper. ▷ ANAT Membrane qui engaine certains organes. ▷ MATH Courbe ou surface fixe à laquelle une courbe ou une surface mobile reste toujours tangente. ▷ TECH Pièce qui contient et protège une autre pièce. *Enveloppe de pneumatique.* **2.** Fig. Forme extérieure, apparence. *De la bonté sous une enveloppe rude.* **3.** Pochette de papier dans laquelle on place une lettre, un document, pour l'expédier. *Enveloppe timbrée.* ▷ Fig. *Recevoir une enveloppe,* un pot-de-vin. **4.** Montant global maximal affecté à un poste budgétaire, au financement de qqch. – Déverbal de *envelopper.*

enveloppé, ée [ɑ̃vlɔpe] n. m. et adj. **1.** n. m. CHOREGR Rotation du corps vers le dedans sur l'une des jambes servant de pivot, l'autre jambe dessinant un mouvement enveloppant autour de la première. **2.** adj. Fig. Qui a un peu d'embonpoint. – Pp. subst. de *envelopper.*

enveloppement [ɑ̃vlɔpmɑ̃] n. m. Action d'envelopper; état de ce qui est enveloppé. - MED Action d'envelopper le corps ou une partie du corps de linges mouillés, de boue minérale, etc. *On fait parfois baisser la fièvre par des enveloppements.* – De *envelopper.*

envelopper [ɑ̃vlɔpe] v. tr. [1] **1.** Entourer, emballer au moyen d'un objet souple et mince. *Envelopper un objet dans du papier.* **2.** Environner, entourer, encercler. *Les blindés ennemis enveloppèrent notre aile gauche.* **3.** Comprendre, inclure. *Envelopper qqn dans une accusation.* **4.** Déguiser, dissimuler. *Envelopper sa pensée.* – De l'a. fr. *voloper.*

envenimement [ɑ̃vnimmɑ̃] n. m. Action d'envenimer; fait de s'envenimer. – De *envenimer.*

envenimer [ɑ̃vnime] v. tr. [1] **1.** Infecter (une blessure, une plaie). **2.** Fig. Aviver, rendre virulent. *Envenimer un conflit.* ▷ v. pron. *La discussion s'est envenimée.* – De *en-*, et *venim*, anc. forme de *venin.*

enverguer [ɑ̃vɛʀge] v. tr. [1] MAR Gréer (une voile) sur un espar (vergue, bôme ou mât). – De *en-*, et *vergue.*

envergure [ɑ̃vɛʀgyʀ] n. f. **1.** MAR Largeur d'une voile fixée sur la vergue. **2.** Mod. Distance entre les deux extrémités des ailes déployées d'un oiseau. *Le condor atteint 4 m d'envergure.* ▷ Par ext. *Envergure d'un avion, d'un planeur.* **3.** Fig. Valeur, capacité. *Un homme sans envergure.* – *D'envergure* : de grande ampleur. *Un projet d'envergure.* – De *enverguer.*

1. envers [ɑ̃vɛʀ] prép. **1.** Vx En face de. ▷ Mod. *Envers et contre tous* : malgré l'opposition de tous. **2.** Mod. À l'égard de. *Il a été très honnête envers moi.* – De *en-*, et *vers.*

2. envers [ɑ̃vɛʀ] n. m. **1.** Côté opposé à l'endroit. *L'envers d'une feuille de papier.* ▷ Fig. *L'envers du décor* : ce que cachent des apparences flatteuses. **2.** Loc. adv. *À l'envers* : dans le sens contraire, inverse du sens normal. *Mettre un vêtement à l'envers.* ▷ En désordre, de travers. *Il fait tout à l'envers.* – Lat. *inversum*, de *invertere*, «retourner».

envi (à l') [alɑ̃vi] loc. adv. À qui mieux mieux. *Ils s'appliquent à l'envi.* – De l'a fr. *envier*, «défier», lat. *invitare*, «inviter».

enviable [ɑ̃vjabl] adj. Digne d'être convoité. – De *envier.*

envie [ɑ̃vi] n. f. **1.** Sentiment de frustration, d'irritation jalouse que suscite la possession par autrui d'un bien, d'un avantage dont on est soi-même dépourvu. *Succès qui déchaîne l'envie.* **2.** Désir. *Avoir envie de voyager.* ▷ *Faire envie à* : être l'objet du désir de (qqn). *Ce bijou me fait envie.* **3.** Besoin organique. *Envie de dormir, de boire.* **4.** Cour. Tache congénitale sur la peau. Syn. nævus. **5.** Cour. Pellicule qui se détache de l'épiderme autour de l'ongle. – Du lat. *invidia*, «jalousie, désir».

envié, ée [ɑ̃vje] adj. Recherché, convoité. *Une place enviée.* – Pp. de *envier.*

envier [ɑ̃vje] v. tr. [2] **1.** *Envier qqn*, regretter de n'être pas à sa place, ou de ne pas posséder un bien, un avantage dont il jouit. **2.** *Envier qqch à qqn* : désirer qqch qu'il possède. *On vous envie votre réussite.* ▷ *N'avoir rien à envier à* : n'être en rien inférieur à. – De *envie.*

envieusement [ɑ̃vjøzmɑ̃] adv. D'une manière envieuse. – De *envieux.*

envieux, euse [ɑ̃vjø, øz] adj. Qui éprouve, dénote un sentiment d'envie (sens 1). ▷ Subst. *Les envieux.* – Du lat. *invidiosus.*

environ [ɑ̃viʀɔ̃] adv. et n. m. **1.** adv. À peu près, approximativement. *Il y a environ deux heures.* **2.** n. m. Vx ou litt. Espace environnant un lieu. ▷ n. m. pl. Mod. Lieux d'alentour. *Paris et ses environs.* **3.** Loc. *Aux environs de* : non loin de, vers. – De *en-*, et a. fr. *viron*, «tour», de *virer.*

environnant, ante [ɑ̃viʀɔnɑ̃, ɑ̃t] adj. Qui est dans les environs. – Ppr. de *environner.*

environnement [ɑ̃viʀɔnmɑ̃] n. m. Ensemble des éléments constitutifs du milieu d'un être vivant. Syn. milieu. ▷ *Spécial.* Ensemble des éléments constitutifs du paysage naturel ou du paysage artificiellement créé par l'homme. – De *environner.*

environnemental, ale, aux [ɑ̃viʀɔnmɑ̃tal, o] adj. Relatif à l'environnement. – De *environnement.*

environner [ɑ̃viʀɔne] v. tr. [1] Entourer, être aux environs de. *Les forêts qui environnent le château.* ▷ Fig. *Les courtisans qui environnaient le roi.* – De *environ.*

envisageable [ɑ̃vizaʒabl] adj. Qui peut être envisagé. – De *envisager.*

envisager [ɑ̃vizaʒe] v. tr. [13] **1.** Examiner, prendre en considération. *Envisager les avantages d'une situation.* **2.** *Envisager de* : avoir l'intention de, projeter de. *Il envisage de se marier.* – De *en-*, et *visage.*

envoi [ɑ̃vwa] n. m. **1.** Action d'envoyer. *Envoi d'un paquet par la poste.* **2.** *Par ext.* Ce qui est envoyé. *Réception d'un envoi.* **3.** LITTER Dernière strophe d'une ballade. **4.** SPORT *Coup d'envoi* : au football, premier coup de pied dans le ballon, marquant le début de la partie. **5.** DR *Envoi en possession* : autorisation d'entrer en possession des biens d'un absent. – Déverbal de *envoyer.*

envoiler (s') [ɑ̃vwale] v. pron. [1] TECH Se courber, se gauchir au cours de la trempe, en parlant d'une pièce d'acier. – De *en-*, et *voile.*

envol [ɑ̃vɔl] n. m. Action de s'envoler. *Piste d'envol d'un aéroport.* – Déverbal de *envoler.*

envolée [ɑ̃vɔle] n. f. **1.** Envol. **2.** Fig. Mouvement lyrique ou oratoire plein d'élan. *Les envolées de Lamartine.* – Pp. fém. subst. de *envoler.*

envoler (s') [ɑ̃vɔle] v. pron. [1] **1.** Quitter le sol en s'élevant dans les airs par le vol. *L'oiseau, l'avion s'envolent.* **2.** *Par ext.* Être soulevé par le vent. *Les papiers s'envolent.* **3.** Fig., fam. S'enfuir. *Le prisonnier s'est envolé.* ▷ Fam. Disparaître. *Son argent s'est envolé.*

envoûtant, ante [ɑ̃vutɑ̃, ɑ̃t] adj. Qui charme, séduit, subjugue. – Ppr. de *envoûter.*

envoûtement [ɑ̃vutmɑ̃] n. m. **1.** Pratique de magie par laquelle on cherche à exercer une action (en général maléfique) sur une personne en agissant sur une figurine qui la représente. **2.** Fig. Charme puissant et mystérieux. *L'envoûtement qu'exerce cette musique.* Syn. enchantement, fascination, séduction. – De *envoûter.*

envoûter [ɑ̃vute] v. tr. [1] **1.** Pratiquer un envoûtement sur (qqn). **2.** Fig. Charmer comme par un effet magique, subjuguer. *Cette femme l'a envoûté.* – De *en-*, et a. fr. *volt, vout*, «visage, image», du lat. *vultus.*

envoûteur, euse [ɑ̃vutœʀ, øz] n. Personne qui pratique des envoûtements (sens 1). – De *envoûter.*

envoyé, ée [ɑ̃vwaje] adj. et n. **1.** adj. Qui a été envoyé. **2.** n. Personne envoyée avec une mission, et partic. une mission diplomatique; messager. ▷ *Envoyé spécial* : journaliste que l'on envoie spécialement sur le lieu d'un événement pour en rendre compte. – Pp. subst. de *envoyer.*

envoyer [ɑ̃vwaje] v. [27] **I.** v. tr. **1.** Faire partir (qqn) pour une destination. *Envoyer un coursier porter un pli. Envoyer qqn en prison.* ▷ Fam. *Envoyer promener (qqn)* : repousser, renvoyer (qqn) sans ménagements. – v. pron. *S'envoyer en l'air*.* **2.** Adresser, expédier. *Envoyer une carte postale à un ami.* **3.** Lancer, jeter. *Envoyer des pierres.* **II.** v. pron. Fam. S'offrir, ingérer. *S'envoyer un apéritif.* – Du lat. *inviare*, «parcourir, faire parcourir», de *via*, «voie».

envoyeur, euse [ɑ̃vwajœʀ, øz] n. (Rare au fém.) Personne qui fait un envoi, expéditeur. *Retour à l'envoyeur.* – De *envoyer.*

enzootie [ɑ̃zɔɔti] n. f. Épizootie limitée à une région. – Du gr. *en-*, «dans», et *(épi)zootie.*

enzymatique [ɑ̃zimatik] adj. BIOCHIM D'une enzyme. – De *enzyme.*

enzyme [ɑ̃zim] n. f. BIOCHIM Biocatalyseur protéique qui active une réaction biochimique spécifique. *On distingue six principales classes d'enzymes : oxydoréductases, transférases, hydrolases, isomérases, lyases, ligases.* – De *en-*, et gr. *zumê,* «levain».

enzymologie [ɑ̃zimɔlɔʒi] n. f. Étude des enzymes. – De *enzyme,* et *-logie.*

enzymopathie [ɑ̃zimopati] n. f. MED Ensemble de dérèglements provoqués par l'absence ou le dysfonctionnement d'une ou de plusieurs enzymes indispensables pour qu'un processus métabolique aboutisse à son terme. – De *enzyme.*

éocène [eɔsɛn] n. m. (et adj.) GEOL Étage le plus ancien (– 65 à – 45 millions d'années) du tertiaire (avec le paléocène), où apparurent les divers types de mammifères. ▷ adj. *Fossile éocène.* – Angl. *eocene,* du gr. *êôs,* «aurore».

éohippus [eɔipys] n. m. PALEONT Équidé fossile (éocène d'Amérique du N.) de la taille d'un renard, le premier représentant de la lignée qui mène au cheval. – Du gr. *êôs,* «aurore», et *hippos,* «cheval».

éolien, enne [eɔljɛ̃, ɛn] adj. et n. f. **1.** adj. Du vent, relatif au vent. *Érosion éolienne.* - Actionné par le vent. *Pompe éolienne.* **2.** n. f. Machine qui utilise la force motrice du vent. – De *Éole,* dieu des Vents dans la myth. grecque.

éolipile ou **éolipyle** [eɔlipil] n. m. PHYS Sphère remplie d'eau chauffée à ébullition qui servit (au IIe s. av. J.-C.) à mettre en évidence le phénomène de réaction. – De *Éole* (V. *éolien*), et lat. *pila,* «boule».

éolithe [eɔlit] n. m. MINER, ANTHROP Petit fragment de roche naturellement érodé, et qui peut être confondu avec une pierre façonnée par l'homme. – Du gr. *êôs,* «aurore», et *-lithe.*

éon [eɔ̃] n. m. PHILO Chacun des esprits émanés de Dieu et servant d'intermédiaire entre celui-ci et le monde, chez les gnostiques. – Du gr. *aiôn,* «temps, éternité».

éosine [eɔzin] n. f. TECH Matière colorante rouge tirée de la fluorescéine, utilisée en histologie. – Du gr. *êôs,* «aurore», et *-ine* 3.

éosinophile [eɔzinɔfil] adj. et n. m. PHYSIOL Qui a une grande affinité pour l'éosine. *Leucocytes polynucléaires éosinophiles* ou, n. m., *les éosinophiles :* leucocytes particuliers, facilement colorés par l'éosine. – De *éosine,* et *-phile.*

épacte [epakt] n. f. Didac. Âge de la Lune à la veille du premier janvier, variant entre 0 (si la lune est pleine) et 29. *L'épacte sert à déterminer la date des fêtes mobiles dans le comput ecclésiastique.* – Du gr. *epaktai (hêmerai),* «(jours) intercalaires».

épagneul, eule [epaɲœl] n. (et adj.) Chien d'arrêt au poil long et ondulé, aux oreilles pendantes. *Les cockers, les setters sont des épagneuls.* ▷ adj. *Un chien épagneul.* – De *espagnol.*

épair [epɛʀ] n. m. Aspect du papier. *L'épair du papier se juge par transparence.*

épais, aisse [epɛ, ɛs] adj. (et adv.) **1.** Qui a telle épaisseur. *Rempart épais de deux mètres.* ▷ *Absol.* Dont l'épaisseur est grande. *Du drap épais.* **2.** Gros, massif. *Avoir la taille épaisse.* **3.** Consistant, pâteux. *Sirop épais.* **4.** Serré, dense. *Herbe épaisse. Chevelure épaisse.* ▷ Opaque. *Brume, obscurité épaisse.* **5.** Fig. Obtus, lourd. *Intelligence épaisse.* **6.** adv. De manière serrée, dense. *Il a neigé épais.* – Du lat. pop. **spissia,* class. *spissus,* «épais».

épaisseur [epɛsœʀ] n. f. **1.** Une des trois dimensions d'un corps (opposé à *longueur* et *largeur,* à *hauteur* et *profondeur*). *L'épaisseur d'un mur.* **2.** Caractère de ce qui est épais. *L'épaisseur d'une chevelure, des ténèbres.* – De *épais.*

épaissir [epesiʀ] v. [2] **1.** v. tr. Rendre plus épais. *Épaissir un sirop.* **2.** v. intr. et pron. Devenir plus épais. *Sa taille a épaissi. L'ombre s'est épaissie.* – De *épais.*

épaississant, ante [epesisɑ̃, ɑ̃t] adj. et n. m. Qui épaissit. ▷ n. m. *Une crème rendue plus onctueuse par un épaississant.* – Ppr. de *épaissir.*

épaississement [epesismɑ̃] n. m. Fait de s'épaissir. – De *épaissir.*

épaississeur [epesisœʀ] n. m. TECH Appareil qui sert à concentrer une solution. – De *épaissir.*

épamprer [epɑ̃pʀe] v. tr. [1] Ôter les pampres inutiles de la vigne. – De *é-*, et *pampre.*

épanchement [epɑ̃ʃmɑ̃] n. m. **1.** Vx Écoulement. ▷ Mod. MED Présence anormale de gaz ou de liquide dans une région du corps. *Épanchement de synovie.* **2.** Fig. Effusion de sentiments. *Les épanchements de l'amitié.* – De *épancher.*

épancher [epɑ̃ʃe] v. [1] **I.** v. tr. **1.** Vx Verser. ▷ Mod., fig. *Épancher sa bile :* exhaler sa colère. **2.** Exprimer librement. *Épancher ses sentiments.* **II.** v. pron. **1.** Vx Se déverser. ▷ Mod. MED Former un épanchement. **2.** Fig. Parler librement en confiant ses sentiments. – Du lat. pop. **expandicare,* class. *expandere,* «répandre».

épandage [epɑ̃daʒ] n. m. AGRIC Action d'épandre les engrais, le fumier, etc. ▷ *Champs d'épandage :* terrains sur lesquels les eaux d'égout s'épurent tout en fertilisant le sol. ▷ GEOL *Nappe* ou *zone d'épandage :* zone où se déposent et s'étalent des sédiments. – De *épandre.*

épandeur [epɑ̃dœʀ] n. m. AGRIC Machine servant à épandre les engrais, le fumier, etc. – De *épandre.*

épandeuse [epɑ̃døz] n. f. TRAV PUBL Engin servant à répartir sur le sol des matériaux liquides ou pâteux. – De *épandre.*

épandre [epɑ̃dʀ] v. tr. [6] Jeter çà et là, éparpiller. *Épandre du fumier.* – Lat. *expandere.*

épanneler [epanle] v. tr. [19] TECH Dégrossir (une pierre) par une taille en plans préparant le façonnage. – De *é-*, et *panneau.*

épanouir [epanwiʀ] v. [2] **I.** v. tr. **1.** Faire ouvrir (une fleur). *Le soleil a épanoui les tulipes.* **2.** Fig. Rendre heureux, joyeux. *Le bonheur épanouit son visage.* **II.** v. pron. **1.** S'ouvrir, déployer ses pétales (en parlant de fleurs). **2.** Atteindre à sa plénitude. *Les arts s'épanouirent sous le règne de Louis XIV.* – Altér., sous l'infl. d'*évanouir,* de *espanir,* du frq. **spannjan,* «étendre».

épanouissement [epanwismɑ̃] n. m. Action de s'épanouir, état de ce qui est épanoui. *L'épanouissement des fleurs, de la beauté.* – De *épanouir.*

épar ou **épart** [epaʀ] n. m. **1.** TECH Traverse servant à maintenir l'écartement entre deux pièces. **2.** Barre servant à consolider, à fermer une porte. – Du germ. *sparro,* «poutre».

éparchie [epaʀʃi] n. f. HIST Division territoriale de l'Empire byzantin. - Dignité d'éparque. – Gr. *eparkhia,* «province».

épargnant, ante [epaʀɲɑ̃, ɑ̃t] n. Personne qui s'est constitué un capital par l'épargne. *Les petits épargnants.* – Ppr. subst. de *épargner.*

épargne [epaʀɲ] n. f. **1.** Action d'épargner (de l'argent); somme épargnée. *Encourager l'épargne.* ▷ *Caisses d'épargne :* établissements publics qui reçoivent les dépôts des épargnants, à qui sont versés des intérêts. ▷ *Épargne logement,* permettant une capitalisation en vue de l'acquisition d'une résidence principale et l'obtention à des taux préférentiels de crédits concernant ce projet. **2.** FIN Fraction d'un revenu qui n'est pas affectée à la consommation immédiate. **3.** TECH *Taille d'épargne* : taille, manière de graver dans laquelle les parties de la planche destinées à prendre l'encre sont *épargnées*, c.-à-d. laissées en relief. – Déverbal de *épargner*.

épargner [epaʀɲe] v. tr. [1] **I. 1.** Faire grâce à. *Épargner les vaincus.* ▷ Fig. *Ses critiques n'épargnent personne.* **2.** Ne pas endommager, ne pas détruire. *La guerre a épargné ce village.* **3.** Éviter de heurter. *Épargner la susceptibilité de qqn.* **II. 1.** Mettre de côté. *Il a épargné vingt mille francs.* ▷ Absol. *Épargner sur la nourriture.* **2.** (En général à la forme négative.) Employer avec modération. *L'architecte n'a pas épargné le marbre.* ▷ Fig. *Épargner sa peine, son temps.* **III.** *Épargner une chose à qqn*, lui permettre de l'éviter, de ne pas la subir. *Je veux vous épargner ce dérangement.* – Du germ. **sparanjan*, de *sparôn*, « épargner ».

éparpillement [epaʀpijmɑ̃] n. m. Action d'éparpiller ; état de ce qui est éparpillé. – De *éparpiller*.

éparpiller [epaʀpije] v. tr. [1] Disperser, disséminer. *Éparpiller de la cendre.* – Fig. *Éparpiller ses idées.* ▷ v. pron. Avoir trop d'occupations différentes, passer sans cesse de l'une à l'autre. – Lat. pop. **sparpiliare*, crois. de *spargere*, « répandre », et *papilio*, « papillon ».

éparque [epaʀk] n. m. HIST Gouverneur d'une éparchie. – Gr. *eparkhos*, « commandant ».

épars, arse [epaʀ, aʀs] adj. Dispersé. *Maisons éparses dans la campagne.* ▷ *Cheveux épars*, flottants, en désordre. – Pp. de l'anc. v. *espardre*, « répandre », du lat. *spargere*.

épart. V. épar.

éparvin [epaʀvɛ̃] ou **épervin** [epɛʀvɛ̃] n. m. Ostéoarthrose du tarse, qui frappe surtout le cheval. – P.-ê. du frq. **sparwun*, de **sparo*, « passereau ».

épatamment [epatamɑ̃] adv. Fam., vieilli D'une façon épatante, très bien. – De *épater*.

épatant, ante [epatɑ̃, ɑ̃t] adj. Fam. Remarquable, excellent. – Ppr. de *épater*.

épate [epat] n. f. Fam. *Faire de l'épate* : chercher à étonner. – Déverbal de *épater*.

épaté, ée [epate] adj. **1.** *Nez épaté* : large et court. **2.** Fam. Étonné. – Pp. de *épater*.

épatement [epatmɑ̃] n. m. **1.** Forme d'un nez large et court. **2.** Fam., vieilli Étonnement. – De *épater*.

épater [epate] v. tr. [1] **1.** Vieilli Élargir à la base. **2.** Fam. Étonner, impressionner. *Épater le bourgeois.* ▷ v. pron. S'étonner. – De *é-*, et *patte*.

épaufrer [epofʀe] v. tr. [1] TECH *Épaufrer une pierre*, casser accidentellement l'une de ses arêtes. ▷ v. pron. *La pierre s'est épaufrée.* – Du frq. **spalturôjan*, « briser ».

épaufrure [epofʀyʀ] n. f. TECH Éclat d'une pierre épaufrée. – De *épaufrer*.

épaulard [epolaʀ] n. m. Orque (mammifère marin). – De *épaule*.

épaule [epol] n. f. **1.** Masse musculaire et partie du squelette assurant la liaison du membre supérieur avec le corps. *Articulation de l'épaule*, qui joint l'humérus à la ceinture scapulaire. ▷ Loc. *Avoir les épaules tombantes.* – *Hausser, lever les épaules*, en signe de dédain. – *Pardessus l'épaule* : avec dédain, avec négligence. – *Donner un coup d'épaule à qqn*, l'aider. – *Avoir la tête sur les épaules* : être bien équilibré. **2.** (Animaux) Partie supérieure de chaque membre. – Du lat. *spathula*, « spatule », d'où « omoplate », de *spatha*, « épée longue ».

épaulé [epole] n. m. SPORT Mouvement dans lequel l'haltère est amené en un seul temps du sol à la hauteur des épaules. (Dans l'*épaulé-jeté*, il est amené, dans un deuxième temps, au-dessus de la tête.) – Pp. subst. de *épauler*.

épaulement [epolmɑ̃] n. m. **1.** CONSTR Mur de soutènement. **2.** MILIT Rempart de protection fait de terre, de sacs de sable, etc. **3.** Relief formé par une pente raide qui aboutit à un replat, lui-même dominé par une pente. *Épaulement au flanc d'une vallée glaciaire.* **4.** TECH Saillie servant d'arrêt, de butée. ▷ Côté le plus large d'un tenon. – De *épauler*.

épauler [epole] v. tr. [1] **1.** Aider, soutenir. *Il a été épaulé efficacement par ses relations.* ▷ v. pron. *Entre amis, ils se sont épaulés.* **2.** Appuyer (une arme) contre son épaule pour viser, tirer. *Épauler un fusil.* ▷ Absol. *Épauler et tirer.* **3.** CONSTR Soutenir par un épaulement. – De *épaule*.

épaulette [epolɛt] n. f. **1.** Bande rigide, garnie parfois de franges, qui orne les épaules de certains uniformes militaires (autref. insigne du grade d'officier). **2.** Bande étroite qui passe sur l'épaule pour soutenir certains vêtements féminins. *Épaulettes d'une robe d'été.* **3.** Rembourrage qui donne leur forme aux épaules d'un vêtement (veste, manteau, etc.). – Dimin. de *épaule*.

épave [epav] n. f. **1.** DR Objet ou animal perdu sur la voie publique. **2.** Objet, débris provenant d'un navire naufragé. ▷ Navire désemparé, abandonné par l'équipage mais qui flotte encore. ▷ Navire coulé. *Le cargo a heurté une épave.* ▷ *Par ext.* Véhicule automobile hors d'usage. **3.** n. f. pl. Débris, restes. *Les épaves de sa fortune.* **4.** Fig. Personne déchue et misérable. *L'alcool a fait de lui une épave.* – Du lat. *expavidus*, « épouvanté ».

épaviste [epavist] n. m. Garagiste qui fait commerce des épaves et des pièces détachées. – De *épave*.

épeautre [epotʀ] n. m. Blé peu cultivé de nos jours (*Triticum spelta*), à petit grain et à balle fortement adhérente. ▷ *Petit épeautre* : Triticum monococcum. – Du lat. imp. *spelta*.

épée [epe] n. f. **1.** Arme blanche constituée par une lame longue et droite, pointue, généralement tranchante, munie d'une poignée et d'une garde. ▷ Loc. *Passer au fil de l'épée* : tuer en masse à l'épée, massacrer. ▷ Loc. fig. *Mettre (à qqn) l'épée dans les reins*, le faire agir sous la menace ou en le harcelant. ▷ *Épée de Damoclès* : menace imminente qui pèse sur qqn. ▷ *Un coup* d'épée dans l'eau.* **2.** Anc. Métier des armes. *Gens d'épée et gens d'Église.* **3.** Arme à lame triangulaire utilisée en escrime. *Tirer à l'épée.* – Sport pratiqué avec cette arme. – Du lat. *spatha*, « épée longue ».

épeiche [epɛʃ] n. f. Pic d'Europe (*Dendrocopos major*), noir et blanc, long de 22 cm. – All. *Specht*, « pic ».

épeichette [epɛʃɛt] n. m. ou f. Le plus petit (14 cm) pic vivant en Europe (*Dendrocopos minor*), noir et blanc, à calotte rouge. – Dimin. de *épeiche*.

épeire [epɛʀ] n. f. Araignée (genre *Epeira*, nombr. espèces), dont la toile est constituée de rayons et de spirales anguleuses. *Épeire diadème*, au dos marqué d'une croix blanche, longue de 10 à 15 mm (fréquente en France). – Lat. sav. *epeira*.

épeirogénique. V. épirogénique.

épéiste [epeist] n. Escrimeur, escrimeuse à l'épée. – De *épée*.

épeler [eple] v. tr. [19] *Épeler un mot, un nom* : énoncer une à une, dans l'ordre, les lettres qui le composent. – Du frq. **spellôn*, « raconter ».

épendyme [epɑ̃dim] n. m. ANAT Membrane qui tapisse les parois des ventricules cérébraux et celles du canal de la moelle épinière. – Du gr. *epi*, « sur », et *enduma*, « vêtement ».

épenthèse [epɑ̃tɛz] n. f. GRAM Intercalation d'un phonème supplémentaire à l'intérieur d'un mot. *Épenthèse du «d» dans «cendre», qui vient de l'accusatif latin «cinerem».* – Gr. *epenthesis,* «intercalation», par le lat.

épenthétique [epɑ̃tetik] adj. GRAM Ajouté par épenthèse. – De *épenthèse.*

épépiner [epepine] v. tr. [1] *Épépiner un fruit,* en ôter les pépins. – De *é-,* et *pépin.*

éperdu, ue [epɛʀdy] adj. **1.** En proie à une émotion profonde. *Éperdu de douleur.* **2.** Vif, intense, violent. *Un désir éperdu de liberté.* – Pp. de l'anc. v. *esperdre,* «perdre complètement».

éperdument [epɛʀdymɑ̃] adv. D'une manière éperdue. – De *éperdu.*

éperlan [epɛʀlɑ̃] n. m. Poisson comestible des mers européennes (*Osmerus eperlanus,* fam. salmonidés), long de 25 cm, qui pond à l'embouchure des fleuves. – Du moyen néerl. *spierlinc.*

éperon [epʀɔ̃] n. m. **1.** Pièce de métal fixée au talon du cavalier et qui sert à piquer les flancs du cheval pour l'exciter. **2.** MAR ANC Élément saillant de la proue de certains navires de guerre, avec lequel on heurtait la coque d'un navire ennemi pour la défoncer. **3.** Relief abrupt en pointe. *Éperon rocheux.* **4.** TRAV PUBL, ARCHI Ouvrage en saillie (en partic. à la base d'une pile de pont, pour briser le courant). ▷ MILIT Redan saillant (dans une fortification). **5.** BOT Prolongement, en cornet très fin, des pétales de certaines fleurs (ancolie, impatience, par ex.). **6.** Ergot du coq et du chien. – Du frq. **sporo.*

éperonner [epʀɔne] v. tr. [1] **1.** Piquer (un cheval) avec les éperons pour l'exciter. *Éperonner sa monture.* ▷ Fig. Inciter vivement à agir. *Le désir de vengeance l'éperonnait.* Syn. aiguillonner, exciter, stimuler. **2.** Anc. Aborder (un navire ennemi) en défonçant sa coque avec un éperon. - *Par ext.,* mod. Aborder (un autre navire) en défonçant sa coque avec sa propre étrave. *Cargo qui éperonne un pétrolier.* – De *éperon.*

épervier [epɛʀvje] n. m. **1.** Oiseau falconiforme dont une espèce européenne (*Accipiter nisus*), longue d'environ 30 cm, a les ailes courtes, une longue queue et une poitrine rayée. **2.** Filet de pêche conique, lesté de plombs, qu'on lance à la main. – Du frq. **sparwâri.*

épervière [epɛʀvjɛʀ] n. f. Plante herbacée (genre *Hieracium,* nombr. espèces, fam. composées). *La piloselle est une épervière des prés à fleurs jaunes.* – De *épervier,* car cette plante passait pour améliorer la vue des éperviers.

épervin. V. éparvin.

épeurer [epœʀe] v. tr. [1] Vx, litt Apeurer, effaroucher. – De *é-,* et *peur.*

éphèbe [efɛb] n. m. **1.** ANTIQ GR Jeune homme qui a atteint l'âge de la puberté. **2.** Iron. ou plaisant Jeune homme d'une grande beauté. – Lat. *ephebus,* du gr. *ephêbos,* de *hêbê,* «jeunesse».

éphébie [efebi] n. f. ANTIQ GR Stage d'instruction, civique et militaire, institué à Athènes pour les éphèbes. – De *éphèbe.*

éphédra [efedʀa] n. m. BOT Arbuste (genre *Ephedra*) fréquent sur les plages et les terrains secs méditerranéens, dont les rameaux sont chlorophylliens, mais dépourvus de feuilles. – Gr. *ephedra.*

éphélide [efelid] n. f. MED Syn. de *lentigo.* – Gr. *ephêlis, ephêlidos,* de *epi,* «à cause de», et *hêlios,* «soleil».

éphémère [efemɛʀ] adj. et n. m. **I.** adj. **1.** Qui ne dure qu'un jour. *Insecte éphémère.* **2.** *Par ext.* Qui dure peu. *Amour, succès éphémère.* Syn. bref, passager. **II.** n. m. Insecte aux deux paires d'ailes membraneuses très délicates, et dont l'abdomen est prolongé par des appendices filiformes. (Les adultes vivent de un à deux jours; ils sont très fréquents au bord des eaux douces calmes, dans lesquelles les larves se développent très lentement : trois ans pour certaines espèces.) – Gr. méd. *ephêmeros,* de *epi,* «pendant», et *hêmera,* «jour».

éphéméride [efemeʀid] n. f. **1.** Recueil d'événements remarquables arrivés le même jour de l'année à différentes époques. **2.** Calendrier dont on enlève chaque jour une feuille. **3.** (Plur.) Tables donnant la position des astres à une heure et en un lieu déterminés. – Lat. *ephemeris,* du gr. *ephêmeris.* (V. éphémère.)

éphéméroptères [efemeʀɔptɛʀ] n. m. pl. ENTOM Ordre d'insectes regroupant tous les éphémères (manne, mouche de mai, etc.). - Sing. *Un éphéméroptère.* – De *éphemère,* et *-ptère.*

éphésien, enne [efezjɛ̃, ɛn] adj. et n. D'Éphèse. - *Lettres éphésiennes,* inscriptions sur la statue d'Artémis, à Éphèse; *par ext.* lettres magiques. ▷ Subst. Habitant ou personne originaire d'Éphèse. *L'Épître de Paul aux Éphésiens est l'un des textes majeurs du Nouveau Testament.* – Du nom de la v. anc. d'*Éphèse,* en Lydie (Asie Mineure), auj. Selçuk (Turquie).

éphippigère [efipiʒɛʀ] n. m. ZOOL Insecte orthoptère (sauterelle) aux ailes atrophiées dont le corselet a la forme d'une selle de cheval. – Du lat. *ephippium,* «selle», et *gerere,* «porter».

éphod [efɔd] n. m. Ornement du culte (pagne, écharpe, tunique suivant les époques) porté par les prêtres hébreux. – Hébr. *efod.*

éphorat [efɔʀa] n. m. ou **éphorie** [efɔʀi] n. f. Charge d'éphore. – De *éphore.*

éphore [efɔʀ] n. m. ANTIQ GR Chacun des cinq magistrats de Sparte élus annuellement pour exercer un contrôle absolu sur le roi et le sénat. – Gr. *ephoros,* de *ephorân,* «surveiller».

épi-. Préf., du gr. *epi,* «sur, dessus, à la surface de», et, au fig., «en plus de, à la suite de».

épi [epi] n. m. **1.** Inflorescence compacte dans laquelle les fleurs ou les graines sont insérées directement sur l'axe. *Les graminées (blé, notam.) ont un épi d'épillets.* **2.** *Par anal.* Mèche rebelle de cheveux formant une touffe. **3.** ARCHI Assemblage de chevrons autour d'un comble pyramidal. **4.** Ouvrage, généralement en pieux, disposé presque perpendiculairement à un courant pour retenir les matériaux et stabiliser une berge ou une côte. **5.** *En épi* : selon une diagonale, ou une perpendiculaire. *Voitures garées en épi.* – Du lat. *spica,* «pointe».

épiage [epjaʒ] n. m. ou **épiaison** [epjɛzɔ̃] n. f. BOT Formation de l'épi; époque à laquelle l'épi se forme. – De *épi.*

épiaire [epjɛʀ] n. m. BOT Genre de labiées (*Stachys*) comprenant notam. les *bétoines* et le *crosne du Japon.* – De *épi.*

épicanthis [epikɑ̃tis] ou **épicanthus** [epikɑ̃tys] n. f. ANAT Repli de la peau au-devant de l'angle interne de l'œil. – De *épi-,* et gr. *kanthos,* «coin de l'œil».

épicarde [epikaʀd] n. m. ANAT Feuillet viscéral du péricarde. – De *épi-,* et gr. *cardia,* «cœur».

épicarpe [epikaʀp] n. m. BOT Feuillet le plus externe du péricarpe. *La «peau» de la pomme, de la prune, de la tomate est un épicarpe.*

épice [epis] n. f. **I.** Substance aromatique ou piquante d'origine végétale utilisée pour assaisonner les mets. *La cannelle, le clou de girofle sont des épices. Mélange des quatre épices* (ou *les quatre épices)* : mélange de poivre, de muscade, de cannelle (ou de gingembre) et de clou de girofle. ▷ *Pain d'épice(s)* : gâteau sucré au miel et parfumé de diverses épices. **II.** Plur. Vx **1.** Confitures, dragées orientales. **2.** Cadeaux en nature (épices, à l'origine) que les plaideurs offraient aux juges pour se concilier leur bienveillance, sous l'Ancien Régime. – Du lat. *species*, «espèce, substance», et par ext. «denrée».

épicéa [episea] n. m. Conifère du genre *Picea*. (*Picea abies*) le plus courant des forêts françaises, qui doit être différencié des vrais sapins. (Il peut atteindre 50 m de haut et fournit un bois blanc très apprécié en menuiserie.) Syn. cour. sapin de Noël. – Lat. *picea*, «sapin», de *pix*, «poix».

épicène [episɛn] adj. GRAM Se dit d'un nom qui désigne indifféremment l'un ou l'autre sexe d'une espèce animale. (Ex. : *grenouille, crapaud.*) – Lat. *epicoenus*, gr. *epikoinos*, «commun».

épicentre [episɑ̃tʀ] n. m. GEOPH Point de la surface terrestre, situé à l'aplomb de l'hypocentre (à l'intérieur de la Terre), où un séisme atteint son intensité maximale.

épicer [epise] v. tr. [12] **1.** Assaisonner, relever avec des épices. *Épicer un plat.* **2.** Fig., fam. Relever d'expressions plus ou moins libres, de détails licencieux. *Épicer un récit.* – Pp. *Une histoire épicée*, salée, grivoise. – De *épice*.

épicerie [episʀi] n. f. **1.** Vx *Les épiceries* : les épices. **2.** Mod. Produits d'alimentation générale, et en partic. ceux qui se conservent. *Faire un stock d'épicerie.* **3.** Commerce de ces produits. *Épicerie en gros.* – Magasin où on les vend. *L'épicerie du coin.* – De *épicier*.

épicier, ère [episje, ɛʀ] n. **1.** Personne tenant un commerce d'épicerie. **2.** Fam., péjor. Personne aux idées étroites et vulgaires; personne intéressée, préoccupée uniquement par le gain. *Cet écrivain n'est qu'un épicier.* – De *épice*.

épicondyle [epikɔ̃dil] n. m. ANAT Tubérosité externe de l'extrémité inférieure de l'humérus, au milieu du coude.

épicontinental, ale, aux [epikɔ̃tinɑ̃tal, o] adj. Se dit des océans ou des mers qui se trouvent en bordure d'un continent. *Mer épicontinentale*, qui occupe la plate-forme continentale.

épicrâne [epikʀɑn] n. m. ANAT Membrane qui recouvre le crâne.

épicrânien, enne [epikʀɑnjɛ̃, ɛn] adj. Situé sur le crâne. – De *épicrâne*.

épicurien, enne [epikyʀjɛ̃, ɛn] adj. et n. **I.** adj. Relatif à la philosophie d'Épicure. *Morale épicurienne.* **II.** n. **1.** Adepte de l'épicurisme. **2.** *Par ext.* Personne adonnée aux plaisirs. – Bas lat. *epicurianus*, de *epicurius*, «disciple d'Épicure».

épicurisme [epikyʀism] n. m. **1.** PHILO Système philosophique d'Épicure et de ses disciples. *L'épicurisme de Lucrèce.* **2.** *Par ext.* Attitude de ceux qui s'adonnent aux plaisirs. – De *Épicure*, philosophe grec (331-270 av. J.-C.).

épicycle [episikl] n. m. ASTRO Anc. Petit cercle (décrit par un astre) dont le centre parcourt un autre cercle. *L'épicycle permit aux Grecs d'expliquer le mouvement des planètes.* – Mot lat. sav., de *épi-*, et gr. *kuklos*, «cercle».

épicycloïdal, ale, aux [episiklɔidal, o] adj. Didac. Relatif à une épicycloïde. ▷ *Train épicycloïdal* : ensemble d'engrenages qui comprend une couronne dentée intérieurement, un pignon central (planétaire) et un porte-satellite dont les pignons engrènent à la fois sur la couronne et sur le planétaire. – De *épicycloïde*.

épicycloïde [episiklɔid] n. f. GEOM Courbe décrite par un point d'un cercle qui roule sans glisser sur un autre cercle, à l'extérieur de celui-ci. V. hypocycloïde. – De *épicycle*, d'apr. *cycloïde*.

épidémicité [epidemisite] n. f. MED Caractère épidémique d'une maladie. – De *épidémique*.

épidémie [epidemi] n. f. **1.** Développement rapide d'une maladie contagieuse chez un grand nombre d'individus d'une région donnée. *Épidémie de choléra.* **2.** Fig. Propagation d'un phénomène, évoquant celle d'une maladie contagieuse. *Épidémie de cambriolages.* – Lat. médiév. *epidemia*, du gr. *epidêmos*, «qui circule dans un pays».

épidémiologie [epidemjɔlɔʒi] n. f. MED Étude des différents facteurs qui conditionnent l'apparition, la fréquence, la répartition et l'évolution des maladies et des phénomènes morbides. *Épidémiologie de la variole, du cancer, du suicide.* – De *épidémie*, et *-logie*.

épidémique [epidemik] adj. De la nature de l'épidémie. – De *épidémie*.

épiderme [epidɛʀm] n. m. **1.** Couche superficielle de la peau, qui assure la protection du derme des vertébrés. *L'épiderme sécrète les phanères* (poils, cornes, sabots, etc.). ▷ Fig. *Avoir l'épiderme sensible, chatouilleux* : être susceptible. **2.** BOT Couche unicellulaire externe imperméable qui protège les organes aériens des végétaux supérieurs. – Lat. *epidermis*, d'orig. gr.

épidermique [epidɛʀmik] adj. Relatif à l'épiderme; de la nature de l'épiderme. *Tissu épidermique.* ▷ Fig. *Une sensibilité épidermique*, extrême. – De *épiderme*.

épididyme [epididim] n. m. ANAT Organe allongé d'avant en arrière, qui coiffe le bord supérieur du testicule. – Lat. méd. *epididymus*, mot gr., de *epi*, et *didumos*, «testicule».

épidote [epidɔt] n. m. MINER Silicate d'aluminium et de calcium. – D'un gr. supposé **epidotos*, de *epididonai*, «s'accroître».

épidural, ale, aux [epidyʀal, o] adj. ANAT Qui appartient à la partie du canal sacré située entre les vertèbres et les méninges. ▷ MED *Méthode épidurale*, qui consiste à introduire une substance médicamenteuse, un anesthésique, dans l'espace épidural. – De *épi-*, et *dure(-mère)*.

épier [epje] v. tr. [2] **1.** Observer attentivement et secrètement. *Épier qqn.* **2.** Attendre en guettant. *Épier l'occasion.* – Du frq. **spehôn*.

épierrage [epjɛʀaʒ] ou **épierrement** [epjɛʀmɑ̃] n. m. Action d'épierrer. – De *épierrer*.

épierrer [epjeʀe] v. tr. [1] Ôter les pierres de. *Épierrer un jardin, un chemin.* – De *é-*, et *pierre*.

épierreuse [epjɛʀøz] n. f. AGRIC Machine à épierrer les graines de céréales. – De *épierrer*.

épieu [epjø] n. m. Arme à manche de bois, terminée par un fer plat et pointu. *Tuer un cerf avec un épieu.* – Du frq. **speot*.

épigastre [epigastʀ] n. m. ANAT Région de l'abdomen située entre les cartilages costaux et l'ombilic. – Gr. *epigastrion*, de *epi-*, et *gastrion*, «ventre, estomac».

épigastrique [epigastʀik] adj. ANAT De l'épigastre. – De *épigastre*.

épigé, ée [epiʒe] adj. BOT *Germination épigée*, dans laquelle l'hypocotyle s'allonge et soulève les cotylédons au-dessus du sol. Ant. hypogé. – Lat. sav. d'orig. gr., de *gaia*, «terre».

épigénie [epiʒeni] n. f. **1.** MINER Phénomène qui change la nature chimique d'un minéral, sans changer sa forme cristalline. **2.** GEOL Creusement transversal des vallées, indépendant de la résistance des roches.

épigénique [epiʒenik] adj. **1.** MINER Relatif à l'épigénie. **2.** GEOL Formé par épigénie (sens 2). – De *épigénie*.

épiglotte [epiglɔt] n. f. ANAT Opercule fibro-cartilagineux situé à la partie supérieure du larynx, et assurant l'occlusion des voies respiratoires au moment de la déglutition. – Lat. méd. d'orig. gr. *epiglottis*, de *glotta*, «langue».

épiglottique [epiglɔtik] adj. Didac. Relatif à l'épiglotte. – De *épiglotte*.

épigone [epigɔn] n. m. **1.** MYTH *Les Épigones* : les fils des sept chefs morts devant Thèbes, qui prirent la ville lors d'une seconde expédition. **2.** Litt. Imitateur, suiveur. – Gr. *epigonos*, « descendant ».

1. épigramme [epigʀam] n. f. **1.** ANTIQ Petite pièce de vers. **2.** Petit poème terminé par un trait satirique ou mordant. – *Par ext.* Trait satirique ou mordant. – Lat. *epigramma*, « inscription », du gr. *épi*, « sur », et *graphein*, « écrire ».

2. épigramme [epigʀam] n. m. ou f. CUIS *Épigramme d'agneau* : côtelette ou poitrine d'agneau grillée. – De *épigramme* 1, par suite d'une confusion plaisante.

épigraphe [epigʀaf] n. f. **1.** Inscription placée sur un édifice pour en indiquer la destination. **2.** Courte sentence, citation placée en tête d'un livre, d'un chapitre, pour en indiquer l'esprit ou l'objet. – Gr. *epigraphê*, « inscription ».

épigraphie [epigʀafi] n. f. Didac. Étude des inscriptions. – De *épigraphe*.

épigraphique [epigʀafik] adj. Didac. Relatif à l'épigraphie, aux inscriptions. – De *épigraphe*.

épigraphiste [epigʀafist] n. Didac. Spécialiste de l'épigraphie. – De *épigraphie*.

épigyne [epiʒin] adj. BOT Se dit de toute pièce florale insérée au-dessus de l'ovaire. V. infère. – Du gr. *épi-*, « sur », et *guné*, « femelle ».

épilation [epilasjɔ̃] n. f. Action d'épiler. *Épilation à la cire.* – De *épiler*.

épilatoire [epilatwaʀ] adj. et n. m. Qui sert à épiler. *Pâte épilatoire.* ▷ n. m. *Un épilatoire.* Syn. dépilatoire. – De *épiler*.

épilepsie [epilɛpsi] n. f. Affection caractérisée par la survenue plus ou moins fréquente de crises convulsives motrices ou de troubles sensoriels, sensitifs ou psychiques. Syn. maladie comitiale. – Bas lat. *epilepsia*, du gr. méd. *epilêpsia*, « arrêt soudain ».

épileptiforme [epilɛptifɔʀm] adj. MED Qui présente les caractères d'une crise d'épilepsie. – De *épilepsie*, et *-forme*.

épileptique [epilɛptik] adj. **1.** Relatif à l'épilepsie. **2.** Atteint d'épilepsie. ▷ Subst. *Un, une épileptique.* – Lat. *epilepticus*, du gr. méd. *epileptikos*.

épiler [epile] v. tr. [1] Arracher les poils de. *Pince à épiler.* ▷ v. pron. *S'épiler les jambes.* – De *é-*, et lat. *pilus*, « poil ».

épillet [epijɛ] n. m. BOT Petit épi constitutif d'une inflorescence composée. *Une grappe d'épillets.* – Dimin. de *épi*.

épilobe [epilɔb] n. m. BOT Genre d'œnothéracées comprenant plus de 200 espèces, plus ou moins cosmopolites. *L'épilobe hirsute (Epilobium hirsutum)*, à fleur violette, est très fréquent en France dans les endroits humides. – Lat. *epilobium*, du gr. *epi*, et *lobos*, « lobe ».

épilogue [epilɔg] n. m. **1.** Conclusion d'un ouvrage littéraire. Ant. prologue. **2.** *Par ext.* Conclusion, dénouement. *L'épilogue d'une affaire.* – Lat. *epilogus*, gr. *epilogos*, « péroraison, fin d'un discours ».

épiloguer [epilɔge] v. [1] **I.** v. tr. Vx **1.** Récapituler. **2.** Critiquer. **II.** v. intr. Faire de longs commentaires. *Nous n'allons pas passer notre temps à épiloguer sur cet échec.* Syn. discourir. – De *épilogue*.

épinard [epinaʀ] n. m. **1.** Plante potagère (*Spinacia oleracea*, fam. des chénopodiacées), originaire d'Iran. **2.** (Plur.) Feuilles de cette plante, que l'on mange en général cuites. ▷ (En appos.) *Vert épinard* : vert foncé. – De l'ar. d'Esp. *isbinâkh*.

épincer [epɛ̃se] v. tr. [12] ou **épinceter** [epɛ̃ste] v. tr. [20] **1.** AGRIC Ôter du tronc d'un arbre, lors d'un arrêt de la végétation, les bourgeons qui ont poussé au printemps. **2.** TECH Ôter, avec une pince, les corps étrangers d'une étoffe. – De *é-*, et *pince*.

épine [epin] n. f. **I. 1.** En loc. Arbuste dont les branches portent des piquants. *Haie d'épines.* – *Épine blanche* : aubépine sauvage. – *Épine noire* : prunellier. **2.** Organe acéré et dur de certains végétaux, provenant de la transformation de feuilles, rameaux, etc., et traduisant généralement une adaptation de la plante à un climat sec. ▷ Fig. *Tirer une épine du pied de qqn*, le délivrer d'un grand embarras. **II.** *Par anal.* **1.** Excroissances pointues sur certains animaux (poissons en partic.). **2.** ANAT Éminence osseuse. *Épine nasale.* – *Épine dorsale* : colonne vertébrale. – Lat. *spina*.

épiner [epine] v. tr. [1] ARBOR Protéger (les tiges des jeunes arbres) avec des branches épineuses. – De *épine*.

épinette [epinɛt] n. f. **1.** Instrument de musique à clavier et à cordes pincées, petit clavecin en usage aux XVIe et XVIIe s. **2.** Vieilli Cage de bois ou d'osier où l'on engraisse les volailles. **3.** Nom canadien et régional de divers épicéas. – Dimin. de *épine*.

épineux, euse [epinø, øz] adj. **1.** Qui porte des épines. *Buisson épineux.* ▷ n. m. Arbuste épineux. *Une haie d'épineux.* **2.** Fig. Plein de difficultés. *Une affaire épineuse.* Syn. délicat. ▷ D'humeur difficile. *Caractère épineux.* – Lat. *spinosus*.

épine-vinette [epinvinɛt] n. f. Arbuste buissonnant épineux (*Berberis vulgaris*, fam. berbéridacées) dont les grappes de fleurs jaunes donnent des baies rouges. (Elle a été systématiquement arrachée, car la rouille du blé s'y développait.) *Des épines-vinettes.* – De *épine*, et *vin*, à cause de la couleur de ses baies.

épinglage [epɛ̃glaʒ] n. m. Action d'épingler. – De *épingler*.

épingle [epɛ̃gl] n. f. **1.** Petite tige métallique, pointue à une extrémité, et pourvue d'une tête à l'autre, servant à attacher. *Une pelote d'épingles.* ▷ Loc. fig. *Coups d'épingle* : petites méchancetés, railleries. – *Tiré à quatre épingles* : habillé avec un soin minutieux. – *Tirer son épingle du jeu* : se dégager adroitement d'une affaire délicate. **2.** Objet servant à attacher, à fixer, dont la forme varie selon sa destination. *Épingle à chapeau.* ▷ *Épingle à cheveux* : tige pliée par son milieu, qui sert à fixer les cheveux. – *Virage en épingle à cheveux* : virage très accentué entre deux segments parallèles d'une route. ▷ *Épingle à linge* : pince* à linge. ▷ *Épingle de cravate* : bijou en forme d'épingle, parfois orné d'une pierre précieuse, porté sur la cravate. – Fig. *Monter en épingle* : mettre en valeur. ▷ *Épingle double, de nourrice, de sûreté* : épingle recourbée dont l'extrémité pointue se referme sur un crochet. **3.** CONSTR Armature en forme d'épingle double. – Du lat. *spinula*, « petite épine ».

épinglé, ée [epɛ̃gle] adj. **1.** Attaché avec une épingle. **2.** Se dit d'un tissu à petites côtes. *Velours épinglé.* **3.** Fam. Pris, pincé, attrapé. *Il a été épinglé au premier vol.* – Pp. de *épingler*.

épingler [epɛ̃gle] v. tr. [1] **1.** Fixer avec une ou plusieurs épingles. *Épingler une décoration. Épingler un vêtement.* **2.** Pop. Arrêter, prendre. *Il s'est fait épingler à la sortie.* – De *épingle*.

épinglerie [epɛ̃gləʀi] n. f. Manufacture, commerce d'épingles. – De *épingle*.

épinglette [epɛ̃glɛt] n. f. **1.** Tige qui servait autref. à déboucher le canon d'une arme à feu. **2.** Vx ou rég. Broche. **2.** Syn. de *pin's*. – De *épingle*.

épinglier, ère [epɛ̃glije, ɛʀ] n. TECH Personne qui fabrique, qui vend des épingles. – De *épingle*.

épinier [epinje] n. m. Fourré d'épines servant de refuge au gibier. – De *épine*.

épinière [epinjɛʀ] adj. f. *Moelle épinière* : V. moelle. – De *épine (dorsale).*

épinoche [epinɔʃ] n. f. Petit poisson téléostéen d'eau douce dont la nageoire dorsale est munie d'épines. (Au moment du frai, le mâle se pare de vives couleurs rouges et bleues et construit un nid où la femelle pond.) – De *épine.*

épinochette [epinɔʃɛt] n. f. Poisson voisin de l'épinoche commune, mais de couleurs moins vives. – Dimin. de *épinoche.*

épipaléolithique [epipaleolitik] n. m. PREHIST Période postglaciaire dont l'industrie lithique est encore proche de celle du paléolithique supérieur.

épiphanie [epifani] n. f. **1.** Manifestation de la divinité, de Dieu. **2.** (Avec une majuscule.) Fête chrétienne célébrant la visite des Rois mages à Jésus nouveau-né (le 6 janvier); elle est également nommée *jour des Rois.* – Du gr. *epiphaneia,* « apparition ».

épiphénomène [epifenɔmɛn] n. m. **1.** MED Symptôme accessoire. **2.** *Par ext.* Phénomène secondaire, lié à un autre dont il découle. – De *épi-,* et gr. *phainomenon,* « phénomène ».

épiphénoménisme [epifenɔmenism] n. m. PHILO Théorie due aux Anglais Maudsley et J. Huxley, selon laquelle la conscience n'est qu'un épiphénomène. – De *épiphénomène.*

épiphénoméniste [epifenɔmenist] adj. et n. **1.** adj. PHILO Lié à l'épiphénoménisme. *Théories épiphénoménistes.* **2.** n. Partisan de l'épiphénoménisme. – De *épiphénoménisme.*

épiphyse [epifiz] n. f. ANAT **1.** Extrémité des os longs. **2.** Glande située dans le cerveau à la partie postérieure du 3ᵉ ventricule, dont le rôle est mal connu, et qui se calcifie chez l'adulte. Syn. (anc.) glande pinéale. – Gr. *epiphusis,* de *épi,* « sur », et *phusis,* « formation ».

épiphyte [epifit] adj. et n. m. BOT Se dit des végétaux poussant sur d'autres végétaux sans en être les parasites. ▷ n. m. *Les lianes sont des épiphytes.* – De *épi-,* et *-phyte.*

épiphytie [epifiti] n. f. BOT Maladie qui atteint rapidement un grand nombre de végétaux de la même espèce. *L'oïdium, la rouille, le mildiou sont des épiphyties.* – De *épi-,* et *-phyte.* V. épizootie.

épiploon [epiplɔɔ̃] n. m. ANAT Large expansion du péritoine, composée d'un double feuillet qui maintient les organes abdominaux en place. – Du gr. méd. *epiploon,* « flottant ».

épique [epik] adj. **1.** LITTER Se dit d'une grande composition en vers qui décrit des actions héroïques. *La poésie épique est un des genres littéraires les plus anciens.* **2.** Propre à l'épopée. *Ton épique.* **3.** Digne d'une épopée. *Mener un combat épique.* ▷ Plaisant *Il lui arrive toujours des aventures épiques!* – Lat. *epicus,* gr. *epikos,* de *epos,* « épopée ».

épirogénique [epiʀɔʒenik] ou **épeirogénique** [epeʀɔʒenik] adj. GEOL Se dit des mouvements de surélévation ou d'affaissement affectant dans son ensemble un continent, un socle, etc. – Du gr. *epeiros,* « continent », et *-génique.*

épirote [epiʀɔt] adj. De l'Épire, région de la Grèce, dans la péninsule des Balkans. ▷ Subst. *Un(e) Épirote.*

épiscopal, ale, aux [episkɔpal, o] adj. **1.** De l'évêque. *Dignité épiscopale. Palais épiscopal.* **2.** *Église épiscopale* ou *épiscopalienne* : l'Église anglicane des États-Unis. – Lat. ecclés. *episcopalis,* de *episcopus,* gr. *episkopos.*

épiscopat [episkɔpa] n. m. **1.** Dignité d'évêque. **2.** Durée des fonctions de l'évêque. **3.** Corps des évêques. *L'épiscopat français.* – Lat. ecclés. *episcopatus.*

épisiotomie [epizjotɔmi] n. f. CHIR Incision du périnée, pratiquée pour éviter une rupture traumatique lors de l'accouchement. – Du gr. *epeision,* « pubis », et *-tomie.*

épisode [epizɔd] n. m. **1.** Action incidente, liée à l'action principale, dans une œuvre littéraire, artistique. *Ce personnage n'apparaît que dans un épisode du roman.* **2.** Chacune des parties d'un film projeté en plusieurs séances. *Les épisodes d'un feuilleton télévisé.* **3.** Événement particulier lié à des faits d'ordre plus général. *Un épisode de la dernière guerre.* – Gr. *epeisodion,* « partie du drame entre *(epi)* deux entrées *(eisodoi)* ».

épisodique [epizɔdik] adj. **1.** Qui appartient à un épisode. *Personnage épisodique d'un roman.* **2.** Secondaire. *Elle n'a joué qu'un rôle épisodique dans sa vie.* – De *épisode.*

épisodiquement [epizɔdikmɑ̃] adv. D'une manière épisodique. – De *épisodique.*

épisome [epizom] n. m. MICROB Morceau d'A.D.N. intracellulaire, capable de se répliquer de façon autonome et de s'incorporer au matériel génétique de la cellule hôte sans perdre son individualité. – De *épi-,* et gr. *soma,* « corps ».

épisser [epise] v. tr. [1] MAR Faire une épissure à (un cordage). – Du néerl. *splisten.*

épissoir [episwaʀ] n. m. MAR Instrument servant à ouvrir les torons d'un cordage à épisser. – De *épisser.*

épissure [episyʀ] n. f. **1.** MAR Jonction des bouts de deux cordages par l'entrelacement des torons. *Épissure longue, carrée.* **2.** ELECTR Jonction de deux conducteurs par soudure ou entrelacement. – De *épisser.*

épistasie [epistazi] n. f. BIOL Dominance d'un gène sur tous ses allèles. – De *épi-,* et gr. *stasis,* « arrêt ».

épistaxis [epistaksis] n. f. MED Saignement de nez. – De *épi-,* et gr. *staxis,* « écoulement ».

épistémologie [epistemɔlɔʒi] n. f. PHILO Étude critique des sciences, de la formation et des conditions de la connaissance scientifique. – Du gr. *epistêmê,* « science », et *-logie.*

épistémologique [epistemɔlɔʒik] adj. PHILO Relatif à l'épistémologie. – De *épistémologie.*

épistolaire [epistɔlɛʀ] adj. Qui concerne le fait d'écrire des lettres, la manière de les écrire. *Style épistolaire. Nous avons des relations purement épistolaires.* – Lat. *epistolaris,* de *epistola,* « épître ».

épistolier, ère [epistɔlje, ɛʀ] n. **1.** LITTER Écrivain connu par ses lettres. *Guez de Balzac fut surnommé « le grand épistolier de France ».* **2.** Plaisant Personne qui écrit beaucoup de lettres. *C'est un épistolier intarissable.* – Lat. *epistola,* « lettre ».

épistyle [epistil] n. m. ARCHI Architrave. – Lat. d'orig. gr. *epistylium.*

épitaphe [epitaf] n. f. **1.** Inscription sur une sépulture. **2.** Tablette portant cette inscription. – Gr. *epitaphion,* de *epi-,* et *taphos,* « tombe ».

épitaxie [epitaksi] n. f. ELECTRON Technique de fabrication de dispositifs semiconducteurs, permettant notam. la réalisation de circuits intégrés. – De *épi-,* et *-taxie.*

épite [epit] n. f. MAR Coin ou cheville de bois. – Néerl. *spit.*

épithalame [epitalam] n. m. LITTER Chant, poème nuptial. – Gr. *epithalamion.*

épithélial, ale, iaux [epiteljal, jo] adj. BIOL Relatif à l'épithélium. – De *épithélium.*

épithélioma [epiteljɔma] ou **épithéliome** [epiteljom] n. m. MED Syn. de *carcinome.* – De *épithélium.*

épithélium [epiteljɔm] n. m. ANAT Membrane ou tissu formé de cellules juxtaposées. *Épithélium cylindrique, simple, stratifié.* – De *épi-*, et gr. *thêlê*, «mamelon».

épithète [epitɛt] n. f. et adj. **1.** GRAM Mot ou groupe de mots que l'on ajoute à un nom, à un pronom, pour le qualifier. *Dans «le chat noir», «un homme intelligent» et «la dame qui porte un chapeau», «noir», «intelligent» et «qui porte un chapeau» sont des épithètes.* ▷ adj. GRAM Se dit d'un adjectif qualificatif qui n'est pas relié au nom par un verbe. – n. f. Fonction d'un tel adjectif; cet adjectif lui-même. **2.** *Par ext.* Qualification attribuée à qqn. *Elle le gratifia de l'aimable épithète de «malappris».* – Lat. gram., du gr. *epitheton*, «qui est ajouté».

épitoge [epitɔʒ] n. f. **1.** ANTIQ Manteau que les Romains portaient par-dessus la toge. **2.** Anc. Chaperon de fourrure que portaient les présidents à mortier lors des cérémonies au Parlement. **3.** Ornement que les professeurs de faculté, les magistrats, les avocats portent sur la robe, attaché sur l'épaule gauche. – Lat. *epitogium*.

épitomé [epitɔme] n. m. LITTER Abrégé d'un livre d'histoire antique. *Épitomé de l'histoire romaine.* – Gr. *epitomê*, «abrégé».

épître [epitʀ] n. f. **1.** Lettre missive, chez les Anciens. *Les épîtres de Cicéron. L'Épître de saint Paul aux Corinthiens.* **2.** Par ext., plaisant *J'ai reçu une longue épître de mes parents.* **3.** LITTER Pièce de vers adressée à qqn en personne, comme une lettre. *Horace, Ovide, Marot, La Fontaine et Voltaire ont écrit des épîtres.* ▷ *Épître dédicatoire*, pour dédier une œuvre à qqn. **4.** LITURG Texte du Nouveau Testament, souvent tiré des épîtres de saint Paul ou des autres apôtres, lu (parfois chanté) à la messe, un peu avant l'Évangile. *Chanter l'épître.* – Lat. *epistola*, gr. *epistolê*.

épizootie [epizɔɔti] n. f. ZOOL Épidémie frappant, dans une région plus ou moins vaste, une espèce animale (notam. domestique) dans son ensemble. – Du gr. *zôotês*, «nature animale», d'apr. *épidémie*.

épizootique [epizɔɔtik] adj. ZOOL Qui tient de l'épizootie. – De *épizootie*.

éploré, ée [eplɔʀe] adj. (et n.) Qui est tout en pleurs. *Consoler une mère éplorée.* – Subst. Litt. *Un éploré.* – De *es-*, et *pleur*.

éployé, ée [eplwaje] adj. **1.** HERALD Qui a les ailes déployées. **2.** Rare Déployé. – Pp. de *éployer*.

éployer [eplwaje] v. tr. [23] Rare Étendre. *Éployer ses ailes.* – De *é-*, et *ployer*.

épluchage [eplyʃaʒ] n. m. **1.** Action d'éplucher. *Épluchage des légumes.* **2.** Nettoyage (des étoffes). *Épluchage de la laine.* **3.** Fig. Examen minutieux. *Se livrer à l'épluchage d'une traduction.* – De *éplucher*.

épluche-légumes [eplyʃlegym] n. m. inv. Petit couteau, dont la lame comporte en général deux fentes, pour l'épluchage des légumes. – De *éplucher*, et *légume*.

éplucher [eplyʃe] v. tr. [1] **1.** Nettoyer, enlever les corps étrangers (ou ce qui n'est pas bon) de. *Éplucher des pommes de terre, des oranges*, les peler. *Éplucher la laine.* **2.** Fig. Rechercher minutieusement les défauts, les erreurs dans. *Éplucher un compte.* – De *es-*, et de l'anc. v. *peluchier*, «éplucher», du lat. *piluccare*, de *pilus*, «poil».

éplucheur, euse [eplyʃœʀ, øz] n. **1.** Personne qui épluche. *Éplucheur de coton.* **2.** *Éplucheur* ou *couteau-éplucheur.* Syn. épluche-légumes. *Éplucheur électrique.* **3.** Fig., rare Personne qui recherche minutieusement les défauts, les erreurs dans qqch. *Un éplucheur de mots.* – De *éplucher*.

épluchure [eplyʃyʀ] n. f. Déchet qu'on enlève à une chose en l'épluchant. *Épluchures de pommes de terre.* – De *éplucher*.

épode [epɔd] n. f. **1.** Dans la poésie grecque, la troisième partie de l'ode, après la strophe et l'antistrophe. **2.** Dans la poésie latine, distique composé de vers inégaux. – *Par ext.* Pièce de vers écrite en épodes. *Les «Épodes» d'Horace.* **3.** Pièce lyrique où se succèdent alternativement un vers long et un vers court. – Gr. *epôdos*.

épointage [epwɛ̃taʒ] n. m. Action d'épointer. – De *épointer*.

épointement [epwɛ̃tmɑ̃] n. m. État de ce qui est épointé. – De *épointer*.

épointer [epwɛ̃te] **1.** v. tr. [1] Émousser la pointe de. *Épointer un couteau.* **2.** v. pron. S'émousser, perdre sa pointe. – De *é-*, et *pointe*.

1. éponge [epɔ̃ʒ] n. f. **1.** Nom courant de tous les spongiaires. **2.** Squelette corné, fibreux et souple de divers spongiaires, utilisé pour son aptitude à retenir l'eau. *Pêcheur d'éponges. Presser une éponge.* ▷ Objet fabriqué industriellement pour le même usage. *Une éponge synthétique.* **3.** Loc. fig. *Passer l'éponge* : pardonner, oublier. *Passons l'éponge sur cette erreur de jeunesse.* – *Boire comme une éponge* : boire beaucoup trop. **4.** *Tissu-éponge**. *De l'éponge* : du tissu-éponge. – Lat. pop. **sponga*.

2. éponge [epɔ̃ʒ] n. f. **1.** Chacune des extrémités du fer à cheval. **2.** Tumeur molle du coude du cheval. Syn. hygroma. – Altér., par attract. de *éponge* 1, de l'a. fr. *esponde*, du lat. *sponda*, «bord, rive».

épongeage [epɔ̃ʒaʒ] n. m. Action d'éponger; son résultat. – De *éponger*.

éponger [epɔ̃ʒe] v. tr. [15] **1.** Essuyer, enlever (un liquide) avec une éponge. *Éponger de l'encre.* **2.** Fig. Résorber (un excédent, une inflation). *Éponger la dette.* **3.** v. pron. S'essuyer. *S'éponger le front.* – De *éponge* 1.

éponte [epɔ̃t] n. f. MINES Paroi rocheuse entourant un filon. – De l'a. fr. *esponde*. V. éponge 2.

épontille [epɔ̃tij] n. f. MAR Colonne qui soutient ou consolide un pont. – De *é-*, et ital. *pontile*, «ponton».

épontiller [epɔ̃tije] v. tr. [1] MAR Soutenir avec des épontilles. – De *épontille*.

éponyme [epɔnim] adj. Didac. Qui donne son nom à. *Séleucos, ancêtre éponyme des Séleucides.* – ANTIQ GR *Magistrat éponyme* : magistrat qui, dans une cité grecque, donnait son nom à l'année. *L'archonte éponyme d'Athènes.* – Gr. *epônumos*, de *epi*, «sur», et *onoma*, «nom».

éponymie [epɔnimi] n. f. ANTIQ GR **1.** Fonction du magistrat éponyme. ▷ Temps pendant lequel il occupait ses fonctions. **2.** Liste des magistrats éponymes. – De *éponyme*.

épopée [epɔpe] n. f. **1.** Long poème empreint de merveilleux et racontant des aventures héroïques. *«La Légende des siècles», épopée écrite par Victor Hugo.* **2.** Suite d'actions réellement accomplies et pleines d'héroïsme. *L'épopée napoléonienne.* – Gr. *epopoiia*, de *epopoios*, «qui fait des récits en vers».

époque [epɔk] n. f. **1.** Période déterminée dans l'histoire, marquée par des événements importants. *L'époque de la Révolution française. La Belle Époque* : les années proches de 1900, jugées rétrospectivement agréables et sans soucis. **2.** *Par ext.* Temps où l'on vit; ensemble de ceux qui vivent dans la même période. *Les grands philosophes de l'époque, de notre époque. Quelle drôle d'époque!* **3.** Loc. *Faire époque* : faire date. *L'œuvre de James Joyce a fait époque dans la littérature du XX*e *s.* **4.** Moment où se passe un événement déterminé. *À l'époque de notre rencontre. À pareille époque, à la même époque l'an prochain, je serai en vacances.* **5.** Période que caractérise un style artistique défini (notam. un style de mobilier). *Une bergère d'époque Louis XV.* – Loc.

D'époque : authentiquement ancien, exécuté à une époque déterminée. *Un meuble d'époque se distingue d'une copie, d'un meuble de style. Une bergère d'époque.* – Du gr. *epokhê*, « point d'arrêt ».

épouillage [epujaʒ] n. m. Action d'épouiller. – De *épouiller*.

épouiller [epuje] v. tr. [1] Ôter des poux à. *Épouiller un chien, un enfant.* ▷ v. pron. *Singes qui s'épouillent.* – De *é-*, et *poueil*, *pouil*, anc. forme de *pou*.

époumoner (s') [epumɔne] v. pron. [1] Crier à tue-tête jusqu'à s'essouffler. *Cela ne sert à rien de s'époumoner au milieu d'un tel vacarme.* – De *é-*, et *poumon*.

épousailles [epuzɑj] n. f. pl. Vieilli ou plaisant Célébration du mariage. – Du lat. *sponsalia*, « fiançailles », de *sponsus*, « époux ».

épouse. V. époux.

épousée [epuze] n. f. Vieilli ou dial. Femme qui se marie. *Parée comme une épousée de village.* – Pp. fém. subst. de *épouser*.

épouser [epuze] v. tr. [1] **1.** Prendre en mariage. *Elle a épousé son cousin. Épouser une Anglaise.* ▷ Par ext. *Épouser une grosse fortune*, qqn qui possède une grosse fortune. **2.** Fig. S'attacher à (qqch), embrasser (une cause). *Épouser le parti, les intérêts, les idées d'un camarade. Épouser la querelle de qqn*, prendre parti pour lui dans une querelle. **3.** Se modeler sur. *Cette robe épouse parfaitement la forme du corps.* – Du lat. pop. *sposare*, du class. *sponsare*, de *sponsus* (V. époux).

épouseur [epuzœʀ] n. m. Homme disposé à se marier et qui le fait savoir. – De *épouser*.

époussetage [epustaʒ] n. m. Action d'épousseter. – De *épousseter*.

épousseter [epuste] v. tr. [20] Nettoyer en chassant la poussière. *Épousseter une bibliothèque.* – De *é-*, et rad. de *poussière*.

époustouflant, ante [epustuflɑ̃, ɑ̃t] adj. Fam. Très étonnant. *Une révélation époustouflante.* – Ppr. de *époustoufler*.

époustoufler [epustufle] v. tr. [1] Fam. Jeter (qqn) dans l'étonnement. – De l'a. fr. *s'esposser*, « s'essouffler », du lat. *pulsare*.

épouvantable [epuvɑ̃tabl] adj. **1.** Qui épouvante, effrayant, terrifiant. *Pousser des cris épouvantables. Un épouvantable forfait.* **2.** *Par exag.* Très mauvais. *Ce film est épouvantable.* **3.** Qui choque par son excès. *Une bêtise épouvantable.* – De *épouvanter*.

épouvantablement [epuvɑ̃tabləmɑ̃] adv. **1.** De manière effroyable. *Sa maladie l'a épouvantablement amaigri.* **2.** *Par exag.* À l'extrême. *Il est épouvantablement bavard.* – De *épouvantable*.

épouvantail [epuvɑ̃taj] n. m. **1.** Objet destiné à effrayer les oiseaux dans un champ, un verger, un jardin. *Placer un épouvantail dans un cerisier. Un mannequin grossier, des haillons sur une perche peuvent servir d'épouvantail.* **2.** Fig. Personne très laide, très mal habillée. **3.** Fig. Objet, personne qui effraie sans cause réelle. – De *épouvanter*.

épouvante [epuvɑ̃t] n. f. **1.** Effroi violent, peur soudaine, panique. *Être glacé d'épouvante. Film d'épouvante.* **2.** Vive inquiétude, appréhension. *Elle voit avec épouvante les dettes s'accumuler.* – Déverbal de *épouvanter*.

épouvanter [epuvɑ̃te] v. tr. [1] Effrayer vivement, remplir d'épouvante (qqn). *Attila épouvantait ses ennemis.* – Pp. *Épouvanté par une vision d'horreur.* ▷ v. pron. *Il s'épouvante pour un rien.* – Lat. pop. **expaventare*, de *pavere*, « avoir peur ».

époux, épouse [epu, epuz] n. **1.** Personne unie à une autre par le mariage. *Prendre pour époux, pour épouse. Les époux*, le mari et la femme. *Une épouse fidèle.* ▷ Pop. (Avec le possessif.) *Il vient de perdre son épouse. Bien le bonjour à votre époux.* **2.** RELIG CATHOL *L'Époux* : le Christ. *L'Épouse* : l'Église. – Lat. *sponsus*, pp. subst. de *spondere*, « promettre ».

époxy [epɔksi] adj. inv. et n. f. **1.** adj. inv. CHIM Qui contient un époxyde. *La résine époxy est une matière plastique thermodurcissable utilisée comme vernis ou comme colle.* **2.** n. f. *Coller à l'époxy*, à la résine époxy. – De *époxyde*.

époxyde [epɔksid] n. m. CHIM Groupement constitué par deux atomes de carbone que relie un atome d'oxygène. – De *ép(i)-*, et *oxyde*.

épreindre [epʀɛ̃dʀ] v. tr. [55] Vx Presser (qqch) pour en exprimer le suc. – Lat. *exprimere*. V. exprimer (sens II, 2).

épreintes [epʀɛ̃t] n. f. pl. MED Coliques violentes. – Pp. fém. subst. de *épreindre*.

éprendre (s') [epʀɑ̃dʀ] v. pron. [74] *S'éprendre de.* **1.** Se passionner pour (qqch). *S'éprendre d'un idéal.* **2.** Tomber amoureux de (qqn). *Alceste s'est épris de Célimène.* **3.** Se mettre à aimer (qqch). – De *é-*, et *prendre*.

épreuve [epʀœv] n. f. **1.** Événement pénible, malheur, souffrance, qui éprouve le courage, qui fait apparaître les qualités morales. *Passer par de rudes épreuves.* **2.** Action d'éprouver qqch ou qqn, action, opération permettant de le juger. *Faire l'épreuve d'une arme. Mettre qqn à l'épreuve.* ▷ *À l'épreuve de* : qui résiste à. *Cloison à l'épreuve du feu.* ▷ *À toute épreuve* : très solide, résistant. **3.** HIST *Épreuves judiciaires* : épreuves destinées, au Moyen Âge, à faire apparaître l'innocence ou la culpabilité d'un accusé. V. ordalie. **4.** Partie d'un examen. *Épreuves écrites. Une épreuve d'anglais.* **5.** SPORT Compétition. *Suivre les épreuves de ski à la télévision.* **6.** ARTS GRAPH Chacun des exemplaires tirés sur une planche gravée. *Épreuve avant la lettre*, tirée avant que le graveur ait ajouté un titre, une dédicace, etc. **7.** IMPRIM Feuille imprimée utilisée pour la correction d'un texte. ▷ Image (le plus souvent positive) tirée d'un cliché photographique (le plus souvent négatif). **8.** AUDIOV Film brut après développement et avant montage. **9.** MATH En théorie des probabilités, essai, tirage. **10.** MED *Épreuve d'effort* : travail musculaire imposé pour juger de la valeur fonctionnelle des poumons et du cœur. – Déverbal de *éprouver*.

épris, ise [epʀi, iz] adj. Animé d'une grande passion (pour qqch, qqn). *Être épris de justice. Être épris d'une femme.* ▷ (S. comp.) *Des amants fort épris.* – Pp. de *éprendre*.

éprouvant, ante [epʀuvɑ̃, ɑ̃t] adj. Dur à supporter. *Cette chaleur est éprouvante.* – Ppr. de *éprouver*.

éprouvé, ée [epʀuve] adj. **1.** Qui a résisté aux épreuves, sûr. *Valeur éprouvée.* **2.** Qui a subi des épreuves, des malheurs. *Elle est très éprouvée.* – Pp. de *éprouver*.

éprouver [epʀuve] v. tr. [1] **1.** Essayer (qqch) pour s'assurer de ses qualités. *Éprouver un remède. Éprouver la fidélité d'un ami.* **2.** Mettre (qqn) à l'épreuve. *Titus hésite à éprouver Bérénice.* ▷ Soumettre à une épreuve pénible. *La guerre a éprouvé ces régions.* **3.** Ressentir, connaître par expérience. *Éprouver de la joie. Éprouver de l'amour pour qqn.* **4.** *Éprouver que* : découvrir que. *Il éprouva vite qu'on essayait de le tromper.* – De *é-*, et *prouver*.

éprouvette [epʀuvɛt] n. f. **1.** CHIM Vase ou tube de verre qui sert à manipuler des liquides ou des gaz au cours d'expériences. **2.** METALL Échantillon de métal que l'on soumet à des essais mécaniques destinés à mesurer ses qualités. – De *épreuve*, au sens anc. « sonde ».

epsilon [ɛpsilɔn] n. m. **1.** Cinquième lettre [ɛ, E] de l'alphabet grec. **2.** MATH Symbole d'une quantité infinitésimale. – Mot gr., *e psilon*, «*e* petit».

epsomite [ɛpsɔmit] n. f. MINER Sel d'Epsom, sulfate naturel hydraté de magnésium. – De *Epsom*, ville de G.-B.

épucer [epyse] v. tr. [**14**] Ôter des puces à. ▷ v. pron. *Singes qui s'épucent.* – De *é-*, et *puce*.

épuisable [epɥizabl] adj. Rare Qui peut être épuisé. – De *épuiser*.

épuisant, ante [epɥizɑ̃, ɑ̃t] adj. Très fatigant. *Travail épuisant.* – Ppr. de *épuiser*.

épuisé, ée [epɥize] adj. **1.** Devenu improductif. *Des terres épuisées.* **2.** *Par ext.* (En parlant d'un livre, d'une publication.) Dont toute l'édition a été vendue. *Une première édition épuisée en quelques jours.* **3.** À bout de forces. *Un sportif épuisé par l'effort.* – Pp. de *épuiser*.

épuisement [epɥizmɑ̃] n. m. **1.** Action de mettre à sec. *L'épuisement d'une mine inondée.* **2.** État de qqch qu'on a épuisé. *Épuisement d'un sol.* **3.** Perte des forces, faiblesse physique ou morale. *Épuisement dû à la malnutrition.* – De *épuiser*.

épuiser [epɥize] v. tr. [**1**] **1.** Tarir, mettre à sec. *Épuiser une source.* ▷ *Épuiser un sol*, par la culture répétée d'un même végétal, qui en absorbe les éléments nutritifs et le rend improductif. **2.** Utiliser complètement (qqch), consommer entièrement. *Épuiser ses provisions.* **3.** User complètement. *Épuiser la patience de qqn. Il a épuisé tous les plaisirs.* ▷ *Épuiser un sujet*, le traiter complètement, à fond. **4.** Affaiblir à l'extrême. *La maladie l'épuise.* – *Par exag.* Fatiguer. *Ses jérémiades m'épuisent.* **5.** v. pron. Se tarir (choses); s'affaiblir à l'extrême (personnes). *Nos ressources s'épuisent. Il s'épuise en efforts exténuants.* – De *é-*, et *puits*.

épuisette [epɥizɛt] n. f. **1.** Petit filet de pêche monté sur un cerceau, attaché à un long manche. *L'épuisette sert à tirer de l'eau le poisson pris à l'hameçon.* **2.** MAR Syn. de *écope*. – De *épuiser*.

épulon [epylɔ̃] n. m. ANTIQ ROM Prêtre spécialement chargé de préparer les banquets organisés en l'honneur des dieux. – Lat. *epulo*, de *epulæ*, «repas».

épulpeur [epylpœʀ] n. m. TECH Appareil servant à débarrasser le jus de betterave des pulpes. – De *é-*, et *pulpe*.

épurateur [epyʀatœʀ] n. m. TECH Appareil servant à épurer les liquides ou les gaz. – De *épurer*.

épuratif, ive [epyʀatif, iv] ou **épuratoire** [epyʀatwaʀ] adj. Qui sert à épurer. – De *épurer*.

épuration [epyʀasjɔ̃] n. f. **1.** Action de rendre pur. ▷ TECH *Station d'épuration* : installation destinée à traiter les eaux usées avant de les rejeter dans un cours d'eau ou dans la mer. ▷ MED *Épuration extrarénale* : procédé d'extraction des substances toxiques contenues dans le sang dans les cas d'insuffisance rénale. *Épuration par dialyse péritonéale ou par rein artificiel.* **2.** Élimination des membres jugés indésirables (d'un corps social, spécial. en politique). *L'épuration des collaborateurs en France, en 1944.* – De *épurer*.

épure [epyʀ] n. f. Représentation d'un objet par sa projection sur trois plans perpendiculaires. – Déverbal de *épurer*.

épurement [epyʀmɑ̃] n. m. Litt. Action d'épurer. *L'épurement d'un texte.* – De *épurer*.

épurer [epyʀe] v. tr. [**1**] **1.** Rendre pur, plus pur. *Épurer l'eau*, afin de la rendre potable. **2.** Fig. Débarrasser de ses impuretés, de ses défauts. *Épurer le goût. Épurer un auteur* : retrancher de son œuvre les passages jugés trop libres. **3.** Éliminer les éléments jugés indésirables de (un corps social). *Épurer une administration.* **4.** v. pron. Devenir plus pur, meilleur. – De *é-*, et *pur*.

épurge [epyʀʒe] n. f. Euphorbe (*Euphorbia lathyris*) aux propriétés purgatives violentes. – Déverbal de l'anc. v. *espurgier*, «nettoyer, purifier».

épyornis. V. œpyornis.

équanimité [ekwanimite] n. f. Litt. Égalité d'humeur, sérénité. – Lat. *æquanimitas*, de *æquus*, «égal», et *animus*, «esprit, âme».

équarrir [ekaʀiʀ] v. tr. [**2**] **1.** TECH Tailler à angle droit, rendre carré. *Équarrir une glace*, la découper avec un diamant et des pinces. *Équarrir une poutre. Équarrir un tronc d'arbre*, afin d'en tirer des planches pour la construction. *Équarrir un massif*, le tailler avec un sécateur. ▷ Fig. *Mal équarri* : mal dégrossi. **2.** Écorcher, dépecer (un animal mort). – Lat. pop. **exquadrare*, «rendre carré».

équarrissage [ekaʀisaʒ] n. m. **1.** TECH Action d'équarrir. *Équarrissage du bois.* **2.** Action d'abattre et de dépecer des animaux pour en tirer des produits utilisés dans l'industrie (peau, os, graisses). – De *équarrir*.

équarrisseur [ekaʀisœʀ] n. m. Celui qui équarrit les animaux. – De *équarrir*.

équarrissoir [ekaʀiswaʀ] n. m. **1.** TECH Instrument servant à équarrir. **2.** Couteau d'équarrisseur. – De *équarrir*.

équateur [ekwatœʀ] n. m. Grand cercle imaginaire du globe terrestre, perpendiculaire à l'axe des pôles. ▷ *Équateur céleste* : grand cercle de la sphère céleste déterminé par l'équateur terrestre. – Lat. médiév. *æquator*, du v. *æquare*, «rendre égal».

équation [ekwasjɔ̃] n. f. **1.** MATH Égalité qui n'est vérifiée que pour certaines valeurs attribuées aux inconnues. *Résoudre une équation, un système d'équations. Une équation différentielle* : V. différentielle. **2.** PSYCHO Fig. *Équation personnelle* : manière particulière, propre à chaque individu, de concevoir certaines choses. *L'équation personnelle du juge.* – Lat. *æquatio*, «égalité».

ENCYCL Une relation de la forme $f(x) = b$ est appelée équation si f est une application d'un ensemble E dans un ensemble F, b étant un élément de F; x est appelé l'*inconnue*. Résoudre une équation, c'est trouver les éléments x_0 de E, appelés *solutions* ou *racines* de l'équation, qui satisfont à cette relation. Les équations algébriques sont de la forme $P(x) = 0$ dans laquelle $P(x)$ est un polynôme. On distingue les équations du premier degré ($ax + b = 0$), du second degré ($ax^2 + bx + c = 0$), du troisième degré ($ax^3 + bx^2 + cx + d = 0$), etc.

équatoguinéen, enne [ekwatɔgineɛ̃, ɛn] adj. et n. De la république de Guinée équatoriale, État d'Afrique. ▷ Subst. *Un(e) Équatoguinéen(ne).*

équatorial, ale, aux [ekwatɔʀjal, o] adj. et n. m. **I.** adj. **1.** Relatif à l'équateur. *Climat équatorial* : climat extrêmement chaud qui règne entre les deux zones tropicales et où la pluviosité, fort élevée, atteint son maximum lors des équinoxes. **2.** ASTRO *Coordonnées équatoriales* : ascension droite et déclinaison. **II.** n. m. ASTRO Lunette qui se déplace dans un plan tournant autour de l'axe du monde et qui permet de suivre facilement un astre dans son mouvement diurne. – De *équateur*.

équatorien, enne [ekwatɔʀjɛ̃, ɛn] adj. et n. De la république de l'Équateur, État de l'Amérique du Sud. ▷ Subst. *Un(e) Équatorien(ne).*

équerrage [ekɛʀaʒ] n. m. TECH Angle dièdre formé par deux faces d'une pièce. – De *équerrer*.

équerre [ekɛʀ] n. f. **1.** Instrument qui sert à tracer des angles plans droits, des perpendiculaires. ▷ *Équerre d'arpenteur* : prisme à base octogonale muni de fentes et monté sur pied, servant à repérer des perpendiculaires sur le terrain. ▷ *Fausse équerre,* à branches mobiles, servant à tracer ou à mesurer un angle quelconque. ▷ Loc. *D'équerre :* à angle droit. **2.** TECH Pièce métallique en T ou en L utilisée pour renforcer des assemblages. – Lat. pop. **exquadra,* de *exquadrare.*

équerrer [ekeʀe] v. tr. [1] TECH Donner l'angle voulu entre deux parties d'une pièce de bois, de métal. – De *équerre.*

équestre [ekɛstʀ] adj. **1.** Relatif à l'équitation. *Exercices équestres.* **2.** Qui représente un personnage à cheval. *Statue équestre.* **3.** ANTIQ *Ordre équestre :* ordre des chevaliers chez les Romains. – Lat. *equestris,* de *equus,* « cheval ».

équeuter [ekøte] v. tr. [1] Ôter la queue de (un fruit). - Pp. adj. *Cerises équeutées.* – De *é-,* et *queue.*

équi-. Élément, du lat. *æqui-,* préf., de *æquus,* « égal ».

équiangle [ekɥiɑ̃gl] adj. GEOM Dont les angles sont égaux. *Figures équiangles.* – Lat. *æquiangulus.*

équidés [ekide] n. m. pl. ZOOL Famille de mammifères ongulés périssodactyles apparue à l'éocène, dont l'évolution s'est caractérisée par une augmentation de la taille des doigts et par une réduction de leur nombre. *Les chevaux, les zèbres, les ânes et les onagres sont des équidés.* - Sing. *Un équidé.* – Du lat. *equus,* « cheval ».

équidistance [ekɥidistɑ̃s] n. f. GEOM Qualité de ce qui est équidistant. – De *équidistant.*

équidistant, ante [ekɥidistɑ̃, ɑ̃t] adj. GEOM Situé à une distance égale de deux points ou de deux droites ou d'un point et d'une droite, etc. – Lat. *æquidistans,* « parallèle ».

équilatéral, ale, aux [ekɥilateʀal, o] adj. GEOM Dont tous les côtés sont égaux. *Triangle équilatéral.* – Bas lat. *æquilateralis,* de *æquus,* et *latus, lateris,* « côté ».

équilatère [ekɥilatɛʀ] adj. GEOM *Hyperbole équilatère,* dont les asymptotes sont perpendiculaires. – Bas lat. *æquilaterus.*

équilibrage [ekilibʀaʒ] n. m. Action d'équilibrer ; son résultat. ▷ TECH Répartition des masses sur la zone périphérique d'un organe tournant, pour régulariser sa rotation. *Équilibrage d'un rotor.* – De *équilibrer.*

équilibrant, ante [ekilibʀɑ̃, ɑ̃t] adj. Qui établit, rétablit l'équilibre. – Ppr. de *équilibrer.*

équilibration [ekilibʀasjɔ̃] n. f. Maintien ou mise en équilibre. *Équilibration du corps humain par le cervelet.* – De *équilibrer.*

équilibre [ekilibʀ] n. m. **1.** État d'un corps en repos, sollicité par des forces qui se contrebalancent. ▷ CHIM Mélange de plusieurs corps dont la composition ne varie pas, par absence de réaction ou du fait de la présence de deux réactions inverses de même vitesse. ▷ GEOMORPH *Profil d'équilibre :* courbe de descente définitivement décrite, de la source à l'embouchure, par un fleuve qui n'alluvionne pas. *Tous les fleuves tendent vers leur profil d'équilibre.* ▷ ECON, FIN *Équilibre entre la production et la consommation. Équilibre des échanges extérieurs. Équilibre budgétaire.* **2.** Position d'une personne qui se maintient sans tomber. *Se tenir en équilibre sur les mains. Perdre l'équilibre.* **3.** Fig. Disposition, arrangement de choses différentes ou opposées, harmonieusement combinées. *L'équilibre d'une composition artistique.* **4.** Harmonie psychique, santé mentale. – Lat. *æquilibrium,* de *æquus,* et *libra,* « balance ».

équilibré, ée [ekilibʀe] adj. **1.** En bon équilibre, stable. *Budget équilibré.* **2.** Dont les facultés s'associent harmonieusement, sans trouble. *Une femme équilibrée.* – Pp. de *équilibrer.*

équilibrer [ekilibʀe] v. tr. [1] Mettre en équilibre. ▷ v. pron. Être d'importance égale. *Les avantages et les inconvénients de cette situation s'équilibrent.* – De *équilibre.*

équilibreur, euse [ekilibʀœʀ, øz] adj. et n. m. **1.** adj. Qui équilibre. **2.** n. m. MILIT Appareil qui facilite le pointage en hauteur. – De *équilibrer.*

équilibriste [ekilibʀist] n. Artiste qui fait des tours d'équilibre (sens 2). – De *équilibre.*

équille [ekij] n. f. Poisson téléostéen marin (genre *Ammodytes*), à tête pointue, long de 15 à 30 cm. *Le lançon perce-sable est une équille des côtes françaises.* – P.-ê. var. de *esquille.*

équimolaire [ekɥimɔlɛʀ] adj. CHIM Se dit d'un mélange qui contient un nombre égal de moles de chacun de ses constituants. – De *équi-,* et *molaire* 2.

équimoléculaire [ekɥimɔlekylɛʀ] adj. CHIM Se dit d'un mélange qui contient un nombre égal de molécules pour chacun de ses constituants. – De *équi-,* et *moléculaire.*

équimultiple [ekɥimyltipl] adj. et n. m. MATH Se dit des nombres qui résultent du produit d'autres nombres par le même facteur. *15 et 6 sont équimultiples de 5 et 2, car 3 × 5 = 15, et 3 × 2 = 6.* - n. m. *Des équimultiples.* – De *équi-,* et *multiple.*

équin, ine [ekɛ̃, in] adj. **1.** Du cheval. *Variole équine.* **2.** MED *Pied équin :* variété de pied-bot. – Lat. *equinus,* de *equus,* « cheval ».

équinoxe [ekinɔks] n. m. Époque de l'année marquant le début du printemps ou celui de l'automne, où la durée du jour est égale à celle de la nuit. *Marée d'équinoxe.* – Lat. *æquinoctium,* de *æquus,* « égal », et *nox, noctis,* « nuit ».

ENCYCL Le Soleil, dans son mouvement apparent sur la sphère céleste, se trouve exactement dans le plan de l'équateur à l'*équinoxe de printemps* (le 21 mars, à un jour près) et à l'*équinoxe d'automne* (le 23 septembre, à un jour près).

équinoxial, ale, aux [ekinɔksjal, o] adj. Relatif à l'équinoxe. ▷ ASTRO *Points équinoxiaux :* points d'intersection de l'équateur et de l'écliptique. – De *équinoxe.*

équipage [ekipaʒ] n. m. **1.** MAR Ensemble du personnel à bord d'un navire. - Par ext. *L'équipage d'un avion.* **2.** MILIT Vx Ensemble du matériel d'une armée en campagne. **3.** Anc. Ensemble des voitures, des chevaux et du personnel qui s'en occupe. *Équipage du roi. Équipage de chasse.* ▷ *Train des équipages :* nom porté par le train* jusqu'en 1928. **4.** Vx Habillement. **5.** PHYS Organe mobile d'un appareil de mesure. – De *équiper.*

équipe [ekip] n. f. **1.** Vx Petite flottille appartenant à un batelier. **2.** Groupe de personnes collaborant à un même travail. *Homme, chef d'équipe. Travailler en équipe.* **3.** SPORT Ensemble de joueurs associés pour disputer un match, une compétition. *Équipe de football.* – Déverbal de *équiper.*

équipée [ekipe] n. f. **1.** Plaisant Promenade, sortie. **2.** Fig. Entreprise irréfléchie, escapade aux suites fâcheuses. – Pp. fém. subst. de *équiper.*

équipement [ekipmɑ̃] n. m. Action d'équiper ; ce qui sert à équiper (qqn ou qqch). *Équipement d'un navire. L'équipement du fantassin. Équipement de ski.* ▷ TECH Ensemble des outillages et des installations (d'une usine, d'une région). ▷ URBAN *Équipements collectifs :* ensemble des installations mises à la disposition des collectivités. *Équipements scolaires, sportifs, sanitaires, sociaux, culturels.* – De *équiper.*

équipementier [ekipmɑ̃tje] n. m. Fabricant, marchand d'équipements. *Équipementier d'automobiles.* – De *équipement.*

équiper [ekipe] **I.** v. tr. [1] **1.** Pourvoir de ce qui est nécessaire au fonctionnement. *Équiper une machine.*

Équiper un hôpital. – *Équiper industriellement un pays.* **2.** Munir de ce qui est nécessaire à une activité. *Équiper une troupe.* **II.** v. pron. Se pourvoir d'un équipement; revêtir un équipement. – Anc. norm. *skipa*, de *skip*, « navire ».

équipier, ère [ekipje, ɛʀ] n. Membre d'une équipe (spécial. sportive). – De *équipe.*

équipollence [ekɥipɔlɑ̃s] n. f. MATH État de deux vecteurs équipollents. – Lat. *æquipollentia*, « équivalence ».

équipollent, ente [ekɥipɔlɑ̃, ɑ̃t] adj. MATH *Vecteurs équipollents*, qui ont même grandeur, même sens et qui sont portés par des axes parallèles (ces vecteurs sont auj. dits *égaux*). – Lat. *æquipollens, æquipollentis.*

équipotent [ekɥipɔtɑ̃] adj. m. MATH *Ensembles équipotents*, qui ont la même puissance, c.-à-d. entre lesquels existe une bijection. – De *équi-*, et lat. *potens*, « puissance ».

équipotentiel, elle [ekɥipɔtɑ̃sjɛl] adj. PHYS De même potentiel. – De *équi-*, et *potentiel.*

équisétales [ekɥisetal] n. f. pl. BOT Ordre de cryptogames vasculaires, comprenant les prêles, dont la tige, constituée de segments rigides chlorophylliens, porte des ramifications de même structure, disposées en verticilles aux nœuds. – Sing. *Une équisétale.* – Du lat. *equisetum*, « prêle ».

équitable [ekitabl] adj. **1.** Qui a de l'équité. *Un juge équitable.* **2.** Conforme à l'équité, à la justice naturelle. *Jugement équitable.* – De *équité.*

équitablement [ekitabləmɑ̃] adv. De manière équitable. *Répartir équitablement les tâches.* – De *équitable.*

équitation [ekitasjɔ̃] n. f. Art, action de monter à cheval. *Faire de l'équitation. École d'équitation de Saumur.* – Lat. *equitatio*, de *equitare*, « aller à cheval ».

équité [ekite] n. f. Justice naturelle fondée sur la reconnaissance des droits de chacun; vertu qui consiste à régler sa conduite sur elle. *Juger avec équité et non selon les règles du droit positif.* ▷ Caractère de ce qui est équitable. – Lat. *æquitas*, « égalité ».

équivalence [ekivalɑ̃s] n. f. Qualité de ce qui est équivalent. ▷ Correspondance admise officiellement entre certains diplômes. *Avoir l'équivalence de la licence.* ▷ MATH *Relation d'équivalence*, à la fois réflexive, symétrique et transitive. ▷ PHYS *Principe d'équivalence*, selon lequel, lorsqu'un système qui subit une transformation cyclique n'échange avec le milieu extérieur que du travail et de la chaleur, le travail fourni (ou reçu) est égal à la quantité de chaleur reçue (ou fournie). – Bas lat. *æquivalentia.*

1. équivalent, ente [ekivalɑ̃, ɑ̃t] adj. Qui a la même valeur. ▷ MATH *Équations équivalentes*, qui ont les mêmes racines. – *Éléments équivalents* (modulo R), qui vérifient la relation d'équivalence R. – GEOM *Figures équivalentes*, de même surface bien que de formes différentes. – Lat. médiév. *æquivalens.*

2. équivalent [ekivalɑ̃] n. m. Ce qui est équivalent. ▷ *L'équivalent d'un mot, d'une expression*, son synonyme. ▷ PHYS *Équivalent mécanique de la calorie* : travail (égal à 4,185 J) produit par une quantité de chaleur de 1 calorie. ▷ CHIM *Équivalent-gramme* : valence-gramme. – Subst. de *équivalent* 1.

équivaloir [ekivalwaʀ] v. tr. indir. [45] *Équivaloir à.* **1.** Valoir autant en quantité que. *Le mille marin équivaut à 1 852 m.* **2.** Avoir la même valeur que. *Cette réponse équivaut à un refus.* – Bas lat. *æquivalere.*

équivoque [ekivɔk] adj. et n. f. **I.** adj. **1.** Susceptible de plusieurs interprétations. *Termes équivoques. Comportement équivoque.* **2.** Péjor. Qui n'inspire pas confiance. *Réputation, allure équivoque.* Syn. louche, suspect. **II.** n. f. Expression, situation laissant dans l'incertitude. *Parler, agir sans équivoque.* Syn. ambiguïté. – Lat. *æquivocus*, « à double sens », de *æquus*, « égal », et *vox*, « parole ».

Er CHIM Symbole de l'erbium.

érable [eʀabl] n. m. Grand arbre à feuilles opposées et palmées (fam. acéracées), dont le fruit est une samare double et dont le bois est utilisé en ébénisterie. *L'érable ou faux platane (Acer pseudoplatanus), dit sycomore, et l'érable dit faux sycomore (Acer platanoides) sont très courants en France. Érable du Canada* ou *érable à sucre*, dont la sève donne le sirop d'érable. *La feuille d'érable*, emblème du Canada. – Bas lat. *acerabulus*, du lat. *acer*, « érable », et p.-ê. gaul. *abolo*, « sorbier ».

éradication [eʀadikasjɔ̃] n. f. MED Action de déraciner, d'extirper. *Éradication des amygdales.* ▷ Fig. Suppression totale. *Éradication du paludisme.* – Lat. *eradicatio*, « action de déraciner ».

éradiquer [eʀadike] v. tr. [1] MED Supprimer totalement, faire disparaître (une maladie, un foyer endémique). – De *éradication.*

éraflement [eʀafləmɑ̃] n. m. Rare Action d'érafler. – De *érafler.*

érafler [eʀafle] v. tr. [1] Écorcher légèrement. *Cette ronce m'a éraflé.* – Par anal. *Érafler la peinture d'un mur.* ▷ v. pron. *Je me suis éraflé le genou.* – De *é-*, et *rafler.*

éraflure [eʀaflyʀ] n. f. Écorchure légère. – De *érafler.*

éraillement [eʀɑjmɑ̃] n. m. **1.** Fait d'être éraillé. **2.** Ectropion. – De *érailler.*

érailler [eʀɑje] v. tr. [1] **1.** Érafler, entamer la surface de. *Les frottements ont éraillé la peinture.* – v. pron. *Le fauteuil de cuir commence à s'érailler.* **2.** Rendre rauque (la voix). – Pp. adj. *Voix éraillée.* **3.** Pp. adj. *Yeux éraillés*, dont la paupière est retournée; injectés de sang. – De l'anc. v. *esraailler*, « rouler des yeux », du lat. pop. **roticulare* (rac. *rota*, « roue ») avec infl. de *rayer.*

éraillure [eʀɑjyʀ] n. f. Légère écorchure; rayure. – De *érailler.*

erbium [ɛʀbjɔm] n. m. CHIM Élément appartenant à la famille des lanthanides de numéro atomique Z = 68 et de masse atomique 167,28 (symbole Er). – Métal appartenant au groupe des terres rares, qui fond à 1 530 °C et bout vers 2 860 °C. – Du lat. mod. *erbia*, de *Ytterby*, ville de Suède, où cet élément fut découvert.

ère [ɛʀ] n. f. **1.** Époque fixe à partir de laquelle on commence à compter les années; la suite des années comptées à partir de cette période. *L'ère chrétienne.* **2.** Fig. Époque où commence un nouvel ordre de choses. *Pays qui entre dans l'ère de la prospérité.* **3.** GEOL Chacune des grandes divisions du temps (entre – 570 millions d'années et l'époque actuelle), elles-mêmes divisées en périodes puis en étages. *L'ère primaire, secondaire*, etc. – Lat. *æra*, « nombre, chiffre ».

érecteur, trice [eʀɛktœʀ, tʀis] adj. et n. m. PHYSIOL Qui provoque l'érection. *Un muscle érecteur* ou, n. m., *un érecteur.* – Bas lat. *erector.*

érectile [eʀɛktil] adj. **1.** Qui peut se gonfler et durcir par afflux de sang. *Tissus érectiles.* **2.** Qui peut se dresser. *Poils érectiles.* – Du lat. *erectus*, de *erigere*, « dresser ».

érection [eʀɛksjɔ̃] n. f. **1.** Action d'élever, de construire. *L'érection d'un monument.* **2.** PHYSIOL État d'un organe, d'un tissu mou, qui devient raide par suite de l'afflux de sang. – (S. comp.) Érection du pénis. *Être en érection* : avoir le pénis en érection. – Lat. *erectio*, « action de dresser ».

éreintage [eʀɛ̃taʒ] n. m. Critique sévère et malveillante. Syn. éreintement. – De *éreinter.*

éreintant, ante [eʀɛ̃tɑ̃, ɑ̃t] adj. Épuisant, harassant. *Un travail éreintant.* – Ppr. de *éreinter.*

éreintement [eʀɛ̃tmɑ̃] n. m. 1. État d'une personne éreintée. 2. Critique sévère et malveillante. Syn. éreintage. – De *éreinter.*

éreinter [eʀɛ̃te] v. tr. [1] 1. Excéder de fatigue. *Ce travail l'éreinte.* – Pp. adj. *Elle est éreintée.* ▷ v. pron. *S'éreinter.* – Par exag., cour. *S'éreinter à faire une chose,* se donner beaucoup de peine pour l'accomplir. 2. Critiquer violemment et méchamment. *Il a éreinté son contradicteur.* – Pp. adj. *Un livre éreinté par la critique.* – De *é-,* et *rein*; de l'a. fr. *esrener, érener,* « casser les reins ».

éreinteur, euse [eʀɛ̃tœʀ, øz] n. et adj. Se dit d'une personne qui critique avec violence et sévérité. – De *éreinter.*

érémitique [eʀemitik] adj. Litt. Propre aux ermites. *Vie érémitique.* – Lat. *eremiticus.*

érésipélateux. V. érysipélateux.

érésipèle. V. érysipèle.

éréthisme [eʀetism] n. m. 1. MED État d'excitation d'un organe. *Éréthisme cardiaque.* 2. Fig., litt. État d'excitation extrême d'une passion; extrême tension de l'esprit. – Gr. *erethismos,* « irritation ».

1. erg [ɛʀg] n. m. PHYS Unité de travail du système C.G.S. (remplacé auj. par le joule, unité SI). *1 erg équivaut à 10^{-7} joules.* – Gr. *ergon,* « travail ».

2. erg [ɛʀg] n. m. GEOMORPH Dans un désert, région couverte de dunes. – Mot ar.

ergastoplasme [ɛʀgastɔplasm] n. m. BIOL Variété de réticulum endoplasmique lié à des ribosomes au niveau desquels s'effectue une intense synthèse protéique. – Du gr. *ergon,* « travail », et *-plasme.*

ergastule [ɛʀgastyl] n. m. ANTIQ ROM Prison où les esclaves punis exécutaient des travaux pénibles. – Lat. *ergastulum,* adapté du gr. *ergastêrion,* « atelier ».

-ergie, ergo-. Éléments, du gr. *ergon,* « action, travail ».

ergographe [ɛʀgɔgʀaf] n. m. Appareil servant à la mesure, à l'étude du travail musculaire. – De *ergo-,* et *-graphe.*

ergol [ɛʀgɔl] n. m. CHIM Constituant (oxydant ou réducteur) d'un propergol. – Du gr. *ergon,* « travail, force ».

ergonomie [ɛʀgɔnɔmi] n. f. TECH Science de l'adaptation du travail à l'homme. (Elle porte sur l'amélioration des postes et de l'ambiance de travail, sur la diminution de la fatigue physique et nerveuse, sur l'enrichissement des tâches, etc.) – De *ergo-,* et *-nomie.*

ergonomique [ɛʀgɔnɔmik] adj. 1. Relatif à l'ergonomie. 2. Se dit d'un objet spécialement adapté aux conditions du travail auquel il est destiné. *Siège ergonomique de dactylo.* – De *ergonomie.*

ergonome [ɛʀgɔnɔm] ou **ergonomiste** [ɛʀgɔnɔmist] n. TECH Spécialiste d'ergonomie. – De *ergonomie.*

ergostérol [ɛʀgosteʀɔl] n. m. BIOCHIM Stérol très répandu dans le règne végétal et qui peut, sous l'effet des rayons ultraviolets, acquérir les propriétés de la vitamine D. – De *ergot,* et *stérol.*

ergot [ɛʀgo] n. m. 1. Éperon osseux placé sur la face postérieure de la patte des galliformes mâles. *Les ergots du coq.* – Loc. fig. *Se dresser sur ses ergots* (comme fait le coq) : prendre un ton fier et menaçant. ▷ Saillie cornée en arrière du boulet de certains mammifères (cheval, chien). 2. BOT Maladie de certaines céréales (partic. du seigle) provoquée par un champignon ascomycète (*Claviceps purpurea*) qui produit sur les épis des fructifications ayant grossièrement la forme d'un ergot de coq. – Cette fructification. 3. TECH Saillie sur une pièce de bois ou de fer.

ergotage [ɛʀgɔtaʒ] n. m. Action d'ergoter; chicane. – De *ergoter.*

ergotamine [ɛʀgotamin] n. f. BIOCHIM Dérivé de l'acide lysergique, extrait de l'ergot de seigle, dont l'action est antagoniste de celle du système nerveux sympathique. – De *ergot* (de seigle).

ergoté, ée [ɛʀgɔte] adj. 1. ZOOL Qui a des ergots. *Mammifère ergoté.* 2. BOT Atteint par l'ergot. *Seigle ergoté.* – De *ergot.*

ergoter [ɛʀgɔte] v. intr. [1] Chicaner, contester, trouver à redire sur tout. *Ergoter sur des vétilles.* – Du lat. *ergo,* « donc », par croisement avec *argot.*

ergoteur, euse [ɛʀgɔtœʀ, øz] n. et adj. Personne qui a la manie d'ergoter. – De *ergoter.*

ergothérapie [ɛʀgoteʀapi] n. f. PSYCHIAT Utilisation du travail manuel dans le traitement de certaines affections mentales. – De *ergo-,* et *-thérapie.*

ergotine [ɛʀgɔtin] n. f. BIOCHIM Extrait de l'ergot de seigle. – De *ergot,* et *-ine.*

ergotisme [ɛʀgɔtism] n. m. MED Ensemble des accidents (convulsifs ou gangréneux) provoqués par la consommation répétée de seigle ergoté. – De *ergot.*

éricacées [eʀikase] n. f. pl. BOT Famille de dicotylédones gamopétales superovariées comprenant des arbustes et des arbrisseaux tels que la bruyère, le rhododendron, la myrtille, etc. – Sing. *Une éricacée.* – Du lat. *erica,* « bruyère ».

ériger [eʀiʒe] v. tr. [15] 1. Dresser, élever (un monument). *Ériger une statue, un autel.* 2. Établir, instituer. *Ériger un tribunal.* 3. Élever à la qualité de. *Ériger une terre en comté, une église en cathédrale.* – Fig. *Ériger en principe que...* ▷ v. pron. *S'ériger en* : s'attribuer le rôle de, se poser en. *S'ériger en défenseur des bonnes causes.* – Lat. *erigere,* « dresser ».

érigéron [eʀiʒeʀɔ̃] n. m. BOT Composée (genre *Erigeron*) voisine des *Aster* dont on cultive certaines espèces ornementales. Syn. vergerette. – Lat. *erigeron,* gr. *erigêrôn,* « séneçon ».

érigne [eʀiɲ] ou **érine** [eʀin] n. f. CHIR Petit instrument terminé par des crochets et qui sert, pendant une opération, à maintenir certaines parties écartées. – Du lat. *aranea,* « araignée ».

éristale [eʀistal] n. m. ZOOL Diptère brachycère (genre *Eristalis*) long de 6 à 15 mm, grosse mouche à abdomen rayé de jaune et de noir, fréquente sur les fleurs en été. – Lat. zoologique *eristalis.*

éristique [eʀistik] adj. et n. PHILO Qui appartient à la controverse. ▷ n. f. Art de la controverse. ▷ n. m. Philosophe de l'école philosophique grecque créée par Euclide à la fin du Ve s. av. J.-C. à Mégare. – Gr. *eristikos,* « relatif à la controverse ».

erlenmeyer [ɛʀlanmejɛʀ] n. m. CHIM *Vase d'Erlenmeyer* ou *un erlenmeyer* : fiole conique en verre, utilisée dans les laboratoires. – Nom d'un chimiste.

erminette. V. herminette.

ermitage [ɛʀmitaʒ] n. m. 1. Vx Lieu où vit un ermite. 2. Litt. Lieu écarté et solitaire. – De *ermite.*

ermite [ɛʀmit] n. m. 1. Religieux qui vit retiré dans un lieu désert. 2. Fig. Personne qui vit seule et retirée. *Vivre en ermite.* – Lat. chrét. *eremita,* gr. *erêmitês,* « qui vit dans la solitude », de *erêmos,* « désert ».

éroder [eʀɔde] v. tr. [1] Ronger par une action lente. *L'eau érode les montagnes.* – Lat. *erodere.*

érogène [eʀɔʒɛn] adj. Qui est la source d'une excitation sexuelle. *Zone érogène.* – De *éros,* et *-gène.*

éros [eʀos] n. m. PSYCHAN Terme utilisé par Freud, dans sa dernière théorie des pulsions, pour désigner l'ensemble des pulsions de vie (par oppos. à *thanatos*). ▷ Terme utilisé par certains auteurs (en partic. Bachelard et l'école de la psychocritique littéraire) pour symboliser le désir et ses manifestations sublimées. – De *Erôs*, n. du dieu grec de l'Amour.

érosif, ive [eʀozif, iv] adj. Qui produit l'érosion; qui s'érode. – De *érosion*.

érosion [eʀozjɔ̃] n. f. **1.** Action, effet d'une substance qui érode; son résultat. ▷ GEOL Ensemble des phénomènes physiques et chimiques d'altération ou de dégradation des reliefs. **2.** Fig. Altération. – FIN *Érosion monétaire* : diminution du pouvoir d'achat d'une monnaie (due en partic. à l'inflation). – Lat. *erosio*.

ENCYCL L'érosion tend à aplanir les reliefs. Les écarts de température font éclater les roches *(cryoclastie)*; les eaux de pluies dissolvent les calcaires, notam.; les particules solides transportées par le vent érodent les roches *(érosion éolienne)*. On distingue généralement les effets physiques (érosions proprement dites) des effets chimiques, que l'on nomme *altérations*.

érotique [eʀɔtik] adj. **1.** Qui a rapport à l'amour, et partic. à l'amour sensuel, à la sexualité. ▷ Vieilli Licencieux. **2.** Qui excite la sensualité, l'appétit sexuel. *Film érotique*. – Lat. *eroticus*, gr. *erôtikos*, de *Erôs*, dieu grec de l'Amour.

érotiquement [eʀɔtikmɑ̃] adv. D'une manière érotique. – De *érotique*.

érotiser [eʀɔtize] v. tr. [1] Donner un caractère érotique à. *Érotiser une forme de littérature dans un but commercial*. – De *érotique*.

érotisme [eʀɔtism] n. m. **1.** Caractère de ce qui est érotique. *L'érotisme d'un roman*. **2.** L'amour et la sexualité pris comme objets d'étude ou comme thèmes artistiques, littéraires. – De *érotique*.

érotomane [eʀɔtɔman] adj. et n. Atteint d'érotomanie. ▷ adj. Qui a rapport à l'érotomanie. *Délire érotomane*. (On dit aussi *érotomaniaque*). – De *érotomanie*.

érotomanie [eʀɔtɔmani] n. f. PSYCHOPATHOL **1.** Illusion délirante d'être aimé. **2.** Affection mentale caractérisée par des préoccupations sexuelles obsessionnelles. – Gr. *erôtomania*, de *eros*, «amour», et *mainesthai*, «être fou».

erpétologie [ɛʀpetɔlɔʒi] n. f. ZOOL Partie de la zoologie qui étudie les reptiles. (Anc. orthographe : *herpétologie*.) – Du gr. *herpeton*, «reptile», et *-logie*.

erpétologique [ɛʀpetɔlɔʒik] adj. Qui a rapport aux reptiles, à l'erpétologie. – De *erpétologie*.

erpétologiste [ɛʀpetɔlɔʒist] n. Spécialiste d'erpétologie. – De *erpétologie*.

errance [ɛʀɑ̃s] n. f. Action d'errer, de marcher longuement sans destination préétablie. – De *errer*.

1. errant, ante [ɛʀɑ̃, ɑ̃t] adj. Qui voyage sans cesse. – *Le chevalier errant*, traditionnellement défenseur des pauvres et des opprimés. – Ppr. de l'anc. v. *errer*, du bas lat. *iterare*, «voyager».

2. errant, ante [ɛʀɑ̃, ɑ̃t] adj. Qui erre, qui ne se fixe nulle part. *Peuplades errantes*, nomades. *Mener une vie errante*. ▷ Fig. *Une imagination errante et vagabonde*, qui se laisse aller librement. – Ppr. de *errer*.

errata [eʀata] n. m. inv. et **erratum** [eʀatɔm] n. m. sing. **1.** *Errata* : liste des erreurs contenues dans un texte et décelées après son impression. *Un errata est joint à cet ouvrage*. **2.** *Erratum* : faute décelée après impression, que l'on signale. – Mot lat., de *errare*, «se tromper».

erratique [eʀatik] adj. Qui n'est pas fixe. – MED *Fièvre erratique*, irrégulière. – GEOL *Bloc erratique* : bloc rocheux qu'un glacier a arraché à son site d'origine et qu'il a transporté dans des régions parfois très éloignées. – Lat. *erraticus*, «errant, vagabond».

erre [ɛʀ] n. f. **1.** Vx Manière de marcher, allure. *Aller grand'erre*. **2.** MAR Vitesse d'un navire. *Prendre de l'erre*. – *Spécial*. Vitesse due à l'inertie, lorsque le système de propulsion n'agit plus. *Courir sur son erre*. – De l'a. fr. *errer*, du lat. *iterare*, «voyager».

errements [ɛʀmɑ̃] n. m. pl. Manière habituelle et néfaste d'agir, de se conduire. *Ne pas suivre ses anciens errements*. – De l'anc. v. *errer*, du bas lat. *iterare*, «voyager».

errer [ɛʀe] v. intr. [1] **1.** Marcher longuement, au hasard, sans but précis. *Errer dans une forêt*. ▷ Fig. *Laisser errer ses pensées*. **2.** Vx ou litt. Se tromper, être dans l'erreur. *L'homme est sujet à errer*. – Lat. *errare*, «aller çà et là, marcher à l'aventure, s'égarer, se tromper».

erreur [ɛʀœʀ] n. f. **1.** Action de se tromper; faute, méprise. *Faire une erreur de calcul, une erreur de date. Sauf erreur*. – Loc. *Faire erreur* : se tromper. **2.** État de celui qui se trompe. *Être dans l'erreur. Tirer qqn de l'erreur*. ▷ Fausseté, partic. en matière de dogme religieux. **3.** Ce qui est inexact (par rapport au réel ou à une norme définie). ▷ PHILO *Erreur des sens* : illusion produite par les sens. – *Erreur de raisonnement*, causée par l'équivoque, la généralisation hâtive. ▷ PHYS *Erreur de mesure d'une grandeur. Erreur absolue* : différence entre la mesure d'une grandeur et sa valeur réelle. *Erreur relative* : rapport entre l'erreur absolue et la valeur réelle. *Calcul d'erreurs* : estimation de la limite supérieure des erreurs de mesure. ▷ DR *Erreur de droit*, qui porte sur ce que la loi permet ou défend. *Erreur de fait* : appréciation inexacte d'un fait matériel ou ignorance de son existence. *Erreur judiciaire* : condamnation d'un innocent à la suite d'une erreur de fait. **4.** Action inconsidérée, regrettable, maladroite. *Il a commis une grossière erreur en me parlant sur ce ton*. – Lat. *error*, de *errare* (V. errer).

erroné, ée [eʀɔne] adj. Entaché d'erreur, inexact, contraire à la vérité. *Une interprétation erronée des faits*. – Lat. *erroneus*, de *errare*, «se tromper».

ers [ɛʀ] n. m. Vesce (*Vicia ervilia*) utilisée comme fourrage. Syn. lentille bâtarde. – Mot provenç.; bas lat. *ervus*.

ersatz [ɛʀzats] n. m. Produit de remplacement, succédané. *La saccharine est un ersatz du sucre*. ▷ *Spécial*. Produit de remplacement de qualité inférieure, de mauvaise qualité. *L'ersatz de café que l'on buvait pendant la guerre*. – Mot all., «remplacement».

1. erse [ɛʀs] n. f. MAR Anneau de cordage. – Altér. de *herse*.

2. erse [ɛʀs] adj. Relatif aux habitants des Highlands, en Écosse. ▷ n. m. Dialecte celtique des Highlands, en Écosse. – Du gaélique.

érubescence [eʀybesɑ̃s] n. f. Didac. Fait de rougir; son résultat. – Bas lat. *erubescentia*.

érubescent, ente [eʀybesɑ̃, ɑ̃t] adj. Didac. Qui devient rouge. – Lat. *erubescens*, «rougissant».

éruciforme [eʀysifɔʀm] adj. ZOOL *Larves éruciformes* : larves d'insectes qui ont l'aspect d'une chenille de papillon. (Elles sont munies de trois paires de pattes thoraciques et de cinq paires de fausses pattes abdominales.) – Lat. sav. *eruca*, «chenille», et *-forme*.

éructation [eʀyktasjɔ̃] n. f. Émission sonore, par la bouche, de gaz provenant de l'estomac. – Lat. *eructatio*, «vomissement», d'apr. *ructa*, «rot».

éructer [eʀykte] v. [1] **1.** v. intr. Rejeter avec bruit par la bouche les gaz venant de l'estomac. Syn. roter. **2.** v. tr. Fig. *Éructer des injures*. – Lat. *eructare*, «vomir».

érudit, ite [eʀydi, it] adj. et n. Qui possède un savoir particulièrement approfondi dans une science, un domaine quelconque. *Un auteur érudit. Un ouvrage* *érudit,* qui dénote une grande érudition. ▷ Subst. *Les érudits de la Renaissance.* – Lat. *eruditus,* « instruit, formé, dressé », de *erudire,* « dégrossir ».

érudition [eʀydisjɔ̃] n. f. Savoir de l'érudit. *Une grande érudition.* – Lat. *eruditio,* « enseignement », de *erudire* (V. érudit).

érugineux, euse [eʀyʒinø, øz] adj. Qui a la couleur du vert-de-gris. – Lat. *æruginosus,* de *ærugo, æruginis,* « rouille ».

éruptif, ive [eʀyptif, iv] adj. **1.** Qui a rapport aux éruptions volcaniques. ▷ *Roche éruptive,* syn. anc. de *roche magmatique.* **2.** MED Qui caractérise ou accompagne une éruption. *Fièvre éruptive.* – Du lat. *eruptus,* de *erumpere,* « sortir impétueusement ».

éruption [eʀypsjɔ̃] n. f. **1.** Projection plus ou moins violente, par un volcan, de divers matériaux : scories, cendres, blocs rocheux, gaz, etc. ; état d'un volcan qui projette ces matériaux. *Éruption volcanique. Volcan en éruption.* **2.** MED Évacuation subite et abondante d'un liquide contenu dans un organe ou un abcès. ▷ Apparition sur la peau de taches, de boutons, etc. ▷ *Éruption des dents :* apparition des dents chez l'enfant. **3.** *Éruption solaire :* bref dégagement d'énergie dans l'atmosphère solaire, qui se manifeste par une augmentation très localisée de la brillance, une émission d'ondes électromagnétiques, une accélération de particules et des mouvements de matière. **4.** Fig. Production soudaine et abondante. *Une éruption de rumeurs.* – Lat. *eruptio,* de *erumpere,* « sortir impétueusement ».

érysipélateux, euse [eʀizipelatø, øz] ou **érésipélateux, euse** [eʀezipelatø, øz] adj. MED Relatif à l'érysipèle. ▷ Subst. Personne atteinte d'érysipèle. – De *érysipèle.*

érysipèle [eʀizipɛl] ou **érésipèle** [eʀezipɛl] n. m. MED Dermite due à un streptocoque, qui se manifeste notam. par des plaques éruptives sur la face. – Lat. méd. *erysipelas,* mot gr.

érythémateux, euse [eʀitematø, øz] adj. MED Qui a les caractères de l'érythème. – De *érythème.*

érythème [eʀitɛm] n. m. MED Affection cutanée donnant lieu à des rougeurs disparaissant à la pression. *Érythème fessier du bébé. Érythème noueux :* nodosité qui témoigne souvent d'une primo-infection tuberculeuse. – Gr. méd. *eruthêma,* « rougeur ».

érythrine [eʀitʀin] n. f. **1.** Arbre des régions chaudes (genre *Erythrina,* fam. papilionacées) aux belles fleurs rouges, souvent utilisé pour ombrager des plantations, dont les graines servent à la confection de colliers. **2.** MINER Arséniate hydraté de cobalt. – Du gr. *eruthros,* « rouge ».

érythro-. Élément, du gr. *eruthros,* « rouge ».

érythroblaste [eʀitʀoblast] n. m. BIOL Cellule nucléée de la moelle osseuse, précurseur des hématies. – De *érythro-,* et *-blaste.*

érythroblastose [eʀitʀoblastoz] n. f. MED Quantité supérieure à la normale d'érythroblastes dans le sang et/ou la moelle osseuse. – De *érythroblaste,* et *-ose* 2.

érythrocyte [eʀitʀosit] n. m. BIOL Globule rouge (ou *hématie*). – De *érythro-,* et *-cyte.*

es-. V. é-.

ès [ɛs] prép. En, dans les, en matière de. *Docteur ès sciences. Licencié ès lettres.* (N.B. Toujours suivi d'un pl. ; emploi essentiellement limité à la dénomination de certains diplômes.) – Contract. de *en,* et de l'article déf. pl. *les.*

Es CHIM Symbole de l'einsteinium.

esbaudir (s'). V. ébaudir (s').

esbigner (s') [ɛzbiɲe] v. pron. [1] Pop., vieilli S'enfuir, s'en aller subrepticement. – Arg. ital. *sbignare,* de *svignare,* « s'enfuir de la vigne ».

esbroufe [ɛzbʀuf] n. f. Fam. Air important, comportement fanfaron par lequel on cherche à impressionner qqn. *Faire de l'esbroufe.* – Déverbal de *esbroufer.*

esbroufer [ɛzbʀufe] v. tr. [1] Fam. Chercher à en imposer à (qqn) par des manières ostentatoires et tapageuses. – Provenç. *esbroufa,* « s'ébrouer », ital. *sbruffare,* « asperger par la bouche, le nez ».

esbroufeur, euse [ɛzbʀufœʀ, øz] n. et adj. Fam. Personne qui fait de l'esbroufe. – De *esbroufer.*

escabeau [ɛskabo] n. m. **1.** Siège de bois à une place, sans bras ni dossier. **2.** Petit meuble d'intérieur muni de marches, utilisé comme échelle. – Lat. *scabellum.* V. écheveau.

escadre [ɛskadʀ] n. f. **1.** MAR Flotte de guerre. **2.** AVIAT Formation constituée de trente à soixante-quinze avions identiques. *Escadre de chasse.* – Esp. *escuadra,* ital. *squadra,* « équerre », et au fig. « bataillon », à cause de la formation en carré des troupes.

escadrille [ɛskadʀij] n. f. **1.** MAR Ensemble de bâtiments légers, sous-marins, torpilleurs ou dragueurs. **2.** Anc. AVIAT Unité constituée d'avions de même type (remplacée depuis 1945 par l'escadron). – Esp. *escuadrilla,* « petite troupe ».

escadron [ɛskadʀɔ̃] n. m. **I.** MILIT **1.** Anc. Troupe de cavaliers en armes. **2.** Mod. Unité d'un régiment de cavalerie, de blindés ou de gendarmerie. *Escadron de reconnaissance motorisé. Chef d'escadron :* commandant. ▷ Formation du train. ▷ AVIAT Subdivision d'une escadre. **II.** Fig. Bande, troupe, groupe nombreux. *Des escadrons de sauterelles.* – Ital. *squadrone,* de *squadra.*

escalade [ɛskalad] n. f. **1.** Vx Assaut d'une place à l'aide d'échelles. *Emporter une place par escalade.* **2.** Mod. Action de franchir (un mur, une clôture) en grimpant. ▷ DR Action de s'introduire dans une maison ou un lieu clos en utilisant des ouvertures qui ne sont pas destinées à servir d'entrée. *L'escalade est une circonstance aggravante du vol.* **3.** SPORT Ascension d'une paroi rocheuse. *Escalade libre,* utilisant uniquement des prises et points d'appui naturels. *Escalade artificielle,* utilisant des pitons spécialement posés par le grimpeur. *Mur d'escalade,* aménagé pour la pratique de ce sport. **4.** Fig. Augmentation rapide comme par surenchère, aggravation. *Escalade de la violence. Escalade des prix.* ▷ Accroissement rapide des offensives, des opérations militaires dans un conflit. – De l'ital. *scalata,* « assaut à l'aide d'échelles ».

escalader [ɛskalade] v. tr. [1] **1.** Vx Prendre (une fortification) par escalade. **2.** Franchir par escalade. *Escalader un mur.* **3.** Faire l'ascension de. *Escalader une paroi rocheuse.* – De *escalade.*

escalator [ɛskalatɔʀ] n. m. (Anglicisme) Escalier* mécanique. – Nom déposé ; mot amér., de *to escal(ade),* et *(elev)ator.*

escale [ɛskal] n. f. **1.** Action de relâcher pour embarquer ou débarquer des passagers, se ravitailler, etc. *Port, quai d'escale. Escale technique.* **2.** Lieu de cette relâche. *Singapour est une escale importante.* – Ital. *scala,* lat. *scala.*

escalier [ɛskalje] n. m. Suite de degrés pour monter et descendre. *Marches, cage d'escalier. Escalier de service,* réservé aux employés et aux fournisseurs. *Escalier dérobé,* secret. *Escalier roulant, mécanique,* dont les marches articulées sont entraînées mécaniquement. ▷ Fig. *Avoir l'esprit de l'escalier :* comprendre toujours trop tard, manquer de repartie. – Du lat. *scalaria.*

escalope [ɛskalɔp] n. f. CUIS Mince tranche de viande ou de poisson. *Escalope de dinde.* ▷ *Spécial.* Escalope de veau. – De l'a. fr. *escale*, «écale», et suff. de *envelopper.*

escamotable [ɛskamɔtabl] adj. Qui peut être escamoté (sens 3). – De *escamoter.*

escamotage [ɛskamɔtaʒ] n. m. Action d'escamoter. – De *escamoter.*

escamoter [ɛskamɔte] v. tr. [1] **1.** Faire disparaître adroitement sans que l'on s'en aperçoive. *Prestidigitateur qui escamote des cartes.* **2.** Faire disparaître frauduleusement. *Escamoter un portefeuille.* **3.** TECH Faire rentrer automatiquement l'organe saillant d'une machine, d'un appareil, dans un logement ménagé à cet effet. *Escamoter le train d'atterrissage d'un avion en vol.* **4.** Fig. Esquiver (ce qui embarrasse). *Escamoter une difficulté, une question gênante.* – Probabl. d'un type occitan **escamotar*, du lat. *squama*, «écaille».

escamoteur, euse [ɛskamɔtœʀ, øz] n. **1.** Illusionniste. **2.** *Escamoteur de* : personne qui subtilise, escamote (qqch). *Escamoteur de porte-monnaie.* – De *escamoter.*

escampette [ɛskɑ̃pɛt] n. f. Seulement dans la loc. fam. *prendre la poudre d'escampette* : s'enfuir, déguerpir. – De l'anc. v. *escamper*; ital. *scampare*, «s'enfuir (du champ)», de *campo*, «champ».

escapade [ɛskapad] n. f. Action de s'échapper d'un lieu pour se dérober à ses obligations, pour se divertir. *Collégien qui fait des escapades. Homme marié qui fait une escapade.* – Ital. *scappata*, esp. *escapada*, «échappée».

escape [ɛskap] n. f. ARCHI Partie inférieure du fût d'une colonne; le fût lui-même. – Lat. *scapus*, «fût».

escarbille [ɛskaʀbij] n. f. Morceau de charbon incomplètement brûlé, mêlé avec les cendres, ou qui s'échappe avec la fumée par la cheminée d'une machine à vapeur. – Mot wallon, de *escrabiller*, néerl. *schrabben.*

escarbot [ɛskaʀbo] n. m. Vx ou rég. Nom de nombreux coléoptères. – Du lat. *scarabeus*, «scarabée», a. fr. *écharbot*, d'apr. *escargot.*

escarboucle [ɛskaʀbukl] n. f. **1.** Vx Grenat rouge foncé d'un éclat très vif. ▷ Loc. *Briller comme une escarboucle.* **2.** HERALD Pièce formée de huit rais fleurdelisés rayonnant autour d'un cercle. – Du lat. *carbunculus*, dimin. de *carbo*, «charbon», d'ap. *boucle.*

escarcelle [ɛskaʀsɛl] n. f. Anc. Grande bourse que l'on portait suspendue à la ceinture. ▷ Mod., plaisant Bourse. *Avoir l'escarcelle bien garnie.* – Ital. *scarsella*, «petite avare», de *scarso*, «avare».

escargot [ɛskaʀgo] n. m. Mollusque gastéropode pulmoné (ordre de stylommatophores, fam. hélicidés) herbivore, à coquille hélicoïdale globuleuse, et aux cornes rétractiles munies d'yeux. *Les escargots sont hermaphrodites, mais doivent s'accoupler car ils ne peuvent s'autoféconder. L'escargot de Bourgogne (Helix pomatia) et le petit-gris (Helix aspersa).* ▷ Fig. *Marcher, conduire comme un escargot*, très lentement. – Du provenç. *escaragol*, anc. provenç. *caragou*, avec infl. des dér. de *scarabaeus.* V. escarbot.

escargotière [ɛskaʀgɔtjɛʀ] n. f. **1.** Lieu où l'on élève des escargots. **2.** Plat creusé de petites cavités pour mettre les escargots au four et les servir. – De *escargot.*

escarmouche [ɛskaʀmuʃ] n. f. Combat entre tirailleurs isolés, entre petits détachements de deux armées. *Guerre d'escarmouches.* ▷ Fig. Petite lutte, engagement préliminaire. *Escarmouches d'avocats.* – P.-ê. croisement du rad. frq. **skirmjan* (cf. escrime) et a. fr. *muchier*, «cacher».

escarole. V. scarole.

1. escarpe [ɛskaʀp] n. f. FORTIF Talus intérieur du fossé d'un ouvrage fortifié, opposé à la contrescarpe. – Ital. *scarpa*, germ. **skrapa.*

2. escarpe [ɛskaʀp] n. m. Vx Voleur, assassin endurci. – De l'anc. arg. *escarper*, mérid. *escarpi*, «écharper».

escarpé, ée [ɛskaʀpe] adj. Qui a une pente raide. *Chemin escarpé.* ▷ Fig., litt. Ardu, difficile d'accès. – De *escarpe* 1.

escarpement [ɛskaʀpəmɑ̃] n. m. **1.** Rare État de ce qui est escarpé, abrupt. **2.** Pente raide, abrupte. *Côte terminée par un escarpement.* – De *escarper.*

escarpin [ɛskaʀpɛ̃] n. m. Chaussure découverte et légère, à semelle fine, auj. toujours à talon. – Ital. *scarpino*, de *scarpa*, «chaussure».

escarpolette [ɛskaʀpɔlɛt] n. f. Siège suspendu par des cordes, servant de balançoire. – P.-ê. dimin. d'*escarpe* 1.

1. escarre ou **eschare** [ɛskaʀ] n. f. MED Nécrose cutanée dans laquelle les tissus mortifiés forment une croûte noirâtre qui se détache spontanément. *Les malades longtemps alités souffrent souvent d'escarres.* – Lat. méd. *eschara*, gr. *eskhara*, «croûte».

2. escarre ou **esquarre** [ɛskaʀ] n. f. HERALD Pièce en forme d'équerre. – De *équerre.*

escarrifier [ɛskaʀifje] v. tr. [2] Former une escarre sur. – De *escarre*, et *-fier.*

eschatologie [ɛskatɔlɔʒi] n. f. THEOL Doctrine relative aux fins dernières de l'homme *(eschatologie individuelle)* et à la transformation ultime du monde *(eschatologie collective).* – Gr. *eskhatos*, «dernier», et *-logie.*

eschatologique [ɛskatɔlɔʒik] adj. THEOL Relatif à l'eschatologie. – De *eschatologie.*

esche, èche ou **aiche** [ɛʃ] n. f. PECHE Appât accroché à l'hameçon. – Lat. *esca.*

escient [ɛsjɑ̃] n. m. Vx *À mon, à ton*, etc., *escient* : en connaissance de cause, sciemment. ▷ Mod. *À bon escient* : avec discernement, avec raison. – Du lat. médiév. *meo, tuo... sciente*, «moi, toi... le sachant»; ppr. de *scire*, «savoir».

esclaffer (s') [ɛsklafe] v. pron. [1] Éclater d'un rire bruyant. – Provenç. *esclafa*, «éclater», de *clafa*, «frapper bruyamment».

esclandre [ɛsklɑ̃dʀ] n. m. Incident fâcheux, bruyant qui cause du scandale. *Faire, causer un esclandre.* – Var. *escande, escandle*, forme pop. du lat. *scandalum.*

esclavage [ɛsklavaʒ] n. m. **1.** Condition, état d'esclave. **2.** *Par ext.* État de dépendance, de soumission (à un pouvoir autoritaire). ▷ Fig. État d'une personne entièrement dominée (par une passion, un besoin). **3.** Ce qui rend esclave (sens 2). *La toxicomanie est un esclavage.* – De *esclave.*

esclavagisme [ɛsklavaʒism] n. m. **1.** Théorie, doctrine, méthode des esclavagistes. **2.** Organisation sociale fondée sur l'esclavage. – De *esclavagiste.*

esclavagiste [ɛsklavaʒist] adj. et n. Partisan de l'esclavage. *Les États esclavagistes du sud des États-Unis, avant la guerre de Sécession.* – De *esclavage.*

esclave [ɛsklav] n. et adj. **1.** Personne qui est sous la dépendance absolue d'un maître qui peut en disposer comme de tout autre bien. ▷ adj. *Un peuple esclave.* **2.** *Par ext.* Personne qui subit la domination, l'emprise de (qqn, qqch). *Devenir l'esclave de l'habitude.* ▷ adj. *Être esclave de son devoir.* – Lat. médiév. *sclavus*, de *slavus*, «slave», les Germains ayant réduit de nombreux Slaves en esclavage.

esclavon, onne [ɛsklavɔ̃, ɔn] n. et adj. **1.** Habitant de l'Esclavonie (anc. nom de la Slavonie, rég. hist. des

Balkans, auj. en Croatie). *Le quai des Esclavons, à Venise.* ▷ adj. De l'Esclavonie. **2.** n. m. Nom donné autref. aux dialectes slaves auj. englobés dans le groupe serbo-croate. – Du bas lat. *sclavonus*, « d'Esclavonie ».

escogriffe [ɛskɔgʀif] n. m. Fam. *Un grand escogriffe* : un homme grand et dégingandé. – Mot dial. « voleur », se rattache p.-ê. à *escroc*, et au rad. de *griffer*.

escomptable [ɛskɔ̃tabl] adj. Qui peut être escompté. – De *escompter*.

escompte [ɛskɔ̃t] n. m. FIN **1.** Forme d'avance à court terme consistant dans le paiement, par l'escompteur, d'une traite avant l'échéance, moyennant la retenue d'un agio (calculé suivant le taux d'escompte, qui varie en fonction des directives de la Banque de France). ▷ Somme retenue par l'escompteur. **2.** Prime accordée au débiteur qui paie avant l'échéance, ou à l'acheteur au comptant. **3.** En Bourse, faculté laissée à l'acheteur à terme de se faire livrer les valeurs avant l'échéance, moyennant le paiement du prix fixé. – Ital. *sconto*.

escompter [ɛskɔ̃te] v. tr. [1] **1.** FIN Prélever l'escompte sur (une traite payée avant l'échéance). *Escompter un billet à ordre.* **2.** Fig., Vx Jouir par avance de. ▷ Mod. Compter sur, s'attendre à (qqch). *Escompter la réussite à un examen.* – Ital. *scontare*, « décompter », de *contare*, « compter ».

escompteur, euse [ɛskɔ̃tœʀ, øz] n. m. (et adj.) Celui qui fait l'escompte. ▷ adj. *Un banquier escompteur.* – De *escompte*.

escopette [ɛskɔpɛt] n. f. Anc. Petite arme à feu portative, à bouche évasée. – Ital. *schioppetto*, de *schioppo*, « arme à feu ».

escorte [ɛskɔʀt] n. f. **1.** Troupe armée qui accompagne (qqn, un convoi, etc.) pour assurer une protection, exercer une surveillance. *Marcher sous bonne escorte.* **2.** Ensemble de bâtiments de guerre, d'avions de chasse accompagnant des navires, des avions pour assurer leur protection. **3.** Cortège, suite. *Escorte d'honneur. Faire escorte à qqn.* ▷ Fig. Série, suite de choses, d'événements qui accompagnent qqch. *La guerre et son escorte de deuils.* – Ital. *scorta*, « action de guider », de *scorgere*, « guider », lat. pop. **excorrigere*, de *corrigere*, « corriger ».

escorter [ɛskɔʀte] v. tr. [1] Accompagner (qqn) pour le protéger, le surveiller ou lui faire honneur. *Escorter un prince, un prisonnier.* – De *escorte*.

escorteur [ɛskɔʀtœʀ] n. m. MAR Bâtiment de guerre spécialisé dans la protection des forces navales ou des convois, contre les attaques sous-marines ou aériennes. – De *escorter*.

escouade [ɛskwad] n. f. Anc. Fraction d'une compagnie ou d'un peloton commandée par un caporal ou un brigadier. ▷ *Par ext.* Groupe (de quelques personnes). – De *escadre*.

escourgeon [ɛskuʀʒɔ̃] ou **écourgeon** [ekuʀʒɔ̃] n. m. AGRIC Orge commune, appelée aussi *orge d'hiver*. – (En appos.) *Orge escourgeon.* – Du lat. *corrigia*, « courroie », à cause de la forme de ses épis par l'a. fr. *sco(u)rjon*.

escrime [ɛskʀim] n. f. Art du maniement du fleuret, de l'épée, du sabre. – Anc. ital. *scrima*, du provenç., a éliminé l'a. fr. *escremie*, du frq. **skirmjan*, « protéger ».

escrimer (s') [ɛskʀime] v. pron. [1] S'évertuer, faire de grands efforts. *S'escrimer à faire qqch, sur qqch.* – De *escrime*.

escrimeur, euse [ɛskʀimœʀ, øz] n. Personne qui pratique l'escrime. – De *escrime*.

escroc [ɛskʀo] n. m. Filou, personne qui commet des escroqueries. – De l'ital. *scrocco*.

escroquer [ɛskʀɔke] v. tr. [1] Voler, soutirer (qqch à qqn) en usant de manœuvres frauduleuses, de fourberies. *Escroquer de l'argent à qqn.* ▷ Par ext. *Escroquer qqn.* – De l'ital. *scroccare*, « décrocher ».

escroquerie [ɛskʀɔkʀi] n. f. Action d'escroquer ; son résultat. ▷ DR Délit consistant à faire usage d'un faux nom, d'une fausse qualité ou à employer toute manœuvre frauduleuse pour se faire remettre indûment des valeurs, de l'argent, des objets mobiliers. – Par ext. *Escroquerie morale* : abus de confiance. – De *escroquer*.

escudo [ɛskydo] n. m. Unité monétaire du Portugal et du Cap-Vert. – Mot portug.

esgourde [ɛzguʀd] n. f. Arg. Oreille. – Altér. d'apr. *gourde*, *dégourdi*, du prov. *escouto*, « écoute ».

ésotérique [ezɔteʀik] adj. **1.** Se dit d'une doctrine, d'un enseignement réservé aux seuls initiés. – Ant. exotérique. **2.** Cour. Difficile à comprendre, obscur pour qui n'est pas initié. *Un poète, une poésie ésotérique.* – Gr. *esôterikos*, « de l'intérieur », de *esô*, « au-dedans ».

ésotérisme [ezɔteʀism] n. m. Ensemble des principes rigoureux qui régissent la transmission d'une doctrine ésotérique ou de la partie ésotérique d'une doctrine. ▷ Cour. Caractère ésotérique, hermétique (d'une œuvre, d'une science, etc.). – De *ésotérique*.

1. espace [ɛspas] n. m. **I. 1.** Étendue indéfinie contenant, englobant tous les objets, toutes les étendues finies. *Le temps et l'espace.* **2.** Étendue dans laquelle se meuvent les astres. ▷ *Spécial.* Milieu extra-terrestre. *Les cosmonautes sont restés plusieurs semaines dans l'espace. Science de l'espace, techniques de l'espace. Conquête de l'espace.* – *Espace lointain*, au-delà de la distance de la Terre à la Lune. **3.** MATH *Géométrie dans l'espace*, qui étudie les figures dans un espace à trois dimensions. ▷ *Espace à n dimensions*, dans lequel les coordonnées d'un point sont définies par *n* valeurs. ▷ *Espace vectoriel* : V. vectoriel. ▷ *Espace topologique* : V. topologie. **II.** Surface, étendue limitée. **1.** Surface, volume, place déterminée. *Manquer d'espace. Occuper trop d'espace.* ▷ *Espace vital* (trad. de l'all. *Lebensraum*) : territoire dont un État veut faire la conquête parce qu'il le juge nécessaire au développement économique et démographique de son peuple. ▷ *Espace aérien* : partie de l'atmosphère située au-dessus d'un territoire, dans laquelle la circulation des avions est réglementée. ▷ *Espace vert* : surface réservée aux parcs, aux jardins, dans une agglomération. **2.** Intervalle, distance entre deux points. **3.** TECH Distance parcourue par un point mobile. **III.** Intervalle de temps. *En l'espace d'une journée.* – Du lat. *spatium*, « champ de courses, arène, étendue, distance, temps, délai ».

2. espace [ɛspas] n. f. TYPO Lamelle de métal servant à séparer deux mots, deux caractères. *Une espace fine.* – De *espace* 1.

espace-temps [ɛspastɑ̃] n. m. PHYS Espace non euclidien à quatre dimensions, utilisé dans la théorie de la relativité générale d'Einstein pour tenir compte de la déformation de l'espace par les champs de gravitation. *Des espaces-temps.* – De *espace*, et *temps*.

espacement [ɛspasmɑ̃] n. m. **1.** Action d'espacer. **2.** Intervalle entre deux points, deux moments. – De *espacer*.

espacer [ɛspase] v. tr. [14] **1.** Mettre, ménager une distance entre (des choses). *Espacer des arbres.* ▷ TYPO Séparer par une (des) espace(s). **2.** Mettre un intervalle de temps entre (des actions). *Espacer ses visites.* ▷ v. pron. *Ses malaises s'espacent peu à peu.* – De *espace*.

espadon [ɛspadɔ̃] n. m. **1.** Vx Grande épée à large lame que l'on maniait à deux mains. **2.** ICHTYOL Poisson téléostéen *(Xiphias gladius)* des mers tempérées et chaudes, atteignant 4 m, dont la mâchoire supérieure est pourvue d'un rostre en forme d'épée. – De l'ital. *spadone*, augmentatif de *spada*, « épée ».

espadrille [ɛspadʀij] n. f. Chaussure à empeigne de grosse toile et à semelle de corde. – Roussillonnais *espardillo*, de *spart*, «espèce de jonc».

espagnol, ole [ɛspaɲɔl] adj. et n. **1.** adj. De l'Espagne, État de la péninsule Ibérique. *La frontière espagnole. Guitare espagnole.* ▷ Subst. *Un(e) Espagnol(e).* **2.** n. m. Langue romane parlée en Espagne et dans de nombreux pays d'Amérique latine. Syn. castillan. – Lat. pop. *hispaniolus*, de *Hispanus*, «d'Hispanie», anc. nom de l'Espagne.

espagnolette [ɛspaɲɔlɛt] n. f. Système à poignée tournante servant à fermer les châssis de fenêtre. *Fermeture à l'espagnolette.* – De *espagnol*, d'ap. l'orig. du dispositif.

espalier [ɛspalje] n. m. **1.** Mur, palissade le long desquels on plante des arbres fruitiers. ▷ *Par méton.* Rangée d'arbres fruitiers dont les branches sont palissées contre un mur ou un treillage. *La culture en espalier permet d'abriter les arbres contre les intempéries et d'obtenir des fruits plus beaux et plus savoureux.* **2.** SPORT Échelle fixée à un mur, dont les barreaux servent à exécuter des exercices. – De l'ital. *spalliera*, de *spalla*, «épaule», fig. «appui».

espar [ɛspaʀ] n. m. MAR Longue pièce de bois ou de métal du gréement d'un bateau (mât, bôme, tangon, etc.). – V. épar.

espèce [ɛspɛs] n. f. **I. 1.** BIOL Ensemble des individus offrant des caractères communs qui les différencient d'individus voisins classés dans le même genre, la même famille, etc. *Espèces d'oiseaux en voie de disparition. L'espèce humaine. Une espèce est caractérisée par un nombre rigoureusement constant de chromosomes, aux formes également constantes, qui constituent le matériel génétique de l'espèce, ou génome.* **2.** Cour. Sorte, qualité, catégorie. *Marchandises de toute(s) espèce(s).* – *Il ne connaît que des gens de son espèce,* comme lui. *De même espèce,* proche, comparable. ▷ *Une espèce de... :* une personne, une chose difficile à décrire et que l'on assimile à une autre qui lui est comparable. *Ce n'est pas de la prose, mais une espèce de poème libre.* – Péjor., fam. (Précédant un terme d'injure ou marquant le mépris.) *Espèce d'imbécile! Elle a épousé une espèce d'artiste méconnu.* **3.** DR Cas particulier sur lequel il s'agit de statuer. ▷ *Cas d'espèce,* qui rend nécessaire une interprétation de la loi. – Cour. Cas spécial, à examiner à part. ▷ *En l'espèce :* en la circonstance, dans ce cas particulier. **II.** Plur. **1.** PHILO Dans les philosophies scolastiques, représentations intelligibles abstraites des images reçues par les sens. **2.** RELIG CATHOL Apparences du pain et du vin après la transsubstantiation. *Les saintes espèces.* **3.** Anc. Monnaies d'or et d'argent. *Payer en espèces sonnantes et trébuchantes,* avec de la monnaie métallique ayant le poids légal. ▷ Mod. *Payer en espèces,* en argent liquide (par oppos. à *par chèque,* etc.). – Lat. *species*, «aspect, apparence» et au fig. «nature, catégorie».

espérance [ɛspeʀɑ̃s] n. f. **1.** Attente confiante de qqch que l'on désire. *Dans le christianisme, l'espérance est l'une des trois vertus théologales.* ▷ Loc. *Contre toute espérance :* alors qu'il n'y avait plus rien à espérer. ▷ *Par ext.* Personne, chose sur laquelle on fonde cette attente, cette confiance. *Ce garçon est l'espérance de sa famille.* ▷ *Avoir des espérances :* compter sur un héritage; fam., être enceinte. **2.** Probabilité établie par une statistique. *Au jeu de pile ou face, si je joue pile, mon espérance mathématique est de 0,5.* – *Espérance de vie :* durée de vie moyenne des individus d'une population donnée. – De *espérer*.

espérantiste [ɛspeʀɑ̃tist] adj. Qui concerne l'espéranto. ▷ Subst. Adepte de l'espéranto. – De *espéranto*.

espéranto [ɛspeʀɑ̃to] n. m. Langue internationale conventionnelle, créée vers 1887 par le Polonais Zamenhof, au vocabulaire simplifié (formé à partir des racines communes aux langues romanes) et à la grammaire réduite. – Du mot qui, dans cette langue, signifie «celui qui espère».

espérer [ɛspeʀe] v. [16] **I.** v. tr. **1.** Vx ou dial. Attendre. *Venez, on vous espère.* ▷ Mod. Loc. *On ne vous espérait plus :* on ne vous attendait plus. **2.** Compter sur, s'attendre à. *Espérer la victoire. J'espérais plus d'enthousiasme de sa part.* **3.** Aimer à penser, souhaiter. *J'espère que tu n'as rien de cassé.* **II.** v. intr. ou tr. indir. Avoir confiance. *Espérer en Dieu.* – Lat. *sperare*.

espiègle [ɛspjɛgl] adj. et n. Malicieux sans méchanceté; vif et éveillé. *Un enfant espiègle.* ▷ Subst. *Une bande d'espiègles.* – De *Eulenspiegel*, personnage bouffon d'un roman all. qui fut traduit en fr., en 1559, sous le titre : «Histoire joyeuse et récréative de Till Ulespiègle, lequel par aucunes fallaces ne se laissa surprendre ni tromper».

espièglerie [ɛspjɛgləʀi] n. f. **1.** Caractère espiègle; malice. **2.** Action espiègle. – De *espiègle*.

espingole [ɛspɛ̃gɔl] n. f. Gros fusil court à bouche évasée, en usage au XVIe s. – De l'a. fr. *espringale*, «arbalète».

espion, onne [ɛspjɔ̃, ɔn] n. **1.** Personne chargée de recueillir clandestinement des renseignements sur une puissance étrangère. **2.** *Par anal.* n. m. Miroir incliné placé au-dehors d'une fenêtre, et permettant de surveiller la rue. – Ital. *spione*, de *spiare*, «épier».

espionnage [ɛspjɔnaʒ] n. m. Action d'espionner; métier d'espion. *Espionnage industriel,* exercé par une firme qui cherche à acquérir les secrets technologiques d'autres firmes. – De *espionner*.

espionner [ɛspjɔne] v. tr. [1] Épier autrui par intérêt ou par curiosité malveillante. *Espionner les ennemis. Espionner ses camarades.* – De *espion*.

espionnite [ɛspjɔnit] n. f. Obsession de l'espionnage, peur maladive des espions. – De *espion*, et *-ite* 1 (au fig.).

esplanade [ɛsplanad] n. f. Espace uni et découvert devant un édifice important. *L'esplanade des Invalides.* – De l'ital. *spianata*, de *spianare*, «aplanir».

espoir [ɛspwaʀ] n. m. **1.** Fait d'espérer. *L'espoir fait vivre. Il part sans espoir de retour.* – (En parlant d'un malade.) *Il n'y a plus d'espoir :* il va mourir. **2.** Chose, personne en qui on espère. *Il est notre seul espoir.* – *Spécial.* Personne sur qui on fonde des espérances dans une discipline quelconque. *Un espoir du cyclisme.* – De *espérer*.

esponton [ɛspɔ̃tɔ̃] n. m. Anc. Demi-pique que portaient les officiers subalternes d'infanterie. – De l'ital. *spuntone*, rac. *punta*, «pointe».

espressivo [ɛspʀesivo] adj. inv. et adv. MUS **1.** adj. inv. Expressif. **2.** adv. Avec sentiment. – Mot ital..

esprit [ɛspʀi] n. m. **I. 1.** Substance incorporelle consciente d'elle-même. *Dieu est un pur esprit. Le Saint-Esprit.* ▷ *Esprit malin, esprit des ténèbres :* Satan. **2.** Litt. Âme. *Rendre l'esprit :* mourir. **3.** Être désincarné (lutin, revenant, etc.). *Croire aux esprits. Esprits frappeurs.* **4.** Souffle, inspiration divine. *Dieu répandit sur eux son esprit.* **II. 1.** Ensemble des facultés intellectuelles et psychiques. *Cultiver son esprit. Présence d'esprit. Simple* d'esprit.* – Loc. *Perdre l'esprit :* devenir fou. ▷ *En esprit :* mentalement. ▷ Imagination, pensée. *Vue de l'esprit.* ▷ Attention. *Cela m'est sorti de l'esprit.* ▷ Personne, considérée en tant qu'être pensant. *Un bel esprit. Un esprit fort.* **2.** Manière de penser, de se comporter. *Avoir l'esprit large, étroit.* ▷ Disposition, aptitude intellectuelle. *Avoir l'esprit de suite, l'esprit d'à-propos.* **3.** Sens profond, intention. *La lettre et l'esprit :* la forme et le fond. *«L'Esprit des lois», de Montesquieu.* **4.** Finesse intellectuelle; humour. *Avoir de l'esprit. Faire de l'esprit.* ▷ *D'esprit :* spirituel, brillant. *Homme, femme d'esprit.* **III.** GRAM GR Signe graphique. *Esprit rude* ('), placé sur une voyelle initiale pour marquer l'aspiration. *Esprit doux* ('), marquant l'absence d'aspiration. **IV.** CHIM Anc. Produit liquide volatil, et partic. alcool chargé de principes aromatiques ou médicamenteux. ▷ *Esprit-de-bois :* alcool méthylique dilué. ▷ *Esprit-de-sel :* acide chlorhydrique. ▷ *Esprit-de-vin :* alcool éthylique. – Du lat. *spiritus,* « souffle ».

esquarre. V. escarre 2.

-esque. Suffixe, de l'ital. *-esco,* « à la manière de » (ex. : gigantesque, dantesque).

esquiche [ɛskiʃ] n. f. TECH Injection forcée de liquides ou de laitiers de ciment dans un sondage pétrolier. – De *esquicher.*

esquicher [ɛskiʃe] v. tr. [1] **1.** Dial. Presser, écraser (qqn). **2.** TECH Procéder à une esquiche. – Du provenc. mod. *esquicha,* « comprimer ».

esquif [ɛskif] n. m. Litt. Embarcation légère. *Frêle esquif.* – Ital. *schifo.*

esquille [ɛskij] n. f. Petit fragment d'un os fracturé ou carié. – Lat. *schidia,* « copeau ».

esquimau, aude, aux [ɛskimo, od, o] adj. et n. **I. 1.** adj. Relatif aux Esquimaux (ou Eskimos), peuple habitant les régions les plus septentrionales du globe, et à leur civilisation. *Art esquimau.* ▷ Subst. *Un(e) Esquimau(de).* ▷ n. m. Langue des Esquimaux. **2.** n. m. Chien de forte taille, à robe fournie, utilisé pour le trait. **II.** n. m. **1.** Vieilli Costume d'enfant en laine combinant veste et culotte formant guêtres. **2.** (Nom déposé.) Glace généralement enrobée de chocolat qu'on tient par un bâton, comme une sucette. – De *Esquimaux* (ou *Eskimos*), nom donné aux Inuit des terres arctiques amérindiennes par leurs ennemis.

esquimautage [ɛskimotaʒ] n. m. SPORT Mouvement par lequel on retourne un kayak sens dessus dessous et le redresse, lui faisant effectuer un tour complet. – De *esquimau.*

esquinter [ɛskɛ̃te] **I.** v. tr. [1] Fam. **1.** Abîmer, détériorer. *Esquinter du matériel.* – Pp. adj. (Personnes) *Il est sorti très esquinté de la bagarre.* Syn. amocher. **2.** Fig. Critiquer durement. *Esquinter un roman.* **II.** v. pron. S'éreinter, se surmener. *S'esquinter à travailler.* – Provenç. mod. *esquinta,* « déchirer »; lat. pop. *exquintare,* « couper en cinq ».

esquire [ɛskwajəʀ] n. m. Mot employé par courtoisie, en Grande-Bretagne, dans la suscription des lettres à des hommes non titrés, après leur nom (équivalent de *monsieur;* abrév. : esq.). – Mot angl., « écuyer ».

esquisse [ɛskis] n. f. **1.** Ébauche d'un dessin et, par ext., d'une sculpture. *Tracer une esquisse.* Syn. Croquis, schéma. **2.** Fig. Plan sommaire, indication générale. *Esquisse d'un roman, d'un projet de loi.* Syn. canevas, projet. **3.** Fig. Amorce. *L'esquisse d'un geste.* – De l'ital. *schizzo,* probabl. du lat. *schedium,* « poème improvisé ».

esquisser [ɛskise] v. tr. [1] **1.** Faire l'esquisse de. **2.** Fig. Commencer à faire. *Esquisser un sourire.* – De l'ital. *schizzare.*

esquive [ɛskiv] n. f. SPORT Mouvement du corps pour esquiver un coup, dans les sports de combat. – Déverbal de *esquiver.*

esquiver [ɛskive] **1.** v. tr. [1] Éviter adroitement. *Esquiver un coup.* – Fig. *Esquiver une corvée.* **2.** v. pron. S'échapper discrètement. *Le coup fait, il s'esquiva.* – De l'ital. *schivare,* de *schivo,* « dédaigneux »; germ. *skiuh,* « farouche »; par l'a. fr. *eschiver.*

essai [esɛ] n. m. **1.** Série d'épreuves auxquelles on soumet qqch ou qqn. *Les essais mécaniques sur les matériaux servent à tester leur résistance à diverses contraintes. Banc d'essai. Pilote d'essai. Prendre, engager qqn à l'essai.* ▷ CINE *Bout d'essai :* essai filmé pour juger un acteur. **2.** Tentative. *Dans cette épreuve, les athlètes ont droit à trois essais.* **3.** Première production d'un auteur, d'un artiste. ▷ LITTER Ouvrage où un auteur traite un sujet sans prétendre l'épuiser. *Essai de morale. Les « Essais » de Montaigne.* **4.** CHIM Analyse sommaire d'un minéral pour déterminer ses composants. *Tube à essai.* **5.** SPORT Au rugby, action d'aplatir le ballon derrière la ligne de but adverse. – Du lat. *exagium,* « pesée, essai ».

essaim [esɛ̃] n. m. **1.** Colonie d'abeilles composée d'une reine, de mâles et de milliers d'ouvrières qui quittent la ruche mère surpeuplée pour fonder une nouvelle ruche. **2.** Fig. Troupe nombreuse. *Un essaim de jeunes gens.* – Du lat. *examen,* de *exigere,* « emmener hors de ».

essaimage [esemaʒ] n. m. **1.** Action d'essaimer. **2.** Période où les abeilles essaiment. – De *essaimer.*

essaimer [eseme] v. intr. [1] **1.** Former un essaim. *Ruche qui va essaimer.* **2.** Fig. Émigrer en se dispersant. *Famille qui essaime.* – ECON Multiplier les succursales, les filiales. *Entreprise qui essaime.* – De *essaim.*

essanger [esɑ̃ʒe] v. tr. [13] TECH *Essanger du linge,* le décrasser avant de le mettre à la lessive. – Du lat. pop. **exsaniare,* de *sanies,* « sanie ».

essart [esaʀ] n. m. AGRIC Terre que l'on a déboisée et défrichée pour la cultiver. – Du bas lat. *exsartum,* pp. de *exsarire,* « défricher ».

essartage [esaʀtaʒ] ou **essartement** [esaʀtəmɑ̃] n. m. AGRIC Action d'essarter. – De *essarter.*

essarter [esaʀte] v. tr. [1] AGRIC Défricher en arrachant les arbres, les broussailles. – De *essart.*

essayage [esɛjaʒ] n. m. Action d'essayer un vêtement. *Cabine d'essayage.* – De *essayer.*

essayer [eseje] v. [24] **I.** v. tr. **1.** Faire l'essai de (une chose) pour vérifier si elle convient. *Essayer une voiture.* Syn. tester, expérimenter. *Essayer un vêtement,* le revêtir pour voir s'il va bien. ▷ TECH *Essayer de l'or,* en examiner, en déterminer le titre. ▷ v. pron. *S'essayer à :* voir si l'on est capable de, s'exercer à. *S'essayer à faire des vers.* **2.** Tenter. *J'ai tout essayé pour le convaincre.* **II.** v. intr. *Essayer de :* s'efforcer de, tâcher de. *Essaie d'être aimable avec lui.* – Du lat. pop. **exagiare,* « peser ».

essayeur, euse [esɛjœʀ, øz] n. **1.** Fonctionnaire préposé aux essais des métaux précieux. **2.** Technicien chargé des essais industriels. **3.** Personne qui, chez un tailleur ou un couturier, fait essayer les vêtements. – De *essayer.*

essayiste [esejist] n. m. Auteur d'essais littéraires. – Angl. *essayist,* de *essay,* du fr. *essai.*

1. esse [ɛs] n. f. TECH Cheville de fer qui maintient la roue sur l'essieu. – Du frq. **hiltia,* « poignée d'épée ».

2. esse [ɛs] n. f. **1.** TECH Crochet en forme de S. **2.** MUS Ouverture en S de la table du violon et des instruments de la même famille. Syn. ouïe. – De la lettre S.

essence [esɑ̃s] n. f. **I.** PHILO **1.** Ce qui constitue le fond d'une substance, sans tenir compte des modifications superficielles (accidents*) pouvant l'affecter. **2.** Nature d'un être (par oppos. à *existence).* ▷ *Par essence :* par nature. **II.** Espèce, pour les arbres. *Une forêt aux essences variées.* **III. 1.** Composé liquide volatil et odorant extrait d'une plante. *Essence de rose.* **2.** *Essence minérale* ou *essence de pétrole* ou, par abrév., *essence :* mélange d'hydrocarbures provenant de la distillation et du raffinage du pétrole, employé comme carburant, comme solvant ou pour divers usages industriels. *Pompe à essence.* – Lat. *essentia.*

essénien, enne [esenjɛ̃, ɛn] adj. et n. HIST Relatif à une secte juive du temps du Christ, dont les membres, au nombre de quelques milliers, menaient une vie ascétique de type monacal. *Textes esséniens.* ▷ Subst.

Membre de cette secte. *C'est aux esséniens que l'on attribue aujourd'hui avec certitude les manuscrits de la mer Morte. Les esséniens, les pharisiens et les sadducéens.* – Lat. impérial *Esseni*, du gr. *Essenoi*, probabl. de l'araméen *hase, hasen*, « pieux ».

essentialisme [esɑ̃sjalism] n. m. PHILO Doctrine philosophique qui privilégie l'essence (et non l'existence, comme le fait l'existentialisme). – Du lat. *essentialis*.

essentiel, elle [esɑ̃sjɛl] adj. et n. m. **1.** PHILO Qui appartient à l'essence d'un être, d'une chose. *La raison est essentielle à l'homme.* Syn. intrinsèque. **2.** Nécessaire, très important. *Il est essentiel que vous me compreniez.* Syn. capital, fondamental, primordial. ▷ n. m. Chose principale, point capital. *L'essentiel est que nous nous entendions.* **3.** MED Syn. de *idiopathique*. **4.** CHIM *Huile essentielle* : essence végétale. – Bas lat. *essentialis*.

essentiellement [esɑ̃sjɛlmɑ̃] adv. **1.** Par essence. **2.** Principalement, absolument. *Une culture essentiellement livresque.* – De *essentiel*.

esseulé, ée [esœle] adj. Délaissé, abandonné. – De *é-*, et *seul*.

essieu [esjø] n. m. Pièce transversale d'un véhicule, axe portant une roue à chaque extrémité. – Du lat. pop. *axilis*, class. *axis*; a. fr. *aissil*.

essor [esɔʀ] n. m. **1.** Action de s'envoler. *L'oiseau prend son essor.* – Fig. *Jeune homme qui prend son essor*, qui s'émancipe. *Libre essor.* Syn. envol, élan. **2.** Fig. Développement, progrès, extension. *Une entreprise en plein essor.* – Déverbal de *essorer* (sens 2).

essorage [esɔʀaʒ] n. m. Action d'essorer. – De *essorer*.

essorer [esɔʀe] **1.** v. tr. [1] Débarrasser de son eau par torsion, compression, centrifugation, etc. *Essorer du linge.* **2.** Rare v. pron. Prendre son essor, en parlant d'un oiseau. – Du lat. pop. **exaurare*, de *aura*, « vent, air ».

essoreuse [esɔʀøz] n. f. Machine à essorer. *Essoreuse centrifuge.* – De *essorer*.

essorillement [esɔʀijmɑ̃] n. m. Action d'essoriller. – De *essoriller*.

essoriller [esɔʀije] v. tr. [1] Couper les oreilles de. *Essoriller un chien.* – De *es-*, et *oreille*.

essouchement [esuʃmɑ̃] n. m. Action d'essoucher. – De *essoucher*.

essoucher [esuʃe] v. tr. [1] Arracher les souches d'arbres abattus (d'un terrain). – De *é-*, et *souche*.

essoufflement [esufləmɑ̃] n. m. État de celui qui est essoufflé. – De *essouffler*.

essouffler [esufle] v. tr. [1] **1.** Mettre hors d'haleine, à bout de souffle. *Cette course m'a essoufflé.* ▷ v. pron. *S'essouffler à courir.* **2.** v. pron. Fig. Peiner, avoir du mal à suivre un certain rythme. *Après avoir eu quelque succès, cet humoriste s'essouffle.* – De *é-*, et *souffle*.

essuie-glace [esɥiglas] n. m. Appareil servant à balayer mécaniquement les gouttes de pluie sur le pare-brise d'un véhicule. *Des essuie-glaces.* – De *essuyer*, et *glace*.

essuie-mains [esɥimɛ̃] n. m. inv. Linge servant à s'essuyer les mains. – De *essuyer*, et *main*.

essuie-pieds [esɥipje] n. m. inv. Paillasson servant à essuyer la semelle de ses souliers. – De *essuyer*, et *pied*.

essuie-tout [esɥitu] n. m. inv. Papier résistant et absorbant, à usage domestique, présenté en rouleau le plus souvent. - (En appos.) *Papier essuie-tout.* – De *essuyer*, et *tout*.

essuyage [esɥijaʒ] n. m. Action d'essuyer. – De *essuyer*.

essuyer [esɥije] v. tr. [25] **1.** Sécher ou nettoyer en frottant avec un linge sec. *Essuyer la vaisselle, les meubles.* ▷ (Faux pron.) *S'essuyer les lèvres.* **2.** Fig. Supporter, subir. *Essuyer un échec, un affront.* ▷ Loc. fig., fam. *Essuyer les plâtres* : être le premier à supporter les conséquences fâcheuses d'une situation. – Du bas lat. *exsucare*, « exprimer le suc ».

est [ɛst] n. m. **1.** Un des quatre points cardinaux, situé au soleil levant. **2.** Région située vers l'orient, par rapport à un lieu donné. *À l'est de Paris.* ▷ *L'Est* : la région de l'est de la France. - *Les pays de l'Est* : la région de l'est de l'Europe, l'U.R.S.S. et ses satellites. – Angl. *east*.

establishment [establiʃmənt] n. m. (Anglicisme) Ensemble de ceux qui détiennent le pouvoir, l'autorité dans la société et qui ont intérêt au maintien de l'ordre établi. – Mot. angl.

estacade [ɛstakad] n. f. **1.** Ouvrage constitué d'un tablier supporté par des pilotis, servant de brise-lames ou d'appontement. **2.** MINES Engin servant à charger les berlines. – De l'ital. *steccata*, de *stecca*, « pieu ».

estafette [ɛstafɛt] n. f. Militaire porteur de dépêches. *Estafette motocycliste.* – Ital. *staffetta*, dimin. de *staffa*, « étrier ».

estafier [ɛstafje] n. m. Litt., péjor. Garde du corps, spadassin. – De l'ital. *staffiere*, « valet d'armes », de *staffa*, « étrier ».

estafilade [ɛstafilad] n. f. Grande coupure faite avec un instrument tranchant. *Estafilade au visage.* – De l'ital. *staffilata*, « coup de fouet, d'étrivière », de *staffa*, « étrier ».

estagnon [ɛ(e)staɲɔ̃] n. m. Rég. Vase de cuivre étamé pour conserver et transporter les huiles, les essences, etc. – Provenç. mod. *estagnoun*, de *estanh*, « étain ».

est-allemand, ande [ɛstalmɑ̃, ɑ̃d] adj. De l'Allemagne de l'Est (anc. R.D.A.). – Calque de l'angl. *East-German*.

estaminet [ɛstaminɛ] n. m. Vieilli ou rég. Petit café populaire. – Wallon *staminê*, « salle à poteaux », probabl. de *stamon*, « poteau ».

estampage [ɛstɑ̃paʒ] n. m. Action d'estamper; résultat de cette action. – De *estamper*.

1. estampe [ɛstɑ̃p] n. f. **1.** Pièce servant à produire une empreinte. **2.** Machine, outil servant à estamper. – De *estamper*.

2. estampe [ɛstɑ̃p] n. f. Image imprimée au moyen d'une planche gravée de bois, de cuivre ou de pierre calcaire. *Collection d'estampes. Cabinet des Estampes de la Bibliothèque nationale.* – Ital. *stampa*.

estamper [ɛstɑ̃pe] v. tr. [1] **1.** TECH Façonner (une matière, une surface) à l'aide de presses, de matrices et de moules. **2.** Fig., pop. Soutirer de l'argent, faire payer trop cher à (qqn). – Ital. *stampare*, frq. **stampôn*, « piler, broyer ».

estampeur, euse [ɛstɑ̃pœʀ, øz] n. **1.** TECH Spécialiste de l'estampage. **2.** Fig., fam. Personne qui estampe, commerçant malhonnête. – De *estamper*.

estampillage [ɛstɑ̃pijaʒ] n. m. Action d'estampiller. – De *estampiller*.

estampille [ɛstɑ̃pij] n. f. **1.** Marque attestant l'authenticité d'une marchandise, d'une œuvre d'art, d'un brevet, etc., ou constatant l'acquittement d'un droit fiscal. *Estampille à la production.* **2.** *Par méton.* Instrument servant à faire cette marque. – Esp. *estampilla*, de *estampa*, « empreinte ».

estampiller [ɛstɑ̃pije] v. tr. [1] TECH Marquer d'une estampille. – De *estampille*.

este. V. estonien. - Mot estonien.

1. ester [ɛste] v. intr. [1] DR *Ester en justice* : poursuivre une action en justice comme demandeur ou comme défenseur. – Du lat. jur. *stare*, du lat. class., « se tenir debout ».

2. ester [ɛstɛʀ] n. m. CHIM Composé résultant de l'action d'un acide carboxylique sur un alcool ou un phénol avec élimination d'eau. *Les esters, utilisés comme solvants ou comme matières premières dans l'industrie des parfums et en pharmacie, sont caractérisés par le groupement R–COO–R'.* – Mot all. créé par le médecin et chimiste allemand Gmelin, de *éther*.

estérase [ɛsteʀɑz] n. f. BIOCHIM Enzyme qui hydrolyse les fonctions ester. – De *ester* 2, et *-ase*.

estérification [ɛsteʀifikasjɔ̃] n. f. CHIM Conversion d'un alcool ou d'un phénol en ester par l'action d'un acide carboxylique. – De *estérifier*.

estérifier [ɛsteʀifje] v. tr. [2] CHIM Transformer en ester. – De *ester* 2, et *-fier*.

esterlin [ɛstɛʀlɛ̃] n. m. Ancienne monnaie d'origine anglaise employée en France aux XIIe et XIIIe s. – De l'angl. *sterling*.

esthési-, -esthésie. Éléments, du gr. *aisthêsis*, « sensibilité, sensation ».

esthète [ɛstɛt] n. et adj. **1.** Personne qui sent et goûte la beauté, l'art. *Juger d'une œuvre en esthète.* ▷ adj. *Il est très esthète.* **2.** Péjor. Personne qui, affichant des prétentions esthétiques, place la beauté formelle au-dessus de toutes les autres valeurs. – De *esthétique*, d'ap. le gr. *aisthêtês*, « celui qui sent ».

esthéticien, enne [ɛstetisjɛ̃, ɛn] n. **1.** Personne qui s'occupe d'esthétique. **2.** Personne spécialiste des soins de beauté. – De *esthétique*.

esthétique [ɛstetik] adj. et n. f. **I.** adj. **1.** Relatif au sentiment du beau. **2.** Conforme au sens du beau. *Ce monument n'est guère esthétique.* ▷ *Chirurgie esthétique*, qui vise à embellir, à remodeler les formes du corps, les traits du visage. **II.** n. f. **1.** Science, théorie du beau. *L'esthétique de Hegel.* **2.** Caractère esthétique d'un être, d'une chose. *L'esthétique d'un drapé.* Syn. beauté, harmonie. – *Esthétique industrielle* : design. – Lat. mod. *æsthetica*, gr. *aisthêtikos*, de *aisthanesthai*, « sentir ».

esthétiquement [ɛstetikmɑ̃] adv. D'une manière esthétique. – De *esthétique*.

esthétisant, ante [ɛstetizɑ̃, ɑ̃t] adj. Qui accorde une importance excessive à la beauté formelle. – De *esthétique*.

esthétisme [ɛstetism] n. m. Attitude, doctrine des esthètes. – De *esthète*.

estimable [ɛstimabl] adj. Digne d'estime. – De *estimer*.

estimatif, ive [ɛstimatif, iv] adj. Qui a pour objet une estimation. *Devis estimatif.* – De *estimer*.

estimation [ɛstimasjɔ̃] n. f. **1.** Évaluation exacte. *Estimation d'expert.* **2.** Ordre de grandeur, approximation. *Ne vous fiez pas à ce chiffre, ce n'est qu'une estimation.* – Lat. *æstimatio*, « évaluation ».

estimatoire [ɛstimatwaʀ] adj. Relatif à l'estimation. – Bas lat. jurid. *æstimatorius*.

estime [ɛstim] n. f. **1.** Vx Évaluation. ▷ Mod. *À l'estime* : au jugé. – *Navigation à l'estime*, prenant en compte, pour déterminer la position d'un navire ou d'un avion, l'heure, la route suivie et la vitesse. **2.** Opinion favorable, cas que l'on fait de qqn ou de qqch. *Digne d'estime. Tenir qqn en grande estime.* Syn. considération, respect. ▷ Loc. *Succès d'estime* : se dit d'une œuvre bien accueillie par la critique, dont la qualité est reconnue, mais qui n'a pas les faveurs du public. – Déverbal de *estimer*.

estimer [ɛstime] v. tr. [1] **I. 1.** Déterminer la valeur exacte de. *Estimer un bijou.* Syn. apprécier, évaluer. **2.** Calculer approximativement. *Les dégâts sont estimés à plusieurs millions de francs.* **3.** Juger, considérer. *Estimer une place imprenable. J'estime que tu devais le savoir.* ▷ v. pron. *Estimez-vous heureux de n'être que blessé.* **II.** Tenir en considération, faire cas de. *Son patron l'estime beaucoup.* Syn. apprécier. – Lat. *æstimare*; remplace l'a. fr. *esmer*, pour éviter l'homonymie avec *aimer*.

estivage [ɛstivaʒ] n. m. Action, fait d'estiver. – De *estiver*.

estival, ale, aux [ɛstival, o] adj. D'été. *Station estivale. Des tenues estivales.* Ant. hivernal. – Bas lat. *æstivalis*, de *æstivus*.

estivant, ante [ɛstivɑ̃, ɑ̃t] n. Personne qui passe l'été en villégiature. – Ppr. subst. de *estiver*.

estivation [ɛstivasjɔ̃] n. f. **1.** BOT Syn. de *préfloraison*. **2.** ZOOL Engourdissement de certains poïkilothermes (serpents, sauriens, etc.) durant les journées très chaudes. – De *estiver*.

1. estive [ɛstiv] n. f. MAR Compression de certaines marchandises en vrac, qui permet de réduire le volume occupé par la cargaison. ▷ *Mise en estive* : répartition du poids de la cargaison de part et d'autre de l'axe longitudinal d'un navire. – Du lat. *stipare*, « comprimer ».

2. estive [ɛstiv] n. f. Pâturage d'été; période de l'estivage. – De *estiver*.

estiver [ɛstive] v. [1] **1.** v. tr. Mettre (des animaux) dans les pâturages pendant l'été. **2.** v. intr. Rare Séjourner en été dans un endroit. – Provenç. *estivar*, lat. *æstivare*, « passer l'été ».

estoc [ɛstɔk] n. m. Anc. Épée longue, étroite et très pointue. ▷ Mod. *Frapper d'estoc et de taille*, de la pointe et du tranchant. – De l'anc. v. *estochier*. V. estoquer.

estocade [ɛstɔkad] n. f. Coup donné avec la pointe de l'épée. ▷ *Spécial.* Coup de pointe par lequel le matador tue le taureau. *Donner, porter l'estocade.* ▷ Fig. Attaque imprévue et décisive. – De l'ital. *stoccata*.

estomac [ɛstɔma] n. m. **1.** Segment dilaté du tube digestif reliant l'œsophage au duodénum. ▷ Loc. fam. *Avoir l'estomac creux, dans les talons* : avoir très faim. – *Rester sur l'estomac* : être difficile à digérer; fig. ne pas être accepté (choses). – *Avoir de l'estomac* : avoir du ventre; fig., fam. avoir du cran. – *À l'estomac* : au culot. **2.** Partie extérieure du corps correspondant à l'emplacement de l'estomac. *Recevoir un coup à l'estomac.* **3.** Fig., fam. Courage, cran, hardiesse. *Avoir de l'estomac.* – Lat. *stomachus*, gr. *stomachos*.

ENCYCL Chez l'homme, l'estomac occupe, dans la région cœliaque, un espace compris entre le diaphragme en haut et le côlon en bas. Ses deux faces, antérieure et postérieure, sont séparées par les courbures : en dedans la petite, en dehors la grande. Il se remplit en haut par le cardia, qui communique avec l'œsophage, et en bas il s'évacue dans le duodénum par le pylore. Il possède plusieurs fonctions : réservoir, digestion, absorption (minime). Chez les invertébrés, l'estomac peut être un simple élargissement du tube digestif ou, au contraire, une poche comportant un système compliqué de pièces qui broient les aliments (moulinet gastrique des crabes). Chez les oiseaux, l'absence de dents est compensée par l'existence d'un jabot où se ramollissent les aliments; ensuite, un renflement de l'œsophage, qui sécrète des enzymes digestives, est lui-même accolé au gésier, très musculeux et empli de graviers, avalés par l'animal, qui aident au broyage des aliments. L'estomac des herbivores est toujours très volumineux; en effet, la digestion difficile de la cellulose est un phénomène lent et peu « rentable »; chez les ruminants (la vache, par ex.), il est divisé en 4 poches : la panse, où l'herbe fermente sous des actions bactériennes avant d'être remastiquée;

le bonnet; le feuillet; la caillette qui, sécrétant des enzymes, correspond à l'estomac de l'homme.

estomaquer [ɛstɔmake] v. tr. [1] Fam. Frapper, saisir d'étonnement. – Du lat. *stomachari*, «s'irriter».

estompe [ɛstɔ̃p] n. f. **1.** Petit rouleau pointu de peau, de papier, etc., servant à étendre le pastel ou le crayon sur un dessin. *Passer un dessin à l'estompe.* **2.** *Par méton.* Dessin fait à l'estompe. – Néerl. *stomp*, «bout».

estomper [ɛstɔ̃pe] v. tr. [1] **1.** Passer à l'estompe, ombrer. **2.** *Par anal.* Voiler, rendre flou. *L'ombre estompait les cimes.* – Fig. Atténuer, adoucir. *Estomper un récit.* ▷ v. pron. *Ses souvenirs s'estompaient.* – De *estompe*.

estonien, enne [ɛstɔnjɛ̃, ɛn] ou **este** [ɛst] adj. et n. **1.** De l'Estonie, État d'Europe sur la Baltique. ▷ Subst. *Un(e) Estonien(ne).* **2.** n. m. Langue finno-ougrienne parlée en Estonie.

estoquer [ɛstɔke] v. tr. [1] Porter à (qqn) un coup avec la pointe de l'épée. ▷ *Spécial.* Porter l'estocade à (un taureau). – Du moyen néerl. *stoken*, «piquer»; a. fr. *estochier*.

estouffade [ɛstufad] ou **étouffade** [ɛtufad] n. f. Mets cuit en récipient clos, à feu doux, sans adjonction de liquide. – De l'ital. *stufata*, «étuvée».

estourbir [ɛstuʀbiʀ] v. tr. [2] Fam. Étourdir, assommer. – Probabl. de l'all. dial. *storb*, «mort».

estrade [ɛstʀad] n. f. Plancher légèrement surélevé par rapport au niveau du sol. *Trône placé sur une estrade.* – Esp. *estrado*, du lat. *stratum*, de *sternere*, «étendre».

estradiot [ɛstʀadjo] **stradiot** [stʀadjo] ou **stradiote** [stʀadjɔt] n. m. HIST Soldat de cavalerie légère, originaire d'Albanie ou de Grèce. – Ital. *stradiotto*, du gr. *stratiôtês*, «soldat».

estragon [ɛstʀagɔ̃] n. m. Armoise (*Artemisia dracunculus*) dont on utilise les feuilles comme condiment. *Sauce à l'estragon.* – Du lat. des botanistes *tarchon*, de l'ar. *tarkhoun*, gr. *dracontion*, «serpentaire».

estramaçon [ɛstʀamasɔ̃] n. m. Anc. Épée large à deux tranchants. – Ital. *stramazzone*, du v. *stramazzare*, «renverser violemment».

estran [ɛstʀɑ̃] n. m. Espace littoral compris entre le niveau de la haute mer et celui de la basse mer. – Mot normand.

estrapade [ɛstʀapad] n. f. HIST Supplice qui consistait à hisser le patient à l'aide d'une corde à une certaine hauteur, puis à le laisser retomber. *Donner l'estrapade.* – Lieu et instrument de ce supplice. – De l'ital. *strappata*, de *strappare*, «arracher», du gotique *strappan*, «atteler».

estropier [ɛstʀɔpje] v. tr. [2] **1.** Faire perdre l'usage d'un membre à. ▷ v. pron. *Elle s'est estropiée.* **2.** Fig. Altérer, déformer. *Estropier un mot.* – Ital. *stroppiare*.

estuaire [ɛstɥɛʀ] n. m. Embouchure d'un fleuve, formant un golfe profond et étroit. – Lat *æstuarium*.

estudiantin, ine [ɛstydjɑ̃tɛ̃, in] adj. Relatif, propre aux étudiants. – Esp. *estudiantino*, de *estudiante*, «étudiant».

esturgeon [ɛstyʀʒɔ̃] n. m. Poisson chondrostéen (genre *Acipenser*), parfois long de 8 m, qui vit quelque temps en mer et va pondre dans les grands fleuves. *Les œufs d'esturgeon (trois à quatre millions par femelle), conservés dans de la saumure, constituent le caviar.* – Frq. **sturjo*.

et [e] conj. **1.** Conjonction de coordination liant des parties du discours de même nature. *Bon et beau. Soixante et un. Vous avez tort et vous le regretterez.* ▷ (Marquant l'opposition.) *«Je plie et ne romps pas» (La Fontaine).* **2.** Conjonction de coordination liant des parties du discours de nature différente. *Un garçon courageux et qui ne se vante pas de l'être.* **3.** Dans une énumération, pour insister. *Et le riche et le pauvre, et le fort et le faible.* **4.** Conjonction à valeur emphatique, en début de phrase. *Et tous de rire!* – Lat. *et*.

êta [ɛta] n. m. **1.** Septième lettre (η, H) de l'alphabet grec. **2.** PHYS NUCL Particule de la famille des mésons. – Mot gr.

étable [etabl] n. f. Lieu couvert où l'on abrite les bœufs, les vaches. – Du lat. pop. **stabula*, n. f. pl., de *stabulum*, «lieu où l'on habite».

1. établi [etabli] n. m. Table robuste, en général sur quatre pieds, qui sert de plan de travail dans divers métiers manuels. *Établi d'ébéniste, de mécanicien.* – Pp. subst. de *établir*.

2. établi, ie [etabli] adj. Fixé, instauré. *Des usages établis.* ▷ *Par ext.* En place. *L'ordre établi. Le gouvernement établi.* – Pp. de *établir*.

établir [etabliʀ] **I.** v. tr. [3] **1.** Placer de manière stable en un endroit choisi. *Établir les fondements d'un édifice. Établir sa résidence à Paris.* **2.** Instituer. *Établir un gouvernement. Établir des règlements.* **3.** Donner une condition stable, un emploi à (qqn). *Établir ses enfants.* – Vieilli *Établir une fille*, la marier. **4.** Prouver, démontrer. *Établir la réalité d'un fait. Il est établi que...* **II.** v. pron. **1.** S'installer. *Il va s'établir en province.* **2.** Commencer à exercer (tel métier). *S'établir antiquaire.* **3.** (Avec un sujet de personne et un attribut.) Se donner la fonction de. *Il s'est établi censeur de la vertu d'autrui.* **4.** (Avec un sujet de chose.) Être fondé, s'instaurer. *Des relations s'établissent entre ces deux pays.* – Lat. *stabilire*, de *stabilis*, «stable».

établissement [etablismɑ̃] n. m. **1.** Action de construire. *Établissement d'une voie ferrée.* **2.** Action d'établir, de fonder. *Établissement de la monarchie.* ▷ ECON *Droit d'établissement* : droit de fonder une entreprise, un commerce, ou de commencer à exercer une profession libérale. *Le droit d'établissement est progressivement accordé, au sein de la Communauté économique européenne, à tous les ressortissants des pays membres.* **3.** Vieilli Action de procurer une position à (qqn). – *L'établissement d'une fille*, son mariage. **4.** Fait d'établir, d'instaurer, de mettre en place (qqch d'abstrait). *Travailler à l'établissement de relations entre deux pays.* **5.** Installation établie pour l'exercice d'un commerce, d'une industrie, pour l'enseignement, etc. – *Absol.* Établissement de bains ou établissement scolaire. ▷ DR *Établissement public* : institution administrative qui gère un service public. ▷ FIN *Établissement financier* : entreprise qui, sans être une banque, accomplit des opérations financières. **6.** Plur. HIST *Établissements français dans l'Inde* : colonies, comptoirs français en Inde. – De *établir*.

étage [etaʒ] n. m. **1.** Division formée par les planchers dans la hauteur d'un édifice. *Maison de six étages. Habiter au premier étage.* **2.** Chacun des niveaux successifs, dans une disposition selon des plans superposés. *Jardin en étages. Coiffure à étages.* ▷ Loc. *De bas étage* : peu recommandable, médiocre. **3.** BOT Zone de végétation définie par une association d'espèces dont les aires de répartition sont comprises entre deux altitudes caractéristiques. *Étage du chêne vert, du mélèze.* **4.** GEOL Subdivision d'une période géologique correspondant à des terrains contenant divers fossiles caractéristiques. **5.** ELECTRON Ensemble de composants ayant une fonction déterminée ou fonctionnant dans un domaine de fréquences donné. *Étage amplificateur. Étage basse fréquence.* **6.** TECH Partie d'un moteur correspondant à un niveau d'énergie donné. *Étage basse pression d'une turbine.* **7.** MINES Niveau à l'intérieur duquel s'effectue l'extraction. – D'abord *estage*, «demeure, résidence», du lat. *statio*, «station».

étagement [etaʒmɑ̃] n. m. Disposition par étages. – De *étager*.

étager [etaʒe] **1.** v. tr. [**15**] Disposer par étages. *Étager des maisons sur une pente. Étager des objets dans une vitrine.* **2.** v. pron. Être disposé en étages. **3.** Pp. adj. *Rizières étagées sur une colline.* – De *étage.*

étagère [etaʒɛʀ] n. f. **1.** Planche, tablette fixée horizontalement sur un mur. **2.** Meuble à tablettes superposées. – De *étage.*

1. étai [etɛ] n. m. **1.** CONSTR Pièce servant à soutenir un mur, un plancher. **2.** Fig. Soutien. – Du frq. **staka,* « soutien ».

2. étai [etɛ] n. m. MAR Hauban ridé entre la tête de mât et l'avant du bateau. – De l'anc. angl. *staeg,* angl. *stay,* avec infl. d'*étai* 1.

étaiement. V. étayage.

étain [etɛ̃] n. m. **1.** Élément métallique de numéro atomique Z = 50 et de masse atomique 118,69 (symbole Sn). – Métal blanc, très malléable, de densité 7,28, qui fond à 232 °C et bout à 2 250 °C, surtout utilisé dans des alliages. **2.** Objet en étain. *Collectionner les étains.* – Du lat. *stagnum,* altér. de *stannum,* p.-ê. orig. gaul.

étal, als ou **aux** [etal, o] n. m. **1.** Table servant à débiter de la viande de boucherie. **2.** Table servant à exposer des marchandises dans un marché. *Fromages disposés sur des étals* (ce pluriel est plus souvent usité que *étaux*). – Frq. **stal,* « position, demeure, écurie ».

étalage [etalaʒ] n. m. **1.** Exposition de marchandises à vendre. **2.** Lieu où sont exposées ces marchandises; ensemble de marchandises exposées. **3.** *Faire étalage de :* montrer avec ostentation. *Faire étalage de son esprit, de sa vertu, de richesses.* **4.** METALL (Plur.) Partie du haut-fourneau, située entre le ventre et le creuset, en forme de tronc de cône évasé vers le haut. – De *étaler* 1.

étalagiste [etalaʒist] n. Personne qui dispose les marchandises dans les vitrines. – De *étalage.*

étale [etal] adj. et n. m. **1.** adj. Dont le niveau est stationnaire. *Mer étale. Vent étale,* modéré et continu. *Navire étale,* immobile. **2.** n. m. Moment où la mer est stationnaire, entre le flot et le jusant ou entre le jusant et le flot. – De *étaler* 1.

étalement [etalmɑ̃] n. m. **1.** Action d'étaler qqch sur une surface. **2.** Action d'étaler qqch dans le temps; son résultat. *L'étalement des vacances.* – De *étaler* 1.

1. étaler [etale] v. [**1**] **I.** v. tr. **1.** Exposer des marchandises, des denrées à vendre. *Étaler des soieries.* **2.** Étendre, déployer. *Étaler une carte routière. Étaler son jeu :* montrer toutes ses cartes; fig. ne rien cacher de ses projets. **3.** Étendre. *Étaler de la peinture sur une toile.* **4.** Fam. Projeter à terre. *Il l'a étalé d'une bourrade.* **5.** Péjor. Montrer avec ostentation. *Étaler ses charmes.* **6.** Répartir (dans le temps). *Étaler les vacances annuelles.* **II.** v. pron. **1.** S'étendre. *Le village s'étale sur la colline.* ▷ Fam. En parlant de qqn, s'avachir. *Elle s'étalait sur le sofa.* **2.** En parlant de choses abstraites, se montrer avec ostentation. *Sa vanité s'étale.* ▷ En parlant de personnes, V. sens I, 5. *Elle s'étale sans pudeur.* **3.** Fam. Tomber de tout son long. *S'étaler dans la boue.* **4.** Se répartir (dans le temps). *Ses vacances s'étalent sur plusieurs semaines.* – De l'a. fr. *estal,* « position »; d'abord *estaler,* « donner une place à ».

2. étaler [etale] v. tr. [**1**] MAR *Étaler le vent, le courant :* parvenir à faire route malgré le vent, le courant. – De *étale,* adj.

étaleuse [etaløz] n. f. TECH Machine qui dispose en nappes la laine, le coton. – De *étaler* 1.

étalier [etalje] n. m. Vieilli Celui qui tient un étal de boucherie. – De *étal.*

étalinguer [etalɛ̃ge] v. tr. [**1**] MAR Amarrer au moyen d'une étalingure. – Du néerl. *stag-lijn,* « ligne d'étai ».

étalingure [etalɛ̃gyʀ] n. f. MAR Amarrage fait au moyen d'une ligne légère, de manière à pouvoir être rapidement coupé, qui sert généralement à assurer la chaîne d'ancre au fond du puits. – De *étalinguer.*

1. étalon [etalɔ̃] n. m. Cheval entier destiné à la reproduction. – Du frq. **stallo,* « cheval entier », de **stal,* « demeure, écurie ».

2. étalon [etalɔ̃] n. m. **1.** Objet, appareil qui matérialise une unité de mesure légale, ou qui permet de la définir. – (En appos.) *Mètre-étalon.* **2.** ECON Métal ou monnaie de référence qui fonde la valeur d'une unité monétaire. *Étalon-or. Étalon-devise.* – Du frq. **stalo,* « modèle, échantillon ».

étalonnage [etalɔnaʒ] n. m. **1.** Vérification de la conformité des indications d'un appareil de mesure à celles de l'étalon. **2.** Opération qui consiste à graduer un instrument conformément à l'étalon. – De *étalonner.*

étalonner [etalɔne] v. tr. [**1**] Procéder à l'étalonnage de (un instrument). – De *étalon* 2.

étamage [etamaʒ] n. m. TECH Action d'étamer; son résultat. – De *étamer.*

étambot [etɑ̃bo] n. m. MAR Forte pièce de la charpente du navire reliée à la quille, et qui supporte le gouvernail. – Du scand. **stafnbord,* « planche de l'étrave ».

étambrai [etɑ̃bʀɛ] n. m. MAR Ouverture dans le pont d'un navire, servant de passage à un mât. – P.-ê. de l'angl. *timber,* « bois de charpente ».

étamer [etame] v. tr. [**1**] TECH Revêtir d'étain (un métal). ▷ Revêtir de tain la face arrière d'une glace. – De l'a. fr. *estamer,* de *estaim,* « étain ».

étameur [etamœʀ] n. m. TECH Ouvrier qui étame. – De *étamer.*

1. étamine [etamin] n. f. **1.** Étoffe mince non croisée. *Étamine de soie.* **2.** Tissu peu serré, qui sert à filtrer, à tamiser. *Passer une décoction à l'étamine.* – Lat. pop. *staminea,* n. f., de *stamineus,* « fait de fil », de *stamen,* « fil ».

2. étamine [etamin] n. f. BOT Organe mâle des phanérogames, constitué d'une partie grêle, le filet, qui porte à son extrémité l'anthère, où s'élabore le pollen. *Les étamines sont insérées entre les pétales et les carpelles, le tout constituant l'androcée.* – Lat. *stamina,* pl. de *stamen,* « fil », d'apr. *étamine* 1.

étampe [etɑ̃p] n. f. TECH **1.** Matrice qui sert à produire une empreinte sur le métal. ▷ *Par méton.* Marque produite par cette matrice. **2.** Outil pour étamper. – Var. d'*estampe.*

étamper [etɑ̃pe] v. tr. [**1**] **1.** TECH *Étamper un fer à cheval,* y faire les trous. **2.** Produire une empreinte avec une étampe. – Var. d'*estamper.*

étampure [etɑ̃pyʀ] n. f. TECH **1.** Évasement que présente l'entrée d'un trou dans une plaque de métal. **2.** Chacun des trous du fer à cheval. – De *étamper.*

étamure [etamyʀ] n. f. TECH Alliage qui sert à étamer. ▷ Couche de cet alliage étendue sur un objet. – De *étamer.*

étanche [etɑ̃ʃ] adj. **1.** Imperméable aux liquides, aux gaz. **2.** Fig. *Cloison étanche :* séparation complète. *Cloisons étanches entre les services d'une administration.* – De étancher.

étanchéité [etɑ̃ʃeite] n. f. Nature de ce qui est étanche. *Étanchéité d'une citerne.* – De *étanche.*

étanchement [etɑ̃ʃmɑ̃] n. m. Rare Action d'étancher. – De *étancher.*

étancher [etɑ̃ʃe] v. tr. [**1**] **1.** Arrêter l'écoulement de (un liquide). *Étancher le sang d'une blessure.* – *Étancher les larmes,* les faire cesser. – *Étancher la soif,* l'apaiser. –

MAR *Étancher une voie d'eau*, la boucher. **2.** TECH Rendre étanche. – P.-ê. du bas lat. *stanticare* «arrêter, retenir», de *stans*, ppr. de *stare* ; a. fr. *estanchier*.

étançon [etɑ̃sɔ̃] n. m. Pilier, poteau de soutènement d'un mur, d'un toit de galerie de mine, etc. – De *estant*, ppr. de l'a. fr. *ester*, «se tenir debout».

étançonnement [etɑ̃sɔnmɑ̃] n. m. TECH Action d'étançonner. – De *étançonner*.

étançonner [etɑ̃sɔne] v. tr. [1] TECH Renforcer, soutenir au moyen d'étançons. – De *étançon*.

étang [etɑ̃] n. m. Étendue d'eau profonde et stagnante, généralement de dimensions inférieures à celles d'un lac. *Étang artificiel. Étang de pêche.* – Déverbal de l'a. fr. *estanchier*, «arrêter l'eau». V. étancher.

étant [etɑ̃] n. m. PHILO Ce qui est, par rapport au fait d'être. – Ppr. de *être*.

étape [etap] n. f. **1.** Endroit où s'arrête un voyageur. *Faire étape à Angers.* **2.** Endroit où s'arrête une troupe en marche pour passer la nuit. *Gîte d'étape.* **3.** Distance à parcourir pour atteindre l'étape. *Une longue étape à parcourir avant la nuit.* ▷ SPORT *Le Tour de France est une course par étapes. Étape contre la montre.* **4.** loc. *Brûler une, l'étape* : ne pas s'arrêter au moment prévu pour l'étape. – Fig. *Brûler les étapes* : progresser très rapidement. *Brûler les étapes vers le succès.* **5.** Fig. Période envisagée dans une succession. *Se rappeler les étapes de sa vie. Procéder par étapes.* – Du moyen néerl. *stapel*, «entrepôt»; d'abord *estape*.

étarquer [etaʀke] v. tr. [1] MAR Raidir le guindant ou la bordure de (une voile). – Du moyen néerl. *sterken*.

état [eta] n. m. **I. 1.** Situation, disposition dans laquelle se trouve une personne. *Son état général, son état de santé reste excellent. État d'esprit, de conscience, d'âme.* **2.** Situation, disposition dans laquelle se trouve une chose, un ensemble de choses. *Cette voiture est en bon, en mauvais état, en état de marche. Laisser qqch en l'état*, tel quel. ▷ Loc. *Être en état (de)*, capable (de), en état de fonctionnement; *être hors d'état (de)*, incapable (de), hors d'usage. ▷ METEO *État du ciel* : ensemble des phénomènes météorologiques visibles en un lieu et à un moment donnés. **3.** PHYS Condition particulière dans laquelle se trouve un corps. *État solide, liquide, gazeux. État ionisé. Eau à l'état de vapeur. Équation d'état d'un fluide* : relation entre la pression P du fluide, son volume V et sa température absolue T. (Pour *n* moles d'un gaz parfait, on a $PV = nRT$.) *Fonction d'état* : fonction dont la variation ne dépend que des états initial et final d'un système (ex. : entropie). **4.** INFORM Situation dans laquelle se trouve un organe, un système caractérisé par un certain nombre de variables. **5.** MED *État de mal* : série de crises successives sans intervalles normaux. *État de mal asthmatique, épileptique. Période d'état* : durée pendant laquelle les symptômes ont une intensité maximale, la maladie restant stationnaire. **6.** BX-A Chacun des stades successifs de la confection d'une planche, en gravure. **7.** Écrit descriptif (liste, tableau, registre, inventaire, etc.). *État de frais.* – *État des lieux* : description d'un local à l'entrée ou au départ d'un occupant. **8.** *État civil* : ensemble des éléments permettant d'individualiser une personne dans l'organisation sociale, administrative. *Les actes de l'état civil sont l'acte de naissance, de mariage et de décès. Officier d'état civil.* **9.** (En loc.) Fam. *Être dans tous ses états* : être bouleversé, affolé. ▷ *En tout état de cause* : quoi qu'il en soit. ▷ *Faire état de* : mettre en avant, faire valoir. ▷ *De son état* : de son métier. *Il est menuisier de son état.* **II.** HIST Sous l'Ancien Régime, chacune des trois grandes catégories sociales (noblesse, clergé, tiers état) à laquelle tout sujet du royaume appartenait. Syn. ordre. ▷ *États généraux* (V. encycl.). **III. 1.** (Toujours avec la majuscule.) Personne morale de droit public qui personnifie la nation à l'intérieur et à l'extérieur du pays dont elle assure l'administration. *État monarchique. Passer un contrat avec l'État.* – *État providence*, qui a un rôle d'assistance particulièrement important (aide aux défavorisés, fourniture de biens collectifs). – HIST *État français* : gouvernement de fait instauré par le maréchal Pétain sous l'occupation allemande, de 1940 à 1944, et dont le siège était à Vichy. ▷ *Par ext.* Ensemble des organismes et des services qui assurent l'administration d'un pays. ▷ *Homme d'État* : celui qui a une charge, un rôle dans le gouvernement de l'État. ▷ *Chef d'État* : personne exerçant l'autorité souveraine dans un État. ▷ *Coup d'État* : conquête, ou tentative de conquête du pouvoir d'État par des moyens illégaux, souvent violents. ▷ *Raison d'État* : motif d'intérêt public invoqué pour justifier une action illégale, injuste, en matière politique. **2.** (Toujours avec la majuscule.) Étendue de territoire sur laquelle s'exerce l'autorité de l'État (sens 1). *Reconnaître les frontières d'un nouvel État.* ▷ Chacun des territoires plus ou moins autonomes qui constituent une fédération. *Les États-Unis réunissent 50 États.* – Du lat. *status*, de *stare*, «se tenir debout».

ENCYCL *États généraux.* Avant la Révolution, on appelait *assemblée des états*, ou simplement *états*, des assemblées politiques qui se tenaient à des époques plus ou moins régulières pour délibérer sur les questions d'intérêt public et qui se composaient des députés envoyés par les trois ordres, ou états, de la nation : la noblesse, le clergé et, regroupant tous les autres sujets du royaume, le tiers état. On distinguait : les *états généraux*, représentant tout le royaume ou au moins des groupes importants des provinces (états généraux de langue d'oïl, ou de langue d'oc), et les *états provinciaux*, formés des délégués d'une seule province. Lors des *états généraux de 1789*, réunis le 2 mai, le nombre des députés du tiers état fut doublé, ce qui lui permit d'imposer la délibération commune et le vote par tête. Par le serment du Jeu de paume, le 20 juin 1789, le tiers se proclama Assemblée nationale; le 27 juin, les autres ordres se joignaient à lui et, le 9 juillet, l'Assemblée* nationale se déclarait *constituante*. La Révolution française commençait, dont le déclenchement effectif se produisit le 14 juillet.

étatique [etatik] adj. De l'État. *Organisme étatique.* – De *État*.

étatisation [etatizasjɔ̃] n. f. Action d'étatiser. *Étatisation progressive.* – De *étatiser*.

étatiser [etatize] v. tr. [1] Placer sous l'administration de l'État. *Étatiser certains secteurs industriels.* – De *État*.

étatisme [etatism] n. m. Système politique caractérisé par l'intervention directe de l'État sur le plan économique et social. – De *État*.

état-major [etamaʒɔʀ] n. m. **1.** MILIT Corps d'officiers attachés à un chef militaire; lieu où ces officiers se réunissent. *L'état-major du général.* **2.** MAR Ensemble des officiers d'un navire. **3.** Ensemble des dirigeants d'un groupement. *État-major d'un parti politique.* – *Des états-majors.* – De *état*, et *major*.

étau [eto] n. m. Instrument composé de deux mâchoires pouvant être rapprochées au moyen d'une vis et qui sert à maintenir un objet que l'on façonne. *Serrer des étaux.* ▷ Loc. fig. *Être pris dans un étau* : être soumis à la pression de deux forces antagonistes sans pouvoir s'y soustraire; être entouré, cerné de toute part. *L'aile gauche de l'armée était prise dans un étau.* – Plur. de l'a. fr. *étoc*, *estoc*, avec infl. de *étaux*, plur. de *étal*.

étau-limeur [etolimœʀ] n. m. TECH Machine-outil qui rabote les surfaces métalliques. *Des étaux-limeurs.* – De *étau*, et *limeur*.

étayage [etɛjaʒ], **étayement** [etɛjmɑ̃] ou **étaiement** [etɛmɑ̃] n. m. Action d'étayer; son résultat. – De *étayer*.

étayer [eteje] v. tr. [21] **1.** Soutenir avec des étais. *Étayer une maison.* **2.** Fig. Soutenir. *Étayer une théorie de preuves.* – De *étai* 1.

et cætera ou **et cetera** [ɛtseteʀa] loc. adv. Et le reste. (Abrév. : etc.) – Mots lat. «et les autres choses».

été [ete] n. m. Saison la plus chaude de l'année, qui va du 21 ou 22 juin (solstice) au 22 ou 23 septembre (équinoxe), dans l'hémisphère Nord. *Prendre des vacances en été. Un bel été.* – *Été de la Saint-Martin* : période de beaux jours qui se manifeste parfois vers le 11 novembre (appelée *été indien* en Amérique du Nord). – Du lat. *æstas, æstatis.*

éteignoir [etɛɲwaʀ] n. m. **1.** Anc. Petit cône creux pour éteindre une chandelle, un flambeau. **2.** Fig., fam. Rabat-joie. – De *éteindre.*

éteindre [etɛ̃dʀ] **I.** v. tr. [55] **1.** Faire cesser de brûler ou d'éclairer. *Éteindre un feu. Éteindre la lumière.* **2.** Fig. Tempérer, amortir. *Éteindre l'ardeur de la fièvre. Éteindre sa soif.* **3.** Fig. Adoucir. *Éteindre les couleurs.* **4.** DR Annuler. *Éteindre une dette, une action judiciaire.* **II.** v. pron. **1.** Cesser de brûler ou d'éclairer. *Le feu s'éteint peu à peu.* **2.** Fig. Diminuer. *Son ardeur s'éteint.* **3.** Disparaître. *Sans descendance, cette famille va s'éteindre.* **4.** Mourir doucement. *Elle s'éteint peu à peu.* – Du lat. pop. **extingere*, class. *extinguere.*

éteint, einte [etɛ̃, ɛ̃t] adj. **1.** Qui a cessé de brûler, d'éclairer. *Feu éteint.* **2.** Qui a perdu son éclat, sa force. *Voix éteinte. Un regard éteint.* **3.** Disparu. *Famille éteinte.* – Pp. de *éteindre.*

étendage [etɑ̃daʒ] n. m. **1.** Action d'étendre. *Étendage du linge.* **2.** Cordes et perches sur lesquelles on étend des objets à sécher. – De *étendre.*

étendard [etɑ̃daʀ] n. m. **1.** Anc. Enseigne de guerre. *Déployer un étendard.* ▷ Mod. Signe de ralliement d'une cause, d'un parti. *L'étendard de la révolte.* Loc. fig. *Se ranger sous l'étendard de...* : embrasser le parti de... **2.** BOT Pétale supérieur de la corolle des papilionacées (pois, par ex.). – Frq. **standhard.*

étendoir [etɑ̃dwaʀ] n. m. **1.** Endroit où l'on étend ce qui doit sécher. **2.** Étendage (sens 2). – De *étendre.*

étendre [etɑ̃ndʀ] **I.** v. tr. [6] **1.** Allonger (un membre). *Étendre le bras.* – Allonger (qqn). *Étendre un blessé sur le sol.* ▷ *Étendre un homme sur le carreau,* le blesser gravement, l'assommer, le tuer. – Fig., fam. *Étendre qqn, se faire étendre à un examen* : refuser qqn, se faire refuser à un examen. **2.** Déployer (qqch) en surface. *Étendre du linge pour le faire sécher.* **3.** Additionner d'eau, diluer. *Étendre du vin.* **4.** Agrandir, accroître. *Étendre sa domination sur un pays.* **II.** v. pron. **1.** Occuper un certain espace. *La Gaule s'étendait jusqu'au Rhin.* **2.** Augmenter, se développer. *Le royaume s'étendit peu à peu.* **3.** Fig. Aller jusqu'à. *Son crédit ne s'étend pas jusque-là.* **4.** S'allonger. *S'étendre sur l'herbe.* **5.** Loc. fig. *S'étendre sur un sujet,* en parler longuement. – Lat. *extendere.*

étendu, ue [etɑ̃dy] adj. **1.** Vaste. *Une province étendue.* **2.** Déployé. *Oiseau aux ailes étendues.* **3.** Fig. Qui possède une grande extension, un grand développement. *Une voie étendue. Avoir une culture étendue.* – Pp. de *étendre.*

étendue [etɑ̃dy] n. f. **1.** PHILO Propriété des corps d'être situés dans l'espace, d'en occuper une partie. **2.** *Par ext.* Espace, superficie, durée. *Dans toute l'étendue du pays.* **3.** Fig. Développement, importance. **4.** MUS Écart entre les deux sons extrêmes que peut émettre une voix, un instrument. Syn. registre. – Pp. subst. de *étendre.*

éternel, elle [etɛʀnɛl] adj. et n. m. **I.** adj. **1.** Sans commencement ni fin. ▷ n. m. *L'Éternel* : Dieu. **2.** Immuable. *Vérité éternelle.* **3.** Sans fin. *La béatitude éternelle.* **4.** Dont on ne prévoit pas la fin. *Une reconnaissance éternelle.* – *La Ville éternelle* : Rome. **5.** Continuel. *Il fatigue tout le monde par son éternel bavardage.* **II.** n. m. Ce qui a valeur d'éternité. – Bas lat. *æternalis.*

éternellement [etɛʀnɛlmɑ̃] adv. **1.** Dans l'éternité, pour toujours. *Dieu existe éternellement.* **2.** Toujours, continuellement. *Il répète éternellement la même histoire.* – De *éternel.*

éterniser [etɛʀnize] **I.** v. tr. [1] **1.** Litt. Rendre éternel. *Éterniser le nom d'un poète.* **2.** Prolonger indéfiniment. *Éterniser une discussion oiseuse.* **II.** v. pron. Se prolonger indéfiniment. *La polémique s'éternise.* – Fam. *S'éterniser quelque part,* y rester trop longtemps. – Dér. du lat. *æternus,* «éternel».

éternité [etɛʀnite] n. f. **1.** Durée sans commencement ni fin. *Le temps se perd dans l'éternité.* **2.** Durée sans fin, ayant eu un commencement. – *Songer à l'éternité,* à la vie éternelle, à l'au-delà. **3.** Fig. Temps très long. – *De toute éternité* : depuis toujours. – Fam. *Il y a une éternité que...* : il y a longtemps que... **4.** Caractère de ce qui est éternel, immuable. *L'éternité de ces vérités.* – Lat. *æternitas.*

éternuement [etɛʀnymɑ̃] n. m. Expiration brusque et bruyante par le nez et la bouche due à un effort convulsif des muscles expirateurs et provoquée par une irritation des muqueuses nasales. – De *éternuer.*

éternuer [etɛʀnɥe] v. intr. [1] Avoir un éternuement. – Lat. *sternutare.*

étésien [etezjɛ̃] adj. m. *Vents étésiens* : vents du nord qui soufflent en été en Méditerranée orientale. – Lat. *etesiae,* gr. *etêsioi (anemoi),* «(vents) périodiques, annuels», de *etos,* «année».

étêtage [etɛtaʒ] ou **étêtement** [etɛtmɑ̃] n. m. SYLVIC Action d'étêter. – De *étêter.*

étêter [etɛte] v. tr. [1] SYLVIC Couper la cime de (un arbre). ▷ Par ext. *Étêter des poissons.* – *Étêter un clou.* – De *é-,* et *tête.*

éteule [etøl] n. f. AGRIC Partie du chaume qui reste en place après la moisson. – Du lat. *stipula,* «tige des céréales».

éthane [etan] n. m. CHIM Hydrocarbure saturé, de formule C_2H_6, gaz appartenant à la famille des paraffines, qui se transforme à haute température en éthylène ou en acétylène. – De *éther.*

éthanol [etanɔl] n. m. CHIM Alcool* éthylique. – De *éthane,* et *-ol* (de *alcool*).

étheirologie [eteʀɔlɔʒi] n. f. Science qui étudie le cheveu, ses maladies. – Du gr. *étheira,* «chevelure», et *-logie.*

étheirologue [eteʀɔlɔg] n. Spécialiste des maladies du cheveu. – De *étheirologie.*

éther [etɛʀ] n. m. **1.** PHYS Fluide hypothétique grâce auquel on expliquait, aux XVIIIe et XIXe s., la propagation de la lumière. **2.** Poét. Air le plus pur. – *Par ext.* Ciel, espaces célestes. **3.** CHIM Composé, de formule R–O–R', résultant de la déshydratation de deux molécules d'alcool ou de phénol. (Le plus important est l'éther ordinaire ou éther sulfurique, de formule $(C_2H_5)_2O$, liquide très volatil utilisé comme solvant et comme anesthésique.) – Lat. *æther,* gr. *aithêr.*

éthéré, ée [eteʀe] adj. **1.** Fluide et subtil comme l'éther. **2.** Fig. Très noble, très élevé, très pur. *Les préraphaélites ont peint des personnages éthérés.* ▷ Délicat, vaporeux. *Une créature éthérée.* – Lat. *ætherius,* gr. *aitherios.*

éthérifier [eteʀifje] v. tr. [2] CHIM Transformer en éther. – De *éther,* et *-fier.*

éthérisation [eteʀizasjɔ̃] n. f. MED Procédé d'anesthésie générale par inhalation d'un mélange d'air et de vapeur d'éther. – De *éthériser.*

éthériser [eteʀize] v. tr. [1] MED Anesthésier à l'éther. – De *éther.*

éthéromane [eteʀɔman] n. (et adj.) Personne atteinte d'éthéromanie. – De *éthéromanie.*

éthéromanie [eteʀɔmani] n. f. MED Toxicomanie à l'éther. – De *éther,* et *-manie.*

éthiopien, enne [etjɔpjɛ̃, ɛn] adj. et n. D'Éthiopie, État d'Afrique du N.-E. ▷ Subst. *Un(e) Éthiopien(ne).* ▷ *Langues éthiopiennes.* V. amharique et guèze. – De *Éthiopie ;* gr. *Aithiops,* « éthiopien », propr. « visage brûlé », de *aithein,* « brûler », et *ops,* « vue ».

éthique [etik] n. f. et adj. **1.** n. f. PHILO Science des mœurs et de la morale. *L'éthique de Spinoza.* ▷ *Par méton.* Morale. **2.** adj. Qui concerne la morale. – Gr. *éthikos,* de *éthos,* « mœurs ».

ethmoïdal, ale, aux [ɛtmɔidal, o] adj. ANAT Relatif à l'ethmoïde. – De *ethmoïde.*

ethmoïde [ɛtmɔid] n. m. ANAT Os de la base du crâne qui forme la voûte des fosses nasales. – Gr. *êthmoeidês,* de *êthmos,* « crible », et *eidos,* « forme ».

ethnarchie [ɛtnaʀʃi] n. f. ANTIQ Province romaine gouvernée par un ethnarque. - Dignité d'ethnarque. – Gr. *ethnarkhia.* V. ethnarque.

ethnarque [ɛtnaʀk] n. m. ANTIQ Responsable d'un peuple ou d'une communauté conservant une relative autonomie, dans les roy. hellénistiques et dans l'Empire romain, souvent choisi dans une des familles régnantes de la circonscription. – Gr. *ethnarkhês,* de *ethnos,* « peuple », et *arkhein,* « commander ».

ethnie [ɛtni] n. f. Groupement humain caractérisé principalement par une même culture, une même langue. – Gr. *ethnos,* « peuple, nation ».

ethnique [ɛtnik] adj. **1.** Qui sert à désigner un peuple. *Nom ethnique.* **2.** Relatif à l'ethnie. *Groupe ethnique.* – Bas lat. ecclés. *ethnicus,* « des païens », gr. *ethnikos,* « national ».

ethno-. Élément, du gr. *ethnos,* « peuple ».

ethnobiologie [ɛtnobjɔlɔʒi] n. f. Didac. Science qui étudie l'interaction des faits biologiques et des faits culturels à l'intérieur d'une ethnie. – De *ethno-,* et *biologie.*

ethnocentrisme [ɛtnosɑ̃tʀism] n. m. Tendance à prendre comme base de référence systématique les critères de jugement et les normes de son propre groupe social pour juger d'autres groupes sociaux. – Angl. *ethnocentrism,* sur *egocentrism* (fr. *égocentrisme).*

ethnocide [ɛtnɔsid] n. m. Didac. Destruction de la culture d'un peuple par un autre. – De *ethno-,* et *-cide.*

ethnographe [ɛtnɔgʀaf] n. Spécialiste d'ethnographie. – De *ethnographie.*

ethnographie [ɛtnɔgʀafi] n. f. Science descriptive des origines, des mœurs, des coutumes des peuples, de leur développement économique et social. – De *ethno-,* et *-graphie.*

ethnographique [ɛtnɔgʀafik] adj. Relatif à l'ethnographie. *Mission ethnographique.* – De *ethnographie.*

ethnolinguistique [ɛtnolɛ̃gɥistik] n. f. (et adj.) Étude des langues et du langage des civilisations sans écriture. ▷ adj. Relatif à l'ethnolinguistique.

ethnologie [ɛtnɔlɔʒi] n. f. Branche de l'anthropologie qui se propose d'analyser et d'interpréter les similitudes et les différences entre les sociétés et les cultures.

ethnologique [ɛtnɔlɔʒik] adj. Relatif à l'ethnologie. – De *ethnologie.*

ethnologue [ɛtnɔlɔg] n. Spécialiste d'ethnologie. – De *ethnologie.*

ethnomusicologie [ɛtnomyzikɔlɔʒi] n. f. Didac. Étude de la musique des sociétés, des faits musicaux de caractère traditionnel.

ethnomusicologue [ɛtnomyzikɔlɔg] n. Didac. Spécialiste d'ethnomusicologie. – De *ethnomusicologie.*

ethnopsychiatrie [ɛtnopsikjatʀi] n. f. Didac. Étude des maladies mentales à la lumière des facteurs ethniques.

éthologie [etɔlɔʒi] n. f. BIOL Science des mœurs et du comportement des animaux dans leur milieu naturel. – Du gr. *ethos,* « mœurs, caractère », et *-logie.*

éthologique [etɔlɔʒik] adj. Qui a rapport à l'éthologie. – De *éthologie.*

éthyle [etil] n. m. CHIM Radical monovalent de formule C_2H_5–H – De *éther,* et gr. *ulê,* « bois ».

éthylène [etilɛn] n. m. CHIM Gaz incolore, très réactif, de formule C_2H_4, premier terme de la série des carbures éthyléniques (ou oléfines), utilisé en pétroléochimie pour fabriquer le polyéthylène, le polystyrène, les polyesters, le chlorure de vinyle et le polychlorure de vinyle. – De *éthyl(e),* et *-ène.*

éthylénique [etilenik] adj. CHIM Qualifie la double liaison carbone-carbone existant dans l'éthylène et dans de nombreux hydrocarbures. – De *éthylène.*

éthylique [etilik] adj. (et n.) **1.** CHIM Qui contient le radical éthyle. *Alcool éthylique* ou *éthanol* : alcool de formule CH_3–CH_2 OH. **2.** MED Relatif à l'éthylisme. ▷ Subst. *Un(e) éthylique* : un(e) alcoolique. – De *éthyle.*

éthylisme [etilism] n. m. MED Syn. de *alcoolisme.* – De *éthylique.*

éthylomètre [etilɔmɛtʀ] n. m. Appareil permettant de relever avec une grande précision le taux d'alcoolémie dans le sang. – Du rad. de *éthylisme,* et *-mètre.*

éthylotest [etilɔtɛst] n. m. Test pratiqué avec un éthylomètre. – Du rad. de *éthylisme,* et *test* 2.

étiage [etjaʒ] n. m. Niveau le plus bas atteint par un cours d'eau. – De *étier.*

étier [etje] n. m. TECH Canal alimentant en eau de mer les marais salants. – Du lat. *æstuarium,* « lagune maritime ».

étincelant, ante [etɛ̃slɑ̃, ɑ̃t] adj. Qui étincelle. *Glaive étincelant.* ▷ Fig. Éclatant, brillant. *Une conversation étincelante de drôlerie.* – Ppr. de *étinceler.*

étinceler [etɛ̃sle] v. intr. [19] Briller, jeter des éclats de lumière. *Armes qui étincellent au soleil.* ▷ Fig. *Son génie étincelle à toutes les pages.* – De *étincelle.*

étincelle [etɛ̃sɛl] n. f. **1.** Petite parcelle de substance incandescente qui se détache d'un corps qui brûle ou d'un corps qui subit un choc. *Faire jaillir des étincelles.* ▷ Fig. *Faire des étincelles :* briller, éblouir par ses aptitudes, se faire remarquer. **2.** ELECTR *Étincelle électrique :* phénomène lumineux de courte durée qui évacue l'énergie lors d'une décharge. **3.** Fig. Petite lueur, petite quantité. *Il retrouve une étincelle de courage.* – Lat. *scintilla.*

étincellement [etɛ̃sɛlmɑ̃] n. m. Éclat de ce qui étincelle. – De *étinceler.*

étiolement [etjɔlmɑ̃] n. m. **1.** BOT Désordre physiologique généralisé provoqué chez une plante verte par le manque de lumière (décoloration par perte de chlorophylle, croissance en longueur excessive). *Le blanchiment des endives est un étiolement volontaire.* **2.** Affaiblissement (d'une personne). **3.** Fig. Appauvrissement. *Étiolement d'une intelligence inactive.* – De *étioler.*

étioler [etjɔle] v. tr. [1] **1.** Provoquer l'étiolement de. *Étioler une plante.* ▷ v. pron. *Des jeunes pousses qui s'étiolent.* **2.** *Par ext.* Affaiblir, rendre pâle et malingre (une personne). ▷ v. pron. *Cet enfant s'étiole.* – Fig. *L'esprit s'étiole à ces occupations vaines.* – D'une var. de *éteule.*

étiologie [etjɔlɔʒi] n. f. MED Étude des causes d'une maladie ; ensemble de ces causes. *Les symptômes de cette maladie sont connus, mais non son étiologie.* – Gr. *aitiologia,* de *aitia,* « cause ».

étique [etik] adj. Très maigre, décharné. *Poulet étique.* – A. fr. *etike,* « fièvre hectique » (qui amaigrit).

étiquetage [etiktaʒ] n. m. Action d'étiqueter. *Étiquetage des colis.* – De *étiqueter.*

étiqueter [etikte] v. tr. [23] **1.** Mettre une, des étiquettes sur. *Étiqueter des paquets.* **2.** Fig. Ranger (qqn) sous une étiquette, considérer (qqn) de façon arbitraire. *On l'a étiqueté comme fantaisiste.* – De *étiquette.*

étiqueteur, euse [etiktœʀ, øz] n. **1.** Personne qui met des étiquettes. **2.** n. f. TECH Appareil servant à poser des étiquettes. – De *étiqueter.*

étiquette [etikɛt] n. f. **1.** Petit morceau de bois, de papier, que l'on attache ou que l'on colle à un objet pour en indiquer le contenu, le prix, le possesseur, etc. *Des étiquettes à bagages.* ▷ Fig. *Homme politique qui porte l'étiquette de libéral.* **2.** Cérémonial en usage dans une cour, chez un chef d'État. *Saint-Simon décrit l'étiquette en vigueur à la cour de Louis XIV.* ▷ Formes cérémonieuses. *Bannir toute étiquette.* – De l'a. v. *estiquier,* « attacher, ficher » ; *estiquette,* « poteau de but », mot picard.

étirable [etiʀabl] adj. Qui peut être étiré. – De *étirer.*

étirage [etiʀaʒ] n. m. **1.** Action d'étirer. **2.** METALL Opération qui consiste à réduire la section d'un fil, d'une barre, en les faisant passer à froid à travers une filière ou à chaud dans un laminoir. – De *étirer.*

étirement [etiʀmɑ̃] n. m. Action, fait de s'étirer. – De *étirer.*

étirer [etiʀe] v. [1] **I.** v. tr. **1.** Étendre, allonger en exerçant une traction. *Étirer une étoffe.* **2.** METALL Procéder à l'étirage de (une barre, un fil). **II.** v. pron. **1.** S'allonger (en parlant de qqch). *Ce chandail va s'étirer à l'usage.* **2.** Se détendre en allongeant les membres. *S'étirer en bâillant.* – De *é-,* et *tirer.*

étireur, euse [etiʀœʀ, øz] n. **1.** Personne qui pratique l'étirage. **2.** n. f. METALL Machine servant à étirer. – De *étirer.*

étisie. V. hectisie.

étoffe [etɔf] n. f. **1.** Tissu servant pour l'habillement, l'ameublement. *Étoffe de laine, de soie. Mesurer de l'étoffe.* **2.** Loc. fig. *Avoir de l'étoffe :* être doué d'une personnalité forte, prometteuse. – *Avoir l'étoffe de... :* posséder les dispositions pour devenir... *Il a l'étoffe d'un musicien.* **3.** TECH Réunion de plaques de fer et d'acier, forgées ensemble pour fabriquer des instruments tranchants. **4.** IMPRIM *Les étoffes :* matériel qui sert à l'impression. – *Par ext.* Amortissement de ce matériel. – Déverbal de *étoffer.*

étoffé, ée [etɔfe] adj. **1.** (Personnes) Qui a un corps gros et fort. **2.** *Voix étoffée,* puissante. – Pp. de *étoffer.*

étoffer [etɔfe] **1.** v. tr. [1] Développer, donner de l'ampleur à. *Ce mince roman demande à être étoffé.* **2.** v. pron. (Personnes) Devenir plus fort, plus robuste. *Adolescent qui s'est étoffé.* – Du frq. **stopfôn* ; d'abord *estoffer,* « rembourrer ».

étoile [etwal] n. f. **1.** ASTRO Astre qui brille d'une lumière propre et dont le mouvement apparent est imperceptible sur une courte durée d'observation. ▷ Cour. Tout astre autre que le Soleil et la Lune. *L'étoile du berger, du soir, du matin :* la planète Vénus. ▷ Fig., *Coucher à la belle étoile,* dehors. **2.** *Étoile filante :* météorite. **3.** ASTROL et fig. Astre considéré du point de vue de son influence supposée sur la destinée de quelqu'un. *Croire à son étoile. Être né sous une bonne étoile.* **4.** Figure géométrique rayonnante représentant une étoile. *Étoile à cinq, à six branches. Les étoiles du drapeau des États-Unis.* ▷ Insigne du grade des officiers généraux. *Un général à cinq étoiles.* ▷ HIST *L'étoile jaune :* insigne que les Juifs d'Allemagne et des territoires occupés étaient obligés de porter sous le régime nazi. **5.** Rond-point où aboutissent des allées, des avenues. *L'ancienne place de l'Étoile.* **6.** Artiste célèbre. *Une étoile du cinéma français.* – (En appos.) *Danseur, danseuse étoile,* échelon suprême dans la hiérarchie des solistes de corps de ballet. **7.** Nom cour. de divers animaux et de diverses fleurs dont la forme est celle d'une étoile. *Étoile de mer :* nom cour. des astéries. *Étoile-d'argent :* edelweiss. *Étoile-de-Noël :* poinsettia. **8.** TYPO Astérisque. **9.** Distinction qualitative donnée à certains établissements hôteliers. *Un restaurant, un hôtel trois étoiles.* – Lat. class. *stella.*

ENCYCL **Astro.** – Les étoiles sont le constituant principal de l'Univers visible. Comme le Soleil, qui est une étoile d'un type très courant, elles produisent elles-mêmes leur énergie. Beaucoup d'étoiles (plus de 50 %) sont des systèmes doubles *(étoiles doubles)* ou multiples ; l'étude des étoiles doubles permet d'estimer la masse relative de chacune des deux composantes. La *magnitude apparente* d'une étoile, grandeur qui caractérise son éclat vu de la Terre, est liée à sa luminosité absolue et à sa distance ; le nombre qui l'exprime est d'autant plus grand que l'éclat de l'astre est faible. Les étoiles *variables* présentent des fluctuations d'éclat irrégulières ou périodiques. Dans le cas des étoiles doubles, cette variation peut résulter de l'occultation d'une étoile par l'autre (*variables à éclipse*). Pour comparer les étoiles entre elles, on utilise la notion de *magnitude absolue* (magnitude apparente qu'aurait une étoile si elle se trouvait à 10 parsecs de la Terre). Les étoiles ont chacune une couleur caractéristique, qui dépend de leur température de surface, bleue pour les étoiles les plus chaudes (plus de 10 000 K), rouges pour les plus froides (3 000 K).

étoilé, ée [etwale] adj. **1.** Parsemé d'étoiles. *La voûte étoilée :* le ciel nocturne. **2.** Qui porte des étoiles, décoré d'étoiles. *La bannière étoilée :* le drapeau des États-Unis. *Le bâton étoilé,* celui des maréchaux de France. – De *étoile.*

étoilement [etwalmɑ̃] n. m. **1.** Action d'étoiler, de s'étoiler. **2.** État de ce qui rayonne en étoile. – De *étoiler.*

étoiler [etwale] v. tr. [1] **1.** Semer d'étoiles. ▷ v. pron. Se couvrir d'étoiles. **2.** Marquer, fêler en étoile. – De *étoile.*

étole [etɔl] n. f. **1.** Ornement sacerdotal, large bande ornée de croix, que le prêtre officiant porte autour du cou. **2.** Large écharpe en fourrure. *Étole de vison.* – Lat. *stola,* gr. *stolê,* « longue robe ».

étonnamment [etɔnamɑ̃] adv. D'une manière étonnante. *Cet enfant est étonnamment sage.* – De *étonnant.*

étonnant, ante [etɔnɑ̃, ɑ̃t] adj. **1.** Vx Qui frappe d'une commotion violente. **2.** Qui étonne, surprend, déconcerte. *Voilà une nouvelle bien étonnante !* **3.** Remarquable. *C'est un homme étonnant.* – Ppr. de *étonner.*

étonné, ée [etɔne] adj. **1.** Vx Frappé d'une violente commotion. **2.** Saisi d'étonnement. *Il est étonné de ce changement brusque.* – Pp. de *étonner.*

étonnement [etɔnmɑ̃] n. m. **1.** Vx Violente commotion. **2.** Stupéfaction, surprise devant qqch d'extraordinaire, d'inhabituel. *L'étonnement des premiers spectateurs du cinématographe.* – *À mon grand étonnement...* – De *étonner.*

étonner [etɔne] v. tr. [1] **1.** Vx Frapper d'une commotion violente. **2.** Causer de l'étonnement, de la surprise à (qqn). *Son silence m'étonne un peu. Je n'en suis* *pas étonné.* **3.** v. pron. Trouver étrange, singulier. *Elle ne s'étonne de rien.* - *S'étonner de* (+ inf.). *Il s'étonne de vous voir.* - *S'étonner que* (+ subj.). *Il s'étonne qu'elle ne vienne pas.* - *S'étonner de ce que* (+ indic. ou subj.). *Il s'étonne de ce qu'elle ne vient pas* ou *ne vienne pas.* – Du lat. *attonare,* «frapper du tonnerre».

étouffade. V. estouffade.

étouffage [etufaʒ] n. m. Action d'asphyxier les abeilles, les cocons de vers à soie. – De *étouffer.*

étouffant, ante [etufɑ̃, ɑ̃t] adj. **1.** Qui gêne la respiration. *Une chaleur étouffante.* **2.** Fig. Qui crée un malaise, pesant. *Une ambiance étouffante.* – Ppr. de *étouffer.*

étouffé, ée [etufe] adj. **1.** Asphyxié. **2.** Assourdi. *Rire, cris, sanglots étouffés.* **3.** Loc. adv. CUIS *À l'étouffée* : cuit dans un récipient clos, à feu doux. Syn. à l'étuvée. – Pp. de *étouffer.*

étouffe-chrétien [etufkʀetjɛ̃] n. m. inv. Fam. Mets difficile à avaler à cause de sa consistance. – De *étouffer,* et *chrétien.*

étouffement [etufmɑ̃] n. m. **1.** Action d'étouffer; le fait d'être étouffé. ▷ Fig. Action d'empêcher d'éclater, de se développer. *L'étouffement d'un son, d'un complot.* **2.** Difficulté à respirer, suffocation. *Il a été pris d'un étouffement.* – De *étouffer.*

étouffer [etufe] v. [1] **I.** v. tr. **1.** Faire mourir en privant d'air. **2.** *Par ext.* Gêner la respiration de (qqn). *La chaleur m'étouffe.* ▷ Fig., fam. Gêner. *La politesse ne l'étouffe pas.* **3.** Priver (une plante) de l'air nécessaire à la vie. *Les mauvaises herbes étouffent le blé.* **4.** Éteindre en privant d'air. *Étouffer un incendie.* **5.** Fig. Amortir (les sons). *Tapis qui étouffe les bruits des pas.* **6.** Réprimer, retenir. *Étouffer des cris.* **7.** Arrêter dans son développement. *Étouffer un complot.* **II.** v. intr. **1.** Avoir du mal à respirer. *Étouffer à force de tousser.* **2.** *Étouffer de rire, de colère* : perdre la respiration en riant, en se mettant en colère. **3.** Fig. Se sentir oppressé, être mal à l'aise; s'ennuyer. *Il étouffe en province.* **III.** v. pron. **1.** Perdre la respiration. **2.** Se presser les uns contre les autres dans une foule trop dense. *Une soirée où tout Paris s'est étouffé.* – Altér. de l'a. fr. *estoffer,* «rembourrer», et de *estoper,* «garnir d'étoupe, boucher».

étouffeur, euse [etufœʀ, øz] n. m. **1.** Rare Personne qui étouffe. **2.** TECH Appareil qui réduit, sur les lignes télégraphiques, un courant parasite. – De *étouffer.*

étouffoir [etufwaʀ] n. m. **1.** MUS Mécanisme servant à faire cesser les vibrations des cordes d'un piano, d'un clavecin. **2.** Fig., fam. Lieu mal aéré. – De *étouffer.*

étoupe [etup] n. f. Partie la plus grossière de la filasse de chanvre ou de lin. – Du lat. *stuppa.*

étouper [etupe] v. tr. [1] TECH Boucher avec de l'étoupe. *Étouper une fente.* – De *étoupe.*

étoupille [etupij] n. f. **1.** Vx. Mèche destinée à enflammer la poudre d'une charge explosive, utilisée autref. sur les armes à feu. **2.** MINES Dispositif permettant de faire exploser les charges, dans les mines. – De *étoupe.*

étoupiller [etupije] v. tr. [1] MINES Garnir d'une étoupille. – De *étoupille.*

étourderie [etuʀdəʀi] n. f. **1.** Habitude d'agir sans réflexion. *L'étourderie d'un savant absorbé par ses recherches.* **2.** Oubli; erreur due à l'inadvertance. *Ce travail est rempli d'étourderies.* – De *étourdi.*

étourdi, ie [etuʀdi] adj. (et n.) **1.** adj. Qui agit sans réflexion, sans attention. *Un élève étourdi.* ▷ Subst. *Un(e) étourdi(e).* - *«L'Étourdi», comédie de Molière (1655).* **2.** loc. adv. *À l'étourdie* : inconsidérément. – Du lat. pop. **exturditus,* de *turdus,* «grive», par allus. au comportement de la grive gorgée de raisins.

étourdiment [etuʀdimɑ̃] adv. Sans réfléchir. *Répondre étourdiment.* – De *étourdi.*

étourdir [etuʀdiʀ] v. tr. [3] **1.** Assommer, amener au bord de l'évanouissement. *Ce coup l'a étourdi.* **2.** Fatiguer, importuner. *Étourdir qqn par son bavardage.* **3.** v. pron. Se distraire, perdre la pleine conscience de soi-même. *Chercher à s'étourdir pour oublier un chagrin.* – Lat. pop. *exturdire* (V. étourdi).

étourdissant, ante [etuʀdisɑ̃, ɑ̃t] adj. **1.** Qui étourdit. *Bruit étourdissant.* **2.** Fig. Très surprenant, étonnant. *Elle a un talent étourdissant.* – Ppr. de *étourdir.*

étourdissement [etuʀdismɑ̃] n. m. **1.** Vertige, perte de conscience momentanée; sensation d'évanouissement. *Être pris d'un étourdissement.* **2.** Griserie. *L'étourdissement que lui procure sa gloire subite.* **3.** Action de se distraire, de perdre la pleine conscience de soi-même. *Rechercher les étourdissements des mondanités.* – De *étourdir.*

étourneau [etuʀno] n. m. **1.** Oiseau passériforme, au plumage noirâtre, essentiellement insectivore, et dont le type commun est l'étourneau sansonnet (*Sturnus vulgaris*). **2.** Fig. Personne étourdie, écervelée. – Du lat. pop. **sturnellus,* class. *sturnus;* d'abord *estornel.*

étrange [etʀɑ̃ʒ] adj. et n. m. **1.** Qui étonne, intrigue comme différent de ce qui est habituel ou ordinaire. *Objet, animal étrange. D'étranges coïncidences.* - (Personnes) Singulier, bizarre. *C'est qqn d'étrange.* ▷ n. m. Ce qui est ou paraît étrange. *Le plus étrange de l'histoire est que...* **2.** PHYS NUCL *Particule étrange,* dont le nombre quantique *(étrangeté)* n'est pas nul. – Du lat. *extraneus,* «étranger».

étrangement [etʀɑ̃ʒmɑ̃] adv. D'une manière étrange. – De *étrange.*

étranger, ère [etʀɑ̃ʒe, ɛʀ] adj. et n. **I.** adj. **1.** Qui est d'une autre nation; qui a rapport à un autre pays. *Touristes étrangers. Coutumes étrangères.* ▷ Qui concerne les relations avec les autres États. *Les Affaires étrangères.* **2.** Qui ne fait pas partie (d'un groupe ou d'une famille). **3.** *Étranger à* (qqch, avec sujet n. de pers.). *Être étranger à une affaire,* n'y être pas mêlé, *à une science,* n'en avoir aucune notion. - *Il est étranger aux malheurs d'autrui,* il y est insensible. ▷ *Étranger à* (qqn, avec sujet n. de choses). *Ces idées me sont étrangères,* inconnues, indifférentes ou inaccessibles. *Un comportement étranger à qqn,* qui n'est point propre ou naturel à qqn. - Qui n'est pas connu ou familier. *Cette voix ne m'est pas étrangère.* **4.** Sans rapport ou sans conformité avec la chose dont il s'agit. *Des raisons étrangères au vrai mobile.* **5.** MED *Corps étranger,* qui se trouve de façon anormale (projectile, écharde, etc.) dans l'organisme. **II.** n. **1.** Personne d'un autre pays que celui où elle se trouve, ou que celui auquel on se réfère. *Pays hospitalier aux étrangers.* ▷ Personne d'un autre groupe social ou familial. *Elle est devenue une étrangère pour les siens.* **2.** n. m. *L'étranger* : toute communauté, toute puissance étrangère, et, partic., l'ennemi. *Chasser l'étranger.* ▷ Tout pays étranger. *Partir pour l'étranger.* – De *étrange.*

étrangeté [etʀɑ̃ʒte] n. f. **1.** Caractère de ce qui est ou paraît étrange. *L'étrangeté d'une situation, d'un comportement.* **2.** Litt. Chose étrange. *Relever des étrangetés dans un témoignage.* **3.** PHYS NUCL Nombre quantique caractéristique du troisième quark*. – De *étrange.*

étranglement [etʀɑ̃gləmɑ̃] n. m. **1.** Action d'étrangler. ▷ SPORT Au judo, à la lutte, prise qui, effectuée au cou de l'adversaire, l'étranglerait s'il tentait de bouger. **2.** Fait d'être étranglé, de s'étrangler. *Étranglement de la voix, du rire.* **3.** Resserrement, rétrécissement. - MED Constriction d'un organe avec arrêt de la circulation. *Étranglement herniaire.* - TECH Endroit où la section d'un conduit a été rétrécie. - ECON *Goulet* (ou, moins corr., *goulot*) *d'étranglement* : secteur d'activité dont l'insuffisance, relativement aux autres secteurs, constitue pour l'ensemble économique considéré un facteur d'entrave ou de désorganisation. – *Par ext.* Ce qui fait entrave à un écoulement, un débit. – De *étrangler.*

étrangler [etʀɑ̃gle] v. tr. [1] **1.** Serrer jusqu'à l'étouffement le cou de. ▷ Par exag. *Ce col m'étrangle.* **2.** Prendre à la gorge, étouffer, faire perdre la respiration à. *La colère l'étranglait.* – v. pron. *S'étrangler de rire.* ▷ Fig. *Usurier qui étrangle ses débiteurs.* **3.** Comprimer, resserrer. *Vêtement qui étrangle la taille.* – Lat. *strangulare.*

étrangleur, euse [etʀɑ̃glœʀ, øz] n. **1.** Celui, celle qui étrangle. **2.** n. m. AUTO Dispositif réglant le mélange gazeux dans un carburateur. – De *étrangler.*

étrave [etʀav] n. f. Forte pièce qui termine à l'avant la charpente d'un navire. – *Par ext.* Extrême avant d'un navire. – De l'anc. scand. *stafn,* « proue ».

1. être [ɛtʀ] v. intr. [6] **I.** Verbe marquant la relation de l'attribut au sujet (V. copule). *Le ciel est bleu.* **II.** *Absol.* **1.** Exprime ou postule l'existence, la réalité. (Personnes) *« Je pense donc je suis » (Descartes).* (Choses) *« Les choses extrêmes sont pour nous comme si elles n'étaient point » (Pascal). « Cet heureux temps n'est plus » (Racine).* – (Au subj.) *Ainsi soit-il :* vœu conclusif d'une prière. *Soit! :* interj. marquant l'assentiment. ▷ SC *Soient* (ou *soit*) *deux droites parallèles,* considérons, posons, (comme hypothèse, point de départ, etc.)... **2.** Litt. *Il est :* il y a. *Il est des heureux à qui tout sourit.* – *« Il n'est bon bec que de Paris » (Villon).* – *Il n'est que de :* il suffit de. – *Toujours est-il que :* en tout cas. – *S'il en est, s'il en fut* (pour insister sur le qualificatif). *Un homme juste s'il en est.* – (Dans div. loc. impers.) *Il est vrai que, il serait bon de.* ▷ Cour. *Quelle heure est-il? Il était temps de réagir.* **III. 1.** Suivi d'un adverbe indiquant un état. *Être bien, mal :* se sentir bien, mal. **2.** Suivi d'une préposition ou d'un adverbe régissant un complément de lieu ou de temps. *Le train est en gare.* – Fig. *Être ailleurs :* être distrait. *Être au-dessus de tout soupçon.* – *Y être :* être là, être présent; fig., être dans le vrai. *Vous prévoyez deux heures de route? Vous n'y êtes pas!* – fig. *J'y suis :* je comprends, je devine. ▷ *On était à la fin de l'hiver. Nous sommes le 10 juin.* **3.** Aller (sans demeurer). *J'ai été au concert.* – Litt. *« Elle fut ensuite trouver Madame » (J. Green).* **4.** Suivi d'une préposition introduisant une idée de possession, d'obligation, de provenance, etc. ▷ *Être à. Ce livre est à moi.* – *Il est tout à son ouvrage,* il y est entièrement occupé. – *Être à plaindre, à blâmer :* être digne de compassion, de blâme. – Fig. *Nous sommes à vous,* à votre disposition. ▷ *Être de. Cette arme est de Tolède,* elle en provient. – Faire partie de. *Être de l'Académie.* – *Être d'avis que :* penser que. *Être de l'avis de :* partager l'opinion de. – Être conforme à. *Cela est de bon goût. Cela est bien de lui.* – *Comme si de rien n'était :* avec une apparente indifférence pour ce qui s'est passé, ce qui s'est fait ou dit. *Après son éclat, il a repris la conversation comme si de rien n'était.* ▷ *En être à :* être arrivé à. – Fig. *Où en sommes-nous?,* à quel point de la discussion, du travail, etc.? – *Il en est à mendier :* il est réduit à mendier. – *Il ne sait pas* (ou *plus*) *où il en est :* il est troublé, il perd la tête. – *En être pour son argent, sa peine,* etc. : dépenser son argent, sa peine, etc., sans en retirer d'avantages. – *Il n'en est rien :* cela est faux. – *Être du nombre :* faire partie de. *Il y a eu complot, mais il n'en était pas,* il n'en faisait pas partie. ▷ *Être en* (telle tenue vestimentaire). *Être en habit.* ▷ *Être sans :* être privé de. *Être sans argent.* – *Vous n'êtes pas sans savoir que :* vous n'ignorez pas que. ▷ *Être pour :* préférer, adopter le parti de. *Être pour les faibles.* – *N'être pour rien dans une affaire,* n'y avoir aucune part. ▷ *Être sur. Être sur une affaire,* y être occupé, ou en escompter quelque profit. *Être sur le point de* (marquant un futur très proche). **IV.** *C'est* (*ce sont, c'était, c'étaient,* etc.). **1.** (En parlant d'une personne, d'une chose, d'une action déterminée.) *Qui est-ce? C'est faux.* **2.** (En parlant d'une personne, d'une chose, d'une action indiquée dans la suite de la phrase.) *C'est à lui de répondre. Ce sera une joie de vous accueillir.* ▷ *C'est à qui* (marquant l'émulation). *C'est à qui sautera le plus loin.* ▷ *Si ce n'était* ou, ellipt., *n'était :* sans cela, s'il n'y avait cela. *N'étaient ces arbres dénudés, on se croirait au printemps.* ▷ Loc. interrog. directe. *Est-ce que? Est-ce que vous viendrez ce soir?* ▷ Loc. adv. interrog. (Marquant une affirmation, ou pour prendre qqn à témoin.) *N'est-ce pas? Vous me croyez, n'est-ce pas?* **V.** Verbe auxiliaire. **1.** De la voix passive. *Je suis compris.* **2.** De certains v. intr. *Elle est sortie.* **3.** De la conjugaison pronominale. *Il s'est repenti.* **4.** De certains verbes impersonnels. *Il en est résulté.* – Du lat. pop. **essere,* class. *esse* ; certaines formes de *être* sont empruntées à l'a. fr. *ester,* « se tenir debout », du lat. *stare.*

2. être [ɛtʀ] n. m. **1.** PHILO État, qualité de ce qui est; essence. *L'être et le non-être.* **2.** Tout ce qui est par l'existence, par la vie. *Les êtres animés. L'être humain.* ▷ RELIG *L'Être éternel, l'Être suprême* ou, absol., *l'Être :* Dieu, ou toute transcendance. **3.** Personne humaine, individu. *Un être cher.* **4.** PHILO *Être de raison :* ce qui n'a de réalité, d'existence que dans la pensée. – Péjor. *Qu'est-ce que c'est que cet être?* ▷ Nature intime d'une personne. *Atteindre qqn dans son être.* – De *être* 1.

étreindre [etʀɛ̃dʀ] v. tr. [55] **1.** Presser dans ses bras; serrer, saisir fortement. *Étreindre un ami.* ▷ v. pron. *Adversaires qui s'étreignent dans la lutte.* **2.** Fig. Oppresser. *L'émotion l'étreignait.* – Du lat. *stringere,* « serrer ».

étreinte [etʀɛ̃t] n. f. **1.** Action d'étreindre; la pression qui en résulte. *Assiégeants qui resserrent leur étreinte.* ▷ Fig. *L'étreinte du remords.* **2.** Action de presser (qqn) dans ses bras. *Étreinte amoureuse.* – Pp. fém. subst. de *étreindre.*

étrenne [etʀɛn] n. f. **1.** (Surtout au plur.) Présent fait à l'occasion du jour de l'an. *Recevoir des étrennes.* ▷ Gratification d'usage, en fin d'année, pour certains services. *Étrennes du facteur.* **2.** *Avoir, faire l'étrenne d'une chose,* en avoir, en faire le premier usage. – Du lat. *strena,* « cadeau à titre d'heureux présage ».

étrenner [etʀene] v. tr. [1] Faire usage le premier ou pour la première fois de. *Étrenner un habit.* ▷ v. intr. Fam. Subir le premier (qqch de fâcheux). *Il fallait sévir, il a étrenné.* – De *étrenne.*

êtres [ɛtʀ] n. m. pl. Vx Les différentes parties d'une habitation, leur disposition. *Connaître, savoir les êtres d'une maison.* – Du lat. *extera,* plur. neutre de *exterus,* « ce qui est à l'extérieur »; d'abord *estras.*

étrésillon [etʀezijɔ̃] n. m. TECH Étai transversal équilibrant l'une par l'autre les poussées de deux parois se faisant face (parois d'une tranchée, d'une galerie de mine, murs en vis-à-vis, etc.). – Altér. (d'apr. *esteser,* « tendre ») de l'a. fr. *tesillon,* de *teser,* « ouvrir la bouche »; du lat. pop. **tensare,* « tendre ».

étrésillonnement [etʀezijɔnmɑ̃] n. m. TECH Action d'étrésillonner. – De *étrésillonner.*

étrésillonner [etʀezijɔne] v. tr. [1] TECH Étayer à l'aide d'étrésillons. – De *étrésillon.*

étrier [etʀije] n. m. **1.** Anneau suspendu de chaque côté de la selle, et qui sert d'appui au pied du cavalier. *Vider les étriers :* tomber de cheval. *Avoir le pied à l'étrier :* être prêt à partir; fig., être bien introduit dans une carrière. *Mettre* (à qqn) *le pied à l'étrier.* – *Le coup de l'étrier :* le dernier verre, que l'on boit au moment du départ. **2.** *Par anal.* Nom de divers appareils servant à soutenir ou à maintenir le pied. *Étrier de ski.* **3.** TECH Armature transversale d'une poutre en béton armé. ▷ Pièce coudée servant à supporter un élément de charpente, à renforcer ou à réunir certaines pièces. **4.** ANAT Osselet de l'oreille moyenne. – Du frq. **streup,* « courroie qui servait d'étrier »; d'abord *estrif,* puis *estrier.*

étrille [etʀij] n. f. **1.** Brosse en fer à lames dentelées servant à nettoyer le poil de quelques gros animaux (notam. des chevaux). **2.** ZOOL Crabe comestible (*Portunus puber*) aux pattes postérieures en forme de palettes, qui lui permettent de nager. – Du lat. pop. *strigila, class. strigilis, « racloir ».

étriller [etʀije] v. tr. [1] **1.** Nettoyer avec l'étrille. **2.** Fig. Malmener. ▷ En sport, à certains jeux, infliger une sévère défaite à. ▷ Critiquer vertement (qqn). **3.** Faire payer trop cher. *Le restaurateur nous a étrillés.* – Du lat. pop. *strigilare,* de *strigila.* V. étrille.

étripage [etʀipaʒ] n. m. Action d'étriper. – De *étriper.*

étriper [etʀipe] v. tr. [1] **1.** Ôter les tripes à. *Étriper un porc.* **2.** Fig., fam. Éventrer, mettre à mal. ▷ v. pron. (Récipr.) Se battre avec une grande violence, s'entretuer. – De *é-,* et *tripe.*

étriqué, ée [etʀike] adj. **1.** Qui manque d'ampleur. *Veste étriquée.* ▷ Fig. *Une prose étriquée.* **2.** Fig. Sans ouverture, sans largeur de vues; mesquin. *Un esprit étriqué.* – Pp. de *étriquer.*

étriquer [etʀike] v. tr. [1] Rendre ou faire paraître étriqué. *Cet habit vous étrique.* – Du frq. **strikan*; moyen néerl. *striken,* « étirer ».

étrive [etʀiv] n. f. MAR Rare Angle que fait une manœuvre avec un objet qu'elle rencontre. ▷ Cour. *Amarrage en étrive* : amarrage fait sur deux cordages à l'endroit où ils se croisent. – Fém. de l'a. fr. *estrif,* « étrier ».

étrivière [etʀivjɛʀ] n. f. Courroie qui porte l'étrier. – Vx, fig. *Donner les étrivières à qqn,* le battre, le fouetter. – De *étrive.*

étroit, oite [etʀwa, wat] adj. **1.** Qui a peu de largeur. *Chemin étroit. Torse étroit.* ▷ Fig. Limité, restreint. *Un cercle étroit d'amis.* – *Le sens étroit d'un mot,* son sens littéral. **2.** Péjor. Borné, intolérant, mesquin. *Une morale, des idées étroites.* **3.** Intime. *Entretenir des rapports étroits avec qqn.* ▷ Rigoureux, strict. *L'observation étroite d'une règle.* **4.** loc. adv. *À l'étroit* : dans un espace trop resserré, exigu. *Être logé à l'étroit. Être à l'étroit dans ses chaussures.* – Fig. Dans la gêne, mal à l'aise. *Existence où l'on se sent à l'étroit.* – Du lat. *strictus,* « étroit »; d'abord *estreit.*

étroitement [etʀwatmɑ̃] adv. **1.** D'une manière étroite; intimement. *Ces questions sont étroitement liées.* – Par ext. *Surveiller étroitement* (une personne, son comportement), de très près. **2.** D'une manière rigoureuse, stricte. *Consigne étroitement suivie.* **3.** À l'étroit. *Être logé étroitement.* – De *étroit.*

étroitesse [etʀwatɛs] n. f. **1.** Caractère de ce qui est étroit. *L'étroitesse d'un sentier.* – Exiguïté. *L'étroitesse d'un cachot.* **2.** Fig. Caractère de ce qui est borné, mesquin. *Étroitesse d'esprit, de cœur.* – De *étroit.*

étron [etʀɔ̃] n. m. Matière fécale moulée de l'homme et de certains animaux. – Du frq. **strunt.*

étronçonner [etʀɔ̃sɔne] v. tr. [1] SYLVIC Tailler (un arbre), en ne lui laissant que ses branches hautes. – De *é-,* et *tronçon.*

étrusque [etʀysk] adj. et n. De l'Étrurie, pays de l'Italie ancienne (actuelle Toscane). ▷ Subst. *Les Étrusques.* ▷ n. m. *L'étrusque* : la langue indo-européenne parlée par les Étrusques – Lat. *Etruscus.*

étude [etyd] n. f. **I.** Activité intellectuelle par laquelle on s'applique à apprendre, à connaître. *Une vie consacrée à l'étude.* **1.** Cette activité en tant qu'effort particulier d'observation, d'analyse, de compréhension. *Étude des mœurs.* – *Voyage d'études.* ▷ Ensemble des tâches de conception et de préparation préalables à la réalisation d'un ouvrage, d'une installation, etc. *Étude préliminaire. Bureau d'études.* – *Le projet est à l'étude,* est examiné. **2.** Effort intellectuel appliqué à l'acquisition ou à l'approfondissement de telles ou telles connaissances. *L'étude du solfège, des mathématiques.* ▷ Plur. *Les études* : les degrés successifs de l'enseignement scolaire, universitaire. *Faire ses études.* **II. 1.** Ouvrage littéraire ou scientifique sur un sujet que l'on a étudié. *Publier une étude sur tel sujet.* **2.** Dessin, peinture, sculpture préparatoires, ou exécutés en manière d'exercice. *Études de visage.* **3.** MUS Exercice de difficulté graduée, pour la formation des élèves. – Composition appropriée aux particularités techniques d'un instrument. *Les études pour piano de Chopin.* **III. 1.** *Salle d'étude* ou, ellipt., *étude,* où les élèves travaillent en dehors des heures de cours. – Temps réservé au travail en salle d'étude. *Avoir deux heures d'étude.* **2.** Lieu de travail d'un officier ministériel ou public. *Étude de notaire, d'huissier.* – Charge de cet officier, à quoi s'attachent les dossiers, la clientèle. *Vendre son étude.* – Du lat. *studium,* « ardeur, étude »; a. fr. *estuide.*

étudiant, ante [etydjɑ̃, ɑ̃t] n. et adj. Celui, celle qui suit les cours d'une université, d'une grande école. ▷ adj. Des étudiants. *Des manifestations étudiantes.* – Ppr. de *étudier.*

étudié, ée [etydje] adj. **1.** Préparé, médité, conçu avec soin. *Un dispositif bien étudié. Des prix étudiés,* calculés au plus juste. **2.** Sans naturel, affecté. *Geste, sourire étudié.* – Pp. de *étudier.*

étudier [etydje] **I.** v. tr. [2] **1.** (S. comp.) S'appliquer à l'étude, prendre pour objet d'étude (sens I). *Étudier jour et nuit.* – Faire des études. **2.** Faire par l'observation, l'analyse, l'étude de. *Étudier un phénomène.* ▷ Soumettre à examen. *Étudier un projet.* – Préparer, méditer. *Il a bien étudié son affaire.* **3.** S'appliquer à acquérir (telle connaissance). *Étudier le droit.* **II.** v. pron. **1.** (Réfl.) S'observer, s'examiner soi-même. *Connaître les autres, c'est d'abord s'étudier.* – Péjor. *Il s'étudie* : il porte une attention trop complaisante à sa personne. **2.** (Récipr.) S'observer mutuellement. *Les jouteurs s'étudiaient avant de combattre.* – De l'a. fr. *estudie,* « étude ».

étui [etɥi] n. m. Boîte ou enveloppe dont la forme est adaptée à l'objet qu'elle doit contenir. *Étui à violon, à lunettes.* – De l'a. fr. *estuier,* « enfermer, garder », p.-ê. du lat. *studium,* « soin ».

étuvage [etyvaʒ] ou **étuvement** [etyvmɑ̃] n. m. Action d'étuver. – De *étuver.*

étuve [etyv] n. f. **1.** Chambre close où l'on élève la température pour provoquer la sudation. – *Par exag.* Lieu où règne une température élevée. *Cette pièce est une étuve.* **2.** Appareil destiné à obtenir une température déterminée. *Étuve à désinfection, à stérilisation,* qui produit une chaleur supérieure à 100 °C. (V. autoclave.) *Étuve à incubation,* où la température constante et voisine de 37 °C permet le développement de certaines bactéries. ▷ TECH Petit four servant à sécher ou nettoyer certaines matières. *Étuve de chapelier.* – Du lat. **extupare,* du gr. *tuphein,* « fumer ».

étuvée [etyve] n. f. CUIS (Surtout dans la loc. adv.) *À l'étuvée.* Syn. de à l'étouffée*. *Cuit à l'étuvée.* – *Par ext.* Mets cuit de cette façon. *Une étuvée de légumes.* – Pp. fém. subst. de *étuver.*

étuvement. V. étuvage.

étuver [etyve] v. tr. [1] Mettre à l'étuve (sens 2) ; chauffer ou sécher dans une étuve. *Étuver des fruits.* ▷ Faire cuire les aliments en vase clos, dans leur vapeur. – De *étuve.*

étuveur [etyvœʀ] n. m. ou **étuveuse** [etyvøz] n. f. Appareil à étuver. – De *étuver.*

étymologie [etimɔlɔʒi] n. f. **1.** Science qui a pour objet l'origine et la filiation des mots, fondée sur des lois phonétiques et sémantiques, et tenant compte de l'environnement historique, géographique et social. **2.** Origine ou évolution d'un mot. *Étymologie grecque d'un mot.* – Lat. *etymologia,* du gr. *etumos,* « vrai ».

étymologique [etimɔlɔʒik] adj. Qui concerne l'étymologie ou les étymologies. *Sens étymologique d'un mot. Dic-*

tionnaire étymologique. – Lat. *etymologicus,* gr. *etumologikos.*

étymologiquement [etimɔlɔʒikmɑ̃] adv. Selon l'étymologie, selon ses règles. – De *étymologique.*

étymologiste [etimɔlɔʒist] n. Spécialiste de l'étymologie. – De *étymologie.*

étymon [etimɔ̃] n. m. LING Mot considéré comme étant à l'origine d'un autre mot. *Le mot latin « filia » est l'étymon de « fille ».* – Gr. *etumon,* « sens véritable », d'apr. *étymologie.*

eu-. Élément, du gr. *eu,* « bien ».

eu, eue [y] Pp. du verbe avoir.

Eu CHIM Symbole de l'europium.

eucalyptus [økaliptys] n. m. Grand arbre originaire d'Australie (fam. myrtacées), aux feuilles odorantes dont on extrait une huile médicinale (*eucalyptol*). – Cour. Les feuilles de cet arbre. *Cigarettes d'eucalyptus.* – Lat. bot., de *eu-,* et gr. *kaluptos,* « couvert ».

eucarides [økaʀid] n. m. pl. ZOOL Ordre de crustacés malacostracés comprenant essentiellement les décapodes. – Sing. *Un eucaride.* – De *eu-,* et gr. *karis, karidos,* « squille, crustacé ».

eucaryote [økaʀjɔt] adj. et n. m. BIOL Qualifie les êtres vivants dont les cellules possèdent un noyau limité par une enveloppe, qui contient le matériel génétique (A.D.N.). ▷ n. m. *Les eucaryotes.* Ant. procaryote. – De *eu-,* et gr. *karuon,* « noyau ».

eucharistie [økaʀisti] n. f. Pour les chrétiens, sacrement par lequel se continue le sacrifice du Christ. (Pour les catholiques et les orthodoxes, le pain et le vin du sacrifice sont le corps et le sang du Christ ; la théologie des Églises réformées est différente.) V. transsubstantiation et consubstantiation. – Gr. ecclés. *eukharistia,* « action de grâce » ; lat. ecclés. *eucharistia.*

eucharistique [økaʀistik] adj. Relatif à l'eucharistie. – De *eucharistie.*

euclidien, enne [øklidjɛ̃, ɛn] adj. GEOM Relatif à la géométrie d'Euclide, qui admet le postulat des parallèles (par oppos. aux géométries non euclidiennes). ▷ Qui traite des problèmes d'angles et de distance (par oppos. à la géométrie affine). – De *Euclide,* nom d'un mathématicien grec (IIIe s. av. J.-C.).

eudémis [ødemis] n. m. ENTOM Papillon (*Polychrosis botrana*) abondant en Europe du S., dont la chenille (*ver de la grappe*) parasite la vigne. – Mot lat.

eudémonisme [ødemɔnism] n. m. PHILO Nom donné aux doctrines morales fondées sur le bonheur, en tant qu'il détermine toute conduite humaine ou en constitue la fin. – Du gr. *eudaimôn,* « heureux ».

eudiomètre [ødjɔmɛtʀ] n. m. CHIM Appareil servant à l'analyse et à la synthèse des mélanges gazeux. (Il est constitué d'un tube gradué reposant sur une cuve à mercure, dont la partie supérieure est fermée et munie de deux électrodes entre lesquelles on peut faire jaillir une étincelle.) – Gr. *eudia,* « beau temps », et *-mètre.*

eudiométrie [ødjɔmetʀi] n. f. CHIM Analyse des mélanges gazeux à l'aide de l'eudiomètre. – De *eudiomètre.*

eudiste [ødist] n. m. et adj. Membre de la congrégation religieuse fondée en 1643 par saint Jean Eudes. ▷ adj. *Un père eudiste.* – Du n. du religieux prédicateur Jean *Eudes* (1601-1680).

eufraise. V. euphraise.

eugénique [øʒenik] . – De *eu-,* et gr. *genos,* « race ».

eugénisme [øʒenism] n. m. ou **eugénique** [øʒenik] n. f. **1.** Partie de la génétique appliquée qui vise à l'amélioration de l'espèce humaine. **2.** Attitude philosophique qui accorde une valeur essentielle à l'amélioration génétique de l'espèce humaine et entend s'en donner les moyens quels qu'ils soient. *L'eugénisme se heurte à des obstacles d'ordre moral, religieux et social.* – Angl. *eugenism ;* de *eu-,* et gr. *genos,* « race ».

eugéniste [øʒenist] n. Didac. **1.** Spécialiste de l'eugénisme. **2.** Partisan de l'eugénisme (sens 2). – De *eugénisme.*

euglène [øglɛn] n. f. BIOL Protiste chlorophyllien flagellé (genre *Euglena*), très abondant dans les mares riches en matière organique. – Du gr. *euglênos,* « aux beaux yeux ».

euh ! [ø] interj. marquant l'hésitation, le doute, l'embarras. *Euh ! Voyons...* – Onomat.

eumycètes [ømisɛt] n. m. pl. BOT Nom scientif. des champignons « parfaits » (dont on connaît la reproduction sexuée). Ant. adélomycètes, champignons imparfaits. – De *eu-,* et *-mycète.*

eunecte [ønɛkt] n. m. ZOOL Anaconda. – De *eu-,* et gr. *nêktos,* « nageur ».

eunuque [ønyk] n. m. **1.** HIST Homme castré auquel était confiée la garde des femmes dans les harems. **2.** MED Homme castré. Fig. Homme mou, sans virilité. – Gr. *eunoukhos,* « qui garde le lit des femmes ».

eupatoire [øpatwaʀ] n. f. BOT Plante aquatique (genre *Eupatorium*) à longue tige, dont les feuilles rappellent celles du chanvre. – Lat. *eupatoria (herba),* du gr. *eupatorion ;* d'après Pline, du n. du roi *Eupatôr* qui fit connaître l'usage médical de cette plante.

euphémique [øfemik] adj. Qui appartient à l'euphémisme. *Tour euphémique.* – De *euphémisme.*

euphémisme [øfemism] n. m. Façon de présenter une réalité brutale ou blessante en atténuant son expression pour éviter de choquer. *C'est par euphémisme que l'on dit « s'en aller » pour « mourir ».* – Gr. *euphêmismos ;* de *eu-,* et *phêmê,* « parole ».

euphonie [øfɔni] n. f. LING Succession harmonieuse de sons dans un mot, une phrase. *Dans « m'aime-t-il ? », le « t » est ajouté pour l'euphonie.* – Gr. *euphonia,* de *eu-,* et *phônê,* « son ».

euphonique [øfɔnik] adj. Employé pour l'euphonie. *Un ajout euphonique.* – De *euphonie.*

euphorbe [øfɔʀb] n. f. Plante contenant un latex âcre et caustique, dont il existe de nombreuses espèces. (*Euphorbia helioscopia,* l'euphorbe réveille-matin, au feuillage vert jaunâtre, est très commune en France.) – Lat. *euphorbia (herba) ;* de *Euphorbus,* médecin du roi Juba de Mauritanie.

euphorbiacées [øfɔʀbjase] n. f. pl. BOT Famille de dicotylédones dont l'euphorbe est le type, et qui comprend notam. l'hévéa, la mercuriale, le ricin. – Sing. *Une euphorbiacée.* – De *euphorbe.*

euphorie [øfɔʀi] n. f. Sentiment de profond bien-être, de joie. *Ils étaient en pleine euphorie.* – Gr. *euphoria ;* de *eu-,* et *pherein,* « porter ».

euphorique [øfɔʀik] adj. Relatif à l'euphorie. *Un état euphorique.* – De *euphorie.*

euphorisant, ante [øfɔʀizɑ̃, ɑ̃t] adj. et n. m. Qui provoque l'euphorie. *Une boisson euphorisante.* – Fig. *Succès euphorisant.* ▷ n. m. *Un euphorisant :* un produit qui provoque l'euphorie. – De *euphorie.*

euphraise ou **eufraise** [øfʀɛz] n. f. BOT Plante herbacée (fam. scrofulariacées) dont une espèce en France, *Euphrasia officinalis,* appelée cour. *casse-lunettes,* parasite les racines de divers végétaux. – Lat. médiév. *euphrasia.*

euphuisme [øfɥism] n. m. LITTER, HIST Style précieux, langage affecté, à la mode en Angleterre sous le règne d'Elizabeth Ire. – Angl. *euphuism*, de «*Euphues*», nom d'un ouvrage écrit par J. Lily en 1579.

euploïde [øplɔid] adj. BIOL Se dit d'une cellule dont le nombre des chromosomes est normal (c.-à-d. diploïde). – Du gr. *euploos*, et *-oïde*.

euploïdie [øplɔidi] n. f. BIOL État d'une cellule euploïde. – De *euploïde*.

eurafricain, aine [øʀafʀikɛ̃, ɛn] adj. Qui concerne à la fois l'Europe et l'Afrique.

eurasiatique [øʀazjatik] adj. De l'Eurasie, continent formé par l'Europe et l'Asie.

eurasien, enne [øʀazjɛ̃, ɛn] n. et adj. Se dit d'un métis dont l'un des parents est européen et l'autre asiatique. *Un type eurasien*. – Subst. *Un(e) Eurasien(ne)*. ▷ adj. D'Eurasie. – Angl. *eurasian*, de *Eur(ope)* et *Asian*, «asiatique».

eurêka [øʀeka] interj. exprimant que l'on vient de trouver subitement une solution, que l'on a une inspiration soudaine. *Eurêka, voilà l'astuce!* – Mot gr., «j'ai trouvé», attribué au plus célèbre physicien de l'Antiquité, Archimède (287-212 av. J.-C.), lorsqu'il découvrit brusquement au bain la loi de la pesanteur spécifique des corps.

euristique. V. heuristique.

euro-. Élément, du rad. de *Europe, européen*.

eurobanque [øʀobɑk] n. f. ECON Banque faisant partie du système bancaire spécialisé dans le marché des eurodevises.

eurocrate [øʀokʀat] n. Personne qui travaille pour une administration de la C.É.E.

eurodevise [øʀodəviz] n. f. FIN Devise, détenue par un non-résident, placée dans un pays européen différent du pays d'émission de cette devise. *Les eurodollars sont des eurodevises*. Syn. euromonnaie.

eurodollar [øʀodɔlaʀ] n. m. FIN Titre en dollars déposé dans une banque européenne par un non-résident aux É.-U.

euromarché [øʀomaʀʃe] n. m. Marché des émissions en eurodevises ou en écu.

euromissile [øʀomisil] n. m. Missile nucléaire basé sur le territoire européen.

euromonnaie [øʀomɔnɛ] n. f. FIN Syn. de *eurodevise*.

euro-obligation [øʀoɔbligasjɔ̃] n. f. FIN Obligation, libellée en enrodevises ou en écu, émise sur le marché international. *Des euro-obligations*.

européanisation [øʀopeanizasjɔ̃] n. f. Action d'européaniser; état de ce qui est européanisé. *Européanisation de la défense militaire*. – De *européaniser*.

européaniser [øʀɔpeanize] v. tr. [1] **1.** Soumettre à l'influence de la civilisation européenne. **2.** Élargir à l'Europe une notion, une caractéristique, un problème, considérés jusque-là du seul point de vue local. – De *européen*.

européen, enne [øʀɔpeɛ̃, ɛn] adj. et n. **1.** De l'Europe. *Le continent européen*. ▷ Subst. Personne qui habite l'Europe ou en est originaire. *Les Européens*. **2.** Relatif à la communauté économique et politique de l'Europe. ▷ Subst. Personne favorable à ce projet. *Un européen convaincu*. – De *Europe*.

europium [øʀɔpjɔm] n. m. CHIM Élément appartenant à la famille des lanthanides, de numéro atomique Z=63 et de masse atomique 151,96 (symbole Eu). – Métal appartenant à la famille des terres rares, qui fond à 822 °C et bout à 1 600 °C. – De *Europe*.

eurostratégie [øʀostʀateʒi] n. f. **1.** Stratégie commune des États de l'Europe de l'Ouest. **2.** Stratégie liée à la situation géographique et politique des pays de l'Europe de l'Ouest.

Eurovision [øʀovizjɔ̃] n. f. *Émission en Eurovision*, transmise simultanément dans plusieurs pays européens. – Abrév. de *Union européenne de radiodiffusion et de télévision*, organisation chargée des échanges d'émissions de télévision entre les divers pays d'Europe (occidentale surtout).

euryhalin, ine [øʀialɛ̃, in] adj. BIOL Se dit d'un organisme capable de supporter de grandes variations de la concentration saline de son milieu. *Le saumon qui passe de la mer dans les fleuves est typiquement euryhalin*. Ant. sténohalin. – Du gr. *eurus*, «large», et *hals*, «sel».

eurythmie [øʀitmi] n. f. Didac. Harmonie dans la composition d'une œuvre artistique. ▷ MUS Ensemble harmonieux de sons. ▷ MED Régularité du pouls. – De *eu-*, et gr. *ruthmos*, «rythme».

eurythmique [øʀitmik] adj. Didac. Harmonieux. – De *eurythmie*.

euscarien ou **euskarien, enne** [øskaʀjɛ̃, ɛn] adj. et n. Basque. – Du basque *escuara*.

eusocial, ale, aux [øsɔsjal, o] adj. ZOOL Relatif à l'eusociété. – De *eu-*, et *social*.

eusociété [øsojete] n. f. ZOOL Société organisée caractérisée par la répartition des tâches (reproduction, travaux divers), la coopération pour l'élevage des jeunes et la coexistence des generations. – De *eu-*, et *société*.

eustache [østaʃ] n. m. Vx, fam. Couteau à virole et à manche en bois. – De *Eustache* Dubois, coutelier à Saint-Étienne au XVIIIe s.

eustatique [østatik] adj. GEOL *Mouvements eustatiques* : variations du niveau des mers, dues notam. à une glaciation ou à la fonte des glaciers. – All. *eustatische Bewegungen*; du gr.

eustatisme [østatism] n. m. GEOL Variation du niveau général des mers. – De *eustatique*.

eutectique [øtɛktik] adj. (et n. m.) PHYS *Mélange, alliage eutectique*, dont le point de fusion est inférieur à chacun des points de fusion de ses constituants. ▷ n. m. *Un eutectique* : un mélange, un alliage eutectique. – Gr. *eutektos*, «qui fond facilement».

eutectoïde [øtɛktɔid] n. m. PHYS Alliage hétérogène présentant certaines des propriétés des eutectiques. – Du rad. de *eutectique*, et *-oïde*.

eutexie [øtɛksi] n. f. Propriété des eutectiques. *Point d'eutexie* : la plus basse température de fusion possible d'un mélange correspondant à des proportions déterminées de ses constituants (composition eutectique) pour une pression donnée. – Gr. *eutêxia*, «propriété de se fondre aisément».

euthanasie [øtanazi] n. f. **1.** MED Vx Mort sans souffrance. **2.** Mort provoquée dans le dessein d'abréger les souffrances d'un malade incurable. *La législation française condamne l'euthanasie*. – Gr. *euthanasia*, de *eu-*, et gr. *thanatos*, «mort».

euthanasique [øtanazik] adj. Qui se rapporte à l'euthanasie. – De *euthanasie*.

euthériens [øteʀjɛ̃] n. m. pl. ZOOL Syn. de *placentaires*. – Sing. *Un euthérien*. – De *eu-*, et gr. *thêrion*, «bête sauvage».

eutocique [øtɔsik] adj. MED Qui facilite l'accouchement. – Du gr. *eutokia*, «enfantement heureux».

eutrophe [øtʀɔf] adj. Syn. de *eutrophique* (sens 2). – De *eu-*, et gr. *trephein*, «nourrir».

eutrophie [øtʀɔfi] n. f. BIOL, PHYSIOL État normal de développement, de vitalité, de nutrition d'un organisme ou d'une partie d'un organisme. – De *eu-*, et gr. *trephein*, « nourrir ».

eutrophique [øtʀɔfik] adj. **1.** BIOL, PHYSIOL En état d'eutrophie. Relatif à l'eutrophie. – Qui aide à l'eutrophie. **2.** BIOL, ECOL Se dit d'un lac où, par suite d'un apport excessif de matières organiques, la pullulation des êtres vivants crée une carence en oxygène, une production de vase et une opacification de l'eau. Syn. eutrophe. – De *eu-*, et gr. *trophê*, « nourriture ».

eutrophisation [øtʀɔfizasjɔ̃] n. f. BIOL, ECOL Accroissement anarchique de la quantité de sels nutritifs d'un milieu, partic. d'une eau stagnante polluée par les résidus d'engrais ou par les rejets d'eau chaude (centrales électriques, etc.), et qui permet la pullulation maximale d'êtres vivants. (Au-delà de certaines limites, l'équilibre entre les espèces, végétales ou animales, peut être rompu au profit de certaines d'entre elles.) – De *eutrophiser*.

eutrophiser (s') [øtʀɔfize] v. pron. [1] BIOL Pour un lac, devenir eutrophique. – De *eutrophe*.

eux [ø] pron. pers. de la 3e pers. m. pl. Forme tonique du pronom complément prépositionnel. *Je pense à eux. L'un d'eux.* ▷ (Dans les comparaisons.) *Elles sont plus sages qu'eux.* ▷ (Pron. de renforcement ou d'insistance.) *Je les aime, eux. Si vous partez, vous, eux resteront. Ils l'ont réalisé eux-mêmes.* – Du lat. *illos*.

eV PHYS NUCL Symbole de l'électronvolt.

évacuateur, trice [evakɥatœʀ, tʀis] adj. et n. m. **1.** adj. Qui sert à l'évacuation. **2.** n. m. TECH Dispositif à vannes servant à évacuer les eaux. – De *évacuer*.

évacuation [evakɥasjɔ̃] n. f. **1.** MED Élimination des déchets organiques du corps. *Évacuation de la sueur.* **2.** Dispositif d'écoulement par gravité. *Évacuation des eaux pluviales, des eaux usées.* **3.** MILIT Action d'évacuer un lieu. *Évacuation d'une place forte.* ▷ Par ext. *Évacuation d'une salle de spectacle.* **4.** Action d'évacuer des personnes. *Évacuation des blessés.* – Bas lat. *evacuatio*, rac. *vacuus*, « vide ».

évacuer [evakɥe] v. tr. [1] **1.** MED Cour. Expulser de l'organisme. **2.** Déverser (un liquide) hors d'un lieu. *Évacuer les eaux usées.* **3.** Cesser d'occuper militairement (un lieu). – Pp. adj. *Zone évacuée.* ▷ *Par ext.* Quitter en masse (un lieu). *Faites évacuer le navire.* **4.** Transporter hors de la zone des combats. *Évacuer la population civile.* ▷ *Par ext.* Transporter hors d'une zone dangereuse ou sinistrée. *Évacuer la population d'une région inondée.* – Lat. *evacuare*, « vider ».

évadé, ée [evade] adj. et n. Qui s'est échappé, en parlant d'un prisonnier. ▷ Subst. *Un(e) évadé(e).* – Pp. de *évader*.

évader (s') [evade] v. pron. [1] **1.** S'échapper (d'un lieu où l'on était prisonnier). *S'évader de prison.* – (Avec ellipse du pronom.) *Faire évader un prisonnier.* **2.** Fig. Se libérer de (ce qui contraint, embarrasse). *S'évader de la réalité.* – Lat. *evadere*, « sortir de ».

évagination [evaʒinasjɔ̃] n. f. PATHOL Sortie anormale (d'un organe) hors de sa gaine. – De *é-*, et *(in)vagination*.

évaluable [evalɥabl] adj. Qui peut être évalué. – De *évaluer*.

évaluation [evalɥasjɔ̃] n. f. Action d'évaluer; son résultat. – FISC *Évaluation administrative* : mode d'imposition forfaitaire applicable, dans certains cas, aux bénéfices non commerciaux. – De *évaluer*.

évaluer [evalɥe] v. tr. [1] Déterminer la valeur marchande de (qqch). *Faire évaluer un terrain. Évaluer un tableau un million.* ▷ Déterminer approximativement (une quantité, une qualité). *Évaluer les avantages d'une situation.* – Pp. *Une foule évaluée à 20 000 personnes.* – De l'anc. fr. *value*, « valeur ».

évanescence [evanesɑ̃s] n. f. Litt. Caractère de ce qui est évanescent. – De *évanescent*.

évanescent, ente [evanesɑ̃, ɑ̃t] adj. **1.** Litt. Qui disparaît, s'efface. *Impression évanescente.* **2.** Qui apparaît fugitivement; dont l'apparence est floue. *Forme évanescente.* **3.** (Personnes) Qui semble indéfinissable. – Lat. *evanescens*, de *evanescere*, « s'évanouir ».

évangéliaire [evɑ̃ʒeljɛʀ] n. m. LITURG CATHOL Livre contenant les parties des Évangiles lues ou chantées à chacune des messes de l'année. – Lat. ecclés. *evangeliarium*.

évangélique [evɑ̃ʒelik] adj. **1.** Relatif, conforme à l'Évangile. *Vie évangélique.* **2.** Qui est de religion réformée. *Hors de France, on appelle évangéliques la plupart des Églises réformées.* – Lat. ecclés. *evangelicus*, gr. ecclés. *euaggelikos*.

évangéliquement [evɑ̃ʒelikmɑ̃] adv. De façon évangélique. – De *évangélique*.

évangélisateur, trice [evɑ̃ʒelizatœʀ, tʀis] adj. et n. Qui évangélise. *Une mission évangélisatrice.* ▷ Subst. Personne qui évangélise. – De *évangéliser*.

évangélisation [evɑ̃ʒelizasjɔ̃] n. f. Action d'évangéliser; son résultat. – De *évangéliser*.

évangéliser [evɑ̃ʒelize] v. tr. [1] Diffuser la doctrine de l'Évangile auprès de. *Évangéliser de nouveaux peuples.* – Bas lat. ecclés. *evangelizare*, gr. *euaggelizein*, « annoncer une bonne nouvelle ».

évangélisme [evɑ̃ʒelism] n. m. Caractère des enseignements évangéliques. – De *évangéliste*.

évangéliste [evɑ̃ʒelist] n. m. **1.** Chacun des quatre apôtres auteurs des Évangiles. **2.** Évangélisateur. **3.** Prédicateur de l'Église réformée. – Bas lat. ecclés. *evangelista*, gr. *euaggelistês*, « qui annonce de bonnes nouvellles ».

évangile [evɑ̃ʒil] n. m. **1.** Message de Jésus-Christ. *Prêcher l'évangile.* ▷ (Avec une majuscule.) Chacun des livres qui exposent le message du Christ. *L'Évangile selon saint Jean. Les Évangiles.* ▷ Partie des Évangiles lue à la messe. *Se lever à l'évangile.* **2.** Fig. Ouvrage servant de base à un message philosophique, une doctrine. **3.** Loc. *Parole d'évangile*, qu'il faut croire sans discuter. *Tout ce qu'il dit n'est pas parole d'évangile.* – Lat. ecclés. *evangelium*, gr. *euaggelion*, « bonne nouvelle ».

ENCYCL Les Évangiles (au plur.), livres de saint Matthieu, saint Marc, saint Luc et saint Jean, racontent la vie et, donc, exposent la doctrine de Jésus-Christ. Ils ont tous les quatre été rédigés en grec, sauf, probablement, une version primitive de l'Évangile de saint Matthieu, écrite en araméen. L'Église n'a reconnu que ces quatre Évangiles comme *canoniques* et les trois premiers sont dits *synoptiques**. D'autres textes, dont l'authenticité n'a pas été suffisamment établie, ont été qualifiés d'*Évangiles apocryphes*.

évanouir (s') [evanwiʀ] v. pron. [2] **1.** Perdre connaissance. *S'évanouir de peur.* **2.** Disparaître entièrement. *Le brouillard s'est évanoui.* Syn. se dissiper. – (Personnes) *Il s'est évanoui dans la nature.* – Lat. pop. **exvanire*, altér. de *evanescere*.

évanouissement [evanwismɑ̃] n. m. **1.** Perte de connaissance. *Revenir de son évanouissement.* **2.** Disparition totale. *L'évanouissement d'un espoir.* ▷ TELECOM Diminution momentanée de la puissance d'une onde radioélectrique lors de la réception. (Terme off. recommandé pour remplacer *fading*.) – De *évanouir*.

évaporable [evapɔʀabl] adj. Susceptible d'évaporation. – De *évaporer*.

évaporateur [evapɔʀatœʀ] n. m. TECH **1.** Appareil servant à la dessiccation des fruits, des légumes, etc. **2.** Partie d'une installation frigorifique à compression où se vaporise le fluide frigorigène. **3.** Appareil permettant de distiller l'eau de mer. – De *évaporer.*

évaporation [evapɔʀasjɔ̃] n. f. Vaporisation d'un liquide au niveau de sa surface libre, qui se produit à toute température. *Séchage par évaporation.* – Lat. *evaporatio.*

évaporatoire [evapɔʀatwaʀ] adj. TECH Qui favorise l'évaporation. – De *évaporer.*

évaporé, ée [evapɔʀe] adj. (et n.) **1.** Qui est transformé en vapeur. **2.** Fig. Qui se dissipe en futilités; qui a un caractère vain et léger. *Un esprit évaporé.* ▷ Subst. *Un(e) jeune évaporé(e).* – Pp. de *évaporer.*

évaporer [evapɔʀe] **1.** v. tr. [1] TECH Soumettre (un liquide) à l'évaporation. **2.** v. pron. Se transformer en vapeur. *L'éther s'évapore facilement.* ▷ Fig., fam. Disparaître, s'éclipser. *Il s'est évaporé au début de la soirée.* – Lat. *evaporare.*

évapotranspiration [evapotʀɑ̃spiʀasjɔ̃] n. f. Didac. Quantité de vapeur d'eau qu'évapore un sol et que transpire la végétation qu'il porte. – De *évapo(ration),* et *transpiration.*

évasement [evazmɑ̃] n. m. Action d'évaser; état de ce qui est évasé. *L'évasement d'un trou.* – De *évaser.*

évaser [evaze] v. tr. [1] **1.** Élargir l'ouverture de. *Évaser un tuyau. Évaser une manche au poignet.* **2.** v. pron. Aller en s'élargissant. *Un chapeau qui s'évase.* – Pp. adj. *Une jupe évasée.* – De *é-,* et *vase.*

évasif, ive [evazif, iv] adj. Qui reste dans le vague, qui élude. *Il a été très évasif. Un geste évasif.* – De *évasion.*

évasion [evazjɔ̃] n. f. **1.** Action de s'évader, de s'échapper d'un lieu où l'on était retenu prisonnier. *Une tentative d'évasion. Une évasion manquée.* **2.** Fig. Fait d'échapper aux contraintes de la vie quotidienne. *L'évasion des vacances. Besoin d'évasion.* – *Évasion fiscale* : action par laquelle un contribuable réduit sa charge fiscale de façon licite. – Bas lat. *evasio,* de *evadere,* «sortir de».

évasivement [evazivmɑ̃] adv. D'une manière évasive. – De *évasif.*

évasure [evazyʀ] n. f. Rare Ouverture plus ou moins grande d'un orifice. *L'évasure d'un entonnoir.* – De *évaser.*

évêché [eveʃe] n. m. **1.** Territoire soumis à l'autorité d'un évêque. Syn. diocèse. **2.** Demeure, siège de l'évêque. *Se rendre à l'évêché.* – Du lat. ecclés. *episcopatus,* «épiscopat».

évection [evɛksjɔ̃] n. f. ASTRO Irrégularité périodique du mouvement de la Lune, due à l'attraction du Soleil. – Du lat. *evectio,* «action de s'élever».

éveil [evɛj] n. m. **1.** Rare Réveil; fait d'être éveillé. **2.** Action de sortir de l'état de repos, de latence; fait d'apparaître, de se manifester (sentiment, idée). *L'éveil de la passion.* ▷ *Activités, disciplines d'éveil,* destinées à développer l'intelligence, la créativité des enfants. **3.** *Donner l'éveil* : attirer l'attention en mettant en alerte. *Des bruits suspects ont donné l'éveil.* ▷ *En éveil* : attentif. – Déverbal de *éveiller.*

éveillé, ée [eveje] adj. **1.** Qui ne dort pas. *Rester éveillé.* ▷ *Un rêve éveillé,* fait sans dormir. **2.** Plein de vivacité. *Enfant éveillé. C'est un esprit éveillé.* – Pp. de *éveiller.*

éveiller [eveje] **I.** v. tr. [1] **1.** Litt. Tirer du sommeil. *Le bruit l'éveilla.* Syn. réveiller. ▷ Fig. Faire se manifester ce qui était à l'état latent, virtuel. *Activités qui éveillent l'intelligence d'un enfant.* **2.** Faire naître, provoquer (un sentiment, une attitude). *Éveiller l'attention, la sympathie, la méfiance.* Syn. susciter. **II.** v. pron. **1.** (Personnes) Sortir du sommeil. – *Par ext.,* litt. *La nature s'éveille.* ▷ *S'éveiller à un sentiment,* commencer à l'éprouver. **2.** Apparaître, se développer (sentiments, idées). *Son attention s'éveille.* – Du lat. pop. **exvigilare,* «veiller sur».

éveilleur, euse [evɛjœʀ, øz] n. Fig. Celui, celle qui éveille. *Un éveilleur de talents.* – De *éveiller.*

éveinage [evenaʒ] n. m. CHIR Syn. (off. recommandé) de *stripping.* – De *é-,* et *veine.*

événement ou **évènement** [evɛnmɑ̃] n. m. **1.** Ce qui arrive. *Événement inattendu, heureux, malheureux. Les événements du jour.* ▷ MATH En théorie des probabilités, résultat espéré ou effectif (parmi tous les résultats possibles) lors d'un tirage au sort. *Tirer le 4, lors d'un jet de dé, est un événement.* **2.** Fait important. *L'événement littéraire de l'année.* – Plaisant *Il travaille, c'est un événement!* – Du lat. *evenire,* «arriver, se produire», d'ap. *avènement.*

événementiel ou **évènementiel, elle** [evɛnmɑ̃sjɛl] adj. Qui s'en tient à la description des événements, des faits. *Histoire événementielle.* – De *événement.*

évent [evɑ̃] n. m. ZOOL **1.** Narine située sur la face supérieure de la tête de certains cétacés. *La baleine rejette de l'eau finement pulvérisée par ses évents.* **2.** TECH Organe mettant en communication un circuit, un réservoir, avec l'atmosphère libre. – Déverbal de *éventer.*

éventail [evɑ̃taj] n. m. **1.** Petit écran portatif que l'on agite pour s'éventer, le plus souvent monté sur des baguettes rivetées et pouvant se déployer et se fermer. *Des éventails.* ▷ Loc. adv. *En éventail* : en forme d'éventail déployé. *Disposer des marchandises en éventail. Voûte en éventail.* **2.** Fig. Ensemble de choses d'une même catégorie, diversifiées à l'intérieur de certaines limites. *Proposer un large éventail d'articles. L'éventail des salaires.* – De *éventer.*

éventaire [evɑ̃tɛʀ] n. m. **1.** Plateau que certains marchands ambulants portent à l'aide d'une sangle passée derrière le cou et où ils placent leur marchandise. *Éventaire d'un fleuriste.* **2.** Étalage de marchandises à l'extérieur d'une boutique.

éventer [evɑ̃te] v. tr. [1] **1.** Agiter l'air pour rafraîchir (qqn). ▷ v. pron. *S'éventer avec un journal.* **2.** Exposer à l'air. *Éventer des vêtements. Éventer le grain,* l'aérer en le remuant pour empêcher la fermentation. – Pp. adj. *Un balcon éventé.* ▷ v. pron. S'altérer au contact de l'air. *Ce parfum s'est éventé.* – Pp. adj. *Un vin éventé.* **3.** Loc. fig. *Éventer un piège,* le découvrir, en empêcher l'effet. *Éventer un complot.* – Pp. adj. *Un truc éventé.* – De *é-,* et *vent.*

éventration [evɑ̃tʀasjɔ̃] n. f. **1.** MED Hernie qui se forme dans la région antérieure de l'abdomen, spontanément ou à la suite d'un traumatisme. **2.** Fait d'être éventré. **3.** Action d'éventrer. – De *éventrer.*

éventrer [evɑ̃tʀe] v. tr. [1] **1.** Blesser en ouvrant le ventre. **2.** *Par ext.* Fendre, déchirer (un objet). *Éventrer une valise, un matelas.* **3.** Défoncer. *Éventrer un mur.* – De *é-,* et *ventre;* d'abord *esventrer,* «défaire, vaincre».

éventreur [evɑ̃tʀœʀ] n. m. Celui qui éventre. *Jack l'Éventreur* : célèbre criminel anglais de la fin du XIXe s. – De *éventrer.*

éventualité [evɑ̃tɥalite] n. f. **1.** Caractère de ce qui est éventuel. *L'éventualité d'une rupture. Dans l'éventualité de* : en cas de. **2.** Fait, événement qui peut ou non se produire. – Loc. *Parer à toute éventualité.* – De *éventuel.*

éventuel, elle [evɑ̃tɥɛl] adj. (et n. m.) **1.** DR Subordonné à la réalisation de certaines conditions. *Condition, droits éventuels.* **2.** Qui peut survenir ou non, selon les circonstances. *Profits éventuels.* – (Personnes) *Successeur éventuel.* ▷ n. m. *Conditionnel exprimant l'éventuel, l'irréel du présent.* – Du lat. *eventus,* «événement».

éventuellement [evɑ̃tɥɛlmɑ̃] adv. D'une manière éventuelle, le cas échéant. – De *éventuel.*

évêque [evɛk] n. m. Dignitaire de l'Église qui a reçu la plénitude du sacerdoce et qui dirige un diocèse. *Dans l'Église catholique les évêques ont le pouvoir d'ordre. L'évêque des évêques* ou *l'évêque de Rome* : le pape. – Loc. prov. Fam. *Un chien regarde bien un évêque* (s'adressant à qqn qui s'étonne qu'on le regarde). – Du lat. ecclés. *episcopus*, gr. *episkopos*, «surveillant».

évertuer (s') [evɛʀtɥe] v. pron. [1] Faire beaucoup d'efforts. *S'évertuer à expliquer qqch.* – De *é-*, et *vertu*, «courage, activité».

éviction [eviksjɔ̃] n. f. Action d'évincer. ▷ DR Dépossession d'une chose acquise au bénéfice d'un tiers qui avait des droits antérieurs sur celle-ci. – Lat. jur. *evictio.*

évidage [evidaʒ] ou **évidement** [evidmɑ̃] n. m. Action d'évider; état de ce qui est évidé. – De *évider.*

évidemment [evidamɑ̃] adv. **1.** De façon évidente, certaine. **2.** (Pour acquiescer en affirmant.) *Viendrez-vous? – Évidemment!* – De *évident.*

évidence [evidɑ̃s] n. f. **1.** Caractère de ce qui s'impose à l'esprit et que l'on ne peut mettre en doute. *Se rendre à l'évidence.* – Loc. adv. *À l'évidence, de toute évidence* : sûrement, sans conteste. **2.** Chose évidente. *C'est une évidence. Débiter des évidences.* **3.** *Mettre une chose en évidence*, la disposer de façon qu'elle attire le regard, l'attention. – Lat. *evidentia*, de *videre*, «voir».

évident, ente [evidɑ̃, ɑ̃t] adj. Clair, manifeste. *Une erreur évidente.* – Loc. fam. *C'est pas évident* : c'est discutable, ou malaisé. – Lat. *evidens, evidentis.*

évider [evide] v. tr. [1] **1.** Creuser intérieurement. *Évider un fruit.* **2.** Pratiquer des vides dans (qqch) ; échancrer. – De *é-*, et *vider.*

évier [evje] n. m. Bac fermé par une bonde et alimenté en eau par un robinet, dans une cuisine. – Lat. pop. *aquarium*, de *aquarius*, «pour l'eau»; a. fr. *euwier.*

évincer [evɛ̃se] v. tr. [12] **1.** Écarter (qqn) par intrigue d'une position avantageuse. *Évincer ses concurrents.* **2.** DR Déposséder d'un droit. *Évincer un locataire.* – Lat. jur. *evincere*, rac. *vincere*, «vaincre».

évitable [evitabl] adj. Qui peut être évité. – De *éviter.*

évitage [evitaʒ] n. m. MAR Mouvement du navire qui évite; espace nécessaire pour ce mouvement. – De *éviter.*

évitement [evitmɑ̃] n. m. **1.** Rare Action d'éviter. ▷ PSYCHOL *Réaction d'évitement* : en expérimentation, réaction acquise par un être vivant pour éviter un stimulus pénible. **2.** CH de F *Voie d'évitement*, servant à garer un train pour laisser la voie libre à un autre. – De *éviter.*

éviter [evite] v. [1] **I.** v. tr. **1.** Faire en sorte de ne pas heurter (qqn, qqch) ou d'échapper à (une chose fâcheuse). *Éviter un écueil. Éviter un malheur.* ▷ *Éviter un importun*, le fuir. **2.** S'abstenir. *Éviter de regarder qqn.* **3.** Épargner (qqch à qqn). *Éviter une démarche à qqn.* **II.** v. intr. MAR Tourner autour de son ancre sous l'action du vent ou du courant, en parlant d'un navire. – Lat. *evitare.*

évocable [evɔkabl] adj. DR Qui peut être évoqué devant un tribunal. – De *évoquer.*

évocateur, trice [evɔkatœʀ, tʀis] adj. Qui est propre à évoquer. *Des mots évocateurs.* – De *évoquer*, d'après le lat. *evocator.*

évocation [evɔkasjɔ̃] n. f. **1.** Action d'évoquer, de rendre présent à la mémoire ou à l'esprit. *Évocation d'un souvenir. Évocation d'un problème social.* **2.** Action de faire apparaître par des procédés magiques. *Évocation de démons.* **3.** DR Action d'évoquer une cause. – Lat. jur. *evocatio.*

évocatoire [evɔkatwaʀ] adj. Qui donne lieu à une évocation. – Bas lat. *evocatorius*, «qui appelle».

évoé! ou **évohé!** [evɔe] interj. Cri poussé par les bacchantes en l'honneur de Dionysos. – Gr. *euoi*; lat. *euhoe.*

évolué, ée [evɔlɥe] adj. **1.** Parvenu à un haut degré de culture, de civilisation. **2.** BIOL Qui a atteint un certain stade d'évolution (sens I, 2). – Pp. de *évoluer.*

évoluer [evɔlɥe] v. intr. [1] **1.** Se transformer progressivement. *Homme politique qui évolue. Situation qui évolue.* **2.** Exécuter des évolutions, des manœuvres. *Troupes, avions qui évoluent.* ▷ Par ext. *Les patineurs évoluaient sur la glace.* – De *évolution.*

évolutif, ive [evɔlytif, iv] adj. Qui peut évoluer ou produire l'évolution. ▷ MED Se dit d'une affection ou d'une lésion qui s'aggrave. – De *évolution.*

évolution [evɔlysjɔ̃] n. f. **I. 1.** Transformation graduelle, développement progressif. *Évolution des mœurs, d'une personne. Évolution d'une maladie, d'une affection.* **2.** BIOL *Évolution des êtres vivants*, ensemble de leurs transformations élémentaires dues aux mutations génétiques, en liaison avec la sélection qu'opère le milieu de vie. **II.** Mouvement d'ensemble. *Évolution d'une armée, d'une formation aérienne.* – (Plur.) Série de mouvements divers. *Évolutions d'un cheval de cirque.* – Lat. *evolutio*, «action de dérouler».

évolutionnisme [evɔlysjɔnism] n. m. **1.** BIOL Théorie suivant laquelle les espèces actuelles dérivent de formes anciennes, selon des modalités que les lamarckiens et les darwiniens apprécient différemment. **2.** PHILO Théorie, doctrine fondée sur la notion d'évolution (sens I, 2). – De *évolution.*

évolutionniste [evɔlysjɔnist] adj. Relatif à l'évolutionnisme. ▷ Subst. Partisan de l'évolutionnisme. – De *évolution.*

évoquer [evɔke] v. tr. [1] **1.** (Personnes) Rendre (une chose) présente à la mémoire, à l'esprit en en parlant, en y faisant allusion. *Évoquer son enfance. Évoquer une question.* **2.** (Choses) Faire songer à. *Une odeur qui évoque la mer.* **3.** Faire apparaître par des procédés magiques. *Évoquer les esprits.* **4.** DR *Évoquer une cause* : appeler à soi une affaire de la compétence d'un tribunal inférieur (en parlant d'un tribunal supérieur). – Lat. *evocare*, de *vocare*, «appeler».

evzone [ɛvzɔn] n. m. ANTIQ Soldat de l'infanterie grecque portant la fustanelle. – Gr. *euzônos*, «qui a une belle ceinture».

ex-. Élément, du lat. *ex*, «hors de».

ex- [ɛks] Particule qui, placée devant un nom, implique l'antériorité de la qualité ou de l'état exprimé par le nom. *L'ex-président. Mon ex-mari* ou, ellipt., fam., *mon ex.* – Mot lat., «hors de».

exa-. PHYS Élément (symbole E) qui, placé devant le nom d'une unité, indique que celle-ci est multipliée par un milliard de milliards (10^{18}).

ex abrupto [ɛksabʀypto] loc. adv. Brusquement, sans préambule. *Aborder une question ex abrupto.* – Mots lat., de *ex*, «hors de», et *abruptus*, «abrupt».

exacerbation [egzasɛʀbasjɔ̃] n. f. MED Exagération transitoire des symptômes d'une maladie. ▷ Fig. Litt. Exaspération, paroxysme, apogée (d'une sensation, d'un sentiment). – Lat. *exacerbatio*, «irritation».

exacerber [egzasɛʀbe] v. tr. [1] Rendre plus aigu, plus intolérable (une douleur, un sentiment). – Lat. *exacerbare.*

exact, acte [egza(kt), akt] adj. **1.** (Personnes) Qui arrive à l'heure fixée. *Il était exact au rendez-vous.* **2.** Rigoureusement conforme à la réalité, à la logique.

Récit exact des événements. Calcul exact. ▷ *Les sciences exactes :* les sciences mathématiques et physiques. – Lat. *exactus,* « accompli ».

exactement [egzaktəmɑ̃] adv. **1.** D'une manière exacte, précise, conforme à la réalité. **2.** Tout à fait. – De *exact.*

exaction [egzaksjɔ̃] n. f. **1.** Action d'exiger plus qu'il n'est dû. *Les exactions d'un collecteur d'impôts, d'un prince.* **2.** (Surtout au plur.) Sévices, violences exercées sur qqn. – Lat. *exactio.*

exactitude [egzaktityd] n. f. **1.** Qualité d'une personne exacte. *Exactitude militaire.* **2.** Conformité rigoureuse, précision. *Exactitude d'un raisonnement.* – De *exact.*

ex æquo [egzeko] loc. adv. (Mots lat.) À égalité (en parlant de concurrents). *Un premier prix ex æquo.* ▷ n. inv. *Plusieurs ex æquo.* – Loc. lat.

exagération [egzaʒeʀasjɔ̃] n. f. Action d'exagérer; son résultat. – Lat. *exaggeratio,* « accumulation ».

exagéré, ée [egzaʒeʀe] adj. Outré, excessif. *Des louanges exagérées.* – Pp. de *exagérer.*

exagérément [egzaʒeʀemɑ̃] adv. D'une façon exagérée. – De *exagéré.*

exagérer [egzaʒeʀe] v. tr. [**16**] **1.** Présenter (qqch) comme plus grand, plus important qu'il n'est en réalité. *Exagérer les proportions dans un dessin. Exagérer l'importance d'un événement.* ▷ v. pron. *Il s'exagère les embarras de sa situation.* **2.** (S. comp.) Aller au-delà de ce qui est convenable. *Il exagère !* – Lat. *exaggerare,* « entasser ».

exaltant, ante [egzaltɑ̃, ɑ̃t] adj. Qui exalte, qui suscite l'enthousiasme. *Aventure exaltante.* – Ppr. de *exalter.*

exaltation [egzaltasjɔ̃] n. f. **1.** Litt. Action d'exalter, de glorifier. *Exaltation des mérites de qqn.* **2.** Vive excitation de l'esprit. *Parler avec exaltation.* – Bas lat. ecclés. *exaltatio,* « action d'élever, orgueil ».

exalté, ée [egzalte] adj. et n. Qui nourrit de l'exaltation (sens 2), enthousiaste. *Un tempérament exalté.* – Subst. *Calmez-moi ces exaltés !* – Pp. de *exalter.*

exalter [egzalte] v. tr. [**1**] **1.** Litt. Louer hautement (une qualité, une personne). *Exalter les vertus d'un saint. Exalter un homme illustre.* **2.** Élever (l'esprit) par la passion, l'enthousiasme. *Exalter l'imagination.* – Par ext. *Exalter son auditoire.* ▷ v. pron. *S'exalter.* – Lat. *exaltare.*

examen [egzamɛ̃] n. m. **1.** Considération attentive; observation minutieuse. *L'examen d'un dossier. Un examen médical.* ▷ RELIG CATHOL *Examen de conscience :* recherche des fautes que l'on a commises et que l'on doit confesser; *par ext.,* action de considérer ses actes sous l'angle de la morale. ▷ *Libre examen :* fait de ne croire que ce qui est contrôlé par la raison. **2.** Épreuve ou ensemble d'épreuves que subit un candidat afin que l'on puisse juger de ses connaissances, de ses compétences. *Être reçu à un examen.* (Abrév. fam. : exam). – *Mot lat., « aiguille de balance », de exigere,* « peser ».

examinateur, trice [egzaminatœʀ, tʀis] n. Personne qui fait passer un examen à des candidats. – Bas lat. *examinator.*

examiner [egzamine] v. tr. [**1**] **1.** Considérer, observer attentivement. *Examiner un tableau.* – Spécial. *Examiner un patient.* ▷ v. pron. (Passif). *Une telle proposition s'examine de près.* – (Réfl.) *Il s'examine de la tête aux pieds.* **2.** Faire passer un examen à (un candidat). – Lat. *examinare,* « peser, mettre en équilibre ».

exanthémateux, euse [egzɑ̃tematø, øz] adj. Qui a la nature d'un exanthème; relatif aux exanthèmes. – De *exanthème.*

exanthème [egzɑ̃tɛm] n. m. MED Rougeur cutanée sans papules ni vésicules, observée dans des maladies infectieuses, telles la scarlatine, la rougeole, la rubéole, etc. – Lat. méd. *exanthema,* mot gr. « efflorescence ».

exarchat [egzaʀka] n. m. **1.** HIST Région commandée par un exarque. **2.** Dignité d'exarque. **3.** Circonscription ecclésiastique d'une église orthodoxe ou d'une église catholique de rite oriental. – De *exarque.*

exarque [egzaʀk] n. m. **1.** HIST Chef civil ou ecclésiastique, dans l'empire romain d'Orient. **2.** Chef religieux d'un exarchat (sens 3). – Lat. *exarchus,* du gr. *exarkhos,* de *arkhein,* « commander ».

exaspérant, ante [egzaspeʀɑ̃, ɑ̃t] adj. Qui exaspère. – Ppr. de *exaspérer.*

exaspération [egzaspeʀasjɔ̃] n. f. **1.** Vive irritation. **2.** Litt. ou VX Augmentation d'une souffrance physique ou morale à un degré extrême. – Bas lat. *exasperatio.*

exaspérer [egzaspeʀe] v. tr. [**14**] **1.** Irriter violemment (qqn). *Son attitude m'exaspère.* **2.** Augmenter l'intensité de (une douleur physique, un sentiment pénible). *Exaspérer la haine de qqn.* – Lat. *exasperare,* « rendre rude, raboteux ».

exaucement [egzosmɑ̃] n. m. Litt. Action d'exaucer; son résultat. – De *exaucer.*

exaucer [egzose] v. tr. [**12**] **1.** Accueillir favorablement (un vœu, une prière). **2.** Satisfaire (qqn) dans sa demande. *Le ciel nous a exaucés.* – Var. d'**exhausser,* au sens fig. de « écouter une prière », avec infl. du lat. *exaudire.*

ex cathedra [ɛkskatedʀa] loc. adv. Du haut de la chaire, avec l'autorité de son titre. *Quand le pape parle ex cathedra, il parle en qualité de chef de l'Église.* – Lat. ecclés. mod.

excavateur [ɛkskavatœʀ] n. m. ou **excavatrice** [ɛkskavatʀis] n. f. TRAV PUBL Engin de terrassement sur chenilles, équipé de godets à bords tranchants montés sur une chaîne sans fin, permettant l'extraction de terres ou de matériaux. – De *excaver,* d'après l'angl. *excavator.*

excavation [ɛkskavasjɔ̃] n. f. **1.** Rare Action d'excaver. **2.** *Par méton.* Cavité dans le sol. *Une excavation produite par l'eau.* – Lat. *excavatio.*

excaver [ɛkskave] v. tr. [**1**] Creuser (le sol). – Lat. *excavare.*

excédent [eksedɑ̃] n. m. Ce qui dépasse le nombre, la quantité prévus. *Un excédent de bagages. Excédent de la balance commerciale.* – *En excédent :* en surnombre. – Lat. *excedens,* ppr. de *excedere.*

excédentaire [eksedɑ̃tɛʀ] adj. Qui est en excédent. – De *excédent.*

excéder [eksede] v. tr. [**14**] **I.** (Comp. n. de chose.) **1.** Dépasser en quantité, en valeur. *Les frais excèdent les bénéfices.* **2.** Outrepasser (certaines limites). *Excéder son autorité.* **II.** (Comp. n. de personne.) Lasser, importuner à l'excès. *Son bavardage m'excède.* ▷ Vx Épuiser. *Ce travail m'a excédé.* – Lat. *excedere,* « sortir de ».

excellemment [ɛksɛlamɑ̃] adv. D'une manière excellente. – De *excellent.*

excellence [ɛksɛlɑ̃s] n. f. **1.** Haut degré de perfection. *L'excellence d'un repas. Prix d'excellence :* prix décerné au meilleur élève d'une classe. ▷ Loc. adv. *Par excellence :* au plus haut degré dans son genre. **2.** (Avec une majuscule.) Titre honorifique donné à un ministre, un archevêque, un évêque ou un ambassadeur. *Son Excellence.* (Abrév. : S.E.) – Lat. *excellentia.*

excellent, ente [ɛksɛlɑ̃, ɑ̃t] adj. Qui excelle dans son genre. *Un vin excellent.* – *Un homme excellent,* très bon. – Lat. *excellens.*

exceller [ɛksele] v. intr. [1] Montrer des qualités supérieures, se montrer excellent (personnes). *Exceller à faire un travail.* – Lat. *excellere.*

excentration [eksɑ̃tʀasjɔ̃] n. f. TECH Action d'excentrer. ▷ Non-coïncidence du centre d'une pièce par rapport à un axe de rotation. – De *excentrer.*

excentrer [eksɑ̃tʀe] v. tr. [1] **1.** TECH Déplacer le centre, l'axe de rotation de. – Pp. adj. *Une roue excentrée.* **2.** Cour. Centrer en un point qui n'est pas le centre géométrique. – Pp. adj. *Territoire excentré.* – De *ex-*, et *centrer.*

excentricité [eksɑ̃tʀisite] n. f. **I. 1.** TECH Éloignement du centre. ▷ GEOM Rapport entre la distance des deux foyers d'une ellipse et la longueur du grand axe. – ASTRO *Excentricité de l'orbite d'une planète.* **2.** *Excentricité d'une zone d'habitation,* son éloignement du centre de la ville. **II. 1.** Manière d'être, d'agir qui s'éloigne des manières usuelles. *Se conduire avec excentricité.* **2.** Action excentrique. *Se livrer à des excentricités.* – Lat. médiév. *excentricitas.*

excentrique [eksɑ̃tʀik] adj. et n. **I.** adj. **1.** GEOM Dont les centres ne coïncident pas. *Cercles excentriques.* **2.** *Quartier excentrique,* éloigné du centre de la ville. **3.** Qui a ou dénote de l'excentricité, de la bizarrerie. *Personne, robe excentrique.* ▷ Subst. *Un(e) excentrique.* **II.** n. m. MECA Pièce dont l'axe de rotation ne passe pas par le centre, qui permet de transformer un mouvement circulaire continu en un mouvement linéaire alternatif. – Lat. médiév. *excentricus.*

excentriquement [eksɑ̃tʀikmɑ̃] adv. D'une façon excentrique. – De *excentrique.*

excepté, ée [ɛksepte] prép. et adj. **1.** prép. invar. (placé devant le nom). Sauf, en excluant. *Ouvert tous les jours excepté le dimanche.* **2.** adj. (placé après le nom). Non compris, mis à part. *L'aînée exceptée, ses enfants sont roux.* – Pp. de *excepter.*

excepter [ɛksɛpte] v. tr. [1] Ne pas comprendre dans (un ensemble). *Énumérez tous les noms sans en excepter un seul.* – Du lat. *exceptare,* « recevoir ».

exception [ɛksɛpsjɔ̃] n. f. **1.** Action d'excepter. *Sans exception.* ▷ DR Moyen de défense consistant à établir qu'une demande ne peut être accueillie pour des raisons de forme, sans que le bien-fondé en soit contesté. ▷ *D'exception :* exceptionnel. – DR Qui est hors du droit commun. *Juridiction d'exception.* **2.** Ce qui n'est pas soumis à la règle. *Une exception grammaticale.* ▷ *Faire exception :* sortir de la règle générale. **3.** loc. prép. *À l'exception de :* hormis. *À l'exception d'un seul.* – Lat. *exceptio.*

exceptionnel, elle [ɛksɛpsjɔnɛl] adj. **1.** Qui fait exception. *Des mesures exceptionnelles.* **2.** Extraordinaire, remarquable. *Un cas exceptionnel.* – De *exception.*

exceptionnellement [ɛksɛpsjɔnɛlmɑ̃] adv. D'une manière exceptionnelle, par extraordinaire. – De *exceptionnel.*

excès [ɛksɛ] n. m. **1.** Ce qui dépasse la mesure. *Un excès de zèle.* Ant. manque, défaut. ▷ DR *Excès de pouvoir :* dépassement de ses attributions légales par un tribunal. **2.** Acte dénotant la démesure, l'outrance, le dérèglement. *Faire des excès.* **3.** loc. adv. *À l'excès, jusqu'à l'excès :* excessivement, à l'extrême. *Être économe à l'excès.* – Bas lat. *excessus.*

excessif, ive [ɛksesif, iv] adj. **1.** Qui excède la juste mesure. *Un prix excessif. Être excessif dans ses sentiments.* **2.** (Emploi critiqué.) Très grand, extrême. *Une excessive gentillesse.* – De *excès.*

excessivement [ɛksesivmɑ̃] adv. **1.** Beaucoup trop. *Boire excessivement.* **2.** (Emploi critiqué.) Très, extrêmement. *Elle est excessivement jolie.* – De *excessif.*

exciper [eksipe] v. tr. indir. [1] Litt. *Exciper de :* étayer sa défense sur ; faire état de. *Exciper de sa bonne foi.* ▷ DR Alléguer une exception en justice. *Exciper de l'autorité de la chose jugée.* – Lat. jur. *excipere,* « excepter ».

excipient [eksipjɑ̃] n. m. PHARM Substance à laquelle on incorpore un médicament pour en faciliter l'absorption. – Lat. *excipiens,* de *excipere,* « recevoir ».

exciser [ɛksize] v. tr. [1] **1.** Ôter en coupant (une partie d'organe, une tuméfaction de petit volume). **2.** ANTHROP Pratiquer l'excision. – Du rad. de *excision.*

excision [ɛksizjɔ̃] n. f. **1.** Action d'exciser. **2.** ANTHROP Ablation rituelle du clitoris et, parfois, des petites lèvres. – Lat. *excisio,* de *excidere,* « couper ».

excitabilité [eksitabilite] n. f. PHYSIOL Propriété d'un organisme de répondre ou de réagir à l'action de stimulants. – De *excitable.*

excitable [eksitabl] adj. Qui peut être excité ; facile à exciter. – De *exciter.*

excitant, ante [eksitɑ̃, ɑ̃t] adj. Qui excite, stimule. *Une histoire excitante.* ▷ n. m. *Le café est un excitant.* – Ppr. de *exciter.*

excitateur, trice [eksitatœʀ, tʀis] n. **1.** Litt. Personne qui excite. **2.** n. m. PHYS Appareil servant à décharger un condensateur. – Bas lat. *excitator,* « celui qui réveille ».

excitation [eksitasjɔ̃] n. f. **1.** Action d'exciter (l'esprit, une personne) ; son résultat. *Excitation à la violence. Son excitation est extrême.* **2.** PHYSIOL État d'activité d'un élément nerveux ou musculaire, s'accompagnant de phénomènes électriques et physico-chimiques. **3.** ELECTR Production d'un champ magnétique dans un moteur ou un générateur au moyen des électro-aimants du circuit inducteur. **4.** PHYS NUCL *Excitation d'un atome, d'une molécule,* passage du niveau d'énergie de cet atome, de cette molécule à un autre, plus élevé. – Bas lat. *excitatio.*

excité, ée [eksite] adj. **1.** Qui est dans un état de grande excitation ; agité, énervé. ▷ Subst. *Une poignée d'excités. Qu'est-ce que c'est que cette excitée ?* **2.** PHYS NUCL *Atome excité,* devenu plus réactif sous l'effet d'une action extérieure (rayonnement, etc.). – Pp. de *exciter.*

exciter [eksite] v. tr. [1] **1.** Stimuler l'activité (du système nerveux, de l'esprit, etc.). *Exciter l'imagination.* – Par ext. *Être excité par une drogue, une idée.* ▷ *Spécial.* Irriter. *Exciter un animal.* – Provoquer le désir sensuel chez (qqn). ▷ v. pron. *S'exciter.* **2.** *Exciter à :* entraîner, pousser à. *Exciter le peuple à la révolte.* **3.** Faire naître ou rendre plus vif (une sensation, un sentiment). *Exciter l'appétit. Exciter la rage de qqn.* **4.** ELECTR Envoyer un courant continu dans le circuit inducteur d'un moteur ou d'un générateur. – Lat. *excitare,* « mettre en mouvement ».

exclamatif, ive [ɛksklamatif, iv] adj. Qui marque l'exclamation. – De *exclamer.*

exclamation [ɛksklamasjɔ̃] n. f. **1.** Cri, expression traduisant l'émotion, la surprise. *Pousser une exclamation.* **2.** *Point d'exclamation :* signe de ponctuation (!) utilisé après une exclamation. – Lat. *exclamatio,* de *exclamare,* rac. *clamare,* « crier ».

exclamer (s') [ɛksklame] v. pron. [1] Pousser des exclamations. *S'exclamer d'admiration.* – Lat. *exclamare* (V. exclamation).

exclu, ue [ɛkskly]adj. et n. **1.** Qui est mis dehors, renvoyé. *Personnes exclues* ou, subst., *les exclus.* **2.** Repoussé, non accepté. *Vous laisser seul, c'est exclu !* – Pp. de *exclure.*

exclure [ɛksklyʀ] v. tr. [78] **1.** Mettre dehors, renvoyer (qqn). *Exclure qqn d'un groupe.* **2.** Ne pas admettre (qqn, qqch). *Exclure qqn d'un partage. Exclure une hypothèse.* **3.**

Être incompatible avec. *La pauvreté n'exclut pas la fierté.* – Lat. *excludere,* de *ex-,* et *claudere,* «fermer».

exclusif, ive [ɛksklyzif, iv] adj. **1.** Qui est le privilège de qqn à l'exclusion des autres. *Pouvoir exclusif.* ▷ COMM *Un produit exclusif.* **2.** Qui ne s'intéresse qu'à son objet en excluant le reste. *Amour exclusif.* – Lat. scolast. médiév. *exclusivus,* de *excludere.*

exclusion [ɛksklyzjɔ̃] n. f. **1.** Action d'exclure. ▷ Loc. prép. *À l'exclusion de... :* en excluant. **2.** PHYS NUCL *Principe d'exclusion de Pauli-Fermi,* selon lequel deux particules ne peuvent être dans le même état (de position, de spin, d'énergie). – Lat. *exclusio.*

exclusive [ɛksklyziv] n. f. Mesure d'exclusion. *Prononcer, jeter l'exclusive contre qqn.* – Fém. subst. de *exclusif.*

exclusivement [ɛksklyzivmɑ̃] adv. **1.** Uniquement. *Étudier exclusivement la chimie.* **2.** En n'incluant pas. *De janvier à juillet exclusivement.* – De *exclusif.*

exclusivisme [ɛksklyzivism] n. m. Rare Manière d'être d'une personne exclusive. – De *exclusif.*

exclusivité [ɛksklyzivite] n. f. Droit exclusif de vendre un produit. – Spécial. *Journal qui a l'exclusivité d'un reportage, d'une photo.* ▷ Loc. adv. *En exclusivité. Film qui passe en exclusivité.* ▷ *Par ext.* Produit vendu, exploité par une seule firme. *C'est une exclusivité de notre maison.* – *Spécial.* Information importante donnée par un journal. – De *exclusif.*

excommunication [ɛkskɔmynikasjɔ̃] n. f. **1.** Sanction par laquelle l'autorité ecclésiastique sépare un chrétien de la communauté des fidèles. **2.** *Par ext.* Exclusion d'une société, d'un groupe. – Bas lat. ecclés. *excommunicatio.*

excommunier [ɛkskɔmynje] v. tr. [2] Prononcer l'excommunication de. – Lat. ecclés. *excommunicare,* «mettre hors de la communauté».

excoriation [ɛkskɔʀjasjɔ̃] n. f. Didac. Écorchure superficielle. – De *excorier.*

excorier [ɛkskɔʀje] v. tr. [2] Écorcher légèrement (la peau). – Bas lat. *excoriare,* de *ex,* et *corium,* «cuir, peau».

excrément [ekskʀemɑ̃] n. m. Toute matière évacuée du corps de l'homme ou des animaux par les voies naturelles (urine, sueur, matières fécales). – Spécial. *Les excréments :* les matières fécales. ▷ Fig., vx Chose ou personne vile, déchet. «*Excrément de la terre*» *(La Fontaine).* – Lat. méd. *excrementum,* «sécrétion».

excrémentiel, elle [ekskʀemɑ̃sjɛl] adj. Relatif aux excréments; de la nature des excréments. – De *excrément.*

excréter [ekskʀete] v. tr. [16] PHYSIOL Évacuer, éliminer par excrétion. – Pp. adj. *Matières excrétées.* – De *excrétion.*

excréteur, trice [ekskʀetœʀ, tʀis] ou **excrétoire** [ekskʀetwaʀ] adj. PHYSIOL Qui excrète. *Canaux excréteurs.* – De *excrétion.*

excrétion [ekskʀesjɔ̃] n. f. **1.** PHYSIOL Processus par lequel le produit de la sécrétion d'une glande est rejeté hors de celle-ci (par un ou des canaux). – *Spécial.* Rejet des déchets de l'organisme (partic. des déchets de la nutrition). **2.** (Plur.) Les substances excrétées elles-mêmes. – Bas lat. *excretio,* «action de séparer».

excroissance [ekskʀwasɑ̃s] n. f. Tumeur de la peau ou des muqueuses, formant une proéminence superficielle (verrue, polype, etc.). ▷ BOT Boursouflure produite par un parasite, une cicatrisation, etc., sur un végétal. – Du bas lat. *excrescentia,* de *excrescere,* «croître».

excursion [ekskyʀsjɔ̃] n. f. Parcours et visite d'une région dans un but touristique. *Faire une excursion au Mont-Saint-Michel.* – Lat. *excursio,* «voyage, incursion, digression».

excursionner [ekskyʀsjɔne] v. intr. [1] Faire une excursion. – De *excursion.*

excursionniste [ekskyʀsjɔnist] n. Vieilli Personne qui fait une excursion. – De *excursion.*

excusable [ɛkskyzabl] adj. Qui peut être excusé. – De *excuser.*

excuse [ɛkskyz] n. f. **1.** Raison que l'on apporte pour se disculper ou disculper qqn. ▷ DR *Excuses légales :* faits déterminés par la loi, qui entraînent une diminution *(excuses atténuantes)* ou une exemption *(excuses absolutoires)* de la peine. **2.** Raison alléguée pour se soustraire à une obligation ou pour justifier le fait de s'y être soustrait. *Il a toujours de bonnes excuses pour ne pas faire son travail.* ▷ DR Motif légal allégué pour être dispensé de siéger comme juré, d'être tuteur. **3.** (Surtout au plur.) Témoignage des regrets que l'on a d'avoir offensé qqn, de lui avoir causé du tort. *Faire des excuses à qqn.* **4.** Au jeu de tarot, carte imprenable, jouée pour ne pas avoir à fournir de l'atout ou de la couleur demandée. – Déverbal de *excuser.*

excuser [ɛkskyze] **I.** v. tr. [1] **1.** Pardonner (une personne, une action); ne pas tenir rigueur à qqn de (qqch). *Nous ne pouvons excuser une telle erreur. Excusez-moi de vous avoir dérangé.* – *Veuillez m'excuser* (formule de politesse). **2.** Servir d'excuse à. *Sa jeunesse excuse son impertinence.* **3.** Dispenser (qqn) d'une obligation. *À l'assemblée générale étaient excusés les représentants suivants...* **II.** v. pron. **1.** Présenter ses excuses. *Il s'excuse de ne pas venir.* **2.** (Passif) Être tolérable, pardonnable. *C'est une erreur qui ne peut s'excuser.* – Lat. *excusare,* «mettre hors de cause».

exeat [egzeat] n. m. inv. **1.** Permission de sortir; billet qui l'atteste. – Attestation de sortie définitive d'un établissement scolaire. **2.** RELIG CATHOL Permission de quitter son diocèse donnée par un évêque à un ecclésiastique. – Mot lat., «qu'il sorte».

exécrable [egzekʀabl] adj. **1.** Vx Dont on doit avoir horreur. *Un crime exécrable.* **2.** Mod. Très mauvais. *Un vin exécrable.* – Lat. *execrabilis.*

exécrablement [egzekʀabləmɑ̃] adv. D'une façon exécrable. – De *exécrable.*

exécration [egzekʀasjɔ̃] n. f. **1.** Litt. Horreur extrême, dégoût, aversion. *Être voué à l'exécration des siens.* **2.** Personne, chose que l'on exècre. – Lat. *execratio.*

exécrer [egzekʀe] v. tr. [14] Abhorrer, haïr; avoir une vive répugnance pour. – Lat. *execrari,* «maudire».

exécutable [egzekytabl] adj. Susceptible d'être exécuté. *Projet facilement exécutable.* – De *exécuter.*

exécutant, ante [egzekytɑ̃, ɑ̃t] n. **1.** Personne qui exécute une chose (par oppos. à celui qui la commande ou la conçoit). *Ce ne sont que des exécutants, c'est leur chef qu'il faut punir.* **2.** MUS Musicien, qui joue sa partie dans un ensemble musical. *Un orchestre de cinquante exécutants.* – Ppr. subst. de *exécuter.*

exécuter [egzekyte] **A.** v. tr. [1] **I.** (Compl. n. de chose.) **1.** Mettre à effet, accomplir. *Exécuter un projet, une mission.* – Pp. *Ordres mal exécutés.* ▷ DR Rendre effectif (un acte). *Exécuter un traité, une sentence.* **2.** Faire, réaliser (un ouvrage). *Exécuter un tableau, une fresque.* **3.** MUS Jouer, chanter, représenter (une œuvre musicale). *Exécuter un opéra.* – Pp. *Sonate magistralement exécutée.* **4.** Faire (un mouvement réglé d'avance). *Exécuter un pas de danse.* **II.** (Compl. n. de personne.) **1.** Mettre à mort par autorité de justice. *Exécuter un condamné à mort.* ▷ *Par ext.* Tuer, abattre (avec préméditation, de sang-froid). *Les gangsters ont exécuté tous leurs otages.* **2.** DR *Exécuter un débiteur,* le saisir par autorité de justice. **B.** v. pron. Se déterminer à faire une chose (partic. une chose pénible). *On le menaçait de saisie s'il ne payait pas, il s'est exécuté sur-le-champ.* – Du rad. de **exécuteur, *exécution.*

exécuteur, trice [egzekytœʀ, tʀis] n. Personne qui exécute. **1.** DR *Exécuteur testamentaire,* chargé par le testateur de l'exécution du testament. **2.** Anc. *L'exécuteur des hautes œuvres* ou, absol., *l'exécuteur :* le bourreau. – Lat. *executor,* de *exsequi,* « accomplir, poursuivre ».

exécutif, ive [egzekytif, iv] adj. et n. m. Chargé de faire exécuter les lois; relatif à leur exécution. *Le pouvoir exécutif* ou, n. m., *l'exécutif.* – De *exécuter.*

exécution [egzekysjɔ̃] n. f. **1.** Action d'exécuter, d'accomplir (qqch). *L'exécution d'une promesse.* ▷ DR Action de mettre à effet; son résultat. *Exécution d'une sentence, d'une peine.* **2.** Action de réaliser (ce qui a été conçu). *L'exécution des travaux a été confiée à cette entreprise.* **3.** MUS Réalisation vocale ou instrumentale d'une œuvre. *Une symphonie grandiose gâchée par une exécution déplorable.* **4.** Action d'exécuter (qqn). *L'exécution d'un condamné à mort,* ou *exécution capitale.* – Lat. *executio,* de *exsequi,* « accomplir, poursuivre ».

exécutoire [egzekytwaʀ] adj. DR Qui doit être mis à exécution; qui permet de mettre à exécution. *Les lois sont exécutoires à partir de leur promulgation.* – *Formule exécutoire :* formule figurant sur les décisions de justice et les actes notariés, par laquelle il est ordonné aux agents de la force publique de prêter main-forte à leur exécution (ces actes et décisions ont ainsi *force exécutoire*). – Bas lat. *executorius.*

exèdre [egzɛdʀ] n. f. **1.** ANTIQ Salle de réunion munie de sièges. **2.** ARCHI Partie du fond d'une basilique chrétienne munie d'un banc en demi-cercle; ce banc lui-même. – Gr. *exedra.*

exégèse [ɛgzeʒɛz] n. f. Critique et interprétation (philologique, historique, etc.), des textes, en partic. de la Bible. *L'exégèse biblique moderne s'attache à l'étude des textes les plus anciens.* – Gr. *exêgêsis,* « explication ».

exégète [egzeʒɛt] n. m. **1.** ANTIQ GR Interprète officiel des rites, des oracles. **2.** Personne qui se consacre à l'exégèse. – Gr. *exêgêtês,* « qui dirige, interprète ».

exégétique [egzeʒetik] adj. Qui concerne l'exégèse, qui sert à interpréter. – Gr. *exêgêtikos,* « propre à expliquer ».

1. exemplaire [ɛgzɑ̃plɛʀ] n. m. Chacun des objets (livre, gravure, médaille, etc.) tirés en série d'après un type commun. *Roman tiré à dix mille exemplaires.* – *Contrat en trois exemplaires.* – Lat. *exemplarium.*

2. exemplaire [ɛgzɑ̃plɛʀ] adj. **1.** Qui peut servir d'exemple, de modèle. *Une conduite exemplaire.* **2.** Dont la rigueur doit servir de leçon. *Une sanction exemplaire.* – Lat. *exemplaris.*

exemplairement [ɛgzɑ̃plɛʀmɑ̃] adv. D'une manière exemplaire. – De *exemplaire* 2.

exemplarité [ɛgzɑ̃plaʀite] n. f. Caractère de ce qui est exemplaire. ▷ DR *L'exemplarité de la peine.* – De *exemplaire* 2.

exemple [ɛgzɑ̃pl] n. m. **1.** Action que l'on considère comme pouvant ou devant être imitée. *Donner l'exemple, le bon exemple. Suivre l'exemple de ses aînés.* ▷ Loc. prép. *À l'exemple de :* en se conformant à l'exemple donné par, en imitant. *À l'exemple des Anciens.* ▷ Personne servant de modèle, digne d'en servir. *Un exemple pour les jeunes gens.* **2.** Peine, châtiment qui peut servir de leçon. *Punir qqn pour l'exemple. Faire un exemple.* **3.** Acte, événement, personnage analogue à celui dont on parle et auquel on se réfère pour appuyer son propos. *L'Histoire est pleine de pareils exemples.* ▷ *Spécial.* Texte, phrase, expérience cités comme cas particulier illustrant une règle générale, une théorie, etc. *Un exemple vous aidera à comprendre.* **4.** loc. adv. *Par exemple* (pour introduire un exemple). *Prenez, par exemple, le produit de 2 par 3. Dans une opération quelconque, une multiplication, par exemple...* **5.** loc. exclam. *Par exemple !* (marquant la surprise, l'incrédulité). *Ah çà, par exemple !* – Lat. *exemplum.*

exemplification [ɛgzɑ̃plifikasjɔ̃] n. f. Action d'exemplifier; son résultat. – De *exemplifier.*

exemplifier [ɛgzɑ̃plifje] v. tr. [2] Expliquer, illustrer par un exemple. – De *exemple,* et *-fier.*

1. exempt, empte [ɛgzɑ̃, ɑ̃t] adj. **1.** Dispensé de, non assujetti à. *Exempt de service. Exempt d'impôts.* **2.** Garanti, préservé. *Exempt d'infirmité.* **3.** Dépourvu, sans. *Un compte exempt d'erreurs.* – Lat. *exemptus,* pp. de *eximere,* « tirer hors de, affranchir ».

2. exempt [ɛgzɑ̃] n. m. **1.** Anc. Sous-officier de cavalerie déchargé du service ordinaire. **2.** Anc. Officier de police subalterne. – De *exempt* 1.

exempter [ɛgzɑ̃te] v. tr. [1] Dispenser de, affranchir de (une charge, une obligation). *Exempter d'impôts.* – Pp. adj. *Jeune homme exempté (du service militaire).* – De *exempt* 1.

exemption [ɛgzɑ̃psjɔ̃] n. f. Dispense, affranchissement. *Demander une exemption de service.* – Lat. *exemptio.*

exequatur [egzekwatyʀ] n. m. inv. **1.** DR Ordonnance par laquelle les tribunaux donnent force exécutoire à une sentence rendue par un arbitre ou à l'étranger. **2.** Autorisation donnée par le chef de l'État à un consul étranger d'exercer ses fonctions dans le pays où il réside. – Mot lat., « qu'il exécute ».

exercer [egzɛʀse] **I.** v. tr. [14] **1.** Dresser, former par une pratique fréquente. *Exercer des soldats à tirer. Exercer un cheval.* **2.** Mettre fréquemment en activité (une faculté) pour la développer. *Exercer sa mémoire, son intelligence.* ▷ Par ext. *Exercer la patience de qqn,* la mettre à l'épreuve. **3.** Pratiquer (une profession). *Exercer un métier. Exercer la médecine.* ▷ (S. comp.) *Il exerce déjà.* **4.** Faire usage de. *Exercer un droit. Exercer ses talents.* **5.** Produire, faire (un effet). *Exercer de l'influence sur qqn.* **II.** v. pron. **1.** S'entraîner par la pratique. *S'exercer à chanter.* **2.** (Passif) Se faire sentir. *Force qui s'exerce sur un corps.* – Lat. *exercere,* « mettre ou tenir en mouvement ».

exercice [egzɛʀsis] n. m. **1.** Action d'exercer, de s'exercer. *Apprendre qqch par un long exercice.* **2.** Action d'user de qqch. *L'exercice d'un droit.* **3.** Action de remplir des fonctions. *Dans l'exercice de sa profession.* **4.** Travail propre à exercer (un organe, une faculté). *Exercices pour la voix. Exercices de rééducation d'un membre malade.* ▷ Devoir donné aux élèves pour qu'ils s'exercent à faire ce qu'ils ont appris. *Exercice grammatical.* **5.** Mouvement pour exercer le corps. *Vous ne faites pas assez d'exercice.* ▷ MILIT Action de s'exercer au maniement des armes, à la pratique militaire. *Faire faire l'exercice aux jeunes recrues.* **6.** FIN Période (généralement de 12 mois) comprise entre deux inventaires, entre deux budgets consécutifs. *Bilan de fin d'exercice.* – Lat. *exercitium,* de *exercere.* (V. exercer.)

exerciseur [egzɛʀsizœʀ] n. m. SPORT Appareil de gymnastique servant à développer les muscles. – Angl. *exerciser.*

exérèse [egzeʀɛz] n. f. CHIR Ablation chirurgicale d'un organe, d'un tissu, ou extraction d'un corps étranger. – Gr. *exairêsis,* de *exairein,* « retirer ».

exergue [egzɛʀg] n. m. **1.** Espace réservé sur une médaille pour y graver une date, une devise; cette inscription. **2.** Fig. Avertissement, citation, placés avant le début d'un texte et nettement séparés de lui, destinés à en éclairer le sens ou à l'appuyer. *Mettre un proverbe en* *exergue.* Syn. épigraphe. – Lat. mod. *exergum,* «espace hors d'œuvre», gr. *ergon,* «œuvre».

exfoliation [ɛksfɔljasjɔ̃] n. f. **1.** Chute des parties mortes de l'écorce d'un arbre. ▷ Fait, pour une roche, de se détacher naturellement en plaques (ex. : les lauzes) ou en bancs (ex. : les schistes). **2.** MED Séparation par lamelles des parties mortes d'un os, d'un tendon, etc. – Destruction des couches superficielles de l'épiderme. – De *exfolier.*

exfolier [ɛksfɔlje] v. tr. [2] Séparer en lames fines, en plaques. *Exfolier de l'ardoise, du schiste. Exfolier un tronc d'arbre,* le débarrasser de son écorce. – v. pron. *Tronc d'un bouleau qui s'exfolie.* – Lat. imp. *exfoliare,* de *folium,* «feuille».

exhalaison [egzalɛzɔ̃] n. f. Gaz, odeur, vapeur qui s'exhale d'un corps. *Des exhalaisons pestilentielles.* – De *exhaler.*

exhalation [egzalasjɔ̃] n. f. Action d'exhaler. ▷ PHYSIOL Évaporation qui se produit continuellement à la surface de la peau du fait de la transpiration. – Lat. *exhalatio.*

exhaler [egzale] v. tr. [1] **1.** Répandre (une odeur, un gaz, des vapeurs, etc.). *Bouquet qui exhale un parfum lourd.* ▷ v. pron. *Odeur qui s'exhale.* ▷ Par anal. *Exhaler un soupir.* **2.** Fig., litt. Exprimer avec force. *Exhaler sa rage, sa colère.* – Lat. *exhalare.*

exhaure [ɛgzɔʀ] n. f. TECH Action d'épuiser les eaux d'infiltration. Dispositif permettant cet épuisement. – Déverbal du lat. *exhaurire,* «épuiser».

exhaussement [egzosmɑ̃] n. m. Élévation. *Exhaussement d'un sol, d'une construction.* – De *exhausser.*

exhausser [egzose] v. tr. [1] Rendre plus haut. *Exhausser le sol. Exhausser un mur.* – De *ex-,* et a. fr. *haucier,* «hausser».

exhausteur [egzostœʀ] n. m. TECH Appareil servant à amener un liquide d'un réservoir à un autre placé plus haut. – Du lat. *exhaustum,* de *exhaurire,* «épuiser».

exhaustif, ive [egzostif, iv] adj. Qui épuise une matière, un sujet. *Cette liste n'est pas exhaustive.* – Angl. *exhaustive,* du v. *to exhaust,* «épuiser», du lat. *exhaustum.*

exhaustivement [egzostivmɑ̃] adv. D'une manière exhaustive. – De *exhaustif.*

exhaustivité [egzostivite] n. f. Didac. Caractère de ce qui est exhaustif. – De *exhaustif.*

exhérédation [egzeʀedasjɔ̃] n. f. DR Action de déshériter; son résultat. – Lat. *exheredatio.*

exhéréder [egzeʀede] v. tr. [14] DR Déshériter. – Lat. *exheredare,* de *ex-,* et *heres, heredis,* «héritier».

exhiber [egzibe] v. tr. [1] **1.** DR Produire en justice. *Exhiber un titre de propriété.* **2.** Montrer, faire étalage de. *Exhiber ses décorations.* ▷ Fig. *Exhiber son adresse.* ▷ v. pron. Se produire, s'afficher en public. **3.** Cour. Montrer, mettre en évidence. *Exhiber des animaux dressés.* – Lat. *exhibere.*

exhibition [egzibisjɔ̃] n. f. **1.** DR Action de produire en justice. *L'exhibition d'un contrat.* **2.** Action de faire étalage de (qqch) avec ostentation. *Exhibition pédante de savoir.* **3.** Exposition en public. *Exhibition de fauves.* – Lat. *exhibitio.*

exhibitionnisme [egzibisjɔnism] n. m. **1.** Comportement morbide des sujets pathologiquement poussés à exhiber leurs organes génitaux. **2.** Fig. Goût de faire état sans pudeur de sentiments ou de faits personnels et intimes. – De *exhibition.*

exhibitionniste [egzibisjɔnist] n. et adj. **1.** Personne atteinte d'exhibitionnisme. ▷ adj. *Comportement exhibitionniste.* **2.** Fig. Personne qui aime à faire état de choses personnelles et intimes. ▷ adj. *Elle est trop exhibitionniste.* – De *exhibitionnisme.*

exhortation [egzɔʀtasjɔ̃] n. f. Discours par lequel on exhorte. – Lat. *exhortatio.*

exhorter [egzɔʀte] v. tr. [1] Encourager, exciter (qqn) par un discours. *Exhorter les troupes.* ▷ Engager vivement (qqn à faire une chose) par un discours persuasif. *L'avocat exhorta les jurés à la clémence.* ▷ v. pron. (Réfl.) *S'exhorter au calme.* – (Récipr.) *Ils s'exhortent au courage.* – Lat. *exhortari.*

exhumation [egzymasjɔ̃] n. f. Action d'exhumer un cadavre; son résultat. ▷ Fig. *L'exhumation du passé.* – De *exhumer.*

exhumer [egzyme] v. tr. [1] **1.** Tirer (un cadavre) de sa sépulture, de la terre. Ant. inhumer. ▷ *Par ext.* Retirer de la terre (ce qui y était enfoui). *Les fouilles ont permis d'exhumer les ruines d'un rempart.* **2.** Fig. Tirer de l'oubli, retrouver. *Exhumer de vieux parchemins.* – Lat. médiév. *exhumare,* de *ex-,* «hors de», et *humus,* «terre».

exigeant, ante [egziʒɑ̃, ɑ̃t] adj. Qui a l'habitude d'exiger beaucoup. *Un chef exigeant.* ▷ (Choses) *Un sport exigeant,* qui demande beaucoup de qualités, de persévérance. – Ppr. de *exiger.*

exigence [egziʒɑ̃s] n. f. **1.** Caractère d'une personne exigeante. *Il est d'une grande exigence.* **2.** Ce qui est exigé (par qqn, par les circonstances, etc.). *Des exigences intolérables.* ▷ *Spécial.* (plur.) Somme d'argent que l'on demande pour salaire. *Vos exigences sont trop élevées.* – Bas lat. *exigentia.*

exiger [egziʒe] v. tr. [13] **1.** Réclamer, en vertu d'un droit réel ou que l'on s'arroge. *Exiger le paiement de réparations.* – *Exiger que* (suivi du subj.) *Il exige qu'on vienne.* **2.** (Sujet nom de chose.) Imposer comme obligation. *Allez-y, le devoir l'exige. Les circonstances exigent que vous refusiez.* ▷ Nécessiter. *Construction qui exige beaucoup de main-d'œuvre.* – Lat. *exigere,* «pousser dehors», d'où «faire payer, exiger».

exigibilité [egziʒibilite] n. f. **1.** Caractère de ce qui est exigible. *L'exigibilité d'une dette.* **2.** FIN *Les exigibilités* : les sommes dont les créanciers peuvent demander le remboursement immédiat. – De *exigible.*

exigible [egziʒibl] adj. Qui peut être exigé. – DR *Dette exigible,* dont on peut exiger sur-le-champ le remboursement. – De *exiger.*

exigu, uë [egzigy] adj. Restreint, insuffisant, très petit. *Logement exigu.* – Lat. *exiguus,* «exactement pesé».

exiguïté [egzigɥite] n. f. Caractère de ce qui est exigu. – De *exigu.*

exil [egzil] n. m. **1.** Action d'expulser qqn hors de sa patrie sans possibilité de retour; condition de celui qui est ainsi banni. *Il a été condamné à l'exil. Vivre en exil.* – Absol. *L'Exil* : la déportation des juifs à Babylone par Nabuchodonosor. ▷ Lieu où vit l'exilé. *L'Angleterre fut, sous la Révolution, l'exil privilégié des émigrés.* **2.** Fig. Séjour obligé et pénible loin de ses proches, de ce à quoi l'on est attaché. *La vie si loin de vous m'est un dur exil.* – Lat. *exsilium.*

exilé, ée [egzile] adj. et n. Condamné à l'exil; qui vit en exil. *Un opposant exilé.* ▷ Subst. *Les exilés politiques.* – Pp. de *exiler.*

exiler [egzile] **1.** v. tr. [1] Condamner (qqn) à l'exil. *Exiler un opposant.* – Fig. Éloigner. *Exiler en province un fonctionnaire.* **2.** v. pron. (Réfl.) S'expatrier, partir loin de son pays. *Il a décidé de s'exiler outre-Atlantique.* – De *exil.*

exinscrit, ite [egzɛ̃skʀi, it] adj. GEOM *Cercle exinscrit,* tangent à l'un des côtés d'un polygone et aux prolongements des autres côtés. *Le triangle possède un cercle inscrit et trois cercles exinscrits.* – De *ex-,* et *inscrit.*

existant, ante [egzistɑ̃, ɑ̃t] adj. Qui existe, a une réalité ; actuel. – Ppr. de *exister.*

existence [egzistɑ̃s] n. f. **1.** Fait d'être, d'exister. *L'existence d'un peuple, d'un fait.* **2.** PHILO *L'existence :* la réalité de l'être (par oppos. à *essence).* **3.** État de ce qui existe. *Existence d'une institution.* ▷ Durée de ce qui existe. *Notre association a deux ans d'existence.* **4.** Vie et manière de vivre de l'homme. *Arriver au bout de son existence. Existence heureuse, pénible.* – Bas lat. *exsistentia.*

existentialisme [egzistɑ̃sjalism] n. m. PHILO Mouvement philosophique moderne, ensemble de doctrines qui ont en commun le fait de placer, au point de départ de leur réflexion, l'existence vécue de l'individu, de l'homme dans le monde, et la primauté de l'existence sur l'essence. *« L'existentialisme est un humanisme », de J.-P. Sartre.* – De *existentiel.*

existentialiste [egzistɑ̃sjalist] adj. et n. Qui a rapport à l'existentialisme, qui y adhère. *Philosophe existentialiste.* ▷ Subst. *Un(e) existentialiste.* – De *existentialisme.*

existentiel, elle [egzistɑ̃sjɛl] adj. **1.** Qui ressortit à l'existence en tant que réalité vécue. **2.** MATH *Quantificateur existentiel :* symbole, noté ∃, qui signifie « il existe au moins un objet tel que... ». – De *existence.*

exister [egziste] v. tr. [1] **1.** PHILO Être en réalité, effectivement. *« Celui qui n'est pas ne peut pas se tromper ; et j'existe par le fait même que je me trompe » (saint Augustin).* – Cour. *« Si Dieu n'existait pas, il faudrait l'inventer » (Voltaire). Une chose pareille ne saurait exister.* ▷ v. impers. *Il existe :* il y a (insistant sur la réalité du fait). *Il existe un maire par commune.* **2.** Être actuellement, subsister. *Ce monument n'existe plus.* ▷ Vivre. *Il a cessé d'exister :* il est mort. **3.** Avoir de l'importance, compter. *Elle avait l'impression de ne plus exister à ses yeux.* – Lat. *existere,* de *sistere,* « être placé », de *stare,* « se tenir debout ».

exit [egzit] mot inv. THEAT Dans une pièce, indication scénique signifiant « il sort ». – Mot lat., de *exire,* « sortir ».

exitance [egzitɑ̃s] n. f. PHYS Quotient, exprimé en watts par m^2 *(exitance énergétique),* de la puissance que rayonne une surface émettrice et de l'aire de celle-ci. *L'exitance lumineuse* (grandeur lumineuse analogue) *s'exprime en lumens par m^2.* – Du lat. *exitus,* de *exire,* « sortir de ».

ex-libris [ɛkslibʀis] n. m. inv. Vignette que l'on colle à l'intérieur d'un livre, sur laquelle est inscrit le nom du propriétaire ; cette inscription (à la main, au tampon). – Mots lat., « (pris) parmi les livres de ».

ex nihilo [ɛksniilo] loc. adv. et adj., du lat. « à partir de rien ».

exo-. Élément, du gr. *exô,* « hors de ».

exobiologie [egzobjɔlɔʒi] n. f. ASTRO Branche de l'astronomie qui étudie la possibilité d'une vie hors de la planète Terre. – De *exo-,* et *biologie.*

exocet [egzɔsɛ] n. m. **1.** ICHTYOL Poisson téléostéen des mers chaudes, long de 20 à 30 cm, qui accomplit des sauts de plusieurs mètres hors de l'eau grâce à des nageoires pectorales extrêmement développées. *L'exocet est couramment appelé « poisson volant ».* **2.** n. m. inv. *Exocet* [egzɔsɛt] : nom donné à un missile français air-sol, automatique(nom déposé). – Du lat. *exocœtus,* gr. *exôkoitos,* propr. « qui sort de sa demeure ».

exocrine [egzɔkʀin] adj. *Glandes exocrines,* à sécrétion externe, soit directement en milieu extérieur (par la peau, par un canal excréteur), soit au niveau d'une muqueuse. Ant. endocrine. – De *exo-,* et gr. *krinein,* « sécréter », d'après *endocrine.*

exocytose [egzɔsitoz] n. f. BIOL Rejet des déchets cellulaires dans les espaces intercellulaires. – De *exo-, cyto-,* et *-ose* 2.

exode [egzɔd] n. m. **1.** Émigration de tout un peuple. *L'exode des Hébreux hors d'Égypte* ou, absol. et avec une majuscule, *l'Exode.* ▷ *Par anal.* HIST *L'exode :* la fuite des populations hors des villes devant l'arrivée des armées allemandes en France, en mai-juin 1940. **2.** *Par ext.* Départ en masse d'une population, d'un lieu vers un autre. *L'exode des vacanciers. L'exode rural,* des campagnes vers les villes. ▷ Par anal. *L'exode des capitaux,* leur fuite en masse vers l'étranger. – Gr. *exodos,* de *hodos,* « route ».

exogamie [egzɔgami] n. f. ETHNOL Coutume, règle qui contraint les membres d'un clan à se marier hors de la famille ou de la tribu. Ant. endogamie. – De *exo-,* et *-gamie.*

exogène [egzɔʒɛn] adj. **1.** BOT Qui se forme à la périphérie de l'organe. **2.** MED Dont la cause est extérieure. *Intoxication exogène.* **3.** GEOL Produit à la surface du globe terrestre, ou affectant cette surface. *Un phénomène exogène.* Ant. endogène. – De *exo-,* et *-gène.*

exonération [egzɔneʀasjɔ̃] n. f. Action d'exonérer ; son résultat. – Bas lat. jurid. *exoneratio.*

exonérer [egzɔneʀe] v. tr. [16] Décharger, libérer (qqn) d'une obligation de paiement. *Exonérer un contribuable,* le dispenser du paiement de tout ou partie de l'impôt. ▷ *Par ext.* Pp. *Marchandise exonérée de taxes.* – Lat. jur. *exonerare,* rac. *onus, oneris,* « charge ».

exophtalmie [ɛgzɔftalmi] n. f. MED Saillie du globe oculaire hors de l'orbite. – Gr. *exophtalmos,* de *exo-,* et *ophtalmos,* « œil ».

exophtalmique [ɛgzɔftalmik] adj. Qui se rapporte à l'exophtalmie ; qui s'en accompagne. *Goitre exophtalmique.* – De *exophtalmie.*

exorbitant, ante [ɛgzɔʀbitɑ̃, ɑ̃t] adj. **1.** Excessif, démesuré. *Prix exorbitant. Exigences exorbitantes.* **2.** DR *Disposition, clause exorbitante du droit commun,* qui fait exception au droit commun. – Lat. *exorbitans,* du bas lat. *exorbitare,* « s'écarter de », rac. *orbita,* « voie tracée ».

exorbité, ée [ɛgzɔʀbite] adj. *Yeux exorbités,* qui semblent sortir de leurs orbites (sous l'effet de la peur, de la surprise, etc.). – De *ex-,* et *orbite.*

exorcisation [egzɔʀsizasjɔ̃] n. f. Action d'exorciser. – De *exorciser.*

exorciser [egzɔʀsize] v. tr. [1] Chasser (les démons) par des prières, par des cérémonies. – Délivrer (un possédé) des démons qui l'habitent. – Gr. *exorkizein,* rac. *horkos,* « conjuration » ; bas lat. ecclés. *exorcisare.*

exorcisme [egzɔʀsism] n. m. Cérémonie par laquelle on exorcise. – Bas lat. ecclés. *exorcismus.*

exorciste [egzɔʀsist] n. m. **1.** Celui qui exorcise. **2.** RELIG CATHOL Clerc qui a reçu de l'évêque le troisième ordre mineur (conférant le droit d'exorciser). – Bas lat. ecclés. *exorcista.*

exorde [egzɔʀd] n. m. RHET Première partie d'un discours. – *Par ext.,* cour. Entrée en matière. – Lat. *exordium,* de *exordiri,* « commencer ».

exoréique [egzɔʀeik] adj. GEOMORPH Se dit d'un réseau hydrographique, d'un cours d'eau en relation directe avec une mer ou un océan. Ant. endoréique. – De *exo-,* et gr. *rhein,* « couler ».

exoréisme [egzɔʀeism] n. m. GEOMORPH État d'une région dont les cours d'eau débouchent dans la mer. Ant. endoréisme. – De *exoréique.*

exosmose [egzɔsmoz] n. f. PHYS Diffusion qui s'établit de l'intérieur vers l'extérieur, dans un phénomène d'osmose. – De *exo-,* et gr. *osmos,* « poussée ».

exosphère [egzɔsfɛʀ] n. f. ASTRO Couche extrême de l'atmosphère terrestre, au-delà de la thermosphère (au-dessus de 1 000 km env.). – De *exo-,* et *(atmo)sphère.*

exosquelette [egzoskəlɛt] n. m. ZOOL Squelette chitineux externe des arthropodes. Syn. cuticule. – De *exo-*, et *squelette*.

exostose [egzɔstoz] n. f. MED Tumeur osseuse bénigne se développant à la surface d'un os. – Gr. *exostôsis*, de *ostoûn*, « os ».

exotérique [egzoteʀik] adj. Se dit d'une doctrine enseignée ouvertement et sous une forme accessible à tous. Ant. ésotérique, secret (1). – Lat. *exotericus*, gr. *exoterikos*.

exothermique [egzotɛʀmik] adj. CHIM Qualifie les réactions qui se produisent avec un dégagement de chaleur. Ant. endothermique. – De *exo-*, et *thermique*.

exotique [egzɔtik] adj. **1.** Qui n'est pas originaire du pays dont il est question; étranger (par oppos. à *indigène*). *Coutumes exotiques.* **2.** Qui provient de contrées lointaines, et notam. des régions équatoriales et tropicales. *Plantes exotiques.* – Lat. *exoticus*, gr. *exôtikos*, « étranger ».

exotisme [egzɔtism] n. m. **1.** Caractère de ce qui est exotique. **2.** Goût pour les choses exotiques. – De *exotique*.

exotoxine [egzotɔksin] n. f. MICROB Toxine libérée dans le milieu extérieur par une bactérie sans qu'il y ait eu lyse bactérienne. Ant. endotoxine. – De *exo-*, et *toxine*.

expansé, ée [ɛkspɑ̃se] adj. TECH Se dit de certains matériaux cellulaires à base de matières plastiques ayant subi une expansion. *Polystyrène expansé.* – De *expansion*.

expansibilité [ɛkspɑ̃sibilite] n. f. PHYS Tendance d'un corps à occuper un plus grand espace. – De *expansible*.

expansible [ɛkspɑ̃sibl] adj. PHYS Susceptible d'expansion. – De *expansion*.

expansif, ive [ɛkspɑ̃sif, iv] adj. **1.** TECH Qui tend à se dilater. **2.** Fig Ouvert de caractère, qui aime à communiquer ses sentiments. *Personne expansive.* – Par ext. *Caractère expansif.* ▷ Subst. *Ce n'est pas un expansif!* – De *expansion*.

expansion [ɛkspɑ̃sjɔ̃] n. f. **I. 1.** Augmentation de volume ou de surface. **2.** PHYS Dilatation d'un fluide. *Expansion d'un gaz.* **3.** BOT, ZOOL Développement d'un organe. *Expansion membraneuse.* **4.** ECON Phase, souvent accompagnée d'inflation, dans laquelle l'activité économique et le pouvoir d'achat augmentent. *Politique d'expansion économique.* **5.** GEOGR *Expansion démographique* : accroissement de la population. **6.** ASTRO *Théorie de l'expansion de l'Univers*, suggérée par W. de Sitter dès 1919, vérifiée par Hubble (1929), selon laquelle l'Univers serait dans une phase de dilatation qui s'exprime par la fuite des galaxies. **II. 1.** Action de s'étendre au-dehors. *L'expansion d'une doctrine*, sa propagation. **2.** Litt. Épanchement de l'âme, des sentiments. *De sincères expansions.* – Bas lat. *expansio*, de *expandere*, « déployer ».

expansionnisme [ɛkspɑ̃sjɔnism] n. m. Politique d'un État qui préconise pour lui-même l'expansion (territoriale, économique). – De *expansion*.

expansionniste [ɛkspɑ̃sjɔnist] n. et adj. **1.** Partisan de l'expansionnisme. ▷ adj. *La politique expansionniste d'un pays.* **2.** ECON Partisan de l'expansion économique. ▷ adj. Qui a rapport à l'expansion économique. – De *expansionnisme*.

expansivité [ɛkspɑ̃sivite] n. f. Caractère expansif. – De *expansif*.

expatriation [ɛkspatʀijasjɔ̃] n. f. **1.** Action d'expatrier; son résultat. **2.** Fait de s'expatrier. – De *expatrier*.

expatrié, ée [ɛkspatʀije] adj. et n. Qui a quitté son pays ou qui en a été chassé. ▷ Subst. *Les expatriés.* – Pp. de *expatrier*.

expatrier [ɛkspatʀije] **1.** v. tr. [2] Rare Obliger (qqn) à quitter sa patrie. **2.** v. pron. Quitter sa patrie. *Être obligé de s'expatrier pour trouver du travail.* – De *ex-*, et *patrie*.

expectant, ante [ɛkspɛktɑ̃, ɑ̃t] adj. Rare Qui est dans l'expectative, dans l'attente. *Attitude expectante.* – Lat. *exspectans*, ppr. de *exspectare*, « attendre ».

expectatif, ive [ɛkspɛktatif, iv] n. f. et adj. **1.** Espérance, attente fondée sur des probabilités, des promesses. **2.** Attitude qui consiste à attendre prudemment qu'une solution se dessine avant d'agir. *Être, rester dans l'expectative.* **3.** adj. Attentiste. *Avoir une attitude expectative.* – Lav. médiév. *exspectativus*, de *exspectatum*, supin de *exspectare*, « attendre ».

expectorant, ante [ɛkspɛktɔʀɑ̃, ɑ̃t] adj. et n. m. Qui facilite l'expectoration. *Médicament expectorant.* ▷ n. m. *Un expectorant.* – Ppr. de *expectorer*.

expectoration [ɛkspɛktɔʀasjɔ̃] n. f. MED Action d'expectorer; substances expectorées. – De *expectorer*.

expectorer [ɛkspɛktɔʀe] v. tr. [1] MED Expulser par la bouche (les substances qui encombrent les voies respiratoires, les bronches). – Lat. *expectorare*, rac. *pectus*, « poitrine ».

1. expédient [ɛkspedjɑ̃] adj. m. (Dans la tournure impers.) *Il est expédient de* (faire une chose) : il est utile, à propos de... – Lat. *expediens*, ppr. de *expedire*, « débarrasser le pied, dégager, être utile ».

2. expédient [ɛkspedjɑ̃] n. m. (Souvent péjor.) Moyen de résoudre momentanément une difficulté, de se tirer d'embarras par quelque artifice. *Chercher à tout prix un expédient. Vivre d'expédients* : recourir, pour assurer sa subsistance, à toutes sortes de moyens, y compris les plus indélicats. – Subst. de *expédient* 1.

expédier [ɛkspedje] v. tr. [2] **I. 1.** Vieilli ou ADMIN Mener, terminer avec diligence. *Le président par intérim expédiera toutes les affaires courantes.* **2.** Mod., cour. Faire rapidement, bâcler (qqch) pour s'en débarrasser. *Expédier son travail.* – *Expédier qqn*, se débarrasser promptement de lui. *Expédier un importun.* **II.** Envoyer, faire partir. *Expédier une lettre, un colis.* – De *expédient* 1.

expéditeur, trice [ɛkspeditœʀ, tʀis] adj. Qui expédie. *Gare expéditrice.* ▷ Subst. *Retour à l'expéditeur.* – De *expédier*.

expéditif, ive [ɛkspeditif, iv] adj. Qui mène les choses rondement ou qui les bâcle. *Il est très expéditif en affaires.* – Par ext. *Jugement expéditif.* – De *expédier*.

expédition [ɛkspedisjɔ̃] n. f. **1.** Vieilli ou ADMIN Action d'exécuter avec diligence. *Expédition des affaires courantes.* **2.** Action d'envoyer, de faire partir. *Expédition d'un colis.* **3.** Entreprise de guerre hors des frontières. *L'expédition de Bonaparte en Égypte.* ▷ Par ext. *Expédition scientifique au pôle Nord.* – Iron. ou plaisant *Quelle expédition!* **4.** DR Copie littérale d'un acte judiciaire ou notarié. – Lat. *expeditio*.

expéditionnaire [ɛkspedisjɔnɛʀ] adj. et n. **I.** adj. **1.** DR Qui a pour tâche de faire les expéditions, les copies. *Commis expéditionnaire.* ▷ Subst. *Un(e) expéditionnaire.* **2.** Chargé d'une expédition militaire. *Le corps expéditionnaire.* **II.** n. Personne employée à l'expédition de marchandises. – De *expédition*.

expéditivement [ɛkspeditivmɑ̃] adv. D'une manière expéditive. – De *expéditif*.

expérience [ɛkspeʀjɑ̃s] n. f. **1.** Fait d'éprouver personnellement la réalité d'une chose. *Savoir par expérience que...* ▷ Spécial. *La philosophie classique oppose l'expérience et l'entendement.* **2.** Connaissance acquise par une longue pratique. *Avoir une grande expérience des affaires.* – (Absol.) *Il a de l'expérience.* **3.** Fait de provoquer un phénomène pour l'étudier. *Chercher par l'expérience la confirmation d'une hypothèse.* ▷ Par ext., cour. *Faire une chose à titre d'expérience. Tenter l'expérience.* – Lat. *experientia*, de *experiri*, « faire l'essai de ».

expérimental, ale, aux [ekspeʀimɑ̃tal, o] adj. **1.** Fondé sur l'expérience scientifique. *Claude Bernard a posé les fondements de la méthode expérimentale. Sciences expérimentales*, fondées sur l'expérimentation (par oppos. à *sciences exactes*) : physique, chimie, sciences naturelles. **2.** Qui sert d'expérience pour vérifier, améliorer (une technique, un appareil). *Vol expérimental d'un avion prototype.* – De *expérimenter.*

expérimentalement [ekspeʀimɑ̃talmɑ̃] adv. De manière expérimentale. – De *expérimental.*

expérimentateur, trice [ekspeʀimɑ̃tatœʀ, tʀis] n. Personne qui fait des expériences scientifiques. – De *expérimenter.*

expérimentation [ekspeʀimɑ̃tasjɔ̃] n. f. Action d'expérimenter ; usage méthodique de l'expérience scientifique. – De *expérimenter.*

expérimenté, ée [ekspeʀimɑ̃te] adj. Instruit par l'expérience. – Pp. de *expérimenter.*

expérimenter [ekspeʀimɑ̃te] v. tr. [1] Soumettre à des expériences pour vérifier, contrôler, juger, etc. *Expérimenter une nouvelle technique.* ▷ (S. comp.) Faire des expériences (dans les sciences expérimentales). – Bas lat. *experimentare*, de *experimentum*, « essai ».

expert, erte [ekspɛʀ, ɛʀt] adj. et n. m. **I.** adj. **1.** Qui a acquis une grande habileté par la pratique. *Un chirurgien expert. Il est expert en la matière.* ▷ n. m. *C'est un expert dans son domaine.* **2.** *Par ext.* Exercé. *Une oreille experte.* **II.** n. m. **1.** DR Spécialiste requis par une juridiction pour l'éclairer de ses avis, effectuer des vérifications ou appréciations techniques. *Liste des experts auprès des tribunaux. Médecin expert.* **2.** Spécialiste chargé d'apprécier la valeur et l'authenticité de certains objets. *Expert en tableaux.* **3.** INFORM (En appos.) *Système expert* : logiciel d'aide à la décision ou au diagnostic simulant le comportement d'un spécialiste par l'exploitation de connaissances explicites à un domaine particulier (médecine, géologie, etc.). – Lat. *expertus*, « qui a fait ses preuves ».

expert-comptable [ɛkspɛʀkɔ̃tabl] n. Personne dont la profession consiste à établir et à vérifier les comptabilités et qui agit en engageant sa responsabilité. *Des experts-comptables.* – De *expert* et *comptable.*

expertement [ekspɛʀtəmɑ̃] adv. D'une manière experte. – De *expert.*

expertise [ekspɛʀtiz] n. f. Examen et rapport techniques effectués par un expert. *Procéder à une expertise.* – De *expert.*

expertiser [ekspɛʀtize] v. tr. [1] Soumettre à une expertise. *Expertiser un tableau.* – De *expertise.*

expiable [ɛkspjabl] adj. Qui peut être expié. – De *expier.*

expiateur, trice [ɛkspjatœʀ, tʀis] adj. Propre à expier. *Peine expiatrice.* – Bas lat. *expiator*, « celui qui purifie ».

expiation [ɛkspjasjɔ̃] n. f. **1.** HIST, SOCIOL Cérémonie religieuse, rite destinés à apaiser la colère céleste. **2.** Peine, souffrance par laquelle on expie une faute, un crime. ▷ RELIG CATHOL Rachat du péché par la pénitence. – Lat. *expiatio*, de *expiare*. (V. expier.)

expiatoire [ɛkspjatwaʀ] adj. Qui sert à expier. *Victime expiatoire.* – Bas lat. ecclés. *expiatorius.*

expier [ɛkspje] v. tr. [2] Réparer (un crime, une faute) par la peine qu'on subit. *Expier ses crimes par la prison.* ▷ Spécial. *Expier ses péchés.* – Lat. *expiare*, rac. *pius*, « pieux ».

expirateur [ɛkspiʀatœʀ] n. m. et adj. ANAT *Muscles expirateurs*, qui contribuent à l'expiration. – De *expirer.*

expiration [ɛkspiʀasjɔ̃] n. f. **1.** Action par laquelle les poumons expulsent l'air qu'ils ont inspiré. **2.** Fig. Échéance d'un terme prescrit ou convenu. *Expiration d'un contrat.* – Lat. *exspiratio.*

expiratoire [ɛkspiʀatwaʀ] adj. Qui se rapporte à l'expiration. – De *expiration*, d'apr. *respiratoire.*

expirer [ɛkspiʀe] v. [1] **I.** v. tr. Rejeter (l'air inspiré dans les poumons). **II.** v. intr. **1.** Rendre le dernier soupir, mourir. *Il a expiré dans la nuit.* ▷ *Par ext.* S'évanouir, disparaître. *La lueur expira peu à peu.* **2.** Arriver à son terme. *Votre bail expire à la fin du mois.* – Lat. *exspirare.*

explant [ɛksplɑ̃] n. m. Partie d'un organisme vivant replacé dans un milieu où il reprend croissance. – De *ex-*, et *(im)plant.*

explétif, ive [ɛkspletif, iv] adj. et n. m. GRAM Se dit des mots qui entrent dans une phrase sans être nécessaires pour le sens. *Dans « il a peur que je ne parte », « ne » est explétif.* ▷ n. m. *Un explétif.* – Bas lat. grammatical *expletivus*, « qui remplit », de *explere*, « remplir, compléter ».

explicable [ɛksplikabl] adj. Qui peut être expliqué. – Lat. *explicabilis.*

explicatif, ive [ɛksplikatif, iv] adj. Qui sert à expliquer. *Notice explicative.* – De *expliquer.*

explication [ɛksplikasjɔ̃] n. f. **1.** Développement destiné à faire comprendre qqch, à en éclaircir le sens. *L'explication d'un point difficile.* **2.** Motif, raison d'une chose. *On ne trouve pas d'explication à cette panne subite.* **3.** Justification, éclaircissement sur la conduite (de qqn). *Demander des explications à qqn.* ▷ Discussion pour justifier, éclaircir. *Avoir une explication avec qqn.* – Lat. *explicatio*, « action de déplier ».

explicitation [ɛksplisitasjɔ̃] n. f. Action de rendre explicite. – De *expliciter.*

explicite [ɛksplisit] adj. Énoncé clairement et complètement, sans ambiguïté. *S'exprimer en termes explicites.* – Par ext. *Il a été tout à fait explicite.* – Du lat. *explicitus*, pp. de *explicare*. (V. expliquer.)

explicitement [ɛksplisitmɑ̃] adv. De façon explicite. – De *explicite.*

expliciter [ɛksplisite] v. tr. [1] Énoncer clairement, formellement. – Pp. adj. *Clause explicitée dans le contrat.* – De *explicite.*

expliquer [ɛksplike] **I.** v. tr. [1] **1.** Éclaircir, faire comprendre (ce qui est obscur). *Expliquer un phénomène, un point difficile.* **2.** Faire connaître, développer en détail. *Expliquer ses projets.* – Donner les raisons de, justifier. *Comment expliquerez-vous votre retard ?* **II.** v. pron. **1.** Faire connaître sa pensée. *S'expliquer clairement.* **2.** Avoir une explication (sens 3). *Nous nous sommes expliqués, et maintenant tout est clair.* ▷ Pop. Se battre (pour vider une querelle). *On va aller s'expliquer dehors !* **3.** (Choses) Devenir clair ; être aisément compréhensible. *Tout s'explique ! Une attitude qui s'explique difficilement.* **4.** (Personnes) Comprendre les raisons de. *Je m'explique mal votre hésitation à nous suivre.* – Lat. *explicare*, « déployer, dérouler, étendre, mettre au clair ».

1. exploit [ɛksplwa] n. m. Action d'éclat, prouesse. *De brillants exploits sportifs.* – Iron. (Par antiphr.) *Quel bel exploit !* ▷ Vx ou litt. Action d'éclat à la guerre. – De l'a fr. *espleit*, du lat. *explicitum*, de *explicare*, au sens de « accomplir ».

2. exploit [ɛksplwa] n. m. DR Acte de procédure signifié par un huissier. *Dresser un exploit.* – De *exploit* 1.

exploitable [ɛksplwatabl] adj. **1.** Qui peut être cultivé, façonné, mis en valeur, etc. *Terres exploitables.*

Matériau exploitable. **2.** Fig., péjor. Que l'on peut exploiter (1, sens II). *Un naïf exploitable.* – De *exploiter* 1.

exploitant, ante [ɛksplwatɑ̃, ɑ̃t] adj. et n. Qui se livre à une exploitation. *Industriel exploitant.* ▷ Subst. *Un exploitant agricole.* – *Spécial.* Propriétaire ou directeur d'une salle de cinéma. – Ppr. de *exploiter* 1.

exploitation [ɛksplwatasjɔ̃] n. f. **1.** Action d'exploiter, de tirer profit d'une chose que l'on fait produire. *L'exploitation d'un domaine.* ▷ Action de faire fonctionner un réseau, une ligne aérienne, routière, ferroviaire, etc. *Service, agent d'exploitation.* **2.** Ce que l'on met en valeur, ce que l'on fait produire pour en tirer profit. *Une vaste exploitation agricole.* **3.** (Abstrait) Action de tirer parti (de qqch). *L'exploitation des résultats d'une enquête.* **4.** Péjor. Action d'utiliser à son seul profit (une personne, un sentiment, etc.). *L'exploitation des classes laborieuses. Exploitation de la crédulité de qqn.* – De *exploiter* 1.

exploité, ée [ɛksplwate] adj. (et n.) **1.** Dont on tire partie, mis en valeur. *Une mine exploitée.* **2.** (Abstrait) *Situation économique exploitée par certains profiteurs.* **3.** Dont on profite abusivement. *Groupe social exploité* ou, subst. *les exploités.* – Pp. de *exploiter.*

1. exploiter [ɛksplwate] v. tr. [1] **I. 1.** Faire valoir, tirer parti de (qqch). *Exploiter une terre. Exploiter une usine.* **2.** (Abstrait) Tirer tout le bénéfice de (une situation). *Exploiter un succès, une victoire.* **II.** Péjor. Utiliser abusivement (qqn) pour son profit. *Exploiter les travailleurs.* ▷ Par ext. *Exploiter la sensibilité de qqn.* – A. fr. *espleitier,* du lat. *explicitum.* (V. exploit 1.)

2. exploiter [ɛksplwate] v. intr. [1] DR Faire, signifier des exploits (2). – De *exploiter* 1.

exploiteur, euse [ɛksplwatœʀ, øz] n. Péjor. Personne qui abuse de l'ignorance, de la position des autres, pour en tirer profit. *Un vil exploiteur de la crédulité publique.* – De *exploiter* 1.

explorateur, trice [ɛksplɔʀatœʀ, tʀis] n. et adj. **1.** Personne qui explore une région inconnue ou difficile d'accès. *Les grands explorateurs du XIXᵉ s.* **2.** n. m. MED Instrument qui sert à explorer l'organisme. ▷ adj. *Sonde exploratrice.* – Lat. *explorator.*

exploration [ɛksplɔʀasjɔ̃] n. f. **1.** Action d'explorer (une région). *Exploration polaire.* **2.** MED Action d'explorer (un organe, une plaie, etc.). – Lat. *exploratio.*

exploratoire [ɛksplɔʀatwaʀ] adj. Qui sert à préparer (une négociation, une recherche). *Réunion exploratoire. Phase exploratoire d'une enquête.* – De *explorer.*

explorer [ɛksplɔʀe] v. tr. [1] **1.** Visiter (une région inconnue ou difficile d'accès). *Explorer l'Amazonie. Explorer les environs.* ▷ Fig. Visiter en détail. *Explorer une bibliothèque.* **2.** MED Examiner (un organe, une région de l'organisme) par des méthodes spéciales : radiologie, sondage, cathétérisme, etc. – Lat. *explorare,* «observer, vérifier».

exploser [ɛksploze] v. intr. [1] **1.** Faire explosion. *Obus qui explose.* **2.** Fig. Se manifester soudainement avec violence. *Sa colère explosa.* **3.** Fam. Augmenter brusquement. *Les prix explosent.* **4.** Fam. Manifester brusquement l'ensemble de ses qualités. *Un sportif qui explose dans une épreuve.* – De *explosion.*

exploseur [ɛksplozœʀ] n. m. TECH Appareil qui sert à mettre à feu une charge explosive. – De *explosion.*

explosible [ɛksplozibl] adj. Susceptible de faire explosion. – De *explosion.*

explosif, ive [ɛksplozif, iv] [p] [b] adj. et n. **I.** adj. **1.** D'une explosion, relatif à une explosion. *Onde explosive.* **2.** Qui peut faire explosion. *Mélange explosif.* ▷ Fig. *Une situation explosive.* **3.** PHON *Consonne explosive* ou, n. f., *une explosive* : consonne que l'on prononce en arrêtant l'air chassé du larynx et en lui donnant brusquement passage. [p] et [b] sont des explosives. **II.** n. m. Substance susceptible de faire explosion.*L'acide nitrique et les nitrates, les chlorates et les perchlorates, l'oxygène liquide, la nitroglycérine et les dérivés nitrés sont des explosifs.* – De *explosion.*

explosion [ɛksplozjɔ̃] n. f. **1.** Action d'éclater avec violence. *L'explosion d'une mine, d'une chaudière.* ▷ CHIM Réaction violente accompagnée d'un dégagement d'énergie très élevé. *L'explosion est l'une des trois formes de la combustion.* ▷ PHYS NUCL *Explosion nucléaire,* due à la fission ou à la fusion nucléaire. ▷ *Moteur à explosion,* dans lequel l'énergie motrice est fournie par la combustion d'un mélange d'air et de combustible. **2.** Fig. Manifestation soudaine et violente. *L'explosion d'une révolte.* – Lat. *explosio,* «action de huer», de *explodere,* «rejeter en frappant des mains», en huant.

exponentiation [ɛkspɔnɑ̃sjasjɔ̃] n. f. MATH Élévation à une puissance. – De *exponentiel.*

exponentiel, elle [ɛkspɔnɑ̃sjɛl] adj. **1.** MATH Où la variable, l'inconnue figure en exposant. *Une fonction exponentielle,* ou, n. f., *une exponentielle,* inverse de la fonction logarithme. *L'équation exponentielle* $e^x = a$ *correspond à* $x = Log\ a$. **2.** Didac. Qui varie comme une fonction exponentielle, qui croît ou décroît selon un taux de plus en plus fort. *Croissance démographique exponentielle.* – Du lat. *exponens, exponentis,* «exposant», ppr. de *exponere,* «étaler, mettre en vue».

exportable [ɛkspɔʀtabl] adj. Que l'on peut exporter. – De *exporter.*

exportateur, trice [ɛkspɔʀtatœʀ, tʀis] adj. et n. Qui exporte. – De *exporter.*

exportation [ɛkspɔʀtasjɔ̃] n. f. **1.** Action d'exporter. **2.** Ensemble des marchandises exportées. Ant. importation. – Lat. *exportatio.*

exporter [ɛkspɔʀte] v. tr. [1] Vendre et transporter à l'étranger (des produits nationaux). *La France exporte des parfums.* Ant. importer. ▷ *Exporter des capitaux,* les placer à l'étranger. – D'ap. l'angl. *to export,* du lat. *exportare.*

exposant, ante [ɛkspozɑ̃, ɑ̃t] n. **1.** Personne qui fait une exposition de ses œuvres, de ses produits. **2.** n. m. MATH Indice que l'on porte en haut et à droite d'un nombre (ou d'une expression) pour exprimer la puissance à laquelle il est porté. *L'exposant est 3 dans l'expression* 6^3 *qui égale* $6 \times 6 \times 6$. – Ppr. de *exposer.*

exposé [ɛkspoze] n. m. **1.** Développement dans lequel on présente des faits, des idées. *Exposé d'une théorie.* **2.** Bref discours didactique. – Pp. subst. de *exposer.*

exposer [ɛkspoze] v. tr. [1] **I. 1.** Mettre (qqch) en vue. *Exposer un tableau.* **2.** Fig. Présenter, faire connaître (des faits, des idées). *Exposer une thèse.* **II. 1.** Placer (qqn, qqch) de manière à le soumettre à l'action de. *Exposer des plantes à la lumière. Maison bien exposée,* bien orientée par rapport au soleil et aux vents dominants. – PHOTO Soumettre (une surface sensible) à l'action de rayons lumineux. ▷ v. pron. *S'exposer au soleil.* **2.** Fig. Faire courir un risque à (qqn, qqch). *Exposer qqn à un danger. Exposer sa vie.* ▷ DR *Exposer un enfant,* l'abandonner. ▷ v. pron. *S'exposer à la mort.* – Du lat. *exponere,* d'apr. *poser.* (V. exponentiel.)

exposition [ɛkspozisjɔ̃] n. f. **I. 1.** Action de mettre en vue. *Exposition de marchandises.* ▷ DR ANC Peine qui consistait à exposer un condamné sur la place publique. **2.** Présentation au public de produits commerciaux, d'œuvres d'art ; lieu où on les expose. *Exposition des arts ménagers. Exposition de peinture.* **3.** Fig. Action d'exposer (des faits, des idées). *Exposition d'une doctrine.* ▷ LITTER Première partie d'une œuvre dans laquelle l'auteur expose le sujet, les caractères des personnages, etc. ▷ MUS Première partie d'une œuvre instrumentale (fugue, sonate), où les thèmes à développer sont présentés. **II.** **1.** Orientation (d'une maison, d'un terrain). *Exposition au nord.* **2.** Action de soumettre à l'effet de. *Exposition au soleil.* – PHOTO Fait d'exposer une surface sensible à la lumière. **3.** DR *Exposition d'un enfant,* son abandon. – Lat. *expositio.*

1. exprès, esse [ɛkspʀɛs] adj. et n. m. **1.** Énoncé de manière précise et formelle. *Défense expresse.* **2.** adj. inv. *Lettre, colis exprès,* confié, à son arrivée au bureau distributeur, à un préposé qui se déplace exprès pour le remettre au destinataire. – n. m. *Lettre envoyée par exprès. Un exprès.* – Lat. *expressus,* « exprimé », de *exprimere.*

2. exprès [ɛkspʀɛ] adv. **1.** Avec intention formelle. *Il l'a fait exprès.* **2.** Loc. *Un fait exprès* : une coïncidence, généralement fâcheuse, qui semble produite spécialement pour contrarier. – De *exprès* 1.

1. express [ɛkspʀɛs] adj. inv. et n. m. inv. Qui permet une liaison rapide. *Voie express. Train express* : train rapide qui ne s'arrête qu'à un petit nombre de stations. ▷ n. m. inv. *Un express. L'Orient-Express.* – Mot angl., du fr. *exprès.*

2. express [ɛkspʀɛs] adj. inv. et n. m. inv. *Café express,* fait dans un percolateur. ▷ n. m. inv. *Un express bien serré.* – De l'ital. *(caffé) espresso.*

expressément [ɛkspʀesemɑ̃] adv. D'une manière expresse. *Je l'ai dit expressément.* – De *exprès* 1.

expressif, ive [ɛkspʀɛsif, iv] adj. **1.** Qui exprime bien ce qu'on veut dire. *Terme expressif.* **2.** Qui a de l'expression. *Visage expressif.* – De *expression.*

expression [ɛkspʀɛsjɔ̃] n. f. **1.** Manifestation d'une pensée, d'un sentiment, par le langage, le corps, le visage, l'art. *Expression par le dessin. Regard sans expression.* **2.** Mot, groupe de mots employés pour rendre la pensée. *Expression impropre.* ▷ *Au-delà de toute expression* : plus qu'on ne saurait dire. **3.** MATH *Expression algébrique* : ensemble de nombres et de lettres que relient des signes représentant les opérations à effectuer. ▷ *Réduire une fraction à sa plus simple expression,* la remplacer par une fraction égale dont les termes sont les plus petits possibles. – Fig. *Réduire* (qqch) à sa plus simple expression, à son état le plus rudimentaire. – Lat. *expressio, expressionis,* de *exprimere.* (V. exprimer.)

expressionnisme [ɛkspʀɛsjɔnism] n. m. Forme d'art qui s'efforce de donner à une œuvre le maximum d'intensité expressive. – De *expression.*

ENCYCL L'expressionnisme, dans le sens le plus large du terme, est une tendance permanente de l'art mais il s'est surtout manifesté au XXe s. dans les pays occidentaux qui connaissent une crise de civilisation. Angoisse, sens du tragique et volonté outrancière de les dire, de les crier, caractérisent l'expressionnisme; à la violence de l'intention correspond un goût avoué pour la recherche de l'effet. Van Gogh et Gauguin, puis Ensor, Munch et Matisse sont à l'origine des poussées expressionnistes contemp. : le mouvement allemand *Die Brücke* (1905-1913), qui réunit princ. Kirchner, Schmidt-Rottluff, Heckel, Pechstein et Nolde; le groupe munichois *Der Blaue Reiter* (1910/1911-1914), avec W. Kandinsky, F. Marc, A. Macke; les Viennois Schiele et Kokoschka; le groupe dit « de la Nouvelle Objectivité » (les Allemands Grosz, Dix, Beckmann); le groupe belge de Laethem-Saint-Martin (Permeke, de Smet, Van der Berghe). En France, les expressionnistes sont des isolés (Rouault, Pascin, Soutine, etc.), tandis qu'en Amérique latine (au Brésil, et plus encore au Mexique) ils lient leur violence à la conscience politique (Diego Rivera, Orozco, Siqueiros, Tamayo). À partir de 1945, la notion d'expressionnisme recouvre les recherches picturales abstraites et gestuelles tentées aux É.-U. (*action painting* de Pollock, œuvres de De Kooning, Motherwell, etc.). En sculpture, le courant expressionniste est représenté par Lehmbruck, Barlach, Zadkine, Couturier et Germaine Richier. Dans le domaine de la littérature, l'expressionnisme se manifeste surtout à travers l'école allemande des années 1910-1920 (poèmes de G. Trakl, Heym, Stadler, Benn, Lasker-Schüler; pièces de théâtre de F. Wedekind, F. von Unruh, G. Kaiser, E. Toller). Le cinéma expressionniste a, lui aussi, voulu récuser l'objectivité. Ses recherches très poussées d'éclairage et de cadrage s'inscrivent dans un découpage en tableaux qui donne une nouvelle violence à l'espace et à l'action scéniques : R. Wiene (*le Cabinet du Dr Caligari,* 1919); P. Wegener (*le Golem,* 1920); F. Lang (*les Trois Lumières,* 1921); Murnau (*Nosferatu le Vampire,* 1922); P. Leni (*le Cabinet des figures de cire,* 1924).

expressionniste [ɛkspʀɛsjɔnist] adj. Relatif à l'expressionnisme. *Peinture expressionniste.* ▷ Subst. *Les expressionnistes allemands.* – De *expressionnisme.*

expressivement [ɛkspʀɛsivmɑ̃] adv. D'une manière expressive. – De *expressif.*

expressivité [ɛkspʀɛsivite] n. f. Caractère de ce qui est expressif. – De *expressif.*

exprimable [ɛkspʀimabl] adj. Qui peut être exprimé. – De *exprimer.*

exprimer [ɛkspʀime] **I.** v. tr. [**1**] **1.** Manifester (une pensée, un sentiment) par le langage, par la mimique ou l'attitude, par des moyens artistiques. *Exprimer le fond de sa pensée. Exprimer son dédain par une moue. Musique qui exprime la joie.* **2.** Rare Extraire par pression. *Exprimer le jus d'un fruit.* **II.** v. pron. *Il s'exprime mal en anglais. S'exprimer par gestes.* – Lat. *exprimere,* de *ex,* « hors de » et *premere,* « presser »; a remplacé la forme anc. *épreindre.*

ex professo [ɛkspʀɔfɛso] loc. adv. Avec compétence. – Loc. lat. « ouvertement »; sens influencé par *professeur.*

expromission [ɛkspʀɔmisjɔ̃] n. f. DR ROM Novation par changement de débiteur, sans entente préalable entre le nouveau débiteur et l'ancien. – Lat. *expromissio,* de *ex-,* « hors de », et *promissio,* « promesse ».

expropriation [ɛkspʀɔpʀijasjɔ̃] n. f. DR Action d'exproprier. *Expropriation pour cause d'utilité publique, moyennant une indemnité. Expropriation forcée par suite de saisie.* – De *exproprier.*

exproprié, ée [ɛkspʀɔpʀije] adj. et n. Qui est dépouillé légalement d'une propriété. *Personne expropriée.* – Subst. *Les expropriés ont fait appel.* ▷ Par ext. *Immeuble exproprié.* – Pp. de *exproprier.*

exproprier [ɛkspʀɔpʀije] v. tr. [**2**] DR Dépouiller (qqn) de la propriété d'un bien par voie légale. – De *ex-,* et lat. *proprius,* « qui appartient en propre », d'apr. *approprier.*

expugnable [ɛkspyɲabl] adj. Qui peut être vaincu; surmontable. – Lat. *expugnabilis,* « qu'on peut prendre d'assaut ».

expuition [ekspuysjɔ̃] n. f. MED Action d'expulser hors de la bouche les substances qui s'y sont accumulées. (V. crachement.) – Lat. *expuitio.*

expulser [ekspylse] v. tr. [**1**] **1.** Chasser (qqn) du lieu où il était établi. *Expulser un locataire.* ▷ Par ext. *Expulser qqn d'une assemblée.* **2.** Évacuer (qqch) de l'organisme. *Expulser un calcul.* – Lat. *expulsare,* rac. *pellere,* « pousser ».

expulsion [ɛkspylsjɔ̃] n. f. **1.** Action d'expulser. *Expulsion d'un indésirable.* **2.** Action d'expulser de l'organisme. *L'expulsion des selles.* – Absol. MED Stade de l'accouchement où l'enfant est expulsé du corps maternel. – Lat. *expulsio.*

expurgation [ɛkspyʀgasjɔ̃] n. f. Action d'expurger. – Lat. *expurgatio,* de *expurgare* (V. expurger).

expurgatoire [ɛkspyʀgatwaʀ] adj. *Index expurgatoire :* catalogue des livres mis à l'index jusqu'à ce qu'ils soient expurgés. – Lat. ecclés. *expurgatorius.*

expurger [ɛkspyʀʒe] v. tr. [**13**] Débarrasser (un texte) des passages jugés choquants, répréhensibles. – Lat. *expurgare,* de *ex,* « hors de », et *purgare,* « nettoyer, purifier ».

exquis, ise [ɛkski, iz] adj. **1.** Qui est très agréable aux sens, spécial. au goût ou à l'odorat, par sa délicatesse. *Un mets exquis. Un parfum exquis.* **2.** Qui a ou dénote du raffinement, de la délicatesse morale ou intellectuelle. *Courtoisie exquise. Personne exquise.* – Lat. *exquisitus,* « recherché ».

exquisément [ɛkskizemɑ̃] adv. D'une manière exquise. – De *exquis.*

exsangue [ɛgzɑ̃g ; ɛgsɑ̃g] adj. **1.** D'une pâleur extrême (personne, visage). *Un malade exsangue.* **2.** MED Privé de sang. *Tissus exsangues.* – Lat. *exsanguis.*

exsanguino-transfusion [ɛksɑ̃ginotʀɑ̃sfyzjɔ̃] n. f. MED Remplacement total du sang d'un malade, d'un nouveau-né, par transfusion sanguine massive et soustraction d'une quantité de sang équivalente. *Des exsanguino-transfusions.* – Du lat. *exsanguis,* et *transfusion.*

exsudat [ɛksyda] n. m. MED Liquide organique qui suinte au niveau d'une surface enflammée. – De *exsuder.*

exsudation [ɛksydasjɔ̃] n. f. MED Suintement pathologique d'un liquide organique. – Bas lat. méd. *exsudatio.*

exsuder [ɛksyde] v. [**1**] **1.** v. intr. Suinter. **2.** v. tr. MED Émettre par exsudation. ▷ Fig., litt. *Exsuder sa joie.* – Lat. *exsudare,* de *sudare,* « suer ».

extase [ekstaz] n. f. **1.** Ravissement de l'esprit absorbé dans la contemplation au point d'être détaché du monde sensible. *Extase mystique.* **2.** *Par ext.* État d'une personne transportée par un sentiment de joie ou d'admiration extrême. *Tomber en extase devant un tableau.* **3.** MED État d'exaltation pathologique accompagné d'une perte de la sensibilité. – Lat. ecclés. *extasis* ou *ectasis* ; gr. *ekstasis,* « action d'être hors de soi ».

extasier (s') [ekstazje] v. pron. [**2**] Manifester une admiration, un plaisir extrême. – De *extasie,* var. anc. de *extase.*

extatique [ekstatik] adj. **1.** Qui tient de l'extase. *Contemplation extatique.* **2.** Qui est en extase. – Gr. *ekstatikos,* « qui fait sortir de soi ».

extemporané, ée [ɛkstɑ̃pɔʀane] adj. **1.** PHARM *Médicament extemporané,* fait sur ordonnance et destiné à être administré immédiatement. **2.** MED *Examen histologique extemporané,* pratiqué pendant une intervention chirurgicale. – Lat. *extemporaneus,* du lat. class., *extemporalis,* « improvisé ».

extenseur [ɛkstɑ̃sœʀ] adj. m. et n. m. **1.** adj. m. ANAT Qui assure l'extension (par oppos. à *fléchisseur*). *Les muscles extenseurs.* ▷ n. m. *L'extenseur de l'avant-bras.* **2.** n. m. Appareil de gymnastique utilisé pour développer les muscles. – De *extension.*

extensibilité [ɛkstɑ̃sibilite] n. f. Caractère de ce qui est extensible. – De *extensible.*

extensible [ɛkstɑ̃sibl] adj. Susceptible de s'étendre. – De *extension.*

extensif, ive [ɛkstɑ̃sif, iv] adj. **1.** Qui détermine l'extension. *Force extensive.* **2.** LING *Signification extensive d'un mot,* celle qu'il a prise par extension. **3.** AGRIC *Culture extensive,* effectuée sur des grandes surfaces, sans apport d'engrais, et dont le rendement est assez faible. **4.** ELEV *Élevage extensif,* pratiqué sur de vastes étendues. **5.** PHYS *Propriétés extensives,* qui dépendent de la quantité de matière. – De *extension,* sur *intensif.*

extension [ɛkstɑ̃sjɔ̃] n. f. **1.** Action d'étendre, de s'étendre ; son résultat. ▷ PHYSIOL Mouvement déterminant l'ouverture de l'angle formé par deux os articulés. ▷ MED *Mise en extension :* méthode d'immobilisation des fractures. **2.** Augmentation de dimension. *Extension en largeur.* **3.** Fig. Développement, accroissement. *Extension d'une industrie.* ▷ LING Acception plus générale donnée au sens d'un mot. *C'est par extension que l'on dit d'un son qu'il est éclatant.* **4.** LOG *Extension d'un concept,* ensemble des objets auxquels il s'applique (par oppos. à *compréhension*). *L'extension de « vertébré » est plus grande que celle de « mammifère » et plus petite que celle de « animal ».* – Bas lat. *extensio,* de *extendere,* « étendre ».

extenso (in) [inekstɛ̃so] loc. adv. En entier. *Citer un texte in extenso.* – Loc. lat., de *extensus,* « étendu ».

extensomètre [ekstɑ̃sɔmɛtʀ] n. m. TECH Appareil permettant de mesurer les déformations d'une pièce par la variation des caractéristiques électriques d'une jauge. – Du rad. de *extension,* et *-mètre.*

exténuant [ekstenɥɑ̃] adj. Qui exténue, très fatigant. – Ppr. de *exténuer.*

exténuation [ekstenɥasjɔ̃] n. f. Action d'exténuer, de s'exténuer ; son résultat. – Lat. *extenuatio* (V. exténuer).

exténuer [ekstenɥe] v. tr. [**1**] Causer un grand affaiblissement à (qqn) ; épuiser. *Le voyage l'a exténué.* ▷ v. pron. *S'exténuer à travailler.* – Lat. *extenuare,* « rendre mince, affaiblir ».

extérieur, eure [ɛksteʀjœʀ] adj. et n. m. **I.** adj. **1.** Qui est au-dehors. *Côté extérieur.* – *Boulevards extérieurs,* situés à la périphérie d'une ville. – *Politique extérieure,* qui concerne les pays étrangers. ▷ GEOM *Angle extérieur d'un polygone,* formé par l'un de ses côtés et le prolongement du côté voisin. **2.** Apparent, visible. *Signes extérieurs de richesse.* **3.** Qui existe en dehors de l'individu. *Le monde extérieur.* **II.** n. m. **1.** Partie d'une chose visible du dehors. *L'extérieur d'une maison.* **2.** *L'extérieur :* les pays étrangers. *Nouvelles de l'extérieur.* **3.** Vieilli Apparence d'une personne. *Extérieur modeste.* **4.** Plur. CINE Scènes filmées en dehors des studios. *Tourner en extérieur.* **III.** Loc. adv. *À l'extérieur :* dans l'espace situé au-dehors. *Il y a du bruit à l'extérieur.* – Lat. *exterior.*

extérieurement [ɛksteʀjœʀmɑ̃] adv. **1.** À l'extérieur. **2.** Fig. En apparence. – De *extérieur.*

extériorisation [ɛksteʀjɔʀizasjɔ̃] n. f. Action d'extérioriser. – De *extérioriser.*

extérioriser [ɛksteʀjɔʀize] v. tr. [**1**] **1.** Manifester (un sentiment, une émotion). *Il a extériorisé son chagrin.* ▷ v. pron. *Joie qui s'extériorise.* **2.** PSYCHO Situer à l'extérieur de soi (ce qui n'existe que dans la conscience). – De *extérieur,* d'après le lat. *exterior.*

extériorité [ɛksteʀjɔʀite] n. f. Caractère de ce qui est extérieur. – De *extérieur.*

exterminateur, trice [ɛkstɛʀminatœʀ, tʀis] adj. et n. Qui extermine. ▷ *L'ange exterminateur,* qui, dans la Bible, reçut la mission de faire périr les premiers-nés des Égyptiens (Exode). ▷ Subst. *Les grands exterminateurs de l'histoire.* – Bas lat. ecclés. *exterminator,* « qui chasse, qui bannit ».

extermination [ɛkstɛʀminasjɔ̃] n. f. Action d'exterminer ; son résultat. *Guerre d'extermination.* – Lat. ecclés. *exterminatio.*

exterminer [ɛkstɛʀmine] v. tr. [**1**] Détruire en totalité (des êtres vivants), massacrer. *Exterminer un peuple.* – Lat. *exterminare,* « chasser, bannir, éliminer ».

externat [ɛkstɛʀna] n. m. **1.** École où l'on ne reçoit que des élèves externes ; régime de ces élèves. **2.** Fonction d'externe dans les hôpitaux. – De *externe.*

externe [ɛkstɛʀn] adj. et n. **I.** adj. Situé au-dehors, tourné vers l'extérieur. *Face externe.* – *Médicament pour* *l'usage externe*, à ne pas absorber. ▷ GEOM *Angle externe* : angle supplémentaire de l'un des angles du triangle formé par trois droites qui se coupent. ▷ MATH *Loi de composition externe sur un ensemble E* : application du produit d'un ensemble E par un autre ensemble F à l'intérieur du premier ensemble E. **II.** n. **1.** Élève qui n'est ni logé ni nourri dans l'établissement scolaire qu'il fréquente. **2.** *Externe des hôpitaux* : étudiant en médecine assistant les internes, dans un service hospitalier. – Lat. *externus*, «du dehors, étranger».

exterritorialité [ɛksteʀitɔʀjalite] n. f. Immunité exemptant les agents diplomatiques de la juridiction de l'État où ils se trouvent, les laissant soumis aux lois de l'État dont ils dépendent. – De *ex-*, et *territorial*.

extincteur, trice [ɛkstɛ̃ktœʀ, tʀis] adj. Destiné à éteindre. ▷ n. m. Appareil servant à éteindre un foyer d'incendie par projection de mousse, d'eau pulvérisée, de dioxyde de carbone, etc. – De *extinction*.

extinction [ɛkstɛ̃ksjɔ̃] n. f. **1.** Action d'éteindre; état de ce qui est éteint. *Extinction du feu*. – MILIT *Extinction des feux* : moment où toutes les lumières doivent être éteintes. *Sonner l'extinction des feux dans une caserne*. ▷ TECH Arrêt de la combustion dans un propulseur. **2.** Fig. Cessation de l'activité, de l'existence. *Extinction de voix*. – *Extinction d'une dynastie*. – Lat. *exstinctio*, de *exstinguere*, «éteindre».

extinguible [e(ɛ)kstɛ̃gibl] adj. Qui peut être éteint, calmé. – Bas lat. *exstinguibilis*.

extirpable [ekstiʀpabl] adj. Que l'on peut extirper. – De *extirper*.

extirpateur [ekstiʀpatœʀ] n. m. AGRIC Herse à lames horizontales en fer de lance servant à extirper les herbes, les chaumes, ainsi qu'à des labours superficiels légers. – Bas lat. *extirpator*.

extirpation [ekstiʀpasjɔ̃] n. f. Action d'extirper (une plante, une tumeur). ▷ Fig. *Extirpation des vices*. – Lat. *extirpatio*.

extirper [ekstiʀpe] v. tr. [1] **1.** Arracher (un végétal) avec sa racine. *Extirper des mauvaises herbes*. ▷ CHIR Enlever totalement. *Extirper une tumeur*. **2.** Fig., litt. *Extirper les abus*. **3.** Faire sortir avec difficulté. *Extirper qqn de son sommeil*. ▷ v. pron. *S'extirper de la carcasse d'une voiture*. – Lat. *extirpare*; de *ex*, et *stirps, stirpis*, «racine».

extorquer [ɛkstɔʀke] v. tr. [1] Obtenir (qqch) par la violence, la menace, la duplicité. *Extorquer de l'argent*. – Lat. *extorquere*, «déboîter, disloquer», de *torquere*, «tordre, tourmenter».

extorqueur, euse [ɛkstɔʀkœʀ, øz] n. Personne qui extorque. – De *extorquer*.

extorsion [ɛkstɔʀsjɔ̃] n. f. Action d'extorquer. *Extorsion de fonds*. – Bas lat. *extorsio*.

1. extra-. [ɛkstʀa] Préfixe (attaché au radical ou joint à lui par un trait d'union). **1.** Exprime l'extériorité. *Un acte extrajudiciaire*. **2.** Marque une valeur superlative de l'adjectif. *Extra-fin*. – Mot lat., «en dehors».

2. extra [ɛkstʀa] n. inv. et adj. inv. **I.** n. m. inv. **1.** Ce que l'on fait en plus de l'ordinaire, spécial. en parlant des repas. *Faire un extra, des extra*. **2.** Service exceptionnel en dehors des horaires de travail habituels; personne qui fait ce service. **II.** adj. inv. Fam. Supérieur par la qualité. *Vin extra*. – Abrév. de *extraordinaire*.

extraconjugal, ale, aux [ɛkstʀakɔ̃ʒygal, o] adj. Qui a lieu hors mariage.

extracorporel, elle [ɛkstʀakɔʀpɔʀɛl] adj. CHIR *Circulation extracorporelle*, réalisée par le cœur-poumon artificiel, en chirurgie cardiaque, et permettant l'arrêt et l'assèchement du cœur.

extra-courant ou **extracourant** [ɛkstʀakuʀɑ̃] n. m. ELECTR Courant d'induction qui se produit lors de la mise en fonctionnement ou de la coupure d'un circuit. *Des extra-courants*.

extracteur [ɛkstʀaktœʀ] n. m. TECH Organe qui extrait d'une arme à feu les douilles percutées. – De *extraction*.

extractible [ɛkstʀaktibl] adj. Qui peut être extrait. – De *extraction*.

extractif, ive [ɛkstʀaktif, iv] adj. Qui se rapporte à l'extraction. – De *extraction*.

extraction [ɛkstʀaksjɔ̃] n. f. **I. 1.** Action d'extraire. ▷ CHIR Opération qui consiste à retirer (qqch d'une partie du corps). *Extraction d'un corps étranger, d'une dent*. **2.** MATH Action d'extraire la racine d'un nombre. **3.** CHIM Transfert de constituants d'une phase solide ou liquide dans une autre phase liquide appelée *solvant*. **4.** TECH *Extraction électrolytique* : récupération, par électrolyse, des métaux contenus dans une solution. **II.** Fig., litt. Ascendance, origine. *Être de noble extraction*. – De *extractum*, pp. de *extrahere*. (V. extraire.)

extrader [ɛkstʀade] v. tr. [1] Soumettre à l'extradition. – De *extradition*, d'apr. le lat. *tradere*, «transmettre, livrer».

extradition [ɛkstʀadisjɔ̃] n. f. Acte par lequel un gouvernement livre un individu prévenu d'un crime ou d'un délit au gouvernement sur le territoire duquel ce crime ou ce délit a été commis. – Du lat. *ex*, «hors de», et *traditio*, «action de remettre, de livrer».

extrados [ɛkstʀado] n. m. **1.** ARCHI Surface extérieure d'une voûte ou d'un arc. **2.** AVIAT Face supérieure d'un plan d'avion. Ant. intrados.

extra-dry [ɛkstʀadʀaj] adj. inv. (Anglicisme) Très sec, en parlant d'une boisson alcoolisée, d'un alcool. *Champagne extra-dry. Vermouth extra-dry*. – Mot angl.

extra-fin ou **extrafin, fine** [ɛkstʀafɛ̃, fin] adj. **1.** Très fin. *Petits pois extra-fins*. **2.** De qualité supérieure (denrées). *Café extra-fin*.

extra-fort [ɛkstʀafɔʀ] n. m. Ganse pour border les ourlets, les coutures. *Des extra-forts*.

extragalactique [ɛkstʀagalaktik] adj. ASTRO Situé en dehors de notre galaxie. *Nébuleuse extragalactique*.

extra-hospitalier [ɛkstʀaɔspitalje] adj. Qui a lieu, qui est aménagé en dehors de l'hôpital.

extraire [ɛkstʀɛʀ] v. tr. [78] **1.** Tirer avec une certaine difficulté (une chose) de ce qui la contient. *Extraire une balle d'une plaie*. **2.** Séparer (une substance) d'une autre. *Extraire l'aluminium de la bauxite*. **3.** Tirer (un passage) d'une œuvre. *Extraire une citation*. **4.** MATH *Extraire la racine carrée, la racine $n^{ième}$ d'un nombre*, la calculer. ▷ *Extraire les entiers dans un nombre fractionnaire*, chercher combien de fois ce nombre contient l'unité. – Lat. pop. **extragere*, de *ex*, «en dehors», et *trahere*, «tirer».

extrait [ɛkstʀɛ] n. m. **1.** Substance extraite d'un corps par une opération physique ou chimique, et concentrée. *Extrait de café*. **2.** Passage tiré d'un texte. *Un extrait de la Bible*. ▷ *Spécial*. Copie conforme d'une partie d'un registre officiel. *Extrait de naissance. Extrait d'acte*. – Pp. subst. de *extraire*.

extrajudiciaire [ɛkstʀaʒydisjɛʀ] adj. Qui est hors de la procédure d'une instance judiciaire.

extralégal, ale, aux [ɛkstʀalegal, o] adj. En dehors de la légalité.

extralucide [ɛkstʀalysid] adj. Qui perçoit ce qui échappe à la conscience normale (l'avenir, les pensées d'autrui, etc.). *Des voyantes extralucides*.

extra-muros [ɛkstʀamyʀos] adv. En dehors de la ville. – adj. inv. *Quartier extra-muros*. – Mots lat., «hors des murs».

extranéité [ɛkstʀaneite] n. f. DR Qualité, statut d'étranger. – Du lat. *extraneus*, «étranger».

extraordinaire [ɛkstʀaɔʀdinɛʀ] adj. et n. m. **I. 1.** Qui étonne par sa singularité, sa bizarrerie. *Une aventure extraordinaire.* ▷ n. m. *Il est toujours attiré par l'extraordinaire.* **2.** Bien au-dessus de la moyenne. *Mémoire extraordinaire.* **II.** Qui fait exception. *Moyens extraordinaires.* – *Ambassadeur extraordinaire,* envoyé pour une circonstance particulière. ▷ FIN *Budget extraordinaire.* – Lat. *extraordinarius,* « qui sort de l'ordre ».

extraordinairement [ɛkstʀaɔʀdinɛʀmɑ̃] adv. **1.** D'une façon extraordinaire. **2.** Extrêmement. – De *extraordinaire.*

extraparlementaire [ɛkstʀapaʀləmɑ̃tɛʀ] adj. Qui se fait, qui existe en dehors du Parlement. *Commission extraparlementaire.*

extrapatrimonial, ale, aux [ɛkstʀapatʀimɔnjal, o] adj. Qui est hors du patrimoine.

extrapolation [ɛkstʀapɔlasjɔ̃] n. f. **1.** Action de tirer une conclusion générale à partir de données partielles. **2.** MATH Action de calculer les valeurs d'une fonction en dehors de l'intervalle à l'intérieur duquel ces valeurs sont connues. – De *extra-,* et *(inter)polation.*

extrapoler [ɛkstʀapɔle] v. tr. [1] **1.** Faire une extrapolation. **2.** MATH Calculer (des valeurs) par extrapolation. ▷ *Par ext.* Déduire des valeurs prévisibles d'une série de valeurs connues. – De *extrapolation.*

extrapyramidal, ale, aux [ɛkstʀapiʀamidal, o] adj. ANAT *Système extrapyramidal :* ensemble des structures nerveuses formées par les noyaux gris moteurs et par les fibres afférentes et efférentes situées sous le cortex et le thalamus, à l'exclusion de la voie pyramidale et du cervelet. ▷ MED *Syndrome extrapyramidal :* ensemble des troubles moteurs résultant d'une atteinte du système extrapyramidal. *Le syndrome parkinsonien est un syndrome extrapyramidal.*

extrasensible [ɛkstʀasɑ̃sibl] adj. Qui ne peut être perçu par les sens.

extrasystole [ɛkstʀasistɔl] n. f. MED Contraction supplémentaire du cœur, suivie d'une pause, qui s'intercale entre les contractions normales.

extra-terrestre ou **extraterrestre** [ɛkstʀatɛʀɛstʀ] adj. et n. D'une autre planète, d'un autre monde que la Terre. *Des extra-terrestres* ou *des extraterrestres.*

extraterritorial, ale, aux [ɛkstʀatɛʀitɔʀjal, o] adj. Qui est hors du territoire, à l'étranger.

extraterritorialité [ɛkstʀatɛʀitɔʀjalite] n. f. DR Fiction juridique selon laquelle les ambassades en pays étrangers sont considérées comme faisant partie du territoire du pays qu'elles représentent.

extra-utérin, ine [ɛkstʀayteʀɛ̃, in] adj. MED *Grossesse extra-utérine,* résultant de la fixation et du développement de l'œuf fécondé en dehors de la cavité utérine (trompe, péritoine).

extravagance [ɛkstʀavagɑ̃s] n. f. **1.** Caractère d'une personne, d'une chose extravagante. *L'extravagance de son costume.* **2.** Acte, parole extravagante, bizarre. *Faire des extravagances.* – De *extravagant.*

extravagant, ante [ɛkstʀavagɑ̃, ɑ̃t] adj. Qui s'écarte du sens commun, de la norme; bizarre, grotesque. *Un discours extravagant.* – Du lat. *extra,* « en dehors », et *vagans,* ppr. de *vagari,* « errer ».

extravaguer [ɛkstʀavage] v. intr. [1] Rare Dire ou faire des choses dépourvues de bon sens. – V. extravagant.

extravasation [ɛkstʀavazasjɔ̃] n. f. Action de s'extravaser. – De *extravaser.*

extravaser (s') [ɛkstʀavaze] v. pron. [1] S'épancher hors de ses vaisseaux (sang, sève, etc.). – Du lat. *extra,* et *vas,* « vase ».

extravéhiculaire [ɛkstʀaveikylɛʀ] adj. ESP Qui se fait, qui a lieu hors des engins spatiaux, dans l'espace. *Les premiers travaux extravéhiculaires ont été accomplis en 1973 au cours de la mission américaine Skylab.*

extraversion [ɛkstʀavɛʀsjɔ̃] n. f. PSYCHO Comportement d'un individu ouvert au monde extérieur. Ant. introversion. – Du lat. *extra,* et *vertere,* « tourner ».

extraverti, ie [ɛkstʀavɛʀti] adj. Qui a tendance à l'extraversion. – De *extraversion.*

extrémal, ale, aux [ɛkstʀemal, o] adj. MATH, PHYS D'un extremum, qui correspond à un extremum. *Valeur extrémale.* – De *extrême.*

extrême [ɛkstʀɛm] adj. et n. m. **I.** adj. **1.** Qui est tout à fait au bout, à la fin. *L'extrême limite.* **2.** Au plus haut degré. *Extrême plaisir.* **3.** (Après le nom.) Qui s'écarte considérablement de ce qui est modéré, mesuré. *Climat extrême. Caractère extrême.* **II. 1.** n. m. *Les extrêmes :* les choses, les personnes totalement opposées. *Aller d'un extrême à l'autre.* ▷ MATH Premier et dernier terme d'une proportion (par oppos. à *moyens*). ▷ PHYS La plus petite et la plus grande des valeurs observées. **2.** Loc. adv. *À l'extrême :* au dernier point. – Lat. *extremus.*

extrêmement [ɛkstʀɛmmɑ̃] adv. D'une manière extrême, très. – De *extrême.*

extrême-onction. V. onction.

extrême-oriental, ale, aux [ɛkstʀɛmɔʀjɑ̃tal, o] adj. et n. De l'Extrême-Orient, ensemble des pays d'Asie situés à l'E. du détroit de Malacca. ▷ Subst. *Les Extrêmes-Orientaux.*

extrémisme [ɛkstʀemism] n. m. Tendance à adopter des idées, partic. des idées politiques, extrêmes. – De *extrême.*

extrémiste [ɛkstʀemist] adj. et n. Favorable à l'extrémisme. – Subst. *Une action d'extrémistes.* – De *extrémisme.*

extrémité [ɛkstʀemite] n. f. **1.** Partie qui termine une chose. *Les deux extrémités d'une corde.* ▷ *Les extrémités :* les pieds et les mains. **2.** État, situation critique. *Être réduit à une pénible extrémité.* ▷ *Être à la dernière extrémité :* être près de mourir. **3.** Idée, acte extrême, violent. *Se porter à des extrémités.* – Lat. *extremitas.*

extremum [ɛkstʀemɔm] n. m. MATH Point qui correspond à la valeur minimale ou maximale d'une fonction. – Mot lat.

extrinsèque [ɛkstʀɛ̃sɛk] adj. **1.** Qui vient du dehors, dépend de circonstances extérieures. *Valeur extrinsèque d'une monnaie.* Ant. intrinsèque. **2.** ELECTRON Se dit d'un semiconducteur dans lequel on a introduit des impuretés en petite quantité. – Lat. *extrinsecus,* « du dehors ».

extrorse [ɛkstʀɔʀs] adj. BOT *Étamine extrorse :* dont l'anthère s'ouvre vers l'extérieur de la fleur. – Lat. *extrorsus.*

extruder [ekstʀyde] v. [1] **1.** v. tr. TECH Opérer l'extrusion d'une matière plastique en vue d'en faire des boudins qui deviendront par la suite des tuyaux, des gaines, des revêtements de câbles, etc. **2.** v. intr. GEOMORPH Pour un volcan, expulser de la lave. – Lat. *extrudere,* « expulser violemment ».

extrudeuse [ekstʀydøz] n. f. TECH Machine servant à façonner les matières plastiques en divers produits. – Du lat. *extrudere,* « expulser violemment ».

extrusion [ɛkstʀyzjɔ̃] n. f. **1.** TECH Transformation des matières plastiques par passage dans une extrudeuse. **2.** GEOMORPH Éruption de roches volcaniques; configuration rocheuse résultant de cette éruption. – Du lat. *extrudere* (V. extruder), d'après *intrusion.*

exubérance [egzybeʀɑ̃s] n. f. **1.** Caractère d'une personne, d'un sentiment exubérant. *Parler avec exubé-*

rance. **2.** Surabondance. *Exubérance de certaines plantes.* ▷ Fig. *Exubérance d'idées.* – Lat. *exuberantia,* « abondance ».

exubérant, ante [ɛgzybeʀɑ̃, ɑ̃t] adj. **1.** Qui exprime un débordement de vie par ses actes, ses paroles. *Une fille exubérante.* ▷ Par ext. *Une joie exubérante.* **2.** Surabondant. *Végétation exubérante.* – Lat. *exuberans,* ppr. de *exuberare,* « regorger ».

exulcérer [ɛgzylseʀe] v. tr. [14] MED Provoquer une ulcération légère et superficielle sur. – Lat. *exulcerare,* rac. *ulcus, ulcéris,* « plaie ».

exultation [ɛgzyltasjɔ̃] n. f. Transport de joie. – Lat. *exsultatio.*

exulter [ɛgzylte] v. intr. [1] Être transporté de joie. – Lat. *exsultare,* de *saltare,* « sauter ».

exutoire [ɛgzytwaʀ] n. m. **1.** Moyen de se débarrasser d'une chose; dérivatif à un sentiment violent. *Trouver un exutoire à sa colère.* **2.** Anc. MED Ulcère produit et entretenu artificiellement pour déterminer la suppuration. **3.** TRAV PUBL Endroit où s'évacuent les eaux d'un réseau d'assainissement. – Du lat. *exutus,* pp. de *exuere,* « dépouiller ».

exuviation [ɛgzyvjasjɔ̃] n. f. Fait de rejeter les vieilles peaux lors de la mue. – De *exuvie.*

exuvie [ɛgzyvi] n. f. Peau rejetée lors de la mue. – Lat. *exuviae* (n. f. pl.), « dépouilles; ce qu'on a ôté du corps ».

ex vivo [ɛksvivo] loc. adv. Didac. Hors de l'organisme vivant. *Intervention chirurgicale ex vivo,* dans laquelle un organe est opéré hors du corps auquel il reste relié par des éléments circulatoires essentiels. – Mots lat.

ex-voto [ɛksvoto] n. m. inv. Inscription, objet placés dans un sanctuaire en remerciement pour un vœu exaucé. – De la formule lat. *ex voto suscepto,* « suivant le vœu fait ».

eye-liner [ajlajnœʀ] n. m. (Anglicisme) Cosmétique fluide destiné à souligner d'un trait le bord de la paupière. *Des eye-liners.* – Mot amér. de *eye,* « œil », et *liner,* « traceur de filets ».

eyra [ɛʀa] n. m. Petit puma d'Amérique du Sud.

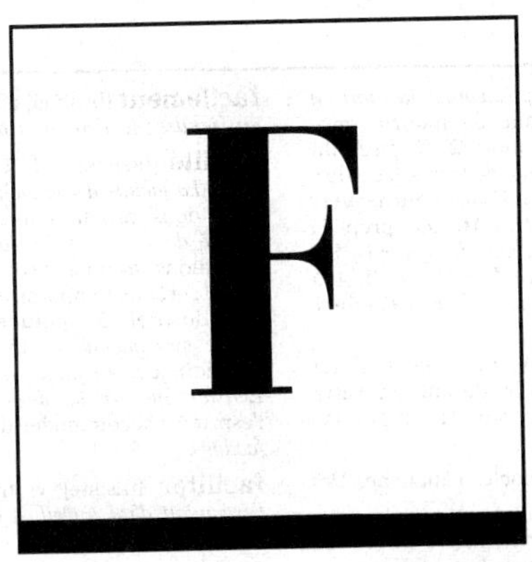

f [ɛf] n. m. et f. **1.** Sixième lettre (f, F) et quatrième consonne de l'alphabet, notant la fricative labiodentale sourde [f], qui s'amuït dans certains mots en position finale (ex. *clef, nerf; œufs, bœufs*). **2.** F : symbole du franc. **3.** CHIM F : symbole du fluor. ▷ PHYS F : symbole de force. – F : symbole de farad. – °F : symbole du degré Fahrenheit. – f : symbole de fréquence. – f : symbole de femto-. **4.** MUS Sixième degré de l'échelle *(fa)* dans la notation alphabétique. – *f* : forte (dans l'écriture musicale); *ff* : fortissimo.

fa [fɑ] n. m. inv. Quatrième note de la gamme d'*ut*. ▷ *Clé de fa*, représentée par un C retourné suivi de deux points, et indiquant que la note placée sur la ligne passant entre les deux points est un *fa*. – Prem. syll. du mot *famuli*, au 2e vers de l'hymne à saint Jean-Baptiste.

fable [fɑbl] n. f. **1.** Récit imaginaire didactique; mythe, légende. *La fable de Psyché.* – *La Fable* : la mythologie. ▷ Spécial. Court récit, apologue, généralement en vers, dont on tire une moralité. *Fables de La Fontaine.* **2.** Récit mensonger. *C'est une fable que l'on fait courir.* **3.** Sujet de risée. *Il est la fable du village.* – Lat. *fabula*, «propos, récit».

fabliau [fɑblijo] n. m. Conte en vers divertissant ou édifiant, à la mode au Moyen Âge. – Déform. de l'a. fr. *fablel, fableau*.

fablier [fɑblije] n. m. Recueil de fables. – De *fable*.

fabricable [fabʀikabl] adj. Qui peut être fabriqué. – De *fabriquer*.

fabricant, ante [fabʀikɑ̃, ɑ̃t] n. **1.** Personne qui possède ou dirige une fabrique. **2.** Personne qui fabrique elle-même des objets de consommation. – Lat. *fabricans*, ppr. de *fabricare*, «fabriquer».

fabricateur, trice [fabʀikatœʀ, tʀis] n. Péjor. Personne qui fabrique qqch. *Fabricateur de faux passeports.* – Lat. *fabricator*.

fabrication [fabʀikasjɔ̃] n. f. **1.** Art, action, manière de fabriquer des produits de consommation. *La fabrication des tapis.* – *C'est un gâteau de ma fabrication.* **2.** Action de fabriquer des choses trompeuses. *Fabrication de faux.* ▷ Fig. *Fabrication d'une excuse.* – Lat. *fabricatio*.

fabricien [fabʀisjɛ̃] n. m. Anc. Membre du conseil de fabrique d'une paroisse. Syn. marguillier. – De l'a. fr. *fabrice, fabrisse*, «revenus affectés à l'entretien d'une église».

fabrique [fabʀik] n. f. **1.** Établissement de moyenne importance ou peu mécanisé dans lequel des matières premières ou des produits semi-finis sont transformés en produits de consommation. *Une fabrique de porcelaine.* – *Marque de fabrique*, placée sur un objet pour en indiquer la provenance. **2.** BX-A Construction (château, pont, etc.) entrant dans la composition d'un tableau. **3.** Anc. *Conseil de fabrique* ou *fabrique* : groupe de clercs ou de laïcs chargés de l'administration financière d'une église. – Lat. *fabrica*, de *faber, fabri*, «artisan ouvrier».

fabriquer [fabʀike] v. tr. [1] **1.** Faire (un objet) en transformant une matière. *Entreprise qui fabrique du papier.* **2.** Confectionner (une chose destinée à tromper). *Fabriquer une fausse pièce d'identité.* ▷ Fig. *Fabriquer un mensonge.* – Lat. *fabricare*.

fabulateur, trice [fabylatœʀ, tʀis] adj. et n. PSYCHO Qui a tendance à la fabulation. – Lat. *fabulator*, «conteur, narrateur, fabuliste».

fabulation [fabylasjɔ̃] n. f. PSYCHO Fait de présenter comme une réalité vécue ce qui est purement imaginaire. *La fabulation, fréquente et normale chez les enfants, est caractéristique de certaines maladies mentales des adultes.* – Lat. *fabulatio*, «discours, conversation».

fabuler [fabyle] v. tr. [1] PSYCHO Se livrer à la fabulation. – De *fabulation*.

fabuleusement [fabyløzmɑ̃] adv. Prodigieusement. *Être fabuleusement riche.* – De *fabuleux*.

fabuleux, euse [fabylø, øz] adj. **1.** Litt. Qui appartient à la Fable, à la légende. *Les temps fabuleux.* **2.** Invraisemblable quoique vrai. *Un prix fabuleux.* – Lat. *fabulosus*, «qui est matière à beaucoup de fables».

fabuliste [fabylist] n. m. Auteur de fables. – Esp. *fabulista*.

fac [fak] n. f. Abrév. de *faculté* (sens II).

façade [fasad] n. f. **1.** Côté où est située l'entrée principale d'un bâtiment. *La façade d'un palais.* **2.** Fig. Apparence masquant une piètre réalité. *Une façade d'honnêteté.* – Ital. *facciata*.

face [fas] n. f. **A. 1.** Partie antérieure de la tête de l'homme. *Une face blême.* – *Sainte Face* : visage du Christ souffrant tel que, selon la Tradition, il se serait imprimé sur le voile de sainte Véronique. ▷ Loc. fig. *Perdre la face* : perdre sa dignité. – *Sauver la face* : sauver les apparences. **2.** Par anal. *La face d'une monnaie, d'une médaille* : le côté qui porte la figure. Syn. avers. Ant. pile, revers. ▷ *Une étoffe à double face*, dont l'envers est travaillé comme l'endroit. **3.** Chacune des surfaces présentées par une chose. *Les faces d'un cristal.* ▷ GEOM Chacun des plans qui délimitent un polyèdre. **4.** Aspect d'une chose. *La face des lieux a bien changé.* ▷ Fig. *Une affaire qui présente plusieurs faces.* **5.** *Faire face à* : être tourné du côté de. *Maison qui fait face à l'église.* ▷ *Faire face à l'ennemi*, lui présenter le front. – Fig. *Faire face à ses obligations*, les remplir. **B. I.** Loc. adv. **1.** *En face* : par-devant. *Regarder qqn en face.* ▷ Fig. *Regarder la mort en face* : courir sans crainte le risque de mourir, envisager sans s'en effrayer sa propre mort. **2.** *De face* : du côté où l'on voit toute la face. *Portrait de face.* Ant. de dos. **3.** *Face à face* : chacun ayant le visage tourné vers l'autre. *Ils se sont retrouvés face à face.* **II.** Loc. prép. **1.** *En face de* : vis-à-vis de. *S'asseoir en face de qqn.* – Fig. En présence de. *Rester insensible en face de la misère.* **2.** *À la face de* : en présence de, à la vue de. *À la face de l'univers.* – Lat. pop. **facia*.

face-à-face [fasafas] n. m. inv. Confrontation de deux personnalités, le plus souvent devant un vaste public. – Substantivation de la loc. adv. *face à face* (V. face).

face-à-main [fasamɛ̃] n. m. Binocle à manche. *Des faces-à-main.*

facétie [fasesi] n. f. Plaisanterie, farce. *Faire des facéties.* – Lat. *facetia*, de *facetus*, « bien fait, plaisant ».

facétieux, euse [fasesjø, øz] adj. **1.** Enclin à la facétie. *Personnage facétieux.* **2.** Qui se présente comme une facétie. *Fabliau facétieux.* – De *facétie*.

facétieusement [fascesjøzmɑ̃] adv. D'une manière facétieuse. – De *facétieux*.

facette [fasɛt] n. f. **1.** Petite face. *Diamant taillé à facettes.* ▷ ZOOL *Yeux à facettes* : yeux composés de petites lentilles chez les insectes et les crustacés. **2.** Fig. *Style à facettes*, plein de traits brillants. – *Homme à facettes*, qui présente des aspects divers. – De *face*.

facetter [fasɛte] v. tr. [1] TECH Tailler à facettes. – De *facette*.

fâché, ée [fɑʃe] adj. **1.** Mécontent, irrité. *Un air fâché.* **2.** Brouillé. *Il est fâché avec moi.* – Pp. de *fâcher*.

fâcher [fɑʃe] **I.** v. tr. [1] Mettre en colère, irriter. **II.** v. pron. **1.** Se mettre en colère. *Se fâcher contre des enfants insupportables.* **2.** *Se fâcher avec qqn*, se brouiller avec lui. – Du lat. pop. **fasticare*, altér. de *fastidiare*, class. *fastidire*, « éprouver du dégoût ».

fâcherie [fɑʃʀi] n. f. Brouille, mésentente. – De *fâcher*.

fâcheusement [fɑʃøzmɑ̃] adv. D'une manière fâcheuse. – De *fâcheux*.

fâcheux, euse [fɑʃø, øz] adj. et n. **1.** adj. Qui amène des désagréments. *Un contretemps fâcheux.* **2.** n. (et adj.) Litt. Qui importune, dérange. *« Les Fâcheux », comédie-ballet de Molière (1661).* – De *fâcher*.

facho [faʃo] adj. et n. inv. en genre Fam., péjor. Fasciste.

facial, ale, als [fasjal, o] ou **aux** adj. **1.** Qui appartient, qui a rapport à la face. *Névralgie faciale.* – *Angle facial*, formé par la droite joignant le front à la mâchoire inférieure avec la droite passant par les oreilles et la base du nez. **2.** Fig. *Valeur faciale d'un timbre*, sa valeur d'affranchissement (par oppos. à sa *valeur marchande*). – Du lat. *facies*, « face ».

facies ou mod. **faciès** [fasjes] n. m. **1.** Aspect du visage. ▷ Type de physionomie caractéristique de telle ou telle population. ▷ PREHIST Ensemble des caractères prépondérants dans une culture, une industrie, une technique. *Facies culturel.* ▷ MED Expression, aspect du visage, caractéristique d'une maladie. **2.** Aspect général. ▷ BOT *Faciès d'une plante.* ▷ GEOL Ensemble des caractères pétrographiques et paléontologiques d'une roche qui renseignent sur ses conditions de dépôt et de formation. – Mot lat.

facile [fasil] adj. **1.** Qui se fait sans peine. *Un exercice facile.* **2.** Qui paraît avoir été fait, obtenu, sans difficulté. *Un style facile. Avoir la parole facile.* ▷ Péjor. *Une plaisanterie facile.* **3.** (Personnes) Qui se laisse mener aisément. *Un enfant facile.* – Par ext. *Un caractère facile.* ▷ Spécial. *Une femme facile*, dont on obtient sans peine les faveurs. – Lat. *facilis*.

facilement [fasilmɑ̃] adv. Avec facilité, aisément. *Vous en viendrez facilement à bout.* – De *facile*.

facilité [fasilite] n. f. **1.** Qualité d'une chose facile à faire. *La facilité d'une tâche.* **2.** (Souvent plur.) Moyen de faire, de se procurer une chose sans difficulté. *Avoir la facilité de se voir.* ▷ FIN *Facilités de paiement* : délais, ou conditions avantageuses de règlement. – *Facilités de caisse* : crédits temporaires (ouverts à un commerçant, à un industriel). **3.** Aptitude à faire une chose sans effort. *Écrire avec facilité.* ▷ *Absol.* Don pour l'étude, pour la création. *Cet enfant a de la facilité.* ▷ Péjor. Médiocrité. *Écrivain qui tombe dans la facilité.* **4.** Disposition de l'esprit à s'accommoder de tout. *Facilité d'humeur.* – Lat. *facilitas*.

faciliter [fasilite] v. tr. [1] Rendre facile. *Faciliter l'exécution d'un travail.* – Ital. *facilitare*, de *facilità*, « facilité », du lat. *facilitas*.

façon [fasɔ̃] n. f. **I. 1.** Manière d'être, d'agir. *Une bonne façon d'écrire, de parler.* – Spécial. *C'est une façon de parler* : cela ne doit pas être pris à la lettre. **2.** Loc. adv. *De toute façon* : quelles que soient les circonstances. **3.** Loc. prép. *De façon à* (marquant la conséquence, le but). *Se conduire de façon à se faire remarquer.* **4.** Loc. conj. *De (telle) façon que* : de telle sorte que. *S'arranger de façon que tout soit prêt.* **II.** n. f. pl. **1.** Manières propres à une personne. *Avoir des façons engageantes.* **2.** Péjor. Démonstrations de politesse affectée. ▷ Loc. adv. *Sans façon(s)* : en toute simplicité, sans vaines cérémonies. **III. 1.** Action de façonner qqch ; son résultat. *Payer la façon d'un costume.* ▷ *Travailler à façon*, sur une matière qui a été fournie. **2.** AGRIC Travail, labour d'un sol. *Donner une seconde façon à un champ.* – Lat. *factio, factionis*, « action de faire ».

faconde [fakɔ̃d] n. f. Litt., souv. péjor. Trop grande abondance de paroles. *Quelle ennuyeuse faconde !* Syn. volubilité. – Lat. *facundia*, « éloquence ».

façonnage [fasɔnaʒ] ou **façonnement** [fasɔnmɑ̃] n. m. Action, art de façonner qqch. – De *façonner*.

façonné, ée [fasɔne] adj. Qui a été travaillé ; à quoi on a donné une forme. – Pp. de *façonner*.

façonner [fasɔne] v. tr. [1] **1.** Travailler (une matière) pour lui donner une forme. *Façonner de l'argile.* **2.** Faire (un objet). *Façonner une clef.* **3.** Fig. Former (qqn) par l'instruction, par l'usage. *Être façonné par l'expérience.* **4.** Vx ou litt. Accoutumer. *Façonner qqn à une vie rude.* ▷ v. pron. *Se façonner à un travail*, en faire l'apprentissage. – De *façon*.

façonnier, ère [fasɔnje, ɛʀ] n. et adj. **1.** Personne qui travaille à façon. **2.** Personne qui fait des façons, qui se montre affectée, prétentieuse. – De *façonner*.

fac-similé [faksimile] n. m. Reproduction exacte d'un écrit, d'un dessin, etc. *Des fac-similés de documents.* – Du lat. *fac simile*, « fais une chose semblable ».

factage [faktaʒ] n. m. Transport de marchandises à domicile ou au dépôt de consignation. *Entreprise de factage.* – *Par ext.* Prix de ce transport. ▷ Distribution par le préposé des lettres, des dépêches, etc., à domicile. – De *facteur*.

facteur [faktœʀ] n. m. **I. 1.** Fabricant d'instruments de musique (instruments à clavier, à vent et harpes). *Facteur d'orgues.* **2.** Personne chargée de remettre à leurs destinataires les lettres, les paquets, etc., confiés au service de La Poste. (La dénomination officielle est auj. *préposé*.) **3.** Vx COMM Agent chargé d'une opération commerciale pour un négociant qui réside ailleurs. **II. 1.** Élément qui conditionne un résultat. *Les facteurs de l'hérédité. Compter avec le facteur chance. Facteur de production.* ▷ BIOL *Facteur rhésus.* V. rhésus. – *Facteur de croissance* : substance qui détermine la croissance et la maturation des cellules et des tissus vivants. **2.** MATH

Chacun des termes d'un produit. ▷ *Facteur commun :* terme divisant exactement plusieurs expressions. ▷ *Facteur premier :* chacun des termes résultant de la décomposition d'un nombre entier en un produit de nombres premiers. ▷ *Mise en facteurs :* décomposition en produits de facteurs. **3.** PHYS Rapport entre deux grandeurs de même nature. *Facteur d'absorption.* – ELECTR *Facteur de puissance :* rapport entre la puissance active (fournie ou consommée) et la puissance apparente. – Lat. *factor,* «celui qui fait, créateur», de *factum,* de *facere,* «faire».

factice [faktis] adj. **1.** Artificiel. *Grotte factice.* **2.** Imité. *Bouteille factice.* **3.** Fig. Qui manque de naturel. *Enthousiasme, beauté factice.* Syn. artificiel, affecté. Ant. sincère, vrai. ▷ n. m. Ce qui est factice. *Cet artiste tombe dans le factice.* – Lat. *facticius,* «artificiel», de *facere,* «faire».

facticement [faktis(ə)mɑ̃] adv. D'un manière factice. *Prendre une voix facticement joyeuse.* – De *factice.*

facticité [faktisite] n. f. **1.** Caractère de ce qui est factice. **2.** PHILO Caractère de ce qui constitue un fait contingent. – De *factice.*

factieux, euse [faksjø, øz] adj. et n. Qui fomente des troubles politiques dans un État. – Lat. *factiosus,* de *factio* (V. faction).

faction [faksjɔ̃] n. f. **1.** Parti, cabale exerçant une activité factieuse dans un État. *Un État déchiré par les factions.* **2.** MILIT Mission dont est chargée une sentinelle. – *Par ext.* Position de guet, d'attente. *Je me suis mis en faction devant chez lui.* **3.** TECH Dans une entreprise travaillant en continu, chacune des trois tranches de huit heures. – Lat. *factio,* «action de faire, parti, ligue, troupe».

factionnaire [faksjɔnɛʀ] n. m. MILIT Soldat en faction. – De *faction.*

factitif, ive [faktitif, iv] adj. GRAM Qui indique que le sujet du verbe fait faire l'action. – Dér. du lat. *factitare,* «faire souvent», fréquentatif de *facere,* «faire».

factorerie [faktɔʀʀi] n. f. Vx Comptoir, bureau d'une agence commerciale à l'étranger ou dans une colonie. – De *facteur.*

factoriel, elle [faktɔʀjɛl] adj. et n. f. **1.** adj. Relatif à un facteur (sens II). *Psychologie factorielle.* ▷ MATH *Analyse factorielle :* méthode permettant de déterminer les relations de corrélation existant entre plusieurs variables. **2.** n. f. MATH Produit des n premiers nombres entiers, noté n ! (Ex. : $4! = 1 \times 2 \times 3 \times 4 = 24$.) – De *facteur.*

factoring [faktɔʀiŋ] n. m. Syn. off. déconseillé de *affacturage.* – Mot américain, de *factor,* «agent».

factorisation [faktɔʀizasjɔ̃] n. f. MATH Mise en facteurs. – De *factoriser.*

factoriser [faktɔʀize] v. tr. [1] MATH Mettre en facteurs. – De *facteur.*

factotum [faktotɔm] n. m. Vieilli Celui qui s'occupe de tout dans une maison, homme à tout faire. *Des factotums.* – Lat. *fac totum,* «fais tout».

factuel, elle [faktɥɛl] adj. Relevant d'un fait, de faits. *Données factuelles.* – De *fait,* sur l'angl. *factual.*

factum [faktum] n. m. **1.** DR Vieilli Mémoire établi par l'une ou l'autre des parties d'un procès, exposant les faits mais y mêlant attaques et justifications. **2.** LITTER Péjor. Écrit, pamphlet. – Lat. *factum,* «fait».

facturation [faktyʀasjɔ̃] n. f. Action d'établir des factures. ▷ Service où l'on établit les factures. – De *facture* 2.

1. facture [faktyʀ] n. f. **1.** Manière dont est traitée, réalisée une œuvre de création. *Ce portrait est d'une facture énergique.* **2.** TECH Fabrication des instruments de musique. – A. fr. *faiture,* du lat. *factura,* de *facere,* «faire».

2. facture [faktyʀ] n. f. Pièce comptable détaillant la quantité, la nature et le prix de marchandises livrées ou de services, afin d'en demander ou d'en attester le règlement. ▷ *Facture pro forma,* établie à titre indicatif avant la livraison. ▷ *Prix de facture :* prix d'achat en fabrique. – De *facteur,* «agent commercial».

facturer [faktyʀe] v. tr. [1] Établir la facture de. *Facturer une marchandise.* – De *facture* 2.

facturette [faktyʀɛt] n. f. Reçu délivré lors d'un paiement par carte de crédit. – De *facture.*

facturier, ère [faktyʀje, ɛʀ] n. **1.** Personne chargée de la facturation. **2.** n. m. Livre dans lequel les factures sont enregistrées. **3.** n. f. TECH Machine comptable servant aux travaux de facturation. – De *facture* 2.

facule [fakyl] n. f. ASTRO Zone brillante du disque solaire. – Du lat. *facula,* «petite torche».

facultatif, ive [fakyltatif, iv] adj. Qu'on peut faire ou non, utiliser ou non. *Devoir facultatif. Arrêt facultatif.* – De *faculté.*

facultativement [fakyltativmɑ̃] adv. D'une manière facultative. – De *facultatif.*

faculté [fakylte] n. f. **I. 1.** PHILO ANC Fonction psychique. *Les facultés de l'âme.* **2.** Aptitude, disposition naturelle d'un individu. *Il possède une faculté de concentration étonnante. Ne pas jouir de toutes ses facultés :* ne pas avoir toute sa raison. **3.** Propriété que possède une chose. *Les facultés productives de la terre.* **4.** DR Pouvoir, autorisation, droit de faire une chose. *Vendre avec faculté de rachat.* **II. 1.** Corps des professeurs chargés d'une partie de l'enseignement au sein de l'Université. *Faculté de droit, des sciences.* **2.** Ensemble des bâtiments où se fait cet enseignement. **3.** Absol. *La Faculté :* la faculté de médecine, les médecins. *L'avis de la Faculté.* – Lat. *facultas,* «capacité, aptitude», de *facere,* «faire».

fada [fada] adj. et n. m. Rég. (Midi) Cinglé, un peu fou. – n. m. *Espèce de fada !* – Provenç. mod. *fadas,* de *fat,* «sot».

fadaise [fadɛz] n. f. (Surtout au plur.) Niaiserie ; chose inutile et frivole. *Débiter des fadaises.* – Provenç. *fadeza,* «sottise», de *fat,* «sot».

fadement [fadmɑ̃] adv. D'une manière fade. – De *fade.*

fadasse [fadas] adj. Péjor. D'une fadeur déplaisante. *Des cheveux blond fadasse.* – De *fade,* et suff. péjor. *-asse.*

fade [fad] adj. **1.** Qui manque de saveur. *Un mets fade.* Syn. insipide. **2.** Fig. Qui manque de caractère, de piquant. *Beauté, style fade.* Syn. plat. – D'un lat. pop. **fastidus,* croisement du lat. *factus,* «fade», et *sapidus,* «qui a du goût».

fadeur [fadœʀ] n. f. **1.** Caractère de ce qui est fade. **2.** (Plur.) Compliments, propos fades. – De *fade.*

fading [fadiŋ] n. m. TELECOM Diminution momentanée de la puissance d'une onde radioélectrique au point de réception. Syn. (officiellement recommandé) évanouissement. – Mot angl., de *to fade,* «disparaître».

fado [fado] n. m. Chant populaire portugais évoquant le destin de celui qui vit les tourments de l'amour. – Mot portug., «destin», du lat. *fatum.*

fafiot [fafjo] n. m. Arg. Billet de banque. – Rad. onomat. *faf-,* désignant un objet de peu de valeur.

fagacées [fagase] n. f. pl. BOT Famille d'amentiflores dont le hêtre est le type. – Sing. *Une fagacée.* – Du lat. *fagus,* «hêtre».

fagales [fagal] n. f. pl. BOT Ordre d'amentiflores dont le fruit entier est un akène, et qui comprend les *fagacées* et les *bétulacées* (bouleaux). – Sing. *Une fagale.* – Du lat. *fagus,* « hêtre ».

fagne [faɲ] n. f. Rég. Marais tourbeux des Ardennes. – Mot dial. wallon ; frq. **fanja.* V. fange.

fagot [fago] n. m. Faisceau de menues branches. *Un fagot de sarments.* ▷ Loc. *Sentir le fagot* : être suspect d'hérésie (parce que l'on condamnait les hérétiques au supplice du feu). – *De derrière les fagots. Vin de derrière les fagots,* excellent, vieilli en cave. – *Par ext.,* fam. Se dit d'une chose excellente ou remarquable en son genre. *Il nous a sorti un projet de derrière les fagots.* – P.-ê. du gr. *phakos,* de *phakelos,* par le provenç. *fagot.*

fagotage [fagɔtaʒ] n. m. **1.** Bois à faire des fagots. **2.** Fig., fam. Action de fagoter ; accoutrement. – De *fagoter.*

fagoter [fagɔte] v. tr. [**1**] **1.** Vx ou rég. Mettre en fagots. **2.** Fig., fam. Habiller mal, sans goût. – Pp. adj. *Individu (mal) fagoté,* mal habillé. ▷ v. pron. *Elle se fagote bizarrement.* Syn. accoutrer. – De *fagot.*

fagotier [fagɔtje] n. m. **1.** Ouvrier qui fait des fagots. **2.** Lieu où sont entreposés des fagots. – De *fagot.*

Fahrenheit [faʀɛnajt] adj. inv. *Degré Fahrenheit* (symbole °F) : désigne l'échelle de température cour. employée en G.-B., aux É.-U. et au Canada. (Au 0 °C correspond le 32 °F et au 100 °C le 212 °F ; les équivalences de température (*t*) se calculent, à partir de l'échelle centésimale, selon la formule : $t_C=\frac{5}{9}(t_F-32)$; inversement : $t_F=\frac{9}{5}t_C+32$. – Du n. du phys. prussien Daniel Gabriel *Fahrenheit* (1686 - 1736), inventeur d'une graduation de thermomètre.

faiblard, arde [fɛblaʀ, aʀd] adj. Fam. Assez faible. – De *faible,* et *-ard.*

faible [fɛbl] adj. et n. **1.** Qui manque de force, de vigueur physique. *Le malade est encore faible. Avoir le cœur faible.* Syn. fragile. **2.** Qui manque de résistance, de solidité. *Cette poutre est trop faible.* **3.** Qui n'a pas la puissance, les moyens nécessaires pour se défendre. *Nous étions trop faibles pour résister à l'ennemi.* Syn. impuissant, désarmé. ▷ n. m. *Défendre le faible contre le fort.* **4.** Insuffisant en valeur, en intensité. *Une voix faible. Une faible consolation. Une monnaie faible.* **5.** Peu important. *Une faible quantité suffira.* **6.** Dont la valeur, les capacités intellectuelles sont insuffisantes. *Avoir le jugement faible. Un raisonnement faible.* ▷ Subst. (Surtout au masc.) *Un faible d'esprit.* **7.** Qui manque de fermeté, d'énergie. *Être trop faible avec ses enfants.* Syn. indulgent, veule. ▷ n. m. *On ne peut se fier aux faibles.* **8.** *Le point faible* ou, n. m., *le faible* : ce qu'il y a de moins fort, de moins solide, de moins résistant. *Le faible d'une place.* ▷ *Par ext.* Ce qu'il y a de défectueux en qqch, faille. *Le faible d'une argumentation.* – Principal défaut de qqn ; passion dominante. *Prendre qqn par son faible.* ▷ *Avoir un faible pour,* une préférence marquée pour. **9.** CHIM Qualifie un acide ou une base partiellement dissociés. **10.** PHYS NUCL *Interaction faible* : interaction* qui intervient notam. dans les désintégrations radioactives. – Lat. *flebilis,* « pitoyable ».

faiblement [fɛbləmɑ̃] adv. Avec faiblesse, à peine. – De *faible.*

faiblesse [fɛblɛs] n. f. **1.** Caractère de ce qui est faible, insuffisant. **2.** Défaut qui dénote cette insuffisance. *Votre raisonnement présente des faiblesses.* ▷ *Avoir une faiblesse pour,* une préférence, un goût particulier pour. **3.** Défaillance, syncope. – De *faible.*

faiblir [fɛbliʀ] v. intr. [**3**] Perdre de sa force, de son courage, de son intensité, de sa fermeté, etc. *Ce vieillard faiblit. Devant ses pleurs, il faiblit.* Syn. fléchir. – De *faible.*

faiblissant, ante [fɛblisɑ̃, ɑ̃t] adj. Qui devient faible. *Un vieillard faiblissant.* – Ppr. de *faiblir.*

faïence [fajɑ̃s] n. f. Poterie à pâte poreuse, opaque, vernissée ou émaillée. – De *Faenza,* v. d'Italie.

faïencé, ée [fajɑ̃se] adj. Qui imite la faïence. – De *faïence.*

faïencerie [fajɑ̃sʀi] n. f. **1.** Fabrique de faïence. **2.** Poteries de faïence. – De *faïence.*

faïencier, ère [fajɑ̃sje, ɛʀ] n. Personne qui fait ou vend de la faïence. – De *faïence.*

1. faille [fɑj] n. f. **1.** GEOL Cassure plus ou moins plane affectant des couches géologiques, avec rejet ou non des deux blocs situés de part et d'autre de la cassure. (Les failles sont fréquemment associées en champs de fractures, avec constitution de horsts et de grabens.) **2.** Fig. Défaut, lacune. *Il y a une faille dans son raisonnement.* – A. fr. « manque », de *faillir.*

2. faille [fɑj] n. f. Étoffe de soie à gros grain. – Mot du Nord, orig. incert. ; « voile de femme ».

faillé, ée [fɑje] adj. Qui présente des failles. *Relief faillé.* – De *faille* 1.

failli, ie [faji] adj. et n. Qui a fait faillite. – Ital. *fallito,* sur *faillir.*

faillibilité [fajibilite] n. f. Fait d'être susceptible de commettre une erreur. *La faillibilité humaine.* – De *faillible.*

faillible [fajibl] adj. Qui peut commettre une erreur ou une faute. *Tout homme est faillible.* – De *faillir,* d'apr. le lat. médiév. *fallibilis,* « trompeur ; qui fait défaut ».

faillir [fajiʀ] v. intr. [**28**] (Le présent, *je faux, tu faux, il faut, nous faillons, vous faillez, ils faillent,* et l'imparfait, *je faillais,* etc., sont pratiquement inusités.) **I.** Litt. **1.** Manquer à (un devoir). *Faillir à une promesse.* **2.** Rare Céder, faire défaut. *Cet édifice a failli par la base. La mémoire lui faillit tout à coup.* **II.** *Faillir* (+ inf.) : manquer de, risquer de, être sur le point de. *J'ai failli mourir. Cela a failli arriver.* – Lat. pop. **fallire,* dédoublé en *faillir* et *falloir.*

faillite [fajit] n. f. **1.** DR Anc. Situation, constatée par un tribunal, d'un commerçant qui a cessé ses paiements. *Faire faillite. Faillite frauduleuse.* – Règlement judiciaire d'une telle situation. ▷ Mod. *Faillite* (personnelle) : situation du dirigeant d'une entreprise en cessation de paiement, reconnu par un tribunal coupable d'une gestion imprudente ou d'agissements malhonnêtes. *La faillite est passible d'un ensemble de sanctions.* **2.** Fig. Échec complet, insuccès. *La faillite d'une politique, d'un système.* – De l'ital. *fallito,* de *fallire,* « manquer » (de l'argent nécessaire), adapté d'apr. *faillir.*

faim [fɛ̃] n. f. **1.** Besoin, désir de manger. *Avoir faim. Mourir, crever de faim. Ne pas manger à sa faim.* ▷ *Rester sur sa faim* : ne pas être rassasié ; fig. être insatisfait. ▷ *Un meurt-de-faim, un crève-la-faim* : une personne qui ne mange pas à sa faim, un miséreux. **2.** *Par ext.* Malnutrition, sous-alimentation. *Problèmes de la faim dans le monde.* **3.** Fig. Besoin, désir. *Avoir faim de richesses.* Syn. soif. – Lat. *fames, famis.*

faîne ou **faine** [fɛn] n. f. Fruit du hêtre. – Du lat. pop **fagina (glans),* « gland de hêtre », de *fagus,* « hêtre ».

fainéant, ante [feneɑ̃, ɑ̃t] adj. et n. Qui ne veut rien faire, qui ne veut pas travailler. – Subst. *Un fainéant, une fainéante.* Syn. paresseux. ▷ HIST *Les rois fainéants* : les derniers rois mérovingiens, qui laissèrent gouverner les maires du palais. – De *fais,* et *néant,* altér. de *faignant,* de *feindre,* au sens anc. « paresser ».

fainéanter [feneɑ̃te] v. intr. [**1**] Ne rien faire par paresse. – De *fainéant.*

fainéantise [feneɑ̃tiz] n. f. Caractère, attitude du fainéant. – De *fainéant.*

1. faire [fɛʀ] v. tr. [**10**] **I.** Créer, produire. **1.** Créer, fabriquer. *Dieu a fait le ciel et la terre. Faire une maison.* –

(Abstrait) *Faire des vers, un discours.* **2.** Produire (de soi). *Le bébé fait ses dents. La chatte a fait ses petits.* – Évacuer. *Faire du sang.* – *Absol.* Déféquer. – Avoir, présenter (un trouble). *Faire de la fièvre.* **3.** Former, façonner, produire. *Ce professeur a fait de bons élèves. Faire des heureux.* – Nommer, proclamer. *Faire un maréchal de France.* **4.** Constituer. *L'union fait la force. Deux et deux font quatre.* ▷ GRAM Prendre telle terminaison. *« Cheval » fait « chevaux » au pluriel.* **5.** Prendre, s'approvisionner en. *Faire de l'eau. Faire du bois dans la forêt.* **6.** Vendre, produire. *Faites-vous cet article ? Ce cultivateur fait des céréales.* – Fam. Vendre à un certain prix (une marchandise). *À combien faites-vous le kilo ?* **7.** *Faire à* : accoutumer à. *Il l'a faite à cette idée. Je suis fait à la fatigue.* **8.** *Faire (qqch) de* : utiliser, tirer parti de. *Il ne sait que faire de son argent.* ▷ *N'avoir que faire de* : n'avoir aucun besoin de, ne faire aucun cas de. *Je n'ai que faire de vos conseils.* **II.** Exécuter physiquement ou moralement. **1.** Effectuer (un mouvement). *Faire un geste.* – Prendre (une attitude). *Faire la mauvaise tête. Faire grise mine. Faire bonne contenance.* **2.** Exécuter (une action). *Faire des bêtises. Faire un achat. Ne rien faire. Volcan qui fait éruption.* ▷ *Absol.* Agir. *Il a fait de son mieux.* **3.** Exécuter (une opération). *Faire la moisson.* ▷ *Absol.* Travailler. *Avoir à faire.* – S'occuper de. *Faire de la musique, de la politique.* – Occuper un emploi. *Que fait-il dans la vie ?* – Jouer le rôle de. *Faire tel personnage dans une pièce.* – Chercher à paraître (tel). *Faire le grand seigneur. Faire l'idiot.* **4.** Causer, être l'occasion de. *Ces pilules m'ont fait du bien. Faire plaisir. Faire du tort à qqn.* **5.** Avoir de l'importance. *Cela ne fait rien.* **6.** Parcourir (une distance, une région). *Il a fait le chemin sans s'arrêter.* – Fam. *Touristes qui font l'Espagne.* **7.** Dire, répliquer. *Je croyais, fit-elle...* **III.** *Faire* suivi d'un adj., d'un adv. ou d'un n. exprimant une mesure, un prix, une vitesse, etc. **1.** Avoir l'air, produire un certain effet. *Il fait vieux avant l'âge. Ce chapeau fait bien avec cette robe.* **2.** Donner pour. *On le fait plus riche qu'il n'est.* **3.** Avoir pour (taille, poids, vitesse, etc.). *Cette voiture fait (du) 100 à l'heure. Il fait du 42 de pointure. Ce colis fait trois kilos.* **4.** v. impers. (dans certaines loc.). *Il fait beau. Il fait de l'orage. Il fait bon vivre chez vous.* **IV.** v. pron. **1.** Se créer. *C'est ainsi que se font les réputations.* – Prov. *Paris ne s'est pas fait en un jour.* – Se produire, se réaliser. *Si cela peut se faire, j'en serais heureux.* ▷ v. impers. Arriver. *Comment se fait-il que vous soyez ici ?* **2.** (Suivi d'un adj.) Devenir. *Mon père se fait vieux.* ▷ v. impers. *Il se fait tard.* **3.** S'améliorer. *Ce vin se fera.* **4.** Être d'actualité. *Ce modèle ne se fait plus.* ▷ Être conforme aux bons usages. *Cela ne se fait pas.* **5.** Fam. *Se faire du mauvais sang* ou, ellipt., *s'en faire* : s'inquiéter. **6.** Pop., fam. *Se faire qqch, qqn.* Cf. se taper (sens III, 3 et 4). **V.** Auxil. de mode. **1.** Suivi d'un inf. (marquant que l'action est ordonnée par le sujet, mais non exécutée par lui). *Faire construire un pont.* – Être la cause de l'action indiquée par le verbe. *L'opium fait dormir.* – Permettre de. *Cela nous a fait patienter.* – Obliger à. *Je ne vous le fais pas dire.* **2.** (Employé comme substitut du verbe qui précède.) *Il s'exprime mieux que vous ne le faites.* **3.** Loc. *Ne faire que* (indiquant une action très brève). *Je n'ai fait que l'apercevoir.* ▷ *Ne faire que* : ne pas cesser de, ne pas faire autre chose que. *Il ne fait que chanter.* – Lat. *facere.*

2. faire [fɛʀ] n. m. **1.** Action de faire. *Il y a loin du vouloir au faire.* **2.** BX-A Manière d'exécuter une œuvre artistique. *Le faire d'un peintre.* – De *faire* 1.

faire-part [fɛʀpaʀ] n. m. inv. Lettre, billet, par lequel on annonce une nouvelle. *Faire-part de mariage, de décès.*

faire-valoir [fɛʀvalwaʀ] n. m. inv. **1.** Action de faire produire des revenus à une terre. *Le faire-valoir direct s'oppose au fermage et au métayage.* **2.** Personne qui fait valoir qqn, qui met en valeur les actions ou le jeu de qqn (acteurs). *Ce personnage est dans la pièce le faire-valoir du jeune premier.*

fair-play [fɛʀplɛ] n. m. inv. et adj. inv. (Anglicisme) Respect loyal des règles (d'un jeu, d'un sport, des affaires). *Le fair-play veut qu'il s'incline.* – adj. inv. *Il s'est montré très fair-play.* Syn. (off. recommandé) franc-jeu. – Mot angl., « jeu *(play)* loyal *(fair)* ».

faisabilité [fəzabilite] n. f. Caractère de ce qui est faisable. *Étude de faisabilité technique et financière d'un projet.* – D'abord en anglo-américain, *feasibility,* puis en français, sur *faisable.*

faisable [fəzabl] adj. Qui peut se faire, qui n'est pas impossible. – De *faire.*

faisan, ane [fəzɑ̃, an] n. **1.** Oiseau galliforme originaire d'Asie, aux longues plumes rectrices. (*Phasianus colchicus,* acclimaté en Europe, est devenu un gibier de choix ; le mâle, très coloré, mesure plus de 80 cm de long ; la *faisane* ou *poule faisane* a le plumage brun terne.) **2.** n. m. Fam. Homme d'une probité douteuse, aigrefin. – Anc. provenç., du lat. *phasianus,* gr. *phasianos,* « (oiseau) du Phase » (fleuve de Colchide, région de l'anc. Asie antérieure) où les Argonautes l'auraient découvert.

faisandage [fəzɑ̃daʒ] n. m. Action de faisander ; fait de se faisander. – De *faisander.*

faisandé, ée [fəzɑ̃de] adj. **1.** Qui s'est faisandé. *Gibier faisandé.* **2.** Fig. Corrompu. *Système faisandé.* – Pp. de *faisander.*

faisandeau [fəzɑ̃do] n. m. ZOOL Jeune faisan. – De *faisan.*

faisander [fəzɑ̃de] v. tr. [1] En parlant du gibier, le laisser se mortifier un certain temps pour qu'il prenne un fumet spécial. – v. pron. *Laisser se faisander une bécasse.* – De *faisan.*

faisanderie [fəzɑ̃dʀi] n. f. ZOOL Lieu où l'on élève les faisans. – De *faisan.*

faisceau [fɛso] n. m. **I.** Assemblage d'objets oblongs liés ensemble. *Un faisceau de roseaux.* **1.** ANTIQ ROM *Faisceaux de verges* : paquets de verges liées autour d'une hache, que les licteurs portaient comme symbole de l'autorité des magistrats. ▷ Emblème du fascisme italien. – *Faisceaux italiens de combat,* organisation fasciste fondée par Mussolini en 1919. **2.** Assemblage de fusils disposés crosse au sol et se soutenant mutuellement par leurs quillons. *Former les faisceaux.* **3.** ARCHI *Colonne en faisceau,* composée d'un ensemble de colonnettes. **II.** *Par compar.* Ensemble dont les parties sont groupées ou liées, ou forment un tout homogène. **1.** ANAT Ensemble des fibres formant un muscle ou un nerf. **2.** BOT *Faisceaux libéro-ligneux* : ensemble des vaisseaux servant à la circulation de la sève brute. **3.** GEOM *Faisceau harmonique* : ensemble de quatre droites issues d'un même point, divisant harmoniquement toute sécante. **4.** PHYS *Faisceau lumineux* : ensemble de rayons lumineux issus d'une même source. **5.** TELECOM *Faisceau hertzien* : liaison hertzienne entre deux stations. **6.** Fig. *Un faisceau d'amitiés. Un faisceau de preuves.* – Lat. pop. **fascellus,* de *fascis.*

faiseur, euse [fəzœʀ, øz] n. **1.** *Faiseur de* : personne qui fabrique (telle chose). *Faiseur de malles.* – Par dénigr. *Faiseur de phrases, d'embarras.* ▷ *Bon faiseur* : personne qui ne fabrique que des choses parfaites. *Un habit de chez le bon faiseur.* ▷ Vieilli, fam. *Faiseuse d'anges* : avorteuse. **2.** n. m. *Absol.* Péjor. Homme qui fait l'important ; habile intrigant. – De *faire.*

faisselle [fɛsɛl] n. f. Ustensile pour faire égoutter les fromages. – Lat. *fiscella,* dimin. de *fiscus,* « corbeille ».

1. fait [fɛ] n. m. **I. 1.** Action de faire. *Le fait de pleurer n'y changera rien. L'intention vaut le fait. Prendre qqn sur le fait.* ▷ DR Action qui produit un effet juridique. **2.** Ce que l'on fait, ce que l'on a fait. *C'est le fait d'Untel. Surveiller les faits et gestes de qqn.* – Exploit. *Haut fait. Faits d'armes. Faits de guerre.* **II. 1.** Ce qui existe réellement. *S'appuyer sur des faits et non sur des suppositions. C'est un fait. Le fait est que vous avez raison. Mettre, poser en fait.* ▷

Loc. adv. *De fait, en fait, par le fait* : véritablement, effectivement. *Il n'était roi que de nom, le maire du palais l'était de fait. Je vous avais prédit un échec, et, de fait, vous n'avez pas réussi.* – *Si fait* : oui, assurément. – *Tout à fait* : entièrement, complètement. *L'ouvrage est tout à fait terminé.* **2.** Ce qui arrive, est arrivé. *C'est un fait unique dans l'histoire. Rapporter des faits.* Syn. événement. **3.** Essentiel d'un sujet. *En venir au fait.* – *Mettre au fait* : mettre au courant, instruire (qqn). ▷ Loc. adv. *Au fait* : à propos. *Au fait, que vouliez-vous?* **4.** Ce qui revient à qqn, ce qui le concerne. *Dans cette succession, chacun a eu son fait.* – *Dire son fait à qqn,* lui dire ses vérités. – *Être sûr de son fait,* de ce que l'on avance. ▷ Loc. adv. *En fait de* : en matière de. *En fait de métaphysique...* **5.** PHILO Donnée de l'expérience. *Fait brut,* qui s'impose comme un fait immédiat dû à la perception sensible. *Fait scientifique* : résultat de l'élaboration critique du fait brut. – Du lat. *factum,* de *facere,* « faire ».

2. fait, faite [fɛ, fɛt] adj. **1.** Fabriqué. *Des vêtements faits sur mesure.* ▷ *Phrase toute faite* : locution banale, aphorisme. – *Être fait pour* : être propre, destiné à. *Les lois sont faites pour protéger les citoyens.* **2.** Conformé (de telle ou telle manière). *Cette femme est faite à ravir.* – Fig. *Une tête bien faite.* **3.** Réalisé, exécuté. *Aussitôt dit, aussitôt fait.* ▷ Fam. *C'est bien fait* : c'est mérité. **4.** Accompli. *Ce qui est fait est fait. C'en est fait* : c'est irrévocable. **5.** *Fait à* : habitué, endurci à. *Fait à la fatigue.* **6.** Qui est à maturité. *Un homme fait.* – (Choses) À point pour être consommé. *Ce fromage est fait.* **7.** Fam. Sur le point d'être découvert, arrêté. *Il m'a vu, je suis fait (comme un rat).* – Pp. de *faire.*

faîtage [fɛtaʒ] n. m. CONSTR Partie la plus élevée d'une charpente. – Arête supérieure d'une couverture. – De *faîte.*

fait divers ou **fait-divers** [fɛdivɛʀ] n. m. Information qui relate un événement (crime, vol, accident, etc.) touchant des particuliers. *Un étrange, un sanglant fait divers.* ▷ n. m. pl. Rubrique regroupant l'ensemble de ces événements, dans un journal. *La page des faits-divers.*

faîte [fɛt] n. m. **1.** Partie la plus élevée d'un bâtiment. *Le faîte d'une maison.* **2.** *Par ext.* Sommet, cime. *Le faîte d'une montagne, d'un arbre.* ▷ GEOMORPH *Ligne de faîte* : ligne de crête*. **3.** Fig. Le plus haut degré (de la gloire, des honneurs, etc.). *«Et, monté sur le faîte, il aspire à descendre» (Corneille).* – Du frq. **first,* d'apr. le lat. *fastigium,* proprement «toit à deux pentes»; d'abord *fest, feste.*

faîteau [fɛto] n. m. ARCHI Ornement placé aux extrémités d'un faîtage. – De *faîte.*

faîtière [fɛtjɛʀ] adj. et n. f. CONSTR **1.** adj. *Tuile faîtière* : tuile courbe recouvrant un faîtage. **2.** n. f. Lucarne en haut d'un comble. – De *faîte.*

fait-tout ou **faitout** [fɛtu] n. m. Récipient profond muni de deux anses et d'un couvercle, dans lequel on peut faire cuire toutes sortes d'aliments. *Des fait-tout* ou *faitouts.* – De *faire,* et *tout.*

faix [fɛ] n. m. **1.** Vx ou litt. Charge, fardeau pesant. *Plier sous le faix.* – Fig. *Le faix des impôts, des ans.* **2.** TECH Tassement dans une maison récemment construite. **3.** MED Fœtus et ce qui l'accompagne. – Lat. *fascis,* «faisceau, fardeau».

fakir [fakiʀ] n. m. **1.** Ascète musulman ou hindou se livrant à des mortifications publiques et vivant d'aumônes. **2.** Homme qui se livre publiquement à des exercices et des tours de magie; prestidigitateur. – *Par ext.* Thaumaturge. – Ar. *faqīr,* «pauvre».

falaise [falɛz] n. f. Côte abrupte et très élevée, dont la formation est due au travail de sape de la mer à la base d'une couche cohérente horizontale ou peu inclinée. *Les falaises d'Étretat.* – *Par ext.* Abrupt, spécial. dans un relief de côte. – Mot normanno-picard, du frq. **falisa,* «rocher».

falarique [falaʀik] n. f. HIST Arme de jet garnie de matières enflammées, utilisée de l'époque romaine au XVIe s. – Lat. *falarica.*

falbala [falbala] n. m. **1.** Anc. Bande d'étoffe plissée au bas d'un rideau, d'une jupe. **2.** (Plur.) Ornements prétentieux et de mauvais goût. *Une toilette à falbalas.* – Probabl. provenç. *farbella.*

falciforme [falsifɔʀm] adj. ANAT Qui a la forme d'une faucille. *Ligament falciforme.* – Du lat. *falx, falcis,* «faux», et *-forme.*

falconidés [falkɔnide] n. m. pl. ORNITH Famille de falconiformes comprenant les faucons, aigles, buses, etc. – Sing. *Un falconidé.* – Lat. *falco, falconis,* «faucon».

falconiformes [falkɔnifɔʀm] n. m. pl. ORNITH Ordre d'oiseaux réunissant dans deux fam. (falconidés et vulturidés) tous les rapaces diurnes. Syn. accipitriformes. – Sing. *Un falconiforme.* – Du lat. *falco, falconis,* «faucon», et *-forme.*

falerne [falɛʀn] n. m. Vin italien de Campanie. – Du n. de la v. de Campanie *Falerne.*

fallacieusement [falasjøzmɑ̃] adv. D'une façon fallacieuse. – De *fallacieux.*

fallacieux, euse [falasjø, øz] adj. **1.** Trompeur, perfide. *Serments fallacieux.* **2.** Spécieux. *Argument, raisonnement fallacieux.* – Lat. *fallaciosus.*

falloir [falwaʀ] v. impers. [50] **I.** *S'en falloir de* : manquer. *Il s'en faut de 100 F que la somme y soit. Tant, peu s'en faut que* : il s'en faut de beaucoup, de peu que. – (Au passé.) *Il s'en est fallu de peu que* ou *peu s'en est fallu que* : il a failli arriver que. **II. 1.** Être nécessaire. *Il faut 100 cl pour faire un litre. Il vous faut partir. Il faut que vous y alliez.* ▷ Fam. *Il faut voir* : il serait curieux ou intéressant de voir, de réfléchir. *Il faut voir ce que cela donnera. Il lui parle il faut voir comme!* **2.** Être bienséant. *Il ne faut pas montrer du doigt.* ▷ Fam. *Comme il faut* : convenablement. *Tiens-toi comme il faut.* Par ext. *Des gens comme il faut,* très convenables. **III. 1.** (Marquant une probabilité.) *Il faut qu'il soit fou pour refuser.* Fam. *Faut-il être borné pour ne pas comprendre!* **2.** (Exprimant la répétition.) *Il faut toujours qu'il ergote.* **3.** (Exprimant l'idée d'une fatalité.) *Il a fallu qu'il pleuve ce jour-là.* **4.** (Au passé, exprimant une condition non réalisée.) *Il fallait vous dépêcher, vous l'auriez vu.* – Lat. pop. **fallire,* class. *fallere,* «tromper, manquer à».

1. falot [falo] n. m. **1.** Grosse lanterne, fanal. **2.** Arg. Tribunal militaire. *Passer au falot.* – Toscan *falò,* altér. du gr. *pharos,* «phare», croisé avec *phanos,* de *phainein,* «briller».

2. falot, ote [falo, ɔt] adj. **1.** Vx Plaisant, drôle. *Aventure falote.* **2.** Terne, effacé. *Un être falot.* – P.-ê. de l'angl. *fellow,* «compagnon».

falsifiable [falsifjabl] adj. Susceptible d'être falsifié. *Un document facilement falsifiable.* – De *falsifier.*

falsificateur, trice [falsifikatœʀ, tʀis] n. Personne qui falsifie. – De *falsifier.*

falsification [falsifikasjɔ̃] n. f. Action de falsifier; état d'une chose falsifiée. – De *falsifier.*

falsifier [falsifje] v. tr. [2] Altérer volontairement (qqch) dans l'intention de tromper, de frauder. *Falsifier du vin. Falsifier de la monnaie. Falsifier un contrat.* Syn. dénaturer, contrefaire. – Bas lat. *falsificare.*

faluche [falyʃ] n. f. Vx Béret de velours noir que portaient autrefois les étudiants. – Mot lillois, «galette».

falun [falœ̃] n. m. Sable très riche en coquilles fossiles du tertiaire (lamellibranches, gastéropodes, etc.), utilisé comme amendement calcique. *Les faluns de Touraine.* – Mot provenç.

falzar [falzaʀ] n. m. Arg. Pantalon.

famé, ée [fame] adj. *Mal famé* ou *malfamé* : se dit d'un lieu qui a mauvaise réputation. *Quartier mal famé.* – A. fr. *fame,* du lat. *fama,* « renommée ».

famélique [famelik] adj. Qui n'assouvit pas sa faim. *Des animaux faméliques.* ▷ *Par ext.* Maigre, émacié. *Visage famélique.* – Lat. *famelicus,* de *fames,* « faim ».

fameusement [famøzmɑ̃] adv. Veilli, fam. Extrêmement. *C'est fameusement bon.* Syn. rudement, très. – De *fameux.*

fameux, euse [famø, øz] adj. **1.** Renommé, célèbre. *Des héros fameux.* ▷ Dont on a beaucoup parlé. *C'est le fameux chemin où nous sommes tombés en panne.* **2.** Fam. Excellent, parfait. *Ce vin est fameux. Pas fameux* : médiocre. **3.** Fam. Très grand, remarquable. *C'est un fameux imbécile.* – Lat. *famosus,* de *fama,* « renommée ».

familial, ale, aux [familjal, o] adj. Relatif à la famille. *Patrimoine familial. Allocations familiales.* ▷ MED *Maladie familiale* : affection héréditaire qui frappe plusieurs membres d'une même famille. – De *famille,* d'après l'ital. *familia.*

familialement [familjalmɑ̃] adv. **1.** Relativement à la famille. **2.** D'une manière familiale. – De *familial.*

familiarisation [familjaʀizasjɔ̃] n. f. Action de familiariser ; son résultat. – De *familiariser.*

familiarisé, ée [familjaʀize] adj. Qui s'est familiarisé (avec qqn, qqch). – Pp. de *familiariser.*

familiariser [familjaʀize] **1.** v. tr. [1] Rendre familier à (qqn), accoutumer, habituer. *Familiariser qqn avec le travail.* **2.** v. pron. Se rendre familier. *Il se familiarise avec tout le monde. Se familiariser avec une langue étrangère.* – Du lat. *familiaris,* « familier ».

familiarité [familjaʀite] n. f. **1.** Manière simple, familière, de se comporter. *Traiter qqn avec familiarité.* Syn. intimité. **2.** Manière de s'exprimer qui a le ton simple de la conversation ordinaire. *Familiarité du style.* **3.** (Plur.) Façon très ou trop familière. *Se permettre des familiarités déplacées.* – Lat. *familiaritas.*

familier, ère [familje, ɛʀ] adj. et n. **1.** Qui fait partie de la famille. – *Animal familier,* qui vit en compagnie de l'homme. ▷ Subst. Personne qui vit dans l'intimité d'une autre, la fréquente assidûment. *C'est un familier du prince.* **2.** Qui se comporte librement, sans façons (avec qqn). *Être familier avec qqn.* ▷ Qui se dit, se fait sans façons, sans gêne. *Discours, langage familier. Expression familière.* ▷ *Par ext.* Péjor. Qui manque de déférence. *Manières un peu familières.* Syn. irrespectueux, désinvolte. **3.** Que l'on connaît bien, que l'on utilise couramment. *Ce terme lui est familier.* Syn. ordinaire, habituel. **4.** Qui rappelle qqch ou qqn que l'on connaît. *Ce visage m'est familier.* – Lat. *familiaris.*

familièrement [familjɛʀmɑ̃] adv. D'une manière familière. *S'entretenir familièrement avec des amis.* – De *familier.*

familistère [familistɛʀ] n. m. **1.** Entreprise organisée en coopérative ouvrière de production dans plusieurs régions françaises. **2.** Dans certaines régions de France, magasin populaire non spécialisé où l'on trouve des produits bon marché. – De *famille,* d'apr. *phalanstère.*

famille [famij] n. f. **I. 1.** Ensemble de personnes formé par le père, la mère et les enfants. *Chef de famille.* ▷ Ensemble des enfants issus d'un mariage. *Famille nombreuse. Mère de famille. Soutien de famille* : fils, fille, frère, sœur subvenant aux besoins des siens. **2.** (Sens large.) Ensemble de toutes les personnes ayant un lien de parenté. *Réunir toute la famille. Avoir un air de famille.* – Par ext. *La famille humaine* : l'humanité tout entière. **3.** Race, lignée, descendance. *Famille royale. La famille des Bourbons. Jeune fille de bonne famille,* d'une famille honorable et aisée. Ellipt. *Fille, fils de famille.* **II. 1.** *Par anal.* Ensemble formé de choses ou d'êtres présentant des points communs. *Famille de mots. Famille d'esprit.* ▷ CHIM Ensemble d'éléments ayant des propriétés voisines. *Famille des halogènes.* ▷ MATH *Famille d'éléments indexée* : application faisant correspondre un ensemble d'éléments x à un ensemble d'indices i. – *Famille de courbes,* qui se déduisent les unes des autres par modification d'un paramètre. ▷ PHYS NUCL *Famille radioactive* : ensemble des éléments dérivant d'un même élément par désintégration radioactive. **2.** BIOL Unité systématique, moins importante que l'ordre et plus importante que le genre, dont le nom dérive généralement du genre type. *Genre Felis* (*felis* : « chat », en latin), *famille des félidés. Genre Rosa, famille des rosacées.* – Lat. *familia,* de *famulus,* « serviteur, esclave ».

famine [famin] n. f. Disette de vivres dans un pays, une ville. *Prendre une ville par la famine.* ▷ Loc. *Crier* famine.* ▷ *Salaire de famine,* très bas. – Du lat. *fames,* « faim ».

fan [fan] n. et adj. (Anglicisme) Fam. Admirateur enthousiaste d'une vedette. – Mot angl., abrév. de *fanatic.*

fana [fana] adj. et n. Fam. Abrév. de *fanatique. Être (un, une) fana de football. Des fanas.* – Abrév. de *fanatique.*

fanage [fanaʒ] n. m. Action de faner ; résultat de cette action. – De *faner.*

fanal, aux [fanal, o] n. m. Grosse lanterne portative ou fixe, servant à baliser, à signaler la présence d'un véhicule, d'un navire, d'un individu, ou à éclairer sa marche. – Ital. *fanale,* gr. *phanos,* « lanterne ».

fanatique [fanatik] adj. et n. **1.** Animé d'une exaltation outrée et intransigeante pour qqch ou qqn. *Les partisans fanatiques de telle tendance politique.* ▷ Subst. *C'est un(e) fanatique.* **2.** Qualifie une passion, un sentiment excessif. *Amour fanatique.* ▷ Subst. *Un fanatique de cinéma.* – Lat. *fanaticus,* « inspiré, en délire », et propr. « qui appartient au temple », de *fanum,* « temple ».

fanatiquement [fanatikmɑ̃] adv. D'une manière fanatique. – De *fanatique.*

fanatiser [fanatize] v. tr. [1] Rendre fanatique. *Ses discours fanatisent les foules.* – De *fanatique.*

fanatisme [fanatism] n. m. Zèle, enthousiasme excessif, exalté. *Fanatisme religieux.* – De *fanatique.*

fanchon [fɑ̃ʃɔ̃] n. f. Coiffure féminine faite d'un fichu noué sous le menton. – Anc. dimin. affectueux de *Françoise.*

fan-club [fanklœb] n. m. (Anglicisme) Association des fans d'une vedette. *Des fan-clubs.* – De *fan,* et *club.*

fandango [fɑ̃dɑ̃go] n. m. Danse populaire espagnole, d'origine andalouse, généralement exécutée au son de la guitare et des castagnettes ; air sur lequel on la danse. *Des fandangos.* – Mot esp.

fane [fan] n. f. Feuille ou tige feuillue de certaines plantes herbacées dont une autre partie est consommée. *Fanes de carottes.* – De *faner.*

fané, ée [fane] adj. Flétri. *Jeter des fleurs fanées.* Fig. *Visage fané. Couleur fanée,* passée. – Pp. de *faner.*

faner [fane] v. tr. [1] **I.** AGRIC Épandre et retourner (l'herbe coupée) pour qu'elle sèche. *Faner de la luzerne.* **II. 1.** Détruire la fraîcheur (d'une plante). *La sécheresse a fané la végétation.* Syn. flétrir. ▷ v. pron. *Les roses se fanent vite.* **2.** Fig. Altérer l'éclat de. *La fatigue a fané son beau visage.* ▷ v. pron. *Sa beauté se fane.* – Lat. pop. *fenare,* de *fenum,* « foin » ; d'abord *fener.*

faneur, euse [fanœʀ, øz] n. **1.** Personne qui fane. **2.** n. f. AGRIC Machine servant à faner. – De *faner.*

fanfare [fɑ̃faʀ] n. f. **1.** Air généralement vif et entraînant exécuté par des instruments de cuivre. ▷ Fig., fam. *Un réveil en fanfare,* brutal. **2.** Orchestre de cuivres et de percussions exécutant de tels airs. *La fanfare municipale.* – Formation expr. onomat.

fanfaron, onne [fɑ̃faʀɔ̃, ɔn] adj. et n. Se dit d'une personne qui exalte exagérément sa valeur, sa bravoure, ses mérites; vantard. – Qui dénote la vantardise. *Un air fanfaron.* – Esp. *fanfarrón,* de l'ar. *farfār,* « bavard, léger ».

fanfaronnade [fɑ̃faʀɔnad] n. f. Propos, action, attitude du fanfaron. – De *fanfaron.*

fanfaronner [fɑ̃faʀɔne] v. intr. [1] Faire le fanfaron. – De *fanfaron.*

fanfreluche [fɑ̃fʀəlyʃ] n. f. (Souv. péjor.) Ornement frivole et de peu de valeur. – De l'a. fr. *fanfeluce,* « bagatelle », du bas lat. *famfaluca,* altér. du gr. *pompholux,* « bulle d'air ».

fang [fɑ̃g] adj. (inv. en genre) Des Fangs, peuple du Gabon, de la Guinée équat. et du Cameroun (mérid.).

fange [fɑ̃ʒ] n. f. **1.** Boue, bourbe sale. **2.** Fig. Ce qui salit, souille, avilit. *Son nom fut traîné dans la fange. Couvrir qqn de fange,* l'injurier bassement. – Corse *fangu, fanga;* rac. gothique *fani.*

fangeux, euse [fɑ̃ʒø, øz] adj. **1.** Plein de fange. **2.** Fig. Abject. – De *fange.*

fanion [fanjɔ̃] n. m. Petit drapeau. *Fanion d'une ambulance. Fanion de signalisation.* – De *fanon,* avec changement de suff.

fanon [fanɔ̃] n. m. **1.** LITURG CATHOL Chacune des deux bandes de soie au bas de la mitre épiscopale. **2.** Peau pendant sous le cou de certains animaux (bœuf, chien, etc.). **3.** Chacune des lames cornées du palais des mysticètes, servant à filtrer le plancton. *Les baleines ont plusieurs milliers de fanons.* – Frq. *fano,* « morceau d'étoffe ».

fantaisie [fɑ̃tɛzi] n. f. **1.** Vx Imagination créatrice. **2.** Originalité dans le comportement qui dénote un caractère imaginatif. *Une personne pleine de fantaisie.* – Par ext. *Cette vie manque de fantaisie.* Ant. banalité, monotonie. **3.** Pensée, idée, goût capricieux. *Il faudrait satisfaire toutes ses fantaisies.* Syn. extravagance, lubie. **4.** Humeur, goût propre à qqn. *Vivre, juger selon sa fantaisie.* **5.** Objet généralement dépourvu d'utilité et de valeur mais qui plaît par son originalité. – (En appos.) *Un bijou fantaisie.* **6.** Œuvre d'imagination. ▷ MUS Composition de forme libre. *Fantaisie pour violon.* – Lat. *fantasia,* mot gr., « apparition », d'où « image, imagination ».

fantaisiste [fɑ̃tezist] adj. et n. **I.** adj. **1.** Qui vit à sa guise, de façon originale. ▷ Subst. *C'est un(e) fantaisiste.* Syn. original, farfelu. **2.** Qui n'est pas sérieux. *Information, interprétation fantaisiste.* Syn. faux. **II.** n. Artiste de music-hall qui présente un numéro comique. – De *fantaisie.*

fantaisistement [fɑ̃tezistəmɑ̃] adv. D'une manière fantaisiste. – De *fantaisiste.*

fantasia [fɑ̃tazja] n. f. Chez les Arabes, sorte de carrousel au cours duquel les cavaliers s'élancent au galop en tirant des coups de fusil. – Probablement mot esp. « imagination », et « vanité, arrogance », ar. *fantaziya,* « ostentation »; de « Une fantasia au Maroc », tableau de Delacroix.

fantasmagorie [fɑ̃tasmagɔʀi] n. f. **1.** Anc. Spectacle qui consistait à faire apparaître des fantômes par illusion d'optique, à la mode au siècle dernier. ▷ Mod. Spectacle étrange, fantastique. **2.** Abus d'effets fantastiques ou surnaturels. – Du gr. *phantasma,* « être imaginaire, fantôme », et *agoreuein,* « parler en public ».

fantasmagorique [fɑ̃tasmagɔʀik] adj. Qui tient de la fantasmagorie. – De *fantasmagorie.*

fantasmatique [fɑ̃tasmatik] adj. De la nature du fantasme. – De *fantasme.*

fantasme ou **phantasme** [fɑ̃tasm] n. m. PSYCHAN Ensemble de représentations imagées mettant en scène le sujet et traduisant, à travers les déformations de la censure imposée par le surmoi, les désirs inconscients de celui qui l'élabore. – Gr. *phantasma,* « vision ».

fantasmer [fɑ̃tasme] v. intr. [1] Élaborer des fantasmes. – De *fantasme.*

fantasque [fɑ̃task] adj. **1.** Sujet à des sautes d'humeur, à des fantaisies bizarres. *Caractère fantasque.* **2.** Bizarre, extraordinaire dans son genre. *Opinion fantasque.* – De *fantastique,* d'apr. l'anc. adj. *fantaste.*

fantasquement [fɑ̃taskəmɑ̃] adv. D'une manière fantasque. *Elle variait fantasquement les intonations de sa voix.* – De *fantasque.*

fantassin [fɑ̃tasɛ̃] n. m. Soldat d'infanterie. – Ital. *fantaccino.*

fantastique [fɑ̃tastik] adj. et n. m. sing. **1.** Chimérique, né de l'imagination, irréel. *Une vision fantastique.* **2.** Bizarre, surnaturel. *Une histoire fantastique.* ▷ n. m. sing. Ce qui est fantastique. – Genre fantastique en art, en littérature. **3.** Qui sort de l'ordinaire, étonnant, incroyable. *Le spectacle fantastique d'un volcan en éruption. Ce qui m'arrive est fantastique.* – Gr. *phantastikos,* « qui concerne l'imagination ».

ENCYCL **Littér.** – La littérature fantastique se caractérise par l'irruption d'un objet insolite dans le champ du réel, d'abord perturbé puis transformé. Aux légendes que le Moyen Âge exalte à l'aide du *merveilleux,* et aux contes du XVIIe s. (Perrault) succèdent les livres « noirs » du siècle des Lumières, notam. *le Diable amoureux* de Cazotte (1772). L'épanouissement du genre est contemporain du romantisme : en Angleterre et en Irlande, avec le roman noir (Maturin, Lewis, Mary Shelley); en Allemagne, avec les contes d'Hoffmann et d'Arnim. Bientôt, toute la littér. occid. est gagnée par le fantastique : en France, Nodier (l'« école frénétique », env. 1820), Balzac, Mérimée, Gautier, Nerval; en Russie, Gogol et Dostoïevski; aux É.-U., Poe, Irving et Hawthorne; en Pologne, Potocki. Auj., le fantastique revêt souvent la forme de la science-fiction (Ray Bradbury, Lovecraft); en outre, il inspire largement l'art cinématographique.

Bx-A. – La variété des thèmes fantastiques ressortit au versant nocturne des choses, sous-jacent à la plupart des représentations : la forêt (Grünewald, Dürer, Cranach, Altdorfer, Baldung-Grien), les monstres (bestiaires du Moyen Âge, Deutsch, Bosch, etc.), les scènes oniriques (Zuccari, Füssli, Moreau, Redon, Ensor, Kubin, De Chirico, Delvaux, Dalí), les lieux d'ombre et de ténèbres (Seghers, Monsu Desiderio, Piranèse, Goya, Hugo, Böcklin).

fantastiquement [fɑ̃tastikmɑ̃] adv. De façon fantastique. – De *fantastique.*

fantoche [fɑ̃tɔʃ] n. m. **1.** Marionnette. **2.** Fig. Personne sans personnalité qui se laisse manœuvrer et qu'on ne prend pas au sérieux. – (En appos.) *Un gouvernement fantoche.* – Ital. *fantoccio,* « marionnette », de *fante,* « enfant », et suff. péjoratif.

fantomatique [fɑ̃tɔmatik] adj. Qui a l'apparence d'un fantôme. – De *fantôme.*

fantôme [fɑ̃tom] n. m. **1.** Apparition surnaturelle d'un défunt, spectre. **2.** Fig. Apparence vaine, sans réalité. *C'est un fantôme de roi. Jouir d'un fantôme de liberté.* Syn. simulacre. ▷ (En appos.) *Gouvernement fantôme,* dépourvu d'autorité, ou d'existence juridique. **3.** (En appos.) MED *Douleurs fantômes :* douleurs réelles attribuées par un amputé au membre absent *(membre fantôme).* **4.** TECH Marque (fiche, planchette, etc.) laissée sur un rayon de bibliothèque à la place d'un document sorti. – Du gr. *phantasma,* « vision ».

fanzine [fɑ̃zin] n. m. ou f. Magazine imprimé le plus souvent de façon artisanale, à faible tirage et de périodicité variable, consacré à la bande dessinée. – Mot amér., de *fan*, abrév. de *fanatic*, et *(maga)zine*.

faon [fɑ̃] n. m. Petit du cerf, du chevreuil ou du daim. – Lat. pop. **feto*, «petit d'animal», de *fetus*, «enfantement».

faquin [fakɛ̃] n. m. Vx Individu méprisable. *Vil faquin.* Syn. coquin, maraud. – De l'a. fr. *facque*, néerl. *fak*, «poche».

far [faʀ] n. m. CUIS Sorte de flan aux pruneaux. *Far breton.* – Du lat. *far*, «blé»; d'abord mot rég. de Bretagne.

farad [faʀad] n. m. PHYS Unité de capacité électrique du système SI (symbole F). *Le farad est la capacité d'un condensateur qui possède une charge de 1 coulomb pour une différence de potentiel de 1 volt entre ses armatures.* – Du n. de M. *Faraday*, physicien anglais (1791-1867).

faraday [faʀadɛ] n. m. PHYS Charge électrique, d'une valeur de 96 486 coulombs, transportée par chaque mole d'ion monovalent dans l'électrolyse (symbole). – Du n. du phys. angl. M. *Faraday* (1791-1867).

faradisation [faʀadizasjɔ̃] n. f. MED Application thérapeutique des courants induits. – Du n. du phys. angl. M. *Faraday*; d'abord en angl.

faramineux, euse ou **pharamineux, euse** [faʀaminø, øz] adj. Fam. Extraordinaire, fantastique. *Des sommes faramineuses.* – De *(bête) faramine*, «animal fantastique» (XIVe s.), du bas lat. *feramen*, «bête sauvage».

farandole [faʀɑ̃dɔl] n. f. Danse provençale sur un rythme à 6/8, dans laquelle danseurs et danseuses forment une chaîne en se tenant par la main. – Air de cette danse. – Provenç. *farandoulo.*

faraud, aude [faʀo, od] adj. et n. Fat et fanfaron. *Être tout faraud. Faire le faraud.* – Provenç. *faraut*, altér. de *héraut.*

1. farce [faʀs] n. f. Hachis de viandes, d'épices, etc., servant à farcir. – Lat. pop. **farsa*, pp. fém. de *farcire*, «farcir».

2. farce [faʀs] n. f. et adj. **I.** n. f. **1.** LITTER Pièce de théâtre bouffonne. «*La Farce de Maître Pathelin.*» **2.** Comique bas et grossier. *Cet auteur tombe souvent dans la farce.* **3.** Tromperie amusante faite par plaisanterie. *Faire une farce à qqn.* Syn. tour, (fam.) niche. **II.** adj. Vieilli Comique. *C'est farce!* – De *farce* 1, fig. «intermède comique dans une pièce sérieuse».

farceur, euse [faʀsœʀ, øz] n. et adj. **1.** Vx Acteur comique burlesque. **2.** Personne qui aime plaisanter, faire des farces, jouer des tours. Syn. plaisantin. ▷ adj. *Un enfant farceur.* **3.** Personne peu sérieuse sur laquelle on ne peut compter. *Votre homme d'affaires me semble un sinistre farceur.* – De l'a. fr. *farcer*, «railler».

farci, ie [faʀsi] adj. **1.** Rempli de farce. *Dinde farcie.* **2.** *Par ext.* Fig., péjor. *Farci de* : rempli de. *Un texte farci d'erreurs.* – Pp. de *farcir.*

farcin [faʀsɛ̃] n. m. MED VET Manifestation cutanée de la morve. – Lat. *farcimen*, «farce», confondu en lat. pop. avec *farciminum*, propr. «farcin».

farcir [faʀsiʀ] **I.** v. tr. [3] **1.** Remplir de farce. *Farcir une volaille, des aubergines.* **2.** Fig., péjor. Bourrer, remplir avec excès. *Farcir un discours de citations.* **II.** v. pron. Pop., fam. Supporter, endurer. *J'ai dû me farcir cet énergumène. Ils se sont farci deux heures d'attente.* ▷ Vulg. *Se farcir une nana*, coucher avec elle. – Lat. *farcire.*

fard [faʀ] n. m. Composition cosmétique destinée à embellir le teint. ▷ Loc. fam. *Piquer un fard* : rougir subitement. ▷ Fig. *Parler sans fard*, sans feinte, sans dissimulation. – Déverbal de *farder.*

fardage [faʀdaʒ] n. m. COMM Action de farder (une marchandise). – De *farder.*

farde [faʀdə] n. f. Rég. (Belgique) **1.** Chemise, dossier, classeur, carton. *Le patron conserve les lettres importantes dans une farde.* **2.** Cahier de copies, non broché. **3.** Emballage commercial particulier, destiné à contenir plusieurs pièces d'un même article. *Une farde de cigarettes* : une cartouche de cigarettes (huit ou dix paquets).

fardeau [faʀdo] n. m. Lourde charge. *Soulever un fardeau.* – Fig. *Le fardeau des ans.* – De l'ar. *farda*, «une seule de la paire (de charges portées par un animal)».

farder [faʀde] v. tr. [1] **1.** Mettre du fard à. *Farder son visage.* – Pp. adj. *Une femme trop fardée.* ▷ v. pron. *Se farder outrageusement.* **2.** Fig. Déguiser, dissimuler pour embellir. *Farder la vérité.* ▷ COMM Dissimuler des produits défectueux sous des produits de bonne qualité pour tromper l'acheteur. – Du frq. **farwidhon*, «teindre».

fardier [faʀdje] n. m. Anc. Chariot à petites roues servant au transport de lourdes charges. – De *fardeau.*

faré [faʀe] n. m. Maison traditionnelle à Tahiti. – Mot tahitien.

farfadet [faʀfadɛ] n. m. Esprit follet, lutin. – Mot provenç., forme renforcée de *fadet*, de *fado*, «fée».

farfelu, ue [faʀfəly] adj. et n. Fam. D'une fantaisie un peu extravagante et folle.– Subst. *Une farfelue sympathique.* – Pour *fafelu*, «dodu», rad. expr. *faf-*, ou a. fr. *fanfeluce.* V. fanfreluche.

farfouiller [faʀfuje] v. intr. [1] Fam. Fouiller en bouleversant tout. *Farfouiller dans un tiroir.* – Forme pop. renforcée de *fouiller.*

fargues [faʀg] n. m. plur. MAR Petits bordages s'élevant au-dessus des plats-bords d'une embarcation et dans lesquels sont fixées les dames (supports des avirons). – Forme altérée de *falque*, même sens, du lat. médiév. *falca*, mot d'origine hispano-arabe.

faribole [faʀibɔl] n. f. Propos, chose frivole. *Dire des fariboles.* Syn. baliverne. – P.-ê. du lat. *frivolus*, «frivole».

farigoule [faʀigul] n. f. Dial. (provenç.) Thym. – Lat. pop. **fericula.*

farinacé, ée [faʀinase] adj. Qui a l'apparence ou la nature de la farine. – De *farine.*

farine [faʀin] n. f. **1.** Poudre résultant du broyage de graines de céréales ou de divers autres végétaux. *Farine de blé, de maïs. Farine de lin, de moutarde.* **2.** *Spécial.* Farine de froment. *Un sac de farine.* – Fig., péjor. *Gens, choses de la même farine*, du même acabit. – Loc. fam., fig. *Se faire rouler dans la farine* : se faire avoir. – Lat. *farina*, rac. *far*, «blé».

fariner [faʀine] v. [1] **1.** v. tr. Poudrer de farine. **2.** v. intr. Prendre un aspect farineux. *Dartre qui farine.* – De *farine.*

farineux, euse [faʀinø, øz] adj. et n. m. **1.** Qui contient de la fécule. *Les fèves, le riz sont des aliments farineux.* ▷ n. m. *N'abusez pas des farineux.* **2.** Qui a l'aspect, la texture, le goût de la farine. *Une pomme farineuse.* **3.** Qui est ou qui semble couvert de farine. *Peau farineuse.* – Lat. *farinosus.*

farinier, ère [faʀinje, ɛʀ] n. Vx Marchand de farine. – De *farine.*

farlouche [faʀluʃ] n. f. (Canada) Garniture de tarte à base de mélasse, de cassonade, de sirop d'érable.

farlouse [faʀluz] n. f. Pipit (*Anthus pratensis*) à plumage gris olive, courant en Europe, appelé aussi *pipit des prés* et *pipit farlouse.*

farniente [faʀnjɛnte; faʀnjɑ̃t] n. m. Douce oisiveté. – Mot ital. de *far(e)*, «faire», et *niente*, «rien».

faro [faʀo] n. m. Bière fabriquée en Belgique avec du malt d'orge et du froment. – Mot wallon.

farouche [faʀuʃ] adj. **1.** Qui s'enfuit quand on l'approche. *Animal farouche.* ▷ (Personnes) Peu sociable, méfiant. *Un enfant farouche.* Syn. sauvage. – *Une femme peu farouche,* qui se laisse volontiers courtiser et séduire. **2.** Fier et ardent. *Caractère, cœur farouche.* **3.** Cruel, violent, implacable. *Une haine farouche. Un tyran farouche.* ▷ (Choses) *Un regard farouche.* – Du bas lat. *forasticus,* «étranger, sauvage».

farouchement [faʀuʃmɑ̃] adv. D'une manière farouche. – De *farouche.*

fart [faʀt] n. m. Matière dont on enduit la semelle des skis pour les rendre plus glissants, en les empêchant d'adhérer à la neige. – Mot norvég.

fartage [faʀtaʒ] n. m. Action de farter; son résultat. – De *farter.*

farter [faʀte] v. tr. [1] Enduire de fart. – De *fart.*

fasce [fas] n. f. HERALD Pièce qui coupe l'écu par le milieu et en occupe le tiers horizontalement. – Lat. *fascia,* «bandelette».

fascia [fasja], plur. **fascias** ou **fasciæ** [fasje] n. m. MED Membrane conjonctive qui enveloppe muscles et organes. – Mot lat., «bande».

fasciathérapie [fasjateʀapi] n. f. MED Thérapie manuelle destinée à rétablir une bonne irrigation sanguine des muscles en relâchant leurs fascias. – De *fascia,* et *-thérapie.*

fasciation [fasjasjɔ̃] n. f. BOT Aplatissement pathologique des rameaux d'une plante, s'accompagnant d'une diminution de la croissance en longueur, symptôme de diverses maladies. – Du lat. *fascia,* «bande».

fascicule [fasikyl] n. m. **1.** Petite brochure. **2.** Partie d'un ouvrage publié par livraisons. *Encyclopédie qui paraît par fascicules.* – Lat. *fasciculus,* «petit paquet».

fasciculé, ée [fasikyle] adj. **1.** Disposé en faisceaux. **2.** BOT *Racines fasciculées,* qui sont formées de nombreuses racines fines. **3.** ARCHI *Colonne fasciculée,* composée d'un faisceau de petites colonnes. – Du lat. *fasciculus,* «petit faisceau».

fascié, ée [fasje] adj. BOT Atteint de fasciation. – Du lat. *fascia,* «bande».

fascinant, ante [fasinɑ̃, ɑ̃t] ou **fascinateur, trice** [fasinatœʀ, tʀis] adj. Qui fascine. *Beauté fascinante. Regard fascinateur.* – De *fasciner.*

fascination [fasinasjɔ̃] n. f. **1.** Action de fasciner; fait d'être fasciné. **2.** Fig. Enchantement, attrait irrésistible. *La fascination de la gloire.* – Lat. *fascinatio.*

fascine [fasin] n. f. Fagot de branchages fortement liés, utilisé pour des travaux de fortification ou de terrassement. – Du lat. *fascina,* de *fascis,* «fagot».

fasciner [fasine] v. tr. [1] **1.** Immobiliser par la seule force du regard. *La vipère passait pour fasciner les oiseaux.* **2.** Fig. Attirer irrésistiblement le regard de; charmer, éblouir. *Cette grande poupée fascinait toutes les fillettes.* – Lat. *fascinare,* de *fascinum,* «charme, maléfice».

fascisant, ante [faʃizɑ̃; fasizɑ̃, ɑ̃t] adj. Qui manifeste des tendances au fascisme. *Groupuscule fascisant.* – De *fasciste.*

fascisation [faʃizasjɔ̃; fasizasjɔ̃] n. f. Fait de rendre fasciste, de devenir fasciste; son résultat. – De *fasciser.*

fasciser [faʃize; fasize] v. tr. Rendre fasciste. – Pp. *Un régime fascisé.* – De *fasciste.*

fascisme [faʃism; fasism] n. m. **1.** Doctrine du parti fondé par B. Mussolini (nationalisme, culte du chef, corporatisme, anticommunisme); régime politique totalitaire que ce parti instaura en Italie de 1922 à 1943-1945. **2.** Doctrine ou système politique qui se réclame du modèle mussolinien. **3.** (Employé péjorativement, avec une intention polémique.) Idéologie conservatrice, réactionnaire. – Ital. *fascismo,* de *fascio,* «faisceau (des licteurs romains)», l'emblème du parti. ENCYCL Le premier «Faisceau de combat» fut créé par Mussolini, le 23 mars 1919, pour lutter notam. contre la montée du communisme en Italie. Les Faisceaux se rendirent impopulaires par leurs violences; Mussolini les regroupa alors (1921) en un parti fasciste, qui connut un puissant essor. Paralysées par la terreur que faisaient régner les «Chemises noires», les masses populaires, et en partic. de nombr. membres de l'armée et de la police, furent attirées par le nationalisme outrancier qu'affichait le fascisme et par son souci de faire régner l'ordre face à un gouvernement passif; le patronat partagea très vite cette position. À partir d'août 1922, Mussolini obtint du roi Victor-Emmanuel III quelques ministères et les pleins pouvoirs, notam. grâce au succès de la *marche sur Rome* (oct.). Le régime fasciste ainsi établi reposait sur quatre principes : culte du chef («Le *Duce* – c.-à-d. Mussolini, le *Guide* – a toujours raison»); primauté du parti fasciste, qui s'identifie à l'État; consensus de la nation, embrigadée grâce à une intense propagande; primauté de l'Italie, à l'intérieur par une politique favorisant la natalité et les «batailles économiques», à l'extérieur par les conquêtes en Éthiopie (1935) et en Albanie (1939). Mussolini suivit Hitler dans la guerre mondiale en 1940; il subit de graves défaites, notam. en Afrique. Il fut évincé du pouvoir en juil. 1943; incarcéré puis libéré par les All., il installa dans le N. de l'Italie une République sociale italienne fantoche, dite «de Salo» (1943-1944). Sa défaite, son exécution marquèrent la fin du fascisme en Italie, mais la violence fasciste avait inauguré dans l'histoire un «modèle de droite populaire» que certains pays reprirent après 1922 (Portugal, Espagne, etc.) et après 1945 (dans le tiers monde, surtout).

fasciste [faʃist; fasist] n. et adj. **1.** Partisan du fascisme. **2.** adj. Relatif au fascisme. **3.** Partisan d'une doctrine ou d'un régime totalitaire, nationaliste. ▷ Péjor. (correspondant à l'emploi de *fascisme,* sens 3) Réactionnaire. – De *fascisme.*

faseyer [faseje] [22] ou **faseiller** [faseje] [1] v. intr. MAR Battre, en parlant d'une voile qui reçoit mal le vent. Syn. ralinguer. – Du néerl. *vaselen,* «agiter».

1. faste [fast] n. m. (En général, au sing. seulement.) Pompe, magnificence, déploiement de luxe. *Le faste de la cour de Louis XIV.* – Lat. *fastus,* «orgueil, dédain».

2. faste [fast] adj. **1.** ANTIQ ROM *Jour faste,* où il était permis de s'occuper des affaires publiques, les auspices étant favorables. Ant. néfaste. **2.** Par ext. *Jour faste,* où il s'est produit un événement heureux. – Du lat. *favere,* «être favorable».

fastes [fast] n. m. pl. **1.** ANTIQ ROM Tables du calendrier. Liste chronologique des magistrats. *Les fastes consulaires.* **2.** Chronique, histoire des faits glorieux. *Les fastes de l'Empire.* – Lat. *fasti,* «calendrier (où étaient marqués les jours fastes)»; V. faste 2.

fast food ou **fast-food** [fastfud] n. m. (Américanisme) **1.** Restaurant où l'on peut acheter pour les consommer sur place ou pour les emporter des aliments préemballés (hamburgers, viennoiserie, salades, frites, etc.). **2.** Restauration proposée par ce type d'établissement. Syn. restauration rapide. *Des fast foods* ou *fast-foods.* – Mot amér., de *fast,* «rapide», et *food,* «nourriture».

fastidieusement [fastidjøzmɑ̃] adv. D'une manière fastidieuse. – De *fastidieux.*

fastidieux, euse [fastidjø, øz] adj. Qui ennuie, qui lasse. *Quel travail fastidieux!* Syn. ennuyeux. Ant. intéressant. – Lat. *fastidiosus,* de *fastidium,* «dégoût».

fastigié, ée [fastiʒje] adj. BOT Se dit des rameaux dirigés vers le haut (peuplier d'Italie, cyprès, par ex.). – Bas lat. *fastigiatus*, de *fastigium*, « faîte ».

fastoche [fastɔʃ] adj. Fam. Facile. – De *facile*, et *-oche*.

fastueusement [fastɥøzmɑ̃] adv. Avec faste. – De *fastueux*.

fastueux, euse [fastɥø, øz] adj. Plein de faste. *Une cérémonie fastueuse.* Syn. somptueux. Ant. pauvre, simple. – Bas lat. *fastuosus*, de *fastosus*, « superbe, magnifique ».

fat [fa(t)] adj. m. Prétentieux et vain. *Jeune homme fat. Un air fat.* ▷ n. m. *Ce n'est qu'un fat.* – Mot provenç., du lat. *fatuus*, « extravagant ».

fatal, ale, als [fatal] adj. **1.** Litt. Fixé par le destin. **2.** Litt. Voué inexorablement à un destin tragique. *Le héros fatal des romantiques.* ▷ *Femme fatale*, à la beauté envoûtante, et qui semble désignée par le destin pour entraîner les hommes à leur perte. **3.** Qui entraîne la perte, la ruine, la mort. *Ce coup lui fut fatal.* **4.** Inévitable. *Il a fini par se faire prendre, c'était fatal.* – Lat. *fatalis*, de *fatum*, « destin ».

fatalement [fatalmɑ̃] adv. Inévitablement. – De *fatal*.

fatalisme [fatalism] n. m. Attitude de ceux qui pensent qu'il est vain de chercher à modifier le cours des événements fixés par le destin. – De *fatal*.

fataliste [fatalist] adj. et n. Enclin au fatalisme. *Un caractère fataliste.* – De *fatal*.

fatalité [fatalite] n. f. **1.** Destin, destinée. *La soumission à la fatalité.* **2.** Détermination toute-puissante. *La fatalité de l'hérédité.* **3.** Enchaînement fâcheux des événements, coïncidence malencontreuse. *Accident dû à la fatalité.* – Bas lat. *fatalitas*.

fatidique [fatidik] adj. Qui semble désigné par le destin, qui semble indiquer un arrêt du destin. *Moment fatidique.* – Lat. *fatidicus*, « qui prédit le destin ».

fatigabilité [fatigabilite] n. f. MED Disposition d'un organisme à se fatiguer. – De *fatigable*.

fatigable [fatigabl] adj. Dont l'organisme se fatigue rapidement. – De *fatiguer*.

fatigant, ante [fatigɑ̃, ɑ̃t] adj. **1.** Qui cause de la fatigue. *Une course fatigante.* **2.** (Personnes) Qui importune, qui lasse. *Ce qu'il peut être fatigant!* – Du ppr. de *fatiguer*.

fatigue [fatig] n. f. **1.** Sensation résultant d'un travail excessif, d'un effort ou d'un état pathologique; lassitude. *J'ai trop marché, je tombe de fatigue. La fatigue de* : la fatigue causée par. *Je veux vous épargner la fatigue de ces démarches.* **2.** TECH Déformation, changement d'état, diminution de résistance d'une pièce au bout d'un certain temps de fonctionnement. – Déverbal de *fatiguer*.

fatigué, ée [fatige] adj. **1.** Qui manifeste la fatigue. *Visage fatigué.* - *Par euph.* Souffrant, faible. *Avoir la vue fatiguée.* **2.** Défraîchi, déformé par l'usage. *Costume fatigué.* – Pp. de *fatiguer*.

fatiguer [fatige] v. [1] **I.** v. tr. **1.** Causer de la fatigue à (qqn). *Ce déplacement m'a fatigué.* ▷ *Par ext.* Affecter de manière fâcheuse (le corps, un organe). *Les épices fatiguent l'estomac.* **2.** Importuner; lasser. *Il me fatigue par ses récriminations.* **3.** AGRIC *Fatiguer la terre*, l'épuiser par la répétition d'une même culture. **4.** Fam. *Fatiguer la salade*, la remuer pour l'imprégner de son assaisonnement. **II.** v. intr. (Choses) Supporter un trop grand effort. *Charpente, moteur qui fatigue.* **III.** v. pron. **1.** Se donner de la fatigue. **2.** Se donner du mal. *Je me suis fatigué à lui expliquer cela!* – Lat. *fatigare*.

fatimides [fatimid] adj. Relatif aux Fatimides, dynastie chiite ismaélienne (909-1171).

fatras [fatʀa] n. m. Péjor. Amas hétéroclite et désordonné. *Un fatras de vieux papiers. Un fatras de formules creuses.* – P.-ê. du lat. *farsura*, « remplissage ».

fatrasie [fatʀazi] n. f. Composition littéraire du Moyen Âge, formée de proverbes, de phrases sans suite, etc., qui avait souvent un caractère satirique. – De *fatras*.

fatuité [fatɥite] n. f. Caractère, manière de se conduire du fat. Syn. infatuation, prétention, suffisance, vanité. Ant. modestie, simplicité. – Lat. *fatuitas*, de *fatuus*, « sot ».

fatum [fatɔm] n. m. Litt. Destin. – Mot lat.

fauber ou **faubert** [fobɛʀ] n. m. MAR Balai fait de vieux cordages. – Du néer. *zwabler*, par une évolution phonétique mal expliquée.

faubourg [fobuʀ] n. m. **1.** Vx Quartier situé hors de l'enceinte fortifiée d'une ville. ▷ Mod. Quartier excentrique. **2.** *Par ext.* Population d'un tel quartier. *Les faubourgs exigeaient la proclamation de la république.* – Du lat. *foris*, « dehors », et *burgus*, « bourg ».

faubourien, enne [fobuʀjɛ̃, ɛn] adj. Des faubourgs. *Un accent faubourien.* – De *faubourg*.

faucard [fokaʀ] n. m. AGRIC Faux à long manche qui sert à faucher les herbes aquatiques. – Du picard *fauquer*, « faucher ».

faucardage [fokaʀdaʒ] n. m. AGRIC Action de faucarder ; son résultat. – De *faucarder*.

faucarder [fokaʀde] v. tr. [1] AGRIC Couper (les herbes aquatiques) à l'aide du faucard. – De *faucard*.

fauchage [foʃaʒ] n. m. Action de faucher. – De *faucher*.

fauchaison [foʃɛzɔ̃] n. f. Action de faucher. ▷ Époque de l'année où l'on fauche le foin. – De *faucher*.

fauchard [foʃaʀ] ou **faussart** [fosaʀ] n. m. **1.** Anc. Hallebarde à deux tranchants en usage du XIIIe au XVe s. **2.** AGRIC Serpe à deux tranchants et à long manche qui sert à élaguer. – De *faucher*.

fauche [foʃ] n. f. **1.** Vx Action de faucher (le foin). **2.** Pop. Action de voler. – Déverbal de *faucher*.

fauché, ée [foʃe] adj. (et n.) **1.** Qui a été fauché. *Blé fauché.* **2.** Fig., fam. Qui est sans argent. *Être fauché comme les blés.* ▷ Subst. *Encore un fauché!* – Pp. de *faucher*.

faucher [foʃe] v. tr. [1] **1.** Couper à la faux, avec une faucheuse. *Faucher les foins.* **2.** Abattre, renverser, tuer d'un seul coup. *Le tir de la mitrailleuse faucha les assaillants.* - Par ext. SPORT Faire tomber brutalement un joueur par un moyen contraire au règlement. **3.** Pop. Voler. *On lui a fauché son vélo.* – Lat. pop. **falcare*, de *falx, falcis*, « faux ».

faucheur, euse [foʃœʀ, øz] n. **1.** Personne qui fauche (le foin, les blés, etc.). ▷ Litt. *La Faucheuse* : la mort. **2.** n. m. Syn. de *faucheux*. – De *faucher*.

faucheuse [foʃøz] n. f. Machine qui sert à faucher le foin. – De *faucher*.

faucheux [foʃø] ou **faucheur** [foʃœʀ] n. m. Opilion, arachnide carnassier aux longues pattes grêles fréquent dans les prés et les bois. – De *faucher*.

faucille [fosij] n. f. Instrument pour couper les céréales, l'herbe, etc., constitué d'une lame emmanchée recourbée en demi-cercle. ▷ *La faucille et le marteau* : emblème communiste (symbole de l'alliance de la classe ouvrière et de la classe paysanne). – Du bas lat. *falcicula*, dimin. de *falx, falcis*, « faux ».

faucillon [fosijɔ̃] n. m. AGRIC Serpette. – Dimin. de *faucille*.

faucon [fokɔ̃] n. m. **1.** Oiseau falconidé du genre *Falco*, rapace aux ailes pointues, au vol rapide, excellent chasseur. (*Falco peregrinus*, le faucon pèlerin, le gerfaut, le hobereau, l'émerillon, la crécerelle sont des faucons, autrefois utilisés pour la chasse.) **2.** Anc. Petit canon (XVIe-XVIIe s.). – Bas lat. *falco, falconis*, probabl. de *falx*, « faux », en raison de la courbure des ailes ou du bec.

fauconneau [fokɔno] n. m. **1.** Jeune faucon. **2.** Anc. Très petit canon (XVIe-XVIIe s.). – Dimin. de *faucon*.

fauconnerie [fokɔnʀi] n. f. **1.** Art de dresser pour la chasse les faucons, les rapaces. **2.** Lieu où on les élève. – De *faucon*.

fauconnier [fokɔnje] n. m. Celui qui dresse des faucons pour la chasse. – De *faucon*.

faucre [fokʀ] ou **faulcre** [folkʀ] ou **fautre** [fotʀ] n. m. ARCHEOL Support placé au côté droit de la cuirasse de l'armure pour soutenir la lance en arrêt. – Même rac. germ. que *feutre*.

faufil [fofil] n. m. COUT **1.** Fil utilisé pour faufiler. **2.** Bâti à longs points. – Déverbal de *faufiler*.

faufiler [fofile] **1.** v. tr. [1] COUT Coudre provisoirement à grands points. *Faufiler une manche avant le premier essayage.* **2.** v. pron. Se glisser adroitement ou en tentant de passer inaperçu. *Il s'était faufilé parmi les invités.* – De *fors*, « hors de », et *fil*.

faulcre. V. faucre.

1. faune [fon] n. m. Divinité champêtre, chez les Latins. *Les faunes, protecteurs des troupeaux, étaient représentés avec un corps velu, des cornes et des pieds de chèvre.* – Lat. *Faunus*, « dieu champêtre ».

2. faune [fon] n. f. **1.** Ensemble des animaux habitant une région, un milieu de vie particulier. *La faune asiatique. La faune des lacs, du sol.* **2.** Fig., péjor. Groupe de gens aux habitudes particulières, qui fréquentent un même lieu. *La faune de Saint-Germain-des-Prés.* – Lat. *faunus*, d'apr. *flore*.

faunesque [fonɛsk] adj. Qui tient du faune. *Visage faunesque.* – De *faune* 1.

faunesse [fonɛs] n. f. Litt. Faune femelle. – De *faune* 1.

faunique [fonik] adj. ZOOL Qui concerne la faune. – De *faune* 2.

faunistique [fonistik] n. f. et adj. ZOOL Science étudiant la faune d'une région donnée et les facteurs de ses variations. *Faunistique africaine.* ▷ adj. Qui a rapport à la faune. – De *faune* 2.

faussaire [fosɛʀ] n. Personne qui commet un faux ou qui altère la vérité. – Lat. *falsarius*.

faussart. V. fauchard.

fausse couche ou **fausse-couche** [foskuʃ] n. f. Avortement spontané. *Des fausses-couches.* – De *faux* 1, et *couche*.

faussement [fosmɑ̃] adv. **1.** De manière fausse, à tort. *On l'accuse faussement.* **2.** De manière simulée. *Un ton faussement soumis.* – De *faux* 1.

fausser [fose] v. tr. [1] **1.** Rendre faux, altérer la vérité, l'exactitude de. *Préjugés qui faussent un raisonnement.* **2.** Altérer, falsifier. *Fausser un bilan. Fausser le sens d'un texte.* **3.** Déformer (un corps) par flexion, pression ou torsion. *Fausser un axe, une clé.* ▷ *Par ext.* Détériorer (un objet, un mécanisme). *Fausser une serrure.* **4.** Loc. *Fausser compagnie à qqn*, le quitter sans le prévenir. – Bas lat. *falsere*. V. faux 1.

1. fausset [fosɛ] n. m. *Voix de fausset* : voix aiguë, dite *voix de tête*. – Absol. *Fausset* : cette voix. – De *faux*.

2. fausset [fosɛ] n. m. TECH Cheville de bois pour boucher le trou percé dans un tonneau. – De *fausser*, au sens anc. de « percer ».

fausseté [foste] n. f. **1.** Caractère de ce qui est faux, contraire à la vérité ou à l'exactitude. *Fausseté d'un argument.* **2.** Duplicité, hypocrisie. *Soupçonner qqn de fausseté.* – Bas lat. *falsitas*.

faustien, enne [fostjɛ̃, ɛn] adj. De Faust ; qui rappelle Faust. – De *Faust*, humaniste et thaumaturge allemand (fin XVe-début XVIe s.) qui, selon la légende, aurait vendu son âme au diable.

faute [fot] n. f. **I. 1.** Manquement au devoir, à la morale ou à la loi. *Commettre une faute. Prendre qqn en faute.* – DR *Faute pénale* : contravention, délit ou crime. *Faute civile*, qui engage la responsabilité civile. **2.** Action maladroite ou préjudiciable ; erreur. *Dans votre position, on ne vous passera aucune faute.* **3.** Manquement à certaines règles. *Faute de calcul, d'orthographe, de jeu.* **II.** Absence, manque, défaut. – Vx *Le courage nous a fait faute.* Mod., en loc. *On ne s'est pas fait faute de le contredire*, on n'y a pas manqué, on ne s'en est pas privé. ▷ Loc. prép. *Faute de* : par manque de, à défaut de. *Relâcher un inculpé faute de preuves.* ▷ Loc. adv. *Sans faute* : sans faillir (à l'engagement, à l'obligation). *Vous serez reçu demain sans faute.* – Du lat. pop. **fallita*, « action de faillir, de manquer ».

fauter [fote] v. intr. [1] Fam., vieilli Se laisser séduire, en parlant d'une jeune fille, d'une femme. – De *faute*.

fauteuil [fotœj] n. m. **1.** Siège à bras et à dossier. – Fig. Place de membre dans une assemblée (partic. à l'Académie française). *Briguer un fauteuil vacant.* **2.** Loc. fam. *Arriver dans un fauteuil* : remporter sans peine la victoire, dans une compétition. – Du frq. **faldistôl*, « siège pliant ».

fauteur, trice [fotœʀ, tʀis] n. **1.** Vx Celui, celle qui favorise, protège. **2.** Mod., péjor. *Fauteur de troubles, de désordre, etc.* : personne qui fait naître les troubles, le désordre, etc., ou les favorise. – Lat. *fautor*, « qui favorise ».

fautif, ive [fotif, iv] adj. **1.** Qui a commis une faute, qui est en faute. *Se sentir fautif.* ▷ Subst. *Un fautif, une fautive.* **2.** Qui contient des fautes ; erroné, incorrect. *Édition fautive. Référence fautive.* – De *faute*.

fautivement [fotivmɑ̃] adv. D'une manière fautive. – De *fautif*.

fautre. V. faucre.

fauve [fov] adj. et n. m. **I.** adj. **1.** De couleur rousse ou tirant sur le roux. ▷ n. m. *Un fauve presque rouge.* **2.** Vx *Bête fauve*, au pelage fauve (tigre, cerf, daim, etc.). ▷ Mod. *Bête fauve* : animal féroce, spécial. : grand félin. – n. m. *Un grand fauve.* **3.** *Odeur fauve* : odeur très forte rappelant celle des fauves. **II.** n. m. BX-A *Les fauves* : nom donné, d'abord par dénigrement, aux peintres (Vlaminck, Derain, Matisse, etc.) qui, entre 1901 et 1907, tentèrent de créer un expressionnisme de la couleur pure. V. encycl. fauvisme. – Frq. **falw*.

fauverie [fovʀi] n. f. Quartier des fauves dans un zoo ou une ménagerie. – De *fauve*.

fauvette [fovɛt] n. f. Oiseau passériforme (genre *Sylvia*) long de 12 à 15 cm, au plumage le plus souvent terne. (Les espèces européennes, migratrices, hivernent en Afrique.) – De *fauve*.

fauvisme [fovism] n. m. Art des peintres dits « fauves ». – De *fauve* (sens II).

ENCYCL Le fauvisme fut, à l'origine, la réaction de divers peintres (Matisse, Rouault, Van Dongen, Manguin, etc.) contre leur formation académique : ils prônèrent l'emploi généralisé des tons purs. Ils furent rejoints par Marquet, Derain et Vlaminck (dont les œuvres « fauves », exécutées à Chatou, comptent parmi les plus audacieuses de la tendance). Othon Friesz, Raoul Dufy et Georges Braque optèrent aussi pour cette manière, laquelle produisit ses œuvres les plus représentatives au cours de l'année 1906, mais dès 1907 ses protagonistes s'orientèrent dans d'autres directions. Le terme de fauvisme est né lors du Salon d'automne de 1905 : le critique Louis Vauxcelles, apercevant une statuette de style florentin dans la salle où exposaient Matisse et ses amis, eut ce mot : « Donatello parmi les fauves! »

fauviste [fovist] adj. et n. Qui se rapporte au fauvisme. ▷ Subst. Artiste dont l'œuvre relève du fauvisme. – De *fauvisme*.

1. faux, fausse [fo, fos] adj. et adv. **1.** Qui n'est pas conforme à la vérité, à la réalité. *Ce que vous dites est faux. Faux sens**. **2.** Mal fondé, vain. *Fausse joie. Fausse alerte. Faux problème,* qu'il n'y a pas lieu de poser. **3.** Inexact. *Calcul faux.* **4.** Qui manque de justesse. *Un esprit faux.* ▷ adv. *Raisonner faux.* **5.** Qui s'écarte du naturel, du vrai. *Fausse éloquence.* **6.** MUS Discordant, qui n'est pas dans le ton. *Fausse note.* ▷ adv. *Chanter faux.* **7.** Altéré volontairement ou par erreur. *Fausse monnaie. Fausse nouvelle.* **8.** Fait à l'imitation d'une chose vraie; postiche. *Faux bijoux, faux cheveux. Fausse fenêtre,* peinte en trompe l'œil. **9.** (Personnes) Qui n'est pas ce qu'il semble, ce qu'il prétend être. *Faux dévot. Faux ami. C'est qqn de faux,* d'hypocrite, de fourbe. *Faux prophète* : imposteur. – Par ext. *Avoir l'air faux.* **10.** Qui n'est pas tel qu'il doit être. *Faire un faux mouvement, une fausse manœuvre. Faire fausse route.* **11.** (Devant un nom.) Qui n'est pas en réalité ce dont il porte le nom; faussement nommé. Ex. : *faux acacia* : robinier; *faux platane* : sycomore; *faux bourdon* : mâle de l'abeille mellifère. **12.** Loc. adv. *À faux* : à tort, injustement. *Accuser à faux.* ▷ *Porter à faux* : ne pas reposer d'aplomb ou de façon stable sur un point d'appui. *Cette poutre porte à faux* (V. porte-à-faux). – Fig. *Raisonnement qui porte à faux.* – Lat. *falsus,* pp. adj. de *fallere,* « tromper ».

2. faux [fo] n. m. **1.** Ce qui est faux. *Séparer le vrai du faux. Plaider le faux pour savoir le vrai.* **2.** DR Altération, contrefaçon frauduleuse d'actes, d'écritures. *Commettre un faux. Faux en écriture authentique.* ▷ *S'inscrire en faux* : soutenir qu'une pièce produite en justice est fausse et s'engager à le prouver. – Fig. *S'inscrire en faux contre une assertion,* lui opposer un démenti. **3.** Imitation frauduleuse d'une œuvre d'art. *Ce Renoir est un faux.* ▷ Imitation donnée pour telle d'un matériau précieux, d'un objet de style, etc. *L'industrie du faux.* – V. faux 1.

3. faux [fo] n. f. **1.** Outil constitué d'une forte lame d'acier légèrement courbée, fixée à un long manche, qui sert à couper l'herbe, les céréales. **2.** *Par métaph.* Attribut allégorique de la mort et du temps. **3.** ANAT Nom donné, par similitude de forme, à divers replis membraneux. *Faux du cerveau.* – Lat. *falx.*

faux-bourdon [fobuʀdɔ̃] n. m. **1.** MUS V. bourdon 3. *Des faux-bourdons.* **2.** ENTOM *Faux bourdon* ou *faux-bourdons* : V. bourdon.

faux-filet [fofilɛ] n. m. Morceau de viande de bœuf, qui se lève le long de l'échine. *Des faux-filets.*

faux-fuyant [fofɥijɑ̃] n. m. **1.** Vx Chemin, sentier détourné, par lequel on peut s'en aller sans être vu. **2.** Mod., fig. Subterfuge pour éviter de s'expliquer, de s'engager. *User de faux-fuyants.* – De *fors,* « en dehors », et ppr. de *fuir.*

faux-monnayeur [fomɔnɛjœʀ] n. m. Personne qui fabrique de la fausse monnaie. *Des faux-monnayeurs.*

faux-semblant [fosɑ̃blɑ̃] n. m. Apparence trompeuse. *Il a agi sous des faux-semblants d'humanité.*

favela [favela] n. f. Bidonville, au Brésil. *« Au cœur même de Rio, sur les mornes abrupts, les favelas pullulent » (S. de Beauvoir).* – Mot portug.

faverole. V. féverole.

faveur [favœʀ] n. f. **I. 1.** Bienveillance, protection, appui d'une personne influente. *« La faveur du prince n'exclut pas le mérite » (La Bruyère).* **2.** Considération, préférence dont on jouit auprès de qqn, d'un public. *Être en faveur. Ce candidat a la faveur des pronostics.* **3.** Avantage procuré par bienveillance, par préférence. *Demander, faire une faveur.* – *De faveur* : privilégié. *Bénéficier d'un régime, d'un traitement de faveur.* ▷ Plur. Litt. *Accorder ses faveurs* : se dit d'une femme qui accepte des relations sexuelles. ▷ Bienfait. *Combler qqn de faveurs.* **4.** Loc. prép. *En faveur de* : en considération de. *Ses torts sont oubliés en faveur de sa compétence.* Au profit de, dans l'intérêt de. *Intervenir en faveur de qqn.* ▷ *À la faveur de* : grâce à, en profitant de. *S'échapper à la faveur de la nuit.* **II.** Petit ruban. *Un paquet noué d'une faveur bleue.* – Lat. *favor.*

favorable [favɔʀabl] adj. **1.** Bien disposé (à l'égard de qqn, de qqch); approbateur. *Il vous est favorable. Être favorable à une réforme.* **2.** Qui est à l'avantage (de qqn, qqch). *Se montrer sous un jour favorable. Bénéficier d'un préjugé favorable.* – Lat. *favorabilis,* « qui attire la faveur ».

favorablement [favɔʀabləmɑ̃] adv. De façon favorable. – De *favorable.*

favori, ite [favɔʀi, it] adj. et n. **I.** adj. **1.** Qui est l'objet d'une préférence habituelle. *C'est l'un de mes auteurs favoris.* **2.** SPORT, TURF Donné comme gagnant. *Cheval favori. Partir favori dans une course.* **II.** n. **1.** Personne pour laquelle on marque une prédilection. *Être la favorite d'un public.* **2.** HIST Celui, celle qui tenait le premier rang dans la faveur d'un roi, d'un prince. ▷ *Spécial.* n. f. Maîtresse attitrée d'un souverain. *Agnès Sorel fut la favorite de Charles VII.* **3.** SPORT, TURF Concurrent donné comme gagnant. *Miser sur le favori.* **III.** n. m. pl. Partie de la barbe qu'on laisse pousser de chaque côté du visage. *Porter des favoris.* Syn. pattes, (fam.) rouflaquettes. – Pp. de l'anc. v. *favorir,* « favoriser »; fém. *-ite,* d'apr. l'ital. *favorita.*

favorisant, ante [favɔʀizɑ̃, ɑ̃t] adj. Qui favorise. – Ppr. de *favoriser.*

favoriser [favɔʀize] v. tr. [1] **1.** Traiter (qqn ou qqch) avec faveur, pour le soutenir ou l'avantager. *Favoriser un ami.* ▷ (Sujet n. de chose.) *Les circonstances l'ont favorisé,* lui ont été favorables. **2.** Apporter son appui, sa contribution, son encouragement à (qqn ou qqch). *Favoriser une entreprise.* ▷ (Sujet n. de chose.) *Le progrès des communications favorise les échanges.* – De *faveur,* d'après le lat. *favor.*

favoritisme [favɔʀitism] n. m. Tendance à accorder des avantages par faveur, au mépris de la règle ou du mérite. – De *favori.*

favus [favys] n. m. MED Dermatose parasitaire contagieuse due à un champignon et caractérisée par la formation de croûtes jaunâtres (surtout au cuir chevelu). – Mot lat., « gâteau de miel ».

fax [faks] n. m. Abrév. de *téléfax.* Syn. télécopie. – De *facsimilé,* par l'angl.

faxer [fakse] v. tr. [1] Envoyer un fax. *Il a faxé la réponse hier.* Syn. télécopier. – De *fax.*

fayard [fajaʀ] n. m. Rég. Hêtre. – Du lat. *fageus,* de *fagus,* « hêtre ».

fayot [fajo] n. m. **1.** Pop. Haricot sec. **2.** Arg., péjor. Sous-officier rengagé; militaire qui fait du zèle. – *Par ext.* Personne servile. – Provenç. *faiol,* du lat. class. *fasiolus,* « sorte de fève ».

fayo(t)tage [fajɔtaʒ] n. m. Arg. Fait de fayoter. – De *fayoter.*

fayo(t)ter [fajɔte] v. intr. [1] Arg. Faire du zèle. – De *fayot.*

fazenda [fazɛnda] n. f. Grand domaine agricole, au Brésil. – Mot portug. du Brésil, du lat. *facienda,* « choses à faire »; cf. esp. *hacienda.*

f.c.é.m. PHYS Abrév. de *force contre-électromotrice.*

Fe CHIM Symbole du fer.

féal, ale, aux [feal, o] adj. et n.m. **1.** adj. Vx Fidèle, loyal. *Un féal serviteur du roi.* **2.** n. m. Litt. Ami fidèle. – De *fei,* anc. forme de *foi.*

féauté [feote] n. f. Vx Serment de fidélité prêté par un vassal à son suzerain. – De *féal.*

fébrifuge [febʀifyʒ] adj. Qui fait baisser la fièvre. ▷ n. m. *Un fébrifuge.* – Lat. *febrifugia,* de *febris,* « fièvre », et *fugare,* « mettre en fuite ».

fébrile [febʀil] adj. **1.** MED Qui marque la fièvre. *Pouls, chaleur fébrile.* ▷ Qui a de la fièvre. *Être fébrile.* **2.** Qui manifeste une excitation, une agitation excessive. *Une hâte fébrile.* ▷ FIN *Capitaux fébriles :* capitaux spéculatifs qui passent d'une place financière à l'autre. – Bas lat. *febrilis.*

fébrilement [febʀilmɑ̃] adv. D'une manière fébrile. – De *fébrile.*

fébrilité [febʀilite] n. f. État d'agitation extrême. – De *fébrile.*

fécal, ale, aux [fekal, o] adj. Qui a rapport aux fèces. – Du lat. *fæx, fæcis,* « lie, excrément ».

fèces [fɛs] n. f. pl. Résidus solides de la digestion évacués par les intestins, excréments. – Lat. *fæces,* de *fæx,* « lie, excrément ».

fécond, onde [fekɔ̃, ɔ̃d] adj. **1.** Qui peut se reproduire, en parlant des êtres animés, des plantes. *Le mulet, de race hybride, n'est pas fécond.* Ant. stérile. **2.** Qui peut avoir beaucoup d'enfants, de petits. *Femme très féconde. Race animale féconde.* ▷ Qui peut produire beaucoup (terre). *Sol fécond.* Syn. fertile. ▷ Fig. *Année féconde en événements. Écrivain fécond.* – Lat. *fecundus.*

fécondable [fekɔ̃dabl] adj. Qui peut être fécondé. – De *féconder.*

fécondant, ante [fekɔ̃dɑ̃, ɑ̃t] adj. Qui féconde. *Pluie fécondante.* – Ppr. de *féconder.*

fécondateur, trice [fekɔ̃datœʀ, tʀis] adj. et n. Qui a la capacité de féconder. – De *féconder.*

fécondation [fekɔ̃dasjɔ̃] n. f. Action de féconder; son résultat. ▷ BIOL Fusion de deux gamètes (cellules sexuelles) qui forment un œuf (ou *zygote*), point de départ d'un ou de plusieurs individus nouveaux. *Fécondation in vitro,* obtenue en laboratoire, hors de l'organisme maternel. – De *féconder.*

féconder [fekɔ̃de] v. tr. [1] **1.** Produire la fécondation de. *Le spermatozoïde féconde l'ovule.* **2.** Rendre enceinte (une femme), gravide (une femelle). **3.** Rendre fécond. *Un cours d'eau féconde le sol.* ▷ Fig. *Lectures qui fécondent l'esprit.* – Lat. *fecundare.*

fécondité [fekɔ̃dite] n. f. Qualité de ce qui est fécond. *La fécondité d'un sol,* sa fertilité. ▷ *Une femme d'une grande fécondité,* qui a beaucoup d'enfants. – Fig. *La fécondité d'un esprit, d'une idée.* – Lat. *fecunditas.*

fécule [fekyl] n. f. Matière amylacée pulvérulente, extraite de divers organes végétaux (tubercules, rhizomes, etc.). *Fécule de pomme de terre, de céréale.* – Lat. *fæcula,* dimin. de *fæx,* « lie ».

féculence [fekylɑ̃s] n. f. **1.** Vx État d'un liquide qui dépose des sédiments. Syn. turbidité. **2.** État d'une substance féculente. – Bas lat. *fæculentia,* de *fæculentus.* V. féculent.

féculent, ente [fekylɑ̃, ɑ̃t] adj. **1.** Vx *Liquide féculent,* qui dépose. **2.** Qui contient de la fécule. ▷ n. m. *Les haricots, les pois, les pommes de terre sont des féculents.* – Lat. *fæculentus,* « rempli de lie, bourbeux ».

féculer [fekyle] v. tr. [1] TECH Réduire en fécule. – De *fécule.*

féculerie [fekylʀi] n. f. Usine où l'on extrait la fécule des végétaux. – De *fécule.*

fedayin ou **feddayin** [fedajin] n. m. Combattant arabe en lutte pour la récupération des territoires dont il estime qu'ils appartiennent de droit au peuple arabe (ou, spécial., palestinien). *Des fedayin* ou *fedayins.* – Mot ar. *feda'i* (pl. *fedai'yin*), propr. « rédempteur ».

fédéral, ale, aux [fedeʀal, o] adj. **1.** Qui concerne une fédération d'États. *Organisation fédérale.* **2.** Qui constitue une fédération. *État fédéral.* **3.** Qui émane du gouvernement central d'un État fédéral. *Pouvoirs fédéraux.* **4.** HIST *Les fédéraux :* les nordistes*. – Du lat. *fœdus, fœderis,* « pacte, alliance ».

fédéraliser [fedeʀalize] v. tr. [1] Faire adopter le système ou le gouvernement fédéral à. ▷ v. pron. *Un pays qui se fédéralise.* – De *fédéral.*

fédéralisme [fedeʀalism] n. m. Système politique fondé sur le partage des compétences législatives, juridiques et administratives entre le gouvernement central de l'État et les gouvernements des États fédérés. ▷ HIST Projet de décentralisation de la France proposé par les Girondins en 1789. – De *fédéral.*

fédéraliste [fedeʀalist] adj. Relatif au fédéralisme. ▷ Subst. Partisan du fédéralisme. *C'est une fédéraliste convaincue.* – De *fédéral.*

fédérateur, trice [fedeʀatœʀ, tʀis] adj. et n. Qui fédère ou favorise une fédération. *Des tendances fédératrices.* – Subst. *Un fédérateur d'entreprises.* – De *fédérer.*

fédératif, ive [fedeʀatif, iv] adj. Constitué en fédération. – Du lat. *fœderatus,* « allié ».

fédération [fedeʀasjɔ̃] n. f. **1.** Association de plusieurs États en un État unique. **2.** HIST Mouvement qui, au début de la Révolution française, se proposait de renforcer l'union des provinces de France. *Fête de la Fédération.* ▷ Association des gardes nationaux en 1790, en 1815, pendant les Cent-Jours et en 1871. **3.** Regroupement, sous une autorité commune, de plusieurs sociétés, syndicats, clubs sportifs, etc. *Fédération protestante de France. Fédération française de voile.* – Lat. *fœderatio,* « alliance, union ».

fédéré, ée [fedeʀe] adj. Qui fait partie d'une fédération. *États fédérés.* ▷ n. m. HIST Délégué des fédérations en 1790-1791. – Garde national pendant les Cent-Jours. – Partisan armé de la Commune de Paris, en 1871. *Mur des Fédérés :* mur, au cimetière du Père-Lachaise, devant lequel les derniers combattants de la Commune de Paris, au nombre de 147, furent fusillés. – Du lat. *fœderatus,* « allié ».

fédérer [fedeʀe] v. tr. [14] Grouper en fédération. ▷ v. pron. S'unir en fédération. – Du bas lat. *fœderare,* de *fœdus* (V. fédéral).

fée [fe] n. f. **1.** Être féminin imaginaire, le plus souvent bienveillant, doué d'un pouvoir magique. *La baguette d'une fée.* ▷ *Conte de fées,* dans lequel les fées, le merveilleux tiennent une grande place; fig. situation heureuse, extraordinaire et inattendue. ▷ *Avoir des doigts de fée :* être d'une grande adresse. **2.** Fig. Femme qui charme par ses qualités. *C'est une fée.* Loc. *La fée du logis.* – Du bas lat. *Fata,* n. de la déesse des destinées, de *fatum,* « destin ».

feed-back [fidbak] n. m. inv. (Anglicisme) Syn. (off. déconseillé) de *rétroaction.* – Mot angl., de *to feed,* « nourrir », et *back,* « en retour ».

feeder [fidœʀ] n. m. (Anglicisme) TECH Canalisation d'alimentation (gaz, vapeur, électricité). – Mot angl., de *to feed,* « nourrir ».

feeling [filiŋ] n. m. Fam. Sentiment spontané de plein accord. *Avoir le feeling avec qqn, pour qqch.* – *Au feeling :* intuitivement, d'instinct. – Mot angl., « sentiment ».

féerie [fe(e)ʀi] n. f. **1.** Vieilli Pouvoir des fées. **2.** Genre littéraire, théâtral, etc., qui fait appel au merveilleux, à l'intervention des fées. **3.** Pièce de théâtre à grand spectacle fondée sur le merveilleux, en vogue au XIXe s. **4.** Fig. Spectacle merveilleusement beau. *Ces jeux d'eau sont une vraie féerie.* – De *fée.*

féerique [fe(e)ʀik] adj. **1.** Qui appartient au monde des fées. **2.** D'une beauté merveilleuse. *Un paysage féerique.* – De *féerie.*

feignant, ante [fɛɲɑ̃, ɑ̃t] adj. et n. Pop. Fainéant (V. ce mot). – Ppr. de *feindre,* «rester inactif, paresser», altéré dès 1321 en *fainéant* d'apr. *néant.*

feignasse [feɲas] adj. Fam Feignant. – De *feignant,* et suffixe péjor. *-asse.*

feindre [fɛ̃dʀ] v. tr. **[55]** Faire semblant d'éprouver (un sentiment). *Feindre la joie.* – *Feindre de* (+ inf.) : faire semblant de. *Feindre de sortir.* ▷ (S. comp.) Tromper en dissimulant ses sentiments. *Savoir feindre.* – Du lat. *fingere,* «modeler», puis «imaginer, inventer».

feinte [fɛ̃t] n. f. **1.** Vieilli Fait de déguiser ses véritables sentiments. *S'exprimer sans feinte.* **2.** Action destinée à tromper, à donner le change. ▷ SPORT Mouvement simulé destiné à provoquer chez l'adversaire une réaction dont on espère tirer profit. *Faire une feinte.* – De *feindre.*

feinter [fɛ̃te] v. intr. **[1]** SPORT Faire une feinte. ▷ v. tr. Fam. *Feinter qqn,* le tromper. – De *feinte.*

feintise [fɛ̃tiz] n. f. Litt. ou Vx Action, fait de feindre. – De *feinter.*

feld-maréchal, aux [fɛldmaʀeʃal, o] n. m. Anc. Grade le plus élevé dans la hiérarchie militaire, en Allemagne et en Autriche. – All. *Feldmarschall;* de *Marschall,* «maréchal», et *Feld,* «champ»; angl. *field marshal.*

feldspath [fɛldspat] n. m. MINER Silicate double d'aluminium et de potassium, sodium ou calcium. – Mot all., «spath des champs» de *Feld,* «champ», et *Spath,* «minéral lamelleux».

fêlé, ée [fele] adj. *Voix fêlée,* qui a le son mat d'un objet fêlé. ▷ Fam. *Avoir la tête fêlée :* être un peu fou. – Pp. de *fêler.*

fêler [fɛle] v. tr. **[1]** Fendre (une matière, un objet cassant) sans que les morceaux se disjoignent. *Fêler un vase.* ▷ v. pron. Devenir fêlé. – Du lat. *flagellare,* «frapper».

félibre [felibʀ] n. m. Poète, prosateur de langue d'oc. – Probabl. du bas lat. *fellebris,* «nourrisson (des Muses)».

félibrige [felibʀiʒ] n. m. Mouvement littéraire fondé en Provence en 1854 par Mistral, Aubanel, Brunet, Mathieu, Roumanille, Tavan et Giera, pour faire renaître la littérature de langue d'oc. – De *félibre.*

félicitations [felisitasjɔ̃] n. f. pl. **1.** Compliments adressés à qqn pour un événement heureux. *Lettre de félicitations.* **2.** Éloges, louanges adressés à qqn. *Reçu avec les félicitations du jury.* – De *féliciter.*

félicité [felisite] n. f. **1.** Litt. Bonheur suprême. *Être au comble de la félicité.* Syn. béatitude. **2.** (Plur.) Litt. Choses qui contribuent au bonheur. *Les félicités de ce monde sont éphémères.* – Lat. *felicitas, felicitatis,* de *felix,* «heureux».

féliciter [felisite] v. tr. **[1]** **1.** Faire compliment à (qqn) au sujet d'un événement agréable. *Féliciter qqn de son mariage.* **2.** Témoigner sa satisfaction à (qqn), complimenter. *Il l'a félicité pour son travail.* **3.** v. pron. S'estimer heureux. *Je me félicite d'avoir fait ce choix.* – Bas lat. *felicitare,* «rendre heureux».

félidés [felide] n. m. pl. ZOOL Famille de mammifères carnivores fissipèdes dont le chat *(Felis domesticus)* est le type, et qui comprend le lion, la panthère, le tigre, le jaguar, etc. (Les félidés sont des digitigrades à griffes rétractiles dont les mâchoires portent de courtes incisives, des molaires peu nombreuses et tranchantes, dites *carnassières,* et des canines *(crocs)* très développées.) – Sing. *Un félidé.* – Du lat. *feles, felis,* «chat».

félin, ine [felɛ̃, in] adj. **1.** Qui appartient au type chat. *La race féline.* ▷ n. m. Carnassier de la famille des félidés. **2.** Fig. Qui rappelle le chat. *Une grâce féline.* – Lat. *felinus,* de *feles, felis,* «chat».

fellag(h)a [fɛl(l)aga] n. m. Partisan armé qui, au temps de la présence française en Tunisie et en Algérie, luttait pour l'indépendance de son pays. – Mot ar., plur. de *fellag,* «coupeur de route».

fellah [fɛlla] n. m. Paysan, au Maghreb et en Égypte. – Ar. *fallāh,* «cultivateur».

fellation [felasjɔ̃] n. f. Pratique sexuelle consistant à exciter avec la bouche le sexe de l'homme. – Lat *fellatio,* de *fellare,* «sucer».

félon, onne [felɔ̃, ɔn] adj. et n. FEOD Qui manque à la foi due à son seigneur. *Un chevalier félon.* ▷ Subst. Mod. Traître. *Un acte de félon.* – Bas lat. *fello,* p.-ê. frq. **fillo,* «celui qui fouette, maltraite (les esclaves)».

félonie [felɔni] n. f. FEOD Déloyauté envers son seigneur. ▷ *Par ext.* Litt. Acte déloyal. – De *félon.*

felouque [fəluk] n. f. Petit navire à une ou deux voiles, long et étroit, de la Méditerranée et du Nil. – Esp. *faluca,* de l'ar. *felouka,* «petit navire de charge».

felquiste [fɛlkist] n. et adj. HIST Membre du Front de libération du Québec, mouvement indépendantiste. ▷ adj. Propre ou relatif à ce mouvement, à ses membres.

fêlure [fɛlyʀ] n. f. Fente d'une chose fêlée. ▷ Fig. *Il y a une fêlure dans leur union.* Syn. faille. – De *fêler.*

f.é.m. PHYS Abrév. de *force électromotrice.*

femelle [fəmɛl] n. f. et adj. **I.** n. f. **1.** Animal du sexe qui reproduit l'espèce après fécondation. *La biche est la femelle du cerf.* **2.** Pop., péjor. Femme. **II.** adj. **1.** Propre à être fécondé (en parlant des animaux, des plantes). *Un serin femelle. L'organe femelle d'une plante.* ▷ BOT *Fleur femelle,* pourvue uniquement de carpelles et d'un pistil. **2.** TECH Qualifie une pièce présentant un évidement dans lequel vient s'insérer la saillie, le relief de la pièce mâle. *Fiche femelle.* – Du lat. *femella,* «petite femme».

femidon [femidɔm] n. m. Préservatif féminin en polyuréthane, en forme de fourreau. – Nom déposé; de *féminin,* et *condom.*

féminin, ine [feminɛ̃, in] adj. et n. m. **1.** Qui est propre à la femme ou considéré comme tel. *Intuition féminine.* Ant. masculin. ▷ n. m. Loc. *L'éternel féminin :* ce qui est traditionnellement considéré comme permanent dans la psychologie de la femme. **2.** Des femmes, qui a rapport aux femmes. *Revendications féminines.* **3.** Qui est caractéristique de la femme. *Une allure très féminine.* **4.** GRAM *Genre féminin :* celui des deux genres grammaticaux qui est le genre marqué (présence d'un *e* final dans l'écriture, d'une consonne finale dans la prononciation, par ex.) (par oppos. au *genre masculin*). *Article, pronom, adjectif, nom féminin,* du genre féminin. – n. m. *«Belle» est le féminin de «beau».* ▷ *Rime féminine,* terminée par une syllabe comportant un *e* muet. – Lat. *femininus,* de *femina,* «femme».

femininement [feminin(ə)mɑ̃] adv. De manière féminine. – De *féminin.*

féminisant, ante [feminizɑ̃, ɑ̃t] adj. MED Qui détermine la féminisation. *Tumeur féminisante.* – Ppr. de *féminiser.*

féminisation [feminizasjɔ̃] n. f. **1.** Action de féminiser; son résultat. ▷ MED Apparition chez l'homme de caractères sexuels secondaires féminins, due à l'arrêt de la sécrétion hormonale mâle ou à un traitement par les œstrogènes. – Par ext. *Féminisation d'un animal.* **2.** Afflux de femmes dans une branche d'activité. *La féminisation de l'enseignement.* – De *féminiser.*

féminiser [feminize] v. tr. [1] **1.** Donner le type, le caractère féminin à. Ant. masculiniser, viriliser. ▷ v. pron. Prendre des caractères féminins. **2.** Faire accéder un plus grand nombre de femmes à (une catégorie sociale). – Pp. adj. *C'est une profession très féminisée.* ▷ v. pron. *La profession médicale s'est féminisée.* **3.** GRAM Attribuer le genre féminin à. *L'usage a féminisé les mots épitaphe, idylle, etc.* – Du lat. *femina,* « femme ».

féminisme [feminism] n. m. Doctrine, attitude favorable à la défense des intérêts propres aux femmes et à l'extension de leurs droits. – Du lat. *femina,* « femme ».

féministe [feminist] adj. Qui a rapport au féminisme. *Littérature féministe.* ▷ Subst. Partisan du féminisme. – De *féminisme.*

féminité [feminite] n. f. Ensemble des qualités propres à la femme ou considérées comme telles. – De *féminin.*

femme [fam] n. f. **I.** Être humain du sexe féminin, qui met au monde des enfants. **1.** *La femme,* dans ce qu'elle a de spécifique, qui l'oppose à l'homme. *Psychologie de la femme. Aliénation, émancipation de la femme.* ▷ (Attribut) *Être femme,* féminine (sens 3). **2.** Personne adulte de sexe féminin. **3.** Vieilli *Bonne femme* : femme simple, assez âgée. ▷ Loc. mod. *Conte, remède de bonne femme,* transmis par une tradition populaire naïve. ▷ Mod., fam. *Bonne femme* : femme (avec une intention péjorative ou affective). *Une sale bonne femme. Une bonne femme courageuse.* **4.** (Avec un comp. de nom.) – (Pour indiquer certaines aptitudes.) *Femme de tête. Femme d'esprit. Femme d'intérieur,* qui aime et sait diriger son ménage. – (Pour indiquer la condition sociale, la profession, etc.) *Femme du peuple, du monde. Femme au foyer. Femme de lettres.* ▷ *Femme de ménage* : personne rétribuée pour faire le ménage dans une maison. – *Femme de chambre* : employée attachée au service particulier d'une dame ou chargée du service des chambres dans un hôtel. ▷ (Avec, en appos., un nom de métier qui n'a pas de féminin marqué.) *Femme peintre, sculpteur, médecin, ingénieur.* – (En appos.) *Un professeur femme.* **II.** Épouse. *La femme de Jean. Il y est allé avec sa femme.* ▷ Vieilli *Prendre femme* : se marier. – Lat. *femina.*

femmelette [famlɛt] n. f. Fam. et péjor. **1.** Femme sans énergie ni caractère. **2.** Homme faible et sans courage. – Dimin. péjor. de *femme.*

fémoral, ale, aux [femɔʀal, o] adj. ANAT De la cuisse. *Artère fémorale.* ▷ Du fémur. – Bas lat. *femoralis.*

femto-. PHYS Préfixe (symbole f) qui, placé devant le nom d'une unité, indique que celle-ci est divisée par un million de milliards (10^{15}). – Du danois *femten,* « quinze ».

fémur [femyʀ] n. m. **1.** Unique os de la cuisse, qui s'articule en haut avec l'os iliaque (hanche), en bas avec l'extrémité supérieure du tibia et avec la rotule (genou). *Fracture du col du fémur.* **2.** ENTOM Partie de la patte des insectes entre la hanche et le trochanter. – Lat. *femur,* « cuisse ».

fenaison [fənɛzɔ̃] n. f. AGRIC Action de couper et de faner les foins. – Époque où ce travail est effectué. – De *fener,* anc. forme de *faner,* du lat. *fenum,* « foin ».

fendage [fɑ̃daʒ] n. m. TECH Action de fendre. – De *fendre.*

1. fendant [fɑ̃dɑ̃] n. m. **1.** Pop., vieilli *Faire le fendant* : faire le fanfaron. **2.** Vin blanc réputé de Suisse romande, fait avec un raisin dont la peau se fend. – Ppr. subst. de *fendre.*

2. fendant, ante [fɑ̃dɑ̃, ɑ̃t] adj. Fam. Drôle, comique. *Il est fendant avec son pantalon trop court.* – De se *fendre la pipe,* « rire ».

fendeur, euse [fɑ̃dœʀ, øz] n. Personne qui fend (le bois, l'ardoise, le fer); personne qui dégrossit les pierres précieuses. – De *fendre.*

fendillement [fɑ̃dijmɑ̃] n. m. Action de fendiller, de se fendiller; résultat de cette action. – De *fendiller.*

fendiller [fɑ̃dije] v. tr. [1] Produire de petites fentes à. *La sécheresse a fendillé la terre.* – Pp. adj. *Lèvres fendillées par les gerçures.* ▷ v. pron. *Émail qui se fendille.* – De *fendre.*

fendre [fɑ̃dʀ] **I.** v. tr. [6] **1.** Couper, diviser (un corps solide), généralement dans le sens longitudinal. *Fendre du bois.* **2.** Ouvrir un sillon, un chemin dans (le sol, un fluide). *La charrue fend la terre. Frégate qui fend l'air et les eaux.* – Par anal. *Fendre la foule.* **3.** Fig. *Fendre le cœur, l'âme* : faire ressentir un grand chagrin. *Cela me fend le cœur de l'abandonner.* **II.** v. pron. **1.** Se diviser, se couvrir de fentes. *Le sol se fend sous l'action de la sécheresse.* **2.** SPORT En escrime, se porter en avant par déplacement du pied avant et extension de la jambe opposée. **3.** Pop. *Se fendre de* : accepter de faire (telle dépense). *Il s'est fendu de cent francs, d'une invitation.* – Lat. *findere.*

fendu, ue [fɑ̃dy] adj. **1.** Qui présente une fente. *Jupe fendue.* **2.** En forme de fente allongée. *Bouche bien fendue. Yeux fendus.* – Pp. de *fendre.*

fenestration [fənɛstʀasjɔ̃] n. f. ARCHI Ouverture réelle ou simulée dans une cloison. – Du lat. *fenestra,* « fenêtre ».

fenêtrage [fənɛtʀaʒ] ou **fenestrage** [fənɛstʀaʒ] n. m. ARCHI **1.** Action de percer des fenêtres. **2.** Ensemble des fenêtres d'un édifice; leur disposition. – De *fenêtre.*

fenêtre [f(ə)nɛtʀ] n. f. **1.** Ouverture ménagée dans le mur d'une construction pour donner du jour et de l'air à l'intérieur. – *Par ext.* Châssis vitré servant à clore une telle ouverture. *L'appui, les montants, le linteau d'une fenêtre. L'embrasure, le chambranle d'une fenêtre. Une fenêtre à deux battants.* ▷ Loc. fig. *Jeter son argent par les fenêtres,* le dépenser inconsidérément. **2.** Ouverture. *Pratiquer une fenêtre dans un carton. Enveloppe à fenêtre.* ▷ ANAT *Fenêtre ronde* et *fenêtre ovale* : ouvertures séparant l'oreille interne de l'oreille moyenne. ▷ CHIR Ouverture pratiquée pour surveiller une plaie. **3.** Fig. *Ouvrir une fenêtre sur* : rendre possibles de nouveaux points de vue sur. – Lat. *fenestra.*

fenêtré, ée [fənɛtʀe] ou **fenestré, ée** [fənɛstʀe] adj. Percé de jours. ▷ BOT *Feuille fenestrée,* ajourée. – Pp. de *fenêtrer.*

fenêtrer [fənɛtʀe] v. tr. [1] CONSTR Munir de fenêtres. *Fenêtrer un édifice.* – Lat. *fenestrare.*

fenian [fenjan] n. m. Membre d'une société secrète fondée vers 1860, parmi les Irlandais émigrés au Canada et aux É.-U., pour libérer l'Irlande de la domination britannique. – Du gaélique *fiann,* guerriers légendaires irlandais.

fenil [fənil] n. m. Bâtiment où l'on entrepose les foins. – Lat. *fenile,* de *fenum,* « foin ».

fennec [fenɛk] n. m. Petit renard du Sahara (genre *Fennecus*), à longues oreilles, appelé aussi *renard des sables.* – Mot arabe.

fenouil [fənuj] n. m. Plante ombellifère vivace des pays méditerranéens (genre *Fœniculum*), potagère (pétioles charnus, au parfum anisé) et aromatique (tiges et graines). – Lat. *feniculum,* « petit foin ».

fenouillet [fənujɛ] n. m. ou **fenouillette** [fənujɛt] n. f. Petite pomme grise dont le goût rappelle celui du fenouil. – De *fenouil.*

fente [fɑ̃t] n. f. **1.** Ouverture étroite et longue. **2.** SPORT En escrime, action de se fendre. – Lat. pop. **findita*, de *findere*, « fendre ».

fenugrec [f(ə)nygʀɛk] n. m. BOT Plante aromatique (*Trigonella fænum-græcum*, fam. papilionacées), utilisée comme fourrage dans les pays méditerranéens et dont la graine fournit des mucilages. – Lat. *fenugræcum*, « foin grec ».

féodal, ale, aux [feɔdal, o] adj. et n. m. Qui a rapport à un fief, aux fiefs. *Droits féodaux.* ▷ Relatif à la féodalité. *Régime féodal.* - n. m. *Les grands féodaux* : les grands seigneurs. – Lat. médiév. *feodalis*.

féodalisme [feɔdalism] n. m. Système féodal. – De *féodal*.

féodalité [feɔdalite] n. f. **1.** Forme d'organisation politique et sociale répandue en Europe au Moyen Âge, dans laquelle des fiefs étaient concédés par des seigneurs à des vassaux contre certaines obligations. - Par ext. *Féodalité musulmane, japonaise.* **2.** Fig., péjor. Système social, politique, qui rappelle la féodalité (sens 1). *La féodalité financière, industrielle.* – De *féodal*.

fer [fɛʀ] n. m. **I. 1.** Élément métallique de numéro atomique Z = 26 et de masse atomique 55,85 (symbole Fe). - Métal (Fe) gris blanc, ductile, ferromagnétique, de densité 7,86, qui fond à 1 535 °C et bout à 2 750 °C. (V. encycl.) *Fer électrolytique* : fer pur obtenu par électrolyse. *Fer doux* : fer pur servant à fabriquer les noyaux d'électroaimants. *Fer forgé*, mis en forme par forgeage. *Une grille en fer forgé.* - *Âge du fer* : période, succédant à l'âge du bronze, où se répandit l'usage du fer (v. 850 av. J.-C.). **2.** Fig. *De fer* : qui a la résistance ou la dureté du fer. *Il a une santé de fer* : il est robuste, il n'est jamais malade. *Une volonté de fer*, inébranlable. *Une discipline de fer*, extrêmement rigoureuse. - Loc. *Une main de fer dans un gant de velours* : une autorité rigoureuse sous une apparente douceur. ▷ *Bois de fer* : bois extrêmement dur provenant de divers arbres. **II.** Objet en fer, en métal. **1.** Partie métallique, acérée ou coupante, d'un outil, d'une arme. *Fer d'un rabot, d'un harpon.* **2.** Lame d'un fleuret, d'une épée, d'un sabre. *Croiser le fer.* **3.** *Fer à cheval* : bande de métal recourbée en U, qui sert à protéger le dessous des sabots des chevaux, des mulets, etc. *Tomber les quatre fers en l'air* : tomber sur le dos, en parlant d'un cheval ou, fam., d'une personne. ▷ Loc. adj. *En fer à cheval* : en U, en demi-cercle. *Table en fer à cheval.* **4.** Profilé métallique utilisé en construction. *Fer en U.* **5.** Instrument, outil en fer, en métal. *Fer à friser, à repasser, à souder.* ▷ (S. comp.) *Fer* : fer à repasser. *Donner un coup de fer à une jupe.* **6.** n. m. pl. *Les fers* : les entraves qui enchaînent un prisonnier. *Mettre un forçat aux fers.* - Fig., litt. *Être dans les fers*, en esclavage. **7.** n. m. pl. Vieilli *Les fers* : le forceps. – Lat. *ferrum*.

ENCYCL Le fer constitue près de 5 % de la croûte terrestre (hématite, magnétite, pyrite) et se trouve en abondance, avec le nickel, dans le noyau terrestre (nommé pour cette raison nifé*). L'élément fer joue un rôle important dans les organismes vivants (V. hémoglobine et cytochrome). Le fer est un métal ferromagnétique. Il se combine avec tous les éléments non métalliques (sauf l'hydrogène). Sa combinaison avec le carbone donne la cémentite Fe_3C, qui joue un rôle important dans la qualité des aciers. Avec l'azote, il forme des nitrures qui permettent de durcir la surface des pièces. Les acides dilués attaquent facilement le fer. L'humidité favorise la combinaison du fer et de l'oxygène sous la forme d'une pellicule de rouille. La métallurgie du fer, ou *sidérurgie*, a pour objet la fabrication du fer et de ses alliages, l'acier notam. La fabrication de l'acier passe par l'élaboration de la fonte (carbure de fer contenant entre 3 et 6 % de carbone) au haut fourneau. La fonte est décarburée par oxydation du carbone au *convertisseur* (le plus souvent avec soufflage à l'oxygène) ou au *four Martin*, ce qui permet d'élaborer les aciers courants. Les aciers de qualité sont produits au *four électrique*.

féra n. f., **férat** ou **ferrat** [feʀa] n. m. ICTHYOL Poisson salmonidé (*Coregonus fera*), atteignant 50 cm, que l'on trouve dans les lacs suisses et en Europe centrale.

fer-blanc [fɛʀblɑ̃] n. m. Tôle d'acier doux recouverte d'une mince couche d'étain. *Une boîte en fer-blanc. Des fers-blancs.*

ferblanterie [fɛʀblɑ̃tʀi] n. f. **1.** Industrie, commerce du ferblantier. **2.** Objets en fer-blanc. – De *ferblantier*.

ferblantier [fɛʀblɑ̃tje] n. m. Celui qui fabrique ou qui vend des objets en fer-blanc. – De *fer-blanc*.

-fère. Élément, du v. lat. *ferre*, « porter ».

feria [feʀija] n. f. En Espagne et dans le sud de la France, fête annuelle comportant des courses de taureaux. – Mot esp.

férie [feʀi] n. f. **1.** ANTIQ ROM Jour consacré aux dieux, pendant lequel le travail était interdit. **2.** LITURG Chacun des jours de la semaine, du lundi au vendredi. – Lat. *feria*, « jour de repos ».

férié, ée [feʀje] adj. *Jour férié* : jour où l'on ne travaille pas à l'occasion d'une fête civile ou religieuse (par oppos. à *ouvrable*). *Magasin fermé les dimanches et jours fériés.* – Lat. *feriatus*.

férir [feʀiʀ] v. tr. Seulement dans la loc. *sans coup férir* : vx sans combattre, mod., litt. : sans difficulté, sans rencontrer de résistance. – Lat. *ferire*, « frapper ».

ferlage [fɛʀlaʒ] n. m. MAR Action de ferler une voile, un pavillon ; son résultat. – De *ferler*.

ferler [fɛʀle] v. tr. [1] MAR Plier (une voile ou un pavillon) et (la, le) serrer avec des rabans, l'écoute, etc. – P.-ê. de l'angl. *to furl*.

fermage [fɛʀmaʒ] n. m. **1.** Loyer payé pour un domaine dans le bail à ferme. **2.** Mode d'exploitation agricole dans lequel, par oppos. au faire-valoir direct et au métayage, le cultivateur prend une terre à bail contre un loyer indépendant des revenus qu'il tire du travail de la terre. – De *ferme* 2.

fermail, aux [fɛʀmaj, o] n. m. ARCHEOL Agrafe de manteau ; boucle de ceinture. ▷ Fermoir de livre. *Des fermaux ouvragés.* – De *fermer*.

fermant, ante [fɛʀmɑ̃, ɑ̃t] adj. Qui peut être fermé. *Une alcôve fermante.* – Ppr. de *fermer*.

1. ferme [fɛʀm] adj. et adv. **I.** adj. **1.** Qui offre une certaine résistance. *Un fromage à pâte ferme. La terre* ferme.* **2.** Qui se tient de façon stable. *Être ferme sur ses pieds.* - Loc. *De pied ferme* : sans reculer, résolument. *Attendre un adversaire de pied ferme.* ▷ FIN Dont les cours en Bourse ne baissent pas. *Valeur ferme.* **3.** Qui n'hésite pas. *Marcher d'un pas ferme. Une voix ferme.* **4.** Fig. Qui ne se laisse pas ébranler. *Être ferme dans ses résolutions.* - Par ext. *Avoir la ferme intention de faire qqch.* ▷ Qui fait preuve d'autorité. *Être ferme avec les enfants.* **5.** Sans sursis, en parlant d'une condamnation. *Prison ferme.* **II.** adv. Avec ardeur. *Discuter ferme. Travailler ferme*, beaucoup. - Loc. *Tenir ferme* : résister vigoureusement. – Lat. *firmus*.

2. ferme [fɛʀm] n. f. **I. 1.** DR Convention par laquelle le propriétaire d'un fonds de terre, d'une rente, d'un droit, en abandonne la jouissance pour un certain temps et moyennant un prix fixé. *Bail à ferme. Prendre à ferme.* **2.** HIST Système où le droit de percevoir certains impôts était délégué par l'État à des particuliers moyennant une redevance forfaitaire. - *Par ext.* Administration chargée de cette perception. *La ferme générale des gabelles.* **II. 1.** Exploitation agricole louée à ferme. - *Par ext.* Toute exploitation agricole. *Des produits de ferme.* **2.** Ensemble constitué par l'habitation de l'agriculteur et les bâtiments y attenant. *Une cour de ferme.* – De *ferme* 1 (sens 2).

3. ferme [fɛʀm] n. f. **1.** CONSTR Assemblage d'éléments de charpente disposé verticalement pour servir de support à une couverture. *L'ossature d'un comble est formée de fermes reliées par des pannes.* **2.** SPECT Décor monté sur des châssis, qui s'élève des dessous de la scène, en avant de la toile de fond. – De *fermer,* au sens anc. de « fixer ».

fermé, ée [fɛʀme] adj. **1.** Qui ne présente pas d'ouverture; qui n'est pas ouvert, clos. *Une caisse fermée. Une pièce fermée à clé.* ▷ Fig. *Société fermée,* où il est difficile de pénétrer. – *Visage fermé,* impénétrable. **2.** ELECTR *Circuit fermé :* circuit électrique ou magnétique ne présentant pas d'interruption. ▷ PHYS *Transformation fermée :* transformation thermodynamique dans laquelle l'état final est identique à l'état initial. Syn. cycle. ▷ MATH *Disque fermé, boule fermée :* ensemble des points dont la distance au centre est inférieure ou égale au rayon. (Cet ensemble comprend les points du cercle ou de la sphère qui limitent le disque ou la boule.) **3.** Fig. *Esprit fermé,* qui est volontairement incompréhensif ou borné. ▷ *Fermé à :* inaccessible, insensible à. *Être fermé à toute pitié.* **4.** LING *Voyelle fermée,* prononcée avec resserrement du canal vocal. *Les e fermés de « été ».* – *Syllabe fermée,* terminée par une consonne prononcée. – Pp. de *fermer.*

fermement [fɛʀməmɑ̃] adv. **1.** D'une manière ferme. *Tenir très fermement qqch.* **2.** Avec assurance, constance. *Croire fermement qqch.* – De *ferme* 1.

ferment [fɛʀmɑ̃] n. m. **1.** Agent (micro-organisme ou enzyme) d'une fermentation. **2.** Fig. Ce qui détermine ou entretient les idées ou les passions. *Un ferment de discorde, de haine, d'indiscipline.* – Lat. *fermentum.*

fermentable [fɛʀmɑ̃tabl] adj. Syn. rare de *fermentescible.* – De *fermenter.*

fermentation [fɛʀmɑ̃tasjɔ̃] n. f. **1.** Dégradation enzymatique (anaérobie) d'une substance par un microorganisme (levure, bactérie, etc.). V. enzyme. *L'homme utilise les produits finals de nombreuses fermentations. Fermentations alcoolique, lactique, butyrique,* produisant de l'alcool éthylique, de l'acide lactique, de l'acide butyrique. **2.** Fig. Effervescence des esprits. – Bas lat. *fermentatio.*

fermenter [fɛʀmɑ̃te] v. intr. [1] **1.** Être en fermentation. **2.** Fig. Être dans un état d'agitation morale contenue. *Les esprits fermentent.* – Lat. *fermentare.*

fermentescible [fɛʀmɑ̃tesibl] adj. Qui peut fermenter. – De *fermenter.*

fermenteur [fɛʀmɑ̃tœʀ] n. m. Appareil dans lequel on effectue des fermentations. – De *fermenter.*

fermer [fɛʀme] v. [1] **I.** v. tr. **1.** Appliquer (un objet) sur une ouverture pour la boucher. *Fermer une porte.* **2.** Isoler de l'extérieur. *Fermer une chambre, un placard.* **3.** Rapprocher l'une contre l'autre les parties de (qqch). *Fermer les yeux, la main. Fermer la bouche.* – Loc. fig. *Fermer les yeux sur (qqch) :* refuser de voir (qqch). ▷ Pop. *La fermer :* se taire. ▷ ELECTR *Fermer un circuit :* établir les connexions permettant le passage du courant dans un circuit. **4.** Interdire l'accès de. *Fermer un port, un établissement.* ▷ Fig. *Fermer son cœur à la pitié.* ▷ CH de F *Fermer la voie,* faire fonctionner le signal indiquant qu'elle ne doit pas être utilisée. ▷ SPORT *Fermer le jeu :* ne pas laisser une offensive se développer. **5.** Arrêter la circulation de (un fluide, une énergie). *Fermer l'eau, l'électricité.* – Par ext. *Fermer le robinet, la radio.* **6.** *Fermer la marche :* être le dernier d'un groupe en marche. **II.** v. pron. Être, devenir fermé; pouvoir être fermé. *Ses yeux se ferment. La porte se ferme de l'intérieur.* **III.** v. intr. **1.** Être fermé. *Les guichets ferment à midi.* **2.** Pouvoir être fermé. *Cette boîte ferme mal.* – Lat. *firmare,* « rendre ferme », de *firmus,* « ferme ».

fermeté [fɛʀməte] n. f. **1.** État de ce qui est ferme, compact, résistant. *La fermeté des chairs.* **2.** État de ce qui a de la sûreté, de la vigueur. *La fermeté du style. La fermeté d'une touche en peinture.* **3.** Énergie morale. *Fermeté d'âme, de caractère.* **4.** Autorité, assurance. *Parler avec fermeté.* **5.** FIN *Fermeté des cours :* maintien des cours de la Bourse à un taux élevé. – Lat. *firmitas.*

1. fermette [fɛʀmɛt] n. f. Petite ferme aménagée pour servir de résidence secondaire. – De *ferme* 2.

2. fermette [fɛʀmɛt] n. f. CONSTR Petite ferme (V. ferme 3). – De *ferme* 3.

fermeture [fɛʀmətyʀ] n. f. **1.** Dispositif servant à fermer. *La fermeture s'est coincée.* ▷ *Fermeture Éclair :* fermeture souple à glissière*. (Nom déposé.) **2.** Action de fermer. *Dispositif qui assure la fermeture automatique des portes.* **3.** État d'un établissement fermé. *Fermeture annuelle.* – De *fermer.*

fermier, ère [fɛʀmje, ɛʀ] n. et adj. **1.** Personne qui prend à ferme un droit. – (En appos.) *Compagnie fermière.* ▷ *Fermier général,* qui, sous l'Ancien Régime, prenait à ferme la perception de certains impôts. **2.** Personne qui tient une exploitation agricole avec un bail à ferme, ou, par ext., en tant que propriétaire. **3.** adj. De ferme. *Poule fermière. Beurre fermier.* – De *ferme* 2.

fermion [fɛʀmjɔ̃] n. m. PHYS NUCL Particule obéissant à la statistique de Fermi*-Dirac, dont le comportement statistique s'oppose à celui des bosons*. *L'électron, le proton et le neutron sont des fermions.* V. encycl. particule. – Du n. du physicien italien E. *Fermi* (1901-1954).

fermium [fɛʀmjɔm] n. m. CHIM Élément radioactif artificiel appartenant à la famille des actinides, de numéro atomique Z = 100, de masse atomique 257 (symbole Fm). – De *Fermi* (V. fermion).

fermoir [fɛʀmwaʀ] n. m. Agrafe ou attache qui sert à tenir fermé un livre, un sac, un collier, etc. – De *fermer.*

féroce [feʀɔs] adj. **1.** (Animaux) Cruel, qui tue par instinct. *Le tigre est un animal féroce.* **2.** (Personnes) Cruel, qui est sans pitié. *Un tyran féroce.* ▷ Par ext. *Un regard féroce.* – Par exag. *Un appétit féroce.* – Lat. *ferox,* de *ferus,* « bête sauvage ».

férocement [feʀɔsmɑ̃] adv. D'une manière féroce. – De *féroce.*

férocité [feʀɔsite] n. f. Caractère féroce. *La férocité du lion.* – Lat. *ferocitas,* « fougue, fierté, vaillance ».

ferrade [feʀad] n. f. Rég. Action de marquer les bestiaux au fer rouge. – Fête provençale célébrée à cette occasion. – Provenç. *ferrado.*

ferrage [feʀaʒ] n. m. Action de ferrer. *Ferrage d'un cheval, d'une roue.* Syn. ferrement. – De *ferrer.*

ferraillage [feʀɑjaʒ] n. m. CONSTR Ensemble des armatures qui entrent dans un ouvrage en béton armé. – De *ferrailler.*

ferraille [feʀɑj] n. f. **1.** Déchets de métaux ferreux; pièces hors d'usage en fer, en acier, en fonte. *Un tas de ferraille.* **2.** Fam. Petite monnaie. – De *fer.*

ferraillement [feʀɑjmɑ̃] n. m. **1.** Action de ferrailler (sens 2). **2.** Bruit de ferraille. – De *ferrailler.*

ferrailler [feʀɑje] v. [1] **1.** v. intr. Péjor. Se battre au sabre ou à l'épée. **2.** v. tr. CONSTR Munir d'un ferraillage. – De *ferraille.*

ferrailleur [feʀɑjœʀ] n. m. **1.** Péjor., vx Homme qui aime se battre à l'épée. ▷ adj. Fig. Qui aime se quereller. **2.** Marchand de ferraille. **3.** CONSTR Ouvrier spécialisé dans le ferraillage. – De *ferraille.*

ferrat. V. féra.

ferrate [feʀat] n. m. CHIM Sel dérivant d'un acide ferrique H_2FeO_4 non isolé. *Ferrate de potassium*, de formule K_2FeO_4. – De *fer*, et *-ate*.

ferré, ée [feʀe] adj. **1.** Garni de fer. *Bâton ferré. Souliers ferrés.* ▷ Fig., fam. *Être ferré en, sur un sujet*, le connaître parfaitement. **2.** *Voie ferrée* : voie constituée par deux rails reliés par des traverses. – Pp de *ferrer*.

1. ferrement [fɛʀmɑ̃] n. m. Action de ferrer un cheval. Syn. ferrage. – De *ferrer*.

2. ferrement [fɛʀmɑ̃] n. m. TECH Ensemble des pièces métalliques servant à équiper un ouvrage en bois. – Chacune de ces pièces. Syn. ferrure. – Lat. *ferramentum*, de *ferrum*, « fer ».

ferrer [fe(ɛ)ʀe] v. tr. [1] **1.** Garnir d'un fer, de ferrures. *Ferrer un bâton, une porte.* ▷ Garnir les sabots d'une bête de fers destinés à en éviter l'usure. *Ferrer un mulet.* **2.** *Ferrer le poisson*, bien l'accrocher à l'hameçon en tirant d'un coup sec, après qu'il a mordu. – Lat. *ferrare*, de *ferrum*, « fer ».

ferret [fɛʀɛ] n. m. **1.** Extrémité en métal (ou plastifiée) d'un lacet, d'une aiguillette. ▷ Spécial. *Ferrets de diamants*, ornés de diamants. **2.** TECH Noyau dur dans une pierre de taille. **3.** MINER *Ferret d'Espagne* : hématite rouge. – De *fer*.

ferreur [fɛʀœʀ] n. m. **1.** Celui qui ferre les chevaux. **2.** Ouvrier qui pose les ferrures. – De *ferrer*.

ferreux, euse [fɛʀø, øz] adj. **1.** Qui contient du fer. *Métaux ferreux.* **2.** CHIM *Composé, sel ferreux*, qui contient du fer au degré d'oxydation + 2 (oxyde de fer FeO, par ex.). ▷ *Ion ferreux* : ion Fe^{2+}. – De *fer*.

ferri-. CHIM Préfixe indiquant la présence du fer au degré d'oxydation + 3. – De *fer*.

ferricyanure [feʀisjanyʀ] n. m. CHIM Ion complexe de fer à l'état d'oxydation + 3 : $[Fe(CN)_6]^{3-}$. – De *ferri-*, et *cyanure*.

ferrimagnétique [feʀimaɲetik] adj. PHYS Qui a les propriétés du ferrimagnétisme. – De *ferrimagnétisme*.

ferrimagnétisme [feʀimaɲetism] n. m. PHYS Propriété des corps qui ont un comportement magnétique analogue à celui des ferrites tout en étant le plus souvent des isolants. – De *ferri-*, et *magnétisme*.

ferrique [feʀik] adj. CHIM *Composé, sel ferrique*, qui contient du fer au degré d'oxydation + 3 (oxyde ferrique Fe_2O_3, par ex.). ▷ *Ion ferrique* : ion Fe^{3+}. – De *fer*.

ferrite [feʀit] n. **1.** n. m. CHIM Céramique ferrimagnétique, composée de mélanges d'oxydes, dont l'oxyde ferrique Fe_2O_3. *Les tores de ferrites sont utilisés notam. dans la fabrication des mémoires d'ordinateurs et des antennes des récepteurs radio.* **2.** n. f. METALL Solution solide de carbone dans le fer α (l'un des constituants de l'acier). – De *fer*.

ferritine [feʀitin] n. f. BIOCHIM Protéine riche en fer qui assure le stockage de cet oligo-élément dans le foie, la rate et la moelle osseuse. – De *fer*.

ferro-. **1.** METALL Préfixe indiquant la présence de fer dans un alliage. **2.** CHIM Préfixe indiquant la présence du fer au degré d'oxydation + 2. – De *fer*.

ferro [feʀo] n. m. TECH Épreuve photographique sur papier imprégné de ferrocyanure. *Des ferros.* – De *ferro(cyanure)*.

ferrocérium [feʀoseʀjɔm] n. m. TECH Alliage de fer et de cérium, utilisé comme pierre à briquet. – De *ferro-*, et *cérium*.

ferrocyanure [feʀosjanyʀ] n. m. CHIM Ion complexe du fer à l'état d'oxydation + 2 : $[Fe(CN)_6]^{4-}$. – De *ferro-*, et *cyanure*.

ferromagnésien, enne [feʀomaɲezjɛ̃, ɛn] adj. Riche en fer et en magnésium. – De *ferro-*, et *magnésium*.

ferromagnétique [feʀomaɲetik] adj. PHYS Qui possède la propriété de s'aimanter sous l'action d'un champ magnétique. – De *ferro-*, et *magnétique*.

ferromagnétisme [feʀomaɲetism] n. m. PHYS Propriété de certaines substances (fer, cobalt, nickel) d'acquérir une forte aimantation lorsqu'on les place dans un champ magnétique extérieur. (On les utilise pour constituer des aimants, des électroaimants et des circuits magnétiques.) – De *ferro-*, et *magnétisme*.

ferronnerie [feʀɔnʀi] n. f. **1.** TECH Fabrique où l'on façonne de grosses pièces de fer. **2.** TECH Ensemble des éléments métalliques d'un édifice. **3.** Art du fer forgé. ▷ *Par ext.* Objets en fer forgé (grilles, rampes, lustres, etc.). – De l'anc. n. *ferron*, « marchand de fer », de *fer*.

ferronnier, ère [feʀɔnje, ɛʀ] n. Celui, celle qui fabrique ou vend de la ferronnerie d'art. *Ferronnier d'art.* – De *ferron*. V. ferronnerie.

ferronnière [feʀɔnjɛʀ] n. f. Bijou formé d'une pierre précieuse maintenue sur le front par un bandeau de métal ou un ruban. – P.-ê. de *ferronnier*, à cause du nom du portrait attribué à Léonard de Vinci, dit *la Belle Ferronnière*.

ferroporphyrine [feʀopɔʀfiʀin] n. f. BIOCHIM Substance complexe formée par quatre noyaux pyrroliques associés à un atome de fer, constituant de l'hématine du sang et des cytochromes. – De *ferro* -, et *porphyrine*.

ferroutage [fɛʀʀutaʒ] n. m. TRANSP Transport combiné par remorques routières acheminées sur des wagons de chemin de fer. Syn. transport rail-route. – De *fer*, et *routage*.

ferrouter [fɛʀute] v. tr. [1] TRANSP Acheminer par ferroutage. – De *fer*, et *router*.

ferroutier, ère [fɛʀutje, ɛʀ] adj. TRANSP Qualifie un engin servant à ferrouter. – De *fer*, et *routier*.

ferroviaire [feʀɔvjɛʀ] adj. Relatif aux chemins de fer. *Trafic ferroviaire.* – Ital. *ferroviario*, de *ferrovia*, « voie ferrée, chemin de fer ».

ferrugineux, euse [feʀyʒinø, øz] adj. Qui contient un oxyde ou un sel de fer. *Eaux ferrugineuses.* – Du lat. *ferrugo, ferruginis*, « rouille ».

ferrure [feʀyʀ] n. f. **1.** Garniture de fer, de métal. *Ferrures d'une porte, d'un gouvernail.* Syn. ferrement. **2.** Action de ferrer un cheval, un âne, etc. – De *ferrer*.

ferry-boat [feʀibot] n. m. (Anglicisme) Navire spécialement construit pour le transport des rames de wagons et des automobiles. *Des ferry-boats.* (Abrév. cour. *ferry, des ferries* ou *ferrys.*) Syn. transbordeur. – Mot angl., de *ferry*, « bac », et *boat*, « bateau ».

ferté [fɛʀte] n. f. Vx Endroit fortifié. (Ce mot est resté dans certains noms de villes : *La Ferté-Alais, La Ferté-Bernard.*) – Doublet pop. de *fermeté* au sens vx de « forteresse ».

fertile [fɛʀtil] adj. **1.** Qui fournit des récoltes abondantes. *Terre, sol, champ, pays fertile.* Syn. fécond. Ant. stérile. **2.** Fig. *Fertile en* : riche en. *Voyage fertile en incidents.* **3.** Fig. Qui produit beaucoup (d'idées, d'œuvres, etc.). *Imagination fertile. Écrivain fertile.* – Lat. *fertilis*.

fertilisable [fɛʀtilizabl] adj. Qui peut être fertilisé. – De *fertiliser*.

fertilisant, ante [fɛʀtilizɑ̃, ɑ̃t] adj. Qui fertilise. – n. m. Produit qui fertilise. – Ppr. de *fertiliser*.

fertilisateur, trice [fɛʀtilizatœʀ, tʀis] adj. Litt. Qui fertilise. *Le fleuve fertilisateur.* – De *fertiliser*.

fertilisation [fɛʀtilizasjɔ̃] n. f. Action de fertiliser. – De *fertiliser.*

fertiliser [fɛʀtilize] v. tr. [1] Rendre fertile. – De *fertile.*

fertilité [fɛʀtilite] n. f. Qualité de ce qui est fertile. *La fertilité d'un terrain.* ▷ Fig. *La fertilité d'un romancier.* – Lat. *fertilitas.*

féru, ue [feʀy] adj. Litt. *Féru de* : passionné de. *Il est féru d'archéologie.* – Pp. de *férir.*

férule [feʀyl] n. f. **1.** Ombellifère (genre *Ferula*) à hampe florale très élevée, dont diverses espèces fournissent des gommes (*assa-fœtida, galbanum*). **2.** Palette de bois ou de cuir dont on se servait pour frapper les écoliers afin de les punir. ▷ Loc. fig. *Être sous la férule de qqn,* sous son autorité. – Lat. *ferula,* «plante dont la tige servait à fouetter».

fervemment [fɛʀvamɑ̃] adv. Litt. Avec ferveur. – De *fervent.*

fervent, ente [fɛʀvɑ̃, ɑ̃t] adj. **1.** Qui éprouve ou manifeste de la ferveur. ▷ Subst. Personne qui aime (qqn, qqch) avec ferveur. *Les fervents de Mozart, de la musique.* **2.** Qui comporte de la ferveur. *Oraison fervente. Amour fervent.* – Lat. *fervens,* «bouillonnant de chaleur».

ferveur [fɛʀvœʀ] n. f. Ardeur des sentiments religieux. *Prier avec ferveur.* ▷ Enthousiasme et amour venant du fond du cœur. *Que de ferveur dans cette étude sur Ronsard!* – Lat. *fervor,* «chaleur».

fesse [fɛs] n. f. **1.** Chacune des deux parties charnues qui forment le derrière de l'homme et de certains animaux. **2.** Partie arrondie de l'arrière des anciens voiliers. – Lat. pop. *fissa,* «fente».

fessée [fese] n. f. Correction donnée sur les fesses. ▷ Fig., fam. Défaite humiliante. – Pp. fém. subst. de *fesser.*

fesse-mathieu [fɛsmatjø] n. m. Vx ou litt. Usurier, avare. *Des fesse-mathieux.* – De *fesser,* et (saint) *Matthieu,* patron des changeurs, (fesser saint Matthieu pour en tirer de l'argent).

fesser [fese] v. tr. [1] Corriger (qqn) en le frappant sur les fesses. – De *fesse.*

fessier, ère [fesje, ɛʀ] adj. et n. m. **1.** adj. ANAT Des fesses. *Les muscles fessiers forment la saillie de la fesse et assurent l'extension de la cuisse sur le tronc.* – n. m. *Le grand, le moyen, le petit fessier.* **2.** n. m. Fam. Les deux fesses, le derrière. – De *fesse.*

fessu, ue [fesy] adj. Fam. Qui a de grosses fesses. – De *fesse.*

festif, ive [festif, iv] adj. Relatif à la fête; qui a le caractère de la fête. *Une commémoration festive.* – Du lat. *festivus,* «de fête».

festin [fɛstɛ̃] n. m. Repas de fête; repas somptueux, excellent. – De l'ital. *festino,* «petite fête».

festiner [fɛstine] v. intr. [1] Vx Faire un festin. – De *festin.*

festival, als [fɛstival] n. m. **1.** Manifestation musicale organisée à époque fixe. *Festival Wagner à Bayreuth, Mozart à Salzbourg.* ▷ Série de rencontres internationales au cours desquelles différents pays présentent leurs meilleures productions cinématographiques. *Le festival de Venise, de Cannes.* ▷ Réunion internationale consacrée au théâtre. *Le festival d'Avignon.* **2.** Fig Manifestation éclatante. *Cette comédie, quel festival d'esprit!* – Mot angl., «fête», repris de l'a. fr., du lat. *festivus,* «de fête».

festivalier, ère [fɛstivalje, ɛʀ] n. et adj. Celui, celle qui fréquente un festival. - adj. *La saison festivalière.* – De festival.

festivité [fɛstivite] n. f. **1.** Vx Allégresse générale. **2.** n. f. pl. Mod. Fêtes, cérémonies. – Lat. *festivitas,* «gaieté».

fest-noz [fɛstnɔz] n. m. Fête de nuit bretonne accompagnée de musique et de danses régionales. *Des fest-noz* ou (plur. breton) *des festoù-noz.* – Mots celtes, de *fest,* «fête», et *noz,* «nuit».

festoiement [fɛstwamɑ̃] n. m. Action de festoyer. – De *festoyer.*

feston [fɛstɔ̃] n. m. **1.** Ornement fait de guirlandes de feuilles et de fleurs suspendues. ▷ ARCHI Ornement sculpté imitant ces guirlandes. **2.** COUT Bordure brodée formée de dents arrondies. – Ital. *festone,* «ornement de fête», de *festa,* «fête».

festonner [fɛstɔne] v. tr. [1] Orner de festons. - Pp. adj. *Nappe festonnée.* – De *feston.*

festoyer [fɛstwaje] v. [23] **1.** v. tr. Vx *Festoyer qqn,* bien le recevoir. **2.** v. intr. Faire la fête, faire bonne chère. – De *feste,* forme anc. de *fête.*

feta [fɛta] n. f. Fromage de brebis grec. – Mot grec.

fêtard, arde [fɛtaʀ, aʀd] n. Fam. Personne qui aime à faire la fête. – De *fête.*

fête [fɛt] n. f. **1.** Jour consacré à commémorer un fait religieux, historique, etc. *La fête de Noël. Fête nationale. Fête légale,* obligatoirement chômée. *Fête fixe,* ayant lieu toujours à la même date. *Fête mobile,* dont la date varie chaque année. ▷ *La fête de qqn,* le jour consacré au saint dont la personne porte le nom. **2.** Réjouissances publiques ou familiales. *Programme de la fête. Une fête de famille.* **3.** Fig. *Fête pour...* : grand plaisir pour. *Ces couleurs, quelle fête pour les yeux!* **4.** Loc. *En fête* : gai, joyeux. *Avoir le cœur en fête.* ▷ *Faire fête à qqn,* lui réserver un accueil très chaleureux. ▷ *Faire la fête* : mener joyeuse vie. ▷ *N'être pas à la fête* : être dans une situation très désagréable. – Lat. pop. *festa,* de *festa dies,* «jour de fête».

Fête-Dieu [fɛtdjø] n. f. Fête instituée par le pape Urbain IV, en 1264, pour glorifier la présence de Jésus dans l'hostie; elle est célébrée le dimanche qui suit la Trinité. (Hors de France, on la nomme en général Corpus Christi.) *Des Fêtes-Dieu.* – De *fête,* et *Dieu.*

fêter [fete] v. tr. [1] **1.** Célébrer (une fête). *Fêter Pâques.* **2.** Célébrer par une fête. *Fêter un succès.* **3.** Accueillir (qqn) chaleureusement. – De *fête.*

fétiche [fetiʃ] n. m. **1.** ETHNOL Objet magique, substitut visible d'un esprit auquel s'adresse un culte, dans les civilisations archaïques. **2.** Cour. Objet porte-bonheur. **3.** PSYCHOPATHOL Objet érotisé par certaines personnes atteintes de perversions* sexuelles. - PSYCHO *Objet-fétiche* ou *fétiche,* qui représente pour l'enfant un substitut du corps maternel. – Du portug. *feitiço,* «artificiel» puis «sortilège», du lat. *facticius,* «artificiel».

féticheur [fetiʃœʀ] n. m. ETHNOL Celui qui est censé disposer d'un pouvoir magique, dans les religions animistes. – Du néerl. *feticheer,* d'un dér. du portug. *feitiço.*

fétichisme [fetiʃism] n. m. **1.** ETHNOL Culte des fétiches. **2.** Attachement, admiration excessifs à l'égard de qqch ou de qqn. *Avoir le fétichisme des titres universitaires.* **3.** PSYCHOPATHOL Perversion sexuelle qui confère à un objet particulier (vêtement, etc.) ou à une partie du corps du partenaire le pouvoir exclusif de susciter l'excitation érotique. – De *fétiche.*

fétichiste [fetiʃist] adj. et n. **1.** Qui pratique le fétichisme (sens 1). **2.** PSYCHOPATHOL Atteint de fétichisme (sens 3). – De *fétichisme.*

fétide [fetid] adj. Qui sent très mauvais. – Lat. *fœtidus,* de *fœtere,* «puer».

fétidité [fetidite] n. f. Caractère de ce qui est fétide. – De *fétide.*

fettucine ou **fettucini** [fetutʃine] n. f. pl. Pâtes alimentaires d'Italie coupées en forme de rubans. – Mot ital., dimin. de *fettucia,* «petite tranche, ruban».

fétu [fety] n. m. Brin (de paille). – Du lat. pop. **festucum*, class. *festuca*, « brin de paille ».

fétuque [fetyk] n. f. Graminée (genre *Festuca*) qui forme la base des prairies naturelles. – Lat. *festuca*, « brin de paille ».

1. feu, feue [fø] adj. Litt. Défunt. (Ne s'accorde que placé entre le déterminant et le nom.) *La feue reine. Feu la reine.* – Du lat. pop. *fatutus*, « qui a accompli sa destinée ».

2. feu [fø] n. m. (et adj.) **I.** Flamme. **1.** Flamme qui accompagne une combustion. ▷ *Le feu sacré*, objet d'un culte dans certaines religions. – Fig. *Avoir le feu sacré* : éprouver un grand enthousiasme pour qqch (notam. pour ce que l'on fait, pour son métier). ▷ Fig. *Jouer avec le feu* : prendre de grands risques. **2.** Fig. Chaleur intense. *Les feux de la canicule.* ▷ Brûlure. *Le feu du rasoir.* ▷ *En feu* : irrité. *Avoir la gorge en feu.* **3.** Fig. Ardeur. *Dans le feu de l'action.* ▷ Passion. *Un discours plein de feu.* ▷ *De feu* : ardent. *Une âme de feu.* ▷ Fam. *Être tout feu tout flamme*, plein d'enthousiasme. **4.** adj. inv. Rouge orangé. *Des rubans feu.* **5.** Corps en combustion, allumés pour chauffer, pour cuire. *Un feu de bois. Faire un feu, du feu.* – *S'asseoir au coin du feu*, au coin de la cheminée. ▷ *Feu de joie*, allumé en plein air en signe de réjouissance. *Les feux de joie de la Saint-Jean.* ▷ Chaleur dégagée par la combustion. *Cuire à feu doux. Plat qui va au feu*, qui supporte une température élevée. *Céramique de grand feu*, cuite à haute température. ▷ *Coup de feu* : action brutale du feu ; fig. moment d'activité intense. *Le coup de feu de midi, dans un restaurant.* – TECH *Coup de feu* : défaut d'une pièce cuite au four, dû à une température trop élevée. **6.** Fig., vieilli Foyer, famille. *Un village de vingt feux.* ▷ Loc. Mod. *Sans feu ni lieu* : sans foyer, sans domicile. **7.** Brûleur ou plaque chauffante d'une cuisinière. *Cuisinière à quatre feux.* ▷ *Les feux* : la source de chaleur d'une chaudière industrielle. *Pousser les feux.* **8.** Supplice ancien consistant à brûler vif un condamné. *Hérétique condamné au feu.* ▷ Fig. *Faire mourir qqn à petit feu*, lentement et cruellement. **9.** Ce qui sert à allumer une cigarette, une pipe, etc. *Avez-vous du feu ?* **II.** Incendie. *Feu de forêt. Feu de cheminée. Au feu !* – *En feu* : en train de brûler. ▷ *Mettre à feu et à sang* : ravager par l'incendie et le massacre. ▷ *Faire la part du feu* : vider une partie de terrain, de bâtiment de ce qui peut y brûler pour empêcher un incendie de s'étendre ; fig. sacrifier ce qui, de toute manière, est perdu, afin de sauver l'essentiel. **III.** Explosion qui, dans le tube d'une arme, propulse le projectile. **1.** *Armes à feu* : fusils, mitrailleuses, mitraillettes, pistolets, revolvers, etc. – *Bouches à feu* : canons, obusiers, mortiers, etc. ▷ *Coup de feu* : décharge d'une arme à feu, détonation. ▷ *Le coup a fait long feu* : l'amorce a brûlé trop lentement et le coup n'est pas parti. – Fig. *Faire long feu* : ne pas réussir. *Sa tentative a fait long feu.* ▷ *Ne pas faire long feu* : ne pas durer bien longtemps. **2.** Tir. *Ouvrir le feu. Feu ! Faire feu* : tirer. **3.** *Le feu* : le combat. *Aller au feu pour la première fois. Baptême du feu.* **IV.** Lumière. **1.** Lumière d'éclairage. *Sous les feux des projecteurs.* **2.** Signal lumineux. *Phare à feu tournant. Feux de position d'un navire, d'un avion* (vert à droite, rouge à gauche). ▷ Chacun des dispositifs lumineux d'un véhicule. *Feux de position, clignotants, de gabarit. Feux de route, de croisement.* ▷ Signal lumineux réglant la circulation des voitures, des trains. *Feu rouge, vert, orange.* – Loc. fig. *Donner le feu vert à qqn*, lui donner l'autorisation de faire telle ou telle chose. **3.** *Feu follet**. ▷ *Feu Saint-Elme* : aigrette lumineuse d'origine électrique qui apparaît quelquefois pendant un orage au sommet d'un corps élevé et terminé en pointe. ▷ *Feu d'artifice**. – *Feu de Bengale* : pièce d'artifice qui brûle avec une flamme colorée. **4.** Éclat très vif. *Les feux d'une pierre précieuse. Un regard de feu.* ▷ Loc. fig., fam. *N'y voir que du feu* : ne rien voir, ne rien comprendre (comme une personne éblouie). – Du lat. *focus*, « foyer ».

feudataire [fødatɛʀ] n. FEOD Personne qui possédait un fief et devait foi et hommage à son suzerain. – Lat. médiév. *feudatarius*, de *feudum*, « fief ».

feudiste [fødist] n. m. Spécialiste du droit féodal. – Lat. médiév. *feudista*.

feuillage [fœjaʒ] n. m. **1.** Ensemble des feuilles d'un arbre, d'un arbuste ou d'une grande plante. **2.** (Plur.) Branches coupées garnies de feuilles. *Disposer des feuillages dans un vase.* **3.** Ornement représentant des feuilles. – De *feuille*.

feuillaison [fœjɛzɔ̃] n. f. Développement des jeunes feuilles ; époque où elles apparaissent. – De *feuiller*, « se couvrir de feuilles ».

feuillant [fœjɑ̃] n. m. **1.** Religieux membre d'un ancien ordre détaché des cisterciens, réformé par Jean de La Barrière en 1577 et dissous en 1791. **2.** HIST *Les Feuillants* : club politique qui groupait modérés et monarchistes constitutionnels et siégeait dans l'ancien couvent des Feuillants, près des Tuileries (1791-1792). – De Notre-Dame-de-*Feuillans*, près de Toulouse, dont l'abbé fut fondateur de l'ordre.

feuillantine [fœjɑ̃tin] n. f. Religieuse membre d'un ancien ordre féminin qui suivait la règle des feuillants. ▷ *Les Feuillantines* : anc. couvent de ces religieuses à Paris (faubourg St-Jacques). – De *feuillant*.

feuillard [fœjaʀ] n. m. **1.** TECH Branche souple fendue en deux, servant à cercler un tonneau. **2.** TECH Bande de fer plate. – De *feuille*.

feuille [fœj] n. f. **I.** (Plantes) **1.** Partie d'un végétal, généralement verte, plate et mince, qui naît des tiges et des rameaux. ▷ *Feuilles mortes* : feuilles jaunies et desséchées. **2.** *Feuille de chêne* : laitue brune à feuilles très découpées. **3.** Bractée de l'artichaut, portant à sa base une partie comestible. **4.** *Par ext.* Pétale. *Feuilles de rose.* **II.** (Papier) **1.** Morceau de papier quadrangulaire. *Une feuille de papier à lettres.* ▷ *Bonnes feuilles* : feuilles d'un livre tirées définitivement (avant la reliure et la publication). **2.** Document portant des indications manuscrites ou imprimées. *Feuille de paie. Feuille de route.* **3.** Journal. *Une feuille de province.* ▷ Fam. *Feuille de chou* : journal médiocre. **III.** Plaque très mince. *Feuille de tôle.* – Du lat. *folia*, plur. neutre devenu fém. de *folium*, « feuille d'arbre, feuille de papier ».

ENCYCL **Bot.** – La feuille est présente chez tous les végétaux supérieurs. Celle des angiospermes dicotylédones comprend 4 parties : la base foliaire, partie intégrante de la tige ; le limbe, vaste et mince surface exposée à la lumière ; le pétiole, étroit support du limbe ; les nervures, faisceaux conducteurs de la sève. La feuille des monocotylédones a rarement un pétiole et toujours des nervures parallèles.

feuillée [fœje] n. f. **1.** Vx ou litt. Feuillage des arbres formant abri. **2.** Plur. MILIT Tranchée servant de latrines. – De *feuille*.

feuille-morte [fœjmɔʀt] adj. inv. Qui a la couleur brun-roux des feuilles mortes.

feuiller [fœje] **1.** v. intr. [1] Rare *L'arbre feuille*, se couvre de feuilles. **2.** v. tr. TECH *Feuiller une planche*, y pratiquer une feuillure. – De *feuille*.

feuillet [fœjɛ] n. m. **1.** Chacune des feuilles d'un livre, d'un cahier, etc. *Un feuillet comporte deux pages, le recto et le verso.* **2.** Troisième poche de l'estomac des ruminants. **3.** ANAT Une des membranes constituantes des séreuses. *Feuillet pariétal, viscéral.* **4.** BIOL Couche cellulaire, unie ou stratifiée. *Ectoderme, mésoderme et endoderme sont les trois feuillets constitutifs des cœlomates.* **5.** TECH Planche mince utilisée en menuiserie. **6.** ELECTR *Feuillet magnétique* : tranche mince, aimantée perpendiculairement à sa surface. – De *feuille*.

feuilletage [fœjtaʒ] n. m. CUIS Action de feuilleter la pâte. ▷ Pâte feuilletée. – De *feuilleter*.

feuilleté, ée [fœjte] adj. Formé de minces couches superposées. ▷ Spécial. *Pâte feuilletée* : pâte à gâteaux travaillée pour se diviser à la cuisson en fines feuilles superposées. – n. m. Pâtisserie faite avec cette pâte. *Feuilleté aux amandes.* – Pp. de *feuilleter.*

feuilleter [fœjte] v. tr. [20] **1.** Tourner les feuilles d'un livre, d'un cahier, etc., que l'on parcourt. ▷ *Par ext.* Parcourir, lire hâtivement. **2.** TECH Diviser en feuilles minces. **3.** CUIS *Feuilleter la pâte*, la travailler en la pliant plusieurs fois pour obtenir de la pâte feuilletée. – De *feuillet.*

feuilletis [fœjti] n. m. **1.** TECH Point d'une carrière où l'ardoise est facile à trancher. **2.** Angle tranchant d'un diamant, d'une pierre précieuse. – De *feuilleter.*

feuilleton [fœjtɔ̃] n. m. **1.** Chronique régulière dans un journal. *Feuilleton littéraire.* **2.** Chacun des fragments d'un roman publié dans un périodique. ▷ *Par ext.* Roman ainsi publié. *Un roman-feuilleton.* ▷ Par anal. *Feuilleton radiophonique, feuilleton télévisé.* – De *feuillet.*

feuilletoniste [fœjtɔnist] n. Personne qui écrit des feuilletons. – De *feuilleton.*

feuillette [fœjɛt] n. f. Tonneau de 110 à 140 litres.

feuillettement [fœjɛtmɑ̃] n. m. Action de feuilleter. – De *feuilleter.*

feuillu, ue [fœjy] adj. et n. m. **1.** adj. Qui a une grande quantité de feuilles. *Buisson feuillu.* **2.** n. m. Arbre à feuilles typiques, généralement caduques, par oppos. aux arbres à feuilles aciculaires (conifères, par ex.). – De *feuille.*

feuillure [fœjyʀ] n. f. TECH Entaille pratiquée dans un panneau pour recevoir une autre pièce. *Feuillure d'une glace. Feuillure dans le montant d'une baie ou dans une huisserie destinée à recevoir un bâti fixe, une porte.* – De *feuille.*

feulement [følmɑ̃] n. m. Cri du tigre, du chat. – De *feuler.*

feuler [føle] v. intr. [1] Pousser un cri, en parlant de certains félins (tigre, notam.); gronder, en parlant du chat. – Du lat. *feles, felis,* « chat ».

feutrage [føtʀaʒ] n. m. Action de feutrer. ▷ État de ce qui s'est feutré accidentellement. – De *feutrer.*

feutre [føtʀ] n. m. **1.** Étoffe non tissée faite de poils ou de laines agglutinés et foulés. **2.** *Par ext.* Chapeau de feutre. **3.** TECH Étoupe servant à boucher. ▷ Bourre (pour rembourrer les selles). **4.** Stylo, crayon dont la pointe est faite de feutre ou de fibres synthétiques. (On dit aussi *stylo-feutre, crayon-feutre.*) – Du frq. **filtir.*

feutré, ée [føtʀe] adj. **1.** Garni de feutre (pour insonoriser, amortir les chocs). ▷ Fig. Silencieux, discret. *Atmosphère feutrée.* **2.** *Étoffe feutrée,* à laquelle on a donné l'aspect du feutre ou qui a pris accidentellement cet aspect. *Lainage feutré.* – Pp. de *feutrer.*

feutrer [føtʀe] v. tr. [1] **1.** Garnir de feutre. **2.** Transformer du poil ou de la laine en feutre. ▷ TECH Agglomérer les fibres (du papier). **3.** *Feutrer une étoffe,* lui donner accidentellement l'aspect du feutre. *Un lavage fait sans précaution peut feutrer les lainages.* ▷ v. pron. et intr. *Ce lainage se feutre* (ou *feutre*) *au lavage.* **4.** Amortir (les sons). *Tapis qui feutre le bruit des pas.* – Pp. adj. *Marcher à pas feutrés,* sans faire de bruit. – De *feutre.*

feutrine [føtʀin] n. f. Tissu de laine feutré, léger mais de bonne tenue. – De *feutre.*

fève [fɛv] n. f. **1.** Plante potagère du genre *Faba* (fam. papilionacées). **2.** Graine de cette plante, semblable à un gros haricot plat, de goût plus fort, légèrement amer. ▷ Figurine de porcelaine, de matière plastique, etc. (autrefois : fève) qu'on cache dans une galette pour tirer les rois le jour de l'Épiphanie. ▷ *Par ext.* Nom cour. des graines de divers végétaux. – *Fève de Saint-Ignace* : graine de *Strychnos ignatii,* qui, comme la noix vomique, contient de la strychnine. – Lat. *faba.*

féverole, fèverole [fevʀɔl; fɛvʀɔl] ou **faverole** [favʀɔl] n. f. Plante fourragère du genre *Faba* (fam. papilionacées), à tige plus longue et à grains plus petits que ceux de la fève. – De *fève.*

févier [fevje] n. m. Arbre ornemental à graines comestibles du genre *Gleditschia* (fam. césalpiniacées), originaire d'Amérique du N. et acclimaté en France. – De *fève.*

février [fevʀije] n. m. Second mois de l'année, qui compte 28 jours les années ordinaires et 29 jours les années bissextiles. ▷ HIST *Journées de février 1848* : (22, 23 et 24 février) journées de révolte qui marquent la fin de la monarchie de Juillet ; la IIe République est proclamée. ▷ *Journée du 6 février 1934* : journée de manifestations organisée par les ligues de droite contre Daladier. ▷ *Révolution de Février (1917),* en Russie, des grèves et des mutineries aboutirent à l'installation d'un gouv. provisoire et d'un soviet des ouvriers et des soldats ; le 15 mars Nicolas II abdiqua, la monarchie fut suspendue. – Du bas lat. *febrarius,* class. *februarius,* « mois de purification ».

fez [fɛz] n. m. Coiffure de forme tronconique parfois portée par les hommes dans certains pays musulmans. – Du nom de la ville de *Fez* (Maroc).

fg PHYS Symbole de la frigorie.

fi ! [fi] interj. Vx Exprime le dégoût, le mépris. ▷ Mod., litt. *Faire fi de* : mépriser, dédaigner. – Onomat., p.-ê. rad. du lat. *fimus,* « fumier ».

fiabiliser [fjabilize] v. tr. [1] Rendre fiable ou plus fiable. – De *fiabilité.*

fiabilité [fjabilite] n. f. TECH Probabilité de bon fonctionnement d'un composant ou d'un appareil pendant un temps donné. ▷ *Par ext.* Degré de confiance que l'on peut accorder à une chose, à une personne. – De *fiable.*

fiable [fjabl] adj. TECH Qualifie un appareil possédant une fiabilité élevée. ▷ *Par ext.* Chose, personne à laquelle on peut se fier. – De *(se) fier.*

fiacre [fjakʀ] n. m. Voiture hippomobile, de louage, à l'heure ou à la course. – De saint *Fiacre,* à cause de l'effigie de ce saint sur une maison de la rue Saint-Antoine (à Paris), où se trouvaient ces sortes de voitures.

fiançailles [f(i)jɑ̃saj] n. f. pl. **1.** Cérémonie familiale qui accompagne une promesse mutuelle de mariage. *Bague de fiançailles.* **2.** Temps qui s'écoule entre cette cérémonie et le mariage. – De *fiancer.*

fiancé, ée [f(i)jɑ̃se] n. Personne qui s'est engagée au mariage par les fiançailles. – Pp. subst. de *fiancer.*

fiancer [f(i)jɑ̃se] **1.** v. tr. [12] Promettre (son fils, sa fille) en mariage par la cérémonie des fiançailles. *Il a fiancé son fils hier.* **2.** v. pron. S'engager au mariage par la cérémonie des fiançailles. *Il s'est fiancé avec la fille d'Untel.* ▷ (Récipr.) *Marc et Monique se sont fiancés il y a un mois.* – De l'a. fr. *fiance,* « engagement ».

fiasco [fjasko] n. m. **1.** Défaillance sexuelle. **2.** Cour. Échec complet. ▷ *Faire fiasco* : échouer. – De la loc. ital. *far fiasco,* « échouer ».

fiasque [fjask] n. f. Bouteille à long col et à large panse, entourée de paille tressée, en usage en Italie. – Ital. *fiasco.*

fiat [fjat] n. m. inv. **1.** RELIG Expression de la volonté divine créatrice. *Fiat lux,* « que la lumière soit ». **2.** *Fiat* ou *fiat voluntas tua,* « que ta volonté soit faite ». *Fiat* : formule d'acceptation. – Mot lat., « qu'il soit fait ».

fibranne [fibʀan] n. f. TECH Tissu artificiel formé de fibres courtes (rayonne, par ex.). – De *fibre*.

fibre [fibʀ] n. f. **1.** Expansion cellulaire allongée et fine, isolée ou groupée avec d'autres en faisceau. *Fibres musculaires, nerveuses et conjonctives.* ▷ Fig., litt. (Par allus. à la fibre nerveuse.) Disposition à éprouver certains sentiments. *Faire vibrer la fibre poétique.* **2.** BOT Cellule très longue dont la paroi cellulosique épaisse, imprégnée ou non de lignine, constitue un élément de soutien de la plante. ▷ Cour. Filament constitué par les parois cellulosiques des cellules de certaines plantes, que l'on utilise dans l'industrie textile. *Fibre du chanvre, du lin, du coton.* ▷ Par anal. *Fibre synthétique,* fabriquée à partir de produits chimiques (nylon, par ex.). ▷ *Fibre artificielle,* fabriquée à partir de matières naturelles (fibranne, rayonne). ▷ *Fibre minérale,* provenant des roches (amiante, par ex.). ▷ *Fibre de bore, fibre de carbone* : fibres à résistance très élevée utilisées, notam. dans l'industrie aérospatiale, pour la réalisation de matériaux composites. **3.** BIOL Constituant alimentaire formé essentiellement par les résidus cellulosiques (généralement fibreux) des végétaux. *Le tube digestif humain ne digère pas les fibres, mais leur présence stimule le transit intestinal.* **4.** CHIM *Fibres de verre* : filaments obtenus par étirage de verre fondu, qui entrent notam. dans la fabrication des matériaux composites (tissus de verre, plastiques renforcés, etc.). **5.** PHYS *Fibre optique* : fibre de verre ou de matière plastique utilisée pour la transmission d'informations. (Composée d'une âme et d'un revêtement dont les indices de réfraction sont différents, elle permet le transport de signaux lumineux sur des trajets non rectilignes.) – Lat. *fibra*.

fibreux, euse [fibʀø, øz] adj. Qui contient des fibres, qui est formé de fibres. ▷ ANAT *Tissu fibreux* : tissu conjonctif, ni élastique ni contractile, qui forme les tendons, les ligaments et les aponévroses. – De *fibre*.

fibrillation [fibʀijasjɔ̃] n. f. MED *Fibrillation cardiaque* : trémulation désordonnée des fibres musculaires cardiaques, avec paralysie des cavités intéressées. (La *fibrillation auriculaire,* la plus fréquente, est curable. La *fibrillation ventriculaire,* si elle n'est pas réduite, provoque la mort en quelques minutes.) – De *fibrille*.

fibrille [fibʀij] n. f. **1.** Petite fibre. ▷ ANAT Petite fibre, composante d'une fibre musculaire. **2.** ASTRO Chacun des filaments sombres que l'on observe dans la chromosphère autour d'une tache solaire. – De *fibre*.

fibrine [fibʀin] n. f. BIOCHIM Protéine insoluble qui forme la majeure partie du caillot sanguin. (Elle provient de la scission du fibrinogène sous l'action de la thrombine, au cours de la coagulation. L'absence de fibrine est responsable de syndromes hémorragiques graves.) – De *fibre*.

fibrineux, euse [fibʀinø, øz] adj. BIOCHIM Composé de fibrine ou qui en présente les caractères. – De *fibrine*.

fibrinogène [fibʀinɔʒɛn] n. m. BIOCHIM Précurseur protéique de la fibrine, synthétisé par le foie. – De *fibrine,* et *-gène*.

fibrinolyse [fibʀinɔliz] n. f. BIOCHIM Dissolution du caillot de fibrine. – De *fibrine,* et *-lyse*.

fibro-. Élément, de *fibre*.

fibroblaste [fibʀoblast] n. m. BIOL Cellule fusiforme du tissu conjonctif, participant à l'élaboration du collagène et d'un grand nombre de composants de la substance fondamentale. – De *fibre,* et *blaste*.

fibrociment [fibʀosimɑ̃] n. m. CONSTR Matériau constitué de ciment et d'amiante. – Nom déposé, de *fibre,* et *ciment*.

fibrokystique [fibʀokistik] adj. MED Qui contient des kystes. *Tumeur fibrokystique.* – De *fibre,* et *kyste*.

fibromateux, euse [fibʀomatø, øz] adj. MED Relatif au fibrome. - Relatif à la fibromatose. ▷ Atteint d'un fibrome, de fibromatose. *Un utérus fibromateux.* – De *fibrome*.

fibromatose [fibʀomatose] n. f. MED Développement de tumeurs fibreuses, de fibromes en certains points de l'organisme. *Fibromatose cutanée. Fibromatose diffuse de l'utérus.* – De *fibrome*.

fibrome [fibʀom] n. m. Tumeur bénigne formée de tissu fibreux. - Spécial. Fibrome de l'utérus. *Elle a un fibrome.* – De *fibre*.

fibroscope [fibʀoskɔp] n. m. MED Endoscope souple, de faible diamètre, constitué par des fibres optiques. – De *fibro-,* et *-scope*.

fibroscopie [fibʀoskɔpi] n. f. MED Endoscopie au moyen d'un fibroscope. *Fibroscopie gastrique.* – De *fibro-,* et *-scopie*. .

fibrose [fibʀoz] n. f. MED Transformation fibreuse de certaines formations pathologiques (caverne pulmonaire, par ex.). – De *fibre*.

fibule [fibyl] n. f. ARCHEOL Agrafe, boucle ou broche servant à fixer un vêtement. – Lat. *fibula*.

fic [fik] n. m. VETER Grosse verrue des animaux domestiques (cheval, bœuf, etc.). – Lat. *ficus*.

ficaire [fikɛʀ] n. f. Renonculacée tubéreuse vivace. (*Ficaria ranunculoides,* la ficaire fausse renoncule, dont les fleurs jaune d'or apparaissent au printemps, est très répandue dans les sous-bois.) – Lat. bot. *ficaria,* de *ficus,* «verrue».

ficelage [fislaʒ] n. m. Action de ficeler; son résultat. – De *ficeler*.

ficelé, ée [fisle] adj. **1.** Attaché avec de la ficelle. **2.** Fig., fam. Habillé. *Être mal ficelé.* **3.** Fam. Fabriqué, conçu, écrit. *Un roman bien ficelé.* – Pp. de *ficeler*.

ficeler [fisle] v. tr. [**19**] Lier avec de la ficelle. *Ficeler un paquet.* – De *ficelle*.

ficelle [fisɛl] n. f. (et adj. inv.) **I. 1.** n. f. Corde très mince. **2.** (Plur.) *Tirer les ficelles* : faire mouvoir des marionnettes par des fils invisibles; fig. faire agir les autres sans être connu. ▷ Par ext. *Les ficelles du métier,* ses astuces, ses trucs. **3.** adj. inv. Fam. Rusé, astucieux. *Il est ficelle.* **II.** n. f. **1.** Arg. (des milit.) Galon d'officier. **2.** Baguette de pain très mince. – Du lat. pop. **funicella,* de *funis,* «corde», avec infl. de *fil*.

fichage [fiʃaʒ] n. m. Action de ficher (2); son résultat. – De *ficher* 2.

fichant, ante [fiʃɑ̃, ɑ̃t] adj. MILIT *Tir fichant* : tir tendu, perpendiculaire à la cible. – Ppr. de *ficher* 1.

fiche [fiʃ] n. f. **1.** Feuille de papier ou de carton sur laquelle on inscrit des renseignements destinés à être classés. *Remplir une fiche.* **2.** TECH Cheville. ▷ ELECTR Broche ou paire de broches protégée par un isolant et servant à raccorder deux conducteurs. ▷ TRAV PUBL Partie d'un pieu ou d'un profilé métallique enfoncée dans le sol. **3.** JEU Jeton servant de monnaie conventionnelle dans un jeu. – De *ficher* 1.

1. ficher [fiʃe] ou **fiche** [fiʃ] v. tr. [**1**] **I.** Enfoncer par la pointe. *Ficher un pieu.* - Pp. adj. Fig. *Avoir les yeux fichés sur quelque chose.* **II.** Infinitif cour. *fiche*; pp. cour. *fichu.* Fam. (Employé par euph. pour *foutre.*) **1.** Mettre, donner (avec force). *Ficher qqn dehors. - Ficher une claque.* ▷ *Fichez le camp!* : déguerpissez! ▷ *Ficher (qqn) dedans,* le tromper. **2.** Faire. *Il n'a rien fichu cette année.* **III.** v. pron. Se moquer. *Se ficher de qqn. - Je m'en fiche!* – Du lat. pop. **figicare,* puis *ficcare,* de *figere,* «attacher, fixer».

2. ficher [fiʃe] v. tr. [1] Noter (un renseignement) sur une fiche. ▷ *Spécial.* Faire figurer (qqn) dans un fichier (documentaire, de police, etc.). – De *fiche.*

fichier [fiʃje] n. m. Ensemble de fiches. - Meuble où elles sont classées. ▷ INFORM Ensemble d'informations de même nature destinées à être traitées par l'ordinateur. - Support sur lequel ces informations sont enregistrées. – De *fiche.*

fichiste [fiʃist] n. Documentaliste qui établit des fiches. – De *fiche.*

fichtre ! [fiʃtʀ] interj. Fam. Marque l'admiration, l'étonnement, le mécontentement. *Fichtre ! Quel beau cadeau !* Syn. vulg. foutre ! – Croisement entre *ficher* et *foutre.*

fichtrement [fiʃtʀəmɑ̃] adv. Fam. Extrêmement. – De *fichtre.*

1. fichu, ue [fiʃy] adj. Fam. **1.** (Épithète) Mauvais, détestable, désagréable. *Un fichu caractère. Quel fichu métier !* **2.** Mis dans un certain état. ▷ Loc. *Mal fichu* : mal habillé, mal conformé ou un peu souffrant. **3.** (Attribut) *Être fichu* : être dans un état désespéré (personnes); être manqué, raté, inutilisable (choses). ▷ *Être fichu de* : être capable de. – De *ficher,* d'apr. *foutu.*

2. fichu [fiʃy] n. m. Petite pièce d'étoffe triangulaire que les femmes se mettent sur les épaules ou sur la tête. – Probabl. de *fichu* 1, « mis à la hâte ».

fictif, ive [fiktif, iv] adj. **1.** Imaginaire, inventé. *Personnage fictif.* **2.** ECON, FIN Qui n'existe qu'en vertu d'une convention (valeurs). – De *fiction.*

fiction [fiksjɔ̃] n. f. **1.** Tout ce qui relève de l'imaginaire. *Parfois la réalité dépasse la fiction.* ▷ Œuvre, genre littéraire dans lesquels l'imagination a une place prépondérante. **2.** DR *Fiction légale,* introduite par la loi pour produire certains effets juridiques. – Lat. *fictio.*

fictionnel, elle [fiksjɔnɛl] adj. Qui se rapporte à la fiction. – De *fiction.*

fictivement [fiktivmɑ̃] adv. D'une manière fictive. – De *fictif.*

ficus [fikys] n. m. BOT V. figuier. – Mot lat.

fidéicommis [fideikɔmi] n. m. DR Disposition testamentaire selon laquelle une personne reçoit une chose qu'elle doit transmettre à une autre. – Du lat. jur. *fideicommissum,* « ce qui est confié à la bonne foi ».

fidéicommissaire [fideikɔmisɛʀ] n. m. Bénéficiaire réel d'un fidéicommis. – Lat. *fideicommissarium.*

fidéisme [fideism] n. m. THEOL Doctrine selon laquelle la connaissance des vérités premières ne peut être fondée que sur la foi ou la révélation divine. – Du lat. *fides,* « foi ».

fidéiste [fideist] adj. et n. THEOL Qui a rapport au fidéisme ou en est partisan. – De *fidéisme.*

fidéjusseur [fideʒysœʀ] n. m. DR Personne qui se porte caution pour une autre. – Lat. *fidejussor.*

fidèle [fidɛl] adj. et n. **I.** adj. **1.** Qui remplit ses engagements. *Fidèle à sa parole. - Serviteur fidèle.* **2.** Constant dans son attachement (pour qqn, qqch). *Chien fidèle. Être fidèle à ses principes.* ▷ Qui n'a de relations amoureuses qu'avec une seule personne. *Mari fidèle.* **3.** Qui respecte la vérité. *Historien fidèle.* - Par ext. *Portrait fidèle.* ▷ *Mémoire fidèle,* sûre. **4.** PHYS Se dit d'un appareil qui donne de la même grandeur la même valeur, quel que soit l'instant de la mesure. **II.** n. **1.** Personne qui professe une religion. *Église pleine de fidèles.* **2.** Personne qui montre de la fidélité pour qqch. *C'est un fidèle de nos réunions.* – Lat. *fidelis,* de *fides,* « foi ».

fidèlement [fidɛlmɑ̃] adv. D'une manière fidèle. – De *fidèle.*

fidélisation [fidelizasjɔ̃] n. f. Fait de fidéliser. *La fidélisation d'une clientèle.* – De *fidéliser.*

fidéliser [fidelize] v. tr. [1] Rendre fidèle (une clientèle, un auditoire). – De *fidèle.*

fidélité [fidelite] n. f. **1.** Qualité d'une personne fidèle à ses engagements. *Douter de la fidélité de qqn.* **2.** Attachement constant (à qqn, qqch). *Fidélité d'un ami. Fidélité conjugale. - Fidélité à ses idées.* **3.** Respect de la vérité. *Fidélité d'un narrateur.* - Par ext. *Fidélité d'un récit.* **4.** PHYS Qualité d'un appareil de mesure fidèle. ▷ ELECTROACOUST *Haute fidélité* (abrév. : hi-fi) : dénomination d'un matériel qui restitue très fidèlement les sons. - (En appos.) *Chaîne haute fidélité.* – Lat. *fidelitas.*

fidjien, enne [fidʒjɛ̃, ɛn] adj. et n. **1.** Des îles Fidji, État du Pacifique S. ▷ Subst. *Les Fidjiens sont d'origine mélano-polynésienne.* **2.** n. m. Langue mélanésienne parlée aux îles Fidji.

fiduciaire [fidysjɛʀ] adj. (et n. m.) **1.** Se dit de valeurs fondées sur la confiance que le public accorde à l'organisme émetteur. *Le billet de banque est une monnaie fiduciaire.* **2.** *Société fiduciaire* : société s'occupant de la comptabilité, du contentieux et des impôts pour le compte de personnes morales ou physiques. **3.** DR Chargé d'un fidéicommis. *Héritier fiduciaire.* ▷ n. m. *Un fiduciaire.* – Lat. jur. *fiduciarius,* de *fiducia,* « confiance ».

fief [fjɛf] n. m. FEOD Domaine possédé par un vassal qui reconnaissait la suzeraineté du seigneur qui le lui avait donné en échange de services. ▷ Fig. Domaine exclusif de qqn. *Fief électoral.* – Du frq. **fëlu,* « bétail ».

fieffé, ée [fjefe] adj. Péjor. Qui a tel vice, tel défaut au suprême degré. *Un fieffé coquin.* – De *fief.*

fiel [fjɛl] n. m. **1.** Vx Bile. - Mod. Bile de certains animaux. **2.** Fig. Animosité engendrée par l'amertume. *Des propos pleins de fiel.* – Lat. *fel.*

fielleux, euse [fjɛlø, øz] adj. Rempli de fiel (sens 2). *Langage fielleux.* – De *fiel.*

fiente [fjɑ̃t] n. f. Excrément d'oiseau et de certains animaux. – Du lat. pop. **femita.*

fienter [fjɑ̃te] v. intr. [1] Expulser de la fiente. – De *fiente.*

-fier. Suffixe verbal, du lat. *ficare,* de *facere,* « faire ».

1. fier, fière [fjɛʀ] adj. et n. **1.** Hautain, méprisant. *Fier comme un paon.* - Loc. *Fier comme Artaban* : très fier. ▷ Subst. *Faire le fier, la fière.* **2.** Qui tire un certain orgueil (de qqn, qqch). *Être fier de son fils, de son œuvre.* **3.** Qui a ou dénote des sentiments nobles, élevés. *Âme fière. Réponse fière.* **4.** Fam. (Avant le nom.) Grand, considérable dans son genre. *Un fier imbécile.* – Du lat. *ferus,* « sauvage ».

2. fier (se) [fje] v. pron. [2] *Se fier à* : mettre sa confiance en. *Se fier à un ami.* – Du lat. pop. **fidare,* « confier ».

fier-à-bras [fjɛʀabʀa] n. m. Fanfaron. *Des fier(s)-à-bras.* – Du nom d'un héros sarrasin d'une chanson de geste du cycle carolingien (XIIe, XIIIe s.), p.-ê. de *fera bracchia,* « bras redoutables ».

fièrement [fjɛʀmɑ̃] adv. D'une manière fière (sens 1 et 3). – De *fier.*

fiérot, ote [fjeʀo, ɔt] adj. et n. Qui montre une fatuité puérile. – De *fier.*

fierté [fjɛʀte] n. f. **1.** Caractère d'une personne fière. *Souffrir dans sa fierté.* **2.** *Tirer fierté de qqch,* en tirer une satisfaction teintée d'orgueil. – De *fier,* d'apr. le lat. *feritas, feritatis.*

fiesta [fjɛsta] n. f. Fam. Fête. *Faire la fiesta. Une fiesta entre amis.* – Mot esp.

fièvre [fjɛvʀ] n. f. **1.** Élévation de la température centrale du corps, symptôme de nombreuses maladies (infectieuses, allergiques, inflammatoires, tumorales) s'accompagnant en général d'une accélération du pouls et de la respiration, d'une sécheresse de la bouche et d'une diminution des urines. (L'évolution spontanée de la fièvre est spécifique de diverses maladies auxquelles elle a donné son nom : fièvre typhoïde, fièvre de Malte, fièvre jaune.) Syn. hyperthermie. **2.** Fig. Agitation provoquée par la passion. *La fièvre du combat. La fièvre politique.* – Lat. *febris.*

fiévreusement [fjevʀøzmɑ̃] adv. Fig. D'une manière fiévreuse. – De *fiévreux.*

fiévreux, euse [fjevʀø, øz] adj. **1.** Qui présente de la fièvre, qui dénote la fièvre. *Malade fiévreux. Pouls fiévreux.* **2.** Fig. Qui dénote une agitation intense et désordonnée. *Activité fiévreuse.* – De *fièvre.*

fifre [fifʀ] n. m. **1.** Petite flûte en bois au son aigu. **2.** Celui qui joue du fifre. – Suisse all. *pfifer.*

fifrelin [fifʀəlɛ̃] n. m. Vieilli Loc. *Ne pas valoir un fifrelin* : ne rien valoir. – De l'all. *Pfifferling,* « petit champignon ».

fifty-fifty [fiftififti] loc. adv. (Anglicisme) Moitié-moitié. – Mot angl., « cinquante (pour cent) contre cinquante (pour cent) ».

figaro [figaʀo] n. m. Fam., vx Coiffeur. – De *Figaro,* nom du héros du « Barbier de Séville », de Beaumarchais.

figement [fiʒmɑ̃] n. m. Rare État de ce qui est figé. – De *figer.*

figer [fiʒe] v. tr. [**13**] **1.** Rendre compact, solide (un liquide gras) par le froid. *Le froid fige l'huile.* ▷ v. pron. *La sauce s'est figée.* **2.** Immobiliser (qqn, une expression du visage). *La peur le figea sur place.* ▷ v. pron. *Sourire qui se fige.* ▷ Pp. adj. Fig. Qui n'évolue pas. *Personne figée dans ses principes.* – LING *Expression, locution figée,* dont les termes, originellement distincts, forment, restant indissociables, une unité sémantique complexe. – Du lat. pop. **feticare,* « prendre l'aspect du foie ».

fignolage [fiɲɔlaʒ] n. m. Action de fignoler. – De *fignoler.*

fignoler [fiɲɔle] v. tr. [**1**] Fam. Apporter un soin très minutieux à. *Fignoler un travail.* – De *fin,* et suff. obscur.

figue [fig] n. f. **1.** Réceptacle charnu, comestible, de l'inflorescence du figuier, contenant des petits « grains » (akènes) qui sont les fruits proprement dits de cet arbre. (Le développement des variétés cultivées est rigoureusement lié à la présence de figuiers sauvages et à un insecte pollinisateur qui effectue la *caprification**.) ▷ *Figue de Barbarie* : fruit comestible de l'opuntia. **2.** ZOOL *Figue de mer* : ascidie méditerranéenne (genre *Microcosmus*), comestible. **3.** loc. adj. *Mi-figue, mi-raisin* : plaisant d'un côté et désagréable de l'autre, ambigu. *Un compliment mi-figue, mi-raisin.* – Anc. provenç. *figa.*

figuier [figje] n. m. Arbre (*Ficus carica,* figuier de Carie, fam. moracées) à grandes feuilles lobées, qui produit les figues et que l'on cultive dans les régions méditerranéennes. (*Ficus elastica,* le « caoutchouc » des fleuristes, contient un latex exploité pour faire du caoutchouc. – *Ficus benghalensis* est le banian.) ▷ *Figuier de Barbarie* : nom cour. de l'opuntia ou du nopal (fam. cactacées). – De *figue.*

figurant, ante [figyʀɑ̃, ɑ̃t] n. **1.** Acteur de complément tenant un rôle muet, au théâtre, au cinéma. **2.** Personne qui joue un rôle secondaire dans une affaire. – Ppr. subst. de *figurer.*

figuratif, ive [figyʀatif, iv] adj. **1.** Qui est la représentation, la figure de qqch. *Plan figuratif.* **2.** *Art figuratif,* qui représente les formes des objets (par oppos. à l'*art non figuratif* ou *abstrait*). – Bas lat. *figurativus,* du supin de *figurare,* « figurer ».

figuration [figyʀasjɔ̃] n. f. **1.** Action de représenter (qqch) sous une forme visible. **2.** Ensemble des figurants (au théâtre, au cinéma). ▷ Métier de figurant. – Fig. *Faire de la figuration* : ne pas compter (dans une entreprise, un débat, etc.). – Lat. *figuratio.*

figure [figyʀ] n. f. **I. 1.** Vx Forme extérieure d'un corps. – Mod. *Figure humaine.* ▷ *Spécial.* Visage. *Se laver la figure.* **2.** Mine, contenance. *Faire bonne figure.* ▷ *Faire triste figure* : avoir l'air triste ; fig. se montrer au-dessous de sa tâche. ▷ *Faire figure de* : présenter les apparences de. *Faire figure de vainqueur.* **3.** Personnalité marquante. *Les grandes figures de l'Histoire.* **II.** Représentation visuelle. **1.** BX-A Gravure, image. *Livre illustré de figures.* ▷ *Spécial.* Représentation d'un être humain, d'un animal par le dessin, la sculpture. *Une figure en cire.* – JEU Roi, dame, valet et cavalier des cartes. – *Figure de proue* : sculpture qui ornait la proue, l'étrave des navires. **2.** GEOM Ensemble de lignes ou de surfaces. **3.** Combinaison de déplacements, de pas ou de gestes d'un danseur, d'un patineur, d'un plongeur, etc. **4.** MUS *Figure de note,* forme graphique exprimant sa durée sonore (ronde, blanche, noire, croche, etc.). **III. 1.** Forme d'expression dans le discours. ▷ *Figure de rhétorique* : procédé de langage destiné à rendre la pensée plus frappante. (On distingue traditionnellement les figures entraînant un changement de sens, ou *tropes* – métaphore, ironie, litote, etc. –, de celles qui jouent sur la forme ou l'ordre des mots – allitération, répétition, etc.) **2.** LOG *Figure du syllogisme* : chacune des trois formes que peut prendre un syllogisme suivant que le moyen terme est soit sujet, soit prédicat, dans la majeure et dans la mineure. – Lat. *figura,* « forme ».

figuré, ée [figyʀe] adj. (et n. m.) **1.** Représenté par une figure, un dessin. *Plan figuré d'une maison.* ▷ ARCHI *Pierre figurée,* qui porte une figure d'animal, de plante, etc. **2.** *Sens figuré,* attribué à un mot, une expression détournés de leur sens littéral. ▷ n. m. *Un mot au figuré.* – Pp. de *figurer.*

figurer [figyʀe] v. [**1**] **I.** v. tr. **1.** Représenter (qqn, qqch) de façon conforme à la réalité ou schématique. *Figurer des fenêtres sur un mur. Figurer une tête par un rond.* **2.** Avoir la figure, l'aspect de. *Le décor figure une place publique.* **3.** Représenter (une chose abstraite) par un symbole. *On figure la justice par un glaive et une balance.* **II.** v. intr. **1.** Apparaître, se trouver. *Son nom figure sur la liste.* **2.** Tenir un rôle de figurant. **III.** v. pron. Se représenter par l'imagination. *Figurez-vous son chagrin !* – Lat. *figurare.*

figurine [figyʀin] n. f. Statuette. *Figurines de Tanagra.* – Ital. *figurina,* du lat. *figura,* « figure ».

fil [fil] n. m. **I. 1.** Brin mince et long de matière végétale, animale ou synthétique, tordu sur lui-même et servant principalement à fabriquer les tissus ou à coudre. *Fil de coton.* – COUT *Couper (de) droit fil,* en suivant un fil. ▷ Fig. *De fil en aiguille**. – *Malice cousue de fil blanc,* trop apparente pour qu'on puisse s'y tromper. – *Ne tenir qu'à un fil* : être précaire, instable. – *Fil d'Ariane, fil conducteur,* qui permet de se guider dans des recherches difficiles. **2.** *Fil à plomb* : fil tendu par un poids et donnant la verticale. **3.** Métal étiré, de section circulaire et de faible diamètre. *Fil de fer.* – Fig., fam. *Ne pas avoir inventé le fil à couper le beurre* : n'être pas très malin. ▷ ELECTR Conducteur du courant électrique. *Fil électrique. Fil téléphonique.* – Fam. *Passer un coup de fil à qqn,* lui téléphoner. **4.** *Fils de la vierge* : fils tendus entre herbes et buissons par certaines araignées. **II. 1.** Direction des fibres (de la viande, du bois). **2.** Défaut de continuité dans le marbre, la pierre. **3.** Courant (d'un cours d'eau). *Suivre le fil de l'eau.* **4.** Fig. Liaison, enchaînement. *Perdre le fil de ses idées.* **III.** Tranchant d'une arme, d'un outil. *Le fil d'un rasoir.* – Lat. *filum.*

filable [filabl] adj. Qui peut être filé. – De *filer.*

fil-à-fil [filafil] n. m. inv. Tissu de coton ou de laine, mêlant un fil clair et un autre plus foncé.

filage [filaʒ] n. m. **1.** Action de filer des fibres textiles; son résultat. **2.** TECH *Filage par choc* : procédé permettant d'obtenir des pièces creuses de forme cylindrique (pompes à bicyclette, capuchons de stylo, etc.) ou des étuis d'emballage (bombes aérosols, tubes de dentifrice, etc.) à l'aide d'une presse. – De *filer.*

filaire [filɛʀ] n. f. Ver nématode filiforme (genre *Filaria*), parasite de divers vertébrés dont l'homme. (Les diverses espèces des pays chauds, dont la filaire du sang, se logent sous la peau, dans le cristallin ou dans les vaisseaux lymphatiques provoquant des troubles et accidents variés.) – Lat. zool. *filaria,* de *filum,* «fil».

filament [filamɑ̃] n. m. **1.** Brin long et fin, généralement de matière organique (animale ou végétale). *Filaments nerveux.* **2.** ELECTR Fil très fin que le passage du courant porte à incandescence dans une ampoule électrique. – Bas lat. *filamentum.*

filamenté, ée [filamɑ̃te] adj. Orné de fils très fins. – De *filament.*

filamenteux, euse [filamɑ̃tø, øz] adj. Qui a des filaments; qui est formé de filaments. – De *filament.*

filandière [filɑ̃djɛʀ] n. f. Vx Femme dont le métier est de filer. – De *filer.*

filandre [filɑ̃dʀ] n. f. **1.** TECH Veine du marbre. **2.** Rare Fibre longue de certaines viandes ou de certains légumes coriaces. – De *filer.*

filandreux, euse [filɑ̃dʀø, øz] adj. **1.** Rempli de filandres. *Viande filandreuse.* **2.** Fig. *Discours, style filandreux,* long, embrouillé, confus. – De *filandre.*

filant, ante [filɑ̃, ɑ̃t] adj. **1.** Qui file, coule doucement, sans se diviser. *Liquide filant.* **2.** MED *Pouls filant* : pouls très faible. **3.** *Étoile filante* : météorite que les forces de frottement portent à incandescence lors de sa pénétration dans l'atmosphère terrestre. – Ppr. de *filer.*

filanzane [filɑ̃zan] n. m. Chaise à porteurs (Madagascar). – D'un parler malgache.

filariose [filaʀjoz] n. f. MED Maladie due à la filaire du sang (inoculée par un moustique). – Lat. zool. *filaria,* et *-ose* 2.

filasse [filas] n. f. (et adj. inv.) **1.** Amas de filaments tirés de l'écorce du chanvre, du lin, etc., que l'on utilise notam. pour assurer l'étanchéité des tuyauteries raccordées par filetage. **2.** Fig. *Blond filasse* : blond pâle et terne. - adj. inv. *Des cheveux filasse.* – Lat. pop. **filacea,* de *filum,* «fil».

filateur, trice [filatœʀ, tʀis] n. m. Personne qui dirige ou exploite une filature. – De *filer.*

filature [filatyʀ] n. f. **I. 1.** Ensemble des opérations de transformation des matières textiles en fil. **2.** Usine, atelier où se font ces opérations. **II.** Action de filer qqn (pour le surveiller). *Prendre en filature.* – De *filer.*

file [fil] n. f. **1.** Suite de personnes ou de choses placées sur une même ligne, l'une derrière l'autre. *Une file de voitures. File d'attente.* **2.** MILIT Colonne de soldats. *Chef de file* : premier soldat d'une colonne; fig. personne (groupe, ou entreprise) qui dirige, qui entraîne, qui est à la tête d'un groupe, d'une entreprise, etc. **3.** Loc. adv. *À la file, en file* : l'un derrière l'autre. *Marcher en file indienne.* – De *filer.*

filé [file] n. m. **1.** TECH Fil destiné à être tissé. **2.** *Filé d'or, d'argent* : fil d'or, d'argent dont on entoure un fil ordinaire. – Pp. subst. de *filer.*

filer [file] v. **[1] I.** v. tr. **1.** Amener une matière textile à l'état de fil. *Filer de la laine.* ▷ (En parlant de certains animaux qui sécrètent des fils.) *L'araignée file sa toile.* ▷ *Filer du verre,* en étirer la pâte. *Filer un métal,* le tirer à la filière. **2.** MUS *Filer une note,* la tenir et en varier l'intensité sans à-coups. ▷ LITTER Poursuivre, développer de manière progressive, soutenue. *Filer une métaphore. Filer une intrigue.* ▷ Fam. *Filer le parfait amour* : vivre la période parfaitement heureuse d'un amour partagé. - *Filer des jours heureux.* **3.** MAR Larguer, mollir. *Filer un cordage, une chaîne.* ▷ *Filer tant de nœuds,* se dit d'un navire dont la vitesse est de tant de milles à l'heure. **4.** Suivre (qqn) discrètement pour le surveiller. **5.** Pop. Donner. *File-moi vingt balles.* **II.** v. intr. **1.** Couler en filet (en parlant de liquides visqueux). *Le miel file.* **2.** Se dérouler. *Cordage qui file.* ▷ Se défaire, se dénouer (en parlant d'une maille de tricot). - Par ext. *Bas qui file.* **3.** Aller rapidement. *Filer à toute allure.* ▷ Fam. Se retirer sur-le-champ ou en toute hâte. *Ils ont filé comme des voleurs.* - *Filer à l'anglaise* : s'esquiver, partir sans être vu. **4.** *Filer doux* : se soumettre, devenir docile. *J'ai fini par me fâcher, il a filé doux.* – Bas lat. *filare.*

1. filet [filɛ] n. m. **I. 1.** ANAT Frein membraneux de certains organes. *Filet de la langue, du prépuce.* **2.** BOT Partie de l'étamine qui supporte l'anthère. **3.** TYPO Trait mince qui sert à séparer les chapitres, les colonnes, etc. **4.** Trait fin, moulure mince qui sert d'ornement. **5.** TECH Rainure en saillie hélicoïdale à l'intérieur d'un écrou ou à l'extérieur d'un boulon, d'une vis. **6.** Écoulement ténu. *Un filet d'eau.* - Fig. *Un filet de voix* : une voix très faible. ▷ *Filet d'air* : composante élémentaire d'un écoulement d'air, en aérodynamique. **II.** En boucherie, morceau charnu qu'on lève le long de l'épine du dos de certains animaux. *Filet de bœuf, de cerf.* ▷ Par ext. *Filets de volaille, de sole.* – De *fil.*

2. filet [filɛ] n. m. **1.** Réseau à mailles nouées qui sert à la capture de certains animaux. *Filet de pêche, de chasse. Filet à papillons.* ▷ Fig. (Surtout au plur.) Piège pour capturer, circonvenir, séduire. *Attirer, prendre qqn dans ses filets. La police a réalisé un beau coup de filet,* elle a arrêté plusieurs malfaiteurs à la fois. **2.** Ouvrage à mailles servant à différents usages. *Filet à cheveux. Filet à provisions. Filet à bagages.* ▷ SPORT *Filet de tennis, de volley-ball, etc.,* au-dessus duquel doit passer la balle que se renvoient les joueurs. - *Filet!* : syn. (off. recommandé) de *let!* ▷ *Filet de protection,* disposé au-dessous d'ouvriers du bâtiment, d'acrobates, etc., dans l'éventualité d'une chute. - Fig. *Travailler sans filet* : agir en prenant de grands risques. **3.** Réseau, texture dont sont faits les filets. *Hamac en filet.* ▷ Réseau à mailles de fil, généralement destiné à être brodé. *Bourse en filet.* – Altér. de *filé,* «ouvrage de fil», pp. substantivé de *filer.*

filetage [filtaʒ] n. m. TECH Opération qui consiste à exécuter les filets d'une vis, d'une tige. ▷ Ensemble des filets d'une pièce mâle ou femelle. – De *fileter.*

fileté [filte] n. m. Tissu dans lequel ressortent des rayures formées de fils de chaîne plus gros que les autres. – De *filet* 2 (sens 3).

fileter [filte] v. tr. **[18]** TECH Exécuter le filetage (d'une pièce mâle). *Tour à fileter.* V. tarauder. – De *filet* 1.

fileur, euse [filœʀ, øz] n. Personne qui file une matière textile. ▷ Personne qui file l'or, l'argent. – De *filer.*

filial, ale, aux [filjal, o] adj. et n. f. **1.** adj. Propre au fils, à la fille (relativement aux parents). *Amour filial.* **2.** n. f. Société contrôlée et dirigée par une société plus importante, mais jouissant de la capacité juridique, à la différence de la succursale. – Lat. *filialis.*

filialement [filjalmɑ̃] adv. D'une manière filiale. – De *filial.*

filiation [filjasjɔ̃] n. f. **1.** Lien de parenté qui unit l'enfant à ses parents. **2.** Descendance directe de générations successives. *Filiation matrilinéaire. Filiation patrilinéaire.* **3.** Fig. Liaison, enchaînement de choses qui naissent ou dérivent de certaines autres. *La filiation des mots.* – Lat. *filiatio.*

filicinées [filisine] n. f. pl. BOT Classe de cryptogames vasculaires qui renferme notam. les fougères actuelles ou fossiles. – Sing. *Une filicinée.* – Lat. bot., de *filix, filicis,* «fougère».

filière [filjɛʀ] n. f. **1.** TECH Pièce percée d'un trou ou de plusieurs trous de dimensions différentes, à travers lesquels on fait passer un matériau (métal, plastique, etc.) pour l'étirer en fil. ▷ Outil, machine servant au filetage. **2.** Fig. Suite obligée (de formalités, d'épreuves, etc.) pour obtenir un résultat, accomplir une carrière, etc. *Passer par la filière administrative.* ▷ Suite d'intermédiaires. *La filière du coton. Remonter la filière d'un trafic de drogue.* **3.** PHYS NUCL Ensemble de réacteurs fonctionnant selon le même principe. *Filière uranium-graphite-gaz.* **4.** ZOOL Orifice par lequel certains insectes (araignée, chenille, etc.) sécrètent leur fil. **5.** COMM Ordre écrit de livraison d'un lot de marchandises, négociable en Bourse et transmissible par endossement. – De *fil.*

filiforme [filifɔʀm] adj. Délié comme un fil, mince, grêle. – Du lat. *filum,* «fil», et *-forme.*

filigrane [filigʀan] n. m. **1.** Ouvrage d'orfèvrerie en fils de métal précieux travaillés à jour. ▷ Ornement de verrerie en fils d'émail ou de verre pris dans la masse ou appliqués en relief sur l'ouvrage. **2.** Lettres ou figures introduites dans la forme à fabriquer le papier; leur empreinte dans le corps du papier. *Filigrane d'un billet de banque.* **3.** Fig. Loc. adv. *En filigrane* : par transparence, à l'arrière-plan. *Apparaître en filigrane.* – De l'ital. *filigrana,* «fil à grains».

filigraner [filigʀane] v. tr. [1] (Surtout pp. adj.) **1.** Travailler en filigrane (sens 1). *Vase en cristal filigrané.* **2.** Marquer d'un filigrane (sens 2). *Papier filigrané.* – De *filigrane.*

filin [filɛ̃] n. m. MAR Cordage. ▷ Câble. – De *fil.*

filipendule [filipɑ̃dyl] adj. et n. f. **1.** adj. SC NAT Suspendu à un fil. *Graine filipendule.* **2.** n. f. BOT Rosacée dont une espèce est appelée *reine des prés.* – Du lat. *filum,* «fil», et *pendulus,* «suspendu».

fille [fij] n. f. **I.** (Lien de parenté.) **1.** Personne de sexe féminin, par rapport à ceux qui l'ont procréée. *Fille légitime, naturelle.* – Par ext. *Fille adoptive.* ▷ Fam. *Ma fille* : terme d'affection ou de bienveillance (à l'adresse d'une pers. quelconque du sexe féminin). **2.** Litt. Celle qui est issue, originaire de. *Les filles de Sion.* – Plaisant *Fille d'Ève* : femme. ▷ Fig. *La superstition, fille de l'ignorance.* **II.** (Par oppos. à *garçon.*) **1.** Enfant de sexe féminin. *Dans cette classe, il y a plus de filles que de garçons. Une grande fille,* qui a passé l'enfance. **2.** Jeune personne du sexe féminin. *Un beau brin de fille.* ▷ *Jeune fille* (moins fam. que *fille*) : adolescente, ou femme jeune qui n'est pas mariée. **3.** Vieilli Femme qui n'est pas mariée. *Rester fille.* ▷ Cour. *Vieille fille,* qui s'est installée, avec l'âge, dans son célibat (souvent péjor.). – *Fille mère* : mère célibataire. **4.** *Fille perdue, soumise, publique, de joie,* ou, absol., *fille* : prostituée. **5.** Nom pris par les religieuses de certaines communautés. *Filles de la Charité. Filles du Calvaire.* **6.** *Fille de...* : jeune fille, jeune femme employée (à tel travail). *Fille de ferme. Fille de salle* : serveuse, dans un restaurant; chargée du ménage dans un hôpital. – Lat. *filia.*

1. fillette [fijɛt] n. f. Petite fille, jusqu'à l'adolescence. – De *fille.*

2. fillette [fijɛt] n. f. Demi-bouteille à long col et à grosse panse. – Altér. de *feuillette.*

filleul, eule [fijœl] n. Personne tenue sur les fonts baptismaux, par rapport à ses parrain et marraine. – Lat. *filiolus,* dimin. de *filius,* «fils».

film [film] n. m. **1.** TECH Pellicule, couche très mince d'une substance. *Film d'huile.* **2.** Bande mince d'une matière souple (acétate de cellulose ou polyester) recouverte d'une couche sensible (émulsion), servant à fixer des vues photographiques ou cinématographiques. **3.** *Par ext.* Œuvre cinématographique que l'on enregistre sur film. *Film de court, moyen, long métrage. Tourner un film. Film classé X,* classé, par la Commission de contrôle chargée de la censure, comme pornographique ou susceptible d'inciter à la violence et soumis à une réglementation spéciale. ▷ Fig. *Le film des événements* : l'enchaînement des événements, des faits. – Mot angl., «pellicule».

filmable [filmabl] adj. Qui peut être filmé. – De *filmer.*

filmage [filmaʒ] n. m. Action de filmer, de tourner un film. – De *filmer.*

filmer [filme] v. tr. [1] Enregistrer sur film. *Filmer une scène, une manifestation.* – De *film.*

filmique [filmik] adj. Relatif au film, au cinéma. – De *film.*

filmographie [filmɔgʀafi] n. f. Ensemble des films réalisés par un cinéaste, rattachés à un genre, interprétés par un acteur, etc. – De *film,* et *-graphie.*

filocher [filɔʃe] v. intr. [1] Fam. Filer, aller en se hâtant. – De *filer.*

filon [filɔ̃] n. m. **1.** Masse longue et étroite de roches éruptives, de dépôts minéraux, différente par sa nature des roches qui l'entourent. *Filon de roches aurifères, de quartz.* **2.** Fig. Source d'inspiration, de situations. *Les ridicules sont le filon des comédies.* **3.** Fam. Source facile d'avantages divers; aubaine. *Trouver un filon.* – Ital. *filone,* augmentatif de *filo,* «fil».

filoselle [filozɛl] n. f. Vx Bourre de soie; fil que l'on en tire, mélangé à du coton. *Gants de filoselle.* – Ital. dial. *filosello,* «cocon».

filou [filu] n. m. et adj. m. **1.** Voleur adroit, rusé. **2.** *Par ext.* Personne malhonnête, qui use de supercheries. ▷ adj. m. *Il est un peu filou.* – Forme dial. de *fileur,* de *filer.*

filouter [filute] v. tr. [1] Vieilli Voler avec adresse. ▷ v. intr. Tricher au jeu. – De *filou.*

filouterie [filutʀi] n. f. Vieilli Action de filouter; tour de filou. – De *filouter.*

fils [fis] n. m. **1.** Personne du sexe masculin, par rapport à ceux qui l'ont procréé. *Fils légitime, naturel.* – *Fils de famille,* d'une famille fortunée. – Péjor. *Fils à papa,* privilégié par l'influence ou la richesse de son père. ▷ Par ext. *Fils adoptif.* **2.** (Surtout au plur.) Litt. Celui qui est issu, originaire de. *Être fils du peuple. Les fils d'Apollon* : les poètes. **3.** RELIG *Le fils de Dieu, de l'homme* : le Christ. – Absol. *Le Père, le Fils et le Saint-Esprit.* **4.** Fig. *Fils spirituel* : disciple ou continuateur d'un maître, d'une pensée, d'une œuvre, etc. *Malebranche est le fils spirituel de Descartes.* **5.** *Être (le) fils de ses œuvres* : ne devoir qu'à soi-même la position où l'on est arrivé. – Lat. *filius.*

filtrage [filtʀaʒ] n. m. **1.** Action de filtrer (un liquide, un courant électrique, etc.); son résultat. **2.** Fig. *Le filtrage de l'information.* – De *filtrer.*

filtrant, ante [filtʀɑ̃, ɑ̃t] adj. **1.** Qui sert à filtrer. *Verres filtrants.* **2.** MICROB *Virus filtrants,* qui traversent les filtres les plus fins. – Ppr. de *filtrer.*

filtrat [filtʀa] n. m. CHIM Produit résultant de la filtration (liquide épuré ou matières retenues, suivant l'objet de la filtration). – De *filtrer.*

filtration [filtʀasjɔ̃] n. f. Opération qui consiste à filtrer. ▷ Passage à travers un corps poreux ou perméable. *Eaux de filtration.* – De *filtrer.*

filtre [filtʀ] n. m. **1.** Corps poreux (papier, toile, charbon, etc.) ou appareil servant à purifier un liquide ou un gaz, à retenir les matières auxquelles il se trouve mélangé ou à travers lesquelles on veut le faire passer. *Filtre à café. Filtre à air, à huile.* – (En appos.) *Bout filtre* :

embout qui sert à filtrer la nicotine et les goudrons d'une cigarette. **2.** Corps ou appareil qui absorbe une partie du rayonnement qui le traverse. *Filtre solaire :* substance appliquée sur la peau, qui filtre les rayonnements solaires nocifs. ▷ ELECTR Montage permettant d'éliminer certaines composantes d'une tension ou d'un courant. – Lat. médiév. *filtrum*, du frq. **filtir*.

filtre-presse [filtʀəpʀɛs] n. m. TECH Appareil permettant de filtrer les liquides sous pression. *Des filtres-presses.* – De *filtre*, et *presse*.

filtrer [filtʀe] v. [1] **I.** v. tr. **1.** Faire passer par un filtre (un liquide, un gaz, un rayonnement, un courant électrique, etc.). ▷ Par anal. *Filtrer les sons. Rideau qui filtre la lumière.* **2.** Fig. Soumettre à un contrôle, un tri, une censure (des personnes, des informations). – Pp. adj. *Un public filtré par le service d'ordre.* **II.** v. intr. **1.** (En parlant d'un liquide, d'un gaz.) Passer par un filtre. *Ce café met longtemps à filtrer.* – Pp. adj. *Eau filtrée.* ▷ Traverser un corps poreux ou perméable. *L'eau a filtré à travers le mur.* **2.** (En parlant de la lumière, des sons.) *Le soleil filtre à travers le feuillage.* ▷ Apparaître, se manifester en dépit d'empêchements. *La vérité commence à filtrer.* – De *filtre*.

1. fin [fɛ̃] n. f. **I.** (Par oppos. à *commencement*.) **1.** Point ultime d'une durée; moment où une chose cesse ou a cessé. *Fin d'un délai. La fin du jour.* ▷ Période où une chose se termine. *Une belle fin de saison. Être en fin de carrière.* **2.** Cessation provisoire ou définitive (d'une action, d'un phénomène, de l'existence d'une chose). *La fin du travail, des hostilités.* – *Prendre fin :* cesser, s'achever. – *Mettre fin à :* faire cesser. *Mettre fin aux abus.* ▷ Loc. adv. et adj. *Sans fin :* sans arrêt. *Palabrer sans fin. Ruban sans fin.* – TECH *Vis, courroie sans fin*, qui permet un mouvement continu. **3.** Partie, stade, point, sur quoi s'achève une chose, un processus. *La fin d'un roman, d'un film.* ▷ *Mener un projet à bonne fin*, le réaliser. ▷ Fam. *Faire une fin :* s'établir, et, partic., se marier. ▷ Loc. *En fin de compte :* en dernier lieu, en définitive. – *À la fin :* enfin. *Il hésitait, à la fin il a donné son accord.* – (Marquant l'impatience.) *Vous m'embêtez, à la fin!* ▷ *Tirer, toucher à sa fin :* s'épuiser, être près de se terminer. **4.** Mort. *Pressentir sa fin. Une fin tragique.* **5.** Extrémité, bout. *La fin d'un chemin.* **II.** (Ce qui est à atteindre.) **1.** (Sing. ou plur.) But, résultat que l'on poursuit. *Parvenir à ses fins.* – Loc. prov. *La fin justifie les moyens :* tous les moyens sont bons pour atteindre un but. ▷ Loc. *À toutes fins utiles :* pour tout usage éventuel. **2.** But, terme auquel un être ou une chose sont conduits, auquel ils tendent par nature. *« Tout étant fait pour une fin » (Voltaire).* **3.** DR Objet explicite ou implicite d'une demande, d'une exception. *Fins civiles.* ▷ *Fin de non-recevoir :* moyen de défense tendant à établir que la partie adverse n'est pas recevable dans sa demande; cour. refus. *Opposer à qqn, à une demande, une fin de non-recevoir.* – Lat. *finis*, « borne, limite, fin ».

2. fin, fine [fɛ̃, fin] adj., n. m. et adv. **I. 1.** D'une qualité extrême par le degré de pureté, de perfection, etc. *Or fin.* – *Fines herbes* (ciboulette, marjolaine, etc.), utilisées en cuisine pour leur odeur ou leur saveur subtile. ▷ n. m. *Le fin :* la proportion de métal précieux qui se trouve dans un alliage. *Une bague d'or à 90 % de fin.* **2.** D'une qualité supérieure. *Linge fin. Épicerie fine.* ▷ Recherché. *Un souper fin.* – *Partie fine :* partie de plaisir. ▷ n. m. Loc. *Le fin du fin :* ce qu'il y a de mieux dans le genre. **II. 1.** D'une grande sensibilité (en parlant des sens). *Avoir l'ouïe fine.* – Fig. *Avoir le nez fin :* être sagace, intuitif. **2.** Doué ou marqué de perspicacité, de subtilité, de délicatesse. *Une intelligence fine. Une remarque fine. Des gestes fins.* ▷ n. m. *Jouer au plus fin avec qqn*, rivaliser d'adresse, de ruse avec lui. **III. 1.** Constitué d'éléments très petits. *Sel fin. Une pluie fine.* **2.** Qui est menu, ténu. *Fil fin. Trait fin.* – adv. *Écrire fin.* ▷ Effilé. *Pointe fine.* **3.** Dont la forme élancée, le dessin délié donnent une impression d'élégance, de délicatesse. *Visage aux traits fins.* ▷ Délicatement formé, ouvragé. *Dentelle fine.* **4.** De très faible épaisseur. *Fine pellicule. Verre fin.* **IV. 1.** Qui est à l'extrême, au plus secret. *Habiter le fin fond du pays.* – *Le fin mot d'une chose*, son motif véritable ou caché; ce qui en donne enfin toute l'explication. **2.** adv. Tout à fait. *Nous voici fin prêts.* – De *fin* 1.

finage [finaʒ] n. m. Dial. Étendue d'un territoire communal. – De *fin* 1.

1. final, ale, als [final] ou, rare, **aux** [fino]]adj. et n. f. **I.** adj. **1.** Qui finit, qui est à la fin. *Consonne finale.* ▷ *Point final*, qui marque la fin d'une phrase. – Fig. *Mettre le point final à une discussion*, la terminer, la conclure. ▷ HIST *Solution finale :* politique d'extermination nazie concernant les Juifs et certaines populations (Tsiganes, Slaves). **2.** PHILO Qui tend vers un but. *Cause finale :* destination dernière des choses, fin qui est leur raison d'être. **3.** GRAM Qui marque l'idée de but, d'intention. *Conjonction finale (pour que, afin que, etc.). Proposition finale*, introduite par une conjonction finale. **4.** PHYS *État final :* état d'équilibre à la fin d'une transformation thermodynamique. **II.** n. f. **1.** LING Syllabe ou lettre finale d'un mot. *Finale brève, accentuée.* **2.** SPORT Dernière épreuve d'une compétition, à l'issue de laquelle est désigné le vainqueur. – Bas lat. *finalis*, « qui concerne les limites ».

2. final ou **finale** [final] n. m. MUS Dernière partie d'une symphonie, d'une sonate, d'un opéra. – Ital. *finale*.

finalement [finalmɑ̃] adv. À la fin, pour en terminer. *Nous nous sommes finalement décidés.* – En définitive, tout compte fait. *Finalement, c'est lui qui avait raison.* – De *final*.

finalisé, ée [finalize] adj. (Dans le jargon des métiers de la communication.) Qui a été réalisé jusqu'à sa forme définitive; qui est considéré comme achevé. *Une maquette finalisée pour l'imprimeur. Une étude finalisée.* – Calque de l'angl. *finalized*; répandu ap. 1960.

finaliser [finalize] v. tr. (Dans le jargon des métiers de la communication.) Donner son aspect définitif à; réaliser jusqu'au bout. – De *finalisé*.

finalisme [finalism] n. m. PHILO Doctrine qui explique les phénomènes et le système de l'univers par la finalité. – De *finaliste*.

finaliste [finalist] n. et adj. **1.** PHILO Partisan du finalisme. – adj. *Théorie finaslite.* **2.** SPORT Concurrent ou équipe qualifiés pour une finale. – De *final*.

finalité [finalite] n. f. Caractère de ce qui tend à une fin, vers un but. – De *final*.

finance [finɑ̃s] n. f. **1.** Vx Ressources pécuniaires. – Loc. mod. *Moyennant finance :* contre paiement d'une certaine somme d'argent. **2.** Plur. Mod. Argent de l'État; ensemble des activités propres au mouvement de cet argent. *Loi de finances :* loi d'autorisation des dépenses et de recouvrement des recettes. ▷ Par ext. *Les Finances :* l'administration des Finances. **3.** Ressources pécuniaires d'une société, d'un groupe de sociétés ou, fam., d'une personne. **4.** (Sing.) Ensemble des grandes affaires d'argent; activité, profession qui leur est liée. *Un homme de finance.* ▷ Ensemble des financiers, de ceux qui ont ou manient de grandes affaires d'argent. *La haute finance.* – De l'a. fr. *finer*, « payer ».

financement [finɑ̃smɑ̃] n. m. Action de fournir à une affaire, une entreprise, les fonds nécessaires à sa mise en route, son fonctionnement.– De *financer*.

financer [finɑ̃se] v. tr. [12] Fournir l'argent nécessaire à. *Financer une expédition.* ▷ v. intr. Vx ou fam. Payer. *Servez-vous, c'est moi qui finance.* – De *finance*.

financier, ère [finɑ̃sje, ɛʀ] adj. (et n. m.) **I. 1.** Relatif à l'argent dont dispose une personne, un groupe, une société. *Embarras financiers.* **2.** Relatif à l'argent public. *Équilibre financier.* **3.** Relatif aux affaires ou aux gens de la finance. *Opération financière. Aristocratie financière.* ▷ n. m. Celui qui dirige ou fait des opérations de banque, de grandes affaires d'argent; spécialiste en matière de finance. **II.** CUIS *Sauce financière,* à base de roux blond, quenelles, ris de veau, champignons, crêtes et rognons de coq, et madère, utilisée pour les garnitures de vol-au-vent, notamment. – De *finance.*

financièrement [finɑ̃sjɛʀmɑ̃] adv. En ce qui concerne les finances. – De *financier.*

finasser [finase] v. intr. [1] Péjor. User de finesse hors de propos, de subterfuges. – De *finesse*; var. *finesser.*

finasserie [finasʀi] n. f. Péjor. Acte ou parole d'une personne qui finasse. – De *finasser.*

finasseur, euse [finasœʀ, øz] ou **finassier, ère** [finasje, ɛʀ] adj. et n. Vieilli Qui finasse. – De *finasser.*

finaud, aude [fino, od] adj. (et n.) Rusé sous des dehors simples. ▷ Subst. *Un(e) petit(e) finaud(e).* – De *fin* 2.

finauderie [finodʀi] n. f. Caractère du finaud; procédé finaud. – De *finaud.*

fine [fin] n. f. Eau-de-vie naturelle supérieure. *Fine champagne,* d'une région proche de Cognac. – De *fin* 2.

finement [finmɑ̃] adv. **1.** D'une manière fine. *Un mouchoir finement brodé.* **2.** Avec finesse. *Une allusion finement amenée.* – De *fin* 2.

fines [fin] n. f. pl. Charbon en très petits morceaux. ▷ TECH Éléments de très petite taille qui servent à augmenter la compacité d'un sol ou d'un béton. – De *fin* 2.

finesse [finɛs] n. f. **I. 1.** Qualité de ce qui est fin, délicat par la forme ou la matière. *Finesse d'un tissu. Finesse d'une couleur.* **2.** Qualité de ce qui est exécuté avec délicatesse. *Finesse d'un ouvrage.* **3.** Aptitude à discerner les moindres nuances dans la pensée, les sensations, les sentiments. *La finesse de l'ouïe. Finesse d'esprit.* **4.** (Plur.) Subtilités. *Les finesses d'un art, d'un métier.* **II. 1.** AVIAT Rapport entre le coefficient de portance et le coefficient de traînée. **2.** PHYS Propriété qui caractérise le degré de monochromatisme d'une radiation. – De *fin 2.*

finette [finɛt] n. f. Étoffe de coton à envers pelucheux. – De *fin* 2.

fini, ie [fini] adj. et n. m. **I.** adj. **1.** Terminé. ▷ Porté à son point de perfection. *Vêtement bien fini.* **2.** Péjor. Parfait en son genre. *Une canaille finie.* **3.** *Un homme fini,* usé physiquement, moralement, intellectuellement, ou qui a perdu tout son crédit. **4.** PHILO Qui a des bornes. *Un être fini.* Ant. infini. ▷ MATH Qualifie une grandeur qui n'est ni infiniment grande, ni infiniment petite. **II.** n. m. **1.** Qualité d'un ouvrage porté à la perfection jusque dans les détails. *Manquer de fini.* **2.** PHILO Ce qui a des bornes. *Le fini* (par oppos. à *l'infini*). – Pp. de *finir.*

finir [finiʀ] v. [3] **I.** v. tr. (Personnes) **1.** Mener à son terme. *Finir un ouvrage, ses études.* – *Finir de* (+ inf.) *Ils ont fini de déjeuner.* **2.** Mener à épuisement (une quantité). *Finir son pain. Finir une bouteille.* **3.** Mettre un terme à (qqch). *Finissez vos querelles.* **II.** v. intr. **1.** Arriver à son terme dans le temps ou dans l'espace. *Le spectacle finit tard. Cette rue finit à une place.* **2.** Avoir telle issue, telle fin. *Un film qui finit bien.* ▷ (Personnes) *Je crois qu'il finira mal.* **3.** Mourir. *Finir dans la misère.* **4.** *Finir par* (+ inf.) (Marquant le terme, le résultat.) *Il a fini par céder. Tout finit par s'arranger.* **5.** *En finir* : mettre un terme à ce qui a trop duré, arriver à une solution. *Il faut en finir.* – Lat. *finire,* « borner, finir ».

finish [finiʃ] n. m. SPORT Lutte en fin d'épreuve. *L'emporter au finish.* – Mot angl., « fin ».

finissage [finisaʒ] n. m. Parachèvement d'un ouvrage. – De *finir.*

finissant, ante [finisɑ̃, ɑ̃t] adj. Qui se termine. *L'air de la nuit finissante était doux* – Ppr. de *finir.*

finisseur, euse [finisœʀ, øz] n. **1.** Personne chargée de la finition d'un ouvrage. **2.** n. m. SPORT Concurrent qui a une bonne pointe de vitesse pour terminer les courses. **3.** n. m. TECH Appareil destiné à terminer une séquence d'opérations. – De *finir.*

finition [finisjɔ̃] n. f. Achèvement des derniers détails d'un ouvrage. - (Plur.) Ensemble de ces détails. *Les finitions d'une construction.* – Lat. *finitio,* « délimitation, définition ».

finitude [finityd] n. f. Didac. Caractère de ce qui est fini, limité, destiné à la mort. – De *fini,* d'apr. l'angl. *finitude.*

finlandais, aise [fɛ̃lɑ̃dɛ, ɛz] adj. et n. De Finlande, État d'Europe septentrionale. (V. aussi finnois.) ▷ Subst. *Un(e) Finlandais(e)* : un(e) habitant(e) de la Finlande, sans distinction de langue ni d'origine

finlandisation [fɛ̃lɑ̃dizasjɔ̃] n. f. POLIT, HIST Ensemble des relations imposées par l'U.R.S.S., à la fin de la Seconde Guerre mondiale, à la Finlande, qui ne conserva son indépendance qu'au prix d'abandons importants dans l'exercice de sa souveraineté. ▷ *Par ext.* Situation analogue d'un pays dominé par un autre. – De *Finlande,* sur le modèle de *balkanisation.*

finlandiser [fɛ̃lɑ̃dize] v. tr. [1] POLIT (En parlant d'un État.) Instaurer la finlandisation. – De *Finlande.*

finnois, oise [finwa, waz] n. et adj. **1.** n. m. Langue finno-ougrienne apparentée à l'estonien, parlée en Finlande par la plus grande partie de la population, ainsi qu'en Russie septentrionale. **2.** adj. Relatif au peuple parlant le finnois ou à cette langue. ▷ Subst. *Un(e) Finnois(e).* – Lat. médiév. *finnicus.*

finno-ougrien, enne [finougʀijɛ̃, ɛn] adj. LING *Langues finno-ougriennes* : famille de langues qui comprend le finnois, le hongrois, les langues samoyèdes, le lapon, l'ostiak, l'estonien, etc., et que l'on rattache aux langues ouralo-altaïques. *Les langues finno-ougriennes sont agglutinantes.* – De *finno-* (finnois), et *ougrien.*

fiole [fjɔl] n. f. **1.** Petite bouteille de verre à col étroit. **2.** Fig., pop. Tête. *Faire une drôle de fiole.* – Gr. *phialê,* « vase ».

1. fion [fjɔ̃] n. m. Fam. *Coup de fion* : dernière touche donnée à un ouvrage. – P.-ê. altér. de *fignoler.*

2. fion [fjɔ̃] n. m. Arg. Loc. *Coup de fion* : coup de chance. – De *troufignon.*

fiord. V. fjord.

fioriture [fjɔʀityʀ] n. f. **1.** MUS Ornement ajouté à la composition écrite pour varier la mélodie (appogiature, gruppetto, trille, mordant). **2.** Ornement. *Les fioritures d'un dessin.* - Péjor. *Des fioritures de style.* – Ital. *fioritura,* rac. *fiore,* « fleur ».

fioul [fjul] n. m. Terme off. recommandé pour remplacer *fuel-oil.* – Forme francisée de *fuel.*

-fique. Élément de suffixation servant à former des adjectifs, du lat *ficus,* de *facere,* « faire ».

firmament [fiʀmamɑ̃] n. m. Litt. Voûte céleste. – Bas lat. ecclés. *firmamentum,* en lat. class. « appui, soutien », de *firmare,* « rendre ferme ».

firman [fiʀmɑ̃] n. m. HIST **1.** Rescrit du schah d'Iran. **2.** Pièce officielle (diplomatique ou administrative), en Turquie ottomane. – Mot angl., du turc *fermān,* « ordre », par le persan.

firme [fiʀm] n. f. Entreprise commerciale ou industrielle désignée sous un nom, une raison sociale, un sigle. *Une grosse firme.* – Angl. *firm.*

firth [fœʀs] n. m. Fjord, en Écosse. – Mot écossais.

fisc [fisk] n. m. FIN Trésor public. ▷ Cour. Administration chargée du recouvrement des taxes et des impôts publics. – Du lat. *fiscus,* «panier (pour recevoir de l'argent)».

fiscal, ale, aux [fiskal, o] adj. **1.** Du fisc. *Agent fiscal.* **2.** Relatif au fisc, à l'impôt. *Fraude fiscale. Agrément* fiscal.* – Lat. *fiscalis.*

fiscalement [fiskalmɑ̃] adv. Du point de vue du fisc. – De *fiscal.*

fiscalisation [fiskalizasjɔ̃] n. f. FIN Action de fiscaliser; son résultat. – De *fiscaliser.*

fiscaliser [fiskalize] v. tr. [1] FIN Soumettre à l'impôt. – De *fiscal.*

fiscaliste [fiskalist] n. FIN Spécialiste des problèmes fiscaux. – De *fiscal.*

fiscalité [fiskalite] n. f. FIN Ensemble des lois et des mesures destinées à financer, par l'impôt, le Trésor d'un État. *Réforme de la fiscalité.* ▷ *Par ext.* Les impôts eux-mêmes. *Fiscalité trop lourde.* – De *fiscal.*

fish-eye [fiʃaj] n. m. (Anglicisme) Objectif photographique couvrant un champ de plus de 180°. *Des fish-eyes.* Syn. grand-angle, grand-angulaire. – Mot angl., «œil de poisson».

fissibilité [fisibilite] n. f. PHYS NUCL Aptitude à subir une fission. – De *fissible.*

fissible [fisibl] adj. PHYS NUCL Susceptible de subir une fission. – De *fission.*

fissile [fisil] adj. **1.** Rare Qui a tendance à se diviser en feuillets. *L'ardoise est fissile.* **2.** PHYS NUCL Fissible. – Lat. *fissilis.*

fission [fisjɔ̃] n. f. PHYS NUCL Division d'un noyau atomique lourd en noyaux plus légers. – Mot angl.; du lat. *fissus,* «fendu».

ENCYCL Le processus de fission a été découvert en 1938 par Hahn et Strassmann. Un noyau lourd est divisé en noyaux plus légers sous l'influence d'un bombardement corpusculaire (neutrons lents, par ex.). La masse des noyaux obtenus étant inférieure à celle du noyau initial, la fission s'accompagne d'une libération énorme d'énergie, due à cet écart de masses *(défaut de masse),* suivant la loi d'Einstein $\Delta E = c^2 \Delta m$ (c = vitesse de la lumière). Cette libération d'énergie (chaleur et rayonnement) est brutale dans le cas des explosions nucléaires, contrôlée et progressive dans les centrales nucléaires.

fissionner [fisjɔne] v. intr. [1] PHYS NUCL Se scinder lors d'une fission. – De *fission.*

fissipède [fisipɛd] adj. (et n. m.) ZOOL Se dit des mammifères carnivores aux doigts libres. ▷ n. m. *L'ours est un fissipède.* Ant. pinnipède. – Du lat. *fissus,* «fendu», et *-pède.*

fissuration [fisyʀasjɔ̃] n. f. Formation d'une fissure; état de ce qui est fissuré. – De *fissurer.*

fissure [fisyʀ] n. f. **1.** Petite fente. *Les fissures d'un mur.* ▷ Fig. *Les fissures d'un raisonnement,* ses faiblesses, ce qu'il a de spécieux. **2.** ANAT Sillon séparant les parties d'un organe. **3.** MED *Fissure anale :* ulcération allongée et superficielle, très douloureuse, siégeant dans les plis radiés de l'anus. – Lat. *fissura.*

fissurer [fisyʀe] v. tr. [1] Diviser par fissures. *Les trépidations ont fissuré le sol.* ▷ v. pron. *Plafond qui se fissure.* – De *fissure.*

fiston [fistɔ̃] n. m. Fam. Fils. – (Pour appeler un jeune garçon.) *Dis donc, fiston!* – De *fils.*

fistulaire [fistylɛʀ] adj. **1.** Rare Qui comporte un canal sur toute sa longueur. *Stalactite fistulaire.* **2.** MED Relatif à une fistule. – De *fistule.*

fistule [fistyl] n. f. MED Voie anormale, congénitale ou accidentelle, suivie par un liquide physiologique ou pathologique et entretenue par l'écoulement de ce liquide. *Fistule gastrique. Fistule anale.* – Lat. méd. *fistula,* «tuyau, tube».

fistuleux, euse [fistylø, øz] adj. MED Qui a la nature de la fistule. – Lat. *fistulosus,* «qui forme un tuyau».

fistuline [fistylin] n. f. Champignon très commun en France, du groupe des polypores, dont une variété comestible *(Fistulina hepatica)* est appelée cour. *foie-de-bœuf* ou *langue-de-bœuf,* en raison de la couleur rouge de son chapeau. – De *fistule.*

fivete [fivɛt] n. f. MED Technique qui combine la fécondation* in vitro et le transfert de l'embryon dans l'utérus de la femme chez laquelle a été prélevé l'ovule. – Acronyme pour *fécondation in vitro et transfert d'embryon.*

fixable [fiksabl] adj. Qui peut être fixé. – De *fixer.*

fixage [fiksaʒ] n. m. **1.** Action de rendre fixe. **2.** TECH Opération qui consiste à fixer un cliché photographique. **3.** FIN Procédure de cotation par laquelle est fixé le cours d'une valeur (valeur mobilière, or, devise). Syn. (off. déconseillé) fixing. – De *fixer.*

fixant, ante [fiksɑ̃, ɑ̃t] adj. Syn. de *fixateur. Un spray fixant pour les cheveux.* – Ppr. de *fixer.*

fixateur, trice [fiksatœʀ, tʀis] adj. et n. m. **1.** adj. Qui a la propriété de fixer. **2.** n. m. TECH Produit servant à rendre un cliché photographique inaltérable à la lumière. ▷ Vaporisateur servant à fixer un dessin (au fusain, au pastel) au moyen d'un vernis spécial (fixatif). – De *fixer.*

fixatif [fiksatif] n. m. TECH Produit servant à fixer un dessin. – De *fixer.*

fixation [fiksasjɔ̃] n. f. **1.** Action d'établir dans une position ou un état fixe. **2.** Action de déterminer. *Fixation d'une date, d'un prix.* **3.** Ce qui sert à fixer. *Les fixations de skis.* ▷ MED *Abcès de fixation :* V. abcès. **4.** Fait de se fixer. ▷ PSYCHAN Attachement exagéré à des personnes, à des images, à des modes de satisfaction caractéristiques d'un des stades évolutifs de la libido, qui freine ou empêche le développement affectif adulte. *Le fétichisme est une fixation.* – De *fixer.*

fixe [fiks] adj. et n. m. **I.** adj. **1.** Qui ne se meut pas, qui garde toujours la même position. ▷ interj. MILIT Commandement enjoignant de se mettre au garde-à-vous à l'arrivée d'un supérieur. *À vos rangs. Fixe!* **2.** Qui est certain, déterminé, qui ne varie pas. *Venir à heure fixe. Restaurant à prix fixe. Beau fixe :* beau temps stable. – *Idée fixe,* qui obsède l'esprit. **II.** n. m. Traitement régulier assuré. *Il n'a pas de fixe, il travaille au pourcentage.* – Lat. *fixus,* pp. de *figere,* «fixer».

fixe-chaussette [fiksʃosɛt] n. m. Bande élastique qui maintient la chaussette. *Des fixe-chaussettes.* – De *fixer,* et *chaussette.*

fixement [fiksəmɑ̃] adv. D'une manière fixe. *Regarder fixement.* – De *fixe.*

fixer [fikse] v. tr. [1] **1.** Rendre fixe; assujettir. *Fixer un cadre au mur.* **2.** Établir de façon durable. *Fixer sa résidence dans telle ville.* ▷ *Fixer qqch sur le papier,* le noter pour ne pas l'oublier. ▷ v. pron. (Personnes) *Se fixer quelque part,* s'y établir. **3.** Appliquer de façon constante, arrêter longuement. *Fixer son attention, ses regards sur qqch.* ▷ *Fixer qqn,* le regarder fixement. **4.** Rendre stable. ▷ TECH *Fixer un cliché photographique,* le traiter pour le rendre inaltérable à la lumière. – *Fixer un dessin au fusain, au pastel,* vaporiser un fixatif protecteur qui l'empêche de s'effacer et de s'altérer à la lumière. **5.** Régler, arrêter, déterminer. *Fixer un prix, un rendez-vous.* **6.** Faire qu'une personne ne soit plus incertaine, indécise. *Fixer qqn sur,* le renseigner exactement sur. –

Pp. adj. *Maintenant, je suis fixé sur ses intentions.* – De *fixe.*

fixing [fiksiŋ] n. m. (Anglicisme) Syn. (off. déconseillé) de *fixage.* – Mot angl.

fixisme [fiksism] n. m. Théorie biologique, auj. périmée, selon laquelle les espèces vivantes ne subissent aucune évolution à dater de leur création. Ant. transformisme, évolutionnisme. – De *fixe,* et *-isme.*

fixité [fiksite] n. f. Caractère de ce qui est fixe. *La fixité du regard.* – *Théorie de la fixité des espèces :* fixisme. – De *fixe.*

fjeld [fjɛld] n. m. GEOGR Plateau rocheux érodé par un glacier continental. – Mot norv.

fjord ou **fiord** [fjɔʀd] n. m. Vallée glaciaire envahie par la mer, formant un golfe étroit, sinueux, aux rives abruptes, pénétrant très loin dans les terres. *Les fjords norvégiens, écossais* (V. firth). – Mot norv.

fla [fla] n. m. inv. MUS Double coup frappé sur une percussion avec accent sur le deuxième. – Onomat.

flabellum [flabɛlɔm] n. m. inv. **1.** ANTIQ Grand éventail destiné à être agité par un esclave. **2.** LITURG Éventail porté, au Moyen Âge, au-dessus de la tête de certains prélats et, auj. parfois, du pape. – Mot lat.

flac! [flak] interj. Onomatopée imitant le bruit d'un choc à plat ou sur une surface liquide.

flaccidité [flasidite] n. f. État de ce qui est flasque. *La flaccidité des chairs.* – Du lat. *flaccidus,* «flasque».

flache [flaʃ] n. f. TECH **1.** Défaut, dépression dans un bois à équarrir. **2.** Creux où s'accumule de l'eau de pluie, dans un revêtement de sol. – Lat. *flaccus,* «flasque».

flacherie [flaʃʀi] n. f. Maladie mortelle des vers à soie, due à un virus. – De l'a. fr. *flache,* «mou».

flacon [flakɔ̃] n. m. Petite bouteille fermée par un bouchon de verre ou de métal. ▷ *Par méton.* Contenu d'un flacon. *Vider un flacon de vin.* – Bas lat. *flasco, flasconis,* du germ. *flaska.*

flaconnage [flakɔnaʒ] n. m. Présentation d'un produit en flacon. *Flaconnage de luxe.* – De *flacon.*

flaconnier [flakɔnje] n. m. Coffret, étui à flacons. – De *flacon.*

fla-fla [flafla] n. m. Fam., Vieilli *Faire du fla-fla :* chercher à faire de l'effet; faire des façons, des chichis. – De *fla.*

flagada [flagada] adj. inv. Fam. Sans vigueur, sans force; flageolant. *Être complètement flagada.* – Probabl. dérivé arg. d'un radical *flac,* du lat. *flaccus,* «flasque».

flagellant [flaʒɛllɑ̃] n. m. HIST Membre d'une secte de fanatiques religieux des XIIIe et XIVe s., qui, par pénitence, se flagellaient en public. – Ppr. subst. de *flageller.*

flagellation [flaʒɛllasjɔ̃] n. f. Action de flageller. *Le supplice de la flagellation.* – Action de se flageller (pour se mortifier, faire pénitence). – Bas lat. ecclés. *flagellatio.*

flagelle [flaʒɛl] n. m. BIOL Organe filiforme contractile qui assure la locomotion (traction ou propulsion) de divers organismes unicellulaires (flagellés, gamètes mâles, etc.). – Lat. *flagellum,* «fouet».

flageller [flaʒɛlle] v. tr. [1] Donner des coups de fouet, de verges à (qqn). *Ponce Pilate fit flageller Jésus.* ▷ Fig., litt. Fustiger. – Lat. *flagellare,* de *flagellum,* «fouet».

flagellé, ée [flaʒɛlle] n. m. et adj. BIOL *Les flagellés :* superclasse de protistes pourvus de flagelles, comprenant les *phytoflagellés,* végétaux chlorophylliens (*euglènes,* par ex.), et les *zooflagellés,* animaux dont certains sont de dangereux parasites (trypanosome de la maladie du sommeil, par ex.). ▷ adj. *Un protozoaire flagellé.* – De *flagelle.*

flageolant, ante [flaʒɔlɑ̃, ɑ̃t] adj. Qui flageole; dont les jambes flageolent. – Ppr. de *flageoler.*

flageoler [flaʒɔle] v. intr. [1] Fam. En parlant des jambes, trembler (de fatigue, d'émotion, d'ivresse). *Avoir les jambes qui flageolent.* – (Personnes) *Il flageole sur ses jambes.* – De *flageolet* 1 (sens 3).

1. flageolet [flaʒɔlɛ] n. m. **1.** Flûte à bec. **2.** Le plus aigu des jeux d'orgue. **3.** Fam. Vx Jambe fluette. – Du lat. pop. **flabeolum,* «souffle»; dimin. de l'a. fr. *flageol,* «flûte de pâtre».

2. flageolet [flaʒɔlɛ] n. m. Variété très estimée de petits haricots, qu'on sert en grains. – Du lat. pop. **fabeolus,* de *faba,* «fève», et *phaseolus,* «haricot».

flagorner [flagɔʀne] v. tr. [1] Flatter bassement, servilement. *Flagorner les notables.*

flagornerie [flagɔʀnəʀi] n. f. Flatterie basse et servile. – De *flagorner.*

flagorneur, euse [flagɔʀnœʀ, øz] n. (et adj.) Personne qui flagorne. – De *flagorner.*

flagrant, ante [flagʀɑ̃, ɑ̃t] adj. **1.** DR *Flagrant délit :* délit commis sous les yeux mêmes de celui qui le constate. *Arrêter un malfaiteur en flagrant délit de vol.* **2.** Évident, indéniable, patent. *C'est un mensonge flagrant.* – Lat. *flagrans,* de *flagrare,* «flamber».

flair [flɛʀ] n. m. **1.** Faculté de discerner par l'odeur; finesse de l'odorat. *Ce chien a du flair.* **2.** Fig. Sagacité, perspicacité. *Le flair d'un policier.* – Déverbal de *flairer.*

flairer [fleʀe] v. tr. [1] **1.** Discerner par l'odorat. *Le chien a flairé une piste.* ▷ S'appliquer avec insistance à sentir (une odeur, un objet). *Flairer un melon pour s'assurer qu'il est bien mûr.* **2.** Fig. Pressentir. *Flairer un piège.* – Du lat. *fragrare,* «exhaler une odeur».

flamand, ande [flamɑ̃, ɑ̃d] adj. et n. **1.** adj. De Flandre, plaine maritime de l'Europe du N.-O. *Les peintres flamands, l'école flamande.* ▷ Subst. *Un(e) Flamand(e).* – Spécial. *Les Flamands :* les peintres de l'école flamande. **2.** n. m. Parler sud-néerlandais utilisé dans le nord de la Belgique. – Du germ. *flaming.*

flamant [flamɑ̃] n. m. Grand oiseau (fam. phœnicoptéridés, ordre des ansériformes) aux pattes et au cou très longs, pourvu d'un bec lamelleux recourbé qui filtre les eaux vaseuses, douces et saumâtres. (Le flamant rose, *Phœnicopterus ruber,* haut d'env. 1,50 m, vit principalement en Camargue; d'autres espèces, de couleur noire ou écarlate, nichent en Afrique, et en Amérique du S., autour des lacs andins, notam.) – Provenç. *flamenc,* du lat. *flamma,* «flamme», d'après la couleur du plumage.

flambage [flɑ̃baʒ] n. m. **1.** Action de flamber, de passer au feu. *Le flambage d'un poulet. Le flambage est un moyen d'asepsie.* **2.** TECH Déformation affectant une pièce longue soumise dans le sens de la longueur à un effort de compression trop important. (On dit aussi *flambement.*) – De *flamber.*

flambant, ante [flɑ̃bɑ̃, ɑ̃t] adj. **1.** Qui flambe. *Charbon flambant* ou n. m., *flambant :* charbon produisant surtout des flammes en brûlant. **2.** Fig. *Des yeux flambants de colère, de haine.* ▷ Loc. *Flambant neuf :* tout neuf. *Une voiture flambant neuve* ou *flambant neuf.* – Ppr. de *flamber.*

flambard ou **flambart** [flɑ̃baʀ] n. m. Fam., vieilli Fanfaron. – De *flamber,* au sens anc. de «briller (en public)».

flambé, ée [flɑ̃be] adj. **1.** Arrosé d'alcool que l'on fait brûler. *Crêpe flambée.* **2.** Fig., fam. Ruiné, perdu, que l'on ne peut plus sauver. *Il est flambé. L'affaire est flambée.* – Pp. de *flamber.*

flambeau [flɑ̃bo] n. m. **1.** Torche, chandelle, bougie qu'on porte à la main et qui sert à s'éclairer. *Retraite aux* *flambeaux.* ▷ ANTIQ *Course au flambeau* : course de relais où les coureurs se transmettaient de main en main un flambeau allumé. – Fig. *Se passer, se transmettre le flambeau* : continuer une œuvre, une tradition. **2.** *Par méton.* Chandelier, candélabre. *Un flambeau en argent.* **3.** *Par métaph.* Ce qui éclaire, ce qui sert de guide à l'esprit. *Le flambeau de la raison, de la vérité, de la science.* – De l'a. fr. *flamble,* «grande flamme».

flambée [flɑ̃be] n. f. **1.** Feu vif et de courte durée, de petit bois sec, de paille, etc. *Faire une flambée.* **2.** Fig. Forte poussée subite mais brève. *Une flambée de violence. Une flambée de fièvre.* – *La flambée des cours, des prix,* leur hausse brutale. – Pp. fém. subst. de *flamber.*

flambement. V. flambage.

flamber [flɑ̃be] v. [1] **I.** v. intr. Brûler d'un feu vif, en émettant beaucoup de lumière. *Le bois très sec flambe bien.* **II.** v. tr. **1.** Passer au feu, à la flamme. *Flamber une volaille.* ▷ Arroser d'alcool que l'on fait brûler. *Flamber une banane.* **2.** Arg. Dilapider, dépenser follement. *Flamber sa fortune au jeu.* **3.** CONSTR Se déformer par flambage. – Du lat. *flammare*; a remplacé *flammer.*

flamberge [flɑ̃bɛʀʒ] n. f. *Mettre flamberge au vent* : sortir l'épée, se préparer à combattre, et, fig., prendre un air de bravade. – Nom de l'épée de Renaud de Montauban, d'abord *Froberge, Floberge,* n. pr. germ., puis *Flamberge,* par attract. de *flamme.*

flambeur, euse [flɑ̃bœʀ, øz] n. Fam. Personne qui dilapide son argent au jeu. – De *flamber,* sens II, 2.

flamboiement [flɑ̃bwamɑ̃] n. m. Éclat de ce qui flamboie. – De *flamboyer.*

flamboyant, ante [flɑ̃bwajɑ̃, ɑ̃t] adj. et n. m. **I.** adj. **1.** Qui flamboie; qui brille comme une flamme. *Astre flamboyant. Regard flamboyant.* **2.** ARCHI *Style gothique flamboyant* : style gothique de la dernière période (XVe s.), aux ornements contournés en forme de flamme. – Par ext. *Cathédrale flamboyante,* de style flamboyant. **II.** n. m. BOT Arbre tropical à floraison rouge (fam. césalpiniacées). – Ppr. de *flamboyer.*

flamboyer [flɑ̃bwaje] v. intr. [23] Jeter, par intervalles, des flammes vives. ▷ *Par ext.* Briller comme une flamme. *On voyait flamboyer les épées.* – De l'a. fr. *flamble,* «grande flamme».

flamenco [flamɛnko] n. m. et adj. Genre musical originaire d'Andalousie, qui combine généralement le chant et la danse sur un accompagnement de guitare. ▷ adj. *Guitare flamenco* ou *flamenca.La danse flamenca* ou, n. f., *la flamenca.* – Mot esp., «flamand», utilisé pour désigner les Gitans.

flamiche [flamiʃ] n. f. Dial. Dans le nord de la France, tarte aux poireaux. – De *flamme* 1.

flamine [flamin] n. m. ANTIQ ROM Prêtre de certaines divinités. – Lat. *flamen, flaminis.*

flamingant, ante [flamɛ̃gɑ̃, ɑ̃t] adj. et n. Didac. ou péjor. Relatif à la langue flamande; qui parle, où l'on parle flamand. – De *flameng,* anc. forme de *flamand.*

1. flamme [flɑm] n. f. **I. 1.** Produit gazeux et incandescent d'une combustion, plus ou moins lumineux et de couleur variable selon la nature du combustible. ▷ *Les flammes* : le feu destructeur, l'incendie. *La maison fut rapidement la proie des flammes.* – Supplice du feu, bûcher. *Jeanne d'Arc périt par les flammes.* **2.** Fig. Passion ardente, enthousiasme. *Un discours plein de flamme.* ▷ Litt. Passion amoureuse. *Brûler d'une flamme secrète pour qqn.* **II.** Ce qui a la forme d'une flamme, telle qu'on la représente. **1.** Autref., petite banderole qui ornait la lance des cavaliers. ▷ Mod. Pavillon long et étroit, de forme triangulaire. **2.** Marque postale apposée à côté du cachet d'oblitération. – Lat. *flamma.*

2. flamme [flɑm] n. f. MED VET Lancette pour saigner les chevaux. – Du bas lat. *flebotomus,* «lancette», du gr. *phlebotomos,* par attract. du préc.

flammé, ée [flɑme] adj. TECH *Grès flammé,* coloré irrégulièrement par le feu. – De *flamme* 1.

flammèche [flamɛʃ] n. f. Parcelle de matière enflammée qui s'envole, qui s'échappe d'un foyer. – Crois. de *flamme* 1 et du germ. **falawiska,* «étincelle».

1. flan [flɑ̃] n. m. **1.** Crème prise au four, à base de lait sucré, d'œufs et de farine. **2.** TECH Disque destiné à recevoir une empreinte par pression. *Les flans d'une pièce de monnaie.* ▷ IMPRIM Pièce en carton ou en plastique avec laquelle on prend l'empreinte d'une page de composition typographique. **3.** Pop. *En être, en rester comme deux ronds de flan* : être stupéfait, rester muet d'étonnement, de surprise. – Frq. **flado.*

2. flan [flɑ̃] n. m. Pop. **1.** *C'est du flan!,* du bluff, du vent. *Je l'ai eu au flan.* **2.** Loc. *À la flan* : sans soin. *Travail fait à la flan.* – P.-ê. de *flan* 1, ou var. de *vlan.*

flanc [flɑ̃] n. m. **1.** Région latérale du corps de l'homme et de certains animaux, comprenant les côtes et la hanche. *Cheval qui se couche sur le flanc.* ▷ Fig. *Être sur le flanc* : être très fatigué, exténué. – *Mettre qqn sur le flanc.* – Fam. *Tirer au flanc* : chercher à échapper à un travail, à une corvée. ▷ *Des tire-au-flanc.* **2.** *Par ext.* Vx ou litt. Entrailles, sein. *Porter un enfant dans ses flancs.* **3.** Côté de diverses choses. *Le flanc d'une montagne. Le flanc d'un navire.* ▷ Loc. *À flanc de* : sur la pente de. *À flanc de coteau.* **4.** MILIT (Par oppos. à *front.*) Côté droit ou gauche d'une formation. *Prêter le flanc* : découvrir un de ses flancs. – Fig. *Prêter le flanc à la critique,* s'y exposer. – Du frq. **hlanka,* «hanche».

flanc-garde [flɑ̃gaʀd] n. f. MILIT Élément détaché d'une colonne en marche, servant à protéger ses flancs. *Des flancs-gardes.* – De *flanc,* et *garde.*

flancher [flɑ̃ʃe] v. intr. [1] Fam. **1.** Céder, faiblir; cesser de résister. *Son cœur a flanché au cours de l'opération.* **2.** Abandonner un projet, une entreprise; cesser de persévérer. *Il n'y est pas arrivé, il a flanché au dernier moment.* – Altér. de l'a. fr. *flenchir,* «détourner»; frq. * *blankjan,* «ployer».

flanchet [flɑ̃ʃɛ] n. m. En boucherie, morceau du bœuf situé entre la tranche et la poitrine. ▷ Partie de la morue voisine des filets. – Dimin. de *flanc.*

flandrien, enne [flɑ̃dʀijɛ̃, ɛn] adj. et n. m. GEOL *Transgression flandrienne* : dernière transgression marine du quaternaire européen, qui se termina v. 6 000 av. J.-C. ▷ n. m. Période pendant laquelle se produisit cette transgression. – De *Flandre.*

flandrin [flɑ̃dʀɛ̃] n. m. Fam. Homme grand et mince, de contenance molle et gauche. – De *Flandre.*

flâne [flɑn] n. f. Litt. Flânerie. – Déverbal de *flâner.*

flanelle [flanɛl] n. f. Étoffe légère, douce et chaude, en laine peignée ou cardée. *Pantalon de flanelle.* – Loc. fig., fam. *Avoir les jambes en flanelle,* molles, flageolantes. – Angl. *flannel,* gallois *gwlanen,* de *gwlân,* «laine».

flâner [flɑne] v. intr. [1] Se promener sans but. *Flâner dans les rues.* – *Par ext.* Perdre du temps par indolence. *Travaillez, au lieu de flâner.* – Du v. dial. *flanner* (Normandie); anc. scand. *flana,* «courir çà et là».

flânerie [flɑnʀi] n. f. Action de flâner. – De *flâner.*

flâneur, euse [flɑnœʀ, øz] n. et adj. Qui aime à flâner; qui flâne. – De *flâner.*

flanquement [flɑ̃kmɑ̃] n. m. **1.** Action de flanquer. – Ouvrage défensif qui en flanque un autre. **2.** *Tir de flanquement* : tir parallèle à la ligne de défense. – De *flanquer* 1.

1. flanquer [flɑ̃ke] v. tr. [1] **1.** MILIT Protéger, défendre (le flanc d'une troupe) en plaçant des troupes, des armes, etc. *Flanquer son aile droite d'un rideau de cavalerie, d'un nid de mitrailleuses.* **2.** Être disposé de part et d'autre pour protéger. *Mitrailleuses qui flanquent la compagnie.* **3.** ARCHI Être construit de part et d'autre. *Deux tourelles flanquaient un bâtiment central.* **4.** (Surtout au pp.) Péjor. Accompagner. *Un petit chef flanqué de ses acolytes.* – De *flanc.*

2. flanquer [flɑ̃ke] v. tr. [1] Fam. **1.** Lancer, jeter, appliquer brutalement. *Flanquer un coup de poing à qqn.* – *Flanquer qqn dehors,* le congédier rudement, ou le faire sortir par force. **2.** Donner. *Il m'a flanqué une peur bleue.* **3.** v. pron. *Se flanquer par terre :* tomber rudement. – De *flanquer* 1, ou altér. de l'anc. v. *flaquer,* «jeter brutalement du liquide», de flac!

flapi, ie [flapi] adj. Fam. Abattu, épuisé, éreinté. – Du vx mot lyonnais *flapir,* «amollir, abattre».

flaque [flak] n. f. Petite mare de liquide stagnant. *Flaque d'eau.* – De l'a. fr. *flache,* «creux, mou».

flash [flaʃ] n. m. **1.** Projecteur pour la photographie, qui émet un bref éclat de lumière intense lorsque l'on prend un instantané; cet éclat de lumière. **2.** CINE Plan très court. **3.** Annonce brève sur les télétypes, à la radio ou à la télévision. *Un flash publicitaire. Des flashes d'information.* – Mot angl., «éclair».

flashant, ante [flaʃɑ̃, ɑ̃t] adj. Qui éblouit. *Lumière flashante.* – De *flasher.*

flash-back [flaʃbak] n. m. inv. (Anglicisme) Séquence cinématographique qui évoque une période antérieure à celle de l'action; syn. (off. déconseillé) de *retour en arrière.* ▷ Par ext. *Emploi du flash-back dans l'écriture romanesque.* – Mot anglo-amér. de *flash,* «éclair», et *back,* «en arrière».

flasher [flaʃe] v. intr. [1] **1.** Se déclencher, en parlant d'un flash. ▷ Prendre une photographie au flash. **2.** Fig., fam. *Flasher sur :* avoir un coup de cœur pour. – De l'angl. *to flash.*

1. flasque [flask] adj. Mou, dépourvu de fer-meté, d'élasticité. *Des chairs flasques.* – Du lat. *flaccidus.*

2. flasque [flask] n. f. Petit flacon plat. – Ital. *fiasca,* «bonbonne» ou *fiasco,* «bouteille». V. fiasque.

3. flasque [flask] n. m. **1.** Chacune des deux pièces latérales de l'affût d'un canon. **2.** TECH Chacune des deux plaques, généralement parallèles, constitutives de certaines pièces mécaniques. *Flasques de roue d'automobile.*

flatter [flate] **I.** v. tr. [1] **1.** Louer exagérément ou mensongèrement (qqn) pour lui plaire, le séduire. ▷ Présenter (qqn) avantageusement dans un portrait, une peinture. *La photographie, prise sous cet angle, la flattait.* **2.** Caresser (un animal) de la main. *Flatter un cheval.* **3.** (Sujet nom de choses.) Causer de la fierté à. *Cette préférence me flatte.* **4.** Être agréable (aux sens). *Un vin qui flatte le palais.* **5.** Encourager, favoriser (qqch de nuisible ou de répréhensible). *Flatter le vice, les manies de qqn.* **II.** v. pron. **1.** *Se flatter de* (+ inf.) ou litt., *que* (+ ind. futur ou subj.). Se faire fort de, être persuadé (parfois présomptueusement) que. *Il se flatte de réussir. Elle se flatte qu'il vienne* (ou *qu'il viendra*). **2.** Avoir, ou vouloir donner une trop haute opinion de soi. *Je crois que vous vous flattez, quand vous dites cela.* – D'abord *flater, flatir,* «jeter à plat», du frq. **flat,* «plat».

flatterie [flatʀi] n. f. Action de flatter; louange fausse ou exagérée dans l'intention d'être agréable, de séduire, de corrompre. – De *flatter.*

flatteur, euse [flatœʀ, øz] n. et adj. **I.** n. Personne qui flatte, qui cherche à séduire par des flatteries. *«Tout flatteur vit aux dépens de celui qui l'écoute» (La Fontaine).* **II.** adj. **1.** Qui loue avec exagération et par calcul. *Des amis flatteurs.* – Par ext. *Des manières flatteuses.* **2.** Favorable, élogieux; qui marque l'approbation. *Un murmure flatteur accueillit son discours.* **3.** Qui avantage, qui embellit. *Un portrait flatteur.* – De *flatter.*

flatteusement [flatøzmɑ̃] adv. D'une manière flatteuse. – De *flatteur.*

flatulence [flatylɑ̃s] n. f. Accumulation de gaz gastro-intestinaux provoquant un ballonnement abdominal et l'émission de gaz. – De *flatulent.*

flatulent, ente [flatylɑ̃, ɑ̃t] adj. Qui s'accompagne de flatulence. *Colique flatulente.* – Du lat. *flatus,* «vent».

flave [flav] adj. Litt. Blond, jaune. – Du lat. *flavus,* «jaune».

flavescent, ente [flavesɑ̃, ɑ̃t] adj. Litt. Qui tire sur le jaune ou le blond. – Lat. *flavescens,* de *flavescere,* «jaunir».

flaveur [flavœʀ] n. f. Didac., litt. Goût et odeur (d'un aliment) considérés conjointement. – De l'angl. *flavour.*

flavine [flavin] n. f. BIOCHIM Coenzyme de plusieurs déshydrogénases se présentant notam. sous la forme de vitamine B2 (riboflavine). *Certaines flavines interviennent dans le transport d'hydrogène qui accompagne les phénomènes respiratoires de la cellule.* – Du lat. *flavus,* «jaune».

flavoprotéine [flavopʀɔtein] n. f. BIOCHIM Déshydrogénase dont la coenzyme est une flavine. – De *flavine,* et *protéine.*

fléau [fleo] n. m. **I. 1.** Instrument pour battre les céréales, constitué d'un manche et d'un battoir en bois reliés par une courroie. ▷ *Fléau d'armes :* arme en usage au Moyen Âge, formée d'une masse hérissée de pointes reliée par une chaîne à un manche. **2.** Barre horizontale qui supporte les plateaux d'une balance. **II.** Fig. **1.** Grande calamité. *La peste et le choléra, fléaux de l'Europe médiévale.* – Par ext. (À propos d'une personne.) *Néron, fléau des chrétiens.* **2.** Ce qui est redoutablement nuisible, dangereux. *Les criquets, fléau des récoltes. La corruption, fléau d'une société.* – Du lat. *flagellum,* «fouet».

fléchage [fleʃaʒ] n. m. Action de flécher un itinéraire; son résultat. – De *flécher.*

1. flèche [flɛʃ] n. f. **I. 1.** Trait qu'on lance avec un arc ou une arbalète et dont l'extrémité est ordinairement en forme de fer de lance. *Tirer, décocher une flèche.* ▷ Loc. *Partir comme une flèche,* très rapidement. – *Monter en flèche,* à toute vitesse et presque à la verticale. Fig. *Les prix grimpent en flèche depuis un mois.* – Loc. fig. *Faire flèche de tout bois :* recourir à tous les moyens pour arriver à ses fins. **2.** Fig. Trait piquant, ironique. – Loc. Litt. *La flèche du Parthe :* trait d'esprit amer ou sarcastique qu'on lance à qqn en se retirant (comme les Parthes décochaient leurs flèches en fuyant). **3.** *Par anal.* Signe en forme de flèche pour indiquer une direction. *Suivez la flèche.* **II.** *Par anal.* **1.** Partie de forme effilée, pyramidale ou conique, qui surmonte un clocher. **2.** BOT Pousse terminale d'un arbre, spécial. d'un conifère. **3.** Timon unique d'une voiture à chevaux. ▷ ARTILL Partie arrière de l'affût d'un canon. **4.** *Flèche d'une grue :* partie en porte à faux, mobile autour du mât et qui supporte les organes de levage. **5.** GEOM Perpendiculaire abaissée du milieu d'un arc de cercle sur la corde qui soustend cet arc. ▷ ARCHI Hauteur verticale de la clef de voûte à partir du plan de la base de cette voûte. ▷ CONSTR Déplacement vertical maximal de la fibre neutre d'une pièce horizontale (dalle, tablier de pont, poutre) sous l'effet des charges et de son poids propre. **6.** AVIAT Angle formé par le bord d'attaque de l'aile d'un avion par rapport au fuselage. **III.** BOT *Flèche d'eau :* nom cour. de la sagittaire. – Du frq. **fliugika,* «celle qui fuit».

2. flèche [flɛʃ] n. f. Partie du lard d'un porc, de l'épaule à la cuisse. – Anc. fr. *fliche,* du scand. *flikki.*

flécher [fleʃe] v. tr. [14] Jalonner avec des flèches. *Flécher un itinéraire.* – Pp. adj. *Itinéraire fléché.* – De *flèche* 1.

fléchette [fleʃɛt] n. f. Projectile en forme de petite flèche empennée, qu'on lance à la main sur une cible. *Jouer aux fléchettes.* – De *flèche* 1.

fléchir [fleʃiʀ] v. [3] **I.** v. tr. **1.** Ployer, courber. *Fléchir les genoux.* **2.** Fig. Faire céder; émouvoir, attendrir. *Fléchir qqn à force de prières.* – Litt. *Fléchir la colère de qqn.* **II.** v. intr. **1.** Se courber, ployer sous une charge. *Cette poutre fléchit.* **2.** Céder, faiblir. *L'ennemi fléchissait et perdait peu à peu du terrain.* **3.** Perdre de son intensité, diminuer, baisser. *Sa voix fléchissait à cause de la fatigue.* – De l'a. fr. *flechier,* bas lat. *flecticare,* fréquentatif de *flectere,* «ployer, fléchir».

fléchissement [fleʃismɑ̃] n. m. **1.** Action de fléchir; état d'un corps qui fléchit. *Le fléchissement du bras.* – *Le fléchissement d'une poutre.* **2.** Fait de céder, de faiblir. *Le fléchissement des lignes ennemies.* **3.** Fait de baisser, de diminuer. *Le fléchissement des prix.* – De *fléchir.*

fléchisseur [fleʃisœʀ] n. m. et adj. m. ANAT Muscle qui détermine la flexion d'un membre (par oppos. à *extenseur*). – De *fléchir.*

flegmatique [flɛgmatik] adj. Qui maîtrise ses sentiments, qui ne se départ pas facilement de son calme. *Une personne flegmatique.* – Par ext. *Un caractère flegmatique.* – Lat. *phlegmaticus,* gr. *phlegmatikos,* «qui concerne l'humeur».

flegmatiquement [flɛgmatikmɑ̃] adv. Avec flegme. – De *flegmatique.*

flegme [flɛgm] n. m. **1.** Cour. Caractère d'un individu maître de ses sentiments, qui ne se départ pas de son calme. **2.** CHIM Alcool brut résultant d'une première distillation. – Bas lat. *phlegma,* «humeur», mot gr.

flein [flɛ̃] n. m. Vannerie servant à emballer les primeurs.

flemmard, arde [flemaʀ, aʀd] adj. et n. Fam. Qui aime à rester sans rien faire, paresseux. *Elle est assez flemmarde.* ▷ Subst. *Quel flemmard!* – De *flemme.*

flemmarder [flemaʀde] v. intr. [1] Fam. Paresser. *Flemmarder au lit jusqu'à midi.* – De *flemmard.*

flemme [flɛm] n. f. Fam. Paresse, tendance à rester sans rien faire. *J'ai la flemme d'aller les rejoindre.* – *Tirer sa flemme :* paresser. – Ital. *flemma,* de *phlegma.* V. flegme.

fléole ou **phléole** [fleɔl] n. f. Graminée fourragère des prés (*Phleum*). – Du gr. *phleôs,* «roseau».

flet [flɛt] n. m. Poisson pleuronectidé (*Flesus flesus*), long d'une cinquantaine de cm, très courant dans les estuaires et sur les côtes atlantiques. – Moyen néerl. *vlete.*

flétan [fletɑ̃] n. m. Poisson pleuronectidé (*Hippoglossus hippoglossus*) de grande taille (il peut atteindre 4 m de long et 300 kg), fréquent dans les mers froides, dont le foie fournit une huile riche en vitamines A et D. – De *flet.*

flétri, ie [fletʀi] adj. Qui a perdu son éclat, sa fraîcheur. *Fleur flétrie.* ▷ Fig. *Teint flétri.* – Pp. de *flétrir.*

1. flétrir [fletʀiʀ] v. tr. [3] **1.** Faire perdre sa couleur, sa forme, sa fraîcheur à (une plante, une fleur). *La sécheresse a flétri toutes les fleurs.* ▷ v. pron. *Plantes qui se flétrissent.* **2.** *Par anal.* Ternir, altérer. *Le soleil a flétri les couleurs de cette étoffe.* ▷ Fig. *Le temps a flétri son visage.* – De l'a. fr. *flestre,* du lat. *flaccus,* «flasque».

2. flétrir [fletʀiʀ] v. tr. [3] **1.** Anc. Marquer (un criminel) d'une empreinte infamante au fer rouge. **2.** Mod. Stigmatiser, vouer au déshonneur. *Flétrir les traîtres. Flétrir la mémoire de qqn.* – Altér., p.-ê. de *flétrir* 1, de l'a. fr. *flatir,* «marquer», du frq. **flat,* «plat».

flétrissant, ante [fletʀisɑ̃, ɑ̃t] adj. **1.** Qui flétrit. **2.** Qui se flétrit. – Ppr. de *flétrir.*

flétrissement [fletʀismɑ̃] n. m. Fait de se flétrir, état d'une plante flétrie. – De *flétrir* 1.

1. flétrissure [fletʀisyʀ] n. f. Altération de l'éclat, de la fraîcheur d'une plante qui se flétrit. ▷ Fig. *Son visage marqué des flétrissures de l'âge.* – De *flétrir* 1.

2. flétrissure [fletʀisyʀ] n. f. **1.** Anc. Marque au fer rouge imprimée sur l'épaule d'un criminel. **2.** Mod., litt. Atteinte grave à l'honneur, à la réputation. – De *flétrir* 2.

fleur [flœʀ] n. f. **I. 1.** Partie des végétaux phanérogames qui porte les organes de la reproduction. *Les fleurs du pêcher. Un pommier en fleur,* dont les fleurs sont écloses. **2.** Cour. Plante qui produit des fleurs. *Arroser des fleurs.* **3.** Figure ou représentation d'une fleur. *Papier, tissu à fleurs.* – *Fleurs artificielles,* en tissu, en papier, en matière plastique, etc. ▷ (Plur.) Fig. Ornements de style. *Les fleurs de la rhétorique.* **4.** Fig. Ce qui embellit, rend agréable et plaisant. *Une vie semée de fleurs.* ▷ Loc. *Couvrir qqn de fleurs,* lui faire toutes sortes de compliments. **5.** Fig. Le plus beau moment, l'apogée d'une chose périssable. *La fleur de l'âge :* la jeunesse. *Mourir à la fleur de l'âge.* **6.** Ce qu'il y a de meilleur en son genre; l'élite. *La fine fleur de l'aristocratie.* ▷ *La fleur de farine :* la partie la plus fine, la meilleure, de la farine. **7.** Fig., fam. *Faire une fleur à qqn,* lui accorder une faveur, un avantage. ▷ *Être fleur bleue :* être d'une sentimentalité naïve et un peu mièvre. ▷ Loc. fam. *Comme une fleur :* sans aucune difficulté, très facilement. *Il est arrivé premier comme une fleur.* **II.** Loc. prép. *À fleur de :* presque au niveau de. *Rochers à fleur d'eau. Avoir les yeux à fleur de tête,* saillants. ▷ Fig. *Avoir les nerfs à fleur de peau :* être très nerveux, facilement irritable. – *Sensibilité à fleur de peau.* **III.** *Par anal.* **1.** TECH *La fleur du cuir :* le côté de la peau où se trouvent les poils (par oppos. au côté *croûte*). **2.** (Plur.) *Fleurs de vin, de vinaigre, de bière :* moisissures qui se développent à la surface du vin, du vinaigre, de la bière. **3.** CHIM Substance provenant d'une sublimation. *Fleur de soufre.* – Lat. *flos, floris.*

ENCYCL **Bot.** – Une fleur complète est hermaphrodite et comprend un pédoncule floral, dont l'extrémité, renflée, est le réceptacle floral où s'insèrent : le périanthe, constitué du calice, formé de sépales généralement verts, et de la corolle, formée de pétales souvent de couleur vive; la partie sexuée contenant les ovules, lesquels seront fécondés par le pollen et donneront les graines.

fleuraison [flœʀɛzɔ̃] n. f. Rare, litt. Floraison.

fleurdelisé, ée [flœʀdəlize] adj. Orné de fleurs de lis. *Le drapeau fleurdelisé de la province de Québec.* – De *fleur de lis.*

fleurer [flœʀe] v. tr. et intr. [1] Litt. Sentir, exhaler une odeur. *Cela fleure bon. Un plat qui fleure les épices.* – Du lat. pop. **flator,* «odeur», du bas lat. *flatare,* «souffler», avec infl. de *fleur.*

fleuret [flœʀɛ] n. m. **1.** Arme d'escrime composée d'une lame à section quadrangulaire et d'une poignée que protège une coquille. **2.** TECH Tige d'acier équipant les perforatrices et les marteaux pneumatiques. – De l'ital. *fioretto,* «petite fleur», à cause du *bouton* du fleuret d'exercice.

fleurette [flœʀɛt] n. f. Petite fleur. ▷ Loc. fig. *Conter fleurette à une femme,* la courtiser. – De *fleur.*

fleurettiste [flœʀɛtist] n. Escrimeur, escrimeuse spécialiste du fleuret. – De *fleuret.*

fleuri, ie [flœʀi] adj. **1.** En fleur(s); couvert de fleurs. *Arbre fleuri. Jardin fleuri. Pâques fleuries :* le dimanche des Rameaux. **2.** Fig. *Teint fleuri,* qui a de l'éclat, de la fraîcheur. ▷ Vx et litt. *Barbe fleurie,* blanche (au sens de l'a. fr. *flori,* «blanc de poil»). *Charlemagne, l'empereur à la* *barbe fleurie.* **3.** Fig. Orné. *Discours, style fleuri.* **4.** Fig. Moisi. *Fromage à croûte fleurie,* à moisissures extérieures. – Pp. de *fleurir.*

fleurir [flœʀiʀ] v. [3] **I.** v. intr. **1.** Produire des fleurs; être en fleur(s). *Les rosiers commencent à fleurir.* **2.** Fig. Être en état de prospérité, de splendeur; être en crédit, en honneur (en ce sens, *florissait* ou *fleurissait* à l'imparfait). *La Renaissance fut une époque où fleurissaient (florissaient) tous les arts.* **3.** *Par anal.* Se couvrir de poils, de boutons, etc. *Menton, visage qui fleurit.* **II.** v. tr. Orner (qqch) de fleurs, d'une fleur. *Fleurir une tombe. Fleurir sa boutonnière.* – Lat. *florere,* de *flos,* «fleur».

fleuriste [flœʀist] n. **1.** Personne qui cultive les fleurs pour les vendre; personne qui fait le commerce des fleurs. **2.** Personne qui confectionne des fleurs artificielles ou en fait le commerce. – De *fleur.*

fleuron [flœʀɔ̃] n. m. **1.** Ornement figurant une feuille ou une fleur. *Les fleurons d'une couronne.* ▷ Fig. *Le plus beau fleuron de...* : ce qu'il y a de mieux, de plus remarquable dans... *«L'Énéide» est le plus beau fleuron de la littérature latine.* **2.** BOT Chacune des fleurs régulières qui forment le capitule chez les composées. – De *fleur,* d'apr. l'ital. *fiorone.*

fleuronné, ée [flœʀɔne] adj. Orné de fleurons. – De *fleuron.*

fleuve [flœv] n. m. **1.** Cour. Grand cours d'eau aux multiples affluents, qui se jette dans la mer. ▷ GEOGR Tout cours d'eau qui se jette dans une mer. *Fleuve côtier.* ▷ Par anal. *Fleuve de boue, de glace, de lave,* etc. **2.** Fig. Ce qui s'écoule, semble s'écouler de manière continue. *Le fleuve de la vie.* ▷ (Avec une idée d'abondance.) *Roman-fleuve,* très long, dont les multiples péripéties couvrent en général plusieurs générations de personnages. - Par ext. *Discours-fleuve,* très long. – Lat. *fluvius.*

flexibilité [flɛksibilite] n. f. Caractère de ce qui est flexible. *La flexibilité du roseau.* - Fig. *La flexibilité de son esprit.* ▷ ECON *Flexibilité de l'emploi* : répartition du temps de travail en fonction des variations de la production. – De *flexible.*

flexible [flɛksibl] adj. et n. m. **1.** Souple, qui plie aisément sans se rompre. *L'osier est flexible.* ▷ n. m. TECH Dispositif souple de transmission d'un mouvement de rotation. *Flexible de compte-tours.* **2.** Fig. Qui se laisse fléchir facilement; qui s'adapte aisément aux circonstances. *Caractère flexible.* **3.** *Atelier flexible* : unité de production dans une usine, qui fait appel à la productique et s'oppose, par sa décentralisation, au travail à la chaîne. – Lat. *flexibilis.*

flexion [flɛksjɔ̃] n. f. **1.** Fait de fléchir; état de ce qui fléchit. - MECA Déformation que subit une pièce longue (poutre, barre) soumise à une force appliquée perpendiculairement à son axe longitudinal, en des points où elle n'est pas soutenue. **2.** Mouvement par lequel l'angle que forment deux segments osseux articulés se ferme (par oppos. à *extension*). *Flexion du genou, de l'avant-bras.* **3.** LING Phénomène morphologique caractéristique des langues dites *flexionnelles,* dans lesquelles le mot se décompose en un radical et en des marques morphologiques (indices de genre, nombre, personne, cas), variables selon ses rapports avec les autres unités de la phrase. *Les flexions de l'adjectif sont déterminées par le substantif dont il est l'attribut ou l'épithète.* – Lat. *flexio, flexionis,* de *flexus,* pp. de *flectere,* «ployer, fléchir».

flexionnel, elle [flɛksjɔnɛl] adj. LING Qui a rapport aux flexions; qui présente des flexions. *Langues flexionnelles.* – De *flexion.*

flexographie [flɛksɔgʀafi] n. f. TECH Procédé d'impression avec des supports souples et en relief. – De *flexible,* et *graphie.*

flexueux, euse [flɛksɥø, øz] adj. Rare Fléchi, courbé en plusieurs sens; qui ondule. *Tige flexueuse.* – Lat. *flexuosus,* «tortueux».

flexuosité [flɛksɥɔzite] n. f. Rare Caractère de ce qui est flexueux. – Bas lat. *flexuositas,* «sinuosité».

flexure [flɛksyʀ] n. f. GEOL Brusque changement de pendage d'un terrain sans rupture des couches. *Une flexure correspond généralement à la zone d'enracinement latéral d'une faille.* – Lat. *flexura,* «action de courber».

flibuste [flibyst] n. f. Piraterie des flibustiers; ensemble des flibustiers. – De *flibustier.*

flibustier [flibystje] n. m. **1.** Pirate des mers américaines, aux XVIIe et XVIIIe s. *Les flibustiers étaient principalement établis dans l'île de la Tortue, au N.-O. d'Haïti, et dévastaient les possessions espagnoles.* **2.** *Par ext.* Voleur, filou audacieux. – Angl. *flibutor;* altér. du néerl. *vrijbuiter,* «qui fait du butin librement».

flic [flik] n. m. Pop. Policier.

flic flac [flikflak] interj. Fam. Onomatopée évoquant un claquement, le bruit d'un liquide qui s'égoutte. ▷ n. m. *Les flics-flacs des semelles sur le pavé mouillé.*

flingue [flɛ̃g] ou vieilli **flingot** [flɛ̃go] n. m. Pop. Fusil ou pistolet. – All. dial. *flinke, flingge.*

flinguer [flɛ̃ge] v. tr. [1] Pop. *Flinguer qqn,* tirer sur lui avec une arme à feu. ▷ v. pron. Se suicider avec une arme à feu. *Quelle vie! Il y a de quoi se flinguer.* – De *flingue.*

flint-glass [flintglas] ou **flint** [flint] n. m. TECH Verre d'optique à base de plomb et d'indice de réfraction élevé, à faible dispersion. *Des flint-glass* ou (plur. angl.) *flint-glasses. Des flints.* – Mot angl, de *flint,* «silex», et *glass,* «verre».

flipot [flipo] n. m. TECH Petit morceau de bois servant à cacher une fente dans un ouvrage d'ébénisterie. – Probabl. du n. pr. *Phelipot,* de *Philippe.*

1. flipper [flipœʀ] n. m. (Anglicisme) **1.** Petit levier qui, dans un billard électrique, sert à renvoyer la bille vers le haut. **2.** *Par méton.* Jeu électrique composé d'une table inclinée sur laquelle des billes, mises en mouvement par une manette, déclenchent un mécanisme totalisateur de points en rebondissant contre des plots. Syn. billard électrique. – Mot angl., de *to flip,* «secouer».

2. flipper [flipe] v. intr. [1] **1.** Arg. Ressentir les effets de l'absorption d'une drogue. **2.** Fam. Ressentir un trouble affectif profond. *Ça m'a fait flipper à mort, cette histoire.* – De l'angl. *to flip,* «secouer».

fliquer [flike] v. tr. [1] Fam., péjor. Pratiquer une surveillance policière sur (qqn). ▷ *Par ext.* Contrôler, surveiller (qqn). – De *flic.*

flirt [flœʀt] n. m. **1.** Vieilli Échange de galanteries, jeu de séduction entre un homme et une femme. ▷ Fig., mod. Rapprochement passager. *Un flirt entre deux partis politiques.* **2.** Mod. Jeu amoureux, échange de baisers, de caresses plus ou moins libres. **3.** Personne avec qui l'on flirte. *Elle nous a présenté son dernier flirt.* – Mot angl.

flirter [flœʀte] v. intr. [1] Avoir un flirt (avec qqn). ▷ Fig. *Flirter avec la politique.* – De l'angl. *to flirt,* «faire la cour à».

floc [flɔk] interj. Onomatopée évoquant le bruit d'une chute dans l'eau. - n. m. *Faire un floc.*

flocage ou **flockage** [flɔkaʒ] n. m. TECH Application de fibres textiles, synthétiques, etc., sur une surface enduite d'adhésif. – De l'angl. *flock,* «flocon».

floche [flɔʃ] adj. TECH *Soie floche,* qui n'est que légèrement torse. – Probabl. gascon *floche,* «flasque».

flock-book [flɔkbuk] n. m. Livre généalogique des races de moutons et de chèvres. *Des flock-books* – De l'angl. *flock,* «troupeau», et *book,* «livre».

flocon [flɔkɔ̃] n. m. **1.** Petite touffe de laine, de soie, etc. **2.** Petite masse de cristaux de neige agglomérés. *La neige tombe à gros flocons.* **3.** (Plur.) Lamelles de graines de céréales. *Flocons d'avoine.* – De l'a. fr. *floc,* lat. *floccus.*

floconner [flɔkɔne] v. intr. [1] S'agglomérer en flocons. – De *flocon.*

floconneux, euse [flɔkɔnø, øz] adj. Qui a l'aspect de flocons. *Nuages floconneux. Précipité floconneux.* – De *flocon.*

floculation [flɔkylasjɔ̃] n. f. **1.** TECH Précipitation de substances en solution sous forme colloïdale. *On épure les eaux usées par floculation.* **2.** MED *Réaction de floculation :* réaction de précipitation qui permet le diagnostic de certaines maladies, essentiellement en hépatologie. – De *floculer.*

floculer [flɔkyle] v. intr. [1] TECH Précipiter par floculation. – Du bas lat. *flocculus,* « petit flocon ».

flonflons [flɔ̃flɔ̃] n. m. pl. Accents bruyants d'un air de musique populaire. *Les flonflons d'une valse musette.* – Onomat.

flood [flud] adj. inv. TECH *Lampe flood,* à ampoule survoltée servant aux prises de vue d'intérieur. – Des mots angl. *flood (light projector).*

flop [flɔp] onomat. et n. m. (Anglicisme) **1.** Onomatopée imitant le bruit de la chute d'un corps mou. **2.** n. m. Arg. du spectacle *Faire un flop :* faire un four, subir un échec. – De l'angl. *to flop,* « se laisser tomber ».

flopée [flɔpe] n. f. Fam. Grande quantité. – D'un anc. v. *floper,* « battre ».

floraison [flɔʀɛzɔ̃] n. f. **1.** Épanouissement des fleurs ; époque où les fleurs s'épanouissent Syn. litt. fleuraison. **2.** Fig. Développement, épanouissement. – Réfection de l'a. fr. *fleurson,* d'apr. le lat. *flos, floris,* « fleur ».

floral, ale, aux [flɔʀal, o] adj. Qui a rapport, qui appartient à la fleur, aux fleurs. *Les verticilles floraux. Exposition florale.* ▷ HIST *Jeux Floraux* (de Rome), *jeux Floraux* (de Toulouse) : V. jeux* Floraux. – Lat. *floralis,* rac. *flos, floris,* « fleur ».

floralies [flɔʀali] n. f. pl. Grande exposition florale. – Du lat. *floralia (loca),* « parterre de fleurs ».

-flore. Élément, du lat. *flos, floris,* « fleur ».

flore [flɔʀ] n. f. **I. 1.** Ensemble des espèces végétales d'une région, d'un pays. *La flore alpestre.* **2.** Ouvrage qui fait l'étude de la flore. **II.** BIOL *Flore intestinale :* ensemble des bactéries qui vivent normalement dans l'intestin. – De *Flora,* déesse italique des fleurs et des jardins.

floréal [flɔʀeal] n. m. HIST Huitième mois du calendrier républicain (du 20 ou 21 avril au 19 ou 20 mai). – Du lat. *floreus,* « fleuri ».

florentin, ine [flɔʀɑ̃tɛ̃, in] adj. et n. De la v. de Florence, en Italie. ▷ Subst. *Un(e) Florentin(e).*

florès [flɔʀɛs] (En loc.) Vieilli ou litt. *Faire florès :* avoir de grands succès, réussir brillamment. – P.-ê. du provenç. *faire flori.*

floricole [flɔʀikɔl] adj. ZOOL Qui vit sur les fleurs. – Du lat. *flos, floris,* « fleur », et *-cole.*

floriculture [flɔʀikyltyʀ] n. f. AGRIC Culture des plantes pour leurs fleurs (ornement, essences). – De *flori-,* du lat. *flos, floris,* « fleur », et *culture.*

floridées [flɔʀide] n. f. pl. BOT Sous-classe d'algues rhodophycées (algues rouges), presque exclusivement marines. – Sing. *Une floridée.* – Du lat. *floridus,* « fleuri ».

florifère [flɔʀifɛʀ] adj. BOT Qui porte des fleurs. *Rameau florifère.* – Lat. *florifer.*

florilège [flɔʀilɛʒ] n. m. **1.** Recueil de pièces choisies. **2.** Fig. Choix de choses remarquables. – Du lat. *flos, floris,* « fleur », et *legere,* « recueillir ».

florin [flɔʀɛ̃] n. m. Unité monétaire des Pays-Bas, du Surinam et des Antilles néerlandaises. – Ital. *fiorino,* de *fiore,* « fleur ».

florissant, ante [flɔʀisɑ̃, ɑ̃t] adj. **1.** Qui est dans un état brillant, prospère. *Commerce florissant.* **2.** Qui dénote la santé, le bon état physique. *Un visage florissant.* – Ppr. de l'a. fr. *florir,* « fleurir ».

floristique [flɔʀistik] adj. et n. f. BOT Science des flores (sens I, 1). Syn. phytogéographie. – De *flore.*

flot [flo] n. m. **I.** Sing. **1.** Ondulation formée par l'eau agitée. **2.** Eau en mouvement. *Le flot de la Seine.* ▷ Par anal. (sing. ou plur.) *Flot (flots) de cheveux, de larmes, de rubans.* **3.** Marée montante. Ant. jusant. **4.** Fig. *Un flot de :* une grande quantité de. *Un flot de paroles.* **II.** Plur. **1.** Litt. *Les flots :* la mer. *Navire voguant sur les flots.* **2.** loc. adv. *À flots :* en grande quantité, abondamment. *Le vin coulait à flots.* **III.** Loc. adj. *À flot :* qui flotte. *Navire à flot.* ▷ Fig. *Être à flot :* avoir suffisamment d'argent, ne pas être gêné matériellement. *Remettre qqn à flot,* le renflouer. – Anc. scand. *flod,* « marée montante ».

flottabilité [flɔtabilite] n. f. Qualité de ce qui peut flotter ; insubmersibilité. – De *flottable.*

flottable [flɔtabl] adj. **1.** TECH Qui permet le flottage du bois. *Rivière flottable.* **2.** Qui peut flotter. *Matière flottable.* – De *flotter* 1.

flottage [flɔtaʒ] n. m. TECH Transport par eau du bois que l'on fait flotter. *Flottage à bûches perdues, en trains.* – De *flotter* 1.

flottaison [flɔtɛzɔ̃] n. f. MAR Intersection de la surface extérieure d'un navire droit et immobile avec la surface d'une eau tranquille dans laquelle il flotte. *Ligne de flottaison,* séparant les œuvres* vives des œuvres mortes. – De *flotter* 1.

flottant, ante [flɔtɑ̃, ɑ̃t] adj. **1.** Qui flotte. *Glaces flottantes.* **2.** Qui flotte dans l'air ; ample et ondoyant. *Une robe flottante.* **3.** Fig. Incertain, irrésolu. *Esprit flottant.* **4.** FIN *Dette flottante :* partie de la dette publique qui n'est pas consolidée et dont les titres (bons du Trésor, par ex.) peuvent être remboursés à court terme ou à vue. *Capitaux flottants :* capitaux non investis et donnant lieu à la spéculation. *Monnaie flottante,* dont la parité n'est pas déterminée par un taux de change fixe. **5.** INFORM *Virgule flottante,* dont la position dans le nombre n'est pas précisée, le nombre étant représenté par sa mantisse et sa caractéristique. **6.** TECH *Moteur flottant,* monté sur supports élastiques. – Ppr. de *flotter 1.*

flottation [flɔtasjɔ̃] n. f. TECH Procédé de triage des matières pulvérulentes fondé sur les différences de réaction des corps dans l'eau. *Séparation par flottation du minerai et de la gangue.* – De *flotter* 1.

1. flotte [flɔt] n. f. **1.** Groupe de navires naviguant ensemble. *La flotte espagnole fut dispersée par la tempête.* **2.** Ensemble des bâtiments de guerre d'une nation. **3.** Ensemble des bâtiments de commerce d'une nation, d'une compagnie, d'un port, etc. *La flotte de Boulogne.* **4.** Par anal. *Flotte aérienne.* – Anc. scand. *flotti.*

2. flotte [flɔt] n. f. Fam. Eau. - Pluie. – Déverbal de *flotter* 2.

3. flotte [flɔt] n. f. TECH Flotteur. – Même orig. que *flotte* 1.

flottement [flɔtmɑ̃] n. m. **1.** Mouvement d'ondulation qui vient déranger l'alignement d'une troupe en marche. **2.** Manque de stabilité d'un véhicule. **3.** Fig. Hésitation, irrésolution. ▷ *Spécial.* État d'une monnaie flottante*. – De *flotter* 1.

1. flotter [flɔte] v. [1] **I.** v. intr. **1.** Être porté par un liquide. *Des épaves flottaient encore à la surface.* Ant. couler, sombrer. **2.** Onduler, voltiger en ondoyant. *Des drapeaux flottaient au vent.* **3.** Fig. Être hésitant, irrésolu, incertain. **II.** v. tr. *Flotter du bois*, assurer son transport par flottage. – Probabl. du lat. *fluctuare*, avec infl. de *flot* et de *flotte* 2.

2. flotter [flɔte] v. impers. [1] Fam. Pleuvoir.

flotteur [flɔtœʀ] n. m. Objet flottant destiné à soutenir un corps à la surface d'un liquide, à marquer un niveau, à régler un écoulement, etc. *Robinet à flotteur. Flotteur d'un hydravion.* – De *flotter* 1.

flottille [flɔtij] n. f. Réunion de petits bateaux. – Esp. *flotilla*.

flou, oue [flu] adj. et n. m. **1.** BX-A Dont les contours sont adoucis, peu nets. *Nu flou.* ▷ n. m. Par ext. *Le flou artistique.* **2.** Dont les détails sont peu nets et comme brouillés. *Une photo floue.* ▷ Par ext. *Vêtement flou*, en étoffe légère, aux contours vagues et vaporeux. **3.** Fig. Qui manque de précision, de netteté. *Une pensée qui reste floue.* – Probabl. de l'a. fr. *flo*, « fatigué, épuisé », du lat. *flavus*, « jauni ».

flouer [flue] v. tr. [1] Voler, duper, léser. – Du lat. *fraudare*, « frauder ».

flouse ou **flouze** [fluz] n. m. Arg. Argent. – Ar. *flouss*, « argent ».

flouve [fluv] n. f. Graminée fourragère. *Flouve odorante* (Anthoxantum odoratum).

fluage [flyaʒ] n. m. PHYS Déformation plastique lente d'un matériau sous l'effet d'une charge. – De *fluer*.

fluatation [flyatasjɔ̃] n. f. TECH Durcissement au moyen de fluosilicates. – De *fluate*.

fluate [flyat] n. m. CHIM Fluosilicate. – De *fluor*.

fluctuant, ante [flyktɥɑ̃, ɑ̃t] adj. Sujet à des fluctuations, des changements fréquents. – Ppr. de *fluctuer*.

fluctuation [flyktɥasjɔ̃] n. f. **1.** Mouvement alternatif d'un liquide. **2.** (Surtout au plur.) Variations fréquentes, défaut de fixité. *Prix soumis à des fluctuations.* – Lat. *fluctuatio*, de *fluctuare*, « flotter ».

fluctuer [flyktɥe] v. intr. [1] Être sujet à des fluctuations, varier. *Les prix fluctuent. Son esprit fluctue.* – Lat. *fluctuare*.

fluent, ente [flyɑ̃, ɑ̃t] adj. **1.** Qui coule. ▷ Qui peut couler comme un liquide. *Le sable est fluent.* **2.** MED Qui donne lieu à un écoulement. *Hémorroïdes fluentes.* **3.** PHILO Qui s'écoule, qui passe (temps). – Lat. *fluens*.

fluer [flye] v. intr. [1] Litt. Couler. *La lumière fluait à travers les persiennes entrouvertes.* ▷ MED S'écouler, en parlant d'une humeur. – Par ext. *Plaie qui flue.* – Lat. *fluere*, « couler ».

fluet, ette [flyɛ, ɛt] adj. Mince, d'apparence grêle et délicate. *Des bras fluets.* – Par ext. *Une voix fluette.* – De l'a. fr. *flo*, « fatigué, épuisé ».

fluide [flyid] adj. et n. m. **I.** adj. **1.** Qui coule facilement. *Un liquide fluide.* ▷ Fig. *Une circulation fluide.* **2.** Fig. Coulant et limpide. *Un style très fluide.* **II.** n. m. **1.** Corps qui n'a pas de forme propre. *Les gaz et les liquides sont des fluides.* Ant. solide. (V. encycl.). **2.** PHYS Anc. Agent physique hypothétique responsable des phénomènes calorifiques, électriques, etc. **3.** Émanation d'une force indéfinie qu'on prête aux médiums, aux magnétiseurs, etc. – Lat. *fluidus*.

ENCYCL Les molécules d'un fluide sont relativement libres : de ce fait il n'a pas de forme propre et est élastique. Un fluide est d'autant plus visqueux que les forces de frottement qui s'opposent au mouvement des molécules sont plus grandes. La *mécanique des fluides* est une science qui a reçu de nombreuses applications, notamment lors des études sur maquettes préalables à la réalisation de navires *(hydrodynamique)*, d'avions, d'automobiles ou d'aéroglisseurs *(aérodynamique)*. La *statique des fluides* étudie les phénomènes qui se produisent lorsque le fluide est en état d'équilibre. La *dynamique des fluides* permet de prévoir les efforts exercés sur un corps en mouvement par le fluide qui l'entoure suivant la nature de l'écoulement (laminaire, turbulent, transsonique, supersonique ou hypersonique).

fluidifiant, ante [flyidifjɑ̃, ɑ̃t] adj. et n. m. Qui a la propriété de fluidifier. ▷ n. m. *Un fluidifiant des sécrétions bronchiques. Les fluidifiants employés dans l'industrie pétrolière.* – Ppr. de *fluidifier*.

fluidifier [flyidifje] v. tr. [2] Transformer en fluide ; rendre plus liquide. – De *fluide*, et *-fier*.

fluidique [flyidik] adj. et n. f. **1.** adj. Qui est de la nature du fluide ; qui concerne le fluide (sens II, 3). *Effluve fluidique. Déperdition fluidique.* **2.** n. f. Technique de la commande et du contrôle des automatismes au moyen de fluides. – De *fluide*.

fluidisation [flyidizasjɔ̃] n. f. TECH Procédé de mise en suspension d'une matière pulvérulente dans un courant gazeux. – De *fluide*.

fluidité [flyidite] n. f. Caractère de ce qui est fluide. *Fluidité d'une pâte.* ▷ Fig. *La fluidité du style.* – De *fluide*.

fluo-, fluor-, fluori-, fluoro-. Éléments de préfixation tirés de *fluor*.

fluor [flyɔʀ] n. m. CHIM Élément appartenant à la famille des halogènes, de numéro atomique Z = 9 et de masse atomique 19 (symbole F). – Gaz (F_2 : difluor) qui se liquéfie à − 188 °C et se solidifie à − 219 °C. – Mot lat., « écoulement ».

ENCYCL Le fluor est le plus électronégatif et le plus réactif de tous les éléments ; oxydant très énergique, il se combine avec presque tous les éléments, donnant notam. des *fluorures* (composés dans lesquels le fluor possède le degré d'oxydation − 1) ; l'hexafluorure d'uranium UF_6 est utilisé dans la séparation isotopique de l'uranium par diffusion gazeuse. Les *fréons* sont des composés du fluor : V. fluorocarboné (encycl.). Le *téflon* est une matière plastique fluorée que l'on obtient par polymérisation et qui supporte l'attaque de nombreux agents physiques et chimiques. Enfin, le fluor est un oligo-élément de l'organisme dont les propriétés sont encore mal connues. Une intoxication aiguë par le fluor ou ses dérivés peut entraîner des troubles extrêmement graves.

fluoration [flyɔʀasjɔ̃] n. f. **1.** TECH *Fluoration de l'eau* : adjonction de fluor à l'eau. **2.** MED Application protectrice de fluor sur les dents. – De *fluor*.

fluoré, ée [flyɔʀe] adj. Qui contient du fluor. *Un dentifrice fluoré.* – De *fluor*.

fluorescéine [flyɔʀesein] n. f. CHIM Matière colorante dont les sels alcalins communiquent à l'eau, même à très faible dose, une couleur verte intense. – Du rad. de *fluorescent*, et *-ine*.

fluorescence [flyɔʀesɑ̃s] n. f. PHYS Émission de lumière par une substance soumise à l'action d'un rayonnement. – Mot angl., de *fluor*, d'apr. l'angl. *phosphorescence*.

fluorescent, ente [flyɔʀesɑ̃, ɑ̃t] adj. PHYS Qui produit une fluorescence. ▷ Cour. *Tube fluorescent. Lampe fluorescente.* – Mot angl., de *fluorescence*.

fluorhydrique [flyɔʀidʀik] adj. CHIM *Acide fluorhydrique* : fluorure d'hydrogène (HF), le seul acide qui attaque le verre et la silice. – De *fluor*, et *-hydrique*.

fluorine [flyɔʀin] n. f. MINER Fluorure naturel de calcium (CaF_2). Syn. spath fluor.– De *fluor*, et *-ine*.

fluorisation [flyɔʀizasjɔ̃] n. f. Syn. anc. de *fluoration*. – De *fluor*.

fluorocarboné, ée [flyɔʀɔkaʀbɔne] adj. et n. m. CHIM *Un composé fluorocarboné* ou, n. m., *un fluorocarboné* : un produit dérivant du méthane et de l'éthane par substitution des atomes d'hydrogène par des atomes de fluor et de chlore. Syn. chlorofluorocarbone. – De *fluoro-*, et *carboné*.

ENCYCL Certains fluorocarbonés, dont le fréon, sont utilisés comme fluides frigorigènes; d'autres, comme gaz propulseurs dans les bombes aérosols. En remontant dans la haute atmosphère en quantité importante, ils pourraient détruire la couche protectrice d'ozone.

fluorose [flyɔʀoz] n. f. MED Intoxication par le fluor et ses dérivés. – De *fluor*, et *-ose*.

fluoruration [flyɔʀyʀasjɔ̃] n. f. OPT Opération qui consiste à déposer à la surface d'une lentille une mince couche de fluorure qui atténue les réflexions nuisibles. – De *fluorure*.

fluorure [flyɔʀyʀ] n. m. CHIM Sel ou ester de l'acide fluorhydrique. – De *fluor*, et *-ure*.

fluotournage [flyɔtuʀnaʒ] n. m. TECH Fabrication, par fluage, de pièces métalliques creuses (cônes, cylindres, etc.). – Du lat. *fluere*, «tourner», et de *tournage*.

flush [flœʃ] n. m. JEU Au poker, réunion de cinq cartes de même couleur. – Mot angl.

1. flûte [flyt] n. f. (et interj.) **I. 1.** Instrument à vent, en bois ou en métal, en forme de tube, creux et percé de trous. *Flûte traversière*, à embouchure latérale. *Flûte à bec.* ▷ *Jeu de flûte* : l'un des registres de l'orgue. **2.** *Flûte de Pan*, faite de tuyaux d'inégales longueurs juxtaposés par rang de taille. **3.** *Par ext.* Pain long et fin. **4.** Verre à pied, long et fin. *Flûte à champagne.* **5.** Plur. Fam. Longues jambes grêles. – *Se tirer des flûtes* : se sauver. **II.** Fam. (Interjection marquant le mécontentement, l'agacement, etc.) *Flûte alors!*

2. flûte [flyt] n. f. MAR Ancien navire de charge. – Néerl. *fluit*.

flûté, ée [flyte] adj. Dont le son rappelle la flûte. *Une voix flûtée.* – De *flûte* 1.

flûteau [flyto] ou **flûtiau** [flytjo] n. m. Jouet d'enfant en forme de flûte; mirliton. – De *flûte* 1.

flûtiste [flytist] n. Musicien(ne) qui joue de la flûte. – De *flûte* 1.

flutter [flytɛʀ ou fløtœʀ] n. m. **1.** AERON Résonance entre les déformations des structures d'un appareil et les efforts aérodynamiques exercés sur celles-ci, se traduisant par des vibrations. **2.** MED Trouble du rythme cardiaque, succession régulière et rapide, sans pause, des contractions. – Mot angl., «mouvement rapide».

fluvial, ale, aux [flyvjal, o] adj. Des fleuves, des cours d'eau. *Législation fluviale. Navigation fluviale.* – Lat. *fluvialis*.

fluviales [flyvjal] n. f. pl. Syn. de *hélobiales*. – De *fluvial*.

fluviatile [flyvjatil] adj. **1.** SC NAT Se dit des organismes vivant dans les eaux douces courantes ou à proximité de celles-ci. **2.** GEOL *Dépôts fluviatiles*, dus à un cours d'eau. – Lat. *fluviatilis*.

fluvioglaciaire ou **fluvio-glaciaire** [flyvjoglasjɛʀ] adj. GEOMORPH Se dit d'un terrain d'origine glaciaire remanié par un cours d'eau. *Des cônes fluvio-glaciaires.* – Du lat. *fluvius*, «fleuve», et de *glaciaire*.

fluviographe [flyvjogʀaf] ou **fluviomètre** [flyvjomɛtʀ] n. m. TECH Appareil mesurant le niveau d'un cours d'eau. – Du lat. *fluvius*, «fleuve», et *-graphe* ou *-mètre*.

flux [fly] n. m. **1.** Action de couler, écoulement. **2.** MED Écoulement d'un liquide organique. *Flux menstruel.* **3.** Fig. Affluence, grande abondance, débordement. *Un flux de paroles.* **4.** Marée montante. *Le flux et le reflux.* **5.** PHYS Courant, intensité, énergie traversant une surface. ▷ *Flux d'un champ à travers un élément de surface* : produit de la composante normale du champ par l'aire de l'élément. ▷ *Flux magnétique* : flux (exprimé en webers) du champ magnétique. ▷ *Flux énergétique d'un faisceau lumineux*, puissance qui est transportée par ce faisceau. ▷ *Flux lumineux* : grandeur photométrique traduisant l'impression produite sur l'œil par le faisceau (exprimé en lumens). **6.** FIN Mouvement. *Flux financiers.* – Lat. *fluxus*, «écoulement».

fluxion [flyksjɔ̃] n. f. **I. 1.** Vieilli *Fluxion de poitrine* : congestion pulmonaire. **2.** *Fluxion dentaire* : tuméfaction inflammatoire des joues et des gencives. **II.** MATH *Méthode des fluxions* : méthode de calcul due à Newton, très proche du *calcul différentiel*. – Bas lat. *fluxio*, «écoulement».

fluxmètre [flymɛtʀ] n. m. ELECTR Galvanomètre à cadre mobile servant à mesurer un flux magnétique. – De *flux*, et *-mètre*.

flysch [fliʃ] n. m. GEOL Sédiment à prédominance d'argile et de sable, du secondaire et du tertiaire, fréquent dans les Alpes centrales et orientales. – Mot alémanique.

Fm CHIM Symbole du fermium.

1. F.M. Abrév. de *franchise (postale) militaire*.

2. F.M. Abrév. de l'angl. *Frequency Modulation*, «modulation* de fréquence».

3. F.-M. Abrév. de *fusil-mitrailleur*

F.O.B. [ɛfobe] ou **fob** [fɔb] adj. inv. DR MAR *Vente fob*, dans laquelle le prix de la marchandise inclut tous les frais jusqu'à la livraison à bord. – Sigle de l'angl. *free on board*, «franco à bord».

foc [fɔk] n. m. Voile triangulaire à l'avant d'un navire. – Néerl. *fok*.

focal, ale, aux [fɔkal, o] adj. et n. f. **I.** adj. **1.** GEOM Qui se rapporte à un ou plusieurs foyers. ▷ *Distance focale*, qui sépare les deux foyers d'une ellipse ou d'une hyperbole. **2.** OPT Qui se rapporte au foyer d'un système optique. – *Distance focale*, qui sépare le foyer d'un système optique et le plan principal de celui-ci. **II.** n. f. **1.** GEOM Courbe ou surface jouant par rapport à un lieu géométrique de l'espace un rôle analogue à celui des foyers par rapport aux courbes planes. **2.** OPT Distance focale. *Focale variable.* ▷ *Focale de Sturm* : segment de droite sur lequel convergent des rayons lumineux. – Du lat. *focus*, «foyer».

focalisation [fɔkalizasjɔ̃] n. f. Action de focaliser; son résultat. – De *focal*.

focaliser [fɔkalize] v. tr. [1] PHYS Concentrer (un rayonnement) sur une très petite surface. ▷ Fig., cour. *Les récents événements ont focalisé l'attention du public sur ce problème.* – De *focal*.

fœhn ou **föhn** [føn] n. m. Vent chaud et sec soufflant au printemps et en automne des sommets des Alpes suisses et autrichiennes. – Du lat. *favonius*, «vent de S.-O.», par l'all.

foëne, foène [fɔɛn], **fouëne** [fwɛn] ou **foine** [fwan] n. f. Harpon à plusieurs dents. – Du lat. *fuscina*, «trident».

fœtal, ale, aux [fetal, o] adj. Qui a rapport au fœtus. ▷ *Membranes fœtales*, qui enveloppent le fœtus dans l'utérus. – *Tissus fœtaux* : tissus embryonnaires humains obtenus à la suite d'un avortement, destinés à la recherche médicale ou à l'industrie pharmaceutique. *L'utilisation des tissus fœtaux pose un grave problème éthique.* – De *fœtus*.

fœtologie [fetɔlɔʒi] n. f. Didac. Étude du développement du fœtus humain. – De *fœtus*, et *-logie*.

fœtus [fetys] n. m. Embryon d'animal vivipare qui commence à présenter les caractères distinctifs de l'espèce. ▷ *Spécial.* Embryon humain de plus de trois mois. – Mot lat., var. de *fetus,* «enfantement».

fofolle. V. foufou.

foggara [fɔgaʀa] n. m. Souterrain capteur d'eau, dans les palmeraies du Sahara. – Mot ar.

foi [fwa] n. f. **I. 1.** Vx Fidélité à tenir sa parole, ses engagements. **2.** Litt. Assurance de tenir ce qu'on a promis. *Engager sa foi.* ▷ Loc. *Sur ma foi, par ma foi, ma foi :* assurément, certainement. **3.** Cour. *Bonne foi :* sincérité, droiture dans la manière d'agir, fondée sur la certitude d'être dans son bon droit (opposé à *mauvaise foi*). **II.** Croyance, confiance. *Avoir foi en qqn.* ▷ *Sous la foi de :* sous la garantie morale de. *Sous la foi du serment.* ▷ *Faire foi :* administrer la preuve, témoigner. *Cet acte fait foi de nos conventions. Le cachet de la poste faisant foi.* **III. 1.** THEOL Adhésion ferme de l'esprit à une vérité révélée. *La foi est la première des trois vertus théologales.* **2.** Objet de la foi, religion. *Mourir pour sa foi.* ▷ *Par ext.* Ensemble des principes, des idées auxquelles on adhère. *La foi républicaine.* **IV.** TECH *Ligne de foi :* axe d'une lunette, passant par le centre optique de l'objectif et le point de croisée des fils du réticule ; trait tracé dans la cuvette d'un compas et parallèle à l'axe longitudinal du navire ou de l'aéronef. – Du lat. *fides,* «confiance, croyance».

foie [fwɑ] n. m. **1.** Volumineux viscère de la partie droite de l'abdomen, de couleur brun-rouge, à la fois glande digestive et organe de réserve et d'excrétion. **2.** En boucherie, cet organe, chez certains animaux. *Foie de veau, de génisse.* ▷ *Foie gras :* foie d'oie ou de canard engraissé par gavage. – Du lat. *ficatum,* «foie d'oie engraissée avec des figues», de *ficus,* «figue».

ENCYCL Le foie humain, de consistance assez ferme, mais friable et fragile, pèse de 1,5 à 2 kg chez l'adulte. Sa surface, lisse, divisée en 3 faces (supérieure, postérieure, inférieure), est parcourue par deux sillons antéropostérieurs et par un sillon transversal, le hile, qu'occupent les organes afférents et efférents au foie : artère hépatique, veine porte, voies biliaires. Le foie se compose d'une multitude de petits segments appelés *lobules hépatiques.* Cet organe vital a de multiples fonctions : synthèse et sécrétion de la bile, synthèse des protéines (albumine, fibrinogène, facteurs de coagulation, etc.), métabolisme des sucres et synthèse du glycogène, stockage de la vitamine B12 et du fer, neutralisation des toxines des produits ammoniaqués, métabolisme des lipides, etc.

foie-de-bœuf [fwɑdbœf] n. m. Nom cour. de la fistuline. *Des foies-de-bœuf.* – De *foie, de,* et *bœuf.*

1. foin [fwɛ̃] n. m. **1.** Herbe fauchée et séchée destinée à nourrir le bétail. **2.** Cette herbe avant qu'elle soit fauchée. – Par ext. *Faire les foins,* la fenaison. ▷ Loc. *Avoir du foin dans ses bottes :* être riche. – *Être bête à manger du foin,* très bête. ▷ *Rhume des foins :* catarrhe aigu des muqueuses nasales survenant chez certains sujets allergiques lors de la floraison des graminées. **3.** *Par anal.* Poils qui tapissent les fonds d'artichaut. **4.** Fam. *Faire du foin :* faire du bruit, du tapage ; protester bruyamment. – Lat. *fenum.*

2. foin! [fwɛ̃] interj. Vieilli, litt. (Marquant le dépit, la colère, le mépris.) *Foin de tous ces gens-là!* – De *foin* 1 ou altér. de *fi!*

foine. V. foëne.

foirade [fwaʀad] n. f. Pop. Fait de foirer. – De *foirer.*

foirail, ails [fwaʀaj] ou **foiral, als** [fwaʀal] n. m. Rég. Champ de foire (dans le centre et le sud de la France). – De *foire* 1.

1. foire [fwaʀ] n. f. **1.** Grand marché public qui se tient régulièrement en certains lieux, une ou plusieurs fois dans l'année. *Foire aux bestiaux, à la ferraille.* **2.** Fête foraine. *La foire du Trône.* **3.** Exposition publique publicitaire. *La Foire de Paris.* **4.** Fam., péjor. Lieu très bruyant, où règnent le désordre et la confusion. *Qu'est-ce que c'est que cette foire ?* ▷ *Faire la foire :* se débaucher, faire la noce. – Bas lat. *feria.*

2. foire [fwaʀ] n. f. Vulg., vieilli Évacuation d'excréments liquides, diarrhée. – Lat. *foria.*

foirer [fwaʀe] v. intr. [1] **1.** Vulg., vieilli Évacuer des selles liquides. **2.** Fam. Faire long feu ; ne pas fonctionner. *Pétard qui foire.* ▷ *Vis qui foire,* qui tourne sans s'enfoncer. **3.** Fam. Échouer. *Sa combine a foiré.* – De *foire* 2.

foireux, euse [fwaʀø, øz] adj. **1.** Vulg., vieilli Qui a la diarrhée. **2.** Fam. Poltron, couard. **3.** Fam. Qui a toutes les chances d'échouer. *Une affaire foireuse.* – De *foire* 2.

fois [fwa] n. f. **1.** Moment où un fait, un événement se produit ou se reproduit. *Une fois par mois. C'est la deuxième fois que je le vois.* ▷ *Ne pas se le faire dire deux fois :* se le tenir pour dit. ▷ *Y regarder à deux fois :* mûrement réfléchir avant d'entreprendre qqch. **2.** (Marquant la multiplication ou la division.) *Trois fois deux six. Je vais quatre fois moins vite que vous.* **3.** Loc. *Une bonne fois, une fois pour toutes :* définitivement, sans qu'il y ait à y revenir. – *Pour une fois,* marque l'exception. *Vous êtes à l'heure, pour une fois!* – *Une fois :* à une certaine époque, jadis. *Il était une fois...* – *Cette fois :* dans cette circonstance-ci, désormais. *Cette fois c'est bien fini.* – *Une autre fois :* quand l'occasion s'en représentera. *Une autre fois, vous réfléchirez avant d'agir.* – *À la fois :* en même temps. *Il en arrive trois à la fois.* – Pop. *Des fois :* parfois, éventuellement. *Si, des fois, vous le rencontrez...* – Pop. Absol. *Non, mais des fois!,* formule de mise en garde. – *Une fois que :* dès que, dès l'instant que, quand. – Lat. plur. *vices,* «tour, succession».

foison [fwazɔ̃] n. f. Vx Très grande quantité. ▷ Mod. Loc. adv. *À foison :* en abondance. – Du lat. *fusio,* «écoulement».

foisonnant, ante [fwazɔnɑ̃, ɑ̃t] adj. Qui foisonne. – Ppr. de *foisonner.*

foisonnement [fwazɔnmɑ̃] n. m. **1.** Fait de foisonner. **2.** Augmentation de volume. *Le foisonnement apparent des terres extraites d'un sol.* – De *foisonner.*

foisonner [fwazɔne] v. intr. [1] **1.** Abonder, pulluler. *Garenne où les lapins foisonnent.* **2.** Augmenter de volume (en parlant de certains corps). *Chaux vive qui foisonne sous l'action de l'eau.* – De *foison.*

fol. V. fou.

folâtre [fɔlɑtʀ] adj. Qui aime à badiner, à jouer. *Caractère folâtre.* Syn. gai, enjoué. – De *fol,* «fou».

folâtrer [fɔlɑtʀe] v. intr. [1] S'ébattre avec une gaieté un peu folle et enfantine. – De *folâtre.*

folâtrerie [fɔlɑtʀəʀi] n. f. Litt. Humeur folâtre. ▷ Parole, acte folâtre. – De *folâtre.*

foliacé, ée [fɔljase] adj. BOT Qui a l'aspect d'une feuille. – Lat. *foliaceus.*

foliaire [fɔljɛʀ] adj. BOT **1.** Qui appartient à une feuille. **2.** Qui dérive d'une feuille. *Vrille foliaire,* formée par une feuille. – Du lat. *folium,* «feuille».

foliation [fɔljasjɔ̃] n. f. **1.** BOT Syn. de *feuillaison.* **2.** PETROG Syn. de *litage.* – Du lat. *folium,* «feuille».

folichon, onne [fɔliʃɔ̃, ɔn] adj. Fam. (Le plus souvent en tournure négative.) Gai, badin. *Ce n'est pas très folichon, votre histoire.* – De *fol.*

folie [fɔli] n. f. **I. 1.** Cour. Dérangement de l'esprit associé à un comportement étrange. (Ce mot n'appartient plus au vocabulaire médical.) **2.** Extravagance, manque de jugement. *Vous n'allez pas faire cela, ce serait de la folie.* ▷ Acte, propos peu raisonnable. *Faire, dire des folies.* –

Dépense exagérée. *Faire une folie.* ▷ Écart de conduite. *Folies de jeunesse.* **3.** loc. adv. *À la folie* : extrêmement, éperdument. *Il l'aime à la folie.* **II.** Anc. Maison de plaisance (a subsisté dans certains noms de lieux). *La Folie-Méricourt.* – De *fol.*

folié, ée [fɔlje] adj. **1.** BOT Garni de feuilles. **2.** Qui ressemble à une feuille. – Du lat. *foliatus.*

folio [fɔljo] n. m. Feuillet numéroté de registres, de manuscrits. ▷ Chiffre numérotant les pages d'un livre. – Du lat. *folium,* « feuille ».

foliole [fɔljɔl] n. f. BOT Chaque partie du limbe d'une feuille composée. – Du bas lat. *foliolum,* « petite feuille ».

foliotage [fɔljɔtaʒ] n. m. Action de folioter; son résultat. – De *folioter.*

folioter [fɔljɔte] v. tr. [1] Numéroter les pages d'un ouvrage. – De *folio.*

folique [fɔlik] adj. BIOCHIM *Acide folique* : vitamine contenue dans le foie, les épinards et divers autres aliments. *Cette vitamine (de formule* $C_{19}H_{19}N_7O_6$*) est obtenue aujourd'hui par synthèse. La carence en acide folique se traduit par une anémie.* – Du lat. *folium,* « feuille ».

folklore [fɔlklɔʀ] n. m. **1.** Ensemble des arts, usages et traditions populaires. ▷ Science qui les étudie. **2.** Fam., péjor. Ensemble de choses, de faits, de comportements que l'on juge amusants ou pittoresques mais que l'on ne saurait prendre au sérieux. *C'est du folklore, votre organisation!* – Mot angl. *folklore,* « science *(lore)* du peuple *(folk)* ».

folklorique [fɔlklɔʀik] adj. **1.** Du folklore (sens 1). *Chanson folklorique.* **2.** Fam., péjor. Qui participe du folklore (sens 2); pittoresque et peu sérieux. *Il est très folklorique.* (Abrév. fam. : folklo). – De *folklore.*

folkloriste [fɔlklɔʀist] n. Personne qui s'adonne à l'étude du folklore. – De *folklore.*

folksong [fɔlksɔ̃g] n. m. ou **folk** [fɔlk] n. m. et adj. (Anglicisme) MUS Genre de musique chantée s'inspirant du folklore nord-américain. ▷ adj. (inv. en genre) *Des chanteuses folks.* – Mot angl., de *folk,* « peuple », et *song,* « chant ».

1. folle. V. fou.

2. folle [fɔl] n. f. Filet de pêche fixe à larges mailles. – Du lat. *follis,* « enveloppe ».

folle-avoine [fɔlavwan] n. f. Graminée sauvage (*Avena fatua*), nuisible aux cultures. – De *folle,* et *avoine.*

follement [fɔlmɑ̃] adv. **1.** D'une manière folle, excessive. *Aimer follement.* **2.** Extrêmement. *C'est follement drôle.* – De *fol.*

follet, ette [fɔlɛ, ɛt] adj. **1.** Vx Qui n'est pas très raisonnable, écervelé. – *Esprit follet* : lutin. ▷ Mod., fig. *Poils follets* : duvet qui apparaît avant la barbe. **2.** *Feu follet* : petite lueur apparaissant au-dessus de certains terrains d'où se dégage de l'hydrure de phosphore ou du méthane; fig., plaisant personne insaisissable. – Dimin. de *fol.*

1. folliculaire [fɔlikylɛʀ] n. m. Litt., péjor. Mauvais journaliste. – Journaliste véreux. – Du lat. *folliculum,* dimin. de *follis,* « enveloppe, sac », pris par Voltaire pour un dérivé de *folium,* « feuille de papier ».

2. folliculaire [fɔlikylɛʀ] adj. Relatif aux follicules. ▷ PHYSIOL *Liquide folliculaire,* contenu dans les follicules ovariens et baignant l'ovule. – De *follicule.*

follicule [fɔlikyl] n. m. **I.** BOT Fruit sec de l'ellébore, de l'ancolie, etc., constitué d'un seul carpelle qui, à maturité, s'ouvre suivant une seule fente. **II. 1.** ANAT Prolongement en cul-de-sac d'une muqueuse. *Follicule dentaire, pileux.* **2.** ANAT *Follicule ovarien* ou *de De Graaf* : cavité liquidienne située à l'intérieur de l'ovaire, dans laquelle se développe l'ovule et dont la rupture correspond à la ponte ovulaire. **3.** MED *Follicule tuberculeux* : lésion tuberculeuse élémentaire. – Lat. *folliculus,* « petit sac ».

folliculine [fɔlikylin] n. f. BIOCHIM Une des hormones œstrogènes*. – De *follicule,* et *-ine.*

folliculite [fɔlikylit] n. f. Inflammation des follicules, spécial. des follicules pileux. – De *follicule,* et *-ite* 1.

folliculostimuline [fɔlikylostimylin] n. f. BIOCHIM Hormone de l'antéhypophyse qui, chez l'homme, stimule la spermatogenèse et, chez la femme, stimule la croissance du follicule de De Graaf. (Abrév. angl. : F.S.H.). – De *follicule,* et *stimuline.*

fomentateur, trice [fɔmɑ̃tatœʀ, tʀis] n. Personne qui fomente des troubles. – De *fomenter.*

fomentation [fɔmɑ̃tasjɔ̃] n. f. **1.** Action de fomenter. *La fomentation d'une discorde.* **2.** MED Vieilli Thérapeutique par la chaleur (compresses, cataplasmes, etc.). – Du bas lat. *fomentatio,* de *fomentum,* « calmant ».

fomenter [fɔmɑ̃te] v. tr. [1] Provoquer ou entretenir, en secret (des actes d'hostilité). *Fomenter une sédition.* – Du lat. méd. *fomentare,* « appliquer un topique, un calmant ».

fonçage [fɔ̃saʒ] n. m. TECH Action de foncer, de creuser ou de garnir d'un fond. – De *foncer.*

foncé, ée [fɔ̃se] adj. Sombre (en parlant d'une couleur). *Bleu foncé.* Ant. clair. – Pp. de *foncer.*

foncer [fɔ̃se] v. [12] **I.** v. intr. **1.** Se précipiter (sur qqn, qqch). *Foncer sur l'obstacle.* **2.** Fam. Se déplacer à grande vitesse. *Voiture qui fonce.* – Fig. Agir avec vigueur en ignorant les difficultés. *Il n'hésite pas, il fonce.* **II. 1.** v. tr. Rendre plus sombre (une couleur). **2.** v. intr. Devenir plus sombre. *Son teint a foncé.* **III.** v. tr. **1.** TECH Mettre un fond à. *Foncer un tonneau.* **2.** Creuser. *Foncer un puits.* **3.** CUIS Garnir le fond de (un récipient) avec de la pâte, du lard. *Foncer une tourtière.* – De *fond.*

fonceur, euse [fɔ̃sœʀ, øz] adj. et n. Fam. Énergique et entreprenant, qui fonce. – Subst. *C'est un fonceur.* – De *foncer.*

foncier, ère [fɔ̃sje, ɛʀ] adj. et n. m. **I. 1.** Se dit d'un bien constitué par un fonds de terre, de la personne à qui il appartient et du revenu qui en est tiré. *Propriété foncière. Propriétaire foncier. Rentes foncières.* **2.** Relatif aux biens-fonds en général. *Impôt foncier.* ▷ *Crédit foncier,* destiné à faciliter l'acquisition ou la mise en valeur de biens immeubles. **3.** n. m. Propriété foncière et tout ce qui s'y rapporte. **II.** Fig. Qui est au fond de la nature de qqn. *Qualité foncière.* – De *fons,* anc. forme de *fonds.*

foncièrement [fɔ̃sjɛʀmɑ̃] adv. Dans le fond, profondément. *Un être foncièrement bon.* – De *foncier.*

foncteur [fɔ̃ktœʀ] n. m. MATH Dans la théorie des catégories, opérateur qui fait correspondre à tout objet d'une catégorie un objet d'une autre catégorie. – De *fonction.*

fonction [fɔ̃ksjɔ̃] n. f. **I. 1.** Activité imposée par un emploi, une charge. *S'acquitter de sa (ses) fonction(s).* **2.** L'emploi, la charge elle-même. *Être dans l'exercice de ses fonctions. Être en fonction(s).* ▷ *Fonction publique* : ensemble des charges exercées par les agents de la puissance publique; ensemble des fonctionnaires. **3.** *Faire fonction de* : jouer le rôle de, servir de (personnes ou choses). **4.** ECON Ensemble des opérations qui permettent d'atteindre les objectifs (dans un secteur donné d'une entreprise). *Fonction de la production. Fonction commerciale.* **II. 1.** Ce à quoi sert une chose dans l'ensemble dont elle fait partie. *Une fenêtre a pour fonctions principales d'éclairer et d'aérer un local.* **2.** PHYSIOL Rôle d'un organe, d'une cellule, dans une opération nécessaire au maintien de la vie d'un être. *Les fonctions digestives.* **3.** CHIM Mode de réaction commun à plusieurs corps. - Ensemble des propriétés caractéristiques de ce mode de réaction, dues à un radical (groupement fonctionnel) donné; ce radical. **4.** GRAM *Fonction syntaxique d'un mot,* sa relation avec les autres mots d'une phrase, d'une proposition, d'un groupe de mots. *Fonction sujet.* - LING *Fonctions dénotative, expressive, poétique,* etc. **5.** MATH Toute application où l'ensemble d'arrivée est le corps des nombres réels ou des nombres complexes. (Cette application, dite aussi *fonction algébrique,* se note f (x), «fonction x» ou «f de x», x étant la variable.) *Fonctions numériques :* fonctions qui assignent aux variables des valeurs numériques (c.-à-d. exprimées par des nombres réels ou complexes). *Fonction (y) linéaire ou du premier degré,* de la forme $y = ax + b$. *Fonction du deuxième degré,* de la forme $y = ax^2 + bx + c$. *Fonction logarithmique :* V. logarithme. *Fonction périodique,* qui reprend la même valeur lorsque la variable augmente d'une période. - *Fonction transcendante,* qui n'est pas algébrique. **6.** LOG *Fonction propositionnelle :* prédicat. **III.** *Être fonction de :* dépendre de. *La vitesse de pointe d'une voiture est fonction de la puissance de son moteur.* ▷ Loc. prép. *En fonction de :* en corrélation, en rapport avec. – Lat. *functio,* «accomplissement».

fonctionnaire [fɔ̃ksjɔnɛʀ] n. Personne qui exerce une fonction permanente dans une administration publique. – De *fonction.*

fonctionnaliser [fɔ̃ksjɔnalize] v. tr. [1] Rendre fonctionnel. - Pp. adj. *Cuisine fonctionnalisée.* – De *fonctionnel.*

fonctionnalisme [fɔ̃ksjɔnalism] n. m. **1.** Principe esthétique selon lequel la forme d'un édifice, d'un meuble ou d'un objet doit résulter d'une adaptation parfaitement rationnelle à son usage. **2.** ETHNOL Théorie selon laquelle une société représente un tout organique dont les différentes composantes, culturelles, économiques, etc., s'expliquent par la fonction qu'elles remplissent les unes par rapport aux autres (Malinowski, Radcliffe-Brown). **3.** LING Démarche qui consiste à analyser et à décrire la langue avant tout comme un outil de communication. – De *fonctionnel.*

fonctionnaliste [fɔ̃ksjɔnalist] adj. et n. Relatif au fonctionnalisme. ▷ Partisan du fonctionnalisme (sens 1). – De *fonctionnalisme.*

fonctionnalité [fɔ̃ksjɔnalite] n. f. Caractère de ce qui est fonctionnel, de ce qui répond à une fonction donnée. – Du rad. de *fonctionnel.*

fonctionnariat [fɔ̃ksjɔnaʀja] n. m. État, qualité de fonctionnaire. – De *fonctionnaire.*

fonctionnarisation [fɔ̃ksjɔnaʀizasjɔ̃] n. f. Action d'assimiler (qqn) aux fonctionnaires, de transformer (une entreprise) en service public. – De *fonctionnariser.*

fonctionnariser [fɔ̃ksjɔnaʀize] v. tr. [1] Opérer la fonctionnarisation (d'une personne, d'une entreprise). – De *fonctionnaire.*

fonctionnel, elle [fɔ̃ksjɔnɛl] adj. **1.** Qui a rapport à une fonction (organique, mathématique, chimique, etc.). *Groupement, calcul fonctionnel.* ▷ MED *Maladie fonctionnelle :* manifestation morbide due à un défaut de fonctionnement d'un organe, que l'on ne peut imputer à une lésion. **2.** Rationnellement adapté à la fonction à remplir. *Architecture fonctionnelle. Mobilier fonctionnel.* – De *fonction.*

fonctionnellement [fɔ̃ksjɔnɛlmɑ̃] adv. Par rapport à une fonction. – De *fonctionnel.*

fonctionnement [fɔ̃ksjɔnmɑ̃] n. m. Fait, manière de fonctionner. – De *fonctionner.*

fonctionner [fɔ̃ksjɔne] v. intr. [1] Remplir sa fonction (machine, organe). *Estomac qui fonctionne bien.* ▷ Fig. *Système qui fonctionne au ralenti.* – De *fonction.*

fond [fɔ̃] n. m. **I. 1.** Partie la plus basse d'une chose creuse. *Le fond d'une casserole. Le fond d'une vallée.* ▷ Par ext. *Laisser un fond de bouteille :* laisser une petite quantité de liquide au fond d'une bouteille. **2.** Partie solide située à l'opposé de la surface des eaux. *Le fond d'une rivière.* - *Envoyer par le fond :* couler. ▷ MAR *Haut-fond** - *Bas-fond*.* ▷ *Par ext.* Hauteur de l'eau. *Il y a vingt mètres de fond.* - (Plur.) Eaux profondes. *Les grands fonds.* **3.** Partie la plus éloignée de l'entrée, de l'ouverture. *Le fond d'un placard.* ▷ Par anal. *Le fond de l'oreille, de la gorge, de l'œil.* - MED *Fond d'œil :* examen de la rétine et de ses vaisseaux, pratiqué au moyen d'un ophtalmoscope. **4.** Surface sur laquelle se détachent des dessins, des objets, des personnages. *Une étoffe imprimée à fond clair. Le fond d'un tableau.* - *Toile de fond :* toile qui est à l'arrière d'une scène de théâtre et qui fait partie du décor. ▷ Par ext. *Fond de teint :* crème colorée que l'on applique sur le visage comme maquillage. ▷ *Fond de robe :* doublure indépendante que l'on porte sous une robe transparente. ▷ *Fond sonore* ou *musique, bruit de fond :* musique, bruitages, qui accompagnent un spectacle; musique d'ambiance diffusée dans un lieu public. **5.** Ce qui est essentiel, fondamental. *Le fond du problème.* - (Personnes) Ce qui constitue l'essentiel du caractère, de la personnalité. *Enfant qui a bon fond.* ▷ Spécial. *Le fond d'une œuvre littéraire,* son contenu, sa matière (par oppos. à *forme*). - *Article de fond,* qui traite d'un sujet en profondeur. ▷ DR Matière d'un procès (par oppos. à ce qui est exception ou pure forme). ▷ *Faire fond sur une personne, une chose,* compter sur elle. ▷ Ce qui est le plus intime, le plus secret. *Le fond de sa pensée.* **6.** SPORT *Course de fond,* qui se dispute sur une grande distance. **II.** loc. adv. **1.** *À fond :* entièrement. *Étudier une question à fond.* ▷ Fam. *À fond de train :* à toute vitesse. **2.** *Au fond, dans le fond :* en réalité, à juger des choses en elles-mêmes. *Au fond il a raison.* **3.** *De fond en comble :* V. comble. – Lat. *fundus.*

fondamental, ale, aux [fɔ̃damɑ̃tal, o] adj. **1.** Qui sert de fondement, essentiel. *Loi fondamentale.* - *Insatisfaction fondamentale.* ▷ *Recherche fondamentale,* qui traite de notions théoriques, par oppos. à *recherche appliquée.* **2.** MATH, PHYS *Terme fondamental,* premier terme d'une série de Fourier*. - *Fréquence fondamentale d'une vibration,* correspondant au terme fondamental. **3.** MUS *Note fondamentale* ou, n. f., *une fondamentale :* note qui sert de base à un accord. – Bas lat. *fundamentalis.*

fondamentalement [fɔ̃damɑ̃talmɑ̃] adv. D'une manière fondamentale. – De *fondamental.*

fondamentalisme [fɔ̃damɑ̃talism] n. m. RELIG Tendance conservatrice née pendant la Première Guerre mondiale dans certains milieux protestants attachés à une interprétation littérale des dogmes. ▷ *Par ext.* Tendance religieuse conservatrice. *Le fondamentalisme islamique.* – De *fondamental.*

fondamentaliste [fɔ̃damɑ̃talist] n. et adj. Didac. **1.** Spécialiste en recherche fondamentale. (V. fondamental I, 1.) **2.** Qui adhère au fondamentalisme. – De *fondamental.*

fondant, ante [fɔ̃dɑ̃, ɑ̃t] adj. et n. m. **I.** adj. **1.** Qui fond. *Neige fondante.* **2.** Qui fond dans la bouche. *Poire fondante.* ▷ n. m. Bonbon en pâte de sucre. **II.** n. m. METALL Produit que l'on ajoute à un autre pour le faire fondre plus facilement. – Ppr. de *fondre.*

fondateur, trice [fɔ̃datœʀ, tʀis] n. (et adj.) **1.** Personne qui a fondé qqch d'important et de durable. *Richelieu, fondateur de l'Académie française.* ▷ adj. *Membre fondateur.* **2.** Personne qui a subventionné une œuvre philanthropique, religieuse. *Le fondateur d'un prix.* – Lat. *fundator.*

fondation [fɔ̃dasjɔ̃] n. f. **1.** (Le plus souvent au plur.) Ensemble des travaux destinés à répartir sur le sol et le sous-sol les charges d'une construction; ouvrage ainsi réalisé. *Fondations sur pieux.* **2.** Fig. Action de créer (qqch). *Fondation d'une cité, d'une institution.* **3.** Don ou legs d'un capital pour un usage déterminé. – Établissement créé à la suite d'un tel don, d'un tel legs. – Lat. *fundatio.*

fondé, ée [fɔ̃de] adj. **1.** Qui repose sur des bases rationnelles. *Une crainte fondée, bien fondée.* **2.** *Être fondé à* : avoir des motifs légitimes pour. *Être fondé à croire...* – Pp. de *fonder.*

fondé de pouvoir(s), fondée de pouvoir(s) [fɔ̃dedpuvwaʀ] n. Personne qui a reçu de qqn (ou d'une société) le pouvoir d'agir en son nom. *Des fondés de pouvoir(s).* – De *fonder, de,* et *pouvoir.*

fondement [fɔ̃dmɑ̃] n. m. **I. 1.** Vx Syn. de *fondation* (sens 1). ▷ Mod. *Jeter les fondements d'un empire.* **2.** Motif, raison. *Rumeur sans fondement.* **3.** PHILO Principe général servant de base à un système, à une théorie. *Kant, dans « le Fondement de la métaphysique des mœurs », a voulu « rechercher et établir exactement le principe suprême de la moralité ».* **II.** Fam. *Par euph.* Fesses ; anus. – Lat. *fundamentum.*

fonder [fɔ̃de] v. tr. [1] **1.** Vx Établir les fondements de. *Fonder un bâtiment.* ▷ Mod. Créer (une chose durable) en posant ses bases. *Fonder une ville. Fonder une dynastie.* ▷ *Fonder une famille* : se marier et avoir des enfants. **2.** Donner les fonds nécessaires pour (une fondation d'intérêt public). *Fonder une bourse.* **3.** *Fonder (qqch) sur* : faire reposer (qqch) sur. ▷ Pp. *Une opinion fondée sur des faits.* – adj. *Une réputation fondée.* ▷ v. pron. *Se fonder sur le code civil.* – Lat. *fundare.*

fonderie [fɔ̃dʀi] n. f. TECH Art de fabriquer des objets métalliques par moulage du métal en fusion. ▷ Usine dans laquelle on fabrique ces objets. – De *fondre.*

1. fondeur [fɔ̃dœʀ] n. m. Ouvrier spécialisé dans les opérations de coulée du métal dans les moules. ▷ Exploitant d'une fonderie. – De *fondre.*

2. fondeur, euse [fɔ̃dœʀ, øz] n. En ski, spécialiste de la course de fond. – De *fond.*

fondeuse [fɔ̃døz] n. f. TECH Appareil servant à fondre les métaux. – De *fondre.*

fondis. V. fontis.

fondoir [fɔ̃dwaʀ] n. m. Endroit où les bouchers, les charcutiers fondent les graisses et les suifs. – De *fondre.*

fondouk [fɔ̃duk] n. m. Entrepôt et gîte d'étape pour les marchands, dans les pays arabes. – Mot ar. *funduq,* du gr. *pandokheion.*

fondre [fɔ̃dʀ] v. [6] **I.** v. tr. **1.** Rendre liquide (une matière solide) par l'action de la chaleur. *Fondre du métal.* **2.** Fabriquer (un objet) avec du métal fondu et moulé. *Fondre un canon.* **3.** Fig. Combiner (des éléments) en un tout. *Fondre deux ouvrages en un seul. Fondre des couleurs.* **II.** v. intr. **1.** Entrer en fusion, devenir liquide, sous l'effet de la chaleur (corps solide). *La neige fond.* **2.** Se dissoudre. *Le sucre fond dans l'eau.* ▷ Fig. *Fondre en larmes* : se mettre à pleurer très fort. **3.** Disparaître rapidement (biens). *Sa fortune a fondu en quelques années.* – Par ext. *Sa colère a fondu bien vite.* **4.** Fam. (Personnes) Maigrir. *Son régime l'a fait fondre.* **5.** *Fondre sur une proie,* se précipiter sur elle. ▷ Fig. *Le malheur a fondu sur nous.* – Lat. *fundere,* « verser, répandre, faire couler, produire en abondance ».

fondrière [fɔ̃dʀijɛʀ] n. f. Grande flaque boueuse, nid-de-poule plein d'eau sur un chemin. – De l'anc. v. *fondrer,* « effondrer », du lat. *fundus,* « fond ».

fonds [fɔ̃] n. m. **I. 1.** Terre considérée comme un bien immeuble. *Cultiver son fonds.* **2.** *Biens-fonds* : biens immeubles (terres, bâtiments). **3.** *Fonds de commerce* : ensemble du matériel, des marchandises et des éléments incorporels (clientèle, notoriété, etc.) qui font la valeur d'un établissement commercial. **4.** Capital placé (par oppos. aux *revenus*). – Capital nécessaire au financement d'une entreprise. *Bailleur de fonds.* – *Fonds de roulement* : ensemble des capitaux et des valeurs dont dispose une entreprise pour son exploitation courante. – *Fonds propres* ou *capitaux propres* : V. capital. ▷ *Fonds publics* : capital des sommes empruntées par un État. ▷ DR *Fonds dominant*. Fonds servant*.* **5.** FIN Prélèvement opéré sur certaines recettes fiscales en vue d'une action précise des pouvoirs publics. *Fonds routier. Fonds national de solidarité.* **6.** Fig. Richesse particulière (à qqch). *Le fonds d'une bibliothèque.* – Ensemble de richesses de même provenance. *Le fonds « Untel » est dans ce musée.* **7.** Vieilli Ensemble des qualités physiques ou morales de qqn, considéré comme un capital. *Un fonds d'érudition.* **II.** (Plur.) Somme d'argent. *Fonds secrets.* – Fam. *Être en fonds* : avoir de l'argent. – Réfect. de l'a. fr. *fonz, fons.*

fondu, ue [fɔ̃dy] adj. et n. **I.** adj. Devenu liquide. *Plomb fondu.* **II.** adj. Fam. Fou. ▷ Subst. Mod. Personne mordue, entichée (de). *Les fondus du ski.* **III. 1.** adj. PEINT *Couleurs fondues,* qui sont mêlées les unes aux autres par des nuances graduées. ▷ n. m. *Le fondu d'un tableau.* **2.** n. m. CINE Apparition ou disparition progressive d'une image. ▷ *Fondu enchaîné* : passage progressif d'une image à une autre. **IV.** n. f. Mets préparé avec du gruyère fondu dans du vin blanc. ▷ *Fondue bourguignonne* : plat constitué de petits morceaux de viande de bœuf que l'on plonge dans l'huile bouillante et que l'on accompagne de diverses sauces. – Pp. de *fondre.*

fongibilité [fɔ̃ʒibilite] n. f. DR Caractère de ce qui est fongible. *La fongibilité de l'argent.* – De *fongible.*

fongible [fɔ̃ʒibl] adj. DR Se dit des choses qui se consomment par l'usage et peuvent être remplacées par d'autres identiques. – Du lat. *fungi,* « consommer ».

fongicide [fɔ̃ʒisid] n. m. et adj. Pesticide propre à détruire les champignons et les moisissures.– adj. *Produit fongicide.* – Du lat. *fungus,* « champignon », et *-cide.*

fongiforme [fɔ̃ʒifɔʀm] adj. BIOL Qui a la forme d'un champignon. – Du lat. *fungus,* « champignon », et *-forme.*

fongique [fɔ̃ʒik] adj. Relatif aux champignons ; qui est provoqué par un champignon. *Parasite fongique. Dégradation fongique.* – Du lat. *fungus,* « champignon ».

fongosité [fɔ̃gɔzite] n. f. MED Végétation molle et très vascularisée, à la surface d'une plaie, d'une muqueuse, ou dans une cavité. – Du lat. *fungosus,* « poreux, spongieux ».

fongueux, euse [fɔ̃gø, øz] adj. **1.** Qui est de la nature du fongus. **2.** D'aspect spongieux. – Lat. *fungosus,* « poreux, spongieux ».

fongus [fɔ̃gys] n. m. MED Tumeur qui a l'aspect d'une éponge ou d'un champignon. – Lat. *fungus,* « champignon ».

fontaine [fɔ̃tɛn] n. f. **1.** Eau vive sortant de terre. *Fontaine jaillissante, intermittente.* **2.** Construction comportant une alimentation en eau et, généralement, un bassin. *Fontaine publique.* **3.** Récipient pour garder l'eau. *Une fontaine de grès.* – Lat. pop. *fontana.*

fontainebleau [fɔ̃tɛnblo] n. m. Fromage blanc additionné de crème fouettée. – De la ville de *Fontainebleau.*

fontainier [fɔ̃tɛnje] n. m. **1.** Anc. Celui qui fabriquait et vendait des fontaines domestiques. **2.** Mod. Technicien spécialisé dans la pose et l'entretien des canalisations de distribution d'eau. – De *fontaine.*

fontanelle [fɔ̃tanɛl] n. f. Espace membraneux compris entre les os du crâne du nouveau-né et du nourrisson, qui s'ossifie progressivement. – Lat. méd. *fontanella.*

1. fonte [fɔ̃t] n. f. **I. 1.** Fait de fondre. *Fonte des neiges.* **2.** TECH Opération consistant à fondre une matière (verre, métal, etc.). **3.** Fabrication d'un objet avec du métal en fusion. *Fonte d'une statue.* **II.** Alliage de fer et de carbone, dont la teneur en carbone est comprise entre 2,5 et 6%. *L'affinage de la fonte conduit à l'acier.* ▷ Par ext. *Fonte d'aluminium.* **III.** TYPO Ensemble des caractères d'un même type. – Du lat. pop. **fundita*; pp. de *fundere*, «fondre».

2. fonte [fɔ̃t] n. f. ANC. Chacun des deux fourreaux de pistolet attachés à l'arçon d'une selle. – Altér. de l'ital. *fonda*, «bourse».

fontis [fɔ̃ti] ou **fondis** [fɔ̃di] n. m. Éboulement, affaissement du sol dans une carrière, sous un édifice. – De *fondre*.

fonts [fɔ̃] n. m. pl. *Fonts baptismaux*, ou *fonts* : cuve qui contient l'eau du baptême. – Fig. *Porter (qqch) sur les fonts baptismaux* : parrainer, participer à la fondation de. – Lat. *fontes*, pl. de *fons*, «fontaine».

football [futbol] n. m. Jeu opposant deux équipes de onze joueurs en principe et consistant à envoyer le ballon dans les buts adverses sans se servir des mains. *Dans le football en salle, l'équipe peut se composer de sept joueurs.* (Abrév. fam. : foot). ▷ *Football américain* : jeu assez violent pratiqué princ. aux É.-U., qui présente certaines ressemblances avec le rugby. – Mot angl., «balle au pied».

footballeur, euse [futbolœʀ, øz] n. Joueur, joueuse de football. – De *football*.

footing [futiŋ] n. m. (Anglicisme) Promenade sportive à pied. ▷ SPORT Exercice de course plus ou moins lente servant d'entraînement. – Mot angl. détourné de son sens «fondement, base».

for-. Préfixe d'origine germ., modifié par *fors* (V. ce mot), du lat. *foris* (ex. *forfait*).

for [fɔʀ] n. m. Vx ou litt. *Le for intérieur* : le jugement de la conscience morale; la conscience elle-même. ▷ Cour. *Dans* (ou *en*) *mon* (*ton, son*, etc.) *for intérieur* : au plus profond de moi (toi, soi)-même. *Il le pensa dans son for intérieur, mais n'en souffla mot.* – Du lat. *forum*, «place publique, tribunal».

forage [fɔʀaʒ] n. m. Action de forer, de creuser. *Plate-forme de forage.* – De *forer*.

forain, aine [fɔʀɛ̃, ɛn] adj. et n. **I. 1.** Vx Étranger. **2.** MAR Se dit d'un mouillage, d'une rade, ouvert au vent et à la mer du large. **II. 1.** *Marchand forain*, qui parcourt les foires, les marchés. ▷ Subst. *Les forains.* **2.** Relatif aux foires, aux forains. *Fête foraine.* – Du bas lat. *foranus*, «étranger», de *foris*, «dehors».

foraminifères [fɔʀaminifɛʀ] n. m. pl. ZOOL Ordre de protistes rhizopodes, actuels et fossiles, des eaux marines et saumâtres, dont le test calcaire comprend plusieurs loges plus ou moins perforées. – Sing. *Un foraminifère.* V. globigérine, nummulite. – Du lat. *foramen, foraminis*, «trou», et *-fère*.

forban [fɔʀbɑ̃] n. m. **1.** MAR Aventurier qui, naviguant sans lettre de marque, était assimilé à un pirate. **2.** *Par ext.* Individu sans scrupules, bandit. – De l'a. fr. *forbannir*, «bannir», du frq. **firbannjan*.

forçage [fɔʀsaʒ] n. m. **1.** VEN Action de forcer une bête. **2.** HORTIC Ensemble des opérations visant à accélérer le développement d'une plante. **3.** Fig. Fait de soumettre (qqn) à une contrainte. – De *forcer*.

forçat [fɔʀsa] n. m. **1.** Condamné aux galères ou aux travaux forcés. – Fig. *Un travail de forçat*, très pénible. **2.** Fig. Homme qui a une vie particulièrement pénible. – Ital. *forzato*, de *forzare*, «forcer».

force [fɔʀs] n. f. et adv. **I. 1.** PHYS Cause capable de modifier le mouvement d'un corps ou de provoquer sa déformation. *Force d'attraction. Force d'inertie*. Force centrifuge, centripète.* (V. encycl.) **2.** Fig. Toute cause provoquant un mouvement, un effet. *Forces occultes.* **II.** Puissance d'action. **1.** Puissance physique. *Un homme d'une force herculéenne.* ▷ *La force de l'âge* : l'âge où un adulte est en pleine possession de ses moyens physiques et intellectuels. ▷ *Travailleur de force*, qui doit fournir de gros efforts physiques. – *Tour de force* : V. tour 1, sens II, 1. **2.** Puissance des facultés intellectuelles ou morales. *Une grande force de travail. Force d'âme. Force de caractère.* ▷ *Par ext.* Habileté, talent. *Ces deux joueurs sont de force égale. Être de force, n'être pas de force à* : être, n'être pas capable de. **3.** Pouvoir, intensité d'action d'une chose. *Force d'un poison. Vent de force 5.* (Abstrait) *La force d'un sentiment. Style qui manque de force.* – Fig. Pouvoir sur l'esprit. *La force d'un argument.* ▷ CHIM *Force d'un acide, d'une base, d'un sel*, leur aptitude à se dissocier en solution. **4.** Autorité. *La force de la chose jugée. Usage qui fait force de loi*, qui a le même pouvoir de contraindre qu'une loi. **5.** Solidité, résistance. *Force d'une digue.* ▷ TECH *Jambes de force* : poutres, perches, etc., inclinées servant à soutenir un appareil, une construction. **III.** Puissance d'un groupe, d'un État, etc.; ce qui contribue à cette puissance. *La force publique.* ▷ *Force de frappe* ou *de dissuasion* : ensemble des moyens (arme nucléaire, notam.) permettant de porter une attaque rapide et puissante contre un adversaire éventuel. ▷ (Plur.) Ensemble des troupes d'un État. *Forces aériennes, navales, terrestres.* ▷ *La force armée* : la troupe, en tant qu'on la requiert pour faire exécuter la loi. – *En force* : en nombre. **IV.** Contrainte et pouvoir de contraindre. *Cas de force majeure* : contrainte à laquelle on ne peut résister, due à un événement indépendant de la volonté. ▷ *Force m'est de* : je suis obligé de. ▷ *À toute force* : à tout prix. *Vouloir à toute force faire qqch.* ▷ *De gré ou de force* : volontairement ou par contrainte. **V.** adv. **1.** Vx Beaucoup. *Manger force moutons.* **2.** Loc. prép. *À force de* : grâce à, à cause de beaucoup de. *Il réussit à force de travail.* – Bas lat. *fortia*, pl. neutre subst. de *fortis*.

ENCYCL **Phys.** – En mécanique newtonienne, comme en mécanique relativiste (V. mécanique), on considère les forces comme des grandeurs vectorielles. Lorsque plusieurs forces ayant un même *point d'application* (sur un corps) se composent, la force qui en résulte, nommée *résultante*, est donnée par le calcul vectoriel. Lorsque le point d'application d'une force se déplace, il en résulte un *travail*. Dans le système international (SI), une force s'exprime en *newtons* (symbole N).

forcé, ée [fɔʀse] adj. **1.** À quoi l'on est contraint. *«Le Mariage forcé», comédie de Molière.* ▷ MILIT *Marche forcée.* V. marche. **2.** Fam. Obligatoire, inévitable. *C'est forcé qu'il le voie.* **3.** Détérioré sous l'action d'une force trop importante. *Serrure forcée.* **4.** Qui manque de naturel, affecté. *Sourire forcé.* **5.** *Culture forcée*, dans laquelle on utilise le forçage (sens 2). – Pp. de *forcer*.

forcement [fɔʀsəmɑ̃] n. m. Action de forcer. *Forcement d'une serrure.* – De *forcer*.

forcément [fɔʀsemɑ̃] adv. Nécessairement, inévitablement. – De *forcé*.

forcené, ée [fɔʀsəne] adj. et n. **1.** Emporté par la rage, hors de soi. ▷ Subst. *Se débattre comme un forcené.* **2.** Qui marque une ardeur furieuse, obstinée. *Une lutte forcenée.* Syn. acharné, enragé. – Pp. de l'anc. v. *forsener*, «être hors de sens», de *fors*, et *sen*, «sens».

forceps [fɔʀsɛps] n. m. OBSTETR Instrument formé de deux branches séparables (cuillers) servant à saisir la tête de l'enfant, en cas d'accouchement difficile. – Mot lat., «pinces».

forcer [fɔʀse] v. [12] **I.** v. tr. **1.** Prendre, faire céder par force. *Forcer des obstacles. Forcer une porte.* – Fig. *Forcer la porte de qqn*, entrer chez lui malgré lui. **2.** Contraindre, obliger. *Forcer un enfant à manger.* – Par anal. *Forcer la main à qqn*, l'obliger à agir contre son gré. *Forcer le respect, l'admiration* : obliger au respect, à l'admiration. **3.** Pousser au-delà de ses limites, de ses forces naturelles. *Forcer un cheval*, le faire galoper trop vite. *Forcer une plante,* en hâter la végétation. ▷ VEN *Forcer une bête,* la poursuivre jusqu'à l'épuisement. **4.** Outrepasser (ce qui est normal, permis). *Forcer la dose :* l'augmenter exagérément; fig., fam., exagérer. **5.** Dénaturer, altérer. *Forcer le sens d'un mot.* **II.** v. intr. **1.** (Choses) Supporter, fournir un effort excessif. *Charnière qui force.* **2.** SPORT Fournir un gros effort physique. *Ne force pas pendant l'échauffement.* ▷ Cour., fam. Fournir un effort, se fatiguer. *Ça va, vous ne forcez pas trop?* **3.** Fam. *Forcer sur :* abuser de. *Il a tendance à forcer sur l'alcool.* **III.** v. pron. Faire effort sur soi-même, se contraindre. *Je me suis forcé à l'avaler.* – Du lat. pop. **fortiare,* de *fortia.* V. force.

forcerie [fɔʀsəʀi] n. f. HORTIC Serre conçue pour le forçage. – De *forcer.*

forces [fɔʀs] n. f. pl. TECH Grands ciseaux. – Du lat. *forfices,* pl. de *forfex,* «ciseaux».

forcing [fɔʀsiŋ] n. m. Augmentation de l'intensité de l'effort au cours d'une épreuve sportive. – *Faire le forcing :* accentuer ses efforts pour l'emporter rapidement sur son (ses) adversaire(s), ou fig., pour en avoir vite terminé avec une tâche. – Mot angl.

forcir [fɔʀsiʀ] v. intr. [3] **1.** (Choses) Augmenter de force, d'intensité. *Vent qui forcit.* **2.** (Personnes) Devenir plus fort, grossir. – De *fort.*

forclore [fɔʀklɔʀ] v. tr. [79] (Seulement à l'inf. et au pp.) **1.** Vx Exclure. **2.** DR Débouter, exclure d'un acte, d'un droit en raison de l'expiration du délai imparti. *Se laisser forclore. Être forclos.* – De *for-* (V. fors), et *clore.*

forclusion [fɔʀklyzjɔ̃] n. f. **1.** DR Péremption d'un droit non exercé dans le délai imparti. **2.** PSYCHAN Mécanisme de défense propre à la psychose, consistant en un rejet d'une représentation insupportable qui n'est pas intégrée à l'inconscient et fait retour au réel en particulier sous forme d'hallucination. – De *forclore,* d'après *exclusion.*

forer [fɔʀe] v. tr. [1] **1.** Percer à l'aide d'un outil animé d'un mouvement de rotation. *Forer un canon.* ▷ *Clé forée,* dont la tige est percée. **2.** Creuser. *Forer un puits de pétrole.* – Lat. *forare,* «percer», p.-ê. par l'ital. ou le provenç.

forestier, ère [fɔʀɛstje, ɛʀ] adj. et n. **1.** adj. Relatif aux forêts. *Code forestier. Chemin forestier.* **2.** n. Personne qui a une fonction dans l'administration forestière; garde forestier. – Bas lat. *forestorius.*

foret [fɔʀɛ] n. m. Outil servant à forer. – De *forer.*

forêt [fɔʀɛ] n. f. **1.** Grande étendue plantée d'arbres; l'ensemble des arbres qui croissent sur cette étendue. *Forêt de sapins, de hêtres. Forêt-galerie :* forêt des pays chauds et arides constituée d'arbres très rapprochés qui forment une sorte de galerie le long des cours d'eau. *Forêt dense :* forêt équatoriale superposant plusieurs étages de végétation. *Forêt vierge,* qui n'a pas été modifiée par l'homme. *Forêt sempervirente,* aux arbres toujours verts. **2.** Fig. Grande quantité de longs objets disposés verticalement. *Une forêt de lances.* – Du bas lat. *forestis,* probabl. de **silva forestis,* «forêt du tribunal royal» de *foris,* «au-dehors», ou de *forum.*

foreur [fɔʀœʀ] n. m. Ouvrier qui fore. – De *forer.*

foreuse [fɔʀøz] n. f. MINES, TECH Machine qui sert à forer. – De *forer.*

forfaire [fɔʀfɛʀ] **I.** v. tr. indir. [10] Litt. Faillir gravement à son devoir. *Forfaire à l'honneur.* **II.** v. tr. DR FEOD *Forfaire un fief,* le rendre confiscable par suite d'outrage. – De *for-,* et *faire.*

1. forfait [fɔʀfɛ] n. m. Litt. Crime très grave. *Commettre un forfait.* – Pp. subst. de *forfaire.*

2. forfait [fɔʀfɛ] n. m. **1.** Convention par laquelle on s'engage à fournir une marchandise, un service, pour un prix invariable fixé à l'avance. *Traiter, vendre à forfait.* **2.** Régime fiscal particulier qui permet d'être imposé sur un revenu évalué par accord entre le contribuable et le fisc. – De l'a fr. *fur,* «taux», et *fait,* pp. de *faire.*

3. forfait [fɔʀfɛ] n. m. TURF Somme que le propriétaire d'un cheval engagé dans une course doit payer s'il ne le fait pas courir. ▷ SPORT *Déclarer forfait :* se retirer avant l'épreuve. – Fig. Renoncer à poursuivre une entreprise. – Angl. *forfeit,* de l'a. fr. *forfait,* de *forfaire.*

forfaitaire [fɔʀfɛtɛʀ] adj. Qui se conclut à forfait. *Prix forfaitaire.* – De *forfait* 2.

forfaiture [fɔʀfɛtyʀ] n. f. **1.** DR FEOD Injure grave commise par un vassal envers son suzerain. **2.** DR Crime commis par un fonctionnaire public dans l'exercice de ses fonctions. – De *forfaire.*

forfanterie [fɔʀfɑ̃tʀi] n. f. Vantardise, hâblerie. – Ital. *furfanteria,* de *furfante,* «coquin».

forficule [fɔʀfikyl] n. f. ENTOM Perce-oreille. – Lat. *forficula,* «petite pince».

forge [fɔʀʒ] n. f. **1.** Atelier ou établissement industriel où l'on produit, où l'on travaille le métal, spécial. le fer. *Forge d'un maréchal-ferrant.* **2.** Fourneau où l'on chauffe le métal à travailler. *Soufflet de forge.* – Du lat. *fabrica,* «atelier», par le provenç. *faurga.*

forgeage [fɔʀʒaʒ] n. m. Action de forger. – De *forger.*

forger [fɔʀʒe] v. tr. [13] **1.** Mettre en forme une pièce métallique, généralement à chaud, par martelage (au marteau, à la presse, au marteau-pilon). – Pp. adj. *Fer forgé.* ▷ (Prov.) *C'est en forgeant qu'on devient forgeron :* on n'apprend bien qu'en s'exerçant. **2.** Fig. Inventer, fabriquer. *Forger un mot.* ▷ *Forger un caractère,* le fortifier par des épreuves. – Du lat. *fabricare* ou *fabricari,* par l'a. fr. *favrechier, favagier.*

forgeron [fɔʀʒəʀɔ̃] n. m. Ouvrier qui chauffe le fer à la forge et le travaille au marteau. – De *forger,* d'après *forgeur.*

forgeur [fɔʀʒœʀ] n. m. Celui qui forge. *Forgeur d'épées.* – De *forger.*

forint [fɔʀint] n. m. Unité monétaire de Hongrie. – Mot hongrois, «florin».

forjeter [fɔʀʒəte] v. [20] **1.** v. intr. ARCHI Sortir de l'alignement ou de l'aplomb. **2.** v. tr. Construire en saillie. – De *for-,* et *jeter.*

formage [fɔʀmaʒ] n. m. TECH Mise en forme d'un objet (par martelage, emboutissage, forgeage, estampage, etc.). – De *former.*

formaldéhyde [fɔʀmaldeid] n. m. CHIM Aldéhyde formique ou méthanal. – De *form(ique),* et *aldéhyde.*

formalisable [fɔʀmalizabl] adj. Qui peut être formalisé. – De *formaliser.*

formalisation [fɔʀmalizasjɔ̃] n. f. Opération qui consiste à formaliser, à mettre sous forme de signes logiques ou mathématiques rigoureusement définis (une axiomatique, un énoncé, etc.). – De *formaliser* (sens 1.).

formaliser [fɔʀmalize] **1.** v. tr. [1] LOG Donner un caractère formel à (un énoncé, un système). *Formaliser un langage.* **2.** v. pron. S'offusquer d'un manque de respect des formes, des convenances. – De *formel.*

formalisme [fɔʀmalism] n. m. **1.** Attachement excessif aux formes, aux formalités. **2.** PHILO Système métaphysique selon lequel l'expérience est soumise à des conditions universelles a priori. *Formalisme kantien.* **3.** MATH, LOG Développement de systèmes formels. **4.** BX-A, LITT Théorie qui privilégie la forme au détriment du réalisme. – De *formel,* d'apr. lat. *formalis.*

formaliste [fɔʀmalist] adj. (et n.) **1.** Qui s'attache scrupuleusement aux formes. *Justice formaliste.* ▷ *Par ext.*

Cérémonieux, protocolaire. **2.** PHILO Relatif au formalisme, qui est partisan du formalisme. ▷ Subst. *Un(e) formaliste.* – Du lat. *formalis*, « relatif à la forme ».

formalité [fɔʀmalite] n. f. **1.** Formule prescrite ou consacrée ; procédure obligatoire. *Remplir les formalités requises.* **2.** Règle de l'étiquette ; acte de civilité. *Les formalités d'usage.* – Du lat. *formalis*, « relatif à la forme ».

formant [fɔʀmɑ̃] n. m. PHON Fréquence ou groupe de fréquences qui caractérisent le timbre d'un son du langage. – Ppr. subst. de *former.*

formariage [fɔʀmaʀjaʒ] n. m. FEOD Mariage contracté par un serf en dehors de la seigneurie ou avec une femme libre, prohibé par le droit féodal. – De l'a. v. *se formarier*, de *fors*, et *marier.*

format [fɔʀma] n. m. **1.** Dimension d'un imprimé, déterminée par la manière dont se présente la feuille de tirage qu'elle soit pliée ou non. *Format in-octavo.* **2.** Dimension de cette feuille. *Format carré, raisin.* **3.** *Par ext.* Dimension, taille. *Grand, petit format.* **4.** INFORM Modèle qui définit la présentation des informations au sein d'un ordinateur ; disposition de ces informations. – Probabl. de l'ital. *formato*, de *formare*, « former ».

formatage [fɔʀmataʒ] n. m. INFORM Opération par laquelle on formate. – De *format*, d'après l'angl. *formating.*

formater [fɔʀmate] v. tr. [1] INFORM Soumettre des informations à un format*. – Calque de l'angl. *to formate.*

formateur, trice [fɔʀmatœʀ, tʀis] adj. et n. **1.** Rare Qui donne une forme. **2.** Qui forme. *Des expériences formatrices.* ▷ Subst. Personne chargée d'assurer une formation (sens 2). *C'est un excellent formateur.* – Lat. *formator*, de *forma.*

formatif, ive [fɔʀmatif, iv] adj. Didac. Qui sert à former. – *Élément formatif*, qui forme un mot. – Du rad. du lat. *formare*, « former ».

formation [fɔʀmasjɔ̃] n. f. **1.** Action de former, de se former ; résultat de cette action. *Formation d'un abcès.* **2.** Action d'instruire, d'éduquer ; son résultat. *Formation professionnelle.* – *Formation permanente* ou *continue* : formation complémentaire dispensée aux salariés en activité. **3.** BOT *Formation végétale* : groupement de végétaux dont la physionomie caractéristique est due à des conditions spécifiques (sol, climat, etc.). **4.** GEOL Nature, origine d'une couche de terrain. *Formation quaternaire.* – Cette couche. *Formation fluviale.* **5.** MILIT Ensemble des éléments constituant une troupe, une escadre. – Mouvement exécuté par un corps de troupe qui se dispose d'une manière particulière. *Formation en carré.* **6.** Groupe, parti. *Les formations politiques de la majorité, de l'opposition.* **7.** Puberté. – Lat. *formatio*, de *forma*, « forme ».

-forme. Élément, du lat. *formis*, de *forma*, « forme ».

forme [fɔʀm] n. f. **I.** État sous lequel nous percevons une chose. **1.** Figure extérieure, configuration des choses. *La Terre a presque une forme sphérique.* ▷ GEOM Configuration extérieure d'une surface. **2.** Contour d'un objet ou du corps d'une personne. *La forme d'une table.* ▷ *Absol.* (Plur.) *Les formes* : le contour du corps humain (surtout en parlant des femmes). *Cette robe dessine les formes.* **3.** Chacun des différents aspects qu'une chose abstraite peut présenter. *Aimer la musique sous toutes ses formes.* – *En forme de* : avec les apparences, l'aspect de. – *Prendre forme* : commencer à avoir une apparence reconnaissable. **4.** GRAM Variante d'une entité grammaticale ou de la construction d'un énoncé. *Forme interrogative. Forme du masculin singulier.* **5.** Constitution d'une chose, manière dont elle est organisée. *Poème à forme fixe.* **6.** Manière d'exprimer, de présenter qqch. *La forme et le fond. Vice de forme.* ▷ DR *Formes judiciaires*, par oppos. au *fond* d'un procès. ▷ *En forme, en bonne forme, en bonne et due forme* : toutes les règles de présentation étant observées. *Mettre un texte en forme.* ▷ *Pour la forme* : pour se conformer aux usages. **7.** (Plur.) Manières de s'exprimer, d'agir. *Avoir des formes un peu rudes.* ▷ *Absol.* Manières polies, conformes aux usages. *Faire une demande en y mettant les formes.* **8.** *Être en forme, en pleine forme*, en bonne condition physique, intellectuelle ou morale. **II. 1.** TECH Gabarit, moule qui sert à former certains objets. *Forme de chapelier, de cordonnier.* **2.** CONSTR Couche préparatoire destinée à recevoir un revêtement, une chape. **3.** TYPO Châssis où l'on fixe une composition typographique. **4.** MAR Bassin de construction ou de réparation. *Forme de radoub.* **5.** VETER Tumeur osseuse qui se développe sur la phalange du cheval. **III. 1.** PHILO Idée, essence, modèle et principe d'action, dans la tradition issue de l'Antiquité. ▷ Figure, portion d'espace limitée par les contours de l'objet, chez Descartes, qui identifie la matière à l'étendue (*res extensa* : « chose étendue ») ▷ *Formes a priori* : pour Kant, cadres de notre sensibilité qui rendent possible l'intuition sensible (la sensation donnant la matière qui « remplira » ces formes). *Le temps et l'espace sont des formes a priori.* **2.** PSYCHO *Théorie* ou *psychologie de la forme* (en all. *Gestalttheorie*), ou *gestaltisme*, qui définit la forme comme une structure organique (notes d'une mélodie, figure géométrique, etc.) s'individualisant dans un champ perceptif. *La psychologie de la forme, soutenant (depuis le début du XXe s. en Allemagne) que le tout est autre chose que la somme de ses parties, a révolutionné la psychologie traditionnelle.* – Lat. *forma.*

formé, ée [fɔʀme] adj. Qui a pris sa forme ; qui a atteint sa maturité. – Qui a reçu une formation. – Pp. de *former.*

formel, elle [fɔʀmɛl] adj. **1.** Qui est clairement déterminé, qui ne peut être discuté. *Ordre, démenti formel.* Syn. exprès. Ant. ambigu, équivoque. **2.** Relatif à la forme. *Beauté formelle.* ▷ PHILO Qui concerne la forme, qui a une réalité actuelle (opposé à *virtuel*, à *matériel*). *Cause formelle.* ▷ *Logique formelle*, qui opère sur des formes de raisonnement, indépendamment du contenu de ceux-ci. *Langages formels.* – Lat. *formalis*, de *forma*, « forme ».

formellement [fɔʀmɛlmɑ̃] adv. En termes exprès. *C'est formellement interdit.* – De *formel.*

former [fɔʀme] **I.** v. tr. [1] **1.** Donner l'être et la forme à. *Dieu forma l'homme à son image.* **2.** Tracer, façonner. *Former des lettres.* **3.** Arranger les éléments de (un ensemble). *Le Premier ministre forme le gouvernement.* **4.** Fig. Concevoir. *Former l'idée de...* **5.** Constituer, faire partie de. *Nous formons une famille très unie.* **6.** Instruire, éduquer. *Former des soldats. Former le caractère.* **II.** v. pron. **1.** Se constituer, se créer. *Orage en train de se former.* **2.** S'instruire, acquérir un certain savoir, une certaine expérience. *Il s'est formé à l'école de la vie.* **3.** MILIT Prendre telle ou telle formation (troupes). *Se former en carré.* – Lat. *formare.*

formeret [fɔʀmǝʀɛ] n. m. ARCHI Arc latéral, parallèle à l'axe de la voûte dont il reçoit la retombée. – De *forme.*

formiate [fɔʀmjat] n. m. CHIM Sel ou ester de l'acide formique. – Du rad. de *formique*, et *-ate.*

formica [fɔʀmika] n. m. Matériau stratifié recouvert de résine artificielle. – Nom déposé, d'après *formique.*

formidable [fɔʀmidabl] adj. **1.** Vx ou litt. Qui inspire la crainte, l'effroi. *L'aspect formidable d'une armée en marche.* **2.** Important, considérable. *Un déploiement formidable de moyens.* **3.** Fam. (Sens atténué.) Qui inspire l'admiration, l'étonnement, la sympathie, etc. *Un type formidable.* – Lat. *formidabilis*, de *formidare*, « craindre ».

formidablement [fɔʀmidablǝmɑ̃] adv. Fam. D'une manière formidable (sens 3). *Il est formidablement gentil.* – De *formidable.*

formique [fɔʀmik] adj. CHIM *Acide formique* : acide de formule H–COOH, sécrété notam. par les fourmis. – Du lat. *formica*, « fourmi ».

formol [fɔʀmɔl] n. m. Solution aqueuse de l'aldéhyde formique, utilisée en partic. pour ses propriétés désinfectantes et dans la fabrication des colles. – De *formaldéhyde*.

formoler [fɔʀmɔle] v. tr. [1] Soumettre à l'action du formol. – De *formol*.

formulable [fɔʀmylabl] adj. Qui peut être formulé. – De *formuler*.

formulaire [fɔʀmylɛʀ] n. m. **1.** Recueil de formules. *Formulaires de notaires.* **2.** Imprimé comportant des questions auxquelles les intéressés doivent répondre. – Du lat. *formularius*, « juriste connaissant les formules ».

formulation [fɔʀmylasjɔ̃] n. f. Action de formuler; manière dont qqch est exprimé. *Une formulation maladroite.* – De *formuler*.

formule [fɔʀmyl] n. f. **I. 1.** DR Modèle contenant les termes exprès et formels dans lesquels un acte doit être rédigé. **2.** Façon de s'exprimer, parole, consacrée par l'usage social. *Formule de politesse.* **3.** Suite de mots qui, dans certaines pratiques magico-religieuses, est censée être chargée de tel pouvoir, de telle vertu propitiatoire, etc. *Formule rituelle.* **4.** Phrase précise, concise, qui dit beaucoup en peu de mots. *Une heureuse formule.* **II.** Écriture symbolique représentant des relations, des opérations sur des grandeurs, etc. *Formule chimique*, indiquant la composition élémentaire d'un corps composé. *Formule algébrique* : expression qui permet de calculer la solution d'un problème. *Formule florale*, indiquant le nombre et la disposition des pièces d'une fleur. *Formule sanguine* : V. sang. *En physique, en astronomie, en mécanique, une formule peut exprimer une loi.* **III.** Façon d'agir, mode d'action. *Curieuse formule pour réussir.* **IV.** Document imprimé comportant des espaces laissés en blanc que l'on doit compléter. **V.** SPORT Catégorie de voitures de course. *Courir en formule 1.* – Ellipt. *Une formule 1.* – Lat. *formula*.

formuler [fɔʀmyle] v. tr. [1] **1.** DR Rédiger dans la forme requise. *Formuler un jugement.* **2.** MATH Exprimer au moyen de formules. *Formuler un problème.* **3.** Exprimer. *Formuler une réclamation. Formuler un vœu.* – De *formule*.

fornicateur, trice [fɔʀnikatœʀ, tʀis] n. RELIG ou plaisant Personne qui se livre à la fornication. – Lat. ecclés., *fornicator, fornicatrix*.

fornication [fɔʀnikasjɔ̃] n. f. RELIG Péché de la chair. ▷ Plaisant Relations sexuelles. – Lat. ecclés. *fornicatio*; de *fornix, fornicis*, « voûte », les prostituées se tenant, à Rome, dans des chambres voûtées.

forniquer [fɔʀnike] v. intr. [1] RELIG Commettre le péché de fornication. ▷ Plaisant Avoir des relations sexuelles. – Lat. ecclés. *fornicari*, de *fornix*. V. fornication.

fors [fɔʀ] prép. Vx Excepté, hormis, hors de. *« Tout est perdu, fors l'honneur », aurait dit François Ier après le désastre de Pavie.* – Lat. *foris*, « dehors ».

forsythia [fɔʀsisja] n. m. Arbrisseau ornemental (fam. oléacées), dont les fleurs jaune d'or s'épanouissent avant la feuillaison. – Lat. des botanistes; de *Forsyth*, horticulteur écossais (1737-1804).

1. fort, forte [fɔʀ, fɔʀt] adj. **I.** (Personnes) **1.** Qui a de la force physique. *Homme grand et fort.* – Loc. *Fort comme un Turc* : très fort. **2.** *Par euph.* Qui a de l'embonpoint. *Une dame un peu forte.* **3.** Qui a des capacités intellectuelles, des connaissances. *Être fort en maths.* – Subst. *Un(e) fort(e) en thème**. **4.** Qui a de la résistance morale. *Être fort devant l'adversité.* Syn. ferme. **5.** (En loc.) *Se faire fort de* : s'estimer capable de. – *Forte tête* : personne qui résiste obstinément à toute influence. – *Esprit fort* : personne qui refuse toute croyance religieuse. **II.** (Choses) **1.** Solide, résistant. *Carton fort. Colle forte.* **2.** Capable de résister aux attaques. *Ville forte. Château fort.* **3.** Plus important que la moyenne en intensité, en quantité. *Un fort vent. Une forte somme. Payer le prix fort*, maximal. ▷ (Abstrait) *Une forte envie. À plus forte raison* : avec d'autant plus de raisons. ▷ *Temps fort* : en musique, temps d'une mesure sur lequel porte l'accent; fig. moment d'une grande intensité (au cours d'une action, d'un spectacle). **4.** Qui est difficile, en parlant d'une action. Fam. Exagéré, difficile à admettre. *Ça, c'est un peu fort!* **5.** Qui impressionne vivement le goût, l'odorat. *Moutarde forte. Café fort.* **6.** Qui agit efficacement. *Un remède fort.* ▷ CHIM *Acide fort, base forte*, capable de se dissocier complètement en solution. ▷ PHYS NUCL *Liaison forte* : liaison due aux forces nucléaires, caractéristique des mésons et des baryons. – *Interaction forte* : interaction* attractive qui s'exerce notam. entre les particules constituant le noyau de l'atome. – Lat. *fortis*.

2. fort [fɔʀ] adv. **1.** Avec énergie, intensité. *Frappez fort. Parler fort.* **2.** Litt. Très. *Vous êtes fort aimable.* – Beaucoup. *Elle lui plaît fort.* – De *fort* 1.

3. fort [fɔʀ] n. m. **I. 1.** Celui qui a la force, la puissance. *Le fort et le faible.* Prov. *La raison du plus fort est toujours la meilleure* (La Fontaine) : le plus fort impose toujours sa façon de voir. **2.** *Fort de la Halle, des Halles* : débardeur qui était chargé de la manutention des fardeaux lourds, aux anc. Halles de Paris. **3.** Vx Partie la plus solide, la plus épaisse d'une chose. ▷ Mod., fig. *Au fort de* : au moment de la plus grande intensité. *Au fort de la lutte.* **4.** (Après un possessif.) Domaine où qqn excelle. *Le français n'est pas son fort.* **II.** Ouvrage militaire puissamment armé et défendu. – De *fort* 1.

forte [fɔʀte] adv. (et n. m. inv.) MUS Fort, en renforçant l'intensité du son. ▷ n. m. inv. Passage joué forte. – Mot ital., « fort ».

fortement [fɔʀtəmɑ̃] adv. **1.** Avec force. *Tenir fortement.* **2.** Fig. Avec intensité. *Désirer fortement qqch.* **3.** *Par ext.* Beaucoup. *Une histoire qui ressemble fortement à une escroquerie.* – De *fort*.

forte-piano [fɔʀtepjano] adv. (et n. m. inv.) MUS Indication de passage du *forte* au *piano*. – Mot ital.

forteresse [fɔʀtəʀɛs] n. f. **1.** Ouvrage fortifié protégeant une étendue de territoire. ▷ *Forteresse volante* : bombardier lourd américain (1943-1945). **2.** Fig. Ce qui est inaccessible aux influences extérieures. *La forteresse des traditions.* – Lat. pop. *fortaricia*, de *fortis*, « fort ».

fortiche [fɔʀtiʃ] adj. Pop., fam. Fort, vigoureux. – Fig. Calé, astucieux. – De *fort*.

fortifiant, ante [fɔʀtifjɑ̃, ɑ̃t] adj. et n. m. **1.** Qui donne des forces. *Sirop, aliment fortifiant.* ▷ n. m. Médicament, aliment fortifiant. *Prendre un fortifiant.* **2.** Fig., vieilli Qui fortifie l'âme, l'esprit. *Lecture fortifiante.* – Ppr. de *fortifier*.

fortification [fɔʀtifikasjɔ̃] n. f. Action de fortifier un lieu. ▷ (Souv. au plur.) Ensemble d'ouvrages destinés à défendre une ville, un point stratégique. – Bas lat. *fortificatio*.

fortifier [fɔʀtifje] **I.** v. tr. [2] **1.** Donner plus de force à. *Fortifier le corps et l'âme.* **2.** Rendre plus fort, plus assuré. *Son attitude fortifie mes soupçons.* Syn. renforcer. **3.** Entourer d'ouvrages défensifs. – Pp. adj. *Ville fortifiée.* **II.** v. pron. **1.** Devenir plus fort. **2.** Se protéger par des fortifications. *Se fortifier dans un village.* – Du bas lat. *fortificare*, de *fortis*, « fort », et *facere*, « faire ».

fortin [fɔʀtɛ̃] n. m. Petit ouvrage fortifié. – Ital. *fortino*.

fortiori (a). V. a fortiori.

fortissimo [fɔʀtisimo] adv. et n. m. MUS Très fort. ▷ n. m. Passage joué fortissimo. *Des fortissimo(s).* – Mot ital., de *forte,* « fort ».

fortran [fɔʀtʀɑ̃] n. m. INFORM Langage de programmation surtout destiné à la formulation scientifique ou technique. – Abrév. de l'angl. *For(mula) Tran(slation),* « traduction de formules ».

fortuit, uite [fɔʀtɥi, ɥit] adj. Qui arrive par hasard, de manière imprévue. *Rencontre fortuite.* – Lat. *fortuitus,* de *fors,* « hasard ».

fortuitement [fɔʀtɥitmɑ̃] adv. De façon fortuite, par hasard. – De *fortuit.*

fortune [fɔʀtyn] n. f. **I. 1.** Litt. Puissance qui est censée décider du bonheur ou du malheur des humains. *Les caprices de la fortune.* – MYTH (Avec une capitale.) Divinité des Anciens (la Tyché grecque) souvent représentée sous les traits d'une femme aux yeux bandés tenant une corne d'abondance. **2.** Événement heureux ou malheureux dépendant du hasard. *Une bonne fortune :* une aventure galante. *Faire contre mauvaise fortune bon cœur :* accepter sans se plaindre un événement désagréable. ▷ *Tenter, chercher fortune :* chercher les occasions qui peuvent procurer ce que l'on désire. ▷ *Inviter à la fortune du pot :* inviter à un repas sans apprêts. ▷ *De fortune :* improvisé. *Utiliser des moyens de fortune.* **3.** Litt. Chance favorable. *J'ai eu la fortune de le rencontrer.* **4.** Litt. Destinée. *Il connut une fortune brillante.* **5.** Litt. Position sociale élevée. *Parvenir à une haute fortune.* – Cour. *Revers de fortune :* changement accidentel et malheureux dans la situation d'une personne, souvent lié à une perte d'argent. **II. 1.** Ensemble des biens que possède une personne, une collectivité. **2.** Grande richesse. *Avoir de la fortune. Faire fortune :* devenir très riche. – Lat. *fortuna,* « bonne ou mauvaise fortune, sort ».

fortuné, ée [fɔʀtyne] adj. **1.** Litt. Favorisé par la chance. **2.** Qui a de la fortune, riche. *Personne fortunée.* – De *fortune.*

forum [fɔʀɔm] n. m. **1.** n. m. inv. ANTIQ ROM Place où pouvait se tenir un marché, une assemblée du peuple, un tribunal. *Des forum.* – *Le Forum romain, le Forum :* place de Rome au pied du Capitole et du Palatin, centre de la vie politique romaine sous la république. **2.** Mod. Place réservée aux piétons, entourée d'équipements, de commerces. *Le Forum des Halles, à Paris.* **3.** Réunion avec débat autour d'un thème. *Un forum sur la condition féminine. Des forums.* Syn. colloque. – Mot lat., « place publique ».

forure [fɔʀyʀ] n. f. TECH Trou percé avec un foret. ▷ Trou dans la tige d'une clef. – De *forer,* et *-ure.*

fosse [fos] n. f. **1.** Excavation généralement profonde, creusée par l'homme. *Creuser une fosse.* **2.** Trou creusé pour enterrer un mort. *Fosse commune,* où sont inhumés plusieurs cadavres. **3.** GEOL *Fosse océanique :* dépression du fond de l'océan, étroite, allongée, aux parois très abruptes et de grande profondeur. **4.** ANAT Cavité ou dépression de certaines parties de l'organisme. *Fosses nasales.* **5.** *Fosse d'orchestre :* dans un théâtre, partie en contrebas de la scène et de la salle où se tient l'orchestre. **6.** MINES Dans une houillère, puits d'extraction; installation aménagée pour le chargement. – Lat. *fossa,* de *fodere,* « creuser, fouir ».

fossé [fose] n. m. **1.** Cavité creusée en long pour limiter un terrain, pour faire écouler les eaux, pour défendre une citadelle, etc. **2.** Fig. Ce qui sépare profondément des personnes. *Il y a un fossé entre nous.* **3.** GEOMORPH *Fossé d'effondrement :* dépression tectonique longue et étroite correspondant au compartiment affaissé d'un champ de failles. *La plaine d'Alsace est un fossé d'effondrement.* Syn. limagne, graben. – Bas lat. *fossatum,* de *fossare,* fréquent. de *fodere,* « creuser ».

fossette [fosɛt] n. f. Petit creux du menton, des joues de certaines personnes. *Sourire à fossettes.* – Dimin. de *fosse.*

fossile [fɔsil] adj. et n. m. **1.** adj. Vx Se dit des substances tirées du sous-sol. *Le charbon est un combustible fossile.* **2.** n. m. PALEONT Restes, ou empreinte, d'un être vivant dont l'espèce a disparu, dans une roche sédimentaire ou très peu métamorphisée. *Fossile vivant :* être vivant dont l'organisation est proche de celle des fossiles appartenant au même groupe systématique. ▷ adj. *Des animaux, des végétaux fossiles.* **3.** Fig., fam., péjor. Suranné, désuet. *Il a des idées fossiles.* ▷ n. m. (En parlant d'une personne.) *Quel vieux fossile !* – Lat. *fossilis,* « tiré de la terre ».

fossilifère [fɔsilifɛʀ] adj. PALEONT Qui contient des fossiles. – De *fossile,* et *-fère.*

fossilisation [fɔsilizasjɔ̃] n. f. PALEONT Passage d'un corps organisé à l'état de fossile avec désagrégation des matières organiques et conservation des parties dures. – De *fossiliser.*

fossiliser [fɔsilize] v. tr. [1] Amener à l'état de fossile. *La nature s'est plu à fossiliser certains animaux.* ▷ v. pron. Devenir fossile. – Pp. adj. Fougères fossilisées. ▷ Fig., fam., péjor. *Un bureaucrate fossilisé.* – De *fossile.*

fossoyeur, euse [fɔswajœʀ, øz] n. **1.** n. m. Celui qui creuse les fosses pour enterrer les morts. ▷ Fig., litt. Personne qui travaille à la ruine de qqch. *Les fossoyeurs de la République.* **2.** n. f. Par métaph., litt. *La fossoyeuse :* la mort. – De l'anc. v. *fossoyer,* de *fosse.*

1. fou [fu] ou **fol** [fɔl] (devant voyelle ou h non aspiré), **folle** [fɔl] adj. et n. **I.** adj. **1.** (Ce mot n'appartient plus au vocabulaire médical.) Qui présente des troubles mentaux. *Fou à lier. Fou furieux.* **2.** Qui paraît déraisonnable dans son comportement. *Il est fou d'agir ainsi.* **3.** Qui est hors de son état normal. *Fou de joie, de colère.* ▷ Fig. *Être fou de :* aimer passionnément. *Il est fou de sport. Elle est folle de lui.* **4.** (Choses) Qui est l'indice de la folie. *Un regard fou.* ▷ Contraire à la raison, à la prudence. *Un fol amour. Une tentative folle.* ▷ Peu raisonnable, immodéré. *Une folle gaieté. Une course folle. Un fou rire,* qu'on ne peut maîtriser. **5.** Qui a un mouvement imprévisible et désordonné. – *Herbes folles,* qui croissent en tous sens. ▷ TECH Se dit d'une poulie, d'une roue qui tourne autour d'un axe, sans en être solidaire. **6.** Fam. Considérable. *Un monde fou. Un succès fou.* **II.** n. **1.** Personne atteinte de démence. *Maison de fous :* anc. hôpital psychiatrique; mod., fam. lieu où les gens ont une conduite étrange. *C'est une vraie maison de fous, cette boîte !* – *Histoire de fou(s) :* aventure absurde. – n. f. Fam., péjor. Homme homosexuel au comportement féminin maniéré. **2.** Personne qui fait des extravagances, pour s'amuser, pour faire rire. *Ne faites pas les fous.* Prov. *Plus on est de fous, plus on rit.* **3.** Bouffon, amuseur, autref. attaché à la personne des rois. ▷ JEU Pièce du jeu d'échecs se déplaçant selon les diagonales. – Du lat. *follis,* « sac, ballon plein d'air », par métaph. iron.

2. fou [fu] n. m. Nom cour. des oiseaux sulidés (ordre des pélécaniformes). – *Fou de Bassan* (Sula bassana) : oiseau blanc des côtes bretonnes, gros comme une oie, dont la pointe des ailes, la queue et la base du bec sont noires. – De *fou* 1, à cause de son comportement.

fouace [fwas] ou **fougasse** [fugas] n. f. **1.** Pain en forme de galette, cuit primitivement sous la cendre. **2.** Pâtisserie rustique (brioche ou génoise) à la fleur d'oranger. – Du lat. pop. **focacia,* de *focus,* « foyer ».

fouage [fwaʒ] n. m. DR FEOD Redevance perçue par le seigneur pour chaque foyer. – De l'a. fr. *fou,* « feu ».

fouailler [fwaje] v. tr. [1] Vieilli, litt. Donner des coups de fouet répétés à. ▷ Fig. *Fouailler qqn d'injures.* – De *fou,* anc. nom du hêtre.

foucade [fukad] n. f. Vx ou litt. Élan subit et passager, caprice. – Du rad. de *fougue*.

fouchtra! [fuʃtʀa] interj. Juron attribué aux Auvergnats. – De *foutre*, d'après fichtre.

1. foudre [fudʀ] n. **I.** n. f. **1.** Décharge électrique intense qui se produit par temps d'orage, accompagnée d'un éclair et d'une violente détonation (tonnerre). ▷ Fig. *Coup de foudre* : amour subit et immédiat pour qqn. – Par ext. *Acheter un meuble ancien sur un coup de foudre.* **2.** (Plur.) *Les foudres de* : le courroux de. *Encourir les foudres du pouvoir.* **II.** n. m. **1.** Faisceau de traits enflammés en zigzag, attribut de Jupiter. **2.** Iron. *Un foudre de guerre* : un grand homme de guerre. – Du lat. *fulgur, fulguris*, « éclair ».

2. foudre [fudʀ] n. m. Grand tonneau (de 50 à 300 hl). – All. *Fuder.*

foudroiement [fudʀwamɑ̃] n. m. Action de foudroyer; fait d'être foudroyé. – De *foudroyer.*

foudroyant, ante [fudʀwajɑ̃, ɑ̃t] adj. **1.** Qui frappe avec la brutalité et la violence de la foudre. *Apoplexie foudroyante.* **2.** Qui a la soudaineté et la rapidité de la foudre. *Succès foudroyant.* **3.** Par métaph. *Regards foudroyants.* – Ppr. de *foudroyer.*

foudroyer [fudʀwaje] v. tr. [23] **1.** Frapper de la foudre. *Zeus foudroya les Titans.* ▷ Fig. *Foudroyer qqn du regard.* **2.** Tuer soudainement, terrasser. *Une crise cardiaque l'a foudroyé.* – De *foudre.*

fouëne. V. foëne.

fouet [fwɛ] n. m. **1.** Instrument formé d'une corde (ou de lanières de cuir tressées), attachée au bout d'un manche. *Le cocher fit claquer son fouet pour exciter les chevaux. Cingler qqn d'un coup de fouet.* **2.** Châtiment donné avec le fouet ou avec des verges. **3.** Fig. *Coup de fouet* : stimulation vigoureuse et instantanée. *Cette potion leur a donné un coup de fouet.* ▷ MED *Coup de fouet* : douleur vive et subite due à une déchirure musculaire. **4.** Loc. *De plein fouet* : directement sur l'obstacle ou l'objectif, perpendiculairement à lui. *Tir de plein fouet.* – *Collision de plein fouet*, de face et très violente. **5.** CUIS Ustensile qui sert à battre les œufs et les sauces. **6.** ZOOL Segment terminal de l'aile des oiseaux. ▷ Queue d'un chien. – Dimin. de l'a. fr. *fou*, « hêtre », avec évolution probable à « baguette de hêtre ».

fouettard [fwetaʀ] adj. m. *Père fouettard* : personnage imaginaire, armé d'un fouet, dont on menaçait les enfants. – De *fouetter.*

1. fouetté, ée [fwete] adj. CUIS Battu avec un fouet. *Crème fouettée.* – Pp. de *fouetter.*

2. fouetté [fwete] n. m. **1.** CHOREGR Rotation du corps sur une pointe ou une demi-pointe, entretenue par le mouvement des bras et de la jambe opposée à la jambe d'appui. **2.** JEU Au billard, coup très vif donné en retirant immédiatement la queue. – Pp. subst. de *fouetter.*

fouettement [fwɛtmɑ̃] n. m. Action de fouetter. – De *fouetter.*

fouetter [fwete] v. [1] **I.** v. tr. **1.** Donner le fouet, des coups de fouet à. ▷ Loc. fam. *Il n'y a pas de quoi fouetter un chat* : ce n'est qu'une faute légère. – *Il a d'autres chats à fouetter* : il a bien d'autres choses à faire. **2.** Cingler. *La pluie nous fouettait le visage.* ▷ v. intr. *La pluie qui fouette contre les vitres.* **3.** CUIS Battre vivement (avec un fouet). *Fouetter de la crème.* **II.** v. intr. Pop. Sentir mauvais, puer. *Ça fouette, ici!* – De *fouet.*

foufou [fufu], **fofolle** [fɔfɔl]adj. et n. Fam. Un peu fou, écervelé, farfelu. ▷ Subst. *Une bande de fofolles.* – Redoublement de *fou, folle.*

fougasse. V. fouace.

fougère [fuʒɛʀ] n. f. Plante aux grandes feuilles, généralement pennées, dont les très nombreuses espèces (9 000) constituent la plus importante classe de cryptogames vasculaires. – Du lat. pop. **filicaria.*

ENCYCL Les fougères sont apparues au dévonien et ont constitué une partie importante de la végétation du carbonifère. Elles vivent dans les endroits ombragés et humides; leur taille varie de quelques centimètres à quelques mètres pour certaines fougères tropicales arborescentes.

fougue [fug] n. f. Impétuosité, ardeur naturelle. – Lat. *fuga*, « fuite »; ital. *foga*, « fuite précipitée ».

fougueusement [fugøzmɑ̃] adv. Avec fougue. – De *fougueux.*

fougueux, euse [fugø, øz] adj. Plein de fougue, ardent, impétueux. – De *fougue.*

fouille [fuj] n. f. **1.** Action de fouiller la terre, spécial. (plur.) pour retrouver des vestiges archéologiques. *Les fouilles de Delphes, d'Herculanum.* **2.** Fig. Action d'explorer minutieusement. *La fouille d'un tiroir.* ▷ Action de fouiller qqn. *La fouille d'un détenu.* **3.** CONSTR Excavation pratiquée dans le sol, avant de procéder à la construction des fondations d'un ouvrage. *Fouilles en rigole, en déblai, en puits.* **4.** Arg. Poche. – Déverbal de *fouiller.*

fouiller [fuje] v. [1] **I.** v. tr. **1.** Creuser. *Fouiller le sol, la terre.* **2.** Explorer soigneusement (un lieu) pour trouver qqch que l'on cherche. – *Fouiller qqn* : chercher dans ses poches, ses habits, etc. **3.** SCULP Travailler avec le ciseau pour pratiquer des enfoncements. *Fouiller le marbre.* ▷ Fig. *Fouiller son style*, le travailler. **II.** v. intr. **1.** Creuser. *Fouiller dans la terre.* **2.** Chercher une chose en remuant tout ce qui pourrait la cacher. *Fouiller dans une armoire, dans sa poche.* ▷ Fig. *Fouiller dans sa mémoire.* **III.** v. pron. Loc. fam. *Tu peux te fouiller* : il n'y a rien pour toi; il n'en est pas question. – Du lat. pop. **fodiculare*, de *fodicare*, « percer ».

fouilleur, euse [fujœʀ, øz] n. **1.** Personne qui fouille. **2.** n. f. AGRIC Charrue spéciale à griffes multiples, qui permet de labourer le sous-sol sans le faire remonter (opération du *fouillage*). – De *fouiller.*

fouillis [fuji] n. m. Fam. Amas de choses hétéroclites. *Un fouillis de paperasses.* – De *fouiller.*

fouine [fwin] n. f. Martre d'Europe et d'Asie centrale (*Martes foina*, fam. mustélidés), petit carnivore bas sur pattes au corps très allongé, au pelage brun et blanc. – Du lat. pop. **fagina (mustela)*, « martre (des hêtres) ».

fouiner [fwine] v. intr. [1] Fam. Fureter, épier indiscrètement. – De *fouine.*

fouineur, euse [fwinœʀ, øz] ou **fouinard, arde** [fwinaʀ, aʀd] adj. et n. Fam. Qui furète partout; indiscret. – De *fouiner.*

fouir [fwiʀ] v. tr. [3] Creuser (le sol). *Une taupe qui fouit la terre.* – ETHNOL *Bâton à fouir*, qui ameublit superficiellement le sol avant les semailles. – Du lat. pop. **fodire*, class. *fodere*, « creuser, fouir ».

fouisseur, euse [fwisœʀ, øz] adj. et n. m. Didac. **1.** Qui fouit la terre. *Animal fouisseur.* – n. m. *Le lombric est un fouisseur.* **2.** Qui sert à fouir. *Des pattes fouisseuses.* – De *fouir.*

foulage [fulaʒ] n. m. Action de fouler. *Le foulage du raisin. Le foulage de la pâte à papier.* – De *fouler.*

foulant, ante [fulɑ̃, ɑ̃t] adj. **1.** TECH *Pompe foulante*, qui élève un liquide par la pression qu'elle exerce. **2.** Fig., fam. Fatigant. *Un boulot pas foulant.* – Ppr. de *fouler.*

foulard [fulaʀ] n. m. **1.** Étoffe légère servant à faire des mouchoirs, des cravates, des robes, etc. **2.** Écharpe en tissu léger pour protéger le cou, pour servir de coiffure. *Mettre un foulard.* – P.-ê. provenç. *foulat*, « foulé », drap léger d'été.

foulbés. V. peuls.

foule [ful] n. f. **1.** Multitude de gens réunis. ▷ *Une foule de* : une grande quantité (de gens ou de choses). *Avoir une foule d'idées.* **2.** *La foule* : le commun des hommes, le vulgaire. *Ne plaire qu'à la foule, être méprisé de l'élite.* **3.** *En foule* : en grand nombre, en grande quantité. – Déverbal de *fouler* (sens 1).

foulée [fule] n. f. **1.** EQUIT Temps pendant lequel le pied du cheval pose sur le sol. – *Par ext.* Espace parcouru par un cheval à chaque temps de trot, de galop. **2.** Longueur de l'enjambée d'un coureur. – Pp. fém. subst. de *fouler.*

fouler [fule] v. tr. [1] **1.** Presser (un corps, une substance) avec les pieds, les mains ou un outil. *Fouler du raisin, des cuirs, du drap.* **2.** Litt. Marcher sur (le sol). *Fouler le sol natal.* ▷ *Fouler aux pieds* : piétiner, et, *par ext.*, fig., traiter avec mépris. *Fouler aux pieds la Constitution.* **3.** v. pron. Se blesser par foulure. *Se fouler le pied.* ▷ Fig., fam. Se donner de la peine. *Elle ne s'est pas foulée.* – Lat. pop. **fullare*, «fouler une étoffe».

fouloir [fulwaʀ] n. m. TECH Appareil servant à fouler. – De *fouler* (sens 1).

foulon [fulɔ̃] n. m. Vx Artisan qui foulait les draps. ▷ *Moulin à foulon*, ou *foulon* : autref., moulin servant à fouler. ▷ *Terre à foulon* : argile servant à dégraisser les étoffes. – Lat. *fullo.*

foulque [fulk] n. f. Gros oiseau ralliforme (genre *fulica*), au plumage sombre, vivant dans un milieu aux eaux douces et calmes. – Anc. provenç. *folca*, lat. *fulica.*

foultitude [fultityd] n. f. Fam. Grand nombre. *Avoir une foultitude de choses à faire.* – De *foul(e)*, et *(mul)titude.*

foulure [fulyʀ] n. f. MED Légère entorse. – De *fouler* (sens 3).

four [fuʀ] n. m. **1.** Ouvrage de maçonnerie, souvent en forme de voûte, ouvert par-devant, pour faire cuire le pain, la pâtisserie. ▷ *Petit four* : petite pâtisserie pour le dessert ou le thé. ▷ Appareil ménager dans lequel on fait rôtir les aliments. *Poulet cuit au four. Four à micro-ondes*. Four électrique. Four à catalyse** **2.** SPECT Loc. fig. *Faire un four* : échouer, en parlant d'une pièce, d'un spectacle. **3.** TECH Appareil dans lequel on chauffe une matière pour lui faire subir une transformation physique ou chimique. *Four à réverbère*, dans lequel la chaleur des flammes échauffe la voûte qui rayonne sur le métal à fondre. – *Four Martin*, servant à élaborer l'acier. ▷ *Four solaire*, concentrant, au moyen de miroirs paraboliques, l'énergie du rayonnement solaire sur la zone à chauffer. – Du lat. *furnus.*

fourbe [fuʀb] adj. et n. Qui trompe avec une adresse maligne, une ruse perfide. – De *fourbir*, au sens anc. de «voler».

fourberie [fuʀbəʀi] n. f. **1.** Caractère du fourbe. **2.** Tromperie basse, ruse perfide. – De *fourbe.*

fourbi [fuʀbi] n. m. **1.** Pop. Tâche compliquée; affaire douteuse. *Un sacré fourbi, votre histoire.* **2.** Fam. Tout l'équipement du soldat. *Astiquer son fourbi.* – *Par ext.* Les affaires de qqn. *Il a débarqué chez eux avec tout son fourbi.* **3.** Ensemble de choses hétéroclite. – De *fourbir*, au sens anc. de «voler»; sens 2, d'apr. *fourniment.*

fourbir [fuʀbiʀ] v. tr. [3] Polir (un objet de métal). *Fourbir une lame.* – Frq. **furbian*, «nettoyer», et aussi «voler».

fourbissage [fuʀbisaʒ] n. m. Action de fourbir. – De *fourbir.*

fourbu, ue [fuʀby] adj. **1.** MED VET Atteint de fourbure. **2.** Très fatigué, harassé. – Pp. de l'a. fr. *forboire*, «boire à l'excès».

fourbure [fuʀbyʀ] n. f. MED VET Congestion des extrémités des pattes des ongulés (cheval, notam.) qui les fait boiter. – De *fourbu.*

fourche [fuʀʃ] n. f. **1.** Instrument à long manche terminé par plusieurs dents. *Remuer du foin avec une fourche.* **2.** Objet en forme de fourche. – TECH Dans un engin à deux roues, organe reliant l'axe de la roue avant au guidon. *Fourche de bicyclette. Fourche télescopique.* **3.** Disposition en deux ou plusieurs branches. *Prenez ce chemin jusqu'à la fourche*, jusqu'à la bifurcation. ▷ Fig. *Passer sous les fourches Caudines* : subir des conditions humiliantes (par allus. à l'humiliation qu'endurèrent les Romains lors de leur passage sous un joug, après leur défaite [321 av. J.-C.] devant les Samnites à *Caudium*). – Lat. *furca.*

fourcher [fuʀʃe] v. [1] **I.** v. intr. **1.** Se diviser en deux ou plusieurs branches. *Avoir les cheveux qui fourchent.* **2.** Fig., fam. *Sa langue a fourché* : il a prononcé un mot pour un autre. **II.** v. tr. Remuer ou enlever à la fourche. *Fourcher de la terre, du fumier.* – De *fourche.*

fourchet [fuʀʃɛ] n. m. MED VET Inflammation de l'espace interdigité des ruminants (avec formation d'une excroissance parfois très volumineuse). ▷ Abcès siégeant entre les doigts de la patte du chien. – De *fourche.*

fourchette [fuʀʃɛt] n. f. **1.** Ustensile de table terminé par plusieurs pointes ou dents. **2.** TECH Organe en forme de petite fourche. *Fourchette d'embrayage*, qui sert à désaccoupler les plateaux d'un embrayage. **3.** ZOOL Partie cornée située à la face inférieure du sabot du cheval et qui a l'aspect d'une fourchette à deux branches. ▷ Os formé par les clavicules soudées de l'oiseau. **4.** MILIT Intervalle probable de dispersion d'un projectile. *Fourchette de tir.* ▷ STATIS Intervalle entre deux valeurs extrêmes. – Cour. *Produit qui se situe dans une fourchette de prix raisonnable.* **5.** Dans les jeux de cartes, combinaison de deux cartes formée par la plus haute et la plus basse d'une séquence de trois et dont l'intermédiaire est détenue par l'adversaire. – Dimin. de *fourche.*

fourchu, ue [fuʀʃy] adj. **1.** Qui a l'aspect d'une fourche. *Pied fourchu* (des ruminants), à sabot divisé en deux. **2.** Qui fourche. *Arbre fourchu.* – De *fourche.*

1. fourgon [fuʀgɔ̃] n. m. Instrument servant à remuer le bois, le charbon, dans un four. – Du lat. pop. **furicare*, class. *furari*, «voler».

2. fourgon [fuʀgɔ̃] n. m. Véhicule, wagon, servant au transport des bagages, du courrier, des munitions, des marchandises. ▷ *Fourgon mortuaire* : corbillard automobile.

fourgonner [fuʀgɔne] v. intr. [1] **1.** Remuer la braise, le feu, avec un fourgon. **2.** Fig. Fouiller (dans qqch) en mettant du désordre. *Fourgonner dans un coffre.* – De *fourgon* 1.

fourgonnette [fuʀgɔnɛt] n. f. Petite camionnette. – Dimin. de *fourgon* 2.

fourguer [fuʀge] v. tr. [1] Arg. Écouler, vendre (une marchandise illégalement détenue, volée, en mauvais état, etc.). – Provenç. mod., du lat. *furicare*, «voler»; de l'arg. *fourgue*, «receleur».

fouriérisme [fuʀjeʀism] n. m. Système philosophique et social de Charles Fourier (1772 - 1837) et de ses disciples, reposant sur une critique de la répartition des richesses et préconisant, de façon utopique, le plan d'une cité harmonieuse (le phalanstère) où l'homme s'épanouirait dans le travail devenu l'expression profonde de chacun. – Du n. du philosophe et économiste français Charles *Fourier.*

fouriériste [fuʀjeʀist] adj. Relatif au fouriérisme. ▷ Subst. Partisan du fouriérisme. – Du n. de Charles *Fourier* (V. fouriérisme).

fourme [fuʀm] n. f. Fromage de lait de vache, à pâte ferme, fabriqué dans les régions du centre de la France (Cantal, Puy-de-Dôme, notam.). *La fourme d'Ambert est un bleu.* – Var. de *forme*, «forme à fromage».

fourmi [furmi] n. f. **1.** Petit insecte vivant en société, ou *fourmilière*, et dont il existe de très nombreuses espèces. *Les fourmis sont des hyménoptères aculéates.* **2.** Fig. Personne travailleuse et économe (par allus. à *la Cigale et la Fourmi*, fable de La Fontaine). *C'est une vraie fourmi!* **3.** Loc. fig. *Avoir des fourmis dans les jambes, dans les bras :* éprouver une sensation de picotements multiples. – Lat. *formica.*

ENCYCL Les fourmis sont apparues au crétacé. Toutes (plus de 12 000 espèces) sont organisées en sociétés, lesquelles comportent donc des individus spécialisés. Une fourmilière comprend : une reine, qui est seule à pondre; des mâles à vie très courte qui, comme la reine, possèdent des ailes et un aiguillon (fourmis ailées); les ouvrières, stériles, aptères et à abdomen pédonculé produisant des sécrétions riches en acide formique. Certaines fourmilières comptent jusqu'à 1 million d'ouvrières. Celles-ci assurent l'entretien de la fourmilière, la recherche et le transport de la nourriture, qu'elles se procurent parfois en récupérant le miellat de certains pucerons ou en consommant les champignons dont elles favorisent la pousse à l'intérieur de la fourmilière. Certaines espèces tropicales dévorent tout sur leur passage ou pillent d'autres fourmilières, emportant œufs et larves (qu'elles élèvent pour en faire leurs «esclaves«). Les fourmis communiquent en émettant des signaux chimiques.

fourmilier [furmilje] n. m. Nom général des mammifères xénarthres (tamanoir, tamandua, etc.) qui se nourrissent de fourmis (leur langue filiforme et visqueuse les attrape en s'enfonçant dans les galeries des fourmilières). – De *fourmi.*

fourmilière [furmiljɛr] n. f. **1.** Lieu où vit une colonie de fourmis. L'ensemble des fourmis d'une colonie. **2.** Fig. Lieu où s'agite une grande foule. *La Bourse, à l'heure des cotations, est une fourmilière.* – De *fourmi.*

fourmi-lion ou **fourmilion** [furmiljɔ̃] n. m. Insecte néoptère (*Myrmeleon formicarius*) dont la larve creuse dans le sable un entonnoir au fond duquel elle vit, et qui lui sert à capturer les insectes dont elle se nourrit. *Des fourmis-lions.* – De *fourmi*, et *lion*; lat. zool. *formicaleo.*

fourmillant, ante [furmijɑ̃, ɑ̃t] adj. Qui grouille; qui s'agite en tous sens. *Des eaux fourmillantes de poissons.* – Ppr. de *fourmiller.*

fourmillement [furmijmɑ̃] n. m. **1.** Agitation en tous sens d'une multitude d'êtres. **2.** Picotement accompagnant l'engourdissement d'un membre. – De *fourmiller.*

fourmiller [furmije] v. intr. [1] **1.** S'agiter vivement et en grand nombre. *La multitude fourmillait autour du quai.* **2.** *Par ext.* Être en grand nombre, abonder. *Les fautes fourmillaient dans cet ouvrage.* ▷ *Fourmiller de :* être rempli de. *La garenne fourmille de lapins.* **3.** Être le siège de picotements. *La main me fourmille.* – De *fourmi.*

fournaise [furnɛz] n. f. **1.** Grand four embrasé; feu très vif. **2.** Lieu très chaud. *La ville, à midi, était une fournaise.* – Fém. de l'a. fr. *fornaiz*, lat. *fornax, fornacis*, «grand four».

fourneau [furno] n. m. **1.** Appareil pour cuire les aliments. *Le foyer, la grille d'un fourneau. Fourneau électrique, à gaz.* **2.** TECH Appareil servant à soumettre une substance à l'action du feu. *Haut-fourneau :* V. ce mot. **3.** *Fourneau de pipe :* partie d'une pipe où brûle le tabac. ▷ *Fourneau de mine :* excavation dans laquelle on place une charge explosive. – Dimin. de l'a. fr. *forn*, «four».

fournée [furne] n. f. **1.** Quantité que l'on fait cuire en même temps dans un four. *Le boulanger a terminé sa fournée. Fournée de briques.* **2.** Fig., fam. Groupe de gens entrant en même temps dans un lieu, nommés aux mêmes fonctions, promis à un même sort, etc. *Entrer par fournées.* – De l'a. fr. *forn*, «four».

fourni, ie [furni] adj. **1.** Garni, pourvu, approvisionné. *Table bien fournie.* **2.** *Barbe, chevelure fournie*, abondante. – Pp. de *fournir.*

fournil [furni] n. m. Pièce où se trouve le four du boulanger, où l'on pétrit la pâte. – De l'a. fr. *forn*, «four».

fourniment [furnimɑ̃] n. m. Ensemble des objets qui composent l'équipement du soldat. ▷ *Par ext.*, fam. Attirail, ensemble d'objets, de bagages, etc. *Il arrive avec tout son fourniment.* – De *fournir*, par l'ital. *fornimento.*

fournir [furnir] **I.** v. tr. [3] **1.** Pourvoir, approvisionner habituellement. *Fournir l'armée en vivres.* ▷ v. pron. *Se fournir en café chez tel épicier.* **2.** Livrer, donner. *Fournir du blé aux moulins.* **3.** Apporter, procurer. *Fournir des preuves, des idées.* **4.** JEU Jouer de la couleur demandée. *Fournir (une carte) à cœur.* **5.** Accomplir. *Fournir un effort.* **II.** v. tr. indir. Vieilli Subvenir, contribuer. *Fournir aux frais. Fournir à tout.* – Frq. **frumjan*, «exécuter».

fournisseur, euse [furnisœr, øz] n. Personne, entreprise qui fournit habituellement une marchandise. – Par ext. *Ce pays est notre principal fournisseur de pétrole.* – De *fournir.*

fourniture [furnityr] n. f. **1.** Action de fournir; provision fournie ou à fournir. *L'usine a pris en charge la fourniture des pièces de rechange.* **2.** (Surtout au plur.) Ce qui est fourni pour l'exercice d'une activité particulière. *Fournitures de bureau.* ▷ Matériel, accessoires nécessaires à l'exécution d'un travail à façon, fournis par un artisan. *Fournitures et main-d'œuvre.* – De *fournir.*

fourrage [furaʒ] n. m. Substance végétale fraîche, séchée ou fermentée, que l'on destine à l'alimentation du bétail. – De l'a. fr. *fuerre*, frq. **fodr*, **fodar*, «paille».

1. fourrager, ère [furaʒe, ɛr] adj. et n. f. **1.** adj. Propre à être employé comme fourrage. *Plantes fourragères.* **2.** n. f. AGRIC Pièce de terre où l'on cultive des plantes fourragères. ▷ Charrette servant au transport du fourrage. – De *fourrage.*

2. fourrager [furaʒe] v. intr. [13] **1.** Vx Couper et amasser du fourrage. **2.** Fam. Fouiller sans méthode, en mettant du désordre. *Fourrager dans une armoire.* ▷ v. tr. *Fourrager des papiers.* – De *fourrage.*

fourragère [furaʒɛr] n. f. Ornement militaire formé d'une tresse que l'on porte autour de l'épaule, conféré aux corps qui se sont particulièrement distingués devant l'ennemi. – P.-ê. d'un sens «corde à fourrage».

1. fourré [fure] n. m. Endroit épais, touffu, d'un bois. *Se frayer un chemin dans un fourré.* – Pp. substantivé de *fourrer* (taillis *fourré*).

2. fourré, ée [fure] adj. **1.** Doublé de fourrure. *Gants fourrés.* **2.** Garni à l'intérieur. *Bonbons fourrés au chocolat.* **3.** *Coup fourré :* en escr., coup par lequel chacun des adversaires touche l'autre; *par ext.*, fig. coup bas, piège tendu à qqn. – Pp. de *fourrer.*

fourreau [furo] n. m. **1.** Gaine, étui. ▷ *Spécial.* Étui d'une épée. **2.** Robe droite moulant le corps. – Dér. de l'a. fr. *fuerre*, frq. **fôdr*, «fourreau», homonyme de **fôdr*, «fourrage».

fourrer [fure] v. tr. [1] **I. 1.** Doubler de fourrure. *Fourrer un manteau.* **2.** Garnir à l'intérieur. *Fourrer des bonbons.* **II.** Fam. **1.** Mettre comme dans un fourreau. *Fourrer ses mains dans ses poches.* **2.** Placer, mettre. *Où ai-je pu fourrer cela?* **3.** v. pron. Se mettre, se placer, se cacher. *Où est-il encore allé se fourrer?* – De l'a. fr. *fuerre.*

fourre-tout [furtu] n. m. inv. Fam. Lieu, meuble, sac où l'on entasse les objets qui encombrent. – De *fourrer*, et *tout.*

fourreur [furœr] n. m. Personne qui façonne ou vend des peaux, des vêtements de fourrure. – De *fourrure.*

fourrier [fuʀje] n. m. **1.** Sous-officier chargé du logement des troupes, de la nourriture et du couchage des hommes de la compagnie. – (En appos.) *Sergent, caporal(-)fourrier.* **2.** Fig., litt. Personne ou chose qui prépare, qui annonce qqch. *Les colchiques, fourriers de l'automne.* – De l'a. fr. *fuerre.* V. fourreau.

fourrière [fuʀjɛʀ] n. f. **1.** Dépôt municipal où sont placés les animaux trouvés sur la voie publique. **2.** Lieu où sont consignées les voitures enlevées de la voie publique sur ordre de la police. – De *fuerre.* V. fourrage.

fourrure [fuʀyʀ] n. f. **I. 1.** Peau garnie de son poil et préparée pour la confection de vêtements, de parures, etc. ▷ Vêtement de fourrure. **2.** HERALD Émail de l'écu représentant de la fourrure. **3.** Peau d'un animal vivant, à poils touffus. *La fourrure d'un chat.* **II.** TECH Pièce rapportée servant à remplir un vide, à masquer un joint. – De *fourrer.*

fourvoiement [fuʀvwamɑ̃] n. m. Fait de se fourvoyer, de s'égarer, de se tromper. – De *fourvoyer.*

fourvoyer [fuʀvwaje] **I.** v. tr. [**23**] Rare Égarer (qqn). *Un guide incompétent les avait fourvoyés.* ▷ Fig. *Les mauvais exemples l'ont fourvoyé.* **II.** v. pron. **1.** Se perdre, s'égarer. *Se fourvoyer dans des ruelles.* ▷ Fig. *Se fourvoyer dans une affaire douteuse.* **2.** Se tromper grossièrement, complètement. – De *fors,* et *voie.*

foutaise [futɛz] n. f. Fam. Chose sans valeur, sans intérêt. *Sa proposition, de la foutaise!* – De *foutre* 1.

foutoir [futwaʀ] n. m. Vx Lit de repos ou fauteuil permettant une étreinte rapide. ▷ Maison de tolérance plutôt sordide. ▷ Mod., fam. Lieu où règne un grand désordre. – De *foutre* 3.

1. foutre [futʀ] v. [**6**] **I.** v. tr. Fig., fam. (Plus fam. que *ficher.*) **1.** Faire. *Qu'est-ce que vous foutez là? Je n'ai rien à foutre en ce moment.* **2.** Flanquer (un coup). *Foutre une gifle à qqn.* **3.** Mettre. *Foutre qqch à la poubelle.* **4.** Loc. *Foutre le camp* : s'en aller. *Foutez-moi la paix* : laissez-moi tranquille. Fig. *Va te faire foutre!* : va-t'en! **II.** v. pron. *Se foutre de* : se moquer de, être indifférent à. *Il se fout du monde,* des autres. *Il se fout de tout.* – Du lat. *futuere,* « avoir des rapports avec une femme ».

2. foutre! [futʀ] interj. Vulg. Pour exprimer la surprise, la colère, etc. – De *foutre* 1.

3. foutre [futʀ] n. m. Vulg. Sperme. – De *foutre* 1.

foutrement [futʀəmɑ̃] adv. Pop. Extrêmement; bigrement. – De *foutre* 2.

foutriquet [futʀikɛ] n. m. Pop., péjor. Individu prétentieux et incapable. – De *foutre* 1.

foutu, ue [futy] adj. Fam. **1.** Fait, exécuté. *Ouvrage mal foutu.* **2.** Perdu, ruiné; cassé. *Un homme foutu. Il est foutu, votre instrument.* **3.** (Avant le nom.) Sacré, sale. *Quel foutu temps!* – Pp. de *foutre* 1.

fovéa [fɔvea] n. f. ANAT Point de la rétine marqué par une dépression au milieu de la tache jaune. – Lat. *fovea,* « excavation ».

fox. V. fox-terrier.

fox-hound [fɔksawnd] n. m. Chien courant qui ressemble au beagle, utilisé en Grande-Bretagne pour la chasse à courre du renard. *Des fox-hounds.* – Mot angl., « chien (*hound*) pour chasser le renard (*fox*) ».

fox-terrier [fɔkstɛʀje] ou, abrév., **fox** [fɔks] n. m. Chien de petite taille (une trentaine de cm au garrot), à poil ras, raide ou frisé, que l'on utilise pour la chasse au renard en terrier. *Des fox-terriers. Des fox.* – Mot angl, « chien pour débusquer le renard (*fox*) », et *terrier,* mot empr. au fr.

fox-trot [fɔkstʀɔt] n. m. inv. Danse à quatre temps, caractérisée par une marche saccadée en avant, en arrière, ou sur le côté. – Mot angl., « trot (*trot*) du renard (*fox*) ».

foyer [fwaje] n. m. **I. 1.** Partie de l'âtre d'une cheminée où se fait le feu. – Dalle de pierre ou de marbre devant une cheminée pour séparer le plancher du feu. **2.** *Par ext.* Feu qui brûle dans une cheminée. *Les cendres du foyer.* ▷ Endroit où le feu a pris, où il est le plus ardent. *Foyer d'un incendie.* **3.** TECH Partie d'un appareil, d'une machine où a lieu la combustion. *Le foyer d'une chaudière.* **II.** *Par ext.* **1.** Domicile familial; la famille elle-même. *Le foyer conjugal. Rester au foyer. Mère, femme au foyer,* qui ne travaille pas à l'extérieur. – (Plur.) *Rentrer dans ses foyers* : regagner son domicile, son pays, partic. en parlant d'un soldat démobilisé, d'un appelé qui a terminé son service militaire. ▷ *Fonder un foyer,* une famille. *Foyer fiscal,* représenté par le contribuable au nom duquel est établie la déclaration d'impôt. **2.** Lieu où l'on se réunit pour se distraire, discuter, etc., dans certains établissements. *Le foyer d'une caserne.* ▷ *Foyer socioculturel* : équipement collectif mis à la disposition des habitants d'un secteur géographique, animé par des éducateurs et des psychologues. ▷ THEAT Endroit, dans un théâtre, où le public peut boire et fumer pendant les entractes. *Le foyer de l'Opéra.* **3.** Établissement destiné à l'accueil et au logement de certaines catégories de personnes. *Foyer de jeunes travailleurs.* **III.** *Par anal.* Centre de rayonnement. **1.** Point central d'où qqch provient. *Foyer de résistance, d'intrigues.* ▷ MED Siège principal d'une maladie. *Foyer infectieux, cancéreux.* **2.** OPT Point de convergence des rayons lumineux après réflexion sur un miroir ou après passage à travers une lentille (le faisceau initial étant formé de rayons parallèles). *Lunettes à double foyer.* **3.** GEOM *Foyer d'une conique* : point tel que le rapport (nommé excentricité) des distances d'un point de la conique à ce foyer, d'une part, et à une droite fixe (appelée directrice), d'autre part, soit constant. **4.** GEOPH Syn. de *hypocentre.* – Du lat. pop. **focarium,* de *focus,* « foyer ».

Fr CHIM Symbole du francium.

frac [fʀak] n. m. Habit de cérémonie pour les hommes, noir, à basques. – Probabl. de l'angl. *frock,* du fr. *froc.*

fracas [fʀaka] n. m. Bruit très violent. *Le fracas d'une chute d'eau.* Syn. tumulte, vacarme. ▷ Loc. *Avec perte et fracas* : brutalement. *Renvoyer qqn avec perte et fracas.* – It. *fracasso,* déverbal de *fracassare,* « fracasser ».

fracassant, ante [fʀakasɑ̃, ɑ̃t] adj. **1.** Qui fait du fracas. *Un bruit fracassant.* **2.** Fig. Qui fait grand bruit, qui a un grand éclat. *Une déclaration fracassante.* – Ppr. de *fracasser.*

fracassement [fʀakasmɑ̃] n. m. Fait de se fracasser; son résultat. *Le fracassement de branches.* – De *fracasser.*

fracasser [fʀakase] v. tr. [**1**] Briser, rompre en plusieurs pièces. ▷ v. pron. Se briser. *La voiture alla se fracasser contre l'arbre.* – Ital. *fracassare.*

fractal, ale, als [fʀaktal]adj. MATH Dont la forme est irrégulière et fragmentée. *La veinure d'un bois est un exemple de géométrie fractale.*

fractale [fʀaktal] n. f. MATH Ensemble géométrique ou objet naturel dont les parties ont la même structure (irrégulière et fragmentée) que le tout, mais à des échelles différentes. – Du lat. *fractus,* « brisé ».

fraction [fʀaksjɔ̃] n. f. **I. 1.** MATH Expression indiquant quel nombre de parties égales de l'unité l'on considère. *Dans la fraction* $\frac{2}{3}$ (deux tiers), *2 est le numérateur, 3 le dénominateur; ils sont séparés par une barre de fraction.* (La notation $\frac{a}{b}$ est équivalente à $a \times \frac{1}{b}$.) **2.** Partie d'un tout. *Une petite fraction de l'assemblée.* **II.** Vx Action de rompre, de diviser. – LITURG *La fraction du pain eucharistique.* – Bas lat. *fractio,* de *frangere,* « briser ».

fractionnaire [fʀaksjɔnɛʀ] adj. MATH Qui est sous forme de fraction. *Nombre fractionnaire.* - *Expression fractionnaire* : fraction plus grande que l'unité. – De *fraction.*

fractionnel, elle [fʀaksjɔnɛl] adj. Qui tend à désunir, à diviser (un groupe, un parti). – De *fraction.*

fractionnement [fʀaksjɔnmɑ̃] n. m. **1.** Action de fractionner; son résultat. **2.** CHIM Opération qui consiste à séparer les constituants d'un mélange (par flottaison, dissolution, décantation, filtration, centrifugation, distillation, etc.). – De *fractionner.*

fractionner [fʀaksjɔne] v. tr. [1] Diviser (un tout) en plusieurs parties. – De *fraction.*

fractionnisme [fʀaksjɔnism] n. m. POLIT Activité, attitude fractionniste. – De *fraction,* et *-isme.*

fractionniste [fʀaksjɔnist] adj. et n. POLIT Qui tend à rompre l'unité d'un parti. ▷ Subst. *Des fractionnistes.* – De *fraction,* et *-iste.*

fracture [fʀaktyʀ] n. f. **1.** Vx Rupture brutale; état de ce qui est ainsi rompu. *La fracture d'une porte.* - GEOL Cassure (du sol). *Les fractures de l'écorce terrestre.* **2.** Rupture (d'un os). *Fracture du tibia. Fracture du crâne. Fracture spontanée,* sans traumatisme. *Fracture ouverte,* dont le foyer est ouvert vers l'extérieur par une lésion des parties molles. – Lat. *fractura,* de *frangere,* « briser ».

fracturer [fʀaktyʀe] v. tr. [1] **1.** Rompre en forçant. *Fracturer un coffre-fort.* **2.** Briser (un os). ▷ v. pron. *Se fracturer la jambe.* – De *fracture.*

fragile [fʀaʒil] adj. **1.** Aisé à rompre; sujet à se briser. *Porcelaines fragiles.* **2.** Mal assuré, instable. *Le fragile équilibre des forces politiques dans telle région.* **3.** (Personnes) Dont la santé (physique ou mentale) est précaire. *Une personne fragile,* très émotive. *Un enfant fragile et chétif.* ▷ Par ext. *Avoir le cœur fragile.* – Lat. *fragilis,* de *frangere,* « briser ».

fragilement [fʀaʒilmɑ̃] adv. D'une manière fragile. – De *fragile.*

fragilisant, ante [fʀaʒilizɑ̃, ɑ̃t] adj. Qui fragilise. – Ppr. de *fragiliser.*

fragilisation [fʀaʒilizasjɔ̃] n. f. Action de fragiliser; fait de fragiliser. – De *fragiliser.*

fragiliser [fʀaʒilize] v. tr. [1] Rendre fragile. *L'âge a fragilisé son organisme.* ▷ v. pron. Devenir fragile. *Les cheveux se fragilisent si les décolorations sont trop fréquentes.* – De *fragile.*

fragilité [fʀaʒilite] n. f. **1.** Aptitude à se briser facilement. *La fragilité du verre.* **2.** Aptitude à s'altérer facilement. *La fragilité de sa santé.* **3.** Instabilité, précarité. *La fragilité des choses humaines.* – Lat. *fragilitas.*

fragment [fʀagmɑ̃] n. m. **1.** Morceau d'une chose brisée. *Fragment d'os.* **2.** Fig. Extrait ou partie d'une œuvre littéraire, artistique, d'un discours, etc. – Lat. *fragmentum.*

fragmentable [fʀagmɑ̃tabl] adj. Qui peut être fragmenté. – De *fragmenter.*

fragmentaire [fʀagmɑ̃tɛʀ] adj. Qui est par fragments; partiel, incomplet. *Des informations fragmentaires.* – De *fragment.*

fragmentairement [fʀagmɑ̃tɛʀmɑ̃] adv. D'une manière fragmentaire; partiellement. – De *fragmentaire.*

fragmentation [fʀagmɑ̃tasjɔ̃] n. f. Action de fragmenter, de se fragmenter. – De *fragmenter.*

fragmenter [fʀagmɑ̃te] v. tr. [1] Séparer, diviser en fragments. – De *fragment.*

fragon [fʀagɔ̃] n. m. Arbrisseau épineux à baies rouges (genre *Ruscus,* fam. liliacées), appelé cour. petit houx. – Du bas lat. *frisgo,* « houx », p.-ê. d'orig. gauloise.

fragrance [fʀagʀɑ̃s] n. f. Litt. Odeur agréable. – Lat. *fragrantia,* de *fragrare,* « répandre une odeur ».

fragrant, ante [fʀagʀɑ̃, ɑ̃t] adj. Litt. Qui dégage une odeur agréable. – Lat. *fragrans, fragrantis.*

1. frai [fʀɛ] n. m. TECH Diminution, par usure, du poids d'une monnaie. – Déverbal de *frayer* I, sens 1.

2. frai [fʀɛ] n. m. **1.** Ponte des œufs, chez les poissons; leur fécondation par le mâle. *Le temps du frai.* ▷ Œufs fécondés des poissons et des amphibiens. *Du frai de carpe.* **2.** Très jeune poisson; alevin. – Déverbal de *frayer* II, sens 1.

fraîche. V. frais 1.

fraîchement [fʀɛʃmɑ̃] adv. **1.** De façon à être au frais. *Vêtu fraîchement.* **2.** Fig. Froidement, sans courtoisie. *Fraîchement reçu.* **3.** Récemment. *Fraîchement débarqué.* – De *frais* 1.

fraîcheur [fʀɛʃœʀ] n. f. **1.** Froid modéré et agréable. *La fraîcheur de la forêt, de l'eau.* **2.** Qualité d'un produit frais, non altéré. *La fraîcheur d'un œuf.* **3.** Fig. Qualité caractéristique de la jeunesse, de la nouveauté. *Fraîcheur du teint, des couleurs.* - (Abstrait) *Fraîcheur d'une pensée.* – De *frais* 1.

fraîchir [fʀɛʃiʀ] v. intr. [3] **1.** Devenir plus frais. ▷ v. impers. *Il fraîchit* : l'air est plus frais. **2.** MAR Souffler plus fort (vent). – De *frais* 1.

frairie [fʀɛʀi] n. f. Vx ou rég. Partie de divertissement et de bonne chère. – De *frère,* et du bas lat. *fratria.*

1. frais, fraîche [fʀɛ, fʀɛʃ] adj. et n. **I. 1.** Modérément froid, caractérisé par la fraîcheur. *Eau fraîche. Les nuits sont fraîches.* ▷ n. Air frais. - Loc. *Prendre le frais.* - *Mettre au frais,* dans un endroit frais; fig. fam. en prison. - Loc. adv. *À la fraîche* : à l'heure où il fait frais. **2.** Fig. Peu chaleureux. *Accueil frais.* **3.** METEO Vent de force 6 dans l'échelle de Beaufort. **II. 1.** Nouvellement produit (à propos de denrées périssables). *Du pain, des œufs frais.* ▷ Qui n'a pas été traité pour la conservation (par oppos. à *fumé, en conserve, séché,* etc.). *Petits pois frais. Sardines fraîches.* **2.** Récent. *Nouvelles fraîches.* ▷ *Peinture fraîche,* qui n'a pas encore séché. ▷ Loc. adv. *De frais* : depuis peu de temps. *Rasé de frais.* ▷ Emploi adverbial (devant pp.). Litt. Nouvellement. *Fleurs fraîches écloses. Frais émoulu.* **3.** Qui a l'éclat de la jeunesse. *Un teint frais.* ▷ Qui n'est pas fatigué. *Frais et dispos. Troupes fraîches.* **4.** Fam., iron. *Le voilà frais,* dans une situation fâcheuse. – Du frq. **frisk.*

2. frais [fʀɛ] n. m. pl. **1.** Dépenses liées à certaines circonstances. *Frais de voyage.* ▷ *À grands frais, à peu de frais* : en dépensant beaucoup, peu d'argent; fig. en se donnant beaucoup, peu de peine. ▷ *En être pour ses frais* : faire des dépenses sans rien obtenir en contrepartie; fig. ne pas être récompensé de ses peines. ▷ *Faire les frais de qqch* : assumer la dépense que nécessite qqch; fig. subir les conséquences fâcheuses de. *Faire les frais de la conversation,* en être le principal sujet ou le principal participant. ▷ *Se mettre en frais* : dépenser plus que de coutume; fig. faire un effort inhabituel. **2.** DR *Frais de justice* : frais entraînés par un procès, à l'exclusion des honoraires des avocats. **3.** *Faux frais* : frais justifiés mais occasionnels qui s'ajoutent aux frais ordinaires; cour. frais accessoires. **4.** FIN Charges et dépenses de toutes sortes nécessaires à la bonne marche d'une entreprise. *Frais fixes, frais généraux.* **5.** Somme allouée pour certaines dépenses. *Frais de déplacement, de représentation.* – Du lat. pop. *fractum,* de *frangere,* « rompre »; a. fr. *fret,* « dommage causé par violence (bris, casse) », au sing. *frait.*

fraisage [fʀɛzaʒ] n. m. **1.** Travail à la fraise (4) du dentiste. **2.** TECH Usinage au moyen de fraises (4). – De *fraiser*.

1. fraise [fʀɛz] n. f. Faux fruit du fraisier, formé d'un réceptacle floral charnu, rouge à maturité et comestible, portant les akènes (petits grains qui sont les vrais fruits). ▷ Loc. fig. fam. *Sucrer les fraises* : avoir les mains qui tremblent. – Du lat. pop. **fraga*; de l'a. fr. *fraie*, d'apr. *frambeise*, «framboise».

2. fraise [fʀɛz] n. f. **1.** Membrane qui enveloppe les intestins du veau et de l'agneau. **2.** Masse charnue plissée qui pend sous le cou du dindon. – Probabl. dér. de l'a. fr. *freser, fraiser*, «peler».

3. fraise [fʀɛz] n. f. Collerette plissée ou godronnée, portée au XVIe s. – Probabl. emploi figuré de *fraise* 2.

4. fraise [fʀɛz] n. f. TECH Outil rotatif muni d'arêtes tranchantes, servant à usiner des pièces. ▷ *Fraise de dentiste*, servant à enlever les parties cariées des dents. – De *fraise* 3, à cause des découpures faites par l'outil.

fraiser [fʀeze] v. tr. [1] TECH Usiner (une pièce) avec une fraise. – De *fraise* 4.

fraiseur, euse [fʀɛzœʀ, øz] n. TECH Ouvrier, ouvrière spécialiste du fraisage. – De *fraiser*.

fraiseuse [fʀɛzøz] n. f. TECH Machine-outil servant à fraiser. – De *fraiser*.

fraisier [fʀɛzje] n. m. **1.** Petite plante basse (genre *Fragaria*, fam. rosacées) qui produit les fraises. ▷ *Spécial.* Fraisier commun des jardins (*Fragaria vexa*). **2.** Gâteau constitué de génoise fourrée de fraises et de crème légère, recouvert de pâte d'amande. – De *fraise* 1.

fraisure [fʀɛzyʀ] n. f. TECH Évidement effectué par une fraise (4). – De *fraiser*.

framboise [fʀɑ̃bwaz] n. f. Fruit comestible du framboisier, composé d'une grappe de petites drupes le plus généralement rouges. ▷ *Liqueur, alcool de framboise.* – Frq. **brambasia*, «mûre», devenu *frambeise*, d'apr. l'initiale de *fraise*.

framboiser [fʀɑ̃bwaze] v. tr. [1] Parfumer à la framboise. – Pp. adj. *Alcool framboisé*. – De *framboise*.

framboisier [fʀɑ̃bwazje] n. m. Ronce (*Rubus idœus*, fam. rosacées) dont le fruit est la framboise. – De *framboise*.

framée [fʀame] n. f. HIST Long javelot des Francs. – Lat. *framea*.

1. franc, franche [fʀɑ̃, fʀɑ̃ʃ] adj. **I.** Vx Libre (par oppos. à esclave, serf, etc.). **1.** Mod. (Dans certaines loc.) Libre de ses mouvements, de son action. *Avoir les coudées* franches.* ▷ MILIT *Corps* francs.* ▷ SPORT *Coup* franc.* **2.** Exempt d'imposition, de charges. *Marchandise franche de taxes.* – HIST *Villes franches.* **II. 1.** Sincère, loyal. *Être franc comme l'or.* ▷ Qui indique la sincérité. *Un regard franc.* – *Jouer franc jeu* : agir en toute loyauté. ▷ Adv. *Parlons franc.* **2.** Net. *Une situation franche. Nourrir pour qqn une franche aversion.* ▷ PHYS *Fusion franche* : passage brusque de l'état solide à l'état liquide (par oppos. à *fusion pâteuse*). ▷ Plein, entier. *Huit jours francs* : huit jours complets. **3.** Naturel, sans mélange. *Vin franc. Couleur franche.* ▷ ARBOR *Arbre franc*, né de la graine d'un arbre venu déjà par culture (V. sauvageon). **4.** (Devant le nom.) *Un franc...* : un vrai... *Un franc imbécile. Une franche sottise.* – Du nom ethnique *Franc*, frq. *Frank*.

2. franc, franque [fʀɑ̃, fʀɑ̃k] n. et adj. **1.** Membre d'un peuple germanique dont les tribus s'établirent définitivement en Gaule à partir du Ve s. *Francs Ripuaires. Francs Saliens.* ▷ adj. *Période franque.* – *La langue franque* : le francique. **2.** Nom donné autrefois aux Européens du Levant. ▷ adj. *L'ancien quartier franc de Constantinople.* – Vx *Langue franque* : sabir à usage commercial, dans les ports du Levant. – Lat. *Francus*, frq. *Frank*.

3. franc [fʀɑ̃] n. m. **1.** HIST Nom de plusieurs monnaies françaises réelles ou de compte, qui, depuis 1360, équivalaient à la livre (20 sols). **2.** Unité monétaire légale de la France depuis 1795. – *Franc or* : unité monétaire nationale de 1879 à 1928. – *Nouveau franc* ou *franc lourd*, franc actuel, créé le 1er janv. 1960, égal au centuple de l'ancien, et défini par rapport au dollar américain. **3.** Unité monétaire de la Belgique, de la Suisse et du Luxembourg. *Dix francs belges.* – *Franc C.F.A.* : franc de la Communauté financière africaine. – *Franc constant**. – Probabl. de la devise *Francorum rex*, «roi des Francs», sur les premières pièces de ce nom.

français, aise [fʀɑ̃sɛ, ɛz] adj. et n. **1.** adj. Qui est relatif ou propre à la France, à ses nationaux. ▷ Relatif à la langue française. **2.** Subst. Personne de nationalité française. *Un(e) Français(e).* **3.** n. m. *Le français* : la langue française. ▷ adv. *Parler français.* – De *France*, bas lat. *Francia*, propr. «pays des Francs».

ENCYCL Le français est une langue *romane*. Il est issu du latin populaire, qui, sur le territoire de la Gaule, avait peu à peu éliminé le *gaulois* (langue celtique). Celui-ci disparut vers le Ve ou le VIe s. apr. J.-C. À partir de cette époque, l'influence du substrat gaulois et du germanique et le déclin de la vie culturelle provoquèrent une altération profonde et rapide de ce latin populaire de Gaule. Cette transformation s'effectua de manière autonome dans chaque région du pays, d'où, au Moyen Âge, un grand nombre de dialectes : dans la moitié nord, les dialectes d'*oïl* (constituant l'*ancien français* au sens large); dans la moitié sud, les dialectes d'*oc*. Beaucoup de ces dialectes furent des langues littéraires brillantes. Le dialecte de l'Île-de-France, le *francien* (ou *ancien français* au sens strict), devint, aux XIVe et XVe s., le *moyen français*. C'est de lui que dérive directement la langue du XVIe s., qui, épurée, fixée et codifiée, devint le *français classique* (XVIIe s.), qui, déjà, est presque du *français moderne*. Depuis le Moyen Âge, une double évolution a caractérisé l'histoire du français, langue d'un État de plus en plus centralisé et puissant : **1°** enrichissement, épurement et codification de la langue par une élite sociale et culturelle, le français, d'abord langue officielle de l'administration royale, devenant une langue littéraire et diplomatique prestigieuse (XVIIe s.), puis une langue internationale répandue dans tous les milieux cultivés (XVIIIe s.); **2°** refoulement des dialectes et des langues régionales, que les progrès du français confinèrent dans les milieux populaires des provinces, puis dans les milieux strictement ruraux. Auj. la langue française est parlée dans le monde par près de 120 millions de personnes. Elle l'est sur tout le territoire français (métropole, DOM-TOM et collectivités territoriales françaises). Elle est la langue officielle d'une partie de la Suisse (2 500 000 personnes), d'une partie de la Belgique (5 450 000), d'une partie du Canada et de Nouvelle-Angleterre (5 500 000), du Luxembourg (300 000), de Haïti (750 000). Elle est parlée dans l'île Maurice (340 000) et dans une partie de la Louisiane (7 250 000). Qu'elle soit ou non langue officielle (cela dépend des pays), elle est aussi la langue de culture commune à de nombreux États d'Afrique. Le français a, théoriquement, un statut égal à celui de l'anglais dans les institutions internationales. Il demeure l'une des grandes langues internationales de communication, après l'anglais, mais concurremment avec l'espagnol et l'allemand.

franc-alleu [fʀɑ̃kalø] n. m. DR FEOD Terre possédée en toute propriété, franche de toute redevance. *Des francs-alleux.* – De *franc*, «libre», et frq. **al-ôd*, «totale propriété».

franc-bord [fʀɑ̃bɔʀ] n. m. **1.** Terrain laissé libre en bordure d'une rivière ou d'un canal. **2.** MAR *Hauteur de* *franc-bord* : hauteur du pont au-dessus de la flottaison. *Des francs-bords.* – De *franc*, « libre », et *bord.*

franc-bourgeois [fʀɑ̃buʀʒwa] n. m. Au Moyen Âge, citadin exempt de charges municipales. *Des francs-bourgeois.* – De *franc*, « libre », et *bourgeois.*

franc-canton [fʀɑ̃kɑ̃tɔ̃] n. m. HERALD Franc-quartier diminué. *Des francs-cantons.* – De *franc* 1, et *canton*, petit quartier de l'écu.

franc-comtois, oise [fʀɑ̃kɔ̃twa, waz] adj. et n. De la Franche-Comté, rég. de France. ▷ Subst. *Des Francs-Comtois(es).*

franc-fief [fʀɑ̃fjɛf] n. m. DR FEOD **1.** Héritage noble, ou tenure en franc-alleu. **2.** Droit que devait payer au roi un roturier possédant un fief. *Des francs-fiefs.* – De *franc*, « libre », et *fief.*

franchement [fʀɑ̃ʃmɑ̃] adv. **1.** D'une manière résolue, sans réticence. *Opter franchement pour un parti.* **2.** Ouvertement, sincèrement. *Agir, parler franchement.* – De *franc* 1.

franchir [fʀɑ̃ʃiʀ] v. tr. [3] **1.** Passer (un obstacle). *Franchir un mur, un fossé.* – Fig. *Il a franchi toutes les difficultés.* **2.** Traverser de bout en bout (un passage, un espace). *Franchir un pont. Franchir l'océan.* ▷ (Temps) *Franchir les siècles.* **3.** Passer en allant au-delà. *Franchir le seuil d'une maison.* – Fig. *Franchir les limites, les bornes de la décence.* – De *franc* 1.

franchisage [fʀɑ̃ʃizaʒ] n. m. COMM Contrat par lequel une entreprise concède à des entreprises indépendantes, en contrepartie d'une redevance, le droit de se présenter sous sa raison sociale et sa marque pour vendre des produits ou services. (Terme off. recommandé pour remplacer *franchising.*) – Pour traduire l'angl. *franchising.*

franchise [fʀɑ̃ʃiz] n. f. **I. 1.** DR Anc. Immunité, privilège, exemption accordés autrefois à certaines personnes, à certaines collectivités. *Franchises d'une ville.* ▷ Mod. Exemption légale ou réglementaire de taxes, d'impositions. *Franchise douanière, postale. Admission en franchise,* pour des marchandises contenues dans les bagages personnels, sous certaines conditions. **2.** Somme laissée à la charge d'un assuré en cas de dommages. **II. 1.** Qualité d'une personne qui parle ou agit ouvertement, sincèrement. **2.** (Choses) Qualité de rigueur, de netteté ou de hardiesse (surtout en art). *Franchise du trait, de la couleur.* – De *franc, franche.*

franchisé [fʀɑ̃ʃize] n. m. COMM Commerçant indépendant qui revend la marque d'une société par franchisage. – De *franchisage.*

franchiser [fʀɑ̃ʃize] v. tr. [1] COMM Contracter un contrat de franchisage avec une société. – De *franchisage.*

franchiseur [fʀɑ̃ʃizœʀ] n. m. COMM Société mettant à la disposition du franchisé sa marque en échange d'une rémunération. – De *franchiser.*

franchising. V. franchisage.

franchissable [fʀɑ̃ʃisabl] adj. Qui peut être franchi. – De *franchir.*

franchissement [fʀɑ̃ʃismɑ̃] n. m. Action de franchir. *Le franchissement d'un fleuve.* – De *franchir.*

franchouillard, arde [fʀɑ̃ʃujaʀ, aʀd] adj. Fam., péjor. Qui a les défauts traditionnellement attribués au Français moyen. – De *français*, et suff. péjor.

francien [fʀɑ̃sjɛ̃] n. m. LING Dialecte de l'Île-de-France parlé au Moyen Âge, distinct des autres parlers d'oïl, et qui est à l'origine du français. – De *France.*

francilien, enne [fʀɑ̃siljɛ̃, ɛn] adj. et n. De la Région Île-de-France. ▷ Subst. *Un(e) Francilien(ne).* – De *France*, et *îlien.*

francique [fʀɑ̃sik] n. m. **1.** Langue des Francs. ▷ adj. *Étymologie francique.* **2.** Ensemble des dialectes d'Allemagne rattachés au haut allemand. – Bas lat. *francicus.*

francisation [fʀɑ̃sizasjɔ̃] n. f. **1.** Action de franciser. *La francisation du vocabulaire de l'informatique.* **2.** DR MARIT Action de franciser un navire. – De *franciser.*

franciscain, aine [fʀɑ̃siskɛ̃, ɛn] n. et adj. Religieux, religieuse de l'ordre de saint François d'Assise. ▷ adj. Relatif aux franciscains ou à leur ordre. – Du lat. médiév. *Franciscus*, « François »; lat. ecclés. *franciscanus.*
ENCYCL L'ordre franciscain a été fondé probabl. en 1209 par saint François d'Assise, avec l'approbation du pape Innocent III (1210). Il est auj. formé de trois branches indépendantes : les frères mineurs de l'observance (franciscains proprement dits), les frères mineurs capucins et les frères mineurs conventuels.

franciser [fʀɑ̃size] v. tr. [1] **1.** Donner une forme française à (un mot). *Homêros a été francisé en « Homère ».* **2.** Donner un caractère français à. *Franciser son mode de vie.* **3.** DR MARIT Donner à (un navire) le droit de battre pavillon français, par l'acte de francisation. – De *français*; anc. var. : *françaiser.*

francisme [fʀɑ̃sism] n. m. (Canada) LING Mot, tournure caractéristique du français de France. – De *France.*

francisque [fʀɑ̃sisk] n. f. Hache de guerre des Germains et des Francs. ▷ Emblème du gouvernement de Vichy (1941 - 1944). – Du bas lat. *(securis) francisca*, « (hache) franque ».

francium [fʀɑ̃sjɔm] n. m. CHIM Élément alcalin radioactif de numéro atomique Z = 87 et de masse atomique 223 (symbole Fr). – De *France*, pays du savant (Marguerite Perrey) qui découvrit cet élément en 1939.

franc-jeu [fʀɑ̃ʒø] n. m. et adj. Terme proposé pour remplacer l'anglicisme *fair-play.* (V. ce mot.) *Des francs-jeux.* – De *franc*, et *jeu* (au sens sportif).

franc-maçon, onne [fʀɑ̃masɔ̃, ɔn] n. Membre de la franc-maçonnerie. *Des francs-maçons.* (Fém.) *Des franc-maçonnes.* ▷ adj. *Éthique franc-maçonne.* – Angl. *free mason*, propr. « maçon libre ».

franc-maçonnerie [fʀɑ̃masɔnʀi] n. f. Association, autref. secrète, de personnes qu'unit un idéal de fraternité et de solidarité, et qui pratiquent un certain nombre de rites symboliques. ▷ Fig. (souvent péjor.) Entente ou alliance tacite entre des personnes qui ont les mêmes origines, les mêmes intérêts, etc. *La franc-maçonnerie des anciens élèves d'une grande école. Des franc-maçonneries.* – De *franc-maçon.*
ENCYCL L'institution maçonnique doit son existence à une confrérie de maçons constructeurs qui voyagent en Europe dès le VIIIe s. Peu à peu ces associations se transforment en sociétés purement mutualistes et philanthropiques, mais conservent en souvenir du passé des signes et des emblèmes comme le tablier, l'équerre et le compas. C'est en Grande-Bretagne et surtout en Écosse que l'on trouve, au XVIIe s., les premières traces de la franc-maçonnerie moderne. En France, le 26 juin 1773, sont adoptés les statuts de l'ordre royal de la franc-maçonnerie, connu sous le nom de Grand Orient de France. Les idées républicaines et la philosophie positiviste gagnent le Grand Orient de France dans la seconde moitié du XIXe s. L'abandon de l'obligation de croire au Grand Architecte de l'Univers provoque la rupture de la maçonnerie anglaise avec la maçonnerie française au début du XXe s., cependant que quelques dissidents du Grand Orient continuent, au sein d'une nouvelle organisation, la Grande Loge nationale française (1913), à demeurer fidèles aux affirmations religieuses de la franc-maçonnerie traditionnelle.

franc-maçonnique [fʀɑ̃masɔnik] adj. Relatif à la franc-maçonnerie. (Plus cour. : *maçonnique.*) *Des traditions franc-maçonniques.* – De *franc-maçon.*

franco-. Élément, du rad. de *français.*

franco [fʀɑ̃ko] adv. **1.** Sans frais. *Marchandise franco de port* (ou, ellipt., *franco*), dont le destinataire n'a pas à payer le port. **2.** Pop. Sans détours, carrément. – De l'ital. *franco (porto),* proprem. «port franc».

franco-canadien, enne [fʀɑ̃kokanadjɛ̃, ɛn] adj. et n. **1.** Relatif ou propre aux Canadiens de descendance française. ▷ Subst. *Un(e) Franco-Canadien(ne).* **2.** Se dit du français parlé par les Franco-Canadiens.

franco-français, aise [fʀɑ̃kofʀɑ̃sɛ, ɛz] adj. Plaisant ou péjor. Qualifie un différend qui ne regarde pas les tiers (dans la vie privée ou dans la vie publique). *Le désaccord qui vous oppose à votre adjoint ne me concerne pas : c'est une affaire franco-française.* – De *franco-,* et *français.*

francophile [fʀɑ̃kofil] adj. et n. Qui éprouve ou marque de l'amitié pour la France et les Français. ▷ Subst. *Un(e) francophile.* – De *franco -,* et *-phile.*

francophilie [fʀɑ̃kofili] n. f. État d'esprit, attitude du francophile. – De *francophile.*

francophobe [fʀɑ̃kofɔb] adj. et n. Qui éprouve ou marque de l'hostilité à l'égard de la France et des Français. ▷ Subst. *Un(e) francophobe.* – De *franco-,* et *-phobe.*

francophobie [fʀɑ̃kofɔbi] n. f. État d'esprit, attitude du francophobe. – De *francophobe.*

francophone [fʀɑ̃kofɔn] adj. et n. Dont le français est la langue maternelle ou officielle. - Subst. *Les francophones belges.* ▷ Où la langue française est en usage. *Pays francophone.* – De *franco-,* et *-phone.*

francophonie [fʀɑ̃kofɔni] n. f. Ensemble politico-culturel des peuples qui parlent le français. – De *francophone.*

franc-parler [fʀɑ̃paʀle] n. m. Franchise de langage (de celui qui dit tout haut et sans ménagement ce qu'il pense). *Avoir son franc-parler. Des francs-parlers.* – De *franc,* «libre», et *parler,* n. m.

franc-quartier [fʀɑ̃kaʀtje] n. m. HERALD Premier quartier de l'écu. *Des francs-quartiers.* – De *franc* 1, et *quartier.*

franc-tireur [fʀɑ̃tiʀœʀ] n. m. **1.** Combattant qui n'appartient pas à une unité régulière. **2.** Fig. Personne agissant de façon indépendante, sans observer les règles ou les lois d'un groupe. *Des francs-tireurs.* – De *franc,* «libre», et *tireur.*

frange [fʀɑ̃ʒ] n. f. **1.** Bande d'étoffe à filets retombants qui sert d'ornement. *Frange de soie.* ▷ Fig. *Frange d'écume des vagues.* **2.** Cheveux retombant sur le front et coupés en ligne droite. **3.** PHYS *Franges d'interférence :* bandes alternativement brillantes et sombres qui résultent de l'interférence de rayons lumineux provenant de sources distinctes. **4.** Fig. Ce qui est au bord ou marginal, et, par ext., indistinct, vague. *Frange du souvenir.* **5.** Petite minorité, petit groupe marginal. *Une frange de séditieux.* – Du lat. pop. **frimbia,* «bord d'un vêtement, frange».

frangeant [fʀɑ̃ʒɑ̃] adj. m. GEOGR Qui borde la côte à peu de distance, en parlant d'une chaîne de récifs coralliens. *Récifs frangeants.* – De l'angl. *fringing (reef),* «(récif) frangeant».

franger [fʀɑ̃ʒe] v. tr. [13] **1.** Garnir d'une frange. *Franger une robe.* **2.** Border. *Récifs qui frangent une côte,* qui la bordent. – De *frange.*

frangin, ine [fʀɑ̃ʒɛ̃, in] n. Fam. **1.** Frère, sœur. **2.** Par ext. *Une frangine :* une fille, une femme. – Déform. argot. de *frère,* probabl. d'orig. ital.

frangipane [fʀɑ̃ʒipan] n. f. **1.** Parfum tiré du jasmin rouge, surtout utilisé, autrefois, pour les peaux. *Gants à la frangipane.* **2.** Cour. Crème aux amandes; pâtisserie garnie de cette crème. **3.** BOT Fruit du frangipanier. – De *Frangipani,* nom du seigneur romain inventeur du parfum (ou plus probablement responsable de sa vogue) au XVIIe s.

frangipanier [fʀɑ̃ʒipanje] n. m. Arbuste tropical (fam. apocynacées) dont les fleurs groupées en cyme ont une odeur de frangipane. – De *frangipane.*

franglais [fʀɑ̃glɛ] n. m. Français mêlé d'anglicismes. *«Parlez-vous franglais ?», ouvrage de René Étiemble* (1964). – De *fran(çais),* et *(an)glais.*

franquette (à la bonne) [alabɔnfʀɑ̃kɛt] loc. adv. Fam. Sans faire de façons, simplement. – D'un dimin. pop. de *franc.*

franquisme [fʀɑ̃kism] n. m. Doctrine politique du général Franco et des partisans du régime politique qu'il fonda en 1939 en Espagne. – Du n. du général *Franco* (1892-1975).

franquiste [fʀɑ̃kist] n. et adj. Partisan du général Franco, pendant la guerre civile espagnole (1936-1939). - Partisan de la doctrine de Franco. – Du n. du général *Franco.*

frappage [fʀapaʒ] n. m. TECH Action de frapper; son résultat. ▷ Rare Action de frapper des monnaies. – De *frapper.*

frappant, ante [fʀapɑ̃, ɑ̃t] adj. **1.** Qui fait une vive impression. *Une ressemblance frappante.* **2.** Qui est d'une évidence incontestable. *Une coïncidence frappante.* – Ppr. de *frapper.*

1. frappe [fʀap] n. f. **1.** TECH Action de frapper les monnaies. ▷ Empreinte effectuée sur les monnaies. ▷ Assortiment de matrices pour fondre les caractères d'imprimerie en plomb. ▷ Action de dactylographier. *Faute de frappe.* ▷ INFORM *Frappe en lacet :* méthode d'impression utilisée par certaines imprimantes, qui consiste à frapper de gauche à droite, puis de droite à gauche afin de gagner du temps. **2.** SPORT Manière de frapper. *La frappe d'un boxeur.* **3.** MILIT *Force de frappe :* V. force. – Déverbal de *frapper.*

2. frappe [fʀap] n. f. Pop. Voyou. – Var. de *fripouille.*

frappement [fʀapmɑ̃] n. m. Action de frapper. – De *frapper.*

frapper [fʀape] v. tr. [1] **1.** Donner un ou plusieurs coups. *Son père l'a frappé. Le marteau frappe l'enclume.* ▷ v. intr. *Frapper dans ses mains. Frapper à la porte,* pour se faire ouvrir. **2.** Blesser. *Frapper qqn à mort,* le blesser mortellement. **3.** Tomber sur. *Lumière qui frappe un objet.* **4.** TECH Marquer d'une empreinte. *Frapper des médailles. Frapper la monnaie.* ▷ Pp. adj. *Frappé :* rafraîchi par de la glace. *Café frappé.* **5.** Atteindre d'un mal. *Malheur qui frappe une famille. Être frappé d'apoplexie.* ▷ Soumettre à une taxe, etc. *Frapper une marchandise de droits d'entrée.* **6.** Atteindre d'une impression vive. *Frapper la vue, l'esprit.* - Étonner, saisir. *J'ai été frappé de leur ressemblance.* **7.** v. pron. Fam. S'inquiéter exagérément. – Probabl. du frq. **hrappan.*

frappeur, euse [fʀapœʀ, øz] adj. et n. **1.** adj. Qui frappe. ▷ *Esprit frappeur,* qui, selon les spirites, se manifeste en frappant des coups. **2.** n. TECH Personne qui frappe (des médailles, de la monnaie). – De *frapper.*

frasque [fʀask] n. f. Écart de conduite. *Frasques de jeunesse.* – Ital. *frasca.*

fraternel, elle [fʀatɛʀnɛl] adj. **1.** Qui a rapport aux liens unissant des frères, des sœurs. *Amour fraternel.* **2.** Qui rappelle les sentiments unissant des frères. *Amitié fraternelle.* ▷ (Personnes) *Il a été très fraternel avec moi.* – Lat. *fraternus.*

fraternellement [fʀatɛʀnɛlmɑ̃] adv. De façon fraternelle. – De *fraternel.*

fraternisation [fʀatɛʀnizasjɔ̃] n. f. Action de fraterniser. – De *fraterniser.*

fraterniser [fʀatɛʀnize] v. intr. [1] **1.** Adopter un comportement fraternel. *Ils ont tout de suite fraternisé.* **2.** Faire acte de fraternité, de solidarité, en cessant toute hostilité. *Fraterniser avec l'ennemi.* – De *fraternel.*

fraternité [fʀatɛʀnite] n. f. **1.** Rare Lien de parenté entre frères et sœurs. **2.** Union fraternelle entre les hommes, sentiment de solidarité qui les unit. *Liberté, égalité, fraternité* : devise de la République française. – Lat. *fraternitas.*

1. fratricide [fʀatʀisid] n. m. Meurtre du frère ou de la sœur. – Bas lat. *fratricidium.*

2. fratricide [fʀatʀisid] n. et adj. **1.** n. Personne qui tue son frère ou sa sœur. **2.** adj. *Lutte, guerre fratricide,* entre membres d'une communauté que devrait unir une fraternité (concitoyens, etc.). – Lat. *fratricida.*

fratrie [fʀatʀi] n. f. Didac. Groupe formé par les frères et les sœurs d'une même famille. – Du lat. *frater,* «frère».

fraude [fʀod] n. f. **1.** Action faite de mauvaise foi, pour tromper. **2.** Falsification punie par la loi. *Fraude en œuvres d'art, dans la vente de marchandises. Service de répression des fraudes.* – Par ext. *Fraude fiscale, électorale.* **3.** Action de soustraire des marchandises aux droits de douane. *Passer des cigarettes en fraude.* – Lat. *fraus, fraudis.*

frauder [fʀode] v. [1] **1.** v. tr. Tromper par la fraude. *Frauder la douane, le fisc.* **2.** v. intr. Commettre une fraude. *Frauder sur une marchandise.* – De *fraude.*

fraudeur, euse [fʀodœʀ, øz] n. Personne qui fraude. – De *frauder.*

frauduleusement [fʀodyløzmɑ̃] adv. De façon frauduleuse; en fraude. – De *frauduleux.*

frauduleux, euse [fʀodylø, øz] adj. Entaché de fraude. *Contrat frauduleux.* – *Banqueroutier frauduleux,* qui a fait une banqueroute frauduleuse. – Bas lat. jurid. *fraudulosus.*

fraxinelle [fʀaksinɛl] n. f. Rég. Rutacée ornementale (*Dictamnus albus*), aux feuilles odorantes. – Du lat. *fraxinus,* «frêne».

frayement [fʀɛmɑ̃] n. m. MED VET Érythème local des animaux, notam. des bêtes de trait, causé par des frottements répétés. – De *frayer* I, sens 1.

frayer [fʀeje] v. [21] **I.** v. tr. **1.** VEN Frotter. *Le cerf fraie ses bois aux branches.* ▷ MED VET *Cheval frayé aux ars,* blessé aux ars par le frottement. **2.** Ouvrir, tracer (un chemin). *Frayer un passage dans la foule.* ▷ v. pron. (Réfléchi indirect.) *Se frayer un chemin.* **II.** v. intr. **1.** En parlant des poissons, pondre les œufs ou les féconder. **2.** Fréquenter, avoir des relations suivies. *Il fraie avec la canaille.* – Du lat. *fricare,* «frotter».

frayère [fʀɛjɛʀ] n. f. ZOOL Lieu de ponte des poissons. – *Par ext.* Lieu de reproduction de diverses espèces animales. – De *frayer* II, sens 1.

frayeur [fʀɛjœʀ] n. f. Crainte vive et passagère, en général sans fondement. – Du lat. *fragor,* «fracas», par attract. de *effrayer.*

fredaine [fʀədɛn] n. f. Écart de conduite sans gravité. – De l'a. fr. *fredain,* «mauvais», de *fradin,* «scélérat», probabl. d'orig. germ.

fredonnement [fʀədɔnmɑ̃] n. m. Action de fredonner un air. – De *fredonner.*

fredonner [fʀədɔne] v. tr. et intr. [1] Chanter à mi-voix, sans ouvrir la bouche. – Du lat. *fritinnire,* «gazouiller, bredouiller».

free-jazz [fʀidʒaz] n. m. inv. Courant de la musique de jazz qui s'est développé aux É.-U. depuis 1958 et qui rejette la trame harmonique et le tempo au profit de l'improvisation. – Mot angl. des États-Unis, de *free,* «libre», et *jazz.*

free-lance [fʀilɑ̃s] adj. et n. (Anglicisme) Qui travaille de façon indépendante dans les médias surtout. *Une journaliste free-lance.* ▷ Subst. *C'est un(e) free-lance. Des free-lances.* – *Le free-lance,* ce type de travail. *Il est en free-lance.* – Mot angl., de *free,* «libre», et *lance,* «lance», propr. «franc-tireur».

free-martin [fʀimaʀtɛ̃] n. m. PHYSIOL Génisse ayant des organes sexuels anormaux (sous l'influence des hormones mâles que sécréta son faux jumeau mâle après la fusion anormale des deux placentas). – Angl. *free-martin,* p.- ê. du gaélique *mart,* «génisse».

free-shop [fʀiʃɔp] n. m. (Anglicisme) Syn. de *boutique* franche.* – Mot angl., de *free,* «libre», et *shop,* «magasin».

freesia [fʀezja] n.m. Plante bulbeuse (fam. iridacées) aux fleurs odorantes en forme de trompette, diversement colorées. – Mot lat. savant, du n. du médecin all. F. *Freese* (? - 1876).

freezer [fʀizœʀ] n. m. (Anglicisme) Compartiment à glace d'un réfrigérateur où la température est inférieure à 0 °C. – Mot amér., de *to freeze,* «geler».

frégate [fʀegat] n. f. **1.** Anc. Bâtiment de guerre à trois mâts. ▷ Mod. Bâtiment de guerre rapide, armé d'engins antiaériens et anti-sous-marins, doté de moyens de détection très perfectionnés et destiné à l'escorte des porte-avions. **2.** ORNITH Oiseau pélécaniforme des mers tropicales (genre *Fregata*), au plumage sombre, possédant un sac gonflable rouge vif sous le bec. – Ital. *fregata.*

frein [fʀɛ̃] n. m. **1.** Vx Mors. ▷ Loc. fig. *Ronger son frein* : contenir difficilement son ressentiment, son impatience. **2.** Fig., litt. Ce qui retient un élan excessif. *Mettre un frein à ses passions.* **3.** ANAT Membrane qui bride ou retient certains organes. *Frein de la langue.* **4.** Organe servant à réduire ou à annuler l'énergie cinétique d'un véhicule, d'un corps en mouvement. *La pédale de frein, le frein à main d'une automobile.* ▷ *Frein moteur* : action du moteur ralenti qui diminue la vitesse de rotation des roues. ▷ *Le frein d'une arme à feu,* limitant son recul. – Lat. *frenum.*

freinage [fʀɛnaʒ] n. m. **1.** Action des freins sur un véhicule, une machine. *Freinage puissant.* **2.** Fig. Ralentissement. *Le freinage de l'expansion économique.* – De *freiner.*

freiner [fʀene] v. [1] **1.** v. intr. Se servir des freins pour ralentir ou arrêter un véhicule. **2.** v. tr. Fig. Ralentir (une progression, une évolution); modérer (un élan). *Freiner la hausse des prix. Rien ne peut freiner leur enthousiasme.* ▷ v. pron. Fam. Se modérer. – De *frein.*

freinte [fʀɛ̃t] n. f. COMM Déchet subi par une marchandise lors de sa fabrication ou de son transport. – Mot dial., a. fr. *frainte,* «chose brisée».

frelatage [fʀəlataʒ] n. m. Action de frelater; son résultat. – De *frelater.*

frelaté, ée [fʀəlate] adj. Altéré par des substances étrangères. *Alcool frelaté.* ▷ Fig. Qui a perdu son naturel, corrompu. *Vie, société frelatée.* – Pp. de *frelater.*

frelater [fʀəlate] v. tr. [1] Altérer (un produit) en y mêlant des substances étrangères. *Frelater du vin.* – Du moy. néerl. *verlaten.*

frêle [fʀɛl] adj. Qui semble manquer de force, de résistance ou de vitalité. *Une frêle jeune fille.* ▷ Faible. *Parler d'une voix frêle.* – Du lat. *fragilis.*

frêlement [fʀɛlmɑ̃] adv. D'une manière frêle. – De *frêle.*

frelon [fʀəlɔ̃] n. m. Grosse guêpe *(Vespa crabro)* dont les piqûres, très douloureuses, peuvent être dangereuses. – Du frq. **hurslo*.

freluquet [fʀəlykɛ] n. m. Petit jeune homme vaniteux. – Homme petit et mal bâti. – De l'a. fr. *freluque*, «mèche».

frémir [fremir] v. intr. [3] **1.** (Choses) Être agité par des vibrations accompagnées d'un bruissement léger. *Feuillage qui frémit au vent. L'eau frémit avant de bouillir.* **2.** (Personnes) Trembler; avoir une réaction physique trahissant l'émotion. *Frémir d'horreur.* – Lat. pop. **fremire*, class. *fremere.*

frémissant, ante [fʀemisɑ̃, ɑ̃t] adj. Qui frémit. ▷ Qui s'émeut facilement. *Une sensibilité frémissante.* – Ppr. de *frémir.*

frémissement [fʀemismɑ̃] n. m. **1.** Léger mouvement accompagné de bruissement. *Frémissement de l'eau qui va bouillir.* **2.** Tremblement léger dû à l'émotion. *Un frémissement d'indignation.* – De *frémir.*

frênaie [fʀɛnɛ] n. f. Lieu planté de frênes. – De *frêne.*

french cancan [fʀɛnʃkɑ̃kɑ̃] n. m. V. cancan. – Expression angl., «cancan français».

frêne [fʀɛn] n. m. Grand arbre (*Fraxinus excelsior*, fam. oléacées) reconnaissable à son écorce gris-vert et à ses feuilles composées, et dont le bois, blanc et dur, est utilisé notam. pour la fabrication de manches d'outils; le bois de cet arbre. – Du lat. *fraxinus.*

frénésie [fʀenezi] n. f. État d'exaltation violente; ardeur extrême. *Aimer avec frénésie.* – Lat. d'orig. gr. *phrenesis.*

frénétique [fʀenetik] adj. Qui manifeste de la frénésie. *Applaudissements frénétiques.* – Lat. *phreneticus.*

frénétiquement [fʀenetikmɑ̃] adv. D'une façon frénétique. – De *frénétique.*

fréon [fʀeɔ̃] n. m. Dérivé de composés fluorocarbonés*. – Nom déposé, du rad. de *froid* sur le modèle des noms de gaz rares (néon, argon, etc.).

fréquemment [fʀekamɑ̃] adv. De manière fréquente, souvent. – De *fréquent.*

fréquence [fʀekɑ̃s] n. f. **1.** Caractère de ce qui se répète souvent, ou de ce qui se reproduit périodiquement. *La fréquence du passage des autobus de nuit.* **2.** TECH Nombre d'observations statistiques correspondant à un événement donné. ▷ Nombre d'observations statistiques pour une classe donnée. **3.** PHYS Nombre de répétitions d'un phénomène périodique dans l'unité de temps. *La fréquence s'exprime en hertz, de symbole Hz; 1 Hz = 1 cycle/seconde. Basses fréquences,* entre 30 et 300 kHz. *Hautes fréquences,* entre 3 et 30 MHz. **4.** TELECOM *Modulation* de fréquence.* – Lat. *frequentia.*

fréquencemètre [fʀekɑ̃smɛtʀ] n. m. TECH Appareil servant à la mesure des fréquences acoustiques. – De *fréquence,* et *mètre.*

fréquent, ente [fʀekɑ̃, ɑ̃t] adj. Qui arrive souvent, se répète. *Un usage fréquent.* – Lat. *frequens, frequentis.*

fréquentable [fʀekɑ̃tabl] adj. Que l'on peut fréquenter. – De *fréquenter.*

fréquentatif, ive [fʀekɑ̃tatif, iv] adj. LING Qui exprime une idée de répétition. *Verbe fréquentatif.* ▷ n. m. *Criailler est le fréquentatif de crier.* Syn. itératif. – De *fréquenter.*

fréquentation [fʀekɑ̃tasjɔ̃] n. f. **1.** Action de fréquenter un lieu. *La fréquentation d'un club.* **2.** Relation sociale habituelle; personne fréquentée. *De mauvaises fréquentations.* – Lat. *frequentatio.*

fréquenté, ée [fʀekɑ̃te] adj. Où il y a habituellement beaucoup de monde. *Un restaurant très fréquenté.* ▷ *Un endroit bien, mal fréquenté,* que fréquentent des gens convenables, peu recommandables. – Pp. de *fréquenter.*

fréquenter [fʀekɑ̃te] v. tr. [1] **1.** Aller souvent dans (un lieu). *Fréquenter les cafés.* **2.** Avoir de fréquentes relations avec (qqn). *Fréquenter des artistes.* ▷ Pop. Avoir pour flirt, pour ami de cœur (une personne). *Elle fréquente un garçon qu'elle a connu au bal.* – Absol. *Elle commence à fréquenter.* – Lat. *frequentare.*

frère [fʀɛʀ] n. m. **1.** Celui qui est né du même père et de la même mère *(frère germain)* ou seulement du même père *(frère consanguin)* ou de la même mère *(frère utérin).* ▷ *Frères jumeaux,* nés d'un même accouchement. ▷ *Frères de lait* : l'enfant de la nourrice et celui qu'elle nourrit du même lait. **2.** Plur. Fig. Les êtres humains, considérés comme créés par le même Dieu, comme ayant la même origine. *Tous les hommes sont frères.* **3.** Personne unie à une autre par des liens étroits. *Frères d'armes* : compagnons de combat. – *Faux frère* : celui qui trahit ses compagnons, ses amis. ▷ Membre de certains ordres religieux. *Frère prêcheur* : dominicain. – *Spécial.* Religieux non prêtre. *Frère lai, frère convers.* ▷ *Les frères maçons, les frères trois-points* : les francs-maçons. **4.** Fig. Chose considérée comme naturellement unie à une autre. *Des pays frères.* – Lat. *frater.*

frérot [fʀeʀo] n. m. Fam. Petit frère. – De *frère.*

fresque [fʀɛsk] n. f. **1.** Manière de peindre sur des murs enduits de mortier frais, à l'aide de couleurs délayées à l'eau. *Peindre à fresque.* ▷ Peinture murale exécutée de cette manière. **2.** Fig. Œuvre littéraire de grande envergure présentant le tableau d'une époque, d'une société. – Par ext. *Fresque cinématographique.* – De l'ital. *(dipingere a) fresco,* «(peindre sur un enduit) frais».

fresquiste [fʀɛskist] n. Peintre de fresques. – De *fresque.*

fressure [fʀesyʀ] n. f. Ensemble des viscères de certains animaux (mouton, bœuf, etc.). – Bas lat. *frixura,* «poêle à frire».

fret [fʀɛt] n. m. **1.** Coût de location d'un navire. ▷ *Par ext.* Coût du transport de marchandises par mer, par air ou par route. **2.** Cargaison transportée par un navire, un avion. *Fret aérien.* – Néerl. *vrecht.*

fréter [fʀete] v. tr. [14] **1.** Donner (un navire, un avion, une voiture) en location. **2.** Prendre en location. – De *fret.*

fréteur [fʀetœʀ] n. m. Celui qui donne en location (à l'*affréteur*). – De *fréter.*

frétillant, ante [fʀetijɑ̃, ɑ̃t] adj. Qui frétille. – Ppr. de *frétiller.*

frétillement [fʀetijmɑ̃] n. m. Mouvement de ce qui frétille. – De *frétiller.*

frétiller [fʀetije] v. intr. [1] (Être vivant.) S'agiter par de petits mouvements vifs. *Ces poissons frétillent encore.* – De l'a. fr. *freter,* «frotter».

fretin [fʀətɛ̃] n. m. **1.** Menu poisson négligé du pêcheur. **2.** Fig. Personnes ou choses de peu d'intérêt, négligeables. *C'est du menu fretin.* – De *fret, frait,* pp. de l'a. fr. *fraindre,* «briser».

frettage [fʀetaʒ] n. m. TECH Action de fretter. ▷ Ensemble de frettes. – De *fretter.*

1. frette [fʀɛt] n. f. TECH Cercle métallique servant à renforcer une pièce cylindrique de bois, de béton, etc. – Probabl. frq. **fetur,* «chaîne».

2. frette [fʀɛt] n. f. **1.** ARCHI Ornement en forme de ligne brisée. **2.** HERALD Pièce de l'écu formée de bandes diagonales entrecroisées. – Fém. subst. du pp. *frait, fret,* de l'a. fr. *fraindre,* «briser».

fretter [fʀete] v. tr. [1] Munir de frettes. – De *frette.*

freudien, enne [fʀødjɛ̃, ɛn] adj. Relatif à S. Freud, à ses théories, à la psychanalyse. ▷ Subst. Adepte du freudisme. – Du n. du psychiatre autrichien, créateur de la psychanalyse, Sigmund *Freud* (1856-1939).

freudisme [fʀødism] n. m. Ensemble des conceptions et des méthodes psychanalytiques de S. Freud et de son école. – Du n. de *Freud*.

freux [fʀø] n. m. et adj. *Corbeau freux* ou *freux (Corvus frugilegus)* : corbeau commun en Europe, long de 45 cm. – Du frq. **hrôk*.

friabilité [fʀijabilite] n. f. Propriété de ce qui est friable. – De *friable*.

friable [fʀijabl] adj. Qui se réduit aisément en poudre, en menus fragments. *Terre friable.* – Lat. *friabilis*, de *friare*, «broyer».

friand, ande [fʀijɑ̃, ɑ̃d] adj. et n. m. **I.** adj. **1.** *Friand de* : qui a un goût particulier pour. *Les enfants sont friands de sucreries.* ▷ Fig. *Il est friand de louanges.* **2.** Vx Qui aime la chère fine. **3.** Vx D'une saveur délicate (mets). **II.** n. m. Petit pâté fait avec de la chair à saucisse, ou hachis de viande entourée de pâte feuilletée. ▷ Petit gâteau frais en pâte d'amandes. – Anc. ppr. de *frier, frire*, au fig. «brûler d'envie», en a. fr.

friandise [fʀijɑ̃diz] n. f. Sucrerie ou pâtisserie délicate. – De *friand*.

fric [fʀik] n. m. Pop. Argent. – Probabl. abrév. de *fricot*.

fricandeau [fʀikɑ̃do] n. m. Tranche de veau lardée, braisée ou poêlée. ▷ *Par ext.* Darne ou filet de poisson lardé. – Probabl. rad. de *fricassée, fricot*.

fricassée [fʀikase] n. f. **1.** Viande de volaille fricassée. **2.** Fig., pop. *Fricassée de museaux* : embrassade générale. – Pp. subst. de *fricasser*.

fricasser [fʀikase] v. tr. [1] Couper (une volaille) en morceaux et la faire cuire avec du beurre ou en sauce. – Croisement probabl. entre *frire* et *casser*.

fricatif, ive [fʀikatif, iv] [f, s]adj. et n. f. PHON *Une consonne fricative* ou, n. f., *une fricative*, articulée en resserrant le chenal expiratoire et caractérisée par un bruit de frottement (, par ex.). ([f, s], par ex.). – Lat. *fricatum*, de *fricare*, «frotter».

fric-frac [fʀikfʀak] n. m. inv. Fam. Cambriolage. – Onomat.

friche [fʀiʃ] n. f. Terrain non cultivé. ▷ Loc. adv. ou adj. *En friche* : inculte (terre). – Fig. *Esprit en friche.* – Du moy. néerl. *versch*, «frais».

frichti [fʀiʃti] n. m. Fam. Fricot, repas. – De la prononc. alsac. de l'all. *Frühstück*, «déjeuner».

fricot [fʀiko] n. m. Fam. Plat grossièrement cuisiné. – De *fricasser*.

fricotage [fʀikɔtaʒ] n. m. Fam. Trafic, combinaison malhonnête. – De *fricoter*.

fricoter [fʀikɔte] v. tr. [1] Fam. **1.** Cuisiner (un fricot). **2.** Manigancer, tramer (qqch). ▷ v. intr. Avoir des activités suspectes. *Il fricote dans l'immobilier.* – De *fricot*.

fricoteur, euse [fʀikɔtœʀ, øz] n. Fam. Personne qui fricote (des affaires louches). – De *fricoter*.

friction [fʀiksjɔ̃] n. f. **1.** Action de frotter vigoureusement une partie du corps. *Une friction avec un gant de crin.* ▷ *Spécial.* Massage du cuir chevelu avec une lotion. **2.** TECH Frottement dur dans un mécanisme. **3.** Fig. Heurt, désaccord. *Il y a des points de friction entre le père et le fils.* – Lat. *frictio*.

frictionnel, elle [fʀiksjɔnɛl] adj. Relatif à la friction. – De *friction*.

frictionner [fʀiksjɔne] v. tr. [1] Faire une friction à (qqn, une partie du corps). – De *friction*.

frigidaire [fʀiʒidɛʀ] n. m. *Abus.* Réfrigérateur. – Nom déposé ; du lat. *frigidarium*, «chambre froide».

frigide [fʀiʒid] adj. **1.** Vx Froid (choses). **2.** Se dit d'une femme incapable d'éprouver du désir sexuel ou de parvenir à l'orgasme lors du coït. – Lat. *frigidus*, «froid».

frigidité [fʀiʒidite] n. f. **1.** Vx État de ce qui est froid. **2.** État d'une femme frigide. – Bas lat. *frigiditas*, de *frigidus*, «froid».

frigo [fʀigo] n. m. Fam. Appareil frigorifique. – Abrév. pop. de *frigorifique*.

frigorie [fʀigɔʀi] n. f. PHYS Anc. unité thermique (remplacée auj. par l'équivalent en joules) utilisée dans l'industrie du froid : quantité de froid nécessaire pour abaisser de 1 °C la température de 1 kg d'eau (symbole fg). – Du lat. *frigus, frigoris*, «froid».

frigorifier [fʀigɔʀifje] v. tr. [2] **1.** Soumettre au froid pour conserver (les denrées alimentaires périssables). **2.** Pp. adj. Fam. *Être frigorifié*, transi de froid. – De *frigorifique*.

frigorifique [fʀigɔʀifik] adj. et n. m. **1.** adj. Qui produit du froid. *Installation frigorifique.* ▷ Réfrigéré par une installation qui produit du froid. **2.** n. m. Installation servant à conserver par le froid. – Lat. *frigorificus*.

frigorigène [fʀigɔʀiʒɛn] adj. TECH Se dit des fluides qui produisent du froid. – Du lat. *frigor, frigoris*, «froid», et *-gène*.

frigoriste [fʀigɔʀist] n. m. TECH Technicien spécialisé dans les installations frigorifiques. – (En appos.) *Ingénieur frigoriste.* – De *frigorifique*.

frileusement [fʀiløzmɑ̃] adv. D'une manière frileuse (sens 2). – De *frileux*.

frileux, euse [fʀilø, øz] adj. **1.** Qui craint le froid. *Un vieillard frileux.* **2.** Qui dénote la sensibilité au froid. *Un geste frileux.* **3.** *Par métaph.* Craintif, qui dénote un manque de caractère. *Une attitude frileuse.* – Du bas lat. *frigorosus*.

frilosité [fʀilɔzite] n. f. Sensibilité au froid. ▷ *Par métaph.* Timidité, modération trop grande dans une décision. – De *frileux*.

frimaire [fʀimɛʀ] n. m. HIST Troisième mois du calendrier républicain (du 21/23 nov. au 20/22 déc.). – De *frimas*.

frimas [fʀimɑ] n. m. Litt. Brouillard épais qui se transforme en glace en tombant (appelé plus cour. *brouillard givrant*). – De l'a. fr. *frime* ; frq. **hrim*.

frime [fʀim] n. f. Fam. Simulation, faux-semblant. *C'est de la frime.* – Du bas lat. *frumen*, «gosier».

frimer [fʀime] v. intr. [1] Fam. Chercher à épater ; faire l'avantageux. – De *frime*.

frimeur, euse [fʀimœʀ, øz] n. Fam. Personne qui frime. – De *frimer*.

frimousse [fʀimus] n. f. Fam. Visage d'un enfant ou d'une personne jeune. – Probabl. de *frime*.

fringale [fʀɛ̃gal] n. f. Fam. Faim subite et irrésistible. ▷ Fig. *Une fringale de voyages.* – Altér. de *faimvalle* (dial.), «grande faim subite».

fringant, ante [fʀɛ̃gɑ̃, ɑ̃t] adj. **1.** Très vif. *Cheval fringant.* **2.** Se dit d'une personne alerte, de belle humeur et de mise élégante. *Jeune homme fringant.* – De *fringuer*, dans l'anc. sens de «gambader».

fringillidés [fʀɛ̃ʒilide] n. m. pl. ORNITH Famille d'oiseaux passériformes à bec conique et à plumage coloré (pinson, chardonneret, bouvreuil, verdier). – Sing. *Un fringillidé.* – Du lat. *fringilla*, «pinson».

fringué, ée [fʀɛ̃ge] adj. Pop. Habillé. *Il est fringué comme l'as de pique.* – Pp. de *(se) fringuer*.

fringuer (se) [fʀɛ̃ge] v. pron. [11] Pop. S'habiller.

fringues [fʀɛ̃g] n. f. pl. Pop. Vêtements. – Déverbal de *(se) fringuer.*

fripe [fʀip] n. f. (Surtout au plur.) Vieilli Vêtement usagé, d'occasion. – Var. de l'a. fr. *ferpe, frepe,* «vieux chiffon, vieux habits»; du bas lat. *faluppa,* «chose sans valeur, fibre».

friper [fʀipe] v. tr. [1] Chiffonner, froisser. *Friper sa robe en s'asseyant.* ▷ Pp. adj. Fig. *Un visage fripé.* – De *fripe.*

friperie [fʀipʀi] n. f. Vieux habits, chiffons. ▷ Commerce, boutique de fripier. – De *fripe.*

fripier, ère [fʀipje, ɛʀ] n. Personne qui fait commerce de vêtements d'occasion. – De *fripe.*

fripon, onne [fʀipɔ̃, ɔn] n. **1.** Fam. Enfant malicieux, polisson. *Un petit fripon.* ▷ adj. Qui dénote la malice, l'espièglerie. *Un air fripon.* **2.** Vx Escroc, voleur. – De l'anc. v. *friponner,* «faire bonne chère» puis «voler».

friponnerie [fʀipɔnʀi] n. f. Vx Action de fripon. – De *fripon.*

fripouille [fʀipuj] n. f. Pop. Individu malhonnête, canaille. – De *fripon,* avec chang. de suff.

friqué, ée [fʀike] adj. Fam. Riche. – De *fric.*

friquet [fʀikɛ] n. m. Moineau des haies et des bosquets (*Passer montanus*). – De l'a. fr. *frique, friche,* «vif, éveillé», probabl. d'orig. germ.

frire [fʀiʀ] v. tr. défect. [64] Faire cuire dans un corps gras bouillant. *Frire du poisson.* ▷ v. intr. *Mettre des beignets à frire.* – Lat. *frigere.*

frisant, ante [fʀizɑ̃, ɑ̃t] adj. *Lumière frisante,* rasante, qui effleure une surface avec un angle d'incidence très faible. Syn. rasant. – Ppr. de *friser.*

frisbee [fʀizbi] n. m. Jeu pratiqué avec un disque en matière plastique que les joueurs se lancent en le faisant tourner sur lui-même; ce disque. – Nom déposé américain.

1. frise [fʀiz] n. f. **1.** ARCHI Partie de l'entablement entre l'architrave et la corniche. **2.** Surface plane formant un bandeau continu, qui comporte le plus souvent des motifs décoratifs. ▷ THEAT Bande de décor fixée au cintre, figurant le ciel ou le plafond. **3.** TECH Planche rainée et rabotée servant à constituer le plancher. – Lat. médiév. *frisium,* var. *phrygium,* «ouvrage phrygien» et «bandeau brodé d'or».

2. frise [fʀiz] n. f. **1.** Toile de Hollande. **2.** MILIT *Chevaux de frise* : V. cheval. – Du nom de la *Frise,* rég. côtière de la mer du Nord.

frisé, ée [fʀize] adj. **1.** Qui forme des boucles fines et serrées. *Cheveux frisés.* **2.** *Par ext.* Dont le bord des feuilles est ondulé et découpé. *Chicorée frisée.* - n. f. *Une frisée aux lardons.* – Pp. de *friser.*

friselis [fʀizli] n. m. Litt. Très léger frémissement. *Friselis de l'eau.* – De *friser.*

friser [fʀize] v. [1] **I.** v. tr. **1.** Donner la forme de boucles fines et serrées à. *Friser des cheveux, une moustache.* Syn. boucler. ▷ Par ext. *Friser qqn.* **2.** Passer au ras de (sans toucher ou en effleurant à peine). *Hirondelle qui frise le sol.* Syn. frôler, raser. ▷ Fig. Être très près de, s'approcher de. *Friser la quarantaine. Procédés qui frisent l'indélicatesse.* **II.** v. intr. Se mettre en boucles. *Cheveux qui frisent.*

frisette [fʀizɛt] n. f. **1.** Petite boucle de cheveux. **2.** TECH Petite frise. – Dimin. de *frise.*

frisolée [fʀizɔle] ou **friselée** [fʀizle] n. f. Maladie virale dégénérative de la pomme de terre, caractérisée par l'aspect frisé que prennent les feuilles. – D'un dimin. dial. de *friser.*

1. frison [fʀizɔ̃] n. m. Frisette qui touche le visage ou la nuque. – De *friser.*

2. frison, onne [fʀizɔ̃, ɔn] adj. et n. De la Frise. ▷ Subst. *Un(e) Frison(ne).* ▷ adj. *Race frisonne* : race bovine qui donne de bonnes laitières. – Du n. de la *Frise,* plaine côtière de la mer du Nord; du lat. *Frisius,* nom de peuple.

frisotter [fʀizɔte] v. tr. et intr. [1] Friser par menues boucles. – De *friser.*

frisquet, ette [fʀiskɛ, ɛt] adj. Fam. Vif et piquant (en parlant du vent, du temps). ▷ adv. *Il fait frisquet.* – De *frisque,* dial. du Nord.

frisson [fʀisɔ̃] n. m. **1.** Tremblement convulsif et passager provoqué par une sensation plus ou moins intense de froid ou par la fièvre. *Être pris de frissons.* **2.** *Par ext.* Contraction involontaire, crispation provoquée par une émotion, une sensation vive, désagréable ou non. *Frisson de dégoût.* – Du bas lat. *frictio,* du class. *frigere,* «avoir froid».

frissonnant, ante [fʀisɔnɑ̃, ɑ̃t] adj. Qui frissonne. – Ppr. de *frissonner.*

frissonnement [fʀisɔnmɑ̃] n. m. Litt. **1.** Léger frisson. **2.** Tremblement léger accompagné d'un faible bruit. *Frissonnement des feuilles des arbres.* – De *frissonner.*

frissonner [fʀisɔne] v. intr. [1] **1.** Avoir des frissons. *Frissonner de froid, de fièvre.* **2.** *Par ext.* Trembler légèrement sous l'effet d'une émotion intense. *Frissonner d'horreur.* ▷ *Par anal.* (Choses) Poét. *Eau, arbre qui frissonne sous le vent.* – De *frisson.*

frisure [fʀizyʀ] n. f. Façon de friser; état d'une chevelure frisée. – De *friser.*

frit, frite [fʀi, fʀit] adj. **1.** Cuit dans un corps gras bouillant. **2.** Fig., fam. Qui est dans une situation désespérée et sans issue. *Il est frit.* Syn. cuit, fichu. – Pp. de *frire.*

frite [fʀit] n. f. **1.** (Surtout au plur.) Morceau de pomme de terre, généralement fin et allongé, que l'on a fait frire. **2.** Loc. fam. *Avoir la frite* : être en forme. – Pour *pomme de terre frite*; pp. fém. subst. de *frire.*

friterie [fʀitʀi] n. f. Boutique, baraque où l'on fait, où l'on vend des frites, des fritures. – De *frite.*

friteuse [fʀitøz] n. f. Ustensile creux pourvu d'un couvercle et d'un panier égouttoir qui sert à frire les aliments. *Friteuse électrique.* – De *frire.*

fritillaire [fʀitil(l)ɛʀ] n. f. Plante liliacée dont une espèce, la fritillaire pintade (*Fritillaria meleagris*), présente une fleur en forme de cloche tachetée violet sombre. – Du lat. *fritillus,* «cornet à dés».

frit(t)on [fʀitɔ̃] n. m. (Souvent pl.) Syn. de *gratton.* – De *frit.*

frittage [fʀitaʒ] n. m. TECH Procédé qui consiste à chauffer des poudres mélangées à un liant, sous une température élevée mais inférieure au point de fusion, et qui permet notam. la mise en forme des matériaux réfractaires. – De *fritter.*

fritte [fʀit] n. f. TECH Produit à base de silicate d'aluminium, utilisé dans la fabrication des céramiques. – De *frire.*

fritter [fʀite] v. tr. [1] TECH Procéder au frittage de. – De *fritte.*

friture [fʀityʀ] n. f. **1.** Action, manière de frire un aliment. *Friture à l'huile.* ▷ Par anal. *Bruit de friture* ou, ellipt., *friture* : grésillement qui se produit parfois dans un appareil téléphonique ou un récepteur de radio. **2.** Matière grasse (huile, graisse animale ou végétale) qui sert à frire. *Changer souvent sa friture.* **3.** Aliments frits. *Friture de beignets.* ▷ (S. comp.) *Une friture* : des petits poissons frits. – Du lat. pop. *frictura,* de *frigere,* «frire».

fritz [fʀits] n. m. inv. Fam., péjor., vieilli Allemand. – De *Fritz*, prénom all. courant.

frivole [fʀivɔl] adj. Vain et léger, qui s'occupe de choses sans importance; futile. *Discours, esprit frivole.* – Lat. *frivolus.*

frivolement [fʀivɔlmɑ̃] adv. D'une manière frivole. – De *frivole.*

frivolité [fʀivɔlite] n. f. **1.** Caractère de ce qui est frivole. *Frivolité de l'esprit.* **2.** Chose, occupation, propos sans importance. *S'occuper de frivolités.* **3.** (Plur.) Article de mode, parure féminine. *Magasin de frivolités.* – De *frivole.*

froc [fʀɔk] n. m. **1.** Vx Partie de l'habit des moines qui couvre la tête et tombe sur les épaules et sur la poitrine. ▷ Loc. fig. *Jeter le froc aux orties* : abandonner la vie monacale après avoir prononcé ses vœux, se défroquer. **2.** Pop. Pantalon. – Frq. **hrok.*

froid, froide [fʀwɑ, fʀwɑd] adj. et n. m. **I.** adj. **1.** Qui est à une température plus basse que celle du corps humain. *Un climat, un temps froid.* **2.** Refroidi ou non chauffé. *Le dîner sera froid.* **3.** *Animaux à sang froid,* dont la température varie en fonction du milieu ambiant (poïkilothermes). **4.** Fig. Qui semble indifférent, insensible; qui garde toujours la maîtrise de soi et s'extériorise peu. *Rester froid devant le malheur des autres.* ▷ Spécial. *Femme froide,* qui manque de sensualité. ▷ *Garder la tête froide* : rester calme, maître de soi. ▷ (En art.) *Peinture froide, style froid,* qui n'éveille aucune émotion, qui manque de sensibilité. **5.** Fig. Qui ne se manifeste pas par les signes extérieurs habituels d'agitation, de violence. *Colère froide.* **6.** Fig. Qui est le signe d'une certaine réserve, d'une certaine hostilité. *Accueil, ton froid.* ▷ *Battre froid qqn.* V. battre. **7.** *Coloris, tons froids,* qui évoquent l'eau (bleu, vert, etc.). **8.** Loc. adv. *À froid* : sans chauffe préalable. *Laminer à froid.* ▷ MED *Opérer à froid,* en dehors d'une crise aiguë. ▷ Fig. Sans que les passions interviennent. *Prendre une décision à froid.* **II.** n. m. **1.** État de ce qui est à une température inférieure à celle du corps humain; de ce qui donne une sensation de privation de chaleur; de l'atmosphère lorsqu'elle a subi un abaissement de température. *Le froid de la glace, du marbre. Une vague de froid.* **2.** *Avoir froid* : éprouver une sensation de froid, souffrir du froid. ▷ Fig. *N'avoir pas froid aux yeux* : être courageux, hardi. ▷ *Prendre, attraper froid* : être malade après un brusque refroidissement. **3.** *Froid industriel, artificiel* : produit par divers procédés frigorifiques. *La technique du froid.* **4.** *Par ext.,* fig. Sensation morale pénible (comparée à celle que procure le froid au plan physique). *Le froid de l'âge, de la solitude.* ▷ *Jeter un froid* : provoquer un sentiment de malaise, de gêne. **5.** Fig. Absence d'amitié, de sympathie dans les relations humaines. *Il y a un certain froid entre eux.* ▷ *Être en froid avec qqn,* être plus ou moins brouillé avec lui. – Du lat. *frigidus.*

froidement [fʀwɑdmɑ̃] adv. **1.** Fam. *Ça va froidement aujourd'hui* : il fait froid. **2.** Fig. Sans passion, en gardant la tête froide. *Envisager froidement une situation.* ▷ Sans émotion, sans scrupule. *Assassiner qqn froidement.* **3.** Fig. Sans chaleur, avec réserve. *Recevoir qqn froidement.* Syn. fraîchement. – De *froid.*

froideur [fʀwɑdœʀ] n. f. **1.** Rare État de ce qui est froid. **2.** Insensibilité, sécheresse des sentiments; indifférence marquée. *Recevoir qqn avec froideur.* – De *froid.*

froidure [fʀwɑdyʀ] n. f. **1.** Litt. Froid du temps, de l'air. **2.** MED Forme atténuée de la gelure. – De *froid.*

froissable [fʀwɑsabl] adj. Qui se froisse facilement. *Étoffe froissable.* – De *froisser.*

froissant, ante [fʀwɑsɑ̃, ɑ̃t] adj. Fig. Qui froisse. *Cela n'a rien de froissant pour vous.* – Ppr. de *froisser.*

froissement [fʀwɑsmɑ̃] n. m. **1.** Action de froisser; fait d'être froissé. **2.** *Par ext.* Bruit léger que font certaines étoffes, le papier en se froissant. **3.** Fig. Blessure d'amour-propre. – De *froisser.*

froisser [fʀwɑse] v. tr. [1] **1.** Faire prendre des plis irréguliers, nombreux et plus ou moins marqués. *Froisser une robe.* – Pp. adj. *Un chemisier tout froissé.* Syn. friper. *Froisser du papier.* Syn. chiffonner. **2.** Blesser par un choc ou une pression violente. *Froisser un muscle, une articulation.* **3.** Fig. Choquer, blesser (qqn) par manque de délicatesse. *Froisser qqn dans son amour-propre.* ▷ v. pron. *Personne qui se froisse d'un rien.* – Du lat. pop. **frustiare,* de *frustum,* « morceau ».

froissure [fʀwɑsyʀ] n. f. Trace laissée sur ce qui a été froissé. *Froissure d'une étoffe.* – De *froisser.*

frôlement [fʀolmɑ̃] n. m. Contact léger et rapide d'un objet passant le long d'un autre. *Frôlement d'une robe, d'une main.* ▷ Léger bruit qui en résulte. – De *frôler.*

frôler [fʀole] v. tr. [1] **1.** Toucher légèrement en passant. *La balle a frôlé le filet.* Syn. effleurer. **2.** *Par ext.* Passer très près de. *Frôler les murs.* – v. pron. (Récipr.) *Les voitures se sont frôlées.* ▷ Fig. *Frôler la faillite.* Syn. friser.

frôleur, euse [fʀolœʀ, øz] adj. et n. **1.** adj. Qui frôle. **2.** n. Personne qui a tendance à toucher, à frôler d'autres personnes dans la recherche d'un plaisir érotique. – De *frôler.*

fromage [fʀɔmaʒ] n. m. **1.** Pâte comestible au goût caractéristique faite de lait caillé, fermenté ou non; masse mise en forme de cette pâte. *Fromage frais. Fromage à pâte molle, à pâte dure. Fromage de brebis, de chèvre.* ▷ Loc. *Entre la poire et le fromage* : à la fin du repas, quand les propos sont plus familiers, plus libres. **2.** Fig., fam. Situation, place qui procure sans fatigue de multiples avantages. **3.** *Fromage de tête* : pâté de tête de porc en gelée. – Du lat. pop. *formaticum,* « ce qui est fait dans une forme ».

1. fromager, ère [fʀɔmaʒe, ɛʀ] n. et adj. **1.** n. Fabricant(e), marchand(e) de fromages. **2.** adj. Qui a trait au fromage. *Industrie fromagère.* – De *fromage.*

2. fromager [fʀɔmaʒe] n. m. Grand arbre des régions chaudes (genre *Ceiba,* fam. bombacacées). (Les fruits de *Ceiba pentandra,* arbre d'Afrique, produisent le kapok, et ses graines une huile industrielle.) – De *fromage,* p.-ê. à cause du bois blanc et tendre de cet arbre.

fromagerie [fʀɔmaʒʀi] n. f. Lieu où l'on fait, où l'on vend des fromages. – De *fromage.*

froment [fʀɔmɑ̃] n. m. et adj. **1.** n. m. Blé cultivé (diverses variétés de *Triticum vulgare*). – Grain de blé séparé de la tige par le battage. *Farine de froment.* **2.** adj. De la couleur du froment (en parlant de la robe de certains bovidés). *Robe froment clair, foncé.* – Du lat. *frumentum.*

fromental [fʀɔmɑ̃tal] n. m. Avoine fourragère, appelée aussi *avoine élevée.* – Bas lat. *frumentalis.*

frometon [fʀɔmtɔ̃] n. m. Pop. Fromage. – Déformation arg. de *fromage.*

fronce [fʀɔ̃s] n. f. Chacun des petits plis serrés obtenus par le resserrement d'un fil coulissé, destinés à diminuer la largeur d'un tissu tout en conservant son ampleur. *Jupe à fronces.* – Du frq. **hrunkja,* « ride ».

froncement [fʀɔ̃smɑ̃] n. m. Action de froncer (le front, les sourcils). – De *froncer.*

froncer [fʀɔ̃se] v. tr. [12] **1.** Rider en contractant, en resserrant, plisser. *Froncer les sourcils, le front, le nez.* **2.** *Par anal.* Resserrer (une étoffe) par des fronces. – De *fronce.*

froncis [fʀɔ̃si] n. m. Ensemble des fronces faites à une étoffe. – De *froncer.*

frondaison [fRɔ̃dɛzɔ̃] n. f. **1.** BOT Apparition du feuillage aux arbres. *Époque de la frondaison.* **2.** Litt. Feuillage. *Se promener sous les frondaisons.* – De *fronde* 1.

1. fronde [fRɔ̃d] n. f. BOT Feuille fertile (portant les spores) des fougères. ▷ *Par ext.* Partie foliacée, de grande taille, du thalle de certaines algues. *Une fronde de laminaire.* – Lat. *frons, frondis,* « feuillage ».

2. fronde [fRɔ̃d] n. f. **1.** Arme de jet utilisant la force centrifuge, constituée de deux liens réunis par un gousset contenant le projectile (pierre, balle d'argile, etc.). **2.** *Par anal.* Jouet d'enfant utilisant la détente d'un élastique, destiné au même usage ; lance-pierres. – Du lat. *funda.*

3. fronde [fRɔ̃d] n. f HIST *La Fronde* : troubles politiques graves qui eurent lieu en France, de 1648 à 1652, durant la régence d'Anne d'Autriche et le gouvernement de Mazarin. – Déverbal de *fronder.*

fronder [fRɔ̃de] v. [1] **1.** v. intr. Vx Lancer des projectiles avec une fronde. **2.** v. tr. Critiquer, railler (ce qui est habituellement respecté). *Fronder le gouvernement.* – De *fronde* 2.

frondeur, euse [fRɔ̃dœR, øz] n. **1.** ANTIQ Soldat armé d'une fronde. **2.** HIST Celui, celle qui participait à la Fronde. – *Par ext.* Personne qui a tendance à critiquer l'autorité, quelle qu'elle soit. ▷ adj. *Humeur frondeuse.* – De *fronde* 2 (sens 1), de *fronde* 3 et *fronder* (sens 2).

front [fRɔ̃] n. m. **1.** Partie supérieure du visage comprise entre la racine des cheveux et les sourcils. **2.** Litt. Tête, Visage. *Le rouge au front.* ▷ Fig. *Courber le front* : se soumettre. **3.** *Front de mer* : bande de terrain, avenue en bordure de la mer. *Par ext.* Ensemble de bâtiments construits le long d'une voie longeant la mer ou un fleuve. *Front de Seine.* **4.** Étendue que présente, devant l'ennemi, une armée déployée. ▷ *Le front* : la zone des combats (par oppos. à l'*arrière*). *Monter au front, mourir au front.* ▷ Fig. *Faire front* : résister. **5.** Alliance entre des mouvements armés, des partis, des syndicats, etc. *Front populaire* : V. encycl. **6.** TECH *Front de taille* : face verticale selon laquelle progresse un chantier dans les mines. ▷ METEO Surface de discontinuité séparant deux masses d'air de pression et de température différentes. *Front froid, chaud. Front climatique. Front occlus,* résultant de la rencontre d'un front froid et d'un front chaud rejeté en altitude. ▷ GEOM *De front* : parallèlement au plan vertical de projection. **7.** Loc. *Avoir le front de,* l'audace de, l'insolence de. ▷ *De front* : par-devant. *Les voitures se sont heurtées de plein front.* – Fig. Sans détour, sans biaiser. *Attaquer de front un problème.* – Sur un même rang. *Marcher de front.* – Fig. En même temps. *Mener de front plusieurs affaires.* – Lat. *frons, frontis.*

ENCYCL **Hist.** – *Front populaire.* Union constituée en 1935 par les partis de la gauche française qui remporta les élections législatives en 1936 ; dirigé par Léon Blum, le gouvernement du Front populaire institua, par les accords Matignon (juin 1936), l'établissement de conventions collectives, la reconnaissance de délégués ouvriers, la semaine de quarante heures et les congés payés. Il se heurta à de graves difficultés économiques et aux problèmes causés, en Europe, par la guerre civile d'Espagne et la politique d'Hitler. La division qui s'installa entre les partis de gauche en 1938 marque la fin du Front populaire.

frontal, ale, aux [fRɔ̃tal, o] n. m. et adj. **I.** n. m. Bandeau, ornement qui se porte sur le front. **II.** adj. **1.** ANAT *Os frontal* ou, n. m., *le frontal* : os impair et médian situé à la partie antérieure du crâne, soudé en arrière avec les deux pariétaux et formant une partie des cavités orbitaires. *Lobe, muscle, sinus frontal.* **2.** GEOM Qui est parallèle au plan vertical de projection. *Plan frontal.* **3.** Qui se produit de front. *Choc frontal.* – Lat. *frontalis.*

frontalier, ère [fRɔ̃talje, ɛR] adj. Qui est proche d'une frontière. *Ville, région frontalière.* ▷ Subst. Habitant d'une région frontalière. – Du lat. *frons, frontis.*

frontalité [fRɔ̃talite] n. f. BX-A *Loi de frontalité* : règle de la statuaire archaïque (Égypte, Grèce préclassique) qui exigeait une symétrie absolue du corps humain, l'impression de mouvement ne pouvant provenir que d'une flexion avant ou arrière, jamais latérale. – De *frontal.*

frontière [fRɔ̃tjɛR] n. f. **1.** Limite séparant deux États. *Frontière naturelle,* tracée par un obstacle géographique (fleuve, montagne, etc.). ▷ (En appos.) *Poste, ville frontière.* – Par ext. *Les frontières linguistiques.* **2.** Fig. Limite, borne. *Faire reculer les frontières du savoir.* – De *front.*

frontignan [fRɔ̃tiɲɑ̃] n. m. Vin blanc muscat. – De *Frontignan,* v. de l'Hérault.

frontispice [fRɔ̃tispis] n. m. **1.** Vx Façade principale d'un édifice. **2.** IMPRIM Titre d'un ouvrage imprimé, souvent entouré de vignettes. **3.** Planche illustrée en regard du titre. – Bas lat. *frontispicium.*

fronton [fRɔ̃tɔ̃] n. m. **1.** Ornement généralement triangulaire couronnant la partie supérieure d'un édifice. *Fronton à jour, à pans, circulaire, brisé.* **2.** Mur contre lequel on joue à la pelote basque ou contre lequel on s'entraîne au tennis. *Faire quelques balles au fronton.* – Ital. *frontone.*

frottage [fRɔtaʒ] n. m. **1.** Action de frotter. **2.** TECH Procédé de reproduction d'une surface présentant un léger relief, par application d'un support mince (papier, tissu, etc.) qu'on frotte à la couleur (ou à la mine de plomb) de manière que les reliefs accrochent la couleur. – De *frotter.*

frottement [fRɔtmɑ̃] n. m. **1.** Action de frotter. **2.** Contact entre deux surfaces dont l'une au moins se déplace, friction ; le bruit qui en résulte. ▷ *Forces de frottement,* qui s'opposent au glissement de deux corps en contact. ▷ MED Bruit qui donne à l'auscultation l'impression que deux surfaces glissent rudement l'une sur l'autre et qui se produit en cas d'inflammation des séreuses pleurales ou péricardiques. *Frottement pleural, péricardique.* **3.** Fig., fam. Heurt entre des personnes, désaccord. – De *frotter.*

frotter [fRɔte] v. [1] **I.** v. tr. Presser, appuyer sur (un corps) tout en faisant un mouvement (spécial. pour nettoyer, pour faire briller). *Frotter un meuble avec un chiffon.* ▷ Fam. *Frotter les oreilles à qqn,* le battre, le corriger. **II.** v. intr. Produire une friction, une résistance (en parlant d'un corps en mouvement). *La roue frotte contre le garde-boue.* Ant. glisser. **III.** v. pron. **1.** Frotter son corps. *Se frotter vigoureusement au gant de crin.* ▷ (Faux pron.) *Se frotter les mains.* **2.** *Se frotter à* : avoir commerce avec. *Se frotter à la bonne société.* **3.** *Se frotter à qqn,* l'attaquer. ▷ Prov. *Qui s'y frotte s'y pique.* – Du lat. pop. *frictare,* fréquent. de *fricare.*

frotteur, euse [fRɔtœR, øz] n. **1.** Personne qui frotte les parquets. **2.** n. m. TECH Pièce destinée à produire un frottement. **3.** n. Pop. Frôleur. – De *frotter.*

frotti-frotta [fRɔtifRɔta] n. m. Fam. Frottement plus ou moins prolongé, dans plusieurs sens. – De *frotter.*

frottis [fRɔti] n. m. **1.** PEINT Légère couche de couleur transparente appliquée sur une toile. **2.** MED Étalement sur une lame, pour examen au microscope, d'une sécrétion, d'un liquide. *Frottis de sang. Frottis vaginal.* – De *frotter.*

frottoir [fRɔtwaR] n. m. Plaque sur laquelle on frotte les allumettes pour les enflammer. – De *frotter.*

frou-frou ou **froufrou** [fRufRu] n. m. **1.** Bruit produit par un froissement léger. **2.** (Plur.) Ornements de tissu légers et flottants d'un vêtement féminin. *Des frous-frous* ou *des froufrous.* – Onomat.

froufrouter [fRufRute] v. intr. [1] Produire des froufrous. – Ppr. *Jupon froufroutant.* – De *froufrou.*

froussard, arde [fRusaR, aRd] adj. Fam. Qui a la frousse. ▷ Subst. *Un(e) froussard(e).* – De *frousse.*

frousse [fRus] n. f. Fam. Peur. *Avoir la frousse.* – Provenç. *frous,* «bruit strident».

fructidor [fRyktidɔR] n. m. HIST Douzième et dernier mois du calendrier républicain (du 18/19 août au 21/23 septembre). – Du lat. *fructus,* «fruit», et du gr. *dôron,* «don, présent».

fructifère [fRyktifɛR] adj. BOT Qui donnera ou qui porte des fruits. *Rameau fructifère.* – Du lat. *fructus,* «fruit», et *-fère.*

fructification [fRyktifikasjɔ̃] n. f. **1.** BOT Chez les phanérogames, ensemble des phénomènes qui, après la floraison et la fécondation, conduisent à la formation des fruits. **2.** BOT Chez toutes les autres plantes (algues, champignons, fougères), ensemble des organes impliqués dans la reproduction sexuée. **3.** Ensemble des fruits portés par un phanérogame. - Période où les fruits se forment. – Bas lat. *fructificatio.*

fructifier [fRyktifje] v. intr. [2] **1.** Produire des fruits, des récoltes. **2.** Avoir des résultats avantageux; produire des bénéfices. *Faire fructifier une idée. Capital qui fructifie.* – Bas lat. *fructificare,* de *fructus,* «fruit».

fructose [fRyktoz] n. m. BIOCHIM Sucre (hexose, de formule $C_6H_{12}O_6$, possédant une fonction cétone) qui existe dans l'organisme sous forme libre et dans divers holosides (saccharose, etc.). – Du lat. *fructus,* «fruit», et *-ose* 2.

fructueusement [fRyktɥøzmɑ̃] adv. De manière fructueuse. – De *fructueux.*

fructueux, euse [fRyktɥø, øz] adj. Qui produit des résultats avantageux. *Recherches fructueuses.* – Lat. *fructuosus.*

frugal, ale, aux [fRygal, o] adj. **1.** Qui se satisfait d'une nourriture simple et peu abondante; qui vit simplement. *Homme frugal. Vie, habitudes frugales.* **2.** Qui est composé d'aliments simples, peu abondants. *Table frugale.* – Bas lat. *frugalis,* «qui rapporte, rangé, sage, tempérant, sobre».

frugalement [fRygalmɑ̃] adv. Avec frugalité. – De *frugal.*

frugalité [fRygalite] n. f. Sobriété, simplicité. *Frugalité d'un repas. Vivre avec frugalité.* – Lat. *frugalitas,* de *frugalis.* (V. frugal.)

frugivore [fRyʒivɔR] adj. ZOOL Qui se nourrit de fruits. *Oiseau frugivore.* – Du lat. *frux, frugis,* «fruit de la terre», et *-vore.*

1. fruit [fRɥi] n. m. **I. 1.** Production des plantes phanérogames qui succède à la fleur après fécondation et qui renferme les graines. *Fruit charnu, à pépins, à noyau.* ▷ *Fruit comestible. Spécial.* Produit de l'arbre fruitier. *Fruit mûr, juteux. Coupe de fruits.* ▷ RELIG *Fruit défendu,* celui de l'arbre de la science du bien et du mal, auquel Adam et Ève ne devaient pas toucher; fig. chose dont il est interdit de jouir et qui en est d'autant plus désirée. *L'attrait du fruit défendu.* **2.** (Plur.) Produits de la nature, en tant qu'ils servent aux hommes; les produits de la chasse, de la pêche. *Les fruits de la terre. Vivre des fruits de sa chasse.* ▷ *Fruits de mer :* nom donné à divers crustacés et mollusques comestibles. *Une assiette de fruits de mer.* **II.** Fig. **1.** Litt. *Le fruit d'une union, d'un mariage :* l'enfant né de cette union, de ce mariage. **2.** Avantage, bénéfice tiré d'un travail, d'une activité. *Recueillir le fruit de son travail.* ▷ *Avec fruit :* avec profit, utilement. *Lire avec fruit.* – Lat. *fructus,* «fruit, produit de la terre, rapport, revenu».

ENCYCL **Bot.** - Le fruit, résultat de l'évolution d'un carpelle ou du pistil, est spécifique des «plantes à fleurs» (phanérogames); il contient les graines résultant de l'évolution des ovules. On classe les fruits en 3 catégories : *fruits secs indéhiscents* (akènes, caryopse des graminées); *fruits secs déhiscents* (follicule, gousse, silique, etc.); *fruits charnus* (baies et drupes). Les *faux fruits* (ananas, fraise, etc.) sont des fruits auxquels se sont incorporées des parties de la fleur ou de l'inflorescence autres qu'un carpelle ou que le pistil. Les *fruits composés* résultent de la soudure de plusieurs fruits (une framboise résulte de la soudure de petites baies).

2. fruit [fRɥi] n. m. CONSTR Inclinaison de la face extérieure d'un mur, destinée à lui permettre de résister à la pression des terres ou des eaux. – De l'a. fr. *effruiter,* «épuiser, amoindrir».

fruité, ée [fRɥite] adj. Qui a un goût de fruit. *Vin fruité.* – De *fruit* 1.

fruiterie [fRɥitRi] n. f. Vieilli Boutique où l'on vend au détail des fruits et légumes frais et parfois des laitages. – De *fruit* 1.

fruitier, ère [fRɥitje, ɛR] adj. et n. **I.** adj. Qui produit des fruits comestibles. *Arbre fruitier.* ▷ Par ext. *Jardin fruitier.* **II.** n. **1.** Marchand, marchande de fruits au détail. **2.** n. m. Local où l'on conserve les fruits frais. ▷ Étagère à claire-voie où l'on étale les fruits. – De *fruit* 1.

fruitière [fRɥitjɛR] n. f. Rég. Fromagerie coopérative, dans le Jura, en Savoie. – De *fruit,* dans le sens rég. de «produit des bestiaux, laitage».

frumentaire [fRymɑ̃tɛR] adj. ANTIQ ROM *Lois frumentaires,* qui réglementaient les distributions de blé à la plèbe. – Lat. *frumentarius,* de *frumentum,* «blé».

frusques [fRysk] n. f. pl. Pop. Habits en plus ou moins bon état. *Vieilles frusques.* Syn. fringues, nippes. – De *saint-frusquin.*

fruste [fRyst] adj. **1.** Grossier, sans raffinement (personne, comportement, art). *Homme fruste. Style fruste.* **2.** Non poli, rugueux au toucher. *Pierre encore fruste.* **3.** TECH Effacé, au relief usé (sculpture, médaille). – Ital. *frusto,* «usé».

frustrant, ante [fRystRɑ̃, ɑ̃t] adj. Qui frustre; susceptible de frustrer. – Ppr. de *frustrer.*

frustration [fRystRasjɔ̃] n. f. **1.** Action de frustrer. **2.** PSYCHAN Situation d'un sujet qui est dans l'impossibilité de satisfaire une pulsion. (Le lien entre la frustration et l'agressivité a été souvent souligné.) – Lat. *frustratio,* «action de mettre dans l'erreur, duperie, déception».

frustratoire [fRystRatwaR] adj. DR Fait pour frustrer, pour tromper. *Exception, frais frustratoires.* – Bas lat. *frustratorius,* «trompeur, dilatoire».

frustrer [fRystRe] v. tr. [1] **1.** Priver (qqn) de ce qui lui est dû. **2.** Décevoir (qqn) dans son attente. - Pp. adj. *Se sentir frustré.* – Lat. *frustrare.*

frustule [fRystyl] n. m. BOT Enveloppe siliceuse des diatomées, constituée de deux valves s'emboîtant parfaitement. – Du lat. *frustulum,* «petit fragment».

frutescent, ente [fRytɛsɑ̃, ɑ̃t] adj. BOT Qui tient de l'arbrisseau, ayant notam. une tige ligneuse ramifiée dès la base. – Du lat. *frut(ic)escere,* de *frutex, fruticis,* «arbrisseau», d'apr. *arborescent.*

fruticuleux, euse [fRytikylø, øz] adj. BOT Qui a la forme d'un petit arbre. *Lichen fruticuleux,* à thalle ramifié. – Du lat. *frutex, fruticis,* «arbrisseau».

F.S.H. [ɛfɛsaʃ] n. f. BIOCHIM Folliculostimuline. – Sigle des mots angl. *follicle stimulating hormone.*

fucacées [fykase] n. f. pl. Famille type des fucales. - Sing. *Une fucacée.* – Du gr. *phûkos,* «algue».

fucales [fykal] n. f. pl. BOT Ordre de phéophycées (algues brunes) dont le genre *Fucus* est le type et dont les thalles donnent directement des gamètes mâles et femelles, sans que des sporophytes se soient individualisés. - Sing. *Une fucale.* – Du gr. *phûkos,* « algue ».

fuchsia [fyʃja] n. m. Arbrisseau ornemental (genre *Fuchsia,* fam. œnothéracées) originaire d'Amérique centrale, cultivé en Europe pour ses fleurs diversement colorées, en forme de clochettes. – Du n. de *Fuchs,* botaniste bavarois du XVIe s.

fuchsine [fyksin] n. f. CHIM Colorant rouge qui a donné naissance, à la fin du XIXe s., à l'industrie des colorants organiques. – Tiré, par le chimiste Verquin, de *Fuchs,* trad. all. de Renard, n. de l'industriel pour lequel il travaillait; ou de *fuchsia.*

fucus [fykys] n. m. Algue brune au thalle rubanné et ramifié. (*Fucus vesiculosus,* l'« algue » par excellence des plages atlantiques, comporte des flotteurs vésiculeux; c'est un des constituants du goémon.) – Lat. *fucus,* gr. *phûkos,* « algue ».

fuégien, enne [fɥeʒjɛ̃, ɛn] adj. et n. De la Terre de Feu, extrémité méridionale de l'Amérique du Sud. ▷ Subst. *Les Fuégiens.* – Esp. *fuegino,* de *fuego,* « feu ».

fuel-oil [fjulɔjl] ou **fuel** [fjul] n. m. (Anglicisme off. déconseillé pour *fioul.*) Distillat lourd du pétrole, utilisé comme combustible. *Fuel domestique* (de densité comprise entre 0,86 et 0,89). *Fuel léger* (0,89 à 0,92). *Fuel lourd* (0,92 à 0,95). *Des fuel-oils* ou *des fuels.* Syn. mazout. – Mot angl., « huile combustible ».

fuero [fueʀo] n. m. HIST Charte qui garantissait les libertés municipales ou provinciales, en Espagne. – Mot espagnol.

fugace [fygas] adj. Qui disparaît rapidement, ne dure pas. *Ombre, souvenir fugace.* – Lat. *fugax, fugacis,* de *fugere,*« fuir ».

fugacité [fygasite] n. f. Nature de ce qui est fugace. *La fugacité d'une vision.* – De *fugace.*

1. -fuge. Élément, du lat. *fugere,* « fuir ».

2. -fuge. Élément, du lat. *fugare,* « faire fuir ».

fugitif, ive [fyʒitif, iv] adj. et n. **1.** Qui s'est échappé, qui a pris la fuite. *Un prisonnier fugitif.* ▷ Subst. *Poursuivre des fugitifs.* **2.** (Choses) Qui dure peu, fugace. *Plaisirs fugitifs.* – Lat. *fugitivus.*

fugitivement [fyʒitivmɑ̃] adv. D'une manière fugitive. – De *fugitif.*

fugitivité [fuʒitivite] n. f. Caractère fugitif. – De *fugitif.*

fugue [fyg] n. f. **1.** Forme musicale, basée sur l'écriture contrapuntique et dont les parties semblent se fuir dans les reprises du motif. (Elle est généralement construite en trois parties : exposition qui présente l'élément thématique principal; développement; strette.) *« L'Art de la fugue », recueil de J.-S. Bach.* **2.** Abandon subit du domicile habituel (familial, conjugal) pendant une courte période. *Faire une fugue.* – Ital. *fuga,* propr. « fuite ».

fugué, ée [fyge] adj. MUS Qui est dans le style de la fugue. *Partie fuguée.* – De *fugue.*

fuguer [fyge] v. intr. [1] Faire une fugue (sens 2). – De *fugue.*

fugueur, euse [fygœʀ, øz] adj. et n. Qui fait des fugues. *Adolescent fugueur.* ▷ Subst. *Un fugueur, une fugueuse.* – De *fugue* (sens 2).

führer [fyʀœʀ] n. m. Titre que prit Hitler en 1934. – Mot all., propr. « conducteur ».

fuir [fɥiʀ] v. [29] **I.** v. intr. **1.** S'éloigner rapidement pour échapper à un danger. *Fuir de son pays. Fuir devant l'ennemi.* ▷ Fig. Se dérober, s'esquiver. *Fuir devant ses responsabilités.* **2.** Litt. (Choses) S'éloigner très vite. *Les nuages fuient.* ▷ *Par anal.* S'écouler avec rapidité (temps). *L'hiver a fui.* **3.** S'échapper par un trou, une fente (liquide, gaz). *Vin qui fuit d'un tonneau.* ▷ *Par ext.* Laisser passer un fluide. *Tuyau, toit qui fuit.* **II.** v. tr. Chercher à éviter (qqn, qqch de menaçant, de désagréable). *Fuir un danger, un importun. Fuir les questions.* ▷ v. pron. Refuser d'affronter ses problèmes, ses peines intérieures. – Du lat. pop. *fugire,* class. *fugere.*

fuite [fɥit] n. f. **1.** (Êtres vivants.) Action de fuir. *La fuite d'une armée. Prendre la fuite.* - *Mettre en fuite :* faire fuir. ▷ DR *Délit de fuite,* dont se rend coupable le conducteur d'un véhicule qui, se sachant responsable d'un accident, continue sa route. **2.** Fig. Action de se dérober, de se soustraire à (qqch). *Fuite devant ses obligations.* **3.** (Choses) Éloignement rapide. *La fuite des nuages.* ▷ *Par anal.* Écoulement (temps). *La fuite des années.* **4.** GEOM *Point de fuite :* dans un dessin en perspective, point situé sur la ligne d'horizon, vers lequel convergent les projections des droites horizontales. **5.** AVIAT *Bord de fuite :* arête arrière d'une aile d'avion. **6.** Action de s'échapper par une fissure (fluides); la fissure elle-même. *Fuite de gaz. Boucher une fuite.* - *Fuite électrique, magnétique :* perte d'énergie électrique, de flux magnétique. ▷ Fig. Indiscrétion, communication illicite de documents. *Fuites relatives à des sujets d'examen.* – Du lat. pop. **fugita* (fém. subst.), du class. *fugere,* « fuir ».

fulgurance [fylgyʀɑ̃s] n. f. Caractère de ce qui est fulgurant. – De *fulgurer.*

fulgurant, ante [fylgyʀɑ̃, ɑ̃t] adj. **1.** Rapide comme l'éclair. *Démarrage fulgurant.* **2.** Qui brille comme l'éclair. *Regard fulgurant.* **3.** Fig. Qui illumine soudainement l'esprit. *Intuition fulgurante.* **4.** MED *Douleur fulgurante,* aiguë et fugace. – Ppr. de *fulgurer;* lat. *fulgurans.*

fulguration [fylgyʀasjɔ̃] n. f. **1.** PHYS Lueur électrique, non accompagnée de tonnerre, qui se produit dans la haute atmosphère, appelée cour. *éclair de chaleur.* **2.** MED Action destructrice de la foudre (ou de l'électricité : courant électrique, électricité statique) sur l'organisme. – Lat. *fulguratio,* « lueur de l'éclair ».

fulgurer [fylgyʀe] v. intr. [1] Rare Briller comme l'éclair, avec éclat. – Lat. *fulgurare.*

fuligineux, euse [fyliʒinø, øz] adj. **1.** Qui produit de la suie. *Flamme fuligineuse.* **2.** Qui évoque la suie. *Couleur fuligineuse.* **3.** Fig. Obscur et monotone. *Style fuligineux.* – Lat. imp. *fuliginosus,* de *fuligo, fuliginis,* « suie ».

fuligule [fyligyl] n. m. Canard plongeur. *Le milouin et le morillon sont des fuligules.* – Du lat. *fuligo,* « suie », à cause de leur plumage terne.

full [ful] n. m. Au poker, réunion dans une même main d'un brelan et d'une paire. – Mot angl. « plein ».

full-contact [fulkɔ̃takt] n. m. (Américanisme) Se dit d'un sport de combat dans lequel les coups sont portés jusqu'au bout, avec un équipement spécial. - (En appos.) *Karaté full-contact.* – Mot angl., « plein contact ».

fulmicoton [fylmikɔtɔ̃] n. m. Nitrocellulose employée dans la fabrication des poudres. Syn. coton-poudre. – Du lat. *fulmen, fulminis,* « foudre », et de *coton.*

fulminant, ante [fylminɑ̃, ɑ̃t] adj. **1.** Vx Qui lance la foudre. *Jupiter fulminant.* ▷ Mod. Qui est dans une colère menaçante; qui dénote cette colère. *Regard fulminant.* **2.** CHIM Détonant. *Composé fulminant.* – Ppr. de *fulminer.*

fulminate [fylminat] n. m. CHIM Sel de l'acide fulminique. *Les fulminates détonent par percussion ou par friction.* – Du rad. de *fulminique,* et *-ate.*

fulmination [fylminasjɔ̃] n. f. DR CANON Action de fulminer. ▷ *Par ext.* Imprécation. – De *fulminer.*

fulminer [fylmine] v. [1] **I.** v. intr. **1.** S'emporter violemment en proférant des menaces. *Fulminer contre les mœurs du siècle.* **2.** CHIM Détoner. **II.** v. tr. **1.** DR CANON Publier dans les formes (un acte comminatoire, une condamnation). *Fulminer une excommunication.* **2.** Formuler avec emportement. *Fulminer des accusations.* – Lat. *fulminare,* « lancer la foudre ».

fulminique [fylminik] adj. CHIM *Acide fulminique* : isomère de l'acide cyanique, de formule brute CNOH. – Du lat. *fulmen,* et *-ique.*

1. fumage [fymaʒ] n. m. Action d'amender la terre par le fumier. – De *fumer* 1.

2. fumage [fymaʒ] n. m. Action de fumer de la viande, du poisson, pour les conserver. – De *fumer* 2.

fumagine [fymaʒin] n. f. ARBOR Maladie des arbres fruitiers due à divers champignons de couleur sombre qui poussent sur les exsudats sucrés émis par différents insectes parasites. – Du lat. *fumus,* « fumée ».

fumaison [fymɛzɔ̃] n. f. Syn. de *fumage.* – De *fumer.*

fumant, ante [fymɑ̃, ɑ̃t] adj. **1.** Qui dégage de la fumée, de la vapeur. *Cendres fumantes. Potage fumant.* ▷ CHIM *Acide fumant,* dont les vapeurs forment un brouillard au contact de la vapeur d'eau de l'atmosphère. **2.** Fig., fam. Dans une violente colère. *Fumant de rage.* **3.** Fam. Sensationnel, formidable. *Un coup fumant.* – Ppr. de *fumer* 1.

fumariacées [fymaʀjase] n. f. pl. BOT Famille de dialypétales, très proches des papavéracées (pavots), à fleur très zygomorphe. – Sing. *Une fumariacée.* – Du lat. scientif. *fumaria,* « fumeterre ».

fumarique [fymaʀik] adj. CHIM *Acide fumarique* : isomère de l'acide maléique, qui intervient dans le métabolisme de la cellule vivante. – De *fumaria,* n. scientif. de la fumeterre.

fumé, ée [fyme] adj. et n. m. **I.** adj. **1.** Qu'on a fumé (produit comestible). *Jambon fumé. Truite fumée.* **2.** *Verre fumé,* de couleur foncée. ▷ *Des verres fumés* : des lunettes à verres foncés. **II.** n. m. Épreuve d'essai tirée d'une gravure. – Pp. de *fumer* 2.

fume-cigare [fymsigaʀ], **fume-cigarette** [fymsigaʀɛt] n. m. inv. Petit tube de bois, d'ambre, etc., pour fumer un cigare, une cigarette. – De *fumer,* et *cigare, cigarette.*

fumée [fyme] n. f. **1.** Mélange de produits gazeux et de particules solides se dégageant de corps qui brûlent ou qui sont chauffés. *La fumée d'un volcan. La fumée de cigarette.* ▷ *Noir de fumée* : produit obtenu par combustion incomplète de corps riches en carbone. ▷ CONSTR *Conduit de fumée* : canalisation ou ouvrage maçonné par lequel on évacue les fumées d'une chaudière ou d'un foyer. **2.** Fig. *S'en aller en fumée* : ne pas aboutir, ne rien produire. ▷ Prov. *Il n'y a pas de fumée sans feu* : il ne court pas de bruit qui n'ait quelque fondement. **3.** Vapeur. *Fumée qui monte d'une soupière.* **4.** Plur. Fig., litt. *Fumées du vin, de l'ivresse* : troubles de l'esprit provoqués par l'alcool. **5.** Plur. VEN Excréments des cerfs et autres animaux sauvages. – Pp. fém. subst. de *fumer* 2.

1. fumer [fyme] v. tr. [1] Épandre du fumier sur (un sol) pour l'amender. – Lat. pop. *femare,* de *femus,* « fumier »; p.-ê. aussi attract. de *fumer* 2.

2. fumer [fyme] v. [1] **I.** v. intr. **1.** (Choses) Répandre de la fumée. *Bois qui fume en brûlant. Cette cheminée fume.* **2.** Dégager de la vapeur d'eau. *Soupe qui fume.* **3.** Fig., fam. Être dans une violente colère. **II.** v. tr. **1.** Faire brûler (du tabac ou une autre substance) pour en aspirer la fumée. *Fumer un cigare. Fumer du haschisch.* ▷ Absol. *Défense de fumer.* **2.** Exposer (de la viande, du poisson) à la fumée pour les conserver. *Fumer un jambon.* – Lat. *fumare.*

fumerie [fymʀi] n. f. Lieu où l'on fume (l'opium). – De *fumer* 2.

fumerolle [fymʀɔl] n. f. Émanation gazeuse sortant à haute température de crevasses du sol, dans les régions à forte activité volcanique. – De l'ital. *fumaruolo,* « orifice de cheminée ».

fumeron [fymʀɔ̃] n. m. **1.** Morceau de charbon de bois mal carbonisé qui dégage beaucoup de fumée. **2.** Plur. Pop., vieilli Jambes; jambes longues et maigres. – De *fumer* 2.

fumet [fymɛ] n. m. **1.** Arôme qui s'exhale des viandes à la cuisson. **2.** Bouquet d'un vin. **3.** Odeur que dégagent certains animaux. *Le fumet du gibier.* – De *fumer* 2.

fumeterre [fymtɛʀ] n. f. Plante herbacée basse aux petites fleurs roses aux propriétés dépuratives (genre *Fumaria,* fam. fumariacées). – Lat. médiév. *fumus terrae,* « fumée de la terre », parce que, selon O. de Serres, « son jus fait pleurer les yeux comme la fumée ».

fumeur, euse [fymœʀ, øz] n. **1.** Personne qui a l'habitude de fumer, spécial. du tabac. **2.** Spécialiste du fumage des viandes, des poissons. – De *fumer.*

fumeux, euse [fymø, øz] adj. **1.** Qui répand de la fumée; qui baigne dans la fumée. **2.** Fig. Obscur, confus. *Des explications fumeuses.* – De *fumer* 2.

fumier [fymje] n. m. **1.** Mélange de la litière et des déjections des bestiaux qu'on laisse fermenter et qu'on utilise comme engrais. **2.** Fig., fam., injur. Homme vil, abject. – Lat. pop. *femarium.*

fumigateur [fymigatœʀ] n. m. MED, AGRIC Appareil destiné aux fumigations; préparation combustible qui les produit. – De *fumiger.*

fumigation [fymigasjɔ̃] n. f. **1.** MED Inhalation de vapeurs médicamenteuses à des fins thérapeutiques (par ex., dans les cas de sinusites). ▷ Production de vapeurs désinfectantes pour assainir un local. **2.** AGRIC Utilisation de fumées ou de vapeurs insecticides pour débarrasser certains végétaux de leurs parasites. – Bas lat. *fumigatio,* de *fumigare,* « faire de la fumée ».

fumigatoire [fymigatwaʀ] adj. MED, AGRIC Qui sert à faire des fumigations. – De *fumigation.*

fumigène [fymiʒɛn] adj. TECH Qui produit de la fumée. ▷ n. m. MILIT *Dans les opérations militaires, les fumigènes créent un écran de fumée qui dérobe les troupes à la vue de l'ennemi.* – AGRIC *Les fumigènes servent à protéger les jeunes plantes contre les gelées matinales.* – Du lat. *fumus,* « fumée », et *-gène.*

fumiger [fymiʒe] v. tr. [13] Rare Exposer à la fumée, à des vapeurs. – Lat. *fumigare,* « faire de la fumée ».

fumiste [fymist] n. et adj. **1.** n. m. Celui qui entretient les appareils de chauffage et ramone les conduits de fumée. **2.** n. et adj. Fam. Personne peu sérieuse, qui se moque du monde. – Sens 1, de *fumer* 2; sens 2, d'apr. un vaudeville de 1840, *la Famille du fumiste,* dont le héros était un farceur impénitent.

fumisterie [fymistəʀi] n. f. **1.** Profession du fumiste. ▷ Ensemble des appareils servant à l'évacuation des fumées. **2.** Fam. Action, chose qui manque totalement de sérieux. *Une vaste fumisterie.* – De *fumiste.*

fumivore [fymivɔʀ] adj. TECH Qui absorbe la fumée. *Appareil fumivore.* – Lat. *fumus,* « fumée », et *-vore.*

fumoir [fymwaʀ] n. m. **1.** Lieu où l'on fume les viandes, les poissons. **2.** Pièce, salon où l'on se tient pour fumer; local destiné aux fumeurs. – De *fumer* 2.

fumure [fymyʀ] n. f. **1.** Action de fumer une terre; son résultat. **2.** Quantité de fumier ou d'engrais nécessaire pour obtenir un bon rendement d'une terre. – De *fumer* 1.

fun [fœn] adj. inv. (Anglicisme) Fam. **1.** Se dit de ce qui est jeune, sportif, à la mode, et de couleurs voyantes souvent fluorescentes. *Un skate fun. Des couleurs fun.* ▷ Se dit d'une personne qui s'adonne aux sports de glisse et s'habille de manière fun. **2.** Drôle. *C'est très fun.* ▷ n. m. Amusement. *Pour le fun.* – Mot angl.

funaire [fynɛʀ] n. f. BOT Mousse poussant en touffes, dont le pédoncule est filiforme et la capsule globuleuse. – Lat. bot. *funaria,* du lat. class. *funarius,* de *funis,* «corde».

funambule [fynɑ̃byl] n. Acrobate qui marche, danse sur une corde au-dessus du sol. – Lat. *funambulus,* de *funis,* «corde», et *ambulare,* «marcher».

funambulesque [fynɑ̃bylɛsk] adj. **1.** Relatif au funambule, à son art. **2.** Fig. Excentrique. – De *funambule,* et de *-esque.*

fun board [fœnbɔʀd] n. m. (Anglicisme) SPORT Planche à voile courte permettant de sauter. *Des fun boards.* ▷ Ce sport. – Mot angl., «planche pour s'amuser».

fundus [fɔ̃dys] n. m. ANAT *Le fundus gastrique :* la portion gauche de l'estomac, comprenant la grosse tubérosité et la zone de secrétion acide. – Mot lat., «fond».

funèbre [fynɛbʀ] adj. **1.** Qui a rapport aux funérailles. *Oraison funèbre.* ▷ *Service des pompes funèbres,* qui règle tout ce qui concerne les funérailles. **2.** Fig. Qui fait penser à la mort, suscite la tristesse. *Une voix, une image funèbre.* – Lat. *funebris.*

funérailles [fyneʀɑj] n. f. pl. Ensemble des cérémonies accompagnant les enterrements. *Funérailles nationales.* – Lat. ecclés. *funeralia,* plur. neutre de *funeralis,* «relatif aux funérailles».

funéraire [fyneʀɛʀ] adj. Qui concerne les funérailles. *Frais funéraires.* ▷ *Urne funéraire,* qui contient les cendres d'un mort. – Bas lat. *funerarius.*

funérarium [fyneʀaʀjɔm] n. m. Bâtiment ou pièce près d'un cimetière, où peuvent se réunir les personnes qui vont assister à des obsèques. – De *funérailles,* d'après *crématorium.*

funeste [fynɛst] adj. **1.** Qui apporte la mort. *Coup, maladie funeste.* **2.** *Par ext.* Qui est source de malheur, a des conséquences désastreuses. *Conseil, erreur funeste.* – Lat. *funestus.*

funiculaire [fynikylɛʀ] n. et adj. **I.** n. m. Chemin de fer à câbles ou à crémaillère. *Le funiculaire de Montmartre.* **II.** adj. **1.** MECA *Courbe funiculaire* ou, n. f., *funiculaire :* courbe utilisée en statistique graphique. (Sa forme est celle d'une corde flexible et inextensible, suspendue à ses deux extrémités.) **2.** ANAT Qui se rapporte au cordon spermatique ou au cordon ombilical. – Du lat. *funiculus,* «petite corde».

funicule [fynikyl] n. m. BOT Cordon contenant le faisceau libéro-ligneux nourricier de l'ovule et reliant celui-ci au placenta. – Lat. *funiculus,* «petite corde», dimin. de *funis,* «câble».

funk [fœnk] n. m. et adj. inv. MUS Style de musique issu du funky vers 1970. – De *funky.*

funky [fœnki] n. m. et adj. inv. MUS Style de musique des Noirs américains, mélange de rock et de jazz très rythmique. – Arg. amér., propr. «malodorant».

fur [fyʀ] n. m. Empl. seulement dans la locution *au fur et à mesure.* ▷ Loc. adv. *Au fur et à mesure :* simultanément et proportionnellement ou successivement. *Apportez-moi les outils, je les rangerai au fur et à mesure.* ▷ Loc. conj. *Au fur et à mesure que. Il s'assagit au fur et à mesure que les années passent.* ▷ Loc. prép. *Au fur et à mesure de. Au fur et à mesure de ses échecs, il perdait confiance en lui.* – Du lat. **forum,* «marché».

furane ou **furanne** [fyʀan] n. m. CHIM Composé organique hétérocyclique (C_4H_4O) dont la structure est analogue à celle du benzène et les réactions similaires à celles des composés aromatiques. ▷ adj. *Forme furane :* forme d'une molécule (de sucre) dont le cycle comprend quatre atomes de carbone. – Du lat. *furfur,* «son (de céréales)».

furax [fyʀaks] adj. inv. Fam. Furieux, très en colère. – D'abord en argot scolaire; déformation plaisante de *furieux,* avec influence du lat. *furax,* «voleur».

furet [fyʀɛ] n. m. **1.** Mammifère carnivore mustélidé *(Mustela putorius furo),* variété de putois albinos ou semi-albinos, originaire d'Afrique du N., souvent dressé autref. pour la chasse au lapin. **2.** Outil de plomberie servant à déboucher les canalisations. **3.** Jeu de société dans lequel des joueurs se passent un objet de main en main tandis qu'un autre joueur s'efforce de deviner dans quelle main il se trouve. **4.** PHYS NUCL Petit conteneur que l'on propulse dans un tube traversant le cœur d'un réacteur pour soumettre un échantillon à une irradiation de courte durée. – Du lat. pop. **furittus,* du class. *fur,* «voleur».

furetage [fyʀtaʒ] n. m. Action de fureter. – De *fureter.*

fureter [fyʀte] v. intr. [18] **1.** Fouiller, chercher avec soin pour découvrir qqch. *Fureter partout.* **2.** CHASSE Chasser au furet. – De *furet.*

fureteur, euse [fyʀtœʀ, øz] **1.** adj. et n. Qui furète pour trouver qqch. **2.** n. Vx Personne qui chasse au furet. – De *fureter.*

fureur [fyʀœʀ] n. f. **1.** Colère très violente. *Entrer en fureur.* ▷ Fig. *La fureur des flots.* **2.** Passion excessive. *Aimer avec fureur.* ▷ Loc. verb. *Faire fureur :* être fort en vogue. *Disque qui fait fureur.* ▷ Loc. adv. *À la fureur :* à la folie. **3.** Litt. Délire inspiré. *Fureur poétique.* – Lat. *furor,* «folie, égarement».

furfuracé, ée [fyʀfyʀase] adj. Didac. Qui ressemble à du son. – Du lat. *furfur,* «son (de céréales)».

furfural [fyʀfyʀal] n. m. CHIM Aldéhyde hétérocyclique existant dans les alcools de grain et utilisé comme solvant et entrant dans de nombreuses synthèses (notam. dans celle du nylon). – Du lat. *furfur,* «son (de céréales)».

furia [fyʀja] n. f. Litt. Ardeur impétueuse. – Mot ital., «fureur».

furibard, arde [fyʀibaʀ, aʀd] adj. Fam. Furibond. – De *furibond.*

furibond, onde [fyʀibɔ̃, ɔ̃d] adj. En proie à une fureur généralement outrée et un peu ridicule. ▷ *Par ext.* Qui exprime cette fureur. *Regards furibonds.* – Lat. *furibundus,* de *furor,* «folie, égarement».

furie [fyʀi] n. f. **1.** Colère démesurée. *Être en furie.* **2.** Ardeur impétueuse. *Combattre avec furie.* ▷ Fig. *La furie de la tempête.* **3.** MYTH *Les Furies :* les trois déesses de la Vengeance (Alecto, Mégère, Tisiphone). ▷ Fig. Femme très méchante et violente. *C'est une vraie furie !* – Lat. *Furia,* chacune des déesses de la Vengeance.

furieusement [fyʀjøzmɑ̃] adv. Avec furie. – De *furieux.*

furieux, euse [fyʀjø, øz] adj. **1.** Qui ressent une violente colère. **2.** Qui dénote une profonde colère. *Air furieux.* **3.** Extrêmement véhément, impétueux. *Assaut furieux.* ▷ Fig. *Mer furieuse.* – De *fureur.*

furioso [fyʀjozo] adj. MUS Plein d'impétuosité. *Allegro furioso.* ▷ adv. *Exécuter un morceau furioso.* – Mot ital., «furieux, fou».

furoncle [fyʀɔ̃kl] n. m. Infection, au niveau de la peau, d'un appareil pilo-sébacé, due au staphylocoque doré, et caractérisée par une inflammation ayant en son centre un bourbillon. *La réunion en un même point de plusieurs furoncles forme un anthrax.* – Lat. *furunculus.*

furonculeux, euse [fyʀɔ̃kylø, øz] adj. MED Qui tient du furoncle; atteint de furonculose. – De *furoncle.*

furonculose [fyʀɔ̃kyloz] n. f. Éruption d'une série de furoncles. – De *furoncle*, et *-ose* 2.

furtif, ive [fyʀtif, iv] adj. **1.** Qui se fait à la dérobée, de façon à n'être pas remarqué. *Signe, regard furtif.* – *Main furtive,* qu'on glisse subrepticement. **2.** *Avion furtif,* que les radars ne peuvent détecter. – Lat. *furtivus,* de *furtum,* «vol», rac. *fur, furis,* «voleur».

furtivement [fyʀtivmɑ̃] adv. De façon furtive. – De *furtif.*

fusain [fyzɛ̃] n. m. **1.** Arbrisseau dicotylédone (fam. célastracées) à fleurs dialypétales. (Le fusain d'Europe, *Evonymus europæus,* est appelé cour. *bonnet carré* ou *bonnet de prêtre* à cause de ses fruits rouges.) **2.** Crayon fait avec le charbon de fusain. ▷ *Par ext.* Dessin exécuté avec ce crayon. – Du lat. pop. **fusago,* de *fusus,* «fuseau».

fusant, ante [fyzɑ̃, ɑ̃t] adj. TECH Qui fuse. *Poudre fusante.* ▷ Qui explose en l'air (par oppos. à *percutant*). – Ppr. de *fuser.*

fuseau [fyzo] n. m. **1.** Anc. Petit instrument de bois, renflé en son milieu et terminé en pointe, utilisé pour tordre et enrouler le fil lorsqu'on file à la quenouille. – Instrument de forme analogue servant à faire de la dentelle. ▷ *En fuseau :* en forme de fuseau. *Arbre en fuseau.* ▷ (En appos.) *Pantalon fuseau* ou *fuseau,* dont les jambes se rétrécissent vers le bas et se terminent par un sous-pied. **2.** GEOM Portion de la surface d'une sphère comprise entre deux méridiens. ▷ *Fuseau horaire :* chacune des 24 zones de la surface terrestre à l'intérieur desquelles le temps civil est en principe égal au temps civil local du méridien central. (Le méridien de Greenwich est au centre du fuseau nº 0, dont la France dépend.) **3.** ZOOL Mollusque gastéropode (genre *Fusus*) à coquille très longue en forme de fuseau. **4.** BIOL *Fuseau achromatique :* ensemble des fibres protéiques qui, au cours d'une mitose ou d'une méiose, joignent les deux asters et sur certaines desquelles s'accrochent les chromosomes. – De l'a. fr. *fus;* lat. *fusus,* «fuseau».

fusée [fyze] n. f. **I. 1.** Engin propulsé par la force d'expansion de gaz résultant de la combustion d'un combustible et d'un comburant. ▷ Engin spatial muni d'un moteur-fusée. **2.** Pièce d'artifice composée de poudre mélangée à des matières colorantes. *Fusées de feu d'artifice. Fusées-signaux.* **3.** MILIT Mécanisme fixé à l'ogive d'un projectile pour le faire éclater. **4.** MED Trajet long et sinueux parcouru par le pus entre le foyer de l'abcès et le point d'émergence. **II. 1.** Quantité de fil qui peut être enroulée sur un fuseau. **2.** AUTO Pièce conique qui reçoit la roue d'un véhicule. – De l'a. fr. *fus,* du lat. *fusus,* «fuseau».

ENCYCL Les fusées peuvent évoluer hors de l'atmosphère, car elles utilisent un processus propulsif anaérobie. Dès 1903, le Russe Constantin Tsiolkovsky élabora la théorie du vol des fusées dans la perspective du voyage dans l'espace. Les premiers développements pratiques de la réalisation d'une fusée furent à l'actif de l'Américain Robert Goddard (en 1926) et des membres de la Société allemande de vol spatial (dont Hermann Oberth et Wernher von Braun), qui, à partir de 1930, firent des expériences sur les fusées dont l'aboutissement conduisit au V2 (1944). Les recherches qui se poursuivirent après la guerre, en U.R.S.S. et aux États-Unis, déterminèrent le principe d'une fusée constituée de plusieurs étages, dont chacun est équipé d'un système de propulsion indépendant, de façon à réaliser une économie optimale de propergol; les lanceurs* d'engins spatiaux et les missiles* intercontinentaux reposent sur ce concept.

fuselage [fyzlaʒ] n. m. Corps principal d'un avion, sur lequel est fixée la voilure. – De *fuselé.*

fuselé, ée [fyzle] adj. En forme de fuseau. *Doigts fuselés.* ▷ ARCHI *Colonne fuselée,* renflée vers le tiers de sa hauteur. – De *fusel,* forme anc. de *fuseau.*

fuseler [fyzle] v. tr. [19] TECH Donner la forme d'un fuseau à. – De *fuselé.*

fuser [fyze] v. intr. [1] **1.** Jaillir. *Liquide qui fuse.* – Fig. *Acclamations qui fusent.* **2.** Se répandre en fondant. *La cire fuse.* **3.** Brûler sans détoner (poudre). – Du lat. *fusus,* pp. de *fundere,* «fondre».

fusette [fyzɛt] n. f. Petit tube sur lequel est enroulé du fil à coudre. – Dimin. de *fusée* (II, sens 1).

fusibilité [fyzibilite] n. f. Propriété de ce qui est fusible. – De *fusible.*

fusible [fyzibl] adj. et n. m. **1.** adj. Qui peut être fondu, liquéfié. **2.** n. m. ELECTR Élément qui a la propriété de fondre à une température relativement basse (env. 250 °C), et servant à protéger un circuit contre les intensités trop élevées. – Bas lat. *fusibilis,* du lat. *fusilis.*

fusiforme [fyzifɔʀm] adj. Didac. En forme de fuseau. – Du lat. *fusus,* «fuseau», et de *-forme.*

fusil [fyzi] n. m. **I. 1.** Arme à feu portative, constituée d'un canon (généralement pourvu de rayures donnant au projectile un mouvement de rotation), d'une culasse (munie d'un percuteur) et d'un fût. – *Fusil lance-harpon* ou *fusil-harpon :* fusil dont le projectile est un harpon, utilisé pour la chasse sous-marine. ▷ Pièce d'acier contre laquelle venait frapper le silex de la batterie des anc. armes à feu. ▷ Fig. *Coup de fusil :* note d'un montant excessif (à l'hôtel, au restaurant, notam.). – *Changer son fusil d'épaule :* changer d'opinion, de manière d'agir, etc. – *Être couché en chien de fusil,* avec les genoux ramenés contre la poitrine. **2.** Tireur au fusil. *Être un bon fusil.* **II.** Instrument en acier servant à aiguiser les couteaux. ▷ Pierre pour affûter les faux. – Du lat. pop. **focilis (petra),* «(pierre) à feu», de *focus,* «feu».

fusilier [fyzi(l)je] n. m. Anc. Soldat armé d'un fusil. – *Fusilier marin :* marin entraîné pour les opérations de débarquement et chargé à bord du maintien de l'ordre et de la discipline. – De *fusil.*

fusillade [fyzijad] n. f. **1.** Décharge de plusieurs fusils. *Un bruit de fusillade.* **2.** Combat à coups de fusil, d'arme à feu. **3.** Action de passer qqn par les armes. – De *fusiller.*

fusiller [fyzije] v. tr. [1] Tuer à coups de fusil. – (Plus cour.) Passer par les armes. *Fusiller un espion.* – De *fusil.*

fusil-mitrailleur [fyzimitʀajœʀ] n. m. Arme légère à tir automatique, fusil pouvant tirer par rafales. *Des fusils-mitrailleurs.* (Abrév. : F.-M.) – De *fusil,* et *mitrailleur.*

fusion [fyzjɔ̃] n. f. **1.** Passage d'un corps de l'état solide à l'état liquide sous l'action de la chaleur. ▷ *En fusion :* liquéfié (en parlant d'une matière habituellement solide). *Métal en fusion.* **2.** Dissolution dans un liquide. *Fusion du sucre dans l'eau.* **3.** Union d'éléments distincts en un tout homogène. *La fusion des divers peuples qui ont formé la nation française. Fusion de sociétés commerciales.* ▷ PHYS NUCL Réunion de plusieurs atomes légers en un atome lourd d'une masse inférieure à la masse totale des atomes de départ. *Le défaut de masse résultant de la fusion libère une très grande quantité d'énergie.* – Lat. *fusio.*

ENCYCL **Phys. nucl.** – La fusion nucléaire part de noyaux légers (deutérium, tritium et lithium) pour aboutir à des noyaux plus lourds (hélium). L'énergie de fusion caractérise les étoiles (V. encycl. étoile). La fusion nucléaire a été obtenue artificiellement en octobre 1952 aux États-Unis (explosion de la première bombe à hydrogène). La *fusion contrôlée* est beaucoup plus difficile à obtenir; un certain nombre de conditions sont indispensables : température très élevée (plusieurs centaines de millions de kelvins), densité du plasma (mélange d'atomes et d'électrons) suffisante et temps de confinement du plasma (durée des premières réactions) assez long. V. les encycl. fission et noyau.

fusionnement [fyzjɔnmɑ̃] n. m. Action de fusionner. – De *fusionner.*

fusionner [fyzjɔne] **1.** v. tr. [1] Regrouper par fusion (des partis, des sociétés, etc.). **2.** v. intr. Se regrouper par fusion. *Ces sociétés ont fusionné.* – De *fusion.*

fustanelle [fystanɛl] n. f. Court jupon évasé, vêtement masculin grec traditionnel. – Lat. médiév. *fustanella.*

fustet [fystɛ] n. m. Arbuste ornemental (*Cotinus coccygia,* fam. anacardiacées), appelé aussi *arbre à perruques* en raison de l'abondant duvet qui couvre les pédoncules de ses fruits. – Ar. *fustuq,* «pistachier».

fustibale [fystibal] n. m. HIST Arme de jet, fronde emmanchée en usage jusqu'au XVIe s. – Bas lat. *fustibalus,* de *fustis,* «bâton».

fustigation [fystigasjɔ̃] n. f. Action de fustiger. – De *fustiger.*

fustiger [fystiʒe] v. tr. [13] **1.** Battre à coups de bâton, de fouet, flageller. **2.** Fig. Blâmer, stigmatiser par la parole. *Fustiger les abus.* ▷ v. pron. Se battre soi-même. – Bas lat. *fustigare,* de *fustis,* «bâton».

fût [fy] n. m. **1.** Partie droite et dépourvue de branches du tronc d'un arbre. *Le fût d'un hêtre.* **2.** ARCHI Partie d'une colonne, située entre la base et le chapiteau. **3.** TECH Élément cylindrique d'un appareil, d'un instrument, etc. *Fût d'un candélabre. Fût d'un tambour.* **4.** Monture de certains outils. *Fût de rabot, de varlope.* ▷ Monture du canon d'une arme à feu. **5.** Tonneau. – Du lat. *fustis,* «bâton».

futaie [fytɛ] n. f. Partie d'une forêt où on laisse les arbres atteindre une grande taille avant de les exploiter. – De *fût.*

futaille [fytaj] n. f. **1.** Tonneau. **2.** Ensemble de tonneaux. *Rouler toute la futaille dans une cave.* – De *fût.*

futaine [fytɛn] n. f. Anc. Tissu croisé à chaîne de fil et trame de coton. – Du lat. médiév. *fustaneum* (de *fustis,* «tronc, fût»), traduct. du bas gr. *xulina lina,* «tissu d'arbre (c.-à-d. coton)».

futé, ée [fyte] adj. Fin, rusé, malin. ▷ Subst. *C'est un(e) petit(e) futé(e).* – Pp. d'un anc. verbe *se futer,* «échapper au chasseur».

futile [fytil] adj. **1.** Insignifiant, sans importance. **2.** Léger, vain. *Une personne futile.* – Lat. *futilis.*

futilement [fytilmɑ̃] adv. D'une manière futile. – De *futile.*

futilité [fytilite] n. f. **1.** Caractère de ce qui est futile. *Futilité d'esprit.* **2.** (Surtout au plur.) Chose futile. *S'attacher à des futilités. Dire des futilités.* – Lat. *futilitas.*

futur, ure [fytyʀ] adj. et n. **I.** adj. **1.** Qui est à venir. *Les jours futurs. La vie future,* celle qui doit suivre la vie terrestre. **2.** (Le plus souvent avant le nom.) Qui sera ultérieurement tel. *Les futurs époux.* ▷ Subst. Vieilli ou plaisant *Le futur, la future :* le futur conjoint. **II.** n. m. **1.** Temps à venir (par oppos. à *passé* et à *présent*). **2.** GRAM Ensemble de formes verbales indiquant que l'action ou l'état se situe dans l'avenir. *Le futur est un temps de l'indicatif. Futur simple* (ex. : *je chanterai*). *Futur antérieur,* exprimant l'antériorité d'une action future par rapport à une autre (ex. : *je serai partie quand il viendra*). ▷ Par ext. *Futur proche,* construit avec le verbe aller (ex. : il va partir). – Lat. *futurus,* part. futur de *esse,* «être».

futurisme [fytyʀism] n. m. **1.** Doctrine esthétique due (1909) à l'écrivain italien Marinetti, exaltant la beauté de la machine en mouvement, la vitesse, la violence (œuvres de Balla, Boccioni, Carra, Severini). **2.** Qualité de ce qui est futuriste (sens 2). – Ital. *futurismo.*

futuriste [fytyʀist] adj. **1.** Relatif au futurisme. ▷ *Subst.* Adepte du futurisme. **2.** Qui semble préfigurer l'état futur de la civilisation (notam. sous ses aspects techniques). *Une esthétique futuriste.* – Ital. *futurista.*

futurologie [fytyʀɔlɔʒi] n. f. Discipline visant à prévoir l'avenir dans une perspective globale. Syn. prospective. – De *futur,* et *-logie.*

futurologue [fytyʀɔlɔg] n. Spécialiste de futurologie. – De *futurologie.*

fuyant, ante [fɥijɑ̃, ɑ̃t] adj. Qui fuit. **1.** Litt. Qui s'enfuit, s'échappe. *La fuyante proie.* **2.** Qui n'agit pas de manière franche, directe; insaisissable. *Caractère fuyant. Regard fuyant.* **3.** Qui semble s'enfoncer vers l'arrière-plan. *Ligne fuyante.* ▷ *Front, menton fuyant,* en retrait de la face, effacé vers l'arrière. – Ppr. de *fuir.*

fuyard, arde [fɥijaʀ, aʀd] adj. et n. Qui s'enfuit. *Soldat fuyard.* ▷ Subst. *Rallier les fuyards. Une fuyarde.* – De *fuir.*

g [ʒe] n. m. **1.** Septième lettre (g, G) et cinquième consonne de l'alphabet notant l'occlusive vélaire sonore [g] devant a, o, u (ex. *gare, gondole, guêpe*) et la fricative prépalatale sonore [ʒ] devant e, i, y (ex. *gelée, gifle, gypse*); en composition, la consonne médiopalatale nasale [ɲ], dite *n mouillé*, écrite *gn* (ex. *vigne*). **2.** PHYS g : symbole du gramme. – g : symbole de l'accélération de la pesanteur (à Paris, g = 9,81 m/s²). ▷ G : symbole de giga- (un milliard de fois). – PHYS G : symbole du gauss. **3.** MUS G : notation alphabétique de la note sol.

Ga CHIM Symbole du gallium.

gabardine [gabaʀdin] n. f. **1.** Tissu de laine sergé, très serré. **2.** Vêtement imperméable fait de ce tissu. – Esp. *gabardina.*

gabare ou **gabarre** [gabaʀ] n. f. **1.** MAR Ancienne embarcation de servitude utilisée pour décharger les navires. **2.** Grand filet de pêche semblable à la senne. – Gascon *gabarra.*

gabariage [gabaʀjaʒ] n. m. Action de gabarier. – De *gabarier.*

gabarier [gabaʀje] v. tr. [1] TECH **1.** Fabriquer d'après un gabarit. **2.** Vérifier au moyen d'un gabarit les dimensions de. *Gabarier un véhicule.* – De *gabarit.*

gabarit [gabaʀi] n. m. **1.** TECH Modèle servant à produire des séries de pièces de mêmes dimensions. **2.** TECH Dispositif, outil utilisé pour contrôler une mesure. ▷ CH de F *Gabarit de voie*, qui sert à contrôler l'écartement des rails. ▷ TRANSP Portique destiné à vérifier que les dimensions extérieures d'un véhicule ne dépassent pas certaines valeurs. **3.** Dimension réglementée d'un objet. *Dépasser le gabarit.* **4.** *Par ext.* Taille, stature d'une personne, dimension physique ou morale. – Du gothique **garwi*, «préparation, modèle».

gabbro [gabʀo] n. m. PETROG Roche plutonique grenue, sombre, très dense. *Le gabbro et le basalte sont le support des continents.* – Mot florentin.

gabegie [gabʒi] n. f. Gaspillage, désorganisation qui peuvent être dus à une mauvaise gestion. – Mot de l'Est, de l'anc. scand. *gabba*, «railler».

gabelle [gabɛl] n. f. Anc. **1.** Impôt sur le sel, en France sous l'Ancien Régime. **2.** Administration chargée de recouvrer cet impôt. – Ital. *gabella*, ar. *al-qabāla*, «l'impôt».

gabelou [gablu] n. m. **1.** Anc. Commis de la gabelle. **2.** Péjor. Douanier, employé de l'octroi. – De *gabelle.*

gabier [gabje] n. m. Anc. Marin chargé de l'entretien et de la manœuvre des voiles et du gréement. – De l'a. fr. *gabie*, «caillebotis de hune», provenç. *gabia*, «cage».

gabion [gabjɔ̃] n. m. **1.** Vx. Panier à anses pour le transport de cailloux ou de terre. **2.** Récipient en grillage, rempli de cailloux, utilisé pour les fondations d'ouvrages ou comme protection. **3.** CHASSE Hutte pour chasser le gibier d'eau à l'affût. – Ital. *gabbione*, de *gabbia*, «cage».

gabionnage [gabjɔnaʒ] n. m. TECH Pose de gabions. – De *gabion.*

gable ou **gâble** [gɑbl] n. m. ARCHI Fronton triangulaire généralement ajouré et sculpté, qui couronne un portail ou une fenêtre. *Gâble gothique.* – De l'anc. scand. *gafl*, «plafond».

gabonais, aise [gabɔnɛ, ɛz] adj. et n. Du Gabon, État d'Afrique équatoriale. ▷ Subst. *Un(e) Gabonais(e).*

gâchage [gɑʃaʒ] n. m. **1.** CONSTR Action de gâcher. **2.** Fig. Fait de gâcher, de gaspiller. – De *gâcher.*

1. gâche [gɑʃ] n. f. TECH Boîtier métallique dans lequel s'engage le pêne d'une serrure. – Du frq. **gaspia*, «crampon».

2. gâche [gɑʃ] n. f. CONSTR Outil servant à gâcher (le mortier, le plâtre). – Déverbal de *gâcher.*

gâcher [gɑʃe] v. tr. [1] **1.** CONSTR Délayer (du mortier, du plâtre). **2.** Fig. Faire (un travail) sans soin. *Gâcher l'ouvrage.* **3.** Abîmer, gâter par maladresse. *Elle a gâché pas mal de tissu pour faire cette robe.* ▷ Dissiper, gaspiller. *Gâcher de l'argent.* – *Gâcher le métier* : travailler pour un prix trop bas. **4.** Gâter, attrister, assombrir. *Sa maladie a gâché nos vacances.* – Du frq. **waskan*, «laver».

gâchette [gɑʃɛt] n. f. **1.** TECH Arrêt de pêne d'une serrure. **2.** Pièce du mécanisme d'une arme à feu, maintenant le percuteur ou le chien par l'intermédiaire d'un ressort, et actionnée par la détente. – Cour. *Abusiv.* Détente. *Appuyer sur la gâchette.* – De *gâche* 1.

gâcheur, euse [gɑʃœʀ, øz] n. **1.** n. m. CONSTR Ouvrier qui gâche le plâtre. **2.** Fig. Personne qui travaille mal. – Personne qui gâte, qui gaspille. – De *gâcher.*

gâchis [gɑʃi] n. m. **1.** CONSTR Mortier bâtard. **2.** Boue, saleté liquide. **3.** Accumulation de choses gâchées, détériorées. ▷ Gaspillage. **4.** Fig. Situation embrouillée; désordre, gabegie. – De *gâcher.*

gade [gad] n. m. ZOOL Nom usuel des gadidés. – Gr. *gados*, «morue».

gadget [gadʒɛt] n. m. Objet ingénieux, utile ou non, amusant par sa nouveauté. ▷ Péjor. Objet sans réelle utilité pratique. – Fig. *Prétendues réformes qui sont autant de gadgets.* – Mot anglo-amér.

gadidés [gadide] n. m. pl. ICHTYOL Famille de poissons téléostéens (morue, merlan, lieu, etc.), tous marins, à l'exception de la lotte de rivière. – Sing. *Un gadidé.* – De *gade.*

gadiformes [gadifɔʀm] n. m. pl. ICHTYOL Sous-ordre de poissons téléostéens malacoptérygiens comprenant notam. les gadidés. – Sing. *Un gadiforme.* – De *gade,* et *forme.*

gadin [gadɛ̃] n. m. Fam. *Prendre, ramasser un gadin* : tomber (en parlant d'une personne).

gadolinium [gadɔlinjɔm] n. m. CHIM Élément appartenant à la famille des lanthanides de numéro atomique Z = 64 et de masse atomique 157,25 (symbole Gd). – Métal (Gd) qui fond à 1 310 °C et bout vers 3 200 °C. *Le gadolinium est utilisé comme modérateur dans les réacteurs nucléaires.* – Du nom du minéralogiste finlandais Johan *Gadolin* (1760-1852).

gadoue [gadu] n. f. **1.** Mélange de déchets organiques utilisé comme engrais. **2.** *Par ext.* Boue.

gaélique [gaelik] adj. et n. m. Qui se rapporte aux Gaëls, peuple qui occupa l'O. et le N.-O. des îles Britanniques au Ier millénaire av. J.-C. ▷ n. m. Groupe de parlers celtiques d'Écosse et d'Irlande. – Angl. *gaelic.*

1. gaffe [gaf] n. f. **1.** MAR Perche munie d'un croc à une extrémité, utilisée pour accrocher, attirer à soi, repousser, etc. – Loc. fig. *Tenir à longueur de gaffe,* à distance. **2.** Fam. Lourde maladresse, faute d'à-propos ou de tact. *Faire une gaffe.* – Provenç. *gaf,* de *gaffar,* « saisir » ou « passer à gué ».

2. gaffe [gaf] n. f. Pop. *Faire gaffe* : faire attention. – De l'anc. v. *gafer,* « surveiller, attendre en surveillant ».

gaffer [gafe] v. [1] **1.** v. tr. Accrocher avec une gaffe (1, sens 1). **2.** v. intr. Fam. Commettre une gaffe (1, sens 2). – De *gaffe* 1.

gaffeur, euse [gafœʀ, øz] n. Fam. Personne qui a tendance à commettre des gaffes. – De *gaffer* (sens 2).

gag [gag] n. m. (Anglicisme) Effet comique, dans un film. – *Par ext.* Incident amusant (dans la vie). – Mot angl.

gaga [gaga] adj. et n. Fam. Gâteux. – Onomat., de *gâteux.*

gage [gaʒ] n. m. **I. 1.** Objet, bien mobilier que l'on dépose en garantie entre les mains d'un créancier. *Prêteur sur gages.* **2.** DR et cour. Bien mobilier qui constitue la garantie d'une dette. **3.** Ce que l'on consigne auprès d'un tiers jusqu'à ce qu'une contestation soit définitivement réglée. **4.** À certains jeux, objet que les joueurs déposent à chaque faute et qu'ils ne peuvent retirer qu'après avoir subi une pénitence; cette pénitence. **5.** Fig. Garantie, preuve, témoignage. *Gage d'amitié.* **II.** n. m. pl. **1.** Rétribution d'un employé de maison. **2.** Loc. adj. (Après le nom.) *À gages* : rétribué pour un service. *Tueur à gages.* – Du frq. **waddi.*

gager [gaʒe] v. tr. [13] **1.** Vieilli ou litt. Parier. *Je gage que vous avez tort.* **2.** Garantir par un gage. *Gager un emprunt.* – De *gage.*

gageure [gaʒyʀ] n. f. **1.** Vieilli ou litt. Pari. **2.** Mod., litt. Action si étrange, si difficile qu'elle semble relever d'un défi, d'un pari. – De *gager.*

gagiste [gaʒist] n. m. DR Personne dont la créance est garantie par un gage. – (En appos.) *Créancier gagiste.* – De *gage.*

gagnage [gaɲaʒ] n. m. Vx ou rég. Pâturage; pâtis où certains gibiers viennent se nourrir. – De *gagner* dans le sens anc. (longtemps conservé en vénerie) de « paître ».

gagnant, ante [gaɲɑ̃, ɑ̃t] adj. et n. **1.** adj. Qui gagne. *Numéro, cheval gagnant.* **2.** n. Celui, celle qui gagne. *L'heureux gagnant.* – Ppr. de *gagner.*

gagne-pain [gaɲpɛ̃] n. m. inv. Ce qui permet de gagner sa vie (instrument de travail ou métier). – De *gagner,* et *pain.*

gagne-petit [gaɲpəti] n. m. inv. Personne qui a des revenus modestes, qui fait de petits bénéfices. – De *gagner,* et *petit,* « peu ».

gagner [gaɲe] v. [1] **A.** v. tr. **I.** *Gagner qqch.* **1.** Acquérir par son travail ou ses activités (un bien matériel, un avantage quelconque). *Gagner de l'argent. Gagner sa vie, son pain;* fam., *gagner sa croûte, son bifteck. Gagner le gros lot à la loterie. Candidat qui cherche à gagner des voix.* – *Gagner l'amitié, la confiance de qqn.* – Iron. *Il n'y a que des ennuis à gagner dans cette affaire.* ▷ *Bien gagner* : mériter d'obtenir. *J'ai bien gagné un peu de repos.* – Iron. *Il l'a bien gagné* : il n'a que ce qu'il mérite (déconvenue). **2.** Voir se terminer à son avantage, faire tourner en sa faveur (une compétition, un conflit, une lutte). *Gagner une partie de cartes, un procès, la guerre.* **3.** Se diriger vers, rejoindre (un lieu). *Gagner la frontière.* ▷ *Gagner du terrain* : prendre de l'avance ou diminuer son retard, dans une poursuite; fig. progresser. ▷ *Gagner les devants* : partir avant qqn, ou le dépasser. **4.** *Gagner du temps* : passer moins de temps à accomplir telle ou telle tâche, économiser du temps. *Procédé de montage qui permet de gagner du temps.* – Atermoyer, temporiser, différer l'accomplissement de qqch. *En ne répondant pas immédiatement, je gagne du temps.* **5.** Occuper progressivement; se propager dans, s'étendre à. *L'incendie avait gagné la maison voisine.* – Par anal. *Le sommeil commençait à me gagner.* **II.** *Gagner qqn.* **1.** Se rendre favorable, séduire. *Il avait gagné son geôlier.* ▷ *Gagner qqn à...,* le rendre favorable à... *Gagner qqn à une idée, à sa cause.* **2.** *Gagner qqn de vitesse,* le devancer. **B.** v. intr. **I. 1.** *Gagner à être* (+ adj.) : apparaître sous un jour plus favorable en étant... *Il gagne à être connu.* **2.** *Gagner en* : s'améliorer du point de vue de. *Ce vin a gagné en bouquet.* **II.** MAR *Gagner au vent* : remonter dans le vent, avancer contre le vent. V. louvoyer. – Du frq. **waidanjan,* « se procurer de la nourriture, prendre du butin ».

gagneur, euse [gaɲœʀ, øz] n. **1.** Personne qui est animée par la volonté de gagner. *Un tempérament de gagneur.* **2.** n. f. Arg. Prostituée. – De *gagner.*

gaguesque [gagɛsk] adj. Qui relève du gag; drôle. – De *gag.*

gai, gaie [gɛ(e)] adj. **1.** Qui a de la gaieté, qui est enclin à la bonne humeur. *Avoir un caractère gai. Être gai comme un pinson.* ▷ Mis en gaieté par la boisson. *Nous n'étions pas ivres, simplement un peu gais.* **2.** Qui marque, qui exprime, qui inspire la gaieté. *Un visage gai. Une chanson gaie. Une couleur gaie,* claire et fraîche, vive. ▷ *Par antiphr.* Contrariant, désagréable. *C'est gai!* – Du gothique **gâheis,* « rapide, vif ».

gaïac [gajak] n. m. Arbuste d'Amérique centrale, dont une espèce fournit un bois très dur et très dense, ainsi qu'une résine dont on tire un éther utilisé en pharmacie (le gaïacol). – Esp. *guayaco,* mot d'Haïti.

gaïacol [gajakɔl] n. m. CHIM, MED Ester méthylique utilisé comme antiseptique dans le traitement des voies respiratoires. – De *gaïac.*

gaiement ou **gaîment** [gemɑ̃] adv. **1.** Avec gaieté, joyeusement. *Chanter, siffler gaiement.* **2.** De bon cœur, avec entrain. *Allons-y gaiement.* – De *gai.*

gaieté ou vieilli **gaîté** [gete] n. f. **1.** État d'esprit qui porte à la joie et à la bonne humeur. *Être plein de gaieté.* ▷ *De gaieté de cœur* : sans contrainte et avec un certain plaisir (le plus souvent en tournure négative). *Je ne l'ai pas fait de gaieté de cœur.* **2.** Caractère de ce qui porte à la bonne humeur, à la joie. *Gaieté d'une pièce, d'un tableau, d'un livre.* – De *gai.*

1. gaillard, arde [gajaʀ, aʀd] adj. et n. **I.** adj. **1.** Qui est plein de force, de santé et de vivacité, qui est en bonne condition physique. Syn. alerte, solide, vigoureux. **2.** Un peu libre, leste, grivois. *Chanson gaillarde.* **II.** n. **1.** Personne vigoureuse et pleine d'allant, décidée. *Un grand gaillard. Une solide gaillarde.* ▷ n. f. *Spécial.* Femme pleine d'entrain et de conduite assez libre. *Une sacrée gaillarde.* **2.** n. f. Ancienne danse à trois temps (XVIe s.). – Du gallo-roman *galia,* «force».

2. gaillard [gajaʀ] n. m. MAR ANC Château, superstructure élevée à l'une ou l'autre extrémité du pont supérieur d'un navire. *Gaillard d'avant, d'arrière.* ▷ Mod. *Gaillard d'avant. – Gaillard d'arrière :* V. dunette. – Ellipt. pour *château gaillard,* château fort.

gaillarde [gajaʀd] n. f. Composée vivace ou annuelle, aux grandes fleurs vivement colorées. – Du n. du botaniste fr. *Gaillard.*

gaillardement [gajaʀdəmɑ̃] adv. D'une manière gaillarde, avec entrain. *Attaquer gaillardement.* – De *gaillard* 1.

gaillardise [gajaʀdiz] n. f. Propos, geste, comportement gaillard (1, sens I, 2), grivois. *Dire des gaillardises.* – De *gaillard* 1.

gaillet [gajɛ] n. m. Plante herbacée, annuelle ou vivace, des régions tempérées, à fleurs généralement blanches ou jaunes (fam. rubiacées). *Les sommités du gaillet jaune, ou caille-lait (Galium verum), renferment une sorte de présure.* – Du lat. scientif. *galium,* gr. *galion,* par croisement avec *caille-lait.*

gaillette [gajɛt] n. f. Houille en morceaux de moyenne grosseur. – Mot wallon, dimin. de *gaille,* «grosse noix».

gaîment. V. gaiement.

gain [gɛ̃] n. m. **1.** Fait de gagner. *Gain d'un procès, d'une bataille.* ▷ *Obtenir, avoir gain de cause :* l'emporter dans un litige. **2.** Ce que l'on gagne ; salaire, profit, bénéfice. *L'appât du gain. – Gain de place, de temps.* ▷ RADIOELECTR *Gain d'un amplificateur :* rapport entre la grandeur caractéristique du signal de sortie et celle du signal d'entrée. – Déverbal de *gagner.*

gainage [gɛnaʒ] n. f. Action de gainer. *Le gainage d'une tuyauterie.* – De *gainer.*

gaine [gɛn] n. f. **1.** Étui épousant étroitement la forme de l'objet qu'il contient et protège. *Gaine d'un couteau, d'un fusil.* – TECH *Gaine d'un câble conducteur.* **2.** Sous-vêtement féminin en tissu élastique enserrant les hanches et la taille. **3.** ANAT Enveloppe souple d'un nerf, d'un muscle. *Gaine tendineuse.* **4.** Piédestal en forme de pyramide tronquée renversée qui semble envelopper la base du buste sculpté qu'il soutient. **5.** BOT Base élargie du pétiole de certaines feuilles, qui entoure la tige. **6.** CONSTR *Gaine de ventilation :* conduit destiné à assurer la circulation de l'air. – *Gaine d'ascenseur :* espace dans lequel se déplace la cabine, cage. – Du lat. *vagina,* «fourreau».

gainer [gene] v. tr. [1] **1.** Mettre une gaine à. **2.** Mouler étroitement. *Robe qui gaine un corps. Jambes gainées de soie.* **3.** Recouvrir (un objet) d'un matériau souple (cuir, plastique, etc.). – De *gaine.*

gainerie [gɛnʀi] n. f. Artisanat, commerce du gainier. – De *gainer.*

1. gainier [genje] n. m. Arbre de Judée (*Cercis siliquastrum,* fam. césalpiniacées), des régions méditerranéennes, aux belles fleurs roses. – De *gaine.*

2. gainier, ère [genje, ɛʀ] n. Celui, celle qui confectionne ou vend des gaines ou étuis. – De *gaine.*

gaîté. V. gaieté.

gaize [gɛz] n. f. PETROG Grès, à ciment d'opale, riche en spicules d'éponge. – Mot des Ardennes.

gal [gal] n. m. PHYS Anc. unité d'accélération (système C.G.S.) valant 1 cm/s^2. (On utilise auj. le m/s^2 du SI.) – De *Galilée* (1564-1642), mathématicien, physicien et astronome italien.

1. gala [gala] n. m. Réception, ensemble de réjouissances, généralement de caractère officiel. – *Spécial.* Représentation artistique de grande qualité, à laquelle sont conviées des personnalités. *Gala de l'Union des artistes.* ▷ *De gala,* qui a lieu, qui sert lors des cérémonies, lors d'événements officiels. *Repas, habit de gala.* – Mot esp. ou ital., de l'a. fr. *gale,* «réjouissance», de *galer,* «s'amuser».

2. gala-, galact-, galacto-. Éléments, du gr. *gala, galaktos,* «lait».

galactique [galaktik] adj. ASTRO De la Galaxie. *Disque galactique.* V. galaxie. ▷ D'une galaxie. *Amas galactique.* – De *galaxie.*

galactogène [galaktɔʒɛn] adj. PHYSIOL Qui détermine la sécrétion lactée. *L'hormone galactogène est la prolactine.* – De *galacto-,* et *-gène.*

galactomètre [galaktɔmɛtʀ] n. m. TECH Appareil qui sert à mesurer la densité du lait. – De *galacto-,* et *-mètre.*

galactophore [galaktɔfɔʀ] adj. ANAT *Canaux galactophores :* canaux de la glande mammaire qui amènent le lait au mamelon. – De *galacto-,* et *-phore.*

galactopoïèse [galaktɔpɔjɛz] n. f. PHYSIOL Sécrétion de lait par les glandes mammaires commandée par un contrôle nerveux réflexe et par l'action de deux hormones, la prolactine et la progestérone. – De *galacto-,* et gr. *poiein,* «faire».

galactose [galaktoz] n. m. BIOCHIM Sucre (hexose cyclique) isomère du glucose, avec lequel il se combine pour former le lactose. *Le galactose est transformé en glucose par le foie.* – De *galact-,* et *-ose* 1.

galalithe [galalit] n. f. La première matière plastique, obtenue (1879) à partir de la caséine traitée par le formol. – Nom déposé ; de *gala-,* et *-lithe.*

galamment [galamɑ̃] adv. Avec galanterie, courtoisie, délicatesse. – De *galant.*

galandage [galɑ̃daʒ] n. m. TECH Cloison de briques posées de chant. – *Par ext.* Remplissage en matériaux légers d'une cloison en pan de bois. – Altér. de *garlandage,* probabl. de *garlander* «pourvoir de créneaux, de murs, de cloisons».

galant, ante [galɑ̃, ɑ̃t] adj. et n. m. **I.** adj. **1.** Qui fait preuve de galanterie (sens 1). *Un homme galant.* – Qui dénote la galanterie. *Geste galant.* **2.** Vieilli Civil, obligeant, délicat. *Agir en galant homme.* **3.** Litt. Qui a trait à la vie amoureuse. *Rendez-vous galant, intrigue galante.* – Péjor. *Fille, femme galante,* qui fait commerce de ses charmes. **II.** n. m. **1.** Vx *Vert galant :* voleur qui se tenait dans les bois ; homme auprès de qui la vertu des femmes était en péril. *Le Vert-Galant,* surnom donné à Henri IV. **2.** Vieilli ou plaisant Amoureux, bon ami. *Son galant lui a envoyé des fleurs.* – Ppr. de l'anc. v. *galer,* «s'amuser», frq. **walare,* de l'adv. **wala,* «bien».

galanterie [galɑ̃tʀi] n. f. **1.** Délicatesse, prévenance envers les femmes. ▷ Empressement dicté par la volonté de séduire. **2.** Parole flatteuse, compliment adressé à une femme. *Dire des galanteries.* **3.** Vieilli Intrigue amoureuse. – De *galant.*

galantine [galɑ̃tin] n. f. Charcuterie composée de viandes désossées et coupées (porc, veau, volaille, gibier, etc.), servies froides dans de la gelée. *Galantine de volaille.* – Lat. médiév. *galatina,* de **galare,* altér. de *gelare,* «geler».

galapiat [galapja] n. m. Fam. Vaurien, malappris. – Altér. probabl. de *galapian,* var. dial. de *galopin.*

galathée ou **galatée** [galate] n. f. Crustacé décapode des côtes françaises, dont l'abdomen atrophié se replie sous le thorax. – Lat. scientif. *galathea.*

galaxie [galaksi] n. f. Vaste ensemble d'étoiles, dont la taille et la morphologie varient d'un spécimen à l'autre, et que l'on détecte jusqu'aux confins de l'Univers visible. – *La Galaxie* : la galaxie à laquelle appartient le Soleil et dont la trace, dans le ciel nocturne, est la Voie lactée. – Gr. *galaxias,* de *gala,* «lait».

ENCYCL En 1925, l'astronome américain Hubble a distingué quatre classes principales de galaxies, dont l'étude n'a cessé de progresser. 1. Les *spirales,* les plus nombreuses (environ 63 % des galaxies), sont formées d'un bulbe central ellipsoïdal et d'un disque plat, structuré en bras spiraux, riche en matière interstellaire (environ 10 % de la masse visible de la galaxie) et en étoiles bleues (donc jeunes). La structure en bras se développe parfois aux extrémités d'une barre d'étoiles traversant le bulbe de la galaxie (sous-classe de *spirales barrées*). 2. Les *lenticulaires* (environ 21 % des galaxies) sont également constituées d'un bulbe central ellipsoïdal et d'un disque aplati, mais celui-ci est dépourvu de structure et pauvre en matière interstellaire. 3. Les *elliptiques* (environ 13 % des galaxies), dont la forme générale est un ellipsoïde plus ou moins aplati, ne contiennent quasiment pas de matière interstellaire ni d'étoiles bleues. 4. Les *irrégulières* (environ 3 % des galaxies) n'ont pas de structures bien définies ; elles sont riches en matière interstellaire et en étoiles bleues. Les différents types de galaxies ne s'expliquent pas en terme d'évolution (les galaxies, formées tôt dans l'histoire de l'Univers*, pourraient toutes avoir environ le même âge), mais témoignent plutôt de différences entre les rythmes d'évolution, les galaxies les plus pauvres en matière interstellaire ayant connu très tôt un rythme très élevé de formation d'étoiles. Les distances entre les galaxies sont considérables ; la galaxie la plus proche de la nôtre est le Grand Nuage de Magellan, à environ 165 000 années de lumière ; la grande galaxie spirale d'Andromède, la galaxie la plus lointaine visible à l'œil nu, est à environ 2,2 millions d'années de lumière. Les galaxies présentent une large gamme de dimensions et de masses : les elliptiques géantes renferment plus de 10 000 milliards de masses solaires dans un diamètre de plus de 300 000 années de lumière ; les elliptiques naines, quelques millions de masses solaires sur 5 000 années de lumière. La distribution des galaxies dans l'Univers suggère une concentration en *amas,* eux-mêmes associés en *superamas,* qui semblent se répartir sur les faces et les arêtes d'immenses polyèdres dont l'intérieur serait presque vide.

La Galaxie. Notre propre galaxie est très certainement une galaxie spirale, dont le disque mesure environ 100 000 années de lumière de diamètre et 1 000 années de lumière d'épaisseur ; la trace du disque galactique dans le ciel nocturne est la *Voie lactée* ; le Soleil occupe à l'intérieur du disque une position excentrée, à 28 000 années de lumière du centre. On estime que la Galaxie renferme 100 milliards d'étoiles ; les étoiles les plus jeunes (en particulier les étoiles bleues), sont concentrées dans des amas (*amas ouverts*) répartis préférentiellement le long des bras spiraux du disque galactique. La Galaxie est entourée d'un halo sphérique qui renferme des étoiles vieilles (généralement rouges), souvent groupées en amas sphériques (*amas globulaires*), contenant de 10 000 à 1 million d'étoiles. Les étoiles de la Galaxie sont animées d'un mouvement orbital autour du centre de masse de la Galaxie (*centre galactique*) ; au niveau du Soleil, une révolution complète s'effectue en 200 millions d'années. En raison de la *poussière interstellaire**, qui interdit pratiquement aux télescopes travaillant en lumière visible d'observer au travers du disque galactique au-delà de 10 000 années de lumière, le centre galactique est encore très mal connu. Les observations pratiquées dans les ondes radio, l'infrarouge, les rayonnements X et gamma, n'ont pas encore permis de vérifier si le centre galactique renfermait un trou noir géant, à l'instar des noyaux des galaxies actives.

galbe [galb] n. m. Profil, contour arrondi d'un objet d'art, d'une partie du corps humain. *Le galbe d'un vase. Une jambe d'un galbe très pur.* ▷ TECH Profil chantourné d'une pièce de menuiserie. – De l'ital. *garbo,* «belle forme».

galbé, ée [galbe] adj. Qui présente un galbe, un contour arrondi. – ARCHI *Colonne galbée,* dont le fût est renflé au tiers de sa hauteur. – De *galbe.*

galber [galbe] v. tr. [1] Donner du galbe à (qqch). – De *galbe.*

gale [gal] n. f. **1.** Maladie cutanée due à un acarien *(Acarus scabiei,* ou *sarcopte),* caractérisée par une lésion spécifique (sillon) et une vive démangeaison. ▷ *Gale du ciment* : dermatose professionnelle des ouvriers cimentiers, caractérisée par des papules et un prurit. ▷ *Gale filarienne* : dermatose parasitaire, observée en Afrique, due à une filaire *(Onchocerca volvulus).* **2.** Fig., fam. *Il est mauvais comme la gale, comme une gale, c'est une gale* : il est méchant. – Var. de *galle,* «excroissance».

galéasse ou **galéace** [galeas] n. f. Anc. Lourde galère dont les bancs de nage étaient surmontés d'un pont destiné à faciliter la manœuvre des voiles. – Ital. *galeazza,* augmentatif de *galea,* «galère».

galéjade [galeʒad] n. f. Rég. (Midi) Plaisanterie destinée à mystifier qqn. – Provenç. *galejada,* de *galeja,* «plaisanter».

galéjer [galeʒe] v. intr. [14] Rég. (Midi) Dire des galéjades. – Provenç. *galeja,* «plaisanter».

galène [galɛn] n. f. MINER Sulfure naturel de plomb, principal minerai de ce métal. – Vx *Poste à galène* : récepteur radiophonique rudimentaire comportant un détecteur d'ondes radioélectriques en galène. – Gr. *galênê,* «plomb».

galénique [galenik] adj. Relatif à Galien, à sa doctrine. – De *Galenus* (V. galénisme).

galénisme [galenism] n. m. Doctrine médicale de Galien. – De *Galenus,* nom lat. de *Galien* (v.131-v.201), médecin grec.

galéopithèque [galeɔpitɛk] n. m. ZOOL Mammifère (genre *Galeopithecus*) d'Asie du S.-E., appelé aussi écureuil volant, caractérisé par une membrane joignant entre elles les pattes et la queue, qui lui permet de planer. – Du gr. *galeos,* «belette», et *pithêkos,* «singe».

galère [galɛʀ] n. f. **1.** Anc. Navire long et bas sur l'eau, allant ordinairement à rames et quelquefois à voiles, dont l'origine remonte à l'Antiquité et qui fut utilisé jusqu'au XVIIIe s. comme bâtiment de guerre, princ. en Méditerranée. ▷ Fig. *Vogue la galère !* : advienne que pourra ! – Fam. *C'est une galère* : c'est une situation, une condition excessivement pénible. **2.** Plur. Anc. *Les galères* : la peine de ceux qui étaient condamnés à ramer sur les galères. – Catalan *galera,* anc. ital. *galea.*

galérer [galeʀe] v. intr. [14] Fam. **1.** Éprouver de graves difficultés personnelles ou professionnelles ; s'ennuyer. **2.** Chercher du travail sans en trouver ; faire un travail pénible et mal payé. *Sans diplôme, tout ce que tu peux espérer, c'est galérer pendant cent sept ans.* – De *galère.*

galerie [galʀi] n. f. **1.** Passage couvert situé à l'intérieur d'un bâtiment ou, à l'extérieur, le long de la façade, et servant à la communication, à la promenade, etc. *La galerie des Glaces du château de Versailles. Les galeries à arcades du Palais-Royal, à Paris. Galerie marchande.* ▷ *Spécial.* Balcons les plus élevés, dans un théâtre. *Premières, secondes galeries.* **2.** Lieu où est exposée une collection artistique ou scientifique ; la collection elle-même. *Les galeries du Louvre, du Muséum.* – *Par ext.* Magasin spécialisé dans la vente d'objets d'art. *Galerie de peinture.* **3.** *La galerie* : le monde, les hommes considérés comme spectateurs, critiques. *Poser pour la galerie. Amuser la galerie.* **4.** Passage, couloir souterrain. ▷ MINES Ouvrage souterrain servant à la circulation du matériel. ▷ MILIT Chemin souterrain creusé sous les lignes ennemies. ▷ Petit chemin que creusent sous terre divers animaux. *Une galerie de taupe.* **5.** Porte-bagages fixé au toit d'une automobile. – Ital. *galleria,* lat. médiév. *galeria.*

galérien [galeʀjɛ̃] n. m. Celui qui était condamné à ramer sur une galère. ▷ Loc. fig. *Mener une vie de galérien* : mener une vie très dure. – De *galère.*

galeriste [gal(ə)ʀist] n. Personne qui tient une galerie d'art.– De *galerie.*

galet [galɛ] n. m. **1.** Caillou arrondi et poli par le frottement dû à l'action des eaux (mer, rivière, etc.). **2.** TECH Cylindre, disque de roulement de métal, de bois, etc. **3.** PREHIST *Galet aménagé* : galet rendu acéré ou tranchant par enlèvement de matière. *Avant l'acheuléen, les galets aménagés constituent les outils principaux.* – Dimin. de l'a. fr. *gal,* « caillou ».

galetas [galtɑ] n. m. **1.** Vx Logement pratiqué sous les combles. **2.** Logement exigu et misérable. – De *Galata,* tour de Constantinople.

galette [galɛt] n. f. **1.** Gâteau rond et plat, cuit au four. *Galette des Rois,* dans laquelle on glisse une fève et que l'on mange à l'occasion de l'Épiphanie. ▷ Crêpe à base de farine de sarrasin. **2.** Objet quelconque plat et circulaire en forme de galette. *La galette d'un siège.* **3.** Fam. Argent. – De *galet,* à cause de sa forme.

galeux, euse [galø, øz] adj. et n. **1.** Qui a la gale. *Chien galeux.* - Subst. *Un galeux.* - De la gale. *Croûtes galeuses.* ▷ Fig. *Brebis galeuse* : personne dont la mauvaise réputation ou la mauvaise conduite risque de discréditer ou de corrompre le groupe auquel elle appartient. **2.** Sordide, misérable. *Rue galeuse.* – De *gale.*

galgal [galgal] n. m. ARCHEOL Monticule de pierres sèches recouvrant une crypte de l'époque mégalithique. V. cairn. – Du gaélique *gal,* « caillou ».

galhauban [galobɑ̃] n. m. MAR Chacun des haubans capelés en tête de mât ou à la partie supérieure du mât (par oppos. aux *bas-haubans,* capelés sous les plus basses des barres de flèche). – Altér. de *cale-hauban,* de *caler,* et *hauban.*

galibot [galibo] n. m. Vx MINES Jeune manœuvre employé au service des voies dans les houillères. – Mot picard, de *galibier,* « polisson ».

galicien, enne [galisjɛ̃, ɛn] adj. et n. **1.** De la Galice, en Espagne. ▷ Subst. *Un(e) Galicien(ne).* ▷ n. m. Parler d'origine latine employé dans le N.-O. de l'Espagne, proche du portugais. **2.** De Galicie, en Pologne. ▷ Subst. *Un(e) Galicien(ne).* – (Sens 1) de *Galice* (Espagne); (sens 2) de *Galicie* (Pologne).

1. galiléen, éenne [galileɛ̃, eɛn] adj. et n. De la Galilée. ▷ *Le Galiléen* : Jésus-Christ, élevé à Nazareth, en Galilée. – De *Galilée,* région du N. de l'anc. Palestine, auj. dans l'État d'Israël.

2. galiléen, enne [galileɛ̃, eɛn] adj. Qui se rapporte à Galilée. ▷ *Repères galiléens* : systèmes de points animés les uns par rapport aux autres d'un mouvement de translation rectiligne et uniforme. – De *Galilée* (1564-1642), mathématicien, physicien et astron. italien.

galimatias [galimatja] n. m. Discours, écrit confus et embrouillé, peu intelligible.

galion [galjɔ̃] n. m. MAR ANC Grand bâtiment de charge armé en guerre, que les Espagnols utilisaient autrefois pour le transport de l'or et de l'argent provenant de leurs colonies d'Amérique. – De l'a. fr. *galie, galée,* « galère ».

galiote [galjɔt] n. f. MAR ANC Caboteur à voiles, de forme arrondie à l'avant et à l'arrière, à fond plat et dérives latérales, utilisé autrefois par les Hollandais. – De l'a. fr. *galie, galée,* « galère ».

galipette [galipɛt] n. f. Fam. Culbute, cabriole. *Faire des galipettes.*

galipot [galipo] n. m. TECH Colophane.

gall(i)-, gallo-. Élément, du lat. *gallus,* « coq ».

galle [gal] n. f. BOT Hypertrophie, excroissance d'un tissu végétal provoquée par la présence d'un parasite (champignon, bactérie, larve d'insecte, etc.). Syn. cécidie. ▷ *Noix de galle* : galle des feuilles de chêne produite par la larve d'un cynips et dont on extrait du tanin. – Lat. *galla.*

gallec. V. gallo.

gallérie [galeʀi] n. f. Papillon (*Galleria mellonella*) appelé aussi *fausse teigne,* dont la chenille se nourrit de cire et provoque des dégâts dans les ruches. – Lat. zool. *galleria.*

gallican, ane [gal(l)ikɑ̃, an] adj. et n. Relatif à l'Église catholique de France considérée dans sa spécificité vis-à-vis du Saint-Siège. *Les rites gallicans.* ▷ Subst. Partisan de l'indépendance et des libertés de l'Église de France. – Lat. médiév. *gallicanus,* « gaulois ».

gallicanisme [gal(l)ikanism] n. m. Doctrine politico-religieuse, exprimée d'abord en France sous Louis XIV et fortement appuyée par lui, qui, tout en reconnaissant au pape la primauté d'honneur et de juridiction, conteste sa toute-puissance au bénéfice des conciles généraux dans l'Église et des souverains dans leurs États. – De *gallican.*

gallicisme [gal(l)isism] n. m. Idiotisme, forme de construction particulière à la langue française (ex. : *en être de sa poche*). – Du lat. *gallicus,* « gaulois ».

gallicole [galikɔl] adj. ZOOL Se dit d'un insecte qui vit dans une galle, qui provoque la formation d'une galle. – De *galle,* et *-cole.*

galliformes [galifɔʀm] n. m. pl. ORNITH Ordre d'oiseaux aux ailes courtes, aux pattes et au bec puissants, de mœurs terrestres, le plus souvent granivores, et, pour la plupart, sédentaires (tétras, faisan, dindon, poulet, pintade, etc.). - Sing. *Un galliforme.* – Du lat. *gallus,* « coq », et *forme.*

gallinacé, ée [galinase] adj. et n. m. **1.** adj. Qui ressemble à la poule. **2.** n. m. pl. Syn. anc. de *galliformes.* – Du lat. *gallina,* « poule ».

gallique [galik] adj. m. CHIM *Acide gallique* : acide triphénol extrait principalement de la noix de galle, utilisé dans l'industrie des colorants. – De *(noix de) galle.*

gallium [galjɔm] n. m. CHIM Élément métallique de numéro atomique Z = 31 et de masse atomique 69,72 (symbole Ga). - Métal (Ga) gris clair, qui fond à 30 °C et bout à 2 400 °C. *L'alliage d'arsenic et de gallium est utilisé comme semiconducteur.* – Du lat. *gallus,* « coq », du nom de *Lecoq* de Boisbaudran (1838-1912), qui le découvrit.

gallo-. V. gall(i)-.

gallo, gallot [galo] ou **gallec** [galɛk] n. m. Parler de langue d'oïl de l'E. de la Bretagne. ▷ adj. *Pays gallo.* – Du breton *gall,* lat. *gallus.*

gallois, oise [galwa(ɑ), wa(ɑ)z] adj. et n. Du pays de Galles. *Langue galloise.* ▷ Subst. *Un(e) Gallois(e).* ▷ n. m. Langue celtique du pays de Galles. – De *Galles,* région de l'O. de la Grande-Bretagne ; angl. *Wales.*

gallon [galɔ̃] n. m. Unité de capacité anglo-saxonne, qui vaut 4,54 l en G.-B. et 3,785 l aux É.-U. – Mot angl., anc. normand *galon.*

gallo-romain, aine [gal(l)ɔʀɔmɛ̃, ɛn] adj. et n. Qui appartient à la fois aux Gaulois et aux Romains. *Période gallo-romaine* : période qui s'étend traditionnellement de la conquête de la Gaule par César (58-52 av. J.-C.) à l'avènement de Clovis (481). ▷ Subst. *Les Gallo-Romains* : les habitants de la Gaule romaine. – De *gallo-*, et *romain*.

galoche [galɔʃ] n. f. Grosse chaussure de cuir à semelle de bois. ▷ Fig. *Menton en galoche*, fortement accusé et relevé vers l'avant. – P.-ê. du gaul. **gallos*, «pierre plate».

galon [galɔ̃] n. m. **1.** Ruban tissé serré, pour border ou orner. **2.** Marque portée sur l'uniforme, qui, dans l'armée, sert à distinguer différents grades. *Les galons de sergent, de commandant.* ▷ Fam. *Prendre du galon* : monter en grade. – Déverbal de *galonner*.

galonner [galɔne] v. tr. [1] Border, orner d'un galon. – Pp. adj. *Un képi galonné.* – De l'anc. v. *galoner*, «orner les cheveux de fils d'argent ou d'or, de rubans».

galop [galo] n. m. **1.** La plus enlevée et la plus rapide des allures des mammifères quadrupèdes (du cheval, notam.), comportant un temps de suspension pendant lequel l'animal perd tout contact avec le sol. *Galop de chasse, de manège, de course.* ▷ Loc. fig. *Au galot* : en courant; très vite. **2.** MED *Bruit de galop* : troisième bruit cardiaque (surajouté aux deux bruits normaux) donnant un rythme à trois temps et témoignant d'une insuffisance ventriculaire. **3.** Ancienne danse à deux temps, d'un mouvement très vif; air qui accompagnait cette danse. – De *galoper*.

galopade [galɔpad] n. f. **1.** Action de galoper. **2.** *Par ext.* Course précipitée (d'une personne). – De *galoper*.

galopant, ante [galɔpɑ̃, ɑ̃t] adj. **1.** Qui s'accroît très rapidement, en parlant de certains phénomènes. *Inflation galopante.* **2.** MED Vx *Phtisie galopante* : tuberculose pulmonaire à évolution très rapide. – Ppr. de *galoper*.

galoper [galɔpe] v. intr. [1] **1.** Aller au galop (animaux, chevaux). **2.** *Par ext.* (Personnes) Courir, se précipiter. – Du frq. **wala hlaupan*.

galopeur, euse [galɔpœʀ, øz] n. Cheval qui a des aptitudes pour le galop, ou spécialisé dans les courses de galop (par oppos. à *trotteur*). – De *galoper*.

galopin [galɔpɛ̃] n. m. Fam. Garnement, jeune garçon turbulent et effronté. – De *galoper*.

galoubet [galubɛ] n. m. Flûte provençale à trois trous. *Danser la farandole au son du galoubet et du tambourin.* – Provenç. *galaubia*.

galuchat [galyʃa] n. m. Peau de raie ou de requin, tannée et préparée pour la reliure, la maroquinerie, etc. – Du nom de l'inventeur.

galurin [galyʀɛ̃] ou **galure** [galyʀ] n. m. Pop. Chapeau. – Du lat. *galerus*, «chapeau, bonnet».

galvanique [galvanik] adj. Relatif au galvanisme, aux effets électriques découverts par Galvani. – Du nom du médecin et physicien italien Luigi *Galvani* (1737-1798).

galvanisation [galvanizasjɔ̃] n. f. **1.** Action de galvaniser. **2.** MED Utilisation thérapeutique de courants électriques continus de faible intensité. – De *galvaniser*.

galvaniser [galvanize] v. tr. [1] **1.** Vx Soumettre à l'action du courant électrique. ▷ Mod., fig. Enthousiasmer, remplir d'ardeur. *Son discours galvanisa la foule.* Syn. électriser. **2.** Recouvrir (une pièce métallique) d'une couche protectrice de zinc (à l'origine par dépôt électrolytique). *Galvaniser une chaîne à chaud.* – Du n. de *Galvani* (V. galvanique).

galvanisme [galvanism] n. m. BIOL Ensemble des effets produits par le courant électrique continu sur les organes (muscles, nerfs). – De *galvaniser*.

galvano-. Élément, tiré du nom du médecin et physicien italien L. *Galvani*, impliquant l'idée d'une action du courant électrique.

galvanocautère [galvanokotɛʀ] n. m. MED Cautère électrique. – De *galvano-*, et *cautère*.

galvanomagnétique [galvanomaɲetik] adj. PHYS Qui concerne les interactions entre courant électrique et champ magnétique. – De *galvano-*, et *magnétique*.

galvanomètre [galvanomɛtʀ] n. m. ELECTR Appareil servant à mesurer l'intensité des courants faibles. *Le galvanomètre à cadre mobile comprend une bobine mobile dans l'entrefer d'un aimant.* – De *galvano-*, et *-mètre*.

galvanoplastie [galvanoplasti] n. f. TECH Opération qui consiste à déposer par électrolyse une couche de métal sur un support conducteur (protection contre l'oxydation, fabrication des disques, etc.). – De *galvano-*, et *-plastie*.

galvanoplastique [galvanoplastik] adj. TECH Qui concerne la galvanoplastie. – De *galvanoplastie*.

galvanotype [galvanotip] n. m. IMPRIM Cliché typographique en relief obtenu par galvanotypie. (Abrév. : galvano). – De *galvano-*, et *-type*.

galvanotypie [galvanotipi] n. f. IMPRIM Procédé de galvanoplastie appliqué à la production de clichés typographiques. – De *galvanotype*.

galvaudage n. m. Action de galvauder. – De *galvauder*.

galvauder [galvode] v. [1] **1.** v. tr. Gâcher, avilir par un mauvais usage. *Galvauder son génie, sa réputation.* **2.** v. intr. Vx Traîner, vagabonder. – Probabl. de l'a. fr. *galer*, «s'amuser», et *vauder*, «aller».

galvaudeur, euse [galvodœʀ, øz] ou **galvaudeux, euse** [galvodø, øz] n. Vieilli Fainéant, propre à rien. – De *galvauder*.

gamay [gamɛ] n. m. Cépage noir du Beaujolais et de Touraine. – De *Gamay*, hameau de la Côte-d'Or (arr. de Beaune).

gamba, plur. **gambas** [gɑ̃ba, gɑ̃bas] n. f. Grosse crevette. – Mot catalan.

gambade [gɑ̃bad] n. f. Mouvement vif et désordonné des jambes ou des pattes, cabriole d'un enfant ou d'un jeune animal qui s'ébat. – Provenç. *cambado*, de *cambo*, «jambe».

gambader [gɑ̃bade] v. intr. [1] Faire des gambades. – De *gambade*.

gambe [gɑ̃b] n. f. MUS *Viole de gambe* : instrument à cordes frottées, ancêtre du violoncelle. – L'un des jeux de l'orgue, qui sonne comme cet instrument. – De l'ital. *gamba*, «jambe».

gamberge [gɑ̃bɛʀʒ] n. f. Arg., fam. Rêverie, imagination. ▷ Réflexion. – Déverbal de *gamberger*.

gamberger [gɑ̃bɛʀʒe] v. [13] **1.** v. tr. Arg., fam. Réfléchir à, combiner. *Gamberger un bon plan.* **2.** v. intr. Réfléchir. *Arrête de gamberger, tu t'en fais trop!*

1. gambette [gɑ̃bɛt] n. f. Fam. Jambe. *Tricoter des gambettes.* – De l'a. fr. *gambe*, «jambe».

2. gambette [gɑ̃bɛt] n. m. *Gambette* ou *chevalier gambette (Tringa totanus)* : chevalier (ordre des charadriiformes), oiseau migrateur, commun en France et en Europe, aux pattes et au bec rouges, long de 30 cm. – De *gambette* 1.

gambien, enne [gɑ̃bjɛ̃, ɛn] adj. et n. De Gambie, État d'Afrique occidentale. ▷ Subst. *Un(e) Gambien(ne).*

gambiller [gɑ̃bije] v. intr. [1] Vx, fam. Danser. – De l'a. fr. *gambe*, «jambe», *gambayer*, «gigoter».

gambit [gɑ̃bi] n. m. Aux échecs, sacrifice volontaire d'un pion ou d'une pièce, fait en vue de s'assurer un avantage. – De l'ital. *gambetto*, « croc-en-jambe ».

gambusie [gɑ̃byzi] n. f. Poisson téléostéen originaire d'Amérique, dont une espèce a été acclimatée dans les eaux douces de nombreux pays chauds pour détruire les larves d'anophèle (moustique vecteur du paludisme).

-game, -gamie. Éléments, du gr. *gamos*, « union, mariage ».

gamelan [gaməlɑ̃] n. m. Orchestre traditionnel indonésien. – Mot indonésien.

gamelle [gamɛl] n. f. **1.** Vx Grande écuelle dans laquelle plusieurs soldats mangeaient ensemble. – Mod., fam. *Manger à la gamelle* : prendre ses repas à l'ordinaire des hommes de troupe. **2.** Récipient individuel dans lequel les soldats en campagne reçoivent leur ration. **3.** Récipient métallique à couvercle dans lequel on peut transporter, et éventuellement réchauffer, un repas tout préparé. **4.** Arg. Projecteur. **5.** Fam. *Ramasser une gamelle* : faire une chute; fig. subir un échec. – Ital. *gamella*, lat. *camella*, « coupe ».

gamète [gamɛt] n. m. BIOL Cellule reproductrice mâle ou femelle. – Gr. *gametê*, *gametês*, « épouse, époux », de *gamos*, « mariage ».

ENCYCL Chez les animaux, les gamètes sont le spermatozoïde et l'ovule; chez les végétaux, l'anthérozoïde et l'oosphère, qui portent des noms plus spécifiques suivant le groupe systématique. Les gamètes sont toujours haploïdes; ou bien ils proviennent de la méiose subie par certaines cellules d'un individu diploïde (chez les animaux, chez les phanérogames, chez certaines algues), ou bien ils sont produits par un individu spécial haploïde, nommé *gamétophyte* (dans divers groupes végétaux primitifs et chez les protistes).

gamétocyte [gametosit] n. m. BOT Cellule à l'intérieur de laquelle s'élaborent des gamètes qui ne sont enveloppés que par la paroi de la cellule initiale. – De *gamète*, et *-cyte*.

gamétogenèse [gametoʒenɛz] n. f. BIOL Élaboration des gamètes. – De *gamète*, et *-genèse*.

gamétophyte [gametofit] n. m. BOT Individu haploïde, sexué ou hermaphrodite, se développant à partir de spores et spécialisé dans la production de gamètes. *Certaines algues primitives, les mousses, les prothalles des fougères sont des gamétophytes; tous les autres végétaux sont des sporophytes.* – De *gamète*, et *-phyte*.

gamin, ine [gamɛ̃, in] n. et adj. **1.** n. Fam. Enfant, adolescent(e). ▷ Fam., péjor. Homme, femme très jeune. **2.** adj. Qui a l'espièglerie de l'enfance. *Un comportement gamin.*

gaminer [gamine] v. intr. [1] Rare Faire le gamin. – De *gamin*.

gaminerie [gaminʀi] n. f. Fam. Action de gamin, digne d'un gamin; enfantillage. – De *gamin*.

gamma [gam(m)a] n. m. **1.** Troisième lettre de l'alphabet grec (Γ, γ). *En physique, γ est le symbole de l'accélération.* **2.** PHYS NUCL *Rayons gamma* : rayons très pénétrants émis lors de la désintégration des corps radioactifs. **3.** ASTRO *Point gamma* (dit aussi *point vernal*) : point de la sphère céleste occupé par le Soleil à l'équinoxe de printemps. *Astronomie gamma* : étude des ondes électromagnétiques d'origine cosmique dont la longueur d'onde est inférieure à 0,02 nanomètre et dont le but est de découvrir et d'expliquer les sites de l'Univers (tels que pulsars et trous noirs) où se produisent des phénomènes violents correspondant à de grands transferts d'énergie. – Mot grec.

gammaglobuline [gam(m)aglɔbylin] n. f. BIOCHIM Nom donné aux protéines sériques qui migrent le plus lentement lors d'une électrophorèse. (Le groupe a pour uniques représentants les *immunoglobulines*, c.-à-d. les anticorps.) – De *gamma*, et *globuline*.

gammagraphie [gam(m)agʀafi] n. f. TECH Radiographie industrielle utilisant les différences d'absorption des rayons gamma par les matériaux à tester. – De *gamma*, et *-graphie*.

gammare [gammaʀ] n. m. Crustacé très commun dans les ruisseaux, appelé aussi *crevette d'eau douce*. – Lat. *gammarus*, *cammarus*, « écrevisse ».

gammathérapie [gamateʀapi] n. f. MED Traitement par rayons gamma. – De *gamma*, et *-thérapie*.

gamme [gam] n. f. **1.** Suite ascendante ou descendante de notes conjointes, disposées selon les lois de la tonalité sur l'étendue d'une octave. (La musique occidentale connaît les gammes *diatoniques* et *chromatiques*. Les gammes diatoniques se divisent en deux séries : *majeures* et *mineures*, dont le septième degré est augmenté d'un demi-ton.) ▷ Fig., fam. *Changer de gamme* : changer de ton, de manière d'agir. **2.** Fig. Ensemble de couleurs, d'états, d'objets, etc., qui s'ordonnent comme une gradation. *La gamme des bleus. La gamme complète des voitures produites par une firme.* – Loc. *Haut de gamme* : de luxe, de prestige. *Bas de gamme* : de mauvaise qualité. **3.** *Toute la gamme des* : l'ensemble complet des. *Utiliser toute la gamme des antibiotiques. Passer par toute la gamme des sentiments.* – De *gamma*, lettre grecque qui désignait la première note de la gamme.

gammée [game] adj. f. *Croix gammée* : croix symbolique dont chaque branche a la forme d'un gamma majuscule (Γ). *La croix gammée, emblème de l'Allemagne nazie.* V. svastika. – De *gamma*.

gamo-. Élément, du gr. *gamos*, « union, mariage ».

gamone [gamɔn] n. f. BIOL Nom générique des substances dites *hormones de fécondation*. (Les *androgamones* sont sécrétées par les gamètes mâles; les *gynogamones*, par les gamètes femelles. Leur rôle est d'accroître les chances de rencontre des gamètes mâles et femelles par chimiotactisme et par diverses actions enzymatiques, ou de type immunitaire, telles que la dissolution de l'enveloppe ovulaire.) – De *gam(o)-*, et *(horm)one*.

gamopétale [gamopetal] adj. et n. f. BOT Se dit d'une fleur dont les pétales sont soudés entre eux. Ant. dialypétale. ▷ n. f. pl. Classe de plantes dicotylédones réunissant les familles à fleurs gamopétales (notam. les primulacées, les labiées, les solanacées). – Sing. *Une gamopétale.* – De *gamo-*, et *pétale*.

gamosépale [gamosepal] adj. BOT Se dit d'une fleur dont les sépales sont soudés. Ant. dialysépale. – De *gamo-*, et *sépale*.

1. ganache [ganaʃ] n. f. **1.** Région postérieure de la mâchoire inférieure du cheval. **2.** Fig., fam. Personne incapable, peu intelligente. *Nous ne voulons pas être commandés par une vieille ganache!* – Ital. *ganascia*, « mâchoire ».

2. ganache [ganaʃ] n. f. Crème au chocolat et à la crème fraîche.

ganaderia [ganadeʀja] n. f. Élevage, troupeau de taureaux de combat. – Mot esp., de *ganado*, « troupeau ».

gandin [gɑ̃dɛ̃] n. m. Vieilli ou iron. Jeune homme d'une élégance affectée et quelque peu ridicule. – P.-ê. « habitué du boulevard de *Gand* » (auj. boulevard des Italiens), anc. rendez-vous des élégants.

gandoura [gɑ̃duʀa] n. f. Longue tunique sans manches des pays d'Afrique du Nord et du Proche-Orient. – Mot arabe.

gang [gɑ̃g] n. m. Association de malfaiteurs. – Mot anglo-amér., « équipe ».

ganga [gɑ̃ga] n. m. Oiseau galliforme proche des pigeons (fam. ptéroclididés), dont une espèce vit dans la Crau. – Mot catalan.

gangétique [gɑ̃ʒetik] adj. Du Gange, fleuve de l'Inde.

ganglion [gɑ̃glijɔ̃] n. m. Petit corps arrondi situé sur le trajet d'un vaisseau lymphatique ou d'un nerf. (C'est dans les *ganglions lymphatiques*, gonflés, que se forment les lymphocytes et les plasmocytes en cas d'infection. Un *ganglion nerveux* est formé par la réunion de nombreuses synapses.) – Gr. *gagglion*.

ganglionnaire [gɑ̃glijɔnɛʀ] adj. Qui concerne les ganglions. *Tuméfaction ganglionnaire*. – De *ganglion*.

gangrène [gɑ̃gʀɛn] n. f. **1.** Nécrose et putréfaction des tissus. *Gangrène sèche*, due à une insuffisance circulatoire. *Gangrène humide*, où les phénomènes de putréfaction dominent. *Gangrène gazeuse*, due au développement de bactéries anaérobies dans une plaie profonde et caractérisée par une mortification des tissus, s'accompagnant d'une production de gaz. **2.** Fig. Ce qui corrompt, désorganise, détruit. *La gangrène du vice*. – Gr. *gaggraina*, « pourriture ».

gangrener [gɑ̃gʀəne] v. tr. [16] **1.** Atteindre de gangrène. ▷ v. pron. *Membre qui se gangrène*. **2.** Fig. Corrompre, pourrir. *Le vice a gangrené son âme* ▷ v pron. *Société qui se gangrène*. – De *gangrène*.

gangreneux, euse [gɑ̃gʀənø, øz] adj. MED Qui a les caractères de la gangrène. – De *gangrène*.

gangster [gɑ̃gstɛʀ] n. m. Membre d'un gang, malfaiteur. ▷ Fig. Individu malhonnête, escroc. – Mot anglo-amér., de *gang*, « équipe ».

gangstérisme [gɑ̃gsteʀism] n. m. Banditisme. – De *gangster*.

gangue [gɑ̃g] n. f. **1.** Enveloppe rocheuse des pierres précieuses, des minerais. **2.** Fig. Ce qui est de peu de valeur et qui enveloppe, cache qqch de précieux. – All. *Gang*, « chemin ; filon ».

ganoïde [ganɔid] adj. (et n. m. pl.) ZOOL *Écaille ganoïde* : écaille en losange, de grande taille, couverte d'émail chez les formes fossiles, que l'on rencontre notam. chez l'esturgeon. ▷ N. m. pl. Syn. anc. de *chondrostéens* (poissons cartilagineux). – *Du gr. ganos*, « éclat », et *-oïde*.

ganse [gɑ̃s] n. f. Cordonnet ou ruban qui sert d'ornement, de bordure dans le costume, l'ameublement. – Provenç. *ganso*, « boucle », du gr. *gampsos*, « courbé ».

ganser [gɑ̃se] v. tr. [1] Orner, border d'une ganse. – De *ganse*.

gant [gɑ̃] n. m. **1.** Pièce d'habillement qui couvre la main et chaque doigt séparément. *Gants de fil, de laine, de cuir. Gants de caoutchouc. Gants de chirurgien*. ▷ Fig. *Être souple comme un gant*, très souple, très accommodant. – *Cela me va comme un gant*, me convient parfaitement. – *Une main de fer dans un gant de velours* : V. main. – *Prendre des gants* : prendre des précautions. – *Se donner les gants de* : s'attribuer le mérite de. – *Jeter le gant* : lancer un défi. *Relever le gant* : relever le défi. **2.** *Par ext.* Objet qui couvre la main et qui sert à divers usages. *Gants de boxe* : moufles en cuir rembourré des boxeurs. – *Gant de toilette*, en tissu-éponge. – *Gant de crin*, en crin tricoté, pour les frictions. – INFORM *Gant de données* : dispositif en forme de gant, relié à un micro-ordinateur, qui permet d'avoir la sensation tactile d'objets virtuels et, éventuellement, de les manipuler. – Du frq. **want*.

ganté, ée [gɑ̃te] adj. Qui porte des gants. *Motocycliste ganté de cuir*. – Pp. de *ganter*.

gantelet [gɑ̃tlɛ] n. m. **1.** Anc. Pièce de l'armure qui protégeait la main. **2.** Pièce de cuir qui protège la main, dans certains métiers. *Gantelet de cordonnier*. – De *gant*.

ganter [gɑ̃te] v. [1] **I.** v. tr. **1.** Mettre des gants à (qqn). ▷ v. pron. *Se ganter de cuir*. **2.** S'adapter à la main de (qqn). *Ces mitaines vous gantent parfaitement*. **II.** v. intr. Avoir comme pointure de gants. *Je gante du 7*. – De *gant*.

ganterie [gɑ̃tʀi] n. f. Fabrication ou commerce des gants. – De *gantier*.

gantier, ère [gɑ̃tje, ɛʀ] n. Personne qui fabrique ou qui vend des gants. – De *gant*.

gantois, oise [gɑ̃twa, waz] adj. et n. De Gand, ville de Belgique. ▷ Subst. *Un(e) Gantois(e)*.

gap [gap] n. m. (Anglicisme) ECON Différence, écart, sur le plan social, économique ou technique (entre des personnes, des pays, des choses). Syn. (off. recommandé) écart. – Mot angl., « fossé ».

garage [gaʀaʒ] n. m. **1.** Action de garer un véhicule. ▷ *Voie de garage* : voie où l'on gare les trains, les wagons, à l'écart de la voie principale ; fig., fam. situation, fonction sans avenir dans laquelle qqn est relégué. *Diplomate mis sur une voie de garage*. **2.** Construction, local destiné au remisage des véhicules. *Villa avec garage. Garage à bateaux*. ▷ Établissement commercial où l'on peut remiser les automobiles, les faire entretenir et réparer. – De *garer*.

garagiste [gaʀaʒist] n. Personne qui tient un garage. – De *garage*.

garamond [gaʀamɔ̃] n. m. TYPO Caractère à fins jambages et empattements triangulaires, créé par Claude Garamond (1499-1561), fondeur et graveur français.

garance [gaʀɑ̃s] n. f. et adj. inv. **1.** n. f. Plante de la famille des rubiacées dont une espèce, la garance des teinturiers (*Rubia tinctorum*), était autrefois cultivée pour l'alizarine, colorant rouge tiré de ses racines. – *Par ext.* Ce colorant rouge. **2.** adj. inv. De la couleur rouge vif de la garance. *Des pantalons garance*. – Du lat. médiév. *warantia*, frq. **wratja*.

garant, ante [gaʀɑ̃, ɑ̃t] n. (et adj.) **1.** DR Personne qui cautionne une dette, une obligation. *Prendre un ami pour garant d'une dette*. ▷ adj. Fig. *Être, se porter garant de* : répondre de. *Je me porte garant de son innocence*. **2.** n. m. Indice sûr, preuve. *Sa conduite passée vous est un sûr garant de sa fidélité*. **3.** n. m. MAR Cordage d'un palan. – Du frq. **warjan*, « garantir pour vrai ».

garantie [gaʀɑ̃ti] n. f. **1.** DR Obligation légale en vertu de laquelle une personne doit en défendre une autre d'un dommage éventuel, ou l'indemniser d'un dommage éprouvé. *Passer un acte, un contrat de garantie*. – *Garanties individuelles*, qui assurent au citoyen, par des moyens légaux, une protection contre les actes arbitraires du pouvoir. ▷ Cour. Engagement pris par le fabricant ou le vendeur de prendre à sa charge les frais de réparation ou le remplacement d'une marchandise défectueuse. *Montre vendue avec une garantie de deux ans*. ▷ *Breveté sans garantie du gouvernement* (abrév. : S.G.D.G.), sans que l'État garantisse la valeur de l'invention ou du produit breveté. **2.** Fig. Ce qui donne une assurance pour le présent ou l'avenir, ce qui protège contre l'imprévu. *L'expérience professionnelle de ce garçon est la meilleure des garanties*. – Pp. fém. subst. de *garantir*.

garantir [gaʀɑ̃tiʀ] v. tr. [3] **1.** S'engager à payer à la place du débiteur, dans le cas où celui-ci serait défaillant. *Garantir une dette*. – Pp. *Emprunt garanti par l'État*. Syn. cautionner. **2.** Assurer (un droit, un avantage) à. *Cette législation garantit à tous les salariés le droit à la retraite*. **3.** Donner pour vrai, pour certain. *Je vous garantis que je l'ai*. Syn. affirmer, certifier. **4.** S'engager à prendre à sa charge la réparation ou le remplacement d'une marchandise défectueuse. *Le constructeur garantit tous ces appareils pour un an.* **5.** Protéger (qqn, qqch). *La digue garantit la ville de* (ou *contre*) *l'inondation.* Syn. défendre, préserver. – *Garantir un risque* : s'engager par un contrat d'assurance à couvrir le client en cas d'accident (dont la nature est préalablement définie). ▷ v. pron. *Se garantir du soleil.* – De *garant.*

garbure [gaRbyR] n. f. Dans le Sud-Ouest, potage épais, fait avec du pain de seigle, du chou, du lard, du confit d'oie, etc. – Gascon *garburo.*

garce [gaRs] n. f. **1.** Vx Jeune fille. **2.** Fam., péjor. Fille ou femme sans moralité ou méchante (équivalent masculin : salaud). ▷ Fam. *Cette garce de...* : cette maudite... – Par anal. *Garce de pluie!* – Anc. fém. de *gars.*

garcette [gaRsɛt] n. f. MAR Petit cordage tressé servant notam. à réduire la surface d'une voile. *Garcette de ris.* – De *garce.*

garçon [gaRsɔ̃] n. m. **1.** Enfant mâle. *Accoucher d'un garçon.* ▷ *Petit garçon,* âgé de deux à douze ans environ. **2.** Adolescent, jeune homme. *Un garçon de vingt-deux ans.* **3.** Homme jeune. *Son mari est un brave garçon.* ▷ *Mauvais garçon* : mauvais sujet, voyou. **4.** Homme célibataire. *Rester garçon. Enterrer sa vie de garçon.* ▷ *Vieux garçon* : célibataire d'un certain âge. **5.** Employé d'un artisan, d'un commerçant, etc. *Garçon coiffeur. Garçon de café.* ▷ Absol. Serveur dans un café, un restaurant. *Garçon, l'addition!* – P.-ê., du frq. **wrakjo,* «valet; enfant mâle».

garçonne [gaRsɔn] n. f. Vx Jeune fille à la vie très libre. ▷ *Coiffure à la garçonne* : cheveux courts et nuque rasée, coiffure féminine de l'époque 1925. – De *garçon*; répandu depuis *la Garçonne* (1922), roman de V. Margueritte.

garçonnet [gaRsɔnɛ] n. m. Petit garçon. ▷ *Taille garçonnet* : au-dessus de la taille «enfant» (en confection). – Dimin. de *garçon.*

garçonnier, ère [gaRsɔnje, ɛR] adj. Qui conviendrait plutôt à un garçon, en parlant du langage, des manières, de l'allure d'une fille. – De *garçon.*

garçonnière [gaRsɔnjɛR] n. f. **1.** Logement de garçon célibataire. **2.** *Par ext.* Petit appartement (pour une personne seule). – De *garçon.*

garde-. Élément, de *garde* ou de *garder.*

1. garde [gaRd] n. f. **I. 1.** Action de surveiller, de protéger, d'interdire l'accès à un lieu, ou la sortie d'un lieu. *Laisser qqch à la garde de qqn. La garde des frontières. Chien de garde.* ▷ *Garde à vue* : mesure qui permet à un officier de police judiciaire de retenir un temps réglementé, dans les locaux de la police, tout individu pour les nécessités d'une enquête. **2.** Guet, surveillance en vue de prévenir un danger. *Monter la garde.* **3.** Permanence, service de surveillance ou de sécurité. *La garde de nuit est assurée par un interne.* – *De garde* : affecté, à son tour, à un tel service. *Pharmacie de garde.* **4.** SPORT Position d'attente qui permet aussi bien l'attaque que la défense ou la riposte (boxe, escrime, etc.). *Se mettre en garde.* **II. 1.** Groupe de personnes qui gardent. **2.** Groupe de soldats en faction. *Relever la garde. Corps de garde* : troupe chargée d'une garde. *Garde montante*. Garde descendante*.* – *Par ext.* Local où se tient cette troupe. *Chanson, plaisanterie, histoire de corps de garde,* très grossière. **3.** Corps de troupe chargé de la protection d'un chef d'État ou du maintien de l'ordre. *Garde royale, impériale. Garde républicaine. Garde nationale.* **III.** TECH **1.** Partie d'une arme blanche qui forme saillie entre la poignée et la lame et qui protège la main. **2.** *Pages de garde* : pages au début et à la fin d'un livre cartonné qui assurent le maintien du corps de l'ouvrage dans la couverture. **3.** *Garde au sol* : distance entre le plancher d'un véhicule et le sol. **4.** (Plur.) Pièces d'une serrure qui empêchent qu'on fasse jouer le mécanisme avec une autre clé que celle prévue à cet effet. **IV.** (En loc.) **1.** *Prendre garde à* : faire attention à. *Prenez garde à la peinture.* ▷ Litt. *Prendre garde de* : prendre les précautions pour ne pas... *Prenez garde de tomber!* – Litt. *Prendre garde que* : s'assurer que. *Prenez garde que la porte soit bien fermée.* **2.** Plur. *Être, se mettre, se tenir sur ses gardes* : faire attention, se méfier. – De *garder.*

2. garde [gaRd] n. **I.** n. m. **1.** Celui qui garde, surveillant. ▷ *Garde champêtre*.* ▷ *Garde forestier,* chargé de surveiller les bois et les forêts. ▷ *Garde du corps.* Anc. Soldat appartenant à une garde (sens II, 2) chargée de la sécurité d'un souverain. – Mod. Personne qui en escorte une autre et veille à sa sécurité. **2.** *Garde des Sceaux* : en France, ministre de la Justice (à qui sont confiés les sceaux de l'État). **3.** Soldat d'une garde (sens II, 2) chargée de la sécurité publique, du maintien de l'ordre, etc. **II.** n. (Surtout au fém.) Personne dont le métier est de garder les malades, les enfants. – De *garder.*

garde-à-vous [gaRdavu] n. m. inv. Position réglementaire (debout, immobile, tête droite, bras le long du corps, talons joints) prise sur commandement militaire (*Garde-à-vous!*). *Se mettre au garde-à-vous.* – Abrév. de *prenez garde à vous.*

garde-barrière [gaRdbaRjɛR] n. Personne chargée de la manœuvre d'un passage à niveau non automatisé. *Des gardes-barrière(s).*

garde-bœuf [gaRdəbœf] n. m. Petit héron blanc (*Ardeola ibis,* 50 cm), d'Afrique et d'Asie, qui se pose sur le dos des bœufs, des hippopotames, des éléphants, etc., dont il mange les parasites. *Des gardes-bœufs.*

garde-boue [gaRdəbu] n. m. inv. Pièce incurvée qui couvre partiellement la roue d'une bicyclette, d'une motocyclette, etc., et qui protège des éclaboussures.

garde champêtre. V. champêtre.

garde-chasse [gaRdəʃas] n. m. Gardien d'une chasse privée. *Des gardes-chasse(s).*

garde-chiourme [gaRdəʃjuRm] n. m. Anc. Gardien des galériens, puis des forçats. ▷ Fig. Personne autoritaire, brutale. *Des gardes-chiourme(s).*

garde-corps [gaRdəkɔR] n. m. inv. **1.** Parapet, balustrade empêchant de tomber dans le vide. Syn. garde-fou. **2.** MAR Corde tendue sur le pont d'un navire servant d'appui aux matelots, aux passagers.

garde-côte [gaRdəkot] n. m. **1.** Anc. Soldat qui était chargé de surveiller le littoral. *Des gardes-côtes.* **2.** Petit navire affecté à la surveillance des côtes. *Des garde-côtes.*

garde du corps. V. garde 2.

garde-feu [gaRdəfø] n. m. inv. Écran que l'on place devant une cheminée pour arrêter les étincelles, les escarbilles. Syn. pare-étincelles.

garde-fou [gaRdəfu] n. m. Balustrade, parapet destiné à empêcher de tomber dans le vide. ▷ Fig. Ce qui sert de guide, ce qui empêche les erreurs. *Des garde-fous.*

garde-française [gaRd(ə)fRɑ̃sɛz] n. m. HIST Soldat du *régiment des gardes françaises,* chargé de la garde des édifices royaux de Paris (1563-1789). *Des gardes-françaises.* – De *garde* 1, et *français.*

garde-frein [gaRdəfRɛ̃] n. m. Anc. CH de F Employé chargé de la manœuvre des freins d'un convoi autres que ceux commandés depuis la locomotive. *Des gardes-frein(s).* Syn. serre-frein.

garde-frontière [gaRd(ə)fRɔ̃tjɛR] n. m. Militaire installé dans un poste frontalier pour contrôler ou interdire le franchissement de la frontière. *Des gardes-frontière(s).*

garde-magasin [gaRdmagazɛ̃] n. m. Magasinier militaire. *Des gardes-magasin(s).* Syn. fam. garde-mites.

garde-malade [gaʀdmalad] n. Personne qui garde et soigne les malades. *Des gardes-malades.* V. garde 2.

garde-manger [gaʀdmɑ̃ʒe] n. m. inv. Petite armoire mobile ou petit placard aéré où l'on conserve les aliments.

garde-meuble [gaʀd(ə)mœbl] n. m. Lieu où l'on peut laisser des meubles en garde. *Des garde-meuble(s).*

garde-mites [gaʀdəmit] n. m. Arg. (des militaires) Garde-magasin. *Des gardes-mites.* – De *garde-*, et *mite*, d'apr. *garde-magasin.*

gardénal [gaʀdenal] n. m. Médicament utilisé comme anticonvulsif (épilepsie), somnifère et sédatif, toxique à fortes doses. Syn. phénobarbital. – Nom déposé.

gardénia [gaʀdenja] n. m. Arbrisseau à grandes fleurs ornementales (genre *Gardenia*, fam. rubiacées), originaire de Chine. – De *Garden*, botaniste écossais du XVIIIe s.

garden-party [gaʀdɛnpaʀti] n. f. (Anglicisme) Réception élégante donnée dans un jardin. *Des garden-parties.* – Mot angl., de *garden*, «jardin», et *party*, «partie de plaisir».

garde-pêche [gaʀdəpɛʃ] n. m. **1.** Agent qui surveille les cours d'eau et les étangs et assure la protection contre le braconnage. *Des gardes-pêche(s).* **2.** Petit navire de guerre qui assure la protection des zones de pêche côtières, dans certains mers. *Des garde-pêche.* ▷ (En appos.) *Des vedettes garde-pêche.*

garde-port [gaʀdəpɔʀ] n. m. ADMIN Agent chargé de la surveillance des ports fluviaux ainsi que de la réception et du placement des marchandises déchargées. *Des gardes-port(s).*

garder [gaʀde] v. tr. [1] **I.** Surveiller, protéger. **1.** Rester près de qqn (ou un animal, une plante) pour en prendre soin. *Garder un malade. Garder les chèvres. Gardez mes plantes vertes pendant mes vacances.* **2.** Surveiller pour empêcher de s'enfuir. *Garder à vue un suspect.* V. garde (I, sens 1). Syn. détenir. **3.** Surveiller, veiller à la protection, à la sécurité de. *Des gendarmes gardent l'arsenal.* **4.** Préserver. *Dieu vous garde d'un tel malheur!* Syn. protéger, sauver. **II.** Conserver. **1.** Ne pas se dessaisir de. *Gardez bien ces papiers.* Syn. conserver. ▷ Continuer de posséder. *Garder sa fortune.* Ant. perdre. ▷ Continuer d'avoir (une attitude). *Garder son sérieux.* ▷ Continuer d'avoir à son service. *Garder un domestique.* Ant. licencier, renvoyer. ▷ (Avec un attribut.) Conserver (dans tel état). *Garder intact son patrimoine.* ▷ Continuer de porter, d'avoir sur soi. *Garder son chapeau.* **2.** *Garder la chambre, garder le lit* : rester chez soi, rester au lit, quand on est malade. **3.** Réserver, mettre de côté. *Je vous ai gardé cette chambre.* **4.** Ne pas divulguer. *Savoir garder un secret.* Ant. dévoiler, répéter. **III.** Se soumettre à (une obligation), observer avec rigueur. *Garder le jeûne.* **IV.** v. pron. **1.** *Se garder de* : se prémunir contre. *Gardez-vous du froid!* Syn. se défendre, se protéger. **2.** *Se garder de* (+ inf.) : s'abstenir de. *Gardez-vous de parler.* – Du germ. **wardôn.*

garde-rats [gaʀdəʀɑ] n. m. inv. Disque métallique enfilé sur les amarres d'un navire à quai pour empêcher les rats de monter à bord.

garderie [gaʀdəʀi] n. f. **1.** SYLVIC Étendue de bois surveillée par un garde forestier. **2.** Garde des enfants en dehors des heures de classe, dans une école maternelle. – *Une halte-garderie**. – De *garder.*

garde-rivière [gaʀdʀivjɛʀ] n. m. Agent chargé du respect de la réglementation concernant les cours d'eau (entretien, navigation, flottage, etc.). *Des gardes-rivière(s).*

garde-robe [gaʀdəʀɔb] n. f. **1.** Armoire, placard où l'on garde les vêtements. Syn. penderie. **2.** *Par ext.* Ensemble des vêtements que possède une personne. *Renouveler sa garde-robe.* **3.** Vx Cabinet d'aisances; chaise percée. *Aller à la garde-robe. Des garde-robes.*

garde-temps [gaʀdətɑ̃] n. m. inv. TECH Chronomètre de précision servant à la détermination des mesures de temps et de référence unique pour les calculs astronomiques.

gardeur, euse [gaʀdœʀ, øz] n. *Gardeur, gardeuse de* : celui, celle qui garde (tels animaux). *Gardeuse de dindons.* – De *garder.*

garde-voie [gaʀdəvwa] n. m. CH de F Agent chargé de la surveillance d'un secteur de voie ferrée. *Des gardes-voie(s).*

gardian [gaʀdjɑ̃] n. m. Gardien de taureaux ou de chevaux, en Camargue. – Mot provenç., «gardien».

gardien, enne [gaʀdjɛ̃, ɛn] n. **1.** Celui, celle qui garde, qui surveille. *Gardien de prison, de musée, de square. Gardien de nuit.* Syn. garde, surveillant. ▷ *Gardien d'immeuble* : concierge. ▷ SPORT *Gardien de but* ou *gardien* : joueur qui garde le but au football, au hockey, au water-polo, etc. Syn. goal. **2.** Fig. Celui, celle qui défend, qui maintient. *Les gardiens de la tradition.* Syn. défenseur, protecteur. ▷ *Gardien de la paix* (terme officiel) : agent de police. – De *garder.*

gardiennage [gaʀdjenaʒ] n. m. Service de garde et de surveillance assuré par des gardiens professionnels. *Des frais de gardiennage élevés.* – De *gardien.*

1. gardon [gaʀdɔ̃] n. m. Petit poisson d'eau douce (genre *Gardonus*, fam. cyprinidés), commun en Europe, à la chair appréciée.

2. gardon n. m. Rég. (Cévennes) Petit torrent.

1. gare [gaʀ] n. f. **1.** Sur une ligne de chemin de fer, ensemble des installations et des bâtiments destinés au trafic des voyageurs et des marchandises, ainsi qu'au triage des wagons, à la régulation du trafic. *Gare de marchandises. Gare de triage. Gare régulatrice. Chef de gare.* – *Gare maritime*, située, dans un port, sur le quai où accostent les navires. **2.** Par anal. *Gare routière*, pour le trafic des autocars et des camions. – *Gare aérienne* : aéroport. **3.** Sur une voie navigable, endroit élargi où les bateaux peuvent se garer, se croiser. – Déverbal de *garer.*

2. gare! [gaʀ] interj. S'emploie pour avertir d'avoir à se ranger et, par ext., d'avoir à faire attention. *Gare à la pluie! Gare à toi si tu désobéis.* ▷ *Sans crier gare* : sans prévenir. – Impér. de *garer.*

garenne [gaʀɛn] n. f. **1.** Rare Réserve de chasse ou de pêche. **2.** Zone plus ou moins boisée où les lapins sauvages sont abondants. ▷ *Lapin de garenne*, ou n. m., *un garenne* : lapin sauvage. – Du germ. **wardôn*, «garder», ou **warôn*, «protéger».

garer [gaʀe] v. tr. [1] **1.** Ranger (un véhicule) à l'abri, ou à l'écart de la circulation. *Garer sa voiture le long du trottoir.* ▷ v. pron. *Le car s'est garé devant l'école.* – Fam. *Je me suis garé sur le terre-plein.* **2.** Fig. Mettre à l'abri, hors d'atteinte. *Garer son bien* ou, fam., *garer ses meubles.* ▷ v. pron. *Se garer des calomnies.* – Du germ. **warôn*, «avoir soin, protéger».

gargantuesque [gaʀgɑ̃tɥɛsk] adj. Digne du gigantesque appétit de Gargantua. *Un repas gargantuesque.* – De *Gargantua*, n. d'un personnage de Rabelais (1494-1553).

gargariser (se) [gaʀgaʀize] v. pron. [1] **1.** Se rincer l'arrière-bouche et la gorge avec un gargarisme. **2.** Fig., fam. *Se gargariser de* : se délecter de. *Se gargariser de louanges.* – Se complaire à (ses propres paroles). *Se gargariser de phrases ronflantes.* – Lat. méd. *gargarizare*, du gr. *gargarizein.*

gargarisme [gaʀgaʀism] n. m. Action de se rincer l'arrière-bouche et la gorge avec un liquide médicamenteux; ce liquide lui-même. – Lat. méd. *gargarisma*, du gr. *gargarismos*.

gargote [gaʀgɔt] n. f. Fam. Restaurant médiocre où l'on mange à bas prix. – De l'anc. v. *gargoter*, « manger salement ».

gargotier, ère [gaʀgɔtje, ɛʀ] n. Fam. Personne qui tient une gargote. – De *gargote*.

gargouille [gaʀguj] n. f. Conduite horizontale, autref. ornée d'un motif architectural, servant à rejeter les eaux pluviales en avant d'un mur. *Formes grotesques et fantastiques des gargouilles gothiques.* – Du radic. *garg-*, « gorge », et de l'a. fr. *goule*, « gueule ».

gargouillement [gaʀgujmɑ̃] n. m. Bruit analogue à celui d'un liquide qui s'écoule irrégulièrement. – Borborygme. – De *gargouiller*.

gargouiller [gaʀguje] v. intr. [1] Faire entendre un gargouillement. – De *gargouille*.

gargouillis [gaʀguji] n. m. Fam. Syn. de *gargouillement*. – De *gargouiller*.

gargoulette [gaʀgulɛt] n. f. Récipient poreux dans lequel le liquide se rafraîchit par évaporation. ▷ Loc. adv. Rég. *À la gargoulette* : à la régalade. – De *gargoule*, anc. forme de *gargouille*.

gargousse [gaʀgus] n. f. Anc. Charge de poudre à canon, dans son enveloppe. – Provenç. *cargousse*, de *carga*, « charger ».

garibaldien, enne [gaʀibaldjɛ̃, ɛn] adj. et n. m. **I.** adj. Relatif à Garibaldi et à son épopée révolutionnaire. **II.** n. m. **1.** Partisan de Garibaldi; soldat de Garibaldi. **2.** Soldat qui combattit en France sous les ordres de Garibaldi ou de son fils. – De *Garibaldi*, révolutionnaire ital. (1807-1882).

garnement [gaʀnəmɑ̃] n. m. **1.** Mauvais sujet. **2.** Enfant turbulent, galopin, polisson. – De l'a. fr. *guarnement*, « équipement d'un soldat », d'où, par méton., « soldat »; de *garnir*, au sens anc. de « protéger ».

garni, ie [gaʀni] adj. et n. m. **1.** Rempli. *Une bourse bien garnie.* **2.** Servi avec une garniture (sens 2). *Escalope garnie. Choucroute garnie.* **3.** Vieilli Loué avec des meubles. *Chambre garnie.* ▷ n. m. *Un garni* : un logement garni, un meublé. – Pp. de *garnir*.

garniérite n. f. MINER Hydrosilicate de magnésium et de nickel. – Du nom de Jules *Garnier* (1839-1904), ingénieur et géologue.

garnir [gaʀniʀ] v. tr. [3] **1.** Munir de ce qui protège ou de ce qui orne. *Garnir de cuir les coudes d'une veste.* – Rembourrer. *Garnir un fauteuil.* ▷ Couvrir en servant d'ornement, décorer. *Des tapisseries garnissent les murs.* **2.** Pourvoir de choses nécessaires. *Garnir une bibliothèque de livres.* Syn. munir. ▷ Remplir, occuper (un espace). *Les spectateurs qui garnissent les tribunes du stade.* – v. pron. *La salle se garnissait de spectateurs.* – Du frq. **warnjan*, « prendre garde », d'où « protéger ».

garnison [gaʀnizɔ̃] n. f. Troupe casernée dans une ville, une place forte. *Le général commandant la garnison de X.* ▷ *Par ext.* Ville où sont casernées des troupes. *Une garnison agréable.* – *Le régiment tenait garnison, était en garnison, à Lunéville.* – De *garnir*.

garnissage [gaʀnisaʒ] n. m. Action de garnir; son résultat. ▷ Ce qui garnit. *Garnissage réfractaire d'un four.* – De *garnir*.

garniture [gaʀnityʀ] n. f. **1.** Ce qui garnit (pour protéger, renforcer ou orner). ▷ *Garniture de cheminée*, composée d'une pendule, de chandeliers, etc., assortis. **2.** CUIS Ce que l'on sert avec un mets, ce qui l'accompagne. *Plat de viande servi avec une garniture de légumes. Garniture d'une choucroute* (jambon, saucisses, etc.). **3.** MECA Élément à fort coefficient de frottement qui garnit une pièce transmettant des forces par friction. *Garniture de frein, d'embrayage.* ▷ Pièce assurant l'étanchéité autour d'un organe mobile. – De *garnir*.

1. garou. V. loup-garou.

2. garou [gaʀu] n. m. Arbrisseau (*Daphne guidium*) à fleurs blanches odorantes du sud de la France, dont les graines et l'écorce sont utilisées respectivement comme purgatif et comme révulsif. Syn. sainbois. – Provenç. *garoup*.

garrigue [gaʀig] n. f. Formation végétale discontinue et buissonneuse (chênes verts, cistes, romarins, notam.) des régions méditerranéennes, forme dégradée de la forêt. *À la différence du maquis*, la garrigue apparaît sur des sols calcaires.* ▷ Terrain couvert par la garrigue. *Chasser dans les garrigues.* – Provenç. *garriga*.

1. garrot [gaʀo] n. m. Saillie des vertèbres dorsales à l'aplomb des membres antérieurs, chez les grands quadrupèdes (cheval, bœuf, tigre, etc.). – Provenç.* *garrot*, même rac. que *jarret*.

2. garrot [gaʀo] n. m. **1.** TECH Morceau de bois que l'on passe dans une corde pour la serrer en tordant. *Garrot d'une scie.* **2.** Lien dont on entoure un membre blessé pour comprimer l'artère et arrêter l'hémorragie. *Poser un garrot. Un garrot ne doit être maintenu qu'un court laps de temps.* **3.** Instrument de supplice composé d'un collier de fer se serrant au moyen d'une vis, avec lequel on étranglait les condamnés à mort, en Espagne. – D'un anc. v. *garokier*, « tordre », du frq.

garrottage [gaʀɔtaʒ] n. m. Action de garrotter; son résultat. – De *garotter*.

garrotter [gaʀɔte] v. tr. [1] Attacher, lier fortement et étroitement. *On garrotta le prisonnier.* – De *garrot* 2.

gars [ga] n. m. Fam. Garçon, jeune homme. *Un beau gars.* – *Par ext.* Homme. *Qu'est-ce que c'est que ce gars-là ?* ▷ Gaillard, homme vigoureux et résolu. – Anc. cas sujet de *garçon*.

gascon, onne [gaskɔ̃, ɔn] adj. et n. **I.** adj. De la Gascogne. *La campagne gasconne.* ▷ Subst. Personne originaire de la Gascogne. *Un(e) Gascon(ne).* **II.** n. **1.** Vx Fanfaron, hâbleur. ▷ Mod. *Promesse de Gascon*, qu'on ne peut pas tenir. **2.** n. m. Ensemble des parlers d'oc de Gascogne. – Lat. *Vasco*, devenu *Wasco*.

gasconnade [gaskɔnad] n. f. Vanterie, hâblerie, fanfaronnade. – De *gascon*.

gasconner [gaskɔne] **1.** v. intr. [1] Litt. Dire des gasconnades, se vanter. **2.** Rég. Parler avec l'accent gascon. – De *gascon*.

gas-oil, gasoil [gazwal] ou **gazole** [gazɔl] n. m. Produit de la distillation du pétrole, utilisé comme carburant (moteurs Diesel) ou comme combustible. (Orthographe officiellement recommandée : *gazole*.) – De l'angl. *gas*, « gaz », et *oil*, « huile, pétrole ».

gaspacho [gaspatʃo] n. m. Potage espagnol fait avec des concombres, des tomates, des piments et de l'ail, et servi froid. – Mot esp.

gaspillage [gaspijaʒ] n. m. Action de gaspiller. – De *gaspiller*.

gaspiller [gaspije] v. tr. [1] Consommer, dépenser sans utilité et avec excès; dilapider. *Gaspiller sa fortune.* – Fig. *Gaspiller son temps, son talent.* Ant. conserver, économiser, épargner. – Du provenç. *gaspilha*, « grappiller », et p.-ê. de *piller*, ou du rég. *gapailler*, « rejeter les balles de blé ».

gaspilleur, euse [gaspijœʀ, øz] adj. et n. Qui gaspille. – De *gaspiller*.

gastéro-, gastr(o)-, -gastre, -gastrie. Éléments, du gr. *gastêr*, *gast(e)ros*, « ventre, estomac ».

gastéromycètes. V. gastromycètes.

gastéropodes [gasteʀopɔd] ou vieilli **gastropodes** [gastʀopɔd] n. m. pl. ZOOL Classe de mollusques qui se déplacent par reptation au moyen de leur *pied*, organe musculeux qui sécrète un mucus abondant. – Sing. *Un gastéropode.* – De *gastéro-*, et gr. *pous, podos*, « pied », parce que le *pied* de ces mollusques contient une grande partie des viscères.
ENCYCL Les gastéropodes comprennent des espèces terrestres (escargots, limaces, etc.), des formes d'eau douce (planorbes, limnées, etc.), des formes marines, rampantes (bigorneaux, patelles, etc.) ou nageuses, grâce à des expansions du manteau utilisées comme nageoires (aplysie, par ex.). La coquille des gastéropodes est constituée d'une valve unique, spiralée, dont la taille et la forme varient beaucoup selon les espèces. Les gastéropodes sont ovipares. Chez certaines espèces, les sexes sont séparés. Certaines autres sont hermaphrodites (escargot, notam.).

gastr(o)-, -gastre. V. gastéro-.

gastralgie [gastʀalʒi] n. f. MED Douleur localisée à l'estomac. – De *gastr-*, et *-algie*.

gastralgique [gastʀalʒik] adj. MED De la gastralgie. *Symptôme gastralgique.* – De *gastralgie*.

gastréales [gastʀeal] n. f. pl. BOT Ordre de champignons basidiomycètes gastromycètes dont la glèbe est entourée d'une enveloppe qui persiste à maturité. (Ex. : les vesses-de-loup.). – Sing. *Une gastréale.* – Du gr. *gastêr, gastros*, « ventre ».

gastrectomie [gastʀɛktɔmi] n. f. CHIR Ablation totale ou partielle de l'estomac. – De *gastr-*, et *-ectomie*.

-gastrie. V. gastéro.

gastrique [gastʀik] adj. De l'estomac. *Artère gastrique. Embarras gastrique.* – *Suc gastrique* : substance liquide sécrétée par l'estomac. *Le suc gastrique, qui contient de l'acide chlorhydrique, joue un rôle important dans la digestion.* – Du gr. *gastêr, gast(e)ros*, « ventre, estomac ».

gastrite [gastʀit] n. f. MED Inflammation aiguë ou chronique de la muqueuse de l'estomac, aux causes variées (ulcère, alcoolisme, carences alimentaires). – De *gastr-*, et *-ite* 1.

gastro-entérite [gastʀoɑ̃teʀit] n. f. MED Inflammation aiguë des muqueuses gastrique et intestinale, caractérisée par des vomissements et une diarrhée, d'origine essentiellement infectieuse (« grippe intestinale »). *Des gastro-entérites.* – De *gastro-*, et *entérite*.

gastro-entérologie [gastʀoɑ̃teʀolɔʒi] n. f. Médecine du tube digestif. – De *gastro-*, *entéro-*, et *-logie*.

gastro-entérologue [gastʀoɑ̃teʀolɔg] n. Médecin spécialiste de gastro-entérologie. *Des gastro-entérologues.* – De *gastro-entérologie*.

gastro-intestinal, ale, aux [gastʀoɛ̃tɛstinal, o] adj. MED De l'estomac et de l'intestin. *Les maladies gastro-intestinales.* – De *gastro-*, et *intestinal*.

gastromycètes [gastʀomisɛt] n. m. pl. BOT Sous-classe de champignons basidiomycètes dont l'hyménium se transforme en glèbe*. – Sing. *Un gastromycète.* – De *gastro-*, et *-mycète*.

gastronome [gastʀɔnɔm] n. m. Amateur de bonne chère. – De *gastronomie*.

gastronomie [gastʀɔnɔmi] n. f. Art du bien-manger, de la bonne chère. – Gr. *gastronomia*.

gastronomique [gastʀɔnɔmik] adj. Qui a trait à la gastronomie. – De *gastronomie*.

gastroscope [gastʀoskɔp] n. m. Sonde œsophagienne munie d'une source lumineuse et d'un appareil optique, qui sert à examiner la paroi interne de l'estomac. – De *gastro-*, et *-scope*.

gastroscopie [gastʀoskɔpi] n. f. MED Examen de l'estomac au moyen du gastroscope. – De *gastroscope*.

gastrula [gastʀyla] n. f. EMBRYOL Embryon animal chez lequel les feuillets fondamentaux, ectoblaste et endoblaste, sont en train de se mettre en place (processus de la *gastrulation*). V. encycl. embryogenèse. – Lat. sav. mod., dimin. de *gastra*, « vase ».

1. gâteau [gɑto] n. m. **1.** Pâtisserie, généralement sucrée, faite le plus souvent avec de la farine, du beurre et des œufs. *Gâteau à la crème. Gâteaux secs.* – Par ext. *Gâteau de riz.* ▷ Fig., fam. *Partager le gâteau, avoir sa part du gâteau* : partager le profit, l'aubaine. ▷ Fam. *C'est du gâteau* : c'est facile. **2.** *Par anal.* Masse aplatie d'une matière compacte. *Gâteau de plomb.* ▷ Masse constituée par les alvéoles d'une ruche. *Gâteau de cire, de miel.* – Probabl. du frq. **wastil*, « nourriture »; d'abord *gastel, wastel*.

2. gâteau [gɑto] adj. inv. Fam. *Papa, grand-mère*, etc., *gâteau*, qui gâte beaucoup les enfants. – De *gâter*, avec jeu de mots sur *gâteau*.

gâte-bois [gɑtbwɑ] n. m. inv. Nom usuel de la chenille du *cossus*, papillon qui creuse des galeries dans le bois des arbres. – De *gâter*, et *bois*.

gâter [gɑte] **A.** v. tr. [1] **I.** Mettre en mauvais état. **1.** Vieilli ou litt. Endommager. *La grêle a gâté les vignes.* ▷ Salir, tacher. *Gâter ses vêtements.* **2.** Corrompre, pourrir. *Un fruit pourri gâte tous les autres.* **3.** Altérer, troubler. *Cet incident a gâté notre plaisir.* **4.** Priver de ses vertus, de ses qualités. *Ses échecs lui ont gâté le caractère.* **II. 1.** Traiter avec trop de complaisance, d'indulgence (un enfant). **2.** Combler de cadeaux, d'attentions; choyer. *Il gâte beaucoup sa femme.* **B.** v. pron. **1.** S'altérer, se corrompre. *Ces fruits se gâtent.* **2.** Se modifier en mal. *Le temps se gâte. Ça se gâte* : les choses tournent mal. – De l'a. fr. *guaster*, « dévaster », du lat. *vastare*, « ravager ».

gâterie [gɑtʀi] n. f. **1.** Menu cadeau; attention gentille. **2.** Friandise. – De *gâter*.

gâte-sauce [gɑtsos] n. m. inv. **1.** Vx Mauvais cuisinier. **2.** Mod. Marmiton. – De *gâter*, et *sauce*.

gâteux, euse [gɑtø, øz] adj. et n. **1.** Dont les facultés, notam. les facultés mentales, sont amoindries par l'âge ou la maladie. *Vieillard gâteux.* **2.** Qui est comme gâteux (partic., sous l'empire d'une idée fixe, d'un sentiment excessif). *Il ne pense plus qu'à ça, il en devient gâteux.* – Var. péjor. de l'anc. *gâteur*, « celui qui gâte (souille) ses draps, ses vêtements ».

gâtifier [gɑtifje] v. intr. [2] **1.** Se comporter en gâteux. **2.** Bêtifier. – De *gâteux*.

gâtine [gɑtin] n. f. Rég. Terre au sous-sol imperméable, mal drainée et stérile. – De *gâter*.

gâtisme [gɑtism] n. m. État d'une personne gâteuse. – De *gâteux*.

gatte [gat] n. f. MAR Chacun des compartiments qui reçoivent les chaînes des ancres, à bord d'un navire. – Du frq. *wahta*, « guet ».

gattilier [gatilje] n. m. Arbrisseau méditerranéen (genre *Vitex*, fam. verbénacées), aux fleurs en grappes violettes ou blanches. – De l'esp. *gatillo*.

gauche [goʃ] adj. et n. **I.** adj. **1.** Qui n'est pas plan; déformé. *Cadre, poutre gauche.* – n. m. *Pièce qui a du gauche.* ▷ GEOM Dont tous les points ne sont pas contenus dans le même plan. *L'hélice est une courbe gauche.* – *Surface gauche*, engendrée par une droite, non développable sur un plan. **2.** Fig. Qui manque d'aisance, d'adresse. *Un garçon timide et gauche. Des manières gauches. Un style gauche.* Syn. embarrassé, malhabile. Ant. gracieux, habile. **II.** adj. Qui est situé du côté du corps de l'homme où se trouve le cœur. *La main gauche. Le pied, l'œil gauche.* – n. m. *Frapper du gauche*, du poing gauche, en boxe. – *Mariage de la main gauche* : concubinage. – Loc. fig. *Se lever du pied gauche* : s'éveiller de mauvaise humeur. ▷ Se dit du côté correspondant au côté gauche d'un être ou d'une chose conçue comme ayant face et dos, avant et arrière. *L'aile gauche d'un bâtiment*, celle qui est à main gauche pour une personne adossée à la façade. *L'aile gauche d'une armée. Côté gauche d'un bateau* : bâbord. ▷ Qui est situé du côté de la main gauche, pour un observateur tourné dans une direction déterminée. *La rive gauche d'un fleuve*, celle qui est à main gauche en descendant le courant. Ant. droit. **III.** n. f. *La gauche.* **1.** Le côté gauche. *Sur la gauche, à votre gauche, vous voyez la mairie. La gauche d'une armée*, son aile gauche. – *Jusqu'à la gauche* : jusqu'à l'extrême limite, complètement. ▷ Loc. adv. *À gauche* : du côté gauche, à main gauche. *Tournez à gauche.* – Fam. *Mettre de l'argent à gauche* : épargner. **2.** Ensemble des députés et des sénateurs qui, traditionnellement en France, siègent à la gauche du président de l'Assemblée et qui représentent les partis désireux de changements politiques et sociaux en faveur des classes sociales les plus modestes; ensemble des partis et des citoyens qui veulent ces changements. *L'extrême gauche révolutionnaire.* – P.-ê. de *gauchir.*

gauchement [goʃmɑ̃] adv. De façon gauche, maladroite. – De *gauche* 1.

gaucher, ère [goʃe, ɛʀ] adj. et n. Qui se sert habituellement de sa main gauche. *Un boxeur gaucher est dit «fausse garde».* – De *gauche* II, 1.

gaucherie [goʃʀi] n. f. **1.** Manque d'aisance ou d'adresse. **2.** Action, parole maladroite. – De *gauche* I, 2.

1. gauchir [goʃiʀ] v. [3] **1.** v. intr. Se déformer, se voiler. *Panneau qui gauchit.* **2.** v. tr. Déformer (une surface plane). *L'humidité a gauchi cette planche.* ▷ Fig. Altérer, fausser. *Gauchir le sens d'un texte.* – A. fr. *guenchir*, «faire des détours», de *gauchier*, «fouler», et frq. **wenkjan*, «vaciller».

2. gauchir [goʃiʀ] v. tr. [2] Dans le langage des médias, accentuer l'orientation politique de gauche de. – De *gauche.*

gauchisant, ante [goʃisɑ̃, ɑ̃t] adj. Qui a des opinions politiques proches de celles de la gauche. – De *gauche*, sens III, 2.

gauchisme [goʃism] n. m. Attitude des partisans des solutions extrêmes, dans un parti de gauche. – De *gauche*, sens III, 2.

gauchissement [goʃismɑ̃] n. m. Action, fait de gauchir. ▷ Fig. *Un gauchissement tendancieux de l'information.* – De *gauchir.*

gauchiste [goʃist] n. et adj. **1.** n. Partisan du gauchisme. **2.** adj. Relatif au gauchisme. – De *gauche*, sens III, 2.

gaucho [goʃo] n. m. Gardien de troupeaux des pampas, en Amérique du Sud. – Mot esp., de l'araucan ou du quichua *cachu*, «camarade».

gaude [god] n. f. Réséda (*Reseda luteola*) européen des sols sablonneux, appelé aussi *herbe aux juifs*, qui fournit une teinture jaune et des essences utilisées en parfumerie. – Du germ. **walda.*

gaudes [god] n. f. pl. Rég. Bouillie de farine de maïs, en Bourgogne. – Du germ. **walda.*

gaudriole [godʀijɔl] n. f. Fam. **1.** Propos gai et frivole; plaisanterie un peu leste. **2.** *La gaudriole* : le libertinage, la noce. – De l'anc. v. *gaudir*, «se réjouir», sur le modèle de *cabriole.*

gaufrage [gofʀaʒ] n. m. Action de gaufrer. – De *gaufrer.*

gaufre [gofʀ] n. f. **1.** Pâtisserie mince et légère, cuite entre deux fers qui lui impriment un relief alvéolé. **2.** Gâteau de cire fabriqué par les abeilles. – De l'a. frq. **wafel*, «rayon de miel»; puis *walfre.*

gaufrer [gofʀe] v. tr. [1] Imprimer des dessins en relief ou en creux sur (du cuir, des étoffes, etc.). – De *gaufre.*

gaufrette [gofʀɛt] n. f. Petite gaufre. ▷ Petit biscuit sec, souvent fourré. – Dimin. de *gaufre.*

gaufrier [gofʀije] n. m. Moule composé de deux plaques quadrillées entre lesquelles on fait cuire les gaufres. – De *gaufre.*

gaufrure [gofʀyʀ] n. f. Empreinte laissée par le gaufrage. – De *gaufrer.*

gaulage [golaʒ] n. m. Action de gauler. *Gaulage des noix.* – De *gauler.*

gaule [gol] n. f. **1.** Grande perche. **2.** Canne à pêche. – Du frq. **walu*, «bâton».

gauleiter [gawlajtœʀ; golɛtɛʀ] n. m. Administrateur d'un district, dans l'Allemagne nazie. – Mot all., de *Gau*, «district», et *Leiter*, «chef».

gauler [gole] v. tr. [1] Battre (un arbre, ses branches) avec une gaule pour en faire tomber les fruits. ▷ *Gauler un pommier.* ▷ Par ext. *Gauler des noix.* – De *gaule.*

gaulis [goli] n. m. SYLVIC Taillis dont les jets sont devenus des gaules (tiges très hautes mais de faible diamètre). ▷ Chacun de ces jets. – De *gaule.*

gaullien, enne [goljɛ̃, ɛn] adj. Marqué par la doctrine, la personne du général de Gaulle (1890-1970), par l'esprit du gaullisme. *Une vue gaullienne de la politique étrangère.*

gaullisme [golism] n. m. Ensemble des conceptions et des attitudes politiques des gaullistes. – Du n. de Charles de *Gaulle.*

gaulliste [golist] n. et adj. **1.** Partisan du général de Gaulle au temps de l'occupation de la France par les Allemands au cours de la Seconde Guerre mondiale. *Les gaullistes.* ▷ adj. *Les réseaux gaullistes.* **2.** Celui, celle qui adopte les idées politiques du général de Gaulle, exprimées et mises en œuvre soit au gouvernement (1945-1947, puis 1958-1969), soit pendant les années (1947-1958) où le général de Gaulle, tenu hors des affaires publiques, a fondé et animé le R.P.F. (Rassemblement du peuple français). ▷ adj. Du gaullisme. *Les idéaux gaullistes.* – Du n. de Charles de *Gaulle.*

gaulois, oise [golwa, waz] adj. et n. **I.** adj. **1.** De la Gaule, des Gaulois. **2.** Caractéristique de la France, de ses traditions (dans la continuité des Gaulois). ▷ *Coq gaulois*, symbole de la fierté nationale. ▷ Qui a une gaieté gaillarde, un peu licencieuse. *Plaisanterie gauloise.* **II.** n. **1.** Habitant de la Gaule. **2.** n. m. Langue celtique parlée par les Gaulois. **3.** n. f. Cigarette brune très courante de la Régie française des tabacs. – De *Gaule*, frq. **walha*, «pays des Walh».

gauloisement [golwazmɑ̃] adv. D'une manière gauloise, libre et gaillarde. – De *gaulois.*

gauloiserie [golwazʀi] n. f. Parole un peu leste, gaillarde. – De *gaulois.*

gaultheria [golteʀja] ou **gaulthérie** [golteʀi] n. f. Arbrisseau (fam. éricacées) d'Amérique du Nord, aux feuilles odorantes. – Du n. du botaniste canadien *Gaulther.*

gaupe [gop] n. f. Vx, pop. Femme malpropre, de mauvaise vie. ▷ Prostituée. – De l'all. du S. *Walpe*, «femme sotte».

gaur [gɔʀ] n. m. Bœuf sauvage d'Asie du S.-E., à la robe sombre et aux cornes arquées. – Hindi *gore* ou *gour*, par l'angl.

gauss [gos] n. m. PHYS Unité C.G.S. de champ magnétique (symbole G, préférable à Gs), remplacée auj. par le tesla (symbole T), unité SI (1 G = 10^{-4} T). – Du n. du physicien et astronome all. C. F. *Gauss* (1777-1855).

gausser (se) [gose] v. pron. [1] Litt. Se moquer de (qqn), railler (qqn). *On se gaussait de lui.*

gavage [gavaʒ] n. m. **1.** Action de gaver; son résultat. **2.** MED Introduction d'aliments dans l'estomac à l'aide d'une sonde. – De *gaver.*

gave [gav] n. m. Torrent, cours d'eau, dans les Pyrénées. – Béarnais *gabe.*

gaver [gave] v. tr. [1] **1.** Faire manger (qqn) de façon excessive. - Faire manger beaucoup et de force (des animaux) pour les engraisser. *Gaver des oies, des poulets.* ▷ Fig. Combler, rassasier, emplir à l'excès. *Gaver de connaissances.* **2.** v. pron. Se gorger de nourriture. – De *gave,* mot picard, du prélatin *gaba,* «gorge».

gavial, als [gavjal] n. m. Reptile crocodilien d'Inde et d'Asie du Sud-Est, aux mâchoires longues et étroites. – Hindi *gharriyal.*

gavotte [gavɔt] n. f. Ancienne danse française; musique à deux temps sur laquelle on la dansait. – Provenç. *gavoto,* danse des *gavots,* ou montagnards; rad. *gave,* «gorge», les Provençaux appelant les montagnards *gavots,* «goitreux», car beaucoup d'entre eux avaient un goitre.

gavroche [gavʀɔʃ] n. m. Gamin de Paris frondeur et moqueur. ▷ adj. *Une allure gavroche.* – Nom d'un personnage des *Misérables* de V. Hugo.

gay [gɛ] n. m. (Américanisme) Homosexuel masculin. - adj. (inv. en genre) *La communauté gay de New York.* – Mot anglo-amér., «gai» dans l'argot des prisons dès 1935.

gayac. V. gaïac.

gayacol. V. gaïacol.

gayal [gajal] n. m. Bœuf sauvage d'Inde et d'Asie du S.-E. (*Bibos frontalis*) à robe noire et à cornes puissantes, facile à domestiquer. – Mot hindi.

gaz [gɑz] n. m. inv. **1.** Substance impalpable qui tend à occuper la totalité de l'enceinte qui la contient; fluide expansible et compressible dont les molécules, n'exerçant entre elles que des forces très faibles, peuvent se déplacer librement les unes par rapport aux autres. *L'oxygène est un gaz dans les conditions habituelles de température et de pression.* ▷ *Gaz parfait* : gaz idéal dans lequel on suppose nulles les interactions moléculaires. ▷ *Gaz rare :* chacun des gaz de la dernière colonne de la classification périodique des éléments : hélium, néon, argon, krypton, xénon et radon. (Ils possèdent une structure électronique externe d'une très grande stabilité, ce qui leur confère une remarquable inertie chimique.) V. loi* de Mariotte et loi* de Gay-Lussac. **2.** Gaz à usage industriel ou domestique. *Gaz de ville,* distribué aux usagers par canalisations (naguère obtenu par distillation de la houille, appelé aussi *gaz d'éclairage,* progressivement remplacé auj. par le *gaz naturel,* extrait de gisements et constitué essentiellement de méthane). ▷ *Gaz de pétrole liquéfié (G.P.L.)* : mélange d'hydrocarbures liquéfiés, utilisé comme carburant. ▷ *Gaz pauvre* ou *gaz à l'air,* mélange combustible d'azote et d'oxyde de carbone. ▷ *Gaz à l'eau,* mélange combustible d'hydrogène et d'oxyde de carbone obtenu en décomposant la vapeur d'eau par le coke porté à température élevée. ▷ Absol. *Le gaz :* le gaz à usage domestique. *Cuisinière à gaz. Allumer, fermer, couper le gaz.* ▷ Loc. fig., fam. *Il y a de l'eau dans le gaz* : l'atmosphère est tendue, la discorde s'installe. **3.** Plur. *Les gaz :* le mélange détonant d'air et de vapeurs de combustible brûlé dans les cylindres d'un moteur à explosion. *Mettre, donner les gaz. À pleins gaz :* à pleine puissance (fam. au fig.). **4.** MILIT Toute substance toxique, gazeuse, liquide ou solide utilisée comme arme chimique. *Gaz de combat. Chambre* à gaz.* **5.** (Plur.) Substances gazeuses se formant dans l'intestin ou l'estomac et provoquant une douleur parfois aiguë. – Mot de Van Helmont, d'apr. le lat. *chaos,* «chaos, masse confuse dont fut formé l'univers», pour désigner une substance subtile mêlée aux corps.

gazage [gɑzaʒ] n. m. **1.** TECH Action de passer les fils de certains tissus à la flamme pour les débarrasser de leur duvet. **2.** Action d'intoxiquer, d'exterminer par un gaz. – De *gazer* 1.

gaze [gɑz] n. f. Étoffe légère et transparente de laine, de soie ou de coton. ▷ Cette étoffe (de coton), stérilisée, utilisée pour nettoyer ou panser une plaie. – P.-ê. de *Gaza,* n. d'une v. de Palestine.

gazé, ée [gaze] adj. et n. Qui a été soumis à l'action d'un gaz nocif (notam. gaz de combat). – Pp. de *gazer.*

gazéification [gazeifikasjɔ̃] n. f. Action de gazéifier. – De *gazéifier.*

gazéifier [gazeifje] v. tr. [2] **1.** TECH Transformer en gaz. **2.** *Gazéifier un liquide,* y dissoudre du dioxyde de carbone. – De *gaz,* et *-fier.*

gazelle [gazɛl] n. f. Petite antilope au pelage beige des zones désertiques d'Afrique et d'Asie (nombr. espèces). – Ar. *ghazal.*

1. gazer [gaze] v. [1] **I.** v. tr. **1.** TECH Procéder au gazage de (fils, tissus). **2.** Intoxiquer, exterminer par un gaz nocif. **II.** v. intr. Fam. Aller vite, à pleins gaz. ▷ Fig. *Ça gaze* : ça marche bien. – De *gaz.*

2. gazer [gaze] v. tr. [1] **1.** Vx Mettre une gaze sur. **2.** Fig., vx Voiler, adoucir (un propos, une opinion, etc.). – De *gaze.*

gazette [gazɛt] n. f. **1.** Vx (Sauf dans un titre.) Publication périodique, journal contenant diverses nouvelles. **2.** Personne qui se plaît à répandre les nouvelles. *Cette femme est la gazette du quartier.* – Ital. *gazzetta,* «petite monnaie», prix d'une gazette.

gazeux, euse [gazø, øz] adj. **1.** De la nature des gaz, à l'état de gaz. **2.** Qui contient du gaz. *Eau gazeuse.* ▷ ZOOL *Vessie gazeuse* ou *natatoire* (des poissons) : V. vessie. – De *gaz.*

gazier, ère [gazje, ɛʀ] n. m. et adj. **I.** n. m. **1.** Personne qui travaille dans une usine à gaz, une compagnie du gaz. **2.** Pop. Individu, gars, loustic. *Qu'est-ce que c'est que ce gazier-là?* **II.** adj. Relatif au gaz. *Industrie gazière.* – De *gaz.*

gazinière [gazinjɛʀ] n. f. Cuisinière à gaz. – De *gaz,* et *(cuis)inière.*

gazoduc [gazodyk] n. m. TECH Canalisation servant au transport du gaz naturel. – De *gaz,* d'apr. *oléoduc.*

gazogène [gazoʒɛn] n. m. Appareil servant à fabriquer un gaz combustible à partir du bois ou du charbon. – De *gaz,* et *-gène.*

gazole. V. gas-oil.

gazoline [gazɔlin] n. f. TECH Produit le plus volatil tiré du pétrole brut. – De *gazole,* et *-ine.*

gazomètre [gazomɛtʀ] n. m. Réservoir destiné à emmagasiner le gaz de ville et à le fournir aux consommateurs sous une pression régulière. – De *gaz,* et *-mètre.*

gazométrie [gazometʀi] n. f. CHIM Procédé d'analyse quantitative d'un mélange (gazeux, liquide ou solide) reposant sur le dosage des gaz qui se dégagent au cours d'une réaction. – De *gaz,* et *-métrie.*

gazon [gazɔ̃] n. m. Herbe courte et menue. *Semer du gazon.* ▷ Terre plantée, couverte de cette herbe. – Du frq. **waso,* «motte herbue».

gazonnant, ante [gazɔnɑ̃, ɑ̃t] adj. Qui pousse en formant un gazon. – Ppr. de *gazonner.*

gazonner [gazɔne] v. [1] **1.** v. tr. Revêtir de gazon. **2.** v. intr. Pousser en gazon, se couvrir de gazon. – De *gazon.*

gazouillant, ante [gazujɑ̃, ɑ̃t] adj. Qui gazouille. – Ppr. de *gazouiller.*

gazouillement [gazujmɑ̃] n. m. Action de gazouiller; bruit ainsi produit. – De *gazouiller.*

gazouiller [gazuje] v. intr. [1] **1.** Faire entendre un petit bruit doux et agréable, en parlant des oiseaux qui chantent. – Par anal. *Le ruisseau gazouillait.* **2.** Babiller (en parlant des petits enfants). – Onomat.

gazouillis [gazuji] n. m. Petit gazouillement; suite de légers gazouillements. – De *gazouiller.*

Gb PHYS Symbole du gilbert.

Gd CHIM Symbole du gadolinium.

Ge CHIM Symbole du germanium.

geai [ʒɛ] n. m. Oiseau passériforme (fam. corvidés) à plumage beige tacheté de blanc, de bleu et de noir. *Le geai jase* ou *cajole.* – Du bas lat. *gaius,* onomat., ou du n. propre *Gaius.*

géant, ante [ʒeɑ̃, ɑ̃t] n. et adj. **1.** MYTH Être fabuleux, de taille colossale, fils de la Terre et du Ciel. *Les Géants tentèrent de détrôner Jupiter.* ▷ Être colossal des contes et des légendes. **2.** Personne de stature anormalement élevée. – *Par ext.* Personne très grande. ▷ Loc. *Aller à pas de géant,* à grandes enjambées, très vite; fig. faire des progrès rapides. **3.** Fig. Personne qui se distingue par des dons exceptionnels, par une destinée hors du commun. *Les géants de l'art, de la politique.* **4.** adj. Dont la taille surpasse de beaucoup celle des êtres ou des choses comparables. *Raie géante.* – *Étoile géante,* de très grand rayon et de forte luminosité. Ant. nain. – Du lat. pop. **gagantem,* accusatif de *gagas,* altér. de *Gigas,* personnage mythologique.

géaster [ʒeastɛʀ] n. m. BOT Champignon gastromycète non comestible, dont l'enveloppe extérieure s'ouvre en étoile. – Du gr. *gê,* «terre», et *aster,* «étoile».

gecko [ʒeko] n. m. Reptile saurien des régions chaudes, aux doigts munis de lamelles adhésives. – Mot malais.

géhenne [ʒeen] n. f. **1.** Enfer, dans la Bible. **2.** Vx Torture, question. **3.** Mod., litt. Souffrance intense. – Lat. *gehenna,* hébreu *ge-Hinnom,* «vallée de Hinnom», lieu situé près de Jérusalem, où se pratiquait le culte du feu et qui était devenu une sorte de cloaque.

geignard, arde [ʒɛɲaʀ, aʀd] adj. (et n.) Fam. Qui se plaint sans cesse et sans raison. *Ton geignard. Personne geignarde.* – De *geindre.*

geignement [ʒɛɲmɑ̃] n. m. Plainte, gémissement d'une personne qui geint. – De *geindre.*

geindre [ʒɛ̃dʀ] v. intr. [55] **1.** Se plaindre en émettant des sons faibles et inarticulés. *Geindre de douleur.* Syn. gémir. **2.** Fam. Se plaindre à tout propos et sans raison. Syn. pleurnicher. – Du lat. *gemere,* «gémir, se plaindre».

geisha [gejʃa] n. f. Au Japon, danseuse, musicienne et chanteuse traditionnelle, qui joue le rôle d'hôtesse, de dame de compagnie, dans certaines occasions de la vie sociale. – Mot jap.

gel [ʒɛl] n. m. **1.** Abaissement de la température atmosphérique entraînant la congélation de l'eau. *Le gel a fait éclater les tuyaux.* ▷ Eau gelée; verglas, givre. *Une couche de gel.* **2.** CHIM Précipité gélatineux colloïdal. *Gel de silice.* ▷ Cour. Préparation translucide pharmaceutique ou cosmétique, à base d'eau. *Gel après-rasage.* **3.** Fig. Blocage, arrêt. *Gel des crédits, des négociations.* – Lat. *gelu,* «gelée, glace».

gélatine [ʒelatin] n. f. Matière albuminoïde à l'aspect de gelée, obtenue en faisant bouillir dans de l'eau certaines substances animales (os) ou végétales (algues). *On utilise la gélatine dans l'industrie alimentaire, dans la préparation des colles, en photographie, en microbiologie.* – Ital. *gelatina.*

gélatiné, ée [ʒelatine] adj. Enduit de gélatine. – De *gélatine.*

gélatineux, euse [ʒelatinø, øz] adj. **1.** Qui a la consistance, l'aspect de la gélatine. **2.** Qui contient de la gélatine. *Os gélatineux.* – De *gélatine.*

gélatinobromure [ʒelatinobʀɔmyʀ] n. m. TECH Préparation utilisée en photographie, contenant du bromure d'argent en suspension dans de la gélatine. – De *gélatine,* et *bromure.*

gelée [ʒəle] n. f. **1.** Gel. *Gelées de printemps, d'automne.* ▷ *Gelée blanche :* mince couche de cristaux de glace provenant de la congélation de la rosée, qui recouvre le sol et la végétation avant le lever du soleil, au printemps et en automne. **2.** Bouillon de viande qui se solidifie en refroidissant et qui sert à chemiser un moule, à glacer ou à napper une viande, une volaille, etc. *Poulet, jambon en gelée.* ▷ *Par anal.* Jus de fruits cuits avec du sucre, qui se solidifie en refroidissant. *Gelée de groseille.* **3.** *Par ext.* Substance d'aspect gélatineux. *Gelée royale,* avec laquelle les abeilles nourrissent les larves de reines. – Lat. *gelatus,* pp. de *gelare,* «geler».

geler [ʒəle] v. [17] **I.** v. tr. **1.** Transformer en glace, faire passer à l'état solide par l'abaissement de la température. *Le froid a gelé l'étang.* ▷ Durcir par le froid. *L'hiver a gelé la terre.* **2.** Faire mourir ou nécroser par un froid excessif (un être vivant, un organe, un tissu). *Un froid trop vif gèle les bourgeons. Geler les pieds, les mains.* **3.** *Par ext.* Causer une impression de froid à (qqn). *Ce petit vent me gèle.* ▷ v. pron. *Je me suis gelé à l'attendre.* **4.** Fig. Bloquer. *Geler les négociations, les prix, les salaires.* ▷ GEST *Geler des capitaux,* les engager dans des investissements qui les rendent indisponibles. **II.** v. intr. **1.** Se transformer en glace, devenir dur sous l'action du froid. *Le mercure gèle à −39°C.* **2.** Être perturbé dans ses fonctions vitales, mourir, se nécroser sous l'action du froid. *Les oliviers ont gelé.* ▷ *Par ext.* Avoir très froid. *On gèle, ici!* **III.** v. impers. *Il gèle.* – Lat. *gelare.*

gélif, ive [ʒelif, iv] adj. Qui est susceptible de se fendre sous l'effet de la gelée. *Arbre gélif. Roche gélive.* – De *geler.*

gélifiant [ʒelifjɑ̃] n. m. Substance qui permet de gélifier. *Certains additifs alimentaires sont des gélifiants.* – Ppr. de *gélifier.*

gélifier [ʒelifje] v. tr. [2] CHIM Transformer en gel. ▷ v. pron. *Substance qui se gélifie.* – De *gel,* et *-fier.*

gélinotte ou **gelinotte** [ʒelinɔt] n. f. Oiseau galliforme d'Europe et d'Asie, voisin de la perdrix. (*Tetrastes bonasia,* la gélinotte des bois, au plumage roux, vit en Europe dans les forêts de montagne.) – De l'a. fr. *géline,* «poule».

gélivure [ʒelivyʀ] n. f. Fente dans une pierre ou dans un arbre, causée par le gel. – De *gélif.*

gélose [ʒeloz] n. f. TECH Syn. de *agar-agar.* – De *gé(latine),* et *-ose* 1.

gélule [ʒelyl] n. f. Petite capsule en gélatine durcie contenant une substance médicamenteuse. – De *gél(atine),* et *(caps)ule.*

gelure [ʒəlyʀ] n. f. Lésion des tissus due au froid. – De *geler.*

gémeaux [ʒemo] n. m. pl. ASTRO *Constellation des Gémeaux,* dont les deux plus brillantes étoiles sont nommées Castor et Pollux. ▷ ASTROL Signe du zodiaque* (22 mai-21 juin). – Ellipt. *Il est gémeaux.* – Réfection de *jumeau,* d'apr. lat. *gemellus.*

gémellaire [ʒemɛl(l)ɛʀ] adj. Qui a trait aux jumeaux. *Grossesse gémellaire.* – Du lat. *gemellus.*

gémellipare [ʒem(e)lɛl(l)ipaʀ] adj. Qui donne naissance à des jumeaux. – Lat. *gemellipara,* « mère de deux jumeaux ».

gémellité [ʒemelite] n. f. **1.** État, situation de jumeaux. **2.** Caractère de deux choses semblables. – Du lat. *gemellus.*

gémination [ʒeminasjɔ̃] n. f. État de ce qui est disposé par paires. *Gémination des pistils.* ▷ RHET Répétition d'un mot. – Lat. *geminatio.*

géminé, ée [ʒemine] adj. Didac. Double, groupé par paire. *Feuilles géminées.* ▷ ARCHI *Arcades, baies géminées.* ▷ PHON *Consonnes géminées,* se dit de deux consonnes successives identiques prononcées (ex. dans *illumination*). – Pp. de l'anc. v. *géminer,* « grouper par deux »; lat. *geminare.*

gémir [ʒemiʀ] v. intr. [3] **1.** Exprimer la douleur par des plaintes faibles et inarticulées. *Blessé qui gémit.* ▷ Fig. *Gémir sous le poids des malheurs. Gémir sur (*ou *de) son sort.* **2.** Donner de la voix, en parlant de certains oiseaux au cri plaintif. *La colombe gémit.* **3.** Produire un son comparable à un gémissement. *Le vent gémit dans la cheminée.* – Lat. *gemere.*

gémissant, ante [ʒemisɑ̃, ɑ̃t] adj. Qui gémit. – Ppr. de *gémir.*

gémissement [ʒemismɑ̃] n. m. **1.** Cri, plainte faible et inarticulée. **2.** Cri plaintif de certains oiseaux. *Le gémissement du ramier.* **3.** Bruit comparable à une plainte. *Les gémissements de la tempête.* – De *gémir.*

gemmail, aux [ʒemaj, o] n. m. Assemblage artistique de fragments de verre de couleurs différentes noyés dans un liant incolore vitrifié. *Les gemmaux font penser à la fois aux vitraux et aux mosaïques.* – De *gemme,* et *(vitr)ail.*

gemmation [ʒɛm(m)asjɔ̃] n. f. **1.** BOT Développement des gemmes, des bourgeons. Époque où se produit ce développement. ▷ Ensemble des bourgeons. **2.** ZOOL, BOT Gemmiparité. – Du lat. *gemmare,* « être couvert de pierres précieuses, bourgeonner ».

gemme [ʒɛm] n. f. (et adj.) **1.** Pierre précieuse ou pierre fine transparente. ▷ adj. *Sel gemme :* sel de terre, chlorure de sodium cristallisé qui se trouve dans le sous-sol. **2.** SYLVIC Suc résineux qui s'écoule des entailles faites aux pins. **3.** BOT Partie d'un végétal qui, séparée de la plante mère, est susceptible de redonner un végétal complet par multiplication végétative. ▷ ZOOL Chez certains animaux inférieurs, partie de l'organisme qui est à l'origine d'un phénomène de multiplication végétative (par bourgeonnement, notam.). – Lat. *gemma,* « pierre précieuse » et « bourgeon ».

gemmer [ʒem(m)e] v. tr. [1] Entailler (un pin) pour en recueillir la résine (opération de *gemmage,* effectuée par le *gemmeur*). – De *gemme.*

gemmifère [ʒɛm(m)ifɛʀ] adj. **1.** MINER Contenant des pierres précieuses. **2.** BOT Qui produit des bourgeons. ▷ Qui produit de la gemme. – Lat. *gemmifer.*

gemmiparité [ʒɛm(m)ipaʀite] n. f. BOT, ZOOL Multiplication végétative par gemmes. – De *gemme,* et du lat. *parere,* « produire ».

gemmologie [ʒɛm(m)ɔlɔʒi] n. f. Didac. Science concernant les gemmes. – De *gemme,* et *-logie.*

gemmule [ʒɛm(m)yl] n. f. BOT **1.** Bourgeon de la plantule. **2.** Embryon d'une graine. – Lat. *gemmula,* « petit bourgeon ».

gémonies [ʒemɔni] n. f. pl. Loc. *Vouer qqn aux gémonies,* le vouer au désastre, l'accabler de mépris. – Du lat. *gemoniæ (scalæ),* « escalier des gémissements », à Rome, où l'on exposait les cadavres des criminels exécutés.

gênant, ante [ʒɛnɑ̃, ɑ̃t] adj. Qui gêne, importune, encombre. – Ppr. de *gêner.*

gencive [ʒɑ̃siv] n. f. Muqueuse buccale qui recouvre les mâchoires et enserre chaque dent au collet. – Adaptation du lat. *gingiva.*

gendarme [ʒɑ̃daʀm] n. m. **1.** Militaire appartenant au corps de la gendarmerie. ▷ Fig. Personne autoritaire. *C'est un vrai gendarme.* – *Spécial.* Femme autoritaire et de forte stature. ▷ Loc. *La peur du gendarme :* la crainte du châtiment. **2.** Fig., pop. Hareng saur. ▷ Saucisse de section rectangulaire. **3.** TECH Défaut dans un diamant. **4.** TECH Fil cassé qui dépasse d'un cordage métallique. **5.** Nom cour. de *Purrhocoris apterus,* punaise rouge et noire très fréquente en France. **6.** ALPIN Pointe rocheuse difficile à escalader. – De *gens, de,* et *arme*; d'abord *gens d'armes.*

gendarmer (se) [ʒɑ̃daʀme] v. pron. [1] S'emporter avec excès pour une cause légère. ▷ Se fâcher. *J'ai dû me gendarmer pour le faire obéir.* – De *gendarme.*

gendarmerie [ʒɑ̃daʀməʀi] n. f. Corps militaire spécialement chargé du maintien de l'ordre et de la sécurité publique, de la recherche et de la constatation de certaines infractions à la loi et de l'exécution des arrêts judiciaires. *Gendarmerie départementale, maritime, de l'air. Brigadier, commandant de gendarmerie.* ▷ *Par ext.* Caserne et bureaux de chacune des différentes unités de ce corps. *Faire viser un passeport à la gendarmerie.* – De *gendarme.*

gendre [ʒɑ̃dʀ] n. m. Mari de la fille, par rapport au père et à la mère de celle-ci. – Du lat. *gener.*

-gène. Élément, du gr. *genês,* de *genos,* « naissance, origine ».

gène [ʒɛn] n. m. BIOL Unité constituée d'A.D.N., qui, portée par les chromosomes, conserve et transmet les propriétés héréditaires des êtres vivants. *Gène opérateur, gène régulateur.*

ENCYCL Au cours des divisions cellulaires (mitose ou méiose) les molécules d'A.D.N. sont reproduites, semblables à elles-mêmes; chaque molécule d'A.D.N. gagne l'une des nouvelles cellules, ce qui confère aux gènes leur caractère héréditaire et leur constance; une *mutation* correspond donc à une anomalie dans la reproduction de l'A.D.N. initial. Les organismes diploïdes comprennent deux exemplaires de chaque gène; chaque exemplaire est porté par un des deux chromosomes homologues; ces deux gènes sont des *allèles.* Lorsque les deux allèles sont semblables, l'individu est dit *homozygote* (pour ce gène); s'ils sont dissemblables (l'un des deux étant « muté »), il est dit *hétérozygote;* dans ce cas, ou bien les deux allèles sont *équivalents,* et le caractère gouverné prend alors une forme hybride, ou bien l'un des deux allèles est *récessif,* l'autre étant *dominant* et s'exprimant seul dans le *phénotype.*

gêne [ʒɛn] n. f. **1.** Vx Torture (V. géhenne). ▷ Souffrance extrême. **2.** Mod. Souffrance légère, malaise ressenti dans l'accomplissement d'un mouvement, d'une fonction. *Sentir de la gêne dans la respiration.* **3.** Embarras, contrainte désagréable. *Nous vous prions d'excuser la gêne occasionnée par les travaux.* ▷ Loc. prov. pop. *Où (il) y a de la gêne, (il n') y a pas de plaisir.* **4.** Confusion, trouble. *Allusion qui cause de la gêne.* **5.** Manque d'argent. *Une famille dans la gêne.* – Altér., d'apr. *géhenne,* de l'a. fr. *gehine,* « torture », de *gehir,* « avouer ».

généalogie [ʒenealɔʒi] n. f. Suite d'ancêtres qui établit une filiation. *Dresser la généalogie d'une famille.* ▷ *Par ext.* Science qui a pour objet l'étude, la recherche des filiations. *Généalogie scientifique.* – Bas lat. *genealogia.*

généalogique [ʒenealɔʒik] adj. Qui concerne la généalogie. *Arbre généalogique* : tableau de filiation en forme d'arbre, dont le tronc figure la ligne directe, et les branches et les rameaux les lignes collatérales. – De *généalogie*.

généalogiste [ʒenealɔʒist] n. Personne qui s'occupe de généalogie, qui dresse des généalogies. – De *généalogie*.

genépi [ʒənepi] ou **génépi** [ʒenepi] n. m. Armoise montagnarde aromatique, utilisée pour parfumer des eaux-de-vie. - Boisson faite avec ces plantes. – Mot savoyard.

gêner [ʒɛne] v. tr. [1] **1.** Vx Torturer. Tourmenter. **2.** Mod. Causer une gêne (sens 2), un malaise à. *Mes souliers me gênent. Bruit qui gêne.* - Pp. adj. *Elle semblait gênée par la chaleur.* ▷ Entraver, faire obstacle au mouvement, à l'action de. *Gêner la circulation.* **3.** Créer de la difficulté, causer de l'embarras à. *Gêner qqn dans ses projets.* **4.** Troubler, mettre mal à l'aise. *Son regard me gêne.* - Pp. adj. *Un air gêné.* **5.** Réduire à une certaine pénurie d'argent. *Cette dépense risque de nous gêner.* - Pp. adj. *Il est momentanément gêné.* **6.** v. pron. Se contraindre par discrétion ou par timidité. *Entre amis, on ne va pas se gêner!* – Iron. *Ne vous gênez pas!* se dit à une personne qui prend des libertés excessives. – De *gêne*; a. fr. *géhiner*.

1. général, ale, aux [ʒeneʀal, o] adj. (et n.) **1.** Qui est commun, qui s'applique, convient à un grand nombre de cas ou d'individus. *Caractères, traits généraux. Idée générale.* Ant. individuel, particulier, singulier. - *D'une manière générale* : sans application à un cas particulier. ▷ n. m. *L'induction va du particulier au général.* **2.** Qui concerne la totalité ou la plus grande part des éléments d'un ensemble, des personnes d'un groupe. *Agir, œuvrer dans l'intérêt général.* **3.** Qui concerne sans aucune exception chacun des éléments d'un ensemble, des personnes d'un groupe, etc. *Mobilisation générale.* ▷ THEAT *La répétition générale* ou, n. f., *la générale* : la dernière répétition avant la première séance publique, réservée à la presse et à des spectateurs admis sur invitation. *Assister à la générale d'une pièce.* ▷ Qui intéresse l'organisme entier. *État général. Médecine générale.* **4.** Qui embrasse l'ensemble d'une administration, d'un service public, d'un commandement. *Direction générale. État-major général.* ▷ (Avec un nom de charge, de dignité, indique un rang supérieur.) *Procureur général. Officier général* (V. général 2). **5.** Loc. adv. *En général* : en ne considérant que les caractères généraux, en négligeant les cas particuliers. *Étudier l'homme en général. Parler en général.* ▷ Le plus souvent, dans la plupart des cas. Syn. généralement. – Lat. *generalis*, «qui appartient à un genre».

2. général, ale, aux [ʒeneʀal, o] n. **I.** n. m. **1.** Chef militaire. *Alexandre fut un grand général.* **2.** Officier des plus hauts grades dans les armées de terre et de l'air. *Général de brigade, de division, de corps d'armée, d'armée.* **3.** Supérieur de certaines congrégations religieuses. *Le général des jésuites.* **II.** n. f. **1.** Rare Supérieure de certains ordres religieux féminins. **2.** Femme d'un général. *Madame la générale.* – De *capitaine général*, par ellipse.

généralat [ʒeneʀala] n. m. Rare **1.** MILIT Grade de général. ▷ Dignité de supérieur d'un ordre religieux. **2.** Temps pendant lequel un général exerce ses fonctions. – De *général* 2.

généralement [ʒeneʀalmɑ̃] adv. D'une manière générale, en général. ▷ Ordinairement, communément. – De *général* 1.

généralisable [ʒeneʀalizabl] adj. Qui peut être généralisé. – De *généraliser*.

généralisateur, trice [ʒeneʀalizatœʀ, tʀis] adj. Qui a tendance à généraliser. *Esprit généralisateur.* – De *généraliser*.

généralisation [ʒeneʀalizasjɔ̃] n. f. **1.** Action de généraliser, fait de se généraliser (sens 1). *Généralisation d'une opinion.* **2.** Opération intellectuelle par laquelle on généralise (sens 2). – De *généraliser*.

généraliser [ʒeneʀalize] v. tr. [1] **1.** Étendre à l'ensemble ou à la majorité des individus, des cas; rendre général. *Généraliser une méthode, des pratiques, des usages.* Syn. universaliser. - Pp. adj. *Une réglementation généralisée.* - v. pron. Devenir commun, se répandre. *Opinion qui se généralise.* ▷ S'étendre par étapes, d'une partie à l'ensemble d'un organisme. *Infection qui se généralise.* - Pp. adj. *Cancer généralisé.* **2.** Étendre à toute une classe ce qui a été observé sur un nombre limité d'éléments ou d'individus appartenant à cette classe. *Généraliser des idées.* ▷ (S. comp.) Raisonner en allant du particulier au général. *C'est un cas d'espèce, ne généralisons pas.* - Pp. *Une remarque qui peut être généralisée.* – De *général* 1.

généralissime [ʒeneʀalisim] n. m. Général commandant en chef toutes les troupes d'un pays ou de pays alliés en temps de guerre. – Ital *generalissimo*.

généraliste [ʒeneʀalist] n. Médecin qui soigne toutes les maladies et sollicite, si besoin est, l'intervention d'un spécialiste. Syn. omnipraticien. – De *(médecine) générale*.

1. généralité [ʒeneʀalite] n. f. **1.** Caractère de ce qui est général (aux différents sens du terme). *Donner trop de généralité à un principe, une affirmation.* **2.** (Surtout au plur.) Péjor. Propos, discours qui apparaissent banals, sans originalité par leur caractère général et trop vague. *Se perdre dans des généralités.* – De *général* 1.

2. généralité [ʒeneʀalite] n. f. **1.** HIST Circonscription financière placée sous l'autorité d'un intendant, sous l'Ancien Régime. **2.** Circonscription administrative, en Espagne. *La généralité de Catalogne.* – De *général* 2.

générateur, trice [ʒeneʀatœʀ, tʀis] adj. et n. **I.** adj. **1.** Qui concerne la génération, la reproduction. *Organe générateur. Fonction génératrice.* **2.** Fig. Qui produit certains effets. *Situation économique génératrice de chômage.* **3.** GEOM Qui engendre par son mouvement une ligne, une surface, un volume. *Ligne génératrice d'une surface.* ▷ n. f. *Une génératrice.* **II.** n. TECH **1.** n. f. Machine servant à produire du courant continu. **2.** n. m. Appareil qui transforme une énergie quelconque en un autre type d'énergie, spécial. en énergie électrique. – Lat. *generator*.

génératif, ive [ʒeneʀatif, iv] adj. Qui a rapport à la génération. ▷ LING *Grammaire générative* : ensemble fini de règles permettant d'engendrer toutes (et rien que) les phrases grammaticales d'une langue et de leur associer une description structurale. – Trad. de l'angl. *generative grammar*.

génération [ʒeneʀasjɔ̃] n. f. **1.** Fonction par laquelle les êtres vivants se reproduisent (de manière sexuée ou asexuée). *Organes de la génération.* ▷ *Théorie de la génération spontanée* : théorie antérieure aux travaux de Pasteur, selon laquelle des êtres vivants peuvent naître à partir de matières organiques ou minérales en l'absence de tout germe bactérien ou d'embryon. ▷ GEOM Formation (d'une ligne, d'une surface, d'un volume) par le mouvement (respectivement : d'un point, d'une ligne, d'une surface). ▷ LING Production de phrases par un locuteur. **2.** Chacun des degrés de filiation successifs dans une même famille. *La suite des générations.* ▷ *Par ext.* Espace de temps qui sépare, en moyenne, chaque degré de filiation (environ 30 ans). **3.** Ensemble d'individus ayant approximativement le même âge en même temps. *La jeune, la nouvelle génération.* – Lat. *generatio*.

générer [ʒeneʀe] v. tr. [14] Faire naître, produire. ▷ LING Engendrer (des énoncés, des phrases). *Système de lois qui permettent de générer des phrases dans une langue donnée.* – Lat. *generare*.

généreusement [ʒeneʀøzmɑ̃] adv. **1.** D'une manière noble et généreuse. *Pardonner généreusement.* **2.** Largement, libéralement. *Récompenser généreusement un service.* – De *généreux.*

généreux, euse [ʒeneʀø, øz] adj. **1.** Vx Qui est de race noble. *Un sang généreux.* **2.** Vieilli Qui a un caractère noble et magnanime. *Un cœur généreux.* – Qui dénote un tel caractère. *Parole généreuse.* Ant. mesquin. **3.** Cour. Qui donne volontiers et largement. *Avoir la main généreuse.* Syn. charitable, libéral. ▷ Subst. *Faire le généreux* : être généreux, libéral, par ostentation. ▷ Fig. (Surtout pour une femme.) *Avoir des formes généreuses* : être bien en chair, avoir des formes arrondies. **4.** *Terre généreuse,* qui produit beaucoup. ▷ *Vin généreux,* capiteux et ayant du corps. – Lat. *generosus,* « de bonne race », de *genus,* « genre ».

1. générique [ʒeneʀik] adj. **1.** Qui appartient au genre. *Appellation générique. Caractère générique.* Ant. individuel, spécifique. **2.** PHARM *Médicament générique,* dont la formule est tombée dans le domaine public, et qui est vendu sous sa dénomination commune à un prix plus bas que le médicament de référence. – Du lat. *genus, generis,* « origine ».

2. générique [ʒeneʀik] n. m. Séquence d'un film (le plus souvent au début), dans laquelle en sont énumérés, avec leurs fonctions, les producteurs, auteurs, acteurs et collaborateurs divers. – Par ext. *Générique d'une émission de télévision, de radio.* – De *générique* 1.

générosité [ʒeneʀozite] n. f. **1.** Noblesse de caractère. *Agir avec générosité.* **2.** Disposition à donner largement, sans compter. *Il abuse de ma générosité.* **3.** (Plur.) Dons, bienfaits. *Il vit de mes générosités.* – Lat. *generositas.*

genèse [ʒənɛz] n. f. **1.** (Avec une majuscule.) Premier livre de l'Ancien Testament. **2.** Rare Cosmogonie. **3.** Ensemble des processus donnant naissance à qqch. *La genèse d'un livre, d'un crime.* ▷ BIOL Formation, développement d'un organe, d'un être vivant. – Lat. *genesis,* « naissance, génération », mot gr.

-génèse, -genèse, -générsie. Élément, du lat. *genesis,* « naissance, formation, production ».

génésiaque [ʒenezjak] adj. Relatif à la Genèse. *Récit génésiaque de la Bible.* ▷ Relatif à une genèse, à une création. – Bas lat. *genesiacus.*

génésique [ʒenezik] adj. Relatif à la génération, à la procréation. – De *genèse.*

genet [ʒ(ə)nɛ] n. m. Cheval d'une race espagnole petite et robuste. – De l'esp. *jinete,* « cavalier armé à la légère », d'orig. ar.

genêt [ʒənɛ] n. m. Arbrisseau à fleurs jaunes (genres *Genista* et voisins, fam. papilionacées). *Genêt à balais. Genêt des teinturiers.* – Du lat. *genesta,* var. de *genista.*

généthliaque [ʒenetlijak] adj. **1.** Vx Qui a rapport à une naissance. **2.** ASTROL Relatif à l'horoscope. – Lat. *genethliacus*; gr. *genethliakos.*

généticien, enne [ʒenetisjɛ̃, ɛn] n. BIOL Spécialiste de génétique. – De *génétique.*

génétique [ʒenetik] adj. et n. f. **I.** adj. **1.** Qui concerne la genèse (de qqch). *Psychologie génétique,* qui étudie le développement mental de l'enfant. **2.** Relatif aux gènes et à l'hérédité. *Code génétique* : V. code. *Génie* génétique. Manipulation* génétique.* ▷ *Empreinte génétique* : caryotype utilisé à fin d'identification. **3.** Didac. *Critique génétique* : analyse d'un texte à partir des brouillons et du manuscrit. **II.** n. f. Science qui concerne les lois de l'hérédité. *Génétique moléculaire.* – Gr. *genêtikos,* « propre à la génération ».

génétiquement [ʒenetikmɑ̃] adv. **1.** D'un point de vue génétique. **2.** Par transmission génétique. – De *génétique*

genette [ʒ(ə)nɛt] n. f. Mammifère carnivore d'Europe et d'Afrique du N. (genre *Genetta,* fam. viverridés), long de 50 cm environ, au pelage clair taché de noir. – Esp. *jineta,* d'orig. ar.

gêneur, euse [ʒɛnœʀ, øz] n. Personne qui gêne, importun. – De *gêner.*

genevois, oise [ʒənvwa, waz] adj. et n. De Genève, ville de Suisse. ▷ Subst. *Un(e) Genevois(e).*

genévrier [ʒənevʀije] n. m. Petit conifère (genre *Juniperus*) à feuilles persistantes épineuses, dont les cônes femelles se développent en fausses baies de couleur sombre utilisées pour parfumer diverses eaux-de-vie (le gin et le genièvre, notam.). – De *genièvre.*

génial, ale, aux [ʒenjal, o] adj. **1.** Inspiré par le génie. *Idée, découverte géniale.* – Fam. *C'est génial!* **2.** Qui a du génie. *Artiste génial.* – De *génie.*

génialement [ʒenjalmɑ̃] adv. D'une manière géniale. – De *génial.*

géniculé, ée [ʒenikyle] ou **genouillé, ée** [ʒənuje] adj. ANAT En forme de genou coudé. *Ganglion géniculé* : ganglion situé sur la racine sensitive du nerf facial. – De *genou.*

-génie. Élément, du gr. *geneia,* « formation ».

1. génie [ʒeni] n. m. **I. 1.** ANTIQ Esprit bon ou mauvais qui présidait à la destinée de chaque homme, ou protégeait certains lieux. *Le génie familier de Socrate. Génie tutélaire.* ▷ Fig. *Être le bon, le mauvais génie de qqn,* exercer une bonne, une mauvaise influence sur lui. **2.** Être imaginaire, féerique. *Les génies des eaux.* Syn. lutin, gnome, sylphe. **3.** Figure allégorique, personnification d'une idée abstraite. *Le génie de la liberté.* **II. 1.** Vx Disposition naturelle. – Mod. Talent, aptitude particulière pour une chose. *Avoir le génie des affaires.* – En mauv. part. *Avoir le génie du mal.* **2.** Caractère propre et distinctif. *Le génie d'une langue. Le génie d'un peuple.* **3.** Aptitude créatrice extraordinaire, surpassant l'intelligence humaine normale. *Trait, idée de génie. Le génie d'Archimède, de Newton.* **4.** Personne géniale. – Fam. *Ce n'est pas un génie* : il est d'une intelligence médiocre. – Lat. *genius,* « divinité tutélaire », puis, au fig., « talent, don », de *genere,* « engendrer, produire ».

2. génie [ʒeni] n. m. **1.** Dans l'armée, arme et service dont le rôle est de faciliter la progression des troupes alliées, d'entraver celle de l'ennemi, de créer et de fournir des installations et des équipements. **2.** Ensemble des connaissances et des techniques de l'ingénieur. ▷ *Génie civil* : ensemble des techniques et des procédés de construction d'infrastructures, de superstructures et d'ouvrages d'art. ▷ *Génie rural* : service responsable de l'aménagement des voies d'eau non navigables et de l'espace rural. ▷ *Génie maritime* : ancien nom du corps des ingénieurs militaires chargés de la construction des navires de la marine nationale. ▷ *Génie génétique* ou *ingénierie génétique* : ensemble des techniques visant à transformer les caractères héréditaires d'une cellule en modifiant son génome par l'introduction d'A.D.N. provenant d'une autre cellule. – De *génie* 1, d'apr. *ingénieur.*

genièvre [ʒənjɛvʀ] n. m. **1.** Genévrier commun (*Juniperus communis*). ▷ Fausse baie de cet arbrisseau utilisée comme condiment. **2.** Eau-de-vie de grain aromatisée avec les fausses baies du genévrier. – Du lat. *juniperus.*

génique [ʒenik] adj. BIOL Relatif aux gènes. – De *gène.*

génisse [ʒenis] n. f. Jeune vache qui n'a pas encore vêlé. – Lat. *junix, junicis.*

génital, ale, aux [ʒenital, o] adj. ANAT, PHYSIOL Qui sert à la génération ou qui s'y rapporte. *Organes génitaux.* ▷ PSYCHAN *Stade génital* : stade du développement psychosexuel caractérisé par le primat des organes génitaux en tant que zone érogène. – Lat. *genitalis*, « qui engendre ». ENCYCL L'*appareil génital* est constitué, chez l'homme, par les testicules, le pénis, les vésicules séminales, la prostate ; chez la femme, par les ovaires, les trompes, l'utérus, le vagin. Il a pour fonction l'élaboration des gamètes : spermatozoïdes ou ovules. Son développement est sous la dépendance des hormones mâles ou femelles.

géniteur, trice [ʒenitœʀ, tʀis] n. Celui, celle qui a engendré. ▷ n. m. ZOOL Mâle destiné à la reproduction. – Lat. *genitor*.

génitif [ʒenitif] n. m. LING Cas exprimant l'appartenance ou la dépendance, dans les langues à flexion. – Du lat. *genitivus (casus)*, « (cas) qui engendre ».

génito-. Élément, de *génital*.

génito-urinaire [ʒenitoyʀinɛʀ] adj. ANAT Relatif aux fonctions génitales et à l'excrétion de l'urine. *Appareil génito-urinaire. Des troubles génito-urinaires.* – De *génito-*, et *urinaire*.

génocide [ʒenɔsid] n. m. Extermination systématique d'un groupe ethnique. – *Par ext.* Extermination d'un groupe important de personnes. – Du gr. *genos*, « race », et *-cide*.

génois, oise [ʒenwa, waz] adj. et n. **1.** adj. De Gênes, ville d'Italie. ▷ Subst. *Un(e) Génois(e).* **2.** n. m. MAR Grand foc à bordure basse. **3.** n. f. Gâteau aux amandes. **4.** n. f. ARCHI Double ou triple rangée de tuiles rondes formant corniche, sous le toit, sur la façade des maisons de certaines provinces (Provence, Auvergne, etc.).

génome [ʒenom] n. m. BIOL Ensemble des chromosomes. – De *gène*, et *-ome*.

génotype [ʒenɔtip] n. m. BIOL Ensemble des gènes portés par l'A.D.N. chromosomique d'une cellule vivante. *Le génotype constitue le patrimoine génétique, héréditaire, de tout individu.* V. phénotype. – De *gène*, et *-type*.

genou, oux [ʒ(ə)nu] n. m. **1.** Articulation unissant la jambe et la cuisse. ▷ Loc. adv. *À genoux* : les genoux posés à terre. *Être, se mettre, tomber à genoux.* – Fig., fam. *Être à genoux devant une personne*, avoir pour elle une admiration immodérée. – Fig. *Demander qqch à genoux*, avec instance et en suppliant. ▷ Fig., fam. *Être sur les genoux* : très fatigué. ▷ Par ext. *Sur les genoux* : sur les cuisses d'une personne assise. *Tenir un enfant sur ses genoux.* ▷ *Faire du genou à qqn*, toucher son genou avec son propre genou en signe de connivence, spécial. d'invite amoureuse. **2.** ZOOL Chez le cheval, articulation du membre antérieur reliant le radius aux os carpiens et métacarpiens. **3.** *Par anal.* TECH Articulation constituée d'une sphère se déplaçant dans une cavité hémisphérique. – Du lat. pop. **genuculum*, class. *geniculum*, dimin. de *genu*, « genou ».

genouillé. V. géniculé.

genouillère [ʒ(ə)nujɛʀ] n. f. **1.** Partie de l'armure qui servait à protéger le genou. – *Par ext.* Morceau de cuir, d'étoffe servant à protéger ou à maintenir le genou. **2.** TECH Joint articulé. – De *genou*.

génovéfain [ʒenɔvefɛ̃] n. m. Chanoine régulier appartenant à la congrégation de Sainte-Geneviève. – Du lat. *Genovefa*, « Geneviève ».

génovéfine [ʒenovefin] n. f. Religieuse appartenant à l'ordre des filles de Sainte-Geneviève. – De *génovéfain*.

genre [ʒɑ̃ʀ] n. m. **I. 1.** Ensemble d'éléments présentant des caractères communs ; espèce, sorte. *Personne unique en son genre. Travaux en tout (tous) genre(s).* ▷ *Le genre humain* : l'ensemble des êtres humains, l'espèce humaine. **2.** BIOL Unité taxinomique inférieure à la famille et supérieure à l'espèce. *Le chat domestique, famille des félidés, genre* Felis, *espèce* domesticus. *Le nom courant* genévrier *désigne plusieurs espèces du genre* Juniperus. **3.** LITTER, BX-A Sorte d'œuvres caractérisées par leur sujet, leur style, etc. *Genre épique, épistolaire, dramatique.* ▷ *Tableaux de genre*, représentant une scène de la vie familière, une nature morte, un animal. **4.** *Genre de vie* : ensemble des comportements d'une personne ou d'un groupe social. **5.** Façon de se tenir, de se comporter, de s'habiller ; manières. *Avoir bon genre, mauvais genre.* ▷ *Faire du genre* : avoir des manières affectées. **II.** LING Classification morphologique de certaines catégories grammaticales (nom, pronom, etc.) réparties, en français, en masculin et en féminin. *Accord en genre et en nombre.* – Lat. *genus, generis*, « origine, naissance ».

1. gens [ʒɑ̃] n. m. pl. **1.** Personnes, individus en nombre indéterminé. *Peu de gens. Beaucoup de gens. Une foule de gens. Les gens du village.* (Rem. : l'adj. qui précède immédiatement *gens* prend la forme du féminin, sauf lorsque *gens* est suivi de *de* et d'un nom exprimant l'état, la qualité, etc. *Ces gens sont bien vieux. De vieilles gens. De durs gens de mer.*) ▷ *Les gens* : les personnes qui nous entourent, les hommes pris en général. ▷ (À propos de personnes déterminées, d'une seule personne.) *On ne se moque pas des gens comme ça !* **2.** *Jeunes gens* : personnes jeunes et célibataires (garçons et filles). ▷ Plur. de *jeune homme. Jeunes filles et jeunes gens.* **3.** *Gens de* (suivi d'un nom indiquant une profession, un état). *Gens d'affaires. Gens d'Église. Gens de lettres* : écrivains. **4.** Vx (Avec un possessif.) Domestique. *Appelez vos gens.* **5.** *Droit des gens* : V. gent (1). – Plur. de *gent* 1.

2. gens [ʒɛ̃s], plur. **gentes** [ʒɛ̃tɛs] n. f. ANTIQ ROM Groupe de familles dont les chefs étaient issus d'un ancêtre commun de condition libre. – Mot lat.

1. gent, plur. **gens** [ʒɑ̃] n. f. **1.** Vx Peuple, nation. ▷ Mod. *Droit des gens* : droit qui règle les rapports des nations entre elles. **2.** Vieilli ou plaisant Race, espèce. « *La gent trotte-menu* » : les souris (La Fontaine). – Lat. *gens, gentis*, « nation, race, peuple ».

2. gent, gente [ʒɑ̃, ʒɑ̃t] adj. Vx ou plaisant Gentil, joli. *Gentes dames et beaux messieurs.* – Du lat. *genitus*, « né de » ; a d'abord signifié « de naissance noble ».

gentiane [ʒɑ̃sjan] n. f. **1.** Plante de montagne à fleurs bleues, jaunes ou violettes. *La racine de la gentiane jaune est utilisée pour préparer des liqueurs, un alcool et des médicaments.* **2.** Liqueur amère préparée à partir de cette plante. – Lat. *gentiana*.

1. gentil [ʒɑ̃ti] n. m. **1.** Non-juif, chez les anciens Hébreux. **2.** Païen, chez les premiers chrétiens. *L'apôtre des gentils* : saint Paul. – Plur. lat. *gentiles*, correspondant à l'hébreu *goïm*, « peuples non juifs ».

2. gentil, ille [ʒɑ̃ti, ij] adj. **1.** Vx Noble de naissance. **2.** Joli, gracieux, d'une fraîcheur plaisante. *Elle n'est pas vraiment belle, mais elle est gentille.* – (Choses) Charmant, coquet. *Un gentil petit studio.* ▷ Agréable, mais sans grande portée, sans grande profondeur. *Peintre qui a un gentil coup de pinceau.* **3.** Qui a des dispositions à être agréable à autrui, sociable, obligeant, attentionné. *Un homme très gentil.* – (Choses) *Dire un mot gentil.* **4.** Sage, tranquille, docile, en parlant d'un enfant. **5.** De quelque importance. *C'est une somme encore assez gentille.* – Du lat. *gentilis*, « de famille, de race ».

gentilé [ʒɑ̃tile] n. m. Didac. Nom que porte les habitants d'une ville, d'une région, d'un pays, etc. *Stéphanois est le gentilé des habitants de Saint-Étienne.* – Du lat. *gentile nomen*, « nom de gens », de *gens, gentis*, « race, famille ».

gentilhomme, gentilshommes [ʒɑ̃tijɔm, ʒɑ̃tizɔm] n. m. Homme de naissance noble. – De *gentil* 2 (sens 1), et *homme*.

gentilhommière [ʒɑ̃tijɔmjɛʀ] n. f. Petit château à la campagne. – De *gentilhomme*.

gentilité [ʒɑ̃tilite] n. f. Litt. L'ensemble des gentils. – De *gentil* 1 ; lat. *gentilitas*.

gentillesse [ʒɑ̃tijɛs] n. f. **1.** Qualité d'une personne gentille, obligeante. **2.** Action, parole gentille. *Faire, dire des gentillesses.* – De *gentil* 2.

gentillet, ette [ʒɑ̃tijɛ, ɛt] adj. **1.** Assez gentil. - Coquet, mignon. **2.** Agréable mais sans portée, sans profondeur. *Un livre gentillet.* – Dimin. de *gentil* 2.

gentiment [ʒɑ̃timɑ̃] adv. De manière gentille. *Recevoir gentiment qqn.* Syn. aimablement. – De *gentil* 2.

gentleman, men [(d)ʒɛntləman, mɛn] n. m. Homme parfaitement bien élevé, qui se conduit en toutes circonstances avec tact et élégance. – Mot angl., calque du fr. *gentilhomme.*

gentleman-farmer [dʒɛntləmanfaʀmœʀ] n. m. (Anglicisme) Propriétaire foncier qui vit sur ses terres, du revenu de leur exploitation. *Des gentlemen-farmers.* – De l'angl. *gentleman,* et *farmer,* « fermier ».

gentleman-rider [dʒɛntləmanʀajdœʀ] n. m. (Anglicisme) Cavalier amateur montant en course. *Des gentlemen-riders.* – De l'angl. *gentleman,* et *rider,* « cavalier ».

gentleman's agreement [dʒɛntləmanzagʀimɑ̃t] n. m. (Anglicisme) Accord diplomatique entre deux peuples, ayant la valeur d'un engagement de principe conclu entre gens d'honneur. ▷ *Par ext.* Accord verbal, ne reposant que sur la bonne foi des parties. *Des gentlemen's agreements.* – Loc. angl., de *gentleman,* et *agreement,* « accord ».

gentry [dʒɛntʀi] n. f. (Anglicisme) **1.** Petite noblesse anglaise. **2.** Par ext. *La gentry* : en France, la société élégante, le monde. – Mot angl.

génuflexion [ʒenyflɛ(ɛ)ksjɔ̃] n. f. Flexion d'un genou, des genoux en signe d'adoration ou de respect. ▷ Fig. Marque de déférence obséquieuse, servile. – Lat. médiév. *genuflexio.*

géo-. Élément, du gr. *gê,* « terre ».

géobotanique [ʒeobɔtanik] n. f. (et adj.) Partie de la biogéographie consacrée plus particulièrement aux végétaux. – De *géo,* et *botanique.*

géocentrique [ʒeosɑ̃tʀik] adj. ASTRO Qui a la Terre pour centre. *Mouvement géocentrique d'une planète,* son mouvement apparent, vu de la Terre. ▷ *Conception géocentrique de l'Univers* : géocentrisme. – De *géo-, centre,* et *-ique.*

géocentrisme [ʒeosɑ̃tʀism] n. m. Anc. conception cosmologique (progressivement abandonnée à partir du XVIe s.) qui plaçait la Terre au centre de l'Univers. – De *géocentrique.*

géochimie [ʒeoʃimi] n. f. Étude des éléments chimiques constitutifs de l'écorce terrestre. – De *géo-,* et *chimie.*

géochronologie [ʒeokʀɔnolɔʒi] n. f. Didac. Branche de la géologie consacrée à la détermination de l'âge des roches et à la chronologie des événements marquants de l'histoire de la géologie. – De *géo-,* et *chronologie.*

géode [ʒeɔd] n. f. **1.** PETROG Masse minérale sphérique ou ovoïde, creuse, dont l'intérieur est tapissé de cristaux. **2.** MED Cavité pathologique dans un tissu (osseux, pulmonaire, etc.). – Gr. *geôdes,* « terreux ».

géodésie [ʒeɔdezi] n. f. TECH Science qui a pour objet de déterminer la forme et les dimensions de la Terre (*géodésie géométrique*), ainsi que les caractéristiques de son champ de gravité (*géodésie dynamique*). – Gr. *geôdaisia,* « partage de la Terre ».

géodésique [ʒeɔdezik] adj. et n. f. **1.** adj. Relatif à la géodésie. *Satellite géodésique,* mis en orbite pour effectuer des mesures géodésiques. **2.** n. f. GEOM Ligne la plus courte entre deux points d'une surface. – De *géodésie.*

géodynamique [ʒeodinamik] n. f. et adj. Géologie dynamique, étude des modifications du globe terrestre dues aux agents externes (érosion) ou internes (volcanisme, séismes, etc.). ▷ adj. Relatif à la géodynamique. – De *géo-,* et *dynamique.*

géographe [ʒeɔgʀaf] n. Personne qui étudie ou qui enseigne la géographie. ▷ (En appos.) *Ingénieur géographe.* – Lat. *geographus.*

géographie [ʒeɔgʀafi] n. f. **1.** Science qui a pour objet l'observation, la description et l'explication des phénomènes physiques, biologiques et humains à la surface du globe, et l'étude de leur répartition. *Géographie générale, humaine, économique, régionale.* **2.** Ensemble des réalités complexes (physiques et humaines) qui font l'objet de l'étude du géographe. *La géographie du Massif central.* **3.** *Par ext.* Livre, manuel de géographie. – Lat. *geographia.*

géographique [ʒeɔgʀafik] adj. Relatif à la géographie. *Institut géographique national.* – Bas lat. *geographicus.*

géographiquement [ʒeɔgʀafikmɑ̃] adv. Du point de vue géographique. – De *géographique.*

géoïde [ʒeɔid] n. m. Volume théorique (très proche d'un ellipsoïde de révolution) dont la surface, perpendiculaire à la verticale en chaque point du globe terrestre, passe par le niveau moyen des mers. – De *géo-,* et *-oïde.*

geôle [ʒol] n. f. Litt. Prison. ▷ Fig. Lieu dans lequel on se sent comme en prison. – Du bas lat. *caveola,* dimin. de *cavea,* « cage ».

geôlier, ère [ʒolje, ɛʀ] n. Litt. Personne qui garde un prisonnier ; gardien de prison. – De *geôle.*

géologie [ʒeɔlɔʒi] n. f. **1.** Science qui étudie l'écorce terrestre, ses constituants, son histoire et sa genèse. **2.** Ensemble des terrains étudiés par la géologie. *La géologie des Alpes.* – Lat. médiév. *geologia.*

géologique [ʒeɔlɔʒik] adj. Qui a rapport à la géologie. – De *géologie.*

géologiquement [ʒeɔlɔʒikmɑ̃] adv. Du point de vue géologique. – De *géologiquement.*

géologue [ʒeɔlɔg] n. Personne qui étudie la géologie. – De *géologie.*

géomagnétique [ʒeomaɲetik] adj. Relatif au géomagnétisme. – De *géomagnétisme.*

géomagnétisme [ʒeomaɲetism] n. m. Magnétisme terrestre. – De *géo-,* et *magnétisme.*

géomancie [ʒeomɑ̃si] n. f. Divination au moyen de figures formées par de la terre jetée au hasard sur une surface plane (on utilise aussi des cailloux). – Bas lat. *geomantia,* mot gr.

géométral, ale, aux [ʒeometʀal, o] adj. (et n. m.) Qui représente un objet par sa projection sur un plan horizontal ou vertical. *Un dessin géométral.* ▷ n. m. *Un géométral.* – De *géométrie.*

géomètre [ʒeɔmɛtʀ] n. m. Celui qui étudie et pratique la géométrie. ▷ Spécialiste qui exécute des levers de plans, établit des nivellements, détermine des surfaces foncières. ▷ ENTOM V. géométridés. – Lat *geometres.*

géométridés [ʒeɔmetʀide] n. m. pl. ENTOM Famille de lépidoptères nocturnes dont les chenilles sont dites *arpenteuses,* ou *géomètres,* parce qu'elles semblent mesurer le chemin qu'elles parcourent. - Sing. *Un géométridé.* – De *géomètre.*

géométrie [ʒeɔmetʀi] n. f. **1.** Branche des mathématiques qui étudie les propriétés de l'espace. **2.** AUTO *Géométrie de direction* : disposition des roues directrices d'un véhicule par rapport au sol. ▷ AVIAT *Avion à géométrie variable,* dont la flèche de voilure peut être modifiée. – Lat. *geometria.*

ENCYCL La géométrie *algébrique*, qui utilise les axes de coordonnées, s'est séparée au XVIIe s. de la géométrie *différentielle*, qui utilise la notion de limite (calcul infinitésimal). On distingue : les géométries *euclidiennes*, qui acceptent les postulats d'Euclide et qui sont celles de notre vie courante; les géométries *non euclidiennes* (dont les plus connues historiquement sont celles, au XIXe s., de Lobatchevski et de Riemann), qui remplacent tel postulat euclidien par un autre axiome, notam. (cas historiquement bien connu) le 5e postulat d'Euclide : «Par tout point on peut mener une parallèle et une seule à une droite donnée»; en transformant ce postulat (auquel notre esprit pratique demeure attaché), Riemann a bâti une géométrie non euclidienne qu'on peut dire «systémique». La géométrie a été rattachée à la théorie des groupes par Felix Klein (programme d'Erlangen) en 1872; elle se définit comme l'étude d'un groupe opérant sur des ensembles et conduit à dissocier les propriétés affines (parallélisme, par ex.) des propriétés métriques (angles et distances).

géométrique [ʒeɔmetʀik] adj. **1.** Qui appartient à la géométrie. ▷ MATH *Progression géométrique* : suite de nombres dont chacun s'obtient en multipliant le précédent par un nombre constant, appelé *raison*. (Ex. de progression de raison 3 : 2, 6, 18, 54, etc.) **2.** Qui a l'aspect des figures simples étudiées par la géométrie (cercle, carré, triangle, etc.). *Motifs géométriques d'un tissu, d'une tenture murale.* **3.** Qui procède avec méthode et rigueur. *Esprit géométrique. Précision géométrique.* – Lat. *geometricus.*

géométriquement [ʒeɔmetʀikmɑ̃] adv. D'une manière géométrique. – De *géométrique.*

géomorphologie [ʒeomɔʀfɔlɔʒi] n. f. GEOL **1.** Science qui étudie les reliefs terrestres actuels et leur évolution. **2.** Ce relief lui-même. *La géomorphologie de la Bretagne.* – De *géo-*, et *morphologie.*

géomorphologique [ʒeomɔʀfɔlɔʒik] adj. Relatif à la géomorphologie. – De *géomorphologie.*

géophagie [ʒeofaʒi] n. f. PSYCHOPATHOL Perversion du goût qui pousse à manger de la terre. – De *géo-*, et *-phagie.*

géophile [ʒeofil] n. m. Myriapode chilopode (genre *Geophilus*), grêle, long de 3 à 5 cm, fréquent dans les mousses et l'humus. – De *géo-*, et *-phile.*

géophysicien, enne [ʒeofizisjɛ̃, ɛn] n. Spécialiste de géophysique. – De *géo-*, et *physicien.*

géophysique [ʒeofizik] n. f. et adj. GEOL Étude des phénomènes physiques naturels qui affectent le globe terrestre et son atmosphère. ▷ adj. *Phénomènes géophysiques.* (V. dérive* des continents, encycl. plaque et encycl. terre.) – De *géo-*, et *physique.*

géophyte [ʒeofit] n. m. BOT Plante dont les bourgeons passent la saison froide dans le sol. – De *géo-*, et *-phyte.*

géopoliticien, enne [ʒeopɔlitisjɛ̃, ɛn] n. Spécialiste de géopolitique. – De *géopolitique.*

géopolitique [ʒeopɔlitik] n. f. et adj. Étude de l'influence des facteurs géographiques sur la politique internationale. ▷ adj. *Facteurs géopolitiques.* – De *géo-*, et *politique.*

1. géorgien, enne [ʒeɔʀʒjɛ̃, ɛn] adj. et n. **1.** De la rép. de Géorgie. – Subst. *Un(e) Géorgien(ne).* ▷ n. m. *Le géorgien est une langue caucasienne, qui s'écrit avec un alphabet original.* **2.** De la Georgie, État des États-Unis d'Amérique. – De *Géorgie.*

2. géorgien [ʒeɔʀʒjɛ̃] adj. m. et n. m. GEOL Se dit de l'étage inférieur du cambrien. ▷ n. m. *Le géorgien est caractérisé notam. par la présence de trilobites.* – Angl. *georgian*, de *Georgia*, v. des États-Unis.

géorgique [ʒeɔʀʒik] adj. Litt. Relatif aux travaux champêtres. *Poème géorgique.* ▷ Les *Géorgiques*, œuvre de Virgile (30 av. J.-C.). – Lat. *georgicus*, rad. gr. *ergon*, «travail».

géosismique [ʒeosismik] ou **géoséismique** [ʒeoseismik] adj. TECH Se dit des procédés de prospection qui utilisent les explosifs pour étudier la structure des terrains. – De *géo-*, et *sismique.*

géostationnaire [ʒeostasjɔnɛʀ] adj. ESP Se dit d'un satellite artificiel dont la position par rapport à la Terre ne varie pas. – De *géo-*, et *stationnaire.*

géostratégie [ʒeostʀateʒi] n. f. MILIT Part de la stratégie liée à des données géographiques (terrain, climat, météorologie, démographie, économie). – De *géo-*, et *stratégie.*

géosynchrone [ʒeosɛ̃kʀon] adj. ESP Se dit d'un satellite artificiel dont la période de révolution est égale à celle de la Terre. – De *géo-*, et *synchrone.*

géosynclinal, aux [ʒeosɛ̃klinal, o] n. m. GEOL Vaste dépression de l'écorce terrestre souvent remplie d'eau, dont le fond s'enfonce sous le poids des sédiments et sous l'action des forces tectoniques latérales. – De *géo-*, et *synclinal.*

géotechnique [ʒeoteknik] n. f. et adj. Géologie appliquée. *La géotechnique trouve son principal champ d'application dans le domaine de la construction (étude du terrain, prévision du comportement des sols bâtis, etc.).* ▷ adj. *Étude géotechnique.* – De *géo-*, et *technique.*

géothermie [ʒeotɛʀmi] n. f. **1.** Chaleur interne de la Terre; chaleur de l'écorce terrestre. **2.** Étude de la chaleur de l'écorce terrestre et de son utilisation comme source d'énergie. – De *géo-*, et *-thermie.*

géothermique [ʒeotɛʀmik] adj. Relatif à la géothermie. – *Degré* ou *gradient géothermique* : profondeur (env. 30 m) dont on doit s'enfoncer dans le sol pour constater une élévation de température de 1 °C. – De *géothermie.*

géotropisme [ʒeotʀɔpism] n. m. BOT Orientation de la croissance des organes végétaux sous l'action de la pesanteur. V. tropisme. – De *géo-*, et *tropisme.*

géotrupe [ʒeotʀyp] n. m. ENTOM Coléoptère scarabéidé noirâtre (genre *Geotrupes*, groupe des bousiers), long de 10 à 16 mm. – De *géo-*, et du gr. *trûpan*, «percer».

gérable [ʒeʀabl] adj. Qui peut être géré. – De *gérer*, et *-able.*

gérance [ʒeʀɑ̃s] n. f. Fonction de gérant; temps que dure cette fonction. – De *gérant.*

géraniacées [ʒeʀanjase] ou **géraniées** [ʒeʀanje] n. f. pl. BOT Famille de plantes comprenant notam. les genres *Geranium* et *Pelargonium*, type de l'ordre des géraniales. – Sing. *Une géraniacée* ou *une géraniée.* – De *géranium.*

géraniales [ʒeʀanjal] n. f. pl. BOT Ordre de plantes dicotylédones à pétales séparés qui comprend notam. le géranium et la capucine. – Sing. *Une géraniale.* – De *géranium.*

géranium [ʒeʀanjɔm] n. m. Plante dicotylédone sauvage (genre *Geranium*), aux feuilles très découpées et aux fleurs roses, rouges ou blanches régulières. (Le géranium ornemental, cultivé, est un pélargonium*.) – Lat. bot., du gr. *geranos*, «grue», à cause de la ressemblance du fruit avec le bec arqué de l'oiseau.

gérant, ante [ʒeʀɑ̃, ɑ̃t] n. Personne qui gère, qui administre pour le compte d'autrui. *Gérant d'un immeuble, d'un magasin, d'une société. Gérant d'un portefeuille.* – Ppr. subst. de *gérer.*

gerbage [ʒɛʀbaʒ] n. m. Action de gerber (mettre en gerbes ou empiler). – De *gerber.*

gerbe [ʒɛʀb] n. f. **1.** Faisceau de tiges de céréales coupées et liées. *Lier une gerbe.* – Par ext. *Gerbe de fleurs.*

2. *Par anal.* Assemblage en faisceau de choses, de formes allongées. *Gerbe d'eau. Les gerbes d'un feu d'artifice.* ▷ MILIT Ensemble des trajectoires parcourues par des projectiles. ▷ PHYS NUCL Faisceau de particules électrisées. – Du frq. **garba*.

gerbée [ʒɛʀbe] n. f. Botte de paille où il reste encore quelques épis. – De *gerbe*.

gerber [ʒɛʀbe] v. [1] **I.** v. tr. **1.** Mettre en gerbe. **2.** TECH Disposer en tas, empiler. *Gerber des tôles.* **II.** v. intr. Vulg. Vomir. – De *gerbe*.

gerbera [ʒɛʀbeʀa] n. m. BOT Plante de la famille des composées, à grandes fleurs allant du jaune au pourpre, d'origine sud-américaine, dont de nombreuses espèces sont ornementales. – Du n. du naturaliste all. Traugott *Gerber*.

gerbeur, euse adj. et n. **1.** adj. Qui sert à gerber. *Un chariot gerbeur.* **2.** n. f. TECH Engin de manutention servant au gerbage des marchandises. **3.** n. m. *Gerbeur* ou, en appos., *ouvrier gerbeur,* qui empile les charges. – De *gerber*.

gerbier [ʒɛʀbje] n. m. Meule de gerbes. – De *gerbe*.

gerbière [ʒɛʀbjɛʀ] n. f. AGRIC Charrette servant au transport des gerbes. – De *gerbe*.

gerbille [ʒɛʀbij] n. f. ZOOL Petit rongeur muridé (genre *Gerbillus*, env. 8 cm) des régions arides d'Afrique et d'Asie. – Lat. zool. *gerbillus*.

gerboise [ʒɛʀbwaz] n. f. ZOOL Petit rongeur d'Afrique et d'Asie (genre *Dipus*), au pelage brun, qui progresse par bonds sur ses pattes postérieures très allongées. – Lat. zool. *gerboa*, de l'ar. maghrébin *djerboû*.

gerce [ʒɛʀs] n. f. **1.** Teigne qui ronge les papiers et les étoffes. **2.** CONSTR Fente dans une pièce de bois, due à la dessiccation. – Déverbal de *gercer*.

gercer [ʒɛʀse] v. [12] **1.** v. tr. Faire de petites fentes ou crevasses à. *Le froid gerce les lèvres.* **2.** v. intr. et pron. Se fendiller, se crevasser. *Les mains (se) gercent en hiver.* – Du lat. pop. **charissare*, gr. *kharassein*, «entailler, écorcher, graver».

gerçure [ʒɛʀsyʀ] n. f. **1.** Crevasse douloureuse sur la peau ou les muqueuses. **2.** Fente dans le bois d'un arbre, dans la terre. – De *gercer*.

gérer [ʒeʀe] v. tr. [14] Administrer, diriger pour son propre compte ou pour le compte d'autrui. *Gérer ses affaires, un domaine.* ▷ Fig. Dominer au mieux une situation difficile. *Gérer sa maladie. Gérer une crise.* – Lat. *gerere*, «porter, faire, administrer».

gerfaut [ʒɛʀfo] n. m. Grand faucon des régions septentrionales (*Falco rusticolus*), long d'environ 50 cm, au plumage clair, quelquefois blanc. – Du germ. *girfalko*, «vautour-faucon».

gériatre [ʒeʀjatʀ] n. Médecin spécialisé en gériatrie. – De *gériatrie*.

gériatrie [ʒeʀjatʀi] n. f. MED Branche de la médecine qui s'occupe des maladies des personnes âgées. – Du gr. *gerôn*, «vieillard».

gériatrique adj. Relatif à la gériatrie. – De *gériatrie*.

1. germain, aine [ʒɛʀmɛ̃, ɛn] adj. (et n.) **1.** DR Né du même père et de la même mère. *Frère germain. Sœur germaine.* ▷ Subst. *Les germains :* les frères germains, les sœurs germaines. **2.** *Cousins germains,* dont le père ou la mère de l'un a pour frère ou sœur le père ou la mère de l'autre. – *Cousins issus de germains,* dont les parents sont cousins germains. – Lat. *germanus*, «qui est du même sang».

2. germain, aine [ʒɛʀmɛ̃, ɛn] adj. et n. De la Germanie, contrée géographique située entre la mer du Nord et les Alpes, entre le Rhin et l'Elbe. ▷ Subst. *Les Germains.* – Repris du lat. *Germanus,* p.-ê. du celtique *gair,* «voisin», et *maon, man,* «peuple», nom donné par les Gaulois à leurs voisins de l'Est.

germandrée [ʒɛʀmɑ̃dʀe] n. f. BOT Plante (genre *Teucrium*) à fleurs roses, violettes ou blanchâtres, fréquente dans les endroits arides, appelée cour. *sauge des bois.* – Du gr. *khamaidrus*, «chêne nain».

germanique [ʒɛʀmanik] adj. **1.** Relatif aux Germains. *Saint-Empire romain germanique. Langues germaniques.* **2.** Relatif à l'Allemagne, pays d'Europe centrale, et aux Allemands. – Lat. *germanicus*.

germanisant, ante [ʒɛʀmanizɑ̃, ɑ̃t] adj. et n. Qui étudie les langues, la littérature, la civilisation germaniques. – Ppr. de *germaniser*.

germanisation [ʒɛʀmanizasjɔ̃] n. f. Action de germaniser; fait de devenir germanique. – De *germaniser*.

germaniser [ʒɛʀmanize] v. tr. [1] **1.** Rendre germanique. **2.** Imposer le caractère germanique à. – De *germain* 2.

germanisme [ʒɛʀmanism] n. m. **1.** Mot, tour ou expression propre à la langue allemande. ▷ Mot ou tour emprunté à l'allemand ou introduit dans une autre langue. **2.** Esprit germanique, allemand; culture, civilisation ou influence allemande. – De *germanique*.

germaniste [ʒɛʀmanist] n. Spécialiste des langues, de la civilisation germaniques. – De *germanique*.

germanium [ʒɛʀmanjɔm] n. m. CHIM Élément de numéro atomique Z = 32 et de masse atomique 72,59 (symbole Ge). – Métalloïde* (Ge) qui fond à 937 °C et bout à 2 830 °C, et qui est utilisé comme semiconducteur. – De *Germania*, «Allemagne», où il fut découvert en 1880.

germano-. Élément, du lat. *Germanus*, «Germain».

germanophile [ʒɛʀmanofil] adj. et n. Qui aime, admire l'Allemagne, les Allemands. – De *germano-*, et *-phile*.

germanophobe [ʒɛʀmanofɔb] adj. et n. Qui n'aime pas l'Allemagne, les Allemands. – De *germano-*, et *-phobe*.

germanophone [ʒɛʀmanofɔn] adj. et n. Qui est de langue allemande. *Les pays germanophones.* – De *germano-*, et *-phone*.

germe [ʒɛʀm] n. m. **1.** Rudiment d'un être vivant (œuf, embryon, plantule, etc.). *Le germe d'un œuf :* l'embryon. *Germe dentaire :* ébauche d'une dent. ▷ *Spécial.* Première pousse issue de la graine, du tubercule, etc. *Germes de soja.* **2.** (Le plus souv. au plur.) Bactérie, virus, spore, etc. *Germes pathogènes.* **3.** PHYS Substance qui provoque la cristallisation d'un liquide sursaturé, ou la solidification d'un liquide surfondu. *Les germes sont à l'origine de la formation du verglas.* **4.** Fig. Principe, élément à l'origine de qqch. *Les germes d'une révolution.* Syn. cause, source. – Lat. *germen*.

germen [ʒɛʀmɛn] n. m. BIOL Ensemble des cellules reproductrices d'un être vivant (par oppos. à *soma*). *Le germen transmet les caractères héréditaires.* – Mot lat.

germer [ʒɛʀme] v. intr. [1] **1.** En parlant des semences, des bulbes, etc., commencer à se développer pour produire un nouvel individu. *Le blé commence à germer. Des pommes de terre germées,* dont les germes commencent à pousser. **2.** Fig. Se former, commencer à se développer. *Un projet a germé dans son esprit.* – Lat. *germinare*.

germicide [ʒɛʀmisid] adj. MICROB Qui tue les germes microbiens. *Les ultraviolets sont germicides.* Syn. bactéricide. – De *germe*, et *-cide*.

1. germinal, ale, aux [ʒɛʀminal, o] adj. BIOL Relatif au germe. – Du lat. *germen, germinis*, «germe».

2. germinal [ʒɛʀminal] n. m. HIST Septième mois (du 21/22 mars au 19/20 avril) du calendrier républicain. ▷ *Journée du 12 germinal an III* (1er avril 1795), qui vit le soulèvement, dû à la misère, des faubourgs parisiens contre la Convention thermidorienne. – Du lat. *germen, germinis,* «germe».

germinatif, ive [ʒɛʀminatif, iv] adj. BOT **1.** Qui a le pouvoir de faire germer. **2.** Relatif à la germination. *Pouvoir germinatif d'un lot de graines.* – Dérivé savant du lat. *germinare,* «germer».

germination [ʒɛʀminasjɔ̃] n. f. BOT Ensemble des phénomènes qui se produisent quand la plantule passe de la vie ralentie à la vie active, et qui aboutissent à la formation de la jeune plante. ▷ Période pendant laquelle ont lieu ces phénomènes. – Lat. *germinatio, germinationis.*

germoir [ʒɛʀmwaʀ] n. m. TECH **1.** Local dans lequel on fait germer des semences. **2.** Caisse où l'on fait germer des graines avant de les semer. – De *germer.*

germon [ʒɛʀmɔ̃] n. m. Thon blanc (*Germo alalunga*) de l'Atlantique (entre Madère et l'Irlande). – Dial., de *germe.*

géromé [ʒeʀome] n. m. Fromage fabriqué aux environs de Gérardmer (Vosges). – Prononc. rég. de *Gérardmer.*

gérondif [ʒeʀɔ̃dif] n. m. GRAM **1.** Mode latin, déclinaison de l'infinitif. **2.** En français, forme verbale en *-ant,* précédée le plus souvent de la prép. *en,* et qui sert à exprimer des compléments de circonstance (ex. Il parle en dormant). – Du lat. gram. *gerundium,* de *gerere.* (V. gérer.)

géronto-. Élément, du gr. *gerôn, gerontos,* «vieillard».

gérontocratie [ʒeʀɔ̃tɔkʀasi] n. f. Didac. Gouvernement, prépondérance politique des vieillards. – De *géronto-,* et *-cratie.*

gérontologie [ʒeʀɔ̃tɔlɔʒi] n. f. MED Étude du vieillard, de ses conditions de vie normales et pathologiques. – De *géronto-,* et *-logie.*

gérontologue [ʒeʀɔ̃tɔlɔg] n. MED Spécialiste de gérontologie. – De *gérontologie.*

gérontoxon [ʒɔʀɔ̃tɔksɔ̃] n. m. Didac. Cercle blanc autour de la cornée, apparaissant chez les personnes très âgées. – De *géronto-,* et gr. *toxon,* «arc».

gerris [ʒeʀis] n. m. ENTOM Insecte aquatique carnivore, appelé aussi *puce* ou *araignée d'eau* (genre *Gerris*), très commun à la surface des eaux douces, sur lesquelles il glisse rapidement. – Lat. *gerres, gerris.*

gésier [ʒezje] n. m. Seconde poche de l'estomac des oiseaux, aux parois musculeuses très dures, qui broient les aliments. – Du lat. *gigerium,* plur. *gigeria,* «entrailles des volailles».

gésine [ʒezin] n. f. Vx *En gésine :* qui est sur le point d'accoucher. – Du lat. pop. **jacina,* du lat. class. *jacere,* «être étendu».

gésir [ʒeziʀ] v. intr. défect. [37] (Usité seulement au présent, à l'imparfait de l'indicatif et au participe présent.) **1.** Être étendu (malade, blessé, mort). *Il gisait dans la poussière.* ▷ Spécial. *Ci-gît :* formule d'épitaphe. **2.** (Choses) Être tombé, abandonné sur le sol. *Des débris gisaient çà et là.* **3.** Fig. Se trouver. *C'est là que gît la difficulté.* – Du lat. *jacere,* «être étendu».

gesse [ʒɛs] n. f. Plante fourragère (genre *Lathyrus,* fam. papilionacées) dont les stipules se sont transformées en vrilles. *Gesse odorante :* pois de senteur. – P.-ê. du lat. *(faba) ægyptia,* «(fève) d'Égypte».

gestalt [geʃtalt] n. f. PSYCHO Ensemble structuré dans lequel les parties, les processus partiels, dépendent du tout (V. forme). – Mot all., «forme».

gestaltisme [geʃtaltism] n. m. PSYCHO Psychologie de la forme*. – De l'all. *Gestalt,* «forme», pour traduire *Gestalt-theorie.*

gestaltiste [geʃtaltist] adj. et n. Du gestaltisme. *La théorie gestaltiste.* ▷ Adepte du gestaltisme. *Un psychologue gestaltiste. Les gestaltistes.* – De *gestalt.*

Gestapo [gɛstapo] n. f. Police politique du IIIe Reich, créée en 1933 et réorganisée en 1936. – Abrév. de l'all. *Geheime Staatspolizei,* «police secrète d'État».

gestation [ʒɛstasjɔ̃] n. f. **1.** État des femelles des mammifères qui portent leurs petits. *Être en gestation.* ▷ Durée de cet état, variable selon les espèces. **2.** Fig. Élaboration, genèse d'un ouvrage de l'esprit. *Roman en gestation.* – Lat. *gestatio,* «action de porter».

1. geste [ʒɛst] n. m. **1.** Mouvement volontaire ou instinctif d'une partie du corps, notam. des bras et des mains, pour faire ou exprimer qqch. *Faire des grands gestes.* **2.** Action (au sens symbolique et moral). *Avoir, faire un beau geste.* – Lat. *gestus.*

2. geste [ʒɛst] n. f. **1.** LITTER Groupe de poèmes épiques du Moyen Âge, consacrés aux exploits d'un héros. La *Geste de Charlemagne.* ▷ *Chanson de geste :* l'un des poèmes appartenant à cet ensemble. **2.** Plur. Cour. *Faits et gestes d'une personne,* ses actions, sa conduite. – Lat. *gesta.*

ENCYCL Généralement écrites en vers décasyllabiques pour le public des grandes foires et des pèlerinages, les gestes furent d'abord chantées par les jongleurs, puis remaniées et souvent continuées en prose aux XIVe et XVe s. La *Geste de Charlemagne* ou *du roi* comprend notam. *la Chanson de Roland.* La *Geste de Garin de Monglane* raconte les exploits de son petit-fils,Guillaume d'Orange(XIe ou XIIe s.); celle de *Doon de Mayence* (réunie au XIIIe s.) célèbre, entre autres, *Renaud de Montauban* (chanson du XIIe s.).

gesticulant, ante [ʒɛstikylɑ̃, ɑ̃t] adj. Qui gesticule. *Un acteur à l'éloquence gesticulante.* – Ppr. de *gesticuler.*

gesticulation [ʒɛstikylasjɔ̃] n. f. Action de gesticuler. – Lat. *gesticulatio.*

gesticuler [ʒɛstikyle] v. intr. [1] Faire de grands gestes dans tous les sens. – Lat. *gesticulari.*

gestion [ʒɛstjɔ̃] n. f. **1.** FIN Action d'administrer, d'assurer la rentabilité (d'une entreprise). *Cette société a une bonne gestion financière.* **2.** *Gestion de portefeuille :* activité d'une banque ou d'un agent de change qui gère les valeurs d'un client. – Lat. *gestio,* de *gerere.* (V. gérer.)

gestionnaire [ʒɛstjɔnɛʀ] adj. et n. **1.** adj. Qui concerne la gestion. **2.** n. FIN Spécialiste de la gestion. *Tout chef d'entreprise doit être un bon gestionnaire.* ▷ MILIT n. m. Officier ou gradé chargé de l'administration d'un hôpital, d'un magasin, etc. – De *gestion.*

gestuel, elle [ʒɛstɥɛl] adj. et n. f. **1.** adj. Qui a rapport aux gestes, aux mouvements du corps. **2.** n. f. Ensemble de gestes signifiants. – De *geste.*

getter [gətœʀ] n. m. ELECTRON Substance permettant de parfaire le vide à l'intérieur d'un tube électronique. – Mot angl., de *to get,* «obtenir».

gewurztraminer [gevyʀstʀaminœʀ] n. m. VITIC Cépage blanc d'Alsace. ▷ Vin, fruité, issu de ce cépage. – Mot all.

geyser [ʒezɛʀ] n. m. Source chaude caractérisée par une projection d'eau intermittente et turbulente, accompagnée de dégagement de vapeur. *L'eau des geysers contient des silicates dissous qui se déposent et forment des tables de geysérite* (variété d'opale). – Mot angl., d'après un nom islandais, *Geysir.*

ghanéen, enne [ganeɛ̃, ɛn] adj. et n. Du Ghana, État d'Afrique occident. sur le golfe de Guinée. ▷ Subst. *Un(e) Ghanéen(ne).*

ghetto [geto] n. m. **1.** Quartier où les Juifs étaient contraints de résider. ▷ *Par ext.* Lieu où une minorité se trouve regroupée et isolée du reste de la population. **2.** Fig. Groupe social replié sur lui-même. *Ghetto intellectuel.* – Mot ital., quartier de résidence forcée des Juifs à Venise.

ghilde. V. guilde.

G.I. [dʒi'aj] n. m. Sobriquet donné depuis la guerre de 1939-1945 aux soldats américains. – Sigle de l'expr. angl. *Government Issue,* «fourniture du gouvernement».

giaour [ʒjauʀ] n. m. Anc. Infidèle, chrétien, pour les musulmans turcs. – Mot turc, «incroyant».

giardia. V. lamblia.

gibberella [ʒibeʀel(l)a] n. f. BOT Champignon ascomycète parasite (genre *Gibberella*) dont une espèce, *Gibberella fujikuroi,* provoque le gigantisme du riz. – Lat. sav., du lat. class. *gibbus,* «bosse».

gibbérellines [ʒibeʀel(l)in] n. f. pl. BOT Substances, sécrétées notam. par les *gibberella,* qui, appliquées sur une plante, provoquent sa croissance démesurée. – De *gibberella.*

gibbeux, euse [ʒibø, øz] adj. Rare Qui a une bosse (êtres vivants). ▷ En forme de bosse. *Échine gibbeuse.* – Du lat. *gibbosus,* de *gibbus,* «bosse».

gibbon [ʒibɔ̃] n. m. Singe anthropoïde dépourvu de queue, dont les diverses espèces habitent l'Indochine et la Malaisie. *Les gibbons utilisent leurs grands bras pour se déplacer dans les arbres.* – M. angl., d'après un dial. de l'Inde.

gibbosité [ʒibozite] n. f. Didac. Bosse produite par une convexité anormale de la colonne vertébrale. ▷ *Par ext.* Saillie en forme de bosse. – Du lat. *gibbosus,* de *gibbus,* «bosse».

gibecière [ʒibsjɛʀ] n. f. **1.** Sac que les chasseurs portent généralement en bandoulière et où ils placent le menu gibier. Syn. carnier, carnassière. **2.** Vieilli Cartable que les écoliers portent sur le dos. – De l'a. fr. *gibecier,* «aller à la chasse».

gibelin, ine [ʒiblɛ̃, in] n. (et adj.) HIST Dans l'Italie du XIIIe au XVe s., partisan de l'empereur romain germanique (par oppos. à *guelfe**). ▷ adj. *Le parti gibelin.* – De *Waiblingen,* v. d'Allemagne, fief de Frédéric de Hohenstaufen, frère de Conrad qui fut élu en 1138 empereur d'Allemagne.

gibelotte [ʒiblɔt] n. f. Fricassée de lapin au vin blanc. – De l'a. fr. *gibelet,* «plat d'oiseaux».

giberne [ʒibɛʀn] n. f. Anc. Boîte de cuir dans laquelle les soldats mettaient leurs cartouches. ▷ Loc. fig. *Avoir dans sa giberne un bâton de maréchal* : pouvoir, par sa valeur, accéder aux plus hauts grades, en parlant d'un soldat.

gibet [ʒibɛ] n. m. Potence servant à la pendaison. ▷ Vx Fourches patibulaires auxquelles on suspendait les cadavres des suppliciés. – Du frq. **gibb,* «bâton fourchu».

gibier [ʒibje] n. m. **1.** Ensemble des animaux susceptibles d'être chassés. *Région où le gibier abonde. Gibier à plume, à poil.* ▷ *Gros gibier* : sangliers, cerfs, etc. **2.** Viande d'animal tué à la chasse. *Il y a du gibier au menu.* **3.** Fig. *Gibier de potence* : individu malhonnête, digne de la potence. – Du frq. **gabaiti,* «chasse au faucon».

giboulée [ʒibule] n. f. Pluie soudaine et brève, souvent mêlée de grêle ou de neige. *Les giboulées de mars.* – P.-ê. de l'anc. v. *gibeler, gibler,* «s'agiter, s'ébattre».

giboyeux, euse [ʒibwajø, øz] adj. Qui abonde en gibier. *Landes giboyeuses.* – De *giboyer,* «chasser».

gibus [ʒibys] n. m. Chapeau haut de forme à ressorts, que l'on peut aplatir. Syn. claque. – Du nom de l'inventeur, qui déposa un brevet en 1834.

giclée [ʒikle] n. f. Jet de liquide qui gicle. *Une giclée de sang.* – Pp. fém. subst. de *gicler.*

giclement [ʒikləmɑ̃] n. m. Action de gicler. – De *gicler.*

gicler [ʒikle] v. intr. [1] Jaillir soudainement ou avec force. *Eau qui gicle d'une canalisation crevée.* – Provenç. *gisclar.*

gicleur [ʒiklœʀ] n. m. TECH Organe muni d'un dispositif spécial à un ou plusieurs trous, calibré, destiné à régler le débit d'un combustible liquide. – De *gicler.*

G.I.E. Sigle de *groupement d'intérêt économique.* (V. groupement.)

gifle [ʒifl] n. f. **1.** Coup donné sur la joue avec le plat ou le revers de la main. *Donner une gifle.* Syn. claque, soufflet. **2.** Fig. Affront. *Ce refus a été pour lui une gifle.* – Du frq. **kifel,* «mâchoire».

gifler [ʒifle] v. tr. [1] Donner une gifle à (qqn). – De *gifle.*

giga-, gigan-. Élément, du gr. *gigas, gigantos,* «géant». Placé devant une unité, il indique sa multiplication par un milliard (symbole : G).

gigahertz [ʒigaɛʀts] n. m. PHYS Unité de fréquence valant 1 milliard de hertz (symbole : GHz). – De *giga-,* et *hertz.*

gigantesque [ʒigɑ̃tɛsk] adj. **1.** Qui tient du géant. *Taille gigantesque.* ▷ Par ext. *Paquebot gigantesque.* Ant. minuscule. **2.** Fig. Qui dépasse de beaucoup la moyenne. *Entreprise gigantesque.* – Ital. *gigantesco,* de *gigante,* «géant».

gigantesquement [ʒigɑ̃tɛskəmɑ̃] adv. Dans des proportions gigantesques. – De *gigantesque.*

gigantisme [ʒigɑ̃tism] n. m. **1.** MED Affection caractérisée par un accroissement exagéré du squelette. *Le gigantisme est dû à une hypersécrétion du lobe antérieur de l'hypophyse.* **2.** Caractère de ce qui est gigantesque, démesuré. *Le gigantisme des villes américaines.* – Du lat. *gigas, gigantis,* «géant».

gigantomachie [ʒigɑ̃tomaʃi] n. f. MYTH Combat fabuleux des Géants contre les dieux de l'Olympe. – Lat. *gigantomachia,* mot gr., de *gigas, gigantis,* «géant», et *makkê,* «combat».

gigantostracés [ʒigɑ̃tɔstʀase] n. m. pl. PALEONT Sous-classe d'arthropodes mérostomes fossiles (de l'ordovicien au permien), d'abord marins, puis d'eau douce, ressemblant à de gros scorpions (jusqu'à 3 m de long). – Sing. *Un gigantostracé.* – De *gigan-,* et gr. *ostrakon,* «carapace».

gigogne [ʒigɔɲ] adj. **1.** Se dit de meubles, d'objets qui s'emboîtent les uns dans les autres. *Table, poupée gigogne.* **2.** Vieilli *Une mère Gigogne* : une femme qui a beaucoup d'enfants. – Altér. probabl. de *cigogne; mère Gigogne* ou *dame Gigogne,* personnage de théâtre créé en 1602, femme géante des jupes de laquelle sortaient une foule d'enfants.

gigolo [ʒigɔlo] n. m. Fam. Jeune amant d'une femme plus âgée qui l'entretient. – De *gigue* 1, «jambe»; d'abord «jeune danseur».

gigot [ʒigo] n. m. **1.** Cuisse de mouton, d'agneau, de chevreuil, coupée pour la table. ▷ *Le manche du gigot* : la partie de l'os par laquelle on peut prendre le gigot. ▷ *Manche à gigot* : instrument que l'on adapte au manche du gigot pour pouvoir découper plus facilement la viande. **2.** *Manches gigot* : manches longues de robe, de corsage, qui bouffent sur le haut du bras. **3.** Fam. Cuisse d'une personne. *Quels beaux gigots il a, ce petit!* – De l'a. fr. *gigue*, «instrument à cordes», par anal. de forme.

gigoter [ʒigɔte] v. intr. [1] Fam. Remuer en tous sens les jambes, le corps. – De *gigot*, ou de l'anc. v. *giguer*, «gambader».

1. gigue [ʒig] n. f. **1.** VEN, CUIS Cuisse de chevreuil. ▷ Fam. Jambe. *Des grandes gigues.* **2.** Pop. *Une grande gigue* : une grande fille dégingandée. – De *gigot*.

2. gigue [ʒig] n. f. Danse au rythme vif, binaire ou ternaire, probabl. d'orig. anglaise (XVIe s.), caractérisée par un mouvement rapide des jambes et des pieds. – Air sur lequel on exécute cette danse. ▷ Par ext. *Danser la gigue* : danser en sautant de façon désordonnée. – Angl. *jig*; empr. probabl. à *giguer*.

gilbert [ʒilbɛʀ] n. m. PHYS Unité de force magnétomotrice du système C.G.S. (symbole Gb) à laquelle il faut préférer l'ampère (A), unité SI (1 Gb = $\frac{10}{4\pi}$ A). – N. du phys. et méd. angl. W. *Gilbert* (1544-1606).

gilde. V. guilde.

gilet [ʒilɛ] n. m. **1.** Veste courte et sans manches que les hommes portent sous un veston. **2.** Veste à manches longues, en tricot. **3.** Sous-vêtement couvrant le torse. *Gilet de flanelle.* **4.** *Gilet de sauvetage* : brassière de sécurité permettant de maintenir hors de l'eau la tête d'une personne immergée. ▷ *Gilet pare-balles* : gilet de protection à l'épreuve des balles. **5.** Fig., fam. *Pleurer dans le gilet de qqn*, se lamenter auprès de lui. – Esp. *jileco*, du turc *yelek*.

giletier, ère [ʒiltje, ɛʀ] n. Vieilli Personne qui confectionne des gilets. – De *gilet*.

gimblette [ʒɛ̃blɛt] n. f. Vx Petit gâteau dur et sec en forme d'anneau. – Provenç. mod. *gimbleto*.

gin [dʒin] n. m. Eau-de-vie de grain aromatisée au genièvre, fabriquée notam. en Grande-Bretagne. – Mot angl. *gin*, adapt. du néerl. *jenever*, «genièvre».

gin-fizz [dʒinfiz] n. m. inv. Cocktail au gin et au jus de citron, plus ou moins sucré et additionné d'eau gazeuse. – Mot angl., de *gin*, et de *(to) fizz*, «pétiller».

gingembre [ʒɛ̃ʒɑ̃bʀ] n. m. Plante herbacée originaire d'Asie tropicale, dont le rhizome globuleux donne un condiment à la saveur piquante. ▷ *Par ext.* Ce condiment lui-même. – Du lat. *zingiberi*, gr. *ziggiberis*, d'un mot indien.

ginger ale [dʒinʒœʀɛl] n. m. Boisson gazeuse aromatisée au gingembre. – Mot angl.

gingival, ale, aux [ʒɛ̃ʒival, o] adj. ANAT Relatif aux gencives. – Du lat. *gingiva*, «gencive».

gingivite [ʒɛ̃ʒivit] n. f. MED Inflammation des gencives. – Du lat. *gingiva*, et *-ite* 1.

ginguet, ette [ʒɛ̃gɛ, ɛt] adj. Rég. *Vin ginguet*, légèrement aigre. ▷ n. m. *Boire du ginguet.* – De *ginguer*, *giguer* (rég.), «sauter», parce que le vin vert, acide, fait sursauter.

ginkgo [ʒinko; ʒɛ̃ko] n. m. Arbre originaire de Chine, appelé aussi *arbre aux quarante écus*, dont les feuilles en éventail deviennent jaune d'or en automne. – Mot chinois.

ginseng [ʒinsɑ̃g] n. m. **1.** Plante originaire de Chine (genre *Panax*). **2.** *Par ext.* Racine de cette plante. – Médicament, drogue que l'on tire de cette racine. *Les propriétés toniques du ginseng.* – Chinois *gen-chen*, «plante-homme».

giorno (a) [adʒɔʀno] loc. adv. et adj. *Parc, salle éclairée a giorno* (ou *à giorno*), comme en plein jour. – Loc. ital.

gir(o)-. V. gyr(o)-.

girafe [ʒiʀaf] n. f. **1.** Mammifère ruminant des savanes africaines (genre *Giraffa*), ongulé artiodactyle, au pelage roux réticulé ou tacheté de jaune, au long cou (la girafe peut atteindre 5,5 m de haut). ▷ Fig., fam. *Peigner la girafe* : faire un travail long et absurde; ne rien faire, être inutile. **2.** Arg. Perche munie d'un microphone, servant aux prises de son. – Ital. *giraffa*, ar. *zarāfa*.

girafeau [ʒiʀafo] ou **girafon** [ʒiʀafɔ̃] n. m. Petit de la girafe. – Dimin. de *girafe*.

girandole [ʒiʀɑ̃dɔl] n. f. **1.** Faisceau de jets d'eau, de fusées d'artifice. **2.** Chandelier à plusieurs branches. **3.** Assemblage de diamants porté en pendant d'oreille. **4.** Guirlande de lanternes, d'ampoules électriques, utilisée comme décoration. – Ital. *girandola*, dimin. de *giranda*, «gerbe de feu», du bas lat. *gyrare*, «tourner».

girasol [ʒiʀasɔl] n. m. MINER Variété d'opale aux reflets rouges et bleus. – Ital. *girasole*, de *girare*, «tourner», et *sole*, «soleil».

giration [ʒiʀasjɔ̃] n. f. Didac. Mouvement giratoire. – Du bas lat. *gyratum*, de *gyrare*, «tourner».

giratoire [ʒiʀatwaʀ] adj. *Mouvement giratoire*, circulaire. ▷ *Sens giratoire*, selon lequel la circulation doit s'effectuer à un rond-point. – Du bas lat. *gyratum*, de *gyrare*, «tourner».

giravion [ʒiʀavjɔ̃] n. m. AVIAT Aéronef à voilure tournante (autogyre, hélicoptère, etc.). – De *gyr-*, et *avion*.

girelle [ʒiʀɛl] n. f. Poisson téléostéen *(Coris julis)* de Méditerranée, long d'env. 25 cm, dont le mâle se distingue par des couleurs vives. – Du provenç. *gir*, «tournoiement», lat. *gyrus*, «cercle, tour».

girie [ʒiʀi] n. f. Fam., vieilli Plainte sans objet, jérémiade. ▷ (Plur.) Manières affectées. – De l'a. fr. *girer*, «tourner», du lat. *gyrare*.

girl [gœʀl] n. f. (Anglicisme) Danseuse d'un ballet, d'une troupe, au music-hall. – Mot angl., «fille, jeune fille».

girofle [ʒiʀɔfl] n. m. Bouton floral du giroflier, appelé plus souvent *clou de girofle* et employé comme épice. *Essence de girofle.* – Du lat. *caryophyllon*, gr. *karuophullon*.

giroflée [ʒiʀɔfle] n. f. Plante vivace (genre *Cheiranthus*, fam. crucifères), à grappes de fleurs très odorantes, cultivée pour l'ornement. ▷ Fig., fam. *Giroflée à cinq feuilles* ou *giroflée* : soufflet laissant la marque des cinq doigts sur la joue. – De *girofle*, parce qu'elle a l'odeur des clous de girofle.

giroflier [ʒiʀɔflije] n. m. Arbre toujours vert (*Eugenia aromatica*, fam. myrtacées), originaire des îles Moluques, qui produit le girofle. – De *girofle*.

girolle [ʒiʀɔl] n. f. Champignon basidiomycète comestible (*Cantharellus cibarius*) très recherché, de couleur jaune orangé. Syn. chanterelle. – Probabl. de l'a. fr. *girer*, «tourner».

giron [ʒiʀɔ̃] n. m. **1.** Partie du corps allant de la ceinture aux genoux, quand on est assis. ▷ Fig. *Se réfugier dans le giron maternel.* ▷ Fig. *Le giron de l'Église* : la communion des fidèles. **2.** CONSTR Profondeur d'une marche d'escalier, mesurée au milieu de la marche. **3.** HERALD Pièce triangulaire dont la pointe aboutit au centre de l'écu. – Du frq. **gêro*, «pièce d'étoffe en pointe», giron désignant autrefois un vêtement taillé en pointe, allant de la ceinture aux genoux.

girond, onde [ʒiʀɔ̃, ɔ̃d] adj. Pop. Joli, bien fait (en parlant d'une personne, le plus souvent d'une femme). ▷ (Par attraction de *rond*.) Bien en chair. – P.-ê. du lat. *gyrare*.

girondin, ine [ʒiʀɔ̃dɛ̃, in] adj. et n. **1.** Du département de la Gironde. **2.** HIST Du parti des Girondins. – n.

m. *Les Girondins* : groupe de députés formé durant la Révolution (1791), dont certains étaient des élus de la Gironde (Vergniaud, Guadet, Gensonné).

ENCYCL **Hist.** – Les Girondins siégèrent à gauche à l'Assemblée législ., s'opposant aux monarchistes constitutionnels. Ils comptaient parmi eux Pétion, Isnard, Roland, et s'appuyaient sur la bourgeoisie d'affaires. Certains figurèrent dans le ministère Dumouriez (constitué en mars 1792), mais ils entrèrent en conflit avec Louis XVI et appelèrent le peuple à manifester le 20 juin 1792. Après le 10 Août, leur action révolutionnaire s'émoussa (crainte de l'égalitarisme, des excès populaires et de la prédominance polit. de Paris). À la Convention (dite d'abord *girondine*), où ils siégèrent à droite, ils furent combattus par les Montagnards, qui les tinrent responsables des défaites du printemps 1793. Les émeutes parisiennes des 31 mai-2 juin 1793, dirigées contre eux, aboutirent à leur mise hors la loi : 21 Girondins furent exécutés le 31 octobre.

gironné, ée [ʒiʀɔne] adj. CONSTR En forme de trapèze. *Marches gironnées d'un escalier tournant.* – De *giron* (sens 2).

girouette [ʒiʀwɛt] n. f. **1.** Plaque mobile autour d'un axe vertical servant à indiquer la direction du vent. **2.** Fig., fam. Personne versatile. – De l'anc. normand *wirewite*, croisé avec *girer*.

gisant, ante [ʒizɑ̃, ɑ̃t] adj. et n. m. **1.** adj. Qui gît. *Un blessé gisant sur la route.* **2.** n. m. BX-A Effigie couchée, sculptée sur un tombeau. – Ppr. de *gésir*.

giselle [ʒizɛl] n. f. Mousseline imitant la guipure.

gisement [ʒizmɑ̃] n. m. **1.** GEOL Disposition d'un amas minéral, d'un filon dans le sol. ▷ Filon, amas minéral. *Gisement de phosphate.* Syn. gîte. – Par ext. *Gisement préhistorique.* **2.** MAR, AVIAT Angle formé par une direction avec la direction du nord. – De *gésir*, « action de se coucher ».

gitan, ane [ʒitɑ̃, an] n. et adj. Bohémien*, bohémienne d'Espagne. – *Par ext.* Tout bohémien. ▷ adj. *La musique gitane.* – Esp. *gitano*, de *Egiptano*, du lat. *Ægyptanus*, « Égyptien ».

gîte [ʒit] n. **I.** n. m. **1.** Lieu où l'on demeure, où l'on couche. *Être de retour au gîte. Gîte familial. Gîte rural.* ▷ MILIT *Gîte d'étape* : lieu aménagé pour le stationnement des troupes en déplacement. **2.** Lieu où se retirent certains animaux. *Surprendre un lièvre au gîte.* **3.** En boucherie, morceau de bœuf correspondant à la partie inférieure de la cuisse. **4.** GEOL Syn. de *gisement.* **II.** n. f. MAR Inclinaison d'un navire sur le côté. *Prendre de la gîte.* – Anc. pp. subst. du v. *gésir*.

gîter [ʒite] v. intr. [1] **1.** Vieilli ou litt. Demeurer, trouver refuge. *Le lièvre gîte dans les buissons.* **2.** MAR En parlant d'un navire, s'incliner sur un bord. – De *gîte*.

giton [ʒitɔ̃] n. m. Litt. Jeune homosexuel. – De *Giton*, personnage du « Satiricon » de Pétrone.

givrage [ʒivʀaʒ] n. m. Formation de givre sur les ailes d'un avion, sur le pare-brise d'un véhicule, etc. – De *givrer*.

givrant, ante [ʒivʀɑ̃, ɑ̃t] adj. METEO *Brouillard givrant*, qui conduit à la formation de givre. – Ppr. de *givrer*.

givre [ʒivʀ] n. m. **1.** Couche constituée de minces lamelles de glace qui se forme par condensation des gouttelettes de brouillard sur les objets exposés à l'air par temps froid. *Arbres couverts de givre.* **2.** Couche de glace qui se produit à la surface des récipients à la suite d'un refroidissement dû à l'évaporation d'un liquide ou à la détente d'un gaz. – Mot p.-ê. d'orig. prélatine, *givro*, ou du lat. *vibrare*, « étinceler, scintiller ».

givré, ée [ʒivʀe] adj. **1.** Couvert de givre. *Buissons givrés.* **2.** Couvert d'une substance ayant l'aspect du givre. *Verres givrés avec du sucre glace.* **3.** Fam. Fou. – Pp. de *givrer*.

givrer [ʒivʀe] v. [1] **I.** v. tr. **1.** Couvrir de givre. **2.** Couvrir d'une substance ayant l'aspect du givre. **II.** v. intr. Se couvrir de givre. *Le carburateur a givré.* – De *givre*.

givreux, euse [ʒivʀø, øz] adj. TECH Se dit d'une pierre précieuse qui porte une givrure. – De *givre*.

givrure [ʒivʀyʀ] n. f. TECH Glace (sens II, 3), défaut d'une pierre précieuse. – De *givre*.

glabelle [glabɛl] n. f. ANAT Espace situé entre les deux arcades sourcilières. – Lat. *glabella*, dimin. de *glaber*, « glabre ».

glabre [glabʀ] adj. Dépourvu de poils, de duvet. *Visage glabre. Feuille glabre.* – Lat. *glaber*.

glaçage [glasaʒ] n. m. **1.** TECH Opération consistant à donner du poli, du lustre (aux tissus, aux épreuves photographiques, etc.). **2.** CUIS En pâtisserie, opération qui consiste à recouvrir d'une glace (sens I, 4). – De *glacer*.

glaçant, ante [glasɑ̃, ɑ̃t] adj. Qui glace. *Un ton glaçant.* – Ppr. de *glacer*.

glace [glas] n. f. **I. 1.** Eau à l'état solide. *La densité de la glace est égale à 0,917 à 0°C.* ▷ *Glace sèche* : anhydride carbonique solide. **2.** Fig. *De glace* : très froid, très réservé. *Rester de glace. Un accueil de glace.* ▷ *Rompre la glace* : faire cesser la réserve, la gêne. **3.** Crème aromatisée servie congelée comme rafraîchissement ou comme dessert. *Glace à la vanille.* **4.** CUIS En pâtisserie, mélange de sucre glace et de blanc d'œuf dont on recouvre certains gâteaux. ▷ (En appos.) *Sucre glace*, en poudre très fine. – Jus de viande réduit. **II. 1.** Plaque de verre épaisse. *Laver les glaces d'une voiture. Glace de sécurité*, qui se brise sans donner d'éclats coupants. **2.** Miroir. *Se regarder dans une glace.* **3.** En joaillerie, tache mate dans une pierre. – Lat. pop. **glacia*, class. *glacies*.

glacé, ée [glase] adj. **1.** Congelé. *Rivière glacée.* **2.** Très froid. *Avoir les mains glacées.* **3.** Fig. Qui dénote une grande froideur de sentiments. *Politesse glacée.* Ant. chaleureux. **4.** TECH Brillant. *Papier glacé.* **5.** CUIS Recouvert d'une couche de glace (sens I, 4). *Marrons glacés.* – Pp. de *glacer*.

glacer [glase] v. tr. [12] **1.** Convertir en glace, congeler. **2.** Causer une vive sensation de froid à. *La bise nous glaçait le visage.* **3.** Fig. Paralyser, décourager par sa froideur. *Son abord vous glace.* – Frapper de stupeur. *Glacer d'horreur, d'effroi.* Syn. pétrifier. **4.** TECH Lustrer (du papier, une étoffe). **5.** CUIS Recouvrir d'une glace (sens I, 4). – Lat. *glaciare*.

glacerie [glasʀi] n. f. Syn. de *miroiterie*. – De *glace*.

glaceuse [glasøz] n. f. TECH Appareil servant à glacer les épreuves photographiques. – De *glacer*.

glaceux, euse [glasø, øz] adj. En joaillerie, se dit d'une pierre qui a des taches. Syn. givreux. – De *glace*.

glaciaire [glasjɛʀ] adj. Relatif à un glacier, à une glaciation. *Calotte glaciaire. Période glaciaire.* V. encycl. glaciation. – De *glace*.

glacial, ale, als ou rare **aux** [glasjal, o] adj. **1.** Extrêmement froid, glacé. *Vent glacial.* **2.** Fig. *Accueil glacial.* Syn. distant, hostile, réservé. Ant. chaleureux, enthousiaste. – Lat. *glacialis*.

glaciation [glasjasjɔ̃] n. f. GEOL Période pendant laquelle les glaciers ont recouvert une région. – De *glacer*.

ENCYCL L'étude des sédiments glaciaires alpins a permis d'établir l'existence de quatre glaciations durant le quaternaire. Ce sont, pour l'Europe occidentale et centrale et de la plus ancienne à la plus récente : le *Günz*, le *Mindel*, le *Riss*, le *Würm* (des noms de quatre affluents du Danube). Ces glaciations sont séparées par trois périodes interglaciaires que caractérise un très fort retrait des glaciers, accompagné d'un réchauffement accentué du climat.

1. glacier [glasje] n. m. Vaste masse de glace formée en montagne ou dans les régions polaires par l'accumulation de la neige. – De *glace.*

ENCYCL On distingue deux grands types de glaciers. *Les glaciers continentaux,* ou *inlandsis,* vastes calottes de glace couvrant les régions polaires, s'écoulent vers la mer, où ils se disloquent en *icebergs.* Les *glaciers de montagne* se constituent dans un *cirque glaciaire*; la neige, en s'accumulant, forme le *névé* ou bien elle se transforme en *glace bulleuse* qui s'écoule vers les régions basses, formant un véritable fleuve de glace; celui-ci creuse une vallée dont la section, caractéristique, est un U. Les débris arrachés à la montagne constitueront les *moraines.* Les glaciers, par leurs masses énormes, sont d'importants régulateurs du climat et des torrents de montagne.

2. glacier [glasje] n. m. **1.** Vx Miroitier. **2.** Personne qui confectionne, qui vend des glaces, des sorbets. – De *glace.*

glacière [glasjɛʀ] n. f. **1.** Appareil refroidi par de la glace, servant à conserver des denrées. **2.** Fig., fam. Lieu où il fait très froid. *Cette salle, quelle glacière!*– De *glace.*

glaciologie [glasjɔlɔʒi] n. f. Didac. Science des glaciers. – De *glace,* et *-logie.*

glaciologue [glasjɔlɔg] n. Spécialiste de glaciologie. – De *glaciologie.*

1. glacis [glasi] n. m. **1.** MILIT Pente douce allant de la crête d'une fortification jusqu'au sol. ▷ Fig. POLIT Zone de protection (constituée par des pays liés à une puissance). **2.** GEOL Pente douce et unie. *Le glacis d'un talus d'éboulis au pied d'une cuesta.* **3.** ARCHI Pente prévue dans une corniche pour l'écoulement des eaux. – De *glacer,* au sens anc. de «glisser».

2. glacis [glasi] n. m. BX-A Très mince couche de peinture, destinée à jouer par transparence avec la couleur sèche du fond sur laquelle on la pose. – De *glacer.*

glaçon [glasɔ̃] n. m. **1.** Morceau de glace. *La rivière charrie des glaçons. Rafraîchir une boisson avec des glaçons.* **2.** Fig. Personne froide, sans enthousiasme, ou sans tempérament. – De *glace.*

glaçure [glasyʀ] n. f. TECH Enduit vitrifié recouvrant les poteries. – Adaptation de l'all. *Glasur,* «vernis, émail»; de *glacer.*

gladiateur [gladjatœʀ] n. m. ANTIQ ROM Homme qui combattait dans l'amphithéâtre, pour le divertissement du peuple. – Lat. *gladiator,* «qui combat avec le glaive».

glagolitique [glagɔlitik] adj. *Alphabet glagolitique* : ancien alphabet slave. – Du slavon *glagol,* «parole».

glaïeul [glajœl] n. m. Plante ornementale (genre *Gladiolus,* fam. iridacées), à longues feuilles pointues, dont les fleurs sont disposées d'un seul côté d'un épi. – Lat. *gladiolus,* dimin. de *gladius,* «glaive».

glaire [glɛʀ] n. f. **1.** Blanc d'œuf cru. **2.** MED Liquide incolore filant que sécrètent les muqueuses dans certains états pathologiques. *Glaires intestinales.* – Lat. pop. **glaria,* déform. de **claria,* de *clarus,* «clair».

glairer [glɛʀe] v. tr. [1] TECH Frotter (le cuir de la couverture d'un livre) avec une préparation à base de blanc d'œuf, avant de la lustrer ou de la dorer. – De *glaire.*

glaireux, euse [glɛʀø, øz] adj. Qui a la nature ou l'aspect de la glaire. – De *glaire.*

glaise [glɛz] n. f. et adj. Nom cour. des argiles et des terres contenant une forte proportion d'argile. ▷ adj. *Terre glaise.* – Du gaul. *gliso.*

glaiser [glɛze] v. tr. [1] **1.** *Glaiser un bassin,* l'enduire de glaise pour qu'il tienne l'eau. **2.** *Glaiser une terre,* l'amender avec de l'argile. – De *glaise.*

glaiseux, euse [glɛzø, øz] adj. De la nature de la glaise. *Terre glaiseuse.* – De *glaise.*

glaisière [glɛzjɛʀ] n. f. Lieu d'où l'on tire la glaise. – De *glaise.*

glaive [glɛv] n. m. Courte épée à deux tranchants. *Le glaive et la balance, emblèmes de la justice.* – Du lat. *gladius.*

glamour [glamuʀ] n. m. (Anglicisme) Charme sensuel caractéristique de certaines actrices hollywoodiennes. – Mot angl., «charme».

glanage [glanaʒ] n. m. Action de glaner. – De *glaner.*

gland [glɑ̃] n. m. **1.** Fruit du chêne, akène très riche en fécule, enchâssé dans une cupule. ▷ *Par anal.* Passementerie, morceau de bois ou de métal en forme de gland. **2.** ANAT Portion terminale du pénis. **3.** Pop. Sot. *Tu as vu ce qu'il a fait, ce gland!* – Lat. *glans, glandis.*

glandage [glɑ̃daʒ] n. m. **1.** Anc. Droit de glandée. **2.** Pop. Fait de glander. – De *gland.*

glande [glɑ̃d] n. f. **1.** ANAT Organe sécréteur. *Glandes exocrines,* dont le produit est excrété à l'extérieur du corps par un canal (glandes salivaires, lacrymales, etc.). *Glandes endocrines,* qui sécrètent leur produit (ou hormones) dans le sang (thyroïde, surrénales). *Glandes mixtes,* à sécrétion double : exocrine et endocrine (foie, pancréas). **2.** Cour. *Abusiv.* Ganglion lymphatique enflammé. – Du lat. méd. *glandula,* de *glans, glandis,* «gland».

glandée [glɑ̃de] n. f. Récolte des glands. – De *gland.*

glander [glɑ̃de] ou **glandouiller** [glɑ̃duje] v. intr. [1] Pop. Ne rien faire, traîner, perdre son temps. *Dépêche-toi donc, au lieu de glander!*– De *gland* (sens 3).

glandeur, euse [glɑ̃dœʀ, øz] n. Pop. Celui ou celle qui glande, qui se plaît à glander. – De *glander.*

glandulaire [glɑ̃dylɛʀ] adj. **1.** ANAT Qui a la nature ou la forme d'une glande. **2.** Relatif à une glande. – De *glandule.*

glandule [glɑ̃dyl] n. f. Petite glande. – Lat. *glandula,* «glande».

glanduleux, euse [glɑ̃dylø, øz] adj. BOT Se dit de cellules ou de poils vésiculeux qui sécrètent ou excrètent diverses substances. *Les poils glanduleux urticants des orties.* – Lat. *glandulosus.*

glane [glan] n. f. **1.** Quantité d'épis glanés après la moisson. **2.** Fruits, oignons, etc., liés ensemble. – Déverbal de *glaner.*

glaner [glane] v. tr. [1] **1.** Ramasser dans les champs, après l'enlèvement des récoltes, les produits du sol abandonnés ou négligés par le propriétaire. **2.** Fig. Ramasser, recueillir de-ci, de-là. *Glaner des renseignements.* – *Absol.* Trouver encore un profit là où un autre a déjà gagné ou trouvé. *Il reste encore beaucoup à glaner.* – Bas lat. *glenare.*

glaneur, euse [glanœʀ, øz] n. Personne qui glane. – De *glaner.*

glanure [glanyʀ] n. f. Ce que l'on glane. – De *glaner.*

glapir [glapiʀ] v. intr. [3] **1.** Émettre des jappements aigus et répétés (en parlant du renard, des jeunes chiens, etc.). **2.** Fig. Parler, chanter d'une voix aigre et criarde. – Altér. de **glatir,* d'apr. *japper.*

glapissant, ante [glapisɑ̃, ɑ̃t] adj. Aigu, criard. *Voix glapissante.* – Ppr. de *glapir.*

glapissement [glapismɑ̃] n. m. Cri aigu. *Le glapissement d'un jeune chien.* – De *glapir.*

glaréole [glaʀeɔl] n. f. Oiseau charadriiforme (genre *Glareola)* aux longues ailes et à la queue fourchue, long de 20 cm env., qui vit dans les marais du sud de la France. Syn. perdrix de mer. – Lat. scientif. *glareola,* de *glarea,* «gravier».

glas [glɑ] n. m. **1.** Tintement lent et répété des cloches pour annoncer des funérailles. **2.** Loc. fig. *Sonner le glas de :* annoncer la fin imminente de. *La bataille de Leipzig sonna le glas de l'Empire.* – Du lat. médiév. **classum,* class. *classicum,* «sonnerie de trompette», de *classis,* «armée, flotte».

glasnost [glasnɔst] n. f. Transparence (des institutions, des structures bureaucratiques, etc.) voulue par M. Gorbatchev en U.R.S.S. – Mot russe, de *glasny,* «rendu public», du vieux slave *glas,* «voix».

glatir [glatiʀ] v. intr. [3] Pousser son cri, en parlant de l'aigle et de divers oiseaux de proie. – Lat. *glattire,* «japper».

glaucome [glo(ɔ)kom] n. m. MED Affection oculaire, caractérisée par l'augmentation de la pression intraoculaire, qui se traduit par une diminution de l'acuité visuelle pouvant amener la cécité en l'absence de traitement. – Lat. *glaucoma,* mot gr.

glauque [glok] adj. **1.** De couleur vert bleuâtre. *Yeux glauques.* **2.** Sans éclat, terne. *Petit matin glauque.* ▷ Par ext. Fam. Triste, sordide. – Lat. *glaucus.*

glaviot [glavjo] n. m. Pop. Crachat. – Altér. probabl. d'apr. *glaire,* de *claviot,* «pus», du lat. *clavus,* «clou».

glèbe [glɛb] n. f. **1.** Litt. Terre cultivée. ▷ FEOD *Serfs de la glèbe,* qui étaient attachés à un fonds de terre. **2.** BOT Tissu superficiel (par oppos. à *hyménium),* producteur de spores de certains champignons supérieurs. – Lat. *gleba.*

gléchome ou **glécome** [glekom] n. m. BOT Petite herbe à fleurs violettes, appelée aussi *lierre terrestre,* très commune en France (genre *Glechoma,* fam. labiées). – Gr. *glêkhôn,* «pouliot» 1 (V. ce mot).

1. glène [glɛn] n. f. ANAT Cavité de l'extrémité d'un os dans laquelle s'articule un autre os. – Gr. *glênê.*

2. glène [glɛn] n. f. MAR Portion de cordage pliée en rond sur elle-même. – Déverbal de *glener,* forme anc. de *glaner.*

glénoïdal, ale, aux [glenɔidal, o] ou **glénoïde** [glenɔid] adj. ANAT *Cavité glénoïde :* cavité de l'omoplate qui s'articule avec la tête de l'humérus. – De *glène* 1.

glial, ale, aux [glijal, o] adj. ANAT *Tissu glial :* névroglie. – Du rad. de *gliome,* et *-al.*

gliome [glijom] n. m. MED Tumeur molle du système nerveux central. – Lat. scientif. *glioma* ; du gr. *gloios,* «glu».

glissade [glisad] n. f. **1.** Action de glisser ; mouvement que l'on fait en glissant. *Faire des glissades.* **2.** AVIAT Mouvement de descente latérale, en vol acrobatique. – De *glisser.*

glissage [glisaʒ] n. m. Action de faire descendre par des couloirs *(glissoirs)* les troncs abattus en montagne. – De *glisser.*

glissando [glisɑ̃do] n. m. MUS Technique de passage d'un intervalle à un autre en glissant sur les micro-intervalles intermédiaires. – Mot ital.

glissant, ante [glisɑ̃, ɑ̃t] adj. **1.** Où l'on glisse facilement. *Chaussée glissante.* – Fig. *Terrain glissant :* situation où il est difficile de se maintenir. **2.** MATH *Vecteur glissant,* qui se déplace sur son support. *Un torseur est constitué de vecteurs glissants.* – Ppr. de *glisser.*

glisse n. f. Capacité de glisser (d'un matériau, d'une surface). *Ces skis ont une bonne glisse.* ▷ Par ext. *Sport de glisse :* ensemble des sports où l'on glisse (ski, bobsleigh, planche à voile, etc.). – Déverbal de *glisser.*

glissement [glismɑ̃] n. m. **1.** Action de glisser ; son résultat. *Glissement de terrain.* ▷ Fig. Action de tendre insensiblement vers. *La majorité a opéré un glissement vers la gauche.* **2.** ELECTR Variation relative de la vitesse angulaire d'un champ induit d'un moteur synchrone par rapport à celle du champ inducteur. **3.** TELECOM Variation de la fréquence d'un signal radioélectrique. – De *glisser.*

glisser [glise] v. [1] **I.** v. intr. **1.** Se déplacer d'un mouvement continu sur une surface lisse. *Glisser sur la glace. La périssoire glisse sur l'eau. Le plat mouillé lui a glissé des mains.* ▷ Fig. *Glisser entre les mains de qqn,* lui échapper. **2.** Fig. Se diriger insensiblement vers. *Glisser vers l'extrémisme politique. Glisser sur la mauvaise pente.* **3.** Passer sans pénétrer sur une surface. *La balle a glissé sur la boîte crânienne.* ▷ Fig. *Mes remontrances ont glissé sur lui,* n'ont produit aucune impression, aucun effet. **4.** Fig. *Glisser sur (un sujet),* ne pas y insister. *Glissons là-dessus, voulez-vous ?* Syn. passer. **5.** Présenter une surface glissante. *Après la pluie, la chaussée glisse.* **II.** v. tr. Mettre, introduire, transmettre adroitement ou furtivement. *Glisser une pièce dans la main de qqn.* **III.** v. pron. **1.** Se couler doucement, se faufiler. *Les serpents se glissent dans les herbes.* **2.** Pénétrer, s'introduire habilement ou subrepticement. *Les voleurs s'étaient glissés parmi les invités.* – (Choses) *Une erreur s'est glissée dans le texte.* – Altér. de l'a. fr. *glier,* frq. **glidan,* par infl. de *glacer.*

glissière [glisjɛʀ] n. f. **1.** Ce qui sert à guider un mouvement de glissement. *Glissière d'une porte à coulisse. Fermeture à glissière :* fermeture à dentures qui s'emboîtent à l'aide d'un curseur. **2.** *Glissières de sécurité,* disposées le long d'une route ou d'une autoroute pour retenir et guider les véhicules qui viendraient à quitter la chaussée. – De *glisser.*

glissoire [gliswaʀ] n. f. Chemin ménagé sur la glace, où l'on s'amuse à glisser. – De *glisser.*

global, ale, aux [glɔbal, o] adj. Pris dans son ensemble, en bloc ; considéré dans sa totalité. *Chiffre global.* Ant. partiel. ▷ PEDAG *Méthode globale* (d'apprentissage de la lecture), qui consiste à apprendre aux enfants à reconnaître d'abord l'ensemble du mot avant de le décomposer en syllabes et en lettres. – De *globe.*

globalement [glɔbalmɑ̃] adv. D'une façon globale, en bloc. – De *global.*

globalisation [glɔbalizasjɔ̃] n. f. Action de globaliser ; son résultat. – De *globaliser.*

globaliser [glɔbalize] v. tr. [1] Rendre global ; prendre, présenter dans sa totalité. – De *global.*

globalité [glɔbalite] n. f. Caractère global (de qqch). *Un problème considéré dans sa globalité.* – De *global.*

globe [glɔb] n. m. **1.** Corps sphérique ou à peu près sphérique. *Le globe de l'œil.* **2.** *Le globe terrestre* ou, absol., *le globe :* la Terre. *Faire le tour du globe.* – *Globe terrestre, céleste :* sphère sur laquelle figure la représentation de la Terre, du Ciel. **3.** Sphère creuse, ou calotte sphérique en verre. *Le globe d'une lampe. Une pendule sous globe.* ▷ Fig. *Mettre sous globe :* conserver précieusement. – Lat. *globus,* «boule, sphère, masse, amas compact».

globe-trotter [glɔbtʀɔtɛʀ ; glɔbtʀɔtœʀ] n. (Anglicisme) Vieilli Voyageur qui parcourt le monde. *Des globe-trotters.* – Mot angl., de *globe,* et *trotter,* «coureur».

globicéphale [glɔbisefal] n. m. Cétacé odontocète (genre *Globicephala,* fam. delphinidés) long de 4 à 8 m, presque entièrement noir, à la tête très bombée, qui vit en troupeaux groupant parfois plusieurs milliers d'individus. – De *globe,* et *-céphale.*

globigérine [glɔbiʒeʀin] n. f. ZOOL Foraminifère perforé, caractérisé par une coquille calcaire composée de loges sphériques disposées en spirale, constituant de nombreux calcaires et boues abyssales. – De *globe*, et du lat. *gerere*, « porter ».

globine [glɔbin] n. f. BIOCHIM Constituant protéique de l'hémoglobine. – De *(hémo)globine*.

globulaire [glɔbylɛʀ] adj. et n. **I.** adj. **1.** Qui a la forme d'un globe. ▷ ASTRO *Amas globulaire* : amas d'étoiles d'aspect sphérique généralement situé dans le halo des galaxies. **2.** BIOL Relatif aux globules. *Numération globulaire* : compte des éléments figurés du sang par mm^3. **II.** n. f. BOT Dicotylédone gamopétale à inflorescence bleue très serrée. – Lat. scientif. *globularia*.

globule [glɔbyl] n. m. **1.** Vx Petit globe. **2.** BIOL *Globule rouge* : V. hématie. *Globule blanc* : V. leucocyte. **3.** PHARM Petite pilule ronde. – Lat. *globulus*, dimin. de *globus*, « globe ».

globuleux, euse [glɔbylø, øz] adj. Qui a la forme d'une petite sphère. – *Yeux globuleux*, saillants. – De *globule*.

globulin [glɔbylɛ̃] n. m. BIOL Syn. de *thrombocyte* ou de *plaquette sanguine*. – De *globule*.

globuline [glɔbylin] n. f. BIOCHIM Protéine globulaire du sérum, de poids moléculaire élevé. – De *globule*, et *-ine*.

globulinémie [glɔbylinemi] n. f. MED Concentration du sérum en globulines. – De *globuline*, et *-émie*.

glockenspiel [glɔkənʃpil] n. m. MUS Instrument à percussion composé d'un clavier actionnant des marteaux qui frappent des lames d'acier (autref. des clochettes). – Mot all. de *Glocke*, « cloche », et *Spiel*, « jeu ».

gloire [glwaʀ] n. f. **1.** Grande renommée, réputation illustre acquise par des actes remarquables. *Se couvrir de gloire. La gloire militaire, littéraire.* ▷ Loc. *Dire, publier qqch à la gloire de qqn*, qqch qui exalte sa valeur, ses mérites. – *Se faire gloire de, tirer gloire de* : tirer vanité, fierté de. – *Travailler pour la gloire*, sans profit, pour le seul prestige. **2.** Personne célèbre, illustre. *Il est l'une des gloires de son pays.* **3.** Éclat, splendeur. *La gloire de Dieu. La cour royale dans toute sa gloire.* **4.** Honneur, hommage de respect. *Rendre gloire à Dieu.* **5.** BX-A Auréole lumineuse enveloppant le corps du Christ dans sa totalité (à la différence du nimbe, autour de la tête seulement). ▷ Couronne de rayons émanant du triangle symbolisant la Trinité, de la colombe symbolisant le Saint-Esprit. **6.** THEOL La béatitude des élus. *La gloire éternelle.* – Lat. *gloria*.

glome [glom] n. m. MED VET Plaque cornée du sabot des équidés. – Lat. *glomus*, « peloton, boule ».

glomérule [glɔmeʀyl] n. m. **1.** ANAT Petit amas glandulaire ou vasculaire. *Glomérule de Malpighi* : petit amas de capillaires du rein, qui assure la filtration du sang. **2.** BOT Type d'inflorescence, cyme contractée où les pédoncules floraux sont très courts et insérés très près les uns des autres. – Lat. mod. *glomerulus*, de *glomus*, « boule ».

gloria [glɔʀja] n. m. **1.** Hymne récité ou chanté de la messe en latin, qui commence par les mots *Gloria in excelsis Deo* (« gloire à Dieu dans les cieux ») . **2.** Vx Mélange de café et d'eau-de-vie. – Mot lat., « gloire ».

gloriette [glɔʀjɛt] n. f. Pavillon, cabinet de verdure dans un parc. – Cage à oiseaux en forme de pavillon. – De *glorie*, forme anc. de *gloire*.

glorieusement [glɔʀjøzmɑ̃] adv. De manière glorieuse. – De *glorieux*.

glorieux, euse [glɔʀjø, øz] adj. **1.** Qui donne, procure de la gloire. *Combat glorieux, succès glorieux.* **2.** Qui est empreint de gloire, de splendeur. *Nom glorieux. Période glorieuse de l'histoire.* ▷ n. f. pl. HIST *Les Trois Glorieuses* : les journées révolutionnaires des 27, 28 et 29 juillet 1830, qui virent la chute de Charles X. (V. juillet.) **3.** Qui s'est acquis de la gloire. *Combattants glorieux.* **4.** Vieilli Qui est plein de vanité, de gloriole. – *Être glorieux de (qqch)* : tirer vanité de (qqch) de manière injustifiée, excessive. ▷ Subst. Vx Vaniteux, individu imbu de lui-même. *Les glorieux se font haïr.* **5.** RELIG Qui participe de la gloire divine. *Mystères glorieux.* – Lat. *gloriosus*, de *gloria*.

glorifiant, ante [glɔʀifjɑ̃, ɑ̃t] adj. Qui glorifie. *Action glorifiante.* – Ppr. de *glorifier*.

glorificateur, trice [glɔʀifikatœʀ, tʀis] adj. et n. Rare, litt. Qui glorifie. – De *glorification*.

glorification [glɔʀifikasjɔ̃] n. f. Action de glorifier; son résultat. ▷ RELIG Élévation à la gloire éternelle. *Glorification des élus.* – Bas lat. ecclés. *glorificatio*.

glorifier [glɔʀifje] **I.** v. tr. [2] **1.** Rendre gloire à, honorer, célébrer. *Glorifier les grands hommes, les belles actions.* Ant. flétrir. **2.** RELIG Appeler à partager la béatitude céleste. *Dieu glorifie les saints.* **II.** v. pron. Se faire gloire de, tirer vanité de. *Se glorifier de ses richesses.* – Bas lat. ecclés. *glorificare*.

gloriole [glɔʀjɔl] n. f. Vanité qui a pour objet de petites choses; gloire vaine. *Lancer un défi par gloriole.* – Lat. *gloriola*, dimin. de *gloria*, « gloire ».

glose [gloz] n. f. **1.** Note explicative destinée à éclaircir le sens d'un mot, d'un passage dans un texte (partic. dans un manuscrit ancien). *Glose interlinéaire, marginale.* ▷ Explication d'un terme rare ou spécialisé d'une langue par des termes appartenant à l'usage courant. **2.** Commentaire critique ou malveillant. – Bas lat. *glosa*, « mot qui a besoin d'être expliqué », du gr. *glôssa*, « langue, idiotisme ».

gloser [gloze] v. [1] **1.** v. tr. Éclaircir par une glose. *Gloser un texte.* **2.** v. tr. indir. Faire de longs commentaires stériles. *Gloser interminablement sur des détails.* – Absol. *Ne pas en finir de gloser.* ▷ Fig., vieilli *Gloser sur qqn*, le critiquer, médire de lui. – De *glose*.

glossaire [glɔsɛʀ] n. m. **1.** Dictionnaire des termes anciens, rares ou spécialisés d'une langue, d'un texte. ▷ Ensemble des mots d'une langue, d'un dialecte. **2.** Lexique, à la fin d'un ouvrage. – Bas lat. *glossarium*.

glossateur [glɔsatœʀ] n. m. Didac. Auteur d'une glose. *Les glossateurs de la Bible.* – De *glose*.

-glosse, gloss(o)-. Éléments, du gr. *glôssa*, « langue ».

glossématique [glɔsematik] n. f. LING Théorie linguistique élaborée par L. Hjelmslev dans laquelle les unités linguistiques sont étudiées et classées de façon strictement fonctionnelle. – De *glossème*.

glossème [glɔsem] n. m. LING La plus petite des unités linguistiques signifiantes. – Du gr. *glôssa*, « langue », d'apr. *phonème*.

glossine [glɔsin] n. f. ENTOM Mouche africaine (genre *Glossina*, fam. muscidés) appelée cour. *mouche tsé-tsé.* – De *gloss-*, et *-ine*.

glossite [glɔsit] n. f. MED Inflammation de la langue. – De *gloss-*, et *-ite* 1.

glossolalie [glɔsolali] n. f. **1.** PSYCHIAT Trouble du langage chez certains malades mentaux qui croient inventer un nouveau langage. **2.** THEOL Émission, dans un état extatique, de sons inintelligibles pour tous ceux qui n'ont pas le charisme de l'interprétation. ▷ Cour. Faculté, accordée, à la Pentecôte, aux Apôtres par le Saint-Esprit, de parler dans toutes les langues. – De *gloss(o)-*, et *-lalie*, du gr. *lalein*, « parler ».

glosso-pharyngien, enne [glɔsofaʀɛ̃ʒjɛ̃, ɛn] adj. (et n. m.) ANAT Qui concerne la langue et le pharynx. ▷ n. m. *Le glosso-pharyngien* : le nerf crânien issu de la neuvième paire, qui innerve la langue et le pharynx. – De *glosso-*, et *pharyngien*.

glossotomie [glɔsotɔmi] n. f. CHIR Ablation d'une partie de la langue. – De *glosso-*, et *-tomie*.

glottal, ale, aux [glɔtal, o] adj. PHON Qui met en jeu la glotte en tant qu'organe de la phonation. *Vibrations glottales. Consonne glottale.* – De *glotte*.

glotte [glɔt] n. f. Orifice du larynx, compris entre les bords libres des cordes vocales, qui joue un rôle essentiel dans l'émission de la voix. *Œdème, spasmes de la glotte. Coup de glotte.* – Du gr. *glôtta*, «langue».

glottique [glɔtik] adj. Relatif à la glotte. – De *glotte*.

glouglou [gluglu] n. m. **1.** Fam. Bruit intermittent fait par un liquide qui s'écoule d'un orifice étroit, partic. du goulot d'une bouteille. **2.** Cri du dindon, de la dinde. – Onomat.

glouglouter [gluglute] v. intr. [1] **1.** Fam. Produire un glouglou. *Bouteille qui glougloute.* **2.** Pousser son cri, en parlant de la dinde, du dindon. – De *glouglou*.

gloussement [glusmɑ̃] n. m. Cri de la poule. ▷ *Par anal.* Petit cri humain, rire étouffé. *Gloussement de plaisir.* – De *glousser*.

glousser [gluse] v. intr. [1] Pousser des gloussements. *La poule glousse pour appeler ses petits.* ▷ *Par anal.* (Personnes) Pousser de petits cris, rire en émettant des petits cris. *Glousser d'aise.* – Du lat. pop. **clociare*, de *glocire*.

glouton, onne [glutɔ̃, ɔn] adj. et n. **1.** adj. Qui mange avec excès et avidité. ▷ Subst. *C'est un glouton.* **2.** n. m. Mammifère carnivore (*Gulo gulo*, fam. mustélidés) des régions arctiques, massif, à queue courte et à pelage brun. *Le glouton s'attaque à de gros animaux comme l'élan.* – Bas lat. *glutto*, de *gluttire*, «avaler», de *gluttus*, «gosier».

gloutonnement [glutɔnmɑ̃] adv. De manière gloutonne. *Manger gloutonnement.* ▷ Fig. Avec avidité. *Lire gloutonnement toutes sortes d'ouvrages.* – De *glouton*.

gloutonnerie [glutɔnʀi] n. f. Avidité qui caractérise une personne gloutonne. – De *glouton*.

gloxinia [glɔksinja] n. m. BOT Plante bulbeuse originaire du Brésil, à grandes feuilles et à fleurs très colorées en forme de cloche. *Offrir des gloxinias.* – Du n. de B.P. *Gloxin*, qui décrivit la plante.

glu [gly] n. f. Matière visqueuse, molle et tenace, extraite de l'écorce du houx épineux, du gui. *Prendre des oiseaux à la glu.* ▷ Fig., fam. Personne dont il est difficile de se débarrasser. – Bas lat. *glus*, class. *gluten*.

gluant, ante [glyɑ̃, ɑ̃t] adj. **1.** Qui a l'aspect, la consistance de la glu. ▷ Qui est recouvert d'une matière visqueuse et collante comme de la glu. **2.** Fig., fam. (Personnes) Qui importune et dont on n'arrive pas à se débarrasser. – Ppr. de *gluer*.

gluau [glyo] n. m. Petite branche enduite de glu pour prendre les oiseaux. – De *glu*.

glucagon [glykagɔ̃] n. m. BIOCHIM Hormone secrétée par une partie du pancréas et dont l'action fait augmenter la glycémie.

glucide [glysid] n. m. BIOCHIM Nom générique de composés organiques ternaires qui constituent une partie importante de l'alimentation. – De *gluc(o)-*, et *-ide*.

ENCYCL Les glucides, nommés plus cour. *sucres*, se divisent en deux groupes. 1° Les *oses*, composés non ramifiés dont tous les carbones sauf un portent une fonction alcool, le dernier carbone portant une fonction aldéhyde ou cétone, comprennent notam. le glucose, le fructose, le galactose. 2° Les *osides* comprennent les *holosides*, formés par la réunion d'un petit nombre d'oses (lactose, saccharose, etc.), et les *polyholosides*, formés par la réunion de nombr. oses (glycogène, amidon, etc.). Les glucides, qui constituent un facteur énergétique important, sont utilisés immédiatement, ou bien stockés dans le foie sous forme de glycogène. Le sucre ordinaire est le saccharose (extrait de la canne à sucre et de la betterave).

glucidique adj. BIOCHIM Relatif aux glucides ou au glucose; de la nature des glucides ou du glucose. – De *glucide*.

gluco-, glycé-, glyci-, glyco-. Éléments, du gr. *glukus*, «doux».

glucomètre [glykɔmɛtʀ] n. m. Instrument destiné à mesurer la concentration en sucre d'un moût. – De *gluco-*, et *-mètre*.

glucose [glykoz] n. m. BIOCHIM Sucre simple (*ose*) de formule $C_6H_{12}O_6$ (*hexose*) possédant un radical aldéhyde dont la forme stable est représentée par une structure cyclique de six atomes de carbone. – De *gluc(o)-*, et *-ose*.

ENCYCL Le glucose, présent dans le sang (1 g par litre) et, sous forme de glycogène, dans le foie et dans les muscles, représente une source d'énergie fondamentale. Le taux sérique du glucose, ses mouvements dans l'organisme sont sous la dépendance d'hormones : insuline, corticoïdes, adrénaline, A.C.T.H., hormone somatotrope, thyroxine, etc.

glucosé, ée [glykoze] adj. Additionné de glucose. *Sérum glucosé.* – De *glucose*.

glucoside [glykɔzid] n. m. BIOCHIM Nom générique des hétérosides qui peuvent, par hydrolyse, donner naissance à du glucose. – De *glucose*, et *-ide*.

gluer [glɥe] v. tr. [1] Enduire de glu ou d'une matière gluante. – De *glu*.

glume [glym] n. f. BOT Bractée stérile située à la base de chaque épillet d'un épi de graminée ou de cypéracée. *Les glumes sont les enveloppes des grains des céréales et constituent la balle.* – Lat. *gluma*, «balle des céréales».

glumelle [glymɛl] n. f. BOT Chacune des deux bractées qui enveloppent la fleur des graminées. – De *glume*.

gluon [glyɔ̃] n. m. PHYS NUCL Boson médiateur de l'interaction* qui lie les quarks. – De *glu-*, et *(électr)on*.

glutamate [glytamat] n. m. BIOCHIM Sel de l'acide glutamique utilisé comme condiment, notam. dans la cuisine du Sud-Est asiatique. – Du rad. de *glutamique*, et *-ate*.

glutamique [glytamik] adj. BIOCHIM *Acide glutamique* : diacide aminé, stimulant de la cellule nerveuse. – De *gluten*, *amide*, et *-ique*.

gluten [glytɛn] n. m. Protéine végétale constituant, avec l'amidon, l'essentiel des graines de céréales. *Le gluten forme avec l'eau une masse épaisse, caoutchouteuse, qui permet de le séparer de l'amidon.* – Mot lat., «glu, colle».

glutineux, euse [glytinø, øz] adj. **1.** Gluant, visqueux. **2.** Qui contient du gluten. – Lat. *glutinosus*, «visqueux».

glycé-. V. gluco-.

glycémie [glisemi] n. f. PHYSIOL Concentration en glucose du sérum sanguin (normalement entre 0,8 et 1 g par litre, à jeun). – De *glyc(o)-*, et *-émie*.

glycéride [gliseʀid] n. m. CHIM Ester résultant de la réaction du glycérol avec un ou plusieurs acides gras. *Les glycérides constituent la majeure partie des lipides simples contenus dans les tissus animaux.* – De *glycérine*, et *-ide*.

glycérie [gliseʀi] n. f. BOT Graminée aquatique à longues feuilles. – Du gr. *glukeros*, de *glukus*, «doux».

glycérine [gliseʀin] n. f. ou **glycérol** [gliseʀɔl] n. m. CHIM Liquide sirupeux de saveur sucrée, trialcool de formule $CH_2OH-CHOH-CH_2OH$. *La glycérine, qui entre dans la composition des corps gras, est utilisée dans l'industrie pharmaceutique, la chimie des matières plastiques et la fabrication des explosifs* (V. nitroglycérine). – Du gr. *glukeros*, de *glukus*, « doux », et *-ine* ou *-ol*.

glycériner [gliseʀine] v. tr. [1] Enduire de glycérine. – De *glycérine*.

glycérique [gliseʀik] adj. CHIM Qui est dérivé de la glycérine. *Acide aldéhyde glycérique*. – De *glycérine*.

glycérophosphate [gliseʀofɔsfat] n. m. CHIM, PHARM Sel de l'acide glycérophosphorique, largement utilisé en thérapeutique comme tonique du système nerveux. – De *glycérine*, et *phosphate*.

glycérophosphorique [gliseʀofɔsfɔʀik] adj. CHIM *Acide glycérophosphorique*, obtenu par combinaison de l'acide phosphorique et de la glycérine. – De *glycérine*, et *phosphorique*.

glycérophtalique [gliseʀoftalik] adj. Se dit des résines artificielles à base de glycérine et d'anhydride phtalique, utilisées notam. dans la fabrication des objets moulés et comme constituants des peintures laques. – De *glycérine*, et *phtalique*.

glyci-. V. gluco-.

glycine [glisin] n. f. Plante originaire de Chine, sarmenteuse et grimpante (genre *Wistaria*, fam. papilionacées), qui produit de longues grappes de fleurs odorantes blanches ou mauves. – Lat. savant *glycina*.

glyco-. V. gluco-.

glycocolle [glikokɔl] n. m. BIOCHIM Le plus simple des acides aminés, indispensable au métabolisme cellulaire (constituant des acides nucléiques), très répandu dans les scléroprotéines. – De *glyco-*, et *colle*.

glycogène [glikoʒɛn] n. m. BIOCHIM Polyholoside (V. glucide) de très grand poids moléculaire, formé de chaînes ramifiées de glucose. (Il constitue dans le foie une réserve générale de glucose et dans le muscle une réserve locale. Son hydrolyse par l'acide chlorhydrique ou par des enzymes spécifiques libère uniquement des molécules de glucose.) – De *glyco-*, et *-gène*.

glycogenèse [glikoʒənɛz] ou **glycogénie** [glikoʒeni] n. f. PHYSIOL Production de glucose dans le foie à partir du glycogène. – De *glyco-*, et *-genèse* ou *-génie*.

glycogénique [glikoʒenik] adj. PHYSIOL Relatif à la formation du glucose à partir du glycogène. *Découverte de la fonction glycogénique du foie par Claude Bernard*. – De *glycogène*.

glycol [glikɔl] n. m. CHIM Nom générique des dialcools. ▷ *Glycol ordinaire* (ou *glycol*) : dialcool de formule CH_2OH-CH_2OH, employé comme solvant et antigel, et dans la fabrication du tergal. – De *glyco-*, et *(alco)-ol*.

glycolyse [glikoliz] n. f. BIOCHIM Dégradation métabolique du glucose. (En présence d'oxygène, elle aboutit à l'acide pyruvique qui peut subir ensuite les réactions du cycle de Krebs. En l'absence d'oxygène, elle conduit à la formation d'acide lactique et d'éthanol.) – De *glycol*, et *-lyse*.

glycoprotéine [glikopʀɔtein] n. f. BIOCHIM Protéine comprenant un groupement glucidique (lié à la protéine par covalence). – De *glyco-*, et *protéine*.

glycosurie [glikozyʀi] n. f. MED Présence anormale de sucre dans les urines, l'un des signes du diabète sucré. – De *glyco-*, et *-urie*.

glyphe [glif] n. m. ARCHI Trait gravé en creux dans une moulure. – Gr. *gluphê*, « ciselure ».

glyptique [gliptik] n. f. Art de la gravure sur pierres fines. – Du gr. *gluptikos*, « relatif à la gravure ».

glypto-. Élément, du gr. *gluptos*, « gravé ».

glyptodon [gliptodɔ̃] ou **glyptodonte** [gliptodɔ̃t] n. m. PALEONT Mammifère xénarthre (genre *Glyptodon*) du pléistocène d'Amérique du S., long d'environ 2 m, qui portait une carapace bombée et dont la queue se terminait par un renflement épineux. – De *glypto-*, et *-donte*.

glyptographie [gliptogʀafi] n. f. Didac. Étude des pierres gravées de l'Antiquité. – De *glypto-*, et *-graphie*.

glyptothèque [gliptotɛk] n. f. Lieu, musée où l'on conserve des collections de pierres gravées ou de sculptures. – De *glypto-*, et *-thèque*.

G.M.T. Mesure astronomique prise à partir du méridien de Greenwich et calculée sur midi (V. temps). – Sigle de l'anglais *Greenwich Mean Time*, « temps moyen de Greenwich ».

gnaf ou **gniaf** [ɲaf] n. m. Vx, pop. Cordonnier. – Du lyonnais *gnafre*, « cordonnier ».

gnangnan [ɲɑ̃ɲɑ̃] adj. (inv. en genre) Fam. Mou et geignard. *Elles sont très gnangnans*. ▷ Subst. *Des gnangnans*. – Onomat.

-gnathe, gnatho-. Éléments, du gr. *gnathos*, « mâchoire ».

gnaule. V. gnôle.

gneiss [gnɛs] n. m. Roche métamorphique de même composition minéralogique que le granite, constituée de lits parallèles de quartz, de feldspath et de mica. – Mot all.

gniaf. V. gnaf.

gniole. V. gnôle.

gnocchi [ɲɔki] n. m. Petite quenelle à base de purée de pommes de terre, de pâte à choux ou de semoule, pochée puis gratinée au four. – Mot ital.

gnognote ou **gnognotte** [ɲɔɲɔt] n. f. Fam. *De la gnognote* : une chose de peu de valeur, de peu d'intérêt ou de mauvaise qualité. (Fréquemment en tournure négative.) *C'est pas de la gnognote !* – Onomat. ou forme rég. de *niais*.

gnôle, gniole, gnaule ou **niôle** [ɲjol] n. f. Fam. Eau-de-vie. – Mot lyonnais.

gnome [gnom] n. m. Génie souterrain que la tradition talmudique et cabalistique représente sous la forme d'un nain contrefait. ▷ *Par ext.* Homme petit et difforme. – Lat. des alchimistes *gnomus*; p.-ê. du gr. *genomos*, « habitant de la Terre », avec influence de *gnômê*, « intelligence ».

gnomique [gnɔmik] adj. Didac. Qui est, s'exprime sous forme de sentences. ▷ *Poètes gnomiques* : poètes grecs dont les œuvres se composent de sentences, préceptes et réflexions morales. – Gr. *gnômikos*, « sentencieux ».

gnomon [gnɔmɔ̃] n. m. Cadran solaire horizontal, utilisé depuis l'Antiquité. – Mot lat., du gr.

gnomonique [gnɔmɔnik] adj. et n. f. Didac. Relatif aux gnomons. ▷ n. f. Art de calculer et de construire les cadrans solaires. – Lat. *gnomonicus*.

gnon [ɲɔ̃] n. m. Fam. Coup; marque laissée par un coup. *Donner un gnon à qqn. Il a fait un gnon à sa voiture*. – Aphérèse d'*oignon*.

gnose [gnoz] n. f. **1.** HIST Syncrétisme religieux qui se répandit dans les derniers siècles de l'Antiquité et qui prétendait donner accès, par l'initiation, à la connaissance suprême transmise par la tradition. V. gnosticisme. **2.** Didac. Tout savoir qui se pose comme connaissance suprême. – Gr. *gnôsis*, « connaissance ».

-gnose, -gnosie, -gnostique. Éléments, du gr. *gnôsis*, « connaissance ».

gnoséologie [gnozeɔlɔʒi] n. f. PHILO Théorie de la connaissance. – Gr. *gnôsis*, « connaissance », et *-logie*.

gnosticisme [gnɔstisism] n. m. Didac. **1.** Ensemble des différentes doctrines gnostiques. **2.** Type de religiosité spécifique des gnostiques. – De *gnostique*, gr. *gnôstikos*, « qui sait ».

ENCYCL Les origines du gnosticisme, ou plutôt des gnosticismes (on trouve, à côté des différentes gnoses chrétiennes, des gnoses juives et islamiques), sont mal connues. Il semble qu'on puisse parler d'une lointaine gnose irano-babylonienne, mais le foyer le plus important fut Alexandrie au déb. du IIe s. apr. J.-C. Princ. gnostiques : Clément d'Alexandrie, Origène (gnose chrétienne dite « orthodoxe »), Simon le Magicien, Basilide, Carpocrate, Valentin, Marcion, Bardesane (gnose chrétienne hérétique).

gnostique [gnɔstik] n. et adj. Didac. **1.** n. Adepte de la gnose. **2.** adj. Relatif à la gnose, au gnosticisme. – Gr. *gnôstikos*, « qui sait ».

-gnostique. V. -gnose.

gnou [gnu] n. m. Bovidé africain (*Connochætes gnu*) bossu, aux cornes très recourbées, mesurant 1,20 m au garrot. *Le gnou tient du buffle, des équidés et des antilopes.* – Mot hottentot.

go [go] n. m. Jeu japonais très ancien, d'origine chinoise, qui se joue à deux, avec des pions noirs et blancs que l'on pose sur les intersections d'un quadrillage tracé sur un plateau, dans le but de former des territoires aussi vastes que possible. – Mot japonais.

go (tout de) [tudəgo] loc. adv. Fam. Sans façon, d'une manière abrupte. *Il lui a dit tout de go sa façon de penser.* – De *gober*.

goal [gol] n. m. (Anglicisme) SPORT Gardien de but (football, hockey sur glace, etc.). Syn. (off. recommandé) gardien de but. – Mot angl., abréviation de *goal keeper*, « gardien de but ».

goal average [golavʀɛdʒ; golaveʀaʒ] n. m. (Anglicisme) SPORT Au football, décompte des buts marqués par une équipe et des buts marqués contre elle au cours d'un championnat, en vue de départager les ex æquo. *Des goal averages.* – Mot angl., de *goal*, « but », et *average*, « moyenne ».

gobelet [gɔblɛ] n. m. **1.** Récipient pour boire, de forme cylindrique, plus haut que large, sans anse et sans pied. **2.** Ustensile de même forme utilisé pour les tours de prestidigitation. **3.** JEU Cornet à dés. – De l'a. fr. *gobel*.

gobeleterie [gɔblɛtʀi] n. f. Fabrication des récipients en verre creux (gobelets, verres, carafes, etc.), par oppos. en particulier à la vitrerie. – De *gobelet*.

gobeletier, ère [gɔblətje, ɛʀ] n. Fabricant(e), marchand(e) de gobeleterie. – De *gobelet*.

gobe-mouches [gɔbmuʃ] n. m. inv. Oiseau passériforme (genre *Muscicapa*), à bec fin, qui chasse les insectes au vol et dont les espèces européennes hivernent en Afrique. – De *gober*, et *mouche*.

gober [gɔbe] v. tr. [1] **1.** Avaler rapidement en aspirant et sans mâcher. *Gober un œuf, une huître.* **2.** Fig., fam. Croire sans discernement. *On lui fait gober tout ce qu'on veut.* **3.** Pop. *Ne pas gober qqn, qqch*, ne pas le supporter, le détester. *Il ne peut pas me gober.* – D'un rad. gaul. *gobbo-*, « bouche ».

goberger (se) [gɔbɛʀʒe] v. pron. [13] Fam. Faire bonne chère, se donner ses aises. – De l'a. fr. *gobert*, « facétieux ».

gobeur, euse [gɔbœʀ, øz] n. **1.** Personne qui gobe. **2.** Fig., fam. Personne naïve, crédule. – De *gober*.

gobie [gɔbi] n. m. Poisson téléostéen (genre *Gobius*) dont les diverses espèces, longues de 10 à 30 cm, vivent près des côtes, fixées sur les rochers par leurs nageoires pectorales en forme de ventouse. – Lat. *gobio*, « goujon ».

godailler [gɔdaje] v. intr. [1] Fam. Syn. de *goder*. – De *goder*, et *-ailler*.

godasse [gɔdas] n. f. Fam. Chaussure. – De *godillot*.

godelureau [gɔdlyʀo] n. m. Fam. Jeune homme qui fait le galant. – D'un rad. *god-*, et *galureau*, crois. de *gal(ant)* et *lureau*, « luron ».

godemiché [gɔdmiʃe] n. m. Instrument de forme phallique destiné au plaisir sexuel. – Orig. incert., traditionnellement rattaché au lat. *gaude mihi*, de *gaudere*, « jouir », et *mihi*, de *ego*, « moi ».

godendart [godɑ̃daʀ] n. m. Scie munie d'un manche court à chaque extrémité et dont on se sert à deux pour débiter les troncs d'arbres. – De l'a. fr. *godendard*.

goder [gɔde] v. intr. [1] Faire des faux plis, en parlant d'un vêtement. – Du rad. de *godron*.

godet [gɔdɛ] n. m. **1.** Petit verre à boire sans pied ni anse. ▷ *Par ext.* Pop. *Boire un godet*, un verre (V. *boire un pot*). **2.** Petit récipient de forme analogue servant à divers usages (délayer les couleurs, recueillir la résine, etc.). ▷ TECH Auget (d'une roue hydraulique, d'une noria, etc.). **3.** COUT *Jupe à godets*, formée de lés taillés dans le biais et très évasée dans le bas. **4.** MED Empreinte que laisse la pression du doigt sur un tégument cutané qu'infiltre un œdème cardiaque ou rénal. – Moy. néerl. *codde*, « morceau de bois cylindrique ».

godiche [gɔdiʃ] adj. et n. f. Fam. Empoté, maladroit. *Avoir l'air godiche.* – n. f. *Une grande godiche.*

godille [gɔdij] n. f. **1.** Aviron placé à l'arrière d'une embarcation, auquel on imprime un mouvement hélicoïdal qui permet la propulsion. **2.** SPORT À skis, enchaînement de petits virages dans la ligne de plus grande pente. **3.** Loc. adj. Fig., fam. *À la godille* : mal agencé, inefficace. *Un système à la godille.*

godiller [gɔdije] v. intr. [1] **1.** Faire avancer une embarcation à l'aide de la godille (sens 1). **2.** SPORT À skis, pratiquer la godille (sens 2). – De *godille*.

godillot [gɔdijo] n. m. **1.** Soulier de soldat à tige courte. ▷ *Par ext.* Fam. Grosse chaussure. **2.** Personne qui suit un chef sans discuter. – Du nom d'Alexis *Godillot*, fournisseur de l'armée française v. 1870.

godiveau [gɔdivo] n. m. CUIS Farce à base de viande de veau, servant à faire des quenelles. – Altér., d'après *veau*, de l'anc. *godebillaux*, « tripes de bœuf ».

godron [gɔdʀɔ̃] n. m. **1.** Chacun des ornements, de forme allongée, aux extrémités arrondies, qui, disposés en rangée, décorent le pourtour d'un plat, une moulure, etc. **2.** Anc. Pli cylindrique d'une fraise, d'un jabot. – Dimin. de *godet*.

godronner [gɔdʀɔne] v. tr. [1] TECH Orner de godrons. – De *godron*.

goéland [gɔelɑ̃] n. m. Grand oiseau (genre *Larus*, ordre des lariformes) au cri rauque caractéristique, piscivore vivant sur les côtes, dont le plumage varie, selon les espèces, du gris très clair au noir. – Bas breton *gwelan*, « mouette ».

goélette [gɔelɛt] n. f. Navire à deux mâts (mât de misaine et grand mât). – De *goéland*.

goémon [gɔemɔ̃] n. m. Nom cour. des algues marines telles que les fucus et les laminaires. Syn. varech. – Bas breton *gwemon*.

gogo [gogo] n. m. Fam. Personne naïve, jobarde. *Un gogo qui se fait rouler.* – Nom d'un personnage de *Robert Macaire* (comédie de F. Lemaître), bourgeois particulièrement crédule.

gogo (à) [agogo] loc. adv. Fam. En abondance. – De l'a. fr. *gogue*, « liesse, réjouissance ».

goguenard, arde [gɔgnaʀ, aʀd] adj. Qui a une expression moqueuse, narquoise ; qui dénote la moquerie. *Un air goguenard.* – De l'a. fr. *gogue*, « liesse, réjouissance ».

goguenardise [gɔgnaʀdiz] n. f. Attitude d'une personne goguenarde ; moquerie. – De *goguenard.*

goguenots [gɔgno] n. m. pl. Vulg. Cabinets, latrines. (Abrév. : gogues). – Mot normand, « pot à cidre ».

goguette (en) [ɑ̃gɔgɛt] loc. adj. Fam. Mis de belle humeur par la boisson ; bien décidé à faire la fête. – De l'a. fr. *gogue* (V. goguenard).

goï, goïm. V. goy.

goinfre [gwɛ̃fʀ] n. et adj. Personne qui mange voracement et avec excès.

goinfrer [gwɛ̃fʀe] v. intr. [1] Vx, rég. Manger comme un goinfre. ▷ v. pron. Se gaver. – De *goinfre.*

goinfrerie [gwɛ̃fʀəʀi] n. f. Caractère du goinfre ; fait de goinfrer. – De *goinfre.*

goitre [gwatʀ] n. m. Grosseur siégeant à la face antérieure de la base du cou, due à une tuméfaction localisée ou diffuse du corps thyroïde. *Le goitre exophtalmique porte aussi le nom de maladie de Basedow.* – Du lat. *guttur, gutturis*, « gorge, gosier ».

goitreux, euse [gwatʀø, øz] adj. et n. **1.** De la nature du goitre. **2.** Qui est atteint d'un goitre. ▷ Subst. *Un goitreux. Une goitreuse.* – De *goitre.*

golden [gɔldɛn] n. f. Variété de pomme à peau jaune. – De l'angl. *golden (delicious)*, « (délicieuse) dorée ».

golden boy [gɔldənbɔj] n. m. (Américanisme) Jeune et talentueux agent de change. *Des golden boys.* – Mot amér. de *golden*, « en or », et *boy* « garçon ».

gold point [gɔldpɔjnt] n. m. ECON Cours extrême du change au-delà duquel on a intérêt à exporter ou à importer de l'or. – Mot angl., de *gold*, « or ».

golem [gɔlɛm] n. m. Créature artificielle à forme humaine de la tradition magique juive et des légendes d'Europe centrale. – Mot hébreu.

golf [gɔlf] n. m. **1.** Sport qui consiste à placer successivement, au moyen d'une crosse nommée *club*, une balle dans une série de trous répartis le long d'un parcours *(fair way)* plus ou moins accidenté. **2.** Terrain sur lequel on pratique ce sport. **3.** *Golf miniature :* jeu imité du golf qui se déroule sur un petit parcours jalonné d'obstacles. Syn. mini-golf. – Mot angl., du néerl. *kolf*, « gourdin ».

golfe [gɔlf] n. m. Vaste échancrure d'une côte. *Le golfe du Lion.* V. baie 2. – Ital. *golfo*, gr. *kolpos.*

golfeur, euse [gɔlfœʀ, øz] n. Personne qui joue au golf. – De *golf.*

golmote ou **golmotte** [gɔlmɔt] n. f. Nom cour. de la *lépiote élevée* et de l'*amanite vineuse*, toutes deux comestibles. ▷ *Fausse golmote :* l'amanite panthère, vénéneuse.

gombo [gɔ̃bo] n. m. Plante des régions chaudes (*Hibiscus esculentus*, fam. malvacées) dont on consomme le fruit comme légume. – Mot anglo-amér., de l'angolais *nganbo.*

goménol [gɔmenɔl] n. m. Huile végétale tirée d'une myrtacée exotique, antiseptique des voies respiratoires. – Nom déposé, de *Gomen*, localité de Nouvelle-Calédonie, où le goménol fut d'abord produit.

goménolé, ée [gɔmenɔle] adj. Qui contient du goménol. *Huile goménolée.* – De *goménol.*

gominé, ée [gɔmine] adj. (En parlant des cheveux.) Passé à la Gomina ; pommadé. – De *Gomina*, nom déposé, de l'esp. *goma*, « gomme ».

gommage [gɔmaʒ] n. m. **1.** Action de gommer ; son résultat. **2.** Action d'éliminer de la peau les impuretés et les peaux mortes, par frottement avec un produit cosmétique granuleux. **3.** TECH Altération d'une huile lubrifiante qui prend la consistance d'une gomme, notam. sous l'action du froid. – De *gommer.*

gomme [gɔm] n. f. **1.** Substance visqueuse qui s'écoule de certains arbres. *Les gommes diffèrent des résines et des latex par leur solubilité dans l'eau.* ▷ *Gomme arabique*, provenant de divers *Acacia* d'Arabie. ▷ *Gomme adragante*, tirée de certains astragales. **2.** Petit bloc de caoutchouc ou de matière synthétique servant à effacer. *Gomme à encre.* **3.** MED Nodosité siégeant dans l'hypoderme, aux causes diverses (syphilis, tuberculose), à l'évolution subaiguë, et dont l'ouverture donne lieu à un ulcère profond. **4.** loc. adj. Fam. *À la gomme :* sans intérêt, sans valeur (personne ou chose). *Une invention à la gomme.* **5.** Loc. fam. *Mettre la gomme, toute la gomme :* augmenter au maximum la vitesse d'un véhicule, la puissance d'un moteur. – Bas lat. *gumma*, class. *cummi*, gr. *kommi*, d'orig. orient.

gomme-gutte [gɔmgyt] n. f. Résine de couleur jaune, produite par divers arbres d'Asie et utilisée dans la fabrication des vernis et des peintures. *Des gommes-guttes.* – Lat. mod. *gummi-gutta*, de *gutta*, « goutte ». V. gutta-percha.

gomme-laque ou **gomme laque** [gɔmlak] n. f. Résine exsudée par divers arbres, employée dans la fabrication des vernis à l'alcool. *Des gommes-laques* ou *des gommes laques.* – De *gomme*, et *laque.*

gommer [gɔme] v. tr. [1] **1.** Enduire de gomme (du papier, du tissu). – Pp. adj. *Papier gommé.* ▷ Vx ou litt. Spécial. *Gommer ses cheveux*, les enduire d'une pommade spéciale qui les fixe et les rend brillants. **2.** Effacer avec une gomme. **3.** Fig. Atténuer, faire disparaître. *Gommer un détail gênant.* – De *gomme.*

gomme-résine [gɔmʀezin] n. f. Mélange de gomme et de résine, insoluble dans l'eau mais soluble dans l'alcool. *Des gommes-résines.* – De *gomme*, et *résine.*

gommette [gɔmɛt] n. f. Petit morceau de papier coloré autocollant. – De *gomme.*

gommeux, euse [gɔmø, øz] adj. et n. m. **1.** adj. Qui produit de la gomme ; qui est de la nature de la gomme. **2.** n. m. Fam., vieilli Jeune homme poseur, d'une élégance outrée. – De *gomme.*

gommier [gɔmje] n. m. Nom cour. des arbres qui produisent de la gomme. – De *gomme.*

gomphide [gɔ̃fid] n. m. BOT Champignon basidiomycète à lamelles, voisin du bolet, comestible. – Lat. sav. *gomphidus*, du gr. *gomphos*, « clou », et *eidos*, « aspect ».

gonade [gɔnad] n. f. ANAT Glande génitale (testicule ou ovaire). – Du gr. *gonê*, « semence ».

gonadostimuline [gɔnadostimylin] n. f. PHYSIOL Hormone qui stimule l'activité fonctionnelle des glandes sexuelles mâles et femelles. *Les gonadostimulines sont sécrétées par le lobe antérieur de l'hypophyse et par le placenta de la femme enceinte.* Syn. gonadotrophine. – De *gonade*, et *stimuline.*

gonadotrophine [gɔnadotʀɔfin] n. f. Syn. de *gonadostimuline.* – De *gonade*, et *trophine.*

gond [gɔ̃] n. m. **1.** Pièce métallique autour de laquelle tournent les pentures d'une porte ou d'une fenêtre. **2.** Loc. fig., fam. *Sortir de ses gonds :* s'emporter. – Du lat. *gomphus*, « cheville, clou », gr. *gomphos.*

gondolage [gɔ̃dɔlaʒ] ou **gondolement** [gɔ̃dɔlmɑ̃] n. m. Action de gondoler ; fait de se gondoler. – De *gondoler.*

gondolant, ante [gɔ̃dɔlɑ̃, ɑ̃t] adj. Pop. Très drôle. – Ppr. de *gondoler.*

gondole [gɔ̃dɔl] n. f. **1.** Barque vénitienne longue et plate à un seul aviron, dont les extrémités sont relevées et recourbées. **2.** *Siège en gondole,* au dossier incurvé et enveloppant, descendant sur les côtés jusqu'à l'avant du siège. – (En appos.) *Chaise gondole.* **3.** Long meuble à rayons superposés, utilisé dans les magasins en libre-service pour présenter les marchandises. – Vénitien *gondola*; probabl. du gr. *kondu,* «vase».

gondolement. V. gondolage.

gondoler [gɔ̃dɔle] **1.** v. intr. [1] Se gonfler, se déjeter, se gauchir. *Bois, carton qui gondole.* ▷ v. pron. *Papier qui se gondole.* **2.** v. pron. Fig., fam. Se tordre de rire. – De *gondole.*

gondolier, ère [gɔ̃dɔlje, ɛʀ] n. Batelier, batelière qui conduit une gondole. – De *gondole.*

-gone. V. gonio-.

gonelle ou **gonnelle** [gɔnɛl] n. f. Poisson téléostéen (genre *Pholis*) des côtes rocheuses de la Manche, appelé aussi *papillon de mer,* long d'environ 20 cm, aux flancs tachés de noir. – P.-ê. de l'a. fr. *gonnelle,* «robe».

gonfanon [gɔ̃fanɔ̃] ou **gonfalon** [gɔ̃falɔ̃] n. m. HIST Étendard de guerre à deux ou trois pointes, au Moyen Âge. – Frq. **gunfano,* «étendard de combat».

gonfanonier [gɔ̃fanɔnje] ou **gonfalonier** [gɔ̃falɔnje] n. m. HIST Celui qui portait le gonfalon. ▷ *Gonfalonier de justice :* chef de certaines républiques italiennes, au Moyen Âge. – De *gonfanon.*

gonflable [gɔ̃flabl] adj. Qui peut être gonflé avec de l'air ou un gaz. – De *gonfler.*

gonflage [gɔ̃flaʒ] n. m. Action de gonfler. – Fait de se gonfler. – De *gonfler.*

gonflant, ante [gɔ̃flɑ̃, ɑ̃t] adj. **1.** Qui gonfle; qui fait gonfler. **2.** Fam. Ennuyant, énervant. – Ppr. de *gonfler.*

gonflé, ée [gɔ̃fle] adj. **1.** Enflé. *Ventre gonflé.* **2.** Fig. Empli. *Cœur gonflé de peine.* **3.** Loc. fam. *Gonflé à bloc :* rempli d'ardeur. – Pop. *Être gonflé :* montrer une assurance exagérée, avoir du culot. – Pp. de *gonfler.*

gonflement [gɔ̃fləmɑ̃] n. m. **1.** Action de gonfler. **2.** Enflure (d'une partie du corps). **3.** Fig. Exagération; augmentation trop importante. *Le gonflement des effectifs.* – De *gonfler.*

gonfler [gɔ̃fle] v. [1] **I.** v. tr. **1.** Distendre, augmenter le volume d'un corps en l'emplissant d'air, de gaz. *Gonfler un ballon. Le vent gonfle les voiles du navire.* **2.** Enfler. – Pp. *Avoir les yeux gonflés de sommeil.* **3.** Fig. Remplir, combler. *Son cœur est gonflé de joie.* **4.** Fig. Exagérer, grossir. *La presse a gonflé cette histoire insignifiante. Gonfler une facture.* **5.** Fam. Ennuyer, énerver. *Il me gonfle avec ses histoires!* **II.** v. intr. Augmenter de volume. *Cette pâte gonfle à la cuisson.* **III.** v. pron. Devenir enflé. *Veines qui se gonflent sous l'effort.* ▷ Fig. Être empli. *Il se gonfle d'orgueil.* – Lat. *conflare,* de *flare,* «souffler».

gonflette [gɔ̃flɛt] n. f. Fam. Ensemble d'exercices de musculation exécutés avec des poids légers de façon à obtenir un développement rapide de la musculature; musculature ainsi obtenue. – De *gonfler.*

gonfleur [gɔ̃flœʀ] n. m. TECH Appareil servant à gonfler (les pneus, les matelas pneumatiques, etc.). – De *gonfler.*

gong [gɔ̃g] n. m. **1.** Instrument de percussion formé d'un plateau de métal sonore sur lequel on frappe avec une baguette à tampon. **2.** Timbre utilisé pour donner un signal. *Coup de gong annonçant la fin et le début d'une reprise, dans un match de boxe.* – Mot malais.

gongorisme [gɔ̃gɔʀism] n. m. Didac. Préciosité, maniérisme de l'écriture; affectation de style. – Du nom du poète espagnol Luis de *Gongora* y Argote (1561-1672), dont le style donna naissance à un genre précieux.

gonio-, -gone. Éléments, du gr. *gônia,* «angle».

goniomètre [gɔnjɔmɛtʀ] n. m. **1.** TECH Appareil servant à la mesure des angles (topographie, optique, etc.). **2.** RADIO Appareil récepteur servant à déterminer la direction d'une émission radioélectrique. (On dit aussi *radiogoniomètre* ou, par abrév., *gonio*). – De *gonio-,* et *-mètre.*

goniométrie [gɔnjometʀi] n. f. TECH **1.** Ensemble des procédés de mesure des angles. **2.** Syn. de *radiogoniométrie.* – De *goniomètre.*

gonnelle. V. gonelle.

gonochorisme [gɔnokɔʀism] n. m. BIOL État d'une espèce animale dans laquelle il existe des individus exclusivement mâles et des individus exclusivement femelles. Ant. hermaphroditisme. – Du gr. *gonos,* «procréation, semence», et *khôrismos,* «séparation».

gonococcie [gɔnɔkɔksi] n. f. MED Infection due au gonocoque. – De *gonocoque.*

gonocoque [gɔnɔkɔk] n. m. MED Diplocoque agent de la blennorragie. – Du gr. *gonos,* «semence», et *kokkos,* «grain».

gonocyte [gɔnɔsit] n. m. BIOL Cellule sexuelle primitive donnant naissance aux gamètes. – Du gr. *gonos,* «procréation, semence», et *-cyte.*

gonorrhée [gɔnɔʀe] n. f. MED Blennorragie. – Du gr. *gonos,* «semence», et *rheîn,* «couler».

gonze [gɔ̃z] n. m., **gonzesse** [gɔ̃zɛs] n. f. **1.** n. m. Arg., vieilli Homme, individu. **2.** n. f. Pop. Femme, jeune femme. – De l'arg. ital. *gonzo,* «lourdaud».

gore-tex [gɔʀtɛks] n. m. Tissu résistant qui protège du vent et de la pluie et qui permet l'évaporation de la sueur. – Nom déposé.

gordien [gɔʀdjɛ̃] adj. m. MYTH *Nœud gordien :* lien qui fixait le joug au timon du char de *Gordias* (roi légendaire de Phrygie); un oracle ayant promis l'empire d'Asie à qui le dénouerait, ce fut Alexandre le Grand qui le trancha d'un coup d'épée (334 av. J.-C.). – Fig. Difficulté presque impossible à résoudre. *Trancher le nœud gordien :* mettre fin, par une décision brutale, à une situation de crise apparemment insoluble. – Du bas lat. *(nodus) gordius,* du n. pr. lat. *Gordius,* du gr. *Gordios,* n. d'homme, ou *Gordion,* n. de ville.

gordiens [gɔʀdjɛ̃] n. m. pl. ZOOL Classe de vers filiformes, parfois très longs (1 m), au tube digestif primitif. V. némathelminthes. – Sing. *Un gordien.* – Même orig. que l'adj. *gordien,* ces vers offrant souvent l'aspect d'un nœud en s'enroulant sur eux-mêmes.

goret [gɔʀɛ] n. m. **1.** Jeune porc. **2.** Fig., fam. Enfant malpropre. – De l'a. fr. *gore,* «truie», du rad. onomat. *gorr-.*

gorfou [gɔʀfu] n. m. ZOOL Manchot des mers australes (genre *Eudypes*) qui possède des touffes de plumes jaunes au-dessus des yeux. – Du danois *goir-fugl,* nom d'un pingouin.

gorge [gɔʀʒ] n. f. **1.** Partie antérieure du cou. *Serrer la gorge de qqn. Couper la gorge à qqn.* – Loc. fig. *Tenir, mettre le couteau sur la gorge à qqn,* chercher à obtenir de lui qqch par la menace. *Avoir le couteau sur (sous) la gorge.* **2.** Gosier, cavité située en arrière de la bouche. *Avoir mal à la gorge. Avoir la gorge sèche :* avoir soif, être altéré. *Rire à gorge déployée,* très fort. *Prendre à la gorge :* produire une sensation d'étouffement. *Fumée qui prend à la gorge.* – Fig. *Faire rentrer à qqn les paroles (ses mots) dans la gorge,* l'obliger à se taire ou à se rétracter. **3.** Loc. fig. *Rendre gorge :* restituer sous la contrainte ce qui avait été pris injustement. – *Faire des gorges chaudes de qqch,* s'en moquer ostensiblement. **4.** *Par euph.* Partie supérieure de la poitrine, seins d'une femme. *Découvrir sa gorge.* **5.** GEOMORPH Vallée étroite et très profonde. *Les gorges du Verdon.* **6.** ARCHI Moulure concave. **7.** MILIT Entrée d'une fortification, du côté des défenseurs. **8.** TECH Orifice ou cannelure. – Bas lat. **gurga,* class. *gurges,* «gouffre».

gorge-de-pigeon [gɔʀʒdəpiʒɔ̃] adj. inv. D'une couleur à reflets changeants. *Des étoffes gorge-de-pigeon.* – De *gorge*, *de*, et *pigeon*.

gorgée [gɔʀʒe] n. f. Quantité de liquide avalée en une seule fois. *Boire à petites gorgées.* – De *gorge*.

gorger [gɔʀʒe] v. tr. [13] **1.** Faire manger avec excès. *On le gorgea de mets variés.* ▷ *Gorger des volailles*, les gaver. **2.** Imprégner. - Pp. *Un terrain gorgé d'eau.* - Fig. *Être gorgé de richesses.* **3.** v. pron. Absorber en quantité. *Se gorger de café.* – De *gorge*.

gorgerette [gɔʀʒəʀɛt] n. f. Anc. Collerette que portaient les femmes. – De l'a. fr. *gorgiere*, de *gorge*.

gorgerin [gɔʀʒəʀɛ̃] n. m. **1.** Anc. Partie du heaume couvrant la gorge. **2.** ARCHI Étranglement d'une colonne ionique, au-dessous du chapiteau. – A. fr. *gorgiere*, de *gorge*.

gorget [gɔʀʒɛ] n. m. TECH Rabot servant à faire des gorges (moulures). – De *gorge*.

gorgone [gɔʀgɔn] n. f. **1.** ARCHI Sculpture représentant la tête d'une Gorgone. (Les trois Gorgones, Sthéno, Euryale et Méduse, filles de Phorcys et de Céto, étaient des monstres de la mythologie grecque à la tête entourée de serpents.) **2.** *Par ext.* et vieilli Femme très méchante ou très laide. **3.** ZOOL Cnidaire octocoralliaire (genre *Gorgonia*) des mers chaudes, à squelette calcaire, arborescent ou en éventail, d'un blanc très pur. – Gr. *gorgôn*, de *gorgos*, «terrible».

gorgonzola [gɔʀgɔ̃zɔla] n. m. Fromage de vache italien, sorte de bleu moelleux et crémeux fabriqué spécialement à Gorgonzola et à Novare. – Du n. de la ville italienne *Gorgonzola*.

gorille [gɔʀij] n. m. **1.** Le plus grand des singes pongidés (*Gorilla gorilla*), au pelage noir, très puissant. (Certains gorilles du Zaïre atteignent 2 m de haut, 2,70 m d'envergure et 250 kg; frugivores, assez peu belliqueux, polygames, les gorilles vivent en troupes dans les forêts.) **2.** Fig., fam. Garde du corps. – Lat. zool. *gorilla*, d'apr. un mot grec.

gosier [gozje] n. m. **1.** Arrière-gorge et pharynx. - Fam. *Avoir le gosier (à) sec* : avoir soif. **2.** Organe vocal. *À plein gosier* : à pleine voix. – Du bas lat., d'orig. gauloise, *geusiæ* (n. f. pl.), «joues».

gospel [gɔspɛl] n. m. MUS Chant religieux des Noirs d'Amérique du Nord. – Mot amér., abrév. de *gospel song*, «chant d'évangile».

gosse [gɔs] n. **1.** Fam. Enfant. *Sa femme et ses gosses.* **2.** Pop. *Un beau gosse, une belle gosse* : un beau garçon, une belle fille. – P.-ê. altér. de *gonze*.

gotha [gɔta] n. m. **1.** *Almanach de Gotha* : annuaire généalogique, diplomatique et statistique qui a paru de 1764 à 1944. *Être dans le Gotha.* ▷ *Par méton.* Ensemble des familles et des personnes de la noblesse. *Faire partie du gotha.* **2.** Par anal. *Le gotha de l'industrie. Le gotha du sport.* – De l'almanach de *Gotha*, v. d'All. où il fut publié.

gothique [gɔtik] adj. et n. **1.** Des Goths, qui a rapport aux Goths. ▷ n. m. LING V. gotique. **2.** *Écriture gothique* ou, n. f., *la gothique* : écriture à caractères droits, à angles et à crochets, qui remplaça l'écriture romaine vers le XIIe s. et fut abandonnée au XVe s. **3.** BX-A *Style gothique* ou, n. m., *le gothique* : style architectural qui s'est répandu en Europe du XIIe au XVIe s. – Bas lat. *gothicus*, «relatif aux Goths».

ENCYCL **Bx-A.** - Le nom de gothique a été d'abord donné, de manière péjorative, à l'art *ogival*. L'architecture gothique, née en France et en Angleterre au début du XIIe s., s'impose dans presque toute l'Europe jusqu'au XVIe s. Son essor est dû à l'emploi, pour les voûtes des édifices religieux, de la croisée d'ogives. Le style gothique se substitue progressivement au style roman : l'arc brisé se généralise, les supports gagnent en hauteur, les vides (ouvertures garnies de vitraux) l'emportent sur les pleins. Le *gothique primitif* va de 1140 à 1200 : cath. de Noyon, de Sens, basilique de Saint-Denis; le *gothique à lancettes* va de 1200 à 1250 : cath. de Paris, Reims, Chartres, Bourges, et Sainte-Chapelle. Le *gothique rayonnant* (XIVe s.) éclaire l'édifice d'immenses «roses» : cath. de Strasbourg, Metz, Cologne. Dans le *gothique flamboyant* (XVe-XVIe s.), la décoration l'emporte : cath. de Beauvais, égl. St-Maclou à Rouen, St-Gervais, St-Merri à Paris, St-Pierre à Avignon. L'architecture civile adopte le style ogival : maison de Jacques Cœur à Bourges, hôtel de Cluny à Paris. Les châteaux forts de Falaise, d'Angers, de Combourg, le palais des papes à Avignon, les enceintes fortifiées de Carcassonne, Saint-Malo, Aigues-Mortes sont de beaux spécimens d'architecture gothique militaire. Pendant les premières périodes, la *sculpture gothique* est surtout monumentale : portails des cathédrales, avec le *Christ en majesté* à Chartres, le *Jugement dernier* à Notre-Dame de Paris, le *Beau Dieu* d'Amiens, les groupes de la *Visitation* et de l'*Annonciation* de Reims. Au XIVe s., se développe une sculpture ornementale, avec des madones hanchées, des monuments funéraires : tombeau de Philippe le Hardi, sépulcre de Solesmes, etc. À l'époque gothique, connurent un grand essor : l'art du vitrail : Notre-Dame de Paris, Sainte-Chapelle, Chartres, Bourges; l'orfèvrerie : châsse de saint Taurin d'Évreux, reliquaire de Jaucourt; la tapisserie : tentures de l'*Apocalypse* d'Angers, *la Dame à la licorne* (au musée de Cluny); l'enluminure : les *Très Riches Heures du duc de Berry*.

gotique ou **gothique** [gɔtik] n. m. LING Langue germanique ancienne, appartenant au groupe oriental, parlée par les Goths. – Var. de *gothique*.

goton [gɔtɔ̃] n. f. Vx Femme de mauvaise vie. – De *Margoton*, tiré de *Margot*, hypocoristique de *Marguerite*, prénom féminin.

gouache [gwaʃ] n. f. Peinture préparée à l'aide de couleurs délayées dans de l'eau avec de la gomme et rendues pâteuses par du miel ou une autre substance. ▷ Œuvre peinte à la gouache. – De l'ital. dial. *guazzo*, «détrempe», lat. *aquatio*, «action de mouiller».

gouacher [gwaʃe] v. tr. [1] Peindre ou retoucher à la gouache. - Pp. adj. *Miniature gouachée.* – De *gouache*.

gouaille [gwa(ɑ)j] n. f. **1.** Moquerie insolente teintée de vulgarité. **2.** Syn. de *gouaillerie*. – Déverbal de *gouailler*.

gouailler [gwɑ(a)je] v. tr. et intr. [1] Vieilli Manifester de la gouaille. – Même rad. *gab-*, *gav-* que dans gaver, engouer, et désignant la gorge.

gouaillerie [gwajʀi] n. f. Action de gouailler; attitude d'une personne qui manifeste de la gouaille. – De *gouailler*.

gouailleur, euse [gwajœʀ, øz] adj. Qui manifeste de la gouaille. *Une voix gouailleuse.* – De *gouailler*.

goualante [gwalɑ̃t] n. f. Pop., vieilli Rengaine, refrain populaire. – Ppr. fém. subst. du v. arg. *goualer*, «chanter», p.-ê. de *gouailler*.

goualeuse [gwaløz] n. f. Pop., vx Chanteuse. – De l'arg. *goualer*, «chanter».

gouape [gwap] n. f. Vx, fam. Voyou. *Une bande de gouapes.* – Provenç. mod. *gouapo*, «gueux», arg. esp. *guapo*, «brigand».

gouda [guda] n. m. Fromage de Hollande au lait de vache, à pâte plus ou moins étuvée. – Du n. de *Gouda*, localité des Pays-Bas.

goudron [gudʀɔ̃] n. m. Émulsion épaisse et noirâtre qui provient de la pyrogénation de la houille ou du bois, de la distillation du pétrole brut, etc. *Les goudrons servent à fabriquer les huiles et le brai utilisés dans le revê-*

tement des chaussées, et entrent dans la préparation de colorants, de parfums et de carburants. – De l'ar. *qatrān.*

goudronnage [gudʀɔnaʒ] n. m. Action de goudronner. *Goudronnage des routes.* – De *goudronner.*

goudronner [gudʀɔne] v. tr. [1] Enduire de goudron. – De *goudron.*

goudronneur [gudʀɔnœʀ] n. m. Ouvrier qui goudronne. – De *goudronner.*

goudronneux, euse [gudʀɔnø, øz] adj. et n. f. De la nature du goudron. ▷ n. f. TECH Véhicule servant au goudronnage des routes. – De *goudronner.*

gouet [gwɛ] n. m. **1.** Vx Grosse serpe. **2.** Mod. Nom cour. de l'arum tacheté (*Arum maculata*). – Du lat. pop. **gubius.* (V. gouge.)

gouffre [gufʀ] n. m. **1.** Dépression naturelle très profonde aux parois abruptes. – *Spécial.* GEOMORPH Vaste puits naturel, typique du relief karstique. *Le gouffre de Padirac.* Syn. abîme, aven. **2.** Fig. Catastrophe. *Le pays est au bord du gouffre.* **3.** Fig. Ce dans quoi l'on engloutit beaucoup d'argent. *Cette maison est un gouffre!* – Du bas lat. *colpus,* gr. *kolpos,* «golfe», par l'a. fr. *gloufe.*

gouge [guʒ] n. f. TECH Ciseau droit ou coudé à tranchant semi-circulaire. – Du bas lat. *gubia, gulbia,* «burin».

gougère [guʒɛʀ] n. f. Gâteau salé soufflé au fromage.

gouine [gwin] adj. et n. f. Vulg., péjor. Femme homosexuelle. – Fém. de l'a. fr. *goin,* «lourdeau», même rac. que *goujat.*

goujat, ate [guʒa, at] n. **1.** n. m. Vx Apprenti maçon. **2.** Personne grossière, sans éducation. – Mot languedocien, «garçon», hébreu *goya,* «servante chrétienne», fém. de *goy.*

goujatement [guʒatmɑ̃] adv. D'une manière goujate. – De *goujat.*

goujaterie [guʒatʀi] n. f. Grossièreté. – De *goujat.*

1. goujon [guʒɔ̃] n. m. Poisson cyprinidé *(Gobio gobio)* comestible des eaux courantes, qui atteint 15 cm de long et porte deux barbillons. – Du lat. *gobio, gobionis.*

2. goujon [guʒɔ̃] n. m. TECH Pièce cylindrique aux extrémités taraudées, servant à assembler deux éléments. – De *gouge.*

goujonner [guʒɔne] v. tr. [1] TECH Assembler au moyen de goujons. – De *goujon* 2.

goujonnière [guʒɔnjɛʀ] adj. f. *Perche goujonnière* : grémille commune. – De *goujon* 1.

goulag [gulag] n. m. Camp de travail forcé, en U.R.S.S. – Abrév. de l'expr. russe *g(lavnoje) ou(pravlenie) lag(erej),* «direction principale des camps de travail»; répandue après la publication en français (1973-1974) du récit de Soljenitsyne *l'Archipel du Goulag.*

goulasch ou **goulache** [gulaʃ] n. m. ou f. CUIS Plat hongrois, fait de bœuf mijoté avec des oignons et des épices (paprika, notam.). – Mot hongrois.

1. goule [gul] n. f. Vx Gueule. – Lat. *gula,* «gosier».

2. goule [gul] n. f. Vampire féminin des légendes orientales. – Ar. *ghoûl,* «démon».

goulée [gule] n. f. Fam. Gorgée. – Par ext. *Une goulée d'air.* – De *goule* 1.

goulet [gulɛ] n. m. **1.** Vx Goulot. **2.** GEOGR Défilé. **3.** Chenal. **4.** *Goulet (goulot) d'étranglement* : ce qui limite un écoulement, un débit (rue trop étroite dans un réseau routier, machine au débit insuffisant dans un circuit de fabrication, etc.). – De *goule* 1.

gouleyant, ante [gulejɑ̃, ɑ̃t] adj. Qui se boit facilement, frais et léger (en parlant d'un vin). ▷ Fig. Agréable. – De *goule* 1.

goulot [gulo] n. m. **1.** Col d'un vase, d'une bouteille à orifice étroit. *Goulot de bouteille. Boire au goulot.* **2.** *Goulot d'étranglement* : V. goulet. – De *goule* 1.

goulotte [gulɔt] n. f. **1.** CONSTR Rigole pour l'évacuation des eaux. **2.** TECH Conduit incliné pour la manutention des marchandises ou des matériaux. – De *goule* 1.

goulu, ue [guly] adj. (et n.) **1.** Vorace, glouton. *Un enfant goulu.* ▷ Subst. *Un(e) goulu(e).* – n. f. *La Goulue* : danseuse du Moulin-Rouge, qui inspira Toulouse-Lautrec. **2.** HORTIC *Pois goulus* ou *gourmands,* que l'on mange avec les cosses. – De *goule* 1.

goulûment [gulymɑ̃] adv. Avec avidité. *Manger goulûment.* – De *goulu.*

goum [gum] n. m. HIST Formation auxiliaire recrutée, de 1908 à 1956, parmi les indigènes d'Afrique du N. et encadrée par des gradés français. – Ar. maghrébin *gaum,* «troupe».

goumier [gumje] n. m. HIST Cavalier appartenant à un goum. – De *goum.*

goupil [gupi(l)] n. m. Vx Renard. – Du bas lat. *vulpiculus,* de *vulpes*; influence germanique à l'initiale.

goupille [gupij] n. f. TECH Tige métallique conique, ou constituée par deux branches que l'on rabat *(goupille fendue),* servant à immobiliser une pièce. – De *goupil.*

goupiller [gupije] v. tr. [1] **1.** TECH Fixer avec une goupille. **2.** Fam. Arranger, manigancer. *C'est lui qui a goupillé tout ça.* – De *goupille.*

goupillon [gupijɔ̃] n. m. **1.** Tige garnie de poils pour nettoyer un corps cylindrique creux (bouteille, par ex.). **2.** Tige garnie de poils ou surmontée d'une boule creuse à trous, qui sert à asperger d'eau bénite. – Fam., péjor. *Alliance du sabre et du goupillon,* de l'armée et du clergé, en politique. – De l'a. fr. *guipon,* du néerl. **wisp,* «bouchon de paille».

gour [guʀ] n. m. GEOL Butte rocheuse isolée par l'érosion, typique de certains reliefs désertiques (Sahara). – Mot ar.

goura [guʀa] n. m. ORNITH Gros pigeon (genre *Goura*) à huppe, de Nouvelle-Guinée. – Nom indigène.

gourami [guʀami] n. m. ICHTYOL Poisson téléostéen comestible des lagunes asiatiques (genre *Osphromenus*) dont les petites espèces sont élevées dans les aquariums. – Mot des îles de la Sonde.

gourance [guʀɑ̃s] n. f. Pop. Fait de se gourer, erreur. – De *gourer (se).*

gourbi [guʀbi] n. m. **1.** Tente, hutte, en Afrique du Nord. **2.** Vx Abri de tranchée. **3.** Fam. Logement sale et en désordre, exigu. – Mot ar. algérien.

gourd, gourde [guʀ, guʀd] adj. Engourdi, paralysé par le froid. *Avoir les doigts gourds.* – Du bas lat. *gurdus,* «lourdaud, grossier».

1. gourde [guʀd] n. f. **1.** Plante grimpante (*Lagenaria vulgaris,* fam. cucurbitacées) originaire de l'Inde, dont le fruit comestible est la calebasse. **2.** *Par ext.* Récipient fait d'une calebasse séchée. **3.** Bouteille conçue pour résister aux chocs (en verre, en métal, en matière plastique, etc.), fermant hermétiquement, que l'on porte avec soi en déplacement. – Altér. de l'a. fr. *coorde,* lat. *cucurbita,* «courge».

2. gourde [guʀd] n. f. et adj. Fam. Fille, femme stupide. *Une grande gourde.* ▷ adj. *Ce qu'elle peut être gourde! Il est un peu gourde.* – De *gourd,* «engourdi», avec infl. de *gourde* 1.

3. gourde [guʀd] n. f. Monnaie de la rép. d'Haïti. – De *piastre gourde,* de l'esp. *gordo,* «gros».

gourdin [guʀdɛ̃] n. m. Gros bâton noueux. – De l'ital. *cordino,* dimin. de *corda.*

gourer (se) [guʀe] v. pron. [1] Pop. Se tromper. – P.-ê. même rad. *gorr-* que *goret.*

gourgandine [guʀgɑ̃din] n. f. **1.** Fam., vieilli Femme facile et dévergondée. **2.** Corsage souple lacé sur le devant, en usage au XVIIe s. – Dial., p.-ê. même rad. que *goret* et rad. de l'a. fr. *gandir,* «s'esquiver, courir dans tous les sens».

gourgane [guʀgan] n. f. Plante légumineuse (*Vicia faba,* fam. papilionacées) cultivée pour ses grosses graines comestibles. ▷ (Plur.) Graines de cette plante. – Mot du nord-ouest et du centre de la France.

gourmand, ande [guʀmɑ̃, ɑ̃d] adj. et n. **I.** adj. **1.** Qui aime la bonne chère. *Il est très gourmand. Être gourmand de fruits.* ▷ Subst. *Un(e) gourmand(e).* **2.** Fig. Avide, exigeant. *Il réclame mille francs, il est trop gourmand.* **II.** n. m. BOT **1.** Stolon du fraisier. **2.** Branche inutile qui, poussant au-dessous d'une greffe ou d'une branche à fruits, tire la sève à elle. **3.** *Pois gourmands :* pois goulus*.

gourmander [guʀmɑ̃de] v. tr. [1] Réprimander sévèrement. *Gourmander un enfant.* – De *gourmand,* sous l'infl. de l'anc. v. *gourmer,* «brider un cheval».

gourmandise [guʀmɑ̃diz] n. f. **1.** Caractère, défaut d'une personne gourmande. **2.** (Souvent plur.) Friandise. – De *gourmand.*

gourme [guʀm] n. f. **1.** Nom cour. donné à l'impétigo et à l'eczéma du visage et du cuir chevelu qui atteignent les enfants mal soignés. ▷ Fig., vieilli *Jeter sa gourme :* se dit d'un jeune homme qui fait ses premières frasques. **2.** MED VETER Maladie infectieuse des équidés, due à *Streptococcus equi* et se traduisant par une inflammation des voies respiratoires. – Du frq. **worm,* «pus».

gourmé, ée [guʀme] adj. Litt. Guindé, qui affecte la gravité. *Un air gourmé.* – Pp. de l'anc. v. *gourmer,* «brider un cheval».

gourmet [guʀmɛ] n. m. Connaisseur en vins, en bonne chère. *Un fin gourmet.* – De l'a. fr. *gromet* (d'orig. incon.), «valet (de marchand de vins)»; un rapport s'est établi avec *gourmand.*

gourmette [guʀmɛt] n. f. **1.** Chaîne réunissant les deux branches du mors de la bride d'un cheval. **2.** Bracelet formé d'une chaîne à mailles aplaties. – De *gourme* (sens 2), cette affection atteignant souvent la bouche du cheval.

gourou ou **guru** [guʀu] n. m. **1.** Guide spirituel, en Inde. **2.** Fig., iron. Maître à penser. – De l'hindi *georū,* «vénérable», du sanscrit *guruh,* «lourd».

gousse [gus] n. f. Fruit sec, typique des légumineuses, dérivant d'un seul carpelle, contenant de nombreuses graines, et s'ouvrant à maturité par deux fentes de déhiscence. *Une gousse de pois.* – Abusiv. *Gousse d'ail :* chacune des parties d'une tête d'ail.

gousset [gusɛ] n. m. **1.** Petite poche de pantalon ou de gilet. *Tirer une montre de son gousset.* **2.** TECH Pièce triangulaire plane servant à renforcer un assemblage de profilés, à supporter une tablette, etc. **3.** HERALD Pièce triangulaire qui se termine en pal à la pointe de l'écu. – De *gousse.*

goût [gu] n. m. **I. 1.** Sens par lequel on perçoit les saveurs. **2.** Saveur. *Un dessert au goût sucré.* **3.** Appétit. *Il n'a de goût pour rien.* – Fig. *Faire passer à qqn le goût du pain,* le tuer, le faire disparaître. **II.** Fig. **1.** Faculté de discerner et d'apprécier les qualités et les défauts d'une œuvre. *Se fier à son propre goût. Avoir le goût sûr. Il n'a aucun goût.* **2.** *Absol.* Bon goût. *Un intérieur décoré avec goût.* **3.** Inclination pour qqch, plaisir éprouvé à faire qqch. *Avoir le goût de la lecture.* – *Prendre goût à qqch,* commencer à l'aimer. ▷ Plur. *Chacun ses goûts. Tous les goûts sont dans la nature.* **4.** (Avec un qualificatif.) Manière dont on juge qqch. *Une plaisanterie de mauvais goût. Une œuvre d'un goût raffiné.* **5.** Loc. *Dans le goût (de) :* à la manière (de). *Un tableau dans le goût de Raphaël.* ▷ *Au goût du jour :* conforme à la mode du moment. – Lat. *gustus.*

1. goûter [gute] v. [1] **I.** v. tr. **1.** Apprécier par le sens du goût. *Goûter une sauce, un vin.* **2.** Fig. Apprécier. *Ne pas goûter une plaisanterie.* **3.** Fig. Savourer, jouir de. *Goûter les charmes de la campagne.* **II.** v. tr. indir. Boire ou manger un peu de (une chose) pour juger de sa saveur. *Goûter à un plat.* – Fig. Tâter de. *Il a goûté d'un peu tous les métiers.* **III.** v. intr. Prendre une collation au milieu de l'après-midi. *Inviter des enfants à goûter.* – Lat. *gustare.*

2. goûter [gute] n. m. Collation prise au milieu de l'après-midi. *Tartines pour le goûter.* – De *goûter* 1.

goûteux, euse [gutø, øz] adj. Rég. Qui a du goût, savoureux. – De *goût.*

1. goutte [gut] n. f. **1.** Toute petite quantité de liquide, de forme arrondie. *Des gouttes de pluie.* – Loc. pop. *Avoir la goutte au nez,* des mucosités qui coulent du nez. **2.** Loc. adv. *Goutte à goutte :* goutte après goutte. **3.** Très petite quantité de liquide. *Une goutte de liqueur.* – Pop. *Boire la goutte :* prendre un petit verre d'alcool. **4.** Loc. prov. *C'est la goutte d'eau qui a fait déborder le vase,* le petit incident qui, ajouté à d'autres, a déclenché la colère. – *Une goutte (d'eau) dans l'océan, la mer :* une quantité infime par rapport au reste. **5.** (Plur.) Médicaments qui s'administrent par gouttes. *Prendre ses gouttes à heure fixe.* **6.** ARCHI Ornement en forme de tronc de cône sur une corniche ou à la base d'un triglyphe dans l'entablement dorique. **7.** Loc. adv. *Ne... goutte :* ne... rien, ne... pas. *On n'y voit goutte ici.* – Lat. *gutta.*

2. goutte [gut] n. f. Maladie métabolique caractérisée par l'accumulation d'acide urique dans l'organisme, qui se traduit par des atteintes articulaires, partic. du gros orteil, et parfois par une lithiase rénale. *Avoir une attaque de goutte.* – De *goutte* 1.

goutte-à-goutte [gutagut] n. m. inv. MED Appareil qui sert à la perfusion du sérum ou de liquides médicamenteux. – Perfusion avec cet appareil. – De la loc. *goutte à goutte.* (V. goutte 1.)

gouttelette [gutlɛt] n. f. Petite goutte. – Dimin. de *goutte* 1.

goutter [gute] v. intr. [1] Laisser tomber des gouttes; couler goutte à goutte. *Robinet mal fermé qui goutte. Eau qui goutte.* – De *goutte* 1; bas lat. *guttare.*

gouttereau [gutʀo] adj. m. ARCHI *Mur gouttereau :* dans une église romane ou gothique, mur latéral (couronné par une gouttière). – De *gouttière.*

goutteux, euse [gutø, øz] adj. et n. **1.** Qui est atteint de la goutte. ▷ Subst. *Un goutteux. Une goutteuse.* **2.** Qui est dû à la goutte. – De *goutte* 2.

gouttière [gutjɛʀ] n. f. **1.** Conduit de section semi-circulaire, souvent en zinc, qui sert à recueillir les eaux de pluie le long d'une toiture. Syn. chéneau. ▷ *Chat de gouttière :* chat de race indéfinie. **2.** CHIR Appareil qui sert à immobiliser un membre fracturé. – De *goutte* 1.

gouvernable [guvɛʀnabl] adj. Qui peut être gouverné. – De *gouverner.*

gouvernail [guvɛʀnaj] n. m. **1.** Dispositif à l'arrière d'un navire, d'un avion, etc., permettant de les diriger. **2.** Fig. Direction, conduite. *Tenir le gouvernail de l'État.* – Du lat. *gubernaculum.*

gouvernant, ante [guvɛʀnɑ̃, ɑ̃t] adj. et n. Qui gouverne. – Ppr. de *gouverner.*

gouvernante [guvɛʀnɑ̃t] n. f. **1.** Femme chargée de garder, d'éduquer des enfants. *Elle a eu une gouvernante anglaise.* **2.** Femme qui tient la maison d'une personne seule, partic. d'un homme seul. *Mme Denis, nièce de Voltaire, fut sa gouvernante.* – Femme responsable d'une domesticité nombreuse, dans une grande maison. – Ppr. fém. subst. de *gouverner.*

gouverne [guvɛʀn] n. f. **1.** Vx Ce qui sert de règle de conduite. – Loc. mod. *Pour votre gouverne... :* pour votre information... **2.** n. f. pl. AVIAT Plans mobiles situés sur la voilure d'un avion et servant à modifier sa position par rapport à ses axes de tangage, de lacet et de roulis. *Gouvernes de profondeur, de direction.* – Déverbal de *gouverner.*

gouvernement [guvɛʀnəmɑ̃] n. m. **1.** Action de gouverner, d'administrer. *Le gouvernement d'une province.* **2.** Régime politique d'un État. *Gouvernement monarchique, démocratique.* **3.** Pouvoir qui dirige un État. ▷ Ensemble des ministres. *La formation du nouveau gouvernement. Renverser le gouvernement.* **4.** Territoire, ville placés sous l'autorité d'un gouverneur. *Gouvernement militaire de Paris.* **5.** Vx Charge, direction, conduite. *Gouvernement des âmes.* – De *gouverner.*

gouvernemental, ale, aux [guvɛʀnəmɑ̃tal, o] adj. **1.** Du gouvernement. *Projet gouvernemental.* **2.** Partisan du gouvernement. *La presse gouvernementale.* – De *gouvernement.*

gouverner [guvɛʀne] v. tr. [1] **1.** MAR Conduire (un navire) à l'aide du gouvernail. **2.** Diriger, régir. *Gouverner un pays, un peuple.* **3.** *Absol.* Diriger l'État. *Régner sans gouverner.* **4.** Dominer, exercer un pouvoir sur. *Gouverner les esprits. Gouverner ses passions.* **5.** GRAM Vx Régir. *Ce verbe gouverne l'accusatif.* **6.** v. pron. Gérer ses affaires politiques. *Le droit des peuples à se gouverner eux-mêmes.* – Lat. *gubernare,* gr. *kubernân.*

gouverneur [guvɛʀnœʀ] n. m. **1.** Anc. Chef d'une province. **2.** MILIT Chef de place. *Le gouverneur militaire de Paris.* **3.** FIN Directeur d'une grande institution financière. *Gouverneur de la Banque de France, du Crédit foncier.* **4.** Représentant de l'État dans les anciennes colonies françaises. *Le gouverneur général de l'Afrique-Occidentale française.* ▷ *Gouverneur général (du Canada) :* chef officiel de l'État canadien, représentant du souverain britannique, qui le nomme pour cinq ans sur la recommandation du Premier ministre du Canada. **5.** Aux États-Unis, chef du pouvoir exécutif d'un État de l'Union. **6.** HIST Précepteur. *Gouverneur du Dauphin.* – De *gouverner.*

gouvernorat [guvɛʀnɔʀa] n. m. **1.** Circonscription administrative d'un gouverneur. **2.** Fonction, dignité de gouverneur. **3.** Division administrative, en Égypte et en Tunisie. – De *gouverneur.*

goy, (plur.) **goyim** ou **goï,** (plur.) **goïm** [gɔj, gɔ(j)im] n. m. Pour les israélites, non-juif, et, par ext., chrétien. – Mot hébreu (V. goujat).

goyave [gɔjav] n. f. Fruit comestible du goyavier, baie jaune piriforme à chair blanche ou rose parfumée. – Du caraïbe, *guava.*

goyavier [gɔjavje] n. m. Arbre (genre *Psidium,* fam. myrtacées) originaire d'Amérique centrale, dont une espèce produit les goyaves. – De *goyave.*

gr GEOM Symbole de grade (unité d'angle).

grabat [gʀaba] n. m. Très mauvais lit. – Lat. *grabatus,* gr. *krabbatos.*

grabataire [gʀabatɛʀ] adj. et n. Se dit d'un malade qui ne peut quitter son lit. – Subst. *Un(e) grabataire.* – De *grabat.*

graben [gʀabɛn] n. m. GEOMORPH Fossé d'effondrement, limagne (par oppos. à *horst*). – Mot all., « fossé ».

grabuge [gʀabyʒ] n. m. Pop. Dispute, bagarre ; chahut très bruyant.

grâce [gʀɑs] n. f. **1.** Faveur accordée volontairement. *Solliciter, accorder, obtenir une grâce.* – Loc. (Termes de politesse.) *Faites-moi la grâce de venir.* – *De grâce :* s'il vous plaît. – *Trouver grâce auprès de qqn,* lui plaire, gagner sa bienveillance. – *Être dans les bonnes grâces de qqn,* jouir de sa faveur. – *Rendre grâce :* reconnaître une faveur accordée. – *Action de grâces :* remerciements à Dieu. – (Plur.) Prière faite après un repas. *Dire les grâces.* **2.** Loc. prép. *Grâce à :* avec l'aide de. *Grâce à vous. Grâce à Dieu.* – Par le moyen de. *Le projet a réussi grâce à son intervention.* **3.** Remise de peine, pardon accordé volontairement. *Faire grâce à qqn.* – *Droit de grâce :* droit, que détient le chef de l'État, de réduire ou de commuer une peine. – Loc. *Faire grâce à qqn d'une obligation,* l'en dispenser. – Iron. *Faites-moi grâce de vos conseils.* – *Grâce ! :* Pitié ! (dans une imploration). ▷ *Coup* de grâce.* **4.** THEOL Don surnaturel que Dieu accorde aux créatures pour les conduire au salut. *État de grâce.* – Fig. *Avoir la grâce, être en état de grâce :* être inspiré d'une manière particulièrement heureuse (se dit en partic. de la création artistique). **5.** Attrait, agrément, charme. *Cette danseuse a de la grâce. Grâce naturelle.* – (Plur.) Attraits. *Les grâces de l'esprit. Faire des grâces :* avoir des manières aimables ou (iron.) affectées. ▷ *De bonne grâce :* de bon gré. – *De mauvaise grâce :* à contrecœur. – *Avoir mauvaise grâce à, de :* être mal placé pour. *Il aurait mauvaise grâce à me refuser ce service après ce que j'ai fait pour lui.* **6.** Titre d'honneur donné en Angleterre aux ducs et aux évêques anglicans. *Sa Grâce le duc de... Votre Grâce.* **7.** (Plur.) MYTH Déesses qui symbolisaient le charme. *Les trois Grâces.* (Souvent employé iron., ou par plaisant., auj.) – Lat. *gratia.*

gracier [gʀasje] v. tr. [2] Remettre ou commuer la peine de (un condamné). *Le président de la République l'a gracié.* – De *grâce.*

gracieusement [gʀasjøzmɑ̃] adv. **1.** Aimablement. *Remercier gracieusement qqn.* **2.** Avec de la grâce, du charme. *Danser gracieusement.* **3.** Gratuitement. *Cet échantillon vous est fourni gracieusement.* – De *gracieux.*

gracieuseté [gʀasjøzte] n. f. (Souvent iron.) Action, parole aimable. – De *gracieux.*

gracieux, euse [gʀasjø, øz] adj. **1.** Qui a de la grâce, du charme. *Une gracieuse comédienne.* **2.** Aimable. *Avoir des manières gracieuses.* **3.** Accordé bénévolement. *Offre gracieuse. À titre gracieux :* gratuitement. **4.** DR *Recours gracieux :* recours non contentieux auprès d'une autorité administrative. **5.** (Dans des termes de respect.) *Fournisseur de Sa Gracieuse Majesté.* – Lat. *gratiosus.*

gracile [gʀasil] adj. De forme élancée et délicate. *Une adolescente gracile.* – Lat. *gracilis,* « mince, maigre, chétif, misérable ».

gracilité [gʀasilite] n. f. Caractère de ce qui est gracile. – Lat. *gracilitas, gracilitatis.*

gracioso [gʀasjozo] adv. MUS Avec grâce. – Ital. *grazioso.*

gradation [gʀadasjɔ̃] n. f. **1.** Augmentation ou diminution par degrés. *Procéder par gradations.* **2.** MUS Changement de ton progressif et ascendant. **3.** RHET Figure de style consistant en une succession d'expressions allant par progression croissante ou décroissante. **4.** PEINT Passage insensible d'une couleur à une autre. **5.** TECH Caractéristique de sensibilité d'une émulsion photographique. – Lat. *gradatio.*

-grade. Élément, du lat. *gradi,* « marcher ».

grade [gʀad] n. m. **1.** Degré dans la hiérarchie. *Monter en grade.* ▷ *Spécial.* Degré dans la hiérarchie militaire. *Le grade de sergent.* – Loc. fam. *En prendre pour son grade :* se faire réprimander. **2.** *Grade universitaire :* titre, diplôme décerné par l'Université. **3.** GEOM Unité d'arc et d'angle (symbole gr). *La circonférence est divisée en 400 grades. 1 grade = 0,9 degré.* **4.** TECH Degré de viscosité d'une huile de graissage. – Ital. *grado* ou lat. *gradus.*

gradé, ée [gʀade] adj. (et n.) Qui a un grade dans l'armée. – De *grade.*

grader [gʀadœʀ] n. m. (Anglicisme) TECH Engin de terrassement qui sert à niveler les terrains. Syn. (off. recommandé) niveleuse. – Mot angl., de *to grade*, « niveler ».

gradient [gʀadjɑ̃] n. m. **1.** PHYS Taux de variation d'une grandeur en fonction d'un paramètre (par ex. : température par unité de longueur, *gradient géothermique*). **2.** BIOL Variation biochimique ou physiologique le long d'un axe d'un organisme. **3.** MATH *Gradient d'une fonction*, vecteur ayant pour composantes les dérivées partielles de la fonction par rapport à chacune des coordonnées. – Lat. *gradiens, gradientis*, de *gradus*, « grade ».

gradin [gʀadɛ̃] n. m. **1.** Banc étagé avec d'autres. *Les gradins d'un amphithéâtre.* **2.** Petit degré formant étagère sur un meuble. – Ital. *gradino*, dimin. de *grado*, « degré d'escalier ».

graduation [gʀadɥasjɔ̃] n. f. TECH Division en degrés, en repères. ▷ Action de graduer. – De *graduer*.

gradué, ée [gʀadɥe] adj. **1.** Progressif. *Exercices gradués.* **2.** TECH Muni d'une graduation. – Pp. de *graduer*.

1. graduel [gʀadɥɛl] n. m. LITURG CATHOL Chant exécuté avant l'évangile pendant la messe. – Livre qui renferme les parties chantées de la messe. – Lat. médiév. *gradualis*.

2. graduel, elle [gʀadɥɛl] adj. Qui va par degrés, progressif. *Une augmentation graduelle.* – Du lat. médiév. *gradualis*.

graduellement [gʀadɥɛlmɑ̃] adv. Par degrés, progressivement. *Diminuer graduellement les doses d'un médicament.* – De *graduel*.

graduer [gʀadɥe] v. tr. [1] **1.** Augmenter par degrés, par étapes successives. *Graduer les problèmes.* **2.** TECH Diviser au moyen de repères, de degrés, l'échelle de (un instrument de mesure). *Graduer un thermomètre.* – Lat. médiév. *graduare*, « conférer un grade ».

graffiter [gʀafite] v. tr. [1] Faire des graffiti sur. *Ils ont graffité la palissade.* – (S. comp.) *Elle graffite dans le métro.* – De *graffiti*.

graffiteur, euse [gʀafitœʀ, øz] n. Personne qui fait des graffiti. – *Spécial.* Artiste dont le mode d'expression est le graffiti. – De *graffiti*.

graffiti [gʀafiti] n. m. pl. **1.** ARCHEOL Dessins, inscriptions, etc., tracés notam. sur les murs des édifices des villes antiques. *Les graffiti de Pompéi.* **2.** Dessins, inscriptions, slogans, etc., tracés sur les murs. *Graffiti du métro.* ▷ (Souvent au sing.) *Un graffiti.* – Mot ital.

graille [gʀɑj] n. f. Pop. Nourriture. *À la graille ! :* à la soupe ! – De *graillon* 2.

graillement [gʀɑjmɑ̃] n. m. Son enroué de la voix. – De *grailler* 1.

1. grailler [gʀɑje] v. intr. [1] Émettre un son rauque (comme le cri des corneilles). – De *graille* (dial.), « corneille » ; lat. *gracula*.

2. grailler [gʀɑje] v. intr. [1] VEN Sonner du cor pour rappeler les chiens. – Var. de *grailer*, a. fr. *graile*, « trompette ».

3. grailler [gʀɑje] v. tr. [1] Pop. Manger. ▷ (S. comp.) *Quand est-ce qu'on graille ?* – De *graille*.

1. graillon [gʀɑjɔ̃] n. m. Pop. Crachat. – Var. de *craillon*, de *crailler*, « cracher », rad. germ. *krakk*.

2. graillon [gʀɑjɔ̃] n. m. Péjor. *Odeur de graillon*, de graisse ou de viande brûlée. – Du rég. *grailler*, « griller ».

1. graillonner [gʀɑjɔne] v. intr. [1] Pop. Tousser en crachant. – De *graillon* 1.

2. graillonner [gʀɑjɔne] v. intr. [1] Péjor. Prendre un goût, une odeur de graillon. – De *graillon* 2.

grain [gʀɛ̃] n. m. **1.** Toute graine ou fruit de petite taille, plus ou moins globuleux. *Un grain de riz, de raisin.* – *Poulet de grain*, nourri avec du grain (blé, maïs, etc.). ▷ *Le grain, les grains :* les grains de céréales. *Commerce des grains.* **2.** Corps très petit en forme de grain. *Grain de chapelet. Grain de sel.* **3.** Loc. fam. *Mettre son grain de sel :* intervenir sans en avoir été prié. – *Un grain de bon sens, de folie :* un peu de bon sens, de folie. – *Avoir un grain :* être un peu fou, excentrique. **4.** Aspect d'une surface qui présente de petites aspérités. *Le grain d'un cuir.* **5.** Anc. unité de poids, correspondant à 54 mg. **6.** TECH Dimension des particules d'une émulsion photographique. **7.** Bref coup de vent accompagné d'averses, qui se produit souvent au passage d'un cumulonimbus. – Fig. *Veiller au grain :* se tenir sur ses gardes. **8.** *Grain de beauté :* petite tache ou saillie foncée sur la peau. Syn. nævus, lentigo. – Lat. *granum*.

grainage [gʀɛnaʒ] ou **grenage** [gʀənaʒ] n. m. TECH **1.** Opération par laquelle on donne au cuir un grain régulier. **2.** Opération qui consiste à réduire une substance en grains. *Grainage du sucre, de la poudre à canon.* – De *grainer* ou de *grener*.

1. graine [gʀɛn] n. f. **1.** Organe de reproduction des plantes phanérogames, enfermé dans leur fruit (cosse, capsule, etc.). **2.** Loc. fig. *Mauvaise graine :* mauvais sujet, en parlant d'un enfant, d'un jeune homme. *Graine de chenapan !* – Vieilli *Fille montée en graine*, qui tarde à se marier. – *En prendre de la graine :* prendre en exemple (ce qui est digne d'admiration). **3.** Œufs de *Bombyx mori*, dont la chenille est le ver à soie, destinés à la reproduction. **4.** GEOPH Partie interne du noyau de la Terre, de même composition que celui-ci mais plus condensée en raison de la pression élevée (V. encycl. terre et géophysique). – Lat. *grana*, pl. neutre pris comme fém. de *granum*, « grain ».

2. graine [gʀɛn] n. f. (En loc.) Fam. *Casser la graine :* manger. – De *graine* 1, par métaph., « grain de blé, pain ».

grainer [gʀene] [1] ou **grener** [gʀəne] [16] **1.** v. intr. Produire des graines. **2.** v. tr. TECH Soumettre (un cuir) à l'opération du grainage (ou grenage). – De *grain* ou de *graine*.

graineterie [gʀɛntʀi] n. f. Magasin où l'on vend des graines. – De *graine*.

grainetier, ère [gʀɛntje, ɛʀ] n. Personne qui vend des graines pour la consommation. – Du lat. médiév. *granatarius*, de *grana*, « graine ».

grainier, ère [gʀɛnje, ɛʀ] n. **1.** Personne qui vend des graines de semences. **2.** n. m. Local où l'on conserve les graines. – De *graine*.

graissage [gʀɛsaʒ] n. m. TECH Action de graisser, de lubrifier. *Graissage d'un moteur.* – De *graisser*.

graisse [gʀɛs] n. f. **1.** Substance onctueuse d'origine animale, végétale ou minérale, fondant entre 25 et 50 °C. *La vaseline est une graisse minérale.* **2.** PHYSIOL Tissu adipeux. – Cour. Embonpoint. *Il prend de la graisse.* **3.** Altération de certaines boissons alcoolisées, qui deviennent huileuses et filantes. *Graisse du cidre.* **4.** IMPRIM Épaisseur des pleins de la lettre d'un caractère d'imprimerie. – Du lat. pop. **crassia*, de *crassus*. (V. gras.)

graisser [gʀese] v. [1] **I.** v. tr. **1.** Frotter de graisse, d'une substance grasse. *Graisser ses bottes.* **2.** Loc. fig. et fam. *Graisser la patte à qqn*, le soudoyer. **3.** Souiller de graisse. *Cette poêle graisse les mains.* **II.** v. intr. Devenir huileux. *Ce vin graisse.* – De *graisse*.

graisseur, euse [gʀɛsœʀ, øz] adj. (et n. m.) Qui graisse. ▷ n. m. Ouvrier préposé au graissage. – Appareil servant à répartir un lubrifiant à l'intérieur d'un mécanisme. – De *graisser*.

graisseux, euse [gʀɛsø, øz] adj. **1.** De la nature de la graisse. *Corps graisseux.* **2.** Taché de graisse. *Vêtement graisseux.* – De *graisse*.

gram [gʀam] n. m. inv. *Méthode* ou *coloration de Gram* : méthode d'analyse bactérienne qui consiste à colorer les microbes par l'iode et le violet de gentiane, puis à laver la préparation à l'alcool, de manière à pouvoir faire une distinction entre les microbes qui restent colorés, dits *gram positifs* (gram +), et ceux qui se décolorent, dits *gram négatifs* (gram –), et qui sont ensuite teintés en rouge par une solution de fuchsine. – Du n. du médecin danois H.C.J. *Gram* (1853-1938), inventeur du procédé.

graminacées [gʀaminase] ou **graminées** [gʀamine] n. f. pl. BOT Très vaste famille de plantes monocotylédones (plusieurs centaines de genres réunissant des milliers d'espèces), comprenant des herbes, annuelles ou vivaces, dont la tige, aérienne et cylindrique, est creuse (chaume), emplie de pulpe (maïs, canne à sucre) ou ligneuse et haute (bambou). – Sing. *Une graminacée* ou *graminée*. – Du lat. *gramen*, « herbe ».

grammaire [gʀam(m)ɛʀ] n. f. **1.** Cour. Ensemble des règles d'usage qu'il faut suivre pour parler et écrire correctement une langue. *Respecter la grammaire.* **2.** Cour. Étude descriptive de la morphologie d'une langue et de sa syntaxe. *Grammaire de l'ancien français. Grammaire historique, comparée.* **3.** LING Ensemble des règles et des structures qui permettent de générer, de produire tous les énoncés dotés de grammaticalité (et seulement ceux-là) dans une langue donnée. *Grammaire générative.* **4.** Livre qui traite de la grammaire. – Dérivé irrégulier du lat. *grammatica*, gr. *grammatikê*, proprement « art de lire et d'écrire ». (V. grimoire.)

grammairien, enne [gʀam(m)ɛʀjɛ̃, ɛn] n. Personne spécialiste de la grammaire. – De *grammaire*.

grammatical, ale, aux [gʀam(m)atikal, o] adj. **1.** Qui appartient à la grammaire. *Analyse grammaticale.* **2.** Qui suit les règles de la grammaire. *Cette phrase n'est pas grammaticale.* – Bas lat. *grammaticalis*.

grammaticalement [gʀam(m)atikalmɑ̃] adv. Selon les règles de la grammaire. *Une phrase grammaticalement correcte.* – De *grammatical*.

grammaticalisation [gʀam(m)atikalizasjɔ̃] n. f. LING Transformation d'une unité lexicale en unité grammaticale. – De *grammaticaliser*.

grammaticaliser [gʀam(m)atikalize] v. tr. [1] LING Transformer une unité lexicale en unité grammaticale. – Pp. adj. *Forme grammaticalisée.* ▷ v. pron. *Le nom « goutte » s'est grammaticalisé dans l'expression* « ne... goutte » *(il n'y voit goutte).* – De *grammatical*.

grammaticalité [gʀam(m)atikalite] n. f. LING Caractère d'une phrase qui est conforme aux règles syntaxiques de formation des énoncés dans une langue, que cette phrase soit pourvue d'un sens ou non. – De *grammatical*.

-gramme. Élément, du gr. *gramma*, « lettre, écriture ». Suffixe de mots : dans le sens de *lettre* (ex. *télégramme*); dans le sens de *graphie, graphique* (ex. *encéphalogramme, cardiogramme*).

gramme [gʀam] n. m. **1.** Unité de masse (symbole g), valant un millième de la masse du kilogramme-étalon international. **2.** Fig., fam. Quantité minime. *Pas un gramme d'imagination.* – Du lat. class. *scrupulum*, « vingt-quatrième partie d'une once », ce mot ayant été interprété comme dér. de *scribere*, « écrire », d'où, en bas lat. *gramma*, du gr., « caractère, lettre ».

gramophone [gʀamofɔn] n. m. Vx Syn. de *phonographe*. – Nom déposé angl.

grand, grande [gʀɑ̃ ou gʀɑ̃t devant une voyelle ou un *h* muet, fém. gʀɑ̃d] adj. et n. **1.** De taille élevée. *Un grand arbre. Un homme grand. Cet enfant est grand pour son âge.* – Qui a atteint la taille adulte. *Les grandes personnes* : les adultes (par oppos. aux *enfants*). ▷ n. m. *Les grands et les petits* : ceux qui sont de grande taille et ceux qui sont de petite taille; les enfants plus âgés par rapport à de jeunes enfants. **2.** Qui occupe beaucoup d'espace. *Une grande ville.* **3.** D'une longueur au-dessus de la moyenne. *Marcher à grands pas.* – Loc. *Une grande heure* : un peu plus d'une heure. **4.** Abondant, intense, qui dépasse la mesure. *Un grand bruit. Un grand froid.* – Loc. *Les grandes eaux* : la crue d'un fleuve. – *Grand jour* : plein jour. *Grand air* : air libre. ▷ Extrême. *Le Grand Nord.* **5.** Important. *Un grand jour. Les grandes dates de l'histoire de France.* – Loc. *Le grand soir*, celui d'une révolution à venir. **6.** Qui surpasse d'autres choses, d'autres personnes comparables. *Un grand amour. Les grands écrivains contemporains. Un grand homme.* **7.** (Personnes) Important par le rang social, le pouvoir politique, la force économique. *Un grand seigneur. La grande bourgeoisie.* ▷ n. m. pl. *Les Grands* : les grandes puissances (États-Unis, Chine, etc.). **8.** (Dans les surnoms de personnages illustres, les titres attribués à des dignitaires.) *Alexandre le Grand. Grand officier de la Légion d'honneur.* **9.** adv. Avec grandeur. *Voir grand.* – *En grand* : sur une grande échelle, en grande quantité. *Il veut faire de l'apiculture, mais en grand.* **10.** (En loc., au masculin se rapportant à un mot féminin.) *Grand-route. Grand-messe. Avoir grand-peur. Je n'y comprends pas grand-chose.* – Lat. *grandis*, qui a éliminé *magnus*.

grand-angle [gʀɑ̃tɑ̃gl] ou **grand-angulaire** [gʀɑ̃tɑ̃gylɛʀ] n. m. Objectif à courte distance focale, qui couvre un angle très important. *Des grands-angles, des grands-angulaires.*

grand-chose [gʀɑ̃ʃoz] pron. indéf. Vx Beaucoup. ▷ Mod. *Pas grand-chose* : peu de chose, presque rien. ▷ Subst. (inv.) Fam. *Un(e) pas grand-chose* : une personne qui n'est guère recommandable, un(e) propre-à-rien.

grand-croix [gʀɑ̃kʀwa] **1.** n. f. inv. Grade le plus élevé dans les principaux ordres de chevalerie. *La grand-croix de la Légion d'honneur.* **2.** n. m. Dignitaire qui est arrivé à ce grade. *Des grands-croix.*

grand-duc [gʀɑ̃dyk] n. m. **1.** Prince souverain d'un grand-duché. **2.** Anc. Prince du sang, en Russie. ▷ Fam. *Faire la tournée des grands-ducs*, des restaurants, des bars, des cabarets.

grand-ducal, ale, aux [gʀɑ̃dykal, o] adj. Qui appartient à un grand-duc, à un grand-duché. *Des titres grand-ducaux.* – De *grand-duc*, d'après *ducal*.

grand-duché [gʀɑ̃dyʃe] n. m. Pays dont le souverain est un grand-duc, une grande-duchesse. *Grand-duché de Luxembourg. Des grands-duchés.* – De *grand-duc*, d'après *duché*.

grande-duchesse [gʀɑ̃ddyʃɛs] n. f. **1.** Femme, fille d'un grand-duc. **2.** Souveraine d'un grand-duché. *Des grandes-duchesses.* – Fém. de *grand-duc*.

grandelet, ette [gʀɑ̃dlɛ, ɛt] adj. Fam. Assez grand. *Fille déjà grandelette.* – Dimin. de *grand*.

grandement [gʀɑ̃dmɑ̃] adv. **1.** Beaucoup, tout à fait. *Avoir grandement raison.* **2.** Avec grandeur, générosité. *Agir grandement.* – De *grand*.

grandeur [gʀɑ̃dœʀ] n. f. **1.** Caractère de ce qui est grand dans les diverses dimensions. *La grandeur d'un palais.* – Loc. fig. *Regarder du haut de sa grandeur*, avec dédain. **2.** Importance. *Grandeur d'un forfait.* **3.** Importance dans la société, puissance. ▷ *Folie des grandeurs* : ambition démesurée. **4.** Titre honorifique donné autrefois aux grands seigneurs, aux évêques. *Votre Grandeur.* **5.** Dignité, noblesse morale, élévation. *Grandeur d'âme.* – *« Servitude et grandeur militaires »*, d'Alfred de Vigny (1855). **6.** Loc. *Grandeur nature* : aux dimensions réelles. *Un portrait grandeur nature.* **7.** MATH Tout ce à quoi on peut affecter une valeur, dans un système d'unités de mesure. ▷ *Grandeur scalaire**. ▷ *Grandeur vectorielle* : V.

vectoriel. **8.** PHYS *Grandeur périodique*, dont la valeur ne change pas si l'on ajoute à la valeur de la variable celle de la période. **9.** ASTRO *Étoile de première grandeur*, très brillante (de faible magnitude). – De *grand*.

grand-guignolesque [gʀɑ̃giɲɔlɛsk] adj. Digne du Grand-Guignol, théâtre parisien (1895-1962) où dominaient les pièces d'épouvante. – *Par ext.* Outrancier. *Ces propos sont grand-guignolesques, on a peine à y croire.* – De *Grand-Guignol*, n. d'un théâtre parisien.

grandiloquence [gʀɑ̃dilɔkɑ̃s] n. f. Éloquence pompeuse, emphase. – Du lat. *grandiloquus*, de *grandis*, « sublime », et *loqui*, « parler », d'apr. *éloquence*.

grandiloquent, ente [gʀɑ̃dilɔkɑ̃, ɑ̃t] adj. Pompeux, emphatique. *Orateur, style grandiloquent.* – De *grandiloquence*.

grandiose [gʀɑ̃djoz] adj. Imposant, majestueux, sublime. *Paysage grandiose.* – Ital. *grandioso*.

grandiosement [gʀɑ̃djozmɑ̃] adv. D'une manière grandiose. – De *grandiose*.

grandir [gʀɑ̃diʀ] v. [3] **I.** v. intr. **1.** Devenir plus grand, croître en hauteur. *Cet enfant a bien grandi. Arbre qui grandit vite.* **2.** Augmenter. *La foule grandit à vue d'œil.* **3.** Fig. Croître. *Grandir en sagesse* : devenir plus sage. **II.** v. tr. **1.** Rendre plus grand. *Dans l'Antiquité, les acteurs tragiques étaient chaussés de cothurnes qui les grandissaient.* **2.** Faire paraître plus grand. *Cette coiffure la grandit.* **3.** Fig. Élever moralement, ennoblir. *Les épreuves l'ont grandi.* **III.** v. pron. Se hausser. *Se grandir en portant des talons hauts.* – Fig. *Abaisser autrui pour se grandir.* – De *grand*.

grandissant, ante adj. Qui va en augmentant, en croissant. *Une humidité grandissante. Un pouvoir grandissant.* – Ppr. de *grandir*.

grandissime [gʀɑ̃disim] adj. Fam. Très grand. – Ital. *grandissimo*.

grand-livre [gʀɑ̃livʀ] n. m. **1.** FIN Liste de tous les créanciers de l'État. (On dit aussi, sans trait d'union dans cet emploi : *grand livre de la Dette publique*.) **2.** COMPTA Registre groupant tous les comptes d'une comptabilité, sur lequel on reporte toutes les opérations du journal. *Des grands-livres.* – De *grand*, et *livre*.

grand-maman [gʀɑ̃mamɑ̃] n. f. Fam. Grand-mère. *Des grand(s)-mamans.* – De *grand*, et *maman*.

grand-mère [gʀɑ̃mɛʀ] n. f. **1.** Mère du père ou de la mère (de qqn). *Grand-mère paternelle, maternelle. Des grands-mères.* **2.** Fam. Vieille femme. – De *grand*, « qui a atteint la taille adulte », par ext. « âgé », et *mère*.

grand-messe [gʀɑ̃mɛs] n. f. Messe chantée solennelle. *Des grand(s)-messes.* – De *grand*, et *messe*.

grand-oncle [gʀɑ̃tɔ̃kl] n. m. Frère (ou mari de la sœur) du grand-père ou de la grand-mère (de qqn). *Des grands-oncles.* – De *grand*, et *oncle*.

grand-papa [gʀɑ̃papa] n. m. Fam. Grand-père. *Des grands-papas.* – De *grand*, et *papa*.

grand-peine (à) [agʀɑ̃pɛn] loc. adv. Avec beaucoup de peine, très difficilement. – De *grand*, et *peine*.

grand-père [gʀɑ̃pɛʀ] n. m. **1.** Père du père ou de la mère (de qqn). *Des grands-pères.* **2.** Fam. Vieillard. *Un bon grand-père.* **3.** (Canada) CUIS Boule de pâte qui a cuit dans un liquide bouillant. – De *grand*, et *père*.

grand-race. V. race.

grands-parents [gʀɑ̃paʀɑ̃] n. m. pl. Le grand-père et la grand-mère paternels et maternels. – De *grand*, et *parent*.

grand-tante [gʀɑ̃tɑ̃t] n. f. Sœur (ou femme du frère) du grand-père ou de la grand-mère (de qqn). *Des grand(s)-tantes.* – De *grand*, et *tante*.

grand-voile [gʀɑ̃vwal] n. f. Voile principale du grand mât. *Des grand(s)-voiles.* – De *grand*, et *voile*.

grange [gʀɑ̃ʒ] n. f. Bâtiment où l'on abrite les gerbes de blé, le grain, la paille, le foin. *Mettre le foin dans la grange.* – Du lat. pop. **granica*, de *granum*, « grain, graine ».

granit ou **granite** [gʀanit] n. m. Roche cristalline, métamorphique, composée de quartz, de feldspath et de mica, répartis uniformément (à la différence du gneiss). *De densité élevée, le granit constitue le soubassement de tous les continents.* – De l'ital. *granito*, « grenu ».

granité, ée [gʀanite] adj. et n. m. **I.** adj. Qui présente un aspect grenu. **II.** n. m. **1.** Tissu à gros grains. **2.** Sorte de sorbet granuleux. – Pp. de *graniter*.

graniter [gʀanite] v. tr. [1] TECH Peindre en imitant le granit. – De *granit*.

graniteux, euse [gʀanitø; øz] adj. Qui contient du granit. *Roche graniteuse.* – De *granit*.

granitique [gʀanitik] adj. **1.** De la nature du granit; formé de granit. **2.** Fig., litt. Dur, massif. *Une fermeté granitique.* – De *granit*.

granitoïde [gʀanitɔid] adj. MINER Qui a l'aspect du granit. – De *granit*, et *-oïde*.

granivore [gʀanivɔʀ] adj. et n. m. Se dit des oiseaux qui se nourrissent de graines, notam. de graminées. ▷ n. m. *Les granivores.* – Du lat. *granum*, « grain », et *-vore*.

granny-smith [gʀanismis] n. f. inv. Variété de pomme à peau verte, à la chair ferme. – Mots amér., de *granny*, « grand-mère », et *Smith*, nom du producteur.

granulaire [gʀanylɛʀ] adj. Composé de petits grains. *Roche granulaire.* – De *granule*.

granulat [gʀanyla] n. m. CONSTR Ensemble des matériaux inertes (sable, gravier, etc.) d'un mortier, d'un béton. Syn. agrégat. – De *granule*.

granulation [gʀanylasjɔ̃] n. f. **1.** TECH Fragmentation ou agglomération d'une substance en petits grains. **2.** Cour. Petit grain, petite nodosité, sur une surface, dans une masse. *Les granulations d'un crépi.* **3.** MED Nodosité de petite taille, habituellement d'origine tuberculeuse. – De *granuler*.

granule [gʀanyl] n. m. Corps ressemblant à un petit grain. *Médicament administré en granules.* – Bas lat. *granulum*, dim. de *granum*, « grain ».

granulé, ée [gʀanyle] adj. et n. m. **1.** adj. Qui présente une granulation. **2.** n. m. Médicament présenté en petits grains. – *Par ext.* Chaque grain d'un tel médicament. – Pp. de *granuler*.

granuler [gʀanyle] v. tr. [1] Réduire en petits grains. – De *granule*.

granuleux, euse [gʀanylø, øz] adj. **1.** Formé de petits grains. *Terre granuleuse.* **2.** MED *Lignée granuleuse* ou *granulocytaire*, regroupant les globules blancs qui possèdent des granulations. – De *granule*.

granulite [gʀanylit] n. f. PETROG **1.** Variété de granit à très petits cristaux et dont la couleur très claire est due à un mica blanc. (Vx et non conforme à la nomenclature internationale.) **2.** Variété de leptynite grise ou blanche, constituée de cristaux microscopiques et qui contient souvent des grenats. – Du lat. *granulum*, et de *-ite* 2.

granulocytaire [gʀanylɔsitɛʀ] adj. MED *Lignée granulocytaire* : V. granuleux. – De *granulocyte*.

granulocyte [gʀanylɔsit] n. m. BIOL, HISTOL Leucocyte polynucléaire. – De *granuleux*, et *-cyte*.

granulome [gʀanylom] n. m. MED Formation tumorale d'origine inflammatoire aux causes variées (tuberculose, syphilis, etc.). – De *granule*, et *-ome*.

granulométrie [granylɔmetri] n. f. Mesure de la taille et étude de la répartition statistique, selon leur grosseur, des éléments d'une substance pulvérulente. – De *granule*, et *-métrie*.

grape-fruit ou **grapefruit** [grɛpfrut] n. m. Espèce de pamplemousse (*Citrus paradisi*) qui pousse en grappes. *Des grape-fruits.* – Mot amér., de *grape*, « grappe », et *fruit*, « fruit ».

graph(o)-, -graphe, -graphie, -graphique. Éléments, du gr. *graphein*, « écrire ».

graphe [graf] n. m. MATH **1.** Partie du produit cartésien de deux ensembles, dans la théorie des ensembles. *Graphe d'une application f d'un ensemble X dans un ensemble Y :* ensemble des couples [x, f (x)] pour x appartenant à X. **2.** Figure constituée d'arcs reliés entre eux et représentant un parcours, un ensemble de tâches à accomplir (successives ou simultanées), etc. *La théorie des graphes est indispensable à la recherche opérationnelle.* – De *graphique*.

graphème [grafɛm] n. m. LING Unité distinctive du code écrit. – De *graphie*, d'après *phonème*.

grapheur [grafœr] n. m. INFORM Logiciel de gestion de graphiques. – De *graphe*.

graphie [grafi] n. f. LING Manière d'écrire un mot, en ce qui concerne l'emploi des caractères. – Du gr. *graphein*, « écrire ».

graphiose [grafjoz] n. f. BOT Maladie cryptogamique qui détruit les vaisseaux des plantes (notam. de l'orme). – Du lat. *graphium*, « poinçon », et *-ose* 2.

graphique [grafik] adj. et n. m. **I.** adj. **1.** Qui décrit, représente par des figures. *Arts graphiques :* le dessin, et, par ext., tous les arts où il intervient (arts du livre et de l'impression, affiches, bandes dessinées, etc.). **2.** MATH *Procédé graphique :* résolution d'équations par intersection de courbes représentatives. **II.** n. m. TECH Tracé d'un diagramme, d'un plan, d'une coupe, etc. – Gr. *graphikos*.

graphiquement [grafikmɑ̃] adv. À l'aide de figures (du dessin, de l'écriture). – De *graphique*.

graphisme [grafism] n. m. **1.** Façon d'écrire de qqn, considérée du point de vue de la graphologie. **2.** BX-A Manière de dessiner particulière à un artiste. *Le graphisme de Picasso.* – De *graphique*.

graphiste [grafist] n. Dessinateur spécialisé dans les arts graphiques. – De *graphisme*.

graphite [grafit] n. m. Carbone naturel, presque pur, cristallisant dans le système hexagonal, bon conducteur du courant électrique et difficilement fusible. – Du gr. *graphein*, et de *-ite* 2.

graphiter [grafite] v. tr. [1] TECH Incorporer du graphite dans. *Huiles et graisses graphitées.* – De *graphite*.

graphiteux, euse [grafitø, øz] ou **graphitique** [grafitik] adj. TECH Qui contient du graphite. – De *graphite*.

graphologie [grafɔlɔʒi] n. f. Technique de l'examen scientifique de l'écriture manuscrite, qui a pour but soit d'identifier l'auteur d'un texte, soit d'analyser sa personnalité. – De *grapho-*, et *-logie*.

graphologique [grafɔlɔʒik] adj. Relatif à la graphologie, relevant de la graphologie. *Une analyse graphologique.* – De *graphologie*.

graphologue [grafɔlɔg] n. Personne spécialiste de la graphologie. *Les experts-graphologues étudient les documents pour déceler les faux et interviennent dans les affaires de justice.* – De *graphologie*.

graphomètre [grafɔmɛtr] n. m. TECH Appareil rudimentaire, constitué d'un plateau fixe (limbe) et d'une règle graduée (alidade) mobile, que les arpenteurs utilisaient pour mesurer des angles horizontaux. – De *grapho-*, et *-mètre*.

grappa [grapa] n. f. Eau-de-vie italienne fabriquée avec du marc de raisin. – Mot ital.

grappe [grap] n. f. **1.** Inflorescence dans laquelle chaque fleur (et, après développement, chaque fruit) est portée par un pédoncule distinct, inséré le long d'un axe principal. (Ex. : le lilas, la vigne, le cytise.) – *Absol.* Grappe de raisin. *Récolter les grappes.* **2.** Se dit de choses ou de personnes serrées en forme de grappe. *Grappes d'oignons. Des grappes de petits mendiants.* – Du frq. **krappo*, « crochet ».

grappillage [grapijaʒ] n. m. Action de grappiller. – De *grappiller*.

grappiller [grapije] v. [1] **I.** v. intr. Cueillir les grappes de raisin qui restent après la vendange. **II.** v. tr. **1.** Cueillir de-ci, de-là, par petites quantités. **2.** Fig. Récolter au hasard. *Grappiller quelques informations.* **3.** Fig. Réaliser de petits profits, licites ou non. *Grappiller quelques dizaines de francs.* – De *grappe*.

grappillon [grapijɔ̃] n. m. Petite grappe de raisin ; partie de grappe. – De *grappe*.

grappin [grapɛ̃] n. m. **1.** MAR Petite ancre d'embarcation à branches recourbées. **2.** Fig., fam. *Jeter, mettre le grappin sur qqch*, s'en emparer. *Mettre le grappin sur qqn*, l'empoigner, l'accaparer. **3.** TECH Benne preneuse pour la manutention des matériaux. – Provenç. *grapin*, frq. **krappo*, « crochet ».

graptolites ou **graptolithes** [graptɔlit] n. m. pl. PALEONT Groupe d'animaux fossiles classés dans les hémicordés. (Marins, ils vécurent en colonies flottantes du cambrien au carbonifère.)– Du gr. *graptos*, « gravé », et de *-lithe*.

gras, grasse [grɑ, grɑs] adj. et n. m. **1.** Qui est constitué de graisse, en contient ou en est imprégné. *Viande grasse.* – *Corps gras*, qui tache le papier en le rendant translucide (huiles, beurres, graisses, suifs, cires). V. lipide et encycl. ▷ n. m. Partie grasse de la viande. *Le gras et le maigre.* **2.** Se dit d'un aliment préparé avec de la viande ou de la graisse. *Bouillon gras.* – Par ext. *Jour gras*, où les catholiques étaient autorisés à manger de la viande (par oppos. à *jour maigre*). *Mardi gras.* ▷ adv. *Manger gras.* **3.** Se dit d'un être vivant qui a beaucoup de graisse. *Porc gras. Personne grosse et grasse.* ▷ Par anal. *Plantes grasses*, à tige ou à feuilles succulentes*. ▷ n. m. *Le gras de la jambe, du bras*, la partie charnue, musculeuse. **4.** Souillé, maculé de graisse. *Eaux grasses. Papiers gras.* **5.** Dont l'aspect, la consistance fait penser à la graisse. *Terre grasse. Encre grasse.* – *Crayon gras*, à mine grasse. ▷ *Par ext.* Épais. *Trait, caractère (typographique) gras.* **6.** (Placé le plus souvent avant le n.) Fig. Abondant, riche. *Gras pâturages. Grasse récompense.* ▷ *Faire la grasse matinée :* se lever tard. **7.** *Toux grasse*, accompagnée d'expectorations abondantes et épaisses. ▷ *Voix grasse*, grasseyante, pâteuse, peu nette. ▷ *Parler gras*, grasseyer. **8.** Fig. Graveleux, obscène. *Plaisanterie grasse.* – Du lat. *crassus*, « épais », avec infl. probable de *grossus*, « gros ».

ENCYCL Les corps gras sont des esters du glycérol et des *acides gras*, acides non ramifiés, comportant un nombre pair d'atomes de carbone et qui se forment, chez les végétaux et les animaux, à partir d'un dérivé de l'acide acétique (acides stéarique, oléique, palmitique, butyrique).

gras-double [grɑdubl] n. m. Membrane comestible de l'estomac du bœuf. *Gras-double à la lyonnaise. Des gras-doubles.* – De *gras*, et *double*.

grassement [grɑsmɑ̃] adv. Largement, généreusement. *Payer grassement.* – *Vivre grassement*, confortablement, sans souci matériel. – De *gras*.

grasset [gRasɛ] n. m. Articulation du membre postérieur des mammifères, correspondant au genou de l'homme. – De *gras.*

grasseyement [gRasɛjmɑ̃] n. m. Fait de grasseyer. – De *grasseyer.*

grasseyer [gRasɛje] v. intr. [1] Prononcer la lettre « r » de la gorge, comme à Paris (par oppos. à *rouler les « r »*). – De *(parler) gras.*

grassouillet, ette [gRasujɛ, ɛt] adj. Un peu gras, dodu. *Bébé grassouillet.* – De *gras.*

grateron. V. gratteron.

graticuler [gRatikyle] v. tr. [1] TECH Diviser (un dessin) en carrés égaux pour le reproduire. V. carroyer. (Opération de la *graticulation.*) – Ital. *graticolare,* du lat. *craticula,* « petite grille ».

gratifiant, ante [gRatifjɑ̃, ɑ̃t] adj. Qui gratifie (sens 2). *Un travail gratifiant.* – Ppr. de *gratifier.*

gratification [gRatifikasjɔ̃] n. f. **1.** Somme d'argent accordée à qqn en plus de son salaire. *Gratification annuelle.* **2.** PSYCHO Sentiment de satisfaction, de valorisation du sujet à ses propres yeux. – Lat. *gratificatio,* « bienveillance, faveur ».

gratifier [gRatifje] v. tr. [2] **1.** *Gratifier de :* faire don, nantir de. *Gratifier qqn d'une pension.* ▷ Par antiph., iron. *On l'a gratifié d'une punition.* **2.** Donner psychologiquement satisfaction à. – Pp. *Se sentir gratifié par une réussite.* – Lat. *gratificari,* « faire plaisir ».

gratin [gRatɛ̃] n. m. **1.** Croûte grillée faite de chapelure ou de fromage râpé, qui recouvre certains plats passés au four. *Macaronis au gratin.* ▷ *Par ext.* Mets ainsi préparé. *Gratin de pommes de terre.* **2.** Fig., fam. *Le gratin :* la haute société, l'élite. – De *gratter.*

gratiné, ée [gRatine] adj. et n. f. **1.** Couvert de gratin. ▷ n. f. Soupe à l'oignon gratinée. **2.** Fig., fam. Qui sort de la norme, surprend par son côté singulier ou excessif ; osé, licencieux, graveleux. *C'est gratiné, cette affaire ! Une histoire gratinée.* – Pp. de *gratiner.*

gratiner [gRatine] v. [1] **1.** v. intr. Se former en gratin. *Plat qui gratine au four.* **2.** v. tr. Accommoder au gratin. *Gratiner des soles.* – De *gratin.*

gratiole [gRasjɔl] n. f. Petite plante (genre *Gratiola,* fam. scrofulariacées) des lieux humides, aux fleurs blanches ou roses. – Bas lat. *gratiola,* dimin. de *gratia,* « grâce », à cause de ses vertus médicinales.

gratis [gRatis] adv. et adj. Gratuitement. *Entrer gratis.* ▷ adj. inv. Gratuit. *Des places gratis.* – Adv. lat.

gratitude [gRatityd] n. f. Reconnaissance pour une aide, un service rendu. *Témoigner sa gratitude.* – Plutôt de *ingratitude* que du lat. médiév. *gratitudo* (très rare), de *gratus,* « reconnaissant ».

gratouiller ou **grattouiller** [gRatuje] v. tr. [1] Fam. **1.** Gratter légèrement. *Gratouiller la terre.* ▷ Caresser, chatouiller légèrement. *Le chat aime qu'on lui gratouille le ventre.* ▷ Jouer médiocrement et de temps en temps d'un instrument à cordes sans archet. *Gratouiller de la guitare.* **2.** Démanger. *Ce tissu me gratouille.*– De *gratter.*

grattage [gRataʒ] n. m. Action de gratter ; son résultat. – De *gratter.*

gratte [gRat] n. f. **1.** AGRIC Sarcloir. **2.** Fam. Petit profit illicite. **3.** Fam. Guitare. – Déverbal de *gratter.*

gratte-ciel [gRatsjɛl] n. m. inv. Immeuble d'une très grande hauteur, tour. – Trad. de l'angl. *sky-scraper.*

gratte-cul [gRatky] n. m. Nom cour. du *cynorhodon,* fruit de l'églantier. *Des gratte-cul(s).* – De *gratter,* et *cul.*

gratte-dos [gRatdo] n. m. inv. Baguette à l'une des extrémités de laquelle est fixée une petite main sculptée dans de l'os, dans de l'ivoire, etc., et qui sert à se gratter le dos. – De *gratter,* et *dos.*

grattement [gRatmɑ̃] n. m. **1.** Action de gratter. **2.** Bruit produit par ce qui gratte. – De *gratter.*

gratte-papier [gRatpapje] n. m. inv. Péjor. Petit employé de bureau. – De *gratter,* et *papier.*

gratter [gRate] v. [1] **I.** v. tr. **1.** Racler de manière à entamer la surface de. *Gratter un meuble.* **2.** Faire disparaître en raclant. *Gratter un mot, une inscription.* **3.** Frotter (une partie du corps) avec les ongles pour calmer une démangeaison. *Gratter le dos de qqn.* ▷ v. pron. *Se gratter le bras.* ▷ *Par ext.,* fam. Causer des démangeaisons. *Un vêtement qui gratte. Ça me gratte.* **4.** Fam. Distancer à la course, dépasser. **5.** Faire de menus profits, souvent illicites. *Gratter quelques sous.* **II.** v. intr. **1.** *Gratter à une porte,* pour qu'on l'ouvre. **2.** *Gratter de la guitare,* en jouer de temps en temps, en amateur, ou en jouer mal. **3.** Pop. Travailler. – Du frq. *krattôn.*

gratteron ou **grateron** [gRatRɔ̃] n. m. Gaillet (*Galium aparine*) très répandu, dont la tige et les fruits sont couverts de poils en forme de crochet. – Altér. d'apr. *gratter,* de *gleteron,* de l'a. fr. *cleton,* « bardane ».

grattoir [gRatwaR] n. m. Outil servant à gratter, à effacer. – De *gratter.*

gratton [gRatɔ̃] n. m. (souvent pl.) Petit morceau de viande de porc, d'oie, etc., cuit lors de l'extraction de la graisse, que l'on sert salé après égouttage. – De *gratter.*

gratture [gRatyR] n. f. TECH Débris provenant du grattage d'un métal. – De *gratter.*

gratuit, uite [gRatɥi, ɥit] adj. **1.** Qu'on donne sans faire payer ; qu'on reçoit sans payer. *Billet gratuit.* ▷ Loc. adv. *À titre gratuit :* sans contrepartie. **2.** Fig. Qui n'a pas de fondement, de motif. *Supposition, méchanceté gratuite. Acte gratuit,* qui semble échapper à tout mobile logique. – Lat. *gratuitus.*

gratuité [gRatɥite] n. f. Caractère de ce qui est gratuit. *La gratuité de l'enseignement.* – De *gratuit.*

gratuitement [gRatɥitmɑ̃] adv. **1.** Sans payer. **2.** Sans motif. – De *gratuit.*

grau [gRo] n. m. Rég. Chenal traversant un cordon littoral, dans le bas Languedoc. *Des graus.* – Mot occitan, du lat. *gradus,* « degré ».

gravats [gRava] n. m. pl. **1.** Débris provenant de démolitions. **2.** Résidu du plâtre après criblage. – De *grève* 1, par substitution de suffixe.

grave [gRɑv] adj. et n. m. **I. 1.** Qui peut avoir des conséquences funestes. *Grave maladie. Situation grave.* ▷ Par ext. *Un blessé grave.* **2.** Qui a de l'importance, qui ne peut être négligé. *Question, motif grave.* **3.** Sérieux, digne ; qui dénote le sérieux, la dignité. *De graves magistrats. Une figure grave.* **II. 1.** D'une fréquence peu élevée, bas dans l'échelle tonale (sons). *Un son grave, une voix grave.* Ant. aigu. ▷ n. m. MUS *Le grave :* le registre grave. *Passer du grave à l'aigu.* **2.** *Accent grave.* V. accent. – Lat. *gravis,* « lourd, pesant, imposant, dur, pénible ».

graveleux, euse [gRavlø, øz] adj. **1.** GEOL Mêlé de gravier. *Terre graveleuse.* **2.** BOT Se dit d'un fruit dont la pulpe contient des cellules pierreuses formant des petits grains très durs. *Poire graveleuse.* **3.** Fig. Licencieux et vulgaire. *Chanson graveleuse.* – De *gravelle.*

gravelle [gRavɛl] n. f. MED Vx Lithiase rénale. – De *grève* 1.

gravelure [gRavlyR] n. f. Rare Propos graveleux. – De *graveleux.*

gravement [gRavmɑ̃] adv. **1.** Avec dignité. **2.** D'une manière sérieuse, dangereuse. *Il est gravement malade.* – De *grave.*

graver [gʀave] v. tr. [1] **1.** Tracer en creux sur une surface dure. *Graver une épitaphe dans le marbre.* **2.** Tracer des traits, des caractères, des figures sur une surface dure pour les reproduire. *Graver au burin, à l'eau-forte, à la pointe sèche. Graver en creux.* ▷ *Graver une médaille* : graver le poinçon destiné à sa frappe. ▷ *Graver un disque* : graver la matrice qui servira à la reproduction de l'enregistrement sur un disque (V. pressage). **3.** Fig. Rendre durable. *Ses paroles sont gravées dans ma mémoire.* – Frq. **graban*.

graves [gʀɑv] n. **1.** n. f. pl. Terrain formé de sable, de gravier alluvionnaire et d'argile, dans le Bordelais. **2.** n. m. Vin provenant des vignes qui poussent sur les graves. – V. grève 1.

gravettien, enne [gʀavɛtjɛ̃, ɛn] adj. et n. m. PREHIST Se dit de l'industrie du paléolithique supérieur (entre l'aurignacien et le solutréen, de 27 000 à 20 000 ans avant notre ère). – De la *Gravette*, site préhistorique de Dordogne.

graveur, euse [gʀavœʀ, øz] n. Personne dont la profession est de graver. – De *graver*.

gravide [gʀavid] adj. En état de gestation. *Femelle gravide. Utérus gravide.* – Lat. *gravida*, « enceinte », de *gravis*, « lourd ».

gravidéviation [gʀavidevjasjɔ̃] n. f. ESP Modification de la vitesse ou de la trajectoire d'un engin spatial par le champ de gravitation d'un astre. – Du lat. *gravis*, et de *déviation*.

gravidique [gʀavidik] adj. MED Qui se rapporte à la grossesse. – De *gravide*.

gravier [gʀavje] n. m. **1.** GEOL Roche détritique constituée de petits galets et de sable grossier. **2.** Ensemble de très petits cailloux. *Le gravier d'une cour. Des graviers.* – Dér. anc. de *grève* 1.

gravière [gʀavjɛʀ] n. f. Lieu d'extraction du gravier. – De *gravier*.

gravillon [gʀavijɔ̃] n. m. Gravier fin et anguleux obtenu par concassage. *Recouvrir une route de gravillon.* - Chacun des cailloux constituant le gravillon. – De *grave*, dériv. anc. de *grève* 1.

gravillonnage [gʀavijɔnaʒ] n. m. TRAV PUBL Action de recouvrir de gravillon un liant épandu sur une chaussée. – De *gravillonner*.

gravillonner [gʀavijɔne] v. tr. [1] Couvrir de gravillon. – De *gravillon*.

gravimètre [gʀavimɛtʀ] n. m. PHYS Appareil de précision utilisé en gravimétrie. – De *gravi(té)*, et *-mètre*.

gravimétrie [gʀavimetʀi] n. f. **1.** PHYS Mesure de l'intensité du champ de la pesanteur. **2.** CHIM Méthode d'analyse par pesée d'un précipité. – De *gravimètre*.

gravir [gʀaviʀ] v. tr. [3] Parcourir en montant avec effort. *Gravir un escalier.* - Monter sur, escalader. *Gravir une montagne.* ▷ Fig. *Gravir les échelons*, les degrés de la hiérarchie. – Probabl. du frq. **krawjan*, « griffer, grimper en s'aidant des griffes ».

gravissime [gʀavisim] adj. Très grave. – De *grave*.

gravitation [gʀavitasjɔ̃] n. f. PHYS Attraction universelle, qui s'exerce entre tous les corps. – Lat. scientif. *gravitatio*, du class. *gravitas*, « pesanteur ».

ENCYCL La gravitation est l'une des forces fondamentales qui régissent l'Univers. Elle s'exerce à l'intérieur des noyaux des atomes et en assure la cohésion au même titre, mais à un degré toutefois beaucoup plus faible, que les trois autres *interactions** (forte, électromagnétique et faible). C'est en étudiant les effets de la gravitation (chute des corps, mouvement des planètes) que Galilée, Kepler et Newton ont fondé la mécanique classique. La loi de Newton, vérifiée expérimentalement en 1798 par Cavendish, s'énonce ainsi : *deux particules de masses M et M', placées à une distance d, s'attirent avec une force f proportionnelle aux masses et inversement proportionnelle au carré de la distance* : $f = G\frac{MM'}{d^2}$; la constante G de gravitation est d'environ $6,67.10^{-11}$(dans le système SI). Dans la théorie de la *relativité générale*, énoncée par Einstein en 1916, la gravitation est une propriété de l'espace-temps, qui se déforme sous l'action des masses matérielles. (V. relativité.)

gravitationnel, elle [gʀavitasjɔnɛl] adj. PHYS Relatif à la gravitation ; dû à la gravitation. *Force gravitationnelle.* – De *gravitation*.

gravité [gʀavite] n. f. **1.** Pesanteur. ▷ *Centre de gravité d'un corps* : point d'application de la résultante des forces de pesanteur s'exerçant en chaque point de ce corps. Syn. barycentre. **2.** Caractère d'une personne grave, sérieuse ; attitude grave, réservée. *La gravité des fidèles pendant l'office.* ▷ Importance, sérieux. *La gravité de la conversation.* **3.** Caractère de ce qui peut avoir des conséquences graves, fâcheuses ou dangereuses. *La gravité de la situation. Gravité d'une blessure, d'une maladie.* – Lat. *gravitas*.

graviter [gʀavite] v. intr. [1] Être soumis à la force de gravitation. *Graviter autour de* : décrire une orbite autour de. *Les planètes qui gravitent autour du Soleil.* ▷ Par anal. *Les électrons gravitent autour du noyau de l'atome.* ▷ Fig. *Les courtisans gravitaient autour du roi.* – Lat. scientif. *gravitare*, du class. *gravitas*, « pesanteur ».

graviton [gʀavitɔ̃] n. m. PHYS NUCL Particule hypothétique de masse nulle, associée aux ondes de gravitation. – De *gravit(ation)*, et suff. *-on*, de *électr(on)*.

gravois [gʀavwa] n. m. pl. TECH Gravats. – De *grève* 1, par substitution de suffixe.

gravure [gʀavyʀ] n. f. **1.** Action de graver. *La gravure d'une initiale.* **2.** Art de graver ; procédé employé pour graver. *La gravure au burin. Gravure sur bois* (V. xylograhie), *sur métal* (V. chalcographie), *sur pierre* (V. lithographie). **3.** Ouvrage, travail du graveur ; estampe. *Les gravures de Jacques Callot.* **4.** *Par ext.* Image, illustration. *Livre orné de gravures.* **5.** Action de graver un disque ; son résultat. – De *graver*.

gray [gʀɛ] n. m. Unité SI d'absorption des rayonnements ionisants, communication d'une énergie de 1 joule à une masse de 1 kg (symbole Gy). – Du n. du phys. angl. S. *Gray* (1670-1736).

gré [gʀe] n. m. (En loc.) **I.** (Au sens de *goût*.) **1.** *Au gré de qqn*, à son goût. *Trouver qqch à son gré.* ▷ *Faire qqch* à son gré, selon son bon plaisir. - *Par ext.* Suivant l'avis, l'opinion de. *Au gré de tous.* **2.** Fig. *Au gré des événements, des circonstances* : sans pouvoir modifier le cours des choses ou sans chercher à le faire. **II.** (Au sens de *volonté*.) **1.** *De son plein gré, de bon gré* : sans être contraint, de sa propre volonté. *Il est venu de son plein gré.* ▷ *De gré à gré* : à l'amiable, par entente mutuelle. *Affaire conclue de gré à gré.* **2.** *Contre le gré de* : en s'opposant à, contre la volonté de. *Il a fait cela contre mon gré.* ▷ *De gré ou de force* : volontairement ou sous la contrainte. - *Bon gré, mal gré* : qu'on le veuille ou non, malgré soi. **III.** (Au sens de *gratitude, reconnaissance*.) *Savoir gré, savoir bon gré à qqn de qqch*, lui en être reconnaissant. *Savoir mauvais gré à qqn de qqch*, lui en tenir rigueur. – Du lat. *gratum*, neutre subst. de *gratus*, « agréable ».

grèbe [gʀɛb] n. m. Oiseau aquatique piscivore (genre *Podiceps*), très bon nageur, dont les pattes sont garnies de lobes festonnés formant une palmure incomplète. *Les grèbes construisent des nids flottants.* – Mot savoyard.

grébiche [gʀebiʃ], **grébige** [gʀebiʒ] ou **gribiche** [gʀibiʃ] n. f. **1.** TECH Reliure munie de fils tendus le long du dos, où l'on passe des cahiers à volonté. **2.** TYPO Vx

Ligne de pied comportant le nom de l'imprimeur et la date d'impression. ▷ Numéro d'ordre d'un manuscrit à imprimer. **3.** Petit rectangle métallique qui sert à garnir le bord d'un objet de maroquinerie, d'un vêtement.

grec, grecque [gʀɛk] adj. et n. **I.** adj. Qui a trait à la Grèce, à sa civilisation, à sa langue. *Lettres grecques. Tragédie grecque.* ▷ VX (et abusiv.) *Église grecque*, orthodoxe*. ▷ *Profil grec*, dans lequel l'arête du nez prolonge la ligne du front. **II.** n. **1.** Habitant ou personne originaire de Grèce. *Un(e) Grec(que).* **2.** n. m. Langue parlée en Grèce. *Grec ancien, moderne.* **3.** n. f. CUIS *À la grecque* : cuit dans une sauce à base d'huile, de vin blanc, de tomates et d'aromates (coriandre, notam.). *Artichauts, champignons à la grecque.* – Lat. *græcus.*

gréciser [gʀesize] v. tr. [1] Donner une forme grecque à (un mot, un nom). – De *grec.*

grécité [gʀesite] n. f. Caractère de ce qui est grec. – De *grec.*

gréco-. Élément, du latin *græcus*, «grec».

gréco-bouddhique [gʀekobudik] adj. Se dit d'un art de l'Inde (art du Gandhâra, milieu du Ier s. av. J.-C.) fortement influencé par l'art grec. – De *gréco-*, et *bouddhique.*

gréco-latin, ine [gʀekolatɛ̃, in] adj. **1.** Qui tire son origine du grec et du latin. *Mot hybride, d'origine gréco-latine.* **2.** Qui tient des peuples grec et latin. *Les langues gréco-latines.* – De *gréco-*, et *latin.*

gréco-romain, aine [gʀekoʀɔmɛ̃, ɛn] adj. **1.** Qui est commun aux Grecs et aux Romains. *Les arts gréco-romains.* **2.** SPORT *Lutte gréco-romaine*, qui n'admet que les prises portées au-dessus de la ceinture et exclut les clés et les coups. – De *gréco-*, et *romain.*

grecque [gʀɛk] n. f. **1.** ARCHI Ornement formé d'une suite de lignes brisées à angle droit, rentrant sur elles-mêmes et décrivant des portions de carrés ou de rectangles. **2.** TECH En reliure, scie servant à faire des encoches au dos des volumes à coudre; chacune des encoches ainsi pratiquées. – De *grec.*

grecquer [gʀɛke] v. tr. [1] TECH En reliure, pratiquer avec une petite scie des encoches au dos d'un volume pour y insérer les ficelles des coutures et les dissimuler (opération du *grecquage*). – De *grecque* (n. f.).

gredin, ine [gʀədɛ̃, in] n. **1.** Personne malhonnête, crapule. **2.** (Sens atténué.) Vaurien, fripon. *Petit gredin!* – Moy. néerl. *gredich*, «avide».

gredinerie [gʀədinʀi] n. f. Vieilli Conduite, action de gredin. – De *gredin.*

gréement [gʀemɑ̃] n. m. **1.** Ensemble de ce qui est nécessaire pour mettre un navire en état de naviguer. ▷ *Spécial.* Ensemble des voiles, de la mâture et du haubanage d'un voilier. **2.** Disposition des mâts et des voiles. *Gréement de goélette, de yawl. Gréement marconi.* – De *gréer.*

green [gʀin] n. m. (Anglicisme) Aire gazonnée qui entoure un trou, au golf. – Mot angl., «vert», abrév. de *putting* («action d'envoyer la balle dans le trou») *green.*

gréer [gʀee] v. tr. [1] **1.** Munir (un bateau) de son gréement. ▷ Disposer, mettre en place (un élément du gréement). *Gréer le spinnaker.* – Par ext. *Gréer une ligne de pêche.* **2.** Avoir pour gréement, pour élément de gréement, en parlant d'un bateau. *Un cotre grée une trinquette.* – De l'anc. scand. *greida*, «équiper».

greffage [gʀɛfaʒ] n. m. Action de greffer; ensemble des opérations effectuées au cours d'une greffe. – De *greffer.*

1. greffe [gʀɛf] n. m. Lieu où sont conservées les archives des tribunaux et des cours, où sont déposées les minutes de jugements et où se font les déclarations concernant les procédures. *Le greffe du tribunal d'instance.* – Du lat. *graphium*, «stylet», gr. *grapheion.*

2. greffe [gʀɛf] n. f. **1.** Opération qui consiste à insérer une partie vivante d'une plante (œil, branche, bourgeon), appelée *greffon*, dans une autre plante (le *porte-greffe* ou *sujet*). *Greffe en fente, par bourgeons.* ▷ La partie insérée, le greffon. **2.** CHIR Transplantation (d'un tissu, d'un organe). ▷ Tissu, organe transplanté. – De *greffe* 1, par métaph.

ENCYCL **Hortic.** – Le greffage consiste à transporter un rameau, un bourgeon, etc., vivant sur une autre plante dans des conditions telles que la cicatrisation des tissus conducteurs de la sève produira leur soudure intime et que le greffon pourra se développer normalement. Le greffage sert à propager des variétés végétales économiquement importantes, car il maintient intactes toutes les caractéristiques génétiques du greffon. Le porte-greffe, ou sujet, est soit un sauvageon, généralement plus vigoureux que les *pieds francs* des variétés améliorées, soit une variété dont les racines résistent à diverses maladies : ainsi, les vignes françaises ont été greffées sur des pieds américains qui résistaient au phylloxéra.
Méd. – Le greffon (transplanté) peut provenir : du même individu *(autogreffe)*, d'un autre individu de même espèce *(allogreffe)*, d'un individu d'une espèce différente *(hétérogreffe).*

greffer [gʀefe] **1.** v. tr. [1] Insérer (un greffon) sur (un porte-greffe). *Greffer un amandier sur un prunier.* ▷ MED *Greffer un rein, un cœur.* **2.** v. pron. Fig. *Nouvelles lois qui se greffent sur les anciennes.* – De *greffe* 2.

greffier, ère [gʀefje, ɛʀ] n. Fonctionnaire préposé au greffe. *Les greffiers assistent les magistrats.* – De *greffe* 1.

greffoir [gʀefwaʀ] n. m. AGRIC Couteau à greffer. – De *greffer.*

greffon [gʀɛfɔ̃] n. m. **1.** Partie d'une plante destinée à être greffée sur une autre. **2.** CHIR Tissu, organe transplanté ou destiné à être transplanté. *Les greffons sont conservés au froid.* – De *greffe* 2.

grégaire [gʀegɛʀ] adj. Qui vit ou se développe en groupe. *Animaux, plantes grégaires.* ▷ *Instinct grégaire* : instinct qui pousse les animaux à former des groupes; fig. instinct qui pousse les individus à adopter les conduites, les opinions du groupe auquel ils appartiennent. – Lat. *gregarius*, de *grex, gregis*, «troupeau».

grégarisé, ée [gʀegaʀize] adj. Qui est passé de la phase solitaire à la phase grégaire.– De *grégaire.*

grégarisme [gʀegaʀism] n. m. Tendance à vivre en groupe. ▷ Instinct grégaire. – De *grégaire.*

grège [gʀɛʒ] adj. *Soie grège*, brute, telle qu'elle sort du cocon. ▷ *Par ext.* De la couleur de cette soie (beige clair). *Lainage grège.* – De l'ital. *(seta) greggia*, «(soie) brute».

grégeois [gʀeʒwa] adj. m. HIST *Feu grégeois* : mélange incendiaire composé de soufre, de substances grasses ou résineuses mêlées à du salpêtre, utilisé d'abord par les Byzantins, puis dans tout l'Occident dans les sièges et les combats navals. – A. fr. *grégois*, «grec».

grégorien, enne [gʀegɔʀjɛ̃, ɛn] adj. et n. m. Se dit des réformes liturgiques introduites au VIe s. par Grégoire Ier. *Rite grégorien.* ▷ *Chant grégorien* ou, n. m., *le grégorien* : musique liturgique de l'Église romaine, strictement monodique, et utilisant une échelle tonale à six degrés. *Traditionnellement attribuée à Grégoire Ier le Grand, la codification du chant grégorien fut, en fait, beaucoup plus tardive* (entre 680 et 730 env.). ▷ *Calendrier grégorien* : calendrier julien réformé par le pape Grégoire XIII. – De *Gregorius*, «Grégoire» en lat., nom de plusieurs papes.

grègues [gʀɛg] n. f. pl. Anc. Haut-de-chausses. ▷ Vx *Tirer ses grègues* : s'enfuir. – Provenç. *grega*, «grecque».

1. grêle [gʀɛl] adj. (et n. m.) **1.** Long et menu. *Jambes grêles.* Ant. trapu. **2.** *Par ext.* Aigu et faible (sons). *Voix grêle.* **3.** ANAT *Intestin grêle* ou, n. m., *le grêle :* partie longue et mince de l'intestin, comprise entre le duodénum et le cæcum. – Du lat. *gracilis* (V. gracile).

2. grêle [gʀɛl] n. f. Pluie de petits glaçons (grêlons) de forme arrondie ; ces glaçons eux-mêmes. *Récoltes dévastées par la grêle.* ▷ Fig. *Grêle de pierres, de coups, d'injures.* – Déverbal de *grêler.*

grêlé, ée [gʀɛle] adj. **1.** Vieilli Gâté, abîmé par la grêle. *Vigne grêlée.* **2.** Marqué par la variole. *Visage tout grêlé.* – Pp. de *grêler.*

grêler [gʀɛle] v. impers. [1] *Il grêle :* il tombe de la grêle. – Du frq. **grisilôn.*

grelin [gʀəlɛ̃] n. m. MAR Gros cordage, formé par le commettage de droite à gauche de trois ou quatre aussières autour d'une mèche. – Néerl. *greling.*

grêlon [gʀɛlɔ̃] n. m. Glaçon constitutif de la grêle, formé de couches de glace concentriques. – De *grêler.*

grelot [gʀəlo] n. m. **1.** Petite boule métallique creuse et percée contenant un morceau de métal libre qui la fait tinter à chaque mouvement. *Collier de chien à grelots.* **2.** Loc. *Attacher le grelot :* prendre l'initiative dans une affaire délicate. ▷ Pop. *Avoir les grelots :* avoir peur, trembler de peur. – Du moyen haut all. *grillen,* « crier », de *grell,* « aigu ».

grelottant, ante [gʀəlɔtɑ̃, ɑ̃t] adj. Qui grelotte. – Ppr. de *grelotter.*

grelottement [gʀəlɔtmɑ̃] n. m. **1.** Tremblement. **2.** Tintement de ce qui grelotte (sens 2). – De *grelotter.*

grelotter [gʀəlɔte] v. intr. [1] **1.** Trembler. *Grelotter de froid, de fièvre, de peur.* **2.** Tinter comme un grelot. – De *grelot,* d'apr. la loc. anc. *trembler le grelot.*

greluche [gʀəlyʃ] n. f. **1.** Vieilli Jeune femme de mœurs légères. **2.** Mod., fam., péjor. Jeune femme sans intérêt, sotte. – De *greluchon.*

greluchon [gʀəlyʃɔ̃] n. m. **1.** Vieilli Amant de cœur d'une femme entretenue. **2.** Mod., fam. Petit jeune homme fade, freluquet.

grémil [gʀemil] n. m. BOT Plante (genre *Lithospermum,* fam. borraginacées) dont une espèce, appelée *herbe aux perles,* est utilisée en pharmacie. – De *grès,* et a. fr. *mil,* « millet ».

grémille [gʀemij] n. f. Poisson voisin de la perche, appelé aussi *perche goujonnière,* qui habite les rivières à fond de gravier. – Du lat. pop. **grumellus,* lat. *grumulus,* « petit tas ».

grenache [gʀənaʃ] n. m. VITIC Cépage noir de Provence et de la vallée du Rhône. ▷ Vin doux issu de ce cépage. – Altér. de l'ital. *vernaccia,* de la v. de *Vernazza.*

1. grenade [gʀənad] n. f. Fruit du grenadier, comestible, globuleux et coriace, renfermant de nombreux grains à pulpe rouge, aigrelets et sucrés. – Du lat. *granatum.*

2. grenade [gʀənad] n. f. Projectile explosif, incendiaire, fumigène ou lacrymogène, lancé à la main ou avec un fusil muni d'un tube lance-grenades. *Grenade offensive,* ne projetant pas d'éclats et efficace par effet d'explosion dans un rayon de 8 à 10 m. *Grenade défensive,* quadrillée, projetant des éclats meurtriers à plus de 100 m. ▷ *Grenade sous-marine :* engin explosif utilisé contre les submersibles en plongée. ▷ Insigne de certains corps, figurant une grenade sphérique avec sa mèche allumée stylisée. – De *grenade* 1, par similitude de forme.

grenadeur [gʀənadœʀ] n. m. MAR Dispositif permettant de larguer des grenades sous-marines. – De *grenade* 2.

1. grenadier [gʀənadje] n. m. Arbre (*Punica granatum,* fam. punicacées) des pays méditerranéens, à fleurs rouge vif et dont le fruit est la grenade. – De *grenade* 1.

2. grenadier [gʀənadje] n. m. **1.** Soldat spécial. entraîné au lancement des grenades. ▷ *Par ext.* Soldat de corps d'élite de l'infanterie. **2.** Fig., fam., vieilli Homme de grande taille ; grande femme d'allure masculine. – De *grenade* 2.

grenadière [gʀənadjɛʀ] n. f. **1.** Vx Giberne à grenades. **2.** Bague qui réunit le canon d'un fusil au fût. – De *grenade* 2.

grenadille [gʀənadij] n. f. Fruit d'une liane tropicale (*Passiflora edulis*). Syn. fruit de la Passion. – De *grenade.*

grenadin [gʀənadɛ̃] n. m. **1.** BOT Variété d'œillet. **2.** CUIS Petit fricandeau de veau ou de volaille. **3.** Petit pinson d'Afrique. – De *grenade* 1.

grenadin, ine [gʀənadɛ̃, in] adj. et n. De Grenade, ville d'Espagne. ▷ Subst. *Un(e) Grenadin(e).*

grenadine [gʀənadin] n. f. Sirop à base de jus de grenade. – De *grenade* 1.

grenage. V. grainage.

grenaillage [gʀənajaʒ] n. m. TECH Écrouissage par projection de petites billes de métal ou de verre. – De *grenailler.*

grenaille [gʀənaj] n. f. **1.** TECH Métal réduit en menus grains. **2.** Rebut de grain donné aux volailles. – De *grain.*

grenailler [gʀənaje] v. tr. [1] TECH **1.** Réduire en grenaille. **2.** Procéder au grenaillage de. – De *grenaille.*

grenaison [gʀənɛzɔ̃] n. f. AGRIC Formation des graines. *Grenaison du blé.* – De *grener.*

grenat [gʀəna] n. m. et adj. inv. **1.** n. m. MINER Silicate métallique double naturel cristallisant dans le système cubique, d'une grande dureté. ▷ Cour. Pierre semi-précieuse recherchée en joaillerie pour sa belle couleur pourpre. **2.** adj. inv. Qui a la couleur rouge sombre du grenat. *Soie grenat.* – De l'anc. adj. *grenate,* « de la couleur de la grenade ». V. grenade.

grené, ée [gʀəne] adj. (et n. m.) **1.** Réduit en grains. *Tabac grené.* **2.** TECH Qui présente des petits points rapprochés. *Gravure grenée.* ▷ n. m. *Le grené d'un cuir.* – Pp. de *grener.*

greneler [gʀɛnle] v. tr. [19] TECH Préparer (un cuir, un papier) de manière qu'il paraisse couvert de grains. – De *grener.*

grener. V. grainer.

grènetis [gʀɛnti] n. m. TECH Succession de petits grains ornant le bord d'une pièce de monnaie, d'une médaille. – De l'a. fr. *greneter,* « grener ».

grenier [gʀənje] n. m. **1.** Lieu où l'on conserve le grain, et, par ext., le fourrage, le sel. *Les greniers sur pilotis des villages sahéliens.* – Fig. Région fertile en céréales. *La Sicile fut le grenier de Rome.* **2.** Étage le plus élevé d'une maison, sous les combles. ▷ Loc. *De la cave au grenier :* dans toute la maison. – Lat. *granarium,* de *granum,* « grain ».

grenouillage [gʀənujaʒ] n. m. Fam., péjor. Lutte d'influence, manœuvres douteuses, combines. – De *grenouiller.*

grenouille [gʀənuj] n. f. **1.** Nom courant de nombreux amphibiens anoures du genre *Rana* (fam. ranidés), animaux sauteurs et nageurs, à peau lisse, tous insectivores. *La grenouille coasse.* **2.** Fig., fam. Tirelire ; fonds communs. ▷ *Manger la grenouille :* s'approprier les fonds qui vous ont été confiés. – De l'a. fr. *reinoille*, lat. pop. **ranucula*, dimin. de *rana*, «grenouille».

grenouiller [gʀənuje] v. intr. [1] Fam., péjor. Se livrer à des grenouillages. – De *grenouille*.

grenouillère [gʀənujɛʀ] n. f. **1.** Marécage peuplé de grenouilles. **2.** Combinaison pour bébé, dont les chaussons sont solidaires des jambes. – De *grenouille*.

grenouillette [gʀənujɛt] n. f. **1.** Petite grenouille. **2.** Renoncule aquatique à fleurs blanches. **3.** MED Petit kyste liquidien d'origine salivaire situé sur la face inférieure de la langue. – De *grenouille*.

grenu, ue [gʀəny] adj. (et n. m.) **1.** BOT Qui porte beaucoup de graines. *Épi grenu.* **2.** PETROG *Roches grenues*, à cristaux visibles (granite, diorite). **3.** Marqué de grains, d'aspérités. *Cuir grenu.* – n. m. *Le grenu d'un cuir.* – De *grain*.

grenure [gʀənyʀ] n. f. TECH État d'un cuir ou d'un tissu grenu. – De *grener*.

grès [gʀɛ] n. m. **1.** PETROG Roche détritique formée de grains de nature variable (quartz, feldspath, calcaire, etc.) agglomérés par un ciment siliceux, calcaire, ferrugineux, etc. (Friables ou très durs, les grès sont utilisés comme meules, pavés, matériau de construction.) **2.** Céramique dure à base d'argile et d'un élément siliceux. *Grès flammé*, coloré au feu par des oxydes métalliques. *Grès cérame**. – Frq. **greot*, «gravier».

gréseux, euse [gʀezø, øz] adj. De la nature du grès. *Terrain gréseux.* – De *grès*.

grésil [gʀezil] n. m. Pluie de petits granules formés de glace et de neige. – Déverbal de *grésiller* 1.

grésillement [gʀezijmɑ̃] n. m. Léger crépitement. – De *grésiller* 2.

1. grésiller [gʀezije] v. impers. [1] *Il grésille* : il tombe du grésil. – Du frq. **grisilôn*, «grêler».

2. grésiller [gʀezije] v. [1] **1.** v. tr. Rare Faire se racornir, se rétrécir. *Le feu grésille le parchemin.* **2.** v. intr. Crépiter légèrement. *La friture grésille.* – Altér. de *grédiller*, var. rég. de *griller*, sous l'infl. de *grésiller* 1, de *grésil*.

gressin [gʀesɛ̃] n. m. Petit pain allongé et croquant. – Ital. *grissino*.

1. grève [gʀɛv] n. f. **1.** Plage de gravier, de sable, le long de la mer ou d'un cours d'eau. **2.** Banc de sable qui se déplace. – Lat. pop. d'orig. gaul. **grava*.

2. grève [gʀɛv] n. f. **1.** Cessation de travail concertée pour la défense d'intérêts communs à un groupe professionnel, à des salariés. *Faire grève. Grève générale. Grève surprise*, sans préavis. *Grève sauvage*, décidée directement par les salariés sans mot d'ordre syndical. *Grève tournante*, qui affecte successivement les divers ateliers d'une usine, les divers départements d'une grande entreprise. *Grève sur le tas*, qui s'accompagne de l'occupation des lieux de travail par les grévistes. *Grève du zèle*, qui consiste à faire son travail en appliquant tous les règlements à la lettre, pour en ralentir le plus possible l'exécution. *Grève perlée* : succession concertée d'interruptions ou de ralentissements de l'activité d'une entreprise à un stade de la production. ▷ *Piquet de grève* : groupe de grévistes placé à l'entrée d'un lieu de travail pour en interdire l'accès aux salariés qui voudraient continuer à travailler. **2.** Par ext. *Grève de la faim* : refus prolongé de se nourrir, destiné à attirer l'attention des autorités et de l'opinion sur une situation dramatique, sur des revendications, etc. – Du n. de la place de *Grève*, anc. place de Paris, où avaient lieu les exécutions capitales et où les ouvriers attendaient l'embauche.

grever [gʀəve] v. tr. [16] Soumettre à des charges financières, à des servitudes. *Frais de fonctionnement qui grèvent un budget. Maison grevée d'hypothèques.* – Du lat. *gravare*, «charger, accabler, affliger».

gréviste [gʀevist] n. et adj. Personne qui fait grève. – De *grève*.

1. gribiche. V. grébiche.

2. gribiche [gʀibiʃ] adj. CUIS *Sauce gribiche* : sauce à base de jaune d'œuf dur mêlé à de la moutarde, émulsionné à l'huile, assaisonné et additionné de blanc d'œuf dur écrasé, de vinaigre, de fines herbes, de câpres et de cornichons. – P.-ê. du moyen normand *gribiche*, «femme méchante».

gribouillage [gʀibujaʒ] [gʀibuji] ou **gribouillis** n. m. **1.** Dessin informe fait de lignes tracées au hasard. ▷ Par ext. Péjor. Dessin grossier, maladroit. **2.** Écriture mal formée. – De *gribouiller*.

gribouiller [gʀibuje] v. [1] **1.** v. intr. Faire des gribouillages (sens 1). **2.** v. tr. Dessiner ou écrire grossièrement, hâtivement. *Gribouiller une caricature.* Syn. griffonner. – P.-ê. du néerl. *kriebelen*.

gribouilleur, euse [gʀibujœʀ, øz] n. Personne qui gribouille. – Péjor. Mauvais écrivain, mauvais peintre. – De *gribouiller*.

gribouillis. V. gribouillage.

grièche. V. pie-grièche.

grief [gʀijɛf] n. m. **1.** Vx Dommage, préjudice. **2.** Motif de plainte. *Exposer ses griefs.* ▷ *Faire grief de qqch à qqn*, le lui reprocher. – Déverbal de *grever*; ou subst. de l'anc adj. *grief*, «douloureux».

grièvement [gʀijɛvmɑ̃] adv. Gravement. *Être grièvement blessé.* – De l'anc. adj. *grief*, «grave».

griffe [gʀif] n. f. **1.** Ongle acéré et crochu de certains animaux (reptiles, oiseaux, mammifères). *Les griffes rétractiles du chat.* ▷ Fig. *Tomber dans les griffes de qqn. Coup de griffe.* – *Rogner les griffes de qqn*, l'empêcher de nuire. ▷ MED *Maladie des griffes du chat* : lymphoréticulose. (V. ce mot.) **2.** BOT Souche fasciculée composée de racines courtes et charnues. *Griffes d'asperges, de renoncules.* **3.** TECH Outil, ustensile en forme de griffe. *Griffe de tapissier, de doreur.* **4.** ARCHI Ornement reliant la base d'une colonne à son socle. **5.** Empreinte imitant une signature; instrument pour exécuter cette empreinte. – Marque commerciale apposée sur un objet, un vêtement. *La griffe d'un grand couturier.* – Fig. Marque caractéristique de qqn. *Ce tableau porte la griffe du maître.* – Déverbal de *griffer*.

griffer [gʀife] v. tr. [1] Égratigner avec les griffes ou les ongles. *Le chat l'a griffé.* – Pp. adj. *Avoir les jambes griffées par les ronces.* – Anc. haut all. *grîfan*, du frq. **grîpan*.

griffon [gʀifɔ̃] n. m. **1.** Animal fabuleux, lion ailé à bec et à serres d'aigle. **2.** Endroit où jaillit une source d'eau minérale (par allus. aux robinets des sources, ornés de figures de griffons). **3.** Chien de chasse ou d'agrément à poils longs. **4.** Vautour fauve. – Bas lat. ecclés. *gryp(h)us*, «vautour», gr. *grups, grupos*.

griffonnage [gʀifɔnaʒ] n. m. **1.** Écriture difficile à lire. **2.** Écrit hâtif et maladroit. – De *griffonner*.

griffonnement [gʀifɔnmɑ̃] n. m. BX-A Ébauche; petit modèle de cire ou de terre. – De *griffonner*.

griffonner [gʀifɔne] v. tr. [1] **1.** Écrire mal, peu lisiblement. – Dessiner grossièrement. *Griffonner un schéma.* Syn. gribouiller. **2.** Rédiger à la hâte. *Griffonner quelques lignes.* – De *griffer*.

griffu, ue [gʀify] adj. Armé de griffes. *Doigts griffus.* – Fig *Arbres griffus.* – De *griffe*.

griffure [gʀifyʀ] n. f. **1.** Coup de griffe. **2.** Égratignure. – De *griffer*.

grigne [gʀiɲ] n. f. TECH **1.** Inégalité du feutre. **2.** Fente en long faite sur le pain par le boulanger. ▷ *Par ext.* Couleur dorée du pain, quand il est bien cuit. – Déverbal de *grigner.*

grigner [gʀiɲe] v. intr. [1] TECH Goder, faire des faux plis (étoffes). – Frq. **grinan.*

grignotement [gʀiɲɔtmɑ̃] n. m. Action de grignoter; bruit produit par cette action. – De *grignoter.*

grignoter [gʀiɲɔte] v. tr. [1] **1.** Manger en rongeant. ▷ Manger par très petites quantités, lentement. *Grignoter un sandwich.* ▷ (Sans compl.) *Elle grignote sans arrêt.* **2.** Fig. Diminuer, détruire peu à peu. *Grignoter son héritage.* **3.** Fig., fam. Rattraper, gagner peu à peu. *Ce coureur a réussi à grignoter quelques secondes à son adversaire.* – De *grigner.*

grignoteur, euse [gʀiɲɔtœʀ, øz] adj. et n. f. **1.** adj. Qui grignote. **2.** n. f. TECH Machine-outil qui découpe en feuille le bois ou le métal. – De *grignoter.*

grigou [gʀigu] n. m. Fam. Avare. *Vieux grigou.* – Mot languedocien, «gredin, filou».

gri-gri, grigri ou **gris-gris** [gʀigʀi] n. m. Amulette, talisman, en Afrique noire. – *Par ext.* Porte-bonheur quelconque. *Des gris-gris* ou *des grigris.*

gril [gʀil] n. m. **1.** Ustensile de cuisine composé de tiges de métal parallèles ou d'une plaque en fonte striée sur lesquelles on fait rôtir la viande, le poisson. *Côtelettes sur le gril.* **2.** Anc. Grille de fer sur laquelle on étendait un condamné pour le brûler. – Fig., fam. *Être sur le gril* : être angoissé, anxieux. **3.** TECH Claire-voie en amont d'une vanne d'écluse. **4.** Plafond de théâtre à claire-voie pour le passage des décors. **5.** MAR Plate-forme de carénage à claire-voie. – Forme masc. de *grille.*

grill [gʀil] n. m. Abrév. de *grill-room.*

grillade [gʀijad] n. f. **1.** Manière d'apprêter la viande ou le poisson en les grillant. **2.** Viande grillée. – De *griller* 2.

grilladerie [gʀijadʀi] n. f. (Canada) Restaurant où l'on sert princ. des grillades. – De *grillade.*

1. grillage [gʀijaʒ] n. m. Treillis métallique. *Clôturer un jardin avec du grillage.* – De *grille.*

2. grillage [gʀijaʒ] n. m. **1.** Action de griller. *Grillage du café.* **2.** METALL Opération consistant à chauffer un minerai en présence d'air sans le fondre. **3.** TECH Action de passer une étoffe à la flamme pour en éliminer le duvet. – De *griller* 2.

grillager [gʀijaʒe] v. tr. [13] Garnir d'un grillage. – De *grillage* 1.

grille [gʀij] n. f. **1.** Assemblage à claire-voie de barreaux servant de clôture, de séparation dans un édifice, etc. *La grille du parloir, d'un couvent, d'une prison. Ouvrir la grille.* ▷ *Être derrière les grilles* : être en prison. **2.** Châssis métallique à claire-voie sur lequel on dispose le combustible d'un foyer de fourneau, de chaudière, etc. **3.** ELECTRON Électrode d'un tube électronique qui, placée entre l'anode et la cathode, permet de régler le flux d'électrons. **4.** Carton ajouré et, par ext., document de référence (tableau, etc.) servant à coder ou à décoder un message, à exploiter les résultats d'un test. **5.** Support, tableau quadrillé. *Grille de mots croisés.* ▷ *Grille des programmes de radio, de télévision* : tableau représentant le détail, heure par heure, des programmes. ▷ *Grille de salaires* : tableau des salaires des différentes catégories de personnel d'une entreprise. – Du lat. *craticula,* «petit gril», dimin. de *cratis,* «treillis».

grille-pain [gʀijpɛ̃] n. m. inv. Appareil servant à faire griller des tranches de pain. – De *griller* 2, et *pain.*

1. griller [gʀije] v. tr. [1] CONSTR Protéger, fermer au moyen d'une grille. *Griller des fenêtres.* – De *grille.*

2. griller [gʀije] v. [1] **I.** v. tr. **1.** Rôtir sur le gril. *Griller du poisson.* – Cuire sur la braise. *Griller des marrons.* – Torréfier. *Griller du café.* – TECH Soumettre au grillage. *Griller du minerai.* **2.** Chauffer vivement. *Le soleil lui grillait la peau.* – Dessécher. *Les vents grillaient la végétation.* Syn. brûler. **3.** Fam. *Griller une cigarette,* la fumer. **4.** Fam. Mettre hors d'usage (un appareil électrique) en l'utilisant sous une tension trop forte, en l'utilisant trop longtemps, etc. *Griller une lampe, un moteur.* **5.** Fam. Dépasser sans s'arrêter. *Griller un feu rouge. Griller les étapes.* – Supplanter. *Griller un adversaire.* **6.** Démasquer. Syn. brûler (sens I, 5). **II.** v. intr. **1.** Cuire, rôtir sur un gril. *Les marrons grillent.* ▷ Fig. Avoir très chaud. *On grille ici.* **2.** Fam. Être mis hors d'usage après avoir été utilisé sous une tension trop forte (appareil électrique) ou trop longtemps. *Le fer électrique a grillé.* **3.** Fig. *Griller de* : être très désireux, impatient de. *Il grillait de tout lui raconter. Griller d'impatience.* Syn. brûler (sens II, 3). – De *grille,* au sens de «gril».

grillon [gʀijɔ̃] n. m. Insecte orthoptère (genre *Gryllus*), carnivore, sauteur, long de 3 cm, à grosse tête. *Le grillon mâle stridule en frottant ses élytres l'un contre l'autre.* – A. fr. *grillet, grille,* lat. *grillus,* avec infl. probabl. de l'a. fr. *grésillon.*

grill-room [gʀilʀum] n. m. (Anglicisme) Restaurant, salle d'un restaurant où l'on sert des grillades, généralement préparées sous les yeux des clients. *Des grill-rooms.* (Abrév. : grill). – Mot anglais, de *grill,* «gril, grillade», et *room,* «salle».

grimaçant, ante [gʀimasɑ̃, ɑ̃t] adj. Qui grimace. *Un visage grimaçant.* – Ppr. de *grimacer.*

grimace [gʀimas] n. f. **1.** Contorsion du visage. – Fig., fam. *Faire la grimace* : marquer du déplaisir. **2.** Faux pli d'une étoffe, d'un habit. **3.** Plur. Fig. Manières feintes, affectées. *Les grimaces de la politesse.* – A. fr. *grimuche,* probabl. du frq. **grima,* «masque».

grimacer [gʀimase] v. [12] **I.** v. intr. **1.** Faire des grimaces. **2.** Faire des faux plis. *Corsage qui grimace.* **II.** v. tr. *Grimacer un sourire* : sourire de mauvaise grâce. – De *grimace.*

grimacier, ère [gʀimasje, ɛʀ] adj. et n. **1.** Qui fait des grimaces. **2.** Fig., vieilli Qui minaude. – De *grimace.*

grimage [gʀimaʒ] n. m. Action de grimer; son résultat. – De *grimer.*

grimaud [gʀimo] n. m. Vieilli, péjor. Mauvais écrivain.

grimer [gʀime] v. tr. [1] Maquiller, farder (un acteur). – Du mot anc. *grime,* «personnage de vieillard ridicule» (au théâtre); frq. **grima,* «masque».

grimoire [gʀimwaʀ] n. m. **1.** Livre de sorcellerie. *Consulter les antiques grimoires.* **2.** Ouvrage confus et illisible. *Comment déchiffrer ce grimoire ?* – Altér. de *grammaire,* désignant la grammaire latine, inintelligible pour le vulgaire.

grimpant, ante [gʀɛ̃pɑ̃, ɑ̃t] adj. (et n. m.) **1.** adj. *Plante grimpante,* dont la tige grêle, très longue, s'appuie sur divers supports auxquels elle s'accroche par des vrilles, des crampons, des racines, etc. *Le lierre, la vigne, les liserons sont des plantes grimpantes.* **2.** n. m. Arg. Pantalon. – Ppr. de *grimper.*

grimpe [gʀɛ̃p] n. f. Arg. (des sportifs) Escalade. – De *grimper.*

grimpée [gʀɛ̃pe] n. f. **1.** Montée d'une côte. **2.** Route, chemin, rue très en pente. – Pp. subst. fém. de *grimper.*

1. grimper [gʀɛ̃pe] v. [1] **I.** v. intr. **1.** Monter en s'aidant des pieds et des mains. *Grimper dans un arbre.* **2.** Monter (jusqu'en un lieu élevé). *Il grimpa au sommet de la colline.* ▷ Se jucher, monter. *Il grimpa sur une chaise pour atteindre le placard.* **3.** (En parlant de certaines plantes.) *Lierre qui grimpe le long d'un mur.* **4.** (Choses) Présenter une pente raide. *Rues qui grimpent*

5. Fig. Augmenter rapidement et fortement. *Les cours ont grimpé au maximum en une journée.* **II.** v. tr. Gravir. *Il grimpa les étages en courant.* – Forme nasalisée de *gripper.*

2. grimper [gʀɛ̃pe] n. m. SPORT Exercice par lequel on grimpe à la corde ou aux agrès. – De *grimper* 1.

grimpereau [gʀɛ̃pʀo] n. m. ORNITH Oiseau passériforme (genre *Certhia*) au bec fin et arqué, qui grimpe le long des arbres. *Grimpereau des murailles* : V. tichodrome. – De *grimper.*

grimpette [gʀɛ̃pɛt] n. f. **1.** Chemin court qui grimpe fort. **2.** Fam. Action de grimper. – De *grimper.*

grimpeur, euse [gʀɛ̃pœʀ, øz] adj. et n. **1.** adj. Qui grimpe. **2.** n. m. pl. ORNITH Vx *Les grimpeurs* : ordre d'oiseaux ayant à chaque patte deux doigts vers l'avant et deux vers l'arrière, leur permettant de grimper aux arbres. (Ils sont divisés auj. en psittaciformes, piciformes et cuculiformes.) **3.** n. SPORT Personne qui pratique l'escalade. - Coureur cycliste qui monte bien les côtes dures et longues, en montagne. – De *grimper.*

grinçant, ante [gʀɛ̃sɑ̃, ɑ̃t] adj. Qui grince. ▷ Fig. Amer, irrité. *Un ton grinçant.* – Ppr. de *grincer.*

grincement [gʀɛ̃smɑ̃] n. m. Fait de grincer; bruit ainsi produit. *« Il y aura des pleurs et des grincements de dents » (allusion à l'enfer, Évangile selon saint Matthieu).* – De *grincer.*

grincer [gʀɛ̃se] v. intr. [**12**] Produire par frottement un bruit strident et désagréable. *La porte grince. Grincer des dents* : faire un bruit en frottant ses dents du bas contre celles du haut (par rage, douleur ou nervosité). – Forme nasalisée de l'anc. v. *grisser,* « crisser », du frq. **krīskjan.*

grincher [gʀɛ̃ʃe] v. intr. [**1**] Fam. Se plaindre avec mauvaise humeur. – Var. rég. de *grincer.*

grincheux, euse [gʀɛ̃ʃø, øz] adj. Fam. Grognon, revêche. *Enfant grincheux.* – De *grincher.*

gringalet [gʀɛ̃galɛ] n. m. Péjor. Homme petit et fluet. - adj. D'aspect chétif. – Du Suisse all. *gränggeli,* ou de l'a. fr. *guingalet,* « cheval », d'orig. galloise.

gringue [gʀɛ̃g] n. m. (En loc.) Arg. *Faire du gringue à* : faire la cour à, tenter de séduire par des galanteries, des boniments. – De l'arg. *gringue,* « pain »; transposition de l'expr. *faire des petits pains,* « faire l'aimable ».

griot [gʀijo] n. m. Membre de la caste des poètes musiciens, dépositaires des traditions orales, en Afrique de l'Ouest. – P.-ê. portug. *criado.*

griotte [gʀijɔt] n. f. **1.** Petite cerise noire aigre. **2.** PETROG Marbre rouge cerise tacheté de brun. – Anc. provenç. *agriota,* de *agre,* « aigre ».

griottier [gʀijɔtje] n. m. Cerisier (*Prunus cerasus*) qui produit la griotte. – De *griotte.*

grippage [gʀipaʒ] n. m. **1.** TECH Adhérence anormale de surfaces métalliques. **2.** Fig. Défectuosité d'un mécanisme, d'un fonctionnement. – De *gripper.*

grippal, ale, aux [gʀipal, o] adj. MED Relatif à la grippe. *Virus grippal.* – De *grippe.*

grippe [gʀip] n. f. **1.** Loc. *Prendre en grippe* : avoir de l'aversion, de l'antipathie pour. **2.** Maladie infectieuse, épidémique, contagieuse, caractérisée par de la fatigue, de la fièvre, des douleurs musculaires, des troubles pulmonaires et parfois digestifs. – Déverbal de *gripper.*

gripper [gʀipe] v. [**1**] **1.** v. tr. Vx Saisir avec les griffes. *Le chat a grippé une souris.* **2.** v. intr. TECH Adhérer, se bloquer, en parlant des pièces d'une machine. *Le moteur grippe* (ou v. pron., *se grippe*). – Du frq. **grîpan,* « saisir », puis « saisir brusquement », en parlant d'une maladie.

grippe-sou [gʀipsu] n. m. Fam. Avare qui fait de petits gains sordides; ladre. *Des grippe-sou(s).* – De *gripper,* et *sou.*

gris, grise [gʀi, gʀiz] adj. et n. m. **I.** adj. **1.** D'une couleur résultant d'un mélange de blanc et de noir. *Cheveux gris.* ▷ *Temps gris,* brumeux, couvert. *Il fait gris.* ▷ ANAT *Substance grise,* constituant notam. l'écorce cérébrale et la partie centrale de la moelle épinière. - Par ext., fam. *Matière grise* : intelligence, réflexion. *Faire travailler sa matière grise.* **2.** Fig. Terne, triste, maussade. *Faire grise mine. Voir tout en gris.* **3.** Fig. *Être gris* : être à moitié ivre. **II.** n. m. Couleur grise. *Le gris clair est salissant. Gris fer. Gris perle. Gris souris.* – Frq. **gris.*

grisaille [gʀizaj] n. f. **1.** BX-A Peinture ne comprenant que des tons gris. **2.** Fig. Caractère de ce qui est gris, terne, morne. *La grisaille quotidienne.* – De *gris,* et *-aille.*

grisailler [gʀizaje] v. [**1**] **1.** v. tr. Peindre en gris, en grisaille. *Grisailler un lambris.* **2.** v. intr. Devenir gris. – De *grisaille.*

grisant, ante [gʀizɑ̃, ɑ̃t] adj. Qui grise. *Parfum, succès grisant.* – Ppr. de *griser.*

grisard [gʀizaʀ] n. m. **1.** Nom cour. du peuplier gris. **2.** Nom cour. du jeune goéland qui a gardé son plumage gris-brun. – De *gris.*

grisâtre [gʀizɑtʀ] adj. Qui tire sur le gris. – De *gris,* et *-âtre.*

grisbi [gʀizbi] n. m. Arg. vieilli Argent. – De *gris* (monnaie grise).

grisé [gʀize] n. m. TECH Teinte grise donnée à un dessin, une gravure, etc. – Pp. subst. de *griser.*

griser [gʀize] v. tr. [**1**] **1.** Rendre gris, colorer de gris. **2.** Enivrer. *Ce vin m'a grisé.* ▷ v. pron. *Se griser au champagne.* **3.** Fig. Étourdir ou exciter. *Le succès l'a grisé.* ▷ v. pron. S'exalter. *Se griser de paroles.* – De *gris* (sens I, 3).

griserie [gʀizʀi] n. f. **1.** État de légère ivresse. **2.** Fig. Enivrement. *La griserie de la gloire.* – De *griser.*

griset [gʀizɛ] n. m. Requin de couleur grise (*Hexanchus griseus*), long d'environ 5 m, commun dans l'Atlantique et en Méditerranée. – De *gris.*

grisette [gʀizɛt] n. f. **1.** Vx Étoffe ordinaire de couleur grise. **2.** Vieilli Jeune ouvrière coquette et galante, mais non vénale. **3.** BOT Amanite dépourvue d'anneau, au pied mince et long, à chapeau gris, comestible cuit. – De *gris.*

gris-gris. V. gri-gri.

grisoller [gʀizɔle] v. intr. [**1**] Chanter, en parlant de l'alouette. – D'un rad. onomat.

1. grison, onne [gʀizɔ̃, ɔn] adj. et n. **1.** adj. Du canton suisse des Grisons. ▷ Subst. *Un(e) Grison(ne).* **2.** n. m. Langue romanche parlée dans les Grisons. – Du romanche *grischun,* d'après le nom de la *Ligue grise* (1395), association de populations romanches opposée aux Habsbourg.

2. grison, onne [gʀizɔ̃, ɔn] adj. et n. **1.** adj. Vx Qui grisonne. *Barbe grisonne.* ▷ Subst. Vx Qui a les cheveux gris. **2.** n. m. Litt. Âne. *Monté sur un grison.* – De *gris.*

grisonnant, ante [gʀizɔnɑ̃, ɑ̃t] adj. Qui grisonne. *Tempes grisonnantes.* – Ppr. de *grisonner.*

grisonner [gʀizɔne] v. intr. [**1**] Devenir gris (en parlant de la barbe, des cheveux). - Avoir la barbe, les cheveux qui deviennent gris. *Commencer à grisonner.* – De *grison* 1.

grisou [gʀizu] n. m. Méthane libéré par la houille. *Coup de grisou* : explosion du grisou. – Forme wallonne de *grégeois.*

grisoumètre [gʀizumɛtʀ] n. m. TECH Appareil servant à mesurer la teneur de l'air en grisou. – De *grisou*, et *mètre*.

grisouteux, euse [gʀizutø, øz] adj. TECH Qui renferme du grisou. *Mine, galerie grisouteuse. Veine grisouteuse.* – De *grisou*.

grive [gʀiv] n. f. Oiseau passériforme long d'environ 25 cm, aux ailes brunes, à la poitrine blanche tachetée de noir, qui appartient au même genre (*Turdus*) que le merle. – Prov. *Faute de grives, on mange des merles* : faute d'avoir ce que l'on aime le mieux, on se contente de ce que l'on a. – Fém. de l'a. fr. *griu*, « grec », par allus. aux migrations de l'oiseau.

grivelé, ée [gʀivle] adj. Tacheté de noir et de blanc, comme le poitrail de la grive. – De *grive*.

grivèlerie [gʀivɛlʀi] n. f. Délit consistant à se faire servir par un restaurateur, un cafetier que l'on ne pourra pas payer. – De l'anc. v. *griveler*, « faire des profits illicites »; de *grive*, par allus. aux pillages des grives dans les vignes.

griveton [gʀivtɔ̃] n. m. Pop. Simple soldat. – De l'anc. *grive*, « guerre », p.-ê. de *grief*, ou de *grive*.

grivois, oise [gʀivwa, waz] n. m. et adj. **1.** n. m. Vx Soldat. **2.** adj. Jovial et licencieux. *Humeur grivoise. Conte grivois.* Syn. égrillard. – De *grive*, au sens anc. de « guerre ».

grivoiserie [gʀivwazʀi] n. f. Caractère de ce qui est grivois; propos, acte grivois. – De *grivois*.

grizzly ou **grizzli** [gʀizli] n. m. Grand ours gris (*Ursus horribilis*) des montagnes Rocheuses. – Amér. *grizzly (bear)*, « (ours) grisâtre ».

grœnendael [gʀœnɛndal] n. m. Chien de berger belge. – Mot flamand, n. d'un village de Belgique.

groenlandais, aise [gʀɔɛnlɑ̃dɛ, ɛz] adj. et n. **1.** adj. Du Groenland, État autonome dépendant du Danemark, situé au N.-E. de l'Amérique. *Esquimaux groenlandais.* ▷ Subst. *Un(e) Groenlandais(e).* **2.** n. m. Langue esquimaude parlée au Groenland. – Du nom du *Groenland*, territoire danois, au N.-E. de l'Amérique.

grog [gʀɔg] n. m. Boisson composée de rhum ou d'eau-de-vie, d'eau chaude sucrée et de citron. – Mot angl., du surnom de l'amiral Vernon, *Old Grog* (il était habillé de gros-grain, *grogram*), qui obligea ses marins à étendre d'eau leur ration de rhum.

groggy [gʀɔgi] adj. inv. (Anglicisme) Se dit d'un boxeur qui a perdu en partie conscience. – *Par ext.*, fam. Ébranlé par un choc physique ou moral; très fatigué. – Mot angl., « chancelant, titubant ».

grognard, arde [gʀɔɲaʀ, aʀd] adj. et n. m. **1.** Vieilli Bougon. **2.** n. m. HIST Soldat de la Vieille Garde sous le Premier Empire. – De *grogner*.

grognasse [gʀɔɲas] n. f. Pop., péjor. Femme vulgaire, laide et acariâtre. – De *grogner*, et *-asse*.

grogne [gʀɔɲ] n. f. Fam. Mauvaise humeur, mécontentement. – Déverbal de *grogner*.

grognement [gʀɔɲmɑ̃] n. m. **1.** Cri du porc, du sanglier. **2.** Grondement indistinct que fait entendre une personne qui grogne. *Des grognements de colère.* – Protestation, paroles désagréables exprimant le mécontentement. – De *grogner*.

grogner [gʀɔɲe] v. intr. [1] **1.** Pousser son cri (en parlant du porc, du sanglier). ▷ Par ext. *Chien qui grogne*, qui fait entendre un grondement sourd. **2.** Exprimer son mécontentement par des paroles plus ou moins désagréables. *Il grogne, mais il obéit.* – Du lat. *grunnire*, var. de *grundire*.

grognerie [gʀɔɲʀi] n. f. Rare Action de grogner. – De *grogner*.

grogneur, euse [gʀɔɲœʀ, øz] adj. et n. Rare Qui grogne, par mauvaise humeur, par mécontentement. – De *grogner*.

grognon, onne [gʀɔɲɔ̃, ɔn] adj. et n. (Rare au fém.) Qui a l'habitude de grogner, maussade. *Enfant grognon.* ▷ n. *Un(e) grognon.* – De *grogner*.

grognonner [gʀɔɲɔne] v. intr. [1] Rare Grogner comme un pourceau; être maussade. – De *grogner*.

groin [gʀwɛ̃] n. m. Museau du porc, du sanglier. – Du bas lat. *grunium*.

grole ou **grolle** [gʀɔl] n. f. Pop. Chaussure. – D'abord dialectal.

grommeler [gʀɔmle] v. [19] **1.** v. intr. Se plaindre, murmurer entre ses dents. **2.** v. tr. *Grommeler des injures.* – Moyen néerl. *grommen*.

grommellement [gʀɔmɛlmɑ̃] n. m. Action de grommeler; bruit que fait entendre une personne qui grommelle. – De *grommeler*.

grondement [gʀɔ̃dmɑ̃] n. m. Bruit sourd et prolongé. *Le grondement du tonnerre, du canon.* – De *gronder*.

gronder [gʀɔ̃de] v. [1] **I.** v. intr. **1.** Faire entendre un son sourd et menaçant. *Le chien gronde.* **2.** Faire entendre un son prolongé sourd et grave. *La mer grondait.* **3.** Fig. Menacer. *La révolte gronde.* **II.** v. tr. Réprimander (un enfant). *Gronder un enfant dissipé.* – Lat. *grundire*, var. de *grunnire*.

gronderie [gʀɔ̃dʀi] n. f. Vieilli Réprimande. – De *gronder*.

grondeur, euse [gʀɔ̃dœʀ, øz] adj. Qui a l'habitude de gronder, de réprimander. – Par ext. *Humeur grondeuse*, bougonne. – De *gronder*.

grondin [gʀɔ̃dɛ̃] n. m. Poisson téléostéen (genre *Trigla*) gris ou rose (*rouget*), à tête volumineuse, vivant près des côtes. – De *gronder*, à cause du grondement que ce poisson émet quand on le sort de l'eau.

groom [gʀum] n. m. (Anglicisme) Jeune commis en livrée d'un hôtel. – Mot angl.

gros, grosse [gʀo, gʀos] adj., adv. et n. **I.** adj. **1.** Dont la surface ou le volume est supérieur à la moyenne. *Un gros chat. Faire de grosses taches. Imprimé en gros caractères.* **2.** (Personnes) Corpulent. *Un gros garçon.* – Subst. *Un gros, une grosse.* ▷ (Parties du corps.) *Avoir de grosses mains.* **3.** Loc. fig. *Avoir le cœur gros*, de la peine. – Vieilli *Être grosse* : être enceinte. – *Grosse voix* : voix forte. – *Faire les gros yeux* : froncer les sourcils (pour intimider un enfant). – Fam. *Avoir la grosse tête* : être imbu de soi-même, vaniteux. **4.** MAR *Mer grosse*, dont les vagues atteignent en moyenne 6 à 9 m (*très grosse*, 9 à 14 m). *Gros temps* : mauvais temps. **5.** Important. *Jouer gros jeu. Un gros entrepreneur. Décrocher, gagner le gros lot.* Fam. *Un gros bonnet, une grosse légume* : un personnage important. **6.** *Gros œuvre* : V. œuvre. **7.** Grossier, sans finesse. *Du gros vin*, (fam.) *du gros rouge. Gros rire*, vulgaire. *Grosses vérités* : évidences. *Cet argument est un peu gros. Cette histoire est un peu grosse*, peu crédible. ▷ *Gros mot* : mot grossier. **II.** adv. **1.** Beaucoup. *Gagner gros. Il y a gros à parier que...* **2.** En grand. *Écrire gros.* **3.** Loc. adv. *En gros* : par grandes quantités (par oppos. à *au détail*). *Vendre en gros et au détail.* – Sans donner de détails. *Racontez l'histoire en gros.* **III.** n. m. **1.** Partie la plus importante de qqch. *Le gros des troupes. Le gros de l'affaire.* **2.** (Par oppos. à *détail*.) *Commerce de gros. Faire un prix de gros.* **3.** *Gros de Naples, de Tours* : étoffe à gros grain. – Lat. imp. *grossus*.

gros-bec [gʀobɛk] n. m. Oiseau passériforme d'Europe (genre *Coccothraustes*, fam. fringillidés), à plumage brun et noir, doté d'un bec qui lui permet de broyer les noyaux. – *Des gros-becs.* – De *gros*, et *bec*.

groschen [gʀɔʃən] n. m. Centième du schilling autrichien. – Mot all.

groseille [gʀozɛj] n. f. Petite baie rouge ou blanche, comestible, fruit du groseillier. *Groseille à maquereau* : fruit du groseillier épineux, plus gros et moins acide que la groseille, que l'on utilisait pour accommoder le maquereau. – Moyen néerl. *croesel*, frq. **krusil*.

groseillier [gʀozeje] n. m. Arbuste (fam. saxifragacées) dont les fleurs en grappes donnent les groseilles. (*Ribes nigrum* est le cassissier; *Ribes rubrum*, le groseillier commun, a des fruits rouges ou blancs; *Ribes uva-crispa*, le groseillier à maquereau, épineux, a de gros fruits globuleux rouge foncé ou verdâtres.) – De *groseille*.

gros-grain [gʀogʀɛ̃] n. m. **1.** Tissu soyeux à grosses côtes. **2.** Ruban de ce tissu. *Des gros-grains.* – De *gros*, et *grain*.

Gros-Jean ou **gros-Jean** [gʀoʒɑ̃] n. m. Surtout usité dans la loc. *être Gros-Jean comme devant* : ne pas être plus avancé qu'auparavant. – De *gros*, et *Jean*, type d'homme du peuple, de rustre auquel arrivent des mésaventures.

gros-plant [gʀoplɑ̃] n. m. Cépage blanc de la région de Nantes. - Vin blanc, léger et parfumé, issu de ce cépage. *Des gros-plants.* – De *gros*, et *plant*.

grosse [gʀos] n. f. **1.** DR Copie d'une décision judiciaire ou d'un acte notarié qui comporte la formule exécutoire. **2.** COMM Douze douzaines. *Une grosse de boutons.* – De *gros*.

grossesse [gʀosɛs] n. f. État de la femme enceinte, qui dure neuf mois, de la conception à l'accouchement. ▷ *Grossesse gémellaire* : présence de deux fœtus dans l'utérus. *Grossesse extra-utérine* : développement anormal de l'ovule hors de la cavité utérine. *Grossesse nerveuse* : état morbide présentant des signes de grossesse en l'absence de fécondation. ▷ *Interruption volontaire de grossesse* : V. avortement. – De *gros*.

grosseur [gʀosœʀ] n. f. **1.** Corpulence. **2.** Circonférence, volume. *Des ballons de grosseurs différentes.* **3.** Enflure sous la peau. *Une grosseur dans le cou.* – De *gros*.

grossier, ère [gʀosje, ɛʀ] adj. **1.** Sans raffinement, de mauvaise qualité, de fabrication rudimentaire. *Des vêtements grossiers.* **2.** Sommaire, imparfait. *Nettoyage grossier. Imitation grossière.* **3.** Rude, inculte. *Une population grossière.* **4.** Qui relève d'une certaine ignorance; flagrant. *Des fautes grossières.* **5.** Qui choque en contrevenant aux bienséances. *Vocabulaire grossier. Quel grossier personnage !*– De *gros*.

grossièrement [gʀosjɛʀmɑ̃] adv. **1.** Imparfaitement. *Pierre grossièrement travaillée.* **2.** Avec rudesse, impolitesse. *Répondre grossièrement.* **3.** *Se tromper grossièrement*, lourdement. – De *grossier*.

grossièreté [gʀosjɛʀte] n. f. **1.** Caractère de ce qui est grossier, rudimentaire. *Grossièreté d'une étoffe.* **2.** Indélicatesse, impolitesse. *Répondre avec grossièreté.* **3.** Parole grossière (sens 5). – De *grossier*.

grossir [gʀosiʀ] v. [3] **I.** v. intr. **1.** Devenir plus gros, prendre de l'embonpoint. *Elle a peur de grossir.* **2.** Devenir plus gros, plus important; augmenter. *Le troupeau grossit.* ▷ Fig. *Rumeur qui grossit.* **II.** v. tr. **1.** Rendre plus gros. *Les pluies grossissent le torrent.* **2.** Faire paraître plus gros. *Ce manteau de fourrure la grossit.* Absol. *Le microscope grossit.* **3.** Accroître le nombre, l'importance de. *Les agneaux vont grossir le troupeau.* - Fig. *Grossir les faits*, exagérer leur importance. – De *gros*.

grossissant, ante [gʀosisɑ̃, ɑ̃t] adj. **1.** Qui devient plus gros. **2.** Qui fait paraître plus gros. *Verre grossissant.* – Ppr. de *grossir*.

grossissement [gʀosismɑ̃] n. m. **1.** Action de grossir. **2.** Fig. Exagération. *Un grossissement des faits qui permet d'obtenir un effet comique.* **3.** *Grossissement d'un instrument d'optique* : rapport entre le diamètre apparent de l'image vue à travers l'instrument et le diamètre apparent de l'objet vu sans instrument. *Le grossissement des microscopes électroniques a permis de photographier les atomes.* – De *grossir*.

grossiste [gʀosist] n. Commerçant en gros (par oppos. à *détaillant*). – P.-ê. de l'all. *Grossist*, ou de *gros*.

grosso modo [gʀosomodo] loc. adv. Approximativement, sans faire le détail. *Examiner grosso modo une question.* – Lat. scolast., « d'une manière grossière ».

grotesque [gʀɔtɛsk] n. et adj. **1.** n. f. pl. Motifs ornementaux comprenant des figures bizarres, découverts aux XVe et XVIe s. dans les ruines romaines, appelées *grottes*. ▷ *Par ext.* Figures bizarres, fantastiques. *Les grotesques de Callot.* **2.** adj. Ridicule, bizarre, extravagant. *Costume grotesque.* ▷ n. m. Genre grotesque, burlesque. *Mêler le grotesque au sublime.* – Ital. *grottesca*, de *grotta*, « grotte ».

grotesquement [gʀɔtɛskəmɑ̃] adv. De manière extravagante, ridicule. *Grotesquement accoutré.* – De *grotesque*.

grotte [gʀɔt] n. f. Excavation profonde, naturelle ou creusée par l'homme, dans la roche. – Ital. *grotta*, du lat. *crypta*, « crypte ».

grouillant, ante [gʀujɑ̃, ɑ̃t] adj. Qui grouille. *Une rue grouillante de passants.* – Ppr. de *grouiller*.

grouillement [gʀujmɑ̃] n. m. Mouvement, bruissement de ce qui grouille. – De *grouiller*.

grouiller [gʀuje] v. [1] **I.** v. intr. **1.** S'agiter en tous sens de façon confuse, et en grand nombre. *Abeilles qui grouillent dans la ruche.* **2.** *Grouiller de* : fourmiller, être plein de. *Ce fromage grouille de vers.* - Fam. *Ça grouille de gens ici.* **II.** v. pron. Fam. Se hâter. *Grouille-toi !*– P.-ê. de *grouler*, forme rég. de *crouler*.

grouillot [gʀujo] n. m. Jeune employé à la Bourse. ▷ *Par ext.* Fam., péjor. Garçon de courses; employé subalterne. – De *grouiller*.

group [gʀup] n. m. COMM Sac cacheté destiné au transport d'argent en espèces. – Ital. *gruppo*. (V. groupe.)

groupage [gʀupaʒ] n. m. TRANSP Action de réunir des colis envoyés par un expéditeur à un même destinataire. – De *grouper*.

groupe [gʀup] n. m. Réunion d'objets ou d'êtres formant un ensemble. **1.** Ensemble de personnes réunies au même endroit. *Un groupe de curieux. Marcher en groupe.* ▷ SOCIOL Ensemble d'individus ayant un certain nombre de caractères communs et dont les rapports (sociaux, psychologiques, etc.) obéissent à une dynamique spécifique. *Dynamique de groupe.* - *Groupe parlementaire*, formé par les membres d'une assemblée parlementaire ayant les mêmes options politiques. - *Groupe financier*, regroupant des banques d'affaires. ▷ MED *Groupe sanguin* : catégorie où l'on range tous les individus selon la variété d'antigènes ou d'anticorps que portent leurs hématies et leur sérum. **2.** MILIT *Groupe de combat* : unité d'infanterie d'une douzaine d'hommes. ▷ Anc. Unité de l'armée de terre ou de l'air. *Groupe d'artillerie.* **3.** Réunion de choses qui forment un ensemble. *Un groupe de sapins.* ▷ BX-A Ensemble d'êtres ou d'objets considérés comme le sujet d'une œuvre d'art. *Groupe de Laocoon.* **4.** MATH Ensemble muni d'une loi de composition interne associative, admettant un élément neutre et dont tout élément possède son symétrique. *Les entiers relatifs (..., −1, 0, +1,...) munis de l'addition forment un groupe.* **5.** TECH Ensemble monobloc formé de machines accouplées mécaniquement. *Groupe électrogène, groupe* *motopompe.* – Ital. *gruppo,* « nœud, assemblage », d'orig. germ. **kruppa,* « masse arrondie ».

groupement [grupmɑ̃] n. m. **1.** Action de grouper (des choses, des personnes). **2.** Réunion de personnes ayant un but, un intérêt commun. *Groupement politique.* ▷ DR, ECON *Groupement d'intérêt économique (G.I.E.)* : personne morale permettant à plusieurs sociétés de développer en commun leurs activités économiques. **3.** MILIT *Groupement tactique,* constitué en vue d'une opération. ▷ *Tir de groupement,* servant à régler une arme. – De *grouper.*

grouper [grupe] v. [1] **I.** v. tr. **1.** Disposer en groupe. **2.** Réunir, assembler. *Grouper des mots pour les analyser.* **II.** v. pron. S'assembler. *Se grouper en association.* – De *groupe.*

groupie [grupi] n. f. (Américanisme) Jeune fille qui admire fanatiquement un musicien, un chanteur ou un groupe de pop music et qui le suit partout. ▷ *Par ext.* Admiratrice d'un homme politique, d'un écrivain, d'un artiste. – Mot angl., de *group,* « group ».

groupuscule [grupyskyl] n. m. Péjor. Groupement politique qui ne compte qu'un très petit nombre d'adhérents. *Des groupuscules extrémistes.* – Dimin. de *groupe.*

grouse [gruz] n. f. Lagopède d'Écosse. – Mot écossais.

gruau [gryo] n. m. **1.** Grain de céréale débarrassé du péricarpe par une mouture grossière. **2.** *Farine de gruau* : fine fleur de farine. *Pain de gruau.* **3.** (Canada) Bouillie de flocons d'avoine. – Du frq. **grût;* a. fr. *gru.*

grue [gry] n. f. **1.** Oiseau migrateur de grande taille (1,20 m de haut), à longues pattes, au long cou et au bec pointu, vivant dans les marais (genres *Grus* et voisins, ordre des gruiformes). *La grue cendrée hivernant en Afrique traverse l'Europe deux fois par an.* **2.** Fig., fam. *Faire le pied de grue* : attendre longtemps debout. ▷ *Grue* : prostituée; fille légère. **3.** TECH Engin de levage de grande dimension comportant un bâti et une flèche. **4.** AUDIOV Appareil assurant le déplacement (notam. vertical) d'une caméra. – Lat. pop.**grua,* class. *grus.*

gruger [gryʒe] v. tr. [13] **1.** Vx Briser avec les dents, croquer. *Gruger du sucre.* **2.** Débiter (des tôles, des profilés). **3.** Fig. Tromper (qqn) pour le dépouiller; duper. – Du néerl. *gruizen,* « écraser », rad. frq. **grût,* « gruau ».

gruiformes [gryifɔrm] n. m. pl. ORNITH Ordre très diversifié d'oiseaux, comprenant les grues, les râles, les poules d'eau, les outardes, etc. – Sing. *Un gruiforme.* – Du lat. *grus, gruis,* « grue », et *-forme.*

grume [grym] n. f. **1.** Tronc d'arbre abattu et ébranché mais non écorcé. *Bois en grume.* **2.** Rég. Grain de raisin. – Bas lat. *gruma,* class. *gluma,* « cosse, écorce ».

grumeau [grymo] n. m. Petite masse solide coagulée. *Grumeaux d'une crème.* – Lat. pop. **grumellus,* class. *grumulus,* dimin. de *grumus,* « motte (de terre) ».

grumeler (se) [grymle] v. pron. [19] Se former en grumeaux. – De *grumeau.*

grumeleux, euse [grymlø, øz] adj. **1.** Plein de grumeaux. *Sauce, crème grumeleuse.* **2.** Présentant des granulations dures. *Bois grumeleux.* – De *grumeau.*

gruppetto, etti [grupɛtto, ɛtti] n. m. MUS Ornement de trois ou quatre notes brèves, suivant la note principale. – Mot ital., « petit groupe ».

grutier, ère [grytje, ɛr] n. Conducteur, conductrice de grue. – De *grue.*

gruyère [gryjɛr] n. m. Fromage cuit, au lait de vache, à pâte ferme à trous, et à croûte lavée fabriqué dans la Gruyère (Suisse, canton de Fribourg) ainsi que dans les Vosges et le Jura. – Du n. de la région de *Gruyère* (Suisse).

gryphée [grife] n. f. ZOOL Huître aux valves inégales. *L'huître portugaise est une gryphée.* – Bas lat. *gryphus,* « recourbé », gr. *grupos.*

Gs. V. gauss.

guacamole [guakamɔl(e)] n. m. Mets mexicain, purée d'avocats, d'oignons et de piments assaisonnée au citron. – Mot nahuatl.

guadeloupéen, enne [gwadlupeɛ̃, ɛn] adj. et n. De la Guadeloupe, dép. français d'outre-mer. ▷ Subst. *Un(e) Guadeloupéen(ne).*

guanaco [gwanako] n. m. Lama sauvage des Andes, au pelage roux. – Mot du Pérou *huanaco.*

guanine [gwanin] n. f. BIOCHIM Base purique constitutive des acides nucléiques. – De *guano.*

guano [gwano] n. m. Engrais constitué par les excréments d'oiseaux marins très riches en phosphates et en azote. – *Par ext.* Engrais d'origine animale. *Guano de poisson, de viande.* – Mot esp., d'un mot du Pérou *huano.*

guanosine [gwanɔzin] n. f. BIOCHIM Dérivé oxydé de la guanine, précurseur des *guanosines phosphates* (coenzymes du cycle de Krebs). – De *guano.*

guarani [gwarani] adj. et n. **1.** Relatif aux Guaranis (population indienne du Paraguay, État continental d'Amérique du Sud), à leur langue. ▷ Subst. *Un(e) Guarani.* **2.** n. m. Langue de cette population. **3.** n. m. Unité monétaire du Paraguay. – Mot guarani.

guatémaltèque [gwatemaltɛk] adj. et n. Du Guatemala, État d'Amérique centrale. ▷ Subst. *Un(e) Guatémaltèque.* – Esp. *guatemalteco.*

1. gué [ge] n. m. Endroit d'une rivière où l'eau est assez basse pour qu'on puisse passer à pied. *Traverser à gué.* – Du frq. **wad,* forme germanique du lat. *vadum.*

2. gué ! [ge] interj. Expression de gaieté dans des refrains de chansons. *J'aime mieux ma mie, ô gué !* – Var. de *gai,* anc. *gay.*

guéable [geabl] adj. Qu'on peut passer à gué. *Rivière guéable.* – De *gué.*

guèbre [gɛbr] adj. Des Guèbres, populations iraniennes adeptes de la religion de Zoroastre (V. zoroastrisme), qui refusèrent l'islam au VIIe s. – Persan *gäbr,* « infidèle ».

guède [gɛd] n. f. Plante (*Isatis tinctoria*), appelée aussi *pastel des teinturiers,* qui donne une couleur bleue. – Du germ. **waizda,* all. *Waid.*

guéer [gee] v. tr. [1] Rare Traverser à gué. – De *gué.*

guelfe [gɛlf] n. m. HIST Partisan des papes dans l'Italie du XIIIe au XVe s. – De *Welfe,* nom d'une fam. all. rivale des Hohenstaufen qui, parvenus à l'Empire, luttèrent sans merci contre la papauté.

guelte [gɛlt] n. f. Prime accordée à un vendeur en fonction du montant de ses ventes. – All. *Geld,* « argent ».

guenille [gənij] n. f. **1.** (Plur.) Haillons, vieilles hardes. **2.** Fig., vieilli Chose de peu de valeur. « *Le corps, cette guenille* » *(Molière).*

guenon [gənɔ̃] n. f. **1.** Vx Cercopithèque d'Afrique. **2.** Femelle du singe. – Fig., fam., péjor. Femme très laide.

guépard [gepar] n. m. Félidé d'Afrique tropicale (*Acinonyx jubatus*), long de 80 cm sans la queue, svelte et rapide (il atteint 95 km/h), au pelage tacheté et aux longues pattes, ayant divers caractères (griffes non rétractiles, notam.) des canidés. – De l'ital. *gattopardo,* « chat-léopard ».

guêpe [gɛp] n. f. **1.** Insecte hyménoptère porte-aiguillon (genres *Vespa* et voisins, fam. vespidés), à l'abdomen jaune rayé de noir, mesurant 1 à 2 cm. *La* *plupart des guêpes vivent en société sous terre ou dans des nids faits de fibres de bois mâchées. Quelques espèces de guêpes sont solitaires.* **2.** Fig. *Taille de guêpe* : taille très fine. – Du lat. *vespa, wespa,* par l'anc. haut all. *wefsa.*

guêpier [gepje] n. m. **1.** ORNITH Oiseau du genre *Merops,* au bec arqué, long d'environ 25 cm, au plumage de couleurs vives, qui se nourrit d'hyménoptères (guêpes, abeilles, bourdons). **2.** Nid de guêpes. ▷ Fig. *Se fourrer, tomber dans un guêpier* : s'engager dans une mauvaise affaire. – De *guêpe.*

guêpière [gepjɛʀ] n. f. Corset très étroit qui étrangle la taille. – De *(taille de) guêpe.*

guère [gɛʀ] adv. **1.** *Ne...guère* : peu, pas beaucoup. *Il n'a guère d'argent. Je n'ai guère dormi.* **2.** *Ne...plus guère* : presque plus. *Je ne le vois plus guère ces temps-ci.* **3.** *Ne...guère que* : presque. *Il n'y a guère que toi à le savoir.* – Du frq. **waigaro,* « beaucoup ».

guéret [geʀɛ] n. m. Terre labourée et non ensemencée. – Du lat. *vervactum,* « jachère », infl. germ. sur l'initiale.

guéridon [geʀidɔ̃] n. m. Petite table ronde à un seul pied. – Nom d'un personnage de farce, *Guéridon* ou *Guélidon* (dans des chansons, au XVIIe s.).

guérilla [geʀija] n. f. **1.** Vx Petite troupe de partisans. **2.** Guerre de partisans. – Mot esp., « ligne de tirailleurs ».

guérillero ou **guerillero** [geʀijeʀo] n. m. Partisan, franc-tireur. *Les guerilleros cubains.* – De *guérilla.*

guérir [geʀiʀ] v. [3] **I.** v. tr. **1.** Redonner la santé à (qqn), délivrer (qqn) d'une maladie. *Guérir un malade.* **2.** Fig. Délivrer d'un mal moral. *Guérir qqn de ses préjugés, de sa passion.* **II.** v. intr. **1.** Recouvrer la santé. *Il guérira.* **2.** Disparaître, en parlant d'un mal physique. *Sa blessure guérit.* **III.** v. pron. **1.** Recouvrer la santé par ses efforts. *Se guérir en se soignant énergiquement.* **2.** Disparaître, en parlant d'un mal physique. *Cette plaie se guérit vite.* **3.** Fig. Se délivrer de. *Se guérir de ses préjugés.* – Du germ. **warjan*; var. de *guarir, garir,* « protéger ».

guérison [geʀizɔ̃] n. f. Recouvrement de la santé. *Il doit garder la chambre jusqu'à complète guérison.* ▷ Disparition. *La guérison d'une peine.* – De *guérir.*

guérissable [geʀisabl] adj. Qui peut être guéri. – De *guérir.*

guérissant, ante [geʀisɑ̃, ɑ̃t] adj. Qui a la propriété de guérir. *Pouvoir guérissant.* – Ppr. de *guérir.*

guérisseur, euse [geʀisœʀ, øz] n. Personne qui traite, sans avoir le titre de médecin, par des méthodes extramédicales. *Les guérisseurs peuvent tomber sous le coup de la loi punissant l'exercice illégal de la médecine.* – De *guérir.*

guérite [geʀit] n. f. **1.** Abri d'une sentinelle. **2.** Petite loge qui sert d'abri. *La guérite de la vendeuse de billets de loterie.* – Adapt. probabl. du provenç. *garida,* de *garir,* « protéger ».

guerre [gɛʀ] n. f. **1.** Conflit armé entre des nations, des États, des groupes humains. *Déclarer, faire la guerre. Être en guerre avec tel pays. Guerre d'invasion. Guerre offensive, défensive, de tranchées, aérienne, maritime.* – Loc. *Guerre civile, intestine,* entre citoyens d'un même pays. *Guerre de religion,* causée par des dissensions religieuses. *Guerres puniques* : V. punique. *Guerre d'extermination. Conseil de guerre.* – *Première Guerre mondiale* : guerre de 1914 à 1918. *Seconde Guerre mondiale* : guerre de 1939 à 1945. V. encycl. – *L'entre-deux-guerres,* entre 1918 et 1939. *La drôle de guerre* : la période qui précéda l'invasion allemande, de septembre 1939 à mai 1940. *Guerre N.B.C.,* qui utilise les armes nucléaires, bactériologiques et chimiques. **2.** Par ext. *Petite guerre* : manœuvres simulant un combat, une guerre; jeu d'enfants qui simule la guerre, les combats. – *Guerre économique. Guerre des nerfs,* psychologique. *Guerre froide* : crise, tension entre États (spécial., dans les années 1950, entre les É.-U. et l'U.R.S.S.). ▷ *Nom de guerre* : pseudonyme. **3.** Hostilité, lutte. *C'est entre eux une guerre permanente. Faire la guerre à qqn sur qqch, à propos de qqch,* s'opposer à lui à propos de qqch. *Faire la guerre à une chose,* la combattre. – *De guerre lasse,* après une longue résistance. *Il y a consenti de guerre lasse.* – *De bonne guerre* : conformément aux usages du combat; fig. conformément aux usages de la compétition, de la polémique. – Prov. *Qui terre a, guerre a* : toute possession expose à des inimitiés. – *À la guerre comme à la guerre* : il faut s'adapter aux circonstances. – Frq. **werra.*

ENCYCL **La Première Guerre mondiale** (1914-1918) éclate en été 1914 (V. Sarajevo). Née de la compétition des grandes puissances européennes (rivalités écon., course aux armements), elle voit l'Allemagne, l'Autriche, la Bulgarie et la Turquie affronter les Alliés* : la Russie, la France, la Belgique, l'Angleterre, le Japon (1914), l'Italie (1915) et les États-Unis (1917). En France même, à la *guerre de mouvement* (V. Marne, bataille de la) (1914), succède la *guerre de position,* avec l'apparition des tranchées; les deux armées mènent une *guerre d'usure* (V. Verdun, bataille de) qui prend fin avec les dernières offensives allemandes et la contre-offensive de Foch (mars-oct. 1918). L'importance du matériel ne cesse de s'affirmer : avions, sous-marins et, dans les rangs alliés, après 1916, tanks. Quand la guerre s'achève (11 nov. 1918 sur le front de l'Ouest, armistice signé à Rethondes*), 10 millions d'hommes sont morts. À Versailles* est signé le plus important des traités de paix. L'Europe ravagée est bouleversée par l'effondrement des Empires russe, allemand et austro-hongrois.

La Seconde Guerre mondiale (1939-1945) est déclenchée par l'Allemagne. Ruinée par la crise économique de 1929-1930, humiliée par le traité de Versailles, elle suit A. Hitler* qui lui promet la revanche. Il écrase la Pologne (sept. 1939) puis la France (mai-juin 1940), soumet l'Europe centrale et les Balkans. Pendant trois ans, l'Allemagne nazie domine l'Europe (occupation de la France, 1940-1944), en dépit des mouvements de résistance (V. Résistance), exterminant 10 % de la pop. tsigane et 6 millions de Juifs au nom de la supériorité d'une pseudo-race aryenne*. L'invasion de l'U.R.S.S. (21 juin 1941) et l'entrée en guerre des É.-U. après Pearl Harbor* (7 déc. 1941) brisent l'isolement de l'Angleterre. L'acharnement des armées russes, l'enlisement du Japon dans ses conquêtes (Chine et Sud-Est asiatique), l'énorme production de guerre des É.-U., « l'arsenal des démocraties », provoquent le reflux des puissances de l'Axe* (V. Stalingrad). Après le débarquement anglo-américain de Normandie (6 juin 1944), l'Allemagne, ravagée par les bombardements aériens, est envahie par l'Est et par l'Ouest. Elle capitule le 8 mai 1945. Le Japon capitule à son tour après l'explosion des bombes atomiques à Hiroshima et Nagasaki (6 et 9 août 1945). La guerre s'est étendue à tous les continents, sauf l'Amérique, et à tous les océans. Guerre totale, elle a tué 50 millions de personnes, civiles et militaires. Guerre idéologique, elle a opposé les puissances de l'Axe (Allemagne nazie, Italie fasciste et Japon expansionniste) aux démocraties occidentales (France, Angleterre, É.-U.) et à l'U.R.S.S. de Staline; guerre industrielle, elle a été menée avec des centaines de milliers de tanks et d'avions, a provoqué l'essor de l'aviation à réaction et l'apparition de la bombe atomique. Quand elle s'achève, en 1945, la plupart des pays d'Europe sont en ruine; É.-U. et U.R.S.S. se partagent l'hégémonie mondiale.

guerrier, ère [gɛʀje, ɛʀ] n. et adj. **I.** n. Personne qui fait la guerre. *Vaillant guerrier.* **II.** adj. **1.** De la guerre. *« Les travaux guerriers » (Corneille).* **2.** Belliqueux, martial. *Humeur, mine guerrière.* – De *guerre.*

guerroyer [gɛʀwaje] v. intr. [23] Faire la guerre (contre qqn) sporadiquement. – Fig. Se battre contre (qqch). *Guerroyer contre les injustices.* – De *guerre.*

guet [gɛ] n. m. **1.** Action de guetter, d'épier. *Faire le guet.* **2.** Anc. Surveillance exercée la nuit dans une ville. *Chevalier du guet :* chef des archers qui exerçaient cette surveillance. – *Mot du guet :* mot de passe. – Déverbal de *guetter.*

guet-apens [gɛtapɑ̃] n. m. Embûche préméditée pour voler, tuer qqn. *Tomber dans un guet-apens.* – Fig. Machination. *Des guets-apens.* – De *guet, aguet,* et a. fr. *apenser,* « réfléchir, préméditer ».

guêtre [gɛtʀ] n. f. Jambière d'étoffe ou de cuir, à boutons ou crochets. *Mettre des guêtres. Un bouton de guêtre.* – Loc. fig., fam. *Traîner ses guêtres :* flâner. *Tirer ses guêtres :* s'en aller. – P.-ê. du frq. **wrist,* « cou-de-pied ».

guetter [gete] v. tr. [1] **1.** Épier. *Le chat guette sa proie.* **2.** Attendre avec impatience. *Guetter un signal.* ▷ Attendre (qqn) dans une intention malveillante ou hostile. *Guetter l'ennemi.* – Fig. *Être guetté par la maladie.* **3.** Être à l'affût de (qqch). *Guetter l'occasion, le moment d'agir.* – Du frq. **wahtôn,* « veiller ».

guetteur, euse [getœʀ, øz] n. Personne qui guette. – n. m. Anc. Celui qui sonnait l'alarme, dans un beffroi, en cas d'attaque, d'incendie, etc. – De *guetter.*

gueulante [gœlɑ̃t] n. f. Pop. Cri de colère, de protestation. – Loc. *Pousser une gueulante :* protester bruyamment. – De *gueuler.*

1. gueulard [gœlaʀ] n. m. METALL Orifice par où s'effectue le chargement d'un haut fourneau. – De *gueule.*

2. gueulard, arde [gœlaʀ, aʀd] adj. et n. **1.** Rég. Gourmand. **2.** Pop. Braillard. – De *gueuler.*

gueule [gœl] n. f. **1.** Bouche des animaux carnivores, des poissons. *Gueule d'un chien, d'un crocodile, d'un requin.* ▷ Loc. fig. *Se jeter dans la gueule du loup :* se mettre dans une situation dangereuse, par imprudence. **2.** Fam. Bouche, et, *par ext.,* visage humain. *Une belle gueule. Une sale, une vilaine gueule.* ▷ Loc. *Faire la gueule :* bouder. *Casser la gueule à qqn,* le battre. *Se casser la gueule :* tomber. *Gueule cassée :* nom donné aux anciens combattants blessés de la face. *Gueule noire :* mineur, dans le Nord. *Fermer la (sa) gueule :* se taire. *Ta gueule! vos gueules! :* silence! *Coup* de gueule. Grande gueule, fort en gueule :* personne qui a l'habitude de parler très fort, de crier, ou qui parle avec assurance mais sans agir efficacement. *Fine gueule :* gourmet. *Avoir la gueule de bois,* la gorge sèche et la bouche pâteuse après s'être enivré. *Avoir de la gueule* (en parlant des choses) : avoir de l'allure. **3.** Ouverture. *Canon chargé jusqu'à la gueule.* – Lat. *gula,* « gosier, bouche ».

gueule-de-loup [gœldəlu] n. f. Muflier (*Antirrhinum majus,* fam. scrofulariacées). *Des gueules-de-loup.* – De *gueule, de,* et *loup.*

gueulement [gœlmɑ̃] n. m. Fam. Cri. – De *gueuler.*

gueuler [gœle] v. tr. [1] Fam. Crier très fort. *Gueuler des injures. Gueuler comme un âne.* – De *gueule.*

gueules [gœl] n. m. HERALD Couleur rouge de l'écu. – Même mot que *gueule*,* au plur. *gueules;* d'abord petits morceaux de fourrure découpés dans la peau du gosier de l'animal, souvent teints en rouge et servant d'ornement.

gueuleton [gœltɔ̃] n. m. Fam. Festin. – De *gueule.*

gueuletonner [gœltɔne] v. intr. [1] Fam. Faire un gueuleton. – De *gueuleton.*

1. gueuse [gøz] n. f. METALL Lingot de fonte brute. – De l'all. *Göse,* « morceaux informes de fer fondu », plur. bas all. de *Gans,* propr. « oie ».

2. gueuse ou **gueuze** [gøz] n. f. Bière belge. V. lambic. – De *gueux.*

gueuserie [gøzʀi] n. f. **1.** Vx Mendicité. **2.** Vieilli Action malhonnête. – De *gueux.*

gueux, gueuse [gø, gøz] n. **1.** Vx Mendiant, pauvre. **2.** Coquin, fripon. **3.** n. f. Vx Prostituée. ▷ Loc. mod. *Courir la gueuse :* mener une vie de débauche. **4.** HIST n. m. pl. *Les gueux :* les révoltés des Pays-Bas espagnols, en lutte (1566-1573) contre Philippe II d'Espagne. – Du moyen néerl. *guit,* « fripon, fourbe ».

gueuze. V. gueuse.

guèze [gɛz] n. m. LING Langue chamito-sémitique de l'Éthiopie (très précisément du royaume d'Aksoum, IVe-Xe s.) dont dérive l'amharique, mais qui demeure la langue liturgique des chrétiens éthiopiens. – Éthiopien *geez.*

gugusse [gygys] n. m. Fam. Clown qui joue les naïfs. – De *guss,* abrév. fam. du prénom *Auguste.*

1. gui [gi] n. m. Plante parasite de certains arbres (*Viscum album,* fam. loranthacées) dont les baies blanches, toxiques, étaient utilisées pour la confection de la glu, et les feuilles en médecine. *Le gui de chêne était sacré chez les Gaulois.* – Du lat. *viscum,* avec infl. de *guigne* 1.

2. gui [gi] n. m. MAR Rare Bôme. – Néerl. *giek* ou *gijk.*

guibole ou **guibolle** [gibɔl] n. f. Fam. Jambe. – P.-ê. du normand *guibon, guibonne,* rad. de *regimber.*

guibre [gibʀ] n. f. MAR ANC Charpente en saillie sur l'avant de l'étrave d'un navire en bois, soutenant le beaupré. – Altér. de l'anc. mot *guivre,* « serpent ».

guiche [giʃ] n. f. **1.** ARCHEOL Courroie de bouclier, de cor. **2.** n. f. pl. Mèches de cheveux frisés sur le front en accroche-cœur. – Var. *guige,* en a. fr.; probabl. du frq. **whitig,* « lien d'osier ».

guichet [giʃɛ] n. m. **1.** Petite ouverture pratiquée dans une porte, un mur. *Parler au guichet,* dans une prison. ▷ *Scie à guichet,* à lame très étroite. **2.** Petite ouverture derrière laquelle se tiennent les employés, dans une poste, une banque, etc. – *Guichet de location,* où sont délivrés les billets d'entrée pour un spectacle. **3.** Spécial. *Les guichets du Louvre,* les passages sous les galeries qui donnent accès aux cours intérieures. – De l'anc. scand. *vik,* « cachette ».

guichetier, ère [giʃtje, ɛʀ] n. Personne préposée à un guichet. – De *guichet.*

guidage [gidaʒ] n. m. **1.** Action de guider. **2.** TECH Ensemble des pièces qui, dans un puits de mine, guident le mouvement de la cage d'extraction. **3.** TECH Ensemble des pièces qui guident le mouvement d'un organe de machine. **4.** Action de guider (un avion, un sous-marin, une fusée, etc.) par radio ou par un autre procédé. – De *guider.*

guidance [gidɑ̃s] n. f. Méthode destinée à aider les enfants à s'adapter à leur milieu. *Centre de guidance.* – De *guider.*

guide [gid] n. **I.** n. m. **1.** Personne qui montre le chemin. *Guide de haute montagne. Guide de musée.* ▷ MILIT Soldat sur lequel les autres doivent régler leurs mouvements. *Corps des guides :* corps de cavalerie d'élite sous la Révolution, le Premier et le Second Empire. **2.** Fig. Personne qui en dirige, en conseille d'autres. *Un guide spirituel.* – *Par ext.* Ce qui dirige un être humain dans ses actions. *Sa conscience est son seul guide.* **3.** Ouvrage didactique. ▷ *Spécial.* Ouvrage décrivant une ville, une région, etc. *Guide des rues de Paris.* **4.** TECH Organe qui permet d'imposer une trajectoire à un organe mobile. **5.** TELECOM *Guide d'ondes :* tuyau métallique servant à transporter des ondes radioélectriques de très hautes fréquences. **II.** n. f. pl. Longue rêne servant à diriger les chevaux attelés. *Conduire à grandes guides*, très vite. ▷ Fig. *Mener la vie à grandes guides* : vivre sur un grand pied, se montrer prodigue. **III.** n. f. Jeune fille faisant partie d'un groupe de scoutisme. *Cheftaine de guides*. – Anc. provenç. ou ital. *guida*.

guide-âne [gidɑn] n. m. Petit guide, aide-mémoire. *Des guide-âne* ou *guide-ânes*. – De *guider*, et *âne*.

guider [gide] **I.** v. tr. [**1**] **1.** Conduire, montrer le chemin à. *Le chien guide l'aveugle*. – Fig. *Guider un élève dans ses études*. **2.** Mettre sur la bonne voie. *Les traces guident les chasseurs*. **3.** Fig. Diriger, mener, faire agir. *C'est son ambition qui le guide*. **II.** v. pron. *Se guider sur* : se diriger d'après. *Se guider sur l'étoile polaire*. – Fig. *Se guider sur l'exemple de ses prédécesseurs*. – De l'a. fr. *guier*, d'après *guide*.

guiderope [gidʀɔp] n. m. AERON Cordage assez lourd, qu'on laisse traîner sur le sol pour maintenir un aérostat à hauteur constante. – Mot anglais, du fr. *guide*, et *rope*, «corde».

guidon [gidɔ̃] n. m. **1.** Vx Étendard. **2.** MAR Pavillon à deux pointes ou triangulaire. **3.** Organe (tube métallique cintré) servant à orienter la roue avant d'un deux-roues. *Lâcher le guidon de sa bicyclette*. **4.** TECH Pièce saillante située à l'extrémité du canon d'une arme et servant à prendre la ligne de mire. – Ital. *guidone*.

guignard [giɲaʀ] n. m. Petit échassier. *Pluvier guignard (Eudromias morinellus)* ou *guigne* : pluvier des prairies et des montagnes qui émigre du nord de l'Europe vers l'Afrique et le Moyen-Orient. – A. fr., «qui cligne de l'œil».

1. guigne [giɲ] n. f. Cerise noirâtre à chair ferme. ▷ Loc. fam. *Se soucier de qqch, de qqn comme d'une guigne*, ne pas s'en soucier, n'y prêter aucune attention. – Lat. médiév. *guina*, p.-ê. du haut all. *wîhsila*, all. mod. *Weichsel*, «griotte».

2. guigne [giɲ] n. f. Fam. Malchance. *J'ai la guigne!* – Var. pop. de *guignon*.

guigner [giɲe] v. tr. [**1**] **1.** Regarder du coin de l'œil. *Guigner le jeu du voisin*. **2.** Fig., fam. Convoiter. *Guigner un emploi*. – Du frq. **wingjan*, «faire signe».

guignier [giɲje] n. m. Cerisier (*Prunus cerasus juliana*) dont le fruit est la guigne. – De *guigne* 1.

guignol [giɲɔl] n. m. **1.** Marionnette à gaine. **2.** Théâtre de marionnettes. *Mener les enfants au guignol*. **3.** Fig., fam. Individu grotesque, fantoche. *Faire le guignol* : faire l'idiot. – Du nom du canut lyonnais *Guignol*, devenu le héros des marionnettes de Mourguet en 1795.

guignolée [giɲɔle] n. f. (Canada) Collecte de nourriture, d'argent, etc., au profit des pauvres, effectuée de maison en maison pendant la période des fêtes.

guignolet [giɲɔlɛ] n. m. Liqueur de guigne. *Guignolet d'Anjou*. – De *guignole*, dérivé normand de *guigne* 1.

guignon [giɲɔ̃] n. m. Fam., vieilli Malchance. – De *guigner*, «regarder de côté».

guilde, ghilde ou **gilde** [gild] n. f. **1.** HIST Au Moyen Âge, association entre corporations d'artisans, de commerçants, etc. **2.** Mod. Association commerciale offrant à ses adhérents des avantages particuliers. – Lat. médiév. *gilda*, du moyen néerl. *gilde*, «troupe, corporation».

guillaume [gijom] n. m. TECH Rabot de menuisier dont le fer, très étroit, a la largeur du fût. – Rabot de plâtrier à fer large. – N. propre.

guilledou [gijdu] n. m. Loc. fam. *Courir le guilledou* : aller à la recherche d'aventures amoureuses. – P.-ê. de l'a. fr. *guiller*, «tromper, séduire», et *doux*, adv.

guillemet [gijmɛ] n. m. (Le plus souv. au plur.) Signe typographique (« ») ou (" ") qu'on utilise pour mettre en valeur un mot ou un groupe de mots en citation. *Passage entre guillemets. Ouvrir les guillemets*. – De *Guillaume*, nom de l'imprimeur qui inventa ce signe (apparu pour la première fois en 1527).

guillemeter [gijmete] v. tr. [**20**] Mettre entre guillemets. *Guillemeter une citation*. – De *guillemet*.

guillemot [gijmo] n. m. Oiseau marin alciforme (genre *Uria*) voisin du pingouin. – Dimin. de *Guillaume*, surnom de cet oiseau.

guilleret, ette [gijʀɛ, ɛt] adj. Plein de vivacité, de gaieté. *L'air guilleret*. – Libre, leste. *Conte guilleret*. – Probabl. même rad. que *guilleri*, «chant du moineau», de *guiller* (V. guilledou).

guillochage [gijɔʃaʒ] n. m. TECH Action de guillocher; résultat de cette action. – De *guillocher*.

guilloche [gijɔʃ] n. f. TECH Outil servant à guillocher. – Déverbal de *guillocher*.

guillocher [gijɔʃe] v. tr. [**1**] TECH Orner de guillochis. – Probabl. ital. *ghiocciare*, var. de *gocciare*, de *goccia*, «goutte», ornement d'architecture.

guillocheur [gijɔʃœʀ] n. m. TECH Ouvrier qui guilloche. – De *guillocher*.

guillochis [gijɔʃi] n. m. TECH Ornement formé par des traits gravés entrecroisés de manière régulière. – De *guillocher*.

guillochure [gijɔʃyʀ] n. f. Chacun des traits qui composent un guillochis. – De *guillocher*.

guillotine [gijɔtin] n. f. **1.** Instrument de supplice destiné à trancher la tête des condamnés à mort au moyen d'un couperet glissant le long de deux montants verticaux. **2.** *Fenêtre à guillotine*, dont le châssis glisse verticalement entre deux rainures. – De *Guillotin* (1738-1814), n. d'un médecin qui avait réclamé pour tous les condamnés à mort le droit à la décapitation sans avoir à endurer de souffrances.

guillotiner [gijɔtine] v. tr. [**1**] Décapiter au moyen de la guillotine. – De *guillotine*.

guimauve [gimov] n. f. **1.** Plante herbacée (genre *Althæa*, fam. malvacées) dont les racines, les tiges et les feuilles ont des propriétés émollientes et sédatives. – *Pâte, sirop de guimauve*, faits avec la racine d'*Althæa officinalis*, la guimauve officinale. **2.** Fig., péjor. *À la guimauve* : d'une sentimentalité outrée, d'une grande mièvrerie. *Romans à la guimauve*. – D'un élément *gui-*, du lat. *hibiscus*, altéré par crois. avec *gui*, et de *mauve*, ajouté pour éviter une confusion de sens.

guimbarde [gɛ̃baʀd] n. f. **1.** Instrument de musique composé d'une branche de fer recourbée et d'une languette d'acier. **2.** TECH Petit rabot de menuisier, d'ébéniste, de sculpteur, servant à égaliser le fond des creux. **3.** Péjor., fam. Vieille voiture; mauvaise voiture. – Provenç. *guimbardo*, «danse», de *guimba*, «sauter»; d'abord «danse», puis «instrument de musique».

guimpe [gɛ̃p] n. f. **1.** Anc. Pièce d'étoffe encadrant le visage des religieuses. **2.** Plastron qui masque en partie le décolleté d'une robe. **3.** Chemisette sans manches à col haut. – Du frq. **wimpil*, all. *Wimpel*, «banderole».

guincher [gɛ̃ʃe] v. intr. [**1**] Fam. Danser. – P.-ê. de l'a. fr. *guenchir*, «esquiver», du frq. *wenkjan*, «chanceler».

guindage [gɛ̃daʒ] n. m. TECH Action de guinder. – De *guinder*.

guindant [gɛ̃dɑ̃] n. m. MAR *Guindant d'un pavillon*, sa dimension verticale (par oppos. à *battant*). – *Guindant d'une voile*, longueur de sa ralingue d'envergure (voiles auriques et triangulaires). – Ppr. subst. de *guinder*.

guindé, ée [gɛ̃de] adj. Qui manque de naturel, gêné. *Avoir l'air guindé dans des vêtements neufs*. – Fig. Affecté et solennel. *Style guindé*. – Pp. de *guinder*.

guindeau [gɛ̃do] n. m. MAR Treuil à axe horizontal qui sert notam. à la manœuvre des chaînes d'ancre. *Vire au guindeau! :* ordre de relever la chaîne d'ancre à l'aide du guindeau. – De *guinder.*

guinder [gɛ̃de] v. tr. [1] **1.** TECH Élever au moyen d'un engin de levage. **2.** Fig. Donner une rigueur affectée à. *Guinder son style.* ▷ v. pron. Adopter une rigueur affectée, se raidir. – Du scand. *winda,* « hausser ».

guinée [gine] n. f. Ancienne monnaie anglaise, dont les premières pièces furent frappées avec de l'or de Guinée. *La guinée valait 21 shillings.* – Angl. *guinea.*

guinéen, éenne [gineɛ̃, eɛn] adj. et n. De la Guinée, État d'Afrique occid. ▷ Subst. *Un(e) Guinéen(ne).*

guingois (de) [dəgɛ̃gwa] loc. adv. Fam. De travers. *Une vieille maison toute de guingois.* – Du rad. germ. *gîga,* « violon ».

guinguette [gɛ̃gɛt] n. f. Vieilli Petit café populaire, généralement en plein air, où l'on boit et où l'on danse. *Les guinguettes des bords de Marne.* – Fém. de *guinguet,* « étroit » (maison guinguette), de l'a. fr. *giguer, ginguer,* « sauter », rad. germ. *gîga,* « violon ».

guipage [gipaʒ] n. m. **1.** TECH Action de guiper. **2.** ELECTR Gaine isolante formée de fils juxtaposés, destinée à assurer la protection mécanique ou l'isolement d'un conducteur électrique. – De *guiper.*

guiper [gipe] v. tr. [1] **1.** TECH Torsader. *Guiper des cordons.* **2.** ELECTR Entourer (un conducteur électrique) d'un isolant. – Du frq. **wipan,* « entourer de soie ».

guipoir [gipwaʀ] n. m. TECH Outil pour faire des torsades. – De *guiper.*

guipure [gipyʀ] n. f. Dentelle sans fond représentant des fleurs, des arabesques, etc. – De *guiper.*

guirlande [giʀlɑ̃d] n. f. **1.** Couronne, feston de fleurs et de feuilles naturelles ou artificielles servant à décorer. ▷ Dessin, sculpture représentant une guirlande. *Papier peint à guirlandes.* **2.** Ce qui présente l'aspect d'une guirlande. *Disposer des guirlandes de lampes colorées.* – Ital. *ghirlanda.*

guisarme [gɥizaʀm] n. f. Anc. Arme d'hast à un ou deux crochets aigus. *Franc-archer armé de la guisarme (guisarmier).*

guise [giz] n. f. (Seulement en loc.) **1.** *À sa guise :* à son gré. *Ici, chacun vit à sa guise.* – *N'en faire qu'à sa guise :* suivre son bon plaisir. – *À ta guise! :* comme tu voudras! **2.** Loc. prép. *En guise de :* au lieu de, comme, pour. *Il a reçu de l'argent en guise de récompense.* – Du germ. **wisa,* « manière ».

guitare [gitaʀ] n. f. Instrument de musique à cordes pincées, à manche et à corps aplati des deux côtés. *D'origine orientale, la guitare fut introduite par les Maures en Espagne.* – *Guitare électrique,* munie de micros magnétiques reliés à un amplificateur. – Esp. *guitarra,* ar. *gîtâra,* gr. *kithara.*

guitariste [gitaʀist] n. Personne qui joue de la guitare. – De *guitare.*

guitoune [gitun] n. f. Fam. Abri de fortune, cabane, tente. – Ar. maghrébin *gitun,* « tente ».

gummifère [gymifɛʀ] adj. BOT Qui produit de la gomme. *Arbre gummifère.* – Du bas lat. *gumma,* « gomme », et de *-fère.*

gunite [gynit] n. f. CONSTR Mélange de sable et de ciment réalisé à sec et destiné à être projeté pour constituer un revêtement. – Mot angl., de *gun,* « canon ».

günz [gyntz] n. m. GEOL Première des quatre glaciations d'Europe au quaternaire. *Le günz est notam. caractérisé par des épandages de graviers sur des plateaux.* – Nom d'une rivière all., l'un des quatre affluents du Danube.

guppy [gypi] n. m. Poisson d'aquarium (genre *Lebistes*) de petite taille (3 cm pour le mâle, 6 cm pour la femelle), aux couleurs vives, originaire d'Amérique du S. – Du n. de R.J.L. *Guppy,* qui en fit parvenir au British Museum le premier spécimen.

guru. V. gourou.

gus [gys] n. m. Fam. Type, gars. – De *gugusse.*

gustatif, ive [gystatif, iv] adj. Qui concerne le goût. *Sensation gustative.* – *Papilles gustatives,* situées sur la langue et sur le palais, innervées par les nerfs glosso-pharyngien et lingual. – Lat. *gustatum,* de *gustare,* « goûter ».

gustation [gystasjɔ̃] n. f. Perception des saveurs par le goût. – Bas lat. *gustatio.*

gutta-percha [gytapɛʀka] n. f. Substance chimiquement proche du caoutchouc, qu'on extrait du latex de *Palaquium gutta,* arbre d'Asie tropicale. *Excellent isolant électrique, la gutta-percha protège les câbles téléphoniques sous-marins. Des guttas-perchas.* – Mot angl. tiré du malais.

guttural, ale, aux [gytyʀal, o] adj. **1.** Du gosier. *Fosse, artère gutturale.* **2.** Qui part du gosier. *Voix gutturale.* **3.** PHON *Consonne gutturale,* qui se prononce depuis le gosier (ex. [g, k]). – Du lat. *guttur,* « gosier ».

guyanais, aise [gɥijanɛ, ɛz] adj. et n. De la Guyane, région du N.-E. de l'Amérique du Sud. ▷ Subst. *Un(e) Guyanais(e).*

guyot [gɥijo] n. f. Variété de poire. – Du nom du premier producteur, le docteur Jules *Guyot.*

guzla [gyzla] n. f. Violon monocorde des Balkans. – Mot croate.

Gy PHYS Symbole du gray.

gymkhana [ʒimkana] n. m. Fête en plein air comportant des épreuves d'adresse, et notam. des courses d'obstacles. *Gymkhana automobile.* – Mot hindî, par l'anglais.

gymn(o)-. Élément, du gr. *gumnos,* « nu ».

gymnase [ʒimnɑz] n. m. **1.** ANTIQ GR Lieu où les athlètes s'entraînaient. **2.** Vaste salle aménagée et équipée pour la pratique de la gymnastique, de l'escrime, du basket-ball, etc. **3.** École secondaire, en Suisse et en Allemagne. – Lat. d'orig. gr. *gymnasium.*

gymnaste [ʒimnast] n. **1.** ANTIQ GR Instructeur des athlètes. **2.** Mod. Athlète pratiquant la gymnastique. *Une jeune gymnaste.* – Gr. *gymnastês.*

gymnastique [ʒimnastik] adj. et n. f. **1.** adj. *Pas gymnastique :* pas de course cadencé. **2.** n. f. Discipline de compétition qui comprend, pour les hommes, des exercices au sol, aux barres parallèles, à la barre fixe, aux anneaux, au cheval d'arçon, et, pour les femmes, des exercices au sol, aux barres inégales, à la barre fixe, à la poutre d'équilibre. ▷ Éducation physique. *Moniteur de gymnastique.* – Abrév. fam. : gym. *Le prof de gym.* – *Gymnastique corrective,* exercée sous contrôle médical et destinée à corriger un maintien défectueux. ▷ Fig. *Gymnastique intellectuelle.* – Lat. d'orig. gr. *gymnasticus.*

gymnique [ʒimnik] adj. et n. **1.** adj. ANTIQ GR *Jeux gymniques,* où les athlètes combattaient nus. **2.** n. f. Didac. Art des exercices athlétiques. – Lat. d'orig. gr. *gymnicus.*

gymnosophiste [ʒimnɔsɔfist] n. m. Ascète hindou qui vivait nu. – Lat. d'orig. gr. *gymnosophista.*

gymnospermes [ʒimnɔspɛʀm] n. f. pl. et adj. BOT Sous-embranchement de phanérogames dont les ovules, non enfermés dans des carpelles clos (V. angiospermes), sont à nu et dont les graines ne sont donc pas enfermées dans un fruit. – Sing. *Le sapin est une gymnosperme.* ▷ adj. *Les plantes gymnospermes.* – De *gymno-,* et *-sperme.*

gymnote [ʒimnɔt] n. m. Poisson téléostéen (genre *Electrophorus*) allongé comme une anguille et dépourvu de nageoire dorsale. (L'espèce la plus connue est l'« anguille électrique » des rivières d'Amérique du S., le plus puissant des poissons électriques.)– Lat. scientif. *gymnotus*, pour *gymnonotus*, de *gymno-*, et du gr. *nôtos*, propr. « dos nu ».

gynandrie [ʒinɑ̃dʀi] n. f. **1.** BOT Disposition de la fleur dont les étamines sont soudées au pistil. **2.** PHYSIOL Traits morphologiques masculins chez certaines femmes. – Du gr. *gunê*, « femme », et *andros*, « homme ».

gynécée [ʒinese] n. m. **1.** ANTIQ GR Appartement des femmes. **2.** BOT Ensemble des carpelles d'une fleur, organisés en pistil ou libres. – Lat. d'orig. gr. *gynaeceum*.

gynéco-, gyn(é)- ou **-gyne.** Éléments, du gr. *gunê, gunaïkos*, « femme ».

gynécologie [ʒinekɔlɔʒi] n. f. MED Étude de l'anatomie, de la physiologie, de la pathologie des organes génitaux féminins. – De *gynéco-*, et *-logie*.

gynécologique [ʒinekɔlɔʒik] adj. Qui relève de la gynécologie. – De *gynécologie*.

gynécologue [ʒinekɔlɔg] n. Médecin spécialiste de gynécologie. – De *gynécologie*.

gynérium ou **gynerium** [ʒineʀjɔm] n. m. BOT Graminée ornementale (genre *Gynerium*) dont les épis très velus, en panache, sont nommés cour. *herbe des pampas*. – De *gyn(é)-*, et gr. *erion*, « laine ».

gynogamone [ʒinogamɔn] n. f. BIOL Groupe de substances chimiques sécrétées par les ovules pour favoriser la fécondation. (Les gynogamones G1 stimulent et orientent les mouvements des spermatozoïdes; les gynogamones G2 provoquent, par une réaction de type immunitaire, l'agglutination des spermatozoïdes sur la surface de l'ovule.) V. gamone. – De *gyn(é)-*, *-game*, et *(horm)one*.

gypaète [ʒipaɛt] n. m. ORNITH Très grand vautour (*Gypætus barbatus*, 3 m d'envergure), dit aussi *vautour des agneaux*, dont la tête est garnie d'un plumage beige et noir. *Le gypaète, qui se nourrit de charognes, vit dans les montagnes d'Eurasie et d'Afrique.* – Du gr. *gups*, « vautour », et *æetos*, « aigle ».

gypse [ʒips] n. m. Roche saline constituée de sulfate naturel hydraté de calcium ($CaSO_4$, $2H_2O$). *Chauffé vers 200 °C, le gypse perd de l'eau et donne du plâtre.* – Lat. d'orig. gr. *gypsum*, « plâtre ».

gypseux, euse [ʒipsø, øz] adj. MINER De la nature du gypse. – De *gypse*.

gypsophile [ʒipsɔfil] n. f. BOT Plante herbacée (genre *Gypsophila*) dont les tiges très fines portent de nombreuses petites fleurs blanches (utilisées pour les bouquets secs). – De *gypse*, et *-phile*.

gyr(o)-, gir(o)-, -gyre. Éléments, du gr. *guros*, « cercle ».

gyrin [ʒiʀɛ̃] n. m. ENTOM Insecte coléoptère (genre *Gyrinus*) long de 5 mm environ, qui tournoie à la surface des eaux douces et calmes. – Lat. d'orig. gr. *gyrinus*.

gyrocompas [ʒiʀokɔ̃pɑ] n. m. TECH Compas qui indique la direction du nord géographique au moyen d'un gyroscope électrique. – De *gyro(scope)*, et *compas*.

gyromagnétique [ʒiʀomaɲetik] adj. PHYS NUCL Se dit du rayonnement électromagnétique produit par le mouvement des électrons à l'intérieur d'un accélérateur de particules. – De *gyro-*, et *magnétique*.

gyromètre [ʒiʀomɛtʀ] n. m. AVIAT Instrument mesurant les changements de direction d'un avion. – De *gyro-*, et *mètre*.

gyromitre [ʒiʀɔmitʀ] n. m. BOT Ascomycète voisin de la morille, au chapeau contourné comme des replis de cervelle (mortel consommé cru). – De *gyro-*, et gr. *mitra*, « bandeau ».

gyrophare [ʒiʀofaʀ] n. m. TECH Phare rotatif à éclats équipant le toit de certains véhicules (ambulances, voitures de dépannage, de pompiers, de police, etc.). – De *gyro-*, et *phare*.

gyroscope [ʒiʀɔskɔp] n. m. TECH Appareil constitué essentiellement d'un volant monté dans une armature, dont l'axe de rotation, placé dans une direction quelconque, s'y maintient indéfiniment si aucune force supplémentaire ne lui est appliquée. *Le gyroscope, qui permet de conserver une direction invariable par rapport à un repère absolu, est notamment utilisé en navigation aérienne et spatiale.* ▷ *Gyroscope à laser* : appareil utilisant les phénomènes de résonance de faisceaux laser pour mesurer des angles et des vitesses de rotation. – De *gyro-*, et *-scope*.

gyroscopique [ʒiʀɔskɔpik] adj. TECH Relatif aux propriétés du gyroscope et à ses applications. – De *gyroscope*.

gyrostat [ʒiʀɔsta] n. m. Didac. Tout solide animé d'un mouvement de rotation lui conférant les propriétés de stabilité directionnelle du gyroscope. – De *gyro-*, et *-stat*.

gyrovague [ʒiʀɔvag] n. m. HIST Moine errant des premiers siècles de la chrétienté, qui n'appartenait à aucune communauté. *L'Occident a durement traité les gyrovagues, qui ont été plus facilement tolérés en Orient.* ▷ adj. *Un moine gyrovague.* – Lat. ecclés. *gyrovagus*.

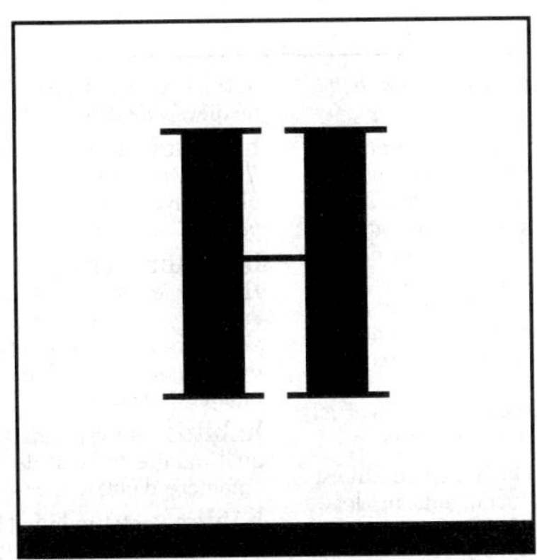

h [aʃ] n. m. ou f. **1.** Huitième lettre (h, H) et sixième consonne de l'alphabet, ne se prononçant pas, l'*h* dit abusiv. « aspiré » (['] en phonétique) notant un hiatus (ex. *des heaumes* [de'om]), l'*h* muet n'empêchant ni l'élision ni la liaison (ex. *l'homme; les hommes* [lezɔm]), ou se combinant avec les consonnes *c* et *p* dans les groupes *ch* [ʃ ou k] et *ph* [f]. **2.** PHYS h : symbole de hecto (« cent »). ▷ h : symbole de l'heure. ▷ h ou ℏ : constante de Planck. ▷ H : symbole du champ magnétique. **3.** ELECTR H : symbole du henry (unité d'inductance). **4.** CHIM H : symbole de l'hydrogène. **5.** MILIT *Heure* H; bombe H* : bombe à hydrogène ou thermonucléaire. – De la lettre lat. *h*, devenue muette dès l'Empire, ou du *h* aspiré initial germanique.

ha Symbole de l'hectare.

ha ! ['ɑ; ha] interj. Var. de *ah !* **1.** Vieilli (Marquant la surprise.) *Ha ! vous voilà !* **2.** Vieilli (Marquant le soulagement, la lassitude, la douleur.) *Ha ! me voilà débarrassé !* ▷ n. m. inv. *Pousser un grand ha !* **3.** (Répété, figurant le rire.) *Ha, ha, ha !* – Onomat.

habanera ['abanera] n. f. Danse d'origine espagnole ou cubaine. ▷ Musique qui accompagne cette danse, exécutée assez lentement sur un rythme à 2/4. *La habanera de « Carmen ».* – Mot esp., « havanaise ».

habeas corpus [abeaskɔrpys] n. m. Loi anglaise (1679) qui garantit la liberté individuelle. (Tout accusé a le droit d'être entendu dans les 24 heures qui suivent son arrestation et d'attendre en liberté son jugement, moyennant caution.) – Mots lat. signif. « que tu aies le corps », c'est-à-dire « tu auras à présenter l'individu » (sous-entendu *ad subjiciendum*, « devant la cour »).

habile [abil] adj. **1.** Qui sait bien exécuter qqch; adroit, expert. *Un mécanicien habile. Il est habile dans cet art, habile à manier le pinceau. Être habile en affaires.* **2.** Qui témoigne d'une certaine adresse, d'une certaine ingéniosité. *Une décision habile. Un film habile et sans prétentions.* **3.** DR Qui remplit les conditions juridiques requises pour l'exercice d'un acte. *Habile à hériter.* – Lat. *habilis*, « commode, bien adapté ».

habilement [abilmɑ̃] adv. Avec adresse, habileté, finesse. *Se tirer habilement d'une affaire délicate.* – De *habile.*

habileté [abilte] n. f. **1.** Qualité d'une personne habile. *Une broderie exécutée avec habileté. L'ambassadeur possède une habileté diabolique.* **2.** Manière d'agir, procédé habile. *Ce metteur en scène connaît à fond toutes les habiletés du métier.* – Du lat. *habilitas*, « aptitude », ou de *habile.*

habilitation [abilitasjɔ̃] n. f. DR Action d'habiliter qqn. – Lat. médiév. *habilitatio.*

habilité [abilite] n. f. DR Vx Aptitude légale à faire qqch. – Lat. *habilitas*, « aptitude ».

habiliter [abilite] v. tr. [1] DR Rendre (qqn) légalement habile, apte à accomplir un acte juridique. *Habiliter un mineur.* – Lat. médiév. *habilitare.*

habillable [abijabl] adj. Qu'on peut habiller. – De *habiller.*

habillage [abijaʒ] n. m. **1.** Action d'habiller (qqn). *S'occuper de l'habillage d'un enfant.* ▷ TECH Action d'habiller une montre (on dit aussi *rhabillage*). ▷ TYPO Disposition d'un texte autour des illustrations. **2.** CONSTR Revêtement décoratif destiné à masquer un radiateur, des tuyauteries, des poutres, etc. – De *habiller.*

habillé, ée [abije] adj. **1.** Vêtu. *Il a dormi tout habillé. Un homme habillé de noir.* **2.** Qui porte des habits de cérémonie, de soirée. *Être très habillé.* – Par ext. *Une tenue habillée, trop habillée. Une soirée habillée*, pour laquelle les vêtements de cérémonie sont de rigueur. – Pp. de *habiller.*

habillement [abijmɑ̃] n. m. **1.** Action d'habiller (qqn). *Habillement des recrues.* **2.** Ensemble des vêtements que l'on porte. *Un habillement somptueux, ridicule.* – De *habiller.*

habiller [abije] **I.** v. tr. [1] **1.** Mettre des vêtements à (qqn). *Habiller une mariée. Habiller un enfant en costume marin. Quel est le grand couturier qui habille cette comédienne ? Être habillé de neuf. Être bien, mal habillé.* **2.** Aller (en parlant des vêtements que l'on porte). *Cette robe l'habille à ravir. Un rien l'habille* : même un vêtement très simple lui sied. **3.** Couvrir, envelopper (qqch). *Habiller un meuble d'une housse.* ▷ *Habiller des bouteilles de champagne*, les revêtir d'une coiffe de papier métallique. **4.** AGRIC Raccourcir les racines et la partie aérienne d'une plante que l'on transplante pour éliminer les blessures dues à l'arrachage. **5.** TECH Ajouter des accessoires à (une pièce). ▷ TYPO Disposer le texte autour des illustrations. ▷ *Habiller une montre* : disposer dans le boîtier les pièces du mécanisme. **6.** Préparer (telle ou telle marchandise) pour la vendre. *Habiller une volaille.* **II.** v. pron. **1.** Se vêtir. *Un enfant trop petit pour s'habiller tout seul. S'habiller chaudement, légèrement. Il s'habille n'importe comment.* – *Savoir s'habiller*, avec goût. **2.** *Absol.* Revêtir des vêtements de cérémonie. *S'habiller pour l'Opéra.* – De *a-*, et *bille*, « pièce de bois », propr. « préparer une bille de bois », avec infl. de *habit.*

habilleur, euse [abijœr, øz] n. **1.** n. m. PECHE Ouvrier qui prépare les morues avant de les saler. **2.** (Surtout au fém.) Femme qui aide les acteurs à s'habiller et qui s'occupe de leurs costumes. *Cette vedette a son habilleuse personnelle.* – De *habiller.*

habit [abi] n. m. **1.** Costume. *«Le méchant petit habit bleu du bal» (H. de Balzac). Habit vert* : costume officiel des membres de l'Institut. *Habit à la française* : sous Louis XIV, tunique à collet droit et à manches garnies de parements. *Des laquais en habit à la française.* ▷ Loc. *Prendre l'habit* : se faire religieux, religieuse. *Prise d'habit* : entrée en religion. – Prov. *L'habit ne fait pas le moine* : il ne faut pas juger les gens sur l'apparence. **2.** *Absol.* Vêtement de cérémonie masculin, noir, à basques et revers de soie. *Un homme en habit.* **3.** (Plur.) Vêtements. *Des habits de deuil. Elle achète ses habits à tel endroit.* – Lat. *habitus,* «manière d'être, costume».

habitabilité [abitabilite] n. f. **1.** Qualité de ce qui est habitable. **2.** Place qu'offre à ses occupants un logement, un véhicule, etc. – De *habitable.*

habitable [abitabl] adj. **1.** Qui peut être habité. *Logement habitable immédiatement.* **2.** Où l'on peut vivre. *La région n'est pas habitable.* – Lat. *habitabilis.*

habitacle [abitakl] n. m. **1.** Poét. Demeure. **2.** Partie d'un avion ou d'un vaisseau spatial réservée au pilote et à l'équipage. **3.** MAR *Habitacle du compas* : logement qui abrite le compas de route à bord d'un navire. – Lat. imp. *habitaculum.*

habitant, ante [abitɑ̃, ɑ̃t] n. **1.** Personne qui a sa demeure en un endroit. *Cette ville a 100 000 habitants.* **2.** Poét. *Les habitants de l'air, des forêts, des eaux* : les oiseaux, les bêtes sauvages, les poissons. – *Les habitants de l'Olympe* : les dieux mythologiques de la Grèce ancienne. – Ppr. de *habiter.*

habitat [abita] n. m. **1.** SC NAT Lieu où l'on rencontre une espèce animale ou végétale. **2.** Mode de peuplement d'une région par l'homme. *Habitat urbain.* **3.** Façon dont sont logés les habitants d'une ville, d'une région, etc. *Habitat collectif, individuel.* – De *habiter.*

habitation [abitasjɔ̃] n. f. **1.** Action d'habiter en un lieu; séjour qu'on y fait habituellement. *L'humidité de cette maison s'oppose à son habitation.* **2.** Lieu où l'on habite; maison, logis, demeure. *Une habitation bien située. Habitation à loyer modéré (H.L.M.).* – Lat. *habitatio.*

habiter [abite] v. [1] **I.** v. tr. **1.** Être installé en (un endroit). *Il habite Paris, la province.* – Pp. adj. *Une région habitée.* **2.** Avoir son logement habituel dans. *Habiter une maison au bord de la mer.* – Pp. adj. *Une mansarde habitée.* **3.** Fig. Résider dans. *La paix habite son âme.* – Pp. adj. *Un être habité par le démon.* **II.** v. intr. Demeurer, séjourner, vivre (en un endroit). *Elle habite chez ses parents.* ▷ Fig. *L'esprit de vengeance habite en lui.* – Lat. *habitare.*

habituation [abitɥasjɔ̃] n. f. BIOL Affaiblissement d'une réponse à un stimulus donné, résultant d'une accoutumance à ce dernier. *L'habituation s'observe aussi bien dans un comportement biologique qu'en ce qui concerne une réaction sensorielle ou psychologique.* – Mot angl., «accoutumance».

habitude [abityd] n. f. **1.** Manière d'agir, état d'esprit acquis par la répétition fréquente des mêmes actes, des mêmes faits. *Avoir l'habitude de fumer, de faire du sport, de se coucher tôt.* – *Il n'a pas l'habitude d'être contredit.* – Prov. *L'habitude est une seconde nature.* **2.** Coutume. *Les habitudes de la maison. Les habitudes d'une province.* **3.** Loc. adv. *D'habitude* : ordinairement, le plus souvent. *D'habitude, je le vois tous les jeudis.* – Lat. *habitudo,* «manière d'être, état».

habitué, ée [abitɥe] n. Personne qui va habituellement, souvent, en un endroit. *Un habitué de la maison. Les habitués de l'Opéra.* – Pp. subst. de *habituer.*

habituel, elle [abitɥɛl] adj. **1.** Passé à l'état d'habitude. *C'est son défaut habituel.* **2.** Fréquent, ordinaire, normal. *Cette réaction n'est pas habituelle chez lui.* – Lat. médiév. *habitualis,* de *habitus,* «manière d'être».

habituellement [abitɥɛlmɑ̃] adv. **1.** Ordinairement. *Il sort habituellement à cinq heures.* **2.** Fréquemment, le plus souvent. *Je le rencontre habituellement au café.* – De *habituel.*

habituer [abitɥe] v. tr. [1] **1.** Entraîner, endurcir. *Habituer le corps à la fatigue.* **2.** Accoutumer. *Habituer un enfant à dire la vérité.* **3.** v. pron. S'accoutumer. *Il s'habitue à son nouvel appartement. S'habituer à travailler méthodiquement.* – Lat. médiév. *habituari,* de *habitus,* «manière d'être».

habitus [abitys] n. m. MED Aspect général du corps, tel qu'il manifeste l'état de santé d'un individu. – Mot lat., «manière d'être».

hâbler ['ɑble] v. intr. [1] Vieilli et litt. Parler avec exagération et vantardise. – De l'esp. *hablar,* «parler».

hâblerie ['ɑbləʀi] n. f. Vieilli. Propos plein de faconde, de vantardise, d'exagération. – De *hâbler.*

hâbleur, euse ['ɑblœʀ, øz] n. et adj. Personne qui a l'habitude de parler beaucoup, avec exagération et vantardise. – adj. *Marius et Olive, types des Méridionaux hâbleurs.* – De *hâbler.*

hachage ['aʃaʒ] n. m. Action de hacher; résultat de cette action. – De *hacher.*

hache ['aʃ] n. f. Instrument pour couper et fendre, composé d'une lame épaisse et lourde, et d'un manche. *Hache de bûcheron. Hache d'abordage,* employée jusqu'au XIXe s. dans les attaques de navires. *Hache de guerre,* que les Indiens d'Amérique du N. enterraient en période de paix. *Enterrer (déterrer) la hache de guerre* : faire la paix (la guerre). ▷ Loc. fig. *Fait, taillé à la hache, à coups de hache,* grossièrement. – *Porter la hache dans qqch,* y faire de profondes réformes. – Du frq. **hâppia.*

haché, ée ['aʃe] adj. **1.** Coupé en menus morceaux. *Un steak haché.* ▷ n. m. *Du haché* : de la viande hachée. **2.** Fig. Entrecoupé. *Style haché. Un discours haché d'applaudissements.* – Pp. de *hacher.*

hache-légumes ['aʃlegym] n. m. inv. Instrument servant à hacher les légumes. – De *hacher,* et *légume.*

hachemite [aʃemit] ou **hachimite** [aʃimit] adj. De la dynastie des Hachémites. – Du n. de *Hachim* ibn Abd Manaf, aïeul de Mahomet.

hache-paille ['aʃpaj] n. m. inv. AGRIC Machine servant à hacher la paille, et, par ext., tout fourrage destiné à l'alimentation du bétail. – De *hacher,* et *paille.*

hacher ['aʃe] v. tr. [1] **1.** Couper en petits morceaux. *Hacher menu,* très fin. **2.** Découper maladroitement et grossièrement. *Vous hachez ce gigot.* **3.** Endommager, détruire en déchiquetant. *La grêle a haché les blés.* – *Le régiment s'est fait hacher par la mitraille.* **4.** Fig. Couper, interrompre sans cesse. *Hacher un discours d'interruptions.* **5.** ARTS GRAPH Faire des hachures sur. **6.** TECH Entailler à la hache. *Hacher une planche.* – De *hache.*

hachereau ['aʃʀo] n. m. TECH Petite hache dont un côté sert de marteau. – De *hache.*

hachette ['aʃɛt] n. f. Petite hache. – Dimin. de *hache.*

hache-viande ['aʃvjɑ̃d] n. m. inv. Appareil servant à hacher la viande. – De *hacher,* et *viande.*

hachich ou **hachisch.** V. haschisch.

hachichin ou **hachischin.** V. haschischin.

hachis ['aʃi] n. m. CUIS Mets préparé avec de la viande ou du poisson haché. – Persil, oignon, etc., haché menu. – De *hacher.*

hachoir ['aʃwaʀ] n. m. **1.** Grand couteau à lame très large, servant à hacher la viande, les légumes, les fines herbes, etc. ▷ Appareil pour hacher la viande. *Hachoir* *électrique.* **2.** *Par méton.* Table ou planche épaisse sur lesquelles on hache la viande. – De *hacher.*

hachure ['aʃyʀ] n. f. Chacun des traits parallèles ou croisés servant à ombrer une partie d'un dessin, à faire ressortir un relief sur une carte géographique, etc. *Dans le dessin industriel, les hachures permettent de distinguer la nature des pièces dessinées.* – De *hacher.*

hachurer ['aʃyʀe] v. tr. [1] Tracer des hachures sur. *Hachurer un dessin.* – De *hachure.*

hacienda ['asjɛnda] n. f. Grande exploitation agricole, en Amérique du Sud. – Mot esp.

hack ['ak] n. m. (Anglicisme) INFORM Technique d'un usager non professionnel de l'informatique consistant à pirater des réseaux ou des ordinateurs. – Mot angl., de *comput hack,* «effraction informatique».

hacker ['akœʀ] n. m. (Anglicisme) INFORM Personne qui pratique le hack. – Mot angl.

hacquebute. V. haquebute.

haddock ['adɔk] n. m. Églefin fumé. – Mot angl.

hadith ['adit] n. m. Récit relatif à la vie de Mahomet, à ses paroles, à ses actes. *L'ensemble des hadiths constitue la Tradition, qui, dans l'islam, fait autorité immédiatement après le Coran.* – Mot ar.

hadj ['adʒ] n. m. **1.** Musulman qui a accompli le pèlerinage à La Mecque. **2.** Ce pèlerinage lui-même. – Mot ar.

hadron ['adʀɔ̃] n. m. PHYS NUCL Particule caractérisée par des interactions fortes. (Les hadrons comprennent les mésons et les baryons.) – Du gr. *hadros,* «fort», et de *(electr)on.*

hafnium ['afnjɔm] n. m. CHIM Élément métallique de numéro atomique Z = 72 et de masse atomique 178,49 (symbole Hf). – Métal (Hf) de densité 13,3, qui fond à 2 230 °C et bout à 4 600 °C, utilisé dans des alliages spéciaux (barres de contrôle des réacteurs nucléaires, en partic.). – Du danois *Kjoebenhavn,* «Copenhague», lieu de la découverte (1923) du métal.

hagard, arde ['agaʀ, aʀd] adj. **1.** Vx *Faucon hagard,* pris trop vieux pour être apprivoisé, et resté trop farouche. **2.** Qui a une expression farouche, effarée, égarée. *Un air, des yeux hagards.* – Sans doute d'orig. germ.

haggadah ['ag(g)ada] n. f. Partie de la littérature didactique rabbinique qui développe les textes narratifs, historiques et prophétiques de la Bible. – Mot hébreu.

haggis [agis] n. m. CUIS Estomac de mouton farci, plat national écossais. – Mot écossais.

hagiographe [aʒjɔgʀaf] adj. et n. **I.** adj. Vx *Livres hagiographes :* les livres de l'Ancien Testament autres que le Pentateuque et les Prophètes. **II.** n. **1.** Vx Auteur d'un livre hagiographe. **2.** Mod. Auteur d'une hagiographie. – Bas lat. *hagiographa,* du gr. *hagios,* «sacré», et *graphein,* «écrire».

hagiographie [aʒjɔgʀafi] n. f. **1.** Branche du savoir qui a pour objet la biographie des saints. **2.** Biographie d'un saint, des saints. **3.** *Par ext.* Récit biographique qui embellit la réalité. – De *hagiographe.*

hagiographique [aʒjɔgʀafik] adj. Qui concerne l'hagiographie. – De *hagiographie.*

hahnium ['anjɔm] n. m. PHYS Un des noms proposés pour l'élément artificiel de numéro atomique Z = 105, obtenu en 1970. – Du n. de Otto *Hahn* (1879-1968), médecin allemand.

haïdouk ['ajduk] n. m. HIST **1.** Boyard hongrois qui faisait partie d'une milice. **2.** Hors-la-loi chrétien qui, en Bulgarie, en Roumanie et en Serbie, faisait partie des bandes qui luttèrent contre les Turcs du XVIIe au XIXe s. – Hongrois *hajduk.*

haie ['ɛ] n. f. **1.** Clôture faite d'arbustes, d'épines ou de branchages entrelacés. ▷ SPORT *Course de haies,* où les concurrents (chevaux ou athlètes) doivent franchir un certain nombre de haies artificielles. *Un coureur vainqueur au 110 m haies.* **2.** Suite d'obstacles disposés en ligne. *Haie de pieux, de rochers.* **3.** Série de personnes disposées selon une ligne droite. *Une double haie de soldats. Faire la haie, une haie d'honneur.* – Frq. **hagja.*

haïk ['aik] n. m. Grande pièce de tissu rectangulaire que portent les femmes musulmanes d'Afrique du Nord par-dessus leurs vêtements. – Mot ar. d'Algérie *hāyk.*

haïku ['aiku] ou **haïkaï** ['aikai] n. m. Court poème japonais de trois vers, le premier et le dernier de cinq syllabes, le deuxième de sept. *Bashō est le maître du haïku.* – Mot jap.

haillon ['ɑjɔ̃] n. m. Vêtement usé, déchiré; vieux lambeau d'étoffe. *Être en haillons.* – Du moyen haut all. *hadel,* «lambeau».

haillonneux, euse ['ɑjɔnø, øz] adj. **1.** Vieilli Qui tombe en haillons. *Pardessus haillonneux.* **2.** Vêtu de haillons. – De *haillon.*

haine ['ɛn] n. f. **1.** Sentiment violent qui pousse à désirer le malheur de qqn ou à lui faire du mal. *Éprouver, avoir, nourrir de la haine pour qqn. Prendre qqn en haine.* **2.** Aversion violente, dégoût profond que l'on éprouve à l'égard de qqch. *Avoir de la haine pour, avoir la haine de l'hypocrisie.* **3.** Loc. prép. *En haine de, par haine de :* à cause de la haine ressentie à l'endroit de (qqch, qqn). – De *haïr.*

haineusement ['ɛnøzmɑ̃] adv. D'une manière haineuse, par haine. – De *haineux.*

haineux, euse ['ɛnø, øz] adj. **1.** Qui est naturellement porté à la haine. *Caractère haineux.* **2.** Inspiré par la haine; rempli de haine. *Paroles haineuses.* – De *haine.*

haïr ['aiʀ] v. tr. [25] **1.** Éprouver de la haine pour (qqn). *Haïr ses ennemis.* ▷ v. pron. (réfl.). *Il se hait lui-même de sa lâcheté.* (Récipr.) *Ces deux élèves se haïssent.* **2.** Éprouver de l'aversion, du dégoût pour (qqch). *Haïr le vice.* ▷ Litt. *Haïr de* (+ inf.), *haïr que* (+ subj.) : détester, détester que. – Du frq. **hatjan.*

haire ['ɛʀ] n. f. Anc. Vêtement de crin ou de poil de chèvre que l'on portait à même la peau par esprit de mortification et de pénitence. – Frq. **hârja,* «vêtement grossier fait de poil».

haïssable ['aisabl] adj. Qui mérite d'être haï; odieux, détestable. *«Le moi est haïssable» (Pascal).* – De *haïr.*

haïtien, enne ['aisjɛ̃, ɛn] adj. De Haïti, État d'Amérique centrale. ▷ Subst. *Un(e) Haïtien(ne).*

halage ['alaʒ] n. m. Action de haler un bateau. *Chemin de halage. Entreprise de barrage et de halage.* – De *haler.*

halal ['alal] adj. inv. Se dit de la viande des animaux abattus selon les rites musulmans. – Mot ar., «licite».

halbran ['albʀɑ̃] n. m. Jeune canard sauvage. – Moyen haut all. *halber-ant,* «demi-canard».

hâle ['ɑl] n. m. **1.** Vx Action combinée du soleil et du grand air qui brunit la peau, flétrit les végétaux. **2.** Cour. Teinte brune que prend la peau sous l'effet du soleil et du grand air. – Déverbal de *hâler.*

halecret ['alkʀe] n. m. HIST Cuirasse articulée en usage de la fin du Moyen Âge au XVIe s. – Moyen néerl. *halskleedt.*

haleine [alɛn] n. f. **1.** Air qui sort des poumons pendant l'expiration. *Avoir l'haleine forte :* avoir une haleine d'odeur désagréable. ▷ Fig., poét. *L'haleine des fleurs,* *du zéphir.* **2.** Faculté de respirer, souffle. *Être hors d'haleine,* très essoufflé. ▷ Loc. adv. *À perdre haleine. Courir à perdre haleine. Discourir à perdre haleine.* **3.** Temps écoulé entre deux inspirations. *Avoir l'haleine courte :* avoir la respiration difficile et rapide. ▷ Fig. *Ouvrage de longue haleine,* qui demande beaucoup de temps et d'efforts. ▷ Litt. *D'une haleine, tout d'une haleine :* sans interruption, sans reprendre haleine. ▷ Cour., fig. *Tenir qqn en haleine,* le laisser dans un état d'incertitude mêlé d'espérance et de crainte; l'intéresser si bien qu'il ne relâche pas son attention. – Déverbal de *halener.*

halener [alne] v. tr. [**17**] CHASSE Flairer (l'odeur du gibier) en parlant des chiens. – Lat. pop. *alenare,* du class. *anhelare,* « être hors d'haleine ».

haler ['ale] v. tr. [**1**] **1.** MAR Tirer à soi avec force (sur). *Haler un cordage, sur un cordage.* **2.** Faire avancer (un bateau) en le tirant. *Haler une barque sur la plage. Remorqueur qui hale un chaland.* – Anc. néerl. *halen,* ou bas all. **halon.*

hâler ['ɑle] v. tr. [**1**] **1.** Vx Dessécher (les végétaux), en parlant du soleil, de l'air. **2.** Mod. Rendre (le teint) plus foncé, brun-rouge ou doré, en parlant du soleil et du grand air. Syn. bronzer. – P.-ê. du lat. pop. **assulare,* class. *assare,* « rôtir », et néerl. *hael,* « desséché ».

haletant, ante ['altɑ̃, ɑ̃t] adj. Qui respire vite et avec peine; essoufflé. ▷ Précipité et saccadé. *Respiration haletante. Voix haletante.* – Ppr. de *haleter.*

halètement ['alɛtmɑ̃] n. m. Action de haleter; état d'une personne ou d'un animal qui est haletant. ▷ *Par anal.* Bruit saccadé de souffle. *Le halètement d'une locomotive.* – De *haleter.*

haleter ['alte] v. intr. [**18**] Respirer bruyamment et à un rythme précipité, être hors d'haleine. *Haleter après un effort prolongé, une émotion violente.* ▷ *Par anal.* Produire des bruits de souffle saccadé. – A. fr. *haler,* « souffler », du lat. *halare.*

haleur, euse ['alœʀ, øz] n. Personne qui hale un bateau. – De *haler.*

half-track ['alftʀak] n. m. MILIT Véhicule de reconnaissance, blindé et équipé de chenilles à l'arrière. *Des half-tracks.* – Mot amér., « semi-traction ».

halicte [alikt] n. m. ZOOL Insecte hyménoptère (genres *Halictes* et voisins, fam. apidés) très proche des abeilles, qui construit des nids souterrains. *On observe parmi les diverses espèces d'halictes toutes les étapes de l'organisation sociale animale, de la vie solitaire à la colonie constituée.* – Lat. zool. **halictus.*

halieutique [aljøtik] adj. et n. f. **1.** adj. Didac. Qui concerne la pêche. *Géographie halieutique.* **2.** n. f. Art de la pêche. – Lat. *halieuticus,* « de pêcheur », gr. *halieutikos.*

haliotide [aljɔtid] n. f. ZOOL Ormeau (mollusque gastéropode). – Du gr. *halios,* « marin », et *ous, ôtos,* « oreille ».

haliple [alipl] n. m. ZOOL Insecte coléoptère carnassier qui vit au bord des mares et des étangs. – Gr. *haliplous,* « qui nage en mer ».

hall ['ol] n. m. **1.** Vaste salle située à l'entrée d'une maison privée, d'un bâtiment public. *Le hall d'un hôtel, d'une gare.* **2.** Vaste atelier. *Hall d'assemblage d'une usine de construction aéronautique.* – Mot angl., « vestibule ».

hallali ['alali] n. m. VEN Cri de chasse ou sonnerie du cor annonçant que la bête poursuivie est près de succomber. – *Hale* (pour *hare*) *à lui;* a. fr. *hare,* du frq. **hara,* « par ici ! ».

halle ['al] n. f. **1.** Lieu public, le plus souvent fermé et couvert, où se tient un marché, un commerce en gros de marchandises. *La halle aux vins.* **2.** (Plur.) Bâtiment, endroit réservé au marché principal des produits alimentaires d'une ville. – *Absol.* autref. *Les Halles,* celles de Paris. – Frq. **halla.*

hallebarde ['albaʀd] n. f. Anc. Arme d'hast* dont la pointe porte d'un côté un fer en forme de hache, de l'autre un fer en forme de crochet. ▷ Fig., fam. *Il tombe des hallebardes :* il pleut à verse. – Ital. *alabarda;* moy. haut all. *helmbarte,* « hache *(barte)* à poignée *(helme)* ».

hallebardier ['albaʀdje] n. m. Anc. Soldat portant une hallebarde. – De *hallebarde.*

hallier ['alje] n. m. Ensemble de buissons très épais. – Du frq. **hasal.*

hallstattien, enne ['alstatjɛ̃, ɛn] adj. PROTOHIST Qui se rapporte à la période dite de Hallstatt (1000 - 500 av. J.-C.). – De *Hallstatt,* bourg d'Autriche.

hallucinant, ante [al(l)ysinɑ̃, ɑ̃t] adj. Qui produit des hallucinations. ▷ Fig. *Un récit hallucinant,* d'une grande puissance évocatrice. ▷ Mod., fam. Très étonnant. – Ppr. de *halluciner.*

hallucination [al(l)ysinasjɔ̃] n. f. Perception dont le sujet a l'intime conviction qu'elle correspond à un objet réel alors que nul objet extérieur n'est propre à déclencher cette sensation. *Hallucination visuelle, auditive.* – Lat. *hallucinatio.*

hallucinatoire [al(l)ysinatwaʀ] adj. Relatif à l'hallucination. – De *hallucination.*

halluciné, ée [al(l)ysine] adj. et n. Qui a des hallucinations ou y est sujet. *Un malade mental halluciné.* – Par ext. *Un regard halluciné.* – Lat. *hallucinatus,* pp. de *hallucinari,* « divaguer ».

halluciner [al(l)ysine] v. tr. [**1**] Provoquer des hallucinations chez (qqn). – De *halluciné.*

hallucinogène [al(l)ysinɔʒɛn] n. m. (et adj.) Toute substance qui perturbe le psychisme et provoque des manifestations hallucinatoires et oniriques. *Le L.S.D., la mescaline sont des hallucinogènes.* ▷ adj. *Substance hallucinogène.* – Du rad. de *halluciné,* et *-gène.*

halo-. Élément, du gr. *hals, halos,* « sel ».

halo ['alo] n. m. **1.** Cercle lumineux que l'on observe autour du Soleil et de la Lune lorsque ceux-ci sont voilés par des nuages constitués de cristaux de glace (cirrus ou cirrostratus). – Par ext. *Le halo des phares dans le brouillard.* ▷ Fig. Ce qui semble émaner de qqn, de qqch. *Un halo de mystère.* **2.** PHOTO Auréole qui entoure l'image photographique d'un point lumineux, due à un phénomène de diffusion de la lumière. **3.** ASTRO *Halo galactique :* ensemble sphérique autour des galaxies, composé d'étoiles souvent groupées en amas globulaires*. – Mot gr., lat. *halos,* « cercle autour du Soleil ou de la Lune ».

halobios [alɔbjos] n. m. BIOL Ensemble des organismes vivant dans les mers. – De *halo-,* et du gr. *bios,* « vie ».

halogénation [alɔʒenasjɔ̃] n. f. CHIM Introduction d'un halogène dans une molécule. – De *halogène.*

halogène [alɔʒɛn] n. m. (et adj.) CHIM Se dit du fluor, du chlore, du brome, de l'iode et de l'astate, éléments possédant des propriétés communes. *Famille des halogènes.* – *Lampe* (à) halogène.* – De *halo-,* et *-gène.*

halogéné, ée [alɔʒene] adj. CHIM Qualifie un composé qui contient un ou plusieurs halogènes. – De *halogène.*

halographie [alɔgʀafi] n. f. Étude, description des sels. – De *halo-,* et *-graphie.*

hâloir ['ɑlwaʀ] n. m. Local où s'effectue le séchage du lin et du chanvre avant le broyage, de certains fromages à pâte molle avant l'affinage. – De *hâler.*

halon [alɔ̃] n. m. CHIM Dérivé halogéné d'un hydrocarbure. *Le chlorure de méthyle, les fréons, le bromoforme* *sont des halons.* – De *halogène* et suff. *-on*, sur le modèle des noms de gaz rares (néon, argon, etc.).

halophile [alɔfil] adj. BIOL Se dit des organismes qui vivent dans des sols riches en sels (chlorure de sodium, notam.). – De *halo-*, et *-phile*.

halophyte [alɔfit] n. f. BOT Plante halophile. – De *halo-*, et *-phyte*.

halte ['alt] n. f. et interj. **I.** n. f. **1.** Moment d'arrêt au cours d'une marche, d'un voyage, etc. *Faire halte* : s'arrêter. **2.** Lieu fixé pour la halte. *Arriver en retard à la halte.* ▷ CH de F Point d'arrêt entre deux gares, réservé aux seuls trains de voyageurs. **II.** interj. *Halte !, halte-là !* : arrêtez !, n'avancez plus ! ▷ Fig. *Halte-là !* : taisez-vous ! – *Halte aux scandales !*

halte-garderie ['altəgaʀdəʀi] n. f. Crèche admettant des enfants pour un court temps et occasionnellement. *Des haltes-garderies.* – De *halte*, et *garderie*.

haltère [altɛʀ] n. m. Instrument de culture physique constitué de deux sphères ou disques métalliques plus ou moins lourds, réunis par une barre permettant de les soulever. - Par méton. *Pratiquer les haltères*, l'haltérophilie. – Lat. *halteres*, gr. *haltêres*, « balancier pour le saut, la danse ».

haltérophile [alteʀofil] n. m. Athlète pratiquant l'haltérophilie. – De *haltère*, et *-phile*.

haltérophilie [alteʀofili] n. f. Sport des poids et haltères. *Les épreuves olympiques d'haltérophilie comprennent l'arraché et l'épaulé-jeté.* – De *haltérophile*.

halva ['alva] n. m. Confiserie turque à base de graines de sésame broyées et de sucre (ou de miel). – Mot turc.

hamac ['amak] n. m. Toile ou filet suspendu par ses deux extrémités, qui sert de lit. – Esp. *hamaca*, du caraïbe *hamacu*.

hamada ['amada] n. f. Plateau rocheux dans les régions désertiques du Sahara et de l'Arabie (par oppos. à *erg*). – Mot ar.

hamadryade [amadʀiad] n. f. MYTH Nymphe des bois, identifiée à un arbre, vivant en lui, naissant et mourant avec lui. – Lat. *hamadryas*, du gr. *hamadruas*, de *hama*, « avec », et *drus*, « arbre », littéralement « qui fait corps avec un arbre ».

hamadryas [amadʀijas] n. m. ZOOL Babouin (*Papio hamadryas*) d'Éthiopie et d'Arabie à l'épaisse crinière, long de 70 cm sans la queue. – V. hamadryade.

hamamélis [amamelis] n. m. BOT Plante dicotylédone arbustive des régions tropicales dont l'écorce et les feuilles ont des propriétés vasoconstrictrices. – Mot grec.

hamburger ['ɑ̃buʀgœʀ] n. m. Bifteck haché assaisonné généralement servi dans un petit pain et parfois surmonté d'un œuf au plat. *Hamburger avec œuf à cheval.* – Mot amér., abrév. de *hamburger steak*, « steak à la façon de Hambourg ».

hameau ['amo] n. m. Petit groupe isolé d'habitations rurales, ne formant pas une commune. – De l'a. fr. *ham*, frq. **haim*, « petit village ».

hameçon [amsɔ̃] n. m. Petit crochet se terminant par une ou plusieurs pointes acérées, qu'on fixe au bout d'une ligne et qu'on garnit d'un appât pour prendre du poisson. ▷ Fig. *Mordre à l'hameçon* : se laisser séduire. – De l'a. fr. *ain, hain* ; lat. *hamus*.

hameçonner [amsɔne] v. tr. [1] PECHE **1.** Garnir d'hameçons. **2.** Prendre avec un hameçon. – De *hameçon*.

hamiltonien, enne [amiltɔnjɛ̃, ɛn] adj. et n. m. **1.** adj. MATH Qualifie un chemin d'un graphe contenant une fois et une seule chaque sommet d'un graphe (contour d'un polygone, par ex.). **2.** n. m. PHYS Opérateur, noté H, associé à l'énergie totale d'un système et qui intervient, en mécanique quantique, dans l'expression de l'équation de Schrödinger. – De W.R. *Hamilton*, mathématicien et astronome irlandais (1808-1865).

hammam ['amam] n. m. Établissement où l'on prend des bains de chaleur ou de vapeur à la façon turque. – Mot arabo-turc, « bain chaud ».

hammerless ['amɛʀlɛs] n. m. Fusil de chasse muni d'un percuteur central. – Mot angl., « sans marteau ».

1. hampe ['ɑ̃p] n. f. **1.** Longue tige par laquelle on saisit certaines armes, certains outils, ou qui sert de support à un drapeau. *Hampe d'une hallebarde, d'un écouvillon, d'un pinceau, d'un drapeau.* **2.** BOT Tige dépourvue de feuilles et qui porte des fleurs à son sommet. **3.** Partie de certaines lettres (p, b, h, etc.) qui dépasse vers le haut ou le bas. – De l'a. fr. *hanste* ou *hante*, du lat. *hasta*, « lance, tige », altéré par un croisement avec le frq. **hant*, « main ».

2. hampe ['ɑ̃p] n. f. **1.** VEN Poitrine du cerf. **2.** En boucherie, partie latérale supérieure du ventre du bœuf, vers la cuisse. – P.-ê. de l'anc. haut all. *wampa*, « panse ».

hamster ['amstɛʀ] n. m. Rongeur (genres *Cricetus* et voisins) pourvu de vastes abajoues, à queue courte et velue, qui creuse à l'état sauvage un terrier compliqué et dont une espèce, le hamster doré (*Mesocricetus auratus*), au pelage fauve et blanc, est un animal familier. – Mot all.

hanafite. V. hanéfite.

hanap ['anap] n. m. Anc. Grand vase à boire, en usage au Moyen Âge. – Lat pop. *hanappus*, frq. **hnap*, « écuelle ».

hanbalite ['anbalit] adj. *École hanbalite* : école d'interprétation des textes sacrés musulmans, stricte et formaliste, propre à l'islam sunnite, née au IXe s. et remise en honneur au XVIIIe s. par les Wahhābites. – De Ahmad ibn *Hanbal* (780 - 855), théologien et juriste musulman.

hanche ['ɑ̃ʃ] n. f. **I. 1.** Partie latérale du corps, entre la taille et le haut de la cuisse. ▷ *Articulation de la hanche* : articulation unissant la tête du fémur à une cavité de l'os iliaque. ▷ *Mettre les poings sur les hanches*, pour exprimer la résolution ou le défi. **2.** EQUIT Partie de l'arrière-train du cheval allant des reins au jarret. **3.** ENTOM Chez les insectes, segment des pattes s'articulant avec le corselet. **II.** MAR Partie supérieure de la coque d'un navire, à proximité de l'arrière. – Germ. *hanka*.

hanché, ée ['ɑ̃ʃe] adj. *Position hanchée*, dans laquelle, le poids du corps étant supporté par une seule jambe, la hanche correspondante est en saillie et l'autre effacée. – Pp. de *hancher*.

hanchement ['ɑ̃ʃmɑ̃] n. m. Attitude hanchée. – De *hancher*.

hancher ['ɑ̃ʃe] v. [1] **1.** v. intr. Prendre une position hanchée. **2.** v. tr. BX-A Représenter (un personnage) dans une position hanchée. – De *hanche*.

handball ou **hand-ball** ['ɑ̃dbal] n. m. Sport opposant deux équipes de 7 joueurs (anc. 11) qui doivent, en se servant uniquement de leurs mains, faire pénétrer un ballon rond dans les buts adverses. *Des handballs* ou *hand-balls*. – Mot all., « balle à la main ».

handballeur, euse ['ɑ̃dbalœʀ, øz] n. Joueur de handball. – De *hand-ball*.

handicap ['ɑ̃dikap] n. m. **1.** TURF Épreuve dans laquelle on équilibre les chances de victoire de chevaux de valeurs inégales, soit en obligeant les meilleurs à porter un poids supplémentaire (courses de galop), soit en faisant bénéficier les moins bons d'une certaine avance au départ (courses de trot). ▷ SPORT Compétition dans laquelle les chances de concurrents de valeurs différentes sont rendues égales par le jeu d'avantages ou de désavantages portant sur le point de départ, le temps de parcours, les points attribués, etc. **2.** Désavantage imposé à un concurrent, à un cheval, pour équilibrer les chances de victoire. **3.** Ce qui défavorise, met en position d'infériorité. *Son infirmité est un handicap sérieux.* – Mot angl., probabl. de *hand in cap,* « main dans le chapeau », terme de jeu.

handicapant, ante['ɑ̃dikapɑ̃, ɑ̃t] adj. Qui handicape, qui constitue un handicap. *Des symptômes handicapants.* – Ppr. de *handicaper.*

handicapé, ée ['ɑ̃dikape] adj. et n. **1.** SPORT, TURF Désavantagé par un handicap (sens 2). **2.** Qui est atteint d'un handicap physique ou mental. ▷ Subst. *L'insertion professionnelle des handicapés.* – Pp. de *handicaper.*

handicaper ['ɑ̃dikape] v. tr. [1] **1.** SPORT, TURF Imposer un handicap (sens 2) à (un concurrent, un cheval). **2.** Fig. Mettre en état d'infériorité, désavantager. *Sa timidité l'a handicapé.* – De *handicap.*

handisport [ɑ̃dispɔʀ] adj. Qui concerne les sports pratiqués par les handicapés physiques. *Un équipement handisport.* – De *handi(capé),* et *sport.*

hanéfite ['anefit] ou **hanafite** ['anafit] ou **hanifite** ['anifit] adj. RELIG *École hanéfite* : école d'interprétation de la loi islamique qui fait largement appel au raisonnement individuel et qui occupe une place de premier plan dans les pays de l'ancien Empire ottoman et en Inde. – Du n. de l'imām Abu *Hanifa* (v. 700-767).

hangar ['ɑ̃gaʀ] n. m. Construction ouverte formée d'un toit élevé sur des piliers; entrepôt. ▷ Vaste abri fermé destiné à recevoir des avions, des hélicoptères, etc. – Frq. **haimgard,* de *haim,* « hameau », et *gard,* « enclos ».

hanneton ['antɔ̃] n. m. Insecte coléoptère *(Melolontha melolontha),* aux élytres bruns, au vol lourd, aux antennes se terminant en massue, très commun en Europe. *La larve du hanneton, ou ver blanc, vit trois ans dans le sol et cause de grands dégâts aux cultures.* – Dimin. du frq. **hano,* « coq ».

hannetonnage ['antɔnaʒ] n. m. AGRIC Recherche et destruction des hannetons. – De *hannetonner.*

hannetonner ['antɔne] v. intr. [1] AGRIC Pratiquer le hannetonnage. ▷ v. tr. *Hannetonner un verger.* – De *hanneton.*

hanoukka ['anuka] n. f. Fête juive (« fête des Lumières »), célébrée en décembre. – Mot hébreu.

hanovrien, enne ['anɔvʀijɛ̃, ɛn] adj. et n. Du Hanovre, anc. royaume de l'Allemagne du Nord, auj. inclus dans la Basse-Saxe, ou de la ville de Hanovre, sa capitale.

hanse ['ɑ̃s] n. f. HIST Ligue des marchands, au Moyen Âge. *La hanse parisienne avait le monopole des transports entre Paris et Mantes.* ▷ *Hanse teutonique* ou absol., *la Hanse,* formée à partir de 1241 par Lübeck, Hambourg, Minden et d'autres villes (villes de l'intérieur ou ports de la Baltique et de la mer du Nord), et qui disparut dans la seconde moitié du XVIIe s. – Anc. haut all. *hansa,* « troupe ».

hanséatique ['ɑ̃seatik] adj. Didac. De la Hanse teutonique. *Hambourg, ville hanséatique.* – De *hanse.*

hanter ['ɑ̃te] v. tr. [1] **1.** Vx ou litt. Fréquenter de manière habituelle (une personne, un lieu). – Prov. *Dis-moi qui tu hantes, je te dirai qui tu es.* ▷ Mod. (En parlant des spectres, des fantômes.) *Des esprits hantent ce vieux château.* **2.** Fig. Obséder. *La crainte de la maladie le hante.* – De l'anc. scand. *heimta,* rad. *haim,* « petit village ».

hantise ['ɑ̃tiz] n. f. **1.** Vx Action de fréquenter. **2.** Fig. Inquiétude obsédante. *Il a la hantise d'échouer.* – De *hanter.*

haoussa [ausa] n. m. Une des grandes langues de communication en Afrique de l'Ouest. – Du n. des *Haoussa(s),* peuple noir d'Afrique occid.

hapax [apaks] n. m. LING Mot, forme, expression dont on ne possède qu'un exemple à une époque donnée. – Du gr. *hapax (legomenon),* « (chose dite) une seule fois ».

haplo-. Élément, du gr. *haploûs,* « simple ».

haploïde [aplɔid] adj. (et n. m.) BIOL Qui ne possède que la moitié du nombre de chromosomes propre à l'espèce. *Les gamètes sont haploïdes* (elles possèdent *n* chromosomes) *et leur union donne naissance à un zygote diploïde* (à 2*n* chromosomes). – n. m. *Un haploïde.* Syn. haplonte. Ant. diploïde. – De *hapl(o)-,* et *-oïde.*

haplologie [aplolɔʒi] n. f. PHON Omission de l'une de deux articulations semblables qui se suivent. (Ex. : *philogie* au lieu de *philologie.*) – De *haplo-,* et *-logie.*

haplomes [aplom] n. m. pl. ZOOL Sous-ordre de poissons téléostéens malacoptérygiens à caractères primitifs, comprenant notam. le brochet. – Sing. *Un haplome.* – De *haplo-.*

haplonte [aplɔ̃t] n. m. BIOL Individu haploïde. – De *haplo-,* et du gr. *ôn, ontos,* « être ».

haplophase [aplofɑz] n. f. BIOL Se dit de la période du cycle de reproduction d'un être vivant pendant laquelle les cellules sont haploïdes. – De *haplo-,* et *phase.*

happe ['ap] n. f. TECH Crampon métallique servant à assembler deux pièces. – Déverbal de *happer.*

happement ['apmɑ̃] n. m. Action de happer. – De *happer.*

happening ['ap(ə)niŋ] n. m. (Anglicisme) **1.** Manifestation artistique qui tient du théâtre et de la fête, et dont l'improvisation implique une participation physique du public. **2.** *Par ext.* Événement qui tient du happening (sens 1). – Mot angl., « événement », de *to happen,* « arriver, survenir ».

happer ['ape] v. tr. [1] **1.** Saisir avidement d'un coup de gueule ou de bec. *Les hirondelles happent les insectes.* **2.** Fig. Attraper, saisir soudainement, avec violence. *La machine a happé son bras.* – Du rad. onomat. germ. *happ-.*

happy end ['apiɛnd] n. m. ou f. (Anglicisme) Conclusion heureuse d'une œuvre dramatique, souvent destinée à contenter un public sentimental. *Des happy ends.* – Mots angl., « heureuse *(happy)* fin *(end)* ».

haquebute ou **hacquebute** ['akbyt] n. f. MILIT Anc. Arquebuse. – Moy. néerl. *hakebusse.*

haquenée ['ak(ə)ne] n. f. Cheval ou jument facile à monter et allant l'amble. – Moy. angl. *haquenei,* de *Hackney,* village dont les chevaux étaient renommés.

haquet ['akɛ] n. m. TECH Charrette à plate-forme basculante utilisée autref. pour le transport des tonneaux.

hara-kiri ['aʀakiʀi] n. m. Mode de suicide rituel, particulier aux Japonais, consistant à s'ouvrir le ventre. (En japonais, *hara-kiri* est un mot vulgaire; le terme correct est *seppuku.*) ▷ Par ext. *(Se) faire hara-kiri* : se suicider; abandonner qqch, se sacrifier. *Des hara-kiris.* – Mot jap., « ouverture du ventre ».

harangue ['aʀɑ̃g] n. f. **1.** Discours solennel prononcé à l'intention d'un personnage officiel, d'une assemblée, d'une troupe. **2.** Péjor. Discours ennuyeux, admonestation interminable. – Ital. *aringa,* ou bas lat. *harenga,* frq. **hring* (V. rang).

haranguer ['aʀɑ̃ge] v. tr. [1] Adresser une harangue à (qqn). *Haranguer les troupes, la foule.* – De *harangue.*

haranguet. V. harenguet.

haras ['aʀa] n. m. Lieu, établissement où l'on élève des juments et des étalons sélectionnés, destinés à la reproduction et à l'amélioration de l'espèce. – P.-ê. de l'anc. scand. *hârr*, « qui a le poil gris ».

harassant, ante ['aʀasɑ̃, ɑ̃t] adj. Qui harasse. – Ppr. de *harasser*.

harasse ['aʀas] n. f. TECH Caisse à claire-voie, servant à emballer la porcelaine, le verre, etc.

harassement ['aʀasmɑ̃] n. m. Fait de harasser, d'être harassé; lassitude extrême. – De *harasser*.

harasser ['aʀase] v. tr. [1] Fatiguer à l'excès. *Cette longue route m'a harassé.* Syn. épuiser. – De l'a. fr. *harace*, « poursuite », de *hare*, « cri pour exciter les chiens », d'orig. frq.

harcelant, ante ['aʀsəlɑ̃, ɑ̃t] adj. Qui harcèle. – Ppr. de *harceler*.

harcèlement ['aʀsɛlmɑ̃] n. m. Action de harceler. *Tir de harcèlement.* – De *harceler*.

harceler ['aʀsəle] v. tr. [19] ou [17] Poursuivre de petites attaques renouvelées. *Harceler l'ennemi.* ▷ Fig. *Harceler qqn de questions*, lui poser sans arrêt des questions. - *Les remords le harcèlent*, le tourmentent. – Altér. de *herceler*, dér. de *herser*, au fig., « tourmenter ».

hard ['aʀd] adj. (Anglicisme) Dur. ▷ *Porno hard* : film pornographique dans lequel les acteurs pratiquent réellement des actes sexuels apparaissant en gros plan sur l'écran. ▷ *Par ext.* fam. Difficile à supporter, très pénible. *Il est plutôt hard, ce mec!* – Mot angl.

1. harde ['aʀd] n. f. VEN Troupeau de bêtes sauvages. *Harde de sangliers.* – Frq. **herda*; all. *Herde*, « troupeau ».

2. harde ['aʀd] n. f. VEN Lien attachant les chiens quatre à quatre ou six à six. ▷ *Harde de chiens* : réunion de plusieurs couples de chiens attachés ainsi. – Var. fém. de *hart*.

hardes ['aʀd] n. f. pl. **1.** Vx Effets personnels. **2.** Litt. Vieux vêtements. – A. fr. *fardes*, prononcé *hardes* en gascon.

hardi, ie ['aʀdi] adj. et interj. **I.** adj. **1.** Audacieux, entreprenant, intrépide. Ant. craintif, timide, timoré. ▷ Qui dénote de l'assurance, de l'audace. *Une entreprise hardie. Une mine hardie.* **2.** Vieilli Qui heurte par sa trop grande liberté d'allures; insolent, effronté. Ant. réservé, modeste. **3.** Qui est d'une originalité audacieuse. *Proposition hardie.* **4.** Libre, franc, aisé. *Coup de pinceau hardi.* **5.** HERALD *Coq hardi*, représenté une patte levée. **II.** interj. (Employée pour encourager.) *Hardi, les gars!* – Pp. d'un anc. v. *hardir*, « rendre, devenir dur », frq. **hardjan*, « durcir ».

hardiesse ['aʀdjɛs] n. f. Litt. **1.** Caractère d'une personne hardie, de ce qui est hardi. **2.** Vieilli Insolence, impudence, effronterie. *Il a eu la hardiesse de me répondre.* **3.** Franchise, originalité (se dit surtout à propos d'une œuvre d'art). *Tableau d'une grande hardiesse de coloris.* **4.** (Souv. plur.) Parole, action hardie. – De *hardi*.

hardiment ['aʀdimɑ̃] adv. **1.** Avec hardiesse, courage. *Marcher hardiment au combat.* **2.** Nettement, sans détours. *Énoncer hardiment son opinion.* – De *hardi*.

hard-top ['aʀdtɔp] n. m. (Anglicisme) Toit en tôle, amovible, d'une voiture décapotable. *Cabriolet vendu avec hard-top en option. Des hard-tops.* – Mot angl., « dessus *(top)* dur *(hard)* ».

hardware ['aʀdwɛʀ] n. m. (Américanisme) INFORM Ensemble des composants et des dispositifs qui constituent un ordinateur (opposé à *software*). Syn. (off. conseillé) matériel. – Mot amér., de *hard*, « dur », et *-ware*, suff. servant à former des noms d'articles fabriqués.

harem ['aʀɛm] n. m. **1.** Appartement propre aux femmes, chez les peuples musulmans. **2.** *Par ext.* Ensemble des femmes qui y habitent. *Un nombreux harem.* – De l'ar. *harām*, « ce qui est défendu, sacré ».

hareng ['aʀɑ̃] n. m. Poisson téléostéen (*Clupea harengus*, fam. clupéidés), long de 20 à 30 cm, au dos bleu-vert et au ventre argenté, que l'on pêche sur toutes les côtes européennes de l'Atlantique. - *Hareng saur* : hareng salé, séché et fumé. ▷ Loc. fam. *Sec comme un hareng* : maigre et dégingandé. *Serrés comme des harengs* : très serrés. - Prov. *La caque sent toujours le hareng.* – Frq. **hâring*.

harengaison ['aʀɑ̃gɛzɔ̃] n. f. PECHE Pêche au hareng; époque où elle a lieu. – De *hareng*.

harengère ['aʀɑ̃ʒɛʀ] n. f. **1.** Vx Marchande de harengs; poissonnière. **2.** Fig., fam. Femme grossière et forte en gueule. Syn. poissarde. – De *hareng*.

harenguet ou **haranguet** ['aʀɑ̃gɛ] n. m. Syn. de *sprat*. – Dimin. de *hareng*.

haret ['aʀɛ] adj. m. et n. m. *Chat haret*, chat domestique qui est retourné à l'état sauvage. ▷ n. m. *Un haret.* – De l'a. fr. *harer*, « crier hare, traquer ».

harfang ['aʀfɑ̃] n. m. Grande chouette (*Nyctea scandiaca*) des régions arctiques, au plumage presque entièrement blanc. – Mot suéd.

hargne ['aʀɲ] n. f. Mauvaise humeur qui se manifeste par un comportement agressif. *Répondre avec hargne.* – De l'anc. v. *hargner*, « quereller ».

hargneusement ['aʀɲøzmɑ̃] adv. D'une manière hargneuse. – De *hargneux*.

hargneux, euse ['aʀɲø, øz] adj. **1.** Qui manifeste de la hargne, qui est d'humeur querelleuse, acariâtre. ▷ (Animaux) *Chien hargneux.* **2.** Qui dénote de la hargne. *Propos hargneux.* – De *hargne*.

1. haricot ['aʀiko] n. m. *Haricot de mouton* : ragoût de mouton accompagné de divers légumes – De l'a. fr. *harigoter*, « couper en morceaux », du frq. **hariôn*, « gâter, abîmer ».

2. haricot ['aʀiko] n. m. **1.** Plante potagère (genre *Phaseolus*, fam. papilionacées), à tige herbacée, en général volubile, dont on consomme les gousses vertes et les graines. *Haricots nains* (soissons nain, flageolet, suisse rouge, marbré nain) et *haricots à rames* (soissons montant, mangetout, haricot beurre). *Haricot d'Espagne*, ornemental. **2.** Gousse verte (*haricots verts*) ou graine (*haricots blancs, rouges*), comestible, de cette plante. *Un gigot aux haricots (blancs)* Syn. fam. fayots. ▷ Loc. fam. *Être maigre comme un haricot*, très maigre. - Pop. *Des haricots!* : rien du tout! *C'est la fin des haricots*, la fin de tout. – De *haricot* 1.

haridelle ['aʀidɛl] n. f. Cheval maigre et sans force. – P.-ê. du rad. de *haras*.

harissa ['aʀisa] n. f. Condiment fait de piment rouge broyé dans l'huile d'olive, employé dans la cuisine d'Afrique du Nord. – Mot ar., de *harasa*, « broyer ».

harki ['aʀki] n. m. Militaire algérien qui combattait comme supplétif dans l'armée française pendant la guerre d'Algérie. – Mot ar. d'Algérie, de *hārākā*, « mouvement ».

harle ['aʀl] n. m. Oiseau plongeur (fam. anatidés) au corps fuselé, au plumage noir et blanc. – Mot dial. du Nivernais.

harmattan ['aʀmatɑ̃] n. m. Vent chaud et sec de l'E. ou du N.-E. qui souffle en hiver sur l'Afrique occidentale. – Mot africain.

harmonica [aʀmɔnika] n. m. Instrument de musique composé d'un petit boîtier métallique renfermant une série d'anches libres mises en résonance par le souffle. – All. *Harmonika*, du lat. *harmonicus*, « harmonieux ».

harmoniciste [aʀmɔnisist] n. Joueur, joueuse d'harmonica. – De *harmonica*.

harmonie [aʀmɔni] n. f. **I. 1.** Vx, litt. Ensemble de sons sonnant agréablement à l'oreille. **2.** En parlant du langage et du style, concours heureux de sons, de mots, de rythmes, etc. *L'harmonie des vers de Racine.* **3.** MUS Science de la formation et de l'enchaînement des accords. *Lois de l'harmonie.* **4.** MUS Orchestre composé d'instruments à vent (bois ou cuivre), à anche et à embouchure. *L'harmonie municipale donne un concert.* **II. 1.** Effet produit par un ensemble dont les parties s'accordent, s'équilibrent bien entre elles. *Harmonie du corps humain. Harmonie de couleurs.* **2.** Concordance, correspondance entre différentes choses. *Harmonie de points de vue. Vivre en harmonie avec ses principes.* Syn. conformité. **3.** Bonnes relations entre des personnes. *Une parfaite harmonie règne dans cette famille.* Syn. entente. – Lat. *harmonia*, mot gr. « assemblage, accord, accord de sons ».

harmonieusement [aʀmɔnjøzmɑ̃] adv. Avec harmonie. *Jardin harmonieusement agencé.* – De *harmonieux*.

harmonieux, euse [aʀmɔnjø, øz] adj. **1.** Qui sonne agréablement, qui flatte l'ouïe. *Musique harmonieuse.* **2.** Qui a de l'harmonie. *Mélange harmonieux.* – De *harmonie*.

harmonique [aʀmɔnik] adj. et n. m. **1.** Relatif à l'harmonie. **2.** GEOM *Division harmonique* : position, sur une même droite, de quatre points A, B, M et N telle que $\frac{MA}{MB} = -\frac{NA}{NB}$. **3.** MUS *Son harmonique* ou, n. m., *harmonique* : son musical dont la fréquence est un multiple d'une fréquence de base, appelée *fréquence fondamentale*. – Lat. *harmonicus*, gr. *harmonikos*, de *harmonia*, « assemblage ».

harmoniquement [aʀmɔnikmɑ̃] adv. **1.** MUS Selon les lois de l'harmonie. **2.** MATH Selon les rapports harmoniques. – De *harmonique*.

harmonisation [aʀmɔnizasjɔ̃] n. f. Action d'harmoniser. – De *harmoniser*.

harmoniser [aʀmɔnize] v. tr. [1] **1.** Mettre en harmonie. *Harmoniser des tons.* ▷ v. pron. Se mettre, se trouver en harmonie. *Leurs caractères s'harmonisent fort bien.* **2.** MUS Composer, sur l'air d'une mélodie, une ou plusieurs parties vocales ou instrumentales. – De *harmonie*.

harmoniste [aʀmɔnist] n. MUS Personne qui connaît et applique les lois de l'harmonie. – De *harmonie*.

harmonium [aʀmɔnjɔm] n. m. Instrument de musique à soufflerie, sans tuyaux, à anches libres et à clavier, d'une étendue de cinq octaves pleines. – De *harmonie*.

harnachement ['aʀnaʃmɑ̃] n. m. **1.** Action de harnacher. **2.** Ensemble des harnais d'un cheval. **3.** Fig., fam. Accoutrement lourd et ridicule. – De *harnacher*.

harnacher ['aʀnaʃe] v. tr. [1] **1.** Mettre un harnais à (un cheval). **2.** Fig., fam. Accoutrer ridiculement, comme d'un harnais. ▷ v. pron. *Il s'était harnaché comme pour aller chasser le fauve.* – De *harnais*.

harnais ['aʀnɛ] ou (vx) **harnois** ['aʀnwa] n. m. **1.** Vx Armure complète d'un homme d'armes. ▷ Fig. *Blanchir sous le harnois* : vieillir dans un métier, et partic. dans le métier des armes. **2.** Équipement d'un cheval de selle ou d'attelage, et, par ext., de tout animal de trait. **3.** *Par anal.* Dispositif formé de sangles entourant le corps, qui répartit en plusieurs points le choc occasionné par une chute ou par une projection violente vers l'avant. *Harnais de parachutiste, d'alpiniste. Harnais de sécurité* (sur une automobile). **4.** Ensemble des organes d'un métier à tisser. – Anc. scand. **her-nest*, « provision de voyage ».

haro ['aʀo] interj. et n. m. **1.** DR FEOD Cri que le témoin d'une atteinte à la personne ou aux biens pouvait pousser, au Moyen Âge, pour requérir l'assistance de ceux qui étaient présents et arrêter le coupable. **2.** Loc. fig. *Crier haro sur (qqn)* : se dresser avec indignation contre (qqn). ▷ *Crier haro sur le baudet* : rendre responsable de qqch celui qui en est innocent et qui ne peut se défendre. – De *hare*. V. harasser.

harpagon [aʀpagɔ̃] n. m. Litt. Individu extrêmement avare. *Vieil harpagon.* – Du nom de *Harpagon*, principal personnage de « l'Avare » de Molière.

harpail ou **harpaille** ['aʀpaj] n. m. VEN Troupe de cerfs ou de biches composée uniquement d'individus de même sexe. – De l'anc. v. *harpailler*, « séparer ».

1. harpe ['aʀp] n. f. **1.** Instrument à cordes pincées, de forme triangulaire. *La harpe classique possède quarante-sept cordes et sept pédales, qui permettent de jouer dans tous les tons.* **2.** ZOOL Genre de mollusque gastéropode. – Germ. **harpa*, bas lat. *harpa*.

2. harpe ['aʀp] n. f. **1.** CONSTR Pierre, en saillie sur un mur, destinée à faciliter le raccordement ultérieur avec un autre mur. ▷ Pierre qui, dans une chaîne*, est plus large que celle de dessus et celle de dessous. **2.** VEN Griffe de chien. – De l'a. fr. *harper*, « empoigner », d'orig. germ. avec infl. du lat. *harpe*, mot gr. « faucille, crochet ».

harpie ['aʀpi] n. f. **1.** MYTH Monstre ailé à visage de femme, au corps d'oiseau de proie. **2.** *Par ext.* Personne avide et rapace. – Femme acariâtre et criarde. **3.** ORNITH Grand aigle (*Harpia harpiya*, fam. falconidés) à tête huppée, d'Amérique du S., aux serres puissantes. – Lat. *harpya*, mot gr.

harpiste ['aʀpist] n. Personne qui joue de la harpe. – De *harpe* 1.

harpon ['aʀpɔ̃] n. m. **1.** TECH Crochet, instrument muni d'un dard pour accrocher, piquer. ▷ Large fer de flèche barbelé fixé à une hampe, servant à prendre les gros poissons ou les cétacés. *Pêcher la baleine au harpon.* **2.** MAR Grappin tranchant utilisé autref. pour couper les cordages d'un navire ennemi. – Probabl. de l'anc. scand. *harpa*, et de l'anc. v. *harper* (cf. *harpe* 2).

harponnage ['aʀpɔnaʒ] n. m. Action de harponner. – De *harponner*.

harponner ['aʀpɔne] v. tr. [1] **1.** Accrocher avec un harpon. **2.** Fig., fam. Saisir, arrêter par surprise. *Il s'est fait harponner à la sortie.* – De *harpon*.

harponneur, euse ['aʀpɔnœʀ, øz] n. Personne qui lance le harpon, qui harponne. – De *harponner*.

hart ['aʀ(t)] n. f. **1.** Vx Lien de bois souple pour lier les fagots. **2.** Vx Corde avec laquelle on pendait les condamnés à mort. ▷ *Par ext.* Peine de mort par pendaison. – Frq. **hard*, « filasse ».

hasard ['azaʀ] n. m. **I. 1.** Vx Ancien jeu de dés. ▷ Coup gagnant à ce jeu. ▷ Par anal. *Jeu de hasard*, où l'intelligence, le calcul n'ont aucune part. **2.** Vx Risque, péril. *Courir le hasard de...* ▷ Mod. *Les hasards de la guerre.* **3.** Concours de circonstances imprévu et inexplicable; événement fortuit. *Quel heureux hasard! Un hasard malheureux. Coup de hasard* : événement inattendu. **4.** Ce qui échappe à l'homme et qu'il ne peut ni prévoir ni expliquer rationnellement. *Le hasard a fait que... Le hasard et le déterminisme.* ▷ Cause personnifiée d'événements apparemment fortuits. *Le hasard a voulu qu'une tuile se détache du toit au moment où elle passait.* **II.** Loc. adv. **1.** *Par hasard* : fortuitement, accidentellement. *Si, par hasard, tu le rencontres...* – *Comme par hasard* : comme si c'était par hasard. **2.** *Au hasard* : à l'aventure, sans but. *Marcher au hasard.* ▷ *Parler, agir au hasard,* inconsidérément, sans méthode. ▷ *À tout hasard :* en prévision de tout ce qui pourrait arriver. **III.** Loc. prép. *Au hasard de :* selon les hasards, les aléas de. *Au hasard des jours.* – De l'ar. *āz-āhr,* «les dés», par l'esp. *azar.*

hasardé, ée ['azaʀde] adj. **1.** À la merci du hasard, risqué. *Entreprise hasardée.* **2.** Sans fondement, difficile à justifier. *Proposition hasardée.* – Pp. de *hasarder.*

hasarder ['azaʀde] v. [1] **I.** v. tr. **1.** Litt. Exposer, livrer au hasard, et aux risques qu'il implique. *Hasarder sa fortune.* **2.** Se risquer à dire, à exprimer. *Hasarder une plaisanterie, une hypothèse.* **II.** v. intr. Vieilli *Hasarder de* (+ inf.) : prendre le risque de. **III.** v. pron. **1.** Vieilli S'exposer à un risque, à un péril. **2.** Se risquer (dans une entreprise, un lieu dangereux). *Se hasarder dans une contrée déserte.* ▷ Fig. *Se hasarder à dire, à faire qqch.* – De *hasard.*

hasardeusement ['azaʀdøzmɑ̃] adv. D'une manière hasardeuse. – De *hasardeux.*

hasardeux, euse ['azaʀdø, øz] adj. **1.** Vx Qui s'expose au hasard. **2.** Qui comporte des risques. *Entreprise hasardeuse.* – De *hasard.*

haschisch, hachisch ou **hachich** ['aʃiʃ] ou (fam.) **hasch** ['aʃ] n. m. Stupéfiant tiré du chanvre indien. *L'usage répété du haschisch peut entraîner une intoxication accompagnée de graves troubles mentaux.* – Ar. *hashish,* «herbe».

haschischin, hachischin ou **hachichin** ['aʃiʃɛ̃] n. m. Rare Personne qui se drogue au haschich. ▷ HIST Membre d'une secte musulmane aux mœurs sanguinaires, fondée en 1090 par Hassan ibn al-Sabbāh. (On dit également Assassins.) *La pâte verte «que le Vieux de la Montagne ingérait jadis à ses fanatiques... c'est-à-dire du* hachich, *d'où vient* hachichin, *mangeur de* hachich, *racine du mot* assassin». *(Th. Gautier).* – Ar. *hashashin.*

hase ['az] n. f. Femelle du lièvre, du lapin de garenne. – Mot all., «lièvre».

hashi [aʃi] n. m. Baguette dont se servent les Japonais pour manger. – Mot japonais.

hassid, plur. **hassidim** ['asid,'asidim] n. m. Adepte du hassidisme. – Hébreu *hasid,* «pieux, dévot».

hassidique ['asidik] adj. Du hassidisme. – De *hassid.*

hassidisme ['asidism] n. m. Courant mystique et ascétique du judaïsme traditionnel qui se développa principalement aux XIIe et XIIIe s. et fut restauré par le Ba'al Shem Tov (1700 - env. 1760). – De *hassid.*

hast n. m. ou **haste** [ast] n. f. **1.** ANTIQ ROM Javelot, longue pique des soldats. **2.** *Arme d'hast :* toute arme offensive montée sur une hampe. – Lat. *hasta,* «lance, hampe de lance».

hasté, ée [aste] adj. BOT *Feuille hastée,* dont les deux lobes de la base, à peu près perpendiculaires au pétiole, figurent une hallebarde. – De *hast.*

1. hâte ['ɑt] ou **haste** ['ast] n. f. Vx Broche à rôtir. ▷ Viande rôtie. – Crois. entre le lat. *hasta* (V. hast) et le frq. **harst,* «gril».

2. hâte ['ɑt] n. f. **1.** Promptitude, diligence dans l'action. *Mettre trop de hâte à se préparer.* ▷ *Avoir hâte* (de, que) : être pressé, impatient (de, que). **2.** Loc. adv. *En hâte :* avec une grande promptitude. *Accourir en hâte, en grande hâte, en toute hâte.* ▷ *À la hâte :* avec précipitation et sans soin. *Travail fait à la hâte.* – Du frq. **haist,* «violence, vivacité».

hâter ['ɑte] **I.** v. tr. [1] **1.** Accélérer, rendre plus rapide. *Hâter le pas.* ▷ *Hâter des fruits,* les faire mûrir vite. **2.** Litt. Presser, faire arriver plus vite. *Hâter son départ.* **3.** Vx Faire dépêcher (qqn). *Hâter qqn de* (+ inf.), le presser de. **II.** v. pron. Aller vite, faire diligence. *Hâte-toi, tu es en retard.* ▷ Maxime. *Hâte-toi lentement.* ▷ *Se hâter de* (+ inf.) : se dépêcher de. – De *hâte* 2.

hâtier ['ɑtje] n. m. Grand chenet de cuisine muni de crochets pour appuyer les broches. – De *hâte* 1.

hâtif, ive ['ɑtif, iv] adj. **1.** Qui vient avant la date normale. *Saison hâtive.* **2.** Qui est en avance par rapport au développement normal. *Fruit hâtif. Croissance hâtive.* **3.** Fait trop vite, à la hâte. *Un devoir hâtif.* – De *hâte* 2.

hâtiveau ['ɑtivo] n. m. AGRIC Vx ou rég. Légume ou fruit qui mûrit tôt, précoce (se disait en partic. des petits pois et des poires). – De *hâte* 2.

hâtivement ['ɑtivmɑ̃] adv. **1.** D'une manière hâtive, prématurément. **2.** À la hâte. – De *hâtif.*

hattéria. V. sphénodon.

hauban ['obɑ̃] n. m. **1.** MAR Chacun des câbles métalliques (autref., textiles) qui assujettissent le mât d'un navire. *Hauban reliant le capelage de mât à l'arrière* (pataras), *à l'avant* (étai). *Hauban mobile* (bastaque). ▷ *Spécial.* Chacun des câbles métalliques assujettissant le mât par le travers. **2.** TECH Barre ou câble servant à assurer la rigidité d'une construction, d'un appareil. – De l'anc. scand. *höfudbendur,* «lien du sommet» (du mât).

haubanage ['obanaʒ] n. m. **1.** MAR et AVIAT Ensemble des haubans d'un navire, d'un avion. **2.** TECH Action de haubaner. – De *hauban.*

haubaner ['obane] v. tr. [1] **1.** MAR et AVIAT Consolider à l'aide de haubans. **2.** TECH Assujettir à l'aide de haubans. *Haubaner une cheminée.* – De *hauban.*

haubert ['obɛʀ] n. m. Anc. Longue tunique de mailles portée au Moyen Âge par les hommes d'armes. – Du frq. **halsberg,* «ce qui protège le cou».

hausse ['os] n. f. **1.** Ce qui sert à hausser. *Mettre une hausse aux pieds d'une table.* ▷ TECH Appareil servant à prendre la ligne de mire et à régler le tir d'une arme à feu. ▷ CONSTR Montant servant à soutenir un remblai. **2.** Action de hausser; son résultat. ▷ Augmentation de prix, de valeur. *Hausse des matières premières.* - *Spécial.* Augmentation du cours des valeurs boursières. *Jouer à la hausse.* – Déverbal de *hausser.*

hausse-col ['oskɔl] n. m. MILIT Anc. Pièce de métal en croissant qui protégeait le devant du cou, et qui devint au XIXe s. l'insigne des officiers d'infanterie. *Des hausse-cols.* – Altér. de *houscot* (moy. néerl. *halskote,* «vêtement de cou»), d'ap. *hausser,* et *col.*

haussement ['osmɑ̃] n. m. Action de hausser. *Haussement d'épaules :* mouvement marquant le mépris, le dédain, l'indifférence. – De *hausser.*

hausser ['ose] v. [1] **I.** v. tr. **1.** Élever, augmenter la hauteur de. *Hausser un mur.* **2.** Mettre en position plus élevée, soulever. *Hausser une charge. Hausser les épaules.* ▷ v. pron. *Se hausser sur la pointe des pieds.* **3.** Augmenter l'intensité de. *Hausser la voix.* ▷ Fig. *Hausser le ton :* parler plus fort, pour manifester sa colère, son impatience. **4.** Augmenter. *Hausser le prix du pain.* - *Hausser les exigences.* **5.** Fig. Élever, rendre plus grand (qqn). *Un acte qui l'a haussé dans l'opinion de ses concitoyens.* ▷ v. pron. Parvenir, arriver à. *Se hausser jusqu'aux plus hautes dignités.* **II.** v. intr. **1.** Aller en augmentant (de hauteur, d'intensité). *Les eaux ont haussé d'un mètre. Hausser d'un ton.* **2.** Vieilli Augmenter de prix. *Le blé a haussé.* – Du lat. pop. **altiare,* de *altus,* «haut».

haussier ['osje] n. m. FIN Spéculateur qui joue à la hausse sur les valeurs boursières. – De *hausse.*

haussière. V. aussière.

haussmannite ou **haussmanite** [osmanit] CHIM n. f. Oxyde naturel de manganèse, Mn_3O_4, à caractère salin. – Du n. du chimiste franç. Jean-Michel *Haussmann* (1749-1824).

haut, haute ['o, 'ot] adj., n. m. et adv. **A.** adj. **I. 1.** D'une certaine dimension dans le sens vertical. *Un arbre* *haut de six mètres.* **2.** De dimension verticale élevée. *Une haute montagne.* **3.** Situé, placé à un niveau supérieur à celui qui est habituel. *Les eaux du fleuve sont hautes.* ▷ Fig. *Aller la tête haute,* sans avoir à craindre aucun reproche. – *Avoir la haute main sur une chose,* exercer sur elle une autorité absolue. ▷ MAR *Pavillon haut,* hissé au sommet du mât. **4.** Situé au-dessus de choses semblables. *Les hauts plateaux et la plaine. La ville haute et la ville basse.* **5.** Se dit de la région d'un pays la plus éloignée de la mer et de la partie d'un cours d'eau la plus voisine de sa source. *La haute Égypte. La haute Loire. La haute Normandie.* ▷ *La haute mer :* la pleine mer, le grand large. **6.** Très éloigné dans le temps. *La haute antiquité.* **7.** Plus élevé, plus important (en intensité, en valeur). *Notes hautes, ton haut,* élevés dans la gamme. *Parler à voix haute.* ▷ Fig. *Avoir le verbe haut,* un ton arrogant. ▷ *Haut en couleur,* qui a des couleurs vives et soutenues. – Fig. *Un récit haut en couleur,* plein de notations pittoresques. ▷ JEU *Les hautes cartes,* celles qui ont le plus de valeur. ▷ PHYS NUCL *Hautes énergies :* énergies supérieures à 1 MeV. **8.** (En loc., avec une valeur adverbiale.) *Haut les mains ! :* ordre de lever les mains en l'air, donné à qqn que l'on veut mettre hors d'état d'agir. – *Haut la main :* avec autorité, sans difficulté. ▷ Vieilli *Haut le pied :* se disait d'une bête de somme non chargée, non montée. – CH de F *Locomotive haut le pied,* qui circule sans être attelée à un train. **II.** Fig. **1.** Qui possède la prééminence, la supériorité (dans la hiérarchie, dans l'échelle des valeurs sociales). *La haute finance. La haute magistrature. Un haut fonctionnaire.* – *La haute société* (ou n. f., pop., *la haute*). ▷ Loc. adv. *En haut lieu :* chez ceux qui détiennent l'autorité, le pouvoir. ▷ *Haute cour de justice* (ou *Haute Cour*) : tribunal politique établi pour juger certains crimes contre l'État. *La Haute Cour condamna à mort Pétain et Laval.* **2.** D'une grande valeur, d'une valeur supérieure à la moyenne. *Des recherches de la plus haute importance. Les hauts faits d'un général.* **3.** Excellent. *Avoir une haute opinion de qqn. Ouvrage de haute qualité. La haute couture.* ▷ n. m. *Le Très-Haut :* Dieu. **4.** Vieilli Hautain, orgueilleux. *Un homme haut.* **B.** n. m. **1.** Dimension verticale, hauteur, altitude. *Le mont Blanc a 4 807 mètres de haut. Monter à 2 000 mètres de haut.* ▷ *Tomber de son haut,* de toute sa hauteur ; fig. éprouver une surprise désagréable. **2.** Partie élevée de qqch. *Le haut du mur.* **3.** Sommet, partie la plus élevée d'une chose. *Le haut d'une tour.* ▷ Fig. *Tenir le haut du pavé :* jouir d'une situation de premier plan. **4.** Fig., fam. *Connaître des hauts et des bas,* des périodes favorables et des périodes difficiles qui alternent. **C.** adv. **I. 1.** À une très grande hauteur. *L'aigle s'élève très haut.* **2.** Précédemment, plus loin en reculant dans le temps. *Revenir plus haut.* ▷ (Dans un texte.) *Voir plus haut :* voir ci-dessus, dans ce qui précède. **3.** Fort, à haute voix. *Parlez moins haut !* ▷ Fig. *Parler haut,* avec assurance, autorité. – *Dire bien haut ce que l'on pense,* le dire clairement, de manière que cela se sache. **4.** Fig. À un degré très élevé sur l'échelle des valeurs sociales, morales, etc. *Un monsieur très haut placé. Estimer très haut ses collaborateurs.* **5.** D'une manière importante (en matière de prix, de valeurs). *L'or est monté très haut.* **II.** Loc. adv. **1.** *En haut :* dans la partie la plus haute, au-dessus. *Mur repeint jusqu'en haut. Il y a deux pièces en haut et trois au rez-de-chaussée. Le bruit vient d'en haut.* ▷ Fig. Du ciel. *C'est une inspiration d'en haut.* **2.** *Là-haut :* au-dessus, dans cette partie élevée. *Il habite là-haut.* ▷ Fig. Au ciel. **3.** *De haut :* d'un point, d'une partie élevée. *Un torrent qui tombe de haut.* ▷ Fig. *Le prendre de haut :* répondre avec arrogance. – *Voir les choses de haut,* dans leur ensemble et sans s'arrêter aux détails. – *Regarder qqn de haut en bas,* avec mépris et arrogance. **III.** Loc. prép. *En haut de :* dans la partie la plus haute de. *Être assis en haut d'un mur.* – Lat. *altus, h* dû à une infl. germ.

1. hautain, aine [ʼotɛ̃, ɛn] adj. **1.** Vx Qui va haut. *Faucon hautain.* **2.** Arrogant, dédaigneux. *Un homme hautain.* – Par ext. *Paroles hautaines.* – De *haut.*

2. hautain. V. hautin.

hautbois [ʼobwa] n. m. **1.** Instrument de musique à vent, en bois, à tuyau conique et à anche double. **2.** Hautboïste. – De *haut,* et *bois.*

hautboïste [ʼobɔist] n. Instrumentiste qui joue du hautbois. – De *hautbois.*

haut-de-chausse(s) [ʼodʃos] n. m. Anc. Partie du vêtement masculin qui allait de la ceinture aux genoux. *Des hauts-de-chausses.*

haut-de-forme [ʼodfɔʀm] n. m. Haut chapeau d'homme, cylindrique, qui se porte avec l'habit, la redingote. *Des hauts-de-forme.* – De *haut, de,* et *forme ;* de *(chapeau) haut de forme.*

haute-contre [ʼotkɔ̃tʀ] n. MUS **1.** n. f. Voix masculine, la plus aiguë des voix de ténor. **2.** n. m. Celui qui a cette voix. *Des hautes-contre.* – De *haut,* et *contre.*

haute-fidélité ou **haute fidélité** [ʼotfidelite] n. f. (Employé généralement en appos.) Qualité des appareils électro-acoustiques qui assure une restitution très fidèle des sons. *Des chaînes haute-fidélité.* (Abrév. : hi-fi.) ▷ Ensemble des techniques ayant pour but d'obtenir une telle qualité. – Trad. de l'angl. *high fidelity.*

hautement [ʼotmɑ̃] adv. **1.** Vx À haute voix. **2.** Fig. Ouvertement, de manière que cela se sache. *Proclamer hautement son innocence.* **3.** Fortement, supérieurement. *Un ouvrier hautement qualifié.* – De *haut.*

hautesse [ʼotɛs] n. f. Titre honorifique que l'on donnait autrefois au sultan de Turquie. – De *haut.*

haute-tige [ʼottiʒ] n. f. ARBOR Jeune arbre haut de 1 m au moins. *Des hautes-tiges.*

hauteur [ʼotœʀ] n. f. **I. 1.** Dimension verticale (d'un corps), de bas en haut. *La hauteur d'un arbre. La tour Eiffel a 320 m de hauteur.* ▷ Vieilli (Personnes) Taille. – *Tomber de sa hauteur,* de tout son long ; fig. être très surpris. **2.** GEOM Distance d'un point à une droite ou à un plan. ▷ Segment de droite perpendiculaire au côté d'un triangle et passant par le sommet opposé. **3.** Profondeur. *Hauteur de l'eau d'une rivière.* ▷ METEO *Hauteur des précipitations :* épaisseur de la couche d'eau, exprimée en millimètres, recueillie dans un pluviomètre. **II. 1.** Caractère de ce qui est très haut. *Une tour aisément repérable par sa hauteur.* **2.** Distance qui sépare un corps de la surface de la terre. *Nuages situés à une grande hauteur.* ▷ ASTRO Angle que fait la direction d'un astre avec le plan horizontal en un lieu et à un moment donnés. **3.** Lieu élevé, éminence. *Habiter sur les hauteurs.* **4.** PHYS *Hauteur d'un son,* sa fréquence moyenne. **III.** Loc. prép. *À la hauteur de.* **1.** Au niveau de. *Accrocher un tableau à la hauteur des autres.* ▷ Par ext. *Sa maison se trouve à la hauteur du prochain carrefour.* **2.** Fig. *Être à la hauteur de qqn,* avoir les mêmes capacités, la même valeur que lui. *Un fils qui est à la hauteur de son père.* ▷ *Être à la hauteur de sa tâche, de ses fonctions,* être capable de les remplir. – *Être à la hauteur de la situation,* être à même d'y faire face. – Fam. *Ne pas être à la hauteur :* être incapable, médiocre. **IV. 1.** Caractère supérieur, élévation (d'une personne, d'un acte considérés sous l'angle des qualités morales). *Une grande hauteur de vues.* **2.** Péjor. Arrogance, dédain, attitude orgueilleuse. *Traiter ses subordonnés avec hauteur.* – De *haut.*

haut-fond [ʼofɔ̃] n. m. Éminence rocheuse ou sableuse du fond marin, recouverte de très peu d'eau, et qui rend dangereuse la navigation. *Des hauts-fonds.*

haut-fourneau ou **haut fourneau** [ʼofuʀno] n. m. Four à cuve de très grandes dimensions (plusieurs dizaines de mètres de hauteur) destiné à l'élaboration de la fonte par fusion et réduction du minerai de fer. *Des hauts-fourneaux* ou *des hauts fourneaux.* – De *haut,* et *fourneau.*

ENCYCL Un *haut-fourneau* se compose de deux troncs de cône accolés par leur base : la *cuve* en partie haute, les *étalages* en partie basse. On introduit dans la partie supérieure de la cuve, appelée le *gueulard*, du minerai de fer, du coke métallurgique et un fondant (castine ou carbonate de calcium) destiné à rendre la gangue fusible et à l'éliminer dans le *laitier*. De l'air chaud est soufflé à la partie inférieure des étalages, à une température de 600 à 900 °C, par des *tuyères* qu'alimente une boîte à vent. Dans la cuve s'effectuent successivement la dessiccation de la charge, la décomposition des carbonates et la réduction des oxydes de fer. Dans le *ventre*, partie centrale située entre les étalages et la cuve, s'effectue la fusion. Les laitiers sont élaborés dans l'*ouvrage* et se rassemblent dans le *creuset*. La chaleur des gaz est récupérée dans des *cowpers*, qui réchauffent le vent avant son introduction dans le haut-fourneau.

hautin ou **hautain** ['otɛ̃] n. m. VITIC Vigne dont les branches, très hautes au-dessus du sol, sont supportées par des arbres ou de grands échalas. ▷ *Par ext.* Échalas, arbre supportant le hautin. – De *haut*.

haut-le-cœur ['olkœʀ] n. m. inv. Nausée. ▷ Fig. Dégoût.

haut-le-corps ['olkɔʀ] n. m. inv. Brusque mouvement, réflexe du haut du corps marquant l'indignation, la surprise, la répulsion.

haut-parleur ['opaʀlœʀ] n. m. Appareil qui transforme en ondes sonores les signaux électriques modulés que lui envoie un amplificateur. *Des haut-parleurs.* – Trad. de l'angl. *loud speaker*.

haut-relief ['oʀəljɛf] n. m. BX-A Sculpture où les figures, presque entièrement détachées du fond, sont vues dans la quasi-totalité de leur épaisseur (par oppos. à *bas-relief*). *Des hauts-reliefs.*

hauturier, ère ['otyʀje, ɛʀ] adj. MAR Qui se pratique en haute mer. *Pêche hauturière.* ▷ Qui navigue au large. *Navire hauturier.* – De l'a. fr. *hauture*, dér. de *haut*.

havage ['avaʒ] n. m. TECH Abattage du minerai effectué en pratiquant une saignée le long de la taille. ▷ La saignée elle-même. – De *haver*.

havanais, aise ['avanɛ, ɛz] adj. et n. **1.** De La Havane, cap. de Cuba, État d'Amérique centrale. **2.** n. m. Chien de petite taille au poil long et soyeux.

havane ['avan] n. m. et adj. inv. **1.** n. m. Tabac de La Havane. *Fumer du havane.* ▷ Cigare fait avec ce tabac. *Fumer un havane.* **2.** adj. inv. De la couleur brun-roux du tabac cubain. *Robe havane.* – De *La Havane*, cap. de Cuba.

hâve ['ɑv] adj. Pâli, émacié par la faim, la souffrance. – Du frq. **haswa*, « gris comme le lièvre ».

haveneau ['avno] ou **havenet** ['avnɛ] n. m. Filet à crevettes. – Anc. scand. *hâfr*, « engin de pêche », et *net*, « filet ».

haver ['ave] v. tr. [1] TECH Abattre (le minerai) par havage. ▷ (S. comp.) Exécuter le havage. – Var. de l'a. fr. *caver*, « creuser ».

haveur ['avœʀ] n. m. Mineur qui pratique le havage. – De *haver*.

haveuse ['avøz] n. f. Machine servant à haver. – De *haver*.

havre ['ɑvʀ] n. m. **1.** Vx ou rég. Petit port naturel ou artificiel bien abrité. **2.** Fig., litt. Lieu calme et protégé, refuge. *Un havre de paix, de bonheur.* – Du moyen néerl. *havene*.

havresac ['avʀəsak] n. m. Sac à bretelles, porté sur le dos, pour transporter des outils, des effets, des provisions, etc. ▷ *Spécial.* Sac du fantassin. – All. *Habersack*, « sac à avoine ».

hawaiien ou **hawaïen, enne** [awajɛ̃, ɛn] adj. et n. Des îles Hawaii. *Guitare hawaiienne.* – Subst. *Un(e) Hawaiien(ne).* ▷ GEOL *Volcan de type hawaiien*, dont les éruptions se font sans projections, par débordement d'une lave basaltique très fluide qui s'étale largement et constitue un cône très aplati. – De *Hawaii*, nom polynésien de la plus grande des îles de l'archipel de Polynésie.

hayon ['ajɔ̃] n. m. **1.** Claie amovible disposée à chacune des extrémités d'une charrette. **2.** Porte pivotant autour d'un axe horizontal et fermant l'arrière de certains véhicules automobiles (camionnettes, breaks, etc.). – De *haie*.

hazan ['azɑ̃] n. m. Didac. Chantre officiant dans une synagogue. – Mot hébreu.

He CHIM Symbole de l'hélium.

hé ! ['e, he] interj. Fam. (Pour appeler, interpeller.) *Hé ! toi, viens ici !* ▷ (Marquant, selon le ton, la surprise, l'approbation, le doute, l'ironie.) *Hé ! vous voilà bien pressé !* – Onomat.

heaume ['om] n. m. Casque cylindrique ou pointu, couvrant la tête et le visage, muni d'une ouverture pour les yeux, porté au Moyen Âge par les hommes d'armes. – Frq. **helm*, « casque ».

heaumier, ère ['omje, ɛʀ] n. Vx Fabricant, marchand de heaumes. ▷ *Les Regrets de la Belle Heaumière* (femme du heaumier), ballade célèbre de F. Villon. – De *heaume*.

hebdomadaire [ɛbdɔmadɛʀ] adj. et n. m. **1.** adj Relatif à la semaine ; qui se renouvelle chaque semaine. *Repos hebdomadaire.* ▷ *Spécial.* Qui paraît chaque semaine. *Magazine hebdomadaire.* **2.** n. m. Publication qui paraît chaque semaine. – Lat. ecclés. *hebdomadarius*, du gr. *hebdomas*, *hebdomadis*, « semaine ».

hebdomadairement [ɛbdɔmadɛʀmɑ̃] adv. Par semaine, chaque semaine. – De *hebdomadaire*.

hébéphrénie [ebefʀeni] n. f. PSYCHOPATHOL Trouble mental schizophrénique caractérisé par une tendance mélancolique et des accès de colère et de violence. – All. *Hebephrenie*, du gr. *hêbê*, « jeunesse », et *phrên*, « esprit ».

hébéphrénique [ebefʀenik] adj. De l'hébéphrénie. *Symptômes hébéphréniques.* ▷ Atteint d'hébéphrénie. *Jeune fille hébéphrénique.* ▷ Subst. *Un(e) hébéphrénique.* – De hébéphrénie.

héberge [ebɛʀʒ] n. f. **1.** Vx Logis. **2.** DR Niveau à partir duquel un mur cesse d'être mitoyen lorsque les deux constructions qui y sont adossées sont de hauteur inégale. – Déverbal de *héberger*.

hébergement [ebɛʀʒəmɑ̃] n. m. Action d'héberger ; logement. – De *héberger*.

héberger [ebɛʀʒe] v. tr. [13] Recevoir, loger chez soi. *Héberger des amis.* ▷ Par ext. *Pays qui héberge des réfugiés.* – Du frq. **heribergôn*, « loger, camper (pour une armée) ».

hébétement [ebɛtmɑ̃] n. m. État d'une personne hébétée, stupide. – De *hébéter*.

hébéter [ebete] v. tr. [14] **1.** Engourdir les facultés intellectuelles, la vivacité d'esprit. *La fièvre hébète le malade.* **2.** Rendre stupide, ahuri. *Il a été hébété par la douleur.* – Lat. *hebetare*, « émousser ».

hébétude [ebetyd] n. f. **1.** MED Engourdissement des facultés intellectuelles, sans modification des perceptions sensorielles. **2.** Hébétement. – De *hébéter*.

hébraïque [ebʀaik] adj. Qui appartient aux Hébreux, partic. à leur langue. *Caractères hébraïques.* – *La langue hébraïque* : l'hébreu. – Lat. *hebraicus*.

hébraïsant, ante [ebʀaizɑ̃, ɑ̃t] ou **hébraïste** [ebʀaist] n. Didac. Spécialiste de l'hébreu. – Ppr. de *hébraïser*.

hébraïser [ebʀaize] v. [1] **I.** v. intr. **1.** Se servir d'hébraïsmes. **2.** Adopter l'idéologie, le mode de vie, les coutumes hébraïques. **3.** Connaître, étudier l'hébreu. **II.** v. tr. Marquer, revêtir des caractères de la culture hébraïque. – Gr. *hebraizein.*

hébraïsme [ebʀaism] n. m. Didac. Expression, tournure propre à l'hébreu. – De *hébraïque.*

hébreu [ebʀø] n. m. et adj. m. **I.** n. m. **1.** (Plur.) Nom donné dans la Bible aux Araméens de Harran qui traversèrent l'Euphrate et s'installèrent en Canaan sous la conduite d'Abraham. *Le judaïsme, religion des Hébreux.* **2.** Langue des Hébreux. *L'hébreu est une langue sémitique.* ▷ Loc. fig. fam. *C'est de l'hébreu* : c'est incompréhensible. **II.** adj. m. (Au fém., on emploie *hébraïque*) **1.** Relatif aux Hébreux. *Le peuple hébreu.* **2.** Relatif à la langue des Hébreux. *L'alphabet hébreu comporte vingt-deux lettres.* – Lat. *Hebræus,* gr. *Hebraîos.*

H.E.C. Sigle de l'école des *Hautes Études Commerciales,* institution fondée en 1881 et administrée par la Chambre de commerce de Paris. Installée à Jouy-en-Josas.

hécatombe [ekatɔ̃b] n. f. **1.** ANTIQ Sacrifice de cent bœufs. ▷ *Par ext.* Immolation d'un grand nombre d'animaux. **2.** Cour. Massacre, tuerie d'êtres humains. ▷ Fig., fam. Nombre important d'échecs. *Seulement dix pour cent de reçus au concours, quelle hécatombe!* – Gr. *hekatombê* (sacrifice) «de cent *(hekaton)* bœufs *(bous)* ».

hect(o)-. Élément, du gr. *hekaton,* «cent».

hectare [ɛktaʀ] n. m. Unité de superficie valant 100 ares (10 000 m^2) (symbole ha). – De *hect(o)-,* et *are.*

hectique [ɛktik] adj. MED *Fièvre hectique,* caractérisée par de larges oscillations de températures et un amaigrissement prononcé. ▷ Vx Qui accompagne l'hectisie, la consomption. *Taches hectiques rouges sur les pommettes.* – Bas lat. *hecticus;* gr. *hektikos,* «habituel».

hectisie [ɛktizi] ou **étisie** [etizi] n. f. MED **1.** Fièvre hectique. **2.** Amaigrissement extrême. – De *hectique,* d'après *phtisie.*

hecto. V. hect(o).

hecto [ɛkto] n. m. Abrév. de *hectolitre* ou, rare, de *hectogramme.*

hectogramme [ɛktogʀam] n. m. Unité de masse valant 100 grammes (symbole hg). – De *hect(o)-,* et *gramme.*

hectolitre [ɛktolitʀ] n. m. Mesure de capacité valant 100 litres (symbole hl). – De *hect(o)-,* et *litre.*

hectomètre [ɛktomɛtʀ] n. m. Mesure de longueur valant 100 mètres (symbole hm). – De *hect(o)-,* et *mètre.*

hectométrique [ɛktometʀik] adj. Relatif à l'hectomètre; qui délimite une distance d'un hectomètre. *Bornes hectométriques d'une route.* – De *hectomètre.*

hectopascal [ɛktopaskal] n. m. PHYS Unité de mesure de pression valant 100 Pa (symbole hPa). – De *hecto,* et *pascal.*

hectowatt [ɛktowat] n. m. Mesure de puissance équivalant à 100 watts (symbole hW). – De *hect(o)-,* et *watt.*

héder ['edɛʀ] n. m. École juive traditionnelle dispensant une éducation religieuse aux jeunes enfants. – Mot hébreu.

hédonisme [edɔnism] n. m. **1.** PHILO Doctrine qui fait de la recherche du plaisir le fondement de la morale. *L'hédonisme d'Aristippe de Cyrène.* **2.** PSYCHAN Recherche du plaisir orientée vers une partie du corps, au cours du développement de la sexualité. *Hédonisme oral, anal, génital.* **3.** ECON Doctrine qui fait de la recherche du maximum de satisfactions le moteur de l'activité économique. – Du gr. *hêdonê,* «plaisir».

hédoniste [edɔnist] n. et adj. **1.** n. Adepte de l'hédonisme. ▷ adj. *Moraliste hédoniste.* **2.** adj. De l'hédonisme. *Principes hédonistes.* – De *hédonisme.*

hédonistique [edɔnistik] adj. Syn. de *hédoniste* (sens 2). – *De hédonisme.*

hégélianisme [egeljanism] n. m. PHILO Doctrine de Hegel. – Mouvement de pensée issu de la philosophie de Hegel. – Du n. du philosophe all. F. *Hegel* (1770-1831).

ENCYCL S'opposant au dualisme de Kant, pour qui l'esprit et la nature sont extérieurs l'un à l'autre, Hegel cherche à montrer que l'esprit est intérieur, immanent à la nature et à l'histoire, laquelle est l'histoire de la réalisation de l'esprit : *«Tout ce qui est rationnel est réel et, réciproquement, tout ce qui est réel est rationnel.»* L'esprit, principe moteur du monde, se manifeste historiquement, selon un processus dialectique : tour à tour, il se nie dans ce qui est autre que lui (la matière, par ex.) et s'affirme; il se dépasse en se conservant *(aufheben).* La dialectique hégélienne est souvent représentée comme la réalisation par l'esprit de la triade : *thèse* (toute réalité se pose d'abord en soi), *antithèse* (elle se développe ensuite hors de soi), *synthèse* (elle retourne en soi comme négation de la négation, réconciliant les contraires au sein d'une réalité plus haute); mais elle ne se limite pas au processus de cette triade, elle se veut une saisie progressive de la totalité des choses : une réalité quelconque ne se comprend que dans sa liaison avec toutes les autres (on ne peut séparer la logique de la science, la forme du contenu, etc.); en outre, elle doit rentrer dans *«le cercle du savoir absolu»,* qui est à la fois le recensement de tout le savoir humain et la représentation de l'ultime vérité : *«La philosophie a le même contenu et la même fin que l'art et la religion; mais elle est la façon la plus haute d'appréhender l'idée absolue, parce que son mode de saisie : le concept, est le plus élevé» (Science de la logique).* Princ. œuvres : *Phénoménologie de l'esprit* (1807), *Science de la logique* (1812-1816), *Principes de la philosophie du droit* (1821). Ses cours ont été publiés après sa mort : *Philosophie de l'histoire, Esthétique, Philosophie de la religion, Histoire de la philosophie.* Parmi les diverses interprétations qui ont été données du système de Hegel, on distingue celle des hégéliens dits *orthodoxes* (Rosenkranz, Biedermann, Fischer, Zeller, etc.), celle des hégéliens «de gauche», ou *jeunes hégéliens* (Feuerbach, Strauss, Bauer), celle des *néo-hégéliens,* «de droite» (Spaventa, Croce, Gentile, Stirling, etc.). La pensée de Marx et, après lui, tout le matérialisme dialectique, dans leur opposition même à l'idéalisme hégélien, peuvent néanmoins être considérés comme les héritiers directs de Hegel.

hégélien, enne [egeljɛ̃, ɛn] adj. et n. Qui appartient à la doctrine hégélienne. *L'idéalisme hégélien.* ▷ Subst. Partisan de Hegel. *Un(e) hégélien(ne).* – Du n. du philosophe all. F. *Hegel.*

hégémonie [eʒemɔni] n. f. **1.** ANTIQ GR Suprématie exercée par une cité sur un groupe d'autres cités. *Athènes, Sparte, puis Thèbes luttèrent pour conquérir l'hégémonie de la Grèce.* **2.** Mod. Suprématie, domination. *L'hégémonie des grandes puissances.* – Gr. *hêgemonia,* de *hêgemôn,* «qui conduit, guide, chef».

hégémonique [eʒemɔnik] adj. Qui a rapport à l'hégémonie. – De *hégémonie.*

hégire [eʒiʀ] n. f. Ère des musulmans, qui commence en 622 de l'ère chrétienne, date du départ de Mahomet de La Mecque pour Médine. – De l'ar. *hedjra,* «exode», par l'ital.

heimatlos ['ajmatlos] adj. et n. inv. Vx Qui a perdu sa nationalité et n'en a pas acquis une nouvelle. Syn. mod. apatride. – Mot all., «sans patrie».

hein ['ɛ̃, hɛ̃] interj. Fam. **1.** (Pour signifier à un interlocuteur que l'on n'a pas, que l'on a mal compris ses propos, ou pour manifester une certaine impatience.) *Hein? qu'est-ce que tu dis?* **2.** (Renforçant une interrogation.) *Qu'est-ce que tu veux, hein?* **3.** (Accompagnant un énoncé exclamatif ou interrogatif et renforçant un ordre, une menace ou l'expression d'un sentiment tel que l'étonnement, la colère, la joie, le désir d'être approuvé, etc.) *Et ne recommence pas, hein!* – Lat. *hem*, onomat.

hélas! [elas] interj. (Exprime la plainte, la tristesse, le désespoir, la commisération, le regret ou le déplaisir.) *Il a, hélas! perdu toute sa famille.* – *Hélas! il ne lui reste plus rien!* – De *hé!*, et a. fr. *las*, «malheureux».

hélépole [elepɔl] n. f. ANTIQ Grande tour mobile, machine de guerre utilisée pour s'élever à la hauteur des remparts ennemis. – Gr. *helepolis*, de *helein*, «prendre», et *polis*, «ville».

héler ['ele] v. tr. [14] **1.** MAR Vx Appeler à l'aide d'un porte-voix. **2.** *Par ext.* Appeler de loin. *Héler un taxi.* – Angl. *to hail.*

hélianthe [eljɑ̃t] n. m. Plante originaire d'Amérique (genre *Helianthus*, fam. composées) à grands capitules jaunes. *Le tournesol et le topinambour sont des hélianthes.* – Lat. *helianthes*, mot gr.

hélianthème [eljɑ̃tɛm] n. m. Plante ornementale (genre *Helianthemum*) à tige grêle et à grandes fleurs blanches ou jaunes. – Lat. bot. *helianthemum.*

hélianthine [eljɑ̃tin] n. f. CHIM Colorant synthétique utilisé comme indicateur en acidimétrie. (L'hélianthine vire au rose pour des valeurs de pH inférieures à 3,7, au jaune orangé pour des valeurs supérieures.) Syn. méthylorange. – De *hélianthe.*

héliaque [eljak] adj. ASTRO *Lever, coucher héliaque d'un astre*, qui se produit un peu avant le lever ou un peu après le coucher du Soleil. – Gr. *hêliakos*, de *helios*, «soleil».

héliaste [eljast] n. m. ANTIQ GR À Athènes, juge du tribunal populaire de l'héliée. – Gr. *hêliastês.*

hélicase [elikaz] n. f. BIOL Enzyme qui ouvre la double hélice d'A.D.N. en séparant de façon transitoire les deux chaînes qui la forment. – De *hélice*, et *-ase.*

hélice [elis] n. f. **1.** GEOM Courbe engendrée par une droite s'enroulant régulièrement sur un cylindre. *Pas, spires d'une hélice.* **2.** ARCHI Petite volute d'un chapiteau corinthien. **3.** Organe de propulsion ou de traction constitué par deux, trois ou quatre pales en forme d'hélicoïde, fixées sur un élément moteur. *Hélice de navire, d'avion. Hélice à pas variable.* ▷ Cour. Élément constitué de pales reliées à un axe. *Hélice d'un ventilateur. Hélice et grille d'un presse-purée.* ▷ *Escalier en hélice*, en spirale. – Lat. *helix*, mot gr. «spirale».

héliciculture [elisikyltyʀ] n. f. Didac. Élevage des escargots. – De *hélix* (sens 2), et *culture.*

hélicidés [eliside] n. m. pl. ZOOL Famille de mollusques gastéropodes pulmonés, à coquille univalve en hélice, comprenant notam. les escargots (genre *Helix*) et les limaces. – Sing. *Un hélicidé.* – Du lat. scientif. mod. *helix*, mot gr. «spirale».

hélicoïdal, ale aux [elikɔidal, o] adj. **1.** Didac. En forme d'hélice ou d'hélicoïde. **2.** MECA *Mouvement hélicoïdal* : mouvement d'un solide qui tourne autour d'un axe avec une vitesse angulaire constante, tout en étant animé d'un mouvement de translation uniforme parallèlement à cet axe. – De *hélicoïde.*

hélicoïde [elikɔid] adj. et n. m. **1.** adj. Didac. En forme d'hélice. **2.** n. m. Surface engendrée par une ligne animée d'un mouvement hélicoïdal. – Gr. *helikoeidês.*

hélicon [elikɔ̃] n. m. MUS Volumineuse contrebasse à vent de la famille des cuivres, à embouchure et à pistons, constituée d'un tube conique enroulé en spirale que l'on peut passer autour du tronc et appuyer sur l'épaule. – Du gr. *helikos*, «qui s'enroule».

hélicoptère [elikɔptɛʀ] n. m. Appareil plus lourd que l'air dont la sustentation et la propulsion sont assurées par une ou plusieurs voilures tournantes (ou *rotors*) mise(s) en mouvement par un moteur (à explosion ou à turbine). – Du gr. *helix*, *helicos*, «spirale», et *pteron*, «aile».

-hélie, hélio-. Éléments, du gr. *hêlios*, «soleil».

héliée [elje] n. f. ANTIQ GR Tribunal des *héliastes* qui, dans l'anc. Athènes, était ouvert à tous, en plein air, et jugeait la plupart des procès, excepté les affaires relevant de l'Aréopage. – Gr. *hêliaia*, de *hêlios*, soleil.

héligare [eligaʀ] n. f. Rare Aérogare pour hélicoptères. – De *héli(coptère)*, et *gare.*

hélio [eljo] n. f. Abrév. de *héliogravure.*

héliocentrique [eljosɑ̃tʀik] adj. ASTRO Qui prend le Soleil comme centre de référence (par oppos. à *géocentrique*). – De *hélio-*, et *centre.*

héliocentrisme [eljosɑ̃tʀism] n. m. ASTRO Système cosmologique qui prend le Soleil, et non la Terre, comme centre de référence (opposé à *géocentrisme*). *Copernic fut l'initiateur de l'héliocentrisme.* – De *hélio-*, et *centre.*

héliodore [eljodɔʀ] n. m. MINER Pierre fine, variété de béryl jaune. – De *hélio-*, et gr. *dôron*, «don, présent».

héliographe [eljogʀaf] n. m. **1.** Anc. Appareil utilisant la lumière du Soleil pour émettre des signaux optiques. **2.** METEO Appareil servant à mesurer la durée de l'insolation. **3.** ASTRO Télescope servant à photographier la chromosphère solaire. – De *hélio-*, et *-graphe.*

héliographie [eljogʀafi] n. f. **1.** ASTRO Description scientifique du Soleil. **2.** IMPRIM Procédé photographique de gravure. – De *hélio-*, et *-graphie.*

héliograveur, euse [eljogʀavœʀ, øz] n. TECH Personne qui pratique l'héliogravure. – De *héliogravure.*

héliogravure [eljogʀavyʀ] n. f. TECH **1.** Procédé d'impression utilisant des plaques ou des cylindres gravés en creux. – Gravure photomécanique en creux. **2.** Illustration, image obtenue par ce procédé. (Abrév. : hélio). – De *hélio-*, et *gravure.*

héliomarin, ine [eljomaʀɛ̃, in] adj. MED Qui utilise simultanément l'action thérapeutique des rayons du soleil et de l'air marin. – De *hélio-*, et *marin.*

héliomètre [eljomɛtʀ] n. m. ASTRO Appareil destiné à mesurer le diamètre apparent des corps célestes. – De *hélio-*, et *-mètre.*

hélion [eljɔ̃] n. m. PHYS NUCL Noyau de l'atome d'hélium, appelé aussi *particule alpha.* V. encycl. hélium. – De *hélium.*

héliopause [eljopoz] n. f. ASTRO Limite supposée de l'héliosphère, au niveau de laquelle le champ magnétique solaire a une intensité égale à celle du champ interstellaire. – De *hélio-*, et *pause.*

héliophysique [eljofizik] n. f. Étude des phénomènes physiques liés à l'énergie solaire. – De *hélio-*, et *physique.*

héliophyte [eljofit] n. f. BOT Plante qui ne se développe qu'au soleil. – De *hélio-*, et *-phyte.*

héliosphère [eljosfəʀ] n. f. ASTRO Domaine magnétique du soleil, dont le champ s'excerce sur le système solaire avec une intensité supérieure à celle du champ interstellaire et dont la limite est l'héliopause. – De *hélio-*, et *sphère.*

héliostat [eljɔsta] n. m. **1.** ASTRO Appareil, servant à l'observation du Soleil, formé d'un miroir mobile mû par un mécanisme d'horlogerie et qui maintient invariable la direction des rayons solaires qu'il réfléchit sur une lunette fixe. *Héliostat de Silbermann, de Foucault.* **2.** TECH Miroir mobile qui capte l'énergie solaire. *Héliostats plans, focalisants.* – De *hélio-*, et gr. *statos*, « arrêté ».

héliosynchrone [eljosɛ̃kʀon] adj. ESP Se dit d'un satellite de la Terre qui décrit une orbite à ensoleillement constant (le plan de l'orbite fait un angle constant avec la droite Terre-Soleil). – De *hélio-*, et *synchrone.*

héliothérapie [eljoteʀapi] n. f. MED Traitement de certaines maladies par exposition aux rayons ultraviolets solaires ou artificiels. – De *hélio-*, et *-thérapie.*

héliothermie [eljotɛʀmi] n. f. Utilisation de la chaleur produite par l'énergie solaire. – De *hélio-*, et *-thermie.*

héliothermique [eljotɛʀmik] adj. Qui capte, utilise l'énergie solaire. *Centrale, usine héliothermique.* – De *héliothermie.*

héliotrope [eljɔtʀɔp] n. m. et adj. **1.** Plante vivace (genre *Heliotropium*, fam. borraginacées) à fleurs odorantes, commune dans les régions chaudes et tempérées. *Héliotrope d'Europe* : tournesol. ▷ adj. *Plante héliotrope*, dont la fleur se tourne vers le soleil. **2.** MINER Calcédoine verte veinée de rouge. – Du lat. d'orig. gr. *heliotropium*, « qui se tourne vers le soleil ».

héliotropine [eljotʀɔpin] n. f. CHIM Composé obtenu à partir de l'essence de sassafras, utilisé en parfumerie pour son odeur d'héliotrope. Syn. pipéronal. – De *héliotrope*, et *-ine.*

héliotropique [eljotʀɔpik] adj. Relatif à l'héliotropisme. – De *héliotropisme.*

héliotropisme [eljotʀɔpism] n. m. Syn. de *phototropisme.* V. ce mot et tropisme. – De *hélio-*, et *tropisme.*

héliport [elipɔʀ] n. m. Aéroport ou partie d'aéroport qui reçoit des hélicoptères effectuant des vols commerciaux. – De *héli(coptère)*, et *port.*

héliportage [elipɔʀtaʒ] n. m. Transport par hélicoptère. – De *héliporté.*

héliporté, ée [elipɔʀte] adj. Qui est transporté par hélicoptère ; qui est réalisé grâce au concours d'un hélicoptère. *Troupes héliportées. Secours héliportés.* – De *héli(coptère)*, et *porté.*

hélitreuillage [elitʀœjaʒ] n. m. Levage, par hélicoptère, d'une charge ou d'une personne au moyen d'un treuil. – De *héli(coptère)*, et *treuil.*

hélium [eljɔm] n. m. CHIM Élément de numéro atomique Z = 2 et de masse atomique 4,0026 (symbole He). – Gaz rare (He) de l'air, qui se liquéfie à – 268,93 °C et se solidifie à – 272,2 °C sous 26 bars. – Du gr. *hêlios*, « soleil ».
ENCYCL L'existence de l'hélium a été découverte en 1868, lors d'une éclipse, par Lockyer qui étudiait les raies du spectre solaire. Auj., l'hélium est principalement utilisé, comme fluide produisant une très basse température, dans la fabrication de mélanges respiratoires à la place de l'azote, comme agent de transfert de chaleur, dans les réacteurs nucléaires et, en tant que gaz inerte, dans la métallurgie. Les rayons α obtenus dans les transmutations radioactives sont des noyaux d'hélium, ou *hélions.*

hélix [eliks] n. m. **1.** ANAT Repli bordant le pavillon de l'oreille externe. **2.** ZOOL Nom scientif. de l'escargot. – Gr. *helix*, « spirale ».

hellébore. V. ellébore.

hellène [e(ɛl)lɛn] n. et adj. **1.** Habitant ou personne originaire de la Grèce ancienne *(Hellade* ou *Hellas)* ou moderne. *Les Hellènes.* ▷ adj. *Tribu, peuple hellène.* **2.** Vx Païen, pour les Pères de l'Église. – Gr. *Hellên, Hellênos*, nom que se donnaient les Grecs.

hellénique [e(ɛl)lenik] adj. Qui appartient, qui a rapport à la Grèce, à sa civilisation, à sa langue. *Cité hellénique. Études helléniques.* – Gr. *hellênikos.*

hellénisant, ante [e(ɛl)lenizɑ̃, ɑ̃t] n. et adj. **1.** Personne qui s'occupe d'études grecques, qui étudie la langue grecque. ▷ adj. *Érudit hellénisant.* **2.** HIST Juif de la diaspora qui pratiquait la langue grecque et non l'araméen. – *Par ext.* Juif qui avait adopté la culture grecque. – Ppr. de *helléniser.*

hellénisation [e(ɛl)lenizasjɔ̃] n. f. Action d'helléniser. – De *helléniser.*

helléniser [e(ɛl)lenize] v. [1] **1.** v. tr. Donner le caractère grec à. *Helléniser une contrée.* **2.** v. intr. Rare Se livrer à l'étude du grec. – Gr. *hellênizein.*

hellénisme [e(ɛl)lenism] n. m. **1.** Civilisation de la Grèce ancienne. – Influence que cette civilisation a exercée sur les peuples non grecs, particulièrement après la mort d'Alexandre (323 av. J.-C.). **2.** LING Forme particulière à la langue grecque. – Gr. *hellênismos.*

helléniste [e(ɛl)lenist] n. **1.** Érudit qui étudie la langue, la culture et la civilisation de la Grèce ancienne. **2.** Personne de langue grecque, faisant partie des premiers chrétiens. – Gr. *hellênistês.*

hellénistique [e(ɛl)lenistik] adj. **1.** Relatif aux Juifs hellénisants, à leur langue. *Dialecte hellénistique* : grec mêlé d'hébraïsmes. **2.** Se dit de tout ce qui concerne l'histoire grecque (langue, art, civilisation), depuis la mort d'Alexandre jusqu'à la conquête romaine. – De *helléniste.*
ENCYCL À partir de 338 av. J.-C. (victoire de Philippe de Macédoine à Chéronée), la Grèce perd son importance politique par rapport à la Macédoine puis aux royaumes orientaux, de culture grecque, fondés après les conquêtes d'Alexandre. La civilisation grecque se diffuse alors du golfe de Ligurie à l'Inde, de l'Ister (Danube) à l'Égypte. Par le contact des éléments grecs et indigènes, l'hellénisme se transforme et donne naissance à une forme de civilisation complexe que les historiens modernes appellent la civilisation hellénistique. Athènes demeure la capitale spirituelle de la Grèce, mais la Grèce a été dévastée par les guerres des cités, et l'axe économique du monde grec se déplace vers l'Orient : Rhodes, Byzance, Éphèse, Antioche, Séleucie du Tigre, Pergame et singulièrement Alexandrie d'Égypte deviennent les foyers de la vie écon. et intel. On voit s'épanouir un art naturaliste parfois violent. La doctrine d'Épicure de Samos et celle de Zénon de Cittium, fondateur du stoïcisme, s'imposent aux esprits cultivés. Les progrès des sciences exactes, en mathématiques avec Euclide et Archimède de Syracuse, en astronomie avec Aristarque de Samos et Hipparque de Nicée, en médecine avec Hérophile et Érasistrate, sont considérables. L'architecture et l'urbanisme connaissent également un grand épanouissement.

helminthe [ɛlmɛ̃t] n. m. ZOOL, MED Ver parasite de l'intestin de l'homme et des animaux. *Les helminthes se divisent en némathelminthes ou « vers ronds », et plathelminthes ou « vers plats ».* – Gr. *helmins, helminthos*, « ver ».

helminthiase [ɛlmɛ̃tjaz] n. f. MED Maladie causée par la présence d'helminthes dans l'intestin. – Du gr. *helminthiân*, « avoir des vers ».

helminthique [ɛlmɛ̃tik] adj. Se dit des médicaments employés pour combattre les helminthes. – De *helminthe.*

helminthologie [ɛlmɛ̃tɔlɔʒi] n. f. Partie de la zoologie qui étudie les vers parasites. – De *helminthe*, et *-logie.*

hélobiales [elobjal] ou **hélobiées** [elobje] n. f. pl. BOT Ordre de plantes monocotylédones aquatiques proches des polycarpiques (renoncules). *L'ordre des hélobiales constitue la charnière entre les dicotylédones et les monocotylédones.* Syn. *fluviales.* – Sing. *Une hélobiale* ou *une hélobiée.* – Du gr. *helos*, « marécage ».

hélodée. V. élodée.

héloderme [elodɛʀm] n. m. ZOOL Saurien américain (genre *Heloderma*), long de 70 cm, aux marbrures jaunes et noires, le seul lézard venimeux. Syn. monstre de Gila. – Du gr. *hêlos*, « excroissance », et de *-derme*.

hélophyte [elofit] n. f. BOT Nom générique des plantes des marécages dont les bourgeons restent enfouis dans la vase pendant la mauvaise saison. – Du gr. *helos*, « marécage », et *-phyte*.

helvelle [ɛlvɛl] n. f. Champignon des bois comestible dont le chapeau membraneux, très ondulé, a des lobes irrégulièrement rabattus sur le pied. – Lat. *helvella*, « petit chou ».

helvète [ɛlvɛt] adj. Relatif à l'Helvétie. – V. helvétique.

helvétique [ɛlvetik] adj. De la Suisse. *Confédération helvétique.* – Lat. *helveticus*, « de l'Helvétie » (prov. de l'anc. Gaule, correspondant à la Suisse actuelle).

helvétisme [ɛlvetism] n. m. Manière de s'exprimer, tournure propres aux Suisses de langue française. – De *helvétique*.

hem ! ['ɛm, hɛm] interj. (Employée pour attirer l'attention ou pour exprimer le doute, l'embarras, la défiance.) – Onomat.

héma-, hémat(o)-, hémo-. Éléments, du gr. *haima, haimatos*, « sang ».

hémagglutinine [emaglytinin] n. f. BIOL Substance capable d'agglutiner les hématies. – De *héma-*, et *(a)gglutinine*.

hémarthrose [emaʀtʀoz] n. f. MED Épanchement de sang dans une cavité articulaire. – De *héma-*, et *arthrose*.

hémat(o)-. V. héma-.

hématémèse [ematemɛz] n. f. MED Vomissement de sang provenant des voies digestives, d'origine diverse (ulcère gastro-duodénal, cirrhose, gastrite hémorragique). – De *hémat(o)-*, et gr. *emesis*, « vomissement ».

hématie [emati; emasi] n. f. PHYSIOL Globule rouge du sang, cellule dépourvue de noyau, dérivant de l'érythroblaste médullaire, et dont la fonction essentielle est d'assurer le transport de l'oxygène. *La durée de vie de l'hématie est de 120 jours.* V. encycl. sang. – Du gr. *haimatos*, « sang ».

hématine [ematin] n. f. BIOCHIM Groupement prosthétique de l'hémoglobine, analogue à l'hème, qui renferme du fer à l'état de fer trivalent. V. hème et porphyrine. – Du gr. *haimatos*, « sang », et *-ine*.

hématique [ematik] adj. PHYSIOL Qui a rapport au sang. – Gr. *haimatikos*.

hématite [ematit] n. f. MINER Oxyde de fer trivalent naturel brun-rouge. (L'hématite anhydre Fe_2O_3, ou *oligiste*, et l'hématite hydratée $2Fe_2O_3$, $3H_2O$, ou *limonite*, sont exploitées comme minerais de fer.) – Lat. *hæmatites*, gr. *haimatites*, de *haima* « sang ».

hématoblaste [ematoblast] n. m. PHYSIOL Cellule jeune, médullaire, de la lignée sanguine (érythroblaste, mégacaryoblaste, myéloblaste, lymphoblaste). – De *hémat(o)-*, et gr. *blastos*, « germe ».

hématocrite [ematokʀit] n. m. MED Pourcentage des volumes globulaires par rapport au volume sanguin total, qui s'abaisse en cas d'anémie. – De *hémat(o)-*, et gr. *kritos*, « séparé ».

hématogène [ematoʒɛn] adj. PHYSIOL Qui est d'origine sanguine. – De *hémat(o)-*, et *-gène*.

hématologie [ematolɔʒi] n. f. MED Branche de la médecine qui étudie le sang sur le plan histologique, fonctionnel et pathologique. – De *hémat(o)-*, et *-logie*.

hématologique [ematolɔʒik] adj. MED Relatif à l'hématologie. – De *hématologie*.

hématologiste [ematolɔʒist] ou **hématologue** [ematolɔg] n. Médecin spécialiste d'hématologie. – De *hématologie*.

hématome [ematom] n. m. MED Collection sanguine bien délimitée, consécutive à la rupture d'un vaisseau. *Hématome cutané, intracérébral.* – De *hémat(o)-*, et *-ome*.

hématopoïèse [ematopɔjɛz] n. f. PHYSIOL Formation des cellules sanguines (hématies, leucocytes, plaquettes), qui s'opère dans la moelle osseuse (et dans les ganglions, pour certains lymphocytes). – Du gr. *haimatopoiein*, de *haima*, « sang », et *poiein*, « faire ».

hématopoïétique [ematopɔjetik] adj. PHYSIOL Relatif à la production des cellules sanguines. *Organes hématopoïétiques.* – De *hématopoïèse*.

hématose [ematoz] n. f. PHYSIOL Conversion du sang veineux en sang artériel oxygéné, par échange gazeux au niveau des alvéoles pulmonaires. – Gr. *haimatôsis*, de *haimatoun*, « ensanglanter, transformer en sang ».

hématozoaire [ematozɔɛʀ] n. m. ZOOL, MED Parasite animal vivant dans le sang. – *Spécial.* Plasmodium du paludisme. – De *hémat(o)-*, et *-zoaire*.

hématurie [ematyʀi] n. f. MED Présence de sang dans les urines en quantité macroscopique ou microscopique, pouvant témoigner d'une affection du bas appareil urinaire (vessie, urètre) ou des reins (lithiase, tumeur, atteinte des glomérules rénaux). – De *hémat(o)-*, et *uric*.

hème [ɛm] n. m. BIOCHIM Groupement prosthétique de l'hémoglobine, formé par la porphyrine cyclique et par du fer bivalent, au niveau duquel se fixe l'oxygène. Syn. hématite réduite. – Du gr. *haima*, « sang ».

héméralopie [emeʀalɔpi] n. f. MED Baisse anormalement forte de la vision lorsque la lumière diminue. – Du gr. *hêmera*, « jour », et *ops, opos*, « œil »; d'ap. *nyctalopie*.

hémérocalle [emeʀokal] n. f. BOT Plante ornementale à bulbe (genre *Hemerocallis*, fam. liliacées) dont les fleurs, diversement colorées, ne durent qu'un jour. – Lat. *hemerocalles*, mot gr., *hêmerokalles*, « belle d'un jour ».

hémi-. Élément, du gr. *hêmi*, « à moitié ».

hémianopie [emjanɔpi] ou **hémianopsie** [emjanɔpsi] ou **hémiopie** [emjɔpi] n. f. MED Diminution ou perte totale de la vue affectant une moitié du champ visuel. – De *hémi-*, *an-*, et gr. *ops*, « œil ».

hémiascomycètes [emjaskomisɛt] n. m. pl. BOT Groupe de champignons ascomycètes comprenant notam. les levures et divers parasites de végétaux. – Sing. *Un hémiascomycète.* – De *hémi-*, et *ascomycète*.

hémicordés [emikɔʀde] n. m. pl. ZOOL Embranchement d'animaux proches des procordés, au corps divisé en trois segments, qui présentent des ouvertures branchiales et un rudiment de corde dorsale. *Les entéropneustes et les graptolites sont des hémicordés.* – Sing. *Un hémicordé.* – De *hémi-*, et *-cordé*.

hémicryptophyte n. f. Plante dont les bourgeons sont au ras du sol pendant la mauvaise saison. – De *hémi-*, *crypto-*, et *-phyte*.

hémicycle [emisikl] n. m. Salle, espace semi-circulaire généralement entouré de gradins. *L'hémicycle de l'Assemblée nationale.* – Lat. *hemicyclium*, mot gr.

hémicylindrique [emisilɛ̃dʀik] adj. Qui a la forme d'un demi-cylindre. – De *hémi-*, et *cylindrique*.

hémièdre [emiɛdʀ] ou **hémiédrique** [emiedʀik] adj. MINER Qui présente les caractères de l'hémiédrie. – De *hémiédrie*.

hémiédrie [emiedʀi] n. f. MINER Caractère de certains cristaux qui ne présentent de modifications que sur la moitié des arêtes ou des angles semblables, et non sur tous, par exception à la loi de symétrie cristalline. – De *hémi-*, et gr. *edra*, «face».

hémine [emin] n. f. ANTIQ Mesure de capacité d'un demi-setier (0,271 l). – Gr. *hêmina*, «moitié» (d'un setier).

hémione [emjɔn] n. f. ZOOL Équidé asiatique sauvage (*Equus hemionus*) qui ressemble à la fois au cheval et à l'âne. *Les hémiones ont une robe isabelle et atteignent 1,25 m au garrot.* – Lat. zool. *hemionus*, gr. *hêmionos*, «demi-âne».

hémiopie. V. hémianopie.

hémiparasite [emipaʀazit] n. m. et adj. BOT Plante parasite qui effectue sa propre photosynthèse. – adj. *Le gui est hémiparasite.* – De *hémi-*, et *parasite*.

hémiplégie [emipleʒi] n. f. MED Paralysie, complète ou incomplète, frappant une moitié du corps à la suite d'une lésion des centres moteurs ou du faisceau pyramidal, et dont les causes peuvent être fort diverses (vasculaires, tumorales, infectieuses, etc.). – Du gr. *hêmiplêgês*, «à moitié frappé».

hémiplégique [emipleʒik] adj. et n. **1.** adj. Qui se rapporte à l'hémiplégie. **2.** n. Personne atteinte d'hémiplégie. – De *hémiplégie*.

hémiptères [emiptɛʀ] n. m. pl. ENTOM Anc. nom des hétéroptères. – Sing. *Un hémiptère.* – De *hémi-*, et *-ptère*.

hémiptéroïdes [emipteʀɔid] n. m. pl. ENTOM Super-ordre d'insectes comprenant les *hétéroptères* et les *homoptères*, qui possèdent tous un appareil buccal piqueur et suceur. (Ex. : punaises, cigales, pucerons, etc.) – Sing. *Un hémiptéroïde.* – De *hémiptères*.

hémisphère [emisfɛʀ] n. m. **1.** Moitié d'une sphère. ▷ ASTRO Moitié du globe d'une planète, en partic. de la Terre. *Hémisphère Nord* (ou *boréal*). *Hémisphère Sud* (ou *austral*). ▷ PHYS *Hémisphères de Magdebourg* : hémisphères creux à l'intérieur desquels on fait le vide avant de mesurer la force d'arrachement (expérience réalisée à Magdebourg en 1654 par Otto von Guericke pour prouver l'existence de la pression atmosphérique). **2.** ANAT *Hémisphères cérébraux* : les deux moitiés symétriques, droite et gauche, du cerveau. – Lat. *hemisphærium*, du gr.

hémisphérique [emisfeʀik] adj. Qui a la forme d'une moitié de sphère. – De *hémisphère*.

hémistiche [emistiʃ] n. m. Chacune des deux moitiés d'un vers (spécial.) coupé par une césure. ▷ *Par ext.* Césure du milieu du vers, entre deux mots. *Césure à l'hémistiche.* – Lat. *hemistichium*, mot gr., rad. *stikhos*, «rangée, ligne d'écriture, vers».

hémitropie [emitʀɔpi] n. f. MINER Caractère d'un cristal constitué par deux moitiés réunies ensemble régulièrement, mais en sens inverse de leur position normale, comme si l'une avait tourné de 180° par rapport à l'autre (gypse, calcite). – De *hémi-*, et *-tropie*.

hémo-. V. héma-.

hémoculture [emokyltyʀ] n. f. MED Culture bactériologique d'une certaine quantité de sang prélevée chez un sujet, en vue de déterminer les microbes susceptibles de s'y trouver. – De *hémo-*, et *culture*.

hémocyanine [emosjanin] n. f. BIOCHIM Protéide riche en cuivre qui, dans le sang des mollusques et des crustacés, joue le rôle de pigment respiratoire. – De *hémo-*, et du gr. *kuanos* «bleu».

hémocytoblaste [emositɔblast] n. m. BIOL Grande cellule de la moelle osseuse aux fonctions hématopoïétiques. *Les érythroblastes, les leucoblastes, etc., sont des hémocytoblastes.* – De *hémo-*, *cyto-*, et *-blaste*.

hémodialyse [emodjaliz] n. f. MED Méthode thérapeutique de purification du sang permettant d'éliminer les déchets toxiques (urée) qu'il renferme en le filtrant à travers une membrane sélective. – De *hémo-*, et *dialyse*.

hémodilution [emodilysjo] n. f. MED Dilution du sang circulant, qui se produit en cas d'afflux des liquides interstitiels vers le sang ou de perfusion d'une quantité importante de plasma. – De *hémo-*, et *dilution*.

hémoglobine [emɔglɔbin] n. f. BIOCHIM Pigment rouge des hématies des vertébrés qui, par une liaison réversible, transporte l'oxygène des alvéoles pulmonaires vers les tissus. – De *hémo-*, et rad. de *globuline*.
ENCYCL L'hémoglobine est une hétéroprotéine synthétisée par les érythroblastes et constituée d'une partie protéique, la *globine*, et de l'*hème*. La globine est formée de quatre chaînes polypeptidiques identiques deux à deux; chaque chaîne est combinée à une molécule d'hème. La structure spatiale de l'hémoglobine, globuleuse, présente des régions hélicoïdales séparées par des sillons. Les hèmes sont dans des poches situées à la surface de la molécule où se fixe l'oxygène. L'hémoglobine chargée d'oxygène, ou oxyhémoglobine, délivre l'oxygène dans les tissus lorsque la pression partielle d'oxygène est faible.

hémogramme [emɔgʀam] n. m. MED Étude qualitative et quantitative des éléments figurés du sang (globules rouges, globules blancs, plaquettes). – De *hémo-*, et *-gramme*.

hémolyse [emɔliz] n. f. MED Destruction normale ou pathologique des globules rouges. – De *hémo-*, et *-lyse*.

hémolysine [emolizin] n. f. MED Substance qui a la propriété de provoquer la destruction des hématies (hémolysine du streptocoque, par ex.). – De *hémolyse*, et *-ine*.

hémolytique [emɔlitik] adj. MED **1.** En rapport avec l'hémolyse. *Anémie hémolytique.* **2.** Qui provoque l'hémolyse. – De *hémolyse*.

hémopathie [emopati] n. f. MED Terme générique désignant toutes les maladies du sang. *Les anémies, les leucémies sont des hémopathies.* – De *hémo-*, et *-pathie*.

hémophile [emɔfil] adj. et n. MED Atteint d'hémophilie. – Subst. *Un(e) hémophile.* – De *hémophilie*.

hémophilie [emɔfili] n. f. MED **1.** Maladie héréditaire, transmise par les femmes mais n'atteignant que les hommes, due à l'absence de certains facteurs plasmatiques de la coagulation et caractérisée par une tendance aux hémorragies répétées et abondantes. **2.** *Par ext.* Maladie ressemblant à l'hémophilie vraie, mais non héréditaire, frappant aussi bien les femmes que les hommes, sans cause apparente ou au cours d'infections ou d'intoxications. – De *hémo-*, et *-philie*.

hémoptysie [emoptizi] n. f. MED Expectoration de sang rouge, aéré, venant des voies respiratoires, causée par une tuberculose pulmonaire, une pneumonie, une tumeur, etc. – Du gr. *haimoptuikos*, «qui crache le sang», de *haima*, «sang», et *ptuein*, «cracher».

hémoptysique [emoptizik] adj. et n. **1.** adj. Qui concerne l'hémoptysie. **2.** n. Malade qui a des hémoptysies. – De *hémoptysie*.

hémorragie [emɔʀaʒi] n. f. **1.** Écoulement d'une quantité plus ou moins importante de sang hors d'un vaisseau sanguin. *Hémorragie externe* (hémoptysie, épistaxis), *interne*. **2.** Fig. Déperdition importante. *Hémorragie de capitaux.* – Lat. *haemorrhagia*, mot d'orig. gr.

hémorragique [emɔʀaʒik] adj. MED Relatif à l'hémorragie. – De *hémorragie*.

hémorroïdaire [emɔʀɔidɛʀ] adj. et n. **1.** Qui concerne les hémorroïdes. **2.** Affecté d'hémorroïdes. – Subst. *Un(e) hémorroïdaire.* – De *hémorroïdes*.

hémorroïdal, ale, aux [emɔʀɔidal, o] adj. **1.** Relatif aux hémorroïdes. **2.** Se dit des vaisseaux de l'anus ou du rectum. – De *hémorroïdes.*

hémorroïde [emɔʀɔid] n. f. (souvent plur.) MED Varice formée par la dilatation des veines de l'anus ou du rectum. – Lat. *hemorrhois, hemorrhoidis,* mot gr. « afflux de sang ».

hémostase [emɔstɑz] n. f. MED, CHIR Arrêt spontané ou provoqué d'une hémorragie. – Gr. *haimostasis.*

hémostatique [emɔstatik] adj. et n. m. Qui arrête l'hémorragie. *Un médicament hémostatique.* – n. m. *Un hémostatique.* – Gr. *haimostatikos.*

hémothorax [emotɔʀaks] n. m. Épanchement de sang dans la plèvre, membrane qui enveloppe les poumons. – De *hémo-,* et *thorax.*

hendéca-. Élément, du gr. *hendeka,* « onze ».

hendécagone [ɛ̃dekagon] n. m. GEOM Polygone qui a onze angles et onze côtés. – De *hendéca-,* et *-gone.*

hendécasyllabe [ɛ̃dekasil(l)ab] n. m. VERSIF Vers de onze syllabes. – Du gr. *hendeka,* « onze », et *syllabe.*

hendiadyin [ɛ̃djadin] ou **hendiadys** [ɛ̃djadis] n. m. GRAM Figure de rhétorique consistant à exprimer une idée par deux noms reliés par *et,* au lieu de l'exprimer au moyen d'un nom accompagné d'un adjectif ou d'un complément déterminatif (ex. *Par la haine et par la jalousie,* au lieu de : *par une haine jalouse*). – Du gr. *hen dia duoîn,* « une chose au moyen de deux mots ».

henné ['ene] n. m. **1.** Arbuste exotique (genre *Lawsonia*) dont les feuilles fournissent une teinture jaune ou rouge. **2.** Cette teinture, utilisée notam. pour les cheveux. – Ar. *hinna.*

hennin ['ɛnɛ̃] n. m. Coiffure de femme des XIVe et XVe s., formée d'un haut cône tendu d'étoffe. – Probabl. du néerl. *henninck,* « coq ».

hennir ['eniʀ] v. intr. [3] Pousser son cri en parlant du cheval. – Lat. *hinnire.*

hennissement ['enismɑ̃] n. m. Cri du cheval. – De *hennir.*

hennuyer, ère ['ɛnyje, ɛʀ] adj. et n. Du Hainaut, province de Belgique.

henry ['ɑ̃ʀi] n. m. ELECTR Unité d'inductance du système SI, égale à l'inductance d'un circuit fermé dans lequel une force électromotrice de 1 volt est produite lorsque l'intensité du courant électrique varie de 1 ampère par seconde (symbole H). – De J. *Henry* (1797-1878), physicien américain.

hep ! ['ɛp ; hɛp] interj. (Employée pour appeler, pour héler.) *Hep ! taxi !* – Onomat.

héparine [epaʀin] n. f. BIOCHIM Substance anticoagulante d'origine hépatique qui peut être obtenue par synthèse. *L'héparine est utilisée pour le traitement des phlébites et des embolies pulmonaires.* – Du gr. *hêpar,* « foie », et *-ine.*

1. hépatique [epatik] adj. et n. **1.** ANAT, MED Relatif au foie. *Artère, canal hépatique. Colique hépatique.* **2.** Qui souffre d'une maladie du foie. ▷ Subst. *Un, une hépatique.* – Lat. *hepaticus,* du gr.

2. hépatique [epatik] n. f. BOT Renonculacée autref. employée comme remède contre les affections du foie. ▷ n. f. pl. Groupe de bryophytes à structure très simple. *Les hépatiques à feuilles et à thalle constituent des peuplements denses dans les lieux humides.* – De *hépatique* 1.

hépatisation [epatizasjɔ̃] n. f. MED Transformation pathologique d'un tissu qui prend l'aspect du tissu hépatique. – Du gr. *hêpatizein,* « ressembler au foie ».

hépatisme [epatism] n. m. MED Ensemble des symptômes qui relèvent des affections chroniques du foie. – De *hépatique.*

hépatite [epatit] n. f. MED Affection inflammatoire du foie. *Hépatite d'origine infectieuse, d'origine allergique. Hépatite virale. Hépatite A,* à virus à A.R.N., bénigne, dont la contamination se fait par les selles du sujet contaminé. *Hépatite B,* à virus à A.D.N., la plus grave des hépatites, transmise par le sang, la salive et le sperme. *Hépatite non-A non-B,* ou *hépatite C,* souvent transmise par du sang contaminé. – De *hépato-,* et *-ite* 1.

hépato-. Élément, du gr. *hêpar, hêpatos,* « foie ».

hépatologie [epatolɔʒi] n. f. MED Étude de la physiologie et des maladies du foie. – De *hépato-,* et *-logie.*

hépatomégalie [epatomegali] n. f. MED Augmentation du volume du foie. – De *hépato-,* et *-mégalie.*

hepta-. Élément, du gr. *hepta,* « sept ».

heptacorde [ɛptakɔʀd] adj. et n. m. MUS **1.** adj. Qui a sept cordes. *Lyre heptacorde.* **2.** n. m. Échelle musicale à sept tons. – De *hepta-,* et *corde.*

heptaèdre [ɛptaɛdʀ] n. m. GEOM Polyèdre à sept faces. – De *hepta-,* et gr. *hedra,* « siège, base ».

heptagone [ɛptagon] n. m. GEOM Polygone qui a sept angles et sept côtés. – Gr. *heptagonos.*

heptamètre [ɛptamɛtʀ] n. m. et adj. LITTER Vers, grec ou latin, de sept pieds. ▷ adj. *Des vers heptamètres.* – Lat. *heptametrum,* de *hepta-,* et *mètre.*

heptane [ɛptan] n. m. CHIM Hydrocarbure saturé de formule C_7H_{16}. – De *hepta.*

heptathlon [ɛptatlɔ̃] n. m. SPORT Discipline et épreuve féminine qui a remplacé le pentathlon* en 1980, et qui combine trois courses (100 m haies, 200 m et 800 m) et quatre lancers (poids, hauteur, longueur, javelot). – De *hepta-,* et du gr. *athlon,* « lutte ».

héraldique [eʀaldik] adj. et n. f. **1.** adj. Qui a rapport au blason. *Art héraldique.* **2.** n. f. Science du blason, des armoiries. – Lat. médiév. *heraldicus,* de *heraldus,* « héraut ».

héraldiste [eʀaldist] n. Spécialiste de l'héraldique. – De *héraldique.*

héraut ['eʀo] n. m. **1.** HIST *Héraut d'armes* ou *héraut* : au Moyen Âge, officier qui était chargé de faire des proclamations solennelles, de signifier les déclarations de guerre, etc. **2.** Fig., litt. Messager, annonciateur. – Du frq. **hariwald,* de **heriwald,* « chef d'armée ».

herbacé, ée [ɛʀbase] adj. BOT Qui a l'apparence ou la structure de l'herbe. *Plantes herbacées* (par oppos. à *ligneuses*). – Lat. *herbaceus.*

herbage [ɛʀbaʒ] n. m. **1.** (Sing. collect.) Herbe des pâturages. **2.** Prairie destinée au pâturage des troupeaux. *De beaux herbages.* – De *herbe.*

herbagement [ɛʀbaʒmɑ̃] n. m. Action d'herbager les bestiaux. – De *herbager* 2.

1. herbager, ère [ɛʀbaʒe, ɛʀ] n. et adj. **1.** ELEV n. Éleveur, éleveuse qui engraisse les bestiaux sur des herbages. **2.** adj. Qui est caractérisé par des herbages. *Région herbagère.* – De *herbage.*

2. herbager [ɛʀbaʒe] v. tr. [13] ELEV Mettre à l'herbage (des bestiaux). – De *herbage.*

herbe [ɛʀb] n. f. **1.** Plante fine, verte, non ligneuse, à tige molle, qui s'élève relativement peu au-dessus du sol et dont les parties aériennes meurent chaque année. *Une herbe ; des, les herbes.* – *Fines herbes* : herbes aromatiques employées comme assaisonnement (ciboule, estragon, etc.). – *Herbes médicinales, officinales,* utilisées pour leurs propriétés thérapeutiques. ▷ *Mauvaises herbes* : plantes herbacées nuisibles aux cultures. Syn.

adventice. ▷ Arg. *L'herbe* : le haschisch, la marihuana. **2.** (Sing. collect.) Végétation peu élevée formée par la réunion de plantes herbacées. *Se coucher dans l'herbe. Faucher l'herbe d'un pré. Un brin d'herbe.* ▷ Loc. fig. *Couper l'herbe sous le pied de qqn* : V. couper. ▷ *De la mauvaise herbe* : un vaurien, un voyou. **3.** Loc. adj. *En herbe* : qui est encore vert, qui n'est pas arrivé à maturité, en parlant d'une céréale. *Blé en herbe.* – Fig. *Manger son blé en herbe* : dépenser son capital sans attendre qu'il ait rapporté. ▷ Qui montre des dispositions pour une activité, qui s'y destine (spécial. en parlant des enfants). *Un musicien en herbe.* – Lat. *herba.*

herberie [ɛʀbəʀi] n. f. Vieilli Lieu où l'on «herbait», où l'on exposait sur l'herbe, pour les faire blanchir, la toile, le drap. – De *herbe.*

herbette [ɛʀbɛt] n. f. Vx, poét. Herbe courte et menue. – Dimin. de *herbe.*

herbeux, euse [ɛʀbø, øz] adj. Où il pousse de l'herbe. *Plateau herbeux.* – Lat. *herbosus.*

herbicide [ɛʀbisid] adj. et n. m. Qui détruit les mauvaises herbes. *Un produit herbicide.* ▷ n. m. *Le chlorate de sodium est un herbicide.* – De *herbe,* et *-cide.*

herbier [ɛʀbje] n. m. **1.** Collection de plantes séchées où chaque spécimen est conservé entre des feuillets de papier. ▷ Collection de planches représentant des plantes. **2.** Banc d'herbes aquatiques dans un cours d'eau, un lac, etc. ▷ Prairie sous-marine. *Herbier à posidonies.* – Du bas lat. *herbarium,* «ouvrage de botanique».

herbivore [ɛʀbivɔʀ] adj. et n. m. Qui se nourrit d'herbes, de végétaux verts. *Les animaux herbivores.* ▷ n. m. *Les ruminants sont des herbivores.* – De *herbe,* et *-vore.*

herborisation [ɛʀbɔʀizasjɔ̃] n. f. Action d'herboriser; promenade faite dans l'intention d'herboriser. – De *herboriser.*

herboriser [ɛʀbɔʀize] v. intr. [1] Cueillir des plantes pour les étudier, constituer un herbier ou les employer en herboristerie. – De *herboriste.*

herboriste [ɛʀbɔʀist] n. Personne qui vend des plantes médicinales. *La loi du 11 septembre 1941 a supprimé le diplôme d'herboriste.* – Dér. méridional du lat. *herbula,* dimin. de *herba.*

herboristerie [ɛʀbɔʀistəʀi] n. f. Commerce, boutique de l'herboriste. – De *herboriste.*

herbu, ue [ɛʀby] adj. Où l'herbe est épaisse, où elle foisonne. – De *herbe.*

herbue ou **erbue** [ɛʀby] n. f. **1.** AGRIC Terre légère dont on se sert pour le pâturage. **2.** METALL Fondant argileux qu'on ajoute à un minerai de fer trop calcaire. – De *herbe.*

herchage ou **herschage** [ʼɛʀʃaʒ] n. m. MINES Action de hercher. – De *hercher.*

hercher ou **herscher** [ʼɛʀʃe] v. intr. [1] MINES Pousser à bras des wagonnets chargés de houille ou de minerai. – Mot wallon, lat. pop. **hirpicare,* de *hirpex,* «herse».

hercheur, euse ou **herscheur, euse** [ʼɛʀʃœʀ, øz] n. Personne chargée de hercher. – De *hercher.*

hercule [ɛʀkyl] n. m. Homme d'une force exceptionnelle. *Être bâti en hercule* : avoir une stature particulièrement imposante. ▷ *Hercule de foire, hercule forain,* qui montre des exercices de force (lever de poids, bris de chaînes, etc.). – Du n. de *Hercule,* gr. *Hêraklês,* héros mythol.

herculéen, enne [ɛʀkyleɛ̃, ɛn] adj. Digne d'Hercule. *Force herculéenne.* – Du n. de *Hercule.*

hercynien, enne [ɛʀsinjɛ̃, ɛn] adj. GEOL Se dit des plissements géologiques de la fin de l'ère primaire (carbonifère), qui constituent la *chaîne hercynienne,* aujourd'hui érodée et dont les vestiges forment les «massifs anciens». (En Europe : le Massif armoricain, le Massif central, les Ardennes, les Vosges et la Forêt-Noire, le Massif schisteux rhénan et les monts de Bohême.) – De *Hercynia Silva,* n. lat. de la Forêt-Noire.

herd-book [ʼɛʀdbuk] n. m. (Anglicisme) ELEV Registre généalogique officiel des races bovines, qui atteste la filiation des individus de bonne race, utilisé pour la reproduction et l'amélioration du cheptel. *Des herd-books.* – Mot angl., «livre de troupeau».

1. hère [ʼɛʀ] n. m. Vx Homme misérable. – Mod. Loc. *Un pauvre hère.* – P.-ê. de l'all. *Herr,* «seigneur», par iron., ou de *haire,* par méton.

2. hère [ʼɛʀ] n. m. Jeune cerf âgé de six mois à un an, qui ne porte pas de bois. – Néerl. *hert,* «cerf».

héréditaire [eʀeditɛʀ] adj. **1.** Qui se transmet par droit de succession. *Titre héréditaire.* ▷ *Prince héréditaire,* qui doit hériter de la couronne. **2.** BIOL Transmis par hérédité. *Maladie héréditaire.* **3.** Qui se transmet de génération en génération. *Une haine héréditaire de la dictature.* – Lat. *hereditarius.*

héréditairement [eʀeditɛʀmɑ̃] adv. **1.** Par droit d'hérédité. **2.** BIOL Par transmission héréditaire. – De *héréditaire.*

hérédité [eʀedite] n. f. **I.** DR **1.** Caractère de ce qui se transmet par droit de succession (possession, charge). *L'hérédité des charges, sous l'Ancien Régime. Le principe de l'hérédité du trône.* **2.** Vx Qualité d'héritier. *Refuser l'hérédité de qqn.* **II.** Transmission de certains caractères dans la reproduction des êtres vivants. **1.** BIOL Transmission, sans modification, de certains caractères (physiques, physiologiques, etc.) non acquis (couleur des yeux), parfois pathologiques (malformations squelettiques, hémophilie, etc.), des ascendants aux descendants par la voie de la reproduction sexuée. *Les lois de l'hérédité. Le problème de l'hérédité de l'acquis.* **2.** *Par ext.* Chez l'homme, transmission de certaines dispositions (partic. morales et psychologiques) des parents aux enfants. – Ensemble des prédispositions (physiques, morales, mentales) héritées des parents. *Une hérédité chargée* : un héritage génétique présentant des tares évidentes. **3.** Caractère particulier qui se transmet d'une génération à l'autre dans un milieu, une région, etc. *Le bon sens qui lui vient, sans doute, de son hérédité paysanne.* – Lat. *hereditas,* de *heres, heredis,* «héritier».

hérédosyphilis [eʀedosifilis] ou (par abrév.) **hérédo** [eʀedo] n. f. Vx Syphilis congénitale transmise au fœtus par la mère pendant la grossesse, que l'on tenait autref. pour héréditaire. – Du lat. *heres, heredis,* «héritier», et de *syphilis.*

hérésiarque [eʀezjaʀk] n. m. Didac. Auteur d'une hérésie; chef d'une secte hérétique. – Lat. ecclés. *hæresiarcha.*

hérésie [eʀezi] n. f. **1.** RELIG CATHOL Doctrine contraire à la foi, condamnée par l'Église catholique. *L'hérésie arienne.* ▷ Toute doctrine contraire aux dogmes établis, au sein d'une religion quelconque. V. encycl. **2.** Opinion, doctrine, pratique en opposition avec les idées communément admises. *Cette théorie fut d'abord considérée comme une hérésie scientifique.* ▷ Plaisant *Ce mélange de couleurs est une hérésie.* – Lat. *hæresis,* «doctrine», du gr. *hairesis,* «choix, opinion particulière».

ENCYCL **Relig.** – Dès les temps apostoliques, le christianisme connaît des hérésies «judaïsantes» ou «hellénisantes», qui portent sur la nature de Jésus, homme pour les uns, dieu pour les autres. Aux IVe et Ve s. apparaissent les hérésies trinitaires, dont la plus connue est l'*arianisme,* monothéisme simple qui insiste sur la seule nature divine du Père. Suivent les hérésies *christologiques* des Ve et VIe s. : *nestorianisme* et *monophysisme,* qui, contrairement à l'arianisme, demeurent exclusivement orientales. À partir du XIe s., les hérésies ne portent plus sur la doctrine, désormais fixée, mais sur la pratique religieuse et sur l'organisation de l'Église. Elles sont populaires, évangéliques et s'élèvent contre l'existence du sacerdoce. Certaines, évangéliques et ecclésiastiques, voulurent réformer l'Église de l'intérieur, sans détruire sa continuité ni son unité, notam. avec Wycliff (Angleterre) et Hus (Bohême) aux XIVe et XVe s. Le courant des hérésies manichéennes ou dualistes est représenté en Orient par les *bogomiles*, en Occident par les *cathares* (V. albigeois). Les religions réformées du XVIe s. (« protestantisme »), considérées par Rome comme hérétiques, ont consommé un schisme qu'elles ne souhaitaient pas; quant au jansénisme des XVIIe et XVIIIe s., il ne peut davantage être assimilé à une hérésie.

hérétique [eʀetik] adj. et n. **1.** Entaché d'hérésie. *Doctrine hérétique.* **2.** Qui professe, qui soutient une hérésie. *Secte hérétique.* - Subst. *Les hérétiques luthériens.* ▷ *Par ext.* Qui soutient une opinion qui va contre les idées communément admises. *Cet auteur, hérétique aux yeux des autorités, fut contraint à s'exiler.* – Bas lat. ecclés. *hæreticus.*

hérissement ['eʀismɑ̃] n. m. Fait de se hérisser; état de ce qui est hérissé. – De *hérisser.*

hérisser ['eʀise] v. [1] **I.** v. tr. **1.** Dresser (ses poils, ses plumes) en parlant d'un animal. **2.** Se dresser sur (en parlant de choses saillantes). *Des rochers hérissent la côte.* **3.** Garnir de choses pointues, saillantes. *Hérisser de tessons de bouteilles le haut d'un mur.* **4.** Fig. Horripiler, faire réagir (qqn) vivement sous le coup de l'irritation. *Ces propos le hérissaient.* **II.** v. pron. **1.** Se dresser (en parlant des poils ou des plumes). *Ses cheveux se hérissèrent d'horreur.* ▷ Dresser ses poils ou ses plumes (en parlant d'un animal). *Le chat s'est hérissé devant le chien.* **2.** Fig. Réagir vivement, avoir une réaction de défiance ou de défense. *Il se hérisse quand on lui parle de cela.* **III.** Pp. adj. *Cheveux, poils hérissés.* - Fig. *Il est hérissé chaque fois qu'il rencontre son frère.* – Lat. pop. **ericiare*, de *ericius*, « hérisson ».

hérisson ['eʀisɔ̃] n. m. **1.** Mammifère insectivore au corps couvert de piquants. (*Erinaceus europæus*, le hérisson d'Europe, aux mœurs crépusculaires, mesure env. 25 cm de long; il se nourrit de petits animaux et de serpents.) ▷ *Par anal.* Nom donné à divers animaux couverts de piquants. *Hérisson de mer* : oursin. **2.** TECH Brosse métallique circulaire pour le ramonage des conduits de cheminée. ▷ Rouleau garni de pointes pour écraser les mottes de terre dans un champ labouré. **3.** TRAV PUBL Fondation de chaussée réalisée avec des moellons posés de chant. **4.** MILIT Point d'appui isolé susceptible d'être défendu de tous côtés. – Du lat. *(h)ericius.*

hérissonne ['eʀisɔn] n. f. **1.** Nom cour. de la chenille velue de nombreux papillons (notam. de l'*écaille martre*). **2.** Rare Femelle du hérisson. – De *hérisson.*

héritage [eʀitaʒ] n. m. **1.** Action d'hériter; biens transmis par succession. *Faire un héritage. L'héritage se montait à plusieurs millions de francs.* **2.** Fig. Ce qui est transmis de génération en génération. *Un lourd héritage de croyances et de superstitions.* – De *hériter.*

hériter [eʀite] v. [1] **1.** v. intr. Recueillir par héritage. *Je suis riche, j'ai hérité.* ▷ v. tr. (Seulement lorsqu'il y a deux compléments.) *Il a hérité cinq mille francs de sa tante.* ▷ v. tr. indir. *Hériter d'une maison.* - (Suivi d'un comp. de personne.) *Hériter de son père.* **2.** v. tr. indir. Fig. Recevoir de ses parents, de ses ancêtres. *Il a hérité du bon sens de ses parents.* – Bas lat. *hereditare.*

héritier, ère [eʀitje, ɛʀ] n. **1.** DR Personne qui est appelée de droit à recueillir une succession. **2.** Cour. Personne qui hérite des biens d'une personne décédée. *Ses héritiers sont en désaccord sur l'évaluation de sa fortune.* ▷ Fig. *Les héritiers d'une longue tradition.* – Lat. *hereditarius.*

hermaphrodisme [ɛʀmafʀɔdism] n. m. BIOL Réunion chez le même individu des caractères des deux sexes. *Hermaphrodisme vrai des espèces peu évoluées. Pseudo-hermaphrodisme des vertébrés, des humains.* – De *hermaphrodite.*

ENCYCL L'hermaphrodisme est très répandu dans le monde vivant, notam. chez les espèces les moins évoluées; cependant, les cas d'autofécondation (entre les gamètes mâles et femelles provenant d'un même individu) sont extrêmement rares, et il existe de nombreux dispositifs anatomiques et physiologiques, aussi bien chez les végétaux que chez les animaux, qui favorisent la fécondation des ovules par des gamètes mâles d'un autre individu. On distingue *l'hermaphrodisme simultané*, où il y a production synchrone de gamètes mâles et femelles (escargot), et *l'hermaphrodisme alterné*, où l'individu est alternativement mâle et femelle (huître).

hermaphrodite [ɛʀmafʀɔdit] n. m. et adj. **1.** n. m. pl. ZOOL Animaux qui possèdent normalement des glandes génitales mâles et femelles fonctionnelles. ▷ BOT Plantes dont les fleurs possèdent simultanément étamines et pistil. - adj. *Fleur hermaphrodite.* **2.** n. m. Sujet (animal, humain) qui, contrairement à la normale, présente des caractères apparents des deux sexes. ▷ adj. *Un adolescent hermaphrodite.* Cf. androgyne, intersexué. Syn. bisexué. Ant. unisexué. – Lat. *Hermaphroditus*, gr. *Hermaphroditos*, n. du fils bisexué d'*Hermès* et d'*Aphrodite.*

herméneutique [ɛʀmenøtik] adj. et n. f. **1.** adj. Qui interprète les livres sacrés et, en général, tous les textes anciens. *L'art herméneutique* ou, n. f., *l'herméneutique.* **2.** n. f. Théorie de l'interprétation des symboles en action dans l'inconscient, dans le rêve, dans tout discours humain, écrit ou non. – Gr. *hermeneutikos.*

hermès [ɛʀmɛs] n. m. **1.** SCULPT Statue, tête d'Hermès ou de Mercure. **2.** *Buste en hermès*, coupé par des plans verticaux aux épaules et à la poitrine. – Lat. *Hermes*, nom de la divinité gr.

herméticité [ɛʀmetisite] n. f. Didac. Qualité de ce qui est hermétiquement clos. – De *hermétique.*

hermétique [ɛʀmetik] adj. et n. f. **I.** Vx **1.** adj. Relatif à l'alchimie. *Philosophie hermétique.* ▷ *Livres hermétiques*, attribués à Hermès Trismégiste. **2.** n. f. Science et doctrine ésotériques de l'alchimie. **II.** adj. **1.** Qui ferme parfaitement; qui assure une fermeture parfaitement étanche. *Récipient hermétique. Joint hermétique.* **2.** Fig. Obscur, difficile à comprendre. *Poésie hermétique.* – De *Hermès* Trismégiste, dieu égyptien (Thot) auquel on attribue l'invention, pour les besoins de l'alchimie, de la fermeture hermétique d'un vase obtenue en faisant fondre les bords de son orifice.

hermétiquement [ɛʀmetikmɑ̃] adv. De façon hermétique (sens II, 1). *Volets hermétiquement clos.* – De *hermétique.*

hermétisme [ɛʀmetism] n. m. **1.** Didac. Ensemble des doctrines occultes des alchimistes. **2.** Caractère de ce qui est obscur, impénétrable. *L'hermétisme des écrits d'un philosophe.* – De *hermétique.*

hermine [ɛʀmin] n. f. **1.** Carnivore mustélidé (*Mustella erminea*) d'Europe et d'Asie, long d'env. 25 cm, dont la fourrure, fauve en été, devient blanche en hiver, à l'exception de l'extrémité de la queue, toujours noire. *La blanche hermine, symbole de pureté.* **2.** Fourrure blanche de l'hermine. *Manteau d'hermine.* ▷ Bande de fourrure que portent certains magistrats et professeurs. **3.** HERALD Fourrure blanche à mouchetures de sable en forme de petites croix. – Fém. de l'anc. adj. *(h)ermin*, du lat. *armenius (mus)*, « (rat) d'Arménie ».

herminette ou **erminette** [ɛrminɛt] n. f. TECH Hachette à tranchant recourbé (comme le museau de l'hermine) et perpendiculaire à l'axe du manche. – De *hermine.*

hermitien, enne [ɛrmitjɛ̃, ɛn] adj. MATH *Forme hermitienne :* application Q d'un espace vectoriel dans le corps des nombres réels telle que Q (y, x) = Q *(x, y), le second membre étant le conjugué de Q (x, y). ⊳ *Matrice hermitienne :* matrice dont les éléments symétriques par rapport à la diagonale principale sont des complexes conjugués. – Du n. de Ch. *Hermite,* mathématicien fr. (1822-1901).

herniaire [ˈɛrnjɛr] adj. Qui a rapport à une hernie, aux hernies. *Sac herniaire. Bandage herniaire.* – De *hernie.*

hernie [ˈɛrni] n. f. **1.** Masse circonscrite formée par un organe ou une partie d'organe, le plus souvent l'intestin, sorti par un orifice naturel ou accidentel de la cavité qui le contient normalement. *Une hernie peut être congénitale ou acquise* (défaut de la paroi abdominale). *Hernie inguinale. Hernie discale,* susceptible de comprimer douleureusement le nerf sciatique. *Hernie hiatale**. *Hernie étranglée,* dans laquelle s'exerce une constriction qui entraîne une ischémie de l'organe. **2.** *Par anal.* TECH Excroissance à la surface d'une chambre à air, due à l'usure ou à un défaut dans l'épaisseur du caoutchouc. – Lat. *hernia.*

hernié, ée [ˈɛrnje] adj. MED Qui forme une hernie. – De *hernie.*

hernieux, euse [ˈɛrnjø, øz] adj. et n. Atteint de hernie. – De *hernie.*

héroï-comique [erɔikɔmik] adj. LITTER Qui tient à la fois du genre héroïque et du genre comique. *«Le Lutrin», poème héroï-comique de Boileau. Des pièces de théâtre héroï-comiques.* – De *héroïque,* et *comique.*

1. héroïne [erɔin] n. f. Stupéfiant dérivé de la morphine (*diacétyl-morphine*), qui se présente sous forme de poudre blanche. *Puissant analgésique, l'héroïne est une drogue plus active mais surtout plus toxique que la morphine.* – All. *Heroin,* du gr. *hêrôs,* «demi-dieu», par allus. aux effets de ce produit.

2. héroïne [erɔin] n. f. **1.** Femme douée d'un courage hors du commun, de vertus exceptionnelles. *Jeanne d'Arc, notre héroïne nationale.* **2.** Femme qui tient le rôle principal dans l'action d'une œuvre littéraire, dramatique ou cinématographique. *L'héroïne d'un roman.* **3.** Femme qui joue le principal rôle dans une aventure réelle. *L'héroïne de cette affaire.* – Fém. de *héros.*

héroïnomane [erɔinɔman] n. Toxicomane qui utilise l'héroïne. – De *héroïne* 1, et *-mane.*

héroïnomanie [erɔinɔmani] n. f. MED Toxicomanie à l'héroïne. – De *héroïnomane.*

héroïque [erɔik] adj. **1.** Relatif aux héros mythologiques. *Les temps héroïques.* – Loc., plaisant *Remonter aux temps héroïques,* à une époque très reculée. **2.** LITTER Qui chante les hauts faits des héros. *Poésie héroïque.* **3.** Qui montre de l'héroïsme, valeureux. *Femme héroïque.* – Qui dénote l'héroïsme. *Une décision héroïque.* – Lat. *heroicus.*

héroïquement [erɔikmɑ̃] adv. D'une manière héroïque (sens 3). *Se battre, souffrir héroïquement.* – De *héroïque.*

héroïsme [erɔism] n. m. **1.** Vertu, courage exceptionnels, qui sont propres au héros. *Pousser le dévouement jusqu'à l'héroïsme.* **2.** Caractère de ce qui est héroïque. *L'héroïsme de son geste.* – De *héros.*

héron [ˈerɔ̃] n. m. Grand oiseau ciconiiforme vivant au bord des eaux et se nourrissant de petits animaux aquatiques (poissons, escargots, grenouilles, etc.). *Héron cendré :* héron d'Europe (*Ardea cinerea*) au plumage gris, haut d'env. 1 m, dont le cou et les pattes sont longs et grêles. ⊳ n. m. pl. ZOOL Nom générique des oiseaux ciconiiformes (appelés autref. «échassiers») du genre *Ardea* et des genres voisins (butor, garde-bœuf, aigrette, etc.). – Du frq. **haigro.*

héronneau [ˈerɔno] n. m. Rare Jeune héron. – Dimin. de *héron.*

héronnière [ˈerɔnjɛr] n. f. Lieu où nichent des hérons; lieu destiné à l'élevage des hérons. – De *héron.*

héros [ˈero] n. m. **1.** MYTH Demi-dieu. *Achille, Hercule sont des héros.* **2.** Celui qui s'est rendu célèbre par son courage et son succès dans les faits d'armes. *Un héros de la guerre de 14.* **3.** Celui qui se distingue par sa grandeur d'âme exceptionnelle, son dévouement total, etc. *Les héros de la science.* **4.** Personnage principal d'une œuvre littéraire, dramatique ou cinématographique. *Le héros d'un film.* – Par ext. *Le héros d'une aventure,* celui à qui elle est arrivée. – *Le héros de la fête,* celui en l'honneur de qui elle est donnée. – Lat. *heros,* du gr., d'abord «maître, chef», puis «demi-dieu».

herpès [ɛrpɛs] n. m. Éruption cutanée due à un virus et formée de vésicules groupées qui siègent le plus souvent au pourtour des orifices et sur les organes génitaux. – Mot lat. et gr., «dartre».

herpestidés [ɛrpɛstide] n. m. pl. ZOOL Famille de mammifères carnivores qui comprend notam. les mangoustes d'Afrique et d'Asie. – Sing. *Un herpestidé.* – Du gr. *herpêstês,* «reptile», et *-idés.*

herpétique [ɛrpetik] adj. MED De la nature de l'herpès. – De *herpès.*

herpétologie. V. erpétologie.

hersage [ˈɛrsaʒ] n. m. Opération qui consiste à herser la terre. – De *herser.*

herschage, herscher, herscheur. V. herchage, herchage, hercheur.

herse [ˈɛrs] n. f. **1.** AGRIC Instrument aratoire formé d'un châssis muni de fortes dents et qui sert, après le labour, à briser les mottes. *Herse à dents. Herse à disques* (sur lesquels sont fixées les dents). **2.** Anc. Grille mobile armée de pointes, à l'entrée d'un château ou d'une forteresse, qui pouvait être abaissée pour en défendre l'accès. **3.** TECH Grille servant à arrêter les corps flottants sur un cours d'eau. **4.** LITURG Chandelier triangulaire hérissé de pointes sur lesquelles on pique des cierges. **5.** THEAT Appareil d'éclairage dissimulé dans les cintres. – Lat. *hirpex, hirpicis.*

herser [ˈɛrse] v. tr. [1] AGRIC Passer la herse sur (un sol). *Herser un champ.* – De *herse.*

hertz [ˈɛrts] n. m. PHYS Unité de fréquence (symb. Hz). *1 Hz est la fréquence d'un phénomène dont la période est de 1 seconde.* – Du nom du physicien all. Heinrich Rudolf *Hertz* (1857-1894).

hertzien, enne [ɛrtzjɛ̃, ɛn] adj. TELECOM *Ondes hertziennes :* ondes électromagnétiques utilisées dans les télécommunications. – *Relais hertzien :* installation permettant la réception et la réémission d'ondes hertziennes. *Les relais hertziens permettent d'assurer la couverture du territoire en émissions de télévision.* Syn. réémetteur. – *Câble hertzien :* faisceau d'ondes hertziennes. – De *hertz.*

hésitant, ante [ezitɑ̃, ɑ̃t] adj. et n. **1.** Qui hésite, qui montre de l'indécision. *Un caractère hésitant.* ⊳ Subst. *Persuader les hésitants.* **2.** Mal assuré. *Un pas hésitant.* – Ppr. de *hésiter.*

hésitation [ezitasjɔ̃] n. f. **1.** Fait d'hésiter. *Se décider après bien des hésitations.* **2.** Temps d'arrêt dans l'action, qui manifeste l'indécision. *Parler sans hésitations.* – De *hésiter.*

hésiter [ezite] v. intr. [1] **1.** Être dans un état d'irrésolution quant au parti que l'on doit prendre. *Il a longtemps hésité avant de partir. Hésiter sur le choix d'une couleur, entre deux couleurs.* – *Hésiter à* (+ inf.). *Hésiter à venir.* **2.** Marquer son irrésolution, son indécision par un temps d'arrêt dans l'action. *Hésiter dans ses réponses.* – Lat. *hæsitare.*

hésychasme [ezikasm] n. m. RELIG Méthode de contemplation mystique, en faveur dans le monachisme oriental du XIVe s., utilisant l'invocation continuelle du nom du Christ au rythme de la respiration pour aboutir au détachement de soi et à l'union à Dieu. – Du gr. *hêsukhia,* «paix, silence (de l'union à Dieu)».

hétaïre [etaiʀ] n. f. Courtisane, chez les anc. Grecs. ▷ Par ext. Litt. ou plaisant Prostituée. – Gr. *hetaira.*

hétairie ou **hétérie** [eteʀi] n. f. **1.** ANTIQ GR Société politique à caractère plus ou moins occulte. ▷ Au XIXe s., en Grèce, société culturelle aux tendances nationalistes (lutte contre les Turcs). **2.** Mod. Société politique ou littéraire, en Grèce. – Gr. *hetaireia,* «société d'amis».

hétér(o)-. Préfixe, du gr. *heteros,* «autre».

hétérocerque [eteʀosɛʀk] adj. ZOOL Se dit de la nageoire caudale de divers poissons (requin, esturgeon, etc.) dont le lobe dorsal, contenant la terminaison de la colonne vertébrale, est beaucoup plus développé que le lobe ventral. Ant. homocerque. – De *hétér(o)-,* et gr. *kerkos,* «queue».

hétérochromosome [eteʀokʀɔmozom] n. m. BIOL Chromosome sexuel, ou allosome*. (V. encycl. chromosome.) – De *hétéro-,* et *chromosome.*

hétéroclite [eteʀɔklit] adj. **1.** Rare Qui s'écarte des règles de l'art. *Une construction hétéroclite.* **2.** Cour. Fait d'un assemblage bizarre de pièces et de morceaux disparates. *Un fatras d'objets hétéroclites.* – Bas lat. *heteroclitus,* «irrégulier».

hétérocyclique [eteʀosiklik] adj. CHIM Se dit d'un composé organique à chaîne fermée dont le cycle comporte, dans son enchaînement principal, un ou plusieurs atomes autres que du carbone. – De *hétéro-,* et *cyclique.*

hétérodontie [eteʀodɔ̃ti] n. f. ZOOL Caractère d'un vertébré évolué dont les dents sont différenciées en incisives, canines et molaires. Ant. homodontie. – De *hétéro-,* et gr. *odous, odontos,* «dent».

hétérodoxe [eteʀɔdɔks] adj. Qui s'écarte de la doctrine, des idées reçues, spécial. en matière de religion. *Exégèse, opinion hétérodoxe.* Ant. orthodoxe. – Gr. *heterodoxos.*

hétérodoxie [eteʀodɔksi] n. f. Doctrine, opinion hétérodoxe; caractère de ce qui est hétérodoxe. Ant. orthodoxie. – De *hétérodoxe.*

hétérodyne [eteʀodin] n. f. et adj. RADIOELECTR Oscillateur local utilisé dans un récepteur superhétérodyne (V. ce mot) pour améliorer la sélectivité. (On mélange les signaux fournis par l'amplificateur H.F. et ceux que fournit l'hétérodyne pour réduire la fréquence de l'onde porteuse, modulée en amplitude.) ▷ adj. *Générateur hétérodyne.* – De *hétéro-,* et gr. *dunamis,* «force».

hétérogamétique [eteʀogametik] adj. BIOL Se dit des individus appartenant au sexe porteur des hétérochromosomes et qui produisent deux types de gamètes, les uns porteurs du sexe mâle, les autres du sexe femelle. *Dans l'espèce humaine, c'est le mâle qui est hétérogamétique.* – De *hétéro-,* et *gamète.*

hétérogamie [eteʀogami] n. f. BIOL Fécondation dans laquelle le gamète mâle est très différent, morphologiquement et physiologiquement, du gamète femelle. Syn. (plus cour.) anisogamie. Ant. isogamie. – De *hétéro-,* et *-gamie.*

hétérogène [eteʀɔʒɛn] adj. **1.** Qui est formé d'éléments ou de parties de nature différente. *Corps composé de parties hétérogènes. Roche hétérogène.* **2.** Fig. Qui n'a pas d'unité, qui est composé d'éléments fort dissemblables. *Une nation, un groupe hétérogène. Œuvre hétérogène.* Ant. homogène. – Lat. scolast. *heterogeneus,* du gr.

hétérogénéité [eteʀoʒeneite] n. f. Caractère de ce qui est hétérogène. – Lat. scolast. *heterogeneitas.*

hétérogenèse [eteʀoʒenɛz] ou **hétérogénie** [eteʀoʒeni] n. f. **1.** HIST Production d'êtres vivants due à la décomposition de matières organiques, sans le concours d'individus préexistants de même espèce (théorie de la «génération spontanée», qui prévalut jusque vers 1850 et que les travaux de Pasteur firent abandonner). **2.** BIOL Apparition brutale, par mutation, de types nouveaux et stables.

hétérogreffe [eteʀogʀɛf] n. f. BIOL Greffe pratiquée entre sujets d'espèces différentes. Ant. homogreffe. – De *hétéro-,* et *greffe.*

hétérologue [eteʀolɔg] adj. MED Se dit des tissus, des sérums, des cellules provenant d'un individu appartenant à une espèce différente. – De *hétéro-,* et *-logue,* d'ap. *homologue.*

hétérométabole [eteʀometabɔl] adj. Qualifie les insectes dont les métamorphoses sont incomplètes. – De *hétéro-,* et gr. *metabolê,* «changement».

hétéromorphe [eteʀomɔʀf] adj. **1.** BOT Se dit d'une espèce à l'intérieur de laquelle sporophyte et gamétophyte sont très différents morphologiquement. **2.** ZOOL Syn. polymorphe. **3.** MINER Se dit des minéraux de même nature chimique mais de structures différentes. *La calcédoine, l'opale, le quartz sont hétéromorphes.* – De *hétéro-,* et *-morphe.*

hétéromorphie [eteʀomɔʀfi] n. f. ou **hétéromorphisme** [eteʀomɔʀfism] n. m. Caractère de ce qui est hétéromorphe. – De *hétéromorphe.*

hétéronome [eteʀonom] adj. Didac. Dont la conduite est régie par des lois reçues de l'extérieur. Ant. autonome. – De *hétéro-,* et *-nome.*

hétéronomie [eteʀonɔmi] n. f. Didac. État d'un individu, d'un groupe, qui se soumet à des lois venues de l'extérieur. ▷ PHILO *Hétéronomie de la volonté* : chez Kant, caractère de la volonté qui se détermine selon des principes extérieurs à elle-même. – De *hétéronome.*

hétéroprotéine [eteʀopʀɔtein] n. f. BIOCHIM Protéine complexe dont l'hydrolyse produit des peptides et des substances non protéiques assemblées en un groupement prosthétique. – De *hétéro-,* et *protéine.*

hétéroptères [eteʀɔptɛʀ] n. m. pl. ENTOM Sous-ordre d'insectes hémiptéroïdes pourvus de deux paires d'ailes (dont l'antérieure est en partie cornée), et de pièces buccales adaptées à la piqûre. – Sing. *La punaise est un hétéroptère.* – De *hétéro-,* et *-ptère.*

hétérosexualité [eteʀosɛksɥalite] n. f. Sexualité des hétérosexuels. Ant. homosexualité. – De *hétéro-,* et *sexualité.*

hétérosexuel, elle [eteʀosɛksɥɛl] adj. et n. Qui trouve la satisfaction de ses désirs sexuels avec des sujets du sexe opposé. Ant. homosexuel. – De *hétéro-,* et *sexuel.*

hétéroside [eteʀozid] n. m. BIOCHIM Variété d'osides dont l'hydrolyse donne des oses (sucres simples) et des substances non glucidiques. – De *hétéro-,* et *oside.*

hétérothallisme [eteʀotalism] n. m. ou **hétérothallie** [eteʀotali] n. f. BOT Condition des végétaux inférieurs chez lesquels la fécondation ne peut s'effectuer qu'entre un gamète mâle et un gamète femelle provenant de deux gamétophytes différents. Ant. homothallisme. – De *hétéro-*, et *thalle*.

hétérotrophe [eteRotRɔf] adj. BIOL Qui ne peut se nourrir qu'à partir d'aliments organiques déjà synthétisés par d'autres organismes et non directement à partir des composés minéraux. *Tous les animaux et tous les végétaux non chlorophylliens sont hétérotrophes.* Ant. autotrophe. – De *hétéro-*, et gr. *trophê*, « nourriture ».

hétéroxène [eteRoksɛn] n. m. BIOL Parasite dont le cycle requiert plusieurs hôtes. – De *hétéro-*, et gr. *xenos*, « hôte ».

hétérozygote [eteRozigɔt] adj. et n. m. BIOL Se dit d'un être vivant diploïde dont au moins un des couples de gènes allèles est constitué par deux gènes non identiques, l'un des deux allèles ayant muté. Ant. homozygote. – De *hétéro-*, et *zygote*.

hetman [ɛtman] n. m. HIST **1.** Chef militaire en Pologne et en Lituanie du XVIe s. jusqu'aux partages du XVIIIe s. **2.** Chef de clan élu des Cosaques du Caucase (on dit aussi ataman). – Mot polonais.

hêtraie ['ɛtRɛ] n. f. Lieu planté de hêtres. – De *hêtre*.

hêtre ['ɛtR] n. m. Grand arbre cupulifère (genre *Fagus*, fam. fagacées), à écorce lisse, à tronc droit, à bois blanc, dur et cassant des zones tempérées humides. *Les fruits du hêtre, ou faînes, contiennent une huile comestible.* ▷ Bois de cet arbre. *Établi en hêtre.* – Frq. **haistr*, rad. **haisi*, « fourré ».

heu ! ['ø] interj. marquant le doute, l'hésitation, la gêne, ou une difficulté d'élocution. *« Je vous cède la place, mon cher duc. – Heu !... heu !... c'est que je n'y tiens plus tant que ça » (Maupassant).* – Onomat.

heur [œR] n. m. Vx Chance favorable. ▷ Mod., litt. *Avoir, ne pas avoir l'heur de plaire à qqn.* – Du lat. imp. *agurium*, class. *augurium*, « présage ».

heure [œR] n. f. **I. 1.** Division du temps d'une durée égale à la vingt-quatrième partie du jour (soixante minutes). *Revenez dans quarante-huit heures,* dans deux jours. – *La semaine de quarante heures* (de travail). *Heures supplémentaires :* heures de travail effectuées en plus de la durée de travail hebdomadaire légale. – *Être payé soixante francs l'heure* (ou, fam., *de l'heure*). – *Une grande, une petite heure :* un peu plus, un peu moins d'une heure. – *Un quart d'heure.* – Par exag. *Il y a une, deux heures que je vous attends !* **2.** ASTRO Unité de mesure d'angle, égale au 1/24 de la circonférence, soit 15°. **3.** Poét. *La fuite des heures,* du temps. **II. 1.** Moment déterminé du jour exprimé par un chiffre de 0 à 12 ou de 0 à 23 (symbole : h). *0 heure :* minuit. *12 heures :* midi. – *Quelle heure est-il ? Il est une heure moins cinq. Deux heures quinze, deux heures et quart* ou *deux heures un quart. Vingt heures trente ou huit heures et demie du soir.* – *À six heures juste, à six heures tapantes, sonnantes.* ▷ *L'heure :* l'heure fixée, convenue. *Soyez à l'heure. Partir avant l'heure. Ne pas avoir d'heure :* ne pas respecter un horaire, un emploi du temps régulier. – Ellipt. *De sept à huit* (heures). – *L'heure H,* celle prévue pour le déclenchement d'opérations militaires ; *par ext.,* cour. l'heure fixée pour entreprendre qqch, l'heure décisive. **2.** Moment déterminé de la journée (dont on évoque certaines caractéristiques). *L'heure du déjeuner. C'est une mauvaise heure pour circuler en ville.* ▷ *À la première heure :* très tôt le matin, le plus tôt possible. – Loc. adj. *De la première heure :* qui a été tel depuis le commencement. *Résistants de la première heure.* ▷ LITURG *Heures canoniales* ou *heures,* celles où l'on récite les diverses parties de l'office divin. – *Livre d'heures* ou *heures :* livre qui renferme les prières de l'office divin. *Les Très Riches Heures du duc de Berry.* ▷ (Avec un poss.) Moment habituellement consacré à une activité précise. *Il doit être sur le chemin du retour, c'est son heure.* **3.** Moment, période de la vie (d'une personne, d'une société donnée). *Il a traversé des heures difficiles.* – *Les problèmes de l'heure :* les problèmes actuels, du présent. ▷ (Avec un poss.) Moment de faire une chose, moment décisif. *Son heure, sa dernière heure est venue :* il va mourir. – *Son heure viendra :* il sera enfin récompensé de ses efforts. – *Écrivain qui a eu son heure de gloire.* **III.** Loc. adv. **1.** *À l'heure qu'il est :* au moment où nous parlons ; dans la situation actuelle. **2.** Vieilli *À cette heure :* présentement, en ce moment-ci. **3.** *À la bonne heure :* au moment propice. ▷ (Exclam.) *À la bonne heure ! :* c'est parfait, voilà qui est très bien. **4.** *Sur l'heure :* aussitôt, immédiatement. *Les condamnés furent exécutés sur l'heure.* **5.** *Tout à l'heure :* dans un moment, un peu plus tard. *Je vous répondrai tout à l'heure.* ▷ Il y a quelques instants. *Il est passé vous voir tout à l'heure.* **6.** *De bonne heure :* tôt. *Se lever de bonne heure, de très bonne heure.* ▷ Avant l'heure, avant le moment prévu. *Enfant qui marche de bonne heure.* **7.** *À toute heure :* à n'importe quel moment de la journée, sans interruption. *Repas servis à toute heure.* – Lat. *hora*.

ENCYCL *L'heure, unité de temps.* On distingue l'heure *sidérale* et l'heure *solaire,* respectivement égales à la vingt-quatrième partie du jour sidéral et du jour solaire. L'heure sidérale est un peu plus brève que l'heure solaire. Dans la vie courante, lorsqu'on exprime une durée en heures, il s'agit d'heures solaires moyennes. Le jour solaire moyen est le temps qui s'écoulerait entre deux passages du Soleil au méridien, s'il parcourait l'écliptique d'un mouvement uniforme. – *L'heure, mesure du temps écoulé.* Le jour solaire utilisé en astronomie commence à midi. Dans la vie pratique, on calcule l'heure à partir de minuit (heure *civile*). L'heure civile *locale* changeant avec la longitude du lieu (à cause de la rotation de la Terre), on a été amené à définir une heure *légale,* qui reste la même à un instant donné sur toute l'étendue d'un pays. Cette heure légale est généralement définie par rapport à l'heure locale du méridien situé au centre d'un fuseau horaire. En France, l'heure légale est celle du fuseau d'Europe centrale ; elle est en avance d'une heure sur l'*heure de temps universel* (T.U.), heure locale du méridien de Greenwich (anciennement appelée heure G.M.T.) ; l'*heure d'été* est en avance d'une heure sur l'heure légale, et donc de deux heures sur l'heure T.U., elle a été instituée pour économiser de l'énergie électrique (la nuit tombant une heure plus tard).

heureusement [øRøzmɑ̃] adv. **1.** Vx D'une manière heureuse, dans le bonheur. *Vivre heureusement.* **2.** D'une manière avantageuse ; avec succès. **3.** D'une manière ingénieuse. **4.** Par bonheur. *Heureusement il avait pris ses précautions.* – De *heureux*.

heureux, euse [øRø, øz] adj. (et n.) **I. 1.** Favorisé par le sort. *Être heureux au jeu. Estimez-vous heureux d'être encore en vie !* **2.** Opportun, favorable, propice. *Un heureux hasard.* ▷ Qui réussit, qui trouve une issue favorable. *Une heureuse décision.* – *Avoir la main heureuse :* avoir de la chance dans les choix que l'on fait, réussir ce que l'on entreprend. ▷ Qui laisse prévoir une issue favorable. *Heureux présage.* **3.** Impers. *Il est heureux pour lui que... :* c'est une chance pour lui que... – Ellipt. *Encore heureux qu'il ne soit pas blessé !* **II.** Ingénieux, justement choisi. *Une heureuse combinaison de couleurs.* **III. 1.** Qui jouit du bonheur. *Rendre qqn heureux.* – *Être heureux comme un roi,* très heureux. – *«... deux amants jusqu'alors heureux et légers » (R. Vailland).* ▷ *Heureux de, que.* *« Elle s'attendrissait sur elle-même, heureuse de devenir une sorte d'héroïne de livre... »* (Maupassant). ▷ Subst. *Faire un heureux.* **2.** Qui marque, exprime le bonheur. *Air, visage heureux.* **3.** Rempli de bonheur. *Une existence heureuse.* ▷ Qui apporte le bonheur. *Souhaiter une heureuse année à qqn.* – De *heur*.

heuristique ou **euristique** [øRistik] adj. et n. f. Didac. **I.** adj. **1.** Qui favorise la découverte (de faits, de théories). *Méthode heuristique.* **2.** HIST Relatif à la collecte des documents. **II.** n. f. **1.** Partie du savoir scientifique qui étudie les procédures de découverte. **2.** HIST Collecte des documents. – Du gr. *heuriskein*, « trouver, découvrir ».

heurt ['œʀ] n. m. **1.** Coup, choc brutal (de corps qui se rencontrent). *Heurt des volets qui battaient au vent.* **2.** Fig. Friction entre des personnes, désaccord. *Leur voisinage ne va pas sans heurts.* **3.** Fig. Contraste violent (entre des sons, des couleurs, etc.). – Déverbal de *heurter*.

heurté, ée ['œʀte] adj. PEINT Dont les teintes ne sont pas fondues. *Tons heurtés.* ▷ Fig. *Exécution heurtée d'un morceau de musique*, brutale dans le rythme et l'opposition des nuances. *Style heurté.* – Pp. de *heurter*.

heurter ['œʀte] v. [1] **I.** v. tr. **1.** Cogner contre, rencontrer rudement. *Son front a heurté le pare-brise.* **2.** Fig. Contrarier, blesser, offenser. *Vos refus successifs l'ont heurté. Heurter de front l'opinion publique*, aller à l'encontre. **II.** v. intr. **1.** Vieilli *Heurter contre. Le bateau heurta contre un écueil.* **2.** *Heurter à* : donner intentionnellement des coups contre, sur. *Heurter au carreau, à la porte.* **III.** v. pron. **1.** Réfl. *Se heurter à un meuble.* ▷ Fig. *Se heurter aux préjugés.* **2.** Récipr. *Les deux véhicules se sont heurtés en haut d'une côte.* ▷ Fig. Être en violente opposition. *Leurs caractères se heurtent. – Des tons qui se heurtent.* – Du frq. **hurt*, « bélier ».

heurtoir ['œʀtwaʀ] n. m. **1.** Marteau fixé au vantail de la porte d'entrée d'une maison, et qui sert à frapper pour s'annoncer. **2.** CH de F Butoir. – De *heurter*.

hévéa [evea] n. m. Arbre de grande taille (genre *Hevea*, fam. euphorbiacées) originaire d'Amérique du Sud, cultivé (surtout en Asie du S.-E.) pour son latex, dont on tire le caoutchouc. – Mot quichua (Pérou) latinisé en *hevea*.

hex(a)-. Élément, du gr. *heks*, « six ».

hexachlorophène [ɛgzaklɔʀɔfɛn] n. m. PHARM Di-(hydroxy-2 trichloro-3,5,6 phényl)-méthane, antiseptique à usage externe. – De *hexa-*, *chlore*, et gr. *phainien*, « briller ».

hexacoralliaires [ɛgzakɔʀaljɛʀ] n. m. pl. ZOOL Cnidaires anthozoaires caractérisés par un grand nombre (six ou multiple de six) de tentacules. *Les hexacoralliaires solitaires sont les actinies, ou anémones de mer; les autres, vivant en colonies, sont les madréporaires, qui constituent les récifs coralliens.* – Sing. *Un hexacoralliaire.* – De *hexa-*, et *coralliaires*.

hexacorde [ɛgzakɔʀd] n. m. MUS Gamme du plain-chant, composée de six notes, utilisée jusqu'au XVIIe s. – De *hexa-*, et *corde*.

hexadécimal, ale, aux [ɛgzadesimal, o] adj. INFORM Se dit d'un système de numération à base 16 qui utilise 10 chiffres (de 0 à 9) et 6 lettres (de A à F). – De *hexa-*, et *décimal*.

hexaèdre [ɛgzaɛdʀ] adj. et n. m. GEOM Qui a six faces planes. ▷ n. m. Polyèdre à six faces. *L'hexaèdre régulier est le cube.* – De *hexa-*, et du gr. *hedra*, « siège, base ».

hexaédrique [ɛgzaedʀik] adj. GEOM Qui a la forme d'un hexaèdre. – De *hexaèdre*.

hexafluorure [ɛgzaflyɔʀyʀ] n. m. CHIM Fluorure dont la molécule contient 6 atomes de fluor. *L'hexafluorure d'uranium UF_6 est utilisé dans la séparation des isotopes de l'uranium par diffusion gazeuse.* – De *hexa-*, et *fluorure*.

hexagonal, ale, aux [ɛgzagɔnal, o] adj. **1.** GEOM Qui a la forme d'un hexagone. ▷ Qui a pour base un hexagone. *Solide hexagonal.* **2.** Qui concerne la France, l'Hexagone. V. hexagone. – De *hexagone*.

hexagone [ɛgzagon] n. m. et adj. **1.** GEOM Polygone à six angles et à six côtés. ▷ adj. Vx Hexagonal. **2.** *L'Hexagone* : la France métropolitaine (dont le territoire est approximativement de forme hexagonale). – Lat. d'orig. gr. *hexagonus*.

hexamètre [ɛgzamɛtʀ] n. m. VERSIF Vers de six pieds, ou de six mesures. *Hexamètre dactylique.* – Lat. d'orig. gr. *hexametrus*.

hexapode [ɛgzapɔd] adj. ZOOL Qui a six pattes. ▷ n. m. pl. Anc. nom de la classe des insectes. – De *hexa-*, et suff. *-pode*.

hexose [ɛgzoz] n. m. CHIM Sucre simple (ose) à six atomes de carbone. *Le glucose et le fructose sont des hexoses.* – De *hex(a)-*, et *-ose* 1.

H.F. ELECTR Sigle de *haute fréquence**.

Hf CHIM Symbole du hafnium.

Hg CHIM Symbole du mercure (abrév. du lat. *hydrargyrum*, « eau d'argent »).

hg Abrév. de *hectogramme*.

hi ! ['i, hi] interj. dont la répétition note le rire ou les pleurs. – Onomat.

hiatal, ale, aux [(')jatal, o] adj. MED *Hernie hiatale* : hernie de l'estomac à travers l'hiatus œsophagien du diaphragme. – De *hiatus* (sens 3).

hiatus [jatys] n. m. **1.** Suite de deux voyelles contiguës appartenant à des syllabes différentes, soit à l'intérieur d'un mot *(ar(éo)page)*, soit entre deux mots *(il (a é)té). L'hiatus* (ou abusiv. le hiatus). **2.** Fig. Discontinuité, coupure (dans une suite de choses, dans une chose). **3.** ANAT Orifice anatomique. *Hiatus œsophagien du diaphragme.* – Mot lat. « ouverture, fente ».

hibernal, ale, aux [ibɛʀnal, o] adj. Didac. De l'hibernation. *Sommeil hibernal.* ▷ Qui a lieu pendant l'hiver. *Plante à floraison hibernale.* – Bas lat. *hibernalis*, « d'hiver ».

hibernation [ibɛʀnasjɔ̃] n. f. État de torpeur et d'insensibilité dans lequel demeurent certains animaux, soit en hiver, soit au cours de périodes défavorables (sécheresse, excès de chaleur, etc.). ▷ MED *Hibernation artificielle* : état de vie ralentie de l'organisme, obtenu par l'emploi conjugué de médicaments paralysant le système nerveux végétatif et une réfrigération totale du corps, qui facilite certaines interventions chirurgicales prolongées et difficiles. – Bas lat. *hibernatio*.

hiberner [ibɛʀne] v. intr. [1] Passer la saison froide en hibernation. *Le loir, le hamster hibernent.* – Lat. *hibernare*.

hibiscus ou **ibiscus** [ibiskys] n. m. Plante des régions tropicales (fam. malvacées) à grosses fleurs utilisée comme plante ornementale, dont une espèce donne l'huile d'ambrette et une autre une fibre textile. – Mot lat., gr. *hibiskos*.

hibou, oux ['ibu] n. m. **1.** Oiseau rapace nocturne (ordre des strigiformes), dont la tête est pourvue de deux aigrettes (contrairement aux chouettes, qui en sont dépourvues). *La plupart des hiboux sont également nommés ducs. Les hiboux huent, ululent.* **2.** Fig., fam. Homme mélancolique qui fuit la société. *Un vieux hibou.* – Probabl. onomat.

hic ['ik] n. m. inv. Point délicat, difficile d'une question, d'une affaire. *Voilà le hic.* – Du lat. *hic (est questio)*, « ici (est la question) ».

hic et nunc ['ikɛtnunk] loc. adv. Ici et maintenant. – Mots lat.

hickory ['ikɔʀi] n. m. BOT Grand arbre proche du noyer (noyer blanc d'Amérique) au bois élastique. – Mot angl., abrév. de *pohickery*, mot algonquin (langue* amérindienne).

hidalgo [idalgo] n. m. Noble espagnol. – Mot esp., contract. de *hijo de algo*, « fils de quelque chose ».

hideur ['idœʀ] n. f. Qualité, aspect de ce qui est hideux; grande laideur. – De l'a. fr. *hisde*, «horreur, peur», probabl. d'orig. germ.

hideusement ['idøzmɑ̃] adv. D'une manière hideuse. *Être hideusement défiguré.* – De *hideux.*

hideux, euse ['idø, øz] adj. Dont la laideur est horrible, repoussante. *Visage, spectacle hideux.* ▷ (Abstrait) *Vices hideux.* – V. hideur.

hidro(s)-. Élément, du gr. *hidrôs*, «sueur».

hidrosadénite [idʀosadenit] n. f. MED Abcès d'une glande sudoripare, souvent localisé à l'aisselle. – De *hidros-*, gr. *adên*, «glande», et *-ite* 1.

hie ['i] n. f. TECH Masse qui sert à enfoncer les pavés. Syn. dame, demoiselle. – Moyen néerl. *heie.*

hièble ou **yèble** [jɛbl] n. f. Herbe voisine du sureau (*Sambacus ebulus*, fam. caprifoliacées) atteignant 2 à 3 m de haut, aux propriétés médicinales. – Du lat. *ebulum.*

hiémal, ale aux ['jemal, o] adj. Didac. Qui se produit en hiver. *Sommeil hiémal du loir.* ▷ Qui croît en hiver. *Plante hiémale.* – Lat. *hiemalis*, de *hiems, hiemis*, «hiver».

hier [(i)jɛʀ] adv. et n. m. **1.** Le jour qui précède immédiatement celui où l'on est, où l'on parle. *Il est parti hier, hier matin, hier soir, hier au soir.* ▷ n. m. *Je l'ai cherché tout hier.* **2.** Dans un passé récent, à une date récente. ▷ *N'être pas né d'hier* : avoir déjà beaucoup d'expérience. – Lat. *heri.*

hiér(o)-. Élément, du gr. *hieros*, «sacré, saint».

hiérarchie ['jeʀaʀʃi] n. f. **1.** RELIG Ordre et subordination des divers degrés de l'état ecclésiastique. ▷ Ordre et subordination des neuf chœurs des anges (séraphins, chérubins, trônes, pour la première hiérarchie; dominations, vertus, puissances, pour la deuxième; principautés, archanges et anges pour la troisième). **2.** Organisation d'un groupe, d'un corps social, telle que chacun de ses éléments se trouve subordonné à celui qu'il suit. *La hiérarchie militaire.* – *Être en haut, en bas de la hiérarchie.* **3.** Répartition des éléments d'une série selon une gradation établie en fonction de normes déterminées. *Hiérarchie des valeurs sociales, morales.* – Lat. médiév. *hierarchia*, du gr. *hieros*, «sacré», et *arkhein*, «commander».

hiérarchique ['jeʀaʀʃik] adj. Qui appartient à la hiérarchie; de la hiérarchie. *Passer par la voie hiérarchique.* – De *hiérarchie.*

hiérarchiquement ['jeʀaʀʃikmɑ̃] adv. Selon une, la hiérarchie. *Il vous est hiérarchiquement supérieur.* – De *hiérarchique.*

hiérarchisation ['jeʀaʀʃizasjɔ̃] n. f. Action de hiérarchiser; son résultat. – De *hiérarchiser.*

hiérarchiser ['jeʀaʀʃize] v. tr. [1] Organiser en établissant une hiérarchie. – De *hiérarchie.*

hiérarque ['jeʀaʀk] n. m. Haut dignitaire de l'Église orthodoxe. – Bas gr. ecclés. *hierarkhês.*

hiératique [jeʀatik] adj. (et n. f.) **1.** Didac. Qui concerne les choses sacrées; qui a le caractère formel des traditions liturgiques. ▷ LING *Écriture hiératique* ou, n. f., *la hiératique* : la plus ancienne des deux écritures cursives des anciens Égyptiens. **2.** Cour. Majestueux, d'une raideur figée, comme réglé par une tradition sacrée. *Pose hiératique.* – Lat. *hieraticus*, gr. *hieratikos.*

hiératiquement ['jeʀatikmɑ̃] adv. Dans une forme, d'une manière hiératique. – De *hiératique.*

hiératisme [jeʀatism] n. m. Didac. Caractère, attitude hiératique. – De *hiératique.*

hiéro-. V. hiér(o)-.

hiérogamie ['jeʀogami] n. f. Union de deux divinités; union d'un dieu ou d'un humain divinisé avec une déesse. – De *hiéro-*, et *-gamie.*

hiéroglyphe ['jeʀoglif] n. m. **1.** Signe, caractère fondamental de l'écriture des anciens Égyptiens. **2.** Plur. Fig. Écriture illisible, signes très difficiles à déchiffrer. – De *hiéroglyphique.*

ENCYCL Utilisant non pas des lettres mais des dessins d'hommes, d'oiseaux, de mammifères, de végétaux et d'objets quotidiens, les hiéroglyphes (sept cents environ) peuvent avoir deux fonctions dans l'écriture : l'*idéogramme*, représentation d'objets matériels et d'actions physiques dont la seule figuration évoque l'idée signifiée mais ne permet d'exprimer aucune idée abstraite; le *phonogramme*, hiéroglyphe évoquant un son. C'est le principe du phonogramme qui permet de transcrire phonétiquement tous les sons et donc d'écrire tous les mots du langage. Champollion (1790-1832), le premier, déchiffra les hiéroglyphes.

hiéroglyphique ['jeʀoglifik] adj. **1.** Qui se compose de hiéroglyphes. «*Précis du système hiéroglyphique des anciens Égyptiens*», *ouvrage de Champollion.* ▷ Qui forme un hiéroglyphe. *Signe hiéroglyphique.* **2.** Fig. Énigmatique, très difficile à déchiffrer. – Lat. *hieroglyphicus*, mot gr., de *hieros*, «sacré», et *gluphein*, «graver».

hiéronymite ['jeʀonimit] n. m. Religieux d'un des ordres qui ont pris pour patron saint Jérôme (désigné aussi sous le nom d'*ermite de saint Jérôme*). – Du lat. *Hieronymus*, «(saint) Jérôme».

hiérophante ['jeʀofɑ̃t] n. m. ANTIQ GR Prêtre de Déméter qui présidait aux mystères d'Éleusis. – Lat. *hierophantes*, mot gr., de *hieros*, «sacré», et *phainein*, «révéler».

hi-fi ['ifi] n. f. inv. Haute-fidélité. ▷ En appos. *Chaîne hi-fi.* – Mot angl., abrév. de *high fidelity*, «haute-fidélité».

high-tech [ajtɛk] adj. inv. et n. m. inv. Se dit de tout ce qui reflète une technologie de pointe. – Mot angl., abrév. de *high technology*, «haute technologie».

higoumène [igumɛn] n. m. Didac. Supérieur d'un monastère d'hommes orthodoxe. – Du gr. *hêgemonios*, «guide».

hi-han ['iɑ̃] interj. et n. m. *Hi-han!* ▷ n. m. *Les hi-hans du baudet.* – Onomatopée figurant le cri de l'âne.

hilaire ['ilɛʀ] adj. BOT, ANAT Relatif au hile. – De *hile.*

hilarant, ante [ilaʀɑ̃, ɑ̃t] adj. Qui excite la gaieté, provoque le rire. ▷ Vieilli *Gaz hilarant* : oxyde azoteux N_2O. – Du lat. *hilarare*, «rendre gai».

hilare [ilaʀ] adj. Qui est dans un état de parfait contentement, d'euphorie. *Homme hilare.* ▷ *Par méton.* Qui exprime cet état. *Visage hilare.* – Lat. *hilaris.*

hilarité [ilaʀite] n. f. **1.** Vieilli Joie douce et calme. **2.** Mod. Accès brusque de gaieté qui se manifeste par le rire. *Ses mimiques provoquèrent l'hilarité générale.* – Lat. *hilaritas.*

hilbertien, enne. V. préhilbertien.

hile ['il] n. m. **1.** BOT Zone où le funicule se soude aux téguments de l'ovule. ▷ Cicatrice laissée sur la graine par cette soudure. **2.** ANAT Zone, généralement déprimée, de pénétration des vaisseaux et des nerfs dans un viscère. *Hile du poumon, du foie.* – Lat. *hilum.*

hiloire ['ilwaʀ] n. f. MAR **1.** Bordure verticale, faisant office de brise-lames, autour d'un panneau de pont, d'un cockpit de bateau à voiles, etc. **2.** Membrure longitudinale qui soutient le pont. – Du néerl. *sloerie*, «platbord».

himalayen, enne [imalajɛ̃, ɛn] adj. De l'Himalaya, chaîne de montagnes d'Asie, la plus haute du monde.

hindi ['indi] n. m. et adj. Langue de l'Inde du Nord, devenue en 1949 la langue officielle de l'Inde. ▷ adj. (inv. en genre) *La littérature hindi.* – Mot hindi.

hindou, oue [ɛ̃du] adj. et n. 1. adj. Qui concerne l'hindouisme. 2. n. Personne qui pratique l'hindouisme. – De *Inde*.

hindouisme [ɛ̃duism] n. m. 1. Vieilli Ensemble des croyances et des institutions traditionnelles de l'Inde brahmanique. 2. Ensemble de courants religieux surtout répandu en Inde, reposant sur les *Vedas* et une organisation sociale particulière (système des castes). – De *hindou*.

hindouiste [ɛ̃duist] adj. et n. 1. adj. Relatif à l'hindouisme. *Rites hindouistes*. 2. n. Personne qui professe (ou étudie) l'hindouisme. – De *hindouisme*.

hinterland ['intɛʀlɑ̃d] n. m. GEOGR Arrière-pays. – Mot all., de *hinter*, «derrière», et *Land*, «pays».

hipp(o)-. Élément, du gr. *hippos*, «cheval».

hipparchie [ipaʀʃi] n. f. ANTIQ GR 1. Corps de cavalerie d'env. cinq cents cavaliers, commandé par un *hipparque*. 2. Commandement de cette unité. – Gr. *hipparkhia*.

hipparion [ipaʀjɔ̃] n. m. PALEONT Équidé fossile dont les pattes étaient munies de trois doigts et qui vécut en Eurasie au pliocène et au pléistocène. – Gr. *hipparion*, «petit cheval».

hipparque [ipaʀk] n. m. ANTIQ GR Commandant de la cavalerie. – Gr. *hipparkhos*.

hippiatre [ipjatʀ] n. Didac. Vétérinaire spécialiste des chevaux. – Gr. *hippiatros*.

hippiatrie [ipjatʀi] ou **hippiatrique** [ipjatʀik] n. f. Didac. Art de soigner les chevaux. – De *hippiatre*.

hippie ou **hippy** ['ipi], plur. **hippies** ['ipiz] n. et adj. (Mot américain.) 1. À l'origine, membre d'un mouvement informel non violent né aux États-Unis sur la côte californienne, dont les adeptes tentaient de remettre en question, par leur conduite, leurs vêtements, leur mode de vie (retour à la nature, vie communautaire, liberté des mœurs), la «société de consommation» américaine et son conformisme. 2. *Par ext.* Jeune homme, jeune fille imitant les hippies californiens dans sa façon de vivre ou dans sa mise. 3. adj. *Le phénomène hippie. La mode hippie*. – Mot amér., p.-ê. de *hip*, mot d'argot équivalant à notre expression «à la coule».

hippique [ipik] adj. Qui a rapport aux chevaux. *Concours hippique*. – Gr. *hippikos*.

hippisme [ipism] n. m. Ensemble des activités relatives aux courses de chevaux. ⊳ Sport équestre. – De *hippique*.

hippocampe [ipɔkɑ̃p] n. m. 1. MYTH Animal fabuleux qui avait un corps de cheval et une queue recourbée de poisson. 2. Poisson marin (genre *Hippocampus*), long d'env. 15 cm, dont la tête est perpendiculaire à l'axe du corps, et qui est doté d'une queue préhensile lui permettant de s'accrocher verticalement dans les algues. *L'hippocampe femelle dépose ses œufs dans une poche ventrale du mâle, où ils se développent*. 3. ANAT *Circonvolution de l'hippocampe* : cinquième circonvolution du lobe temporal de l'encéphale. – Lat. d'orig. gr. *hippocampus*.

hippocastanacées [ipokastanase] n. f. pl. BOT Famille de plantes dicotylédones dialypétales qui comprend notam. le marronnier d'Inde. – Sing. *Une hippocastanacée*. – De *hippo-*, et lat. *castanea*, «châtaigne».

hippocratique [ipokʀatik] adj. MED Qui concerne Hippocrate et sa doctrine. – Du n. d'*Hipprocrate* (460 - v. 377 av. J.-C.), médecin grec de l'Antiquité.

hippodrome [ipodʀom] n. m. 1. ANTIQ Lieu aménagé pour les courses de chevaux et de chars. 2. Champ de courses. *L'hippodrome de Longchamp*. – Lat. d'orig. gr. *hippodromus*.

hippogriffe [ipogʀif] n. m. Animal fantastique, cheval ailé à tête de griffon. – Ital. *ippogrifo*, du gr. *hippos*, «cheval», et ital. *grifo*, «griffon».

hippologie [ipɔlɔʒi] n. f. Didac. Étude du cheval. – De *hippo-*, et *-logie*.

hippomobile [ipomɔbil] adj. Vieilli Qui est mû par un cheval, par oppos. à *automobile*. *Véhicule hippomobile*. – De *hippo-*, et *mobile*.

hippophaé [ipɔfae] n. m. BOT Arbrisseau épineux (genre *Hippophae*), utilisé pour fixer les dunes. – Syn. argousier. – Lat. *hippophæs*, mot gr.

hippophagie [ipofaʒi] n. f. Utilisation de la viande de cheval comme aliment. – De *hippo-*, et *-phagie*.

hippophagique [ipofaʒik] adj. *Boucherie hippophagique*, où l'on vend de la viande de cheval. – De *hippo-*, et *-phagie*.

hippopotame [ipopɔtam] n. m. Mammifère herbivore d'Afrique tropicale *(Hippopotamus amphibius)*, long de 3 à 4 m, pesant de 2,5 à 3 tonnes, qui passe la plus grande partie de sa vie dans les fleuves. – *Hippopotame nain du Liberia (Choeropsis liberiensis)*, mesurant 0,90 m au garrot et 1,60 m de long, très peu amphibie. – Lat. d'orig. gr. *hippopotamus*, «cheval de fleuve», de *hippos*, «cheval», et *potamos*, «rivière, fleuve».

hippurique [ipyʀik] adj. BIOCHIM *Acide hippurique* : acide présent dans l'urine des herbivores. – De *hipp(o)-*, et *-urie*.

hippy. V. hippie.

hircin, ine [iʀsɛ̃, in] adj. Rare De bouc. *Odeur hircine*. – Lat. *hircinus*.

hirondeau [iʀɔ̃do] n. m. Petit de l'hirondelle. – Dimin. de *hirondelle*.

hirondelle [iʀɔ̃dɛl] n. f. 1. Oiseau passériforme (fam. hirundinidés), migrateur, au vol léger et rapide, à la queue fendue en V caractéristique. ⊳ *Hirondelle de mer* : sterne. ⊳ CUIS *Nid d'hirondelle* : V. salangane. ⊳ Prov. *Une hirondelle ne fait pas le printemps* : un fait isolé ne suffit pas à établir une règle générale. 2. Fam., vieilli Agent de police circulant à bicyclette. – A. fr. *aronde*, *arondelle*, refait d'ap. lat. *hirundo*.

hirsute ['iʀsyt] adj. 1. Garni de poils longs et fournis. 2. Cour. Ébouriffé, échevelé, hérissé. *Une barbe hirsute. Un enfant hirsute*. – Lat. *hirsutus*.

hirsutisme ['iʀsytism] n. m. MED Développement exubérant du système pileux, associé à des troubles génitaux et lié à un mauvais fonctionnement des surrénales. – De *hirsute*.

hirudinées [iʀydine] n. f. pl. ZOOL Syn. de *achètes*. – Sing. *Une hirudinée*. – Lat. *hirudo, hirudinis*, «sangsue».

hispan(o)-. Élément, du latin *hispanus*, «espagnol».

hispanique [ispanik] adj. De l'Espagne, des Espagnols. – Lat. impérial *hispanicus*.

hispanisant, ante [ispanizɑ̃, ɑ̃t] ou **hispaniste** [ispanist] n. Personne qui étudie la langue, la culture espagnole. – De *hispanique*.

hispanisme [ispanism] n. m. Locution, tournure propre à la langue espagnole. – Du lat. *hispanus*, «hispanique», et *-isme*.

hispanité [ispanite] n. f. Fait d'être espagnol; caractère de ce qui est propre aux Espagnols. – Du lat. *hispanus*, «espagnol».

hispano-américain, aine [ispanoameʀikɛ̃, ɛn] adj. et n. 1. adj. Qui concerne l'Espagne et l'Amérique, ou l'Amérique espagnole. – *Guerre hispano-américaine*, entre l'Espagne et les É.-U., provoquée par la révolte des Cubains en 1898. 2. adj. et n. Relatif aux citoyens des

États-Unis originaires d'Espagne ou des pays hispanophones d'Amérique. ▷ Subst. *Les Hispano-Américains.*

hispano-arabe [ispanoarab] ou **hispano-mauresque** ou **hispano-moresque** [ispanomɔʀɛsk] adj. Qui concerne la période de la domination arabe sur l'Espagne. *Art des faïences hispano-moresques.*

hispanophone [ispanɔfɔn] adj. Qui parle la langue espagnole. – De *hispano-*, et *-phone.*

hispide [ispid] adj. BOT Couvert de poils rudes, longs et épais. *Tige hispide.* – Lat. *hispidus.*

hisse (oh) ['ois] interj. Cri que poussent des personnes en train de hisser, de tirer qqch, pour rythmer et coordonner leurs efforts. – Impér. de *hisser.*

hisser ['ise] v. [1] **I.** v. tr. **1.** Élever au moyen d'un cordage, d'un filin. *Hisser une voile.* **2.** Faire monter, en tirant ou en poussant. *Hisser un enfant sur ses épaules.* **II.** v. pron. S'élever avec effort, grimper. *Se hisser au sommet du mur.* ▷ Fig. *Il se hissa au faîte du pouvoir.* – Bas all. *hissen.*

hista-, histio-, histo-. Éléments, du gr. *histos,* « tissu ».

histamine [istamin] n. f. BIOCHIM Amine dérivée de l'histidine qui, présente dans les divers tissus animaux, provoque la sécrétion du suc gastrique, contracte les artères, dilate les capillaires et joue aussi un rôle de médiateur chimique dans les réactions allergiques. – De *hist(o)-*, et *amine.*

histaminique [istaminik] adj. BIOCHIM Qui se rapporte à l'histamine. – De *histamine.*

histidine [istidin] n. f. BIOCHIM Acide aminé cyclique rencontré en petite quantité dans toutes les protéines et relativement abondant dans l'hémoglobine. – Mot all., de *hist(o)-*, *-ide*, et *-ine.*

histocompatibilité [istokɔ̃patibilite] n. f. Didac. Compatibilité entre les tissus d'un greffon et ceux d'un hôte, étroitement liée à leur appartenance à des groupes tissulaires caractérisés par des antigènes génétiquement définis. *La similitude des antigènes d'histocompatibilité chez deux individus est la condition requise pour qu'une greffe pratiquée de l'un à l'autre réussisse.* – De *histo-*, et *compatibilité.*

histogenèse [istoʒənɛz] n. f. BIOL **1.** Formation de tissus divers à partir de cellules indifférenciées, au cours du développement embryonnaire. **2.** Partie de l'embryologie qui étudie le développement des tissus. **3.** Étude de la formation des tissus malades (néoplasmes, notam.). – De *histo-*, et *-genèse.*

histogramme [istɔgʀam] n. m. STATIS Représentation graphique, par des bandes rectangulaires juxtaposées, d'une série statistique. – Angl. *histogram.*

histoire [istwaʀ] n. f. **1.** Récit d'actions, d'événements relatifs à une époque, à une nation, à une branche de l'esprit humain, qui sont jugés dignes de mémoire. *Histoire moderne. Histoire de France. Histoire événementielle. Histoire sociale, économique, politique, diplomatique, littéraire, philosophique, religieuse, des idées. Histoire de l'Antiquité,* ou *histoire ancienne,* jusqu'à la fin du Ve s. apr. J.-C. ; *histoire du Moyen Âge,* jusqu'à la fin du XVe siècle ; *histoire des Temps modernes,* des XVIe, XVIIe et XVIIIe s. jusqu'à la Révolution ; *histoire contemporaine,* commençant à la Révolution et englobant notre époque. **2.** Science de la connaissance du passé. *L'histoire s'appuie sur des documents : fossiles, monuments, monnaies, œuvres d'art, chroniques, mémoires. Cours, professeur d'histoire.* **3.** *Par ext.* Suite des événements (vus rétrospectivement). *Les enseignements de l'histoire. – L'histoire jugera. Le sens de l'histoire,* jugé inéluctable. *L'accélération de l'histoire.* **4.** BX-A *Peinture d'histoire,* représentant des sujets empruntés à l'histoire. **5.** Vieilli *Histoire naturelle :* sciences naturelles. **6.** Relation d'actions, d'événements, d'aventures réelles ou inventées. *Raconter une histoire à un enfant. L'histoire d'un voyage.* – Loc. fam. *Le plus beau de l'histoire :* le fait le plus remarquable. *C'est toute une histoire :* ce serait long à raconter, ou à obtenir, à réaliser. *C'est une autre histoire :* il s'agit d'autre chose. *En voilà une histoire,* en parlant d'une nouvelle fâcheuse. *C'est de l'histoire ancienne,* se dit de qqch qu'on veut oublier. **7.** Récit inventé pour tromper, mensonge. *Ce sont des histoires. Une histoire à dormir debout,* invraisemblable. – Par ext. *Faire des histoires :* faire des embarras. – *S'attirer des histoires,* des désagréments, des querelles. **8.** Loc. fam. *Histoire de* (+ inf.) : pour. *« Histoire de rire »* (A. Salacrou). *J'ai dit ça, c'était histoire de plaisanter.* – Lat. *historia,* mot gr., de *histôr,* « qui sait ».

histologie [istɔlɔʒi] n. f. BIOL Étude des tissus de l'organisme par la microscopie optique et électronique, et par des méthodes de coloration qui permettent d'identifier leur structure, leur morphologie, leur mode de formation et leur rôle. – De *histo-*, et *-logie.*

histologique [istɔlɔʒik] adj. MED Qui a rapport à l'histologie. – De *histologie.*

histolyse [istoliz] n. f. BIOL Destruction des tissus. – De *histo-*, et *-lyse.*

histone [iston] n. f. BIOCHIM Protéine qui, liée à l'acide désoxyribonucléique des noyaux cellulaires, joue un rôle important dans la synthèse des protéines. – Du gr. *histos,* « tissu ».

historicité [istɔʀisite] n. f. Caractère de ce qui est historique. *L'historicité d'un fait.* – De *historique.*

historié, ée [istɔʀje] adj. Orné d'enjolivures, de figurines. *Bible historiée.* – Pp. de *historier.*

historien, enne [istɔʀjɛ̃, ɛn] n. Personne qui écrit des ouvrages d'histoire, qui enseigne ou étudie l'histoire. *Le premier historien fut Hérodote. Un historien spécialiste de Louis XIV. Les historiens et les géographes.*

historier [istɔʀje] v. tr. [1] Enjoliver de divers petits ornements. *Historier un manuscrit.* – Lat. médiév. *historiare,* « raconter ».

historiette [istɔʀjɛt] n. f. Courte histoire, anecdote. *Récit parsemé d'historiettes piquantes.* – Dimin. de *histoire.*

historiographe [istɔʀjɔgʀaf] n. Écrivain nommé officiellement pour écrire l'histoire de son temps. *Les historiographes de Louis XIV. Les institutions (académies, ministères) et les grandes entreprises ont parfois leurs historiographes.* – Bas lat. *historiographus,* d'orig. gr.

historiographie [istɔʀjɔgʀafi] n. f. **1.** Art, travail de l'historiographe. **2.** Ensemble des ouvrages des historiographes d'une période donnée. – De *historiographe.*

historique [istɔʀik] adj. et n. m. **I.** adj. **1.** Qui concerne l'histoire. *Recherches historiques.* – *Pièce, roman, film historique,* dont le sujet est tiré de l'histoire. – *Monument historique,* classé par l'État, qui en garantit la conservation en raison de son intérêt. **2.** Qui appartient à l'histoire (et non à la légende). *Des faits historiques. Homère n'est pas un personnage historique.* **II.** n. m. Exposé chronologique de faits, d'événements. *Faire l'historique des débats. L'historique d'un mot,* rappel de ses formes et de ses sens successifs. – Lat. *historicus.*

historiquement [istɔʀikmɑ̃] adv. Du point de vue de l'histoire. *Des faits historiquement vérifiables.* – De *historique.*

histrion [istʀijɔ̃] n. m. **1.** ANTIQ Acteur comique. **2.** Péjor., litt. Mauvais comédien, cabotin. – Lat. *histrio.*

hitlérien, enne [itleʀjɛ̃, ɛn] adj. et n. Relatif à Hitler, à l'hitlérisme, à ses partisans. – Subst. *Les hitlériens.* – Du n. de Adolf *Hitler* (1889-1945).

hitlérisme [itleʀism] n. m. Doctrine et action d'Hitler. Syn. nazisme (ou national-socialisme). – Du n. de *Hitler.*

hit-parade ['itpaʀad] n. m. (Anglicisme) Classement, par ordre de popularité, des chansons, des films, etc., récemment sortis. *Des hit-parades.* Syn. (officiellement recommandé) palmarès. – Mot angl., des États-Unis, de *hit,* «succès», et *parade,* «défilé», empr. au fr.

hittite ['itit] adj. et n. ANTIQ Des Hittites. *La civilisation hittite prédomina en Asie Mineure entre le XVIe et le XIIIe s. av. J.-C.* ▷ n. m. Langue indo-européenne qui était parlée par les Hittites. – Mot angl., du lat. biblique *Hethaci,* hébr. *Hittim,* qui désigne des peuples d'Anatolie centrale, auj. globalement nommés *Hittites.*

H.I.V. n. m. MED Virus de la famille de rétrovirus présentant une grande affinité pour les lymphocytes. *Des quatre H.I.V. connus et détectés par le test Elisa*, un seul est responsable du sida.* – Sigle de l'angl. *Human Immunodeficiency Virus,* «virus de l'immunodépression humaine».

hiver [ivɛʀ] n. m. Saison la plus froide de l'année dans l'hémisphère boréal, du 22 décembre (solstice d'hiver) au 20 mars (équinoxe de printemps). *Les rigueurs de l'hiver. L'hiver a été doux cette année.* ▷ Poét. Vieillesse. *L'hiver des ans.* – Bas lat. *hibernum.*

hivernage [ivɛʀnaʒ] n. m. **1.** MAR Temps de relâche pendant la mauvaise saison. *Un hivernage au pôle.* **2.** Saison des orages et des pluies dans les régions tropicales. **3.** AGRIC Labour effectué avant ou pendant l'hiver. **4.** Séjour du bétail à l'étable, des abeilles dans la ruche, pendant l'hiver. – De *hiverner.*

hivernal, ale, aux [ivɛʀnal, o] adj. et n. f. **1.** adj. D'hiver. *Station hivernale.* **2.** n. f. ALPIN Ascension en haute montagne pendant l'hiver. – Bas lat. *hibernalis.*

hivernant, ante [ivɛʀnɑ̃, ɑ̃t] adj. et n. **1.** adj. Qui hiverne. **2.** n. Personne qui passe l'hiver dans un endroit dont le climat est doux. *Il y a beaucoup d'hivernants à Nice.* – Ppr. de *hiverner.*

hiverner [ivɛʀne] v. [1] **1.** v. intr. Passer la mauvaise saison à l'abri ou dans des régions tempérées. – (Animaux) *Les hirondelles hivernent en Afrique.* **2.** v. tr. Rentrer (le bétail) à l'étable, protéger (les ruches) avant l'hiver. – Lat. *hibernare,* d'ap. *hiver.*

hl Symbole d'hectolitre.

HL-A (système) n. m. MED Principal système d'histocompatibilité* connu chez l'homme. – Sigle de *Human Leucocyte Antigens.*

H.L.M. [aʃɛlɛm] n. m. ou f. Grand immeuble d'habitation aux loyers peu coûteux, réservé aux personnes qui ont un revenu relativement peu élevé. *Habiter un* (ou *une*) *H.L.M.* – Sigle de *habitation à loyer modéré.*

hm Symbole d'hectomètre.

Ho CHIM Symbole de l'holmium.

ho! ['o; ho] Interjection qui sert à appeler, à témoigner de l'étonnement, de l'indignation, de la douleur, etc. *Ho! venez par ici! Ho! quel malheur!* – Onomat.

hoazin [ɔazɛ̃] n. m. ORNITH Oiseau d'Amazonie (*Opisthocomus hoazin,* ordre des galliformes), qui évoque un faisan et dont le jeune a des ailes comportant des crochets (comme l'archéoptéryx). – D'une langue indienne onomatopéique.

hobby ['ɔbi] n. m. (Anglicisme) Violon d'Ingres, passe-temps. *Des hobbies.* – Mot angl.

hobereau ['ɔbʀo] n. m. **1.** Petit faucon *(Falco subbuteo)* d'Europe, long de 35 cm. **2.** Gentilhomme campagnard. – De l'a. fr. *hobeler,* du moy. néerl. *hoblelen,* «bouger, se démener».

hocco [ɔko] n. m. Oiseau galliforme (genre *Crax*) d'Amérique du Sud, de forte taille, huppé, au plumage sombre. – Mot de la Guyane.

hochement ['ɔʃmɑ̃] n. m. Action de hocher (la tête). – De *hocher.*

hochepot ['ɔʃpo] n. m. Vx, rég. Ragoût, longuement mijoté, de viande et de légumes. *Queue de bœuf en hochepot.* – De *hocher,* et *pot.*

hochequeue ou **hoche-queue** ['ɔʃkø] n. m. Bergeronnette (oiseau). *Les hochequeues* (ou *hoche-queues*) *remuent sans arrêt la queue.* – De *hocher,* et *queue.*

hocher ['ɔʃe] v. tr. [1] **1.** Vx Secouer. **2.** *Hocher la tête,* la remuer, en signe d'assentiment, de dénégation, de doute. *Hocher la tête de haut en bas pour dire «oui», de gauche à droite pour dire «non».* – Du frq. **hottisôn,* «secouer».

hochet ['ɔʃɛ] n. m. **1.** Jouet que les enfants en bas âge peuvent secouer et qui fait du bruit. **2.** Fig. Chose futile qui flatte ou qui distrait. *Les hochets de la vanité.* – De *hocher.*

hockey ['ɔkɛ] n. m. Jeu d'équipe pratiqué sur gazon ou sur glace et consistant à envoyer une balle ou un palet dans le but adverse en le poussant au moyen d'une crosse. *Le hockey sur gazon est originaire de l'Inde.* – Mot angl., p.-ê. de l'a. fr. *hoquet,* «crochet, bâton crochu», frq. **hôk.*

hockeyeur, euse ['ɔkɛjœʀ, øz] n. Joueur, joueuse de hockey. – De *hockey.*

hodomètre [ɔdɔmɛtʀ] n. m. Didac. Syn. de *podomètre.* – Du gr. *hodometron,* de *hodos,* «route», et *metron,* «mesure».

hoir ['waʀ] n. m. DR Anc. Héritier en ligne directe. – Du lat. *heres,* «héritier».

hoirie [waʀi] n. f. DR Anc. Héritage, succession. – Mod. *Avancement d'hoirie.* – De *hoir.*

holà ['ɔla; hɔla] interj. et n. m. **I.** interj. **1.** Servant à appeler. *Holà! quelqu'un!* **2.** Servant à arrêter qqn, à le modérer. *Holà! pas tant de bruit!* **II.** n. m. *Mettre le holà à :* mettre fin à (qqch de fâcheux). *Mettre le holà à une entreprise trop risquée.* – De *ho!* et *là.*

holding ['ɔldiŋ] n. m. ou f. FIN Société de portefeuille dont l'activité consiste à gérer un avoir constitué par des actions, des valeurs mobilières. – Mot angl., ppr. de *to hold,* «posséder, détenir».

hold-up ['ɔldœp] n. m. inv. (Anglicisme) Agression à main armée pour dévaliser une banque, un magasin, un convoi, etc. – Mot amér., de *to hold up one's hands,* «tenir les mains en l'air».

holisme ['ɔlism] n. m. Didac. Théorie selon laquelle les phénomènes sont des totalités irréductibles à la somme ou même à l'association structurelle de leurs composantes. – Du gr. *holos,* «entier», et *-isme.*

hollandais, aise ['ɔlɑ̃dɛ, ɛz] adj. et n. **1.** De Hollande, n. courant des Pays-Bas. *Vermeer est un des grands peintres hollandais.* ▷ Subst. *Un(e) Hollandais(e).* **2.** *Race hollandaise* ou *frisonne :* race de vaches pie-noire ou pie-rouge d'origine hollandaise, excellentes laitières.

hollande ['ɔlɑ̃d] n. **I.** n. f. **1.** Toile très fine fabriquée en Hollande. **2.** Porcelaine de Hollande. **3.** Variété de pomme de terre à chair jaune très farineuse. **II.** n. m. **1.** Fromage de vache à pâte cuite dure recouvert d'une croûte cireuse rouge. **2.** Papier de luxe.

hollywoodien, enne ['ɔliwudjɛ̃, ɛn] adj. **1.** De Hollywood. *Une star hollywoodienne.* **2.** *Par ext.* Qui évoque le faste de la vie à Hollywood. *Un bungalow au décor hollywoodien.* – Du n. de *Hollywood,* localité de l'agglomération de Los Angeles, cap. de l'industr. cinématographique.

holmium ['ɔlmjɔm] n. m. CHIM Élément appartenant à la famille des lanthanides, de numéro atomique Z = 67 et de masse atomique 164,93 (symbole Ho), qui fond à 1 474 °C et bout à 2 695 °C. – De la dernière syll. de *Stockholm,* ville de Suède.

holo-. Élément, du gr. *holos*, «entier».

holocauste [ɔlokost] n. m. **1.** HIST RELIG Sacrifice en usage chez les juifs, au cours duquel la victime (un animal) était entièrement consumée par le feu. *Offrir un mouton en holocauste.* ▷ *Par ext.* Victime ainsi sacrifiée. **2.** Sacrifice religieux sanglant. **3.** Spécial. *L'Holocauste* ou *l'holocauste* : le massacre des Juifs par les nazis. **4.** Fig. Sacrifice. *Offrir son cœur en holocauste. S'offrir en holocauste.* – Lat. ecclés. d'orig. gr. *holocaustum*, «brûlé tout entier».

holocène [ɔlɔsɛn] n. m. et adj. GEOL Étage le plus récent du quaternaire qui succède au paléolithique supérieur (de 8 000 ou 7 000 av. J.-C. à nos jours). – De *holo-*, et *-cène*.

holocéphales [ɔlosefal] n. m. pl. ICHTYOL Sous-classe de poissons cartilagineux des grandes profondeurs, aux nageoires très développées, comprenant notam. les chimères (sens 3). – Sing. *Un holocéphale.* – De *holo-*, et *-céphale*.

holocrine [ɔlokʀin] adj. BIOL Qualifie les glandes (sébacées, mammaires, etc.) dont la sécrétion résulte d'une fonte cellulaire. – De *holo-*, et gr. *krinein*, «excréter».

holocristallin, ine [ɔlokʀistalɛ̃, in] adj. GEOL Se dit d'une roche dont tous les minéraux sont cristallisés. – De *holo-*, et *cristallin*.

holoenzyme [ɔloɑ̃zim] n. f. BIOCHIM Ensemble enzymatique formé par la protéine (apoenzyme) et les groupes prosthétiques (coenzymes). – De *holo-*, et *enzyme*.

hologramme [ɔlogʀam] n. m. TECH Cliché photographique transparent qui donne l'illusion du relief lorsqu'il est illuminé sous un certain angle. *Le laser a permis de réaliser les premiers hologrammes.* – De *holo-*, et *-gramme*.

holographie [ɔlogʀafi] n. f. TECH Ensemble des techniques de réalisation et d'utilisation des hologrammes. – De *holo-*, et *-graphie*.

ENCYCL Le principe de l'holographie consiste en l'enregistrement sur une surface photosensible de deux ondes issues d'une même source : une onde directe et une onde diffractée par l'objet photographié, ces deux ondes produisant un système d'interférences. En éclairant avec une source laser *(holographie optique)* la photographie obtenue, on a une image à trois dimensions. Si l'on utilise une source ultrasonore *(holographie acoustique)*, l'hologramme se forme sur un cristal piézoélectrique qui transforme les ondes sonores en signaux électriques, et l'image est visualisée sur un écran cathodique.

holométabole [ɔlometabɔl] adj. et n. m. ZOOL Se dit des insectes supérieurs à métamorphose complète, dont les larves sont très différentes de l'adulte et chez lesquels l'imago se forme en une seule mue, la nymphose. – De *holo-*, et *métabole*.

holomorphe [ɔlɔmɔʀf] adj. MATH *Fonction holomorphe* : fonction d'une variable complexe, dérivable en tout point de son domaine de définition. – De *holo-*, et *-morphe*.

holoparasite [ɔlopaʀazit] adj. **1.** BIOL Se dit d'un être vivant qui ne peut vivre qu'en parasite. **2.** BOT Se dit d'une plante parasite devenue inapte à la photosynthèse. – De *holo-*, et *parasite*.

holophrastique [ɔlofʀastik] adj. LING Se dit des langues (eskimo, par ex.) où la phrase entière ne consiste qu'en un seul mot. – De *holo-*, et gr. *phrasis*, «énoncé».

holoprotéine [ɔlopʀɔtein] n. f. BIOCHIM Protéine constituée uniquement d'acides aminés. – De *holo-*, et *protéine*.

holoside [ɔlɔzid] n. m. BIOCHIM Glucide dont l'hydrolyse complète fournit exclusivement des oses. (S'oppose à *hétéroside*.) – De *holo-*, et *oside*.

holothurie [ɔlotyʀi] n. f. ZOOL Échinoderme au corps mou, plus ou moins cylindrique, recouvert de spicules calcaires rugueuses et appelé aussi *concombre de mer*. – Lat. d'orig. gr. *holothuria*.

holotriches [ɔlotʀiʃ] n. m. pl. ZOOL Ordre d'infusoires ciliés, au corps uniformément couvert de cils, dont le type est la paramécie. – Sing. *Un holotriche.* – De *holo-*, et gr. *trikhos*, «poil».

homard ['ɔmaʀ] n. m. Crustacé marin aux énormes pinces (genre *Homarus*), dont le corps à la carapace bleu veiné de jaune peut atteindre 50 cm, et dont la chair est très estimée. *Pinces de homard.* – CUIS *Homard thermidor*, dont les morceaux, accompagnés d'une sauce, sont servis dans la carapace coupée en deux. – Anc. nordique *humarr*.

homarderie ['ɔmaʀdəʀi] n. f. Vivier où l'on élève des homards. – De *homard*.

hombre ['ɔ̃bʀ] n. m. Anc. jeu de cartes espagnol. – Mot esp., «homme».

home ['om] n. m. (Anglicisme) Vieilli **1.** Foyer, chez-soi. *L'intimité du home.* **2.** *Home d'enfants* : maison qui accueille des enfants en pension ou en vacances. – Mot angl., «maison, foyer».

homélie [ɔmeli] n. f. **1.** Leçon simple sur un point de doctrine religieuse. – Sermon fait sur un ton familier. **2.** Péjor. Discours moralisant et ennuyeux. *Une homélie sur la noblesse du travail.* – Lat. ecclés. *homilia*, mot gr.

homéo- ou **homœo-.** Élément, du gr. *homoios*, «semblable».

homéomorphisme [ɔmeomɔʀfism] n. m. MATH Application bijective et continue d'un espace topologique sur un autre. (Espaces dits *homéomorphes*.) – De *homéo-*, et *-morphisme*.

homéopathe [ɔmeopat] n. et adj. Médecin pratiquant l'homéopathie. – adj. *Médecin homéopathe.* – De *homéopathie*.

homéopathie [ɔmeopati] n. f. Méthode thérapeutique qui consiste à traiter les maladies par des doses infinitésimales de produits capables (à plus fortes doses) de déterminer des symptômes identiques aux troubles que l'on veut supprimer. Ant. allopathie. – D'abord en all.; du gr. *homoios*, «semblable», et *pathos*, «ce qu'on éprouve».

ENCYCL En 1790, Hahnemann, expérimentant le quinquina sur lui-même, alors qu'il n'était pas malade, constate bientôt ceci : «Le quinquina, qui détruit la fièvre, provoque chez le sujet sain les apparences de la fièvre»; il avait découvert la première des trois lois de l'homéopathie : la *loi de similitude*, que complète une deuxième loi, celle des *doses infinitésimales* : on prépare des dilutions successives au 1/100 (centésimales hahnemanniennes, par abrév. CH) ou au 1/10 (décimales notées X); en outre, l'agitation du flacon *(dynamisation)* qui donnera le soluté suivant est capitale. La troisième loi concerne le «terrain morbide» : il n'y a pas des maladies (à caractère universel) ni des malades (tous identiques s'ils sont frappés d'un même mal), mais un malade, global et fortement individualisé.

homéopathique [ɔmeopatik] adj. Qui a rapport à l'homéopathie. ▷ *Dose homéopathique* : dose infinitésimale. – De *homéopathie*.

homéostasie [ɔmeostazi] n. f. BIOL Faculté qu'ont les êtres vivants de maintenir ou de rétablir certaines constantes physiologiques (concentration du sang et de la lymphe, pression artérielle, etc.) quelles que soient les variations du milieu extérieur. – De *homéo-*, et gr. *stasis*, «situation».

homéostat [ɔmeosta] n. m. TECH Ensemble cybernétique constitué par deux éléments (que relie une boucle d'action et de rétroaction), un élément actif et un élément extérieur, le premier agissant sur le second en dépensant de l'énergie et en réglant son action sur les informations qu'il reçoit de celui-ci. – De *homéo-*, et *-stat.*

homéostatique [ɔmeostatik] adj. Relatif à l'homéostasie. – De *homéostasie.*

homéotherme [ɔmeotɛʀm] adj. et n. m. ZOOL Qualifie les animaux, dits aussi «à sang chaud», qui maintiennent la température de leur corps constante, quelle que soit la température ambiante. Ant. poïkilotherme. – De *homéo-*, et *-therme.*

homérique [ɔmeʀik] adj. **1.** Qui a rapport à Homère. *Rechercher les lieux homériques.* **2.** Qui rappelle Homère, les héros et les temps anciens qu'il a célébrés. *Une bataille homérique.* - *Par ext.* Spectaculaire, épique. ▷ *Rire homérique,* énorme, déchaîné. – Lat. *homericus,* gr. *homerikos,* de *Homeros,* «Homère», le célèbre poète grec de l'Antiquité.

homespun ['omspœn] n. m. Tissu de grosse laine, d'orig. écossaise. – Mot angl., «filé *(spun)* à la maison *(home)* ».

1. homicide [ɔmisid] n. et adj. **1.** n. Personne qui tue un être humain. **2.** adj. Qui cause la mort d'un ou de plusieurs êtres humains. *Ces haines homicides.* – Lat. *homicida,* de *homo,* «homme» et *cædere* «tuer».

2. homicide [ɔmisid] n. m. Meurtre, action de tuer un être humain. *Homicide volontaire. Homicide par imprudence.* – Lat. *homicidium.*

hominidés [ɔminide] n. m. pl. PALEONT, ANTHROP Ensemble des primates comprenant l'homme (genre *Homo**) et ses ancêtres (genre *Australopithecus*). - Sing. *Un hominidé.* – Du lat. *homo, hominis,* «homme».

hominiens [ɔminjɛ̃] n. m. pl. PALEONT, ANTHROP Lignée de primates qui s'étend des hommes fossiles aux hommes actuels. - Sing. *Un hominien.* – Du lat. *homo, hominis,* «homme».

ENCYCL Le groupe des hominiens, auquel est rattaché celui des *préhominiens,* ne comporte que le genre *Homo,* lequel renferme : tous les pithécanthropes *(Homo erectus),* de Java, de Chine (Zhoukoudian), de Mauritanie; les néanderthaliens *(Homo sapiens neanderthalensis),* qui subsistèrent un certain temps avec *Homo sapiens sapiens,* l'homme actuel. La première forme étudiée d'*Homo sapiens,* qui apparut il y a moins de 50 000 ans, est *Homo sapiens fossilis,* l'homme de Cro-Magnon, dont le degré de civilisation était beaucoup plus élevé que celui des néanderthaliens. Des découvertes récentes en Palestine et en Afrique du N. font remonter l'*Homo sapiens sapiens* à 100 000 ans env. La découverte à Swanscombe (G.-B.) et à Steinheim (Wurtemberg), de fossiles vieux de plus de 250 000 ans et dont les caractères sont intermédiaires entre ceux de l'homme de Cro-Magnon et ceux de l'australopithèque (genre *Australopithecus,* type A, groupe des préhominiens), étaye l'hypothèse selon laquelle l'homme actuel, *Homo sapiens sapiens,* descendrait, par les hominiens de Swanscombe ou de Steinheim, dit *présapiens* (avant *Homo sapiens*), de l'australopithèque A; l'australopithèque de type P, les néanderthaliens et les pithécanthropes ne constituent que des rameaux parallèles. La structure générale des hominiens, c.-à-d. celle de l'homme actuel, était en place dès les premiers primates; le stade principal de l'hominisation fut l'acquisition de la station verticale, qui libéra les mains de la fonction locomotrice et favorisa l'augmentation constante du volume du cerveau, donc le développement du psychisme. L'industrie lithique n'est pas l'apanage d'*Homo sapiens*; ainsi, de nombreux néanderthaliens la pratiquaient. Précisons que la préhistoire, c.-à-d. l'«histoire» des premières activités industrielles et artistiques du genre *Homo,* ne couvre que la partie la plus récente de la paléontologie humaine.

hominisation [ɔminizasjɔ̃] n. f. Ensemble des processus par lesquels l'espèce humaine s'est constituée à partir de primates. – Du lat. *homo, hominis,* «homme».

hommage [ɔmaʒ] n. m. **1.** HIST Acte par lequel le vassal se reconnaissait homme lige* du suzerain dont il allait recevoir un fief. **2.** Acte, marque de soumission, de vénération, de respect. *Je rends hommage à votre loyauté.* - Plur. *Présenter ses hommages à une dame,* lui présenter respectueusement ses civilités. **3.** Offrande faite à qqn en signe de respect, de considération. *Hommage d'un livre par l'auteur, par l'éditeur,* se dit d'un livre offert par l'auteur, par l'éditeur. – De *homme.*

hommasse [ɔmas] adj. Péjor. Se dit d'une femme qui a une allure virile. *Elle est un peu hommasse.* – De *homme,* et *-asse.*

homme [ɔm] n. m. **1.** Être humain. *L'homme, le plus évolué des êtres vivants, appartient à la classe des mammifères, à l'ordre des primates, à la famille des hominidés et à l'espèce «Homo sapiens».* **2.** Être humain de sexe masculin. *Les caractéristiques qui différencient l'homme de la femme. Un homme âgé.* ▷ (En tant que dépositaire des valeurs traditionnellement considérées comme spécifiquement masculines.) *Être, se montrer un homme,* énergique, courageux. ▷ Pop. (Avec le possessif.) Amant, mari. *C'est mon homme.* **3.** Être humain de sexe masculin et adulte. *Ce n'est plus un enfant, c'est un homme. Un homme bien bâti, musclé, malingre. Un bel homme. Un homme grand. Homme à femmes,* qui a des succès féminins. **4.** *Homme de,* suivi d'un nom, pour indiquer l'état, la profession, les qualités, les défauts d'un individu. *Homme de lettres* : écrivain. *Homme d'État* : membre d'un gouvernement. *Homme de loi* : magistrat, avocat. *Homme d'affaires,* qui s'occupe d'entreprises commerciales. *Homme de mer* : marin. *Homme de troupe* : militaire qui n'est ni officier ni sous-officier. *Homme de cœur,* généreux. *Homme de confiance,* à qui l'on confie des missions délicates. *Homme de parole,* qui respecte ses engagements. *Homme d'intérieur,* qui aime rester chez lui. *Homme de peu,* digne de mépris. *Homme de paille* : prête-nom. ▷ HIST *Homme lige* : vassal. **5.** Loc. *Être (un) homme à* (+ inf.), capable de ou digne de. *Il est homme à se venger. C'est un homme à encourager. D'homme à homme* : directement, franchement. *Je voudrais vous parler d'homme à homme. Comme un seul homme* : tous ensemble. *Ils répondirent comme un seul homme.* – Lat. *homo, hominis.*

homme-grenouille [ɔmgʀənuj] n. m. Plongeur muni d'un scaphandre autonome, qui travaille sous l'eau. *Des hommes-grenouilles.* – De *homme,* et *grenouille.*

homme-orchestre [ɔmɔʀkɛstʀ] n. m. Musicien qui joue de plusieurs instruments en même temps. - Fig. Homme qui cumule plusieurs fonctions, ou qui a des talents variés. *Des hommes-orchestres.* – De *homme,* et *orchestre.*

homme-sandwich [ɔmsɑ̃dwitʃ] n. m. Homme qui se promène dans les rues en portant deux panneaux publicitaires, l'un sur la poitrine, l'autre sur le dos. *Des hommes-sandwiches.* – De *homme,* et *sandwich.*

homo-. Élément, du gr. *homos,* «semblable, le même».

homocentre [omosɑ̃tʀ] n. m. GEOM Centre commun à plusieurs cercles (concentriques). – De *homocentrique.*

homocentrique [omosɑ̃tʀik] adj. **1.** GEOM Concentrique. **2.** PHYS Qualifie un faisceau lumineux dont les rayons passent par un même point. – Du gr. *homokentros,* de *homos,* «le même», et *kentron,* «centre».

homocerque [omosɛʀk] adj. ZOOL Se dit de la nageoire caudale des poissons quand elle comporte deux lobes égaux. Ant. hétérocerque. – De *homo-*, et gr. *kerkos*, « queue ».

homochromie [omokʀɔmi] n. f. BIOL Caractère des espèces vivantes dont la couleur, analogue à celle du milieu, leur permet de se camoufler. V. encycl. mimétisme. – De *homo-*, et *-chromie*.

homocinétique [omosinetik] adj. **1.** MECA Se dit d'un joint (à la Cardan, par ex.) placé entre deux arbres tournant à la même vitesse. **2.** PHYS Animé de la même vitesse. *Particules élémentaires homocinétiques.* – De *homo-*, et *cinétique*.

homogène [ɔmɔʒɛn] adj. **1.** De la même nature, formé d'une même substance. *Des corps homogènes. Une pâte homogène.* **2.** MATH *Polynôme homogène* : somme de monômes du même degré. ▷ *Équation linéaire homogène*, dont le second membre est nul. **3.** PHYS *Formule homogène*, dont les deux membres représentent la même grandeur. ▷ *Substance homogène*, dont on ne distingue pas à l'œil nu les différents constituants. **4.** Fig. Cohérent, qui n'est pas formé d'éléments disparates. *Une documentation solide et homogène.* – Lat. scolast. *homogeneus*, gr. *homogenês*.

homogénéisation [ɔmɔʒeneizasjɔ̃] n. f. Action d'homogénéiser. ▷ TECH Traitement que l'on fait subir à certains liquides (lait, partic.) pour empêcher la séparation des éléments qui les constituent. – De *homogénéiser*.

homogénéiser [ɔmɔʒeneize] v. tr. [1] ou **homogénéifier** [ɔmɔʒeneifje] v. tr. [2] TECH Rendre homogène. – Pp. adj. *Lait homogénéisé*, dont on a réduit la grosseur des globules gras, pour augmenter la durée de la conservation. – De *homogène*.

homogénéité [ɔmɔʒeneite] n. f. **1.** Qualité de ce qui est homogène. **2.** Fig. Cohérence, unité. *L'homogénéité d'un gouvernement.* – Lat. scolast. *homogeneitas*.

homographe [ɔmɔgʀaf] adj. GRAM Se dit de mots ayant la même orthographe et la même prononciation, ou une prononciation différente. *Dans « les poules du couvent* [kuvɑ̃] *couvent* [kuv] », *les mots « couvent » et « couvent » sont homographes.* – De *homo-*, et *-graphe*.

homographie [omogʀafi] n. f. MATH Application qui transforme une droite d'un premier espace vectoriel en une droite d'un second. – De *homo-*, et *-graphie*.

homographique [omogʀafik] adj. MATH Qui se rapporte à l'homographie. *Fonction homographique*, du type $y = \frac{ax + b}{a'x + b'}$. – De *homographie*.

homogreffe [omogʀɛf] n. f. MED Greffe dans laquelle le greffon est emprunté à un donneur de même espèce. – De *homo-*, et *greffe*.

homologation [ɔmɔlɔgasjɔ̃] n. f. **1.** DR Approbation judiciaire, administrative. **2.** SPORT Constatation et enregistrement officiels d'une performance. *Homologation d'un record.* **3.** TECH Action d'homologuer (un produit, une pièce). – De *homologuer*.

homologie [ɔmɔlɔʒi] n. f. **1.** Didac. Relation qui existe entre deux éléments homologues. **2.** GEOM Mode de transformation de deux figures. **3.** CHIM Caractéristique de composés homologues. – Gr. *homologia*.

homologique [ɔmɔlɔʒik] adj. GEOM Relatif à l'homologie. ▷ MATH *Algèbre homologique*, qui a pour objet l'étude des facteurs et la mesure de l'écart entre les propriétés des modules et celles des espaces vectoriels. – De *homologie*.

homologue [ɔmɔlɔg] adj. et n. **1.** GEOM Qualifie les côtés ou les faces parallèles de figures homothétiques. **2.** CHIM *Composés homologues*, dont les formules brutes ne diffèrent que par le nombre des groupes CH_2. **3.** BIOL Se dit des organes d'espèces et de groupes différents qui ont la même origine embryologique. *Chez les vertébrés, les bras, les pattes antérieures, les ailes et les nageoires pectorales sont homologues.* **4.** Équivalent, analogue. ▷ Subst. (Personnes) *Le ministre français des Finances a rencontré son homologue allemand.* – Gr. *homologos*.

homologuer [ɔmɔlɔge] v. tr. [1] **1.** DR Donner l'homologation à (un acte). *Homologuer une sentence arbitrale.* **2.** SPORT Reconnaître officiellement, enregistrer. *Homologuer un record.* **3.** TECH Reconnaître officiellement la conformité à certaines normes (d'un objet). – Lat. médiév. *homologare*, d'orig. gr.

homomorphie [omomɔʀfi] n. f. BIOL Type de mimétisme par lequel les animaux et les végétaux adoptent une forme semblable à celle d'un élément (parfois prédominant) de leur milieu. V. mimétisme. – De *homo-*, et gr. *morphê*, « forme ».

homoncule ou **homuncule** [ɔmɔ̃kyl] n. m. Petite créature à l'image de l'homme, que les alchimistes prétendaient pouvoir fabriquer. ▷ Fam. Homme petit et malingre. – Lat. *homunculus*, « petit homme ».

homonyme [ɔmɔnim] adj. et n. m. **1.** Se dit de mots homophones, qui sont ou non homographes, et ont des significations différentes (ex. : *pair*, *père* et *paire*). **2.** n. m. Personne, chose portant le même nom qu'une autre. – Lat. d'orig. gr. *homonymus*, de *homos*, « le même », et *onoma*, « nom ».

homonymie [ɔmɔnimi] n. f. Caractère des mots homonymes. – Lat. *homonymia*.

homophone [ɔmɔfɔn] adj. et n. m. *Mots homophones*, de même prononciation mais d'orthographe et de signification différentes. ▷ n. m. *« Comte » (titre de noblesse), « compte » (calcul) et « conte » (fable) sont des homophones.* – Gr. *homophônes*, de *homos*, « le même », et *phonê*, « son ».

homophonie [ɔmɔfɔni] n. f. **1.** Répétition des mêmes sons représentés par des signes différents. *La rime est une homophonie.* **2.** MUS Concert de plusieurs voix chantant à l'unisson. Ant. polyphonie. – Gr. *homophônia*.

homoptères [ɔmɔptɛʀ] n. m. pl. ENTOM Ordre d'insectes aux quatre ailes membraneuses (cigales, cicadelles, pucerons, etc.). – Sing. *La cochenille est un homoptère.* – De *homo-*, et *-ptère*.

homosexualité [ɔmosɛksɥalite] n. f. Sexualité des homosexuels. – De *homo-*, et *sexualité*.

homosexuel, elle [ɔmosɛksɥɛl] adj. et n. Qui trouve la satisfaction de ses désirs sexuels avec des sujets du même sexe. Ant. hétérosexuel. – De *homo-*, et *sexuel*.

homosphère [omosfɛʀ] n. f. METEO Région de l'atmosphère située à une altitude inférieure à 100 km, où la composition de l'air reste sensiblement constante. – De *homo-*, et *-sphère*.

homothétie [omotesi] n. f. GEOM Propriété de deux figures telles que leurs points se correspondent deux à deux sur des droites menées par un point fixe, appelé *centre d'homothétie*, et que le rapport des distances de ce point à deux points correspondants quelconques soit constant. – De *homo-*, et gr. *thesis*, « position ».

homothétique [ɔmotetik] adj. GEOM Qui a le caractère de l'homothétie. – De *homothétie*.

homozygote [omozigɔt] adj. et n. m. BIOL **1.** Chez les organismes diploïdes, se dit d'un caractère commandé par deux gènes allèles ayant la même forme (c.-à-d. non mutés l'un par rapport à l'autre). V. encyl. hybride. **2.** Se dit de jumeaux provenant du même œuf et ayant donc rigoureusement les mêmes gènes. ▷ n. m. *Un homozygote.* Ant. hétérozygote. – De *homo-*, et *zygote*.

homuncule. V. homoncule.

hondurien, enne ['ɔ̃dyʀjɛ̃, ɛn] adj. et n. Du Honduras, État d'Amérique centrale. ▷ Subst. *Un(e) Hondurien(ne).*

hongre ['ɔ̃gʀ] adj. et n. m. Châtré (en parlant du cheval). *Cheval hongre. Un hongre.* – En anc. fr. *hongrois,* l'usage de châtrer les chevaux étant venu de Hongrie. (V. hongrois.)

hongrer ['ɔ̃gʀe] v. tr. [1] Rare Châtrer (un cheval). – De *hongre.*

hongrois, oise ['ɔ̃gʀwa, waz] adj. et n. De Hongrie. ▷ Subst. *Un(e) Hongrois(e).* ▷ n. m. *Le hongrois :* la langue finno-ougrienne parlée par les Hongrois. – Du lat. d'Allemagne *hungarus,* turc *ogur,* «flèche», mot par lequel les Turcs désignaient les Magyars (n. autochtone).

hongroyage ['ɔ̃gʀwajaʒ] n. m. TECH Anc. procédé de préparation des peaux permettant d'obtenir des cuirs très résistants. *Le hongroyage est remplacé aujourd'hui par le tannage au chrome.* – De *Hongrie,* dans *cuir de Hongrie.*

honnête [ɔnɛt] adj. **1.** Qui ne cherche pas à s'approprier le bien d'autrui ou à faire des profits illicites. *Domestique, commerçant honnête.* Ant. voleur. **2.** Qui se conforme à la loi morale, fait preuve de droiture. *Des honnêtes gens. Un arbitre honnête. Être honnête avec soi-même,* impartial vis-à-vis de soi-même. ▷ Spécial. *Une honnête femme :* une femme vertueuse, chaste. ▷ *Par ext.* (Choses abstraites.) *Conduite honnête.* **3.** Qu'on estime suffisant, satisfaisant. *Obtenir des notes honnêtes à un examen. Un salaire honnête.* **4.** Litt. *Un honnête homme :* un homme qui a une culture générale étendue et les qualités sociales propres à le rendre agréable, conformément à l'idéal du XVIIe s. **5.** Vieilli Civil, poli. *Des manières honnêtes.* – Lat. *honestus.*

honnêtement [ɔnɛtmɑ̃] adv. **1.** D'une façon honnête (sens 1 et 2). *Se comporter honnêtement en affaires.* **2.** Sincèrement, franchement. *Honnêtement, tu as tort.* **3.** De façon acceptable, suffisante. *Travail honnêtement payé.* – De *honnête.*

honnêteté [ɔnɛtte] n. f. **1.** Qualité de celui, de ce qui est honnête (sens 1 et 2). *Son honnêteté est indiscutable. Honnêteté intellectuelle.* **2.** Vieilli Décence, pudeur. *Des paroles contre l'honnêteté.* – De *honnête.*

honneur [ɔnœʀ] n. m. **1.** Disposition morale incitant à agir de manière à obtenir l'estime des autres en conservant le respect de soi-même. *Un homme d'honneur.* **2.** Considération dont jouit qqn qui agit selon ce principe. *Sauver l'honneur.* ▷ *Donner sa parole d'honneur, jurer sur l'honneur.* ▷ *Se faire un point d'honneur de* (+ inf.) : apporter tous ses soins à (faire qqch) comme si son honneur était en jeu. **3.** Gloire retirée d'une action, d'un mérite remarquable. *Avoir tout l'honneur d'une affaire.* ▷ *Être l'honneur de sa famille, de son siècle,* être pour eux un sujet d'orgueil. – *Être à l'honneur :* être mis au premier plan en signe de respect, d'admiration, d'estime. ▷ *Être en honneur* (choses) : être apprécié. ▷ *Champ d'honneur :* champ de bataille. **4.** Marque extérieure de considération, témoignage d'estime. *Préparer un repas soigné en l'honneur de ses invités.* – (Dans des formules de politesse.) *Faites-moi l'honneur d'accepter cette invitation. J'ai l'honneur de vous annoncer, de vous informer que...* ▷ *Place d'honneur,* réservée à un personnage éminent dans une réunion. *Demoiselle, garçon d'honneur,* qui, dans un mariage, assistent les mariés. *Légion* d'honneur.* ▷ Plur. *Rendre de grands honneurs aux vainqueurs. Honneurs militaires :* saluts, sonneries, salves d'artillerie pour honorer un chef, le drapeau. – *Les honneurs de la guerre :* les conditions de reddition permettant à une garnison de se retirer librement, avec armes et bagages. – *Honneurs funèbres :* cérémonie des funérailles. – *Faire les honneurs d'une maison,* y recevoir avec courtoisie. **5.** *Faire honneur à qqn,* lui valoir de l'honneur, de l'estime. *Faire honneur à ses engagements, à sa signature :* remplir ses engagements. – Fam. *Faire honneur à un repas,* y manger copieusement. **6.** (Plur.) Dignités, titres qui permettent de se distinguer socialement. *Rechercher les honneurs.* **7.** JEU Nom donné aux figures à certains jeux de cartes. – Lat. *honor* (ou *honos*), *honoris.*

honnir ['ɔniʀ] v. tr. [3] (Empl. surtout au passif.) Couvrir publiquement de honte, flétrir. – Vieilli ou litt. *Être honni de, par qqn,* lui inspirer de la haine et du mépris. ▷ *Honni soit qui mal y pense!* (devise de l'ordre de la Jarretière, en Angleterre) : honte à celui qui y voit du mal. – Du frq. **haunjan,* même fam. que *haunita,* «honte».

honorabilité [ɔnɔʀabilite] n. f. Caractère d'une personne honorable. – De *honorable.*

honorable [ɔnɔʀabl] adj. **1.** Qui mérite d'être honoré, considéré. *Un honorable commerçant.* ▷ (Par politesse, dans le langage parlementaire.) *Mon honorable collègue.* **2.** Qui attire le respect, qui est garant de l'honneur. *Un métier honorable.* ▷ *Faire amende honorable :* reconnaître ses torts. **3.** Suffisant, assez satisfaisant. *Élève qui a des notes honorables.* – Lat. *honorabilis.*

honorablement [ɔnɔʀabləmɑ̃] adv. **1.** D'une façon qui attire de l'honneur. **2.** D'une manière suffisante. – De *honorable.*

honoraire [ɔnɔʀɛʀ] adj. **1.** Qui, après avoir exercé certaines charges, en conserve le titre et les prérogatives honorifiques. *Inspecteur honoraire.* **2.** Qui porte un titre honorifique sans exercer la fonction correspondante. *Président honoraire.* – Lat. *honorarius.*

honoraires [ɔnɔʀɛʀ] n. m. pl. Rétribution donnée aux personnes qui exercent des professions libérales. *Les honoraires d'un médecin.* – Lat. *honorarium.*

honorariat [ɔnɔʀaʀja] n. m. Condition d'une personne qui garde le titre d'une fonction qu'elle n'exerce plus. – De *honoraire.*

honoré, ée [ɔnɔʀe] adj. et n. **1.** adj. (Dans le style épistolaire, par politesse ou en signe de déférence.) *Mon honoré confrère. Mon cher et honoré maître.* **2.** n. f. COMM *Votre honorée du... :* votre lettre du... – Pp. de *honorer.*

honorer [ɔnɔʀe] v. [1] **I.** v. tr. **1.** Manifester du respect pour (qqn, qqch); traiter avec honneur. *Tes père et mère honoreras,* un des dix commandements (Ancien Testament). *Honorer le mérite.* **2.** *Honorer qqn de qqch,* le gratifier d'un honneur, d'une distinction. *Honorer qqn de sa confiance.* **3.** Valoir de l'honneur, de l'estime à. *Votre courage vous honore.* **4.** *Honorer ses engagements,* les remplir entièrement. ▷ *Honorer un chèque,* le payer. **II.** v. pron. *S'honorer de qqch,* en tirer honneur et fierté. *Je m'honore de son amitié.* – Lat. *honorare.*

honorifique [ɔnɔʀifik] adj. Qui confère un honneur mais aucun autre avantage. *Titre honorifique.* – Lat. *honorificus.*

honoris causa [ɔnɔʀiskoza] loc. adj. et adv. Se dit des titres et grades conférés à des personnalités qui méritent d'en être honorées bien qu'elles ne remplissent pas les conditions habituellement exigées. *Il est docteur honoris causa.* – Loc. lat., «pour l'honneur».

honte ['ɔ̃t] n. f. **1.** Sentiment pénible causé par la conscience d'avoir commis une faute, par le fait de se sentir déshonoré, inférieur ou ridicule. *Avoir honte d'une mauvaise action, d'une infirmité.* ▷ *Faire honte à qqn,* lui faire des reproches pour qu'il ait honte. *Faire honte à un enfant de ses mensonges.* – Être un motif de honte pour qqn. *La mauvaise conduite de son fils lui fait honte.* ▷ Loc. *Avoir perdu toute honte, avoir toute honte bue :* être insensible au déshonneur. ▷ *Fausse honte :* honte que rien ne justifie. **2.** Timidité, embarras. *Fillette qui a honte devant ses professeurs. N'avoir pas honte de dire telle chose.* **3.** Ce qui déshonore, humilie. *Couvrir qqn de honte.* ▷ Fait honteux, acte scandaleux. *C'est une honte !* – Frq. **haunita*, même rac. que *honnir*.

honteusement ['ɔ̃tøzmɑ̃] adv. D'une manière honteuse. – De *honteux*.

honteux, euse ['ɔ̃tø, øz] adj. **1.** Qui cause de la honte, du déshonneur. *Il est honteux de mentir. Trafic honteux*, déshonorant pour son auteur. ▷ Spécial. Vieilli *Les parties honteuses* : les organes génitaux. – *Maladie honteuse* : maladie vénérienne. – ANAT Qui a rapport aux organes génitaux. *Artères honteuses, nerfs honteux.* **2.** Qui éprouve de la honte. *Être honteux de ses échecs.* **3.** Qui, par timidité, n'ose pas révéler son état, ses convictions. *Pauvre, croyant honteux.* – De *honte*.

hooligan. V. houligan.

hop ! ['ɔp; hɔp] interj. Pour inciter à faire un mouvement vif et rapide ou pour accompagner celui-ci. *Hop là !* – Onomat.

hôpital, aux [ɔpital, o] n. m. Établissement public ou privé aménagé de manière à pouvoir dispenser tous les soins médicaux et chirurgicaux. *Une chambre d'hôpital. Un hôpital militaire.* – Du lat. *hospitalis* («d'hôte, hospitalier») *domus* («maison»).

hoplite [ɔplit] n. m. ANTIQ GR Fantassin de l'infanterie lourde. – Lat. *hoplites*, mot gr., de *hoplon*, «arme».

hoquet ['ɔkɛ] n. m. Contraction spasmodique du diaphragme qui détermine une brusque inspiration d'air et s'accompagne d'un bruit caractéristique lors de la fermeture de la glotte. ▷ *Avoir le hoquet*, une suite de hoquets. – Onomat.

hoqueter ['ɔkte] v. intr. [20] Avoir le hoquet, émettre des sons ressemblant au hoquet. – De *hoquet*.

hoqueton ['ɔktɔ̃] n. m. Anc. Casaque brodée portée par certains hommes d'armes aux XIVe et XVe s. – De l'ar. *al-qot(o)n*, «le coton».

horaire [ɔʀɛʀ] adj. et n. m. **I.** adj. **1.** Qui correspond à une durée d'une heure. *Salaire horaire.* **2.** Qui a lieu toutes les heures. *Halte horaire.* **3.** Qui a rapport aux heures. ▷ ASTRO *Angle horaire* : angle que fait le méridien d'un astre avec le méridien d'origine passant par le zénith du lieu. *Fuseau* horaire.* ▷ PHYS *Sens horaire*, celui des aiguilles d'une montre. **II.** n. m. **1.** Tableau donnant les heures de départ et d'arrivée des trains, des avions, etc. – *Par ext.* Ces heures elles-mêmes. *L'horaire du dernier train est incommode.* **2.** Emploi du temps. ▷ *Horaire mobile, flottant, flexible* ou *à la carte* : système dans lequel le salarié peut, à l'intérieur de certaines limites, choisir ses heures d'arrivée et de départ. – Du lat. médiév. *horarius*, «propre aux heures liturgiques», de *hora*, «heure».

horde ['ɔʀd] n. f. **1.** Anc. Nom donné aux tribus nomades d'Asie centrale. **2.** Peuplade, groupement d'hommes errants. ▷ SOCIOL Chez Durkheim, groupement humain temporaire et instable. **3.** Péjor. Groupe d'individus turbulents, destructeurs. *Une horde de voyous.* – Tartare *orda, horda*, «garde militaire».

hordéacé, ée [ɔʀdease] adj. Qui concerne l'orge, qui ressemble à l'orge. – Lat. *hordeaceus*, de *hordeum*, «orge».

horion ['ɔʀjɔ̃] n. m. (Rare au sing.) Coup asséné rudement à qqn. – P.-ê. d'*oreille*; de l'a. fr. *oreillon*, «coup sur l'oreille».

horizon [ɔʀizɔ̃] n. m. **1.** Ligne circulaire constituant la limite du champ de vision d'un observateur et qui semble séparer le ciel et la terre. ▷ ASTRO Plan perpendiculaire à la verticale et tangent à la surface de la Terre. ▷ AVIAT *Horizon artificiel* : appareil donnant la position de l'horizontale. **2.** Parties du ciel et de la terre voisines de l'horizon. *Bateaux à l'horizon.* **3.** Étendue visible autour de soi. *Horizon limité par un mur.* **4.** Fig. Domaine où s'exerce l'action, la pensée de qqn. *Son horizon intellectuel est borné.* ▷ *Faire un tour d'horizon* : examiner dans son ensemble une situation (politique, économique, etc.) dans son ensemble. **5.** Perspectives d'avenir. *L'horizon est sombre.* **6.** PEDOL Chacune des couches superposées, constitutives d'un sol. *Tous les points d'un horizon ont sensiblement la même composition chimique et des propriétés physiques semblables.* – Lat. *horizon*, mot gr., du v. *horizein*, «borner».

horizontal, ale, aux [ɔʀizɔ̃tal, o] adj. et n. f. **1.** adj. Parallèle à l'horizon; perpendiculaire à la verticale. *Ligne horizontale.* – Fam. *La position horizontale* : la position couchée. ▷ GEOM *Plan horizontal*, dont tous les points ont la même cote (en géométrie descriptive). **2.** n. f. Ligne, position horizontale. – De *horizon*.

horizontalement [ɔʀizɔ̃talmɑ̃] adv. Dans une position horizontale ou selon une ligne horizontale. – De *horizontal*.

horizontalité [ɔʀizɔ̃talite] n. f. Caractère, état de ce qui est horizontal. – De *horizontal*.

horloge [ɔʀlɔʒ] n. f. Instrument servant à mesurer le temps. *Regarder l'heure à l'horloge. Horloge électrique*, dont le mouvement est assuré par un dispositif électrique. *Horloge astronomique* : horloge électrique servant à établir les étalons de temps. *Horloge atomique* : horloge d'une extrême précision, réglée sur la fréquence d'un phénomène se produisant dans un atome. ▷ *Horloge parlante*, munie d'un dispositif qui permet d'entendre l'heure énoncée par une voix enregistrée. *Téléphoner à l'horloge parlante. Tops de l'horloge parlante diffusés par la radio.* ▷ Loc. fig. *Être réglé comme une horloge* : avoir des habitudes très régulières. – Lat. *horologium*, gr. *hôrologion*.

horloger, ère [ɔʀlɔʒe, ɛʀ] n. et adj. **1.** n. Personne qui fabrique, qui vend ou qui répare des horloges, des montres, etc. **2.** adj. Qui concerne l'horlogerie. *Industrie horlogère.* – De *horloge*.

horlogerie [ɔʀlɔʒʀi] n. f. **1.** Fabrication, industrie des horloges, des montres. **2.** Commerce, magasin d'un horloger. – De *horloger*.

hormis ['ɔʀmi] prép. Litt. Excepté. *Tous, hormis l'aîné.* – De *hors*, et *mis* (pp. de *mettre*).

hormonal, ale, aux [ɔʀmɔnal, o] adj. Relatif aux hormones et aux glandes qui les sécrètent. *Dérèglements hormonaux.* – De *hormone*.

hormone [ɔʀmɔn] n. f. **1.** BIOL Substance produite par une glande endocrine et transportée dans le sang vers l'organe cible où elle agit. **2.** BOT *Hormones végétales* (ou *phythormones*) : nom donné abusivement aux facteurs de croissance des végétaux. – Mot angl., du gr. *hormân*, «exciter».

ENCYCL **Biol.** – Les hormones ont des structures chimiques très variées et dérivent du cholestérol, des protides, des acides aminés, etc. Projetées dans le torrent circulatoire, elles y agissent à des concentrations infimes. En effet, toute hormone se conduit comme un messager transmetteur d'une information à laquelle sont seules sensibles les cellules pourvues de récepteurs membranaires spécifiques ou de protéines cytoplasmiques capables de véhiculer la molécule hormonale informative. Selon la nature chimique de l'hormone, la transmission de l'information à la cellule cible peut être schématisée par 3 mécanismes différents : – les acides aminés, leurs dérivés et les petites molécules organiques diverses (thyroxine, adrénaline, par ex.) se fixent sur la face externe de la membrane cellulaire au niveau de récepteurs membranaires spécifiques, où leur simple présence détermine sur la face interne de la membrane la synthèse d'A.M.P. cyclique responsable d'une stimulation métabolique générale de la cellule. L'action de l'hormone est par conséquent indirecte. –

Les *hormones polypeptidiques* ont un intermédiaire enzymatique à l'intérieur de la membrane : l'adénylcyclase, qui induit la formation d'A.M.P. cyclique sur la face interne de la membrane. - Les *hormones stéroïdes* (hormones sexuelles) traversent directement la membrane cellulaire des cellules cibles. La molécule d'hormone se lie à l'intérieur du cytoplasme à une protéine spécifique et devient, après cette liaison, directement active pour modifier la transcription des gènes sur l'A.R.N. messager.

hormonothérapie [ɔRmɔnoteRapi] n. f. MED Thérapeutique consistant à administrer des hormones à titre substitutif ou supplétif. – De *hormone*, et *thérapie*.

hornblende ['ɔRnblɛ̃d] n. f. MINER Amphibole ferromagnésienne, alumineuse et calcique, constitutive des roches éruptives et métamorphiques, qui se présente en prismes sombres, verdâtres, aux clivages très nets. – Mot all., de *Horn*, « corne », parce que ces blendes ont l'apparence de la corne.

horo-. Élément, du gr. *hôra*, « heure ».

horodateur, trice [ɔRodatœR, tRis] adj. et n. Qui imprime l'heure et la date sur des documents, des colis, etc. *Horloge horodatrice*. ▷ n. m. Appareil servant à imprimer automatiquement la date et l'heure. ▷ n. f. Appareil servant à enregistrer le passage des automobiles dans une course. – De *horo-*, et *dateur*.

horokilométrique [ɔRokilometRik] adj. TECH Qualifie un appareil qui mesure ou enregistre la distance parcourue et le temps écoulé. – De *horo-*, et *kilomètre*.

horoptère [ɔRɔptɛR] n. m. OPT Droite passant par le point d'intersection des axes optiques d'un appareil et parallèle à la ligne des yeux. – De *horo-*, et du gr. *optêr*, « observateur ».

horoscope [ɔRɔskɔp] n. m. ASTROL **1.** Document astrologique représentant les signes du zodiaque (décomposition de l'espace en douze parties égales dans le plan de l'écliptique) sur lequel on reporte la position des planètes à un moment et en un lieu donnés, ceux de la naissance d'un sujet en particulier. *Dresser un horoscope*. **2.** Prédiction de l'avenir que certains prétendent tirer de ce document. *Horoscope favorable*. – Lat. *horoscopus*, gr. *hôroskopos*, de *horos*, « heure », et *skopein*, « considérer », « qui considère l'heure (de la naissance) ».

horreur [ɔRœR] n. f. **1.** Réaction d'effroi, de répulsion provoquée par qqch d'affreux. *Être saisi d'horreur. Des atrocités qui font horreur*. ▷ *Par exag.* Sentiment d'aversion, de répugnance. *Avoir horreur de perdre. Avoir horreur du lait*. **2.** Caractère de ce qui inspire une telle réaction. *Envisager la situation dans toute son horreur*. **3.** (Souvent plur.) Ce qui inspire l'épouvante, le dégoût. *Les horreurs de la guerre. - Dire, écrire des horreurs*, des choses infâmes, obscènes. ▷ Par exag. Fam. Personne, chose très laide. *C'est une horreur !* – Lat. *horror, horroris*.

horrible [ɔRibl] adj. **1.** Qui inspire de l'horreur. *Supplice horrible*. **2.** *Par exag.* Qui est difficile à supporter, qui déplaît vivement. *Temps horrible. Robe horrible*. – Lat. *horribilis*.

horriblement [ɔRibləmɑ̃] adv. **1.** De façon horrible. *Horriblement défiguré*. **2.** Extrêmement. *Horriblement pâle*. – De *horrible*.

horrifiant, ante [ɔRifjɑ̃, ɑ̃t] adj. Qui horrifie. – Pp. de *horrifier*.

horrifier [ɔRifje] v. tr. [1] (Empl. surtout au passif.) Provoquer l'horreur. – Lat. *horrificare*.

horrifique [ɔRifik] adj. Litt. Syn. de *horrifiant*. – Lat. *horrificus*.

horripilant, ante [ɔRipilɑ̃, ɑ̃t] adj. Qui agace. – Ppr. de *horripiler*.

horripilateur [ɔRipilatœR] adj. m. (et n. m.) ANAT Se dit du muscle qui permet à chaque poil de se redresser. – De *horripiler*.

horripilation [ɔRipilasjɔ̃] n. f. **1.** Agacement très vif. **2.** PHYSIOL État des poils qui sont horripilés. Syn. chair de poule. – Bas lat. *horripilatio*.

horripiler [ɔRipile] v. tr. [1] **1.** Agacer vivement, exaspérer. *Sa façon de parler m'horripile*. **2.** PHYSIOL Provoquer l'érection des poils dans le frisson. – Lat. imp. *horripilare*, « avoir le poil hérissé ».

hors ['ɔR] prép. **I. 1.** (Dans des expressions.) En dehors de. *Longueur hors tout d'un édifice, d'un wagon*, sa longueur maximale, tout compris. *Surface hors œuvre*, délimitée par les faces extérieures de l'édifice. *Gravure hors texte. Footballeur hors jeu. Exemplaire hors commerce. Objet hors série. Compagnie hors rang d'un régiment. Préfet hors cadre. Être hors concours. Mettre qqn hors la loi*. ▷ Fig. *Personne, qualité hors ligne, hors pair*, au-dessus du commun. **2.** Vieilli, litt. À l'exception de. *Tous, hors lui et moi*. **II.** Loc. prép. *Hors de* : à l'extérieur de, en dehors de. *Hors de la ville. Hors d'ici !* : sortez d'ici ! ▷ *Mettre qqn hors de combat. Hors d'atteinte, de portée, de danger. Hors de cause. Cela est hors de doute. Hors de question. Hors d'usage. Hors d'état. Hors de saison. Hors de prix* : d'un prix excessif. *Être hors de soi*, violemment agité (partic. par la colère). – De *dehors*.

horsain ou **horsin** ['ɔRsɛ̃] n. m. Rég. (Normandie) Personne qui n'est pas du pays, étranger. – De *hors*.

hors-bord ['ɔRbɔR] n. m. Canot rapide dont le moteur est placé à l'arrière, en dehors de la coque. *Des hors-bord(s)*. – De *hors*, et *bord*, d'ap. l'angl. *out board*, « à l'extérieur de la coque ».

hors champ ['ɔRʃɑ̃] loc. adj. ou adv. AUDIOV Qui se trouve en dehors du champ de la caméra. – De *hors*, et *champ* III.

hors-concours ['ɔRkɔ̃kuR] n. m. inv. Personne qui ne peut concourir parce qu'elle fait partie du jury ou parce qu'elle est manifestement très supérieure à ses concurrents. ▷ Loc. adj. ou adv. *Être hors concours*. – De *hors*, et *concours*.

hors-d'œuvre ['ɔRdœvR] n. m. inv. **1.** ARCHI Pièce qui fait saillie, dans un édifice. ▷ Fig. Partie d'un ouvrage littéraire ou artistique qui n'est pas essentielle, que l'on peut supprimer. **2.** Cour. Mets servi au début du repas. *Des hors-d'œuvre variés comprenant charcuterie, crudités, etc*. – De *hors, de*, et *œuvre*.

horse-guard ['ɔRsg(w)aRd] n. m. Soldat du régiment des gardes à cheval en Angleterre. *Des horse-guards*. – Mot angl., de *horse*, « cheval », et *guard*, « garde ».

horse power ['ɔRspɔwœR] n. m. inv. PHYS Unité angl. de puissance (symbole HP) valant 745,7 W ou 1,013 ch. – Mot angl., « puissance du cheval ».

horsin. V. horsain.

hors-jeu ['ɔRʒø] n. m. inv. SPORT Au football, au rugby, etc., position irrégulière d'un joueur par rapport au but adverse et aux adversaires. - La faute elle-même (sanctionnée par l'arbitre). ▷ Loc. adj. ou adv. *Être hors jeu*. – De *hors*, et *jeu*.

hors-la-loi ['ɔRlalwa] n. m. inv. Individu que ses actions ont mis en dehors de la loi, qui enfreint la loi. ▷ Loc. adj. ou adv. (Sans trait d'union.) *Être hors la loi*. – De *hors, la*, et *loi* ; trad. de l'angl. *outlaw*.

hors-piste ['ɔRpist] n. m. inv. Ski pratiqué en dehors des pistes balisées. - (En appos.) *Ski hors-piste*. – De *hors*, et *piste*.

hors-série ['ɔRseRi] adj. inv. **1.** Qui est inhabituel, à part. *Des vacances hors-série*. **2.** Qui n'est pas fabriqué en série ; qui n'appartient pas à une série. *Un poste hors-série. Un numéro hors-série*. – De *hors*, et *série*.

hors-service [ˈɔʀsɛʀvis] adj. inv. Qui ne fonctionne plus, provisoirement ou définitivement. *Distributeur de boissons hors-service.* – De, *hors* et *service*.

horst [ˈɔʀst] n. m. GEOL Zone élevée entre deux failles (opposé à *graben*). – Mot all., « butoir ».

hors-texte [ˈɔʀtɛkst] n. m. inv. Gravure intercalée dans un livre et qui ne porte pas de numéro de folio. *Des hors-texte en quadrichromie.* – De *hors*, et *texte*.

hortensia [ɔʀtɑ̃sja] n. m. Arbrisseau (genre *Hydrangea*, fam. saxifragacées) à grosses ombelles de fleurs diversement colorées, non odorantes, originaire de Chine et du Japon. – Lat. bot., du prénom *Hortense*.

horticole [ɔʀtikɔl] adj. Relatif à l'horticulture. – De *horticulture*, d'ap. *agricole*.

horticulteur, trice [ɔʀtikyltœʀ, tʀis] n. Personne qui pratique l'horticulture. – De *horticulture*.

horticulture [ɔʀtikyltyʀ] n. f. Art de cultiver les jardins. ▷ Culture des légumes, fruits et fleurs de jardin. – Du lat. *hortus*, « jardin », d'ap. *agriculture*.

hortillonnage [ɔʀtijɔnaʒ] n. m. **1.** En Picardie, marais de la basse vallée de la Somme aménagé pour les cultures maraîchères. **2.** Mode de culture pratiqué dans ces marais. – Du dial. picard *(h)ortillon*, « jardinier », de l'a. fr. *orteil*, « jardin », du lat. *hortus*, « jardin ».

hosanna [ˈozan(n)a] n. m. **1.** LITURG Couplet invocatif que les juifs chantent à la fête des Tabernacles. ▷ Hymne chantée par les catholiques le jour des Rameaux. **2.** Litt. Cri, chant de triomphe, de joie. – De l'hébreu *Hosha'na*, « sauve (moi) s'il te plaît », également supplique dans les prières juives.

hosannière [ˈozanjɛʀ] adj. f. ARCHEOL *Croix hosannière*, qui surmontait le monument face auquel on chantait le *hosanna* le jour des Rameaux. – De *hosanna*.

hospice [ɔspis] n. m. **1.** Établissement public ou privé accueillant les vieillards, les orphelins, les handicapés, etc. *Finir ses jours à l'hospice.* **2.** Maison où les religieux donnent l'hospitalité aux voyageurs. *Hospice du Grand-Saint-Bernard.* – Du lat. *hospitium*, « hospitalité ».

hospitalier, ère [ɔspitalje, ɛʀ] adj. **I. 1.** Relatif aux hospices, aux hôpitaux. *Centre hospitalier.* **2.** Anc. *Ordres hospitaliers* : ordres religieux qui soignaient les malades, hébergeaient les pèlerins. ▷ Subst. *Les hospitaliers de Saint-Jean-de-Jérusalem.* **II.** Qui exerce volontiers l'hospitalité. *Famille, peuplade hospitalière.* ▷ Par ext. *Terre hospitalière.* Syn. accueillant. – Lat. *hospitalis* (V. hôpital).

hospitalisation [ɔspitalizasjɔ̃] n. f. Action d'hospitaliser; son résultat. – De *hospitaliser*.

hospitaliser [ɔspitalize] v. tr. [1] Faire entrer (qqn) dans un établissement hospitalier. *Hospitaliser un blessé.* – De *hôpital*.

hospitalisme [ɔspitalism] n. m. MED Ensemble des effets nocifs dus à un séjour prolongé en milieu hospitalier, partic. chez les enfants. – De *hôpital*.

hospitalité [ɔspitalite] n. f. **1.** Libéralité qu'on exerce en logeant gratuitement un étranger. *Demander l'hospitalité.* **2.** Fait d'accueillir chez soi généreusement, aimablement. *Avoir le sens de l'hospitalité.* – Lat. *hospitalitas*.

hospitalocentrisme [ɔspitalosɑ̃tʀism] n. m. Fait d'organiser les systèmes de soins autour de l'hôpital, considéré comme le lieu principal, voire unique, de toute thérapeutique. – De *hospitalier*, et *centrisme*.

hospitalo-universitaire [ɔspitaloynivɛʀsitɛʀ] adj. *Centre hospitalo-universitaire* (C.H.U.) : hôpital auquel est attaché un centre d'enseignement de la médecine. *Des centres hospitalo-universitaires.* – Pour *hospitalier et universitaire*.

hospodar [ˈɔspɔdaʀ] n. m. HIST Titre donné par le sultan de Turquie aux princes régnants de Valachie et de Moldavie. – Mot slave, « maître, seigneur ».

hosteau ou **hosto** [ɔsto] n. m. Pop. Hôpital. – De *hôpital*, d'après *hospitalier*.

hostellerie [ɔstɛlʀi] n. f. Syn. de *hôtellerie* (sens 1). – Forme archaïque de *hôtellerie*.

hostie [ɔsti] n. f. **1.** Pain de froment sans levain destiné à la communion sacramentelle. (Sous la forme d'une petite rondelle blanche, de nos jours.) **2.** Vx Victime, dans un sacrifice religieux. – Lat. *hostia*, « victime ».

hostile [ɔstil] adj. **1.** Qui a ou dénote une attitude inamicale. *Peuple hostile. Des paroles hostiles.* ▷ Fig. *Nature hostile aux hommes.* **2.** *Hostile à* : opposé à. *Hostile aux réformes.* – Lat. *hostilis*, de *hostis*, « ennemi ».

hostilement [ɔstilmɑ̃] adv. En ennemi. – De *hostile*.

hostilité [ɔstilite] n. f. **1.** Disposition hostile. *L'hostilité de la bourgeoisie contre la noblesse.* **2.** (Plur.) Actes, opérations de guerre. *Cessation des hostilités.* – Lat. *hostilitas*.

hosto. V. hosteau.

hot [ˈɔt] adj. et n. m. Se dit d'une manière expressionniste de jouer le jazz. – Mot angl., « chaud ».

hot dog [ˈɔtdɔg] n. m. Sandwich garni d'une saucisse chaude. *Des hot dog* ou *des hot dogs*. – Mot d'orig. amér., littéralement « chien chaud ».

hôte, hôtesse [ot, otɛs] n. **I. 1.** Personne qui donne l'hospitalité. *Un hôte accueillant.* ▷ *Table d'hôte*, à laquelle les clients d'un hôtel, d'une pension de famille mangent à prix fixe. **2.** n. f. *Spécial.* Jeune femme chargée de l'accueil des visiteurs dans une entreprise, d'une foire, d'un salon, etc. ▷ *Hôtesse de l'air* : membre féminin du personnel commercial navigant, qui veille au bien-être et à la sécurité des passagers. **3.** BIOL Se dit de l'organisme qui héberge un parasite. **II.** (Dans ce sens le féminin est *hôte*.) **1.** Personne qui reçoit l'hospitalité. *Bien traiter ses hôtes.* **2.** Personne, animal qui occupe un lieu. *Un jeune artiste et des souris étaient les hôtes de la mansarde.* – Lat. *hospes, hospitis*.

hôtel [otɛl] n. m. **1.** Établissement où l'on peut louer une chambre meublée pour une nuit ou plus. *Chambre d'hôtel. Descendre à l'hôtel.* **2.** Demeure somptueuse dans une ville. *L'hôtel Sully.* ▷ *Hôtel particulier*, occupé dans sa totalité par un riche particulier. **3.** Nom donné à certains édifices publics. *Hôtel des ventes.* ▷ *Hôtel de ville* : mairie d'une grande ville. **4.** *Hôtel-Dieu* : hôpital principal de certaines villes. *Des hôtels-Dieu.* **5.** *Maître d'hôtel* : celui qui préside au service de la table dans un grand restaurant, dans la haute société. – Bas lat. *hospitale*, « chambre pour les hôtes ».

hôtelier, ère [otəlje, ɛʀ] adj. et n. **1.** adj. Relatif à l'hôtellerie. *Industrie hôtelière.* **2.** n. Personne qui tient un hôtel. – De *hôtel*.

hôtellerie [otɛlʀi] n. f. **1.** Anc. Hôtel pour voyageurs. ▷ Mod. Hôtel ou restaurant élégant, au cadre campagnard. Syn. hostellerie. **2.** Profession de l'hôtelier. ▷ Industrie hôtelière. – De *hôtel*.

hotte [ˈɔt] n. f. **1.** Grand panier muni de bretelles, qu'on porte sur le dos. *Hotte de vendangeur.* **2.** CONSTR Ouvrage en forme de tronc de pyramide situé au-dessus du manteau d'une cheminée, à l'intérieur duquel se trouve le conduit de fumée. ▷ Caisson collectant et évacuant les fumées, odeurs et buées, partic. dans une cuisine. – Frq. **hotta*.

hottée [ˈɔte] n. f. Contenu d'une hotte. – De *hotte*.

hottentot, ote [ˈɔtɑ̃to, ɔt] adj. et n. **1.** adj. Qui concerne les Hottentots, population de l'Afrique méridionale, de race khoisan. ▷ *Vénus hottentote* : type de femme (en réalité boschimane) fortement stéatopyge. ▷ Subst. *Un(e) Hottentot(e)*. **2.** n. m. LING Langue des Hottentots (langue agglutinante, à consonnes claquantes), de la famille des langues khoisan. – Mot néerl., propr. «bégayeur» à cause des sons (clicks) du hottentot inconnus des Européens.

hotu [ɔty] n. m. Poisson cyprinidé *(Chondrostoma nasus)* d'eau douce, long d'env. 50 cm, dont les lèvres cornées tranchantes bordent une bouche très ventrale. *Le hotu est venu d'Europe centrale en France par les voies d'eau.* – Du wallon *hôtike*, du moyen néerl. *houtic*.

hou! ['u; hu] interj. Pour faire peur ou pour huer. – (Doublé) Pour appeler. *Hou! Hou! Par ici!* – Onomat.

houblon ['ublɔ̃] n. m. Plante grimpante (*Humulus lupulus*, fam. moracées ou urticacées), vivace, dioïque, cultivée pour ses inflorescences femelles ou cônes qui sécrètent de la *lupuline*, utilisée pour parfumer la bière. – Du néerl. *hoppe*, avec infl. de l'a. fr. *homlon*; frq. **humilo*.

houblonnage ['ublɔnaʒ] n. m. Action de houblonner. – De *houblonner*.

houblonner ['ublɔne] v. tr. [1] Mettre du houblon dans (la bière). – De *houblon*.

houblonnier, ère ['ublɔnje, ɛʀ] adj. et n. **1.** adj. Qui concerne le houblon; qui produit du houblon. **2.** n. Personne qui cultive le houblon. **3.** n. f. Champ planté de houblon. – De *houblon*.

houe ['u] n. f. Pioche à large fer courbé servant à remuer la terre. – Frq. **hauwa*.

houille ['uj] n. f. **1.** Charbon de terre, roche sédimentaire de couleur noirâtre, à cassure brillante, que l'on utilise comme combustible. **2.** *La houille blanche* : l'énergie des cours d'eau, l'hydroélectricité. – Wallon *hoye*, du frq. **hukila*, «bosse, tas».

ENCYCL La densité de la houille varie entre 1,2 et 1,5, et sa teneur en eau entre 2 et 7 %. Elle contient au moins 75 % de carbone. Les anthracites possèdent une densité plus élevée, une teneur en carbone plus forte (98 %) et une faible teneur en matières volatiles. Généralement mélangées à de la terre, à du schiste, etc., elles proviennent de la déshydrogénation à l'abri de l'air, par des micro-organismes, de débris végétaux, de sorte qu'il se produit un enrichissement progressif du sédiment en carbone. L'examen au microscope permet d'identifier quatre constituants : *les débris ligneux*, fins morceaux de bois; *les spores végétales*, dont seule l'enveloppe cutinisée, très souvent écrasée, est conservée; *les feuilles*, dont la seule cuticule est conservée; *une substance fondamentale*, très fine, provenant de la pulvérisation des trois éléments précédents. La combinaison de ces quatre éléments donne : *le fusain*, mat, pulvérulent (débris ligneux); *le vitrain*, homogène, à éclat vitreux, à débit en petits cubes (substance fondamentale); *le durain*, dur, mat, qui va du gris au brunâtre, à cassure grenue (débris végétaux encore identifiables au microscope); *le clarain*, dur, brillant, à cassure conchoïdale (mélange, en proportions variables, de feuilles et spores emballées dans un ciment amorphe). La classification des houilles se fait soit d'après les proportions de ces quatre constituants, en signalant parfois l'abondance particulière des spores *(cannel-coal)* ou de colonies d'algues unicellulaires *(boghead)*, soit d'après la teneur en matières volatiles. Les houilles brûlent en dégageant de la chaleur (pouvoir calorifique inférieur compris entre 32 600 et 36 000 kJ/kg) et sont utilisées comme source d'énergie (chauffage industriel et domestique). La pyrogénation de la houille donne des hydrocarbures, du goudron, de l'ammoniac, etc., et un résidu : le coke. À partir de la houille, on fabrique des matières plastiques, des engrais, des carburants, etc. (carbochimie). La houille est extraite des gisements houillers par exploitation souterraine ou découverte (mine à ciel ouvert).

houiller, ère ['uje, ɛʀ] adj. et n. **I.** adj. **1.** Qui renferme de la houille. *Terrain houiller.* **2.** Relatif à la houille. **II.** n. m. GEOL Époque du carbonifère supérieur. **III.** n. f. Mine de houille. *Les houillères de Lorraine.* – De *houille*.

houle ['ul] n. f. **1.** Mouvement ondulatoire de la mer formant des lames longues et élevées qui ne déferlent pas; ces lames elles-mêmes. **2.** Par métaph. Litt. Ondulation, mouvement rappelant la surface d'une mer agitée. *La houle d'un champ de blé.* – Germ. *hol*, «creux».

houlette ['ulɛt] n. f. **1.** Vx Bâton de berger muni à son extrémité d'une plaque de fer servant à jeter de la terre aux moutons qui s'écartent du troupeau. ▷ Fig. *Sous la houlette de qqn*, sous sa direction. **2.** Fig. Crosse épiscopale. **3.** Ustensile de jardinier servant à lever de terre les oignons de fleurs, les racines. – De l'a. fr. *houler*, «jeter», moy. néerl. *hollen*.

houleux, euse ['ulø, øz] adj. Animé par la houle. *Mer houleuse.* – Fig. *Assemblée houleuse*, agitée. – De *houle*.

houligan ou **hooligan** ['uligan] n. m. Jeune, inadapté à la vie sociale, qui se livre à des actes de violence et de vandalisme dans les lieux publics. – Angl. *hooligan*, par le russe.

houlque ['ulk] ou **houque** ['uk] n. f. Graminée voisine de l'avoine. *La houlque laineuse* (Holcus lanata) *est utilisée comme fourrage.* – Lat. *holcus*, «orge sauvage».

houppe ['up] n. f. **1.** Touffe de fils de laine, de soie, etc. *Houppe à poudre.* **2.** Touffe de cheveux. *Riquet à la houppe*, personnage d'un conte de Perrault. Syn. toupet. **3.** Syn. de *huppe* (sens 2). **4.** ANAT Papilles nerveuses terminant certains petits nerfs. – Frq. **huppo*, «touffe».

houppelande ['uplɑ̃d] n. f. Vêtement de dessus, long et ample; vaste manteau. – Probabl. de l'anc. angl. *hop-pâda*, «pardessus».

houppette ['upɛt] n. f. Petite houppe. – Dimin. de *houppe*.

houppier ['upje] n. m. **1.** Arbre élagué dont seules demeurent les branches de la cime. **2.** Sommet d'un arbre, ensemble des branches et des feuilles au-dessus du fût. – De *houppe*.

houque. V. houlque.

hourd ['uʀ] n. m. Anc. Construction en bois des fortifications médiévales, élevée en encorbellement au sommet d'une tour, d'un mur, pour surplomber l'assaillant et protéger les défenseurs. – Du frq. **hura*.

hourdage ['uʀdaʒ] n. m. CONSTR **1.** Maçonnage grossier de moellons ou de plâtras. **2.** Première couche de gros plâtre étendue ou jetée sur un lattis. – De *hourder*.

hourder ['uʀde] v. tr. [1] CONSTR **1.** Maçonner grossièrement. **2.** Procéder au hourdage de. *Hourder une cloison.* **3.** Garnir de hourdis. *Hourder un plancher.* – De *hourd*.

hourdis ['uʀdi] n. m. CONSTR Maçonnerie légère ou élément de remplissage qui garnit les vides d'un colombage ou les intervalles entre les solives d'un plancher. – De *hourder*.

houri ['uʀi] n. f. **1.** Femme très belle promise par le Coran aux musulmans qui iront au paradis. **2.** Beauté aux formes un peu lourdes. – Mot persan, ar. *hawrae*, «femme qui a le blanc et le noir des yeux très tranchés».

hourra ou **hurrah** ['uʀa] interj. et n. m. **1.** interj. pour manifester joie ou enthousiasme. *Hip hip hip, hourra!* ▷ n. m. Cri d'acclamation traditionnel dans la marine, dans certaines armées. **2.** Cri d'enthousiasme. *Pousser des hourras.* – Angl. *hussa, huzza,* var. *hurrah,* d'orig. onomat.

hourvari ['urvari] n. m. **1.** VEN Cri du chasseur pour faire revenir sur leurs premières voies les chiens en défaut. – Ruse de la bête qui met le chien en défaut en revenant à son point de départ. **2.** Fig. Grand bruit, tumulte. – Probabl. crois. entre *hou, hari,* «cris pour exciter les chiens», et *charivari.*

houseau ['uzo] n. m. Guêtre enveloppant seulement le mollet. *Des houseaux de chasseur.* – De l'a. fr. *huese,* «botte», frq. **hosa.*

houspiller ['uspije] v. tr. [1] **1.** Maltraiter, malmener. **2.** Réprimander, harceler de reproches. – De *pigner,* «peigner», et *housser,* «frapper», avec infl. de *piller.*

houssaie ['usɛ] n. f. Rég. Lieu où croissent des houx. – De *houx.*

housse ['us] n. f. **1.** Couverture couvrant la croupe d'un cheval. **2.** Enveloppe souple dont on recouvre des meubles, des vêtements, etc., pour les protéger. *Housse de fauteuil, de sièges d'automobile. Housse de toile, de plastique.* – Du frq. **hulftia,* «couverture».

housser ['use] v. tr. [1] Couvrir d'une housse. – De *housse.*

houssine ['usin] n. f. Rare Baguette de houx. – Baguette flexible, badine. – De *houx.*

houx ['u] n. m. Arbre ou arbuste (*Ilex aquifolium*) aux feuilles coriaces, luisantes, persistantes et épineuses, dont les fleurs blanches produisent des baies rouges et dont l'écorce sert à fabriquer la glu. *Le bois de houx, très dur, à grain très fin, est utilisé en ébénisterie.* – Du frq. **hulis.*

hovercraft ['ɔvœrkraft] n. m. (Anglicisme) Syn. off. déconseillé de *aéroglisseur.* – Mot angl., de *to hover,* «planer», et *craft,* «embarcation».

hoyau ['ɔjo] n. m. AGRIC Houe à lame aplatie en biseau. – De *houe.*

HP PHYS Symbole du horse power.

hublot ['yblo] n. m. Ouverture généralement circulaire, munie d'un verre épais, qui sert à donner de l'air et de la lumière à l'intérieur d'un navire. ▷ *Par ext.* Fenêtre étanche d'un avion, d'une capsule spatiale, etc. – De l'a. fr. *huve,* «bonnet, couvercle», d'orig. frq.; d'abord *huvelot.*

huche ['yʃ] n. f. Grand coffre de bois à couvercle plat dans lequel on rangeait le pain, les provisions, les vêtements, etc. ▷ *Huche à pétrir.* – Du lat. médiév. *hutica,* probabl. d'orig. germ.

huchier ['yʃje] n. m. Vx Menuisier spécialisé dans la fabrication des huches. – De *huche.*

hue ! ['y; hy] interj. Cri des charretiers pour faire avancer leurs chevaux ou pour les faire aller à droite. ▷ Loc. fig. *À hue et à dia* : V. dia. – Onomat.

huée ['ɥe] n. f. **1.** Cri des chasseurs pendant une battue, ou des pêcheurs pour diriger le poisson vers les filets. **2.** Clameur de dérision ou d'hostilité. *Accueillir par des huées.* – Pp. fém. subst. de *huer.*

huer ['ɥe] v. [1] **I.** v. tr. **1.** VEN Poursuivre (un animal) en poussant des huées. **2.** Pousser des clameurs d'hostilité ou de dérision contre (qqn), le conspuer. *Huer un orateur.* **II.** v. intr. Pousser son cri, en parlant d'un oiseau de nuit. – Du rad. onomat. de *hue.*

huerta ['ɥɛrta] n. f. GEOGR Plaine irriguée où l'on pratique une culture intensive, en Espagne. – Mot esp., du lat. *hortus,* «jardin».

huguenot, ote ['ygno, ɔt] n. et adj. Péjor. Surnom donné par les catholiques aux calvinistes, en France, aux XVIe et XVIIe s. ▷ adj. Relatif aux huguenots. *Faction huguenote.* – Altér. de l'all. *Eidgenossen,* «confédérés» (nom des Genevois partisans de la Confédération contre le duc de Savoie).

huilage [ɥilaʒ] n. m. Action d'huiler. – De *huiler.*

huile [ɥil] n. f. **1.** Liquide gras, onctueux et inflammable, d'origine végétale, animale ou minérale. *Les huiles végétale et animale sont des mélanges d'esters de la glycérine; l'huile minérale est un mélange d'hydrocarbures. Huile de table, de graissage. Huile de schiste,* tirée du schiste bitumineux. ▷ Loc. fig., fam. *Huile de coude**. ▷ Loc. fig. *Faire tache d'huile* : s'accroître, se répandre à la manière d'une goutte d'huile qui s'étale à la surface de l'eau. *Épidémie qui fait tache d'huile.* – *Jeter de l'huile sur le feu* : exciter des passions déjà vives. – *Mer d'huile,* parfaitement calme. – *Mettre de l'huile dans les rouages, dans les engrenages* : user de diplomatie pour éviter les heurts entre les personnes. – Fam. *Ça baigne dans l'huile* : tout va bien, tout se déroule normalement, sans anicroche. **2.** Peinture dont le liant est l'huile. *Peindre à l'huile.* ▷ *Par ext.* Tableau exécuté à l'huile. **3.** RELIG CATHOL *Saintes huiles* : huiles consacrées pour l'usage sacramentel. **4.** Fig., fam. Personnage influent. *Recevoir des huiles.* – Lat. *oleum,* «huile d'olive», de *olea,* «olive, olivier».

ENCYCL Une huile diffère d'une graisse en ce qu'elle est liquide à la température ordinaire. Les principaux acides qui concourent à la formation des huiles sont les acides oléique, palmitique, linoléique et stéarique. On distingue trois catégories d'huiles : les huiles *végétales* (arachide, olive, colza, tournesol, lin, ricin, etc.), dont certaines sont comestibles, et d'autres utilisées en peinture, savonnerie, pharmacie, etc.; les huiles *animales* (baleine, cachalot, foie de morue, etc.), utilisées en savonnerie, en pharmacie, dans l'industrie, etc.; les huiles *minérales,* obtenues par distillation de la houille et du pétrole ou extraites des schistes et des sables bitumineux, et qui servent surtout à lubrifier les organes mécaniques.

huiler [ɥile] v. tr. [1] Enduire, frotter d'huile; lubrifier avec de l'huile. *Huiler une machine.* – Pp. adj. *Papier huilé,* rendu imperméable par imprégnation d'huile. – De *huile.*

huilerie [ɥilri] n. f. Fabrique, magasin, commerce d'huile. – De *huile.*

huileux, euse [ɥilø, øz] adj. **1.** De la nature de l'huile. *Liquides huileux.* **2.** Qui semble imbibé d'huile. *Cheveux huileux.* Syn. gras. – De *huile.*

huilier, ère [ɥilje, ɛr] adj. et n. m. **I.** adj. Relatif à l'huile et à sa fabrication. **II.** n. m. **1.** Rare Fabricant, marchand d'huile. **2.** Ustensile portant des burettes contenant de l'huile et du vinaigre. *Huilier d'argent.* – De *huile.*

huis [ɥi] n. m. **1.** Vx Porte. **2.** Loc. adv. Mod. *À huis clos* : les portes étant fermées. ▷ DR Sans que le public soit admis. *Le procès aura lieu à huis clos.* – n. m. *Demander le huis clos* [lə'ɥiklo] . – Du bas lat. *ustium,* class. *ostium,* «porte».

huisserie [ɥisri] n. f. CONSTR Bâti formant l'encadrement d'une porte, d'une fenêtre. – De *huis.*

huissier [ɥisje] n. m. **1.** Celui qui est chargé d'accueillir et d'annoncer les visiteurs dans les ambassades, les ministères, etc. **2.** Fonctionnaire subalterne préposé au service des séances d'une assemblée. **3.** Officier ministériel qui signifie les actes et les exploits et qui exécute les décisions de justice. ▷ *Huissier-audiencier,* chargé de la police des audiences d'un tribunal. – De *huis.*

huit ['ɥit; ɥi devant une consonne ou un *h* aspiré] adj. inv. et n. m. inv. **I.** adj. num. inv. **1.** (Cardinal) Sept plus un (8). *Huit ans.* ▷ *Huit jours* : une semaine. *Donner ses huit jours à un employé,* le congédier en lui payant une semaine de dédommagement. – *D'aujourd'hui en huit* : dans une semaine à compter d'aujourd'hui. **2.** (Ordinal) Huitième. *Charles VIII.* – Ellipt. *Le huit septembre.* **II.** n. m. inv. **1.** Le nombre huit. *Cinq et trois font huit.* ▷ Chiffre représentant le nombre huit (8). ▷ Numéro huit. *Habiter au huit.* ▷ *Le huit* : le huitième jour du mois. **2.** JEU Carte portant huit marques. *Le huit de cœur.* **3.** SPORT En aviron, embarcation manœuvrée par huit rameurs. **4.** *Les trois-huit**. – Du lat. *octo.*

huitain ['ɥitɛ̃] n. m. **1.** Pièce de poésie de huit vers. **2.** Stance de huit vers. – De *huit.*

huitaine ['ɥitɛn] n. f. Quantité de huit. *Une huitaine de personnes.* – *Absol.* Huit jours. *Remettre une cause à huitaine.* – De *huit.*

huitante ['ɥitɑ̃t] adj. num. card. Rég. (Suisse) Quatre-vingts. – Du lat. *octoginta.*

huitième ['ɥitjɛm] adj. et n. **I.** adj. num. ord. Dont le rang est marqué par le nombre 8. *La huitième fois. Le huitième étage* ou, ellipt., *le huitième. Le huitième arrondissement* ou, ellipt., *le huitième.* **II.** n. **1.** Personne, chose qui occupe la huitième place. **2.** n. f. Première année du cours moyen dans l'enseignement primaire. **3.** n. m. Chaque partie d'un tout divisé en huit parties égales. *Le huitième d'un volume.* – De *huit.*

huitièmement ['ɥitjɛmmɑ̃] adv. En huitième lieu. – De *huitième.*

huître [ɥitʀ] n. f. **1.** Mollusque lamellibranche (fam. ostréidés), à deux valves inégales de forme irrégulière, qui selon les espèces est élevé (ou, plus rarement, pêché) pour sa chair, ou pour ses concrétions précieuses (nacre, perle). *Les huîtres vivent jusqu'à 20 ans et pondent chaque année 50 000 œufs. Huîtres perlières* : V. méléagrine. *Ostrea edulis* : l'huître plate. *Crassostrea angulata* : l'huître portugaise, auj. décimée par une maladie. **2.** Fig., fam. Personne molle et sotte. – Lat. *ostrea,* du gr.

huit-reflets ['ɥiʀəflɛ] n. m. inv. Haut-de-forme en soie brillante. – De *huit,* et *reflet.*

1. huîtrier, ère [ɥitʀije, ɛʀ] adj. et n. f. **1.** adj. Relatif à l'huître. *Industrie huîtrière.* **2.** n. f. Banc d'huîtres. – De *huître.*

2. huîtrier [ɥitʀije] n. m. Oiseau charadriiforme (genre *Hœmatopus*) qui se nourrit de coquillages. – *Huîtrier-pie,* noir et blanc, au bec rouge, long d'env. 40 cm, commun sur les plages atlantiques. – De *huître.*

hulotte ['ylɔt] n. f. Grande chouette d'Europe (*Stryx aluco*), au hululement sonore, commune dans les bois et les parcs, et appelée également *chat-huant.* – De l'a. fr. *huler,* « hurler », du lat. *ululare.*

hululement ['ylylmɑ̃] ou **ululement** [ylylmɑ̃] n. m. Cri des rapaces nocturnes. – De *hululer.*

hululer ['ylyle] ou **ululer** [ylyle] v. intr. [1] Pousser son cri, en parlant des rapaces nocturnes. – Lat. *ululare.*

hum! ['œm; hœm] interj. Exclamation exprimant le doute, l'hésitation, la défiance, le mécontentement. – Onomat.

humage ['ymaʒ] n. m. Action de humer. ▷ *Spécial.* Action de humer, d'inhaler des vapeurs médicinales. – De *humer.*

humain, aine [ymɛ̃, ɛn] adj. et n. m. **I.** adj. **1.** De l'homme, relatif à l'homme. *Corps humain. Esprit humain. Nature humaine.* – (Par oppos. à *animal, végétal,* etc.) *Race, espèce humaine. Le genre humain* : l'ensemble des hommes. – (Par oppos. à *divin.*) *Justice humaine. Les voies humaines.* ▷ Propre à l'homme, à sa nature. *L'erreur est humaine.* **2.** Qui concerne l'homme, s'applique à l'homme. *Sciences humaines. Géographie humaine.* **3.** Qui a tous les caractères de l'homme, avec ses forces et ses faiblesses. *Personnage profondément humain.* **4.** Bon, généreux, compatissant à l'égard d'autrui. *Se montrer humain.* **II.** n. m. **1.** Homme, personne humaine. *Détester les humains.* **2.** Ce qui appartient en propre à l'homme. *Cela dépasse l'humain.* – Lat. *humanus.*

humainement [ymɛnmɑ̃] adv. **1.** Du point de vue de l'homme; selon les possibilités, les pouvoirs de l'homme. *La chose est humainement impossible.* **2.** Avec humanité. *Traiter humainement des prisonniers.* – De *humain.*

humanisation [ymanizasjɔ̃] n. f. Action d'humaniser; son résultat. – De *humaniser.*

humaniser [ymanize] v. tr. [1] **1.** Rendre plus civilisé, plus sociable. *Sa profession l'a humanisé.* ▷ v. pron. *Son caractère s'humanise.* **2.** Rendre moins dur, plus supportable. *Humaniser un régime pénitentiaire.* – De *humain,* d'ap. le lat. *humanus.*

humanisme [ymanism] n. m. **1.** Doctrine, savoir et éthique des humanistes de la Renaissance. **2.** PHILO Doctrine, système qui affirme la valeur de la personne humaine et vise à l'épanouissement de celle-ci. – De *humaniste.*

humaniste [ymanist] adj. et n. **I.** adj. **1.** Relatif aux humanistes de la Renaissance. **2.** Relatif à l'humanisme philosophique. **II.** n. m. **1.** À l'époque de la Renaissance, érudit versé dans la connaissance des langues et des littératures anciennes, considérées comme le fondement de la connaissance de l'homme. **2.** PHILO Personne qui professe un humanisme (sens 2). – Lat. médiév. *humanista,* de *humanus,* « humain ».

humanitaire [ymanitɛʀ] adj. Qui vise au bien-être, au bonheur de l'humanité. *Théorie humanitaire. Organisations humanitaires.* – De *humanité.*

humanitarisme [ymanitaʀism] n. m. (Parfois péjor.) Idées humanitaires considérées comme naïves, ou dangereuses par irréalisme. – De *humanitaire.*

humanité [ymanite] n. f. **I. 1.** Nature humaine. *La faible humanité. Humanité et divinité du Christ.* **2.** Genre humain. *Rendre service à l'humanité.* **3.** Altruisme, bienveillance à l'égard des autres. *Traiter qqn avec humanité.* **4.** Sentiment profond de la grandeur et de la misère de l'homme. *Les œuvres d'Eschyle sont pleines d'humanité.* **II.** n. f. pl. Vieilli Études classiques supérieures jusqu'à la philosophie. *Faire ses humanités.*– Lat. *humanitas, humanitatis.*

humanoïde [ymanɔid] adj. et n. Se dit de ce qui présente des caractères ou des formes humaines. ▷ Subst. En science-fiction, être « non-humain » ressemblant à l'homme. – De *humain,* et *-oïde.*

humble [œ̃bl] adj. **1.** Qui fait preuve d'humilité par modestie, respect ou soumission. Syn. effacé, modeste, soumis. **2.** Qui marque le respect, la déférence. *Humbles excuses.* **3.** De condition sociale modeste. *Des personnes très humbles.* ▷ n. m. *Les humbles.* **4.** Médiocre, modeste, sans éclat. *Une humble chaumière. Humbles emplois.* – Du lat. *humilis,* « bas, près de la terre ».

humblement [œ̃bləmɑ̃] adv. **1.** Avec humilité ou modestie. *S'incliner, répondre humblement.* **2.** Sans beaucoup de moyens, de ressources. *Vivre humblement.* – De *humble.*

humectage [ymɛktaʒ] n. m. Action d'humecter; son résultat. – De *humecter.*

humecter [ymɛkte] v. tr. [1] Rendre humide, mouiller légèrement. *Humecter du linge.* ▷ v. pron. *Ses yeux s'humectent de larmes.* – Pop. *S'humecter le gosier* : boire. – Lat. *humectare.*

humecteur [ymɛktœʀ] n. m. TECH Appareil servant à humecter. – De *humecter.*

humer ['yme] v. tr. [1] **1.** Vx Avaler en aspirant. **2.** Aspirer profondément pour sentir. *Humer le parfum d'un rôti.* – D'un rad. onomat.

huméral, ale, aux [ymeʀal, o] adj. ANAT Relatif à l'humérus ou au bras. *Artère humérale.* – De *humérus.*

humérus [ymeʀys] n. m. ANAT Os unique du bras qui s'articule en haut avec l'omoplate et en bas avec le cubitus et le radius. – Mot lat., « épaule ».

humeur [ymœʀ] n. f. **I.** MED Liquide situé dans un organe, une articulation, un abcès. *Humeurs du corps.* – ANAT *Humeur aqueuse :* liquide situé entre la cornée et le cristallin. *Humeur vitrée :* liquide situé entre le cristallin et la rétine. ▷ Vx *Humeurs cardinales* ou, absol., *humeurs :* le sang, le flegme (ou pituite), la bile jaune et la bile noire, dont l'altération était considérée par la médecine ancienne comme la cause de toutes les maladies. **II. 1.** Disposition affective due au tempérament ou à un état passager. *Être de bonne, de mauvaise humeur.* ▷ *Être d'humeur à :* être disposé à. **2.** *Absol.* Disposition chagrine, se traduisant par un comportement agressif. *Répondre avec humeur. Geste d'humeur.* – Lat. *humor, humoris,* « liquide ».

humide [ymid] adj. et n. m. **I.** adj. **1.** Vx ou poét. De la nature de l'eau, liquide, aqueux. *L'humide élément :* l'eau. **2.** Imprégné d'un liquide, d'une vapeur. *Linge humide. Saison, climat humides. Avoir les yeux humides.* Ant. sec. **II.** n. m. Ce qui est humide. *L'humide et le sec.* – Lat. *humidus.*

humidificateur [ymidifikatœʀ] n. m. Appareil servant à humidifier l'air. – De *humidifier.*

humidification [ymidifikasjɔ̃] n. f. Action d'humidifier. – De *humidifier.*

humidifier [ymidifje] v. tr. [1] Rendre humide. ▷ Augmenter la teneur en eau. – De *humide.*

humidifuge [ymidifyʒ] adj. Qui repousse l'humidité. *Tissu humidifuge.* – De *humide,* et *-fuge.*

humidité [ymidite] n. f. État de ce qui est humide. *L'humidité du sol.* ▷ *Humidité absolue :* masse d'eau contenue dans l'air, exprimée en g/m^3. – *Humidité relative* ou *degré hygrométrique :* rapport, exprimé en pourcentage, entre la masse d'eau contenue dans l'air et celle que contiendrait le même volume s'il était saturé. *L'humidité atmosphérique est mesurée à l'aide d'hygromètres.* – Bas lat. *humiditas.*

humifère [ymifɛʀ] adj. Riche en humus. – De *humus,* et *-fère.*

humification [ymifikasjɔ̃] n. f. PEDOL Ensemble des transformations chimiques (notam. hydrolyse des lignines et des celluloses) conduisant de la matière végétale à *l'humus vrai.* – De *humus.*

humiliant, ante [ymiljɑ̃, ɑ̃t] adj. Qui cause de la honte. *Situation humiliante.* – Ppr. de *humilier.*

humiliation [ymiljasjɔ̃] n. f. **1.** Action d'humilier ou de s'humilier; état d'une personne humiliée. **2.** Ce qui humilie, vexe. *Infliger une humiliation à qqn.* Syn. affront. – Bas lat. ecclés. *humiliatio.*

humilier [ymilje] v. tr. [1] **1.** Rendre humble, abaisser. *Humilier la fierté de qqn.* ▷ v. pron. *S'humilier devant Dieu.* **2.** *Humilier qqn,* le blesser dans son amour-propre en le couvrant de honte ou de confusion. Syn. mortifier, vexer. – Bas lat. ecclés. *humiliare.*

humilité [ymilite] n. f. **1.** Sentiment de notre petitesse, de notre faiblesse, qui nous pousse à ravaler toute espèce de hauteur ou d'orgueil. *Manquer d'humilité.* Syn. modestie. ▷ Abaissement volontaire. *L'humilité chrétienne.* **2.** Soumission, déférence. *Parler avec humilité.* Ant. hauteur, arrogance. **3.** Caractère de ce qui est humble, modeste, sans éclat. *L'humilité de sa condition sociale.* – Lat. *humilitas, humilitatis.*

humique [ymik] adj. PEDOL *Acides humiques,* acides organiques constituant l'humus. (On distingue les *acides humiques gris,* très polymérisés et fortement liés aux minéraux du sol, et les *acides humiques bruns,* peu polymérisés et assez libres dans le sol.) – De *humus.*

humoral, ale, aux [ymɔʀal, o] adj. MED Relatif aux humeurs. – Lat. médiév. *humoralis.*

humoriste [ymɔʀist] adj. et n. **1.** adj. Qui a de l'humour. **2.** n. Écrivain, dessinateur, auteur pratiquant le genre humoristique. *L'humoriste Alphonse Allais.* – Ital. *umorista,* du lat. sav. *humorista,* « partisan de la théorie médicale des humeurs »; sens mod. repris de l'angl.

humoristique [ymɔʀistik] adj. Relatif à l'humour; où il entre de l'humour. *Dessin humoristique.* – Angl. *humoristic.*

humour [ymuʀ] n. m. Forme d'ironie plaisante, souvent satirique, consistant à souligner avec esprit les aspects drôles ou insolites de la réalité. *Humour anglais. Humour noir,* qui tire sa force comique de rencontres cruelles, macabres et en même temps plaisantes. – Mot angl., empr. à l'a. fr. *humor,* « humeur ».

humus [ymys] n. m. Cour. Matière brun-noir d'aspect terreux formée de débris végétaux plus ou moins décomposés. *L'humus des sous-bois.* ▷ PEDOL Mélange d'acides organiques provenant de la décomposition des végétaux (*humus vrai*). – Mot lat., « sol ».

ENCYCL *L'humus brut* (humus au sens cour.), résultat de la décomposition des débris végétaux par des agents atmosphériques ou microbiens, est la matière organique totale que contient le sol, alors que *l'humus vrai* est constitué d'un mélange, en proportions variables (suivant les végétaux qui lui ont donné naissance), d'acides fulviques et humiques en solution colloïdale dans le sol; ces acides représentent les réserves du sol en matière organique utilisable à long terme pour la croissance des végétaux. Les princ. types d'humus (définis à partir des proportions d'humus brut et d'humus vrai) sont : le *mull,* le *moder,* le *mor* et la *tourbe.* Une bonne terre arable contient de 2 % à 6 % d'humus brut, proportion nettement dépassée dans les terres à jardin qu'on fume puissamment.

hune ['yn] n. f. MAR Plate-forme semi-circulaire fixée à la partie basse des mâts, dans les anciens navires. ▷ *Mât de hune :* mât surmontant immédiatement la partie basse du mât. – Anc. scand. *hûnn.*

hunier ['ynje] n. m. MAR ANC Voile carrée située au-dessus des basses voiles. – De *hune.*

huppe ['yp] n. f. **1.** Oiseau coraciadiforme (genre *Upupa*), au long bec arqué et à la tête garnie d'une touffe de plumes. *La huppe fasciée d'Europe, au plumage bariolé, se nourrit d'insectes et hiverne en Afrique.* **2.** Touffe de plumes ornant la tête de certains oiseaux. *Huppe d'un cacatoès.* – Lat. *upupa*; altér. de *houppe.*

huppé, ée ['ype] adj. **1.** Qui porte une huppe. *Alouette huppée.* **2.** Fig., fam. Riche et distingué. *Des gens huppés.* – De *huppe.*

hure ['yʀ] n. f. **1.** Tête de quelques animaux; partic., tête coupée. *Hure de sanglier, de brochet.* **2.** Galantine farcie de morceaux de hure de porc. **3.** Fig., fam. Visage truculent, trogne.

hurlant, ante ['yʀlɑ̃, ɑ̃t] adj. Qui hurle. *Une sirène hurlante.* – Ppr. de *hurler.*

hurlement ['yʀləmɑ̃] n. m. **1.** Cri du loup, du chien. **2.** Cri aigu et prolongé. *Hurlement de douleur, de rage.* – Fig. *Les hurlements du vent.* – De *hurler;* d'abord *uslement.*

hurler ['yʀle] v. intr. [1] **1.** Pousser des hurlements. *Les loups hurlent. Hurler de douleur.* ▷ Fig. *Hurler avec les loups :* imiter ceux avec qui on vit. **2.** Crier, parler, chanter très fort. *Ne hurle pas, je ne suis pas sourd !* ▷ v. tr.

Hurler des injures. **3.** Produire un son semblable à un hurlement (choses). *Sirène qui hurle.* **4.** Fig. Former un contraste violent, jurer. *Couleurs qui hurlent ensemble.* – Lat. *ululare*; d'abord *uller, usler.*

hurleur, euse ['yʀlœʀ, øz] adj. et n. m. **1.** Qui hurle. **2.** ZOOL *Singe hurleur* ou, n. m., *hurleur* : singe du Brésil (*Alouate guariba,* sous-ordre des platyrhiniens) dont le sac vocal osseux peut émettre des cris très puissants, audibles à plusieurs kilomètres. – De *hurler.*

hurluberlu [yʀlybɛʀly] n. m. Personne étourdie, au comportement fantasque et quelque peu extravagant. – P.-ê. de *hurelu,* «ébouriffé», rad. *hure,* et *berlu,* «qui a la berlue».

huron, onne ['yʀɔ̃, ɔn] n. et adj. **1.** Vx Personne grossière. **2.** adj. Des Hurons, tribu d'Indiens d'Amérique du N., qui habitait dans une rég. comprise entre les lacs Huron et Ontario. *Alliés aux Français, les Hurons furent exterminés par les Iroquois au XVIIe s.* **3.** n. m. Langue parlée par les Hurons. – De *hure.*

huronien, enne ['yʀɔnjɛ̃, ɛn] adj. GEOL *Orogenèse huronienne, plissement huronien,* qui ont affecté surtout l'Amérique du N. et la Scandinavie au précambrien. – Du n. du lac *Huron,* un des cinq grands lacs de l'Amérique du N.

hurrah. V. hourra.

husky [œski] n. m. Race de chien de traîneau aux yeux souvent bleu clair. *Des huskies.* – Mot angl., «chien de traîneau».

hussard ['ysaʀ] n. m. **1.** HIST Cavalier appartenant à un corps levé au XVe s. par les Hongrois pour combattre les Turcs. ▷ Militaire appartenant à l'un des régiments de cavalerie légère qui tenaient leur origine des compagnies d'auxiliaires hongrois recrutés par la France au XVIIe s. **2.** Mod. Militaire appartenant à l'une des unités blindées qui ont succédé aux anciennes unités montées de hussards. – All. *Husar,* du hongrois *huszar.*

hussarde ['ysaʀd] n. f. **1.** Danse hongroise. **2.** Loc. adv. *À la hussarde* : d'une manière cavalière et brutale. – *Pantalon à la hussarde,* ample sur les cuisses et étroit aux chevilles. – De *hussard.*

hussite ['ysit] n. m. Chrétien partisan des doctrines de Jan Hus. – Du n. de J. *Hus* (1369-1415), réformateur religieux et écrivain de Bohême, accusé d'hérésie et brûlé vif.

hutte ['yt] n. f. Petite cabane rudimentaire faite avec de la terre, des branches, etc. – Moyen haut all. *hütte,* d'orig. frq.

hW PHYS Symbole de l'hectowatt.

hyacinthe [jasɛ̃t] n. f. **1.** BOT Anc. nom de la jacinthe. **2.** MINER Variété de zircon transparent, rouge ou orangé. – Lat. *hyacinthus,* gr. *huakinthos.*

hyænidés [jenide] n. m. pl. ZOOL Famille de mammifères carnivores et charognards des savanes de l'Ancien Monde, comprenant la hyène tachetée, la hyène rayée et la hyène brune. – Sing. *Un hyænidé.* – Du gr. *huaina,* par le lat. *hyæna,* «hyène», et *-idés.*

hyalin, ine [jalɛ̃, in] adj. Didac. Qui a l'aspect, la transparence du verre. ▷ MINER *Quartz hyalin* : cristal de roche. ▷ MED *Substance hyaline,* présente dans les tissus conjonctifs et de soutien. – Bas lat. *hyalinus,* gr. *hualinos,* de *hualos,* «verre».

hyalite [jalit] n. f. **1.** MINER Variété transparente d'opale. **2.** TECH Verre noir de Bohême. – Du rad. de *hyalin,* et *-ite* 3.

hyaloïde [jalɔid] adj. ANAT Qui a la transparence du verre. *Humeur, membrane hyaloïde de l'œil.* – Du rad. de *hyalin,* et *-oïde.*

hyaloplasme [jalɔplasm] n. m. BIOL Solution colloïdale hyaline, plus ou moins visqueuse, dans laquelle baignent les organites et diverses inclusions cellulaires. – Du gr. *hualos,* «verre», et *plasme.*

hyaluronique [jalyʀɔnik] adj. BIOCHIM *Acide hyaluronique* : polysaccharide constitutif des mucus et sérosités, ainsi que du tissu conjonctif. – Du gr. *hualos,* «verre», et *(gluco)ronique.*

hybridation [ibʀidasjɔ̃] n. f. BIOL Production d'hybrides, croisement d'espèces différentes. – De *hybride.*

hybride [ibʀid] n. m. et adj. **I.** n. m. BIOL Animal ou végétal qui résulte du croisement de deux sujets d'espèces différentes. *Le bardot est un hybride de cheval et d'ânesse.* ▷ adj. GENET *Caractère hybride* : chez les êtres vivants diploïdes, caractère que gouverne une paire de gènes allèles mutés l'un par rapport à l'autre. **II.** adj. **1.** Fig. Qui participe de genres, de styles différents; fait d'éléments mal assortis. *Un style hybride. Une solution hybride.* **2.** LING *Mots hybrides,* formés de radicaux empruntés à des langues différentes. *«Bigame», formé du latin «bis» et du grec «gamos», est un mot hybride.* **3.** INFORM Qui utilise à la fois le calcul numérique et le calcul analogique, en parlant d'un matériel informatique. – Lat. *hybrida.*

ENCYCL Les hybrides proviennent de croisements entre des êtres vivants très proches des points de vue systématique et morphologique. Généralement stériles par suite de différences de structure entre les chromosomes des parents, les hybrides d'espèces différentes, dits *interspécifiques,* présentent par juxtaposition de caryotypes différents une grande vigueur et une forte résistance aux maladies, aux agressions du milieu de vie, etc. Ce phénomène de *vigueur hybride* (ou *hétérosis*), bien connu, est utilisé sur les espèces vivantes utiles à l'homme (mule, mulet, etc.). Les hybrides de même espèce mais de races différentes, dits *interraciaux* ou *intraspécifiques,* sont fertiles; ce sont des hybrides au sens génétique, c.-à-d. qu'ils sont hétérozygotes pour un ou plusieurs caractères; ils présentent, comme les vrais hybrides (c.-à-d. interspécifiques), la *vigueur hybride,* mais, lors de la reproduction, la descendance contient des individus purs (homozygotes), c.-à-d. non hybrides, en proportion croissante jusqu'à une certaine limite.

hybrider [ibʀide] v. tr. [1] BIOL Réaliser l'hybridation entre. – De *hybride.*

hybridisme [ibʀidism(ə)] n. m. ou **hybridité** [ibʀidite] n. f. Caractère, état d'un hybride. – De *hybride.*

hybridome [ibʀidom] n. m. BIOL Cellule hybride constituée par la fusion d'un lymphocyte et d'une cellule cancéreuse. *Les hybridomes sont utilisés notam. pour produire des anticorps monoclonaux* (V. clonage). – Mot angl., créé par Milstein et Köhler, de *hybride,* et *-ome.*

hydarthrose [idaʀtʀoz] n. f. MED Épanchement d'un liquide séreux dans la cavité synoviale d'une articulation. – Du gr. *hudôr,* «eau», et *arthron,* «articulation».

hydatide [idatid] n. f. MED Forme larvaire ou vésiculaire du tænia échinocoque qui se développe dans les tissus (notam. foie et poumons) en formant un kyste (hydatidose). – Gr. *hudatis, hudatidos,* de *hudôr,* «eau».

hydatique [idatik] adj. MED Qui a rapport aux hydatides, qui en renferme. *Kyste hydatique du foie.* – De *hydatide.*

hydne [idn(ə)] n. m. BOT Champignon basidiomycète (genre *Hydnum*) comestible dont le chapeau est tapissé sur sa face inférieure de petits tubercules cylindriques. *L'hydne le plus connu est le pied-de-mouton.* – Gr. *hudnon,* «tubercule, truffe».

hydr-. V. hydro-.

hydracide [idʀasid] n. m. CHIM Acide non oxygéné résultant de la combinaison de l'hydrogène avec un ou plusieurs éléments non métalliques. *Le nom des hydracides est suffixé en « -hydrique », celui de leur sel en « -ure »* (ex. : le *chlorure* est le sel de l'*acide chlorhydrique*). – De *hydr-*, et *acide*.

hydraires [idʀɛʀ] n. m. pl. ZOOL Classe d'hydrozoaires dépourvus de squelette. - Sing. *Un hydraire*. – Du gr. *hûdor*, « eau ».

hydrargyre [idʀaʀʒiʀ] n. m. Vx Anc. nom du mercure (symbole Hg). – Gr. *hudrarguros*, « argent liquide ».

hydrargyrisme [idʀaʀʒiʀism] n. m. Intoxication par le mercure. – De *hydrargyre*.

hydratable [idʀatabl] adj. Susceptible d'être hydraté. – De *hydrater*.

hydratant, ante [idʀatɑ̃, ɑ̃t] adj. et n. m. Qui provoque, qui permet l'hydratation. ▷ Spécial. *Crème, lotion hydratante*, destinée à hydrater l'épiderme. - n. m. *Un hydratant*. – Ppr. de *hydrater*.

hydratation [idʀatasjɔ̃] n. f. **1.** CHIM Fixation d'eau sur une molécule. ▷ Formation d'un hydrate. **2.** MED Apport d'eau à l'organisme, aux tissus. – De *hydrater*.

hydrate [idʀat] n. m. CHIM Composé qui résulte de la fixation de molécules d'eau sur une molécule d'un corps. ▷ *Hydrates de carbone* : syn. anc. de *glucides**. – De *hydr-*, et *-ate*.

hydrater [idʀate] v. tr. [1] **1.** CHIM Combiner (un corps) avec l'eau. ▷ v. pron. Passer à l'état d'hydrate. **2.** MED Apporter de l'eau à (un organisme, un tissu). – De *hydrate*.

hydraulicien, enne [idʀolisjɛ̃, ɛn] n. Spécialiste de l'hydraulique. - (En appos.) *Ingénieur hydraulicien*. – De *hydraulique*.

hydraulicité [idʀolisite] n. f. **1.** TECH Rapport entre le débit moyen annuel et le débit moyen calculé sur une longue période des eaux courantes. *Une hydraulicité trop faible ne permet pas un remplissage suffisant des réservoirs des barrages.* **2.** Qualité des liants hydrauliques. – De *hydraulique*.

hydraulique [idʀolik] adj. et n.f. **I.** adj. **1.** Qui est mû par l'eau; qui utilise l'eau (ou un liquide quelconque) pour son fonctionnement. *Frein hydraulique. Vérin hydraulique.* **2.** Qui a pour objet de conduire, d'élever, de distribuer l'eau ou un liquide quelconque. *Ouvrages hydrauliques.* **3.** *Énergie hydraulique*, fournie par les chutes d'eau, les marées, etc. V. hydroélectricité. **4.** TECH *Mortier hydraulique*, durcissant sous l'action de l'eau. **II.** n. f. **1.** Science des lois de l'écoulement des liquides. **2.** Ensemble des techniques de captation, de distribution et d'utilisation des eaux (irrigation, chutes motrices, etc.). **3.** Ensemble des techniques utilisant les liquides pour la transmission des forces. – Lat. *hydraulicus*, gr. *hudraulikos*; de *hydr-*, et du gr. *aulos*, « flûte, tuyau ».

hydravion [idʀavjɔ̃] n. m. Avion conçu pour décoller sur l'eau et s'y poser (grâce à des flotteurs ou à une coque-fuselage). – De *hydr-*, et *avion*.

hydrazine [idʀazin] n. f. CHIM Composé basique $H_2N{-}NH_2$. - Composé basique dérivé de l'hydrazine proprement dite. *On utilise les hydrazines dans la préparation des colorants.* – De *hydr-*, *az(ote)*, et suff. *-ine*.

-hydre. V. hydro-.

hydre [idʀ] n. f. **1.** MYTH *L'Hydre* : serpent fabuleux des marais de Lerne, en Argolide, dont les sept têtes repoussaient multipliées au fur et à mesure qu'on les coupait, et dont seul Héraclès put venir à bout en les tranchant toutes d'un seul coup. **2.** Fig. Mal qui semble se développer en proportion des efforts qu'on fait pour le détruire; mal monstrueux. *L'hydre du fascisme, de l'anarchie.* **3.** ZOOL Cnidaire hydrozoaire de petite taille (env. 15 mm), dépourvu de squelette, polype vivant en eau douce, pourvu de 8 à 10 tentacules armés de cellules urticantes et qui régénère rapidement les parties qui lui sont enlevées. – Lat. d'orig. gr. *hydra*.

hydrémie [idʀemi] n. f. MED Taux de l'eau dans le sang. ▷ *Par ext.* Excès d'eau dans le sang. – De *hydr-*, et *-émie*.

-hydrique. CHIM Élément, du gr. *hudôr*, « eau », servant à former les noms des hydracides*.

hydrique [idʀik] adj. Relatif à l'eau, de l'eau. - MED *Diète hydrique* : régime ne comportant que des apports d'eau. – De *hydr-*, et *-ique*.

hydro-, hydr-, -hydre. Éléments, du gr. *hudôr*, « eau ». ▷ CHIM *Hydro-* : élément indiquant une combinaison de l'hydrogène avec un autre corps.

hydrobase [idʀobaz] n. f. AVIAT Base d'hydravions; plan d'eau aménagé pour recevoir des hydravions.

hydrocarbonate [idʀokaʀbɔnat] n. m. CHIM Carbonate hydraté.

hydrocarbure [idʀokaʀbyʀ] n. m. CHIM Corps composé exclusivement de carbone et d'hydrogène. (On distingue : les *hydrocarbures saturés*, ou paraffines [méthane, par ex.]; les *hydrocarbures éthyléniques*, ou oléfines; les *hydrocarbures acétyléniques*; les *hydrocarbures aromatiques* [benzène, par ex.]. Fort abondants dans la nature [notam. dans les pétroles], ils servent à fabriquer de nombreux produits chimiques.)

hydrocèle [idʀosɛl] n. f. MED Épanchement de sérosité dans la tunique qui entoure les testicules et le cordon spermatique. – Lat. *hydrocele*, gr. *hudrokêlê*.

hydrocéphale [idʀosefal] adj. et n. Atteint d'hydrocéphalie. – Gr. *hydrokephalon*, de *hudôr*, « eau », et *kephalê* « tête ».

hydrocéphalie [idʀosefali] n. f. MED Augmentation de volume du liquide céphalo-rachidien provoquant une dilatation des ventricules cérébraux et parfois une augmentation du volume du crâne. – De *hydrocéphale*.

hydrocharis [idʀokaʀis] n. m. BOT Plante (genre *Hydrocharis*) monocotylédone aquatique à feuilles flottantes rappelant le nénuphar, dont les fleurs ont trois sépales et trois pétales. Syn. morène, petit nénuphar. – De *hydro-*, et gr. *kharis*, « beauté ».

hydroclasseur [idʀoklasœʀ] n. m. MINES Appareil utilisant l'eau pour le triage des minerais.

hydrocoralliaires [idʀokɔʀaljɛʀ] n. m. pl. ZOOL Classe d'hydrozoaires à squelette calcaire. - Sing. *Un hydrocoralliaire*.

hydrocortisone [idʀokɔʀtizɔn] n. f. BIOCHIM Hormone cortico-surrénale que l'on peut obtenir par synthèse, proche de la cortisone, mais plus active.

hydrocracking [idʀokʀakiŋ] ou **hydrocraquage** [idʀokʀakaʒ] n. m. TECH Craquage en présence d'hydrogène (procédé de raffinage du pétrole). – De *hydro-*, et *cracking*, *craquage*.

hydrocution [idʀokysjɔ̃] n. f. MED Syncope brutale pouvant entraîner la mort, analogue à la syncope provoquée par l'électrocution, et déclenchée, lors d'une immersion brusque dans l'eau froide, par un trouble vasomoteur réflexe. – De *hydro-*, et *(électro)cution*.

hydrodynamique [idʀodinamik] n. f. et adj. **1.** n. f. Partie de la physique qui traite des liquides en mouvement et des formes qui réduisent la résistance à l'avancement dans les liquides. **2.** adj. Relatif à l'hydrodynamique. - TECH *Forme hydrodynamique*.

hydroélectricité [idʀoele(ɛ)ktʀisite] n. f. TECH Électricité d'origine hydraulique.

ENCYCL Les centrales hydroélectriques utilisent l'énergie fournie par une chute d'eau à des turbines couplées à des alternateurs, ce qui conduit à distinguer les usines de haute chute (100 à 2 000 m), de moyenne ou basse chute (20 à 100 m) et de très basse chute (inférieure à 20 m). La classification actuelle est la suivante : usines au fil de l'eau, comportant des réservoirs de faible capacité (temps de remplissage inférieur à 2 heures); usines d'éclusées (temps de remplissage de 2 à 400 heures); usines de lac (temps de remplissage supérieur à 400 heures).

hydroélectrique [idʀoele(ɛ)ktʀik] adj. TECH Relatif à la production d'électricité par des moyens hydrauliques. *Centrale hydroélectrique.*

hydrofoil [idʀofɔjl] n. m. Syn. de *hydroptère.* – Mot angl., de *hydro-*, et *foil*, « feuille, surface plane ».

hydrofuge [idʀofyʒ] adj. et n. m. TECH Qui préserve de l'humidité, de l'eau. – De *hydro-*, et *-fuge.*

hydrofuger [idʀofyʒe] v. tr. [**13**] TECH Rendre hydrofuge. – De *hydrofuge.*

hydrogel [idʀoʒɛl] n. m. CHIM Colloïde à l'état de gel en milieu aqueux.

hydrogénation [idʀoʒenasjɔ̃] n. f. Action d'hydrogéner; son résultat. – De *hydrogéner.*

hydrogène [idʀoʒɛn] n. m. CHIM Élément de numéro atomique Z = 1 et de masse atomique 1,008 (symbole H). – Gaz (H_2 : dihydrogène) de densité 0,069, qui se liquéfie à – 252,7 °C et se solidifie à –259,2 °C. – De *hydro-*, et *-gène*; « qui produit de l'eau ».

ENCYCL On connaît trois isotopes de l'hydrogène : l'hydrogène léger (98,98 % de l'hydrogène naturel), l'hydrogène lourd (ou deutérium) et le tritium. Le noyau de l'atome d'hydrogène léger *(protium)* est formé uniquement d'un proton. L'hydrogène est de loin l'élément le plus abondant de l'Univers. Il entre dans de nombreuses combinaisons, l'eau (H_2O) notam., et représente la quasi-totalité de la matière interstellaire. L'hydrogène se combine avec presque tous les éléments, en donnant des hydrures; c'est un excellent réducteur. Il permet la synthèse de l'ammoniac et du chlorure d'hydrogène. Les carburants synthétiques sont obtenus par hydrogénation. L'hydrogène est utilisé dans les chalumeaux oxhydrique et à hydrogène atomique. L'hydrogène liquide sert de carburant dans les moteurs-fusées.

hydrogéné, ée [idʀoʒene] adj. CHIM Combiné avec de l'hydrogène. ▷ Qui contient de l'hydrogène. – De *hydrogène.*

hydrogéner [idʀoʒene] v. tr. [**14**] Combiner avec l'hydrogène. – De *hydrogène.*

hydrogéologie [idʀoʒeɔlɔʒi] n. f. Partie de la géologie qui étudie les eaux souterraines et leurs résurgences.

hydroglisseur [idʀoglisœʀ] n. m. Bateau à fond plat propulsé par une hélice aérienne.

hydrographe [idʀogʀaf] n. et adj. Spécialiste d'hydrographie. ▷ adj. MAR *Ingénieur hydrographe* : officier des services hydrographiques de la marine. – De *hydro-*, et *-graphe.*

hydrographie [idʀogʀafi] n. f. **1.** Partie de la géographie qui étudie les divers milieux occupés par les eaux à la surface du globe (hydrosphère). **2.** Ensemble des cours d'eau et des lacs d'une région. *L'hydrographie d'un pays.* – De *hydro-*, et *-graphie.*

hydrographique [idʀogʀafik] adj. Relatif à l'hydrographie. ▷ MAR *Service hydrographique et océanographique de la marine (S.H.O.M.)* : service de la Marine nationale chargé de l'établissement des cartes marines et de la rédaction des documents nautiques. – De *hydrographie.*

hydrolase [idʀolaz] n. f. BIOCHIM Enzyme qui détache des molécules les ions OH^-, les ions H^+ et les molécules d'eau. – De *hydro-*, et *(diast)ase.*

hydrolithe [idʀolit] n. f. CHIM Hydrure de calcium qui réagit avec l'eau en donnant de l'hydrogène. – De *hydro-*, et *-lithe.*

hydrologie [idʀolɔʒi] n. f. Science qui traite des eaux, de leurs propriétés et de leur utilisation alimentaire, agricole, industrielle ou médicale. – De *hydro-*, et *-logie.*

hydrologique [idʀolɔʒik] adj. Qui concerne l'hydrologie, son étude. *Société hydrologique.* – De *hydrologie.*

hydrologiste [idʀolɔʒist] ou **hydrologue** [idʀolɔg] n. Spécialiste d'hydrologie. – De *hydrologie.*

hydrolysable [idʀolizabl] adj. CHIM Qui peut être décomposé par hydrolyse. – De *hydrolyse.*

hydrolyse [idʀoliz] n. f. CHIM Décomposition d'un corps par fixation des ions H^+ et OH^- provenant de la dissociation de l'eau. *Les réactions d'hydrolyse jouent un rôle important en biochimie et dans les synthèses organiques.* – De *hydro-*, et *-lyse.*

hydrolyser [idʀolize] v. tr. [**1**] CHIM Décomposer par hydrolyse. – De *hydrolyse.*

hydromécanique [idʀomekanik] adj. TECH Mû par l'eau.

hydromel [idʀomɛl] n. m. Boisson faite d'eau et de miel, fermentée ou non, goûtée des Anciens. – Lat. *hydromeli*, du gr. *hûdor*, « eau », et *meli*, « miel ».

1. hydromètre [idʀomɛtʀ] n. m. TECH Appareil qui sert à contrôler la pression statique de l'eau d'une installation. – De *hydro-*, et *-mètre.*

2. hydromètre [idʀomɛtʀ] n. f. ENTOM Insecte (genre *Hydrometra*), aux pattes et au corps minces et longs, qui marche sur l'eau et qui est aussi appelé araignée d'eau. – De *hydro-*, et *-mètre* (à cause de sa démarche, car elle semble arpenter).

hydrométrie [idʀometʀi] n. f. Science qui étudie les liquides, et notam. les eaux naturelles. – De *hydromètre* 1.

hydrométrique [idʀometʀik] adj. TECH Relatif à l'hydrométrie. – De *hydrométrie.*

hydrominéral, ale, aux [idʀomineʀal, o] adj. Des eaux minérales, qui concerne les eaux minérales. *Sources hydrominérales.*

hydronéphrose [idʀonefʀoz] n. f. MED Distension des cavités excrétrices du rein et du parenchyme rénal, due à une obstruction des voies urinaires ou à un écoulement insuffisant de l'urine.

hydronium [idʀonjɔm] n. m. CHIM *Ion hydronium*, proton hydraté noté H_3O^+. – De *hydro-*, *n* de liaison, et suff. *-ium* ajouté au n. d'une base pour désigner des sels.

1. hydrophile [idʀofil] adj. **1.** Qui absorbe l'eau, un liquide. *Coton hydrophile*, utilisé en chirurgie et pour les soins d'hygiène corporelle. **2.** CHIM *Groupement hydrophile*, qui a tendance à rendre soluble dans l'eau la molécule à laquelle il appartient. – De *hydro-*, et *-phile.*

2. hydrophile [idʀofil] n. m. ENTOM Insecte coléoptère (genre *Hydrophila*) de couleur noire, long d'env. 4,5 cm, qui vit dans les eaux stagnantes. – De *hydro-*, et *-phile.*

hydrophobe [idʀofɔb] adj. **1.** MED Qui a une crainte morbide de l'eau. **2.** CHIM Qui n'absorbe pas l'eau. *Colloïdes hydrophobes.* – De *hydro-*, et *-phobe.*

hydrophobie [idʀofɔbi] n. f. MED Peur, crainte morbide de l'eau. – Lat. d'orig. gr. *hydrophobia.*

hydrophone [idʀofɔn] n. m. PHYS Transducteur électroacoustique destiné à transformer, dans les liquides, des oscillations acoustiques en oscillations électriques. – De *hydro-*, et *-phone.*

hydrophore [idʀofɔʀ] n. BX-A Personnage portant un vase rempli d'eau. – De *hydro-*, et *-phore.*

hydrophyte [idʀofit] n. f. BOT Toute plante dont les bourgeons passent la mauvaise saison sous l'eau, dans la vase. – De *hydro-*, et *-phyte.*

hydropique [idʀopik] adj. MED Atteint d'hydropisie. ▷ Subst. *Des hydropiques.* – Lat. *hydropicus*, gr. *hudrôpikos.*

hydropisie [idʀopizi] n. f. MED Nom anc. de l'œdème et de l'anasarque (œdème généralisé). – Lat. *hydropisis*, gr. *hudrôps.*

hydropneumatique [idʀopnømatik] adj. MECA Qui fonctionne à l'aide d'un liquide et d'un gaz comprimé. *Automobile à suspension hydropneumatique. Frein hydropneumatique.*

hydroponique [idʀopɔnik] adj. AGRIC *Culture hydroponique*, dans laquelle une solution nutritive remplace la terre. – De *hydro-*, et gr. *ponos*, « fruit du travail », donc « artificiel ».

hydroptère [idʀɔptɛʀ] n. m. MAR Navire à ailes portantes, très rapide (jusqu'à 80 nœuds). Syn. hydrofoil. – De *hydro-*, et *-ptère.*

hydroquinone [idʀokinɔn] n. f. CHIM Diphénol de formule $HO\text{-}C_6H_4\text{-}OH_2$ utilisé en photographie comme révélateur.

hydroraffinage [idʀoʀafinaʒ] n. m. TECH Procédé de raffinage du pétrole par hydrogénation catalytique.

hydrosilicate [idʀosilikat] n. m. CHIM Silicate hydraté.

hydrosol [idʀosɔl] n. m. CHIM Solution colloïdale formée avec l'eau.

hydrosoluble [idʀosɔlybl] adj. Soluble dans l'eau.

hydrospeed [idʀospid] n. m. SPORT Descente de rapides qui se pratique à plat ventre, le corps dans l'eau, sur une sorte de luge. – De *hydro-*, et angl. *speed*, « vitesse ».

hydrosphère [idʀosfɛʀ] n. f. GEOGR Ensemble de l'élément liquide du globe terrestre : océans, mers, fleuves, etc. (par oppos. à l'*atmosphère* et à la *lithosphère*).

hydrostatique [idʀostatik] n. f. et adj. PHYS Partie de la physique qui étudie les conditions d'équilibre des liquides. *Principe fondamental de l'hydrostatique*, selon lequel la différence de pression entre deux points d'un liquide en équilibre est égale au poids d'une colonne de liquide ayant pour section l'unité de surface et pour hauteur la distance verticale des deux points. ▷ adj. *Balance hydrostatique.*

hydrosulfite [idʀosylfit] n. m. CHIM Sel de l'acide hydrosulfureux $H_2S_2O_4$.

hydrothérapeute [idʀoteʀapøt] n. MED Médecin qui soigne par l'hydrothérapie.

hydrothérapie [idʀoteʀapi] n. f. MED Thérapeutique utilisant les vertus curatives de l'eau sous toutes ses formes.

hydrothérapique [idʀoteʀapik] adj. MED Qui concerne l'hydrothérapie. *Cure hydrothérapique.* – De *hydrothérapie.*

hydrothermal, ale, aux [idʀoteʀmal, o] adj. **1.** Didac. Relatif aux eaux thermales. **2.** GEOL De l'hydrothermalisme.

hydrothermalisme [idʀoteʀmalism] n. m. **1.** Didac. Ensemble des activités concernant les cures et les eaux thermales. **2.** GEOL Circulation souterraine de fluides chauds. – De *hydrothermal.*

hydrotimètre [idʀotimɛtʀ] n. m. CHIM Appareil servant à mesurer la dureté d'une eau. – Gr. *hydrotês*, « liquidité », et *-mètre.*

hydrotimétrie [idʀotimetʀi] n. f. CHIM Mesure de la dureté d'une eau. – De *hydrotimètre.*

hydrotimétrique [idʀotimetʀik] adj. CHIM Relatif à l'hydrotimétrie. ▷ *Degré (ou titre) hydrotimétrique* (abrév. : T.H.) : teneur d'une eau en sels de calcium et de magnésium. – De *hydrotimétrie.*

hydroxy-. CHIM Préfixe indiquant la présence du radical hydroxyle OH.

hydroxyde [idʀoksid] n. m. CHIM Composé métallique de formule générale $M(OH)_n$, où M est un métal. *L'hydroxyde de sodium NaOH est la soude.* – De *hydr(o)-*, et *oxyde.*

hydroxylamine [idʀoksilamin] n. f. CHIM Composé basique de formule NH_2OH. – De *hydroxyle*, « ion OH chargé négativement », et *-amine.*

hydroxylase [idʀoksilaz] n. f. BIOCHIM Enzyme qui favorise la fixation d'un groupement OH sur une molécule. – De *hydroxyle*, et *-ase.*

hydroxylation [idʀoksilasjɔ̃] n. f. CHIM Formation de radicaux hydroxyles sur une molécule. – De *hydroxyle.*

hydroxyle [idʀoksil] n. m. CHIM Radical OH.

hydrozoaires [idʀozɔɛʀ] n. m. pl. ZOOL Superclasse de cnidaires coloniaux ou solitaires, sans cloisons internes. – Sing. *Un hydrozoaire.* – De *hydro-*, et *-zoaires.*

hydrure [idʀyʀ] n. m. CHIM Composé binaire hydrogéné dans lequel l'hydrogène possède le nombre d'oxydation – 1. *Hydrure de calcium CaH_2.* – De *hydro-*, et *-ure.*

hyène [jɛn] n. f. Mammifère carnivore, de 1 à 1,40 m de long, au garrot plus haut que la croupe, à pelage gris ou fauve, qui se nourrit des restes des animaux tués. *L'hyène* (ou abusiv. *la hyène*). *L'hyène rayée* (Hyæna hyæna) *d'Afrique et d'Asie du Sud. L'hyène tachetée* (Crocuta crocuta ») *d'Afrique.* – Lat. *hyæna*, gr. *huaina.*

hygiaphone [iʒjafɔn] n. m. Guichet transparent et ajouré qui laisse passer les sons tout en protégeant l'employé de la contamination microbienne pouvant venir du public. – Nom déposé, du gr. *hugiês*, « sain », et *-phone.*

hygiène [iʒjɛn] n. f. Branche du savoir qui traite des règles et des pratiques nécessaires pour conserver et améliorer la santé ; ensemble de ces règles et de ces pratiques. *Instruments d'hygiène. Hygiène du corps. Hygiène publique. Hygiène mentale.* – Gr. *hugieinon*, « santé ».

hygiénique [iʒjenik] adj. **1.** Qui concerne l'hygiène, les soins du corps ; qui est conforme à l'hygiène. *Mesures hygiéniques.* ▷ *Par euph.* Qui a rapport aux soins corporels intimes. *Papier, serviette hygiénique.* **2.** Qui favorise l'hygiène. *Activité, boisson hygiénique.* – De *hygiène.*

hygiéniquement [iʒjenikmɑ̃] adv. De manière hygiénique. – De *hygiénique.*

hygiéniste [iʒjenist] n. Spécialiste des problèmes d'hygiène. – De *hygiène.*

hygro-. Élément, du gr. *hugros*, « humide ».

hygroma [igʀoma] n. m. MED Atteinte inflammatoire des bourses séreuses. *Hygroma du genou, du coude.* – De *hygro-*, et *-ome.*

hygromètre [igʀomɛtʀ] n. m. PHYS Appareil servant à mesurer le degré d'humidité de l'air. V. hygroscope. – De *hygro-*, et *-mètre.*

hygrométricité [igʀometʀisite] n. f. METEO Teneur en eau de l'atmosphère. – De *hygrométrique.*

hygrométrie [igʀometʀi] n. f. PHYS Étude et mesure du degré d'humidité de l'air. – De *hygromètre.*

hygrométrique [igʀometʀik] adj. PHYS Relatif à l'hygrométrie. ▷ *Degré hygrométrique de l'air* : rapport entre la pression de la vapeur d'eau dans l'air et la pression de la vapeur saturante à la même température. Syn. humidité* relative. ▷ *Corps hygrométriques*, particulièrement sensibles aux variations de l'hygrométricité de l'air. – De *hygrométrie.*

hygrophile [igʀofil] BOT Qui aime, recherche l'humidité. – De *hygro-*, et *-phile*.

hygrophobe [igʀofob] adj. BOT Qui craint l'humidité, les lieux humides. – De *hygro-*, et *-phobe*.

hygroscope [igʀoskɔp] n. m. PHYS Hygromètre utilisant le changement de couleur d'une substance (chlorure de cobalt, par ex.) sous l'action de l'humidité. – De *hygro-*, et *-scope*.

hygroscopie [igʀoskɔpi] n. f. PHYS Vx Syn. de *hygrométrie*. – De *hygroscope*.

hygroscopique [igʀoskɔpik] adj. PHYS Relatif à l'hygroscope, à l'hygroscopie. ▷ Qui absorbe la vapeur d'eau contenue dans l'air. *Substance hygroscopique*. – De *hygroscope*.

hygrostat [igʀosta] n. m. TECH Appareil de climatisation servant à maintenir constante l'humidité relative d'une atmosphère. – De *hygro-*, et *-stat*.

hymén(o)-. Élément, du gr. *humên*, « membrane ».

1. hymen [imɛn] n. m. ANAT Membrane qui obture en partie l'entrée du vagin et qui est déchirée lors du premier rapport sexuel. – Bas lat. *hymen*, gr. *humên*, « membrane ».

2. hymen [imɛn] ou **hyménée** [imene] n. m. Litt., VX Mariage. *Les doux nœuds de l'hyménée*. – Lat., du gr. *Humên*, nom du dieu du mariage.

hyménium [imenjɔm] n. m. BOT Assise cellulaire fertile de certains champignons (ascomycètes et basidiomycètes), constituée essentiellement par les cellules productrices de spores (asques et basides). V. aussi glèbe. – Gr. *humenion*, « petite membrane ».

hyménomycètes [imenomisɛt] n. m. pl. BOT Groupe de champignons chez lesquels l'hyménium est à nu. Ant. gastromycètes. – Sing. *Un hyménomycète*. – De *hyméno-*, et *-mycète*.

hyménoptères [imenɔptɛʀ] n. m. pl. ENTOM Ordre d'insectes pourvus de deux paires d'ailes membraneuses de grandeur inégale, et dont l'abdomen est pédonculé (ex. : les abeilles, les guêpes, les fourmis). – Sing. *Un hyménoptère*. – De *hyméno-*, et *-ptère*.

hymne [imn] n. **1.** n. m. ANTIQ Poème chanté en l'honneur d'un dieu, d'un héros. *Hymne à Apollon*. ▷ n. m. et f. LITURG Chant religieux. *Un(e) hymne à la gloire de Dieu*. **2.** n. m. Chant national. *« La Marseillaise » est l'hymne de la France*. ▷ Poème lyrique, œuvre musicale exprimant des sentiments nobles ou enthousiastes. *Hymne à la joie* : 9e symphonie de Beethoven. – Lat. *hymnus*, gr. *humnos*.

hyoïde [jɔid] adj. et n. m. ANAT *Os hyoïde* : os de la partie supérieure du cou, au-dessus du larynx. ▷ n. m. *L'hyoïde*. – Gr. *huoeides (ostoûn)*, « (os) en forme d'u ».

hyoïdien, enne [jɔidjɛ̃, ɛn] adj. ANAT Qui a rapport à l'hyoïde. – De *hyoïde*.

hypallage [ipalaʒ] n. f. RHET Figure de style par laquelle on attribue à un mot d'une phrase ce qui convient à un autre (ex. *descendant noble d'une famille* pour *descendant d'une famille noble*). – Lat. *hypallage*, mot gr. « échange, interversion ».

hyper-. Élément, du gr. *huper*, « au-dessus, au-delà », indiquant l'augmentation, l'excès.

hyperacidité [ipeʀasidite] n. f. MED Acidité excessive.

hyperacousie [ipeʀakuzi] n. f. MED Sensibilité exagérée au bruit. – De *hyper-*, et gr. *akousis*, « action d'entendre ».

hyperalgie [ipeʀalʒi] n. f. MED Exagération de la sensibilité à la douleur. – De *hyper-*, et du gr. *algos*, « douleur ».

hyperbare [ipɛʀbaʀ] adj. TECH Dont la pression est supérieure à la pression atmosphérique (mesurée au niveau de la mer). ▷ *Caisson hyperbare* : caisson de décompression utilisé en plongée sous-marine. – De *hyper-*, et de *bar* 2.

hyperbate [ipɛʀbat] n. f. RHET Figure de grammaire consistant à intervertir l'ordre habituel des mots. *« Le long d'un clair ruisseau buvait une colombe » (La Fontaine) est une hyperbate*. – Lat. *hyperbaton*, mot gr.

hyperbole [ipɛʀbɔl] n. f. **1.** RHET Figure de style consistant à employer des expressions exagérées pour frapper l'esprit (ex. *verser des torrents de larmes*). **2.** GEOM Courbe à deux branches et deux asymptotes, lieu des points dont la différence des distances à deux points fixes, appelés *foyers*, est constante. (L'équation de l'hyperbole s'écrit $\frac{x^2}{a^2}-\frac{y^2}{b^2}=1$; si a = b, les asymptotes se coupent à angle droit : l'hyperbole est dite *équilatère*.) – Lat. *hyperbole*, mot gr., de *huper*, « au-dessus », et *ballein*, « lancer ».

hyperbolique [ipɛʀbɔlik] adj. **1.** RHET Très exagéré dans son expression. **2.** GEOM En forme d'hyperbole. **3.** MATH Qualifie certaines fonctions déduites de fonctions exponentielles. – Bas lat. *hyperbolicus*.

hyperboliquement [ipɛʀbɔlikmɑ̃] adv. RHET D'une manière hyperbolique. – De *hyperbolique*.

hyperboloïde [ipɛʀbɔlɔid] n. m. GEOM Surface d'équation $\frac{x^2}{a^2}+\frac{y^2}{b^2}-\frac{z^2}{c^2}=$ ±1 dont les asymptotes forment un cône. – Solide engendré par cette surface. ▷ *Hyperboloïde de révolution*, engendré par une demi-hyperbole tournant autour de l'un de ses axes. – De *hyperbole*, et *-oïde*.

hyperboréen, enne [ipɛʀbɔʀeɛ̃, ɛn] adj. Litt. Qui est à l'extrême Nord. *Régions hyperboréennes*. – Lat. *hyperboreus*, mot gr., de *huper*, « au-dessus », et *boreas*, « vent du nord ».

hypercalcémie [ipɛʀkalsemi] n. f. MED Taux de calcium dans le sang supérieur à la normale. – De *hyper-*, et *calcémie*.

hypercapnie [ipɛʀkapni] n. f. MED Augmentation pathologique du taux de dioxyde de carbone (CO_2) dans le sang. – De *hyper-*, et gr. *kapnos*, « vapeur ».

hyperchlorhydrie [ipɛʀklɔʀidʀi] n. f. MED Excès d'acide chlorhydrique dans le suc gastrique, se traduisant par de la dyspepsie. – De *hyper-*, et *chlorhydr(ique)*.

hypercritique [ipɛʀkʀitik] n. et adj. **1.** n. f. Didac. Critique extrêmement minutieuse. ▷ Subst. Personne qui exerce ce genre de critique. **2.** adj. Critique à l'excès. **3.** PHYS *Fluide hypercritique*, porté à une température et une pression supérieures à celles de son point critique*.

hyperdulie [ipɛʀdyli] n. f. RELIG CATHOL Culte de la Sainte Vierge (par oppos. au culte de *dulie*, rendu aux autres saints, et au culte de *latrie*, rendu à Dieu). – Lat. ecclés. médiév. ; de *hyper-*, et *dulie*.

hyperémotivité [ipɛʀemɔtivite] n. f. PSYCHO Exagération de l'émotivité.

hyperespace [ipɛʀɛspas] n. m. MATH Espace fictif à plus de trois dimensions.

hyperesthésie [ipɛʀɛstezi] n. f. MED Exaspération pathologique, souvent douloureuse, de la sensibilité. – Lat. méd. *hyperæstheses*, de *hyper-*, et gr. *aisthêsis*, « sensibilité ».

hyperfocal, ale, aux [ipɛʀfɔkal, o] adj. PHOTO *Distance hyperfocale* ou, n. f., *hyperfocale* : distance à partir de laquelle tous les objets sont nets jusqu'à l'infini.

hyperfréquence [ipɛʀfʀekɑ̃s] n. f. TELECOM Fréquence comprise dans la gamme de 300 mégahertz à 300 gigahertz.

hyperglycémiant, ante [ipɛʀglisemjɑ̃, ɑ̃t] adj. Qui produit l'hyperglycémie. – De *hyperglycémie.*

hyperglycémie [ipɛʀglisemi] n. f. Élévation du taux de glucose dans le sang. *Hyperglycémie provoquée, pour dépister le diabète.*

hypergol [ipɛʀgɔl] n. m. TECH Ensemble formé par un combustible et un carburant liquides dont la combustion se produit spontanément lorsqu'ils sont mis en présence, utilisé pour la propulsion des fusées. – De *hyper-,* et *ergol.*

hypergonar [ipɛʀgɔnaʀ] n. m. TECH Objectif photographique, inventé par Henri Chrétien, permettant l'anamorphose des images et qui est à l'origine du cinémascope. – Nom déposé; de *hyper-,* et gr. *gônia,* «angle».

hyperhémie ou **hyperémie** [ipɛʀemi] n. f. MED Congestion locale des vaisseaux sanguins, pathologique ou provoquée. – De *hyper-,* et *-émie.*

hypéricacées [ipeʀikase] n. f. pl. BOT Famille de plantes dicotylédones dialypétales dont certains organes contiennent des poches ou canaux sécréteurs, et dont le millepertuis est le type. – Sing. *Une hypéricacée.* – Du gr. *huperikon,* «millepertuis».

hyperleucocytose [ipɛʀløkositoz] n. f. MED Augmentation pathologique du nombre des globules blancs dans le sang à la suite d'une infection ou d'un processus pathologique.

hypermarché [ipɛʀmaʀʃe] n. m. Magasin vendant en libre-service des denrées alimentaires et non alimentaires, et dont la surface de vente est supérieure à 2 500 m^2.

hypermètre [ipɛʀmɛtʀ] adj. et n. m. En métr. anc., se dit d'un vers qui a une syllabe de trop mais dont la dernière s'élide sur l'initiale du vers suivant. – n. m. *Un hypermètre.* – Gr. *hupermetros,* de *hûper,* «au-dessus», et *metron,* «mesure».

hypermétrope [ipɛʀmetʀɔp] adj. et n. Atteint d'hypermétropie. – Du gr. *hupermetros,* «qui est au-delà de la mesure», et *ops, opos,* «œil».

hypermétropie [ipɛʀmetʀɔpi] n. f. Trouble de la vision consistant en une mauvaise perception des objets rapprochés, due à un indice de réfraction anormal du cristallin. (L'image des objets se forme en arrière de la rétine.) – De *hypermétrope.*

hypermnésie [ipɛʀmnezi] n. f. PSYCHO Activité anormalement intense de la mémoire. – De *hyper-,* et suff. *-mnésie.*

hypernerveux, euse [ipɛʀnɛʀvø, øz] adj. et n. D'une nervosité extrême.

hypéron [ipeʀɔ̃] n. m. PHYS NUCL Particule lourde, appartenant à la famille des baryons et dont la masse est supérieure à celle du proton. – De *hyper-,* et *(électr)on.*

hyperonyme [ipeʀɔnim] n. m. LING Mot dont le sens inclut celui d'autres mots. *Aliment est un hyperonyme de pain.* Ant. hyponyme. – De *hyper-,* et suff. gr. *ônumos,* de *onoma,* «nom».

hyperostose [ipeʀostoz] n. f. MED Épaississement d'un ou de plusieurs os. – De *hyper-, -oste* (de *ostéo-*), et *-ose.*

hyperplan [ipɛʀplɑ̃] n. m. MATH Sous-espace vectoriel à n−1 dimensions d'un espace vectoriel à n dimensions (par ex., un espace à 3 dimensions pour un hyperespace à 4 dimensions, un plan pour un espace à 3 dimensions, etc.).

hyperplasie [ipɛʀplazi] n. f. MED Prolifération anormale des cellules d'un tissu. – De *hyper-,* et *-plasie.*

hyperréalisme [ipɛʀʀealism] n. m. Mouvement artistique né aux États-Unis dans les années 1967-1968 et qui, visant à une reconstitution objective de tel ou tel aspect de la vie contemporaine, se fonde sur l'imitation littérale, minutieuse (technique du report photographique de l'image sur la toile) et volontairement «froide» de la réalité. (Princ. représentants : R. Estes, J. Kacere, J. Salt, D. Eddy, R. Goings, J.-O. Hucleux.)

hypersécrétion [ipɛʀsekʀesjɔ̃] n. f. MED Sécrétion trop importante d'une glande ou d'une cellule.

hypersensibilité [ipɛʀsɑ̃sibilite] n. f. Sensibilité excessive. ▷ MED Exagération de la sensibilité à une sensation ou à un produit.

hypersensible [ipɛʀsɑ̃sibl] adj. et n. Qui manifeste de l'hypersensibilité.

hypersomnie [ipɛʀsɔmni] n. f. MED Augmentation pathologique du temps de sommeil. – De *hyper-,* et lat. *somnus,* «sommeil», sur le modèle d'*insomnie.*

hypersonique [ipɛʀsɔnik] adj. AVIAT Se dit des vitesses supérieures à Mach 5. – De *hyper-* et *sonique,* d'ap. *supersonique.*

hyperstatique [ipɛʀstatik] adj. TECH En résistance des matériaux, se dit des systèmes dont les réactions d'appui doivent être déterminées en faisant intervenir les déformations élastiques.

hypersustentateur [ipɛʀsystɑ̃tatœʀ] adj. et n. m. AVIAT Qualifie les dispositifs utilisés, notam. sur les avions à décollage et atterrissage courts, pour augmenter la portance de la voilure aux faibles vitesses de vol.

hypersustentation [ipɛʀsystɑ̃tasjɔ̃] n. f. AVIAT Augmentation de la portance.

hypertélie [ipɛʀteli] n. f. ZOOL Évolution exagérée aboutissant à l'élaboration d'organes démesurés ou nuisibles (par ex. : les bois de certains cervidés). – Du gr. *hupertelês,* de *huper,* «au-dessus, au-delà», et *telos,* «fin, terme».

hypertendu, ue [ipɛʀtɑ̃dy] adj. et n. Qui souffre d'hypertension. – De *hyper-,* et *tendu* (pp. de tendre).

hypertensif, ive[ipɛʀtɑ̃sif, iv] adj. MED Qui a rapport à l'hypertension. *Une poussée hypertensive.* – Qui provoque l'hypertension. *Un produit hypertensif* ou, n. m., *un hypertensif.*

hypertension [ipɛʀtɑ̃sjɔ̃] n. f. MED Élévation anormale de la pression artérielle.

hypertexte [ipɛʀtɛkst] n. m. INFORM Ensemble des textes pouvant s'afficher simultanément à l'écran mais provenant d'espaces différents de la mémoire.

hyperthermie [ipɛʀtɛʀmi] n. f. MED **1.** Élévation de la température du corps, fièvre. **2.** Technique de traitement des tumeurs malignes consistant à élever localement la température au moyen d'ondes électromagnétiques, pour tuer les cellules cancéreuses (celles-ci meurent à 41 °C).

hyperthyroïdie [ipɛʀtiʀɔidi] n. f. MED Hypersécrétion hormonale de la glande thyroïde. – De *hyper-,* et *thyroïde.*

hypertonie [ipɛʀtɔni] n. f. **1.** MED Augmentation anormale du tonus d'un ou de plusieurs muscles. **2.** PHYS État d'une solution (dite *hypertonique*) dont la concentration est supérieure à celle du milieu dont elle est séparée par une paroi semi-perméable. – Du gr. *hupertonos,* «tendu à l'excès».

hypertrophie [ipɛʀtʀɔfi] n. f. **1.** Développement excessif d'un organe ou d'une partie du corps. **2.** Fig. Accroissement trop important. *Hypertrophie de certaines industries.* – De *hyper-,* et *-trophie.*

hypertrophier [ipɛʀtʀɔfje] **1.** v. tr. **[1]** Produire l'hypertrophie de. *L'alcoolisme hypertrophie souvent le* *foie.* **2.** v. pron. Augmenter de volume (organes, tissus). *Le cœur des sportifs s'hypertrophie.* ▷ Fig. *Sentiment qui s'hypertrophie.* **3.** Pp. adj. *Un organe hypertrophié.* – Fig. *Un amour-propre hypertrophié.* – De *hypertrophie.*

hypertrophique [ipɛʀtʀɔfik] adj. Relatif à l'hypertrophie; accompagné d'hypertrophie. – De *hypertrophie.*

hypervitaminose [ipɛʀvitaminoz] n. f. MED Trouble dû à l'apport excessif de vitamines. – De *hyper-*, *vitamine*, et *-ose* 2.

hyphe [if] n. m. ou f. BOT Filament formé de cellules placées bout à bout, constitutif du mycélium des champignons supérieurs. – Gr. *huphos*, «tissu».

hypholome [ifɔlom] n. m. BOT Champignon non comestible, à spores et lamelles brunes, poussant sur les souches (fam. agaricacées). – De *hyphe*, et gr. *lôma*, «frange».

hypn(o)-. Élément, du gr. *hupnos*, «sommeil».

hypnagogique [ipnagɔʒik] adj. Didac. Qui conduit au sommeil; qui concerne les états de conscience qui précèdent immédiatement le sommeil. *Hallucination hypnagogique.* – De *hypn-*, et gr. *agôgê*, «action de transporter, conduire».

hypnose [ipnoz] n. f. État psychique proche du sommeil, provoqué artificiellement par suggestion ou par des moyens chimiques. (Dans ce dernier cas, on parle plutôt de *narcose* ou *subnarcose*.) – Du gr. *hupnoûn*, «endormir».

hypnotique [ipnɔtik] adj. **1.** MED Qui provoque le sommeil. *Médicament hypnotique.* ▷ n. m. *Un hypnotique.* **2.** Relatif à l'hypnose, à l'hypnotisme. – Gr. *hupnôtikos.*

hypnotiser [ipnɔtize] v. tr. [1] **1.** Plonger (qqn) dans un sommeil hypnotique. **2.** Fig. Fasciner, éblouir. *Il était littéralement hypnotisé par ce spectacle.* ▷ v. pron. Fig. Concentrer son attention exclusivement sur, être obnubilé par. *S'hypnotiser sur une idée.* – De *hypnotique.*

hypnotiseur [ipnɔtizœʀ] n. m. Celui qui hypnotise. – De *hypnotiser.*

hypnotisme [ipnɔtism] n. m. **1.** Ensemble des phénomènes qui constituent le sommeil artificiel provoqué, l'état d'hypnose. **2.** Ensemble des moyens, des techniques mis en œuvre pour provoquer le sommeil hypnotique. **3.** Branche du savoir qui traite des phénomènes d'hypnose. – D'abord en angl., *hypnotism*, de *hypnotic*, empr. au fr. *hypnotique.*

hypo-. Élément, du gr. *hupo*, «au-dessous, en deçà», qui exprime un état inférieur, une insuffisance, un manque, une très petite quantité.

hypoacousie [ipoakuzi] n. f. MED Diminution de l'acuité auditive. – De *hypo-*, et gr. *akousis*, «action d'entendre».

hypoallergénique [ipoal(l)ɛʀʒenik] adj. MED Peu susceptible de contenir des substances allergéniques.

hypoallergique [ipoal(l)ɛʀʒik] adj. MED Peu susceptible de provoquer une allergie.

hypocalcémie [ipokalsemi] n. f. MED Taux de calcium inférieur à la normale dans le sang.

hypocalorique [ipokalɔʀik] adj. Qui fournit peu de calories. *Régime hypocalorique.*

hypocapnie [ipokapni] n. f. MED Diminution du taux de dioxyde de carbone (CO_2) dans le sang. – De *hypo-*, et gr. *kapnos*, «vapeur, fumée».

hypocauste [ipokost] n. m. ARCHEOL **1.** Fourneau souterrain qui chauffait les bains ou les chambres de bains. **2.** Chambre voûtée qui renfermait un fourneau. – Gr. *hupokauston*, de *hupo*, «au-dessous», et *kaiein*, «brûler».

hypocentre [iposɑ̃tʀ] n. m. GEOL Lieu d'origine, en profondeur, des ondes sismiques lors d'un séisme. *L'hypocentre d'un séisme se trouve à la verticale de son épicentre.*

hypochloreux [ipoklɔʀø] adj. m. CHIM Qualifie l'anhydride Cl_2O et le monoacide HClO.

hypochlorhydrie [ipoklɔʀidʀi] n. f. MED Diminution de la teneur du suc gastrique en acide chlorhydrique. – De *hypo-*, et *chlorhydr(ique).*

hypochlorite [ipoklɔʀit] n. m. CHIM Sel de l'acide hypochloreux. *Les hypochlorites de sodium (eau de Javel) et de calcium (chlorure de chaux) sont utilisés comme désinfectants et pour le blanchiment.*

hypocondre [ipokɔ̃dʀ] n. m. et adj. **1.** n. m. ANAT Chacune des parties latérales de l'abdomen, située au-dessous des côtes. **2.** adj. Vx Hypocondriaque. – Bas lat. *hypochondria*, du gr. *khondros*, «cartilage des côtes».

hypocondriaque [ipokɔ̃dʀijak] adj. et n. **1.** PSYCHOPATHOL Qui est atteint d'hypocondrie. **2.** D'humeur mélancolique et inégale. – Gr. *hupokhondriakos.*

hypocondrie [ipokɔ̃dʀi] n. f. PSYCHOPATHOL Préoccupation obsessionnelle d'un sujet pour son état de santé (affection autrefois supposée d'origine abdominale). – De *hypocondre* ou du bas lat. *hypocondria.*

hypocoristique [ipokɔʀistik] adj. et n. m. LING Qui exprime une affection tendre ou amicale. *Redoublement hypocoristique* (Popaul, fifille). *Diminutif hypocoristique* (Jacquot). – Gr. *hupokoristikos*, «caressant».

hypocotyle [ipokɔtil] n. m. BOT Partie de la tige située au-dessous des cotylédons, lors de la germination. – De *hypo-*, et *cotyl(édon).*

hypocras [ipokʀɑs] n. m. Boisson faite de vin sucré, de cannelle et d'aromates, très goûtée au Moyen Âge. – Du nom d'*Hippocrate* (460-v. 377 av. J.-C.), médecin grec qui l'aurait inventé.

hypocrisie [ipokʀizi] n. f. **1.** Attitude qui consiste à affecter une vertu, un sentiment noble qu'on n'a pas. **2.** Caractère de ce qui est hypocrite. *L'hypocrisie de Tartuffe.* **3.** Acte hypocrite. *J'en ai assez de vos hypocrisies.* – Bas lat. *hypocrisis*, mot gr., «action de jouer un rôle».

hypocrite [ipokʀit] adj. **1.** Qui a de l'hypocrisie. *Un personnage hypocrite.* ▷ Subst. *Un(e) hypocrite.* – *Spécial.* Faux dévot. **2.** Qui dénote l'hypocrisie. *Douceur hypocrite.* – Lat. *hypocrita*, «mime».

hypocritement [ipokʀitmɑ̃] adv. D'une manière hypocrite; avec hypocrisie. – De *hypocrite.*

hypocycloïde [iposiklɔid] n. f. GEOM Courbe engendrée par un point d'un cercle roulant sans glisser à l'intérieur d'un cercle fixe.

hypoderme [ipodɛʀm] n. m. **1.** Tissu cellulaire sous le derme. **2.** ENTOM Insecte diptère (varron, notam.) dont les larves vivent dans l'hypoderme des ruminants, rendant leur cuir inutilisable.

hypodermique [ipodɛʀmik] adj. Qui concerne l'hypoderme. *Injection hypodermique*, sous-cutanée. – De *hypoderme.*

hypodermose [ipodɛʀmoz] n. f. MED VET Affection (petites tumeurs) des ruminants (notam. bovins) due aux larves d'hypodermes (sens 2). – De *hypoderme*, et *-ose* 2.

hypogastre [ipogastʀ] n. m. ANAT Partie inférieure de l'abdomen, située au-dessus du pubis. – Gr. *hupogastrion.*

hypogastrique [ipogastʀik] adj. Relatif à l'hypogastre. – De *hypogastre.*

hypogé, ée [ipɔʒe] adj. BOT Qui se développe sous la terre, spécial. en parlant de la germination de certains cotylédons ou de ces cotylédons eux-mêmes. Ant. épigé. – V. hypogée.

hypogée [ipoʒe] n. m. ARCHEOL Chambre souterraine. – ANTIQ Construction souterraine où les Anciens déposaient les morts. *Les hypogées de la vallée des Rois.* – Gr. *hupogeion*, de *gê*, «terre»; lat. *hypogeum*.

hypoglosse [ipoglɔs] adj. ANAT *Nerf grand hypoglosse* ou, n. m., *hypoglosse* : nerf moteur de la langue. – Gr. *hupoglôssios*, de *glôssa*, «langue».

hypoglycémiant, ante [ipoglisemjɑ̃, ɑ̃t] adj. et n. m. Qui provoque l'hypoglycémie. *L'insuline est le principal hypoglycémiant administré dans le traitement du diabète.* – De *hypoglycémie*.

hypoglycémie [ipoglisemi] n. f. MED Diminution ou insuffisance du taux de glucose dans le sang.

hypogyne [ipoʒin] adj. BOT Qui est inséré sous l'ovaire d'une plante. *Corolle, étamines hypogynes.* Ant. épigyne. – De *hypo-*, et *-gyne*.

hypoïde [ipɔid] adj. Se dit d'un couple d'engrenages coniques à denture spirale et à axes orthogonaux. – De *hypo-*, et *-oïde*.

hypomanie [ipomani] n. f. PSYCHIAT État évoquant l'accès maniaque sous une forme atténuée.

hyponyme [ipɔnim] n. m. LING Mot dont le sens est inclus dans celui d'un autre mot. *Rose est un hyponyme de fleur.* Ant. hyperonyme. – De *hyp(o)-*, et suff. gr. *-ônumos*, de *onoma*, «nom».

hypophosphate [ipofɔsfat] n. m. CHIM Sel de l'acide hypophosphorique.

hypophosphite [ipofɔsfit] n. m. CHIM Sel de l'acide hypophosphoreux.

hypophosphoreux [ipofɔsfɔʀø] adj. m. CHIM Se dit de l'acide le moins oxygéné du phosphore, le monoacide H_3PO_2.

hypophosphorique [ipofɔsfɔʀik] adj. m. Se dit de l'acide $H_4P_2O_6$ qui se forme par action de l'air humide sur le phosphore.

hypophysaire [ipofizɛʀ] adj. Qui a rapport à l'hypophyse. – De *hypophyse*.

hypophyse [ipofiz] n. f. ANAT, PHYSIOL Glande endocrine logée dans la selle turcique (sous le cerveau) au-dessous de l'hypothalamus et qui, sécrétant les stimulines qui agissent sur les autres glandes endocrines, joue un rôle majeur dans la régulation des sécrétions hormonales. (L'hypophyse sécrète aussi un certain nombre d'autres hormones qui agissent en particulier sur la croissance [*hormone somatotrope*, ou *hormone de croissance*], sur la teneur du corps en eau et la teneur du sang en glucose.) – Du gr. *hupophusis*, «croissance en dessous».

hyposécrétion [iposekʀesjɔ̃] n. f. MED Sécrétion insuffisante ou inférieure à la normale.

hyposodé [iposɔde] adj. CHIM Qui contient peu de sodium (et notam. peu de chlorure de sodium). – De *hypo-*, et *sodium*.

hypospadias [ipospadjas] n. m. MED Malformation congénitale de l'urètre, dont l'orifice est situé sur la face inférieure de la verge. – Gr. *hupospadias*, de *hupo*, «au-dessous», et *span*, «déchirer».

hypostase [ipostɑz] n. f. **1.** PHILO Sujet réellement existant, substance. – THEOL Le Père, le Fils, l'Esprit saint, chacun d'eux en tant que personne substantiellement distincte des deux autres. **2.** MED Dépôt d'un liquide organique (sang, urine, etc.). – Lat. *hypostasis*, mot gr., «action de supporter, base, substance».

hypostatique [ipostatik] adj. THEOL Substantiel; qui forme une substance, une personne. *L'union hypostatique de la nature humaine et de la nature divine, dans le Christ.* – De *hypostase*.

hypostyle [ipostil] adj. ARCHI Dont le plafond est soutenu par des colonnes. *Salle hypostyle.* – Gr. *hupostulos*, de *hupo*, «au-dessous», et *stulos*, «colonne».

hyposulfate [iposylfat] n. m. CHIM Sel de l'acide hyposulfurique.

hyposulfite [iposylfit] n. m. CHIM Sel de l'acide hyposulfureux. *L'hyposulfite de sodium sert de fixateur en photographie* (développement, tirage).

hyposulfureux [iposylfyʀø] adj. m. CHIM Se dit de l'acide $H_2S_2O_3$ (thiosulfurique).

hyposulfurique [iposylfyʀik] adj. *Acide hyposulfurique* appelé aussi *acide dithionique*, de formule $H_2S_2O_6$.

hypotendu, ue [ipotɑ̃dy] adj. et n. MED Qui a une tension artérielle insuffisante. – Subst. *Les hypotendus.* – De *hypo-*, et *tendu* (pp. de tendre).

hypotenseur [ipotɑ̃sœʀ] adj. et n. m. MED Qui diminue la tension artérielle. *Médicament hypotenseur.* ▷ n. m. *Un hypotenseur.* – De *hypotension*.

hypotension [ipotɑ̃sjɔ̃] n. f. MED Tension artérielle inférieure à la normale.

hypoténuse [ipotenyz] n. f. GEOM Côté opposé à l'angle droit d'un triangle rectangle. *Le carré de l'hypoténuse est égal à la somme des carrés des deux autres côtés* (théorème de Pythagore). – Lat. *hypotenusa*, gr. *hupoteinousa*, «se tendant sous» (les angles).

hypothalamique [ipotalamik] adj. ANAT Relatif à l'hypothalamus. – De *hypothalamus*.

hypothalamus [ipotalamys] n. m. ANAT Région du diencéphale située sous le thalamus et au-dessus de l'hypophyse. *L'hypothalamus joue un rôle fondamental dans les mécanismes du sommeil, l'activité sympathique (métabolisme de l'eau, des glucides et des lipides) et la thermorégulation.*

hypothécable [ipotekabl] adj. DR Qui peut être hypothéqué. *Biens hypothécables* : meubles (avion, navire) et immeubles (maison, terrain, etc.). – De *hypothéquer*.

hypothécaire [ipotekɛʀ] adj. DR Relatif à l'hypothèque; assuré, garanti par hypothèque. *Inscription hypothécaire. Dette hypothécaire due au créancier hypothécaire.* – Lat. imp. *hypothecarius*.

hypothécairement [ipotekɛʀmɑ̃] adv. DR Par hypothèque. – De *hypothécaire*.

hypothénar [ipotenaʀ] adj. inv. ANAT *Éminence hypothénar* : saillie de la partie interne de la paume de la main, formée par les muscles moteurs du petit doigt. – Gr. *hupothenar*, «creux de la main».

hypothèque [ipotɛk] n. f. **1.** DR et cour. Droit réel consenti à un créancier sur les biens d'un débiteur pour garantir l'exécution d'une obligation (prêt, créance, etc.), sans que le propriétaire soit dépossédé des biens grevés. *L'hypothèque, inscrite par le conservateur des Hypothèques, confère au créancier un droit de préférence sur les autres créanciers à concurrence du prix des biens hypothéqués.* **2.** Cour., fig. Entrave au développement de qqch. *Situation de crise qui fait peser une lourde hypothèque sur l'expansion économique.* – Lat. *hypotheca*, gr. *hupothêkê*, littéralement «ce qu'on met en dessous», d'où «gage».

hypothéquer [ipoteke] v. tr. [**14**] **1.** DR Soumettre (qqch) à hypothèque. *Hypothéquer une maison.* ▷ Garantir par hypothèque. *Hypothéquer une créance.* **2.** Fig., cour. Engager en faisant peser une menace sur. *Hypothéquer l'avenir.* – De *hypothèque*.

hypothermie [ipotɛʀmi] n. f. MED Abaissement de la température du corps au-dessous de la normale. – De *hypo-*, et *-thermie*.

hypothèse [ipotɛz] n. f. **1.** MATH Point de départ d'une démonstration logique, posé dans l'énoncé et à partir duquel on se propose d'aboutir à la conclusion (proposition nouvelle logiquement déduite) de la démonstration. **2.** (Dans les sciences expérimentales.) Explication plausible d'un phénomène naturel, provisoirement admise et destinée à être soumise au contrôle méthodique de l'expérience. *Hypothèse confirmée, infirmée par l'expérience.* **3.** Cour. Supposition, conjecture que l'on fait sur l'explication ou la possibilité d'un événement. *Une hypothèse fragile, dénuée de tout fondement. Émettre une hypothèse.* – Lat. *hypothesis,* gr. *hupothesis,* de *thesis,* « thèse ».

hypothético-déductif, ive [ipotetikodedyktif, iv] adj. LOG Qui part des propositions posées comme hypothèses et en déduit logiquement les conséquences. *La mathématique est un système hypothético-déductif. Des raisonnements hypothético-déductifs.* – De *hypothétique,* et *déductif.*

hypothétique [ipotetik] adj. **1.** LOG Qui exprime ou qui contient une hypothèse, qui affirme sous condition. *Proposition hypothétique. Jugement hypothétique.* **2.** Cour. Douteux, incertain. *Rester dans l'attente d'une réponse hypothétique.* – Bas lat. *hypotheticus,* gr. *hupothetikos,* « relatif à une supposition ».

hypothétiquement [ipotetikmɑ̃] adv. Par hypothèse; d'une manière hypothétique. – De *hypothétique.*

hypothyroïdie [ipotiʀɔidi] n. f. MED Insuffisance de fonctionnement de la thyroïde. (L'hyposécrétion d'hormones thyroïdiennes provoque le myxœdème.) – De *hypo-,* et *thyroïde.*

hypotonie [ipotɔni] n. f. **1.** MED Diminution du tonus musculaire. **2.** PHYS État d'une solution hypotonique. – De *hypo-,* et rad. de *tonique.*

hypotonique [ipotɔnik] adj. PHYS, MED *Solution hypotonique,* dont la pression osmotique est inférieure à celle de référence, spécial. à celle du sang. – De *hypotonie.*

hypotrophie [ipotʀɔfi] n. f. MED Développement insuffisant du corps ou d'un organe. – De *hypo-,* et gr. *trophê,* « nourriture ».

hypovitaminose [ipovitaminoz] n. f. MED Carence en vitamines. – De *hypo-, vitamine,* et *-ose* 2.

hypsomètre [ipsomɛtʀ] n. m. PHYS Appareil permettant de déterminer l'altitude d'un lieu d'après la température à laquelle l'eau y entre en ébullition. – Du gr. *hupsos,* « hauteur », et *-mètre.*

hypsométrie [ipsometʀi] n. f. PHYS Mesure de l'altitude d'un lieu. – De *hypsomètre.*

hypsométrique [ipsometʀik] adj. PHYS Relatif à l'hypsométrie. ▷ *Courbes hypsométriques :* courbes de niveau. ▷ *Cartes hypsométriques :* cartes qui représentent les différences d'altitude, le plus souvent par l'emploi de teintes variées. – De *hypsométrie.*

hyracoïdes [iʀakɔid] n. m. pl. ZOOL Ordre de mammifères ongulés comprenant les damans. – Sing. *Un hyracoïde.* – Du gr. *hurax, hurakos,* « souris », et *-oïde.*

hysope [izɔp] n. f. BOT Plante arbustive (*Hysopus officinalis,* l'hysope officinale, fam. labiées) des régions arides, dont les fleurs et les feuilles sont utilisées en infusion pour leurs vertus stimulantes. – Lat. d'orig. gr. *hys(s)opus.*

hystér(o)-. Élément, du gr. *hustera,* « utérus ».

hystérectomie [isteʀɛktɔmi] n. f. CHIR Ablation, totale ou partielle, de l'utérus. ▷ *Hystérectomie totale :* ablation de l'utérus et des ovaires. – De *hystér-,* et *-ectomie.*

hystérèse [isteʀɛz] ou **hystérésis** [isteʀezis] n. f. PHYS et CHIM Retard dans l'évolution d'un phénomène. ▷ *Hystérésis magnétique,* affectant les corps ferromagnétiques, qui prennent une aimantation lorsqu'on les place dans un champ magnétique et conservent une aimantation, dite *rémanente,* lorsque ce champ cesse. ▷ *Hystérésis diélectrique,* qui affecte les corps diélectriques, dont la polarisation varie lorsqu'on les place dans un champ électrique. (Dans le cas d'un champ alternatif, il en résulte un dégagement de chaleur appelé *pertes diélectriques.*) ▷ *Cycle d'hystérésis :* courbe représentative du phénomène d'hystérésis. – Du gr. *husterein,* « être en retard ».

hystérie [isteʀi] n. f. **1.** PSYCHIAT Catégorie de névroses se présentant sous des formes cliniques diverses, et reposant sur un mode de représentation, certains mécanismes (notam. le refoulement) concernant le conflit œdipien, et des caractéristiques libidinales particulières. – PSYCHAN *Hystérie de conversion,* où les symptômes sont d'apparence organique. – *Hystérie d'angoisse,* se manifestant par des phobies. **2.** Cour. Grande excitation, agitation bruyante. *Chanteur qui déchaîne l'hystérie de la foule. Hystérie collective.* – De *hystérique.*

hystériforme [isteʀifɔʀm] adj. MED Qui évoque l'hystérie, ressemble à l'hystérie. – De *hystérie,* et *-forme.*

hystérique [isteʀik] adj. et n. **1.** MED Qui a rapport à l'hystérie. *Crise hystérique.* **2.** Qui est atteint d'hystérie. *Une femme hystérique.* ▷ Subst. *Un(e) hystérique.* **3.** Cour. Énervé, surexcité; qui dénote la surexcitation. *Rire hystérique.* – Lat. *hystericus,* gr. *husterikos,* de *hustera,* « utérus », l'attitude des malades étant autrefois considérée comme un accès d'érotisme morbide féminin.

hystérographie [isteʀogʀafi] n. f. MED Examen radiographique de l'utérus. – De *hystéro-,* et *(radio)graphie.*

hystérotomie [isteʀotɔmi] n. f. MED Incision de l'utérus, pour en extraire le fœtus (césarienne) ou en retirer une tumeur. – De *hystéro-,* et *-tomie.*

hystricoïdes [istʀikɔid] n. m. pl. ZOOL Superfamille de rongeurs comprenant les porcs-épics, les chinchillas, etc. – Sing. *Un hystricoïde.* – Du gr. *hustrix, hustrikhos,* « porc-épic ».

Hz PHYS Symbole du hertz.

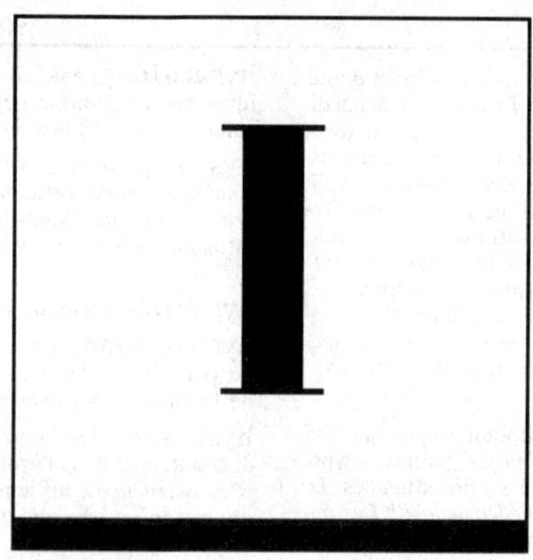

i [i] n. m. **1.** Neuvième lettre (i, I) et troisième voyelle de l'alphabet, notant : la voyelle palatale non arrondie [i] (ex. *ami*) ou la semi-voyelle yod [j] (ex. *pied*); le son [ɛ̃] ou i nasal (ex. *imbu, inclus*); et, en composition, les sons [wa] (ex. *roi*) et [ɛ] (ex. *air*). *Un i mouillé*. Un i tréma*. Le i grec, ou y*.* ▷ Loc. fig. *Mettre les points sur les i :* faire connaître sans équivoque sa manière de voir. *Droit comme un i :* très droit. **2.** I : chiffre romain qui vaut 1. *Chapitre I.* **3.** MATH i : symbole représentant la partie imaginaire d'un nombre complexe $\sqrt{-1}$ (dit autref. *imaginaire*). ▷ PHYS I : symbole de l'intensité d'un courant électrique, du moment d'inertie, de l'impulsion. ▷ CHIM I : symbole de l'iode.

I.A. Sigle de *intelligence* artificielle.*

I.A.A. Sigle de *industrie agro-alimentaire.*

iambe [jɑ̃b] n. m. **1.** METR ANC Pied composé de deux syllabes, la première brève et la seconde longue. *L'iambe fut employé au théâtre.* **2.** Pièce de vers satirique où alternent des vers de douze pieds et des vers de huit pieds. *Les iambes d'André Chénier.* – Lat. *iambus,* gr. *iambos.*

iambique [jɑ̃bik] adj. Composé d'iambes. *Un vers iambique.* – Lat. *iambicus,* gr. *iambikos.*

iatr-, iatro-, -iatre, -iatrie. Éléments, du gr. *iatros,* « médecin ».

iatrogène [jatʀɔʒɛn] adj. MED Se dit d'une maladie provoquée par le traitement d'un médecin. – De *iatro-,* et *-gène.*

ibère [ibɛʀ] adj. Relatif à l'Ibérie, anc. nom de la péninsule Ibérique.

ibéride [ibeʀid] ou **ibéris** [ibeʀis] n. f. BOT Genre de crucifères auquel appartient le *thlaspi* ou *téraspic* (plante ornementale). – Lat. *iberis, iberidis,* du gr. *ibêris,* « cresson ».

ibérique [ibeʀik] adj. **1.** HIST Relatif aux Ibères, peuple d'origine incert. installé en Europe occid. au néolithique, avec pour centre la ville espagnole d'Alméria. **2.** Relatif à l'Espagne et au Portugal. ▷ *Péninsule Ibérique :* partie S.-O. de l'Europe comprenant l'Espagne et le Portugal. ▷ *Cordillère Ibérique :* chaîne montagneuse de l'Espagne du N.-E. séparant le bassin de l'Èbre de la Castille. **3.** Espagnol(e). – Lat. *(H)ibericus,* gr. *Ibêrikos.*

ibérisme [ibeʀism] n. m. Caractère, particularité ibérique. – De *ibérique.*

ibidem [ibidɛm] adv. Au même endroit; dans le même texte. (Abrév. : ibid., ib.) – Adv. lat., « ici même ».

-ibilité. Suffixe, du lat. *-ibilis,* qui exprime la possibilité d'être et sert à former des noms.

ibis [ibis] n. m. Oiseau ciconiiforme (nombr. genres), long d'env. 60 cm, à long bec courbé vers le bas. *L'ibis sacré d'Afrique (« Threskiornis æthiopica »), blanc avec la tête et les extrémités des ailes noires, était vénéré par les Égyptiens, car son arrivée annonçait les crues du Nil.* – Mot lat. et gr.

ibiscus. V. hibiscus.

-ible. Suffixe, du lat. *-ibilis,* qui exprime la possibilité d'être (*lisible,* qui peut être lu) et qui sert à former des adjectifs.

ibn [ibn] Mot arabe signifiant « fils », qui entre dans la composition de nombreux noms propres.

iceberg [isbɛʀg] n. m. Bloc de glace non salée qui s'est détaché des glaciers polaires et flotte dans la mer, ne laissant émerger que le dixième environ de sa masse. – Mot angl., du norv. *ijsberg,* « montagne de glace ».

ice-boat [ajsbot] n. m. Voilier muni de patins pour glisser sur la glace. *Des ice-boats.* – Mot amér., de *ice,* « glace », et *boat,* « bateau ».

ice-cream [ajskʀim] n. m. (Anglicisme) Crème glacée. *Des ice-creams.* – Mot amér., de *ice,* « glace », et *cream,* « crème ».

icefield [ajsfild] n. m. GEOGR Banquise des continents polaires, résultant de la congélation de l'eau de mer. – Mot angl., de *ice,* « glace », et *field,* « champ ».

icelui, icelle [isəlɥi, isɛl], plur. **iceux, icelles** [isø, isɛl]pron. démonstratif Vx ou DR Celui-ci, celle-ci, ceux-ci, celles-ci. – Forme renforcée de *celui.*

ichneumon [iknømɔ̃] n. m. **1.** Mangouste. *L'ichneumon était honoré par les Égyptiens parce qu'il tuait les serpents.* **2.** Insecte hyménoptère aculéate (« porteur d'aiguillon ») au corps long et grêle, dont la larve parasite les chenilles. – Mot lat., du gr. *ikhneumôn,* propr. « qui suit la piste ».

ichty(o)-. Élément, du gr. *ikhthus,* « poisson ».

ichtyocolle [iktjokɔl] n. f. TECH Colle de poisson tirée de la vessie gazeuse de divers poissons (esturgeon notam.). *L'ichtyocolle sert à clarifier les vins.* – De *ichtyo-,* et *colle.*

ichtyologie [iktjolɔʒi] n. f. Partie de la zoologie qui traite des poissons. – De *ichtyo-,* et *-logie.*

ichtyologique [iktjolɔʒik] adj. Qui a rapport aux poissons, à l'ichtyologie. – De *ichtyologie.*

ichtyologiste [iktjolɔʒist] n. Spécialiste d'ichtyologie. – De *ichtyologie.*

ichtyornis [iktjɔʀnis] n. m. PALEONT Oiseau fossile du crétacé, de l'Amérique du N., de la taille d'un pigeon. – Lat. sav. de *ichtyo-*, et gr. *ornis*, « oiseau ».

ichtyosaure [iktjozɔʀ] n. m. PALEONT Reptile marin fossile à allure de poisson. *Atteignant dix mètres de long, piscivores, les ichtyosaures vécurent du trias au crétacé.* – Lat. sav. *ichtyosaurus*, de *ichtyo-*, et *-saure*.

ichtyose [iktjoz] n. f. MED Maladie héréditaire de la peau, caractérisée par une sécheresse des téguments et une desquamation entraînant la formation d'écailles. – De *ichtyo-*, et *-ose* 2.

ici [isi] adv. **I.** (Lieu) **1.** Dans le lieu défini par la personne qui parle. *Venez ici. Je suis ici pour mes vacances. Passez par ici,* par cet endroit. ▷ *D'ici :* de cette région, de ce pays. *Les gens d'ici.* ▷ *Par ici :* dans les environs. *Il y a par ici plusieurs grands crus.* **2.** (Dans un texte.) À l'endroit indiqué. *Ici l'acteur marque un silence.* **3.** Loc. adv. *Ici-bas :* sur terre. *Les choses d'ici-bas.* **II.** (Temps) **1.** *Jusqu'ici :* jusqu'au moment présent. *Jusqu'ici cet enfant est resté sage.* **2.** *D'ici :* à partir de maintenant jusqu'à... *D'ici huit jours, d'ici à huit jours. D'ici peu. D'ici longtemps. D'ici là :* du moment présent à une date ultérieure. *D'ici là, nous pourrons aviser.* – Du lat. pop. *ecce hic,* forme renforcée de *hic,* « ici ».

icon(o)-. Élément, du gr. *eikôn,* « image ».

icône ou **icone** [ikon] n. f. **1.** Image sacrée des religions orthodoxes, peinte sur bois, sur métal, sur ivoire, etc. **2.** INFORM Représentation graphique, symbole apparaissant sur un écran d'ordinateur et que l'on peut désigner avec la souris (sens 5) pour appeler un programme. – Russe *ikona,* gr. byz. *eikona.*

ENCYCL Les écoles byzantine et russe sont les plus représentatives d'un art (né aux Ve et VIe s., probabl. en Palestine) qui a connu un assez grand développement dans les Balkans, en Serbie, en Bulgarie et en Roumanie. On groupait les icônes à l'intérieur de l'égl. orthodoxe, sur l'iconostase, mais on en plaçait aussi dans les habitations privées. La production des villes de Souzdal, Vladimir (XIIe-XVe s.), Iaroslavl' (XIIIe-XVIIe s.), Novgorod (XIe-XVe s.) et Moscou (XVe-XVIe s.) domine l'école russe.

iconique [ikɔnik] adj. *Statue iconique,* dans la statuaire grecque, statue faite à la ressemblance de ceux qui avaient été trois fois vainqueurs aux jeux sacrés. – De *iconicus,* gr. *eikonikos,* « qui représente ».

iconoclasme [ikɔnɔklasm] n. m. ou **iconoclastie** [ikɔnɔklasti] n. f. HIST Doctrine, mouvement religieux et politique des iconoclastes. – De *iconoclaste.*

iconoclaste [ikɔnɔklast] n. et adj. **1.** HIST Sectaire chrétien de Constantinople (VIIIe-IXe s.) qui condamnait comme idolâtre le culte des images. ▷ adj. *Les empereurs iconoclastes déclenchèrent la querelle des images.* **2.** Briseur d'images saintes. – Vandale destructeur d'œuvres d'art. **3.** Fig. Personne qui cherche à détruire les opinions reçues, les idées établies. – Gr. byz. *eikonoklastês,* « briseur d'images ».

iconographe [ikɔnɔgʀaf] n. Spécialiste de l'iconographie. – De *iconographie.*

iconographie [ikɔnɔgʀafi] n. f. **1.** Étude, description explicative des représentations figurées d'un sujet (peintures, sculptures, etc.); ensemble de ces représentations. *L'iconographie napoléonienne.* **2.** Ensemble des illustrations d'un ouvrage imprimé. – De *icono-*, et *-graphie.*

iconographique [ikɔnɔgʀafik] adj. Relatif à l'iconographie. – De *iconographie.*

iconolâtre [ikɔnɔlɑtʀ] n. HIST Adorateur d'images sacrées. – Gr. *eikonolatrês,* de *eikôn,* « image », et *latreuein,* « adorer ».

iconolâtrie [ikɔnɔlɑtʀi] n. f. HIST Adoration d'images sacrées. – De *iconolâtre.*

iconologie [ikɔnɔlɔʒi] n. f. Art de la représentation allégorique. – Connaissance des symboles, des emblèmes qu'elle utilise. – Étude des attributs des divinités et des personnages mythologiques. – Ital. *iconologia,* du gr. *eikonologia.*

iconologiste [ikɔnɔlɔʒist] ou **iconologue** [ikɔnɔlɔg] n. Spécialiste d'iconologie. – De *iconologie.*

iconoscope [ikɔnɔskop] n. m. AUDIOV En télévision, système qui analyse l'image. – De *icono-*, et *-scope.*

iconostase [ikɔnɔstɑz] n. f. Dans les églises de rite oriental, cloison ornée d'images sacrées, d'icônes, derrière laquelle l'officiant s'isole pour la consécration. – Russe *ikonostas,* du gr. *eikôn,* « image », et *stasis,* « action de poser, fixer ».

iconothèque [ikɔnɔtɛk] n. f. Lieu où sont conservées les collections d'images (gravures, dessins, estampes, photographies, etc.) d'un musée, d'une bibliothèque. – De *icono-*, et *-thèque.*

icosaèdre [ikozaɛdʀ] n. m. GEOM Polyèdre régulier à 20 faces constituées par des triangles. – Lat. *icosahedrum,* gr. *eikosaedros,* de *eikosi,* « vingt » et *edra,* « face ».

ictère [iktɛʀ] n. m. MED Coloration jaune de la peau et des muqueuses, appelée cour. *jaunisse,* symptomatique d'une accumulation anormale de pigments biliaires dans ces tissus. *L'hépatite virale est la cause la plus fréquente des ictères.* – Lat. *icterus,* du gr. *ikteros,* « jaunisse ».

ictérique [ikteʀik] adj. et n. MED Relatif à l'ictère; affecté d'un ictère. – Lat. *ictericus,* « atteint de la jaunisse », du gr.

ictus [iktys] n. m. **1.** METR ANC Battement de la mesure dans le vers. **2.** MED Manifestation pathologique brutale s'accompagnant très souvent d'une perte de connaissance. *Ictus apoplectique.* – Mot lat., « coup ».

id. Abrév. de *idem.*

-ide. Élément, du gr. *eidos,* « aspect, forme », indiquant la ressemblance, la formation (ex. *glucide, protide, lipide*). V. -oïde.

ide [id] n. m. Poisson cyprinidé d'eau douce, rouge doré, élevé dans les étangs. – Lat. zool. *idus*; du suédois *id.*

idéal, ale, als ou **aux** [ideal, o] adj. et n. m. **I.** adj. **1.** Qui n'existe que dans l'entendement; créé par l'imagination, la pensée. *Figure idéale. Monde idéal.* **2.** Qui atteint le plus haut degré de perfection imaginable, concevable. *Pureté idéale.* Syn. absolu. ▷ Fam. Parfait, rêvé. *C'est le compagnon de voyage idéal.* **II.** n. m. **1.** Modèle absolu de la perfection dans un domaine. *Idéal de beauté.* – But élevé que l'on se propose d'atteindre. *Homme sans idéal.* **2.** Ensemble abstrait de toutes les perfections; conception de la perfection. *Recherche de l'idéal.* – Fam. Ce qu'il y a de mieux, de plus satisfaisant. *L'idéal serait de pouvoir emmener tout le monde.* **3.** MATH *Idéal à gauche* (ou *à droite*) *d'un anneau A :* sous-groupe additif *J* de cet anneau tel que, pour tout élément *a* de *A* et pour tout élément *j* de *J,* l'élément *aj* (ou *ja*) appartient à *J.* ▷ *Idéal bilatère,* qui est à la fois un idéal à gauche et un idéal à droite. – Bas lat. *idealis,* du class. *idea,* « idée ».

idéalement [idealmɑ̃] adv. De façon idéale. – De *idéal.*

idéalisateur, trice [idealizatœʀ, tʀis] adj. et n. Qui idéalise. – De *idéaliser.*

idéalisation [idealizasjɔ̃] n. f. Action d'idéaliser; son résultat. – De *idéaliser.*

idéaliser [idealize] v. tr. [1] Élever à l'idéal, représenter sous une forme idéale. Syn. embellir. – De *idéal.*

idéalisme [idealism] n. m. **1.** PHILO Doctrine qui tend à ramener la réalité des choses aux idées ou à la conscience du sujet qui les pense. *L'idéalisme transcendantal de Kant.* **2.** Attitude consistant à subordonner son action, sa conduite à un idéal. **3.** Conception de l'art comme traduction d'un idéal, et non comme une simple représentation du réel. – De *idéal.*

idéaliste [idealist] adj. et n. **1.** PHILO Relatif à l'idéalisme philosophique. *La dialectique idéaliste de Hegel.* ▷ Subst. Partisan de l'idéalisme. **2.** Cour. Qui subordonne son action, sa conduite, à un idéal. ▷ Qui manque de sens du réel ; rêveur. ▷ Subst. *Un(e) idéaliste.* – De *idéal.*

idéalité [idealite] n. f. Caractère de ce qui est idéal. – De *idéal.*

idéation [ideasjɔ̃] n. f. Processus de la formation des idées. – De *idée,* d'après l'angl.

idée [ide] n. f. **1.** Représentation d'une chose dans l'esprit ; notion. *L'idée d'arbre. Le mot et l'idée.* **2.** Conception de l'esprit, pensée ; manière de concevoir une action ou de se représenter la réalité. *Idée fondamentale d'un livre. Idées neuves, hardies.* ▷ *Idée fixe :* pensée qui obsède l'esprit. ▷ *Idée force :* pensée, conception susceptible de pousser à l'action, de guider la conduite. **3.** Inspiration. *L'idée première d'une œuvre.* ▷ (Plur.) Produit de l'inspiration, pensée originale. *Ce scénario est plein d'idées.* **4.** (Plur.) Opinions. *Ce n'est pas dans ses idées.* **5.** (Plur.) Représentation fausse, illusion, crainte non fondée. *Se faire des idées.* **6.** Intention, projet. *J'ai changé d'idée. Jeter sur le papier l'idée d'un ouvrage.* **7.** Rapide aperçu, notion sommaire. *Donnez-moi une idée de votre livre.* **8.** Esprit, conscience. *J'ai dans l'idée que... Cela m'était sorti de l'idée.* – Lat. philo. *idea,* mot gr. « forme visible », d'où « forme distinctive », puis « idée » ; du rad. gr. *ideîn,* « voir ».

idéel, elle [ideɛl] adj. PHILO Relatif aux idées et à l'idéation. – De *idée.*

idem [idɛm] adv. (S'emploie pour éviter les répétitions.) Le même, la même chose. (Abrév. : id.) – Mot lat., « la même chose ».

idempotent, ente [idɛmpɔtɑ̃, ɑ̃t] adj. MATH Qualifie un élément *e* d'un ensemble *E* muni d'une loi de composition interne, tel que e + e = e. *L'entier 1 est idempotent pour la multiplication (1 × 1 = 1) et 0 est idempotent pour l'addition (0 + 0 = 0).* – De *idem,* et lat. *potens,* « puissant ».

identifiable [idɑ̃tifjabl] adj. Qu'on peut identifier, qui peut être identifié. – De *identifier.*

identificateur [idɑ̃tifikatœʀ] n. m. INFORM Symbole qui précise la nature d'une donnée, d'une variable. – De *identification.*

identification [idɑ̃tifikasjɔ̃] n. f. **1.** Action d'identifier, de s'identifier ; résultat de cette action. – PSYCHAN Processus psychique par lequel un sujet prend pour modèle une autre personne et s'identifie à elle. **2.** TECH Mesure, par des capteurs, des différents paramètres définissant l'état d'un système cybernétique. – De *identifier.*

identificatoire [idɑ̃tifikatwaʀ] adj. Qui se rapporte à l'identification. *Techniques identificatoires.* – De *identification.*

identifier [idɑ̃tifje] v. tr. [2] **1.** Considérer comme identique, comprendre sous une même idée. *Identifier Dieu et le monde.* ▷ v. pron. *La définition doit s'identifier avec le défini.* **2.** Reconnaître, trouver l'identité de. *Il n'a pas pu identifier son agresseur.* **3.** Établir la nature, l'origine de. *Identifier un bruit.* **4.** v. pron. *S'identifier à, avec qqn :* se considérer comme semblable à lui, s'assimiler mentalement à lui. *Romancier qui s'identifie à ses personnages.* – Lat. scolast. *identificare,* du class. *idem,* « le même », et *facere,* « faire ».

identique [idɑ̃tik] adj. **1.** Se dit d'objets ou d'êtres distincts qui, en tous points, sont semblables. *Objets identiques.* – MATH *Application identique,* qui associe à tout élément ce même élément. (*Identique à* est noté ≡.) **2.** Qui ne change pas. *Est-il vrai que notre caractère reste identique au fil du temps ?* Syn. constant. – Lat. scolast. *identicus,* de *idem,* « le même ».

identiquement [idɑ̃tikmɑ̃] adv. De façon identique. – De *identique.*

identité [idɑ̃tite] n. f. **I. 1.** Caractère de ce qui est identique ou confondu. ▷ MATH Égalité vérifiée quelles que soient les valeurs des paramètres, notée par le signe ≡. *Identités remarquables :* V. encycl. **2.** État d'une chose qui reste toujours la même. – LOG *Principe d'identité :* « ce qui est, est ; ce qui n'est pas, n'est pas ». – PSYCHO Conscience de la persistance du moi. **II. 1.** Ensemble des éléments permettant d'établir, sans confusion possible, qu'un individu est bien celui qu'il dit être ou qu'on présume qu'il est. *Carte d'identité.* **2.** *Identité judiciaire :* service annexé à la police judiciaire pour la recherche et l'identification des malfaiteurs. – Bas lat. *identitas,* rac. *idem,* « le même ».

ENCYCL **Math** – *Identités remarquables.* $(a + b)^2 \equiv a^2 + 2ab + b^2$

$(a - b)^2 \equiv a^2 - 2ab + b^2$

$a^2 - b^2 \equiv (a + b)(a - b)$

$(a + b)^3 \equiv a^3 + 3a^2b + 3ab^2 + b^3$

$(a - b)^3 \equiv a^3 - 3a^2b + 3ab^2 - b^3$

$a^3 + b^3 \equiv (a + b)(a^2 - ab + b^2)$

$a^3 - b^3 \equiv (a - b)(a^2 + ab + b^2)$

idéo-. Élément, du gr. *idea,* « idée ».

idéogramme [ideogʀam] n. m. Signe notant globalement une idée et non un son (comme le font les lettres de notre alphabet). *Les caractères chinois sont des idéogrammes.* – De *idéo-,* et *-gramme.*

idéographie [ideogʀafi] n. f. Système d'écriture par idéogrammes. – De *idéo-,* et *-graphie.*

idéographique [ideogʀafik] adj. Relatif à l'idéographie. *Signes idéographiques.* – De *idéographie.*

idéologie [ideɔlɔʒi] n. f. **1.** Vieilli Étude des idées. **2.** PHILO Doctrine élaborée par Destutt de Tracy pour remplacer la métaphysique traditionnelle par l'étude scientifique des idées (entendues au sens large de *faits de conscience*). **3.** Ensemble des idées philosophiques, sociales, politiques, morales, religieuses, etc., propres à une époque ou à un groupe social. *L'idéologie du siècle des Lumières. L'idéologie bourgeoise.* **4.** Péjor. Philosophie vague spéculant sur des idées creuses. – De *idéo-,* et *-logie.*

idéologique [ideɔlɔʒik] adj. Relatif à l'idéologie. – De *idéologie.*

idéologue [ideɔlɔg] n. **1.** PHILO Adepte de l'idéologie. **2.** Péjor. Rêveur qui se laisse aller à de vaines abstractions. – De *idéologie.*

idéo-moteur ou **idéomoteur, trice** [ideomɔtœʀ, tʀis] adj. MED Relatif au lien qui unit l'intention et la réalisation d'un mouvement corporel. – De *idéo-,* et *moteur,* d'apr. l'angl. *ideo-motor.*

ides [id] n. f. pl. ANTIQ Dans le calendrier romain, quinzième jour des mois de mars, mai, juillet et octobre, et treizième jour des autres mois. *César fut assassiné aux ides de mars 44 av. J.-C.* – Lat. *idus.*

-idés. Élément de suffixation, du gr. *idai,* « forme », servant à désigner des familles zoologiques.

idio-. Élément, du gr. *idios,* « qui appartient en propre à qqn ou à qqch ».

idiolecte [idjɔlɛkt] n. m. LING Utilisation d'une langue propre à un individu. – De *idio-,* d'apr. *dialecte.*

idiomatique [idjɔmatik] adj. Relatif aux idiomes. ▷ Propre à une langue, à un idiome. *Expression idio-*

matique : idiotisme. – De *idiome*, d'après le gr. *idiômatikos*, «particulier, spécial».

idiome [idjom] n. m. LING Langue propre à une nation, une province. *Idiome germanique, picard.* – Lat. *idioma*, gr. *idiôma*, «particularité propre à une langue, idiotisme».

idiopathie [idjopati] n. f. MED Vieilli Maladie qui existe par elle-même, hors de tout autre état morbide défini. – Du gr. *idiopatheia*, «affection qu'on a pour soi».

idiopathique [idjopatik] adj. Qui a les caractères de l'idiopathie. *Maladie idiopathique.* Ant. symptomatique. – De *idiopathie*.

idiosyncrasie [idjosɛ̃kʀazi] n. f. **1.** MED Mode de réaction particulier de chaque individu à l'égard d'un agent étranger (médicament notam.). **2.** Tempérament propre à chaque individu. – Gr. *idiosugkrasia*, «tempérament particulier», de *idios*, «propre», et *sugkrasis*, «mélange».

idiot, idiote [idjo, idjɔt] adj. et n. **1.** Qui est dépourvu d'intelligence, de finesse, de bon sens. *Elle est idiote d'accepter tout cela.* Syn. stupide, bête. ▷ Subst. *Bande d'idiots.* Syn. imbécile. – Qui marque de la stupidité. *Donner une réponse idiote.* **2.** MED Atteint d'idiotie. ▷ Subst. *Un(e) idiot(e) congénital(e).* – Lat. *idiotes*, «sot», gr. *idiôtês*, «simple particulier», d'où «étranger à un métier, ignorant».

idiotement [idjɔtmɑ̃] adv. D'une manière idiote. – De *idiot*.

idiotie [idjɔsi] n. f. **1.** Caractère d'une personne ou d'une chose stupide, absurde. **2.** Parole, action idiote. *Dire, faire des idioties.* **3.** MED Dernier degré de l'arriération mentale. – De *idiot*.

idiotisme [idjɔtism] n. m. LING Expression ou construction particulière à une langue, intraduisible dans une autre langue. *Idiotisme latin, français.* – Lat. *idiotismus*, gr. *idiôtismos*, «langage particulier».

idoine [idwan] adj. Vx ou plaisant Approprié. *Trouver le mot idoine.* – Lat. *idoneus*, «propre à».

idolâtre [idɔlɑtʀ] adj. et n. **1.** Qui adore les idoles. *Peuples idolâtres.* ▷ Subst. *Les idolâtres.* **2.** Fig., litt. et vieilli Qui aime avec excès, qui voue un culte à (qqn ou qqch). *Mère idolâtre de ses enfants.* – Lat. ecclés. *idololatres*, gr. *eidôlolatrês*, de *eidôlon*, «image», et *latreuein*, «servir».

idolâtrer [idɔlɑtʀe] v. [1] **1.** v. tr. Aimer avec excès, adorer. *«J'idolâtre Junie» (Racine).* **2.** v. intr. Vx Adorer les idoles. – De *idolâtre*.

idolâtrie [idɔlɑtʀi] n. f. **1.** Adoration, culte des idoles. **2.** Fig. Amour excessif. *Aimer jusqu'à l'idolâtrie.* – Lat. ecclés. *idololatria*, gr. *eidôlolatreia*.

idolâtrique [idɔlɑtʀik] adj. Relatif à l'idolâtrie. – De *idolâtrie*.

idole [idɔl] n. f. **1.** Figure, statue représentant une divinité et exposée à l'adoration. *Renverser les idoles.* **2.** Fig. Personne ou chose à laquelle est rendue une manière de culte. *La gloire est son idole.* ▷ *Spécial.* Vedette (notam. de la chanson) adulée du jeune public. – Lat. ecclés. *idolum*, gr. *eidôlon*, «image».

idylle [idil] n. f. **1.** LITTER Petit poème d'amour du genre bucolique. *Idylles de Théocrite.* **2.** Fig. Aventure amoureuse naïve et tendre. – Lat. *idyllium*, gr. *eidullion*, «petit poème lyrique», de *eidos*, «forme, genre».

idyllique [idilik] adj. **1.** LITTER Relatif à l'idylle. **2.** Fig. Qui évoque l'idylle par son calme bucolique, son caractère tendre et merveilleux. *Des moments idylliques.* – De *idylle*.

if [if] n. m. Conifère aux feuilles vert sombre longues et étroites, aux fruits rouge vif, cultivé comme arbre d'ornement. *If commun («Taxus baccata»). Arc en bois d'if.* – Du gaul. **ivos*.

igloo ou **iglou** [iglu] n. m. Construction hémisphérique en neige gelée, abri des Esquimaux. – Angl. *igloo*, de l'esquimau *iglo*, «maison».

igname [iɲam] n. f. Plante tropicale (diverses *Dioscorea*, fam. dioscoréacées) cultivée pour ses énormes tubercules à chair farineuse, comestibles seulement après cuisson ou torréfaction; chacun de ces tubercules. – Port. *inhame*, probabl. d'une langue bantoue.

ignare [iɲaʀ] adj. et n. Très ignorant, inculte. ▷ Subst. *Un(e) ignare.* – Lat. *ignarus*, «qui ne sait pas».

igné, ée [iɲe; igne] adj. Qui est de feu, produit par le feu. *Matière, roche ignée.* – Lat. *igneus*, de *ignis*, «feu, éclat».

igni-. Élément, du lat. *ignis*, «feu».

ignifugation [iɲifygasjɔ̃] n. f. TECH Action d'ignifuger; son résultat. – De *ignifuger*.

ignifuge [iɲifyʒ] adj. et n. m. TECH Qui rend incombustible ou peu combustible. *Incorporer un produit ignifuge à une matière plastique.* ▷ n. m. *Employer un ignifuge.* – De *igni-*, et *-fuge*.

ignifuger [iɲifyʒe] v. tr. [13] TECH Rendre incombustible ou très peu combustible au moyen de produits ignifuges. – Pp. adj. *Des tissus ignifugés.* – De *ignifuge*.

ignition [iɲisjɔ̃] n. f. PHYS État des corps qui dégagent de la chaleur et de la lumière en brûlant. – Du bas lat. *ignitum*, supin de *ignire*, «brûler».

ignitron [iɲitʀɔ̃] n. m. ELECTRON Tube électronique servant à produire, à partir d'un courant alternatif, un courant continu d'intensité réglable. – De *igni-*, et *(électron)*.

ignoble [iɲɔbl] adj. **1.** Très vil, bas. *Ignoble individu.* Syn. infâme. **2.** D'une saleté répugnante. *Bouge ignoble.* Syn. immonde. – Lat. *ignobilis*, «non noble».

ignoblement [iɲɔbləmɑ̃] adv. D'une manière ignoble. – De *ignoble*.

ignominie [iɲɔmini] n. f. **1.** Grand déshonneur, infamie. *Être couvert d'ignominie.* Syn. opprobre. **2.** Caractère de ce qui est déshonorant. *L'ignominie d'une accusation.* **3.** Procédé, action infamants. *Souffrir de grandes ignominies.* – De *in-* 1 et de l'a. fr. *gnomen*, «nom»; lat. *ignominia*.

ignominieusement [iɲɔminjøzmɑ̃] adv. D'une façon ignominieuse. – De *ignominieux*.

ignominieux, euse [iɲɔminjø, øz] adj. Qui porte ignominie, qui couvre d'opprobre. *Traitement ignominieux.* – Lat. *ignominiosus*.

ignorance [iɲɔʀɑ̃s] n. f. **1.** Fait de ne pas savoir; état de celui qui ne sait pas, ne connaît pas qqch. *Nous étions dans l'ignorance des événements.* **2.** Défaut, absence de connaissances intellectuelles, de savoir. *Il est d'une ignorance crasse.* – Lat. *ignorantia*.

ignorant, ante [iɲɔʀɑ̃, ɑ̃t] adj. et n. **1.** Qui ne sait pas, qui n'est pas informé. *Il restait ignorant de leurs agissements.* ▷ Subst. *Faire l'ignorant* (e) : feindre de ne pas savoir. **2.** Qui est sans connaissances, sans savoir; inculte. *Femme ignorante.* ▷ Subst. *Ce sont des ignorants et des sots.* – Lat. *ignorans*, ppr. de *ignorare*, «ne pas connaître».

ignorantin [iɲɔʀɑ̃tɛ̃] n. m. et adj. m. Surnom mi-familier, mi-moqueur, donné aux frères des écoles chrétiennes aux XVIIIe et XIXe s. ▷ adj. m. *Frère ignorantin.* – Ital. *(fratelli) ignoranti*.

ignoré, ée [iɲɔʀe] adj. Inconnu ou méconnu. *Talent ignoré.* – Pp. de *ignorer*.

ignorer [iɲɔʀe] v. tr. [1] **1.** Ne pas savoir, ne pas connaître. *Nul n'est censé ignorer la loi. J'ignorais que tu étais là.* ▷ v. pron. Ne pas se connaître, n'avoir pas une juste idée de soi-même. *«Les gens bien portants sont des malades qui s'ignorent» (J. Romains).* **2.** *Ignorer qqn,* ne lui témoigner aucune considération, feindre de ne pas le connaître. **3.** N'avoir pas l'expérience ou la pratique de. *Ignorer la flatterie. Ces guerriers ignoraient la peur.* – Lat. *ignorare.*

iguane [igwan] n. m. Reptile saurien (genres *Iguana* et voisins) d'Amérique tropicale, long de 1 à 2 m, au dos muni d'une crête épineuse. – Esp. *iguano,* mot des Caraïbes.

iguanodon [igwanɔdɔ̃] n. m. PALEONT Reptile dinosaurien ornithopode («aux pattes d'oiseau»), herbivore, long d'une dizaine de mètres, aux membres postérieurs très développés, qui vécut au crétacé. – De *iguane,* et du gr. *odous,* «dent».

igue [ig] n. m. Dial. (Causses) Gouffre. – Mot du Quercy.

I.H.S., initiales pour *Iesus, Hominum Salvator* («Jésus, sauveur des hommes»).

ikebana [ikebana] n. m. Art floral japonais. *Dans l'ikebana, la composition florale obéit à une codification symbolique très précise.* – Mot jap., «arrangement de fleurs».

il-. V. in- 1.

1. il, ils [il] pron. pers. de la 3e pers. **I.** pron. pers. m. **1.** Employé comme sujet de la 3e pers. *Il me fuit, le lâche. Où sont-ils?* **2.** Plur. Pop. et souvent péjor. (Désignant ceux que le locuteur tient pour responsables de l'action qu'indique le verbe.) *Ils ont encore augmenté les impôts. Qu'est-ce qu'ils ne vont pas chercher maintenant!* **II.** pron. pers. neutre. Employé comme sujet des verbes impers. *Il pleut. Il neige. Il est évident que...* ▷ Avec le sens de *ce, cela. Il est vrai.* – Lat. *ille,* «celui-là».

2. il, plur. **iller** [il, ilɛʀ] n. m. Division administrative, en Turquie. – Mot turc.

ilang-ilang. V. ylang-ylang.

île [il] n. f. **1.** Espace de terre entouré d'eau de tous côtés. *La Corse est une île. Les îles Britanniques.* **2.** *Île flottante* : entremets ou dessert composé de blancs d'œufs battus en neige ferme et pochés, flottant sur une crème. – Du lat. *insula.*

iléo-cæcal, ale, aux [ileosekal, o] adj. ANAT Relatif à l'iléon et au cæcum. *Valvule iléo-cæcale* ou *valvule de Bauhin,* située entre l'iléon et le cæcal. – De *iléon,* et *cæcal.*

iléon [ileɔ̃] n. m. ANAT Troisième partie de l'intestin, qui s'abouche au cæcum. – Du lat. médiév. *ileum,* du gr. *eileîn,* «enrouler».

îlet [ilɛ] n. m. Vx **1.** Petite île. **2.** Groupement de maisons. – Dimin. de *île.*

îlette [ilɛt] n. f. Rare Petite île. Syn. îlot. – Dimin. de *île.*

iléus [ileys] n. m. MED Occlusion intestinale aiguë ou chronique. – Du gr. *ileos, eileos,* de *eilein,* «enrouler».

iliaque [iljak] adj. ANAT Des flancs. *Os iliaque* : chacun des deux os (ischion en bas, pubis en avant) qui forment le pelvis (bassin osseux). V. ilion. *Artères, veines iliaques.* ▷ *Fosse iliaque,* l'une des deux régions de la cavité abdominale contenant les uretères, le cæcum et l'appendice, le côlon pelvien, et, chez la femme, les ovaires et les trompes utérines. – Lat. *iliacus,* de *ilia,* «flancs, ventre».

ilicacées [ilikase] n. f. pl. BOT Famille de plantes dicotylédones dialypétales ayant pour type le houx (genre *Ilex*). – Sing. *Une ilicacée.* – Du lat. *ilex, ilicis,* «houx».

îlien, enne [iljɛ̃, ɛn] adj. et n. Qui habite une île. Syn. insulaire. ▷ *Spécial.* Qui habite une des îles du littoral atlantique. – De *île.*

ilion [iljɔ̃] ou **ilium** [iljɔm] n. m. ANAT Partie supérieure de l'os iliaque, appelée aussi *aile iliaque.* – Lat. méd. *ilium,* sing. rare de *ilia,* «flancs, ventre».

illégal, ale, aux [illegal, o] adj. Qui est contraire à la loi. *Trafic illégal.* – Lat. médiév. *illegalis.*

illégalement [illegalmɑ̃] adv. D'une manière illégale. – De *illégal.*

illégalité [illegalite] n. f. **1.** Caractère de ce qui est illégal. **2.** Acte illégal. – De *illégal.*

illégitime [illeʒitim] adj. **1.** Qui ne remplit pas les conditions requises par la loi. *Mariage illégitime.* ▷ *Un enfant illégitime,* né hors du mariage. **2.** Contraire au droit naturel, au sens moral, à l'équité. *Décision illégitime.* **3.** Dépourvu de fondement, injustifié. *Requête illégitime.* – Lat. jur. de *il-,* et *legitimus.* V. légitime.

illégitimement [illeʒitimmɑ̃] adv. De façon illégitime, injustement, indûment. – De *illégitime.*

illégitimité [illeʒitimite] n. f. Défaut de légitimité. – De *illégitime.*

iller. V. il 2.

illettré, ée [illetʀe] adj. **1.** Vx Qui n'est pas lettré. **2.** Mod. Qui ne sait ni lire ni écrire. ▷ Subst. *Alphabétiser les illettrés.* – De *il-,* et *lettré,* d'après le lat. *illitteratus.*

illettrisme [illetʀism] n. m. État de celui (celle) qui, bien qu'ayant été scolarisé, a perdu l'usage habituel de la lecture et de l'écriture. – De *illettré.*

illicite [illisit] adj. Défendu par la loi ou par la morale. *Plaisir, gain illicite.* Syn. défendu, prohibé. – Lat. *illicitus,* de *il-,* et *licitus.*

illicitement [illisitmɑ̃] adv. De façon illicite. – De *illicite.*

illico [illiko] adv. Fam. Immédiatement, sans délai. – Mot lat., de *in loco,* «en cet endroit, sur-le-champ».

illimité, ée [illimite] adj. Sans limites, sans bornes. *Espace illimité. Congé illimité.* – Bas lat. *illimitatus.*

illisibilité [illizibilite] n. f. État de ce qui est illisible. – De *illisible.*

illisible [illizibl] adj. **1.** Qu'on ne peut pas déchiffrer. *Écriture illisible.* **2.** Dont on ne supporte pas la lecture. *Roman illisible.* – De *il-,* et *lisible.*

illisiblement [illiziblәmɑ̃] adv. De façon illisible. – De *illisible.*

illite [ilit] n. f. MINER Minéral argileux potassique à trois feuillets, avec une structure de mica. – Mot angl., de *Illinois* (État des É.-U.).

illogique [illɔʒik] adj. Non conforme aux règles de la logique; qui manque de logique. *Raisonnement, esprit illogique.* – De *il-,* et *logique.*

illogiquement [illɔʒikmɑ̃] adv. D'une manière illogique. – De *illogique.*

illogisme [illɔʒism] n. m. **1.** Caractère de ce qui est illogique. **2.** Chose, acte illogique. – De *illogique.*

illumination [illyminasjɔ̃] n. f. **I. 1.** THEOL Grâce spéciale que Dieu donne à l'âme d'un homme et qui procure connaissance et amour surnaturels. **2.** Fig. Inspiration soudaine et extraordinaire qui se répand dans l'esprit. **II. 1.** Action d'illuminer; son résultat. *Illumination des monuments.* **2.** (Plur.) Ensemble des lumières disposées sur les monuments, dans les rues, etc., à l'occasion d'une fête. *Les illuminations du 14 Juillet.* – Lat. *illuminatio.*

illuminé, ée [illymine] adj. et n. **1.** Éclairé par une vive lumière, par des illuminations. *Rue illuminée.* **2.** RELIG Fig. Qui a une vision; inspiré. ▷ Subst. Mystique qui prétend bénéficier d'une inspiration spéciale venant de Dieu. – Cour., péjor. Personne qui obéit aveuglément à ses inspirations et à ses croyances. *C'est un illuminé.* – Pp. de *illuminer.*

illuminer [illymine] v. tr. [1] **1.** Éclairer, répandre de la lumière sur. *Le soleil illumine la lune.* ▷ Fig. *Cet espoir avait illuminé toute son existence.* **2.** Orner de multiples lumières. *Illuminer un monument.* **3.** Fig. Donner un éclat particulier à. *La joie illuminait son visage.* ▷ v. pron. *Ses yeux s'illuminèrent de plaisir.* **4.** RELIG Éclairer (qqn) de la lumière divine. – Lat. *illuminare.*

illuminisme [illyminism] n. m. HIST Courant philosophique et religieux qui eut son apogée au XVIIIe s. ▷ Doctrine des illuminés. – De *illuminé* (sens 2).

illusion [illyzjɔ̃] n. f. **1.** Perception erronée due à une apparence trompeuse. **2.** Interprétation erronée d'une sensation réellement perçue. ▷ *Illusion d'optique* : perception erronée de certaines qualités des objets (forme, dimensions, couleur, etc.). **3.** Apparence trompeuse dénuée de réalité. *Théâtre d'illusions. «L'Illusion comique», comédie de P. Corneille.* **4.** Jugement erroné, croyance fausse, mais séduisants pour l'esprit. *Se faire des illusions. Dissiper les illusions de qqn. «Les Illusions perdues», roman de Balzac.* ▷ *Faire illusion* : tromper en présentant une apparence flatteuse. – Lat. *illusio,* de *illudere,* «se jouer, se moquer de».

illusionnel, elle [illyzjɔnɛl] adj. Qui tient de l'illusion, fait illusion. – De *illusion.*

illusionner [illyzjɔne] **1.** v. tr. [1] Faire illusion à (qqn), séduire par des apparences trompeuses. **2.** v. pron. Se faire des illusions. – De *illusion.*

illusionnisme [illyzjɔnism] n. m. Art de créer l'illusion par des tours de prestidigitation. – De *illusionner.*

illusionniste [illyzjɔnist] n. Artiste qui pratique l'illusionnisme. – De *illusionner.*

illusoire [illyzwaʀ] adj. **1.** Vx Qui cherche à tromper par une fausse apparence. *Contrat illusoire.* **2.** Vain, chimérique; qui ne se réalise pas. *Promesse illusoire.* – Bas lat. *illusorius,* de *illusio,* «illusion».

illustrateur, trice [illystʀatœʀ, tʀis] n. Artiste qui illustre des textes. – Bas lat. *illustrator,* de *illustrare,* «éclairer».

illustration [illystʀasjɔ̃] n. f. **1.** Vx État de ce qui est illustre; action de rendre illustre. *De grands écrivains contribuèrent à l'illustration du règne de Louis XIV.* ▷ Litt. Enrichissement, embellissement. *«Défense et illustration de la langue française», de J. du Bellay (1549).* **2.** Didac. Action d'illustrer, de rendre plus explicite. **3.** Action d'illustrer, d'orner de gravures, de photographies. ▷ Image (dessin, gravure, photographie, etc.) ornant un texte. *Illustrations hors texte.* ▷ AUDIOV *Illustration sonore* : musique qui accompagne un film, une émission télévisée. – Lat. *illustratio,* «action d'éclairer, de rendre brillant».

illustre [illystʀ] adj. Célèbre par l'éclat de ses œuvres, de son mérite, de son savoir. *Artiste illustre.* ▷ Iron. *Un illustre inconnu.* – Lat. *illustris,* «clair, brillant».

illustré, ée [illystʀe] adj. et n. m. **1.** adj. Orné d'illustrations. *Livre illustré.* **2.** n. m. Périodique comportant de courts textes et de nombreuses illustrations. ▷ *Spécial.* Journal de bandes dessinées. – Pp. de *illustrer.*

illustrer [illystʀe] v. tr. [1] **1.** Litt. Rendre célèbre, illustre. *Illustrer son nom.* ▷ v. pron. *S'illustrer dans une bataille par son courage.* **2.** Rendre plus clair, plus explicite. *Illustrer un texte d'exemples et de commentaires.* **3.** Orner (un ouvrage) d'images (gravures, dessins, photographies, etc.). – Lat. *illustrare,* «mettre en lumière».

illustrissime [illystʀisim] adj. Vx ou iron. Très illustre. – De *illustre,* d'après l'ital. *illustrissimo.*

illuvial, ale, aux [illyvjal, o] adj. PEDOL Relatif à l'illuviation, résultant de l'illuviation. – Du lat. *illuvio,* «débordement», sur *alluvial.*

illuviation [illyvjasjɔ̃] n. f. PEDOL Processus d'accumulation de certaines substances dans un horizon* particulier du sol, après dissolution et transport par l'eau. Ant. éluviation. – Dérivé sav. du lat. *illuvio,* «débordement».

illuvium [illyvjɔm] ou **illuvion** [illyvjɔ̃] n. m. PEDOL Ensemble des substances accumulées par illuviation et des formations particulières (croûtes, concrétions, etc.) auxquelles elles donnent naissance. – Lat. mod., «débordement».

illyrien, enne [illiʀjɛ̃, ɛn] adj. et n. De l'Illyrie. ▷ Subst. *Un(e) Illyrien(ne).* – HIST *Provinces illyriennes* : dépendances de l'Empire français de 1809 à 1815; restituées à l'Autriche (traité de Vienne, 1815), elles constituèrent, de 1816 à 1849, le *«royaume»* d'Illyrie qui n'eut jamais d'existence réelle, avant de devenir les provinces autrichiennes de Carniole, de Carinthie, de Goritz et d'Istrie. – De *Illyrie,* anc. nom de la partie des Balkans auj. répartie entre la Croatie, la Bosnie-Herzégovine et l'Albanie.

illyrisme [illiʀism] n. m. HIST Mouvement nationaliste, né au début du XIXe s., précurseur du mouvement qui, en 1918, créa la Yougoslavie. – De *Illyrie,* parce que les Slaves du Sud avaient vu dans la création des Provinces illyriennes* la première étape de leur unification.

ilménite [ilmenit] n. f. MINER Titanate de fer, fréquent dans les roches éruptives. – De *Ilmen,* n. du lac *Ilmen,* en Russie.

îlot [ilo] n. m. **I.** Très petite île. ▷ Fig. *Un îlot de calme et de verdure.* **II.** *Par anal.* **1.** Groupe de maisons entouré de rues. *Îlots insalubres.* **2.** ANAT Groupement de cellules différenciées au sein d'un tissu ou d'un organe. *Îlots de Langerhans du pancréas,* qui sécrètent l'insuline. – De *île.*

îlotage [ilɔtaʒ] n. m. ADMIN Système de surveillance et de sécurité urbain faisant intervenir les îlotiers. – De *îlot.*

ilote [ilɔt] n. **1.** HIST À Sparte, esclave appartenant à l'État. **2.** Fig., litt. Personne méprisée et repoussée, réduite au dernier degré de la dégradation et de l'ignorance. – Lat. *ilota*; gr. *heilôs, heilôtos.*

îlotier [ilɔtje] n. m. Agent de police chargé de la surveillance d'un îlot de maisons. – De *îlot* (sens II, 1).

ilotisme [ilɔtism] n. m. **1.** HIST Condition d'ilote. **2.** Fig., didac. État d'ignorance et de dégradation de l'ilote (sens 2). – De *ilote.*

im-. V. in- 1 et in- 2.

image [imaʒ] n. f. **I. 1.** Représentation d'une personne, d'une chose par la sculpture, le dessin, la photographie, etc. ▷ Figure faisant l'objet d'un culte religieux. *Images des saints.* **2.** Estampe, gravure coloriée. – Loc. fig., fam. *Un enfant sage comme une image,* tranquille, calme. ▷ *Images d'Épinal* : images populaires coloriées produites à Épinal depuis le XIXe s. – Fig. *C'est une image d'Épinal,* une banalité, un cliché naïfs. **II. 1.** Représentation visuelle d'un objet donnée par une surface réfléchissante. *Regarder son image dans un miroir.* **2.** PHYS Représentation d'un objet donnée par un système optique. ▷ *Image réelle,* formée par la convergence de rayons lumineux et qui peut être reçue par un écran. ▷ *Image virtuelle,* visible par l'œil, mais qui ne peut être reçue par un écran. ▷ *Image d'un point lumineux,* qui correspond à un point objet. **3.** MATH Dans une application, élément de l'ensemble d'arrivée correspondant à un élément de l'ensemble de départ. **III.** Représentation d'une réalité matérielle ou abstraite en termes d'analogie, de similitude. **1.** Ce qui évoque, reproduit qqch; ressemblance. *Ce sommeil qui est l'image de la* *mort.* **2.** Représentation sensible d'une abstraction, d'un objet invisible. *Elle est la vivante image du bonheur.* **3.** Métaphore. *Un style aux images audacieuses.* ▷ Description, représentation. *Son récit est l'image parfaite de ce que nous avons vécu.* **4.** *Image de marque* : ensemble des signes par lesquels une institution, une entreprise, une personne manifeste avantageusement sa spécificité, ses qualités auprès du public, dans un souci de notoriété. *Soigner son image de marque.* **IV. 1.** Représentation mentale d'une perception antérieure en l'absence de l'objet perçu. **2.** Représentation mentale d'une chose. *L'image du péril.* – Lat. *imago,* «portrait».

imagé [imaʒe] adj. Riche en images, en métaphores. *Style imagé.* – De *image.*

image-orthicon [imaʒɔʀtikɔ̃] n. m. ELECTR (En appos.) *Tube image-orthicon* : tube électronique analyseur d'images d'une caméra de télévision, dont la sensibilité est env. 500 fois plus élevée que celle de l'iconoscope. – Nom déposé; de *image,* et *orthicon,* abrév. de *orthiconoscope.*

imager [imaʒe] v. tr. [13] Fig., litt. Représenter, illustrer au moyen d'images, de métaphores. *Imager une représentation abstraite.* ▷ Pp. adj. *Langage, style imagé.* – De *image.*

imagerie [imaʒʀi] n. f. **1.** Industrie, commerce des images. *Imagerie d'Épinal.* **2.** Ensemble d'images dont le sujet, le style et l'inspiration sont communs. **3.** MED *Imagerie médicale* : ensemble des procédés de diagnostic reposant sur l'image (radiographie, tomographie, scintigraphie, échographie, scanographie, I.R.M.); ensemble des images ainsi produites. – De *image.*

imagier, ère [imaʒje, ɛʀ] n. et adj. **I.** n. **1.** n. m. Sculpteur, peintre du Moyen Âge. *Les imagiers des cathédrales.* **2.** n. Personne qui fabrique, vend des images. **II.** adj. Relatif aux images. – De *image.*

imaginable [imaʒinabl] adj. Qui peut être imaginé, conçu. – Bas lat. *imaginabilis.*

imaginaire [imaʒinɛʀ] adj. et n. m. **I.** adj. **1.** Qui n'existe que dans l'imagination, fictif. *Mal imaginaire. Pays imaginaire.* **2.** MATH *Nombre imaginaire* : nombre complexe. ▷ *Partie imaginaire d'un nombre complexe* $z = x + iy$: le nombre iy dans lequel i est une quantité imaginaire telle que $i^2 = -1$ (par oppos. au nombre x qui en est la partie réelle). **3.** Qui n'est tel qu'en imagination. *Malade imaginaire.* **II.** n. m. Domaine, activité de l'imagination. – Lat. *imaginarius.*

imaginatif, ive [imaʒinatif, iv] adj. et n. Qui imagine aisément. *Esprit imaginatif.* ▷ Subst. *Cet enfant est un imaginatif.* – Du lat. class. *imaginatum.*

imagination [imaʒinasjɔ̃] n. f. **I. 1.** Vx Faculté de penser par images; connaissance sensible. **2.** PSYCHO Faculté qu'a l'esprit de reproduire les images d'objets déjà perçus (imagination reproductrice). **3.** Cour. Faculté de créer des images ou de faire des combinaisons nouvelles d'images (imagination créatrice). *Avoir de l'imagination, une imagination débordante.* **4.** Pouvoir d'invention; faculté d'inventer, de concevoir en combinant des idées. **II. 1.** Chose créée par l'imagination. **2.** Plur. Litt. Chimères, idée sans fondement. *Ce sont de pures imaginations!* – Lat. *imaginatio,* «image, vision».

imaginer [imaʒine] **I.** v. tr. [1] **1.** Se représenter à l'esprit. *J'imagine votre joie à l'annonce de cette nouvelle.* ▷ Supposer, croire. *J'imagine qu'il a dû prendre la fuite.* **2.** Inventer, créer. *Imaginer de nouvelles machines.* **II.** v. pron. **1.** Se figurer, se représenter. *Imagine-toi un ciel toujours bleu.* **2.** Se figurer sans fondement, à tort. *S'imaginer être un poète.* – Lat. *imaginari,* «s'imaginer».

1. imago [imago] n. f. BIOL Forme adulte de l'insecte sexué devenu apte à la reproduction. – Mot lat., «image».

2. imago [imago] n. f. PSYCHAN Selon Jung, prototype inconscient élaboré dans l'enfance à partir des premières relations avec l'entourage familial («image» paternelle, maternelle, etc.), qui détermine à l'âge adulte le mode d'appréhension d'autrui par le sujet. – Mot lat., «image».

imam [imam] ou **iman** [imɑ̃] n. m. **1.** Anc. Chef religieux, chez les musulmans. **2.** Titre donné à tous les héritiers de Mahomet chez les sunnites, et seulement aux douze fondateurs du chiisme, chez les chiites. – Titre parfois donné, à titre honorifique, à des dignitaires religieux. ▷ Chef de la communauté religieuse chiite. **3.** Ancien titre des docteurs de l'islam. **4.** Mod. Ministre du culte qui, dans une mosquée, conduit la prière en commun. – Mot arabo-turc.

imamat [imama] n. m. Dignité d'imam; territoire sur lequel son autorité s'exerce. – De *imam.*

I.M.A.O. BIOCHIM Sigle de *inhibiteurs de la mono-amine-oxydase,* médicaments utilisés pour combattre les états maniaco-dépressifs.

imbattable [ɛ̃batabl] adj. **1.** Qui ne peut être battu, invincible. **2.** Fig. Qui ne peut être dépassé. *Qualité imbattable.* – De *im-, battre,* et *-able.*

imbécile [ɛ̃besil] adj. et n. **1.** adj. Vx Faible, fragile, débile. **2.** n. Vx PSYCHO Arriéré mental. ▷ adj. *Un adolescent imbécile.* **3.** adj. Sot, dépourvu d'intelligence, d'esprit, de jugement. – *Par ext.* Qui marque l'imbécillité. *Rire imbécile.* ▷ Subst. *Un(e) imbécile.* – Lat. *imbecillus,* «faible de corps et d'esprit».

imbécilement [ɛ̃besilmɑ̃] adv. Avec imbécillité. – De *imbécile.*

imbécillité [ɛ̃besilite] n. f. **1.** Vx État de l'imbécile (sens 1). **2.** PSYCHO Arriération mentale de l'imbécile. **3.** Bêtise, absence d'intelligence. **4.** Action, parole, comportement imbécile. *Faire, raconter des imbécillités.* – Lat. *imbecillitas,* «faiblesse physique et mentale».

imberbe [ɛ̃bɛʀb] adj. Sans barbe, dont la barbe n'a pas encore poussé. – Lat. *imberbis.*

imbiber [ɛ̃bibe] **1.** v. tr. [1] Imprégner d'un liquide. *Imbiber d'eau une éponge, un linge.* **2.** v. pron. S'imprégner d'un liquide. ▷ Fam. Boire avec excès. – Lat. *imbibere,* «boire, se pénétrer de, absorber».

imbibition [ɛ̃bibisjɔ̃] n. f. Action d'imbiber; fait de s'imbiber, d'être imbibé. – Du lat. *imbibitum,* supin de *imbibere,* «absorber».

imbrication [ɛ̃bʀikasjɔ̃] n. f. Manière dont sont disposées des choses imbriquées. ▷ Fig. *Imbrication des idées, des situations.* – De *imbriqué.*

imbriqué, ée [ɛ̃bʀike] adj. **1.** Qualifie des choses qui se recouvrent en partie, comme les tuiles d'un toit. *Écailles imbriquées.* **2.** Fig. Se dit de choses indissociablement liées, mêlées. – Lat. *imbricatus,* de *imbrex, imbricis,* «tuile».

imbriquer [ɛ̃bʀike] **1.** v. tr. [1] Disposer en faisant se chevaucher comme les tuiles d'un toit. **2.** v. pron. Se recouvrir par imbrication. ▷ Fig. S'entremêler de manière indissociable, en parlant de sentiments, de pensées, de situations, etc. – De *imbriqué.*

imbroglio [ɛ̃bʀɔglijo; ɛ̃bʀɔljo] n. m. **1.** Embrouillement, situation confuse. **2.** Pièce de théâtre dont l'intrigue est exagérément compliquée. *Imbroglio à l'espagnole.* – Mot ital., déverbal de *imbrogliare,* «embrouiller», lui-même empr. au français.

imbrûlés [ɛ̃bʀyle] n. m. pl. TECH Parties non brûlées d'un combustible. – De *im-,* et *brûlé.*

imbu, ue [ɛ̃by] adj. Pénétré, imprégné (d'idées, de sentiments, etc.). *Être imbu de préjugés. Être imbu de soi-même,* pénétré de son importance, vaniteux. – Réfection de *embu,* d'apr. le lat. *imbutus,* de *imbuere,* «imbiber».

imbuvable [ɛ̃byvabl] adj. Qui n'est pas buvable; mauvais au goût. *Café imbuvable.* ▷ Fig., fam. *Une personne imbuvable,* insupportable. – De *im-,* et *buvable.*

imide [imid] n. m. CHIM Composé dérivant d'un diacide carboxylique par substitution d'un groupement =NH aux deux groupements hydroxyles -OH. – Modification de *amide.*

imine [imin] n. f. CHIM Composé basique dérivant d'un aldéhyde ou d'une cétone par substitution d'un groupement =NH à l'atome d'oxygène. – Modification de *amine.*

imitable [imitabl] adj. Qui peut être imité. – Lat. *imitabilis,* ou de *imiter.*

imitateur, trice [imitatœʀ, tʀis] adj. et n. **I.** adj. Qui imite, sait imiter. *Le singe est imitateur.* **II.** n. **1.** Personne qui plagie, copie. *Un imitateur de Braque.* **2.** Personne qui imite, consciemment ou non. ▷ *Spécial.* Artiste de music-hall qui imite la voix et les gestes de personnalités du monde politique, de vedettes de la chanson, etc. – Lat. *imitator, imitatoris,* fém. *imitatrix, imitatricis.*

imitatif, ive [imitatif, iv] adj. Qui imite. - Spécial. *Harmonie imitative,* qui imite les sons de la nature. – Bas lat. *imitativus.*

imitation [imitasjɔ̃] n. f. **1.** Action d'imiter; son résultat. **2.** Contrefaçon. *Une imitation de Raphaël. Imitation d'une signature.* **3.** Action de prendre pour modèle (une personne, son comportement, son œuvre). **4.** Matière, objet artificiel qui imite une matière, un objet plus précieux. *Imitation de diamant.* ▷ (En appos.) *Un sac imitation cuir.* **5.** MUS Répétition d'un thème musical déjà utilisé dans une autre partie de l'œuvre. *L'imitation est la base du canon, de la fugue et du contrepoint.* **6.** Loc. prép. *À l'imitation de :* sur le modèle de, à l'exemple de. – Lat. *imitatio.*

imiter [imite] v. tr. [1] **1.** Reproduire ou s'efforcer de reproduire (ce qu'on voit faire). *Imiter les manières de qqn.* **2.** Prendre pour modèle. *Imiter les Anciens.* **3.** Copier, contrefaire. *Imiter la signature de qqn.* **4.** (Choses) Ressembler à, faire le même effet que. *Bijou qui imite l'or.* – Lat. *imitari.*

immaculé, ée [immakyle] adj. **1.** THEOL Sans tache de péché. *L'Immaculée Conception de la Vierge.* ▷ Très pur, sans souillure. **2.** Sans tache. *Blancheur immaculée.* – Lat. *immaculatus,* de *macula,* « tache ».

immanence [immanɑ̃s] n. f. PHILO Caractère de ce qui est immanent; inhérence. Ant. transcendance. – De *immanent.*

immanent, ente [immanɑ̃, ɑ̃t] adj. PHILO Qui existe, agit à l'intérieur d'un être et ne résulte pas d'une action extérieure. *« Dieu est la cause immanente de toutes choses » (Spinoza).* ▷ *Par ext.* Qui est inhérent à la nature même de (qqn, qqch). *Justice immanente,* qui est inscrite dans l'ordre naturel des choses, et qui fait que le coupable est puni par les conséquences mêmes de sa faute. – Lat. scolast. *immanens,* de *immanere,* « résider dans ».

immanentisme [immanɑ̃tism] n. m. PHILO Doctrine selon laquelle Dieu ou tout autre absolu est immanent à l'homme, à la nature. Ant. transcendantalisme. – De *immanent.*

immangeable [ɛ̃mɑ̃ʒabl] adj. Qui ne peut être mangé; mauvais à manger. – De *im-,* et *mangeable.*

immanquable [ɛ̃mɑ̃kabl] adj. **1.** Qui ne peut pas être manqué. *Cible immanquable.* **2.** Qui ne peut manquer de se produire. *Succès immanquable.* – De *im-,* et *manquer.*

immanquablement [ɛ̃mɑ̃kabləmɑ̃] adv. Sans aucun doute, infailliblement. – De *immanquable.*

immarcescible [immaʀsesibl] adj. Litt. Qui ne peut se flétrir. *La couronne immarcescible des élus.* – Bas lat. *immarcescibilis,* de *marcescere,* « se flétrir ».

immariable [ɛ̃maʀjabl] adj. Qui ne peut être marié; difficile à marier. – De *im-,* et *mariable.*

immatérialisme [immateʀjalism] n. m. PHILO Système métaphysique qui nie radicalement l'existence de la matière. *L'immatérialisme de Berkeley.* – De *im-,* et de *matérialisme.*

immatérialiste [immateʀjalist] n. Partisan de l'immatérialisme. ▷ adj. *Doctrines immatérialistes.* – De l'angl. *immaterialist.*

immatérialité [immateʀjalite] n. f. Qualité de ce qui est immatériel. – De *immatériel.*

immatériel, elle [immateʀjɛl] adj. **1.** PHILO Qui ne comporte pas de matière. **2.** Qui ne concerne pas le corps, les sens. *Plaisir immatériel.* – Lat. ecclés. *immaterialis,* de *im (in)* qui indique la négation, et *materia,* « matière ».

immatriculation [im(m)atʀikylasjɔ̃] n. f. Action d'immatriculer; son résultat. *Numéro d'immatriculation d'une voiture.* – De *immatriculer.*

immatriculer [im(m)atʀikyle] v. tr. [1] Inscrire sur un registre officiel et public en vue d'identifier. *Immatriculer un étudiant.* – Lat. médiév. *immatriculare,* de *im (in),* « dans », et *matricula,* « registre ».

immature [immatyʀ] adj. **I.** BIOL **1.** Inapte à la reproduction sexuée. **2.** Qui n'est pas mûr. **II.** Qui manque de la maturité que donne l'expérience. *Un adolescent immature.* – Angl. *immature,* du lat. *immaturus,* « qui n'est pas mûr ».

immaturité [immatyʀite] n. f. Défaut, absence de maturité. – Lat. *immaturitas.*

immédiat, ate [immedja, at] adj. et n. m. **I.** adj. **1.** PHILO Qui agit, est atteint ou se produit sans intermédiaire. *Cause immédiate.* **2.** CHIM *Analyse immédiate :* séparation des corps purs présents dans un échantillon. *Analyse immédiate par triage, filtration, distillation,* etc. **3.** Cour. Qui précède ou suit sans intermédiaire. *Prédécesseur immédiat.* ▷ Qui suit instantanément. *Effet immédiat.* **II.** n. m. *L'immédiat :* le moment présent ou qui suit sans délai. *Ce n'est pas prévu dans l'immédiat.* – Bas lat. *immediatus,* de *im (in),* élément négatif, et *medius,* « central, intermédiaire ».

immédiatement [immedjatmɑ̃] adv. **1.** PHILO De manière immédiate. **2.** Sans délai, à l'instant même; de manière immédiate (dans le temps ou dans l'espace). – De *immédiat.*

immédiateté [immedjatte] n. f. Qualité de ce qui est immédiat. – De *immédiat.*

immémorial, ale, aux [immemɔʀjal, o] adj. Si ancien que l'origine est oubliée. *Usage immémorial.* – Lat. médiév. *immemorialis.*

immense [immɑ̃s] adj. **1.** Didac. Que l'on ne peut mesurer, illimité. *L'immense sagesse de la divinité.* **2.** Très étendu, dont les dimensions sont considérables. – Lat. *immensus,* de *im (in),* élément négatif, et *mensum,* supin de *metiri,* « mesurer ».

immensément [immɑ̃semɑ̃] adv. D'une manière immense. *Être immensément riche.* – De *immense.*

immensité [immɑ̃site] n. f. **1.** Didac. Caractère de ce qui est immense. **2.** Très vaste étendue. **3.** Très grande quantité. – Lat. *immensitas.*

immensurable [immɑ̃syʀabl] adj. Didac. Qui ne peut être mesuré. – Lat. imp. *immensurabilis.*

immergé, ée [immɛʀʒe] adj. **1.** Plongé dans un liquide; recouvert d'eau. **2.** Didac. ECON *Économie immer-*

gée : activité économique qui échappe à l'administration (ex. travail au noir). – Pp. de *immerger.*

immerger [imɛʀʒe] v. [13] **1.** v. tr. Plonger dans un liquide. ▷ *Spécial.* Faire tomber dans la mer. *Immerger le cadavre d'un marin décédé à bord.* **2.** v. pron. Se plonger totalement dans un milieu étranger (pour l'étudier de l'intérieur ou en apprendre la langue). – Lat. *immergere.*

immérité, ée [imeʀite] adj. Qui n'est pas mérité. – De *im-*, et *mérité.*

immersion [imɛʀsjɔ̃] n. f. **1.** Action d'immerger; son résultat. – Fait d'être immergé. **2.** ASTRO Entrée d'un astre derrière un autre astre (lors d'une occultation) ou dans l'ombre portée par un autre astre (lors d'une éclipse). – Lat. *immersio.*

immettable [ɛ̃metabl] adj. Que l'on ne peut pas mettre (en parlant d'un vêtement démodé, usé, etc.). – De *im-*, et *mettable.*

immeuble [immœbl] adj. et n. m. **1.** adj. DR Qui ne peut être déplacé. *«Les biens sont immeubles, ou par leur nature, ou par leur destination, ou par l'objet auquel ils s'appliquent» (Code civil).* ▷ n. m. Bien immeuble. **2.** n. m. Cour. Édifice, grande maison à plusieurs étages. – Du lat. *immobilis*, «qui ne se meut pas».

immigrant, ante [imigʀɑ̃, ɑ̃t] adj. et n. Qui immigre ou vient d'immigrer. ▷ Subst. *Accueil des immigrants.* (On dit aussi *migrant.*) V. migrant. – Ppr. de *immigrer.*

immigration [imigʀasjɔ̃] n. f. Entrée, établissement temporaire ou définitif dans un pays, de personnes non autochtones. – De *immigrer.*

immigré, ée [imigʀe] adj. et n. Établi dans un pays par immigration. *Les travailleurs immigrés.* ▷ Subst. *Un(e) immigré(e).* – Pp. de *immigrer.*

immigrer [imigʀe] v. intr. [1] Entrer dans un pays autre que le sien pour s'y établir. – Lat. *immigrare.*

imminence [im(m)inɑ̃s] n. f. Caractère de ce qui est imminent. – Lat. *imminentia*, de *imminere.*

imminent, ente [im(m)inɑ̃, ɑ̃t] adj. Qui menace de se produire, d'arriver à bref délai. *Péril, orage imminent.* ▷ Qui va avoir lieu très bientôt. *Nomination imminente.* – Lat. *imminens*, ppr. de *imminere*, «être suspendu au-dessus de, menacer».

immiscer (s') [imise] v. pron. [12] S'ingérer dans, se mêler mal à propos de. *Vous vous immiscez dans une affaire qui ne vous regarde pas.* ▷ v. tr. *Il l'a immiscé dans cette sombre histoire.* – Lat. *immiscere*, de *in (im)*, «dans», et *miscere*, «mêler».

immixtion [imiksjɔ̃] n. f. Action de s'immiscer, ingérence. – Bas lat. *immixtio*, de *immiscere* (V. immiscer).

immobile [immɔbil] adj. Qui ne se meut pas, ne se déplace pas; fixe. *Immobile comme une statue. Rester immobile.* – Lat. *immobilis.*

immobilier, ère [immɔbilje, ɛʀ] adj. et n. m. **1.** DR Composé d'immeubles; qui est immeuble ou considéré comme tel. *Biens immobiliers.* **2.** Cour. Relatif à un immeuble, aux immeubles. *Saisie, vente immobilière.* **3.** Qui a pour objet la vente ou la location de logements. *Agence, négociatrice immobilière.* ▷ n. m. *Travailler dans l'immobilier.* – De *im-*, et *mobilier.*

immobilisation [immɔbilizasjɔ̃] n. f. **1.** Cour. Action de rendre immobile; son résultat. *Immobilisation d'un membre fracturé.* ▷ (Abstrait) FIN *Immobilisation de capitaux.* **2.** Plur. FIN *Immobilisations d'une entreprise* : biens acquis ou créés par elle pour être utilisés de manière permanente (outillage, terrains, brevets, bâtiments, etc.), et qui figurent à l'actif de son bilan. **3.** DR Procédé permettant de traiter les biens meubles comme des biens immeubles. – De *immobiliser.*

immobiliser [immɔbilize] v. tr. [1] **1.** Rendre immobile; empêcher de se mouvoir. *Immobiliser un membre blessé.* ▷ v. pron. S'arrêter. **2.** FIN *Immobiliser des capitaux*, les rendre indisponibles en les investissant. **3.** DR Conférer fictivement à un bien mobilier la qualité d'immeuble. – Du lat. *immobilis*, «immobile, immeuble».

immobilisme [immɔbilism] n. m. Attitude de celui qui refuse systématiquement toute transformation de l'état présent, toute innovation, tout progrès. – De *immobile.*

immobiliste [immɔbilist] adj. et n. Empreint d'immobilisme; partisan de l'immobilisme. – De *immobilisme.*

immobilité [immɔbilite] n. f. État de ce qui est immobile. *Malade contraint à l'immobilité.* – Lat. imp. *immobilitas*, du class. *immobilis.*

immodération [immɔdeʀasjɔ̃] n. f. Rare Manque de modération, outrance. – Lat. *immoderatio.*

immodéré, ée [immɔdeʀe] adj. Qui n'est pas modéré, qui dépasse la mesure; excessif. *Dépenses immodérées.* – Lat. *immoderatus.*

immodérément [immɔdeʀemɑ̃] adv. D'une manière immodérée. *Boire immodérément.* – De *immodéré.*

immodeste [immɔdɛst] adj. Vieilli Qui manque à la pudeur. – Contraire à la modestie. *Tenue immodeste.* – Lat. *immodestus.*

immodestement [immɔdɛstəmɑ̃] adv. Vieilli D'une manière immodeste. – De *immodeste.*

immodestie [immɔdɛsti] n. f. Vieilli Manque de pudeur, de décence. – Lat. *immodestia.*

immolateur [im(m)ɔlatœʀ] n. m. Sacrificateur. – Lat. *immolator.*

immolation [im(m)ɔlasjɔ̃] n. f. **1.** Action d'immoler; son résultat. **2.** Action de s'immoler, de sacrifier ses intérêts. – Lat. *immolatio.*

immoler [im(m)ɔle] v. tr. [1] **1.** Tuer en sacrifice à un dieu. *Immoler un animal, un être humain.* **2.** Litt. Faire périr, massacrer. ▷ v. pron. Offrir sa vie en sacrifice. *S'immoler par le feu.* **3.** Sacrifier. *Immoler sa vie personnelle à la vie publique.* ▷ v. pron. Sacrifier sa vie, ses intérêts à. *S'immoler pour la patrie.* – Lat. *immolare*, de *im-(in-)*, «dans», et *mola*, «meule», d'où «farine», désignant la farine qu'on répandait sur la tête des victimes.

immonde [immɔ̃d] adj. **1.** RELIG Impur. *Animaux immondes.* **2.** Cour. D'une extrême saleté, ignoble, dégoûtant. – D'une hideur morale ignoble, révoltante. *Un être immonde.* – Lat. *immundus*, de *im (in)*, élément négatif, et *mundus*, «propre».

immondices [immɔ̃dis] n. f. pl. Ordures. – Lat. *immunditia.*

immoral, ale, aux [immɔʀal, o] adj. Qui viole les règles de la morale; contraire à la morale. *Un homme, un livre immoral.* – De *im-*, et *moral.*

immoralement [immɔʀalmɑ̃] adv. D'une manière immorale. – De *immoral.*

immoralisme [immɔʀalism] n. m. Doctrine qui critique radicalement les morales traditionnelles et préconise un «renversement des valeurs» impliquant de nouvelles attitudes morales. *L'immoralisme de Nietzsche, de Gide.* ▷ Tendance à rejeter les valeurs de la morale établie. – De *immoral.*

immoraliste [immɔʀalist] adj. et n. Qui professe l'immoralisme, qui en est partisan. *Doctrine, écrivain immoraliste.* ▷ Subst. *«L'Immoraliste», roman d'André Gide (1902).* – De *immoral.*

immoralité [immɔʀalite] n. f. Caractère d'une personne ou d'une chose immorale. *L'immoralité d'un homme, d'un ouvrage, d'une doctrine.* – De *immoral.*

immortaliser [immɔʀtalize] v. tr. [1] Rendre immortel dans la mémoire des hommes. ▷ v. pron. *Démosthène s'immortalisa par son éloquence.* – Du lat. *immortalis,* «immortel».

immortalité [immɔʀtalite] n. f. **1.** Qualité, état de ce qui est immortel. *L'immortalité de l'âme.* **2.** Qualité de ce qui survit éternellement dans la mémoire des hommes. – Lat. *immortalitas.*

immortel, elle [immɔʀtɛl] adj. et n. **I.** adj. **1.** Qui n'est pas sujet à la mort. *Les spiritualistes considèrent que l'âme est immortelle.* **2.** Impérissable, qu'on suppose devoir durer éternellement. *Une œuvre immortelle.* **3.** Dont le souvenir survivra toujours, devra toujours survivre dans la mémoire des hommes. *Exemples immortels de courage.* **II.** n. **1.** Académicien(ne). **2.** n. m. pl. Divinités du paganisme. *L'Olympe, séjour des immortels.* – Lat. *immortalis.*

immortelle [immɔʀtɛl] n. f. Nom cour. de diverses plantes dont les fleurs, une fois desséchées, conservent leur aspect (*hélichrysums, xéranthèmes, statices,* etc.). – De *immortel.*

immotivé, ée [immɔtive] adj. Qui n'est pas motivé. *Réclamation immotivée.* – De *im-,* et *motivé.*

immuabilité [immɥabilite] ou **immutabilité** [immytabilite] n. f. Caractère de ce qui est immuable. – De *immuable,* ou du lat. *immutabilitas.*

immuable [immɥabl] adj. **1.** Qui n'est pas sujet à changement, à transformation. *La loi immuable de la pesanteur.* **2.** Fig. Ferme, constant. *Volonté, conviction immuable.* – De *im-,* et de l'anc. adj. *muable,* «qui peut changer», d'apr. le lat. *immutabilis.*

immuablement [immɥabləmɑ̃] adv. D'une manière immuable. – De *immuable.*

immun, une [imœ̃, yn] adj. et n. m. Didac. Se dit d'une personne, d'un organisme immunisé. ▷ n. m. *Un immun.* – Angl. *immune,* du lat. *immunis* «exempt de».

immunisant, ante [im(m)ynizɑ̃, ɑ̃t] adj. et n. m. Qui immunise. *Sérum immunisant.* ▷ n. m. *Un immunisant.* – Ppr. de *immuniser.*

immunisation [im(m)ynizasjɔ̃] n. f. Action d'immuniser; son résultat. – De *immuniser.*

immuniser [im(m)ynize] v. tr. [1] Rendre réfractaire à une maladie infectieuse, à l'action d'un agent pathogène extérieur. – Pp. *Personne immunisée contre la variole.* ▷ Fig. Rendre insensible à. *Immuniser qqn contre la peur.* – Du lat. *immunis,* «exempt de».

immunitaire [im(m)ynitɛʀ] adj. MED, BIOL Relatif à l'immunité. *Réaction immunitaire.* – De *immunité.*

immunité [im(m)ynite] n. f. **I.** **1.** HIST, FEOD Privilège d'un domaine soustrait à l'impôt et à l'autorité directe du roi. **2.** Privilège, prérogative accordés à certaines personnes. ▷ Spécial. *Immunité parlementaire :* inviolabilité judiciaire accordée à un parlementaire pendant la durée des sessions (impossibilité de le poursuivre sauf en cas de flagrant délit). *Seule l'Assemblée peut décider de lever l'immunité parlementaire de l'un de ses membres.* – *Immunité diplomatique,* qui soustrait les membres du corps diplomatique à la juridiction du pays où ils sont en poste. **II.** BIOL Propriété que possède un organisme vivant de développer des moyens spécifiques de défense (naturels ou acquis) contre un agent pathogène extérieur (infectieux, toxique, tumoral) ou contre un corps étranger (greffe, cellules d'un autre individu). – État d'un organisme immunisé. Ant. anaphylaxie. – Lat. *immunitas,* «exemption».

ENCYCL **Biol.** – L'immunité dépend de deux types de systèmes : humoral (anticorps et complément); cellulaire (lymphocytes, macrophages). Chaque type d'immunité, antibactérienne par ex., peut être acquis naturellement (transmission par la mère, acquisition lors d'une infection atténuée ou d'une grossesse) ou artificiellement (vaccination, transfusion). Elle provoque l'éviction des corps étrangers de l'organisme par la mise en jeu de différents systèmes : phagocytose, neutralisation, élaboration d'anticorps. L'immunité est déprimée en cas d'hémopathie maligne, de cancer ou lors de certains traitements; une telle dépression favorise les infections. Dans l'immunité de greffe, le rejet du greffon incompatible peut s'expliquer par la réponse spécifique de l'organisme hôte au greffon qui se comporte en antigène.

immuno-. Préfixe, du lat. *immunis,* «exempt de, libre de», et au sens méd. «rendu réfractaire à une maladie infectieuse».

immunocompétent, ente [im(m)ynokɔ̃petɑ̃, ɑ̃t] adj. BIOL Se dit des cellules capables d'intervenir dans les phénomènes d'immunité. – De *immuno-,* et *compétent.*

immunodéficience [im(m)ynodefisjɑ̃s] n. f. MED Déficience des défenses immunitaires. – De *immuno-,* et *déficience.*

immunodéficit. V. immunodépression.

immunodéficitaire [im(m)ynodefisitɛʀ] adj. MED, BIOL Qui se rapporte à l'immunodéficit. – De *immuno-,* et *déficitaire.*

immunodépresseur [im(m)ynodepʀesœʀ] ou **immunosuppresseur** [im(m)ynosypʀesœʀ] adj. et n. m. MED, BIOL Se dit de tout procédé (chimique, physique ou biologique) capable de provoquer une diminution ou une abolition des réactions immunitaires. – De *immuno-,* et du rad. du lat. *depressus,* «abaissé», ou *suppresseur,* de *supprimer.*

immunodépressif, ive [im(m)ynodepʀesif, iv] adj. MED, BIOL Relatif à l'immunodépression. *Un phénomène immunodépressif.* – Relatif à l'action des immunodépresseurs*. – De *immuno-,* et *dépressif.*

immunodépression [im(m)ynodepʀesjɔ̃] n. f. ou **immunodéficit** [im(m)ynodefisit] n. m. MED, BIOL Réduction ou disparition des réactions immunitaires de l'organisme contre un antigène. – De *immuno-,* et *dépression,* ou *déficit.*

immunodéprimé, ée [im(m)ynodepʀime] adj. MED Se dit d'un sujet dont les défenses immunitaires sont affaiblies ou abolies. – De *immuno-,* et *déprimé.*

immunoélectrophorèse [im(m)ynoelɛktʀofɔʀɛz] n. f. BIOCHIM Électrophorèse permettant d'étudier la migration des différentes immunoglobulines. – De *immuno-,* et *électrophorèse.*

immunoglobuline [im(m)ynoglɔbylin] n. f. MED, BIOL Anticorps. (Abrév. : I.g.) V. anticorps et globuline. – De *immuno-,* et *globuline.*

immunologie [im(m)ynolɔʒi] n. f. Partie de la médecine et de la biologie qui étudie l'immunité, sa pathologie et les moyens artificiels (vaccination, sérothérapie, etc.) de provoquer ou de renforcer les réactions immunitaires. – De *immuno-,* et *-logie.*

immunologiste [im(m)ynolɔʒist] n. Spécialiste de l'immunité biologique. – De *immunologie,* et *-iste.*

immunoscintigraphie [im(m)ynosɛ̃tigʀafi] n. f. MED Scintigraphie* dans laquelle on utilise un anticorps radioactif monoclonal de la tumeur (du sein, de l'ovaire, etc.) qu'on cherche à observer. – De *immuno-,* et *scintigraphie.*

immunostimulant, ante [im(m)ynostimylɑ̃, ɑ̃t] adj. et n. m. MED Qui stimule les défenses immunitaires. – De *immuno-,* et *stimulant.*

immunosuppresseur. V. immunodépresseur.

immunosuppressif, ive [im(m)ynosypʀesif, iv] adj. MED Qui diminue ou supprime les défenses immunitaires. – De *immuno-*, et *suppressif*, de *suppression*.

immunotechnologie [im(m)ynotɛknɔlɔʒi] n. f. Didac. Technologie concernant la fabrication d'anticorps qui jouent un rôle dans l'immunité. – De *immuno-*, et *technologie*.

immunothérapie [im(m)ynoteʀapi] n. f. MED Méthode thérapeutique visant à renforcer les défenses de l'organisme en créant une immunisation soit contre un agent déterminé (ex. : vaccination), soit globale (ex. : dans le cas d'un cancer, administration de B.C.G., d'extraits lymphatiques, de cytokines*, etc.). – De *immuno-*, et *-thérapie*.

immutabilité. V. immuabilité.

impact [ɛ̃pakt] n. m. **1.** Choc, collision, heurt. – *Point d'impact* : endroit où un projectile vient frapper. **2.** Fig. Effet produit, influence sur l'opinion par un événement, une campagne publicitaire, etc. *Son discours a eu un impact important.* – Du lat. *impactus*, pp. de *impingere*, «heurter».

impaction [ɛ̃paksjɔ̃] n. f. CHIR Action de remettre l'une dans l'autre les parties d'un os fracturé. – Lat. *impactio*, de *impactus*, «impact».

1. impair, aire [ɛ̃pɛʀ] adj. MATH Qui ne peut être divisé en deux nombres entiers égaux. *Nombres impairs.* – *Fonction, application impaire*, telle que f (– x) = – f (x). *La fonction sin x est impaire.* ▷ Qui porte un numéro, les numéros impairs. *Le côté impair d'une rue.* – Du lat. *impar*, refait en *impair*, d'après *pair*.

2. impair [ɛ̃pɛʀ] n. m. Bévue, maladresse. *Faire, commettre un impair.* – De *faire un double impair* (au jeu de pair ou impair).

impalpable [ɛ̃palpabl] adj. Qu'on ne peut palper, toucher; trop ténu pour laisser une impression au toucher. *Poudre impalpable.* – Bas lat. *impalpabilis*.

impaludation [ɛ̃palydasjɔ̃] n. f. MED Contamination par l'agent du paludisme*. – D'après *paludisme*.

impaludé, ée [ɛ̃palyde] adj. MED Atteint de paludisme. ▷ Se dit d'une région où sévit le paludisme. – De *in-* 2, et *paludisme*.

impanation [ɛ̃panasjɔ̃] n. f. THEOL Coexistence du pain et du corps de Jésus-Christ dans l'eucharistie (doctrine luthérienne). – Lat. ecclés. *impanatio*, de *in*, «dans», et *panis*, «pain».

imparable [ɛ̃paʀabl] adj. Impossible à parer, inévitable. *Coup imparable.* – De *im-*, *parer*, et *-able*.

impardonnable [ɛ̃paʀdɔnabl] adj. Qui ne peut, qui ne saurait être pardonné. *Faute impardonnable.* – (Personnes) *Il est impardonnable.* – De *im-*, et *pardonnable*.

imparfait, aite [ɛ̃paʀfɛ, ɛt] adj. et n. m. **1.** adj. Qui n'est pas parfait; défectueux, inachevé. *Ouvrage imparfait. Guérison imparfaite.* **2.** n. m. GRAM Temps passé du verbe, indiquant qu'une action n'était pas achevée quand une autre s'est produite (*imparfait de concomitance*, ex. : *j'écrivais quand vous êtes entré*) ou marquant d'une façon absolue une action prolongée, habituelle ou répétée dans le passé (*imparfait d'habitude*, ex. : *les Romains portaient la toge*) ou forme affirmative de politesse (ex : *je voulais vous demander*). – Du lat. *imperfectus*, «inachevé».

imparfaitement [ɛ̃paʀfɛtmɑ̃] adv. De manière imparfaite. – De *imparfait*.

imparipenné, ée [ɛ̃paʀipene] adj. BOT Se dit des feuilles composées pennées dont la nervure axiale est terminée par une foliole impaire. Ant. paripenné. – Du lat. *impar*, *imparis*, «inégal», et de *penné*.

imparisyllabique [ɛ̃paʀisillabik] adj. GRAM Se dit des mots latins qui n'ont pas le même nombre de syllabes au nominatif et au génitif singuliers. ▷ n. m. *Les imparisyllabiques.* – Par ext. *Déclinaison imparisyllabique.* – Du lat. *impar*, *imparis*, «inégal», et de *syllabe*.

imparité [ɛ̃paʀite] n. f. Didac. Caractère de ce qui est impair. – Bas lat. *imparitas*, «inégalité».

impartageable [ɛ̃paʀtaʒabl] adj. Qui ne peut être partagé. – De *im-*, et *partageable*.

impartial, ale, aux [ɛ̃paʀsjal, o] adj. Qui n'est pas partial, qui n'est pas troublé par des considérations partisanes; équitable. *Enquête impartiale. Juge impartial.* – De *im-*, et *partial*.

impartialement [ɛ̃paʀsjalmɑ̃] adv. D'une manière impartiale. – Du préc.

impartialité [ɛ̃paʀsjalite] n. f. Caractère de ce qui est impartial. – De *impartial*.

impartir [ɛ̃paʀtiʀ] v. tr. [3] Accorder, attribuer. *On leur a imparti un délai très court.* – Bas lat. *impartire*, «donner une part».

impasse [ɛ̃pas] n. f. **1.** Petite rue sans issue, cul-de-sac. ▷ Fig. Situation sans issue favorable. *Les négociations sont dans une impasse.* **2.** Fig. Dans certains jeux de cartes (bridge, par ex.), technique de jeu qui consiste à jouer une carte inférieure à la carte maîtresse d'une fourchette, en supposant que le joueur suivant ne détient pas la carte intermédiaire. *Tenter l'impasse.* ▷ Fig. *Faire l'impasse sur (une éventualité)* : agir en prenant un risque et en comptant que cette éventualité, défavorable, ne se réalisera pas. ▷ FIN *Impasse budgétaire* : déficit volontaire évalué lors de la préparation du budget de l'État et dont on espère la couverture par des ressources de trésorerie (et non par des ressources budgétaires). – De *im-*, et *passer*.

impassibilité [ɛ̃pasibilite] n. f. Qualité de celui qui est impassible. – De *impassible*.

impassible [ɛ̃pasibl] adj. Qui ne s'émeut, ne se trouble pas; qui ne laisse paraître aucune émotion, aucun trouble. *Impassible devant le danger.* – Bas lat. ecclés. *impassibilis*; rad. *pati*, «souffrir».

impassiblement [ɛ̃pasibləmɑ̃] adv. Avec impassibilité. – De *impassible*.

impatiemment [ɛ̃pasjamɑ̃] adv. Avec impatience. – De *impatience*.

impatience [ɛ̃pasjɑ̃s] n. f. **1.** Manque de patience; difficulté ou incapacité d'attendre, de patienter. *L'impatience naturelle des enfants.* **2.** Incapacité de se contraindre à supporter qqn ou qqch ou à l'attendre. *Avoir un geste d'impatience.* **3.** (Plur.) Légers mouvements nerveux. *Avoir des impatiences dans les jambes.* – Lat. *impatientia*.

impatient, ente [ɛ̃pasjɑ̃, ɑ̃t] adj. et n. **1.** Qui manque de patience. ▷ Subst. *Un(e) impatient(e).* **2.** *Impatient de* (+ inf.) : qui attend et a hâte de... *Il est impatient de vous rencontrer.* – Lat. *impatiens*, *impatientis*.

impatiente [ɛ̃pasjɑ̃t] ou **impatiens** [ɛ̃pasjɑ̃s] n. f. BOT Plante herbacée aux tiges charnues, aux nombreuses fleurs variées, vivace sans abri. Syn. noli-me-tangere. – Lat. mod. *impatiens*, nom de genre des balsaminacées.

impatienter [ɛ̃pasjɑ̃te] **1.** v. tr. [1] Faire perdre patience, énerver, irriter. *Sa lenteur m'impatiente.* **2.** v. pron. Perdre patience. – De *impatient*.

impatronisation [ɛ̃patʀɔnizasjɔ̃] n. f. Action de s'impatroniser. – De *impatroniser*.

impatroniser (s') [ɛ̃patʀɔnize] v. pron. [1] Se poser, s'établir en maître quelque part. – Du lat. *im*, «dans», et *patronus*, «patron».

impavide [ɛ̃pavid] adj. Litt. Qui ne se laisse pas ébranler par la peur. – Lat. *impavidus*.

impayable [ɛ̃pɛjabl] adj. Fam. Extraordinaire; comique ou ridicule. *Une histoire impayable. Il est impayable.* – De *im-*, et *payable*.

impayé, ée [ɛ̃peje] adj. et n. m. Qui n'a pas été payé. *Effets de commerce, coupons impayés.* ▷ n. m. *Le recouvrement des impayés.* – De *im-*, et *payé*.

impeachment [impitʃmɛnt] n. m. (Anglicisme) POLIT Aux États-Unis, mise en accusation du président ou du vice-président par la Chambre des représentants, pour crime ou violation de la Constitution. – Mot anglo-amér.

impeccabilité [ɛ̃pɛkabilite] n. f. Vx ou RELIG État de celui qui est impeccable. – De *impeccable*.

impeccable [ɛ̃pɛkabl] adj. **1.** RELIG Incapable de pécher. **2.** Cour. Irréprochable, parfait, sans défaut. *Une tenue impeccable. C'est impeccable!* (Abrév. fam. : impec). – (Personnes) *Il a été impeccable avec nous.* – Lat. imp. *impeccabilis*, de *im* (*in*) qui indique la négation, et *peccare*, «commettre une faute».

impeccablement [ɛ̃pɛkabləmɑ̃] adv. D'une manière impeccable, irréprochable. – De *impeccable*.

impécunieux, euse [ɛ̃pekynjø, øz] adj. Litt. Qui manque d'argent. – De *im-*, et anc. adj. *pécunieux*, du lat. *pecuniosus*, «riche», de *pecunia*, «argent».

impécuniosité [ɛ̃pekynjɔzite] n. f. Vieilli Manque d'argent. – De *impécunieux*.

impédance [ɛ̃pedɑ̃s] n. f. ELECTR Rapport entre la valeur efficace de la tension appliquée aux bornes d'un circuit et la valeur efficace du courant alternatif qui le traverse. (Elle est égale au rapport des valeurs maximales de ces deux grandeurs.) – Angl. *impedance*, du lat. *impedire*, «empêcher».

impedimenta [ɛ̃pedimɛnta] n. m. pl. **1.** Vieilli Matériel, bagages encombrants qui retardent la marche d'une armée. **2.** Mod. Ce qui retarde le mouvement, l'activité. – Mot lat., de *impedire*, «entraver».

impénétrabilité [ɛ̃penetʀabilite] n. f. **1.** Propriété en vertu de laquelle deux corps ne peuvent occuper en même temps le même lieu dans l'espace. **2.** Caractère de ce qui est impénétrable. – De *impénétrable*.

impénétrable [ɛ̃penetʀabl] adj. **1.** Qui ne peut être pénétré, traversé. *Blindage impénétrable.* – Où l'on ne peut pénétrer. *Forêt impénétrable.* **2.** Fig. Qu'on ne peut expliquer, connaître; insondable, obscur. *Mystères, desseins impénétrables.* **3.** Dont on ne peut deviner les sentiments. *Il est impénétrable.* – *Avoir un air impénétrable.* – Lat. *impenetrabilis*.

impénitence [ɛ̃penitɑ̃s] n. f. THEOL Endurcissement dans le péché. État d'un pécheur impénitent. *Impénitence finale*, celle dans laquelle on meurt. – Bas lat. ecclés. *impœnitentia*.

impénitent, ente [ɛ̃penitɑ̃, ɑ̃t] adj. **1.** RELIG Qui ne se repent pas; endurci dans le péché. *Pécheur impénitent. Mourir impénitent.* **2.** Cour. Qui persiste dans ses habitudes, dans son vice. *Bavard, ivrogne impénitent.* – Bas lat. ecclés. *impœnitens*.

impensable [ɛ̃pɑ̃sabl] adj. Inconcevable. – De *im-*, et *pensable*.

impenses [ɛ̃pɑ̃s] n. f. pl. DR Dépenses faites pour l'entretien ou l'amélioration d'un immeuble par la personne qui en a la jouissance sans en être propriétaire. – Lat. *impensa*, «dépense».

imper [ɛ̃pɛʀ] n. m. Abrév. fam. de *imperméable*.

impératif, ive [ɛ̃peʀatif, iv] n. m. et adj. **I.** n. m. **1.** GRAM Mode du verbe qui exprime le commandement, l'exhortation, la défense (ex. : Sortez!). ▷ adj. *Le mode impératif.* **2.** Commandement de la morale. *Impératif catégorique* (Kant), qui n'est subordonné à aucune condition. **3.** Cour. Prescription impérieuse. **II.** adj. **1.** Qui a le caractère d'un ordre absolu. *Donner des consignes impératives.* **2.** Qui marque le commandement. *Ton impératif.* **3.** Impérieux. *Obligation impérative.* – Lat. imp. *imperativus*, de *imperare*, «commander».

impérativement [ɛ̃peʀativmɑ̃] adv. D'une manière impérative. – De *impératif*.

impératrice [ɛ̃peʀatʀis] n. f. **1.** Femme d'un empereur. *L'impératrice Joséphine.* **2.** Femme qui gouverne un empire. *L'impératrice Catherine de Russie.* – Lat. *imperatrix*.

imperceptibilité [ɛ̃pɛʀsɛptibilite] n. f. Rare Caractère de ce qui est imperceptible. – De *imperceptible*.

imperceptible [ɛ̃pɛʀsɛptibl] adj. **1.** Qui ne peut être perçu par les sens. *Animalcules imperceptibles.* ▷ *Par ext.* À peine perceptible. *Odeur imperceptible.* **2.** Fig. Qui échappe à l'attention. *Progrès imperceptibles.* – Lat. médiév. *imperceptibilis*.

imperceptiblement [ɛ̃pɛʀsɛptibləmɑ̃] adv. De manière imperceptible. – De *imperceptible*.

imperdable [ɛ̃pɛʀdabl] adj. Qu'on ne peut perdre. *Procès imperdable.* – De *im-*, *perdre*, et *-able*.

imperfectible [ɛ̃pɛʀfɛktibl] adj. Qu'on ne peut perfectionner. – De *im-*, et *perfectible*.

imperfectif, ive [ɛ̃pɛʀfɛktif, iv] adj. et n. m. LING Se dit des formes verbales, propres à certaines langues (le russe, par ex.), exprimant une action considérée dans sa durée. *Un verbe imperfectif.* Ant. perfectif. – n. m. *Un imperfectif.* – De *im-*, et *perfectif*.

imperfection [ɛ̃pɛʀfɛksjɔ̃] n. f. **1.** État de ce qui est imparfait. *L'imperfection de l'intelligence humaine.* **2.** Partie, détail défectueux. *Les imperfections d'un poème.* – De *im-*, et *perfection*.

imperforation [ɛ̃pɛʀfɔʀasjɔ̃] n. f. MED Malformation congénitale consistant en l'occlusion d'un canal ou d'un orifice normalement libre. *Imperforation anale.* – De *im-*, et *perforation*.

imperforé, ée [ɛ̃pɛʀfɔʀe] adj. MED Qui présente une imperforation. – De *im-*, et pp. de *perforer*.

impérial, ale, aux [ɛ̃peʀjal, o] adj. et n. **I.** adj. Qui appartient à un empereur, à un empire. *La garde impériale.* – Propre à un empereur. *Une allure impériale.* ▷ n. m. pl. HIST *Les Impériaux* : les troupes des empereurs du Saint Empire, du XVIe s. jusqu'en 1806. **II.** n. f. **1.** Étage supérieur de certains véhicules transportant des voyageurs. *Diligence, autobus à impériale.* **2.** Touffe de poils garnissant la lèvre inférieure, telle que la portait Napoléon III. – Lat. imp. *imperialis*, de *imperium*, «pouvoir, empire».

impérialement [ɛ̃peʀjalmɑ̃] adv. D'une façon impériale. – De *impérial*.

impérialisme [ɛ̃peʀjalism] n. m. **1.** Vx Bonapartisme. **2.** Mod. Politique d'un État qui cherche à étendre sa domination politique ou économique au détriment d'autres États. – Sens 1, de *impérial*; sens 2, repris de l'angl. *imperialism*.

impérialiste [ɛ̃peʀjalist] n. et adj. **1.** Vx Partisan de l'Empereur (du Saint Empire). ▷ Vx Partisan du régime impérial de Napoléon Ier. **2.** Mod. Partisan de l'impérialisme (sens 2). ▷ adj. *Menées impérialistes.* – Sens 1, de *impérial*; sens 2, repris de l'angl. *imperialist*.

impérieusement [ɛ̃peʀjøzmɑ̃] adv. D'une manière impérieuse. – De *impérieux*.

impérieux, euse [ɛ̃peʀjø, øz] adj. **1.** Qui commande de façon absolue. *Personne impérieuse.* – *Geste, ton* *impérieux.* **2.** (Choses) Qui oblige à céder; pressant, irrésistible. *Besoins impérieux.* – Lat. *imperiosus,* de *imperium* (Cf. impérial).

impérissable [ɛ̃peʀisabl] adj. Qui ne saurait périr. *Il n'y a rien d'impérissable.* ▷ *Par ext.* Qui dure longtemps. *Souvenir impérissable.* – De *im-,* et *périssable.*

impéritie [ɛ̃peʀisi] n. f. Litt. Incapacité, inaptitude. *L'impéritie d'un général.* – Lat. *imperitia,* de *im (in),* élément négatif, et *peritus,* «expérimenté».

imperméabilisant, ante [ɛ̃pɛʀmeabilizɑ̃, ɑ̃t] n. m. et adj. Produit qui imperméabilise (notam. le tissu, le cuir). ▷ adj. *Spray imperméabilisant.* – Ppr. de *imperméabiliser.*

imperméabilisation [ɛ̃pɛʀmeabilizasjɔ̃] n. f. Traitement destiné à rendre certaines matières (spécial. le tissu) imperméables à l'eau. – De *imperméabiliser.*

imperméabiliser [ɛ̃pɛʀmeabilize] v. tr. [1] Rendre imperméable. – De *imperméable.*

imperméabilité [ɛ̃pɛʀmeabilite] n. f. Qualité de ce qui est imperméable. – De *imperméable.*

imperméable [ɛ̃pɛʀmeabl] adj. et n. m. **1.** Qui ne se laisse pas traverser par un liquide, par l'eau. ▷ n. m. Vêtement fait de matière imperméable à l'eau. (Abrév. fam. : imper). **2.** Fig. Insensible, indifférent. *Imperméable aux reproches.* – De *im-,* et *perméable.*

impersonnalité [ɛ̃pɛʀsɔnalite] n. f. Caractère de ce qui est impersonnel (sens 1 et 2). – De *impersonnel,* lat. *impersonalis.*

impersonnel, elle [ɛ̃pɛʀsɔnɛl] adj. **1.** Dépourvu de marque personnelle, d'originalité. *Une œuvre impersonnelle.* **2.** Qui n'appartient pas à une personne en particulier. *La science est impersonnelle.* **3.** GRAM *Verbes impersonnels,* qui ne s'emploient qu'à la troisième personne du singulier et à l'infinitif, et dont le sujet grammatical (le pronom neutre *il*) ne réfère pas à un sujet réel ou déterminable de l'action exprimée par le verbe. (Ex. : il faut, il neige, il convient que.) ▷ *Modes impersonnels,* qui ne reçoivent pas d'indication de personnes (infinitif, participe). – Bas lat. *impersonalis.*

impersonnellement [ɛ̃pɛʀsɔnɛlmɑ̃] adv. Rare D'une manière impersonnelle. – De *impersonnel.*

impertinemment [ɛ̃pɛʀtinamɑ̃] adv. Rare Avec impertinence. – De *impertinent.*

impertinence [ɛ̃pɛʀtinɑ̃s] n. f. Comportement impertinent. ▷ Parole, action impertinente. – De *impertinent.*

impertinent, ente [ɛ̃pɛʀtinɑ̃, ɑ̃t] adj. et n. Qui manque de respect, de politesse. *Enfant impertinent. Réponse impertinente.* Syn. irrévérencieux, insolent. – Subst. *Quel impertinent!* – Bas lat. *impertinens,* «qui ne convient pas».

imperturbabilité [ɛ̃pɛʀtyʀbabilite] n. f. Caractère de celui, de ce qui est imperturbable. – De *imperturbable.*

imperturbable [ɛ̃pɛʀtyʀbabl] adj. (Personne, attitude.) Que rien ne peut troubler. *Un calme imperturbable.* – Bas lat. ecclés. *imperturbabilis,* de *im (in),* élément négatif, et de *perturbare,* «troubler».

imperturbablement [ɛ̃pɛʀtyʀbabləmɑ̃] adv. D'une manière imperturbable. – De *imperturbable.*

impesanteur [ɛ̃pəzɑ̃tœʀ] n. f. ESP Absence apparente de pesanteur, observée à l'intérieur d'un véhicule dont le mouvement s'effectue sous la seule action de la gravitation. (L'impesanteur n'est réalisée exactement qu'au centre de masse du véhicule, dans le reste de celui-ci on observe une microgravité*.) V. apesanteur. – De *im- (in-* 1), et *pesanteur.*

impétigo [ɛ̃petigo] n. m. Dermatose de l'enfant siégeant surtout à la face et aux mains, due au streptocoque ou au staphylocoque et caractérisée par des vésicules prurigineuses qui forment des croûtes suintantes. – Lat. méd. *impetigo,* du lat. class. *impetere,* «attaquer».

impétrant, ante [ɛ̃petʀɑ̃, ɑ̃t] n. Personne qui a obtenu un titre, un diplôme, etc. *Signature de l'impétrant.* – Ppr. subst. de *impétrer.*

impétrer [ɛ̃petʀe] v. tr. [14] DR Obtenir (qqch) à la suite d'une requête. – Lat. *impetrare,* «obtenir».

impétueusement [ɛ̃petɥøzmɑ̃] adv. Avec impétuosité. – De *impétueux.*

impétueux, euse [ɛ̃petɥø, øz] adj. **1.** Litt. (Choses) Dont le mouvement est à la fois violent et rapide. *Torrent impétueux.* **2.** Qui est plein de fougue, ne sait pas se contenir. *Il est jeune et impétueux.* – Par ext. *Désirs impétueux.* – Bas lat. *impetuosus,* de *impetus,* «élan, attaque».

impétuosité [ɛ̃petɥɔzite] n. f. Caractère d'une personne impétueuse, de ce qui est impétueux. – De *impétueux.*

impie [ɛ̃pi] adj. et n. Qui manifeste de l'indifférence ou du mépris à l'égard de la religion. *Paroles impies.* ▷ Subst. *Un(e) impie.* – Lat. *impius,* de *pius,* «pieux».

impiété [ɛ̃pjete] n. f. État d'esprit de l'impie. ▷ Action, parole impie. – Lat. *impietas.*

impitoyable [ɛ̃pitwajabl] adj. Qui est sans pitié. *Adversaire impitoyable.* – De *im-,* et *pitoyable.*

impitoyablement [ɛ̃pitwajabləmɑ̃] adv. D'une manière impitoyable. – De *impitoyable.*

implacabilité [ɛ̃plakabilite] n. f. Rare Caractère de ce qui est implacable. – De *implacable.*

implacable [ɛ̃plakabl] adj. **1.** Dont on ne peut apaiser la violence, adoucir la cruauté. *Ennemi implacable.* **2.** À quoi l'on ne peut échapper. *Mal implacable.* – Lat. *implacabilis,* de *im (in),* élément négatif, et *placare,* «fléchir, apaiser».

implacablement [ɛ̃plakabləmɑ̃] adv. D'une manière implacable. – De *implacable.*

implant [ɛ̃plɑ̃] n. m. **1.** MED Fragment de tissu, comprimé médicamenteux ou substance radioactive que l'on place dans le tissu sous-cutané ou un autre tissu dans un but thérapeutique. **2.** *Implant dentaire* : dispositif enraciné dans la mâchoire et sur lequel on fixe une prothèse. – *Implant de cheveux,* destiné à remédier à la calvitie. – Déverbal de *implanter.*

implantable [ɛ̃plɑ̃tabl] adj. Qui peut être implanté ou qui peut s'implanter. – De *implanter.*

implantation [ɛ̃plɑ̃tasjɔ̃] n. f. **1.** Action d'implanter, de s'implanter. ▷ CONSTR, TRAV PUBL Opération destinée à définir, puis à matérialiser sur le terrain les contours d'un ouvrage. **2.** MED Mise en place d'un implant. – De *implanter.*

implanter [ɛ̃plɑ̃te] v. tr. [1] **1.** Rare Planter, insérer dans. ▷ CHIR Pratiquer un implant. **2.** Introduire, établir quelque part. *Implanter une usine dans une zone privée d'activité industrielle.* ▷ v. pron. Fig. *Doctrine qui s'implante.* – Ital. *impiantare,* bas lat. *implantare.*

implantologie [ɛ̃plɑ̃tɔlɔʒi] n. f. Didac. Étude et technique de l'implantation dentaire. – De *implant,* et *-logie.*

implémentation [ɛ̃plemɑ̃tasjɔ̃] n. f. INFORM Adaptation et mise en service d'un logiciel donné sur un système informatique donné. – Angl. *implementation.*

implémenter [ɛ̃plemɑ̃te] v. tr. [1] INFORM Adapter un logiciel particulier à de nouveaux besoins (ordinateur différent ou utilisations différentes). – De l'angl. *to implement,* «exécuter, réaliser».

implication [ɛ̃plikasjɔ̃] n. f. **I.** DR Situation d'une personne impliquée dans une affaire criminelle. **II. 1.** Conséquence inévitable. *Les implications économiques du développement industriel.* **2.** MATH Relation qui établit qu'une proposition, appelée *hypothèse,* en entraîne une autre, appelée *conclusion.* (Si la proposition P s'énonce : «x se termine par zéro» et si la proposition Q s'énonce «x est multiple de 5», l'implication P ⇒ Q est vraie, car tout nombre se terminant par 0 est divisible par 5, alors que l'implication Q ⇒ P est fausse; en effet, cette dernière est vérifiée pour x = 10, mais non pour x = 15.) – De *impliquer.*

implicite [ɛ̃plisit] adj. **1.** Qui, sans être exprimé formellement, peut être déduit de ce qui est exprimé. *Condition implicite d'un marché.* Ant. explicite. **2.** MATH *Fonction implicite par rapport à une variable,* dont on ne peut directement calculer les valeurs correspondant aux valeurs de la variable. – Lat. *implicitus,* de *implicare* (V. impliquer).

implicitement [ɛ̃plisitmɑ̃] adv. D'une manière implicite. – De *implicite.*

impliquer [ɛ̃plike] v. tr. [1] **I.** Mêler (qqn) à une affaire fâcheuse. *Impliquer (qqn) dans un complot.* ▷ v. pron. (Réfl.) Mettre toute son énergie (dans qqch). *Il s'est impliqué dans cette affaire.* **II. 1.** Comporter implicitement, avoir pour conséquence. *La politesse implique l'exactitude.* **2.** MATH *P implique Q :* la proposition P entraîne la proposition Q. (On note P ⇒ Q.) Lat. *implicare,* «plier dans, envelopper».

implorant, ante [ɛ̃plɔʀɑ̃, ɑ̃t] adj. Qui implore. – Ppr. de *implorer.*

imploration [ɛ̃plɔʀasjɔ̃] n. f. Action d'implorer. – De *implorer.*

implorer [ɛ̃plɔʀe] v. tr. [1] **1.** *Implorer qqn,* le supplier humblement. **2.** *Implorer une grâce, une aide,* la demander avec humilité et insistance. – Lat. *implorare,* de *im (in),* «en, dans, sur», et *plorare,* «pleurer».

imploser [ɛ̃ploze] v. intr. [1] TECH Faire implosion. – De *implosion.*

implosif, ive [ɛ̃plozif, iv] adj. et n. f. LING Se dit d'une consonne articulée moins distinctement, à la fin d'une syllabe. ▷ n. f. *Une implosive.* – De *implosion.*

implosion [ɛ̃plozjɔ̃] n. f. TECH Éclatement d'un corps creux sous l'action d'une pression plus forte à l'extérieur qu'à l'intérieur. *Implosion du tube cathodique d'un téléviseur.* – De *im-* («dans»), et *(ex)plosion.*

impluvium [ɛ̃plyvjɔm] n. m. ANTIQ Dans les maisons romaines, bassin aménagé au centre de l'atrium pour recevoir les eaux de pluie. *Des impluviums.* – Mot lat., de *impluere,* «pleuvoir dans».

impoli, ie [ɛ̃pɔli] adj. et n. Qui manque de politesse. *Personnes, manières impolies.* – Subst. *Un(e) impoli(e).* – De *im-,* et *poli.*

impoliment [ɛ̃pɔlimɑ̃] adv. Avec impolitesse. – De *impoli.*

impolitesse [ɛ̃pɔlitɛs] n. f. Manque de politesse. ▷ Procédé impoli. – De *impoli.*

impondérabilité [ɛ̃pɔ̃deʀabilite] n. f. Qualité de ce qui est impondérable. – De *impondérable.*

impondérable [ɛ̃pɔ̃deʀabl] adj. et n. m. **1.** Qui est difficile à prévoir, à imaginer, mais qui peut avoir des conséquences importantes (circonstance, événement). *Des économies impondérables.* – n. m. *Un impondérable.* **2.** PHYS Qui semble ne pas avoir de poids. ▷ *Fluides impondérables :* nom donné autref. à la lumière, à la chaleur et à l'électricité. – De *im-,* et *pondérable.*

impopulaire [ɛ̃pɔpylɛʀ] adj. Qui n'est pas aimé, apprécié du peuple. *Ministre, loi impopulaire.* – *Par anal.* Qui n'est guère apprécié, que l'on considère sans bienveillance. *Professeur très impopulaire.* – De *im-,* et *populaire.*

impopularité [ɛ̃pɔpylaʀite] n. f. **1.** Caractère de ce qui est impopulaire. **2.** Situation d'une personne impopulaire. – De *im-,* et *popularité.*

1. importable [ɛ̃pɔʀtabl] adj. **1.** Dont on ne peut supporter le poids, la charge. **2.** Qualifie un vêtement que l'on ne peut porter. – De *im-,* et *portable.*

2. importable [ɛ̃pɔʀtabl] adj. Qu'on a la possibilité, le droit d'importer (2). – De *importer* 2.

importance [ɛ̃pɔʀtɑ̃s] n. f. **1.** Caractère de celui, de ce qui est important. *L'importance d'un auteur, d'un livre.* **2.** Autorité, influence, prestige. **3.** Loc. adv. *D'importance :* très fort. *Je l'ai tancé d'importance.* – Ital. *importanza,* du lat. *importare* (V. importer 1.).

important, ante [ɛ̃pɔʀtɑ̃, ɑ̃t] adj. et n. **1.** (Choses) Qui n'est pas négligeable qualitativement, quantitativement ou en raison de ses conséquences. *Œuvre, somme, découverte, révélation importante.* ▷ n. m. Ce qui est important, essentiel. *C'est cela l'important.* **2.** Qui a de l'influence, du pouvoir. *Visiteur important.* ▷ Subst. *Faire l'important(e).* – Lat. *importans,* de *importare* (V. importer 1.).

importateur, trice [ɛ̃pɔʀtatœʀ, tʀis] n. et adj. Qui fait le commerce d'importation. *Un importateur de céréales.* – adj. *Région importatrice.* – De *importer* 2.

importation [ɛ̃pɔʀtasjɔ̃] n. f. **1.** Action d'importer (2). **2.** (Plur.) Ce qui est importé. – Mot angl.

1. importer [ɛ̃pɔʀte] v. tr. indir. et intr. [1] (Empl. seulement à l'inf. et aux 3e pers.) **1.** (Choses) Être important, digne d'intérêt. *Cela m'importe peu.* ▷ v. impers. *Il importe de savoir manœuvrer.* **2.** Loc. *Qu'importe! Peu importe! :* cela est indifférent. – Litt. *(Il) n'importe :* cela n'a pas d'importance. **3.** Loc. pron. indéf. *N'importe qui, n'importe quoi :* une personne, une chose quelconque. ▷ Loc. adv. *N'importe comment, où, quand.* – Ital. *importare*; lat. *importare,* «porter dans», et, par ext., «causer, entraîner».

2. importer [ɛ̃pɔʀte] v. tr. [1] Introduire dans un pays, en vue de commercialisation (des biens, des services achetés à l'étranger). ▷ Fig. *Importer un style de vie.* Ant. exporter. – Angl. *to import,* du lat. *importare,* «porter dans».

import-export [ɛ̃pɔʀɛkspɔʀ] n. m. inv. Commerce avec l'étranger (importations et exportations). *Société spécialisée dans l'import-export.* – De *import(ation),* et *export(ation).*

importun, une [ɛ̃pɔʀtœ̃, yn] adj. et n. (Personnes) Qui ennuie, dérange. – Subst. *Fuir les importuns.* ▷ Par ext. *Souvenirs importuns.* Ant. opportun. – Lat. *importunus,* «inabordable», et au fig., «incommode, désagréable».

importunément [ɛ̃pɔʀtynemɑ̃] adv. D'une manière importune. – De *importun.*

importuner [ɛ̃pɔʀtyne] v. tr. [1] (Personnes ou choses.) Déranger, gêner. *Voisin, bruit qui importune.* – De *importun.*

importunité [ɛ̃pɔʀtynite] n. f. Caractère de ce qui est importun. ▷ Action importune. – Du lat. *importunitas,* «difficulté d'accès», d'où, au fig. «caractère désagréable, rigueur».

imposable [ɛ̃pozabl] adj. Qui peut être imposé; assujetti à l'impôt. – De *imposer.*

imposant, ante [ɛ̃pozɑ̃, ɑ̃t] adj. **1.** Qui inspire le respect, l'admiration. *Une allure imposante.* **2.** Qui frappe par ses vastes proportions. *Architecture imposante.* – Ppr. de *imposer.*

imposé, ée [ɛ̃poze] adj. **1.** Fixé par voie d'autorité. *Prix imposé.* ▷ SPORT *Figures imposées*, que tous les concurrents d'une compétition de gymnastique ou de patinage artistique doivent exécuter (par oppos. à *figures libres*). **2.** Soumis à l'impôt. – Pp. de *imposer.*

imposer [ɛ̃poze] **I.** v. tr. **[1] 1.** Faire accepter en contraignant. *Imposer une tâche. Imposer un mari à sa fille.* ▷ v. intr. *En imposer :* susciter le respect, l'admiration. **2.** Soumettre à l'impôt. *Imposer les contribuables. Imposer telle catégorie de revenus.* **3.** LITURG *Imposer les mains*, les mettre sur la tête de qqn selon un rite sacramentel. **4.** TYPO *Imposer une feuille :* placer les formes d'une feuille de façon que, après pliage, les pages se trouvent dans l'ordre voulu. **II.** v. pron. **1.** Se contraindre à. *S'imposer des sacrifices.* **2.** (Choses) Être indispensable. *Cette démarche s'impose.* **3.** Se faire accepter par ses qualités personnelles ou par des manifestations d'autorité. *Un chef qui s'impose.* – De *im-*, «sur», et *poser*, d'apr. le lat. *imponere*, «placer, poser sur».

imposeur [ɛ̃pozœʀ] n. m. TYPO Typographe chargé de l'imposition. – De *imposer.*

imposition [ɛ̃pozisjɔ̃] n. f. **1.** Syn. de *taxe, impôt* ou *contribution.* **2.** LITURG *Imposition des mains :* action d'imposer les mains. **3.** TYPO Action d'imposer une feuille. ▷ Manière dont les pages sont imposées. – De *imposer.*

impossibilité [ɛ̃pɔsibilite] n. f. Défaut de possibilité. ▷ Chose impossible. – Lat. imp. *impossibilitas.*

impossible [ɛ̃pɔsibl] adj. et n. m. **I.** adj. **1.** Qui ne peut exister, qui ne peut se faire. *Changement impossible.* ▷ Très difficile à faire. *Accomplir une mission impossible.* **2.** Insupportable. *Un caractère impossible.* **3.** Fam. Bizarre, extravagant. *Des goûts impossibles.* **II.** n. m. **1.** Ce qui est à la limite du possible. *Tenter l'impossible.* **2.** Loc. adv. *Par impossible :* en supposant réalisée une chose très improbable. – Lat. *impossibilis.*

imposte [ɛ̃pɔst] n. f. **1.** ARCHI Pierre en saillie située à la partie haute du pied-droit d'une arcade et sur laquelle prend appui la retombée de l'arc. **2.** CONSTR Élément, généralement vitré, qui surmonte une porte ou une croisée. – Ital. *imposta*, du v. *imporre*, «placer sur».

imposteur [ɛ̃pɔstœʀ] n. m. Celui qui trompe autrui en se faisant passer pour autre qu'il n'est. *Être abusé par un imposteur.* – Bas lat. *impostor*, de *imponere*, au sens de «tromper».

imposture [ɛ̃pɔstyʀ] n. f. Action de tromper par de fausses apparences. – Bas lat. *impostura.*

impôt [ɛ̃po] n. m. Taxe, droit dont sont frappées les personnes ou les choses pour subvenir aux dépenses publiques. ▷ Fig. *Impôt du sang :* obligations militaires. – Lat. *impositum*, propr. «ce qui est imposé».

ENCYCL L'impôt est auj. le mode de recouvrement ordinaire des ressources publiques. On distingue les impôts *directs* (impôts sur le revenu des personnes physiques, taxes sur les plus-values, impôts sur les sociétés) et les impôts *indirects* (taxe à la valeur ajoutée, taxes sur les alcools, le tabac, les carburants, les spectacles). Les impôts *locaux*, perçus par les départements et les communes, comprennent la taxe d'habitation (autref. contribution mobilière), les taxes foncières (autref. contributions foncières) et la taxe professionnelle (autref. patente).

impotence [ɛ̃pɔtɑ̃s] n. f. État d'un impotent. – Lat. *impotentia.*

impotent, ente [ɛ̃pɔtɑ̃, ɑ̃t] adj. et n. Qui ne peut se mouvoir qu'avec difficulté. *Vieillard impotent.* – Subst. *Des installations pour les impotents.* – Lat. *impotens, impotentis*, «impuissant».

impraticabilité [ɛ̃pʀatikabilite] n. f. Rare État d'une chose impraticable. – De *impraticable.*

impraticable [ɛ̃pʀatikabl] adj. **1.** Que l'on ne peut mettre en pratique. *Une idée impraticable.* **2.** Où l'on passe très difficilement (voie). *Chemin impraticable.* – De *im-*, et *praticable.*

imprécation [ɛ̃pʀekasjɔ̃] n. f. Litt. Malédiction, souhait de malheur (contre qqn). – Lat. *imprecatio*, de *im (in)*, «en, dans, sur», et *precari*, «prier, supplier».

imprécatoire [ɛ̃pʀekatwaʀ] adj. Litt. Qui a rapport à l'imprécation. *Formule imprécatoire.* – De *imprécation*, d'après *expiatoire.*

imprécis, ise [ɛ̃pʀesi, iz] adj. Qui manque de précision. *Termes imprécis.* – De *im-*, et *précis.*

imprécision [ɛ̃pʀesizjɔ̃] n. f. Manque de précision. – De *im-*, et *précision.*

imprégnation [ɛ̃pʀeɲasjɔ̃] n. f. **1.** Action d'imprégner; son résultat. – TECH *Imprégnation des bois par des résines thermodurcissables.* ▷ MED *Imprégnation alcoolique :* intoxication alcoolique aiguë ou chronique. **2.** Pénétration (d'une idée, d'une influence, d'une idéologie, etc.), dans l'esprit (d'une personne, d'un groupe). **3.** ZOOL Marque, déterminante pour le comportement ultérieur de l'animal, de l'influence d'un être ou d'une chose, reçue lors d'une période précoce et précise du développement. – Du lat. *impraegnare*, «féconder».

imprégner [ɛ̃pʀeɲe] v. tr. **[14]** Imbiber, faire pénétrer un liquide dans (un corps). *Imprégner un linge de produit nettoyant.* ▷ Par ext. *L'odeur de friture imprègne les vêtements.* – Pp. Fig. *Imprégné d'une idéologie.* – Du bas lat. *impraegnare*, «féconder», rac. *praegnans*, «enceinte; gonflé».

imprenable [ɛ̃pʀənabl] adj. **1.** Qui ne peut être pris. *Forteresse imprenable.* **2.** *Vue imprenable*, que d'éventuelles constructions nouvelles ne peuvent masquer. – De *im-*, et *prenable.*

impréparation [ɛ̃pʀepaʀasjɔ̃] n. f. Manque de préparation. – De *im-*, et *préparation.*

imprésario ou **impresario** [ɛ̃pʀesaʀjo] n. m. Celui qui s'occupe des engagements, des contrats d'un artiste de music-hall, de théâtre, etc. *Des imprésarios* ou *des impresarii.* – Ital. *impresario*, «entrepreneur».

imprescriptibilité [ɛ̃pʀɛskʀiptibilite] n. f. DR Caractère de ce qui est imprescriptible. – De *imprescriptible.*

imprescriptible [ɛ̃pʀɛskʀiptibl] adj. DR Qui n'est pas susceptible de prescription. ▷ Fig. *Les droits imprescriptibles de la nature.* – De *im-*, et *prescriptible.*

impression [ɛ̃pʀesjɔ̃] n. f. **I. 1.** Action d'imprimer des figures, des caractères. *Fautes d'impression dans un livre.* **2.** TECH *Couche d'impression :* première couche de peinture. **II.** État de conscience produit par une action extérieure quelconque, et indépendant de la réflexion. *Ressentir une impression de confort. Faire bonne, mauvaise impression.* – Absol. *Faire impression :* être remarqué. ▷ *Avoir l'impression de, que :* croire que. *J'ai l'impression qu'il va mieux.* – Lat. *impressio*, «action de presser, empreinte».

impressionnabilité [ɛ̃pʀesjɔnabilite] n. f. **1.** Caractère d'une personne impressionnable. **2.** TECH Caractère d'une surface impressionnable. – De *impressionnable.*

impressionnable [ɛ̃pʀesjɔnabl] adj. **1.** Qui ressent vivement les impressions, les émotions. *Vous êtes trop impressionnable.* **2.** TECH Qui peut être impressionné. *Surface impressionnable.* – De *impressionner.*

impressionnant, ante [ɛ̃pʀesjɔnɑ̃, ɑ̃t] adj. Qui impressionne l'esprit. *Spectacle impressionnant.* – Ppr. de *impressionner.*

impressionner [ɛ̃pʀesjɔne] v. tr. **[1] 1.** Faire une vive impression sur (qqn). **2.** Agir sur (un organe) de manière à produire une sensation. *Les ondes lumineuses* *impressionnent la rétine.* **3.** TECH Produire une impression matérielle sur (une surface sensible). – De *impression.*

impressionnisme [ɛ̃pʀesjɔnism] n. m. **1.** Mouvement pictural qui se développa dans le dernier quart du XIXe s. en réaction contre les conceptions académiques de l'art. **2.** Manière des musiciens, des écrivains impressionnistes (sens 2). – De *impression* ou de *impressionniste.*

ENCYCL L'impressionnisme est moins un groupement d'école qu'une rencontre de jeunes artistes qui avaient fondamentalement en commun le goût de la spontanéité et de la peinture en plein air. Le principe de la division des tons (l'obtention d'un ton vert résulte du voisinage d'un bleu et d'un jaune) est à la base même de la technique impressionniste; dès lors, la touche joue pleinement son rôle d'instrument de dissolution des formes dans l'atmosphère. La prem. exposition du groupe eut lieu à Paris (15 avril - 15 mai 1874); elle fit scandale, et le journaliste Louis Leroy, prenant pour prétexte la toile de Monet intitulée *Impression, soleil levant,* qualifia ironiquement les exposants d'«impressionnistes» (*le Charivari,* 25 avril 1874). Les princ. peintres impressionnistes furent Renoir, Degas, Monet, Manet, Sisley, Pissarro. En 1873, le style impressionniste se généralisa et s'affirma pleinement, tandis que 1877 marqua son apogée. La mort de Manet en 1883, l'arrivée d'une génération nouvelle composée principalement de Seurat, Van Gogh, Toulouse-Lautrec marquèrent la rupture du groupe.

impressionniste [ɛ̃pʀesjɔnist] n. et adj. **1.** Peintre appartenant à l'impressionnisme. ▷ adj. *Une peinture impressionniste.* **2.** Écrivain, musicien dont l'art, fondé sur l'évocation d'impressions fugitives, présente des affinités avec l'impressionnisme (les frères Goncourt, Loti, Debussy, etc.). ▷ adj. *Un écrivain impressionniste.* – Mot forgé par L. Leroy; V. encycl. impressionnisme.

imprévisibilité [ɛ̃pʀevizibilite] n. f. Caractère de ce qui est imprévisible. – De *imprévisible.*

imprévisible [ɛ̃pʀevizibl] adj. Qu'on ne peut prévoir. *Événement imprévisible.* – De *im-,* et *prévisible.*

imprévision [ɛ̃pʀevizjɔ̃] n. f. Manque de prévision. ▷ DR *Théorie de l'imprévision :* théorie, élaborée par la jurisprudence administrative, selon laquelle certains faits résultant de l'instabilité économique (dépréciation de la monnaie, notam.) peuvent entraîner la révision des clauses financières d'un contrat de longue durée, contrairement au principe de l'immutabilité des conventions. – De *im-,* et *prévision.*

imprévoyance [ɛ̃pʀevwajɑ̃s] n. f. Défaut de prévoyance. – De *im-,* et *prévoyance.*

imprévoyant, ante [ɛ̃pʀevwajɑ̃, ɑ̃t] adj. Qui manque de prévoyance. *Jeunesse imprévoyante.* – De *im-,* et *prévoyant.*

imprévu, ue [ɛ̃pʀevy] adj. et n. m. Qui arrive sans qu'on l'ait prévu. *Une rencontre imprévue.* ▷ n. m. *Un imprévu fâcheux.* – De *im-,* et *prévu* (pp. de *prévoir).*

imprimable [ɛ̃pʀimabl] adj. Qui peut être imprimé; qui mérite d'être imprimé. – De *imprimer.*

imprimant, ante [ɛ̃pʀimɑ̃, ɑ̃t] adj. et n. f. **1.** TECH Qui imprime. *Éléments imprimants. Forme imprimante.* **2.** n. f. INFORM Appareil servant à imprimer sur du papier les résultats d'un traitement, la liste d'un programme. *Imprimante à laser.* – Ppr. de *imprimer.*

imprimatur [ɛ̃pʀimatyʀ] n. m. inv. Didac. Permission d'imprimer un ouvrage, accordée par l'autorité ecclésiastique ou, autrefois, par l'Université. – Mot du lat. ecclés., «qu'il soit imprimé».

imprimé, ée [ɛ̃pʀime] adj. et n. m. **1.** adj. Reproduit par une impression. *Une cotonnade imprimée.* ▷ ELECTRON *Circuit imprimé :* V. circuit. **2.** n. m. Livre, brochure, feuille imprimée, etc. Ant. manuscrit. ▷ Tissu imprimé. *Un imprimé à fleurs.* – Pp. de *imprimer.*

imprimer [ɛ̃pʀime] v. tr. [1] **1.** Reporter sur un support (des signes, des dessins) au moyen d'une forme chargée de matière colorante. *Imprimer une gravure, un cachet. Imprimer une étoffe,* des motifs sur une étoffe. ▷ Spécial. *Imprimer un texte, un livre.* - *Par ext.* Publier (une œuvre, un auteur). *Imprimer un jeune poète.* **2.** Faire, laisser (une empreinte). *Traces de roues imprimées dans la boue.* ▷ Fig. *La satisfaction est imprimée sur son visage.* **3.** Communiquer (un mouvement). *Vitesse que le vent imprime aux voiliers.* – Lat. *imprimere,* «empreindre».

imprimerie [ɛ̃pʀimʀi] n. f. **1.** Art d'imprimer, technique de l'impression (sens 1). *L'invention de l'imprimerie. Les principaux procédés d'impression utilisés en imprimerie sont la typographie, l'offset et l'héliogravure.* **2.** Établissement où l'on imprime. *Fonder une imprimerie.* **3.** Matériel servant à imprimer. *Imprimerie portative.* – De *imprimer.*

imprimeur [ɛ̃pʀimœʀ] n. m. Personne qui dirige une imprimerie. - Ouvrier qui travaille dans une imprimerie. – De *imprimer.*

improbabilité [ɛ̃pʀɔbabilite] n. f. Caractère de ce qui est improbable. – De *improbable.*

improbable [ɛ̃pʀɔbabl] adj. Qui n'est pas probable, qui est peu probable. – De *im,* et *probable.*

improbité [ɛ̃pʀɔbite] n. f. Litt. Défaut de probité. – Lat. *improbitas.*

improductif, ive [ɛ̃pʀɔdyktif, iv] adj. **1.** Qui ne produit rien. *Capital improductif.* **2.** Qui ne participe pas directement à la production. *Personnel improductif.* – De *im-,* et *productif.*

improductivité [ɛ̃pʀɔdyktivite] n. f. Caractère de ce qui est improductif. – De *improductif.*

impromptu, ue [ɛ̃pʀɔ̃pty] adv., adj. et n. m. **I.** adv. Sur-le-champ, sans préparation. *Parler impromptu.* ▷ adj. *Concert impromptu.* **II.** n. m. **1.** LITTER Petite pièce de vers improvisée (ou prétendue telle). **2.** Composition instrumentale peu développée et de forme libre. *Les impromptus de Schubert.* – Lat. *in promptu,* «en évidence, sous la main».

imprononçable [ɛ̃pʀɔnɔ̃sabl] adj. Qui ne peut être prononcé. – De *im-, prononcer,* et *-able.*

impropre [ɛ̃pʀɔpʀ] adj. **1.** Qui ne convient pas pour exprimer la pensée (mot, expression). **2.** *Impropre à :* qui n'est pas propre à. *Vêtement impropre à protéger du froid.* – Lat. gram. *improprius.*

improprement [ɛ̃pʀɔpʀəmɑ̃] adv. D'une manière impropre. – De *impropre.*

impropriété [ɛ̃pʀɔpʀijete] n. f. Caractère d'un mot, d'une expression impropre. ▷ Mot, expression impropre. – Lat. gram. *improprietas.*

improuvable [ɛ̃pʀuvabl] adj. Qu'on ne peut prouver. – De *im-,* et *prouvable.*

improvisateur, trice [ɛ̃pʀɔvizatœʀ, tʀis] n. Personne qui improvise. – De *improviser,* d'après l'ital. *improvvisatore, trice.*

improvisation [ɛ̃pʀɔvizasjɔ̃] n. f. **1.** Action d'improviser. **2.** Poème, discours, morceau de musique improvisé. – De *improviser.*

improviser [ɛ̃pʀɔvize] **1.** v. tr. [1] Composer sur-le-champ et sans préparation. *Improviser un discours. Improviser une fête.* ▷ Absol. *Improviser à l'orgue.* **2.** v. pron. Remplir sans préparation la fonction, la tâche de. *S'improviser cuisinier.* – Ital. *improvvisare,* du lat. *improvisus,* «imprévu».

improviste (à l') [alɛ̃pʀɔvist] loc. adv. Soudainement, de manière imprévue. *Arriver à l'improviste.* – Ital. *improvvisto,* « imprévu ».

imprudemment [ɛ̃pʀydamɑ̃] adv. Avec imprudence. – De *imprudent.*

imprudence [ɛ̃pʀydɑ̃s] n. f. **1.** Manque de prudence. ▷ DR Faute due à un manque de précaution ou de prévoyance, engageant la responsabilité civile et éventuellement pénale de son auteur. *Homicide par imprudence.* **2.** Action imprudente. *Commettre une imprudence.* – Lat. *imprudentia.*

imprudent, ente [ɛ̃pʀydɑ̃, ɑ̃t] adj. et n. Qui manque de prudence. – Subst. *C'est un imprudent,* un casse-cou. – Lat. *imprudens.*

impubère [ɛ̃pybɛʀ] adj. et n. Qui n'a pas encore passé la période de la puberté. – Lat. *impubes, impuberis.*

impubliable [ɛ̃pyblijabl] adj. Qu'on ne peut publier. – De *im-,* et *publiable.*

impudemment [ɛ̃pydamɑ̃] adv. Avec impudence. – De *impudent.*

impudence [ɛ̃pydɑ̃s] n. f. **1.** Effronterie extrême. *Mentir avec impudence.* **2.** Action, parole impudente. – Lat. *impudentia.*

impudent, ente [ɛ̃pydɑ̃, ɑ̃t] adj. et n. Qui a ou dénote de l'impudence. – Subst. *L'impudent peut se montrer cynique ou flatteur.* – Lat. *impudens.*

impudeur [ɛ̃pydœʀ] n. f. Manque de pudeur, de décence. – De *im-,* et *pudeur.*

impudicité [ɛ̃pydisite] n. f. Caractère de celui, de ce qui est impudique. – Action, parole impudique. – De *impudique.*

impudique [ɛ̃pydik] adj. et n. Qui a ou dénote de l'impudeur. – Subst. *Une impudique provocante.* – Lat. *impudicus.*

impudiquement [ɛ̃pydikmɑ̃] adv. De manière impudique. – De *impudique.*

impuissance [ɛ̃pɥisɑ̃s] n. f. **1.** Manque de pouvoir, de moyens, pour faire qqch. *Être réduit à l'impuissance.* ▷ Par ext. *L'impuissance de la raison.* **2.** *Spécial.* Impossibilité physique pour l'homme de pratiquer le coït, due à un vice de conformation, à un défaut d'érection ou à la précocité de l'éjaculation. – De *im-,* et *puissance.*

impuissant, ante [ɛ̃pɥisɑ̃, ɑ̃t] adj. et n. m. **1.** adj. Qui n'a pas un pouvoir suffisant. *Ennemis impuissants.* – Par ext. *Colère impuissante.* **2.** adj. m. Se dit d'un homme incapable physiquement de pratiquer le coït. ▷ n. m. *Un impuissant.* – De *im-,* et *puissant.*

impulser [ɛ̃pylse] v. tr. [1] Donner une impulsion à. – Bas lat. *impulsare,* « pousser contre ».

impulsif, ive [ɛ̃pylsif, iv] adj. et n. **1.** Qui agit par impulsion, sans réfléchir. *Enfant impulsif.* – Subst. *Un impulsif.* **2.** adj. Vx Qui imprime une impulsion. *Force impulsive.* – Bas lat. *impulsivus.*

impulsion [ɛ̃pylsjɔ̃] n. f. **1.** Action d'imprimer un mouvement à un corps; ce mouvement. *Une légère impulsion.* ▷ PHYS Variation de la quantité de mouvement. ▷ ELECTR Passage d'un courant dans un circuit. *Générateur d'impulsions :* appareil qui produit (de façon répétitive ou non) des signaux électriques. **2.** Incitation à l'activité. *Donner une impulsion à une entreprise.* **3.** Désir soudain et impérieux d'accomplir un acte. *Suivre ses impulsions.* – Lat. *impulsio,* de *impellere,* « pousser vers ».

impulsivement [ɛ̃pylsivmɑ̃] adv. D'une manière impulsive. – De *impulsif.*

impulsivité [ɛ̃pylsivite] n. f. Tendance à céder à ses impulsions. – De *impulsif.*

impunément [ɛ̃pynemɑ̃] adv. **1.** Sans subir de punition. *Voler impunément.* **2.** Sans inconvénient, sans préjudice. *On ne joue pas impunément avec sa santé.* – De *impuni.*

impuni, ie [ɛ̃pyni] adj. Qui demeure sans punition. *Crime impuni.* – Lat. *impunitus.*

impunissable [ɛ̃pynisabl] adj. Qui ne peut être puni. – De *im-,* et *punissable.*

impunité [ɛ̃pynite] n. f. Absence de punition. – Lat. *impunitas.*

impur, ure [ɛ̃pyʀ] adj. **1.** Qui est altéré par des substances étrangères. *Des eaux impures.* **2.** RELIG Contraire à la pureté des mœurs; impudique, lascif. *Pensées impures.* ▷ Souillé et frappé d'interdit. *Animal impur.* – Lat. *impurus.*

impureté [ɛ̃pyʀte] n. f. **1.** Caractère d'un corps impur. *Impureté d'un métal.* ▷ Ce qui le rend impur. *Des impuretés dans un cristal.* **2.** RELIG Acte impur aux yeux de la loi religieuse. ▷ Litt. Action, parole impudique. – Lat. *impuritas.*

imputabilité [ɛ̃pytabilite] n. f. **1.** Caractère de ce qui est imputable à qqn. **2.** DR Possibilité d'imputer une infraction à qqn sans que cela entraîne nécessairement sa responsabilité ou sa culpabilité. – De *imputable.*

imputable [ɛ̃pytabl] adj. Qui peut, qui doit être imputé. – De *imputer.*

imputation [ɛ̃pytasjɔ̃] n. f. Action d'imputer. – Lat. *imputatio.*

imputer [ɛ̃pyte] v. tr. [1] **1.** Attribuer (une action, une chose répréhensible) à qqn. *Imputer un méfait à qqn.* – Par ext. *Imputer un accident à la négligence.* ▷ *Imputer à honte, à faute,* etc. : considérer comme une honte, une faute (telle action). **2.** FIN Affecter (une somme) à un poste comptable. – Lat. *imputare,* « porter au compte ».

imputrescibilité [ɛ̃pytʀesibilite] n. f. Caractère de ce qui est imputrescible. – De *imputrescible.*

imputrescible [ɛ̃pytʀesibl] adj. Qui ne peut pourrir, se putréfier. – Lat. *imputrescibilis.*

1. in- ou **il-, im-, ir-.** Élément, du lat. *in-,* qui indique la négation, la privation (devant *l, in* devient *il-*; devant *b, m, p, im-*; devant *r, ir-*).

2. in- ou **im-.** Élément, du lat. *in,* « en, dans ».

in [in] adj. inv. (Anglicisme) **1.** Fam. À la mode (par oppos. à *out,* « démodé »). *Il va danser dans les boîtes in.* **2.** AUDIOV *Voix in :* voix d'un personnage visible sur l'écran (par oppos. à *voix off* ou *hors champ*). Syn. off. recommandé : (voix) dans le champ. – Mot anglais.

In CHIM Symbole de l'indium.

inabordable [inabɔʀdabl] adj. **1.** Où l'on ne peut aborder. *Rivage inabordable.* **2.** (Personnes) D'un abord difficile. **3.** D'un prix élevé. – De *in-* 1, et *abordable.*

inabouti, ie [inabuti] adj. Qui n'a pas abouti. – De *in-* 1, et pp. de *aboutir.*

inabrogeable [inabʀɔʒabl] adj. Qui ne peut être abrogé. – De *abroger.*

in abstracto [inabstʀakto] loc. adv. et adj. Dans l'abstrait. *Avoir raison in abstracto. Des discours in abstracto.* – Loc. lat., de *abstractus,* « abstrait ».

inaccentué, ée [inaksɑ̃tɥe] adj. LING Qui n'est pas accentué (avec la voix). *Syllabe inaccentuée.* – De *in-* 1, et *accentuer.*

inacceptable [inakseptabl] adj. Qu'on ne peut, qu'on ne doit pas accepter. *Demande inacceptable.* – De *in-* 1, et *acceptable.*

inaccessibilité [inaksesibilite] n. f. Caractère de ce qui est inaccessible. – De *inaccessible.*

inaccessible [inaksesibl] adj. **1.** (Lieu) Auquel on ne peut accéder. *Sommet inaccessible.* ▷ Fig. *Des connaissances inaccessibles.* **2.** (Personnes) Difficile à approcher, à aborder. *Personnage inaccessible.* **3.** *Inaccessible à* : insensible à (certains sentiments). *Inaccessible à la pitié.* – Bas lat. *inaccessibilis.*

inaccompli, ie [inakɔ̃pli] adj. Litt. Qui n'est pas accompli, achevé. – De *in-* 1, et *accompli.*

inaccomplissement [inakɔ̃plismɑ̃] n. m. Litt. Caractère de ce qui est inaccompli. – De *in-* 1, et *accomplissement.*

inaccoutumé, ée [inakutyme] adj. **1.** Qui n'a pas coutume de se faire, d'advenir. *Un silence inaccoutumé.* **2.** Qui n'est pas accoutumé (à). *Inaccoutumé à un travail.* – De *in-* 1, et *accoutumé.*

inachevé, ée [inaʃ(ə)ve] adj. Qui n'est pas achevé, terminé. – De *in-* 1, et *achevé.*

inachèvement [inaʃɛvmɑ̃] n. m. État de ce qui est inachevé. – De *inachevé.*

inactif, ive [inaktif, iv] adj. et n. **1.** Qui n'a pas d'activité. *Rester inactif.* ▷ Subst. *Un inactif.* **2.** Qui n'agit pas sur l'organisme. *Remède inactif.* **3.** PHYS Se dit d'un corps qui ne fait pas tourner le plan de polarisation de la lumière. – De *in-* 1, et *actif.*

inactinique [inaktinik] adj. PHYS Qualifie un rayonnement qui n'a pas d'action appréciable sur une surface sensible. – De *in-* 1, et *actinique.*

inaction [inaksjɔ̃] n. f. Absence d'action, d'occupation. – De *in-* 1, et *action.*

inactivation [inaktivɑsjɔ̃] n. f. BIOL Arrêt de l'activité d'une substance biochimique ou d'un micro-organisme. – De *in-* 1, et *activation.*

inactiver [inaktive] v. tr. [1] BIOL Rendre inactif (un composé biochimique, un micro-organisme). – Pp. adj. *Agent infectieux inactivé.* – De *in-* 1,et *activer.*

inactivité [inaktivite] n. f. **1.** Manque, absence d'activité. **2.** ADMIN État d'un fonctionnaire qui n'est pas en activité. – De *in-* 1, et *activité.*

inactuel, elle [inaktɥɛl] adj. Qui n'est pas d'actualité. – De *in-* 1, et *actuel.*

inadaptable [inadaptabl] adj. Qui ne peut être adapté ; qui ne peut s'adapter. – De *adapter.*

inadaptation [inadaptasjɔ̃] n. f. Manque d'adaptation. ▷ PSYCHO État des sujets, notam. des enfants, qui ne peuvent pas se conformer aux exigences de la vie en société, en raison d'une malformation physique, d'une arriération mentale, de conflits affectifs. – De *in-* 1, et *adaptation.*

inadapté, ée [inadapte] adj. et n. Qui n'est pas adapté. ▷ PSYCHO Qui souffre d'inadaptation. – Subst. *Un(e) inadapté(e).* – De *in-* 1, et *adapté.*

inadéquat, ate [inadekwa, at] adj. Qui n'est pas adéquat, qui ne convient pas. – De *in-* 1, et *adéquat.*

inadéquation [inadekwasjɔ̃] n. f. Didac. Caractère de ce qui n'est pas adéquat. – De *inadéquat.*

inadmissibilité [inadmisibilite] n. f. Caractère de ce qui est inadmissible. – *Spécial.* Situation du candidat qui n'est pas admis à un examen, un concours. – De *in-* 1, et *admissible.*

inadmissible [inadmisibl] adj. Qui ne peut être admis, accepté. *Demande, ton inadmissible.* – De *in-* 1, et *admissible.*

inadvertance [inadvɛʀtɑ̃s] n. f. Rare Défaut d'attention. ▷ Loc. adv. Cour. *Par inadvertance. Faire une erreur par inadvertance.* – Lat. scolast. *inadvertentia,* de *in,* élément négatif, et *advertere,* « tourner vers ».

inaliénabilité [inaljenabilite] n. f. DR Caractère de ce qui est inaliénable. – De *inaliénable.*

inaliénable [inaljenabl] adj. DR Qui ne peut être cédé ou vendu. *Des biens inaliénables.* – De *in-* 1, et *aliénable.*

inaliénation [inaljenasjɔ̃] n. f. DR État de ce qui n'est pas aliéné. – De *in-* 1, et *aliénation.*

inalliable [inaljabl] adj. METALL Se dit d'un métal qui ne peut s'allier avec un autre. – De *in-* 1, et *alliable.*

inaltérabilité [inalteʀabilite] n. f. Caractère de ce qui est inaltérable. – De *inaltérable.*

inaltérable [inalteʀabl] adj. Qui ne peut s'altérer. *Métal inaltérable.* ▷ Fig. *Patience inaltérable.* – De *in-* 1, et *altérable,* d'après le lat. médiév. *inalterabilis.*

inaltéré, ée [inalteʀe] adj. Qui n'a pas été altéré, modifié. – De *in-* 1, et *altéré.*

inamical, ale, aux [inamikal, o] adj. Qui n'est pas amical. *Procédé inamical.* – De *in-* 1, et *amical.*

inamissible [inamisibl] adj. THEOL Qui ne peut se perdre. *Grâce inamissible.* – De *in-* 1, et du lat. *amissibilis,* « qui peut se perdre ».

inamovibilité [inamɔvibilite] n. f. DR ADMIN Situation d'un fonctionnaire inamovible. – De *inamovible.*

inamovible [inamɔvibl] adj. DR ADMIN Qui ne peut être déplacé, révoqué. *Fonctionnaire inamovible.* – De *in-* 1, et *amovible.*

inanimé, ée [inanime] adj. **1.** Qui n'est pas doué de vie. *Êtres, objets inanimés.* **2.** Qui a perdu ou semble avoir perdu la vie. *Corps inanimé.* – De *in-* 1, et *animé.*

inanité [inanite] n. f. Caractère de ce qui est inutile, vain. *Inanité d'une remarque.* – Lat. *inanitas,* de *inanis,* « vide, vain ».

inanition [inanisjɔ̃] n. f. Épuisement de l'organisme dû à une profonde carence alimentaire. *Mourir d'inanition.* – Bas lat. *inanitio,* « action de vider », du lat. class. *inanis,* « vide, à jeun ».

inapaisable [inapɛzabl] adj. Qui ne peut être apaisé. – De *in-* 1, et *apaisable.*

inaperçu, ue [inapɛʀsy] adj. Qui n'est pas aperçu, remarqué. *Passer inaperçu.* – De *in-* 1, et *aperçu.*

inapparent, ente [inapaʀɑ̃, ɑ̃t] adj. Qui n'est pas apparent. – De *in-* 1, et *apparent.*

inappétence [inapetɑ̃s] n. f. Défaut d'appétit. ▷ Fig. Manque de désir, de besoin. – De *in-* 1, et *appétence.*

inapplicable [inaplikabl] adj. Qui ne peut être appliqué. *Méthode inapplicable.* – De *in-* 1, et *applicable.*

inapplication [inaplikasjɔ̃] n. f. Didac. ou litt. **1.** Défaut d'application, d'attention. **2.** Caractère de ce qui n'est pas mis en application. *Inapplication d'une découverte.* – De *in-* 1, et *application.*

inappliqué, ée [inaplike] adj. **1.** Qui manque d'application. *Un élève inappliqué.* **2.** Qui n'a pas été appliqué. *Une réglementation inappliquée.* – De *in-* 1, et *appliqué.*

inappréciable [inapʀesjabl] adj. **1.** Qu'on ne saurait trop estimer. *Bienfait inappréciable.* **2.** Trop minime pour pouvoir être perçu, évalué. *Un ralentissement inappréciable.* – De *in-* 1, et *appréciable.*

inapprochable [inapʀɔʃabl] adj. Qu'on ne peut approcher. – De *in-* 1, et *approchable.*

inapte [inapt] adj. et n. Qui manque d'aptitude pour qqch, pour faire qqch. *Inapte au travail manuel.* ▷ *Spécial.* Qui n'a pas les aptitudes requises pour le service militaire armé. *Conscrit inapte.* ▷ n. m. *Verser les inaptes dans le service auxiliaire.* – De *in-* 1, et *apte.*

inaptitude [inaptityd] n. f. Défaut d'aptitude. ▷ *Spécial.* État d'un conscrit déclaré inapte. – De *in-* 1, et *aptitude.*

inarticulé, ée [inaʀtikyle] adj. Qui n'est pas articulé ou mal articulé (son, mot). – De *in-* 1, et *articulé.*

inassimilable [inasimilabl] adj. Qui n'est pas assimilable. – De *in-* 1, et *assimilable.*

inassouvi, ie [inasuvi] adj. Qui n'est pas assouvi. *Faim inassouvie. Ambition inassouvie.* – De *in-* 1, et *assouvi.*

inassouvissement [inasuvismɑ̃] n. m. État de ce qui n'est pas ou ne peut pas être assouvi. – De *inassouvi.*

inattaquable [inatakabl] adj. Qu'on ne peut attaquer. *Forteresse inattaquable.* ▷ Fig. *Démonstration inattaquable.* – De *in-* 1, et *attaquable.*

inattendu, ue [inatɑ̃dy] adj. Qui arrive sans qu'on s'y attende. *Événement inattendu.* – De *in-* 1, et *attendu.*

inattentif, ive [inatɑ̃tif, iv] adj. Qui manque d'attention. *Élève inattentif.* – De *in-* 1, et *attentif.*

inattention [inatɑ̃sjɔ̃] n. f. Défaut d'attention. – *Faute d'inattention,* due au manque d'attention. – De *in-* 1, et *attention.*

inaudible [inodibl] adj. **1.** Impossible ou difficile à entendre. *Son inaudible.* **2.** Déplaisant à écouter. *Musique inaudible.* – Lat. imp. *inaudibilis.*

inaugural, ale, aux [inogyʀal, o] adj. Relatif à l'inauguration. *Discours inaugural.* – De *inaugurer.*

inauguration [inogyʀasjɔ̃] n. f. Action d'inaugurer. V. consécration, dédicace. – Lat. *inauguratio,* de *inaugurare,* «prendre les augures, consacrer».

inaugurer [inogyʀe] v. tr. [1] **1.** Marquer par une cérémonie la mise en service, la mise en place de. *Inaugurer un pont, un monument.* – ANTIQ *Inaugurer un temple,* le consacrer. **2.** Fig. Appliquer, employer pour la première fois. *Inaugurer une nouvelle méthode.* **3.** Fig. Marquer le début de. *Cette réussite inaugura une période faste.* – Lat. *inaugurare,* «prendre les augures, consacrer».

inauthenticité [inotɑ̃tisite] n. f. Manque d'authenticité. – De *inauthentique.*

inauthentique [inotɑ̃tik] adj. Qui n'est pas authentique. – De *in-* 1, et *authentique.*

inavouable [inavwabl] adj. Qui n'est pas avouable. *Désir inavouable.* – De *in-* 1, et *avouable.*

inavoué, ée [inavwe] adj. Qu'on n'a pas avoué; qu'on ne s'avoue pas. – De *in-* 1, et *avouer.*

inca [ɛ̃ka] adj. inv. et n. Relatif aux Incas, tribu du peuple quechua qui, organisée en dynastie, fonda v. 1200, dans la vallée de Cuzco (actuel Pérou) un puissant empire qui, au XVe s., engloba le Pérou, l'Équateur et la Bolivie actuels et qu'anéantit au XVIe s. la conquête espagnole. *Civilisation inca.* ▷ n. m. *Les Incas furent surtout des bâtisseurs.* – *L'Inca :* titre du souverain de l'Empire inca, à la fois roi et grand prêtre du Soleil. – Mot quechua.

incalculable [ɛ̃kalkylabl] adj. **1.** Qui ne peut être calculé. *Le nombre incalculable des étoiles.* **2.** Qui ne peut être évalué, apprécié. *Conséquences incalculables.* – De *in-* 1, et *calculable.*

incandescence [ɛ̃kɑ̃desɑ̃s] n. f. État d'un corps incandescent. – De *incandescent.*

incandescent, ente [ɛ̃kɑ̃desɑ̃, ɑ̃t] adj. Devenu lumineux sous l'effet d'une chaleur intense. *Lave incandescente.* – Lat. *incandescens, incandescentis,* ppr. de *incandescere,* «être en feu».

incantation [ɛ̃kɑ̃tasjɔ̃] n. f. Récitation de formules ayant pour but de produire des sortilèges, des enchantements; ces formules. – Bas lat. *incantatio,* de *incantare* «enchanter».

incantatoire [ɛ̃kɑ̃tatwaʀ] adj. Qui a la forme d'une incantation. *Poésie incantatoire.* – De *incantation.*

incapable [ɛ̃kapabl] adj. et n. **1.** Qui n'est pas capable. – *Incapable de. Incapable d'attention. Incapable de parler.* ▷ *Incapable de trahir.* ▷ Subst. Personne qui n'a pas les compétences requises pour un travail, une activité donnés. *Renvoyez tous ces incapables!* **2.** DR Qui n'a pas la capacité légalement exigée pour l'exercice ou la jouissance de certains droits. ▷ Subst. *Un(e) incapable majeur(e).* – De *in-* 1, et *capable.*

incapacitant, ante [ɛ̃kapasitɑ̃, ɑ̃t] adj. et n. m. MILIT Qui rend momentanément incapable de combattre, sans tuer ni provoquer de troubles durables. *Gaz incapacitant.* ▷ n. m. *Un incapacitant.* – De *incapacité.*

incapacité [ɛ̃kapasite] n. f. Cour. et DR État d'une personne incapable. ▷ *Incapacité de travail :* état d'une personne qui ne peut exercer une activité à la suite d'une blessure, d'une maladie. – De *in-* 1, et *capacité.*

incarcération [ɛ̃kaʀseʀasjɔ̃] n. f. Action d'incarcérer. – État d'une personne incarcérée. – De *incarcérer.*

incarcérer [ɛ̃kaʀseʀe] v. tr. [14] Mettre en prison. – Lat. médiév. *incarcerare,* de *carcer,* «prison».

incarnadin, ine [ɛ̃kaʀnadɛ̃, in] adj. Litt. Incarnat clair. – Ital. dial. *incarnadino,* pour *incarnatino,* de *incarnato,* «couleur de la chair».

incarnat, ate [ɛ̃kaʀna, at] adj. (Rare au fém.) et n. m. D'un rouge tirant sur le rose. ▷ n. m. Cette couleur. – Ital. *incarnato,* «couleur de la chair».

incarnation [ɛ̃kaʀnasjɔ̃] n. f. **1.** RELIG Action de la divinité qui s'incarne. ▷ Mystère fondamental de la foi chrétienne, par lequel Dieu s'est fait homme, unissant nature divine et nature humaine en la personne de Jésus-Christ. **2.** Image, représentation. *C'est l'incarnation de la bonté.* – Lat. ecclés. *incarnatio.*

incarné, ée [ɛ̃kaʀne] adj. **1.** Qui s'est incarné (divinité). **2.** Personnifié. *C'est la méchanceté incarnée.* **3.** *Ongle incarné,* qui est entré dans la chair. – Pp. de *incarner.*

incarner [ɛ̃kaʀne] v. [1] **I.** v. tr. **1.** Être l'image matérielle de (qqch d'abstrait). *Le roi de France incarnait la loi.* **2.** Interpréter le rôle de. *Acteur qui incarne le Cid.* **II.** v. pron. Prendre un corps de chair (divinité). – A. fr. *encharner,* refait sur le lat. ecclés. *incarnare.*

incartade [ɛ̃kaʀtad] n. f. Écart de conduite, de langage. *Il a encore fait des incartades.* – De l'ital. *inquartata,* en escrime «parade rapide portée à un coup droit de l'adversaire, en se jetant brusquement de côté».

incassable [ɛ̃kasabl] adj. Qu'on ne peut casser. *Vaisselle incassable.* – De *in-* 1, et *cassable.*

incendiaire [ɛ̃sɑ̃djɛʀ] adj. et n. **I.** adj. **1.** Destiné à allumer un incendie. *Bombe incendiaire.* **2.** Fig. Propre à échauffer les esprits, à susciter des troubles. *Discours incendiaire.* **3.** Qui éveille le désir, la passion. *Sourire incendiaire.* **II.** n. Personne qui cause volontairement un incendie. – Lat. *incendiarius.*

incendie [ɛ̃sɑ̃di] n. m. Grand feu destructeur. *Un incendie de forêt.* – Lat. *incendium.*

incendier [ɛ̃sɑ̃dje] v. tr. [2] **1.** Provoquer l'incendie de. *Incendier une voiture.* **2.** Pop. *Incendier qqn,* lui faire de violents reproches. – De *incendie.*

incération [ɛ̃seʀasjɔ̃] n. f. Didac. Imprégnation de cire. – Du lat. *inceratum,* de *cera,* «cire».

incertain, aine [ɛ̃sɛʀtɛ̃, ɛn] adj. et n. m. **I.** adj. **1.** (Choses) Qui n'est pas certain. *Guérison, nouvelle, signification, durée incertaine.* ▷ *Temps incertain,* nuageux, dont on ne sait s'il va devenir beau ou mauvais. **2.** Qui se présente sous une forme vague, peu distincte. *Clarté, limite incertaine.* **II.** adj. Qui doute (de qqch). *Incertain du succès.* ▷ Hésitant, indécis. *Incertain de l'attitude à prendre.* – Par ext. *La démarche incertaine d'un convalescent.* **III.** n. m. FIN En matière de change, cours d'une monnaie étrangère, exprimé en monnaie nationale, pour une quantité constante de monnaie étrangère. – De *in-* 1, et *certain.*

incertitude [ɛ̃sɛRtityd] n. f. **1.** Caractère, état de ce qui est incertain (sens I, 1). *L'incertitude de la victoire.* ▷ PHYS Erreur entachant une mesure. ▷ PHYS NUCL *Principe d'incertitude d'Heisenberg* : il n'est pas possible de mesurer simultanément avec précision la position et la vitesse (donc la quantité de mouvement) d'une particule atomique. **2.** État d'une personne qui doute. *Être dans l'incertitude.* – De *in-* 1, et *certitude.*

incessamment [ɛ̃sesamɑ̃] adv. Sans délai, sous peu. *Il doit partir incessamment.* – De *incessant.*

incessant, ante [ɛ̃sesɑ̃, ɑ̃t] adj. Qui dure; qui se répète continuellement. *Bruit incessant.* – De *in-* 1, et *cesser.*

incessibilité [ɛ̃sesibilite] n. f. Caractère de ce qui est incessible. – De *incessible.*

incessible [ɛ̃sesibl] adj. DR Qui ne peut être cédé. – De *in-* 1, et *cessible.*

inceste [ɛ̃sɛst] **1.** n. m. Relations sexuelles entre personnes dont le degré de parenté interdit le mariage. **2.** n. Vx Personne coupable d'inceste. – Du lat. *incestus*, propr. « non chaste ».

incestueux, euse [ɛ̃sɛstɥø, øz] adj. **1.** Qui a commis un inceste. **2.** Qui a le caractère de l'inceste. *Désirs incestueux.* **3.** Né d'un inceste. *Enfant incestueux.* – Lat. *incestuosus*, « impudique ».

inch Allah! [inʃala] interj. et n. m. inv. Advienne que pourra! ▷ n. m. inv. *Il s'en alla sur un inch Allah.* – Mots arabes, « comme il plaît à Dieu ».

inchangé, ée [ɛ̃ʃɑ̃ʒe] adj. Qui est demeuré sans changement. *Situation inchangée.* – De *in-* 1, et *changer.*

inchavirable [ɛ̃ʃaviRabl] adj. Construit spécialement pour ne pas chavirer. *Canot inchavirable.* – De *in-* 1, *chavirer*, et *-able.*

inchiffrable [ɛ̃ʃifRabl] adj. Qui ne peut être chiffré, évalué. – De *in-* 1, et *chiffrable.*

inchoatif, ive [ɛ̃kɔatif, iv] adj. LING Qui exprime le commencement, la progression d'une action. *S'endormir est un verbe inchoatif.* – Bas lat. *inchoativus*, supin du class. *inchoare*, « commencer ».

incidemment [ɛ̃sidamɑ̃] adv. Par hasard, au passage; sans y attacher d'importance. *Dire qqch incidemment.* – De *incident* 1.

incidence [ɛ̃sidɑ̃s] n. f. **I.** Influence, répercussion. *L'incidence de la dévaluation sur les exportations.* **II. 1.** PHYS Direction suivant laquelle un rayon arrive sur une surface. ▷ *Angle d'incidence* : angle du rayon et de la perpendiculaire à la surface au point de rencontre. ▷ *Incidence normale*, d'angle nul. ▷ *Incidence rasante*, dont l'angle d'incidence est légèrement inférieur à 90°. **2.** TECH Direction d'un projectile par rapport à la perpendiculaire à la surface qui reçoit l'impact. – De *incident* 1.

1. incident [ɛ̃sidɑ̃] n. m. **1.** Événement fortuit, peu important mais souvent fâcheux, qui survient au cours d'une action, d'une entreprise. *Ce n'est qu'un incident.* ▷ LITTER Événement accessoire se greffant sur l'action principale d'une œuvre. **2.** Petit événement pouvant avoir de graves conséquences sur les relations internationales. *Incident diplomatique.* **3.** DR Contestation accessoire troublant le déroulement d'un procès. – Du lat. scolast. *incidens*, p. pr. de *incidere*, « tomber sur, survenir »

2. incident, ente [ɛ̃sidɑ̃, ɑ̃t] adj. et n. f. **1.** DR Qui surgit accessoirement au cours d'un procès. **2.** GRAM Se dit d'une proposition insérée dans une autre dont elle est une partie accessoire. – n. f. *Une incidente.* **3.** PHYS Qualifie un rayon qui atteint une surface (par oppos. à rayon *réfléchi* ou *réfracté*). – De *incident* 1.

incinérateur [ɛ̃sineRatœR] n. m. TECH Appareil servant à brûler les déchets et les ordures. – De *incinérer.*

incinération [ɛ̃sineRasjɔ̃] n. f. Action d'incinérer. – Lat. médiév. *incineratio.*

incinérer [ɛ̃sineRe] v. tr. [14] Réduire en cendres. *Incinérer des ordures.* ▷ Spécial. *Incinérer un cadavre.* – Lat. *incinerare*, de *cinis*, « cendre ».

incipit [ɛ̃sipit] n. m. inv. Didac. Premiers mots d'un livre, d'un manuscrit, etc. – Mot lat., 3e pers. sing. indic. pr. de *incipere*, « commencer ».

incirconcis, ise [ɛ̃siRkɔ̃si, iz] adj. Qui n'est pas circoncis. – Bas lat. ecclés. *incircumcisus.*

incise [ɛ̃siz] n. f. et adj. f. **1.** GRAM Proposition très courte, présentant un sens complet, et intercalée dans une autre (ex. *dit-il*). – adj. f. *Proposition incise.* **2.** MUS Ensemble de notes formant une unité rythmique; subdivision d'une phrase musicale grégorienne. – Lat. *incisa*, « coupée ».

inciser [ɛ̃size] v. tr. [1] Faire, avec un instrument tranchant, une entaille, une fente dans. *Inciser un hévéa pour en extraire le latex.* – Lat. pop. **incisare*, de *incisum*, supin de *incidere*, « couper ».

incisif, ive [ɛ̃sizif, iv] adj. Pénétrant, mordant. *Critique incisive.* – Du lat. médiév. *incisivus*, « tranchant ».

incision [ɛ̃sizjɔ̃] n. f. Action d'inciser; son résultat. – Bas lat. *incisio*, « coupure, entaille ».

incisive [ɛ̃siziv] n. f. Chacune des quatre dents médianes et antérieures, portées par chaque maxillaire. – Subst. fém. de *incisif.*

incitateur, trice [ɛ̃sitatœR, tRis] n. Rare Personne qui incite. – De *incitatum*, supin de *incitare*, « lancer en avant, pousser vivement, exciter ».

incitatif, ive [ɛ̃sitatif, iv] adj. Qui incite. *Mesures incitatives.* – Du rad. de *incitation.*

incitation [ɛ̃sitasjɔ̃] n. f. Action d'inciter; ce qui incite. *Incitation au crime.* – ADMIN *Incitation fiscale* : mesure fiscale destinée à orienter les décisions économiques (des particuliers ou des entreprises). – Lat. *incitatio* « mouvement rapide, excitation ».

inciter [ɛ̃site] v. tr. [1] Déterminer, induire à. *Inciter à la révolte. Inciter à travailler.* – Lat. *incitare*, « lancer en avant, pousser vivement, exciter ».

incivil, ile [ɛ̃sivil] adj. Qui manque de civilité. *Manières inciviles.* – Lat. imp. *incivilis*, « violent, brutal ».

incivilité [ɛ̃sivilite] n. f. Manque de civilité. ▷ Action, parole incivile. – De *incivil.*

incivique [ɛ̃sivik] adj. Vieilli Qui manque de civisme. – De *in-* 1, et *civique.*

incivisme [ɛ̃sivism] n. m. Manque de civisme. – De *in-* 1, et *civisme.*

inclassable [ɛ̃klasabl] adj. Qui ne peut être classé. – De *in-* 1, *classer*, et *-able.*

inclémence [ɛ̃klemɑ̃s] n. f. **1.** Vx Absence de clémence. **2.** Fig., rare *L'inclémence de la saison.* – Lat. *inclementia*, « dureté, rigueur ».

inclément, ente [ɛ̃klemɑ̃, ɑ̃t] adj. **1.** Vx Qui manque de clémence. *Des dieux incléments.* **2.** Fig. Rude, rigoureux (climat, température). *Hiver inclément.* – Lat. *inclemens, inclementis.*

inclinaison [ɛ̃klinɛzɔ̃] n. f. **1.** État de ce qui est incliné, oblique. *Inclinaison du sol.* **2.** Relation d'obliquité d'une ligne, d'une surface ou d'un plan par rapport à une autre ligne, une autre surface, un autre plan. ▷ ASTRO Angle que fait l'orbite d'une planète avec l'écliptique. ▷ PHYS Angle que fait le vecteur d'induction magnétique avec le plan horizontal. (Il se mesure notam. à l'aide d'une boussole dont l'axe est horizontal.) – De *incliner.*

inclination [ɛ̃klinasjɔ̃] n. f. **1.** Disposition, penchant naturel qui porte vers (qqch, qqn). *Inclination à la bienveillance.* **2.** Action d'incliner le corps, la tête. *Inclination respectueuse.* – Lat. *inclinatio,* «action de pencher».

incliné, ée [ɛ̃kline] adj. Oblique. ▷ *Plan incliné* : surface plane formant un certain angle avec l'horizontale. – Pp. de *incliner.*

incliner [ɛ̃kline] v. [1] **I.** v. tr. **1.** Mettre dans une position oblique, pencher. *Incliner un parasol. Incliner la tête.* **2.** (Abstrait) Porter, inciter à. *Tout l'incline à désespérer.* **II.** v. intr. **1.** Vx Être oblique, penché. *Terrain qui incline vers l'est.* **2.** (Personnes) Être porté, enclin à. *J'incline naturellement au pardon.* **III.** v. pron. **1.** Courber le corps, se pencher. *S'incliner respectueusement.* **2.** S'avouer vaincu, se soumettre, céder. *S'incliner devant la force.* – A. fr. *encliner,* «saluer en s'inclinant», du lat. *inclinare,* «pencher vers».

inclinomètre [ɛ̃klinɔmɛtʀ] n. m. TECH Appareil servant à mesurer la pente d'une route. – De *incliner,* et *-mètre.*

inclure [ɛ̃klyʀ] v. tr. [78] **1.** Enfermer, insérer. *Inclure un document dans une lettre.* **2.** Comporter, impliquer. *Mon accord n'inclut pas celui de mon associé.* – De *inclus.*

inclus, use [ɛ̃kly, yz] adj. **1.** Inséré, compris (dans). ▷ MATH Se dit d'un ensemble ou d'un sous-ensemble dont tout élément est aussi un élément d'un autre ensemble. *A est inclus dans B* (noté $A \subset B$). **2.** Compris (dans ce qu'on vient de nommer). *Un salaire de tant, indemnités incluses.* **3.** Loc. adj. (après le nom) et adv. (avant le nom). *Ci-inclus, ci-incluse* : inclus, incluse dans cet envoi. *La facture ci-incluse. Veuillez trouver ci-inclus copie de.* – Lat. *inclusus,* pp. de *includere,* «enfermer».

inclusif, ive [ɛ̃klyzif, iv] adj. Qui renferme, comprend en soi. Ant. exclusif. – Lat. médiév. *inclusivus.*

inclusion [ɛ̃klyzjɔ̃] n. f. **1.** Action d'inclure; son résultat. **2.** MATH Propriété d'un ensemble ou d'un élément inclus dans un autre ensemble. **3.** BIOL Élément hétérogène contenu dans une cellule ou un tissu. ▷ Technique d'histologie, opération consistant à inclure le tissu à étudier dans une matière dure pour pouvoir le couper en lamelles très minces. *Inclusion dans la paraffine, l'araldite.* **4.** MINER Corps étranger (solide, liquide ou gazeux) enfermé dans un cristal. – Du lat. *inclusio,* «emprisonnement» en lat. class, «procédé de style» en bas lat.

inclusivement [ɛ̃klyzivmɑ̃] adv. Y compris (la chose dont on parle). *Jusqu'à ce jour inclusivement.* – De *inclusif.*

incoercibilité [ɛ̃kɔɛʀsibilite] n. f. Rare État de ce qui est incoercible. – De *incoercible.*

incoercible [ɛ̃kɔɛʀsibl] adj. Qu'on ne peut contenir, contrôler. *Rire, toux incoercible.* – De *in-* 1, et *coercible.*

incognito [ɛ̃kɔɲito] adv. et n. m. En agissant de manière à ne pas être connu, reconnu. *Voyager incognito.* ▷ n. m. *Garder l'incognito.* – Mot ital., «inconnu»; lat. *incognitus.*

incohérence [ɛ̃kɔeʀɑ̃s] n. f. **1.** Absence de lien logique ou d'unité. **2.** PSYCHOPATHOL Absence de lien logique, désordre, confusion dans les actes, les idées, les propos. – De *incohérent.*

incohérent, ente [ɛ̃kɔeʀɑ̃, ɑ̃t] adj. Qui manque de cohérence, de suite. *Discours incohérent.* – De *in-* 1, et *cohérent.*

incollable [ɛ̃kɔlabl] adj. **1.** Qui ne colle pas en cuisant (produits alimentaires). *Riz incollable.* **2.** Fam. Que l'on ne peut pas coller (sens I, 6), qui répond à toutes les questions. *Candidat incollable.* – De *in-* 1, *coller,* et *-able.*

incolore [ɛ̃kɔlɔʀ] adj. Qui n'a pas de couleur. *Verre incolore.* – Bas lat. *incolor.*

incomber [ɛ̃kɔ̃be] v. tr. indir. [1] Revenir, être imposé à (qqn), en parlant de charges, d'obligations. *Ce soin vous incombe.* – Lat. *incumbere,* propr. «peser sur».

incombustibilité [ɛ̃kɔ̃bystibilite] n. f. Caractère de ce qui est incombustible. – De *incombustible.*

incombustible [ɛ̃kɔ̃bystibl] adj. Qui ne peut être consumé ou altéré par le feu. *Matériau incombustible.* – Lat. médiév. *incombustibilis.*

incommensurabilité [ɛ̃kɔmmɑ̃syʀabilite] n. f. Caractère de ce qui est incommensurable. – De *incommensurable.*

incommensurable [ɛ̃kɔmmɑ̃syʀabl] adj. **1.** Qui est sans mesure, ne connaît pas de limites. *Sa bêtise est incommensurable.* **2.** MATH Qualifie deux grandeurs de même nature qui n'ont pas de sous-multiple commun. (Ex. : la diagonale et le côté d'un carré; la circonférence d'un cercle et son diamètre.) – Bas lat. *incommensurabilis.*

incommensurablement [ɛ̃kɔmmɑ̃syʀabləmɑ̃] adv. D'une façon incommensurable. – De *incommensurable.*

incommodant, ante [ɛ̃kɔmɔdɑ̃, ɑ̃t] adj. Qui incommode. – Ppr. de *incommoder.*

incommode [ɛ̃kɔmɔd] adj. **1.** Mal adapté à l'usage auquel il est destiné. *Appartement incommode.* **2.** Qui cause de la gêne. *Position incommode.* ▷ DR *Établissements incommodes, insalubres ou dangereux* : établissements industriels susceptibles de nuire à l'environnement et dont la création est précédée d'une enquête *de commodo et incommodo.* – Lat. *incommodus.*

incommoder [ɛ̃kɔmɔde] v. tr. [1] Causer une gêne physique à (qqn). *Depuis qu'elle a cessé de fumer, l'odeur du tabac l'incommode.* – Lat. *incommodare.*

incommodité [ɛ̃kɔmɔdite] n. f. Caractère de ce qui est incommode. – Lat. *incommoditas,* «désavantage, inconvénient».

incommunicabilité [ɛ̃kɔmynikabilite] n. f. **1.** Caractère de ce qui est incommunicable. **2.** Impossibilité de communiquer. *Le drame de l'incommunicabilité des consciences.* – De *in-* 1, et *communicabilité.*

incommunicable [ɛ̃kɔmynikabl] adj. **1.** Qui ne peut être communiqué. *Droits incommunicables.* **2.** Qu'on ne peut exprimer, faire partager. *Angoisse incommunicable.* – De *in-* 1, et *communicable.*

incommutabilité [ɛ̃kɔmytabilite] n. f. DR Caractère de ce qui est incommutable. – De *incommutable.*

incommutable [ɛ̃kɔmytabl] adj. DR *Propriétaire incommutable,* qui ne peut être dépossédé. – *Propriété incommutable,* qui ne peut changer de propriétaire. – Lat. *incommutabilis.*

incomparable [ɛ̃kɔ̃paʀabl] adj. Tellement supérieur que rien ne peut lui être comparé. *Beauté incomparable.* – Lat. *incomparabilis.*

incomparablement [ɛ̃kɔ̃paʀabləmɑ̃] adv. D'une manière incomparable. – De *incomparable.*

incompatibilité [ɛ̃kɔ̃patibilite] n. f. **1.** Caractère de ce qui est incompatible. *Incompatibilité d'humeur.* – MED *Incompatibilité sanguine, incompatibilité tissulaire.* ▷ DR

Incompatibilité de fonctions. **2.** MATH Caractère d'un système d'équations incompatibles. – De *incompatible.*

incompatible [ɛ̃kɔ̃patibl] adj. **1.** Qui n'est pas compatible, ne peut pas s'accorder, s'associer (avec autre chose). *Des rêves incompatibles avec la réalité.* ▷ DR *Fonctions incompatibles,* qui ne peuvent être exercées par un même individu. **2.** MATH Qualifie un système d'équations dont l'ensemble des solutions est vide. – Lat. médiév. *incompatibilis.*

incompétence [ɛ̃kɔ̃petɑ̃s] n. f. Défaut de compétence d'une personne, d'une juridiction. – De *incompétent.*

incompétent, ente [ɛ̃kɔ̃petɑ̃, ɑ̃t] adj. **1.** Qui n'a pas l'aptitude, les connaissances requises. **2.** DR Se dit d'une juridiction qui n'a pas la capacité légale pour connaître certaines affaires. – Bas lat. *incompetens,* « impropre, déplacé ».

incomplet, ète [ɛ̃kɔ̃plɛ, ɛt] adj. Qui n'est pas complet, auquel il manque qqch. *Ouvrage incomplet.* – Lat. *incompletus,* « non accompli ».

incomplètement [ɛ̃kɔ̃plɛtmɑ̃] adv. D'une manière incomplète. – De *incomplet.*

incomplétude [ɛ̃kɔ̃pletyd] n. f. État de ce qui est incomplet. ▷ PSYCHO *Sentiment d'incomplétude* : sentiment d'inachèvement, d'insuffisance propre à certains malades psychasthéniques. – De *incomplet.*

incompréhensibilité [ɛ̃kɔ̃pʀeɑ̃sibilite] n. f. Caractère de ce qui est incompréhensible. – De *incompréhensible.*

incompréhensible [ɛ̃kɔ̃pʀeɑ̃sibl] adj. **1.** (Choses) Impossible ou très difficile à comprendre. *Texte incompréhensible.* **2.** Dont le comportement est inexplicable. *Personnage incompréhensible.* – Par ext. *Acte incompréhensible.* – Lat. *incomprehensibilis.*

incompréhensif, ive [ɛ̃kɔ̃pʀeɑ̃sif, iv] adj. Qui manque de compréhension à l'égard d'autrui. – De *in-* 1, et *compréhensif.*

incompréhension [ɛ̃kɔ̃pʀeɑ̃sjɔ̃] n. f. Incapacité à comprendre ; attitude d'une personne incompréhensive. – De *in-* 1, et *compréhension.*

incompressibilité [ɛ̃kɔ̃pʀesibilite] n. f. Nature de ce qui est incompressible. – De *incompressible.*

incompressible [ɛ̃kɔ̃pʀesibl] adj. **1.** PHYS Qui ne peut pas être comprimé, dont le volume ne diminue pas sous l'effet de la pression. *L'eau est presque incompressible.* **2.** FIN *Dépense incompressible,* que l'on ne peut réduire. – De *in-* 1, et *compressible*

incompris, ise [ɛ̃kɔ̃pʀi, iz] adj. et n. Dont le mérite, la valeur ne sont pas reconnus. *Artiste incompris.* ▷ Subst. *Un(e) incompris(e).* – De *in-* 1, et *compris.*

inconcevable [ɛ̃kɔ̃svabl] adj. **1.** Que l'esprit ne peut concevoir. *Mystère inconcevable.* **2.** Qu'on ne peut expliquer, imaginer, admettre. *Conduite inconcevable.* – De *in-* 1, et *concevable.*

inconcevablement [ɛ̃kɔ̃svabləmɑ̃] adv. D'une manière inconcevable. – De *inconcevable.*

inconciliable [ɛ̃kɔ̃siljabl] adj. Se dit de personnes, de choses qui ne peuvent se concilier. *Adversaires, thèses inconciliables.* – De *in-* 1, et *conciliable.*

inconditionné, ée [ɛ̃kɔ̃disjɔne] adj. **1.** PHILO Qui n'est soumis à aucune condition. **2.** Qui n'est pas conditionné, marqué, influencé (par un contexte social). – De *in-* 1, et *conditionné.*

inconditionnel, elle [ɛ̃kɔ̃disjɔnɛl] adj. et n. **1.** Indépendant de toute condition. *Obéissance inconditionnelle.* **2.** Qui se plie, quelles que soient les circonstances (aux décisions d'un homme, aux consignes d'un parti). *Un partisan inconditionnel de...* ▷ Subst. *Les inconditionnels de droite, de gauche.* – De *in-* 1, et *conditionnel,* d'apr. l'angl. *inconditional.*

inconditionnellement [ɛ̃kɔ̃disjɔnɛlmɑ̃] adv. De façon inconditionnelle. – De *inconditionnel.*

inconduite [ɛ̃kɔ̃dɥit] n. f. Mauvaise conduite, notam. en ce qui concerne les mœurs. – De *in-* 1, et *conduite.*

inconfort [ɛ̃kɔ̃fɔʀ] n. m. Manque de confort. – De *in-* 1, et *confort.*

inconfortable [ɛ̃kɔ̃fɔʀtabl] adj. Qui n'est pas confortable. *Siège inconfortable.* ▷ Fig. *Situation inconfortable,* délicate, gênante. – De *in-,* et *confortable.*

incongelable [ɛ̃kɔ̃ʒlabl] adj. TECH Qui n'est pas ou n'est que très difficilement congelable. – De *in-* 1, et *congelable.*

incongru, ue [ɛ̃kɔ̃gʀy] adj. Déplacé, inconvenant. *Remarque, attitude incongrue.* – Bas lat. *incongruus.*

incongruité [ɛ̃kɔ̃gʀyite] n. f. Caractère de ce qui est incongru. ▷ Action, parole incongrue. – Bas lat. *incongruitas.*

incongrûment [ɛ̃kɔ̃gʀymɑ̃] adv. D'une manière incongrue. – De *incongru.*

inconnaissable [ɛ̃kɔnɛsabl] adj. et n. m. Qui ne peut être connu ; inaccessible à la conscience humaine. ▷ n. m. *La recherche de l'inconnaissable.* – De *in-* 1, et *connaissable.*

inconnu, ue [ɛ̃kɔny] adj. et n. **I.** adj. **1.** Dont l'existence est ignorée. *Découvrir une terre inconnue.* **2.** Sur lequel, sur quoi on n'a pas d'informations. *Le Soldat inconnu. Origine inconnue.* **3.** Qu'on n'a jamais éprouvé. *Plaisir inconnu.* **II.** n. **1.** Personne que l'on ne connaît pas. *Aborder un inconnu.* **2.** n. m. Ce que l'on ignore. *Aller du connu à l'inconnu.* **3.** n. f. MATH Quantité que l'on se propose de déterminer par la résolution d'une équation. – De *in-* 1, et *connu,* d'après le lat. *incognitus,* « non examiné, non reconnu ».

inconsciemment [ɛ̃kɔ̃sjamɑ̃] adv. De manière inconsciente. – De *inconscient.*

inconscience [ɛ̃kɔ̃sjɑ̃s] n. f. **1.** État d'une personne inconsciente, privée de sensibilité. *Sombrer dans l'inconscience sous l'effet d'un anesthésique.* **2.** Cour. Manque de discernement qui se manifeste par des conduites déraisonnables. – De *in-* 1, et *conscience.*

inconscient, ente [ɛ̃kɔ̃sjɑ̃, ɑ̃t] adj. et n. **I.** adj. **1.** Qui n'est pas conscient (être vivant). *Une personne évanouie est inconsciente.* **2.** adj. et n. Qui ne mesure pas l'importance des choses, la gravité de ses actes. *Il faut être inconscient pour rouler à cette vitesse sur une route mouillée !* **3.** Dont on n'a pas conscience. *Geste inconscient.* **II.** n. m. PSYCHAN Domaine du psychisme échappant à la conscience et influant sur les conduites d'un sujet. *Le rêve et les actes manqués sont des manifestations de l'inconscient.* – De in- 1, et *conscient.*

inconséquence [ɛ̃kɔ̃sekɑ̃s] n. f. Caractère de celui, de ce qui est inconséquent. ▷ Action, parole inconséquente. – Bas lat. *inconsequentia,* « défaut de suite, de liaison ».

inconséquent, ente [ɛ̃kɔ̃sekɑ̃, ɑ̃t] adj. **1.** Qui manque de logique, de cohérence. *Raisonnement inconséquent.* **2.** Qui se conduit avec légèreté. *Jeunes gens inconséquents.* – Lat. *inconsequens,* « qui ne s'accorde pas avec, illogique ».

inconsidéré, ée [ɛ̃kɔ̃sideʀe] adj. Qui dénote un manque de réflexion. *Propos inconsidérés.* – Lat. *inconsideratus,* « qui ne réfléchit pas ».

inconsidérément [ɛ̃kɔ̃sideʀemɑ̃] adv. D'une manière inconsidérée. – De *inconsidéré.*

inconsistance [ɛ̃kɔ̃sistɑ̃s] n. f. Manque de consistance. – De *in-* 1, et *consistance.*

inconsistant, ante [ɛ̃kɔ̃sistɑ̃, ɑ̃t] adj. **1.** Qui manque de consistance, de fermeté. *Crème inconsistante.* **2.** Fig. Qui manque de solidité, de suite, de cohérence. *Style inconsistant. Caractère inconsistant.* – De *in-* 1, et *consistant.*

inconsolable [ɛ̃kɔ̃sɔlabl] adj. Qui ne peut être consolé. – Lat. *inconsolabilis.*

inconsommable [ɛ̃kɔ̃sɔmabl] adj. Qui ne peut être consommé. – De *in-* 1, et *consommable.*

inconstance [ɛ̃kɔ̃stɑ̃s] n. f. Manque de constance. – Lat. *inconstantia.*

inconstant, ante [ɛ̃kɔ̃stɑ̃, ɑ̃t] adj. **1.** Dont les opinions, les sentiments changent facilement. *Amant inconstant.* **2.** Litt. Changeant, variable. *Temps inconstant.* – Lat. *inconstans.*

inconstitutionnalité [ɛ̃kɔ̃stitysjɔnalite] n. f. Caractère de ce qui est inconstitutionnel. – De *inconstitutionnel.*

inconstitutionnel, elle [ɛ̃kɔ̃stitysjɔnɛl] adj. Qui n'est pas conforme à la Constitution. – De *in-* 1, et *constitutionnel,* probabl. d'après l'anglais *inconstitutional.*

inconstitutionnellement [ɛ̃kɔ̃stitysjɔnɛlmɑ̃] adv. D'une manière inconstitutionnelle. – De *inconstitutionnel.*

inconstructible [ɛ̃kɔ̃stʀyktibl] adj. Où l'on n'a pas le droit de construire. *Terrain inconstructible.* – De *in-* 1, et *constructible.*

incontestabilité [ɛ̃kɔ̃tɛstabilite] n. f. Rare ou DR Caractère de ce qui est incontestable. – De *incontestable.*

incontestable [ɛ̃kɔ̃tɛstabl] adj. Qui ne peut être contesté, mis en doute. *Progrès incontestable.* – De *in-* 1, et *contestable.*

incontestablement [ɛ̃kɔ̃tɛstabləmɑ̃] adv. D'une manière incontestable. – De *incontestable.*

incontesté, ée [ɛ̃kɔ̃tɛste] adj. Qui n'est pas contesté. *Supériorité incontestée.* – De *in-* 1, et *contesté,* pp. de *incontester.*

incontinence [ɛ̃kɔ̃tinɑ̃s] n. f. **1.** Vx Défaut de continence, transgression des interdits de la morale chrétienne sur le plan sexuel. **2.** *Incontinence de langage :* tendance incontrôlée à parler trop. **3.** MED Absence du contrôle des sphincters vésical ou anal. – Lat. *incontinentia.*

1. incontinent [ɛ̃kɔ̃tinɑ̃] adv. Vieilli Immédiatement, sur-le-champ. – Du lat. jurid. *in continenti (tempore),* propr. « dans le temps qui suit ».

2. incontinent, ente [ɛ̃kɔ̃tinɑ̃, ɑ̃t] adj. **1.** (Personnes) Qui n'est pas chaste. **2.** MED Qui ne maîtrise pas ses mictions ou ses défécations. – Lat. *incontinens,* « qui ne se retient pas ».

incontournable [ɛ̃kɔ̃tuʀnabl] adj. Qu'on ne peut éviter, contourner (sens fig.). – De *in-* 1, *contourner,* et *-able.*

incontrôlable [ɛ̃kɔ̃tʀolabl] adj. Que l'on ne peut contrôler. *Affirmation incontrôlable.* – De *in-* 1, *contrôler,* et *-able.*

incontrôlé, ée [ɛ̃kɔ̃tʀole] adj. Qui n'est pas contrôlé; qui échappe à tout contrôle. *Bandes armées incontrôlées.* – De *in-* 1, et *contrôlé,* p.p. de *contrôler.*

inconvenance [ɛ̃kɔ̃vnɑ̃s] n. f. **1.** Caractère de ce qui est inconvenant. **2.** Acte, propos inconvenants. – De *in-* 1, et *convenance.*

inconvenant, ante [ɛ̃kɔ̃vnɑ̃, ɑ̃t] adj. Qui blesse les convenances, la bienséance. *Propos inconvenants.* – De *in-* 1, et *convenant.*

inconvénient [ɛ̃kɔ̃venjɑ̃] n. m. **1.** Désavantage inhérent à une chose. *Les avantages et les inconvénients d'un projet.* **2.** Désagrément, résultat fâcheux qu'une chose ou une situation peut produire. *Si vous n'y voyez pas d'inconvénients...* – Bas lat. *inconveniens,* « malheur ».

inconvertible [ɛ̃kɔ̃vɛʀtibl] adj. FIN Qui n'est pas convertible (en or, en espèces métalliques, etc.). – De *in-* 1, et *convertible.*

incoordination [ɛ̃kɔɔʀdinasjɔ̃] n. f. Absence de coordination. ▷ MED *Incoordination motrice :* manque de coordination des mouvements. – De *in-* 1, et *coordination.*

incorporable [ɛ̃kɔʀpɔʀabl] adj. Qui peut être incorporé. – *Spécial.* V. incorporer (sens 3). – De *incorporer.*

incorporalité [ɛ̃kɔʀpɔʀalite] ou **incorporéité** [ɛ̃kɔʀpɔʀeite] n. f. Didac. Caractère, nature de ce qui est incorporel. – Lat. ecclés. *incorporalitas,* ou de *in-* 1, et du lat. médiév. *corporeitas.*

incorporation [ɛ̃kɔʀpɔʀasjɔ̃] n. f. Action d'incorporer, son résultat. – Spécial. *Incorporation des jeunes recrues.* – Bas lat. *incorporatio.*

incorporel, elle [ɛ̃kɔʀpɔʀɛl] adj. **1.** Qui n'a pas de corps, qui n'est pas matériel. *Dieu est incorporel.* **2.** DR *Biens incorporels :* biens qui n'ont pas d'existence matérielle (droits d'auteur, par ex.). – Lat. *incorporalis.*

incorporer [ɛ̃kɔʀpɔʀe] v. tr. [1] **1.** Unir (plusieurs choses) en un seul corps. *Incorporer une substance à* (ou *avec*) *une autre.* ▷ v. pron. *La cire s'incorpore aisément à la gomme.* **2.** Faire entrer (une partie) dans un tout. *Incorporer un article dans un ouvrage.* **3.** Faire entrer dans son unité d'affectation (un militaire). *Incorporer une recrue.* – Bas lat. *incorporare,* de *in,* « dans », et *corpus, corporis,* « corps ».

incorrect, ecte [ɛ̃kɔʀɛkt] adj. Qui n'est pas correct. *Style incorrect.* ▷ (Personnes) *Vous avez été très incorrect avec lui.* – De *in-* 1, et *correct.*

incorrectement [ɛ̃kɔʀɛktəmɑ̃] adv. De manière incorrecte. – De *incorrect.*

incorrection [ɛ̃kɔʀɛksjɔ̃] n. f. **1.** Manquement aux règles de la correction, de la bienséance. *L'incorrection d'un procédé.* **2.** Défaut de correction; faute. *Un texte plein d'incorrections.* – De *in-* 1, et *correction.*

incorrigible [ɛ̃kɔʀiʒibl] adj. **1.** (Défauts) Qu'on ne peut pas corriger. *Une incorrigible curiosité.* **2.** (Personnes) Dont on ne peut corriger les défauts. *Un incorrigible bavard.* – Bas lat. *incorrigibilis.*

incorrigiblement [ɛ̃kɔʀiʒibləmɑ̃] adv. Rare D'une manière incorrigible. – De *incorrigible.*

incorruptibilité [ɛ̃kɔʀyptibilite] n. f. Qualité de ce qui est incorruptible. *L'incorruptibilité du bois de cèdre.* ▷ Fig. *L'incorruptibilité d'un juge.* – De *incorruptible.*

incorruptible [ɛ̃kɔʀyptibl] adj. et n. **1.** Non sujet à la corruption, à l'altération. *Matière incorruptible.* **2.** Fig. Incapable de se laisser corrompre pour agir contre ses devoirs. *Magistrat incorruptible.* ▷ Subst. *Robespierre était surnommé « l'Incorruptible ».* – Bas lat. *incorruptibilis.*

incorruptiblement [ɛ̃kɔʀyptibləmɑ̃] adv. D'une manière incorruptible. – De *incorruptible.*

incrédibilité [ɛ̃kʀedibilite] n. f. **1.** Caractère de ce qui est incroyable. *L'incrédibilité d'un fait, d'une opinion.* **2.** Caractère de ce qui n'est pas crédible, de ce qui n'inspire pas confiance. *L'incrédibilité des mesures gouvernementales.* – Lat. imp. *incredibilitas.*

incrédule [ɛ̃kʀedyl] adj. et n. **1.** Qui doute; qui ne croit pas aux dogmes religieux. *Philosophe incrédule.* ▷ Subst. *Convertir les incrédules.* **2.** Qui croit difficilement; difficile à persuader. *Esprit incrédule.* ▷ Qui marque l'incrédulité. *Un sourire incrédule.* – Lat. *incredulus,* « qui n'a pas la foi ».

incrédulité [ɛ̃kʀedylite] n. f. **1.** Manque de foi religieuse. **2.** Fait d'être incrédule, de croire difficilement. – Lat. *incredulitas.*

incréé, ée [ɛ̃kʀee] adj. RELIG Qui existe sans avoir été créé. *Dieu seul est un être incréé.* – De *in-* 1, et *créé,* pour traduire le lat. ecclés. *increatus.*

incrément [ɛ̃kʀemɑ̃] n. m. INFORM Quantité dont on augmente la valeur d'une variable lors de l'exécution d'un programme. – Angl. *increment,* lat. *incrementum,* « accroissement ».

incrémenter [ɛ̃kʀemɑ̃te] v. tr. [1] INFORM Augmenter d'une quantité donnée (un compteur). – De *incrément.*

increvable [ɛ̃kʀəvabl] adj. **1.** Qui ne peut être crevé. *Pneu increvable.* **2.** Fig., fam. Infatigable. *Ce garçon est décidément increvable.* – De *in-* 1, *crever,* et *-able.*

incriminable [ɛ̃kʀiminabl] adj. Qui peut être incriminé. – De *incriminer.*

incrimination [ɛ̃kʀiminasjɔ̃] n. f. Action d'incriminer. – De *incriminer.*

incriminer [ɛ̃kʀimine] v. tr. [1] Mettre en cause, accuser (qqn). *Incriminer qqn pour les propos qu'il a tenus.* – Bas lat. *incriminare,* « accuser ».

incrochetable [ɛ̃kʀɔʃtabl] adj. Qui ne peut être crocheté. *Serrure incrochetable.* – De *in-* 1, *crocheter,* et *able.*

incroyable [ɛ̃kʀwajabl] adj. et n. m. **1.** adj. Qui ne peut être cru; qui est difficile à croire. *Un récit incroyable.* ▷ n. m. *Il leur faut du merveilleux, de l'incroyable.* ▷ Impers. *Il est incroyable de* (+ inf.); *il est, il semble incroyable que* (+ subj.). **2.** adj. Peu commun, extraordinaire, inimaginable. *Développer une activité incroyable.* ▷ *C'est incroyable! :* c'est extraordinaire! c'est un peu fort!, etc. **3.** adj. m. n. m. HIST *Les Incroyables :* sobriquet donné sous le Directoire à de jeunes royalistes qui affectaient une manière particulière, excentrique, de parler et de s'habiller. – De *in-* 1, et *croyable.*

incroyablement [ɛ̃kʀwajabləmɑ̃] adv. D'une manière incroyable. – De *incroyable.*

incroyance [ɛ̃kʀwajɑ̃s] n. f. Absence de croyance religieuse; état de celui qui est incroyant. – De *in-* 1, et *croyance.*

incroyant, ante [ɛ̃kʀwajɑ̃, ɑ̃t] n. (et adj.) Personne qui n'a pas de foi religieuse, soit par abstention (agnosticisme), soit par refus (athéisme). ▷ adj. *Philosophe incroyant.* – De *in-* 1, et *croyant.*

incrustant, ante [ɛ̃kʀystɑ̃, ɑ̃t] adj. Qui a la propriété de couvrir les corps d'une croûte minérale (calcaire, notam.). *Source, eau incrustante.* Syn. pétrifiant. – Ppr. de *incruster.*

incrustation [ɛ̃kʀystasjɔ̃] n. f. **1.** Action d'incruster. ▷ Ornement incrusté. *Incrustations d'or.* **2.** GEOL Couche pierreuse qui se dépose sur les objets (restes végétaux, notam.) ayant séjourné dans une eau calcaire. – Objet ainsi incrusté. ▷ TECH Dépôt calcaire à l'intérieur d'une installation de chauffage à eau chaude. (On l'évite à l'aide de *désincrustants.*) **3.** AUDIOV Apparition sur une image télévisée d'une image d'un autre programme occupant une partie de l'écran. – Bas lat. *incrustatio,* « revêtement (de marbre) ».

incruster [ɛ̃kʀyste] v. [1] **I.** v. tr. **1.** (Souvent au passif.) Orner (la surface d'un corps) en y insérant des fragments d'une autre matière. *Coffret d'ébène incrusté de nacre.* **2.** TECH Couvrir d'un dépôt calcaire. **3.** AUDIOV Pp. adj. *Image incrustée,* qui présente une incrustation. **II.** v. pron. **1.** Adhérer fortement à la surface d'une chose en y pénétrant. *Coquillages qui s'incrustent dans les rochers.* **2.** Fig., fam. *S'incruster chez qqn,* s'y installer et y demeurer de manière inopportune. **3.** TECH Se couvrir d'une croûte minérale (calcaire, tartre, etc.). – Lat. *incrustare,* « couvrir d'une croûte, d'une couche ».

incubateur, trice [ɛ̃kybatœʀ, tʀis] adj. et n. m. Qui sert à incuber les œufs. *Poche incubatrice.* – *Un appareil incubateur* ou, n. m., *un incubateur.* ▷ n. m. *Par anal.* MED Appareil destiné à permettre le développement des enfants prématurés dans un milieu protégé. Syn. couveuse (artificielle). – De *incuber.*

incubation [ɛ̃kybasjɔ̃] n. f. **1.** Action de couver; développement dans l'œuf de l'embryon des ovipares. *Incubation naturelle, artificielle.* **2.** MED Période comprise entre la contamination et l'apparition des premiers symptômes de la maladie. – Lat. *incubatio.*

incube [ɛ̃kyb] n. m. Didac. Démon mâle qui était censé abuser des femmes endormies. *Les incubes et les succubes*.* – Bas lat. *incubus,* « cauchemar ».

incuber [ɛ̃kybe] v. tr. [1] Opérer l'incubation de. Syn. couver. – Lat. *incubare,* de *in,* « dans, sur », et *cubare,* « être couché ».

inculcation [ɛ̃kylkasjɔ̃] n. f. Rare Action d'inculquer; son résultat. – Lat. *inculcatio.*

inculpation [ɛ̃kylpasjɔ̃] n. f. DR Imputation à un individu d'un crime ou d'un délit, donnant lieu contre son auteur présumé à l'ouverture d'une procédure d'instruction. *Il est sous le coup d'une inculpation de vol.* – Bas lat. *inculpatio.*

inculpé, ée [ɛ̃kylpe] n. et adj. DR Personne qui est sous le coup d'une inculpation. ▷ adj. *Audition des personnes inculpées.* – Pp. de *inculper.*

inculper [ɛ̃kylpe] v. tr. [1] DR Imputer (à qqn) une faute constituant un crime ou un délit. *Le juge d'instruction l'a inculpé d'assassinat.* – Bas lat. *inculpare,* « blâmer, accuser ».

inculquer [ɛ̃kylke] v. tr. [1] Imprimer dans l'esprit de manière profonde et durable. *Inculquer à qqn les rudiments du latin.* – Lat. *inculcare,* « fouler, presser, faire pénétrer dans ».

inculte [ɛ̃kylt] adj. **1.** Qui n'est pas cultivé. *Terres incultes.* **2.** *Par anal.* Mal soigné (en parlant de la barbe et des cheveux). **3.** Dépourvu de culture intellectuelle. *Un homme totalement inculte.* ▷ Barbare, primitif. *Peuplades incultes.* – Lat. *incultus.*

incultivable [ɛ̃kyltivabl] adj. Qui ne peut être cultivé. *Terre incultivable.* – De *in-* 1, et *cultivable.*

incultivé, ée [ɛ̃kyltive] adj. Vx ou litt. Qui n'est pas cultivé (en parlant d'un sol). – De in- 1, et *cultivé.*

inculture [ɛ̃kyltyʀ] n. f. Rare Absence de culture intellectuelle. – De *in-* 1, et *culture.*

incunable [ɛ̃kynabl] adj. et n. m. **1.** adj. Qui date des premiers temps de l'imprimerie (en parlant d'une édition). **2.** n. m. Ouvrage imprimé entre la découverte de l'imprimerie (1438) et antérieur à l'année 1500. *Incunables tabellaires, xylographiques, typographiques.* – Du lat. mod. *Incunabula (typographiæ),* titre du catalogue des premiers ouvrages imprimés; du lat. class. *incunabula,* pl. neutre de *incunabulum,* « berceau, commencement ».

incurabilité [ɛ̃kyʀabilite] n. f. Caractère de ce qui est incurable. – De *incurable.*

incurable [ɛ̃kyʀabl] adj. et n. **1.** Qui ne peut être guéri. *Maladie incurable. Malade incurable.* ▷ Subst. *Un(e) incurable.* **2.** Fig. *Il est d'une bêtise incurable.* – Bas lat. *incurabilis.*

incurablement [ɛ̃kyʀabləmɑ̃] adv. De manière incurable. – De *incurable.*

incurie [ɛ̃kyʀi] n. f. Défaut de soin, négligence. *Incurie administrative.* – Lat. *incuria.*

incurieux, euse [ɛkyʀjø, øz] adj. Litt. Qui n'est pas curieux ; indifférent. – Lat. *incuriosus*, « sans souci, indifférent, sans soin ».

incuriosité [ɛ̃kyʀjozite] n. f. Litt. Absence de curiosité intellectuelle à l'égard de ce que l'on ignore. – De *in-* 1, et *curiosité*, au sens anc., « négligence, insouciance ».

incursion [ɛ̃kyʀsjɔ̃] n. f. **1.** Courte irruption armée dans une région, un pays. *Les incursions répétées de bandes de pillards.* **2.** Fig. Travail, études en dehors de ceux auxquels on se livre dans son domaine habituel. *Les incursions de ce physicien dans le domaine de la poésie.* – Lat. *incursio*, « invasion ».

incurvation [ɛ̃kyʀvasjɔ̃] n. f. Action d'incurver ; son résultat. – Lat. *incurvatio*.

incurver [ɛ̃kyʀve] v. tr. [1] Donner une forme courbe à. ▷ v. pron. *Latte de bois qui s'incurve sous l'effet de l'humidité.* – Lat. *incurvare*.

incuse [ɛ̃kyz] adj. f. et n. f. TECH Se dit d'une médaille ou d'une monnaie frappée en creux sur l'une de ses faces, le même thème pouvant apparaître en relief et inversé sur l'autre face. – Lat. *incusa*, fém. de *incusus*, « forgé, frappé ».

indatable [ɛ̃databl] adj. Qu'on ne peut dater. – De *dater*.

inde [ɛ̃d] n. m. TECH Couleur bleue tirée de l'indigo et utilisée en peinture et en teinturerie. – Du lat. *Indicus*, « indien ». (V. indigo.)

indéboulonnable [ɛ̃debulɔnabl] adj. Qu'on ne peut déboulonner. ▷ Fig., fam. *Un président indéboulonnable.* – De *in-*, et *déboulonner*.

indécemment [ɛ̃desamɑ̃] adv. D'une manière indécente. – De *indécent*.

indécence [ɛ̃desɑ̃s] n. f. **1.** Manque de correction. *Il a eu l'indécence de venir tout de même.* **2.** Caractère de ce qui est contraire à la décence, impudicité. *L'indécence de ses propos choqua tout le monde.* ▷ Action, parole indécente. – Lat. *indecentia*, « inconvenance ».

indécent, ente [ɛ̃desɑ̃, ɑ̃t] adj. Contraire à la décence, inconvenant ou impudique. *Tenue indécente.* – Lat. *indecens, indecentis*, « inconvenant ».

indéchiffrable [ɛ̃deʃifʀabl] adj. **1.** Qui ne peut être déchiffré. *Dépêche codée indéchiffrable.* **2.** Très difficile à lire. *Texte, écriture indéchiffrable.* **3.** Fig. Obscur, inintelligible ; très difficile à deviner, à comprendre. *Un homme indéchiffrable.* – De *in-* 1, et *déchiffrable*.

indéchirable [ɛ̃deʃiʀabl] adj. Qui ne peut être déchiré. – De *in-* 1, *déchirer*, et *-able*.

indécis, ise [ɛ̃desi, iz] adj. et n. **1.** Non décidé, douteux, incertain. *Question, victoire indécise.* **2.** Difficile à distinguer ; flou, imprécis. *Traits indécis.* **3.** (Personnes) Qui ne se décide pas, qui hésite ; irrésolu, qui ne sait pas se décider. *Il est encore indécis, son choix n'est pas fait. Caractère indécis. Personne indécise.* ▷ Subst. *Décider les indécis.* – Bas lat. *indecisus*, « non tranché ».

indécision [ɛ̃desizjɔ̃] n. f. Caractère, état d'une personne indécise ; indétermination. – De *indécis*, d'après *décision*.

indéclinable [ɛ̃deklinabl] adj. GRAM Qui ne se décline pas. *Les adverbes latins sont indéclinables.* – Lat. *indeclinabilis*.

indécollable [ɛ̃dekɔlabl] adj. Impossible à décoller. – De *in-* 1, *décoller*, et *-able*.

indécomposable [ɛ̃dekɔ̃pozabl] adj. Qu'on ne peut décomposer. – De *in-* 1, *décomposer*, et *-able*.

indécrottable [ɛ̃dekʀɔtabl] adj. **1.** Rare Qu'on ne peut décrotter. **2.** Fig., fam. Incorrigible dans ses mauvaises habitudes. *Cancre indécrottable.* – De *in-* 1, *décrotter*, et *-able*.

indéfectibilité [ɛ̃defɛktibilite] n. f. Caractère de ce qui est indéfectible. – De *indéfectible*.

indéfectible [ɛ̃defɛktibl] adj. Qui ne peut être pris en défaut ou cesser d'être. *Sérénité indéfectible. Amitié indéfectible.* – Bas lat. *indefectibilis*.

indéfectiblement [ɛ̃defɛktibləmɑ̃] adv. D'une manière indéfectible. – De *indéfectible*.

indéfendable [ɛ̃defɑ̃dabl] adj. **1.** Qu'on ne peut défendre. *Forteresse indéfendable.* **2.** Fig. Qu'on ne peut soutenir. *Cause, thèse indéfendable.* – De *in-* 1, et *défendable*.

indéfini, ie [ɛ̃defini] adj. et n. m. **1.** Dont les limites ne peuvent être déterminées. *Temps, espace indéfini.* **2.** Qui n'est pas défini, vague, imprécis. *Sentiment indéfini.* ▷ LOG *Terme indéfini*, dont la définition n'est pas précisée. **3.** GRAM Désigne traditionnellement une catégorie de déterminants et de pronoms qui présentent le nom de manière vague sous son aspect le plus général. *Articles* (un, une, des), *pronoms* (quelqu'un, chacun, personne, etc.), *adjectifs* (quelque, chaque, etc.) *indéfinis.* ▷ n. m. *Les indéfinis.* – Lat. *indefinitus*.

indéfiniment [ɛ̃definimɑ̃] adv. D'une manière indéfinie, éternellement. *Ajourner indéfiniment une affaire.* – De *indéfini*.

indéfinissable [ɛ̃definisabl] adj. **1.** Qu'on ne peut définir. *Terme indéfinissable.* **2.** Dont on ne peut rendre compte ; qu'on ne sait expliquer. *Charme indéfinissable.* – De *in-* 1, et *définissable*.

indéformable [ɛ̃defɔʀmabl] adj. Qui ne peut être déformé, qui ne se déforme pas. – De *in-* 1, *déformer*, et *-able*.

indéfrichable [ɛ̃defʀiʃabl] adj. Qui ne peut être défriché. – De *in-* 1, *défricher*, et *-able*.

indéfrisable [ɛ̃defʀizabl] adj. et n. f. **1.** adj. Qui ne peut être défrisé. **2.** n. f. Vieilli Syn. de *permanente*.– De *in-* 1, *défriser*, et *-able*.

indéhiscence [ɛ̃deisɑ̃s] n. f. BOT État de ce qui est indéhiscent. – De *indéhiscent*.

indéhiscent, ente [ɛ̃deisɑ̃, ɑ̃t] adj. BOT Qui ne s'ouvre pas spontanément à maturité. *Fruits indéhiscents* (certains fruits secs : akènes, caryopses, par ex.). – De *in-* 1, et *déhiscent*.

indélébile [ɛ̃delebil] adj. Qui ne peut être effacé. *Encre indélébile.* – Fig. *Flétrissure indélébile.* – Du lat. *indelebilis*, « indestructible ».

indélébilité [ɛ̃delebilite] n. f. Rare Caractère de ce qui est indélébile. – De *indélébile*.

indélibéré [ɛ̃delibeʀe] adj. Qui n'est pas délibéré ; fait sans réflexion. *Acte involontaire et indélibéré.* – De *in-* 1, et *délibéré*.

indélicat, ate [ɛ̃delika, at] adj. **1.** Qui manque de délicatesse dans les sentiments, le comportement. *Homme indélicat.* **2.** Malhonnête. *Un comptable indélicat. Procédé indélicat.* – De *in-* 1, et *délicat*.

indélicatement [ɛ̃delikatmɑ̃] adv. De manière indélicate. – De *indélicat*.

indélicatesse [ɛ̃delikatɛs] n. f. **1.** Manque de délicatesse dans les sentiments. ▷ Action, parole indélicate (sens 1). **2.** Malversation, vol. *Commettre des indélicatesses.* – De *indélicat*.

indémaillable [ɛ̃demajabl] adj. et n. m. Se dit d'un tissu dont les mailles ne peuvent se défaire. ▷ n. m. *Lingerie en indémaillable.* – De *in-* 1, *démailler*, et *-able*.

indemne [ɛ̃dɛmn] adj. Qui n'a souffert aucun dommage, aucune blessure. *Sortir indemne d'un accident.* – Lat. *indemnis*.

indemnisable [ɛ̃dɛmnizabl] adj. Qui peut ou doit être indemnisé. – De *indemniser.*

indemnisation [ɛ̃dɛmnizasjɔ̃] n. f. Action d'indemniser ; paiement d'une indemnité. – De *indemniser.*

indemniser [ɛ̃dɛmnize] v. tr. [1] Dédommager (qqn, des frais, des pertes subies, des troubles causés, etc.). – De *indemne.*

indemnitaire [ɛ̃dɛmnitɛʀ] n. et adj. **1.** n. DR Personne qui a droit à une indemnité. **2.** adj. Qui a le caractère d'une indemnité. *Forfait indemnitaire.* – De *indemnité.*

indemnité [ɛ̃dɛmnite] n. f. **1.** Ce qui est alloué à qqn en dédommagement d'un préjudice. *Indemnité d'expropriation.* **2.** Allocation attribuée en compensation de certains frais. *Indemnité de résidence.* - *Indemnité parlementaire des députés et des sénateurs.* – Lat. *indemnitas,* « préservation de tout dommage ».

indémodable [ɛ̃demɔdabl] adj. Qui n'est pas susceptible de se démoder. – De *in-* 1, *démoder,* et *-able.*

indémontable [ɛ̃demɔ̃tabl] adj. **1.** (Choses) Qui ne peut pas être démonté. **2.** (Personnes) Qui ne se laisse pas démonter. – De *in-* 1, *démonter,* et *-able.*

indémontrable [ɛ̃demɔ̃tʀabl] adj. Qu'on ne peut démontrer. *Axiome indémontrable.* – De *in-* 1, et *démontrable.*

indène [ɛ̃dɛn] n. m. CHIM Hydrocarbure C_9H_8 extrait des goudrons de houille, qui entre dans la composition de certaines matières plastiques. – Du lat. *indicum,* « indigo », et de *-ène.*

indéniable [ɛ̃denjabl] adj. Qu'on ne peut dénier, réfuter. *Témoignage indéniable. C'est indéniable :* c'est certain, c'est incontestable. – De *in-* 1, *dénier,* et *-able.*

indéniablement [ɛ̃denjabləmɑ̃] adv. Incontestablement. – De *indéniable.*

indentation [ɛ̃dɑ̃tasjɔ̃] n. f. Échancrure comparable à la trace d'une morsure. *Les indentations d'une côte rocheuse.* – De *in-* 2, et *dent.*

indépassable [ɛ̃depasabl] adj. Qu'on ne peut dépasser. – De *dépasser.*

indépendamment [ɛ̃depɑ̃damɑ̃] adv. En loc. prép. *Indépendamment de.* **1.** Sans égard à, en faisant abstraction de. *Indépendamment des événements.* **2.** En outre, en plus de. *Indépendamment de son traitement, il perçoit des indemnités.* – De *indépendant.*

indépendance [ɛ̃depɑ̃dɑ̃s] n. f. **1.** État d'une personne ou d'une collectivité indépendante. **2.** Refus de toute sujétion. *Indépendance d'esprit, d'opinion.* **3.** Statut international d'un État dont la souveraineté est reconnue par les autres États. *L'indépendance nationale. Déclaration d'indépendance :* V. encycl. déclaration. **4.** Absence de relations entre des choses, des phénomènes. *Indépendance statistique.* – De *indépendant.*

indépendant, ante [ɛ̃depɑ̃dɑ̃, ɑ̃t] adj. **1.** Libre de toute sujétion, de toute dépendance. *Peuple indépendant.* **2.** Qui refuse toute sujétion, toute dépendance. *C'est un garçon très indépendant.* **3.** *État indépendant,* qui jouit de l'indépendance (sens 3). **4.** *Indépendant de :* qui n'a pas de rapport avec. *C'est un point indépendant de la question.* ▷ MATH *Variable indépendante :* variable qui peut prendre n'importe quelle valeur, quelle que soit celle des autres variables. ▷ GRAM *Proposition indépendante,* qui ne dépend d'aucune autre et dont aucune ne dépend. – De *in-* 1, et *dépendant.*

indépendantisme [ɛ̃depɑ̃dɑ̃tism] n. m. Désir d'indépendance par rapport à l'État dont on dépend. – De *indépendance.*

indépendantiste [ɛ̃depɑ̃dɑ̃tist] adj. et n. **1.** adj. Relatif à l'indépendantisme. *Un mouvement indépendantiste.* **2.** n. POLIT Partisan de l'indépendance. *Les indépendantistes du Québec.* – De *indépendantisme.*

indéracinable [ɛ̃deʀasinabl] adj. Qu'on ne peut déraciner. - Fig. *Préjugé indéracinable.* – De *in-* 1, *déraciner,* et *-able.*

indéréglable [ɛ̃deʀeglabl] adj. Qui ne peut se dérégler (mécanisme). – De *in-* 1, *dérégler,* et *-able.*

indescriptible [ɛ̃dɛskʀiptibl] adj. Qui ne peut être décrit, qui dépasse toute description possible. *Tumulte indescriptible.* – De *in-* 1, rad. du lat. *descriptum,* de *describere,* « décrire », et *-ible.*

indésirable [ɛ̃deziʀabl] adj. et n. **1.** Se dit des personnes dont le séjour dans un pays est jugé inopportun par les autorités. *On lui a notifié qu'il était indésirable sur le territoire national.* ▷ Subst. *Des mesures concernant les indésirables.* **2.** Dont on refuse la présence au sein d'une communauté, d'un groupe. ▷ Subst. *Chasser l'indésirable.* – De *in-* 1, et *désirable.*

indestructibilité [ɛ̃dɛstʀyktibilite] n. f. Caractère de ce qui est indestructible. – De *indestructible.*

indestructible [ɛ̃dɛstʀyktibl] adj. Qui ne peut être détruit. *Matériau indestructible.* - Fig. *Amitié indestructible.* – De *in* - 1, et *destructible.*

indestructiblement [ɛ̃dɛstʀyktibləmɑ̃] adv. De manière indestructible. – De *indestructible.*

indétachable [ɛ̃detaʃabl] adj. Qui ne peut être détaché ; qui ne peut se détacher. – De *in-,* et *détachable.*

indétectable [ɛ̃detɛktabl] adj. Qu'on ne peut détecter. – De *in-* 1, *détecter,* et *-able.*

indéterminable [ɛ̃detɛʀminabl] adj. Qu'on ne peut déterminer. – Bas lat. *indeterminabilis,* « à quoi l'on ne peut assigner des limites ».

indétermination [ɛ̃detɛʀminasjɔ̃] n. f. **1.** Fait d'être indéterminé ; doute, irrésolution. *Être dans l'indétermination.* **2.** Caractère de ce qui est indéterminé. *L'indétermination du sens d'un texte.* **3.** MATH Caractère d'un système d'équations qui admet un nombre infini de solutions (par ex., un système de deux équations à trois inconnues). - Caractère d'une expression dont on ne peut déterminer la valeur numérique. – De *in-* 1, et *détermination.*

indéterminé, ée [ɛ̃detɛʀmine] adj. **1.** Qui n'est pas déterminé, fixé ; flou, imprécis. *Date indéterminée.* **2.** Rare (Personnes) Indécis. **3.** PHILO Qui n'est pas soumis au déterminisme. – De *in-* 1, et *déterminé.*

index [ɛ̃dɛks] n. m. inv. **1.** Le deuxième doigt de la main, le plus rapproché du pouce. *Pointer l'index.* **2.** TECH Aiguille, repère mobile sur un cadran ou une échelle graduée. **3.** Table alphabétique à la fin d'un ouvrage. *Index des noms cités.* **4.** *L'Index,* catalogue des livres prohibés par l'Église catholique (supprimé en 1966). ▷ Fig. *Mettre (qqch ou qqn) à l'index,* le proscrire, le condamner. **5.** STATIS Indice. *Index de mortalité, de morbidité.* – Lat. *index, indicis,* « indicateur », de *indicere,* « déclarer, notifier, prescrire ».

indexation [ɛ̃dɛksasjɔ̃] n. f. Action d'indexer. – De *indexer.*

indexer [ɛ̃dɛkse] v. tr. [1] **1.** FIN Lier l'évolution du montant d'une valeur aux variations du montant d'une autre valeur ou d'un indice pris comme référence. *Indexer un loyer sur l'indice des prix.* **2.** Classer (un document) selon son contenu. – De *index.*

indianisme [ɛ̃djanism] n. m. **1.** Caractère indien. ▷ LING Idiotisme propre aux langues de l'Inde. ▷ Étude des langues et des civilisations de l'Inde. **2.** Caractère propre aux Indiens d'Amérique. ▷ Étude des cultures indiennes d'Amérique latine. - *Spécial.* Tendance des artistes à s'inspirer des cultures indiennes d'Amérique latine. – Dérivé sav. de *indien.*

indianiste [ɛ̃djanist] n. Spécialiste de l'indianisme. – De *indianisme.*

indic [ɛ̃dik] n. m. Arg. Indicateur de police. – Abrév. de *indicateur.*

indican [ɛ̃dikɑ̃] n. m. CHIM Glucoside contenu dans l'indigo. – Du lat. *indicum,* « indigo ».

indicateur, trice [ɛ̃dikatœʀ, tʀis] n. et adj. **I.** n. Personne qui, en échange d'avantages divers, renseigne la police sur ceux qui vivent en marge des lois. **II.** n. m. **1.** Livre, journal, etc., qui contient des renseignements. *Indicateur des chemins de fer, des rues d'une ville.* **2.** TECH Instrument de mesure servant à fournir des indications utiles à la conduite, au contrôle d'une machine ou d'un appareil. *Indicateur de vitesse, de pression, d'altitude, etc.* **3.** CHIM *Indicateur coloré :* substance dont la couleur varie en fonction du pH du milieu dans lequel on la plonge (hélianthine, tournesol, par ex.). **4.** ECON POLIT Élément significatif particulièrement important d'une situation économique et sociale, qui permet d'établir des prévisions d'évolution. *Indicateurs socio-économiques.* – FIN *Indicateur de tendance,* qui permet d'évaluer les variations des cours lors d'une séance à la Bourse. **III.** adj. Qui indique une direction. *Poteau indicateur.* – Lat. *indicator,* « accusateur », de *indicare,* « indiquer ».

indicatif, ive [ɛ̃dikatif, iv] adj. et n. m. **I.** adj. **1.** Qui indique. *Je vous dis cela à titre indicatif.* **2.** LING *Le mode indicatif* ou, n. m., *l'indicatif :* le mode de verbe qui exprime l'état, l'existence, l'action d'une manière absolue. *Présent de l'indicatif.* **II.** n. m. TELECOM Groupe de signaux conventionnels servant à identifier un poste émetteur. ▷ AUDIOV Formule, air musical, etc., permettant d'identifier une émission de radio ou de télévision. – Bas lat. *indicativus.*

indication [ɛ̃dikasjɔ̃] n. f. **1.** Action d'indiquer. *J'y suis allée sur l'indication d'un ami.* **2.** Signe, indice. *Son embarras est l'indication de sa culpabilité.* **3.** Renseignement. *Donner quelques indications. Les indications fournies dans la notice.* **4.** MED *Indication thérapeutique* ou, absol., *indication :* maladie, cas pour lesquels tel traitement est indiqué. *Les indications d'un médicament* (par oppos. à *contre-indication*). – Lat. *indicatio.*

indice [ɛ̃dis] n. m. **1.** Signe apparent rendant probable l'existence d'une chose. *Sa pâleur était l'indice d'une vive émotion. Certains indices laissent penser qu'il s'agit d'un crime.* **2.** MATH Signe (lettre ou chiffre) placé en bas à droite d'un autre signe pour le caractériser. Ex. : a_1 *(a indice 1),* a_2,..., a_n. – *Indice d'un radical :* petit chiffre placé entre les branches d'un radical pour indiquer le degré de la racine. (Ex. : $\sqrt[3]{a}$, racine cubique de a.) **3.** Nombre exprimant un rapport entre deux grandeurs. *Indice d'octane d'un carburant.* – PHYS *Indice de réfraction d'un milieu :* rapport de la célérité c de la lumière dans le vide à la célérité v de la lumière dans le milieu considéré, noté n = c/v. V. réfraction. **4.** ECON *Indice des prix :* chiffre exprimant l'évolution générale des prix en fonction de l'évolution de ceux de certains produits et de certains services significatifs par rapport à une période choisie comme base (la base de référence à cette date étant 100). – Lat. *indicium.*

indiciaire [ɛ̃disjɛʀ] adj. Didac. Qui est rattaché à un indice. – De *indice.*

indicible [ɛ̃disibl] adj. Qu'on ne saurait exprimer, ineffable. *Une joie indicible.* – Lat. médiév. *indicibilis.*

indiciblement [ɛ̃disibləmɑ̃] adv. D'une manière indicible. – De *indicible.*

indiction [ɛ̃diksjɔ̃] n. f. RELIG Convocation à un jour fixé. *Indiction d'un concile.* – Lat. *indictio,* « notification », de *indicere,* « publier, notifier ».

indien, enne [ɛ̃djɛ̃, ɛn] adj. et n. **1.** De l'Inde, État d'Asie mérid. *Sous-continent indien.* ▷ Subst. *Un(e) Indien(ne).* **2.** Relatif aux indigènes d'Amérique (Amérindiens). *Les navigateurs du XV*[e] *s., à la suite de Colomb qui croyait avoir débarqué aux Indes, baptisèrent « Indiens » les habitants du Nouveau Monde. Tribu indienne.* ▷ Subst. *Un(e) Indien(ne).* – Bas lat. *Indianus.*

indienne [ɛ̃djɛn] n. f. Étoffe de coton peinte ou imprimée, qui fut d'abord fabriquée en Inde. – De *indien.*

indifféremment [ɛ̃difeʀamɑ̃] adv. Sans distinction, sans faire de différence. *Un ambidextre se sert indifféremment des deux mains.* – De *indifférent.*

indifférence [ɛ̃difeʀɑ̃s] n. f. **1.** État tranquille d'une personne qui ne désire ni ne repousse une chose. *Indifférence en matière de religion.* **2.** Insensibilité, froideur. *L'indifférence d'un ami.* – Lat. imp. *indifferentia,* « état physique sans particularité ».

indifférenciation [ɛ̃difeʀɑ̃sjasjɔ̃] n. f. État de ce qui n'est pas différencié. – De *indifférencié.*

indifférencié, ée [ɛ̃difeʀɑ̃sje] adj. Qui n'est pas différencié. – De *in-* 1, et *différencié.*

indifférent, ente [ɛ̃difeʀɑ̃, ɑ̃t] adj. et n. **1.** Qui ne présente aucun motif de préférence. *Il est indifférent de suivre ce chemin ou l'autre. Cela m'est indifférent.* **2.** Peu important, qui manque d'intérêt. *Conversation indifférente.* **3.** Insensible, qui ne s'émeut pas, ne s'intéresse pas. *Il est indifférent à ses intérêts.* ▷ Subst. *Un(e) indifférent(e).* **4.** PHYS *Équilibre indifférent :* état d'un corps qui reste dans la position qu'on lui donne quelle que soit cette position (par oppos. à *équilibre stable* et à *équilibre instable*). – Lat. *indifferens.*

indifférer [ɛ̃difeʀe] v. tr. [14] Fam. Ne pas émouvoir, ne pas intéresser, laisser insensible. *Ça m'indiffère prodigieusement.* – De *indifférent.*

indigénat [ɛ̃diʒena] n. m. Didac Qualité, état d'indigène. – Ensemble des indigènes d'une région. ▷ ADMIN Régime spécial appliqué aux indigènes dans les anciennes colonies. – De *indigène.*

indigence [ɛ̃diʒɑ̃s] n. f. **1.** Grande pauvreté, pénurie des choses nécessaires à la vie. *Vivre dans l'indigence la plus totale.* **2.** Fig. Pauvreté intellectuelle. – Lat. *indigentia,* « besoin insatiable, exigence ».

indigène [ɛ̃diʒɛn] adj. et n. **1.** adj. Qui est originaire du pays, de l'endroit où il se trouve. *Population indigène. Plantes indigènes.* **2.** Subst. *Un(e) indigène :* une personne indigène. – *Spécial.* Personne indigène d'une colonie, d'une ancienne colonie (souvent employé avec une intention péjorative ou raciste). *Les Blancs et les indigènes.* – Lat. *indigena.*

indigent, ente [ɛ̃diʒɑ̃, ɑ̃t] adj. et n. Qui est dans l'indigence, très pauvre. *Famille indigente.* ▷ Subst. *Secourir les indigents.* – Lat. *indigens,* « qui est dans le besoin ».

indigeste [ɛ̃diʒɛst] adj. **1.** Difficile à digérer. *Cuisine indigeste.* **2.** Fig. Difficile à assimiler ; lourd et embrouillé. *Ouvrage indigeste.* – Bas lat. *indigestus,* « non digéré ».

indigestion [ɛ̃diʒɛstjɔ̃] n. f. **1.** Indisposition, souvent accompagnée de nausées, due à une mauvaise digestion (notam. à la suite d'un repas trop abondant). **2.** Fig., fam. *Avoir une indigestion de qqch,* en être dégoûté par un usage excessif. *Avoir une indigestion de cinéma.* – Bas lat. *indigestio.*

indignation [ɛ̃diɲasjɔ̃] n. f. Sentiment de colère et de mépris excité par une injustice, une action honteuse, un affront. *Frémir d'indignation.* – Lat. *indignatio.*

indigne [ɛ̃diɲ] adj. **I.** *Indigne de.* **1.** Qui ne mérite pas, qui n'est pas digne de. *Il est indigne de votre estime.* **2.** Qui ne sied pas à (qqn) en raison de sa mesquinerie, de sa petitesse, de son rang inférieur, etc. *Cette conduite est indigne de vous.* **II. 1.** Qui n'est pas digne de sa charge, de sa fonction. *Mère indigne.* **2.** Odieux, méprisable. *Traitement indigne.* **3.** Vx (Par humilité, dans les formules de politesse.) *Votre indigne serviteur.* – Lat. *indignus*

indignement [ɛ̃diɲəmɑ̃] adv. D'une manière indigne. – De *indigne.*

indigner [ɛ̃diɲe] **1.** v. tr. [1] Exciter l'indignation de (qqn). *Votre conduite cruelle l'indigne.* **2.** v. pron. Éprouver et manifester de l'indignation. *S'indigner contre qqn. S'indigner de qqch.* – Lat. *indignari.*

indignité [ɛ̃diɲite] n. f. **1.** Caractère d'une personne indigne. *Il a été exclu pour cause d'indignité.* **2.** Caractère de ce qui est indigne. **3.** Action indigne, odieuse. *Commettre des indignités.* **4.** HIST *Indignité nationale* : peine comportant la privation de tous les droits civiques et politiques, et d'une partie des droits civils, qui fut infligée à certains Français coupables de collaboration avec l'ennemi pendant l'occupation allemande de 1940-1944. – Lat. *indignitas.*

indigo [ɛ̃digo] n. m. **1.** Matière colorante bleue de synthèse autref. tirée de l'indigotier. ▷ Cette couleur bleue. – (En appos.) *Bleu indigo.* **2.** Une des couleurs fondamentales du spectre solaire (longueur d'onde : env. 0,44 µm). – Mot esp., du lat. *indicum,* de *indicus,* « indien ».

indigotier [ɛ̃digɔtje] n. m. BOT Papilionacée originaire de l'Inde dont une espèce (*Indigofera tinctoria*) servait jadis à préparer l'indigo. – De *indigo.*

indigotine [ɛ̃digɔtin] n. f. CHIM Matière colorante bleue, appelée aussi *indigo.* – De *indigo.*

indiqué, ée [ɛ̃dike] adj. **1.** Approprié, en parlant d'une médication (par oppos. à *contre-indiqué*). **2.** Fig. Adéquat, opportun. *Cela n'est pas très indiqué dans votre situation.* – Pp. de *indiquer.*

indiquer [ɛ̃dike] v. tr. [1] **1.** Montrer, désigner de manière précise. *Indiquer qqch du doigt.* **2.** Faire connaître en donnant des renseignements. *Indiquer le chemin à qqn. Indiquer un bon restaurant.* **3.** Dénoter, révéler. *Le signal vert indique la voie libre.* **4.** Esquisser, représenter sans donner les détails. *Indiquer les situations, les personnages.* – Lat. *indicare.*

indirect, ecte [ɛ̃diʀɛkt] adj. **1.** Qui n'est pas direct. *Parcours indirect. Éclairage indirect,* dirigé vers le plafond ou les murs. ▷ Fig. Qui emprunte des voies détournées. *Critique indirecte.* ▷ DR *Ligne indirecte,* collatérale. ▷ *Impôt* indirect.* **2.** GRAM *Complément indirect,* rattaché au verbe par une préposition. – *Interrogation indirecte,* exprimée dans une proposition subordonnée et introduite par un pronom ou un adverbe interrogatif. (Ex. : je demande quand il est venu.) – *Style indirect,* qui ne reproduit pas telles quelles les paroles prononcées. (Ex. : il avait dit qu'il viendrait le lendemain.) – Lat. *indirectus.*

indirectement [ɛ̃diʀɛktəmɑ̃] adv. De manière indirecte. – De *indirect.*

indiscernable [ɛ̃disɛʀnabl] adj. **1.** Qu'on ne peut distinguer d'une autre chose de même nature. *L'original et la copie sont absolument indiscernables.* **2.** Qu'on ne peut discerner. *Des traces indiscernables à l'œil nu.* – De *in-* 1, et *discernable.*

indisciplinable [ɛ̃disiplinabl] adj. Qui ne peut être discipliné. – De *in-* 1, et *disciplinable.*

indiscipline [ɛ̃disiplin] n. f. Manque de discipline; désobéissance. *Acte d'indiscipline.* – De *in-* 1, et *discipline.*

indiscipliné, ée [ɛ̃disipline] adj. Qui n'est pas discipliné. *Soldat indiscipliné.* – De *in-* 1, et *discipliné* ou bas lat. *indisciplina,* « manque d'instruction ».

indiscret, ète [ɛ̃diskʀɛ, ɛt] adj. et n. **1.** Qui manque de discrétion, de réserve. – Subst. *Fuir les indiscrets.* ▷ *Par ext.* Qui dénote un manque de discrétion. *Question indiscrète.* **2.** Qui ne sait pas garder un secret. *Ami indiscret.* ▷ Par ext. *Des propos indiscrets lui ont appris la vérité.* – Lat. *indiscretus,* « incapable de discerner ».

indiscrètement [ɛ̃diskʀɛtmɑ̃] adv. De manière indiscrète. – De *indiscret.*

indiscrétion [ɛ̃diskʀesjɔ̃] n. f. **1.** Manque de discrétion. *Son indiscrétion est insupportable.* – Caractère de ce qui est indiscret. *L'indiscrétion d'une question.* **2.** Acte, parole qui révèle ce qui devait rester caché, secret. *Apprendre qqch par des indiscrétions.* – Bas lat. *indiscretio,* « manque de discernement, de sagesse ».

indiscutable [ɛ̃diskytabl] adj. Qui n'est pas discutable, qui s'impose par son évidence. *Preuve indiscutable.* – De *in-* 1, et *discutable.*

indiscutablement [ɛ̃diskytabləmɑ̃] adv. D'une manière indiscutable. – De *indiscutable.*

indispensable [ɛ̃dispɑ̃sabl] adj. et n. m. Absolument nécessaire, dont on ne peut se passer. *Objets indispensables.* ▷ n. m. *N'emporter avec soi que l'indispensable.* – De *in-* 1, *dispenser,* et *-able.*

indispensablement [ɛ̃dispɑ̃sabləmɑ̃] adv. D'une manière indispensable. – De *indispensable.*

indisponibilité [ɛ̃dispɔnibilite] n. f. État d'une chose ou d'une personne indisponible. – De *indisponible.*

indisponible [ɛ̃dispɔnibl] adj. Qui n'est pas disponible. *Matériel indisponible. Personne indisponible.* – De *in-* 1, et *disponible.*

indisposé, ée [ɛ̃dispoze] adj. **1.** Légèrement malade, incommodé. **2.** adj. f. Par euph. (En parlant d'une femme.) Qui a ses règles. – Pp. de *indisposer.*

indisposer [ɛ̃dispoze] v. tr. [1] **1.** Mettre dans une disposition défavorable, fâcher. *Votre attitude l'a indisposé.* **2.** Rendre légèrement malade, incommoder. – De *in-* 1, et *disposer.*

indisposition [ɛ̃dispozisjɔ̃] n. f. **1.** Légère altération de la santé. *Indisposition due à la fatigue d'un long voyage.* **2.** *Par euph.* Règles, menstruation. – De *indisposer.*

indissociable [ɛ̃disɔsjabl] adj. Dont les éléments, les facteurs ne peuvent être dissociés. *Une équipe indissociable. Ces trois problèmes sont indissociables.* – Bas lat. *indissociabilis.*

indissolubilité [ɛ̃disɔlybilite] n. f. Caractère de ce qui est indissoluble. *L'indissolubilité du mariage catholique.* – De *indissoluble.*

indissoluble [ɛ̃disɔlybl] adj. Qui ne peut être dissous, délié; dont on ne saurait se dégager. *L'Église catholique considère le mariage comme indissoluble.* – Lat. *indissolubilis.*

indissolublement [ɛ̃disɔlybləmɑ̃] adv. D'une manière indissoluble. – De *indissoluble.*

indistinct, incte [ɛ̃distɛ̃, ɛ̃kt] adj. Qui n'est pas bien distinct; imprécis. *Bruits indistincts.* – Lat. *indistinctus.*

indistinctement [ɛ̃distɛ̃ktəmɑ̃] adv. **1.** De manière indistincte. **2.** Sans faire de distinction. *Tirer indistinctement sur tout ce qui bouge.* – De *indistinct.*

indium [indjɔm] n. m. CHIM Élément métallique de numéro atomique Z = 49 et de masse atomique 114,8 (symbole In). – Métal (In) blanc qui fond à 155 °C et bout à 2 000 °C, utilisé pour la fabrication d'alliages antifriction. – De *indigo,* à cause de la couleur caractéristique d'une raie spectrale de ce métal.

individu [ɛ̃dividy] n. m. **1.** Tout être organisé, animal ou végétal, qui ne peut être divisé sans perdre ses caractères distinctifs, sans être détruit. **2.** SC NAT, BIOL Être concret qui, dans une classification hiérarchique, entre dans l'extension d'une espèce. *Le genre, l'espèce, l'individu.* **3.** Être humain considéré isolément par rapport à la collectivité. *L'individu et l'État, et la société.* **4.** Cour., péjor. Personne quelconque que l'on ne peut nommer ou que l'on méprise. *Qu'est-ce que c'est que cet individu ? Un sinistre individu.* – Substantivation de l'adj. lat. *individuus*, «indivis, indivisible».

individualisation [ɛ̃dividɥalizasjɔ̃] n. f. **1.** Action d'individualiser; son résultat. – État de ce qui est individualisé. Ant. généralisation. **2.** Action d'adapter qqch au cas particulier d'un individu. – DR *Individualisation de la peine.* – De *individualiser.*

individualiser [ɛ̃dividɥalize] v. tr. [1] **1.** Distinguer en fonction des caractères individuels. **2.** Adapter aux caractères individuels. – De *individuel.*

individualisme [ɛ̃dividɥalism] n. m. **1.** Théorie, conception qui voit dans l'individu la réalité, la valeur la plus élevée. **2.** Cour. Égoïsme, manque de discipline sociale ou d'esprit de solidarité. – Dér. sav. de *individuel.*

individualiste [ɛ̃dividɥalist] adj. et n. Relatif à l'individualisme. *Une doctrine, un comportement individualiste.* ▷ Subst. Partisan de l'individualisme. – Péjor. Égoïste. – De *individualisme.*

individualité [ɛ̃dividɥalite] n. f. **1.** PHILO Ce qui caractérise un être en tant qu'individu. *L'homme considéré dans son individualité.* **2.** Originalité propre d'une personne, d'une chose. *Sa poésie est d'une grande individualité.* ▷ Personne qui fait preuve de beaucoup de caractère. *C'est une forte individualité !* – De *individuel.*

individuation [ɛ̃dividɥasjɔ̃] n. f. PHILO Ensemble des qualités particulières constituant l'individu. ▷ Spécial. *Principe d'individuation* (chez les scolastiques, chez Leibniz) : ce qui donne à un être une existence concrète et individuelle. – De *individu.*

individuel, elle [ɛ̃dividɥɛl] adj. **1.** De l'individu. *Liberté individuelle.* **2.** Propre à un individu. *Qualités individuelles.* **3.** Qui ne concerne qu'un individu. *Dérogation individuelle.* – De *individu.*

individuellement [ɛ̃dividɥɛlmɑ̃] adv. D'une manière individuelle. – De *individuel.*

indivis, ise [ɛ̃divi, iz] adj. DR Possédé à la fois par plusieurs personnes (sans être divisé matériellement). *Succession indivise.* – *Propriétaires indivis*, qui possèdent un bien en commun. ▷ Loc. adv. *Par indivis* : sans être divisé, en commun. *Posséder un domaine par indivis.* – Lat. jurid. *indivisus.*

indivisaire [ɛ̃divizɛʀ] n. DR Propriétaire par indivis. – De *indivis.*

indivisément [ɛ̃divizemɑ̃] adv. Par indivis. – De *indivis.*

indivisibilité [ɛ̃divizibilite] n. f. Caractère de ce qui est indivisible. – De *indivisible.*

indivisible [ɛ̃divizibl] adj. Qui ne peut être divisé. *La République est une et indivisible.* – Bas lat. *indivisibilis.*

indivision [ɛ̃divizjɔ̃] n. f. État de ce qui est indivis ou des personnes qui possèdent un bien par indivis. – De *indivis*, d'après *division.*

indo-. Préfixe, du lat. *Indus*, «de l'Inde».

indo-aryen, enne [ɛ̃doaʀjɛ̃, ɛn] adj. LING Se dit des langues indo-européennes parlées en Inde (hindi, bengali, mahratte, cingalais, urdu, etc.). – De *indo-*, et *aryen.*

indochinois, oise [ɛ̃doʃinwa, waz] adj. et n. De l'Indochine. *La péninsule indochinoise est située au S.-E. du continent asiatique entre l'Inde et la Chine.* – *Spécial.* (anc.) De l'Indochine française (nom donné après 1888 aux pays de la péninsule indochinoise colonisés par la France). *Les populations indochinoises.* ▷ Subst. *Un(e) Indochinois(e).* – De *indo-*, et *chinois* ou de *Indochine.*

indocile [ɛ̃dɔsil] adj. Qui n'est pas docile, qui refuse d'obéir. *Enfant indocile.* – Lat. *indocilis*, «qu'on ne peut instruire, inculte, ignorant».

indocilité [ɛ̃dɔsilite] n. f. Caractère d'une personne indocile. – De *indocile.*

indo-européen, enne [ɛ̃doœʀɔpeɛ̃, eɛn] n. et adj. **1.** n. m. LING Langue qui serait à l'origine de nombreuses langues européennes et asiatiques. V. encycl. **2.** adj. *Le sanscrit, le grec, le latin, les langues germaniques, les langues slaves font partie des langues indo-européennes.* ▷ Subst. *Les Indo-Européens* : les peuples qui parlent les langues indo-européennes. – De *indo-*, et *européen.*

ENCYCL L'indo-européen est le groupe de langues le mieux étudié. Son territoire s'étend de l'Oural aux Açores et de l'Islande à l'Inde. Depuis quelques siècles, ces langues ont pénétré aussi en Amérique, en Afrique et en Océanie. Des langues anciennes comme le hittite, le sanskrit, l'iranien, le grec ancien, le latin, appartiennent à la famille indo-européenne. La quasi-totalité des langues modernes appartenant à cette famille se répartit en deux domaines. I. Le domaine indo-iranien est scindé en deux. 1. La branche iranienne comprend le persan (Iran), le béloutche (Iran, Pākistān), le pachtou ou afghan (Afghānistān) et le kurde (Iran, Irak, Turquie). 2. La branche indienne (Pākistān, Inde, Sri Lanka, Népal) se caractérise par une grande variété de langues (env. 22) et de dialectes. L'hindi en est un représentant typique. II. Le domaine européen est scindé en quatre. A. La branche slave occupe l'est de l'Europe, du golfe de Poméranie à Trieste, à l'exception de deux enclaves (roumain et hongrois). Le russe en est le princ. représentant, suivi du bulgare, du polonais, du tchèque, du slovaque, du serbo-croate, du slovène, du macédonien, etc. B. La branche balte ne comprend que le letton et le lituanien. C. La branche italique-celtique se divise en deux. 1. Le groupe italique, qui comprend toutes les langues romanes (issues du latin) : italien, français, espagnol, portugais, roumain, catalan, etc. 2. Le groupe celtique : breton, gallois et gaélique (Irlande, Écosse). D. La branche germanique qui occupe le nord-ouest de l'Europe : allemand, anglais, néerlandais, langues scandinaves. III. Trois langues : le grec, l'arménien et l'albanais, ne peuvent être rattachées à un groupe plus important. Le grec a relativement peu évolué depuis l'Antiquité; le grec ancien a approvisionné en termes courants et surtout philosophico-technico-scientifiques le latin puis toutes les langues du monde non «primitif». L'arménien n'est plus parlé auj. qu'en république d'Arménie. L'albanais est la langue indo-européenne la moins bien connue. À cause d'une origine linguistique commune, on a parfois conclu, sans autre fondement, à l'existence d'un peuple indo-européen primitif, que les théoriciens racistes (Gobineau, les nazis) ont baptisé *Aryen**. On retrouve une communauté culturelle notam. dans l'organisation sociale (rois prêtres, guerriers, producteurs), pouvoir triparti réel à l'époque historique dans les sociétés iranienne et aryenne (de l'Inde), devenu religieux et mythique dans la pensée des Grecs, des Latins, des Celtes, etc.

indol(e) [ɛ̃dɔl] n. m. CHIM Composé de formule C_8H_7N, utilisé en parfumerie, que l'on trouve dans les essences de jasmin et de fleur d'oranger. – Du lat. *ind(icum)*, «indigo», et *ol(eum)*, «huile».

indolemment [ɛ̃dɔlamɑ̃] adv. D'une manière indolente, mollement. – De *indolent.*

indolence [ɛ̃dɔlɑ̃s] n. f. **1.** MED Vx Caractère d'un mal ne causant aucune douleur. **2.** Mollesse, nonchalance. *Indolence d'un enfant rêveur.* – Lat. *indolentia*, «absence de toute douleur, insensibilité».

indolent, ente [ɛ̃dɔlɑ̃, ɑ̃t] adj. 1. MED Vx Qui ne cause aucune douleur. *Tumeur indolente.* 2. Mou, languissant, sans volonté. *Un élève indolent.* – Bas lat. *indolens,* rac. *dolere,* « souffrir ».

indolore [ɛ̃dɔlɔʀ] adj. Qui n'est pas douloureux. *Traitement indolore.* – Bas lat. *indolori(u)s.*

indomptable [ɛ̃dɔ̃tabl] adj. 1. Qu'on ne peut pas dompter. *Animal indomptable.* 2. Fig. Qu'on ne peut pas contenir, abattre. *Courage indomptable.* – De *in-* 1, et *domptable.*

indonésien, enne [ɛ̃dɔnezjɛ̃, ɛn] adj. et n. 1. adj. D'Indonésie, État d'Asie du S.-E. constitué par un archipel situé entre l'océan Indien et l'océan Pacifique. ▷ Subst. *Un(e) Indonésien(ne).* 2. n. m. LING Ensemble des langues de la famille austronésienne parlées en Indonésie, et qui comprend notam. le javanais. ▷ Langue officielle de l'Indonésie, issue du malais. – De *Indonésie,* de *Inde,* et gr. *nêsos,* « île ».

indoor [indɔʀ] adj. inv. (Anglicisme) SPORT En salle. – Mot angl., « d'intérieur ».

indophénol [ɛ̃dofenɔl] n. m. CHIM Nom générique de matières colorantes bleues dérivées des quinones et utilisées en teinturerie. – Du lat. *ind(icum),* « indigo », et *phénol.*

in-douze [induz] adj. inv. et n. m. inv. IMPRIM Dont les feuilles sont pliées en douze feuillets (24 pages). *Livre in-douze* ou, n. m. inv., *un in-douze.* (Abrév. : in-12). – Du lat. *in,* et *douze.*

indri [ɛ̃dʀi] n. m. Grand lémurien (70 cm) de Madagascar (genre *Indri*), à la queue très courte, au pelage brun, épais et soyeux. – Exclam. malgache prise à tort pour le nom de l'animal.

indu, ue [ɛ̃dy] adj. et n. m. Qui est contre la règle, l'usage. – Loc. *À une (des) heure(s) indue(s),* inhabituelle(s). ▷ n. m. DR *Paiement de l'indu* : restitution d'une somme perçue illégitimement. – De *in-* 1, et *dû.*

indubitable [ɛ̃dybitabl] adj. Dont on ne peut douter, certain. *Un succès indubitable.* – Lat. *indubitabilis.*

indubitablement [ɛ̃dybitabləmɑ̃] adv. Sans aucun doute, assurément. – De *indubitable.*

inductance [ɛ̃dyktɑ̃s] n. f. ELECTR Coefficient (appelé aussi *coefficient d'auto-induction*) qui caractérise la propriété d'un circuit de produire un flux à travers lui-même et qui est égal au quotient de la variation de ce flux et de la variation de l'intensité du courant qui le produit. – De *induction.*

inducteur, trice [ɛ̃dyktœʀ, tʀis] adj. et n. m. I. adj. 1. PHILO Qui sert de point de départ à une induction. 2. ELECTR Qui produit l'induction. *Champ inducteur.* ▷ n. m. Ensemble d'électro-aimants servant à produire un champ inducteur. II. n. m. BIOL Substance qui, par sa présence, réalise une induction. – De *induction.*

inductif, ive [ɛ̃dyktif, iv] adj. 1. PHILO Relatif à l'induction ; de l'induction. *Méthode inductive.* 2. ELECTR Se dit d'un dispositif, d'un circuit où se produit une auto-induction. 3. MATH Se dit d'un ensemble ordonné E dans lequel toute partie P totalement ordonnée de cet ensemble admet un majorant. – Bas lat. *inductivus.*

induction [ɛ̃dyksjɔ̃] n. f. 1. PHILO Manière de raisonner consistant à inférer une chose d'une autre, à aller des effets à la cause, des faits particuliers aux lois qui les régissent. *Raisonner par induction.* Ant. déduction. 2. ELECTR *Induction électrique* ou *électrostatique* : syn. de *influence électrique.* ▷ *Induction électromagnétique,* caractérisée par la production d'une force électromotrice sous l'effet d'une variation de flux magnétique dans un circuit. 3. TECH Entraînement d'un fluide par un autre fluide. 4. MED Premier temps d'une anesthésie avant l'endormissement du patient. 5. BIOL Phénomène de facilitation, par une enzyme ou par un tissu, d'une réaction biochimique. – *Induction embryonnaire* : action d'un tissu ou d'un organe sur un groupe cellulaire, provoquant la différenciation de celui-ci en un autre tissu ou organe. – Lat. *inductio,* « action d'amener ».

induire [ɛ̃dɥiʀ] v. tr. [69] 1. Inciter, amener à, porter à. *Induire qqn à mal faire.* – Loc. *Induire en erreur* : tromper. 2. PHILO Trouver par induction. 3. ELECTR Produire une induction. 4. BIOL Réaliser une induction. *Induire un processus expérimental.* – Lat. *inducere.*

induit, ite [ɛ̃dɥi, it] adj. et n. m. 1. adj. ELECTR Qualifie les effets d'un phénomène d'induction, ou un dispositif où se produit une induction. 2. n. m. ELECTR Partie d'une machine électrique où l'on produit une force électromotrice par induction électromagnétique. *L'induit d'un alternateur est fixe ; celui d'une génératrice de courant continu est mobile.* – Pp. de *induire,* adapt. de l'angl. *induced.*

indulgence [ɛ̃dylʒɑ̃s] n. f. 1. Facilité à excuser, à pardonner. *Traiter qqn avec indulgence.* 2. Bienveillance. *Cet artiste débutant demande l'indulgence du public.* 3. RELIG CATHOL Remise partielle ou totale de la peine attachée au péché. *Indulgence plénière, indulgence partielle.* – Lat. *indulgentia.*

indulgencier [ɛ̃dylʒɑ̃sje] v. tr. [2] RELIG CATHOL Attacher une indulgence à (une action, un objet de piété). *Indulgencier un chapelet.* – De *indulgence.*

indulgent, ente [ɛ̃dylʒɑ̃, ɑ̃t] adj. et n. m. I. adj. 1. Qui pardonne, excuse aisément. *Un père indulgent.* 2. Qui marque de l'indulgence. *Morale indulgente.* II. n. m. HIST *Les Indulgents* : anciens membres du club des Cordeliers qui auraient voulu mettre fin à la Terreur et que combattit Robespierre. – Lat. *indulgens,* « bon, bienveillant ».

induline [ɛ̃dylin] n. f. CHIM Matière colorante bleue appelée industriellement bleu Coupier. – Du rad. de *ind(igo),* et suff. de *(ani)line.*

indult [ɛ̃dylt] n. m. 1. RELIG CATHOL Dérogation, prérogative accordée par le pape. 2. HIST En Espagne, droit levé par l'État sur les marchandises arrivant d'Amérique. – Lat. ecclés. *indultum,* de *indulgere,* « être indulgent, permettre ».

indûment [ɛ̃dymɑ̃] adv. De manière indue, à tort. *Réclamer indûment qqch.* – De *indu.*

induration [ɛ̃dyʀasjɔ̃] n. f. MED Durcissement et épaississement des tissus. ▷ Partie indurée. – Bas lat. *induratio,* « endurcissement (du cœur) ».

indurer [ɛ̃dyʀe] v. tr. [1] MED Durcir. – Pp. adj. *Chancre induré,* devenu dur et épais. ▷ v. pron. Devenir dur. – Lat. *indurare,* « durcir ».

indusie [ɛ̃dyzi] n. f. 1. BOT Petite écaille protégeant les spores de nombreuses fougères. 2. PALEONT Fourreau de la larve de phrygane. – Lat. *indusium,* « chemise ».

industrialisation [ɛ̃dystʀializasjɔ̃] n. f. Action d'industrialiser. – De *industrialiser.*

industrialiser [ɛ̃dystʀialize] v. tr. [1] Appliquer les méthodes industrielles à. *Industrialiser l'agriculture.* – Implanter des industries dans. *Industrialiser une région.* ▷ v. pron. *Pays qui s'industrialise.* – De *industriel.*

industrialisme [ɛ̃dystʀialism] n. m. HIST Système qui attribue à l'industrie une importance sociale prépondérante. – Prépondérance, prédominance de l'industrie. – Dér. savant de *industriel.*

industrie [ɛ̃dystʀi] n. f. 1. Vieilli Adresse, habileté. *Vivre d'industrie,* d'expédients. – Vieilli *Chevalier d'industrie* : homme vivant d'expédients, aigrefin. 2. Vx Art, métier. – Mod., plaisant *Exercer son industrie, sa coupable industrie,* une activité louche. 3. Ensemble des entreprises ayant pour objet la transformation des matières premières et l'exploitation des sources d'énergie. *Industrie minière.*

Industries alimentaires. Industrie de production, de transformation, de répartition. Industrie lourde. Industrie aéronautique, spatiale. Industrie du spectacle : ensemble des activités commerciales concourant à la production de représentations artistiques (loc. officiellement recommandée pour remplacer *show-business*). – Lat. *industria*, « activité, assiduité ».

industriel, elle [ɛ̃dystʀijɛl] adj. et n. **1.** adj. En rapport avec l'industrie. *Société, civilisation industrielle*, fondée sur la transformation de matières premières en biens de consommation. *Zone industrielle*, spécialement aménagée pour recevoir des établissements industriels. ▷ Qui provient de l'industrie. *Produits industriels.* **2.** Loc. fig., fam. *(En) quantité industrielle* : (en) grande quantité. **3.** Subst. Personne qui possède une entreprise industrielle. *Un gros industriel du Nord.* – De *industrie*.

industriellement [ɛ̃dystʀijɛlmɑ̃] adv. **1.** Quant à l'industrie. *Région industriellement défavorisée.* **2.** Par l'industrie. *Ces objets sont fabriqués industriellement, et non de façon artisanale.* – De *industriel*.

industrieux, euse [ɛ̃dystʀijø, øz] adj. Adroit, ingénieux, efficace. *Abeilles industrieuses.* – Bas lat. *industriosus*.

-ine. Suffixe servant à désigner des substances isolées ou obtenues synthétiquement.

inébranlable [inebʀɑ̃labl] adj. **1.** Qui ne peut être ébranlé. *Roc inébranlable.* **2.** Fig. Qui ne se laisse pas abattre, constant. *Demeurer inébranlable dans l'épreuve. Courage inébranlable.* **3.** Fig. Que l'on ne peut changer, ferme. *Sa résolution est inébranlable.* – De *in-* 1, *ébranler*, et *-able*.

inébranlablement [inebʀɑ̃labləmɑ̃] adv. Litt. D'une manière inébranlable. *Inébranlablement attaché à son devoir.* – De *inébranlable*.

inéchangeable [ineʃɑ̃ʒabl] adj. Que l'on ne peut échanger. – De *in-* 1, et *échangeable*.

inécoutable [inekutabl] adj. Qui ne peut être écouté en raison de sa mauvaise qualité. – De *in-*, et *écoutable*.

inédit, ite [inedi, it] adj. et n. m. **1.** Qui n'a pas été publié, édité. *Poème resté inédit.* ▷ n. m. *Un inédit.* **2.** Qui n'a pas encore été vu, nouveau. *Spectacle inédit.* ▷ n. m. *Voilà de l'inédit.* – Lat. *ineditus*.

inéducable [inedykabl] adj. Que l'on ne peut éduquer. – De *in-* 1, et *éducable*.

ineffable [inefabl] adj. Qui ne peut être exprimé par la parole, indicible (ne se dit que des choses agréables). *Joie ineffable.* – Lat. *ineffabilis*, rac. *effari*, « dire, formuler ».

ineffablement [inefabləmɑ̃] adv. Rare D'une manière ineffable. – De *ineffable*.

ineffaçable [inefasabl] adj. Qui ne peut être effacé. *Empreinte ineffaçable.* – Fig. *Impression ineffaçable.* – De *in-* 1, *effacer*, et *-able*.

ineffaçablement [inefasabləmɑ̃] adv. Litt. D'une manière ineffaçable. – De *ineffaçable*.

inefficace [inefikas] adj. Qui n'est pas efficace, qui ne produit pas l'effet attendu. *Un remède inefficace.* – Lat. *inefficax, inefficacis*.

inefficacement [inefikasmɑ̃] adv. De manière inefficace. – De *inefficace*.

inefficacité [inefikasite] n. f. Manque d'efficacité. *Inefficacité d'un secours.* – De *inefficace*.

inégal, ale, aux [inegal, o] adj. **1.** Qui n'est pas égal (en dimension, en durée, en valeur, en quantité). *Couper un gâteau en trois parts inégales. Des chances inégales.* **2.** (Surfaces) Qui n'est pas uni. *Chemin inégal.* **3.** Qui n'est pas régulier. *Mouvement inégal.* **4.** Changeant. *Humeur inégale.* **5.** Qui est tour à tour bon et mauvais. *Style inégal. Artiste inégal.* – Refait d'apr. *égal*, du lat. *inæqualis*.

inégalable [inegalabl] adj. Qui ne peut pas être égalé. – De *in-* 1, et *égalable*.

inégalé, ée [inegale] adj. Qui n'a pas été égalé. – De *in-* 1, et *pp. de égaler*.

inégalement [inegalmɑ̃] adv. De manière inégale. *Partager inégalement qqch.* – De *inégal*.

inégalitaire [inegalitɛʀ] adj. Qui n'est pas égalitaire. – De *inégalité*, d'après *égalitaire*.

inégalité [inegalite] n. f. **1.** Défaut d'égalité. *Inégalité de hauteur des pieds d'un meuble. Les inégalités sociales.* **2.** MATH Expression qui traduit que deux quantités ne sont pas égales. *L'inégalité est exprimée par les signes : ≠ différent de, > strictement supérieur à, < strictement inférieur à.* **3.** Irrégularité. *Les inégalités d'un terrain.* **4.** Changement, caprice. *Inégalités d'humeur.* – Lat. *inæqualitas*.

inélégamment [inelegamɑ̃] Rare adv. Sans élégance. – De *inélégant*.

inélégance [inelegɑ̃s] n. f. Manque d'élégance. – De *inélégant*.

inélégant, ante [inelegɑ̃, ɑ̃t] adj. **1.** Qui n'est pas élégant ; mal habillé. ▷ Sans distinction, sans grâce. *Une façon de se tenir inélégante.* **2.** Indélicat, inconvenant, grossier. *Conduite inélégante.* – Lat. *inelegans*.

inéligibilité [inelizibilite] n. f. État d'une personne inéligible. – De *inéligible*.

inéligible [inelizibl] adj. Qui ne peut être élu. – De *in-* 1, et *éligible*.

inéluctable [inelyktabl] adj. Contre quoi on ne peut lutter ; inévitable. *Conséquence inéluctable.* – Lat. *ineluctabilis*, de *eluctari*, « sortir en luttant ».

inéluctablement [inelyktabləmɑ̃] adv. D'une manière inéluctable. – De *inéluctable*.

inemployable [inɑ̃plwajabl] adj. Qu'on ne peut pas employer. – De *in-* 1, et *employable*.

inemployé, ée [inɑ̃plwaje] adj. Que l'on n'utilise pas, que l'on n'emploie pas. *Capacités inemployées.* – De *in-* 1, et pp. de *employer*.

inénarrable [inenaʀabl] adj. **1.** Vx Qui ne peut être raconté. **2.** Extraordinairement cocasse. *Des mimiques inénarrables.* – Lat. *inenarrabilis*.

inentamé, ée [inɑ̃tame] adj. Qui n'a pas été entamé. – De *in-* 1, et pp. de *entamer*.

inenvisageable [inɑ̃vizaʒabl] adj. Qui ne peut être envisagé. – De *in-*, et *envisageable*.

inéprouvé, ée [inepʀuve] adj. Rare **1.** Qui n'a pas été mis à l'épreuve. **2.** Qui n'a pas été ressenti. *Douleur jusqu'ici inéprouvée.* – De *in-* 1, et pp. de *éprouver*.

inepte [inɛpt] adj. **1.** Vx Inapte. **2.** Stupide. *Raisonnement inepte.* – Lat. *ineptus*, « qui n'est pas approprié ».

ineptie [inɛpsi] n. f. **1.** Sottise, stupidité. *Des propos d'une ineptie totale.* **2.** Action, parole inepte. *Dire des inepties.* – Lat. *ineptia*, de *ineptus*, « qui n'est pas approprié ».

inépuisable [inepɥizabl] adj. Que l'on ne peut épuiser. *Source inépuisable.* – Fig. *Patience inépuisable.* – De *in-* 1, et *épuisable*.

inépuisablement [inepɥizabləmɑ̃] adv. D'une manière inépuisable. – De *inépuisable*.

inéquation [inekwasjɔ̃] n. f. MATH Inégalité contenant des variables et qui n'est généralement satisfaite que pour certaines valeurs de ces variables. – De *in-* 1, et *équation*.

inéquitable [inekitabl] adj. Rare Qui manque d'équité. – De *in-* 1, et *équitable*.

inerme [inɛʀm] adj. BOT Qui n'a ni aiguillons ni épines. ▷ ZOOL Qui n'a pas de crochet. *Ténia inerme.* – Du lat. *inermis*, «sans défense».

inerte [inɛʀt] adj. **I. 1.** (Choses) Qui n'est pas en mouvement. *Corps inerte.* **2.** CHIM Se dit d'un corps qui ne joue aucun rôle dans une réaction donnée. *L'azote de l'air est inerte dans une combustion.* **3.** Qui n'est pas vivant; inorganique. *Matière inerte et matière vivante.* **II. 1.** Qui ne fait aucun des mouvements décelant habituellement la vie. *Il gisait là, inerte.* **2.** Qui n'agit pas. *Il assistait, inerte, à la ruine de ses espérances.* ▷ Peu enclin à prendre des initiatives; indolent, apathique. *Esprit inerte.* – Lat. *iners, inertis*, «sans capacité, sans activité, sans énergie, improductif; fade, insipide».

inertie [inɛʀsi] n. f. **1.** État de ce qui est inerte. *Inertie d'une masse.* ▷ PHYS *Principe de l'inertie* : dans un repère galiléen, un système soumis à des forces de somme nulle a son centre de masse immobile ou animé d'un mouvement rectiligne uniforme. – *Force d'inertie* : force apparente qui se manifeste dans un repère non galiléen (la force centrifuge dans un repère en rotation, par ex.); fig. résistance passive consistant principalement à ne pas exécuter les ordres reçus. **2.** CHIM Caractère d'un corps inerte. **3.** Absence de mouvement, d'activité, d'énergie. *Vivre dans l'inertie.* – Lat. *inertia.*

inertiel, elle [inɛʀsjɛl] adj. PHYS Qui a rapport à l'inertie. ▷ AERON *Guidage inertiel*, utilisé pour les avions, les sous-marins, les lanceurs spatiaux, etc., afin de comparer leur trajectoire réelle, calculée selon leurs accélérations, à leur trajectoire idéale, et de corriger les erreurs de position. – De *inertie*, d'après l'angl. *inertial.*

inespéré, ée [inɛspeʀe] adj. Que l'on n'espérait pas, que l'on n'osait espérer. *Un succès inespéré.* – De *in-* 1, et pp. de *espérer.*

inesthétique [inɛstetik] adj. Qui n'est pas esthétique, laid. – De *in-* 1, et *esthétique.*

inestimable [inɛstimabl] adj. **1.** Dont la valeur est au-delà de toute estimation. *Un Rembrandt inestimable.* **2.** Fig. Qu'on ne peut assez estimer, très précieux. *La santé est un bien inestimable.* – De *in-* 1, et *estimable.*

inétendu, ue [inetɑ̃dy] adj. MATH Dont l'aire est nulle. *Le point géométrique est inétendu.* – De *in-* 1, et pp. de *étendre.*

inévitable [inevitabl] adj. Que l'on ne peut éviter. *La mort est inévitable.* – Lat. *inevitabilis.*

inévitablement [inevitabləmɑ̃] adv. Sans qu'on puisse l'éviter. – De *inévitable.*

inexact, acte [inegza(kt), akt] adj. **1.** Qui manque de ponctualité. *Il était inexact à notre rendez-vous.* **2.** Qui contient des erreurs. *Calcul inexact.* – De *in-* 1, et *exact.*

inexactement [inegzaktəmɑ̃] adv. De manière inexacte. – De *inexact.*

inexactitude [inegzaktityd] n. f. **1.** Manque de ponctualité. **2.** Erreur. *Livre plein d'inexactitudes.* – De *in-* 1, et *exactitude.*

inexaucé, ée [inegzose] adj. Qui n'a pas été exaucé. *Souhait inexaucé.* – De *in-* 1, et pp. de *exaucer.*

inexcitabilité [ineksitabilite] n. f. Caractère de ce qui est inexcitable. – De *inexcitable.*

inexcitable [ineksitabl] adj. Qui ne peut recevoir d'excitation. – De *in-* 1, et *excitable.*

inexcusable [inekskyzabl] adj. Qui ne peut être excusé. *Faute inexcusable.* – Lat. *inexcusabilis.*

inexcusablement [inekskyzabləmɑ̃] adv. D'une manière inexcusable. – De *inexcusable.*

inexécutable [inegzekytabl] adj. Qui ne peut être exécuté. *Plans inexécutables.* – De *in-* 1, et *exécutable.*

inexécution [inegzekysjɔ̃] n. f. Absence d'exécution. – De *in-* 1, et *exécution.*

inexercé, ée [inegzɛʀse] adj. Qui n'est pas exercé, formé. *Une main inexercée.* – De *in-* 1, et pp. de *exercer.*

inexigibilité [inegziʒibilite] n. f. DR Caractère de ce qui est inexigible. – De *inexigible.*

inexigible [inegziʒibl] adj. DR Qu'on ne peut exiger. – De *in-* 1, et *exigible.*

inexistant, ante [inegzistɑ̃, ɑ̃t] adj. **1.** Qui n'existe pas. **2.** Fam. Qui n'a aucune valeur, nul. *Argument inexistant.* ▷ Effacé, sans poids, que l'on ne remarque pas. *Un petit bonhomme totalement inexistant.* – De *in-* 1, et ppr. de *exister.*

inexistence [inegzistɑ̃s] n. f. **1.** DR Défaut d'existence. *Inexistence d'un testament.* **2.** Caractère de ce qui est inexistant (sens 2). – De *in-* 1, et *existence.*

inexorable [inegzɔʀabl] adj. **1.** Qu'on ne peut fléchir par des prières. *Se montrer inexorable.* **2.** Extrêmement rigoureux. *Loi inexorable.* **3.** Implacable. *Destin inexorable.* – Lat. *inexorabilis.*

inexorablement [inegzɔʀabləmɑ̃] adv. D'une manière inexorable. – De *inexorable.*

inexpérience [inekspeʀjɑ̃s] n. f. Manque d'expérience. *L'inexpérience de la jeunesse.* – Bas lat. *inexperientia.*

inexpérimenté, ée [inekspeʀimɑ̃te] adj. **1.** Qui n'a pas d'expérience. *Photographe inexpérimenté.* **2.** Qu'on n'a pas encore essayé. *Méthode inexpérimentée.* – De *in-* 1, et pp. de *expérimenter.*

inexpert, erte [inɛkspɛʀ, ɛʀt] adj. Litt. Qui manque d'habileté, d'expérience. *Je suis tout à fait inexpert dans ce domaine.* – Lat. *inexpertus.*

inexpiable [inɛkspijabl] adj. **1.** Qui ne peut être expié. *Crime inexpiable.* **2.** Qui ne peut être apaisé. *Haine inexpiable.* – Lat. *inexpiabilis.*

inexplicable [ineksplikabl] adj. Qui ne peut être expliqué; incompréhensible, étrange. *Conduite inexplicable.* – Lat. *inexplicabilis.*

inexplicablement [ineksplikabləmɑ̃] adv. D'une manière inexplicable. – De *inexplicable.*

inexpliqué, ée [ineksplike] adj. Qui n'a pas été expliqué. *Un phénomène inexpliqué.* – De *in-* 1, et pp. de *expliquer.*

inexploitable [ineksplwatabl] adj. Qu'on ne peut exploiter. *Carrière inexploitable.* – De *in-* 1, et *exploitable.*

inexploité, ée [ineksplwate] adj. Qui n'est pas exploité. *Richesses inexploitées.* – De *in-* 1, et pp. de *exploiter.*

inexplorable [ineksplɔʀabl] adj. Qu'on ne peut explorer. – De *in-* 1, *explorer*, et *-able.*

inexploré, ée [ineksplɔʀe] adj. Qui n'a pas été exploré. *Terre inexplorée.* – Fig. *Possibilité inexplorée.* – De *in-* 1, et pp. de *explorer.*

inexplosible [ineksplozibl] adj. TECH Qui ne peut exploser, conçu pour ne pas faire explosion. *Chaudière inexplosible.* – De *in-* 1, et *explosible.*

inexpressif, ive [inɛkspʀesif, iv] adj. **1.** Qui manque d'expression. *Visage inexpressif.* **2.** Fig. Qui manque de force expressive. *Récit terne et inexpressif.* – De *in-* 1, et *expressif.*

inexprimable [inekspʀimabl] adj. Que l'on ne peut exprimer. *Joie inexprimable.* – De *in-* 1, *exprimer*, et *-able.*

inexprimé, ée [inekspʀime] adj. Qui n'est pas exprimé. – De *in-* 1, et pp. de *exprimer.*

inexpugnable [inekspyɲabl] adj. Qu'on ne peut prendre d'assaut. *Forteresse inexpugnable.* – Lat. *inexpugnabilis,* de *expugnare,* « prendre d'assaut ».

inextensibilité [inekstɑ̃sibilite] n. f. Caractère de ce qui est inextensible. – De *inextensible.*

inextensible [inekstɑ̃sibl] adj. Qui n'est pas extensible. – De *in-* 1, et *extensible.*

in extenso [inekstɛ̃so] loc. adv. et adj. inv. Complètement, complet (en parlant d'un texte). *Publication in extenso d'un discours.* – Loc. lat., de *extensus,* « étendu ».

inextinguible [inekstɛ̃gibl] adj. Qu'on ne peut éteindre. *Feu inextinguible.* ▷ Fig. Qu'on ne peut apaiser, arrêter. *Soif, rire inextinguible.* – Bas lat. *inextinguibilis.*

inextirpable [inɛkstiʀpabl] adj. Qu'on ne peut extirper. – Lat. *inextirpabilis.*

in extremis [inekstʀemis] loc. adv. et adj. inv. **1.** DR Aux derniers moments de la vie ; à l'article de la mort. *Mariage in extremis.* **2.** Cour. Au dernier moment, à la dernière minute. *J'ai pu prendre mon train in extremis.* – Loc. lat., de *in,* « au moment de », et *extrema* (n. pl.), « les choses dernières (la mort) ».

inextricable [inekstʀikabl] adj. Que l'on ne peut démêler, très embrouillé. *Écheveau inextricable.* – Fig. *Situation inextricable.* – Lat. *inextricabilis,* de *extricare,* « démêler ».

inextricablement [inekstʀikabləmɑ̃] adv. D'une manière inextricable. – De *inextricable.*

infaillibilité [ɛ̃fajibilite] n. f. **1.** Caractère de ce qui est certain. **2.** Caractère d'une personne qui ne peut se tromper. **3.** RELIG CATHOL *Dogme de l'infaillibilité pontificale,* proclamé en 1870, selon lequel le pape ne peut se tromper quand il tranche *ex cathedra* une question de foi ou de mœurs. – De *infaillible.*

infaillible [ɛ̃fajibl] adj. **1.** Qui ne peut se tromper. *Nul n'est infaillible. Instinct infaillible.* **2.** Certain, assuré. *Remède infaillible.* – Lat. ecclés. *infaillibilis,* de *fallere,* « *tromper, manquer à sa parole* ».

infailliblement [ɛ̃fajibləmɑ̃] adv. **1.** Immanquablement. **2.** Sans erreur. – De *infaillible.*

infaisable [ɛ̃fəzabl] adj. Qui ne peut être fait. *Cette ascension passe pour infaisable.* – De *in-* 1, et *faisable.*

infalsifiable [ɛ̃falsifjabl] adj. Qui ne peut être falsifié. – De *in-* 1, *falsifier,* et *-able.*

infamant, ante [ɛ̃famɑ̃, ɑ̃t] adj. **1.** Déshonorant. *Accusation infamante.* **2.** DR *Peines afflictives et infamantes :* V. afflictif. – Ppr. de l'anc. v. *infamer,* « déshonorer » ; du lat. *infamare,* « faire une mauvaise réputation à ».

infâme [ɛ̃fɑm] adj. **1.** Vx Déshonoré, flétri par les lois, l'opinion. **2.** Avilissant, honteux. *Action infâme.* **3.** Répugnant. *Taudis infâme.* **4.** Abominable. *Infâme individu.* – Lat. *infamis,* « mal famé, décrié », propr. « sans renommée ».

infamie [ɛ̃fami] n. f. **1.** Vx ou DR ROM Flétrissure publique de l'honneur. **2.** Vx Caractère d'une personne infâme. *L'infamie d'un voleur.* **3.** Action, parole infâme, vile. – Lat. *infamia,* « mauvaise réputation, déshonneur, honte ».

infant, ante [ɛ̃fɑ̃, ɑ̃t] n. Titre des enfants puînés des rois d'Espagne et du Portugal. – Esp. *infante,* même sens, propr. « enfant ».

infanterie [ɛ̃fɑ̃tʀi] n. f. Ensemble des fantassins, des troupes qui combattaient habituellement à pied. ▷ Mod. Ensemble des troupes chargées de la défense, de la conquête et de l'occupation du terrain. *Infanterie de marine.* – Anc. ital. *infanteria,* de *infante,* « jeune soldat, fantassin » ; d'abord « enfant ».

1. infanticide [ɛ̃fɑ̃tisid] adj. et n. Qui commet, qui a commis un meurtre d'enfant. ▷ Subst. *Un(e) infanticide.* – Lat. *infanticida.*

2. infanticide [ɛ̃fɑ̃tisid] n. m. Meurtre d'un enfant, spécial. d'un enfant nouveau-né. – Bas lat. *infanticidium.*

infantile [ɛ̃fɑ̃til] adj. **1.** Des enfants en bas âge. *Mortalité infantile.* **2.** MED Qui souffre d'infantilisme (en parlant d'un adulte). **3.** Péjor. Puéril. *Caprice infantile.* – Bas lat. *infantilis.*

infantilisation [ɛ̃fɑ̃tilizasjɔ̃] n. f. Action d'infantiliser, de s'infantiliser ; son résultat. – De *infantiliser.*

infantiliser [ɛ̃fɑ̃tilize] v. tr. [1] Didac. Rendre infantile, donner une mentalité d'enfant. – Absol. *Le manque de responsabilité infantilise.* ▷ v. pron. *Un vieillard qui s'infantilise.* – De *infantile.*

infantilisme [ɛ̃fɑ̃tilism] n. m. **1.** MED Persistance anormale de caractères infantiles chez l'adulte, sur les plans somatique (taille, voix, caractères sexuels secondaires) et psychologique. **2.** Cour. Conduite puérile, infantile. – De *infantile.*

infarci, ie [ɛ̃faʀsi] adj. MED Atteint d'infarctus (en parlant d'un tissu, d'un organe). – Formation savante, du rad. de *infarctus,* d'après *farci,* pp. de *farcir.*

infarctus [ɛ̃faʀktys] n. m. MED Atteinte d'un territoire vasculaire oblitéré par une thrombose. *Infarctus du myocarde,* entraînant la nécrose de la paroi musculaire du cœur. – Graphie altérée de *infartus,* pp. du lat. *infarcire,* var. de *infercire,* « farcir, remplir ».

infatigable [ɛ̃fatigabl] adj. Que rien ne fatigue. *Esprit, zèle infatigable.* – Lat. *infatigabilis.*

infatigablement [ɛ̃fatigabləmɑ̃] adv. Sans se fatiguer, sans se lasser. – De *infatigable.*

infatuation [ɛ̃fatɥasjɔ̃] n. f. **1.** Vx Engouement. **2.** Suffisance (sens 2). – De *infatuer.*

infatuer (s') [ɛ̃fatɥe] v. pron. [1] **1.** Vx S'engouer. *S'infatuer de qqn.* **2.** Avoir un sentiment de satisfaction de soi démesuré. – Pp. adj. *Un personnage arrogant et infatué.* – Lat. *infatuare,* de *fatuus,* « sot ».

infécond, onde [ɛ̃fekɔ̃, ɔ̃d] adj. Qui n'est pas fécond ; stérile. *Terre inféconde.* – Fig. *Esprit infécond.* – Lat. *infecundus.*

infécondité [ɛ̃fekɔ̃dite] n. f. Stérilité. *Infécondité du sol.* – Lat. *infecunditas.*

infect, ecte [ɛ̃fɛkt] adj. **1.** Qui répand une odeur repoussante. *Haleine infecte.* **2.** Très mauvais. *Vin infect.* **3.** Qui suscite le dégoût, moralement répugnant. *Personnage infect.* – Lat. *infectus,* pp. de *inficere,* « imprégner, infecter ».

infecter [ɛ̃fɛkte] v. tr. [1] **1.** Contaminer de germes infectieux. *Infecter une plaie.* ▷ v. pron. *Sa blessure s'est infectée.* **2.** Corrompre par des exhalaisons malsaines. *Cet égout infecte l'air.* **3.** Fig. Contaminer, corrompre. *Infecter l'opinion de mensonges.* – De *infect.*

infectieux, euse [ɛ̃fɛksjø, øz] adj. MED Qui se rapporte à une infection ou qui peut en provoquer une. *État infectieux. Agent infectieux.* – De *infection.*

infectiologie [ɛ̃fɛksjɔlɔʒi] n. f. Didac. Étude des maladies infectieuses. – De *infection,* et *-logie.*

infection [ɛ̃fɛksjɔ̃] n. f. **1.** Développement localisé ou généralisé d'un germe pathogène dans l'organisme. *Foyer d'infection.* **2.** Grande puanteur. ▷ Fam. Chose répugnante, malodorante. *Enlevez ça d'ici, c'est une véritable infection.* **3.** Fig. Corruption, contagion. – Bas lat. *infectio,* « salissure, souillure ».

inféodation [ɛ̃feɔdasjɔ̃] n. f. **1.** HIST Action d'inféoder. **2.** Action de s'inféoder. – De *inféoder.*

inféoder [ɛ̃feɔde] v. tr. [1] **1.** HIST Donner à un vassal pour être tenu en fief. *Inféoder une terre.* **2.** v. pron. S'attacher par un lien étroit. *S'inféoder à un chef, à un parti.* – Lat. médiév. *infeodare,* de *feudum,* «fief».

infère [ɛ̃fɛʀ] adj. BOT Se dit d'un ovaire situé au-dessous du plan d'insertion des autres pièces florales. Ant. supère. – Lat. *inferus* (V. inférieur).

inférence [ɛ̃feʀɑ̃s] n. f. Raisonnement consistant à admettre une proposition du fait de sa liaison avec d'autres propositions antérieurement admises. – Du lat. *inferre* (V. inférer).

inférer [ɛ̃feʀe] v. tr. [14] Tirer (une conséquence) d'une proposition, d'un fait, etc. – Lat. *inferre,* «être la cause de, porter dans», et au fig. «alléguer».

inférieur, eure [ɛ̃feʀjœʀ] adj. et n. **I.** adj. **1.** Placé au-dessous, en bas. *Mâchoire inférieure.* **2.** Le plus éloigné de la source (d'un fleuve). *Le cours inférieur de la Seine.* **3.** ASTRO *Planètes inférieures :* Mercure et Vénus, plus proches du Soleil que la Terre. **4.** BIOL Dont l'organisation est rudimentaire (êtres vivants). *Les plantes inférieures :* les cryptogames. *Les vertébrés inférieurs :* les poissons, les amphibiens et les reptiles (situés plus bas que les oiseaux et les mammifères dans l'échelle de l'évolution). **5.** GEOL Se dit du premier étage d'une période géologique. *Dévonien inférieur.* **6.** MATH *Inférieur à :* plus petit que. *a inférieur ou strictement inférieur à b* ($a < b$). *a inférieur ou égal à b* ($a \leqslant b$). **II.** n. Personne qui est au-dessous d'une autre en rang, en dignité; subordonné. – Lat. *inferior,* «plus bas», compar. de *inferus,* «placé en dessous».

inférieurement [ɛ̃feʀjœʀmɑ̃] adv. Au-dessous, au degré inférieur. – De *inférieur.*

inférioriser [ɛ̃feʀjɔʀize] v. tr. [1] **1.** Rare Faire passer à un rang inférieur. **2.** Donner un sentiment d'infériorité à. – De *inférieur.*

infériorité [ɛ̃feʀjɔʀite] n. f. Caractère de ce qui est inférieur. *En état d'infériorité.* - *Complexe d'infériorité :* ensemble d'attitudes, de représentations, de conduites qui mènent un individu à avoir de lui-même une idée dépréciée, dévalorisée. – De *inférieur.*

infermentescible [ɛ̃fɛʀmɑ̃tesibl] adj. TECH Qui n'est pas susceptible de fermenter. – De *in-* 1, et *fermenter.*

infernal, ale, aux [ɛ̃fɛʀnal, o] adj. **1.** De l'enfer, des Enfers. *Dieux infernaux.* **2.** Digne de l'enfer. *Chaleur infernale, vacarme infernal.* - Fig. Qui dénote la ruse, la méchanceté perverse. *Une infernale perfidie.* ▷ Vieilli *Machine infernale :* engin destiné à produire une explosion meurtrière. **3.** Fam. Très turbulent. *Une gamine infernale.* – Bas lat. *infernalis,* de *infernus,* «enfer».

inférovarié, ée [ɛ̃feʀovaʀje] adj. BOT Dont l'ovaire est infère. Ant. supérovarié. – De *infère,* et *ovaire.*

infertile [ɛ̃fɛʀtil] adj. Stérile, infécond. *Sol infertile.* - Fig. *Esprit infertile.* – Bas lat. *infertilis.*

infertilité [ɛ̃fɛʀtilite] n. f. État de ce qui est infertile. Syn. stérilité. – Bas lat. *infertilitas.*

infestation [ɛ̃fɛstasjɔ̃] n. f. **1.** Action d'infester. **2.** MED Pénétration dans l'organisme de parasites non microbiens. – Bas lat. *infestatio.*

infester [ɛ̃fɛste] v. tr. [1] **1.** Ravager, désoler par des actes de violence. *Les pirates infestaient les côtes.* **2.** Envahir en abondance, en parlant d'animaux ou de plantes nuisibles. - Pp. *Cave infestée de rats.* – Lat. *infestare,* de *infestus,* «hostile».

infeutrable [ɛ̃føtʀabl] adj. Spécialement traité pour ne pas feutrer. *Laine infeutrable.* – De *in-* 1, et *feutrer.*

infibulation [ɛ̃fibylasjɔ̃] n. f. Opération (toujours pratiquée dans certaines sociétés africaines traditionnelles) qui consiste soit à fixer à demeure un anneau traversant le prépuce de l'homme ou les petites lèvres de la femme, soit à coudre les petites lèvres de la femme qui adhèrent ainsi de façon permanente. – De *infibuler.*

infibuler [ɛ̃fibyle] v. tr. [1] Pratiquer l'infibulation sur. – Lat. *infibulare,* «agrafer».

infidèle [ɛ̃fidɛl] adj. et n. Qui n'est pas fidèle. **I.** adj. et n. **1.** Qui ne respecte pas ses engagements, qui trompe la confiance. *Dépositaire infidèle.* **2.** Qui n'est pas constant dans ses affections. *Ami infidèle.* ▷ *Spécial.* Qui n'est pas fidèle en amour. *Mari, amant infidèle.* - Subst. *Un(e) infidèle.* **3.** Qui ne professe pas la religion tenue pour vraie (à un moment donné, dans un lieu donné). *Peuples infidèles.* ▷ Subst. *Les infidèles.* **II.** adj. **1.** Sur quoi l'on ne peut compter. *Mémoire infidèle.* **2.** Inexact, qui manque à la vérité. *Traduction, récit infidèle.* – Lat. *infidelis,* dans la langue class. «inconstant, sur qui l'on ne peut compter», puis, en lat. ecclés., «infidèle à la loi de Dieu, mécréant».

infidèlement [ɛ̃fidɛlmɑ̃] adv. De manière infidèle. – De *infidèle.*

infidélité [ɛ̃fidelite] n. f. **1.** Manque de fidélité. ▷ Action manifestant le manque de fidélité, et notam. le manque de fidélité en amour. *Faire des infidélités à qqn.* **2.** Manque d'exactitude. *Infidélité d'un copiste.* ▷ Inexactitude, erreur. *Les infidélités d'une traduction.* – Lat. *infidelitas,* dans la langue class. «manque de loyauté, inconstance».

infiltration [ɛ̃filtʀasjɔ̃] n. f. **1.** Passage lent d'un liquide à travers les interstices d'un corps solide. *Infiltrations d'eau dans un mur.* **2.** MED Injection thérapeutique d'une substance dans un tissu ou une articulation. ▷ Envahissement d'un tissu sain par des cellules, malignes ou non. **3.** MILIT Pénétration, en arrière des lignes adverses, de petits groupes armés. – De *infiltrer.*

infiltrer [ɛ̃filtʀe] v. [1] **I.** v. pron. **1.** Pénétrer à travers les pores, les interstices d'un corps solide. *L'eau s'infiltre dans le bois.* **2.** Fig. Pénétrer peu à peu, s'insinuer. *Le doute s'infiltre dans son esprit. S'infiltrer au travers des lignes ennemies.* **II.** v. tr. S'introduire clandestinement dans. *Infiltrer une organisation.* – De *in-* 2, et *filtrer.*

infime [ɛ̃fim] adj. **1.** Placé le plus bas. *Occuper un rang infime.* **2.** Très petit, insignifiant. *Détails infimes.* – Lat. *infimus,* «le plus bas».

in fine [infine] loc. adv. À la fin. *Se reporter chapitre X, in fine.* – Mots lat., «à la fin».

infini, ie [ɛ̃fini] adj. et n. m. **I.** adj. **1.** Qui n'a ni commencement, ni fin. *Dieu est infini.* - Qui n'a pas de limites, sans bornes. *Espace, durée infinis.* ▷ MATH Qualifie un ensemble E tel qu'il existe une partie P_2 de E qui contienne strictement une partie quelconque P_1 de E. *L'ensemble des nombres entiers est infini. Plus l'infini (symbole : + ∞), moins l'infini (symbole : - ∞).* **2.** D'une quantité, d'une intensité, d'une grandeur très considérable. *Infinie variété d'objets. La distance infinie des astres. Une voix d'une infinie douceur.* Syn. extrême. **II.** n. m. **1.** Ce qui est ou ce que l'on suppose être sans limites. *Tenter d'imaginer l'infini.* **2.** Ce qui paraît infini. *L'infini de la steppe.* **3.** Loc. adv. *À l'infini :* sans qu'il y ait de fin. *Multiplier à l'infini.* – Lat. *infinitus,* «sans fin, sans limite».
ENCYCL La notion abstraite d'infini a fait l'objet de discussions métaphysiques pendant deux millénaires, et différents philosophes lui font recouvrir les notions d'absolu et de perfection. Ainsi, Descartes tire de la présence, dans l'esprit humain, de l'idée d'infini une preuve de l'existence de Dieu. Depuis le XIXe s., l'infini est l'objet de définitions mathématiques dépourvues d'ambiguïté. En analyse mathématique (V. mathéma-

tique), l'infini apparaît dans les problèmes où une quantité variable dépasse toute quantité fixe donnée à l'avance. Par exemple, si une quantité strictement positive x se rapproche de 0, son inverse $\frac{1}{x}$ finit par dépasser tout nombre réel donné, si grand soit-il. On est ainsi amené à adjoindre à l'ensemble R des nombres réels deux éléments «à l'infini», notés respectivement $+\infty$ et $-\infty$ (lire «plus l'infini» et «moins l'infini»). Le calcul infinitésimal est la partie classique de l'analyse mathématique qui comprend le calcul différentiel et le calcul intégral. Le premier consiste à chercher la limite du rapport de deux infiniment petits : c'est le problème des tangentes à une courbe représentant une fonction. Le deuxième, qui complète le premier, a pour objet de trouver la limite d'une somme d'infiniment petits : c'est le problème de l'évaluation des surfaces.

infiniment [ɛ̃finimɑ̃] adv. **1.** Sans bornes, sans mesure. ▷ MATH *Quantité infiniment grande* (ou *infiniment petite*), susceptible de devenir plus grande (ou plus petite) que tout nombre choisi arbitrairement, aussi grand (ou aussi petit) soit-il. **2.** Extrêmement. *Je vous remercie infiniment.* – De *infini.*

infinité [ɛ̃finite] n. f. **1.** Caractère de ce qui est infini. *L'infinité de Dieu.* **2.** Quantité infinie. **3.** Quantité considérable. *Il passe ici chaque jour une infinité de gens.* – Lat. *infinitas.*

infinitésimal, ale, aux [ɛ̃finitezimal, o] adj. **1.** MATH Qui concerne les quantités infiniment petites. ▷ *Calcul infinitésimal,* partie des mathématiques comprenant le calcul différentiel (recherche de la limite du rapport de deux infiniment petits) et le calcul intégral (recherche de la limite d'une somme d'infiniment petits). Syn. analyse. **2.** Très petit. *Une dose infinitésimale.* – De l'angl. par le lat. *infinitesimus.*

infinitif, ive [ɛ̃finitif, iv] n. m. et adj. Mode impersonnel qui exprime d'une manière indéterminée ou générale l'idée marquée par le verbe. *C'est l'infinitif des verbes qui figure à la nomenclature des dictionnaires français. Infinitif substantivé* (ex. : *le boire et le manger*). *Infinitif historique* ou *de narration* employé avec la préposition *de* (ex. : *«Et grenouille de se plaindre» La Fontaine*). ▷ adj. *Mode infinitif.* – *Proposition infinitive,* dont le verbe est à l'infinitif (ex. : *j'entends les oiseaux chanter*). – Lat. gram. *infinitivus (modus),* «mode infinitif», du lat. class. *infinitus,* «sans fin, sans limite».

infinitude [ɛ̃finityd] n. f. Litt. Qualité de ce qui est infini. – De *infini.*

infirmatif, ive [ɛ̃fiʀmatif, iv] adj. DR Qui infirme, annule. *Arrêt infirmatif d'une sentence.* – De *infirmer.*

infirmation [ɛ̃fiʀmasjɔ̃] n. f. DR Action d'infirmer. *Infirmation d'un arrêt.* Syn. annulation. – Lat. *infirmatio.*

infirme [ɛ̃fiʀm] adj. et n. **1.** Vx Faible. **2.** Atteint d'une infirmité, d'infirmités. *Rester infirme à la suite d'un accident.* ▷ Subst. *Les infirmes d'un hospice.* Syn. handicapé, invalide. – Du lat. *infirmus,* «faible».

infirmer [ɛ̃fiʀme] v. tr. [1] **1.** Aller à l'encontre de, réfuter, démentir (qqch). *Infirmer une preuve, une déclaration.* Ant. confirmer. **2.** DR Déclarer nul. *Infirmer un jugement.* – Lat. *infirmare,* «affaiblir, annuler», de *infirmus,* «faible».

infirmerie [ɛ̃fiʀməʀi] n. f. Local où l'on soigne les malades, les blessés, dans une communauté. *L'infirmerie d'un collège, d'une caserne.* – De *infirmier.*

infirmier, ère [ɛ̃fiʀmje, ɛʀ]n. et adj. Personne dont la profession est d'assister les médecins et de donner des soins aux malades, aux blessés, en suivant leurs prescriptions. *Infirmière de garde. Diplôme d'infirmière.* ▷ adj. Qui concerne les infirmiers, leur activité. *Soins infirmiers.* – De l'anc. franç. *enferm,* «malade».

infirmité [ɛ̃fiʀmite] n. f. **1.** Vx Faiblesse. **2.** Indisposition ou maladie habituelle. *Les infirmités de la vieillesse.* **3.** Absence, altération ou perte d'une fonction (l'individu jouissant par ailleurs d'une bonne santé). – Lat. *infirmitas,* «faiblesse».

infixe [ɛ̃fiks] n. m. GRAM Élément qui, dans certaines langues, s'insère au milieu d'une racine, pour certaines formes. (Ex. : l'infixe nasal [n] aux temps du présent de certains verbes latins : ainsi, *ta-n-go,* «je touche», en face de *tac-tus,* «touché».) – Du lat. *figere,* «planter, ficher».

inflammabilité [ɛ̃flamabilite] n. f. Caractère de ce qui est inflammable. – De *inflammable.*

inflammable [ɛ̃flamabl] adj. **1.** Qui s'enflamme facilement. *L'éther est inflammable.* **2.** Fig. Qui se passionne facilement. *Cœur inflammable.* – Du lat. *inflammare,* «mettre le feu à».

inflammation [ɛ̃flamasjɔ̃] n. f. **1.** Fait de s'enflammer, de prendre feu. *Inflammation d'un mélange gazeux.* **2.** MED Réaction locale de l'organisme contre un agent pathogène, caractérisée par la rougeur, la chaleur, la douleur et la tuméfaction. – Lat. *inflammatio.*

inflammatoire [ɛ̃flamatwaʀ] adj. MED Qui cause une inflammation, qui tient de l'inflammation. *Maladie inflammatoire.* – De *inflammation.*

inflation [ɛ̃flasjɔ̃] n. f. **1.** ECON Phénomène économique qui se traduit par une hausse des prix généralisée, dû à un déséquilibre entre l'offre et la demande globale des biens et des services disponibles sur le marché. **2.** Augmentation excessive. *Inflation du nombre des fonctionnaires.* Ant. déflation. – Du lat. *inflatio,* «enflure»; d'abord en angl.

inflationniste [ɛ̃flasjɔnist] adj. et n. ECON **1.** adj. Relatif à l'inflation. **2.** n. Partisan de l'inflation. – Angl. *inflationist.*

infléchi, ie [ɛ̃fleʃi] adj. **1.** Légèrement courbé. **2.** BOT Courbé du dehors en dedans. *Rameaux infléchis.* – Pp. de *infléchir.*

infléchir [ɛ̃fleʃiʀ] **1.** v. tr. [3] Fléchir, courber. *L'atmosphère infléchit les rayons lumineux.* – Fig. Modifier l'orientation de. *Infléchir sa ligne de conduite.* **2.** v. pron. Dévier. *La ligne s'infléchit à droite.* – De *in-* 2, et *fléchir,* d'apr. *inflexion.*

infléchissable [ɛ̃fleʃisabl] adj. Qui ne fléchit pas. – De *in-,* et *fléchir.*

inflexibilité [ɛ̃flɛksibilite] n. f. **1.** Rare Caractère de ce qui est inflexible. *L'inflexibilité de la fonte.* **2.** Cour. Caractère d'une personne qui ne se laisse pas fléchir. *L'inflexibilité d'un magistrat.* – De *inflexible.*

inflexible [ɛ̃flɛksibl] adj. **1.** Rare Qu'on ne peut fléchir, courber. *Métal inflexible.* **2.** Cour. Qui ne se laisse pas émouvoir, inexorable. *Être inflexible aux prières.* Syn. inébranlable. – Lat. *inflexibilis.*

inflexiblement [ɛ̃flɛksibləmɑ̃] adv. De façon inflexible. – De *inflexible.*

inflexion [ɛ̃flɛksjɔ̃] n. f. **1.** Action d'infléchir, de fléchir, d'incliner. *Inflexion de la tête.* **2.** PHYS Déviation. *L'inflexion des rayons lumineux par un prisme.* ▷ MATH *Point d'inflexion d'une courbe,* où la courbure change de sens. **3.** Fig. Changement de ton, d'accent dans la voix; modulation. *Avoir des inflexions touchantes.* **4.** LING Modification du timbre d'une voyelle sous l'influence d'un phonème voisin. – Lat. *inflexio.*

infliger [ɛ̃fliʒe] v. tr. [13] **1.** Frapper (d'une peine) qqn. *Infliger une amende à un automobiliste.* **2.** *Par ext.* Faire subir. *Infliger un affront. Il nous a infligé un discours ennuyeux.* – Lat. *infligere.*

inflorescence [ɛ̃flɔʀɛsɑ̃s] n. f. BOT Disposition des fleurs d'une plante les unes par rapport aux autres;

ensemble de ces fleurs. – Du bas lat. *inflorescere*, « commencer à fleurir ».

ENCYCL L'inflorescence peut être : *uniflore* (fleurs isolées) ou *pluriflore* (fleurs groupées); *définie* (l'axe princ. porte une fleur et la croissance est donc arrêtée) ou *indéfinie* (l'axe princ. continue à croître et à se ramifier pour donner de nouvelles fleurs). Si l'axe porte les *pédicelles* floraux, l'inflorescence est *simple*; s'il porte des ramifications plus ou moins complexes, qui portent les pédicelles, elle est *composée*. L'étude des inflorescences permet de définir cinq grands types : la grappe, l'épi, le corymbe, le capitule et la cyme.

influençabilité [ɛ̃flyɑ̃sabilite] n. f. Caractère d'une personne influençable. – De *influençable*.

influençable [ɛ̃flyɑ̃sabl] adj. Facile à influencer. *Esprit influençable*. – De *influencer*.

influence [ɛ̃flyɑ̃s] n. f. **1.** Vx Action supposée des astres sur la destinée humaine. *« Du ciel, l'influence secrète » (Boileau)*. **2.** Action exercée sur qqch ou qqn. *Avoir une bonne, une mauvaise influence sur qqn. Agir sous l'influence de la colère*. Syn. effet, emprise, ascendant. **3.** Crédit, autorité. *Un homme sans influence*. – *Trafic d'influence*, délit d'une personne qui monnaie l'obtention d'avantages administratifs. **4.** PHYS *Influence électrique* ou *influence électrostatique* : modification de la répartition des charges électriques portées par un corps sous l'effet d'un champ électrique. – Lat. scientif. *influentia*, de *influere* (V. influer).

influencer [ɛ̃flyɑ̃se] v. tr. [**12**] Exercer une influence sur. *Influencer l'opinion*. – De *influence*.

influent, ente [ɛ̃flyɑ̃, ɑ̃t] adj. Qui a de l'influence, du crédit. *Personnage très influent*. – De *influence*.

influenza [ɛ̃flyenza] n. f. Vx Grippe. – Mot angl., de l'ital. *influenza*, « écoulement de fluide, influence des astres », d'où « épidémie ».

influer [ɛ̃flye] v. [**1**] **1.** v. tr. Vx Faire couler dans. **2.** v. intr. Exercer sur (une chose) une action qui tend à la modifier; avoir une action déterminante sur. *La lumière influe sur la végétation. Mes conseils ont influé sur sa décision*. – Lat. *influere*, « couler dans, affluer ».

influx [ɛ̃fly] n. m. PHYSIOL *Influx nerveux* : courant électrique de dépolarisation qui, en se propageant le long des fibres nerveuses, transmet les commandes motrices ou les messages sensitifs (V. nerveux). – Du lat. *influxio, influxionis*, « action de couler dans », de *influere* (V. influer).

infographie [ɛ̃fografi] n. f. INFORM Informatique appliquée aux arts graphiques et à l'image. – Nom déposé; de *info(rmatique)*, et *-graphie*.

infographiste [ɛ̃fografist] n. INFORM Spécialiste de l'infographie. – De *infographie*.

in-folio [infɔljo] adj. inv. et n. m. inv. IMPRIM Dont les feuilles sont pliées en deux (4 pages). *Livre in-folio* ou, n. m. inv., *un in-folio*. – Lat. *in*, « dans », et *folium*, « feuille ».

infondé, ée [ɛ̃fɔ̃de] adj. Qui n'est pas fondé. *Une rumeur infondée*. – De *in-* 1, et *fondé*.

informateur, trice [ɛ̃fɔrmatœr, tris] n. Personne qui informe, qui donne des renseignements. – De *informer*.

informaticien, enne [ɛ̃fɔrmatisjɛ̃, ɛn] n. Spécialiste de l'informatique. – De *informatique*.

informatif, ive [ɛ̃fɔrmatif, iv] adj. Qui informe. *Brochure informative*. – Du rad. de *informer*.

information [ɛ̃fɔrmasjɔ̃] n. f. **1.** Action de donner connaissance d'un fait. *La presse est un moyen d'information*. **2.** Renseignement, documentation sur qqn ou qqch. *Prendre des informations*. – (Plur.) Ensemble des nouvelles communiquées par la presse, la radio, la télévision, etc. *Bulletin d'informations. Écouter les informations*. **3.** DR Instruction. – Enquête policière préalable à l'instruction. **4.** INFORM Élément de connaissance, renseignement élémentaire susceptible d'être transmis et conservé grâce à un support et un code. **5.** MATH *Théorie de l'information*, qui étudie les divers modes d'émission, de réception, de traitement des informations que comporte tout message (écrit, oral, informatique, etc.). – De *informer*.

informatique [ɛ̃fɔrmatik] n. f. Technique du traitement automatique de l'information au moyen des calculateurs et des ordinateurs. *Informatique de gestion*. ▷ adj. Relatif à cette technique. *Traitement par des moyens informatiques*. (V. télématique, ordinateur.) – De *information*.

informatisable [ɛ̃fɔrmatizabl] adj. Qui peut être informatisé. – De *informatiser*.

informatisation [ɛ̃fɔrmatizasjɔ̃] n. f. Action d'informatiser; son résultat. – De *informatiser*.

informatiser [ɛ̃fɔrmatize] v. tr. [**1**] Soumettre aux méthodes, aux techniques de l'informatique. *Informatiser le calcul de la paie d'une entreprise*. – De *informatique*.

informe [ɛ̃fɔrm] adj. **1.** Qui n'a pas de forme précise. *Masse informe*. **2.** Incomplet, inachevé. *Essais informes*. – Lat. *informis*.

informé, ée [ɛ̃fɔrmo] adj. et n. m. **1.** adj. Qui a pris ou reçu des informations. **2.** n. m. DR Information judiciaire. – *Un plus ample informé* : un complément d'information. ▷ Fig. *Jusqu'à plus ample informé* : en attendant d'en savoir plus. – Pp. de *informer*.

1. informel, elle [ɛ̃fɔrmɛl] adj. et n. m. BX-A *Peinture informelle* : peinture abstraite issue de l'abstraction lyrique et consacrant la disparition de toute forme reconnaissable. ▷ n. m. *L'informel*. – De *in-* 1, et *formel*.

2. informel, elle [ɛ̃fɔrmɛl] adj. Qui n'est pas organisé avec rigueur, qui n'est pas soumis à des règles strictes. *Rencontres, discussions, réunions informelles*. – D'apr. l'angl. *unformal*.

informer [ɛ̃fɔrme] v. [**1**] **I.** v. tr. **1.** PHILO Doter d'une forme, d'une structure; donner une signification. **2.** Avertir, mettre au courant. *Informer le public des événements*. ▷ v. pron. S'enquérir. *S'informer de la santé de qqn*. **II.** v. intr. DR Faire une instruction, une information. *Informer sur un crime*. – *Informer contre qqn* : ouvrir une information contre qqn. – Lat. *informare*, « façonner, former ».

informulé, ée [ɛ̃fɔrmyle] adj. Qui n'est pas formulé. – De *in-* 1, et pp. de *formuler*.

infortune [ɛ̃fɔrtyn] n. f. **1.** Mauvaise fortune, adversité. *Tomber dans l'infortune*. **2.** Revers de fortune, désastre. *Il m'a raconté ses infortunes*. – Lat. *infortunium*.

infortuné, ée [ɛ̃fɔrtyne] adj. et n. Qui est dans l'infortune. – Lat. *infortunatus*.

infoutu, ue [ɛ̃futy] adj. Fam. Incapable. *Elle est infoutue d'arriver à l'heure*. – De *in-*, et *foutu*, pp. de *foutre*.

infra-. Élément, du lat. *infra*, « au-dessous, plus bas ».

infra [ɛ̃fra] adv. (Mot lat.) Employé pour renvoyer à un passage plus loin dans le texte. *Voyez infra*. Ant. supra. – Mot lat., « au-dessous, plus bas ».

infraction [ɛ̃fraksjɔ̃] n. f. Transgression, violation d'une loi, d'une règle, d'un ordre, etc. *Infraction à la loi. Être en infraction*. – Lat. *infractio*, de *frangere*, « briser » (V. enfreindre).

infralittoral, ale, aux [ɛ̃fralitɔral, o] adj. BIOL *Étage infralittoral* : zone sous-marine en bordure de côte, caractérisée par la présence, liée à l'éclairement, des algues héliophiles (qui aiment la lumière) et des zoostères. (Sa limite inf. est comprise entre 15 et 80 m de profondeur selon la limpidité de l'eau.) – De *infra-*, et *littoral.*

infranchissable [ɛ̃fʀɑ̃ʃisabl] adj. Qu'on ne peut franchir. *Obstacle infranchissable.* – De *in-* 1, et *franchissable.*

infrangible [ɛ̃fʀɑ̃ʒibl] adj. Qui ne peut être brisé. – De *in-* 1, et a. fr. *frangible*, du bas lat. *frangibilis*, « fragile ».

infrarouge [ɛ̃fʀaʀuʒ] adj. et n. m. *Rayonnement infrarouge* ou, n. m., *infrarouge* : rayonnement dont la longueur d'onde est comprise entre 0,8 et 1 000 micromètres et que sa fréquence place en deçà du rouge dans la partie du spectre non visible à l'œil. – De *infra-*, et *rouge.*

infrason [ɛ̃fʀasɔ̃] n. m. PHYS Vibration sonore de faible fréquence (de 2 à 16 Hz) non perçue par l'oreille humaine. – De *infra-*, et *son.*

infrasonore [ɛ̃fʀasɔnɔʀ] adj. TECH Relatif aux infrasons; qui produit des infrasons. – De *infrason.*

infrastructure [ɛ̃fʀastʀyktyʀ] n. f. **1.** Ensemble des ouvrages et des équipements au sol destinés à faciliter le trafic routier, aérien, maritime ou ferroviaire. *Infrastructure routière.* **2.** MILIT Ensemble des installations et des services nécessaires au fonctionnement d'une force armée. **3.** SOCIOL (Vocabulaire marxiste.) Ensemble des forces productives et des rapports de production qui constituent la base matérielle de la société et sur lesquels s'élève la superstructure (idéologie et institutions). – De *infra-*, et *structure.*

infréquentable [ɛ̃fʀekɑ̃tabl] adj. Qu'on ne peut fréquenter. – De *in-* 1, et *fréquentable.*

infroissable [ɛ̃fʀwasabl] adj. Qui ne se froisse pas. *Tissu infroissable.* – De *in-* 1, et *froissable.*

infructueux, euse [ɛ̃fʀyktɥø, øz] adj. **1.** Vx Qui ne rapporte que peu ou pas de fruits. *Année infructueuse.* **2.** Fig. Qui ne donne pas de résultat, sans profit. *Efforts infructueux.* Syn. stérile. – Lat. *infructuosus.*

infumable [ɛ̃fymabl] adj. Qu'on ne peut fumer, qui est très désagréable à fumer. *Cigare infumable.* – De *in-* 1, *fumer*, et *-able.*

infundibuliforme [ɛ̃fɔ̃dibylifɔʀm] adj. Didac. En forme d'entonnoir. – De *infundibulum*, et *-forme.*

infundibulum [ɛ̃fɔ̃dibylɔm] n. m. ANAT Organe ou partie d'organe en forme d'entonnoir. *Infundibulum de l'artère pulmonaire.* – Mot lat., « entonnoir ».

infus, use [ɛ̃fy, yz] adj. **1.** Vieilli ou litt. Répandu naturellement dans l'âme. *Sagesse infuse.* Syn. inné. Ant. acquis. **2.** THEOL *Science infuse*, reçue par Adam de Dieu. – Iron. *Avoir la science infuse* : être savant sans avoir étudié. – Lat. *infusus*, rac. *fundere*, « répandre ».

infuser [ɛ̃fyze] v. tr. [**1**] **1.** Laisser macérer (une substance) dans un liquide bouillant afin que celui-ci se charge de principes actifs. *Infuser de la menthe dans l'eau bouillante.* **2.** Introduire, faire pénétrer dans. *Infuser du sang dans les veines.* – De *infusion.*

infusibilité [ɛ̃fyzibilite] n. f. TECH Caractère de ce qui est infusible. – De *infusible.*

infusible [ɛ̃fyzibl] adj. TECH Qui n'est pas susceptible de fondre. – De *in-* 1, et *fusible.*

infusion [ɛ̃fyzjɔ̃] n. f. **1.** Action d'infuser une substance dans un liquide. *Infusion à chaud.* **2.** Produit de cette opération. *Boire une infusion de tilleul.* **3.** THEOL Communication à l'âme de grâces exceptionnelles ou de dons surnaturels. – Lat. *infusio*, de *infusum*, supin de *infundere*, « verser dans ».

infusoires [ɛ̃fyzwaʀ] n. m. pl. ZOOL Sous-embranchement formé par les protistes de grande taille (0,2 mm pour la paramécie), munis d'un macronucleus et d'un micronucleus. – Sing. *Un infusoire.* – De *infusion*, parce qu'ils ont d'abord été observés dans des infusions animales ou végétales.

ingagnable [ɛ̃gaɲabl] adj. Qu'on ne peut gagner. *Procès ingagnable.* – De *in-* 1, *gagner*, et *-able.*

ingambe [ɛ̃gɑ̃b] adj. Alerte. *Vieillard encore ingambe.* – Ital. *in gamba*, « en jambe ».

ingénier (s') [ɛ̃ʒenje] v. pron. [**2**] *S'ingénier à* (+ inf.) : chercher à, tâcher de trouver un moyen pour. *Il s'ingéniait à relancer la conversation.* Syn. s'évertuer. – Du lat. *ingenium*, « esprit, talent ».

ingénierie [ɛ̃ʒeniʀi] n. f. **1.** Ensemble des activités ayant pour objet la conception rationnelle et fonctionnelle des ouvrages ou des équipements techniques et industriels, l'établissement du projet, la coordination et le contrôle de la réalisation. Syn. (off. déconseillé) engineering. **2.** Profession de celui qui exerce une telle activité. **3.** *Ingénierie génétique* : génie* génétique. – Adapt. de l'angl. *engineering.*

ingénieriste [ɛ̃ʒeniʀist] n. Spécialiste de l'ingénierie. – De *ingénierie.*

ingénieur [ɛ̃ʒenjœʀ] n. m. Personne capable, grâce à ses connaissances et ses compétences techniques et scientifiques, de concevoir des ouvrages et des machines, d'organiser ou de diriger des unités de production ou des chantiers. *Le titre d'ingénieur doit, en France, s'accompagner de la mention de l'école qui a délivré le diplôme. Ingénieur des mines, des travaux publics, des ponts et chaussées.* – *Ingénieur civil*, qui n'appartient pas au corps des ingénieurs de l'État. – *Ingénieur du son* : ingénieur spécialiste qui dirige et supervise un enregistrement sonore (disque, télévision, cinéma, etc.). ▷ *Ingénieur-conseil* : ingénieur établi à son compte, capable d'apporter des conseils lors de la conception et de la réalisation d'ouvrages et d'installations. *Des ingénieurs-conseils.* – A. fr. *engeigneur*, de *engin*, « machine de guerre ».

ingénieusement [ɛ̃ʒenjøzmɑ̃] adv. De façon ingénieuse. – De *ingénieux.*

ingénieux, euse [ɛ̃ʒenjø, øz] adj. **1.** Plein d'esprit d'invention. *Homme ingénieux.* Syn. astucieux, habile. **2.** Qui dénote de l'adresse, de l'imagination. *Invention ingénieuse.* – A. fr. *engenious*, du lat. *ingeniosus.*

ingéniosité [ɛ̃ʒenjozite] n. f. Caractère d'une personne, d'une chose ingénieuse. – Du lat. *ingeniosus*, « ingénieux ».

ingénu, ue [ɛ̃ʒeny] adj. et n. **1.** adj. D'une franchise innocente et candide. *Fillette ingénue. Air ingénu.* Syn. naïf. ▷ Subst. *Un(e) ingénu(e).* **2.** n. f. THEAT Rôle de jeune fille naïve. *Jouer les ingénues.* – Lat. *ingenuus*, « né libre (de parents libres) » et, par ext., « noble, franc ».

ingénuité [ɛ̃ʒenɥite] n. f. Candeur innocente, naïveté. *Son ingénuité confine à la sottise.* – Lat. *ingenuitas*, de *ingenuus* (V. ingénu).

ingénument [ɛ̃ʒenymɑ̃] adv. D'une manière ingénue. – De *ingénu.*

1. ingérable [ɛ̃ʒeʀabl] adj. Didac. Que l'on peut ingérer. *Médicament ingérable.* – De *ingérer.*

2. ingérable [ɛ̃ʒeʀabl] adj. Qui ne peut être géré ou qui est très difficile à gérer. *Situation ingérable.* – De *in-* 1, *gérer*, et *-able.*

ingérence [ɛ̃ʒeʀɑ̃s] n. f. Action de s'ingérer. Syn. intrusion. – De *ingérer.*

ingérer [ɛ̃ʒeʀe] **1.** v. tr. [**14**] Introduire par la bouche. *Ingérer des aliments.* **2.** v. pron. Se mêler indûment de (qqch). *Vous vous ingérez dans une affaire qui ne vous regarde pas.* Syn. s'immiscer. – Lat. *ingerere*, « porter dans, mêler dans ».

ingestion [ɛ̃ʒɛstjɔ̃] n. f. Action d'ingérer. – De *ingérer.*

in globo [inglobo] loc. adv. Entièrement. *Condamner un ouvrage in globo.* – Mots lat., « dans la masse ».

ingouvernable [ɛ̃guvɛrnabl] adj. Qui ne peut être gouverné. *Chambre, pays ingouvernables.* – De *in-* 1, et *gouvernable.*

ingrat, ate [ɛ̃gra, at] adj. et n. **1.** Qui n'a pas de reconnaissance pour les bienfaits reçus. *Fils ingrat.* ▷ Subst. *Obliger des ingrats.* **2.** Qui ne dédommage pas des peines qu'on se donne. *Sol ingrat. Travail ingrat.* **3.** Qui manque de charme, de grâce. *Visage ingrat.* ▷ *L'âge ingrat* : la puberté. – Lat. *ingratus,* de *in,* élément négatif, et *gratus,* « agréable, reconnaissant ».

ingratitude [ɛ̃gratityd] n. f. **1.** Caractère d'une personne ingrate; manque de reconnaissance. **2.** Action ingrate. *Commettre des ingratitudes.* **3.** Caractère de ce qui est ingrat. *L'ingratitude d'un sol, d'un travail.* – Bas lat. *ingratitudo.*

ingrédient [ɛ̃gredjɑ̃] n. m. Substance qui entre dans la composition d'un mélange. – Lat. *ingrediens,* ppr. de *ingredi,* « entrer dans ».

ingression [ɛ̃grɛsjɔ̃] n. f. **1.** Vx Incursion. **2.** GEOGR Envahissement par les eaux. – Lat. *ingressio.*

inguérissable [ɛ̃gerisabl] adj. Qui ne peut être guéri. *Mal inguérissable.* Syn. incurable. – De *in-* 1, et *guérissable.*

inguinal, ale, aux [ɛ̃gɥinal, o] adj. ANAT Relatif à l'aine. *Hernie inguinale.* – Du lat. *inguen, inguinis,* « aine ».

ingurgitation [ɛ̃gyrʒitasjɔ̃] n. f. Action d'ingurgiter. – Bas lat. *ingurgitatio.*

ingurgiter [ɛ̃gyrʒite] v. tr. [1] **1.** Absorber, avaler. **2.** Avaler avec avidité, voracité. *Il avait ingurgité une grande quantité d'alcool.* – Fig. *Ingurgiter des connaissances.* – Lat. *ingurgitare,* « engouffrer ».

I.N.H. BIOCHIM Sigle de *isonicotinylhydrazide* (plus cour. isoniazide).

inhabile [inabil] adj. **1.** Vx Malhabile. *Artiste inhabile.* **2.** DR Qui n'est pas apte juridiquement (à accomplir un acte). *Inhabile à contracter, à tester.* – Lat. *inhabilis.*

inhabilement [inabilmɑ̃] adv. D'une manière inhabile. – De *inhabile.*

inhabileté [inabilte] n. f. Maladresse. – De *inhabile,* d'après *habileté.*

inhabilité [inabilite] n. f. DR Incapacité. – De *inhabile,* d'après *habileté.*

inhabitable [inabitabl] adj. Qui ne peut être habité. *Contrée, maison inhabitable.* – Lat. *inhabitabilis.*

inhabité, ée [inabite] adj. Qui n'est pas habité. *Maison inhabitée.* Syn. inoccupé. – De *in-* 1, et pp. de *habiter.*

inhabituel, elle [inabitɥɛl] adj. Qui n'est pas habituel. Syn. inaccoutumé, accidentel. – De *in-* 1, et *habituel.*

inhalateur, trice [inalatœr, tris] adj. et n. m. **1.** adj. Employé pour des inhalations. **2.** n. m. Appareil qui sert pour les inhalations. – De *inhalation.*

inhalation [inalasjɔ̃] n. f. Absorption par les voies respiratoires. ▷ MED Absorption, à des fins thérapeutiques, de certaines substances gazeuses (anesthésiques, désinfectants, etc.), par les voies respiratoires; préparation ainsi absorbée. – Bas lat. *inhalatio.*

inhaler [inale] v. tr. [1] Inspirer, absorber par inhalation. – Lat. *inhalare.*

inharmonieux, ieuse [inarmɔnjø, øz] adj. Qui manque d'harmonie. – De *in-* 1, et *harmonieux.*

inhérence [inerɑ̃s] n. f. État de ce qui est inhérent. – Lat. scolast. *inhærentia.*

inhérent, ente [inerɑ̃, ɑ̃t] adj. Lié inséparablement et nécessairement à un être, une chose. *La faiblesse inhérente à la nature humaine.* – Lat. *inhærens,* ppr. de *inhærere,* « être attaché à ».

inhiber [inibe] v. tr. [1] **1.** PHYSIOL, PSYCHO Produire l'inhibition de. **2.** CHIM Empêcher ou ralentir (l'activité chimique d'un corps, une réaction). – Lat. *inhibere,* « retenir, arrêter ».

inhibiteur, trice [inibitœr, tris] adj. et n. m. PHYSIOL, PSYCHO, CHIM Qui produit l'inhibition. *Un processus inhibiteur. Une enzyme inhibitrice.* ▷ n. m. *Inhibiteur de corrosion.* – De *inhiber.*

inhibition [inibisjɔ̃] n. f. **1.** PHYSIOL Suspension temporaire ou définitive de l'activité d'un organe, d'un tissu ou d'une cellule. **2.** PSYCHO Blocage des fonctions intellectuelles ou de certains actes ou conduites, dû le plus souvent à un interdit affectif (V. censure). **3.** CHIM Diminution de la vitesse d'une réaction. – Lat. médiév. *inhibitio.*

inhospitalier, ère [inɔspitalje, ɛr] adj. **1.** Qui ne pratique pas l'hospitalité. *Peuple inhospitalier.* **2.** Qui réserve un mauvais accueil. ▷ *Terre inhospitalière,* peu propice à la vie, où il n'y a guère de ressources. – De *in-* 1, et *hospitalier.*

inhumain, aine [inymɛ̃, ɛn] adj. **1.** Sans humanité, sans pitié. *Acte inhumain.* Syn. barbare, cruel, insensible. ▷ n. f. Litt., vx Femme qui ne répond pas à l'amour dont elle est l'objet. **2.** Qui n'appartient pas à la nature humaine, qui n'est pas d'un être humain. *Pousser un cri inhumain.* **3.** Trop pénible pour l'homme. *Des conditions d'existence inhumaines.* – Lat. *inhumanus.*

inhumainement [inymɛnmɑ̃] adv. D'une façon inhumaine, cruellement. – De *inhumain.*

inhumanité [inymanite] n. f. Cruauté, barbarie. *Acte d'inhumanité.* – Lat. *inhumanitas.*

inhumation [inymasjɔ̃] n. f. Action d'inhumer. – De *inhumer.*

inhumer [inyme] v. tr. [1] Enterrer (un corps humain) avec les cérémonies d'usage. – Lat. *inhumare,* de *in,* « dans », et *humare,* « couvrir de terre ».

inimaginable [inimaʒinabl] adj. Qu'on ne peut imaginer. *Paresse inimaginable.* Syn. impensable, inconcevable. – De *in-* 1, et *imaginer.*

inimitable [inimitabl] adj. Qu'on ne saurait imiter. *Talent inimitable.* – Lat. *inimitabilis.*

inimitié [inimitje] n. f. Hostilité, aversion. *Encourir l'inimitié de qqn.* Ant. amitié, sympathie. – De *in-* 1, et *amitié,* d'après le lat. *inimicitia.*

ininflammabilité [inɛ̃flamabilite] n. f. Caractère de ce qui est ininflammable. – De *ininflammable.*

ininflammable [inɛ̃flamabl] adj. Qui ne peut s'enflammer. – De *in-* 1, et *inflammable.*

inintelligemment [inɛ̃teliʒamɑ̃] adv. D'une manière inintelligente. – De *inintelligent.*

inintelligence [inɛ̃teliʒɑ̃s] n. f. Défaut d'intelligence. – De *inintelligent.*

inintelligent, ente [inɛ̃teliʒɑ̃, ɑ̃t] adj. Qui manque d'intelligence. – De *in-* 1, et *intelligent.*

inintelligibilité [inɛ̃teliʒibilite] n. f. Caractère de ce qui est inintelligible. – De *inintelligible.*

inintelligible [inɛ̃teliʒibl] adj. Incompréhensible. *Paroles inintelligibles.* Syn. confus, abstrus, abscons. – De *in-* 1, et *intelligible.*

inintelligiblement [inɛ̃teliʒibləmɑ̃] adv. D'une manière inintelligible. – De *inintelligible.*

inintéressant, ante [inɛ̃teʀesɑ̃, ɑ̃t] adj. Qui n'est pas intéressant, ne présente aucun intérêt. – De *in-* 1, et *intéressant.*

inintérêt [inɛ̃teʀɛ] n. m. Manque d'intérêt. *Ce livre est d'un inintérêt total.* – De *in-* 1, et *intérêt.*

ininterrompu, ue [inɛ̃tɛʀɔ̃py] adj. Qui n'est pas interrompu. *Vacarme ininterrompu.* Syn. continu, permanent. – De *in-* 1, et *interrompu.*

inique [inik] adj. Injuste à l'excès; contraire à l'équité. – Lat. *iniquus,* «inégal, injuste».

iniquement [inikmɑ̃] adv. Litt. D'une manière inique. – De *inique.*

iniquité [inikite] n. f. **1.** RELIG Corruption des mœurs, péché. **2.** Manque d'équité; grave injustice. ▷ *Par ext.* Acte d'iniquité, d'injustice. *Commettre une iniquité.* – Lat. *iniquitas.*

initial, ale, aux [inisjal, o] adj. et n. f. **1.** Qui marque le début, qui est au commencement (de qqch). *Vitesse initiale d'un projectile.* **2.** PHYS *État initial et état final* d'un système qui subit une transformation. **3.** *Lettre, syllabe initiale,* qui commence un mot ou un groupe de mots. ▷ n. f. pl. Initiales du nom et du prénom. *Broder un mouchoir à ses initiales.* – Lat. imp. *initialis,* du class. *initium,* «commencement».

initialement [inisjalmɑ̃] adv. Au commencement, à l'origine. – De *initial.*

initialisation [inisjalizasjɔ̃] n. f. INFORM Action d'initialiser; son résultat. – De *initialiser.*

initialiser [inisjalize] v. tr. [1] INFORM Remplacer par des valeurs nulles les valeurs de certaines variables. – De *initial.*

initiateur, trice [inisjatœʀ, tʀis] n. et adj. Personne qui initie. ▷ adj. *Un génie initiateur.* – Bas lat. *initiator, initiatrix.*

initiation [inisjasjɔ̃] n. f. Action d'initier; son résultat. *Rites d'initiation. Initiation à la peinture.* – Lat. *initiatio.*

initiatique [inisjatik] adj. Qui a rapport à l'initiation. *Rite initiatique.* – De *initiation.*

initiative [inisjativ] n. f. **1.** Action de celui qui propose ou entreprend le premier qqch. *Prendre l'initiative d'une lutte.* ▷ *Syndicat* d'initiative.* **2.** POLIT Pouvoir reconnu à une autorité de proposer à un organe étatique un acte législatif en vue de son adoption. *Droit d'initiative.* **3.** Qualité d'une personne disposée à entreprendre, à agir. *Faire preuve d'initiative.* – Dér. savant du lat. *initiare,* «initier», en bas lat., «commencer»; d'après *offensive, défensive.*

initié, ée [inisje] adj. et n. **1.** adj. Qui a reçu l'initiation, admis à la connaissance de certains mystères. ▷ Subst. *Un(e) initié(e).* **2.** n. Personne qui connaît bien une question, une spécialité, des usages particuliers. *Seuls les initiés ont compris l'allusion.* ▷ *Spécial.* Personne qui a connaissance d'informations confidentielles dans le domaine des affaires. – Pp. de *initier.*

initier [inisje] v. tr. [1] **I. 1.** Admettre à la connaissance, à la pratique de certains cultes secrets. *Initier un profane aux mystères d'une religion.* **2.** Recevoir au sein d'un groupe fermé (société secrète, classe d'âge dans certaines cultures, etc.). **3.** Mettre au fait d'une science, d'un art, d'une pratique, etc. *Initier qqn aux affaires.* ▷ v. pron. *S'initier à :* acquérir les premiers principes de. **II. 1.** Ouvrir un domaine de connaissance nouveau. ▷ *Par extens.* Créer. **2.** Entamer (un processus). *Initier une réaction chimique.* – Lat. *initiare,* «commencer».

injectable [ɛ̃ʒɛktabl] adj. Que l'on introduit par injection. – De *injecter,* et *-able.*

injecter [ɛ̃ʒɛkte] v. tr. [1] **1.** Introduire (un liquide) dans le corps par voie veineuse, intramusculaire, sous-cutanée ou articulaire. *Injecter du sérum dans les veines.* ▷ v. pron. *Yeux qui s'injectent de sang.* **2.** Faire pénétrer par pression (un liquide). *Injecter du ciment liquide dans un terrain meuble.* **3.** Fig., fam. *Injecter des capitaux dans une affaire.* – Lat. *injectare.*

injecteur, trice [ɛ̃ʒɛktœʀ, tʀis] n. m. et adj. **1.** Appareil servant à injecter. ▷ adj. *Sonde injectrice* **2.** TECH Organe qui pulvérise un carburant à l'intérieur d'une chambre de combustion. – De *injecter.*

injectif, ive [ɛ̃ʒɛktif, iv] adj. MATH *Application injective,* où tout élément de l'ensemble d'arrivée est l'image d'un élément, et d'un seul, de l'ensemble de départ, ou d'aucun des éléments de cet ensemble. – De *injection.*

injection [ɛ̃ʒɛksjɔ̃] n. f. **1.** MED, TECH Action d'injecter un liquide. *Injection intraveineuse.* ▷ Liquide injecté. *Injections en ampoules scellées.* **2.** Action de faire pénétrer par pression un liquide fluide dans qqch. *Injection de ciment.* ▷ Fluide injecté. ▷ *Moteur à injection,* alimenté en carburant par un injecteur. **3.** CHIM Procédé qui consiste à couler dans un moule des résines thermoplastiques préalablement fluidifiées par chauffage et qui permet d'obtenir des formes finies parfois très complexes. **4.** MATH Application injective. – Lat. *injectio,* «action de jeter sur».

injoignable [ɛ̃ʒwaɲabl] adj. Fam. Impossible ou très difficile à joindre, à contacter. *Un responsable injoignable.* – De *in-* 1, et *joignable.*

injonctif, ive [ɛ̃ʒɔ̃ktif, iv] adj. GRAM Qui enjoint. *Phrase injonctive.* – De *injonction.*

injonction [ɛ̃ʒɔ̃ksjɔ̃] n. f. Action d'enjoindre; ordre formel, exprès. – DR *Injonction de payer :* procédure simplifiée concernant les petites créances. – Lat. *injunctio.*

injouable [ɛ̃ʒwabl] adj. Qui ne peut être joué, interprété. *Un drame romantique injouable.* – De *in-* 1, et *jouable.*

injure [ɛ̃ʒyʀ] n. f. **1.** Vx Injustice. **2.** Litt. Dommage causé par le temps, le sort, les éléments, etc. *L'injure du temps.* **3.** Vieilli Offense, outrage. **4.** Parole offensante. ▷ DR Expression outrageante, terme de mépris qui ne renferme l'imputation d'aucun fait. – Lat. *injuria* «injustice, dommage», de *jus, juris,* «droit, cause».

injurier [ɛ̃ʒyʀje] v. tr. [1] Offenser par des paroles outrageantes. – Bas lat. *injuriare,* class. *injuriari,* «faire du tort».

injurieusement [ɛ̃ʒyʀjøzmɑ̃] adv. Litt. D'une manière injurieuse. – De *injurieux.*

injurieux, euse [ɛ̃ʒyʀjø, øz] adj. Qui comporte une ou des injures, qui est de la nature de l'injure. – Lat. *injuriosus,* «injuste, nuisible».

injuste [ɛ̃ʒyst] adj. (et n. m.) **1.** Qui n'est pas juste, qui agit contre la justice. *Se montrer injuste envers qqn.* **2.** Contraire à l'équité. ▷ n. m. *Trancher du juste et de l'injuste.* **3.** Mal fondé. *Soupçons injustes.* – Lat. *injustus.*

injustement [ɛ̃ʒystəmɑ̃] adv. D'une manière injuste. – De *injuste.*

injustice [ɛ̃ʒystis] n. f. **1.** Défaut, manque de justice. **2.** Parole, acte, contraire à la justice. – Lat. *injustitia.*

injustifiable [ɛ̃ʒystifjabl] adj. Qu'on ne peut justifier. *Procédé injustifiable.* – De *in-* 1, et *justifiable.*

injustifié, ée [ɛ̃ʒystifje] adj. Qui n'est pas justifié. – De *in-* 1, et *justifié,* pp. de *justifier.*

inlandsis [inlɑ̃dsis] n. m. Nom donné à la calotte glaciaire couvrant les terres polaires. – Mot scand., de *in-,* «à l'intérieur», *land,* «pays», et *is,* «glace».

inlassable [ɛ̃lasabl] adj. Qui ne se lasse pas. Syn. infatigable. – De *in-* 1, *lasser,* et *-able.*

inlassablement [ɛ̃lasabləmɑ̃] adv. Sans se lasser. – De *inlassable.*

inlay [inlɛ] n. m. (Anglicisme) Bloc métallique coulé, incrusté dans une cavité dentaire et servant à l'obturer. – Mot angl., «incrustation».

in memoriam [inmemɔʀjam] Mots lat., signifiant «en souvenir de», inscrits en dédicace à la mémoire d'un défunt sur une pierre tombale, un monument funéraire, un cénotaphe.

inné, ée [inne] adj. et n. m. Que l'on possède en naissant. *Sentiment, disposition innés.* ▷ n. m. *L'inné et l'acquis.* ▷ PHILO *Idées innées*, qui seraient en nous dès notre naissance et n'auraient pas été acquises par l'expérience. – Lat. *innatus.*

innéisme [inneism] n. m. PHILO Doctrine qui soutient l'existence d'idées, de structures mentales innées. *L'innéisme de Platon, de Descartes.* – De *inné.*

innéité [inneite] n. f. PHILO Qualité de ce qui est inné. – De *inné.*

innervation [inɛʀvasjɔ̃] n. f. ANAT Ensemble des nerfs d'une région anatomique ou d'un organe; leur mode de distribution. – De *in-* 2, et lat. *nervus*, «nerf».

innerver [inɛʀve] v. tr. [1] ANAT Réaliser l'innervation (d'un organe, d'un tissu), en parlant de fibres nerveuses. – De *in-*, et du lat. *nervus*, «nerf».

innocemment [inɔsamɑ̃] adv. Avec innocence, sans mauvais dessein. – De *innocent.*

innocence [inɔsɑ̃s] n. f. **1.** État de l'être qui est incapable de faire le mal sciemment; pureté. ▷ THEOL État de l'homme avant le péché originel. **2.** Naïveté, ignorance du mal. **3.** État de ce qui est inoffensif. **4.** Absence de culpabilité d'un accusé. – Lat. *innocentia.*

innocent, ente [inɔsɑ̃, ɑ̃t] adj. et n. **1.** Pur, exempt de malice; qui ignore le mal. *Enfant innocent.* ▷ Subst. *Massacre des Innocents* : massacre de tous les enfants de moins de deux ans ordonné par Hérode (Matthieu II, 16-18). **2.** Litt. Inoffensif. *Agneau innocent.* **3.** Crédule, d'une grande naïveté. *Tu es innocent de le croire!* ▷ Subst. (Prov.) *Aux innocents les mains pleines* : la fortune favorise les simples (cité le plus souvent par plaisant.). **4.** Qui n'est pas répréhensible. *Jeux, plaisirs innocents.* **5.** Qui n'est pas coupable. *Être innocent d'un crime.* ▷ Subst. *Condamner un(e) innocent(e).* - *Faire l'innocent.* – Lat. *innocens*, de *in*, élément négatif, et *nocens*, «nuisible, pernicieux».

innocenter [inɔsɑ̃te] v. tr. [1] Déclarer innocent. *Innocenter un accusé.* ▷ Garantir l'innocence de (qqn). – De *innocent.*

innocuité [inɔkɥite] n. f. Qualité de ce qui n'est pas nuisible. *Innocuité d'un vaccin.* – Du lat. *innocuus*, «qui n'est pas nuisible».

innombrable [innɔ̃bʀabl] adj. Qui ne peut se compter; en très grand nombre. – Lat. *innumerabilis.*

innom(m)é, ée [innɔme] adj. Qui n'a pas reçu de nom. – De *in-* 1, et *nom.*

innominé, ée [innɔmine] adj. Vx Qui n'a pas reçu de nom. ▷ ANAT *Tronc innominé* : confluent veineux de la veine sous-clavière et de la veine jugulaire droites. – Lat. *innominatus.*

innommable [innɔmabl] adj. **1.** Litt. Qui ne peut pas être nommé. **2.** Cour. Trop répugnant pour qu'on le nomme. ▷ Inqualifiable. *Conduite innommable.* – De *in-* 1, *nommer*, et *-able.*

innovant, ante [innɔvɑ̃, ɑ̃t] adj. Qui innove. *Technologies innovantes.* – Ppr. de *innover.*

innovateur, trice [inɔvatœʀ, tʀis] n. et adj. Personne qui propose, fait des innovations. Syn. novateur. ▷ adj. *Recherches innovatrices.* – De *innover.*

innovation [inɔvasjɔ̃] n. f. Action d'innover; chose innovée. – De *innover.*

innover [inɔve] v. intr. [1] Introduire qqch de nouveau dans un système établi. *Innover en littérature.* ▷ v. tr. *Innover une technique.* – Lat. *innovare.*

inobservable [inɔbsɛʀvabl] adj. Qui ne peut être observé. – De *in-* 1, et *observable.*

inobservance [inɔbsɛʀvɑ̃s] n. f. Fait de ne pas observer des prescriptions (religieuses, médicales, morales, etc.). – De *in-* 1, et *observance.*

inobservation [inɔbsɛʀvasjɔ̃] n. f. Rare ou DR Manque d'obéissance (aux lois, aux règles), inexécution (des engagements pris). – De *in-* 1, et *observation.*

inobservé, ée [inɔbsɛʀve] adj. Qui n'a pas été observé. – De *in-* 1, et pp. de *observer.*

inoccupation [inɔkypasjɔ̃] n. f. **1.** Litt. État d'une personne sans occupation. **2.** État d'une chose, d'un lieu inoccupé. – De *in-* 1, et *occupation.*

inoccupé, ée [inɔkype] adj. **1.** Qui n'est occupé par personne. *Place inoccupée.* **2.** Désœuvré. – De *in-* 1, et *occupé.*

in-octavo [inɔktavo] adj. inv. et n. m. inv. IMPRIM Dont les feuilles sont pliées en huit feuillets (16 pages). *Un livre in-octavo* ou, n. m. inv., *un in-octavo.* (Abrév. : in-8°). – Mots lat., «en huitième».

inoculable [inɔkylabl] adj. Qui peut être inoculé. – De *inoculer.*

inoculation [inɔkylasjɔ̃] n. f. MED Action d'inoculer par voie cutanée ou sanguine. *Inoculation préventive.* – Mot angl., de *to inoculate* (V. inoculer).

inoculer [inɔkyle] v. tr. [1] MED Introduire dans l'organisme (des germes ou une toxine pathogène). *Inoculer le vibrion cholérique à un cobaye. Inoculer un agent pathogène atténué pour immuniser.* ▷ Par ext. *Inoculer qqn*, lui transmettre une maladie contagieuse. ▷ Fig. Communiquer, faire pénétrer dans l'esprit (de qqn). *Inoculer des idées pernicieuses à la jeunesse.* – Angl. *to inoculate*, «greffer en écusson», du lat. *inoculare*, même sens, de *oculus*, «œil».

inocybe [inɔsib] n. m. BOT Basidiomycète à lamelles et spores ocres. *Plusieurs espèces d'inocybes sont vénéneuses.* – Du gr. *is*, *inos*, «muscle, fibre», et *kubos* «cube, dé».

inodore [inɔdɔʀ] adj. Sans odeur. – Lat. *inodorus.*

inoffensif, ive [inɔfɑ̃sif, iv] adj. Qui ne nuit à personne. – De *in-* 1, et *offensif.*

inondable [inɔ̃dabl] adj. Qui peut être inondé. – De *inonder*, et *-able.*

inondation [inɔ̃dasjɔ̃] n. f. **1.** Débordement des eaux qui submergent un terrain, un pays. ▷ Ces eaux elles-mêmes. *L'inondation s'étend sur des dizaines de kilomètres carrés.* **2.** Fig. Invasion, afflux considérable. *Une inondation de prospectus publicitaires.* – Lat. *inundatio.*

inonder [inɔ̃de] v. tr. [1] **1.** Submerger par un débordement des eaux. *Le fleuve a inondé la plaine.* ▷ Par anal. *Les larmes inondaient son visage.* **2.** Envahir. *Les Barbares inondèrent l'Empire.* ▷ Fig. *Joie qui inonde le cœur.* – Lat. *inundare.*

inopérable [inopeʀabl] adj. Se dit d'un malade ou d'une affection pour lesquels l'acte chirurgical serait préjudiciable ou inefficace. – De *in-* 1, et *opérable.*

inopérant, ante [inopeʀɑ̃, ɑ̃t] adj. Qui ne produit pas d'effet. – De *in-* 1, et *opérant*, ppr. de *opérer.*

inopiné, ée [inɔpine] adj. Imprévu, inattendu. – Lat. *inopinatus.*

inopinément [inɔpinemɑ̃] adv. D'une manière inopinée. – De *inopiné.*

inopportun, une [inɔpɔʀtɛ̃, yn] adj. Qui n'est pas opportun. – Bas lat. *inopportunus.*

inopportunément [inɔpɔʀtynemɑ̃] adv. D'une manière inopportune. – De *inopportun.*

inopportunité [inɔpɔʀtynite] n. f. Caractère de ce qui n'est pas opportun. – De *inopportun.*

inopposabilité [inɔpozabilite] n. f. DR Caractère de ce qui est inopposable. – De *inopposable.*

inopposable [inɔpozabl] adj. DR Qui ne peut être opposé. *Les décisions judiciaires sont inopposables à ceux qui n'y étaient pas parties.* – De *in-* 1, et *opposable.*

inorganique [inɔʀganik] adj. Qui n'a pas l'organisation d'un être vivant. ▷ Dépourvu de tout caractère organique; dont l'origine n'est ni animale ni végétale. *Matière inorganique.* – De *in-* 1, et *organique.*

inorganisé, ée [inɔʀganize] adj. et n. **1.** Non organisé. **2.** Qui n'appartient pas à une organisation, à un syndicat. ▷ Subst. *Des inorganisés.* – De *in-* 1, et *organisé.*

inosilicate [inɔsilikat] n. m. MINER Silicate caractérisé par des chaînes et des bandes de tétraèdres SiO_4. *Les pyroxènes sont des inosilicates.* – Du gr. *is, inos,* «muscle, fibre», et *silicate.*

inosine [inɔzin] n. f. BIOCHIM Nucléoside formé d'une molécule de ribose et d'une molécule de xanthine, jouant un rôle enzymatique sous forme de monophosphate (*inosine monophosphate* : I.M.P.) ou de triphosphate (I.T.P.). – Du gr. *is, inos,* «muscle, fibre».

inoubliable [inublijabl] adj. Qu'on ne peut oublier. – De *in-* 1, *oublier,* et *-able.*

inouï, ïe [inwi] adj. **1.** Vieilli Dont on n'a jamais entendu parler. **2.** Mod. Extraordinaire, sans précédent. *Prodige inouï.* – De *in-* 1, et du pp. de *ouïr.*

inox [inɔks] n. m. Abrév. de (*acier*) *inoxydable.*

inoxydable [inɔksidabl] adj. et n. m. Qui n'est pas susceptible de s'oxyder. *Acier inoxydable* ou, n. m., *inoxydable* : acier allié contenant plus de 12,5 % de chrome. (Abrév. : inox). – De *in-* 1, *oxyder,* et *-able.*

in pace ou **in-pace** [inpatʃe] n. m. inv. Prison, cachot d'un monastère où étaient enfermés à vie des coupables scandaleux. – Mots lat., «en paix», de *vade in pace,* prononcés en refermant la porte du cachot derrière le prisonnier.

in partibus [inpaʀtibys] loc. adj. **1.** HIST RELIG *Évêque in partibus,* titulaire d'un évêché situé en pays non chrétien. **2.** Fig., fam. Qui n'a que le titre d'une fonction. *Préfet in partibus.* – Abrév. de la loc. lat. *in partibus infidelium,* «dans les pays des infidèles».

in petto [inpeto] loc. adv. Litt. ou plaisant Au fond de soi-même, à part soi. – Mots ital., signifiant «dans la poitrine».

in-plano [inplano] adj. inv. et n. m. inv. IMPRIM Dont les feuilles imprimées au recto et au verso ne sont pas pliées. *Un livre in-plano* ou, n. m. inv., *un in-plano.* – Mots lat., «en plan».

input [input] n. m. (Anglicisme) INFORM Entrée des données dans un système de traitement informatique (par oppos. à *output*). – Mot angl., de *to input,* «mettre dedans».

inqualifiable [ɛ̃kalifjabl] adj. Qui ne peut être qualifié, scandaleux. *Procédé inqualifiable.* – De *in-* 1, et *qualifiable.*

inquart [ɛ̃kaʀ] n. m. ou **inquartation** [ɛ̃kaʀtasjɔ̃] n. f. TECH Opération par laquelle on ajoute à l'or trois fois son poids d'argent avant la coupellation. – De *in-* 2, et *quart.*

in-quarto [inkwaʀto] adj. inv. et n. m. inv. IMPRIM Dont les feuilles sont pliées en quatre (8 pages). *Un livre in-quarto* ou, n. m. inv., *un in-quarto.* (Abrév. : in-4°). – Mots lat., «en quart».

inquiet, ète [ɛ̃kjɛ, ɛt] adj. **1.** Troublé par la crainte, l'incertitude. *Inquiet de son sort. Inquiet de rester sans nouvelles.* **2.** Qui marque l'inquiétude. *Regards inquiets.* – Lat. *inquietus,* «agité».

inquiétant, ante [ɛ̃kjetɑ̃, ɑ̃t] adj. Qui rend inquiet, qui cause du souci. *Son état est inquiétant.* ▷ *Par ext.* Étrange et peu rassurant. *Personnage inquiétant.* – Ppr. de *inquiéter.*

inquiéter [ɛ̃kjete] v. tr. [**14**] **1.** Rendre inquiet. *Cette nouvelle l'inquiète.* ▷ v. pron. *S'inquiéter pour un enfant.* **2.** Troubler, causer du tracas à. *Les douaniers ne l'ont pas inquiété.* **3.** Harceler. *Inquiéter l'ennemi.* – Lat. *inquietare.*

inquiétude [ɛ̃kjetyd] n. f. **1.** Vieilli Agitation, angoisse. *L'inquiétude naturelle à l'homme.* **2.** État d'une personne inquiète; trouble, appréhension. *Sa maladie me cause, me donne de l'inquiétude.* – Bas lat. *inquietudo.*

inquisiteur, trice [ɛ̃kizitœʀ, tʀis] n. m. et adj. **1.** n. m. HIST Juge de l'Inquisition. **2.** adj. Qui cherche en scrutant avec indiscrétion. – Lat. *inquisitor,* de *inquirere,* «rechercher, enquêter».

inquisition [ɛ̃kizisjɔ̃] n. f. **1.** HIST *Tribunal de l'Inquisition* ou, absol., l'Inquisition : institution chargée, entre le XIIIe et le XIXe s., de rechercher et de poursuivre l'hérésie dans certains États catholiques. *L'Inquisition soumit les cathares à la torture.* **2.** *Par anal.,* péjor. Recherche acharnée, menée de manière vexatoire. – Lat. *inquisitio.*

ENCYCL L'institution de l'Inquisition trouve son origine dans un décret du concile de Vérone (1184) relatif aux hérétiques de Lombardie. Les prem. inquisiteurs furent désignés par Innocent III lors de l'hérésie cathare (V. albigeois). D'abord présentée comme un organisme judiciaire temporaire, l'Inquisition a été transformée en établissement régulier et permanent par les conciles du Latran (1215) et de Toulouse (1229). Ce nouveau tribunal spécial fut organisé par Grégoire IX, qui en confia la direction aux dominicains (1231). La procédure était secrète. Toute personne pouvait être poursuivie sur simple dénonciation, l'essentiel pour les juges étant d'obtenir l'aveu des inculpés, ce qui, à partir de 1252, amena à utiliser la torture. L'Inquisition réussit à abattre l'hérésie cathare à la fin du XIIIe s.; elle fut aussi utilisée pour combattre d'autres formes d'hérésie, pour réprimer la sorcellerie, pour persécuter les non-chrétiens ou jugés tels. Elle disparut peu à peu en France à partir du XVe s. puis dans le reste de l'Europe, sauf en Espagne, où elle resta vigoureuse jusqu'au XVIIIe s., exerçant un rôle politique et religieux considérable : expulsion des Maures, des Juifs et des Marranes (Juifs convertis dont la foi était suspecte).

inquisitorial, ale, aux [ɛ̃kizitɔʀjal, o] adj. **1.** Qui concerne l'Inquisition. **2.** Qui rappelle les procédés de l'Inquisition; arbitraire et vexatoire. *Pouvoir inquisitorial.* – Du lat. médiév. *inquisitorius.*

inracontable [ɛ̃ʀakɔ̃tabl] adj. Qu'on ne peut raconter. – De *in-* 1, et *racontable.*

I.N.R.I. (Initiales des mots lat. *Iesus Nazarenus Rex Iudæorum,* «Jésus de Nazareth roi des Juifs».) Inscription placée sur la Croix, par dérision, sur l'ordre de Pilate.

inrô [inʀo] n. m. inv. ART Dans l'anc. Japon, boîte à médicaments, formée de petits coffrets de laque superposés et réunis par un cordon, qui se portait à la ceinture. – Mot japonais.

insaisissabilité [ɛ̃sɛzisabilite] n. f. DR Caractère de ce qui est insaisissable. *Insaisissabilité des salaires.* – De *insaisissable.*

insaisissable [ɛ̃sɛzisabl] adj. **1.** DR Qui ne peut faire l'objet d'une saisie. **2.** Que l'on n'arrive pas à rencontrer, à capturer, à arrêter. *Malfaiteur insaisissable. Animal insaisissable.* **3.** Fig. Imperceptible. *Différences insaisissables.* – De *in-* 1, et *saisissable.*

insalivation [ɛ̃salivasjɔ̃] n. f. PHYSIOL Imprégnation des aliments par la salive pendant la mastication. – De *in-* 2, et *salivation*.

insalubre [ɛ̃salybʀ] adj. Qui n'est pas salubre, malsain. *Climat, logement insalubre.* – Lat. *insalubris*.

insalubrité [ɛ̃salybʀite] n. f. Caractère de ce qui est insalubre. – De *insalubre*.

insane [ɛ̃san] adj. Litt. Dénué de sens, de raison. *Des propos insanes.* – Mot angl., «fou, aliéné mental», du lat. *insanus*.

insanité [ɛ̃sanite] n. f. **1.** Absence de raison. **2.** Action, parole insane. *Proférer des insanités.* – Angl. *insanity*, «aliénation mentale, démence».

insatiabilité [ɛ̃sasjabilite] n. f. Avidité, insatisfaction permanente. – Bas lat. *insatiabilitas*.

insatiable [ɛ̃sasjabl] adj. Qui ne peut être rassasié. *Faim insatiable.* ▷ Fig. *Avarice insatiable.* – Lat. *insatiabilis*.

insatiablement [ɛ̃sasjabləmɑ̃] adv. De manière insatiable. – De *insatiable*.

insatisfaction [ɛ̃satisfaksjɔ̃] n. f. Absence de satisfaction, déplaisir. – De *in-* 1, et *satisfaction*.

insatisfaisant, ante [ɛ̃satisfəzɑ̃, ɑ̃t] adj. Qui n'est pas satisfaisant. – De *in-* 1, et *satisfaisant*.

insatisfait, aite [ɛ̃satisfɛ, ɛt] adj. Qui n'est pas satisfait. *Désirs insatisfaits.* – De *in-* 1, et *satisfait*.

insaturé, ée [ɛ̃satyʀe] adj. CHIM Qui n'est pas saturé. *Hydrocarbure insaturé.* – De *in-* 1, et *saturé*.

inscriptible [ɛ̃skʀiptibl] adj. GEOM Qui peut être inscrit (à l'intérieur d'un cercle, d'un polygone). – Du lat. *inscriptum*, de *inscribere* (V. inscrire).

inscription [ɛ̃skʀipsjɔ̃] n. f. **1.** Action d'inscrire sur une liste, dans un registre. *Inscription sur les listes électorales.* **2.** Ce qui est inscrit. *Inscription sur un poteau indicateur, sur un monument.* **3.** MAR *Inscription maritime* : anc. appellation des *Affaires maritimes*. **4.** DR *Inscription des privilèges et des hypothèques* : mention, faite sur les registres du conservateur, des hypothèques dont une propriété est grevée. – Lat. *inscriptio*.

inscrire [ɛ̃skʀiʀ] v. [67] **I.** v. tr. **1.** Écrire, coucher sur le papier. *Inscrire (le nom de) qqn sur la liste du jury.* ▷ v. pron. Inscrire son nom, s'affilier à. *S'inscrire à l'université.* **2.** Écrire en creusant une matière dure, graver. *Inscrire une maxime sur un monument.* **3.** GEOM Tracer (une figure géométrique) à l'intérieur d'une autre, de façon que ses sommets soient sur la circonférence ou sur le périmètre de celle-ci, ou qu'elle soit tangente à ses côtés. *Inscrire un hexagone dans un cercle, un cercle dans un carré.* **II.** v. pron. DR *S'inscrire en faux* : soutenir en justice qu'un acte authentique, produit par la partie adverse, est faux. – *Par ext.* Opposer un démenti. *Je m'inscris en faux contre ses dires.* – Du lat. *inscribere*, «écrire dans», d'apr. *écrire*.

inscrit, ite [ɛ̃skʀi, it] adj. et n. **1.** (Parlement) *Orateur inscrit*, qui s'est fait porter par le président de l'Assemblée sur la liste des orateurs. *Député non inscrit*, qui n'appartient à aucun groupe. ▷ Subst. Personne dont le nom est inscrit sur une liste. ▷ n. m. *Inscrit maritime* : marin immatriculé sur les registres de l'Inscription maritime. **2.** GEOM *Polygone, cercle inscrit* : V. inscrire. – Pp. de *inscrire*.

inscrivant, ante [ɛ̃skʀivɑ̃, ɑ̃t] n. DR Personne qui requiert à son profit l'inscription d'une hypothèque. – Ppr. subst. de *inscrire*.

insculper [ɛ̃skylpe] v. tr. [1] TECH Marquer avec un poinçon. – Lat. *insculpere*.

insécable [ɛ̃sekabl] adj. Qui ne peut être partagé en plusieurs éléments. *Le noyau de l'atome a longtemps passé pour insécable.* – Lat. *insecabilis*, rac. *secare*, «couper».

insectarium [ɛ̃sɛktaʀjɔm] n. m. Rare Lieu où l'on élève ou conserve des insectes – De *insecte*, et suff. lat. *-arium*.

insecte [ɛ̃sɛkt] n. m. Petit animal arthropode dont le corps, en trois parties (tête, thorax, abdomen), porte trois paires de pattes et deux paires d'ailes, dont la respiration est trachéenne et qui subit des métamorphoses. – Lat. *insectus*, propr. «coupé», trad. du gr. *entomos*, «entaillé», à cause des étranglements dans la forme du corps.

ENCYCL La classe des insectes constitue de loin le plus grand ensemble du règne animal par le nombre d'espèces (plus d'un million) et d'individus. Apparus au dévonien, dérivant certainement des myriapodes (mille-pattes), ils se sont diversifiés au carbonifère, où ils avaient déjà acquis leur structure actuelle, c.-à-d. un corps segmenté (métamérisé). La *tête* porte des yeux à facettes, une paire d'antennes et des pièces buccales qui, primitivement broyeuses, se sont plus ou moins modifiées selon le régime alimentaire (lécheur, suceur, piqueur). Le *thorax* est constitué de trois segments (d'avant en arrière : prothorax, mésothorax, métathorax), portant chacun une paire de pattes, les deux segments postérieurs portant chacun une paire d'ailes, dont la structure est le critère choisi par les zoologistes pour établir la classification des insectes. L'*abdomen* a onze segments, dont certains portent latéralement des *stigmates*, orifices où débouchent les trachées respiratoires; il est terminé soit par une tarière de ponte chez certaines femelles, soit par un aiguillon (aculéates), soit par des pinces ou appendices sexuels divers (forficules). Les insectes sont ovipares; leur tégument chitineux rigide et inextensible impose une croissance par mues; le passage de la larve à l'adulte (imago) se fait soit progressivement au cours des diverses mues, soit brutalement, par la *nymphose*. Apparus très tôt, les insectes occupent actuellement tous les biotopes, des pôles à l'équateur, à l'exception du milieu marin; ils ont également, grâce à leur psychisme élevé (ce sont les invertébrés les plus évolués après les céphalopodes), réalisé tous les types de vie : solitaire, grégaire, sociétés très organisées avec spécialisation et division du travail (abeilles, termites, etc.). De nombreux insectes sont de redoutables prédateurs de végétaux cultivés (phylloxéra, doryphore, pucerons, etc.), d'autres sont les vecteurs de maladies : paludisme (anophèle), maladie du sommeil (tsé-tsé), peste (puce), typhus (pou), etc.; certains sont élevés industriellement pour leurs productions : miel des abeilles, soie du bombyx, rouge des cochenilles, etc. La classe des insectes comprend deux sous-classes. Les *aptérygotes*, les plus primitifs, sont dépourvus d'ailes (collemboles, diploures, etc.). Les *ptérygotes* forment l'autre sous-classe, immense, divisée en nombreuses sections : **1°** paléoptères (éphémères); **2°** odonates (libellules); **3°** néoptères polynéoptères, divisés en blattoptéroïdes (blattes, mantes, termites), orthoptéroïdes (perles, phasmes, sauterelles, criquets) et dermaptéroïdes (forficules); **4°** néoptères oligonéoptères, divisés en coléoptéroïdes (les coléoptères), névroptéroïdes (sialis, raphidie, fourmilion), mécoptéroïdes (panorpe, phrygane, les lépidoptères, c.-à-d. tous les papillons, les diptères, c.-à-d. les mouches et les moustiques, les siphonaptères, c.-à-d. les puces) et hyménoptéroïdes (hyménoptères, c.-à-d. abeilles, guêpes, fourmis, tenthrèdes); **5°** néoptères paranéoptères, divisés en psocoptéroïdes (psoques, poux), thysanoptéroïdes (thrips) et hémiptéroïdes hétéroptères (punaises) et homoptères (pucerons). Cette classification repose donc sur la nature des ailes (en gr. *pteron*).

insecticide [ɛ̃sɛktisid] adj. et n. m. Qui détruit les insectes. *Poudre insecticide.* ▷ n. m. Produit insecticide. – De *insecte*, et *-cide*.

insectivore [ɛ̃sɛktivɔʀ] adj. et n. m. ZOOL Qui se nourrit principalement d'insectes. ▷ n. m. pl. Ordre de mammifères placentaires primitifs se nourrissant d'insectes, dont les molaires sont hérissées de pointes. *Les insectivores, apparus au crétacé, constituent la souche des primates. Les musaraignes, les taupes, les hérissons sont des insectivores.* – Sing. *Un insectivore.* – De *insecte*, et *-vore.*

insécurité [ɛ̃sekyʀite] n. f. Absence, manque de sécurité. *L'insécurité des routes. Zone d'insécurité.* – De *in-* 1, et *sécurité.*

inselberg [inselbɛʀg] n. m. GEOGR Relief résiduel isolé. – Mot norvégien, de *insel*, « île », et *berg*, « montagne ».

inséminateur, trice [ɛ̃seminatœʀ, tʀis] adj. et n. **1.** adj. Qui insémine; qui sert à inséminer. **2.** n. Spécialiste de l'insémination artificielle. – De *insémination.*

insémination [ɛ̃seminasjɔ̃] n. f. BIOL Dépôt de la semence mâle dans les voies génitales femelles. ▷ *Insémination artificielle*, pratiquée hors accouplement, chez les animaux domestiques pour réaliser une amélioration des espèces, et chez l'être humain lorsqu'il est impossible pour un couple d'avoir naturellement des enfants. – De *inséminer.*

inséminer [ɛ̃semine] v. tr. [1] BIOL Féconder au moyen de l'insémination artificielle. – Lat. *inseminare*, « semer dans, féconder ».

insensé, ée [ɛ̃sɑ̃se] adj. et n. **1.** Qui a perdu la raison. ▷ Subst. *Il a un comportement d'insensé.* **2.** Contraire à la raison, extravagant. *Discours insensé.* – Bas lat. ecclés. *insensatus.*

insensibilisation [ɛ̃sɑ̃sibilizasjɔ̃] n. f. MED Anesthésie. – De *insensibiliser.*

insensibiliser [ɛ̃sɑ̃sibilize] v. tr. [1] MED Anesthésier. – De *insensible.*

insensibilité [ɛ̃sɑ̃sibilite] n. f. **1.** Perte de sensibilité physique. **2.** Indifférence. *Insensibilité aux reproches.* – Bas lat. *insensibilitas.*

insensible [ɛ̃sɑ̃sibl] adj. **1.** Qui a perdu la sensibilité physique. *Insensible au froid.* **2.** Qui n'a pas de sensibilité morale. *Insensible aux malheurs d'autrui.* **3.** Imperceptible, difficile à percevoir. *Progrès insensible.* – Lat. *insensibilis.*

insensiblement [ɛ̃sɑ̃sibləmɑ̃] adv. Imperceptiblement. *Avancer insensiblement.* – De *insensible.*

inséparable [ɛ̃sepaʀabl] adj. et n. **1.** adj. Qu'on ne peut séparer. ▷ (Personnes) Qui ne se quittent jamais. *Amis inséparables.* ▷ Subst. *Deux inséparables.* **2.** n. m. ou f. pl. Nom donné aux perruches qui ne peuvent être élevées que par couples. – Lat. *inseparabilis.*

inséparablement [ɛ̃sepaʀabləmɑ̃] adv. De manière inséparable. *Inséparablement liés.* – De *inséparable.*

insérable [ɛ̃seʀabl] adj. Qui peut être inséré. – De *insérer.*

insérer [ɛ̃seʀe] **1.** v. tr. [14] Introduire. *Insérer un feuillet dans un livre, un article dans un journal.* ▷ *Un* (ou *une*) *prière d'insérer* : notice sur un livre qu'un éditeur soumet aux critiques pour être insérée dans une publication. **2.** v. pron. SC NAT Avoir son insertion. *Ce muscle s'insère sur tel os.* – Lat. *inserere.*

insermenté [ɛ̃sɛʀmɑ̃te] adj. m. HIST *Prêtre insermenté*, qui refusa de prêter serment à la Constitution civile du clergé en 1790. Syn. réfractaire. Ant. assermenté. – De *in-* 1, et *serment.*

insertion [ɛ̃sɛʀsjɔ̃] n. f. **1.** Action d'insérer. *Insertion d'une clause dans un contrat.* **2.** DR *Insertion légale* : publication dans un journal, en vertu de la loi. **3.** SC NAT Attache d'un organe, d'une partie du corps sur l'organisme. – Bas lat. *insertio.*

insidieusement [ɛ̃sidjøzmɑ̃] adv. De manière insidieuse. – De *insidieux.*

insidieux, euse [ɛ̃sidjø, øz] adj. **1.** Qui tend un piège. *Question insidieuse.* **2.** MED Plus grave qu'il ne paraît d'abord. *Fièvre insidieuse.* – Lat. *insidiosus*, de *insidiæ*, « embûches ».

1. insigne [ɛ̃siɲ] adj. Remarquable. *Une faveur insigne.* – Lat. *insignis.*

2. insigne [ɛ̃siɲ] n. m. **1.** Attribut d'un grade, d'un rang, d'une fonction. **2.** Marque distinctive d'un groupe. *Insignes scouts.* – Lat. *insigne*, neutre subst. de *insignis*, « remarquable ».

insignifiance [ɛ̃siɲifjɑ̃s] n. f. Caractère de ce qui est insignifiant. – De *insignifiant.*

insignifiant, ante [ɛ̃siɲifjɑ̃, ɑ̃t] adj. **1.** Sans intérêt particulier. *Personne insignifiante*, effacée, sans aucune personnalité (sens 2). **2.** Sans importance. *Détail insignifiant.* – De *in-* 1, et *signifiant.*

insincère [ɛ̃sɛ̃sɛʀ] adj. Rare Qui manque de sincérité. – De *in-* 1, et *sincère.*

insincérité [ɛ̃sɛ̃seʀite] n. f. Rare Manque de sincérité. – De *insincère.*

insinuant, ante [ɛ̃sinɥɑ̃, ɑ̃t] adj. Qui sait insinuer, s'insinuer. *Langage insinuant.* – Ppr. de *insinuer.*

insinuation [ɛ̃sinɥasjɔ̃] n. f. **1.** Action d'insinuer (qqch). **2.** Chose que l'on insinue. *Des insinuations malveillantes.* – Lat. *insinuatio.*

insinuer [ɛ̃sinɥe] **1.** v. tr. [1] Laisser entendre, suggérer (le plus souvent en mauvaise part). *Elle insinue que tu as tort.* **2.** v. pron. S'infiltrer, se glisser. *S'insinuer dans un groupe. S'insinuer dans les bonnes grâces de qqn*, les gagner adroitement. – Lat. *insinuare.*

insipide [ɛ̃sipid] adj. **1.** Qui n'a pas de goût, fade. ▷ Fig. Sans agrément, sans intérêt. *Roman insipide.* **2.** MED *Diabète insipide*, caractérisé par une polyurie due à une carence en hormone antidiurétique. – Bas lat. *insipidus.*

insipidité [ɛ̃sipidite] n. f. Caractère de ce qui est insipide. – De *insipide.*

insistance [ɛ̃sistɑ̃s] n. f. Action d'insister. *Réclamer avec insistance.* – De *insister.*

insistant, ante [ɛ̃sistɑ̃, ɑ̃t] adj. Qui insiste. *Supplication insistante.* – Ppr. de *insister.*

insister [ɛ̃siste] v. intr. [1] **1.** Souligner qqch, appuyer avec force sur telle ou telle question. *Insister sur les résultats obtenus.* **2.** Persévérer à demander (qqch). *Il insiste pour être reçu.* – Absol. *Inutile d'insister.* – Lat. *insistere*, « se poser sur, s'attacher à ».

in situ [insity] loc. adv. Didac. Dans son milieu naturel. *Étudier une plante in situ.* – Mots lat., « en place ».

insociabilité [ɛ̃sɔsjabilite] n. f. Caractère d'une personne insociable. – De *insociable.*

insociable [ɛ̃sɔsjabl] adj. Qui n'est pas sociable. *Caractère insociable.* – Lat. *insociabilis.*

insolateur [ɛ̃sɔlatœʀ] n. m. Appareil servant à utiliser l'énergie thermique des rayons solaires. – De *insoler.*

insolation [ɛ̃sɔlasjɔ̃] n. f. **1.** Exposition à l'action des rayons solaires, de la lumière. *Sécher des plantes par insolation.* **2.** Ensemble de troubles dus à une exposition au soleil (brûlures, céphalées, vertiges, déshydratation). **3.** METEO Durée totale, exprimée en heures, au cours de laquelle le soleil a été visible. *L'insolation annuelle est à Paris d'environ 1 870 heures.* – Lat. *insolatio.*

insolemment [ɛ̃sɔlamɑ̃] adv. Avec insolence. *Répondre insolemment.* – De *insolent.*

insolence [ɛ̃sɔlɑ̃s] n. f. **1.** Manque de respect. **2.** Parole, action insolente. *Dire des insolences.* **3.** Arrogance. *L'insolence d'un parvenu.* – Lat. *insolentia.*

insolent, ente [ɛ̃sɔlɑ̃, ɑ̃t] adj. et n. **1.** Qui manque de respect, effronté. *Enfant insolent. Remarque insolente.* ▷ Subst. *Un(e) insolent(e). Petit insolent!* **2.** Qui choque par un excès insolite, provocant. *Chance insolente.* – Lat. *insolens.*

insoler [ɛ̃sɔle] v. tr. [1] TECH Soumettre à l'action des rayons solaires, de la lumière. – Lat. *insolare.*

insolite [ɛ̃sɔlit] adj. et n. m. Qui surprend par son caractère inhabituel. *Un fait insolite.* ▷ n. m. *Aimer l'insolite.* – Lat. *insolitus,* rad. *solere,* « avoir coutume de ».

insolubiliser [ɛ̃sɔlybilize] v. tr. [1] Rendre (un corps) insoluble. – De *insoluble.*

insolubilité [ɛ̃sɔlybilite] n. f. **1.** Qualité des substances insolubles. **2.** Fig. Caractère de ce qui est insoluble. *Insolubilité d'un problème.* – De *insoluble.*

insoluble [ɛ̃sɔlybl] adj. (et n. m.) **1.** Qu'on ne peut dissoudre. *Corps insoluble.* **2.** Qu'on ne peut résoudre. *Difficulté insoluble.* ▷ n. m. *S'acharner à résoudre l'insoluble.* – Lat. *insolubilis.*

insolvabilité [ɛ̃sɔlvabilite] n. f. État d'une personne insolvable. – De *insolvable.*

insolvable [ɛ̃sɔlvabl] adj. et n. Se dit d'une personne qui n'a pas de quoi payer ce qu'elle doit. *Débiteur insolvable.* ▷ Subst. *Un(e) insolvable.* – De *in-* 1, et *solvable.*

insomniaque [ɛ̃sɔmnjak] adj. et n. Sujet à des insomnies. – De *insomnie.*

insomnie [ɛ̃sɔmni] n. f. Trouble du sommeil (impossibilité de s'endormir, réveil nocturne). *Insomnie due à l'anxiété, à l'abus des excitants.* – Lat. *insomnia.*

insondable [ɛ̃sɔ̃dabl] adj. Qu'on ne peut sonder, dont on ne peut mesurer la profondeur. *Gouffre insondable.* ▷ Fig. *Désespoir insondable.* – De *in-* 1, *sonder,* et *-able.*

insonore [ɛ̃sɔnɔʀ] adj. **1.** Qui n'est pas sonore. **2.** Qui amortit les sons. *Mur insonore.* – De *in-* 1, et *sonore.*

insonorisation [ɛ̃sɔnɔʀizasjɔ̃] n. f. Action d'insonoriser, d'amortir les sons à l'aide de matériaux qui les absorbent; son résultat. *Insonorisation d'un studio d'enregistrement.* – De *insonoriser.*

insonoriser [ɛ̃sɔnɔʀize] v. tr. [1] Procéder à l'insonorisation de. – De *insonore.*

insonorité [ɛ̃sɔnɔʀite] n. f. Caractère de ce qui est insonore. – De *insonore.*

insouciance [ɛ̃susjɑ̃s] n. f. Caractère de celui qui est insouciant. – De *insouciant.*

insouciant, ante [ɛ̃susjɑ̃, ɑ̃t] adj. et n. Qui ne se soucie, ne s'inquiète de rien. *Jeunesse insouciante.* ▷ Subst. *Ce sont de joyeux insouciants.* ▷ *Insouciant de :* qui ne se soucie pas de. *Insouciant du lendemain.* – De *in-* 1, et *soucier.*

insoucieux, euse [ɛ̃susjø, øz] adj. Qui ne prend pas souci de. *Être insoucieux de ses intérêts.* – De *in-* 1, et *soucieux.*

insoumis, ise [ɛ̃sumi, iz] adj. et n. m. **1.** Qui n'est pas soumis. *Peuplades insoumises.* **2.** DR Se dit d'un soldat qui n'a pas rejoint son corps dans le délai prescrit par l'autorité militaire. ▷ n. m. *Les déserteurs et les insoumis.* – De *in-* 1, et *soumis.*

insoumission [ɛ̃sumisjɔ̃] n. f. **1.** Caractère d'une personne insoumise. **2.** DR Délit du soldat insoumis. – De *in-* 1, et *soumission.*

insoupçonnable [ɛ̃supsɔnabl] adj. Au-dessus de tout soupçon. *Probité insoupçonnable.* – De *in-* 1, *soupçonner,* et *-able.*

insoupçonné, ée [ɛ̃supsɔne] adj. (Choses) Qu'on ne soupçonne pas. *Difficultés insoupçonnées.* – De *in-* 1, et *soupçonné,* pp. de *soupçonner.*

insoutenable [ɛ̃sutnabl] adj. et n. m. **1.** Qu'on ne peut soutenir, justifier. *Opinion insoutenable.* **2.** Que l'on ne peut supporter. *Spectacle insoutenable.* ▷ n. m. *Une douleur à la limite de l'insoutenable.* – De *in-* 1, *soutenir,* et *-able.*

inspecter [ɛ̃spɛkte] v. tr. [1] **1.** Examiner dans le but de surveiller, de contrôler. *Inspecter des troupes, des travaux.* **2.** Examiner attentivement. *Inspecter un vêtement.* – Lat. *inspectare.*

inspecteur, trice [ɛ̃spɛktœʀ, tʀis] n. Agent ou fonctionnaire chargé d'effectuer des contrôles, des vérifications dans les administrations, les entreprises. *Inspecteur départemental de l'Éducation nationale. Inspecteur des impôts.* – Lat. *inspector.*

inspection [ɛ̃spɛksjɔ̃] n. f. **1.** Action d'inspecter (sens 1); son résultat. *Inspection d'une école.* **2.** Charge d'inspecteur. *Obtenir une inspection.* **3.** Corps de fonctionnaires chargé de la surveillance de tel ou tel secteur de l'Administration. *Inspection générale des services* (de la police). *Inspection générale des Finances,* chargée de contrôler la gestion de tous les comptables publics. ▷ *Inspection du travail,* chargée de veiller à l'application de la législation du travail dans les entreprises. – Lat. *inspectio.*

inspectorat [ɛ̃spɛktɔʀa] n. m. ADMIN Fonctions d'inspecteur; durée de ces fonctions. – De *inspecteur.*

inspirateur, trice [ɛ̃spiʀatœʀ, tʀis] adj. et n. **1.** Qui donne l'inspiration ou dont on s'inspire. *Passion inspiratrice.* ▷ Subst. *Un inspirateur, une inspiratrice.* **2.** ANAT Qui permet d'inspirer l'air. *Muscles inspirateurs.* – De *inspirer.*

inspiration [ɛ̃spiʀasjɔ̃] n. f. **I.** Phase de la respiration au cours de laquelle l'air entre dans les poumons. **II. 1.** Action d'inspirer qqch à qqn; son résultat. *J'ai agi sur votre inspiration.* **2.** Idée venant soudain à l'esprit. *J'ai eu une bonne inspiration en l'invitant.* **3.** Impulsion créatrice. *Attendre l'inspiration.* **4.** État d'illumination sous l'empire duquel il serait possible de recevoir les révélations de puissances surnaturelles. *Inspiration prophétique.* **III.** Influence littéraire, artistique. *Chanson d'inspiration folklorique.* – Bas lat. *inspiratio.*

inspiratoire [ɛ̃spiʀatwaʀ] adj. Relatif à l'inspiration (sens I). – De *inspiration.*

inspiré, ée [ɛ̃spiʀe] adj. **1.** Qui a reçu l'inspiration. *Poète inspiré. Prophète inspiré.* ▷ Qui dénote l'inspiration. *Air inspiré.* **2.** *Être bien inspiré :* avoir une bonne inspiration, une bonne idée. **3.** *Inspiré de :* qui a pris tel modèle. *Architecture inspirée de l'Antiquité.* – Pp. de *inspirer.*

inspirer [ɛ̃spiʀe] **I.** v. tr. ou intr. [1] Faire entrer (l'air) dans ses poumons. **II.** v. tr. **1.** Faire naître (une pensée, un sentiment, un comportement) chez qqn. *Inspirer de l'amour. Inspirer à un enfant de l'aversion pour le mensonge.* **2.** Éveiller, stimuler les facultés créatrices de (qqn). *La nature inspire les poètes.* **3.** Communiquer l'inspiration (sens II, 4) à, en parlant d'une puissance surnaturelle. *Dieu a inspiré les prophètes.* **III.** v. pron. Prendre comme modèle. *Auteur qui s'est inspiré des œuvres classiques.* – Lat. *inspirare,* de *in,* « dans », et *spirare,* « souffler ».

instabilité [ɛ̃stabilite] n. f. **1.** Défaut, absence de stabilité. ▷ PHYS, CHIM *Instabilité d'une combinaison chimique, d'un équilibre.* ▷ Fig. *L'instabilité de la fortune.* **2.** Caractère d'une personne instable. – Lat. *instabilitas.*

instable [ɛ̃stabl] adj. (et n.) **1.** Qui n'est pas stable. *Échafaudage instable. Situation instable. Combinaison chimique instable. Équilibre instable.* **2.** Sans stabilité affective; dont l'humeur, le comportement changent fréquemment. *Un enfant instable.* ▷ Subst. *Un(e) instable.* – Lat. *instabilis.*

installateur, trice [ɛ̃stalatœʀ, tʀis] n. Personne qui effectue des installations. *Installateur de chauffage central.* – De *installer.*

installation [ɛ̃stalasjɔ̃] n. f. **1.** Action d'installer qqch. *Installation de l'électricité.* ▷ Ensemble des objets, des appareils installés. *Réparer des installations sanitaires.* **2.** Action, manière de s'installer. *L'installation des nouveaux locataires. Installation provisoire.* **3.** ADMIN Action d'établir officiellement qqn dans ses fonctions. *Installation d'un fonctionnaire.* – De *installer.*

installer [ɛ̃stale] v. [1] **I.** v. tr. **1.** Mettre (qqch) en place. *Installer le téléphone.* – INFORM *Installer un logiciel,* le mettre en service. ▷ Par ext. *Installer un appartement,* l'aménager. **2.** Placer, loger (qqn) dans un endroit. *Installer un employé dans un bureau.* **3.** ADMIN Établir officiellement (qqn) dans ses fonctions. *Installer un magistrat.* **II.** v. pron. **1.** S'établir, se fixer. *S'installer à la campagne.* **2.** Se mettre à une place, dans une position déterminée. *S'installer confortablement sur un canapé.* ▷ Fig. *S'installer dans la médiocrité.* – Lat. médiév. *installare,* «mettre dans sa stalle».

instamment [ɛ̃stamɑ̃] adv. De façon pressante. – De *instant* 1.

instance [ɛ̃stɑ̃s] n. f. **1.** Sollicitation pressante. *Sur les instances de ses parents. Demander avec instance.* **2.** DR Ensemble des actes de procédure nécessaires pour intenter, instruire et juger un procès. *Tribunal d'instance, de grande instance. Première instance :* poursuite d'une action devant le premier degré de juridiction. – *Affaire en instance,* non réglée. **3.** Tribunal, organisme ayant pouvoir de juger, de décider. *L'instance suprême.* **4.** Autorité, organisme ayant le pouvoir de discuter, d'examiner ou de décider. *Les instances internationales de l'ONU. Les instances dirigeantes de notre parti.* (En général, au plur. ; emploi critiqué dans ce sens comme anglicisme.) – Lat. *instantia,* «imminence, proximité».

1. instant, ante [ɛ̃stɑ̃, ɑ̃t] adj. Pressant, insistant. *Prière instante.* – Lat. *instans, instantis,* ppr. de *instare,* «serrer de près, presser».

2. instant [ɛ̃stɑ̃] n. m. Moment très court. *S'arrêter un instant.* – *Un instant! :* attendez un instant! ▷ Loc. adv. *À chaque instant, à tout instant :* continuellement, sans cesse. – *À l'instant :* il y a très peu de temps. – *Dans un instant :* dans très peu de temps. ▷ Loc. conj. *Dès l'instant que, où :* du moment que, où. – De *instant* 1.

instantané, ée [ɛ̃stɑ̃tane] adj. et n. m. **1.** Qui ne dure qu'un instant. *L'éclair est instantané.* **2.** Qui se produit immédiatement. *Riposte instantanée.* **3.** Vieilli *Photographie instantanée* ou, n. m., *un instantané :* photographie effectuée avec un temps de pose très court. – De *instant* 2.

instantanéité [ɛ̃stɑ̃taneite] n. f. Didac. ou litt. Caractère de ce qui est instantané. – De *instantané.*

instantanément [ɛ̃stɑ̃tanemɑ̃] adv. D'une manière instantanée ; immédiatement. – De *instantané.*

instar (à l') [alɛ̃staʀ] loc. prép. À l'exemple de, de même que. – Adaptation de la loc. lat. *ad instar,* «de la valeur de, à la ressemblance de».

instaurateur, trice [ɛ̃stɔʀatœʀ, tʀis] n. Litt. Personne qui instaure. – De *instaurer.*

instauration [ɛ̃stɔʀasjɔ̃] n. f. Action d'instaurer. – De *instaurer.*

instaurer [ɛ̃stɔʀe] v. tr. [1] Établir, instituer. *Instaurer un nouveau régime politique.* – Lat. *instaurare.*

instigateur, trice [ɛ̃stigatœʀ, tʀis] n. Personne qui pousse à faire qqch. *L'instigateur de la révolte.* – Lat. *instigator.*

instigation [ɛ̃stigasjɔ̃] n. f. Rare Incitation à faire qqch. – (En loc.) Cour. *Commettre un crime à l'instigation de qqn.* – Lat. *instigatio.*

instiguer [ɛ̃stige] v. tr. [1] Vx Pousser, inciter (qqn) à faire qqch. – Lat. *instigare.*

instillation [ɛ̃stilasjɔ̃] n. f. Action d'instiller. – De *instillatio.*

instiller [ɛ̃stile] v. tr. [1] Verser (un liquide) goutte à goutte. *Instiller un collyre entre les paupières.* – Lat. *instillare,* de *stilla,* «goutte».

instinct [ɛ̃stɛ̃] n. m. **1.** Ensemble des tendances innées et contraignantes qui déterminent certains comportements spécifiques et immuables, communs à tous les individus d'une même espèce du règne animal. *Instinct sexuel.* **2.** *Par ext.* Intuition, connaissance spontanée, chez l'homme. *Se fier à son instinct.* ▷ Loc. adv. *D'instinct :* spontanément, sans réfléchir. **3.** Aptitude naturelle. *Avoir l'instinct des affaires.* – Lat. *instinctus,* «impulsion».

instinctif, ive [ɛ̃stɛ̃ktif, iv] adj. (et n.) **1.** Qui naît de l'instinct. *Réaction instinctive.* **2.** (Personnes) Qui a tendance à obéir à son instinct, à son intuition plutôt qu'à sa raison. ▷ Subst. *Un instinctif, une instinctive.* – De *instinct.*

instinctivement [ɛ̃stɛ̃ktivmɑ̃] adv. D'instinct. – De *instinctif.*

instinctuel, elle [ɛ̃stɛ̃ktɥɛl] adj. PSYCHO Qui procède de l'instinct (sens 1). – De *instinct.*

instituer [ɛ̃stitɥe] **I.** v. tr. [1] **1.** Établir (une chose nouvelle et durable). *Instituer le suffrage universel.* **2.** DR *Instituer un légataire,* le nommer par testament. **II.** v. pron. Se poser, s'ériger en. *S'instituer moraliste.* – Lat. *instituere,* «placer dans, fonder, organiser».

institut [ɛ̃stity] n. m. **1.** Corps constitué de gens de lettres, de savants, etc. *Institut de France :* réunion officielle des cinq Académies : française, des sciences, des sciences morales et politiques, des inscriptions et belles-lettres, des beaux-arts. (V. académie). **2.** Nom de certains établissements d'enseignement, de recherche. *Institut universitaire de technologie* (abrév. : I.U.T.). *L'Institut Pasteur.* **3.** Nom de certains établissements de soins. *Institut dentaire. Institut de beauté.* **4.** Règle de vie d'une congrégation religieuse à sa fondation. – La congrégation elle-même. – Lat. *institutum,* «ce qui est établi».

institutes [ɛ̃stityt] n. f. pl. DR ANC Traité de droit écrit par les jurisconsultes romains. *Les «Institutes» ou «Institutiones» ou «Commentaires» de Gaius (IIe s. apr. J.-C.) inspirèrent les «Institutes» de Justinien (533).* – Du lat. *institutum, instituta.*

instituteur, trice [ɛ̃stitytœʀ, tʀis] n. Personne chargée d'enseigner dans les classes du premier degré. – Du lat. *institutor,* de *institutum,* supin de *instituere,* de *statuere,* «établir».

institution [ɛ̃stitysjɔ̃] n. f. **1.** Action d'instituer (qqch). *L'institution du suffrage universel en France.* **2.** DR Nomination par testament. *Institution d'héritier.* **3.** Chose instituée (règle, usage, organisme). *Les institutions politiques et religieuses.* ▷ (Plur.) Lois fondamentales régissant la vie politique et sociale d'un pays. **4.** Établissement d'enseignement privé. *Institution de jeunes filles.* – Lat. *institutio,* de *institutum,* «ce qui est établi».

institutionnalisation [ɛ̃stitysjɔnalizasjɔ̃] n. f. Action d'institutionnaliser (qqch). – De *institutionnaliser.*

institutionnaliser [ɛ̃stitysjɔnalize] v. tr. [1] Élever au rang d'institution. *Institutionnaliser un usage.* – De *institutionnel.*

institutionnel, elle [ɛ̃stitysjɔnɛl] adj. Relatif aux institutions ; de la nature des institutions. – De *institution.*

instructeur [ɛ̃stʀyktœʀ] n. m. et adj. m. **1.** n. m. Celui qui instruit. – *Spécial.* Celui qui est chargé de l'instruction des soldats. ▷ adj. m. *Officier instructeur.* **2.** adj. m. DR *Juge instructeur,* qui instruit une affaire. – Lat. *instructor,* de *instructum,* supin de *instruere,* « assembler dans, munir, instruire ».

instructif, ive [ɛ̃stʀyktif, iv] adj. (Choses) Qui instruit. *Livre instructif.* – De *instruire.*

instruction [ɛ̃stʀyksjɔ̃] n. f. **I. 1.** Action d'instruire qqn. *Instruction de la jeunesse.* ▷ Vieilli Enseignement officiel. *Instruction publique.* **2.** Culture, connaissances acquises. *Manquer d'instruction.* **3.** DR Ensemble des recherches et formalités relatives à une affaire, en vue de son jugement. ▷ *Juge d'instruction* : syn. de *juge instructeur.* **II.** Plur. **1.** Indications, directives pour mener à bien une mission, utiliser correctement qqch. *Les instructions ministérielles. Les instructions secrètes données à un ambassadeur. Les instructions d'un mode d'emploi.* **2.** INFORM Suite de caractères parfois précédée par une adresse ou un numéro, qui définit, dans un langage de programmation donné, les opérations à effectuer par l'ordinateur. – Lat. *instructio.*

instruire [ɛ̃stʀɥiʀ] **I.** v. tr. **[69] 1.** Donner un enseignement, une formation à (qqn). *Instruire des enfants, des soldats.* ▷ Par ext. *L'exemple nous instruit.* **2.** *Instruire qqn de qqch,* l'en aviser. *Instruire qqn de ses intentions.* **3.** DR Mettre (une affaire) en état d'être jugée. *Instruire un procès.* **II.** v. pron. Acquérir des connaissances. *S'instruire dans une science.* – Lat. *instruere,* « assembler dans, munir, instruire ».

instruit, ite [ɛ̃stʀɥi, it] adj. Qui a des connaissances. – *Être instruit de... :* être informé de... – Pp. de *instruire.*

instrument [ɛ̃stʀymɑ̃] n. m. **1.** Outil, appareil servant à effectuer un travail, une mesure, une opération, à observer un phénomène, etc. *Instruments d'optique, de chirurgie.* ▷ *Instrument de musique,* avec lequel on produit des sons musicaux. – Absol. *Jouer d'un instrument.* **2.** Fig. Personne ou chose dont on se sert pour parvenir à ses fins. *Faire de qqn, de qqch, l'instrument de sa réussite.* – Lat. *instrumentum,* de *instruere,* « assembler dans, munir, instruire ».

instrumentaire [ɛ̃stʀymɑ̃tɛʀ] adj. DR *Témoin instrumentaire,* dont la signature est nécessaire pour la validité d'un acte. – De *instrument.*

instrumental, ale, aux [ɛ̃stʀymɑ̃tal, o] adj. (et n. m.) **1.** Qui sert d'instrument. **2.** Qui concerne l'instrument, les instruments. ▷ MUS Qui est exécuté par des instruments. *Musique instrumentale* (par oppos. à *musique vocale*). **3.** MED Qui se fait à l'aide d'instruments. **4.** GRAM *Cas instrumental* ou, n. m., *instrumental,* qui exprime le complément de moyen. – De *instrument.*

instrumentalisme [ɛ̃stʀymɑ̃talism] n. m. PHILO Doctrine pragmatique suivant laquelle toute théorie est un outil, un instrument pour l'action. – Angl. *instrumentalism,* du français *instrument.*

instrumentaliste [ɛ̃stʀymɑ̃talist] adj. et n. De l'instrumentalisme. ▷ Subst. Partisan de l'instrumentalisme. – De *instrumentalisme.*

instrumentation [ɛ̃stʀymɑ̃tasjɔ̃] n. f. **1.** MUS Art d'utiliser les possibilités techniques et sonores de chaque instrument dans l'élaboration d'une œuvre musicale. **2.** Ensemble d'instruments, d'appareils destinés à un ensemble d'opérations. *L'instrumentation médicale.* – De *instrumenter.*

instrumenter [ɛ̃stʀymɑ̃te] v. tr. et intr. **[1] 1.** v. tr. MUS Composer en fonction des possibilités techniques et sonores de chaque instrument de l'orchestre. **2.** v. intr. DR Dresser un acte authentique (constat, exploit, etc.). – De *instrument.*

instrumentiste [ɛ̃stʀymɑ̃tist] n. **1.** MUS Personne qui joue d'un instrument. **2.** CHIR Personne qui, au cours d'une intervention, passe au chirurgien les différents instruments dont il se sert. – De *instrument.*

insu [ɛ̃sy] (En loc. prép.) **1.** *À l'insu de* : sans que la (les) personne(s) désignée(s) le sache(nt). *Faire qqch à l'insu de sa famille.* **2.** *À mon* (*ton, son,* etc.) *insu :* sans que je (tu, il) m' (t', s') en aperçoive, sans que je (tu, il) le sache. – De *in-* 1, et *su,* pp. de *savoir.*

insubmersibilité [ɛ̃sybmɛʀsibilite] n. f. Qualité de ce qui est insubmersible. – De *insubmersible.*

insubmersible [ɛ̃sybmɛʀsibl] adj. Qui ne peut être submergé; qui ne peut couler (navires). *Canot de sauvetage insubmersible.* – De *in-* 1, et *submersible.*

insubordination [ɛ̃sybɔʀdinasjɔ̃] n. f. Défaut de subordination; désobéissance, indiscipline. *Acte d'insubordination.* – De *in-* 1, et *subordination.*

insubordonné, ée [ɛ̃sybɔʀdɔne] adj. Indiscipliné. *Soldat insubordonné.* – De *in-* 1, et *subordonné.*

insuccès [ɛ̃syksɛ] n. m. Absence de succès, échec. *Insuccès d'une pièce.* – De *in-* 1, et *succès.*

insuffisamment [ɛ̃syfizamɑ̃] adv. De manière insuffisante. – De *insuffisant.*

insuffisance [ɛ̃syfizɑ̃s] n. f. **1.** Caractère d'une personne, d'une chose insuffisante. **2.** MED Défaillance aiguë ou chronique d'un organe, d'une glande, d'une fonction. *Insuffisance cardiaque, surrénale.* – De *insuffisant.*

insuffisant, ante [ɛ̃syfizɑ̃, ɑ̃t] adj. **1.** Qui ne suffit pas. *Ration insuffisante.* **2.** Qui manque d'aptitude, de compétence. *Il s'est montré tout à fait insuffisant pour cette tâche.* – De *in-* 1, et *suffisant;* d'apr. le bas lat. *insufficiens.*

insufflateur, trice [ɛ̃syflatœʀ, tʀis] n. **1.** adj. Qui insuffle. **2.** n. m. MED Syn. de *respirateur.* – De *insuffler.*

insufflation [ɛ̃syflasjɔ̃] n. f. MED Action d'insuffler qqch dans une cavité du corps. – Bas lat. *insufflatio.*

insuffler [ɛ̃syfle] v. tr. **[1] 1.** RELIG Faire pénétrer par le souffle divin. *Dieu modela dans l'argile une forme à son image et lui insuffla la vie.* ▷ *Par ext.* Inspirer, transmettre. *Insuffler du courage. Insuffler une idéologie à qqn.* **2.** MED Introduire (de l'air, un mélange gazeux) dans l'organisme à des fins thérapeutiques. – Bas lat. *insufflare.*

insulaire [ɛ̃sylɛʀ] adj. et n. **1.** Qui habite une île. *Peuple insulaire.* ▷ Subst. *Les insulaires de Chypre.* **2.** Relatif à une île. *Climat insulaire.* – Bas lat. *insularis,* de *insula,* « île ».

insularité [ɛ̃sylaʀite] n. f. **1.** État d'un pays formé d'une ou de plusieurs îles. **2.** Fait d'être insulaire. – De *insulaire.*

insuline [ɛ̃sylin] n. f. MED Hormone sécrétée par certaines cellules des îlots de Langerhans du pancréas. – Du lat. *insula,* « île », par l'angl.

ENCYCL L'insuline abaisse le taux de la glycémie (transformation du glucose en glycogène), favorise la pénétration du glucose dans les cellules et freine la dégradation du glycogène au niveau du foie; sa sécrétion dépend de la glycémie, qu'elle maintient constante, sous l'action de facteurs hormonaux, nerveux, métaboliques. C'est au niveau du foie qu'a lieu la destruction de l'insuline. Le diabète *insulino-dépendant* (ou *insulinoprive*), congénital, est dû à une carence en insuline (à laquelle on supplée par des injections quotidiennes d'insulines animales ou semi-synthétiques).

insulinodépendance [ɛ̃sylinɔdepɑ̃dɑ̃s] n. f. MED État du diabétique qui ne peut se passer d'administration d'insuline. – De *insuline,* et *dépendance.*

insultant, ante [ɛ̃syltɑ̃, ɑ̃t] adj. Qui constitue une insulte. *Insinuation insultante.* – Ppr. de *insulter.*

insulte [ɛ̃sylt] n. f. Parole ou action volontairement offensante. ▷ Fig. *Une insulte au bon sens.* – Déverbal de *insulter.*

insulter [ɛ̃sylte] **1.** v. tr. [1] Offenser (qqn) par des insultes. *Insulter publiquement qqn.* – Pp. adj. *Il se sentit insulté.* **2.** v. tr. indir. Vx ou fig., litt. *Insulter à* : être insultant pour (qqn, qqch) par son insolence. *De tels propos insultent à sa mémoire.* – Lat. *insultare.*

insulteur, euse [ɛ̃syltœʀ, øz] adj. et n. Rare. Qui insulte. – De *insulter.*

insupportable [ɛ̃sypɔʀtabl] adj. **1.** Qu'on ne peut supporter. *Souffrance insupportable.* **2.** Qui a un caractère, un comportement très désagréable. *Une insupportable péronnelle.* ▷ *Spécial.* Très turbulent. *Un enfant insupportable.* – Bas lat. *insupportabilis.*

insupportablement [ɛ̃sypɔʀtabləmɑ̃] adv. De façon insupportable. – De *insupportable.*

insurgé, ée [ɛ̃syʀʒe] adj. et n. **1.** adj. Qui s'est insurgé. **2.** n. Agitateur, révolté, révolutionnaire. *« L'Insurgé », roman de Jules Vallès* (1832-1885). – Pp. de *(s')insurger.*

insurger (s') [ɛ̃syʀʒe] v. pron. [13] Se révolter (contre qqn, qqch). *S'insurger contre le pouvoir.* – Lat. *insurgere,* « se lever, se dresser ».

insurmontable [ɛ̃syʀmɔ̃tabl] adj. Qu'on ne peut surmonter. *Difficulté insurmontable.* – De *in-* 1, *surmonter,* et *-able.*

insurpassable [ɛ̃syʀpasabl] adj. Impossible à surpasser. – De *in-* 1, *surpasser,* et *-able.*

insurrection [ɛ̃syʀɛksjɔ̃] n. f. Action de s'insurger; soulèvement en masse contre le pouvoir établi, révolte. *Insurrection populaire.* – Bas lat. *insurrectio,* de *insurgere* (V. insurger).

insurrectionnel, elle [ɛ̃syʀɛksjɔnɛl] adj. Qui a les caractères d'une insurrection. *Mouvement insurrectionnel.* – De *insurrection.*

intact, acte [ɛ̃takt] adj. **1.** À quoi on n'a pas touché. *Dépôt intact.* ▷ Fig. Qui n'a souffert aucune atteinte. *Réputation intacte.* **2.** Entier, sans altérations. *Ce monument est resté intact.* – Lat. *intactus.*

intaille [ɛ̃taj] n. f. BX-A Pierre dure gravée en creux (par oppos. au camée, gravé en relief). – Ital. *intaglio.*

intangibilité [ɛ̃tɑ̃ʒibilite] n. f. Caractère de ce qui est intangible, de ce qui ne doit pas être modifié. – De *intangible.*

intangible [ɛ̃tɑ̃ʒibl] adj. **1.** Rare Qu'on ne peut percevoir par le toucher. *Un gaz est intangible.* **2.** Que l'on ne doit pas toucher, modifier, altérer. *Loi intangible.* – De *in-* 1, et *tangible.*

intarissable [ɛ̃taʀisabl] adj. Qui ne peut être tari. *Source intarissable.* ▷ Fig. *Bavardage intarissable.* – De *in-* 1, *tarir,* et *-able.*

intarissablement [ɛ̃taʀisabləmɑ̃] adv. D'une manière intarissable. – De *intarissable.*

intégrable [ɛ̃tegʀabl] adj. Que l'on peut intégrer. ▷ MATH Dont on peut calculer l'intégrale (fonctions). – De *intégrer.*

intégral, ale, aux [ɛ̃tegʀal, o] adj. et n. f. **I.** adj. **1.** Dont on n'a rien retranché. *Texte intégral.* **2.** MATH *Calcul intégral* : partie du calcul infinitésimal qui recherche la fonction F(x) dont la fonction f(x) est la dérivée. **II.** n. f. **1.** Édition complète des œuvres d'un musicien, d'un écrivain, etc. **2.** MATH Fonction qui admet pour dérivée une fonction donnée (symbole : ∫). – Lat. médiév. *integralis,* de *integer,* « qui n'a reçu aucune atteinte, entier ». ENCYCL L'intégrale d'une fonction f(x) n'est définie qu'à une constante près. On écrit $\int f(x)\,dx = F(x) + C$. Pour $x = a$, on a $\int (x)\,dx = F(a) + C$. On appelle *intégrale définie* la différence des valeurs de l'intégrale pour deux valeurs de la variable et on la note $\sum_a^b$ a $f(x)\,dx$. Elle est égale à : $F(b) + C - F(a) - C = F(b) - F(a)$. Elle représente la valeur de l'aire de la courbe représentative de la fonction f(x) délimitée par l'axe des x et par les droites d'abcisses a et b. *Intégrale double* ou *triple* : intégrale de surface ou de volume dont le calcul se ramène à deux (trois) intégrales simples successives.

intégralement [ɛ̃tegʀalmɑ̃] adv. D'une manière intégrale, en totalité. – De *intégral.*

intégralité [ɛ̃tegʀalite] n. f. État de ce qui est intégral. – De *intégral.*

intégrant, ante [ɛ̃tegʀɑ̃, ɑ̃t] adj. Se dit des parties qui sont nécessaires à l'intégrité d'un tout. *Cette pièce est une partie intégrante de l'appareil.* – Lat. *integrans, integrantis.*

intégrateur, trice [ɛ̃tegʀatœʀ, tʀis] adj. et n. m. **1.** adj. Qui intègre. **2.** n. m. TECH Appareil qui totalise des valeurs continues. – De *intégration.*

intégration [ɛ̃tegʀasjɔ̃] n. f. **1.** Action d'intégrer, de s'intégrer dans un groupe, un pays, etc. *L'intégration économique de l'Europe. L'intégration des travailleurs immigrés en France.* **2.** ECON Rattachement à une industrie principale d'industries annexes diverses. **3.** PHYSIOL Coordination, nécessaire au fonctionnement harmonieux, des activités de différents organes. **4.** MATH Détermination de la valeur des inconnues d'une équation différentielle. Syn. résolution. ▷ Théorie ayant pour objet la détermination des intégrales des fonctions et la mesure des ensembles. – De *intégrer.*

intégrationniste [ɛ̃tegʀasjɔnist] adj. et n. Qui est partisan de l'intégration (politique, économique, etc.). – De *intégration.*

intègre [ɛ̃tɛgʀ] adj. D'une extrême probité. *Ministre intègre.* – Lat. *integer* (V. intégral).

intégré, ée [ɛ̃tegʀe] adj. **1.** ELECTRON *Circuit intégré,* constitué de composants formés à partir d'un bloc semi-conducteur et contenus sur une pastille de silicium de faibles dimensions. **2.** INFORM *Gestion intégrée,* assurant la liaison entre les différents types de comptabilité (analytique, générale, d'exploitation). – Pp. de *intégrer.*

intégrer [ɛ̃tegʀe] **I.** v. tr. [14] **1.** Faire entrer dans un tout. *Intégrer un dialogue dans un scénario.* ▷ v. pron. *S'intégrer à, dans un milieu social.* **2.** MATH Procéder à l'intégration de. *Intégrer une fonction.* **II.** v. tr. ou tr. ind. Arg. (des écoles) Entrer dans une grande école. *Il a intégré (à) l'X cette année.* – Lat. *integrare,* « réparer, remettre en état, refaire ».

intégrisme [ɛ̃tegʀism] n. m. Attitude, opinion de ceux qui souhaitent maintenir dans son intégrité, sans qu'il évolue, un système doctrinal (et partic. religieux) donné. – De *intégriste.*

intégriste [ɛtegʀist] n. et adj. Partisan de l'intégrisme. – De *intègre,* d'après l'esp. *integrista.*

intégrité [ɛ̃tegʀite] n. f. **1.** État d'une chose à laquelle il ne manque rien. *Conserver l'intégrité du territoire.* **2.** Probité irréprochable. – Lat. *integritas.*

intellect [ɛ̃telɛkt] n. m. Faculté de comprendre, de connaître (par oppos. à *sensibilité*). Syn. entendement. – Lat. *intellectus,* de *intellegere,* « comprendre ».

intellection [ɛ̃telɛksjɔ̃] n. f. PHILO Acte, exercice de l'intellect par lequel il conçoit, saisit les idées. – De *intellect.*

intellectualisation [ɛ̃telɛktɥalizasjɔ̃] n. f. Didac. ou litt. Action d'intellectualiser; son résultat. – De *intellectualiser.*

intellectualiser [ɛ̃telɛktɥalize] v. tr. [1] Didac. ou litt. Revêtir d'un caractère conceptuel, intellectuel; transformer, élaborer grâce à l'intellect. – De *intellectuel.*

intellectualisme [ɛ̃telɛktɥalism] n. m. PHILO Doctrine qui affirme la prééminence de l'entendement sur l'affectivité et la volonté. ▷ Cour., péjor. Travers de ceux qui privilégient l'intellect au détriment de la sensibilité, de la spontanéité. *Sombrer dans l'intellectualisme.* – De *intellectuel.*

intellectualiste [ɛ̃telɛktɥalist] adj. (et n.) Didac. Qui se rapporte à l'intellectualisme; qui porte la marque de l'intellectualisme. – Subst. Partisan de l'intellectualisme. ▷ Cour., péjor. Marqué par l'intellectualisme. – De *intellectualisme.*

intellectualité [ɛ̃telɛktɥalite] n. f. **1.** Caractère intellectuel d'une personne, d'une attitude. **2.** Ensemble des facultés intellectuelles. – De *intellectuel.*

intellectuel, elle [ɛ̃telɛktɥɛl] adj. et n. **1.** Qui se rapporte à l'intelligence. *Facultés intellectuelles.* **2.** Qui s'adonne de façon prédominante, par goût ou par profession, à la vie intellectuelle. ▷ Subst. *Un(e) intellectuel(le).* – Bas lat. *intellectualis,* du class. *intellectum,* de *intellegere* (V. intelligent).

intellectuellement [ɛ̃telɛktɥɛlmɑ̃] adv. D'une manière intellectuelle. – De *intellectuel.*

intelligemment [ɛ̃teliʒamɑ̃] adv. D'une manière intelligente. – De *intelligent.*

intelligence [ɛ̃teliʒɑ̃s] n. f. **I. 1.** Faculté de comprendre, de découvrir des relations (de causalité, d'identité, etc.) entre les faits et les choses. *Intelligence pratique* : adaptation réfléchie de moyens à des fins. *Intelligence conceptuelle* : faculté de connaître inséparable du langage et fondée sur la raison discursive. **2.** Aptitude à comprendre facilement, à agir avec discernement. *Intelligence remarquable.* **3.** Personne intelligente. *Une des plus belles intelligences de son temps.* **4.** *Intelligence de* : capacité ou fait de comprendre (une chose particulière). *L'intelligence des affaires.* **5.** *Intelligence artificielle (I.A.)* : ensemble des méthodes permettant la réalisation de logiciels capables de reproduire certains aspects de l'activité intelligente humaine (apprentissage et raisonnement par inférence, notam.). **II. 1.** Entente, communauté d'idées, de sentiments. *Vivre en bonne intelligence.* ▷ *Être, agir d'intelligence avec qqn,* être, agir de connivence avec lui. **2.** (Plur.) Correspondance, communication secrète. *Intelligences avec l'ennemi.* – Lat. *intelligentia,* var. de *intellegentia,* de *intellegere* (V. intelligent).

intelligent, ente [ɛ̃teliʒɑ̃, ɑ̃t] adj. Qui a ou dénote de l'intelligence. *Élève intelligent. Comportement intelligent.* – Lat. *intelligens, intelligentis,* var. *intellegens, intellegentis,* de *intellegere,* «discerner, comprendre, apprécier», de *inter,* «entre», et *legere,* «recueillir, lire».

intelligentsia [ɛ̃teliʒɛntsja] n. f. **1.** HIST Classe des intellectuels, dans la Russie tsariste. **2.** *Par ext.* Ensemble des intellectuels d'un pays. *L'intelligentsia française.* – Mot russe, «classe des intellectuels».

intelligibilité [ɛ̃teliʒibilite] n. f. Caractère de ce qui est intelligible. – De *intelligible.*

intelligible [ɛ̃teliʒibl] adj. **1.** Qui peut être compris. *Passage peu intelligible.* ▷ PHILO Qui est connaissable par le seul entendement. *Le monde intelligible de Platon* (par oppos. à *monde sensible*). **2.** Qui peut être entendu distinctement. *À haute et intelligible voix.* – Lat. *intelligibilis.*

intelligiblement [ɛ̃teliʒibləmɑ̃] adv. D'une manière intelligible. – De *intelligible.*

intempérance [ɛ̃tɑ̃peʀɑ̃s] n. f. Défaut d'une personne intempérante. – Spécial. *Intempérance de langage* : liberté excessive dans l'expression. – Lat. *intemperantia.*

intempérant, ante [ɛ̃tɑ̃peʀɑ̃, ɑ̃t] adj. Qui manque de sobriété, de modération, dans le manger, le boire et, par ext., dans la parole, l'écriture. – Lat. *intemperans.*

intempéries [ɛ̃tɑ̃peʀi] n. f. pl. Mauvais temps; pluie, gel, vent, etc. *Sortir malgré les intempéries.* – Lat. *intemperies.*

intempestif, ive [ɛ̃tɑ̃pɛstif, iv] adj. Qui n'est pas fait à propos, en son temps; inopportun, déplacé. *Démarche intempestive.* – Lat. *intempestivus.*

intempestivement [ɛ̃tɑ̃pɛstivmɑ̃] adv. De façon intempestive. – De *intempestif.*

intemporalité [ɛ̃tɑ̃pɔʀalite] n. f. Caractère de ce qui est intemporel. – De *intemporel.*

intemporel, elle [ɛ̃tɑ̃pɔʀɛl] adj. et n. m. Qui est étranger au temps, en dehors de la durée. *La vérité est intemporelle.* ▷ n. m. *L'intemporel* : le domaine des choses intemporelles. – De *in-* 1, et *temporel.*

intenable [ɛ̃t(ə)nabl] adj. **1.** Où l'on ne peut demeurer, tenir. *Place intenable. Se trouver dans une situation intenable.* **2.** Fam. Dont on ne peut se faire obéir, très turbulent. *Enfant intenable.* – De *in-* 1, et *tenable.*

intendance [ɛ̃tɑ̃dɑ̃s] n. f. **1.** Fonction d'intendant. **2.** Corps des intendants. *Intendance universitaire.* ▷ MILIT Service de l'armée ayant pour rôle de ravitailler les troupes, de vérifier les comptes des corps de troupes, de payer la solde, les salaires, les frais de déplacement. **3.** Ensemble des services dirigés par un intendant; bâtiment qui les abrite. *Aller à l'intendance.* **4.** HIST Territoire dépendant d'un intendant (sens 4). **5.** Fig., plaisant Trésorerie. *Avoir des problèmes d'intendance en fin de mois.* – De *intendant.*

intendant, ante [ɛ̃tɑ̃dɑ̃, ɑ̃t] n. **1.** Personne qui administre les affaires, le patrimoine d'une collectivité, d'un particulier. **2.** n. m. Fonctionnaire de l'intendance militaire. **3.** Fonctionnaire responsable de l'administration matérielle et financière d'un établissement public. *Intendant d'un lycée.* **4.** n. m. HIST Représentant (à partir du XVe s.) du pouvoir royal chargé d'administrer la justice, la police et les finances d'une généralité. ▷ n. f. Femme d'un intendant. – De l'a. fr. *superintendent,* du lat. médiév. *superintendens,* de *super,* et de *intendere,* «étendre, diriger sa vue».

intense [ɛ̃tɑ̃s] adj. **1.** Qui agit avec force; grand, fort, vif. *Froid intense.* **2.** Considérable, important. *Circulation intense.* – Bas lat. *intensus.*

intensément [ɛ̃tɑ̃semɑ̃] adv. De façon intense. – De *intense.*

intensif, ive [ɛ̃tɑ̃sif, iv] adj. **1.** Qui met en œuvre la totalité des moyens disponibles; qui fait l'objet d'une activité, d'un effort intenses. *Apprentissage intensif d'une langue étrangère.* – *Culture intensive,* qui vise à obtenir des rendements élevés dans des exploitations agricoles d'étendue restreinte ou moyenne (par oppos. à *culture extensive*). *Élevage intensif.* **2.** LING Qui renforce l'idée exprimée. *Extra- est un préfixe intensif.* – De *intense.*

intensificateur [ɛ̃tɑ̃sifikatœʀ] n. m. TECH Dispositif qui augmente l'intensité d'un phénomène. *Intensificateur de lumière* : appareil utilisé pour observer des scènes nocturnes, notam. à des fins militaires. – De *intensifier.*

intensification [ɛ̃tɑ̃sifikasjɔ̃] n. f. Action d'intensifier ou de s'intensifier. – De *intensifier.*

intensifier [ɛ̃tɑ̃sifje] v. tr. [2] Rendre plus intense, augmenter. *Intensifier la production.* ▷ v. pron. *Les pressions s'intensifient.* – De *intensif,* et *-fier.*

intensité [ɛ̃tɑ̃site] n. f. Degré d'activité, d'énergie, de puissance. *Intensité de la lumière, d'un séisme. L'intensité d'une passion.* ▷ ELECTR Quantité d'électricité qui traverse un circuit dans l'unité de temps. (L'unité d'intensité est l'ampère, de symbole A; 1 A = 1 coulomb par seconde.) *Intensité lumineuse* : quotient du flux lumineux émis dans un cône, par l'angle solide de ce cône. (L'unité d'intensité lumineuse est la candela, de symbole cd.) – De *intense.*

intensivement [ɛ̃tɑ̃sivmɑ̃] adv. D'une manière intensive. – De *intensif.*

intenter [ɛ̃tɑ̃te] v. tr. [1] DR Engager contre qqn (une action en justice). *Intenter un procès à qqn.* – Lat. *intentare,* «tendre, diriger contre».

intention [ɛ̃tɑ̃sjɔ̃] n. f. **1.** Acte de la volonté par lequel on se fixe un but. *Bonne, mauvaise intention.* ▷ *Par ext.* Le but lui-même. *Aller au-delà de ses intentions.* **2.** Loc. prép. *À l'intention de (qqn)* : spécialement pour (qqn). – Lat. *intentio.*

intentionnalité [ɛ̃tɑ̃sjɔnalite] n. f. PSYCHO Fait, pour la conscience, de se donner un objet, d'être toujours la «conscience de quelque chose» (Husserl). – De *intentionnel.*

intentionné, ée [ɛ̃tɑ̃sjɔne] adj. *Bien, mal intentionné* : qui a de bonnes, de mauvaises intentions. – De *intention.*

intentionnel, elle [ɛ̃tɑ̃sjɔnɛl] adj. Fait délibérément. *Omission intentionnelle.* – De *intention.*

intentionnellement [ɛ̃tɑ̃sjɔnɛlmɑ̃] adv. Avec intention, exprès. – De *intentionnel.*

inter-. Élément, du latin *inter,* «entre», qui marque la séparation, l'espacement ou la réciprocité.

1. inter [ɛ̃tɛʀ] n. m. Abrév. de *interurbain.*

2. inter [ɛ̃tɛʀ] n. m. SPORT Joueur de football placé entre l'ailier et l'avant-centre. – Abrév. de *intérieur.*

3. inter [ɛtɛʀ] Symbole mathématique. – Abrév. de *intersection.*

interactif, ive [ɛ̃tɛʀaktif, iv] adj. Didac. Relatif à l'interaction; qui permet une interaction. ▷ INFORM Qui permet le dialogue entre l'utilisateur et un logiciel. – De *inter-,* et *actif,* p.-ê. par l'angl. *interactive.*

interaction [ɛ̃tɛʀaksjɔ̃] n. f. **1.** Action réciproque de deux ou plusieurs phénomènes. **2.** PHYS Chacun des types d'action réciproques s'exerçant entre particules élémentaires.

ENCYCL **Phys.** – Depuis les années 1930, on distingue quatre interactions fondamentales : l'*interaction gravitationnelle* (V. gravitation); l'*interaction électromagnétique* (V. électromagnétisme); l'*interaction forte,* qui s'exerce de façon attractive entre toutes les particules de la famille des hadrons (V. particule) et qui explique notam. la cohésion du noyau de l'atome; l'*interaction faible,* qui intervient dans les processus de désintégration. Depuis 1967, on est parvenu à une description unifiée des interactions électromagnétique et faible (théorie électrofaible). Depuis 1980, on cherche à fonder une théorie synthétique de l'ensemble des interactions (théorie de la grande unification).

interactivité [ɛ̃tɛʀaktivite] n. f. INFORM Caractéristique d'un système interactif. – De *interactif.*

interallié, ée [ɛ̃tɛʀalje] adj. Qui concerne les pays alliés dans leurs rapports mutuels. *Conférence interalliée.*

interarmées [ɛ̃tɛʀaʀme] adj. inv. MILIT Qui groupe des éléments de plusieurs armées (de terre, de mer et de l'air).

interarmes [ɛ̃tɛʀaʀm] adj. inv. MILIT Qui groupe des éléments de plusieurs armes (artillerie, infanterie, etc.). *École interarmes.*

interbancaire [ɛ̃tɛʀbɑ̃kɛʀ] adj. Didac. Qui concerne les relations entre banques.

intercalaire [ɛ̃tɛʀkalɛʀ] adj. (et n.) Qu'on intercale. ▷ *Jour intercalaire* : jour ajouté au mois de février des années bissextiles, afin que l'année civile coïncide avec l'année astronomique. ▷ Subst. *Un(e) intercalaire* : fiche, feuillet ou carte, d'un format particulier, qu'on intercale dans un ensemble de format différent. – Lat. *intercalari(u)s.*

intercalation [ɛ̃tɛʀkalasjɔ̃] n. f. Action d'intercaler; son résultat. – Lat. *intercalatio.*

intercaler [ɛ̃tɛʀkale] v. tr. [1] **1.** Ajouter un jour intercalaire*. **2.** Placer entre deux choses ou en alternance. *Intercaler une planche entre deux plaques de tôle.* **3.** Faire entrer après coup dans une série, un ensemble, un texte. *Intercaler une clause dans un contrat.* **4.** v. pron. Se placer entre deux choses ou à l'intérieur d'un ensemble. – Lat. *intercalare.*

intercéder [ɛ̃tɛʀsede] v. intr. [14] Intervenir (en faveur de qqn). *Intercéder en faveur d'un coupable.* – Lat. *intercedere.*

intercellulaire [ɛ̃tɛʀselylɛʀ] adj. BIOL Qui est entre les cellules. *Espace intercellulaire.*

intercepter [ɛ̃tɛʀsɛpte] v. tr. [1] **1.** Interrompre (qqch) dans son cours, sa transmission. *Écran insonore qui intercepte les bruits.* **2.** Prendre par surprise (ce qui est destiné à un autre). *Intercepter un message.* ▷ MAR, AERON Attaquer (un navire, un avion, un missile) pour l'empêcher d'atteindre son objectif. **3.** GEOM En parlant d'un angle dont le sommet est le centre d'un cercle et dont les côtés délimitent un arc sur le cercle. *L'angle α intercepte l'arc ab.* – Pp. *L'arc intercepté par l'angle α.* – De *interception.*

intercepteur [ɛ̃tɛʀsɛptœʀ] n. m. AERON Avion destiné à intercepter les appareils ennemis. – De *intercepter.*

interception [ɛ̃tɛʀsɛpsjɔ̃] n. f. Action d'intercepter; son résultat. – Du lat. *interceptio,* «soustraction, vol».

intercesseur [ɛ̃tɛʀsesœʀ] n. m. RELIG ou litt. Celui qui intercède. – Lat. *intercessor.*

intercession [ɛ̃tɛʀsesjɔ̃] n. f. RELIG ou litt. Action d'intercéder. *L'intercession des saints* : l'intervention des saints auprès de Dieu en faveur des hommes, des pécheurs. – Lat. *intercessio.*

interchangeabilité [ɛ̃tɛʀʃɑ̃ʒabilite] n. f. Caractère de ce qui est interchangeable. – De *interchangeable.*

interchangeable [ɛ̃tɛʀʃɑ̃ʒabl] adj. Se dit de choses, de personnes qui peuvent être mises à la place l'une de l'autre. *Pièces interchangeables. Fonctionnaires interchangeables.* – Mot angl.

interclasse [ɛ̃tɛʀklas] n. m. Court moment de repos entre deux séquences d'enseignement.

interclassement [ɛ̃tɛʀklasmɑ̃] n. m. Action d'interclasser; son résultat. – De *interclasser,* d'après *classement.*

interclasser [ɛ̃tɛʀklase] v. tr. [1] Réunir en une seule série (plusieurs séries d'éléments classés). *Interclasser des dossiers.*

interclasseuse [ɛ̃tɛʀklasøz] n. f. Machine permettant d'interclasser plusieurs séries de cartes perforées. – De *interclasser.*

interclubs [ɛ̃tɛʀklœb] adj. inv. SPORT Qui se dispute entre plusieurs clubs. *Épreuve interclubs.*

intercommunal, ale, aux [ɛ̃tɛʀkɔmynal, o] adj. Qui appartient à, qui relève de plusieurs communes.

intercommunautaire [ɛ̃tɛʀkɔmynotɛʀ] adj. Didac. Qui concerne plusieurs communautés humaines.

intercommunion [ɛ̃tɛʀkɔmynjɔ̃] n. f. RELIG Participation en commun à l'eucharistie de membres d'Églises séparées.

interconfessionnel, elle [ɛ̃tɛʀkɔ̃fɛsjɔnɛl] adj. Commun à plusieurs confessions religieuses.

interconnecter [ɛ̃tɛʀkɔnɛkte] v. tr. [1] TECH Procéder à l'interconnexion de (deux réseaux).

interconnexion [ɛ̃tɛʀkɔnɛksjɔ̃] n. f. TECH Connexion (entre différents réseaux de distribution, de circulation).

intercontinental, ale, aux [ɛ̃tɛʀkɔ̃tinɑ̃tal, o] adj. Qui concerne les rapports entre deux continents. ▷ *Avion, missile intercontinental,* qui peut aller d'un continent à un autre.

intercostal, ale, aux [ɛ̃tɛʀkɔstal, o] adj. ANAT Situé entre deux côtes. *Nerf intercostal.* – Par ext. *Douleur intercostale.* – De *inter-*, et du lat. *costa,* « côte ».

intercotidal, ale, aux [ɛ̃tɛʀkɔtidal, o] adj. Forme anc. de intertidal*.

intercourse [ɛ̃tɛʀkuʀs] n. f. DR MARIT Droit accordant la libre pratique réciproque de certains ports aux navires des deux nations de qui dépendent ces ports. – Mot angl., « rapports, commerce ».

interculturel, elle [ɛ̃tɛʀkyltyʀɛl] adj. Qui concerne les rapports entre plusieurs cultures.

intercurrent, ente [ɛ̃tɛʀkyʀɑ̃, ɑ̃t] adj. Qui survient pendant que d'autres faits se déroulent. *Maladie intercurrente,* qui se déclare au cours d'une autre maladie. – Lat. *intercurrens,* de *inter,* « entre », et *currere,* « courir ».

interdépartemental, ale, aux [ɛ̃tɛʀdepaʀtəmɑ̃tal, o] adj. Qui concerne, relève de plusieurs départements. *Commission interdépartementale.*

interdépendance [ɛ̃tɛʀdepɑ̃dɑ̃s] n. f. Dépendance réciproque.

interdépendant, ante [ɛ̃tɛʀdepɑ̃dɑ̃, ɑ̃t] adj. En situation d'interdépendance.

interdiction [ɛ̃tɛʀdiksjɔ̃] n. f. **1.** Action d'interdire. *Interdiction d'importer des armes.* **2.** ADMIN et RELIG Action d'interdire qqn. *Interdiction d'un prêtre.* ▷ DR *Interdiction judiciaire :* mesure par laquelle un individu atteint de démence était privé de la libre disposition de ses biens. (Depuis 1968, l'interdiction judiciaire est remplacée par la *sauvegarde de justice* et la *tutelle des majeurs.*) – *Interdiction légale :* privation de l'exercice des droits civils entraînée par toute condamnation à une peine afflictive et infamante. – *Interdiction de séjour :* défense faite à certains condamnés de paraître dans certaines villes, certains départements après leur libération. **3.** MILIT *Tir d'interdiction,* destiné à stopper le mouvement de l'ennemi. – Lat. *interdictio.*

interdigital, ale, aux [ɛ̃tɛʀdiʒital, o] adj. ANAT Situé entre deux doigts. *Espace interdigital.*

interdire [ɛ̃tɛʀdiʀ] v. tr. [65] **1.** Défendre (qqch à qqn). *Interdire tout effort à un malade.* ▷ Fig. *La situation nous interdit d'espérer.* **2.** ADMIN et RELIG Faire défense à (qqn) d'exercer ses fonctions, son ministère. *Interdire un fonctionnaire.* ▷ DR *Interdire un aliéné,* instaurer à son endroit une sauvegarde de justice ou une tutelle. ▷ v. pron. *S'interdire toute entorse à son régime.* – Du lat. *interdicere.*

interdisciplinaire [ɛ̃tɛʀdisiplinɛʀ] adj. Qui concerne plusieurs disciplines, plusieurs branches du savoir. *Connaissances interdisciplinaires.* – *Équipe interdisciplinaire,* qui réunit des spécialistes de disciplines différentes.

interdisciplinarité [ɛ̃tɛʀdisiplinaʀite] n. f. Caractère interdisciplinaire. – De *interdisciplinaire.*

interdit, ite [ɛ̃tɛʀdi, it] adj. et n. m. **I.** adj. **1.** (Choses) Défendu. **2.** DR CANON Frappé d'interdit (sens II, 1). *Prêtre interdit.* ▷ adj. et n. m. DR *Un interdit de séjour.* **3.** Déconcerté, décontenancé. *Demeurer interdit.* **II.** n. m. **1.** DR CANON Sentence qui interdit la célébration du culte en certains lieux ou qui interdit à un ecclésiastique d'exercer ses fonctions. ▷ Cour. *Jeter l'interdit sur :* prononcer l'exclusive contre (telle ou telle personne ou chose). – *Lever l'interdit :* mettre fin à une interdiction, une censure. **2.** Règle sociale qui proscrit de manière plus ou moins rigoureuse une pratique, un comportement. *Les interdits touchant l'inceste.* Syn. tabou. – Pp. de *interdire.*

interentreprises [ɛ̃tɛʀɑ̃tʀəpʀiz] adj. inv. Qui concerne, qui appartient à plusieurs entreprises.

intéressant, ante [ɛ̃teʀesɑ̃, ɑ̃t] adj. (et n.) **1.** Qui éveille l'intérêt, l'attention de qqn. *Cours, professeur intéressant.* ▷ Subst. *Faire l'intéressant(e) :* essayer d'attirer l'attention sur soi. **2.** Qui inspire de la sympathie. *C'est un individu intéressant.* **3.** Avantageux (matériellement). *Salaire intéressant.* – Ppr. de *intéresser.*

intéressé, ée [ɛ̃teʀese] adj. (et n.) **1.** Qui est en cause. *Les parties intéressées.* ▷ Subst. *Signature de l'intéressé(e).* **2.** Qui n'a en vue que son intérêt personnel. *Ami intéressé.* – Par ext. *Visite intéressée.* – Pp. de *intéresser.*

intéressement [ɛ̃teʀɛsmɑ̃] n. m. Attribution d'une partie des profits de l'entreprise aux salariés. – De *intéresser.*

intéresser [ɛ̃teʀese] v. [1] **I.** v. tr. **1.** Retenir l'attention, susciter l'intérêt de (qqn). *Ce sujet m'intéresse.* **2.** Inspirer de la bienveillance, de la sympathie. *Ses malheurs n'intéressent personne.* **3.** Concerner (qqn, qqch). *Loi qui intéresse les propriétaires.* **4.** Faire participer (qqn) aux profits d'une entreprise. *Être intéressé dans une affaire.* **II.** v. pron. Prendre intérêt à (qqch). *S'intéresser aux arts.* – Du lat. *interesse,* propr. « être dans l'intervalle », et aussi « être de l'intérêt de », de *inter,* « entre », et *esse,* « être ».

intérêt [ɛ̃teʀɛ] n. m. **I. 1.** Ce qui est utile, profitable à qqn. *Sacrifier ses intérêts personnels à l'intérêt public.* ▷ *Avoir des intérêts dans une affaire,* y avoir placé de l'argent en vue d'en tirer des bénéfices. **2.** Recherche égoïste de ce qui est avantageux pour soi. *Agir par intérêt.* **3.** Attention bienveillante envers qqn. *Marques d'intérêt.* **4.** Attention, curiosité que l'on porte à qqch. *Lire un article avec intérêt.* ▷ Qualité de ce qui est digne d'attention. *Découverte d'un grand intérêt.* **II.** FIN Revenu tiré d'un capital. ▷ *Intérêt simple,* tel que le capital reste le même au cours du prêt. *L'intérêt simple est proportionnel au montant du capital, au taux d'intérêt et à la durée du prêt.* ▷ *Intérêt composé,* résultant de l'addition au capital initial des intérêts acquis successivement. – Du lat. *interest,* « il importe ».

interethnique [ɛ̃tɛʀɛtnik] adj. Qui se produit entre ethnies.

interface [ɛ̃tɛʀfas] n. f. **1.** INFORM Dispositif (matériel et logiciel) grâce auquel s'effectuent les échanges d'informations entre deux systèmes. – *Interface utilisateur :* ensemble des moyens de dialogue entre l'utilisateur et l'ordinateur, regroupant l'usage des commandes. **2.** Didac. Limite commune à deux systèmes. ▷ *Par ext.* Interlocuteur privilégié entre deux services, deux entreprises, etc. – Mot anglais.

interfécondité [ɛ̃tɛʀfekɔ̃dite] n. f. BIOL Possibilité d'une conjonction sexuelle donnant des produits viables et féconds entre deux représentants d'une espèce, ou de deux espèces voisines. *L'interfécondité du chien et du loup.*

interfédéral, ale, aux [ɛ̃tɛʀfedeʀal, o] adj. Qui concerne plusieurs fédérations.

interférence [ɛ̃tɛʀfeʀɑ̃s] n. f. **1.** PHYS Phénomène qui résulte de la superposition de deux mouvements vibratoires de fréquence et d'amplitude voisines. **2.** Fig. Fait d'interférer. *Il y a interférence entre le politique et le social.* – Angl. *interference.*

ENCYCL Le phénomène d'interférence s'obtient en acoustique (tuyaux sonores, cordes vibrantes), en optique (franges d'interférence, anneaux de Newton, coloration des lames minces) et en radioélectricité (ondes stationnaires, interférences des ondes hertziennes). Les applications des interférences sont très nombreuses : spectroscopie, contrôle des surfaces, holographie, radionavigation, etc.

interférent, ente [ɛ̃tɛʀfeʀɑ̃, ɑ̃t] adj. PHYS Qui présente des interférences. – De *interférence.*

interférentiel, elle [ɛ̃tɛʀfeʀɑ̃sjɛl] adj. PHYS Relatif aux interférences. – De *interférence.*

interférer [ɛ̃tɛʀfeʀe] v. intr. [14] **1.** PHYS Produire des interférences. **2.** Fig. Se mêler en se renforçant ou en se contrariant (actions, phénomènes). *Son intervention a interféré avec celle de son collègue.* – De l'angl. *to interfere,* du lat. *inter,* «entre», et *ferire,* «porter» ou «frapper».

interféromètre [ɛ̃tɛʀfeʀɔmɛtʀ] n. m. PHYS Appareil qui sert à produire des franges d'interférence, à les repérer et à mesurer les distances entre les franges. – De *interférence,* et *-mètre.*

interférométrie [ɛ̃tɛʀfeʀɔmetʀi] n. f. PHYS Technique de mesure des franges d'interférence. – De *interféromètre.*

interféron [ɛ̃tɛʀfeʀɔ̃] n. m. BIOCHIM Cytokine* sécrétée par les cellules hôtes en réponse à la présence de virus. *Les interférons, dont on connaît neuf types, sont capables d'arrêter la réplication virale.* – De *interférer.*

interfluve [ɛ̃tɛʀflyv] n. m. GEOMORPH Relief séparant deux vallées. – Mot angl., de *inter-,* et du lat. *fluvius,* «fleuve».

intergalactique [ɛ̃tɛʀgalaktik] adj. ASTRO Situé entre des galaxies.

interglaciaire [ɛ̃tɛʀglasjɛʀ] adj. et n. m. GEOMORPH Se dit des dépôts qui se sont formés durant la période comprise entre deux glaciations. ▷ n. m. Cette période elle-même.

intergouvernemental, ale, aux [ɛ̃tɛʀguvɛʀnəmɑ̃tal, o] adj. Qui concerne plusieurs gouvernements.

intergroupe [ɛ̃tɛʀgʀup] adj. et n. m. **1.** adj. Qui réunit, qui est commun à plusieurs groupes (spécial. à plusieurs groupes parlementaires). *Réunion intergroupe* ou *intergroupes.* **2.** n. m. POLIT Groupe formé de membres du Parlement appartenant à des familles politiques différentes, mais s'intéressant à une même question économique, sociale, etc. *L'intergroupe de la viticulture.*

intérieur, eure [ɛ̃teʀjœʀ] adj. et n. m. **I.** adj. **1.** Qui est situé au-dedans, entre les limites de qqch. *Mur intérieur. La politique intérieure d'un État.* **2.** Fig. Qui est du domaine de l'esprit, des sentiments. *Vie intérieure.* **II.** n. m. **1.** Le dedans. *L'intérieur d'une voiture.* **2.** Logement, foyer. *Un intérieur accueillant. Femme d'intérieur,* qui a du goût et de l'aptitude pour les travaux ménagers. **3.** Les affaires intérieures d'un État. *Ministère de l'Intérieur.* **4.** loc. adv. *À l'intérieur* : au-dedans. ▷ Loc. prép. *À l'intérieur de* : au-dedans de. – Lat. *interior.*

intérieurement [ɛ̃teʀjœʀmɑ̃] adv. **1.** À l'intérieur, au-dedans. **2.** Dans le cœur, l'esprit. *Être touché intérieurement.* – De *intérieur.*

intérim [ɛ̃teʀim] n. m. **1.** Laps de temps pendant lequel une charge vacante est exercée par une autre personne que le titulaire; exercice de cette charge. *Président par intérim. Assurer l'intérim.* **2.** Activité du personnel intérimaire. – Adv. lat., «pendant ce temps-là».

intérimaire [ɛ̃teʀimɛʀ] adj. et n. Qui remplit une fonction par intérim. ▷ *Personnel intérimaire,* détaché dans une entreprise par une entreprise de travail temporaire. – Subst. *Un(e) intérimaire.* – De *intérim.*

interindividuel, elle [ɛ̃tɛʀɛ̃dividɥɛl] adj. Qui a trait aux rapports entre individus. *Psychologie interindividuelle.*

intériorisation [ɛ̃teʀjɔʀizasjɔ̃] n. f. Didac. ou litt. Action d'intérioriser; tendance à se replier sur soi-même. – De *intérioriser.*

intérioriser [ɛ̃teʀjɔʀize] v. tr. [1] **1.** Rendre plus intérieur, moins exprimé (une émotion, un sentiment). **2.** PSYCHO Ramener à l'intérieur, au moi. *Intérioriser un conflit.* – De *intérieur.*

intériorité [ɛ̃teʀjɔʀite] n. f. État de ce qui est intérieur. – De *intérieur.*

interjectif, ive [ɛ̃tɛʀʒɛktif, iv] adj. GRAM Qui exprime une interjection. *Locution interjective.* – Bas lat. *interjectivus.*

interjection [ɛ̃tɛʀʒɛksjɔ̃] n. f. **1.** GRAM Mot invariable qui renseigne sur l'attitude du locuteur, ou dont la fonction est phatique. (Ex. : bof!, ah!, ouf!, ciel!, etc.) **2.** DR Action d'interjeter (un appel). – Lat. *interjectio,* «intercalation, interjection».

interjeter [ɛ̃tɛʀʒəte] v. tr. [20] DR *Interjeter appel* : faire appel d'un jugement.

interleukine [ɛ̃tɛʀløkin] n. f. BIOCHIM Cytokine* sécrétée par les lymphocytes, qui active les leucocytes et déclenche la sécrétion d'interféron*. – De l'angl. *interleukin.*

interlignage [ɛ̃tɛʀliɲaʒ] n. m. **1.** Action d'interligner. **2.** Syn. de *interligne* (sens I, 1). – De *interligner.*

interligne [ɛ̃tɛʀliɲ] n. **I.** n. m. **1.** Espace compris entre deux lignes écrites ou imprimées. **2.** DR Ce que l'on écrit dans un interligne. *La loi interdit tout interligne dans un acte authentique.* **II.** n. f. IMPRIM Lame de métal servant à séparer les lignes entre elles.

interligner [ɛ̃tɛʀliɲe] v. tr. [1] **1.** Écrire dans les interlignes. **2.** IMPRIM Séparer par des interlignes. *Interligner une composition.* – De *interligne.*

interlinéaire [ɛ̃tɛʀlineɛʀ] adj. Didac. Écrit dans l'interligne. *Note interlinéaire.* – Lat. médiév. *interlinearis,* de *inter,* «entre», et *linea,* «ligne».

interlock [ɛ̃tɛʀlɔk] n. m. **1.** TECH Machine à tricoter un tissu à mailles. **2.** Tissu à mailles fines, obtenu avec cette machine, utilisé notam. pour la confection des sous-vêtements. – Mot angl., de *to interlock,* «entrecroiser, entremêler».

interlocuteur, trice [ɛ̃tɛʀlɔkytœʀ, tʀis] n. **1.** Litt. Personnage introduit dans un dialogue. **2.** Personne qui converse avec une autre. ▷ *Par ext.* Personne qui est en négociation (diplomatique, politique, etc.) avec une autre. – Du lat. *interloqui,* «couper la parole, interrompre», pp. *interlocutus.*

interlocutoire [ɛ̃tɛʀlɔkytwaʀ] adj. (et n. m.) DR *Jugement interlocutoire,* ou n. m., *un interlocutoire* : jugement qui ordonne une mesure d'instruction pour parvenir au jugement définitif, mais qui préjuge le fond. – Lat. médiév. *interlocutorius,* de *interloqui,* «couper la parole, interrompre».

interlope [ɛ̃tɛʀlɔp] adj. et n. m. **I.** adj. **1.** Dont l'activité consiste en un trafic illégal. *Navire, commerce interlope.* **2.** Fig. Louche, équivoque. *Milieux interlopes.* **II.** n. m. Vx Navire marchand qui trafique en fraude. – Angl. *interloper,* de *to interlope,* «s'entremettre».

interloqué, ée [ɛ̃tɛʀlɔke] adj. Stupéfait, interdit. – Pp. de *interloquer.*

interloquer [ɛ̃tɛʀlɔke] v. tr. [1] Déconcerter, stupéfier, interdire. *Cette apostrophe l'a interloqué.* – Lat. *interloqui,* «couper la parole, interrompre».

interlude [ɛ̃tɛʀlyd] n. m. **1.** MUS Petite pièce instrumentale, entre deux morceaux plus importants. – Divertissement d'une fugue. **2.** À la radio, à la télévision, divertissement comblant une attente entre deux émissions ou pendant une coupure imprévue. – Mot angl.; de *inter-*, et du lat. *ludus*, «jeu».

intermède [ɛ̃tɛʀmɛd] n. m. **1.** Divertissement (musique, ballet, etc.) exécuté entre les actes d'une pièce de théâtre, d'un spectacle. *Intermède dansé.* **2.** Ce qui se place entre deux parties, ce qui interrompt la continuité d'un tout. *Les vacances sont un intermède nécessaire dans l'année.* – Ital. *intermedio*, du lat. *intermedius*, de *inter*, «entre», et *medius*, «qui est au centre».

intermédiaire [ɛ̃tɛʀmedjɛʀ] adj. et n. **I.** adj. Qui se trouve au milieu, entre deux; qui assure une transition. *Espace intermédiaire. Stade intermédiaire*, entre deux phases d'un processus. – TECH *Produit intermédiaire* : objet achevé destiné à la fabrication d'un produit fini. **II.** n. **1.** n. m. Entremise, truchement, transition. *Je lui en ai fait part par l'intermédiaire d'un ami. Passer d'une idée à l'autre sans intermédiaire.* **2.** n. Personne qui s'entremet dans une négociation. *Commission d'intermédiaire dans une transaction commerciale.* – Du lat. *intermedius.*

intermezzo [ɛ̃tɛʀmedzo] n. m. MUS Composition de forme libre. *Un intermezzo de Schumann, de Brahms. Des intermezzos.* – Mot ital., var. de *intermedio.*

interminable [ɛ̃tɛʀminabl] adj. Qui ne peut ou ne semble pas pouvoir se terminer, très long. *Cortège interminable. Discours interminable.* – Bas lat. *interminabilis.*

interminablement [ɛ̃tɛʀminabləmɑ̃] adv. De façon interminable. – De *interminable.*

interministériel, elle [ɛ̃tɛʀministeʀjɛl] adj. Commun à plusieurs ministres ou à plusieurs ministères. *Réunion interministérielle.*

intermittence [ɛ̃tɛʀmitɑ̃s] n. f. **1.** Caractère de ce qui est intermittent. – *Par intermittence* : par périodes, irrégulièrement. **2.** Fig. *Les intermittences du cœur.* **3.** MED Intervalle entre les accès d'une fièvre ou d'une maladie. ▷ *Intermittence du cœur, du pouls* : arrêt périodique dans la série régulière des pulsations. – De *intermittent.*

intermittent, ente [ɛ̃tɛʀmitɑ̃, ɑ̃t] adj. Qui cesse et reprend par intervalles. *Fièvre intermittente. Source intermittente.* – Lat. *intermittens*, de *intermittere*, «discontinuer».

intermoléculaire [ɛ̃tɛʀmɔlekylɛʀ] adj. PHYS, CHIM Situé entre les molécules d'un corps.

internat [ɛ̃tɛʀna] n. m. **1.** État d'un élève interne. – *Par ext.* Établissement qui accueille des internes. **2.** Fonction d'interne des hôpitaux. – Concours donnant le titre d'interne; durée de cette fonction. – De *interne.*

international, ale, aux [ɛ̃tɛʀnasjɔnal, o] adj. et n. **1.** adj. Qui a lieu, qui se passe de nation à nation, entre les nations. *Le commerce international. Relations internationales.* ▷ *Association internationale des travailleurs* ou, par abrév., n. f., *Internationale* : groupement des divers partis ouvriers du monde dont l'objectif est l'avènement mondial du socialisme. – *L'Internationale* : hymne révolutionnaire (poème d'E. Pottier, 1871; musique de P. Degeyter, 1888), qui fut l'hymne soviétique jusqu'à la Seconde Guerre mondiale. **2.** n. *Un international* : un sportif qui participe à des compétitions internationales. *Une internationale de tennis.* – De *inter-*, et *national.*

ENCYCL La *Ire Internationale* (Association internationale des travailleurs) fut fondée à Londres (1864) par divers mouvements révolutionnaires et dirigée par K. Marx. Après de graves conflits internes (exclusion des anarchistes de Bakounine, 1872), elle fut dissoute en 1876. La *IIe Internationale* (congrès de Paris, 1889) regroupa les partis socialistes et sociaux-démocrates européens. La guerre de 1914-1918 fit éclater les dissensions entre les réformistes «nationalistes» (majoritaires) et les révolutionnaires marxistes «internationalistes». La révolution russe d'octobre 1917 consomma la scission entre socialistes et communistes (1919). Appelée désormais Internationale ouvrière socialiste, la IIe Internationale fut dissoute en 1939 et reconstituée en 1951. La *IIIe Internationale* (ou *Komintern*), créée par Lénine (congrès de Moscou, 1919), réunit les partis communistes sous l'égide du P.C.U.S.; elle fut dissoute par Staline en 1943 et remplacée par le *Kominform* (1947-1956). La *IVe Internationale*, fondée par Trotski (1938), regroupe de nombr. communistes antistaliniens.

internationalement [ɛ̃tɛʀnasjɔnalmɑ̃] adv. D'une manière internationale. – De *international.*

internationalisation [ɛtɛʀnasjɔnalizasjɔ̃] n. f. Action d'internationaliser; son résultat. *L'internationalisation d'un conflit.* – De *internationaliser.*

internationaliser [ɛ̃tɛʀnasjɔnalize] v. tr. [1] Rendre international. – Placer sous régime international (un territoire, une zone). – De *international.*

internationalisme [ɛ̃tɛʀnasjɔnalism] n. m. Doctrine préconisant les ententes internationales par-delà les divers intérêts nationaux, partic. l'union internationale des peuples par-delà les frontières. – De *international.*

internationalité [ɛ̃tɛʀnasjɔnalite] n. f. Caractère de ce qui est international. – De *international.*

interne [ɛ̃tɛʀn] adj. et n. **1.** adj. Qui est situé à l'intérieur, au-dedans. *Partie interne d'un récipient.* ▷ ANAT *Organe interne. Face interne d'un membre*, celle qui est située vers l'axe médian du corps. ▷ GEOM *Angles internes*, situés à l'intérieur de deux droites quelconques coupées par une sécante. ▷ MATH *Loi de composition interne* : application de E × E dans E. ▷ PHYS *Énergie interne* : somme des énergies cinétiques et potentielles des molécules. **2.** n. *Un(e) interne* : élève logé(e) et nourri(e) dans l'établissement scolaire qu'il (elle) fréquente. ▷ *Un(e) interne des hôpitaux* : un(e) étudiant(e) en médecine qui, après avoir passé le concours de l'internat, exerce des responsabilités hospitalières. – Lat. *internus.*

interné, ée [ɛ̃tɛʀne] adj. (et n.) Enfermé (spécial. en parlant des aliénés). ▷ Subst. *Libérer les internés politiques.* – Pp. de *interner.*

internement [ɛ̃tɛʀnəmɑ̃] n. m. Action d'interner; état d'une personne internée. – De *interner.*

interner [ɛ̃tɛʀne] v. tr. [1] **1.** DR Supprimer la liberté d'aller et venir par mesure administrative. *Interner des réfugiés politiques.* **2.** Enfermer dans un hôpital psychiatrique, dans un asile. *Interner un aliéné.* – De *interne.*

internonce [ɛ̃tɛʀnɔ̃s] n. m. RELIG CATHOL Celui qui fait fonction de nonce auprès d'un État où il n'y en a pas. – Lat. ecclés. *internuntius.*

interocéanique [ɛ̃tɛʀɔseanik] adj. Qui est situé, qui se fait entre deux océans. *Liaison interocéanique.*

intéroceptif, ive [ɛ̃teʀɔsɛptif, iv] adj. PHYSIOL *Sensibilité intéroceptive* : sensibilité des organes internes et plus partic. ceux des fonctions végétatives (par oppos. à *sensibilité proprioceptive*). – De *intérieur*, et *réceptif.*

interpellateur, trice [ɛ̃tɛʀpelatœʀ, tʀis] n. Personne qui interpelle. ▷ DR Personne qui adresse une interpellation. – Lat. *interpellator*, «celui qui interrompt, qui dérange».

interpellation [ɛ̃tɛʀpelasjɔ̃] n. f. **1.** Action d'interpeller. **2.** Demande d'explication adressée, en séance, par un membre du Parlement à un ministre. *L'interpellation est sanctionnée par le vote d'un ordre du jour.* ▷ DR Sommation faite à qqn par un juge, un notaire, ou un autre officier public, de s'expliquer ou de faire qqch. – Lat. *interpellatio*, «interruption, interpellation».

interpeller [ɛ̃tɛʀpəle] v. tr. [1] Adresser la parole à (qqn) pour lui demander qqch, pour le sommer de s'expliquer. *Interpeller grossièrement qqn.* ▷ Mod., fig. *Cet état* *de fait l'interpelle,* force son attention, le préoccupe. – Lat. *interpellare,* « interrompre, déranger ».

interpénétration [ɛ̃tɛʀpenetʀasjɔ̃] n. f. Pénétration réciproque. – De *inter-,* et *pénétration.*

interpénétrer (s') [ɛ̃tɛʀpenetʀe] v. pron. [14] Se pénétrer réciproquement.

interphase [ɛ̃tɛʀfɑz] n. f. BIOL Phase de duplication de la masse d'A.D.N. dans la cellule (V. mitose).

interphone [ɛ̃tɛʀfɔn] n. m. Installation téléphonique intérieure dont chaque poste est muni d'un haut-parleur unique pour l'émission et la réception, un commutateur permettant de passer de l'écoute à la parole. – Nom déposé ; de *téléphone intérieur.*

interplanétaire [ɛ̃tɛʀplanetɛʀ] adj. Qui est, qui a lieu entre les planètes. *Espaces, voyages interplanétaires.* ▷ Par ext. *Fusée interplanétaire.* – De *inter-,* et *planète.*

interpolation [ɛ̃tɛʀpɔlasjɔ̃] n. f. **1.** Action d'interpoler dans un texte ; résultat de cette action. *Les interpolations dans les hymnes homériques.* **2.** MATH Évaluation de la valeur d'une fonction entre deux points de valeurs connues. *Interpolation linéaire,* qui assimile à un segment de droite l'arc de la courbe. – Lat. *interpolatio.*

interpoler [ɛ̃tɛʀpɔle] v. tr. [1] **1.** Insérer par ignorance ou par fraude (un mot ou un passage étranger) dans un texte. **2.** MATH Pratiquer une interpolation. – Du lat. *interpolare,* « réparer », d'où « falsifier ».

interposé, ée [ɛ̃tɛʀpoze] adj. Placé entre. – Loc. *Par personne interposée :* par l'entremise de qqn. – Pp. de *interposer.*

interposer [ɛ̃tɛʀpoze] v. tr. [1] **1.** Placer entre deux choses. *Interposer un prisme entre une source lumineuse et un écran.* ▷ v. pron. *Les éclipses se produisent quand la Lune s'interpose entre le Soleil et la Terre.* **2.** Faire intervenir. *Interposer son crédit.* ▷ v. pron. Intervenir (comme médiateur, dans une discussion ; pour mettre fin à une dispute). *Ils allaient en venir aux mains, je me suis interposé.* – Du lat. *interponere,* avec influence de *poser.*

interposition [ɛ̃tɛʀpozisjɔ̃] n. f. **1.** Situation d'un corps interposé. **2.** Fig. Intervention d'une autorité supérieure. ▷ *Force d'interposition entre les belligérants.* **3.** DR *Interposition de personne :* procédé illégal qui consiste en l'utilisation d'un prête-nom pour faire bénéficier qqn d'avantages auxquels il n'a pas droit. – Lat. *interpositio.*

interprétable [ɛ̃tɛʀpʀetabl] adj. Qui peut être interprété. – De *interpréter.*

interprétariat [ɛ̃tɛʀpʀetaʀja] n. m. Fonction d'interprète. – De *interprète.*

interprétatif, ive [ɛ̃tɛʀpʀetatif, iv] adj. Qui interprète ; explicatif. *Déclaration interprétative.* – De *interpréter.*

interprétation [ɛ̃tɛʀpʀetasjɔ̃] n. f. **1.** Action d'interpréter ; explication. *Interprétation d'un songe.* **2.** Action de donner un sens à une chose ; son résultat. *Interprétations opposées d'un événement.* **3.** Façon dont est jouée une œuvre dramatique ou musicale. *Remarquable interprétation.* – Lat. *interpretatio.*

interprète [ɛ̃tɛʀpʀɛt] n. **1.** Personne qui explique le sens d'un texte. *Les interprètes de l'Ancien Testament.* **2.** Traducteur par l'entremise duquel des personnes ne parlant pas la même langue peuvent communiquer oralement. *Interprète assermenté.* **3.** Personne qui fait connaître les intentions, les sentiments d'une autre. *Soyez mon interprète auprès de lui.* **4.** Personne qui joue un rôle dans une œuvre théâtrale ou cinématographique, qui exécute une œuvre musicale. *Brillants interprètes des œuvres de Marivaux.* – Lat. *interpres, interpretis,* « intermédiaire, traducteur ».

interpréter [ɛ̃tɛʀpʀete] v. tr. [14] **1.** Expliquer, clarifier (ce qui est obscur). *Interpréter les rêves.* **2.** Donner la signification de, attribuer tel ou tel sens à (une chose). *Interpréter un texte de loi. Interpréter les intentions de qqn.* **3.** Jouer (un rôle). Exécuter (un morceau de musique). *Interpréter un rôle avec talent. Interpréter une fugue de Bach.* – Lat. *interpretari,* « traduire ».

interpréteur [ɛtɛʀpʀetœʀ] n. m. INFORM Programme utilitaire destiné à exécuter directement un programme qui se présente sous la forme d'un texte écrit dans un langage donné. – De *interpréter.*

interprofessionnel, elle [ɛ̃tɛʀpʀɔfɛsjɔnɛl] adj. Commun à plusieurs professions, à toutes les professions.

interracial, ale, aux [ɛ̃tɛʀʀasjal, o] adj. BIOL Qui se produit entre individus de races différentes. *Mélanges interraciaux.*

interréaction [ɛ̃tɛʀʀeaksjɔ̃] n. f. CHIM Réaction réciproque entre des corps ou des systèmes.

interrégional, ale, aux [ɛ̃tɛʀʀeʒjɔnal, o] adj. Qui concerne plusieurs régions.

interrègne [ɛ̃tɛʀʀɛɲ] n. m. Intervalle de temps entre deux règnes. ▷ Fig. Intervalle de temps pendant lequel un État est sans chef. – Lat. *interregnum.*

interrelation [ɛ̃tɛʀʀəlasjɔ̃] n. f. Relation entre des individus, des groupes, des disciplines scientifiques, etc.

interrogateur, trice [ɛ̃tɛʀɔgatœʀ, tʀis] adj. (et n.) Qui interroge. *Regard interrogateur.* ▷ Subst. Examinateur. – Bas lat. *interrogator.*

interrogatif, ive [ɛ̃tɛʀɔgatif, iv] adj. (et n. f.) Qui sert à interroger ; qui exprime une interrogation. *Pronom interrogatif.* – *Une proposition interrogative* ou, n. f., *une interrogative.* – Bas lat. gram. *interrogativus.*

interrogation [ɛ̃tɛʀɔgasjɔ̃] n. f. **1.** Action d'interroger, question, demande. ▷ *Spécial.* Ensemble de questions posées à un élève, à un candidat à un examen. *Interrogation écrite.* **2.** GRAM Construction utilisée pour interroger. *Interrogation directe* (quand la phrase interrogative est indépendante) ; *interrogation indirecte* (quand elle forme une proposition subordonnée, après *demander,* par ex.). ▷ *Point d'interrogation :* signe de ponctuation (?) qui indique une interrogation directe. – Lat. *interrogatio.*

interrogativement [ɛ̃tɛʀɔgativmɑ̃] adv. D'une manière interrogative ; au moyen d'une interrogation. – De *interrogatif.*

interrogatoire [ɛ̃tɛʀogatwaʀ] n. m. DR Ensemble des questions que pose un magistrat à une personne impliquée dans une affaire. *L'interrogatoire des prévenus se poursuit.* ▷ Toute action d'interroger prolongée et systématique. *Interrogatoire d'un malade.* – Du bas lat. *interrogatorius,* « interrogatif ».

interroger [ɛ̃tɛʀɔʒe] v. tr. [13] **1.** Questionner (qqn) pour vérifier ses connaissances, ou pour s'informer. *Interroger un élève. Interroger qqn sur son passé.* ▷ v. pron. Se poser des questions, examiner en soi-même. *Je m'interroge sur mon avenir.* **2.** Fig. Consulter, examiner. *Interroger sa conscience.* – Lat. *interrogare.*

interrompre [ɛ̃tɛʀɔ̃pʀ] **I.** v. tr. [53] **1.** Rompre la continuité de. *Interrompre le cours d'une rivière par un barrage. Interrompre des vacances.* **2.** Couper la parole à. *Interrompre un orateur.* **II.** v. pron. Cesser de faire une chose. *S'interrompre dans son travail.* – Être interrompu. *La danse s'interrompit.* – Lat. *interrumpere,* « mettre en morceaux, interrompre ».

interrupteur, trice [ɛ̃tɛʀyptœʀ, tʀis] adj. et n. m. **1.** adj. Qui interrompt. **2.** n. m. ELECTR Appareil destiné à interrompre ou à rétablir le passage du courant électrique dans un circuit. – Bas lat. *interruptor.*

interruption [ɛ̃tɛʀypsjɔ̃] n. f. **1.** Action d'interrompre ; résultat de cette action. – *Sans interruption :*

d'affilée. *Conduire trois heures sans interruption.* **2.** Paroles, cris destinés à interrompre. *Un orateur troublé par d'incessantes interruptions.* – Bas lat. *interruptio.*

intersaison ɛ̃tɛʀsɛzɔ̃] n. f. Période qui sépare deux saisons (touristiques, sportives, etc.).

interscolaire [ɛ̃tɛʀskɔlɛʀ] adj. Qui concerne plusieurs écoles.

intersecté, ée [ɛ̃tɛʀsɛkte] adj. ARCHI Entrelacé. – GEOM Coupé. – De *intersection.*

intersection [ɛ̃tɛʀsɛksjɔ̃] n. f. Rencontre de deux lignes, de deux surfaces, etc., qui se coupent. – GEOM *Point d'intersection,* celui où deux lignes se coupent. ▷ Croisement, rencontre de deux voies de circulation. ▷ MATH *Intersection de deux ensembles* : ensemble des éléments qui appartiennent à la fois à ces deux ensembles. *Le symbole de l'opérateur qui définit une intersection s'écrit* ∩ *et s'énonce «inter». Si C est l'intersection des ensembles A et B, on écrit* $C = A \cap B$ (A inter B). – *Lat. intersectio.*

intersession [ɛ̃tɛʀsɛsjɔ̃] n. f. Temps compris entre deux sessions d'une assemblée.

intersexué, ée [ɛ̃tɛʀsɛksɥe] ou **intersexuel, elle** [ɛ̃tɛʀsɛksɥɛl] adj. (et n. m.) BIOL Qui présente simultanément des caractères des deux sexes. ▷ n. m. *Un intersexué.* – De *inter-,* et *sexué, sexuel,* d'apr. l'angl. *intersexual.*

intersidéral, ale, aux [ɛ̃tɛʀsideʀal, o] adj. ASTRO Qui se produit, qui s'étend entre les astres.

intersigne [ɛ̃tɛʀsiɲ] n. m. Lien mystérieux qui semble unir deux faits se produisant au même moment, souvent à de grandes distances, de telle sorte que l'un paraît être le signe de l'autre. – Lat. médiév. *intersignum.*

interstellaire [ɛ̃tɛʀstɛl(l)ɛʀ] adj. ASTRO Qui est situé, qui se produit entre les étoiles. – De *inter-,* et lat. *stella,* «étoile».

ENCYCL Le milieu interstellaire, où se forment les étoiles, joue un rôle fondamental dans l'évolution de notre Galaxie car il est perpétuellement enrichi par toute la matière que les étoiles expulsent, principalement lors des phases finales de leur évolution. La *matière interstellaire* se concentre dans le plan du disque galactique (V. encycl. galaxie), sa masse totale représente environ 10 % de la masse de toute la Galaxie. C'est un gaz très ténu (environ $1{,}7.10^{-21}$ kg/m³), parsemé de grains microscopiques, la *poussière interstellaire.* Loin d'être uniformément répartie dans le disque galactique, la matière interstellaire se scinde en grands nuages, groupés principalement le long des bras spiraux. Le gaz contenu dans les nuages interstellaires, pour l'essentiel de l'hydrogène et un peu d'hélium, est généralement neutre, donc invisible, mais connu par son émission d'ondes radio (longueur d'onde : 21 cm); ionisé par la présence d'étoiles chaudes, le gaz interstellaire apparaît comme une nébulosité lumineuse, ou *nébuleuse à émission.* La matière interstellaire baigne dans un champ magnétique environ un million de fois plus faible que le champ terrestre. Le milieu interstellaire est parcouru par les *rayons cosmiques,* particules de très grande énergie piégées par le champ magnétique galactique.

interstice [ɛ̃tɛʀstis] n. m. Très petit espace, écart entre les éléments constitutifs d'un tout. *Les interstices d'un plancher.* – Bas lat. *interstitium.*

interstitiel, elle [ɛ̃tɛʀstisjɛl] adj. Situé dans les interstices. ▷ ANAT *Tissu interstitiel,* qui entoure les éléments différenciés d'un organe. – De *interstice.*

intersubjectif, ive [ɛ̃tɛʀsybʒɛktif, iv] adj. Qui a rapport aux relations de sujet à sujet. *Psychologie, relation intersubjective.*

intersubjectivité [ɛ̃tɛʀsybʒɛktivite] n. f. Communication entre les consciences individuelles. – De *inter-,* et *subjectivité,* d'après l'all. *intersubjektivität.*

intersyndical, ale, aux [ɛ̃tɛʀsɛ̃dikal, o] adj. et n. f. Qui concerne, qui réunit plusieurs syndicats. *Un comité intersyndical* ou, n. f., *une intersyndicale.*

intertidal, ale, aux [ɛ̃tɛʀtidal, o] adj. Didac. *Zone intertidale,* comprise entre les niveaux extrêmes des plus basses et plus hautes mers. – Mot angl., de *inter,* et *tidal,* «relatif à la marée».

intertitre [ɛ̃tɛʀtitʀ] n. m. Titre de paragraphe ou de toute partie d'un article de journal. ▷ CINE Texte apparaissant entre les plans ou séquences d'un film.

intertrigo [ɛ̃tɛʀtʀigo] n. m. MED Lésion infectieuse siégeant au niveau des plis cutanés. – Mot lat., «écorchure», rad. *tritum,* de *terere,* «frotter».

intertropical, ale, aux [ɛ̃tɛʀtʀɔpikal, o] adj. Situé entre les tropiques.

interurbain, aine [ɛ̃tɛʀyʀbɛ̃, ɛn] adj. et n. m. Qui relie plusieurs villes entre elles. – *Réseau téléphonique interurbain* ou, n. m., *l'interurbain* (abrév. : inter).

intervalle [ɛ̃tɛʀval] n. m. **1.** Distance séparant un lieu, un élément d'un autre. *Intervalle entre deux poteaux.* ▷ MUS Écart entre les fréquences de deux sons. V. encycl. **2.** Espace de temps qui sépare deux faits, deux époques. *Un intervalle de deux heures. Dans l'intervalle.* – Loc. adv. *Par intervalles* : de temps à autre. *Crise qui se produit par intervalles.* **3.** MATH Partie P d'un ensemble E tel que, pour tout couple d'éléments (a,b) de P, a étant inférieur à b, tout élément x de E compris entre a et b appartient à P. *Intervalle fermé,* noté [a,b], tel que $a \leqslant x \leqslant b$. *Intervalle ouvert,* noté]a,b[, tel que $a < x < b$. – Lat. *intervallum.*

ENCYCL **Mus.** – Les intervalles tirent leur nom du nombre de degrés de la gamme qu'ils contiennent. Les intervalles *simples* sont : la *seconde,* entre deux degrés joints (*do* et *ré,* par ex.), la *tierce* (*do* et *mi*), la *quarte,* etc. Les intervalles *redoublés* dépassent l'étendue d'une octave : *neuvième, dixième,* etc.

intervenant, ante [ɛ̃tɛʀvənɑ̃, ɑ̃t] adj. et n. DR Qui intervient dans un procès. ▷ Subst. Personne qui intervient, qui prend part à qqch (notam. à un débat). – Ppr. de *intervenir.*

intervenir [ɛ̃tɛʀvəniʀ] v. intr. [36] **1.** Prendre part à une action en cours. *Intervenir dans une négociation.* **2.** (S. comp.) Interposer son autorité dans un différend, une dispute; entrer en action, jouer un rôle influent. *Ils allaient se battre, je suis intervenu. Il a fait intervenir ses relations.* **3.** DR Devenir, se rendre partie dans un procès. **4.** (Choses) Jouer un rôle; agir. *En l'occurrence, ces facteurs n'interviennent pas.* ▷ Se produire. *Cet incident est intervenu au moment où l'on s'y attendait le moins.* – Lat. *intervenire.*

intervention [ɛ̃tɛʀvɑ̃sjɔ̃] n. f. **1.** Action d'intervenir. *Intervention d'un personnage influent. Intervention d'un orateur dans un débat. Intervention des forces armées dans un conflit. Forces d'intervention de l'ONU.* **2.** MED *Intervention (chirurgicale)* : opération. *Pratiquer une intervention.* **3.** DR Action d'intervenir, de devenir partie dans un procès. **4.** (Choses) Fait d'intervenir. *L'intervention d'éléments historiques dans un roman.* – De *intervenir.*

interventionnisme [ɛ̃tɛʀvɑ̃sjɔnism] n. m. ECON, POLIT Doctrine préconisant l'intervention soit de l'État dans les affaires privées, soit d'une nation dans un conflit entre d'autres pays. – De *intervention.*

interventionniste [ɛ̃tɛʀvɑ̃sjɔnist] adj. et n. Qui est partisan de l'interventionnisme. – De *intervention.*

interversion [ɛ̃tɛʀvɛʀsjɔ̃] n. f. Dérangement, renversement de l'ordre habituel. – De *intervertir.*

intervertébral, ale, aux [ɛ̃tɛʀvɛʀtebʀal, o] adj. Didac. Qui est entre deux vertèbres.

intervertir [ɛ̃tɛʀvɛʀtiʀ] v. tr. [3] Déranger, renverser l'ordre (des parties d'un tout, des éléments d'un ensemble). *Intervertir l'ordre des mots d'une phrase.* – Lat. *intervertere.*

interview [ɛ̃tɛʀvju] n. f. Entretien au cours duquel un journaliste ou un enquêteur interroge une personne sur sa vie, ses opinions, etc. *Accorder, solliciter une interview.* – Mot angl., tiré du fr. *entrevue.*

interviewer [ɛ̃tɛʀvjuve] v. tr. [1] Soumettre (qqn) à une interview. – De *interview.*

intervieweur, euse [ɛ̃tɛʀvjuvœʀ, øz] n. ou **interviewer** [ɛ̃tɛʀvjuvœʀ] n. m. Personne qui interviewe. – De *interviewer.*

interzone(s) [ɛ̃tɛʀzon] adj. Qui concerne plusieurs zones.

intestat [ɛ̃tɛsta] adj. inv. et n. DR Qui n'a pas fait de testament. *Mourir intestat.* ▷ Subst. *Des intestats.* V. aussi *ab intestat.* – Lat. jurid. *intestatus.*

1. intestin, ine [ɛ̃tɛstɛ̃, in] adj. Qui a lieu à l'intérieur d'un corps social. *Parti agité par des dissensions intestines. Guerre intestine* : guerre civile. – Lat. *intestinus.*

2. intestin [ɛ̃tɛstɛ̃] n. m. Portion du tube digestif comprise entre l'estomac et l'anus. – Lat. *intestina,* «entrailles», plur. de *intestinum.*

ENCYCL L'intestin comprend, de haut en bas (dans le sens du transit alimentaire) : l'intestin grêle (long d'env. 8 m chez l'homme) formé par le duodénum, le jéjunum, et l'iléon, qui s'abouche, au niveau du cæcum, dans le gros intestin, ou côlon, lequel se subdivise en côlon droit (ascendant), côlon transverse et côlon gauche (descendant), prolongé par le sigmoïde et terminé par le rectum et l'anus. L'intestin, vascularisé par les artères et les veines mésentériques, est innervé par le nerf splanchnique.

intestinal, ale, aux [ɛ̃tɛstinal, o] adj. Relatif aux intestins. *Suc intestinal. Occlusion intestinale.* – De *intestin* 2.

intimation [ɛ̃timasjɔ̃] n. f. DR Action d'intimer; acte de procédure par lequel on assigne le défendeur en appel. – Bas lat. *intimatio.*

intime [ɛ̃tim] adj. et n. **1.** Intérieur et profond; qui fait l'essence d'une chose, d'un être. *Nature, structure intime.* **2.** Qui existe au plus profond de soi. *L'intime conviction des jurés.* **3.** Qui lie, est lié par un sentiment profond. *Liaison intime. Amis intimes.* ▷ Subst. *Un(e) intime.* **4.** Qui est tout à fait privé. *Respecter la vie intime des gens.* ▷ Qui ne réunit que des proches. *Dîner intime.* **5.** *Par euph.* Qui a rapport aux fonctions du corps frappées de tabou (sexualité, excrétion). *Rapports intimes,* sexuels. *Toilette intime.* – Lat. *intimus,* superl. de *interior,* «intérieur».

intimé, ée [ɛ̃time] adj. et n. DR Se dit d'un défendeur, d'une défenderesse que l'on cite en cour d'appel. – Subst. *L'Intimé* : nom d'un personnage des «Plaideurs» de Racine. – Pp. de *intimer.*

intimement [ɛ̃timmɑ̃] adv. **1.** Intérieurement, profondément. *Intimement persuadé.* **2.** Étroitement. *Intimement liés.* – De *intime.*

intimer [ɛ̃time] v. tr. [1] **1.** Signifier avec autorité. *Intimer un ordre à qqn.* ▷ DR Signifier légalement. **2.** DR Assigner devant une juridiction supérieure. – Bas lat. *intimare,* «mettre dans, annoncer, publier».

intimidable [ɛ̃timidabl] adj. Qu'on peut facilement intimider. – De *intimider.*

intimidant, ante [ɛ̃timidɑ̃, ɑ̃t] adj. Qui intimide. *Aspect intimidant.* – Ppr. de *intimider.*

intimidateur, trice [ɛ̃timidatœʀ, tʀis] adj. Propre à intimider, à effrayer. *Paroles intimidatrices.* – De *intimider.*

intimidation [ɛ̃timidasjɔ̃] n. f. Action d'intimider par des menaces; son résultat. – De *intimider.*

intimider [ɛ̃timide] v. tr. [1] Inspirer de la crainte, de l'appréhension à (qqn). *Intimider qqn par des menaces.* ▷ Troubler, inspirer de la gêne, de la timidité à (qqn). – De *in-* 2, et *timide.*

intimiste [ɛ̃timist] n. et adj. **1.** Écrivain qui décrit les sentiments et la vie intimes sur un ton de confidence. ▷ adj. *Littérature intimiste.* **2.** Peintre de scènes d'intérieur. ▷ adj. *L'école intimiste.* – De *intime.*

intimité [ɛ̃timite] n. f. **1.** Caractère de ce qui est intime, intérieur. *L'intimité de la conscience.* **2.** Liaison étroite. *Vivre avec qqn dans l'intimité.* **3.** Vie privée, cercle étroit des intimes. *Recevoir dans l'intimité, dans la plus stricte intimité.* ▷ Caractère de ce qui convient au confort de la vie intime. *L'intimité d'un salon.* – De *intime.*

intitulé [ɛ̃tityle] n. m. Titre (d'un livre, d'un chapitre). – DR Formule en tête d'un jugement, d'une loi, d'un acte. – Pp. subst. de *intituler.*

intituler [ɛ̃tityle] v. tr. [1] Donner un titre à. *Intituler un ouvrage.* ▷ v. pron. *La symphonie de Beethoven qui s'intitule l'«Héroïque».* – Se donner le titre de... *Il s'intitule prince de...* – Bas lat. *intitulare.*

intolérable [ɛ̃tɔleʀabl] adj. **1.** Que l'on ne peut tolérer, insupportable. *Douleurs intolérables.* **2.** Qu'on ne saurait tolérer, inadmissible. *Comportement intolérable.* – Lat. *intolerabilis.*

intolérablement [ɛ̃tɔleʀabləmɑ̃] adv. D'une manière intolérable. – De *intolérable.*

intolérance [ɛ̃tɔleʀɑ̃s] n. f. **1.** Manque de tolérance; disposition haineuse envers ceux qui ont d'autres opinions que soi. *Intolérance religieuse, idéologique.* **2.** MED Incapacité d'un organisme à tolérer un produit, un aliment ou un médicament particulier. *Intolérance d'un malade aux sulfamides.* – De *in-* 1, et *tolérance.*

intolérant, ante [ɛ̃tɔleʀɑ̃, ɑ̃t] adj. et n. Qui fait preuve d'intolérance. – De *in-* 1, et *tolérant.*

intonation [ɛ̃tɔnasjɔ̃] n. f. **1.** Ton que l'on prend en parlant ou en lisant. *Voix aux intonations chaudes.* **2.** MUS Manière d'émettre un son en rapport avec sa hauteur. *Trouver l'intonation juste.* – Du lat. *intonare,* «tonner».

intouchable [ɛ̃tuʃabl] adj. et n. **1.** adj. Cour. et mod. Qui ne peut être l'objet d'aucune sanction, d'aucune condamnation. *Politicien intouchable grâce à ses appuis.* **2.** n. Individu qui appartient à la classe des parias, en Inde. (Bien que cette classification n'ait plus aucune base juridique en Union indienne, elle demeure dans les faits.) – De *in-* 1, *toucher,* et *-able.*

intoxicant, ante [ɛ̃tɔksikɑ̃, ɑ̃t] adj. Qui cause une intoxication. – Ppr. de *intoxiquer.*

intoxication [ɛ̃tɔksikasjɔ̃] n. f. **1.** MED Affection due à l'action d'un produit toxique, soit élaboré par l'organisme et non excrété (*intoxication endogène* : urémie), soit provenant de l'extérieur (*intoxication exogène* : par aliments, médicaments, gaz, produits chimiques, stupéfiants, alcool, tabac). **2.** Fig. Action insidieuse sur les esprits par certains moyens de propagande. (Abrév. fam. : intox ou intoxe). – De *intoxiquer.*

intoxiqué, ée [ɛ̃tɔksike] adj. (et n.) **1.** Qui a subi une intoxication. ▷ Subst. *Un(e) intoxiqué(e).* **2.** Fig. *Il est complètement intoxiqué par la publicité.* – Pp. de *intoxiquer.*

intoxiquer [ɛ̃tɔksike] v. tr. [1] **1.** Causer une intoxication à (un être vivant). ▷ v. pron. *S'intoxiquer au gaz.* **2.** Fig. Influencer par une propagande insidieuse. – Lat. médiév. *intoxicare,* de *toxicum,* «poison».

intra-. Préfixe, du lat. *intra*, « à l'intérieur de ».

intra-atomique [ɛ̃tʀaatɔmik] adj. PHYS, CHIM Qui existe, qui se produit à l'intérieur de l'atome.

intracardiaque [ɛ̃tʀakaʀdjak] adj. Didac. Qui concerne les cavités du cœur. *Piqûre intracardiaque.*

intracellulaire [ɛ̃tʀasɛlylɛʀ] adj. BIOL Qui est, qui se produit à l'intérieur d'une cellule.

intracérébral, ale, aux [ɛ̃tʀaseʀebʀal, o] adj. Qui est, qui se produit à l'intérieur du cerveau. *Greffe intracérébrale.*

intradermique [ɛ̃tʀadɛʀmik] adj. MED Situé, pratiqué dans l'épaisseur du derme. *Injection intradermique.* – De *intra-*, et *derme.*

intradermoréaction [ɛ̃tʀadɛʀmoʀeaksjɔ̃] n. f. MED Injection intradermique d'une substance, que l'on pratique pour étudier la réaction de l'organisme à cette substance. (Abrév. fam. : intradermo). – De *intradermique*, et *réaction.*

intrados [ɛ̃tʀado] n. m. **1.** ARCHI Partie intérieure et concave (d'une voûte, d'un arc, d'une arcade). **2.** AVIAT Face inférieure de la voilure d'un avion. Ant. extrados.

intraduisible [ɛ̃tʀadɥizibl] adj. Impossible à traduire. *Jeu de mots intraduisible.* – De *in-* 1, et *traduisible.*

intraitable [ɛ̃tʀɛtabl] adj. Avec qui l'on ne peut traiter, très rigoureux, inflexible. *Il est intraitable sur ce point.* – Du lat. *intractabilis*, « indomptable, inutilisable ».

intra-muros [ɛ̃tʀamyʀos] loc. adv. En dedans des murs (de la ville); dans les limites administratives (de la ville). *Habiter intra-muros.* – Mots latins.

intramusculaire [ɛ̃tʀamyskylɛʀ] adj. et n. f. À l'intérieur d'un muscle. *Une injection intramusculaire* ou, cour., n. f., *une intramusculaire.*

intransigeance [ɛ̃tʀɑ̃ziʒɑ̃s] n. f. Fait d'être intransigeant; disposition d'esprit intransigeante. – De *intransigeant.*

intransigeant, ante [ɛ̃tʀɑ̃ziʒɑ̃, ɑ̃t] adj. Qui ne transige pas, qui n'accepte pas d'accommodement. *Intransigeant dans ses opinions.* – Esp. *intransigente*, du lat. *transigere* (V. transiger).

intransitif, ive [ɛ̃tʀɑ̃zitif, iv] adj. et n. m. GRAM *Un verbe intransitif* ou, n. m., *un intransitif* : un verbe exprimant une action, un état concernant le seul sujet, et dont, par conséquent, la construction n'admet en principe pas de complément d'objet direct ou indirect (ex. *dormir*). ▷ Qui a les caractères de cette catégorie de verbes. *Sens intransitif. Construction intransitive.* Ant. transitif. – Lat. gram. *intransitivus* (V. transitif).

intransitivement [ɛ̃tʀɑ̃zitivmɑ̃] adv. GRAM De manière intransitive. – De *intransitif.*

intransitivité [ɛ̃tʀɑ̃zitivite] n. f. GRAM Particularité du verbe intransitif. – De *intransitif.*

intransmissibilité [ɛ̃tʀɑ̃smisibilite] n. f. Caractère de ce qui est intransmissible. – De *intransmissible.*

intransmissible [ɛ̃tʀɑ̃smisibl] adj. Qui ne peut être transmis. – De *in-* 1, et *transmissible.*

intransportable [ɛ̃tʀɑ̃spɔʀtabl] adj. Qui ne peut être transporté. *Malade intransportable.* – De *in-* 1, et *transportable.*

intraspécifique [ɛ̃tʀaspesifik] adj. BIOL Qui se produit au sein d'une espèce particulière.

intra-utérin, ine [ɛ̃tʀayteʀɛ̃, in] adj. Qui se passe à l'intérieur de l'utérus. *La vie intra-utérine*, avant la naissance. *Des explorations intra-utérines.*

intraveineux, euse [ɛ̃tʀavenø, øz] adj. et n. f. Qui est, qui se pratique à l'intérieur des veines. *Une injection intraveineuse* ou, n. f., *une intraveineuse.*

intraversable [ɛ̃tʀavɛʀsabl] adv. Qui ne peut être traversé. – De *in-*, *traverser* et *-able.*

intrépide [ɛ̃tʀepid] adj. (et n.) **1.** Qui ne craint pas le danger. *Soldat intrépide.* ▷ Par ext. *Action intrépide.* **2.** Vieilli Opiniâtre. – Lat. *intrepidus.*

intrépidement [ɛ̃tʀepidmɑ̃] adv. D'une manière intrépide. – De *intrépide.*

intrépidité [ɛ̃tʀepidite] n. f. Qualité d'une personne intrépide. – De *intrépide.*

intrication [ɛ̃tʀikasjɔ̃] n. f. Enchevêtrement (de choses, d'idées). *L'intrication des problèmes économiques.* – Du lat. *intricare*, « embrouiller ».

intrigant, ante [ɛ̃tʀigɑ̃, ɑ̃t] adj. et n. Qui se plaît à l'intrigue, qui recourt à l'intrigue. ▷ Subst. *Un(e) intrigant(e).* – De *intriguer.*

intrigue [ɛ̃tʀig] n. f. **1.** Menées secrètes pour faire réussir ou échouer une affaire. *Intrigue politique.* **2.** Liaison secrète. *Intrigue galante.* **3.** Combinaison des différents incidents qui forment le sujet d'une pièce, d'un roman, d'un film. *Le fil, le nœud de l'intrigue.* – *Comédie d'intrigue*, dont l'action est formée d'aventures compliquées. – Déverbal de *intriguer*; ital. *intrigo.*

intriguer [ɛ̃tʀige] v. [1] **1.** v. tr. Exciter la curiosité de. *Cette histoire m'intrigue.* **2.** v. intr. Nouer des intrigues, mener des machinations. *Intriguer pour obtenir un poste.* – Ital. *intrigare*, du lat. *intricare*, « embrouiller, emmêler ».

intrinsèque [ɛ̃tʀɛ̃sɛk] adj. Qui appartient en propre à ce dont on parle, lui est essentiel. *Propriétés intrinsèques. Valeur intrinsèque d'un objet*, qui tient à la matière dont il est fait, en dehors de toute convention et de toute appréciation subjective. – Lat. scolast. *intrinsecus*, « au-dedans ».

intrinsèquement [ɛ̃tʀɛ̃sɛkmɑ̃] adv. D'une manière intrinsèque. – De *intrinsèque.*

intriquer [ɛ̃tʀike] v. tr. [1] Enchevêtrer, entremêler. – Lat. *intricare.*

intro-. Élément, du lat. *intro*, « dedans ».

introducteur, trice [ɛ̃tʀɔdyktœʀ, tʀis] n. Personne qui introduit. *Nicot, l'introducteur du tabac en France.* – Bas lat. *introductor.*

introductible [ɛ̃tʀɔdyktibl] adj. Qui peut être introduit. – De *introduire.*

introductif, ive [ɛ̃tʀɔdyktif, iv] adj. DR Qui sert de commencement à une procédure. *Requête introductive.* – De *introduction.*

introduction [ɛ̃tʀɔdyksjɔ̃] n. f. **1.** Action d'introduire (qqn). – *Lettre d'introduction*, écrite pour prier qqn d'accueillir favorablement le porteur. **2.** Action d'introduire (qqch). *Introduction de marchandises dans un pays.* ▷ FIN *Introduction en Bourse* : inscription en Bourse (d'un titre). **3.** Ce qui introduit à la connaissance de qqch; ouvrage qui donne les premiers éléments d'un art, d'une science, d'une technique. *Introduction à l'astronomie.* **4.** Préface, discours préliminaire. *Roman précédé d'une introduction.* **5.** MUS Mouvement lent qui précède l'allegro d'une symphonie, d'une ouverture. – Lat. *introductio.*

introduire [ɛ̃tʀɔdɥiʀ] **I.** v. tr. **[69]** **1.** Faire entrer (qqn) dans un lieu. *Introduire qqn auprès d'un personnage important.* **2.** Faire entrer (une chose) dans une autre. *Introduire la clef dans la serrure.* ▷ Fig. *Introduire des coutumes. Cette mesure introduisit le désordre.* **3.** DR Commencer (une procédure). *Introduire une instance devant un tribunal.* **II.** v. pron. Entrer. *Un cambrioleur s'est introduit dans la maison.* – Lat. *introducere.*

introït [ɛ̃tʀɔit] n. m. LITURG CATHOL Prière d'introduction à la messe, récitée par le prêtre ou chantée par le chœur. – Lat. *introitus,* «entrée».

introjection [ɛ̃tʀɔʒɛksjɔ̃] n. f. PSYCHAN Incorporation inconsciente de l'image d'une personne au moi et au surmoi. *Introjection de l'image parentale par l'enfant.* – De *intro-,* et *(pro)jection.*

intromission [ɛ̃tʀɔmisjɔ̃] n. f. Action par laquelle on introduit une chose dans une autre. – Dér. savant du lat. *intromissus,* de *intromittere,* «faire entrer dans».

intronisation [ɛ̃tʀɔnizasjɔ̃] n. f. Action d'introniser. – De *introniser.*

introniser [ɛ̃tʀɔnize] v. tr. [1] **1.** Placer solennellement sur le trône. **2.** *Par anal.* Introduire suivant le cérémonial d'usage (qqn dans une association, une conférence). *Introniser qqn dans l'ordre des chevaliers du Tastevin.* ▷ Fig. *Introniser une mode.* ▷ v. pron. (Souvent péjor.) *S'introniser poète.* – Bas lat. ecclés. *inthronizare,* du gr. *thronos,* «siège élevé, trône».

introrse [ɛ̃tʀɔʀs] adj. BOT *Étamine introrse,* dont l'anthère s'ouvre vers le centre de la fleur. Ant. extrorse. – Lat. *introrsum.*

introspectif, ive [ɛ̃tʀɔspɛktif, iv] adj. Qui relève de l'introspection. – De *introspection.*

introspection [ɛ̃tʀɔspɛksjɔ̃] n. f. Étude, observation de la conscience par elle-même. – Mot angl., du lat. *introspicere,* «regarder à l'intérieur».

introuvable [ɛ̃tʀuvabl] adj. **1.** Qu'on ne peut trouver. **2.** Qu'on trouve difficilement. *Pièce de collection introuvable.* **3.** HIST *Chambre introuvable :* Chambre des députés de 1815, ainsi nommée parce qu'il semblait impossible d'en trouver une qui fût aussi majoritairement royaliste. – De *in-* 1, *trouver,* et *-able.*

introversion [ɛ̃tʀɔvɛʀsjɔ̃] n. f. PSYCHO Tendance à donner plus d'importance à la subjectivité qu'au monde extérieur. – Mot all., du lat. *introversus,* «tourné vers l'intérieur».

introverti, ie [ɛ̃tʀɔvɛʀti] adj. et n. PSYCHO Qui a tendance à l'introversion. – De *introversion.*

intrus, use [ɛ̃tʀy, yz] adj. et n. **1.** adj. Introduit sans titre dans une dignité, une charge, un emploi. **2.** n. Personne qui s'introduit quelque part sans y être conviée. *Trouver un intrus dans son bureau.* – Lat. médiév. ecclés. *intrusus,* pour *introtrusus,* «introduit de force».

intrusif, ive [ɛ̃tʀyzif, iv] adj. GEOL *Roches intrusives :* roches éruptives qui ont été injectées à l'état liquide dans les roches superficielles. – De *intrusion.*

intrusion [ɛ̃tʀyzjɔ̃] n. f. **1.** Fait de s'introduire contre le droit ou sans titre dans une dignité, une charge, une société, etc. **2.** Fait de s'introduire en un lieu sans y être convié. **3.** GEOL Pénétration d'une roche dans une couche d'une autre nature. – Lat. médiév. *intrusio.*

intubation [ɛ̃tybasjɔ̃] n. f. MED Introduction, par la bouche ou par le nez, d'une sonde dans la trachée, pour assurer la liberté des voies aériennes notam. au cours d'une anesthésie. – Mot angl., du lat. *tubus,* «tube».

intuber [ɛ̃tybe] v. tr. [1] MED Pratiquer une intubation sur (qqn). *Intuber un malade.* – De l'angl. *to intubate,* d'après *intubation.*

intuitif, ive [ɛ̃tɥitif, iv] adj. (et n.) **1.** Qui provient de l'intuition. *Connaissance intuitive.* **2.** Qui a une faculté d'intuition développée. ▷ Subst. *Un intuitif, une intuitive.* – Dér. savant du lat. *intuitus,* «coup d'œil».

intuition [ɛ̃tɥisjɔ̃] n. f. **1.** Connaissance directe et immédiate, sans recours au raisonnement. *Intuition sensorielle.* **2.** Pressentiment. *Avoir l'intuition de ce qui va arriver.* – Lat. scolast. *intuitio,* de *intueri,* «regarder attentivement».

intuitionnisme [ɛ̃tɥisjɔnism] n. m. PHILO Doctrine selon laquelle la connaissance repose essentiellement sur l'intuition. *L'intuitionnisme de Bergson.* – De *intuition.*

intuitivement [ɛ̃tɥitivmɑ̃] adv. Par intuition. – De *intuitif.*

intumescence [ɛ̃tymɛsɑ̃s] n. f. **1.** Gonflement. **2.** PHYS En mécanique des fluides, onde de surface dans un canal découvert de faible profondeur. – Du lat. *intumescere,* «se gonfler».

intumescent, ente [ɛ̃tymɛsɑ̃, ɑ̃t] adj. Qui commence à gonfler. *Chairs intumescentes.* – De *intumescence.*

intussusception [ɛ̃tysysɛpsjɔ̃] n. f. **1.** BIOL Chez les êtres organisés, absorption cellulaire d'éléments nutritifs. *Le mécanisme d'intussusception est fondamental dans la croissance des êtres vivants.* **2.** MED Syn. de *invagination.* – Du lat. *intus,* «dedans», et *susceptio,* «action de prendre sur soi».

inuit [inyit] adj. inv. et n. inv. Relatif aux autochtones qui habitent le Nord Canada. *La civilisation inuit.* ▷ Subst. *Les Inuit :* nom que les Esquimaux se donnent à eux-mêmes. – Mot inuit, «être humain».

inule [inyl] n. f. Plante (genre *Inula,* fam. composées) à fleurs jaunes en capitule. – Lat. *inula.*

inuline [inylin] n. f. BIOCHIM Sucre complexe, polymère du fructose, qui constitue la matière de réserve de nombreux végétaux. – De *inule,* et *-ine.*

inusable [inyzabl] adj. Qui ne s'use pas; qui ne s'use que difficilement. – De *in-* 1, *user,* et *-able.*

inusité, ée [inyzite] adj. **1.** Qui n'est pas ou presque pas usité. *Mot inusité.* **2.** Inhabituel. – Lat. *inusitatus.*

inusuel, elle [inyzɥɛl] adj. Qui n'est pas usuel. – De *in-* 1, et *usuel.*

in utero [inyteʀo] loc. adv. Didac. Dans l'utérus, pendant la gestation. *Les réactions du fœtus in utero.* – Mots lat.

inutile [inytil] adj. (et n.) **1.** Qui n'est d'aucune utilité. *Meuble inutile.* **2.** (Personnes) Qui ne se rend pas utile. ▷ Subst. *Les inutiles.* – Lat. *inutilis.*

inutilement [inytilmɑ̃] adv. Sans utilité, en vain. *Se tourmenter inutilement.* – De *inutile.*

inutilisable [inytilizabl] adj. Qui ne peut être utilisé. – De *in-* 1, et *utilisable.*

inutilisé, ée [inytilize] adj. Qui n'est pas utilisé. – De *in-* 1, et pp. de *utiliser.*

inutilité [inytilite] n. f. **1.** Manque d'utilité. *Inutilité d'un effort.* **2.** (Plur.) Choses, paroles inutiles. *Discours plein d'inutilités.* – Lat. *inutilitas.*

invagination [ɛ̃vaʒinasjɔ̃] n. f. BIOL Repliement en doigt de gant d'une cavité sur elle-même. ▷ MED Repliement de l'intestin, provoquant une occlusion. – De *in-* 1, et du lat. *vagina,* «gaine».

invaincu, ue [ɛ̃vɛ̃ky] adj. Qui n'a jamais été vaincu. – De *in-* 1, et pp. de *vaincre.*

invalidant, ante [ɛ̃validɑ̃, ɑ̃t] adj. Qui rend invalide, incapable d'avoir une activité normale. *Maladie invalidante.* – Ppr. de *invalider.*

invalidation [ɛ̃validasjɔ̃] n. f. DR Action d'invalider. – De *invalider.*

invalide [ɛ̃valid] adj. et n. **1.** Empêché par une infirmité de mener une vie normalement active. - Subst. *Un(e) invalide.* ▷ n. m. Soldat que l'âge ou les blessures empêchent de servir. *Pension des invalides.* **2.** DR Qui n'a pas les qualités requises par la loi. *Acte invalide.* – Lat. *invalidus.*

invalider [ɛ̃valide] v. tr. [1] DR Déclarer invalide, rendre nul. *Invalider une élection.* – De *invalide.*

invalidité [ɛ̃validite] n. f. **1.** État d'une personne invalide. *Certificat d'invalidité.* **2.** DR Nullité. *Invalidité d'un mariage.* – De *invalide.*

invar [ɛ̃vaʀ] n. m. METALL Acier à 36 % de nickel qui possède un coefficient de dilatation presque nul. – Nom déposé ; abrév. de *invariable.*

invariabilité [ɛ̃vaʀjabilite] n. f. Caractère de ce qui est invariable. – De *invariable.*

invariable [ɛ̃vaʀjabl] adj. Qui ne change pas. *Ordre invariable des saisons.* ▷ GRAM Dont la forme reste toujours identique. *Les adverbes sont des mots invariables.* – De *in-* 1, et *variable.*

invariablement [ɛ̃vaʀjabləmɑ̃] adv. De manière invariable. – De *invariable.*

invariance [ɛ̃vaʀjɑ̃s] n. f. GEOM et PHYS NUCL Propriété caractérisant une grandeur qui n'est pas affectée par une transformation. – De *invariant.*

invariant, ante [ɛ̃vaʀjɑ̃, ɑ̃t] adj. et n. m. **1.** GEOM Se dit d'une fonction qui conserve la même valeur lors d'une transformation (changement d'axes, par ex.). **2.** PHYS NUCL Se dit d'une grandeur ou d'une loi qui se conserve après une transformation. ▷ n. m. Grandeur, élément, propriété qui restent constants. – De *in-* 1, et ppr. de *varier.*

invasif, ive [ɛ̃vazif, iv] adj. MED **1.** Se dit d'un processus pathologique tendant à la généralisation. **2.** Se dit d'un traitement nécessitant l'administration d'une substance dans la circulation sanguine du patient. – *Par ext.* Se dit d'un examen nécessitant une injection ou un prélèvement de sang. – De *invasion.*

invasion [ɛ̃vazjɔ̃] n. f. **1.** Irruption de l'armée d'un État dans un autre État. ▷ Pénétration massive, accompagnée de destructions et de violence, d'un peuple étranger sur un territoire donné. *Les invasions des Barbares.Les Grandes Invasions.* **2.** *Par ext.* Envahissement. *Invasion de moustiques.* ▷ Fig. *L'invasion du mauvais goût.* **3.** MED Période qui mène des premiers symptômes à la période d'état d'une maladie. – Bas lat. *invasio,* de *invadere,* « envahir ».

invective [ɛ̃vɛktiv] n. f. (Souvent au plur.) Parole violente contre qqch, qqn. *Se répandre en invectives.* – Du bas lat. *invectivæ (orationes),* « discours agressifs », de *invehi,* « attaquer ».

invectiver [ɛ̃vɛktive] v. [1] **1.** v. tr. Lancer des invectives contre. *Invectiver les passants.* **2.** v. intr. Proférer des invectives. *Invectiver contre le luxe.* – De *invective.*

invendable [ɛ̃vɑ̃dabl] adj. Qu'on ne peut réussir à vendre. – De *in-* 1, et *vendable.*

invendu, ue [ɛ̃vɑ̃dy] adj. et n. m. Se dit d'une marchandise qui n'a pas été vendue. – n. m. *Les invendus sont recyclés.* – De *in-,* et pp. de *vendre.*

inventaire [ɛ̃vɑ̃tɛʀ] n. m. **1.** Dénombrement, état par articles de tous les biens d'une personne, d'une communauté, d'une succession, ainsi que des éléments de son passif (dettes, etc.). ▷ *Accepter une succession sous bénéfice d'inventaire :* déclarer qu'on n'acceptera une succession qu'après l'établissement d'un inventaire faisant apparaître un actif supérieur au passif. – Fig. *Sous bénéfice d'inventaire :* sous réserve de vérification. **2.** Dénombrement, état des marchandises en stock, des valeurs disponibles et des créances, permettant d'évaluer les pertes et les profits. *Tout commerçant doit procéder à un inventaire annuel.* **3.** Dénombrement, recensement. *Faire l'inventaire des connaissances humaines.* – Du bas lat. jurid. *inventarium,* de *invenire,* « trouver ».

inventer [ɛ̃vɑ̃te] v. tr. [1] **1.** Trouver, imaginer (qqch de nouveau). *Inventer un nouveau type de moteur.* **2.** Imaginer, forger de toutes pièces. *Il invente toujours des histoires invraisemblables.* ▷ v. pron. *Cela ne s'invente pas :* c'est tellement extravagant que ce ne peut être que vrai. – De *inventeur.*

inventeur, trice [ɛ̃vɑ̃tœʀ, tʀis] n. et adj. Personne qui invente, découvre (qqch de nouveau). – adj. *Une capacité inventrice.* – Lat. *inventor, inventrix,* de *invenire,* « trouver ».

inventif, ive [ɛ̃vɑ̃tif, iv] adj. Qui invente ; qui a la faculté, le goût d'inventer. *Esprit inventif.* – De *inventeur.*

invention [ɛ̃vɑ̃sjɔ̃] n. f. **1.** RELIG Découverte (d'une relique). *Invention de la Sainte Croix.* ▷ *Invention d'un trésor.* **2.** Action d'inventer ; chose inventée. **3.** Faculté d'inventer. **4.** Chose imaginée ; produit de l'imagination. ▷ Mensonge, chimère. *C'est de la pure invention !* **5.** MUS Petite pièce en forme de fugue. – Lat. *inventio.*

inventivité [ɛ̃vɑ̃tivite] n. f. Caractère inventif. – Capacité d'inventer. *L'inventivité d'un créateur.* – De *inventif.*

inventorier [ɛ̃vɑ̃tɔʀje] v. tr. [2] Faire l'inventaire de. – De l'a. fr. *inventoire,* « registre ».

invérifiable [ɛ̃veʀifjabl] adj. Qui ne peut être vérifié. – De *in-* 1, et *vérifiable.*

inverse [ɛ̃vɛʀs] adj. et n. m. **I.** adj. **1.** Renversé par rapport au sens, à l'ordre naturel, habituel. *En sens inverse. Dans un ordre inverse.* **2.** MATH *Nombres inverses :* nombres dont l'un est le quotient de l'unité par l'autre (ex. : 3 et 1/3). – GEOM *Figures inverses,* qui se déduisent l'une de l'autre par inversion. **3.** LOG *Proposition inverse,* dont les termes sont renversés par rapport à une autre proposition. **II.** n. m. **1.** Ce qui est inverse, opposé. *Faire, dire l'inverse.* ▷ Loc. adv. (et prép.) *À l'inverse (de) :* au contraire (de). **2.** CHIM *Inverses optiques :* chacune des deux formes d'une substance dont la configuration moléculaire n'est pas superposable à son image spéculaire. – Lat. *inversus,* pp. de *invertere,* « retourner ».

inversement [ɛ̃vɛʀsəmɑ̃] adv. D'une manière inverse. *Grandeurs inversement proportionnelles.* – De *inverse.*

inverser [ɛ̃vɛʀse] v. tr. [1] Mettre dans l'ordre, le sens, la position inverse. ▷ TECH Changer le sens de (un courant électrique, un mouvement, etc.). – De *inverse.*

inverseur [ɛ̃vɛʀsœʀ] n. m. ELECTR Appareil destiné à changer le sens d'un courant. ▷ AERON et ESP *Inverseur de jet, de poussée,* du réacteur ou du moteur-fusée d'un avion, d'un engin spatial. – De *inverser.*

inversible [ɛ̃vɛʀsibl] adj. PHOTO Qui permet d'obtenir un cliché positif à partir d'un film positif ou un négatif à partir d'un négatif. – De *inversion.*

inversion [ɛ̃vɛʀsjɔ̃] n. f. Action d'inverser, fait de s'inverser. **1.** GRAM Renversement, changement dans l'ordre habituel des mots ; construction qui en résulte. *Inversion du sujet dans les tournures interrogatives de la langue (ex. où suis-je ?).* **2.** CHIM *Inversion du sucre :* dédoublement du saccharose (dextrogyre) en glucose et lévulose (mélange lévogyre). **3.** GEOM Transformation d'une figure en une autre telle que, si M est un point de la première figure et O un point fixe (appelé *pôle d'inversion*), le transformé M' de M soit situé sur la droite OM et que l'on ait $\overrightarrow{OM}.\overrightarrow{OM'} = R$ (R étant un nombre réel non nul appelé *puissance d'inversion*). **4.** METEO *Inversion de température :* augmentation de la température avec l'altitude (contrairement à ce qui se produit normalement). **5.** GEOL *Inversion de relief :* transformation résultant d'une action de l'érosion qui creuse les anticlinaux et épargne les synclinaux. **6.** PHOTO Opération qui permet d'obtenir une image positive dès la prise de vue. **7.** MED Anomalie congénitale dans laquelle un ou plusieurs organes sont situés du côté opposé à celui qu'ils occupent normalement. – Retournement d'un organe sur lui-même. **8.** État d'un inverti sexuel. – Lat. *inversio.*

invertase [ɛ̃vɛʀtaz] n. f. BIOCHIM Enzyme du groupe des osidases qui hydrolyse spécifiquement le saccharose en glucose et fructose (V. inversion, sens 2). – De son anc. syn. *invertine*, et *-ase*.

invertébré, ée [ɛ̃vɛʀtebʀe] adj. et n. m. ZOOL Qui n'a pas de vertèbres. ▷ n. m. pl. *Les invertébrés* : l'ensemble des animaux dépourvus de vertèbres. – Sing. *Un invertébré*. – De *in-* 1, et *vertébré*.

inverti, ie [ɛ̃vɛʀti] n. Personne qui éprouve une attirance sexuelle exclusive pour les individus de son sexe. – Pp. subst. de *invertir*.

invertir [ɛ̃vɛʀtiʀ] v. tr. [3] Renverser symétriquement. ▷ Pp. adj. CHIM *Sucre inverti*, qui a subi une inversion. – Lat. *invertere*, « retourner ».

investigateur, trice [ɛ̃vɛstigatœʀ, tʀis] n. et adj. Personne qui fait des investigations. ▷ adj. *Esprit, regard investigateur*. – Lat. *investigator*.

investigation [ɛ̃vɛstigasjɔ̃] n. f. (Souvent au plur.) Recherche suivie et approfondie. – Lat. *investigatio*.

investir [ɛ̃vɛstiʀ] v. [3] **I.** v. tr. **1.** *Investir qqn de...*, lui conférer avec certaines formalités (un titre, un pouvoir). *Investir un général des fonctions de commandant en chef.* **2.** Entourer de troupes (un objectif militaire). **3.** ECON Acquérir des moyens de production. ▷ Placer (des capitaux) pour en tirer un profit. *Investir des millions dans l'immobilier.* ▷ (S. comp.) *Il a tendance à trop épargner au lieu d'investir.* **II.** v. intr. PSYCHAN Reporter une certaine quantité d'énergie psychique sur une représentation ou sur un objet. ▷ v. pron. Cour. *S'investir totalement dans son activité professionnelle.* – Du lat. *investire*, « revêtir, garnir ».

investissement [ɛ̃vɛstismɑ̃] n. m. **1.** Action d'investir (un objectif militaire); son résultat. **2.** FIN Action d'investir des capitaux dans une affaire pour la développer, accroître les moyens de production; capitaux investis. *Certificat* d'investissement.* **3.** PSYCHAN Fait d'investir. – De *investir*.

investisseur, euse [ɛ̃vɛstisœʀ, øz] n. et adj. Personne qui investit des capitaux. – FIN *Investisseur institutionnel* : organisme financier effectuant des placements boursiers sur une grande échelle (caisse des dépôts, caisse d'assurances, de retraite, etc.). ▷ adj. *Organisme investisseur.* – De *investir*.

investiture [ɛ̃vɛstityʀ] n. f. Action d'investir (sens I, 1). **1.** DR ANC et DR CANON Mise en possession d'un fief ou d'un bien ecclésiastique (évêché, abbaye). **2.** POLIT Vote par lequel l'Assemblée investissait de ses fonctions le président du Conseil, dans la Constitution de la IVe République. ▷ Désignation officielle par un parti d'un candidat à des élections. – De *investir*.

invétéré, ée [ɛ̃veteʀe] adj. Qui s'est enraciné, fortifié avec le temps. ▷ Péjor. (Personnes) Qui est tel depuis longtemps et de manière quasi irrémédiable. *Tricheur invétéré.* – Lat. *inveteratus*, de *inveterare*, « laisser ou faire vieillir ».

invétérer (s') [ɛ̃veteʀe] v. pron. [14] Vx S'enraciner, devenir plus fort avec le temps. – Du lat. *inveterare*, « laisser ou faire vieillir ».

invincibilité [ɛ̃vɛ̃sibilite] n. f. Qualité de ce qui est invincible. – De *invincible*.

invincible [ɛ̃vɛ̃sibl] adj. **1.** Qu'on ne saurait vaincre. *Armée invincible.* **2.** Fig. Insurmontable, irrésistible. *Éprouver une invincible attirance pour...* – Bas lat. *invincibilis*.

invinciblement [ɛ̃vɛ̃sibləmɑ̃] adv. De manière invincible. – De *invincible*.

inviolabilité [ɛ̃vjɔlabilite] n. f. Caractère de ce qui est inviolable. – De *inviolable*.

inviolable [ɛ̃vjɔlabl] adj. **1.** Que l'on ne saurait violer ou enfreindre. *Asile inviolable. Loi inviolable.* **2.** Qui est à l'abri de toute poursuite. *Les ambassadeurs sont inviolables dans l'État où ils sont accrédités.* – Lat. *inviolabilis*, de *violare*, « outrager ».

inviolablement [ɛ̃vjɔlabləmɑ̃] adv. Rare D'une manière inviolable. – De *inviolable*.

inviolé, ée [ɛ̃vjɔle] adj. Litt. Que l'on n'a pas violé; que l'on n'a pas profané. *Une sépulture inviolée.* – Lat. *inviolatus*.

invisibilité [ɛ̃vizibilite] n. f. État, qualité de ce qui est invisible. – Bas lat. *invisibilitas*.

invisible [ɛ̃vizibl] adj. (et n. m.) **1.** Qui échappe à la vue par sa nature, sa distance, etc. ▷ n. m. *Le pouvoir de l'invisible.* **2.** Qui se cache, qui ne veut pas être vu. *Elle reste invisible.* – Bas lat. *invisibilis*.

invisiblement [ɛ̃viziblәmɑ̃] adv. D'une manière invisible. – De *invisible*.

invitant, ante [ɛ̃vitɑ̃, ɑ̃t] adj. Qui invite. *Puissance invitante.* – Ppr. de *inviter*.

invitation [ɛ̃vitasjɔ̃] n. f. **1.** Action d'inviter; son résultat. ▷ Parole, lettre par laquelle on invite. *J'ai bien reçu votre aimable invitation.* **2.** Action d'engager, d'inciter à. – Lat. *invitatio*.

invite [ɛ̃vit] n. f. Appel discret, invitation plus ou moins déguisée (à faire qqch). – Déverbal de *inviter*.

invité, ée [ɛ̃vite] n. (et adj.) Personne qui a reçu une invitation, qui a été invitée (sens 1). ▷ adj. *Les personnes invitées.* – Pp. de *inviter*.

inviter [ɛ̃vite] v. tr. [1] **1.** Prier d'assister à, convier à. *Inviter à une soirée, à dîner.* ▷ v. pron. (Réfl.) *Des voisins qui s'invitent à dîner.* **2.** Engager, inciter à. *Je vous invite à réfléchir.* ▷ (Choses) *Le temps nous invite à sortir.* – Lat. *invitare*.

in vitro [invitʀo] loc. adv. Didac. En laboratoire, en dehors de l'organisme vivant. *Acides aminés synthétisés in vitro.* Ant. in vivo. ▷ *Fécondation in vitro* : V. fivete. – Mots lat., « dans le verre ».

invivable [ɛ̃vivabl] adj. Fam. Qui n'est pas vivable, qui est très pénible, insupportable. *Une situation invivable. Un type invivable.* – De *in-* 1, et *vivable*.

in vivo [invivo] loc. adv. Didac. Dans l'organisme vivant. *Réaction qui ne se produit qu'in vivo.* Ant. in vitro. – Mot lat., « dans le vivant ».

invocation [ɛ̃vɔkasjɔ̃] n. f. Action d'invoquer; son résultat. ▷ RELIG *Sous l'invocation de la Vierge*, sous sa protection, son patronage. – Lat. *invocatio*.

invocatoire [ɛ̃vɔkatwaʀ] adj. Litt. Qui sert à invoquer. – De *invocation*.

involontaire [ɛ̃vɔlɔ̃tɛʀ] adj. Qui n'est pas volontaire. – Bas lat. *involuntarius*.

involontairement [ɛ̃vɔlɔ̃tɛʀmɑ̃] adv. De façon involontaire. – De *involontaire*.

involucelle [ɛ̃vɔlysɛl] n. m. BOT Involucre des ombellules. – Dimin. de *involucre*.

involucre [ɛ̃vɔlykʀ] n. m. BOT Ensemble de bractées groupées à la base de certaines inflorescences (ombelles et capitules, notam.). – Du lat. *involucrum*, « enveloppe ».

involucré, ée [ɛ̃vɔlykʀe] adj. BOT Pourvu d'un involucre. – De *involucre*.

involuté, ée [ɛ̃vɔlyte] adj. BOT Dont les bords sont roulés en dedans en forme de volute (feuilles). – Lat. *involutus*, de *involvere*, « enrouler ».

involutif, ive [ɛ̃vɔlytif, iv] adj. **1.** BOT Vx Involuté. **2.** GEOM *Transformation involutive*, dans laquelle tout point est le transformé de son homologue. – Du lat. *involutus*, « enroulé, enveloppé ».

involution [ɛ̃vɔlysjɔ̃] n. f. **1.** BOT État d'un organe involuté. **2.** MATH Application f d'un ensemble E dans lui-même, telle que f^2 est une application identique de E. ▷ GEOM Transformation homographique involutive. **3.** PHILO Processus, inverse de la différenciation, qui conduit de la pluralité à l'unité, de l'hétérogénéité à l'homogénéité, de la diversité à l'uniformité. **4.** MED Modification régressive d'un organe sain ou malade, d'une tumeur, de l'organisme. *Involution utérine* : retour de l'utérus à sa dimension normale après l'accouchement. – Lat. *involutio*, « enroulement ».

invoquer [ɛ̃vɔke] v. tr. [1] **1.** Appeler à son secours (Dieu, un saint, une puissance surnaturelle). **2.** Fig. En appeler à, recourir à. *Les arguments que vous invoquez ne manquent pas de pertinence.* – Lat. *invocare*.

invraisemblable [ɛ̃vʀɛsɑ̃blabl] adj. **1.** Qui n'est pas vraisemblable. **2.** Qui choque par son caractère excessif, inhabituel, extravagant. *Il arrivait à des heures invraisemblables.* – De *in-* 1, et *vraisemblable*.

invraisemblablement [ɛ̃vʀɛsɑ̃blabləmɑ̃] adv. D'une manière invraisemblable. – De *invraisemblable*.

invraisemblance [ɛ̃vʀɛsɑ̃blɑ̃s] n. f. **1.** Défaut de vraisemblance. *L'invraisemblance d'une nouvelle.* **2.** Chose invraisemblable. *Drame plein d'invraisemblances.* – De *in-* 1, et *vraisemblance*.

invulnérabilité [ɛ̃vylneʀabilite] n. f. Caractère, état de ce qui est invulnérable. – De *invulnérable*.

invulnérable [ɛ̃vylneʀabl] adj. **1.** Non vulnérable, qui ne peut être blessé. *Achille, héros invulnérable.* **2.** Fig. Qu'on ne peut moralement toucher. *Être invulnérable aux médisances.* – Lat. *invulnerabilis*.

iodate [jɔdat] n. m. CHIM Sel de l'acide iodique. – De *iode*, et *-ate*.

iode [jɔd] n. m. CHIM Élément appartenant à la famille des halogènes, de numéro atomique Z = 53 et de masse atomique 126,904 (symbole I). – Corps simple I_2 : *diiode*), solide, gris foncé, qui fond à 113,7 °C et se sublime à la température ordinaire en émettant des vapeurs violettes. – Gr. *iôdês*, « violet ».

ENCYCL L'iode se trouve à l'état d'iodures dans l'eau de mer et le sel gemme. Il est utilisé en photographie (l'iodure d'argent noircit à la lumière) et en pharmacie (la teinture d'iode et l'iodoforme sont des antiseptiques). Son rôle biologique d'oligo-élément est très important.

iodé, ée [jɔde] adj. Qui contient de l'iode. – De *iode*.

ioder [jɔde] v. tr. [1] CHIM Combiner avec l'iode. – De *iode*.

iodhydrique [jɔdidʀik] adj. CHIM *Acide iodhydrique*, de formule HI. – De *iode*, et *-hydrique*.

iodique [jɔdik] adj. CHIM *Acide iodique*, de formule HIO_3. – De *iode*.

iodisme [jɔdism] n. m. MED Intoxication par l'iode. – De *iode*, et *-isme*.

iodler. V. jodler.

iodoforme [jɔdofɔʀm] n. m. CHIM Antiseptique dérivé de l'iode, de formule CHI_3. – De *iode*, et *-forme*.

iodure [jɔdyʀ] n. m. CHIM **1.** Sel de l'acide iodhydrique. **2.** Composé de l'iode avec un corps simple. – De *iode*, et *-ure*.

ioduré, ée [jɔdyʀe] adj. CHIM Qui contient de l'iode ou un iodure. – De *iodure*.

ion [jɔ̃] n. m. CHIM, PHYS NUCL Atome qui a perdu ou gagné un ou plusieurs électrons. ▷ TECH *Échangeur d'ions* : substance permettant de remplacer des ions en solution par d'autres. *Les échangeurs d'ions sont généralement des résines, que l'on utilise pour adoucir les eaux dures.* – Mot angl., du gr. *iôn*, ppr. de *ienai*, « aller », allusion au fait que les particules ionisées se portent vers l'anode ou la cathode.

ENCYCL Un ion est positif *(cation)* lorsque l'atome perd un ou plusieurs électrons et acquiert ainsi une ou plusieurs charges positives ; il est négatif *(anion)* lorsque l'atome gagne des électrons et acquiert ainsi des charges négatives. On note les ions positifs par le signe + placé en exposant (par ex., H^+, NH_4^+) et les ions négatifs par le signe – (par ex., Cl^-, $SO4^{--}$ ou mieux SO_4^{2-}).

ionien, enne [jɔnjɛ̃, ɛn] adj. et n. D'Ionie. *Côte ionienne.* ▷ Subst. *Les Ioniens.* ▷ *Dialecte ionien* ou, n. m., *ionien* : dialecte des Grecs fixés en Ionie et dont l'attique est une des formes. ▷ *École ionienne* : école de philosophes et de physiciens grecs (VIe-Ve s. av. J.-C.) principalement représentée par Anaxagore, Thalès, Anaximandre, Héraclite. – De *Ionie*, région grecque du littoral asiatique de la mer Égée.

1. ionique [jɔnik] adj. CHIM Qui se rapporte aux ions. – De *ion*.

2. ionique [jɔnik] adj. (et n. m.) **1.** Vx Ionien. **2.** ARCHI *Ordre ionique* ou, n. m., *l'ionique* : l'un des trois ordres de l'architecture grecque, caractérisé par une colonne, plus élancée que la colonne dorique, dressée sur une base moulurée, surmontée d'un chapiteau à volutes. – Lat. *ionicus*, gr. *iônikos*.

ionisant, ante [jɔnizɑ̃, ɑ̃t] adj. *Radiations ionisantes*, constituées de particules α et β, de neutrons ou de photons, dont l'action entraîne la formation d'ions dans la substance irradiée. – Ppr. de *ioniser*.

ionisation [jɔnizasjɔ̃] n. f. **1.** PHYS NUCL, CHIM Formation d'ions. **2.** MED Introduction dans l'organisme des éléments d'une substance chimique décomposée par électrolyse. **3.** TECH *Ionisation des aliments*, leur stérilisation par des radiations ionisantes qui détruisent micro-organismes et insectes et arrêtent la germination des tubercules végétaux. – De *ioniser*.

ioniser [jɔnize] v. tr. [1] PHYS NUCL, CHIM Produire l'ionisation de ; produire des ions. – De *ion*.

ionogramme [jɔnɔgʀam] n. m. BIOCHIM Formule indiquant les concentrations des principaux ions dans le plasma sanguin. – De *ion*, et *gramme*.

ionosphère [jɔnɔsfɛʀ] n. f. METEO Partie de l'atmosphère située audessus de la stratosphère, approximativement entre 60 et 600 km d'altitude, où se produisent des phénomènes d'ionisation. – De *ion*, et *sphère*.

iota [jɔta] n. m. **1.** Neuvième lettre de l'alphabet grec (Ι, ι) correspondant à *i*. **2.** Fig. Très petit détail. *Sans changer un iota.* – Gr. *iôta*.

iotacisme [jɔtasism] n. m. **1.** LING Emploi fréquent du son [i]. *L'iotacisme du grec moderne.* **2.** MED Mauvaise prononciation du son [ʒ] en [j]. – Lat. *iotacismus*, du grec.

iouler. V. jodler.

iourte. V. yourte.

ipéca [ipeka] n. m. Nom cour. de diverses plantes dont les racines ont des propriétés vomitives. *L'ipéca vrai appartient au genre « Uragoga »* (fam. rubiacées). – Mot portug., du tupi (Brésil).

ipomée [ipɔme] n. f. BOT Plante grimpante (fam. convolvulacées), dont une espèce ornementale, le volubilis, est fréquente dans les jardins. – Lat. bot. *ipomoea*, du gr. *ips, ipos*, « ver », et *omoios*, « semblable ».

ippon [ipɔn] n. m. SPORT Au judo, prise parfaitement exécutée (étranglement, immobilisation, projection) qui met fin au combat et donne la victoire à son auteur. *Gagner par ippon.* – Mot jap., « marquer un point ».

ipséité [ipseite] n. f. PHILO Ce qui fait qu'un être est lui-même, ce qui est essentiel dans l'individualité d'un être. – Du lat. *ipse*, « soi-même ».

ipso facto [ipsofakto] loc. adv. Par le fait même, par là même. *Il s'est enfui, prouvant ipso facto sa culpabilité.* – Loc. lat.

-ique. Élément de suffixation, du gr. *-ikos,* lat. *-icus,* « propre à, relatif à », servant à former des adjectifs dérivés de noms.

ir-. Préfixe privatif, var. de *in-* devant un *r.*

Ir CHIM Symbole de l'iridium.

irakien, enne ou **iraq(u)ien, enne** [iʀakjɛ̃, ɛn] adj. et n. De l'Irak, État du Proche-Orient. ▷ Subst. *Un(e) Irakien(ne).*

iranien, enne [iʀanjɛ̃, ɛn] adj. et n. **1.** adj. D'Iran, État d'Asie occid. ▷ Subst. *Un(e) Iranien(ne).* **2.** n. m. Groupe de langues indo-européennes (V. indo-européen). **3.** n. m. Abusiv. *L'iranien :* le persan. – De *Iran,* État d'Asie occidentale.

irascibilité [iʀasibilite] n. f. Propension à la colère. – De *irascible.*

irascible [iʀasibl] adj. Prompt à la colère. *Personne, humeur irascible.* – Bas lat. *irascibilis,* du class. *irasci,* « se mettre en colère ». (V. ire).

ire [iʀ] n. f. Vx ou plaisant Colère, courroux. – Lat. *ira.*

irénique [iʀenik] adj. Qui œuvre à instaurer, à maintenir, à rétablir la concorde (entre chrétiens de différentes confessions, notam.). – Lat. ecclés. *irenicus,* du gr. *eirênikos,* « pacifique ».

iridacées [iʀidase] n. f. pl. BOT Famille de monocotylédones inférovariées, plantes herbacées ou vivaces à bulbe ou à rhizome, aux fleurs généralement régulières (iris, crocus, glaïeuls, etc.). – Sing. *Une iridacée.* – Du lat. *iris, iridis,* « iris ».

iridescent, ente [iʀidɛsɑ̃, ɑ̃t] adj. Qui a des reflets irisés. – Du lat. *iris, iridis* (V. iris).

iridié, ée [iʀidje] adj. CHIM Allié à l'iridium. *Le platine iridié contient 10% d'iridium.* – De *iridium.*

iridium [iʀidjɔm] n. m. CHIM Élément métallique de numéro atomique Z = 77, de masse atomique 192,2, de densité 22,4 (symbole Ir). – Métal (Ir) de densité 22,4, qui fond à 2 435 °C et bout vers 5 000 °C, servant à fabriquer des alliages d'une grande dureté. – Du lat. *iris, iridis,* « arc-en-ciel », à cause des couleurs variées qu'offrent les combinaisons de ce métal.

iridologie [iʀidɔlɔʒi] n. f. Méthode, non reconnue, pour dépister des maladies et dysfonctionnements par le seul examen de l'iris de l'œil, censé représenter l'ensemble de l'organisme. – Du gr. *iris, iridos,* « iris », par le lat., et *-logie.*

iris [iʀis] n. m. **I.** Plante (genre *Iris,* comprenant une centaine d'espèces, fam. iridacées) à grandes fleurs régulières, dont les étamines portent une lame foliacée vivement colorée. *Iris de Hollande,* bulbeux; *iris Germanica,* à rhizome. **II. 1.** Partie colorée de l'œil, formée par une membrane musculeuse qui joue le rôle d'un diaphragme. **2.** PHOTO *Diaphragme à iris,* dont l'ouverture se règle par le déplacement de lamelles radiales. **III.** Vx Arc-en-ciel. *Les couleurs de l'iris.* ▷ MINER *Pierre d'iris :* variété de quartz présentant des irisations. – Mot lat., du gr.

irisation [iʀizasjɔ̃] n. f. Séparation à la surface d'un objet, d'un corps, des couleurs constitutives de la lumière blanche; les reflets ainsi produits. – De *iriser.*

iriser [iʀize] v. tr. [1] Colorer des couleurs de l'arc-en-ciel. – Pp. adj. *Verre irisé.* ▷ v. pron. Prendre les couleurs de l'arc-en-ciel. – De *iris.*

irish coffee [ajʀiʃkɔfi] n. m. Boisson faite de café et de whisky, nappée de crème fraîche. – Loc. angl., « café irlandais ».

iritis [iʀitis] n. f. MED Inflammation de l'iris. – De *iris.*

irlandais, aise [iʀlɑ̃dɛ, ɛz] adj. et n. **1.** adj. D'Irlande, la plus occidentale des îles Britanniques. ▷ Subst. *Un(e) Irlandais(e).* **2.** n. m. Langue celtique parlée dans ce pays.

I.R.M. Sigle de *imagerie par résonance magnétique.* V. résonance* magnétique nucléaire.

ironie [iʀɔni] n. f. **1.** Forme de raillerie consistant à dire le contraire de ce qu'on veut faire entendre. *Montrer de l'ironie. Manier finement l'ironie. Ironie mordante, cruelle.* Syn. dérision, sarcasme. **2.** Manière d'être, de s'exprimer, correspondant à cette forme de raillerie. ▷ (Concernant les choses.) *Ironie du sort :* raillerie du sort personnifié, que semble manifester un contraste entre la réalité et ce à quoi l'on pouvait s'attendre. **3.** PHILO *Ironie socratique :* procédé dialectique employé par Socrate, consistant à amener l'adversaire, par une série de questions concertées, à se contredire ou à aboutir à une absurdité évidente. – Lat. *ironia,* du gr. *eirôneia,* « action d'interroger en feignant l'ignorance ».

ironique [iʀɔnik] adj. **1.** Où il y a de l'ironie. *Ton ironique.* **2.** Qui emploie l'ironie. *Se montrer ironique.* – Bas lat. *ironicus,* du gr. *eirônikos,* « qui fait l'ignorant ».

ironiquement [iʀɔnikmɑ̃] adv. Avec ironie. – De *ironique.*

ironiser [iʀɔnize] v. intr. [1] Railler avec ironie. – De *ironie.*

ironiste [iʀɔnist] n. Personne qui pratique l'ironie. – De *ironie.*

iroquois, oise [iʀɔkwa, waz] adj. et n. **1.** Relatif aux Indiens iroquois, établis dans la vallée du Saint-Laurent, sur les rives des lacs Érié et Ontario et dans le sud des Appalaches. ▷ Subst. *Un(e) Iroquois(e).* **2.** LING *Famille iroquoise :* famille de langues parlées par les Iroquois. – n. m. *L'iroquois est une langue agglutinante.* – Déform. d'un mot de cette langue, signif. « vraie vipère ».

irradiateur [iʀ(ʀ)adjatœʀ] n. m. PHYS NUCL Installation (réacteur ou accélérateur) servant à irradier les substances. – De *irradier.*

irradiation [iʀ(ʀ)adjasjɔ̃] n. f. **1.** Mouvement, effet prenant naissance en un point et rayonnant dans toutes les directions. *Irradiation d'une douleur.* **2.** PHYS NUCL Action de soumettre à un rayonnement ionisant. ▷ Exposition (accidentelle ou à des fins thérapeutiques ou scientifiques) d'une personne, d'un organisme, à l'action de rayonnements ionisants. – Bas lat. *irradiatio.*

irradier [iʀ(ʀ)adje] v. [2] **1.** v. intr. Se propager, se répandre en rayonnant à partir d'un point. *Les rayons du Soleil irradient sur la Terre.* – Fig. *La joie irradiait de ses yeux.* **2.** v. tr. PHYS NUCL Soumettre à l'action d'un rayonnement ionisant. – Bas lat. *irradiare,* de *radius,* « rayon ».

irraisonné, ée [iʀ(ʀ)ɛzɔne] adj. Qui n'est pas raisonné. *Acte irraisonné.* – De *ir-,* et *raisonné.*

irrationalisme [iʀ(ʀ)asjɔnalism] n. m. **1.** Hostilité au rationalisme. **2.** PHILO Doctrine qui n'attribue à la raison qu'un rôle secondaire dans la connaissance. – De *irrationnel.*

irrationalité [iʀ(ʀ)asjɔnalite] n. f. Caractère de ce qui est irrationnel. – De *irrationnel.*

irrationnel, elle [iʀ(ʀ)asjɔnɛl] adj. et n. **1.** Non conforme à la raison. *Démarche irrationnelle.* ▷ n. m. Ce qui est irrationnel. *Aboutir à l'irrationnel.* Ant. rationnel. **2.** MATH *Nombre irrationnel,* que l'on ne peut mettre sous la forme $\frac{p}{q}$ (p et q étant deux nombres entiers). $\sqrt{2}$ et π *sont des nombres irrationnels.* – n. m. *Les irrationnels font partie des nombres réels.* ▷ *Équation irrationnelle* ou, n. f., *une irrationnelle,* dont une ou plusieurs expressions sont engagées sous des radicaux. – Lat. *irrationalis*, « dépourvu de raison », de *ratio*, « raison, jugement ».

irrationnellement [iʀ(ʀ)asjɔnɛlәmɑ̃] adv. D'une manière irrationnelle. – De *irrationnel*.

irrattrapable [iʀ(ʀ)atʀapabl] adj. Qui ne peut pas être rattrapé. – De *ir-*, *attraper*, et *-able*.

irréalisable [iʀ(ʀ)ealizabl] adj. (et n. m.) Qui ne peut se réaliser. *Projet irréalisable.* ▷ n. m. *Chercher à réaliser l'irréalisable.* – De *ir-*, et *réalisable*.

irréalisme [iʀ(ʀ)ealism] n. m. Manque de réalisme. – De *ir-*, et *réalisme*.

irréaliste [iʀ(ʀ)ealist] adj. et n. Qui n'est pas réaliste. – De *ir-*, et *réaliste*.

irréalité [iʀ(ʀ)ealite] n. f. Caractère de ce qui est irréel. – De *irréel*.

irrecevabilité [iʀʀәsәvabilite] n. f. Caractère de ce qui est irrecevable. *L'irrecevabilité d'une plainte.* – De *irrecevable*.

irrecevable [iʀʀәsәvabl] adj. Que l'on ne peut prendre en considération. *Demande irrecevable.* – De *ir-*, et *recevable*.

irréconciliable [iʀ(ʀ)ekɔ̃siljabl] adj. et n. Qu'on ne peut réconcilier. *Ennemis irréconciliables.* – Subst. *Ces sœurs sont des irréconciliables.* – Bas lat. *irreconciliabilis*.

irrécouvrable [iʀ(ʀ)ekuvʀabl] adj. DR Qu'on ne peut recouvrer. *Créances irrécouvrables.* – De *ir-*, et *recouvrable*.

irrécupérable [iʀ(ʀ)ekypeʀabl] adj. Que l'on ne peut récupérer. – Bas lat. *irrecuperabilis*.

irrécusable [iʀ(ʀ)ekyzabl] adj. Qui ne peut être récusé. *Témoignage irrécusable.* – Bas lat. *irrecusabilis*.

irrédentisme [iʀ(ʀ)edɑ̃tism] n. m. **1.** HIST Doctrine polit. au nom de laquelle l'Italie unifiée réclamait l'annexion à son territoire d'un certain nombre de contrées qu'elle considérait comme siennes (notam. l'Istrie et le Trentin). **2.** *Par ext.* Théorie des partisans de l'annexion à leur pays de populations de même origine ou de même langue. – Ital. *irredentismo*, de *irredento*, « non racheté », du lat. *redemptus*, « racheté ».

irrédentiste [iʀ(ʀ)edɑ̃tist] adj. et n. **1.** adj. Relatif à l'irrédentisme. **2.** n. Partisan de l'irrédentisme. – Ital. *irredentista* (V. irrédentisme).

irréductibilité [iʀ(ʀ)edyktibilite] n. f. Caractère de ce qui est irréductible. – De *irréductible*.

irréductible [iʀ(ʀ)edyktibl] adj. et n. **1.** Qui n'est pas réductible ; qui ne peut être ramené à quoi que ce soit d'autre. ▷ CHIM *Oxyde irréductible.* ▷ CHIR *Luxation, fracture irréductible*, dont on ne peut remettre les parties en place sans intervention. ▷ MATH *Fraction irréductible*, qui ne peut être réduite à une fraction égale dont les termes seraient plus petits (ex. : $\frac{22}{13}$). **2.** Fig. Qui n'admet aucune concession. *Être irréductible sur une question.* Syn. intransigeant, intraitable. – Subst. *C'est un(e) irréductible.* – De *ir-*, et *réductible*.

irréel, elle [iʀ(ʀ)eɛl] adj. et n. m. **1.** Qui n'a pas de réalité, qui est en dehors de la réalité. *Monde irréel.* ▷ n. m. Ce qui est irréel. *Avoir un sentiment d'irréel.* **2.** GRAM *Mode irréel* ou, n. m., *l'irréel*, qualifie une construction exprimant une supposition contraire à la réalité présente ou passée (ex. *si les vents n'existaient pas, la mer serait calme*) (par oppos. à *potentiel*). – De *ir-*, et *réel*.

irréfléchi, ie [iʀ(ʀ)efleʃi] adj. **1.** Dit ou fait sans réflexion. *Propos irréfléchi.* **2.** Qui ne réfléchit pas. *Esprit irréfléchi.* – De *ir-*, et *réfléchi*, pp. de *réfléchir*.

irréflexion [iʀ(ʀ)eflɛksjɔ̃] n. f. Manque de réflexion. *Pécher par irréflexion.* Syn. étourderie, imprévoyance. – De *irréfléchi*.

irréformable [iʀ(ʀ)efɔʀmabl] adj. DR Qu'on ne peut réformer. *Jugement irréformable.* – Bas lat. *irreformabilis*, de *reformare*, « refaire ».

irréfragable [iʀ(ʀ)efʀagabl] adj. Didac. Qu'on ne peut contredire, récuser. *Une preuve irréfragable.* Syn. irrécusable, incontestable. – Bas lat. *irrefragabilis*, de *ir (in)*, élément négatif, et *refragari*, « s'opposer à ».

irréfutable [iʀ(ʀ)efytabl] adj. Qu'on ne peut réfuter. *Preuve irréfutable.* Syn. incontestable, indiscutable, irrécusable. – De *ir-*, et *réfutable*.

irrégularité [iʀ(ʀ)egylaʀite] n. f. **1.** Caractère de ce qui n'est pas régulier. *L'irrégularité des saisons.* **2.** Chose ou action irrégulière. *Irrégularités du terrain. Irrégularités d'une gestion administrative.* – Lat. ecclés. *irregularitas*.

irrégulier, ère [iʀ(ʀ)egylje, ɛʀ]adj. Qui n'est pas régulier. **1.** Non conforme aux règles établies. *Procédure irrégulière.* ▷ GRAM Non conforme à un modèle type. *Conjugaison, déclinaison, verbes irréguliers.* **2.** Qui n'est pas régulier en quantité, en qualité, dans le rythme, dans la forme, etc. *Fleuve irrégulier. Travail irrégulier. Pouls irrégulier. Formes irrégulières.* – (Personnes) *Élève irrégulier.* Syn. inégal. **3.** *Troupes irrégulières*, qui n'appartiennent pas à l'armée régulière ; corps francs. – Bas lat. *irregularis*.

irrégulièrement [iʀ(ʀ)egyljɛʀmɑ̃] adv. D'une façon irrégulière. – De *irrégulier*.

irréligieux, euse [iʀʀeliʒjø, øz] adj. Qui n'est pas religieux, qui offense la religion. *Écrivain irréligieux.* – (Choses) *Discours irréligieux.* – Lat. *irreligiosus*, de *ir (in)*, élément négatif, et *religiosus*, « scrupuleux, pieux ».

irréligion [iʀ(ʀ)eliʒjɔ̃] n. f. Manque de religion, d'esprit religieux. – Lat. imp. *irreligio*.

irrémédiable [iʀ(ʀ)emedjabl] adj. et n. m. À quoi l'on ne peut remédier. *Mal, faute irrémédiable.* Syn. irréparable. ▷ n. m. Ce qui est irrémédiable. *L'irrémédiable est accompli.* – Lat. *irremediabilis*.

irrémédiablement [iʀ(ʀ)emedjablәmɑ̃] adv. Sans nul recours. *Irrémédiablement perdu.* – De *irrémédiable*.

irrémissible [iʀʀemisibl] adj. Pour quoi il n'y a pas de rémission, de pardon. *Crime irrémissible.* – Lat. imp. *irremissibilis*.

irrémissiblement [iʀʀemisiblәmɑ̃] adv. Sans rémission. – De *irrémissible*.

irremplaçable [iʀ(ʀ)ɑ̃plasabl] adj. Qui ne peut être remplacé. – De *ir-*, et *remplaçable*.

irréparable [iʀʀepaʀabl] adj. (et n. m.) Qui ne peut être réparé. *Dommage irréparable.* ▷ n. m. Ce qui ne peut être réparé. *Provoquer l'irréparable.* – Lat. *irreparabilis*.

irréparablement [iʀʀepaʀablәmɑ̃] adv. D'une manière irréparable. – De *irréparable*.

irrépréhensible [iʀ(ʀ)epʀeɑ̃sibl] adj. Litt. Irréprochable, où il n'y a rien à reprendre, à blâmer. *Prise de position irrépréhensible.* – Bas lat. *irreprehensibilis*.

irrépressible [iʀ(ʀ)epʀesibl] adj. Qu'on ne peut réprimer. *Désir irrépressible.* – De *ir-*, et *répressible*.

irréprochabilité [iʀ(ʀ)epʀɔʃabilite] n. f. Caractère d'une personne, d'une chose irréprochable. – De *irréprochable*.

irréprochable [iʀ(ʀ)epʀɔʃabl] adj. À qui, à quoi l'on ne peut rien reprocher. *Employé irréprochable. Tenue irréprochable.* – De *ir-*, et *reprochable*.

irréprochablement [iʀ(ʀ)epʀɔʃablәmɑ̃] adv. D'une manière irréprochable. – De *irréprochable*.

irrésistibilité [iʀ(ʀ)ezistibilite] n. f. Caractère d'une personne, d'une chose irrésistible. – De *irrésistible.*

irrésistible [iʀ(ʀ)ezistibl] adj. À qui, à quoi l'on ne peut résister. *Femme irrésistible. Penchant irrésistible.* – Lat. médiév. *irresistibilis.*

irrésistiblement [iʀ(ʀ)ezistibləmɑ̃] adv. D'une manière irrésistible. – De *irrésistible.*

irrésolu, ue [iʀʀezɔly] adj. et n. **1.** Rare Non résolu. *Problème irrésolu.* **2.** Qui a peine à se déterminer, indécis. *Caractère irrésolu.* – Subst. *Sa lâcheté en fait un irrésolu.* – De *ir-*, et *résolu.*

irrésolution [iʀʀezɔlysjɔ̃] n. f. Manque de résolution. *Rester dans l'irrésolution.* Syn. indécision, perplexité. – De *ir-*, et *résolution.*

irrespect [iʀ(ʀ)ɛspɛ] n. m. Manque de respect. – De *ir-*, et *respect.*

irrespectueusement [iʀ(ʀ)ɛspɛktɥøzmɑ̃] adv. D'une manière irrespectueuse. – De *irrespectueux.*

irrespectueux, euse [iʀ(ʀ)ɛspɛktɥø, øz] adj. Qui manque de respect. *Propos irrespectueux.* Syn. impertinent. – De *ir-*, et *respectueux.*

irrespirable [iʀ(ʀ)ɛspiʀabl] adj. **1.** Que l'on ne peut respirer. *Gaz irrespirable.* **2.** Où l'on respire mal. *Atmosphère irrespirable.* ▷ Fig. *Leur mésentente rend l'atmosphère irrespirable.* – De *ir-*, et *respirable.*

irresponsabilité [iʀ(ʀ)ɛspɔ̃sabilite] n. f. Fait d'être irresponsable, absence de responsabilité. – De *irresponsable.*

irresponsable [iʀ(ʀ)ɛspɔ̃sabl] adj. et n. **1.** Qui n'est pas responsable de ses actes devant la loi. *L'enfant, le fou sont irresponsables.* ▷ Subst. *Un(e) irresponsable.* **2.** DR Qui n'a pas à répondre de ses actes. *Le chef de l'État est irresponsable devant l'Assemblée nationale.* **3.** Cour. Qui agit sans assumer de responsabilités. *Elle est complètement irresponsable !* – De *ir-*, et *responsable.*

irrétrécissable [iʀ(ʀ)etʀesisabl] adj. Qui ne peut pas rétrécir. *Flanelle irrétrécissable.* – De *ir-*, *rétrécir*, et *-able.*

irrévérence [iʀʀeveʀɑ̃s] n. f. **1.** Manque de révérence, de respect. Syn. irrespect, impertinence. **2.** Action, parole irrévérencieuse. *Commettre des irrévérences.* – Lat. *irreverentia.*

irrévérencieusement [iʀʀeveʀɑ̃sjøzmɑ̃] adv. D'une manière irrévérencieuse. – De *irrévérencieux.*

irrévérencieux, euse [iʀʀeveʀɑ̃sjø, øz] adj. Qui témoigne de l'irrévérence. – De *irrévérence.*

irréversibilité [iʀ(ʀ)eveʀsibilite] n. f. Caractère de ce qui est irréversible. – De *irréversible.*

irréversible [iʀ(ʀ)eveʀsibl] adj. Qui n'est pas réversible. **1.** TECH Qui ne fonctionne que dans un sens ou une position déterminée. *Connecteur irréversible.* **2.** Qui ne peut exister, se produire que dans un seul sens. *Réaction chimique irréversible.* – De *ir-*, et *réversible.*

irrévocabilité [iʀ(ʀ)evɔkabilite] n. f. Caractère de ce qui est irrévocable. – De *irrévocable.*

irrévocable [iʀ(ʀ)evɔkabl] adj. **1.** Qui ne peut être révoqué. *Donation irrévocable.* – Définitif. *Décision irrévocable.* **2.** Litt. Qui ne peut revenir. *La fuite irrévocable des ans.* – Lat. *irrevocabilis.*

irrévocablement [iʀ(ʀ)evɔkabləmɑ̃] adv. D'une manière irrévocable. – De *irrévocable.*

irrigable [iʀigabl] adj. Qui peut être irrigué. – De *irriguer.*

irrigateur [iʀigatœʀ] n. m. MED Appareil servant à envoyer un liquide dans une cavité naturelle de l'organisme. – Bas lat. *irrigator.*

irrigation [iʀigasjɔ̃] n. f. **1.** Arrosage artificiel d'une terre. ▷ *Par anal.* Circulation du sang (dans un organe, une partie de l'organisme). *Irrigation de la cuisse par l'artère fémorale.* **2.** MED Fait de verser de l'eau (sur une partie malade); injection (dans une cavité naturelle). – Lat. *irrigatio.*

irriguer [iʀige] v. tr. [1] **1.** Arroser, fournir artificiellement de l'eau à (une terre). **2.** *Par anal.* MED Arroser les tissus de l'organisme, en parlant du sang et des liquides organiques. – Lat. *irrigare,* de *rigare,* «faire couler».

irritabilité [iʀitabilite] n. f. **1.** BIOL Propriété qu'ont les êtres vivants et les cellules de réagir à une stimulation externe. **2.** Caractère d'une personne qui s'irrite facilement. – Lat. imp. *irritabilitas.*

irritable [iʀitabl] adj. **1.** BIOL Qui réagit à une stimulation. *Fibres irritables.* **2.** Porté à s'irriter, à se fâcher. *Personne irritable.* Syn. irascible. – Lat. *irritabilis.*

irritant, ante [iʀitɑ̃, ɑ̃t] adj. **1.** Qui excite la colère. *Critiques irritantes.* Syn. agaçant, énervant. **2.** Qui détermine de l'irritation. *Médicament irritant.* – Ppr. de *irriter.*

irritation [iʀitasjɔ̃] n. f. **1.** Colère sourde. *Être dans une grande irritation.* **2.** Légère inflammation. *Irritation des gencives.* **3.** PHYSIOL Vx Stimulation, excitation. *Irritation d'un nerf.* – Lat. *irritatio.*

irriter [iʀite] v. tr. [1] **1.** Provoquer l'irritation, l'impatience de (qqn). *Ta conduite m'irrite.* ▷ v. pron. *Il s'irrite facilement.* Syn. (litt.) courroucer, fâcher. **2.** Rendre légèrement enflammé. *Ce produit irrite la peau.* **3.** Fig., litt. Exciter, rendre plus fort. *Irriter la jalousie.* **4.** PHYSIOL Stimuler, exciter. – Lat. *irritare.*

irruption [iʀypsjɔ̃] n. f. **1.** Invasion soudaine d'ennemis dans un pays, dans une place. **2.** Entrée brusque et inattendue. *Faire irruption chez qqn.* **3.** *Par ext.* Débordement, envahissement. *Irruption des eaux d'un fleuve en crue.* – Lat. *irruptio.*

isabelle [izabɛl] adj. inv. D'une couleur jaune très claire, en parlant de la robe des chevaux. – Du prénom esp. *Isabel* (Isabelle d'Autriche, fille de Philippe II, gouvernante des Pays-Bas, avait fait le vœu de ne pas changer de chemise tant que son mari n'aurait pas pris Ostende, qui résista trois ans).

isallobare [izalobaʀ] adj. METEO *Lignes isallobares :* lignes d'égale variation de pression atmosphérique. – D'apr. *isobare,* avec intercalation du gr. *allos,* «autre».

isard ou **izard** [izaʀ] n. m. Chamois des Pyrénées. – Du prélatin *izar,* «étoile» (tache blanche sur le front de ces animaux).

isatis [izatis] n. m. **1.** BOT Pastel. **2.** ZOOL Renard gris-bleu (*Alopex lagopus*) des régions arctiques, dont le pelage blanchit en hiver. – Mot gr., «pastel» (plante).

isba [izba] n. f. Petite maison en bois des paysans russes. – Mot russe.

ischémie [iskemi] n. f. MED Insuffisance de la circulation artérielle dans un organe, un tissu. – Du gr. *iskhaimos,* «qui arrête le sang».

ischiatique [iskjatik] adj. Relatif à l'ischion. – De *ischion.*

ischion [iskjɔ̃] n. m. ANAT Partie inférieure de l'os iliaque. – Du gr. *iskhion,* «hanche».

isiaque [izjak] adj. D'Isis, relatif à la déesse Isis. *Mystères isiaques.* – Lat. *isiacus,* gr. *isiakos.*

islam [islam] n. m. **1.** Religion des musulmans, fondée par le prophète arabe Mahomet et qui repose sur sa révélation (V. Coran). **2.** Ensemble des pays et des peuples musulmans, des civilisations musulmanes (le plus souv. avec une majuscule). *Un voyage en terre d'Islam.* – Mot ar., «soumission à Dieu».

ENCYCL Vers 610, Mahomet commença à recevoir, par l'intermédiaire de l'ange Gabriel, la parole de Dieu sous forme de textes qu'il était invité à réciter. Le recueil de ces messages sacrés, établi après la mort du Prophète, est le Coran. L'islam est essentiellement la religion monothéiste révélée au monde par la longue lignée des prophètes (Abraham, Moïse, Jésus) et dont Mahomet est le dernier maillon : le «sceau». Les principaux dogmes de l'islam sont : la croyance en un dieu unique, créateur du monde, incréé, dont les anges sont les ministres; la croyance en la vie future, la résurrection et le jugement dernier. Les obligations cultuelles sont au nombre de cinq : les cinq «piliers» *('arkān)*. 1° La profession de foi *(shahāda) : 'acchadu 'al-lā 'ilāh(a) 'illa Allāh wa-'anna Muhammad an rasūlu-llāh*, «(J'atteste que) il n'y a pas de divinité si ce n'est Allah (et que) Mahomet est l'envoyé d'Allah.» Il suffit de prononcer cette formule pour être considéré comme musulman. 2° La prière rituelle *(ṣalāt* ou *ṣalāh)*, qui a lieu cinq fois par jour, doit être précédée d'ablutions purificatrices. Elle se fait le visage tourné vers La Mecque. Le vendredi, les hommes se retrouvent à la mosquée pour la prière de midi, dirigée par un imām; toutefois, l'islam ignore tout clergé. 3° L'aumône légale *(zakāt)* est un impôt en espèces ou en nature payé sur la récolte ou le gain de l'année et destiné à un fonds de bienfaisance au profit de musulmans. Peu de pays l'ont auj. maintenue; seule la ferveur pousse les musulmans pieux à s'en acquitter. La zakāt, sorte d'impôt sur le capital, représentait une législation sociale d'avant-garde. 4° Le jeûne *(ṣawm)* du mois du Ramadan (pour rappeler la révélation du Coran) va du lever au coucher du soleil. La faim et la soif font connaître aux riches les conditions de vie des pauvres. 5° Le pèlerinage *(ḥadj)*, obligatoire une fois dans la vie si le musulman en a les moyens, s'effectue collectivement à La Mecque; le rituel se rapporte à Abraham, qui aurait bâti la *Ka'bah*, petit temple cubique dont un angle s'orne d'une pierre donnée par l'archange Gabriel. Toute la législation ne pouvant être tirée du Coran, les musulmans ont cherché dans la vie et dans les paroles du Prophète des règles de vie. Ce recours aux Traditions (V. *hadith*) créa une science critique qui établit l'authenticité des faits recueillis (les transmetteurs doivent remonter jusqu'à Mahomet); des «corpus» se constituèrent; ceux de Bokhari et de Muslim font autorité. Au Coran et aux Traditions s'ajoutent les principes dégagés par les juristes : consensus sur une question particulière *('djmāe)*, intérêt commun *('istiṣlah)*, interprétation personnelle *(ra'y)*, raisonnement par analogie *(qiyās)*. Les princ. écoles juridiques sont : l'école hanafite (Turquie, Inde, Chine), malikite (Arabie, Afrique du N., Afrique occid., haute Égypte, Soudan), shafi'ite (basse Égypte, Syrie, Arabie du Sud, Malaisie, Indonésie), hanbalite (Arabie). Le monde islamique, ou Islam, comprend aujourd'hui près d'un milliard de croyants (dont 125 millions de chiites), essentiellement répartis en Afrique et en Asie (si on excepte la Turquie d'Europe, les communautés balkaniques, les travailleurs immigrés en Europe occid. et les émigrants d'Amérique).

islamique [islamik] adj. De l'islam.

islamisant, ante [islamizɑ̃, ɑ̃t] n. Spécialiste de l'islam. – Ppr. de *islamiser.*

islamisation [islamizasjɔ̃] n. f. Action d'islamiser; son résultat. *L'islamisation de l'Afrique continue de progresser.* – De *islamiser.*

islamiser [islamize] v. tr. [1] Faire embrasser l'islam à (qqn). ▷ Répandre l'islam dans (un pays). ▷ Intégrer à la communauté islamique. – De *islam.*

islamisme [islamism] n. m. **1.** Vieilli Islam. **2.** Mouvement religieux et politique qui prône l'islamisation générale des institutions et du gouvernement dans les pays musulmans. – De *islam.*

islamiste [islamist] adj. et n. **1.** adj. De l'islam. – De l'islamisme. **2.** adj. et n. Adepte de l'islam. – Adepte de l'islamisme. – De *islamisme.*

islandais, aise [islɑ̃dɛ, ɛz] adj. et n. **I.** adj. De l'Islande, État insulaire de l'Atlantique Nord. ▷ Subst. *Un(e) Islandais(e).* **II.** n. m. **1.** Langue scandinave, issue du norvégien ancien, parlée en Islande. **2.** Pêcheur breton qui va pêcher la morue sur les côtes de l'Islande. *Le pardon des Islandais.*

ismaélien, enne [ismaeljɛ̃, ɛn] ou **ismaïlien, enne** [ismailjɛ̃, ɛn] n. (et adj.) **1.** Membre d'une secte musulmane qui se forma à l'intérieur du chiisme au VIIIe s., qui considère Isma'il comme son dernier imam, accorde une large place à l'illumination intérieure, et se subdivise elle-même en de nombreuses obédiences. **2.** adj. *La diaspora ismaélienne.* – De *Ismaël* ou *Ismā'īl*, fils de l'imām Dja'far al-Sādiq, mort à Médine en 762.

-isme, -iste. Suffixes, du gr. *-ismos, -istês*, servant à former des substantifs : *-isme* désigne une doctrine *(socialisme)*, une profession *(journalisme)*, et également la caractéristique de (lorsque suffixe d'un adj., ex. *gigantisme, pédantisme)*; *-iste* désigne une personne professant une doctrine (ex. *extrémiste)*, pratiquant une activité, une profession (ex. *violoniste).*

iso-. Élément, du gr. *isos*, «égal».

iso-agglutination [izoaglytinasjɔ̃] n. f. MED Phénomène d'agglutination survenant entre les sangs d'individus de même espèce mais de groupes sanguins différents. – De *iso-*, et *agglutination.*

isobare [izobaʀ] adj. et n. **1.** adj. PHYS D'égale pression. – METEO *Une ligne isobare* ou, n. f., *une isobare* : une ligne qui relie, sur une carte météorologique, les points de même pression atmosphérique, à un moment précis. **2.** adj. CHIM, PHYS NUCL Se dit des éléments qui ont le même nombre de masse, mais des numéros atomiques différents. – n. m. *Des isobares.* – Gr. *isobarês*, de *isos*, «égal», et *baros*, «pesanteur».

isobathe [izobat] adj. (et n. f.) GEOGR D'égale profondeur. ▷ *Une courbe isobathe* ou, n. f., *une isobathe* : une courbe joignant les points d'égale profondeur. – Gr. *isobathês*, de *isos*, «égal», et *bathos*, «profondeur».

isocarde [izokaʀd] n. m. ZOOL Mollusque lamellibranche dont la coquille, à deux valves égales, est en forme de cœur. – De *iso-*, et du gr. *kardia*, «cœur».

isocèle [izosɛl] adj. GEOM Qui a deux côtés ou deux faces égales. *Triangle, trièdre isocèle.* – Bas lat. *isosceles*, gr. *isoskelês*, de *isos*, «égal», et *skelos*, «jambe».

isochore [izokɔʀ] adj. PHYS *Transformation isochore*, qui s'effectue à volume constant. – De *iso-*, et gr. *khôra*, «emplacement».

isochromatique [izokʀɔmatik] adj. TECH De teinte uniforme. – De *iso-*, et *chromatique.*

isochrone [izokʀon] ou **isochronique** [izokʀɔnik] adj. PHYS De même durée. *Les oscillations isochroniques du pendule.* – Gr. *isokhronos*, de *isos*, «même», et *khronos*, «temps».

isochronisme [izokʀɔnism] n. m. PHYS Égalité de durée. – De *isochrone.*

isoclinal, ale, aux [izoklinal, o] adj. GEOL *Pli isoclinal*, dont les flancs ont la même inclinaison. – De *isocline.*

isocline [izoklin] adj. (et n. f.) PHYS, GEOGR De même inclinaison. – *Une ligne isocline* ou, n. f., *une isocline* : une ligne reliant les points d'un terrain qui ont la même inclinaison. – Du gr. *isoklinês*, de *isos*, «même», et *klinein*, «pencher».

isodyname [izodinam] adj. et n. f. **1.** adj. PHYSIOL Qui apporte à l'organisme, pour la même quantité d'un aliment différent, un même nombre de calories. **2.** n. f.

et adj. Syn. de *isodynamique*. – Du gr. *isodunamos*, de *isos*, «égal», et *dunamis*, «force».

isodynamie [izodinami] n. f. PHYSIOL Équivalence calorique d'aliments différents. – Du gr. *isodunamia*, de *isos*, «égal», et *dunamis*, «puissance».

isodynamique [izodinamik] adj. **1.** PHYS Se dit d'une force équilibrée par une autre. – *Ligne isodynamique*, reliant les points d'égale intensité d'un champ magnétique terrestre. **2.** PHYSIOL Relatif à l'isodynamie. – De *iso-*, et *dynamique*.

isoélectrique [izoelɛktʀik] adj. CHIM, BIOCHIM *Point isoélectrique* : valeur particulière du pH d'une solution acido-basique soumise à l'électrophorèse, pour laquelle il ne se produit aucune migration. – De *iso-*, et *électrique*.

isoète [izoɛt] n. m. BOT Cryptogame vasculaire, plante aquatique aux longues feuilles en aiguille. – Gr. *isoetês*, de *isos*, «même», et *etos*, «année».

isogame [izogam] adj. BOT Qui se reproduit par isogamie. – De *iso-*, et *-game*.

isogamie [izogami] n. f. BOT Fécondation entre deux gamètes rigoureusement semblables, processus primitif de reproduction caractérisant diverses thallophytes. Ant. hétérogamie. – De *isogame*.

isoglosse [izoglɔs] adj. LING *Ligne isoglosse*, délimitant le domaine où se produit le même phénomène linguistique (phonétique, phonologique, syntaxique, sémantique). – De *iso-*, et *-glosse*.

isogone [izogon] adj. (et n. f.) **1.** GEOM Dont les angles sont égaux. **2.** PHYS D'égale déclinaison magnétique. – *Une ligne isogone* ou, n. f., *une isogone* : une ligne reliant des points isogones. – Du gr. *isogônios*, de *isos*, «même», et *gônia*, «angle».

isohyète [izojɛt] adj. et n. f. METEO *Ligne isohyète* ou, n. f., *isohyète* : ligne qui relie, sur une carte, les points où la hauteur des pluies a été la même pendant une période donnée. – De *iso-*, et gr. *huetos*, «pluie».

isohypse [izoips] adj. GEOGR Qui est de même altitude. – *Ligne isohypse* : courbe de niveau*. – Gr. *isohupsês*, de *isos*, «même», et *hupsos*, «hauteur».

iso-immunisation [izoimmynizasjɔ̃] n. f. BIOL Immunisation contre un antigène provenant d'un individu différent appartenant à la même espèce. – De *iso-*, et *immunisation*.

isoionique [izojɔnik] adj. CHIM Qui contient le même nombre d'ions. – De *iso-*, et *ionique*.

isolable [izɔlabl] adj. Qui peut être isolé. – De *isoler*, et *-able*.

isolant, ante [izɔlɑ̃, ɑ̃t] adj. et n. m. Qui isole. **1.** Qui s'oppose à la propagation du son, de l'électricité ou de la chaleur. *Matériaux isolants.* ▷ n. m. *Un isolant. Isolants phoniques* (corps mous ou plastiques, matières alvéolées et fibreuses, etc.), *électriques* (huiles, porcelaines, etc.), *thermiques* (laine de verre, mousse de polyuréthane, etc.). **2.** LING *Langues isolantes*, qui n'emploient pas de formes liées et dans lesquelles les rapports grammaticaux sont indiqués par l'intonation et la place des mots dans la phrase. *Le chinois est une langue isolante.* – Ppr. de *isoler*.

isolat [izɔla] n. m. ETHNOL Groupe ethnique restreint dont les membres sont contraints (par l'isolement géographique ou sous la pression d'interdits religieux, raciaux, etc.) de choisir leur conjoint uniquement à l'intérieur du groupe (endogamie). – De *isoler*, d'après *habitat*.

isolateur [izɔlatœʀ] n. m. Accessoire en matière isolante qui supporte un conducteur électrique. *Isolateurs des poteaux télégraphiques.* – De *isoler*.

isolation [izɔlasjɔ̃] n. f. Action d'isoler une pièce, un bâtiment, etc., thermiquement ou phoniquement; son résultat. ▷ Action d'isoler un objet, un corps qui conduit l'électricité; son résultat. – De *isoler*.

isolationnisme [izɔlasjɔnism] n. m. Attitude, doctrine d'un pays qui se refuse à participer aux affaires internationales. – Amér. *isolationism*, de *isolation*, «isolement».

isolationniste [izɔlasjɔnist] adj. et n. Qui approuve, pratique, est relatif à l'isolationnisme. – De *isolationnisme*.

isolé, ée [izɔle] adj. (et n.) **1.** Séparé des choses de même nature. *Un grand arbre isolé.* **2.** Qui n'est pas en contact avec un corps conducteur d'électricité. ▷ Vers quoi ou à partir de quoi la chaleur, le froid ou le son se propage mal. *Une pièce bien isolée.* **3.** Situé à l'écart des lieux fréquentés, habités. *Maison isolée. Lieu isolé.* ▷ (Personnes) Sans vie de société. *Les vieillards se sentent souvent isolés.* Syn. seul. – Subst. *Vivre en isolé.* **4.** Fig. Qui ne fait pas partie d'un phénomène général ou collectif. *Fait, cas isolé.* Syn. unique. – De l'ital. *isolato*, «séparé comme une île *(isola)*».

isolement [izɔlmɑ̃] n. m. **1.** État d'une personne, d'une chose isolée. *Vivre dans l'isolement.* – (Allus. hist.) *Splendide isolement* («splendid isolation», mots de Lord Salisbury) : refus de s'engager dans les systèmes d'alliances, qui fut longtemps la base de la politique étrangère de l'Angleterre. **2.** Qualité, état d'un conducteur électrique isolé. Syn. isolation. – De *isoler*.

isolément [izɔlemɑ̃] adv. Séparément, individuellement. *Question considérée isolément.* – De *isoler*.

isoler [izɔle] v. tr. [1] **1.** Séparer de ce qui environne; empêcher le contact. *Un vaste parc isole le palais de la ville.* ▷ Rendre (une chose) indépendante des influences extérieures, en interposant un matériau isolant entre elle et ce qui l'environne. *Isoler un moteur électrique. Isoler un studio d'enregistrement.* **2.** CHIM *Isoler un corps*, le séparer d'un mélange ou d'une combinaison. **3.** Mettre (qqn) à l'écart. *Isoler un prisonnier, des contagieux.* ▷ v. pron. *S'isoler pour réfléchir.* **4.** Fig. Considérer à part, en soi. *Isoler un fait de son contexte.* – De *isolé*.

isoloir [izɔlwaʀ] n. m. Cabine où l'électeur prépare et met sous enveloppe son bulletin de vote à l'abri de tout regard. – De *isoler*.

isomérase [izomeʀaz] n. f. BIOCHIM Enzyme qui catalyse l'isomérisation de certaines molécules. – De *isomère*, et *-ase*.

isomère [izomɛʀ] adj. (et n. m.) CHIM *Corps isomères* : corps ayant la même formule brute, mais une formule développée différente dans l'espace, et donc des propriétés différentes. *Corps isomère d'un autre.* ▷ n. m. *Un isomère* : un corps isomère. – Gr. *isomerês*, de *isos*, «même», et *meros*, «partie».

isomérie [izomeʀi] n. f. CHIM Caractère des corps isomères. – De *isomère*.

ENCYCL On distingue : l'isomérie de *position*, dans laquelle les isomères ne diffèrent que par la place d'un radical ou d'un groupement fonctionnel (butane et isobutane, par ex.); l'isomérie *fonctionnelle*, qui correspond à la présence de fonctions différentes (acétone et alcool allylique, par ex.); la *stéréo-isomérie*, qui se traduit par une configuration spatiale différente, selon deux modes : isomérie *géométrique* (figuration en forme de chaise ou de bateau des cycles hexagonaux) ou isomérie *optique* (dans laquelle la molécule possède un atome asymétrique, le plan de polarisation de la lumière tournant alors soit à droite pour les isomères dextrogyres, soit à gauche pour les lévogyres). V. stéréochimie.

isomérique [izomeʀik] adj. CHIM Relatif à l'isomérie. – De *isomérie*.

isomérisation [izomeʀizasjɔ̃] n. f. CHIM Transformation d'un composé en un isomère. – De *isomère.*

isométrie [izometʀi] n. f. MATH Bijection d'un espace métrique E sur un espace E'. (Les distances entre les points de E' correspondant aux points de E demeurent les mêmes que dans E.) – De *iso-*, et *-métrie.*

isométrique [izometʀik] adj. **1.** MATH *Espaces isométriques*, tels qu'il existe une isométrie de l'un sur l'autre. ▷ GEOM *Perspective isométrique*, telle que les trois axes de comparaison forment des angles de 120° et possèdent la même échelle. **2.** PHYSIOL Se dit d'une contraction musculaire qui n'a pas d'influence sur la longueur du muscle. – De *iso-*, et *-métrique.*

isomorphe [izomɔʀf] adj. De même forme. **1.** CHIM Qui affecte la même forme cristalline. **2.** MATH Qualifie deux ensembles E et E' reliés par un morphisme bijectif. – De *iso-*, et *-morphe.*

isomorphisme [izomɔʀfism] n. m. **1.** CHIM Caractère des corps isomorphes. **2.** MATH Propriété de deux ensembles isomorphes. – De *isomorphe.*

isoniazide [izonjazid] n. m. MED Antibiotique antituberculeux. (Abrév. : I.N.H.). – De *(acide) isoni(cotinique)*, et *(hydr)azide.*

isopet. V. ysopet.

isopodes [izopɔd] n. m. pl. ZOOL Sous-ordre de crustacés au corps aplati, aux pattes toutes semblables, comprenant notam. le cloporte. – Sing. *Un isopode.* – De *iso-*, et *-pode.*

isoprène [izopʀɛn] n. m. CHIM Matière première de divers caoutchoucs synthétiques, de résines et de matières plastiques. Syn. méthylbutadiène. – De *iso-*, *pr(opyle)*, et *-ène.*

isoptères [izɔptɛʀ] n. m. pl. ENTOM Ordre des insectes du groupe des termites, comptant environ 2 000 espèces. – Sing. *Un isoptère.* – De *iso-*, et *-ptère.*

isostasie [izostazi] n. f. GEOMORPH État d'équilibre entre les diverses masses constituant la croûte terrestre. – De *iso-*, et gr. *stasis*, «stabilité».

isostatique [izostatik] adj. **1.** GEOMORPH Qui concerne l'isostasie. **2.** Se dit d'une ligne ou d'une surface dont les points sont soumis au même équilibre, aux mêmes contraintes. – De *isostasie.*

isotherme [izotɛʀm] adj. (et n. f.) **1.** PHYS D'égale température. ▷ *Une ligne isotherme* ou, n. f., *une isotherme* : une ligne qui, sur une carte, relie les points où règne la même température. ▷ Qui s'effectue à température constante. *Transformation isotherme.* **2.** TECH Où est maintenue une température constante. *Un wagon isotherme.* – De *iso-*, et *-therme.*

isotonie [izotɔni] n. f. BIOL Équilibre moléculaire de solutions de même tension osmotique (*solutions isotoniques*). – Gr. *isotonos*, de *isos*, «même», et *tonos*, «tension».

isotope [izotɔp] adj. et n. m. PHYS NUCL *Éléments isotopes*, dont les noyaux ont le même nombre de protons mais un nombre différent de neutrons. V. isobare. ▷ n. m. *Deux isotopes ont le même numéro atomique mais un nombre de masse différent.* – De *iso-*, et gr. *topos*, «lieu, place», par l'angl.

ENCYCL La plupart des corps simples se rencontrent dans la nature sous la forme d'un mélange de divers isotopes, dont l'un est nettement plus abondant que tous les autres. Ayant le même nombre de protons et d'électrons, ils ont donc le même numéro atomique, occupent la même place (d'où leur nom d'*isotope*) dans la classification des éléments et sont désignés par le même symbole chimique. On les différencie en plaçant en haut à gauche de ce symbole leur nombre de masse, par quoi ils se distinguent. Ainsi, les isotopes 13, 14 et 15 du carbone ($^{12}_{6}C$) s'écrivent $^{13}_{6}C$, $^{14}_{6}C$ et $^{15}_{6}C$; du fait que le corps simple carbone, par ex., est un mélange de ces 4 isotopes, la masse du carbone n'est pas 12 (masse du princ. isotope), mais 12,01. Deux isotopes ont les mêmes propriétés chimiques mais des propriétés physiques différentes. La séparation des isotopes, qui permet d'enrichir un élément (uranium, par ex.) en l'un de ses isotopes, s'effectue par diffusion gazeuse, par diffusion thermique, par chromatographie ou par ultracentrifugation. Les isotopes sont utilisés en partic. comme traceurs radioactifs.

isotopique [izotɔpik] adj. **1.** PHYS NUCL Relatif aux isotopes. *Analyse isotopique.* – *Teneur isotopique* : rapport entre le nombre des atomes d'un isotope d'un élément et le nombre total des atomes constitutifs du corps simple qui correspond à cet élément. – *Séparation isotopique* : séparation des isotopes d'un élément. **2.** GEOL *Zone isotopique*, où les conditions de sédimentation sont les mêmes. – De *isotope.*

isotrope [izotʀɔp] adj. PHYS Se dit d'un corps homogène et qui présente les mêmes propriétés physiques dans toutes les directions. – De *iso-*, et *-trope.*

isotropie [izotʀɔpi] n. f. PHYS État d'un milieu ou d'un corps isotrope. – De *isotrope.*

israélien, enne [isʀaeljɛ̃, ɛn] adj. et n. De l'Israël, État du Proche-Orient, fondé le 14 mai 1948. ▷ Subst. *Un(e) Israélien(ne).*

israélite [isʀaelit] n. et adj. **1.** HIST Descendant d'Israël. Syn. juif, hébreu. **2.** Cour. De religion juive. – Subst. *Un, une israélite* : un juif, une juive. – Bas lat. *Israelita*, du class. *Israel*, surnom du patriarche Jacob.

issu, ue [isy] adj. Né, sorti (de telle lignée, telle famille, tel milieu). *Cousins issus de germains. Il est issu de la bourgeoisie.* ▷ Fig. *Problème directement issu de conditions historiques particulières.* – Pp. de l'anc. v. *eissir, issir*, du lat. *exire*, «sortir».

issue [isy] n. f. **1.** Passage, ouverture qui permet de sortir. *Issue de secours.* **2.** Fig. Moyen pour sortir d'une affaire. *Trouver une issue. Situation sans issue.* ▷ Événement final sur lequel débouche une situation, une action. *L'issue de la bataille. Tragique issue. Issue fatale* : mort. *Voie sans issue*, qui ne mène nulle part; dont l'une des extrémités est bouchée. ▷ Loc. prép. *À l'issue de* : à la sortie, à la fin de. *À l'issue de la conférence.* **3.** TECH n. f. pl. En meunerie, ce qui reste des moutures, après séparation de la farine. ▷ Parties non comestibles restant après le dépeçage d'une bête de boucherie. – Pp. fém. subst. de *eissir* (V. art. préc.).

-iste. V. -isme.

isthme [ism] n. m. **1.** Étroite bande de terre, entre deux mers ou deux golfes, réunissant deux terres. *L'isthme de Corinthe, de Suez.* **2.** ANAT Partie rétrécie de certains organes. *Isthme du gosier*, qui fait communiquer la bouche avec la trachée. *Isthme de l'utérus*, entre le corps et le col de l'utérus. – Gr. *isthmos*, lat. *isthmus.*

isthmique [ismik] adj. Didac. Relatif à un isthme. ▷ ANTIQ *Jeux Isthmiques* : grands jeux de la Grèce antique célébrés en l'honneur de Poséidon dans l'isthme de Corinthe. – Lat. *isthmicus.*

italianisant, ante [italjanizɑ̃, ɑ̃t] n. Spécialiste de la langue et de la culture italiennes. – Ppr. subst. de *italianiser.*

italianiser [italjanize] v. tr. [1] Donner une tournure, un caractère italien à. *La Renaissance italianisa l'art français.* – De *italien.*

italianisme [italjanism] n. m. Expression, tournure propre à la langue italienne. – De *italien.*

italien, enne [italjɛ̃, ɛn] adj. et n. **1.** adj. De l'Italie, État d'Europe méridionale. *Musique italienne.* ▷ Subst.

Un(e) Italien(ne). **2.** n. m. Langue parlée en Italie. *L'italien moderne est une langue romane issue du dialecte toscan.* – Du n. propre *Italie,* ou ital. *italiano.*

italique [italik] adj. et n. **1.** Didac. Relatif à l'anc. Italie, spécial. à l'anc. Italie centrale. *Langues italiques. Populations italiques* (Latins, Samnites, etc.). ▷ Subst. *Les Italiques.* **2.** TYPO *Caractères italiques :* caractères d'imprimerie inclinés vers la droite (créés par l'Italien Alde Manuce au déb. du XVIe s.). ▷ n. m. ou n. f. *L'italique :* les caractères italiques. – Lat. *italicus,* « d'Italie ».

1. -ite. Suffixe, du gr. *-itis,* servant à former les noms d'affections inflammatoires (ex. *bronchite, gingivite, entérite*).

2. -ite. Suffixe, du lat. *-itus,* servant, en chimie, à désigner les sels des acides en *-eux* (ceux qui contiennent le moins d'oxygène ; ex. *sulfite :* sel de l'acide sulfureux).

3. -ite. Suffixe du gr. *-itis,* servant à former des noms de minéraux (ex. : *andésite, domite, calcite, magnésite*).

4. -ite. Suffixe, du lat. *-itus,* servant à former des mots désignant les adeptes d'une religion (ex. *israélite, sunnite*) ou les membres d'un ordre religieux (ex. *jésuite, barnabite*).

1. item [itɛm] adv. COMM De même, et encore (dans un compte, un état). *Payé ceci ; item, cela.* – Mot latin.

2. item [itɛm] n. m. **1.** Didac. Élément, objet considéré à part. **2.** PSYCHO Question, dans un test ou dans un questionnaire d'enquête, à laquelle un même sujet a la possibilité de faire plusieurs réponses. – Mot angl. ; du lat. *item,* « de même ».

itératif, ive [iteʀatif, iv] adj. **1.** Qui est fait, répété plusieurs fois. *Traitement itératif.* **2.** LING Syn. de *fréquentatif.* – Bas lat. *iterativus.*

itération [iteʀasjɔ̃] n. f. Répétition. ▷ MATH, INFORM Répétition d'un calcul, permettant d'obtenir un résultat approché satisfaisant. ▷ PSYCHOPATHOL Répétition incessante et stéréotypée d'un mouvement, d'une expression verbale. – Lat. *iteratio.*

itérativement [iteʀativmɑ̃] adv. D'une manière itérative. – De *itératif.*

itinéraire [itineʀɛʀ] n. m. (et adj.) **1.** n. m. Route à suivre ou suivie pour aller d'un lieu à un autre. *Itinéraire fléché. Notre itinéraire passe par Lyon.* ▷ Ouvrage indiquant la route pour aller de tel endroit à tel autre et comportant la description des régions qu'elle traverse. *« Itinéraire de Paris à Jérusalem », de Chateaubriand (1811).* **2.** adj. Rare Relatif aux routes, aux chemins. *La lieue, le kilomètre, unités itinéraires.* – Bas lat. *itinerarium,* de *iter, itineris,* « chemin ».

itinérant, ante [itineʀɑ̃, ɑ̃t] adj. **1.** Qui se déplace, qui va de lieu en lieu, sans résidence fixe, pour exercer ses fonctions. *Ambassadeur itinérant.* **2.** Qui a lieu successivement dans plusieurs lieux différents. *Exposition itinérante.* – Bas lat. *itinerans, itinerantis.*

itou [itu] adv. Fam. De même. *Et moi itou.* – Altér. dial. de l'a. fr. *et a tot, et à tout,* « aussi », avec infl. de l'a. fr. *itel,* « pareillement ».

iule [jyl] n. m. ZOOL Myriapode (mille-pattes) vivant sous les pierres ou dans la mousse et qui s'enroule en spirale en cas de danger. – Lat. *iulus,* gr. *ioulos.*

I.U.T. Sigle de *Institut universitaire de technologie.*

ive [iv] ou **ivette** [ivɛt] n. f. BOT Bugle à fleurs roses et jaunes des terrains arides, appelée aussi *petit if.* – De *if.*

I.V.G. Sigle de *Interruption volontaire de grossesse.*

ivoire [ivwaʀ] n. m. (et adj. inv.) **1.** Matière dure d'une blancheur laiteuse, variété de tissu osseux très fortement minéralisé (sels de calcium, notam.) constituant les défenses de l'éléphant. *Objets sculptés en ivoire,* ou, ellipt., *des ivoires. Bracelet en ivoire.* ▷ Poét. *D'ivoire :* d'une blancheur comparable à celle de l'ivoire. *Un cou d'ivoire.* – adj. inv. *Une soie ivoire.* **2.** Matière des dents et défenses de certains animaux autres que l'éléphant (hippopotame, narval, etc.). **3.** ANAT Partie dure des dents. V. dent. **4.** TECH *Noir d'ivoire :* poudre noire utilisée en peinture, faite d'ivoire et d'os calcinés ; couleur noire préparée avec cette poudre. ▷ *Ivoire végétal :* V. phytéléphas. – Du lat. *eboreus,* « d'ivoire », de *ebur, eboris,* « ivoire ».

ivoirien, enne [ivwaʀjɛ̃, ɛn] adj. et n. De Côte-d'Ivoire, État d'Afrique occid., sur le golfe de Guinée. ▷ Subst. *Un(e) Ivoirien(ne).*

ivoirin, ine [ivwaʀɛ̃, in] adj. Litt. D'ivoire ; qui a l'aspect de l'ivoire. Syn. éburné. – De *ivoire.*

ivraie [ivʀɛ] n. f. Plante herbacée (fam. graminées) des régions tempérées. *Ivraie, ivraie des moissons* (Lolium tomulentum), qui croît dans les champs cultivés et dont les grains, mêlés à ceux des céréales, donnent une farine toxique. *Ivraie vivace* ou *fausse ivraie* (Lolium perenne) : ray-grass, utilisé pour les prairies artificielles et les gazons. ▷ Fig. (Allus. à la Bible.) *Séparer le bon grain de l'ivraie,* les bons des méchants, le bien du mal. – Du lat. pop. *ebriaca (herba),* du class. *ebrius,* « ivre » (à cause des effets que produit cette plante).

ivre [ivʀ] adj. **1.** Dont le comportement, les réactions sont troublés par les effets de l'alcool. *Il était légèrement ivre. Ivre mort :* ivre au point d'avoir perdu toute conscience. Syn. (fam.) soûl. **2.** Fig. *Ivre de :* exalté, transporté hors de soi (par les passions). *Ivre d'amour, de jalousie.* – Du lat. *ebrius,* par l'anc. provenç. *ibre.*

ivresse [ivʀɛs] n. f. **1.** État d'une personne ivre ; intoxication alcoolique. – Par anal. *Ivresse morphinique,* due à l'action de la morphine. **2.** *Par ext.* Exaltation causée par une émotion violente, une passion. *L'ivresse de l'amour.* – De *ivre.*

ivrogne [ivʀɔɲ] adj. et n. Péjor. Qui a l'habitude de boire avec excès, de s'enivrer. – Subst. Fam. *Serment d'ivrogne,* que l'on fait à la légère et qui ne sera pas tenu. – De l'a. fr. *ivroigne,* « ivresse », du lat. pop. **ebrionia,* « ivresse ».

ivrognerie [ivʀɔɲ(ə)ʀi] n. f. Péjor. Habitude de s'enivrer ; état d'une personne ivrogne. – De *ivrogne.*

ivrognesse [ivʀɔɲɛs] n. f. Fam. et péjor. Femme ivrogne. – De *ivrogne.*

īwān [iwan] n. m. ARCHI Dans l'art musulman, salle voûtée en berceau, fermée sur trois côtés, et s'ouvrant sur le quatrième par un arc. – Mot arabe.

ixia [iksja] n. f. BOT Genre d'iridacées à grandes fleurs très décoratives. – Mot lat.

ixode [iksɔd] n. m. ZOOL Nom scientifique des acariens de la famille de la tique*. – Du gr. *ixôdês,* « gluant ».

izard. V. isard.

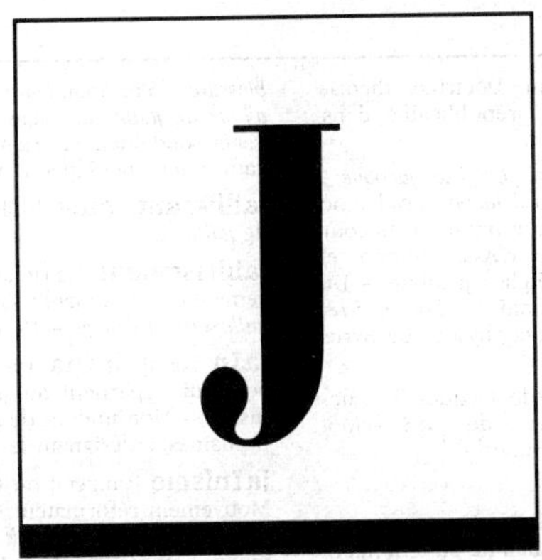

j [ʒi] n. m. **1.** Dixième lettre (j, J) et septième consonne de l'alphabet, notant une fricative sonore prépalatale [ʒ], provenant du latin : soit de la semi-consonne yod (ex. *jument* de *iumentum*, *jour* de *diurnum*), soit de la palatalisation du *g* (ex. *jambe* de *gamba*), son autrefois transcrit *i* et dont la figuration actuelle en franç. date du XVIe s. *La lettre j note en espagnol la jota**. **2.** PHYS J : symbole du joule. **3.** MILIT *Jour J* : jour où doit se dérouler une opération ; *par ext.*, jour où quelque chose d'important doit avoir lieu.

jabiru [ʒabiʀy] n. m. Grand oiseau (1,50 m de haut) des régions chaudes, voisin de la cigogne, dont le bec est légèrement courbé vers le haut. – Mot tupi-guarani.

jable [ʒabl] n. m. TECH Rainure pratiquée dans les douves d'un tonneau pour y emboîter le fond. – Du gallo-roman *gabulum*, « gibet ».

jabloir n. m., **jabloire** [ʒablwaʀ] ou **jablière** [ʒablijɛʀ] n. f. TECH Outil servant à creuser les jables des tonneaux. – De *jable*.

jaborandi [ʒabɔʀɑ̃di] n. m. BOT Autre nom du pilocarpe, arbuste de la fam. des rutacées. - Feuille de cet arbuste, contenant un alcaloïde, la pilocarpine, utilisée en pharmacie. – Mot tupi *yaborandi* ou *jaburandi*.

jabot [ʒabo] n. m. **1.** Poche glanduleuse de l'œsophage des oiseaux, dans laquelle les aliments séjournent et subissent l'action de diverses sécrétions avant de passer dans l'estomac. **2.** Plissé de dentelle ou de mousseline ornant le devant d'une chemise, d'un corsage. *Chemise à jabot.* – D'un rad. prélatin **gaba*, « gorge d'oiseau ».

jaboter [ʒabɔte] v. intr. [1] **1.** Rare Piailler, en parlant de certains oiseaux qui poussent des cris en secouant leur jabot. **2.** Fam., vieilli Bavarder, jacasser. – De *jabot*.

jacana [ʒakana] n. m. Oiseau charadriiforme des marais tropicaux qui, grâce à ses doigts allongés, marche sur les nénuphars. – Tupi-guarani *jasana*.

jacaranda [ʒakaʀɑ̃da] n. m. Arbre des régions chaudes (fam. bignoniacées) à fleurs violettes, dont le bois est très apprécié. – Mot tupi-guarani, par le portugais.

jacasse [ʒakas] n. f. **1.** Dial. Pie. **2.** Vieilli, fam. Femme bavarde. – Déverbal de *jacasser*.

jacasser [ʒakase] v. intr. [1] **1.** Pousser son cri, en parlant de la pie. **2.** Parler, bavarder avec volubilité de choses insignifiantes. – De *Jacques, jaquette*, appellation pop. du geai, de la pie, d'où *jaqueter*, « bavarder », avec infl. de *agasse*, « pie ».

jacasserie [ʒakasʀi] n. f. ou **jacassement** [ʒakasmɑ̃] n. m. Fam. Bavardage bruyant et futile. – De *jacasser*.

jacasseur, euse [ʒakasœʀ, øz] n. et adj. Fam. Personne qui jacasse. – De *jacasser*.

jacée [ʒase] n. f. Centaurée à fleurs rouge violacé. – Lat. médiév. *jacea*, « menthe ».

jachère [ʒaʃɛʀ] n. f. État d'une terre labourable qu'on laisse volontairement reposer en ne l'ensemençant pas. *Terre en jachère.* - Cette terre. *Labourer des jachères.* – Du lat. médiév. *gascaria*, rad. gaul. **gansko*, « branche, charrue ».

jacinthe [ʒasɛ̃t] n. f. Plante bulbeuse (genre *Hyacinthus*, fam. liliacées) dont une espèce, ornementale, est cultivée pour ses fleurs en grappe colorées et parfumées. – Lat. *hyacinthus*, gr. *huakinthos*.

jack [ʒak] n. m. ELECTR Fiche de connexion à deux broches coaxiales. – Mot anglo-amér.

jack pot ou **jackpot** [ʒakpot, dʒakpot] n. m. (Anglicisme) Dans les machines à sous, combinaison gagnante qui, déclenchant un mécanisme, libère l'argent accumulé dans la machine ; cet argent. ▷ *Par ext.* La machine elle-même. – Mot angl., de *jack*, « valet », et *pot*, « ensemble des mises ».

jaco, jacot ou **jacquot** [ʒako] n. m. Perroquet gris à queue rose d'Afrique occidentale, qui passe pour le meilleur parleur de tous les perroquets. – De *Jacquot*, dimin. de *Jacques*. V. jacasser.

jacobée [ʒakɔbe] n. f. Séneçon des bois et des prés appelé aussi *fleur* (ou *herbe*) *de saint Jacques*. – Du bas lat. *Jacobus*, « Jacques ».

jacobin, ine [ʒakɔbɛ̃, in] n. et adj. **1.** Vx Dominicain. **2.** n. m. Membre du club des Jacobins, sous la Révolution. - *Le club des Jacobins* : société politique française de la Révolution ; modéré à ses débuts, le club se scinda après la fuite du roi à Varennes et l'affaire du Champ-de-Mars (1791) : les modérés formèrent avec La Fayette le *club des Feuillants*, tandis que les Jacobins s'orientaient, avec Robespierre, vers des positions républicaines et constituaient l'aile gauche de la Législative ; il devint, sous la Convention, l'organe directeur de la Montagne et ferma après Thermidor (11 nov. 1794), (reconstitué sans grand succès sous le Directoire et supprimé en 1799). **3.** *Par ext.* (Souvent péjor.) Fervent partisan des idées républicaines. ▷ adj. *Idées, opinions jacobines.* – Du bas lat. *Jacobus*, « Jacques », l'hospice parisien des pèlerins pour Saint-Jacques-de-Compostelle ayant été confié aux dominicains.

jacobinisme [ʒakɔbinism] n. m. Doctrine, théorie politique des jacobins. - Ferveur républicaine d'inspiration jacobine. – De *jacobin.*

1. jacobite [ʒakɔbit] adj. et n. *L'Église jacobite :* l'Église syrienne, qui doit son nom à *Jacob* Baradée ou Baradaï (v. 500-578) qui rassembla et organisa les communautés monophysites de Syrie, d'Asie Mineure et d'Égypte. ▷ Subst. Membre de l'Église jacobite. – Du nom de Jacob Baradée ou Baradaï (v. 500 - 578) qui organisa les communautés monophysites de Syrie, d'Asie Mineure et d'Égypte.

2. jacobite [ʒakɔbit] n. Partisan de Jacques II et des Stuarts après la révolution anglaise de 1688. – Mot angl., de Jacques (*Jacobus* en lat.) Stuart.

jacot. V. jaco.

jacquard [ʒakaʀ] n. m. **1.** TECH Métier à tisser inventé par Jacquard. **2.** Tricot (fait à la machine ou à la main) dont les dessins imitent les étoffes tissées au jacquard. – Du n. du Français Joseph Marie *Jacquard* (1752-1834), inventeur de ce métier à tisser.

jacquemart. V. jaquemart.

jacquerie [ʒakʀi] n. f. **1.** HIST *La Jacquerie :* l'insurrection paysanne qui éclata en mai-juin 1358 dans les provinces situées au N. et au N.-O. de Paris. **2.** Soulèvement de paysans. *Les jacqueries furent nombreuses sous l'Ancien Régime.* – De *Jacques.*

Jacques [ʒak] n. m. **1.** HIST *Jacques, Jacques Bonhomme :* sobriquet du paysan français, sous l'Ancien Régime. - Membre de la Jacquerie*. ▷ Fam. *Faire le Jacques* ou *le jacques :* faire le niais. **2.** *Maître Jacques :* factotum (nom du domestique d'Harpagon dans *l'Avare,* de Molière). – N. pr., bas lat. *Jacobus.*

jacquet [ʒakɛ] n. m. Jeu de dés, variété de trictrac, qui consiste à faire avancer des pions sur une tablette à deux compartiments où sont figurées vingt-quatre flèches de deux couleurs différentes, opposées pointe à pointe. - Cette tablette. – P.-ê. de *Jacques,* ou m. mot que *jockey.*

jacquier. V. jaquier.

jacquot. V. jaco.

1. jactance [ʒaktɑ̃s] n. f. Litt. Manière arrogante de parler en se vantant. – Lat. *jactantia,* «vantardise».

2. jactance [ʒaktɑ̃s] n. f. Pop. Bavardage. – De *jacter.*

jacter [ʒakte] v. intr. [1] Fam. Parler, bavarder. – Déform. de *jaqueter.* V. jacasser.

jaculatoire [ʒakylatwaʀ] adj. RELIG *Oraison jaculatoire :* prière courte et fervente. – Du lat. *jaculari,* «lancer le javelot».

jade [ʒad] n. m. **1.** Pierre fine très dure (silicate naturel d'aluminium et de calcium), d'un vert plus ou moins prononcé, utilisée pour faire de petits objets d'art. *Variétés de jade* (jadéite, néphrite, etc.*). Brûle-parfum en jade.* **2.** Objet sculpté en jade. *Les jades chinois.* – De l'esp. *piedra de la ijada,* «pierre des flancs», cette pierre passant pour guérir les coliques néphrétiques; var. anc. *ejade.*

jadéite [ʒadeit] n. f. MINER Variété de jade. – De *jade,* et *-ite* 3.

jadis [ʒadis] adv. Autrefois, il y a longtemps. *Jadis vivait un roi.* ▷ adj. *Le temps jadis.* – Contraction de l'a. fr. *ja a dis,* «il y a déjà des jours», du lat. *jam,* «déjà», *a,* 3ᵉ pers. de l'ind. pr. de *avoir,* et lat. *dies,* «jour».

jaguar [ʒagwaʀ] n. m. Grand félin (*Panthera unca,* 1,30 m) des régions tropicales de l'Amérique du S. (Amazonie, surtout), au pelage tacheté d'ocelles, homologue américain de la panthère. – Tupi *jaguara.*

jaillir [ʒajiʀ] v. intr. [3] **1.** Sortir impétueusement, en parlant d'un liquide, d'un fluide. *Le sang jaillit de la blessure.* - Par anal. *Faire jaillir une étincelle.* ▷ Fig. *Un cri d'horreur jaillit de toutes les poitrines.* **2.** Fig. Se manifester soudainement. *Faire jaillir la vérité.* – Probabl. rad. gaul. **gali,* «bouillir»; a. fr. *jalir,* «lancer».

jaillissant, ante [ʒajisɑ̃, ɑ̃t] adj. Qui jaillit. – Ppr. de *jaillir.*

jaillissement [ʒajismɑ̃] n. m. Fait de jaillir; mouvement de ce qui jaillit. *Le jaillissement des eaux.* - Fig. *Un jaillissement d'idées.* – De *jaillir.*

jaïn [ʒain], **jaïna** [ʒaina] ou **djaïn** [dʒain] n. et adj. Qui appartient au jaïnisme; qui professe le jaïnisme. – Mot hindou; de *Jina,* «vainqueur (des passions humaines)», désignant le fondateur du jaïnisme.

jaïnisme [ʒainism] ou **djaïnisme** [dʒainism] n. m. Mouvement réformateur du brahmanisme, qui se développa au VIᵉ s. av. J.-C. à l'initiative du prince Vardhamana, nommé *Mahavira* («grand héros») ou *Jina* («victorieux»), et qui, toujours vivant en Inde, propose la délivrance par l'ascèse et par la non-violence *(ahimsa),* respect de toute vie. *La non-violence préconisée par le jaïnisme a profondément marqué l'éducation de Gandhi.* – De *jaïn.*

jais [ʒɛ] n. m. Variété de lignite d'un noir brillant, utilisée en bijouterie. ▷ Loc. *Noir comme du jais.* - Ellip. *Yeux, cheveux de jais,* très noirs. – Lat. d'orig. gr. *gagates,* «pierre de *Gages* », ville d'Asie Mineure.

jalap [ʒalap] n. m. Plante dicotylédone d'Amérique (fam. convolvulacées; nombr. genres) dont la racine renferme diverses résines aux propriétés purgatives; cette racine. – De l'esp. *Jalapa,* nom d'une ville mexicaine.

jalon [ʒalɔ̃] n. m. **1.** Fiche de bois ou de métal que l'on plante en terre pour prendre un alignement, marquer une direction. **2.** Fig. Point de repère. - *Poser, planter des jalons :* fixer les idées principales d'un ouvrage, préparer les voies d'une entreprise.

jalonnement [ʒalɔnmɑ̃] n. m. Action, manière de jalonner. – De *jalonner.*

jalonner [ʒalɔne] v. [1] **I.** v. intr. Poser des jalons. **II.** v. tr. **1.** Déterminer, marquer le tracé, l'alignement, l'itinéraire de (qqch) au moyen de jalons ou de repères. *Jalonner une allée dans un jardin.* ▷ Fig. *Les succès ont jalonné sa carrière.* ▷ Pp. *Une entreprise jalonnée d'obstacles.* **2.** Délimiter, indiquer (comme par des jalons). *Bidons peints qui jalonnent une piste.* ▷ *Par ext.* Être placé en bordure et de distance en distance. *Les arbres qui jalonnent la route.* – De *jalon.*

jalonneur [ʒalɔnœʀ] n. m. Personne qui pose des jalons. – De *jalonner.*

jalousement [ʒaluzmɑ̃] adv. **1.** Avec jalousie. *Regarder jalousement ses voisins.* **2.** Avec méfiance, avec un soin ombrageux. *Garder jalousement ses trésors.* – De *jaloux.*

jalouser [ʒaluze] v. tr. [1] Considérer avec envie et dépit (la situation ou les avantages d'une personne, cette personne). *Jalouser la promotion d'un collègue. Jalouser ses frères.* ▷ v. pron. (Récipr.) *Ils se jalousent à tout propos.* – De *jaloux.*

jalousie [ʒaluzi] n. f. **I. 1.** Sentiment de dépit mêlé d'envie, dû à ce qu'un autre obtient ou possède ce que l'on aurait voulu obtenir ou posséder. *Quiconque réussit suscite la jalousie des médiocres.* **2.** Disposition ombrageuse de celui qui voue un amour possessif et exclusif à quelqu'un et vit dans l'inquiétude et le soupçon permanents de son infidélité. *La jalousie d'Othello.* **II.** TECH Treillis en bois ou en métal au travers duquel on peut voir sans être vu. - Persienne constituée de lamelles parallèles qui donnent plus ou moins de jour selon leur orientation. – De *jaloux.*

jaloux, ouse [ʒalu, uz] adj. et n. **1.** *Être jaloux de qqch*, y être très attaché. *Il est jaloux de ses prérogatives.* – Se dit de ce qui marque cet attachement. *Soins jaloux.* **2.** Qui envie les avantages, les succès d'autrui et en éprouve du dépit. ▷ Subst. *Sa réussite va faire des jaloux.* **3.** Tourmenté par la crainte de voir la personne aimée préférer qqn d'autre, ou manquer à la fidélité. *Mari jaloux.* – Par ext. *Soupçons jaloux.* ▷ Subst. *Un jaloux, une jalouse.* – Du lat. pop. **zelosus*, gr. *zêlos*, « zèle, émulation ».

jamaïquain, aine ou **jamaïcain, aine** [ʒamaikɛ̃, ɛn] adj. et n. De la Jamaïque, État insulaire de l'Atlantique, dans les Grandes Antilles. ▷ Subst. *Un(e) Jamaïquain(e)* ou *Jamaïcain(e).*

jamais [ʒamɛ] adv. **1.** (Avec un sens affirmatif.) En un temps quelconque, passé ou futur; un jour. *Avez-vous jamais observé cela? – Si jamais vous le voyez.* – Litt. *Si vous lui parlez jamais* : si même un jour vous lui parlez. ▷ Loc. adv. *À jamais, à tout jamais, pour jamais* : pour toujours, éternellement. *Cœur brisé à jamais.* **2.** (Dans une phrase négative.) *Ne... jamais, jamais... ne* : en aucun temps. *Je ne l'ai jamais vu. Jamais il ne reviendra.* ▷ *Il n'a jamais fait que...* : en aucun temps il n'a fait autre chose que... ▷ *Ne... plus jamais, jamais plus... ne. Je ne le ferai plus jamais. Jamais plus je ne ferai cela.* **3.** (Avec un sens négatif.) À aucun moment, en aucun cas. *Trahir? jamais! C'est le moment ou jamais* : aucun autre moment ne pourrait être plus propice. – Prov. *Mieux vaut tard que jamais*, que pas du tout. De *ja*, du lat. *jam*, « déjà », et *mais*, du lat. *magis*, « plus ».

jambage [ʒɑ̃baʒ] n. m. **1.** Chacun des traits verticaux dans le tracé des lettres m, n et u. *Les deux jambages du n.* **2.** CONSTR Chacune des deux assises de pierre ou de maçonnerie qui supportent le manteau d'une cheminée, le linteau d'une porte, etc. – De *jambe*.

jambe [ʒɑ̃b] n. f. **I. 1.** ANAT Partie de chacun des deux membres inférieurs de l'homme comprise entre le genou et le pied et dont le squelette est formé du tibia et du péroné. **2.** Cour. Membre inférieur tout entier. *Les jambes puissantes d'un athlète.* ▷ Loc. fam. *Jouer des jambes, prendre ses jambes à son cou* : s'enfuir en courant. – *Courir, aller à toutes jambes*, le plus vite possible. – *Traîner la jambe* : marcher avec difficulté. – Fig. *La nouvelle lui a coupé bras et jambes*, lui a ôté toute force. *Le vin m'avait coupé les jambes.* ▷ Fig., fam. *Tenir la jambe à qqn*, l'importuner en le retenant par ses discours. – *Faire des ronds de jambe* : faire des manières dans l'intention de séduire. – *Faire qqch par-dessous* (ou *par-dessus*) *la jambe*, avec désinvolture. ▷ Iron., fam. *Cela lui fait une belle jambe* : il n'a que faire de l'avantage que cela lui apporte; cela ne lui apporte rien. **3.** Par anal. *Jambe de bois* : pièce de bois façonnée pour servir de prothèse à un amputé. – *Jambe artificielle, articulée.* **4.** Patte (notam. des quadrupèdes). ▷ *Spécial.* Partie des membres postérieurs du cheval, entre le bas de la cuisse et le jarret. **II.** *Par anal.* Ce qui sert à porter, à soutenir. – *Jambes d'un compas*, ses branches. ▷ CONSTR *Jambe de force* : pièce inclinée qui soutient une poutre et en divise la portée. ▷ AVIAT *Jambe de train d'atterrissage* : organe reliant la cellule d'un avion aux roues du train d'atterrissage. – Gr. *kampê*; bas lat. *gamba*, « jarret du cheval, patte ».

jambette [ʒɑ̃bɛt] n. f. CONSTR Petit élément vertical qui soutient l'arbalétrier d'une charpente. – Dimin. de *jambe*.

jambier, ère [ʒɑ̃bje, ɛʀ] adj. et n. m. ANAT *Muscles jambiers*, de la jambe. ▷ n. m. *Le jambier antérieur.* – De *jambe*.

jambière [ʒɑ̃bjɛʀ] n. f. Anc. Partie de l'armure protégeant la jambe. ▷ Mod. Pièce de vêtement qui entoure la jambe pour couvrir ou protéger. *Jambière de cuir d'un chasseur.* – De *jambe*.

jambon [ʒɑ̃bɔ̃] n. m. **1.** Cuisse ou épaule, salée ou fumée, du porc ou rarement du sanglier. *Jambon cru, cuit. Tranche de jambon. Jambon de Bayonne, de Parme, d'York.* **2.** Fig., fam. Cuisse. – De *jambe*.

jambonneau [ʒɑ̃bɔno] n. m. **1.** Petit jambon fait avec les pattes de devant du porc. **2.** Mollusque lamellibranche marin (genre *Pinna*), à grande coquille triangulaire (long. jusqu'à 50 cm). – Dimin. de *jambon*.

jamboree [ʒɑ̃bɔʀi] n. m. Réunion internationale de scouts. – Mot angl., de l'hindi.

jambosier [ʒɑ̃bozje] n. m. Arbre originaire de l'Inde (*Eugenia jambos*, fam. myrtacées) dont les baies rouges comestibles, très rafraîchissantes, ont une odeur de rose. – Lat. bot. *jambos*, d'un mot malais.

jam-session [(d)ʒamsɛsjɔ̃] n. f. Réunion de musiciens de jazz qui se rassemblent pour improviser librement. *Des jam-sessions.* – Mot amér., de *jam*, « marmelade », et *session*, « assemblée ».

jan [ʒɑ̃] n. m. Chacune des tables d'un jeu de trictrac. – Coup qui fait perdre ou gagner des points à ce jeu. – Probabl. de *Jean*, prénom.

jangada [ʒɑ̃gada] n. f. Grand radeau de bois utilisé par les pêcheurs du nord du Brésil. – Mot portug., du tamoul *sangadam*, « radeau ».

janissaire [ʒanisɛʀ] n. m. HIST Fantassin turc appartenant à un corps chargé de la garde du sultan du XIVe au XIXe s. – Ital. *giannizzero*, turc *geni çeri*, « nouvelle milice ».

janotisme ou **jeannotisme** [ʒanotism] n. m. **1.** Candeur naïve. **2.** Construction vicieuse d'une phrase donnant lieu à des amphibologies ridicules. *Aller chercher une pizza chez le boulanger qu'on a fait cuire.* – De *Janot* ou *Jeannot*, personnage de théâtre (fin XVIIIe), type de l'ingénu niais et ridicule.

jansénisme [ʒɑ̃senism] n. m. HIST RELIG Doctrine de Jansénius et de ses partisans. ▷ Mouvement religieux animé par les jansénistes. ▷ *Par ext.* Vertu rigide et austère. – De *Jansenius*, n. lat. de Corneille *Jansen* (1585-1638), évêque d'Ypres.

ENCYCL Le jansénisme est essentiellement une doctrine de la prédestination et des rapports du libre arbitre et de la grâce. Il s'appuie sur l'*Augustinus*, ouvrage présenté comme une somme des thèses de saint Augustin, et dans lequel Jansénius soutient que le péché originel a ruiné la liberté de l'homme, et que la grâce est uniquement déterminée par la volonté de Dieu qui l'accorde ou non à chacun *(prédestination gratuite)*. Le grave débat théologique qui suivit la publication du livre (1640) opposa les solitaires de Port-Royal et Pascal (adeptes de Jansénius) aux jésuites. Ces derniers firent parvenir au pape un résumé, en cinq propositions, de la doctrine de l'*Augustinus*, qu'Innocent X condamna comme hérétique (bulle *Cum occasione*, 1653). L'opinion éclairée se passionna pour ce débat où les jésuites étaient pris à partie (*Lettres provinciales* de Pascal, en 1656-1657) et qui mettait en cause toutes les formes d'absolutisme, pontifical et royal. Le pouvoir politique parut l'emporter avec la destruction de Port-Royal* des Champs (1709) et la dispersion des religieuses; en réalité, le jansénisme survécut comme une forme d'opposition pendant tout le XVIIIe s., notam. dans les milieux parlementaires.

janséniste [ʒɑ̃senist] adj. et n. **I.** adj. **1.** Du jansénisme. *Morale janséniste.* **2.** *Par ext.* Rigide et austère. *Des principes jansénistes.* **II.** n. Partisan de la doctrine de Jansénius. *Les jansénistes de Port-Royal.* – De *Jansenius* (V. jansénisme).

jante [ʒɑ̃t] n. f. Pièce circulaire, généralement de bois ou de métal, qui constitue le pourtour d'une roue. – Du lat. pop. **cambita*, gaul. *cambo*, « courbe ».

janvier [ʒɑ̃vje] n. m. Premier mois de l'année, comprenant trente et un jours. *Les vœux du 1er Janvier.* – Lat. pop. **jenuarius,* class. *januarius,* de *Janus,* dieu à qui ce mois était dédié.

japon [ʒapɔ̃] n. m. **1.** Porcelaine du Japon. **2.** Papier résistant, blanc crème, utilisé pour les éditions de luxe. – Du nom du *Japon,* pays où ce papier était, à l'origine, fabriqué.

japonais, aise [ʒapɔnɛ, ɛz] adj. et n. **1.** adj. Du Japon, État insulaire d'Extrême-Orient. ▷ Subst. *Un(e) Japonais(e).* **2.** n. m. *Le japonais :* la langue du groupe ouralo-altaïque parlée au Japon.

japonaiserie [ʒapɔnɛzʀi] ou **japonerie** [ʒapɔnʀi] n. f. Objet d'art du Japon. – De *japonais.*

japonisant, ante [ʒapɔnizɑ̃, ɑ̃t] n. Spécialiste de la langue, de la civilisation du Japon. – De *Japon,* État insulaire d'Asie.

jappement [ʒapmɑ̃] n. m. Cri du chien qui jappe. *Jappements de chiots.* – De *japper.*

japper [ʒape] v. intr. [1] Pousser des aboiements brefs et aigus. – Onomat.

1. jaque [ʒak] n. m. ou f. Habit court et serré des hommes, au Moyen Âge. – Probabl. de *Jacques,* ancien sobriquet du paysan français.

2. jaque [ʒak] n. m. Fruit du jaquier. – Du tamoul *tsjaka,* p.-ê. par l'ital.

jaquemart ou **jacquemart** [ʒakmaʀ] n. m. Figure de métal représentant un homme d'armes frappant les heures avec un marteau sur la cloche d'une horloge d'hôtel de ville, de cathédrale. – De *Jaqueme,* var. de *Jacques* en anc. provenç.

1. jaquette [ʒakɛt] n. f. **1.** VX Robe d'enfant. **2.** Veste de cérémonie pour hommes, à pans ouverts, descendant jusqu'aux genoux. **3.** Veste de femme ajustée. **4.** TECH Enveloppe extérieure, en tôle, d'une chaudière, d'un four, etc., isolant thermique et formant carrosserie. – De *jaque* 1.

2. jaquette [ʒakɛt] n. f. **1.** Couverture légère qui protège la reliure d'un livre. **2.** Revêtement destiné à remplacer l'émail de la couronne dentaire. – Angl. *jacket.*

jaquier ou **jacquier** [ʒakje] n. m. Arbre d'Australie et d'Asie du S. (genre *Artocarpus,* fam. moracées), voisin de l'arbre à pain, qui produit de gros fruits comestibles (12 à 15 kg) aux graines très riches en amidon. – De *jaque* 2.

jar ou **jars** [ʒaʀ] n. m. VX Argot du milieu. – Rad. de *jargon.*

jard ou **jar** [ʒaʀ] n. m. Sable de rivière, mêlé de gravier. – Du gallo-roman *carra,* « pierre ».

jarde [ʒaʀd] n. f. ou **jardon** [ʒaʀdɔ̃] n. m. MED VET Tumeur osseuse de la face externe du jarret, chez le cheval. – De l'ital. *giarda, giardone,* ar. *djaraza,* même sens.

jardin [ʒaʀdɛ̃] n. m. **1.** Terrain, le plus souvent clos, où l'on cultive des légumes, des fleurs, des arbres. *Jardin potager, jardin d'agrément. Jardin à la française :* jardin d'agrément régulier et symétrique. *Jardin anglais,* aménagé pour donner l'illusion de la nature sauvage. *Jardin public :* jardin d'agrément ouvert à tous. *Jardin d'hiver :* serre à l'intérieur d'une habitation. *Jardin botanique,* où l'on cultive les plantes pour les étudier. ▷ Fig. Région agricole riche et riante. *La Touraine, jardin de la France.* ▷ Loc. fig. *Jeter une pierre dans le jardin de qqn,* lui jeter une pique au cours d'une conversation. **2.** *Jardin japonais :* bac dans lequel des plantes, des cailloux, etc., sont disposés de manière à former un jardin en miniature. **3.** *Jardin d'enfants :* établissement d'éducation qui reçoit de très jeunes enfants. **4.** THEAT *Côté jardin :* côté de la scène à droite de l'acteur regardant la salle (Cf. aussi cour). – De l'a. fr. *gart, jart,* frq. **gard;* sens 3, trad. de l'all. *Kindergarten.*

1. jardinage [ʒaʀdinaʒ] n. m. **1.** Culture des jardins. **2.** SYLVIC Mode d'exploitation consistant à couper les arbres nuisibles ou inutiles, arrivés à maturité, de manière à maintenir le bon état d'une forêt. – De *jardiner.*

2. jardinage [ʒaʀdinaʒ] n. m. TECH Défaut d'une pierre jardineuse. – De *jardineux.*

jardiner [ʒaʀdine] v. intr. [1] **1.** S'adonner au jardinage (1, sens 1). **2.** Pp. adj. SYLVIC *Forêt jardinée,* exploitée selon le système du jardinage (sens 2), où se trouvent, de ce fait, des arbres de tous âges. – De *jardin.*

jardinerie [ʒaʀdinʀi] n. f. Établissement commercial à grande surface, fréquemment en plein air, où sont vendus des plantes ainsi que des produits et des outils pour le jardinage. – De *jardin.*

jardinet [ʒaʀdinɛ] n. m. Petit jardin. – Dimin. de *jardin.*

jardineux, euse [ʒaʀdinø, øz] adj. TECH Se dit d'une pierre précieuse qui présente des taches, des défauts de coloration. – Du frq. **gard,* « aiguillon, piquant ».

jardinier, ère [ʒaʀdinje, ɛʀ] n. et adj. **A.** n. **I.** Personne qui cultive un jardin. **II.** n. f. **1.** Meuble supportant une caisse où l'on cultive des fleurs. ▷ Bac dans lequel on cultive des plantes, des fleurs. **2.** Mets composé d'un mélange de légumes cuits (carottes et pommes de terre nouvelles coupées en dés, petits pois, etc.). **3.** *Jardinière d'enfants :* éducatrice dans un jardin d'enfants. **4.** Nom cour. du carabe doré, prédateur de nombreux parasites des jardins. **B.** adj. Relatif aux jardins. *Les cultures jardinières.* – De *jardin.*

jardiniste [ʒaʀdinist] n. Rare Paysagiste. – De *jardin.*

jardon. V. jarde.

1. jargon [ʒaʀgɔ̃] n. m. **1.** Langage incompréhensible. ▷ *Spécial.* Vocabulaire particulier aux personnes exerçant le même métier, la même activité, et que le profane a peine à comprendre. *Le jargon des philosophes, des médecins.* **2.** Langue qu'un groupe social particulier se forge en modifiant ou en altérant la langue commune, et qui répond au désir soit de n'être pas compris des étrangers au groupe, soit de se distinguer d'eux. *Le jargon des coquillards. Le loucherbem, jargon des bouchers.* – P.-ê. du rad. onomat. *garg-,* « gosier ».

2. jargon [ʒaʀgɔ̃] n. m. **1.** Très petite pierre d'Auvergne ayant l'aspect de l'hyacinthe. **2.** Zircon jaune. – Ital. *giargone,* de l'a. fr. *jacunce, jargunce,* lat. *hyacinthus,* « fleur » et « pierre précieuse ».

jargonner [ʒaʀgɔne] v. intr. [1] **1.** Parler un jargon. **2.** Crier, en parlant du jars, de l'oie. – De *jargon* 1.

jarnicoton ! [ʒaʀnikɔtɔ̃] interj. VX Juron familier. – Adopté par Henri IV sur le conseil de son confesseur, le père *Coton,* pour éviter le blasphème *Jarnidieu,* « je renie Dieu ».

jarosse [ʒaʀɔs] ou **jarousse** [ʒaʀus] n. f. Nom cour. de diverses gesses cultivées (notam. *Lathyrus cicera*).

jarovisation [ʒaʀɔvizasjɔ̃] n. f. AGRIC Syn. de *vernalisation.* – Du russe *jarovoïe,* « blé de printemps ».

1. jarre [ʒaʀ] n. f. Grand vase de terre cuite, de grès, à large ventre et à anses, destiné à contenir de l'eau, de l'huile, etc. – Provenç. *jarra,* ar. *djarrah.*

2. jarre [ʒaʀ] n. m. Poil long et dur, plus épais que les autres, dans la fourrure des animaux. – Du frq. **gard,* « aiguillon, piquant ».

jarret [ʒaʀɛ] n. m. **1.** Partie du membre inférieur située derrière le genou. – *Avoir du jarret, des jarrets* *d'acier* : être bon marcheur; avoir la jambe souple et musclée. **2.** ZOOL Articulation du milieu de la jambe chez le cheval, de la patte chez la vache, etc. ▷ En boucherie, morceau correspondant à la partie supérieure des membres. *Du jarret de veau.* – Du gaul. **garra*, « jambe ».

jarreté, ée [ʒaʀte] adj. MED VET Se dit d'un animal dont les pattes postérieures sont tournées en dedans, les jarrets se touchant presque. – De *jarret.*

jarretelle [ʒaʀtɛl] n. f. Ruban élastique muni d'une pince, servant à fixer les bas à la gaine ou au porte-jarretelles. – De *jarretière.*

jarretière [ʒaʀtjɛʀ] n. f. Ruban élastique fixant le bas sur la jambe. – De *jarret.*

1. jars [ʒaʀ] n. m. Mâle de l'oie. – Du frq. **gard*, « aiguillon, piquant ».

2. jars. V. jar.

1. jas [ʒa] n. m. MAR Barre perpendiculaire à la verge d'une ancre, qui a pour fonction de faire basculer celle-ci de manière que l'un des becs pique le fond. – Altér. de l'a fr. *joal, jouail*; du lat. pop. **jacium*, « lieu où l'on est couché ».

2. jas [ʒa] n. m. Rég. (Midi et Alpes) Bergerie. – Du lat. pop. **jacium*, « lieu où l'on est couché »; en anc. provenç. *jas.*

jaser [ʒaze] v. intr. [1] **1.** Babiller. **2.** Commettre des indiscrétions, révéler en parlant trop ce que l'on aurait dû taire. **3.** Médire. *Sa conduite a fait jaser dans le village.* **4.** Jacasser. *La pie jase.* – Rad. onomat. *gas-*, cf. *gazouiller.*

jaseran [ʒazʀɑ̃] ou **jaseron** [ʒazʀɔ̃] n. m. **1.** Anc. Cotte de maille. **2.** Chaîne d'or ou d'argent à fines mailles, portée en collier. – De *(El)-Djezaïr*, nom ar. d'Alger d'où venaient un grand nombre des cottes de maille; a. fr. *jaserenc.*

jaseur, euse [ʒazœʀ, øz] adj. et n. m. **1.** adj. Qui jase. **2.** n. m. *Jaseur boréal* : oiseau passériforme d'Europe du N., de la taille d'un étourneau, qui envahit parfois l'Europe de l'Ouest. – De *jaser.*

jasmin [ʒasmɛ̃] n. m. Arbuste ornemental (genre *Jasminum*, fam. oléacées), à tige longue et grêle et à fleurs jaunes (fleurissant en hiver) ou blanches (très odorantes en été). ▷ Fleur de cet arbuste. ▷ Parfum extrait du jasmin. – Arabo-persan *yasamīn.*

jaspe [ʒasp] n. m. MINER **1.** Calcédoine impure, colorée par bandes ou par taches, que l'on trouve dans les terrains métamorphiques et dont les belles variétés sont utilisées en joaillerie. **2.** *Jaspe sanguin* : variété de calcédoine verte tachée de rouge. – Lat. *iaspis*, mot gr.

jaspé, ée [ʒaspe] adj. et n. m. Bigarré comme du jaspe. *Marbre jaspé.* ▷ TECH *Acier jaspé*, présentant une jaspure obtenue par la trempe dite *au jaspé.* – De *jaspe.*

jasper [ʒaspe] v. tr. [1] TECH Bigarrer de couleurs imitant le jaspe. – De *jaspe.*

jaspiner [ʒaspine] v. intr. [1] Pop. Bavarder. – Du même rad. que *jaser*, et suff. argotique.

jaspure [ʒaspyʀ] n. f. Aspect, couleur de ce qui est jaspé. ▷ *Spécial.* Marbrure donnée par la trempe à certains aciers. – De *jasper.*

jatte [ʒat] n. f. Vieilli Récipient rond sans rebord. *Jatte de grès.* ▷ Son contenu. *Boire une jatte de lait.* – Lat. pop. **gabita*, class. *gabata.*

jattée [ʒate] n. f. Rare Contenu d'une jatte. – De *jatte.*

jauge [ʒoʒ] n. f. **I.** Capacité, volume. **1.** Capacité que doit avoir un récipient pour être conforme à une norme donnée. *Cette futaille n'a pas la jauge.* **2.** MAR Volume intérieur d'un navire, exprimé en tonneaux de jauge (100 pieds cubes anglais, soit 2,83 m^3). *Jauge brute, jauge nette.* **II.** Instrument de mesure. **1.** Instrument (le plus souvent, règle graduée) mesurant la hauteur ou la quantité de liquide contenu dans un réservoir. **2.** TECH Instrument servant à contrôler les dimensions d'une pièce, et notam. les dimensions intérieures d'une pièce creuse (par oppos. à *calibre*, à *gabarit*). **3.** MECA *Jauge de contrainte*, mesurant les variations de longueur d'un solide sous les sollicitations auxquelles il est soumis. – De l'a. frq. **galga*, « perche ».

jaugeage [ʒoʒaʒ] n. m. **1.** Opération qui consiste à jauger. *Le jaugeage d'une barrique.* ▷ Droit perçu à l'occasion de cette opération. **2.** Détermination de la jauge d'un navire. – De *jauger.*

jauger [ʒoʒe] v. tr. [13] **I. 1.** Déterminer la jauge de (un récipient). **2.** Procéder au jaugeage de (un navire). **3.** Fig. Apprécier la valeur, les capacités de (qqn). *Jauger un homme au premier coup d'œil.* **II.** MAR Avoir (telle jauge), en parlant d'un navire. *Cargo qui jauge 10 000 tonneaux.* – De *jauge.*

jaugeur [ʒoʒœʀ] n. m. **1.** Celui qui jauge. **2.** Appareil pour jauger. – De *jauger.*

jaumière [ʒomjɛʀ] n. f. MAR Ouverture pratiquée dans la coque d'un navire pour faire passer la mèche du gouvernail. – De *heaume* (vx), « barre du gouvernail »; moy. néerl. *helm.*

jaunâtre [ʒonɑtʀ] adj. Qui tire sur le jaune; d'un jaune peu net. – De *jaune*, et *-âtre.*

jaune [ʒon] adj., n. et adv. **I.** adj. Qui est de la couleur commune au citron, à l'or, au safran, etc. ▷ *Fièvre jaune* : syn. de *typhus amaril.* – *Corps* jaune.* **II.** n. **1.** n. m. Couleur jaune (couleur du spectre visible dont la longueur d'onde est comprise entre 0,5 et 0,6 μm). **2.** n. m. Colorant jaune. *Jaune indien, jaune naphtol.* **3.** n. m. *Jaune d'œuf* : partie centrale, jaune et globuleuse, de l'œuf des oiseaux, constituant l'ovule. **4.** (Avec une majuscule.) Personne appartenant à la grand-race jaune (V. race). **5.** Péjor. Personne qui ne prend pas part à une grève (à l'origine, membre de l'un des *syndicats jaunes*, créés pour lutter contre le mouvement ouvrier, et qui avaient le genêt pour emblème). **III.** adv. Fig. *Rire jaune*, sans gaieté et en se forçant. – Du lat. *galbinus*, « vert pâle ou jaune ».

jaunet, ette [ʒonɛ, ɛt] adj. et n. **1.** adj. Un peu jaune. **2.** n. m. Fam., vx Pièce d'or. – De *jaune.*

jaunir [ʒoniʀ] v. [3] **1.** v. tr. Rendre jaune. *Le temps a jauni les pages de ce livre.* **2.** v. intr. Devenir jaune. *Herbe qui jaunit.* – De *jaune.*

jaunissage [ʒonisaʒ] n. m. TECH Dans la dorure en détrempe, opération consistant à passer une teinte jaune sur les parties non recouvertes par la dorure. – De *jaunir.*

jaunisse [ʒonis] n. f. Syn. cour. de *ictère.* ▷ Loc. fig. *Faire une jaunisse de...* : éprouver un dépit très violent du fait de... – De *jaune.*

jaunissement [ʒonismɑ̃] n. m. Fait de devenir jaune; action de jaunir (qqch). – De *jaunir.*

java [ʒava] n. f. **1.** Danse de bal populaire, à trois temps, de cadence rapide; musique qui l'accompagne. **2.** Pop. *Faire la java* : faire la noce.

1. javanais, aise [ʒavanɛ, ɛz] adj. et n. **1.** adj. De Java, île d'Indonésie. ▷ Subst. *Un(e) Javanais(e).* **2.** n. m. *Le javanais* : la langue indonésienne parlée à Java et à Sumatra.

2. javanais [ʒavanɛ] n. m. Jargon inventé vers 1857, consistant à intercaler dans les mots les syllabes *va* devant les consonnes et *av* devant les voyelles (*manger*, par ex., devient *mavangeaver*). – P.-ê. d'ap. le présent de *avoir* : *j'ai, j'avais*, d'ap. *javanais* 1, avec l'idée d'une langue exotique, incompréhensible.

javart [ʒavaʀ] n. m. MED VET Nécrose infectieuse de la partie inférieure des membres du cheval, du bœuf, etc. – Du rad. prélatin **gaba*. V. jabot.

javeau [ʒavo] n. m. Île de sable ou de limon qui se forme lors d'une inondation. – Forme masc. de *javelle*.

Javel (eau de) [odʒavɛl] n. f. Solution d'hypochlorite de sodium ou de potassium utilisée comme antiseptique (traitement des eaux) ou comme décolorant (blanchissage). – De *Javel*, village, auj. quartier de Paris, où se trouvait une usine de produits chimiques.

javelage [ʒavlaʒ] n. m. AGRIC Action de javeler les céréales. ▷ Temps pendant lequel les javelles sèchent sur le sillon. – De *javeler*.

javelé, ée [ʒavle] adj. *Avoines javelées*, mouillées par la pluie et dont le grain est devenu noir et pesant. – Pp. de *javeler*.

javeler [ʒavle] v. [19] **1.** v. tr. Mettre (les céréales, le sel) en javelles. **2.** v. intr. Mûrir en javelles. – De *javelle*.

javeleur, euse [ʒavlœʀ, øz] n. **1.** Personne qui met les céréales en javelles. **2.** n. f. Machine à javeler. – De *javeler*.

javeline [ʒavlin] n. f. Anc. Dard long et mince (arme de jet). – De *javelot*.

javelle [ʒavɛl] n. f. **1.** Quantité de céréales que le moissonneur coupe en un coup de faux et qu'il met en petits tas sur le sillon avant le liage. **2.** Petit tas de sel retiré du marais salant. – Du gaul. **gabella*, « tas ».

javellisation [ʒavelizasjɔ̃] n. f. Stérilisation de l'eau par l'eau de Javel. – De *(eau de) Javel*.

javelliser [ʒavelize] v. tr. [1] Stériliser (l'eau) par javellisation. – De *(eau de) Javel*.

javelot [ʒavlo] n. m. **1.** Anc. Arme de trait, lance. **2.** Instrument de lancer en forme de javelot (sens 1), utilisé en athlétisme. ▷ *Le javelot* : la discipline athlétique du lancer de javelot. – Du gaul. **gabalus*.

jazz [dʒaz] n. m. Genre musical propre (à l'origine) aux Noirs des É.-U., caractérisé notam. par un très large recours à l'improvisation et une manière particulière de traiter le temps musical. (V. swing.) – Mot anglo-amér. d'orig. incert. ; d'abord *jazz-band* *.

jazz-band [dʒazbɑ̃d] n. m. Vieilli Orchestre de jazz. *Des jazz-bands*. – Anglo-amér. de *jazz*, et *band*, « troupe ».

jazzique [dʒazik] adj. Relatif au jazz. – De *jazz*.

jazzman, men [dʒazman, mɛn] n. m. Musicien de jazz. – Mot anglo-amér.

jazzy [dʒazi] adj. inv. Fam. Qui a un rythme caractéristique au jazz. – Mot anglo-amér.

je, [ʒə] pronom personnel sujet de la première personne du singulier, au masculin et au féminin. *« Je pense, donc je suis » (Descartes). Où suis-je ? Puissé-je réussir !* – N. B. : Le *e* est élidé quand le verbe commence par une voyelle ou un *h* muet : *j'écris, j'hésite*. – Du lat. *ego* ; *eo*, puis, *jo* et *je*.

jean [dʒin] ou **jeans** [dʒins] n. m. **1.** Blue-jean. **2.** Pantalon en jean (sens 3), quelle que soit sa couleur. *Un jean noir*. ▷ Pantalon ayant la coupe d'un blue-jean. *Des jeans de velours*. **3.** Denim utilisé pour la confection des blue-jeans, à l'origine bleu indigo. – Mot amér., « coutil, treillis », abrév. de *blue-jean*.

jean-foutre [ʒɑ̃futʀ] n. m. inv. Pop., péjor. Homme incapable. – D'un emploi pop. injur. du prénom *Jean*, et *foutre*.

jean-le-blanc [ʒɑ̃ləblɑ̃] n. m. inv. ORNITH Nom cour. de l'unique circaète européen. – Du prénom *Jean*, et *blanc*.

1. jeannette [ʒanɛt] n. f. **1.** Narcisse, jonquille. **2.** Mince chaîne d'or à laquelle s'attache une croix. **3.** Planchette montée sur un pied, utilisée pour les repassages délicats (plis, ourlets, cols de chemises, etc.). – Prénom fém., dimin. de *Jeanne*.

2. jeannette [ʒanɛt] n. f. Fillette appartenant au scoutisme féminin. – De *Jeanne* d'Arc, patronne de ce mouvement.

jeannotisme. V. janotisme.

jeans. V. jean.

jectisse [ʒɛktis] ou **jetisse** [ʒetis] adj. f. TECH *Terres jectisses*, prises dans un endroit et jetées dans un autre. *Pierres jectisses*, qui peuvent se poser à la main. – De *jecter*, anc. forme de *jeter*.

jeep [dʒip] n. f. Voiture tout terrain d'origine américaine, utilisée en partic. au cours de la Seconde Guerre mondiale. ▷ *Par ext.* Automobile tout terrain. – Mot amér., des initiales G. P. prononc. [dʒipi], de *general purpose*, « tous usages » ; nom déposé.

jéjuno-iléon [ʒeʒynoileɔ̃] n. m. ANAT Partie de l'intestin grêle formée par le jéjunum et l'iléon. *Des jéjuno-iléons*. – De *jéjunum*, et *iléon*.

jéjunum [ʒeʒynɔm] n. m. ANAT Partie de l'intestin grêle comprise entre le duodénum et l'iléon. – Du lat. méd. *jejunum intestinum*, « intestin à jeun », à cause de la faible quantité de matières qu'il contient.

je-m'en-fichisme ou **je m'en fichisme** [ʒmɑ̃fiʃism], **je-m'en-foutisme** ou **je m'en foutisme** [ʒmɑ̃futism] n. m. Fam., péjor. Insouciance blâmable, laisser-aller. *Des je-m'en-fichismes* ou *des je-m'en-foutismes*. – De *je m'en fiche, je m'en fous*. V. ficher, foutre.

je-m'en-fichiste ou **je m'en fichiste** [ʒmɑ̃fiʃist], **je-m'en-foutiste** ou **je m'en foutiste** [ʒmɑ̃futist] adj. et n. Fam., péjor. Qui montre de l'indifférence, de la passivité. – Subst. *Des je-m'en-fichistes* ou *des je-m'en-foutistes*. – De *je-m'en-fichisme* ou, *je-m'en-foutisme*.

je-ne-sais-quoi ou **je ne sais quoi** [ʒənsɛkwa] n. m. inv. Chose indéfinissable. *« Le Je-ne-sais-quoi et le Presque-rien », œuvre de Vladimir Jankélévitch. Son charme tient à un je-ne-sais-quoi*. – De *je, ne, sais* (du v. savoir), et *quoi*.

jenny [ʒeni] n. f. TECH Machine à filer le coton, inventée par l'Anglais Hargreaves (1710-1778). – Mot angl., en fr. *Jeannette*, symbolisant la fileuse.

jérémiade [ʒeʀemjad] n. f. Fam., péjor. Lamentation continuelle, plainte geignarde et inopportune. – De *Jérémie*, à cause du poème des *Lamentations* qui fut longtemps, à tort, attribué à ce prophète.

jerez. V. xérès.

jerk [dʒɛʀk] n. m. Danse, née dans les années soixante, qui consiste à agiter le corps et les membres de secousses rythmiques. – Mot angl., « secousse ».

jéroboam [ʒeʀɔbɔam] n. m. Grande bouteille de vin ou de champagne dont la contenance est égale au quadruple de celle de la bouteille normale, soit 3,10 l. – De *Jéroboam Ier*, qui, selon la Bible, conduisit son royaume au péché.

jerricane (off. recommandé) ou **jerrycan** [ʒeʀikan] n. m. Réservoir parallélépipédique portatif, d'une contenance de vingt litres env., utilisé notam. pour contenir de l'essence, du pétrole, etc. – De l'angl. *Jerry*, surnom donné par les Américains aux Allemands, et *can*, « récipient ».

jersey [ʒɛʀzɛ] n. m. Tissu élastique de laine, de fil ou de soie. ▷ Corsage, tricot moulant le buste, fait avec ce tissu. – Du nom de l'île de *Jersey*.

jersiais, aise [ʒɛʀzjɛ, ɛz] adj. et n. De l'île de Jersey, la plus grande des îles Anglo-Normandes.

jésuite [ʒezɥit] n. m. et adj. **1.** n. m. Membre de la Compagnie de Jésus. ▷ adj. *Un père jésuite. Méthode* *jésuite.* – ART *Style jésuite* : style architectural baroque qui apparut en France à l'époque de la Contre-Réforme catholique, et que les jésuites contribuèrent à répandre. **2.** adj. Péjor. Hypocrite et astucieux (par allus. à la casuistique trop accommodante que l'on reprochait aux jésuites). *Une attitude jésuite.* ▷ n. m. *C'est un vrai jésuite.* – De *Jésus.*

jésuitique [ʒezɥitik] adj. Péjor. **1.** Propre aux jésuites. **2.** Qui rappelle les procédés que l'on prête aux jésuites; astucieux et sournois. *Argumentation jésuitique.* – De *jésuite.*

jésuitiquement [ʒezɥitikmɑ̃] adv. Péjor. De manière jésuitique. – De *jésuitique.*

jésuitisme [ʒezɥitism] n. m. Péjor. **1.** Système de conduite que l'on prête aux jésuites. **2.** Hypocrisie, fourberie dans la façon d'agir ou de répondre. – De *jésuite.*

jésus [ʒezy] n. m. et adj. inv. **1.** Représentation de l'Enfant Jésus. *Un jésus en ivoire.* ▷ Petit enfant particulièrement gracieux. **2.** Format de papier, qui portait en filigrane le monogramme de Jésus, *I.H.S. Jésus* (550 mm × 720 mm). *Grand jésus* (560 mm × 760 mm). ▷ (En appos.) *Papier jésus.* **3.** Saucisson gros et court, fabriqué notam. en Alsace, dans le Jura, en Suisse. – Du n. pr. *Jésus.*

1. jet [ʒɛ] n. m. **1.** Action de jeter, de lancer. *Jet d'une balle. Armes de jet,* servant à lancer (arc, fronde, etc.) ou qu'on lance (javelot, flèche). **2.** Émission d'un fluide sous pression. *Jet de vapeur, d'eau, de gaz.* ▷ Par anal. *Jet de lumière d'un projecteur.* **3.** TECH Action de couler dans le moule le métal en fusion. – *D'un seul jet,* d'une seule coulée du métal en fusion dans le moule; fig., cour., d'une seule traite, sans arrêt. *Écrit composé d'un seul jet.* – Fig., cour. *Premier jet* : essai, ébauche. **4.** SYLVIC Pousse droite et vigoureuse. **5.** *Jet d'eau* : gerbe d'eau projetée verticalement par une fontaine. – CONSTR Traverse inférieure d'un vantail de fenêtre, façonnée de manière à rejeter l'eau de pluie vers l'extérieur. – Déverbal de *jeter.*

2. jet [dʒɛt] n. m. (Anglicisme) Avion à réaction. ▷ *Spécial.* Avion à réaction long-courrier. – De l'angl. *jet plane,* de *jet* «jaillissement d'un gaz», et *plane* «avion».

jetable [ʒətabl] adj. Conçu pour être jeté après une ou plusieurs utilisations. – De *jeter.*

jetage [ʒətaʒ] n. m. VETER Mucosité qui s'écoule par les naseaux des animaux atteints de la morve, de la gourme. – De *jeter.*

jeté [ʒəte] n. m. **1.** CHOREGR Saut lancé par une jambe et reçu par l'autre. *Jeté battu,* où les jambes se croisent pendant le saut. **2.** SPORT *Épaulé-jeté* : V. épaulé. – Pp. subst. de *jeter.*

jetée [ʒəte] n. f. **1.** Construction s'avançant dans la mer ou dans un fleuve, haute chaussée maçonnée destinée à limiter le chenal d'accès à un port, à diriger le courant, à permettre l'accostage des navires, etc. **2.** Construction allongée qui relie le corps d'une aérogare à un poste de stationnement d'avion. – Pp. fém. subst. de *jeter.*

jeter [ʒəte] v. [20] **I.** v. tr. **1.** Lancer. *Jeter des pierres.* ▷ Loc. fig. *Jeter un coup d'œil sur une chose,* la regarder rapidement. *Jeter de la poudre aux yeux* : tenter de surprendre, de séduire par des faux-semblants brillants mais vains. **2.** Faire tomber ou laisser tomber. *Les assiégés jetaient de la poix bouillante du haut des remparts.* ▷ Loc. fig. *Jeter l'argent par les fenêtres* : dépenser sans compter, faire preuve d'une prodigalité excessive. **3.** Se débarrasser de, mettre au rebut (ce qui est hors d'usage, encombre, est inutile). *Jeter de vieux papiers.* **4.** Renverser. *Jeter qqn à terre.* – *Jeter bas une cloison,* la démolir. **5.** Émettre, envoyer (en faisant sortir de soi). *Serpent qui jette son venin.* ▷ Émettre (un son), pousser (un cri). – Fig. *Jeter les hauts cris* : se récrier hautement, s'indigner. ▷ Loc. fig. Vieilli *Jeter sa gourme* : faire ses premières fredaines, en parlant d'un jeune homme. **6.** Pousser, porter avec force vers. *Épaves que les vagues jettent sur la grève. Jeter qqn dans un cachot,* l'y emprisonner, l'y faire emprisonner. ▷ Fig. *Jeter qqn dans l'inquiétude, dans l'illusion.* **7.** Asseoir, établir, poser. *Jeter les bases, les fondements de qqch.* ▷ Construire (une passerelle, un pont). *Eiffel jeta le viaduc de Garabit au-dessus de la Truyère.* ▷ *Jeter sur* : mettre, déposer en hâte ou négligemment sur. *Jeter un châle sur ses épaules.* **II.** v. pron. **1.** Se précipiter, se porter vivement vers (dans, contre, etc.). *Il s'est jeté sur moi. Se jeter dans les bras, au cou de qqn.* ▷ Fig. *Se jeter avec fougue dans le militantisme politique. Se jeter à la tête de qqn,* lui faire des avances, s'imposer à lui. **2.** Se laisser tomber. *Se jeter dans le vide, se jeter par la fenêtre.* **3.** *Se jeter dans* : confluer avec (en parlant d'un cours d'eau). *La Saône se jette dans le Rhône à Lyon.* – Du lat. pop. **jectare,* class. *jactare,* fréquent. de *jacere.*

jeteur, euse [ʒətœʀ, øz] n. *Jeteur, jeteuse de sort,* personne qui envoûte en jetant un sort. – De *jeter.*

jetisse. V. jectisse.

jeton [ʒ(ə)tɔ̃] n. m. **1.** Pièce plate, le plus souvent ronde, symbolisant une valeur quelconque (points au jeu, rang dans une série, etc.) ou servant à faire fonctionner une machine automatique. *Jetons en matière plastique des joueurs de dés. Jeton de téléphone.* ▷ *Jeton de présence* : indemnisation qui rémunère la présence effective des administrateurs d'une société aux séances du conseil d'administration (et qui était autrefois versée en échange d'un jeton témoin). **2.** Pièce de monnaie en métal non précieux, n'ayant qu'une valeur fiduciaire. *Un jeton de cinq francs. Jetons en cupro-nickel.* ▷ Fig. *Un faux jeton* : une personne fourbe, hypocrite. **3.** Pop. Coup. *Il a reçu quelques bons jetons dans la bagarre.* ▷ Fam. *Avoir les jetons* : avoir peur. – De *jeter,* au sens anc. de «calculer», les jetons ayant d'abord servi au calcul.

jet-set ou **jet set** [dʒɛtsɛt], **jet-society** ou **jet society** [dʒɛtsɔsajti] n. f. Fam. Ensemble des personnes de la vie mondaine ou des affaires internationales. – De l'angl. *jet plane* (V. 2 jet), «jet», et *set,* «groupe», ou *society,* «société».

jet-stream [dʒɛtstʀim] n. m. METEO Courant violent dans la stratosphère. *Des jet-streams.* – Mot angl., de *jet,* «jaillissement d'un gaz», et *stream,* «courant».

jeu [ʒø] n. m. **I.** Divertissement, récréation, activité intellectuelle ou gestuelle qui n'a d'autre fin que l'amusement de la personne qui s'y livre. *Jeux de société, jeux d'esprit.* ▷ Loc. *Ce n'est qu'un jeu, c'est un jeu d'enfant* : c'est une chose très facile à faire. – Prov. *Jeu de main, jeu de vilain* : les jeux de main (c.-à-d. les coups de poing) ne conviennent qu'aux «vilains» (paysans, au Moyen Âge), et non aux personnes de qualité. (Sens mod. : la violence feinte des jeux de main conduit souvent à la violence réelle.) **II.** Cette activité en tant qu'elle est soumise à certaines règles. *Jeu télévisé.* **1.** *Jeux de hasard,* où seul le hasard intervient et où l'on risque généralement de l'argent (roulette, dés, poker, etc.). *Jeux de combinaisons* (dames, échecs, go, etc.). *Maison de jeu(x),* où l'on joue à des jeux de hasard pour de l'argent. ▷ *Théorie des jeux* : partie de la recherche opérationnelle qui étudie les stratégies en les assimilant à celles de joueurs qui s'affrontent. ▷ Loc. *Entrer en jeu* : commencer à jouer; fig., intervenir. *D'entrée de jeu* : dès le début. – Fig. *Être en jeu,* en cause. *Mettre en jeu qqch,* l'exposer, le risquer. (V. aussi sens V, 2.) *Avoir beau jeu de, à* : être dans des circonstances favorables pour. *Faire le jeu de qqn,* agir sans le vouloir dans son intérêt. – *Jouer gros jeu* : jouer de grosses sommes; fig., risquer, hasarder beaucoup. *Ce n'est pas de jeu* : cela contrevient aux règles du jeu. **2.** Chez les anciens Grecs, concours sportif. *Les jeux Isthmiques.* – Chez les Romains, spectacle du cirque (combats de gladiateurs, etc.). *Les jeux du cirque.* ▷ *Jeux Olympiques* (V. encycl.). **3.** TENNIS

Chacune des parties que comporte un set. – *Jeu décisif* : syn. (off. recommandé) de *tie-break*. **III. 1.** Ensemble d'objets qui servent à jouer. *Jeu de cartes, de dames.* ▷ Ensemble des cartes qu'un joueur a en main. *Avoir un beau jeu.* ▷ (En cartomancie.) *Le grand jeu* : le jeu de tarots. **2.** Lieu où l'on joue. *Un vaste jeu de boules.* **3.** *Par ext.* Assortiment d'objets, de pièces de même nature. *Un jeu de clefs.* ▷ Spécial. *Jeu d'orgue(s)* : série de tuyaux de même nature, ayant le même timbre. **IV. 1.** Manière dont un acteur remplit son rôle. *Jeu d'un comédien. Jeux de scène* : entrées, sorties, mouvements divers des acteurs. ▷ Fig., fam. *Être vieux jeu* : n'avoir pas les idées, les manières à la mode du jour. **2.** Manière de jouer d'un instrument de musique. *Un jeu brillant. Un excellent jeu d'archet.* **3.** Fig. Manière de faire, méthode. *Jouer un jeu curieux. Jeu d'un avocat.* ▷ Loc. *Entrer dans le jeu de qqn*, s'associer à sa manière d'agir. ▷ COMPTA Loc. *Jeu d'écritures* : procédé qui consiste à passer des écritures purement formelles. **V. 1.** Mouvement d'un organe, d'un mécanisme qui tend à produire un effet. *Le jeu d'un ressort.* **2.** *Par ext.* Fig. Fonctionnement. *Le jeu des institutions.* ▷ *Mettre en jeu* : faire fonctionner, agir; faire entrer (dans un fonctionnement). *Un tel phénomène met en jeu des forces considérables.* **3.** Espace nécessaire au mouvement de deux pièces. *Donner du jeu à un mécanisme*, laisser suffisamment d'espace entre les pièces pour qu'elles puissent fonctionner librement. *Prendre du jeu* : cesser d'être bien serré, ajusté (du fait de l'usure, des vibrations, etc.). **4.** *Jeu d'eau, de lumière*, etc. : diversité des formes que l'on fait prendre à des jets d'eau ou variété d'éclairages destinées à produire un effet esthétique. **VI. 1.** LITTER Pièce en vers du Moyen Âge. *Le « Jeu de la feuillée ».* **2.** *Les jeux Floraux* : la fête annuelle instituée à Rome, en 238 av. J.-C., en l'honneur de la déesse Flore. – Nom donné au concours poétique organisé à Toulouse en 1323 par sept troubadours languedociens; réorganisé au XVIe s., érigé par Louis XIV en Académie des jeux Floraux, celle-ci existe encore aujourd'hui. – Du lat. *jocus*, « badinage, plaisanterie ».
ENCYCL Les premiers jeux Olympiques (776 av. J.-C.) furent organisés en l'honneur de Zeus, à Olympie (Élide). Ils se déroulèrent, tous les 4 ans, pendant 1 200 ans; l'empereur chrétien Théodose les abolit en 393. Les jeux Olympiques, tels que nous les connaissons, ont eu lieu pour la première fois à Athènes, en 1896, renouant ainsi, sous l'impulsion du baron Pierre de Coubertin (1863-1937), avec la grande tradition antique. Ils se déroulent tous les quatre ans.

jeudi [ʒødi] n. m. Quatrième jour de la semaine, qui suit le mercredi. *Le jeudi a été remplacé par le mercredi comme jour de congé des écoliers.* – Loc. fig., fam. *La semaine des quatre jeudis* : jamais.– RELIG CATHOL *Jeudi saint* : jeudi de la semaine qui précède Pâques. – Lat. *Jovis dies*, « jour de Jupiter »; d'abord *juesdi*.

jeun (à) [aʒœ̃] loc. adv. Sans avoir mangé. – De *à*, et de l'anc. adj. *jeun*; lat. *jejunus*.

jeune [ʒœn] adj. et n. **I.** adj. **1.** Qui n'est pas avancé en âge. *Un jeune homme. Le jeune âge* : la jeunesse. **2.** Par opposition à *aîné* et à *ancien*. *« Fromont jeune et Risler aîné »*, d'A. Daudet (1874). *Pline le Jeune.* **3.** Propre à la jeunesse, juvénile. *De jeunes ardeurs. Garder le cœur jeune. Couleur jeune*, qui convient à une personne jeune. **4.** Qui est composé de jeunes gens, de jeunes filles. *Un public jeune.* **5.** Qui n'a pas beaucoup d'ancienneté. *Il est bien jeune dans le métier.* **6.** (En parlant des animaux, des plantes, des choses.) Peu âgé, récent, nouveau. *Un jeune chien. Un jeune chêne. Vin jeune.* **7.** THEAT *Jeune premier, jeune première* : comédien, comédienne jouant des rôles importants (premiers rôles) de jeunes gens. **8.** Fam. *Un peu jeune* : un peu insuffisant. *Une bouteille pour six, ce sera un peu jeune !* **II.** n. **1.** Personne jeune. *Être entouré de jeunes.* (L'emploi du sing. *un jeune, une jeune*, très courant de nos jours, a été critiqué par certains puristes.) **2.** Animal non encore adulte. – Du lat. *juvenis*; a. fr. *jovene*, puis *juevne, juene*.

jeûne [ʒøn] n. m. **1.** Privation de nourriture. **2.** Privation volontaire de nourriture, partic. pour des motifs religieux. *Jeûne du carême, du ramadan.* – Déverbal de *jeûner*.

jeunement [ʒœnmɑ̃] adv. VEN *Cerf dix cors jeunement*, qui a pris depuis peu un cor de dix andouillers. – De *jeune*.

jeûner [ʒøne] v. intr. [1] **1.** Être privé de nourriture. **2.** S'abstenir de nourriture, partic. pour des motifs religieux. – Du bas lat. ecclés. *jejunare*.

jeunesse [ʒœnɛs] n. f. **1.** Partie de la vie comprise entre l'enfance et l'âge adulte. *La première jeunesse* : l'adolescence. – (Prov.) *Il faut que jeunesse se passe* : il faut être indulgent pour les fautes dues à la vivacité, à l'inexpérience des jeunes gens. **2.** (Animaux, plantes, choses.) Jeune âge. *La jeunesse du monde.* **3.** Ensemble des personnes jeunes. – (Prov.) *Si jeunesse savait, si vieillesse pouvait*, si la jeunesse avait l'expérience et la vieillesse la force. *La jeunesse dorée*, privilégiée. **4.** Fam., vieilli Jeune fille ou femme très jeune. *Il a épousé une jeunesse.* **5.** Fraîcheur, vigueur. *Une œuvre pleine de jeunesse.* – De *jeune*.

jeunet, ette [ʒønɛ, ɛt] adj. Fam. Tout jeune. – Dimin. de *jeune*.

jeûneur, euse [ʒønœʀ, øz] n. Personne qui jeûne (sens 2). – De *jeûner*.

jeunot, otte [ʒøno, ɔt] adj. et n. m. Fam. **1.** adj. Jeune. **2.** n. m. Jeune homme. – Dimin. de *jeune*.

jing [dʒiŋ] ou **king** [kiŋ] n. m. inv. Terme par lequel on désigne un ensemble de textes assez hétéroclites, rédigés du XIe au IIIe s. av. J.-C. et qui forment la base du confucianisme. Les princ. jing sont au nombre de cinq : le *Yijing*, ou Classique de divination; le *Shujing*, ou Classique des documents; le *Shijing*, ou Classique des odes; le *Lijing*, ou Livre des rites; le *Chunqiu*, ou Chronique des printemps et des automnes. – Mot chinois, littéral. la « trame » d'un tissu, d'où a été tiré le sens de « rectitude », puis de « canons » et de « classiques ».

jingle [dʒingəl] (Anglicisme) Bref thème musical associé à un slogan publicitaire. Syn. (off. recommandé) sonal, ritournelle publicitaire. – Mot angl., « son de cloche ».

jiu-jitsu [ʒiyʒitsy] n. m. inv. Art martial japonais, technique de défense à main nue dont dérive le judo. – Mot jap., *jujitsu*, « art de la souplesse ».

jivaro [ʒivaʀo] adj. et n. (inv. en genre) Qui se rapporte aux Jivaros, Amérindiens vivant en Amazonie. *Les têtes réduites jivaros.* ▷ Subst. *Un(e) Jivaro.*

J.O. Sigle de *jeux Olympiques*.

joaillerie [ʒɔajʀi] n. f. **1.** Art, commerce du joaillier. **2.** Articles fabriqués ou vendus par le joaillier. **3.** Boutique du joaillier. – De *joaillier*.

joaillier, ère [ʒɔalje, ɛʀ] n. Personne qui travaille les joyaux, ou en fait le commerce. – De l'a. fr. *joelier*, forme anc. de *joyau*.

joannite. V. johannite.

job [dʒɔb] n. m. (Anglicisme) Fam. Emploi rémunéré. *Chercher un job.* – Mot angl.

jobard, arde [ʒɔbaʀ, aʀd] adj. et n. Qui est crédule, facile à duper. – Du moyen fr. *jobe*, « niais », probabl. de *Job*, personnage biblique, à cause des railleries qu'il eut à subir.

jobarder [ʒɔbaʀde] v. tr. [1] Rare Tromper. – De *jobard*.

jobarderie [ʒɔbaʀd(ə)ʀi] ou **jobardise** [ʒɔbaʀdiz] n. f. Crédulité, naïveté confinant à la niaiserie. – De *jobard*.

jociste [ʒɔsist] n. Qui appartient à la Jeunesse ouvrière chrétienne. – De *J.O.C.*, sigle de Jeunesse ouvrière chrétienne.

jockey [ʒɔkɛ] n. m. Personne qui fait métier de monter les chevaux dans les courses. – Angl. *jockey*, dimin. de *Jock*, forme écossaise de *Jack*.

jocrisse [ʒɔkʀis] n. m. Benêt qui se laisse gouverner. – Nom d'un personnage de théâtre.

jodhpurs [ʒɔdpyʀ] n. m. pl. Pantalon de cheval, serré au-dessous du genou. – Mot angl., abrév. de *Jodhpur breeches*, «pantalons de Jodhpur», de *Jodhpur*, nom d'une ville indienne.

jodler [ʒɔdle], **iodler** [jɔdle] ou **iouler** [jule] v. intr. [1] Vocaliser sans paroles en passant de la voix de poitrine à la voix de tête. *Les Tyroliens jodlent.* – De l'all. dial. *jodeln*.

joggeur, euse [dʒɔgœʀ, øz] n. Personne qui pratique le jogging. – De *jogging*.

jogging [dʒɔgiŋ] n. m. (Anglicisme) Course à pied pratiquée individuellement pour se maintenir en forme et sans idée de compétition. – Mot angl., de *to jogg*, «aller au petit trot».

johannique [ʒɔanik] adj. RELIG Relatif à l'apôtre Jean, à l'Évangile de Jean. – Du lat. *Johannes*, «Jean».

johannite ou **joannite** [ʒɔanit] n. et adj. RELIG Membre d'une secte très ancienne de chrétiens d'Orient, dans laquelle on confère le baptême au nom de Jean Baptiste. Cf. aussi mandéisme. – Du lat. *Johannes*, «Jean».

joie [ʒwa] n. f. **1.** État de satisfaction intense. *Cris de joie. Combler de joie. Se faire une joie de* : se réjouir à l'idée de. *Faire la joie de qqn*, être pour lui un sujet de profonde satisfaction. **2.** Gaieté, bonne humeur. *La joie des convives. Mettre en joie* : provoquer la gaieté. **3.** (Plur.) Plaisirs, satisfactions. *Les joies de la vie.* – Iron. Ennuis, inconvénients. *Il va connaître les joies du service militaire!* **4.** Vx Plaisir sensuel. – Mod. *Fille de joie* : prostituée. – Du lat. *gaudia*.

joignable adj. Fam. Qu'on peut joindre. *Il est joignable par téléphone.* – De *joindre*, et *-able*.

joindre [ʒwɛ̃dʀ] v. [56] **I.** v. tr. **1.** Approcher (des objets) de sorte qu'ils se touchent; unir solidement. *Joindre deux planches. Joindre des tôles par une soudure. Joindre les mains*, les faire se toucher paume contre paume (en un geste de prière, de supplication). ▷ v. intr. (Choses) Se toucher sans laisser d'interstices. *Volets qui joignent mal.* **2.** (Construit avec *à*.) Ajouter, mettre avec (pour former un tout ou compléter). *Joindre des pièces à une réclamation.* ▷ Fig. Allier, associer. *Joindre l'utile à l'agréable.* ▷ DR *Joindre deux instances*, les juger en même temps. **3.** Faire communiquer, relier. *Courtine joignant deux bastions. Service aérien qui joint Paris à Madrid.* **4.** Atteindre, être en contact avec (qqn). *Joindre qqn par téléphone.* **II.** v. pron. S'associer. *Nous nous joignons à vous pour protester.* – Du lat. *jungere*.

1. joint, jointe [ʒwɛ̃, ʒwɛ̃t] adj. et n. m. **I.** adj. **1.** Qui est joint, qui se touche. *Planches mal jointes.* **2.** Mis avec, ensemble; conjugué. *Protestations jointes.* **3.** Ajouté. *Pièce jointe à une lettre.* ▷ *Ci-joint* : joint à ceci. *La facture ci-jointe. Ci-joint la facture.* **II.** n. m. **1.** Articulation, endroit où deux os se joignent. *Joint de l'épaule.* (V. aussi jointure.) ▷ Fig., fam. *Trouver le joint*, le point favorable pour intervenir. **2.** MECA Dispositif servant à transmettre un mouvement. *Joint de Oldham. Joint de Cardan* : V. cardan. **3.** TECH Endroit où s'accolent deux éléments contigus d'une maçonnerie, d'une construction ou d'un assemblage. ▷ Intervalle entre ces éléments. *Remplir un joint de mortier.* ▷ Face la plus étroite d'une planche. **4.** Dispositif ou matériau intercalé entre deux pièces et qui sert à rendre leur raccordement étanche *(joint d'étanchéité)* ou à leur permettre de se dilater *(joint de dilatation)*. – Ppr. de *joindre*.

2. joint [ʒwɛ̃] n. m. Fam. Cigarette de haschisch. – Mot arg. amér.

jointé [ʒwɛ̃te] adj. MED VET *Cheval court-jointé, long-jointé*, dont le paturon est trop court, trop long. – De l'anc. terme de manège *jointe*, «paturon du cheval».

jointif, ive [ʒwɛ̃tif, iv] adj. Qui est joint sans intervalle. *Planches jointives.* – De *joint* 1.

jointoiement [ʒwɛ̃twamɑ̃] n. m. CONSTR Action de jointoyer; son résultat. – De *jointoyer*.

jointoyer [ʒwɛ̃twaje] v. tr. [23] CONSTR Remplir avec du mortier, du ciment, du plâtre les joints de. *Jointoyer des moellons.* – De *joint* 1.

jointure [ʒwɛ̃tyʀ] n. f. **1.** Articulation. *Faire craquer ses jointures.* **2.** Endroit où se joignent deux éléments; manière dont ils se joignent. *Jointure d'un parquet.* – Du lat. *junctura*, de *jungere*, «joindre».

joint venture [dʒɔint ventʃəʀ] Loc. nom. ECON Projet élaboré par une association d'entreprises. Syn. (off. recommandé) coentreprise. – Mot angl., «entreprise mixte».

jojo [ʒoʒo] n. m. Fam. *Affreux jojo* : enfant turbulent, insupportable; *par ext.* drôle de personnage. ▷ adj. inv. Joli (souvent en tournure nég.). *C'est pas très jojo.* – De *joli*.

jojoba [ʒɔʒɔba] n. m. BOT Arbuste des régions désertiques (*Simmondsia chinensis*) dont les graines contiennent une huile utilisée comme lubrifiant et en cosmétique. – Mot esp. du Mexique.

joker [ʒɔkɛʀ] n. m. Carte à jouer qui prend la valeur que lui attribue le joueur qui la détient. – Mot angl., propr. «farceur».

joli, ie [ʒɔli] adj. et n. m. **1.** Qui plaît par ses qualités esthétiques, par son élégance, ses formes harmonieuses. *Une jolie femme. Un joli garçon. Une jolie bouche. Faire le joli cœur* : chercher à plaire, à séduire. ▷ Agréable à voir, à entendre. *Un joli paysage. De jolis vers.* **2.** Qui présente des avantages, qui mérite de retenir l'attention. *Une jolie situation. Une jolie fortune.* **3.** Fam. Plaisant, amusant, piquant. *Faire un joli mot d'esprit. Le tour est joli.* ▷ n. m. *Le joli* : le plaisant, le piquant. *Le joli de l'affaire.* **4.** *Par antiphrase.* Peu recommandable; déplaisant, blâmable. *Un joli monsieur! Du joli monde!* ▷ n. m. *C'est du joli!* – De l'anc. scand. *jôl*, nom d'une grande fête du milieu de l'hiver.

joliesse [ʒɔljɛs] n. f. Caractère de ce qui est joli. – De *joli*.

joliment [ʒɔlimɑ̃] adv. **1.** D'une manière jolie, plaisante. *Écrire joliment.* **2.** Fam. Beaucoup, considérablement. *Joliment bête.* **3.** *Par antiphrase.* Très mal. *Vous voilà joliment vêtu!* – De *joli*.

jonc [ʒɔ̃] n. m. **1.** Plante herbacée vivace (genre *Juncus*, fam. juncacées) qui pousse dans les lieux humides et dont la tige est droite et flexible. *Jonc à feuilles cylindriques.* ▷ Cette tige, utilisée en vannerie. *Corbeille de jonc.* **2.** *Canne de jonc* ou un *jonc* : canne faite avec la tige du jonc d'Inde (rotang). **3.** Bague ou bracelet dont le cercle est de grosseur uniforme. – Du lat. *juncus*.

joncassées. V. juncassées.

jonchaie [ʒɔ̃ʃɛ] ou **jonchère** [ʒɔ̃ʃɛʀ] n. f. Lieu planté de joncs. – De *jonc*.

jonchée [ʒɔ̃ʃe] n. f. **1.** Litt. Amas (de branchages, de fleurs, d'herbe, etc.) qui recouvre le sol. *Une jonchée de feuillages.* ▷ *Par ext.* Grande quantité d'objets éparpillés sur le sol. *Jonchée de papiers.* **2.** Rég. Petit fromage de lait caillé égoutté sur une claie de joncs. – De *joncher*.

joncher [ʒɔ̃ʃe] v. tr. [1] **1.** Recouvrir le sol (de branchages, de feuilles, etc.). *Joncher le sol de fleurs.* **2.** Couvrir en grande quantité. *Papiers qui jonchent le sol.* – De *jonc*.

jonchère. V. jonchaie.

jonchet [ʒɔ̃ʃɛ] n. m. Chacun des petits bâtons de bois, d'os, d'ivoire, etc., jetés pêle-mêle sur une table et qu'il faut retirer un à un sans faire bouger les autres. *Jeu de jonchets.* – De *jonc* ou de *joncher*.

jonction [ʒɔ̃ksjɔ̃] n. f. **1.** Action de joindre, de se joindre; son résultat; fait d'être joint, réuni. *Un pont établit la jonction entre les rives d'un fleuve. La jonction de deux colonnes blindées.* ▷ DR *Jonction d'instance, de cause* : réunion de deux causes en une seule afin que le tribunal statue sur les deux en un seul jugement. **2.** Point où deux choses se joignent. *À la jonction des deux autoroutes.* ▷ ELECTR Connexion, liaison entre deux conducteurs. ▷ ELECTRON Dans un semiconducteur, zone de transition de faible épaisseur qui sépare les domaines caractérisés respectivement par un excès d'électrons (région N) et par un défaut d'électrons (région P). – Lat. *junctio*.

jonglage [ʒɔ̃glaʒ] n. m. Art de jongler. – De *jongler*.

jongler [ʒɔ̃gle] v. intr. [1] **1.** Lancer en l'air plusieurs objets (balles, torches enflammées, poignards, etc.) que l'on rattrape et que l'on relance alternativement. **2.** Fig. Manier avec dextérité. *Jongler avec les chiffres, les mots. Jongler avec les difficultés*, les surmonter très facilement. – Du lat. *joculari*, «plaisanter»; a. fr. *jogler*, «se jouer de».

jonglerie [ʒɔ̃gləʀi] n. f. **1.** Vieilli Tour de passe-passe. **2.** Fig., péjor. Manœuvre destinée à duper. *Je ne suis pas dupe de ses jongleries.* ▷ (Sans idée péjor.) Manifestation de virtuosité. *Les jongleries verbales d'un poète.* – De *jongler*.

jongleur, euse [ʒɔ̃glœʀ, øz] n. **1.** Anc. Ménestrel (diseur de poèmes, instrumentiste et chanteur), qui allait de château en château, de ville en ville. **2.** Artiste de cirque, de music-hall, etc., qui fait métier de jongler. *Jongleurs et acrobates.* – Du lat. *joculator*, «rieur»; a. fr. *jogleor, jugleor*.

jonque [ʒɔ̃k] n. f. Navire de pêche ou de transport à voiles lattées, très haut de l'arrière, dont le type reste répandu en Extrême-Orient. – Javanais *(d)jong*.

jonquille [ʒɔ̃kij] n. **1.** n. f. Narcisse (*Narcissus pseudonarcissus*) à collerette profonde et à fleurs jaunes. **2.** n. m. Couleur jaune clair. ▷ adj. inv. *Des foulards jonquille.* – Esp. *junquilla*, de *junco*, «jonc».

jordanien, enne [ʒɔʀdanjɛ̃, ɛn] adj. et n. De Jordanie, État du Proche-Orient. ▷ Subst. *Un(e) Jordanien(ne).*

joseph [ʒozɛf] adj. inv. TECH *Papier joseph* : papier mince et transparent utilisé comme filtre en chimie. – Du prénom de *Joseph* de Montgolfier (1740-1810), industriel fr. qui perfectionna la fabrication du papier et inventa, avec son frère Étienne, les montgolfières.

joséphisme [ʒozefism] n. m. Ensemble des mesures prises au XVIIIe s. par l'empereur Joseph II pour subordonner l'Église à l'État. – Du n. de *Joseph* II, empereur germanique (1741-1790).

jota [xɔta] n. f. **1.** Danse populaire espagnole (Aragon, Navarre), écrite sur une mesure à trois temps. *Chanter, danser la jota.* **2.** Son guttural espagnol, noté dans cette langue par la lettre *j*. – Mot esp.

jouable [ʒwabl] adj. Qui peut être joué. *Cette pièce n'est pas jouable.* – De *jouer*, et *-able*.

joual [ʒual] n. m. Péjor. Variété de français québécois caractérisée par un ensemble de traits (surtout phonétiques et lexicaux) considérés comme incorrects et identifiée au parler des classes populaires. *Le joual urbain et le joual rural.* ▷ adv. *Parler, écrire joual.* – Prononciation populaire de *cheval* dans certaines régions du Canada francophone.

joubarbe [ʒubaʀb] n. f. Plante grasse (genre *Sempervivum*, fam. crassulacées) à fleurs jaunes ou roses en cymes. – Du lat. *Jovis barba*, «barbe de Jupiter».

joue [ʒu] n. f. **1.** Partie latérale du visage comprise entre le nez et l'oreille, l'œil et le maxillaire inférieur. *Joues creuses, rebondies. Embrasser qqn sur la joue, sur les joues.* ▷ Fam. *Se caler les joues* : manger abondamment. ▷ *Coucher, mettre en joue qqch, qqn*, le viser en appuyant la crosse du fusil contre la joue. – Ellipt. *En joue! feu!* **2.** Partie latérale de la face de certains animaux. *Les joues du cheval.* **3.** TECH Chacune des deux flasques constituant la cage d'une poulie. ▷ MAR Partie renflée de la coque d'un navire, de chaque côté de l'avant. – P.-ê. du prélatin **gaba*, «gorge, gésier».

jouée [ʒue] n. f. TECH Épaisseur d'un mur au droit d'une baie. – De *joue*.

jouer [ʒwe] v. [1] **A.** v. intr. **I. 1.** Se récréer, se divertir, s'occuper à un jeu. *Les enfants jouent dans la cour.* ▷ Loc. fig. *Jouer avec sa santé*, commettre des imprudences qui peuvent lui porter atteinte. – *Jouer avec le feu* : prendre des risques, prendre un danger à la légère. **2.** Se mouvoir, en parlant d'une pièce, d'un mécanisme. *Ce piston ne joue pas bien.* ▷ *Faire jouer* : faire fonctionner, mettre en action. *Faire jouer une pompe.* – Fig. *Il a fait jouer ses relations.* **3.** Ne plus joindre parfaitement, se déboîter ou avoir trop de jeu. *Rivet qui joue dans son logement.* **4.** Se déformer (sous l'effet de l'humidité, de la dessiccation, etc.). *Les panneaux de la porte ont joué.* **5.** Intervenir, agir. *Ces considérations ont joué dans ma décision.* **6.** Produire un effet particulier (en parlant de la lumière, des couleurs). *Lumière qui joue sur une étoffe moirée.* **II.** *Jouer à.* **1.** S'adonner à (tel jeu, tel sport). *Jouer aux cartes, aux échecs. Jouer au tennis.* ▷ (S. comp.) *À vous de jouer* : à votre tour de jeter une carte, de déplacer un pion, etc.; fig., à vous d'agir. **2.** Miser de l'argent (dans un jeu de hasard). *Jouer à la roulette, au baccara. Jouer aux courses* (de chevaux). ▷ Absol. *C'est un homme qui joue*, qui joue habituellement, qui a la passion de jouer. ▷ *Jouer à la Bourse* : spéculer sur les valeurs boursières. **III.** *Jouer de.* Se servir de (tel instrument, tel outil, telle arme). *Jouer du couteau.* – *Spécial.* Se servir selon les règles de l'art (d'un instrument de musique). *Jouer du violon, de la flûte.* ▷ Loc. *Jouer des coudes*. Jouer de la prunelle*.* **B.** v. tr. **1.** Faire (une partie) à tel ou tel jeu ou sport. *Jouer une partie de tarot, un match de rugby. Jouer une carte*, jeter cette carte. *Jouer un pion*, le déplacer. ▷ *Jouer le jeu* : jouer conformément aux règles, à l'esprit du jeu; fig., respecter des conventions explicites ou tacites. **2.** Miser. *J'ai joué cent francs sur le favori.* – *Jouer gros jeu* : jouer de grosses sommes; fig., prendre de gros risques. **3.** Exécuter, faire entendre au moyen d'un instrument de musique. *Le pianiste a joué une sonate de Chopin. Jouer (du) Mozart.* Syn. interpréter. **4.** Représenter sur la scène. *Jouer une comédie. Jouer les ingénues* : tenir habituellement l'emploi d'ingénue. ▷ Fig. *Jouer la comédie* : feindre des sentiments que l'on n'éprouve pas. ▷ Loc. fig. *Jouer les...* : feindre d'être, tenter de se faire passer pour un... *Jouer les durs.* **5.** Rare Imiter. *Papier qui joue le velours.* **C.** v. pron. **1.** Vx ou litt. Se divertir, folâtrer. *Oiseaux se jouant dans le feuillage.* **2.** *Se jouer de qqn*, se moquer de lui, le duper. ▷ *Se jouer des difficultés*, en triompher aisément. **3.** (Sens passif.) Être joué (en parlant d'une pièce de théâtre, d'un morceau de musique). *Cette pièce s'est jouée plus de cent fois.* – Du lat. *jocari*, «badiner, plaisanter»; d'abord *joer*.

jouet [ʒwɛ] n. m. **1.** Objet avec lequel un enfant joue; objet fabriqué à cet usage. *Jouet en peluche.* **2.** Fig. Personne dont on se joue, dont on se moque. *Il n'a été qu'un jouet entre les mains de cet intrigant.* **3.** Fig. Personne, chose, livrée à une force extérieure aveugle; personne victime d'une tromperie, d'une illusion. *Être le jouet des événements.* – De *jouer.*

joueur, euse [ʒwœʀ, øz] n. et adj. **1.** Personne qui joue à un jeu (de façon occasionnelle ou régulière). *Joueur de boules, d'échecs. Joueur de rugby.* ▷ adj. Qui aime à jouer. *Enfant joueur.* **2.** Personne qui a la passion des jeux d'argent. *Un joueur incorrigible.* **3.** *Beau joueur,* qui sait accepter sereinement une éventuelle défaite (au jeu ou, fig., dans la vie). *Mauvais joueur,* qui n'aime pas perdre. **4.** Personne qui joue d'un instrument de musique. *Joueur de mandoline.* – De *jouer.*

joufflu, ue [ʒufly] adj. Qui a de grosses joues. – De l'a. fr. *giflu,* d'ap. *joue.*

joug [ʒu] n. m. **1.** Pièce de bois que l'on place sur la tête ou l'encolure des bœufs pour les atteler. *Joug simple, double.* ▷ Fig. Sujétion, contrainte matérielle ou morale. *Secouer le joug. Le joug du mariage.* **2.** ANTIQ ROM Pique attachée horizontalement au bout de deux autres piques plantées en terre, sous laquelle on faisait passer les ennemis vaincus en signe de soumission. – Lat. *jugum.*

jouir [ʒwiʀ] v. [3] **I.** v. tr. indir. *Jouir de.* **1.** Avoir l'usage, la possession, le profit de. *Jouir d'une bonne santé, de l'estime générale.* ▷ (Choses) *Région qui jouit d'un agréable climat.* **2.** Tirer grand plaisir de. *Jouir de l'embarras d'un adversaire.* **II.** v. intr. **1.** Prendre du plaisir; vivre dans le plaisir. *Depuis un certain temps, il ne pense qu'à jouir.* **2.** Éprouver l'orgasme. – Du lat. pop. *gaudire,* de *gaudere,* «se réjouir».

jouissance [ʒwisɑ̃s] n. f. **1.** Fait de jouir de qqch, d'en avoir l'usage, la possession, le profit. *Jouissance d'un droit.* **2.** Plaisir de l'esprit ou des sens. *Jouissance que procure une œuvre d'art.* ▷ *Spécial.* Plaisir sexuel, orgasme. – De *jouir.*

jouisseur, euse [ʒwisœʀ, øz] n. et adj. Personne qui ne songe qu'à jouir des plaisirs matériels. – De *jouir.*

jouissif, ive [ʒwisif, iv] adj. Fam. Qui procure un intense plaisir. – De *jouissant,* ppr. de *jouir.*

joujou, oux [ʒuʒu] n. m. (Dans le langage enfantin.) Jouet. *Faire joujou :* jouer. ▷ Fig., plaisant Objet (en partic. objet mécanique) très perfectionné ou très coûteux. – Redoublement enfantin de la première syllabe de *jouer, jouet.*

joule [ʒul] n. m. PHYS Unité d'énergie équivalant au travail d'une force de 1 newton dont le point d'application se déplace de 1 mètre dans sa propre direction (symb. : J). – *Effet* Joule.* – Du n. de J.-P. *Joule,* physicien anglais (1818-1889).

jour [ʒuʀ] n. m. **I.** Lumière, clarté. **1.** Lumière du soleil. *Il fait jour. Le jour se lève,* apparaît. ▷ *Demi-jour :* faible clarté. *Grand jour, plein jour :* pleine clarté solaire. ▷ *Beau comme le jour :* très beau. *Clair comme le jour :* très clair; fig. très facile à comprendre. **2.** Manière dont la lumière éclaire un objet. *Faux jour :* lumière qui éclaire mal, qui donne aux objets un aspect qui n'est pas le leur. ▷ Fig. Manière dont qqch ou qqn se présente, est considéré. *Je ne le connaissais pas sous ce jour.* **3.** Vie, existence. ▷ Loc. *Voir le jour :* naître. *Donner le jour à un enfant.* ▷ Fig. *Livre qui voit le jour,* qui paraît. **4.** Fig. *Au jour, au grand jour :* au vu et au su de tous. **II.** Ce qui laisse passer la lumière. **1.** Ouverture, fenêtre. *Jours ménagés dans les murs d'un bâtiment.* **2.** Ouverture pratiquée dans une étoffe en groupant plusieurs fils par des points de broderie. *Mouchoir à jours.* **3.** *À jour :* à travers quoi l'on voit le jour, dans quoi sont pratiquées des ouvertures. *Clochers à jour des cathédrales gothiques.* **4.** *Se faire jour :* apparaître progressivement. *Une vérité qui se fait jour.* **III.** Espace de temps. **1.** Période de clarté entre le lever et le coucher du soleil. *En décembre, les jours sont courts.* **2.** Espace de temps de vingt-quatre heures correspondant à une rotation complète de la Terre sur elle-même. *Les sept jours de la semaine. Jours fériés. Jour civil,* de minuit à minuit. ▷ ASTRO *Jour solaire vrai :* durée qui sépare deux passages supérieurs consécutifs du Soleil au méridien d'un lieu. – *Jour solaire moyen :* durée du jour solaire pour un Soleil fictif qui se déplacerait d'un mouvement uniforme. – *Jour sidéral :* durée comprise entre deux passages consécutifs d'une même étoile au méridien d'un même lieu, qui équivaut à la période de rotation de la Terre mesurée dans un repère lié aux étoiles supposées «fixes» (1 jour sidéral = 23 h 56 mn 4 s). **3.** Époque, espace de temps considéré relativement aux événements qui l'occupent, à l'emploi que l'on en fait. *Jour de pluie. Les beaux jours :* les jours où il fait beau, le printemps, l'été. – *Être dans un bon, un mauvais jour :* être de bonne, de mauvaise humeur. – *Vivre au jour le jour,* avec le gain de chaque jour; fig. sans souci du lendemain. ▷ *Absol.* Jour où une personne reçoit. *Son jour est le lundi.* ▷ *Le jour J :* V. j (sens 3). **4.** Cet espace de temps utilisé pour situer un événement, pour servir de point de repère. – *Un jour :* à un moment indéterminé. *Passez donc me voir un jour. Un de ces jours :* prochainement. *Un jour ou l'autre :* à un moment non précisé. ▷ *À jour :* exact, en règle, effectué en totalité au jour considéré. *Avoir des registres à jour. Mettre ses comptes à jour.* **5.** Moment présent, époque actuelle. *C'est au goût du jour,* à la mode. ▷ (Plur.) *De nos jours :* à notre époque. **6.** (Plur.) Durée de l'existence. *Ses jours sont comptés.* – Du bas lat. *diurnum,* pour *dies,* «jour»; d'abord *jorn.*

journal, aux [ʒuʀnal, o] n. m. **I. 1.** Cahier dans lequel une personne note régulièrement ses réflexions, les événements dont elle a été témoin, les actions qu'elle a accomplies, etc. *Tenir un journal de voyage. Journal intime.* ▷ MAR *Journal de bord :* registre dans lequel sont consignées toutes les circonstances relatives à la navigation et à la marche du navire. **2.** COMM Registre dans lequel on inscrit jour par jour les opérations comptables que l'on effectue. ▷ adj. *Livre journal.* **II. 1.** Toute publication périodique destinée à un public donné ou traitant de questions relatives à un ou à plusieurs domaines particuliers. *Journal pour enfants. Journaux féminins. Journal de mode.* ▷ *Spécial.* Publication quotidienne qui relate et commente l'actualité dans tous les domaines. **2.** *Par ext.* Bulletin d'information diffusé à heures fixes par la radio, la télévision. *Journal télévisé.* – Du bas lat. *diurnalis,* «de jour»; d'abord adj. signif. «quotidien».

journalier, ère [ʒuʀnalje, ɛʀ] adj. et n. **1.** adj. Qui se fait, se produit chaque jour. *Tâche journalière.* **2.** n. Ouvrier, ouvrière agricole payé(e) à la journée. – De *journal,* d'abord adj., «quotidien».

journalisme [ʒuʀnalism] n. m. **1.** Profession, travail de journaliste. **2.** Vieilli Milieu de la presse, des journalistes. *Le journalisme parisien.* **3.** Mode d'expression propre à la presse. *C'est du bon journalisme.* – De *journal.*

journaliste [ʒuʀnalist] n. Personne qui fait métier d'écrire dans un journal. ▷ *Par ext.* Personne qui fait métier d'informer à travers les médias. *Journaliste d'agence. Journaliste de la presse parlée, télévisée.* – De *journal.*

journalistique [ʒuʀnalistik] adj. Des journaux, des journalistes. *Style journalistique.* – De *journaliste.*

journée [ʒuʀne] n. f. **1.** Durée correspondant à un jour (sens III). *Une belle journée.* ▷ Loc. fam. *À longueur de journée, toute la sainte journée :* continuellement. **2.** Temps compris entre le lever et le coucher d'une personne, et l'emploi qu'elle en fait. *J'ai eu une dure journée.* **3.** Temps consacré au travail pendant la journée. – *Journée continue,* dans laquelle le temps consacré au déjeuner est très réduit, pour cesser plus tôt. ▷ Salaire du travail d'un jour. *Gagner sa journée.* – De *jour.*

journellement [ʒuʀnɛlmɑ̃] adv. **1.** Tous les jours. **2.** Fréquemment. – De *journel*, var. anc. de *journal*, « journalier ».

joute [ʒut] n. f. **1.** Anc. Combat courtois opposant deux cavaliers armés de lances garnies d'une morne. ▷ Mod. *Joute sur l'eau* : jeu sportif opposant deux hommes debout chacun dans une barque, et qui cherchent à se faire tomber au moyen de longues perches. **2.** Fig. Lutte. *Joute oratoire.* – Déverbal de *jouter*.

jouter [ʒute] v. intr. [1] **1.** Anc. Participer à une joute. – Mod. Participer à une joute sur l'eau. **2.** Fig., litt. Rivaliser; s'opposer en une joute (sens 2). – Du lat. pop. **juxtare*, « toucher à », de *juxta*, « près de ».

jouteur, euse [ʒutœʀ, øz] n. Personne qui participe à une joute. – De *jouter*.

jouvence [ʒuvɑ̃s] n. f. Vx Jeunesse. ▷ Loc. mod. *Fontaine de Jouvence* : fontaine légendaire dont les eaux rendent la jeunesse. – Fig. *Bain de jouvence*, de jeunesse, de vitalité. – Lat. *juventa; jouvente*, a. fr.; d'ap. *jouvenceau*.

jouvenceau, elle [ʒuvɑ̃so, ɛl] n. Vx ou plaisant Jeune homme, jeune fille. – Lat. pop. *juvencellus, juvencella*.

jouxter [ʒukste] v. tr. [1] Litt. Se trouver près de. *Le jardin qui jouxte la maison.* – De l'anc. prép. *jouxte*, « près de », lat. *juxta*.

jovial, ale, aux ou **als** [ʒɔvjal, o] adj. Qui est porté à une gaieté familière et bonhomme. *Humeur joviale.* Ant. morose. (Le pluriel *jovials* est rare.) – Bas lat. *jovialis*, « de Jupiter », à cause de l'influence supposée bénéfique de cette planète.

jovialement [ʒɔvjalmɑ̃] adv. D'une manière joviale. – De *jovial*.

jovialité [ʒɔvjalite] n. f. Humeur joviale. – De *jovial*.

jovien, enne [ʒɔvjɛ̃, ɛn] adj. ASTRO Relatif à la planète Jupiter. – Du lat. *Jovis*, « de Jupiter ».

joyau [ʒwajo] n. m. **1.** Ornement fait de matière précieuse (or, pierreries). *Les joyaux de la Couronne.* **2.** Fig. Ce qui a une grande valeur, une grande beauté. *La cathédrale de Reims, joyau de l'art gothique.* – Du lat. médiév. *jocalia*, de *jocus*, « jeu ».

joyeusement [ʒwajøzmɑ̃] adv. D'une façon joyeuse, avec joie. – De *joyeux*.

joyeuseté [ʒwajøzte] n. f. Fait, parole, action qui met en joie, qui amuse. – De *joyeux*.

joyeux, euse [ʒwajø, øz] adj. et n. **I.** adj. **1.** Qui éprouve de la joie, gai. *Il était tout joyeux. Une joyeuse bande d'enfants.* Ant. triste, chagrin, morose. **2.** Qui exprime la joie. *Cris joyeux.* **3.** Qui inspire la joie. *Joyeux Noël!* (Formule de souhait.) **II.** n. m. Vx Soldat des bataillons disciplinaires d'Afrique. – De *joie*.

jubarte [ʒybaʀt] n. f. ZOOL Baleine à bosse. V. mégaptère. – Altér., sous l'infl. de l'angl. *jubartes*, de *gibbar*, rad. lat. *gibbus*, « bosse ».

jubé [ʒybe] n. m. Galerie haute, en bois ou en pierre, qui sépare le chœur de la nef dans certaines églises gothiques. – De la prière *Jube, Domine*, « ordonne, Seigneur », dite en ce lieu.

jubilaire [ʒybilɛʀ] adj. Didac. **1.** Qui concerne le jubilé. *Année jubilaire* : année sainte (V. jubilé). **2.** Qui est en fonction depuis cinquante ans. *Docteur jubilaire.* – De *jubilé*.

jubilant, ante [ʒybilɑ̃, ɑ̃t] adj. Qui jubile. – Ppr. de *jubiler*.

jubilation [ʒybilasjɔ̃] n. f. Joie intense et extériorisée. – Lat. *jubilatio*, « cris de joie ».

jubilatoire [ʒybilatwaʀ] adj. Relatif à la jubilation; qui provoque la jubilation. – De *jubiler*.

jubilé [ʒybile] n. m. **1.** Dans le judaïsme, année qui, tous les cinquante ans, était consacrée au repos et à l'action de grâce. **2.** RELIG CATHOL Année sainte, qui revient tous les vingt-cinq ans et qui est marquée par des pèlerinages à Rome, des cérémonies, des pratiques de dévotion; ces pratiques. – *Par ext.* Indulgence plénière accordée par le pape aux pèlerins qui viennent alors à Rome. **3.** Fête en l'honneur d'une personne qui exerce une activité depuis cinquante ans. – Lat. *jubilæus*, de l'hébr. *yobhel*, « corne de bélier servant de trompe », d'où « fête annoncée au son de cette trompe ».

jubiler [ʒybile] v. intr. [1] Éprouver une joie intense. – Lat. *jubilare*.

juchée [ʒyʃe] n. f. CHASSE Branche où juchent les faisans. – Pp. fém. subst. de *jucher*.

jucher [ʒuʃe] v. [1] **1.** v. intr. Se poser sur une perche, une branche, pour dormir, en parlant de certains oiseaux. ▷ Fig. *Nos amis juchent au dernier étage.* – Pp. *J'ai vu un homme juché sur le toit.* **2.** v. tr. Placer dans un endroit élevé. *Jucher des bocaux sur un rayon élevé.* ▷ v. pron. *Se jucher sur une échelle.* – Probabl. de l'a. fr. *jochier*, de *juc, joc*, frq. **juk*, « joug », par ext. « perchoir ».

juchoir [ʒyʃwaʀ] n. m. Endroit où juchent les volailles. Syn. perchoir. – De *jucher*.

judaïcité [ʒydaisite] n. f. Didac. Appartenance à la religion juive; à la communauté juive. – Ensemble des caractères spécifiques de la religion juive. – De *judaïque*.

judaïque [ʒydaik] adj. Des juifs, de la religion juive. *La loi judaïque.* – Lat. *judaicus*.

judaïsant, ante [ʒydaizɑ̃, ɑ̃t] adj. et n. **1.** HIST Se dit des juifs convertis au christianisme naissant, qui soutenaient que toutes les pratiques du judaïsme devaient être conservées (circoncision, notam.). ▷ Subst. *Les judaïsants.* **2.** Qui suit la loi judaïque. – Ppr. de *judaïser*.

judaïser [ʒydaize] v. [1] **1.** v. intr. Observer la loi judaïque, les usages religieux juifs. **2.** v. tr. Convertir au judaïsme. ▷ Rendre juif. ▷ Faire occuper (une région) par des juifs. – Bas lat. ecclés. *judaizare*.

judaïsme [ʒydaism] n. m. **1.** Religion juive. **2.** Fait d'appartenir à la communauté juive. ▷ Communauté juive. *Le judaïsme français.* – Bas lat. ecclés. *judaismus*.

ENCYCL Historiquement, le judaïsme est la prem. des grandes religions monothéistes. Il a pour fondement l'Alliance inaugurée par Dieu avec Abraham et la Loi (la *Torah*) qui fut donnée à Moïse. Religion d'un peuple qui vit son histoire dans la recherche de la fidélité et l'attente du Messie, le judaïsme repose sur l'Écriture (la Bible), dont l'interprétation mystique est la Cabale, et sur le princ. recueil des commentaires de la Loi, le Talmud.

judaïté [ʒydaite] n. f. Didac. Condition de juif; fait d'être juif. – D'apr. *judaïque*.

judas [ʒyda] n. m. **1.** Traître. **2.** Petite ouverture dans une porte pour voir sans être vu. – De *Judas* Iscariote, apôtre qui trahit Jésus.

judéité [ʒydeite] n. f. Didac. Ensemble des traits de civilisation qui fondent l'identité du peuple juif. – Du lat. *judæus*, « juif ».

judéo-. Élément, du lat. *judæus*, « juif ».

judéo-allemand, ande [ʒydeoalmɑ̃, ɑ̃d] adj. et n. m. **1.** adj. Relatif aux Juifs d'Allemagne. **2.** n. m. LING Yiddish*. – adj. *Des termes judéo-allemands.* – De *judéo-*, et *allemand*.

judéo-arabe [ʒydeoaʀab] adj. et n. Relatif aux Juifs et aux Arabes. *Une culture judéo-arabe.* ▷ Relatif aux communautés juives des pays arabes. – Subst. *Les Judéo-Arabes.* – De *judéo-*, et *arabe*.

judéo-chrétien, enne [ʒydeokʀetjɛ̃, ɛn] adj. Qui appartient à la fois aux valeurs spirituelles du judaïsme et du christianisme. *Les traditions judéo-chrétiennes.* – De *judéo-*, et *chrétien.*

judéo-christianisme [ʒydeokʀistjanism] n. m. **1.** Doctrine du début du christianisme, selon laquelle il fallait être initié au judaïsme pour être admis dans l'Église du Christ. **2.** Ensemble des croyances et des principes moraux communs au judaïsme et au christianisme. – De *judéo-*, et *christianisme.*

judéo-espagnol, ole [ʒydeoɛspaɲɔl] adj. et n. m. Didac. Relatif aux Juifs d'Espagne, à leur culture. *Les écrivains judéo-espagnols.* ▷ n. m. Parler des Juifs d'Espagne. Syn. ladino. – De *judéo-*, et *espagnol.*

judicature [ʒydikatyʀ] n. f. HIST Profession, dignité de juge. – Lat. médiév. *judicatura*, de *judicare*, «juger».

judiciaire [ʒydisjɛʀ] adj. **1.** Relatif à la justice, à son administration. *Organisation judiciaire.* **2.** Fait en justice, par autorité de justice. *Enquête judiciaire.* ▷ *Combat judiciaire.* V. ordalie. – Lat. *judiciarius.*

judiciairement [ʒydisjɛʀmɑ̃] adv. En forme judiciaire. – De *judiciaire.*

judicieusement [ʒydisjøzmɑ̃] adv. De façon judicieuse. – De *judicieux.*

judicieux, euse [ʒydisjø, øz] adj. Apte à bien juger, à apprécier avec justesse. *Personne judicieuse.* ▷ Par ext. *Choix judicieux.* – Du lat. *judicium*, «jugement, discernement».

judo [ʒydo] n. m. Sport de combat d'origine japonaise se pratiquant à main nue, le but du combat consistant à immobiliser ou à faire tomber l'adversaire en utilisant des prises visant à le déséquilibrer. *Le judo, fondé vers 1880 par le Japonais Jigorō Kano, emprunte de nombreux éléments à l'ancien art martial du jiu-jitsu.* – Mot jap., de *jū*, «souplesse», et *dō*, «méthode, principe».

judoka [ʒydoka] n. Personne qui pratique le judo. *Une judoka ceinture noire.* – Mot jap., de *judo.*

jugal, ale, aux [ʒygal, o] adj. ANAT *Os jugal, malaire* ou *zygomatique* : os qui constitue la pommette de la joue. – Lat. *jugalis*, de *jugum*, «joug», à cause de sa forme.

juge [ʒyʒ] n. m. **1.** Magistrat ayant pour fonction de rendre la justice. ▷ DR Magistrat appartenant à une juridiction du premier degré (par oppos. aux conseillers des cours d'appel et de la Cour de cassation). – *Juge d'instance*, du tribunal d'instance. – *Juge consulaire* : juge au tribunal de commerce. – *Juge d'instruction*, chargé d'instruire une affaire pénale. – *Juge de la mise en état*, chargé d'établir l'information et de surveiller la marche de la procédure dans les procès au civil. – *Juge des référés*, chargé de prendre les décisions en référé. – *Juge de paix* : anc. dénomination du *juge d'instance.* – *Juge de l'application des peines*, chargé de veiller à l'application des peines prononcées contre les condamnés, de surveiller les modalités du traitement pénitentiaire (libération anticipée, etc.). **2.** Personne appelée à se prononcer en tant qu'examinateur, en tant qu'arbitre. *Les juges d'un concours.* ▷ SPORT *Juge de touche* : personne chargée d'assister l'arbitre d'un match de football, de rugby ou de tennis, en signalant les hors-jeu, les sorties en touche, etc. *Le drapeau du juge de touche.* **3.** Personne à qui l'on demande son opinion. *Je vous fais juge.* – *Être bon, mauvais juge en qqch*, capable, incapable de porter un jugement sur qqch.– Loc. *Être juge et partie* : être à la fois arbitre et directement concerné dans une affaire. – Lat. *judex, judicis.*

jugé (au) ou **juger (au)** [oʒyʒe] loc. adv. D'une façon approximative. *Tirer au jugé*, sans viser. – De *juger.*

jugeable [ʒyʒabl] adj. Susceptible d'être jugé. – De *juger.*

jugement [ʒyʒmɑ̃] n. m. **I.** Action de juger (un procès, un accusé); son résultat. ▷ DR Décision rendue par les tribunaux du premier degré (par oppos. aux arrêts des cours d'appel et de la Cour de cassation). – *Jugement contradictoire*, prononcé en présence des parties ou de leurs représentants. – *Jugement par défaut*, rendu en l'absence de l'une des parties. ▷ Anc. *Jugement de Dieu* : épreuve de justice, ordalie*. ▷ RELIG *Jugement dernier*, celui que Dieu doit porter, à la fin du monde, sur les vivants et sur les morts ressuscités. **II. 1.** Faculté de juger, d'apprécier les choses avec discernement. *Manquer de jugement.* **2.** Opinion, avis. *Le jugement d'un critique sur un film.* **3.** LOG Fonction ou acte de l'esprit consistant à affirmer ou à nier une existence ou un rapport. – De *juger.*

jugeote [ʒyʒɔt] n. f. Fam. Bon sens. – De *juger.*

juger [ʒyʒe] v. [13] **I.** v. tr. **1.** Prendre une décision concernant (une affaire, un accusé) en qualité de juge. *Juger une cause, un criminel.* **2.** Décider comme arbitre. *On jugera lequel a le mieux réussi.* **3.** Se faire ou émettre une opinion sur (qqn, qqch). *Juger sévèrement une personne, une œuvre.* **4.** Croire, estimer. *Juger imprudent de...* ▷ v. pron. Se voir soi-même dans une situation, un état. *Se juger condamné par une maladie grave.* **5.** *Absol.* Concevoir, énoncer un jugement (sens II, 3). *Raisonner et juger.* **II.** v. tr. indir. *Juger de.* **1.** Porter une appréciation sur (qqn, qqch). *Juger de la vraisemblance d'un récit.* **2.** S'imaginer, se représenter. *Jugez de ma surprise.* – Du lat. *judicare.*

juger (au). V. jugé (au).

jugeur, euse [ʒyʒœʀ, øz] n. Rare et péjor. Personne qui se pose en juge. – De *juger.*

juglandacées [ʒyglɑ̃dase] n. f. pl. Famille de plantes dicotylédones apétales à fleurs unisexuées dont le type est le noyer. – Sing. *Une juglandacée.* – Du lat. *juglans, juglandis*, «noyer».

jugulaire [ʒygylɛʀ] adj. et n. f. **1.** adj. De la gorge. *Une veine jugulaire* ou, n. f., *une jugulaire.* **2.** n. f. Courroie qui, passée sous le menton, sert à retenir un képi, un casque. – Du lat. *jugulum*, «gorge».

juguler [ʒygyle] v. tr. [1] Empêcher de se développer. *Juguler l'inflation. Juguler une épidémie.* – Du lat. *jugulare*, «égorger, assassiner».

juif, juive [ʒɥif, ʒɥiv] n. et adj. **1.** Descendant des anc. Hébreux. (Originaires de Palestine, les Juifs forment un peuple qui, bien qu'ayant été dispersé dans de nombreux pays au cours des siècles, a conservé son unité grâce au lien religieux.) ▷ *Le Juif errant* : Ahasvérus, personnage d'une ancienne légende (condamné à errer sans cesse à travers le monde, il symbolisait la dispersion du peuple juif). ▷ adj. Qui concerne les Juifs (en tant que peuple). *La cuisine juive.* **2.** Adepte de la religion et des traditions judaïques. ▷ adj. Qui concerne les juifs (pratiquants du judaïsme). *Les pratiques rituelles juives.* **3.** Fam. *Le petit juif* : le point du coude où s'insère l'extrémité du tendon du muscle cubital, et où un heurt produit une sensation de fourmillement. – Du lat. *judæus*, gr. *ioudaios*, «de Juda», de l'hébreu *yehudi*, de *Yehuda*, «Juda» (n. du quatrième fils du patriarche Jacob), d'abord appliqué aux membres de sa tribu, puis aux habitants du royaume de Juda (931-586 av. J.-C.).

juillet [ʒɥijɛ] n. m. Septième mois de l'année, comprenant trente et un jours. – De l'a. fr. *juil*, lat. *julius (mensis)*, «mois de *Jules* César»; infl. de l'a. fr. *juignet*, «petit juin».

ENCYCL **Hist.** – *Journée du 14 juillet 1789* : insurrection parisienne, la première de la Révolution française, qui aboutit à la prise de la Bastille; commémorée chaque année comme fête nationale depuis 1880. (Le 14 juillet 1790 eut lieu la fête de la Fédération*.) – *Révolution* ou *journées de juillet 1830* : insurrection parisienne provoquée par les quatre *ordonnances*, dites *de Juillet*, par lesquelles Charles X et Polignac violaient la Charte de 1814. Les journées des 27, 28 et 29 juillet (les Trois Glorieuses) aboutirent à l'avènement de Louis-Philippe d'Orléans. – *Monarchie de Juillet* : gouvernement de la France par Louis-Philippe, roi des Français, depuis la révolution de juillet 1830 jusqu'à la révolution de 1848. – *Colonne de Juillet* : colonne en bronze élevée au centre de la place de la Bastille à la mémoire des victimes de juillet 1830.

juin [ʒɥɛ̃] n. m. Sixième mois de l'année, comprenant trente jours. – Lat. *junius (mensis)*, « mois de *Junius* Brutus », premier consul.

ENCYCL **Hist.** – *Journée du 20 juin 1792* : émeute des Parisiens qui, pour protester contre le veto du roi à plusieurs décrets pris par l'Assemblée législative, envahirent les Tuileries. – *Journée du 2 juin 1793* : manifestation fomentée par la Commune de Paris et les Montagnards pour obtenir de la Convention l'arrestation des Girondins. – *Journées de Juin* (22-26 juin 1848) : insurrection ouvrière parisienne provoquée par la fermeture des Ateliers nationaux. Réprimée par le général Cavaignac, elle fit de nombreuses victimes. – *Appel du 18 juin 1940* : exhortation à poursuivre les combats contre l'Allemagne, lancée, de Londres, par le général de Gaulle.

juiverie [ʒɥivʀi] n. f. **1.** Autref., quartier habité par les juifs. **2.** Péjor., raciste Ensemble de juifs. – De *juif.*

jujube [ʒyʒyb] n. m. **1.** Fruit comestible du jujubier. **2.** Suc extrait de ce fruit, utilisé pour soigner la toux. – Altér. du lat. *zizyphum*, gr. *zizuphon.*

jujubier [ʒyʒybje] n. m. Arbuste dicotylédone dialypétale épineux (*Zyziphus jujuba*, fam. rhamnacées) cultivé dans les régions méditerranéennes pour son fruit, le jujube. – De *jujube.*

juke-box [dʒukbɔks] n. m. (Américanisme) Électrophone automatique contenant une réserve de disques, qui fait entendre le morceau choisi lorsqu'on y glisse une pièce de monnaie (placé en général dans un café, à la disposition des consommateurs). *Des juke-boxes.* – Mot amér., de *juke*, « petit bar où il y a de la musique pour danser », et *box*, « boîte ».

julep [ʒylɛp] n. m. **1.** Vx Potion adoucissante ou calmante. **2.** Mod. Excipient à base d'eau et de gomme, sucré et aromatisé, dans lequel on dilue un médicament actif. – Esp. *julepe*, ar. *djūlāb*, persan *gulāb*, « eau de rose ».

jules [ʒyl] n. m. **1.** Pop., vieilli Vase de nuit. **2.** Pop. Souteneur. ▷ Fam., plaisant Amant, mari. – Du prénom *Jules.*

julien, enne [ʒyljɛ̃, ɛn] adj. *Calendrier julien* : calendrier établi par Jules César, dans lequel l'année *(année julienne)* comporte en moyenne 365,25 jours (365 jours normalement et 366 jours une fois tous les 4 ans). – Lat. *Julianus*, « de Jules César ».

julienne [ʒyljɛn] n. f. **1.** BOT Nom vulg. d'une crucifère à fleurs blanches et odorantes, *Hesperis matronalis*, autrefois très cultivée dans les jardins. **2.** Potage ou garniture que l'on prépare avec plusieurs sortes de légumes coupés en menus morceaux. – Du prénom *Jules* ou *Julien.*

jumbo [dʒœmbo] n. m. TECH Portique sur rails, sur pneus ou sur chenilles, équipé de perforatrices mobiles, qui sert notam. au percement des tunnels. – Mot amér., surnom de l'éléphant.

jumboïsation [dʒœbɔizasjɔ̃] n. f. Agrandissement d'un navire par l'ajout d'un tronçon central. – De l'amér. *jumbo*, surnom de l'éléphant.

jumbo-jet [dʒœmbodʒɛt] n. m. (Américanisme) AVIAT Avion à réaction de grande capacité. (Syn. officiellement recommandé *gros-porteur.*) *Des jumbo-jets.* – De l'amér. *jumbo*, surnom de l'éléphant, et *jet*, « avion à réaction ».

jumeau, elle, eaux [ʒymo, ɛl] adj. et n. **1.** Se dit des enfants (deux ou plusieurs) nés d'un même accouchement. *Des sœurs jumelles.* ▷ Subst. *Un jumeau. Une jumelle. Elle a des jumeaux.* **2.** Se dit de choses semblables groupées par deux. *Des lits jumeaux.* – *Fruits jumeaux*, joints, accolés l'un à l'autre. ▷ ANAT *Muscles jumeaux*, ou, n. m., *les jumeaux* : les deux muscles qui forment le mollet. – Lat. *gemellus*; a remplacé *gemel, gemeau.*

ENCYCL **Biol.** – *Les vrais jumeaux*, mieux nommés *jumeaux univitellins* ou *monozygotes*, sont issus de la division précoce d'un seul œuf ; toujours du même sexe, ils se ressemblent physiquement et psychiquement, ont la même résistance aux maladies, etc. *Les faux jumeaux*, ou *bivitellins*, ou *dizygotes*, issus de deux œufs différents, peuvent être de sexe différent et fort dissemblables.

jumelage [ʒymlaʒ] n. m. Action de jumeler; son résultat. ▷ Association entre deux villes de pays différents, destinée à favoriser leurs contacts culturels, économiques, touristiques, etc. – De *jumeler.*

jumelé, ée [ʒymle] adj. **1.** TECH Consolidé au moyen de jumelles (1 sens 2). **2.** Qualifie des choses groupées par deux. *Colonnes jumelées. Roues arrière jumelées d'un gros camion.* – *Villes jumelées* : V. jumelage. – *Pari jumelé* : aux courses, pari effectué en misant sur les chevaux gagnants et placés. – Pp. de *jumeler.*

jumeler [ʒymle] v. tr. [**19**] Apparier (deux objets semblables). – *Jumeler deux villes* : V. jumelage. – De *jumelle.*

1. jumelle [ʒymɛl] n. f. **1.** (Sing. ou plur.) Double lorgnette. *Regarder à la jumelle. Jumelles marines. Étui à jumelles.* – *Jumelles à prismes*, comportant des prismes optiques qui permettent d'obtenir un fort grossissement sous un encombrement réduit et un écartement des objectifs améliorant la vision du relief. **2.** (Le plus souvent au plur.) TECH Paire de pièces identiques et semblablement disposées. *Jumelles d'une presse*, ses montants. – Fém. subst. de *jumeau.*

2. jumelle. V. jumeau.

jument [ʒymɑ̃] n. f. Femelle du cheval. – Lat. *jumentum*, « bête d'attelage ».

jumping [dʒœmpiŋ] n. m. (Anglicisme) EQUIT Épreuve de saut d'obstacles. – Mot angl., « saut ».

juncacées ou **joncacées** [ʒɔ̃kase] n. f. pl. BOT Famille, proche des liliacées, comprenant les joncs et ayant rang d'ordre. – Sing. *Une juncacée* ou *une joncacée.* – Du lat. *juncus*, « jonc ».

jungien, enne [juŋjɛ̃, ɛn] adj. et n. Relatif aux théories de Jung. ▷ Subst. Adepte de Jung. – De C.-G. *Jung*, psychiatre suisse (1875-1961).

jungle [ʒœ̃gl] n. f. **1.** Formation végétale continue, très dense, typique des pays de mousson, constituée de bambous, de lianes et de fougères arborescentes. **2.** Fig. *Une jungle* : un milieu où règne la *loi de la jungle*, la loi du plus fort. – Mot angl., de l'hindoustani *jangal.*

junior [ʒynjɔʀ] adj. (inv. en genre) et n. **1.** adj. COMM ou plaisant Cadet. *Durand aîné et Durand junior.* **2.** adj. et n. Sportif âgé de plus de 17 ans et de moins de 21 ans. **3.** adj. Des jeunes, destiné aux jeunes. *La mode junior.* – Mot lat., « plus jeune ».

junker [junkɛʀ ; junkœʀ] n. m. HIST Hobereau allemand. – Mot all. pour *Jungherr*, « jeune seigneur ».

junkie ou **junky, ies** [dʒœgki, iz] Arg. Toxicomane qui prend une drogue dure. (Abrév. : junk). – Mot amér., de *junk*, « drogue dure ».

junte [ʒœ̃t] n. f. **1.** Assemblée politique ou administrative, en Espagne, au Portugal. **2.** Directoire d'origine insurrectionnelle gouvernant certains pays, notam. d'Amérique latine. *Junte militaire.* – Esp. *junta*, fém. de *junto*, «joint», du lat. *junctus*.

jupe [ʒyp] n. f. **1.** Vêtement féminin qui part de la taille et couvre plus ou moins les jambes selon la mode. *Jupe courte, plissée.* **2.** TECH Surface latérale d'un piston, qui coulisse contre la paroi du cylindre. ▷ Paroi inférieure souple d'un véhicule à coussin d'air. – De l'ar. *djūbbah*, par le sicilien *jupa*.

jupe-culotte [ʒypkylɔt] n. f. Culotte aux jambes très amples, qui ressemble à une jupe. *Des jupes-culottes.* – De *jupe*, et *culotte*.

jupon [ʒypɔ̃] n. m. Jupe de dessous. ▷ Par méton. Fam. *Le jupon* : les femmes. *Courir le jupon.* – De *jupe*.

jurançon [ʒyʀɑ̃sɔ̃] n. m. **1.** Vin blanc réputé de la région de Jurançon. **2.** Cépage blanc pyrénéen (en dépit de son nom, il ne sert pas à fabriquer le jurançon). – Du n. de *Jurançon*, localité des Pyrénées-Atlantiques.

jurande [ʒyʀɑ̃d] n. f. Anc. Charge de juré dans une corporation. – De *juré*.

jurassien, enne [ʒyʀasjɛ̃, ɛn] adj. et n. **1.** adj. Relatif au Jura. ▷ GEOL *Relief jurassien*, qui se développe dans une zone montagneuse sédimentaire plissée. **2.** n. Habitant ou personne originaire du Jura. *Un(e) Jurassien(ne).* – De *Jura*, système montagneux de France et de Suisse, qui se prolonge au-delà du Rhin, en R.F.A.

jurassique [ʒyʀasik] n. m. et adj. GEOL Période du milieu de l'ère secondaire faisant suite au trias, caractérisée par la scission du Gondwana en un continent africano-brésilien et un continent indo-malais et par le développement des vertébrés. ▷ adj. *La période jurassique.* – De *Jura* (V. jurassien).

jurat [ʒyʀa] n. m. HIST Nom donné sous l'Ancien Régime aux consuls et aux échevins de certaines villes du Sud-Ouest. – Mot occitan, du lat. *juratus*, «qui a juré».

juratoire [ʒyʀatwaʀ] adj. DR *Caution juratoire* : serment fait en justice de se représenter en personne ou de rapporter une chose dont on s'est chargé. – Bas lat. jurid. *juratorius*.

juré, ée [ʒyʀe] adj. et n. **I. 1.** adj. et n. m. Qui a prêté le serment requis pour l'exercice d'une fonction. **2.** adj. Fig., mod. *Ennemi juré*, déclaré et irréconciliable. **II.** n. m. Membre d'un jury. ▷ DR Citoyen, citoyenne appelés à siéger dans le jury d'une cour d'assises. – Pp. de *jurer*.

jurement [ʒyʀmɑ̃] n. m. Vieilli Imprécation, blasphème. – De *jurer*.

jurer [ʒyʀe] v. [1] **I.** v. tr. **1.** Promettre par serment. *Jurer fidélité.* – *Jurer de se venger.* **2.** Vx ou litt. Prendre à témoin (Dieu, une chose considérée comme sacrée) par serment. *Jurer son Dieu.* ▷ Fam. *Jurer ses grands dieux que...* : affirmer avec force que... **3.** (Sens atténué.) Assurer, certifier. *Je jure qu'il n'en est rien.* **II.** v. intr. **1.** Faire un serment. *Jurer sur les Évangiles.* ▷ Fig. *Ne jurer que par* : dire le plus grand bien de, éprouver une admiration sans réserve pour. **2.** Dire des blasphèmes, des jurons. *Jurer comme un charretier.* **3.** Choquer, ne pas aller (bien) ensemble (en parlant de choses). *Couleurs qui jurent.* – Lat. *jurare*.

jureur, euse [ʒyʀœʀ, øz] adj. et n. **1.** adj. HIST *Prêtre jureur* : prêtre qui avait prêté serment de fidélité à la nation et accepté la Constitution civile du clergé, pendant la Révolution. **2.** n. Personne qui jure, qui blasphème. – Lat. *jurator*.

juridiction [ʒyʀidiksjɔ̃] n. f. **1.** Pouvoir d'un juge, d'un tribunal; ressort, étendue de ce pouvoir. *Juridiction civile.* **2.** *Degré de juridiction* : chacun des tribunaux devant lesquels une même affaire peut être successivement portée. – Lat. *jurisdictio*, de *jus, juris*, «droit», et *dictio*, «action de dire».

juridictionnel, elle [ʒyʀidiksjɔnɛl] adj. Relatif à la juridiction. – De *juridiction*.

juridique [ʒyʀidik] adj. **1.** Fait selon le droit, dans les formes requises par le droit. *Acte juridique.* **2.** Relatif au droit. *Texte juridique.* – Lat. *juridicus*, de *jus, juris*, «droit».

juridiquement [ʒyʀidikmɑ̃] adv. D'une manière juridique. – De *juridique*.

jurisconsulte [ʒyʀiskɔ̃sylt] n. m. DR Personne versée dans la science du droit et donnant des consultations juridiques. – Lat. *jurisconsultus*, de *juris*, «droit», et *consultus*, «réfléchi, avisé».

jurisprudence [ʒyʀispʀydɑ̃s] n. f. **1.** Interprétation du droit et des lois par un tribunal. *La jurisprudence du Conseil d'État en matière de droit administratif.* **2.** Ensemble des décisions rendues par les tribunaux dans des cas semblables et permettant de déduire des principes de droit. *Jugement qui fait jurisprudence*, qui sert de référence. – Bas lat. *jurisprudentia*, «science du droit».

jurisprudentiel, elle [ʒyʀispʀydɑ̃sjɛl] adj. Qui appartient à la jurisprudence. – De *jurisprudence*.

juriste [ʒyʀist] n. m. Spécialiste du droit. – Lat. médiév. *jurista*, de *jus, juris*, «droit».

juron [ʒyʀɔ̃] n. m. Expression blasphématoire ou grossière, terme, imprécation utilisés pour jurer (sens II, 2). – De *jurer*.

jury [ʒyʀi] n. m. **1.** DR Ensemble des citoyens susceptibles d'être jurés. ▷ Ensemble des jurés d'une cour d'assises, appelés à prendre part au jugement d'une affaire criminelle. **2.** Commission d'examinateurs, d'experts. *Jury du baccalauréat. Jury d'une exposition.* – Angl. *jury*, de l'a. fr. *jurée*, «serment, enquête».

jus [ʒy] n. m. **1.** Suc d'une substance végétale, généralement extrait par pression. *Jus d'orange.* **2.** Suc de viande. *Jus d'un rôti.* **3.** Pop. Café. **4.** Pop. *Tomber au jus*, dans l'eau. **5.** Pop. Courant électrique. *Il a pris le jus en bricolant.* – Lat. *jus*, «jus, sauce».

jusant [ʒyzɑ̃] n. m. MAR Marée descendante. – Probabl. de l'adv. bas lat. *jus*, «en bas», du class. *deorsum*, avec infl. du fr. *sus*.

jusqu'au-boutisme [ʒyskobutism] n. m. Position extrémiste de ceux qui veulent à tout prix mener une action, quelle qu'elle soit, jusqu'au bout. – De *jusqu'au-boutiste*.

jusqu'au-boutiste [ʒyskobutist] adj. et n. Qui est partisan du jusqu'au-boutisme; qui fait preuve de jusqu'au-boutisme. – Subst. *Des jusqu'au-boutistes.* – De *jusqu'au-bout*, et *-iste*.

jusque, jusqu', jusques [ʒysk] prép. et loc. conj. **I.** prép. **1.** Suivi d'une prép., le plus souvent *à*, ou d'un adv. (Marquant un terme, dans l'espace ou dans le temps, que l'on ne dépasse pas.) *J'ai attendu jusqu'à 5 heures. Venez jusque chez moi. Jusqu'où ?* ▷ Vx, litt. *Jusques à quand ? Jusque-là* : V. là (sens IV). – Mod. *Jusques et y compris...* **2.** (Insistant sur l'inclusion de l'élément ultime dans un tout.) *Il a tout payé jusqu'au dernier centime.* **II.** loc. conj. *Jusqu'à ce que* (marquant le terme d'une durée). *J'ai marché jusqu'à ce qu'il fasse nuit.* – Du lat. *de usque* ou *inde* («d'ici») *usque* («jusqu'à»).

jusquiame [ʒyskjam] n. f. Plante herbacée (fam. solanacées) à feuilles découpées. *La jusquiame noire* («Hyoscyamus niger»), à fleurs jaunes veinées de violet ou de brun, contient un toxique nerveux utilisé, à faible dose, comme calmant. – Bas lat. *jusquiamus*, gr. *huoskuamos*.

jussion [ʒysjɔ̃] n. f. Anc. *Lettres de jussion*, adressées par le roi à une cour souveraine pour lui enjoindre d'enregistrer un édit ou une ordonnance qu'elle avait rejetés une première fois. – Bas lat. *jussio*, «ordre».

justaucorps [ʒystokɔʀ] n. m. **1.** Anc. Vêtement étroit, serré à la taille, comportant des manches et descendant jusqu'aux genoux. **2.** Maillot collant utilisé pour la danse. – De *juste, au,* et *corps.*

juste [ʒyst] adj., n. et adv. **A.** adj. **I.** (Par oppos. à *injuste.*) **1.** Qui agit, se comporte conformément à la justice, au droit, à l'équité. *Un homme juste.* ▷ Subst. *Un juste. Dormir du sommeil du juste,* d'un sommeil paisible et profond qu'aucun remords ne trouble. – RELIG *Les justes et les pécheurs. Le Juste* : le Messie. **2.** (Choses) Conforme au droit, à la justice; équitable. *Décision juste.* **3.** (Avant le nom.) Bien fondé, légitime. *Une juste colère. Les justes revendications des travailleurs.* **II.** (Par oppos. à *faux.*) Conforme à la réalité, à la vérité; exact, précis, correct. *Avoir l'heure juste. Opération, raisonnement juste.* – *Ce que vous dites me paraît très juste.* Syn. pertinent, judicieux. – *C'est juste! C'est tout à fait juste!* Syn. exact, vrai. **III.** Trop ajusté, étroit (en parlant des vêtements). *Pantalons, chaussures trop justes.* ▷ Qui suffit à peine. *Huit jours pour faire cela, c'est juste.* **B.** adv. **1.** Avec exactitude, comme il convient. *Viser, tirer juste.* – *Penser juste.* **2.** Précisément. *C'est juste ce qu'il nous faut.* **3.** À peine. *C'est tout juste si j'arrive à équilibrer mon budget.* – *Arriver juste,* au dernier moment. **4.** Seulement. *Il n'y avait presque personne, juste quelques habitués.* **5.** Loc. adv. *Au juste* : précisément. *Combien étiez-vous, au juste?* ▷ *Au plus juste* : avec le plus de rigueur, d'exactitude possible et en se gardant de toute estimation excessive. *Calculer les prix au plus juste.* ▷ *Comme de juste* : comme il se doit. – Lat. *justus.*

justement [ʒystəmɑ̃] adv. **1.** Rare Avec justice. *Il a été très justement acquitté.* **2.** Légitimement. *Se flatter justement de...* **3.** Avec justesse, pertinemment. *Il en déduit très justement que...* **4.** Cour. Exactement, précisément. *C'est justement ce qu'il fallait éviter.* – De *juste.*

justesse [ʒystɛs] n. f. **1.** Qualité d'une chose juste, exacte. *Justesse d'une balance, d'un appareil de mesure. Justesse d'un raisonnement.* ▷ Qualité de ce qui est tel qu'il doit être, parfaitement approprié, adéquat. *La justesse d'une expression.* **2.** Qualité de ce qui permet de faire une chose avec précision, exactitude. *Justesse du coup d'œil.* **3.** Loc. adv. *De justesse* : de très peu. *On a évité la catastrophe de justesse.* – De *juste.*

justice [ʒystis] n. f. **1.** Vertu morale qui réside dans la reconnaissance et le respect des droits d'autrui. *Faire preuve de justice.* **2.** Principe moral de reconnaissance et de respect du droit naturel (l'équité) ou positif (la Loi). *Réformes conduites par souci de justice sociale,* d'équité entre les membres de la société. *Agir selon la justice, en bonne justice.* ▷ Reconnaissance et respect des droits de chacun. *Obtenir justice.* **3.** Pouvoir d'agir pour que soient reconnus et respectés les droits de chacun, pouvoir de faire régner le droit; exercice de ce pouvoir. *La justice des hommes et la justice divine. Exercer, rendre la justice.* – *Se faire justice* : se châtier soi-même en se suicidant. *Le meurtrier s'est fait justice.* – *Se faire justice soi-même* : se venger soi-même d'un dommage qu'on a subi. *La loi défend de se faire justice soi-même.* **4.** Pouvoir judiciaire (en tant qu'institution); l'administration publique chargée de ce pouvoir. *Porter une affaire devant la justice. Palais de justice,* où siègent les tribunaux. ▷ Ensemble des instances d'exercice du pouvoir judiciaire; ensemble des juridictions. *Justice civile, pénale.* – *Le ministère de la Justice.* – Lat. *justitia.*

justiciable [ʒystisjabl] adj. et n. **1.** adj. Qui relève de telle ou telle juridiction. *Crime, criminel justiciable de la cour d'assises.* ▷ *Par ext.* Qui relève de. *Maladie justiciable de la psychiatrie.* **2.** n. Individu considéré dans son rapport à l'administration du pouvoir judiciaire. – De *justicier.*

justicier, ère [ʒystisje, ɛʀ] n. et adj. **1.** Personne qui aime à faire régner la justice, qui l'exerce et l'applique. – adj. *Saint Louis, roi justicier.* **2.** Personne qui prétend exercer la justice et redresser tous les torts. *S'ériger en justicier.* **3.** FEOD *Seigneur haut justicier* : seigneur qui avait, sur ses terres, le droit d'exercer pleinement la justice, au civil comme au pénal. – De *justice.*

justifiable [ʒystifjabl] adj. Qui peut être justifié. *Conduite justifiable.* – De *justifier.*

justifiant, ante [ʒystifjɑ̃, ɑ̃t] adj. THEOL Qui rend juste. *Grâce, foi justifiante.* – Ppr. de *justifier.*

justificateur, trice [ʒystifikatœʀ, tʀis] adj. Qui justifie. – Bas lat. ecclés. *justificator*

justificatif, ive [ʒystifikatif, iv] adj. et n. m. **1.** adj. Qui justifie, qui prouve. *Pièces justificatives.* **2.** n. m. Pièce attestant qu'une opération a bien été exécutée. ▷ Spécial. *Exemplaire justificatif* ou, n. m., *justificatif,* attestant l'insertion d'un placard publicitaire, d'une photographie, d'un texte, etc., dans une publication. – De *justifier.*

justification [ʒystifikasjɔ̃] n. f. **1.** Action de justifier, de se justifier. *Donner la justification de sa conduite.* **2.** Preuve que l'on fait (d'une chose) par titres, témoins, etc. *Justification d'un fait.* **3.** IMPRIM Action de justifier une ligne. – Longueur de cette ligne (par oppos. à la *marge*). – Bas lat. ecclés. *justificatio.*

justifier [ʒystifje] v. tr. [2] **1.** Prouver l'innocence de. *Justifier qqn d'une accusation.* ▷ v. pron. *Se justifier d'une calomnie.* – Absol. *Il a tout tenté pour se justifier.* Syn. disculper, innocenter. **2.** Rendre légitime. *La colère ne justifie pas une telle grossièreté.* **3.** Montrer le bien-fondé de. *Sa découverte justifia ses craintes.* – v. pron. *Son optimisme se justifiait totalement.* ▷ v. tr. indir. *Justifier de* : témoigner de, constituer une preuve de. *Certificats qui justifient de l'authenticité d'un tableau.* **4.** IMPRIM Donner à (une ligne) la longueur convenable au moyen de blancs (2, sens I, 3). – Bas lat. ecclés. *justificare.*

jute [ʒyt] n. m. Fibre textile grossière tirée de l'écorce du chanvre de Calcutta (*Corchorus textilis*), cultivé au Bangladesh et en Inde, utilisée pour fabriquer des toiles d'emballage, des sacs, etc. *Toile de jute.* – Mot angl., du bengali *jhuto.*

juter [ʒyte] v. intr. [1] Rendre du jus. *Pêche qui jute.* – De *jus.*

juteux, euse [ʒytø, øz] adj. et n. m. **I.** adj. **1.** Qui rend beaucoup de jus. *Poire juteuse.* **2.** Fig., fam. Qui rapporte de l'argent. *Une affaire juteuse.* **II.** n. m. Arg. (des militaires) Adjudant. – De *jus.*

juvénat [ʒyvena] n. m. RELIG Stage de révision des études littéraires classiques qu'accomplissent, dans certains ordres, les religieux qui se destinent à l'enseignement. – Du lat. *juvenis,* «jeune homme».

juvénile [ʒyvenil] adj. Propre à la jeunesse. *Ardeur juvénile.* Ant. sénile. – Lat. *juvenilis.*

juvénilité [ʒyvenilite] n. f. Litt. Caractère de ce qui est juvénile. Ant. sénilité. – Lat. *juvenilitas.*

juxta-. Élément, du lat. *juxta,* «près de».

juxtalinéaire [ʒykstalineɛʀ] adj. *Traduction juxtalinéaire,* donnant, sur deux colonnes et ligne par ligne, les mots du texte original et la traduction correspondante. – De *juxta-,* et *linéaire.*

juxtaposable [ʒykstapozabl] adj. Qui peut être juxtaposé. – De *juxtaposer.*

juxtaposé, ée [ʒykstapoze] adj. Placé à côté, sans liaison. ▷ GRAM *Propositions, phrases juxtaposées,* sans lien de coordination ou de subordination. (Ex. : *tu ris, moi je pleure.*) – Pp. de *juxtaposer.*

juxtaposer [ʒykstapoze] v. tr. [1] Mettre l'un à côté de l'autre. *Juxtaposer des couleurs.* ▷ v. pron. *Ces éléments se juxtaposent.* – De *juxta-,* et *poser.*

juxtaposition [ʒykstapozisjɔ̃] n. f. Action de juxtaposer; son résultat. – De *juxta-,* et *position.*

k [ka] n. m. **1.** Onzième lettre (k, K) et huitième consonne de l'alphabet, notant l'occlusive vélaire sourde [k] (ex. *kaki, kilo*). **2.** PHYS K : symbole du kelvin. ▷ K : symbole du kaon. ▷ INFORM K : symbole de *kilo**. Syn. Ko. ▷ CHIM K : symbole du potassium.

ka. V. kaon.

kabbale. V. cabale.

kabuki [kabuki] n. m. Au Japon, genre théâtral traditionnel, destiné à un public populaire, spectacle qui mêle au dialogue les chants et la danse. – Mot jap.

kabyle [kabil] adj. et n. De Kabylie, région de chaînes montagneuses du Tell algérien. – Relatif aux Kabyles, tribus berbères. ▷ n. m. *Le kabyle, rarement écrit, est un parler appartenant au groupe berbère.* – De l'ar. *qābilāh*, « tribu ».

kacha [kaʃa] ou **kache** [kaʃ] n. f. **1.** Plat russe, gruau de sarrasin. **2.** Plat polonais, mélange d'orge cuit dans du lait, de crème aigre et d'œufs. – Mot slave.

kadich [kadiʃ] n. m. RELIG Prière juive récitée à la fin des différentes parties de l'office. – Mot araméen, « saint ».

kafkaïen, enne [kafkajɛ̃, ɛn] adj. **1.** De Kafka, relatif à l'œuvre de Kafka. *L'imaginaire kafkaïen.* **2.** Qui a le caractère angoissant et absurde des œuvres de Kafka. – De *Kafka* (1883-1924), écrivain tchèque de langue allemande.

kagou [kagu] n. m. ORNITH Oiseau aptère de la Nouvelle-Calédonie, de l'ordre des ralliformes, de couleur gris cendré, au bec et aux pattes rouges et aux mœurs nocturnes.

kaïnite [kainit] n. f. PETROG Mélange naturel de chlorure de potassium et de sulfate de magnésium. – All. *Kainit*, du gr. *kainos*, « nouveau », en raison de la formation relativement récente de ce minéral.

kaiser [kajzœʀ; kezɛʀ] n. m. *Le Kaiser* : l'empereur d'Allemagne (de 1871 à 1918). – Mot all., « empereur », du lat. *Cæsar*.

kakatoès. V. cacatoès.

kakémono [kakemɔno] n. m. Peinture japonaise exécutée en hauteur sur un rectangle de papier ou de soie, destinée à être suspendue et qui peut s'enrouler sur les bâtons qui la bordent en haut et en bas. – Mot jap., « chose suspendue ».

1. kaki [kaki] n. m. Fruit charnu, très riche en vitamines, de *Dyospiros kaki*, le plaqueminier du Japon. *Des kakis.* Syn. plaquemine. – Mot jap.

2. kaki [kaki] adj. inv. et n. m. D'une couleur brune tirant sur le jaune. *Des uniformes kaki.* ▷ n. m. Couleur kaki. – Angl. *khakee, khaki*, de l'hindoustani *khâki*, « couleur de poussière ».

kala-azar [kalaazaʀ] n. m. MED Maladie endémique en Inde, en Extrême-Orient et dans le bassin méditerranéen, due à un protozoaire (*Leishmania donovani*) et caractérisée notam. par l'augmentation du volume de la rate et du foie, et par une grave altération de l'état général. – Mot d'Assam, de *kala*, « noir », et *azar*, « maladie ».

kalachnikov [kalaʃnikof] n. f. Pistolet-mitrailleur soviétique. – Nom déposé d'une marque soviétique d'armes automatiques.

kaléidoscope [kaleidɔskɔp] n. m. Cylindre creux contenant un jeu de miroirs et de paillettes multicolores dont les réflexions, multipliées à l'infini, forment des motifs ornementaux à symétrie rayonnante. – Du gr. *kalos*, « beau », *eidos*, « aspect », et de *-scope*.

kali [kali] n. m. Syn. de *soude* (sens I). – Ar. *qali*, « soude, potasse ».

kaliémie [kaljemi] n. f. BIOL Taux de potassium dans le sang. – De l'ar. *qali* (V. kali), et de *-émie*.

kalmouk, e [kalmuk] adj. et n. Qui appartient à un groupe ethnique de peuples mongols habitant le centre, le nord et l'ouest de l'Asie. ▷ n. m. Langue parlée en Mongolie occidentale. – Mot mongol.

kami [kami] n. m. Déité (ancêtre divinisé ou esprit de la nature), dans la religion shintoïste (Japon). *Les kamis.* – Mot jap.

kamichi [kamiʃi] n. m. Oiseau d'Amérique du Sud (genre *Anhima*, constituant à lui seul l'ordre des anhimiformes), aux formes lourdes, aux pattes puissantes, aux ailes armées d'éperons. – Mot indien du Brésil.

kamikaze [kamikaz] n. m. et adj. **1.** n. m. Avion japonais bourré d'explosifs que son pilote faisait volontairement s'écraser sur les navires ennemis (1944-1945). Syn. avion-suicide. ▷ Pilote d'un tel avion. **2.** *Par ext.* Personne téméraire. ▷ adj. Qui s'apparente au suicide. – Mot jap., « vent divin », par allus. aux tempêtes, tenues pour miraculeuses, qui par deux fois dispersèrent la flotte des envahisseurs mongols, au XIIIe s.

kamptozoaires [kɑ̃ptozɔɛʀ] n. m. pl. ZOOL Syn. de *endoproctes*. – Sing. *Un kamptozoaire.* – Du grec *kamptos*, « recourbé », et de *-zoaire*.

kanak. V. canaque.

kandjar [kɑ̃dʒaʀ] n. m. Sabre turc dont la lame est affilée sur la partie concave. – De l'ar. *handjar,* «coutelas».

kangourou [kɑ̃guʀu] n. m. Marsupial d'Australie (fam. macropodidés) au museau allongé, aux grandes oreilles, dont les membres postérieurs adaptés au saut permettent un déplacement très rapide par bonds. *La queue puissante des kangourous leur sert d'appui à l'arrêt.* – Angl. *kangaroo,* d'une langue australienne.

kantien, enne [kɑ̃tjɛ̃, ɛn; kɑ̃sjɛ̃, ɛn] adj. et n. PHILO Relatif à la philosophie de Kant; partisan de cette philosophie. – De Emmanuel *Kant* (1724-1804), philosophe all.

kantisme [kɑ̃tism] n. m. PHILO Ensemble des théories philosophiques de Kant. – De *Kant.*

kaolin [kaɔlɛ̃] n. m. Silicate d'alumine hydraté, argile blanche résultant de l'altération des feldspaths en climat chaud et humide, et utilisée dans la fabrication de la porcelaine. – Chinois *kaoling,* «colline élevée», nom du lieu où l'on extrayait cette argile.

kaolinisation [kaɔlinizasjɔ̃] n. f. PETROG Transformation des feldspaths en kaolin. – De *kaolin.*

kaon [kaɔ̃] ou **ka** [ka] n. m. PHYS NUCL Méson instable (symboles : K^+ ou K^- pour les kaons chargés, K^0 pour le kaon neutre). – De méson *K,* et *-on,* d'après *électron, méson.*

kapo [kapo] n. m. Dans les camps de concentration nazis, détenu qui avait pour tâche de diriger les autres détenus. – Mot all., de *Ka(merad) Po(lizei).*

kapok [kapɔk] n. m. Duvet végétal contenu dans les fruits du *fromager* ou *kapokier,* matière légère, imperméable et imputrescible, utilisée pour divers rembourrages. – Malais *kapūq.*

kapokier [kapɔkje] n. m. Fromager, grand arbre (fam. bombacacées) qui fournit le kapok. – De *kapok.*

kappa [ka(p)pa] n. m. Dixième lettre de l'alphabet grec (Κ, κ), notant le son [k]. – Mot grec.

karak. V. krak.

karakul [kaʀakyl] ou **caracul** [kaʀakyl] n. m. Mouton d'Ouzbékistan et d'Afghānistān, dont les agneaux mort-nés fournissent la fourrure appelée *astrakan.* – Cette fourrure. – De *Karakoul,* ville de la république d'Ouzbékistan.

karaté [kaʀate] n. m. Art martial japonais, méthode de combat sans armes fondée sur l'emploi de coups portés (essentiellement avec la main et le pied) aux points vitaux de l'adversaire. – Sport de combat codifié qui en dérive. – Mot japonais.

karatéka [kaʀateka] n. Personne qui pratique le karaté. – Mot jap. dér. de *karaté.*

karbau [kaʀbo], **karabau** [kaʀabo] ou **kérabau** [keʀabo] n. m. Variété malaise du buffle de l'Inde. – Mot malais.

karité [kaʀite] n. m. Plante d'Afrique occidentale appelée aussi *arbre à beurre* (*Butyrospermum parkii,* fam. sapotacées), dont les graines fournissent une graisse comestible (*beurre de karité*), également employée en cosmétologie. – Mot soudanais.

karma [kaʀma] ou **karman** [kaʀman] n. m. RELIG Dans l'hindouisme, enchaînement des actes et de leurs effets dans les vies d'un être vivant. – Mot sanscrit, «acte».

karst [kaʀst] n. m. GEOMORPH Relief typique des régions où les calcaires prédominent. *Les calcaires étant très perméables, les karsts constituent de vastes plateaux arides plus ou moins dépourvus de végétation.* – De *Karst,* nom d'une zone de plateaux calcaires de Slovénie.

karstique [kaʀstik] adj. GEOMORPH Se dit d'une région à karsts. – De *karst.*

kart [kaʀt] n. m. Petit véhicule monoplace de sport à quatre roues, sans carrosserie, équipé d'un moteur de faible cylindrée. – Mot angl.

karting [kaʀtiŋ] n. m. Sport pratiqué avec un kart. – Mot angl.

kascher, kasher, kawsher. V. casher.

kat, kath. V. qat.

kava ou **kawa** [kava] n. m. **1.** BOT Poivrier polynésien (*Piper methysticum*) dont la racine sert à fabriquer une liqueur enivrante. **2.** Cette liqueur. – Mot du S.-O. polynésien, par l'angl.

kayak ou **kayac** [kajak] n. m. Embarcation traditionnelle des Esquimaux, canot ponté long et étroit fait de peaux de phoques cousue sur une armature légère, mû à l'aide d'une pagaie double. ▷ Embarcation de sport à une ou deux places, construite en toile sur le modèle du kayak esquimau. *Les épreuves de kayak des jeux Olympiques.* – Mot esquimau.

kazakh, akhe [kazak] adj. et n. **1.** Du Kazakhstan; qui concerne le Kazakhstan ou ses habitants. ▷ Subst. *Les Kazakhs sont d'origine mongole.* **2.** n. m. Langue du groupe turc, parlée au Kazakhstan et en Chine. – Mot turc.

kebab [kebab] n. m. Dés de viande de mouton ou de bœuf rôtis en brochette. – Mot turc.

keepsake [kipsɛk] n. m. ANC. Livre élégamment relié, orné de vignettes, que l'on offrait en cadeau à l'époque romantique. – Mot angl., «souvenir».

keffieh [kefje] n. m. Coiffure des Bédouins et des Arabes composée d'un grand carré de tissu maintenu par un gros cordon ceignant le dessus du crâne. – Ar. *kuffiyeh.*

kéfir, képhir ou **képhyr** [kefiʀ] n. m. Boisson légèrement gazeuse, un peu aigre, d'origine caucasienne, préparée en faisant fermenter du lait de vache ou de chèvre avec une levure spéciale («grains de kéfir»). – Mot caucasien.

kelvin [kɛlvin] n. m. **1.** PHYS Unité légale de température absolue, de symbole K. *Échelle de Kelvin :* échelle de température partant du zéro absolu. (La température absolue T, exprimée en kelvins, est liée à la température t, exprimée en degrés Celsius, par la relation $T = t + 273,15$; $100\,^{\circ}C = 373,15$ K; $0\,^{\circ}C = 273,15$ K.) **2.** ELECTR *Effet Kelvin :* effet de peau*. – Du n. de lord *Kelvin* (1856-1940), physicien anglais.

ken [kɛn] n. m. Préfecture, au Japon. – Mot japonais.

kendo [kendo] n. m. Art martial japonais, escrime qui se pratique avec des sabres de bambou. – Mot jap., littéral. «la voie du sabre».

kénotron [kenotʀɔ̃] n. m. ELECTR Tube électronique à vide très poussé servant de redresseur de courant. – Du gr. *kenos,* «vide», et de *(élec)tron.*

kentia [kɛ̃sja] n. m. BOT Palmier originaire de Nouvelle-Guinée et d'Indonésie, dont diverses variétés sont cultivées en Europe comme plante d'appartement. – Du n. de *Kent,* horticulteur anglais.

kenyan, ane [kenjɑ̃, kenjan] adj. et n. Du Kenya, État d'Afrique orientale. ▷ Subst. *Un(e) Kenyan(e).*

kenyapithèque [kenjapitɛk] n. m. PREHIST Primate fossile (14 millions d'années) découvert au Kenya, l'un des ancêtres possibles de l'homme. – De *Kenya,* et *-pithèque.*

képhir, képhyr. V. kéfir.

képi [kepi] n. m. Coiffure cylindrique à fond rigide et surélevé, munie d'une visière, portée par les officiers, les douaniers, etc. – All. de Suisse *Käppi*, dim. de *Kappe*, « bonnet ».

képlérien, enne [keplerjɛ̃, ɛn] adj. ASTRO Relatif aux lois de Kepler. *Les étoiles décrivent des orbites képlériennes autour du centre galactique.* – Du n. de Johannes *Kepler* (1571-1630), astronome all.

kérabau. V. karbau.

kérat(o)- Élément, du gr. *keras, keratos*, « corne, cornée ».

kératine [keratin] n. f. BIOCHIM Protéine fibreuse, principal constituant des formations épidermiques chez l'homme et les animaux (cornes, ongles, sabots, becs et plumes, cheveux, poils). – De *kérat-*, et *-ine*.

kératiniser [keratinize] v. [1] **1.** v. pron. *Se kératiniser* : se durcir par la formation de kératine, en parlant des formations épidermiques, des muqueuses. **2.** v. tr. *Kératiniser des pilules*, les enrober d'une substance analogue à la kératine. – De *kératine*.

kératite [keratit] n. f. MED Inflammation de la cornée. *Kératites ponctuée, ulcéreuse, vésiculaire.* – De *kérat-*, et *-ite* 1.

kératoplastie [keratoplasti] n. f. CHIR Greffe cornéenne consistant à remplacer un fragment de cornée pathologique par un fragment transparent et sain. – De *kérato-*, et *-plastie*.

kératose [keratoz] n. f. MED Hypertrophie des couches cornées de l'épiderme avec ou sans hypertrophie des papilles du derme. – De *kérat-*, et *-ose* 2.

kermès [kɛrmɛs] n. m. **1.** Cochenille du chêne (*Khermes vermilio*), dont on tirait un colorant rouge. **2.** En appos. *Chêne kermès* ou *chêne à cochenilles* : chêne (*Quercus coccifera*) de la région méditerranéenne, à feuilles dures et persistantes. – Arabo-persan *al-qirmiz*, par l'esp. *alkermes*.

kermesse [kɛrmɛs] n. f. **1.** Aux Pays-Bas et dans les Flandres, fête patronale donnant lieu à des cortèges, des danses, etc. **2.** Fête foraine en plein air. **3.** Fête de plein air organisée au bénéfice d'une œuvre. *La kermesse de la caisse des écoles.* – Du flam. *kerkmisse*, « messe d'église ».

kérosène [kerozɛn] n. m. Carburant obtenu par raffinage de pétrole brut, utilisé pour l'alimentation des réacteurs d'avions. – Du gr. *kêros*, « cire », et *-ène*.

kerria [kerja] n. m. ou **kerrie** [keri] n. f. BOT Arbuste ornemental (*Kerria japonica*, fam. rosacées) à fleurs jaune d'or, originaire du Japon. – Du n. de *Ker*, botaniste anglais.

ketch [kɛtʃ] n. m. MAR Voilier à deux mâts, à gréement aurique ou marconi, dont le mât d'artimon, plus petit, est implanté en avant de la barre (à la différence du yawl). *Des ketchs.* – Mot angl.

ketchup [kɛtʃœp] n. m. Condiment anglais à base de purée de tomates aromatisée. – Mot angl., p.-ê. du chinois *kôe-tchiap*.

ketmie [kɛtmi] n. f. BOT Arbre tropical ornemental (genre *Hibiscus*, fam. malvacées). – Lat. bot. mod. *ketmia*, ar. *khatmi*.

keynésien, enne [kenezjɛ̃, ɛn] adj. De Keynes. *Théories keynésiennes.* ▷ Subst. Partisan des théories économiques de Keynes, qui mettent l'accent sur le rôle des investissements, de la propension à la consommation et de la redistribution des revenus, dans la lutte contre le chômage engendré par le capitalisme contemporain. – De John Maynard *Keynes* (1883-1946), économiste et financier britannique.

kg Symbole du kilogramme.

kgf Symbole de kilogramme-force.

khâgne, khâgneux. V. cagne, cagneux

khalifat, khalife. V. califat, calife

khamsin ou **chamsin** [xamsin] n. m. Vent brûlant qui souffle du désert, en Égypte. – Mot ar., « cinquantaine ».

khān [kɑ̃] n. m. Titre que prenaient les souverains mongols (*Gengis khān*), et que prirent ensuite les chefs de l'Inde musulmane, de Perse, de Turquie. – Mot turc, « prince, commandant ».

khanat [kanat] n. m. Dignité, territoire d'un khān. – De *khan*.

kharidjisme [karidʒism] n. m. RELIG Doctrine religieuse émanant d'une secte dissidente de l'islam, qui, à l'origine, regroupait les adeptes d'Ali devenus ses adversaires quand Mu'awiyah Ier le déposa. – De l'ar. *khāridj*, « dissident ».

kharidjite [karidʒit] n. et adj. RELIG Adepte du kharidjisme. *Les Mzabites sont des kharidjites.* – V. kharidjisme.

khédival, ale, aux [kedival, o] ou **khédivial, ale, aux** [kedivjal, o] adj. HIST Du khédive ; qui dépendait du khédive. – De *khédive*.

khédivat [kediva] ou **khédiviat** [kedivja] n. m. HIST Fonction, dignité de khédive ; durée de cette fonction. – De *khédive*.

khédive [kediv] n. m. HIST Titre que porta le vice-roi d'Egypte de 1867 à 1914. – Du turco-persan *khediw*, « roi, souverain ».

khi [ki] n. m. Vingt-deuxième lettre de l'alphabet grec (X, χ), correspondant à *kh* (vélaire sourde aspirée [x]). – Mot grec.

khmer, khmère [kmɛr] adj. et n. Des Khmers, peuple d'Indochine mérid., population actuelle du Cambodge. *Le temple d'Angkor Vat est un chef-d'œuvre de l'art khmer.* ▷ Subst. *Un Khmer, une Khmère.* ▷ n. m. Langue du groupe môn-khmer (notam. le cambodgien). – Mot hindou.

khoisan [koisan] n. m. inv. et adj. inv. Famille de langues pratiquées dans le S. de l'Afrique (Namibie, Angola, Botswana, Zambie, Tanzanie), comprenant notam. le hottentot et le boschiman, caractérisées par la présence de clics*. - adj. inv. *Les langues khoisan.* – De *Khoi*, « Hottentots », et *San*, « Boschimans ».

khôl. V. kôhl.

kHz Symbole du kilohertz.

kibboutz, pl. **kibboutz** ou **kibboutzim** [kibuts, kibutsim] n. m. Exploitation agricole collective, en Israël. – Hébr. *qibbūs*, « collectivité ».

kichenotte. V. quichenotte.

kick [kik] n. m. TECH Dispositif permettant de mettre en marche, au pied, un moteur de motocyclette. – De l'angl. *kick-starter*; de *to kick*, « donner des coups de pied », et *starter*, « démarreur ».

kidnapper [kidnape] v. tr. [1] Enlever (une personne) le plus souvent pour obtenir une rançon. – Amér. *to kidnap*; de *kid*, « enfant », et *to nap*, « saisir ».

kidnappeur, euse [kidnapœr, øz] n. Personne qui kidnappe. – De *kidnapper*.

kidnapping [kidnapiŋ] n. m. (Anglicisme) Enlèvement, rapt. – Mot angl. « enlèvement d'enfant ».

kief. V. kif.

kieselguhr [kizɛlgur] n. m. PETROG Diatomite pulvérulente très poreuse, utilisée notam. comme absorbant dans la fabrication de la dynamite. – Mot allemand.

kiesérite [kjezerit] n. f. MINER Sulfate naturel hydraté de magnésium. – De D. G. *Kieser* (1779-1852), savant allemand.

kif, kief ou **kiff** [kif] n. m. Mélange de chanvre indien et de tabac (en Afrique du Nord, notam.). *Pipe à kief.* – Mot arabe.

kif-kif [kifkif] adj. inv. Fam. Pareil. *C'est kif-kif!* – Mot ar., littéral. «comme comme».

kiki [kiki] n. m. Fam. Cou, gorge. *Serrer le kiki.* – Abrév. de *quiriquiqui,* «gosier».

kilim [kilim] n. m. Tapis d'Orient en laine, dépourvu de velours, car tissé (et parfois brodé) au lieu d'être noué. – Mot turc.

kilo-. Élément, du gr. *khilioi,* «mille, mille fois». ▷ INFORM Préfixe signifiant 1 024.

kilo [kilo] n. m. **1.** Cour. Abrév. de *kilogramme. Donnez-m'en trois kilos.* **2.** INFORM Abrév. de *kilo-octet.*

kilocalorie [kilokalɔʀi] n. f. PHYS Syn. anc. de *millithermie.* – De *kilo-,* et *calorie.*

kilocycle [kilosikl] n. m. RADIOELECTR Unité de fréquence égale à un kilohertz. – De *kilo-,* et *cycle.*

kilofranc [kilofʀɑ̃] n. m. ECON Unité de compte valant 1 000 francs. – De *kilo-,* et *franc.*

kilogramme [kilogʀam] n. m. Unité de masse du système international (symbole kg) égale à la masse de l'étalon en platine iridié du Bureau international des poids et mesures, déposé au pavillon de Breteuil, à Sèvres (Abrév. cour. : kilo). – De *kilo-,* et *gramme.*

kilogrammètre [kilogʀammɛtʀ] n. m. PHYS Anc. unité pratique de travail (symbole kgm), auj. remplacée par le joule (1 kgm = 9,81 J); travail accompli par une force de 1 kgf dont le point d'application se déplace de 1 m dans la direction de la force. – De *kilogramme,* et *mètre.*

kilohertz [kiloɛʀts] n. m. PHYS Unité de mesure de fréquence des ondes radioélectriques valant 1 000 hertz (symbole kHz). – De *kilo-,* et *hertz.*

kilométrage [kilɔmetʀaʒ] n. m. **1.** Action de kilométrer; son résultat. **2.** Nombre de kilomètres parcourus. *Le kilométrage d'une voiture.* – De *kilomètre.*

kilomètre [kilɔmɛtʀ] n. m. Unité pratique de distance (symbole km) valant 1 000 m. *Marcher plusieurs kilomètres sans s'arrêter.* – *Kilomètre par heure (km/h)* ou cour. *kilomètre à l'heure, kilomètre-heure* : vitesse d'un mobile qui parcourt 1 km en 1 heure à vitesse constante. *Faire du 100 km/h.* ou, ellipt., *du 100.* ▷ *Kilomètre carré* (symbole km^2) : superficie égale à celle d'un carré de 1 km de côté, soit 1 million de m^2. – De *kilo-,* et *mètre.*

kilométrer [kilɔmetʀe] v. tr. **[14] 1.** Jalonner (une route) de bornes kilométriques. **2.** Mesurer en kilomètres. *Kilométrer un trajet pour répartir ses étapes.* – De *kilomètre.*

kilométrique [kilɔmetʀik] adj. Qui a rapport au kilomètre. *Bornes kilométriques,* placées tous les kilomètres. – De *kilomètre.*

kilo-octet [kiloɔktɛ] n. m. INFORM Unité valant 1 024 octets. *Des kilo-octets.* – De *kilo-,* et *octet.*

kilotonne [kilotɔn] n. m. Unité de puissance des explosifs nucléaires (symbole kt), équivalant à la puissance de l'explosion de 1 000 t de trinitro-toluène (T.N.T.). – De *kilo-,* et *tonne.*

kilowatt [kilowat] n. m. PHYS Unité de puissance (symbole kW), égale à 1 000 watts. – De *kilo-,* et *watt.*

kilowattheure [kilowatœʀ] n. m. Unité de travail ou d'énergie (symbole kWh); travail ou énergie fournis par une machine d'une puissance de 1 kW pendant 1 heure (1 kWh = $3{,}6.10^6$ J). – De *kilowatt,* et *heure.*

kilt [kilt] n. m. Jupe traditionnelle des Écossais, courte et plissée. – Mot angl., de *to kilt,* «retrousser».

kimono [kimɔno] n. m. **1.** Longue tunique japonaise à larges manches, taillée dans une seule pièce, croisée et serrée à la taille par une large ceinture *(obi).* **2.** Peignoir à manches non rapportées (comme le kimono des Japonais). – (En appos.) *Des manches kimono.* **3.** *Abusiv.* Tenue des judokas, karatékas, etc., formée d'un pantalon et d'une veste en forte toile blanche. – Mot jap., «vêtement, robe».

kinase [kinaz] n. f. BIOCHIM Enzyme qui favorise le transfert d'une liaison riche en énergie vers une liaison pauvre. – De *kin(ési)-,* et *-ase.*

kinési-. Élément, du gr. *kinêsis,* «mouvement».

kinésique. V. kinesthésique.

kinésithérapeute [kineziteʀapøt] n. Praticien diplômé qui soigne par la kinésithérapie. (Abrév. cour. : kinési ou kiné). – De *kinésithérapie.*

kinésithérapie [kineziteʀapi] n. f. Mode de traitement de certaines affections de l'appareil de soutien (os, ligaments) et de l'appareil locomoteur (muscles, nerfs), qui utilise la mobilisation musculaire passive (électricité, massages) ou active (mouvements volontaires sous le contrôle du praticien : gymnastique corrective, rééducation). – De *kinési-,* et *-thérapie.*

kinesthésie [kinɛstezi] n. f. Ensemble des sensations d'origine musculaire, tendineuse, articulaire, cutanée et labyrinthique qui renseignent sur les positions et les mouvements des différentes parties du corps. – De *kinési-,* et gr. *aisthêsis,* «sensation».

kinesthésique [kinɛstezik] ou **kinésique** [kinezik] adj. Qui a rapport à la kinesthésie. *Sensation kinesthésique.* – De *kinesthésie.*

king. V. jing.

king-charles [kiŋʃaʀl] n. m. inv. Petit épagneul à poil long. – De l'angl. *king Charles' spaniel,* «épagneul du roi Charles».

kinkajou [kɛ̃kaʒu] n. m. Petit mammifère carnivore d'Amérique du Sud *(Potos flavus),* au pelage roux et au museau court, à la longue queue prenante. – D'une langue indienne d'Amérique.

kinois, oise [kinwa, waz] adj. et n. De Kinshasa, cap. du Zaïre. ▷ Subst. *Un(e) Kinois(e).*

kiosque [kjɔsk] n. m. **1.** Pavillon ouvert, dans un jardin. *Kiosque à musique.* **2.** Petit pavillon conçu pour la vente des journaux, des fleurs, etc., sur la voie publique. **3.** MAR Superstructure d'un sous-marin, située au-dessus du poste central et qui sert de passerelle pour la navigation en surface. – Turc *köşk,* «pavillon de jardin».

kiosquier, ère [kjɔskje, ɛʀ] n. Personne qui tient un kiosque à journaux. – De *kiosque.*

kippa [kippa] n. f. Calotte que portent les juifs pratiquants. – Mot hébreu.

kipper [kipœʀ] n. m. Hareng fumé, ouvert et peu salé. – Mot angl.

kir [kiʀ] n. m. Mélange de vin blanc et de liqueur de cassis, servi en général en apéritif. – Du n. du chanoine *Kir* (1876-1968), ancien maire de Dijon.

kirghiz, ize [kiʀgiz] adj. et n. **1.** adj. De la population d'Asie occidentale vivant en majorité au Kirghizistan. ▷ Subst. *Un(e) Kirghiz(e). Les traditions des Kirghiz.* **2.** n. m. Langue turque du Kirghizistan. – Mot de cette langue, par le russe.

kirsch [kiʀʃ] n. m. Eau-de-vie de cerises aigres et de merises ayant fermenté avec leurs noyaux. – All. *Kirschwasser,* «eau *(Wasser)* de cerise *(Kirsch)*».

kit [kit] n. m. Objet vendu en pièces détachées dont l'assemblage est à réaliser par l'acheteur. – *En kit* : en pièces détachées, à monter soi-même. *Meuble en kit.* – Mot angl., proprement «boîte à outils».

kitchenette [kitʃənɛt] n. f. (Américanisme) Petite cuisine. Syn. (off. recommandé) cuisinette. – Mot amér., dimin. de *kitchen.*

kitsch [kitʃ] adj. inv. et n. m. Se dit d'objets (mobilier, bijoux, éléments décoratifs) et d'œuvres picturales démodés, généralement produits de façon industrielle, et utilisés à contre-courant par un milieu supposé cultivé ou élégant. *Une théière kitsch. Une nature morte kitsch.* – n. m. Ensemble de ces productions. *Le goût du kitsch.* ▷ Par ext. *Un style kitsch :* un style volontairement démodé. – Mot all.

kiwi [kiwi] n. m. **1.** ORNITH Ratite aptère des forêts de Nouvelle-Zélande, de la taille d'une poule, au plumage brunâtre. Syn. aptéryx. **2.** Fruit originaire de Chine à l'écorce velue et à la chair parfumée. – Mot angl., du maori.

klaxon [klaksɔn] n. m. Avertisseur sonore d'automobile. *Donner un coup de klaxon.* Syn. (off. recommandé) avertisseur. – Nom déposé, du nom d'une firme américaine; du gr. *klaxein,* «retentir, crier».

klaxonner [klaksɔne] v. intr. [1] Faire usage du klaxon. Syn. (off. recommandé) avertir. – De *klaxon.*

klebs. V. clebs.

klephte. V. clephte.

kleptomane [klɛptoman] ou **cleptomane** [klɛptoman] n. et adj. Personne qui souffre de kleptomanie. ▷ adj. *Elle est kleptomane.* – De *kleptomanie.*

kleptomanie ou **cleptomanie** [klɛptomani] n. f. Impulsion morbide à commettre des vols. – Du gr. *kleptês,* «voleur», et *-manie.*

klystron [klistʀɔ̃] n. m. ELECTRON Tube électronique permettant de produire des hyperfréquences (radars, accélérateurs de particules). – Mot angl., du gr. *kluscein* «envoyer un jet de liquide».

km Symbole de kilomètre. – *km²* : symbole de kilomètre carré. – *km/h* : symbole de kilomètre par heure.

knickerbocker(s) [knikɛʀbɔkɛʀ(s)] [knikɛʀ(s)] ou **knicker(s)** n. m. pl. (Mot angl.) Culottes larges serrées au-dessous du genou, que l'on utilise surtout pour la marche en montagne, l'escalade, le ski de fond. – Mot angl., nom du héros d'un roman de Washington Irving.

knock-down [nɔkdawn] n. m. inv. SPORT État du boxeur qui tombe à terre sous un coup de l'adversaire mais se relève avant dix secondes et n'est donc pas mis hors de combat. Syn. (off. recommandé) au tapis. – Loc. angl., de *to knock,* «frapper», et *down,* «à terre».

knock-out [nɔkawt] ou **K.-O.** [kao] n. m. inv. et adj. inv. **1.** n. m. inv. État du boxeur resté plus de dix secondes à terre, après avoir été frappé par l'adversaire et qui se trouve de ce fait mis hors de combat. *Victoire par knock-out au deuxième round.* – adj. *Son adversaire l'a mis K.-O.* **2.** adj. inv. Fam. Assommé. ▷ Fig. Dans un état de grande faiblesse physique; très fatigué. *Il est complètement K.-O.* – Mot angl., de *to knock,* «frapper», et *out,* «dehors».

knout [knut] n. m. Fouet à lanières de cuir terminées par des fils de fer crochus, qui servait d'instrument de supplice dans l'ancienne Russie; ce supplice lui-même. – Mot russe.

know-how [noao] n. m. inv. (Anglicisme critiqué.) Savoir-faire (partic. dans les domaines technique et commercial). – Mot amér., de *to know,* «savoir», et *how,* «comment».

K.-O. V. knock-out.

Ko INFORM Symbole de kilo-octet. Syn. K.

koala [kɔala] n. m. Mammifère marsupial grimpeur d'Australie que son pelage fourni fait ressembler à un ourson (genre *Phascolarctus*; longueur 80 cm env.). *Le koala se nourrit presque exclusivement de feuilles d'eucalyptus.* – De *kula,* mot d'une langue australienne.

kob [kɔb] n. m. Antilope africaine dont le mâle porte des cornes recourbées vers l'avant. – Mot wolof.

kobold [kɔbɔld] n. m. En Allemagne, esprit familier, lutin considéré comme gardien des métaux précieux enfouis dans la terre. – Mot all. (V. cobalt).

Koctet [kaoktɛ] n. m. INFORM Abréviation de *kilo-octet*.*

kôhl, kohol ou **khôl** [kol] n. m. Poudre sombre utilisée en Orient comme fard à paupières. – Ar. *kuhl,* «antimoine».

koinè [kɔjnɛ] n. f. LING Langue commune du monde de l'Adriatique hellénistique à l'Asie centrale. ▷ *Par ext.* Langue commune à un groupe humain. *Le castillan, koinè de l'Espagne.* – Mot gr., fém. de *koinos,* «commun».

kola ou **cola** [kɔla] n. f. Graine du kolatier, appelée aussi *noix de kola,* riche en caféine et en théobromine. – Mot soudanais.

kolatier [kɔlatje] n. m. Grand arbre d'Afrique tropicale (*Cola acuminata,* fam. sterculiacées), qui produit la kola. – De *kola.*

kolinski [kɔlɛ̃ski] n. m. Fourrure de putois ou de loutre de Sibérie. – Mot russe.

kolkhoz ou **kolkhoze** [kɔlkoz] n. m. Exploitation agricole collective, en U.R.S.S., qui comportait un secteur d'État (les terres), un secteur collectivisé (cheptel, moyens de production, bâtiments d'exploitation) et un secteur non collectivisé (maisons des familles paysannes, lopins de terre consacrés au jardinage et au petit élevage, etc.). Les kolkhozes ont été démantelés en 1992. *Des kolkhoz* ou *des kolkhozes.* – Mot russe.

kolkhozien, enne [kɔlkozjɛ̃, ɛn] adj. et n. Relatif à un kolkhoz, à l'organisation en kolkhoz des exploitations agricoles. ▷ Subst. Membre d'un kolkhoz. – De *kolkhoz.*

kommandantur [kɔmɑ̃dɑ̃tuʀ] n. f. Ensemble des bureaux d'un commandant de place allemand, en Allemagne ou dans un pays occupé (sous l'occupation nazie). – Mot all.

kondō [kɔ̃do] n. m. RELIG Bâtiment d'un monastère bouddhique japonais, où est conservée l'image de la divinité principale. – Mot japonais.

konzern [kɔ̃z(ts)ɛʀn] n. m. En Allemagne, association d'entreprises qui, par des participations financières, visent au contrôle de toute une branche d'industrie. *Les konzerns ont été créés après la guerre de 14-18.* – Mot all., «consortium».

kopeck [kɔpɛk] n. m. Monnaie russe, centième partie du rouble. ▷ Loc. fam. *Ça ne vaut pas un kopeck :* c'est sans aucune valeur. – Mot russe.

kora ou **cora** [kɔʀa] n. f. Sorte de luth d'Afrique de l'Ouest. – Mot mandingue.

korê ou **coré** [kɔʀe] n. f. Statue grecque représentant une jeune fille. *Des korês* ou, plur. savant, *des korai* [kɔʀaj]. – Mot grec, «jeune fille».

koros. V. couros.

korrigan, ane [kɔʀigɑ̃, an] n. Génie malfaisant, dans les légendes bretonnes. – Mot breton.

koubba [kuba] ou **koubbeh** [kube] n. f. Chapelle cubique surmontée d'un dôme, élevée sur la tombe d'un personnage vénéré, en Afrique du Nord. V. marabout. – Mot ar. *qubba,* «dôme, coupole».

kouglof ou **kugelhof** [kuglɔf] n. m. CUIS Gâteau alsacien, brioche aux raisins secs. – Mot alsacien, de l'all. *Kugel,* «boule».

koulak [kulak] n. m. Paysan russe aisé à la fin du XIXe s. et au début du XXe s. – Mot russe.

koulibiac [kulibjak] n. m. CUIS Mets russe, pâté de poisson que l'on consomme chaud. – Du russe *kulebjaka.*

koumis ou **kumys** [kumi] n. m. Boisson faite avec du lait de jument fermenté, consommée en Asie centrale. – Mot tartare.

kourgane [kuʀgan] n. m. Anc. sépulture de Russie mérid., en forme de tumulus. – Mot russe, du turc.

kouros, couros [kuʀos] ou **koros** [koʀos] n. m. Statue archaïque grecque représentant un jeune homme nu au visage souriant. *Des kouros, des couros, des koros* ou *des kouroi, des couroi* [kuʀɔj], *des koroi* [koʀɔj]. – Gr. *kouros,* «jeune homme».

kourtchatovium [kuʀtʃatɔvjɔm] n. m. CHIM Élément radioactif artificiel de numéro atomique Z = 104, de masse atomique 261 (symbole Ku), découvert en 1964 en U.R.S.S. – Nom donné en hommage au physicien soviétique *Kourtchatov* (1903-1960).

koweïtien, enne [kɔwetjɛ̃, ɛn] ou **koweïti** [kɔweti] adj. et n. Du Koweït, émirat d'Arabie, sur la côte N.-O. du golfe Persique. ▷ Subst. *Un(e) Koweïtien(ne)* ou *un(e) Koweïti.*

Kr CHIM Symbole du krypton.

kraal [kʀɑl] n. m. **1.** Village de huttes défendu par une palissade, que construisent les Hottentots. **2.** Enclos à bétail, en Afrique du Sud. – Mot hollandais.

krabs. V. crabs.

krach [kʀak] n. m. Chute brutale des cours des valeurs financières ou boursières. – Mot all., «craquement, écroulement».

kraft [kʀaft] n. m. Papier fort servant aux emballages. – (En appos.) *Papier kraft.* – Mot all., «force».

krak [kʀak] ou **karak** [kaʀak] n. m. Forteresse construite par les croisés, au Proche-Orient. *Le krak des Chevaliers, célèbre forteresse de Syrie.* – Ar. *karak.*

kraken [kʀakɛn] n. m. Pieuvre gigantesque des légendes scandinaves. – Mot norvégien.

kraps. V. crabs.

kremlin [kʀɛmlɛ̃] n. m. Partie centrale, fortifiée, des anciennes villes russes. – Du russe *kreml,* «forteresse».

kreutzer [kʀøtsɛʀ] n. m. Ancienne monnaie allemande et autrichienne. – Mot all., de *Kreutz,* «croix».

krill [kʀil] n. m. ZOOL Crustacé pélagique (*Euphausia superba*) vivant en bancs, dont se nourrissent les cétacés à fanons. – Mot norvégien.

kriss ou **criss** [kʀis] n. m. Poignard malais à lame ondulée. – Mot malais.

kronprinz [kʀɔnpʀints] n. m. HIST Titre que portait le prince héritier, en Allemagne et en Autriche, avant 1918. – *Le Kronprinz :* Frédéric-Guillaume, fils aîné de Guillaume II. – Mot all., de *Krone,* «couronne», et *Prinz,* «prince».

kroumir [kʀumiʀ] n. m. Chausson de basane que l'on porte dans des sabots.

krypton [kʀiptɔ̃] n. m. CHIM Élément de numéro atomique Z = 36 et de masse atomique 83,8 (symbole Kr). – Gaz rare (Kr) de l'air, qui se liquéfie à −152,3 °C et se solidifie à −156,6 °C. *On utilise le krypton dans certaines lampes à incandescence.* – Mot angl., du gr. *kruptos,* «caché».

ksar, plur. **ksour** [ksaʀ, ksuʀ] n. m. Village fortifié des régions sahariennes. – Mot berbère *qsar.*

kshatriya [kʃatʀija] n. m. Membre de la caste indienne des guerriers. – Mot sanscrit.

ksi [ksi] n. m. **1.** Xi*. **2.** PHYS NUCL Particule de la famille des hypérons. – Mot grec.

kt Symbole de kilotonne.

Ku CHIM Symbole du kourtchatovium.

kugelhof. V. kouglof.

kummel [kymɛl] n. m. Liqueur alcoolique aromatisée au cumin. – All. *Kümmel,* «cumin».

kumquat [kɔmkwat; kumkwat] n. m. Tout petit agrume que l'on mange avec son écorce. *Kumquats confits.* – Mot cantonais; var. de *kin kū,* «orange d'or».

kumys. V. koumis.

kung-fu [kuŋfu] n. m. Art martial chinois, voisin du karaté, pratiqué comme sport de combat sans armes et faisant appel notam. aux techniques de jambes. – Mot chinois.

kurde [kyʀd] adj. et n. **1.** Du Kurdistān (S.-E. de la Turquie, N. de l'Irak, O. de l'Iran et de la Syrie). ▷ Subst. *Un(e) Kurde.* **2.** n. m. *Le kurde :* la langue voisine du persan parlée par les Kurdes. – Mot indigène, se rattachant au gr. *kurtioi,* lat. *Cyrtii,* de *Kardoukhoi,* nom d'un peuple établi aux confins de l'Arménie et de l'Assyrie.

kuru [kuʀu] n. m. MED Type d'encéphalite observé pour la première fois dans une tribu de Nouvelle-Guinée et qui a permis la découverte des virus lents. – Mot de Nouvelle-Guinée, «trembler de frayeur».

kW Symbole de kilowatt.

kwas ou **kvas** [kvas] n. m. Boisson russe préparée avec de la farine d'orge fermentée dans l'eau. – Mot russe.

kwashiorkor [kwaʃjɔʀkɔʀ] n. m. MED Maladie due à la malnutrition grave du jeune enfant, observée surtout en Afrique noire. – Mot bantou, «enfant rouge».

kWh Symbole de kilowattheure.

kymrique [kimʀik] ou **cymrique** [simʀik] n. m. Langue celtique parlée au pays de Galles. – Gallois *cymraeg.*

kyrie [kiʀije] ou **kyrie eleison** [kiʀijeeleisɔn] n. m. inv. LITURG CATHOL Invocation qui se fait à la messe en latin entre l'*Introït* et le *Gloria in excelsis* et qui est largement employée par les Églises orientales. ▷ Musique sur laquelle on la chante. – Gr. *Kurie,* «Seigneur», et *eleêson,* «aie pitié».

kyrielle [kiʀjɛl] n. f. Fam. **1.** Longue suite (de mots). *Il a débité une kyrielle d'injures.* **2.** Suite interminable; grande quantité. – De *kyrie eleison,* invocation de la liturgie catholique, «Seigneur, aie pitié».

kyste [kist] n. m. **1.** MED Formation pathologique constituée d'une poche sans communication avec l'extérieur, contenant une substance liquide ou solide, d'origine variable. *Kyste de l'ovaire, kyste hydatique. Kysre sébacé :* kyste dû à l'accumulation de matières graisseuses dans les glandes sébacées. **2.** BIOL Forme que prennent certains êtres unicellulaires en se déshydratant et en s'entourant d'une coque protectrice lorsque le milieu devient défavorable à la vie. – Gr. *kustis,* «poche».

kystique [kistik] adj. MED De la nature du kyste. – De *kyste.*

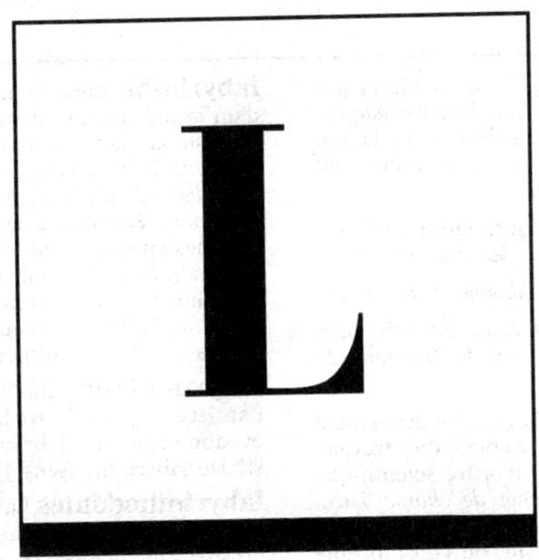

l [ɛl] n. m. ou f. **1.** Douzième lettre (l, L) et neuvième consonne de l'alphabet, notant la dentale latérale sonore [l], simple ou redoublée (ex. *lilas, ballade* [balad], *allégorie* [allegɔʀi]), se prononçant ou non en finale (ex. *subtil* [syptil], *gentil* [ʒɑ̃ti]; *recul* [ʀəkyl], *cul* [ky]). *Un l mouillé**. **2.** L : chiffre romain qui vaut 50. **3.** L ou £ : abrév. de *livre* (monnaie). **4.** l : symbole du litre. **5.** PHYS L : symbole de l'inductance.

1. la [la] article défini ou pron. pers. fém. sing. V. le.

2. la [la] n. m. inv. Sixième note de la gamme d'*ut*. – Signe qui figure cette note. – Loc. *Donner le la* : donner le ton à un autre musicien, à un orchestre, en faisant sonner le *la*; fig. donner le ton, créer la mode. – 1re syllabe de *labii*, dans l'hymne de saint Jean-Baptiste. (V. ut.)

La CHIM Symbole du lanthane.

là [la] adv. **I. 1.** Dans un lieu différent (de celui où l'on se trouve ou dont on parle). *Ici il pleut, là il fait beau.* **2.** À tel moment précis. *C'est là qu'il a mentionné votre nom.* **3.** À tel point déterminé. *Tenez-vous-en là. En venir là.* **4.** *Être là* : être présent. *Est-ce qu'Untel était là ?* ▷ Fam. *Être un peu là* : se faire remarquer, faire sentir que l'on a de l'importance. *Il est là, et un peu là.* **II.** Suivi d'une proposition relative. *C'est là que je vais. Là où il est.* **III.** Renforçant un nom. *C'est là votre meilleur rôle.* – Renforçant un adj. démonstratif. *Ce cas-là.* **IV.** Avec une préposition. ▷ *De là* : de cet endroit. – (Abstrait) *Il est un peu menteur, mais de là à penser qu'il est malhonnête, il y a loin.* ▷ *D'ici là* : du moment présent à tel autre (que précise la phrase). *Nous nous verrons lundi; d'ici là, téléphonez-moi.* ▷ *De-ci de-là, çà et là* : par endroits, de place en place; par moments, de temps en temps. *Çà et là* : de tous côtés. ▷ *Loin de là* : loin de tel endroit (dont on parle). – (Abstrait) Au contraire. *Je ne pense pas qu'il ait raison, loin de là.* ▷ *Par là* : par tel endroit, tel chemin (que l'on montre ou dont on parle). *Il est passé par là. Quelque part par là.* – Fig. Par cela. *Qu'entendez-vous par là ?* ▷ *Jusque-là* : jusqu'à cet endroit; jusqu'à ce moment. **V.** *Là-bas* : à tel endroit au loin. ▷ *Là-haut* : en tel endroit élevé. ▷ *Là-dessus, là-dessous, là-dedans* : V. dessus, dessous, dedans. **VI.** interj. (Pour apaiser, appeler au calme.) *Là, tout doux !* – Du lat. *illac*, « là ».

labadens [labadɛ̃s] n. m. Rare, vieilli Camarade de collège, de pensionnat. – Nom d'un maître de pension dans *l'Affaire de la rue de Lourcine*, pièce de E. Labiche.

labarum [labaʀɔm] n. m. HIST Étendard de l'Empire romain, sur lequel Constantin aurait fait mettre une croix, le monogramme du Christ et la formule *In hoc signo vinces*, (« Tu vaincras par ce signe »). – Mot du bas lat.

là-bas. V. là.

labbe [lab] n. m. Syn. de *stercoraire* 1. – Mot suédois, « sorte de mouette ».

labdanum. V. ladanum.

label [labɛl] n. m. **1.** Marque délivrée par un syndicat professionnel ou un organisme officiel, que l'on appose sur certains articles pour attester leur qualité, leur origine ou le respect de certaines normes. **2.** INFORM Groupe de caractères qui identifie une information. – Mot angl., « étiquette », de l'a. fr. *label*, var. de *lambeau*.

labéliser [labelize] v. tr. [1] (Choses) Garantir par un label. ▷ Pp. adj. *Produit labélisé.* – De *label*.

labelle [labɛl] n. m. BOT Grand pétale formant la partie antérieure de la corolle des orchidées. – Du lat. *labellum*, « petite lèvre ».

labeur [labœʀ] n. m. **1.** Litt. Travail long et pénible. *Labeur ingrat.* **2.** IMPRIM Travail d'une certaine importance. – Lat. *labor*.

labiacées. V. labiées.

labial, ale, aux [labjal, o] adj. (et n. f.) **1.** Qui a rapport aux lèvres. *Muscle labial.* **2.** PHON *Consonne labiale* ou, n. f., *une labiale*, qui s'articule avec les lèvres (ex. [b, p, f, v]). *Les labiales se subdivisent en bilabiales et labiodentales.* – Du lat. *labium*, « lèvre ».

labialisation [labjalizasjɔ̃] n. f. PHON Transformation d'une consonne en labiale. – De *labialiser*.

labialiser [labjalize] v. tr. [1] Donner à (une lettre) la prononciation d'une labiale. – De *labial*.

labié, ée [labje] adj. BOT Se dit d'une corolle gamopétale à deux lobes en forme de lèvres. – Du lat. *labium*, « lèvre ».

labiées [labje] ou **labiacées** [labjase] n. f. pl. BOT Famille de plantes dicotylédones gamopétales superovariées ayant une corolle à deux lèvres inégales et quatre étamines inégales. – Sing. *Le thym est une labiée.* – Du lat. *labium*, « lèvre ».

labile [labil] adj. Didac. Sujet à se transformer, à tomber, à disparaître. *Pétales labiles. Phonème labile.* – Fig. *Mémoire labile*, peu fiable. – CHIM *Composé labile*, peu stable. – Bas lat. *labilis*, de *labi*, « glisser, tomber ».

labiodental, ale, aux [labjodɑ̃tal, o] adj. et n. f. PHON *Consonne labiodentale* ou, n. f., *une labiodentale* : consonne prononcée avec la lèvre inférieure et les dents du haut (ex. [f, v]). – Du lat. *labium*, « lèvre », et de *dental*.

labiopalatal, ale, aux [labjopalatal, o] adj. et n. f. PHON *Consonne labiopalatale* ou, n. f., *une labiopalatale,* qui s'articule avec une projection des lèvres, la langue touchant le devant du palais (ex. : [ɥ] dans huile [ɥil]). – Du lat. *labium,* « lèvre », et *palatal.*

labium [labjɔm] n. m. ZOOL Partie inférieure de l'appareil buccal des insectes. – Mot lat., « lèvre ».

labo [labo] n. m. Abrév. fam. de *laboratoire. Des labos.*

laborantin, ine [labɔʀɑ̃tɛ̃, in] n. Assistant, aide, dans un laboratoire. – All. *Laborantin,* fém. de *Laborant,* du lat. *laborare,* « travailler ».

laboratoire [labɔʀatwaʀ] n. m. **1.** Local spécialement aménagé et équipé pour mener à bien des travaux (notam. des travaux de recherche) d'ordre scientifique ou technique. *Laboratoire de physique, de chimie. Laboratoire d'analyses bactériologiques. Laboratoire d'un photographe.* ▷ *Laboratoire pharmaceutique,* où l'on fabrique des médicaments. **2.** *Laboratoire de langues :* local spécialement aménagé pour enseigner les langues étrangères à l'aide de magnétophones. **3.** *Laboratoire spatial :* vaisseau spatial conçu pour la réalisation d'expériences scientifiques. **4.** Local (distinct du magasin) où travaille un boucher, un charcutier, un pâtissier. **5.** METALL Partie d'un four à réverbère où l'on place les matières à fondre. (Abrév. fam. : labo). – Lat. scientif. *laboratorium,* de *laborare,* « travailler ».

laborieusement [labɔʀjøzmɑ̃] adv. Avec beaucoup de peine et de travail. – De *laborieux.*

laborieux, euse [labɔʀjø, øz] adj. **1.** (Personnes) Qui travaille beaucoup, qui aime le travail. – Péjor. Qui travaille beaucoup pour parvenir à un résultat (souvent médiocre). **2.** (Choses) Qui coûte beaucoup de travail, de fatigue, d'efforts. *Entreprise laborieuse.* – Péjor. Qui sent l'effort. *Un style laborieux.* – Lat. *laboriosus,* de *labor,* « travail ».

labour [labuʀ] n. m. **1.** Travail de labourage, façon donnée à une terre. **2.** (Plur.) Terres labourées. – Déverbal de *labourer.*

labourable [labuʀabl] adj. Qui peut être labouré, cultivé. *Terre labourable.* – De *labourer.*

labourage [labuʀaʒ] n. m. Action de labourer. – De *labourer.*

labourer [labuʀe] v. tr. [1] **1.** Retourner la terre avec la charrue, la bêche, la houe, etc. *Labourer un champ.* ▷ Absol. *Il serait temps de labourer.* **2.** *Par anal.* Ouvrir, creuser (comme la charrue la terre). *Le passage des chars a labouré la route.* – Fig. *L'éclat d'obus lui avait labouré le dos.* – Lat. *laborare,* « travailler ».

laboureur [labuʀœʀ] n. m. **1.** Celui qui laboure. **2.** Vx Cultivateur. – De *labourer.*

labrador [labʀadɔʀ] n. m. Chien de chasse à poil ras et à robe noire, quelquefois fauve. – De *chien du Labrador,* péninsule du N.-E. de l'Amérique.

labradorite [labʀadɔʀit] n. f. ou **labrador** [labʀadɔʀ] n. m. MINER Variété de plagioclase à cristaux blanc grisâtre ou gris, très abondante dans certains basaltes de couleur claire. – Du n. de la péninsule du *Labrador* où l'on trouve ce minéral; d'abord *pierre de Labrador.*

1. labre [labʀ] n. m. ENTOM Lèvre supérieure des insectes. – Lat. *labrum,* « lèvre ».

2. labre [labʀ] n. m. ICHTYOL Gros poisson (genre *Labrus*) des côtes rocheuses, aux couleurs chatoyantes, aux lèvres épaisses. Syn. (cour.) vieille. – Du lat. scientif. *labrus,* de *labrum,* « lèvre ».

labri ou **labrit** [labʀi] n. m. Chien de berger à poil frisé du midi de la France. – De *Labrit,* n. d'un ch.-l. de canton des Landes.

labyrinthe [labiʀɛ̃t] n. m. **1.** ANTIQ Édifice composé d'un grand nombre de pièces et de galeries, et dont la disposition était telle que ceux qui s'y engageaient parvenaient difficilement à en trouver l'issue. *Le labyrinthe légendaire de Crète* ou *le Labyrinthe, où était enfermé le Minotaure.* **2.** Jardin d'agrément dont les allées, bordées de haies épaisses, sont tracées selon un plan compliqué évoquant celui d'un labyrinthe (sens 1). **3.** Fig. Ensemble compliqué, où il est difficile de se reconnaître. *Le labyrinthe de la jurisprudence.* Syn. dédale. **4.** ANAT Ensemble des cavités qui constituent l'oreille interne.

labyrinthique [labiʀɛ̃tik] ou **labyrinthien, enne** [labiʀɛ̃tjɛ̃, ɛn] adj. **1.** Rare Dont la disposition compliquée évoque celle d'un labyrinthe. *Couloirs labyrinthiques.* **2.** MED Du labyrinthe (sens 4). – De *labyrinthe.*

labyrinthodontes [labiʀɛ̃tɔdɔ̃t] n. m. pl. PALEONT Ordre d'amphibiens fossiles stégocéphales qui ont l'allure de grosses salamandres (3 à 4 m de long), dont les dents avaient une surface plissée. (Descendant des *crossoptérygiens,* ils apparaissent au dévonien et s'éteignent au début du jurassique, après avoir donné naissance aux amphibiens anoures et aux reptiles.) Syn. stéréospondyliens. – Sing. *Un labyrinthodonte.* – De *labyrinthe,* et du gr. *odous, odontos,* « dent ».

lac [lak] n. m. Grande étendue d'eau à l'intérieur des terres. *Lac de cratère, de verrou glaciaire, de dépression.* – Loc. fig., fam. *Tomber dans le lac :* échouer. *L'affaire est (tombée) dans le lac.* – Lat. *lacus.*

laçage [lasaʒ] n. m. Action de lacer; son résultat. – Manière de lacer. – De *lacer.*

lacanien, enne [lakanjɛ̃, ɛn] adj. Relatif à J. Lacan, médecin et psychanalyste français (1901-1981), à ses théories. ▷ Subst. Partisan de J. Lacan.

laccase [lakaz] n. f. BIOCHIM Enzyme oxydant les phénols du latex des arbres à laque, présente également dans les fruits, les betteraves, les champignons, etc. – De *laque,* et *-ase.*

laccolithe ou **laccolite** [lakɔlit] n. m. GEOL Masse lenticulaire de roches éruptives mise au jour par l'érosion. – Du gr. *lakkos,* « fosse », et *lithos,* « pierre ».

lacédémonien, enne [lasedemɔnjɛ̃, ɛn] adj. et n. De Lacédémone. ▷ Subst. *Les Lacédémoniens.* – De *Lacédémone* (Sparte), ville de la Grèce antique.

lacer [lase] v. tr. [12] Fermer, serrer, assujettir au moyen d'un lacet. *Lacer ses chaussures.* – Du lat. *laqueare.*

lacération [laseʀasjɔ̃] n. f. Action de lacérer, de déchirer; mise en pièces. – Lat. *laceratio.*

lacérer [laseʀe] v. tr. [14] Déchirer, mettre en pièces (des papiers, des étoffes). *Lacérer une affiche.* – Lat. *lacerare.*

lacerie ou (rare) **lasserie** [lasʀi] n. f. TECH Tissu fin d'osier, de paille. – De *lacer.*

lacertiens [lasɛʀtjɛ̃] ou **lacertiliens** [lasɛʀtiljɛ̃] n. m. pl. ZOOL Syn. de *sauriens.* – Sing. *Un lacertien* ou *un lacertilien.* – Du lat. *lacerta,* « lézard ».

lacet [lasɛ] n. m. **1.** Cordon que l'on passe dans des œillets pour serrer une partie de vêtement ou une chaussure. **2.** (Par anal. de forme.) *Route en lacet,* en zigzag. ▷ Mouvement latéral d'un avion autour d'un axe vertical *(axe des lacets)* passant par le centre de gravité et perpendiculaire au plan de voilure (V. roulis, tangage). **3.** Nœud coulant utilisé pour piéger les lièvres, les perdrix, etc. *Tendre un lacet.* **4.** Cordon plat en fil, utilisé en passementerie. **5.** MATH Dans un graphe, chemin dont l'origine et l'extrémité sont confondues. – Dimin. de *lacs.*

laceur, euse [lasœʀ, øz] n. Rare Personne qui fait des filets pour la pêche ou la chasse. – De *lacer.*

lâchage [laʃaʒ] n. m. **1.** Action de lâcher (qqch). **2.** Fam. Action d'abandonner (qqn). – De *lâcher* 1.

lâche [laʃ] adj. et n. **I.** adj. **1.** Qui n'est pas tendu, qui n'est pas serré. *Nœud trop lâche.* **2.** Fig. Qui manque de vigueur. *Style lâche.* **II.** adj. et n. **1.** Qui est sans courage. *Être lâche face au danger.* ▷ Subst. *Un(e) lâche.* **2.** Qui dénote la lâcheté ; vil, méprisable. *Lâches provocations.* – De *lâcher* 1.

lâché, ée [laʃe] adj. BX-A Qui manque de vigueur, de tenue ; négligé. *Dessin lâché.* – Pp. de *lâcher* 1.

lâchement [laʃmɑ̃] adv. **1.** Rare Sans serrer, sans être serré. *Foulard noué lâchement.* **2.** Avec lâcheté, bassesse ; honteusement. *Trahir lâchement qqn.* – De *lâche.*

1. lâcher [laʃe] v. [1] **I.** v. tr. **1.** Détendre, desserrer. *Lâcher une corde tendue. Lâcher la bride à un cheval :* laisser aller la main pour cesser de tendre la bride. – Fig. *Lâcher la bride à qqn,* cesser de le contrôler, de le surveiller. **2.** (En loc.) Cesser de tenir. *Lâcher pied :* reculer ; fig. céder. – *Lâcher prise :* laisser aller ce qu'on tient ; fig. céder. **3.** Laisser aller, laisser échapper. *Lâcher les chiens contre qqn.* ▷ Fam. *Lâcher qqn,* l'abandonner. ▷ SPORT *Lâcher ses concurrents,* les distancer. **4.** Lancer. *Le cheval lui a lâché une ruade. Lâcher une flèche, un coup de fusil.* – Fig. *Lâcher des injures à qqn.* **II.** v. intr. Se détendre, se rompre. *La corde a lâché.* – Du lat. pop.**laxicare,* class. *laxare,* devenu *lasicare.*

2. lâcher [laʃe] n. m. Action de laisser aller. *Un lâcher de pigeons.* – Emploi subst. de *lâcher* 1.

lâcheté [laʃte] n. f. **1.** Vx, litt. Absence de vigueur morale, mollesse. **2.** Manque de courage ; poltronnerie, couardise. **3.** Action lâche. *Se rendre coupable de lâchetés répétées.* – De *lâche.*

lâcheur, euse [laʃœʀ, øz] n. Fam. Personne qui abandonne ses amis, les néglige. – De *lâcher* 1.

lacinié, ée [lasinje] adj. BOT Se dit d'un organe découpé en lanières. – Lat. *laciniatus,* de *lacinia,* « frange, morceau ».

lacis [lasi] n. m. **1.** Entrelacement, réseau. **2.** ANAT Entrelacement de veines, de nerfs, etc. – De *lacer.*

laconique [lakɔnik] adj. Qui parle peu. ▷ *Par extens.* Bref, concis. *Une réponse laconique.* – Gr. *lakônikos,* propr. « de Laconie », contrée de la Grèce anc., les Laconiens étant célèbres pour la concision de leur langage.

laconiquement [lakɔnikmɑ̃] adv. D'une manière laconique, brièvement. – De *laconique.*

laconisme [lakɔnism] n. m. Manière de s'exprimer avec peu de mots, concision. – Gr. *lakônismos,* « imitation des manières des Laconiens » (V. laconique).

lacrima-christi ou **lacryma-christi** [lakʀimakʀisti] n. m. inv. Vin muscat provenant de vignobles voisins du Vésuve. – Mots lat., « larme du Christ ».

lacrymal, ale, aux [lakʀimal, o] adj. Relatif aux larmes. – ANAT *Glande lacrymale,* qui sécrète les larmes. *Canal lacrymal.* – Du lat. *lacrima,* « larme ».

lacrymogène [lakʀimɔʒɛn] adj. Qui provoque les larmes. – *Gaz lacrymogène,* qui provoque une irritation violente des muqueuses et fait pleurer abondamment. – De *lacrima,* « larme », et *-gène.*

lacs [la] n. m. **1.** Nœud coulant servant à prendre du gibier. *Tendre des lacs.* ▷ Fig. Piège. *Il est tombé dans le lacs tendu par ses ennemis.* **2.** HERALD *Lacs d'amour :* cordon circulaire à enroulements. – Du lat. *laqueus,* d'après lacet, *lacer.*

lact-, lacti-, lacto-. Élément, du latin *lac, lactis,* « lait ».

lactaire [laktɛʀ] adj. et n. m. **1.** adj. Didac., vieilli Du lait, de la lactation, de l'allaitement. *Conduits lactaires.* **2.** n. m. BOT Champignon basidiomycète (genre *Lactarius,* fam. agaricacées), dont le chapeau est généralement coloré et qui laisse écouler un latex si on le casse (certains lactaires sont comestibles, d'autres sont trop âcres). – Lat. *lactarius.*

lactalbumine [laktalbymin] n. f. BIOCHIM Albumine présente dans le lait. – De *lact-,* et *albumine.*

lactarium [laktaʀjɔm] n. m. Centre où l'on collecte et distribue du lait de femme. – Lat. scientif., de *lac, lactis,* « lait ».

lactase [laktaz] n. f. BIOCHIM Enzyme (hydrolase) qui scinde le lactose en galactose et glucose. – De *lact-,* et *-ase.*

lactate [laktat] n. m. CHIM Sel ou ester de l'acide lactique. – De *lact-,* et *-ate.*

lactation [laktasjɔ̃] n. f. PHYSIOL Sécrétion et excrétion du lait par la glande mammaire, après l'accouchement, sous l'action d'une hormone hypophysaire, la prolactine, et d'un processus réflexe qu'entretient la succion du mamelon par le nouveau-né. – Bas lat. *lactatio.*

lacté, ée [lakte] adj. **1.** Qui a rapport au lait, qui en a la couleur. **2.** Qui contient du lait. *Farine lactée.* **3.** ASTRO *Voie lactée :* bande blanchâtre formée d'innombrables étoiles, barrant le ciel par nuit claire, trace sur la voûte céleste du plan de la Galaxie (V. ce mot). – Lat. *lacteus.*

lactescence [laktɛsɑ̃s] n. f. Caractère d'un liquide ressemblant au lait. – De *lactescent.*

lactescent, ente [laktɛsɑ̃, ɑ̃t] adj. **1.** Qui a l'aspect, la couleur du lait. **2.** Se dit des plantes qui contiennent un suc blanc. – Lat. *lactescens.*

lacti-. V. lact-.

lactifère [laktifɛʀ] adj. **1.** ANAT Qui porte, amène le lait. **2.** BOT Syn. de *lactescent* (sens 2). – De *lacti-,* et *-fère.*

lactique [laktik] adj. *Acide lactique :* acide-alcool que l'on trouve en grande quantité dans le lait aigre et qui résulte de la fermentation de sucres (lactose, notam.). ▷ *Ferments lactiques,* employés dans l'industrie laitière pour coaguler la caséine, notam. dans les yaourts. – De *lact-,* et *-ique.*

lacto-. V. lact-.

lactodensimètre [laktodɑ̃simɛtʀ] ou **lactomètre** [laktɔmɛtʀ] n. m. TECH Appareil servant à mesurer la densité du lait, et spécial. sa teneur en matière grasse. – De *lacto-,* et *densimètre* ou *-mètre.*

lactose [laktoz] n. m. BIOCHIM Oside (sucre) constitué de galactose et de glucose, contenu en abondance dans le lait. – De *lact-,* et *-ose* 1.

lactosérum [laktoseʀɔm] n. m. Syn. de *petit-lait.* – De *lacto-,* et *sérum.*

lacunaire [lakynɛʀ] ou **lacuneux, euse** [lakynø, øz] adj. **1.** Qui présente des lacunes (sens 1). ▷ Qui présente des manques ou des omissions. *Texte lacunaire.* **2.** MED Qui présente des lacunes (sens 3). – De *lacune.*

lacune [lakyn] n. f. **1.** Vx Vide, cavité à l'intérieur d'un corps ; solution de continuité. **2.** *Par ext.* Ce qui manque pour qu'une chose soit entière, complète. *Les lacunes d'une loi.* ▷ *Spécial.* Interruption, manque dans le texte d'un ouvrage. *Les lacunes de l'œuvre conservée de Tacite.* ▷ Manque dans le domaine intellectuel. *Ses connaissances présentent quelques lacunes.* **3.** MED En radiologie, image tumorale du tube digestif, saillante et irrégulière. – (Plur.) En neurologie, lésions caractérisées par la production de petites cavités irrégulières dans le tissu nerveux. **4.** PHYS Emplacement laissé libre par le départ d'un électron, dans un réseau cristallin. ▷ GEOL Absence d'une couche de terrain dans une série sédimentaire. – Lat. *lacuna*.

lacuneux. V. lacunaire.

lacustre [lakystʀ] adj. D'un lac, des lacs. *Cité lacustre*, bâtie sur pilotis au bord d'un lac. – GEOL *Roche, dépôt lacustre*, qui s'est formé dans un lac. – Du lat. *lacus*, d'ap. *palustre*.

lad [lad] n. m. Garçon d'écurie chargé du soin des chevaux de course. – Mot angl.

ladanum ou **labdanum** [ladanɔm] n. m. TECH Gomme-résine extraite du ciste de Crète, employée en parfumerie. – Mot lat., gr. *ladanon*.

là-dessus, là-dessous, là-dedans. V. dessus, dessous, dedans.

ladin [ladɛ̃] n. m. LING Groupe de langues rhéto-romanes (romanche) parlées dans les Grisons, le Tyrol et le Frioul. – Du lat. *latinus*, « latin ».

ladino [ladino] n. m. Parler des Juifs séfarades d'Espagne, puis de leurs descendants. Syn. judéo-espagnol. – Mot. esp.

ladite. V. dit 2.

ladre [lɑdʀ] adj. et n. **I.** adj. Vx Lépreux. **II.** MED VET **1.** adj. Se dit d'un animal dont certains tissus, notam. la langue, contiennent des larves de ténia. *Porc, bœuf ladre.* **2.** n. m. *Cheval qui a du ladre*, dont le tour des yeux et des naseaux est duveteux et siège d'une dépigmentation. **III.** adj. et n. Vx ou litt. Avare. ▷ Subst. *Un vieux ladre.* – Du lat. ecclés. *Lazarus*, nom du pauvre couvert d'ulcères, dans la parabole de saint Luc.

ladrerie [lɑdʀəʀi] n. f. **1.** Vx Léproserie. **2.** MED VET Maladie d'un animal ladre, transmissible à l'homme (par consommation de viande mal cuite). **3.** Vx ou litt. Avarice sordide. *Il est d'une ladrerie peu commune.* – De *ladre*.

lady, plur. **ladies** [ledi, lediz] n. f. Titre donné en Grande-Bretagne aux femmes nobles et aux épouses des lords et des baronnets. *Lady Churchill.* – Mot angl.

lagomorphes [lagɔmɔʀf] n. m. pl. ZOOL Ordre de mammifères appelés naguère *rongeurs duplicidentés*, possédant deux incisives à chaque demi-mâchoire supérieure. *Les lièvres, les lapins sont des lagomorphes.* – Sing. *Un lagomorphe.* – Du gr. *lagôs*, « lièvre », et *-morphe*.

lagomys [lagɔmis] n. m. ZOOL Petit (20 cm) mammifère lagomorphe (genre *Ochotona*) des rochers d'Asie et d'Amérique du N. – Du gr. *lagôs*, « lièvre », et *mus*, « rat ».

lagon [lagɔ̃] n. m. **1.** Étendue d'eau plus ou moins complètement isolée de la pleine mer par un récif corallien vivant. **2.** Lagune centrale d'un atoll. – Esp. *lagón*; lat. *lacus*, « lac ».

lagopède [lagɔpɛd] n. m. ORNITH Oiseau galliforme (genre *Lagopus*) aux mœurs montagnardes, long de 35 à 40 cm, aux tarses emplumés, appelé aussi *perdrix des neiges*. – *Lagopède d'Écosse*, ou *grouse*. – Lat. *lagopus, lagopodis*, mot gr., propr. « pied de lièvre ».

lagotriche [lagɔtʀiʃ] ou **lagothrix** [lagɔtʀiks] n. m. ZOOL Singe d'Amérique du Sud, appelé aussi *singe laineux*. – Du gr. *lagôs*, « lièvre », et *thrix, thrikhos*, « poil ».

laguiole [lajɔl; lagjɔl] n. m. **1.** Couteau fermant à manche de corne et à lame effilée. **2.** Variété de cantal de fabrication artisanale. – De *Laguiole*, nom d'une commune de l'Aveyron.

laguis [lagi] n. m. MAR Cordage dont l'extrémité libre, repassée dans un nœud de chaise, forme une boucle qui se serre sous le poids de la charge.

lagunaire [lagynɛʀ] adj. D'une lagune, de la nature des lagunes. – De *lagune*.

lagune [lagyn] n. f. Étendue d'eau de mer, séparée du large par une flèche de sable ou un cordon littoral. *La lagune de Venise.* – Vénitien *laguna*, lat. *lacuna*, « lacune ».

là-haut. V. là.

1. lai [lɛ] n. m. LITTER Petit poème médiéval en vers octosyllabiques. *Les lais de Marie de France* (XIIe s.). – P.-ê. du celtique *laid*, « chant des oiseaux ».

2. lai, laie [lɛ] adj. **1.** Vx Laïque. **2.** *Frère lai* : frère servant. Vx Sœur laie. Syn. convers. – Du bas lat. ecclés. *laicus*, « qui est du peuple, qui n'est pas clerc », gr. *laikos*, « du peuple ».

laïc, laïque ou **laïque** [laik] n. et adj. **I.** n. Chrétien qui n'est ni clerc ni religieux. *Conseil des laïcs.* **II.** adj. **1.** Qui concerne la vie civile (par oppos. à *confessionnel, religieux*). *Habit laïque.* **2.** Qui n'a pas d'appartenance religieuse, qui est indépendant de toute confession. *École laïque* : école communale publique (par oppos. à *école confessionnelle*). – Bas lat. ecclés. *laicus*.

laïcat [laika] n. m. Didac. Ensemble des fidèles de l'église catholique qui ne sont ni clercs ni religieux. – De *laïc*.

laiche ou **laîche** [lɛʃ] n. f. Plante vivace (genre *Carex*, fam. cypéracées) des lieux humides, dont les feuilles longues et coupantes fournissent un crin végétal. Syn. carex. – Lat. pop. *lisca*, d'orig. germ.

laïcisation [laisizasjɔ̃] n. f. Action de laïciser; son résultat. – De *laïciser*.

laïciser [laisize] v. tr. [1] Rendre laïque, ôter tout caractère religieux à. *Laïciser l'enseignement.* – De *laïc*.

laïcisme [laisism] n. m. Didac. Tendance à laïciser l'enseignement, les institutions; doctrine des partisans de la laïcisation. – De *laïc*.

laïcité [laisite] n. f. **1.** Caractère laïque, non confessionnel. **2.** Principe de séparation des Églises et de l'État. – De *laïc*.

laid, laide [lɛ, lɛd] adj. et n. **1.** Qui heurte le sens esthétique, qui est désagréable à la vue. *Ce tableau est bien laid.* – n. m. Ce qui est laid. *Le beau et le laid.* ▷ *Spécial.* (Personnes) Dont l'apparence du visage ou du corps cause une impression déplaisante; physiquement disgracié. – Subst. *Fi! le laid!* **2.** Qui choque en contrevenant aux bienséances ou à la probité. *C'est une laide action qu'il a faite là.* – Du frq. **laip*.

laidement [lɛdmɑ̃] adv. **1.** D'une manière laide. **2.** D'une manière vile, indigne. – De *laid*.

laideron [lɛdʀɔ̃] n. m. Vx ou fam. Jeune fille ou jeune femme laide. – De *laid*.

laideur [lɛdœʀ] n. f. Caractère de ce qui est laid (au phys. ou au moral). – De *laid*.

1. laie [lɛ] n. f. Femelle du sanglier. – Du frq. **lêha*.

2. laie [lɛ] n. f. Chemin forestier rectiligne servant notam. à transporter les bois coupés. – Du frq. **laida*; anc. angl. *lad*.

3. laie ou **laye** [lɛ] n. f. MUS Boîte renfermant les soupapes des tuyaux d'orgue. – Moyen néerl. *laeye*, « coffre ».

4. laie [lɛ] n. f. TECH Marteau de tailleur de pierres, à tranchant dentelé. – De *layer*, « rayer ».

lainage [lɛnaʒ] n. m. **1.** Étoffe de laine. *Commerce des lainages.* ▷ Vêtement de laine. *Mettre un lainage.* **2.** Opération qui consiste à lainer un papier, un tissu. – De *laine*.

laine [lɛn] n. f. **1.** Poil doux, épais et frisé, qui croît sur la peau des moutons et de quelques autres animaux (chèvres angora, lamas, chameaux, etc.), et que l'on utilise comme matière textile. *Filer la laine. Pelote de* laine. *Les fibres de laine sont plus ou moins vrillées, ce qui donne au tissu un toucher moelleux et fait de lui un isolant thermique.* ▷ Loc. fig. *Se laisser manger la laine sur le dos* : ne pas savoir se défendre. **2.** Fam. tout supporter. Vêtement de laine. *Mettre une laine.* **3.** Fibres de différentes matières, utilisées généralement comme isolants thermiques ou phoniques. *Laine de verre,* constituée de fils de verre filé enchevêtrés. *Laine de laitier* ou *de roche* ou *minérale,* tirée du laitier de haut fourneau. **4.** BOT Duvet de certaines plantes. – Lat. *lana.*

lainer [lɛne] v. tr. [1] Faire ressortir le poil de (un tissu, un drap). – De *laine;* d'abord *laner.*

laineur, euse [lɛnœʀ, øz] n. Ouvrier, ouvrière qui laine le drap. ▷ n. f. TECH Machine à lainer le drap. – De *lainer;* d'abord *laneur.*

laineux, euse [lɛnø, øz] adj. **1.** Très fourni en laine, qui contient beaucoup de laine. *Étoffe laineuse.* **2.** Qui a l'aspect de la laine; qui est recouvert d'un duvet semblable à la laine. *Chevelure laineuse. Plante laineuse.* – Du lat. *lanosus.*

lainier, ère [lɛnje, ɛʀ] adj. et n. De la laine, relatif à la laine. *Industrie lainière.* ▷ Subst. Personne qui vend de la laine ou qui travaille la laine. – De *laine.*

laïque. V. laïc.

laird [lɛʀd] n. m. Propriétaire d'un grand domaine, en Écosse. – Mot écossais; var. de l'angl. *lord.*

lais [lɛ] n. m. **1.** DR Terrain alluvial que les eaux maritimes ou fluviales laissent à découvert en se retirant. **2.** SYLVIC Jeune baliveau conservé quand on coupe un taillis pour qu'il vienne en haute futaie. – Déverbal de *laisser.*

laisse [lɛs] n. f. **1.** Lien servant à attacher, à conduire un chien, un petit animal. *Chien qui tire sur sa laisse.* ▷ Fig. *Mener, tenir qqn en laisse,* l'empêcher d'agir à sa guise, ne lui laisser aucune initiative. **2.** LITTER Couplet, suite de vers d'une chanson de geste, terminés par une même assonance. *Les laisses de la « Chanson de Roland ».* **3.** MAR Limite atteinte par les eaux à l'étale de haute mer et à l'étale de basse mer. – Partie du rivage comprise entre ces limites. ▷ (Plur.) Débris (coquillages, algues, épaves) marquant la limite atteinte par les eaux à l'étale de haute mer. **4.** VEN Laissées. – Déverbal de *laisser;* signif. d'abord « lien qu'on laisse aller ».

laissé(e)-pour-compte ou [lɛsepuʀkɔ̃t] **laissé(e) pour compte** adj. et n. **1.** Se dit d'une marchandise refusée par un client parce qu'elle ne répond pas aux stipulations fixées à la commande. ▷ n. m. *Le laissé-pour-compte. Des laissés-pour-compte.* **2.** (Choses ou personnes.) Dont personne ne veut, n'a voulu. *On ne l'invitait pas à danser, elle était laissée pour compte.* ▷ Subst. *Un(e) laissé(e)-pour-compte.* – De la loc. *laisser pour compte.*

laissées [lese] n. f. pl. VEN Fiente du sanglier et des bêtes noires en général. – Pp. fém. subst. de *laisser.*

laisser [lese] v. tr. [1] **I.** *Laisser qqn ou qqch.* **1.** Ne pas prendre (ce dont on peut disposer, ce que l'on pourrait s'attribuer). *Laisser du vin dans son verre.* ▷ *C'est à prendre ou à laisser* : c'est à accepter sans condition ou à refuser. **2.** Abandonner, quitter. ▷ Se séparer de (qqn, qqch qui reste dans un lieu dont on s'éloigne). *Je l'ai laissé chez lui. Laisser ses bagages à la consigne.* – *Laisser qqn derrière soi,* le devancer, le dépasser, et, fig., lui être supérieur. – *Laisser une route sur la droite, à droite* : prendre par la gauche, en sorte que cette route soit sur la droite. ▷ Abandonner involontairement, par oubli. *J'ai laissé mon parapluie dans le train.* ▷ Perdre (une partie du corps). *Il a laissé une jambe à la guerre.* – Fig., fam. *Laisser des plumes, des poils* : subir un dommage physique ou moral; spécial., subir une perte d'argent. – *Laisser la vie* (fam., *la peau*) : mourir. **3.** (En parlant d'une personne qui disparaît, relativement à celles qui survivent.) *Il laisse trois enfants en bas âge.* **4.** Continuer à faire sentir ses effets, laisser une trace, en parlant d'une cause qui a disparu. *Blessure qui laisse une profonde cicatrice. Voyage qui laisse de bons souvenirs.* ▷ (Personnes) *Laisser une bonne, une mauvaise impression. Ne laisser que des regrets.* **5.** Omettre de retirer, de supprimer. *Laisser des fautes dans un texte.* **II.** *Laisser (qqch, qqn)* + comp. déterminé par un adj., un attribut, une complétive : permettre à (qqn, qqch) de demeurer dans telle position, tel état. *Laisser qqn dans l'embarras. Laisser un champ en friche. Laisser qqn tranquille,* ne pas le déranger. – Loc. fam. *Laisser qqn en plan, en rade,* l'abandonner, le quitter, cesser de s'en occuper. ▷ *Absol.* Ne pas s'occuper de. *Laissez-moi. Laissez, cela ne vous regarde pas.* **III.** *Laisser (qqch, qqn) à (qqn).* **1.** Permettre à (qqn) de disposer de (qqch); ne pas enlever (qqn) à (qqn). *Laissez les places assises aux personnes âgées. Le jugement laisse les enfants à la mère.* **2.** Donner en garde, confier à. *Laissez les clés au gardien de l'immeuble.* – *Je lui ai laissé des instructions détaillées.* **3.** Abandonner entre les mains de, au profit de (qqn). *Laisser un pourboire au portier.* ▷ Céder (une marchandise). *Je vous laisse le lot pour dix francs.* **4.** Transmettre à (ses héritiers, des légataires), en vertu de la loi ou par disposition testamentaire. *Laisser sa fortune à ses enfants.* **IV. 1.** *Laisser* (+ inf.) Ne pas empêcher de. *Laissez les enfants jouer.* ▷ *Laisser voir* : montrer, découvrir. *L'échappée entre les collines laisse voir la mer.* – Fig. *Laisser voir sa pensée, ses sentiments,* ne pas les dissimuler. ▷ *Laisser tomber* : lâcher, ne pas retenir. *Il a laissé tomber la pile d'assiettes qu'il portait.* – Fig., fam. Abandonner (qqch, qqn). *Nous avons laissé tomber ce projet. Alors, on laisse tomber les copains ?* ▷ Absol. *Laisser faire* : ne pas intervenir. **2.** *Laisser à* (+ inf.) *Laisser à penser* : donner matière à bien des réflexions. *Son attitude m'a laissé à penser.* – (Personnes) *Je vous laisse à penser si* : c'est à vous de juger, de décider si. ▷ *Laisser à désirer* : n'être pas entièrement satisfaisant. **3.** Litt. *Ne pas laisser de* ou *que de* : ne pas cesser de, ne pas s'abstenir de. *Il ne laissait pas de boire beaucoup.* ▷ (Choses) *Cela ne laisse pas d'être embarrassant* : c'est fort embarrassant. **V.** v. pron. *Se laisser* (+ inf.) **1.** (Indiquant que le sujet subit l'action sans pouvoir s'y opposer ou sans vouloir l'empêcher.) *Vous vous êtes laissé distancer par vos concurrents. Se laisser mourir de faim. Laissez-vous faire, laissez-vous tenter.* ▷ (Sujet n. de chose.) Fam. *Un livre qui se laisse lire,* qu'on lit avec plaisir. **2.** Loc. *Se laisser aller* : s'abandonner par manque d'énergie, ne pas faire d'effort pour surmonter les difficultés, les obstacles. – Du lat. *laxare,* « relâcher ».

laisser-aller [leseale] n. m. inv. Abandon dans les manières, les attitudes. *Le laisser-aller du repos, du sommeil.* ▷ Péjor. Manque de rigueur, négligence. *Nous ne pouvons tolérer aucun laisser-aller.* – De *laisser,* et *aller.*

laissez-faire ou **laisser-faire** n. m. inv. Attitude consistant à ne pas intervenir, notam. dans le domaine écon. *Ce laissez-faire a conduit à une catastrophe économique.* Ant. interventionnisme. – De *laisser,* et *faire.*

laissez-passer [lesepase] n. m. inv. **1.** Autorisation écrite de laisser une personne entrer, sortir, circuler. *Présenter un laissez-passer au poste de garde.* **2.** DR Titre de mouvement qui permet de transporter certaines marchandises (boissons, tabacs, etc.) soumises à des droits. – De *laisser,* et *passer.*

lait [lɛ] n. m. **1.** Liquide opaque, blanc, plus ou moins sucré, que sécrètent les glandes mammaires de la femme et des femelles des mammifères, et dont se nourrissent les bébés, les petits. *Frères* de lait.* ▷ Ce liquide, en tant qu'il est produit par les femelles des animaux domestiques et sert à l'alimentation humaine. *Lait de vache, de chèvre, de brebis.* – *Absol.* Lait de vache. *Acheter un litre de lait.* – *Lait concentré,* dont on a diminué le volume par évaporation. *Lait en poudre* : extrait sec de lait, se présentant sous forme de fins granulés à dissoudre dans de l'eau. *Lait de poule* :

lait bouillant sucré, parfois aromatisé au rhum ou au cognac, auquel on a incorporé un jaune d'œuf ou un œuf entier battu. **2.** *Par anal.* Liquide ayant l'aspect du lait. *Lait démaquillant.* – *Lait de chaux* : chaux éteinte délayée dans de l'eau. – *Lait de coco* : albumen liquide contenu dans la noix de coco immature. – *Lait végétal* : latex blanc sécrété par divers végétaux. – *Lait de jabot* : sécrétion du jabot de certains oiseaux, dont se nourrissent les jeunes. – Du lat. *lactem,* accus. pop. de *lac, lactis.*

laitage [lɛtaʒ] n. m. (Le plus souvent au plur.) *Les laitages* : le lait et les aliments tirés du lait (fromage, beurre, crème, etc.). – De *lait.*

laitance [lɛtɑ̃s] ou **laite** [lɛt] n. f. Substance comestible constituée par le sperme des poissons. – De *lait.*

laité, ée [lɛte] adj. Se dit d'un poisson mâle qui sécrète de la laitance. *Hareng laité.* – De *lait.*

laiterie [lɛtʀi] n. f. **1.** Lieu où l'on traite le lait, où l'on fait la crème, le beurre, le fromage. **2.** Vieilli Syn. de *crémerie.* **3.** Industrie du lait et de ses dérivés. – De *lait.*

laiteron [lɛtʀɔ̃] n. m. Plante des champs et des marais (genre *Sonchus,* fam. composées), appelée aussi *laceron* et *lait d'âne,* dont la tige laisse écouler un lait lorsqu'on la casse. – De *lait* ou du lat. *lactarius,* «qui a rapport au lait».

laiteux, euse [lɛtø, øz] adj. Qui a la couleur, l'aspect du lait. – De *lait.*

laitier, ère [lɛtje, ɛʀ] adj. et n. **I. 1.** adj. Du lait, relatif au lait. *L'industrie laitière.* – *Vache laitière* : vache élevée pour son lait. **2.** n. Personne qui fait commerce du lait et des produits laitiers. **II.** n. m. Silicate de calcium et d'aluminium, qui se forme dans les hauts fourneaux par réaction entre la gangue, le fondant et le coke. *Le laitier est utilisé dans la fabrication du ciment.* – De *lait.*

laiton [lɛtɔ̃] n. m. Alliage, ductile et malléable, de cuivre, de zinc (5 à 42 %) et parfois d'autres métaux (fer, plomb, aluminium, etc.), appelé cour. *cuivre jaune.* – Ar. *lātūn,* «cuivre», du turc.

laitonner [lɛtɔne] v. tr. [1] TECH Garnir d'un fil de laiton. ▷ Recouvrir de laiton. – De *laiton.*

laitue [lɛty] n. f. Plante herbacée (genre *Lactuca,* fam. composées) à larges feuilles irrégulièrement découpées et s'enveloppant les unes les autres, dont plus. variétés sont cultivées pour être consommées crues en salade, ou cuites. *Salade de laitue.* ▷ *Laitue de mer* : V. ulve. – Lat. *lactuca,* de *lac, lactis,* «lait», à cause du suc.

laïus [lajys] n. m. Fam. Discours, exposé oral ou écrit, généralement long et sans grand intérêt. – Du nom du sujet de composition fr., «Le discours de *Laïos* » (père d'Œdipe), du concours d'entrée à Polytechnique en 1804.

laïusser [lajyse] v. intr. [1] Fam. Faire un laïus. – De *laïus.*

laize [lɛz] n. f. **1.** Largeur d'une étoffe entre les deux lisières. Syn. lé. **2.** MAR Bande de toile d'une voile. – Lat. pop. **latia,* de *latus,* «large».

lakiste [lakist] n. et adj. LITTER Se dit des poètes anglais de la fin du XVIIIe et du début du XIXe s., qui habitaient ou fréquentaient le district des lacs du N.-O. de l'Angleterre et qui en ont décrit les beautés (notam. Wordsworth et Coleridge). – Angl. *lakist,* de *lake,* «lac».

-lalie, lalo-. Éléments, du gr. *lalein,* «parler».

lallation [lalasjɔ̃] n. f. **1.** Syn. de *lambdacisme.* **2.** Émission par l'enfant de sons dépourvus de signification, reproduisant les bruits qu'il perçoit, lors de la période prélinguistique de l'acquisition du langage. – Du lat. *lallare,* «dire la-la», onomat.

1. lama [lama] n. m. Mammifère ruminant (*Lama glama,* fam. camélidés), à long cou et hautes pattes, des régions montagneuses d'Amérique du Sud, domestiqué pour sa toison laineuse et utilisé comme animal de bât. *Les races de lama sont : le guanaco, la vigogne, l'alpaca, le lama proprement dit.* – Du quichua *llama,* par l'esp.

2. lama [lama] n. m. Religieux bouddhiste du Tibet et de la Mongolie. V. dalaï-lama. – Mot tibétain.

lamaïsme [lamaism] n. m. Didac. Forme originale du bouddhisme, tel qu'il s'est développé au Tibet et en Mongolie. – De *lama* 2.

lamaïste [lamaist] n. m. Didac. Adepte du lamaïsme. – De *lama* 2.

lamanage [lamanaʒ] n. m. MAR Mouvement des navires à l'intérieur d'un port avec un pilote à bord. ▷ Opération d'amarrage à quai. – De l'a. fr. *laman,* probabl. du néerl. *lootsman,* «pilote».

lamaneur [lamanœʀ] n. m. Pilote assurant le lamanage. – De l'a. fr. *laman,* «pilote».

lamantin ou **lamentin** [lamɑ̃tɛ̃] n. m. Mammifère aquatique herbivore (genre *Manatus,* ordre des siréniens) au corps gris massif (500 kg pour 3 m de longueur), qui vit dans les embouchures des fleuves des régions tropicales. – Mot esp. d'orig. caraïbe, altéré en fr. sous l'infl. de *lamenter,* à cause du cri de l'animal.

lamarckisme [lamaʀkism] n. m. Didac. Théorie constituée par l'ensemble des idées de Lamarck sur l'évolution des êtres vivants selon laquelle les divers caractères qu'une espèce acquiert au cours d'une génération, par suite des influences du milieu de vie, sont transmis à la génération suivante. – De *Lamarck,* naturaliste français (1744-1829).

lamaserie [lamasʀi] n. f. Couvent de lamas, au Tibet. – De *lama* 2.

lambda [lɑ̃bda] n. m. et adj. inv. **1.** n. m. Onzième lettre de l'alphabet grec (Λ, λ) équivalant à notre l. ▷ PHYS λ : symbole de la longueur d'onde. **2.** PHYS NUCL Particule de la famille des hypérons. **3.** adj. inv. Fam. Quelconque, moyen. *Le citoyen lambda n'est pas touché par cette mesure.* – Mot grec.

lambdacisme [lɑ̃bdasism] n. m. Didac. Trouble de la prononciation touchant électivement la consonne l (mouillure fautive, bégaiement, substitution du l au r). Syn. lallation. – Lat. *lambdacismus,* de *lambda.*

lambeau [lɑ̃bo] n. m. **1.** Morceau déchiré d'une matière souple et mince. *Lambeau d'étoffe. Mettre une affiche en lambeaux.* – *Des lambeaux de chair.* **2.** Fig. Fragment, débris. *Lambeau de territoire.* – Du frq. **labba,* «chiffon»; d'abord *lambel.*

lambic ou **lambick** [lɑ̃bik] n. m. Bière belge (appelée aussi *gueuse, gueuze* ou *gueuze-lambic*) fabriquée avec du malt et du froment sans addition de levure. – Mot flam.

lambin, ine [lɑ̃bɛ̃, in] n. et adj. Fam. Personne qui agit habituellement avec lenteur et indolence. *Presse-toi un peu, lambin!* ▷ adj. *Être très lambin.* – Du rad. frq. **labba,* «chose qui pend, traîne»; de *lambeau,* avec changement de suff.

lambiner [lɑ̃bine] v. intr. [1] Fam. Agir avec lenteur, indolence. – De *lambin.*

lamblia [lɑ̃blia] n. m. MED Protozoaire parasite de l'intestin, appelé aussi *giardia.* – Du n. de *Lambl,* médecin tchèque.

lambliase [lɑ̃bliɑz] n. f. MED Infection intestinale due à un lamblia. – De *lamblia,* et *-ase.*

lambourde [lɑ̃buʀd] n. f. **1.** CONSTR Pièce de bois qui supporte les lames d'un parquet. **2.** ARBOR Rameau gros et court, terminé par un bouton à fruit. – De l'a. fr. *laon*, «planche», du frq. **lado*, et de l'a. fr. *bourde*, «bâton».

lambrequin [lɑ̃bʀəkɛ̃] n. m. Bande d'étoffe garnie de franges, de glands, etc., décorant un ciel de lit, un dais. ▷ Plaque de bois ou de tôle, découpée à jour, qui couronne un pavillon, une fenêtre, etc. – Du rad. de *lambeau*, et suff. dimin. *-quin*, du néerl. *kijn*; d'abord *lambequin*.

lambris [lɑ̃bʀi] n. m. Revêtement de menuiserie (ou, plus rarement, de marbre, de stuc, etc.) sur les parois intérieures d'une pièce. – Déverbal de *lambrisser*.

lambrissage [lɑ̃bʀisaʒ] n. m. Action de lambrisser; son résultat. – De *lambrisser*.

lambrisser [lɑ̃bʀise] v. tr. [1] Revêtir de lambris. - Pp. adj. *Pièce lambrissée* : pièce située sous les combles, dont les parois suivent la pente du toit; COUR. pièce dont les murs sont revêtus de boiseries. – Du lat. pop. **lambruscare*, du class. *labrusca*, «lambruche», la vigne constituant souvent un motif ornemental; a. fr. *lambruschier*.

lambruche [lɑ̃bʀyʃ] ou **lambrusque** [lɑ̃bʀysk] n. f. VX Vigne sauvage. – Du lat. *labrusca*.

lambswool [lɑ̃bzwul] n. m. (Anglicisme) Laine légère; tricot ou tissu fabriqué avec cette laine. – Mot angl., «laine d'agneau».

lame [lam] n. f. **I. 1.** Bande de matière dure, mince et allongée. *Lame de fer, d'argent. Lame de parquet, de persienne, etc.* : planche, planchette dont sont formés les parquets, les persiennes, etc. - *Lame de ressort* : bande d'acier trempé, longue et mince, employée dans les ressorts de flexion. *Ressort à lames*. ▷ ANAT Partie plate et longue d'un os. *Lame criblée de l'ethmoïde. Lame vertébrale*. ▷ BOT Chacun des feuillets disposés radialement sous le chapeau de certains champignons. Syn. lamelle. **2.** Partie tranchante d'un instrument destiné à couper, tailler, gratter ou percer. *Lame de ciseaux, de couteau, d'épée*. ▷ Fig. *Une bonne, une fine lame* : un escrimeur habile. **II.** Masse d'eau déplacée par le vent à la surface de la mer, vague forte et bien formée. - *Lame de fond* : lame beaucoup plus grosse que les autres, qui surgit inopinément (souvent due à des phénomènes de réfraction de la houle sur un haut-fond). – Lat. *lamina*.

lamé, ée [lame] adj. et n. m. Se dit d'une étoffe de laine ou de soie entremêlée de fils d'or, d'argent, de métal brillant. ▷ n. m. Cette étoffe elle-même. *Robe en lamé*. – De *lame*.

lamellaire [lamɛlɛʀ] adj. Qui, par sa structure, peut se diviser en lames, en lamelles. ▷ *Cassure lamellaire*, qui présente des facettes brillantes. – De *lamelle*.

lamelle [lamɛl] n. f. Petite lame, tranche très mince. ▷ BOT Syn. de *lame*. - *Champignons à lamelles* : groupe de basidiomycètes supérieurs (agarics, etc.) dont l'hyménium est porté par des lamelles disposées radialement sous le chapeau. - *Lamelle moyenne* : mince couche de matière pectique liant deux cellules contiguës. – Lat. *lamella*.

lamellé, ée [lamɛl(l)e] adj. et n. m. Qui est constitué de lamelles. ▷ n. m. TECH *Lamellé collé* : matériau constitué de lamelles de bois collées entre elles, utilisé notam. en charpente pour les arcs de longue portée. – De *lamelle*.

lamelleux, euse [lamɛl(l)ø, øz] adj. Qui a une structure en lamelles, en feuillets. *L'ardoise est une roche lamelleuse*. – De *lamelle*.

lamellibranches [lamɛllibʀɑ̃ʃ] n. m. pl. ZOOL Classe de mollusques aquatiques à coquille, à branchies en lamelles recouvertes de cils vibratiles et qui comprend les huîtres, les moules, les coques, etc. - Sing. *Un lamellibranche*. – De *lamelle*, et *branchie*.

ENCYCL Les lamellibranches présentent fondamentalement une symétrie bilatérale dont le plan passe entre les deux valves de la coquille, reliées par une charnière dorsale et manœuvrées par des muscles adducteurs. Le corps ne comporte pas de tête différenciée. Chez les formes libres, le pied musculeux, qui émerge ventralement de la masse viscérale, sert au fouissage ou à la locomotion; chez les formes fixées, il est considérablement réduit. D'après la structure de leurs branchies, qui ont toujours un aspect lamellaire, on distingue cinq sous-classes : les *protobranches*, les *filibranches* (moules), les *pseudolamellibranches* (huîtres, coquilles Saint-Jacques), les *eulamellibranches* (coques, palourdes) et les *septibranches*.

lamellicornes [lamɛlikɔʀn] n. m. pl. ENTOM Groupe de coléoptères à antennes courtes terminées par un groupe de lamelles pouvant s'écarter comme un éventail, qui comprend les scarabées, les hannetons, etc. - Sing. *Un lamellicorne*. – De *lamelle*, et *corne*.

lamelliforme [lamɛl(l)ifɔʀm] adj. Qui a la forme d'une lamelle. – De *lamelle*, et *-forme*.

lamellirostres [lamɛlliʀɔstʀ] n. m. pl. ZOOL Palmipèdes au bec large garni intérieurement de lamelles cornées (oies, canards, etc.). Syn. vx de *ansériformes*. - Sing. *Un lamellirostre*. – De *lamelle*, et *rostre*.

lamentable [lamɑ̃tabl] adj. **1.** Litt. Déplorable, navrant, qui mérite d'être pleuré. *Une mort lamentable*. **2.** Qui excite la pitié par sa médiocrité. *Un spectacle lamentable*. – Lat. *lamentabilis*.

lamentablement [lamɑ̃tabləmɑ̃] adv. D'une manière lamentable. – De *lamentable*.

lamentation [lamɑ̃tasjɔ̃] n. f. **1.** Plainte accompagnée de gémissements et de cris, exprimant une grande douleur. ▷ *Mur des lamentations* : mur occidental du temple de Jérusalem devant lequel les Juifs viennent traditionnellement prier. **2.** Plainte bruyante et ostentatoire, récrimination geignarde. – Lat. *lamentatio*.

lamenter (se) [lamɑ̃te] v. pron. [1] Se plaindre, se désoler à grand bruit; gémir. ▷ Fig. *Le vent qui se lamente à la cime des pins*. – Bas lat. *lamentare*, class. *lamentari*.

lamentin. V. lamantin.

lamento [lamɛnto] n. m. MUS Morceau d'un caractère triste, plaintif. – Mot ital., «plainte».

lamiaque [lamjak] adj. De Lamía. - *Guerre lamiaque* : guerre que les Athéniens et leurs alliés soutinrent contre Antipatros, gouverneur de Macédoine, qu'ils assiégèrent en vain dans Lamía; elle se termina par la défaite des Athéniens en Thessalie, à Crannon (322 av. J.-C.), et par la soumission d'Athènes. – De *Lamía*, v. de Grèce (Thessalie).

lamie [lami] n. f. **1.** MYTH Monstre à buste de femme et à corps de serpent, qui passait pour dévorer les enfants. **2.** ZOOL Requin (genre *Lamia*), long de 3 à 4 m, commun dans les mers d'Europe. Syn. taupe, touille. – Lat. *lamia*, mot gr.

lamier [lamje] n. m. Plante herbacée (fam. labiées) à feuilles opposées, commune dans les champs et les bois, appelée improprement, selon les espèces, ortie blanche, jaune ou rouge. – Lat. scientif. *lamium*.

lamifié, ée [lamifje] n. m. et adj. Matériau obtenu par pressage de feuilles ou de fibres (verre, tissu, bois, papier) imprégnées de résine (opération de *lamification*). *Les lamifiés, qui résistent parfaitement à l'humidité, sont employés dans l'aménagement des cuisines, salles d'eau, etc.* ▷ adj. *Du papier lamifié*. Syn. stratifié. – De *lame*.

laminage [laminaʒ] n. m. Action de laminer; son résultat. – De *laminer*.

1. laminaire [laminɛʀ] n. f. BOT Algue brune (genre *Laminaria*) dont le thalle, en forme de ruban, peut atteindre plusieurs mètres de long. – Du lat. *lamina*, «lame».

2. laminaire [laminɛʀ] adj. **1.** MINER Composé de lames parallèles. **2.** PHYS *Écoulement, régime laminaire,* dans lequel les diverses couches d'un fluide glissent les unes sur les autres sans se mélanger (par oppos. à *turbulent*). – Du lat. *lamina,* «lame».

laminectomie [laminɛktɔmi] n. f. CHIR Résection d'une ou de plusieurs lames vertébrales. – Du lat. *lamina,* «lame», et *-ectomie.*

laminer [lamine] v. tr. [1] **1.** Réduire la section de (une pièce de métal) en la faisant passer au laminoir. **2.** Fig. Réduire à l'extrême, écraser. *L'augmentation des prix de revient lamine les bénéfices.* – De l'anc. norm. *lamine,* «barre de métal», du lat. *lamina,* «lame».

lamineur, euse [laminœʀ, øz] n. et adj. **1.** n. Ouvrier, ouvrière qui pratique le laminage. **2.** adj. Qui lamine. *Cylindre lamineur.* – De *laminer.*

laminoir [laminwaʀ] n. m. Machine composée de cylindres tournant en sens inverse, entre lesquels on fait passer une masse métallique pour en réduire la section, et lui donner éventuellement un profil particulier. ▷ Fig. *Passer au laminoir :* soumettre à de dures épreuves. – De *laminer.*

lampadaire [lɑ̃padɛʀ] n. m. **1.** Support vertical d'un système d'éclairage. **2.** Ensemble formé par un système d'éclairage et son support qui repose par terre. *Lampadaire de rue, d'appartement.* – Lat. médiév. *lampadarium,* «chandelier».

lampant, ante [lɑ̃pɑ̃, ɑ̃t] adj. *Pétrole lampant :* pétrole raffiné destiné à être utilisé pour l'éclairage. – Provenç. *lampan,* de *lampa,* «briller», du gr. *lampein,* «briller».

lamparo [lɑ̃paʀo] n. m. Rég. (Midi) Syn. de *pharillon.* – Mot provenç.

1. lampas [lɑ̃pɑ] n. m. MED VET Tuméfaction de la muqueuse du palais, chez le cheval. Syn. fève. – Du frq. **laba,* «chiffon»; même orig. que lambeau.

2. lampas [lɑ̃pɑ] n. m. Étoffe de soie à grands dessins en relief. – P.-ê. même rad. que *lampas* 1.

lampassé, ée [lɑ̃pase] adj. HERALD Dont la langue est d'un émail particulier, en parlant d'un animal héraldique. – De *lampas* 1.

lampe [lɑ̃p] n. f. **1.** Ustensile d'éclairage brûlant un combustible liquide ou gazeux. *Lampe à huile, à pétrole, à acétylène.* – *Lampe-tempête,* dont la flamme est protégée du vent par un globe de verre. **2.** Appareil d'éclairage utilisant l'électricité. *Lampe électrique, lampe de poche.* ▷ *Spécial.* Source lumineuse d'un tel appareil. *Lampe à incandescence,* dans laquelle la lumière est fournie par un filament porté à incandescence. *Lampe à luminescence* ou *à décharge,* dans laquelle la lumière est fournie par la décharge d'un courant électrique dans un gaz rare (néon, argon, etc.) ou dans les vapeurs d'un métal (sodium ou mercure). *Lampe (à) halogène :* lampe à incandescence contenant des vapeurs d'iode ou de brome qui réduisent le noircissement de l'ampoule. *Lampe à fluorescence :* lampe à vapeur de mercure dont la paroi interne est revêtue de substances fluorescentes. **3.** Appareil dont la flamme sert à fournir de la chaleur. *Lampe à alcool. Lampe à souder.* **4.** Tube électrique ou électronique, utilisé pour redresser les courants, amplifier des signaux, produire des rayonnements, etc. **5.** Loc. fig., fam. *S'en mettre plein la lampe :* manger et boire copieusement. – Lat. *lampas, lampadis,* du gr.

lampée [lɑ̃pe] n. f. Fam. Grande gorgée d'un liquide que l'on avale d'un trait. – Pp. fém. subst. de *lamper.*

lamper [lɑ̃pe] v. tr. [1] Boire d'un trait ou à grands traits. – Forme nasale de *laper.*

lampion [lɑ̃pjɔ̃] n. m. **1.** Vieilli Petit récipient dans lequel on fait brûler une matière combustible avec une mèche, et qui sert pour les illuminations. ▷ *Demander, réclamer sur l'air des lampions,* en scandant sur le même ton les trois syllabes du mot de circonstance (par allus. au cri «Des lampions!», par lequel le peuple de Paris réclamait en 1827 un meilleur éclairage de la voirie). **2.** Mod. Lanterne* vénitienne. – Ital. *lampione.*

lampiste [lɑ̃pist] n. m. **1.** Vx Personne qui fabrique ou qui vend des lampes. **2.** Personne chargée de l'entretien des appareils d'éclairage (notam., dans une gare, dans un théâtre). **3.** Fig. Employé subalterne. ▷ Subordonné sur lequel les chefs font retomber la responsabilité de leurs fautes. *Nous devons punir les vrais responsables, pas les lampistes.* – De *lampe.*

lampisterie [lɑ̃pistəʀi] n. f. **1.** Vx Industrie ou commerce des lampes. **2.** Lieu où l'on garde, entretient et répare les appareils d'éclairage. – De *lampiste.*

lampourde [lɑ̃puʀd] n. f. BOT Plante herbacée (genre *Xanthium,* fam. composées) dont une variété, dite aussi *glouteron, herbe aux écrouelles* ou *petite bardane,* a des propriétés dépuratives. – Anc. provenç. *laporda,* lat. *lappa,* «bardane».

lamprillon [lɑ̃pʀijɔ̃] n. m. Larve de la lamproie, ammocète. – Dimin. de *lamproie.*

lamproie [lɑ̃pʀwa] n. f. Vertébré aquatique caractérisé par un disque buccal suceur, un corps allongé et sept paires d'orifices branchiaux visibles; principal représentant de la classe des cyclostomes (auj. séparée des poissons). – Bas lat. *lampreda.*

lampyre [lɑ̃piʀ] n. m. ENTOM Insecte coléoptère (genre *Lampyrus*) dont la femelle, dépourvue d'ailes, est le ver luisant. – Lat. *lampyris,* du gr.

län [lɛn] n. m. inv. Division administrative de la Suède. – Mot suédois.

lance [lɑ̃s] n. f. **1.** Anc. arme offensive à longue hampe et à fer pointu. ▷ *Fer de lance :* pointe, fer d'une lance; fig. élément offensif d'un dispositif militaire, et, par ext., partie la plus combative, la plus productive d'une collectivité, d'une corporation. *L'industrie automobile est le fer de lance de notre économie.* ▷ Loc. fig. *Rompre une lance* ou *des lances (avec* ou *contre qqn) :* disputer contre qqn, avoir avec lui une controverse assez vive. **2.** *Lance d'incendie* ou, absol., *lance :* appareil constitué d'un embout ajusté à un tuyau, permettant de projeter de l'eau sous pression sur un foyer d'incendie. – Lat. *lancea,* probabl. d'orig. celt.

lancé, ée [lɑ̃se] adj. Qui a atteint une certaine notoriété; qui a ses entrées dans le monde. *Un artiste lancé.* – Pp. de *lancer* 1.

lancée [lɑ̃se] n. f. (En loc.) *Sur sa lancée :* sur son élan. *Courir, continuer sur sa lancée.* – Fig. *Il voulait améliorer le texte et, sur sa lancée, il l'a récrit entièrement.* – Pp. fém. subst. de *lancer* 1.

lance-flammes [lɑ̃sflam] n. m. inv. Arme portative servant à projeter un jet de liquide enflammé (hydrocarbure gélifié). – De *lancer,* et *flamme.*

lance-fusées [lɑ̃sfyze] n. m. inv. Syn. de *lance-roquettes.* – De *lancer,* et *fusée.*

lance-grenades [lɑ̃sgʀənad] n. m. inv. Arme servant à lancer des grenades. – (En appos.) *Fusil lance-grenades.* – De *lancer,* et *grenade.*

lancement [lɑ̃smɑ̃] n. m. **1.** Action de lancer. *Le lancement du disque.* **2.** Mise à l'eau d'un navire par glissement sur le plan incliné où il a été construit. **3.** Ensemble des opérations consistant à faire quitter le sol à un engin spatial. **4.** TRAV PUBL Opération qui consiste à faire avancer le tablier d'un pont en construction audessus de l'obstacle à franchir. **5.** Mise sur le marché d'un produit, d'un objet commercial; campagne publicitaire qui l'accompagne. – De *lancer* 1.

lance-missiles [lɑ̃smisil] n. m. inv. Engin spécialement conçu pour le tir de missiles. – (En appos.) *Sous-marin lance-missiles.* – De *lancer,* et *missile.*

lancéolé, ée [lɑ̃seɔle] adj. **1.** BOT En forme de fer de lance. *Feuille lancéolée.* **2.** ARCHI *Gothique lancéolé,* caractérisé par l'arc en lancette. – Lat. *lanceolatus.*

lance-pierres [lɑ̃spjɛʀ] n. m. inv. Fronde d'enfant, support à deux branches garni de deux élastiques reliés par une pochette de cuir dans laquelle on place les pierres à lancer. ▷ Loc. fig., fam. *Manger avec un lance-pierres,* très vite. – *Payer quelqu'un avec un lance-pierres,* très peu. – De *lancer,* et *pierre.*

1. lancer [lɑ̃se] v. [12] **I.** v. tr. **1.** Jeter avec force loin de soi (avec la main ou au moyen d'un instrument). *Lancer une balle, des pierres, des flèches.* ▷ Fig. *Lancer un regard de colère.* **2.** Porter vivement (un coup) dans une certaine direction. *Lancer une ruade.* – Émettre avec intensité ou violence. *Lancer un cri.* **3.** Faire se porter en avant avec vivacité. *Lancer sa monture. Lancer une troupe contre l'ennemi.* **4.** Faire démarrer, mettre en route en donnant l'impulsion initiale. *Lancer un moteur.* – Fam. Amener (qqn) à parler de qqch. *Lancez-le sur ce sujet, il devient intarissable.* ▷ Déclencher, mettre en train. *Lancer une campagne de presse. Lancer une mode,* la mettre en faveur. **5.** Procéder au lancement de. *Lancer un navire, une fusée.* ▷ Procéder au lancement publicitaire de, mettre sur le marché. *La marque X lance un nouveau modèle.* **II.** v. pron. Se jeter avec hardiesse, avec fougue. *Se lancer à la poursuite de qqn.* – Fig. *Se lancer dans l'aventure, dans des explications.* **III.** v. intr. MAR *Lancer dans le vent :* venir vent debout. – Du bas lat. *lanceare,* « manier la lance ».

2. lancer [lɑ̃se] n. m. Action de lancer. *Lancer de grenades.* ▷ *Pêche au lancer* ou absol., *lancer,* consistant à lancer l'appât le plus loin possible et à le ramener à l'aide d'un moulinet. ▷ SPORT Chacune des quatre épreuves athlétiques du lancement du poids, du disque, du javelot et du marteau. – Emploi subst. de *lancer* 1.

lance-roquettes [lɑ̃sʀɔkɛt] n. m. inv. Tube permettant le tir de roquettes. *Lance-roquettes antichar.* Syn. lance-fusées. – De *lancer,* et *roquette.*

lance-torpilles [lɑ̃stɔʀpij] n. m. inv. Appareil installé sur certains bâtiments de guerre pour le lancement de torpilles, utilisant la force d'expansion de l'air comprimé. – (En appos.) *Tube lance-torpilles.* – De *lancer,* et *torpille.*

lancette [lɑ̃sɛt] n. f. **1.** CHIR Petit instrument formé d'une lame plate, très pointue et acérée. **2.** ARCHI *Arc en lancette :* arc brisé très aigu, fréquent dans le gothique flamboyant. – Dimin. de *lance.*

lanceur, euse [lɑ̃sœʀ, øz] n. **1.** Personne qui lance (qqch). ▷ *Spécial.* Athlète spécialisé dans le lancer. *Lanceur de poids.* **2.** n. m. ESP Véhicule spatial (fusée à étages ou navette spatiale) permettant d'envoyer une charge utile dans l'espace. – De *lancer* 1.

lancier [lɑ̃sje] n. m. **1.** Anc. Soldat de cavalerie armé de la lance. **2.** *Quadrille des lanciers* ou, ellipt., *les lanciers :* quadrille croisé à cinq figures, dansé en France à partir de 1856. – Du bas lat. *lancearius.*

lancinant, ante [lɑ̃sinɑ̃, ɑ̃t] adj. Qui lancine. *Une douleur lancinante. Un air lancinant.* – Ppr. de *lanciner;* lat. *lancinans.*

lancination [lɑ̃sinasjɔ̃] n. f. ou **lancinement** [lɑ̃sinmɑ̃] n. m. Douleur caractérisée par des élancements. – De *lanciner.*

lanciner [lɑ̃sine] v. [1] **1.** v. intr. Faire souffrir par des élancements douloureux. *Abcès qui lancine.* **2.** v. tr. Fig. Tourmenter, importuner de façon insistante; obséder. *Ce remords le lancine depuis l'enfance.* – Du lat. *lancinare,* « déchirer ».

lançon [lɑ̃sɔ̃] n. m. *Lançon perce-sable :* équille. – De *lance.*

Land [lɑ̃d], plur. **Länder** [lɑ̃dəʀ] n. m. **1.** Chacun des États allemands, dans l'Allemagne de Weimar (1919-1931) et en République fédérale d'Allemagne depuis 1948. *Le Land de Bavière. En 1990, les Länder ont été rétablis sur le territoire de l'anc. R.D.A. (Mecklembourg, Brandebourg, Thuringe, Saxe et Saxe-Anhalt).* **2.** Chacune des grandes divisions administratives en Autriche. – Mot all.

landais, aise [lɑ̃dɛ, ɛz] adj. et n. Des Landes (région de France). ▷ Subst. *Les Landais.*

land art [lɑ̃daʀt] n. m. (Américanisme) BX-A Intervention utilisant ou transformant un lieu naturel. – Mot amér., « art de la terre ».

landau [lɑ̃do] n. m. **1.** Anc. Voiture hippomobile à quatre roues, à deux banquettes se faisant face et à double capote mobile. **2.** Voiture d'enfant à caisse suspendue, munie d'une capote. *Des landaus.* – De *Landau,* ville all. où cette voiture fut d'abord fabriquée.

lande [lɑ̃d] n. f. Grande étendue de terre inculte et peu fertile où ne croissent que fougères, ajoncs, bruyères, etc. *Les landes de Bretagne, de Gascogne.* – Gaul. **landa.*

landgrave [lɑ̃dgʀav] n. m. HIST Titre de certains princes souverains de l'anc. Allemagne. ▷ Magistrat qui rendait la justice au nom de l'empereur germanique. – Du moyen haut all. *Landgraf,* « comte *(Graf)* du pays *(Land)* ».

landgraviat [lɑ̃dgʀavja] n. m. HIST **1.** Pays gouverné par un landgrave. **2.** Dignité de landgrave. – De *landgrave.*

landier [lɑ̃dje] n. m. Grand chenet garni de crochets pour soutenir les broches, souvent muni à sa partie supérieure d'un récipient servant à tenir au chaud un plat avec des aliments. – Du gaul. **andero,* « jeune taureau », ornement ancien des landiers; var. *andier.*

landolphia [lɑ̃dɔlfja] ou **landolphie** [lɑ̃dɔlfi] n. f. BOT Liane d'Afrique et de Madagascar (genre *Landolphia,* fam. apocynacées) dont le latex fournit un caoutchouc. – Du nom de *Landolphe,* navigateur français.

laneret [lan(ə)ʀɛ] n. m. VEN Mâle du lanier. – De *lanier.*

langage [lɑ̃gaʒ] n. m. **1.** Faculté humaine de communiquer au moyen de signes vocaux (parole), éventuellement susceptibles d'être transcrits graphiquement (écriture); usage de cette faculté. *« Le langage est multiforme et hétéroclite; à la fois physique, physiologique et psychique, il appartient au domaine individuel et au domaine social » (F. de Saussure).* **2.** *Par ext.* Tout système de signes, socialement codifiés, qui ne fait pas appel à la parole ou à l'écriture. *Langage du regard, des sourds-muets. Langages symboliques* (langage pictural, langage des fleurs). **3.** *Par anal.* Ensemble des moyens de communication que l'on observe chez certaines espèces animales. *Le langage des abeilles, des dauphins.* **4.** Manière de s'exprimer propre à un ensemble social donné, à un individu, etc. *Langage de la rue, langage soutenu, langage technique.* **5.** Contenu de l'expression orale ou écrite. *Tenir le langage de la raison. Un langage subversif.* **6.** INFORM Série d'instructions utilisant divers signes, notam. numériques et alphabétiques. – *Langage de programmation :* code servant à rédiger les instructions d'un programme. – *Langage évolué :* langage de programmation ressemblant au langage humain. – *Langage machine :* code de lettres et de chiffres qui permet de simplifier l'écriture des instructions de commande. – De *langue;* d'abord *linguaige.*

ENCYCL Le langage se manifeste dans la parole avec l'existence de langues naturelles, vivantes (français, anglais, etc.) ou mortes (latin, etc.). On parle parfois de langage à propos de systèmes humains de communication (code de la route), voire d'expression (langage pictural, musical), et des systèmes de communication des animaux, sans parler du langage mathématique et d'une de ses branches spécialisées : le langage informatique. Ces systèmes sont très différents du langage tel qu'il se manifeste dans toutes les langues naturelles; ils sont étudiés par la sémiologie (ou sémiotique), tandis que le langage humain est pris en charge par la linguistique, qui s'est attachée à ses trois traits fondamentaux : double articulation, syntaxe, créativité. V. langue, linguistique, sémiologie. **1.** La double articulation du langage consiste en ceci : l'homme qui parle *(locuteur)* peut bâtir avec un nombre strictement limité d'unités de niveau inférieur (les sons, au nombre de 36 en français) un nombre pratiquement illimité d'unités de niveau supérieur (les mots). Les unités de niveau inférieur ont uniquement une fonction distinctive : elles servent seulement à distinguer les unités supérieures les unes des autres; ainsi, les sons [p] et [t] servent à distinguer *pot* et *tôt;* ils n'ont en eux-mêmes aucun sens. Les unités du niveau supérieur ont une fonction significative : le mot *chat* désigne l'animal chat. V. signifiant, signifié. **2.** La capacité syntaxique des langues naturelles se manifeste essentiellement par la possibilité de dire la même chose de plusieurs façons différentes : «Marie aime Pierre» dit exactement la même chose que «Pierre est aimé par Marie». **3.** On nomme *créativité* la capacité de l'homme à comprendre et à produire une infinité de phrases nouvelles, jamais entendues auparavant. *L'acquisition du langage* par l'enfant semble résulter de l'action conjointe d'une aptitude innée à la symbolisation (ce qui expliquerait l'universalité des facultés linguistiques chez l'homme) et du stimulant extérieur que constitue le parler de l'entourage.

langagier, ère [lɑ̃gaʒje, ɛʀ] adj. Qui a rapport au langage. – De *langage.*

lange [lɑ̃ʒ] n. m. Étoffe de laine ou de coton dont on enveloppe les nourrissons de la taille aux pieds. – Loc. fig. *Être dans les langes,* dans son enfance, à ses débuts. *La science était encore dans les langes.* – Du lat. *laneus,* de *lana,* «laine».

langer [lɑ̃ʒe] v. tr. [13] Envelopper d'un lange. – De *lange.*

langoureusement [lɑ̃guʀøzmɑ̃] adv. D'une manière langoureuse. – De *langoureux.*

langoureux, euse [lɑ̃guʀø, øz] adj. (et n.) **1.** Vx Qui est en état de langueur. **2.** Iron. Qui marque la langueur amoureuse. *Lancer des œillades langoureuses.* ▷ Subst. *Jouer les langoureux.* – De *langueur.*

langouste [lɑ̃gust] n. f. Gros crustacé marin (genre *Palinurus*) des fonds rocheux, aux pinces minuscules et aux longues antennes, dont la chair est très estimée. – Lat. pop. **lacusta,* altér. du lat. *locusta,* «sauterelle, langouste»; anc. provenç. *langosta.*

langoustier [lɑ̃gustje] n. m. ou **langoustière** [lɑ̃gustjɛʀ] n. f. **1.** Filet monté en balance pour la pêche de la langouste. **2.** n. m. Bateau spécialement équipé pour la pêche de la langouste. – De *langouste.*

langoustine [lɑ̃gustin] n. f. Petit crustacé marin proche parent du homard (genre *Nephrops*), long d'une vingtaine de cm, aux pinces longues et étroites. – De *langouste.*

langue [lɑ̃g] n. f. **I. 1.** Organe charnu et mobile situé dans la bouche. *La langue, qui joue un rôle capital dans la déglutition et dans l'articulation des sons du langage, est organe du goût, grâce aux papilles gustatives qui recouvrent sa face supérieure.* – *Tirer la langue à qqn,* le narguer en lui montrant la langue. – Fig. *Tirer la langue :* faire effort, peiner, et, *par ext.,* se trouver dans le besoin. – Fig. *Faire tirer la langue à qqn,* lui faire attendre longtemps ce qu'il désire. ▷ (Animaux) Cet organe utilisé comme abats. *Langue de bœuf. Langue fumée.* **2.** (En loc.) Langue, en tant qu'organe de la parole. *Ne pas savoir tenir sa langue, avoir la langue (trop) longue :* parler inconsidérément, ne pas savoir taire un secret. *Avoir la langue bien pendue,* la parole facile ou hardie. *Je l'ai sur (le bout de) la langue,* en parlant d'un mot que l'on croit tout près de revenir à la mémoire. *Se mordre la langue :* retenir à temps une parole, ou se repentir de l'avoir dite. *Avoir avalé sa langue :* rester, contrairement à l'habitude, silencieux. – *Prendre langue avec qqn,* entrer en rapport avec lui. – *Mauvaise* (ou *méchante*) *langue, langue de serpent, de vipère :* personne portée à la médisance, à la calomnie. **3.** Ce qui a la forme d'une langue. *Langues de feu. Langue de terre :* portion de terre étroite et longue qui s'avance dans les eaux. **II. 1.** Ensemble de signes linguistiques et de règles de combinaison de ces signes entre eux, qui constitue l'instrument de communication d'une communauté donnée. *La langue française, créole. La langue est «à la fois un produit social de la faculté du langage et un ensemble de conventions nécessaires, adoptées par le corps social pour permettre l'exercice de cette faculté chez les individus» (F. de Saussure).* – *Langues vivantes,* celles qui sont toujours en usage. *Langues mortes,* celles qui ne se parlent plus. – *Langue maternelle*.* **2.** Forme parlée ou écrite du langage propre à un milieu, à une profession, à un individu, etc. *Langue savante, poétique. La langue de Rabelais.* – *La langue verte :* l'argot. – *Langue de bois :* nom donné au discours politique des dirigeants communistes; *par ext.,* toute façon de s'exprimer construite autour de stéréotypes. **3.** Fig. Tout système de signes non linguistiques. *Langue algébrique. Langue des couleurs, des sons.* – Lat. *lingua.*

ENCYCL On parle sur la Terre de trois à quatre mille langues, nombre difficile à préciser, vu la difficulté de décider si deux parlers sont des «langues» ou des «dialectes» de la même langue. Les linguistes se sont efforcés d'établir une classification des langues du monde (vivantes et mortes). La classification typologique, qui consiste à regrouper les langues qui présentent des structures grammaticales semblables, n'a pas encore donné de résultats satisfaisants. La classification génétique consiste à grouper ensemble les langues auxquelles on présume une origine commune; ainsi, les langues indo-européennes proviendraient toutes d'une même langue mère (hypothétique) : l'indo-européen commun. Le groupement fait souvent appel à des critères géographiques (langues d'Afrique noire, langues amérindiennes). – Parmi les princ. familles de langues, on compte : l'indo-européen, le chamito-sémitique, le turco-mongol (ou altaïque), le finno-ougrien (ou ouralien), l'ouralo-altaïque, le sino-tibétain, le tibéto-birman, le thaï, le chinois, l'austronésien, le bantou, le soudanais, le khoisan, le caucasien, le dravidien, le papou, le maya, l'algonkin, le sioux et l'iroquois. (V. ces mots.)

langue-de-bœuf [lɑ̃gdəbœf] n. f. Nom cour. de la fistuline. *Des langues-de-bœuf.*

langue-de-chat [lɑ̃gdəʃa] n. f. Petit gâteau sec, allongé et plat. *Des langues-de-chat.*

languedocien, enne [lɑ̃gdɔsjɛ̃, ɛn] adj. et n. Du Languedoc, région historique du sud de la France. ▷ Subst. *Un(e) Languedocien(ne).*

languette [lɑ̃gɛt] n. f. **1.** Ce qui a la forme d'une petite langue. *Languette de carton servant de signet. Languette de cuir, d'une chaussure.* **2.** TECH Partie mâle d'un assemblage destinée à s'encastrer dans une rainure. **3.** MUS Anche libre, dans certains instruments à vent (harmonica, notam.), ou couvrant l'anche d'un tuyau d'orgue. – Dimin. de *langue.*

langueur [lɑ̃gœʀ] n. f. **1.** Vieilli Affaiblissement progressif des forces physiques. *Maladie de langueur.* **2.** Affaissement moral et physique, apathie paralysant toute énergie ; dépression. *La langueur d'une vie de misère.* **3.** Disposition d'esprit tendre et rêveuse. *Une langueur voluptueuse. Des yeux pleins de langueur.* **4.** (Choses) Manque de force, d'animation, d'intérêt. *« Le spectateur pardonne tout, hors la langueur » (Voltaire).* – Lat. *languor.*

langueyage [lɑ̃gejaʒ] n. m. MED VET Action de langueyer. – De *langueyer.*

langueyer [lɑ̃geje] v. tr. [1] **1.** MED VET Examiner la langue d'un animal (porc, bœuf) pour savoir s'il est ladre. **2.** MUS Garnir de languettes, d'une languette (un instrument, un tuyau d'orgue). – De *langue.*

languide [lɑ̃gid] adj. Litt. Langoureux, languissant. *Un regard languide.* – Lat. *languidus.*

languir [lɑ̃giʀ] v. [3] **I.** v. intr. **1.** Vieilli Souffrir d'un affaiblissement, d'une perte lente de ses forces physiques. ▷ Par anal. *Plantes qui languissent,* qui s'étiolent. **2.** Mod. Endurer (physiquement ou moralement) l'état d'affaiblissement, d'abattement, que peuvent causer la peine, le besoin, l'attente. *Languir dans l'incertitude. Languir d'ennui. Languir d'amour pour qqn.* **3.** Attendre avec impatience ; soupirer (après qqch). *« Ne me fais plus languir, dis promptement » (Corneille).* ▷ Fam. *Je languis de vous revoir. Je languis que ce jour finisse.* **4.** (Choses) Manquer de force, de chaleur, d'intérêt ; traîner en longueur ; péricliter. *La conversation, l'affaire languit.* **II.** v. pron. Dial. (Sud de la France.) *Elle se languit de lui* : elle s'ennuie de lui. – Lat. pop. **languire,* class. *languere.*

languissamment [lɑ̃gisamɑ̃] adv. De manière languissante. – De *languissant.*

languissant, ante [lɑ̃gisɑ̃, ɑ̃t] adj. **1.** Vx Qui languit (sens 1). *Malade languissant. – Des fleurs languissantes.* **2.** Litt. Qui exprime la langueur (partic., la langueur amoureuse). *Regard languissant.* **3.** Qui manque de force, de vivacité ; qui périclite. *Discours languissant. Économie languissante.* – Ppr. de *languir.*

langur [lɑ̃gyʀ] n. m. Syn. de *entelle.* – Mot indien.

lanice [lanis] adj. TECH Qui vient de la laine. *Bourre lanice.* – Du lat. *lana,* « laine ».

lanier [lanje] n. m. Faucon femelle que l'on dressait autref. pour la chasse. V. laneret. – De l'a. fr. *falcon lanier,* « faucon à canard », d'après l'a. fr. *ane,* « canard ».

lanière [lanjɛʀ] n. f. Bande longue et étroite de cuir ou d'une autre matière. – De l'a. fr. *lasne,* issu de l'a. fr. **nasle,* du frq. **nastila,* « lacet ».

lanifère [lanifɛʀ] adj. Qui porte ou produit de la laine ou une autre matière d'aspect laineux ou cotonneux. *Le mouton est un animal lanifère.* – Du lat. *lana,* « laine », et *-fère.*

lanigère [laniʒɛʀ] adj. ZOOL, BOT Qui est couvert de laine ou d'une substance laineuse. *Puceron lanigère,* parasite du pommier. – Lat. *laniger.*

laniste [lanist] n. m. ANTIQ ROM Celui qui formait, louait ou vendait des gladiateurs. – Lat. *lanista,* d'orig. étrusque.

lanlaire [lɑ̃lɛʀ] onomat. Vx Euph. fam. pour *fiche, foutre.* *« Tu peux t'aller faire lanlaire » (Verlaine). Envoyer faire lanlaire* : envoyer promener. – Syllabes de refrains populaires.

lanoline [lanɔlin] n. f. Corps gras onctueux et jaunâtre, extrait du suint des laines, utilisé en pharmacie et en parfumerie. – Du lat. *lana,* « laine », et *oleum,* « huile ».

lansquenet [lɑ̃skənɛ] n. m. **1.** HIST Fantassin mercenaire allemand (XVe-XVIe s.). **2.** Ancien jeu de cartes. *Jouer au lansquenet.* – De l'all. *Landsknecht,* « serviteur *(Knecht)* du pays *(Land)* ».

lanterne [lɑ̃tɛʀn] n. f. **I. 1.** Appareil d'éclairage, boîte aux parois transparentes ou translucides dans laquelle on enferme une lumière pour l'abriter de la pluie et du vent. *Lanterne de fiacre. Lanterne sourde,* munie de volets qui permettent de masquer la source de lumière. – *Lanterne vénitienne* : lanterne de papier coloré, utilisée pour les illuminations. Syn. lampion. ▷ *Les lanternes d'une automobile* : les lampes de phares qui donnent la plus faible intensité lumineuse (on dit mieux *feux de position*). ▷ *Lanterne rouge,* qui signale l'arrière d'un véhicule, ou l'extrémité de son chargement. – Fig., fam. SPORT *La lanterne rouge* : en cyclisme, le coureur qui est à la queue du peloton, ou qui est classé le dernier. – Par anal. *L'équipe de football de X., lanterne rouge de la première division.* ▷ Loc. fig. *Prendre des vessies pour des lanternes* : commettre des bévues grossières ; s'en laisser conter. **2.** *Lanterne magique* : instrument d'optique projetant sur un écran l'image agrandie de figures peintes sur verre ou de clichés photographiques. ▷ *Oublier d'éclairer sa lanterne* : omettre le point essentiel pour être compris (allus. à la fable de Florian, *Le singe qui montre la lanterne magique*). **3.** Anc. Appareil d'éclairage de la voirie. *À la lanterne !* : cri des révolutionnaires français, après 1792, et refrain du chant *Ça ira,* qui réclamait qu'on pendît les aristocrates aux lanternes des rues. **II. 1.** ARCHI Petit dôme vitré placé au sommet d'un édifice pour donner du jour à l'intérieur. **2.** *Lanterne des morts* : édicule funéraire des XIIe et XIIIe s., constitué d'une colonne creuse couronnée d'un lanternon, à l'intérieur duquel on plaçait une lampe. **3.** TECH Cylindre d'engrenage à barreaux parallèles entre lesquels s'engrènent les dents d'une roue. **4.** ZOOL *Lanterne d'Aristote* : appareil masticateur des oursins, dont la forme rappelle une lanterne. – Lat. *lanterna.*

lanterneau. V. lanternon.

lanterner [lɑ̃tɛʀne] v. intr. [1] **1.** Perdre son temps à des riens, atermoyer par irrésolution. **2.** *Faire lanterner qqn,* le faire attendre. – De *lanterne.*

lanternon [lɑ̃tɛʀnɔ̃] ou **lanterneau** [lɑ̃tɛʀno] n. m. ARCHI Petite lanterne ou cage vitrée au sommet d'un édifice, d'un escalier ; partie surélevée d'un comble, pour l'éclairer ou l'aérer. – De *lanterne.*

lanthane [lɑ̃tan] n. m. CHIM Élément métallique de numéro atomique Z = 57 et de masse atomique 138,91 (symbole La). – Métal (La) qui fond à 921 °C et bout à 3 457 °C. – Francisation du lat. scientif. *lanthanum* ; du gr. *lanthanein,* « passer inaperçu ».

lanthanides [lɑ̃tanid] n. m. pl. Nom générique des éléments dont le numéro atomique est compris entre 57 et 71. *Les lanthanides font partie des terres rares.* – De *lanthane,* et *-ide.*

laotien, enne [laɔsjɛ̃, ɛn] adj. et n. Du Laos, État du Sud-Est asiatique. ▷ Subst. *Un(e) Laotien(ne).*

lapalissade [lapalisad] n. f. Truisme. – Du n. de Jacques de Chabannes, seigneur de *La Palisse* (v. 1470-1525), célèbre capitaine français des guerres d'Italie, par allusion à la chanson, toute de truismes naïfs, qui chantait sa gloire.

laparoscopie [lapaʀɔskɔpi] n. f. CHIR Exploration de la cavité péritonéale à l'aide d'un dispositif optique introduit à travers un trocart. – Du gr. *lapara,* « flanc », et de *-scopie.*

laparotomie [lapaʀɔtɔmi] n. f. CHIR Incision chirurgicale de la paroi abdominale et du péritoine. – Du gr. *lapara,* « flanc », et de *-tomie.*

lapement [lapmɑ̃] n. m. Action de laper ; bruit produit par un animal qui lape. – De *laper.*

laper [lape] v. tr. [1] (Animaux) Boire en tirant le liquide à coups de langue. *Laper du lait.* – Absol. *Le chien lape.* – D'un rad. onomat. *lap-.*

lapereau [lapʀo] n. m. Jeune lapin. – De l'a. fr. *lapriel*, p.-ê. du lat. *leporellus*, « levreau ».

lapiaz [lapjaz] ou **lapié** [lapje] n. m. GEOL Rainure plus ou moins profonde, dans la surface d'un karst, due à la dissolution du calcaire par les eaux de ruissellement. – Du lat. *lapis*, « pierre ».

1. lapidaire [lapidɛʀ] n. m. **1.** Personne qui taille ou qui vend des pierres précieuses. **2.** TECH Meule servant au dressage ou au polissage des pierres précieuses et des pièces métalliques. – Lat. *lapidaris*, de *lapis*, *lapidis*, « pierre ».

2. lapidaire [lapidɛʀ] adj. **1.** Relatif aux pierres. *Musée lapidaire*, où l'on conserve des pierres gravées ou sculptées. **2.** Propre aux inscriptions sur pierre (notam. latines). ▷ Fig. Dont la concision rappelle le style de ces inscriptions. *Formule lapidaire*. – Lat. *lapidaris*, « de pierre ».

lapidation [lapidasjɔ̃] n. f. Action de lapider; supplice d'une personne qu'on lapide. *Chez les Macédoniens, la lapidation était un supplice légal*. – Lat. *lapidatio*.

lapider [lapide] v. tr. [1] **1.** Tuer à coups de pierres. **2.** Poursuivre, attaquer à coups de pierres. – Lat. *lapidare*, de *lapis*, *lapidis*, « pierre ».

lapidification [lapidifikasjɔ̃] n. f. GEOL Fait de se lapidifier. – De *lapidifier*.

lapidifier [lapidifje] v. tr. [2] GEOL Donner la consistance de la pierre à; transformer en roche. ▷ v. pron. *Éléments minéraux qui se sont lapidifiés*. – Du lat. *lapis*, *lapidis*, « pierre », et de *-fier*.

lapié. V. lapiaz.

lapilli [lapil(l)i] n. m. pl. GEOL Petits fragments de pierres volcaniques. – Mot ital., du lat. *lapis*, « pierre ».

lapin, ine [lapɛ̃, in] n. **1.** Petit mammifère herbivore lagomorphe (fam. léporidés), élevé pour sa chair, à la fourrure douce, aux longues oreilles. ▷ *Lapin de garenne* : lapin sauvage. *Lapin russe*, blanc, aux extrémités noires et aux yeux rouges. **2.** Chair du lapin. *Servir du lapin*. **3.** Fourrure du lapin domestique. *Veste de lapin*. **4.** Loc. fig. *Courir comme un lapin*, très vite. – *Le coup du lapin*, violemment porté sur la nuque du tranchant de la main et qui brise les vertèbres cervicales de l'animal; *par ext.*, coup violent, parfois mortel, porté sur la nuque de l'homme. – Loc. fig., fam. *Un chaud lapin* : un homme sexuellement ardent. – *Poser un lapin à qqn*, ne pas venir à son rendez-vous. – *Mon (petit) lapin*, terme d'affection. – De *lapereau*, avec changement de finale.

lapiner [lapine] v. intr. [1] En parlant de la lapine, mettre bas. – De *lapin*.

lapinisme [lapinism] n. m. Fam., péjor. Fécondité excessive. – De *lapin*.

lapis [lapis] ou **lapis-lazuli** [lapislazyli] n. m. inv. Pierre d'un beau bleu, recherchée en joaillerie, silicate double d'aluminium et de sodium contenant du soufre très divisé. Syn. lazurite, pierre d'azur*. – Lat. médiév. *lapis lazuli*, « pierre d'azur », de *lapis*, « pierre », et de *lazulum*, « azur ».

laplacien, enne [laplasjɛ̃, ɛn] n. m. et adj. **1.** n. m. MATH Opérateur différentiel noté Δ ou ∇^2 (nabla) appliqué à un scalaire ou à un vecteur. **2.** adj. MATH *Champ laplacien* : champ de vecteurs. – Du n. de P. S. de *Laplace* (1749-1827), mathématicien, physicien et astronome français.

lapon, one [lapɔ̃, ɔn] adj. et n. **1.** adj. De la Laponie. ▷ Subst. *Les Lapons*. **2.** n. m. *Le lapon* : la langue finno-ougrienne parlée par les Lapons. – Du suédois *Lapp*; lat. médiév. *Lapo*, *Laponis*.

laps [laps] n. m. *Laps de temps* : espace de temps. – Du lat. *lapsus*, « écoulement ».

lapsus [lapsys] n. m. Erreur que l'on commet en parlant *(lapsus linguæ)* ou en écrivant *(lapsus calami)*. *Pour Freud, les lapsus sont des actes manqués*. V. manqué 1, sens 4. – Du lat. *lapsus linguæ*, *lapsus calami*, « faux pas de la langue », « faux pas de la plume ».

laquage [lakaʒ] n. m. Opération qui consiste à recouvrir de laque un objet. – De *laquer*.

laquais [lakɛ] n. m. Anc. Valet revêtu de la livrée. ▷ Fig. Homme servile. – P.-ê. du catalan *alacay*, du gr. médiév. *oulakês*, empr. au turc *ulak*, « coureur ».

laque [lak] n. **I.** n. f. **1.** Sève résineuse rouge foncé de divers arbres d'Asie (notam. de *Rhus vernicifera*). Syn. gomme laque. **2.** Vernis coloré naturel, obtenu à partir de la sève résineuse de certains arbres d'Extrême-Orient. *L'engouement pour la laque, au XVIII*[e] *siècle, incita les artisans européens à produire des imitations des laques d'Extrême-Orient*. **3.** Peinture qui a l'aspect brillant et dur de la laque (sens 2). **4.** Substance que l'on vaporise sur les cheveux pour les fixer. **II.** n. m. Objet d'art peint avec la laque (sens I, 2). *Une collection de beaux laques d'Extrême-Orient*. – De l'hindoustani *lakh*, par l'intermédiaire du persan, puis de l'anc. provenç. *laca*.

laqué, ée [lake] adj. **1.** Recouvert de laque ou de peinture brillante. *Paravent laqué. Un lit d'enfant laqué rose*. **2.** MED *Sang laqué* : sang ayant subi l'hémolyse. **3.** CUIS *Canard, porc laqué* : mets chinois; canard, porc enduit plusieurs fois en cours de rôtissage d'une sauce de soja additionnée de sucre ou de miel et d'épices. – De *laque*.

laquelle. V. lequel.

laquer [lake] v. tr. [1] Recouvrir de laque ou de peinture brillante. – De *laque*.

laqueur [lakœʀ] n. m. Artisan qui enduit de laque (sens I, 2), de vernis imitant la laque. – De *laquer*.

laqueux, euse [lakø, øz] adj. Rare Qui a l'aspect de la laque. *Enduit laqueux*. – De *laque*.

laraire [laʀɛʀ] n. m. ANTIQ Dans une maison romaine, petite chapelle (niche et autel) pour le culte des lares. – Bas lat. *lararium*.

larbin [laʀbɛ̃] n. m. Fam., péjor. Domestique de sexe masculin. ▷ Fig. Homme servile. – P.-ê. de *habin*, « chien ».

larcin [laʀsɛ̃] n. m. **1.** Petit vol commis sans violence. ▷ *Par méton*. La chose ainsi volée. *Cacher son larcin*. **2.** Vx et fig. Plagiat. – Du lat. *latrocinium*, « brigandage »; écrit d'abord *larrecin*.

lard [laʀ] n. m. **1.** Couche épaisse, constituée de tissu conjonctif chargé de graisse, qui est située sous la peau des mammifères à poil rare (porc, cétacés). *Le lard de baleine*. ▷ *Spécial*. Lard du porc, utilisé pour la cuisine. *Pissenlits au lard*. **2.** Loc. fam. *Un homme gras à lard, un gros lard* : un homme gras et lourdaud. ▷ Fam. *Se faire du lard* : mener une vie inactive (qui fait prendre de l'embonpoint). ▷ Fam. *Tête de lard* : personne entêtée et d'humeur peu accommodante. – Lat. *lardum*.

larder [laʀde] v. tr. [1] **1.** *Larder de la viande*, y piquer de petits morceaux de lard. **2.** Par anal. *Larder qqn de coups d'épée, de couteau*, lui porter de nombreux coups d'épée, de couteau. ▷ Fig. *Larder qqn d'épigrammes*. **3.** CONSTR *Larder une pièce de bois*, y planter des clous pour maintenir le plâtre dont on la recouvre. – De *lard*.

lardoire [laʀdwaʀ] n. f. CUIS Brochette creuse avec laquelle on larde la viande. – De *larder*.

lardon [laʀdɔ̃] n. m. **1.** Petit morceau de lard allongé avec lequel on larde la viande. ▷ Petit morceau de lard maigre que l'on fait revenir et dont on accommode certains mets. **2.** Pop. Jeune enfant. – De *lard*.

lare [laʀ] n. m. et adj. **1.** Divinité romaine protectrice du foyer. ▷ adj. *Les dieux lares*. **2.** (Plur.) Par méton., litt. *Les lares* : le foyer domestique, la maison paternelle. – Lat. *lar*, *laris*.

largable [laʀgabl] adj. Qui peut être largué. *Réservoirs largables d'un avion.* – De *larguer.*

largage [laʀgaʒ] n. m. Action de larguer. *Largage de bombes.* – De *larguer.*

large [laʀʒ] adj., n. m. et adv. **I.** adj. **1.** Dont la largeur est grande. *Couloir large.* Ant. étroit. **2.** Ample. *Ce chandail est trop large.* **3.** *Large de :* qui a une largeur de. *Route large de dix mètres.* **4.** Fig. Étendu, vaste, grand. *De larges possibilités. Avoir des vues larges.* Ant. restreint, borné. **5.** Fig. Généreux, qui donne beaucoup. *Le patron n'est pas large.* ▷ *Une existence large,* dans laquelle on ne manque pas d'argent. **6.** Fig. Qui comprend autrui, qui est tolérant. *Un esprit large.* – Par ext. *Avoir les idées larges.* ▷ Péjor. *Une conscience large,* peu scrupuleuse. **II.** n. m. **1.** Largeur. *Cette table a 90 cm de large.* ▷ *En long et en large :* dans tous les sens, et, fig., fam., complètement et en détail. **2.** *Le large :* la haute mer. ▷ *Prendre le large :* s'éloigner du rivage, et, fig., fam., s'en aller. ▷ *Au large de :* en mer, en face de tel point de la côte. *L'île de Groix se trouve au large de Lorient.* **3.** Loc. adv. *Au large :* spacieusement. *Être logé au large.* ▷ Fig. *Être au large :* avoir suffisamment de ressources. ▷ *Au large! :* écartez-vous! **III.** adv. **1.** Sans serrer. *Ces mocassins chaussent large.* **2.** Avec une grande ampleur de vues. *Voir large.* **3.** Fig., fam. *Il n'en mène pas large :* il est dans une situation fâcheuse et il a peur. – Du lat. *largus,* «abondant, généreux».

largement [laʀʒəmɑ̃] adv. **1.** D'une manière large. **2.** (Devant une indication de quantité.) Au moins. *Cette valise pèse largement dix kilos.* – De *large.*

largesse [laʀʒɛs] n. f. Libéralité, générosité. – (Plur.) Dons généreux. *Combler qqn de largesses.* – De *large.*

larget [laʀʒɛ] n. m. METALL Profilé à section rectangulaire permettant d'obtenir par laminage un feuillard ou une tôle mince. – De *large.*

largeur [laʀʒœʀ] n. f. **1.** Une des dimensions d'une surface, d'un volume (par oppos. à *longueur, hauteur, profondeur, épaisseur*). *Largeur d'une table.* ▷ Fig., fam. *Dans les grandes largeurs :* grandement, complètement. *Se tromper dans les grandes largeurs.* **2.** Fig. Qualité de ce qui n'est pas borné, mesquin. *Largeur d'esprit. Largeur de vues.* – De *large.*

larghetto [laʀgɛtto] adv. et n. m. MUS Un peu moins lentement que largo. ▷ n. m. Morceau joué dans ce mouvement. – Mot ital. dimin. de *largo.*

largo, plur. **largo** ou **largos** [laʀgo] adv. et n. m. MUS Avec un mouvement très lent et majestueux. ▷ n. m. Morceau joué dans ce mouvement. – Mot ital.

largonji [laʀgɔ̃ʒi] n. m. Pop. Argot consistant à déformer les mots en substituant à la lettre initiale un *l,* cette lettre initiale étant rejetée à la fin du mot et suivie d'un suffixe variable (ex. *jargon* devenu *largonji, boucher* devenu *louchébem**).

largue [laʀg] n. m. MAR Allure de route d'un bateau qui reçoit le vent d'une direction comprise entre l'arrière et le travers. *Les allures de largue : petit largue* (vent de travers), *largue* (vent venant de 1 à 4 quarts sur l'arrière du travers), *grand largue* (vent venant de plus de 4 quarts sur l'arrière du travers). – Ital. *largo.*

larguer [laʀge] v. tr. [1] **1.** MAR Lâcher; désamarrer et laisser aller. *Larguer une amarre, une écoute.* **2.** AVIAT Lâcher en cours de vol. *Larguer des bombes, des parachutistes.* **3.** Pop. Jeter. *Larguer ses vieilles affaires.* – Mettre à la porte, congédier. *Elle a largué son petit ami. Il s'est fait larguer de sa boîte.*– Pp. adj. Fam. *Être largué :* être dépassé, ne plus rien comprendre. – De *largue.*

laridés [laʀide] n. m. pl. ORNITH Famille d'oiseaux palmipèdes, comptant une quarantaine d'espèces, dont les mouettes et les goélands. – Sing. *Un laridé.* – Du bas lat. *larus,* «mouette», gr. *laros.*

lariformes [laʀifɔʀm] n. m. pl. ORNITH Ordre d'oiseaux marins à longues ailes, comprenant les mouettes, les goélands, les sternes, etc. – Sing. *Un lariforme.* – Du bas lat. *larus,* «goéland», et *-forme.*

larigot [laʀigo] n. m. MUS Petit flageolet. ▷ Jeu d'orgue d'un pied 1/3 (jeu de mutation simple). *Le larigot, appelé aussi petit nasard, sonne une octave au-dessus du nasard.* – Mot d'un refrain de chanson.

larme [laʀm] n. f. **1.** Goutte du liquide sécrété par les glandes lacrymales. *Les larmes humidifient et protègent la cornée.* – Loc. *Fondre en larmes :* se mettre à pleurer. *Pleurer à chaudes larmes :* pleurer beaucoup. *Rire aux larmes,* beaucoup, très fort. ▷ *Avoir des larmes dans la voix :* parler d'une voix altérée par l'émotion. ▷ Fig., fam. *Pleurer des larmes de crocodile,* des larmes hypocrites. **2.** Par anal. *Larmes de cerf :* humeur onctueuse et odorante sécrétée par les larmiers du cerf, avec laquelle l'animal marque son territoire. ▷ Écoulement de la sève. *Larmes de la vigne.* **3.** Fam. Très petite quantité (de boisson). *Versez-moi une larme de vin.* – Lat. *lacrima;* d'abord *lairme.*

larme-de-Job [laʀmdəʒɔb] n. f. Syn. de *larmille. Des larmes-de-Job.* – De *larme, de,* et *Job,* personnage de la Bible.

larmier [laʀmje] n. m. **1.** ARCHI Moulure, élément en saillie, dont la face inférieure est creusée d'une rigole qui collecte les gouttes de ruissellement et les fait tomber sur le sol, avant qu'elles n'aient pu glisser le long du mur. **2.** ANAT Angle interne de l'œil. ▷ ZOOL Appareil sécréteur propre aux cervidés, situé à l'angle interne de l'œil. – De *larme.*

larmille [laʀmij] n. f. Graminée dont les grains luisants évoquent des larmes. Syn. larme-de-Job. – De *larme.*

larmoiement [laʀmwamɑ̃] n. m. Fait de larmoyer. – De *larmoyer.*

larmoyant, ante [laʀmwajɑ̃, ɑ̃t] adj. **1.** Qui larmoie. *Yeux larmoyants.* **2.** Propre à faire verser des larmes, à attendrir. *Les comédies larmoyantes en vogue au XVIII*[e] *siècle.* – Ppr. de *larmoyer.*

larmoyer [laʀmwaje] v. intr. [23] **1.** *Yeux qui larmoient,* qui sont sans cesse humectés de larmes. **2.** Péjor. Pleurnicher, s'attendrir de manière hypocrite ou peu justifiée. – De *larme.*

larron [laʀɔ̃] n. m. **1.** Vx Brigand, bandit, voleur. ▷ *Le bon larron et le mauvais larron :* les deux malfaiteurs qui, selon l'Évangile, furent crucifiés en même temps que le Christ. ▷ Loc. prov. Mod. *Ils s'entendent comme larrons en foire :* ils sont d'accord entre eux au détriment d'autrui. – Prov. *L'occasion fait le larron.* ▷ *Le troisième larron,* celui qui profite du désaccord de deux autres personnes (*les Voleurs et l'Âne* de La Fontaine). **2.** IMPRIM Défaut d'impression d'une feuille pliée accidentellement. – Du lat. *latro, latronis,* «voleur»; d'abord *ladron.*

larsen [laʀsɛn] n. m. ELECTROACOUST *Larsen* ou *effet Larsen :* phénomène, se traduisant par un sifflement intense, qui se produit lorsque le microphone dans lequel on parle et le haut-parleur d'un même ensemble électroacoustique sont rapprochés. (Le microphone capte alors en même temps les sons de la voix et ceux qui sont émis par le haut-parleur, ce qui déclenche des oscillations s'entretenant par elles-mêmes.) – De S.A. *Larsen* (1871-1957), électroacousticien danois.

larvaire [laʀvɛʀ] adj. **1.** D'une larve, de la larve; caractéristique de la larve (sens 2). *La phase larvaire de la vie d'un insecte.* **2.** Fig. Embryonnaire. – De *larve.*

larve [laʀv] n. f. **1.** ANTIQ ROM Esprit malfaisant d'un mort. **2.** Forme que prennent certains animaux entre l'état embryonnaire et l'état adulte. *Têtards, civelles, chenilles, asticots, vers blancs, véligères, etc., sont des larves.* **3.** Fig., péjor.

Individu insignifiant et méprisable. – Lat. *larva* (sens 2 et 3) au sens dér. « fantôme, masque ».

larvé, ée [larve] adj. Qui ne se déclare pas franchement ; insidieux. *Une guerre civile larvée.* – De *larve.*

laryng(o)-. Élément, du gr. *larugx, laruggos,* « gorge, gosier ».

laryngal, ale, aux [larɛ̃gal, o] adj. et n. f. PHON Dont le point d'articulation est situé au niveau du larynx. *Une consonne laryngale* ou n. f., *une laryngale.* (Ex. : le [h] de *hop!,* la *jota* espagnole). – De *larynx.*

laryngé, ée [larɛ̃ʒe] adj. MED Qui concerne le larynx. *Dyspnée laryngée.* – De *larynx.*

laryngectomie [larɛ̃ʒɛktɔmi] n. f. CHIR Ablation chirurgicale partielle ou totale du larynx. – De *laryng(o)-,* et *-ectomie.*

laryngien, enne [larɛ̃ʒjɛ̃, ɛn] adj. ANAT, MED Du larynx. *Région laryngienne.* – De *larynx.*

laryngite [larɛ̃ʒit] n. f. MED Inflammation aiguë ou chronique du larynx, aux causes variées (inflammatoire, infectieuse, traumatique, etc.), qui se manifeste par une toux, une dyspnée et des modifications de la voix. – De *laryng(o)-,* et *-ite* 1.

laryngologie [larɛ̃gɔlɔʒi] n. f. MED Partie de la médecine qui étudie le larynx et sa pathologie. – De *laryng(o)-,* et *-logie.*

laryngologiste [larɛ̃gɔlɔʒist] ou **laryngologue** [larɛ̃gɔlɔg] n. Médecin spécialiste de laryngologie (surtout en composition, dans oto-rhino-laryngologiste). – De *laryngologie.*

laryngophone [larɛ̃gɔfɔn] n. m. TECH Microphone qui fonctionne sous l'effet des vibrations du larynx. – De *laryng(o)-,* et *-phone.*

laryngoscope [larɛ̃gɔskɔp] n. m. MED Appareil qui permet d'examiner le larynx. – De *laryng(o)-,* et *-scope.*

laryngoscopie [larɛ̃gɔskɔpi] n. f. MED Examen du larynx à l'aide d'un laryngoscope. – De *laryng(o)-,* et *-scopie.*

laryngotomie [larɛ̃gɔtɔmi] n. f. CHIR Incision du larynx. – De *laryng(o)-,* et *-tomie.*

larynx [larɛ̃ks] n. m. Partie des voies aériennes supérieures situées entre la trachée, qui lui fait suite, et le pharynx, qui le précède. *Le larynx est l'organe essentiel de la phonation.* – Gr. *larugx, laruggos ;* d'abord *laringue.*

1. las ! [las] interj. Vx ou litt. Hélas ! – De l'adj. *las,* « malheureux », en a. fr.

2. las, lasse [lɑ, lɑs] adj. **1.** Qui ressent péniblement la fatigue physique, la difficulté ou l'incapacité de poursuivre un effort, une action, etc. *Être las de marcher.* – Qui exprime la fatigue. *Un air, un sourire las.* **2.** Ennuyé, excédé, dégoûté. *Être las des plaisirs. Las d'espérer.* – Lat. *lassus.*

lasagne [lazaɲ] n. f. Pâte alimentaire d'Italie, coupée en forme de larges rubans. ▷ Préparation culinaire composée de plusieurs couches de cette pâte et de hachis de viande, gratinée. – Ital. *lasagna.*

lascar [laskar] n. m. Fam. **1.** Homme malin, débrouillard. **2.** Individu allant et décidé. – Persan *laskhar,* « soldat », portug. *lascar* signif. d'abord « matelot indien ».

lascif, ive [lasif, iv] adj. **1.** Porté à la volupté ou à la luxure. *Une nature lascive.* **2.** Qui exprime la sensualité ; qui éveille ou excite le désir. *Spectacle lascif. Démarche lascive.* – Lat. *lascivus.*

lascivement [lasivmɑ̃] adv. D'une manière lascive. – De *lascif.*

lasciveté [lasivte] ou **lascivité** [lasivite] n. f. Caractère lascif. – Bas lat. *lascivitas,* du class. *lascivus,* « lascif ».

laser [lazɛr] n. m. Appareil qui produit un faisceau de lumière cohérente. ▷ (En appos.) *Faisceau laser.* – Mot angl., abrév. de *light amplification by stimulated emission of radiations.*

ENCYCL Un laser est un générateur d'ondes électromagnétiques monochromatiques possédant des caractéristiques de directivité, d'intensité et de cohérence de phase particulièrement intéressantes. Il se compose d'un milieu actif contenu dans une cavité résonante que délimitent deux miroirs. Son principe consiste à *exciter* les atomes d'un corps et à provoquer, lorsque les atomes reviennent à leur niveau d'énergie initial, l'émission de photons aux caractéristiques très voisines. Le rendement de cette émission augmente lorsque le nombre d'atomes possédant le niveau d'énergie le plus élevé est supérieur à celui des atomes dont le niveau d'énergie est le plus faible (inversion des populations). Cette inversion est notam. obtenue grâce au système de *pompage optique* mis au point en 1950 par le physicien français Alfred Kastler. Le milieu actif d'un laser peut être constitué : d'ions métalliques noyés dans une matrice cristalline (laser à rubis, à néodyme) ; d'ions de terres rares en solution dans un liquide ; d'un gaz (laser à hélium-néon, à gaz carbonique, etc.) ; d'un matériau semiconducteur (arséniure de gallium, par ex.) ; d'un colorant liquide. Le faisceau lumineux émis par un laser est pratiquement constitué par un cylindre, d'un diamètre de quelques millimètres, la divergence des rayons étant très faible. Il peut être focalisé, le diamètre minimal de la tache focale étant de l'ordre de la longueur d'onde, ce qui permet d'obtenir des intensités d'éclairement considérables.

lasériser [lazerize] v. tr. [1] Soumettre à l'action du laser. – De *laser.*

lassant, ante [lasɑ̃, ɑ̃t] adj. Qui lasse. *Un travail lassant. Des propos lassants.* – Ppr. de *lasser.*

lasser [lɑse] **I.** v. tr. [1] **1.** Vx Fatiguer physiquement. **2.** Causer une fatigue morale à ; ennuyer, excéder. *Vos discours nous lassent.* **3.** Décourager. *Lasser la patience, la méfiance de qqn.* **II.** v. pron. *On ne se lasse pas de l'écouter.* – Lat. *lassare.*

lasserie. V. lacerie.

lassitude [lasityd] n. f. **1.** État ou sensation pénible de fatigue physique. **2.** Ennui, découragement ; abattement moral. – Lat. *lassitudo.*

lasso [laso] n. m. Corde à nœud coulant utilisée par les gauchos et les cow-boys pour capturer les chevaux sauvages, le bétail, etc. – Esp. d'Argentine *lazo,* du même rad. que *lacs.*

lastex [lastɛks] n. m. Fil de caoutchouc gainé de textile (laine, coton, rayonne, etc.). – Nom déposé ; crois. de *latex,* et de *élastique.*

latanier [latanje] n. m. Palmier d'Amérique, d'Asie et des îles de l'océan Indien, fournissant une fibre textile, dont certaines espèces, ornementales, sont cultivées en appartement. – De *alátani,* mot des Caraïbes.

latence [latɑ̃s] n. f. État de ce qui est latent. ▷ BIOL, PSYCHO Délai qui s'écoule entre un stimulus et la réaction à ce stimulus. ▷ PSYCHAN *Période de latence,* qui va du déclin de la sexualité infantile (à la fin du complexe d'Œdipe) jusqu'au début de la puberté, et qui est marquée par un temps d'arrêt dans l'évolution de la sexualité. – De *latent.*

latent, ente [latɑ̃, ɑ̃t] adj. **1.** Qui ne se manifeste pas ; qui reste caché. *Une aversion latente.* **2.** MED *Maladie latente,* dont les symptômes ne sont pas encore cliniquement perceptibles. ▷ BIOL *Vie latente :* état d'un organe ou d'un organisme dont les fonctions physiologiques sont presque entièrement suspendues dans certaines conditions défavorables. Syn. ralenti. ▷ TECH *Image latente :* ensemble des points d'une émulsion photographique qui donneront l'image après développement. ▷ PHYS *Chaleur latente* : quantité de chaleur nécessaire pour faire passer d'un état à un autre, à température constante, l'unité de masse d'un corps. ▷ PSYCHAN *Contenu latent d'un rêve* (par oppos. à *contenu manifeste*), son sens profond et réel, qui procède de l'inconscient et que le travail de l'analyse tente de mettre au jour. – Lat. *latens*, de *latere*, « être caché ».

latér(o)-, -latère. Éléments, du lat. *latus, lateris*, « côté ».

latéral, ale, aux [lateʀal, o] adj. (et n. f.) **1.** Qui appartient au côté; qui se trouve sur le côté. *Galerie latérale. Canal latéral.* **2.** PHON *Une consonne latérale* ou, n. f., *une latérale* : une consonne articulée en laissant passer l'air de chaque côté de la langue (ex. [l]). – Lat. *lateralis*, de *latus*, « côté ».

latéralement [lateʀalmɑ̃] adv. De côté, sur le côté. – De *latéral*.

latéralisation [lateʀalizasjɔ̃] ou **latérisation** [lateʀizajɔ̃] n. f. Établissement progressif, dans la petite enfance, de la prédominance d'un hémisphère cérébral (généralement le gauche) sur l'autre. – De *latéral*.

latéralisé, ée [lateʀalize] adj. Qui a acquis la latéralité. *Bien, mal latéralisé.* – De *latéral*.

latéralité [lateʀalite] n. f. PHYSIOL Fait que l'une des deux moitiés du corps soit fonctionnellement dominante sur l'autre. *Latéralité à droite, à gauche.* – De *latéral*.

latérisation. V. latéralisation.

latérite [lateʀit] n. f. MINER Roche rouge ou brune constituée d'hydroxydes d'aluminium et de fer, formant des cuirasses totalement incultes à la surface des plateaux des régions tropicales. *La bauxite est une latérite essentiellement alumineuse.* – Du lat. *later*, « brique », et *-ite* 3.

latéritique [lateʀitik] adj. MINER De latérite ou formé dans la latérite. *Sol, minerai latéritique.* – De *latérite*.

latéritisation [lateʀitizasjɔ̃] n. f. MINER Ensemble des réactions d'altération des roches feldspathiques, qui conduisent à la formation de latérite par lessivage de la silice. – De *latérite*.

latex [latɛks] n. m. inv. Sécrétion opaque blanche ou colorée, coagulable, de divers végétaux (hévéa, pissenlit, laitue). – Par ext. *Latex synthétique*, obtenu par polymérisation et servant notam. à la fabrication de caoutchouc synthétique. – Mot lat., « liqueur ».

laticifère [latisifɛʀ] n. m. et adj. BOT Organe sécréteur ou conducteur du latex. – adj. *Cellule, tissu laticifère.* – Du lat. *latex, laticis*, et *-fère*.

laticlave [latiklav] n. m. ANTIQ ROM Large bande de couleur pourpre qui garnissait, sur le devant, la tunique des sénateurs. ▷ *Par ext.* Cette tunique. – Lat. *laticlava*.

latifolié, ée [latifɔlje] adj. BOT Qui a de larges feuilles. – Lat. *latifolius*, de *latus*, « large », et *folium*, « feuille ».

latifundiste ou **latifondiste** [latifɔ̃dist] n. m. Propriétaire d'un latifundium. – De *latifundium*.

latifundium [latifɔ̃djɔm], plur. **latifundia** [latifɔ̃dja] n. m. **1.** ANTIQ ROM Immense domaine des Romains fortunés. **2.** Mod. Très grand domaine agricole privé, souvent mal ou insuffisamment exploité. – Mot lat., de *latus*, « large », et *fundus*, « domaine ».

latin, ine [latɛ̃, in] adj. et n. **I.** adj. **1.** Originaire du Latium. **2.** De la Rome ancienne ou des peuples romanisés. *Coutumes, villes latines.* **3.** Qui a trait à la langue latine. *Littérature latine. Thème latin.* – *Alphabet latin.* – *Le Quartier latin* : le quartier de la Sorbonne, à Paris, où l'ancienne Université donnait son enseignement en latin. ▷ *Église latine* : Église catholique d'Occident, dont la langue liturgique était le latin (par oppos. à l'Église grecque, aux Églises d'Orient). **4.** Qui parle une langue romane (dérivée du latin). *Les peuples latins* : les Français, Italiens, Espagnols, Portugais, etc. **5.** MAR *Voile latine* : voile triangulaire dont le grand côté est envergué sur une antenne. **II.** n. **1.** Habitant(e) du Latium ou des anciens pays latins. **2.** Personne qui appartient à un peuple d'origine latine. *Les Latins. Un tempérament de Latin.* **3.** n. m. *Le latin* : la langue latine. *Le latin appartient au groupe méditerranéen des langues indo-européennes. Latin classique* : langue des plus célèbres auteurs lat. (notam. César et Cicéron). *Latin ecclésiastique* : latin de l'Église catholique romaine. *Latin populaire* : langue du peuple lat., à l'origine des langues romanes. *Latin impérial* : compromis entre le latin classique et le latin populaire avant la fin de l'Empire. – *Bas latin*, en usage après la chute de l'Empire romain et au Moyen Âge. – *Latin de cuisine* : mauvais latin; parler qui n'a que les désinences du latin. ▷ Loc. *C'est à y perdre son latin* : c'est à n'y plus rien comprendre. – Lat. *latinus*.

latinisant, ante [latinizɑ̃, ɑ̃t] adj. et n. **1.** Qui pratique la liturgie de l'Église latine (dans un pays schismatique ou catholique de rite oriental). **2.** Qui s'occupe d'études latines. – Ppr. de *latiniser*.

latinisation [latinizasjɔ̃] n. f. Action de latiniser. – De *latiniser*.

latiniser [latinize] v. [1] **1.** v. tr. Donner une forme, une terminaison latine à. *Latiniser son nom en lui ajoutant la terminaison -us.* ▷ Donner un caractère latin à. *Les Romains latinisèrent la Gaule.* Syn. cour. romaniser. **2.** v. intr. RELIG Pratiquer la liturgie de l'Église latine. – Bas lat. *latinizare*, du class. *latinus*, « latin ».

latinisme [latinism] n. m. Construction, tour de phrase propres à la langue latine. – De *latin*.

latiniste [latinist] n. Personne versée dans la connaissance de la langue et de la littérature latines. – De *latin*.

latinité [latinite] n. f. **1.** Manière de parler ou d'écrire en latin. *La latinité de Tite-Live.* **2.** Civilisation des Latins; caractère de ce qui est latin. – Lat. *latinitas*.

latino-américain, aine [latinoameʀikɛ̃, ɛn] adj. et n. De l'Amérique latine. ▷ Subst. *Les Latino-Américains.* – De *latin*, et *américain*.

latitude [latityd] n. f. **I. 1.** Vx Largeur. – Fig. Étendue, extension. **2.** Faculté, liberté ou pouvoir de disposer, d'agir. *Donner, laisser (à qqn) toute latitude (de faire qqch).* **II. 1.** Distance angulaire d'un lieu à l'équateur, mesurée de 0 à + ou −90° sur le méridien (vers le nord : positivement; vers le sud : négativement) (par oppos. à *longitude*). *Orléans est situé par 48° de latitude nord.* **2.** Climat, lieu appartenant à telle ou telle latitude. *L'homme s'adapte à toutes les latitudes. Hautes ou basses latitudes*, voisines des pôles ou de l'équateur. *Moyennes latitudes*, au-dessus des tropiques. **3.** ASTRO Angle que fait la direction d'un astre avec le plan de l'écliptique. – Lat. *latitudo*, « largeur ».

latitudinaire [latitydinɛʀ] adj. et n. Vx Qui se donne trop de liberté dans les principes (partic. de religion); litt. qui est d'une morale relâchée. – De *latitude*.

latomies [latɔmi] n. f. pl. ANTIQ Carrières utilisées comme prison. *Les latomies de Syracuse.* – Lat. *latomiæ*, du gr.

lato sensu [latosɛ̃sy] adv. Rare Au sens large (par oppos. à *stricto sensu*). – Mots lat.

-lâtre, -lâtrie. Éléments, du gr. *latreuein*, « servir », employés en composition dans le sens de « adorateur, adoration ».

latrie [latʀi] n. f. THEOL *Culte de latrie*, rendu à Dieu seul (par oppos. à *culte de dulie*, rendu aux anges et aux saints). – Lat. ecclés. *latria*, du gr.

latrines [latʀin] n. f. pl. Vieilli Lieux d'aisances. – Lat. *latrina*, de *lavatrina*, «lavabo».

lattage [lataʒ] n. m. Action de latter. ▷ Surface couverte de lattes. – De *latter*.

latte [lat] n. f. **1.** Pièce de bois, de métal, de matière plastique, etc., longue, plate et étroite. **2.** Vx Sabre de cavalerie à lame droite. **3.** Plur. Pop. Chaussures, savates; pieds. *Des coups de lattes dans le cul.* – Bas lat. *latta*, probabl. d'orig. germ.

latté [late] n. m. Contre-plaqué dont l'âme est formée de lattes sur chant, collées entre elles. – Pp. subst. de *latter*.

latter [late] v. tr. [1] Garnir de lattes. – De *latte*.

lattis [lati] n. m. Ouvrage de lattes (généralement destiné à l'exécution d'un plafond en plâtre, d'un revêtement, etc.). – De *latte*.

laudanum [lodanɔm] n. m. PHARM Produit dérivé de l'opium (auj. très peu utilisé). – Altér. du lat. *ladanum*, «résine de ciste», gr. *ladanon*.

laudateur, trice [lodatœʀ, tʀis] n. Litt. Personne qui loue, qui décerne des louanges. – Lat. *laudator*, de *laudare*, «louer».

laudatif, ive [lodatif, iv] adj. **1.** Qui loue, qui renferme un éloge. *Discours laudatif. Expression laudative.* **2.** Se dit d'une personne qui fait l'éloge de qqn ou de qqch. – Lat. *laudativus*.

laudes [lod] n. f. pl. LITURG CATHOL Ancien nom de l'office qui suit les matines, nommé auj. *office du matin*. – Lat. ecclés. *laudes*, plur. de *laus*, «louange».

lauracées [lɔʀase] n. f. pl. BOT Famille de dicotylédones dialypétales comprenant des arbres ou arbrisseaux généralement aromatiques (laurier, camphrier, avocatier). – Sing. *Une lauracée.* – Du lat. *laurus*, «laurier».

laure [lɔʀ] n. f. Monastère orthodoxe. – Lat. médiév. *laura*, mot gr.

lauré, ée [lɔʀe] adj. Litt. Qui porte une couronne de lauriers. – Du lat. *laureatus* (V. lauréat).

lauréat, ate [lɔʀea, at] adj. et n. Qui a remporté un prix dans un concours. ▷ Subst. *Lauréat du concours général.* – Du lat. *laureatus*, «couronné de laurier».

laurier [lɔʀje] n. m. **1.** Espèce d'arbres très divers dont une variété donne des feuilles persistantes, lisses, luisantes, utilisées comme condiment. ▷ Ces feuilles. **2.** *Couronne de laurier* : couronne de feuilles de laurier (*Laurus nobilis*) décernée au vainqueur, dans l'Antiquité. – Loc. fig. *Cueillir des lauriers. Lauriers de la victoire. Se reposer, s'endormir sur ses lauriers* : ne pas poursuivre après un succès. **3.** *Laurier-rose* : arbrisseau méditerranéen ornemental (*Nerium oleander*, fam. apocynacées), aux feuilles persistantes et aux grandes fleurs diversement colorées. **4.** *Laurier-cerise* : arbre (*Prunus laurocerasus*, fam. rosacées) à feuilles persistantes, dont on tire *l'essence de laurier-cerise* et *l'eau distillée de laurier-cerise*, antispasmodiques et narcotiques. **5.** *Laurier-tin* : nom cour. de la viorne tin (*Viburnum tinus*, fam. caprifoliacées). – De l'a. fr. *lor*, lat. *laurus*.

lauze ou **lause** [loz] n. f. Plaque de schiste de 2 à 3 cm d'épaisseur, utilisée dans certaines régions du sud de la France comme dalle au sol ou pour couvrir les maisons. – Mot gaul.

lavable [lavabl] adj. Qui peut être lavé. *Papier lavable.* – De *laver*.

lavabo [lavabo] n. m. **1.** LITURG CATHOL Rite de lavement des mains, accompli par le prêtre au cours de la messe et accompagné de la récitation d'une partie du psaume XXV qui commence en latin par les mots *Lavabo inter innocentes manus meas*, «Je laverai mes mains parmi les innocents». **2.** Appareil sanitaire comprenant une cuvette munie d'une robinetterie et d'un système de vidage. ▷ Par euph. *Les lavabos* : les cabinets d'aisances. – Mot lat., «je laverai».

lavage [lavaʒ] n. m. **1.** Action de laver. **2.** Fig. *Lavage de cerveau* : action psychologique exercée sur un individu, visant à détruire les structures de sa personnalité et à modifier son comportement, ses opinions. – De *laver*.

lavallière [lavaljɛʀ] n. f. et adj. **1.** n. f. Cravate à large nœud flottant. **2.** adj. *Maroquin lavallière* : reliure de couleur feuille-morte. – Du n. de la duchesse de *La Vallière*, favorite de Louis XIV.

lavande [lavɑ̃d] n. f. **1.** Arbuste (genre *Lavandula*, fam. labiées) cultivé dans la région méditerranéenne pour ses feuilles et ses épis floraux bleus, qui sécrètent une essence aromatique utilisée en parfumerie. *Eau de lavande.* **2.** Parfum extrait de cette plante. *Savon de toilette à la lavande.* **3.** (En appos.) *Bleu lavande* ou, ellipt., *lavande* : bleu mauve assez pâle. *Des robes bleu lavande. Des chemisiers lavande.* – De l'ital. *lavanda*, «qui sert à laver», la lavande servant à parfumer l'eau de toilette.

lavandière [lavɑ̃djɛʀ] n. f. **1.** Anc. ou litt. Femme qui lave le linge à la main. **2.** Autre nom de la bergeronnette grise. – De *laver*.

lavandin [lavɑ̃dɛ̃] n. m. Variété hybride de lavande, cultivée pour son essence. – De *lavande*.

lavant, ante [lavɑ̃, ɑ̃t] adj. Qui lave. *Poudre lavante.* – Ppr. de *laver*.

lavaret [lavaʀɛ] n. m. Poisson salmonidé (*Coregonus lavaretus*) des eaux douces profondes. – De *lavare*, mot savoyard; lat. tardif *levaricinus*, p.-ê. gaul.

lavasse [lavas] n. f. Fam., péjor. Breuvage insipide trop dilué dans de l'eau. *C'est de la lavasse, ce café!* – De *laver*, et *-asse*.

lavatory [lavatɔʀi] n. m. Vieilli Toilettes publiques. *Des lavatories.* – Mot angl.; «boutique de coiffeur avec cabinet de toilette».

lave [lav] n. f. **1.** Roche en fusion qui sort d'un volcan lors d'une éruption. **2.** Cette roche solidifiée et refroidie. *Lave de Volvic.* – Ital. *lava*, mot napolitain, du lat. *labes*, «éboulement».

lavé, ée [lave] adj. **1.** Nettoyé. **2.** TECH Se dit d'un dessin teinté au lavis. ▷ *Couleur lavée*, peu chargée en pigments. – Pp. de *laver*.

lave-auto [lavoto] n. m. (Canada) Construction en forme de garage, pourvue des installations nécessaires au lavage des automobiles. – De *laver*, et *auto*.

lave-glace [lavglas] n. m. Dispositif permettant de projeter de l'eau sur le pare-brise d'une automobile pour le laver. *Des lave-glaces.* – De *laver*, et *glace*.

lave-linge [lavlɛ̃ʒ] n. m. inv. Machine à laver le linge. – De *laver*, et *linge*.

lave-mains [lavmɛ̃] n. m. inv. Petit lavabo. – De *laver*, et *mains*.

lavement [lavmɑ̃] n. m. **1.** LITURG *Le lavement des pieds* (des apôtres par le Christ) : cérémonie du jeudi saint qui commémore cet acte. **2.** MED Injection par l'anus d'une solution purgative (eau tiède, huile légère) ou d'un liquide destiné à opacifier l'intestin. *Lavement baryté.* – De *laver*.

laver [lave] v. tr. [1] **1.** Nettoyer avec de l'eau ou un autre liquide. *Laver du linge. Machine à laver le linge*, ou, absol., *machine à laver.* **2.** Nettoyer avec de l'eau le corps, une partie du corps. *Laver une plaie.* ▷ v. pron. Laver son corps. – (Suivi d'un compl. d'objet.) *Se laver les cheveux.* – Fig. *Se laver les mains de qqch*, déclarer qu'on n'en est pas responsable (allusion au geste de Ponce Pilate). **3.** Loc. fig. *Laver qqn d'une accusation.*

Laver un affront (dans le sang). – Loc. fig., fam. *Laver la tête à qqn,* lui faire une sévère réprimande. *Laver son linge sale en famille* : régler les problèmes familiaux dans l'intimité et non en public. **4.** CHIM *Laver un gaz,* le débarrasser de ses impuretés en lui faisant traverser un liquide. **5.** TECH *Laver un dessin,* le teinter au lavis. **6.** MINER *Laver un minerai,* le débarrasser des éléments terreux. – Lat. *lavare.*

laverie [lavʀi] n. f. **1.** MINER Lieu où on lave les minerais. **2.** *Laverie automatique* : établissement où les clients lavent leur linge dans des machines mises à leur disposition. – De *laver.*

lavette [lavɛt] n. f. **1.** Morceau de linge, ou brosse, ou éponge montées sur un long manche, pour laver la vaisselle. **2.** Fig., fam., péjor. Homme mou, sans énergie. – De *laver.*

laveur, euse [lavœʀ, øz] n. **1.** Personne qui lave. *Laveur de carreaux.* **2.** TECH Appareil servant à laver certaines substances. ▷ *Laveur d'air* : appareil servant à augmenter la teneur en eau d'un courant d'air. **3.** (En appos.) *Raton laveur* : V. raton. – Bas lat. *lavator.*

lave-vaisselle [lavvɛsɛl] n. m. inv. Machine à laver la vaisselle. – De *laver,* et *vaisselle.*

lavis [lavi] n. m. Technique consistant à teinter un dessin avec de l'encre de Chine, du bistre ou une autre substance délayée dans de l'eau. – *Par ext.* Dessin ainsi obtenu. *Un lavis d'Ingres.* – De *laver.*

lavoir [lavwaʀ] n. m. **1.** Bassin aménagé pour laver le linge. *Lavoir public.* **2.** TECH Appareil destiné à laver certaines substances. – Du bas lat. *lavatorium.*

lavure [lavyʀ] n. f. **1.** Eau qui a servi à laver. Fig., fam. *Lavure de vaisselle* : potage insipide. **2.** TECH Action de laver (certaines matières). **3.** TECH (Plur.) Parcelles d'or ou d'argent provenant de la lessive des cendres ou de la terre auxquelles elles étaient mêlées. – De *laver.*

lawn-tennis [lontenis] n. m. inv. SPORT Vieilli Tennis sur gazon. (Encore utilisé dans *Fédération internationale de lawn-tennis.*) – Mots anglais, de *lawn,* «pelouse», et *tennis.*

lawrencium [lɔʀɑ̃sjɔm] n. m. CHIM Élément radioactif artificiel appartenant à la famille des actinides, de numéro atomique Z = 103, de masse atomique 257 (symbole Lw). – Du n. de E. O. *Lawrence* (1901-1958), physicien américain qui l'obtint.

laxatif, ive [laksatif, iv] adj. et n. m. **1.** adj. Qui purge légèrement. **2.** n. m. Médicament utilisé pour évacuer les selles. – Bas lat. *laxativus,* de *laxare,* «lâcher».

laxisme [laksism] n. m. **1.** Doctrine morale qui nie les interdits ou en atténue la gravité. **2.** Tolérance excessive. – Du lat. *laxus,* «large, détendu».

laxiste [laksist] adj. et n. Adepte du laxisme; qui relève du laxisme. – De *laxisme.*

laxité [laksite] n. f. MED *Laxité ligamentaire* : distension, pathologique ou non, des ligaments. – Lat. *laxitas,* «relâchement».

laye. V. laie 3.

layer [lɛje] v. tr. **[21]** TECH **1.** *Layer un bois, une forêt,* y tracer un chemin. **2.** Marquer (les arbres qui doivent être épargnés dans une coupe). – De *laie* 2.

layetier [lɛjtje] n. m. TECH Ouvrier qui fabrique des caisses en bois blanc, des layettes (sens 1), etc. *Layetier-emballeur.* – De *layette,* «coffre».

layette [lɛjɛt] n. f. **1.** Vx Petit coffre. – Mod. TECH Petit meuble comportant de nombreux tiroirs, utilisé pour ranger de menues fournitures. **2.** *Par méton.* Linge, vêtements nécessaires à un nouveau-né. *Tricoter une layette.* – De *laie* 3.

lay-farming [lejfaʀmiŋ] n. m. (Anglicisme) AGRIC Technique consistant à faire entrer dans l'assolement une prairie temporaire comme engrais vert. – Mot angl.

layon [lɛjɔ̃] n. m. Chemin tracé en forêt. – De *laie* 2.

lazaret [lazaʀɛ] n. m. Établissement servant à isoler les voyageurs en quarantaine. – Ital. *lazzaretto,* de *Nazareto,* l'hôpital *Santa Maria di Nazaret,* sous l'infl. de *Santo Lazzaro,* saint patron des lépreux.

lazariste [lazaʀist] n. m. Membre de la Société des prêtres de la Mission, fondée en 1625 par saint Vincent de Paul. – De *Saint-Lazare,* nom d'un prieuré parisien où s'installèrent, en 1632, les membres de la Société.

lazurite [lazyʀit] n. f. Syn. de *lapis-lazuli.* – Du lat. méd. *lazulum,* d'apr. l'all. *lazurstein,* «pierre d'azur».

lazzarone [ladzaʀɔne] n. m. HIST Napolitain du peuple. *Des lazzaroni.* – Mot napolitain, «mendiant», de *lazzaro* (V. lazaret).

lazzi ou **lazzis** [ladzi] n. m. pl. Plaisanteries moqueuses, bouffonneries lancées à qqn. – Mot ital., de *l'azzi,* abrév. de *l'azzioni,* propr. «les actions» d'où «jeux de scènes bouffons».

L.B.O. n. m. Rachat d'une entreprise au moyen d'un emprunt remboursé ultérieurement avec les bénéfices réalisés. – Sigle de l'anglais *leverage buy out,* «rachat [d'entreprise] par opération de levier».

L-dopa. V. dopa.

1. le, la, les [lə, la, le] articles définis, *le,* m., *la,* f., *les,* m. et f. pl. *Le* et *la* s'élident en *l'* devant une voyelle ou un h muet : *l'été, l'hôtel.* **1.** (Valeur démonstrative.) *Le livre qui est sur la table.* **2.** (Valeur possessive.) *Avoir mal à la tête.* **3.** (Valeur de notoriété.) *La Terre.* **4.** (Valeur distributive.) *Un franc le bouquet. Une fois l'an.* **5.** Avec les noms de personnes, emploi laudatif *(la Callas),* péjor. *(la Voisin),* collectif *(les Goncourt, les Pasquier).* **6.** *À la* (suivi d'un adj. fém. et formant une loc. adv.). *Partir à la dérobée. Des jardins à l'anglaise.* ▷ GRAM Avec un superlatif, l'article s'accorde avec le nom ou l'adjectif qu'il accompagne *(la journée la plus chaude du mois),* ou prend la forme inv. *le (c'est lundi que la journée a été le plus chaude),* obligatoirement si le verbe ou l'adverbe sont modifiés par le superlatif *(la journée que j'ai le plus attendue).* – Du lat. *illum, illam, illos, illas.*

2. le, la, les [lə, la, le] pronoms personnels de la 3ᵉ personne, *le,* m., *la,* f., *les,* m. et f. pl. *Le* et *la,* placés devant un verbe ou un adverbe commençant par une voyelle ou un h muet, s'élident en *l'. Il l'aime, il l'en félicite. Nous l'humilions.* **1.** Pron. complément direct ou attribut d'un verbe, remplaçant un nom déjà exprimé. *Voici un bon livre, lisez-le. Je le vois. Je l'ai vue. Le, la, les* s'accordent avec le nom qu'ils représentent, ou peuvent garder la forme du pron. neutre *le. Êtes-vous la directrice ? Je la suis. Êtes-vous directrice de l'école ? Je le suis.* **2.** Pron. neutre (ne représentant pas un nom précis). *Se le tenir pour dit. Je vous le donne en mille. Le prendre de haut. Nous l'avons échappé belle.* – Du lat. *ille, illa, illud,* «celui-là, celle-là, cela».

lé [le] n. m. **1.** TECH Largeur d'une étoffe entre les deux lisières. *Un lé de velours.* **2.** Bande de papier peint coupée à la dimension voulue. – Du lat. *latus,* «large».

leader [lidœʀ] n. m. (Anglicisme) **1.** Chef ou personne en vue, dans une organisation, un pays. *Les leaders syndicaux.* – *Par ext.* Celui qui prend la tête d'un groupe, d'un mouvement. **2.** Sportif qui est en tête dans une course; équipe qui est en tête dans un championnat. **3.** AVIAT Avion qui guide une formation aérienne au cours d'une opération. ▷ Officier chef de bord sur cet avion. **4.** Rare Article de fond ou de tête d'un journal politique. – Mot angl., «chef, conducteur».

leadership [lidœʀʃip] n. m. (Anglicisme) Commandement; fonction de leader. ▷ Hégémonie. *Le leadership* *des États-Unis dans l'Alliance atlantique.* – Mot angl., de *leader*, «chef».

leasing [liziŋ] n. m. (Anglicisme) FIN Syn. (off. déconseillé) de *crédit-bail.* – Mot angl., de to *lease*, «louer».

lebel [ləbɛl] n. m. Fusil à répétition en usage dans l'armée française de 1886 à 1940. *Un lebel* ou, en appos. *un fusil Lebel* (du nom de son inventeur). – Du nom de l'inventeur, Nicolas *Lebel* (1838-1891).

LEC [lɛk] n. f. MED Acronyme pour *lithotritie* extracorporelle.*

léchage [leʃaʒ] n. m. Action de lécher. – De *lécher.*

lèche [lɛʃ] n. f. Fam. *Faire de la lèche à qqn,* le flatter servilement. – Déverbal de *lécher.*

léché, ée [leʃe] adj. **1.** *Un ours mal léché* : un individu bourru, hargneux, mal élevé. **2.** Fam. (souvent péjor.) Qualifie une œuvre exécutée avec un fini très minutieux. *Un portrait léché.* – Pp. de *lécher.*

lèche-bottes [lɛʃbɔt] n. m. inv. Fam. Individu servile. ▷ adj. inv. *Ils sont lèche-bottes.* Syn. vulg. lèche-cul. – De *lécher,* et *bottes.*

lèche-cul [lɛʃky] n. m. inv. et adj. inv. Vulg. Syn. de *lèche-bottes.* – De *lécher,* et *cul.*

lèchefrite [lɛʃfʀit] n. f. Ustensile de cuisine qui se place sous la broche (ou sous la grille du four) pour recueillir la graisse et le jus de la viande qui rôtit. – De l'a. fr. *lèche-froie,* «lèche, frotte», avec infl. de *frire.*

lécher [leʃe] v. tr. **[14]** **1.** Passer la langue sur (qqch). *Lécher la cuiller.* ▷ (Faux pron.) *Le chat se lèche le ventre.* – Fig. *Il s'en est léché les doigts* : il a trouvé cela bon. ▷ Fig., péjor. *Lécher les bottes (vulg. le cul) à qqn,* être servile à son égard. ▷ Fig., fam. *Lécher les vitrines,* les regarder en flânant. **2.** Effleurer. *Les flammes lèchent le mur.* ▷ Toucher doucement. *Les vagues lèchent le sable.* – Du frq. **lekkon.*

lécheur, euse [leʃœʀ, øz] adj. et n. **1.** Qui lèche. **2.** Péjor. Flatteur. – Subst. *Un lécheur de bottes* : un flagorneur, un individu servile. **3.** Fam. Se dit de qqn qui est porté à faire des baisers, des bises. – De *lécher.*

lèche-vitrines [lɛʃvitʀin] n. m. inv. Fam. Passe-temps qui consiste à «lécher les vitrines», à regarder en flânant les devantures des magasins. – De *lécher,* et *vitrine.*

lécithine [lesitin] n. f. BIOCHIM Phospholipide présent dans de nombreuses cellules de l'organisme et dans le jaune d'œuf. – Du gr. *lekithos,* «jaune d'œuf».

leçon [ləsɔ̃] n. f. **I.** Enseignement. **1.** Ce qu'un enseignant donne à apprendre à un élève. *Il ne sait pas sa leçon.* **2.** Enseignement, instruction que donne un maître à un auditoire. *Les élèves écoutent la leçon de français.* ▷ *Leçons de choses* : enseignement très élémentaire de la physique, de la chimie, des sciences naturelles. ▷ Loc. fig. *Faire la leçon à qqn,* lui indiquer la conduite qu'il doit tenir; le réprimander. **3.** *Leçon particulière* ou, absol., *leçon* : séance d'enseignement donnée à un élève ou à quelques élèves. **4.** Chacune des divisions d'un enseignement. *Le bridge en dix leçons.* **5.** Enseignement que l'on peut tirer d'un fait. *Tirons de cet échec une leçon pour l'avenir.* **II.** Variante d'un texte. *Les diverses leçons des manuscrits grecs ou latins.* **III.** LITURG CATHOL Texte sacré lu à certains offices. – Du lat. *lectio, lectionis,* «lecture».

lecteur, trice [lɛktœʀ, tʀis] n. **I.** (Personnes) **1.** Personne dont la fonction, permanente ou occasionnelle, est de faire la lecture à haute voix devant une ou plusieurs personnes. *Le lecteur du roi.* **2.** Locuteur natif adjoint à un professeur de langue vivante (dans une université). **3.** Personne qui lit (un livre, un journal, etc.). *Avis au lecteur. Les lecteurs d'un journal.* **4.** Dans une maison d'édition, un théâtre, personne chargée de lire, d'examiner et de juger les manuscrits ou les pièces que proposent les auteurs. **II.** n. m. **1.** TECH Appareil destiné à reproduire des sons à partir d'informations enregistrées sur un support tel que film (bande sonore), bande, disque, etc. *Lecteur de cassettes.* **2.** INFORM Système effectuant le décodage d'informations. *Lecteur de cartes* : appareil permettant de décoder les informations des cartes perforées et de les transmettre vers le système d'exploitation. – Lat. *lector.*

lectine [lɛktin] n. f. BIOCHIM Protéine végétale capable de se combiner spécifiquement à certains constituants glucidiques des membranes cellulaires pour les agglutiner entre elles. – De l'angl. *lectin,* du lat. *lectus,* pp. de *legere,* «choisir», et *-ine.*

lectorat [lɛktɔʀa] n. m. **1.** Ensemble des lecteurs (d'un journal). **2.** Fonction de lecteur (dans une université). – Du rad. lat. de *lecteur.*

lecture [lɛ(e)ktyʀ] n. f. **I.** **1.** Action de lire (des livres, un journal, un document, etc.). *Il aime la lecture et la musique. Je l'ai appris par la lecture des journaux.* ▷ *Donner lecture d'un texte,* le lire à haute voix devant un auditoire. ▷ Spécial. *Lecture rapide* : méthode reposant sur l'acquisition de mécanismes qui accroissent la rapidité de lecture et de compréhension des textes. **2.** Œuvre, texte qu'on lit; texte, livre qu'on a à lire. *Une lecture passionnante. Tenez, voilà de la lecture!* **3.** Fig. Manière de comprendre, d'interpréter un auteur, une œuvre, une doctrine. *Une nouvelle lecture de Marx.* **4.** En droit constitutionnel, chacune des délibérations d'une assemblée législative sur un projet ou une proposition de loi. *Texte adopté en deuxième lecture.* **II.** **1.** TECH *Appareil de mesure à lecture directe,* qui fournit directement la valeur de la grandeur mesurée (par ex., par affichage numérique). **2.** ELECTR, INFORM Opération qui consiste à décoder les informations enregistrées sur un support et à les transformer en signaux (pour les transmettre, par ex., vers le système d'exploitation d'un ordinateur). **3.** AUDIOV *Table de lecture* : élément d'une chaîne haute fidélité, constitué d'un moteur, d'une platine et d'un bras muni d'une tête de lecture de disques. ▷ *Tête de lecture* : dispositif électronique qui transcrit des données mécaniques, magnétiques ou optiques en signaux électriques. **4.** *Lecture optique* : procédé optoélectronique de reconnaissance d'informations graphiques. *La lecture optique est utilisée pour le tri postal.* – *Lecture numérique* : procédé optique, mécanique, électrique ou magnétique de reconnaissance d'informations en données binaires. – Lat. médiév. *lectura,* du class. *legere,* «lire».

lécythe [lesit] n. m. ARCHEOL Vase grec allongé à anse et long col, dans lequel on mettait des parfums ou de l'huile, notam. pour les offrandes funéraires. – Lat. *lecythus,* gr. *lêkuthos,* «vase à huile».

ledit. V. dit 2.

légal, ale, aux [legal, o] adj. Conforme à la loi. *Procédure légale.* – Lat. imp. *legalis,* de *lex, legis,* «loi».

légalement [legalmɑ̃] adv. D'une manière légale. – De *légal.*

légalisation [legalizasjɔ̃] n. f. Action de légaliser; résultat de cette action. – De *légaliser.*

légaliser [legalize] v. tr. **[1]** **1.** Rendre légal. **2.** *Légaliser une signature, un acte, une copie,* l'authentifier. – Pp. adj. *Copie de diplôme légalisée par le commissaire de police.* – De *légal.*

légalisme [legalism] n. m. Respect scrupuleux ou trop minutieux de la loi. – De *légal.*

légaliste [legalist] adj. et n. Qui fait preuve de légalisme. – De *légal.*

légalité [legalite] n. f. **1.** Caractère de ce qui est légal. *Contester la légalité d'une décision.* **2.** Situation légale, ensemble des actes et des moyens autorisés par la loi. *Sortir de la légalité.* – Lat. médiév. *legalitas,* du class. *legalis,* « légal ».

légat [lega] n. m. **1.** ANTIQ ROM Ambassadeur envoyé à l'étranger. - Lieutenant d'un consul, d'un proconsul, d'un préteur. - Administrateur de province, sous l'Empire. **2.** DR CANON Représentant du Saint-Siège. *Légat a latere* (littéral. « venu d'à côté du pape ») : cardinal envoyé en mission par le pape. – Lat. *legatus,* « envoyé ».

légataire [legatɛʀ] n. Personne à laquelle on fait un legs. ▷ *Légataire universel,* auquel on lègue tous ses biens. – Lat. jurid. *legatarius,* de *legare,* « léguer ».

légation [legasjɔ̃] n. f. **1.** DR CANON Charge, mission d'un légat ecclésiastique. **2.** Mission diplomatique permanente qu'un État entretient dans un pays où il n'a pas d'ambassade. ▷ *Par ext.* Édifice qui abrite le personnel de cette mission. – Lat. *legatio.*

legato [legato] adv. MUS En soutenant chaque note jusqu'à la suivante. ▷ n. m. Passage lié. – Mot ital., « lié ».

lège [lɛʒ] adj. MAR *Navire lège,* vide, sans cargaison. ▷ *Déplacement lège* : déplacement d'un navire non chargé. – Néerl. *leeg,* « vide ».

légendaire [leʒɑ̃dɛʀ] adj. **1.** Qui est de la nature de la légende. *Les récits légendaires concernant Charlemagne.* **2.** Qui n'existe que dans la légende. *Romulus, personnage légendaire.* Syn. fabuleux, imaginaire, mythique. Ant. historique, réel. **3.** Bien connu de tous. *Sa distraction légendaire.* – De *légende.*

légende [leʒɑ̃d] n. f. **1.** Récit ou tradition populaire qui a, en général, pour sujet soit des événements ou des êtres imaginaires, mais donnés comme historiques, soit des faits réels, mais déformés, embellis et parfois mêlés de merveilleux. *La légende des quatre fils Aymon. La légende du Masque de fer. La légende napoléonienne.* ▷ *La Légende dorée* : recueil de vies de saints, écrit vers 1260 par le dominicain génois Jacques de Voragine. **2.** Texte qui donne la signification des codes, des couleurs et des signes qui figurent sur un plan, une carte, etc. **3.** Texte accompagnant une figure, une photographie, un dessin humoristique, etc. – Lat. médiév. *legenda,* « ce qui doit être lu ».

légender [leʒɑ̃de] v. tr. [1] Compléter (une illustration, une carte, un dessin) par une légende (sens 2 et 3). *Légender les documents iconographiques d'un livre.* – De *légende.*

léger, ère [leʒe, ɛʀ] adj. **I.** Qui pèse peu. **1.** De faible poids. *Une valise légère.* Ant. lourd. ▷ SPORT *Catégorie des poids légers* : catégorie de boxeurs, de lutteurs, d'haltérophiles et de judokas (poids variant, selon les disciplines, entre les limites extrêmes de 57 et de 70 kg). ▷ *Par ext.* Peu dense. *Les alliages légers.* ▷ MILIT Facile à transporter, à déplacer; très mobile. *Armes légères. Croiseur léger.* **2.** Facile à digérer. *Un plat léger.* ▷ Peu copieux. *Un dîner léger.* **3.** Peu compact. *Sol léger. Une pâte feuilletée légère.* **4.** Peu épais. *Étoffe, robe légère. Brume légère. Une couche légère de badigeon.* **5.** Gracieux, délié. *Clochetons aux formes légères.* **II.** Qui appuie peu. **1.** Alerte, vif. *Démarche légère. Se sentir léger.* ▷ Fig. *Avoir le cœur léger,* sans soucis. **2.** Délicat et mesuré dans ses mouvements, dans son action, ses procédés. *Avoir la main légère* : agir avec mesure ou avec une délicatesse précise. - Par ext. *Peinture exécutée par touches légères.* **3.** Se dit d'une voix agile dans l'aigu, ou d'un chanteur possédant une telle voix. *Ténor léger.* **III.** Faible, peu sensible. **1.** Peu intense, peu violent. *Brise légère.* **2.** Peu perceptible. *Un murmure léger.* **3.** Peu grave, peu pénible. *Une blessure légère. Un léger dépit.* **4.** De faible grandeur, de petite amplitude. *Température en légère hausse.* **5.** Peu riche en principe actif. *Café léger.* - *Vin léger,* peu riche en alcool. **6.** *Sommeil léger,* peu profond. **IV.** Qui a peu de sérieux. **1.** Peu réfléchi, peu prévoyant. *Un chef léger et négligent.* ▷ *Une tête légère* : une personne étourdie, frivole. ▷ Loc. adv. *À la légère* : sans réfléchir, sans prévoir. *S'engager à la légère.* **2.** *Femme, fille légère* ou *de mœurs légères* : femme, fille facile. **3.** Quelque peu licencieux. *Histoire légère.* **4.** (Sans valeur péjor.) Qui ne vise pas au sérieux, au grand art, mais à une facilité pleine d'agrément. *Musique légère.* **5.** Insuffisant. *C'est un peu léger!* – Du lat. pop. **leviarius,* class. *levis.*

légèrement [leʒɛʀmɑ̃] adv. **1.** D'une manière légère, sans peser, avec agilité. *Courir légèrement.* **2.** Sans se charger l'estomac. *Dîner légèrement.* **3.** Délicatement. *Cela est peint légèrement.* **4.** D'une manière peu considérable; à peine. *Tourner légèrement la tête.* **5.** Sans réfléchir, imprudemment. *Se conduire légèrement.* – De *léger.*

légèreté [leʒɛʀte] n. f. **1.** Caractère de ce qui pèse peu. *La légèreté d'un bâti en aluminium.* **2.** Agilité. *La légèreté de la démarche.* **3.** Délicatesse. *La légèreté de touche d'un peintre.* **4.** Inconstance, instabilité. *Il lui reprochait la légèreté de son esprit.* **5.** Manque de réflexion, de prudence, de sérieux. *Faire preuve de légèreté dans la conduite d'une affaire.* – De *léger.*

leggings [legiŋz] ou **leggins** [legins] n. m. pl. ou n. f. pl. Jambières de cuir ou de toile. Syn. houseaux. – Mot angl., de *leg,* « jambe ».

leghorn [legɔʀn] n. f. Poule d'une race italienne améliorée, excellente pondeuse. – Nom angl., de la ville ital. de *Livourne.*

légiférer [leʒifeʀe] v. intr. [14] Faire des lois. *Le Parlement légifère.* – Lat. *legifer,* « législateur ».

légion [leʒjɔ̃] n. f. **1.** ANTIQ ROM Unité militaire. *À l'époque de César, la légion, divisée en cohortes, manipules et centuries, comptait 6 000 hommes.* **2.** Grand nombre d'êtres. *Une légion de quémandeurs.* ▷ *Ils sont légion* : ils sont très nombreux. **3.** MILIT Unité de gendarmerie commandée par un colonel. ▷ *La Légion* étrangère* ou, absol., *la Légion. S'engager dans la Légion.* ▷ Par anal. *Légion étrangère espagnole.* **4.** *Légion* d'honneur.* ▷ *Par méton.* Décoration de cet ordre. *Il est fier d'exhiber sa Légion d'honneur.* ▷ *Par ext.* Grade ou dignité de cet ordre. *On lui a accordé la Légion d'honneur.* – Lat. *legio, legionis,* de *legere* « rassembler; choisir ».

légionellose [leʒjɔnɛloz] n. f. MED Maladie due à un bacille, provoquant un état grippal, une pneumonie, avec, parfois, des troubles plus généraux. Syn. maladie du légionnaire. – De *légionnaire* (maladie décrite pour la première fois en 1976 à la suite d'une épidémie touchant des participants à un congrès de l'American Legion), et *-ose* 2.

légionnaire [leʒjɔnɛʀ] n. m. **1.** Soldat d'une légion romaine. **2.** Soldat de la Légion étrangère. **3.** Rare Membre de la Légion d'honneur. **4.** MED *Maladie du légionnaire* : légionellose. – De l'adj. lat. *legionarius,* de *legio,* « légion ».

législateur, trice [leʒislatœʀ, tʀis] n. **1.** Celui, celle qui donne des lois à un peuple. *Solon fut le législateur d'Athènes.* ▷ Fig. Celui qui établit les principes d'un art, d'une science. *Boileau, législateur du Parnasse.* **2.** n. m. *Le législateur* : le pouvoir qui fait les lois. *Le législateur a voulu que...* – Lat. *legislator.*

législatif, ive [leʒislatif, iv] adj. et n. **1.** Qui fait les lois. *Le pouvoir législatif* ou, n. m., *le législatif. Une assemblée législative.* ▷ HIST *L'Assemblée législative* ou, n. f., *la Législative* : V. assemblée. - *Corps législatif* : nom de diverses assemblées françaises (l'Assemblée législative de 1791, divisée en deux, Conseil des Anciens et Conseil des Cinq-Cents par la Constitution de l'an III; l'Assemblée législative de la Constitution de l'an VIII; l'assemblée aux pouvoirs limités créée par la Constitution de 1852). **2.** Par ext. *Les élections législatives* ou, n. f. pl., *les législatives,* par lesquelles sont élus les députés. *Les légis-*

latives de mars 1978. **3.** Qui est de la nature de la loi. *Les dispositions législatives.* – De *législation.*

législation [leʒislasjɔ̃] n. f. Ensemble des lois d'un pays, ou concernant un domaine précis. *La législation allemande. La législation de l'adoption.* – Du latin *legis,* «de loi», et *latio,* «action de proposer (une loi)».

législativement [leʒislativmɑ̃] adv. DR Par voie législative. – De *législatif.*

législature [leʒislatyʀ] n. f. Période pour laquelle une assemblée législative (Chambre des députés, Assemblée nationale) est élue. – De *législateur,* d'après l'angl. *legislature,* «ensemble des assemblées chargées de faire les lois».

légiste [leʒist] n. m. et adj. **I.** n. m. **1.** Celui qui connaît ou étudie les lois. Syn. jurisconsulte, juriste. **2.** HIST Conseiller juridique du roi, sous l'Ancien Régime. *Les légistes de Philippe le Bel.* **II.** adj. *Médecin légiste,* chargé des expertises légales. – Lat. médiév. *legista,* de *lex, legis,* «loi».

légitimation [leʒitimasjɔ̃] n. f. Action de légitimer. *Légitimation d'un enfant naturel. Tentative de légitimation d'un coup de force.* – De *légitimer.*

légitime [leʒitim] adj. (et n. f.) **1.** Qui est consacré par la loi. *Enfant légitime,* né dans le mariage (par oppos. à *enfant naturel*). ▷ n. f. Pop. *La légitime :* l'épouse légitime. ▷ *Légitime défense :* droit de se défendre reconnu par la loi à celui qui est attaqué. *Être en état de légitime défense.* **2.** Établi conformément à la Constitution ou aux traditions politiques. *Pouvoir, gouvernement légitime.* ▷ Par ext. *Dynastie légitime. Souverain légitime.* **3.** Conforme à l'équité, à la morale, à la raison; justifié. *Un désir légitime. Une inquiétude légitime.* – Lat. *legitimus,* de *lex, legis,* «loi».

légitimement [leʒitimmɑ̃] adv. D'une manière légitime. – De *légitime.*

légitimer [leʒitime] v. tr. [1] **1.** Rendre légitime; faire reconnaître pour authentique. *Faire légitimer un titre de noblesse.* ▷ Spécial. *Enfant légitimé :* enfant naturel qui a reçu juridiquement les droits et la qualité d'enfant légitime. **2.** Justifier. *Une conduite que rien ne peut légitimer.* – De *légitime.*

légitimisme [leʒitimism] n. m. Opinion ou mouvement politique des légitimistes. – De *légitimiste.*

légitimiste [leʒitimist] n. et adj. Partisan du souverain ou de la dynastie légitime. ▷ *Spécial.* HIST En France, au XIXe s., partisan des descendants de Charles X (par oppos. à *orléaniste,* partisan de Louis-Philippe et de ses descendants). ▷ adj. *Les journaux légitimistes.* – De *légitime.*

légitimité [leʒitimite] n. f. **1.** Caractère de ce qui est légitime. *Prouver la légitimité d'un titre. La légitimité d'une déduction logique.* **2.** *Spécial.* Qualité juridique d'enfant légitime. – De *légitime.*

legs [lɛg] n. m. **1.** DR Action de céder la possession d'un bien à qqn par testament; bien ainsi cédé. *Legs universel,* qui porte sur la totalité des biens ou sur la totalité de la quotité disponible (lorsqu'il y a des héritiers réservataires). ▷ *Legs à titre universel,* qui porte soit sur l'ensemble, soit sur une quote-part des biens meubles ou immeubles, ou de l'ensemble des biens meubles et immeubles. ▷ *Legs à titre particulier,* qui porte sur un bien meuble ou un bien immeuble déterminé (par ex., tel tableau, tel immeuble). **2.** Fig. Ce qui est laissé en héritage. *Ce trésor de sagesse, legs des anciens Grecs.* – De l'a. fr. *lais,* de *laisser,* à la suite d'un faux rapprochement avec le lat. *legatum* «legs».

léguer [lege] v. tr. [14] **1.** Céder par testament. *Il légua sa maison à son neveu.* **2.** Fig. Transmettre. *Les Romains ont légué à l'Occident le sens de l'État.* – Lat. *legare.*

légume [legym] n. m. (et n. f.) **1.** BOT Syn. de *gousse.* **2.** Cour. Aliment constitué par les plantes potagères ou par certaines parties de celles-ci : graines (petits pois, haricots, etc.), gousses (haricots verts), feuilles (choux, salades, etc.), tiges (asperges), racines (navets, choux-raves, etc.), tubercules (pommes de terre), fruits (tomates), fleurs (choux-fleurs). *Légumes verts,* riches en cellulose (salades, haricots verts, épinards, etc.). *Légumes secs,* riches en amidon et farineux (haricots en grains, lentilles, pois, etc.). **3.** *Par ext.* Plante potagère. *Cultiver des légumes dans son jardin.* **4.** n. f. Fam. *Grosse légume* ou, ellipt., *légume :* personnage haut placé. – Lat. *legumen,* «plante à cosse, à gousse».

légumier, ère [legymje, ɛʀ] adj. et n. m. **1.** adj. Rare Qui concerne les légumes; où l'on cultive les légumes. *Jardin légumier.* **2.** n. m. Plat à légumes. – De *légume.*

légumineuses [legyminøz] n. f. pl. BOT Grande famille de dicotylédones dialypétales superovariées, comprenant 120 000 espèces d'herbes et d'arbres de toutes les régions du monde, qui ont en commun d'avoir pour fruits des *légumes,* c.-à-d. des gousses. (On les divise en *papilionacées, césalpiniacées* et *mimosacées.*) – Sing. *Une légumineuse.* – De *légume,* d'après le lat. *legumen, leguminis.*

leishmaniose [lɛʃmanjoz] n. f. MED Maladie due à l'infestation de l'organisme par une *leishmanie,* protozoaire flagellé parasite des globules blancs, voisin du trypanosome. – Du nom de *Leishman,* biologiste angl.

leitmotiv [lajtmɔtif; lɛtmɔtiv] n. m. **1.** MUS Motif, thème qui, caractérisant un personnage ou une situation, revient à plusieurs reprises dans la partition pour évoquer ce personnage ou cette situation. *Les leitmotive de Wagner.* ▷ *Par ext.* Thème récurrent. **2.** Fig. Formule, idée qui revient fréquemment. *Des leitmotivs* ou, didac., *leitmotive.* – Mot all., «motif conducteur».

lek [lɛk] n. m. Unité monétaire de l'Albanie. – Mot albanais.

lem [lɛm] n. m. ESP Véhicule habité destiné à l'exploration lunaire. – Mot anglo-amér., acronyme de *lunar excursion module,* «module d'excursion lunaire».

lemme [lɛm] n. m. PHILO, MATH Proposition préliminaire préparant une démonstration, et n'ayant pas forcément un rapport immédiat avec la proposition à démontrer. – Lat. imp. *lemma;* mot gr. (V. dilemme).

lemming [lemiŋ] n. m. ZOOL Petit mammifère rongeur (fam. muridés) des régions arctiques, à queue courte, à petites oreilles, vivant en bandes immenses. – Mot norv.

lemnacées [lɛmnase] n. f. pl. BOT Famille de monocotylédones aquatiques, flottantes, dont le type est la lentille d'eau. – Sing. *Une lemnacée.* – Lat. savant, du gr. *lemna,* «lentille d'eau».

lemniscate [lɛmniskat] n. f. GEOM *Lemniscate de Bernouilli :* courbe du 4e degré, en forme de 8, lieu des points tels que le produit de leurs distances à deux points fixes est constant. – Lat. *lemniscatus,* de *lemniscus,* «ruban», d'orig. gr.

lémure [lemyʀ] n. m. ANTIQ ROM Âme errante d'un mort. – Lat. *lemures.*

lémuriens [lemyʀjɛ̃] n. m. pl. ZOOL Ensemble constitué de mammifères primates inférieurs typiques de Madagascar (maki). – Sing. *Un lémurien.* – De *lémure,* ces animaux sortant la nuit comme les spectres.

lendemain [lɑ̃dəmɛ̃] n. m. **1.** Jour qui suit le jour considéré. – Prov. *Il ne faut jamais remettre au lendemain ce qui peut être fait le jour même.* **2.** *Le lendemain :* l'avenir. *Songer au lendemain.* **3.** Loc. *Du jour au lendemain :* très vite, en très peu de temps. ▷ Fig. *Sans lendemain :* sans prolongement, sans suite. *Un bonheur sans lendemain.* – De *demain;* a. fr. *l'endemain.*

lendit [lɑ̃di] n. m. HIST Grande foire qui se tenait, au Moyen Âge, dans la plaine Saint-Denis, au nord de Paris. – Du lat. médiév. *indictum,* au sens de *feria indicta,* « fête fixée »; pour *l'endit.*

lénifiant, ante [lenifjɑ̃, ɑ̃t] adj. **1.** MED Qui lénifie. **2.** Fig. Qui calme, qui adoucit. *Paroles lénifiantes.* – Ppr. de *lénifier.*

lénifier [lenifje] v. tr. [1] **1.** MED Adoucir au moyen d'un lénitif. **2.** Fig. Adoucir. – Bas lat. *lenificare.*

léninisme [leninism] n. m. Doctrine de Lénine et de ses partisans. – De *Lénine* (1870-1924), révolutionnaire et homme politique russe.

léniniste [leninist] adj. et n. **1.** adj. De Lénine. *La doctrine léniniste.* **2.** n. Partisan de Lénine, du léninisme. – De *léninisme.*

lénitif, ive [lenitif, iv] adj. et n. m. **1.** MED Adoucissant. ▷ n. m. *Le miel est un excellent lénitif.* **2.** Fig., litt. Qui soulage. – Lat. médiév. *lenitivus.*

lent, lente [lɑ̃, lɑ̃t] adj. Dont la vitesse n'est pas grande; dont l'action ou l'effet ne se fait pas immédiatement sentir. *Une lente progression. Avoir l'esprit lent. Un poison lent. Fièvre lente,* continue et peu intense. – Lat. *lentus.*

lente [lɑ̃t] n. f. Œuf de pou. – Lat. pop. *lendis, lenditis,* class. *lens, lentis.*

lentement [lɑ̃t(ə)mɑ̃] adv. Avec lenteur. *Manger lentement.* – De *lent.*

lenteur [lɑ̃tœʀ] n. f. Manque de rapidité, de promptitude. *La lenteur d'une procédure. Les lenteurs de l'Administration. Lenteur d'esprit.* – De *lent.*

lenticelle [lɑ̃tisɛl] n. f. BOT Pore traversant le liège imperméable de l'écorce d'un végétal et permettant les échanges gazeux entre les tissus profonds et l'atmosphère. – Var. savante de *lenticule.*

lenticulaire [lɑ̃tikylɛʀ] ou **lenticulé, ée** [lɑ̃tikyle] adj. Qui a la forme d'une lentille. *Verre lenticulaire. Zone lenticulaire.* – Lat. *lenticularis, lenticulatus.*

lenticule [lɑ̃tikyl] n. f. BOT Lentille d'eau. – Lat. *lenticula.* (V. lentille).

lentiforme [lɑ̃tifɔʀm] adj. Qui a la forme d'une lentille. – Du lat. *lens, lentis,* « lentille », et *-forme.*

lentigo [lɑ̃tigo] n. m. MED Tache pigmentaire de la peau, appelée cour. grain de beauté. – Mot lat. de *lens, lentis* (V. lentille).

lentille [lɑ̃tij] n. f. **1.** Légumineuse papilionacée (*Lens culinaris,* la lentille de cuisine), plante grimpante dont les feuilles composées sont terminées par des vrilles. **2.** La graine elle-même, comestible. *Un plat de lentilles au lard.* **3.** *Lentille d'eau :* nom cour. des *Lemna* (fam. lemnacées), dont les rares feuilles, de la taille d'une lentille, flottent sur l'eau stagnante. **4.** Système optique réfringent limité par des faces dont une au moins est concave ou convexe. ▷ *Lentille électronique :* dispositif électrique ou électromagnétique servant à focaliser un faisceau d'électrons. **5.** Verre de contact. *Remplacer ses lunettes par des lentilles.* **6.** Grain de beauté. – Lat. *lenticula,* dimin. de *lens, lentis,* « lentille ».

ENCYCL **Opt.** – L'axe principal d'une lentille est la droite qui joint les centres de courbure des deux faces qui la délimitent. Si l'épaisseur de la lentille est faible par rapport aux rayons de courbure des faces, elle est appelée lentille *mince* et possède un *centre optique.* On distingue les lentilles *convergentes,* dont les faces se coupent le long d'un cercle, et les lentilles *divergentes,* dont les faces ne se coupent pas. Une lentille est *stigmatique* si à tout point objet correspond un point image (et non une tache). Une lentille possède deux *foyers,* qui sont les images des points situés à l'infini de part et d'autre de la lentille. La *distance focale* d'une lentille est la distance entre l'un des deux foyers et le centre optique. Si p et p' sont les distances respectives de l'objet et de l'image à la lentille, on a : $\frac{1}{p}+\frac{1}{p'}=\frac{1}{f}$; f est la distance focale de la lentille, positive pour une lentille convergente, négative pour une lentille divergente. Le *grandissement* est : $-\frac{p'}{p}$. Les lentilles peuvent présenter des défauts, nommés *aberrations :* aberrations chromatiques (irisation) et géométriques (telles que distorsions et taches aussi appelées *comas*). Les lentilles entrent dans la construction d'un grand nombre d'instruments d'optique. – Les lentilles *électroniques* (comprenant les lentilles *électrostatiques* et *électromagnétiques*) jouent à l'égard des électrons le même rôle que celui des lentilles optiques à l'égard des photons (constitutifs des rayons lumineux); elles sont formées de disques portés à des potentiels différents ou de bobines disposées dans une carcasse en matériaux ferromagnétiques.

lentillon [lɑ̃tijɔ̃] n. m. BOT Variété de lentilles à petites graines. – Dimin. de *lentille.*

lentisque [lɑ̃tisk] n. m. Pistachier dont on tire une huile astringente et une matière résineuse appelée *mastic.* – Anc. provenç. *lentisc,* du lat. *lentiscus.*

lentivirus [lɑ̃tiviʀys] n. m. MICROB Virus à action lente. – De *lent,* et *virus.*

lento [lento] adv. MUS Lentement. – Mot ital., « lent ».

1. léonin, ine [leɔnɛ̃, in] adj. **1.** Qui appartient au lion. **2.** Qui rappelle le lion. *Crinière léonine.* **3.** DR *Société léonine,* par allus. à une fable de La Fontaine : société où tous les avantages sont réservés à certains des associés. ▷ *Contrat léonin, partage léonin,* par lequel l'une des parties s'attribue la *part du lion,* la plus grosse part des bénéfices. – Lat. *leoninus.*

2. léonin, ine [leɔnɛ̃, in] adj. LITTER *Vers léonins :* vers latins dont la fin rime avec la césure du troisième pied. – *Rime léonine,* où deux ou trois syllabes sont semblables. – De *Léon,* n. d'un chanoine qui aurait inventé ces vers au XIIe s.

léopard [leɔpaʀ] n. m. **1.** Syn. de *panthère.* **2.** (En appos.) MILIT *Tenue léopard :* vêtement de camouflage tacheté comme le pelage d'un léopard, partic. utilisé par les parachutistes. **3.** HERALD Animal héraldique, lion passant, représenté la tête de face, la queue ramenée au-dessus du corps. **4.** *Léopard de mer :* phoque très vorace *(Hydrurga leptonyx),* long de 3 m, au pelage tacheté. – Lat. *leopardus,* de *leo,* « lion », et *pardus,* « panthère ».

lep [lɛp] n. m. Plus grand collisionneur du monde (27 km de long), installé, dans le cadre du CERN, à la frontière franco-suisse. – Acronyme pour l'angl. *large electron-positon collider,* « grand collisionneur électron-positon ».

lépido-. Élément, du gr. *lepis, lepidos,* « écaille ».

lépidodendron [lepidodɛ̃dʀɔ̃] n. m. PALEONT Lycopode arborescent au tronc écailleux, caractéristique des forêts du carbonifère. – De *lépido-,* et gr. *dendron,* « arbre ».

lépidolithe [lepidɔlit] n. m. MINER Mica typique des roches éruptives, très riche en lithium. – De *lépido-,* et *-lithe.*

lépidoptères [lepidɔptɛʀ] n. m. pl. ENTOM Ordre d'insectes mécoptéroïdes, nommés cour. *papillons,* à deux paires d'ailes membraneuses couvertes d'écailles colorées, et dont les appendices buccaux forment une trompe enroulée en spirale qui aspire le nectar des fleurs. – Sing. *Un lépidoptère.* – Lat. savant *lépidoptera,* du gr. *lepis, lepidos,* « écaille », et *ptéron,* « plume d'aile, aile ».

lépidosirène ou **lépidosiren** [lepidosiʀɛn] n. m. ICHTYOL Poisson dipneuste (genre *Lepidosiren*) d'Amazonie qui passe la saison sèche enfoui dans la vase, dans un cocon muqueux. – De *lépido-*, et *sirène*.

lépidosteus [lepidɔsteys] n. m. ICHTYOL Poisson des rivières d'Amérique du N. (genre *Lepidosteus*), de forme allongée (1,50 à 3 m suivant les espèces), aux dents puissantes et pointues. – Lat. scientif., du gr. *lépis*, «écaille», et *osteon*, «os», à cause de ses grosses écailles ganoïdes.

lépiote [lepjɔt] n. f. Champignon basidiomycète à lamelles (genre *Lepiota*, fam. agaricacées), comestible ou toxique selon l'espèce. *La coulemelle est une lépiote.* – Du gr. *lepion*, «petite écaille, petite croûte».

lépisme [lepism] n. m. ENTOM Insecte très commun dans les lieux humides des maisons, appelé cour. *poisson d'argent.* – Lat. savant *lepismus*, du gr. *lepis*, «écaille».

léporidés [lepɔʀide] [lepɔʀid] ou **léporides** n. m. pl. ZOOL Famille de mammifères lagomorphes, à longues oreilles, comprenant les lièvres et les lapins. – Sing. *Un léporidé* ou *un léporide*. – Du lat. *lepus, leporis*, «lièvre».

lèpre [lɛpʀ] n. f. **1.** Maladie infectieuse contagieuse due au bacille de Hansen et dont les manifestations sont diverses. *Lèpre maculeuse*, caractérisée par des taches dermiques, puis des tumeurs nodulaires (*lépromes*). *Lèpre mutilante* : forme nerveuse de la lèpre, qui entraîne la chute des doigts, des orteils, etc. (Elle sévit particulièrement au Moyen Âge en Europe et commença à disparaître au XVe s. Auj., les grands foyers touchent le tiers monde, partic. l'Afrique. L'administration de sulfones est efficace.) **2.** Fig. Creux et taches d'une surface rongée. *Mur recouvert de lèpre.* **3.** Fig. Mal répugnant et contagieux comme la lèpre. *Une lèpre morale.* – Lat. *lepra*.

lépreux, euse [lepʀø, øz] adj. et n. **1.** Qui a la lèpre. ▷ Subst. *Un lépreux, une lépreuse.* **2.** adj. Couvert de lèpre (sens 2). *Murailles lépreuses.* – Bas lat. *leprosus*.

léproserie [lepʀozʀi] n. f. Hôpital où les lépreux sont isolés et soignés. – Lat médiév. *leprosaria*.

lept(o)-. Élément, du gr. *leptos*, «mince».

leptocéphale [lɛptosefal] n. m. ICHTYOL Forme larvaire des anguilles, des congres et des espèces voisines, à l'aspect de lame foliacée transparente et qui est appelée à se transformer en civelle. – De *lepto-*, et *-céphale*.

lepton [lɛptɔ̃] n. m. PHYS NUCL Particule de matière ne subissant pas d'interactions* fortes (par oppos. au hadron). *Les neutrinos, l'électron, le muon et le tau constituent la famille des leptons.* – Du gr. *leptos*, «mince, grêle».

leptospire [lɛptospiʀ] n. m. MICROB Protozoaire en forme de spirale, responsable des leptospiroses. – De *lept(o)-*, et lat. *spira*, «spire», gr. *speira*.

leptospirose [lɛptospiʀoz] n. f. MED Maladie infectieuse due aux leptospires, transmise à l'homme par les rats et les eaux souillées, et revêtant des formes variées. *Leptospirose ictéro-hémorragique, grippo-typhosique.* – De *leptospire*.

leptosporange [lɛptospɔʀɑ̃ʒ] n. m. BOT Sporange de certaines fougères provenant d'une seule cellule et constituée d'une seule assise de cellules. – De *lept(o)-*, et *sporange*.

lepture [lɛptyʀ] n. m. ENTOM Petit coléoptère (genre *leptura*, fam. cérambycidés), brun ou rouge, fréquent sur les fleurs. – De *lept(o)-*, et gr. *oura*, «queue».

leptynite [lɛptinit] n. f. MINER Roche métamorphique de structure massive, généralement de couleur claire, riche en quartz et en feldspaths, pauvre en micas et en amphiboles. – Du gr. *leptunein*, «amincir, amoindrir».

lequel, laquelle, lesquels, lesquelles, [ləkɛl, lakɛl, lekɛl] **duquel, desquels, desquelles,** [dykɛl, dekɛl] **auquel, auxquels, auxquelles,** [okɛl] pron. relat. et interrog. S'emploient dans certains cas pour *qui, que* et *dont.* **I.** pron. relat. **1.** compl. indir. ou circonstanciel. *L'histoire à laquelle vous faites allusion, de laquelle vous parlez. Les personnes auxquelles on veut donner sa confiance. La Seine, dans laquelle vient se jeter la Marne.* **2.** (Pour éviter une équivoque.) Sujet ou compl. dir. *Il y a une édition de ce livre, laquelle se vend fort bien.* **3.** adj. relatif. Vx Sauf dans *auquel cas* : dans cette circonstance. *Vous ne serez peut-être pas libre, auquel cas prévenez-moi.* **II.** pron. interrog. (Pour marquer un choix à faire, dans la réponse, entre deux ou plusieurs personnes, entre deux ou plusieurs choses.) *Lequel des deux frères est-ce ? Duquel est-il le parent ? Dites-moi lequel des deux objets vous voulez.* – (Pour éviter de nommer à nouveau des choses ou des personnes qui viennent de l'être.) *Une porte a claqué. Laquelle ?* ▷ Litt., vieilli Qu'est-ce qui ? *Lequel est préférable, dites-moi, vivre ou mourir ?* – Composé de l'article défini, et de *quel*.

lérot [leʀo] n. m. Petit mammifère rongeur (*Eliomys quercinus*) au pelage taché de noir et à très forte odeur. – Dimin. de *loir*.

les. V. le (1 et 2).

lès. V. lez.

lesbien, enne [lɛzbjɛ̃, ɛn] adj. et n. **1.** De Lesbos, île grecque de la mer Égée. **2.** n. f. (Par allus. aux mœurs chantées par Sapho. V. saphisme.) Femme homosexuelle. ▷ adj. *Danseuse lesbienne.*

lèse- [lɛz] Élément, d'un adj. lat. au fém., employé devant quelques noms fém. *Crime de lèse-majesté* : attentat contre la personne ou l'autorité du souverain. – Par anal. Litt. *Crime de lèse-humanité, de lèse-nation*, etc. – Lat. *læsa*, fém. de *læsus*, pp. de *lædere*, «léser», dans l'expr. *crimen læsæ majestatis*.

léser [leze] v. tr. [14] **1.** Causer préjudice à (qqn); causer du tort à. *Léser qqn dans ses intérêts.* – Par ext. *Léser les droits de qqn.* ▷ Fig. Blesser. *Léser qqn dans sa fierté.* **2.** MED Blesser de manière à produire une lésion. *Le projectile a lésé le foie.* – Du lat. *læsus*, pp. de *lædere*, «blesser».

lésine [lezin] n. f. Vieilli ou litt. Épargne sordide jusque dans les moindres choses. Syn. avarice, ladrerie. – Ital. *lesina*, «alêne (de cordonnier)», à cause d'un titre traduit de l'ital., *la Fameuse Compagnie de la lésine*, compagnie d'avares qui raccommodaient eux-mêmes leurs souliers et avaient pris pour emblème une alêne.

lésiner [lezine] v. intr. [1] Épargner avec une avarice sordide. *Lésiner sur tout.* – Fig. *Ne pas lésiner sur les moyens.* – De *lésine*.

lésion [lezjɔ̃] n. f. **1.** DR Atteinte portée aux droits, aux intérêts de qqn. – *Spécial.* Préjudice subi par l'un des contractants dans un contrat à titre onéreux. *Rescision d'un contrat de vente pour cause de lésion.* **2.** MED Altération des caractères anatomiques et histologiques d'un tissu sous l'influence d'une cause accidentelle ou morbide (traumatisme, action d'un parasite, fonctionnement défectueux d'un organe, etc.). *L'étude des lésions constitue l'anatomie pathologique.* – Lat. *læsio*, «tort, dommage».

lésionnel, elle [lezjɔnɛl] adj. MED En rapport avec une lésion. – De *lésion*.

lessivable [lesivabl] adj. Qui peut être lessivé. – De *lessiver*.

lessivage [lesivaʒ] n. m. **1.** Action de lessiver; son résultat. *Le lessivage d'un parquet.* **2.** GEOL Entraînement par les eaux d'infiltration des substances solubles et colloïdales d'un sol vers les couches profondes, ayant pour effet de rendre la terre inculte. – De *lessiver*.

lessive [lesiv] n. f. **I. 1.** Produit (en poudre ou liquide) à base de sels alcalins, servant au nettoyage, en partic. au lavage du linge. *Un paquet de lessive.* – Solution d'un tel produit dans de l'eau. *Vider la lessive.* **2.** TECH Solution alcaline employée dans l'industr. du savon (pour la saponification, notam.). **II. 1.** Action de laver du linge. *Faire la lessive.* **2.** Linge qui doit être lavé ou qui vient de l'être. *Étendre la lessive.* – Du bas lat. *lixiva*, de *lix* ou *lixa*, « eau pour la lessive ».

lessiver [lesive] v. tr. [1] **1.** Nettoyer avec de la lessive. *Lessiver des murs avant de les peindre.* **2.** Loc. fig., fam. *Lessiver qqn* (au jeu), le dépouiller complètement. ▷ (Passif) *Être lessivé* : être très fatigué, épuisé. **3.** CHIM Soumettre (un corps) à l'action de l'eau pour le débarrasser de ses parties solubles. – De *lessive*.

lessiveuse [lesivøz] n. f. Grand récipient à couvercle, en fer galvanisé, de forme tronconique, dans lequel on fait bouillir le linge qu'on lessive. – De *lessiver*.

lessivier [lesivje] n. m. Industriel fabricant de lessive. – De *lessive*.

lest [lɛst] n. m. **1.** Matière lourde servant à équilibrer, à stabiliser un navire ou un avion ou à augmenter l'adhérence au sol d'un véhicule. *Naviguer sur lest* (navire), avec des cales lestées pour compenser l'absence de cargaison, et par ext., sans cargaison. ▷ Sable en sacs, qu'on largue d'un aérostat pour gagner de l'altitude. – Fig. *Lâcher du lest* : faire des concessions. **2.** PHYSIOL *Aliment de lest* : élément de la ration alimentaire, sans valeur nutritive (cellulose, par ex.), destiné à assurer au bol alimentaire un volume favorable à sa progression. – Néerl. *last*, frison *lest*.

lestage [lɛstaʒ] n. m. Action et manière d'arrimer du lest. – De *lester*.

leste [lɛst] adj. **1.** Qui a de la légèreté, de l'agilité dans les mouvements. – *Avoir la main leste* : être prompt à frapper. **2.** Fig. Libre, grivois. *Tenir des propos assez lestes.* – Ital. *lesto*.

lestement [lɛstəmɑ̃] adv. D'une manière leste, adroite. – De *leste*.

lester [lɛste] v. tr. [1] Garnir, charger de lest. – De *lest*.

let [lɛt] n. m. et interj. (Anglicisme) SPORT (En appos.) *Balle let* : au tennis ou au tennis de table, balle de service qui frappe le haut du filet avant de retomber dans le carré de service adverse. (La balle est alors à rejouer.) – *Un let* : un coup nul du fait d'une balle let. – *Let!* : Syn. (off. déconseillé) de *filet!* Syn. net. – Mot angl., propr. « obstacle ».

létal, ale, aux [letal, o] adj. **1.** Qui entraîne la mort. – BIOL *Gène létal* : gène qui, à l'état homozygote, entraîne la mort de l'individu qui le porte. ▷ MED Se dit de toute cause entraînant la mort du fœtus. *Facteur létal provoquant l'avortement spontané.* **2.** *Dose létale* (d'un produit toxique, d'une radiation) : dose mortelle, compte tenu du poids de l'individu. – Lat. *letalis*, « mortel ».

létalité ou **léthalité** [letalite] n. f. **1.** Caractère de ce qui est létal. **2.** *Par ext.* Mortalité. *Tables de létalité.* – De *létal* ou *léthal*.

letchi. V. litchi.

léthargie [letaʀʒi] n. f. **1.** Sommeil pathologique profond et continu dans lequel les fonctions vitales sont très ralenties (considéré le plus souvent comme symptôme d'un processus hystérique). *Tomber en léthargie.* **2.** Fig. État d'engourdissement, de torpeur. *Tirer qqn de sa léthargie.* – Bas lat. d'orig. gr. *lethargia*.

léthargique [letaʀʒik] adj. **1.** Qui tient de la léthargie. *Sommeil léthargique.* **2.** (Personnes) Sujet à la torpeur, à l'abattement. *Il est assez léthargique.* ▷ Subst. *Un(e) léthargique.* – Lat. *lethargicus*, gr. *lêthargicos*.

lette [lɛt] ou **letton** [lɛtɔ̃] n. m. Langue indo-européenne du groupe baltique parlée en Lettonie. – V. *letton*.

letton, onne ou **one** [lɛtɔ̃, ɔn] adj. et n. De Lettonie. ▷ Subst. *Les Lettons.* – All. *Lette*.

lettre [lɛtʀ] n. f. **I. 1.** Signe graphique, caractère d'un alphabet, que l'on utilise pour transcrire une langue et qui représente, seul ou combiné avec d'autres, un phonème de la langue. *Les vingt-six lettres de l'alphabet français. Le chinois classique ne se transcrit pas avec des lettres, mais avec des idéogrammes.* ▷ Loc. *En toutes lettres* : sans abréviation. – Spécial. *Écrire un nombre en toutes lettres*, non avec des chiffres, mais avec des mots. – Fig. *Dire une chose en toutes lettres*, nettement, sans rien taire. **2.** Chaque caractère de l'alphabet, tel qu'il est tracé ou imprimé, considéré dans sa forme ou dans son aspect. *Lettre majuscule, minuscule.* – *Lettre gothique, bâtarde, anglaise*, etc. ▷ TYPO Caractère qui représente en relief une lettre de l'alphabet inversée en miroir. **3.** Le son que représente chaque lettre de l'alphabet. *Division des lettres en consonnes et voyelles.* **II.** Au sing. (sens collectif) **1.** *Lettre morte* : texte juridique tombé en désuétude; fig. écrit, parole, décision qui n'a pas reçu d'application, qui n'a pas eu d'effet. *Mes conseils sont restés lettre morte.* **2.** BX-A Légende indiquant le sujet d'une estampe. *Épreuve avant la lettre* : épreuve tirée avant l'addition de toute inscription (légende ou signature). – Fig. *Avant la lettre* : avant l'état complet, définitif. *Les Romains furent des urbanistes avant la lettre* (avant que l'urbanisme se soit constitué en discipline particulière). **3.** *La lettre du discours* (par oppos. à l'esprit) : le sens strict, littéral. – Loc. fig. *À la lettre, au pied de la lettre* : au sens propre, exactement. *Appliquer un ordre à la lettre.* **III. 1.** Écrit que l'on adresse à qqn (généralement par poste et sous enveloppe, à la différence de la *carte*) pour lui faire savoir qqch. *Écrire, envoyer, décacheter une lettre.* – *Lettre d'amour, d'excuse, de condoléances.* ▷ Loc. fig., fam. *Passer comme une lettre à la poste* : être ingurgité facilement (aliments); être accepté sans objection, sans difficulté. ▷ *Lettre ouverte*, adressée à qqn en particulier, mais diffusée par le canal de la presse, de l'édition, etc., de manière à donner à cet écrit une large publicité. **2.** Nom de certains écrits officiels. – HIST *Lettre de cachet* : V. cachet. – *Lettre de marque*, délivrée à un corsaire par le gouvernement dont il dépendait, l'autorisant à attaquer les navires ennemis et lui épargnant, en cas de capture, d'être traité en pirate. – *Lettres de noblesse* : document par lequel le roi accordait la qualité de noble à un roturier. – Fig. *Avoir ses lettres de noblesse* (en parlant d'une chose) : avoir une origine ancienne et illustre. ▷ *Lettres de créance*, qui accréditent un ambassadeur auprès d'un gouvernement étranger. ▷ COMM, FIN *Lettre de change* : effet de commerce par lequel une personne (le tireur) donne ordre à une autre (le tiré) de payer à son ordre ou à celui d'une troisième personne (le bénéficiaire) une certaine somme d'argent à échéance déterminée. Syn. traite. V. billet (à ordre). – *Lettre de crédit*, par laquelle un banquier invite un de ses correspondants à verser au porteur les sommes qu'il demandera, à concurrence d'un total déterminé. – *Lettre d'agrément* : lettre administrative d'accord (notam. pour des travaux). **IV.** n. f. pl. *Les lettres.* **1.** Les connaissances et les études littéraires (par oppos. aux *sciences*). *Faculté des lettres. Licencié, docteur ès lettres.* – *Avoir des lettres* : avoir une certaine culture littéraire. ▷ Vieilli *Les belles-lettres* : l'étude et la culture littéraires. – Mod. *Académie des inscriptions et belles-lettres.* **2.** *Homme, femme de lettres* : celui, celle qui s'adonne spécial. à la littérature. *La Société des gens de lettres*, fondée en 1838. – Du lat. *littera*.

lettré, ée [letʀe] adj. et n. Qui a des lettres, du savoir, de la culture. ▷ Subst. *Un fin lettré.* – Du lat. *litteratus*.

lettrine [letʀin] n. f. **1.** Petite lettre placée à côté d'un mot pour indiquer un renvoi. **2.** Lettre ou groupe de lettres majuscules placé en haut des pages ou des colonnes d'un dictionnaire pour indiquer les initiales des mots qui s'y trouvent. **3.** Lettre majuscule, parfois ornée, plus grande que les autres lettres, au début d'un chapitre, d'un alinéa. – Ital. *letterina.*

lettrisme [letʀism] n. m. LITT École poétique fondée par Isidore Isou vers 1945, qui s'attache à la musique et au graphisme des lettres pour elles-mêmes et non au sens des mots. – De *lettre.*

lettriste [letʀist] adj. et n. Relatif au lettrisme. – Adepte du lettrisme. – De *lettrisme.*

1. leu [lø] n. m. (En loc.) *À la queue leu leu :* à la file les uns derrière les autres (comme les loups). – Forme anc. de *loup*.*

2. leu [lø] n. m. Unité monétaire de la Roumanie. – Mot roumain.

leuc(o)-. Élément, du gr. *leukos,* « blanc ».

leucanie [løkani] n. f. ENTOM Papillon jaune pâle, noctuelle (genre *Leucania*) dont la chenille vit sur les graminées. – Lat. savant *leucania.*

leucémie [løsemi] n. f. Maladie caractérisée par la prolifération de globules blancs dans le sang (jusqu'à 1 000 000 par mm^3) et par la présence de cellules anormales révélant une affection grave des organes hématopoïétiques. *Leucémies aiguës,* à évolution rapide, *leucémies chroniques,* à évolution lente. *La leucémie est un cancer du sang.* – All. *Leukämie,* du gr. *leukos,* « blanc », et *haima,* « sang ».

leucémique [løsemik] adj. De la leucémie. *Cellule leucémique.* ▷ Atteint de leucémie. ▷ Subst. *Un(e) leucémique.* – De *leucémie.*

leucine [løsin] n. f. BIOCHIM Acide aminé indispensable à l'homme et qui entre dans la composition de nombreuses protéines. – De *leuc(o)-,* et *-ine.*

leucite [løsit] n. f. MINER Métasilicate d'aluminium et de potassium, du groupe des feldspaths. – De *leuc(o)-,* et *-ite* 3.

leucoagglutination [løkoaglytinasjɔ̃] n. f. BIOL Agglutination des leucocytes témoignant d'une réaction antigène-anticorps. – De *leuco(cyte),* et *agglutination.*

leucoblaste [løkoblast] n. m. BIOL Cellule, précurseur des leucocytes, qui se développe dans la moelle osseuse. – De *leuco-,* et gr. *blastos,* « germe ».

leucocytaire [løkositɛʀ] adj. BIOL Des leucocytes. *Formule leucocytaire :* répartition des leucocytes par mm^3 de sang (7 000 env. à l'état normal). – *Groupe leucocytaire :* système de classement des propriétés antigéniques tissulaires permettant d'apprécier le degré de compatibilité des tissus. – De *leucocyte.*

leucocyte [løkosit] n. m. BIOL Cellule sanguine de la lignée blanche. Syn. cour. globule blanc. (On distingue deux types de leucocytes : les *leucocytes mononucléaires* et les *leucocytes polynucléaires.*) *Les leucocytes concourent à la défense de l'organisme contre les agents infectieux ou étrangers.* V. sang et immunité. – De *leuco-,* et *-cyte.*

leucocytose [løkositoz] n. f. MED Augmentation pathologique du nombre des leucocytes dans le sang ou dans une sérosité. – De *leucocyte,* et *-ose* 2.

leucocyturie [løkosityʀi] n. f. MED Présence dans les urines de leucocytes témoignant d'une infection urinaire ou d'une atteinte rénale. – De *leucocyte,* et *-urie.*

leucoderme [løkodɛʀm] adj. (et n.) ANTHROP Vx De race blanche. – De *leuco-,* et *-derme.*

leucome [løkom] ou **leucoma** [løkɔma] n. m. **1.** MED Tache blanche de la cornée succédant à une plaie, à une ulcération. **2.** ENTOM Sous-genre de lépidoptères de la famille des liparidés. – Bas lat. *leucoma.*

leucopénie [løkopeni] n. f. MED Diminution pathologique du nombre des globules blancs dans le sang. – De *leuco(cyte),* et gr. *penia,* « pauvreté ».

leucoplasie [løkoplazi] n. f. MED Affection chronique caractérisée par le développement de plaques blanchâtres à la surface de l'épithélium d'une muqueuse. – De *leuco-,* et *-plasie.*

leucoplaste [løkoplast] n. m. BOT Plaste clair où l'amidon s'emmagasine. Syn. amyloplaste. – De *leuco-,* et *-plaste.*

leucopoïèse [løkopɔjɛz] n. f. BIOL Formation des globules blancs. – De *leuco(cyte),* et gr. *poiêsis,* « création, formation ».

leucorrhée [løkɔʀe] n. f. MED Écoulement vulvaire blanchâtre, témoignant d'une hypersécrétion de l'utérus et du vagin. Syn. pertes blanches. – Gr. méd. *leukorrhein.*

leucose [løkoz] n. f. MED Syn. de *leucémie.* – De *leuc(o)-,* et *-ose* 2.

leude [lød] n. m. HIST À l'époque mérovingienne, homme libre lié à qqn, généralement au roi, par fidélité personnelle. – Lat. médiév. *leudes,* frq. **leudi,* plur. « gens ».

1. leur [lœʀ] pron. pers. inv. de la 3e pers. du plur., m. et f., comp. d'attribution, d'objet indir. ou comp. d'adj. équivalant à : *à eux, à elles. Je le leur donne. Je leur en ai parlé. Il leur est fidèle. Ne leur parlez pas.* (Généralement placé avant le verbe, *leur* se place après le verbe à l'impératif s'il n'y a pas de négation. *Dites-leur de venir.*) – Du lat. *illorum,* « d'eux ».

2. leur, leurs [lœʀ] adj. et pron. poss. **1.** adj. poss. m. et f. de la 3e pers., marquant qu'il y a plusieurs possesseurs. *Elles ressemblent à leur père. Ils ont pris leur parapluie* (ou *leurs parapluies*), le parapluie (ou les parapluies) qui leur appartien(nen)t. **2.** pron. poss. *Le leur, la leur, les leurs :* celui, celle, ceux, celles qu'ils, qu'elles ont, possèdent. *Nous avons réuni nos amis et les leurs.* – Loc. *Ils y ont mis du leur,* de la bonne volonté. ▷ *Les leurs :* leurs parents, leurs proches, leurs alliés. – *Il est des leurs :* il appartient à leur groupe. *J'étais des leurs pour cette fête :* j'étais parmi eux. – De *leur* 1.

leurre [lœʀ] n. m. **I. 1.** CHASSE Morceau de cuir rouge garni d'un appât et figurant un oiseau, pour dresser le faucon à revenir vers son maître. **2.** PECHE Appât factice dissimulant un hameçon. **3.** MILIT Dispositif de contre-mesure électronique, destiné à tromper les systèmes ennemis de détection par radar. *Leurres passifs,* qui réfléchissent les émissions des radars; *leurres actifs,* qui renvoient les émissions amplifiées, donnant l'illusion d'un objectif plus important. **II.** Fig. Ce dont on se sert artificieusement pour attirer et tromper. *Cette promesse n'est qu'un leurre.* Syn. tromperie. – Du frq. **lopr,* « appât », ou du lat. *loreus,* « de cuir ».

leurrer [lœʀe] v. tr. [1] **1.** CHASSE Dresser (un oiseau) au leurre. **2.** Fig. Attirer par quelque espérance pour tromper. ▷ v. pron. (Réfl.) Se donner à soi-même de fausses espérances; s'abuser. *Vous vous leurrez sur ses intentions.* – De *leurre.*

lev [lɛv] n. m. Unité monétaire de la Bulgarie. – Mot bulgare.

levade [ləvad] n. f. EQUIT Saut du cheval qu'il effectue en s'appuyant sur ses jarrets et en dressant l'avant-main. – De *lever.*

levage [ləvaʒ] n. m. TECH **1.** Action de lever, de soulever qqch. *Appareils de levage* (palans, grues, ponts roulants, etc.). **2.** Gonflement d'une pâte en fermentation. – De *lever* 1; d'abord « droit perçu sur le bétail ».

levain [ləvɛ̃] n. m. **1.** Pâte à pain aigrie que l'on incorpore à la pâte fraîche pour faire lever le pain. **2.** Fig. *Un levain de... :* ce qui fait naître ou accroît (tel sentiment, telle passion, etc.). *Un levain de discorde.* – Du lat. *levamen*, « soulagement », p.-ê. « levain » en lat. pop. ; de *levare*, « lever ».

levalloisien, enne [ləvalwazjɛ̃, ɛn] n. m. et adj. PREHIST Facies du paléolithique inférieur, caractérisé par la taille en éclats larges et plats. – adj. *Silex levalloisien.* – De *Levallois-* Perret, v. de la banlieue N.-O. de Paris.

levant [ləvɑ̃] adj. m. et n. m. **1.** adj. m. *Le soleil levant*, qui se lève. Ant. couchant. ▷ Litt. *L'empire du Soleil Levant* : le Japon. **2.** n. m. *Le levant* : l'est, l'orient. *Maison exposée au levant.* ▷ Vieilli *Le Levant* : l'ensemble des côtes orientales de la Méditerranée. – De *lever* 1.

levantin, ine [ləvɑ̃tɛ̃, in] adj. et n. Vieilli Des pays du Levant. *Les peuples levantins.* ▷ Subst. (souvent péjor., à connotation raciste). *Un Levantin.* – De *levant.*

levé, ée [ləve] adj. et n. m. **I.** adj. **1.** *Être levé*, debout, sorti du lit. *À cinq heures du matin, il est déjà levé.* **2.** Loc. fig. *Au pied levé* : à l'improviste. **3.** *Pierre levée* : menhir. **II.** n. m. Ensemble des opérations de mesure nécessaires à l'établissement d'un plan. (On écrit aussi *lever.*) – Pp. de *lever.*

levée [ləve] n. f. **I.** Action de lever. **1.** Fig. *Levée de boucliers* : protestation massive et énergique. **2.** Action d'ôter, d'enlever. *Levée des scellés.* ▷ *Levée du corps* : enlèvement du corps d'un défunt de la maison mortuaire ; brève cérémonie religieuse qui accompagne cet enlèvement. **3.** Cessation, fin, suppression. *Levée du siège, du blocus. Levée des punitions.* ▷ Clôture. *Levée de séance.* **4.** Action de ramasser, de recueillir. ▷ Ramassage des lettres déposées dans une boîte publique. *La dernière levée est à 17 heures.* ▷ Ensemble des cartes gagnées et ramassées à chaque coup par un joueur ou une équipe. *Nous avons fait cinq levées au cours de la partie.* Syn. pli. ▷ Perception (d'un impôt). *La levée d'une taxe.* ▷ Enrôlement, recrutement. *Une levée de troupes.* – Anc. *Levée en masse* : mobilisation de tous les hommes en état de porter les armes. **5.** DR *Levée de jugement* : action de délivrer copie d'un jugement à l'une des parties. **6.** DR *Levée d'option* : action de lever une option. **II.** (Chose, matière levée.) Digue en terre *(levée de terre)* ou en maçonnerie, élevée généralement sur les berges d'un cours d'eau. – Pp. fém. subst. de *lever* 1.

1. lever [ləve] v. [16] **I.** v. tr. **1.** Déplacer de bas en haut. *Lever un sac.* **2.** Dresser, redresser, soulever, orienter vers le haut (une partie du corps). *Lever le bras, la main, la jambe, la tête.* ▷ *Lever les yeux sur* : regarder (qqn, qqch). ▷ Fig., fam. *Lever le coude* : boire. **3.** Relever (ce qui couvre) de manière à démasquer. ▷ Fig. *Lever le voile sur une affaire*, la faire connaître, la rendre publique. ▷ Fig. *Lever le masque* : cesser d'agir secrètement ; se montrer sous son vrai jour. **4.** *Lever du gibier*, le faire sortir de son gîte, le faire s'envoler, etc. (pour le tirer). – Fig. *Lever un lièvre**. ▷ Fam. *Lever une fille*, la séduire. **5.** Enlever d'un lieu. *Lever les scellés.* – Loc. *Lever le siège* : retirer les troupes qui assiègent une place, une ville. – *Lever le blocus*, le faire cesser. ▷ *Lever une interdiction*, l'annuler, en faire cesser les effets. **6.** Mettre fin à, clore. *Lever l'audience. La séance est levée.* **7.** CUIS Prélever. *Lever des filets de poisson.* **8.** Recruter, enrôler. *Lever des troupes, une armée.* **9.** Percevoir (un impôt). *Lever une taxe.* **10.** *Lever un plan* : procéder sur le terrain aux mesures nécessaires pour l'établir. **11.** DR *Lever des titres*, les payer en s'en portant acquéreur au moment de la liquidation (au lieu de se faire reporter). ▷ *Lever une option* : rendre ferme une vente ou un achat à option. **II.** v. intr. **1.** Sortir de terre. *Les semis commencent à lever.* **2.** Augmenter de volume, en parlant de la pâte en fermentation. *Le levain fait lever la pâte.* **III.** v. pron. **1.** Se mettre debout. ▷ *Se lever de table* : quitter la table, le repas fini. **2.** Sortir du lit. *Il se lève à sept heures. Le malade se lèvera demain.* **3.** Apparaître au-dessus de l'horizon, en parlant d'un astre. *Le soleil va se lever.* ▷ Par ext. *Le jour se lève* : il commence de faire jour. **4.** Commencer à souffler (vent). *La brise se lève.* **5.** Se dissiper. *Le brouillard se lève.* ▷ *Le temps se lève*, s'éclaircit. – Lat. *levare.*

2. lever [ləve] n. m. **1.** Apparition d'un astre au-dessus de l'horizon. *Un beau lever de soleil.* ▷ Par ext. *Le lever du jour.* **2.** *Lever de rideau* : petite pièce de théâtre en un acte que l'on joue avant la pièce principale. **3.** Action de sortir du lit ; moment où l'on se lève. **4.** Action de déplacer de bas en haut (cf. lever, 1, I). **5.** *Lever* ou *levé* : V. levé (sens II). – Emploi subst. de *lever* 1.

léviathan [levjatɑ̃] n. m. **1.** (Avec une majuscule.) Monstre marin de la mythologie phénicienne qui, dans la Bible, symbolise les puissances du mal. **2.** Fig. Monstre maléfique, chose énorme et monstrueuse. – Nom d'un animal fabuleux dans la Bible.

levier [ləvje] n. m. **1.** Pièce rigide, mobile autour d'un appui, sur laquelle s'exercent une force résistante et une force motrice, appliquée pour équilibrer la force résistante. *Dans un levier, l'appui est soit situé entre les deux points d'application (ciseaux), soit placé au-delà du point d'application de la force résistante (casse-noix), soit placé en deçà du point d'application de la force motrice (pincettes).* **2.** Organe de commande (d'un mécanisme) conçu sur le principe du levier ou évoquant sa forme. – AUTO *Levier de changement de vitesses* ou, fam., *levier de vitesses.* **3.** Fig. Moyen d'action, mobile qui pousse à agir. *L'ambition est un levier puissant.* – De *lever* 1.

lévigation [levigasjɔ̃] n. f. **1.** TECH Opération qui consiste à léviger (une substance). **2.** CHIM Procédé d'analyse immédiate qui consiste à séparer des constituants de densités différentes dans un courant d'eau ascendant. – Lat. *levigatio*, « polissage ».

léviger [leviʒe] v. tr. [13] TECH Réduire (une matière) en poudre fine en la délayant dans un liquide et en la laissant se déposer. – Lat. *levigare*, de *levis*, « lisse, uni ».

lévirat [leviʀa] n. m. RELIG, ETHNOL Coutume des patriarches hébreux, codifiée par Moïse (et toujours en usage dans certaines sociétés traditionnelles), selon laquelle le frère d'un homme mort sans enfant devait en épouser la veuve. – Du bas lat. *levir*, « beau-frère ».

lévitation [levitasjɔ̃] n. f. **1.** Élévation, sans appui ni intervention matériels ou physiques, d'une personne au-dessus du sol. **2.** PHYS Technique permettant de soustraire un objet à l'action de la pesanteur (par un procédé électrostatique, magnétique ou électrodynamique, grâce à un faisceau laser, etc.). – Angl. *levitation*, du lat. *levitas*, « légèreté ».

lévite [levit] n. **1.** n. m. RELIG Chez les Juifs de l'Antiquité, membre de la tribu de Lévi voué au service du Temple. **2.** n. f. Anc. Redingote longue (d'après la robe des lévites au théâtre). – Bas lat. ecclés. *levites* ou *levita*, mot hébr.

lévogyre [levɔʒiʀ] adj. CHIM Qualifie une substance qui fait tourner le plan de polarisation de la lumière vers la gauche (par oppos. à *dextrogyre*). V. isomérie. – Du lat. *laevus*, « gauche », et *-gyre.*

levraut [ləvʀo] n. m. Jeune lièvre. – Dimin. de *lièvre*, suff. germ. *-aud.*

lèvre [lɛvʀ] n. f. **I.** **1.** Chacune des parties charnues qui forment le rebord de la bouche. *Lèvre supérieure. Lèvre inférieure.* **2.** Loc. fig. *Du bout des lèvres* : à contrecœur, sans conviction. *Il approuve, mais du bout des lèvres.* ▷ *Se mordre les lèvres* : être dépité, en rage ; se retenir de rire. – *S'en mordre les lèvres*, regretter une chose qu'on a faite, qu'on a dite. ▷ *Être suspendu aux lèvres de qqn*, l'écouter avidement. ▷ *Il y a loin de la coupe aux lèvres* : on est souvent loin du but qu'on croit toucher. **II.** *Par anal.* **1.** CHIR *Les lèvres d'une plaie*, ses bords. **2.** ANAT Replis cutanés de la vulve. *Grandes lèvres, petites lèvres.* **3.** BOT Grand pétale inférieur de certaines fleurs zygomorphes (labiées, scrofulariacées, etc.). – Lat. *labra*, pl. du neutre *labrum*, pris pour le fém. sing.

levrette [ləvʀɛt] n. f. **1.** Femelle du lévrier. **2.** Lévrier de petite taille, à poil très court, appelé aussi *lévrier d'Italie*.**3.** Loc. pop. *En levrette*, se dit d'une position où, lors de l'acte sexuel, l'homme se tient derrière la femme. – De *lévrier*.

levretté, ée [ləvʀɛtte] adj. Rare Qui a la taille mince et le ventre étroit comme un lévrier. *Cheval levretté*. – De *levrette*.

levretter [ləvʀɛtte] v. intr. [1] Mettre bas, en parlant de la hase (femelle du lièvre). – De *levraut*.

lévrier [levʀije] n. m. Chien aux membres longs, à la taille étroite et au ventre concave, très rapide à la course, autrefois utilisé pour chasser le lièvre. *Course de lévriers*. – De *lièvre*.

levron, onne [ləvʀɔ̃, ɔn] n. **1.** Lévrier, levrette de moins de six mois. **2.** Lévrier, levrette de petite taille. – Dimin. de *lévrier*.

lévulose [levyloz] n. m. BIOCHIM Sucre simple, très abondant dans la cellule végétale, à l'état libre ou combiné à d'autres hexoses. – Du lat. *lævus*, « gauche », et *-ose* 1.

levure [l(ə)vyʀ] n. f. **1.** MICROB Micro-organisme capable de produire une fermentation. **2.** Cour. Substance constituée par ces micro-organismes, se présentant sous la forme d'une masse ou d'une poudre grisâtre ou blanchâtre et que l'on utilise dans la fabrication du pain, de la bière, en pâtisserie, etc. *Sachet de levure*. – De *lever* 1.
ENCYCL Les levures sont des champignons ascomycètes très dégénérés. Unicellulaires, ils se multiplient par bourgeonnement et sporulent lorsque les conditions de vie deviennent mauvaises; ils sont aérobies ou anaérobies. *Saccharomyces cerevisiæ* est la *levure de bière* (ou *levure de boulanger*), utilisée pour la fermentation des moûts de bière et pour faire lever la pâte à pain.

lexème [lɛksɛm] n. m. LING Unité minimale de signification, par oppos. à *morphème*, unité minimale d'analyse grammaticale. (Par ex., *compt-* est un lexème qui entre dans les mots *compte, comptage, compter, compteur, décompte, décompter*.) – De *lex(ique)*, d'ap. *(morph)ème*.

lexical, ale, aux [le(ɛ)ksikal, o] adj. LING Relatif au lexique. – De *lexique*.

lexicalisation [le(ɛ)ksikalizasjɔ̃] n. f. LING Le fait d'être lexicalisé. – De *lexical*.

lexicaliser (se) [lɛksikalize] v. pron. [1] LING Devenir une unité lexicale autonome. *« Prêt-à-porter » s'est lexicalisé en tant que substantif masculin vers 1960*. – Pp. adj. *Une expression lexicalisée*. – De *lexical*.

lexicographe [lɛksikɔgʀaf] n. Didac. Auteur d'un dictionnaire de langue. – Du gr. *lexicon*, « lexique », et *-graphe*.

lexicographie [lɛksikɔgʀafi] n. f. Didac. Science et technique de la rédaction des dictionnaires de langue. – De *lexicographe*.

lexicographique [lɛksikɔgʀafik] adj. Didac. De la lexicographie. – De *lexicographie*.

lexicologie [lɛksikɔlɔʒi] n. f. LING Partie de la linguistique qui étudie les unités de signification (lexèmes, monèmes), leurs combinaisons (mots, lexies), leur histoire (étymologie) et leur fonctionnement dans un système socio-culturel donné. – Du gr. *lexicon*, « lexique », et *-logie*.

lexicologique [lɛksikɔlɔʒik] adj. LING Qui a rapport à la lexicologie. – De *lexicologie*.

lexicologue [lɛksikɔlɔg] n. Didac. Linguiste spécialisé en lexicologie. – De *lexicologie*.

lexie [lɛksi] n. f. LING Toute unité du lexique, mot unique (ex. *haricot, carotte*) ou expression lexicalisée (ex. *petits pois, pomme de terre*). – Du gr. *lexis*, « mot ».

lexique [le(ɛ)ksik] n. m. **1.** Dictionnaire bilingue abrégé. *Lexique grec-français*. **2.** Dictionnaire de la langue propre à un auteur, à une science, à une activité. *Lexique de Rabelais. Lexique d'art et d'archéologie*. **3.** Ensemble des mots appartenant au vocabulaire d'un auteur, d'une époque, d'une science, d'une activité, etc. *Étude du lexique de Hugo*. Syn. vocabulaire. **4.** LING Ensemble des mots d'une langue (par oppos. à *syntaxe*, à *grammaire*). – Du gr. *lexicon*, de *lexis*, « mot ».

lez [le] ou **lès** [lɛ] prép. Vx Près de. (S'est conservé dans des noms de lieux : *Plessis-lez-Tours*.) – Du lat. *latus*, « côté ».

lézard [lezaʀ] n. m. **1.** Reptile saurien au corps allongé, couvert d'écailles, à la longue queue effilée. (*Lacerta muralis*, très commun, est le lézard des murailles; *Lacerta viridis* est le lézard vert.) ▷ Fam. *Faire le lézard* : se chauffer paresseusement au soleil. **2.** *Par ext.* Peau de cet animal. *Étui à cigarettes en lézard*. – Du lat. *lacerta*; a. fr. *laiserde*, n. f.

lézarde [lezaʀd] n. f. Fissure qui se produit dans un mur, une voûte, etc., par l'effet du tassement du sol. – De *lézard*, par anal. de forme.

lézardé, ée [lezaʀde] adj. Crevassé de lézardes. – Pp. de *lézarder* 2.

1. lézarder [lezaʀde] v. intr. [1] Fam. Se chauffer paresseusement au soleil. – De *lézard*.

2. lézarder [lezaʀde] v. tr. [1] Fissurer. *Le tassement du sol a lézardé le mur*. ▷ v. pron. Se fissurer. – De *lézarde*.

L.H. BIOCHIM Sigle désignant l'hormone lutéinisante (en angl. *luteinizing hormone*).

Li CHIM Symbole du lithium.

li [li] n. m. Unité de distance utilisée en Chine, équivalant à 576 m. – Mot chinois.

liage [ljaʒ] n. m. Rare Action de lier; son résultat. – De *lier*.

liais [ljɛ] n. m. Pierre calcaire dure. – Probabl. d'un mot gaul., comme *lie*.

liaison [ljɛzɔ̃] n. f. **I.** Assemblage, union de deux ou plusieurs objets ou substances. **1.** CUIS Opération consistant à épaissir un aliment liquide, potage ou sauce. *Liaison au beurre manié, à la farine ou à l'œuf*. **2.** CONSTR Ce qui sert à jointoyer un ouvrage en maçonnerie (mortier, plâtre, etc.). ▷ *Maçonnerie en liaison*, dans laquelle chaque élément (pierre ou brique) porte sur le joint de deux autres. **3.** TECH Alliage servant à former une soudure. **4.** PHYS, CHIM Force qui unit entre eux des atomes (V. encycl. ci-après). ▷ PHYS NUCL *Énergie de liaison d'un noyau* : énergie nécessaire pour écarter les nucléons du noyau. **II.** Relation qui unit deux éléments successifs d'un ensemble. **1.** Union logique entre les éléments d'une argumentation, d'un texte, d'une œuvre. *Paragraphe assurant la liaison entre deux parties d'une dissertation. Mots de liaison* : prépositions et conjonctions. **2.** Connexion, rapport entre des faits, des choses. *Quelle liaison établir entre ces deux faits ?* **3.** MUS Signe de notation indiquant qu'il faut prolonger le son pendant la durée des notes de même son réunies par ce signe ou que la phrase musicale doit être exécutée en une seule émission vocale ou instrumentale. **4.** Prononciation de la consonne finale d'un mot placé devant un autre mot commençant par une voyelle ou un h muet (ex. : *Des fines herbes* prononcé [defĩnzɛʀb]). *Faites bien les liaisons quand vous lisez à haute voix*. **III.** Relation entre des personnes. **1.** Vx Relation. *« Les Liaisons dangereuses », roman de Choderlos de Laclos (1782)*. ▷ Mod. Relation amoureuse. *Avoir une liaison*. **2.** MILIT Maintien du contact entre les diverses unités ou entre les divers niveaux de la hiérarchie, au cours des opérations. *Officier de liaison.* **3.** Communication entre deux lieux. *Les liaisons ferroviaires, maritimes. Liaisons téléphoniques. La liaison radio.* – De *lier*, d'après le lat. *ligatio*, « ligature ».

ENCYCL **Chim.** – Les liaisons chimiques résultent des interactions qui s'établissent, au sein de la matière, entre atomes, ions et molécules. Une liaison s'établit entre deux atomes si le nouvel ensemble formé possède une énergie inférieure à celle des deux atomes pris séparément; la différence entre ces deux énergies est l'*énergie de liaison.* Les liaisons sont dues à des échanges ou à des déplacements d'électrons appartenant aux couches les plus externes des atomes. On distingue les liaisons *fortes* et les liaisons *faibles.* – *Liaisons fortes* : *l'électrovalence* assure la cohésion des cristaux formés d'ions de signes opposés; la *covalence* assure celle des atomes dans les molécules de composés non ionisés par la mise en commun de deux électrons; la *liaison métallique* assure celle des métaux à l'état solide. – *Liaisons faibles* : les *liaisons hydrogène* sont responsables de certaines anomalies des propriétés physiques d'un corps; les *liaisons par forces de Van der Waals* expliquent la cohésion des gaz rares et de l'hydrogène dans les cristaux formés par solidification ainsi que certains phénomènes d'adsorption. La mécanique ondulatoire fournit la réponse aux questions posées par l'établissement des liaisons et en particulier par la covalence. On appelle *orbitale* la portion de l'espace dans laquelle on a 95 chances sur 100 de trouver un électron donné. Les liaisons de covalence sont dues à la formation d'orbitales moléculaires par recouvrement de certaines des orbitales des deux atomes en cause. Lorsque ce recouvrement s'effectue dans l'axe des deux atomes, on obtient une liaison sigma (σ) qui correspond à une liaison *simple.* Lorsque ce recouvrement est latéral, on a une liaison pi (π). Les liaisons *doubles* et *triples* sont dues à la combinaison d'une liaison sigma avec plusieurs liaisons pi.

liaisonner [ljɛzɔne] v. tr. [1] CONSTR *Liaisonner les pierres, les briques,* les jointoyer ou les disposer en liaison (chacune portant sur le joint de deux autres). – De *liaison.*

liane [ljan] n. f. Végétal dont la tige, trop flexible pour se soutenir d'elle-même, croît le long d'un support (arbre, mur, etc.). *La clématite est une liane.* ▷ Fig. *Un corps de liane :* un corps très souple. – Mot fr. des Antilles, des dial. de l'ouest de la France *(liene, liane,* de *liener)*; de *lien.*

liant, liante [ljɑ̃, ljɑ̃t] adj. et n. m. **I. 1.** Vx Souple, flexible. ▷ n. m. *Ce bois manque de liant.* **2.** n. m. PEINT Constituant des peintures et des vernis dont la fonction est d'assurer une bonne dispersion des pigments dans le produit, et de former après séchage une pellicule résistante qui protège efficacement la surface couverte. ▷ TRAV PUBL Produit que l'on ajoute aux granulats du corps d'une chaussée pour les faire adhérer entre eux. *Liant hydrocarboné,* qui provient de la distillation de la houille ou du pétrole (par oppos. à *liant hydraulique,* ciment ou laitier de haut fourneau). **II.** adj. Fig. Qui se lie facilement, qui entre facilement en relations amicales avec autrui. ▷ n. m. Qualité d'une personne qui établit facilement de telles relations. *Il manque de liant.* – Ppr., de *lier.*

liard [ljaʀ] n. m. HIST Monnaie de cuivre valant le quart d'un sou, sous l'Ancien Régime. ▷ Fig., vieilli *N'avoir pas un liard :* être tout à fait démuni d'argent.

lias [ljɑs] n. m. GEOL Jurassique inférieur. – Mot angl., cf. fr. *liais.*

liasse [ljas] n. f. Ensemble de journaux, de papiers, de billets de banque, etc., liés ensemble. – De *lier.*

libage [libaʒ] n. m. CONSTR Gros moellon servant aux fondations d'un ouvrage. – De l'a. fr. *libe,* « bloc de pierre », gaul. **libba.*

libanais, aise [libanɛ, ɛz] adj. et n. Du Liban, État d'Asie occid. ▷ Subst. *Un(e) Libanais(e).*

libanisation [libanizasjɔ̃] n. f. Processus de désagrégation d'un État, d'un tissu social, qui mène, comme au Liban, à un affrontement violent entre communautés, puis à une guerre civile. – De *Liban.*

libation [libasjɔ̃] n. f. ANTIQ Pratique religieuse qui consistait à répandre, en l'honneur des dieux, une coupe de vin, de lait, etc. ▷ (Le plus souvent au plur.) Mod., plaisant *Faire de copieuses libations :* boire beaucoup (de vin, d'alcool). – Lat. *libatio.*

libelle [libɛl] n. m. Petit livre de caractère satirique, insultant ou diffamatoire. Syn. pamphlet. – Lat. *libellus,* « petit livre ».

libellé [libɛlle] n. m. Texte d'un document; manière dont il est rédigé. *Le libellé d'une mise en demeure.* – Pp. subst. de *libeller.*

libeller [libɛlle] v. tr. [1] Rédiger dans les formes requises (un document financier, judiciaire ou administratif). ▷ *Libeller un mandat, un chèque,* le compléter par l'indication du montant, du destinataire, etc. – De *libelle.*

libelliste [libɛllist] n. m. Auteur d'un libelle. – De *libelle.*

libellule [libɛllyl] n. f. **1.** Insecte odonate pourvu de deux paires d'ailes membraneuses inégales à nervation abondante, vivant près des eaux douces dormantes (genre *Libellula*; nombr. espèces). *La libellule déprimée, longue de 45 mm, a l'abdomen brun ou bleuté.* **2.** *Par ext.,* cour. Æschne. – Lat. zool. *libellula,* de *libella,* « niveau », à cause du vol horizontal de cet insecte.

liber [libɛʀ] n. m. BOT Tissu conducteur de la sève élaborée, qui constitue la face interne de l'écorce. – Lat. *liber,* « partie vivante de l'écorce », sur laquelle on écrivait autrefois; même mot lat. que *liber,* « livre ».

libérable [libeʀabl] adj. Qui peut être libéré. ▷ *Spécial.* Qui est arrivé au terme de sa période de service militaire. *Soldat libérable.* – Par ext. *Permission libérable,* qui libère le soldat quelque temps avant la date prévue. – De *libérer.*

libéral, ale, aux [libeʀal, o] adj. et n. **1.** Litt. Qui se plaît à donner. Syn. généreux. **2.** Anc. *Arts libéraux :* activités que pouvaient pratiquer, sans déchoir, des hommes libres (par ex., peinture, sculpture), par oppos. aux *arts mécaniques* (maçonnerie, tissage, etc.), réservés aux esclaves ou aux artisans. ▷ Mod. *Profession libérale :* profession non manuelle et non salariée (médecin, avocat, notaire, architecte, etc.). **3.** Tolérant, large, ouvert, peu autoritaire. *Une éducation libérale.* **4.** Partisan du libéralisme, en politique, en économie. ▷ Subst. *Les libéraux.* – Lat. *liberalis.*

libéralement [libeʀalmɑ̃] adv. Avec libéralité, généreusement. – De *libéral.*

libéralisation [libeʀalizasjɔ̃] n. f. Action de libéraliser. – De *libéraliser.*

libéraliser [libeʀalize] v. tr. [1] Rendre plus libéral, moins autoritaire. *Libéraliser un régime politique. Libéraliser l'éducation.* – De *libéral.*

libéralisme [libeʀalism] n. m. **1.** HIST Au XIXe s., doctrine et système politiques de ceux qui réclamaient la liberté politique, religieuse, etc., conformément à l'esprit des principes de 1789. ▷ Mod. Attitude de ceux qui s'attachent en premier lieu à la défense de la démocratie politique et des libertés personnelles des citoyens. Ant. totalitarisme. **2.** Doctrine économique hostile à l'intervention de l'État dans la vie économique et à la collectivisation des moyens de production. **3.** Attitude qui respecte la liberté d'autrui en matière d'opinion, de conduite, etc. Ant. autoritarisme, intransigeance. – De *libéral.*

libéralité [libeʀalite] n. f. **1.** Litt. Propension à donner; générosité. **2.** *Par méton.* Litt. Don généreux. *Faire des libéralités.* **3.** DR Toute disposition à titre gratuit (don, donation ou legs). – Lat. *liberalitas.*

libérateur, trice [libeʀatœʀ, tʀis] n. et adj. **1.** Celui, celle qui libère une personne, un peuple, un territoire (d'une oppression, de la servitude). Ant. occupant, oppresseur. ▷ adj. *L'armée libératrice.* **2.** adj. Qui libère (d'une contrainte, d'une sensation d'oppression). *Un fou rire libérateur.* – Lat. *liberator.*

libération [libeʀasjɔ̃] n. f. **1.** Action de libérer (un prisonnier). ▷ *Libération conditionnelle* : mise en liberté d'un détenu avant l'expiration de sa peine. **2.** FIN *Libération du capital* : mise à disposition d'une entreprise des apports de ses actionnaires. ▷ Décharge, suppression d'une obligation, d'une dette, d'une gêne, etc. *Libération par versement anticipé.* **3.** Renvoi dans ses foyers d'un soldat, à la fin de son service militaire. **4.** Délivrance d'une oppression, d'un joug. – *Spécial.* Délivrance d'un territoire ou d'une ville que l'ennemi occupait. ▷ Absol. *La Libération* : période de la Seconde Guerre mondiale (1943-1945) durant laquelle les forces alliées et les mouvements de résistance locaux libérèrent les pays d'Europe occupés par les troupes allemandes. **5.** Dégagement, production. *La libération d'énergie qui accompagne une réaction nucléaire.* **6.** ASTRO, ESP *Vitesse de libération* : vitesse minimale qu'il faut donner à un corps pour qu'il échappe à l'attraction d'un astre; elle est proportionnelle à la racine carrée de la masse de cet astre. – Lat. *liberatio.*

libératoire [libeʀatwaʀ] adj. DR, FIN Qui libère d'une dette, d'un engagement, d'une obligation. *Versement, prélèvement libératoire.* – De *libérer.*

libéré, ée [libeʀe] adj. **1.** Mis en liberté. *Détenu libéré.* **2.** Délivré de l'occupation ennemie. *Les régions libérées.* **3.** Délivré d'une gêne, d'une entrave morale. – Pp. de *libérer.*

libérer [libeʀe] v. [14] **I.** v. tr. **1.** Mettre en liberté. *Libérer un détenu.* **2.** Décharger d'une obligation, d'une gêne, etc. *Libérer sa maison d'une servitude. Libérer le crédit, les importations.* **3.** Renvoyer (des soldats) dans leurs foyers, à la fin du service. *Libérer une classe.* **4.** Délivrer de la présence de l'occupant ennemi. **5.** Délivrer d'une entrave, d'une gêne morale. *Il a libéré sa conscience.* **6.** Dégager, produire. *Cette réaction chimique libère du gaz carbonique. La fusion nucléaire libère une énergie considérable.* **II.** v. pron. **1.** S'acquitter. *Se libérer d'une dette en trois versements.* **2.** S'affranchir, se délivrer. *Se libérer d'un préjugé.* – Lat. *liberare.*

libérien, enne [libeʀjɛ̃, ɛn] adj. et n. Du Liberia, État d'Afrique occid. ▷ Subst. *Un(e) Libérien(ne).*

libéro [libeʀo] n. m. SPORT Au football, joueur qui opère entre le gardien de but et la ligne de défense. – Mot ital.

libéro-ligneux, ligneuse [libeʀoliɲø, liɲøz] adj. BOT Composé de liber et de bois. – De *liber,* et *ligneux.*

libertaire [libɛʀtɛʀ] adj. et n. Partisan d'une liberté sans limitation (dans l'ordre social et politique). Syn. anarchiste. – De *liberté.*

liberté [libɛʀte] n. f. **I.** Par oppos. à *esclavage,* à *captivité.* **1.** Condition d'une personne libre, non esclave, non serve. *L'esclave romain pouvait parfois obtenir la liberté.* **2.** État d'une personne qui n'est pas prisonnière. ▷ *Liberté surveillée* : régime imposé à certains délinquants mineurs qui, jugés avoir agi sans discernement, sont rendus à leur famille, mais sous la surveillance et le contrôle d'un délégué. ▷ *Liberté provisoire* : état d'un inculpé qui n'est pas emprisonné, tant qu'il n'est pas encore jugé. ▷ Par ext. *Animaux en liberté,* non enfermés dans des cages, dans un enclos. **II.** Par oppos. à *oppression,* à *interdiction.* **1.** Possibilité, assurée par les lois ou le système politique et social, d'agir comme on l'entend, sous réserve de ne pas porter atteinte aux droits d'autrui ou à la sécurité publique. ▷ *Liberté naturelle,* celle qui doit être accordée à tout homme en vertu du droit naturel. ▷ *Liberté civile* : droit d'agir à sa guise, sous réserve de respecter les lois établies. ▷ *Liberté politique,* celle d'exercer une activité politique, d'adhérer à un parti, de militer, d'élire des représentants, etc. ▷ *Liberté individuelle* : droit de chaque citoyen de disposer librement de lui-même et d'être protégé contre toute mesure arbitraire ou vexatoire (emprisonnement arbitraire, astreinte à résidence, interdiction de se déplacer, etc.). **2.** Absol. *La liberté* : le principe politique qui assure aux citoyens la liberté individuelle, la liberté civile, la liberté politique. *Liberté, Égalité, Fraternité* : devise de la République française. **3.** *Liberté de...* : chacune des possibilités qui réalisent ce principe de liberté (dans un domaine déterminé). – *Liberté de conscience,* concernant le choix d'une religion ou le refus d'avoir une religion. – *Liberté du culte,* concernant l'exercice du culte public des diverses religions. – *Liberté d'opinion, de pensée, d'expression* : droit d'avoir et d'exprimer des opinions religieuses, politiques, philosophiques. – *Liberté de la presse* : droit de publier des journaux, des livres sans autorisation préalable ni censure. – *Liberté syndicale* : droit d'adhérer à un syndicat de son choix ou de n'adhérer à aucun. **4.** (Plur.) Droits locaux. *Libertés communales.* **III.** Par oppos. à *contrainte, gêne, entrave.* **1.** État d'une personne qui n'est pas liée, engagée. *Dans ce cas, je dénonce le contrat et je reprends ma liberté.* **2.** État d'une personne qui n'est pas gênée dans son action par le manque de temps, les préoccupations, etc. *Ce travail me laisse peu de liberté. Quelques instants de liberté.* **3.** Manière aisée, non contrainte, de penser, d'agir, de parler, etc. *Liberté d'esprit. Liberté d'allure. Liberté de langage.* **4.** *Je prends la liberté de vous écrire* : je me permets de vous écrire, j'ose vous écrire. – Plur. *Prendre des libertés* : agir avec désinvolture, familiarité, ou sans respect des règles. *Il prend des libertés avec la syntaxe.* **IV.** PHILO Possibilité qu'a l'homme d'agir de manière autonome, sans être soumis à la fatalité ni au déterminisme biologique ou social. – Lat. *libertas.*

liberticide [libɛʀtisid] adj. et n. Litt. Qui détruit la liberté. ▷ Subst. Celui qui veut détruire la liberté. – De *liberté,* et *-cide.*

libertin, ine [libɛʀtɛ̃, in] adj. et n. **1.** Vx Qui s'est affranchi de toute règle (en partic. religieuse). **2.** Adonné au libertinage, à la licence des mœurs. – Subst. *Un incorrigible libertin.* ▷ Par ext. *Contes libertins.* – Lat. *libertinus,* « affranchi ».

libertinage [libɛʀtinaʒ] n. m. **1.** Vx Irrévérence pour les choses de la religion. **2.** Dérèglement des mœurs; licence, inconduite. – De *libertin.*

liberty [libɛʀti] n. m. et adj. Étoffe légère à dessins ou fleurettes. ▷ adj. inv. *Un tissu liberty.* – Du n. du créateur.

liberty-ship [libɛʀtiʃip] n. m. HIST Cargo d'une dizaine de milliers de tonnes, fabriqué en grande série aux É.-U. pendant la Seconde Guerre mondiale. *Des liberty-ships.* – De l'angl. *liberty,* « liberté », et *ship,* « navire ».

libidinal, ale, aux [libidinal, o] adj. Relatif à la libido. – De *libido.*

libidineux, euse [libidinø, øz] adj. Porté à la luxure. – Lat. *libidinosus.*

libido [libido] n. f. **1.** PSYCHAN Pour les psychanalystes freudiens, énergie vitale émanant de la sexualité. ▷ Chez Jung et ses successeurs, énergie psychique en général.

2. Cour. Instinct sexuel. – Créé par Freud en all.; du lat. *libido*, «désir».
ENCYCL Le terme de libido, à savoir tout «ce qu'on peut comprendre sous le nom d'amour» (Freud), recouvre, outre l'instinct sexuel génital proprement dit, toutes les satisfactions tirées de la réduction des tensions provoquées par l'excitation des *zones érogènes* (orale, anale, génitale), dont la prépondérance successive définit les différents stades du développement de l'enfant à l'adulte. La libido joue un rôle essentiel dans l'étiologie des névroses. Freud distingue une *libido du moi* (ou *libido narcissique*) et une *libido d'objet*, selon que le sujet prend son propre corps pour objet d'amour ou qu'il reporte sa libido sur un objet extérieur.

libitum (ad). V. ad libitum.

libouret [libuʀɛ] n. m. PECHE Ligne à main pour la pêche en mer, comprenant plusieurs hameçons montés sur une même ligne.

libraire [libʀɛʀ] n. **1.** Vx Celui qui vendait les livres qu'il imprimait. **2.** Marchand qui fait le commerce des livres. – Lat. *librarius*, «copiste, libraire».

librairie [libʀɛʀi] n. f. **1.** Vx Bibliothèque. *La librairie de Montaigne.* **2.** Magasin de libraire. **3.** Profession du libraire. ▷ Commerce des livres. – Lat. *libraria*.

libration [libʀasjɔ̃] n. f. ASTRO Balancement apparent de la face visible de la Lune de part et d'autre de sa position moyenne, dû à la trajectoire elliptique de son orbite *(libration en longitude)*, à l'inclinaison de l'axe de ses pôles *(libration en latitude)* et à la rotation de la Terre *(libration diurne)*. – Lat. *libratio*, «balancement».

libre [libʀ] adj. **I. 1.** Qui n'est pas prisonnier, captif. *Il est sorti libre du cabinet du juge d'instruction.* **2.** Qui n'est pas esclave ou serf. *Dans l'Antiquité, la société se divisait en hommes libres et en esclaves.* **3.** Qui a la possibilité d'agir ou non; qui se détermine indépendamment de toute contrainte extérieure. *Les hommes naissent et demeurent libres et égaux en droit.* ▷ *Libre de* (+ inf.) Qui a le droit, la possibilité de. *Il est libre d'agir à sa guise.* ▷ *Libre de* (+ subst.) Qui ne subit pas la contrainte de. *Libre d'inquiétude. Avoir l'esprit libre de soucis.* **4.** (En parlant d'un pays, d'une nation.) Qui n'est pas soumis à l'autorité d'un gouvernement totalitaire; qui n'est pas soumis à une puissance étrangère. ▷ *Spécial.* (Avec une intention polémique, dans le discours politique.) *Le monde libre, les pays libres* : les démocraties occidentales d'économie capitaliste (pour les adversaires du collectivisme). **5.** Qui n'est pas contrôlé par un pouvoir politique, par une autorité, un gouvernement. *La libre entreprise. Presse libre.* – *Enseignement libre* (par oppos. à *enseignement public*), qui est assuré par des organismes privés (et notam. par des organismes confessionnels). **6.** Qui n'est lié par aucun engagement. *Refuser un emploi pour rester libre.* – *Spécial.* Qui n'est pas marié ou engagé dans une relation amoureuse. ▷ Qui peut disposer de son temps comme il l'entend. *Je suis libre à cinq heures.* **7.** Qui manifeste de l'aisance dans son allure, dans son comportement; simple et naturel. *Être libre avec qqn.* **8.** Qui n'est pas soumis aux contraintes sociales, aux convenances (en partic. en matière de mœurs). *Une conduite fort libre.* ▷ Par ext. *Des propos trop libres. Un refrain un peu libre.* **II. 1.** Qui n'est pas occupé; disponible, dégagé d'obstacles. *Voie libre. Place libre. Appartement libre.* ▷ *Temps libre*, dont on peut disposer à sa guise. **2.** (Choses) Qui n'est pas serré, attaché, fixé; qui ne rencontre pas d'obstacle dans son ou ses déplacements, qui se meut sans difficulté. *Cheveux libres.* ▷ *Laisser, donner libre cours à* : laisser se manifester sans retenue. *Donner libre cours à sa joie.* ▷ BOT Qui n'adhère pas aux organes voisins. *Étamines libres.* ▷ *Chute libre* : mouvement d'un corps sous la seule action de son poids. **3.** Dont la forme ou le contenu n'est pas imposé. *Sujet libre.* – *Vers libres*, non soumis aux règles class. de la versification. ▷ SPORT *Lutte libre*, qui permet des prises sur tout le corps (par oppos. à *lutte gréco-romaine*). – *Figures libres* : figures que peuvent choisir les concurrents lors des compétitions de gymnastique ou de patinage (par oppos. à *figures imposées*). **4.** *Entrée libre* : entrée gratuite, ou qui n'est soumise à aucune obligation d'achat. – Du lat. *liber*, «de condition libre, affranchi de charges, non occupé».

libre arbitre [libʀaʀbitʀ] n. m. Pouvoir qu'a la raison humaine de se déterminer librement.

libre-échange [libʀeʃɑ̃ʒ] n. m. ECON Système qui préconise la suppression des droits de douane et de toute entrave au commerce international. *Des libre-échanges.* – De *libre*, et *échange*; d'ap. l'angl. *free trade*.

libre-échangiste [libʀeʃɑ̃ʒist] adj. et n. Qui concerne le libre-échange. ▷ n. Partisan du libre-échange. *Des libre-échangistes.*

librement [libʀəmɑ̃] adv. **1.** En étant libre. *Aller et venir librement.* **2.** Franchement, sans arrière-pensées. *Parler librement.* ▷ Avec licence. **3.** Sans respecter certaines contraintes. *Traduire librement un auteur.* – De *libre*.

libre pensée [libʀəpɑ̃se] n. f. État d'esprit, doctrine du libre penseur. – De *libre*, et *pensée*.

libre penseur, euse [libʀəpɑ̃sœʀ, øz] n. et adj. Personne qui déclare n'avoir aucune croyance religieuse. ▷ adj. *Pamphlets libres penseurs.* – De *libre*, et *penseur*; d'ap. l'angl. *free thinker*.

libre-service [libʀəsɛʀvis] n. m. Système de commercialisation dans lequel les clients se servent eux-mêmes, effectuant le paiement aux caisses situées à la sortie (dans un magasin, un restaurant). ▷ *Par ext.* Établissement qui utilise ce système. *Des libres-services.* – Pour traduire l'angl. *self-service*; de *libre*, et *service*.

librettiste [libʀɛtist] n. Personne qui a composé un libretto, qui compose habituellement des librettos. – De *libretto*.

libretto [libʀɛ(t)to] n. m. Poème, livret sur lequel le musicien compose la musique d'un opéra, d'un opéra-comique. – Scénario d'un ballet. *Des librettos* ou *libretti*. – Mot ital., dimin. de *libro*, «livre».

libyen, enne [libjɛ̃, ɛn] adj. et n. De Libye, État de l'Afrique du Nord. ▷ Subst. *Un(e) Libyen(ne).*

1. lice [lis] n. f. **1.** HIST Palissade de bois entourant un château fort; espace qu'elle circonscrivait, où se déroulaient les courses, les joutes, les tournois. ▷ *Par ext.* Tout espace où se déroulaient de telles épreuves. – Fig. *Entrer en lice* : se jeter dans la lutte, entrer en compétition. **2.** Palissade entourant un champ de foire, un champ de courses. – Frq. **listja*, «barrière».

2. lice. V. lisse 2.

3. lice [lis] n. f. CHASSE Femelle d'un chien de chasse. – Lat. pop. **licia*, class. *lycisca*, gr. *lukos*, «loup».

licence [lisɑ̃s] n. f. **I. 1.** Autorisation spéciale accordée par l'administration des douanes d'importer ou d'exporter certaines marchandises dont le commerce est réglementé. ▷ Autorisation d'exercer certaines activités, de vendre certains produits. *Licence de pêche, de débit de boissons.* **2.** Autorisation que donne à un tiers le titulaire d'un brevet d'invention d'exploiter celui-ci. *Contrat de licence.* **3.** SPORT Autorisation, émise par une fédération sportive, donnant droit à l'exercice d'un sport de compétition et assurant la couverture de certains risques en cas d'accident. **II.** Grade universitaire qui se place entre le baccalauréat et la maîtrise. *Licence ès lettres. Certificat de licence.* **III. 1.** Vx (au plur.) Liberté excessive. *Se donner de grandes licences.* ▷ Litt. Dérèglement des mœurs. *Vivre dans la licence.* **2.** *Licence poétique* : transgression de la règle et de l'usage que le poète se permet. *«Encor» pour «encore» est une licence poétique.* – Lat. *licentia*, «permission, liberté».

licencié, ée [lisɑ̃sje] n. et adj. **1.** Titulaire d'un diplôme de licence. *Licencié en droit.* – adj. *Professeur licencié.* **2.** SPORT Titulaire de la licence d'une fédération sportive. **3.** Personne congédiée. – adj. *Employée licenciée.* – De *licence.*

licenciement [lisɑ̃simɑ̃] n. m. Action de licencier; son résultat. *Licenciement collectif. Licenciement sec,* sans contrepartie ni reclassement pour le licencié. – De *licencier.*

licencier [lisɑ̃sje] v. tr. [2] Congédier, renvoyer. *Licencier un employé.* – De *licence.*

licencieux, euse [lisɑ̃sjø, øz] adj. Qui est contraire aux bonnes mœurs, qui offense la pudeur. – Lat. *licentiosus,* de *licentia,* «permission, liberté».

lichen [likɛn] n. m. **1.** Végétal du groupe des thallophytes, résultant de l'association symbiotique d'un champignon et d'une algue, et qui pousse sur les roches et les matières organiques. **2.** MED Dermatose caractérisée par la présence de papules agglomérées qui se compliquent d'épaississement de la peau, avec exagération des plis naturels. *Lichen plan.* – Mot lat., du gr. *leikhên,* «qui lèche», ce végétal semblant lécher son support.

lichénique [likenik] adj. Du lichen. – De *lichen.*

licher [liʃe] v. tr. [1] Fam., vieilli Boire. – Var. de *lécher.*

lichette [liʃɛt] n. f. Fam. Petit morceau allongé (d'un aliment solide). *Une lichette de pain.* ▷ *Par ext.* Petite quantité d'un aliment, solide ou liquide. *Une lichette de vin.* – De *licher.*

licier, ère. V. lissier, ère.

licitation [lisitasjɔ̃] n. f. DR Vente aux enchères d'un bien indivis. *Licitation amiable, judiciaire.* – Lat. *licitatio,* «vente aux enchères».

licite [lisit] adj. Qui n'est pas défendu par la loi, les règlements. *Gain licite.* Syn. légal, légitime. Ant. illicite. – Lat. *licitus,* «permis».

licitement [lisitmɑ̃] adv. Rare De manière licite. – De *licite.*

liciter [lisite] v. tr. [1] DR Vendre par licitation. *Liciter un domaine.* – Lat. jurid. *licitari,* «mettre une enchère».

licorne [likɔʀn] n. f. **1.** Animal fabuleux, cheval à longue corne unique implantée au milieu du chanfrein. **2.** *Licorne de mer* : narval. – Ital. *liocorno,* altér. d'*unicorno,* lat. *unicornis,* «unicorne».

licou [liku] ou **licol** [likɔl] n. m. Lien de cuir, de corde, passé autour du cou des bêtes de somme pour les attacher, les conduire. – De *lie (lier),* et *cou.*

licteur [liktœʀ] n. m. ANTIQ ROM Agent public qui marchait devant les grands magistrats et les vestales et était l'exécuteur des sentences des magistrats. *Le licteur portait sur l'épaule un faisceau composé de baguettes entourant une hache.* – Lat. *lictor.*

lido [lido] n. m. GEOGR *Côte à lido,* comportant des accumulations littorales avancées, parallèles à la ligne générale du rivage et délimitant des lagunes. – Du *Lido* de Venise.

lie [li] n. f. et adj. inv. **1.** Dépôt qu'un liquide fermenté laisse précipiter au fond du récipient qui le contient. *Lie de vin.* ▷ adj. inv. *Lie-de-vin* : rouge violacé. **2.** Fig., litt. Ce qu'il y a de plus vil, de plus bas. *La lie du peuple.* – Du gaul. *liga.*

liechtensteinois, oise [liʃtɛnstɛnwa, waz] adj. et n. De la principauté du Liechtenstein. ▷ Subst. *Un(e) Liechtensteinois(e).*

lied [lid] n. m. Romance, chanson populaire, sorte de ballade propre aux pays germaniques. – MUS Petite composition vocale avec ou sans accompagnement, écrite sur les paroles d'un poème. *Un lied de Schubert. Des lieder* ou *des lieds.* – Mot all., «chant».

liège [ljɛʒ] n. m. **1.** Matière spongieuse, imperméable, peu dense, fournie par l'écorce de certains arbres, notam. du chêne-liège. **2.** BOT Tissu protecteur secondaire des plantes dicotylédones, constitué par des cellules mortes emplies d'air, dont la paroi est imprégnée de subérine. – Du lat. pop. **levius,* de *levis,* «léger».

liégeois, oise [ljeʒwa, waz] adj. et n. **1.** De Liège. ▷ Subst. *Un(e) Liégeois(e).* **2.** *Café, chocolat liégeois* : glace au café, au chocolat, nappée de crème Chantilly. – Du n. de *Liège,* ville de Belgique.

lien [ljɛ̃] n. m. **1.** Bande longue, étroite et souple qui sert à entourer plusieurs objets pour les joindre. *Lien d'osier. Lien d'une gerbe.* **2.** Fig. Ce qui unit des personnes entre elles; ce qui attache des personnes à des choses. *Lien conjugal. Le lien entre l'homme et la nature.* **3.** Fig. Ce qui permet d'établir une liaison entre plusieurs faits. *Lien de cause à effet.* – Du lat. *ligamen.*

lier [lje] v. tr. [1] **I.** *Lier qqch.* **1.** Attacher, serrer avec un lien. *Lier un fagot.* **2.** Unir, établir une liaison entre (divers éléments solides); donner une certaine consistance, de la cohésion à (une substance). *La chaux et le ciment lient les pierres. Lier une sauce.* ▷ Par anal. *Lier deux mots* : prononcer deux mots consécutifs en faisant une liaison. – MUS Pratiquer la liaison des sons dans l'exécution vocale ou instrumentale d'une pièce. **II.** *Lier qqn (*ou *un animal).* **1.** Attacher, immobiliser avec un lien. *Lier qqn avec une corde.* – Pp. adj. *Un poulet aux pattes liées, offert à la vente.* ▷ Fig. *Avoir les mains liées* : être réduit à l'impuissance. **2.** Unir. *Contrat qui lie l'employé à l'employeur.* **III.** Établir (des relations entre personnes). *Lier amitié avec qqn. Lier connaissance. Lier conversation avec qqn,* entrer en conversation avec lui. ▷ v. pron. *Se lier d'amitié.* – Du lat. *ligare.*

lierne [ljɛʀn] n. f. **1.** ARCHI Nervure unissant la clef de voûte au sommet des doubleaux ou des formerets, ou reliant de clef à clef une suite de voûtes disposées longitudinalement. *Les liernes caractéristiques du style gothique angevin.* **2.** CONSTR Pièce de bois horizontale reliant des pièces de charpente. – De *lier.*

lierre [ljɛʀ] n. m. Plante ligneuse grimpante (genre *Hedera*), à feuilles persistantes, s'accrochant à un support (mur, tronc d'arbre, etc.) par des racines adventives à crampons. ▷ *Lierre terrestre* : nom cour. du gléchome. – Du lat. *hedera,* a. fr. *li edre,* «le lierre».

liesse [ljɛs] n. f. Vx Joie. ▷ Mod., litt. *Foule, peuple en liesse* : en fête, qui manifeste son allégresse. – D'après l'a. fr. *ledece,* «joie»; du lat. *laetitia,* par attract. de l'a. fr. *lié,* «joyeux».

1. lieu, (plur.) **lieux** [ljø] n. m. **I.** Partie délimitée de l'espace. **1.** Espace considéré quant à sa situation, à ses qualités. *Lieu écarté, humide.* – *Lieu géométrique* : ligne ou surface dont les points possèdent une même propriété. *La sphère est le lieu géométrique des points situés à égale distance d'un point fixe.* **2.** Portion délimitée de l'espace, où se déroule un fait, une action. *Vous êtes loin du lieu où s'est produit l'accident.* – Plur. *La police enquête sur les lieux du crime.* ▷ *Règle de l'unité de lieu* : règle du théâtre classique selon laquelle l'action d'une pièce doit se dérouler dans un lieu unique. **II.** Endroit considéré quant aux activités qui s'y déroulent. **1.** *Lieu public,* lieu auquel tout le monde a accès. **2.** *Lieu saint, saint lieu* : église, temple. – *Les Lieux saints* : les sites de Palestine auxquels demeure attaché le souvenir des événements de la vie du Christ. **3.** *Haut lieu* : lieu élevé où se célébrait un culte, dans l'Antiquité. ▷ Endroit rendu célèbre par les faits qui s'y déroulèrent. *Douaumont est un haut lieu de l'histoire de France.* **III.** Plur. **1.** Endroit destiné à l'habitation. *Visiter les lieux.* ▷ DR *État des lieux* : acte constatant l'état d'un local avant que le locataire en prenne possession. **2.** Vieilli *Les lieux d'aisances* ou *les lieux :* les cabinets, les latrines. **3.** RHET *Lieux communs :* sources habituelles d'où un orateur peut tirer ses arguments et ses développements. ▷ Cour. *Lieu commun :* idée banale, rebattue. **IV.** Loc. **1.** *En premier, second, etc., lieu :* premièrement, deuxièmement, etc. **2.** *Au lieu de :* à la place de. *Au lieu du train, nous prendrons l'avion.* ▷ (Avec un inf.) *Au lieu de travailler, il dort.* **3.** *Tenir lieu de :* remplacer. *Sa sœur aînée lui tient lieu de mère.* **4.** *Avoir lieu :* se produire; arriver. ▷ *Avoir lieu de :* avoir une occasion, une raison de. *Avoir lieu de se réjouir.* – Du lat. *locus.*

2. lieu [ljø] n. m. Poisson (*Merlangus pollachius,* fam. gadidés) de la Manche et de l'Atlantique, à la mâchoire inférieure allongée. *Les lieus noirs sont aussi appelés colins.* – De l'anc. scand. *lyr.*

lieu-dit [ljødi] n. m. Lieu dans la campagne qui, sans constituer une commune, porte un nom particulier. *Il faut passer par le lieu-dit «Les Quatre-Chemins». Des lieux-dits.* – De *lieu* 1, et *dit.*

lieue [ljø] n. f. **1.** Ancienne mesure de distance qui valait environ 4 km. ▷ *Lieue marine :* vingtième partie du degré méridien, soit 5,555 km. **2.** Fig. *Être à cent lieues de :* être très éloigné de. *J'étais à cent lieues d'imaginer une telle réaction.* – Du lat. *leuca,* d'orig. gaul.

lieur, lieuse [ljœʀ, ljøz] n. **1.** Celui, celle qui lie les gerbes. **2.** n. f. Machine servant à lier les gerbes, le plus souvent associée à une moissonneuse. *Moissonneuse lieuse.* – De *lier.*

lieutenance [ljøtnɑ̃s] n. f. Vx Charge, emploi, grade de lieutenant. – De *lieutenant.*

lieutenant [ljøtnɑ̃] n. m. **1.** Personne directement sous les ordres d'un chef et qui peut éventuellement le remplacer. *Labienus fut l'un des lieutenants de César.* **2.** HIST Titre que portaient, sous l'Ancien Régime, divers fonctionnaires administratifs ou judiciaires. – *Lieutenant criminel :* magistrat délégué pour juger crimes et délits. – *Lieutenant de police :* haut magistrat, chef de la police, à Paris et dans quelques grandes villes de France. – *Lieutenant général du royaume :* personnage qui, en certaines circonstances, exerçait au nom du roi tout ou partie de l'autorité royale. **3.** Officier dans les armées de terre et de l'air, d'un grade intermédiaire entre celui de capitaine et celui de sous-lieutenant. ▷ *Lieutenant de vaisseau :* officier de la marine nationale, dont le grade correspond à celui de capitaine dans les armées de terre et de l'air. – De *lieu,* et *tenant,* «tenant lieu de».

lieutenant-colonel [ljøtnɑ̃kɔlɔnɛl] n. m. Officier supérieur dont le grade se situe immédiatement avant celui de colonel et après celui de commandant. *Des lieutenants-colonels.*

lieutenante [ljøtnɑ̃t] n. f. HIST Femme d'un magistrat portant le titre de lieutenant. – De *lieutenant.*

lièvre [ljɛvʀ] n. m. **1.** Petit mammifère sauvage (ordre des lagomorphes, fam. léporidés) qui ressemble au lapin, et auquel de très longues pattes postérieures confèrent une grande rapidité à la course. *Le lièvre gîte dans des dépressions à même le sol. La femelle du lièvre est la hase. Le lièvre vagit.* ▷ *Lever, faire lever un lièvre,* le faire sortir du gîte; fig. soulever une question imprévue et généralement embarrassante pour l'interlocuteur. **2.** Chair comestible de cet animal. *Civet, pâté de lièvre. Rôti de lièvre.* **3.** Loc. fig. *C'est là que gît le lièvre :* c'est là le point délicat de l'affaire. ▷ *Courir deux lièvres à la fois :* entreprendre deux affaires en même temps. **4.** ZOOL *Lièvre de mer,* mollusque marin herbivore *(Aphysia delipans),* à longues tentacules, pouvant atteindre 30 cm et peser 1 kg. **5.** SPORT Dans les courses de demi-fond, coureur placé en tête d'une course à laquelle il doit imprimer un rythme soutenu, afin de permettre aux autres coureurs de réaliser des performances. – Du lat. *lepus, leporis.*

lièvreteau [ljɛvʀəto] n. m. Rare Levraut que la mère allaite encore. – Dimin. de *lièvre.*

lift [lift] n. m. (Anglicisme) SPORT Au tennis, effet donné à une balle liftée. – Mot angl., de *to lift,* «élever».

lifter [lifte] v. tr. [1] **1.** TENNIS Donner de l'effet à une balle en la frappant de bas en haut. – Pp. adj. *Une balle liftée.* **2.** Fam. Faire un lifting à. *Elle s'est fait lifter à cinquante ans.* – De l'angl. *to lift,* «soulever».

liftier, ère [liftje, ɛʀ] n. Personne chargée de faire fonctionner un ascenseur. – De l'angl. *lift,* «ascenseur».

lifting [liftiŋ] n. m. Opération de chirurgie esthétique consistant à tendre la peau du visage pour supprimer les rides. Syn. (off. recommandé) lissage ou remodelage. – De l'angl. *face-lifting,* de *face,* «visage», et ppr. de *to lift,* «hisser, remonter».

ligament [ligamɑ̃] n. m. **1.** ANAT Faisceau fibreux résistant, de taille et de forme variables, plus ou moins élastique, qui relie deux parties d'une articulation ou deux organes. *Ligament articulaire.* ▷ Repli du péritoine qui relie les organes abdominaux entre eux, ou à la paroi abdominale. – *Ligament large :* repli du péritoine qui relie l'utérus à la paroi pelvienne. **2.** ZOOL Matière cornée et élastique qui réunit les deux valves des coquilles des mollusques. – Du lat. méd. *ligamentum,* «bandage», de *ligare,* «lier».

ligamentaire [ligamɑ̃tɛʀ] adj. MED Relatif au ligament. *Rupture ligamentaire.* – De *ligament.*

ligamenteux, euse [ligamɑ̃tø, øz] adj. De la nature des ligaments. – De *ligament.*

ligand [ligɑ̃] n. m. CHIM Syn. de *coordinat.* – Du lat. *ligandum,* gérondif de *ligare,* «lier».

ligase [ligaz] n. f. BIOCHIM Toute enzyme qui catalyse une réaction de synthèse en utilisant l'énergie fournie par l'A.T.P. – Du rad. du lat. *ligare,* «lier», et *-ase.*

ligature [ligatyʀ] n. f. **1.** Opération consistant à serrer ou à assembler par un lien. **2.** CHIR Opération qui consiste à lier un conduit; résultat de cette action. *Ligature d'un vaisseau. Ligature des trompes.* ▷ *Par ext.* Fil avec lequel on effectue cette opération. **3.** TECH Lien réalisé au moyen d'une corde, d'un fil métallique. – Bas lat. *ligatura.*

ligaturer [ligatyʀe] v. tr. [1] Serrer, attacher au moyen d'une ligature. – De *ligature.*

lige [liʒ] adj. **1.** FEOD *Homme, vassal lige :* personne qui était liée au seigneur par une promesse de fidélité et de dévouement absolu. – Par ext. *Hommage lige.* ▷ *Fief, terre lige,* qui appartenait à un homme lié au seigneur par un hommage lige. **2.** Fig. *Homme lige :* celui qui est tout dévoué à une personne, à un parti, etc. – P.-ê. du bas lat. **liticus,* de *letus* ou *litus,* «sorte de vassal».

light [lajt] adj. (Anglicisme) **1.** Qui contient moins de nicotine. *Cigarettes light(s).* **2.** Qui contient peu ou pas de sucre, par rapport au produit habituel. *Soda light.* – Mot angl., «léger».

ligie [liʒi] n. f. ZOOL Crustacé isopode *(Ligia oceanica)* des côtes atlantiques, qui ressemble à un gros cloporte. – Lat. scientif. *ligia.*

lignage [liɲaʒ] n. m. **1.** HIST, ETHNOL Ensemble des personnes issues d'un même ancêtre. **2.** TYPO Nombre de lignes d'un texte imprimé. – De *ligne.*

ligne [liɲ] n. f. **I.** Trait continu. **1.** Trait simple considéré quant à sa forme ou à sa longueur. *Tracer une ligne pour écrire droit. Ligne courbe, horizontale, perpendiculaire.* – *Lignes de la main :* traits qui sillonnent la paume de la main. **2.** GEOM Figure engendrée par le déplacement d'un point. *Ligne droite. Ligne brisée :* succession de segments de droite. – *Lignes trigonométriques :* fonctions circulaires d'un axe ou d'un angle. ▷ TELECOM Droite décrite par le balayage d'une image lors de son émission ou de sa réception sur un écran de télévision ou en télécopie. ▷ *Ligne de niveau* : ensemble de points situés à une même altitude. **3.** Trait réel ou imaginaire qui sépare deux choses, qui délimite le contour, les formes de qqch. *Ligne de démarcation. Un corps aux belles lignes.* ▷ *Garder la ligne* : rester mince. ▷ *Dans les grandes lignes* : en considérant l'essentiel, sans entrer dans les détails. ▷ MAR *Ligne d'eau, de flottaison* : séparation entre la partie de la coque qui est immergée et celle qui ne l'est pas. – *Ligne de flottaison en charge,* correspondant au chargement maximal. ▷ GEOGR *La ligne équinoxiale* : l'équateur. – *Ligne de partage des eaux* : relief du sol qui forme la séparation de deux bassins. – *Ligne de faîte* : crête marquant la séparation de deux versants. **II. 1.** Direction continue dans un sens donné. *Aller en ligne droite.* ▷ Fig. *Suivre la ligne droite* : ne pas s'écarter du chemin que le devoir impose. ▷ *La ligne d'un parti,* ses principes, ses grandes options. **2.** Parcours suivi régulièrement par un véhicule, un train, un avion; service assuré sur ce parcours. *Ligne d'autobus. Lignes aériennes. Les grandes lignes* (de chemin de fer) *et les lignes de banlieue.* **III. 1.** Suite de choses, de personnes disposées selon une direction donnée. *Poteaux, plantes en ligne. Rangez-vous en ligne.* ▷ MILIT Succession d'ouvrages fortifiés. *Ligne Maginot. Ligne de défense.* – *Ligne de feu,* constituée par les unités qui sont au contact de l'ennemi. – *Monter en ligne, en première ligne* : se rendre sur le front. – Ensemble des troupes faisant face à l'ennemi. *L'armée marchait sur trois lignes. Troupes de ligne,* destinées à combattre en ligne (par oppos. à *troupe légère* ou *irrégulière*). – Par ext. Vx *La ligne* : l'infanterie en général. ▷ MAR *Navire de ligne* : navire de guerre puissant destiné à combattre en ligne (en escadre). ▷ AVIAT *Formation en ligne,* d'appareils volant à la même altitude et sur un même front. ▷ FIN *Ligne de crédit* : mode de crédit bancaire permettant au bénéficiaire un usage échelonné aux mêmes conditions. **2.** Rang. *Être sur la même ligne.* ▷ *Hors ligne* : remarquable, qui se distingue par ses qualités éminentes. *Administrateur hors ligne.* **3.** Ensemble des caractères rangés sur une ligne horizontale dans une page; ce qui est écrit dans cette ligne. ▷ *Aller à la ligne* : faire un alinéa. ▷ *Faire entrer en ligne de compte* : comprendre dans un compte (rare); fig., cour. tenir compte de, ne pas négliger. ▷ Fig. *Lire entre les lignes* : saisir ce qui, dans un écrit, reste implicite. **4.** Suite des descendants d'une famille; filiation. *Ligne ascendante, descendante.* ▷ *Ligne directe,* de père en fils. **5.** COMM *Ligne de produits* : ensemble de produits répondant aux mêmes critères de technologie et d'emploi. **IV. 1.** Fil, cordeau, ficelle, etc., tendus dans une direction donnée. *Arbres plantés à la ligne. Tracer un sillon à la ligne.* ▷ Cordeau, enduit d'une matière colorée, qui sert à marquer un niveau. *Ligne bleue.* **2.** MAR Petit cordage à trois torons tressés serré. *Ligne de sonde.* **3.** PECHE Fil (nylon, crin) à l'extrémité duquel est attaché un hameçon garni d'un appât ou d'un leurre. *Ligne flottante. Ligne de traîne. Pêcher à la ligne.* – *Ligne de fond,* qui repose au fond de l'eau. **4.** ELECTR Ensemble de conducteurs servant au transport de l'énergie électrique. *Ligne électrique à haute tension. Ligne téléphonique.* – *Par ext.* Circuit de communication. *La ligne est occupée. Il y a qqn sur la ligne.* – Du lat. *linea,* propr. «(corde) de lin».

lignée [liɲe] n. f. Descendance. *Une nombreuse lignée.* – Fig. *Un théologien qui s'inscrit dans la lignée de saint Thomas d'Aquin,* dans sa ligne spirituelle. – De *ligne.*

ligner [liɲe] v. tr. [1] Rare Marquer de lignes parallèles. *Ligner une feuille de papier.* – De *ligne.*

ligneul [liɲœl] n. m. TECH Fil enduit de poix, utilisé en cordonnerie. – Du lat. pop. **lineolum,* «ficelle».

ligneux, euse [liɲø, øz] adj. **1.** De la nature du bois. *Plantes ligneuses et plantes herbacées.* **2.** MED Qui a la consistance du bois. *Phlegmon ligneux.* – Lat. *lignosus,* de *lignum,* «bois».

lignicole [liɲikɔl] adj. ZOOL Qui vit dans le bois. – Lat. *lignum,* «bois», et *-cole.*

lignification [liɲifikasjɔ̃] n. f. BOT Modification de la membrane cellulaire de certains végétaux qui se charge de lignine. – De *(se) lignifier.*

lignifier (se) [liɲifje] v. pron. [2] BOT Se charger de lignine; se transformer en bois. – Du lat. *lignum,* «bois», et *-fier.*

lignine [liɲin] n. f. CHIM Substance organique qui imprègne la paroi des vaisseaux du bois et de diverses cellules végétales, et les rend résistantes, imperméables et inextensibles. – Du lat. *lignum,* «bois», et *-ine.*

lignite [liɲit] n. m. Roche sédimentaire brunâtre, combustible, qui provient de la décomposition incomplète de divers végétaux. – Du lat. *lignum,* «bois», et *-ite* 3.

ligot [ligo] n. m. TECH Petit paquet de bûchettes enduites de résine, pour allumer le feu. – Mot gascon, «lien», du lat. *ligare,* «lier».

ligoter [ligɔte] v. tr. [1] Lier, attacher solidement. *Ligoter qqn sur une chaise.* ▷ Fig. *La censure ligotait la presse.* – Du gascon *ligot,* «lien», du lat. *ligare,* «lier».

ligue [lig] n. f. **1.** Union, coalition d'États, liés par des intérêts communs. ▷ HIST *Ligue hanséatique* : V. hanse. – *Ligue d'Augsbourg,* formée de 1686 à 1697, elle réunissait l'Angleterre, l'Espagne, les principautés allemandes, la Hollande, la Suède, en vue de lutter contre la politique d'annexion de Louis XIV, lequel vainquit la coalition en 1697. **2.** Nom pris par certaines associations. *Ligue antialcoolique. La Ligue des droits de l'homme.* ▷ HIST *La Sainte Ligue* ou, absol., *la Ligue,* ou *la Sainte Union* : confédération de catholiques français organisée par Henri de Guise en 1576 pour défendre le catholicisme contre les protestants, mais visant aussi à détrôner Henri III. (Après l'assassinat d'Henri de Guise puis d'Henri III, elle mena la lutte contre Henri IV, qui finit par vaincre son chef, Mayenne, à Arques et à Ivry en 1590. L'abjuration du roi, en 1593, ôta à la Ligue sa raison d'être.) **3.** (En mauvaise part.) Complot, cabale. – Ital. *liga,* du lat. *ligare,* «lier».

liguer [lige] v. tr. [1] Unir en une ligue; grouper en vue d'une action commune. *Liguer les mécontents.* ▷ v. pron. Former une ligue, un complot; s'unir. *Se liguer contre un ennemi commun.* – De *ligue.*

ligueur, euse [ligœʀ, øz] n. et adj. Personne qui fait partie d'une ligue. ▷ Spécial. HIST Membre de la Sainte Ligue. – adj. *Moine ligueur.* – De *ligue.*

ligule [ligyl] n. f. BOT Appendice (lamelle ou poil) à la jonction de la gaine et du limbe de la feuille des graminées. – Lat. *li(n)gula,* dimin. de *lingua,* «langue».

ligulé, ée [ligyle] adj. BOT En forme de languette. *Fleur ligulée.* – De *ligule.*

liguliflores [ligyliflɔʀ] n. f. pl. BOT Tribu de composées dont les fleurs sont ligulées. – Sing. *Une liguliflore.* Syn. chicoracées. – De *ligule,* et *-flore.*

ligure [ligyʀ] adj. Relatif aux Ligures, peuple installé dans le S.-E. de la Gaule et autour du golfe de Gênes. – Lat. *Ligur.*

ligurien, enne [ligyʀjɛ̃, ɛn] adj. et n. De Ligurie, rég. du Nord de l'Italie. ▷ Subst. *Un(e) Ligurien(ne).* – V. *ligure.*

lilangeni [lilɑ̃ʒeni] n. m. Unité monétaire du Swaziland. – .

lilas [lila] n. m. et adj. inv. **1.** Arbuste ornemental (genre *Syringa,* fam. oléacées) à fleurs en grappes, blanches ou violettes, très odorantes. ▷ Fleurs de cet arbuste. *Un bouquet de lilas.* **2.** Couleur violette plus ou moins foncée. *Un lilas pâle.* ▷ adj. inv. *Des robes lilas.* – Arabo-pers. *līlāk.*

liliacées [liljase] n. f. pl. BOT Famille de plantes monocotylédones à bulbe ou à rhizome, pour la plupart herbacées et vivaces. *Le lis, la tulipe, le colchique, le muguet, l'oignon sont des liliacées.* – Sing. *Une liliacée.* – Bas lat. *liliaceus,* du class. *lilium,* «lis».

lilial, ale, aux [liljal, o] adj. Litt. Qui évoque la blancheur, la pureté du lis. *Candeur liliale.* – Du lat. *lilium,* «lis».

lilium [liljɔm] n. m. BOT Nom scientif. du genre lis. – Mot lat.

lilliputien, enne [lilipysjɛ̃, ɛn] adj. et n. Très petit. – De *Lilliput,* le pays des nains imaginé par Swift dans «les Voyages de Gulliver».

1. limace [limas] n. f. Arg. Chemise. – De l'anc. arg. *lime.*

2. limace [limas] n. f. **1.** Mollusque gastéropode pulmoné terrestre dont la coquille est réduite à une mince écaille interne. *Les limaces sont toutes nuisibles pour les cultures.* **2.** Fam. Personne très molle et lente. *Qui est-ce qui m'a fichu une limace pareille!* – Lat. pop. **limaceus* et **limacea,* class. *limax, limacis.*

limaçon [limasɔ̃] n. m. **1.** Escargot. **2.** ANAT Partie antérieure de l'oreille interne dont le conduit est enroulé autour d'un axe conique. **3.** MATH *Limaçon de Pascal :* lieu géométrique constitué par le lieu des pieds des perpendiculaires abaissées d'un point fixe sur les tangentes à un cercle. – De *limace* 2.

limage [limaʒ] n. m. Action de limer. – De *limer.*

limagne [limaɲ] n. f. GEOL Fossé d'effondrement. Syn. graben. – Du n. de la *Limagne* (de Clermont), qui a cette structure géologique.

limaille [lima(ɑ)j] n. f. Poudre de métal constituée de fines particules détachées par la lime. *Limaille de fer.* – De *limer.*

liman [limɑ̃] n. m. GEOMORPH Estuaire barré par un cordon littoral. – Mot russe, «estuaire», du gr. *limên,* «port».

limande [limɑ̃d] n. f. Poisson plat (*Pleuronectes limanda,* fam. pleuronectidés), long de 40 cm environ et dont seul un côté, qui porte les yeux, est pigmenté. *On pêche la limande dans l'Atlantique et dans la Manche.* ▷ Loc. fam. *Femme plate comme une limande.* – De l'a. fr. *lime,* issu du rad. gaulois **lem,* «planche».

limbaire [lɛ̃bɛʀ] adj. BOT Relatif au limbe. – De *limbe* (sens I, 3.).

limbe [lɛ̃b] n. m. **I. 1.** Bord extérieur gradué d'un instrument de précision. *Limbe d'un sextant.* **2.** ASTRO Bord du disque d'un astre. *Le limbe de la Lune est le bord du disque en direction du Soleil.* **3.** BOT Partie lamellaire, mince, chlorophyllienne d'une feuille. **4.** ANAT Zone périphérique circulaire. *Limbe de la cornée.* **II.** RELIG CATHOL *Les limbes :* le lieu où se trouvaient les âmes des justes avant la venue du Christ; le séjour des âmes des enfants morts sans baptême. ▷ Fig. *Être dans les limbes :* n'avoir pas encore vu le jour, n'être pas encore réalisé. *Son projet est encore dans les limbes.* – Lat. *limbus,* «bordure».

limbique [lɛ̃bik] adj. **1.** ANAT Qui concerne un limbe. – *Système limbique :* partie du cerveau comprenant la circonvolution de l'hippocampe et celle du corps calleux. **2.** RELIG CATHOL Des limbes. – De *limbe.*

1. lime [lim] n. f. **1.** Outil à main, formé d'une lame d'acier trempé hérissée de dents, qui sert à ajuster et à polir, à froid, la surface des métaux, des matières dures. *Lime plate.* ▷ Spécial. *Lime à ongles.* **2.** ZOOL Mollusque lamellibranche marin qui ressemble à la coquille Saint-Jacques. – Lat. *lima.*

2. lime [lim] ou **limette** [limɛt] n. f. BOT Petit citron de couleur verte, très parfumé. Syn. citron vert. – Ar. *līma.*

liménien, enne [limenjɛ̃, ɛn] adj. et n. De Lima, cap. du Pérou. ▷ Subst. *Un(e) Liménien(ne).*

limer [lime] v. tr. [1] **1.** Façonner à la lime. *Limer une clef.* **2.** User. *Le frottement lime les étoffes.* – Lat. *limare,* de *lima,* «lime».

limerick [limʀik] n. m. LITT Poème en strophes de cinq vers rimés, d'un comique absurde, en vogue en Grande-Bretagne à l'époque victorienne. – De *Limerick,* ville et comté d'Irlande.

limes [limɛs] n. m. inv. ANTIQ ROM Zone fortifiée bordant une frontière, sous l'Empire romain. – Mot lat., «chemin, frontière».

limettier [limɛtje] n. m. BOT Citronnier cultivé en Europe du S. (*Citrus limetta*). – De *limette* (V. *lime* 2).

limeur, euse [limœʀ, øz] n. et adj. **1.** n. Ouvrier, ouvrière qui lime. **2.** adj. Qui sert à limer. ▷ *Étau limeur :* machine-outil qui sert à usiner des surfaces planes sur des pièces métalliques. – De *limer.*

limicole [limikɔl] adj. ZOOL Qui vit dans la vase, dans les marécages. – Bas lat. *limicola,* de *limus,* «limon, boue», et *-cole.*

limier [limje] n. m. **1.** Chien de chasse utilisé pour dépister et rabattre l'animal qui sera chassé à courre. **2.** Fig. Policier, détective. *Les plus fins limiers sont à la poursuite du coupable.* – De *liemier,* «chien tenu en laisse»; de *liem,* anc. forme de *lien.*

liminaire [liminɛʀ] adj. **1.** Qui est placé au début (d'un livre, d'un écrit, d'un discours, etc.). *Épître liminaire.* **2.** PSYCHO, MED Syn. de *liminal.* – Bas lat. *liminaris,* de *limen, liminis,* «seuil».

liminal, ale, aux [liminal, o] adj. PSYCHO, MED Qui est au seuil de la perceptibilité, qui est tout juste perceptible. – Mot angl., du lat. *limen, liminis,* «seuil».

limitatif, ive [limitatif, iv] adj. Qui limite, qui précise des bornes. *Clause limitative.* – De *limiter.*

limitation [limitasjɔ̃] n. f. **1.** Action de limiter. **2.** Restriction. *Limitation de vitesse.* – Lat. *limitatio.*

limite [limit] n. f. **1.** Ce qui sépare un terrain, un territoire d'un autre; ce qui est contigu. *Bornes qui marquent la limite d'un champ. Limite entre deux États voisins. Limite d'une forêt.* **2.** Par anal. *La limite du XIX*[e] *et du XX*[e] *siècle.* ▷ *Limite d'âge :* âge au-delà duquel on ne peut plus se présenter à un concours, ou après lequel un fonctionnaire doit être mis à la retraite. *Fonctionnaire qui a atteint la limite d'âge.* ▷ SPORT *Avant la limite :* avant la fin du temps imparti. *Combat de boxe gagné avant la limite.* **3.** Fig. Point où s'arrête qqch; borne. *Courir jusqu'à la limite de ses forces. Exercer une autorité sans limites.* ▷ Loc. *Dépasser les limites :* aller au-delà de ce que la bienséance permet. **4.** MATH Valeur vers laquelle tend une expression algébrique. *La limite de* $\frac{1}{n}$ *lorsque* n *tend vers l'infini est égale à zéro.* – (En appos.) *Vitesse limite.* ▷ PHYS *Limite d'élasticité, de rupture :* valeur qui correspond à la perte de l'élasticité, à la rupture. – Lat. *limes, limitis.*

limité, ée [limite] adj. Qui a des limites, des bornes. *Responsabilités limitées.* – Pp. de *limiter.*

limiter [limite] **I.** v. tr. [1] **1.** Fixer, donner des limites à. *Limiter un terrain.* **2.** Fixer un terme à. *Limiter la durée d'un voyage à huit jours.* ▷ Restreindre. *Limiter des dépenses.* – Par anal. Fam. *Limiter les dégâts.* **II.** v. pron. S'imposer des limites. – Lat. *limitare.*

limiteur [limitœʀ] n. m. TECH Appareil servant à éviter qu'une grandeur dépasse une valeur donnée. *Limiteur de tension.* – De *limiter.*

limitrophe [limitʀɔf] adj. **1.** Qui est à la frontière, à la limite d'un pays, d'une région. **2.** Qui a des limites, des frontières communes avec la région que l'on considère.

La Corrèze et les départements limitrophes. – Lat. jur. *limitrophus.*

limnée [limne] n. f. ZOOL Mollusque gastéropode pulmoné (genre *Limnaea*, ordre des basommatophores) à coquille conique et allongée, très répandu dans les eaux douces stagnantes. – Du gr. *limnaios*, « qui vit dans un étang ».

limnologie [limnɔlɔʒi] n. f. GEOGR Science qui a pour objet les phénomènes se produisant dans les marais, les étangs et les lacs et, par ext., dans toutes les eaux douces. *Limnologie physique, limnologie biologique* (étude de la flore et de la faune). – Du gr. *limnê*, « étang », et de *-logie.*

limogeage [limɔʒaʒ] n. m. Action de limoger; fait d'être limogé. – De *limoger.*

limoger [limɔʒe] v. tr. [13] Disgracier, priver de ses responsabilités, de son poste (un officier, un haut fonctionnaire, etc.). – De *Limoges*, v. où Joffre, en sept. 1914, plaça en disponibilité une centaine d'officiers généraux jugés incapables.

1. limon [limɔ̃] n. m. Boue argilo-sableuse mêlée de matière organique, très fertile, charriée par les cours d'eau et qui s'accumule le long de leurs berges. – Lat. pop. **limo, limonis*, class. *limus.*

2. limon [limɔ̃] n. m. **1.** Chacun des deux brancards entre lesquels on attelle un cheval qui tire une voiture. **2.** CONSTR Pièce rampante d'un escalier qui le limite du côté du vide et qui reçoit la balustrade. – Probabl. d'un rad. gaul. **lem-*, « traverse ».

3. limon [limɔ̃] n. m. Variété de citron. – Ar. *laymun.*

limonade [limɔnad] n. f. **1.** Vx ou dial. Boisson rafraîchissante faite de jus de citron et d'eau sucrée. **2.** Boisson faite d'eau gazeuse sucrée et acidulée avec de l'essence de citron. **3.** Commerce des limonadiers. ▷ Travail des garçons de café. – Esp. *limonada*, de l'ar. *laymun*, « citron ».

limonadier, ère [limɔnadje, ɛʀ] n. **1.** Personne qui fabrique de la limonade ou des boissons gazéifiées. **2.** Vx ou ADMIN Tenancier d'un débit de boissons. – De *limonade.*

limonage [limɔnaʒ] n. m. AGRIC Épandage de limon sur une terre aux fins de fertilisation. – De *limon* 1.

limonaire [limɔnɛʀ] n. m. Orgue de Barbarie. – Du n. de l'inventeur.

limoneux, euse [limɔnø, øz] adj. Riche en limon; bourbeux. – De *limon* 1.

1. limonier [limɔnje] n. m. et adj. Cheval de trait que l'on met entre les limons, que l'on peut atteler à une voiture. ▷ adj. *Cheval limonier.* – De *limon* 2.

2. limonier [limɔnje] n. m. Syn. vx de *citronnier.* – De *limon* 3.

limonière [limɔnjɛʀ] n. f. Ensemble formé par les deux limons d'une voiture à cheval. – De *limon* 2.

limonite [limɔnit] n. f. MINER Roche sédimentaire, brune ou ocre, très riche en oxyde de fer hydraté. – De *limon* 1.

limousin, ine [limuzɛ̃, in] adj. et n. **1.** adj. Du Limousin. ▷ Subst. *Un(e) Limousin(e).* **2.** n. m. Dialecte d'oc parlé dans le Limousin. **3.** Vx Ouvrier maçon. – Du bas lat. *Lemovicinum*, « pays des *Lemovices* (n. de peuple) ».

limousinage [limuzinaʒ] n. m. TECH Maçonnerie faite de moellons, de pierre meulière. – De *limousin* (sens 3).

limousine [limuzin] n. f. **1.** Anc. Pèlerine de laine grossière portée par les charretiers et les bergers. **2.** Ancien modèle de voiture dans lequel seuls les passagers de l'arrière étaient abrités. ▷ Mod. Automobile à trois glaces latérales et quatre portes.

limousiner [limuzine] v. tr. [1] TECH Construire en limousinage. – De *limousinage.*

limpide [lɛ̃pid] adj. Parfaitement transparent, clair, pur. *Eau, ciel limpides.* – *Regard limpide.* ▷ Fig. Dépourvu de toute obscurité, facile à comprendre. *Style limpide.* – Lat. *limpidus.*

limpidité [lɛ̃pidite] n. f. Qualité de ce qui est limpide. – Bas lat. *limpiditas.*

limule [limyl] n. m. ZOOL Animal arthropode, mérostome des côtes du Pacifique (Asie du S.-E.) et des Antilles, pouvant atteindre jusqu'à 60 cm (appelé à tort *crabe des Moluques*). *La chair du limule est comestible.* – Lat. zool *limulus.*

lin [lɛ̃] n. m. **1.** Plante *(Linum usitatissimum)* à tige fibreuse utilisée dans le textile, cultivée également pour ses graines oléagineuses. *Rouissage, séchage, broyage, teillage et peignage du lin.* – *Graine, farine de lin. L'huile de lin, siccative, entre dans la fabrication de nombreuses peintures, du linoléum, des toiles cirées, etc.* ▷ *Gris de lin* : couleur semblable à celle de la toile de lin écrue. **2.** Toile, tissu fait de fibres de lin. *Torchon de lin.* – Lat. *linum.*

linacées [linase] n. f. pl. BOT Famille de dicotylédones dont le type est le lin. – Sing. *Une linacée.* – De *lin.*

linaigrette [linegʀɛt] n. f. BOT Plante herbacée des régions humides (genre *Eriophorum*, fam. cypéracées), dont l'inflorescence porte une houppe cotonneuse luisante. – De *lin*, et *aigrette.*

linaire [linɛʀ] n. f. BOT Plante herbacée (genre *Linaria*, fam. scrofulariacées), dont diverses espèces ont des feuilles semblables à celles du lin. – Lat. médiév. *linaria*, du class. *linum*, « lin ».

linceul [lɛ̃sœl] n. m. Pièce de toile dans laquelle on ensevelit un mort. ▷ Litt., fig. *Le linceul blanc de la neige.* – Du lat. *linteolum*, dimin. de *linteum*, « toile de lin ».

linçoir ou **linsoir** [lɛ̃swaʀ] n. m. TECH Pièce formant linteau au-dessus d'une porte ou d'une fenêtre; pièce qui relie un chevêtre au mur.

linéaire [lineɛʀ] adj. (et n. m.) **1.** Qui a rapport aux lignes; qui se fait par des lignes. *Géométrie, dessin, perspective linéaire.* – *Mesure linéaire* : mesure de longueur (par oppos. à *mesure de superficie* ou *de volume*). **2.** MATH *Fonction, équation linéaire*, du premier degré par rapport à chacune des variables. ▷ *Application linéaire* : application d'un espace vectoriel E dans un espace vectoriel K, telle que pour tout couple $(\vec{x},\vec{y})$ de vecteurs de E et pour tout couple (α,β) de scalaires de K on a $f(\alpha\vec{x}+\beta\vec{y})=\alpha f(\vec{x})+\beta f(\vec{y})$. ▷ *Algèbre linéaire*, qui étudie les applications linéaires. ▷ *Forme linéaire* : application linéaire dans laquelle le corps K est considéré comme un espace vectoriel. ▷ *Programmation linéaire* : méthode consistant à rechercher l'optimum d'une fonction dont les variables sont liées entre elles par des équations linéaires et sont soumises à certaines contraintes. **3.** Dont la forme, la disposition rappelle une ligne. ▷ BOT *Feuille linéaire*, allongée et étroite. ▷ Fig. *Récit linéaire*, au déroulement simple comme une ligne. **4.** COMM Présentoir d'un rayon dans un magasin libre-service. – Lat. *linearis*, de *linea*, « ligne ».

linéairement [lineɛʀmɑ̃] adv. D'une manière linéaire. – De *linéaire.*

linéament [lineamɑ̃] n. m. (Surtout plur.) Trait élémentaire, élément de contour d'une forme considérée dans sa globalité. *Les linéaments d'un visage.* ▷ Fig. Ébauche, esquisse. *Les premiers linéaments d'un ouvrage.* – Du lat. *lineamentum.*

linéarité [lineaʀite] n. f. Didac. Propriété, qualité de ce qui est linéaire. ▷ LING *Linéarité de la langue* : en linguistique structurale et distributionnelle, propriété qu'a la langue (par oppos. à d'autres systèmes signifiants) de se manifester en énoncés ou éléments qui, oralement comme par écrit, se déroulent selon une seule dimension, celle du temps. – De *linéaire.*

linéique [lineik] adj. PHYS Qui est rapporté à l'unité de longueur. *Masse linéique d'un fil homogène de section uniforme* : masse de l'unité de longueur de ce fil. – Du lat. *linea,* «ligne».

liner [lajnœʀ] n. m. (Anglicisme) **1.** Paquebot de grande ligne. **2.** Avion à très grosse capacité pour le transport des passagers. Syn. gros porteur. – Mot angl., de *line,* «ligne».

linette [linɛt] n. f. Graine de lin. – De *lin.*

lingam [lingam] n. m. RELIG Pierre cylindrique figurant un phallus, dressée sur une table ovoïde, ensemble évocateur de la création, symbole du dieu Çiva. – Mot sanskrit.

linge [lɛ̃ʒ] n. m. **1.** Étoffe (de lin, à l'origine) utilisée à des fins domestiques diverses. ▷ *Envelopper un jambon avec un linge. Prendre un linge usagé pour astiquer les cuivres.* ▷ Ensemble des pièces de tissu réservées à ces usages. *Armoire à linge. Linge brodé. Linge de maison* (ou absol. *linge*). – *Linge de fil, de coton.* **2.** *Linge de corps* (ou absol. *linge*) : pièce(s) d'habillement portée(s) à même la peau, sous les vêtements. V. sous-vêtement. *Changer de linge.* – De l'anc. adj. *linge,* «de lin», du lat. *lineus.*

lingère [lɛ̃ʒɛʀ] n. f. Femme chargée de l'entretien, de la distribution du linge dans une communauté, un hôtel, une maison. – De *linge.*

lingerie [lɛ̃ʒʀi] n. f. **1.** Industrie et commerce du linge (au sens 2). **2.** Lieu où l'on range et où l'on entretient le linge, dans une communauté, une grande maison. **3.** Linge de corps féminin. – De *linge.*

lingot [lɛ̃go] n. m. Pièce brute de métal obtenue par coulée dans un moule. *Lingot d'or.* – De l'anc. provenç. *lingo,* «lingotière», de *lenga,* «langue», lat. *lingua,* par anal. de forme.

lingotière [lɛ̃gɔtjɛʀ] n. f. TECH Moule destiné à la fabrication des lingots. – De *lingot.*

lingual, ale, aux [lɛ̃gwal, o] adj. **1.** ANAT Relatif à, qui appartient à la langue. **2.** PHON *Consonne linguale,* articulée surtout avec la langue (par oppos. à *labiale*). [l], [n] et [t] sont des consonnes linguales. – Du lat. *lingua,* «langue».

linguatule [lɛ̃gwatyl] n. f. ZOOL Ver de grande taille (10 cm), parasite des fosses nasales de divers mammifères. – Du lat. *lingua,* «langue».

lingue [lɛ̃g] n. f. Poisson (fam. des gadidés) des côtes de Norvège, voisin de la morue. – Du néerl. *leng.*

linguiforme [lɛ̃gɥifɔʀm] adj. Didac. Qui a la forme d'une langue, d'une languette. – Du lat. *lingua,* «langue», et *-forme.*

linguiste [lɛ̃gɥist] n. Personne spécialiste de linguistique. – Du lat. *lingua,* «langue».

linguistique [lɛ̃gɥistik] n. f. et adj. **I.** n. f. **1.** Vx Étude scientifique, historique et comparative des langues. **2.** Mod. Science du langage. *«La linguistique est l'étude scientifique du langage humain» (A. Martinet).* V. encycl. **II.** adj. **1.** Relatif à la linguistique; envisagé du point de vue de la linguistique. **2.** Qui concerne la langue, une ou plusieurs langues. **3.** Qui concerne l'apprentissage des langues. *Séjour linguistique.* – Du lat. *lingua,* «langue».
ENCYCL Jusqu'au XXe s., on s'intéressa à l'évolution des langues dans le temps et aux liens de parenté les unissant. Critiquant les défauts de la linguistique historique, F. de Saussure bâtit son *Cours de linguistique générale,* publié en 1916 par ses élèves et à partir duquel s'élabora toute la linguistique moderne. Saussure a posé les concepts fondamentaux : synchronie, système, distinction entre langue et parole, etc. Après Saussure on peut reconnaître trois grandes écoles. **1.** L'école de Prague (N. Troubetskoï, R. Jakobson) a créé dans les années 1920-1930 la phonologie, étude des sons d'une langue par leurs relations réciproques, et tenté d'adapter cette étude aux autres niveaux de la langue (morphologie et syntaxe); la théorie de cette école porte le nom de fonctionnalisme, car les éléments de la langue sont définis par leur fonction dans le cadre de la communication. **2.** L'école de Copenhague (L.T. Hjelmslev et Togeby) a fondé une théorie linguistique qui tente de serrer de plus près l'idée saussurienne que la langue est *forme* et non *substance*; les prétendus éléments constitutifs de la langue ne sont que des faisceaux de relations. Il s'agit donc d'une algèbre de la langue. **3.** Une puissante école linguistique, dite *structurale,* s'est développée aux États-Unis, notam. sur le terrain ethnologique. L. Bloomfield (v. 1930-1940) est le principal représentant de ce courant, hostile au «mentalisme», qui abuserait d'explications psychologiques; pour assurer l'objectivité de la description, il rejette l'analyse du sens. Le plus remarquable développement de ces thèses est le «distributionnalisme» de Z.S. Harris (v. 1950), qui recense (dans un texte : *corpus*) toutes les distributions des unités (une distribution étant l'ensemble des environnements dans lesquels apparaît une unité), puis considère comme équivalentes les unités qui ont la même distribution et les réunit dans une même classe. Mais la grande révolution est due à un de ses disciples, N. Chomsky, qui a entrepris, vers 1957, une critique radicale de la linguistique d'inspiration structurale fondée sur la distribution; par ex., un groupe de mots comme «la critique de Pierre», qui n'a qu'une seule formulation (nom-préposition-nom), recouvre en fait deux structures différentes : «Pierre critique quelqu'un» et «Pierre est critiqué par quelqu'un»; Chomsky a fondé la grammaire générative et transformationnelle, qui considère le langage comme un processus par lequel tout locuteur peut générer une infinité de phrases pertinentes et nouvelles.

linier, ère [linje, ɛʀ] adj. et n. **1.** adj. Didac. Relatif au lin. **2.** n. Ouvrier dans l'industrie du lin. – De *lin.*

linière [linjɛʀ] n. f. AGRIC Champ planté de lin. – De *lin.*

liniment [linimɑ̃] n. m. Médicament onctueux pour frictionner la peau. – Bas lat. *linimentum,* de *linire,* «enduire, oindre».

linkage [liŋkɛdʒ; linkaʒ] n. m. (Anglicisme) POLIT Mise en relation de questions géopolitiques en vue de leur réglement négocié.

links [links] n. m. pl. Parcours d'un terrain de golf. – Mot écossais, angl. *linch,* «bord».

lino [lino] n. **1.** IMPRIM Abrév. de *linogravure, linotype, linotypiste.* **2.** n. m. Abrév. de *linoléum.*

linogravure [linogʀavyʀ] n. f. TECH Gravure en relief sur linoléum, caoutchouc ou matière plastique. – De *lino(léum),* et *gravure.*

linoléine [linolein] n. f. CHIM Ester de l'acide linoléique. – Angl. *linolein.*

linoléique [linoleik] adj. BIOCHIM *Acide linoléique* : acide gras diéthylénique de formule brute $C_{18}H_{32}O_2$, monoacide non saturé à chaîne normale qui entre dans la composition des lipides. – Du lat. *linum,* «lin», et *oleum,* «huile», parce qu'on trouve cet acide notam. dans l'huile de lin.

linoléum [linoleɔm] n. m. Revêtement de sol, tapis, constitué par une toile de jute enduite d'un mélange de liège aggloméré et d'huile de lin. (Abrév. cour. : lino). – Angl. *linoleum,* du lat. *linum,* «lin», et *oleum,* «huile».

linon [linɔ̃] n. m. Toile de lin claire à chaîne et trame peu serrées. – De l'a. fr. *linomple,* «lin uni».

linotte [linɔt] n. f. **1.** Petit oiseau chanteur (*Carduelis cannabina*, fam. fringillidés) passériforme de couleur brune, dont la poitrine et le front, chez le mâle, sont rouges. **2.** Fam. *Tête de linotte* : personne très étourdie, écervelée, qui agit à la légère. – De *lin*, cet oiseau étant friand de graines de lin.

linotype [linotip] n. f. IMPRIM Machine à composer qui fond les caractères en plomb par lignes entières (lignes-blocs). (Abrév. cour. : lino). – Mot anglo-amér., pour *line of types*, «ligne de caractères typographiques»; nom déposé.

linotypie [linotipi] n. f. IMPRIM Composition sur linotype. – De *linotype*.

linotypiste [linotipist] n. IMPRIM Ouvrier, ouvrière qui compose sur linotype. (Abrév. : lino). – De *linotype*.

linsoir. V. linçoir.

linteau [lɛ̃to] n. m. CONSTR Pièce horizontale de forme allongée reposant sur les deux jambages d'une baie et soutenant une maçonnerie. – Du lat. *limitaris*, «de la frontière» *(limes)*, confondu en lat. pop. avec *liminaris*, «relatif au seuil» *(limen)*.

lion, lionne [ljɔ̃, ljɔn] n. **I. 1.** Grand mammifère carnivore d'Afrique (*Panthera leo*, fam. félidés) au pelage fauve, à la puissante crinière (chez le mâle), dont la queue se termine par une touffe de poils. *Le rugissement du lion. Le lion, «roi des animaux». Le courage et la force légendaires du lion.* ▷ n. f. Lion femelle. **2.** (Par comparaison.) *Fort, courageux comme un lion. Il s'est battu comme un lion.* – Homme d'une grande bravoure, d'un grand courage. *C'est un lion!* ▷ Loc. fig., fam. *Avoir bouffé du lion* : faire montre d'une énergie inhabituelle. ▷ Loc. *La part du lion*, la plus grosse, celle que s'adjuge le plus fort, le plus puissant, dans un partage. *Se tailler la part du lion.* (V. léonin 1; *contrat léonin*.) **3.** Par anal. *Lion de mer* : gros phoque (6 ou 7 m) à crinière. **II. 1.** ASTRO *Le Lion* : constellation zodiacale de l'hémisphère boréal, qui contient notamment l'étoile Régulus. **2.** ASTROL Signe du zodiaque (23 juillet-23 août). – Ellipt. *Il est lion.* – Lat. *leo, leonis*, gr. *leôn, leôntos*.

lionceau [ljɔ̃so] n. m. Petit du lion. – Dimin. de *lion*.

lip(o)-. Élément, du gr. *lipos*, «graisse».

liparidés [lipaʀide] n. m. pl. ENTOM Famille de lépidoptères comprenant de nombreuses noctuelles, qui s'attaquent souvent aux arbres. – Sing. *Un liparidé.* – Du lat. scientif. *liparis*, du gr. *liparos*, «gras», et de *-idés*.

lipase [lipaz] n. f. BIOCHIM Enzyme qui hydrolyse les graisses en acides gras en détachant leur fonction alcool, permettant ainsi leur absorption lors de la digestion. – De *lip(o)*, et *-ase*.

lipémie [lipemi] ou **lipidémie** [lipidemi] n. f. BIOL Taux des lipides en circulation dans le sang. – De *lip(o)*, et *-émie*.

lipide [lipid] n. m. CHIM Ester résultant de l'action d'un alcool sur un acide gras insoluble dans l'eau, soluble dans les solvants organiques. *Les corps gras sont des lipides, esters du glycérol.* – De *lip(o)-*, et *-ide*.
ENCYCL Les lipides possèdent un rôle biologique important : structural, en tant que constituants des membranes cellulaires et du tissu nerveux; énergétique (la plus grande réserve d'énergie de l'organisme); en outre, ils interviennent dans la coagulation sanguine, dans la vision, etc. Leur origine est double : ils sont soit apportés par l'alimentation, soit synthétisés par l'organisme; leur utilisation n'est possible que sous forme de lipoprotéine, association d'un lipide et d'une protéine. Parmi les lipoprotéines on distingue : les α-lipoprotéines, riches en phospholipides; les β-lipoprotéines, riches en triglycérides. On distingue d'autre part les cérébrosides, les lécithines et autres lipides complexes surtout présents dans les cellules et le tissu nerveux.

lipidémie. V. lipémie.

lipidique [lipidik] adj. CHIM Relatif aux lipides. – De *lipide*.

lipizzan [lipizɑ̃] n. m. et adj. Cheval à robe grise, de petite taille, obtenu au XVIIe s. et rendu célèbre par l'École d'équitation de Vienne. – adj. *Un cheval lipizzan.* – Mot all., de *Lipizza*, haras des environs de Trieste (auj. Lipica, en Slovénie).

lipo-. V. lip(o)-.

lipogenèse [lipoʒənɛz] n. f. BIOCHIM Formation des lipides, dans les organismes végétaux et animaux (succession de réactions enzymatiques). – De *lipo-*, et *genèse*.

lipoïde [lipɔid] adj. et n. m. Didac. **1.** adj. De la nature de la graisse; qui ressemble aux graisses. **2.** n. m. Substance proche des lipides, soluble dans les corps gras. – De *lip(o)-*, et *-ide*.

lipolyse [lipoliz] n. f. BIOCHIM Hydrolyse, favorisée par la bile, des graisses en acides gras et alcools au cours de la digestion. – De *lipo-*, et *-lyse*.

lipomatose [lipomatoz] n. f. MED Affection héréditaire caractérisée par la présence de nombreux lipomes et accompagnée d'une atteinte des troncs nerveux. – De *lipome*, et *-ose* 2.

lipome [lipom] n. m. MED Tumeur sous-cutanée bénigne, qui se développe aux dépens du tissu adipeux. – De *lip(o)-*, et *-ome*.

lipophile [lipofil] adj. CHIM Qui présente une affinité pour les graisses. *Partie lipophile d'une molécule.* – De *lipo-*, et *-phile*.

lipoprotéine [lipopʀɔtein] n. f. BIOCHIM Molécule organique résultant de l'association d'une protéine avec un lipide spécifique, forme lipidique sous laquelle les protéines sont transportées dans le sang. – De *lipo-*, et *protéine*.

liposoluble [liposɔlybl] adj. CHIM Soluble dans les lipides. – De *lipo-*, et *soluble*.

liposome [lipozom] n. m. BIOCHIM Vésicule constituée de phospholipides, dans laquelle il est possible d'inclure des composés variés et, de ce fait, utilisée en cosmétologie, pharmacie, biologie et chimie. – Du gr. *lipos*, «graisse», et *-some*.

liposuccion [liposysjɔ̃] n. f. Intervention de chirurgie esthétique qui consiste à supprimer du tissu adipeux par aspiration. – De *lipo-*, et *succion*.

lipothymie [lipotimi] n. f. MED Malaise de courte durée, premier degré de la syncope, dans lequel la circulation et la respiration persistent. – Gr. *lipothumia*, «évanouissement».

lipotrope [lipotʀɔp] adj. BIOL Se dit des substances qui se fixent électivement sur les corps gras d'origine vivante. – De *lipo-*, et *-trope*.

lippe [lip] n. f. Vieilli Lèvre inférieure épaisse et saillante. ▷ Loc. *Faire la lippe* : faire la moue; fig. bouder. – Moy. néerl. *lippe*, «lèvre».

lippée [lipe] n. f. **1.** Vx Bouchée. **2.** Loc. Vx *Franche lippée* : bon repas qui ne coûte rien. – De *lippe*.

lippu, ue [lipy] adj. Qui a de grosses lèvres. – De *lippe*.

liquéfaction [likefaksjɔ̃] n. f. Passage d'un corps de l'état gazeux ou solide à l'état liquide. – Lat. *liquefactio*.

liquéfiable [likefjabl] adj. Qui peut être liquéfié. *Tous les gaz sont liquéfiables.* – De *liquéfier*.

liquéfiant, ante [likefjɑ̃, ɑ̃t] adj. Qui produit ou est propre à produire la liquéfaction. – Ppr. de *liquéfier*.

liquéfier [likefje] **1.** v. tr. [**2**] Faire passer à l'état liquide (un gaz, un solide). *Liquéfier du propane.* – v. pron. *Morceau de glace qui se liquéfie,* qui fond. **2.** v. pron. Fig., fam. Perdre toute énergie. *Il s'est complètement liquéfié depuis cette déception.* – Lat. *liquefacere.*

liquette [likɛt] n. f. Pop. Chemise. – P.-ê. de l'arg. *limace,* « chemise ». (V. ce mot.)

liqueur [likœʀ] n. f. **1.** Boisson sucrée faite à partir d'un mélange d'alcool ou d'eau-de-vie et d'essences aromatiques. *L'anisette, le cherry, le curaçao sont des liqueurs. Liqueurs apéritives, digestives.* – *Vin de liqueur* : vin doux, sucré et riche en alcool. ▷ *Par ext.* Tout digestif. *Proposer des liqueurs après un repas.* **2.** Vx Toute substance liquide. *« Traité de l'équilibre des liqueurs », de Pascal.* ▷ Mod. CHIM, PHARM Nom donné à diverses solutions. *Liqueur de Fehling.* – Lat. *liquor,* « chose fluide ».

liquidambar [likidɑ̃baʀ] n. m. BOT Arbre d'Asie et d'Amérique proche des hamamélis, dont on tire diverses résines aromatiques (styrax, en partic.). – Mot esp., « ambre liquide ».

liquidateur, trice [likidatœʀ, tʀis] n. Personne chargée de procéder à une liquidation. *Liquidateur judiciaire.* – De *liquider.*

liquidatif, ive [likidatif, iv] adj. DR Qui opère la liquidation. *Acte liquidatif d'une succession.* – De *liquider.*

liquidation [likidasjɔ̃] n. f. **1.** DR Opération par laquelle on liquide un compte, une succession, etc. – Spécial. *Liquidation des biens* : procédure entraînant la vente des éléments actifs d'une entreprise en état de cessation de paiement et dont la situation ne permet pas d'envisager la continuation de son activité. ▷ FIN *Liquidation en Bourse* : réalisation des opérations à terme conclues pour une époque déterminée. **2.** Fig. Action de se débarrasser de qqn en le tuant. *La liquidation d'un traître.* – Action de mettre fin à une situation, de se débarrasser de qqch. *La liquidation d'un conflit. La liquidation de ses remords.* **3.** *Liquidation de marchandises, de stock,* leur vente au rabais en vue d'un écoulement rapide. – De *liquider.*

1. liquide [likid] adj. et n. **I.** adj. **1.** Qui coule ou tend à couler. *L'eau est une substance liquide.* – *Sauce, pâte trop liquide,* trop diluée. ▷ *Corps à l'état liquide* (par oppos. à *solide* et à *gazeux*). – Liquéfié. *Gaz liquide en bouteilles* (notam. butane, propane à usage domestique). **2.** PHON Se dit des consonnes l, m, n, r, dont l'émission, après une autre consonne et dans la même syllabe (par ex. : « craie », « clef », « calme », etc.), se fait aisément (à la manière d'un fluide qui s'écoulerait facilement). – n. f. *Les vibrantes et les nasales sont des liquides.* **II.** n. m. **1.** Substance liquide; tout corps à l'état liquide. *Les liquides n'ont pas de forme propre, ils se rassemblent, sous l'effet de la pesanteur, dans le fond des récipients dont ils épousent la forme.* – (Par oppos. à *solide* et à *gaz.*) *Le lait est un liquide.* **2.** Aliment liquide. *Ce malade ne supporte rien d'autre que des liquides.* ▷ Spécial. *Le commerce des liquides,* des boissons spiritueuses. **3.** ANAT *Liquides organiques* : solutions diverses qui circulent dans l'organisme. *Liquide céphalorachidien.* Syn. humeur. – Lat. *liquidus,* « fluide, clair ».

2. liquide [likid] adj. et n. FIN **1.** Dont la valeur ou le montant est exactement déterminé. *Créance liquide.* **2.** Dont on peut disposer immédiatement, qui n'est grevé d'aucune charge. *Bien liquide,* exempt d'hypothèque. ▷ Par ext. Cour. *Argent liquide,* immédiatement disponible. ▷ Subst. *Manquer de liquide.* – *Payer en liquide,* en espèces. – Ital. *liquido,* « libre de dettes, disponible ».

liquider [likide] v. tr. [**1**] **1.** Procéder, après en avoir fixé le montant, au règlement de. *Liquider un compte. Liquider une succession.* – *Liquider une société commerciale* : procéder, lors de sa cessation, au règlement de son passif, et, entre les ayants droit, au partage de l'actif résiduel. **2.** Prendre les mesures nécessaires pour en finir définitivement avec (qqch). *Liquider une affaire, une situation.* – Fig., pop. *Liquider qqn,* le tuer ou le faire tuer. **3.** Vendre au rabais (des marchandises, des biens) pour s'en débarrasser. *Liquider un stock après inventaire.* – De *liquide* 2.

liquidien, enne [likidjɛ̃, ɛn] adj. Didac. De nature ou de consistance liquide. *Épanchement liquidien. Kyste liquidien.* – De *liquide* 1.

1. liquidité [likidite] n. f. État de ce qui est liquide. *La liquidité du mercure.* – Lat. *liquiditas,* « pureté ».

2. liquidité [likidite] n. f. FIN État d'un bien liquide. ▷ (Plur.) Valeurs liquides. *Les liquidités d'une entreprise.* – De *liquide* 2.

liquoreux, euse [likɔʀø, øz] adj. Se dit de certains vins sucrés et riches en alcool (porto, madère, etc.). – De *liqueur,* d'ap. le lat. *liquor.*

liquoriste [likɔʀist] n. Personne qui fait ou qui vend des liqueurs. – De *liqueur.*

1. lire [liʀ] v. tr. [**66**] **I. 1.** Identifier par la vue (des caractères écrits ou imprimés, des lettres, l'assemblage qu'elles forment) en faisant le lien entre ce qui est écrit et la parole. *Apprendre à lire et à écrire.* – *Lire les caractères hébreux.* – *Écriture qu'on a du mal à lire.* Syn. déchiffrer. ▷ Par anal. MUS *Lire une partition.* **2.** Prendre connaissance de (un texte) en parcourant des yeux ce qui est écrit, par la lecture. *Lire un roman, une lettre. Lire le journal.* – *Lire un auteur étranger dans le texte,* dans la langue même de cet auteur. ▷ *Lire une langue étrangère,* pouvoir lire des textes dans cette langue. *Il parle très mal l'anglais, mais il le lit couramment.* **3.** Énoncer à haute voix (un texte écrit). *Lire des vers devant qqn. Lire un article de journal à qqn.* **II.** Fig. **1.** Trouver la signification de (qqch) en fonction d'indications précises qu'il faut savoir interpréter, de signes qu'il faut savoir décoder. *Lire une carte, un graphique, une statistique.* **2.** Interpréter, comprendre de telle ou telle manière. *On peut lire ces vers à plusieurs niveaux.* – v. pron. *Son geste peut aussi se lire comme un appel désespéré.* **3.** Fig. Deviner, discerner, déceler (qqch) grâce à certains signes. *Lire l'avenir dans le marc de café.* – *Cette peur qu'on pouvait lire sur son visage.* – v. pron. *La joie qui se lisait sur ses traits.* ▷ (Sans comp. dir.) Deviner les pensées, les motivations secrètes. *Lire dans le cœur de qqn.* **III.** INFORM Décoder (les informations enregistrées sur un support). – Du lat. *legere.*

2. lire [liʀ] n. f. Unité monétaire italienne (symb. : LIT). – Ital. *lira,* empr. au fr. *livre.*

lis ou **lys** [lis] n. m. **1.** Plante ornementale (fam. liliacées) à bulbe écailleux, à grandes fleurs blanches, jaunes, orangées ou rouges. ▷ *Spécial.* Lis à fleurs blanches (*Lilium candidum*); sa fleur, symbole de la pureté, de la blancheur. *Un teint de lis.* **2.** *Fleur de lis* : figure héraldique représentant trois fleurs de lis stylisées et unies, propre aux armoiries de la monarchie française; symbole de cette monarchie. *Les fleurs de lis des armes de France.* ▷ Figure héraldique rappelant l'origine française d'une communauté nord-américaine. *Les fleurs de lis des armoiries du Canada, des provinces du Nouveau-Brunswick et du Québec.* **3.** ZOOL *Lis de mer* : nom cour. de tous les échinodermes crinoïdes fixés par un pédoncule. – A. fr. **lil,* lat. *lilium.*

lisage [lizaʒ] n. m. TECH **1.** Opération qui consiste à lire, à analyser un dessin pour tissu en vue de perforer les cartons qui sont ensuite montés dans le métier à tisser. **2.** Métier utilisé pour cette opération. – De *lire* 1.

lise [liz] n. f. Sable mouvant, au bord de la mer. – Du gaul. **ligitia,* « limon, vase ».

lisérage [lizeʀaʒ] n. m. TECH Travail de broderie consistant à cerner les motifs d'un fil d'or, d'argent ou de soie. – De *liserer.*

liseré [lizʀe] ou **liséré** [lizeʀe] n. m. **1.** Ruban étroit dont on borde un vêtement. **2.** Raie, d'une couleur différente de celle du fond, qui borde une pièce d'étoffe, un panneau peint, etc. *Mouchoir blanc à liséré rouge.* – Pp. de *lisérer.*

liserer [lizʀe] ou **lisérer** [lizeʀe] v. tr. [**14**] TECH Garnir d'un liséré. – De *lisière.*

liseron [lizʀɔ̃] n. m. Plante volubile grimpante (genre *Convolvulus,* fam. convolvulacées) aux fleurs blanches, roses ou mauves en forme de cloches. *Le liseron dont les fleurs ne sont ouvertes que le jour est appelé communément belle-de-jour.* – Dimin. de *lis.*

liseur, euse [lizœʀ, øz] n. Personne qui lit beaucoup. *Un grand liseur.* – De *lire* 1.

liseuse [lizøz] n. f. **1.** Petit coupe-papier qui sert de signet. **2.** Couvre-livre. *Liseuse en cuir.* **3.** Petit tricot léger de femme (pour lire au lit). – De *liseur.*

lisibilité [lizibilite] n. f. Caractère, qualité de ce qui est lisible. – De *lisible.*

lisible [lizibl] adj. **1.** Qui est aisé à lire, à déchiffrer. *Écriture lisible.* **2.** (Surtout en tournure négative.) *Un ouvrage peu lisible,* mal composé et de style incorrect. – De *lire* 1.

lisiblement [lizibləmɑ̃] adv. D'une manière lisible. *Écrivez lisiblement.* – De *lisible.*

lisier [lizje] n. m. AGRIC Liquide provenant du mélange des déjections solides et de l'urine des animaux de ferme. – Mot dial. de Suisse; p.-ê. du lat. *lotium,* « urine ».

lisière [lizjɛʀ] n. f. **1.** Bord d'une pièce d'étoffe, de chaque côté de sa largeur. ▷ Nom d'une étoffe rêche, de faible largeur. – *Chaussons de lisière,* fabriqués avec cette étoffe. **2.** Plur. Anc. Cordons qu'on attachait aux robes des petits enfants apprenant à marcher. ▷ Loc. fig. Litt. *Homme qu'on tient en lisières,* qui se laisse gouverner. **3.** Partie extrême d'une région (en partic. d'une région boisée). *Se promener en lisière d'un bois.* – P.-ê. de l'a. fr. *lis,* forme masc. rare de *lisse* 2.

1. lissage [lisaʒ] n. m. Action de lisser; son résultat. **1.** MATH *Lissage d'une courbe* (V. lisser). **2.** Syn. (officiellement recommandé) de *lifting.* – De *lisser.*

2. lissage [lisaʒ] n. m. TECH Opération qui consiste à disposer les lisses du métier à tisser en fonction de la variété de tissu désirée. – De *lisse* 2.

1. lisse [lis] adj. Qui ne présente aucune aspérité. *Surface lisse. Animal à poil lisse.* Ant. rugueux. – Déverbal de *lisser.*

2. lisse ou **lice** [lis] n. f. TECH Fil métallique ou textile portant un œillet dans lequel passe le fil de chaîne, dans un métier à tisser. ▷ *Tapisserie de haute lisse,* dont la chaîne est tendue verticalement. *Tapisserie de basse lisse,* dont la chaîne est tendue horizontalement. – Lat. pop **licia,* du class. *licium,* « lisse, fil ».

3. lisse [lis] n. f. **1.** MAR Membrure longitudinale de la charpente des fonds et de la muraille d'un navire. **2.** CONSTR Barre horizontale servant de garde-fou ou d'appui. – Frq. **listja,* « barrière ».

lissé, ée [lise] adj. et n. **1.** adj. Rendu lisse. (V. lisse 1.) **2.** n. m. Degré de cuisson du sucre, qui permet de l'étirer en fils. – Pp. de *lisser.*

lisser [lise] v. tr. [**1**] **1.** Rendre lisse. *Lisser du plâtre frais.* **2.** MATH Retracer (la courbe que figure une série de points) en éliminant du tracé les écarts par rapport à la ligne idéale joignant les valeurs moyennes. *Lisser une courbe.* – Du bas lat. *lixare,* « extraire par lessivage », et par ext. « repasser ».

lisseuse [lisøz] n. f. TECH Machine servant à lisser le cuir, le papier, etc. – De *lisser.*

lissier, ère ou **licier, ère** [lisje, ɛʀ] n. TECH Ouvrier, ouvrière spécialisé(e) qui monte les lisses. – De *lisse* ou *lice* 2.

lissoir [liswaʀ] n. m. TECH Instrument servant à lisser (papier, ciment, cuir, etc.). – De *lisser.*

listage [listaʒ] n. m. INFORM Action de lister; son résultat. Syn. listing (anglicisme déconseillé). – De *lister.*

liste [list] n. f. **1.** Série d'éléments analogues (noms, mots, chiffres, symboles, etc.) mis les uns à la suite des autres. *La liste des lauréats sera publiée dans la presse. Il m'a laissé une liste de recommandations. Liste de mariage,* de cadeaux de mariage. ▷ *Liste électorale :* liste, dressée chaque année, des électeurs d'une commune. – *Scrutin de liste,* dans lequel les électeurs votent non pour un candidat unique, mais pour plusieurs candidats groupés en une liste. ▷ *Liste rouge :* liste établie, à titre onéreux, par les P.T.T., des abonnés refusant de figurer dans l'annuaire. ▷ *Liste noire :* liste de personnes à surveiller, à exclure, à éliminer. **2.** INFORM Ensemble d'informations qui sort d'une imprimante (résultat d'un traitement, ensemble des instructions d'un programme, etc.). Syn. listing (anglicisme déconseillé). **3.** *Liste civile :* somme attribuée annuellement à un chef d'État pour subvenir aux dépenses qu'impliquent ses fonctions. – Ital. *lista,* du germ. **lîsta.*

listel [listɛl] ou **listeau** [listo] n. m. **1.** ARCHI Petite moulure unie, de section carrée, qui en sépare deux autres, plus saillantes. **2.** TECH Relief circulaire bordant le pourtour d'une pièce de monnaie. **3.** BLAS Banderole portant le cri de guerre ou la devise, placée hors de l'écu. – Ital. *listello.*

lister [liste] v. tr. [**1**] INFORM Faire éditer sous forme de liste par une imprimante. – De *liste.*

listériose [listeʀjoz] n. f. VETER, MED Maladie infectieuse due à un genre de bacille *(Listeria monocytogenes),* fréquente chez l'animal, rare chez l'homme, qui se manifeste généralement sous forme de méningite ou de pleuropneumonie. – Du lat. sav. *listeria,* agent de cette maladie.

listing [listiŋ] n. m. INFORM (Anglicisme) Syn. déconseillé de *liste* ou de *listage.* – Mot angl., « action de mettre en liste ».

lit [li] n. m. **I. 1.** Meuble sur lequel on se couche pour se reposer, pour dormir. *Lits superposés, jumeaux. Lit à baldaquin. Se mettre au lit. Le malade doit garder le lit. Lit de sangle,* fait de sangles attachées à deux pièces de bois soutenues par deux jambages croisés. *Lit de camp,* démontable et portatif. *Faire un lit,* le préparer en étendant dessus les draps et les couvertures et en les bordant. *Au saut du lit :* dès le réveil, très tôt. – Prov. *Comme on fait son lit, on se couche :* il faut accepter les conséquences de ses actes. ▷ Cadre du lit. *Lit de fer, d'acajou.* ▷ Matelas, sommier sur lequel on se couche. *Un bon lit.* **2.** Fig. (En loc.) Union conjugale. *Il a deux enfants d'un premier lit.* **3.** HIST *Lit de justice :* large siège surélevé et surmonté d'un dais, où les rois se tenaient pour présider une séance solennelle du Parlement. – *Par ext.* La séance elle-même. **II. 1.** *Par ext.* Couche, place préparée pour que l'on puisse s'y étendre, y dormir. *Le blessé était étendu sur un lit de fougères.* **2.** Couche d'épaisseur régulière d'une matière quelconque. *Un lit de gravier, de sable, d'argile. Saumon sur lit d'épinards.* **III.** Espace occupé par les eaux d'un cours d'eau. *Lit d'un fleuve.* ▷ MAR *Lit d'un courant :* zone où un courant est le plus violent. *Lit du vent,* direction où il souffle. – Du lat. *lectus.*

litage [litaʒ] n. m. PETROG Alternance, dans une roche détritique, de minces couches parallèles dont la composition est différente. – De *lit.*

litanie [litani] n. f. **1.** LITURG Prière qui fait alterner les invocations psalmodiées par l'officiant et les répons chantés ou récités par l'assistance. **2.** Fig. Énumération monotone (souvent de griefs, de plaintes). *C'est toujours la même litanie.* – Lat. ecclés. *litania,* mot gr. « prière ».

litchi [litʃi] ou **letchi** [letʃi] n. m. Arbre de l'Asie tropicale (*Litchi sinensis,* fam. sapindacées), au fruit comestible de saveur douce; ce fruit lui-même. – Chinois *li-chi.*

-lite. V. lith(o)-.

1. liteau [lito] n. m. **1.** Bande de couleur, parallèle aux bords du tissu, qui orne certaines pièces de linge de maison. *Nappe, torchons à liteaux.* **2.** TECH Pièce de bois horizontale, de faible section, fixée à un mur pour supporter une tablette. Syn. tasseau. – De *liste.*

2. liteau [lito] n. m. CHASSE Lieu où le loup gîte pendant le jour. – De *lit.*

litée [lite] n. f. CHASSE Réunion de plusieurs animaux dans le même gîte. *Litée de louveteaux.* – De *lit.*

liter [lite] v. tr. [**1**] TECH Disposer par lits, par couches. *Liter des poissons salés.* – De *lit.*

literie [litʀi] n. f. Ensemble des objets dont se compose un lit. ▷ *Spécial.* (Excluant le sommier et le châlit.) Garniture d'un lit (matelas, traversin, oreillers, draps, couvertures, etc.). – De *lit.*

lith(o)-, -lithe, -lite, -lithique. Éléments, du gr. *lithos,* « pierre ».

litham [litam] ou **litsam** [litsam] n. m. Voile dont les femmes musulmanes et les Touareg se couvrent le bas du visage. – Mot ar.

litharge [litaʀʒ] n. f. TECH Oxyde de plomb PbO, natif ou cristallisé après fusion, utilisé dans la fabrication des mastics et des produits antirouille. – Lat. d'orig. gr. *lithargyrus,* « pierre d'argent ».

lithiase [litjaz] n. f. MED Présence de calculs dans les voies excrétrices d'une glande ou d'un organe. *Lithiase rénale. Lithiase biliaire* (dans la vésicule, dans les canaux cholédoque et cystique). – Gr. *lithiasis,* « maladie de la pierre ».

lithine [litin] n. f. CHIM Hydroxyde de lithium LiOH. – De *lith(ium),* et *-ine.*

lithiné, ée [litine] adj. et n. m. Qui contient de la lithine. ▷ n. m. Comprimé de lithine. – De *lithine.*

lithique [litik] adj. De la pierre, qui a rapport à la pierre. *Industrie lithique des hommes de la préhistoire.* – Du gr. *lithos* « pierre ».

lithium [litjɔm] n. m. CHIM Élément alcalin de numéro atomique Z = 3 et de masse atomique 6,94 (symbole Li). – Métal (Li) de densité 0,534, qui fond à 180,5 °C et bout à 1 340 °C, surtout utilisé pour l'élaboration d'alliages antifriction. – *Sels de lithium,* utilisés en médecine dans le traitement des états maniaco-dépressifs. – Lat. mod. *lithion,* créé par Berzelius (1818).

litho-. V. lith(o)-.

litho [lito] n. f. Abrév. de *lithographie.*

lithobie [litobi] n. m. ENTOM Mille-pattes carnassier, long d'env. 3 cm, de couleur brun-roux, fréquent sous les pierres et dans l'humus. – De *litho-,* et du gr. *bios,* « vie ».

lithodome [litodom] n. m. ZOOL Mollusque lamellibranche des mers chaudes et tempérées, appelé aussi *datte de mer,* qui perfore les pierres pour s'y loger. – Gr. *lithodomos,* « qui bâtit avec des pierres ».

lithographe [litogʀaf] n. Personne qui imprime par les procédés de la lithographie. ▷ Artiste qui réalise des lithographies. – De *lithographie.*

lithographie [litogʀafi] n. f. Impression à la pierre lithographique; épreuve obtenue par ce procédé. (Abrév. cour. : litho). – De *litho-,* et *-graphie.*

ENCYCL Le dessin est exécuté, à l'envers, sur la pierre lithographique avec un crayon ou une plume à encre grasse. Après action de l'acide nitrique, il se produit, sauf à l'emplacement du dessin, une couche de nitrate de calcium, qui ne prend pas l'encre. L'épreuve est obtenue par impression sur un papier.

lithographier [litogʀafje] v. tr. [**2**] Imprimer en lithographie. – De *lithographie.*

lithographique [litogʀafik] adj. De la lithographie, qui a rapport à la lithographie. ▷ *Pierre lithographique :* pierre calcaire au grain très serré et très fin utilisée par les lithographes. (V. encycl. lithographie.) – De *lithographie.*

lithophage [litofaʒ] adj. et n. m. ZOOL Se dit des animaux (mollusques, notam.) qui creusent les pierres pour s'y loger. – n. m. *Certains lithophages sont comestibles.* – De *litho-,* et *-phage.*

lithophanie [litofani] n. f. TECH Procédé de décoration du verre, de la porcelaine, etc., utilisant des effets de transparence dus aux inégalités d'épaisseur de la matière. – De *litho-,* et du gr. *phainein,* « briller ».

lithopone [litopɔn] n. m. TECH Pigment blanc utilisé en peinture, obtenu par un mélange de sulfure de zinc et de sulfate de baryum.

lithosphère [litosfɛʀ] n. f. GEOL Partie solide de la sphère terrestre comportant la croûte et le manteau supérieur. – De *litho-,* et *sphère.*

lithosphérique [litosfeʀik] adj. GEOL Qui concerne la lithosphère. – De *lithosphère.*

lithotriteur [litɔtʀitœʀ] n. m. MED Instrument destiné à dissoudre les calculs vésicaux ou rénaux par l'effet d'ultrasons. – De *litho-,* et du lat. *tritus,* pp. de *terere,* « broyer ».

lithotritie [litɔtʀiti] n. f. MED Destruction, sans opération, des calculs du rein par ondes de choc. – De *litho-,* et du lat. *tritus,* pp. de *terere,* « broyer ».

lithuanien, enne. V. lituanien.

litière [litjɛʀ] n. f. **I. 1.** Paille que l'on répand dans les étables, les écuries, etc., pour que les animaux se couchent dessus. ▷ Sciure ou matière absorbante destinée à recevoir les excréments des chats en appartement. **2.** PEDOL Couche superficielle de l'humus forestier, contenant des débris végétaux de grande taille. **3.** Fig. *Faire litière de qqch,* ne pas s'en soucier. *Nous faisons litière de tels préjugés.* **II.** Anc. Véhicule à deux brancards, porté par des animaux de bât ou à bras d'hommes et dans lequel on voyageait couché. – De *lit.*

litige [litiʒ] n. m. DR Contestation en justice, procès. *Arbitrer un litige.* – *Par ext.* Contestation, controverse. *Point en litige.* – Lat. *litigium.*

litigieux, euse [litiʒjø, øz] adj. Qui est ou qui peut être en litige. *Point litigieux.* Syn. contesté, controversé. – Lat. *litigiosus.*

litorne [litɔʀn] n. f. Grive *(Turdus pilaris),* longue de 25 cm, à tête et croupion gris, qui hiverne en France. – (En appos.) *Grive litorne.* – Du picard *lutron,* « lambin »; du moyen néerl. *leuteren,* « tarder ».

litote [litɔt] n. f. Figure de rhétorique consistant à dire moins pour faire entendre plus. *Dans « le Cid », Chimène use d'une litote quand elle dit à Rodrigue : « Va, je ne te hais point », pour lui faire comprendre qu'elle l'aime.* – Bas lat. *litotes,* mot gr. « simplicité ».

1. litre [litʀ] n. f. RELIG Bande noire portant les initiales du défunt, tendue autour de l'église dans les funérailles solennelles. – Var. de *liste, lite,* « bordure »; du germ. *lista.*

2. litre [litʀ] n. m. **1.** Unité de mesure de volume égale à un décimètre cube (symbole l). **2.** Récipient contenant un litre ; son contenu. *Un litre de lait. Du vin en litres.* – De *litron.*

litron [litʀɔ̃] n. m. **1.** Ancienne mesure de capacité valant le 1/16 du boisseau. **2.** Fam. Litre de vin. – Lat. médiév. *litra,* mot gr. « livre de douze onces ».

litsam. V. litham.

littéraire [liteʀɛʀ] adj. (et n.) **1.** Relatif aux lettres, à la littérature. *Journal littéraire.* – *Langue littéraire* (par oppos. à *langue populaire* ou *langue parlée*). ▷ Qui a les caractères attribués à la littérature. *Genre littéraire.* **2.** Qui étudie la littérature ; qui traite, qui rend compte de la production littéraire. *Critique, histoire littéraire.* **3.** Qui montre des dispositions, des dons pour les lettres. *Esprit littéraire.* ▷ Subst. Personne formée par des études de lettres. *Les littéraires et les scientifiques.* – Lat. *litterarius.*

littérairement [liteʀɛʀmɑ̃] adv. Du point de vue littéraire. – De *littéraire.*

littéral, ale, aux [liteʀal, o] adj. Didac. **1.** Strictement conforme à la lettre (d'un mot, d'un texte). *Le sens littéral d'un passage de l'Écriture.* ▷ *Traduction littérale,* mot à mot. **2.** Exprimé par écrit. *Preuve littérale.* ▷ *Arabe littéral :* langue arabe écrite (par oppos. à *arabe parlé* ou *arabe dialectal*). – MATH *Grandeur littérale,* exprimée par une (des) lettre(s). – Bas lat. *litteralis.*

littéralement [liteʀalmɑ̃] adv. **1.** Didac. À la lettre. *Traduire littéralement.* **2.** Au sens strict du mot. *Je suis littéralement affamé.* Syn. véritablement. – De *littéral.*

littérarité [liteʀaʀite] n. f. Didac. Caractère distinguant la littérature des autres activités du langage. – De *littéraire.*

littérateur [liteʀatœʀ] n. m. (Parfois péjor.) Homme de lettres, écrivain. – Lat. *litterator,* « grammairien ».

littérature [liteʀatyʀ] n. f. **1.** Œuvres réalisées par les moyens du langage, orales ou écrites, considérées tant au point de vue formel et esthétique qu'idéologique et culturel. **2.** Ensemble des œuvres littéraires d'un pays, d'une époque. *La littérature française du XIX*[e] *s. La littérature moderne.* **3.** Étude des œuvres littéraires. *Cours de littérature.* **4.** Ensemble des textes qui traitent d'un sujet. *Il existe une importante littérature sur le laser.* **5.** Art d'écrire. – Carrière d'écrivain. *Se lancer dans la littérature.* **6.** Fam., péjor. Paroles brillantes mais sans rapport avec la réalité, ou inefficaces. *Tout cela n'est que littérature.* – Lat. *litteratura,* « écriture », puis « érudition ».

littoral, ale, aux [litɔʀal, o] adj. et n. m. **1.** adj. Qui appartient aux bords de la mer, aux côtes. *Partie littorale d'un département.* **2.** n. m. Zone située en bordure de mer. *Le littoral de la Manche.* Syn. côte. – Lat. *lit(t)oralis,* de *lit(t)us, lit(t)oris,* « rivage ».

littorine [litɔʀin] n. f. ZOOL Mollusque gastéropode marin, très abondant sur les côtes, dont diverses espèces sont consommées sous le nom de *bigorneau.* – Lat. zool. *littorina,* du lat. *litus, litoris,* « rivage ».

lituanien, enne ou **lithuanien, enne** [litɥanjɛ̃, ɛn] adj. et n. **1.** adj. De Lituanie, État du nord de l'Europe. ▷ Subst. *Un(e) Lituanien(ne).* **2.** n. m. Langue balte parlée en Lituanie.

liturgie [lityʀʒi] n. f. **1.** ANTIQ GR Service public dont les frais incombaient aux citoyens riches (fêtes religieuses, jeux, équipement d'un navire de guerre, etc.). **2.** Culte public, ordre des cérémonies institué par une Église. *Liturgie catholique.* – Lat. médiév. *liturgia,* du gr. *leitourgia,* « service public, service du culte ».

liturgique [lityʀʒik] adj. Relatif à la liturgie. *Réforme liturgique.* – Gr. ecclés. *leitourgikos.*

liturgiste [lityʀʒist] n. Personne qui étudie la liturgie. – De *liturgie.*

liure [ljyʀ] n. f. **1.** TECH Corde qui maintient le chargement d'une charrette. **2.** MAR Amarrage constitué de plusieurs tours de cordage ou de chaîne. – Du bas lat. *ligatura,* « action de lier ».

livarot [livaʀo] n. m. Fromage fermenté de lait de vache à pâte molle. – De *Livarot,* ville du Calvados.

live [laiv] adj. inv. et n. m. inv. (Anglicisme) AUDIOV Enregistré en public. *Un disque, une émission live.* ▷ n. m. inv. *Une émission qui passe en live. C'est du live.* – Mot angl., « vivant ».

livèche [livɛʃ] n. f. Ombellifère (genre *Levisticum*) des zones montagneuses de l'Europe méridionale, à graines dépuratives, dont les feuilles sont utilisées comme condiment. Syn. ache de montagne. – Du lat. pop. **levistica,* bas. lat. *levisticum,* altér. du class. *ligusticum.*

livet [livɛ] n. m. MAR Ligne formée par l'intersection du pont et de la muraille du navire. – Du lat. *libella,* « niveau ».

livide [livid] adj. **1.** D'une couleur terne et plombée. *Les nuages livides des ciels d'orage.* **2.** (En parlant du teint, de la peau, etc.) Très pâle, blafard. *Un visage livide.* – Lat. *lividus.*

lividité [lividite] n. f. État de ce qui est livide. ▷ MED *Lividité cadavérique :* coloration violacée de la peau d'un cadavre, apparaissant quelques heures après la mort. – De *livide.*

living-room [liviŋʀum] ou **living** [liviŋ] n. m. (Anglicisme) Syn. de *salle* de séjour. Des living-rooms, des livings.* – Mot angl., « pièce où l'on vit ».

livrable [livʀabl] adj. Qui peut être livré au destinataire. *Marchandise livrable immédiatement.* – De *livrer.*

livraison [livʀɛzɔ̃] n. f. **1.** Remise d'une marchandise vendue à la personne qui l'a acquise. *Voiture de livraison.* ▷ *Par méton.* Marchandise livrée. **2.** EDITION Partie d'un ouvrage publié par fascicules. – De *livrer.*

1. livre [livʀ] n. m. **1.** Assemblage de feuilles imprimées formant un volume. *Livre broché, relié. Format d'un livre.* ▷ Loc. *À livre ouvert :* à première lecture, sans préparation. *Il traduit le grec à livre ouvert.* – Fig. *Il est si naïf qu'on lit en lui à livre ouvert.* **2.** Texte imprimé d'un livre. *Lire, écrire un livre. Bon, mauvais livre. Livre d'images, de poésie, de grammaire. Livre de messe.* ▷ *Le livre saint :* la Bible. ▷ Fig. *Le grand livre de la nature :* la nature considérée comme source d'instruction directe. ▷ *Le livre :* l'imprimerie, l'édition. *Industrie du livre. Les ouvriers du livre :* les ouvriers imprimeurs. ▷ *Livre électronique :* ouvrage stocké sur un disque optique numérique, destiné à la lecture sur écran informatique. **3.** Subdivision d'une œuvre littéraire. *Les « Fables » de La Fontaine se composent de douze livres.* Syn. partie. **4.** Volume dans lequel sont consignés des renseignements dont on veut conserver la trace ; registre. – DR, COMM *Livres de commerce,* dans lesquels est enregistré le détail de la comptabilité d'un commerçant. *Grand-livre, livre journal.* – MAR *Livre de bord :* registre (appelé aussi *livre de loch*) tenu par l'officier de quart, où sont enregistrés tous les renseignements relatifs à la navigation ; *abusiv.* journal de mer, registre tenu par le commandant d'un navire, relatant le voyage qui vient d'être effectué. – *Livre d'or :* registre d'apparat que les visiteurs de marque d'un lieu sont invités à signer. *Le livre d'or d'un musée.* – Du lat. *liber* (V. liber).

2. livre [livʀ] n. f. **I.** Anc. Unité de masse, variable selon les époques et les pays. ▷ Mod. Unité de masse non officielle, valant un demi-kilogramme, utilisée surtout pour les denrées. *Une livre de tomates.* ▷ Unité de masse anglosaxonne (en angl. *pound*) valant 453,59 g. **II. 1.** Sous l'Ancien Régime, monnaie de compte correspondant à l'origine à la valeur d'une livre d'argent. **2.** Unité monétaire du Royaume-Uni et de divers autres pays. *Livre sterling* (symb. : £). *Livre égyptienne.* – Du lat. *libra,* « mesure de poids ».

livre-cassette [livʀkasɛt] n. m. Cassette contenant l'enregistrement de la lecture à haute voix d'un livre. *Des livres-cassettes.* – De *livre,* et *cassette.*

livrée [livʀe] n. f. **1.** Habit d'une couleur et d'une ornementation particulières porté par les domestiques d'un prince, d'une grande maison. *Portier en livrée.* ▷ Fig., litt. *La livrée de la misère,* les marques extérieures auxquelles on la reconnaît. **2.** ZOOL Pelage, plumage de divers animaux, qui se modifie généralement pendant la mue, la période d'activité sexuelle, etc. – Pp. fém. subst. de *livrer*; « vêtements livrés, fournis par un grand seigneur à sa suite ».

livrer [livʀe] v. tr. [1] **I. 1.** Mettre à la disposition, au pouvoir de. *Livrer un coupable à la justice.* ▷ v. pron. *Son forfait accompli, il se livra à la police.* Syn. remettre. – (Avec une idée de trahison.) *Livrer ses complices. Livrer des plans à l'ennemi.* Syn. donner. **2.** Abandonner, exposer à l'action de. *Livrer une ville au pillage. Épave qui dérive, livrée aux vents et aux courants.* ▷ v. pron. S'abandonner, se laisser aller (à). *Se livrer à des violences.* – S'adonner (à). *Se livrer à l'étude avec ardeur.* **3.** Donner à connaître. *Livrer ses pensées, un secret.* ▷ v. pron. Se confier. *Se livrer à un ami. C'est une personne réservée, qui ne se livre pas.* **4.** *Livrer une bataille, un combat,* l'engager. **5.** *Livrer passage :* laisser passer. **II.** Effectuer la livraison de (qqch). *Livrer de la marchandise.* – Par ext. (Emploi critiqué.) *Être livré :* recevoir livraison de qqch. *Nos clients sont livrés dans les plus brefs délais.* – Du lat. *liberare,* « libérer, dégager ».

livresque [livʀɛsk] adj. Qui vient des livres. *Savoir purement livresque.* – De *livre* 1, d'ap. *pédantesque.*

livret [livʀɛ] n. m. **1.** Petit livre, petit registre. *Livret de la caisse d'épargne. Livret scolaire. Livret militaire.* ▷ *Livret de famille,* remis aux nouveaux époux et destiné à recevoir mention de tous les actes d'état civil concernant la famille. **2.** MUS Texte, en vers ou en prose, destiné à être mis en musique pour la scène. V. libretto. – Dimin. de *livre* 1.

livreur, euse [livʀœʀ, øz] n. Personne qui livre les marchandises vendues. – (En appos.) *Garçon livreur.* – De *livrer.*

lixiviation [liksivjasjɔ̃] n. f. **1.** CHIM Extraction des parties solubles d'un corps au moyen d'un solvant. **2.** METALL Traitement des minerais par un acide ou une base pour séparer les métaux de la gangue qui les contient. – Du lat. *lixivius,* de *lix,* « lessive ».

llanos [ljanos] n. m. pl. GEOGR Vaste steppe herbeuse, en Amérique latine. – Esp. *llano.*

lm PHYS Symbole du lumen.

L.M.B.O. n. m. L.B.O. auquel participe le personnel d'encadrement de l'entreprise. – Sigle de l'anglais *leverage management buy out,* « rachat par les salariés [d'une entreprise] par opération de levier ».

ln MATH Symbole du logarithme népérien*.

loader [lɔdœʀ] n. m. (Anglicisme) TRAV PUBL Chargeuse. – Mot angl., de *to load,* « charger ».

lob [lɔb] n. m. SPORT Coup qui consiste à lancer la balle (ou le ballon) par-dessus l'adversaire, hors de sa portée. – Mot angl.

lobaire [lɔbɛʀ] adj. ANAT Constitué de lobes; relatif aux lobes. *Affection lobaire.* – De *lobe.*

lobby [lɔbi] n. m. (Anglicisme) Groupe de pression (sur les pouvoirs publics, sur l'État). *Des lobbies américains.* – Mot angl., d'abord « couloir de la Chambre » (lieu où se fomentent les intrigues).

lobbying [lɔbiiŋ] n. m. (Anglicisme) Pratique de ceux qui, se réclamant d'un lobby, tentent d'exercer sur les hommes politiques une influence destinée à favoriser leur intérêts. – De l'angl. *lobby.*

lobbysme [lɔbism] n. m. Syn. de *lobbying.* – De *lobby.*

lobbyste [lɔbist] n. Personne qui exerce le lobbysme. – De l'angl. *lobbyist.*

lobe [lɔb] n. m. **1.** ANAT Partie arrondie et bien délimitée de certains organes. *Lobes du cerveau, du foie.* ▷ Cour. *Lobe de l'oreille :* partie inférieure du pavillon. **2.** BOT Découpure, généralement arrondie, des feuilles ou des pétales. **3.** ARCHI Découpure en arc de cercle figurant dans le tracé de certains arcs et rosaces gothiques. – Gr. *lobos.*

lobé, ée [lɔbe] adj. **1.** Divisé en lobes. *Feuille lobée.* **2.** ARCHI Qui comporte des lobes. *Rosace lobée.* – De *lobe.*

lobectomie [lɔbɛktɔmi] n. f. CHIR Ablation d'un lobe d'un organe (poumon, cerveau, etc.). – De *lobe,* et *-ectomie.*

lobélie [lɔbeli] ou **lobelia** [lɔbelja] n. f. BOT Plante d'Amérique du N. aux fleurs en grappe, voisine des campanules. – De Matthias de *Lobel,* botaniste flamand (1538-1616).

lober [lɔbe] v. intr. [1] SPORT Faire un lob. ▷ v. tr. *Lober qqn,* le tromper par un lob. *Lober le goal.* – De *lob.*

lobotomie [lobotɔmi] n. f. CHIR Opération consistant à sectionner certaines fibres nerveuses du lobe frontal du cerveau. – De *lobe,* et *-tomie.*

lobulaire [lɔbylɛʀ] ou **lobulé** [lɔbyle] adj. ANAT Constitué de lobules ou en forme de lobule; relatif aux lobules. – De *lobule.*

lobule [lɔbyl] n. m. ANAT **1.** Petit lobe. *Lobule de l'oreille.* **2.** Partie constituante d'un lobe. *Lobule pulmonaire.* – Dimin. de *lobe.*

lobuleux, euse [lɔbylø, øz] adj. ANAT Constitué de nombreux lobes ou lobules. *Organe lobuleux.* – De *lobule.*

local, ale, aux [lɔkal, o] adj. et n. m. **I.** adj. **1.** Propre à un lieu, à une région. *Usages locaux.* **2.** Limité à un endroit déterminé; circonscrit. *Un problème purement local.* ▷ Relatif à une certaine partie du corps. *Anesthésie locale.* **3.** *Couleur locale :* ce qui représente au naturel les personnes, les choses, les mœurs, etc., d'un lieu ou d'une époque. *Détail qui fait couleur locale.* **II.** n. m. Lieu fermé ou partie d'un bâtiment, considérés quant à leur état ou à leur destination. *Local commercial, professionnel, à usage d'habitation.* – Bas. lat. *localis.*

localement [lɔkalmɑ̃] adv. Relativement à un lieu, une région. *Climat localement perturbé.* – *Remède appliqué localement,* à l'endroit du corps concerné par le mal. – De *local.*

localier [lɔkalje] n. m. PRESSE Journaliste qui tient une rubrique locale dans un quotidien régional. – De *local.*

localisable [lɔkalizabl] adj. Qui peut être localisé. – De *localiser.*

localisation [lɔkalizasjɔ̃] n. f. **1.** Action de localiser en situant, de déterminer la position de qqch. *Localisation d'un navire en détresse.* **2.** Fait d'être localisé, de se produire ou d'exister en un point précis. *La localisation très étroite du foyer d'épidémie devrait permettre une éradication rapide.* **3.** Action de localiser en limitant, de circonscrire. *L'intervention des pompiers a permis une localisation rapide de l'incendie.* – De *localiser.*

localiser [lɔkalize] v. tr. [1] **1.** Déterminer la position de, situer. *Localiser l'ennemi. Localiser un bruit.* **2.** Limiter, empêcher l'extension de. *Localiser un incendie.* ▷ v. pron. *Le mal s'est localisé à l'épiderme.* – De *local.*

localité [lɔkalite] n. f. Petite agglomération, bourg, village. – Bas. lat. *localitas,* « lieu » (en général).

locataire [lɔkatɛʀ] n. Personne qui prend à loyer un logement, une terre, etc. – Du lat. *locare,* « louer ».

1. locatif, ive [lɔkatif, iv] adj. Relatif au locataire ou à la location. *Réparations locatives*, à la charge du locataire. *Risques locatifs*, qui engagent la seule responsabilité du locataire. *Valeur locative* : revenu supputé d'un bien donné en location. – Du lat. *locare*, « louer ».

2. locatif, ive [lɔkatif, iv] adj. et n. m. LING Qui exprime le lieu. *Proposition subordonnée locative*. ▷ n. m. Cas du complément de lieu, dans certaines langues à déclinaisons (latin, russe, etc.). – Du lat. *locus*, « lieu ».

location [lɔkasjɔ̃] n. f. **1.** Action de donner ou de prendre une chose à loyer. *Location d'une villa, d'une voiture*. ▷ *Location-vente* : système de location qui permet au locataire de devenir propriétaire de la chose louée, moyennant versement d'un loyer majoré d'intérêts. **2.** Action de louer à l'avance (une place de spectacle, une chambre d'hôtel, etc.). *Bureau de location*. – Lat. *locatio*, de *locare*, « louer ».

1. loch [lɔk] n. m. MAR Appareil servant à mesurer la vitesse sur l'eau d'un navire. – Anc. *Loch à bateau*, constitué d'une planchette triangulaire lestée flottant verticalement (*bateau de loch*) et d'une ligne comportant un certain nombre de nœuds (*ligne de loch*) . – Mod. *Lochs à hélice, électriques*. – Néerl. *log*, « bûche ».

2. loch [lɔk] n. m. GEOGR Lac très allongé occupant le fond d'une vallée, typique du paysage écossais. – Échancrure étroite et profonde de la côte, en Écosse. – Mot écossais.

loche [lɔʃ] n. f. **1.** Poisson d'eau douce (genres *Cobitis* et voisins) au corps allongé couvert de mucus. **2.** Limace grise. – P.-ê. du gaul. **leuka*, « blancheur », à cause de leur couleur gris clair, ou par anal. avec *limace*.

lock-out [lɔkawt] n. m. inv. (Anglicisme) Fermeture d'une entreprise décidée par la direction en riposte à un mouvement de grève ou de revendication du personnel. – Mot angl., de *to lock* « fermer à clé », et *out*, « dehors, à l'extérieur ».

loco-. Élément, du lat. *locus*, « lieu ».

locomobile [lɔkɔmɔbil] adj. et n. f. **1.** adj. Vx Qui peut se déplacer ou être déplacé. **2.** n. f. Mod. Moteur (autref. machine à vapeur, auj. moteur à explosion) monté sur un châssis à roues, que l'on déplace d'un lieu à un autre pour entraîner des machines (batteuses, notam.). – De *loco-*, et *mobile*.

locomoteur, trice [lɔkɔmɔtœʀ, tʀis] adj. et n. f. **1.** adj. Qui sert à la locomotion. *Organe locomoteur*. **2.** n. f. Véhicule de traction de moyenne puissance. – De *locomotif*, d'ap. *moteur*.

locomotif, ive [lɔkɔmɔtif, iv] adj. Didac. Qui a rapport à la locomotion. *Faculté locomotive*. Vx *Machine locomotive*. – De *loco-*, et lat. *motivus*, « relatif au mouvement, mobile ».

locomotion [lɔkɔmɔsjɔ̃] n. f. **1.** Mouvement par lequel on se transporte d'un lieu à un autre; fonction assurant un tel mouvement. *Organes de la locomotion. La locomotion est une des fonctions de relation*. **2.** TRANSP *Moyens de locomotion. Locomotion à vapeur, aérienne*. – De *loco-*, et lat. *motio*, de *movere*, « mouvoir ».

locomotive [lɔkɔmɔtiv] n. f. **1.** Puissant véhicule circulant sur rails et remorquant ou poussant des rames de voitures ou de wagons. *Les locomotives à vapeur ont été progressivement remplacées par des locomotives électriques ou diesel*. **2.** Fig., fam. Personne, collectivité, événement qui joue le rôle d'élément moteur dans un domaine donné. – Fém. subst. de *locomotif*.

locotracteur [lɔkɔtʀaktœʀ] n. m. CH de F Véhicule de traction utilisé pour les manœuvres de gare ou sur des lignes à voie étroite. – De *loco(motive)*, et *tracteur*.

loculaire [lɔkylɛʀ] ou **loculé, ée** [lɔkyle] adj. BOT Divisé en loges. *Ovaire loculé*. (On dit aussi *loculeux, euse*.) – De *locule*, « petite loge » (vx), lat. *loculus*, « compartiment ».

locus [lɔkys] n. m. GENET Emplacement d'un gène sur un chromosome. – Mot lat., « lieu ».

locusta [lɔkysta] ou **locuste** [lɔkyst] n. f. Criquet migrateur. – Lat. *locusta*, « sauterelle, langouste ».

locuteur, trice [lɔkytœʀ, tʀis] n. LING Sujet parlant. – Personne qui parle (par oppos. à *auditeur*). – *Locuteur du chinois* : personne qui parle le chinois. – Lat. *locutor*.

locution [lɔkysjɔ̃] n. f. **1.** Expression, forme de langage particulière ou fixée par la tradition. *Locution vicieuse*, impropre. *Locution adverbiale*. **2.** Groupe de mots formant une unité quant au sens ou à la fonction grammaticale. *Locution verbale* (ex. *avoir faim*). *Locution adverbiale* (ex. *sans doute*). *Locution prépositive* (ex. *au-dessous de*). – Lat. *locutio*, de *loqui*, « parler ».

loden [lodɛn] n. m. Lainage imperméable, épais et feutré. ▷ *Par ext*. Manteau de pluie en loden. – Mot all.

lœss [løs] n. m. GEOL Dépôt éolien, limon constitué de granules de quartz et de calcaire enrobés d'argile, qui forme un sol très fertile. – Mot all.

lof [lɔf] n. m. MAR Vx Côté du navire qui reçoit le vent. ▷ Mod. seulement dans les loc. : *aller, venir au lof*, lofer, et *virer lof pour lof*, virer vent arrière. – Néerl. *loef*.

lofer [lɔfe] v. intr. [1] En parlant d'un navire, venir à un cap plus rapproché de la direction d'où souffle le vent. – De *lof*.

loft [lɔft] n. m. (Anglicisme) Local professionnel transformé en logement. – Mot angl., « grenier, soupente, atelier ».

log [lɔg] MATH Abrév. de *logarithme décimal*.

Log [lɔg] MATH Abrév. de *logarithme népérien*.

logarithme [lɔgaʀitm] n. m. MATH *Logarithme d'un nombre* : exposant dont il faut, pour obtenir ce nombre, affecter un autre nombre appelé *base*. *2 est le logarithme de 100 dans le système à base 10* ($10^2 = 100$). – *Logarithme népérien**. ▷ (En appos.) *Fonction logarithme*, telle que, pour tout couple (x, y) de nombres réels strictement positifs, $f(xy) = f(x) + f(y)$. – Lat. scientif. *logarithmus*, du gr. *logos*, « rapport », et *arithmos*, « nombre ».

ENCYCL Pour toute fonction logarithme f, il existe un nombre réel et un seul, noté *a*, strictement positif et différent de zéro, tel que $f(a) = 1$. Le nombre *a* est appelé la base de la fonction logarithme, notée $\log_a$. Si $y = \log_a(x)$, on a également $x = a^y$. Dans le cas particulier où la base a est égale à 10, on obtient les logarithmes décimaux, qui se notent log. Le logarithme décimal d'un nombre se compose d'une partie entière, positive ou négative, appelée *caractéristique*, et d'une partie fractionnaire, appelée *mantisse*. Si nous prenons log 120 = 2,07918, 2 est la caractéristique (c'est aussi le log de 100) et 07918 est la mantisse (0,07918 est aussi le log de 1,2). Les logarithmes *népériens* ont pour base le nombre e (e = 2,71828...) et se notent Log ou ln.

logarithmique [lɔgaʀitmik] adj. Qui a rapport aux logarithmes. *Calcul logarithmique*. ▷ De la nature des logarithmes. *Échelle* logarithmique*. – De *logarithme*.

loge [lɔʒ] n. f. **1.** Vx Petite hutte, cabane. **2.** Réduit, cellule. *Loges d'une ménagerie, d'une étable*. **3.** Petit logement d'un concierge, d'un gardien d'immeuble, placé en général non loin de la porte d'entrée. **4.** Dans les concours des écoles des beaux-arts, pièce, atelier où chacun des concurrents est isolé. *Entrer en loge*. **5.** Petite pièce dans les coulisses d'un théâtre, où les acteurs changent de costume, se maquillent, etc. ▷ Chacun des petits compartiments rangés par étages au pourtour d'une salle de spectacle, et où plusieurs spectateurs peuvent prendre place. – Loc. fig. *Être aux premières loges* : être bien placé pour voir, pour juger une chose. **6.** Local où ont lieu les réunions des francs-maçons; groupe, cellule de francs-maçons. **7.** ARCHI Galerie, portique en avancée sur l'alignement de la façade, pratiqué à l'un des étages d'un édifice. *Les loges du Vatican.* **8.** BOT Chacune des petites cavités existant dans le fruit, l'ovaire, les anthères, etc. – Frq. **laubja.*

logeable [lɔʒabl] adj. Habitable; spacieux, où l'on peut loger beaucoup de choses. – De *loger.*

logement [lɔʒmɑ̃] n. m. **1.** Action de loger (qqn, une population). *Indemnité de logement. Politique du logement.* **2.** Local d'habitation. - *Spécial.* Appartement. *Un logement exigu.* ▷ *Logement collectif,* qui comporte plusieurs appartements et des parties communes (entrée, cage d'escalier, etc.). **3.** TECH Creux, renfoncement ménagé pour recevoir une pièce. *Logement d'un tenon :* mortaise. *Logement d'une culasse de fusil.* – De *loger.*

loger [lɔʒe] v. **[13] I.** v. intr. Habiter à demeure ou provisoirement. *Loger en meublé.* **II.** v. tr. **1.** Abriter dans un logis, héberger. *Loger un ami.* ▷ (Choses) Contenir, héberger. *Hôtel qui peut loger cent personnes.* **2.** Mettre, placer; faire entrer. *Loger des affaires dans un placard. Loger une balle dans l'épaule de qqn.* – De *loge.*

logeur, euse [lɔʒœʀ, øz] n. Personne qui loue des logements garnis. – De *loger.*

loggia [lɔdʒja] n. f. **1.** ARCHI Petite loge (sens 7). **2.** Balcon couvert, en retrait par rapport à la façade. **3.** Plate-forme accessible par un escalier, construite à une certaine distance du sol dans une pièce haute de plafond. *Loggia d'un atelier d'artiste.* – Mot ital.

1. logiciel [lɔʒisjɛl] n. m. INFORM Ensemble des règles et des programmes relatifs au fonctionnement d'un ordinateur, par oppos. à *matériel.* (Mot off. recommandé pour *software.*) – De *logique.*

2. logiciel, elle [lɔʒisjɛl] adj. INFORM Relatif au logiciel. *Erreur logicielle.* – De *logiciel* 1.

logicien, enne [lɔʒisjɛ̃, ɛn] n. et adj. **I.** n. **1.** Spécialiste de la logique. **2.** Personne qui raisonne rigoureusement. *C'est un remarquable dialecticien et un logicien implacable.* **II.** adj. INFORM Relatif au logiciel. *Erreur logicielle.* – Du bas lat. *logicus.*

logicisme [lɔʒisism] n. m. Tendance à accorder une place prépondérante à la logique (en philosophie, en mathématiques, en sciences humaines). – De *logique.*

-logie, -logique, -logiste, -logue. Éléments, du gr. *logia,* « théorie », de *logos,* « discours ».

1. logique [lɔʒik] n. f. **1.** Science dont l'objet est de déterminer les règles de pensée par lesquelles on peut atteindre la vérité. *Logique dialectique, logique mathématique. Logique formelle,* qui opère sur des formes de raisonnements, indépendamment du contenu de ceux-ci. **2.** Traité sur cette science. *La « Logique de Port-Royal ».* **3.** Suite dans les idées, cohérence du discours. *Une logique sans faille. Manque de logique.* ▷ Manière de raisonner ou de se conduire qui a sa cohérence propre. *Logique des sentiments. La logique des malades atteints de délire de la persécution.* **4.** Enchaînement nécessaire des choses. *La logique des événements.* – Lat. *logica,* gr. *logikê,* « qui concerne la raison ».

ENCYCL La dialectique fut le premier système de logique : simple méthode de discussion chez Zénon d'Élée et chez les sophistes, elle devint avec Platon la philosophie elle-même. Aristote tenta de créer la logique comme science indépendante, en la séparant de la physique et de la métaphysique; elle est la science des formes de l'esprit, mais, comme telle, elle prétend encore à la connaissance de l'organisation du monde et non pas strictement à la démonstration de la vérité. Le premier, Roger Bacon, proclama la nécessité de la recherche expérimentale comme moyen d'augmenter nos connaissances. Puis Francis Bacon, dans son *Novum Organum* (« Nouvelle Logique »), indiqua un instrument nouveau pour atteindre la vérité : l'*induction.* Descartes compléta son œuvre en ce qui concerne l'extension des règles de la méthode mathématique *(déduction).* Au XIXe s., J. Stuart Mill, dans son *Système de logique,* essaya d'élever l'induction au rang qu'occupait la déduction dans le syllogisme. Au XXe s., la logique mathématique se développait tandis que, sur son modèle, le cercle de Vienne établissait ses bases. L'esprit qui anime les recherches en matière de logique formelle moderne répond à trois grandes préoccupations : 1° substituer au langage courant un système de signes univoques (un seul signe pour chaque concept, alors que le mot a plus. sens); 2° appliquer cette formalisation à toutes les relations et non plus seulement, comme la logique classique, aux seules relations d'inclusion de type A est B (syllogistique aristotélicienne) : Tout homme (A) est mortel (B), Socrate (C) est un homme (A), donc Socrate (C) est mortel (B); 3° permettre un calcul logique aussi rigoureux que le calcul algébrique.

2. logique [lɔʒik] adj. **1.** Conforme aux règles de la logique, cohérent. *Raisonnement logique.* **2.** Qui raisonne d'une manière cohérente, conformément à la logique. *Avoir l'esprit logique. Soyez logique avec vous-même !* **3.** De la logique, qui concerne la logique en tant que science. *Recherches logiques.* **4.** GRAM *Analyse logique :* V. analyse (sens 4). – De *logique* 1.

logiquement [lɔʒikmɑ̃] adv. D'une manière conforme à la logique. *Raisonner logiquement.* – De *logique.*

logis [lɔʒi] n. m. **1.** Vieilli, litt. Lieu où l'on est logé; habitation, demeure, domicile. *Rester au logis.* - Loc. fig. *La folle du logis :* l'imagination. **2.** ARCHI *Corps de logis :* partie principale d'un bâtiment (par oppos. à *ailes,* à *dépendances,* etc.). **3.** MILIT *Maréchal des logis :* V. maréchal. – De *loger.*

-logiste. V. -logie.

logisticien, enne [lɔʒistisjɛ̃, ɛn] adj. et n. Didac. **1.** Relatif à la logistique mathématique. **2.** n. Spécialiste de logistique mathématique. – De *logistique.*

logistique [lɔʒistik] n. f. (et adj.) **I. 1.** Vx Technique du calcul, par oppos. à l'arithmétique théorique. **2.** Mod. Logique symbolique utilisant un système de signes analogue à celui de l'algèbre. **II. 1.** Partie de l'art militaire ayant trait aux activités et aux moyens qui permettent à une force armée d'accomplir sa mission dans les meilleures conditions d'efficacité (approvisionnement en vivres et munitions, maintenance du matériel, etc.); ces activités, ces moyens eux-mêmes. ▷ adj. *Le soutien logistique d'une unité en campagne.* **2.** *Par ext.* Organisation matérielle (d'une entreprise, d'une collectivité, etc.). – Bas lat. *logisticus,* gr. *logistikos,* adj. et n., « arithmétique pratique ».

logo-. Élément, du gr. *logos,* « parole, discours ».

logo. V. logotype.

logographe [lɔgɔgʀaf] n. m. ANTIQ **1.** Historien des premiers temps de la Grèce. **2.** À Athènes, conseiller juridique et écrivain public qui se chargeait d'écrire les plaidoyers des citoyens appelés devant les tribunaux. – Gr. *logographos.*

logogriphe [lɔgɔgʀif] n. m. Didac. Énigme qui consiste en un mot dont les lettres, diversement combinées, forment d'autres mots que l'on donne à deviner d'après leur définition (ex. avec le mot *prince,* on peut former *pince, rince, pire, rien, cep,* etc.). ▷ Fig., litt. Discours, écrit inintelligible. – De *logo-,* et gr. *grîphos,* « filet », au fig. « énigme ».

logomachie [lɔgɔmaʃi] n. f. Litt. **1.** Dispute sur les mots. **2.** Suite de mots creux. – Gr. *logomakhia*; de *logos,* « parole, discours », et *makhesthai,* « combattre ».

logomachique [lɔgɔmaʃik] adj. Litt. Qui tient de la logomachie. *Discours logomachique.* – De *logomachie.*

logorrhée [lɔgɔʀe] n. f. MED Besoin irrépressible de parler, survenant en particulier dans les états maniaques. ▷ Cour. Manie de parler interminablement et sans nécessité; discours, propos interminables et désordonnés. – De *logo-*, et *-rhé(o)*.

logos [lɔgos] n. m. **1.** PHILO Chez les philosophes stoïciens, Dieu en tant que raison et principe actif de toutes choses. ▷ Chez Philon d'Alexandrie, hypostase intermédiaire entre Dieu et le monde. **2.** THEOL Le Verbe de Dieu (chez saint Jean, qui identifie le Verbe à Jésus, deuxième personne de la Trinité). – Mot gr., « parole, raison ».

logotype [lɔgɔtip] [logo] ou **logo** n. m. **1.** IMPRIM Groupe de lettres ou de signes d'un usage fréquent (abréviation, marque de l'éditeur, etc.) fondu en un seul bloc pour faciliter la composition typographique. **2.** *Par ext.* (Le plus souvent sous la forme *logo*, dans ce sens.) Groupe de lettres ou de signes, ou élément graphique qui sert d'emblème à une société, à une marque commerciale. *Le H flanqué d'une grille, logo de Hachette.* – De *logo-*, et *-type*.

-logue. V. -logie.

1. loi [lwa] n. f. **I. 1.** Règle édictée par une autorité souveraine et imposée à tous les individus d'une société. *Se conformer aux lois de son pays.* ▷ DR Prescription obligatoire du pouvoir législatif. *Lois civiles, criminelles.* – *Loi de finances*, qui fixe l'évaluation globale du budget de l'État, de ses dépenses et du rendement des impôts et qui autorise le gouvernement à recouvrer ceux-ci. *Loi de programme* ou *loi-programme**. *Loi organique*, qui concerne l'organisation des pouvoirs publics. ▷ *Par ext.* Ensemble des lois. *Nul n'est censé ignorer la loi.* ▷ *Homme de loi* : juriste. **2.** (Plur.) Conventions régissant la vie sociale. *Les lois de l'honneur.* – *Les lois de la guerre*, que les nations sont convenues d'observer entre elles en cas de guerre. **3.** Fig. Autorité, pouvoir. *La loi du plus fort.* ▷ *Faire la loi* : se conduire en maître, dicter sa volonté à autrui. **II.** Ensemble des règles que tout être conscient et raisonnable se sent tenu d'observer. *La loi morale. La loi naturelle* : le principe du bien tel qu'il se révèle à la conscience. ▷ *La loi divine* : les préceptes que Dieu a donnés aux hommes par révélation. *Loi ancienne et loi nouvelle* : celles de l'Ancien et du Nouveau Testament. **III. 1.** Expression de rapports constants entre des phénomènes du monde physique. *Loi de la gravitation universelle.* ▷ *Loi normale* ou *loi de Laplace-Gauss* : loi donnant la probabilité d'une variable aléatoire continue et dont la courbe représentative a la forme d'une cloche *(courbe en cloche)*. PHYS *Loi de Gay-Lussac* : le coefficient de dilatation des gaz parfaits est indépendant de la température et de la pression. ▷ CHIM *Loi de Gay-Lussac* : lorsque deux gaz se combinent pour former un composé, leurs volumes, mesurés sous une même pression et à une même température, sont dans un rapport simple. *Loi de Mariotte* : pour une masse donnée de gaz et à température constante, le produit de la pression d'un gaz par son volume reste constant. (Cette loi n'est rigoureuse que pour les gaz parfaits.) **2.** Par ext. *Lois économiques, sociologiques.* **3.** MATH *Loi de composition* : V. composition. – Du lat. *lex, legis*, « loi »; d'abord *lei*.

2. loi [lwa(a)] n. f. Titre auquel une monnaie doit être fabriquée. – Forme d' *aloi*.

loi-cadre [lwa(a)kadʀ] n. f. Loi énonçant un principe général dont les modalités d'application sont précisées par des décrets. *Des lois-cadres.* – De *loi*, et *cadre*.

loin [lwɛ̃] adv. **I. 1.** (Exprimant le lieu.) À une grande distance. *Ce chemin ne mène pas loin.* ▷ Fig. *Il ira loin* : il réussira. – *Aller trop loin* : exagérer, dépasser la mesure. – Fam. *Ne pas voir plus loin que le bout de son nez* : avoir l'esprit borné. **2.** (Exprimant le temps.) À une époque éloignée dans le passé ou dans l'avenir. *Le temps dont je parle est déjà loin. Ce malade n'ira pas loin*, il mourra bientôt. **II.** Loc. adv. **1.** *Au loin* : à une grande distance. **2.** *De loin* : d'un endroit ou d'une époque éloignée. **3.** Fig. *De loin* : de beaucoup. *Il est de loin le plus âgé.* – Fig. *De près ou de loin* : d'une manière ou d'une autre. – Fig. *Voir venir qqn de loin*, deviner, supputer ses intentions cachées. **III.** Loc. prép. *Loin de.* **1.** À une grande distance de; à une époque éloignée (dans le passé ou dans l'avenir) de. *Nous sommes encore loin de Pâques.* ▷ Fig. *Loin de moi cette pensée.* **2.** *Loin de* + inf. (Marquant une négation.) *Il est loin d'avoir compris* : il n'a pas compris du tout. – *Être loin de faire une chose* : être dans des dispositions toutes contraires à celles qui porteraient à la faire. **IV.** Loc. conj. de lieu et de temps. *Du plus loin que, d'aussi loin que. Du plus loin qu'il m'en souvienne. D'aussi loin qu'il me vit.* – Du lat. *longe*.

lointain, aine [lwɛ̃tɛ̃, ɛn] adj. et n. m. **I.** adj. Qui est loin (dans l'espace ou dans le temps). *La Chine est un pays lointain. L'époque lointaine de César.* ▷ Fig. *Une influence lointaine*, indirecte, atténuée. **II.** n. m. **1.** *Le lointain* : les lieux que l'on voit au loin. *Distinguer un village dans le lointain.* **2.** PEINT Ce qui paraît le plus éloigné dans un tableau. – Du lat. pop. *longitanus*, du class. *longe*.

loi-programme [lwapʀɔgʀam] n. f. Loi de finances pluriannuelle.

loir [lwaʀ] n. m. Rongeur *(Glis glis)* à pelage gris ou châtain, long d'une vingtaine de cm, pourvu d'une longue queue touffue. *Le loir est un animal nocturne qui vit dans les arbres et hiberne six mois dans le sol.* ▷ Loc. *Dormir comme un loir*, très profondément. – Du lat. pop. *lis, liris*, class. *glis, gliris*.

loisible [lwazibl] adj. *Il lui est loisible de* (+ inf.) : il lui est permis, possible de. – De l'anc. v. *loisir*, « être permis ».

loisir [lwaziʀ] n. m. **1.** Temps pendant lequel on n'est astreint à aucune tâche. *Des moments de loisir.* **2.** (Plur.) Activités diverses (sportives, culturelles, etc.) auxquelles on se livre pendant les moments de liberté. *Les loisirs de plein air.* **3.** Temps nécessaire pour faire commodément qqch. *Je n'ai pas eu le loisir d'y réfléchir.* ▷ Loc. adv. *À loisir, tout à loisir* : à son aise, sans hâte. – De l'anc. v. *loisir*, « être permis »; lat. *licere*.

lokoum. V. rahat-loukoum.

lollards [lɔlaʀ(ds)] n. m. pl. HIST **1.** Hérétiques anglais des XIVe et XVe s., qui répandirent les doctrines de Wyclif. **2.** Membres des confréries qui, à partir du XIVe s., s'attachèrent aux soins des malades, en Allemagne et aux Pays-Bas. – P.-ê. du néerl. *lollaert*.

lolo [lolo] n. m. Langage enfantin Lait.

lombago. V. lumbago.

lombaire [lɔ̃bɛʀ] adj. MED, ANAT Qui concerne les lombes, la région des reins. – *Une vertèbre lombaire* ou, n. f., *une lombaire.* – De *lombes*.

lombalgie [lɔ̃balʒi] n. f. MED Douleur dans la région basse de la colonne vertébrale, d'origines diverses (osseuse, articulaire, musculaire ou viscérale). – De *lombes*, et *-algie*.

lombard, arde [lɔ̃baʀ, aʀd] adj. et n. **1.** De la Lombardie, région du nord de l'Italie. ▷ Subst. *Un(e) Lombard(e).* – HIST *Ligue lombarde*, formée en 1167 par les v. de l'Italie du N. contre l'empereur Frédéric Ier Barberousse et soutenue par la papauté. **2.** n. m. Dialecte italien parlé en Lombardie. – Du lat. *Langobardi*, « Lombards ».

lombarthrose [lɔ̃baʀtʀoz] n. f. MED Arthrose du rachis lombaire. – De *lombes*, et *arthrose*.

lombes [lɔ̃b] n. f. pl. ANAT Région postérieure du tronc située entre les dernières côtes et les ailes iliaques. – Du lat. *lumbus*, « rein ».

lombo-sacré, ée [lɔ̃bosakʀe] adj. ANAT Situé au niveau de l'articulation du rachis sacré et du rachis lombaire. *Des douleurs lombo-sacrées.* – De *lombes*, et *sacré*, de *sacrum*.

lombric [lɔ̃bʀik] n. m. Ver de mœurs souterraines, au corps divisé en anneaux, à la peau rose légèrement visqueuse, appelé cour. *ver de terre.* – Du lat. *lumbricus.* ENCYCL *Lumbricus terrestris*, hermaphrodite, vit dans les sols humides. Il se nourrit en avalant la terre pour en digérer et absorber les matières organiques, les micro-organismes, etc., creusant ainsi des galeries qui, tout comme ses déjections, à l'aspect de petits tortillons, aèrent et ameublissent le sol.

londonien, enne [lɔ̃dɔnjɛ̃, ɛn] adj. et n. De Londres, cap. de la grande-Bretagne. ▷ Subst. *Un(e) Londonien(ne).* – De *London*, nom angl. de Londres.

londrès [lɔ̃dʀɛs] n. m. Cigare de La Havane, destiné, à l'origine, à l'exportation vers l'Angleterre. – Esp. *londrés*, « de Londres ».

long, longue [lɔ̃, lɔ̃g] adj., n. et adv. **A.** adj. **I.** (Idée d'espace.) **1.** Qui présente une certaine étendue dans le sens de sa plus grande dimension (par oppos. à *court*, à *large*). *Une longue perche. Une robe longue. Une salle très longue.* ▷ ANAT *Le muscle long abducteur du pouce.* – n. m. *Le long dorsal.* ▷ Loc. fig. *Avoir le bras long* : avoir de l'influence. – *Avoir les dents longues* : être très ambitieux. ▷ *Long de* : dont la longueur est de. *Tapis long de deux mètres.* **2.** Qui couvre une grande distance. *Pièces à longue portée.* – MILIT *Coup long*, tel que le projectile tombe au-delà de l'objectif. ▷ MAR *Navigation au long cours*, en dehors des limites du cabotage. **II.** (Idée de temps.) **1.** Qui dure longtemps (par oppos. à *bref*, à *court*). *Une longue vie.* ▷ LING *Syllabe, voyelle longue*, dont l'émission dure longtemps, relativement aux autres syllabes, aux autres voyelles (dites *brèves*). – n. f. *Une longue.* ▷ *Long de* : dont la durée est de. *Un règne long de dix ans.* **2.** Éloigné (dans le passé ou dans l'avenir). *Nous nous connaissons de longue date. Un bail à long terme.* **3.** *Long à* : qui met beaucoup de temps pour. *Il est long à se décider.* **B.** n. m. Longueur. *Des rideaux de trois mètres de long.* Ant. largeur. ▷ *Tomber de tout son long*, en ayant le corps étendu sur toute sa longueur. **C. I.** adv. Beaucoup. *Regard qui en dit long.* **II.** Loc. adv. **1.** *De long, en long* : dans le sens de la longueur. *Scieur de long. Fendre une bûche en long.* **2.** *Se promener de long en large* : faire des allées et venues incessantes dans un espace restreint. **3.** *Au long, tout du long* : entièrement, complètement. *Je lui ai exposé le problème tout du long.* **4.** *À la longue* : avec le temps. *Redites qui, à la longue, finissent par lasser.* **III.** Loc. prép. **1.** *Au long de* : en côtoyant. *Au long du ruisseau.* **2.** *Tout au long de* : pendant toute la durée de. *Tout le long de l'année.* – Lat. *longus*.

longanimité [lɔ̃ganimite] n. f. Litt. **1.** Patience avec laquelle on endure les offenses que l'on pourrait punir. **2.** Patience dans le malheur. – Bas lat. *longanimitas*.

long-courrier [lɔ̃kuʀje] n. m. (et adj.) **1.** Navire qui effectue des navigations au long cours. **2.** Avion de transport pouvant franchir des étapes de plus de 6 000 km. *Des long-courriers.* – adj. *Un avion long-courrier.* – De *long cours*.

1. longe [lɔ̃ʒ] n. f. Moitié de l'échine d'un veau ou d'un chevreuil, du bas des épaules à la queue. – *Longe de porc* : dans la vente en gros, partie du porc comprenant les parties supérieures des régions cervicales, dorsales et sacrées. – Du lat. pop. **lumbea*, de *lumbus*; d'abord *loigne*, « rein ».

2. longe [lɔ̃ʒ] n. f. Longue courroie qui sert à attacher ou à conduire un cheval, un animal domestique. – De *long*.

longer [lɔ̃ʒe] v. tr. [13] **1.** Aller le long de. *Longer la rivière.* **2.** S'étendre le long de. *La route longe la voie ferrée.* – De *long*.

longeron [lɔ̃ʒʀɔ̃] n. m. TECH Chacune des pièces longitudinales qui forment l'ossature principale d'un châssis, d'un pont métallique, d'une aile d'avion, etc. – De *long*.

longévité [lɔ̃ʒevite] n. f. Longue durée de la vie. *La longévité des carpes est fameuse.* ▷ Durée de la vie. *Longévité moyenne d'une espèce.* – Bas lat. *longævitas*, de *longus*, « long », et *ævum*, « âge ».

longi-. Élément, du lat. *longus*, « long ».

longicorne [lɔ̃ʒikɔʀn] adj. et n. m. ENTOM Qui a de longues cornes ou de longues antennes (insectes). *Coléoptère longicorne.* ▷ n. m. pl. Syn. de *cérambycidés*. – Sing. *Un longicorne.* – De *longi-*, et *corne*.

longiligne [lɔ̃ʒiliɲ] adj. et n. Qui a les membres longs par rapport au tronc. Ant. bréviligne. ▷ Cour. Mince et élancé. – Subst. *C'est un longiligne.* – De *longi-*, et *ligne*.

longimétrie [lɔ̃ʒimetʀi] n. f. Vx Mesure des longueurs entre deux points inaccessibles. – De *longi-*, et *-métrie*.

longitude [lɔ̃ʒityd] n. f. Une des deux coordonnées qui permettent de situer un lieu à la surface du globe terrestre (l'autre est la latitude); angle, compté de 0° à 180°, que forme le plan du méridien de ce lieu avec le plan du méridien pris pour origine (méridien de Greenwich). *Le phare d'Eckmühl est situé par 47° 48' de latitude nord et 4° 22' de longitude ouest.* ▷ ASTRO *Longitude d'un astre* : dans le système de coordonnées écliptique géocentrique, angle formé dans le plan de l'écliptique par la droite qui passe par le centre de la Terre et le point vernal, d'une part, et par la projection de la droite reliant le centre de la Terre à l'astre, d'autre part. – Lat. *longitudo*, « longueur ».

longitudinal, ale, aux [lɔ̃ʒitydinal, o] adj. Qui s'étend, qui est disposé ou pratiqué selon le sens de la longueur. *Coupe longitudinale.* – Du lat. *longitudo, longitudinis*, « longueur ».

longitudinalement [lɔ̃ʒitydinalmɑ̃] adv. Selon le sens de la longueur. – De *longitudinal*.

long-jointé, ée [lɔ̃ʒwɛ̃te] adj. VETER *Cheval long-jointé*, qui a le paturon trop long. – De *long*, et *joint*.

longrine [lɔ̃gʀin] n. f. CONSTR Poutre horizontale servant à répartir les charges d'un ouvrage sur les fondations. – Ital. *lungarina*, de *lungo*, « long ».

longtemps [lɔ̃tɑ̃] adv. **1.** Pendant un long espace de temps. *Il a longtemps vécu en Suisse.* **2.** (Après une préposition ou après *il y a*.) Un long espace de temps. *Je le savais depuis longtemps. Vous partez pour longtemps ? Il y a longtemps que nous avons quitté Paris.* – De *long*, et *temps*.

longuement [lɔ̃gmɑ̃] adv. Durant un long moment; au long, en détail. *Attendre longuement. S'expliquer longuement.* – De *long*.

longuet, ette [lɔ̃gɛ, ɛt] adj. et n. m. **1.** adj. Fam. Qui est un peu long. **2.** n. m. Petit pain allongé biscotté, gressin. – Dimin. de *long*.

longueur [lɔ̃gœʀ] n. f. **A. I. 1.** Dimension d'une chose de l'une à l'autre de ses extrémités. *La longueur d'un fleuve.* ▷ Étendue d'une chose dans sa plus grande dimension (par oppos. à *largeur, profondeur, hauteur, épaisseur*). *La longueur d'un parallélépipède.* ▷ SPORT *Cheval, véhicule qui gagne une course d'une longueur*, avec une avance égale à sa longueur. **2.** Dimension linéaire (par oppos. à *surface* et à *volume*). *L'unité de longueur est le mètre.* ▷ PHYS *Longueur d'onde* : distance parcourue par une vibration au cours d'une période. ▷ MATH *Longueur d'un vecteur*, son module. **II. 1.** Durée. *La longueur du jour est variable d'une saison à l'autre.* ▷ Longue durée. *La longueur de l'attente l'a découragé.* **2.** Étendue (d'un texte). *La longueur d'un poème.* ▷ Trop grande étendue (d'un texte). *Être rebuté par la longueur d'un ouvrage.* **3.** (Plur.) Parties superflues qui ralentissent le rythme d'une œuvre littéraire, d'un spectacle. *C'est un bon roman, mais il contient quelques longueurs.* **B. 1.** Loc. adv. *En longueur :* dans le sens de la longueur. ▷ *Traîner en longueur :* durer trop longtemps. **2.** Loc. prép. *À longueur de :* pendant tout le temps de. *À longueur d'année.* – De *long.*

longue-vue [lɔ̃gvy] n. f. Lunette d'approche. *Des longues-vues.* – De *long,* et *vue.*

looch [lɔk] n. m. PHARM Potion sirupeuse contenant une émulsion. – De l'ar. *la'ūq,* «substance qu'on lèche».

loofa. V. loufa.

look [luk] n. m. (Anglicisme) Aspect physique volontairement étudié afin d'acquérir un style. *Cette coiffure change complètement son look.* – Mot angl. «aspect, allure».

looping [lupiŋ] n. m. Figure de voltige aérienne consistant en une boucle complète effectuée dans le plan vertical. – Tiré de la loc. angl. *looping the loop,* «action de boucler la boucle».

lophobranches [lɔfɔbʀɑ̃ʃ] n. m. pl. ZOOL Ordre de poissons téléostéens auquel appartiennent les hippocampes. – Sing. *Un lophobranche.* – Du gr. *lophos,* «aigrette», et *branchie.*

lophophore [lɔfɔfɔʀ] n. m. ZOOL **1.** Oiseau galliforme himalayen, remarquable par l'éclat métallique de son plumage. **2.** Couronne de tentacules couverts de cils vibratiles, chez certains cœlomates. – Du gr. *lophos,* «aigrette», et *-phore.*

lophophoriens [lɔfɔfɔʀjɛ̃] n. m. pl. ZOOL Embranchement d'animaux munis d'un lophophore buccal. *Les ectoproctes et les endoproctes sont des lophophoriens.* – Sing. *Un lophophorien.* – De *lophophore.*

lopin [lɔpɛ̃] n. m. Petit morceau, portion (de terrain). *Cultiver un lopin de terre.* – Du rad. de *loupe.*

loquace [lɔkas] adj. Qui parle beaucoup, bavard. *Elle n'est pas très loquace au réveil.* – Lat. *loquax,* de *loqui,* «parler».

loquacité [lɔkasite] n. f. Habitude de parler beaucoup. – Lat. *loquacitas.*

-loque. Élément, du lat. *loqui,* «parler».

loque [lɔk] n. f. **1.** Morceau d'étoffe déchirée. **2.** (Plur.) Haillons. *Un vagabond en loques.* **3.** Fig. Personne privée d'énergie, de ressort. *Une loque humaine.* **4.** TECH Maladie des abeilles, pourriture du couvain. – Moyen néerl. *locke,* «boucle, mèche».

loquet [lɔkɛ] n. m. Fermeture de porte formée d'une clenche mobile qui vient se bloquer dans une pièce métallique (mentonnet) fixée au chambranle. – Dimin. du moyen néerl. *loke* ou de l'anglo-norm. *loc,* mot de l'anc. angl.

loqueteau [lɔkto] n. m. Petit loquet. – Dimin. de *loquet.*

loqueteux, euse [lɔktø, øz] adj. (et n.) **1.** Dont les vêtements sont en loques. *Vieillard loqueteux.* ▷ Subst. Péjor. *Un loqueteux :* un miséreux, un pauvre hère. **2.** En loques. *Rideaux loqueteux.* – De *loque.*

loran [lɔʀɑ̃] n. m. TECH Système d'aide à la navigation aérienne et maritime qui permet de déterminer la position de l'aéronef ou du navire par rapport à deux stations terrestres émettant des impulsions radioélectriques décalées dans le temps. – Mot amér., abrév. de *LOng Range Aid to Navigation,* «aide à la navigation à longue distance».

loranthacées [lɔʀɑ̃tase] n. f. pl. BOT Famille de dicotylédones primitives et semi-parasites à laquelle appartient le gui. – Sing. *Une loranthacée.* – De *loranthe,* plante type de la famille.

lord [lɔʀd] n. m. En Grande-Bretagne : **1.** Titre porté par les pairs du royaume et les membres de la Chambre des lords. *Lord Chamberlain.* – *Chambre des lords :* Chambre haute du Parlement du Royaume-Uni, composée d'un millier de membres; elle ne dispose plus que d'un droit de veto suspensif (limité à un an) sur le vote des lois (à l'exception des lois concernant le domaine financier) et forme aussi un tribunal d'appel où siègent 9 lords. **2.** Titre porté par les titulaires de certaines hautes fonctions. *Le lord Chancelier. Le lord du Sceau privé. Le Premier lord de l'Amirauté :* le ministre de la Marine (avant 1964). *Le Premier lord de la mer :* le chef d'état-major de la marine. – Mot angl., «seigneur».

lord-maire [lɔʀdmɛʀ] n. m. Premier magistrat municipal de Londres, Édimbourg et Dublin. *Des lords-maires.* – Trad. de l'angl. *lord mayor.*

lordose [lɔʀdoz] n. f. MED Déformation de la colonne vertébrale caractérisée par une courbure à convexité antérieure. – Gr. *lordôsis,* de *lordos,* «courbé, penché en avant».

lorette [lɔʀɛt] n. f. Vx Femme galante jeune et jolie. – De l'égl. N.-D. de *Lorette,* située dans un quartier de Paris où habitaient beaucoup de femmes de mœurs légères.

lorgner [lɔʀɲe] v. tr. [1] **1.** Regarder à la dérobée; regarder indiscrètement ou avec insistance. *Lorgner les passantes.* **2.** Fig. Convoiter. *Lorgner un héritage.* – De l'a. fr. *lorgne,* «qui louche».

lorgnette [lɔʀɲɛt] n. f. Petite jumelle utilisée surtout au spectacle. ▷ Loc. fig. *Regarder (une chose) par le petit bout de la lorgnette,* la considérer avec étroitesse d'esprit, ou en s'attachant au détail qui fait perdre l'ensemble de vue. – De *lorgner,* d'ap. *lunette.*

lorgnon [lɔʀɲɔ̃] n. m. Paire de verres correcteurs avec leur monture, sans branches (*binocle*), maintenue sur le nez par un ressort (*pince-nez*) ou munie d'un manche (*face-à-main*). – De *lorgner.*

lori [lɔʀi] n. m. Perroquet (genre *Domicella*) d'Océanie, aux couleurs vives. – Mot malais.

loricaire [lɔʀikɛʀ] n. m. Poisson américain, voisin du poisson-chat, dont le corps est couvert d'une cuirasse de plaques osseuses. – Bas lat. *loricarius,* de *lorica,* «cuirasse».

loriot [lɔʀjo] n. m. Oiseau passériforme (genre *Oriolus*) long d'une vingtaine de cm, au chant sonore, au plumage jaune et noir (mâle) ou verdâtre (femelle). – Altér. de *l'oriot,* pour *l'oriol,* anc. provenç. *auriol,* du lat. *aureolus,* «de couleur d'or».

loriquet [lɔʀikɛ] n. m. Perroquet voisin du lori. – Dimin. de *lori.*

loris [lɔʀi(s)] n. m. Petit lémurien asiatique (*Loris gracilis,* 20 cm) à gros yeux, dépourvu de queue. – Anc. néerl. *loeris,* «clown».

lorisidés [lɔʀiside] n. m. pl. ZOOL Famille de lémuriens d'Afrique et d'Asie du S.-E., nocturnes, herboricoles et frugivores. – Sing. *Un lorisidé.* – De *loris,* et *-idés.*

lorrain, aine [lɔʀɛ̃, ɛn] adj. et n. De la Lorraine. ▷ Subst. *Un(e) Lorrain(e).* ▷ n. m. Parler de langue d'oïl en usage en Lorraine. – Lat. médiév. *Lotharingia, Lotherengia.*

lorry, [lɔʀi] plur. **lorries** n. m. CH de F Wagonnet plat servant aux travaux d'entretien des voies. – Mot angl.

lors [lɔʀ] adv. **1.** Vx À ce moment-là. **2.** Loc. Vx *Pour lors :* à ce moment-là. ▷ Mod. *Dès lors :* dès ce moment-là. – *Depuis lors :* depuis ce moment-là. – *Lors de :* au moment de. *Lors de son passage ici.* – *Dès lors que :* à partir du moment où. *Dès lors que vous acceptez, l'affaire est conclue.* – *Lors même que* (+ conditionnel) *:* quand bien même. *Lors même que vous le penseriez, ne le dites pas.* – Du lat. *illa hora,* « à cette heure-là ».

lorsque [lɔʀsk(ə)] conj. de temps. **1.** Au moment où, quand. *Lorsque la porte s'ouvre, l'air froid entre. Lorsque je le verrai, je le lui dirai.* **2.** Alors que. *« Seul vous vous haïssez, lorsque chacun vous aime » (Corneille).* – N.B. Le *e* final de *lorsque* s'élide devant *il, elle, on, un, une* et parfois *en.* – De *lors,* et *que*; écrit longtemps en deux mots.

losange [lɔzɑ̃ʒ] n. m. **1.** Parallélogramme dont les diagonales sont perpendiculaires. **2.** HERALD Pièce héraldique figurant un fer de lance. **3.** MUS Dans la notation du plain-chant, note en forme de losange. – Du gaul. *lausa,* « pierre plate ».

losangé, ée [lɔzɑ̃ʒe] adj. Divisé en losanges. HERALD Écu losangé. – De *losange.*

loser n. m. (Anglicisme) Fam. Perdant. – Mot angl.

lot [lo] n. m. **1.** Portion d'un tout à partager entre plusieurs personnes. *Lots d'une succession.* **2.** Ce qui échoit dans une loterie à chacun des gagnants. *Le gros lot :* le plus important des lots. **3.** Fig. Ce que le sort, la destinée réserve à qqn. *Mon lot est d'être malchanceux.* **4.** COMM Ensemble d'articles assortis qui ne sont pas vendus séparément. **5.** CONSTR Chacun des marchés d'entreprise. *Appel d'offres par lots séparés.* **6.** INFORM *Traitement par lots :* traitement d'une suite de programmes dans un certain ordre pour obtenir une meilleure efficacité de calcul, une meilleure utilisation de la mémoire, etc. – Frq. **lôt.*

lote. V. lotte.

loterie [lɔtʀi] n. f. **1.** Jeu de hasard comportant la vente de marques ou de billets numérotés et le tirage au sort des numéros gagnant un lot. *Prendre un billet de loterie. Loterie foraine.* ▷ *Loterie nationale :* loterie instituée par l'État, qui a fonctionné de 1933 à 1990. **2.** Fig. Ce qui dépend du hasard. *Le bonheur est une loterie.* – Néerl. *loterije* ou ital. *loteria.*

lotier [lɔtje] n. m. BOT Papilionacée fourragère des prés. – Du lat. *lotus,* « mélilot ».

lotion [losjɔ̃] n. f. **1.** Action de répandre un liquide sur une partie du corps pour l'adoucir, la rafraîchir, etc. **2.** Liquide spécialement préparé pour être employé en lotion (sens 1). *Lotion après-rasage. Lotion capillaire.* – Bas lat. *lotio,* de *lavare,* « laver ».

lotionner [losjɔne] v. tr. [1] Soumettre à une lotion. – De *lotion.*

lotir [lɔtiʀ] v. tr. [3] **1.** Partager en lots. *Lotir un terrain.* **2.** Mettre en possession d'un lot. **3.** Loc. fig. *Être bien (mal) loti :* être favorisé (défavorisé) par le sort. – De *lot.*

lotissement [lɔtismɑ̃] n. m. **1.** Morcellement d'un terrain en parcelles destinées à la construction et vendues séparément. **2.** Terrain ainsi morcelé ; chacune des parcelles d'un tel terrain. – De *lotir.*

lotisseur, euse [lɔtisœʀ, øz] n. Personne qui lotit un terrain pour le vendre par parcelles. – De *lotir.*

loto [lɔto] n. m. **1.** Jeu de hasard qui se joue avec un certain nombre de cartons portant chacun quinze numéros correspondant à des jetons numérotés que l'on tire tour à tour, le gagnant étant celui qui, le premier, réussit à couvrir son carton ; matériel (carton, pions, sac) avec lequel on joue à ce jeu. ▷ Fig., fam. *Avoir les yeux en billes de loto :* avoir de gros yeux ronds. **2.** *Le loto :* jeu de hasard national institué en 1976, comportant des lots en numéraire. – Ital. *lotto,* « lot, sort ».

lotte ou **lote** [lɔt] n. f. **1.** Poisson téléostéen (genre *Lota*) d'eau douce au corps allongé (70 cm) et à la peau grise marbrée de jaune. **2.** *Lotte de mer* ou *lotte :* baudroie. – P.-ê. du gaul. *lotta,* ou du lat. *lotum,* « boue », par anal. avec la viscosité du poisson.

lotus [lɔtys] n. m. Nom cour. d'un nénuphar du genre *Nelumbo. Le lotus joue un grand rôle dans les mythologies de l'Égypte, de la Grèce et de l'Inde.* – Mot lat. *lotus,* gr. *lôtos,* désignant cinq plantes différentes.

1. louable [luabl] adj. Qu'on peut donner en location, qui peut trouver un locataire. *Ces chambres sont louables au mois.* – De *louer* 1.

2. louable [luabl] adj. Digne de louange. *Des intentions louables.* – De *louer* 2.

louage [luaʒ] n. m. Location. *Voiture de louage.* – De *louer* 1.

louange [luɑ̃ʒ] n. f. **1.** Discours par lequel on loue qqn ; éloge. **2.** Gloire, mérite. *Cette action est à la louange de son auteur.* – De *louer* 2.

louanger [lwɑ̃ʒe] v. tr. [13] Couvrir d'éloges. – De *louange.*

louangeur, euse [lwɑ̃ʒœʀ, øz] adj. et n. **1.** adj. Qui exprime des éloges. *Des articles louangeurs.* **2.** n. Vieilli Personne qui louange sans discernement. – De *louanger.*

loubard ou **loubar** [lubaʀ] n. m. Fam. Loulou, jeune voyou. – De *loulou* 2, et suff. *-ard.*

1. louche [luʃ] adj. **1.** Vieilli Atteint de strabisme. **2.** Qui n'est pas d'un ton franc. *Couleur louche.* **3.** Fig. Qui ne paraît pas parfaitement honnête, parfaitement clair ; qui n'inspire pas confiance. *Une affaire louche. Un personnage louche.* – Du lat. *luscus,* « borgne ».

2. louche [luʃ] n. f. Grande cuiller à long manche utilisée pour servir notam. le potage. – Du frq. **lôtja.*

louchébem ou **loucherbem** [luʃebɛm] n. m. **1.** Argot codé utilisé par les bouchers ; largonji au suffixe en *-em.* **2.** Arg. Boucher. – De *boucher.*

loucher [luʃe] v. intr. [1] **1.** Être atteint de strabisme. **2.** Fig., fam. *Loucher sur un objet,* le convoiter. – De *louche* 1.

loucherie [luʃʀi] n. f. ou vx **louchement** [luʃmɑ̃] n. m. Fait de loucher, strabisme. – De *loucher.*

louchet [luʃɛ] n. m. TECH Bêche à fer long et étroit. – De *louche* 2.

loucheur, euse [luʃœʀ, øz] n. Personne qui louche. – De *loucher.*

louchon [luʃɔ̃] n. m. Fam. et rare Personne qui louche. – De *loucher.*

1. louer [lue] **I.** v. tr. [1] **1.** Donner en location. *Le propriétaire loue un appartement au locataire.* **2.** Prendre en location. *Chercher une maison à louer.* ▷ *Louer une, sa place,* la payer à l'avance pour la réserver. *Louer des places de théâtre.* **II.** v. pron. Vieilli Se faire embaucher pour une période déterminée. *Travailleur agricole qui se loue à la journée.* – Du lat. *locare.*

2. louer [lue] v. tr. [1] **1.** Exalter (qqch, qqn), en célébrer les mérites. *Louer l'habileté d'un peintre.* – Absol. *Il faut savoir louer et blâmer à propos.* ▷ *Louer (qqn) de, pour (qqch),* l'en féliciter. *« Oui, je te loue, Ô ciel, de ta persévérance » (Racine).* **2.** *Louer Dieu,* le célébrer. – Loc. *Dieu soit loué !,* exclamation de contentement, de soulagement. **3.** v. pron. *Se louer de qqch, de qqn,* témoigner qu'on en est satisfait. *Je n'ai qu'à me louer de vos services.* – Du lat. *laudare.*

loueur, euse [luœʀ, øz] n. Personne qui fait métier de donner (qqch) en location. *Loueur de voitures.* – De *louer* 1.

loufa, luffa, lufa ou **loofa** [lufa] n. f. Plante herbacée annuelle grimpante des régions chaudes, dont une espèce produit un fruit de forme cylindrique qui, une fois séché, est utilisé comme éponge végétale. – Cette éponge elle-même. – Ar. *louf.*

loufiat [lufja] n. m. Pop. Garçon de café.

loufoque [lufɔk] adj. Fam. **1.** Fou. *Un drôle de type, complètement loufoque.* **2.** D'une absurdité voulue. *Comédie loufoque.* (On dit aussi *louf* [luf] et *louftingue* [luftɛ̃g] .) – Transformation argotique de *fou.*

loufoquerie [lufɔkʀi] n. f. **1.** Acte, propos loufoque. **2.** Caractère de ce qui est loufoque. – De *loufoque.*

lougre [lugʀ] n. m. Anc. Bateau de pêche qui portait deux ou trois mâts gréés de voiles au tiers. – Angl. *lugger.*

louis [lwi] n. m. **1.** Pièce d'or à l'effigie des rois de France, valant 24 livres sous la Révolution. **2.** Pièce d'or de 20 francs à l'effigie de Napoléon. (V. napoléon.) – Du nom du roi *Louis XIII.*

louise-bonne [lwizbɔn] n. f. Variété de poire fondante. *Des louises-bonnes.* – Du prénom *Louise.*

louis-philippard, arde [lwifilipaʀ, aʀd] adj. Péjor. De l'époque de Louis-Philippe ; de style Louis-Philippe. *Salle à manger louis-philipparde.* – Du nom du roi de France *Louis-Philippe* (1773-1850), et suff. *-ard.*

loukoum. V. rahat-loukoum.

1. loulou [lulu] n. m. **1.** Chien de luxe au museau pointu et à long poil. *Des loulous.* **2.** Fam. Terme d'affection (fém. *louloutte* [lulut]). – De *loup.*

2. loulou [lulu] n. m. Fam. Jeune voyou, jeune délinquant. – Probabl. de *marlou,* « souteneur ».

loup [lu] n. m. **1.** Mammifère carnivore à l'allure de grand chien (*Canis lupus,* fam. canidés), au pelage gris jaunâtre, aux yeux obliques, aux oreilles dressées. *Le petit du loup est le louveteau, la femelle est la louve.* **2.** Loc. fig. *Faim de loup :* grande faim. – *Marcher à pas de loup,* sans bruit. – *Être connu comme le loup blanc :* être très connu. – *La faim fait sortir le loup du bois :* la nécessité force à agir. – Fam., vieilli *Elle a vu le loup :* se dit d'une jeune fille qui a fait ses premières expériences sexuelles. – *Hurler avec les loups :* se conformer à l'avis des gens avec qui l'on se trouve. – *Quand on parle du loup, on en voit la queue :* se dit lorsque qqn survient quand on parle de lui. – *L'homme est un loup pour l'homme,* il est sans pitié pour ses semblables. – *Enfermer le loup dans la bergerie*.* ▷ *Un jeune loup :* un homme jeune et plein d'ambition. **3.** Fam. Terme d'affection. *Mon (petit) loup.* **4.** *Loup marsupial :* V. thylacine. **5.** Bar (poisson). *Loup au fenouil.* **6.** Fam. *Loup de mer :* marin endurci au métier ; marin expérimenté. **7.** Petit masque noir que l'on porte dans les bals masqués. **8.** TECH Gros défaut d'une pièce, entraînant sa mise au rebut. – Du lat. *lupus.*

loupage [lupaʒ] n. m. Fam. Action, fait de louper. – De *louper.*

loup-cervier [lusɛʀvje] [lusɛʀv] n. m., **loup-cerve** n. f. Lynx boréal. *La loup-cerve est la femelle du loup-cervier. Des loups-cerviers, des loups-cerves.* – Du lat. *lupus cervarius,* « loup qui attaque les cerfs ».

loupe [lup] n. f. **1.** Défaut d'une perle ou d'une pierre précieuse. **2.** Kyste sébacé. **3.** Excroissance ligneuse qui se développe sur certains arbres (ormes et noyers, notam.) et dont le bois, très noueux, est recherché en ébénisterie pour ses qualités décoratives. **4.** Lentille convergente qui donne des objets une image agrandie. *Loupe de philatéliste, d'horloger.* – Loc. fig. *Regarder qqch à la loupe,* l'examiner de près. **5.** TECH Masse de fer incandescente que l'on martèle pour en extraire les scories. – Frq. **luppa,* « grosse masse informe d'une matière caillée », ou rad. expressif *lopp.*

loupé [lupe] n. m. Fam. Erreur, échec. – Pp. subst. de *louper.*

louper [lupe] v. tr. [1] Fam. Rater, manquer. *Louper un examen. Louper un train.* – Pp. adj. *Un exercice loupé.* – De *loup* (sens 8).

loup-garou [lugaʀu] n. m. Personnage légendaire, malfaisant qui se métamorphose la nuit en loup. *Des loups-garous.* – De *loup,* et *garou,* frq. **wariwulf,* « homme-loup ».

loupiot, iotte [lupjo, jɔt] n. Fam. Enfant. – Probabl. dimin. de *loup.*

loupiote [lupjɔt] n. f. Fam. Lampe. – P.-ê. de *loupe,* dial. « chandelle » ; arg. *louper,* « regarder ».

lourd, lourde [luʀ, luʀd] adj. et adv. **I.** adj. **1.** Pesant. *Une lourde charge.* ▷ SPORT *Poids lourd :* catégorie de boxeurs pesant plus de 86,184 kg (professionnels). *Poids mi-lourd*.* ▷ Qui donne une sensation de pesanteur. *Des aliments lourds. Avoir la tête lourde.* – *Avoir le sommeil lourd,* profond. **2.** Qui se remue avec peine. *Devenir lourd en vieillissant.* – Par ext. *Marcher d'un pas lourd.* **3.** Loc. *Avoir la main lourde :* frapper fort ; fig. punir sévèrement. – Dépasser la mesure en pesant, en versant une substance. **4.** Oppressant. – *Temps lourd,* orageux. **5.** Qui manque d'élégance, de finesse. *Une lourde plaisanterie. Un style lourd.* ▷ *Lourde faute :* erreur grossière. **6.** PHYS NUCL *Eau lourde :* eau constituée par la combinaison de l'oxygène avec l'isotope de masse atomique 2 de l'hydrogène (deutérium ou hydrogène lourd). *L'eau lourde sert de modérateur dans certaines réactions nucléaires.* **II.** adv. *Ce colis pèse lourd,* beaucoup. – Loc. fig. *Peser lourd dans la balance :* avoir beaucoup d'importance. – *Elle n'en sait pas lourd :* elle ne sait pas grand-chose. – Du lat. pop. **lurdus,* p.-ê. altér. du class. *luridus,* « blême » ; signif. d'abord « stupide, maladroit ».

lourdaud, aude [luʀdo, od] adj. et n. Péjor. Grossier, maladroit. – De *lourd.*

lourde [luʀd] n. f. Fam. Porte. – De *lourd.*

lourdement [luʀdəmɑ̃] adv. **1.** Pesamment. *Il s'appuie lourdement sur sa canne.* **2.** Grossièrement. *S'esclaffer lourdement.* – De *lourd.*

lourder [luʀde] v. tr. [1] Fam. Mettre à la porte ; renvoyer, congédier. *On l'a lourdé de sa boîte.* – De *lourde.*

lourdeur [luʀdœʀ] n. f. **1.** Pesanteur. *Lourdeur de la démarche.* **2.** Fig. Défaut de ce qui est lourd (sens 5), manque d'élégance. *Lourdeur du style.* **3.** Fig. Caractère de ce qui pèse, de ce qui fait difficulté. *La lourdeur d'une responsabilité.* – De *lourd.*

lourdingue [luʀdɛ̃g] adj. Fam. Lourd d'apparence ou d'esprit. *Allure, attitude, raisonnement lourdingue.* – De *lourd.*

loure [luʀ] n. f. **1.** Vx Instrument de musique en forme de musette. **2.** Danse paysanne lente. – Bas lat. *lura,* « sacoche », ou scand. *ludr.*

lourer [luʀe] v. tr. [1] MUS Lier les notes en appuyant sur la première de chaque temps. – De *loure.*

loustic [lustik] n. m. **1.** Vx Bouffon. **2.** Amuseur, farceur. *Faire le loustic.* **3.** Fam., péjor. Individu. *Qu'est-ce que c'est que ce loustic ?* – All. *lustig,* « gai ».

loutre [lutʀ] n. f. Mammifère carnivore de mœurs aquatiques (fam. mustélidés) aux pattes palmées, à la fourrure épaisse et brune. – Fourrure de cet animal. – Lat. *lutra.*

louve [luv] n. f. **1.** Femelle du loup. **2.** TECH Coin métallique utilisé pour le levage des pierres de taille. – Du lat. *lupa.*

louvet, ette [luvɛ, ɛt] adj. *Cheval louvet, jument louvette,* dont la robe jaunâtre et noire rappelle le pelage du loup. – De *louve.*

louveteau [luvto] n. m. **1.** Petit du loup. **2.** Jeune scout. – De *louve.*

louveter [luvte] v. intr. [**20**] Mettre bas, en parlant de la louve. – De *louve.*

louveterie [luvɛtʀi] n. f. **1.** Vx Chasse au loup. **2.** Équipage pour la chasse au loup. ▷ *Lieutenant de louveterie :* particulier qui entretient une meute et que l'État charge de la destruction des animaux nuisibles (charge surtout honorifique de nos jours). – De *louvetier.*

louvetier [luvtje] n. m. **1.** Anc. *Grand-louvetier :* officier du roi chargé de la chasse au loup. **2.** Mod. Lieutenant de louveterie*. – De *louve.*

louvoiement [luvwamɑ̃] n. m. Action de louvoyer (sens 2). – De *louvoyer.*

louvoyage [luvwajaʒ] n. m. MAR Action de louvoyer. *Gagner au louvoyage :* progresser dans la direction d'où vient le vent. – De *louvoyer.*

louvoyer [luvwaje] v. intr. [**23**] **1.** MAR Se dit d'un bateau à voiles qui tire successivement des bords tribord et bâbord amures pour atteindre un point au vent. **2.** Fig. Faire de nombreux détours pour arriver à ses fins. ▷ *Par ext.* Agir par des procédés peu francs. – De *lof.*

lovelace [lɔvlas] n. m. Litt. Séducteur sans scrupules. – Nom d'un personnage de « *Clarissa Harlowe* », roman de Richardson.

lover [lɔve] **1.** v. tr. [**1**] MAR Enrouler (un cordage) sur lui-même en en superposant les spires. *Lover une aussière.* **2.** v. pron. Se rouler en spirale. *Serpent qui se love sur une pierre.* – Bas all. *lofen,* « tourner », même fam. que *lof.*

loxodromie [lɔksodʀɔmi] n. f. MAR Courbe de la sphère terrestre qui coupe tous les méridiens sous un angle constant. *La loxodromie, qui correspond à la route suivie par un navire gardant un cap constant, est représentée sur les cartes marines par une ligne droite.* – Du gr. *loxodromos,* de *loxos,* « oblique », et *dromos,* « course ».

loxodromique [lɔksodʀɔmik] adj. MAR Relatif à la loxodromie. *Route loxodromique.* – De *loxodromie.*

loyal, ale, aux [lwajal, o] adj. **1.** DR Conforme à la loi. *Bon et loyal inventaire.* **2.** Droit, franc, sincère, honnête. *Loyal camarade. Une discussion loyale.* – Du lat. *legalis,* de *lex, legis,* « loi ».

loyalement [lwajalmɑ̃] adv. Avec loyauté. – De *loyal.*

loyalisme [lwajalism] n. m. **1.** Fidélité au régime établi. **2.** Fidélité à une cause. – De *loyal.*

loyaliste [lwajalist] adj. et n. Qui proclame son loyalisme. ▷ Subst. *Un(e) loyaliste.* – Angl. *loyalist,* du fr. *loyal.*

loyauté [lwajote] n. f. Droiture, probité, honnêteté. *Reconnaître ses erreurs avec loyauté.* – De *loyal.*

loyer [lwaje] n. m. Prix payé par le preneur pour l'usage d'une chose louée (propriété, immeuble, maison, local, appartement, etc.). *Payer son loyer.* ▷ FIN *Loyer de l'argent :* taux d'intérêt. – Du lat. *locarium,* « prix d'un gîte », de *locus,* « lieu ».

L.P. ou **LP.** Abrév. de *lycée professionnel.*

L.S.D. n. m. Hallucinogène puissant. – Amér. *L.S.D.,* sigle de l'all. *Lyserg Säure Diethylamid,* « acide lysergique diéthylamide ».

Lu CHIM Symbole du lutétium.

lubie [lybi] n. f. Caprice bizarre, fantaisie subite. *Avoir des lubies.* – P.-ê. du lat. *lubere,* var. de *libere,* « trouver bon ».

lubricité [lybʀisite] n. f. Fait d'être salace*, penchant à la luxure. Syn. salacité. – Lat. ecclés. *lubricitas,* de *lubricus,* « glissant », et, au fig., « hasardeux, trompeur ».

lubrifiant, ante [lybʀifjɑ̃, ɑ̃t] adj. et n. m. Qui lubrifie. ▷ n. m. Produit servant à la lubrification (talc, graphite, graisses, huiles, etc.). – Ppr. de *lubrifier.*

lubrification [lybʀifikasjɔ̃] n. f. Interposition d'un corps onctueux destiné à réduire le frottement entre deux pièces mobiles l'une par rapport à l'autre et à protéger ces pièces contre l'usure et la corrosion. Syn. graissage. – De *lubrifier.*

lubrifier [lybʀifje] v. tr. [**2**] Graisser, huiler pour rendre glissant. *Lubrifier un roulement à billes.* – Du lat. *lubricus,* « glissant », et *-fier.*

lubrique [lybʀik] adj. Porté à la luxure. ▷ Inspiré par la lubricité. *Des gestes lubriques.* – Lat. *lubricus,* « glissant », et au fig., « hasardeux, trompeur ».

lubriquement [lybʀikmɑ̃] adv. D'une manière lubrique. – De *lubrique.*

lucane [lykan] n. m. Coléoptère *(Lucanus cervus),* appelé aussi *cerf-volant,* dont le mâle porte des mandibules en forme de grosses pinces. – Lat. *lucanus,* « cerf-volant ».

lucarne [lykaʀn] n. f. Ouverture vitrée pratiquée à la surface d'une toiture pour donner du jour sous les combles. – Altér. de l'a. fr. *luiserne,* « flambeau, lumière », du lat. *lucerna,* « lampe ».

1. lucernaire [lysɛʀnɛʀ] n. m. LITURG Office du soir que les premiers chrétiens célébraient, à la lueur des lampes, avant les nocturnes. – Du lat. *lucerna,* « lampe ».

2. lucernaire [lysɛʀnɛʀ] n. f. ZOOL Méduse acalèphe fixée des mers froides. – Du lat. *lucerna,* « lampe », par anal. de forme.

lucide [lysid] adj. **1.** Qui envisage la réalité clairement et nettement, telle qu'elle est. *Esprit lucide. Un homme lucide.* ▷ Qui témoigne d'une telle vue de la réalité. *Une politique lucide.* **2.** Pleinement conscient. *Le malade est resté lucide jusqu'à sa mort.* – Lat. *lucidus,* « lumineux, clair ».

lucidement [lysidmɑ̃] adv. De manière lucide. – De *lucide.*

lucidité [lysidite] n. f. **1.** Qualité d'une personne lucide. **2.** État de pleine conscience. *Le malade a gardé toute sa lucidité.* – De *lucide.*

luciférase [lysifeʀaz] n. f. BIOCHIM Enzyme du groupe des oxydases, spécifique de l'oxydation de la luciférine*. – De *luciférine,* et *-ase.*

luciférien, enne [lysifeʀjɛ̃, ɛn] adj. et n. **1.** adj. De Lucifer, digne de Lucifer. *Orgueil luciférien. Révolte luciférienne.* **2.** n. HIST Au Moyen Âge, membre d'une secte qu'on accusait de rendre un culte au démon. – De *Lucifer,* n. du démon, du lat. *lux, lucis,* « lumière », et *ferre,* « porter ».

luciférine [lysifeʀin] n. f. BIOCHIM Substance dont l'oxydation, sous l'effet d'une enzyme spécifique (la luciférase), produit la luminescence de certains insectes (lampyre, notam.). – Du lat. *lucifer,* « qui donne de la clarté ».

lucilie [lysili] n. f. ENTOM Mouche (genre *Lucilia*), d'un vert métallique, qui pond ses œufs sur la viande, appelée cour. *mouche à viande.* – Lat. mod. *lucilia,* de *lux, lucis,* « lumière ».

luciole [lysjɔl] n. f. Coléoptère luminescent voisin du lampyre. – Ital. *lucciola,* de *luce,* « lumière ».

lucratif, ive [lykʀatif, iv] adj. **1.** Qui rapporte un profit, de l'argent. *Association à but non lucratif.* **2.** Qui rapporte beaucoup d'argent. *Un trafic lucratif.* – Lat. *lucrativus.*

lucre [lykʀ] n. m. Péjor. Gain, profit qu'on recherche avidement. *La passion du lucre.* – Lat. *lucrum.*

luddisme [lydism] n. m. HIST Mouvement des ouvriers anglais qui se révoltèrent (1811-1816) en détruisant des machines tenues pour responsables du chômage. – Angl., *luddism*, du nom de *Ned Lud* qui aurait détruit des métiers à tisser dans un accès de colère.

luddite [lydit] n. m. HIST Ouvrier participant au luddisme. ▷ Ouvrier qui exprime son opposition aux conséquences des progrès techniques en détruisant des machines. – De *Ned Lud* (V. luddisme).

ludiciel [lydisjɛl] n. m. INFORM Logiciel de jeu. – De *ludi(que)*, et *(logi)ciel*.

ludion [lydjɔ̃] n. m. Appareil de démonstration, en physique, constitué d'un corps creux lesté présentant une ouverture vers le bas, qui monte ou descend dans l'eau d'un bocal fermé par une membrane, selon la pression exercée sur cette dernière. – Bas lat. *ludio*, « baladin, histrion », de *ludere*, « jouer ».

ludique [lydik] adj. Didac. Qui concerne le jeu, qui est de la nature du jeu. *L'activité ludique est indispensable à la maturation du psychisme chez l'enfant.* – Du lat. *ludus*, « jeu ».

ludisme [lydism] n. m. Rare Comportement ludique; ensemble des activités de jeu. – De *ludique*.

ludothèque [lydɔtɛk] n. f. Établissement où les enfants peuvent emprunter des jeux et des jouets. – Du lat. *ludus*, « jeu », et *-thèque*, sur bibliothèque.

luette [lɥɛt] n. f. Appendice conique prolongeant le bord postérieur du voile du palais. – De *l'uette*, d'un dimin. du lat. *uva*, « grappe de raisin ».

lueur [lɥœʀ] n. f. **1.** Lumière faible ou passagère. *La lueur d'une bougie.* **2.** Fig. Expression passagère du regard. *Une lueur de haine apparut dans ses yeux.* **3.** Fig. Apparition passagère. *Des lueurs de raison chez un aliéné.* – Du lat. pop. *lucoris*, de *lucere*, « luire ».

lufa, luffa. V. loufa.

luge [lyʒ] n. f. Petit traîneau utilisé pour descendre rapidement les pentes neigeuses. – Mot rég. (Savoie, Suisse), p.-ê. d'orig. gaul.

luger [lyʒe] v. intr. [**13**] Rare Aller en luge. – De *luge*.

lugeur, euse [lyʒœʀ, øz] n. Personne qui fait de la luge. – De *luger*.

lugubre [lygybʀ] adj. **1.** Litt. Qui a le caractère sombre du deuil. *Une lugubre cérémonie.* **2.** Qui inspire ou qui dénote une tristesse profonde. *Un air lugubre.* Syn. sinistre. – Lat. *lugubris*, de *lugere*, « être en deuil ».

lugubrement [lygybʀəmɑ̃] adv. D'une manière lugubre. – De *lugubre*.

lui [lɥi] pron. pers. **I.** pron. m. et f. (plur. *leur* : V. leur 1). À lui, à elle. *Je lui ai causé de la joie. J'ai vu cette femme et je lui ai parlé.* **II.** pron. exclusivement m. **1.** Employé avec une prép. *J'ai parlé de lui. Nous avons voté pour lui. Je partirai avec lui.* **2.** Sert de pronom de renforcement et d'insistance. *C'est lui qui est le responsable. Lui seul a le droit de parler.* **3.** Joue, dans certains cas, le rôle de complément direct. *Qui avez-vous choisi ? – Lui, bien sûr ! Je veux vous voir, toi et lui.* – Lat. pop. *illui*, lat. class. *illi*, datif de *ille*, « celui-là ».

luire [lɥiʀ] v. intr. [**69**] Briller (en produisant de la lumière). *Le soleil luit.* ▷ *Par ext.* Briller (en reflétant la lumière). *Une lame d'acier qui luit.* ▷ Fig. Apparaître (comme une lueur). *Un espoir luit encore.* – Du lat. *lucere*; a. fr. *luisir*.

luisance [lɥizɑ̃s] n. f. Rare Caractère de ce qui luit. – De *luisant*.

luisant, ante [lɥizɑ̃, ɑ̃t] adj. Qui luit, qui a des reflets. *Un métal luisant.* ▷ *Ver luisant* : V. lampyre. ▷ n. m. Aspect luisant. *Le luisant du bois poli.* – Ppr. de *luire*.

lumachelle [lymaʃɛl] n. f. MINER Roche sédimentaire constituée par l'accumulation de coquilles de mollusques – Ital. *lumachella*, de *lumaca*, « limaçon ».

lumbago [lœbago] ou **lombago** [lɔ̃bago] n. m. Douleur lombaire survenant brutalement. – Mot bas lat., de *lumbus*, « rein ».

lumen [lymɛn] n. m. PHYS Unité de flux lumineux du système international, de symbole lm. (C'est le flux émis par une source dont l'intensité lumineuse est de 1 candela dans un angle solide de 1 stéradian.) – Mot lat., « lumière ».

lumière [lymjɛʀ] n. f. **I.** Ce qui éclaire (au sens propre). **1.** PHYS Ensemble de particules élémentaires (nommées *photons*) se déplaçant à très grande vitesse (299 792,427 km/s dans le vide) et présentant les caractères d'une onde. ▷ *Lumière noire* ou *lumière de Wood**. ▷ *Lumière froide*, émise par les corps luminescents. ▷ *Lumière comprimée*, dans laquelle les fluctuations aléatoires ont été diminuées par un traitement physique. ▷ ASTRO *Lumière cendrée* : lumière solaire reçue par la Lune par effet de réflexion sur la Terre. (De la Terre, elle permet de distinguer le relief lunaire peu avant ou peu après la nouvelle lune. Pour un astronaute placé sur la Lune, la lumière cendrée est le *clair de Terre*.) ▷ *Lumière zodiacale* : lueur blanchâtre, allongée dans le plan de l'écliptique, que l'on peut voir après le coucher du soleil ou avant son lever. ▷ *Année de lumière* ou (tournure critiquée) *année-lumière* : distance parcourue par la lumière en une année (1 al = 0,307 parsec = 9 640 milliards de km). **2.** Cour. Phénomène spontanément perçu par l'œil et susceptible d'éclairer et de permettre de voir. *La lumière du soleil, du jour* ou, absol. *la lumière. La lumière d'une lampe.* ▷ *Ouvrir les yeux à la lumière* : naître. – *Voir la lumière* : vivre. ▷ Ce qui sert à éclairer, lampe. *Apportez de la lumière, que je puisse lire.* ▷ Représentation de la lumière en peinture. *La lumière argentée d'un Corot.* ▷ *Habit de lumière* : costume brodé de fils brillants des toreros. **3.** Point lumineux, tache lumineuse. *Apercevoir une lumière dans la nuit. Les ombres et les lumières d'un tableau.* **II.** Ce qui éclaire (au sens figuré). **1.** Ce qui permet de comprendre ou de savoir. *Les lumières de la foi, de la raison.* ▷ *Faire la lumière sur une chose*, la révéler, l'expliquer. ▷ *Mettre en lumière, en pleine lumière* : faire voir clairement, mettre en évidence. **2.** (Plur.) *Les lumières* : la connaissance. *Mes lumières sur ce sujet sont très réduites.* **3.** *Les lumières* : la connaissance rationnelle (par oppos. à l'obscurantisme). ▷ *Le siècle des Lumières* : le XVIIIe s., entre 1715 et 1789 (en all. *Aufklärung*), marqué en France par l'*Encyclopédie**, et qui se caractérise par le rejet de l'autorité et du fanatisme, au nom du progrès et de la raison. **4.** Vx Homme de haute valeur intellectuelle. *Descartes, Pascal, Newton, Leibniz, ces lumières de l'Europe.* – Mod., fam. *Ce n'est pas une lumière* : il n'est pas très intelligent. **III.** Orifice **1.** Anc. Orifice, pratiqué dans le canon des armes à feu, qui permettait d'enflammer la poudre. **2.** Dans certains instruments d'optique, petit trou servant à la visée. **3.** Ouverture dans le fût d'un rabot, pour loger le fer. **4.** Fente du biseau d'un tuyau d'orgue. **5.** Ouverture d'admission et d'échappement dans le cylindre d'une machine à vapeur ou d'un moteur à deux temps. – Du lat. *luminaria*, « flambeau », en lat. ecclés. « lumière », de *lumen, luminis*, « lumière ».

ENCYCL **Phys.** – La lumière présente un double aspect, corpusculaire et ondulatoire, qui a été expliqué par la mécanique ondulatoire. À chaque particule (le *photon* pour la lumière) de quantité de mouvement p est associée une onde de longueur d'onde $\lambda = \frac{h}{p}$, où *h* est la constante de Planck, égale à $6{,}62.10^{-34}$ joule-seconde. La *vitesse de la lumière* dans le vide, traditionnellement notée *c*, s'élève à 299 792,457 km/s; cette vitesse, la plus élevée qu'on connaisse dans l'Univers, sert de référence en physique (V. encycl. relativité). Les corps portés à haute température (comme les étoiles), les flammes, les décharges électriques dans les gaz produisent de la lumière. Il en est de même des corps luminescents. Quand elle traverse un prisme, la lumière se décompose et forme un spectre dont la structure varie avec la source (arc-en-ciel pour la lumière blanche). Nous percevons la lumière grâce à nos yeux, qui constituent un système optique complexe ; les images se forment sur la rétine, qui contient deux sortes d'éléments sensibles : les *bâtonnets*, qui donnent la sensation de noir et de blanc ; les *cônes*, qui contiennent trois substances photo-sensibles permettant la sensation des couleurs.

lumignon [lymiɲɔ̃] n. m. **1.** Vx Bout en combustion de la mèche d'une chandelle, d'une bougie, d'une lampe. **2.** Mod. Lampe qui éclaire peu. – Du lat. *ellychnium*, gr. *ellukhnion*, avec infl. de *lumen*, « lumière ».

luminaire [lyminɛʀ] n. m. **1.** LITURG Ensemble des cierges et des lampes que l'on utilise pendant un office. **2.** Appareil d'éclairage (lampe, applique lumineuse, etc.). – Lat. ecclés. *luminare*, « lampe, astre ».

luminance [lyminɑ̃s] n. f. PHYS Quotient de l'intensité lumineuse qu'émet une source par sa surface apparente. (Elle s'exprime en nits ; 1 nt = 1 candela par m^2.) – Du rad. de *lumineux*.

luminescence [lyminɛsɑ̃s] n. f. PHYS Propriété des corps qui émettent de la lumière sous l'action, à basse température, d'un rayonnement (fluorescence et phosphorescence, qui constituent la *photoluminescence*) ou après une excitation mécanique (triboluminescence), électrique (électroluminescence), chimique (chimioluminescence), thermique (thermoluminescence), ou sous l'effet d'une oxydation à caractère organique (bioluminescence des lampyres, par ex.). – Du lat. *lumen, luminis*, « lumière », d'ap. *phosphorescence*.

luminescent, ente [lyminɛsɑ̃, ɑ̃t] adj. PHYS et cour. Qui présente une luminescence. – De *luminescence*.

lumineusement [lyminøzmɑ̃] adv. Avec beaucoup de clarté. *Expliquer une chose lumineusement.* – De *lumineux*.

lumineux, euse [lyminø, øz] adj. **1.** Qui émet de la lumière, qui réfléchit de la lumière. *Source lumineuse. Point lumineux dans la nuit. Enseigne lumineuse. Montre à cadran lumineux. Fontaine lumineuse.* **2.** De la nature de la lumière, qui concerne la lumière. *Phénomène lumineux.* ▷ OPT *Rayon lumineux* : axe rectiligne le long duquel se propage la lumière. **3.** Clair, plein de lumière. *Couleur chaude et lumineuse. Ciel lumineux. Tableau lumineux.* **4.** Fig. Très clair et très éclairant à la fois. *Un exposé lumineux. Une idée lumineuse*, qui explique brusquement une situation, une question. ▷ *Intelligence lumineuse*, claire, puissante et pénétrante. – Lat. *luminosus*.

luminisme [lyminism] n. m. PEINT Courant de la peinture caractérisé par des contrastes vigoureux entre les parties éclairées et les zones obscures d'un tableau. – De *luministe*.

luministe [lyminist] adj. et n. PEINT **1.** adj. Qui concerne le luminisme. **2.** n. Peintre qui recherche des effets de lumière. – Du lat. *lumen, luminis* « lumière ».

luminosité [lyminɔzite] n. f. **1.** Cour. Caractère de ce qui est lumineux. *La luminosité du ciel italien.* **2.** ASTRO Énergie totale rayonnée par un astre en une seconde. – De *lumineux*.

lumitype [lymitip] n. f. IMPRIM Machine à composer photographiquement. (Elle donne des films portant le texte, qui servent ensuite à la gravure des cylindres imprimants.) – Nom déposé ; de *lumière*, et *-type*, d'apr. *linotype*.

lump [lœp] n. m. Poisson (genre *Cyclopterus*), dont les œufs sont préparés à la façon du caviar. – Angl. *lump* (ou *lumpfish*), mot d'orig. danoise.

lumpenprolétariat [lumpənpʀɔletaʀja] n. m. POLIT Pour les marxistes, frange du prolétariat trop misérable pour acquérir une conscience de classe et se rallier à la révolution prolétarienne. – Mot. all., de *Lump*, « gueux, misérable », et *Proletariat*, créé par K. Marx.

1. lunaire [lynɛʀ] adj. **1.** De la Lune. *Le sol lunaire.* ▷ *Mois lunaire* : dans certains calendriers antiques ou non européens, période de 28 ou 29 jours qui joue le même rôle que chacun de nos mois actuels et qui correspond à peu près à une lunaison. **2.** Qui évoque l'aspect désolé de la surface de la Lune. *Paysage lunaire.* **3.** Fig. *Face, visage lunaire* : visage rond et blafard. – Lat. *lunaris*.

2. lunaire [lynɛʀ] n. f. Crucifère (genre *Lunaria*), dont les fruits ont une cloison médiane persistante, ronde et argentée. Syn. monnaie-du-pape. V. silique. – De *lunaire* 1, par anal. d'aspect.

lunaison [lynɛzɔ̃] n. f. Durée comprise entre deux nouvelles lunes consécutives (29 j 12 h 44 min 2,8 s). – De *lune*.

lunatique [lynatik] adj. et n. Capricieux, fantasque (comme certains déments qui, croyait-on, étaient soumis aux influences de la Lune). – Bas lat. *lunaticus*.

lunch [lœʃ ; lœnʃ] n. m. Repas froid que l'on prend debout, au cours d'une réception, et qui est constitué de mets légers présentés en buffet. *Des lunchs* ou *des lunches*. – Mot angl., « déjeuner ».

luncher [lœʃe] v. intr. [1] Vieilli Faire un lunch. – De *lunch*.

lundi [lœdi] n. m. Premier jour de la semaine, qui suit le dimanche, généralement premier jour ouvrable de la semaine. ▷ *Lundi saint* : lundi de la semaine sainte. ▷ *Lundi de Pâques, de Pentecôte* : le lundi qui suit chacune de ces fêtes. – Du lat. pop. *lunis dies*, class. *lunae dies*, « jour de la Lune ».

lune [lyn] n. f. **I.** Satellite de la Terre. **1.** ASTRO et cour. *La Lune* : l'unique satellite de la Terre. **2.** Cour. *Clair de lune* : lumière de la Lune qui éclaire la Terre, certaines nuits. ▷ *Croissant de lune* : partie de la Lune vue de la Terre avant et après la nouvelle lune. **3.** *Phases de la Lune*, les divers aspects qu'elle présente vue de la Terre. ▷ *Nouvelle lune* : période où la Lune est invisible. ▷ *Pleine lune* : période où la Lune est visible sous forme d'un disque lumineux. **4.** Loc. fig. *Visage, face en pleine lune*, de forme toute ronde. ▷ Fam. *Demander, promettre la lune*, une chose impossible. ▷ Fam. *Vouloir attraper la lune avec ses dents* : essayer de faire une chose impossible. ▷ Fam. *Être dans la lune* : être distrait, inattentif. ▷ SPORT *Coup de pied à la lune* : plongeon renversé. **II.** Période comprise entre deux nouvelles lunes. **1.** Mois lunaire*. **2.** Lunaison. ▷ Fig., fam., vx *Être dans une bonne (une mauvaise) lune*, bien (mal) luné. ▷ Mod. *Lune rousse* : lunaison qui commence après Pâques, souvent accompagnée de gelées qui roussissent la végétation. ▷ Fam. *Vieilles lunes* : époque révolue. ▷ *Lune de miel* : débuts du mariage (que l'on suppose être une période de bonheur) ; *par ext.*, période de bonne entente, entre deux groupes, deux partis, etc. **III.** Ce qui est de forme ronde. **1.** Fam. Gros visage tout rond. **2.** Fam. Derrière, fesses. **3.** *Lune de mer* ou *poisson-lune* : poisson au corps en forme de disque (V. môle 3). – Lat. *luna*.

ENCYCL La Lune est le seul gros satellite d'une planète tellurique. Son diamètre s'élève à 3 476 km et sa distance moyenne par rapport à la Terre est de 380 400 km, soit un peu plus de 30 diamètres terrestres. La Lune nous présente toujours la même face, car sa période de rotation sur elle-même est exactement égale à celle de sa révolution autour de la Terre : 27 j 7 h 43 min 14,95 s. Toutefois, du fait des balancements de la Lune autour de son axe (qui constituent la libration), il nous est possible d'observer de la Terre près de 60 % de sa surface. Quand la Lune est en conjonction avec le Soleil, c.-à-d. entre le Soleil et la Terre, sa face éclairée par le

Soleil nous est entièrement cachée ; c'est la phase de la nouvelle lune. Inversement, un cosmonaute regardant la Terre depuis la Lune verrait toute la face éclairée de la Terre (phase de pleine Terre). De 6 jours 1/2 à 7 jours 1/2 après la nouvelle lune, le disque lunaire apparaît sous la forme d'un demi-cercle (premier quartier). 15 jours après la nouvelle lune, celle-ci est en opposition avec le Soleil (pleine lune). La phase suivante est celle du dernier quartier, qui précède une nouvelle conjonction. Avant le premier quartier et après le dernier quartier, la partie obscure de la Lune est légèrement visible la nuit grâce à la *lumière cendrée*, due aux rayons solaires qui atteignent la Lune après réflexion sur la surface de la Terre. Les *marées* terrestres sont dues à l'attraction de la Lune sur les masses océaniques ; le Soleil intervient, à un degré moindre toutefois, pour amplifier ou contrarier cette action. Le relief lunaire comprend de vastes plaines unies parsemées de collines, les *mers*, et des régions présentant un aspect tourmenté et chaotique, avec des chaînes de montagnes (8 200 m au mont Leibniz), les *continents*. Le sol lunaire est parsemé de cratères d'origine météoritique, dont les plus grands, les *cirques*, ont un diamètre qui excède parfois 100 km (270 km pour le cirque Bailly, 340 km pour le cirque Schiller). Le relief lunaire présente également des crevasses, des pitons, des mamelons et des traînées, qui rayonnent autour de certains cirques (cirques Copernic, Tycho, etc.). L'exploration de la Lune par les sondes mises en orbite autour de notre satellite, par les vaisseaux spatiaux amér. du programme Apollo, par les engins automatiques déposés par les Soviétiques à sa surface et par les cosmonautes amér. qui ont mis pour la première fois le pied sur la Lune en juillet 1969 lors de la mission Apollo XI, a considérablement fait progresser notre connaissance de la physique et de la chimie du sol lunaire. Celui-ci est recouvert d'une couche poudreuse ou granuleuse dont la composition est intermédiaire entre celle des météorites et celle des cendres volcaniques. Les éléments princ. sont le silicium, l'aluminium, le fer, le titane, le calcium et le magnésium. Les plus vieilles roches rapportées de la Lune ont environ 4,6 milliards d'années ; c'est l'âge des plus vieilles roches terrestres. La pesanteur à la surface de la Lune est égale au 1/6 de la pesanteur terrestre et la vitesse de libération d'un corps de l'attraction lunaire n'est que de 2,38 km/s, contre 11,2 km/s sur la Terre.

luné, ée [lyne] adj. Fam. *Être bien (mal) luné*, bien (mal) disposé, de bonne (de mauvaise) humeur (allusion à l'influence supposée de la Lune sur l'humeur). – De *lune*.

lunetier, ère [lyntje, ɛʀ] n. Personne qui fabrique ou vend des lunettes. ▷ adj. *Industrie lunetière*. – De *lunette* (sens II, 2).

lunette [lynɛt] n. f. **I. 1.** ARCHI Jour, évidement, à la rencontre de deux voûtes dont les clefs ne sont pas à la même hauteur. ▷ Cour. Glace arrière d'une automobile. **2.** FORTIF Petite demi-lune. **3.** Ouverture de la cuvette de cabinets ; le siège qui s'y adapte. **4.** TECH Coussinet de filetage ; pièce servant au raccord des tuyauteries. **5.** Partie d'un boîtier de montre qui retient le verre. **6.** Ouverture ronde de la guillotine, qui emprisonnait le cou du condamné. **II. 1.** OPT Instrument destiné à grossir ou à rapprocher l'image d'un objet éloigné. *Lunette d'approche. Lunette astronomique*, pour l'observation des astres. **2.** n. f. pl. Paire de verres fixés à une monture, servant à corriger la vue ou à protéger les yeux. *Porter des lunettes. Lunettes de soleil, de soudeur.* – Dimin. de *lune*.

lunetterie [lynɛtʀi] n. f. Industrie ou commerce du lunetier. – De *lunette* (sens II, 2).

luni-solaire [lynisɔlɛʀ] adj. ASTRO De la Lune et du Soleil ; qui a rapport à ces deux astres, qui dépend d'eux. *Marée luni-solaire. Calendrier luni-solaire. Des phénomènes luni-solaires.* – De *lune*, et *solaire*.

lunule [lynyl] n. f. **1.** GEOM Figure en forme de croissant, formée par deux arcs de cercle qui se coupent. **2.** Zone blanchâtre en forme de *lunule* (sens 1), située à la base de l'ongle. – Lat. *lunula*.

lunure [lynyʀ] n. f. TECH Défaut du bois (cercles ou demi-cercles apparaissant sur la tranche). – De *lune*.

lupanar [lypanaʀ] n. m. Litt., vieilli Maison de prostitution. – Mot lat.

lupercales [lypɛʀkal] n. f. pl. ANTIQ ROM Fête annuelle en l'honneur du dieu Lupercus. – Du lat. *Luperca*, « la déesse louve (qui allaita Romulus et Rémus) », ou *Lupercus*, « le dieu loup ».

lupin, ine [lypɛ̃, in] adj. et n. m. **1.** adj. Propre au loup. **2.** n. m. Plante ornementale ou fourragère (genre *Lupinus*, fam. papilionacées) à feuilles palmées et à fleurs en grappes. – Lat. *lupinus*.

lupome [lypom] n. m. MED Élément éruptif du lupus. – De *lupus*, et *-ome*.

lupulin [lypylɛ̃] n. m. TECH Poussière résineuse des cônes du houblon, qui entre dans la fabrication de la bière. – Du lat. bot. *lupulus*, de *lupus* au sens de « houblon ».

lupuline [lypylin] n. f. **1.** TECH Alcaloïde contenu dans le lupulin, qui donne à la bière sa saveur amère. **2.** Luzerne (*Medicago lupulina*) de petite taille, commune dans les champs, appelée aussi *minette*. – De *lupulin*.

lupus [lypys] n. m. MED Dermatose à extension progressive et destructive, principalement localisée au visage. *Lupus acnéique, tuberculeux.* – *Lupus érythémateux disséminé* : maladie à manifestations multiples, touchant notam. la peau, les reins, les articulations, et où l'on trouve des signes biologiques d'auto-immunité. – Mot lat. méd., d'apr. *loup*, « ulcère évoquant la morsure d'un loup ».

lurette [lyʀɛt] n. f. Loc. fam. *Il y a belle lurette* : il y a bien longtemps. – Déform. de *il y a belle heurette*, expr. dial., de *heurette*, dimin. de *heure*.

luron, onne [lyʀɔ̃, ɔn] n. Personne pleine d'insouciance, de gaieté ; bon vivant. *Un joyeux luron.* ▷ *Une luronne* : une femme hardie et de mœurs assez libres. – Rad. onomat. *lur* qui formait les refrains pop. *lure, lurette, turelure*.

lusin ou **luzin** [lyzɛ̃] n. m. MAR Cordage à deux minces fils de caret, pour les petits amarrages. – Pour *l'husin*, néerl. *huising*.

lusitanien, enne [lyzitanjɛ̃, ɛn] adj. et n. **1.** ANTIQ De la Lusitanie, anc. prov. romaine de la péninsule Ibérique, auj. le Portugal. ▷ Subst. *Un(e) Lusitanien(ne).* (On dit aussi *lusitain, aine*.) ▷ Par ext., mod. Portugais. *Le gouvernement lusitanien.* **2.** GEOL n. m. Étage du jurassique. – adj. *Étage lusitanien.* – Du lat. *Lusitania*.

lusophone [lyzɔfɔn] adj. et n. Didac. Qui parle portugais. – De *luso-*, de Lusitanie, et de *-phone*.

lustrage [lystʀaʒ] n. m. Action de lustrer ; son résultat. – De *lustrer*.

lustral, ale, aux [lystʀal, o] adj. Litt. Qui sert à purifier. *Eau lustrale* : eau du baptême. – Lat. *lustralis*.

lustration [lystʀasjɔ̃] n. f. ANTIQ Cérémonie publique ou privée de purification des personnes, des lieux, etc. ▷ LITURG Aspersion d'eau lustrale. – Lat. *lustratio*.

1. lustre [lystʀ] n. m. Litt. Période de cinq ans. – *Par ext.*, fam. Longue période. *Cela fait des lustres qu'on ne l'a revu.* – Du lat. *lustrum*, « cérémonie purificatrice célébrée tous les cinq ans ».

2. lustre [lystʀ] n. m. **1.** Brillant, poli naturel ou artificiel d'un objet, d'une matière. ▷ TECH Produit utilisé pour donner ce brillant. *Lustre de pelletier, de céramiste.* **2.** Fig. Éclat, relief que donne la parure, le mérite. *Cette distinction lui rend un peu de lustre.* **3.** Luminaire à plusieurs lampes, que l'on suspend au plafond. – Ital. *lustro.*

lustré, ée [lystʀe] adj. **1.** Qui présente un aspect brillant, poli. *Pelage lustré.* ▷ TECH Traité avec un lustre. *Feutre lustré.* **2.** Devenu brillant par le frottement, l'usure. *Habit lustré.* – Pp. de *lustrer.*

lustrer [lystʀe] v. tr. [1] **1.** Donner du lustre à, rendre brillant. *Lustrer un meuble.* ▷ TECH Traiter avec un lustre. *Lustrer des peaux.* **2.** *Lustrer un vêtement,* lui donner le lustre du frottement, de l'usure. – Pp. adj. *Un habit lustré.* – De *lustre* 2.

lustrerie [lystʀəʀi] n. f. Industrie, commerce des lustres d'éclairage. – De *lustre* 2.

lustrine [lystʀin] n. f. Tissu de coton très apprêté et lustré. *Des manchettes de lustrine.* – De *lustre* 2, et *-ine.*

lut [lyt] n. m. TECH Pâte (argile, cire, mastic, etc.) utilisée pour boucher hermétiquement un récipient, un four, etc., ou pour protéger un objet de l'action directe du feu. – Lat. *lutum,* « boue, terre de potier ».

lutage [lytaʒ] n. m. TECH Action de luter. – De *luter.*

lutéine [lytein] n. f. **1.** BIOL Syn. de *progestérone.* **2.** CHIM Pigment jaune présent dans le pollen, le jaune d'œuf, etc. – Du lat. *luteus,* « jaune », et *-ine.*

lutéinisant, ante [lyteinizɑ̃, ɑ̃t] adj. BIOL *Hormone lutéinisante* ou *lutéostimuline* : gonadostimuline hypophysaire qui stimule la sécrétion de la progestérone chez la femme et des androgènes testiculaires chez l'homme. – De *lutéine.*

lutéinisation [lyteinizasjɔ̃] n. f. BIOL Transformation du follicule ovarien arrivé à maturité, en corps jaune sécréteur. – De *lutéine.*

luter [lyte] v. tr. [1] TECH Boucher, protéger avec un lut. – De *lut.*

lutétium [lytesjɔm] n. m. CHIM Élément appartenant à la famille des lanthanides, de numéro atomique Z = 71, de masse atomique 174,97 (symbole Lu). – Métal (Lu) qui fond à 1 663 °C et bout vers 3 400 °C. – Du lat. *Lutetia,* anc. n. de Paris.

luth [lyt] n. m. **1.** Instrument de musique à cordes pincées, à caisse bombée, dont le chevillier forme un angle droit avec le manche. ▷ Litt. Symbole du don poétique de la poésie. *« Et mon luth constellé porte le Soleil noir de la Mélancolie » (Nerval).* **2.** *Tortue-luth* : tortue marine à carapace molle (genre *Dermochelys,* sous-ordre des athèques), qui peut atteindre 2,50 m de longueur pour un poids de 550 kg. – De l'ar. *al'ūd*; anc. provenç. *laüt.*

luthéranisme [lyteʀanism] n. m. Didac. Doctrine religieuse de Luther; protestantisme luthérien. – De *luthérien.*

ENCYCL Le luthéranisme, qui reconnaît la Bible comme l'unique autorité en matière de foi, repose sur *le Grand Catéchisme, le Petit Catéchisme* de Luther (1529), *la Confession d'Augsbourg* (publiée par Melanchthon en 1530 avec l'approbation de Luther), *les Articles de Smalkalde* (rédigés par Luther, 1537) et *la Formule de Concorde* de 1580. La pierre angulaire du luthéranisme est la conviction que seule la foi confiante en l'infinie bonté de Dieu sauve le fidèle. L'affirmation du salut par la foi seule, don absolument gratuit de Dieu, menait au dogme de la prédestination, notion radicalement étrangère à l'esprit de l'humanisme. Les deux sacrements essentiels à la vie du chrétien sont le baptême et l'eucharistie (le luthéranisme, contrairement au calvinisme, professe la consubstantiation). L'organisation des Églises luthériennes diffère selon les pays où elles sont implantées : Allemagne, pays scandinaves, É.-U., France (où les deux Églises luthériennes font partie de la Fédération des Églises protestantes).

lutherie [lytʀi] n. f. **1.** Fabrication des instruments de musique à cordes pincées et frottées (instruments de la famille du luth et instruments de la famille du violon). **2.** Profession, commerce du luthier. – De *luthier.*

luthérien, enne [lyteʀjɛ̃, ɛn] adj. Conforme ou relatif à la doctrine de Luther. – Subst. Adepte de cette doctrine. – Du n. du théologien et réformateur all. *Luther* (1483-1546), fondateur du protestantisme.

luthier [lytje] n. m. Fabricant ou marchand d'instruments de musique à cordes. – De *luth.*

luthiste [lytist] n. Instrumentiste qui joue du luth. – De *luth.*

lutin [lytɛ̃] n. m. et adj. **I.** n. m. **1.** Petit démon familier d'esprit malicieux ou taquin. **2.** Fig. Enfant vif, espiègle. **II.** adj. Vx *Lutin, lutine* : de nature, d'humeur ou d'expression taquine, espiègle. *Visage lutin.* – Du lat. *Neptunus,* « Neptune », dont le nom figure dans une liste de démons du VIIe s., et qui a donné *netun,* puis *nuiton, luiton,* et *luton,* sous l'infl. de l'anc. v. *luitier,* « lutter ».

lutiner [lytine] v. tr. [1] **1.** Vx Taquiner à la manière d'un lutin. **2.** Mod. Harceler de familiarités galantes. *Lutiner une femme.* – De *lutin.*

lutrin [lytʀɛ̃] n. m. LITURG **1.** Pupitre sur lequel on pose les livres dont on se sert pour chanter l'office, dans une église. ▷ Pupitre sur pied, support oblique sur lequel on pose un livre encombrant et lourd pour le consulter commodément. **2.** Ensemble de ceux qui chantent au lutrin; endroit du chœur où ils se tiennent.– Du lat. pop. *lectrinum* ou *lectorinum,* bas lat. *lectrum* et *lectorium,* « pupitre », du rad. de *legere,* « lire ».

lutte [lyt] n. f. **1.** Combat de deux adversaires qui se prennent corps à corps. ▷ Sport de combat opposant deux adversaires dont chacun doit s'efforcer d'immobiliser l'autre au sol. *Lutte gréco-romaine,* dans laquelle ne sont autorisées que certaines prises entre la ceinture et la tête. *Lutte libre,* qui comporte un plus grand nombre de prises autorisées (notam. aux jambes). **2.** (Entre deux ou plusieurs adversaires.) Rixe ou combat armé (souvent fig.). *Lutte au couteau. Luttes sanglantes.* ▷ Fig. Opposition ou conflit d'idées, d'intérêts, de pouvoir. *Luttes politiques. Lutte d'influence.* **3.** Action contre une force, un phénomène, un événement, nuisible ou hostile. *Lutte contre le cancer. Lutte antipollution.* ▷ *Lutte biologique* : méthode de destruction des animaux nuisibles (insectes, notam.) par leurs prédateurs. **4.** Conflit entre deux forces matérielles ou morales. *Lutte des éléments. Lutte du droit et du devoir.* **5.** Loc. adv. *De haute, de vive lutte* : par de grands efforts, par l'engagement de toute sa force ou sa volonté.– Déverbal de *lutter.*

lutter [lyte] v. intr. [1] **1.** Combattre corps à corps. **2.** Se battre. *Lutter contre un ennemi.* **3.** Rivaliser. *Lutter d'adresse.* **4.** Fig. Être en lutte. *Lutter contre le vent. Lutter pour la réussite.*– Du lat. *luctare,* var. de *luctari,* « combattre ».

lutteur, euse [lytœʀ, øz] n. **1.** Athlète qui pratique la lutte. **2.** Fig. Personne que sa nature énergique incite à lutter contre l'adversité, quelles que soient les circonstances.– De *lutter.*

lux [lyks] n. m. PHYS Unité d'éclairement lumineux (symbole lx); éclairement d'une surface qui reçoit un flux lumineux de 1 lumen par m^2.– Mot lat., « lumière ».

luxation [lyksasjɔ̃] n. f. MED Position permanente anormale des surfaces d'une articulation osseuse, due le plus souvent à un choc. *Luxation du coude. Réduire* une luxation.* – Bas lat. *luxatio.*

luxe [lyks] n. m. **1.** Magnificence, éclat déployé dans les biens, la parure, le mode de vie dispendieux;

abondance de choses somptueuses. *Vivre dans le luxe.* **2.** Qualité de ce qui est recherché, somptueux. *Le luxe d'une décoration. Vêtements, produits de luxe.* **3.** Bien, plaisir coûteux et superflu. *Elle va de temps en temps au théâtre, c'est son seul luxe.* – Fig. *Pour des miséreux, de tels scrupules sont un luxe.* – *Ce n'est pas un luxe* : c'est vraiment utile, nécessaire. *Je vais faire repeindre mon appartement, ce ne sera pas un luxe.* – *Se payer, s'offrir le luxe de* (+ inf.) : se permettre de (faire qqch de difficile, d'agréable, de remarquable, etc.). **4.** *Un luxe, un grand luxe de* : une grande quantité, une profusion de. *Décrire avec un luxe de précisions.* – Lat. *luxus,* « excès, faste ».

luxembourgeois, oise [lyksɑ̃burʒwa, waz] adj. et n. – Du grand-duché de Luxembourg, État d'Europe occid. ▷ Subst. *Un(e) Luxembourgeois(e).*

luxer [lykse] v. tr. [1] Provoquer la luxation de (une articulation). ▷ v. pron. *Se luxer le genou.* – Lat. *luxare,* « déboîter, démettre ».

luxmètre [lyksmɛtʀ] n. m. PHYS Appareil servant à mesurer l'éclairement.– De *lux,* et *-mètre.*

luxueusement [lyksɥøzmɑ̃] adv. D'une manière luxueuse. – De *luxueux.*

luxueux, euse [lyksɥø, øz] adj. Caractérisé par le luxe. *Installation luxueuse.* – De *luxe.*

luxure [lyksyʀ] n. f. Litt. Pratique immodérée des plaisirs sexuels. – Lat. *luxuria.*

luxuriance [lyksyʀjɑ̃s] n. f. Caractère de ce qui est luxuriant. – De *luxuriant.*

luxuriant, ante [lyksyʀjɑ̃, ɑ̃t] adj. **1.** Qui pousse avec abondance, en parlant de la végétation. **2.** Fig. Caractérisé par l'abondance, l'exubérance. *Un style luxuriant.* – Lat. *luxurians,* ppr. de *luxuriare,* « être surabondant, s'adonner aux excès ».

luxurieux, euse [lyksyʀjø, øz] adj. Rare **1.** Qui s'adonne à la luxure. **2.** Qui dénote la luxure. *Propos luxurieux.* – Lat. *luxuriosus.*

luzerne [lyzɛʀn] n. f. Plante fourragère (genre *Medicago,* fam. papilionacées) à feuilles trifoliées et à fleurs violettes. *La luzerne enrichit le sol en matières organiques azotées grâce à la présence, dans ses racines, de bactéries fixant l'azote atmosphérique.* – Anc. provenç. *luzerna,* « lampe », provenç. *luzerno,* « ver luisant », à cause du brillant des graines.

luzernière [lyzɛʀnjɛʀ] n. f. Champ de luzerne. – De *luzerne.*

luzin. V. lusin.

luzule [lyzyl] n. f. BOT Plante voisine du jonc (genre *Luzula,* fam. juncacées) utilisée comme fourrage et comme plante de soutien des terrains en pente. – Lat bot. *luzula,* de l'ital. *luzziola, (erba) lucciola,* du rad. *luce,* « lumière ».

Lw CHIM Symbole du lawrencium.

lx PHYS Symbole du lux, unité d'éclairement.

lyc(o)-. Élément, du gr. *lukos,* « loup ».

lycanthrope [likɑ̃tʀɔp] n. MED ou litt. Personne atteinte de lycanthropie. – Gr. *lukanthrôpos,* « homme loup ».

lycanthropie [likɑ̃tʀɔpi] n. f. MED ou litt. Monomanie dans laquelle le malade se croit changé en loup. – De *lycanthrope.*

lycaon [likaɔ̃] n. m. ZOOL Mammifère canidé (genre *Lycaon*) d'Afrique, au pelage fauve bigarré de noir et de blanc. – Lat. *lycaon,* « loup d'Éthiopie ».

lycée [lise] n. m. **1.** ANTIQ *Le Lycée* : nom du gymnase situé à l'extérieur d'Athènes, où Aristote enseignait la philosophie. – Nom donné à l'école philosophique qu'Aristote fonda dans ce quartier v. 335 av. J.-C. et que l'on connaît également sous le nom d'école *péripatéticienne.* **2.** Établissement public d'enseignement du second degré classique, moderne et technique ayant actuellement pour vocation de prolonger la formation secondaire des collèges en préparant au baccalauréat. *Lycée d'enseignement professionnel,* préparant au brevet de technicien. – Lat. *lyceum,* gr. *Lukeion.*

lycéen, enne [liseɛ̃, ɛn] n. et adj. Élève d'un lycée. ▷ adj. *Revendications lycéennes.* – De *lycée.*

lycène [lisɛn] n. f. ENTOM Petit papillon diurne, souvent bleuté pour le mâle et brunâtre pour la femelle. – Lat. zool. *lycoena,* gr. *lukaina,* « louve ».

lychnis [liknis] n. m. BOT Plante herbacée dont plusieurs variétés (notam. le lychnis fleurs de coucou, aux fleurs rose foncé) sont cultivées comme ornementales. – Mot lat.

lycope [likɔp] n. m. BOT Plante (genre *Lycopus,* fam. labiées), courante dans les lieux humides. Syn. pied-de-loup. – Lat. bot. *lycopus.*

lycoperdon [likɔpɛʀdɔ̃] n. m. BOT Champignon gastromycète en forme d'outre, comestible jeune, appelé cour. *vesse-de-loup.* – Lat. bot. trad. de *vesse-de-loup,* du gr. *lukos,* « loup », et *perdesthai,* « péter ».

lycopode [likɔpɔd] n. m. BOT Plante de l'ordre des lycopodiales (genre *Lycopodium*), ressemblant à une grande mousse. – *Poudre de lycopode* : poudre jaune pâle formée par les spores de cette plante, utilisée en pyrotechnie. – Lat. bot. *lycopodium,* trad. de *pied-de-loup,* du gr. *lukos,* « loup », et *pous, podos,* « pied ».

lycopodiales [likɔpɔdjal] n. f. pl. BOT Ordre de cryptogames vasculaires comportant des représentants actuels herbacés (lycopode, sélaginelle) et de nombreuses formes fossiles arborescentes. – Sing. *Une lycopodiale.* – De *lycopode.*

lycopodinées [likɔpɔdine] n. f. pl. BOT Une des grandes divisions des cryptogames vasculaires, comprenant notam. les lycopodiales. – Sing. *Une lycopodinée.* – De *lycopode.*

lycose [likoz] n. f. ZOOL Araignée (genre *Lycosa*) qui attrape ses proies à la course et creuse des terriers. *La tarentule est une lycose.* – Lat. zool. *lycosa,* lat. *lycos,* gr. *lukos,* « araignée-loup » à cause de l'aspect velu de cette araignée.

lyddite [lidit] n. f. HIST Explosif à base d'acide picrique utilisé pendant la Première Guerre mondiale. – Mot angl., de *Lydd,* ville du Kent, où l'explosif fut d'abord fabriqué.

lydien, enne [lidjɛ̃, ɛn] adj. (et n. m.) De la Lydie, anc. pays de l'Asie Mineure. ▷ MUS *Le mode lydien,* ou n. m., *le lydien* : le premier des modes moyens chez les anciens Grecs.

lydienne [lidjɛn] ou **lydite** [lidit] n. f. MINER Radiolarite noire à grains très fins. – De *Lydie,* n. de l'anc. prov. (grecque) d'Asie Mineure.

lymphadénome [lɛ̃fadenom] n. m. MED Tumeur composée de tissu lymphoïde. – De *lymphe,* et *adénome.*

lymphangiome [lɛ̃fɑ̃ʒjom] n. m. MED Malformation congénitale caractérisée par une prolifération des vaisseaux lymphatiques de localisations diverses. – De *lymphe,* et *angiome.*

lymphangite [lɛ̃fɑ̃ʒit] n. f. MED Inflammation aiguë ou chronique des vaisseaux lymphatiques. – Du rad. de *lymphe,* du gr. *aggeion,* « vaisseau », et de *-ite* 1.

lymphatique [lɛ̃fatik] adj. et n. **1.** ANAT De la lymphe, qui a rapport à la lymphe. *Ganglion lymphatique.* ▷ n. m. *Un lymphatique* : un vaisseau lymphatique. **2.** Qui a les caractères du lymphatisme. *Un tempérament lymphatique.* ▷ Subst. *Un(e) lymphatique* : une personne lymphatique. – Lat. *lymphaticus*, repris du lat. médiév., « relatif à l'eau ».

ENCYCL Le système lymphatique comprend : les *vaisseaux lymphatiques*; les *ganglions lymphatiques*, petits renflements échelonnés le long des vaisseaux lymphatiques; les *vaisseaux chylifères*, qui déversent dans la lymphe certains produits de la digestion intestinale.

lymphatisme [lɛ̃fatism] n. m. **1.** MED État de déficience que l'on observe plus souvent chez l'enfant, caractérisé par l'augmentation du volume des organes lymphoïdes, la pâleur et l'infiltration des tissus. **2.** Cour. État d'une personne lente et apathique. – De *lymphatique*.

lymphe [lɛ̃f] n. f. BIOL Liquide clair, blanchâtre, riche en protéines et en lymphocytes, qui circule dans les vaisseaux lymphatiques. – Lat. scientif. *lympha*, spécialisation du lat. *lympha*, « eau ».

ENCYCL La lymphe est un exsudat du plasma sanguin qui constitue le milieu intérieur nourricier des cellules (lymphe interstitielle) et que canalisent les vaisseaux lymphatiques (lymphe vasculaire). Elle contient 95 % d'eau et, dans des proportions différentes, les mêmes constituants que le plasma. Riche en *lymphocytes*, elle joue un rôle important dans les processus d'immunité et de défense de l'organisme.

lymphoblaste [lɛ̃fɔblast] n. m. BIOL Cellule jeune et normale du sang, dont on a longtemps considéré que dérivait le lymphocyte. – De *lymphe*, et *-blaste*.

lymphoblastique [lɛ̃fɔblastik] adj. BIOL Qui a rapport au lymphoblaste. *Transformation lymphoblastique*. – De *lymphoblaste*.

lymphocytaire [lɛ̃fɔsitɛʀ] adj. BIOL, MED Relatif aux lymphocytes. *Série lymphocytaire*. – De *lymphocyte*.

lymphocyte [lɛ̃fɔsit] n. m. BIOL Cellule sanguine mononucléaire appartenant à la lignée blanche, présente dans le thymus, le sang, la moelle osseuse, les ganglions, la lymphe. *Lymphocytes B* : agents de l'immunité humorale, sécréteurs des immunoglobulines (cf. anticorps). *Lymphocytes T* : supports de l'immunité cellulaire et régulateurs des sécrétions humorales dues aux lymphocytes B. – *Lymphocytes tueurs*, capables de détruire les cellules étrangères à l'organisme après avoir été stimulés par les lymphocytes T. – De *lymphe*, et *-cyte*.

lymphocytopoïèse. V. lymphopoïèse.

lymphocytose [lɛ̃fɔsitoz] n. f. MED Augmentation du nombre de lymphocytes dans le sang ou dans la moelle osseuse. – De *lymphocyte*, et *-ose* 2.

lymphogranulomatose [lɛ̃fɔgʀanylomatoz] n. f. MED Nom donné à différentes maladies dont la manifestation clinique initiale est un granulome disséminant facilement par voie lymphatique. ▷ *Lymphogranulomatose maligne* : maladie d'Hodgkin. – De *lymphe*, *granulome*, et *-ose* 2.

lymphographie [lɛ̃fɔgʀafi] n. f. MED Examen radiologique des vaisseaux et des ganglions lymphatiques après opacification par un produit de contraste. – De *lymphe*, et *-graphie*.

lymphoïde [lɛ̃fɔid] adj. BIOL *Tissu, système lymphoïde* : ensemble constitué par les lymphocytes et les *organes lymphoïdes* (thymus, moelle osseuse, ganglions lymphatiques, amygdales, etc.) et dont dépendent les réactions d'immunité spécifique de l'organisme. – De *lymphe*, et *-oïde*.

lymphokine [lɛ̃fokin] n. f. BIOCHIM Cytokine* sécrétée par les lymphocytes. – De l'angl. *lymphokin*.

lymphome [lɛ̃fom] n. m. MED Terme générique pour désigner les proliférations malignes de certains éléments hématologiques. – De *lymphe*, et *-ome*.

lymphopathie [lɛ̃fɔpati] n. f. MED Affection du système lymphatique. – De *lymphe*, et *-pathie*.

lymphopénie [lɛ̃fɔpeni] n. f. MED Baisse du nombre des lymphocytes dans le sang. – De *lympho(cyte)*, et du gr. *penia*, « pauvreté ».

lymphopoïèse [lɛ̃fɔpɔjɛz] ou **lymphocytopoïèse** [lɛ̃fɔsitopɔjɛz] n. f. BIOL Formation des lymphocytes (dans la moelle et le tissu lymphatique). – De *lymphe*, ou *lymphocyte*, et gr. *poiêsis*, « création ».

lymphoréticulose [lɛ̃fɔʀetikyloz] n. f. MED *Lymphoréticulose bénigne d'inoculation* ou *maladie des griffes du chat* : maladie infectieuse accidentelle, vraisemblablement virale, consécutive à une griffure de chat et caractérisée par un gonflement douloureux et une tendance à la suppuration des ganglions correspondant au membre infecté. – De *lymphe*, *réticulé*, et *-ose* 2.

lymphosarcome [lɛ̃fɔsaʀkom] n. m. MED Lymphadénome malin qui se développe dans les organes lymphoïdes et prolifère en métastases. – De *lymphe*, et *sarcome*.

lynchage [lɛ̃ʃaʒ] n. m. Action de lyncher. – De *lyncher*.

lyncher [lɛ̃ʃe] v. tr. [1] **1.** Exécuter, sans jugement préalable ou après un jugement extrêmement sommaire, une personne présumée coupable. **2.** Faire subir à (qqn) des brutalités pouvant entraîner la mort (en parlant d'une foule). *Il a été lynché par la foule*. – De l'anglo-amér. *to lynch*, de *Lynch law*, « loi de Lynch », procédé de justice sommaire attribué à un fermier de Virginie, nommé Ch. *Lynch* (1736-1796), qui s'érigea en justicier en dehors de la légalité.

lyncheur, euse [lɛ̃ʃœʀ, øz] n. Personne qui participe à un lynchage. – De *lyncher*.

lynx [lɛ̃ks] n. m. Mammifère carnivore félidé d'env. 70 cm au garrot, au pelage tacheté jaunâtre. – Loc. *Avoir des yeux de lynx*, la vue très perçante. – Mot lat., du gr. *lugx*.

lyo-. Élément, du gr. *luein*, « dissoudre ».

lyodessiccation [ljɔdesikasjɔ̃] n. f. Syn. de *lyophilisation*. – De *lyo-*, et *dessiccation*.

lyonnais, aise [ljɔnɛ, ɛz] adj. et n. De Lyon, ch.-l. du dép. du Rhône et de la Région Rhône-Alpes. – Subst. *Un(e) Lyonnais(e)*. ▷ Loc. CUIS *À la lyonnaise*, avec une sauce à base d'oignons.

lyophile [ljɔfil] adj. CHIM Qualifie une substance soluble dans le milieu dans lequel elle a été déposée. – De *lyo-*, et *-phile*.

lyophilie [ljɔfili] n. f. CHIM Propriété qu'a un corps de se disperser en présence d'un liquide pour former une émulsion. – De *lyophile*.

lyophilisateur [ljɔfilizatœʀ] n. m. TECH Appareil servant à la lyophilisation. – De *lyophiliser*.

lyophilisation [ljɔfilizasjɔ̃] n. f. TECH Procédé de dessiccation par congélation brutale (entre – 40 °C et – 80 °C) puis sublimation sous vide. *La lyophilisation est utilisée comme procédé de conservation dans l'industrie pharmaceutique et l'industrie alimentaire*. Syn. lyodessiccation. – De *lyophiliser*.

lyophiliser [ljɔfilize] v. tr. [1] TECH Soumettre à la lyophilisation. – De *lyophile*.

lyophobe [ljɔfɔb] adj. CHIM Qualifie une substance insoluble dans le milieu dans lequel elle est déposée. – De *lyo-*, et *-phobe*.

lyre [liʀ] n. f. **1.** Instrument de musique à cordes pincées utilisé par les Anciens. ▷ Litt. Symbole de l'inspiration poétique. *Prendre sa lyre* : se disposer à écrire des vers. ▷ Fam. *Toute la lyre* : la série complète, toute la gamme. **2.** ZOOL Nom cour. de divers poissons (trigle par ex.) et d'un oiseau (ménure ou oiseau-lyre). – Lat. *lyra*, gr. *lura*.

lyrique [liʀik] adj. et n. m. **1.** ANTIQ Chanté avec un accompagnement de lyre. *Poème lyrique.* ▷ *Poète lyrique* : auteur de poèmes lyriques. – n. m. *Un lyrique* : un poète lyrique. **2.** Mis en musique pour être chanté sur scène. *Théâtre lyrique,* où l'on représente des ouvrages mis en musique. *Drame lyrique* : opéra, oratorio. *Comédie lyrique* : opéra-comique. – *Artiste lyrique* : chanteur, chanteuse d'opéra ou d'opéra-comique. **3.** D'inspiration ou de forme analogue à celle de la poésie lyrique antique. *Genre lyrique,* par oppos. à *épique.* – n. m. *Le lyrique* : le genre lyrique. **4.** Qui laisse libre cours à l'expression des sentiments personnels souvent sous forme d'images évocatrices. *Les envolées lyriques d'une biographie. Un style lyrique.* **5.** BX-A *Abstraction lyrique* : courant de la peinture contemporaine, apparu en France v. 1947, qui attache une importance primordiale à l'impulsion physico-psychique du mouvement créateur (Atlan, Hartung, Mathieu, Schneider, Soulages). – Lat. *lyricus,* gr. *lurikos,* de *lura,* « lyre ».

lyriquement [liʀikmɑ̃] adv. Avec lyrisme. – De *lyrique.*

lyrisme [liʀism] n. m. **1.** Inspiration poétique lyrique. *Le lyrisme de Lamartine.* **2.** Caractère lyrique. *Le lyrisme d'un discours.* **3.** Expression lyrique des sentiments. *Il s'abandonne au lyrisme.* – De *lyrique.*

lys. V. lis.

-lyse, lys(o)-. Éléments, du gr. *lusis,* « dissolution, dissociation ».

lyse [liz] n. f. BIOL Dissolution, destruction (d'une structure organique). – Gr. *lusis,* « dissolution ».

lysergique [lisɛʀʒik] adj. BIOCHIM *Acide lysergique* : alcaloïde de l'ergot de seigle, dont dérive le L.S.D. – De *lys, erg(ot),* et *-ique.*

lysimaque [lizimak] n. f. BOT Plante à fleurs jaunes (genre *Lysimachia,* fam. primulacées), appelée aussi *herbe aux écus.* – Lat. *lysimachia,* mot gr.

lysine [lizin] n. f. **1.** BIOL Nom générique de substances à propriétés lytiques. **2.** BIOCHIM Acide aminé basique indispensable à la croissance, fourni à l'organisme par l'alimentation. – Du gr. *lusis,* « solution, dissolution ».

lyso-. V. -lyse.

lysosome [lizozom] n. m. BIOL Organite intracellulaire, limitée par une membrane, contenant de nombreuses enzymes digestives actives lors de la phagocytose. – De *lyso-,* et *-some.*

lysozyme [lizozim] n. m. BIOL Enzyme capable d'hydrolyser les parois bactériennes. – De *lyso-,* et *(en)zyme.*

-lyte, -lytique. CHIM Éléments, du gr. *lutos,* « qui peut être dissous ».

lytique [litik] adj. **1.** BIOL Relatif à la lyse, qui entraîne la lyse. **2.** MED Sert à désigner des substances qui rendent certains tissus organiques insensibles à l'action des médiateurs chimiques libérés par le système neurovégétatif. – *Cocktail lytique* : mélange de produits entraînant la cessation de certaines activités nerveuses, parfois donné à des mourants en proie à des souffrances intolérables, dans un but euthanasique. – Dér. savant de *lyse.*

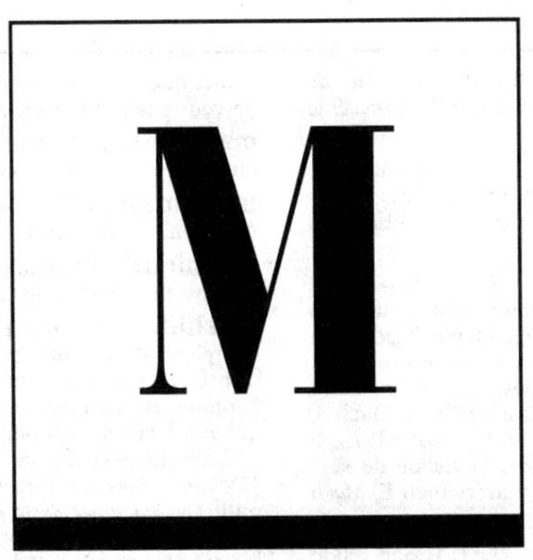

m [ɛm] n. m. **1.** Treizième lettre (m, M) et dixième consonne de l'alphabet, notant l'occlusive bilabiale nasale [m], simple ou redoublée (ex. *mime* [mim], *mammaire* [mammɛʀ]) et, devant une consonne ou en finale, un son nasal (ex. *comte* [kɔ̃t], *humble* [œ̃bl], *nom* [nɔ̃]). **2.** m. : abrév. de *masculin.* – M. : abrév. de *monsieur.* **3.** M : chiffre romain qui vaut 1 000. ▷ m, m², m³ : symboles du mètre, du mètre carré, du mètre cube. ▷ M : abrév. de *méga-.* ▷ m : abrév. du préfixe *milli-* (millième). ▷ CHIM m- : abrév. de *méta-.*

ma. V. mon.

maboul, oule [mabul] adj. Pop. Fou. *Il est maboul, ce gars-là!* ▷ Subst. *Un(e) maboul(e).* – Ar. *mahbūl,* «sot, imbécile»; arg. de l'armée d'Afrique.

macabre [makabʀ] adj. **1.** *Danse macabre* : ronde allégorique dans laquelle la Mort entraîne des personnages appartenant à toutes les classes de la société, fréquemment représentée sur les murs des cimetières et dans les cloîtres par les artistes des XIVe et XVe s. **2.** Qui évoque des choses funèbres, la mort. *Plaisanterie macabre. Faire la macabre découverte de restes humains.* – P.-ê. d'un n. pr. *Macabré* ou de l'ar. *maqbar,* «tombe».

macach, macache ou **makach** [makaʃ] adv. Fam., vieilli Rien; il n'y (en) a pas. *Tu veux de l'argent? Macache!* – Ar. d'Algérie *mā-kăn-ch',* «il n'y a pas de».

macadam [makadam] n. m. **1.** Revêtement de chaussée constitué de pierres concassées agglomérées au moyen d'un liant et bloquées au rouleau compresseur. – Chaussée ainsi recouverte. **2.** *Abusiv.* Bitume. – Partie de la voie publique recouverte de bitume. – Du n. de l'inventeur, J. *Mac Adam* (1756-1836).

macadamiser [makadamize] v. tr. **[1]** Revêtir de macadam. *Macadamiser une route.* – De *macadam.*

macaque [makak] n. m. **1.** Singe d'Afrique et d'Eurasie (genre *Macaca*), de la famille des cercopithèques, trapu, haut de 50 à 75 cm, à queue réduite ou absente (magot*). (Les travaux sur *Macaca rhesus* permirent la découverte du facteur rhésus.) **2.** Fig., fam. Personne très laide. – Portug. *macaco.*

macareux [makaʀø] n. m. Nom cour. de divers oiseaux alciformes (genre *Æthia, Lunda,* etc.) au bec haut et comprimé latéralement. *Macareux moine* (Fratercula arctica) : macareux européen, long d'env. 30 cm, noir et blanc avec le bec bleu et rouge, qui vit en colonies et niche dans des terriers. – P.-ê. altér. de *macreuse.*

macaron [makaʀɔ̃] n. m. **1.** Pâtisserie fine de forme arrondie confectionnée avec de la pâte d'amande, du sucre et des blancs d'œufs. **2.** Natte de cheveux roulée sur l'oreille. **3.** Gros insigne de forme arrondie. *Macaron tricolore d'une voiture officielle.* **4.** Pop. Coup. – Ital. dial. *macarone,* «pâte avec du fromage», p.-ê. du gr. *makaria,* «potage d'orge».

macaroni [makaʀɔni] n. m. **1.** (Surtout au plur.) Pâte alimentaire à base de farine de blé dur, en forme de petit tube creux et allongé. *Des macaroni(s).* **2.** Pop., péjor. *Un mangeur de macaroni* ou, ellipt., *un Macaroni* : un Italien. – Mot ital., plur. de *macarone* (cf. *macaron*).

macaronique [makaʀɔnik] adj. LITTER Se dit d'un genre poétique burlesque où sont entremêlés des mots latins et des mots de langue courante pourvus de terminaisons latines. – Ital. *macaronico*; de *macaronea,* «poème burlesque», dér. plaisant de *macarone,* «pâte avec du fromage».

macassar [makasaʀ] n. m. Ébène de Macassar, brune veinée de noir. – Du n. de la v. de *Macassar,* dans les Célèbes.

macchabée [makabe] n. m. Pop. Cadavre. – P.-ê. de *macabre,* avec infl. biblique (les sept *Maccabées*).

macchiaioli [makjajɔli] n. m. pl. PEINT Membres d'une école picturale de tendance réaliste née à Florence v. 1860 et qui évolua vers une sorte d'impressionnisme. – Mot ital., d'abord péjor., «faiseurs de taches».

macédoine [masedwan] n. f. **1.** Mets composé de plusieurs sortes de légumes ou de fruits coupés en morceaux. *Une boîte de macédoine de légumes.* **2.** Ensemble formé d'éléments disparates. – De *Macédoine,* région d'où était originaire Alexandre le Grand qui fonda un empire habité par des peuples très différents.

macédonien, enne [masedɔnjɛ̃, ɛn] adj. et n. **1.** adj. De la Macédoine. ▷ Subst. *Un(e) Macédonien(ne).* **2.** n. m. *Le macédonien* : langue slave parlée en Macédoine. – Du n. de la *Macédoine,* rég. historique de la péninsule balkanique, qui fut partagée entre la Grèce et la Yougoslavie (dont elle fut une des rép. fédérées jusqu'en 1991).

macérateur [maseʀatœʀ] adj. m. Qui opère la macération (sens 1). ▷ n. m. Récipient où s'effectue une macération. – De *macérer.*

macération [maseʀasjɔ̃] n. f. **1.** RELIG Mortification, pratique pénible que l'on s'inflige dans sa chair pour expier ses fautes ou celles d'autrui. **2.** Opération qui consiste à laisser séjourner dans un liquide une substance (et notam. une substance alimentaire), pour l'accommoder, la conserver, etc. ▷ *Par ext.* Le liquide ainsi utilisé. – Lat. *maceratio.*

macérer [maseʀe] **1.** v. tr. **[14]** RELIG Mortifier (sa chair) par des macérations. **2.** Soumettre à la macération. *Macérer des cornichons dans du vinaigre.* ▷ v. intr.

Séjourner longuement dans un liquide. *Les filets de maquereau macèrent dans du jus de citron.* – Fig. *Il macérait dans les remords.* – Lat. *macerare.*

macfarlane [makfaʀlan] n. m. Anc. Manteau sans manches muni d'un grand collet recouvrant les épaules et les bras. – Du n. de son créateur présumé, l'Écossais *MacFarlane.*

mach ou **Mach** [mak] n. m. PHYS, AVIAT *Nombre de Mach* : rapport entre la vitesse d'un mobile dans un fluide et la vitesse du son dans ce même fluide. (En aviation, Mach 1, qui représente la limite entre le vol subsonique et le vol supersonique, correspond, pour un vol à haute altitude, à 1 060 km/h ; à partir de Mach 5, on parle de vitesses hypersoniques.) – Loc. *Voler à Mach 1, Mach 2,* à une fois, deux fois la vitesse du son. – Du n. du philosophe et physicien autrichien E. *Mach* (1838-1916).

machairodus [makeʀɔdus] n. m. PALEONT Grand félidé fossile (pléistocène) aux canines très développées et en forme de sabre. – Du gr. *makhaira,* « épée », et *odous,* « dent ».

machaon [makaɔ̃] n. m. ENTOM Grand papillon diurne (genre *Papilio*) aux ailes jaunes tachetées de noir, de rouge et de bleu, appelé aussi *grand porte-queue.* – De *Machaon,* nom d'un héros myth. qui prit part à la guerre de Troie.

mâche [mɑʃ] n. f. Nom cour. de diverses valérianelles que l'on consomme en salade. *La doucette (Valerianella olitoria) est une variété de mâche.* – Moyen fr. *pomache,* p.-ê. du lat. pop. *pomasca,* du lat. class. *pomum,* « arbre ».

mâchefer [mɑʃfɛʀ] n. m. Scorie provenant de la combustion de certains charbons. *Le mâchefer est utilisé pour stabiliser les sols.* – De *mâcher,* au sens d'« écraser », et *fer.*

mâcher [mɑʃe] v. tr. [1] **1.** Broyer avec les dents. *Mâcher les aliments avant de les avaler.* **2.** Triturer dans la bouche. *Mâcher du chewing-gum.* **3.** Loc. fig. *Mâcher la besogne à qqn,* la lui préparer de façon qu'il puisse l'achever sans peine. – *Ne pas mâcher ses mots* : dire sans ménagements ce que l'on pense. **4.** TECH Couper en déchirant, en arrachant. *Le ciseau mâche le bois.* – Lat. imp. *masticare.*

machette [maʃɛt] n. f. Sabre d'abattage, en Amérique du Sud. – Esp. *machete.*

mâcheur, euse [mɑʃœʀ, øz] n. Personne qui a pour habitude de mâcher (qqch). *Les mâcheurs de kola.* – De *mâcher.*

machiavel [makjavɛl] n. m. Personne peu soucieuse de moralité quant aux moyens qu'elle utilise pour atteindre son but. – Du n. de *Machiavel* (Niccolo Machiavelli), homme polit. et écrivain ital. (1469-1527).

machiavélique [makjavelik] adj. Péjor. Digne d'un machiavel ; dont l'habileté perfide est celle d'un machiavel. *Politicien machiavélique.* – Par ext. *Ruse machiavélique.* – Du n. de *Machiavel* (V. machiavel).

machiavélisme [makjavelism] n. m. **1.** Doctrine politique de Machiavel. **2.** Péjor. Attitude d'une personne machiavélique. – Du n. de *Machiavel* (V. machiavel).

mâchicoulis [maʃikuli] n. m. Encorbellement placé en haut d'un ouvrage fortifié et percé d'ouvertures par lesquelles on laissait tomber sur l'adversaire des pierres ou des projectiles enflammés. ▷ Ces ouvertures elles-mêmes. – P.-ê. de *mâcher,* au sens d'« écraser », et *col,* « cou », car les projectiles permettaient d'écraser le cou des assaillants.

-machie. Élément, du gr. *makhê,* « combat ».

machin, ine [maʃɛ̃, in] n. (Surtout au masc.) Fam. Mot employé pour remplacer un nom de personne ou de chose, que l'on ne connaît pas, qui échappe ou que l'on ne veut pas prononcer. Syn. truc, chose. – De *machine.*

machinal, ale, aux [maʃinal, o] adj. Fait sans intention consciente. *Gestes machinaux.* – De *machine.*

machinalement [maʃinalmɑ̃] adv. De manière machinale. – De *machinal.*

machination [maʃinasjɔ̃] n. f. Intrigue ourdie secrètement dans le dessein de nuire. – Lat. *machinatio.*

machine [maʃin] n. f. **I. 1.** Agencement plus ou moins complexe d'éléments, qui utilise une énergie pour la transformer en une autre, qui accomplit des tâches que l'homme ne pourrait pas accomplir par lui-même, ou qui rend ces tâches plus faciles. *Machine à calculer, à écrire.* – *Machine à laver, à coudre.* – *Machine agricole.* – *Machine à bois,* qui sert au travail du bois (V. machine-outil). ▷ *Machine électrique,* qui fonctionne à l'électricité ou qui sert à en produire. – *Machine à vapeur,* dans laquelle l'expansion de la vapeur d'eau produit la force motrice. **2.** MAR Élément moteur de l'appareil propulsif d'un navire. *La salle des machines.* ▷ *Par ext.* L'appareil propulsif lui-même. **3.** Véhicule. *Motocycliste dont la machine est en panne.* ▷ CH de F Locomotive. ▷ Loc. *Faire machine arrière*.* **4.** HIST *Machine de guerre* : engin utilisé pour l'attaque ou la défense des places fortes (catapulte, baliste, bélier, etc.). ▷ Vieilli *Machine infernale* : engin combinant des armes et des explosifs. **5.** THEAT Ensemble des mécanismes utilisés pour changer les décors, pour produire des effets spéciaux, etc. **II.** Fig. **1.** Être vivant qui agit de façon purement mécanique, sans intervention d'un principe irréductible aux lois de la mécanique. *Selon Descartes, les animaux sont de simples machines.* ▷ Péjor. *Il n'est qu'une machine à débiter des sornettes.* **2.** Ensemble organisé qui fonctionne comme un mécanisme. *La machine bureaucratique.* – Lat. *machina,* « invention, engin », du gr. *makhana.*

machine-outil [maʃinuti] n. f. Machine servant à façonner un matériau, à modifier la forme ou les dimensions d'une pièce, par la mise en mouvement d'un ou plusieurs outils (presses, emboutisseuses, raboteuses, tours, fraiseuses, perceuses, etc.). *Des machines-outils.* – De *machine,* et *outil.*

machiner [maʃine] v. tr. [1] Vieilli Préparer par une machination. *Machiner une trahison.* – Lat. *machinari.*

machinerie [maʃinʀi] n. f. Ensemble de machines. – *Par ext.* Local où sont regroupées les machines. *Machinerie d'ascenseur, de navire.* – De *machine.*

machine-transfert [maʃintʀɑ̃sfɛʀ] n. f. TECH Ensemble de machines-outils dans lequel les pièces à usiner passent automatiquement d'un poste de travail au suivant. *Des machines-transferts.* – De *machine,* et *transfert.*

machinisme [maʃinism] n. m. Généralisation de l'emploi de machines en remplacement de la main-d'œuvre. – De *machine.*

machiniste [maʃinist] n. **1.** Conducteur d'un véhicule de transports en commun (tramway, autobus, etc.). **2.** Personne chargée de la manœuvre des décors dans un théâtre, dans un studio de cinéma, de télévision. – De *machine.*

machisme [ma(t)ʃism] n. m. Comportement, idéologie du macho. – De l'esp. du Mexique *machismo,* de *macho*.*

machiste [ma(t)ʃist] adj. et n. m. Se dit d'une personne qui est partisane du machisme ou qui le pratique. – n. m. *Un machiste.* – De *machisme.*

machmètre [makmɛtʀ] n. m. AVIAT Instrument qui sert à mesurer la vitesse des avions supersoniques en indiquant le nombre de mach*. – De *mach,* et *-mètre.*

macho [matʃo] n. m. et adj. inv. Fam., péjor. Homme qui affecte les dehors de la virilité brutale, qui affiche une attitude de supériorité à l'égard des femmes. ▷ adj. inv. *Il est vaniteux et macho.* – Mot esp., du lat. *masculus*, «mâle».

mâchoire [mɑʃwaʀ] n. f. **1.** Chacune des deux pièces osseuses dans lesquelles les dents sont implantées, chez l'homme et la plupart des vertébrés. *Mâchoire supérieure, inférieure.* ▷ Cour. La mâchoire inférieure. *Bâiller à se décrocher la mâchoire.* **2.** Nom cour. de diverses pièces de l'appareil buccal de certains invertébrés (crabes, par ex.). **3.** TECH Pièces jumelées que l'on rapproche, pour assujettir un objet. *Mâchoires d'un étau, d'une pince.* ▷ *Mâchoire de frein* : pièce métallique d'un frein à tambour, qui porte la garniture. – De *mâcher.*

mâchonnement [mɑʃɔnmɑ̃] n. m. Action de mâchonner. ▷ MED Mouvement incessant des mâchoires observé au cours de certaines affections cérébrales. – De *mâchonner.*

mâchonner [mɑʃɔne] v. tr. [1] **1.** Mâcher (un aliment) avec difficulté ou négligence. **2.** Mordiller (qqch que l'on n'avale pas). *Promeneur qui mâchonne un brin d'herbe.* **3.** Fig. Prononcer de façon peu distincte. *Mâchonner ses mots.* – De *mâcher.*

mâchouiller [mɑʃuje] v. tr. [1] Fam. Mâchonner (sens 1 et 2). – Mot dial.; de *mâcher.*

mâchure [mɑʃyʀ] n. f. TECH Partie mâchurée d'un objet, d'une pièce. ▷ *Mâchures de velours* : parties où le poil a été écrasé. – De *mâcher.*

1. mâchurer [mɑʃyʀe] v. tr. [1] Barbouiller, maculer de noir. – P.-ê. du lat. pop. **mascarare*, «noircir avec la suie», du bas lat. *masca*, «sorcière».

2. mâchurer [mɑʃyʀe] v. tr. [1] TECH Écraser par une pression exagérée. – De *mâchure.*

macis [masi] n. m. Arille* de la noix de muscade, employé comme condiment. – Mot lat., altér. de *macir*, «écorce aromatique».

mackintosh [makintɔʃ] n. m. Vx Manteau de pluie en toile imperméable. – Mot angl., du nom de l'inventeur Charles *Mackintosh.*

1. macle [makl] n. f. PETROG Assemblage selon une figure régulière de deux ou plusieurs cristaux de même nature orientés différemment. – Du frq. **maskila*, de **maska*, «maille».

2. macle. V. macre.

maclé, ée [makle] adj. PETROG Se dit de cristaux formant des macles. – De *macle* 1.

mâcon [mɑkɔ̃] n. m. Vin blanc ou rouge de la région de Mâcon (Saône-et-Loire). – Du n. de la v. de *Mâcon.*

maçon, onne [masɔ̃, ɔn] n. et adj. **I.** n. **1.** n. m. Ouvrier spécialisé dans les travaux de maçonnerie. **2.** n. Abrév. pour *franc-maçon.* **II.** adj. ZOOL Se dit de certains animaux bâtisseurs. *Guêpe maçonne.* – Bas lat. *machio*, frq. **makjo*, de **makôn*, «préparer l'argile», «faire».

maçonnage [masɔnaʒ] n. m. Action de maçonner; ouvrage du maçon. – De *maçonner.*

maçonner [masɔne] v. tr. [1] **1.** Réaliser (un ouvrage, un élément de construction) avec des pierres, des briques, des parpaings, etc. *Maçonner des fondations.* **2.** Obturer (une ouverture) au moyen d'une maçonnerie. *Maçonner une fenêtre.* **3.** Revêtir d'une maçonnerie. *Maçonner un puits.* – De *maçon.*

maçonnerie [masɔnʀi] n. f. **1.** Ouvrage en pierres, briques, moellons, agglomérés, etc., employés à sec ou liés au moyen de plâtre ou de ciment. ▷ *Petite maçonnerie* : travaux de revêtement comprenant la pose des enduits, du carrelage, etc. **2.** Corps de métier du bâtiment spécialisé dans le gros œuvre. *Entreprise de maçonnerie.* **3.** Franc-maçonnerie. – De *maçon.*

maçonnique [masɔnik] adj. Qui appartient à la franc-maçonnerie. *Loge maçonnique.* – De *(franc-) maçon.*

macr(o)-. Élément, du gr. *makros*, «long, grand».

macramé [makʀame] n. m. Ouvrage fait de cordelettes entrelacées et nouées qui forment des motifs décoratifs. – Mot ar., «nœud».

macre [makʀ] ou **macle** [makl] n. f. BOT Plante (genre *Tropa*, fam. œnothéracées) des eaux claires et stagnantes, à fleurs blanches, dont les fruits comestibles, appelés cour. *châtaignes d'eau*, portent quatre cornes épineuses. – Mot de l'ouest de la France.

macreuse [makʀøz] n. f. **1.** Canard marin (genre *Melanitta*) des régions nordiques, dont plusieurs espèces hivernent en Europe de l'Ouest. **2.** Morceau de viande maigre sur l'os à moelle de l'épaule du bœuf. – A. fr. *macrolle*, du frison *markol*, ou du néerl. *meerkol.*

macrobiotique [makʀobjɔtik] adj. et n. f. Se dit d'un régime alimentaire inspiré des traditions philosophiques et religieuses d'Extrême-Orient, qui vise à reproduire dans la nourriture l'équilibre des deux principes fondamentaux constitutifs de l'univers, le yin et le yang. *Le régime macrobiotique, qui accorde une place prépondérante aux céréales et aux légumes, exclut la viande, mais autorise le poisson, les œufs, le lait.* – n. f. *La macrobiotique.* – De *macro-*, et gr. *bios*, «vie»; «hygiène assurant la longévité»; repris de l'expression *zen macrobiotique.*

macrocéphale [makʀosefal] adj. (et n.) MED, ZOOL Dont le crâne et l'encéphale sont d'une taille anormalement importante. – Subst. *Un(e) macrocéphale.* – Gr. *makrokephalos.*

macrocosme [makʀokɔsm] n. m. PHILO Univers (par oppos. au *microcosme* que représente l'homme). – De *macro-*, et *-cosme*, d'ap. *microcosme.*

macrocystis [makʀosistis] n. m. BOT Algue géante brune (genre *Macrocystis*), voisine des laminaires, qui forme d'immenses forêts sous-marines. – De *macro-*, et du gr. *kustis*, «vessie, vésicule».

macrocyte [makʀosit] n. m. MED Hématie aux dimensions anormalement grandes. – De *macro-*, et *-cyte.*

macroéconomie [makʀoekɔnɔmi] n. f. ECON Partie de l'économie qui considère uniquement les grandes composantes de la vie économique (par oppos. à *microéconomie*). – De *macro-*, et *économie.*

macroéconomique [makʀoekɔnɔmik] adj. ECON Relatif à la macroéconomie. – De *macroéconomie.*

macroéconomiste [makʀoekɔnɔmist] n. ECON Spécialiste de macroéconomie.

macroélément [makʀoelemɑ̃] n. m. BIOL Élément de structure, qui entre pour une proportion importante dans la composition de la matière vivante (par oppos. à *oligo-élément*). – De *macro-*, et *élément.*

macrographie [makʀogʀafi] n. f. METALL Étude de la structure macroscopique des métaux. – De *macro-*, et *-graphie.*

macrographique [makʀogʀafik] adj. Relatif à la macrographie. – De *macrographie.*

macromoléculaire [makʀomɔlekylɛʀ] adj. Relatif aux macromolécules. – De *macromolécule.*

macromolécule [makʀomɔlekyl] n. f. CHIM et BIOCHIM Molécule géante obtenue par polymérisation de molécules simples identiques, appelées *monomères*, ou par polycondensation. – De *macro-*, et *molécule.*
ENCYCL Suivant les arrangements de leur structure, on distingue les macromolécules *linéaires* (fibres d'amiante, fibres textiles), *lamellaires* (graphite) et *tridimensionnelles* (diamant, silice). Il existe de nombreuses macromolécules naturelles, comme le caoutchouc et la cellu-

lose. D'autres, plus complexes (protéines et acides nucléiques, par ex.), jouent un rôle biologique fondamental. La synthèse des macromolécules (polymérisation) est à la base de l'industrie des matières plastiques.

macronucleus [makʀonykleys] n. m. BIOL Élément constitutif, avec le micronucleus*, du noyau des infusoires. – De *macro-*, et lat. *nucleus*, « noyau ».

macrophage [makʀofaʒ] n. m. BIOL Cellule dérivée des monocytes, présente dans le sang et les tissus, et ayant une fonction phagocytaire. – De *macro-*, et *-phage*.

macrophotographie [makʀofɔtɔgʀafi] n. f. Photographie des objets de petites dimensions, donnant une image plus grande que nature. Syn. photomacrographie. – De *macro-*, et *photographie*.

macropode [makʀopɔd] adj. et n. m. **1.** adj. SC NAT Qui a de longs pieds, de longues nageoires ou de longs pédoncules. **2.** n. m. ICHTYOL Poisson tropical d'eau douce (genre *Macropodus*), vivement coloré. *Le macropode mâle fabrique avec son mucus un nid flottant dans lequel il abrite la ponte de la femelle, qu'il surveille jusqu'à ce que les alevins quittent le nid.* – De *macro-*, et *-pode*.

macropodidés [makʀopɔdide] n. m. pl. ZOOL Famille de marsupiaux comprenant les kangourous. – Sing. *Un macropodidé.* – De *macro-*, *-pode*, et *-idés*.

macroscélide [makʀoselid] n. m. ZOOL Mammifère insectivore d'Afrique (genre *Macroscelides*), long d'une douzaine de cm, aux pattes postérieures et à la queue très développées, dont le museau ressemble à une trompe mobile. – Du gr. *makroskelês*, « aux longues jambes ».

macroscopique [makʀɔskɔpik] adj. Se dit des objets, des phénomènes qui peuvent être observés à l'œil nu (par oppos. à *microscopique*). ▷ Se dit des objets, des phénomènes à l'échelle humaine, tels qu'ils peuvent être perçus directement par les sens, par oppos. aux phénomènes à l'échelle moléculaire et atomique. – De *macro-*, et *-scope*.

macrospore [makʀospɔʀ] n. f. BOT Spore la plus grande, à potentialité femelle, dans le cas d'hétérosporie (production par la même plante de spores de types différents). – De *macro-*, et gr. *spora*, « semence ».

macrostructure [makʀostʀyktyʀ] n. f. METALL Structure générale d'un échantillon observé par macrographie. – De *macro-*, et *structure*.

macroures [makʀuʀ] n. m. pl. ZOOL Sous-ordre de crustacés décapodes à l'abdomen allongé et très musculeux. – Sing. *La langouste est un macroure.* – De *macr(o)-*, et gr. *oura*, « queue ».

macula [makyla] n. f. ANAT Dépression située à la partie postérieure de la rétine, appelée aussi *tache jaune*. *La macula est le point de la rétine le plus sensible à la lumière.* – Mot lat., « tache ».

maculage [makylaʒ] n. m. **1.** Action de maculer ; son résultat. **2.** IMPRIM Taches dues au contact de feuilles fraîchement imprimées. – De *maculer*.

maculature [makylatyʀ] n. f. IMPRIM Feuille de papier tachée lors de son impression. ▷ Syn. de *macule* (feuille de protection). ▷ Papier d'emballage avec lequel on enveloppe les rames de papier. – De *maculer*.

macule [makyl] n. f. **1.** Litt. Tache, souillure. **2.** IMPRIM Tache d'encre. ▷ Feuille de protection que l'on intercale entre deux feuilles fraîchement imprimées. – Papier grossier servant à l'emballage. **3.** MED Tache rouge sur la peau. – Lat. *macula*, « tache ».

maculer [makyle] v. tr. [1] **1.** Tacher. *Maculer ses habits.* **2.** IMPRIM Tacher d'encre (des feuilles imprimées, des estampes). – Lat. *maculare*.

macumba [makumba] n. f. Culte proche du vaudou, pratiqué au Brésil. – Danse rituelle de ce culte. – Mot brésilien.

madame [madam], plur. **mesdames** [medam] n. f. (Abrév. : Mme, Mmes). **1.** Titre donné à une femme mariée et qui tend auj. à être employé pour toute femme en âge d'être mariée. *« Madame Bovary », de Flaubert (1857). Au revoir, madame.* **2.** Titre donné à une femme remplissant certaines fonctions (même si elle n'est pas mariée). *Madame l'Inspectrice.* **3.** *Absol.* La maîtresse de maison. *Madame est servie.* **4.** Vx Titre donné aux femmes de la noblesse, mariées ou célibataires. ▷ Absol. *Madame* : la fille aînée du roi ou du dauphin ; l'épouse de Monsieur, frère du roi. **5.** Fam. Dame. *Faire la madame* : prendre de grands airs. – De *ma*, adj. poss., et *dame*.

madapolam [madapɔlam] n. m. Toile de coton, plus lisse et plus forte que le calicot. – Du n. de *Madapolam*, v. de l'Inde.

madécasse [madekas] adj. et n. Vx Malgache. *« Chansons madécasses », de Maurice Ravel.* – Mot indigène.

made in... [medin] Expression inv. précédant le nom du pays où un produit a été fabriqué. *Made in France.* – Mots angl., « fabriqué à ».

1. madeleine [madlɛn] n. f. Petit gâteau rond ou ovale à pâte molle composé de farine, de sucre et d'œufs. – P.-ê. de *Madeleine* Paulmier, cuisinière.

2. madeleine [madlɛn] n. f. **1.** (Avec une majuscule.) Loc. fam. *Pleurer comme une Madeleine* : pleurer abondamment. **2.** Nom donné à des variétés de fruits (prune, pomme, poire, pêche, raisin) qui mûrissent vers la Sainte-Madeleine (22 juillet). – Lat. *Magdalena*, « femme de Magdala », pécheresse célèbre de l'Évangile.

madelonnette [madlɔnɛt] n. f. HIST Religieuse appartenant à un ordre qui s'attachait à la réhabilitation des filles publiques. ▷ *Les Madelonnettes* : la maison de détention installée de 1830 à 1866, dans l'ancien couvent des madelonnettes, à Paris. – Dimin. de *Madeleine*.

mademoiselle, [madmwazɛl], plur. **mesdemoiselles** [medmwazɛl]n. f. (Abrév. : Mlle, Mlles). **1.** Titre donné aux jeunes filles et aux femmes célibataires. *« Mademoiselle de Maupin », roman de Théophile Gautier (1835).* **2.** Vx Titre donné aux femmes mariées dont l'époux n'était pas noble. *Mlle Molière.* **3.** HIST Titre de la fille aînée des frères et des oncles du roi. *La Grande Mademoiselle* : la duchesse de Montpensier. – De *ma*, adj. poss., et *demoiselle*.

madère [madɛʀ] n. m. Vin liquoreux de Madère. – De *Madère*, île portugaise de l'Atlantique.

madériser [madeʀize] v. tr. [1] Donner à un vin le goût du madère. ▷ v. pr. *Vin qui se madérise*, qui, par oxydation, prend le goût et la couleur du madère. – De *madère*.

madone [madɔn] n. f. **1.** *La Madone* : la Vierge, en Italie. **2.** Représentation peinte ou sculptée de la Vierge. *Raphaël a laissé plus de quarante madones.* ▷ Fig. *Visage de madone*, d'une beauté très pure. – Ital. *madonna*, « madame », n. donné à la Vierge.

madrague [madʀag] n. f. PECHE Rég. Grande enceinte de filets tendue en cercle pour pêcher le thon, en Méditerranée. – Provenç. *madraga*, de l'ar. *medrab*, « grande tente ».

madras [madʀɑs] n. m. **1.** Étoffe légère à chaîne de soie et trame de coton de couleurs vives, tissée d'abord à Madras. **2.** Coiffure faite avec cette étoffe, portée par les Antillaises. – Du n. de *Madras*, v. de l'Inde où l'on fabriquait cette étoffe.

madré, ée [madʀe] adj. et n. Rusé, matois. ▷ Subst. *C'est un madré.* – De l'anc. n. *madre*, « excroissance rugueuse de l'érable», bois veiné utilisé au Moyen Âge, par compar. avec les nuances de ce bois.

madréporaires [madʀepɔʀɛʀ] n. m. pl. ZOOL Ordre de cnidaires hexacoralliaires le plus souvent coloniaux, dont les polypiers forment les récifs coralliens et les atolls. - Sing. *Un madréporaire.* – De *madrépore.*

madrépore [madʀepɔʀ] n. m. ZOOL Cnidaire anthozoaire, représentant le type principal des madréporaires. – Ital. *madrepora,* de *madre,* «mère», et *poro,* «pore».

madréporien, enne [madʀepɔʀjɛ̃, ɛn] ou **madréporique** [madʀepɔʀik] adj. Constitué de madrépores. *Récifs madréporiques.* – De *madrépore.*

madrier [madʀije] n. m. Forte pièce de bois d'un équarrissage standard de 75 mm × 200 ou 225 mm. ▷ *Par ext.* Forte pièce de bois rectangulaire. – De l'anc. provenç. *madier,* «couvercle de pétrin», du lat. *materia,* «bois de construction».

madrigal, aux [madʀigal, o] n. m. **1.** MUS Pièce vocale polyphonique sur un sujet profane. *«Madrigaux guerriers et amoureux», de Monteverdi.* **2.** Petite pièce de vers exprimant des pensées galantes, de tendres sentiments. ▷ *Par ext.* Compliment galant et recherché. – Ital. *madrigale.*

madrilène [madʀilɛn] adj. et n. De Madrid, cap. de l'Espagne. ▷ Subst. *Un(e) Madrilène.* – Esp. *madrileño.*

maelström [maɛlstʀɔm] ou **malstrom** [malstʀɔm] n. m. **1.** Violent tourbillon marin. **2.** Fig. Tourbillon. *Il a été emporté dans le maelström de la Révolution.* – Mot néerl., de *malen,* «moudre, broyer», et *strom,* «courant», nom d'un tourbillon situé près des côtes de Norvège.

maërl [maɛʀl] ou **merl** [mɛʀl] n. m. GEOGR Dépôt littoral granuleux formé par les débris d'algues marines imprégnées de calcaire. *Le maërl est utilisé comme amendement calcique en Bretagne.* – Mot breton de l'a. fr. *marle,* var. de *marne.*

maestoso [maɛstozo] adv. MUS Avec un mouvement lent et majestueux. – Mot ital.

maestria [maɛstʀija] n. f. Grande habileté. *La maestria d'un artiste. Conduire une affaire avec maestria.* – Mot ital., «maîtrise», de *maestro* (V. ce nom).

maestro [maɛstʀo] n. m. Grand compositeur, chef d'orchestre réputé. *Des maestros.* – Mot ital., «maître».

maf(f)ia [mafja] n. f. **1.** (Avec une majuscule.) *La Mafia sicilienne* : V. encycl. **2.** Péjor. Association secrète, clan réunissant des individus plus ou moins dénués de scrupules. *Une maffia de trafiquants et de spéculateurs.* – Mot sicilien (V. encycl.).

ENCYCL La Mafia sicilienne serait née en 1282 (Vêpres siciliennes); les paysans créèrent une armée clandestine, qui aurait été désignée par le sigle (M.A.F.I.A.) de leur cri de guerre : «Morte alla Francia, Italia anela» (Mort à la France, crie l'Italie). Cette origine n'est pas entérinée par les linguistes. Jusqu'au XIXe s., la Mafia lutta contre la tyrannie et pour le respect des traditions locales, mais, après l'indépendance de l'Italie, elle se tourna contre l'Administration et glissa vers le banditisme, la défense des féodaux et des riches bourgeois, la soumission de tous à son «impôt». L'émigration des Siciliens l'implanta aux É.-U. Auj., la Mafia tant en Sicile qu'aux É.-U. (où elle se nomme *Cosa Nostra* : «notre chose») continue de jouer un rôle occulte, économique et politique, non négligeable.

maf(f)ieux, euse [mafjø, øz] adj. et n. m. De la Mafia*; qui évoque la Mafia, ses mœurs. *Une société mafieuse.* ▷ n. m. Syn. de *mafioso.* – De *mafia.*

maf(f)ioso [mafjozo] plur. **maf(f)iosi** [mafjozi] n. m. Membre de la Mafia. Syn. mafieux. – De *mafia.*

mafflu, ue [mafly] adj. Vx ou litt. Qui a de grosses joues. – De l'anc. v. *mafler,* «manger beaucoup»; néerl. *maffelen,* «remuer les mâchoires».

magasin [magazɛ̃] n. m. **1.** Lieu couvert où l'on entrepose des marchandises, des denrées, etc. *Magasins généraux :* entrepôts où les négociants peuvent déposer leurs marchandises en les mettant en gage. **2.** Local, ensemble de locaux servant à un commerce; établissement commercial de vente. *Magasin de détail. Magasin à succursales multiples. Grand magasin,* comportant plusieurs niveaux et servant à la vente de marchandises variées. *Magasin à grande surface,* où se pratique la vente en libre-service (supermarchés, hypermarchés). **3.** THEAT Dépôt. *Magasin des accessoires, des décors.* **4.** MILIT Lieu où sont entreposées les munitions. **5.** TECH *Magasin d'une arme à répétition* : cavité recevant les cartouches. - *Magasin d'un appareil de photo, d'une caméra* : boîtier recevant les bobines de pellicule à impressionner. – Mot provenç. : «lieu de dépôt», de l'ar. *makhāzin,* pl. de *makhzin.*

magan(n)er [magane;] v. tr. [1] (Canada) Fam. Maltraiter, abîmer. - Fig. *Se faire maganer par la critique.* ▷ v. pron. *Se maganer la vue.* – Probabl. de l'anc. frq. **maidanjan,.* «mutiler, estropier».

magasinage [magazinaʒ] n. m. **1.** Action de déposer ou fait de conserver des marchandises dans un magasin. *Droits de magasinage,* versés pour laisser des marchandises en dépôt. **2.** (Canada) Action de magasiner. – De *magasin.*

magasiner [magazine] v. intr. [1] (Canada) Faire des emplettes. – De *magasin.*

magasinier, ère [magazinje, ɛʀ] n. Personne chargée de surveiller les marchandises déposées dans un magasin et d'assurer le contrôle comptable des entrées et des sorties. – De *magasin.*

magazine [magazin] n. m. **1.** Publication périodique, le plus souvent illustrée. **2.** Émission périodique à la radio, à la télévision. – Mot angl., du franç. *magasin.*

magdalénien, enne [magdalenjɛ̃, ɛn] adj. et n. m. PREHIST Relatif à la période préhistorique de la fin du paléolithique supérieur. *Sculpture magdalénienne.* ▷ n. m. *Le magdalénien est illustré par les peintures des grottes de Lascaux et d'Altamira.* – De *La Madeleine* (lat. *Magdalena*), commune de Dordogne, où furent découverts des vestiges de cette période.

1. mage [maʒ] n. m. **1.** ANTIQ Prêtre de la relig. de Zoroastre, chez les Mèdes et les Perses. **2.** *Les trois mages, les Rois mages :* Balthazar, Gaspard et Melchior, riches personnages qui, selon l'Évangile, vinrent visiter Jésus à sa naissance. **3.** Personne qui pratique la magie. – Lat. *magus,* gr. *magos,* d'orig. persane.

2. mage ou **maje** [maʒ] adj. m. HIST *Juge mage :* lieutenant du sénéchal, dans certaines provinces. – Provenç. *majer,* «d'un grade plus élevé». (V. majeur).

magenta [maʒɛ̃ta] n. m. et adj. inv. TECH Rouge cramoisi très vif, couleur complémentaire du vert. ▷ adj. inv. *Peinture magenta.* – Mot angl.; le dérivé de l'aniline donnant cette teinte de rouge fut découvert peu après la bataille de *Magenta* (1859).

maghrébin, ine [magʀebɛ̃, in] adj. et n. Du Maghreb, région d'Afrique du N.-O. ▷ Subst. *Un(e) Maghrébin(e).* – De l'ar. *(al)maghreb,* «(le) couchant».

maghzen ou **makhzen** [magzɛn ou maxzɛn] n. m. HIST Gouvernement du roi du Maroc, sous le protectorat français. – Mot ar., «dépôt, bureau», cf. *magasin.*

magicien, enne [maʒisjɛ̃, ɛn] n. **1.** Personne qui pratique la magie. *La magicienne Circé séduisit Ulysse.* **2.** Fig. Personne qui produit des effets extraordinaires, qui enchante. *Ce violoniste, quel magicien!* – De *magique.*

magie [maʒi] n. f. **1.** Science occulte qui permet d'obtenir des effets merveilleux à l'aide de moyens surnaturels. ▷ *Magie noire,* qui a recours à l'aide supposée des esprits infernaux. – *Magie blanche,* bénéfique. **2.** Fig. Influence puissante qu'exercent sur les sens et sur l'esprit la poésie, les passions, etc. *La magie du chant.* – Lat. imp. *magia,* gr. *mageia.*

magique [maʒik] adj. **1.** Qui a rapport à la magie. *Baguette magique des fées.* ▷ *Carré magique* : V. carré (sens I, 12). **2.** Fig. Qui charme, qui enchante. *Cette musique produit sur lui un effet magique.* **3.** *Lanterne magique* : V. lanterne (sens I, 2). – Lat. *magicus,* gr. *magikos.*

magiquement [maʒikmɑ̃] adv. Par magie. – De *magique.*

magister [maʒistɛʀ] n. m. **1.** Vx Maître d'école de village. **2.** Mod., litt., péjor. Pédant, cuistre. – Mot lat., «celui qui commande».

magistère [maʒistɛʀ] n. m. **1.** Autorité morale, intellectuelle ou (partic. en matière de relig.) doctrinale établie de manière absolue. *Exercer un magistère. Le magistère de l'Église.* **2.** Formation universitaire sélective, de très haut niveau, mise en place en 1985. **3.** Dignité de grand maître d'un ordre militaire, partic. de l'ordre de Malte. **4.** Composition alchimique à laquelle on attribuait des vertus merveilleuses. – Lat. *magisterium,* de *magister* (V. art. préc.).

magistral, ale, aux [maʒistʀal, o] adj. **1.** Qui appartient au maître. *Chaire magistrale.* – *Ton magistral,* doctoral, solennel. **2.** Donné par un maître. *Cours magistral.* ▷ PHARM *Médicament magistral* : préparation faite par le pharmacien sur ordonnance du médecin (par oppos. à *officinal*). **3.** Fig. Qui porte la marque d'un maître, qui est d'une qualité remarquable. *Réussir un coup magistral,* un coup de maître. *Il a donné de cette œuvre une interprétation magistrale.* – Par plaisant. *Recevoir une correction magistrale.* – Lat. *magistralis,* du class. *magister.*

magistralement [maʒistʀalmɑ̃] adv. D'une manière magistrale. – De *magistral.*

magistrat [maʒistʀa] n. m. **1.** Fonctionnaire ou officier civil investi d'une autorité juridictionnelle, politique ou administrative. *Le président de la République, premier magistrat de l'État. Le maire, premier magistrat de la commune.* **2.** *Spécial.* Membre de l'ordre judiciaire. *Magistrat du siège,* qui rend la justice. *Magistrats du parquet,* qui requièrent, au nom de l'État, l'application de la loi. – Lat. *magistratus,* «fonctionnaire public, administration».

magistrature [maʒistʀatyʀ] n. f. **1.** Dignité, charge de magistrat (sens 1). *La dictature, magistrature romaine.* **2.** *Spécial.* Fonction, charge d'un magistrat de l'ordre judiciaire. *La magistrature de procureur général.* – *Par ext.* Temps pendant lequel un magistrat exerce ses fonctions. **3.** Corps des magistrats de l'ordre judiciaire. *Magistrature assise* : les magistrats du siège (inamovibles). *Magistrature debout* : les magistrats du parquet (amovibles). – *Conseil supérieur de la magistrature. École nationale de la magistrature (É.N.M.).* – De *magistrat.*

magma [magma] n. m. **1.** CHIM Matière pâteuse qui reste après l'expression des parties les plus fluides d'un mélange quelconque. ▷ *Par ext.* Bouillie pâteuse. **2.** GEOL Mélange pâteux, plus ou moins fluide, de matières minérales en fusion, provenant des zones profondes de la Terre, où les roches sont soumises à des pressions et à des températures très élevées. *Les laves sont des magmas. Lorsqu'il arrive à la surface du globe et se refroidit, le magma donne naissance, en se solidifiant, aux roches éruptives.* **3.** Fig. Mélange confus, désordonné. *Un magma de notions mal assimilées.* – Mot lat. d'orig. gr., «résidu».

magmatique [magmatik] adj. Qui provient du magma. *Roches magmatiques,* ou *éruptives.* – De *magma.*
ENCYCL On distingue parmi les roches magmatiques : les *roches plutoniques,* qui n'ont jamais atteint la surface à l'état liquide (certains granites notam.), et qui sont des roches grenues; les *roches effusives,* émises à l'état liquide en surface (basaltes, diverses laves, etc.) et qui ont toutes une structure microlithique.

magnan [maɲɑ̃] n. m. Rég. Dans le midi de la France, ver à soie. – Mot provenç.

magnanarelle [maɲanaʀɛl] n. f. Rég. Femme employée à l'élevage des vers à soie, en Provence. – Provenç. *magnanarello,* de *magnan.*

magnanerie [maɲanʀi] n. f. Bâtiment servant à l'élevage des vers à soie. – *Par ext.* Élevage des vers à soie. Syn. sériciculture. – Provenç. *magnanarié,* de *magnan.*

magnanier, ère [maɲanje, ɛʀ] n. Rég. Sériciculteur, séricicultrice. – De *magnan.*

magnanime [maɲanim] adj. **1.** Vx Qui a de la grandeur d'âme, des sentiments nobles. **2.** Mod. Qui a de la générosité, de la clémence (à l'égard des faibles et des vaincus). *Se montrer magnanime.* – Par ext. *Cœur magnanime.* – Lat. *magnanimus,* de *magnus,* «grand», et *animus,* «âme».

magnanimement [maɲanimmɑ̃] adv. D'une manière magnanime. – De *magnanime.*

magnanimité [maɲanimite] n. f. **1.** Vx Grandeur d'âme. **2.** Mod., litt. Générosité, clémence. – Lat. *magnanimitas.*

magnat [maɲa] n. m. **1.** HIST Titre usité autref. en Pologne et en Hongrie pour désigner un membre de la haute noblesse. **2.** Personnage très puissant par les gros intérêts financiers qu'il représente. *Les magnats de la finance, de la presse.* – Sens 1, mot polonais, du lat. médiév. *magnates,* «les grands». Sens 2, de l'angl. *magnate,* «gros capitaliste».

magner (se) ou **manier (se)** [maɲe] v. pron. [1] Fam. (Surtout à l'inf. et à l'impératif.) Se dépêcher. *Magne-toi, on est en retard!* Syn. se grouiller. – De *manier.*

magnésie [maɲezi] n. f. CHIM Oxyde de magnésium (MgO), poudre blanche qui peut être transformée en magnésie hydratée (hydroxyde de magnésium, $Mg(OH)_2$). – Lat. médiév. *magnesia,* de *magnes (lapis),* «pierre d'aimant», du gr. *magnês,* «pierre de Magnésie (rég. de la Grèce ancienne, auj. en Thessalie), aimant».

magnésien, enne [maɲezjɛ̃, ɛn] adj. CHIM Qui contient du magnésium. – *Série magnésienne* : groupe formé des éléments magnésium, zinc, cadmium, fer, manganèse, nickel, cobalt. – De *magnésie.*

magnésite [maɲezit] n. f. MINER **1.** Silicate naturel de magnésium («*écume de mer*»). **2.** Carbonate naturel de magnésium (*giobertite*). – De *magnésie,* et *-ite* 2.

magnésium [maɲezjɔm] n. m. Élément alcalino-terreux de numéro atomique Z = 12 et de masse atomique 24,30 (symbole Mg). – Métal (Mg) gris-blanc, de densité 1,75, qui fond à 650 °C et bout à 1 110 °C. – De *magnésie.*

magnétique [maɲetik] adj. **I. 1.** Qui a rapport à l'aimant, qui en possède les propriétés; qui a rapport au magnétisme. *Champ magnétique. Compas magnétique. Orages magnétiques* : (V. orage). ▷ GEOGR *Pôles magnétiques* : points de rencontre des forces du champ magnétique terrestre qui a deux pôles (pôle Nord et pôle Sud). **2.** Qui a rapport au magnétisme animal. *Passes magnétiques. Fluide magnétique.* **3.** Fig. Qui exerce ou semble exercer une influence puissante et mystérieuse sur la volonté d'autrui. *Un regard magnétique.* **II. 1.** Se dit de tout support (bande, ruban, disque, etc.) recouvert d'une couche d'oxyde magnétique et sur lequel on peut enregistrer des informations (son, image, etc.) et les reproduire. *Bande magnétique.* **2.** Qui utilise un support magnétique. *Enregistrement magnétique des données.* – Lat. *magneticus,* de *magnes, magnetis,* « aimant ».

magnétisable [maɲetizabl] adj. Qui peut être magnétisé. – De *magnétiser.*

magnétisant, ante [maɲetizɑ̃, ɑ̃t] adj. Qui produit ou communique les propriétés de l'aimant. – Ppr. de *magnétiser.*

magnétisation [maɲetizasjɔ̃] n. f. Action, manière de magnétiser. - État d'une personne magnétisée. – De *magnétiser.*

magnétiser [maɲetize] v. tr. [1] **1.** Communiquer les propriétés de l'aimant à (une substance). Syn. aimanter. **2.** Soumettre (une personne, une chose) à l'action du fluide magnétique. ▷ Pp. substantivé. *Le magnétisé et le magnétiseur.* **3.** Fig. Exercer une influence puissante (analogue à celle du fluide magnétique), subjuguer. *Sa seule présence magnétisait les foules.* – De *magnétique.*

magnétiseur, euse [maɲetizœʀ, øz] n. Personne qui utilise ou prétend utiliser le magnétisme animal. – De *magnétiser.*

magnétisme [maɲetism] n. m. **1.** Partie de la physique qui étudie les propriétés des aimants, des phénomènes et des champs magnétiques. ▷ Ensemble de propriétés physiques dont celles de l'aimant furent les premières connues. - *Magnétisme terrestre* ou *géomagnétisme* : champ magnétique de la Terre, dont les pôles magnétiques sont orientés sud-nord. **2.** *Magnétisme animal* : fluide magnétique qu'auraient les êtres vivants; influence qu'une personne pourrait exercer sur une autre en utilisant son fluide magnétique, en la soumettant à des passes magnétiques. *On a d'abord attribué au magnétisme animal les phénomènes d'hypnose et de suggestion.* ▷ Ensemble des pratiques utilisées pour soumettre qqn ou qqch à cette influence. **3.** Fig. Attraction, fascination qu'une personne exerce sur une autre. – De *magnétique.*

ENCYCL Certains minéraux qui contiennent de l'oxyde de fer Fe_3O_4 ont la propriété d'attirer la limaille de fer; on les appelle *aimants naturels.* Il est possible d'observer le même phénomène, appelé *magnétisme,* avec des aimants *artificiels,* qui acquièrent leur aimantation au contact d'un aimant naturel ou après avoir été placés à l'intérieur d'une bobine parcourue par un courant électrique. Les aimants artificiels sont généralement en acier ou en ferrite et leur aimantation peut être très importante. La région de l'espace dans laquelle s'exercent ces diverses actions magnétiques est nommée *champ magnétique.* Le magnétisme résulte d'un déplacement de charges électriques (déplacement des électrons dans l'atome ou rotation de l'électron sur lui-même).

magnétite [maɲetit] n. f. MINER Oxyde naturel de fer Fe_3O_4 qui possède la propriété d'attirer le fer. – De *magnét(ique),* et *-ite* 3.

magnéto-. Élément, du gr. *magnês, magnêtos,* « aimant ».

1. magnéto [maɲeto] n. f. Génératrice de courant alternatif comportant un induit tournant entre les pôles d'aimants permanents. *C'est une magnéto qui produit l'allumage de certains moteurs à explosion* (cyclomoteurs, notam.). – Abrév. de *machine magnéto-électrique.*

2. magnéto [maɲeto] n. m. Abrév. de *magnétophone.*

magnétoélectrique [maɲetoelɛktʀik] adj. Qui relève à la fois de l'électricité et du magnétisme. *Des appareils magnétoélectriques.*

magnétohydrodynamique [maɲetoidʀodinamik] n. f. et adj. PHYS **1.** n. f. Science qui étudie la dynamique des fluides conducteurs (gaz ionisés, plasmas) en présence d'un champ magnétique. **2.** adj. *Générateur magnétohydrodynamique* ou, par abrév., *générateur M.H.D.,* qui permet la production de courant à partir d'un plasma.

magnétomètre [maɲetɔmɛtʀ] n. m. Instrument de mesure qui permet de comparer l'intensité des champs et des moments magnétiques. – De *magnéto-,* et *-mètre.*

magnétométrie [maɲetɔmetʀi] n. f. Mesure des grandeurs magnétiques. – De *magnéto-,* et *-métrie.*

magnéton [maɲetɔ̃] n. m. PHYS Unité de moment magnétique utilisée en mécanique quantique. – De *magnétique,* sur le modèle de *électron.*

magnétophone [maɲetɔfɔn] n. m. Appareil permettant l'enregistrement et la reproduction des sons par aimantation rémanente d'une bande magnétique. (Les signaux électriques obtenus à partir des signaux sonores et appliqués à un électroaimant déterminent le flux d'induction; la reproduction s'effectue par un autre électroaimant qui transforme les variations de l'aimantation du support magnétique en signaux électriques, lesquels sont conduits à un haut-parleur par l'intermédiaire d'un amplificateur.) *Enregistrer un concert au magnétophone.* – De *magnéto-,* et *-phone.*

magnétoscope [maɲetoskɔp] n. m. Appareil permettant d'enregistrer les images sur bande magnétique et de les reproduire sur un écran de télévision. – De *magnéto-,* et *-scope.*

magnétoscoper [maɲetoskɔpe] v. tr. [1] Enregistrer au magnétoscope. – De *magnétoscope.*

magnétosphère [maɲetɔsfɛʀ] n. f. GEOPH Zone s'étendant, autour de la Terre, des limites de l'atmosphère à une distance d'env. 60 000 km, dans laquelle le champ magnétique subit l'influence de l'activité solaire (orages magnétiques, notam.).

magnétostriction [maɲetostʀiksjɔ̃] n. f. PHYS Déformation d'une substance par un champ magnétique.

magnétron [maɲetʀɔ̃] n. m. ELECTRON Tube à cavité résonante qui émet des ondes radioélectriques ultracourtes et très puissantes. *Le magnétron est un constituant du radar.* – De *magné-(to-),* et *(élec)-tron.*

magnificat [maɲifikat; magnifikat] n. m. inv. **1.** LITURG CATHOL Cantique de la Vierge Marie à l'Annonciation, qu'on chante notam. aux vêpres. **2.** MUS Musique sur le texte du Magnificat. *Le Magnificat de Monteverdi.* – Mot lat., premier mot du cantique *Magnificat anima mea Dominum,* « mon âme glorifie le Seigneur ».

magnificence [maɲifisɑ̃s] n. f. **1.** Litt. Disposition, attitude de celui qui donne, qui dépense avec une libéralité grandiose. **2.** Caractère de ce qui est magnifique; splendeur somptueuse. *La magnificence d'un grand spectacle.* **3.** (Abstrait.) Éclat, richesse extraordinaire. *La magnificence du style de Chateaubriand.* – Lat. *magnificentia.*

magnifier [maɲifje] v. tr. [2] Litt. **1.** Célébrer, exalter la grandeur de. *Magnifier l'héroïsme de qqn.* **2.** *Par ext.* Rendre plus grand, élever. *Ces disparus qu'on magnifie dans le souvenir.* – Lat. *magnificare.*

magnifique [maɲifik] adj. **1.** Vieilli Qui se plaît à faire de grandes dépenses pour paraître avec éclat. *Un prince magnifique.* **2.** Somptueux, plein de grandeur, d'éclat, de luxe. *Palais magnifique. La magnifique abbaye de Cluny.* **3.** Très beau. *Il fait un temps magnifique. Un bébé magnifique.* **4.** Remarquable, extraordinaire. *Vous avez été magnifique. C'est magnifique!* – Lat. *magnificus,* de *magnus,* « grand », et *facere,* « faire ».

magnifiquement [maɲifikmɑ̃] adv. De manière magnifique. – De *magnifique.*

magnitude [maɲityd] n. f. **1.** ASTRO Grandeur servant à caractériser l'éclat d'un astre. (Le nombre qui l'exprime, d'autant plus grand que l'astre est faible, est donné par une relation logarithmique entre l'éclat de l'astre et celui d'une étoile-étalon. Une différence de 5 magnitudes correspond à un rapport d'éclats de 100.) **2.** GEOPH Valeur caractérisant l'énergie totale dispersée par un séisme (à ne pas confondre avec l'intensité*). Syn. cour. amplitude. – Lat. *magnitudo*; «grandeur, puissance».

magnolia [maɲɔlja] n. m. Arbre ornemental (genre *Magnolia*) aux feuilles persistantes et luisantes, aux grandes fleurs blanches ou délicatement colorées, très odorantes. – Du n. du botaniste fr. P. *Magnol* (1638-1715).

magnoliacées [maɲɔljase] n. f. pl. BOT Famille de dicotylédones arborescentes à grandes fleurs (magnolia, tulipier, etc.). – Sing. *Une magnoliacée.* – De *magnolia.*

magnum [magnɔm] n. m. Grosse bouteille d'une contenance égale à deux bouteilles ordinaires (soit de 1,5 à 2 litres). *Un magnum de champagne. Eau minérale en magnum.* – Forme neutre de l'adj. lat. *magnus*, «grand».

1. magot [mago] n. m. **1.** Macaque* sans queue d'Afrique du N. et de Gibraltar. **2.** Fig., vx Homme petit et laid. **3.** Figurine grotesque représentant généralement un petit personnage gros et laid, en terre, porcelaine, jade, etc., provenant d'Extrême-Orient et partic. de Chine. – P.-ê. altér. de *Magog*, appliqué dans le Nouveau Testament aux peuples orientaux, et par dérision aux singes de Barbarie.

2. magot [mago] n. m. Fam. Somme d'argent, économies, le plus souvent tenues cachées. *Posséder un joli magot.* – Altér. de l'a. fr. *mugot*, de *musgot*, «lieu où l'on conserve les fruits».

magouille [maguj] n. f. ou **magouillage** [magujaʒ] n. m. Fam. Intrigue, manœuvre douteuse, lutte d'influence plus ou moins malhonnête. *Quelle magouille!* – P.-ê. de *grenouiller, grenouillage*, croisé avec les rad. *margu*, «boue» (gaul.), et *gulja*, «mare» (frq.).

magouiller [maguje] v. intr. [1] Fam. Se livrer à des magouilles. – De *magouille.*

magouilleur, euse [magujœʀ, øz] n. et adj. Fam. Personne qui magouille. ▷ adj. *Il est très magouilleur.* – De *magouiller.*

magret [magʀɛ] n. m. Partie de viande rouge se trouvant sur le ventre du canard, traitée en filets. – Mot gascon, dér. de *magre*, «maigre».

magyar, are [magjaʀ] adj. et n. **1.** Qui a rapport aux Magyars, peuple qui s'établit dans la vallée du Danube au IXe s. **2.** *Par ext.* De Hongrie. *La population magyare.* ▷ Subst. *Les Magyars.* ▷ n. m. *Le magyar* : la langue hongroise. – Mot hongrois.

mahara(d)jah [maaʀadʒa] n. m. Titre donné autref. aux princes de l'Inde. *Des mahara(d)jah* ou *des mahara(d)jahs.* – Mot hindi, de *māha*, «grand», et *rājā*, «roi».

maharani [maaʀani] ou **maharané** [maaʀane] n. f. Femme d'un maharajah. *Des maharani(s)* ou *des maharané(s).* – Mot hindi, de *māha*, «grand», et *rānī*, «reine».

mahatma [maatma] n. m. Nom attribué dans l'Inde moderne à certains chefs spirituels d'une éminente sagesse. *Le mahatma Gandhi.* – Mot hindi, *mahātmā*, «grande âme».

mahayana [maajana] n. m. RELIG Bouddhisme* du Grand Véhicule, apparu au début de notre ère, qui accorde un rôle prépondérant aux bodhisattva*. – Mot sanskrit.

mahdi [madi] n. m. RELIG Dans l'islam, envoyé d'Allah qui doit venir à la fin des temps pour compléter la mission de Mahomet. *Divers illuminés se proclamèrent mahdi, notamment Muhammad Ahmad ibn Abdallah.* – Mot ar., «celui qui est guidé».

mahdiste [madist] adj. et n. RELIG Relatif au mahdi. ▷ Subst. Croyant qui attend le mahdi. – De *mahdi.*

mah-jong [maʒɔ̃g] n. m. Jeu chinois voisin des dominos. *Des mah-jongs d'ivoire.* – Mots chinois, «je gagne».

mahométan, ane [maɔmetɑ̃, an] n. et adj. Vielli Musulman(e). – Du n. du prophète *Mahomet* (v. 570-632).

mahonia [maɔnja] n. m. BOT Arbrisseau ornemental (fam. berbéridacées) originaire d'Amérique du Nord, à feuilles persistantes, à fleurs jaunes et à baies bleues. – De *(Port-)Mahon*, aux Baléares.

mahonne [maɔn] n. f. **1.** Anc. Galère turque. **2.** MAR Chaland ponté pour l'acconage. – Turc *mâoûna.*

mahorais, aise [maɔʀɛ, ɛz] adj. et n. De Mayotte, île des Comores, collectivité territoriale française. – Subst. *Un(e) Mahorais(e).*

mahous. V. maous.

mahratte ou **marathe** [maʀat] n. m. et adj. Didac. **1.** n. m. Langue de l'Inde, dérivée du sanskrit. **2.** adj. Des Mahrattes, population de l'Inde occid. établie dans l'État de Mahārāshtra. – Hindi *maharata*, «grand guerrier».

mai [mɛ] n. m. **1.** Cinquième mois de l'année, comprenant trente et un jours. **2.** Loc. *Arbre de mai* ou, absol., *mai*, que l'on plantait le 1er mai devant la porte de qqn pour le fêter. – *Le 1er Mai*, fête du travail (chômée en France). – Lat. *maius, majus (mensis)*, «mois de la déesse Maïa».

ENCYCL **Hist.** – *31 mai 1793* : insurrection parisienne dirigée contre les Girondins. – *Crise du 16 mai 1877* : tentative autoritaire du président de la Rép. Mac-Mahon pour imposer à la Chambre un ministère conservateur. – *8 mai 1945* : capitulation allemande signée à Berlin. – *13 mai 1958* : manifestations à Alger qui entraînèrent la fin de la IVe Rép. et le retour au pouvoir du général de Gaulle. Un comité de Salut public se forma à Alger, animé par les partisans de l'Algérie française, et proclama l'insurrection. – *Mai 1968* : mouvement de contestation qui s'exprima par des manifestations puis des émeutes déclenchées par les étudiants, suivies d'une grève générale avec occupation des universités et des usines (10 millions de grévistes) en mai-juin 1968, et qui menaça le régime politique de la France. Par réaction, la majorité gaulliste obtint une victoire écrasante (23 et 30 juin) après la dissolution de l'Assemblée nationale.

maïa [maja] n. m. ZOOL Gros crabe, appelé cour. *araignée de mer.* – Lat. *maia* ou *maea.*

maie [mɛ] n. f. Pétrin. ▷ Huche à pain. – Lat. *magis, magidis*, «plat, pétrin».

maïeur ou **mayeur** [majœʀ] n. m. **1.** HIST Bourgmestre, au Moyen Âge. **2.** Mod. Maire d'une petite commune, en Belgique. – De l'a. fr. *maior*, «plus grand», cas régime de l'adj. *maire.*

maïeutique [majøtik] n. f. PHILO Méthode dialectique dont Socrate usait pour «accoucher» les esprits, c.-à-d. pour amener ses interlocuteurs à découvrir les vérités qu'ils portaient en eux sans le savoir. – Gr. *maieutikê*, «art de faire accoucher».

1. maigre [mɛgʀ] adj. et n. **1.** Qui a peu de graisse. *Viande maigre.* – n. m. *Le maigre de jambon.* ▷ *Faire maigre* : ne pas manger de viande (notam. le vendredi, pour les catholiques, avant le concile Vatican II). **2.** (Personnes) Dont le corps présente peu de chair autour du squelette. – Loc. fam. *Maigre comme un clou, comme un chat de gouttière, comme un coup de trique* : très maigre. ▷ n. m. *Les maigres sont plus vifs que les gros.* **3.** Peu fourni. *Une maigre végétation.* **4.** CONSTR *Mortier maigre*, qui ne contient que peu de liant. **5.** TYPO *Lettre,* *caractère maigre,* dont les jambages sont peu épais (par oppos. à *gras*). ▷ n. m. *Ce texte doit être composé en maigre.* **6.** Fig. Qui manque d'ampleur, d'importance; insuffisant. *Maigre bénéfice. Comme résultat, c'est maigre!* **7.** n. m. pl. Période des basses eaux. *Pendant les maigres, la Loire est presque à sec.* – Du lat. *macer,* à l'accusatif *macrum.*

2. maigre [mɛgʀ] n. m. ICHTYOL Syn. de *sciène.* – De *maigre* 1.

maigrelet, ette [mɛgʀəlɛ, ɛt], **maigrichon, onne** [mɛgʀiʃɔ̃, ɔn] ou **maigriot, otte** [mɛgʀijo, ɔt] adj. et n. Fam. Un peu trop maigre. ▷ Subst. *Un maigriot, un maigrichon.* – Dimin. de *maigre* 1.

maigrement [mɛgʀəmɑ̃] adv. Petitement, chichement. *Travail maigrement rémunéré.* – De *maigre.*

maigreur [mɛgʀœʀ] n. f. **1.** État d'un corps sans graisse, décharné. *La maigreur d'un malade.* **2.** État de ce qui est peu productif, peu fourni. *Maigreur de la végétation.* **3.** Fig. Manque d'ampleur, d'importance; insuffisance. *La maigreur d'un salaire.* – De *maigre.*

maigrichon, maigriot. V. maigrelet.

maigrir [mɛgʀiʀ] v. [3] **I.** v. tr. **1.** Rare Rendre maigre. *Ce régime l'a maigrie.* Syn. cour. amaigrir. **2.** Donner une apparence de maigreur. *Sa barbe le maigrit.* **II.** v. intr. Devenir maigre. *Elle suit un régime pour maigrir.* – De *maigre.*

mail [maj] n. m. **1.** Vx Marteau. **2.** Vx Maillet. ▷ *Spécial.* Maillet à manche flexible, servant à un jeu d'adresse. ▷ *Par ext.* Ce jeu. **3.** Terrain où l'on jouait au mail (en général, vaste place plantée d'arbres). ▷ Promenade publique de certaines villes. *«L'Orme du mail», roman d'A. France. Des mails.* – Lat. *malleus,* «marteau, maillet».

mail-coach [mɛlkotʃ] n. m. (Anglicisme) Anc. Grande berline à quatre chevaux, munie de banquettes sur le toit. *Des mail-coaches.* – Mots angl., «malle-poste».

mailing [mɛliŋ] n. m. Syn. (off. déconseillé) de *publipostage.* – Mot angl., ppr. subst. de *to mail,* «poster».

maillage [majaʒ] n. m. **1.** Ordonnance des mailles (d'un filet). ▷ Par ext. PECHE Taille des mailles d'un filet. **2.** Division d'un espace selon une structure en réseau. ▷ TRAV PUBL Desserte d'une zone par un réseau de canalisations reliées les unes aux autres, réalisant un bon équilibre des pressions. – De *mailler.*

1. maille [maj] n. f. **I. 1.** Chacune des boucles (de fil, de laine, etc.) dont l'entrelacement constitue un tissu, un tricot, un filet, un grillage, etc. **2.** *Par ext.* Espace libre à l'intérieur de cette boucle. *Les poissons ont filé à travers les mailles.* **3.** Anc. *Cotte de mailles* : vêtement formé d'anneaux de fer entrelacés que l'on portait au combat pour se protéger des coups, au Moyen Âge. **4.** MINER Motif géométrique constitué par le plus petit édifice d'atomes, dont la reproduction à l'infini constitue un réseau cristallin. **5.** TECH (Sylvic. et menuiserie.) *Débit sur mailles* : débit d'un arbre dans le sens du rayon; *en contre-mailles,* perpendiculaire au rayon. **6.** TECH Maillon (d'une chaîne). **II. 1.** CHASSE Tache sur le plumage des jeunes perdreaux, des jeunes faucons. **2.** MED Taie sur la prunelle. – Du lat. *macula,* «tache, marque, point, maille».

2. maille [maj] n. f. HIST Monnaie de billon de très faible valeur (un demi-denier) en usage sous les Capétiens. ▷ Loc. Vieilli *N'avoir ni sou ni maille* : être très pauvre. – Mod. *Avoir maille à partir avec (qqn)* : avoir un différend avec (qqn). – Du lat. pop. **médialia,* du class. *medius,* «demi».

maillechort [majʃɔʀ] n. m. METALL Alliage de nickel, de cuivre et de zinc, blanc, dur et inaltérable, que l'on utilise dans la fabrication de pièces d'orfèvrerie, d'instruments scientifiques, etc. – Des noms de *Maillot* et *Chorier,* qui inventèrent cet alliage.

mailler [maje] v. [1] **I.** v. tr. **1.** Fabriquer en mailles. *Mailler un filet.* **2.** MAR *Mailler une chaîne sur,* la relier à, la fixer sur. *Mailler une chaîne sur une ancre.* **II.** v. intr. **1.** Bourgeonner. *La vigne commence à mailler.* **2.** Se couvrir de mailles (V. maille 1, sens II, 1). – De *maille* 1.

maillet [majɛ] n. m. **1.** Marteau à deux têtes en bois dur. *Maillet de menuisier.* **2.** HIST *Maillet d'armes* : masse cylindrique d'acier ou de plomb maniée à deux mains, arme en usage au Moyen Âge. – De *mail.*

mailleton [majtɔ̃] n. m. VITIC Lien pour attacher la vigne. – Dimin. de *maille* 1.

mailloche [majɔʃ] n. f. **1.** TECH Gros maillet. **2.** MAR Maillet rainuré que l'on utilise pour fourrer (entourer d'un cordage plus fin formant protection) les cordages. **3.** MUS Baguette terminée par une boule de feutre ou de caoutchouc, dont on se sert pour jouer de certains instruments à percussion (grosse caisse, xylophone, vibraphone, etc.). – De *mail.*

maillon [majɔ̃] n. m. **1.** Rare Petite maille. **2.** Anneau d'une chaîne. **3.** MAR Section de chaîne de 30 m de long. – De *maille* 1.

maillot [majo] n. m. **1.** Vieilli Lange et couche dont on enveloppe un bébé. *Un enfant au maillot* : un nourrisson. **2.** Vêtement de tricot qui moule le corps. *Une danseuse en maillot.* **3.** Vêtement fermé qui couvre le torse. *Maillot de sport.* ▷ *Maillot de corps* : sous-vêtement masculin sans manches. **4.** *Maillot de bain* et, absol., *maillot* : costume de bain. – A. fr. *maillœl,* de *maille* 1.

maillotin [majɔtɛ̃] n. m. **1.** Ancienne arme en forme de maillet. ▷ HIST *Les Maillotins* : les insurgés parisiens qui, en 1381, massacrèrent les percepteurs à coups de maillotin. **2.** Pressoir à olives. – Dimin. de *maillet.*

maillure [majyʀ] n. f. Aspect particulier du bois débité sur mailles (semis de mouchetures nacrées). V. maille 1, sens I, 5. – De *maille* 1.

main [mɛ̃] n. f. **I. 1.** Partie du corps humain qui termine le bras, munie de cinq doigts dont l'un (le pouce) peut s'opposer aux autres, et qui sert au toucher et à la préhension. *Avoir de belles mains. Tendre la main,* pour demander l'aumône. *Serrer la main de qqn,* pour le saluer. ▷ Loc. *Porter la main sur qqn,* le frapper. – Loc. fig. *Mettre la main sur une chose,* la trouver après l'avoir cherchée. – *Avoir le cœur sur la main* : être très généreux. – *Forcer la main à qqn,* le contraindre à faire qqch. ▷ *À main droite, à main gauche* : à droite, à gauche. – *À pleines mains* : abondamment, avec libéralité. – *À la main. Lettre écrite à la main* (et non à la machine). – *Attaque à main armée,* par une (des) personne(s) armée(s). ▷ *De main.* MILIT *Coup de main* : opération de faible envergure, exécutée par surprise. – Fam. *Donner un coup de main à qqn,* l'aider. – Prov. *Jeux de main, jeux de vilain.* V. jeu. – *Homme de main* : exécuteur stipendié. – *De main de maître* : très bien (fait, fabriqué, exécuté). *Tableau peint de main de maître.* – *Passer de main en main,* d'une personne à une autre. – Fam. *Ne pas y aller de main morte* : frapper rudement; fig. user de procédés excessifs, d'expressions violentes. – *De longue main* : depuis longtemps. – *De première main* : directement, sans intermédiaire. *Je le sais de première main* : je le tiens de celui qui en a été instruit le premier. – *De seconde main* : d'occasion. *Ouvrage de seconde main* : compilation. – *De la main à la main* : sans intermédiaire, directement. *Remettre de l'argent de la main à la main,* sans qu'il en reste trace écrite, sans reçu. ▷ *Dans la main. Manger dans la main de qqn,* agir docilement avec lui. – *Tenir qqn dans sa main,* en son pouvoir. ▷ *En main* : dans la main. *Il a sa canne en main.* Fig. *Avoir qqch en main,* l'avoir à sa disposition. *Preuve en main* : avec une preuve toute prête. – *Avoir, tenir une chose en main,* savoir parfaitement s'en servir. – *Prendre en main(s) une affaire,* s'en charger. *Prendre en main les intérêts de qqn.* – *En main(s) propre(s)* : directement entre les mains de la personne concernée. *Lettre à remettre en main propre.* – *En bonnes mains* : sous la responsabilité d'une personne compétente. ▷ *Sous main* : secrètement. *Négocier sous main* (ou *en sous-main*) *avec l'ennemi.* – *Sous la main* : à portée, non loin. *J'ai ce document sous la main.* **2.** (*La main* instrument de travail, d'exécution, ou symbole d'autorité.) Loc. *Mettre la main à l'ouvrage, à la pâte* : participer activement à un travail. – *Avoir les mains liées* : être dans l'impossibilité d'agir. – *Mettre la dernière main à un ouvrage*, le terminer. – Loc. adv. *En un tour de main* : en un instant, avec autant de rapidité que d'adresse. – *Avoir la main heureuse* : réussir ce que l'on entreprend. *Avoir la haute main sur qqch* : avoir autorité sur qqch. – *Emporter une affaire haut la main*, facilement. *Avoir la main lourde* : faire trop sentir son autorité. – Loc. prov. *Une main de fer dans un gant de velours* : une autorité impitoyable sous des apparences de douceur. – *Faire main basse sur* : s'emparer de, piller. **3.** *Demander, obtenir, accorder la main d'une jeune fille*, la permission de l'épouser. **4.** JEU *Avoir la main* : être le premier à jouer, aux cartes. *Donner, passer la main* : céder à un adversaire l'avantage de jouer le premier. Fig. *Passer la main* : renoncer à ce à quoi l'on avait droit. **5.** COUT *Première main* : couturière experte. *Petite main* : couturière débutante. **6.** *Main chaude* : jeu où une personne, les yeux bandés, doit deviner qui lui frappe dans la main. **II.** ZOOL Partie homologue de la main humaine chez certains vertébrés tétrapodes. *Les mains d'un singe.* **III.** (Sens spéciaux et techniques.) **1.** MAR Équipe de dockers assurant le chargement ou le déchargement d'une cale d'un navire. **2.** IMPRIM Assemblage de vingt-cinq feuilles de papier. **3.** HIST *Main de justice* : sceptre en forme de main, emblème de la puissance, que le roi portait le jour de son sacre. **4.** *Main courante* : dessus de la rampe d'un escalier. – Lat. *manus*, «main, action, force, puissance».

mainate [mɛnat] n. m. Passériforme (genre *Gracula*) d'Asie du Sud-Est, ressemblant à un gros étourneau. *Le mainate est recherché pour son aptitude à imiter la voix humaine.* – P.-ê. d'un mot malais.

main-d'œuvre [mɛ̃dœvʀ] n. f. **1.** Façon, travail de l'ouvrier. *Facturer les pièces et la main-d'œuvre.* **2.** Personnel de production. *La main-d'œuvre manque dans la région.* (Plur. rare.) *Mains-d'œuvre.* – De *main*, et *œuvre*.

main-forte [mɛ̃fɔʀt] n. f. inv. Seulement dans les loc. : *donner, prêter main-forte à qqn*, lui porter assistance pour exécuter qqch de difficile, de dangereux. – De *main*, et *forte*.

mainlevée [mɛ̃lve] n. f. DR Acte mettant fin aux mesures judiciaires de saisie, de séquestre, d'opposition, d'hypothèque. – De *main*, et *lever*.

mainmise [mɛ̃miz] n. f. **1.** DR FEOD Saisie. **2.** Mod., souvent péjor. Domination, emprise. *La mainmise des capitaux étrangers sur l'industrie nationale.* – De *main*, et du pp. de *mettre*.

mainmortable [mɛ̃mɔʀtabl] adj. DR Assujetti au droit de mainmorte. – De *mainmorte*.

mainmorte [mɛ̃mɔʀt] n. f. **1.** DR FEOD Situation des vassaux qui se trouvaient dans l'impossibilité légale de transmettre leurs biens par testament. **2.** DR *Biens de mainmorte* : biens possédés par des communautés religieuses, des œuvres charitables, etc., et qui, leurs possesseurs ayant une existence de durée indéfinie, échappent aux règles des mutations par décès. – De *main*, symbole de possession, et *morte*.

maint, mainte [mɛ̃, mɛ̃t] adj. indéfini. Litt. Un certain nombre de, plusieurs. *Je lui ai dit mainte fois* ou *maintes fois.* – P.-ê. du gaul. *mantê* ou du germ. *manigipó*, «grande quantité».

maintenance [mɛ̃tnɑ̃s] n. f. **1.** TECH Ensemble des opérations qui permettent de maintenir en état de fonctionnement un matériel susceptible de se dégrader. *Maintenance d'un ordinateur, d'un bombardier.* **2.** MILIT Maintien des effectifs et de l'état du matériel d'une troupe au combat. – De *maintenir*.

maintenant [mɛ̃t(ə)nɑ̃] adv. **1.** À présent, au temps où nous sommes. *Je n'ai pas le temps maintenant.* ▷ Loc. conj. *Maintenant que* : à présent que. *Maintenant qu'il est en vacances, il se repose.* **2.** (+ futur) Désormais. *Maintenant ils seront heureux.* **3.** (En tête de proposition.) Cela dit, de toute manière. *Je te dis mon avis, maintenant tu en feras à ta guise.* – Du ppr. de *maintenir*.

mainteneur [mɛ̃tnœʀ] n. m. **1.** Rare Celui qui maintient. **2.** Membre de l'académie littéraire des jeux Floraux de Toulouse. – De *maintenir*.

maintenir [mɛ̃t(ə)niʀ] v. tr. [36] **1.** Tenir ferme et fixe. *Cette barre maintient la charpente.* **2.** Conserver dans le même état; garder, défendre. *Maintenir la température constante. Maintenir l'ordre public.* ▷ v. pron. Demeurer dans le même état. *Sa santé se maintient.* **3.** Continuer à affirmer, soutenir. *Je maintiens que cela est vrai.* – Lat. pop. **manutenire*, «tenir avec la main».

maintien [mɛ̃tjɛ̃] n. m. **1.** Contenance, attitude. *Avoir un maintien modeste, étudié. Prendre des leçons de maintien.* **2.** Action de maintenir, de conserver dans le même état. *Maintien de l'ordre.* – Déverbal de *maintenir*.

maïolique. V. majolique.

maire [mɛʀ] n. m. **1.** Élu qui se trouve à la tête d'une commune. *Le maire de Paris. Madame le maire. Le maire est élu par les conseillers municipaux.* **2.** HIST *Maire du palais* : majordome qui, sous les derniers rois mérovingiens, détenait la réalité du pouvoir politique. – De l'anc. adj. *maire*, «plus grand», du lat. *major*.

mairesse [mɛʀɛs] n. f. Fam. Femme du maire. – De *maire*.

mairie [mɛʀi] n. f. **1.** Fonction du maire. ▷ Temps pendant lequel on exerce cette fonction. **2.** Administration municipale. ▷ Bureaux de cette administration; bâtiment qui les abrite. – De *maire*.

mais [mɛ] adv., conj. (et n. m.) **I.** adv. **1.** Vx Plus, davantage. ▷ Mod., litt., dans la loc. *n'en pouvoir mais* : n'y pouvoir rien. *Je n'en peux mais.* **2.** Assurément, sûrement. *Acceptez-vous cette offre ? – Mais bien évidemment !* **II.** conj. de coord. **1.** (Marquant une restriction, une différence.) *Elle est riche mais avare.* **2.** (Donnant une explication.) *Il a été puni mais il l'avait mérité.* **3.** (En opposition avec l'idée précédemment exposée.) Néanmoins, malgré cela. *«Mais cependant, ce jour, il épouse Andromaque» (Racine).* **4.** (En début de phrase, marquant une transition.) *Mais qu'ai-je dit ?* **5.** (Employé avec une interjection, et marquant la surprise ou le mécontentement.) *Ah mais !* – Pop. *Non mais, des fois !* **III.** n. m. Restriction, objection. *Il n'y a pas de mais qui tienne !* – Du lat. *magis*, «plus».

maïs [mais] n. m. Graminée *(Zea mays)* annuelle, à haute tige (2,50 m) et à grandes feuilles, cultivée pour son grain. – Esp. *maíz*, mot d'Haïti.

ENCYCL Cette graminée, originaire d'Amérique du S., est cultivée dans tous les pays du monde grâce aux variétés hybrides adaptées aux divers climats. Son importance économique est considérable : plante alimentaire (épi, grains, farine, huile de table extraite des germes) et fourragère (épi ou coupé vert), elle a une place remarquable en biotechnologie, notam. à cause de son amidon transformable en glucose, puis en fructose.

maison [mɛzɔ̃] n. f. **I.** **1.** Bâtiment d'habitation. *Louer une maison à la campagne.* ▷ *La maison de Dieu* : l'église. – Loc. prov. *C'est la maison du bon Dieu* : c'est une demeure hospitalière. **2.** Ensemble des lieux que l'on habite, où l'on vit; les habitants de ces lieux. *Avoir une maison bien tenue. Ameuter toute la maison.* ▷ Loc. adv. *À* *la maison* : chez soi. **3.** Ménage, administration des affaires domestiques. *Avoir un grand train de maison.* ▷ *Gens de maison* : gens au service d'une maison, domestiques. **II.** Établissement. **1.** Établissement commercial, financier, industriel, etc. *Adressez-vous à une maison sérieuse.* ▷ (En appos.) Fait par la maison, à la maison. *Tarte maison,* qui n'a pas été faite à l'extérieur. – *Ingénieur maison* : technicien qui a reçu dans l'entreprise qui l'emploie une formation lui permettant de remplir les fonctions d'ingénieur, et qui en porte le titre. **2.** *Maison de...* ▷ *Maison d'arrêt, de détention, de force* : lieux légalement désignés pour recevoir ceux qui ont été condamnés à la détention. ▷ *Maison de santé* : établissement hospitalier. ▷ *Maison de retraite* : établissement où se retirent les personnes âgées ne travaillant plus. ▷ *Maison de jeu* : établissement où l'on joue à des jeux d'argent. ▷ *Maison des jeunes et de la culture* (abrév. : M.J.C.*). ▷ *Maison de tolérance, maison de rendez-vous, maison close* : lupanar, maison de prostitution. **III. 1.** Ensemble des personnes attachées au service personnel d'un souverain, d'un chef d'État. *Maison du roi, de l'empereur. Maison militaire, civile.* **2.** Famille noble ; famille régnante. *La maison de Bourbon, de Condé. La maison d'Autriche.* **3.** Compagnie, communauté d'ecclésiastiques, de religieux. *La maison professe des jésuites.* ▷ *Maison mère* : établissement d'un ordre religieux, d'une congrégation dont dépendent les autres communautés. – *Par ext.* Maison de commerce principale, par rapport à ses succursales. **4.** ASTROL *Les douze maisons du ciel* : les douze divisions en forme de fuseau qui correspondent chacune à un signe, et dont la détermination est nécessaire pour l'interprétation d'un thème de naissance. – Du lat. *mansio, mansionis,* de *manere,* « rester ».

maisonnée [mɛzɔne] n. f. Ensemble de ceux qui habitent une maison. – De *maison.*

maisonnette [mɛzɔnɛt] n. f. Petite maison. – Dimin. de *maison.*

maistrance [mɛstʀɑ̃s] n. f. MAR Ensemble des officiers mariniers, dans la marine de guerre. – De l'a. fr. *maistre,* « maître ».

maître, maîtresse [mɛtʀ, mɛtʀɛs] n. et adj. **I.** n. **1.** Personne qui exerce son autorité, de droit ou de fait. *On ne peut servir deux maîtres à la fois.* **2.** Propriétaire. *Le chien aime son maître. Voiture de maître,* avec chauffeur. **3.** *Maître de maison* : hôte, chef de famille. **4.** Loc. *Être (le) maître de faire qqch,* avoir la liberté de le faire. – *Être son maître* : ne dépendre que de soi. – *Être maître de soi* : se dominer. – *Se rendre maître de qqch, de qqn,* s'en emparer. **5.** Chef, dirigeant. *Maître de ballet, de chapelle, des cérémonies. Maître d'hôtel,* qui dirige le service de table dans un hôtel ou chez des particuliers. ▷ MAR *Premier maître, quartier-maître, maître d'équipage* : grades de la marine militaire. ▷ CONSTR *Maître d'œuvre* : personne physique ou morale chargée de concevoir, d'étudier et de surveiller la réalisation d'un ouvrage. – *Maître de l'ouvrage* : personne physique ou morale qui décide la construction d'un ouvrage, en assure le financement et confie sa réalisation à un maître d'œuvre. **6.** Personne qui enseigne. – Vieilli *Maître d'école* : instituteur. – *Maître de conférences* : professeur non titulaire d'une chaire dans une université. – *Maître d'armes,* qui enseigne l'escrime. – Fig. *Le temps est un grand maître* : on apprend beaucoup de choses par l'expérience. **7.** Anc. Artisan d'une corporation, qui, après avoir été apprenti, puis compagnon, accédait à un rang lui permettant d'enseigner son métier. *Maître tailleur.* – Fig. *Passer maître en qqch,* y exceller. **8.** Artiste qui travaille avec ses élèves. *Œuvre d'atelier non signée par le maître.* – Artiste ancien non identifié. *Le Maître de Moulins*.* **9.** Personne qui a excellé dans un art, une science, et sert de modèle. *Les grands maîtres de la peinture.* **10.** Titre donné aux avocats, aux notaires, aux commissaires-priseurs. *Par-devant Maître Untel, notaire.* ▷ Titre donné à un écrivain, à un artiste éminent, en s'adressant à lui. *Cher Maître.* **II.** adj. **1.** *Maîtresse femme* : femme énergique, qui s'impose avec autorité. **2.** CONSTR Qui supporte l'essentiel des efforts. *Poutre maîtresse.* **3.** Dominant. *La qualité maîtresse de qqn. Carte maîtresse,* supérieure à celle de l'adversaire. – A. fr. *maistre,* du lat. *magister, magistri.*

maître-à-danser [mɛtʀadɑ̃se] n. m. TECH Compas qui sert à mesurer les diamètres intérieurs. *Des maîtres-à-danser.* – De *maître, à,* et *danser* ; par anal. de la forme des branches avec les jambes d'une personne qui danse.

maître-autel [mɛtʀotɛl] n. m. Autel principal d'une église. *Des maîtres-autels.* – De *maître,* et *autel.*

maître chanteur. V. chanteur.

maître-chien n. m. Personne chargée de dresser un chien et de l'utiliser (pour un gardiennage). *Des maîtres-chiens.* – De *maître,* et *chien.*

maîtresse [mɛtʀɛs] n. f. **I.** Fém. de *maître.* **II. 1.** Vx Femme aimée. **2.** Mod. Femme qui a des relations intimes avec un homme qui n'est pas son mari. – De *maître.*

maîtrisable [mɛtʀizabl] adj. Que l'on peut maîtriser. – De *maîtriser.*

maîtrise [mɛtʀiz] n. f. **1.** Anc. Qualité de maître dans les anciennes corporations. **2.** École d'instruction musicale des enfants de chœur ; ensemble des chanteurs. **3.** Ensemble du personnel chargé de l'encadrement des ouvriers (chefs d'atelier, contremaîtres, chefs d'équipe). *Agent, cadre de maîtrise.* **4.** Titre universitaire supérieur à la licence et inférieur au doctorat. **5.** Excellence dans un art, une science, une technique. *La maîtrise d'un musicien. Posséder la maîtrise de la gravure sur verre.* **6.** Domination, empire. *La maîtrise des mers.* ▷ *Maîtrise de soi* : contrôle de soi-même. – De *maître.*

maîtriser [mɛtʀize] v. tr. [1] **1.** Réduire par la force, dompter. *Maîtriser un cheval fougueux.* **2.** Fig. Dominer. *Il faut maîtriser ses passions.* ▷ v. pron. Se contrôler. *Maîtrisez-vous, ne vous emportez pas !* **3.** Savoir parfaitement conduire, traiter, utiliser. *Maîtriser son véhicule. Maîtriser son sujet, sa technique.* – De *maîtrise.*

maïzena [maizena] n. f. Farine de maïs destinée aux préparations culinaires. – Nom déposé ; angl. *maizena,* de *maize,* « maïs ».

maje. V. mage 2.

majesté [maʒeste] n. f. **1.** Grandeur suprême ; caractère auguste qui inspire le respect. *La majesté divine.* ▷ *Par ext.* Qualité de ce qui, par sa grandeur, sa noblesse, inspire admiration et respect. *La majesté d'un palais. La majesté du style de Bossuet.* **2.** Titre donné aux souverains. *Sa Majesté. Votre Majesté. Leurs Majestés. Le roi de France était appelé « Sa Majesté Très Chrétienne ».* **3.** BX-A *Christ, Vierge en majesté,* représentés assis sur un trône, dans une pose hiératique. – Lat. *majestas.*

majestueusement [maʒɛstɥøzmɑ̃] adv. Avec majesté. – De *majestueux.*

majestueux, euse [maʒɛstɥø, øz] adj. Qui a de la majesté, de la grandeur, de la noblesse. *Une allure majestueuse.* – De *majesté.*

majeur, eure [maʒœʀ] adj. et n. **I.** adj. **1.** Plus grand. *La majeure partie du territoire.* **2.** MUS *Gamme majeure,* dans laquelle la première tierce* et la sixte* sont majeures. *Ton, mode majeur,* utilisant les notes de la gamme majeure (par oppos. à *mineur*). **3.** JEU *Tierce, quarte majeure* : suite de trois, quatre cartes commençant par l'as. **4.** Grand, considérable. *Un intérêt majeur. Cas de force majeure* : événement qui n'a pas pu être évité. **5.** Qui a atteint l'âge de la majorité légale. *Un fils majeur.* **II.** n. **1.** Personne arrivée à l'âge de la majorité légale. **2.** n. m. Doigt du milieu, le plus long. Syn.

médius. 3. n. f. LOG Prémisse d'un syllogisme qui contient le grand terme, c.-à-d. celui qui a la plus grande extension. – Var. de *maieur, maior,* accus. de l'anc. adj. *maire* (V. ce mot).

majolique [maʒɔlik] ou **maïolique** [majɔlik] n. f. Faïence italienne de l'époque de la Renaissance, dont la fabrication fut introduite en Italie par des artisans des îles Baléares. – Ital. *majorica, majolica,* «de l'île de Majorque».

major [maʒɔʀ] n. m. **1.** *Major* ou *commandant major* : officier supérieur chargé de l'administration d'un corps de troupes. – *Major de garnison* : officier qui assiste le commandant d'armes (lequel est responsable de la discipline générale de toutes les troupes casernées dans une ville de garnison). **2.** (En composition.) Supérieur par le rang. *Médecin-major. Tambour-major. Infirmière-major.* **3.** *Major de promotion* : premier au concours d'une grande école. *Le major de l'X.* – Lat. *major,* «plus grand», compar. de *magnus.*

majoral, aux [maʒɔʀal, o] n. m. Rég. **1.** Berger-chef d'un grand troupeau provençal. **2.** Chacun des cinquante membres du consistoire félibrige*. – Provenç. *majouran,* du bas lat. *majoralis.*

majorant [maʒɔʀɑ̃] n. m. MATH Élément de la partie d'un ensemble ordonné, tel que tous les autres éléments de cette partie lui sont inférieurs. Ant. minorant. – Ppr. subst. de *majorer.*

majorat [maʒɔʀa] n. m. Anc. Dotation de biens qui accompagnait la concession d'un titre de noblesse et était transmissible au fils aîné. – Esp. *mayorazgo,* de *mayor,* «plus grand».

majoration [maʒɔʀasjɔ̃] n. f. **1.** Action de majorer. *Majoration d'impôt.* – Surestimation. **2.** Hausse (de prix). – De *majorer.*

majordome [maʒɔʀdɔm] n. m. **1.** Chef des domestiques de la cour d'un souverain, du pape. **2.** Maître d'hôtel de grande maison. – Ital. *maggiordomo;* lat. médiév. *major domus,* «chef de la maison».

majorer [maʒɔʀe] v. tr. [1] **1.** Augmenter le nombre, le montant de. *Majorer un prix. Majorer une facture.* ▷ Fig., fam. *Majorer ses ennuis.* **2.** MATH Ajouter un majorant à (une partie d'un ensemble ordonné). – Du lat. *major,* «plus grand».

majorette [maʒɔʀɛt] n. f. Jeune fille en uniforme militaire de fantaisie, qui participe à une parade, à un défilé. – Mot amér., de *major,* «commandant», ou d'ap. *tambour-major.*

majoritaire [maʒɔʀitɛʀ] adj. **1.** *Scrutin majoritaire* : scrutin dans lequel celui des candidats qui a le plus grand nombre de voix l'emporte, sans qu'il soit tenu compte des voix minoritaires (opposé à *scrutin proportionnel*). **2.** Qui constitue une majorité, qui appartient à la majorité. *C'est l'opinion majoritaire.* **3.** DR COMM Qui possède la majorité des actions dans une société. *Actionnaire majoritaire.* – De *majorité.*

majoritairement adv. [maʒɔʀitɛʀmɑ̃] De manière majoritaire; par une majorité. – En majorité. – De *majoritaire.*

majorité [maʒɔʀite] n. f. **1.** Âge fixé par la loi pour que qqn jouisse du libre exercice de ses droits. *La majorité civile et légale est fixée en France à 18 ans.* **2.** Le plus grand nombre, la majeure partie. *Dans la majorité des cas.* **3.** Le plus grand nombre des suffrages dans un vote. *Majorité absolue,* se composant de la moitié des voix plus une. *Majorité relative,* qui résulte du plus grand nombre des voix obtenues. **4.** *La majorité* : le parti, le groupe qui réunit le plus grand nombre de suffrages. *Un membre de la majorité.* – Lat. *majoritas,* de *major,* «plus grand»; sens 2, 3, 4 par l'angl. *majority.*

majuscule [maʒyskyl] adj. et n. f. *Lettre majuscule* : grande lettre d'une forme particulière, à l'initiale d'un nom propre ou d'un mot placé en tête de phrase, de vers, etc. ▷ n. f. *Une majuscule. Les noms des habitants des villes et des pays prennent une majuscule.* Syn. capitale. Ant. minuscule. – Lat. *majusculus,* «un peu plus grand».

makach. V. macach.

make up [mɛkœp] n. m. inv. (Anglicisme) Fond de teint. ▷ *Par ext.* Maquillage. – Mot angl., de *to make up,* «arranger».

makémono [makemɔno] ou **makimono** [makimɔno] n. m. Peinture japonaise sur papier ou sur soie, plus large que haute, et qui se déroule horizontalement (à la différence du *kakémono,* qui se déroule verticalement). – Mot jap., «chose que l'on roule».

makhzen. V. maghzen.

maki [maki] n. m. Mammifère lémurien de Madagascar (genre *Lemur*), arboricole et frugivore, à très longue queue. – Mot malgache.

1. mal, [mal] plur. **maux** [mo] n. m. **I. 1.** Douleur, souffrance physique. *Avoir mal aux dents.* ▷ Loc. pop. *Ça me ferait mal* (pour repousser une hypothèse, une éventualité). *Donner de l'argent? Ça me ferait mal!* (= je n'en ferai rien). **2.** Maladie. *La tuberculose n'est plus un mal incurable.* – Vx *Haut mal* : épilepsie. – *Mal de Pott* : tuberculose de la colonne vertébrale. – *Mal blanc* : panaris. ▷ Indisposition, malaise. – *Avoir mal au cœur* : avoir la nausée. – *Mal de mer, mal de l'air, mal des transports* : malaise généralisé, souvent accompagné de nausées et de vomissements, que ressentent certaines personnes à bord d'un bateau, d'un avion, d'un véhicule en mouvement, et qui est provoqué par les excitations anormales auxquelles sont soumis les organes de l'équilibration. – *Mal des montagnes* : ensemble des troubles (malaise respiratoire, céphalée, nausées, vertiges, asthénie) qui surviennent en altitude, et qui sont dus à la baisse de pression partielle de l'oxygène de l'air, entraînant l'appauvrissement en oxygène des tissus (hypoxie). ▷ Loc. prov. *Aux grands maux les grands remèdes,* se dit lorsque la gravité de la situation impose que l'on intervienne avec énergie et décision. **II.** Peine, souffrance morale. – *Le mal du pays* : la nostalgie. – *Le mal du siècle* : les tourments propres à une génération (partic. la mélancolie des romantiques). ▷ Fig. *Être en mal de* : manquer cruellement de. **III. 1.** Difficulté, peine. *Se donner beaucoup de mal* (fam., *un mal de chien*) *pour faire une chose, pour aider qqn, etc.* **2.** Calamité, tourment. *Les maux de la guerre.* Dommage, dégât. *Il n'y a que demi-mal.* **3.** Inconvénient. *La discipline est un mal nécessaire.* **IV.** (Ne s'emploie qu'au sing.) Parole, opinion défavorable (dans les expressions *dire, penser du mal*). *Dire du mal, penser le plus grand mal de qqn.* ▷ *En mal* : en mauvaise part. *Prendre tout en mal.* **V.** (Ne s'emploie qu'au sing.) Ce qui est contraire aux règles que la morale impose. *Être enclin au mal. Je le faisais sans songer à mal,* sans intention maligne ou mauvaise. ▷ *Le mal* : le principe que les différents systèmes philosophiques et religieux opposent au bien, à ce qui est considéré comme désirable, souhaitable, au regard de la morale naturelle. *Lutter contre les forces du mal.* – PHILO *Le problème du mal,* celui qui consiste à concilier l'existence du mal dans l'univers avec celle d'un Dieu bon et tout-puissant. – Lat. *malum.*

2. mal [mal] adv. **1.** D'une manière défavorable, fâcheuse. *Les affaires vont mal.* ▷ *Aller mal, être au plus mal* : être malade, très malade. *Se sentir mal* : éprouver un malaise. *Se trouver mal* : défaillir, tomber en syncope. **2.** D'une manière blâmable, contraire à la morale ou aux bienséances. *Se conduire mal.* **3.** D'une manière défavorable. *Parler mal de qqn.* ▷ *Prendre mal une réponse, une réflexion, etc.,* s'en offenser. ▷ *Se mettre, être mal avec qqn,* se brouiller, être brouillé avec lui. **4.**

D'une manière incorrecte ou défectueuse. ▷ Imparfaitement, incomplètement. *Travail mal fini.* ▷ D'une façon qui ne convient pas, ne sied pas. *S'habiller mal. Venir mal à propos,* à contretemps. **5.** Loc. adv. *Pas mal :* assez bien, plutôt bien. ▷ (Avec valeur d'adj. en attribut.) *Ce garçon n'est pas mal,* il a des qualités (morales ou physiques). ▷ (Sans négation.) Fam. En assez grand nombre; beaucoup. *Il y avait pas mal de monde. On a pas mal couru.* **6.** *De mal en pis :* en s'aggravant. – Lat. *male.*

3. mal, male [mal] adj. **1.** Vx Pernicieux, funeste, violent. *Mourir de male mort.* ▷ Mod., dans les loc. *bon an, mal an; bon gré, mal gré**. **2.** (En fonction d'attribut.) Contraire à la morale ou aux bienséances. *C'est mal de mentir, de dire des gros mots.* ▷ *Pas mal* : V. mal 2, sens 5. – Lat. *malus,* « mauvais ».

malabar [malabaʀ] n. m. (et adj.) Pop. Homme très robuste et de forte stature. – P.-ê. de *Malabar,* rég. côtière de l'Inde.

malachite [malakit] n. f. Carbonate hydraté de cuivre, de couleur verte, constituant un minerai de cuivre et employé dans l'ornementation et la joaillerie. – Lat. *molochitis,* mot gr., de *molokhê* ou *malakhê,* « mauve » (plante).

malaco-. Élément, du gr. *malakos,* « mou ».

malacologie [malakɔlɔʒi] n. f. ZOOL Partie de la zoologie qui étudie les mollusques. – De *malaco-,* et *-logie.*

malacoptérygiens [malakɔpteʀiʒjɛ̃] n. m. pl. ICHTYOL Groupe de poissons téléostéens dont les rayons des nageoires sont mous (saumon, morue, carpe). – Sing. *Un malacoptérygien.* – De *malaco-,* et du gr. *pterugion,* « nageoire ».

malacostracés [malakɔstʀase] n. m. pl. ZOOL Sous-classe de crustacés appelés aussi *crustacés supérieurs,* dont le corps est divisé en 19 segments. (Elle comprend de très nombreux ordres, réunissant des espèces aussi diverses que les cloportes, les crevettes, les crabes, etc.). – Sing. *Un malacostracé.* – De *malaco-,* et du gr. *ostrakon,* « coquille ».

malade [malad] adj. et n. **I.** adj. **1.** Qui éprouve quelque altération dans sa santé. *Tomber malade.* – Par exag. *Être malade de chagrin, d'anxiété.* ▷ *Spécial.* Qui éprouve des troubles mentaux, qui n'est pas parfaitement équilibré. *Avoir l'esprit malade.* **2.** (Parties du corps.) Dont l'état ou le fonctionnement est altéré. *Un poumon malade.* **3.** (Animaux, végétaux.) *Cheval malade. Les ormes de la ville sont malades.* **4.** Fam. En mauvais état, mal en point. *Une voiture bien malade. Une économie malade.* **II.** n. Personne malade. *Soigner, guérir un malade. Malade mental.* – Du lat. imp. *male habitus,* « qui se trouve en mauvais état ».

maladie [maladi] n. f. **1.** Altération de la santé. *Maladie chronique, mortelle. Maladie mentale. Maladie professionnelle.* – Par exag., fam. *Il en fera une maladie :* cela le contrariera extrêmement. ▷ *Maladie de Parkinson :* affection neurologique dont les principaux symptômes sont le tremblement, une diminution de la motricité et une hypertonie. – *Maladie d'Alzheimer :* atrophie cérébrale progressive entraînant une démence, avec, notam., une aphasie. ▷ *La maladie des jeunes chiens* ou, absol., *la maladie :* la maladie de Carré, provoquée par un virus; elle peut être mortelle. **2.** (Végétaux) *Les maladies de la vigne* (oïdium, mildiou, etc.) **3.** Altération chimique ou biochimique (de certaines substances). *Maladies du vin. Maladie de la pierre.* **4.** Fig. Ce qui est comparable à un état ou à un processus morbide. *« La guerre, vous dis-je, est une maladie affreuse » (Voltaire).* **5.** Fig. Propension excessive; manie. *Avoir la maladie du rangement, de la contradiction.* – De *malade.*

maladif, ive [maladif, iv] adj. **1.** Sujet à être malade; de santé précaire. *Un enfant maladif.* **2.** Qui est le signe d'une maladie ou d'une santé précaire. *Teint maladif.* **3.** Qui a le caractère anormal d'une maladie. *Une susceptibilité maladive.* – De *malade.*

maladivement [maladivmɑ̃] adv. De manière maladive. – De *maladif.*

maladrerie [maladʀəʀi] n. f. Anc. Léproserie. – Altér. de *maladerie,* dér. de *malade,* par crois. avec *ladre, ladrerie.*

maladresse [maladʀɛs] n. f. **1.** Manque d'adresse. *Sauter avec maladresse.* **2.** Manque d'habileté, de tact. *Accumuler les maladresses.* – De *maladroit,* d'ap. *adresse.*

maladroit, oite [maladʀwa, wat] adj. et n. Qui n'est pas adroit. *Un graveur maladroit.* ▷ Qui manque d'habileté. *Un négociateur maladroit.* ▷ Qui marque de la maladresse. *Geste maladroit. Initiative maladroite.* ▷ Subst. *Un(e) maladroit(e).* – De *mal,* et *adroit.*

maladroitement [maladʀwatmɑ̃] adv. D'une manière maladroite. – De *maladroit.*

malaga [malaga] n. m. Raisin muscat récolté dans la région de Málaga. ▷ Vin épais et sucré de cette région. – Du n. de *Malaga,* v. d'Espagne.

malaire [malɛʀ] adj. ANAT Relatif à la joue. *Os malaire.* – Du lat. *mala,* « mâchoire, joue ».

malais, aise [malɛ, ɛz] adj. et n. **1.** adj. De Malaisie, rég. du S.-E. asiatique. ▷ Subst. *Un(e) Malais(e).* ▷ n. m. pl. *Les Malais* ou *Deutéro-Malais,* populations établies en Asie du S.-E. (partic. Malaisie, Indonésie, îles de la Sonde), indianisées puis islamisées et qui parlent des dialectes malais. (Par oppos. à *Proto-Malais.*) **2.** n. m. LING *Le malais :* l'ensemble des langues de la famille austronésienne parlées en Malaisie, à Sumatra, à Bornéo, et dans les régions côtières de l'Asie du Sud-Est (Viêtnam). ▷ Langue off. de la Malaisie, également utilisée en Indonésie. – Angl. *malay,* du malais.

malaise [malɛz] n. m. **1.** Sensation pénible d'un trouble, d'une indisposition physique. *Éprouver des malaises.* **2.** Fig. Sentiment pénible de gêne, de trouble mal défini. *Dissiper un malaise.* **3.** État d'inquiétude, de crise. *Le malaise économique.* – De *mal* 2, et *aise.*

malaisé, ée [maleze] adj. **1.** Qui n'est pas aisé, pas facile à faire. *Entreprise malaisée.* **2.** Vieilli D'usage difficile, incommode. *Escalier malaisé.* – Pp. de l'a. fr. *malaisier,* « blesser, mettre à mal », de *mal,* et *aisé.*

malaisément [malezemɑ̃] adv. D'une manière malaisée. – De *malaisé.*

malandre [malɑ̃dʀ] n. f. **1.** VETER Crevasse au pli du genou du cheval. **2.** TECH Nœud pourri dans une pièce de bois. – Du lat. *malandria,* « espèce de lèpre ».

malandrin [malɑ̃dʀɛ̃] n. m. Vieilli, litt. Vagabond, voleur, brigand. – Ital. *malandrino,* du rad. de l'occitan *landra,* « battre le pavé ».

malappris, ise [malapʀi, iz] adj. et n. Vieilli Mal élevé, impertinent. – De *mal* 2, et *appris.*

malard ou **malart** [malaʀ] n. m. Dial. Canard mâle. – De *mâle.*

malaria [malaʀja] n. f. Paludisme*. – Ital. *malaria,* de *mala,* et *aria,* « mauvais air ».

malavisé, ée [malavize] adj. et n. Litt. Qui agit ou parle mal à propos, de façon irréfléchie ou inconséquente. – De *mal* 2, et *avisé.*

malaxage [malaksaʒ] n. m. Action de malaxer. – De *malaxer.*

malaxer [malakse] v. tr. [1] **1.** Pétrir (une substance, un mélange), pour l'amollir ou l'homogénéiser. *Malaxer une pâte.* **2.** Manier, triturer. – Du lat. *malaxare,* « amollir ».

malaxeur [malaksœʀ] n. m. Machine à malaxer. – De *malaxer.*

malayo-polynésien, enne [malɛjopɔlinezjɛ̃, ɛn] adj. LING *Langues malayo-polynésiennes* : syn. vieilli de *langues austronésiennes.* V. austronésien. – De *malais,* et *polynésien.*

malbec n. m. [malbɛk] Cépage rouge à haut rendement cultivé dans de nombreuses régions de France. – Mot rég. (Bordelais).

malchance [malʃɑ̃s] n. f. Mauvaise chance. *User, jouer de malchance.* Syn. fam. déveine, guigne. ▷ Événement par lequel se manifeste la mauvaise chance. *Quelle série de malchances!* – De *mal* 3, et *chance.*

malchanceux, euse [malʃɑ̃sø, øz] adj. et n. En butte à la malchance. – De *malchance.*

malcommode [malkɔmɔd] adj. Qui n'est pas commode. *Cette installation est malcommode.* Ant. pratique. – De *mal* 2, et *commode.*

maldonne [maldɔn] n. f. JEU Erreur commise dans la distribution des cartes. – Par ext., fam. *Il y a maldonne* : il y a erreur. – De *mal* 2, et *donner.*

mâle [mɑl] n. m. et adj. **I.** n. m. **1.** Individu (homme ou animal) qui appartient au sexe doué du pouvoir fécondant. *Le bélier est le mâle de la brebis.* – adj. *Un héritier mâle. Une souris mâle.* ▷ BOT *Fleur mâle,* qui ne porte que les étamines. **2.** Fam. Homme considéré dans sa force virile. *Un beau mâle.* ▷ adj. Viril. *Voix mâle. Une mâle assurance.* **II.** adj. TECH Se dit d'une pièce qui présente une saillie, une proéminence destinée à venir s'encastrer dans la cavité correspondante d'une autre pièce, dite *femelle. Une prise électrique mâle.* – Du lat. *masculus.*

maléate [maleat] n. m. CHIM Sel ou ester de l'acide maléique. – De *maléique,* et *-ate.*

malédiction [malediksjɔ̃] n. f. Litt. **1.** Action de maudire; paroles par lesquelles on maudit. *Proférer une malédiction.* **2.** Réprobation divine. – *Par ext.* Fatalité, destin néfaste. **3.** interj. Juron conventionnel (langue écrite). *Malédiction! il s'est enfui!* – Lat. *maledictio,* « médisances, injures ».

maléfice [malefis] n. m. Opération magique destinée à nuire; mauvais sort, enchantement. Syn. sortilège. – Lat. *maleficium,* « méfait ».

maléfique [malefik] adj. Qui exerce une influence surnaturelle mauvaise. *Astres maléfiques.* – Lat. *maleficus,* « méchant, criminel ».

maléique [maleik] adj. CHIM *Acide maléique* : acide de formule $CO_2H - CH = CH - CO_2H$, qui entre dans la composition de matières plastiques. – De *malique.*

malékite [malekit] ou **malikite** [malikit] adj. RELIG Qualifie un des quatre rites de l'islam, fondé par Malek (ou Malik) ibn Anas s'inspirant de la coutume de Médine. (C'est le rite suivi en Afrique du Nord, en Afrique occidentale et au Soudan.) – Du n. de *Malek* (ou *Malik*) ibn Anas (710-795).

malencontreusement [malɑ̃kɔ̃tʀøzmɑ̃] adv. Mal à propos. – De *malencontreux.*

malencontreux, euse [malɑ̃kɔ̃tʀø, øz] adj. Qui survient mal à propos. *Une initiative malencontreuse.* – De l'a. fr. *malencontre,* de *mal* 3, et de l'a. fr. *encontre,* « rencontre ».

mal-en-point ou **mal en point** [malɑ̃pwɛ̃] loc. adj. inv. En mauvais état de santé ou de fortune. *Être mal-en-point.* – De *mal* 2, *en,* et *point.*

malentendant, ante [malɑ̃tɑ̃dɑ̃, ɑ̃t] n. Personne qui souffre d'une déficience de l'ouïe. – De *mal* 2, et *entendant,* ppr. de *entendre.*

malentendu [malɑ̃tɑ̃dy] n. m. Mauvaise interprétation d'une parole, d'un acte, entraînant une confusion; situation qui en résulte. *Leur désaccord repose sur un malentendu.* Syn. méprise. – De *mal* 2, et *entendu,* pp. de *entendre.*

malfaçon [malfasɔ̃] n. f. Défaut dans la confection d'un ouvrage. – De *mal* 3, et *façon.*

malfaisance [malfəzɑ̃s] n. f. Litt Disposition à faire du mal à autrui. – De *malfaisant.*

malfaisant, ante [malfəzɑ̃, ɑ̃t] adj. **1.** Qui se plaît à nuire. *Les korrigans sont des esprits malfaisants.* **2.** Néfaste, nuisible. *Influence malfaisante. Animaux malfaisants.* – Ppr. de l'anc. v. *malfaire.*

malfaiteur [malfɛtœʀ] n. m. Homme qui vit en marge de la loi, en tirant profit d'activités délictueuses ou criminelles. Syn. bandit. – Adapt. du lat. *malefactor,* d'ap. *faire.*

malfamé, ée ou **mal famé, ée.** V. famé.

malformation [malfɔʀmasjɔ̃] n. f. Anomalie congénitale, vice de conformation. *Malformation cardiaque.* – De *mal* 3, et *formation.*

malfrat [malfʀa] n. m. Fam. Malfaiteur, truand. – Du languedocien *malfar,* « mal faire ».

malgache [malgaʃ] adj. et n. **1.** adj. De Madagascar, État insulaire de l'océan Indien. – Subst. *Un(e) Malgache.* **2.** n. m. *Le malgache* : la langue officielle de Madagascar, appartenant à la famille malayo-polynésienne. – Mot indigène; variante : *malagasy.*

malgracieux, euse [malgʀasjø, øz] adj. Rare ou rég. Qui manque de grâce, d'amabilité, de politesse. *Une réponse malgracieuse.* Syn. rude, incivil. – De *mal* 2, et *gracieux.*

malgré [malgʀe] prép. **I.** Contre la volonté, le désir, la résistance de (qqn); en dépit de (qqch). *Il a fait cela malgré moi. Il est sorti malgré la pluie.* Syn. litt. en dépit de; vieilli nonobstant. ▷ *Malgré tout* : en dépit de tout, quoi qu'il arrive. *Je veux malgré tout tenter l'expérience.* **II.** Loc. conj. *Malgré que.* **1.** Bien que, quoique (emploi critiqué). *« Malgré qu'il ait obtenu tous les prix de sa classe » (Mauriac).* **2.** Litt. *Malgré que j'en aie, qu'il en ait* : quelque mauvais gré que j'en aie, qu'il en ait; en dépit de moi, de lui. – Réfect. de *maugré,* de *mal* 3, et *gré.*

malhabile [malabil] adj. Qui manque d'habileté, d'adresse. Syn. maladroit. – De *mal* 2, et *habile.*

malhabilement [malabilmɑ̃] adv. De manière malhabile. – De *malhabile.*

malheur [malœʀ] n. m. **1.** Mauvaise fortune, sort funeste. *Le malheur a voulu que je sois absent ce soir-là.* – Loc. *Jouer de malheur* : être victime de la malchance. ▷ Loc. exclam. *Malheur à, sur...* (exprimant une imprécation). *Malheur à vous si vous n'obéissez pas!* – *Malheur!* (exprimant une déception, un regret). *Malheur! j'ai tout cassé!* **2.** Situation douloureuse, pénible; adversité. *Être dans le malheur. Pour mon malheur, j'ai suivi ses conseils. Le malheur des uns fait souvent le bonheur des autres.* ▷ *Faire le malheur de qqn,* être la cause d'événements qui l'affligent. **3.** Événement affligeant, douloureux. *Quel malheur!* ▷ *Ce n'est pas un malheur* : ce n'est pas grave; fam., c'est heureux. *Il a fini par vous payer? Ce n'est pas un malheur!* ▷ *Faire un malheur* : se livrer à une action violente, à un éclat regrettable. – (Par antiphrase.) Avoir un succès considérable, gagner. *Cette équipe de football peut faire un malheur dans le championnat.* ▷ (Prov.) *Un malheur ne vient, n'arrive jamais seul. À quelque chose malheur est bon* : un malheur procure parfois des avantages imprévus. – De *mal* 3, et *heur.*

malheureusement [maløʀøzmɑ̃] adv. **1.** Rare D'une manière malheureuse, malencontreuse. *Il lui arrive de parler malheureusement.* **2.** Par malheur. *Il n'est malheureusement pas à la hauteur.* – De *malheureux.*

malheureux, euse [maløʀø, øz] adj. et n. **I.** adj. et n. (Personnes) **1.** Qui est dans une situation pénible, douloureuse. *Vos paroles l'ont rendu bien malheureux. Être malheureux comme les pierres.* ▷ Subst. *Il souffre, le malheureux.* **2.** Qui n'a pas de chance ; qui ne réussit pas. *Il a été plutôt malheureux dans le choix de ses collaborateurs. Le candidat malheureux a reçu un lot de consolation.* ▷ Subst. (Désignant la victime d'un accident, d'une calamité.) *La malheureuse a coulé à pic.* ▷ Exclam. (En apostrophe.) *Taisez-vous, malheureux! Qu'alliez-vous faire, malheureux!* **3.** n. Individu dans la misère. *Des petits malheureux en haillons.* Syn. pauvre, indigent. **II.** adj. **1.** Pénible, douloureux, affligeant. *Être dans une situation malheureuse. C'est malheureux* : c'est dommage, regrettable. ▷ Qui dénote le malheur. *Un air malheureux.* **2.** Qui porte malheur. *Être né sous une malheureuse étoile.* **3.** Qui a des conséquences fâcheuses ou funestes. *Parole, geste malheureux.* Syn. malencontreux. **4.** Qui ne réussit pas. *Une initiative malheureuse.* – *Passion malheureuse,* qui n'est pas partagée. **III.** adj. (Placé devant le nom.) Insignifiant, négligeable. *Il ne vous demande qu'un seul malheureux franc.* – De *malheur.*

malhonnête [malɔnɛt] adj. et n. **1.** Qui manque à la probité. *Caissier malhonnête.* Syn. indélicat. Ant. honnête, intègre. – Par ext. *Action malhonnête.* **2.** Vieilli Incivil, grossier. *Langage malhonnête.* ▷ Subst. Personne incivile. *Taisez-vous, malhonnête!* **3.** Vieilli Contraire à la décence. *Propositions malhonnêtes.* Syn. inconvenant. – De *mal* 2, et *honnête.*

malhonnêtement [malɔnɛtmɑ̃] adv. D'une manière malhonnête. – De *malhonnête.*

malhonnêteté [malɔnɛtte] n. f. **1.** Manque de probité. *Son ambition n'a d'égal que sa malhonnêteté.* ▷ Action malhonnête. *Commettre une malhonnêteté.* **2.** Vieilli Manque de civilité, de politesse. – Parole, action impolie, malséante. *Dire des malhonnêtetés.* Syn. incorrection, impolitesse. ▷ Indécence. – De *malhonnête.*

malice [malis] n. f. **1.** Vx Inclination à nuire, à mal faire avec adresse et finesse. ▷ Mod. *Il ne faut pas entendre malice à ses plaisanteries,* il ne faut y voir aucune intention de blesser. *Un homme sans malice,* simple et bon, sans méchanceté, un peu naïf. **2.** Disposition à l'espièglerie, à la taquinerie. *Enfant plein de malice.* – Lat. *malitia,* « méchanceté », de *malus,* « mal ».

malicieusement [malisjøzmɑ̃] adv. Avec malice. – De *malicieux.*

malicieux, euse [malisjø, øz] adj. **1.** Qui a de la malice. *Enfant malicieux.* Syn. taquin, espiègle. **2.** Qui dénote la malice, où il entre de la malice. *Ton malicieux.* Syn. railleur, narquois. – Lat. *malitiosus,* « méchant », de *malitia,* « méchanceté ».

malien, enne [maljɛ̃, ɛn] adj. et n. Du Mali, État intérieur d'Afrique occid. ▷ Subst. *Un(e) Malien(ne).*

malignité [maliɲite] n. f. **1.** Inclination à nuire. *La malignité du cœur humain.* Syn. méchanceté, malveillance, malice. **2.** MED Caractère de gravité (d'une maladie). *La malignité d'une fièvre.* – Lat. *malignitas.*

malikite. V. malékite.

malin, maligne [malɛ̃, maliɲ] adj. et n. **I. 1.** Vx Qui prend plaisir à nuire. ▷ Mod. *L'esprit malin* ou, absol., *le Malin* : le diable. **2.** Où il entre de la méchanceté. *Joie maligne.* **3.** Mauvais, pernicieux. *La maligne influence des astres.* ▷ MED Qui présente un caractère de gravité. Ant. bénin. *Tumeur maligne,* à potentiel évolutif grave, et pouvant se généraliser. **II. 1.** Fin, rusé, astucieux. *Malin comme un singe.* Syn. fam. futé. ▷ Subst. *C'est un malin qui ne se laissera pas duper.* ▷ Fam. *Faire le malin* : faire le fanfaron, affecter un air de supériorité. **2.** Fam. *Ce n'est pas malin de lui avoir dévoilé notre plan,* ce n'est pas très intelligent... – Par antiphrase. *C'est malin! tu as tout gâché. Ce n'était pas malin, mais encore fallait-il y penser,* ce n'était pas difficile à trouver. – Lat. *malignus,* « méchant ».

malingre [malɛ̃gʀ] adj. (et n.) De constitution délicate et chétive. *Personne malingre.* – P.-ê. de *mal,* et de l'a. fr. *haingre,* « faible, décharné ».

malinois, oise [malinwa, waz] adj. et n. **1.** De Malines. ▷ Subst. *Un(e) Malinois(e).* **2.** n. m. Chien de berger belge à poil court fauve. – De *Malines,* v. de Belgique.

malintentionné, ée [malɛ̃tɑ̃sjɔne] adj. Qui a de mauvaises intentions. *Il n'est pas malintentionné, il est seulement maladroit.* – De *mal* 2, et *intentionné.*

malique [malik] adj. CHIM *Acide malique* : diacide alcool existant dans les fruits et les plantes. – Du lat. *malum,* « pomme ».

mal-jugé [malʒyʒe] n. m. DR Jugement qui n'est pas conforme à l'équité, sans contrevenir à la loi. *Des mal-jugés.* Ant. bien-jugé. – De *mal* 2, et *juger.*

malle [mal] n. f. **1.** Coffre servant à enfermer les objets que l'on transporte en voyage, valise de grande dimension, portant généralement deux poignées. *Malle d'osier.* ▷ *Faire sa malle* : préparer ses bagages, et, *par ext.,* s'apprêter à partir. – Pop. *Se faire la malle* : partir, s'enfuir. **2.** Coffre à bagages d'une automobile. **3.** *Malle-poste* ou *malle* : anc. voiture de l'administration des postes, dans laquelle on admettait les voyageurs. ▷ HIST *Malle des Indes* : service postal rapide organisé vers 1839 entre l'Angleterre et les Indes. – Bateau et train qui assuraient ce service. – Frq. **malha,* « sacoche »; sens 3, de l'angl. *mail,* « poste ».

malléabilité [maleabilite] n. f. Propriété des corps malléables. ▷ Fig. *La malléabilité des jeunes esprits.* – De *malléable.*

malléable [maleabl] adj. **1.** Se dit d'une substance qui peut facilement être façonnée en lames ou en feuilles par martelage. *Les métaux les plus malléables sont l'or, l'argent, l'aluminium et le cuivre.* **2.** Par ext., cour. Qui n'oppose pas de résistance à la déformation ; que l'on peut façonner, modeler sans difficulté. *La cire est une substance malléable.* ▷ Fig. *Caractère malléable.* – Du lat. *malleus,* « marteau ».

malléole [maleɔl] n. f. ANAT Chacune des saillies osseuses communément appelées *chevilles,* formées par les extrémités inférieures du tibia et du péroné. – Lat. *malleolus,* dimin. de *malleus,* « marteau ».

mallette [malɛt] n. f. Petite valise. – Dimin. de *malle.*

mal-logé, ée [malɔʒe] n. Personne dont le logement est insuffisant sur le plan de la surface ou du confort. – De *mal,* et pp. de *loger.*

mallophages [malɔfaʒ] n. m. pl. ENTOM Ordre d'insectes aptères comprenant les poux des oiseaux. – Sing. *Un mallophage.* – Du gr. *mallos,* « touffe de laine », et de *-phage.*

malmener [malməne] v. tr. [16] **1.** Traiter (qqn) avec rudesse, en paroles ou en actes. **2.** *Malmener un adversaire,* le tenir en échec par une action rude, énergique. – De *mal* 2, et *mener.*

malmignatte [malmiɲat] n. f. Rég. Araignée (genre *Latrodectus*) longue d'une quinzaine de mm, noire avec des taches rouges, aux morsures dangereuses, appelée cour. *veuve noire.* – P.-ê. de l'ital. *mal(a),* et dial. *minettare,* « menacer ».

malnutrition [malnytʀisjɔ̃] n. f. Déficience ou déséquilibre de l'alimentation provoquant un état pathologique plus ou moins grave. – De *mal* 3, et *nutrition.*

malodorant, ante [malɔdɔʀɑ̃, ɑ̃t] adj. Qui dégage une mauvaise odeur, qui sent mauvais. ▷ Fig. *Des trafics d'influence plus ou moins malodorants.* – De *mal* 2, et *odorant.*

malonique [malɔnik] adj. CHIM *Acide malonique :* acide homologue de l'acide oxalique, dont les dérivés sont utilisés dans la fabrication des barbituriques. – De *malique.*

malotru, ue [malɔtʀy] n. Personne qui a des manières grossières. *Ce malotru ne s'est même pas excusé.* – De l'anc. *malastru,* lat. pop. *male astrucus,* « né sous un mauvais astre ».

malouin, ine [malwɛ̃, in] adj. et n. De Saint-Malo. ▷ Subst. *Un(e) Malouin(e).*

mal-pensant, ante [malpɑ̃sɑ̃, ɑ̃t] adj. et n. Dont les convictions ne sont pas en conformité avec l'ordre et les principes établis (notam. en matière religieuse). ▷ Subst. *Les mal-pensants.* – De *mal* 2, et *pensant.*

malpighie [malpigi] n. f. BOT Plante dicotylédone d'Amérique du S., appelée aussi cerisier des Antilles (genre *Malpighia,* fam. malpighiacées), dont certaines espèces donnent des fruits comestibles. – Du nom du botaniste et anatomiste ital. M. *Malpighi* (1628-1694).

malpropre [malpʀɔpʀ] adj. (et n.) **1.** Qui manque de propreté ; sale. *Un homme, un habit malpropre.* **2.** Fig. Indécent, grivois. *Propos malpropres.* **3.** Fig. Contraire à la droiture, malhonnête. *Des manœuvres malpropres.* ▷ Subst. Personne peu recommandable. *On l'a renvoyé comme un malpropre.* – De *mal* 2, et *propre.*

malproprement [malpʀɔpʀəmɑ̃] adv. D'une manière malpropre. *Manger malproprement.* – De *malpropre.*

malpropreté [malpʀɔpʀəte] n. f. **1.** État de ce qui est malpropre. *Cette chambre est d'une malpropreté repoussante.* **2.** Fig. Indécence, grivoiserie. ▷ Action ou parole indécente. *Raconter des malpropretés.* **3.** Fig. Indélicatesse, malhonnêteté. ▷ Action malhonnête. – De *malpropre.*

malsain, aine [malsɛ̃, ɛn] adj. **1.** Qui n'est pas en bonne santé ; maladif. *Un enfant malsain.* ▷ Qui dénote un mauvais état de santé. – Fig. Qui dénote une mauvaise santé morale, mentale. *Une curiosité malsaine.* **2.** Qui est nuisible à la santé. *Climat malsain.* ▷ Fig. Qui est nuisible à la santé morale, mentale. *Une excitation malsaine.* – De *mal* 2, et *sain.*

malséance [malseɑ̃s] n. f. Rare Caractère de ce qui est malséant. – De *malséant.*

malséant, ante [malseɑ̃, ɑ̃t] adj. Litt. Contraire à la bienséance. *Propos malséants.* ▷ Qui ne convient pas, compte tenu des circonstances ; hors de propos, déplacé. *Interruption malséante.* – De *mal* 2, et *séant.*

malsonnant, ante [malsɔnɑ̃, ɑ̃t] adj. Litt. Qui choque par sa grossièreté (paroles). – De *mal* 2, et ppr. de *sonner.*

malstrom. V. maelstrom.

malt [malt] n. m. Graines d'orge (quelquefois d'une autre céréale), ayant subi le maltage, que l'on utilise dans la fabrication de la bière, du whisky et de quelques autres produits alimentaires. – Mot angl.

maltage [maltaʒ] n. m. Suite d'opérations (humidification, dessèchement, dégermage) qui a pour but de développer dans l'orge germé (ou une autre céréale) une enzyme transformant l'amidon en maltose. – Transformation de l'orge, d'une céréale en malt. – De *malter.*

maltais, aise [maltɛ, ɛz] adj. et n. **1.** adj. De Malte, État insulaire de la Méditerranée. ▷ Subst. *Un(e) Maltais(e).* **2.** n. m. *Le maltais :* la langue officielle de Malte, dérivée de l'arabe et écrite à l'aide d'un alphabet latin complété. **3.** n. f. Orange de Malte. *Un kilo de maltaises.*

maltase [maltɑz] n. f. BIOCHIM Enzyme d'origine salivaire ou intestinale qui hydrolyse le maltose en deux molécules de glucose. – De *malt.*

malté, ée [malte] adj. **1.** Converti en malt. **2.** Qui contient du malt. *Biscuit malté.* **3.** Qui rappelle le malt. *Goût malté.* – Pp. de *malter.*

malter [malte] v. tr. [1] Convertir en malt. – De *malt.*

malterie [maltəʀi] n. f. Usine dans laquelle on prépare le malt. – De *malt.*

malthusianisme [maltyzjanism] n. m. Doctrine de Malthus selon laquelle, la population tendant à s'accroître plus rapidement que la somme des subsistances, le seul remède à l'accroissement de la misère est la limitation volontaire des naissances par abstinence. ▷ *Malthusianisme économique :* politique consistant à restreindre volontairement la production d'un État, d'un secteur industriel. – De *malthusien.*

malthusien, enne [maltyzjɛ̃, ɛn] adj. et n. **1.** adj. Qui a rapport au malthusianisme. **2.** n. Partisan de la doctrine de Malthus. – Du n. de l'économiste angl. Thomas Robert *Malthus* (1766-1834).

maltose [maltoz] n. m. BIOCHIM Sucre formé de deux molécules de glucose. – De *malt,* et *-ose* 1.

maltôte [maltot] n. f. HIST Impôt exceptionnel levé sur les ventes de marchandises, sous l'Ancien Régime. – De *mal* 3, et a. fr. *tolte,* « imposition ».

maltraiter [maltʀete] v. tr. [1] **1.** Traiter d'une façon brutale ; faire subir des violences à. *Maltraiter un chien.* **2.** Traiter sans aménité, rudoyer, malmener. *Maltraiter ses employés.* – Par ext. *La critique a maltraité ce spectacle.* – De *mal* 3, et *traiter.*

malus [malys] n. m. Augmentation du montant de la prime d'assurance d'un véhicule, en cas d'accident engageant la responsabilité du conducteur. Ant. bonus. – Mot lat., « mauvais ».

malvacées [malvase] n. f. pl. BOT Famille de dicotylédones dialypétales des régions tempérées et tropicales comprenant des plantes herbacées *(mauve),* des arbustes *(cotonnier)* et des arbres *(fromager).* – Sing. *Une malvacée.* – Latin *malvaceus,* de *malva,* « mauve » (plante).

malveillance [malvɛjɑ̃s] n. f. **1.** Disposition à vouloir du mal à son prochain ; disposition à blâmer, à critiquer autrui. **2.** Intention criminelle. *Un incendie dû à la malveillance.* – De *malveillant.*

malveillant, ante [malvɛjɑ̃, ɑ̃t] adj. et n. **1.** Qui a de la malveillance. *Un homme malveillant.* ▷ Subst. *Laissez dire les malveillants.* **2.** Qui manifeste de la malveillance. *Des bavardages malveillants.* – De *mal* 2, et *vueillant,* anc. ppr. de *vouloir.*

malvenu, ue [malvəny] adj. **1.** Qui s'est mal développé. *Un arbre malvenu.* **2.** Litt. Qui n'a pas de raison légitime pour (faire qqch). *Il serait bien malvenu à (de) se plaindre.* – Par ext. *Des reproches malvenus.* – De *mal* 2, et du pp. de *venir.*

malversation [malvɛʀsasjɔ̃] n. f. Malhonnêteté grave commise dans l'exercice d'une charge. – *Spécial.* Détournement de fonds publics. *Les malversations d'un fonctionnaire.* – De l'a. fr. *malverser,* du lat. *male versari,* « se comporter mal ».

malvoisie [malvwazi] n. m. **1.** Vin grec sucré et liquoreux, élevé dans la région de Malvoisie. **2.** Nom de vins de différents pays obtenus avec le cépage de Malvoisie. **3.** *Par ext.* Vin cuit et sucré rappelant le malvoisie. – Du nom de *Malvoisie,* auj. Monemvasia, v. de Grèce.

malvoyant, ante [malvwajɑ̃, ɑ̃t] n. Personne qui souffre d'une déficience importante de la vue. – De *mal* 2, et ppr. de *voir.*

maman [mamɑ̃] n. f. Mère (mot affectueux). *Va voir maman. Dis, maman... Ma maman, elle est pas là.* – Formation enfantine par redoubl., ou mot gr. et lat. *mamma*, « sein ».

mambo [mɑ̃mbo] n. m. Danse latino-américaine à quatre temps, tenant de la rumba et du cha-cha-cha.

mamelle [mamɛl] n. f. **1.** Organe glandulaire propre aux femelles des mammifères placentaires et marsupiaux, qui sécrète le lait. **2.** Vx ou MED Mamelle de la femme, sein. *Un enfant à la mamelle*, qui tète encore. – Mod., péjor. Gros sein. ▷ *Par ext.* Vx Le même organe, atrophié, chez l'homme. – Lat. *mamilla*, de *mamma*, « sein, mamelle ».

mamelon [mamlɔ̃] n. m. **1.** ANAT Saillie conique formant la pointe du sein de la femme. *Le mamelon est entouré d'une zone pigmentée, l'aréole.* **2.** Éminence, saillie arrondie. ▷ Élévation de terrain de forme arrondie. ▷ TECH Raccord fileté à ses deux extrémités. – De *mamelle*.

mamelonné, ée [mamlɔne] adj. Qui présente des protubérances en forme de mamelons. *Terrain mamelonné.* – De *mamelon*.

mamelouk ou **mameluk** [mamluk] n. m. HIST **1.** Soldat turco-égyptien faisant partie d'une milice, créée v. 1230, destinée à la garde du sultan. **2.** Soldat d'une compagnie formée pendant la campagne d'Égypte et que Napoléon Ier intégra partiellement dans la garde impériale en 1804. – Ar. d'Égypte *mamlūk*, « esclave ».

mamelu, ue [mamly] adj. Vx ou plaisant Qui a de gros seins. – De *mamelle*.

m'amie ou **mamie** [mami] n. f. Abrév. fam. et anc. de *ma amie* (mon amie).

mamie, mammy ou **mamy** [mami] n. f. Fam. (langage enfantin) Grand-mère. – Angl. *mammy*, « maman ».

mamillaire [mamil(l)ɛʀ] adj. et n. f. **1.** adj. ANAT En forme de mamelon. ▷ Qui concerne le mamelon. **2.** n. f. BOT Cactacée (genre *Mamillaria*) portant des mamelons épineux. – Du lat. *mamilla*.

mammaire [mam(m)ɛʀ] adj. ANAT Relatif aux mamelles. *Sécrétion mammaire. Glandes mammaires.* – Du lat. *mamma*, « sein, mamelle ».

mammalien, enne [mam(m)aljɛ̃, ɛn] adj. ZOOL et PALEONT *Reptiles mammaliens* : reptiles fossiles, pourvus de mamelles, qui existèrent dès le permien et dont sont issus les mammifères. ▷ *Lignée mammalienne*, celle des reptiles mammaliens. – Du lat. *mamma*, « mamelle ».

mammalogie [mammalɔʒi] n. f. Partie de la zoologie qui étudie les mammifères. – Du lat. *mamma*, « mamelle », et de *-logie*.

mammalogiste [mammalɔʒist] n. Zoologiste qui étudie les mammifères. – De *mammalogie*.

mammectomie [mamɛktomi] n. f. CHIR Ablation chirurgicale de la glande mammaire. – Du lat. *mamma*, « sein », et de *-ectomie*.

mammifère [mamifɛʀ] adj. et n. m. ZOOL Qui a des mamelles. ▷ n. m. pl. Classe de vertébrés supérieurs homéothermes (« à température constante »), portant des mamelles (ou des aires mammaires). – Sing. *L'homme est un mammifère.* – Du lat. *mamma*, « mamelle », et de *-fère*.

ENCYCL Les mammifères forment la classe de vertébrés la plus évoluée. Les glandes mammaires, qui caractérisent leurs femelles (à l'exception de celles des monotrèmes), sécrètent du lait pour nourrir les jeunes. Leur cœur est divisé en quatre cavités et ils possèdent un encéphale volumineux. Leur corps est le plus souvent couvert de poils. Les organes des sens sont très développés. Les mammifères peuplent tous les milieux; certains vivent sous terre *(taupe)*, d'autres sont amphibies *(loutre, castor)*, marins *(cétacés)* ou adaptés au vol *(chauve-souris)*; beaucoup sont terrestres *(lion, zèbre)* et arboricoles *(écureuil, singe)*. Les mammifères, issus des reptiles mammaliens, apparaissent au trias. La plupart des ordres actuels existent depuis le tertiaire. Les mammifères se divisent en 3 sous-classes : les *protothériens*, fossiles, à l'exception de quelques rares monotrèmes *(ornithorynque)*, les *marsupiaux* ou *métathériens (kangourou, opossum)*, les *placentaires* ou *euthériens*. Ces derniers comprennent 11 ordres : ongulés, carnivores, fissipèdes terrestres (félidés, chiens, ours) ou pinnipèdes marins (phoques); cétacés à fanons (mysticètes : baleines) ou à dents (odontocètes : dauphins); xénarthres (tatous, paresseux); pangolins, recouverts d'écailles; rongeurs (rats, écureuils), lagomorphes (lièvres, lapins); chiroptères (chauves-souris); galéopithèques ou dermoptères, aptes au vol; insectivores (hérissons, taupes); primates (tarsiens, lémuriens, singes et hominiens). Les ongulés constituent soit un super-ordre, soit un ordre divisé en 5 sous-ordres : artiodactyles (porc, bœuf, girafe), périssodactyles (cheval, rhinocéros), proboscidiens (éléphant), siréniens (lamantin), tubulidentés (oryctérope).

mammite [mam(m)it] n. f. MED, MED VET Inflammation de la glande mammaire. – Du lat. *mamma*, « sein, mamelle », et de *-ite* 1.

mammographie [mam(m)ɔgʀafi] n. f. MED Radiographie des seins. – Du lat. *mamma*, « sein », et de *-graphie*.

mammoplastie [mam(m)ɔplasti] n. f. CHIR Intervention de chirurgie réparatrice ou esthétique sur les seins. – Du lat. *mamma*, « sein », et de *-plastie*.

mammouth [mamut] n. m. Éléphant fossile du quaternaire, qui possédait une toison roussâtre, de grandes défenses courbes, et mesurait 3,50 m de haut. *Des spécimens congelés de mammouths, très bien conservés, ont été trouvés dans les marais sibériens.* – Mot russe, d'une langue sibérienne, propr. « qui vit sous terre » (les mammouths retrouvés étant des fossiles).

mammy. V. mamie.

mamours [mamuʀ] n. m. pl. Fam. Démonstrations de tendresse. *Ils se font des mamours.* – De *m'amour, ma amour*, « mon amour ».

mam'selle ou **mam'zelle** [mamzɛl] n. f. Pop., vieilli Abrév. de *mademoiselle*.

man [mɑ̃] n. m. Larve du hanneton, dite aussi *ver blanc*. – Du frq. **mado*, « ver ».

mana [mana] n. m. ETHNOL Force, influence immatérielle, dans certaines religions d'Océanie. – Mot mélanésien.

manade [manad] n. f. En Provence, troupeau de chevaux, de taureaux conduit par un gardian. – Esp. *manada*.

manadier [manadie] n. m. Propriétaire d'une manade. – De *manade*.

management [mana(d)ʒmɛnt; manaʒmɑ̃] n. m. (Anglicisme) Ensemble des techniques d'organisation et de gestion des entreprises, des sociétés commerciales, etc. – Mot angl., de *to manage*, « diriger ».

1. manager [manadʒɛʀ] (Anglicisme) ou **manageur** [manaʒœʀ] n. m. **1.** Personne qui assure l'organisation de spectacles, qui gère les intérêts d'un artiste, d'un sportif, etc. **2.** Dirigeant d'une entreprise. – Mot angl., de *to manage*, « diriger ».

2. manager [mana(d)ʒe] v. tr. [**13**] **1.** SPORT Diriger l'entraînement de (un sportif, une équipe). **2.** Diriger (une entreprise). – De *manager* 1, et de *management*.

managérial, ale, aux [manadʒeʀjal, o] adj. Qui concerne le management. *L'équipe managériale d'une entreprise.* – De *manager*.

manant [manɑ̃] n. m. **1.** HIST Au Moyen Âge, personne qui était tenue de demeurer dans un bourg ou dans un village. – *Spécial.* Roturier soumis à la justice seigneuriale; vilain. **2.** Vx, péjor. Paysan. **3.** Litt. Homme grossier, mal élevé. – Ppr. subst. de l'anc. v. *maneir, manoir,* du lat. *manere,* « demeurer ».

manceau, elle [mɑ̃so, ɛl] adj. et n. De la ville ou de la région du Mans. – De *Le Mans,* v. de la Sarthe.

mancelle [mɑ̃sɛl] n. f. Courroie ou chaîne qui relie le collier d'un cheval à chacun des brancards d'une voiture. – Lat. pop. **manicella,* « petite poignée », de *manus,* « main ».

mancenille [mɑ̃snij] n. f. Fruit du mancenillier, qui ressemble à une petite pomme. – Esp. *manzanilla,* dimin. de *manzana,* « pomme ».

mancenillier [mɑ̃snije] n. m. BOT Arbre des Antilles et d'Amérique tropicale (*Hippomane mancinella,* fam. euphorbiacées) qui sécrète un latex caustique extrêmement vénéneux. – De *mancenille.*

1. manche [mɑ̃ʃ] n. m. **I. 1.** Partie d'un instrument, d'un outil, par laquelle on le tient pour en faire usage. *Le manche d'un couteau, d'une pelle.* ▷ Fig. et fam. *Branler dans le manche :* être mal assuré, avoir sa situation compromise. – *Être du côté du manche,* du côté du plus fort. ▷ AVIAT *Manche à balai* ou *manche :* levier qui commande les gouvernes de profondeur et les ailerons d'un avion. ▷ *Manche à gigot :* poignée que l'on adapte à l'os d'un gigot pour le découper. **2.** Partie découverte de l'os d'un gigot, d'une côtelette. *Découper un gigot en le tenant par le manche.* **3.** MUS Partie allongée d'un instrument, sur laquelle les cordes sont tendues. *Manche de guitare.* **II.** Fig. et fam. Personne maladroite, incapable. *Se débrouiller comme un manche.* – Du lat. pop. *manicus,* de *manus,* « main ».

2. manche [mɑ̃ʃ] n. f. **1.** Partie du vêtement qui recouvre le bras. *Manches longues, courtes. Retrousser ses manches.* ▷ *Être en manches de chemise,* sans veston. – Fig., fam. *Avoir qqn dans sa manche,* en disposer; être protégé par lui. ▷ *C'est une autre paire de manches :* ce n'est pas la même chose; c'est plus difficile. **2.** (Par anal. de forme.) MAR *Manche à air :* tube coudé, à l'extrémité évasée, qui sert de prise d'air, sur le pont d'un navire. – AVIAT Tronc de cône en toile servant à indiquer la direction du vent, sur un terrain d'aviation. ▷ *Manche à incendie :* tuyau d'incendie souple. **3.** Vx Canal, bras de mer. *Le mot « manche » a donné son nom à la Manche, mer bordière de l'Atlantique.* **4.** Chacune des parties liées d'un jeu, d'une compétition. *Gagner la première manche.* – Du lat. *manica,* de *manus,* « main ».

3. manche [mɑ̃ʃ] n. f. Arg. *Faire la manche :* faire la quête; mendier. – Ital. *mancia,* « obole, quête », empr. du fr. *manche* 2.

1. mancheron [mɑ̃ʃʀɔ̃] n. m. TECH Chacune des deux poignées du manche d'une charrue. – De *manche* 1.

2. mancheron [mɑ̃ʃʀɔ̃] n. m. **1.** Manche très courte. **2.** Haut d'une manche. – De *manche* 2.

manchette [mɑ̃ʃɛt] n. f. **1.** Garniture fixée aux poignets d'une chemise ou au bas des manches d'une robe. *Boutons de manchettes.* **2.** Demi-manche destinée à protéger celle d'un vêtement. *Manchettes de lustrine.* **3.** SPORT Coup de taille au poignet dans l'escrime au sabre. – En lutte, prise à l'avant-bras; coup donné avec l'avant-bras. **4.** IMPRIM Titre en gros caractères en première page d'un journal. *Ce fait divers a fait la manchette de tous les journaux.* – Note en marge d'un texte. – De *manche* 2.

manchon [mɑ̃ʃɔ̃] n. m. **1.** Fourreau ouvert aux extrémités, dans lequel on met les mains pour les protéger du froid. **2.** TECH Pièce, généralement cylindrique, qui relie deux tubes, deux arbres, deux conducteurs, etc. ▷ *Manchon à incandescence :* gaine en tissu incombustible imprégné d'oxyde de thorium et de cérium, émettant une lumière blanche au contact d'une flamme. *Manchon à incandescence d'une lampe à gaz, à pétrole.* **3.** TECH Rouleau de feutre sur lequel on fabrique le papier. – De *manche* 2.

manchonnage [mɑ̃ʃɔnaʒ] n. m. TECH Action de manchonner. – De *manchonner.*

manchonner [mɑ̃ʃɔne] v. tr. [1] TECH Raccorder à l'aide d'un manchon. – De *manchon.*

1. manchot, ote [mɑ̃ʃo, ɔt] adj. et n. Privé ou estropié de la main ou du bras. ▷ Fig., fam. Maladroit. *Ne pas être manchot :* être habile; abattre beaucoup de besogne. – De l'a. fr. *manc, manche,* « manchot, estropié », lat. *mancus.*

2. manchot [mɑ̃ʃo] n. m. Oiseau palmipède (genre *Aptenodytes,* ordre des sphénisciformes) qui vit dans l'Antarctique en vastes colonies, et dont les ailes, devenues inaptes au vol, se sont transformées en nageoires. *Le manchot royal et le manchot empereur atteignent 1 mètre de haut.* – De *manchot* 1.

mancie [mɑ̃si] n. f. Science divinatoire. (N.B. Le mot *mancie* entre comme élément de composition dans les noms de pratiques occultes : *chiromancie, cartomancie,* etc.) – Gr. *manteia,* « divination ».

mandala [mɑ̃dala] n. m. Image peinte, groupe de figures géométriques (cercles et carrés principalement) illustrant symboliquement, dans le bouddhisme du Grand Véhicule et le tantrisme, un aspect du monde physique en relation mystique avec le divin. *Des mandala ou des mandalas.* – Mot sanskrit, « cercle, groupe ».

mandant, ante [mɑ̃dɑ̃, ɑ̃t] n. DR Personne qui donne mandat à qqn de faire qqch. – Ppr. de *mander.*

mandarin, ine [mɑ̃daʀɛ̃, in] n. m. et adj. **I.** n. m. **1.** HIST Dans l'ancienne Chine, fonctionnaire civil ou militaire recruté par concours parmi les lettrés. **2.** Fig., péjor. Lettré influent. *Les mandarins de la littérature, de la presse.* ▷ Professeur d'université attaché à ses prérogatives. **II.** adj. **1.** Des mandarins (sens 1), propre aux mandarins. ▷ *Langue mandarine* ou, n. m., *le mandarin :* la plus importante des langues chinoises, parlée ou comprise dans presque tout le pays, à l'exception des régions côtières du sud-est. *Le mandarin est la langue officielle de la République populaire de Chine.* **2.** *Canard mandarin :* canard d'Extrême-Orient, au plumage bariolé, élevé en Europe comme oiseau d'ornement. – Portug. *mandarim,* altér., d'ap. *mandar,* « mander, ordonner », du malais *mantari,* « conseiller ».

mandarinal, ale, aux [mɑ̃daʀinal, o] adj. **1.** Relatif au mandarinat chinois. **2.** Péjor. À caractère élitiste. *Une réaction mandarinale.* – De *mandarinat.*

mandarinat [mɑ̃daʀina] n. m. **1.** HIST Charge, office, dignité de mandarin. ▷ Ensemble des mandarins. **2.** Fig., péjor. Groupe social formé de gens unis par la profession ou les affinités intellectuelles et attachés au maintien de leurs privilèges. ▷ Domination qu'un tel groupe entend exercer ou exerce effectivement. – De *mandarin.*

mandarine [mɑ̃daʀin] n. f. et adj. inv. Fruit comestible du mandarinier, ressemblant à une petite orange. ▷ adj. inv. De couleur orange foncé. *Des tissus mandarine.* – Esp. *(naranja) mandarina,* « (orange) des mandarins ».

mandarinier [mɑ̃daʀinje] n. m. Arbrisseau (*Citrus nobilis,* fam. rutacées) originaire de Chine qui produit la mandarine. – De *mandarine.*

mandat [mɑ̃da] n. m. **1.** Acte par lequel une personne donne à une autre le pouvoir de faire une chose en son nom. *Donner mandat à qqn de faire qqch.* Syn. procuration. **2.** Pouvoir conféré par les membres d'une société à leurs représentants. – Charge, fonction de ce représentant. *Mandat présidentiel. Mandat de député.* – Durée de cette charge. *Il est mort avant la fin de son mandat.* **3.** HIST *Mandat international,* en vertu duquel un

État administrait provisoirement un pays, un territoire, et lui portait assistance, sous le contrôle de la S.D.N. *Pays sous mandat. Le mandat français au Liban.* **4.** DR Ordonnance signée par le juge d'instruction. *Mandat d'amener.* **5.** FIN Ordre de payer adressé par un propriétaire de fonds à son dépositaire. **6.** Titre postal de paiement permettant à son destinataire de toucher une somme d'argent versée par l'expéditeur. *Envoyer, recevoir un mandat. Mandat-carte,* à expédier comme une carte postale. *Mandat-lettre,* destiné à être envoyé sous enveloppe. *Mandat télégraphique,* adressé par télégramme. *Mandat optique,* destiné à être exploité au moyen d'un ordinateur, par lecture optique. – Lat. *mandatum.*.

mandataire [mɑ̃datɛʀ] n. m. Celui qui est chargé d'un mandat. ▷ COMM *Mandataire aux Halles* : commissionnaire mandaté par les producteurs ou les expéditionnaires pour vendre, en leur nom, aux Halles. – Lat. *mandatarius.*

mandatement [mɑ̃datmɑ̃] n. m. Rédaction d'un titre de paiement par un comptable du Trésor. – De *mandater.*

mandater [mɑ̃date] v. tr. [1] **1.** FIN Inscrire (une somme) sur un mandat de paiement. **2.** Confier un mandat à (qqn). *Député que ses électeurs ont dûment mandaté.* ▷ Pp. subst. *Un(e) mandaté(e).*– De *mandat.*

mandchou, oue [mɑ̃dʃu] adj. et n. **1.** Des Mandchous, peuple toungouse qui envahit la Chine au XVIIe s., ou de Mandchourie, n. d'un anc. territ. de la Chine du N.-E. ▷ Subst. *Un(e) Mandchou(e).* **2.** n. m. Langue toungouse de Mandchourie.

mandé [mɑ̃de] n. m. LING Groupe de langues tonales parlées en Afrique noire (Sénégal, Mali, Guinée, Liberia, Nigeria, Côte-d'Ivoire et Haute-Volta), et comprenant notam. le mandingue. ▷ adj. (inv. en genre) *Les langues mandés.*

mandéen, enne [mɑ̃deɛ̃, ɛn] adj. et n. RELIG **1.** Relatif au mandéisme. **2.** Partisan du mandéisme. ▷ Subst. *Communauté des mandéens.* – De l'araméen *Mandé,* nom d'un envoyé de Dieu.

mandéisme [mɑ̃deism] n. m. RELIG Religion de la communauté des mandéens, gnostiques du Moyen-Orient, qui reconnaissent Jean-Baptiste pour prophète et vouent un culte à Manda d'Haiyé, « gnose de la vie » personnifiée et prise pour l'Envoyé céleste. *Le mandéisme, qui remonte vraisemblablement au début de l'ère chrétienne, professe un dualisme de type manichéen.* – De *mandéen.*

mandement [mɑ̃dmɑ̃] n. m. **1.** Vx. Ordre écrit émanant d'une personne qui a autorité et juridiction. **2.** DR CANON Écrit par lequel un évêque donne des instructions pastorales à ses diocésains. *Mandement de carême.* – De *mander.*

mander [mɑ̃de] v. tr. [1] **1.** Vx Faire savoir par lettre ou par message. *Je vous manderai la nouvelle.* **2.** Litt., vieilli Demander à (qqn) de venir. *Votre mère vous mande près d'elle.* – Lat. *mandare,* « donner en mission ».

mandibulaire [mɑ̃dibylɛʀ] adj. Relatif à la mandibule. – De *mandibule.*

mandibule [mɑ̃dibyl] n. f. **1.** Maxillaire inférieur. ▷ (Plur.) Fam. Mâchoires. - *Jouer des mandibules* : manger. **2.** ZOOL Chacune des deux pièces sclérifiées, tranchantes, plus ou moins développées, constituant la première paire d'appendices buccaux des crustacés et des insectes. **3.** Chacune des deux pièces cornées qui forment le bec des oiseaux. – Bas lat. *mandibula,* « mâchoire », de *mandere,* « mâcher ».

mandingue [mɑ̃dɛ̃g] adj. et n. **1.** adj. Relatif aux Mandingues, groupe ethnique de l'Afrique occid. qui a édifié un empire qui connut son apogée au XIVe s. et disparut au XVIIe s. ▷ Subst. *Les Mandingues.* **2.** n. m. LING *Le mandingue* : le sous-groupe des langues mandés parlées au Mali, en Côte-d'Ivoire et en Guinée, et comprenant trois langues dont la plus importante est le bambara.

mandole. V. mandore.

mandoline [mɑ̃dɔlin] n. f. MUS Instrument à cordes pincées (quatre cordes doubles), à caisse de résonance le plus souvent bombée, plus petit que le luth, dont on joue à l'aide d'un médiator. – Ital. *mandolino,* dimin. de *mandola,* « mandore ».

mandoliniste [mɑ̃dɔlinist] n. Personne qui joue de la mandoline. – De *mandoline.*

mandore [mɑ̃dɔʀ] ou **mandole** [mɑ̃dɔl] n. f. MUS Ancien instrument semblable au luth, en usage jusqu'au XVIIIe s. – P.-ê. altér. du lat. *pandura,* gr. *pandoura,* « luth à trois cordes ».

mandorle [mɑ̃dɔʀl] n. f. BX-A Gloire en forme d'amande qui entoure un Christ en majesté. – Ital. *mandorla,* « amande ».

mandragore [mɑ̃dʀagɔʀ] n. f. Plante (genre *Mandragora,* fam. solanacées) dont la racine, qui évoque une silhouette humaine, possède des propriétés narcotiques et purgatives. *La sorcellerie attribuait à la mandragore des propriétés merveilleuses.* – Lat. *mandragoras,* mot gr.

mandrill [mɑ̃dʀil] n. m. Singe cynocéphale d'Afrique (genre *Mandrillus,* fam. des cercopithèques), haut d'environ 80 cm, dont la face est pigmentée de rouge et de bleu. – Mot d'une langue de la Guinée.

mandrin [mɑ̃dʀɛ̃] n. m. **I.** TECH **1.** Poinçon. **2.** Outil servant à redresser les tubes. **3.** Appareil servant à fixer sur l'arbre d'une machine la pièce à usiner ou l'outil d'usinage. **II.** MED Tige métallique introduite dans une aiguille ou dans une sonde pour en boucher la lumière (sens III). – Mot occitan, du provenç. *mandre,* « manivelle », du lat. *mamphur,* et goth. **manduls,* « manivelle ».

manducation [mɑ̃dykasjɔ̃] n. f. **1.** THEOL Communion eucharistique. **2.** PHYSIOL Ensemble des opérations de la nutrition qui précèdent la digestion (mastication, insalivation, etc.). – Bas lat. *manducatio,* de *manducare,* « manger ».

1. -mane. Élément, du lat. *manus,* « main ».

2. -mane, -manie. Éléments, du gr. *mania,* « folie ».

manécanterie [manekɑ̃tʀi] n. f. École paroissiale où l'on enseigne le chant choral aux enfants de chœur. ▷ *Par ext.* Groupe d'enfants choristes. *La manécanterie des Petits Chanteurs à la croix de bois.* – Lat. médiév. *manicantaria,* du class. *mane,* « le matin », et *cantare,* « chanter ».

manège [manɛʒ] n. m. **I. 1.** Exercice que l'on fait faire à un cheval pour le dresser. ▷ Lieu où l'on dresse les chevaux et où l'on donne des leçons d'équitation. *Mettre un cheval au manège.* ▷ *Tenue de manège,* d'équitation. **2.** TECH Appareil composé d'une poutre horizontale engrenée dans un axe vertical, à laquelle on attelle un cheval; machine mue par ce dispositif. *Manège à puiser l'eau.* **3.** *Par anal.* Attraction foraine dans laquelle des animaux figurés ou des véhicules divers tournent autour d'un axe central. *Gagner un tour de manège.* **II.** Fig. Manière d'agir artificieuse pour parvenir à qqch. *Je ne suis pas dupe de son manège.* Syn. jeu, manœuvre. – Ital. *maneggio,* de *maneggiare,* « dresser (un cheval) », de *mano,* « main ».

mânes [man] n. m. pl. **1.** ANTIQ ROM Âmes des morts considérées comme des divinités. **2.** Litt. Âmes des morts. *Les mânes de nos ancêtres.* – Lat. *Manes.*

maneton [mantɔ̃] n. m. TECH Partie d'une manivelle ou d'un vilebrequin sur laquelle agit l'effort moteur. – De *manette.*

manette [manɛt] n. f. Petite poignée, petit levier que l'on manœuvre à la main pour actionner un mécanisme. – Dimin. de *main*.

manganate [mɑ̃ganat] n. m. CHIM Sel de l'acide manganique. ▷ Dans la nouvelle nomenclature, sel dans lequel le manganèse est au degré d'oxydation 4, 5, 6 ou 7. (Ex. : le permanganate est le manganate 7.) – De *mangan(èse)*, et *-ate*.

manganèse [mɑ̃ganɛz] n. m. CHIM Élément métallique de numéro atomique Z = 25 et de masse atomique 54,93 (symbole Mn). – Métal (Mn) gris, de densité 7,2, qui fond à 1 260 °C et bout à 2 100 °C. *Le manganèse entre dans la composition d'alliages avec le fer.* – Ital. *manganes*, « magnésie noire », p.-ê. altér. du lat. *magnesia*.

manganésien, enne [mɑ̃ganezjɛ̃, ɛn] adj. CHIM Qui contient du manganèse. – De *manganèse*.

manganeux, euse [mɑ̃ganø, øz] adj. CHIM Qualifie les composés du manganèse bivalent. – De *manganèse*.

manganimétrie [mɑ̃ganimetʀi] n. f. CHIM Méthode d'analyse volumétrique utilisant comme réactif une solution de permanganate de potassium. – De *mangan(èse)*, et *-métrie*.

manganin [mɑ̃ganɛ̃] n. m. METALL Alliage de cuivre (82 %), de manganèse (15 %) et de nickel (3 %) utilisé dans la confection des résistances électriques. – Nom déposé ; de *manganèse*.

manganique [mɑ̃ganik] adj. CHIM Qualifie les composés du manganèse trivalent. *Oxyde manganique*. – De *manganèse*.

manganite [mɑ̃ganit] n. m. CHIM Sel dérivé du bioxyde de manganèse. – De *manganèse*.

mangeable [mɑ̃ʒabl] adj. Qui peut se manger, qui n'a pas un goût désagréable. – De *manger*.

mangeaille [mɑ̃ʒaj] n. f. **1.** Vx Aliment pour les animaux domestiques. **2.** Péjor., fam. Ce que l'on mange. *Ne penser qu'à la mangeaille.* ▷ Nourriture médiocre. – De *manger*.

mange-disque [mɑ̃ʒdisk] n. m. Électrophone portatif qui comporte une fente dans laquelle on glisse le disque à écouter. *Des mange-disques.* – De *manger*, et *disque*.

mangeoire [mɑ̃ʒwaʀ] n. f. Récipient dans lequel on donne à manger aux animaux domestiques. – De *manger*.

1. manger [mɑ̃ʒe] v. tr. [13] **1.** Mâcher et avaler (un aliment). – (S. comp.) Se nourrir, prendre ses repas. *Manger une fois par jour.* ▷ Loc. fig. *Manger son pain blanc le premier* : commencer par ce qui est le plus agréable. – Fam. *Manger le morceau* : passer aux aveux. ▷ v. pron. (passif) *Ce dessert est si léger qu'il se mange sans faim.* **2.** Ronger, entamer. *Les mites mangent la laine.* – (En parlant d'une chose.) *La rouille a mangé le fer.* **3.** Fig. *Manger ses mots*, les prononcer indistinctement, incomplètement. ▷ *Manger la consigne*, l'oublier. **4.** Fig. Dilapider. *Manger ses économies.* **5.** Fig. Cacher en empiétant sur, en recouvrant. *Une frange de cheveux lui mangeait le front.* – Lat. *manducare*, « mâcher ».

2. manger [mɑ̃ʒe] n. m. **1.** Vieilli Action de manger. *Perdre le boire et le manger, de chagrin.* **2.** Pop. Ce que l'on mange. *On peut apporter son manger.* – De *manger* 1.

mange-tout ou **mangetout** [mɑ̃ʒtu] n. m. inv. **1.** Variété de haricots verts sans fils. ▷ adj. inv. *Haricots mange-tout.* **2.** Variété de pois dont on mange la cosse avec le grain. – De *manger*, et *tout*.

mangeur, euse [mɑ̃ʒœʀ, øz] n. Personne qui mange (de grosses, de petites quantités de nourriture), qui aime à manger (tel aliment). *Un gros mangeur. C'est un mangeur de pain.* ▷ Fig., vieilli *Un mangeur d'argent* : une personne qui dépense beaucoup, qui gaspille. *Un mangeur de temps*, qui fait perdre du temps. – De *manger* 1.

mangeure [mɑ̃ʒyʀ] n. f. Vieilli Endroit mangé, rongé (d'une étoffe, d'un pain). – De *manger*.

mangle [mɑ̃gl] n. f. Fruit du manglier. – Mot esp., d'une langue des Antilles.

manglier [mɑ̃glije] n. m. Palétuvier. – De *mangle*.

mangoustan [mɑ̃gustɑ̃] ou **mangoustanier** [mɑ̃gustanje] n. m. Plante arborescente des régions tropicales dont les fruits sont comestibles. – Portug. *mangustão*, du malais.

1. mangouste [mɑ̃gust] n. f. ou **mangoustan** [mɑ̃gustɑ̃] n. m. Fruit du mangoustan (ou mangoustanier). – De *mangoustan*.

2. mangouste [mɑ̃gust] n. f. Petit mammifère carnivore d'Asie et d'Afrique (genres *Herpestes* et voisins, fam. viverridés) à pelage brun, grand destructeur de serpents contre le venin desquels il est naturellement immunisé. – Esp. *mangosta*, de *manghûs*, mot d'une langue de l'Inde.

mangrove [mɑ̃gʀɔv] n. f. GEOGR Forêt de palétuviers s'étendant sur les vasières de la bande littorale, formation végétale typique des côtes marécageuses, dans les pays tropicaux. *Côte à mangrove.* – Mot angl., du malais.

mangue [mɑ̃g] n. f. Fruit comestible du manguier, à la pulpe jaune, très parfumée. – Portug. *manga*, du tamoul *mānkāy*.

manguier [mɑ̃gje] n. m. Arbre tropical (genre *Mangifera*, fam. térébinthacées) croissant en Asie, en Afrique et en Amérique tropicales. – De *mangue*.

maniabilité [manjabilite] n. f. Qualité de ce qui est maniable. – De *maniable*.

maniable [manjabl] adj. Aisé à manier. – De *manier*.

maniaco-dépressif, ive [manjakodepʀesif, iv] adj. et n. PSYCHIAT Se dit d'un état pathologique qui se manifeste par une alternance d'états d'exaltation et de dépression. *Tendance maniaco-dépressive. Psychose maniaco-dépressive.* ▷ *Sujet maniaco-dépressif*, atteint d'une telle psychose. ▷ Subst. *Des maniaco-dépressifs.* – De *maniaque*, et *dépressif*.

maniaque [manjak] adj. et n. **1.** Vx Fou. **2.** PSYCHIAT Atteint de manie. – Caractéristique de la manie. *Délire maniaque.* ▷ Subst. *Un(e) maniaque.* **3.** Qui a une, des manies (notam. la manie de l'ordre). *Un vieux garçon maniaque.* ▷ Subst. *Les maniaques m'exaspèrent.* – Lat. médiév. *maniacus*, de *mania*, « folie ».

maniaquerie [manjakʀi] n. f. Attitude, caractère d'une personne maniaque (sens 3). – De *maniaque*.

manichéen, enne [manikeɛ̃, ɛn] n. et adj. **1.** n. Adepte du manichéisme. **2.** adj. Qui appartient au manichéisme, ou qui évoque les conceptions du manichéisme. – Bas lat. *manichæus*, du n. de *Manès* (v. 216-v. 273), hérésiarque perse fondateur du *manichéisme*.

manichéisme [manikeism] n. m. **1.** Doctrine de Manès et de ses disciples. V. encycl. **2.** *Par ext.* Toute conception morale, toute doctrine qui oppose le principe du bien et le principe du mal. ▷ Toute attitude qui oppose d'une manière absolue, souvent rigide et simpliste, le bien et le mal. – De *manichéen*.

ENCYCL Né de la vieille religion naturiste de Babylone, du mazdéisme, du bouddhisme et du christianisme, le manichéisme admettait, conjointement avec des données chrétiennes issues du Nouveau Testament, l'existence simultanée d'un principe du bien et d'un principe du mal, et la double création émanée de chacun d'eux. Son influence semble avoir subsisté jusqu'en plein Moyen Âge, notam. dans la doctrine des bogomiles et des albigeois.

manichordion [manikɔʀdjɔ̃] ou **manicorde** [manikɔʀd] n. m. MUS Ancien instrument de musique à clavier et à cordes frappées. – De l'a. fr. *monocorde*, du gr. *monokhordon*, « monocorde », altéré sous l'infl. du lat. *manus*, « main ».

manicle. V. manique.

-manie. V. -mane 2.

manie [mani] n. f. **1.** Vx Folie. **2.** PSYCHIAT Syndrome mental caractérisé par des troubles de l'humeur (excitation psychomotrice, instabilité, troubles de l'attention) à évolution cyclique. **3.** Idée fixe, obsession. **4.** Goût immodéré et déraisonnable pour qqch. *Avoir la manie des citations.* **5.** Habitude bizarre, souvent ridicule, à laquelle on est particulièrement attaché. *Chacun a ses manies.* – Bas lat. *mania*, « folie », mot gr.

maniement [manimɑ̃] n. m. **1.** Vieilli Action de tâter avec la main. **2.** Région du corps, facilement palpable, d'un animal de boucherie, où s'accumule la graisse. **3.** Action, façon de manier, de se servir d'une chose avec les mains. *S'exercer au maniement des armes.* ▷ Fig. *Maniement des idées, des affaires.* – De *manier.*

manier [manje] v. [2] **I.** v. tr. **1.** Vx Prendre, tâter, toucher avec la main. **2.** Avoir entre les mains qqch que l'on bouge. *Manier un objet fragile sans précaution.* ▷ Fig. *Manier des fonds* : faire des opérations de recettes, de placement, etc. **3.** Façonner. *Forgeron qui manie bien le fer.* **4.** CUIS *Manier le beurre*, le pétrir en le mélangeant à de la farine. **5.** Se servir avec plus ou moins d'adresse (d'une arme, d'un instrument). *Savoir manier l'épée, le ciseau.* – Fig. *Manier l'ironie.* **6.** Diriger, mener à son gré. *Une voiture difficile à manier.* – *Manier un cheval.* ▷ Fig. *L'art de manier les esprits, les foules.* **II.** v. pron. Pop. *Se manier* (surtout à l'inf.) : V. magner (se). – De *main.*

manière [manjɛʀ] n. f. **I. 1.** Façon, forme particulière sous laquelle une chose, une action se présente. *Une nouvelle manière de poser le problème.* ▷ *C'est une manière de parler* : ce sont des paroles qu'il ne faut pas prendre à la lettre. ▷ *Il y a la manière* : la façon de s'y prendre (avec tact, etc.) a son importance, pour parvenir à un résultat. **2.** Façon de se comporter habituelle, propre à qqn. « *Ce n'est point ma manière de compter de la sorte* » *(La Fontaine).* **3.** Façon de composer, de s'exprimer propre à un artiste, un groupe d'artistes. *Raphaël a eu plusieurs manières.* – *Lettre à la manière de Madame de Sévigné.* **4.** Litt. Espèce, sorte. « *C'est une manière de bel esprit* » *(Molière).* **5.** GRAM *Complément, adverbe de manière*, qui indique comment est accomplie une action. **II. 1.** Loc. prép. *À la manière de* : comme. ▷ *De manière à* : de façon à. **2.** Loc. conj. *De (telle) manière que* : de sorte que, d'une façon telle que. *Il parle fort, de manière que* (ou *de manière à ce que*, tournure critiquée) *nous l'entendions.* (Subjonctif marquant la conséquence recherchée, voulue.) – *Il parle trop bas, de manière qu'on ne comprend plus rien.* (Indicatif marquant le résultat acquis, réel.) **3.** Loc. adv. *De toute manière* : de toute façon, quoi qu'il en soit. – *D'une manière générale* : généralement, en gros. – *En quelque manière* : d'une certaine façon, en un certain sens. **III.** (Plur.) Façon d'être, de se comporter en société. *Apprendre les belles, les bonnes manières.* ▷ Péjor. *Faire des manières* : agir avec affectation, se faire prier. – Substantivation du fém. de l'anc. adj. *manier*, « habile », bas lat. *manuarius*, « de la main ».

maniéré, ée [manjeʀe] adj. Affecté, qui manque de simplicité. ▷ BX-A *Style maniéré*, qui manque de naturel. – De *manière.*

maniérisme [manjeʀism] n. m. **1.** Cour. Manque de naturel, affectation, en art. **2.** BX-A Style artistique qui fait la transition entre la Renaissance et le baroque. – Ital. *manierismo*, de *maniera*, « manière », empr. du fr.

maniériste [manjeʀist] adj. et n. **1.** adj. Cour. Qui verse dans le maniérisme. **2.** n. BX-A Artiste dont l'œuvre relève du maniérisme. – De *manière.*

manieur, euse [manjœʀ, øz] n. Personne qui manie, sait manier (telle chose). – Fig. *Manieur d'argent* : financier, homme d'affaires. *Manieur d'hommes*, qui sait diriger, qui a des capacités de chef. – De *manier.*

manifestant, ante [manifɛstɑ̃, ɑ̃t] n. Personne qui participe à une manifestation. – Ppr. subst. de *manifester.*

manifestation [manifɛstasjɔ̃] n. f. **1.** THEOL Fait, pour Dieu, de se manifester. **2.** Action de manifester ; fait de se manifester. **3.** Rassemblement public de personnes pour exprimer une opinion, une protestation. *Une manifestation d'agriculteurs.* **4.** Réunion organisée pour présenter, vendre des œuvres, des produits, etc. *Une manifestation artisanale.* – Lat. ecclés. *manifestatio.*

manifeste [manifɛst] adj. et n. m. **I.** adj. Évident, indéniable. *Une erreur manifeste.* **II.** n. m. **1.** Liste détaillée des marchandises embarquées sur un navire. **2.** *Par anal.* Document de bord d'un avion mentionnant l'itinéraire suivi, le nombre de passagers, le chargement de l'appareil. **3.** Écrit public par lequel un gouvernement, un parti politique explique sa ligne de conduite ou expose sa doctrine. ▷ *Par ext.* Écrit par lequel un mouvement artistique, littéraire expose ses conceptions et ses buts. *Les manifestes du surréalisme sont dus à André Breton.* – Lat. *manifestus.*

manifestement [manifɛstəmɑ̃] adv. De manière manifeste. – De *manifeste.*

manifester [manifɛste] v. [1] **1.** v. tr. Rendre manifeste, faire connaître. ▷ v. pron. Apparaître, se montrer. ▷ *Elle ne s'est pas manifestée depuis son retour*, elle n'a pas donné signe de vie. ▷ (Passif) *La peur se manifeste par des tremblements*, se traduit par... **2.** v. intr. Prendre part à une manifestation (sens 3). *Manifester dans la rue.* – Lat. *manifestare*, « montrer ».

manifold [manifɔld] n. m. (Anglicisme) Petit registre de feuillets détachables dans lequel sont intercalées des feuilles de papier carbone, et qui permet de consigner des notes en plusieurs exemplaires. – Mot angl. pour *manifold paper*, « papier à copies multiples ».

manigance [manigɑ̃s] n. f. Manœuvre artificieuse, petite intrigue. – De *manus*, « main », et suff. obscur.

manigancer [manigɑ̃se] v. tr. [12] Tramer par quelque manigance. – De *manigance.*

maniguette [manigɛt] n. f. Graine au goût poivré appelée aussi *graine de paradis*, que l'on utilise comme condiment et qui provient d'une plante apparentée au gingembre (*Amomum meleguetta*, fam. zingibéracées). – De l'ital. *meleghetta*, du bas lat. *melica*, « sorgho ».

1. manille [manij] n. f. **1.** Anc. Anneau auquel on attachait la chaîne d'un forçat. **2.** MAR et TECH Pièce métallique en forme de U, traversée par un axe goupillé ou vissé (le manillon), qui sert à réunir deux longueurs de chaînes, à mailler une chaîne sur un anneau, etc. – De l'anc. provenç. *manelha*, « anse », du lat. *manicula*, « petite main ».

2. manille [manij] n. f. Jeu de cartes où le dix, appelé *manille*, est la carte la plus forte. *Manille parlée.* – *Manille aux enchères.* – De l'esp. *malilla*, dimin. de *mala*, propr. « petite malicieuse ».

3. manille [manij] n. m. **1.** Cigare de Manille. **2.** Chapeau de paille fabriqué à Manille – De *Manille*, n. de la cap. des Philippines.

manilleur, euse [manijœʀ, øz] n. Joueur de manille. – De *manille* 2.

1. manillon [manijɔ̃] n. m. MAR et TECH Axe qui traverse une manille. – De *manille* 1.

2. manillon [manijɔ̃] n. m. As, carte la plus forte après le dix, à la manille. – De *manille* 2.

manioc [manjɔk] n. m. Arbrisseau (genre *Manihot*, fam. euphorbiacées) originaire d'Amérique du Sud, cultivé dans les pays tropicaux pour ses tubercules que l'on consomme tels quels ou sous forme de tapioca. – Mot tupi, *manihoca*.

manipulateur, trice [manipylatœʀ, tʀis] n. et adj. **1.** n. Personne chargée de faire des manipulations. *Manipulateur de laboratoire. Manipulateur radiographe.* **2.** n. m. TELECOM Interrupteur manuel employé en télégraphie pour former les signaux en morse. **3.** adj. Qui manipule (V. manipuler sens 3). *Des démarches manipulatrices.* – De *manipuler*.

manipulation [manipylasjɔ̃] n. f. **1.** Action de manipuler. ▷ Mise en œuvre de substances chimiques ou pharmaceutiques, d'appareils, etc. dans un laboratoire. **2.** Partie de la prestidigitation qui se fonde uniquement sur l'habileté manuelle. **3.** Fig., péjor. Manœuvre, pratique louche. ▷ Emprise exercée à leur insu sur un individu ou un groupe. **4.** MED Manœuvre manuelle destinée à rétablir la position normale et la mobilité des os d'une articulation. *Manipulation vertébrale.* **5.** BIOL *Manipulation génétique* : opération visant à transformer le génome pour obtenir un organisme ayant des caractères héréditaires différents. – De *manipuler*.

1. manipule [manipyl] n. m. LITURG Ornement sacerdotal porté au bras gauche par l'officiant pendant la messe. – Lat. ecclés. médiév. *manipulus*, dit aussi *mappula*, « petite serviette ».

2. manipule [manipyl] n. m. ANTIQ Étendard d'une compagnie militaire romaine. ▷ *Par ext.* Compagnie, unité tactique de l'armée romaine, comprenant deux centuries. – Lat. *manipulus*, « poignée, gerbe ».

manipuler [manipyle] v. tr. [1] **1.** Manier, arranger avec précaution (des substances, des appareils). **2.** Manier, déplacer avec la main. **3.** Fig. et péjor. Utiliser (qqn) à des fins non avouées et en le trompant. *C'est un naïf que l'on peut facilement manipuler.* – De *manipule* 2.

manique [manik] ou **manicle** [manikl] n. f. TECH **1.** Demi-gant qui protège la main, et souvent l'avant-bras, utilisé dans certains métiers (cordonnerie, bourrellerie). **2.** Manche de plusieurs outils. – Du lat. *manicula*, dimin. de *manus*, « main ».

manitou [manitu] n. m. **1.** ETHNOL Principe du bien (grand manitou) ou du mal (mauvais manitou), dans les croyances de certains Indiens d'Amérique du Nord. **2.** Fig. Personnage puissant, haut placé. *Les manitous de la haute finance.* – Mot d'une langue amérindienne.

manivelle [manivɛl] n. f. Pièce coudée deux fois à angle droit, dans des sens opposés, qui sert à imprimer un mouvement de rotation à un axe, à un arbre. *Manivelle de pédalier d'une bicyclette.* ▷ *Manivelle à coulisse*, qui sert à transformer un mouvement de rotation en un mouvement rectiligne alternatif. – Lat. pop. **manabella*, class. *manibula*, var. de *manicula*, « petite main ».

1. manne [man] n. f. **1.** Nourriture miraculeuse qui, d'après la Bible, tomba du ciel pour nourrir les Hébreux dans le désert. ▷ Fig. Nourriture abondante, que l'on obtient sans grande peine ou sans grande dépense. – Aubaine, avantage que l'on n'espérait pas. **2.** *Manne des pêcheurs* ou *des poissons* : éphémères qui s'abattent sur l'eau en grande quantité. **3.** Matière sucrée (riche en mannitol) qui exsude de certains végétaux (mélèze, frêne, eucalyptus). – Lat. ecclés. *manna*, hébr. *man*.

2. manne [man] n. f. Long panier d'osier qui a une anse à chaque extrémité et dans lequel on met le linge, les fruits, les œufs, etc. – Moyen néerl. *manne, mande*.

1. mannequin [mankɛ̃] n. m. HORTIC Panier haut et rond, à claire-voie. – Moyen néerl. *mandekijn*, « petit panier ».

2. mannequin [mankɛ̃] n. m. **1.** Figure articulée représentant le corps humain, qui sert de modèle aux peintres, aux sculpteurs, etc. ▷ Forme humaine en osier, en bois, en matière moulée, etc., servant à l'essayage ou à l'exposition des vêtements. **2.** Fig. Personne sans caractère, que l'on fait agir comme on veut. **3.** Personne dont le métier est de porter les créations nouvelles des couturiers, pour les présenter en public ou pour des photographies de mode. – Moyen néerl. *mannekijn*, dimin. de *man*, « homme ».

mannitol [manitɔl] n. m. ou **mannite** [manit] n.f. CHIM Hexalcool saturé, de formule $CH_2OH-(CHOH)_4-CH_2OH$, que l'on extrait principalement de la manne du frêne. – De *manne* 1 (sens 3).

mannose [manoz] n. m. CHIM Sucre naturel isomère du glucose. – De *mann(ite)*, et *-ose* 1.

manodétendeur [manodetɑ̃dœʀ] n. m. TECH Appareil servant à réduire avant utilisation la pression d'un gaz comprimé. – D'ap. *mano-(mètre)*, et *détendeur*.

manœuvrabilité [manœvʀabilite] n. f. Qualité d'un navire, d'un aéronef, d'un véhicule manœuvrable. – De *manœuvrable*.

manœuvrable [manœvʀabl] adj. Qui peut être facilement manœuvré, maniable (navire, aéronef, véhicule). – De *manœuvrer*.

1. manœuvre [manœvʀ] n. f. **I. 1.** Mise en œuvre d'un instrument, d'une machine; action ou opération nécessaire à son fonctionnement. *Manœuvre d'une pompe à incendie.* **2.** Action exercée sur le gréement, les voiles, les apparaux, la barre, etc., d'un navire, et destinée à assurer sa bonne marche ou à déterminer une évolution particulière; cette évolution. *Manœuvre de prise de ris, de changement de foc. Manœuvres d'un navire qui vient s'amarrer à quai.* ▷ *Par anal.* Évolution d'un véhicule, d'un aéronef; action ou ensemble d'actions qui déterminent une, (des) évolution(s). *Effectuer une manœuvre pour garer une automobile. Manœuvres précédant le décollage, l'atterrissage d'un avion.* – *Fausse manœuvre*, mal exécutée, ou exécutée à contretemps. **3.** Exercice destiné à apprendre aux troupes les mouvements d'ensemble et le maniement des armes. *Champ de manœuvres. Grandes manœuvres*, mettant en jeu de grandes unités terrestres, aériennes, navales, et organisées dans des conditions aussi proches que possible du combat réel. ▷ Au combat ou en temps de guerre, mouvement de troupes ordonné par le commandement. *Manœuvre de contournement. Manœuvre stratégique.* **4.** Fig. Ensemble des moyens que l'on emploie pour réussir; intrigue, combinaison. *Manœuvres électorales*, employées pour influencer le vote des électeurs. **II.** MAR Cordage du gréement. *Manœuvres courantes*, dont une extrémité est fixée à un point et l'autre destinée à recevoir les efforts (écoute, drisse, balancine, bras, etc.). *Manœuvres dormantes*, dont les deux extrémités sont amarrées à un point fixe (hauban, étai, pataras, etc.). – Lat. tardif *manuopera*, de *manus*, « main », et *opera*, « travail ».

2. manœuvre [manœvʀ] n. m. Ouvrier affecté à des travaux ne nécessitant aucune qualification professionnelle. – De *manœuvre* 1.

manœuvrer [manœvʀe] v. [1] **I.** v. intr. **1.** Effectuer une manœuvre, à bord d'un navire, d'un aéronef, d'un véhicule. **2.** S'exercer en faisant des manœuvres. ▷ MILIT Exécuter un mouvement stratégique ou tactique, en parlant d'une troupe en campagne. **3.** Fig. Prendre les mesures nécessaires pour arriver à ses fins. **II.** v. tr. **1.** Agir sur (un appareil, un véhicule, etc.) pour le diriger, le faire fonctionner. **2.** Fig. Influencer (qqn) de manière détournée pour qu'il agisse comme on le souhaite. – De *manœuvre* 1.

manœuvrier, ère [manœvʀije, ɛʀ] n. (et adj.) **1.** Personne qui sait manœuvrer (un navire, des troupes, etc.). *Un fin manœuvrier.* ▷ adj. *Armée manœuvrière.* **2.** Fig. Personne qui sait manœuvrer, qui sait conduire ses affaires avec habileté. – De *manœuvrer*.

manoir [manwaʀ] n. m. Demeure seigneuriale. – Gentilhommière, petit château campagnard. – Emploi subst. de l'anc. v. *maneir, manoir,* du lat. *manere,* « demeurer ».

manomètre [manɔmɛtʀ] n. m. TECH Appareil servant à mesurer la pression d'un gaz ou d'un liquide. *Manomètre à liquide, manomètre métallique. Les baromètres sont des manomètres qui mesurent la pression atmosphérique.* – Du gr. *manos,* « peu dense », et de *-mètre.*

manométrie [manɔmetʀi] n. f. PHYS Mesure de la pression des gaz, des liquides. – De *manomètre.*

manométrique [manɔmetʀik] adj. TECH Relatif à la manométrie. – De *manométrie.*

manoque [manɔk] n. f. **1.** Petite botte de feuilles de tabac séchées et triées. **2.** MAR Écheveau de petit filin léger. – Mot dial. picard, de *manus,* « main ».

manostat [manɔsta] n. m. TECH Appareil servant à maintenir constante la pression d'un fluide dans une enceinte. – Du gr. *manos,* « peu dense », et de *-stat.*

manouche [manuʃ] n. Arg. Gitan nomade. – Du tsigane *mnouch,* « homme ».

manouvrier, ère [manuvʀije, ɛʀ] n. Vx ou dial. Ouvrier, manœuvre qui travaille à la journée. – De *manouvrer,* anc. forme de *manœuvrer.*

manquant, ante [mɑ̃kɑ̃, ɑ̃t] adj. et n. Qui manque; qui est absent. *Pièce manquante d'une collection. Élève manquant.* – Subst. *Les manquants seront punis.* – Ppr. de *manquer.*

manque [mɑ̃k] n. m. **1.** Défaut, absence de ce qui est nécessaire. *Manque de pain.* ▷ *État de manque* : état pénible dans lequel se trouve un toxicomane privé de sa drogue. **2.** Ce qui manque. ▷ *Manque à gagner* : gain que l'on aurait pu réaliser. **3.** Loc. adj. Fam. *À la manque* : médiocre, défectueux, mauvais. *Chauffeur à la manque.* – Déverbal de *manquer.*

1. manqué, ée [mɑ̃ke] adj. **1.** Qui n'est pas réussi. *Une soirée manquée.* **2.** À quoi l'on n'a pas été présent. *Rendez-vous manqué.* **3.** Vx Qui a échoué; qui n'a pas suivi la voie qu'il aurait dû suivre. ▷ Mod. *Un comédien, cuisinier,* etc. *manqué,* qui en a la vocation, mais pas l'état. ▷ *Garçon manqué* : fille qui a des goûts, des comportements de garçon. **4.** PSYCHAN *Acte manqué,* qui ne traduit pas une intention consciente de son auteur, mais est consécutif à un refoulement, à une censure exercée par son inconscient. – Pp. de *manquer.*

2. manqué [mɑ̃ke] n. m. CUIS Gâteau à pâte souple, à base de farine, de beurre, d'œufs, de sucre glacé sur le dessus et pouvant être garni de fruits confits. *Moule à manqué.* – Pp. subst. de *manquer.*

manquement [mɑ̃kmɑ̃] n. m. Fait de manquer à un engagement, à un devoir. *Manquement à la discipline.* – Ital. *mancamento,* de *mancare* (V. manquer).

manquer [mɑ̃ke] v. [1] **I.** v. intr. **1.** Faire défaut. *L'eau manque.* ▷ v. impers. *Il manque encore deux chaises.* **2.** Être absent, ne plus être là quand il le faudrait. *S'il vient à manquer, que deviendra sa famille? – Les forces lui manquèrent.* **3.** (Choses) Ne plus remplir sa fonction. *Cordage qui manque,* qui casse. **4.** (Choses) Échouer. *La tentative a manqué.* **5.** Vieilli Commettre une faute. **II.** v. tr. indir. **1.** *Manquer à* (qqn), ne pas lui manifester le respect, les égards qu'on lui doit. – *Manquer à* (qqn) : faire défaut (par son absence). *Sa fille lui manque. Il manque à l'appel.* **2.** *Manquer à* (une obligation), la négliger, s'y soustraire. *Manquer à sa parole.* ▷ Litt. *Manquer de, à* (+ inf.) : omettre, négliger de. *Manquer de, manquer à tenir un engagement.* – Cour. (En tournure négative.) *Transmettez-lui mon meilleur souvenir. – Je n'y manquerai pas.* **3.** (Semi-auxil.) Être sur le point de. *Il a manqué de tomber. – Il a manqué donner sa démission.* **III.** v. tr. dir. **1.** Ne pas réussir. *Manquer son affaire.* **2.** Ne pas atteindre (un but). ▷ *Spécial.* Ne pas réussir à tuer. *Manquer un lièvre.* ▷ v. pron. (réfl.) Ne pas réussir à se tuer. *Il a fait une tentative de suicide, mais il s'est manqué.* **3.** Ne pas parvenir à rencontrer (qqn). ▷ v. pron. (récipr.) *Ils se sont manqués à dix minutes près.* **4.** Être absent, arriver trop tard pour assister, participer à (qqch). *Manquer la classe. Un spectacle à ne pas manquer.* ▷ *Manquer le train,* arriver trop tard pour le prendre. **5.** Laisser échapper (qqch d'intéressant). *Manquer une bonne occasion.* – Ital. *mancare,* du lat. *mancus,* « manchot, défectueux ».

mansarde [mɑ̃saʀd] n. f. **1.** Comble brisé. **2.** Pièce ménagée sous un comble brisé, dont un mur au moins, constitué par le dessous du toit, est incliné. – Du nom de l'architecte François *Mansart* (1598-1666).

mansardé, ée [mɑ̃saʀde] adj. Disposé en mansarde. *Chambre mansardée. Étage mansardé.* – De *mansarde.*

manse [mɑ̃s] n. f. ou m. Au Moyen Âge, unité d'exploitation agricole consistant en une maison à laquelle était attachée une terre suffisante pour faire vivre une famille. – Lat. médiév. *mansa,* de *manere,* « demeurer ».

mansion [mɑ̃sjɔ̃] n. f. LITTER Chacun des lieux scéniques d'un même décor, dans le théâtre médiéval. – Lat. *mansio,* « séjour, demeure ».

mansuétude [mɑ̃sɥetyd] n. f. Litt. Clémence, indulgence. – Lat. *mansuetudo,* de *mansuetus,* « doux », de *manus,* « main », et *suetus,* « habitué ».

1. mante [mɑ̃t] n. f. Anc. Manteau de femme ample et sans manches. – Lat. médiév. *manta,* du bas lat. *mantus.*

2. mante [mɑ̃t] n. f. Insecte orthoptère carnassier (genre *Mantis,* fam. mantidés) des régions tempérées, au corps étroit et allongé, cour. appelé *mante religieuse* à cause de ses puissantes pattes antérieures, qu'il tient repliées et rapprochées et qui évoquent les mains d'une personne en prière. *Il arrive que la mante femelle dévore le mâle après l'accouplement.* ▷ Fig. *Mante religieuse* : femme qui se montre exigeante ou cruelle avec ses partenaires. – Lat. zool. *mantis,* mot gr., « prophétesse ».

manteau [mɑ̃to] n. m. **1.** Vêtement avec ou sans manches qui se porte par-dessus les autres habits. ▷ Fig. Ce qui recouvre, dissimule. *Un manteau de neige, de verdure.* – Loc. *Sous le manteau* : de façon clandestine. **2.** ZOOL Région dorsale d'un animal quand elle est d'une autre couleur que celle du reste du corps. ▷ Repli de peau qui enveloppe le corps et dont la face externe sécrète la coquille, chez les mollusques. **3.** GEOL Couche du globe terrestre située entre l'écorce et le noyau, d'une épaisseur moyenne de 3 000 km. **4.** *Manteau d'une cheminée* : partie construite en saillie au-dessus du foyer. **5.** *Manteau d'Arlequin* : encadrement d'une scène de théâtre simulant une draperie. – Du lat. médiév. *mantellus,* dimin. de *mantus.* (V. mante 1).

mantelé, ée [mɑ̃tle] adj. **1.** ZOOL Dont le dos est d'une couleur différente de celle du reste du corps. *Corneille mantelée.* **2.** HERALD Se dit d'un écu chapé dont la pointe ne dépasse pas le centre. – De *mantel,* forme anc. de *manteau.*

mantelet [mɑ̃tlɛ] n. m. **1.** LITURG Manteau de cérémonie, sans manches, de certains prélats. **2.** Anc. Petit manteau court porté par les femmes. **3.** MAR Anc. Volet de fermeture d'un sabord. – Dimin. de *mantel,* forme anc. de *manteau.*

mantelure [mɑ̃tlyʀ] n. f. ZOOL Manteau du chien (V. manteau sens 2). – De *mantel,* forme anc. de *manteau.*

mantidés [mɑ̃tide] n. m. pl. ENTOM Sous-ordres d'insectes au corps étroit, aux pattes puissantes dont le type est la mante. – Sing. *Un mantidé.* – De *mante* 2, et *-idés.*

mantille [mɑ̃tij] n. f. Écharpe de dentelle ou de soie couvrant la tête et les épaules, pièce du costume féminin espagnol traditionnel. – Esp. *mantilla*, du lat. *mantellus* (V. manteau).

mantisse [mɑ̃tis] n. f. MATH Partie décimale du logarithme d'un nombre. – Lat. *mantissa*, «surplus de poids».

mantra [mɑ̃tʀa] n. m. RELIG Dans le brahmanisme, formule sacrée, prière. *Des mantra(s).* – Mot sanskrit, propr. «moyen de pensée».

manucure [manykyʀ] n. Personne qui donne des soins de beauté aux mains, aux ongles. ▷ n. f. Ces soins eux-mêmes. – Du lat. *manus*, «main», et *curare*, «soigner».

manucurer [manykyʀe] v. tr. [1] Faire la manucure de. – Pp. adj. *Des ongles manucurés.* – De *manucure*.

manucurie [manykyʀi] n. f. **1.** Profession de manucure. **2.** Soin des mains. – De *manucure*.

1. manuel, elle [manɥɛl] adj. et n. **1.** Qui se fait avec la main. *Travail manuel.* ▷ Propre à la main. *Habileté manuelle.* ▷ Réalisé par une intervention de l'homme (par oppos. à *automatique*). **2.** *Travailleur manuel*, qui fait un métier manuel. ▷ Subst. *Les manuels et les intellectuels.* – Lat. *manualis*.

2. manuel [manɥɛl] n. m. Ouvrage, souvent à usage scolaire, qui présente, dans un format maniable, l'essentiel des notions d'un art, d'une science, etc. *Manuel de littérature, de chimie. Manuels et traités.* – Lat. imp. *manuale*, «étui de livre», de *manualis*.

manuélin, ine [manɥelɛ̃, in] adj. BX-A Se dit d'un style décoratif et architectural qui apparut au Portugal à la fin du XVe s. et s'y développa jusqu'en 1545 env. – Portug. *manoelino*, de *Manoel* (Manuel) *Ier*, roi de Portugal.

manuellement [manɥɛlmɑ̃] adv. Avec la main. *Opérer manuellement.* – De *manuel* 1.

manufacturable [manyfaktyʀabl] adj. Qui peut être manufacturé. – De *manufacturer*.

manufacture [manyfaktyʀ] n. f. **1.** Vx ou HIST Vaste établissement, employant un nombreux personnel, dans lequel la fabrication des produits s'effectuait essentiellement à la main et sans que les tâches soient parcellisées. **2.** Mod. Établissement où l'on fabrique des produits de luxe ou des produits exigeant un haut niveau de finition. *Manufacture nationale de Sèvres* (porcelaines), *des Gobelins* (tapisseries). – Lat. médiév. *manufactura*, «travail manuel».

manufacturer [manyfaktyʀe] v. tr. [1] Transformer (une matière première) en un produit fini. – Pp. adj. *Produits manufacturés et produits bruts.* – De *manufacture*.

manufacturier, ère [manyfaktyʀje, ɛʀ] adj. et n. **1.** adj. Relatif aux manufactures, à leur production; où il y a des manufactures. *Pays manufacturier.* **2.** n. Vx Patron d'une manufacture. – De *manufacture*.

manu militari [manymilitaʀi] loc. adv. En utilisant la force armée. *Le président a fait évacuer le tribunal manu militari.* – *Par ext.* En employant la force, la contrainte physique. *Professeur qui expulse un chahuteur manu militari.* – Loc. lat., «par la force militaire».

manumission [manymisjɔ̃] n. f. DR ROM et FEOD Affranchissement d'un esclave, d'un serf. – Lat. *manumissio*, de *manus*, «main», et *mittere*, «envoyer, libérer».

manuscrit, ite [manyskʀi, it] adj. et n. m. **I.** adj. Écrit à la main. *Page manuscrite.* **II.** n. m. **1.** Livre ancien écrit à la main. *Conservation des manuscrits.* **2.** Original écrit à la main (ou, par ext., dactylographié) d'un texte imprimé ou destiné à l'être. – Lat. médiév. *manuscriptum*, de *manu scriptus*, «écrit à la main».

manutention [manytɑ̃sjɔ̃] n. f. **1.** Transport de marchandises, de produits industriels, sur de courtes distances (d'un poste de stockage à un autre, d'un poste de stockage au point d'utilisation, d'un véhicule à un autre, etc.). *Engins de manutention* (convoyeurs, chariots élévateurs, ponts roulants, grues, monorails, toboggans, plates-formes sur coussin d'air, etc.). *Manutention pneumatique des produits pulvérulents* (ciment, farine, etc.). *Palette de manutention.* **2.** Local où ont lieu les opérations de manutention. – Lat. médiév. *manutentio*, «maintien», de *manu tenere*, «tenir en main».

manutentionnaire [manytɑ̃sjɔnɛʀ] n. Personne qui fait des travaux de manutention. – De *manutention*.

manutentionner [manytɑ̃sjɔne] v. tr. [1] Procéder à la manutention de. – De *manutention*.

manuterge [manytɛʀʒ] n. m. LITURG CATHOL Linge avec lequel, pendant la messe, l'officiant s'essuie les doigts, après le *Lavabo* (V. lavabo, sens 1). – Lat. *manutergium*, de *manus*, «main», et *tergere*, «essuyer».

manzanilla [manzanija] n. m. Vin d'Espagne, variété de xérès. – Mot esp.

maoïsme [maɔism] n. m. Doctrine, pensée politique de Mao Zedong. (Le maoïsme se présente comme une application du marxisme aux conditions particulières de la Chine et comme une théorie de la révolution démocratique et nationale dans les pays dominés par l'impérialisme.) ▷ Cour. Mouvement politique se réclamant de Mao Zedong. – Du n. de *Mao* Zedong (Tsé-toung), 1893-1976.

maoïste [maɔist] adj. et n. Qui a rapport au maoïsme. *La doctrine maoïste.* ▷ Subst. Partisan du maoïsme; militant d'un groupe, d'un parti politique se réclamant du maoïsme. (Abrév. : mao). – Du n. de *Mao* Zedong. V. maoïsme.

maori, ie [maɔʀi] adj. et n. **1.** adj. Relatif aux populations indigènes de la Nouvelle-Zélande. **2.** n. *Un(e) Maori(e).* ▷ n. m. *Le maori* : la langue polynésienne parlée par les Maoris. – Mot indigène.

maous, ousse ou **mahous, ousse** [maus] adj. Fam. Gros, d'une taille considérable.

mappemonde [mapmɔ̃d] n. f. **1.** Carte du globe terrestre sur laquelle les deux hémisphères sont représentés côte à côte, en projection plane. ▷ *Abusiv.* Cour. Globe représentant la surface de la Terre. **2.** *Mappemonde céleste* : carte plane du ciel. – Lat. médiév. *mappa mundi*, de *mappa*, «plan, carte» («serviette, nappe» en lat. class.), et *mundus*, «monde».

maquer [make] v. [1] Pop. **1.** v. pron. Se mettre en ménage (avec qqn). **2.** v. tr. Faire entrer en ménage. *Qui les a maqués ?* ▷ v. intr. (Sens passif.) *Elle est maquée avec Untel* : Untel est son amant, elle vit avec Untel. – De *mac*, abrév. de *maquereau* 2.

1. maquereau [makʀo] n. m. Poisson marin perciforme comestible (genre *Scomber*) au corps fusiforme, au dos bleu-vert rayé de noir, pouvant atteindre 40 cm de longueur. – Probabl. emploi fig. de *maquereau* 2 (légende des maquereaux servant d'«entremetteurs» aux harengs).

2. maquereau, elle [makʀo, ɛl] n. Pop. **1.** Personne qui tire profit de la prostitution des femmes, qui en vit; proxénète. **2.** n. f. Tenancière de maison close. – (En appos.) *Mère maquerelle.* – Moy. néerl. *makelâre*, «courtier», de *makeln*, «trafiquer».

maquette [makɛt] n. f. **1.** Ébauche en réduction d'une œuvre d'architecture, de sculpture, etc. **2.** Représentation, le plus souvent à échelle réduite, d'un navire, d'un avion, d'une machine, d'une construction, d'un décor, etc. **3.** Modèle original, simplifié ou complet, d'un ouvrage imprimé, d'une mise en page, etc. *Maquette d'affiche.* – Ital. *macchietta*, dimin. de *macchia*, «tache», lat. *macula*.

maquettiste [maketist] n. 1. Réalisateur de maquettes ou de modèles réduits. 2. Cour. Technicien spécialisé dans la réalisation de maquettes pour l'imprimerie, l'édition. – De *maquette*.

maquignon [makiɲɔ̃] n. m. 1. Marchand de chevaux. 2. Fig. Personne peu scrupuleuse en affaires, qui use de procédés indélicats (comme les maquignons qui dissimulaient les défauts des bêtes pour les vendre). – Du rad. de *maquereau* 2.

maquignonnage [makiɲɔnaʒ] n. m. 1. Métier de maquignon. 2. Fig. Procédés indélicats, manœuvres illicites. – De *maquignonner*.

maquignonner [makiɲɔne] v. tr. [1] 1. Vx *Maquignonner une bête,* cacher ses défauts pour la vendre. 2. Par ext. *Maquignonner une affaire,* user de moyens irréguliers pour la conclure à son profit. – De *maquignon*.

maquillage [makijaʒ] n. m. 1. Action de maquiller ou de se maquiller; son résultat. ▷ Ensemble des produits que l'on utilise pour (se) maquiller. 2. Modification de l'aspect d'une chose dans une intention malhonnête ou frauduleuse. *Maquillage d'un défaut*. – De *maquiller*.

maquiller [makije] v. tr. [1] 1. Modifier à l'aide de fards, de produits colorés, l'apparence de (son visage, du visage de qqn; d'une partie du visage). *Maquiller un acteur pour la scène*. ▷ v. pron. *Femme qui se maquille, qui se maquille les yeux*. 2. Modifier l'aspect de (qqch) pour tromper qqn, pour frauder. *Maquiller les plaques minéralogiques d'une voiture. Maquiller des cartes à jouer,* leur faire au dos ou sur la tranche une marque pour les reconnaître et tricher. – Fig. *Maquiller la vérité* : dénaturer les faits, les présenter sous une apparence trompeuse. – De l'anc. picard *makier,* «feindre», moy. néerl. *maken,* «faire».

maquilleur, euse [makijœʀ, øz] n. Personne qui fait métier de maquiller (au théâtre, au cinéma, à la télévision ou dans un institut de beauté). – De *maquiller*.

maquis [maki] n. m. I. 1. Formation végétale dense propre aux terrains siliceux des régions méditerranéennes, caractérisée par des plantes buissonneuses, épineuses et odorantes adaptées à la sécheresse (cistes, pistachiers, chênes verts, chênes kermès, cyprès, etc.). *Gagner, prendre le maquis,* s'y réfugier (selon la coutume des bandits corses). 2. Fig. Ce qui est ou paraît impénétrable, inextricable. *Le maquis de la procédure*. II. HIST Pendant la guerre de 1939-1945, ensemble des régions rurales d'accès difficile où les résistants qui menaient une guerre de francs-tireurs contre l'occupant trouvaient refuge; l'ensemble de ces résistants. – Du corse *macchia,* «tache», du lat. *macula,* ces sortes de maquis apparaissant comme des taches sur les pentes des montagnes.

maquisard [makizaʀ] n. m. HIST Résistant combattant dans le maquis, franc-tireur, pendant la guerre de 1939-1945. ▷ *Par ext*. Tout franc-tireur. *Les maquisards afghans*. – De *maquis*.

marabout [maʀabu] n. m. I. 1. Mystique musulman qui mène une vie contemplative et se livre à l'étude du Coran. *Les marabouts sont consultés comme docteurs et interprètes de la loi*. ▷ Dans les pays musulmans d'Afrique, homme connu pour ses pouvoirs de devin et de guérisseur. 2. *Par ext*. Koubba, petite chapelle élevée sur la tombe d'un marabout. II. Grand oiseau ciconiiforme (genre *Leptopilus*) d'Asie et d'Afrique, charognard au bec puissant et au cou déplumé enfoncé entre les ailes. ▷ *Par méton*. Plume de la queue de cet oiseau. – Ar. *rābit, morābit,* «moine, ascète»; sens II, l'oiseau étant comparé à un saint homme en prière.

maracas [maʀakas] n. m. pl. Instrument de percussion composé d'une paire de boules creuses munies chacune d'un manche et remplies de petits corps durs, que l'on agite pour scander le rythme de la musique sud-américaine. – Mot esp. d'Argentine.

maracudja [maʀakudʒa] n. m. Syn. de *fruit de la Passion**. – Mot indien du Brésil, par le portug.

maraîchage [maʀɛʃaʒ] n. m. Culture maraîchère. – De *maraîcher*.

maraîcher, ère [maʀɛʃe, ɛʀ] n. et adj. Personne qui cultive en grand les légumes et les primeurs. ▷ adj. Qui concerne la culture en grand des légumes et des primeurs. – De *marais*.

maraîchin, ine [maʀɛʃɛ̃, in] adj. et n. GEOGR Du Marais breton, poitevin ou vendéen. ▷ Subst. *Les Maraîchins* : les habitants de ces régions. – De *marais*.

marais [maʀɛ] n. m. 1. Étendue d'eau stagnante de faible profondeur, envahie par la végétation aquatique (roseaux, carex, etc.). *Gaz des marais* : méthane. Vx Fièvre des marais : paludisme. 2. *Marais salant* : petit bassin peu profond, inondable à volonté, à proximité d'un rivage maritime, où l'on recueille le sel après évaporation de l'eau de mer. 3. Terrain humide ou irrigable propre à la culture maraîchère. 4. Fig. État, situation, activité, etc., où l'on risque de s'enliser. *Le marais de la médiocrité quotidienne*. 5. HIST *Le Marais* : (par dérision) le Tiers Parti, les modérés à la Convention, pendant la Révolution. 6. METEO *Marais barométrique* : zone de pression uniforme, voisine de la normale et sans gradient bien défini. – Du frq. **marisk,* rad. germ. **mari-,* «mer».

maranta [maʀɑ̃ta] ou **marante** [maʀɑ̃t] n. f. BOT Plante monocotylédone tropicale voisine des balisiers, cultivée pour ses rhizomes, dont on extrait l'arrow-root*, et comme plante ornementale. – Du n. de *Maranta,* botaniste du XVIe s.

1. marasme [maʀasm] n. m. 1. MED Maigreur extrême consécutive à une longue maladie. 2. Cour. Apathie, découragement. 3. Fig. Activité très ralentie, stagnation. *Marasme des affaires*. – Gr. *marasmos,* «consomption, épuisement».

2. marasme [maʀasm] n. m. BOT Champignon basidiomycète à lamelles, comestible (parfois allergène), dont l'espèce la plus courante est le *faux mousseron* ou *mousseron d'automne* ou *petit mousseron des prés*. – De *marasme* 1.

marasque [maʀask] n. f. Cerise acide des régions méditerranéennes, appelée aussi *griotte de Marasca*. – Ital. *(a)marasca,* de *amaro,* «amer», lat. *amarus*.

marasquin [maʀaskɛ̃] n. m. Liqueur de marasques. – De l'ital. *maraschino,* de *marasca*. (V. marasque).

marathe. V. mahratte.

marathon [maʀatɔ̃] n. m. 1. Épreuve de course à pied de grand fond (42,195 km), sur route. 2. Fig. Compétition, séance, négociation, etc., prolongée et éprouvante. *Marathon de danse. Marathon parlementaire*. – De *Marathon,* v. grecque d'où aurait couru, jusqu'à Athènes, le soldat portant la nouvelle de la victoire sur les Perses (490 av. J.-C.).

marathonien, enne [maʀatɔnjɛ̃, ɛn] n. Coureur, coureuse de marathon. – De *marathon*.

marâtre [maʀɑtʀ] n. f. 1. Vx ou péjor. Belle-mère, pour les enfants d'un premier lit. 2. Mauvaise mère. – adj. f. Fig. *«Quand la marâtre nature nous prive de la vue...» (Voltaire)*. – Du bas lat. *matrastra,* de *mater, matris,* «mère».

marattiales [maʀatjal] n. f. pl. BOT Ordre de fougères à leptosporanges des pays chauds, généralement de grande taille, mais non arborescentes. – Sing. *Une marattiale*. – Du nom du botaniste ital. du XVIIIe s. *Maratti*.

maraud, aude [maʀo, od] n. Vx Coquin, fripon. – P.-ê. mot dial., «matou».

maraudage [marodaʒ] n. m. ou **maraude** [marod] n. f. **1.** Vol de denrées commis par des soldats de passage. ▷ *Par ext.* Vol des produits de la terre avant leur récolte. **2.** *En maraude :* en quête d'un larcin, d'une proie. *Bête sauvage en maraude.* ▷ *Taxi en maraude,* qui roule lentement à la recherche de clients (à l'origine, en contravention à certains règlements de prise en charge). – De *marauder.*

marauder [marode] v. intr. [1] **1.** Se livrer au maraudage. ▷ v. tr. Rare *Marauder une poule.* **2.** Être en maraude (sens 2). *Taxi qui maraude.* – De *maraud.*

maraudeur, euse [marodœr, øz] n. et adj. Personne qui maraude. ▷ adj. *Taxi maraudeur.* – De *marauder.*

maravédis [maravedis] n. m. Ancienne monnaie de billon espagnole. ▷ Fam. *N'avoir pas un maravédis :* être sans un sou. – Esp. *maravedi,* «monnaie des Almoravides (dynastie de marabouts)», de l'ar. *morābit.*

marbre [marbr] n. m. **1.** Calcaire cristallin métamorphique, souvent veiné, dont les colorations variées sont dues à diverses impuretés. *Palais, colonne, statue, plaque de marbre.* ▷ Loc. fig. *Être, rester de marbre,* impassible. **2.** Morceau, objet de marbre. *Le marbre d'une cheminée.* ▷ Statue de marbre. *Un marbre de Rodin.* **3.** TECH Table, plaque métallique (de marbre à l'origine) parfaitement plane, servant à divers usages. *Marbre de mécanicien.* ▷ TYPO Grande table (auj. en fonte, jadis en marbre) sur laquelle on étale les formes pour les corriger et faire la mise en page. *Texte sur le marbre,* prêt pour l'impression. – Du lat. *marmor.*

marbré, ée [marbre] adj. et n. m. **1.** Veiné comme le marbre. *Bois marbré.* ▷ n. m. *Un beau marbré.* **2.** Par ext. *Peau marbrée de coups.* – De *marbre.*

marbrer [marbre] v. tr. [1] **1.** Décorer de dessins imitant les veines du marbre. **2.** Produire des marques semblables aux veines du marbre. *Le froid marbrait son visage de taches violacées.* – De *marbre.*

marbrerie [marbrəri] n. f. Art, métier du marbrier. - Atelier de marbrier. – De *marbrier.*

marbreur, euse [marbrœr, øz] n. Décorateur, spécialiste de la marbrure. – De *marbrer.*

marbrier, ère [marbrije, ɛr] n. m. et adj. **1.** n. m. Spécialiste du travail du marbre et des pierres dures. ▷ *Spécial.* Entrepreneur spécialisé dans la construction et la vente des monuments funéraires. **2.** adj. Relatif au marbre, à son traitement. *Industrie marbrière.* – De *marbre.*

marbrière [marbrijɛr] n. f. Carrière de marbre. – De *marbre.*

marbrure [marbryr] n. f. **1.** Imitation des veines du marbre (sur des boiseries, du papier, etc.). **2.** *Par ext.* Marque (spécial. sur la peau) évoquant le veinage du marbre. – De *marbre.*

1. marc [mar] n. m. **1.** Ancien poids équivalant à huit onces servant à peser les métaux précieux. ▷ *Marc d'or, marc d'argent :* poids de huit onces d'or, d'argent; valeur de cette quantité de métal. **2.** DR *Au marc le franc :* en proportion de la créance ou de l'intérêt de chacun dans une affaire. *Partager, payer au marc le franc.* – Bas lat. *marca,* frq. **marka.*

2. marc [mar] n. m. **1.** Résidu de fruits dont on a extrait le suc par pression. *Marc de raisin, de pommes.* - *Absol.* Marc de raisin. *Distillation des marcs.* **2.** Eau-de-vie obtenue par distillation du marc de raisin. **3.** Résidu d'une substance végétale dont on a extrait le suc par infusion. *Marc de thé. Lire l'avenir dans le marc de café.* – Déverbal de *marcher,* au sens anc. de «piétiner».

marcassin [markasɛ̃] n. m. Petit du sanglier. *Les marcassins ont le dos rayé longitudinalement.* – Mot picard, probabl. de *marque,* en raison des raies que le petit marcassin porte sur le dos.

marcassite [markasit] n. f. MINER Variété de pyrite (FeS_2) jaune, à éclat métallique, cristallisant en prismes allongés, utilisée en bijouterie de fantaisie. – Lat. médiév. *marchasita,* du persan.

marcation [markasjɔ̃] n. f. Vx Démarcation. ▷ HIST *Ligne de marcation,* tracée (en 1494) sur la mappemonde par le pape Alexandre VI. (Il fut décidé que les terres découvertes à l'O. de cette ligne reviendraient aux Espagnols; celles découvertes à l'E., aux Portugais.)

marceau. V. marsault.

marcescence [marsesɑ̃s] n. f. BOT État d'une partie d'une plante qui se flétrit. – De *marcescent.*

marcescent, ente [marsesɑ̃, ɑ̃t] adj. BOT Qui se fane sans se détacher de la plante. *Les feuilles de chêne sont marcescentes.* – Lat. *marcescens,* de *marcescere,* «se flétrir».

marcescible [marsesibl] adj. Litt. Destiné à se flétrir. Ant. immarcescible. – Lat. *marcescibilis.*

marchand, ande [marʃɑ̃, ɑ̃d] n. et adj. **1.** n. Personne qui fait profession d'acheter et de revendre avec bénéfice. *Marchand en gros, au détail.* ▷ *Marchand de biens,* qui achète des terres, des immeubles, pour les revendre, ou qui sert d'intermédiaire entre vendeurs et acheteurs de ces biens. ▷ Péjor. *Marchand de soupe :* propriétaire d'un mauvais restaurant; fig. personne peu scrupuleuse, qui ne considère son métier que comme une source de profits, qui est animée par le seul esprit de lucre. **2.** adj. Relatif au commerce. *Valeur, denrée marchande. Prix marchand,* auquel les marchands se vendent les produits entre eux. *Qualité marchande,* courante (par oppos. à *supérieure, extra,* etc.). ▷ *Rue marchande,* où il y a beaucoup de magasins, de commerces. ▷ *Marine marchande,* par oppos. à *marine militaire.* – Du lat. pop. **mercatans, mercatantis,* ppr. de *mercatare,* «commercer», de *mercatus,* «marché».

marchandage [marʃɑ̃daʒ] n. m. **1.** Action de marchander. ▷ Par ext. Péjor. Tractation peu scrupuleuse. *Marchandage électoral.* **2.** DR Forme illégale de louage d'ouvrage dans laquelle un sous-entrepreneur traite à forfait avec un entrepreneur et fait exécuter le travail par des ouvriers employés à l'heure ou à la journée et payés à un tarif très bas. – De *marchander.*

marchander [marʃɑ̃de] v. tr. [1] **1.** Débattre le prix (de qqch) pour l'obtenir à meilleur compte. *Marchander un tableau.* - Absol. *Il n'aime pas marchander.* **2.** Fig. (Surtout en tournure négative.) Accorder (qqch) à contrecœur. *Ne pas marchander les compliments.* **3.** DR Conclure un marchandage. – De *marchand.*

marchandeur, euse [marʃɑ̃dœr, øz] n. **1.** Personne qui marchande. **2.** DR Sous-entrepreneur qui traite dans un contrat de marchandage. – De *marchander.*

marchandisage [marʃɑ̃dizaʒ] n. m. COMM Ensemble des techniques visant à présenter à l'acheteur éventuel, dans les meilleures conditions matérielles et psychologiques, le produit à vendre (publicité sur le lieu de vente, étalage, etc.). (Terme officiellement recommandé pour *merchandising.*) – De *marchandise.*

marchandise [marʃɑ̃diz] n. f. Objet, produit qui se vend ou s'achète. *Marchandises exposées dans une vitrine.* - CH de F *Train, wagon de marchandises* (par oppos. à *de voyageurs*). ▷ Loc. fig. *Faire valoir sa marchandise :* vanter ses propres mérites, ce que l'on possède. – De *marchand.*

marchant, ante [marʃɑ̃, ɑ̃t] adj. Rare Qui marche. - MILIT *Aile marchante d'une armée,* celle qui marche, par oppos. à celle qui sert de pivot dans un mouvement tournant. – Ppr. de *marcher.*

marchantia [marʃɑ̃tja] n. f. BOT Hépatique* à thalle des lieux humides. – Du n. du botaniste fr. N. *Marchant.*

1. marche [maʀʃ] n. f. **I. 1.** Mode de locomotion de l'homme et de certains animaux, enchaînement des pas. *La marche est un excellent exercice. Une marche rapide. Épreuve de marche, en athlétisme.* **2.** Trajet que l'on parcourt en marchant (évalué en distance ou en temps). *Cette longue marche l'a épuisé. Le refuge est à deux heures de marche du col.* **3.** Mouvement d'un groupe de personnes qui marchent. *La marche d'une procession. Ouvrir, fermer la marche* : marcher en tête, en queue d'un cortège. ▷ *Marche forcée,* dans laquelle on fait parcourir par des troupes une étape plus longue que d'habitude. *Rallier le gros de l'armée à marches forcées.* **4.** Pièce de musique destinée à régler le pas d'une troupe, d'un cortège. *La «Marche funèbre» de Chopin.* **5.** Mouvement d'un corps, d'un véhicule qui se déplace, d'un mécanisme qui fonctionne. *La marche des astres, d'une horloge. Sauter d'un train en marche. Mettre un appareil en marche.* – Loc. *Faire marche arrière,* reculer; fig. revenir sur une prise de position. – Fig. Fait de suivre son cours ou de fonctionner. *La marche du temps, de la science. La bonne marche d'une usine.* ▷ *Marche à suivre* : façon de procéder pour obtenir ce que l'on désire. **6.** MUS *Marche d'harmonie* : progression régulière et uniforme d'accords sur un mouvement de base. **II.** Élément plan et horizontal d'un escalier, sur lequel on pose le pied pour monter ou pour descendre. – Déverbal de *marcher.*

2. marche [maʀʃ] n. f. HIST Province frontière d'un État, organisée militairement pour repousser d'éventuels envahisseurs. ▷ *Par ext.* Toute province frontière. – Frq. **marka.*

marché [maʀʃe] n. m. **1.** Lieu couvert ou en plein air où l'on met en vente des marchandises. *Marché aux poissons, aux fleurs.* **2.** Rassemblement périodique de ceux qui vendent et qui achètent dans un lieu public. *Le marché a lieu tous les mardis.* ▷ *Faire son marché* : acheter au marché (ou, par ext., dans les magasins) les denrées dont on a besoin. **3.** Ville, endroit qui est le centre d'un commerce important. *Les grandes villes sont en général des marchés d'intérêt national* (MIN*). **4.** Débouché économique. *Industries concurrentes qui se disputent un marché.* – *Marché porteur* : secteur économique rentable. ▷ *Étude de marché* : analyse des besoins des consommateurs en vue de la fabrication et de la vente d'un produit. **5.** Ensemble des transactions portant sur tels biens, tels services; ensemble de ceux qui se livrent à ces transactions. *Le marché du sucre. Le marché du travail.* ▷ FIN *Marché financier,* dans lequel se négocient, en Bourse, les valeurs cotées. *Marché monétaire* : ensemble des transactions qu'effectuent entre elles les banques pour faire face à leurs besoins en liquidités. – *Marché libre,* dans lequel les banquiers négocient les valeurs sans cote officielle (par oppos. au *marché officiel,* qui s'effectue sur des valeurs cotées en Bourse). – FIN *Second marché* : marché boursier où les exigences concernant les valeurs immobilières sont moindres que celles de la cote officielle. ▷ *Marché noir* : ensemble d'opérations commerciales clandestines portant sur l'achat et la vente, à un prix anormalement élevé, de produits rares et recherchés. *Faire du marché noir.* ▷ *Économie de marché,* dans laquelle la régulation de la production et des prix est assurée par la loi de l'offre et de la demande (par oppos. à *économie planifiée,* à *économie dirigée*). **6.** Convention concernant les conditions d'une vente, d'un travail à exécuter. *Conclure un marché.* – *Mettre à qqn le marché en main,* le mettre dans l'obligation d'accepter ou de refuser un marché sans plus admettre de discussion. ▷ Loc. fam. *Par-dessus le marché* : de plus, en outre. ▷ FIN, COMM *Marché à terme,* dont le prix était fixé à la transaction, la livraison et le paiement s'effectuant selon un calendrier (par oppos. à *marché au comptant*). – *Marché à option* : marché à terme où l'une des parties se réserve le droit d'annuler le marché à l'échéance. – *Marché à règlement mensuel* : marché où se pratiquent des négociations sur des valeurs qui ne sont payées et livrées qu'à des échéances mensuelles, et qui a remplacé l'ancien marché à terme. – *Marché à prime,* avec versement d'une prime en cas d'annulation. – *Marché ferme,* dans lequel l'acheteur est en droit d'exiger la livraison. – *Marché public* : contrat administratif concernant la fourniture de biens ou de services à une collectivité publique. – *Marché de gré à gré* : contrat administratif impliquant la liberté de choix du cocontractant par l'Administration. – *Marché captif,* réservé à un petit nombre de concurrents. **7.** Accord, pacte quelconque entre plusieurs personnes. **8.** *(À) bon marché* : à un prix avantageux. ▷ Fig. *Faire bon marché d'une chose,* ne pas lui reconnaître beaucoup d'importance. – Du lat. *mercatus,* de *merx, mercis,* «marchandise».

marchepied [maʀʃəpje] n. m. **1.** Dernier degré de l'estrade, d'un trône ou d'un autel. **2.** Marche ou série de marches permettant de monter dans un véhicule, notam. dans une voiture de chemin de fer. **3.** Petite échelle d'appartement, escabeau. **4.** Fig. Moyen de parvenir à une charge supérieure. *Ce poste de secrétaire général lui a servi de marchepied.* – De *marcher,* et *pied.*

marcher [maʀʃe] v. intr. [1] **1.** Se déplacer par la marche, aller d'un point à un autre en faisant des pas. *Marcher lentement. Marcher à pas de loup,* sans faire de bruit. *Marcher à plusieurs de front.* ▷ *Marcher à* : s'avancer vers. *Marcher au combat, à la mort.* ▷ *Marcher sur, dans qqch,* poser le pied dessus. *Marcher sur une peau de banane, dans une flaque boueuse.* **2.** Loc. fig. *Marcher sur les talons de qqn,* le suivre de très près. *Marcher sur les traces de qqn,* suivre son exemple. – Fam. *Ne pas se laisser marcher sur les pieds* : savoir se faire respecter. **3.** Fig., fam. Accepter de participer à une affaire, à une action. *Je ne marche pas!* **4.** Fig. Se laisser duper. *La farce a réussi, tout le monde a marché.* – *Faire marcher quelqu'un,* lui faire croire des choses fausses. **5.** Se déplacer (en parlant de véhicules). *Ce train marche à 130 km à l'heure.* **6.** Fonctionner. *Ce magnétophone ne marche plus.* ▷ Fig. *Cette entreprise marche bien.* **7.** (S. comp.) Prospérer, avoir du succès. *Affaire, spectacle qui marche.* – Frq. **markôn,* «marquer, imprimer le pas».

marcheur, euse [maʀʃœʀ, øz] n. **1.** Personne qui marche, ou qui peut marcher longtemps sans se fatiguer. *Un bon marcheur.* **2.** Fam., vieilli *Un vieux marcheur* : un homme avancé en âge qui n'a pas renoncé à poursuivre les femmes de ses assiduités, à les suivre dans la rue. – De *marcher.*

marconi [maʀkɔni] adj. inv. MAR Se dit d'un type de gréement caractérisé par une grand-voile triangulaire se hissant au moyen d'une seule drisse. *Le gréement marconi est celui de la plupart des yachts modernes.* – Du n. du physicien *Marconi* (1874-1937), à cause du mât à pible, évoquant une antenne de T.S.F.

marcottage [maʀkɔtaʒ] n. m. Formation naturelle d'une, (de) marcotte(s). – Opération par laquelle on suscite artificiellement la formation de marcottes. – De *marcotter.*

marcotte [maʀkɔt] n. f. Organe végétal aérien qui s'enterre et s'enracine avant de se séparer (ou d'être séparé) de la plante mère. – Fém. du moyen fr. *marcot,* du lat. *marcus,* «espèce de cep».

marcotter [maʀkɔte] v. tr. [1] Pratiquer le marcottage sur. *Marcotter la vigne.* – De *marcotte.*

mardi [maʀdi] n. m. Deuxième jour de la semaine, qui suit le lundi. ▷ *Mardi gras* : veille du premier jour de carême. ▷ *Mardi saint* : le mardi de la semaine sainte. – Lat. *Martis dies,* «jour de Mars».

mare [maʀ] n. f. **1.** Petite étendue d'eau stagnante, naturelle ou artificielle. *Mare où nagent les canards.* **2.** Grande quantité de liquide répandue sur le sol. *Une mare de vin, de sang.* – Frq. *mara.*

marécage [maʀekaʒ] n. m. Étendue d'eau dormante peu profonde, marais. – De *maresc*, anc. forme de *marais*.

marécageux, euse [maʀekaʒø, øz] adj. **1.** De la nature du marécage. *Terrain marécageux.* **2.** Qui se trouve dans les marécages. *Plantes marécageuses.* – De *marécage*.

maréchal, aux [maʀeʃal, o] n. m. **1.** *Maréchal* (rare) ou *maréchal-ferrant* (cour.) : artisan dont le métier est de ferrer les chevaux. *Des maréchaux-ferrants.* **2.** Anc. Officier chargé de veiller sur les écuries d'un prince. ▷ *Maréchal de camp* : officier général de l'ancienne monarchie. **3.** *Maréchal de France* ou *maréchal* : autref., officier supérieur au service du roi. – Mod. Officier général investi de la plus haute dignité militaire. *Le titre de maréchal est une dignité et non un grade. On appelle un maréchal «monsieur le Maréchal».* ▷ *Bâton de maréchal* : insigne de la dignité de maréchal. – Loc. fig. *Avoir son bâton de maréchal* : être arrivé à la plus haute situation à laquelle on puisse prétendre. **4.** Mod. *Maréchal des logis* ou, par abrév., *margis* : sous-officier dont le grade correspond à celui de sergent, dans la cavalerie, l'artillerie, le train des équipages et la gendarmerie. – Frq. **marhskalk*, «domestique chargé de soigner les chevaux».

maréchalat [maʀeʃala] n. m. Dignité de maréchal de France. – De *maréchal*.

maréchale [maʀeʃal] n. f. Titre donné à la femme d'un maréchal de France. – Fém. de *maréchal*.

maréchalerie [maʀeʃalʀi] n. f. TECH Profession du maréchal-ferrant; atelier où il travaille. – De *maréchal*.

maréchal-ferrant. V. maréchal.

maréchaussée [maʀeʃose] n. f. **1.** Anc. Juridiction, tribunal des maréchaux de France. **2.** Anc. Corps de cavaliers placé sous les ordres d'un prévôt des maréchaux et chargé de la sécurité publique. ▷ Mod., plaisant *La maréchaussée* : les gendarmes. – De *maréchal*.

marée [maʀe] n. f. **1.** Mouvement périodique des eaux de la mer, qui s'élèvent et s'abaissent chaque jour à des intervalles réguliers, dû à l'attraction qu'exercent sur les masses fluides du globe terrestre les masses de la Lune et du Soleil. *Marée montante* : flux, flot. *Marée descendante* : reflux, jusant. – *Marée haute* : fin du flux. *Marée basse* : fin du reflux. – *Marées de vive-eau* : grandes marées se produisant lorsque le Soleil et la Lune sont en syzygie. *Marées de morte-eau* : faibles marées correspondant à l'époque où le Soleil et la Lune sont en quadrature. ▷ *Raz* de marée.* ▷ Loc. fig. *Contre vents et marées* : sans tenir compte des obstacles. ▷ Fig. *Une marée humaine* : une foule considérable en mouvement. **2.** *Marée noire* : couche d'hydrocarbures répandus accidentellement (naufrage de pétrolier, éruption de puits marin, etc.) ou non à la surface de la mer et qui vient souiller les rivages. **3.** Poissons de mer, coquillages, crustacés, qui viennent d'être pêchés. *Marchande de marée.* – De *mer*.

marégraphe [maʀegʀaf] n. m. TECH Appareil servant à enregistrer les variations du niveau de la mer selon la marée. – De *marée*, et *-graphe*.

marelle [maʀɛl] n. f. Jeu d'enfants qui consiste à pousser un palet dans des cases tracées sur le sol, en sautant à cloche-pied. ▷ Figure tracée pour ce jeu. – P.-ê. du préroman **marr*, «pierre».

maremme [maʀɛm] n. f. GEOGR Région marécageuse du littoral tyrrhénien, en Italie centrale. – Ital. *maremma*, du lat. *maritima*, «les côtes».

marémoteur, trice [maʀemɔtœʀ, tʀis] adj. Qui concerne ou qui utilise l'énergie des marées. ▷ *Centrale* ou *usine marémotrice*, qui utilise l'énergie des marées pour produire de l'électricité. – De *marée*, et *moteur*.

marengo [maʀɛ̃go] n. inv. **1.** n. CUIS *Veau, poulet à la marengo* ou *marengo*, cuit dans de la matière grasse avec des tomates et des champignons. **2.** n. m. Drap épais, brun et tacheté de petits points blancs. – adj. inv. *Des tissus marengo.* – De *Marengo*, village d'Italie où Bonaparte livra bataille (1800) et où lui aurait été servi un plat de viande dont la recette s'est conservée.

marennes [maʀɛn] n. f. Huître de l'élevage de Marennes. – De *Marennes* (ch.-l. de cant. de Char.-Mar.).

mareyage [maʀɛjaʒ] n. m. Activité du mareyeur. – De *mareyeur*.

mareyeur, euse [maʀɛjœʀ, øz] n. Personne qui pratique le commerce en gros du poisson et des fruits de mer. – De *marée*.

marfil. V. morfil 2.

margarine [maʀgaʀin] n. f. Mélange de graisses épurées, pour la plupart d'origine végétale, utilisé en cuisine pour remplacer le beurre. – D'après *(acide) margarique*, mot formé sur le gr. *margaron*, «perle», à cause de la couleur de cet acide.

margauder. V. margoter.

marge [maʀʒ] n. f. **1.** Espace blanc autour d'un texte, d'une gravure, d'une photographie, etc. *Annotations en marge.* **2.** Fig. Latitude, liberté d'action relative. *Laisser de la marge à qqn. Tolérer une marge d'erreur.* **3.** FIN *Marge commerciale* : différence entre le prix de vente et le prix d'achat d'une marchandise, exprimée en pourcentage du prix de vente. ▷ *Marge bénéficiaire* : différence entre le prix de vente et le prix de revient. ▷ *Marge brute d'autofinancement (M.B.A.)* : V. cash-flow. **4.** Loc. prép. *En marge de (qqch)* : en dehors de (qqch), sans en être éloigné. *C'est un problème en marge de vos préoccupations.* – *Vivre en marge (de la société)*, sans être socialement intégré. – Lat. *margo, marginis*, «bord, marge».

margelle [maʀʒɛl] n. f. Assise de pierre, le plus souvent circulaire, formant le rebord d'un puits. – Lat. pop. *margella*, dimin. du class. *margo*, «bord».

marger [maʀʒe] v. tr. et intr. [13] **1.** Prévoir une marge sur une feuille de papier. **2.** IMPRIM Placer la feuille à imprimer dans la bonne position par rapport à la forme à imprimer. **3.** Placer le margeur d'une machine à écrire de façon à obtenir les marges souhaitées. – De *marge*.

margeur [maʀʒœʀ] n. m. Machine permettant de ménager des marges de part et d'autre d'une feuille de papier. ▷ Dispositif d'une machine à écrire servant à régler les marges. – De *marger*.

marginal, ale, aux [maʀʒinal, o] adj. et n. **1.** Qui est en marge d'un texte. *Notes marginales d'un manuscrit.* **2.** Qui n'est pas essentiel, qui n'est pas principal. *Une œuvre marginale.* **3.** Qui vit en marge de la société. *Groupe marginal.* ▷ Subst. *Un(e) marginal(e).* **4.** ECON *Utilité marginale*, celle que présente aux yeux du producteur ou du consommateur la dernière unité produite ou consommée. *Coût marginal d'un produit*, coût de production d'une unité supplémentaire de ce produit. – Du lat. *margo, marginis*, «bord, marge».

marginalement [maʀʒinalmɑ̃] adv. De façon marginale. *Choisir de vivre marginalement. S'occuper d'une affaire marginalement.* – De *marginal*.

marginalisation [maʀʒinalizasjɔ̃] n. f. Fait de se marginaliser. – Action de marginaliser; résultat de cette action. – De *marginaliser*.

marginaliser [maʀʒinalize] v. tr. [1] (Personnes) Rendre marginal. *La ségrégation raciale ou sociale marginalise certaines communautés.* ▷ v. pron. Devenir marginal. – De *marginal*.

marginalisme [maʀʒinalism] n. m. ECON Théorie qui définit la valeur par son utilité marginale (par oppos. à la théorie marxiste de la valeur fondée sur le temps social moyen de production). – De *marginal.*

marginalité [maʀʒinalite] n. f. État de celui, de ce qui est en marge de la société. – De *marginal.*

margis [maʀʒi] n. m. MILIT Arg. Maréchal des logis. – Abrév. de *maréchal des logis.*

margoter, margotter [maʀgɔte] ou **margauder** [maʀgode] v. intr. [1] Pousser son cri (en parlant de la caille). – De *margot,* nom anc. de divers oiseaux (pie, etc.).

margotin [maʀgɔtɛ̃] n. m. Petit fagot de menu bois pour allumer le feu. – De *marcotte.*

margouillat [maʀguja] n. m. ZOOL Lézard d'Afrique occidentale, capable de changer de couleur comme les caméléons. – P.-ê. de l'anc. fr. *margouiller,* « souiller ».

margouillis [maʀguji] n. m. Fam. Fange, boue souillée d'ordures. ▷ Fig. Mélange informe, dégoûtant. – De l'a. fr. *margouiller,* « salir ».

margoulette [maʀgulɛt] n. f. Pop. Mâchoire, bouche. *Se casser la margoulette,* la figure. – Du lat. *gula,* « gueule », avec infl. de *margouiller,* « salir, souiller ».

margoulin, ine [maʀgulɛ̃, in] n. Fam. Individu malhonnête en affaires. – De *margouliner,* dial., « vendre de bourg en bourg », rac. *margouline,* « bonnet », de *goule,* « gueule ».

margrave [maʀgʀav] n. **1.** HIST Titre de certains princes souverains d'Allemagne dont les principautés étaient ou avaient été des marches (provinces frontières). **2.** n. f. Femme d'un margrave (on dit aussi *margravine*). – All. *Markgraf,* « comte (gouverneur) d'une marche ».

margraviat [maʀgʀavja] n. m. HIST Dignité de margrave. – Principauté d'un margrave. – De *margrave.*

marguerite [maʀgəʀit] n. f. **1.** Plante ornementale de la famille des composées, dont le capitule porte des fleurs centrales jaunes (hermaphrodites) et des fleurs périphériques (« pétales ») blanches (femelles). *Grande marguerite* (genre *Leucanthemum*). *Petite marguerite* (aussi appelée *pâquerette*). – Cour. Fleur à cœur jaune et à pétales blancs de la marguerite (le capitule). *Effeuiller la marguerite,* pour savoir si on est aimé d'une personne, en disant au fur et à mesure que l'on arrache les pétales : « Il (ou elle) m'aime un peu, beaucoup, passionnément, à la folie, pas du tout » et reprise. **2.** TECH tête d'impression de certaines machines à écrire et imprimantes, dont les caractères en relief figurent sur des languettes disposées en rayon autour d'un emplacement prévu pour recevoir l'axe moteur. – Du lat. *margarita,* « perle », du gr.

marguillier [maʀgije] n. m. Membre du conseil de fabrique* d'une paroisse. – Du bas lat. *matricularius,* « teneur de registre ».

mari [maʀi] n. m. Homme uni à une femme par le mariage. Syn. conjoint, époux. – Du lat. *maritus,* « marié » et « mari », de *mas, maris,* « mâle ».

mariable [maʀjabl] adj. Qui est en état, en âge, en condition de se marier. – De *marier.*

mariage [maʀjaʒ] n. m. **1.** Union légitime d'un homme et d'une femme. *Le mariage civil, célébré par un officier d'état civil, est seul reconnu par la loi ; il doit nécessairement précéder le mariage religieux, s'il y en a un.* – *Contrat de mariage.* **2.** Célébration du mariage. *Assister à un mariage.* **3.** Fig. Union, alliance, assortiment de deux ou plusieurs choses. *Un heureux mariage de couleurs.* **4.** Jeu de cartes qui consiste à réunir dans une même main le roi et la dame de la même couleur. – De *marier.*

ENCYCL **Droit.** – En France, le mariage civil exige certaines conditions. Les futurs époux, qui doivent être âgés de dix-huit ans révolus pour les hommes et de quinze ans révolus pour les femmes, sauf dispense accordée par le chef de l'État, sont tenus de se soumettre à un examen médical prénuptial. Les mineurs (moins de dix-huit ans) doivent fournir le consentement de leurs parents. La première formalité du mariage est la publication des bans, réalisée par voie d'affichage pendant dix jours dans les mairies des communes où sont domiciliés les futurs époux. La seconde formalité est la célébration publique du mariage par l'officier de l'état civil, en présence de deux témoins majeurs. Le mariage crée entre les époux des rapports d'égalité avec des droits et des devoirs réciproques : fidélité, cohabitation, assistance et secours mutuels, obligation alimentaire. Les époux dirigent ensemble l'éducation des enfants issus du mariage, en exerçant en commun l'autorité parentale. Les intérêts matériels des époux sont réglés par un contrat de mariage qui doit être rédigé par un notaire sauf en cas de communauté légale. Le mariage civil ne peut être dissous que par la mort d'un des époux ou par un divorce.

marial, ale, aux [maʀjal, o] adj. Relatif à la Vierge Marie. *Culte marial.* – Du n. de *Marie.*

marianiste [maʀjanist] n. m. Membre de la Société de Marie, congrégation religieuse qui se consacra à l'enseignement, fondée en 1817, à Bordeaux, par l'abbé Chaminade. – Du lat. *Maria,* « Marie ».

marié, ée [maʀje] adj. et n. **1.** adj. Uni par le mariage (à qqn). *Femme mariée.* ▷ Subst. *Jeunes mariés.* **2.** n. Celui, celle dont on célèbre le mariage. *Le marié, en habit noir... Vive la mariée !* ▷ Loc. fig. et prov. *Se plaindre que la mariée est trop belle* : se plaindre de ce dont on devrait plutôt se réjouir. – Pp. de *marier.*

marie-couche-toi-là [maʀikuʃtwala] n. f. inv. Pop., vieilli Fille publique ; fille, femme facile. – De *Marie* (prénom), l'impér. de *se coucher,* et *là.*

marie-jeanne [maʀiʒan] n. f. inv. Fam. Marihuana. – Adapt. fr. de *marijuana.*

marier [maʀje] v. [2] **I.** v. tr. **1.** Unir (un homme et une femme) par les liens du mariage. *C'est le maire du village qui les a mariés.* **2.** Donner en mariage. *Il a marié sa fille à un ingénieur.* **3.** Provoquer le mariage de, être à l'origine du mariage de, organiser le mariage de. *À force de jouer les marieuses, elle a bien fini par les marier. Ils ont mariés leur fille en mai.* **4.** Participer aux cérémonies de mariage de. *Ils marient un de leurs cousins la semaine prochaine.* **5.** Fig. Unir, allier, assortir. *Marier les couleurs.* ▷ v. pron. *Couleurs qui se marient.* **II.** v. pron. S'unir par les liens du mariage. (Réciproque) *Ils se sont mariés hier.* (Réfléchi) *Elle ne veut pas se marier avec lui.* – Du lat. *maritare.*

marie-salope [maʀisalɔp] n. f. **1.** MAR Chaland destiné à recevoir les vases draguées dans les ports et dans les rivières. **2.** Pop., vieilli Femme malpropre ou débauchée. *Des maries-salopes.* – De *Marie,* et *salope.*

marieur, euse [maʀjœʀ, øz] n. Fam. Personne qui s'entremet pour favoriser un (des) mariage(s). – De *marier.*

marigot [maʀigo] n. m. GEOGR Dans les pays tropicaux, dépression de terrain inondée pendant la saison des pluies, ou bras mort d'un fleuve. – P.-ê. d'un mot caraïbe, d'ap. *mare.*

marihuana ou **marijuana** [maʀiʀwana] n. f. Stupéfiant préparé à partir de jeunes inflorescences femelles desséchées du chanvre indien (*Cannabis sativa*). *Cigarette de marijuana.* – Mot esp. d'Amérique, par l'angl.

1. marin, ine [maʀɛ̃, in] adj. **1.** Qui vient de la mer, qui y habite ; qui concerne la mer. *Sel marin. Animaux marins.* – *Dieux, monstres marins.* **2.** Qui concerne la navigation en mer. *Carte marine.* ▷ Qui tient bien la mer, qui est à l'aise sur la mer. – Loc. *Avoir le pied marin :* être à l'aise sur un bateau malgré les mouvements de la mer. **3.** TECH Se dit de travaux (partic., pétroliers) effectués au-delà du rivage. *Prospection marine,* ou *en mer* (off. recommandé pour *off-shore*). – Lat. *marinus,* de *mare,* « mer ».

2. marin [marɛ̃] n. m. **1.** Personne dont la profession est de naviguer en mer. ▷ *Spécial.* Homme d'équipage. *Les officiers et les marins.* – *Col marin :* grand col carré dans le dos, en pointe devant. *Costume marin :* costume bleu rappelant l'uniforme des marins, à col marin. **2.** *Spécial.* Vent du littoral méditerranéen français, venu du Sud et chargé de pluie. – De *marin* 1.

marina [marina] n. f. Complexe touristique construit en bord de mer et comportant des logements attenants à des installations portuaires de plaisance. – Mot anglo-amér., de l'ital. *marina,* « plage ».

marinade [marinad] n. f. Mélange composé ordinairement de vin, de vinaigre, de sel et d'aromates, dans lequel on laisse tremper certaines viandes pour les attendrir ou les parfumer et certains poissons pour les conserver. – *Par ext.* Mets ainsi préparé. – De *mariner.*

1. marine [marin] n. f., adj. inv. (et n. m.) **1.** Ce qui concerne l'art de la navigation sur mer. *Instrument de marine.* **2.** Ensemble des gens de mer. ▷ Ensemble des navires, des équipages et des activités de navigation d'un même genre. *Marine marchande :* navires et équipages employés pour le commerce. *La Marine nationale :* la marine de guerre de la France. ▷ Puissance navale, marine militaire d'un État. *Servir dans la marine française. Officier de marine.* **3.** BX-A Tableau qui a la mer pour sujet; genre constitué par de tels tableaux. *Une exposition de marines. L'art de la marine.* ▷ *Format marine :* format de châssis de tableau dont la hauteur est notablement inférieure à la largeur. **4.** adj. inv. *Bleu marine* ou *marine :* bleu foncé qui ressemble à celui des uniformes de la Marine nationale. *Des cabans bleu marine. Des jupes marine.* ▷ n. m. *Du marine :* du bleu marine. – De *marin* 1.

2. marine [marin], plur. **marines** [marins] n. m. Fusilier marin dans les armées britannique et américaine. – Mot angl., du fr. *marine.*

mariné, ée [marine] adj. Trempé dans une marinade. *Lapin mariné au vin rouge.* – De *marine,* au sens vx de « eau de mer ».

mariner [marine] v. [1] **1.** v. tr. Mettre (un poisson, de la viande) dans une marinade pour les conserver, les attendrir ou leur donner un arôme particulier. **2.** v. intr. Tremper, être placé dans une marinade. *Poisson qui marine depuis deux heures.* ▷ Fig., fam. Attendre; rester longtemps dans une situation désagréable. *Faire mariner qqn.* – De *marine,* au sens vx de « eau de mer ».

maringouin [marɛ̃gwɛ̃] n. m. Nom cour. de divers moustiques, cousins, etc. (dans les pays tropicaux; au Canada). – Du tupi-guarani (Brésil) *mbarigui.*

marinier, ère [marinje, ɛr] adj. et n. **1.** adj. Qui appartient à la marine. – n. m. (En appos.) *Officier marinier :* sous-officier de la Marine nationale. **2.** n. Personne qui conduit des péniches, des chalands ou des remorqueurs sur les rivières et les canaux. – De *marin* 1.

marinière [marinjɛr] n. f. **1.** Manière de nager sur le côté. *Nager à la marinière* ou *nager la marinière.* **2.** CUIS *Moules à la marinière* ou *moules marinière,* cuites dans leur jus, avec du vin blanc, des échalotes ou des oignons et du persil. **3.** Vêtement, blouse ample, que l'on enfile par la tête. – De *marinier.*

marin-pêcheur n. m. Inscrit maritime qui pêche à bord d'un navire. *Des marins-pêcheurs.* – De *marin,* et *pêcheur.*

mariol ou **mariolle** [marjɔl] adj. et n. Fam. Malin, rusé. – Subst. *Faire le mariolle :* faire le malin, l'intéressant. – Ital. *mariolo,* « filou ».

mariologie [marjolɔʒi] n. f. Didac. Partie de la théologie consacrée à la Vierge Marie. – De *Marie,* et *-logie.*

marionnette [marjɔnɛt] n. f. **1.** Figurine qu'une personne, généralement cachée, actionne à l'aide de ficelles (*marionnette à fils :* fantoche) ou à la main (*marionnette à gaine :* pupazzo, guignol). *Théâtre de marionnettes.* ▷ (Plur.) Théâtre ou spectacle de marionnettes. *Aimer les marionnettes.* **2.** Fig. Personne qu'on manœuvre comme on veut. *Cet homme politique n'est qu'une marionnette.* – De *Marion,* dimin. de *Marie,* « statuette de la Vierge ».

marionnettiste [marjɔnɛtist] n. Montreur de marionnettes. – De *marionnette.*

marisque [marisk] n. f. MED Petite tuméfaction du pourtour de l'anus due à la transformation fibreuse d'une hémorroïde externe. – Du lat. *marisca,* « figue sauvage ».

mariste [marist] n. Membre d'une des congrégations religieuses vouées à la Vierge Marie. (*La Société de Marie* – religieux prêtres – a été fondée à Lyon en 1822 par le père Colin qui a également fondé en 1824 la congrégation féminine des *sœurs maristes;* l'institut des *frères maristes* – Petits Frères de Marie, non prêtres – a été fondé en 1817 par Marcellin Champagnat.) – Du n. de la Vierge *Marie.*

marital, ale, aux [marital, o] adj. Du mari. *Autorisation maritale.* – Lat. *maritalis.*

maritalement [maritalmɑ̃] adv. Comme des époux mais sans être mariés. *Ils vivent maritalement.* – De *marital.*

maritime [maritim] adj. **1.** Qui est en contact avec la mer, qui subit son influence. *Les populations maritimes. Climat maritime,* tempéré par le voisinage de la mer. ▷ *Plantes maritimes,* qui croissent au voisinage de la mer, sur les rivages. **2.** Qui se fait par mer. *Transport, commerce maritime.* **3.** Qui concerne la navigation sur mer, la marine. *Les forces maritimes :* les forces navales de guerre. *Grande puissance maritime.* – *Affaires maritimes.* – Lat. *maritimus.*

maritorne [maritɔrn] n. f. Fam. Femme laide et malpropre. – Nom d'une servante repoussante dans *Don Quichotte* de Cervantès.

marivaudage [marivodaʒ] n. m. **1.** LITTER Affectation, préciosité du style (à la manière de Marivaux). **2.** Galanterie raffinée, affectation dans l'expression des sentiments amoureux. – De *marivauder.*

marivauder [marivode] v. intr. [1] User de marivaudage. – Du n. de l'écrivain fr. *Marivaux* (1688-1733).

marjolaine [marʒɔlɛn] n. f. Plante aromatique (genre *Origanum,* fam. labiées) appelée aussi *origan.* – P.-ê. du lat. médiév. *maiorana.*

mark [mark] n. m. **1.** HIST Unité monétaire des pays germaniques. **2.** *Ellipt.* (pour *deutsche Mark*). Unité monétaire de la République fédérale d'Allemagne et de l'Allemagne réunifiée. **3.** *Mark finlandais :* V. markka. – Mot all., frq. **marka.*

marketing [marketiŋ] n. m. (Anglicisme) ECON Ensemble des démarches et des techniques fondées sur la connaissance du marché, ayant pour objet la stratégie commerciale sous tous ses aspects (vente, études de marché et de motivation, publicité, relations publiques, etc.). Syn. (off. recommandé) mercatique. – Mot amér., « commercialisation ».

markka, plur. **markkaa** [marka] n. m. Unité monétaire de la Finlande. Syn. mark finlandais. – Mot finnois.

marli [maʀli] n. m. TECH Bord intérieur d'un plat, d'une assiette. *Assiette au marli décoré de filets.* – Du n. de la local. de *Marly,* où Louis XIV avait fait construire un chât.; nom utilisé alors pour désigner des objets luxueux.

marlou [maʀlu] n. m. Pop. Souteneur. – Mot dial. (Nord), « matou ».

marmaille [maʀmaj] n. f. Fam. Ensemble, groupe de petits enfants. – De *marmot,* et *-aille.*

marmelade [maʀməlad] n. f. **1.** Préparation de fruits sucrés et très cuits, presque réduits en bouillie. *Marmelade d'oranges.* **2.** *En marmelade,* se dit d'un aliment trop cuit et presque en bouillie. ▷ Fig., fam. En bouillie, en capilotade. *Sa chute lui a mis une jambe en marmelade,* la lui a fracassée, broyée. – Du portug. *marmelada,* « confiture de coings », de *marmelo,* « coing ».

marmenteau [maʀmɑ̃to] adj. m. et n. m. SYLVIC Se dit de bois de haute futaie qu'on ne coupe pas. *Bois marmenteaux.* ▷ n. m. *Des marmenteaux.* – De l'a. fr. *merrement,* lat. pop. * *materiamentum,* « bois de construction ».

marmite [maʀmit] n. f. **1.** Récipient fermé d'un couvercle, dans lequel on fait cuire les aliments. *Les anses* (ou *oreilles*) *d'une marmite.* - Contenu d'une marmite. *Une marmite de soupe.* ▷ Loc. fig., fam. *Faire bouillir la marmite :* V. bouillir. ▷ *Marmite norvégienne :* récipient à parois isolantes dans lequel on met une marmite pour conserver au chaud les aliments qu'elle contient et dans laquelle la cuisson peut se poursuivre hors du feu. **2.** TECH *Marmite de Papin :* récipient clos dans lequel on peut élever beaucoup plus qu'à l'air libre la température de l'eau pour utiliser la force d'expansion de la vapeur. **3.** GEOL *Marmite de géants :* cavité dans le lit rocheux d'un cours d'eau, creusée par le mouvement tourbillonnaire de débris rocheux charriés par le courant. – De l'a. fr. *marmite,* « hypocrite », à cause du contenu caché du récipient, du rad. onomat. *marm,* exprimant un murmure, et de *mite,* « chatte ».

marmitée [maʀmite] n. f. Contenu d'une marmite. – De *marmite.*

marmiton [maʀmitɔ̃] n. m. Jeune aide de cuisine. – De *marmite.*

marmonnement [maʀmɔnmɑ̃] n. m. Action de marmonner; murmure indistinct. – De *marmonner.*

marmonner [maʀmɔne] v. tr. [1] Murmurer, dire entre ses dents. *Marmonner des prières, des injures.* – Du rad. onomat. *marm,* exprimant un murmure.

marmoréen, enne [maʀmɔʀeɛ̃, ɛn] adj. **1.** De la nature du marbre ou qui en a l'apparence. *Roches marmoréennes.* **2.** Fig. et litt. Qui a la blancheur, la fermeté ou la froideur du marbre. *Éclat marmoréen. Impassibilité marmoréenne.* – Lat. *marmoreus,* de *marmor,* « marbre ».

marmoriser [maʀmɔʀize] v. tr. [1] GEOL Transformer en marbre. - Au pp. *Calcaire marmorisé par cristallisation.* – Du lat. *marmor, marmoris,* « marbre ».

marmot [maʀmo] n. m. **1.** Fam. Petit enfant. **2.** Vx Figurine grotesque en métal, qui servait de heurtoir. ▷ Loc., fig., fam. *Croquer le marmot :* attendre longtemps et en vain. – De l'a. fr. *marmote,* « guenon ».

marmotte [maʀmɔt] n. f. **1.** Mammifère rongeur (genre *Marmota,* fam. sciuridés) à fourrure épaisse gris cendré et jaunâtre, d'env. 50 cm de long, dont certaines espèces vivent dans les Alpes entre 1 500 et 3 000 m hibernant dans de profonds terriers, d'autres espèces en Amérique du N. et dans l'Himalaya. ▷ Loc. fig. *Dormir comme une marmotte,* profondément. **2.** Coiffure de femme faite d'un foulard noué par-dessus les oreilles. **3.** *Marmotte de voyage* ou, absol, *marmotte :* mallette formée de deux parties emboîtables. - Valise à échantillons des voyageurs de commerce.

marmottement [maʀmɔtmɑ̃] n. m. Action de marmotter; bruit fait par une personne qui marmotte. – De *marmotter.*

marmotter [maʀmɔte] v. tr. [1] Dire confusément et entre ses dents. – De *marm,* rad. onomat. exprimant un murmure.

marmotteur, euse [maʀmɔtœʀ, øz] adj. et n. Rare Qui marmotte. – De *marmotter.*

marmouset [maʀmuzɛ] n. m. **1.** Figurine grotesque. ▷ *Par ext.* Chenet de fonte surmonté d'un marmouset. **2.** Vieilli, fam. Petit garçon; homme petit ou insignifiant. **3.** HIST *Les marmousets :* les conseillers de Charles V, rappelés en 1388 par Charles VI, surnommés ainsi en dérision par les ducs de Bourgogne et de Berry chassés du pouvoir par le roi, leur neveu; la folie définitive de Charles VI (1392) mit fin à la politique éclairée des marmousets. – Même rac. que *marmot.*

1. marnage [maʀnaʒ] n. m. AGRIC Apport de marne destiné à amender un sol. – De *marner* 1.

2. marnage [maʀnaʒ] n. m. Variation du niveau de la mer entre marée basse et marée haute. – De *marner* 2.

marne [maʀn] n. f. Roche sédimentaire argileuse très riche en calcaire, que l'on utilise pour amender les sols acides et pour fabriquer le ciment. – Altér. de *marle,* du lat. pop. **margila,* mot gaulois.

1. marner [maʀne] v. tr. [1] **1.** Amender (un sol) en y incorporant de la marne. **2.** Pop. Travailler dur. – De *marne.*

2. marner [maʀne] v. intr. [1] Rég. Monter, en parlant de la mer, de la marée. – P.-ê. d'une var. de *marge.*

marneur [maʀnœʀ] n. m. AGRIC Ouvrier qui marne les terres ou qui travaille dans une marnière. – De *marner* 1.

marneux, euse [maʀnø, øz] adj. De la nature de la marne ou qui contient de la marne. – De *marne.*

marnière [maʀnjɛʀ] n. f. Carrière d'où l'on tire la marne. – De *marne.*

marocain, aine [maʀɔkɛ̃, ɛn] adj. et n. Du Maroc, État d'Afrique du N. ▷ Subst. *Un(e) Marocain(e).*

maroilles [maʀwal] ou **marolles** [maʀɔl] n. m. Fromage de vache fabriqué dans la région de Maroilles. – De *Maroilles,* com. du Nord.

maronite [maʀɔnit] n. et adj. Catholique oriental de rite syrien. ▷ adj. *Église maronite.* – Du patriarche saint *Maron* (v. 350-443).

ENCYCL Rangés sous l'autorité du patriarche d'Antioche à partir du VIIIe s., les maronites se rapprochèrent de la papauté à partir du XIIe s. et leurs rites subirent l'influence latine. Auj., ils sont env. 1,5 million; la moitié vit au Liban; l'autre moitié est émigrée en Afrique et en Amérique. Leur langue liturgique est le syriaque.

maronner [maʀɔne] v. intr. [1] Fam. Maugréer, grogner. - *Faire maronner qqn,* le faire enrager. – Mot du Nord-Ouest, « miauler »; même rad. que *maraud, marmotter.*

maroquin [maʀɔkɛ̃] n. m. **1.** Cuir de chèvre tanné et teint du côté fleur (côté du poil). **2.** Fam. Portefeuille, poste ministériel. – De *Maroc,* pays où l'on préparait ce cuir.

maroquinage [maʀɔkinaʒ] n. m. TECH Action de maroquiner; son résultat. – De *maroquin.*

maroquiner [maʀɔkine] v. tr. [1] TECH Apprêter (un cuir) à la façon du maroquin. *Maroquiner du mouton, du veau.* – De *maroquin.*

maroquinerie [maʀɔkinʀi] n. f. **1.** Art, industrie de la préparation du maroquin, de la fabrication des objets en maroquin ou en cuir fin. **2.** Commerce de ces objets; magasin où on les vend. – De *maroquin.*

maroquinier [maʀɔkinje] n. m. **1.** Spécialiste du travail du maroquin ou de la fabrication d'articles de maroquinerie. **2.** Commerçant en maroquinerie. – De *maroquin.*

marotique [maʀɔtik] adj. Litt. Qui a rapport à Clément Marot, qui imite son style. – Du n. du poète fr. Clément *Marot* (1495-1544).

marotte [maʀɔt] n. f. **1.** Sceptre surmonté d'une tête coiffée d'un capuchon bigarré et garni de grelots. *La marotte était l'attribut des bouffons, et celui, allégorique, de la folie.* **2.** Tête de femme, sorte de mannequin qui sert à exposer des chapeaux, des modèles de coiffure. **3.** Marionnette montée sur une tige de bois. **4.** Fig. Manie. *Il ne s'occupe que de médailles, c'est sa marotte.* – Dimin. de *Marie* (cf. marionnette).

marouette [maʀwɛt] n. f. Petit oiseau ralliforme (genre *Porzana*) qui niche au bord de l'eau. – De la forme occitane de *mariette,* dimin. de *Marie.*

marouflage [maʀuflaʒ] n. m. TECH Action de maroufler; son résultat. – De *maroufler.*

1. maroufle [maʀufl] n. m. Vx Rustre; fripon. – Var. de *maraud.*

2. maroufle [maʀufl] n. f. TECH Colle forte. – P.-ê. fém. du préc.

maroufler [maʀufle] v. tr. [1] TECH Coller (une toile peinte sur une toile de renfort, un panneau de bois, un mur, etc.) avec de la maroufle. ▷ Renforcer (un assemblage) en l'entourant d'une bande de toile enduite de colle. – De *maroufle* 2.

maroute [maʀut] n. f. Plante (*Anthemis cotula*), de la famille des composées, nommée aussi *camomille puante.* – Du bas lat. *amarusta,* « camomille ».

marquage [maʀkaʒ] n. m. **1.** Action d'appliquer une marque. *Le marquage des bêtes d'un troupeau.* **2.** SPORT Action de marquer (sens I, 8) un joueur adverse. – De *marquer.*

marquant, ante [maʀkɑ̃, ɑ̃t] adj. Qui marque (par sa singularité, son action, etc., ou par le souvenir qu'il laisse). *Un personnage, un fait marquant.* – Ppr. de *marquer.*

1. marque [maʀk] n. f. **I. 1.** Signe particulier mis sur une chose pour la distinguer. *Marque à la craie. Marque indélébile.* **2.** Anc. Signe infamant fait sur la peau d'un condamné. **3.** Signe distinctif, appliqué au fer rouge *(marque à chaud)* ou peint sur la peau d'un animal. ▷ Cachet de contrôle sanitaire sur un animal de boucherie. – Par métaph. *Les marques de la débauche.* **4.** Signe d'attestation (d'un contrôle effectué, de droits payés, etc.). *Marque de la douane.* **5.** Signe distinctif d'un produit, d'un fabricant, d'une entreprise. *Marque de fabrique, de commerce. Marque déposée,* qui assure une protection juridique à celui qui la dépose (au tribunal de commerce). – *Produit de marque,* d'une marque renommée. ▷ Entreprise industrielle ou commerciale; ses produits. *Une grande marque de meubles.* **6.** Repère (en construction, en mécanique, etc.). *Marque de pose, de taille.* ▷ SPORT Repère que se fixe un sauteur, un coureur, pour régler sa foulée, son départ. – Dispositif où les coureurs calent leurs pieds dans la position la meilleure pour prendre le départ d'une course de vitesse. Syn. starting-block. *À vos marques!... Prêts! Partez!* **II.** Trace, empreinte. ▷ CHASSE (Plur.) Empreintes qui permettent l'identification d'une bête. **III. 1.** Tout moyen, tout objet de reconnaissance, de repérage, d'évaluation. *Mettre une marque entre les pages d'un livre.* ▷ Jeton, fiche qu'on met au jeu au lieu d'argent; jeton qui sert à marquer les points. ▷ *Par ext.,* fig. Décompte. *Il y a dix points à la marque.* – SPORT Décompte des points en cours ou en fin de partie. *Ouvrir la marque :* marquer le (ou les) premier(s) point(s). **2.** HERALD *Marques d'honneur :* pièces que l'on met hors de l'écu. ▷ Fig. *De marque :* de qualité, éminent. *Personnage, hôte de marque.* **3.** Signe, preuve, témoignage. *« Cette marque d'honneur qu'il met dans ma famille » (Corneille).* – Déverbal de *marquer.*

2. marque [maʀk] n. f. **1.** DR ANC Représailles. **2.** MAR ANC *Lettre de marque :* commission donnée au capitaine d'un navire armé en course. – Anc. provenç. *marca,* de *marcar,* « saisir à titre de représailles ».

marqué, ée [maʀke] adj. **1.** Qui porte une marque. *Arbre marqué.* ▷ BIOL *Substance marquée,* qui contient un isotope radioactif permettant de suivre son déplacement dans un organisme. – Fig. *Être marqué,* engagé dans qqch, déterminé par ses choix. **2.** *Visage marqué,* qui porte les marques de l'âge, de la fatigue ou de la maladie. ▷ Fig. *Marqué par le destin* ou, absol., *marqué,* poursuivi par la fatalité. – *Il est resté marqué par son enfance,* impressionné, influencé. **3.** Très apparent, très net; accusé. *Avoir les traits du visage marqués. Taille marquée,* soulignée, accentuée (par l'habit). – (Abstrait) *Avoir des préférences marquées,* évidentes, très nettes. **4.** LING Qui porte une marque distinctive (par rapport à une unité neutre, non marquée). *« Les chats »* (plur.) *est marqué par rapport à « le chat »* (sing.). – Pp. de *marquer.*

marquer [maʀke] v. [1] **I.** v. tr. **1.** Mettre une marque sur (pour distinguer, indiquer l'appartenance, attester une vérification, etc.). *Marquer du linge. Marquer le bétail.* – *Jusqu'en 1832, on marquait certains forçats au fer rouge.* **2.** Signaler par une marque, un repère. *Marquer une séparation.* ▷ BIOL Introduire un isotope radioactif dans (une substance). ▷ (Choses) *Cet arbre marque la limite du champ.* – Fig. *La prise de Constantinople marque la fin du Moyen Âge.* **3.** Faire ou laisser une trace, une empreinte sur, dans. *Le coup l'a marqué au front.* – Par métaph. *La maladie marque ses traits.* – Fig. *Marquer qqn de son influence.* ▷ Absol. *Ces épreuves l'ont marqué.* **4.** Fam. Inscrire, noter. *Marquer un rendez-vous.* **5.** Indiquer. *L'horloge marque midi.* **6.** Enregistrer en inscrivant. *Marquer les points d'une partie de cartes.* ▷ Fig. *Marquer un point :* obtenir un avantage (dans une discussion, une négociation, etc.). **7.** SPORT Inscrire à la marque. *Marquer un but, un essai.* **8.** SPORT *Marquer un adversaire,* demeurer à son côté, pour contrôler ou empêcher son action. **9.** Indiquer en soulignant, en accentuant. *Marquer la mesure du geste.* – *Habit qui marque la taille.* – Fig., fam. *Marquer le coup :* souligner l'importance d'un événement; réagir par rapport à qqch. ▷ MILIT Loc. *Marquer le pas :* conserver sur place la cadence du pas, sans avancer; fig., cour. ralentir, stagner. *La production marque le pas.* **10.** Manifester, témoigner, exprimer. *Elle marque trop ses sentiments.* – Cour. *Marquer son intérêt pour qqch, qqn, à qqn.* ▷ (Choses) Caractériser; révéler, attester. *Acte qui marque la volonté.* **II.** v. intr. **1.** Laisser une marque, une trace. *La pluie a marqué sa robe.* **2.** Fig. *Personne, événement qui marque,* qui impressionne ou influence durablement. **3.** Vieilli, fam. *Marquer mal :* être mal mis, ou de mauvaise mine. – De l'anc. norm. **merki,* « marque ».

marqueter [maʀkəte] v. tr. [20] **1.** Marquer de taches. **2.** Décorer en marqueterie. – De *marquer.*

marqueterie [maʀkɛtʀi] n. f. **1.** Ouvrage d'ébénisterie constitué de placages de bois, de nacre, d'ivoire, etc., de différentes couleurs et formant un motif décoratif. *Table de* (ou *en*) *marqueterie.* **2.** Art du marqueteur. **3.** Fig. Ensemble disparate. – De *marqueter.*

marqueteur [maʀkətœʀ] n. m. Ébéniste spécialisé dans la marqueterie. – De *marqueter.*

marqueur, euse [maʀkœʀ, øz] n. **1.** Personne qui marque (les marchandises, le bétail, etc.). **2.** n. f. Machine à marquer. **3.** n. m. Crayon-feutre à pointe épaisse. **4.** Personne qui tient le compte des points (au jeu, en sport). **5.** SPORT Joueur qui marque (un but, un essai, etc.). – De *marquer.*

marquis [markі] n. m. 1. HIST Seigneur franc préposé à la garde des marches. 2. Titre de noblesse entre celui de duc et celui de comte. – De l'ital. *marchese*, du frq. **marka* (cf. marche 2).

marquisat [markiza] n. m. Fief, terre, titre de marquis. – Ital. *marchesato*.

marquise [markiz] n. f. **I.** Femme d'un marquis. **II.** 1. Auvent ou vitrage qui protège des intempéries un perron, un quai de gare, etc. 2. Bague au chaton oblong. 3. Bergère à dossier bas, pour deux personnes. – Fém. de *marquis*.

marquoir [markwaʀ] n. m. TECH 1. Instrument pour marquer. 2. Modèle de lettre à marquer le linge. – De *marquer*.

marraine [maʀɛn] n. f. 1. Celle qui tient, a tenu un enfant sur les fonts baptismaux. 2. Celle qui préside à la cérémonie de baptême d'une cloche, d'un navire, etc. 3. *Marraine de guerre* : correspondante attitrée d'un soldat du front. – Du lat. pop. *matrina*, de *mater*, « mère »; d'abord *marrenne*.

marrane [maʀan] n. HIST Juif d'Espagne et du Portugal, converti de force au catholicisme, et qui continuait à pratiquer clandestinement sa religion. *Persécutés par l'Inquisition, les marranes émigrèrent dans les pays riverains de la Méditerranée et en Amérique du Nord.* – Esp. *marrano*, de l'ar. *mahram*, « interdit ».

marrant, ante [maʀɑ̃, ɑ̃t] adj. (et n.) Fam. Drôle, amusant. – Subst. *Un sacré marrant, un petit marrant.* ▷ Curieux, étonnant. *C'est marrant qu'il ne t'ait pas prévenu.* – Ppr. de *(se) marrer*.

marre [maʀ] adv. Fam. *En avoir marre* : en avoir assez, être excédé. – Pop. *C'est marre* : ça suffit; c'est terminé. – Déverbal de *(se) marrer*.

marrer (se) [maʀe] v. pron. [11] Fam. Rire, s'amuser. *Ce qu'on a pu se marrer! Il me fait marrer, avec ses théories.* – Par antiphrase, de l'anc. v. *se marrir*, « s'affliger ».

marri, ie [maʀi] adj. Vx ou litt. Affligé, contrit. – Du frq. **marrjan*; pp. de l'anc. v. *se marrir*, « s'affliger ».

1. marron [maʀɔ̃] n. m. et adj. inv. **I.** 1. Fruit comestible d'une variété de châtaignier. – *Marron glacé*, confit dans du sucre. ▷ Loc. fig. *Tirer les marrons du feu* : prendre de la peine ou des risques au seul profit d'un autre. 2. *Marron d'Inde* : graine (non comestible) du marronnier d'Inde. 3. adj. inv. De la couleur du marron (brun-rouge). *Des yeux marron.* ▷ Subst. *Le marron vous va bien.* **II.** Fam. 1. Coup de poing. 2. adj. inv. *Être marron* : être attrapé, dupé. *Il m'a fait marron.* **III.** Jeton de contrôle (surtout de la présence d'un employé à son poste). – D'un rad. préroman **marr*, « caillou ».

2. marron, onne [maʀɔ̃, ɔn] adj. 1. HIST *Esclave, nègre marron*, fugitif et réfugié dans une zone peu accessible. 2. Qui exerce sans titre ou en marge de la légalité. *Courtier, avocat marron.* – Mot des Antilles, altér. de l'hispano-amér. *cimarrón*, « esclave fugitif ».

marronner [maʀɔne] v. intr. [1] Anc. Vivre en esclave marron. – De *marron* 2.

marronnier [maʀɔnje] n. m. 1. Variété de châtaignier. 2. Cour. *Marronnier* (d'Inde) : grand arbre ornemental (*Æsculus hippocastanum*), originaire du Moyen-Orient, à fleurs en grappes blanches ou rouges. – De *marron* 1.

marrube [maʀyb] n. m. Plante aromatique à fleurs blanches (*Marrubium vulgare*, fam. labiées). – Lat. *marrubium*.

mars [maʀs] n. m. 1. Troisième mois de l'année, comprenant trente et un jours. *Les giboulées de mars.* – Loc. prov. *Arriver comme mars en carême*, à propos, ou inévitablement. 2. AGRIC *Les mars* : les grains qu'on sème en mars (orge, avoine, millet). – Lat. *martius*, de *Mars*, dieu de la guerre.

marsala [maʀsala] n. m. Vin doux produit en Sicile. – Du nom de la v. de *Marsala*, en Sicile.

marsault, marsaux, marseau, marceau [maʀso] ou **marsaule** [maʀsol] n. m. Nom cour. de deux saules des lieux humides, *Salix capræa* et *Salix aurita*, qui atteignent respectivement 12 et 3 m. – Du lat. *marem salicem*, « saule mâle ».

marseillais, aise [maʀsɛjɛ, ɛz] adj. et n. De Marseille. ▷ Subst. *Un(e) Marseillais(e).* ▷ *La Marseillaise* : hymne national français. – De *Marseille*, v. des Bouches-du-Rhône.

ENCYCL *La Marseillaise* fut écrite et mise en musique en avril 1792 à Strasbourg par un jeune officier du génie, C. J. Rouget de Lisle, sous le nom de *Chant de guerre pour l'armée du Rhin*; en août de la même année, un bataillon de fédérés marseillais l'ayant chanté lors de son entrée à Paris, il fut appelé *la Marseillaise*. Décrété chant national par la Convention (1795), tombé en disgrâce sous l'Empire, interdit de 1815 à 1870, il a été rétabli officiellement comme hymne national en 1879.

marsouin [maʀswɛ̃] n. m. 1. Mammifère cétacé odontocète (*Phocœna* et genres voisins, fam. delphinidés) dont une espèce, commune dans l'Atlantique nord, se rencontre souvent dans le sillage des navires. 2. Arg. (des milit.) Soldat de l'infanterie de marine. – Anc. scand. *marsvin*, « cochon de mer ».

marsupial, ale, aux [maʀsypjal, o] adj. et n. m. ZOOL 1. adj. *Poche marsupiale* : poche ventrale, contenant les mamelles, dans laquelle les petits des marsupiaux achèvent leur développement embryonnaire après la naissance. 2. n. m. pl. Ordre de mammifères primitifs, seuls représentants actuels de la sous-classe des métathériens, caractérisés par un développement embryonnaire inachevé à la naissance. – Sing. *Un marsupial.* – Du lat. *marsupium*, « bourse », gr. *marsipion*.

ENCYCL Les marsupiaux vivent en Amérique et surtout en Australie, Nouvelle-Guinée et Tasmanie, où, peu concurrencés par les placentaires, ils s'adaptèrent en prenant toutes sortes de formes; c'est ainsi qu'on peut parler de loup marsupial, de souris marsupiale, etc. Le cerveau des marsupiaux, primitif, ne comporte pas de circonvolutions. La femelle a deux vagins et le mâle un pénis bifide. Les marsupiaux se divisent en polyprotodontes (c.-à-d. « munis de nombr. dents primitives » : 2 canines à chaque mâchoire), qui comprennent les opossums, les dasyures et les péramèles, et en diprotodontes (deux canines à la seule mâchoire supérieure), qui comprennent les phalangéridés (fam. dont le type est le phalanger), les phascolomyidés (c.-à-d. « rats à poche » : wombat) et les macropodidés (c.-à-d. « munis de grands pieds » : kangourou).

marsupium [maʀsypjɔm] n. m. Poche marsupiale. – Mot lat., « bourse ».

martagon [maʀtagɔ̃] n. m. Lis de montagne (*Lilium martagon*) à fleurs roses tachetées de brun. – Mot espagnol.

marte. V. martre.

marteau [maʀto] n. m. (et adj.) **I.** 1. Outil composé d'une tête en métal, munie d'un manche, qui sert à battre les métaux, enfoncer des clous, etc. 2. Instrument, pièce qui sert à frapper. *Marteau d'horloge*, qui sonne les heures en frappant un timbre. *Marteau de porte* : heurtoir. ▷ MUS Pièce qui vient frapper, sous l'action de la touche, la corde d'un piano. 3. (En composition.) Machine, instrument qui produit un effet par percussion. ▷ *Marteau-piqueur* : engin comportant un piston actionné par l'air comprimé *(marteau pneumatique)* ou l'électricité, muni d'une pointe *(fleuret)* qui sert à défoncer les matériaux durs. *Des marteaux-piqueurs.* **4.**

ANAT Un des osselets de l'oreille moyenne. **5.** SPORT Sphère métallique (poids : 7,257 kg), reliée à une poignée par un fil d'acier, que l'athlète doit projeter le plus loin possible. *Le lancer du marteau* (épreuve exclusivement masculine). **6.** adj. Fam. *Être marteau :* être un peu fou. **II.** ZOOL *Marteau* ou *requin marteau :* poisson sélacien *(Sphyrna zygæna)* dont les yeux sont portés par des expansions latérales de la tête. – A. fr. *marteaus,* plur. de *martel,* lat. pop. **martellus,* de *martulus, marculus,* dimin. de *marcus,* « marteau ».

marteau-pilon [maʀtopilɔ̃] n. m. Machine servant à forger les pièces de métal de grande dimension. *Des marteaux-pilons.* – De *marteau,* et *pilon.*

martel [maʀtɛl] n. m. Vx Marteau. – Loc. mod. *Se mettre martel en tête :* se tourmenter, se faire du souci. – Du lat. pop. **martellus* (V. marteau).

martelage [maʀtəlaʒ] n. m. Action de marteler (notam. pour préparer ou mettre en forme des métaux). ▷ SYLVIC Marquage au marteau des arbres à abattre ou à conserver. – De *marteler.*

martèlement [maʀtɛlmɑ̃] n. m. **1.** Action de marteler; son résultat. **2.** Bruit scandé et sonore comme celui d'un marteau. – De *marteler.*

marteler [maʀtəle] v. tr. [17] **1.** Battre ou façonner à coups de marteau. *Marteler du cuivre.* **2.** Fig. Frapper à coups répétés, comme avec un marteau. *Marteler d'obus les positions ennemies.* **3.** Fig. *Marteler les syllabes,* les articuler avec force. – De *martel.*

marteleur [maʀtəlœʀ] n. m. Celui qui travaille au marteau; celui qui, dans une forge, manœuvre le marteau. – De *marteler.*

martensite [maʀtɑ̃sit] n. f. METALL Solution solide sursaturée de carbone dans le fer, constituant des aciers trempés. – Du n. de l'ingénieur all. Adolf *Martens* (1850-1914).

1. martial, ale, aux [maʀsjal, o] adj. **1.** Guerrier; caractéristique du tempérament ou des façons militaires. *Un air, un discours martial.* **2.** *Loi martiale,* qui autorise l'emploi de la force armée pour le maintien de l'ordre. – *Cour martiale :* tribunal militaire d'exception. **3.** *Arts martiaux :* disciplines individuelles d'attaque et de défense, d'origine japonaise (judo, karaté, kendo, aïkido, etc.). – Lat. *martialis,* de *Mars,* dieu de la guerre.

2. martial, ale, aux [maʀsjal, o] adj. **1.** Vx Ferrugineux. **2.** MED Relatif au fer de l'organisme. *Fonction, carence martiale.* – De *Mars,* « fer », en alchimie.

martialement [maʀsjalmɑ̃] adv. D'une manière martiale. – De *martial* 1.

martien, enne [maʀsjɛ̃, ɛn] adj. et n. **1.** Relatif à la planète Mars. ▷ Subst. Habitant fictif de cette planète. *Un(e) martien(ne).* **2.** ASTROL Qui est sous l'influence astrale supposée de Mars. – Du n. de la planète *Mars.*

martin-chasseur [maʀtɛ̃ʃasœʀ] n. m. Oiseau de l'ordre des coraciadiformes, proche du martin-pêcheur, qui se nourrit d'insectes, de crustacés et de petits reptiles. *Des martins-chasseurs.* – De *martin,* et *chasseur,* d'ap. *martin-pêcheur.*

1. martinet [maʀtinɛ] n. m. **I.** Vieilli **1.** Molette de grès pour polir le marbre. **2.** Petit chandelier plat à manche. **II.** Cour. **1.** Marteau mécanique employé au forgeage des petites pièces. **2.** Fouet à plusieurs brins de corde ou de cuir. *Corriger un enfant au martinet.* – Probabl. de *Martin,* n. pr.

2. martinet [maʀtinɛ] n. m. Oiseau aux grandes ailes et aux pattes courtes (genres *Apus* et voisins, ordre des apodiformes), ressemblant à l'hirondelle. – Dér. du n. propre *Martin* ou de *Saint-Martin.*

martingale [maʀtɛ̃gal] n. f. **I. 1.** Courroie qui relie la sangle, sous le ventre du cheval, à la muserolle. **2.** Demi-ceinture qui retient l'ampleur du dos d'un vêtement. **II.** JEU Action par laquelle on mise sur chaque coup le double de sa perte du coup précédent. – *Par ext.* Système de jeu qu'un joueur applique méthodiquement. *Suivre une martingale.* – Sens I, provenç. *martegale,* de *Martigues,* n. d'un port des Bouches-du-Rhône; sens II, provenç. *jouga* (jouer) *a la martegalo.*

martiniquais, aise [maʀtinikɛ, ɛz] adj. et n. De la Martinique, île des Antilles françaises. ▷ Subst. *Un(e) Martiniquais(e).*

martin-pêcheur [maʀtɛ̃pɛʃœʀ] n. m. Oiseau (genres *Alcedo* et voisins, ordre des coraciadiformes), aux couleurs vives, qui vit au bord de l'eau et se nourrit de poissons. *Des martins-pêcheurs.* – De *Martin,* n. propre, et *pêcheur.*

martre [maʀtʀ] ou **marte** [maʀt] n. f. **1.** Mammifère carnivore (genre *Martes,* fam. mustélidés) au corps long et souple, à la queue touffue et au pelage brun. *La martre commune, à la fourrure estimée, est arboricole. La fouine et la zibeline sont des martres.* **2.** Fourrure de martre. *Col de martre.* – Du frq. **marthor.*

martyr, e [maʀtiʀ] n. **1.** Personne qui a souffert la mort plutôt que de renoncer à la religion chrétienne et, par ext., à sa religion, quelle qu'elle soit. *Sainte Blandine, vierge et martyre.* ▷ *Par ext.* Personne qui est morte ou a beaucoup souffert pour une cause. *Les martyrs de la Révolution, de la science.* **2.** Personne qui souffre beaucoup. *Prendre, se donner des airs de martyr.* – (En appos.) *Un enfant martyr,* gravement maltraité par ses parents. – Lat. ecclés. *martyr,* du gr. *martus, marturos,* « témoin (de Dieu) ».

martyre [maʀtiʀ] n. m. **1.** Mort, tourments endurés par un martyr pour sa religion, sa foi en une cause ou en une idée. *Le martyre de saint Sébastien.* **2.** Très grande souffrance physique ou morale. *Souffrir le martyre.* – Du bas lat. ecclés. *martyrium.*

martyriser [maʀtiʀize] v. tr. [1] **1.** Livrer au martyre; faire souffrir le martyre. *Néron martyrisa, fit martyriser de nombreux chrétiens.* **2.** Cour. Maltraiter à l'extrême physiquement ou moralement. *Martyriser un animal, un parent.* – Lat. médiév. *martyrizare.*

martyrium [maʀtiʀjɔm] n. m. Crypte contenant le tombeau, les reliques d'un martyr. – Église dédiée à un martyr. – Mot bas lat.

martyrologe [maʀtiʀɔlɔʒ] n. m. Catalogue des martyrs et, par ext., liste de personnes qui sont mortes ou ont souffert pour une cause, un idéal. – Latin médiév. *martyrologium.*

marxien, enne [maʀksjɛ̃, ɛn] adj. Didac. De Karl Marx. *Analyse marxienne de la société capitaliste.* – Du n. du philosophe allemand Karl *Marx* (1818-1883).

marxisant, ante [maʀksizɑ̃, ɑ̃t] adj. Proche du marxisme. *Pensée marxisante.* – De *marxisme.*

marxisme [maʀksism] n. m. Doctrine philosophique, politique et économique de Karl Marx (1818-1883), Friedrich Engels (1820-1895) et de leurs continuateurs. – Du n. du philosophe allemand Karl *Marx.*

ENCYCL En réaction contre les philosophies idéalistes et dualistes, le marxisme est un matérialisme, qu'on dira *historique* si l'on considère l'objet de son étude et *dialectique* si l'on considère la méthode. Pour Marx, la tâche du philosophe n'est pas seulement d'expliquer le monde, mais de le transformer : l'étude des lois du développement historique fonde une *praxis* révolutionnaire, le socialisme *scientifique,* qu'il oppose au socialisme *utopique* (de Fourier, de Saint-Simon, etc.). Marx retient d'Hegel sa dialectique comme « science des lois générales du développement, tant du monde extérieur que de la pensée humaine », mais, à l'encontre d'Hegel, il considère que le mouvement de la pensée n'est pas une réalité autonome, «il n'est que le reflet du mouvement réel, transporté et transposé dans le cerveau de l'homme» *(le Capital).* «Ce n'est pas la conscience qui détermine la vie, mais la vie qui détermine la conscience» *(l'Idéologie allemande).* Ce «mouvement réel» est celui des rapports, vitaux, qu'entretiennent les hommes entre eux : les *rapports de production* (formes de la division du travail, de l'appropriation des moyens de production et d'échange, de la répartition des richesses, position des classes dans le corps social), qui correspondent à un état de développement donné des *forces productives* matérielles (la force de travail des hommes, leur savoir-faire, les techniques, les *moyens* de production et d'échange). Ces rapports déterminent la forme socio-économique des sociétés, leur *mode de production* : antique (esclavage), féodal (servage), puis bourgeois capitaliste (salariat). Les forces productives sont l' *infrastructure* de la société et les rapports de production sa *structure*; sur quoi s'élève une *superstructure* juridique et politique (la machine d'État, le Droit), mais aussi *idéologique* (la religion, la morale, la philosophie, qui ont pour fonction de légitimer les rapports de production établis, de les fonder comme nécessaires et naturels, et de favoriser ainsi leur maintien). S'attachant à découvrir le fil conducteur, la loi générale de développement qui se dégage du chaos apparent de l'histoire, Marx observe que toutes les sociétés ont été fondées sur des modes de production où les possesseurs des moyens de production (seigneurs, puis bourgeois capitalistes) dominent, exploitent et oppriment les producteurs (les travailleurs : serfs, puis prolétaires). Pour Marx, les aspirations contradictoires qui naissent de la différence de situation et de conditions de vie des classes déterminent l'action des masses humaines : «L'histoire de toute société jusqu'à nos jours n'a été que l'histoire de la *lutte des classes*, guerre ininterrompue, tantôt ouverte, tantôt dissimulée» *(Manifeste du parti communiste)*; la lutte des classes est le moteur de l'histoire. La doctrine économique de Marx, qui appuie et, à laquelle répond, sa conception de l'histoire, est fondée sur l'analyse du capital et des mécanismes du système capitaliste. Ce qui domine dans la société capitaliste, c'est la production de *marchandises*, lesquelles, en tant que *valeurs*, sont du travail humain cristallisé; l'argent est la forme de ces valeurs. À l'origine, la grandeur de la *valeur d'échange* correspond à peu près à une *valeur d'usage* donnée à la marchandise et la circulation des marchandises répond au besoin de vendre un produit pour en acheter un autre. À un certain degré de développement de la production et de la circulation des marchandises, l'argent se transforme en capital : c'est l'argent, la monnaie, qui circule et permet d'acheter pour *vendre*, pour faire un profit. Cet accroissement de la valeur primitive de l'argent, Marx l'appelle (après Ricardo) *plus-value*. La plus-value, le profit du capitaliste, provient de ceci : dans la relation capital-travail, le travailleur n'échange pas telle ou telle quantité de travail contre une quantité de valeurs d'échange correspondante, mais il est contraint pour vivre d'aliéner la totalité de sa force de travail au possesseur des moyens de production, qui ne lui donne en échange que de quoi reproduire cette force (nourriture, etc.). La circulation capitaliste de l'argent tend ainsi constamment vers l'accumulation du capital que constitue cette part de travail non rétribuée. Mais ce système aboutit à d'insurmontables contradictions qui sont autant d'«armes forgées par le capitalisme contre lui-même» : concentration des richesses à un pôle de la société, de la misère à l'autre; accroissement continu de la rentabilité par le machinisme, création d'une surpopulation de travailleurs (chômage); élargissement de la production sans élargissement de la consommation correspondant (crises cycliques de surproduction); classes diamétralement opposées : la bourgeoisie et le prolétariat. La résolution de ces contradictions, selon Marx, passe nécessairement par une transformation radicale des structures socio-économiques : la révolution prolétarienne, dite aussi socialiste, doit inéluctablement aboutir, à terme, à l'avènement d'une nouvelle forme de société où le prolétariat triomphant se supprimera en même temps que son contraire. Cette société sans classes et sans État (privé de sa raison d'être, il aura dépéri de lui-même), le *communisme* dans sa phase ultime, verra s'éteindre à jamais l'exploitation de l'homme par l'homme et permettra la réalisation de l'homme total, désaliéné, enfin maître de son histoire. Le passage du capitalisme, renversé, à cette société idéale (le «projet communiste») comporte deux étapes : brève dictature du prolétariat, pour assurer le triomphe de la révolution; longue édification du *socialisme*, lequel conserve certains aspects du modèle démocratique bourgeois (donc l'appareil d'État), mais au profit exclusif du prolétariat (collectivisation des moyens de production et d'échange). Présentement, pour Marx, le prolétariat doit s'organiser politiquement et syndicalement pour intensifier la lutte des classes et précipiter la chute du capitalisme, et répondre à l'internationalisation des structures bourgeoises d'échange, de production et d'oppression (cf. Lénine, *l'Impérialisme, stade suprême du capitalisme*) par l'internationalisme ouvrier.

marxisme-léninisme [maʀksismleninism] n. m. POLIT Doctrine philosophique et politique de V. I. Oulianov, dit Lénine*, et de ses partisans, inspirée du marxisme. – De *marxisme*, et *léninisme*.

marxiste [maʀksist] adj. et n. Relatif au marxisme. ▷ Subst. Partisan, adepte du marxisme. *Un, une marxiste*. – De *marxisme*.

marxiste-léniniste [maʀksistleninist] adj. et n. POLIT Relatif au marxisme-léninisme. ▷ Subst. Partisan, adepte de cette doctrine. *Des marxistes-léninistes*. – De *marxiste*, et *léniniste*.

marxologue [maʀksɔlɔg] n. Didac. Spécialiste de l'œuvre de Karl Marx. – De *Marx*, n. pr., et *-logue*.

maryland [maʀilɑ̃d] n. m. Tabac à fumer originaire du Maryland (É.-U.). ▷ Mélange de tabac à forte proportion de maryland. – (En appos.) *Goût maryland*. – Du n. de l'État de *Maryland* (E. des É.-U.).

mas [mɑ; mas] n. m. inv. Dans le Midi, ferme ou maison de campagne dans le style provençal. – A. fr. *mès*, du lat. *mansum*, de *manere*, «demeurer»; mot provençal et languedocien.

mascara [maskaʀa] n. m. Cosmétique utilisé pour colorer et épaissir les cils. – De l'ital. *maschera*, «masque», par l'angl.

mascarade [maskaʀad] n. f. **1.** Réunion, défilé de gens masqués et déguisés. **2.** Déguisement, accoutrement bizarre et ridicule. **3.** Fig. Actions, démonstrations hypocrites; mise en scène trompeuse. **4.** Anc. Spectacle allégorique en forme de comédie-ballet où l'on jouait sous le masque. – Vers composés pour un tel spectacle. – Ital. *mascarata*, var. de *mascherata*, de *maschera*, «masque».

mascaret [maskaʀɛ] n. m. Haute vague qui remonte certains fleuves au moment de la marée montante. – Mot gascon, «bœuf tacheté», de *mascara*, «tacheter».

mascaron [maskaʀɔ̃] n. m. ARCHI Figure sculptée, d'aspect fantastique ou grotesque, placée à l'orifice d'une fontaine, sous un balcon, un entablement, etc. Syn. masque. – Ital. *mascherone*, de *maschera*, «masque».

mascotte [maskɔt] n. f. Être ou objet considéré comme portant bonheur; fétiche. – Provenç. *mascoto*, «sortilège», de *masco*, «sorcière».

masculin, ine [maskylɛ̃, in] adj. et n. m. **I.** Qui appartient au mâle, à l'homme; qui le concerne; qui a ses qualités, ses caractères ou ceux qu'on lui prête traditionnellement. *Le sexe masculin. Femme aux allures* *masculines.* **II.** LING **1.** Qui s'applique aux êtres mâles, ou aux objets que l'usage assimile à ceux-ci. *Un substantif masculin.* ▷ n. m. *Le masculin* : le genre masculin. **2.** *Rime masculine,* qui ne se termine pas par un e muet. – Lat. *masculinus,* de *masculus,* « mâle ».

masculiniser [maskylinize] v. tr. [1] **1.** Rendre masculin; donner des manières viriles à. **2.** LING Rendre du genre masculin. **3.** BIOL Provoquer l'acquisition de caractères sexuels secondaires de type masculin (par l'action d'hormones). – De *masculin.*

masculinité [maskylinite] n. f. Qualité de ce qui est masculin. – De *masculin.*

maser [mazɛʀ] n. m. PHYS Générateur d'ondes électromagnétiques cohérentes dans la gamme des hyperfréquences (au-delà de l'infrarouge), utilisé comme amplificateur ou comme oscillateur. – Mot angl., acronyme pour *microwave amplification by stimulated emission of radiations,* « amplification de micro-ondes par émission stimulée de radiations ».

maso [mazo] adj. et n. Abrév. fam. de *masochiste. Il est inconscient, ou bien maso!*

masochisme [mazɔʃism] n. m. **1.** PSYCHO Perversion sexuelle dans laquelle le sujet ne peut atteindre au plaisir qu'en subissant une humiliation ou une souffrance physique. **2.** Cour. Comportement d'une personne qui semble prendre plaisir à provoquer des situations dommageables ou humiliantes pour elle. – De *(Sacher-) Masoch* (1836-1895), romancier autrichien.

masochiste [mazɔʃist] adj. et n. Atteint, empreint de masochisme. *Comportement masochiste. Personne masochiste.* ▷ Subst. *Un(e) masochiste.* (Abrév. fam. : maso). – De *masochisme.*

masque [mask] n. m. **I. 1.** Faux visage en carton, en cuir, en plastique, etc., dont on se couvre la face pour se déguiser ou pour dissimuler son identité. *Les masques qu'on porte le Mardi gras. Masque de théâtre.* ▷ Loup (sens 7). *Masque de velours noir.* **2.** *Par ext.,* vieilli Personne qui porte un masque. **3.** Fig. Apparence trompeuse sous laquelle on s'efforce de cacher ses véritables sentiments, sa véritable nature. *Se couvrir du masque de la vertu. Arracher le masque à qqn.* – *Lever le masque* : ne plus déguiser ses vrais sentiments. **4.** Aspect particulier d'une physionomie. *Masque tragique, immobile, d'un acteur.* – MED Aspect particulier du visage dans certaines maladies, ou pendant la grossesse. Syn. chloasma. **5.** Moulage du visage. *Masque mortuaire.* **6.** ARCHI Mascaron. **II. 1.** Dispositif couvrant et protégeant le visage. *Masque de soudeur.* – *Masque à gaz* : appareil destiné à protéger le visage, les yeux, les organes respiratoires, des effets des gaz nocifs (gaz de combat, notam.). – Dispositif de protection du visage de l'escrimeur constitué par un grillage résistant, à mailles fines. – Accessoire de plongée sous-marine, protégeant les yeux et permettant de voir sous l'eau. **2.** MED Pièce de tissu ou de matière jetable placée devant le nez et la bouche pour éviter la contamination microbienne. *Le masque du chirurgien.* **3.** MED Appareil pour administrer un anesthésique ou de l'oxygène par voie respiratoire. **4.** Préparation qu'on applique et qu'on laisse sécher sur le visage et le cou. *Masque antirides,* ou *de beauté.* **5.** MILIT Dispositif formant écran pour dissimuler des hommes ou des ouvrages aux vues de l'ennemi. **6.** PHYS *Effet de masque* : diminution de la perception d'un son lorsque celui-ci est couvert par un son différent. **III.** ZOOL Lèvre inférieure qui couvre en partie la tête des larves des libellules et leur sert à capturer les proies. – Ital. *maschera.*

masqué, ée [maske] adj. **1.** Couvert d'un masque. *Bandit masqué.* **2.** *Bal masqué,* où l'on porte un masque, où l'on se déguise. – Pp. de *masquer.*

masquer [maske] v. tr. [1] **1.** Mettre un masque sur le visage de (qqn). **2.** Fig. Cacher (qqch) sous des apparences trompeuses. *Masquer ses desseins.* **3.** Dissimuler, cacher (qqch) à la vue. *Ce mur masque la vue du parc. Masquer une batterie.* – De *masque.*

massacrant, ante [masakʀɑ̃, ɑ̃t] adj. *Humeur massacrante* : très mauvaise humeur. – Ppr. de *massacrer.*

massacre [masakʀ] n. m. **I. 1.** Action de massacrer; son résultat. *Le massacre de la Saint-Barthélemy.* ▷ *Jeu de massacre* : jeu forain qui consiste à abattre au moyen de balles de son des poupées à bascule. **2.** Fig. *Par exag.* Action d'endommager, de détériorer une chose, de rater une opération. *En voulant se couper les cheveux lui-même, il a fait un massacre.* ▷ Très mauvaise exécution d'une œuvre musicale, théâtrale, etc. **3.** Fam. Coup d'éclat, grande réussite. *Son bouquin va faire un massacre.* **II. 1.** Grande tuerie de bêtes. – VEN *Sonner le massacre,* la curée. **2.** Ramure d'un cerf avec la partie de crâne qui la supporte. *Massacre qui orne un mur.* – Déverbal de *massacrer.*

massacrer [masakʀe] v. tr. [1] **1.** Tuer en grand nombre et avec sauvagerie (des êtres sans défense). *Massacrer des otages.* **2.** Fig. Mettre à mal (un adversaire nettement inférieur). *Boxeur qui massacre son adversaire.* **3.** Mettre (qqch) en très mauvais état. **4.** Gâter par une exécution maladroite (une œuvre musicale, théâtrale, etc.). – Du lat. pop. *matteucculare,* de *matteuca,* « massue ».

massacreur, euse [masakʀœʀ, øz] n. **1.** Personne qui massacre des gens. **2.** Fig. Personne qui exécute une chose avec maladresse et la gâte. – De *massacrer.*

massage [masaʒ] n. m. Action de masser. – *Massage cardiaque* : manœuvre de réanimation d'urgence pratiquée en cas d'arrêt cardiaque et qui consiste à comprimer le cœur sur le rachis par des mouvements de pression de la paume de la main sur le sternum. (En dernière extrémité, il est pratiqué à thorax ouvert en milieu chirurgical.) – De *masser* 2.

1. masse [mas] – Lat. *massa,* du gr. *maza,* « pâte ».

2. masse [mas] n. f. **1.** Marteau à tête très lourde et sans panne. **2.** HIST *Masse d'armes* ou *masse* : arme composée d'un manche et d'une tête garnie de pointes, en usage au Moyen Âge. **3.** Bâton à tête d'or ou d'argent, porté par un huissier qui précède un personnage de marque, dans certaines cérémonies. **4.** Gros bout d'une queue de billard. – Du lat. pop. **mattea,* que l'on rapproche de *mateola,* « outil pour enfoncer ».

massé [mase] n. m. Au billard, coup où l'on masse la boule. – Pp. subst. de *masser* 3.

masselotte [maslɔt] n. f. **1.** METALL Cavité ménagée au sommet d'un moule, dans laquelle on coule du métal pour compenser les effets du retrait. – Masse de métal moulée dans cette cavité. **2.** TECH Petite pièce agissant par inertie dans un mécanisme. *Masselote d'une montre automatique.* – Dimin. de *masse* 1.

massepain [maspɛ̃] n. m. Pâtisserie à base d'amandes pilées et de sucre. – Altér. de l'ital. *marzapane,* ar. *martaban.*

1. masser [mase] **1.** v. tr. [1] Disposer en grand nombre. *Masser des troupes.* **2.** v. pron. Se rassembler en masse. *Badauds qui se massent devant une vitrine.* – De *masse* 1.

2. masser [mase] v. tr. [1] Pétrir, presser différentes parties du corps de (qqn) avec les mains ou des instruments spéciaux (pour donner plus de souplesse, améliorer la tonicité musculaire, diminuer une douleur, etc.). *Masser qqn. Se faire masser le dos.* – De l'ar. *mass,* « (le) toucher ».

3. masser [mase] v. tr. [1] Au billard, frapper (la boule) avec la queue perpendiculairement à la table pour donner un effet particulier. – De *masse* 2.

masséter [maseteʀ] n. m. ANAT Muscle élévateur du maxillaire inférieur. – Gr. *masêtêr,* « masticateur ».

massette [masɛt] n. f. **1.** TECH Masse à long manche pour casser, tailler les pierres. **2.** Roseau aquatique aux inflorescences brunâtres et veloutées groupées en épis compacts, appelé aussi *roseau-massue.* – De *masse* 2.

masseur, euse [masœʀ, øz] n. **1.** Personne qui pratique des massages. *Masseur-kinésithérapeute,* habilité à pratiquer les massages thérapeutiques. **2.** n. m. Appareil pour masser. – De *masser* 2.

1. massicot [masiko] n. m. CHIM Poudre jaune, utilisée en peinture et dans la préparation des mastics, constituée par de l'oxyde de plomb (PbO). – Altér. de l'ital. *marzacotto,* « vernis des potiers », d'orig. arabe.

2. massicot [masiko] n. m. TECH Machine à couper ou à rogner le papier. – Du n. de l'inventeur Guillaume *Massicot* (1797-1870).

massicoter [masikɔte] v. tr. [1] TECH Couper, rogner (du papier) au massicot. – De *massicot* 2.

1. massier [masje] n. m. Huissier qui porte une masse. – De *masse* 2 (sens 3).

2. massier, ère [masje, ɛʀ] n. Élève d'un atelier des beaux-arts, qui tient la masse (cf. masse 1 ; sens I, 8), recueille les cotisations. – De *masse* 1.

massif, ive [masif, iv] adj. et n. m. **I.** adj. **1.** Qui est ou paraît épais, compact, lourd. *Porte massive. Colonnes massives.* – Fig., péjor. *Un homme à l'esprit massif.* **2.** Se dit d'un ouvrage d'orfèvrerie, d'ébénisterie, dont tous les éléments sont taillés dans la masse, ne sont ni creux, ni plaqués. *Bijou en or massif. Meuble en acajou massif.* **3.** Qui a lieu, se produit, est fait en masse. *Attaque massive de l'aviation.* – *Dose massive,* très élevée. **II.** n. m. **1.** CONSTR Ouvrage de maçonnerie, masse de béton qui sert de fondement pour asseoir un édifice, pour supporter un poteau, etc. **2.** Assemblage compact d'arbres, d'arbustes. *Massif de peupliers.* – Assemblage de fleurs plantées pour produire un effet décoratif. *Massif de roses.* **3.** GEOGR Ensemble montagneux de forme massive (par oppos. à *chaîne*). – De l'a. fr. *massis,* « à l'aspect d'une masse ».

massification [masifikasjɔ̃] n. f. Transformation d'un groupe social en un tout (masse) anonyme. – De *masse,* et lat. *ficare,* « faire ».

massique [masik] adj. PHYS Qui se rapporte à la masse ou à l'unité de masse. *Volume massique* : volume de l'unité de masse d'un corps (c'est l'inverse de la masse volumique). ▷ *Chaleur massique* : quantité de chaleur nécessaire pour élever de un degré l'unité de masse d'un corps. – De *masse* 1.

massivement [masivmɑ̃] adv. **1.** D'une manière massive. **2.** En masse, en grand nombre. – De *massif.*

mass media [masmedja] n. m. pl. (Anglicisme) Ensemble des moyens de diffusion de l'information destinée au grand public (presse, radio, télévision, cinéma, affichage). Syn. cour. media.– Mot amér., « moyens (de communication) de masse », du lat. *média,* « moyens ».

massore [masɔʀ] ou **massorah** [masɔʀa] n. f. RELIG Exégèse sur le texte hébreu de la Bible, due à des docteurs juifs. – Mot hébreu, *massorah.*

massorète [masɔʀɛt] n. m. RELIG Docteur juif ayant collaboré à la rédaction de la massore (VIe-XIIe s.). – De *massore.*

massorétique [masɔʀetik] adj. RELIG Des massorètes. – *Points massorétiques* : signes introduits par les massorètes dans le texte hébreu de la Bible pour indiquer les voyelles. – De *massorète.*

massue [masy] n. f. **1.** Bâton noueux beaucoup plus gros à un bout qu'à l'autre et servant d'arme. *La massue d'Hercule.* **2.** Fig. *Coup de massue* : coup brutal, décisif ; catastrophe accablante. ▷ (En appos.) *Argument massue,* décisif, qui laisse l'interlocuteur sans réplique. – Du lat. pop. *matt(i)ucca,* de *mattea* (V. masse 2).

mastaba [mastaba] n. m. Tombeau de l'Égypte antique (Ancien Empire) en forme de pyramide tronquée. – Mot ar., « banc, banquette ».

mastère [mastɛʀ] n. m. Didac. Diplôme de haut niveau sanctionnant une année d'études postérieures à l'obtention du titre d'ingénieur. – Mot angl. *master,* « maître ».

mastic [mastik] n. m. (et adj. inv.) **1.** Résine jaunâtre qui s'écoule du lentisque. **2.** Composition adhésive plastique durcissant à l'air, formée de blanc d'Espagne (craie pulvérisée) et d'huile de lin, dont on se sert pour certaines opérations de rebouchage et de scellement. *Mastic de vitrier.* ▷ adj. inv. D'une couleur gris-beige clair. *Imperméable mastic.* **3.** TYPO Erreur de composition consistant à intervertir plusieurs lignes ou plusieurs groupes de lignes. – Bas lat. *masticum,* gr. *mastikhê.*

masticage [mastikaʒ] n. m. Action de joindre ou de boucher avec du mastic. – De *mastiquer* 1.

masticateur, trice [mastikatœʀ, tʀis] adj. Qui sert à mastiquer. *Muscles masticateurs.* – De *mastiquer* 2.

mastication [mastikasjɔ̃] n. f. Action de mastiquer, de mâcher ; son résultat. – Bas lat. *masticatio.*

masticatoire [mastikatwaʀ] n. m. et adj. **1.** n. m. MED Substance à mâcher destinée à exciter la sécrétion salivaire. **2.** adj. Destiné à être mâché. *Pâte masticatoire.* – De *mastiquer* 2.

mastiff [mastif] n. m. Grand chien au corps trapu et au poil ras, voisin du dogue. – Mot angl., de l'a. fr. *mastin* (cf. mâtin).

1. mastiquer [mastike] v. tr. [1] Joindre, boucher avec du mastic. – De *mastic.*

2. mastiquer [mastike] v. tr. [1] Mâcher, broyer avec les dents (un aliment, une substance solide, avant de l'avaler ou de le recracher). *Mastiquer de la viande.* – Bas lat. *masticare,* « mâcher ».

mastite [mastit] n. f. MED Inflammation aiguë du tissu mammaire. – Du gr. *mastos,* « mamelle », et de *-ite* 1.

mastoc [mastɔk] adj. inv. Lourd, épais, sans grâce. *Une construction mastoc.* – P.-ê. all. *Mastochs,* « bœuf à l'engrais », ou mot rouchi, du rad. de *masse, massif.*

mastocyte [mastɔsit] n. m. BIOL Cellule du sang et du tissu conjonctif dont le cytoplasme contient de nombreuses granulations et qui joue un rôle important dans les phénomènes de cicatrisation et les réactions allergiques. – Du gr. *mastos,* « mamelle », et de *-cyte.*

mastodonte [mastɔdɔ̃t] n. m. **1.** PALEONT Grand mammifère herbivore fossile (ordre des proboscidiens) du tertiaire et du quaternaire, voisin de l'éléphant. (Plus petites que les éléphants actuels, certaines espèces du genre *Mastodon,* notam., portaient quatre défenses.) **2.** Fig. Personne d'une taille, d'une corpulence démesurée. **3.** Objet, machine énorme. – Du gr. *mastos,* « mamelle », et *odous, odontos,* « dent », à cause de ses molaires mamelonnées.

mastoïde [mastɔid] adj. et n. f. ANAT *Apophyse mastoïde* ou n. f. *mastoïde* : éminence de l'os temporal, située en arrière du conduit auditif externe. – Du gr. *mastoeidês,* « en forme de mamelle ».

mastoïdien, enne [mastɔidjɛ̃, ɛn] adj. Relatif à l'apophyse mastoïde. *Cavités mastoïdiennes* : petites cavités osseuses tapissées de muqueuse, situées au sein de l'apophyse mastoïde. – De *mastoïde.*

mastoïdite [mastɔidit] n. f. MED Inflammation de la muqueuse des cavités mastoïdiennes, en général consécutive à une otite. – De *mastoïde,* et *-ite* 1.

mastroquet [mastʀɔkɛ] n. m. Fam., vieilli **1.** Patron d'un débit de boissons. **2.** Débit de boissons, bistrot. – P.-ê. du flamand *meister*, « patron ».

masturbation [mastyʀbasjɔ̃] n. f. Attouchement des parties génitales, destiné à procurer le plaisir sexuel. ▷ Fig. *Masturbation intellectuelle* : complaisance à tourner et à retourner les mêmes pensées. – Lat. *masturbatio*, de *manus*, « main » et *stupratio*, « action de souiller ».

masturber [mastyʀbe] v. tr. [1] Se livrer à la masturbation. ▷ v. pron. Se livrer à la masturbation sur soi-même. – Lat. *masturbare*.

m'as-tu-vu [matyvy] n. et adj. inv. Péjor. Individu trop satisfait de lui-même. *Un(e) m'as-tu-vu* (ou *une m'as-tu-vue*). *Des m'as-tu-vu*. – adj. inv. Prétentieux. *Cette robe est un peu m'as-tu-vu*. – De *m'as-tu vu ?* question que se posent entre eux les acteurs évoquant leurs succès.

masure [mazyʀ] n. f. Maison misérable, tombant en ruine. – Du bas lat. **mansura*, « demeure ».

1. mat [mat] n. m. et adj. inv. **1.** n. m. Aux échecs, échec imparable qui met fin à la partie. *Faire mat.* **2.** adj. inv. Se dit d'un joueur qui a perdu la partie. – De l'ar. *māt*, « (il) est mort ».

2. mat, mate [mat] adj. **1.** Qui réfléchit peu la lumière, qui ne brille pas. *Tirer une photo sur papier mat. Or mat.* ▷ *Teint mat* : plutôt foncé (opposé à *teint clair*). **2.** *Son mat*, sourd. – Du lat. *mattus*, p.-ê. de *madere*, « être humide », et au fig. « abattu, affligé ».

mât [mɑ] n. m. **1.** MAR Longue pièce de bois ou de métal destinée à porter les voiles (sur un voilier), les pavillons, les antennes de radio, les aériens de radar (sur un navire à propulsion mécanique). ▷ *Mât de charge* : appareil de levage servant au chargement et au déchargement d'un navire. **2.** *Par anal.* Poteau, perche. ▷ Perche lisse utilisée en gymnastique pour s'exercer à grimper. ▷ *Mât de cocagne* : haute perche de bois au sommet de laquelle sont placés des prix que des concurrents tentent de décrocher. – Frq. **mast*.

matador [matadɔʀ] n. m. Torero qui met à mort le taureau dans une corrida. – Mot esp., « tueur », de *matar*, « tuer ».

mataf [mataf] n. m. Arg. Matelot. – De l'ital. *matafione*, « garcette ».

matage [mataʒ] n. m. TECH Action de mater un rivet, une soudure, etc. – De *mater* 2.

matamore [matamɔʀ] n. m. Faux brave. – Esp. *Matamoros*, « tueur de Maures », n. pr., personnage de comédie.

match [matʃ] n. m. Lutte, compétition opposant deux adversaires ou deux équipes. *Match de boxe, de rugby.* – *Match nul*, qui se termine à égalité de score. *Des matches* ou *des matchs*. – Mot angl.

maté [mate] n. m. Arbuste d'Amérique du S. (*Ilex paraguayensis*) voisin du houx, dont les feuilles infusées fournissent une boisson tonique. ▷ Cette boisson. Syn. Thé des jésuites. – Mot esp., d'une langue indienne du Pérou.

matefaim [matfɛ̃] n. m. inv. Crêpe épaisse. – De *mater* 1, et *faim*.

matelas [matla] n. m. **1.** Élément de literie constitué par un grand coussin rembourré, généralement posé sur un sommier. ▷ *Matelas pneumatique* : grand coussin fait d'une enveloppe étanche, gonflée d'air. **2.** CONSTR *Matelas d'air* : couche d'air entre deux parois. – De l'ital. *materasso*, ar. *matrah*, « ce que l'on étend sur le sol ».

matelassé, ée [matlase] adj. et n. m. *Tissu matelassé*, garni d'une doublure ouatinée maintenue par des piqûres. ▷ n. m. *Du matelassé*. – Pp. de *matelasser*.

matelasser [matlase] v. tr. [1] Rembourrer (qqch) à la façon d'un matelas. *Matelasser des chaises.* – De *matelas*.

matelassier, ère [matlasje, ɛʀ] n. Personne qui confectionne, qui répare les matelas. – De *matelas*.

matelassure [matlasyʀ] n. f. Ce qui sert à matelasser, à rembourrer. – De *matelasser*.

matelot [matlo] n. m. **1.** Homme d'équipage d'un navire. *Les officiers, sous-officiers et matelots.* ▷ MILIT Grade le plus bas correspondant, dans la marine, à celui de simple soldat dans l'armée de terre. **2.** *Matelot d'avant, matelot d'arrière* : bâtiment de guerre qui, placé dans une ligne, suit ou précède immédiatement un autre bâtiment. – Moy. néerl. *mattenoot*, « compagnon de couche », les matelots ne disposant autrefois que d'un hamac pour deux.

matelotage [matlɔtaʒ] n. m. Technique de la confection des nœuds, tresses, épissures, garnitures, etc., qu'un matelot est appelé à faire dans l'exercice de son métier. – De *matelot*.

matelote [matlɔt] n. f. Mets composé de poisson cuit en morceaux dans du vin rouge avec des oignons ou des échalotes. *Matelote d'anguille.* – Fém. de *matelot*.

1. mater [mate] v. tr. [1] **1.** (Aux échecs.) *Mater le roi* : mettre le roi en position mat. – *Absol.* Faire mat. **2.** Fig. Rendre soumis (qqn). *Mater les fortes têtes.* – Par ext. *Mater une rébellion.* – De *mat* 1.

2. mater [mate] [1] ou **matir** [matiʀ] [3] v. tr. **1.** TECH Rendre mat, dépolir. *Matir de l'or. Argent mati. Mater le verre.* **2.** TECH *Mater* : refouler (du métal), en partic. pour parfaire un joint. *Mater un rivet, une soudure.* – De *mat* 2.

3. mater [mate] v. tr. [1] Arg. Observer sans être vu, épier. ▷ Regarder. – P.-ê. de l'hispanisme algérois *matar*, « tuer ».

mâter [mɑte] v. tr. [1] Munir (un navire) de son (ses) mât(s). – De *mât*.

mâtereau [mɑtʀo] n. m. Petit mât. – Dimin. de *mât*.

matérialisation [mateʀjalizasjɔ̃] n. f. **1.** Action de matérialiser, de se matérialiser; son résultat. **2.** PHYS NUCL Création d'une paire électron-positon à partir d'un photon. – De *matérialiser*.

matérialisé, ée [mateʀjalize] adj. **1.** Qui est devenu matériel, sensible. **2.** *Voie, chaussée matérialisée*, sur laquelle des bandes peintes indiquent les interdictions de doubler, les directions à prendre, les passages réservés aux piétons, etc. – Pp. de *matérialiser*.

matérialiser [mateʀjalize] **I.** v. tr. [1] **1.** Donner une apparence ou une réalité matérielle à (une chose abstraite). *La foi que matérialisent les cathédrales. Matérialiser un espoir.* **2.** Litt. Considérer comme matériel (ce qui est immatériel). *Matérialiser la pensée, l'âme, le sentiment.* **II.** v. pron. Prendre une forme concrète. *Esprit qui se matérialise au cours d'une séance de spiritisme.* – De *matériel*.

matérialisme [mateʀjalism] n. m. **1.** PHILO Toute doctrine qui affirme que la seule réalité fondamentale est la matière et que toute autre réalité y est, d'une façon ou d'une autre, réductible. Ant. idéalisme, spiritualisme. **2.** Cour. Attitude de celui qui recherche uniquement des satisfactions matérielles. – De *matériel*.
ENCYCL Les opinions sur la nature et les propriétés de la matière varient considérablement selon les systèmes matérialistes et l'état de développement des connaissances scientifiques; il existe cependant des caractéristiques constantes, dont l'une des plus importantes est le lien étroit que tous les matérialistes établissent entre la matière et le mouvement (ou l'énergie), conçu comme son attribut essentiel. Il importe donc de

distinguer : – le *matérialisme mécaniste*, princ. représenté : dans l'Antiq., par Leucippe, Démocrite, Épicure, Lucrèce ; au XVIIIe s., par Diderot, d'Holbach, Helvétius, La Mettrie, etc. ; au XIXe s., par Feuerbach et K. Vogt ; c'est une tentative pour rendre compte des lois de la vie, de la pensée, de la société, en les réduisant à des phénomènes mécaniques ou physiques ; – le *matérialisme historique*, doctrine de K. Marx ; – le *matérialisme dialectique* (directement lié au matérialisme historique), expression forgée par Engels. V. encycl. marxisme.

matérialiste [mateʀjalist] adj. et n. **1.** PHILO Qui professe le matérialisme. **2.** Cour. Qui ne recherche que des satisfactions matérielles. – De *matérialisme*.

matérialité [mateʀjalite] n. f. Caractère de ce qui est matériel. ▷ *La matérialité d'un fait, d'un délit*, sa réalité. – De *matériel*.

matériau [mateʀjo] n. m. sing. Toute matière utilisée pour fabriquer ou construire. – Sing. refait d'ap. *matériaux*.

matériaux [mateʀjo] n. m. pl. **1.** Ensemble des éléments qui entrent dans la construction d'un bâtiment (pierre, bois, tuiles, ciment, etc.). ▷ *Résistance* des matériaux*. **2.** Fig. Ce à partir de quoi l'on élabore un ouvrage de l'esprit. *Les matériaux d'un historien*. – Plur. de *matérial*, var. anc. de *matériel*.

matériel, elle [mateʀjɛl] adj. et n. **I.** adj. **1.** Formé de matière. *Le monde matériel*. Ant. spirituel. **2.** PHILO Qui concerne la matière (par oppos. à *formel*). *Cause matérielle*. **3.** Qui relève de la réalité concrète, objective. *Être dans l'impossibilité matérielle, ne pas avoir le temps matériel de faire qqch*. **4.** Relatif aux nécessités de l'existence, à l'argent. *Problèmes, secours matériels*. ▷ n. f. Fam. *La matérielle* : ce qui est nécessaire à la subsistance de qqn. **5.** Fig., péjor. Incapable de sentiments élevés. *Esprit bassement matériel*. **6.** Qui concerne les choses et non les personnes. *Dégâts matériels*. **II.** n. m. **1.** Ensemble des objets de toute nature (machines, engins, mobilier, etc.) utilisés par une entreprise, un service public, une armée, etc. (par oppos. à *personnel*). *Le matériel d'une usine. Les matériels de levage et de manutention*. **2.** Ensemble des objets que l'on utilise dans une activité, un travail déterminés. *Matériel de cuisine. Matériel pédagogique*. **3.** INFORM Ensemble des éléments physiques employés pour le traitement de l'information, par oppos. à *logiciel*. (Terme officiellement recommandé pour remplacer *hardware*.) – Bas lat. *materialis*.

matériellement [mateʀjɛlmɑ̃] adv. **1.** En ce qui concerne la vie matérielle. *Situation matériellement avantageuse*. **2.** Réellement, effectivement. *C'est matériellement impossible*. **3.** *Être matériellement responsable d'une chose*, responsable des dommages matériels qui peuvent lui être causés. – De *matériel*.

maternage [matɛʀnaʒ] n. m. Fait de materner. ▷ PSYCHAN Technique consistant à recréer autour du patient un climat affectif maternel dans un but thérapeutique. – De *materner*.

maternel, elle [matɛʀnɛl] adj. et n. f. **1.** Propre à une mère. *Instinct maternel*. **2.** Qui a ou évoque l'attitude d'une mère. *Gestes maternels*. **3.** Relatif à la mère, en ce qui concerne les liens de parenté. **4.** *La langue maternelle* : la première langue parlée par un enfant. **5.** *École maternelle* ou, n. f., *la maternelle* : école où l'on reçoit les très jeunes enfants (2-5 ans). – Dér. du lat. *maternus*, de *mater*, « mère ».

maternellement [matɛʀnɛlmɑ̃] adv. De façon maternelle. – De *maternel*.

materner [matɛʀne] v. tr. [1] Prodiguer des soins maternels à (qqn) ; avoir une attitude maternelle à l'égard de (qqn). ▷ PSYCHAN Pratiquer la technique du maternage sur (qqn). – Du lat. *maternus*, « maternel », pour traduire l'angl. *to mother*.

materniser [matɛʀnize] v. tr. [1] Donner les qualités du lait maternel à (un lait). – Pp. adj. *Lait maternisé*. – Du lat. *maternus*.

maternité [matɛʀnite] n. f. **1.** État, qualité de mère. *Femme épanouie par la maternité*. **2.** Fait de porter un enfant, de lui donner naissance. *Refuser une nouvelle maternité*. **3.** Hôpital, clinique où les femmes accouchent. **4.** BX-A Tableau, dessin représentant une mère avec son enfant dans les bras. – Lat. médiév. *maternitas*.

math ou **maths** [mat] n. f. pl. Fam. Mathématiques. *Le prof de maths*. – Abrév. de *mathématiques*.

mathématicien, enne [matematisjɛ̃, ɛn] n. Spécialiste des mathématiques. – De *mathématique*.

mathématique [matematik] adj. et n. **I.** adj. **1.** Relatif à la science du calcul et de la mesure des grandeurs. *Raisonnement mathématique. Symboles mathématiques*. **2.** Fig. D'une précision rigoureuse. *Exactitude mathématique*. **II.** n. f. (Empl. cour. au plur.) **1.** Ensemble des opérations logiques que l'homme applique aux concepts de nombre, de forme et d'ensemble. ▷ *Mathématiques pures*, qui opèrent sur des quantités abstraites (algèbre, trigonométrie). ▷ *Mathématiques appliquées*, qui opèrent sur des grandeurs concrètes, effectivement mesurées (astronomie, mécanique, informatique, statistique). **2.** Nom donné à certaines classes de lycées. *Mathématiques élémentaires* (abrév. *math. élém.*) : classe qui préparait naguère au baccalauréat de mathématiques et sciences exactes, remplacée aujourd'hui par la terminale C. *Mathématiques supérieures* (abrév. *math. sup.*) : classe qui précède celle de mathématiques spéciales. *Mathématiques spéciales* (abrév. *math. spé.*) : classe où l'on prépare les candidats aux grandes écoles scientifiques. – Lat. *mathematicus*, gr. *mathêmatikos*, « scientifique », de *mathêma*, « étude, science ».

mathématiquement [matematikmɑ̃] adv. **1.** Selon les règles des mathématiques. **2.** Rigoureusement, exactement. – De *mathématique*.

matheux, euse [matø, øz] n. Fam. Personne qui a des dons, du goût pour les mathématiques, qui les étudie. – De *math*.

maths. V. math.

matière [matjɛʀ] n. f. **1.** Substance constituant les corps (par oppos. à *esprit*). *L'âme et la matière*. **2.** PHYS Substance composée d'atomes et possédant une masse. *États solide, liquide, gazeux, ionisé, de la matière*. ▷ BIOL *Matière vivante* : ensemble des substances organiques (lipides, protides, glucides, vitamines, etc.) et minérales (eau, ions métalliques, sels minéraux, etc.) constituant les cellules d'un être vivant. **3.** Substance considérée du point de vue de ses propriétés, de ses utilisations, etc. *Une matière fragile*. – *Matières fécales* ou *matières* : excréments, fèces. ▷ TECH *Matières premières* : éléments bruts ou semi-ouvrés qui sont utilisés au début d'un cycle de fabrication. – *Matières consommables* : produits utilisés en cours de fabrication pour alimenter des machines ou les faire fonctionner (gazole, électricité, graisse, etc.). ▷ FIN *Comptabilité matières*, qui porte sur les matières premières et les matières consommables. ▷ ASTRO *Matière interstellaire* : gaz situé entre les étoiles et réparti à l'intérieur de nuages plus ou moins denses (les nébuleuses). **4.** Ce dont une chose est faite. *La matière de cette robe est de la soie*. **5.** Ce sur quoi on écrit, on parle, on travaille. *La matière d'un roman. Matières scolaires. Table des matières* : dans un livre, liste des sujets abordés, des divers chapitres. ▷ DR *Matière civile, criminelle, commerciale* : domaine du droit civil, criminel, commercial. **6.** (Sans article.) Sujet, occasion. *Fournir matière à rire*. **7.** Loc. prép. *En matière de* : en ce qui concerne, en fait de. *En matière d'art*. – Lat. *materia*.

matif [matif] n. m. Marché créé en 1986 pour permettre aux investisseurs de protéger la valeur de leurs actifs, notam. lors des fluctuations des taux de change. – Acronyme pour *marché à terme des instruments financiers.*

matin [matɛ̃] n. m. et adv. **I.** n. m. **1.** Première partie du jour, après le lever du soleil. *Être du matin :* aimer se lever tôt. *De bon, de grand matin :* très tôt. ▷ Fig. *Le matin de la vie :* la jeunesse. **2.** Partie de la journée qui va du point du jour à midi. *Le matin et l'après-midi.* **3.** Espace de temps compris entre minuit et midi. *Une heure du matin.* **4.** *Un matin, un beau matin :* un jour parmi les autres. ▷ *Ce matin :* le matin du jour où l'on est. **II.** adv. Vieilli Tôt. *Se lever matin.* – Du lat. *matutinum,* qui a éliminé le lat. class. *mane,* resté dans *demain.*

1. mâtin [mɑtɛ̃] n. m. Chien de garde de grande taille, aux mâchoires puissantes. – Lat. pop. **masetinus,* de *mansuetinus,* du lat. class. *mansuetus,* « apprivoisé », de *manere,* « rester »; d'abord *mastin.*

2. mâtin, ine [mɑtɛ̃, in] n. Fam. Personne délurée, malicieuse. ▷ Vx Interj. exprimant l'étonnement. *Mâtin!* – De *mâtin* 1.

matinal, ale, aux [matinal, o] adj. **1.** Qui a rapport au matin. *Fraîcheur matinale.* **2.** Qui se lève tôt. *Être matinal.* – Var. de l'a. fr. *matine,* de *matin.*

matinalement [matinalmɑ̃] adv. Tôt le matin. – De *matinal.*

mâtiné, ée [mɑtine] adj. **1.** (Chiens) De race croisée. **2.** Fig. Mélangé. *Un français mâtiné de patois.* – Pp. de *mâtiner.*

matinée [matine] n. f. **1.** Temps qui s'écoule entre le lever du soleil et midi. *Au cours de la matinée.* **2.** Spectacle ayant lieu l'après-midi. *Matinée théâtrale. Film en matinée.* – De *matin.*

mâtiner [mɑtine] v. tr. [1] En parlant d'un chien, couvrir (une chienne de race plus belle ou différente). – De *mâtin.*

matines [matin] n. f. pl. LITURG CATHOL Première partie de l'office divin, que l'on récite la nuit ou à l'aube. *Chanter matines.* – De *matin,* d'après le lat, ecclés. médiév. *matutinæ.*

matir. V. mater 2.

matité [matite] n. f. Caractère de ce qui est mat. *La matité d'un teint, d'un bruit.* – De *mat.*

matois, oise [matwa, waz] adj. et n. Litt. Rusé, finaud. – De *mate,* arg. anc. « lieu de réunion des voleurs », all. dial. *Matte,* « prairie ».

maton, onne [matɔ̃, ɔn] n. Arg. Gardien, gardienne de prison. – De *mater* 3.

matos [matos] n. m. Fam. Abrév. de *matériel.Apporte le matos!*

matou [matu] n. m. Chat domestique mâle non castré. – P.-ê. onomat.

matraquage [matʀakaʒ] n. m. **1.** Action de frapper avec une matraque. **2.** Fig. *Matraquage publicitaire :* multiplication des opérations publicitaires destinées à lancer une vedette, un produit, etc. – De *matraquer.*

matraque [matʀak] n. f. Arme pour frapper, en forme de bâton court, au bout plus ou moins renflé. – Ar. d'Algérie *matraq,* « gourdin ».

matraquer [matʀake] v. tr. [1] **1.** Donner des coups de matraque à (qqn). **2.** Fig., fam. Demander un prix trop élevé à (qqn). **3.** Fig. Faire subir un matraquage publicitaire à (un public). – De *matraque.*

matraqueur, euse [matʀakœʀ, øz] adj. et n. Qui matraque. – De *matraquer.*

1. matras [matʀa] n. m. ARCHEOL Trait d'arbalète terminé par une masse de fer. – Probabl. du lat. *matara,* « javeline », d'orig. gaul.

2. matras [matʀa] n. m. CHIM Vase à col long et étroit. – De *matras* 1, infl. probabl. de l'ar. *matara,* « outre, vase ».

matriarcal, ale, aux [matʀijaʀkal, o] adj. Relatif au matriarcat. – De *matriarcat.*

matriarcat [matʀijaʀka] n. m. Régime social ou juridique basé sur la seule filiation maternelle. ▷ *Abusiv.* Régime social dans lequel la mère, la femme joue un rôle prépondérant ou exerce une grande autorité. – Du lat. *mater, matris,* « mère », d'ap. *patriarcat.*

matriçage [matʀisaʒ] n. m. TECH Mise en forme d'une pièce par application contre une matrice à l'aide d'un poinçon. Syn. estampage. – De *matrice.*

matricaire [matʀikɛʀ] n. f. BOT Composée dont une espèce (*Matricaria chamomilla*) est la *camomille officinale,* utilisée autref. contre les douleurs de la matrice. – De *matrice.*

matrice [matʀis] n. f. **1.** Vieilli Utérus. **2.** TECH Moule, généralement métallique, qui présente une empreinte destinée à donner une forme à une pièce. **3.** MATH Tableau de nombres permettant de représenter une application linéaire, chaque nombre étant affecté de deux indices, l'un relatif à la ligne et l'autre à la colonne sur lesquelles il se trouve. (On définit des opérations sur les matrices, telles que somme, produit et inversion de matrices, qui sont à la base du *calcul matriciel.*) **4.** FIN Registre d'après lequel sont établis les rôles des contributions. – Lat. *matrix, matricis.*

matricer [matʀise] v. tr. [12] TECH Forger (une pièce) par matriçage. – De *matrice.*

1. matricide [matʀisid] adj. et n. Se dit d'une personne qui a tué sa mère. ▷ Subst. *Un(e) matricide.* – Lat. *matricida.*

2. matricide [matʀisid] n. m. Crime de la personne qui a tué sa mère. – Lat. *matricidium.*

matriciel, elle [matʀisjɛl] adj. **1.** MATH Qui porte sur les matrices. *Calcul matriciel,* utilisé en algèbre, en analyse, en science économique, en calcul numérique. **2.** FIN Relatif aux matrices. *Loyer matriciel,* qui sert de base au calcul des contributions directes. – De *matrice.*

matricule [matʀikyl] n. **1.** n. f. Registre où est noté et numéroté le nom des personnes qui entrent dans certains corps, certains établissements. *Les matricules d'un régiment, d'une prison.* – *Par ext.* Extrait de ce registre. – (En appos.) *Registre matricule.* **2.** n. m. Numéro sous lequel une personne est inscrite sur une matricule. *Le matricule d'un soldat.* – Bas lat. *matricula.*

matriculer [matʀikyle] v. tr. [1] Rare Attribuer un numéro matricule à. – De *matricule.*

matrilinéaire [matʀilineɛʀ] adj. ETHNOL Qualifie un mode de filiation et d'organisation sociale reposant sur la seule famille maternelle. Ant. patrilinéaire. – Du lat. *mater, matris,* « mère », et de *linéaire,* d'apr. l'angl. *matrilinear.*

matrilocal, ale, aux [matʀilɔkal, o] adj. ETHNOL Se dit d'un mode de résidence qui impose aux couples de venir habiter après le mariage dans la famille de la femme, temporairement ou définitivement. – Du lat. *mater, matris,* « mère », et de *local.*

matrimonial, ale, aux [matʀimɔnjal, o] adj. Qui concerne le mariage, spécial. sous son aspect juridique. *Le régime matrimonial.* ▷ *Agence matrimoniale,* qui organise des rencontres entre personnes cherchant à se marier. – Bas lat. *matrimonialis,* de *matrimonium,* « mariage ».

matrimonialement [matʀimɔnjalmɑ̃] adv. Du point de vue du mariage. – De *matrimonial.*

matriochka [matʀjɔʃka] n. f. Boîte gigogne figurant une poupée. – Mot russe.

matrone [matʀɔn] n. f. **1.** ANTIQ Femme d'un citoyen, à Rome. **2.** Péjor. Femme d'un certain âge, corpulente et autoritaire. **3.** Vx ou rég. (Afrique) Sage-femme. – Lat. *matrona.*

matronymat [matʀɔnima] n. m. SOCIOL Système où le nom de la mère se transmet à ses descendants. Ant. patronymat. – De *matronyme.*

matronyme [matʀɔnim] n. m. Nom de famille transmis par la mère. – Du lat. *mater, matris,* « mère », d'après *patronyme.*

matronymique [matʀɔnimik] adj. SOCIOL Du matronymat. – De *matronyme.*

matte [mat] n. f. METALL Produit résultant de la calcination d'un minerai sulfuré.

matthiole [matjɔl] n. f. BOT Crucifère ornementale cour. appelée *giroflée des jardins* (genre *Matthiola),* à fleurs odorantes, simples ou doubles. – Du nom de *Matthioli* (1500-1577), botaniste italien.

maturation [matyʀasjɔ̃] n. f. **1.** Ensemble des phénomènes conduisant à la maturité. *Maturation des fruits.* **2.** MED Évolution d'un abcès vers sa maturité. **3.** TECH *Cave de maturation,* pour le fromage. **4.** Fig. Fait de mûrir. *Maturation d'un projet.* – Du lat. *maturare,* « mûrir ».

mature [matyʀ] adj. **1.** BIOL Se dit d'une cellule vivante arrivée à son complet développement. **2.** Se dit des poissons femelles prêts à pondre. **3.** Fig. Qui manifeste de la maturité d'esprit. *Un jeune homme assez mature.* – Lat. *maturus,* « mûr »; sens 3, repris à l'angl. *mature,* même sens.

mâture [mɑtyʀ] n. f. Ensemble des mâts d'un navire et de leur gréement. *Grimper dans la mâture.* – De *mât.*

maturité [matyʀite] n. f. **1.** État de ce qui est mûr. *Fruit à maturité.* **2.** Époque, entre la jeunesse et la vieillesse, où l'être humain atteint la plénitude de son développement physique et intellectuel. ▷ Fig. Plénitude qui est l'aboutissement d'une évolution. *Ses dons artistiques sont arrivés à maturité.* **3.** Prudence, sagesse qui vient avec l'âge et l'expérience. – Lat. *maturitas.*

matutinal, ale, aux [matytinal, o] adj. Vx ou litt. Du matin. – Lat. *matutinus.*

maubèche [mobɛʃ] n. f. Variété de bécasseau. – De *mal* 2, et du lat. *beccus,* « bec ».

maudire [modiʀ] v. tr. [3] **1.** Vouer (qqn) au malheur; prononcer des imprécations contre (qqn, qqch). *Maudire sa pauvreté.* **2.** RELIG Condamner à la damnation. *Dieu a maudit ces pécheurs.* – Du lat. *maledicere,* « dire du mal de ».

maudit, ite [modi, it] adj. et n. **I.** adj. **1.** Sur qui s'abat la malédiction de Dieu ou des hommes. – Fig. *Artiste maudit,* qui n'est pas reconnu de son vivant. **2.** (Comme imprécation.) *Maudit soit ce traître !* **3.** (Toujours placé av. le nom.) Détestable, haïssable. *Cette maudite époque.* **II.** n. RELIG Damné. – *Le Maudit :* le diable. – Pp. de *maudire.*

maugréer [mogʀee] v. intr. [1] Témoigner son mécontentement en pestant entre ses dents. *Maugréer contre un importun.* – De l'a. fr. *maugré,* « peine, déplaisir », de *mal* 1, et *gré.*

maurandie [mɔʀɑ̃di] n. f. BOT Plante ornementale à grandes fleurs (genre *Maurandia,* fam. scrofulariacées). – Du nom de *Maurandy,* botaniste espagnol.

maure ou **more** [mɔʀ] n. et adj. **1.** ANTIQ *Les Maures :* les Berbères de la Maurétanie (ouest de l'Algérie et Maroc) non soumis à Rome. **2.** HIST *Les Maures* ou *les Mores :* les musulmans arabo-berbères du nord de l'Afrique. – *Spécial.* Ceux qui envahirent l'Espagne au VIIIe s. et l'occupèrent en partie jusqu'au XVe s. ▷ adj. Mod. *Bain maure. Café maure.* **3.** *Les Maures :* population blanche, souvent métissée, du Sahara occidental (Mauritanie, Mali, Sénégal). ▷ adj. *Tribu maure.* – Lat. *Maurus.*

maurelle [mɔʀɛl] n. f. Tournesol des teinturiers. – Du lat. *Maurus,* « Maure », « brun foncé ».

mauresque ou **moresque** [mɔʀɛsk] n. f. et adj. **1.** n. f. Anc. Femme musulmane d'Espagne (jusqu'au XVe s.) ou du Maghreb. ▷ adj. *Une princesse mauresque.* **2.** adj. Propre aux Maures (sens 2) et en partic. aux Maures d'Espagne. *Art, architecture, palais, décoration mauresques.* – Esp. *morisco.*

mauricien, enne [mɔʀisjɛ̃, ɛn] adj. et n. De l'île Maurice, État insulaire de l'océan Indien. – Subst. *Un(e) Mauricien(ne).*

mauritanien, enne [mɔʀitanjɛ̃, ɛn] adj. et n. De Mauritanie, État d'Afrique au S.-O. du Sahara occidental. – Subst. *Un(e) Mauritanien(ne).*

mauser [mozœʀ] n. m. MILIT **1.** Fusil adopté par l'armée allemande en 1871 et utilisé jusqu'en 1945. **2.** Modèle de pistolet automatique. *Des mausers.* – Du n. de l'armurier all. W. von *Mauser* (1834-1882).

mausolée [mozɔle] n. m. Grand et riche monument funéraire. *Le mausolée d'Hadrien, à Rome, est devenu le château Saint-Ange.* – Lat. *mausoleum,* gr. *mausôleion,* « tombeau du roi Mausole », satrape (377-353 av. J.-C.) de Carie, colonie gr. d'Asie Mineure, auquel son épouse fit bâtir un tombeau qui compta parmi les sept merveilles du monde.

maussade [mosad] adj. **1.** Désagréable, qui dénote la mauvaise humeur. *Visage maussade.* **2.** Ennuyeux, sombre, triste. *Un temps maussade.* – De *mal* 2, et a. fr. *sade,* « savoureux », du lat. *sapidus.*

maussadement [mosadmɑ̃] adv. De manière maussade. – De *maussade.*

maussaderie [mosadʀi] n. f. Litt. Humeur maussade, mauvaise grâce. – De *maussade.*

mauvais, aise [mɔvɛ, ɛz] adj., n. et adv. **I.** adj. (Choses) **1.** Imparfait, défectueux. *Avoir une mauvaise vue. Le mauvais fonctionnement d'un appareil.* **2.** Qui n'a pas les qualités propres à son emploi, à sa destination. *Fournir de mauvais arguments, de mauvaises excuses.* – Loc. *Miser, parier sur le mauvais cheval,* sur un cheval perdant, aux courses; fig. faire un choix malheureux. **3.** Défavorable. *Prendre qqch en mauvaise part,* l'interpréter défavorablement. *Faire contre mauvaise fortune bon cœur :* accueillir la malchance avec sérénité. **4.** Susceptible de causer du désagrément, des ennuis. *La mer est mauvaise,* agitée, dangereuse. *Préparer un mauvais coup.* **5.** Contraire à la morale. *Mauvaise action. Mauvaise conduite.* **6.** Désagréable. *Être de mauvaise humeur. Une mauvaise plaisanterie. Faire mauvaise mine à qqn,* le recevoir sèchement. *Avoir mauvaise mine :* avoir le teint pâle, l'air fatigué. *C'est une mauvaise tête :* il (elle) a un caractère difficile. – Fam. *La trouver, l'avoir mauvaise :* ne pas trouver qqch à son goût, être dépité. **7.** Insuffisant, d'un mauvais rapport. *Mauvaise récolte. Mauvaise affaire.* **II.** adj. (Personnes) **1.** De mauvaise moralité. *Se trouver en mauvaise compagnie. Un mauvais sujet, un mauvais garçon :* un voyou, un malfaiteur. *Une femme de mauvaise vie :* une prostituée. **2.** Méchant, dur, malfaisant. *Les gens mauvais et haineux.* **3.** Qui n'a pas les qualités requises par son emploi. *Un mauvais administrateur. Un mauvais romancier.* **III.** n. **1.** n. m. Ce qu'il y a de défectueux dans qqch, qqn. *Il y a du bon et du mauvais dans cette affaire.* **2.** n. m. ou f. Rare Personne méchante. **IV.** adv. *Sentir mauvais :* exhaler une odeur désagréable. – Fig. *Ça sent mauvais :* les choses tournent mal. *Il fait mauvais :* le temps n'est pas au beau. – Du lat. pop. **malifatius*, « qui a un mauvais sort *(fatum)* ».

mauvaiseté [movɛzte] n. f. Rare Méchanceté. – De *mauvais*.

mauve [mov] n. et adj. **1.** n. f. Petite plante (genre *Malva*, fam. malvacées), dont diverses espèces à grandes fleurs blanches, roses ou violettes, sont ornementales, et d'autres médicinales. **2.** adj. De couleur violet pâle. *Des robes mauves.* ▷ n. m. *Une étoffe d'un mauve délicat.* – Lat. *malva*.

mauvéine [movein] n. f. CHIM Matière colorante, première couleur d'aniline employée industriellement. – De *mauve*, et *-ine*.

mauviette [movjɛt] n. f. **1.** Vieilli Alouette commune, bien engraissée et bonne à manger. *Pâté de mauviettes.* **2.** *Par anal.* Fam. Personne frêle, chétive. – Dimin. de *mauvis*.

mauvis [movi] n. m. Grive du nord de l'Europe. – De l'anglo-saxon **maew*, « mouette ».

maxi-. Élément, du lat. *maximus*, superlatif de *magnus*, « grand », exprimant une idée de grandeur, de longueur exceptionnelles, utilisé dans la publicité, la mode. *Maxi-bouteille. Maxi(-)jupe*, qui tombe jusqu'aux pieds.

maxi [maksi] adj. ou adv. Fam. Abrév. de *maximal* et de *(au) maximum. Vitesse maxi. Je l'ai vu il y a dix jours maxi.*

maxillaire [maksilɛʀ] n. m. et adj. **1.** n. m. ANAT Chacun des deux os qui forment les mâchoires. *Maxillaire supérieur. Maxillaire inférieur.* **2.** adj. Qui se rapporte aux maxillaires, aux mâchoires. – Lat. *maxillaris*, de *maxilla*, « mâchoire ».

maxille [maksil] n. m. ZOOL Mâchoire des arthropodes antennates (insectes, crustacés, etc.). – Du lat. *maxilla*, « mâchoire ».

maxima. V. maximum.

maximal, ale, aux [maksimal, o] adj. Qui atteint un maximum, qui est à son plus haut degré. *Température maximale.* – De *maximum*.

maximaliser [maksimalize] v. tr. [1] Didac. Donner la plus haute valeur à. *Maximaliser les chances.* – De *maximal*.

maximaliste [maksimalist] n. et adj. **1.** n. m. HIST Bolchevik. **2.** n. Celui, celle qui est porté(e) aux solutions extrêmes, en polit. notam. *Les maximalistes d'un parti.* ▷ adj. *Un discours maximaliste.* – Mot formé sur *maximal* pour traduire le russe *bolchevik* (V. ce mot).

maxime [maksim] n. f. **1.** Principe, fondement, règle dans un art, dans une science, dans la conduite de la vie. **2.** Sentence qui résume une maxime. *Les* Maximes *de La Rochefoucauld (1665), de Vauvenargues (1746), de Chamfort (1795).* – Du lat. médiév. *maxima (sententia)*, « (sentence) la plus grande, la plus générale ».

maximisation [maksimizasjɔ̃] n. f. Action de maximiser. – De *maximiser*, et *-ation*, par l'angl. *maximization*.

maximiser [maksimize] v. tr. [1] **1.** Didac. Syn. de *maximaliser*. **2.** TECH, FIN Pousser à son maximum. *Maximiser le profit d'une entreprise.* – De *maximum*.

maximum, fém. **maxima,** plur. **maximums** ou **maxima** [maksimɔm, maksima] n. m. et adj. **I.** n. m. **1.** La plus grande valeur qu'une quantité variable puisse prendre. **2.** MATH *Maximum d'une fonction*, valeur de cette fonction, supérieure à toutes les valeurs voisines. **3.** DR *Le maximum (d'une peine) :* (la peine) la plus élevée. **4.** Loc. *Au maximum :* au plus. **II.** adj. Le plus élevé. *Tarif maximum. Hauteur maxima.* (N.B. Dans le langage scientifique, on emploie *maximal, maximale, maximaux*, et non *maximum, maxima.*) – Mot lat., « le plus grand ».

maxwell [makswɛl] n. m. PHYS Unité de flux magnétique du système électromagnétique C.G.S., de symbole Mx. – Du n. du physicien écossais J.C. *Maxwell* (1831-1879).

maya [maja] adj. et n. **1.** adj. (inv. en genre) Relatif à une civilisation précolombienne d'Amérique centrale qui remonterait au IIe millénaire av. J.-C. *Architecture maya.* ▷ Subst. *Les Mayas :* le peuple fondateur de cette civilisation. **2.** n. m. LING Famille de langues parlées par les Mayas. – Mot amérindien.

mayeur. V. maïeur.

mayonnaise [majɔnɛz] adj. et n. f. CUIS *Sauce mayonnaise :* sauce froide et épaisse composée d'huile émulsionnée avec un jaune d'œuf et relevée de vinaigre ou de citron. ▷ n. f. *Œufs durs à la mayonnaise* ou, ellipt., *œufs durs mayonnaise.* – Altér. de *mahonnaise*, p.-ê. en souvenir de la prise de *Port-Mahon* par Richelieu, en 1756.

mazagran [mazagʀɑ̃] n. m. **1.** Vieilli Café servi dans un verre. ▷ Café étendu d'eau, que l'on consomme froid. **2.** Récipient en faïence, à petit pied, dans lequel on sert le café. – De *Mazagran*, n. d'un village d'Algérie.

mazarinade [mazaʀinad] n. f. HIST Chanson qui raillait Mazarin, pendant la Fronde. – Du n. du cardinal de *Mazarin* (1602-1661).

mazdéen, enne [mazdeɛ̃, ɛn] adj. Relatif au mazdéisme. – De *mazdéisme*.

mazdéisme [mazdeism] n. m. Religion de la Perse ancienne, appelée aussi *zoroastrisme* (du nom du prophète Zoroastre ou Zarathoustra). – De l'anc. perse *mazda*, « sage ».

ENCYCL Les auteurs de l'Antiquité et la tradition iranienne ont vu en Zoroastre (ou Zarathoustra, v. 700, 630 ou 600 av. J.-C.) le fondateur de la religion mazdéenne : il est le dépositaire de la vérité que lui a directement révélée Ahura Mazdâ (le Dieu du bien) et tout ce que contient l'*Avesta* (les livres sacrés) lui est attribué. L'antagonisme du bien et du mal commande dans le mazdéisme une répartition minutieuse et sans nuance de tout ce qui existe, en êtres et choses purs et impurs. C'est une doctrine essentiellement dualiste (manichéenne).

mazette [mazɛt] n. f. **1.** Vx Mauvais petit cheval. **2.** Vieilli Personne maladroite au jeu. ▷ *Par ext.* Personne sans énergie ou sans adresse. **3.** interj. Vieilli ou plaisant (Marque l'étonnement, l'admiration.) *Mazette ! Quel faste !* – P.-ê. du norm. *mazette*, « mésange ».

mazout [mazut] n. m. Combustible liquide visqueux obtenu par raffinage du pétrole, à pouvoir calorifique élevé. – Mot russe.

mazoutage [mazutaʒ] n. m. Pollution par le mazout. – De *mazouter*.

mazouter [mazute] v. [1] **1.** v. intr. Faire le plein de mazout. **2.** v. tr. Polluer par le mazout. – Pp. adj. *Rivage mazouté. Oiseaux mazoutés.* – De *mazout*.

mazurka [mazyʀka] n. f. **1.** Danse d'origine polonaise (Mazurie) à trois temps, où le deuxième temps est marqué. **2.** Air de cette danse. ▷ Composition musicale sur le rythme de la mazurka. – Mot polonais.

M.B.A. Sigle de *marge* brute d'autofinancement.*

Md CHIM Symbole du mendélévium.

me [mə] pron. pers. de la 1re pers. du sing. (N.B. *me* s'élide en *m'* devant voyelle ou h muet.) **1.** Comp. d'objet dir. *Il me blesse.* **2.** Comp. d'objet indir. À moi. *Il m'a parlé de toi.* ▷ Comp. d'attribution. *Tu me donnes ce livre.* **3.** À la place d'un poss. *(mon, ma, mes). La tête me tourne.* **4.** Sujet d'un inf. régi par *faire, laisser, falloir* ou un v. de perception. *Il m'entend parler.* **5.** Dans les v. pron. *Je me suis blessé. Je me repens.* **6.** (Renforçant un ordre, une exclamation.) *Vous allez me ficher le camp !* **7.**

Devant *voici, voilà, revoici, revoilà. Me voici!* – Accusatif lat., *me*, « moi, me » en position inaccentuée.

Me Abrév. de *maître* (pour désigner un notaire, un avocat).

mé-. ou **més-** Préfixe péjoratif. (Ex. *mépriser, mésalliance, mésestimer.*) – Du frq. **missi.*

mea-culpa [meakylpa] n. m. inv. Aveu, repentir d'une faute commise. *Faire, dire son mea-culpa.* – Mots lat., « (c'est) ma faute », tirés du *Confiteor.*

méandre [meɑ̃dʀ] n. m. **1.** Sinuosité d'un fleuve due à la pente très faible de son cours. ▷ Par anal. *Méandres d'un sentier.* **2.** Fig. Détour, sinuosité. *Les méandres de la politique.* – Du lat. *Mæander*, gr. *Maiandros*, n. d'un fleuve sinueux de Phrygie, auj. le Menderes, en Turquie.

méandreux, euse [meɑ̃dʀø, øz] adj. Qui fait des méandres. – De *méandre.*

méandrine [meɑ̃dʀin] n. f. ZOOL Madrépore des mers chaudes dont les polypiers dessinent des lignes très sinueuses. – De *méandre.*

méat [mea] n. m. **1.** ANAT Conduit ou orifice d'un conduit. *Méat urinaire* : orifice externe de l'urètre. **2.** BIOL *Méat intercellulaire* : espace persistant entre les cellules d'un être vivant. – Du lat. *meatus*, « passage, chemin ».

mec [mɛk] n. m. Fam. **1.** Homme courageux, décidé. *Lui, c'est un mec, un vrai!* **2.** Homme, individu.

mécanicien, enne [mekanisjɛ̃, ɛn] n. (et adj.) **I.** n. **1.** Didac. Mathématicien, physicien spécialiste de mécanique. **2.** Spécialiste de la conduite, de l'entretien ou de la réparation des machines, des moteurs. **3.** Conducteur de locomotive. **II.** adj. Vieilli Qui concerne la mécanique; qui est caractérisé par le développement de la mécanique. *Une civilisation mécanicienne.* – De *mécanique.*

mécanicien-dentiste [mekanisjɛ̃dɑ̃tist] n. m. Aide-dentiste diplômé qui fabrique des appareils de prothèse dentaire. *Des mécaniciens-dentistes.* – De *mécanicien*, et *dentiste.*

mécanique [mekanik] adj. et n. f. **I.** adj. **1.** Relatif à la mécanique, à ses lois. **2.** Exécuté par un mécanisme. *Tissage mécanique.* ▷ Mû par un mécanisme. *Escalier mécanique.* **3.** Vx *Arts mécaniques*, qui nécessitent le travail des mains ou des machines (par oppos. à *arts libéraux*). **4.** Qui agit uniquement d'après les lois du mouvement (et non chimiquement, électriquement). **5.** Fig. Qui semble produit par une machine, sans intervention de l'intelligence, de la volonté. *Gestes, paroles mécaniques.* **II.** n. f. **1.** Partie de la physique ayant pour objet l'étude des mouvements des corps, leurs relations et les forces qui les produisent. ▷ ASTRO *Mécanique céleste*, qui étudie le mouvement des astres. ▷ CHIM *Mécanique chimique*, qui étudie les actions mécaniques et énergétiques accompagnant les réactions chimiques. **2.** Science de la construction et du fonctionnement des machines. **3.** Ensemble de pièces destinées à produire ou à transmettre un mouvement. *La mécanique d'une montre.* ▷ Machine. *Une belle mécanique.* **4.** Fig. Ensemble complexe d'éléments qui concourent à une action, à un résultat. *La mécanique diplomatique.* – Lat. *mecanicus*, gr. *mêkhanikos*, de *mêkhanê*, « machine ».

ENCYCL **Phys.** – La mécanique comprend deux parties essentielles : la *cinématique*, qui a pour objet la description des mouvements des points matériels en fonction du temps, sans se préoccuper des causes de ces mouvements; la *dynamique*, qui étudie les relations entre les mouvements et leurs causes, qui sont les forces. La cinématique et la dynamique sont complétées par la *cinétique*, qui considère la masse d'un corps en mouvement comme un nombre constant, et par la *statique*, qui étudie les conditions d'équilibre des corps. La mécanique *newtonienne*, ou classique, repose sur l'existence de repères, dits *galiléens*, dans lesquels s'applique la relation $\vec{F} = m\,\vec{a}$: l'accélération $\vec{a}$, communiquée à un corps de masse m sous l'action d'une force $\vec{F}$, est proportionnelle à cette force; elle a le même sens et la même direction que celle-ci. La *mécanique relativiste* (V. relativité) est fondée sur le caractère relatif du temps lorsque les vitesses approchent celle de la lumière (en physique des particules, notam.). Le mouvement contracte les longueurs et dilate les durées, la vitesse de la lumière restant constante quel que soit le repère utilisé. La *mécanique quantique* et la *mécanique ondulatoire* sont nées de la théorie des *quanta* (V. quantum) de Planck. L'idée centrale de la mécanique quantique est que l'énergie cinétique et le moment cinétique (moment de la quantité de mouvement) ne peuvent varier que par sauts et non de façon continue. La mécanique ondulatoire, introduite par L. de Broglie en 1924, part de l'idée qu'à toute particule correspond une onde. Une des affirmations les plus importantes de la mécanique quantique est l'impossibilité de connaître exactement, à un instant donné, à la fois la position et la vitesse d'une particule. L'étude du comportement d'un ensemble de particules est entreprise par la *mécanique statistique.* Elle s'appuie sur les différentes statistiques utilisées pour divers groupes de particules : statistique de Bose-Einstein pour les photons et les mésons (groupe des bosons), statistique de Fermi-Dirac pour les électrons, les protons et les neutrons (groupe des fermions). Aux températures élevées, les prévisions de ces deux statistiques se confondent avec celles de la statistique classique de Maxwell-Boltzmann, qui considère les particules comme des individus discernables. V. interaction et particule.

mécaniquement [mekanikmɑ̃] adv. **1.** D'une façon mécanique. **2.** Du point de vue de la mécanique. – De *mécanique.*

mécanisation [mekanizasjɔ̃] n. f. Action de mécaniser; son résultat. *Mécanisation de l'agriculture.* – De *mécaniser.*

mécaniser [mekanize] v. tr. [1] **1.** Vx Rendre semblable à une machine. **2.** Introduire l'utilisation de la machine dans (une activité où les tâches étaient accomplies manuellement). – De *mécanique.*

mécanisme [mekanism] n. m. **1.** Agencement de pièces disposées pour produire un mouvement, un effet donné. *Mécanisme d'une montre, d'un engin explosif.* ▷ Par ext. *Le mécanisme du corps humain.* **2.** Manière dont fonctionne un ensemble complexe, manière dont se déroule une action. *Mécanisme du langage, de la pensée. Les mécanismes de la propagande.* **3.** PHILO Système qui explique la totalité ou une partie des phénomènes physiques, biologiques, psychophysiologiques, etc., par le mouvement. *Le mécanisme de Descartes.* – De *mécanique.*

mécaniste [mekanist] adj. et n. PHILO Relatif, propre au mécanisme (sens 3). ▷ Subst. *Un mécaniste* : un philosophe adepte du mécanisme. – De *mécanique.*

mécano-. Élément, du gr. *mêkhanê*, « machine ».

mécano [mekano] n. m. Fam. Ouvrier mécanicien (sens 3). – Abrév. de *mécanicien.*

mécanographe [mekanɔgʀaf] n. Employé(e) spécialisé(e) dans les travaux de mécanographie. – De *mécanographie.*

mécanographie [mekanɔgʀafi] n. f. Utilisation des techniques et des procédés permettant la mécanisation du traitement de l'information. – De *mécano-*, et *-graphie.*

mécanographique [mekanɔgʀafik] adj. Qui se rapporte à la mécanographie. *Les traitements mécanographiques reposent sur le tri et le classement de cartes perforées au moyen de machines telles les tabulatrices, les trieuses et les interclasseuses.* – De *mécanographie.*

mécanothérapie [mekanoteʀapi] n. f. MED Thérapeutique consistant à favoriser les mouvements articulaires à l'aide d'appareils mécaniques spéciaux. – De *mécano-*, et *-thérapie*.

mécénat [mesena] n. m. Soutien matériel apporté, sans contrepartie directe de la part du bénéficiaire, à une œuvre ou à une personne pour l'exercice d'activités présentant un intérêt général. ▷ *Mécénat d'entreprise* : soutien financier d'une entreprise, d'un organisme, d'un club sportif, etc., en vue d'un bénéfice publicitaire. – De *mécène*.

mécène [mesɛn] n. m. Protecteur généreux des lettres, des sciences, des arts, etc. – Du lat. *Maecenas*, n. d'un ami de l'empereur Auguste, protecteur des lettres et des arts.

méchage [meʃaʒ] n. m. **1.** TECH Action de mécher un tonneau. **2.** CHIR Action de poser une mèche sur (une plaie). – De *mécher*.

méchamment [meʃamɑ̃] adv. Avec méchanceté. – De *méchant*.

méchanceté [meʃɑ̃ste] n. f. **1.** Penchant à faire du mal. **2.** Action, parole méchante. – De l'a. fr. *mescheance* (V. méchant).

méchant, ante [meʃɑ̃, ɑ̃t] adj. et n. **1.** (Devant le nom.) Litt. Mauvais; médiocre, sans intérêt. *Un méchant écrivain*. **2.** Qui se plaît à faire du mal, à nuire à autrui. *Être plus bête que méchant. Chien méchant*, qui mord. **3.** Qui peut faire mal, causer des ennuis graves. *Une méchante affaire. Une méchante langue. Des paroles méchantes*. – Subst. *Faire le méchant* : menacer, chercher à se faire craindre. ▷ Contraire à la justice, à la charité. *Une méchante action*. **4.** Déplaisant, désagréable. *Vous êtes de méchante humeur*. **5.** (Devant le nom.) Fam. Qui sort de l'ordinaire, étonnant, surprenant. *Une méchante voiture*. – D'abord *mescheant*, ppr. de l'a. fr. *meschoir*, «tomber mal», forme anc. de *choir*.

1. mèche [mɛʃ] n. f. **1.** Cordon, assemblage de fils de coton, de chanvre, imprégné d'un combustible, que l'on enflamme à l'une de ses extrémités. *Mèche d'une bougie, d'une chandelle*. **2.** Bande de toile soufrée qu'on fait brûler dans un tonneau pour détruire les moisissures. **3.** Cordon combustible servant à mettre le feu à une charge explosive. ▷ Fig. *Éventer la mèche* : découvrir le secret d'un complot. – *Vendre la mèche* : dévoiler qqch qui devait être tenu secret. **4.** CHIR Petite bande de gaze stérile utilisée pour réaliser une hémostase, le drainage d'un liquide, la cicatrisation d'une plaie. **5.** Ficelle que l'on attache au bout d'un fouet. **6.** *Mèche de cheveux* : petite touffe de cheveux distincte du reste de la chevelure. *Mèche blanche, bouclée*. **7.** Outil servant à percer le bois, la pierre, etc. *Mèche d'un vilebrequin*. **8.** MAR Axe (du gouvernail). – Du lat. pop. **micca*, du gr. *muxa*, «mèche de lampe», par croisement avec *mucus*, «morve» ou avec un dér. de *mixa*, «mêlée».

2. mèche [mɛʃ] n. f. inv. **1.** Fam. *Être de mèche avec qqn*, être de connivence avec lui. **2.** Pop. *Il (n')y a pas mèche* : il n'y a pas moyen. – De l'ital. *mezzo*, «moitié», dans *esser di mezzo con*, «être de moitié avec».

mécher [meʃe] v. tr. [14] **1.** TECH Désinfecter (un tonneau) en faisant brûler une mèche soufrée à l'intérieur. **2.** CHIR Poser une mèche sur (une plaie). – De *mèche* 1.

mécheux, euse [meʃø, øz] adj. TEXT Qui forme des mèches, en parlant de la laine brute. – De *mèche* 1.

méchoui [meʃwi] n. m. **1.** Mouton ou quartier de mouton cuit à la broche sur un feu de bois. **2.** Repas au cours duquel on sert ce mets. *Être invité à un méchoui*. – Mot ar., «rôti, grillé».

mechta [meʃta] n. f. En Tunisie, en Algérie, petit village. – Mot ar. d'Algérie.

mécompte [mekɔ̃t] n. m. **1.** Rare Erreur dans un compte. **2.** Espérance trompée, déception. – De l'anc. v. *mécompter*, «se tromper», de *mé-*, et *compter*.

méconium [mekɔnjɔm] n. m. MED Matière fécale contenue dans l'intestin du fœtus et expulsée peu après la naissance. – Mot lat., du gr. *mêkônion*, «suc de pavot».

méconnaissable [mekɔnɛsabl] adj. Que l'on ne peut pas reconnaître, que l'on a peine à reconnaître. *La maladie l'a rendu méconnaissable*. – De *méconnaître*.

méconnaissance [mekɔnɛsɑ̃s] n. f. Fait de méconnaître; ignorance. – De l'a. fr. *mesconoissance*.

méconnaître [mekɔnɛtʀ] v. tr. [73] **1.** Vx Ne pas reconnaître, désavouer (qqch, qqn que l'on connaît). **2.** Ne pas savoir reconnaître, apprécier à sa juste valeur; ignorer. *Méconnaître le talent d'un artiste*. – De *mé-*, et *connaître*.

méconnu, ue [mekɔny] adj. (et n.) Qui n'est pas apprécié à sa juste valeur. – Pp. de *méconnaître*.

mécontent, ente [mekɔ̃tɑ̃, ɑ̃t] adj. et n. Qui n'est pas content; qui a, ou croit avoir sujet de se plaindre. ▷ Subst. *Le parti des mécontents*. – De *mé-*, et *content*.

mécontentement [mekɔ̃tɑ̃tmɑ̃] n. m. Déplaisir, manque de satisfaction. – De *mécontent*.

mécontenter [mekɔ̃tɑ̃te] v. tr. [1] Rendre mécontent, insatisfait. – De *mé-*, et *contenter*.

mécoptères [mekɔptɛʀ] n. m. pl. ENTOM Ordre d'insectes mécoptéroïdes carnivores dont la panorpe (*mouche-scorpion*) est le représentant le plus cour. en Europe. – Sing. *Un mécoptère*. – Du gr. *mêkos*, «longueur», et *-ptère*.

mécoptéroïdes [mekɔpteʀɔid] n. m. pl. ENTOM Super-ordre d'insectes néoptères aux ailes membraneuses très développées, comprenant les mécoptères, les trichoptères, les lépidoptères (papillons), les diptères (mouches), et les siphonaptères (puces). – Sing. *Un mécoptéroïde*. – De *mécoptères*.

mécréant, ante [mekʀeɑ̃, ɑ̃t] adj. et n. **1.** Qui n'a pas la foi considérée comme la seule vraie. **2.** Qui n'est pas croyant. ▷ Subst. *Les mécréants* : autref., les peuples qui n'étaient pas chrétiens. – Ppr. de l'anc. v. *mescroire*, de *més-*, et *croire*.

mecton [mektɔ̃] n. m. Pop., péjor. Petit mec. – Dimin. de *mec*.

médaillable [medajabl] adj. SPORT Qui est susceptible de remporter une médaille. – De *médailler*.

médaille [medaj] n. f. **1.** Pièce de métal frappée en l'honneur d'un personnage illustre ou commémorant un événement important. **2.** Pièce de métal destinée à récompenser une action méritoire; décoration. **3.** Prix décerné dans un concours. *Médaille d'or des jeux Olympiques*. **4.** Petite pièce de métal représentant un sujet de dévotion. **5.** Plaque de métal servant à l'identification. – Ital. *medaglia*.

médaillé, ée [medaje] adj. et n. Qui a reçu une médaille. ▷ Subst. *Les médaillés militaires*. – Pp. de *médailler*.

médailler [medaje] v. tr. [1] Décerner une distinction honorifique, une médaille à. – De *médaille*.

médailleur [medajœʀ] n. m. TECH Personne qui grave les coins de médaille. – De *médaille*.

médaillier [medaje] n. m. **1.** Vitrine, meuble aménagé pour recevoir des collections de médailles. **2.** Collection de médailles. – De *médaille*.

médailliste [medajist] n. **1.** Amateur de médailles. Syn. numismate. **2.** Fabricant, graveur de médailles. – De *médaille*.

médaillon [medajɔ̃] n. m. **1.** Médaille plus lourde et plus volumineuse que les médailles ordinaires, peinte, gravée ou sculptée. **2.** Portrait miniature entouré d'un cadre circulaire ou ovale. **3.** Bijou de forme circulaire ou ovale dans lequel on enferme un portrait, une mèche de cheveux. **4.** Tranche (de viande, de poisson, etc.) de forme ronde ou ovale. *Médaillon de veau à la crème.* – Ital. *medaglione.*

mède [mɛd] adj. et n. m. **1.** adj. De la Médie, relatif aux Mèdes. **2.** n. *Les Mèdes* : peuple indo-européen, habitant la Médie depuis le Ier mill. av. J.-C., réuni aux Perses par Cyrus le Grand (v. 550 av. J.-C.). ▷ n. m. Langue des Mèdes. – Du lat. *Medus,* gr. *Medôs,* « Médie », n. de l'anc. contrée d'Asie occidentale correspondant au N.-O. de l'actuel Iran.

médecin [mɛdsɛ̃] n. m. **1.** Personne qui exerce la médecine, qui est habilitée à le faire. *Médecin traitant,* qui soigne un malade pour une affection déterminée. – *Médecin légiste,* habilité à faire des expertises et à déposer des rapports, dans les affaires judiciaires. ▷ (En appos.) *Femme médecin.* **2.** Fig. *Médecin des âmes* : confesseur, directeur de conscience. **3.** Fig. Moyen propre à conserver ou à rendre la santé. *Le sommeil est un excellent médecin.* – De *médecine.*

médecine [mɛdsin] n. f. **1.** Vx Remède. **2.** Science des maladies et art de les guérir. *Médecine générale. Médecine interne,* qui s'occupe de l'ensemble de l'organisme et de la pathologie. *Doctorat en médecine. Médecine sociale,* destinée à prévenir ou à combattre les effets nocifs de certains facteurs sociaux. *Médecine du travail,* concernant les accidents ou maladies dus à l'activité professionnelle. ▷ Études de médecine. *Faire sa médecine.* **3.** Système médical; mode de traitement. *Médecine psychosomatique.* – *Médecines naturelles* : ensemble des modes de traitement (acupuncture, homéopathie, phytothérapie, mésothérapie, etc.) qui font appel aux défenses naturelles de l'organisme en cherchant à les renforcer plutôt qu'à les remplacer, sans pour autant se substituer à la médecine officielle ni s'appliquer aux affections majeures. **4.** Profession, pratique du médecin. *Exercice illégal de la médecine.* – Lat. *medicina,* de *medicus,* « médecin ».

médecine-ball [medsinbol] n. m. Ballon plein, assez lourd, utilisé pour certains exercices de gymnastique. *Des médecine-balls.* – Mot angl.

medersa ou **médersa** [medɛʀsa] n. f. École coranique. – Ar. *madrassa,* « école ».

média, plur. **médias** n. m. ou **media** [medja], n. m. inv. Abrév. usuelle de *mass media*.*

médial, ale, aux [medjal, o] adj. et n. f. **1.** adj. GRAM *Une lettre médiale* ou, n. f., *une médiale* : une lettre placée à l'intérieur d'un mot (par oppos. à *initiale* ou *finale*). **2.** n. f. STATIS Valeur qui sépare une série statistique en deux groupes égaux. Syn. médiane. – Lat. *medialis,* de *medius,* « qui est au milieu ».

médian, ane [medjɑ̃, an] adj. et n. f. **I.** adj. **1.** Placé au milieu. *Ligne médiane.* ▷ ANAT *Nerf médian* : nerf, issu du plexus brachial, qui innerve les muscles de la partie antérieure de l'avant-bras et de la main. **2.** PHON *Une voyelle médiane* ou, n. f., *une médiane,* dont le lieu d'articulation se trouve dans la partie moyenne du canal buccal. **II.** n. f. **1.** GEOM Droite qui joint l'un des sommets d'un triangle au milieu du côté opposé. *Les trois médianes d'un triangle concourent en un même point situé au tiers de chacune d'elles à partir de la base et qui constitue le centre de gravité du triangle.* **2.** STATIS Médiale. – Lat. *medianus,* « du milieu », de *medius,* « qui est au milieu ».

médianoche [medjanɔʃ] n. m. Vx Repas pris après minuit. ▷ Milieu de la nuit. – Esp. *media noche,* « minuit ».

médiastin [medjastɛ̃] n. m. ANAT Région médiane du thorax située entre les poumons, le sternum, le rachis, contenant le cœur, les gros vaisseaux, la trachée et les grosses bronches, l'œsophage, le thymus ou ses reliquats. – Du lat. médiév. *mediastinus,* « qui est au milieu ».

médiat, ate [medja, at] adj. Didac. Qui est pratiqué ou qui agit de façon indirecte, par un intermédiaire. ▷ HIST *Prince médiat,* qui, dans l'ancien Empire germanique, tenait son fief d'un autre que de l'empereur. ▷ MED *Auscultation médiate,* pratiquée avec un stéthoscope. – Lat. *mediatus;* d'apr. *immédiat.*

médiateur, trice [medjatœʀ, tʀis] n. et adj. **I.** n. **1.** Personne qui s'entremet pour opérer un accord entre plusieurs personnes, entre différents partis. ▷ Personnalité officiellement chargée de servir d'intermédiaire entre les administrés et l'État, en cas d'abus de l'Administration. *Le Médiateur* : cf. ombudsman. ▷ adj. *L'action d'une puissance médiatrice.* – *Marie médiatrice de toutes grâces* : la Vierge. **2.** n. m. BIOCHIM *Médiateur chimique* : polypeptide (1 à 20 acides aminés) qui transfère l'information fonctionnelle au sein des cellules d'un même tissu ou organe ou entre les cellules des systèmes nerveux et endocrinien, d'une part, et les tissus et organes, d'autre part. (Les médiateurs forment quatre grandes catégories : neuromédiateurs*, dans les nerfs; neuropeptides*, dans les centres nerveux; hormones*, dans les glandes; cytokines*, dans les cellules.) **II.** adj. GEOM *Plan médiateur* : plan perpendiculaire à un segment de droite en son milieu. – Bas lat. *mediator.*

médiathèque [medjatɛk] n. f. Collection de documents sur des supports divers (film, bande magnétique, disque, diapositive, etc.). – Lieu où est réunie une telle collection. – De *média-,* et *-thèque.*

médiation [medjasjɔ̃] n. f. **1.** Action d'intervenir entre plusieurs personnes, plusieurs partis, pour faciliter un accord. ▷ DR INTERN Action de conciliation que tente un gouvernement entre deux pays qui sont en contestation, ou en guerre, afin de prévenir un conflit ou de mettre un terme aux hostilités. **2.** MUS Pause au milieu du verset d'un psaume qui le partage en deux parties. – Bas lat. *mediatio.*

médiatique [medjatik] adj. Relatif aux médias; transmis par les médias. – De *media.*

médiatisation [medjatizasjɔ̃] n. f. **1.** Action de médiatiser. **2.** HIST Incorporation d'un État souverain à un autre État vassal du Saint Empire romain germanique. *En 1803 et en 1806, Napoléon décida la médiatisation de 45 villes libres et de 73 principautés et comtés souverains en Allemagne.* – De *médiatiser.*

1. médiatiser [medjatize] v. tr. [1] **1.** Didac. Rendre médiat (ce qui était immédiat). **2.** HIST Soumettre (un prince, un pays) à la médiatisation. – De *médiat.*

2. médiatiser [medjatize] v. tr. [1] Faire connaître par les médias. *Médiatiser les actions terroristes.* – De *media.*

médiator [medjatɔʀ] n. m. MUS Lamelle d'ivoire, de corne, etc., avec laquelle on fait vibrer les cordes de certains instruments (banjo, mandoline). Syn. plectre. – Bas lat. *mediator,* signif. propr. « médiateur ».

médiatrice [medjatʀis] n. f. GEOM Droite perpendiculaire à un segment de droite en son milieu. – Fém. de *médiateur.*

médical, ale, aux [medikal, o] adj. Qui concerne la médecine, appartient à la médecine. *Acte, ouvrage médical. Propriétés médicales d'une plante.* – Bas lat. *medicalis,* du class. *medicus,* « médecin ».

médicalement [medikalmɑ̃] adv. Du point de vue médical. – De *médical.*

médicalisation [medikalizasjɔ̃] n. f. **1.** Action de médicaliser. **2.** Implantation (dans une région) d'équipements médicaux; développement des soins médicaux. – De *médicaliser.*

médicaliser [medikalize] v. tr. [**1**] Donner à (un acte, un traitement) le caractère d'un acte médical. *Médicaliser l'avortement.* - Pp. adj. *Milieu médicalisé.* – De *médical.*

médicament [medikamɑ̃] n. m. Substance ou composition possédant des propriétés curatives ou préventives à l'égard des maladies humaines ou animales. *Médicament de confort*.* – Lat. *medicamentum.*

médicamenteux, euse [medikamɑ̃tø, øz] adj. Qui a la propriété d'un médicament; qui renferme un, des médicaments. – De *médicament.*

médicastre [medikastʀ] n. m. Péjor., vieilli Médecin ignorant, charlatan. – Ital. *medicastro,* de *medico,* «médecin».

médication [medikasjɔ̃] n. f. Administration systématique d'agents thérapeutiques pour répondre à une indication déterminée. – Lat. *medicatio.*

médicinal, ale, aux [medisinal, o] adj. Qui possède des propriétés thérapeutiques. *Plantes médicinales.* – Lat. *medicinalis.*

médico-. Élément, du lat. *medicus,* «médecin».

médico-légal, ale, aux [medikolegal, o] adj. Relatif à la médecine légale. *Institut médico-légal,* où sont déposés les cadavres à identifier et effectuées les autopsies et les expertises médico-légales. Cf. morgue.

médico-pédagogique [medikopedagɔʒik] adj. Didac. Qui concerne l'enseignement médical. *Des centres médico-pédagogiques.*

médico-social, ale, aux [medikosɔsjal, o] adj. Relatif à la médecine sociale. *Des centres médico-sociaux.*

médiéval, ale, aux [medjeval, o] adj. Relatif au Moyen Âge. *Art médiéval, littérature médiévale.* – Du lat. *medium ævum,* «Moyen Âge».

médiéviste [medjevist] n. Didac. Spécialiste de l'histoire médiévale. – De *médiéval.*

médina [medina] n. f. En Afrique du Nord, partie ancienne d'une ville, par oppos. aux quartiers nouveaux, de conception européenne. *La médina de Fez, au Maroc.* – Mot ar.

médio-. Élément, du lat. *medius,* «moyen».

médiocratie [medjokʀasi] n. f. Pouvoir, domination des médiocres. – De *médiocre,* d'après *démocratie, aristocratie,* etc.

médiocre [medjɔkʀ] adj. et n. **1.** Qui n'est pas très bon; qui est d'une valeur inférieure à la moyenne. *Un vin médiocre. Un style médiocre. Un travail médiocre.* **2.** Qui n'a pas beaucoup de talent, de capacités. *C'est un étudiant médiocre.* ▷ Subst. Personne médiocre. **3.** n. m. Ce qui est médiocre. *Être au-dessous du médiocre.* – Lat. *mediocris,* «de qualité ou de taille moyenne».

médiocrement [medjɔkʀəmɑ̃] adv. **1.** De façon médiocre. *Il travaille médiocrement.* **2.** Pas beaucoup, pas très. *Être médiocrement surpris.* – De *médiocre.*

médiocrité [medjɔkʀite] n. f. **1.** État, caractère de ce qui est médiocre. *La médiocrité de sa fortune. La médiocrité d'un tableau.* **2.** Personne médiocre. *Nous sommes entourés de médiocrités.* – Lat. *mediocritas.*

médiopalatal, ale, aux [medjopalatal, o] adj. et n. f. PHON Se dit d'un phonème qui s'articule à la partie médiane du palais. *Une consonne médiopalatale* ou, n. f., *une médiopalatale.* – De *médio-,* et *palatal.*

médique [medik] adj. ANTIQ Qui concerne les Mèdes et, *par ext.,* les Perses, peuples qui occupaient l'actuel Iran. ▷ *Guerres médiques :* guerres qui opposèrent les Grecs et les Perses, ces derniers prétendant établir leur domination sur les Grecs d'Asie et d'Europe. – Lat. *medicus,* «de Médie» (V. mède).

ENCYCL Les guerres médiques se déroulèrent en trois phases, de 492 à 448 av. J.-C. Durant la prem., les armées perses de Darius échouèrent à Marathon (490). La deuxième guerre, menée par son fils Xerxès, vit la défaite des Spartiates aux Thermopyles (480), la prise et l'incendie d'Athènes, puis la victoire navale des Grecs à Salamine (480) et leur succès à Platées et au cap Mycale (479). Au cours de la troisième phase, Athènes prit l'offensive, chassa les Perses de la mer Égée et fut victorieuse à l'Eurymédon (468). À la faveur de ses victoires, Athènes avait constitué en 476 la *ligue de Délos,* instrument de sa suprématie future et de sa domination sur la mer Égée. La *paix de Callias* (448) mit un terme aux guerres médiques.

médire [mediʀ] v. tr. indir. [**65**] Dire du mal (de qqn) sans aller contre la vérité. *Médire de son entourage.* – De *mé-,* et *dire.*

médisance [medizɑ̃s] n. f. **1.** Propos médisant. *Ne pas faire cas des médisances.* **2.** Action de médire. *Être victime de la médisance de ses voisins.* – De *médisant.*

médisant, ante [medizɑ̃, ɑ̃t] adj. Qui médit. *Parole médisante. Des gens médisants.* – Ppr. de *médire.*

méditatif, ive [meditatif, iv] adj. (et n.) **1.** Porté à la méditation. *Esprit méditatif.* ▷ Subst. *Les méditatifs sont souvent distraits.* **2.** Qui dénote la méditation. *Un air méditatif.* – De *méditer.*

méditation [meditasjɔ̃] n. f. **1.** Action de méditer, d'examiner une question avec grande attention. *S'adonner à la méditation.* **2.** RELIG Oraison mentale. **3.** (Dans le titre de certains écrits philosophiques ou religieux.) *Les «Méditations métaphysiques» de Descartes.* – Lat. *meditatio.*

méditer [medite] v. [**1**] **1.** v. tr. Examiner, réfléchir profondément sur (un sujet). *Méditer une question.* ▷ Se proposer de réaliser (qqch) en y réfléchissant longuement. *Méditer un plan.* - *Méditer de* (+ inf.) : projeter de. *Il médite de se retirer.* **2.** v. tr. indir. *Méditer sur (qqch) :* faire longuement porter sa réflexion (sur qqch). *Méditer sur l'avenir de l'humanité.* ▷ (S. comp.) *Passer son temps à méditer.* - RELIG Se livrer à une méditation (sens 2). – Lat. *meditari,* «penser à, avoir en vue, étudier».

méditerrané, ée [mediteʀane] adj. et n. f. **1.** adj. GEOGR Vx Qui se trouve au milieu des terres. **2.** n. f. Mer intérieure. *La méditerranée japonaise.* ▷ *La mer Méditerranée* ou, absol., *la Méditerranée :* la mer intérieure continentale séparant l'Europe mérid. du N. de l'Afrique. – Lat. *mediterraneus,* de *medius,* «qui est au milieu», et *terra,* «terre».

méditerranéen, enne [mediteʀaneɛ̃, ɛn] adj. et n. De la Méditerranée. *Climat méditerranéen.* ▷ Subst. Habitant du bassin méditerranéen, des régions qui bordent la Méditerranée. *Un(e) Méditerranéen(ne).* – De *méditerranée.*

medium. V. media.

1. médium [medjɔm] n. Personne qui, selon les spirites, peut communiquer avec les esprits et servir d'intermédiaire entre eux et les humains. *Des médiums.* – Angl. *medium.*

2. médium [medjɔm] n. m. **1.** MUS Portion moyenne de l'étendue d'une voix ou d'un instrument, également distante du grave et de l'aigu. **2.** PEINT Préparation liquide à base de résines et d'huiles, que l'on ajoute aux couleurs déjà broyées. – Lat. *medium.*

médiumnique [medjɔmnik] adj. Didac. Relatif aux médiums, à leurs pouvoirs surnaturels (V. médium 1). – De *médium* 1.

médiumnité [medjɔmnite] n. f. Didac. Don de médium. – De *médium* 1.

médius [medjys] n. m. Doigt du milieu de la main. Syn. majeur. – Du lat. *medius (digitus)*, «(doigt) du milieu».

médoc [medɔk] n. m. Vin du Médoc, rég. viticole sur la rive gauche de la Gironde.

médullaire [medyl(l)ɛʀ] adj. **1.** ANAT Qui a rapport à la moelle osseuse ou à la moelle épinière. *Canal médullaire.* ▷ BOT Qui se rapporte à la moelle d'une plante. **2.** Qui a rapport à la partie interne d'un organe (par oppos. à *cortical*). *Zone médullaire du rein.* – Lat. *medullaris*, de *medulla*, «moelle».

médulloblastome [medyloblastom] n. m. MED Tumeur primitive maligne du système nerveux central. – Du lat. *medulla*, «moelle», *-blast(e)*, et *-ome*.

médullosurrénale [medylosyʀ(ʀ)enal] n. f. ANAT Partie interne des glandes surrénales, sécrétant diverses hormones (notam. l'adrénaline). – Du lat. *medulla*, «moelle», et *surrénale*.

méduse [medyz] n. f. Animal marin nageur, translucide et gélatineux, forme libre des cnidaires (par oppos. au *polype*, qui en est la forme fixée). ▷ (En appos.) *Forme, phase méduse.* – De *Méduse* (V. méduser).

méduser [medyze] v. tr. [1] Frapper d'étonnement, de stupeur. – Du n. de *Méduse*, du gr. *Medousa*, une des trois Gorgones de la myth., à la tête hérissée de serpents et dont le regard changeait les vivants en pierres.

meeting [mitiŋ] n. m. **1.** Réunion publique ayant pour but de discuter une question d'ordre politique, social. *Se rendre à un meeting à l'appel de son syndicat.* **2.** Réunion sportive; démonstration devant un public. *Meeting d'athlétisme. Meeting aérien. Des meetings.* – Mot angl.

méfait [mefɛ] n. m. **1.** Action nuisible; délit. *C'est un truand qui a commis de nombreux méfaits.* **2.** Conséquence néfaste de l'action de qqch. *Les méfaits du tabac.* – Pp. subst. de l'anc. v. *méfaire*.

méfiance [mefjɑ̃s] n. f. Disposition à être méfiant; état de la personne qui se méfie. *Ses arguments ont éveillé ma méfiance.* – (Prov.) *Méfiance est mère de sûreté.* – De *méfiant*.

méfiant, ante [mefjɑ̃, ɑ̃t] adj. et n. Qui se méfie, qui est soupçonneux. ▷ Subst. *C'est un méfiant.* – Ppr. de *(se) méfier*.

méfier (se) [mefje] v. pron. [2] *Se méfier de :* ne pas se fier à, ne pas avoir confiance en; se garder de. *Je me méfie de ses inventions.* ▷ (S. comp.) Faire attention. *Méfiez-vous, il y a un virage.* – De *mé-*, et *(se) fier*.

méforme [mefɔʀm] n. f. SPORT Mauvaise forme physique. – De *mé-*, et *forme*.

méga-. Élément, du gr. *megas*, «grand». ▷ PHYS Préfixe signifiant un million. Abrév. : M dans les symboles d'unités. (Ex. *MeV* pour méga-électronvolt, *MHz* pour mégahertz.)

mégabit [megabit] n. m. INFORM Unité de mesure valant 1 million de bits. – De *méga-*, et *bit*.

mégacalorie [megakalɔʀi] n. f. PHYS Un million de calories (symbole *Mcal*). – De *méga-*, et *calorie*.

mégacaryoblaste [megakaʀjɔblast] n. m. BIOL Grande cellule nucléée quadrangulaire de la moelle osseuse, qui donne naissance au mégacaryocyte. – De *méga-*, *caryo-*, et *-blaste*.

mégacaryocyte [megakaʀjɔsit] n. m. BIOL Cellule nucléée géante de la moelle osseuse, qui, après plusieurs transformations, perd son noyau et se fragmente en plaquettes (V. thrombocyte). – De *méga-*, *caryo-*, et *-cyte*.

mégaceros [megaseʀos] n. m. PALEONT Gros mammifère cervidé fossile (genre *Megaceros*) du quaternaire, dont les bois atteignaient 3,50 m d'envergure. – De *méga-*, et gr. *keras*, «corne».

mégacôlon [megakolɔ̃] n. m. MED Dilatation du côlon, congénitale ou acquise. – De *méga-*, et *côlon*.

mégacycle [megasikl] n. m. TELECOM *Mégacycle par seconde :* syn. abusif de *mégahertz*. – De *méga-*, et *cycle*.

mégaélectronvolt [megaelɛktʀɔ̃vɔlt] n. m. PHYS NUCL Unité (symbole MeV valant un million d'électronvolts, servant à mesurer l'énergie des rayonnements et correspondant à l'énergie acquise par 1 électron, accéléré sous une différence de potentiel de 1 million de volts (1 MeV : $1{,}6.10^{-13}$ J). – De *méga-*, et *électronvolt*.

mégahertz [megaɛʀtz] n. m. TELECOM Unité de fréquence valant 1 million de hertz (symbole MHz). – De *méga-*, et *hertz*.

mégal(o)-, -mégalie. Éléments, du gr. *megas*, *megalê*, «grand».

mégalithe [megalit] n. m. Monument formé de gros blocs de pierre brute (dolmen, menhir, etc.). *Les mégalithes de Carnac.* – De *méga-*, et *-lithe*.

mégalithique [megalitik] adj. Relatif aux mégalithes. *Civilisation mégalithique.* – De *mégalithe*.

mégaloblaste [megalɔblast] n. m. MED Érythroblaste anormal, de grande taille, présent dans la moelle osseuse de sujets atteints de certaines anémies. – De *mégalo-*, et *-blaste*.

mégalocytaire [megalɔsitɛʀ] adj. BIOL *Série mégalocytaire :* série de cellules comprenant les promégaloblastes, les mégaloblastes et les mégalocytes. – De *mégalocyte*.

mégalocyte [megalɔsit] n. m. BIOL Globule rouge de très grande taille provenant d'un mégaloblaste dont le noyau s'est résorbé. – De *mégalo-*, et *-cyte*.

mégalomane [megalɔman] adj. et n. Atteint de mégalomanie. ▷ Subst. *Un(e) mégalomane.* – De *mégalomanie*.

mégalomaniaque [megalɔmanjak] adj. PSYCHOPATHOL Qui concerne la mégalomanie. – De *mégalo-*, et *maniaque*.

mégalomanie [megalɔmani] n. f. Désir immodéré de puissance, goût des réalisations grandioses. ▷ PSYCHOPATHOL Délire des grandeurs. – De *mégalo-*, et *-manie*.

mégalopole [megalopɔl] n. f. Grande agglomération urbaine tendant à se former entre plusieurs villes proches, sans discontinuité. *D'importantes mégalopoles se forment souvent sur les axes côtiers.* – De *mégalo-*, et *-pole*, d'après l'anglo-amér. *megalopolis*.

méga-octet [megaokte] n. m. INFORM Unité de mesure valant un million d'octets (symbole : Mo). *Des méga-octets.* – De *méga-*, et *octet*.

mégaparsec [megapaʀsɛk] n. m. ASTRO Unité de longueur valant un million de parsecs (3 261 500 années de lumière). – De *méga-*, et *parsec*.

mégaphone [megafɔn] n. m. Appareil servant à amplifier électriquement les sons, utilisé notam. comme porte-voix. – De *méga-*, et *-phone*.

mégapode [megapɔd] n. m. ZOOL Nom courant de tout mégapodiidé. – De *méga-*, et gr. *pous*, *podos*, «pied».

mégapodiidés [megapɔdiide] n. m. pl. ZOOL Famille de l'ordre des galliformes d'Océanie, aux fortes pattes et aux ailes courtes, qui ne couvent pas leurs œufs mais les enfouissent dans le sable ou dans des tumulus de végétaux en décomposition de telle manière que la chaleur du soleil ou celle de la fermentation des plantes les fasse éclore. – Sing. *Un mégapodiidé.* – De *mégapode*.

mégaptère [megaptɛʀ] n. f. ZOOL Cétacé (*Megaptera novæangliæ*) long d'une quinzaine de mètres, lourd et massif, qui vit le long des côtes. Syn. jubarte, baleine à bosse. – De *méga-*, et *-ptère*.

mégarde [megaʀd] n. f. Vx Manque d'attention. ▷ Mod. *Par mégarde* : par inadvertance. – De *mé-*, et *garder*.

mégathérium [megateʀjɔm] n. m. PALEONT Grand mammifère xénarthre fossile (genre *Megatherium*) des terrains tertiaires et quaternaires d'Amérique du Sud. – De *méga-*, et gr. *therion*, « bête ».

mégatonne [megatɔn] n. f. Unité servant à mesurer la puissance d'un explosif nucléaire, correspondant à l'énergie produite par l'explosion d'une charge de 1 million de tonnes de trinitrotoluène (symbole Mt). – De *méga-*, et *tonne*.

mégawatt [megawat] n. m. ELECTR Unité de puissance électrique valant un million de watts (symbole MW). – De *méga-*, et *watt*.

mégawattheure [megawatœʀ] n. m. ELECTR Unité d'énergie égale à un million de wattheures (symbole MWh). – De *mégawatt*, et *heure*.

mégère [meʒɛʀ] n. f. Femme méchante et emportée. – Du gr. *Megaira*, « Mégère », l'une des Erinyes de la myth. gréco-latine, divinités de la Vengeance.

mégir [meʒiʀ] [3] ou **mégisser** [meʒise] [1] v. tr. TECH Tanner (une peau) en utilisant l'alun. – De *mégis*.

mégis [meʒi] n. m. et adj. **1.** n. m. Vx Solution à base de cendres et d'alun dans laquelle on trempait les peaux pour les mégir. **2.** adj. Mod. TECH *Cuir mégis*, qui a trempé dans le mégis. – De l'a. fr. *megier*, « soigner », lat. *medicare*.

mégisserie [meʒisʀi] n. f. **1.** TECH Tannage à l'alun des peaux de chevreaux et d'agneaux utilisées en ganterie. ▷ Lieu où l'on effectue ce tannage. **2.** Commerce des peaux mégissées. – De *mégissier*.

mégissier [meʒisje] n. m. Ouvrier qui mégit les peaux; personne qui vend des peaux mégissées. – (En appos.) *Ouvrier mégissier*. – De *mégis*.

megohm [megom] n. m. ELECTR Unité de résistance électrique valant un million d'ohms (symbole MΩ). – De *még(a)-*, et *ohm*.

mégohmmètre [megommɛtʀ] n. m. ELECTR Appareil servant à mesurer les résistances supérieures à 100 000 ohms. – De *megohm*, et *-mètre*.

mégot [mego] n. m. Bout de cigare, de cigarette, qui reste non consumé. – P.-ê. du dial. *mégauder*, « téter ».

mégotage [megɔtaʒ] n. m. Pop. Fait de mégoter. – De *mégoter*.

mégoter [megɔte] v. intr. [1] Pop. Lésiner, chercher de petits profits. – De *mégot*.

méhara [meaʀa] n. f. Randonnée à dos de méhari. – De *méhari*.

méhari, plur. **méharis** ou **méhara** [meaʀi, meaʀa] n. m. Dromadaire de selle, rapide et endurant. (*Méharis* est le plur. francisé, le plur. ar. est *méhara*.) – Ar. d'Algérie *mĕhrī*, « de la tribu des Mahra (dans le sud de l'Arabie) ».

méhariste [meaʀist] n. **1.** n. Personne qui monte un méhari. **2.** n. m. Anc. Soldat appartenant aux compagnies montées, au Sahara. – (En appos.) *Compagnies méharistes*. – De *méhari*.

meilleur, eure [mɛjœʀ] adj., adv. et n. **I.** Comparatif de supériorité de *bon*. **1.** adj. Qui a un plus haut degré de bonté. *Cet homme est meilleur qu'il n'en a l'air.* ▷ Qui est d'une qualité plus grande. *Sa santé est meilleure.* – *De meilleure heure* : plus tôt. **2.** adv. *Il fait meilleur qu'hier* : le temps est plus beau. **II.** *Le meilleur, la meilleure*, superlatif de *bon*. **1.** adj. Qui atteint le plus haut degré de bonté, de qualité dans son genre. *Le meilleur des hommes.* ▷ Subst. Personne qui surpasse les autres. *Que le meilleur gagne!* **2.** n. m. *Le meilleur* : ce qui vaut le mieux. *Donner le meilleur de soi-même.* ▷ SPORT *Avoir, prendre le meilleur sur* : l'emporter sur. – Lat. *melior*, comparatif de *bonus*, « bon ».

méiose [mejoz] n. f. BIOL Mode de division cellulaire conduisant à une réduction de moitié du nombre de chromosomes de chaque cellule fille. – Du gr. *meiôsis*, « décroissance », de *meiôn*, « moindre ».

ENCYCL La méiose n'affecte que les cellules dont le noyau est diploïde. Elle ne se produit que chez les espèces vivantes soumises à la fécondation, qu'elle précède. Elle comporte deux divisions successives : la première donne deux cellules filles dont le nombre de chromosomes est égal à la moitié de celui de la cellule mère; la seconde est une mitose subie par chacune des deux cellules filles, ce qui donne quatre cellules génétiquement identiques 2 à 2. Lors de la première division, une séparation des gènes allèles s'effectue. La méiose conduit à la formation des gamètes, contenus dans les organes génitaux. La fécondation, en réunissant des gamètes qui ont seulement n chromosomes, donnera à nouveau une cellule comportant 2n chromosomes.

méiospore [mejospɔʀ] n. f. BOT Spore issue de la méiose. *Les spores des fougères sont des méiospores.* – De *méiose*, et *spore*.

méiotique [mejɔtik] adj. BIOL Qui concerne la méiose. *Réduction méiotique.* – De *méiose*.

meistre. V. mestre 1.

méjanage [meʒanaʒ] n. m. TECH Classement des laines d'après leur qualité, la longueur et la finesse de la fibre. – Du provenç. *mejan*, « moyen ».

méjuger [meʒyʒe] v. [13] **1.** v. tr. indir. Litt. *Méjuger de qqn, de ses qualités*, le(s) méconnaître. **2.** v. tr. Juger mal. ▷ v. pron. (réfl.) Se juger mal soi-même, se sous-estimer. – De *mé-*, et *juger*.

méla-, mélan-, mélano-. Élément, du gr. *melas, melanos*, « noir ».

melæna ou **méléna** [melena] n. m. MED Évacuation de sang noir par l'anus, témoignant d'une hémorragie de l'estomac ou du haut intestin. – Du gr. *melaina (nosos)*, « (maladie) noire ».

mélampyre [melɑ̃piʀ] n. m. BOT Plante herbacée (genre *Melampyrum*, fam. scrofulariacées) hémiparasite, développant des suçoirs sur les racines de divers végétaux. – Gr. *melampuron*, de *melas*, « noir », et *puros*, « grain ».

mélan-. V. méla.

mélancolie [melɑ̃kɔli] n. f. **I.** MED **1.** Vx Humeur noire qui était supposée venir de la rate et à laquelle on attribuait l'hypocondrie. **2.** PSYCHIAT Mod. État dépressif aigu, caractérisé par un sentiment de douleur morale intense, une inhibition psychomotrice, des idées délirantes et une tendance au suicide. **II.** Cour. **1.** Tristesse vague, sans cause définie, souvent accompagnée de rêverie. – Loc. *Cela n'engendre pas la mélancolie* : c'est très gai. **2.** Caractère de ce qui rend mélancolique. *La mélancolie d'un adieu, d'un paysage.* – Lat. imp. *melancholia*, gr. *melagkholia*, « humeur noire ».

mélancolique [melɑ̃kɔlik] adj. et n. **1.** Propre à, relatif à la mélancolie (sens I, 2). ▷ Subst. *Un mélancolique.* **2.** Où do la mélancolie. **3.** Qui exprime, qui inspire la mélancolie. – Lat. *melancholicus*.

mélancoliquement [melɑ̃kɔlikmɑ̃] adv. D'une manière mélancolique. – De *mélancolique*.

mélanésien, enne [melanezjɛ̃, ɛn] adj. et n. **1.** De Mélanésie, une des parties de l'Océanie. ▷ Subst. *Un(e)*

Mélanésien(ne). **2.** n. m. LING Ensemble des langues de la famille austronésienne, parlées en Nouvelle-Guinée.

mélange [melɑ̃ʒ] n. m. **1.** Action de mêler; fait de se mêler. *On obtient l'orangé par le mélange du jaune et du rouge. Le mélange des peuples, des races.* **2.** Produit résultant de l'union de substances incorporées les unes aux autres. *Mélange de thé de Chine et de thé de Ceylan.* – Fig. *Un mélange de douceur et de gravité. Sans mélange :* pur, que rien ne trouble. *Un bonheur sans mélange.* ▷ CHIM, PHYS Substance résultant de l'union, sans combinaison, de plusieurs corps, par dissémination de leurs molécules au sein les uns des autres. *On peut séparer les constituants d'un mélange par les méthodes de fractionnement de l'analyse immédiate. Mélange homogène* (qui comporte une phase), *hétérogène* (qui comporte plusieurs phases). *Mélanges eutectiques, azéotropes,* présentant certains des caractères des corps purs. **3.** (Plur.) Recueil composé d'écrits sur différents sujets. – *Spécial.* Recueil d'articles dédié à un professeur éminent par ses anciens élèves et ses collègues. – De *mêler.*

mélanger [melɑ̃ʒe] v. tr. [**13**] **1.** Réunir de manière à former un mélange. *Mélanger l'huile et le vinaigre.* Syn. mêler. **2.** Fam. Mettre en désordre. *Elle a mélangé mes papiers.* – Confondre. *Vous mélangez les noms.* – De *mélange.*

mélangeur, euse [melɑ̃ʒœʀ, øz] n. Appareil servant à opérer un mélange. – *Mélangeur* ou, en appos., *robinet mélangeur,* qui mélange l'eau froide et l'eau chaude. ▷ METALL Réservoir cylindrique tournant, destiné à stocker la fonte provenant du haut fourneau en la maintenant à l'état liquide et en l'homogénéisant avant son traitement dans les convertisseurs. – De *mélanger.*

mélanine [melanin] n. f. BIOCHIM Pigment foncé de la peau, de la choroïde et des cheveux, particulièrement abondant chez les Noirs. *Certaines tumeurs bénignes* (nævi, grains de beauté) *ou malignes* (cancers mélaniques) *sont très riches en mélanine.* – De *mélano-,* et *-ine.*

mélanique [melanik] adj. Caractérisé par la présence de mélanine. – De *mélanine.*

mélanisme [melanism] n. m. BIOL Aptitude à fabriquer de la mélanine en grande quantité; état qui en résulte. ▷ MED Coloration brune des téguments, due à un excès de mélanine dans les cellules. – De *mélan-,* et *-isme.*

mélano-. V. méla-.

mélanocyte [melanɔsit] n. m. HISTOL Cellule spécialisée dans la synthèse de la mélanine. – De *mélano-,* et *-cyte.*

mélanoderme [melanɔdɛʀm] adj. et n. ANTHROP Dont la peau est noire. – De *mélano-,* et *-derme.*

mélanodermie [melanɔdɛʀmi] n. f. MED Augmentation pathologique de la coloration des téguments, due à une surcharge en mélanine, observée en partic. dans la maladie d'Addison. – De *mélanoderme.*

mélano-indien, enne [melanoɛ̃djɛ̃, ɛn] adj. et n. *Populations mélano-indiennes :* groupes humains du S. de l'Inde (Dravidiens) et du Sri Lanka, à la peau très foncée. ▷ Subst. *Des Mélano-Indiens.* – De *mélano-,* et *indien.*

mélanome [melanom] n. m. MED Tumeur mélanique. *Mélanome bénin, malin.* – De *mélano-,* et *-ome.*

mélanose [melanoz] n. f. **1.** MED Accumulation anormale dans le derme de mélanine ou d'un autre pigment de couleur noire. **2.** BOT Maladie de la vigne et des agrumes due à divers champignons. – De *mélan-,* et *-ose* 2.

mélasse [melas] n. f. **1.** Sous-produit de la fabrication du sucre, matière visqueuse d'un brun plus ou moins foncé utilisée en distillerie, en pharmacie et dans la préparation des aliments destinés au bétail. **2.** Fig., fam. Brouillard très épais. ▷ Fam. Misère, situation pénible. *Être dans la mélasse.* ▷ Fam. Confusion, situation embrouillée. – Esp. *melaza,* du lat. *mel,* «miel».

melba [mɛlba] adj. inv. *Pêche, poire, fraises melba,* servies nappées de gelée de framboise ou de groseille, sur une couche de glace à la vanille, avec de la crème Chantilly. – Du nom de Nelly *Melba* (1861-1931), cantatrice australienne, en l'honneur de qui cet entremets fut créé.

melchior [mɛlkjɔʀ] n. m. Maillechort. – Altér. de *maillechort.*

melchite ou **melkite** [mɛlkit] n. RELIG Chrétien d'Orient, de rite byzantin, appartenant soit à une église orthodoxe, soit à l'église cathol. romaine. – Du syriaque *melek,* «roi, souverain», parce que ces églises étaient religieusement et politiquement attachées à l'empereur de Byzance.

méléagrine [meleagʀin] n. f. ZOOL Mollusque bivalve *(Meleagrina margaritifera)* de la mer Rouge et de l'océan Indien, élevé industriellement au Japon pour la production des perles. *La méléagrine est couramment appelée «huître perlière».* – Du nom de *Méléagre,* gr. *Meleagros,* héros myth.

mêlé-cassis [mɛlekasis] ou **mêlé-cass(e)** ou **mêlécasse** [mɛlekas] n. m. Pop., vieilli Mélange de cassis et d'eau-de-vie. ▷ *Voix de mêlé-cass,* éraillée, cassée par l'abus de boisson. – De *mêler,* et *cassis.*

mêlée [mele] n. f. **1.** Combat confus où deux troupes s'attaquent corps à corps et se mêlent. – Fig. *Au-dessus de la mêlée :* en dehors des conflits. **2.** Cohue, bousculade tumultueuse. **3.** SPORT Au rugby, phase du jeu où deux groupes de joueurs cherchent à s'assurer la possession du ballon en luttant corps à corps. *Mêlée ouverte,* formée spontanément au cours du jeu. *Mêlée fermée,* pénalisant une faute et au cours de laquelle les avants des deux équipes, réunis en deux groupes *(packs)* se faisant face, s'arc-boutent épaule contre épaule et tentent de s'assurer le gain du ballon lancé entre eux par un joueur (le *demi de mêlée*) de l'équipe non fautive ou attaquante. – Pp. fém. subst. de *mêler.*

méléna. V. melæna.

mêler [mele] **I.** v. tr. [**1**] **1.** Mettre ensemble (plusieurs choses, plusieurs substances) de manière à les confondre, à les unir. *Mêler de l'eau et du vin.* ▷ (Abstrait) *Mêler le tragique au comique.* – Pp. adj. Péjor. *Une société très mêlée,* où des individus peu estimables côtoient des personnes honorables. **2.** Mettre en désordre, emmêler, embrouiller. *Mêler du fil.* **3.** Associer (qqn) à, impliquer (qqn) dans quelque affaire. *Ne me mêlez pas à vos querelles.* **II.** v. pron. **1.** Se confondre, s'unir. *L'odeur de la lavande se mêlait à celle du chèvrefeuille.* **2.** *Se mêler de :* s'occuper de. – Péjor. *Mêlez-vous de vos affaires!* ▷ *Le diable s'en mêle :* des influences mystérieuses interviennent. **3.** *Se mêler de :* avoir l'idée de, prendre l'initiative de. *Il joue bien, quand il s'en mêle.* – Du bas lat. **misculare,* du class. *miscere,* «mêler, mélanger».

mélèze [melɛz] n. m. Conifère (genre *Larix*) de haute montagne, à feuilles caduques (*Larix occidentalis* peut dépasser 50 m de haut). *Le mélèze, dont la résine constitue la térébenthine de Venise, fournit un bois de charpente estimé.* – Mot dauphinois.

mélia [melja] n. m. Arbre d'origine asiatique cultivé en Europe, type de la fam. des méliacées. – Du gr. *melia,* «frêne».

méliacées [meljase] n. f. pl. BOT Famille d'arbres dicotylédones (ordre des térébinthales) comprenant des arbres ou arbustes des régions chaudes, à bois dur, coloré, parfois aromatique. – Sing. *Une méliacée.* – Du gr. *melia.,* «frêne».

mélilot [melilo] n. m. Plante dicotylédone (genre *Melilotus*, fam. papilionacées) à feuilles composées et fleurs en grappes de couleurs variées, employée comme fourrage (*mélilot blanc*) ou en pharmacopée (*mélilot officinal*). – Lat. *melilotum*, gr. *melilôtos*, de *meli*, « miel », et *lôtos*, « lotus ».

méli-mélo [melimelo] n. m. Fam. Mélange confus de choses en désordre. *Des mélis-mélos.* – A. fr. *mesle mesle*, avec variation vocalique ; de *mêler*.

mélinite [melinit] n. f. Explosif de grande puissance, constitué d'acide picrique fondu. – D'apr. le lat. *melinus*, du gr. *mêlinos*, « couleur de coing ».

mélioratif, ive [meljɔʀatif, iv] adj. et n. m. Didac. Se dit d'un terme, d'une expression qui présente la personne, la chose dont on parle, d'une façon avantageuse. Ant. péjoratif. ▷ n. m. *Des mélioratifs.* – Bas lat. jurid. *melioratum*, de *meliorare*.

mélique [melik] adj. LITTER Se dit de la poésie lyrique et, spécial., de la poésie chorale grecque. – Lat. *melicus*, gr. *melikos*, « qui concerne le chant ».

mélisse [melis] n. f. Plante mellifère et aromatique (genre *Melissa*, fam. labiées) renfermant une essence qui est un tonique nerveux. ▷ *Eau de mélisse* ou *eau des Carmes* : alcoolat préparé avec des feuilles de mélisse fraîches. – Lat. médiév. *melissa*, du gr. *melissophullon*, « feuille à abeilles ».

mélitte [melit] n. f. Plante aromatique et diurétique (genre *Melittis*, fam. labiées), appelée aussi *mélisse sauvage* ou *mélisse des bois.* – Du gr. *melitta*, « abeille », à cause de la prédilection de l'abeille pour cette plante.

melkite. V. melchite.

mellah [mɛl(l)a] n. m. Ghetto, au Maroc. – Mot ar. maghrébin, n. d'un quartier de Fès, au Maroc, où s'établit le premier ghetto marocain.

mellifère [me(ɛl)lifɛʀ] adj. Didac. Qui produit du miel. ▷ *Plantes mellifères*, qui produisent un nectar que les abeilles récoltent pour le transformer en miel. – Lat. *mellifer*.

mellification [mɛ(l)lifikasjɔ̃] n. f. Didac. Fabrication du miel par les abeilles. – De l'anc. v. *mellifier*, du lat. *mellificare*, « faire du miel ».

mellifique [me(ɛl)lifik] adj. Didac. Qui élabore, qui produit du miel. *Abeilles mellifiques.* – Lat. *mellificus*.

melliflue [mɛ(l)lifly] adj. Litt., péjor., vieilli D'une douceur fade ou hypocrite, doucereux. *Discours melliflue.* – Du lat. *mellifluus*, « qui distille du miel ».

mellite [mɛ(l)lit] n. m. PHARM Médicament fait avec du miel. – Du lat. *(sucus) mellitus*, « suc de miel ».

mélo [melo] n. m. et adj. Abrév. fam. de *mélodrame* et de *mélodramatique*.

mélodie [melɔdi] n. f. **1.** Succession de sons qui forment une phrase musicale. **2.** Composition instrumentale ou vocale dont les phrases sont ordonnées « selon les lois du rythme et de la modulation » (J.-J. Rousseau) pour produire des sons agréables à entendre. **3.** Fig. Qualité de ce qui charme l'oreille. *La mélodie d'un vers.* – Bas lat. *melodia*, du gr. *melôdia*, « chant ».

mélodieusement [melɔdjøzmɑ̃] adv. D'une manière mélodieuse. – De *mélodieux*.

mélodieux, euse [melɔdjø, øz] adj. Qui forme une mélodie ; qui produit des sons agréables à l'oreille. *Un air mélodieux. Une voix mélodieuse.* – De *mélodie*.

mélodique [melɔdik] adj. Qui appartient à la mélodie (par oppos. à *rythmique*, à *harmonique*). – De *mélodie*.

mélodiste [melɔdist] n. **1.** Personne qui compose des mélodies. **2.** Compositeur qui, dans son œuvre, fait une large part à la mélodie. – De *mélodie*.

mélodramatique [melɔdʀamatik] adj. **1.** Qui a rapport au mélodrame. *Le genre mélodramatique.* (Abrév. fam. : mélo). **2.** Qui évoque l'outrance du mélodrame. *Des lamentations mélodramatiques.* – De *mélodrame*.

mélodrame [melɔdʀam] n. m. **1.** Anc. Drame mêlé de musique. **2.** Mod. Drame populaire qui cherche à produire un effet pathétique en mettant en scène des personnages au caractère outré dans des situations compliquées et peu vraisemblables. ▷ Loc. adj. Péjor. *De mélodrame* : extravagant. *Personnage de mélodrame.* (Abrév. fam. : mélo). – Du gr. *melos*, « chant, musique », et *drame*, d'apr. l'ital. *melodramma*.

méloé [melɔe] n. m. ZOOL Coléoptère vésicant aux élytres réduits, aux mandibules tronquées, dont les larves parasitent les abeilles solitaires. – Lat. mod.

mélomane [melɔman] n. Personne qui aime passionnément la musique. – Du gr. *mélos*, « chant, musique », et de *-mane*.

melon [məlɔ̃] n. m. **1.** Plante potagère (fam. cucurbitacées) au fruit comestible. **2.** Fruit de cette plante, relativement volumineux, de forme ovoïde ou sphérique, qui porte selon ses méridiens des divisions (« côtes de melon ») nettement dessinées et dont la pulpe jaunâtre ou orangée, juteuse et parfumée à maturité, entoure une cavité centrale renfermant de très nombreux pépins. ▷ *Melon d'eau* : pastèque. **3.** *Chapeau melon* ou, ellipt., *melon* : chapeau de feutre rigide et bombé. *Des chapeaux melon.* **4.** Péjor., inj. et raciste Arabe. – Lat. *melo*.

melonnière [məlɔnjɛʀ] n. f. Terrain où l'on cultive des melons. – De *melon*.

mélopée [melɔpe] n. f. Chant, air monotone. – Bas lat. *melopœia*, du gr.

mélophage [melɔfaʒ] n. m. ZOOL Mouche (genre *Melophagus*) longue de 5 mm, dépourvue d'ailes, parasite du mouton. – Lat. zool. *melophagus*; du gr. *mêlon*, « mouton », et de *-phage*.

melting-pot [mɛltiŋpɔt] n. m. (Anglicisme) Creuset, lieu où des peuples d'origines très diverses se mêlent et se confondent. *Le melting-pot américain.* – Mot angl., « creuset » ; d'abord à propos des États-Unis.

membranaire [mɑ̃bʀanɛʀ] adj. Didac. Relatif aux membranes. – De *membrane*.

membrane [mɑ̃bʀan] n. f. **1.** Tissu mince et souple qui enveloppe, tapisse, sépare, etc., des organes. *Membranes muqueuse, séreuse.* ▷ MED *Rupture des membranes* : dans l'accouchement, rupture de la poche* des eaux. **2.** *Membrane plasmique* ou *plasmalemme* : enveloppe isolant le contenu cellulaire du milieu extérieur, constituée d'un double film phospholipidique dans lequel sont insérées des molécules protéiques globuleuses. **3.** Feuille, cloison mince, dans un appareil, un dispositif. *Membrane de caoutchouc d'une pompe.* ▷ TECH Feuille mince qui fait partie du système vibrant d'un haut-parleur, d'un écouteur. – Lat. *membrana*, propr. « peau qui recouvre les membres », de *membrum*, « membre ».

membraneux, euse [mɑ̃bʀanø, øz] adj. **1.** BIOL Qui a les caractères d'une membrane. **2.** Formé de membranes. *Ailes membraneuses.* – De *membrane*.

membranule [mɑ̃bʀanyl] n. f. ANAT Petite membrane. – Lat. *membranula*.

membre [mɑ̃bʀ] n. m. **I. 1.** Chacun des appendices articulés disposés sur le tronc par paires latérales, et qui permettent les grands mouvements (locomotion, préhension) chez l'homme et les animaux. *Membres supérieurs et inférieurs* (chez l'homme) ; *membres antérieurs et postérieurs* (chez les animaux). **2.** Par anal. *Membre viril* ou, absol., *membre* : la verge. **II.** Fig. Chacun des éléments (personne, groupe, pays, etc.) composant un ensemble organisé (famille, société, etc.). *Les membres de l'Église.*

Réunir tous les membres de la famille. – (En appos.) *Les États membres de la C.É.E.* **III. 1.** ARCHI Chacune des parties qui composent un édifice. **2.** GRAM Chacune des parties d'une période ou d'une phrase. **3.** MATH Chacune des parties d'une équation ou d'une inéquation séparées par le signe d'égalité ou d'inégalité. – Lat. *membrum,* « membre », et au fig. « portion, partie ».

membré, ée [mɑ̃bʀe] adj. *Bien (mal) membré,* dont les membres (ou, absol., le membre*) sont bien (mal) développés, proportionnés. – De *membre.*

membron [mɑ̃bʀɔ̃] n. m. **1.** ARCHI Partie d'une couverture mansardée reliant les couvertures du vrai et du faux comble. **2.** CONSTR Bande d'étanchéité recouvrant l'arête d'un toit. – De *membre.*

membru, ue [mɑ̃bʀy] adj. Dont les membres sont forts et vigoureux. *Personne membrue.* – De *membre.*

membrure [mɑ̃bʀyʀ] n. f. **1.** Ensemble des membres d'une personne. *Forte membrure.* **2.** MAR Chacun des éléments de la charpente d'un navire perpendiculaires à la quille et auxquels est fixé le bordé. – De *membre.*

même [mɛm] adj., pron. et adv. **I.** adj. indéf. Qui n'est pas autre. **1.** Placé devant le nom, exprime l'identité ou la ressemblance. *Elle porte la même robe que sa sœur.* **2.** Placé immédiatement après un nom ou un pronom, *même* a une valeur emphatique et souligne plus expressément la personne ou la chose dont on parle. *C'est le roi même qui le dit,* le roi en personne. *C'est cela même :* c'est exactement cela. – Après un pronom personnel, joint à celui-ci par un trait d'union. *Ils s'abusent eux-mêmes.* **3.** Après un nom exprimant une qualité, indique que cette qualité est au plus haut degré. *Il est la probité même.* **II.** pron. indéf. Toujours précédé de l'article défini. **1.** Marque l'identité de la personne, la permanence de sa façon d'être. *Il ne change pas, il est toujours le même.* **2.** Marque la ressemblance. *Vous avez un beau livre, j'ai le même.* **3.** *Le même* (neutre) : la même chose. *Cela revient au même.* – Pop. *C'est du pareil au même.* **III.** adv. Précédant ou suivant le mot ou la proposition qu'il modifie, indique une gradation entre des termes semblables d'une proposition, ou entre deux propositions, et signifie « aussi, de plus, y compris, jusqu'à ». *Tous, même les ignorants, le savent. L'ennemi massacra tout le monde, les femmes, les vieillards, les enfants même.* **IV.** Loc. adv. *À même :* directement en contact avec. *Coucher à même le sol.* – *Être à même de (faire qqch) :* être capable de (faire qqch). – *De même :* de la même manière. *Vous devriez agir de même.* – *Tout de même :* néanmoins, cependant. *On lui a interdit de sortir, il l'a fait tout de même.* – Pour marquer une objection, une désapprobation. *Ne dites pas ça, tout de même !* – *Quand même, quand bien même :* même si. *Quand bien même il me l'aurait dit, je ne m'en souviens plus.* – Exclam. *Quand même ! :* malgré tout. *Je sortirai quand même !* ▷ Loc. conj. *De même que* (introduisant une comparaison) : comme, de la même manière que. – Du lat. pop. *metipsimus,* superl. de **metipse,* de la particule du lat. class. *-met,* servant de suffixe aux pron. pers. (ex. : *egomet ipse,* « moi-même en personne »), et de *ipse,* « même, en personne » ; a. fr. *mesme.*

mémé [meme] n. f. Fam. (Langage enfantin.) Grand-mère. Syn. mamie, mémère. – Péjor. Femme d'un certain âge dépourvue de séduction et de fantaisie. – Var. de *mémère.*

mêmement [mɛm(ə)mɑ̃] adv. Vx De même, pareillement. – De *même.*

mémento [memɛ̃to] n. m. **1.** LITURG Prière du canon de la messe. *Mémento des vivants. Mémento des morts.* **2.** Image d'un défunt, rappelant son souvenir. **3.** Carnet où l'on note ce dont on doit se souvenir, agenda. **4.** Livre où sont résumées les notions essentielles sur une science, une technique. *Mémento du mécanicien. Des mémentos.* Syn. aide-mémoire. – Lat. *memento,* « souviens-toi ».

mémère [memɛʀ] n. f. Pop. **1.** (Langage enfantin.) Grand-mère. **2.** Péjor. Femme d'un certain âge, corpulente. – Redoubl. enfantin de *mère.*

1. mémoire [memwaʀ] n. f. **1.** Fonction par laquelle s'opèrent dans l'esprit la conservation et le retour d'une connaissance antérieurement acquise. *Le siège de la mémoire.* ▷ *De mémoire :* par cœur. *Citer de mémoire.* – Faculté de se souvenir. *Avoir de la mémoire.* **2.** Litt. Fait de se souvenir. *Je n'ai pas mémoire de le lui avoir dit.* ▷ *De mémoire d'homme :* aussi loin que remonte le souvenir. ▷ *Pour mémoire :* à titre de rappel, ou à titre indicatif. **3.** Souvenir laissé par qqn ou qqch. *Saint Louis, d'illustre mémoire. Ce jour, de sinistre mémoire.* ▷ *À la mémoire de, en mémoire de :* pour perpétuer le souvenir de. **4.** Siège de la fonction de la mémoire, réceptacle des souvenirs. *L'incident est gravé dans sa mémoire.* ▷ INFORM Dispositif servant à recueillir et à conserver des informations en vue d'un traitement ultérieur. *Mettre des données en mémoire.* – *Mémoire morte,* dont on ne peut modifier le contenu. *Mémoire vive,* dont on peut modifier le contenu. **5.** Réputation de qqn après sa mort. *Ternir, réhabiliter la mémoire de qqn.* – Lat. *memoria.*

2. mémoire [memwaʀ] n. m. **1.** Écrit sommaire destiné à exposer l'essentiel d'une affaire, d'une requête. *Dresser un mémoire.* – DR Exposé des faits relatifs à un procès et servant à l'instruire. **2.** Dissertation sur un sujet de science, d'érudition. *Soutenir un mémoire devant un jury.* ▷ Dissertation lue devant une société savante ou littéraire. – (Plur.) Recueil de ces dissertations. **3.** État définitif, détaillé et chiffré précisant les sommes dues pour les travaux effectués, les fournitures remises, etc. **4.** (Plur.) Relations écrites d'événements auxquels participa l'auteur, ou dont il fut témoin. « *Mémoires d'espoir* » *du général de Gaulle.* Syn. chronique. – Recueil de souvenirs personnels. *Écrire ses mémoires.* Syn. autobiographie. – Lat. *memoria.*

mémorable [memɔʀabl] adj. Qui est digne d'être conservé dans la mémoire. – Lat. *memorabilis.*

mémorandum [memɔʀɑ̃dɔm] n. m. **1.** Note destinée à rappeler qqch ; carnet où sont inscrites ces notes. Syn. agenda, mémento. (Abrév. fam. : mémo). **2.** Note écrite par un diplomate au gouvernement du pays auprès duquel il est accrédité et contenant l'exposé sommaire de l'état d'une question. **3.** Ordre d'achat remis par un commerçant à ses fournisseurs. *Des mémorandums.* – Angl. *memorandum,* du lat. *memorandus,* « qui mérite d'être rappelé ».

mémorial, aux [memɔʀjal, o] n. m. **1.** Écrit relatant des faits mémorables ou dont on veut garder le souvenir. *Mémorial de Sainte-Hélène.* **2.** Monument commémoratif. – Bas lat. *memoriale ;* sens 2 par l'angl.

mémorialiste [memɔʀjalist] n. Auteur de mé-moires historiques ou littéraires. – De *mémorial.*

mémoriel, elle [memɔʀjɛl] adj. De la mémoire. – De *mémoire.*

mémorisation [memɔʀizasjɔ̃] n. f. Action de mémoriser ; son résultat. – Du lat. *memoria,* « mémoire ».

mémoriser [memɔʀize] v. tr. [1] **1.** Enregistrer (une connaissance) dans sa mémoire. – Pp. adj. *Des consignes bien mémorisées.* **2.** INFORM Mettre (des informations) en mémoire. – Pp. adj. *Des données mémorisées.* – De *mémorisation.*

menaçant, ante [mənasɑ̃, ɑ̃t] adj. **1.** Qui laisse craindre qqch de mauvais. *Avenir menaçant. Ciel menaçant.* **2.** Qui exprime une menace. *Voix menaçante.* – Ppr. de *menacer.*

menace [mənas] n. f. **1.** Action de menacer. *Vous n'obtiendrez rien par la menace.* **2.** Parole ou geste signifiant une intention hostile et visant à intimider. *Proférer des menaces de mort. Menace en l'air,* qui n'est suivie d'aucun effet. **3.** Fig. Indice laissant prévoir quelque événement fâcheux, grave ou dangereux. *Menaces de tempête, de guerre.* – Lat. pop. **minacia,* attesté au pl. *minaciæ,* class. *minæ.*

menacer [mənase] v. tr. [**12**] **1.** Chercher à intimider, à faire peur à (qqn). *Il l'a menacé du bâton.* **2.** Représenter un danger, un risque imminent. *Un grand péril nous menace.* – (Passif) *Être menacé d'apoplexie.* **3.** Laisser prévoir (qqch de fâcheux). *Ce toit menace de s'écrouler.* ▷ *Menacer ruine :* être près de tomber en ruine. – Absol. *Le temps menace.* – Lat. pop. **minaciare,* class. *minari.*

ménade [menad] n. f. ANTIQ GR **1.** *Les Ménades :* les femmes attachées au culte de Dionysos. **2.** Bacchante. – Lat. d'orig. gr. *mænas, mænadis.*

ménage [menaʒ] n. m. **1.** Administration domestique. *Conduire, tenir son ménage.* ▷ *De ménage :* fait chez soi. *Pain, liqueur de ménage.* – Ensemble des objets nécessaires à la vie dans une maison. *Monter son ménage.* **2.** Soin, entretien d'une maison, d'un intérieur. *Faire le ménage. Femme de ménage.* ▷ *Faire des ménages :* faire le ménage chez les autres moyennant rétribution. **3.** Couple d'époux. *Vieux, jeune ménage.* ▷ *Entrer, se mettre en ménage :* se marier ou commencer à vivre sous le même toit. ▷ *Faire bon, mauvais ménage :* s'entendre bien, mal, en parlant de personnes ou d'animaux qui vivent ensemble. ▷ Fam. *Ménage à trois,* constitué par le mari, la femme et l'amant ou la maîtresse. **4.** STATIS Unité élémentaire de population (d'une ou plusieurs personnes) habitant un même logement. – D'apr. l'a. fr. *maisnie,* « famille », de l'anc. v. *maneir, manoir,* du lat. *manere,* « demeurer, séjourner ».

ménagement [menaʒmɑ̃] n. m. Réserve, précaution avec laquelle on traite qqn. *Il lui a annoncé la nouvelle sans ménagements.* – Du v. *ménager.*

1. ménager, ère [menaʒe, ɛʀ] adj. et n. f. **1.** adj. Vieilli Économe. *Être ménager de ses deniers.* ▷ Fig. *Être ménager de son indignation.* **2.** Relatif aux travaux du ménage, à l'entretien de la maison. *Arts ménagers. Appareils ménagers.* **3.** n. f. Femme qui s'occupe de son foyer. – De *ménage.*

2. ménager [menaʒe] **I.** v. tr. [**13**] **1.** Employer avec économie. *Ménager ses ressources.* – Fig. *Ménager ses forces, sa santé, son temps.* Syn. épargner. **2.** User avec réserve, circonspection, de. *Ménager ses paroles, ses expressions.* Syn. mesurer. **3.** Traiter (qqn) avec égards ou avec précaution. *C'est un homme à ménager.* ▷ Fig. et prov. *Ménager la chèvre et le chou :* V. chèvre. **4.** Préparer habilement et avec soin. *Ménager ses effets.* **5.** Arranger à l'avance. *Ménager une entrevue.* **6.** Prévoir un aménagement; le pratiquer. *Ménager un escalier dans un bâtiment.* **II.** v. pron. Prendre soin de sa santé, éviter de trop se fatiguer. *Il lui faut se ménager.* ▷ Arranger, régler (qqch) pour soi. *Se ménager une issue.* – De *ménage.*

ménagère [menaʒɛʀ] n. f. Service de couverts pour la table, présenté dans un écrin. – Fém. de l'adj. *ménager.*

ménagerie [menaʒʀi] n. f. Lieu où sont rassemblés des animaux rares (dans un jardin zoologique, dans les exhibitions foraines, etc.). *La ménagerie d'un cirque.* ▷ Fig., fam. Rassemblement hétéroclite d'individus. *Une drôle de ménagerie.* – De *ménage*; d'abord « administration d'une ferme ».

menchevik [mɛnʃevik] n. m. HIST Membre de l'aile modérée du parti social-démocrate russe, mise en minorité au congrès de Londres (1903). *Les mencheviks et les bolcheviks.* – Mot russe, « minoritaire », de *menchinstvo,* « minorité ».

mendélévium [mɛ̃delevjɔm] n. m. CHIM Élément radioactif artificiel appartenant à la famille des lanthanides, de numéro atomique Z = 101 et de masse atomique 256 (symbole Md). – Du n. du chimiste russe D.I. *Mendeleïev* (1834-1907).

mendélien, enne [mɑ̃deljɛ̃, ɛn] adj. BIOL **1.** *Génétique mendélienne,* fondée par Mendel. **2.** *Caractère mendélien,* qui se transmet conformément aux lois de Mendel. Syn. génétique. – Du n. du botaniste tchèque J. *Mendel* (1822-1884).

ENCYCL Les lois de Mendel, au nombre de trois, ont été déduites des hybridations que Mendel effectua entre des variétés de pois (variétés pures pour les caractères étudiés). *1re loi* ou *loi de pureté des gamètes :* chaque caractère est gouverné par un couple de gènes allèles; lors de la formation des gamètes, ce couple d'allèles se disjoint au cours de la méiose; chaque gamète ne possédant qu'un seul des allèles, il est pur pour le caractère considéré (les gamètes sont haploïdes). *2e loi* ou *loi de dominance :* les hybrides de première génération d'un croisement entre deux parents purs, mais différents pour un caractère donné, peuvent avoir tous le même *phénotype*; l'allèle gouvernant le caractère qui apparaît est dit *dominant*; l'allèle gouvernant le caractère qui n'apparaît pas est dit *récessif. 3e loi* ou *loi de recombinaison des gènes :* lorsqu'on croise deux races pures différant par plusieurs caractères, les phénotypes observés proviennent de la recombinaison deux à deux, au hasard, des divers caractères, ce qui traduit une recombinaison aléatoire des divers gènes, dits alors *gènes libres* ou *à ségrégation indépendante.* Cette dernière loi provient du fait que Mendel a étudié, sans le savoir, des caractères *libres*; elle n'a pas de valeur universelle, car de nombreux caractères sont *liés* et leur ségrégation n'est pas indépendante, comme on le constate pour les caractères différents que porte un même chromosome.

mendélisme [mɑ̃delism] n. m. Théorie génétique de Mendel. – V. mendélien.

mendiant, ante [mɑ̃djɑ̃, ɑ̃t] n. (et adj.) **1.** Personne qui mendie. *Faire l'aumône aux mendiants.* **2.** (Plur.) Ordres religieux (dominicains, franciscains, augustins et carmes) qui vivaient de la charité publique. ▷ adj. *Moines, ordres mendiants.* ▷ Fig., vieilli *Les quatre mendiants* (par allus. à la couleur de l'habit de ces ordres) : dessert groupant quatre sortes de fruits secs (figues sèches, noisettes, amandes, raisins secs). – Par abrév., mod. : *un mendiant.* – Ppr. subst. de *mendier.*

mendicité [mɑ̃disite] n. f. **1.** Action de mendier. *Vivre de la mendicité.* **2.** État, condition de mendiant. *Réduire qqn à la mendicité.* – De l'a. fr. *mendistiet,* d'après le lat. *mendicitas.*

mendier [mɑ̃dje] v. [**2**] **I.** v. intr. Demander l'aumône. *Mendier à la porte des églises.* **II.** v. tr. **1.** Demander comme aumône. *Mendier son pain.* **2.** *Par ext.* Solliciter humblement, ou avec bassesse. *Mendier un sourire. Mendier des suffrages.* – Du lat. *mendicare.*

mendigot, ote [mɑ̃digo, ɔt] n. Pop. Mendiant. – De *mendiant,* avec substitution de suffixe.

mendigoter [mɑ̃digɔte] v. intr. et tr. [**1**] Pop. Mendier. – De *mendigot.*

meneau [məno] n. m. ARCHI Montant ou traverse qui partage l'ouverture d'une fenêtre en plusieurs compartiments. – Du lat. *medianus,* « qui est au milieu », par un dimin. de l'a. fr. *meien,* « moyen ».

menées [məne] n. f. pl. Intrigues, machinations. *J'ai découvert ses menées.* – Pp. fém. plur. subst. de *mener.*

ménées [mene] n. f. pl. LITURG Ouvrage de l'Église orthodoxe donnant la biographie des saints. – Du gr. byzantin *mênaion*; de *mên,* « mois ».

mener [məne] v. tr. [**16**] **I.** Conduire (quelque part). **1.** Faire aller (quelque part) en accompagnant. *Mener les bêtes aux champs.* ▷ (Sujet n. de chose.) *Sa promenade le* *mena jusqu'au fleuve.* – Fig. *Cette affaire peut vous mener loin,* peut avoir des conséquences graves. Syn. guider, conduire. **2.** (Sujet n. de chose.) Aboutir. *Ce chemin ne mène nulle part.* – Fig. *La débauche mène à la misère.* ▷ Prov. *Tous les chemins mènent à Rome :* on peut atteindre un but par de nombreux moyens. **3.** Tracer. *Mener une droite d'un point à un autre.* **II.** Diriger, être à la tête de. **1.** Conduire, diriger (qqch). *Mener une embarcation.* – Par ext. *Mener sa vie comme on l'entend.* ▷ *Mener à bien, à mal une affaire,* la faire réussir ou échouer. ▷ *Mener la danse :* diriger une affaire, un mouvement. ▷ *Mener le deuil :* marcher en tête du cortège d'un enterrement. ▷ SPORT *Mener le train :* tenir la tête, dans une course. **2.** Conduire, diriger (qqn, des personnes). *Le commandant sait mener son équipage.* **3.** Exercer un ascendant, une influence sur (qqn), faire agir. *Il le mène par le bout du nez,* il en fait ce qu'il veut. ▷ *Mener la vie dure à qqn,* lui rendre la vie difficile, pénible, par un excès d'autorité, d'influence. ▷ Fam. *Mener qqn en bateau,* le berner. **4.** v. intr. SPORT Être provisoirement en tête. *Mener par deux points à zéro.* – Du lat. pop. *minare,* « pousser les bêtes en les menaçant, chasser », du class. *minari,* « menacer ».

ménestrel [menɛstʀɛl] n. m. Au Moyen Âge, poète et musicien itinérant. – Du bas lat. *ministerialis,* du class. *minister,* « serviteur ».

ménétrier [menetʀije] n. m. Musicien qui, dans les fêtes villageoises, faisait danser au son du violon. – Var. de *ménestrel.*

meneur, euse [mənœʀ, øz] n. **1.** Personne qui mène, dirige. *Meneur d'hommes.* ▷ *Meneur de jeu,* qui anime et dirige un jeu ou un spectacle. **2.** Personne qui est à la tête d'un mouvement populaire. *Meneur de grèves.* ▷ Absol. *On a arrêté les meneurs.* – De *mener.*

menhir [meniʀ] n. m. Monument mégalithique, pierre plus ou moins allongée, brute ou sommairement travaillée et dressée verticalement. *Les menhirs peuvent être isolés, groupés en lignes* (alignements mégalithiques) ou disposés en cercles (cromlechs). – Mot bas breton, de *men,* « pierre », et *hir,* « longue ».

menin, ine [menɛ̃, in] n. **1.** HIST Jeune homme ou jeune fille noble attaché aux jeunes princes et princesses du sang, en Espagne. – *Les Menines* (en esp. *Las Meninas*) : célèbre tableau de Vélasquez (1658 ; Prado). **2.** En France, gentilhomme servant de compagnon au dauphin. – Esp. *menino, menina.*

méninge [menɛ̃ʒ] n. f. **1.** ANAT Chacune des trois membranes qui enveloppent le cerveau et la moelle épinière. (On distingue de l'extérieur vers l'intérieur : la dure-mère, au contact de l'os ; l'arachnoïde, sous la dure-mère ; la pie-mère, qui recouvre étroitement le tissu nerveux. Le liquide céphalo-rachidien circule entre la pie-mère et l'arachnoïde.) **2.** Fam. *Les méninges :* le cerveau. *Ne pas se fatiguer les méninges. Faire travailler ses méninges :* réfléchir. – Bas lat. *meninga,* du gr. *mênigx.*

méningé, ée [menɛ̃ʒe] adj. ANAT, MED Relatif aux méninges. ▷ *Syndrome méningé :* ensemble des signes qui témoignent d'une atteinte méningée diffuse. – De *méninge.*

méningiome [menɛ̃ʒjom] n. m. MED Tumeur bénigne qui se développe à partir des méninges internes de l'arachnoïde. – De *méninge,* et *-ome.*

méningite [menɛ̃ʒit] n. f. MED Inflammation des méninges. *Méningite tuberculeuse, virale. Méningite cérébro-spinale,* à méningocoque. – De *méninge,* et *-ite* 1.

méningococcie [menɛ̃gɔkɔksi] n. f. MED Infection due au méningocoque (méningite, septicémie). – De *méningocoque.*

méningocoque [menɛ̃gɔkɔk] n. m. MICROB Diplocoque constituant l'agent spécifique de la méningite cérébrospinale épidémique. – De *méninge,* et *-coque.*

méniscal, ale, aux [meniskal, o] adj. Relatif à un ménisque. – De *ménisque.*

ménisque [menisk] n. m. **1.** ANAT Formation cartilagineuse existant dans certaines articulations (notam. celle du genou), accroissant la surface de contact entre les pièces articulaires. **2.** PHYS Lentille présentant une face convexe et une face concave. **3.** PHYS Surface convexe ou concave d'une colonne de liquide contenue dans un tube de faible section (phénomène de capillarité). – Du gr. *mêniskos,* « croissant », de *mênê,* « lune ».

mennonite [menɔnit] n. et adj. RELIG Membre d'une secte d'anabaptistes fondée aux Pays-Bas v. 1535 par Menno Simonsz. ▷ adj. *Il existe encore des églises mennonites aux Pays-Bas, en Allemagne, en Suisse, en Amérique du Nord et en Amérique du Sud.* – Du nom du fondateur de la secte, *Menno* Simonsz (1496-1561).

ménologe [menɔlɔʒ] n. m. RELIG Martyrologe de l'Église grecque. – Du gr. ecclés. *mênologion,* « tableau des mois ».

ménopause [menɔpoz] n. f. Cessation de la fonction ovarienne chez la femme, marquée par l'arrêt définitif de la menstruation. *La ménopause se produit entre 45 et 55 ans.* – Du gr. *mên, mênos,* « mois » (d'où *mêniaia,* « menstrues »), et *pausis,* « cessation ».

ménopausée [menɔpoze] adj. f. Se dit d'une femme dont la ménopause s'est effectuée. – De *ménopause.*

ménopausique [menɔpozik] adj. MED Relatif à la ménopause. – De *ménopause.*

ménorragie [menɔʀaʒi] n. f. MED Écoulement menstruel anormalement abondant ou prolongé. – Du gr. *mên, mênos,* « mois », et *-rragie.*

ménorrhée [menɔʀe] n. f. MED Écoulement menstruel. – Du gr. *mên, mênos,* « mois », et *rhein,* « couler ».

menotte [mənɔt] n. f. **1.** Petite main. *La menotte d'un enfant.* **2.** (Plur.) Bracelets de métal reliés par une chaîne, que l'on met aux poignets d'un prisonnier. *Passer, mettre les menottes à qqn.* – Dimin. de *main.*

mense [mɑ̃s] n. f. HIST RELIG Revenu ecclésiastique affecté au titulaire d'une fonction dans l'Église ou à une communauté ecclésiastique. *Mense épiscopale, conventuelle.* – Du lat. *mensa,* « table, repas ».

mensonge [mɑ̃sɔ̃ʒ] n. m. **1.** Assertion contraire à la vérité faite dans le dessein de tromper. *Mensonge officieux, pieux mensonge,* dits pour rendre service ou pour ne pas faire de peine. ▷ Pratique, habitude du mensonge. **2.** Erreur, illusion. *Tous les songes sont mensonges.* – Du lat. pop. **mentionica,* du bas lat. *mentire,* « mentir ».

mensonger, ère [mɑ̃sɔ̃ʒe, ɛʀ] adj. **1.** Faux, trompeur. **2.** Qui repose sur une fiction. – De *mensonge.*

mensongèrement [mɑ̃sɔ̃ʒɛʀmɑ̃] adv. D'une manière mensongère. – De *mensonger.*

menstruation [mɑ̃stʀyasjɔ̃] n. f. **1.** Ensemble des phénomènes physiologiques qui déterminent l'écoulement menstruel. *Troubles de la menstruation* (V. aménorrhée, dysménorrhée). **2.** Période où se produisent les menstrues. – De *menstrues.*

menstruel, elle [mɑ̃stʀyɛl] adj. Des menstrues ; qui a rapport aux menstrues. *Cycle menstruel.* – Lat. *menstrualis.*

menstrues [mɑ̃stʀy] n. f. pl. PHYSIOL Écoulement sanguin d'origine utérine, qui se produit durant trois à cinq jours chez la femme non enceinte, selon un rythme approximativement mensuel, de la puberté à la ménopause. Syn. cour. règles. – Lat. *menstrua*, de *mensis*, « mois » (V. ménopause).

mensualisation [mɑ̃sɥalizasjɔ̃] n. f. Action de mensualiser (un salarié, un salaire horaire, un paiement). *Mensualisation de l'impôt.* – De *mensualiser.*

mensualiser [mɑ̃sɥalize] v. tr. [1] Transformer (un salaire horaire, un paiement) en un salaire mensuel. – Accorder à (un salarié) le statut de mensuel. – De *mensuel.*

mensualité [mɑ̃sɥalite] n. f. Somme payée ou reçue chaque mois. – De *mensuel.*

mensuel, elle [mɑ̃sɥɛl] adj. et n. Qui se fait tous les mois. *Publication mensuelle* ou, n. m., *un mensuel.* – *Salaire mensuel*, calculé sur un mois et versé chaque mois. ▷ Subst. Salarié payé au mois. – Bas lat. *mensualis*, de *mensis*, « mois ».

mensuellement [mɑ̃sɥɛlmɑ̃] adv. Tous les mois. – De *mensuel.*

mensuration [mɑ̃syʀasjɔ̃] n. f. Opération qui consiste à mesurer certaines dimensions caractéristiques du corps humain (tour de poitrine, taille, tour de hanches, etc.); ces dimensions elles-mêmes. – Bas lat. *mensuratio*, de *mensurare*, « mesurer ».

-ment. Élément, du lat. *mente*, « dans (tel) esprit, de (telle) manière », qui permet de former la plupart des adverbes de manière à partir du fém. des adjectifs (ex. *gaie, gaiement; grande, grandement*, etc.).

mental, ale, aux [mɑ̃tal, o] adj. et n. m. **1.** Qui se fait, qui s'exécute dans l'esprit. *Calcul mental.* – *Image mentale.* **2.** Qui a rapport aux facultés intellectuelles, au fonctionnement psychique. *Maladie mentale.* ▷ *Âge mental* : degré de maturité intellectuelle d'un individu (spécial. d'un enfant) mesuré par des tests. ▷ n. m. *Le mental* : l'ensemble des facultés psychiques; l'esprit. – Bas lat. *mentalis*, du class. *mens, mentis*, « esprit ».

mentalement [mɑ̃talmɑ̃] adv. **1.** Par la pensée seulement, sans parler ni écrire. *Compter mentalement les jours.* **2.** Sur le plan mental. *Ce chagrin l'a beaucoup éprouvé mentalement.* – De *mental.*

mentalité [mɑ̃talite] n. f. **1.** État d'esprit; façon, habitude de penser, de se représenter la réalité. **2.** Ensemble des habitudes, des croyances propres à une collectivité et communes à chacun de ses membres. *« La Mentalité primitive », ouvrage de Lévy-Bruhl* (1922). – De *mental*, avec infl. probabl. de l'angl. *mentality.*

menterie [mɑ̃tʀi] n. f. Vieilli Mensonge. – De *mentir.*

menteur, euse [mɑ̃tœʀ, øz] n. et adj. **1.** n. Personne qui ment, qui a l'habitude de dire des mensonges. **2.** adj. Qui ment habituellement. *Un enfant menteur.* ▷ (Choses) Trompeur. *Des propos menteurs.* – De *mentir.*

menthe [mɑ̃t] n. f. **1.** Plante (genre *Mentha*, fam. labiées) à fleurs blanches ou roses, courante dans les lieux humides, aux feuilles aromatiques riches en menthol. *Thé à la menthe. Sauce anglaise à la menthe.* **2.** Sirop de menthe. ▷ Liqueur de menthe. **3.** Infusion de menthe. – Lat. *ment(h)a.*

menthol [mɛ̃tɔl] n. m. Alcool secondaire, extrait de l'essence d'une variété de menthe, utilisé pour ses propriétés antiseptiques et anesthésiques. – De *menthe.*

mentholé, ée [mɛ̃tɔle] adj. Qui contient du menthol. – De *menthol.*

menthyle [mɛ̃til] n. m. CHIM Radical $C_{10}H_{19}$ contenu dans le menthol et ses esters. – De *menthol.*

mention [mɑ̃sjɔ̃] n. f. **1.** Témoignage, rapport fait de vive voix ou par écrit. *Il a été fait mention de cet événement plusieurs fois.* **2.** Indication, petite note apportant une précision. ▷ *Mention marginale*, inscrite en marge d'un acte pour y apporter des modifications. **3.** Appréciation favorable accordée par un jury d'examen à un candidat. *Être reçu au baccalauréat avec la mention bien.* – Lat. *mentio.*

mentionner [mɑ̃sjɔne] v. tr. [1] Faire mention de. *Avez-vous mentionné cet incident dans votre rapport?* – De *mention.*

mentir [mɑ̃tiʀ] v. [30] **I.** v. intr. **1.** Donner pour vrai ce que l'on sait être faux; nier ce que l'on sait être vrai, dans l'intention de tromper; ne pas dire la vérité. – *Sans mentir* : en vérité, à vrai dire. ▷ v. pron. (réfl.) *Se mentir à soi-même* : essayer de se convaincre de ce que l'on sait être faux. **2.** Tromper par son apparence. *Un regard qui ne ment pas.* **II.** v. tr. indir. *Mentir à (qqch)* : se mettre en contradiction avec (qqch). *Mentir à sa réputation, à ses promesses.* – Bas lat. *mentire*, class. *mentiri.*

mentisme [mɑ̃tism] n. m. PSYCHO Trouble intellectuel caractérisé par une fuite des idées et un état anxieux. – Du lat. *mens, mentis*, « esprit ».

menton [mɑ̃tɔ̃] n. m. **1.** Saillie plus ou moins prononcée de la mâchoire, au-dessous de la lèvre inférieure. *Menton en galoche*. Double, triple menton* : bourrelets de chair sous le menton. **2.** ZOOL Dessous de la mâchoire inférieure, chez certains animaux. – Lat. pop. **mento, mentonis*, class. *mentum.*

mentonnet [mɑ̃tɔnɛ] n. m. TECH Pièce saillante servant de butée, d'arrêt. ▷ Pièce d'un loquet dans laquelle s'engage la clenche. – Dimin. de *menton.*

mentonnière [mɑ̃tɔnjɛʀ] n. f. **1.** Anc. Partie du casque qui couvrait le menton. **2.** Bande étroite passant sous le menton et servant à attacher une coiffure. Syn. jugulaire. **3.** MED Bandage utilisé notam. pour le traitement des fractures du maxillaire inférieur. **4.** Petite plaque qui protège la table d'harmonie d'un violon du contact direct avec le menton de l'instrumentiste. – De *menton.*

mentor [mɑ̃tɔʀ] n. m. Litt. Guide, conseiller avisé. – Du n. de *Mentor*, ami d'Ulysse, popularisé par le *Télémaque* (1699) de Fénelon.

menu, ue [məny] adj., adv. et n. m. **I.** adj. **1.** Qui a peu de volume, de grosseur. *Du menu bois. Découper qqch en menus morceaux.* ▷ (Personnes) Petit et mince, de faible corpulence. *Une jeune femme toute menue.* **2.** Fig. De peu d'importance, de peu de valeur. *Menues dépenses. Menue monnaie.* **II.** adv. En très petits morceaux. *Prendre un oignon et le hacher menu.* ▷ Subst. *Par le menu* : en détail, minutieusement. **III.** n. m. **1.** Liste détaillée des mets qui seront servis au cours d'un repas. ▷ Ensemble déterminé de plats servis pour un prix fixé à l'avance dans un restaurant. ▷ Support sur lequel le menu est indiqué. **2.** INFORM Liste des opérations qu'un logiciel est capable d'effectuer, et qui s'affiche sur l'écran. **3.** TECH Charbon en petits morceaux. – Du lat. *minutus*, pp. de *minuere*, « diminuer ».

menuet [mənɥɛ] n. m. **1.** Anc. danse (XVIIe s.) à trois temps. **2.** Air sur lequel s'exécute cette danse. ▷ Morceau à trois temps qui suit l'adagio ou l'andante d'une symphonie, d'une sonate ou d'un quatuor. – Subst. de l'anc. adj. *menuet*, propr. « pas menu ».

menuise [mənɥiz] n. f. **1.** Vx Menu fretin. **2.** Menu bois. **3.** Plomb de chasse très menu. – Du lat. *minutia*, « petite parcelle ».

menuiser [mənɥize] v. tr. [1] **1.** Vx Rendre menu, amincir (une pièce de bois). **2.** Travailler en menuiserie. – Pp. adj. *Ouvrage menuisé.* – Du lat. pop. **minutiare*, du class. *minutus*, « menu ».

menuiserie [mənɥizʀi] n. f. **1.** Art, métier de celui qui fabrique des ouvrages en bois en assemblant des pièces de dimensions relativement petites. ▷ (Par oppos. à *charpente.*) Confection d'ouvrages en bois destinés à l'équipement et à la décoration des bâtiments (huisseries, cloisons, placards, croisées, persiennes, parquets, etc.); ces ouvrages. ▷ (Par oppos. à *ébénisterie.*) Fabrication de meubles utilitaires en bois massif. **2.** Par ext. *Menuiserie métallique* : confection de châssis et de systèmes métalliques ouvrants pour le bâtiment; ces châssis, ces systèmes. **3.** Par ext. Lieu, atelier où le menuisier exerce sa profession. – De *menuiser.*

menuisier [mənɥizje] n. m. Entrepreneur, artisan, ouvrier spécialisé dans les travaux de menuiserie. *Menuisier du bâtiment. Menuisier en meubles.* – De *menuiser*; d'abord « ouvrier qui confectionne de menus objets ».

ménure [menyʀ] n. m. Oiseau australien (le plus grand de tous les passériformes, de la taille d'un faisan), appelé aussi *oiseau-lyre* à cause des longues plumes recourbées qui ornent la queue du mâle. – Lat. zool. *menura,* du gr. *mênê,* « lune, croissant », et *oura,* « queue ».

menu-vair [mənyvɛʀ] n. m. Vx Petit-gris (écureuil). ▷ Fourrure du petit-gris. *Des menus-vairs.* – De *menu,* et *vair.*

ményanthe [menjɑ̃t] n. f. BOT Plante aquatique (genre *Menyanthe*) à feuilles trilobées, à fleurs roses ou blanches, appelée aussi *trèfle d'eau.* – Lat. bot. *menyanthes,* altér. du gr. *minuanthes (triphullon),* « trèfle qui fleurit peu de temps ».

méphistophélique [mefistofelik] adj. Litt. Qui rappelle Méphistophélès; diabolique. *Un rire méphistophélique.* – De *Méphistophélès,* n. du diable dans la légende all. de Faust.

méphitique [mefitik] adj. Se dit d'une exhalaison fétide, malsaine ou toxique. – Bas lat. *mephiticus,* class. *mephitis.*

méphitisme [mefitism] n. m. Didac. Corruption de l'air par des gaz méphitiques. – De *méphitique.*

méplat, ate [mepla, at] adj. et n. m. **I.** adj. Didac. Qui est nettement plus large qu'épais. *Planche méplate.* ▷ BX-A *Lignes méplates,* qui établissent le passage d'un plan à un autre. **II.** n. m. **1.** Chacun des plans formant par leur réunion la surface d'un corps. **2.** Partie plane du corps (par oppos. aux parties saillantes). *Méplats des joues.* ▷ TECH Surface plane (sur une arête, sur la surface ronde d'une pièce). – De *mé-,* et *plat.*

méprendre (se) [mepʀɑ̃dʀ] v. pron. [52] Se tromper; prendre une personne ou une chose pour une autre. *Se méprendre sur les intentions de qqn.* ▷ Loc. *À s'y méprendre* : d'une façon telle que l'on peut facilement s'y tromper. *Il ressemble à s'y méprendre à son frère.* – De *mé-,* et *prendre.*

mépris [mepʀi] n. m. **1.** Sentiment, attitude traduisant que l'on juge qqn, qqch indigne d'estime, d'égards ou d'intérêt. *Traiter qqn avec mépris.* - *Il n'a pour elle que du mépris.* **2.** Indifférence, dédain. *Le mépris de l'argent.* - *Le mépris du danger.* ▷ Loc. prép. *Au mépris de* : sans prendre en considération. – Déverbal de *mépriser.*

méprisable [mepʀizabl] adj. Qui ne mérite que le mépris. – De *mépriser.*

méprisablement [mepʀizabləmɑ̃] adv. D'une façon méprisable. – De *méprisable.*

méprisant, ante [mepʀizɑ̃, ɑ̃t] adj. Qui marque du mépris. *Une attitude méprisante.* – Ppr. de *mépriser.*

méprise [mepʀiz] n. f. Erreur de qqn qui se méprend. *Une regrettable méprise.* – De *méprendre.*

mépriser [mepʀize] v. tr. [1] **1.** Avoir du mépris pour, ne faire aucun cas de (qqch, qqn). *Mépriser les flatteurs.* **2.** Dédaigner (ce qui est généralement recherché, estimé). *Mépriser les honneurs.* - Ne faire aucun cas de (ce qui est habituellement craint). *Mépriser la mort.* – De *mé-,* et *priser.*

mer [mɛʀ] n. f. **1.** Vaste étendue d'eau salée qui entoure les continents. ▷ Partie de cette étendue couvrant une surface déterminée. *La mer Baltique.* - *La mer Morte.* ▷ *Prendre la mer* : s'embarquer. - *Pleine mer, haute mer,* la partie de la mer éloignée des côtes. *Un homme à la mer,* tombé d'un bateau dans la mer; fig., un homme perdu, désemparé. - *Bains de mer.* - *Mal de mer.* - Fam. *Vacances à la mer,* au bord de la mer. ▷ Loc. fig. *Ce n'est pas la mer à boire* : ce n'est pas un travail, une tâche très difficile. **2.** Fig. Étendue vaste comme la mer. *Le Sahara, vaste mer de sable.* **3.** Importante quantité (de liquide). *Une mer de sang.* ▷ Fig. *Une mer de difficultés.* – Lat. *mare.*

mer-air [mɛʀ'ɛʀ] adj. inv. MILIT *Missile mer-air,* lancé à partir d'un navire vers un avion. – De *mer,* et *air.*

mercanti [mɛʀkɑ̃ti] n. m. **1.** Vx Marchand, dans les ports d'Orient. ▷ Anc. En Orient, en Afrique du Nord, commerçant qui accompagnait une armée. **2.** Cour., péjor. Commerçant avide et peu scrupuleux. – Sabir de l'Afrique du N., de l'ital. *mercanti,* pl. de *mercante,* « marchand ».

mercantile [mɛʀkɑ̃til] adj. **1.** Vx Qui concerne le commerce; qui se livre au commerce. ▷ *Système mercantile* : mercantilisme (sens 1). **2.** Péjor. Digne d'un mercanti; avide, âpre au gain. *Calculs mercantiles. Esprit mercantile.* – Mot ital., de *mercante,* « marchand ».

mercantilisme [mɛʀkɑ̃tilism] n. m. **1.** ECON Doctrine économique prônée surtout aux XVIe et XVIIe s., fondée sur le principe de la supériorité des métaux précieux comme source d'enrichissement pour l'État. **2.** Péjor. Esprit mercantile; âpreté au gain, avidité. – De *mercantile.*

mercantiliste [mɛʀkɑ̃tilist] n. et adj. **1.** n. Partisan du mercantilisme (sens 1). **2.** adj. Propre au mercantilisme. – De *mercantilisme.*

mercaptan [mɛʀkaptɑ̃] n. m. CHIM Liquide incolore, très volatil, d'odeur particulièrement repoussante, alcool sulfuré de formule HS-R (R désignant un radical carboné). Syn. thiol, thioalcool. – D'abord en all.; contract. du lat. *mercurium captans,* « qui capte le mercure ».

mercaticien, enne [mɛʀkatisjɛ̃, ɛn] n. Spécialiste de la mercatique. – De *mercatique.*

mercatique [mɛʀkatik] n. f. Syn. (off. recommandé) de *marketing.* – Du lat. *mercatus,* « marché ».

mercenaire [mɛʀsənɛʀ] adj. et n. **I.** adj. **1.** Vx ou litt. Qui se fait seulement en vue d'un salaire. *Travail mercenaire.* **2.** Qui ne travaille, n'agit, ne combat que moyennant une rémunération. *Troupe mercenaire.* **II.** n. **1.** Soldat étranger à la solde d'un État. **2.** Fig. Personne qui accomplit, contre de l'argent, une mission, un travail que d'autres feraient par conviction. – Lat. *mercenarius,* de *merces,* « salaire ».

mercerie [mɛʀsəʀi] n. f. Ensemble des menus articles servant pour la couture et la confection (fils, aiguilles, boutons, rubans, etc.). ▷ Commerce de ces articles. ▷ Boutique de mercier. – De *mercier.*

mercerisage [mɛʀsəʀizaʒ] n. m. TECH Traitement des fibres de coton avec une lessive de soude, donnant un brillant qui rappelle la soie. – De *merceriser.*

merceriser [mɛʀsəʀize] v. tr. [1] TECH Soumettre (le coton) au mercerisage. - Pp. adj. Cour. *Coton mercerisé.* – Angl. *to mercerize*; du n. de l'inventeur du procédé J. *Mercer.*

merchandising [mərtʃɑ̃dajziŋ; mɛʀʃɑ̃diziŋ] n. m. (Anglicisme) Syn. (off. déconseillé) de *marchandisage.* – Mot angl., de *to merchandise,* « promouvoir les ventes ».

merci [mɛʀsi] n. **I.** n. f. **1.** Vx Miséricorde, grâce, pitié. *Demander, crier merci.* ▷ Mod. *Une lutte sans merci,* sans pitié, acharnée. **2.** Loc. prép. *Être à la merci de qqn*, être entièrement dépendant de lui, livré à son bon vouloir. – HIST *Serf taillable et corvéable à merci*, auquel le seigneur pouvait imposer à volonté impôts et corvées. ▷ Fig. *Vous êtes à la merci du moindre imprévu.* ▷ Loc. adv. *Dieu merci* : grâce à Dieu. **II.** n. m. **1.** Formule de remerciement. *Merci beaucoup. Merci de votre gentillesse. Merci pour vos fleurs. Merci, monsieur. Dire merci.* **2.** Remerciement. *Voilà le seul merci que j'aie reçu pour tous mes efforts! Trop de mercis.* **3.** Formule de politesse servant à décliner les offres de qqn. *Prenez-vous du café? Merci, je n'en bois jamais. Non, merci.* – Du lat. *merces, mercedis*, «prix, salaire, récompense», et en lat. tardif, «faveur, grâce».

mercier, ère [mɛʀsje, ɛʀ] n. Personne qui vend de la mercerie. – De l'a. fr. *merz*, «marchandise», du lat. *merx, mercis.*

mercredi [mɛʀkʀədi] n. m. Troisième jour de la semaine, qui suit le mardi. ▷ *Mercredi des Cendres* : premier jour du carême. ▷ *Mercredi saint* : mercredi de la semaine sainte (avant Pâques). – Du lat. médiév. *Mercoris dies*, class. *Mercurii dies*, «jour de Mercure».

mercure [mɛʀkyʀ] n. m. Élément métallique de numéro atomique Z = 80 et de masse atomique 200,59 (symbole Hg, de son anc. nom *hydrargyre*). – Métal (Hg) liquide à température ordinaire, de densité 13,6, qui se solidifie à – 39 °C et bout à 357 °C, utilisé comme liquide barométrique et thermométrique. – Du nom de la planète *Mercure*, lat. *Mercurius*, à laquelle l'analogie alchimique associait ce métal.

mercureux [mɛʀkyʀø] adj. m. CHIM Se dit des sels du mercure monovalent. – De *mercure.*

1. mercuriale [mɛʀkyʀjal] n. f. Plante dioïque (genre *Mercuriales*, fam. euphorbiacées), utilisée autrefois pour ses propriétés laxatives, qui lui ont valu son nom vulgaire de *foirole* . (V. foire 2). – Du lat. *mercurialis (herba)*, «(herbe) de Mercure».

2. mercuriale [mɛʀkyʀjal] n. f. **1.** HIST À la fin du Moyen Âge et sous l'Ancien Régime, assemblée générale d'un parlement, théoriquement au moins semestrielle, qui se tenait le mercredi et au début de laquelle un magistrat rendait compte de la manière dont avait été rendue la justice au cours de la période précédente; le discours de ce magistrat. **2.** Mod. Discours annuel prononcé à la rentrée des cours et des tribunaux. **3.** Fig., litt. Semonce, réprimande. – Du lat. *mercurialis*, pris comme adj. (V. mercredi.)

3. mercuriale [mɛʀkyʀjal] n. f. Liste des prix des denrées ou des fournitures sur un marché public; cours officiel de ces denrées. – Du lat. *mercurialis*, «membres du collège des marchands», *Mercure* étant le dieu du commerce.

mercuriel, elle [mɛʀkyʀjɛl] adj. CHIM Contenant du mercure. ▷ PHARM *Dérivés mercuriels*, utilisés en solution pour leurs propriétés antiseptiques. – De *mercure.*

mercurien, enne [mɛʀkyʀjɛ̃, ɛn] adj. **1.** ASTRO Relatif à la planète Mercure. **2.** ASTROL Dont le thème de naissance est marqué par la dominance de la planète Mercure. – Du n. de la planète *Mercure*, lat. *Mercurius.*

mercurique [mɛʀkyʀik] adj. CHIM Qui contient du mercure bivalent. – De *mercure.*

mercurochrome [mɛʀkyʀɔkʀom] n. m. PHARM Soluté alcoolique d'une fluorescéine mercurielle, utilisé en application externe comme antiseptique. – De *mercure*, et *chrome*; nom déposé.

merde [mɛʀd] n. f. et interj. **I.** n. f. Grossier **1.** Excrément, matière fécale. **2.** Fig. Personne ou chose basse, méprisable, sans valeur. **3.** Désordre, confusion. *Mettre, foutre la merde quelque part.* ▷ Situation difficile, inextricable. *Être dans la merde.* **II.** interj. Fam. **1.** Exclamation de colère, d'agacement, de dégoût. *Merde, à la fin!* **2.** Exclamation d'étonnement, d'admiration. *Ah merde alors! pour une surprise, c'est une surprise!* – Lat. *merda.*

merder [mɛʀde] v. intr. Grossier Rater, ne pas réussir ce qu'on a entrepris. *Il a merdé à ses examens, dans son speech.* – De *merde.*

merdeux, euse [mɛʀdø, øz] adj. et n. Grossier **1.** adj. Souillé d'excréments. **2.** n. Enfant qui fait l'important; blanc-bec. *Qu'est-ce que c'est que ce merdeux? Petite merdeuse.* – De *merde.*

merdier [mɛʀdje] n. m. Grossier Situation confuse, imbroglio, désordre. – De *merde.*

merdique [mɛʀdik] adj. Fam. Sans intérêt, sans valeur. *Un bouquin merdique.* – De *merde.*

merdoyer [mɛʀdwaje] v. intr. [23] Fam. S'embrouiller, cafouiller. – De *merde.*

-mère, -mérie, méro-. Éléments, du grec *meros*, «partie».

1. mère [mɛʀ] n. f. **I. 1.** Femme qui a donné naissance à un ou plusieurs enfants. *Mère de famille.* ▷ RELIG *La mère de Dieu* : la Vierge Marie. ▷ Litt. Femme dont, symboliquement ou par filiation, est issue une lignée. *Ève, la mère de tous les hommes.* – Fig. *La mère patrie* : la patrie. **2.** Femelle d'un animal qui a eu un, des petits. **3.** *La mère supérieure* : la supérieure d'un couvent de femmes. ▷ Titre donné aux religieuses professes de certains ordres. *Mère Teresa.* **4.** Fam. Femme d'un âge avancé. **II. 1.** Terre d'élection, lieu où qqch prend naissance. *La Grèce, mère des arts.* ▷ Fig. *L'oisiveté est mère de tous les vices.* **2.** (En appos.) Source, point de départ. *Langue mère.* ▷ *Maison mère* : V. maison, sens III, 3. ▷ Fig. *Idée mère d'une œuvre.* ▷ CHIM *Eau mère* : solution aqueuse qui a laissé déposer des cristaux. **3.** TECH Pièce obtenue à partir d'un original. – *Spécial.* Pièce qui sert à obtenir la matrice à partir de laquelle les disques sont pressés. ▷ *Mère du vinaigre* ou *mère* : membrane formée par les bactéries qui transforment le vin en vinaigre. – Du lat. *mater.*

2. mère [mɛʀ] adj. f. Rare Pur. *Mère goutte* : jus qui coule du pressoir avant que l'on ait pressé le raisin ou les pommes. ▷ *Mère laine* : laine la plus fine des brebis. – Du lat. *merus, mera*, «pur».

mère-grand [mɛʀgʀɑ̃] n. f. Vx ou litt. Grand-mère. *Des mères-grand.* – De *mère* 1, et *grand.*

merguez [mɛʀgɛz] n. f. Petite saucisse fraîche originellement à la viande d'âne, auj. à la viande de bœuf et parfois de mouton, épicée et pimentée. – Mot du Maghreb.

mergule [mɛʀgyl] n. m. ZOOL Oiseau noir et blanc (genre *Plautus*, fam. alcidés) qui peuple en grand nombre les falaises arctiques. – Bas lat. *mergulus*, de *mergus*, «plongeon (oiseau)».

méridien, enne [meʀidjɛ̃, ɛn] adj. et n. **I.** adj. **1.** Litt. De l'heure de midi, du milieu du jour. ▷ ASTRO *Plan méridien d'un lieu*, qui passe par la verticale de ce lieu et par l'axe de rotation de la Terre, et dans lequel se trouve le Soleil fictif à midi. **2.** Didac. Qui se rapporte au plan méridien. *Hauteur méridienne d'un astre*, sa hauteur au-dessus de l'horizon à l'instant où il est dans le plan méridien du lieu de l'observateur. ▷ *Lunette méridienne*, mobile autour d'un axe horizontal perpendiculaire au plan méridien. **II.** n. m. **1.** Grand cercle fictif déterminé par l'intersection de la surface du globe et d'un plan quelconque passant par l'axe de la Terre. *Méridien d'origine*, pris comme base du calcul de la longitude d'un lieu (méridien de Greenwich depuis 1914, par convention internationale). **2.** PHYS *Méridien magnétique d'un lieu* : grand cercle passant par ce lieu et par les pôles magnétiques du globe. **3.** MED Ligne le long de laquelle sont répartis des points d'acupuncture*. *Les* *quatorze méridiens de l'acupuncture.* **III.** n. f. **1.** Sieste après le repas de midi, dans les pays chauds. **2.** Canapé dont les deux chevets, de hauteur inégale, sont reliés par un dossier, et sur lequel on s'étend pour la sieste. **3.** ASTRO *Méridienne d'un lieu :* intersection du plan méridien et du plan horizontal en ce lieu. – Lat. *meridianus,* de *meridies,* « midi », de *medius,* « qui est au milieu », et *dies,* « jour ».

méridional, ale, aux [meʀidjɔnal, o] adj. et n. **1.** Qui est du côté du midi, du sud. *Partie méridionale de la France.* **2.** Du Midi, propre aux habitants du Midi (spécial., du midi de la France). *Accent méridional.* ▷ Subst. *Les Méridionaux.* – Bas lat. *meridionalis,* de *meridies,* « sud, midi ».

-mérie. V. -mère.

meringue [məʀɛ̃g] n. f. Pâtisserie légère faite de blancs d'œufs montés en neige et de sucre, et cuite à four doux.

meringuer [məʀɛ̃ge] v. tr. [1] Garnir, recouvrir d'une couche de meringue. – De *meringue.*

mérinos [meʀinos] n. m. **1.** Race de mouton très estimée pour sa laine longue et fine. ▷ Loc. fam. *Laisser pisser le mérinos :* laisser les choses suivre leur cours. **2.** *Laine de mérinos,* étoffe faite avec cette laine. – Esp. *merino,* p.-ê. de l'ar. *merīnī* ou du lat. *merimes.*

merise [məʀiz] n. f. Fruit du merisier. *Les merises sont utilisées pour la fabrication du kirsch.* – Du lat. *amarus,* « amer », avec influence de *cerise.*

merisier [məʀizje] n. m. Arbre sauvage à fleurs en grappes (*Prunus padus,* fam. rosacées) dont le bois d'un blond roussâtre est très utilisé en ébénisterie. *Il ne faut pas confondre le merisier avec le cerisier sauvage (Prunus avium).* Syn. putier ou putiet. ▷ Bois de merisier. *Pipe en merisier.* – De *merise.*

méristème [meʀistɛm] n. m. BOT Tissu végétal formé de cellules se divisant rapidement, qui constitue la zone de croissance des plantes. – Du gr. *meristos,* « partagé ».

méritant, ante [meʀitɑ̃, ɑ̃t] adj. Qui a du mérite. – Ppr. de *mériter.*

mérite [meʀit] n. m. **1.** Ce qui rend une personne digne d'estime, de considération. *Elle a du mérite à travailler dans ces conditions.* **2.** Qualité estimable que possède qqn, qqch. *Les mérites comparés de César et de Pompée. Un des mérites de cet ouvrage...* ▷ *Se faire un mérite de qqch,* en tirer gloire. **3.** *Le mérite :* la valeur d'une personne, l'ensemble de ses qualités. *Un homme de mérite. Une promotion due au seul mérite.* ▷ *Ordre national du Mérite :* ordre français qui récompense les services distingués dans une fonction publique ou une activité privée. *Mérite agricole, Mérite maritime.* **4.** RELIG *Les mérites d'un chrétien,* ses bonnes œuvres. – Du lat. *meritum,* « gain, service, mérite ».

mériter [meʀite] **I.** v. tr. [1] **1.** Se rendre, par sa conduite, digne (d'une récompense) ou passible (d'une sanction). *Mériter l'estime de ses concitoyens. Il mérite d'être puni.* **2.** Donner droit à. *Tout travail mérite salaire.* **II.** v. tr. indir. Litt. *Avoir bien mérité de la patrie, de l'État :* avoir rendu de grands services à la patrie, à l'État. – De *mérite.*

méritocratie [meʀitokʀasi] n. f. Système socio-culturel privilégiant les individus dont les diplômes ont consacré la valeur. – De *mérite,* et *-cratie.*

méritoire [meʀitwaʀ] adj. Louable, digne d'estime (choses, actions). *Un zèle méritoire.* – De *mérite,* d'apr. le lat. *meritorius,* « qui procure un gain ».

merl. V. maërl.

merlan [mɛʀlɑ̃] n. m. **1.** Poisson gadiforme (*Merlangus merlangus*) à trois nageoires dorsales et deux anales, long de 20 à 40 cm, qui vit en bancs près du littoral européen, où il fait l'objet d'une pêche active. ▷ Loc. fam. *Des yeux de merlan frit,* dont seul le blanc apparaît. **2.** Fam., vieilli Coiffeur. – De *merle;* sens 2, parce que les perruquiers étaient couverts de poudre, comme le merlan de farine avant d'être mis à la poêle.

merle [mɛʀl] n. m. Oiseau passériforme dont une espèce très répandue, le merle noir *(Turdus merula),* est remarquable pour son dimorphisme sexuel. *Le merle mâle a le plumage noir et le bec jaune, la femelle et les jeunes sont brun-roux. Siffler comme un merle.* ▷ Fig. *Vilain merle* ou, iron., *beau merle :* personnage désagréable, méprisable. ▷ *Merle blanc :* personne, chose très rare, introuvable. ▷ *Merle d'eau.* V. cincle. – Du bas lat. *merulus,* class. *merula.*

merlette [mɛʀlɛt] n. f. Femelle du merle. – De *merle.*

1. merlin [mɛʀlɛ̃] n. m. **1.** Hache pour fendre le bois. **2.** Grosse masse servant à abattre les bœufs destinés à la boucherie. – Mot lorrain, du lat. *marculus,* « petit marteau ».

2. merlin [mɛʀlɛ̃] n. m. MAR Cordage formé de trois fils de caret. – Moyen néerl. *meerlijn.*

merlon [mɛʀlɔ̃] n. m. ARCHI Portion de mur comprise entre deux créneaux. – Ital. *merlone;* p.-ê. empl. fig. de *merle,* « oiseau ».

merlot [mɛʀlo] n. m. Cépage rouge du Bordelais (Pomerol et Saint-Émilion princ.). – De *merle.*

merlu ou **merlus** [mɛʀly] n. m. Dial. Poisson gadiforme des eaux profondes (genre *Merluccius*), très répandu dans l'Atlantique, à dos gris et ventre blanc, long d'env. 1 m, souvent vendu sous le nom de *colin.* – Ancien provenç. *merlus;* crois. probabl. de *merlan,* et a. fr. *luz,* « brochet ».

merluche [mɛʀlyʃ] n. f. Merlu, morue ou poisson du même genre séché au soleil et non salé. – Anc. provenç. *merluce,* var. de *merlus.* (V. merlu.)

mer-mer [mɛʀmɛʀ] adj. inv. MILIT *Missile mer-mer,* lancé à partir d'un navire vers un autre. – De *mer.*

méro-. V. -mère.

mérostomes [meʀɔstom] n. m. pl. PALEONT, ZOOL Classe d'arthropodes marins, tous fossiles, la limule exceptée. – Sing. *Un mérostome.* – De *méro-,* et gr. *stoma,* « bouche ».

mérou [meʀu] n. m. Poisson des mers chaudes (divers genres, ordre des perciformes), long de 1 à 2 m, massif, à grosse tête, dont la chair est très estimée. *Certains mérous pèsent plus de 100 kg.* – Esp. *mero.*

mérovingien, enne [meʀovɛ̃ʒjɛ̃, ɛn] adj. et n. HIST De Mérovée, roi légendaire des Francs Saliens; de sa dynastie. – Qui a rapport à l'époque où régnèrent Mérovée et ses descendants. ▷ Subst. *Les Mérovingiens :* les rois des Francs, censés être issus de Mérovée, qui régnèrent sur la Gaule après les conquêtes de Clovis (481-511) et furent évincés par les Carolingiens en 751. – Lat. médiév. *Merowingi,* du germ. *Merowig,* « Mérovée ».

merrain [mɛʀɛ̃] n. m. **1.** TECH Planche mince utilisée en partic. en tonnellerie. **2.** VEN Tige principale du bois du cerf. – Du bas lat. *materiamen,* de *materia,* « bois de construction ».

mer-sol [mɛʀsɔl] adj. inv. MILIT *Missile mer-sol,* lancé à partir d'un navire vers un objectif terrestre. – De *mer,* et *sol.*

mérule [meʀyl] n. m. ou f. BOT Champignon basidiomycète (genre *Merulius*) qui se développe sur le bois d'œuvre mal protégé de l'humidité. – Lat. bot. *merulius.*

merveille [mɛʀvɛj] n. f. **1.** Vx ou litt. Prodige, fait extraordinaire. ▷ Loc. *C'est (ce n'est pas) merveille que... :* c'est (ce n'est pas) surprenant, extraordinaire que. **2.** Chose qui suscite l'admiration; personne remarquable, étonnante.

– *Les Sept Merveilles du monde* : les sept ouvrages cités par le Grec Strabon dans sa *Géographie* : le mausolée d'Halicarnasse, le temple d'Artémis à Éphèse, la statue chryséléphantine de Zeus Olympien par Phidias, le colosse de Rhodes, le phare d'Alexandrie, les jardins suspendus de Babylone, les pyramides d'Égypte (seul ouvrage subsistant auj.). – Fig. et souvent iron. *C'est la huitième merveille du monde.* ▷ *Faire merveille* ou *faire des merveilles* : se distinguer par des qualités, une action remarquables. ▷ *Promettre monts et merveilles* : faire des promesses exagérées, que l'on ne pourra tenir. ▷ Loc. adv. *À merveille* : très bien, remarquablement. **3.** CUIS Pâte découpée en morceaux, frite et saupoudrée de sucre vanillé. – Lat. pop. **miribilia*, altér. de *mirabilia*, « choses étonnantes, admirables ».

merveilleusement [mɛʀvɛjøzmɑ̃] adv. D'une façon merveilleuse. – De *merveilleux*.

merveilleux, euse [mɛʀvɛjø, øz] adj. et n. **1.** adj. Étonnant, prodigieux, qui suscite l'admiration. *Une œuvre merveilleuse.* ▷ Excellent en son genre. *Un vin merveilleux.* – *C'est une merveilleuse interprète de Claudel.* ▷ Magique, surnaturel. *Les pouvoirs merveilleux de la pierre philosophale.* **2.** n. m. Ce qui est extraordinaire, inexplicable. ▷ Intervention d'êtres surnaturels, de phénomènes inexplicables qui concourent au développement d'un récit littéraire. *Le merveilleux dans l'épopée.* – Genre littéraire qui recourt au merveilleux. *Le merveilleux, le fantastique et l'étrange.* **3.** n. f. HIST Jeune femme à l'élégance excentrique sous le Directoire. – De *merveille*.

mérycisme [meʀisism] n. m. MED Retour anormal du contenu gastrique dans la bouche. – Du gr. *mêrukismos*, « rumination ».

merzlota [mɛʀzlɔta] n. f. GEOGR Couche du sol et du sous-sol gelée en permanence dans les régions circumpolaires. V. permafrost, tjäle. – Mot russe.

mes. V. mon.

més-. V. mé-.

mésalliance [mezaljɑ̃s] n. f. Fait de se mésallier. – De *mésallier*.

mésallier (se) [mezalje] v. pron. [2] Épouser une personne d'une condition considérée comme inférieure. – De *més-*, et *allier*.

mésange [mezɑ̃ʒ] n. f. Oiseau passériforme insectivore (fam. paridés), long de 10 à 14 cm, au plumage coloré, aux mouvements vifs, dont les diverses espèces, appartenant pour la plupart au genre *Parus*, sont communes dans toutes les parties du monde. *Mésange bleue, charbonnière, huppée.* – Frq. **meisinga*.

mésaventure [mezavɑ̃tyʀ] n. f. Aventure désagréable, fâcheuse. *Mésaventures au cours d'un voyage.* – De l'anc. v. *mésavenir*, d'ap. *aventure*.

mescaline [mɛskalin] n. f. Alcaloïde doté de propriétés hallucinogènes, extrait du peyotl. – Du mexicain *mexcalli*, « peyotl ».

mesclun [mɛsklœ̃] n. m. Mélange de feuilles de salades diverses. – Du lat. *misculare*, « mélanger ».

mesdames, mesdemoiselles. V. madame, mademoiselle.

mésencéphale [mezɑ̃sefal] n. m. ANAT Partie du cerveau de l'adulte qui correspond à la région moyenne de l'encéphale de l'embryon et qui comprend les tubercules quadrijumeaux et les pédoncules cérébraux. – De *més(o)-*, et *encéphale*.

mésenchyme [mezɑ̃ʃim] n. m. ANAT Tissu conjonctif embryonnaire. – De *més(o)-*, et gr. *enkhuma*, « infusion, injection ».

mésentente [mezɑ̃tɑ̃t] n. f. Défaut d'entente, désaccord. – De *més-*, et *entente*.

mésentère [mezɑ̃tɛʀ] n. m. ANAT Partie du péritoine unissant l'intestin grêle à la paroi abdominale. – Gr. *mesenterion*, de *mesos*, « médian », et *enteron*, « intérieur, intestin ».

mésentérique [mezɑ̃teʀik] adj. ANAT Qui se rapporte au mésentère. – De *mésentère*.

mésestime [mezestim] n. f. Litt. Défaut d'estime, de considération. – Déverbal de *mésestimer*.

mésestimer [mezestime] v. tr. [1] Litt. Ne pas apprécier à sa juste valeur. *Mésestimer un artiste, son talent.* – De *més-*, et *estimer*.

mésintelligence [mezɛ̃teliʒɑ̃s] n. f. Défaut de compréhension mutuelle, d'entente. – De *més-*, et *intelligence*.

mesmérien, enne [mɛsmeʀjɛ̃, ɛn] adj. Didac. Relatif au mesmérisme. – Du n. de *Mesmer* (V. mesmérisme).

mesmérisme [mɛsmeʀism] n. m. Didac. Ensemble des idées et des pratiques de Mesmer, auteur de la doctrine sur le magnétisme animal, qui prétendait avoir trouvé dans les propriétés de l'aimant un moyen de guérir toutes les maladies. – Du n. de Franz Anton *Mesmer* (1734-1815), médecin all. qui eut beaucoup de succès, notam. à Paris.

méso-. Préf., du gr. *mesos*, « au milieu, médian ».

mésocarpe [mezokaʀp] n. m. BOT Partie médiane des tissus du fruit. *Le mésocarpe des drupes et des baies est charnu.* – De *méso-*, et *-carpe*.

mésoderme [mezodɛʀm] ou **mésoblaste** [mezoblast] n. m. BIOL Feuillet embryonnaire situé entre l'ectoderme et l'endoderme, qui, au cours du développement, donne naissance aux muscles, au sang, au squelette, aux appareils urogénital et cardio-vasculaire. – De *méso-*, et *-derme* ou *-blaste*.

mésolithique [mezolitik] adj. et n. m. PREHIST Se dit de la période préhistorique intermédiaire entre l'épipaléolithique et le néolithique. ▷ n. m. *Le mésolithique (v. 10000 – v. 5000 av. J.-C.) marque les débuts de la sédentarisation agricole.* – De *méso-*, et *-lithique*.

mésomère [mezomɛʀ] adj. CHIM En état de mésomérie. *Le benzène, l'acide sulfurique, l'oxychlorure de phosphore sont des corps mésomères.* – De *méso-*, et *-mère*.

mésomérie [mezomeʀi] n. f. CHIM Structure des corps pour lesquels la probabilité de présence des électrons est la même sur chacune des liaisons de la molécule, état intermédiaire entre deux formules limites dans lesquelles les atomes occupent toujours les mêmes places mais où la distribution des électrons varie. – De *mésomère*.

mésomorphe [mezomɔʀf] adj. et n. **1.** CHIM Se dit d'états de la matière intermédiaires entre l'état cristallin et l'état liquide. *Les cristaux liquides sont des corps mésomorphes.* **2.** ANTHROP Caractérisé par une forme massive et carrée (dans la classification en trois types de W.H. Sheldon). – Subst. *Un(e) mésomorphe.* – De *méso-*, et *-morphe*.

méson [mezɔ̃] n. m. PHYS NUCL Particule instable subissant l'interaction* forte (hadron) et constituée d'une paire quark-antiquark. *Méson* π (pi) ou « pion ». *Méson K* ou « kaon ». V. muon. – De *més(o-)*, et *électr(on)*.

mésonique [mezɔnik] adj. PHYS NUCL Relatif au méson. – De *méson*.

mésopotamien, enne [mezopɔtamjɛ̃, ɛn] adj. et n. De Mésopotamie, rég. d'Asie (auj. en Irak) située entre le Tigre et l'Euphrate. *Civilisation mésopotamienne.* ▷ Subst. *Les Mésopotamiens.* – Du gr. *mésopotamios*, propr. « situé entre deux fleuves ».

mésosphère [mezosfɛʀ] n. f. METEO Partie de l'atmosphère située entre 40 et 80 km d'alt., entre la stratosphère et la thermosphère. – De *méso-*, et *sphère*.

mésothérapie [mezoteʀapi] n. f. MED Mode d'administration médicamenteuse par une série de micro-injections intradermiques au niveau de la zone malade. – De *méso-*, et *-thérapie*.

mésothorax [mezotɔʀaks] n. m. ZOOL Deuxième segment du thorax des insectes (entre le prothorax et le métathorax), qui porte les ailes supérieures ou les élytres. – De *méso-*, et *thorax*.

mésothorium [mezɔtɔʀjɔm] n. m. Isotope radioactif du thorium ou du radium, de masse 228, utilisé dans le traitement de certains cancers. – De *méso-*, et *thorium*.

mésozoïque [mezozɔik] adj. GEOL, PALEONT De l'ère secondaire. *Terrains mésozoïques.* ▷ n. m. *Le mésozoïque* : le secondaire. – De *méso-*, et *-zoïque*.

mesquin, ine [mɛskɛ̃, in] adj. **1.** (Choses) Qui manque de grandeur, de noblesse, de générosité. *Procédés mesquins.* **2.** (Personnes) Qui est attaché à ce qui est petit, médiocre. – Par ext. *Esprit mesquin.* **3.** Qui témoigne d'une parcimonie excessive. *Somme mesquine.* – Ital. *meschino*, ar. *meskīn*, « pauvre ».

mesquinement [mɛskinmɑ̃] adv. D'une façon mesquine. – De *mesquin*.

mesquinerie [mɛskinʀi] n. f. **1.** Caractère d'une chose ou d'une personne mesquine. *La mesquinerie de ces accusations.* – *Agir avec mesquinerie.* ▷ Avarice, parcimonie excessive. **2.** Action mesquine. *Il est capable de mesquineries sordides.* – De *mesquin*.

mess [mɛs] n. m. Lieu où les officiers, les sous-officiers d'une même unité prennent ensemble leurs repas. – Mot angl., du fr. *mes*, forme anc. de *mets*.

message [mesaʒ] n. m. **1.** Commission de transmettre qqch. *Être chargé, s'acquitter d'un message.* **2.** Ce que l'on transmet (objet, information, etc.). *Recevoir, transmettre un message.* – *Message téléphoné.* ▷ *Message publicitaire* (off. recommandé pour traduire l'amér. *spot*). **3.** Contenu d'une œuvre considérée comme porteuse d'une révélation ou dotée d'un sens profond et important. *Film à message.* **4.** DR Communication officielle adressée par le chef de l'État au pouvoir législatif. **5.** En sémiologie, en cybernétique, ensemble de signaux organisés selon un code et qu'un émetteur transmet à un récepteur par l'intermédiaire d'un canal. ▷ INFORM Ensemble de données à transmettre par voie de communication informatique. – Du lat. *missus*, pp. de *mittere*, « envoyer ».

messager, ère [mesaʒe, ɛʀ] n. **1.** Personne chargée d'un message. **2.** Ce qui annonce une chose; avant-coureur. *Les hirondelles sont les messagères du printemps.* **3.** BIOL *A.R.N. messager* : V. ribonucléique. – De *message*.

messagerie [mesaʒʀi] n. f. **1.** Vx Service de transport de voyageurs et de messages par voitures partant à jours fixes. ▷ Mod. Service de transport de marchandises; bureaux d'un tel service. *Entrepreneur de messageries.* – *Messageries maritimes.* – *Messageries de presse*, qui se chargent d'assurer le routage des périodiques. *Nouvelles Messageries de la presse parisienne.* **2.** *Messagerie électronique* : système de communication organisé autour d'un serveur, qui permet à l'utilisateur d'adresser et de recevoir des messages par le truchement d'un terminal informatique. – Sens 1, de *messager*; sens 2, de *message*.

messaline [mesalin] n. f. Vieilli Femme débauchée. – Du n. lat. *Messalina*, première épouse de l'empereur romain Claude.

messe [mɛs] n. f. **1.** Cérémonie rituelle du culte catholique, célébrée par le prêtre qui offre à Dieu, au nom de l'Église, le corps et le sang du Christ sous les espèces du pain et du vin. *Célébrer la messe.* – *Aller à la messe* : se rendre à l'église pour assister à la messe. *Par ext.* Pratiquer (sens I, 3). *Il y a longtemps que je ne vais plus à la messe.* – *Livre de messe* : missel. *Messe de minuit*, célébrée la nuit de Noël. ▷ *Messe basse*, dont aucune partie n'est chantée (par oppos. à *grand-messe*). – Fig., fam. *Faire des messes basses* : parler très bas en présence d'un tiers pour qu'il n'entende pas ce qu'on dit. ▷ *Messe noire* : parodie sacrilège de la messe, cérémonie de sorcellerie en hommage au diable. **2.** Musique composée pour une grand-messe. *« Messe en si mineur » de J.-S. Bach.* – Lat. ecclés. *missa*, pp. subst. de *mittere*, « envoyer », d'après *Ite missa est* : « allez, (l'assemblée) est renvoyée ».

messeoir [meswaʀ] v. intr. [**41**] (Inus. sauf *(il) messied* et *messéant*.) Litt. N'être pas convenable; n'être pas séant. *Ce déguisement messied à votre âge.* Ppr. adj. *Un comportement messéant.* – De *mes-*, et *seoir*.

messianique [mesjanik] adj. Qui a rapport au Messie, à sa venue. *Espoirs messianiques.* – Relatif au messianisme. – Lat. mod. *messianicus*, de *Messiah* ou *Messias*, « (le) Messie ».

ENCYCL L'attente messianique est une des données permanentes du judaïsme. Après l'espérance d'une Terre promise, le peuple juif requit de Dieu une réelle puissance politique. Il attendait de lui un vrai roi, à l'image de David. Les prophètes entretinrent cette espérance populaire d'un « fils de David », en réaction à un pouvoir royal souvent faible et corrompu. De nombreux messies apparurent, se disant chacun l'Élu de Dieu. L'un de ces messies, Jésus de Nazareth, connut un sort unique. Une autre forme de messianisme apparut alors chez les chrétiens : l'attente du retour de Jésus qui doit instaurer, sur terre, le royaume de Dieu. Depuis deux mille ans, de multiples mouvements messianiques sont nés dans les diverses Églises chrétiennes.

messianisme [mesjanism] n. m. Croyance en l'avènement du royaume de Dieu sur la terre, dont le Messie sera l'initiateur. ▷ Par ext. *Messianisme révolutionnaire.* – Du lat. mod. *messianicus* (V. messianique).

messidor [mɛsidɔʀ] n. m. HIST Dixième mois du calendrier républicain (du 19/20 juin au 19/20 juillet). – Du lat. *messis*, « moisson », et du gr. *dôron*, « don, présent ».

messie [mesi] n. m. Libérateur, rédempteur des péchés, envoyé par Dieu pour établir son royaume sur terre, qui fut promis aux hommes dans l'Ancien Testament, et que les chrétiens reconnaissent en Jésus-Christ. ▷ Fig., fam. *Attendre qqn comme le Messie*, en mettant en lui beaucoup d'espoir. – Lat. ecclés. *Messias*, de l'araméen *meschîkhâ*, « oint (du Seigneur) ».

messieurs. V. monsieur.

messin, ine [mɛsɛ̃, in] adj. et n. De Metz; de la région de Metz. *Le pays messin.* ▷ Subst. *Un(e) Messin(e).* – Du n. de *Metz*, v. de Lorraine, lat. *Mettis*.

messire [mesiʀ] n. m. Titre d'honneur ancien donné à toute personne noble, à tout personnage distingué (prêtre, avocat, etc.), puis exclusivement au chancelier de France. – De *mes*, cas sujet de *mon*, et *sire*.

1. mestre ou **meistre** [mɛstʀ] n. m. MAR ANC *Mât* ou *arbre de mestre* : grand mât des navires à voiles latines, en Méditerranée. – Provenç. *mestre*, ital. *maestro*, lat. *magister*, « maître ».

2. mestre [mɛstʀ] n. m. HIST *Mestre de camp* : officier commandant un régiment, colonel, aux XVIe et XVIIe s. – Ital. *maestro (di campo)*.

mesurable [məzyʀabl] adj. Qui peut être mesuré. – De *mesurer*.

mesurage [məzyʀaʒ] n. m. TECH Action de mesurer. – De *mesurer*.

mesure [m(ə)zyʀ] n. f. **I. 1.** Évaluation d'une grandeur par comparaison avec une grandeur constante de même espèce prise comme référence (unité, étalon). *Mesure d'une distance au mètre près. - Appareil de mesure.* **2.** Quantité, grandeur déterminée par la mesure et, spécial., dimension. *Vérifier une mesure. - Prendre les mesures d'une pièce d'étoffe.* ▷ *Spécial.* Dimensions du corps d'une personne. *Vêtement fait aux mesures de qqn, sur mesure.* - Fig. *Sur mesure :* spécialement adapté à une personne, à une situation, à un objectif. **3.** Quantité, grandeur servant d'unité; étalon matériel servant à mesurer. *Le mètre, mesure de longueur. - Le système des poids et mesures.* ▷ Fig. *Commune mesure* (seulement en tournure négative) : comparaison, rapport qu'il est possible d'établir entre deux personnes, deux choses, deux situations. *Il n'y a pas de commune mesure entre lui et eux. Au point de vue de la qualité, ces articles sont sans commune mesure. - Faire deux poids, deux mesures :* juger différemment deux choses identiques; être partial. **4.** Récipient servant de mesure. *Mesures en bois* (pour les grains), *en étain* (pour les liquides). ▷ Quantité contenue dans une mesure. *Mesure d'avoine. - Versez une mesure de lait pour deux mesures d'eau.* **5.** Fig. Valeur, capacité d'une personne. *Il a donné toute sa mesure, toute la mesure de son talent, dans cette affaire :* il a montré ce dont il était capable. **6.** Loc. *À la mesure de :* proportionné à. *Une réussite à la mesure de son talent.* ▷ *Dans la mesure où :* dans la proportion où. *Dans la mesure où je peux vous aider, je le ferai. - Dans la mesure du possible :* autant qu'il est possible. ▷ Loc. conj. *À mesure que :* simultanément et dans la même proportion que. *Les troupes ennemies fuyaient à mesure que nous avancions.* ▷ adv. *Au fur et à mesure.* V. fur. **7.** Division régulière ou périodique de la durée. - MUS Division de la durée musicale en parties égales, marquée dans l'exécution par des séquences rythmiques correspondant à l'espace compris entre deux barres verticales sur la partition écrite. *Barre de mesure. - Battre la mesure,* l'indiquer matériellement (en tapant du pied, par ex.). *Mesure à trois temps. - Chanter, danser en mesure,* en suivant correctement la mesure. **8.** En escrime, distance convenable pour donner ou parer un coup. *Être en mesure, hors de mesure.* ▷ Loc. fig., cour. *Être en mesure de :* être capable, avoir le pouvoir de. *Il n'est pas en mesure de marcher.* **II. 1.** Les limites de la bienséance, de ce qui est considéré comme normal, souhaitable. *Dépasser la mesure.* ▷ *Une jalousie sans mesure. - Outre mesure :* d'une manière excessive. **2.** Modération, pondération dans sa manière d'agir, de se conduire, de penser, de parler. *Avoir le sens de la mesure. Dépenser avec mesure.* **III.** Moyen que l'on se donne pour obtenir qqch. *Il a pris des mesures pour que cela ne se reproduise plus. Mesures fiscales impopulaires.* – Lat. *mensura,* de *metiri,* «mesurer».

mesuré, ée [məzyʀe] adj. **1.** Réglé précisément par la mesure. - *Pas mesurés,* lents. **2.** Modéré, qui a de la mesure. *Paroles mesurées.* – Pp. de *mesurer.*

mesurément [məzyʀemɑ̃] adv. Avec mesure. – De *mesure.*

mesurer [məzyʀe] v. [1] **I.** v. tr. **1.** Évaluer (un volume, une surface, une longueur) par la mesure. *Mesurer un champ.* **2.** (Abstrait) Évaluer, apprécier. *Mesurer l'étendue du désastre. Mesurer la portée d'un projet.* **3.** Essayer (sa force, son talent) contre qqn ou qqch pour déterminer sa valeur. *Mesurer sa force avec* (ou *contre*) qqn. **4.** Proportionner. *Mesurer le châtiment à la faute.* **5.** Modérer. *Mesurer ses paroles.* **6.** Donner, distribuer avec parcimonie. *Le temps nous est mesuré,* nous est compté. **II.** v. intr. Avoir pour mesure. *Ce mur mesure deux mètres.* - Avoir pour taille. *Il mesure 1,80 m.* **III.** v. pron. **1.** (Passif) Être mesurable. *Le bois se mesure en stères.* **2.** *Se mesurer à, avec qqn,* essayer ses forces contre lui. – Bas lat. *mensurare,* du class. *metiri.*

mesureur [məzyʀœʀ] n. m. **1.** Celui qui est chargé de mesurer. **2.** Appareil de mesure. – De *mesurer.*

mésusage [mezyzaʒ] n. m. Mauvais usage. – De *mésuser.*

mésuser [mezyze] v. tr. indir. [1] Litt. *Mésuser de :* faire mauvais usage de. *Mésuser de sa liberté.* – De *més-,* et *user.*

méta-. Élément, du gr. *meta,* «après, au-delà de», qui indique le changement, la postériorité, la supériorité, le dépassement. ▷ CHIM Préfixe utilisé pour caractériser un corps moins hydraté qu'un autre, pour distinguer certains composés benzéniques de leurs isomères ortho- ou para-, et pour désigner certains polymères. (Abrév. : m-)

méta [meta] n. m. Abrév. de *métaldéhyde**. – Nom déposé.

métabole [metabɔl] adj. ZOOL Se dit d'un insecte qui subit des métamorphoses (cf. holométabole). – De *méta-,* et du gr. *bolê,* «action de jeter, lancer».

métabolique [metabɔlik] adj. BIOL Du métabolisme; relatif au métabolisme. – Du gr. *metabolê,* «changement».

métabolisme [metabɔlism] n. m. BIOL Ensemble des réactions biochimiques qui se produisent au sein de la matière vivante et par lesquelles certaines substances s'élaborent (anabolisme) ou se dégradent en libérant de l'énergie (catabolisme). ▷ MED *Métabolisme de base* ou *basal :* quantité de chaleur produite par un sujet à jeun et au repos, par heure et par mètre carré de la surface du corps. – Du gr. *metabolê,* «changement».

métabolite [metabɔlit] n. m. BIOL Substance résultant de la transformation d'une matière organique au cours d'une réaction métabolique. – De *métabolisme.*

métacarpe [metakaʀp] n. m. ANAT Partie du squelette de la main située entre le carpe (poignet) et les doigts. – Gr. *metakarpion.*

métacarpien, enne [metakaʀpjɛ̃, ɛn] adj. et n. m. ANAT Du métacarpe, relatif au métacarpe. ▷ n. m. Chacun des cinq os qui forment le métacarpe. – De *métacarpe.*

métacentre [metasɑ̃tʀ] n. m. PHYS Point d'un corps flottant par où passe la verticale du centre de poussée quelle que soit la position du corps. – De *méta-,* et *centre.*

métairie [meteʀi] n. f. **1.** Domaine rural exploité par un métayer. **2.** Les bâtiments, l'habitation d'un tel domaine. – De *métayer.*

métal, aux [metal, o] n. m. **1.** Corps simple, le plus souvent ductile et malléable, d'un éclat particulier («éclat métallique») et dont un oxyde au moins est basique. *Métaux précieux :* l'or, l'argent, le platine. *Métal natif* ou *vierge,* qui se trouve dans la nature à l'état pur. *Métaux de transition :* V. transition. ▷ Matière métallique (pure ou d'alliage). *Métal blanc :* alliage à prédominance d'étain dont la couleur rappelle l'argent. **2.** HERALD *Les métaux :* l'or (le jaune) et l'argent (le blanc). **3.** Fig., litt. Matière, pâte, étoffe dont une personne est faite; fond du caractère. *De quel métal est-il donc fait?* – Lat. *metallum,* gr. *metallon,* «métal, mine».

ENCYCL Les métaux sont caractérisés par leur éclat, leur pouvoir réflecteur, leur conductibilité thermique et électrique. Ils ont tendance à perdre des électrons et diffèrent en cela des non-métaux. Dans la classification périodique des éléments, les métaux sont situés sous une diagonale allant du bore au polonium, alors que les non-métaux sont situés au-dessus de cette diagonale. Le long de la diagonale, on trouve des éléments comme le silicium et l'arsenic, les *semi-métaux,* dont les propriétés sont intermédiaires entre celles des métaux et celles des non-métaux. La plupart des métaux cristallisent dans des systèmes simples à structure très compacte. Les propriétés physiques d'un métal, en partic. sa conductivité, s'expliquent par la nature de la liaison entre ses atomes (V. encycl. liaison). Dans la *liaison métallique*, les électrons cédés par les atomes constituent un nuage électronique qui se déplace librement dans le cristal entre les interstices laissés par les ions. Les propriétés mécaniques des métaux (dureté, résistance et malléabilité) sont étroitement liées à leur texture cristalline. Les métaux sont d'autant plus réducteurs que leur potentiel d'oxydoréduction est plus bas; les plus oxydables sont le lithium, le potassium et le rubidium. Les moins oxydables, appelés métaux nobles, sont l'or, le platine, le palladium, le rhodium et l'argent. Les métaux ont la propriété de former des *alliages* entre eux ou avec certains non-métaux. Certains possèdent par ailleurs d'importantes propriétés magnétiques. Les atomes métalliques peuvent former, par association avec d'autres atomes, des *complexes* plus ou moins stables. Dans l'industrie, on distingue les métaux ferreux et les métaux non ferreux. Les métaux entrent sous forme d'oligo-éléments dans la composition des organismes vivants.

métalangage [metalɑ̃gaʒ] n. m. ou **métalangue** [metalɑ̃g] n. f. LING Langage utilisé pour décrire un autre langage, une langue naturelle. – Angl. *metalanguage*, créé en polonais, *metajęzik*, par le logicien *Tarski* (1902-1983).

métaldéhyde [metaldeid] n. m. CHIM Polymère de l'aldéhyde éthylique, combustible solide utilisé notam. sous le nom commercial de *méta*. – De *méta*, et *aldéhyde*.

métalinguistique [metalɛ̃gɥistik] adj. LING Qui relève de la métalangue, du métalangage. – De *métalangue*, d'ap. *linguistique*.

métallescent, ente [metal(l)esɑ̃, ɑ̃t] adj. Dont la surface présente un éclat métallique. – Du lat. *metallum*, « métal ».

métallifère [metal(l)ifɛʀ] adj. Qui contient un métal. *Sol métallifère*. – Du lat. *metallum*, « métal », et *-fère*.

métallique [metal(l)ik] adj. **1.** Qui est en métal. *Pont métallique*. **2.** Propre au métal. *Un son métallique*. ▷ Fig. *Voix métallique*. **3.** CHIM *Élément non métallique* : non-métal. – Lat. *metallicus*, gr. *metallikos*.

métallisation [metal(l)izasjɔ̃] n. f. TECH Opération consistant à recouvrir un corps d'une mince couche de métal. – De *métalliser*.

métallisé, ée [metal(l)ize] adj. *Peinture métallisée*, contenant une poudre métallique qui lui donne un aspect brillant et pailleté. – Pp. de *métalliser*.

métalliser [metal(l)ize] v. tr. [1] **1.** Donner un aspect métallique à. **2.** TECH Procéder à la métallisation de. – De *métal*.

métallo-. Élément, du gr. *metallon*, « mine, produit de la mine ».

métallo [metalo] n. m. Fam. Abrév. de *métallurgiste*. – Abrév. pop. de *métallurgiste*.

métallographie [metalogʀafi] n. f. TECH Étude de la structure et des propriétés des métaux et des alliages. *Métallographie au microscope, aux rayons X*. – De *métallo-*, et *-graphie*.

métallographique [metalogʀafik] adj. TECH Relatif à la métallographie. – De *métallographie*.

métalloïde [metal(l)ɔid] n. m. CHIM **1.** Vieilli Non-métal*. **2.** Mod. Élément intermédiaire entre un métal et un non-métal. *Le silicium, le germanium, l'antimoine sont des métalloïdes*. Syn. semi-métal. – De *métal*, et *-oïde*.

métalloplastique [metaloplastik] adj. TECH Qui allie certaines des propriétés du métal et de la matière plastique. *Joint métalloplastique*, composé généralement d'une couche d'amiante entre deux couches de cuivre. – De *métallo-*, et *plastique*.

métallurgie [metalyʀʒi] n. f. **1.** Ensemble des techniques et des opérations nécessaires à l'extraction, à l'affinage et au travail des métaux. **2.** Ensemble des installations et des établissements industriels qui assurent ces tâches. ▷ *Métallurgie de transformation* : industrie de la construction mécanique (machines, véhicules, etc.). – Lat. scientif. *metallurgia*, du gr. *metallourgeîn*, « exploiter une mine ».

métallurgique [metalyʀʒik] adj. Relatif à la métallurgie. – De *métallurgie*.

métallurgiste [metalyʀʒist] adj. et n. m. Qui s'occupe de métallurgie, qui travaille dans la métallurgie. *Ingénieur métallurgiste*. ▷ n. m. Ouvrier de la métallurgie. (Abrév. fam. : un métallo, des métallos). – De *métallurgie*.

métalogique [metalɔʒik] adj. et n. f. **1.** adj. LOG Qui sert de fondement à la logique. **2.** n. f. Théorie des énoncés d'une logique formalisée et des règles de son fonctionnement. – De *méta-*, et *logique*.

métamathématique [metamatematik] n. f. LOG Partie de la logique qui a pour objet l'élaboration et l'analyse des méthodes des mathématiques. – De *méta-*, et *mathématique*.

métamère [metamɛʀ] n. m. ZOOL Chacun des segments successifs, présentant la même organisation, du corps des annélides et des arthropodes. – De *méta-*, et *-mère*.

métamérisé, ée [metameʀize] adj. ZOOL Constitué de métamères. – De *métamère*.

métamorphique [metamɔʀfik] adj. GEOL Relatif au métamorphisme, produit par métamorphisme. *Le micaschiste est une roche métamorphique*. Syn. cristallophyllien. – De *métamorphisme*.

métamorphiser [metamɔʀfize] v. tr. [1] GEOL Transformer par métamorphisme. – De *métamorphisme*.

métamorphisme [metamɔʀfism] n. m. GEOL Ensemble des transformations (minéralogiques, structurales, etc.) qui affectent une roche soumise à des conditions de température et de pression différentes de celles de sa formation. – De *méta-*, et gr. *morphê*, « forme ».

ENCYCL Le métamorphisme se traduit par la disparition progressive d'un minéral ou d'un assemblage de minéraux et par l'apparition d'un autre minéral ou d'une autre association minérale sans que varie la composition chimique globale de la roche. On peut distinguer deux types de métamorphisme. *Le métamorphisme de contact*, d'étendue limitée, forme des auréoles concentriques autour d'un batholite, les roches encaissantes ayant surtout subi une forte élévation de température lors de la formation du batholite (Flamanville dans le Cotentin, Andlau dans les Vosges). *Le métamorphisme régional* s'effectue sur de grandes étendues; son terme ultime est la fusion de roches à grande profondeur (bas Limousin : vers Argentat, Allasac, Tulle, etc.).

métamorphosable [metamɔʀfozabl] adj. Qui peut être métamorphosé. – De *métamorphoser*.

métamorphose [metamɔʀfoz] n. f. **1.** Changement d'une forme en une autre. *La métamorphose des bourgeons en fleurs et en feuilles*. ▷ *Spécial*. Changement d'apparence d'origine surnaturelle qui rend un être méconnaissable. *Les métamorphoses de Jupiter*. **2.** Ensemble des transformations morphologiques et physiologiques successives que subissent les larves de certains animaux (amphibiens, insectes, etc.) pour atteindre l'état adulte. **3.** Fig. Changement complet dans l'apparence, l'état, la nature d'une personne ou d'une chose. *Métamorphoses d'un comédien, d'un caractère, d'un paysage*. – Lat. d'orig. gr. *metamorphosis*, « changement de forme ».

métamorphoser [metamɔʀfoze] **I.** v. tr. [1] **1.** Opérer la métamorphose de. *Zeus métamorphosa Niobé en rocher.* **2.** Fig. Modifier profondément l'apparence, l'état, la nature de (qqn, qqch). *Son succès l'a métamorphosé.* ▷ v. pron. *Hypothèses qui se métamorphosent en affirmations.* **II.** v. pron. ZOOL Subir une métamorphose. *Le ver à soie se métamorphose en bombyx.* – De *métamorphose.*

métaphase [metafaz] n. f. BIOL Deuxième phase de la division du noyau cellulaire. V. mitose. – De *méta-*, et *phase.*

métaphore [metafɔʀ] n. f. Figure de rhétorique qui consiste à donner à un mot un sens qu'on ne lui attribue que par une analogie implicite. *«Le printemps de la vie» est une métaphore pour parler de la jeunesse.* – Lat. d'orig. gr. *metaphora,* «transposition».

métaphorique [metafɔʀik] adj. **1.** Qui appartient à la métaphore. *Sens métaphorique.* **2.** Qui abonde en métaphores. *Style métaphorique.* – De *métaphore.*

métaphoriquement [metafɔʀikmɑ̃] adv. D'une manière métaphorique. – De *métaphorique.*

métaphosphorique [metafɔsfɔʀik] adj. CHIM Se dit des acides dérivés du phosphore, de formule (HPO_3).– De *méta-*, et *phosphorique.*

métaphyse [metafiz] n. f. ANAT Segment d'un os long compris entre la diaphyse et l'épiphyse. – De *méta-*, et *-physe,* d'après *épiphyse.*

métaphysicien, enne [metafizisjɛ̃, ɛn] n. Personne qui fait de la métaphysique son étude. – De *métaphysique.*

métaphysique [metafizik] n. f. **1.** Recherche rationnelle de la connaissance des choses en elles-mêmes, au-delà de leur apparence sensible et des connaissances que l'on en a grâce aux sciences positives. – *Par ext.* Toute théorie générale abstraite. *«Fondements de la métaphysique des mœurs» (Kant).* ▷ adj. Qui concerne la métaphysique. *Certitude métaphysique.* **2.** *Par ext.* Ce qui est très abstrait. *Je n'entends rien à toute cette métaphysique.* – Lat. scolast. *metaphysica,* gr. *(ta) meta (ta) phusika,* «ce qui suit les questions de la physique».

ENCYCL À l'orig., le mot *métaphysique* désigna les livres d'Aristote qui traitaient de la «philosophie première» et qui, dans son œuvre, venaient *après* (en grec *meta)* les livres de physique; puis, ce mot, par un glissement de sens, a renvoyé à l'ensemble des spéculations (sur les Idées, la Vérité, Dieu, etc.) qui dépassent les sciences de la nature et permettent de les fonder en remontant à leurs principes. Sous les divers aspects qu'elle a revêtus historiquement (chez Aristote, Platon, Descartes, Kant, etc.), la métaphysique se caractérise par l'effort pour atteindre, par-delà la multiplicité et l'unilatéralité respective des diverses sciences, l'unité du savoir, par-delà les apparences, l'être dans sa pureté, par-delà le relatif, l'absolu.

métaplasie [metaplazi] n. f. BIOL Transformation d'un tissu différencié en un autre tissu différencié, normal sur le plan cellulaire mais anormal quant à sa localisation dans l'organisme. – De *méta-*, et *-plasie.*

métapsychique [metapsiʃik] n. f. et adj. Étude des phénomènes psychiques inexpliqués dans l'état actuel de la science (télépathie, prémonition, etc.). Syn. parapsychologie. ▷ adj. *Phénomènes métapsychiques.* – De *méta-*, et *psychique.*

métastable [metastabl] adj. CHIM Qualifie un système physico-chimique qui n'a pas atteint la stabilité, mais dont la vitesse de transformation est suffisamment faible pour qu'il présente les caractères de la stabilité. *La surfusion d'un liquide est un équilibre métastable.* – De *méta-*, et *stable.*

métastase [metastɑz] n. f. MED Localisation secondaire, à distance de la lésion initiale, d'une affection infectieuse parasitaire ou cancéreuse. *Les métastases s'effectuent par voie sanguine ou par voie lymphatique.* – Gr. *metastasis,* «déplacement».

métastaser [metastaze] v. intr. [1] MED Produire des métastases. – De *métastase.*

métatarse [metataʀs] n. m. ANAT Partie du squelette du pied située entre le tarse (cheville) et les orteils. – De *méta-*, et *tarse.*

métatarsien, enne [metataʀsjɛ̃, ɛn] adj. et n. m. ANAT Du métatarse; relatif au métatarse. ▷ n. m. Chacun des cinq os qui forment le métatarse. – De *métatarse.*

métathériens [metateʀjɛ̃] n. m. pl. ZOOL Sous-classe de mammifères primitifs caractérisés par l'absence de placenta lors de la gestation. *L'ordre des marsupiaux regroupe les seules espèces de métathériens qui subsistent.* ▷ Sing. *Un métathérien.* – De *méta-*, et gr. *thêrion,* «animal».

métathèse [metatɛz] n. f. LING Déplacement ou interversion d'un phonème ou d'une syllabe à l'intérieur d'un mot ou d'un groupe de mots. *«Berbis»* (XIe s.) *est devenu «brebis» en français moderne par métathèse.* – Gr. *metathesis.*

métathorax [metatɔʀaks] n. m. ZOOL Troisième et dernier segment du thorax des insectes, qui porte la paire d'ailes postérieures. – De *méta-*, et *thorax.*

métayage [metejaʒ] n. m. Système de louage agricole selon lequel l'exploitant partage les récoltes avec le propriétaire. *Le métayage est de plus en plus remplacé par le fermage.* – De *métayer.*

métayer, ère [meteje, ɛʀ] n. Personne qui exploite un domaine rural selon le système du métayage. – De *meitié,* forme anc. de *moitié.*

métazoaire [metazɔɛʀ] n. m. ZOOL Animal pluricellulaire (par oppos. à *protozoaire).* – De *méta-*, et gr. *zôon,* «animal».

méteil [metɛj] n. m. AGRIC Mélange de seigle et de froment semé et récolté dans un même champ. – Du lat. pop. **mistilium,* de *mixtus,* «mélange».

métempsycose ou **métempsychose** [metɑ̃psikoz] n. f. PHILO, RELIG Transmigration, après la mort, de l'âme d'un corps dans un autre corps. *La croyance en la métempsycose constitue le fondement du brahmanisme.* – Bas lat. *metempsychosis,* mot gr., «déplacement de l'âme».

météo [meteo] n. f. et adj. Fam. Abrév. de *météorologie, météorologique.*

météore [meteɔʀ] n. m. **1.** METEO Vx ou didac. Phénomène atmosphérique. *Météores gazeux* (ex. vent, tempête, orage, etc.), *aqueux* (ex. pluie, neige, brouillard, etc.), *lumineux* (ex. halo, arc-en-ciel, etc.), *électriques* (ex. foudre, tonnerre, orages magnétiques, etc.). **2.** ASTRO Cour. Météorite. **3.** Fig. Personne dont la carrière est brillante mais très brève. – Lat. médiév. *meteora,* du gr. *meteôros,* «élevé dans les airs».

météorique [meteɔʀik] adj. Relatif aux météores. – De *météore.*

météorisation [meteɔʀizasjɔ̃] n. f. MED Fait de météoriser. ▷ MED VET Chez les ruminants, indigestion causée en général par l'ingestion d'herbages humides. – De *météoriser.*

météoriser [meteɔʀize] v. tr. [1] MED Gonfler l'abdomen par accumulation de gaz. – Gr. *meteôrizein,* «élever, se gonfler».

météorisme [meteɔʀism] n. m. MED Accumulation de gaz dans l'intestin, provoquant l'augmentation du volume de l'abdomen. – Gr. *meteôrismas.*

météorite [meteɔʀit] n. m. ou f. Fragment minéral provenant de l'espace et traversant l'atmosphère terrestre. – De *météore*, et *-ite* 3.
ENCYCL Les météorites pénètrent dans la haute atmosphère à des vitesses considérables, qui portent leur surface à incandescence, d'où leur nom cour. d'étoiles *filantes*. Les petits météorites sont totalement vaporisés vers 50 km d'altitude. Les plus gros peuvent atteindre la surface de la Terre et, s'ils sont très volumineux, creuser dans le sol des cratères semblables à ceux que l'on observe sur la Lune (où, grâce à l'absence d'atmosphère, ils peuvent subsister). Suivant leur composition, on classe les météorites en sidérites (constituées de fer et de nickel), en aérolithes (constituées de silicates) et en aérosidérolithes (mixtes).

météoritique [meteɔʀitik] adj. Relatif aux météorites. – De *météorite*.

météorologie [meteɔʀɔlɔʒi] n. f. Science ayant pour objet la connaissance des phénomènes atmosphériques et des lois qui les régissent, et l'application de ces lois à la prévision du temps. (Abrév. : météo). – Gr. *meteôrologia*, « traité sur les corps ou les phénomènes célestes ».

météorologique [meteɔʀɔlɔʒik] adj. Relatif à la météorologie. *Bulletin météorologique*. (Abrév. : météo). – De *météorologie*.

météorologiste [meteɔʀɔlɔʒist] ou **météorologue** [meteɔʀɔlɔg] n. Spécialiste de météorologie. – De *météorologie*.

métèque [metɛk] n. m. **1.** ANTIQ GR Étranger domicilié dans une ville de la Grèce antique. **2.** Péjor. Étranger (en partic., étranger au teint basané). – Du lat. imp. *metœcus*, gr. *metoikos*, « qui change de maison », de *meta-*, et *oikos*, « maison ».

méthacrylate [metakʀilat] n. m. CHIM Sel ou ester de l'acide méthacrylique. – De *méthacryl(ique)*, et *-ate*.

méthacrylique [metakʀilik] ou **méthylacrylique** [metilakʀilik] adj. CHIM *Acide méthacrylique* ($CH_2{=}C(CH_3){-}COOH$). *Résines méthacryliques*, résultant de la polymérisation des esters de l'acide, utilisées en particulier dans la fabrication des verres organiques (plexiglas, par ex.). – De *méth(ylique)*, et *acrylique*.

méthadone [metadɔn] n. f. PHARM Dérivé de la morphine utilisé dans les cures de sevrage des toxicomanes. *L'emploi de la méthadone est objet de controverses en France*. – De *(di)méth(yl)-a(mino-2), d(iphényl-4,4)*, et *(heptan)one-5*.

méthanal [metanal] n. m. CHIM Premier terme des aldéhydes de formule H–CHO. Anc. nom : aldéhyde formique (V. formol). – De *méthyle*.

méthane [metan] n. m. CHIM Hydrocarbure saturé, de formule CH_4. – De *méth(ylène)*, par substitution de finale.
ENCYCL Le méthane est le premier terme de la série des hydrocarbures saturés. À la température ordinaire, c'est un gaz incolore et inodore, plus léger que l'air (densité 0,559). Le méthane est le constituant essentiel du gaz naturel utilisé pour le chauffage.

méthanier [metanje] n. m. Navire spécialement conçu pour le transport du gaz naturel liquéfié. – De *méthane*, d'après *pétrolier*.

méthanol [metanɔl] n. m. CHIM Alcool méthylique. – De *méthan(e)*, et *(alco)ol*.

méthémoglobine [metemɔglɔbin] n. f. BIOL Hémoglobine dont l'atome de fer est à l'état ferrique et qui est donc inapte au transport de l'oxygène. – De *mét(a)*, et *hémoglobine*.

méthionine [metjɔnin] n. f. BIOL Acide aminé soufré essentiel qui fournit les méthyles dont la cellule a besoin. – De *mé(thylène)*, et *thionine*.

méthode [metɔd] n. f. **1.** PHILO Marche rationnelle de l'esprit pour arriver à la connaissance ou à la démonstration de la vérité. *« Discours de la méthode » (Descartes)*. **2.** Ensemble de procédés, de moyens pour arriver à un résultat. *Méthode d'enseignement. Méthodes de fabrication d'un produit. Animaux classés selon la méthode de Cuvier.* – Fam. Manière de procéder. *Je connais la méthode pour le convaincre*. **3.** Ouvrage d'enseignement élémentaire. *Méthode de piano*. **4.** Qualité d'esprit consistant à savoir classer et ordonner les idées, à savoir effectuer un travail avec ordre et logique. *Avoir de la méthode*. – Disposition ordonnée et logique. *Livre composé sans méthode*. – Lat. *methodus* (terme de médecine), gr. *methodos*, « recherche ».

méthodique [metɔdik] adj. **1.** Fait avec méthode. *Recherches méthodiques*. Syn. systématique. **2.** Qui a de la méthode. *Esprit méthodique*. – Bas lat. *methodicus*, gr. *methodikos*.

méthodiquement [metɔdikmɑ̃] adv. Avec méthode. – De *méthodique*.

méthodisme [metɔdism] n. m. RELIG Ensemble des méthodes de vie chrétienne que John Wesley répandit à l'université d'Oxford à partir de 1729. – Mouvement protestant s'appuyant sur la doctrine de Wesley. *Le méthodisme accorde une large part à l'initiative individuelle, à l'inspiration de ses membres, laïcs ou pasteurs*. – Angl. *methodism*, même rac. que le fr. *méthode*.

méthodiste [metɔdist] adj. et n. RELIG Relatif au méthodisme. *Église méthodiste*. ▷ Subst. Adepte du méthodisme. *Les méthodistes sont environ 20 millions dans le monde*. – Angl. *methodist*.

méthodologie [metɔdɔlɔʒi] n. f. **1.** PHILO Partie de la logique qui étudie les méthodes des différentes sciences. Cf. aussi épistémologie. **2.** Cour. Ensemble des méthodes appliquées à un domaine particulier de la science, de la recherche. – De *méthode*, et *-logie*.

méthodologique [metɔdɔlɔʒik] adj. Relatif à la méthodologie. – De *méthodologie*.

méthylacrylique. V. méthacrylique.

méthyle [metil] n. m. CHIM Radical monovalent CH_3. – *Chlorure de méthyle* (CH_3Cl), employé comme agent réfrigérant et comme anesthésique. – De *méthylène*.

méthylène [metilɛn] n. m. **1.** COMM Alcool méthylique. **2.** CHIM Radical bivalent CH_2. ▷ *Chlorure de méthylène* : liquide volatil de formule CH_2Cl_2, utilisé comme solvant. ▷ *Bleu de méthylène* : liquide coloré utilisé comme antiseptique. – Du gr. *methu*, « boisson fermentée », et *hulê*, « bois ».

méthylique [metilik] adj. CHIM Qui renferme le radical méthyle. *Alcool méthylique* ou *méthanol*, de formule CH_3OH, utilisé industriellement dans la fabrication du formol et comme solvant. – De *méthyle*.

méthylorange [metilɔʀɑ̃ʒ] n. m. CHIM Syn. de *hélianthine*. – De *méthyl(e)*, et *orange*.

méticuleusement [metikyløzmɑ̃] adv. D'une manière méticuleuse. – De *méticuleux*.

méticuleux, euse [metikylø, øz] adj. **1.** Scrupuleux. **2.** Minutieux. *Esprit méticuleux d'un chercheur*. **3.** Qui demande un grand soin. *Travail méticuleux*. – Du lat. *meticulosus*, « craintif ».

méticulosité [metikylozite] n. f. **1.** Caractère d'une personne méticuleuse. **2.** Caractère d'une activité qui demande un grand soin. *La méticulosité du métier d'horloger*. – De *méticuleux*.

métier [metje] n. m. **I. 1.** Occupation manuelle ou mécanique qui permet de gagner sa vie. *Le métier de menuisier. Corps de métier*. **2.** Profession quelconque, considérée relativement au genre de travail qu'elle exige. *Écrivain qui connaît bien son métier. Un homme du* *métier* : un professionnel, un spécialiste. ▷ Prov. *Il n'y a pas de sot métier* : toutes les professions sont honorables et utiles, même les plus humbles. **3.** Savoir-faire, habileté acquise dans l'exercice d'un métier, d'une profession. *Cet acteur a du métier.* **II.** TECH Machine utilisée pour la fabrication des tissus. *Métier à tisser.* ▷ Châssis sur lequel on tend certains ouvrages. *Métier à broder.* ▷ Loc. fig. *« Vingt fois sur le métier remettez votre ouvrage » (Boileau).* – Du lat. *ministerium*, « ministère », altéré en *misterium*, par infl. de *mysterium*, « mystère », gr. *mustêrion*, de *mustês*, « initié ».

métis, isse [metis] adj. et n. **1.** Dont les parents sont chacun d'une race différente. ▷ n. *Un Eurasien est un métis.* **2.** ZOOL Issu du croisement de races différentes au sein d'une même espèce. **3.** TECH *Toile métisse*, dans laquelle lin et coton sont mélangés. ▷ n. m. *Du métis.* – Du bas lat. *mixticius*, de *mixtus*, « mélange ».

métissage [metisaʒ] n. m. Croisement de races. – De *métis.*

métisser [metise] v. tr. [1] Croiser (deux races différentes). – De *métis.*

métonymie [metɔnimi] n. f. Figure de rhétorique dans laquelle un concept est dénommé au moyen d'un terme désignant un autre concept, lequel entretient avec le premier une relation d'équivalence ou de contiguïté (la cause pour l'effet, la partie pour le tout, le contenant pour le contenu, etc.). *« La salle applaudit »* (pour *« les spectateurs ») est une métonymie.* – Bas lat. *metonymia*, gr. *metônumia.*

métonymique [metɔnimik] adj. Qui a le caractère de la métonymie. – De *métonymie.*

métope [metɔp] n. f. ARCHI Espace, souvent orné d'un bas-relief, qui sépare chacun des triglyphes (groupes de deux cannelures et de deux demi-cannelures) de la frise dorique. – Bas lat. *metopa*, mot gr., de *meta*, et *opê*, « ouverture ».

métrage [metʀaʒ] n. m. **1.** CONSTR Action de métrer. **2.** Longueur en mètres (d'une pièce de tissu, par ex.). **3.** (Dans les loc. *court, moyen, long métrage.*) Longueur d'un film. *Long métrage* : film qui dure une heure et demie ou plus. – De *métrer.*

-mètre, -métrie, -métrique, métro-. Éléments, du gr. *metron*, « mesure, évaluation ».

1. mètre [mɛtʀ] n. m. **1.** Unité fondamentale des mesures de longueur (symbole m), définie légalement, à l'origine (1795), comme la dix-millionième partie du quart du méridien terrestre, et, en 1983, comme le trajet parcouru par la lumière dans le vide pendant une durée de 1/299 792 458 de seconde. ▷ *Mètre carré* (m^2) : unité de surface égale à l'aire d'un carré de 1 mètre de côté. ▷ *Mètre cube* (m^3) : unité de volume égale au volume d'un cube de 1 mètre d'arête. ▷ *Mètre par seconde* (m/s) : unité de vitesse. – *Mètre par seconde par seconde* (m/s^2) : unité d'accélération. **2.** Règle, ruban gradué de 1 m de long. *Mètre de couturière.* – Lat. *metrum*, gr. *metron*, « mesure ».

2. mètre [mɛtʀ] n. m. **1.** Dans la versification grecque et latine, unité rythmique, groupe de syllabes longues ou brèves comprenant un temps fort et un temps faible. **2.** En versification française, nombre de syllabes d'un vers. – Lat. *metrum*, gr. *metron*, « mesure ».

métré [metʀe] n. m. CONSTR Relevé général et détaillé des différentes quantités entrant dans un ouvrage, en partic. en vue de sa facturation. – Pp. subst. de *métrer.*

métrer [metʀe] v. tr. [14] **1.** Mesurer à l'aide d'un mètre. **2.** CONSTR Établir un métré. – De *mètre* 1.

métreur, euse [metʀœʀ, øz] n. CONSTR Personne chargée de l'établissement des métrés. *Métreur-vérificateur.* – De *métrer.*

métricien, enne [metʀisjɛ̃, ɛn] n. Didac. Philologue qui s'occupe de métrique, de versification. – De *métrique* 2.

-métrie. V. -mètre.

-métrique. V. -mètre.

1. métrique [metʀik] adj. **1.** Relatif au mètre. ▷ Qui a le mètre pour base. *Système métrique.* **2.** *Tonne métrique* : masse de 1 000 kg (par oppos. aux unités de masse anglo-saxonnes). – Lat. *metricus*, gr. *metrikon*, de *metron*, « mesure ».

ENCYCL Le système métrique est l'ensemble des poids et mesures actuellement en usage en France pour l'évaluation des grandeurs usuelles. Le mètre est l'unité fondamentale des mesures de longueur de ce système. En 1790, l'Assemblée constituante décréta la suppression des anciennes mesures, qui variaient selon les provinces, et leur remplacement par un système simple ayant une base universelle. Une commission scientifique élabora le projet, qui fut adopté par la Convention en 1795. Il comportait l'usage du système décimal et définissait l'unité de longueur, le mètre, comme la dix millionième partie du quart du méridien terrestre et l'unité de poids, le gramme, comme le poids de 1 cm^3 d'eau à 4 °C. En 1799, une loi donnait valeur légale aux étalons du mètre et du kilogramme déposés aux Archives nationales. Le système métrique a été redéfini en 1960 et il est appelé auj. système international (noté SI). Ce système comprend sept unités de base : le mètre, le kilogramme, la seconde, l'ampère, le kelvin, la mole et la candela.

2. métrique [metʀik] n. f. et adj. **1.** n. f. Étude de la versification. **2.** adj. Qui concerne la mesure des vers. – *Vers métrique*, qui repose sur la combinaison des syllabes longues et brèves (par oppos. au *vers syllabique*, fondé sur le nombre des syllabes). – Gr. *metrikê.*

métrite [metʀit] n. f. MED Inflammation et infection de l'utérus. – Lat. méd. *metritis*, du gr. *mêtra*, « matrice ».

métro-. V. -mètre.

métro [metʀo] n. m. Chemin de fer urbain à traction électrique, partiellement ou totalement souterrain. *Le métro de Paris, de Lyon, de Marseille.* – Abrév. de *métropolitain* 2.

métrologie [metʀɔlɔʒi] n. f. Didac. Science des mesures. – De *métro-*, et *-logie.*

métrologique [metʀɔlɔʒik] adj. Didac. Relatif à la métrologie. – De *métrologie.*

métronome [metʀɔnɔm] n. m. Instrument battant la mesure sur un rythme choisi, utilisé en musique pour l'étude, et qui comporte un balancier à curseur dont le mouvement est entretenu par un mécanisme à échappement. – De *métro-*, et *-nome.*

métropole [metʀɔpɔl] n. f. **1.** État considéré par rapport aux colonies qu'il a fondées. **2.** Capitale d'un pays, ville principale d'une région. *Métropole régionale.* – *Métropole d'équilibre* : ville destinée à rééquilibrer l'activité d'une région en lui donnant une certaine autonomie par rapport à l'admin. centrale. **3.** RELIG CATHOL Ville possédant un siège archiépiscopal dont relèvent des suffragants. – Bas lat. *metropolis*, mot gr. de *mêtêr, mêtros*, « mère », et *polis*, « ville ».

1. métropolitain, aine [metʀɔpɔlitɛ̃, ɛn] adj. **1.** De la métropole. *Le territoire métropolitain et les colonies.* **2.** RELIG CATHOL Qui a rapport à une métropole. *Archevêque métropolitain* ou, n. m., *un, le métropolitain.* – Bas lat. *metropolitanus.*

2. métropolitain [metʀɔpɔlitɛ̃] adj. et n. m. Vx *Chemin de fer métropolitain.* ▷ n. m. *Le métropolitain* : le métro*. – Angl. *metropolitan*, « de la grande ville ».

métropolite [metʀɔpɔlit] n. m. RELIG Prélat d'un rang élevé, dans l'Église orthodoxe. – Gr. *mêtropolitês*, de *mêtropolis.* (V. métropole).

métrorragie ou **métrorrhagie** [metʀɔʀaʒi] n. f. MED Hémorragie d'origine utérine. – Du gr. *mêtra*, «matrice», et *-rrhagie*.

mets [mɛ] n. m. Aliment préparé qui entre dans la composition d'un repas; plat. *L'art d'apprêter les mets.* – Du bas lat. *missus*, «ce qui est mis sur la table», de *mittere*, «mettre».

mettable [mɛtabl] adj. Qui peut encore être porté (habits, vêtements). – De *mettre*.

metteur, euse [mɛtœʀ, øz] n. **1.** TECH *Metteur en œuvre* : ouvrier bijoutier qui monte les joyaux. **2.** TYPO *Metteur en pages* : ouvrier qui rassemble les éléments de composition pour en former des pages. **3.** *Metteur en scène* : personne qui, au théâtre, dirige le jeu des acteurs, les répétitions, règle les décors, etc. ▷ Réalisateur de cinéma ou de télévision. **4.** *Metteur au point* : spécialiste qui règle des machines, des moteurs. – De *mettre*.

mettre [mɛtʀ] v. tr. [60] **I.** Faire passer dans un lieu. **1.** Placer ou amener (qqch, qqn) dans un endroit déterminé. *Mettre un enfant au lit. Mettre les mains dans les poches. Mettre du vin en bouteilles.* ▷ *Mettre en terre* : enterrer, planter. *Mettre en terre un rosier.* ▷ *Mettre le couvert* : placer sur la table, selon une disposition précise, les différents objets dont on a besoin pour le repas. ▷ *Mettre qqch dans la tête de qqn*, le lui faire comprendre, l'en convaincre. **2.** Placer (qqn) dans un endroit en faisant changer son état, sa situation. *Mettre qqn en prison.* ▷ *Mettre un enfant au monde*, lui donner naissance. ▷ *Mettre bas* : pour les animaux, donner naissance à des petits. *La chienne a mis bas.* ▷ Affecter (qqn) à un travail, placer (qqn) dans une situation professionnelle déterminée. *On m'a mis à ce poste provisoirement. Mettre qqn au chômage.* **3.** Placer à un certain rang (dans une suite, une série, une hiérarchie). *Mettre qqn en tête du cortège.* **4.** Employer (de l'argent, du temps). *Mettre ses fonds dans une entreprise. Mettre trois heures pour aller d'un lieu à un autre.* ▷ *Absol.* Miser. *Mettre mille francs sur le dix-sept.* **5.** Placer sur le corps. *Mettre ses gants.* ▷ Porter habituellement. *Il ne met pas de veste.* **6.** Ajouter (ce qui manque, ce qui est nécessaire). *Mettre un manche à un balai.* **II.** Faire occuper telle position à; placer dans telle situation, tel état. **1.** *Mettre qqch en gage*, le donner à titre de garantie en échange du prêt d'une somme d'argent. ▷ *Mettre qqch à prix*, estimer sa valeur avant de le vendre. ▷ *Mettre à prix la tête de (une personne recherchée par la police, la justice)*, promettre une récompense à ceux qui la livreront aux autorités. **2.** Placer dans une certaine position. *Mettre le verrou.* **3.** Noter par écrit. *Mettre son nom au bas d'une page.* **4.** *Mettre... à* : faire consister... à. *Mettre son plaisir à faire du bien.* **III.** Opérer un changement, amener à une autre situation. **1.** *Mettre en* : amener (qqch) à être dans telle situation, tel état. *Mettre une lampe en veilleuse.* ▷ *Mettre une terre en blé, en seigle*, y semer du blé, du seigle. **2.** Faire passer d'une forme d'expression à une autre. *Mettre en vers, en prose.* **3.** Faire marcher, fonctionner. *Mettre la radio.* **4.** Faire passer (qqn) d'un état à un autre. *Mettre qqn en danger, en colère, en garde. Mettre qqn hors de lui. Mettre qqn knock-out.* **IV.** v. pron. **1.** Se placer dans un endroit précis, dans un état déterminé. *Se mettre au lit. Se mettre en colère.* **2.** *Se mettre à faire qqch*, commencer à le faire. **3.** Fig. *Se mettre à la place de qqn*, faire l'effort de le comprendre, de comprendre son état d'esprit, ses réactions. **4.** *Se mettre à table* : s'asseoir devant une table pour manger; fig., arg. avouer, parler, au cours d'un interrogatoire. **5.** Mettre sur soi, porter. *Je n'ai rien à me mettre.* **6.** Loc. fam. *S'en mettre jusque-là* : manger en grande quantité. ▷ *S'en mettre plein les poches* : gagner beaucoup d'argent. – Lat. *mittere*, «envoyer», puis «placer».

meublant, ante [mœblɑ̃, ɑ̃t] adj. **1.** Vx Qui est employé pour décorer un intérieur. *Tenture meublante.* **2.** DR *Meubles meublants* : objets mobiles qui garnissent un appartement. – Ppr. de *meubler*.

meuble [mœbl] adj. et n. m. **I.** adj. **1.** DR Que l'on peut déplacer. *Biens meubles. Biens meubles par nature* (mobilier, animal, marchandise, etc.). *Biens meubles déterminés tels par la loi* (valeurs immobilières, obligations, droits d'auteur, etc.). **2.** *Sol, terre meuble*, facile à retourner, à labourer; qui se sépare aisément. **II.** n. m. **1.** Tout objet pouvant être déplacé, construit en matériau rigide, employé pour l'aménagement des locaux et des lieux d'habitation. *Meubles de style, de bureau, de jardin.* ▷ *Être, s'installer, se mettre dans ses meubles*, dans un appartement, une maison dont on possède en propre le mobilier. **2.** HERALD Objet figurant dans l'écu. – Du lat. *mobilis*, de *movere*, «déplacer».

meublé, ée [mœble] adj. et n. m. *Chambre, maison meublée*, qui est louée garnie de meubles. ▷ n. m. *Un meublé. Vivre en meublé.* – Pp. de *meubler*.

meubler [mœble] v. tr. [1] **1.** Garnir de meubles. *Meubler un appartement.* – v. pron. Faire l'acquisition de meubles pour sa maison. ▷ Fig. *Meubler son esprit*, l'enrichir de connaissances. **2.** Décorer (tissus). *Étoffe qui meuble bien.* **3.** Fig. Remplir. *Meubler ses loisirs en collectionnant les timbres.* – De *meuble*.

meuglement [møgləmɑ̃] n. m. Cri des bovins, beuglement. – De *meugler*.

meugler [møgle] v. intr. [1] Faire entendre son cri, en parlant des bovins. Syn. beugler. – Altér. par onomat. de *beugler*.

meulage [mølaʒ] n. m. Opération qui consiste à aiguiser, polir, rectifier une pièce à l'aide d'une meule. – De *meule*.

1. meule [møl] n. f. **1.** Pièce massive cylindrique qui sert à broyer, à moudre. *Meule gisante* (horizontale et immobile) *et meule courante* (verticale et tournant contre l'autre) *en pierre des anciens moulins.* **2.** Disque de matière abrasive qui sert à aiguiser, à polir, à rectifier. **3.** Fromage qui a la forme d'un disque épais et de grand diamètre. *Meule de gruyère.* – Lat. *mola*.

2. meule [møl] n. f. **1.** Amas de blé, de foin, de paille, etc., pouvant affecter des formes diverses, régulièrement empilé sur une partie sèche du champ ou près de la ferme et permettant de conserver les gerbes et le fourrage jusqu'au battage ou à l'utilisation. **2.** Couche à champignons. – Tas de fumier qui en provient. **3.** Tas de bois préparé pour faire du charbon de bois. – P.-ê. de *meule* 1, par métaphore.

meuler [møle] v. tr. [1] Passer à la meule (1, sens 2). – De *meule* 1.

meulette [mølɛt] n. f. Petite meule de foin. – Dimin. de *meule* 2.

meulier, ère [mølje, ɛʀ] adj. et n. **1.** Qui sert à faire des meules. *Silex meulier.* ▷ *Pierre meulière* ou, n. f., *meulière* : roche très dure composée de silice et de calcaire, utilisée dans le bâtiment. *Pavillon en meulière.* – Carrière d'où l'on extrait cette pierre. **2.** n. m. Ouvrier qui fabrique des meules. – De *meule* 1.

meulon [mølɔ̃] n. m. **1.** Petite meule. **2.** Petit amas de sel tiré d'un marais salant et recouvert d'argile. – De *meule* 2.

meunerie [mønʀi] n. f. **1.** Industrie de la fabrication de la farine; commerce du meunier. **2.** Ensemble des meuniers. *Chambre de la meunerie.* – De *meunier*.

meunier, ère [mønje, ɛʀ] n. **1.** Personne qui exploite un moulin à céréales, qui fabrique de la farine. – adj. Relatif à la meunerie. *Industrie meunière.* ▷ n. f. Épouse d'un meunier. ▷ *Échelle de meunier* : escalier raide, sans contremarches. **2.** CUIS *À la meunière* ou, ellipt., *meunière* : mode de préparation qui consiste à passer un aliment (surtout le poisson) à la farine avant cuisson au beurre. *Des soles meunière.* **3.** n. m. Nom courant du chevesne. – Du bas lat. **molinarius,* de *molinum,* « moulin ».

meurt-de-faim [mœʀdəfɛ̃] n. inv. Vx Personne misérable, démunie au point de n'avoir pas de quoi manger. – De *mourir, de,* et *faim.*

meurtre [mœʀtʀ] n. m. Homicide volontaire. *Commettre un meurtre. Inculpation pour meurtre. L'assassinat est un meurtre prémédité.* – Déverbal de *meurtrir,* au sens anc. de « assassiner ».

meurtrier, ère [mœʀtʀije, ɛʀ] n. et adj. **1.** n. Personne qui a commis un meurtre. **2.** adj. Qui cause la mort d'un grand nombre de personnes. *Combat meurtrier.* ▷ Qui provoque, pousse à commettre un meurtre, des meurtres. *Folie meurtrière.* – De *meurtre.*

meurtrière [mœʀtʀijɛʀ] n. f. Ouverture étroite pratiquée dans un mur de fortification et par laquelle on pouvait lancer des projectiles, tirer sur les assiégeants. – De *meurtrier.*

meurtrir [mœʀtʀiʀ] v. tr. [3] **1.** Faire une meurtrissure à. *Le coup de bâton lui avait meurtri l'épaule.* ▷ Fig. Blesser moralement. *Meurtrir un cœur.* **2.** Endommager par un choc, un contact prolongé (un fruit, un légume). – Du frq. **murthrjan,* « assassiner ».

meurtrissure [mœʀtʀisyʀ] n. f. **1.** Contusion s'accompagnant d'un changement de coloration de la peau. *Être couvert de meurtrissures.* **2.** Tache sur un fruit, ou sur un légume, provenant d'un choc. – De *meurtrir.*

meute [møt] n. f. Troupe de chiens courants dressés pour la chasse à courre. *Chien de meute.* ▷ Fig. Troupe de personnes acharnées contre qqn. *Une meute de créanciers.* – Du lat. pop. *movita,* du class. *motus,* pp. de *movere,* « mouvoir ».

MeV PHYS NUCL Symbole de mégaélectronvolt.

mévente [mevɑ̃t] n. f. **1.** Vx Vente à perte. **2.** Mauvaise vente, vente inférieure en quantité à ce qui était escompté. – De l'anc. v. *mévendre.*

mexicain, aine [mɛksikɛ̃, ɛn] adj. et n. Du Mexique, État fédéral de l'Amérique septent. et centrale. ▷ Subst. *Un(e) Mexicain(e).*

mezcal [meskal] n. m. Alcool mexicain, au goût légèrement fumé, obtenu par fermentation du jus d'agave. – Mot nahuatl.

mézigue [mezig] pron. pers. Pop. Moi. *Qui c'est qui va trinquer? C'est encore mézigue!* V. tézigue, sézigue. – De *zigue,* et du poss. *mes.*

mezzanine [mɛdzanin] n. f. **1.** ARCHI Petit étage pratiqué entre deux plus grands, entresol. – adj. *Fenêtre mezzanine* ou, n. f., *mezzanine* : petite fenêtre donnant du jour à un entresol. ▷ *Spécial.* Étage ménagé entre le parterre et le balcon, dans un théâtre. **2.** *Par ext.* Dans une habitation, construction horizontale sur laquelle on peut se tenir, entre le plancher et le plafond. *Une mezzanine en bois. Son lit est sur la mezzanine.* – Ital. *mezzanino,* « entresol », de *mezzo,* « milieu, moitié ».

mezza voce [medzavɔtʃe] loc. adv. (ital.) À demi-voix. *Chanter mezza voce.* – Ital. *mezza,* et *voce,* « voix ».

mezzo-soprano [medzosɔpʀano] **1.** n. m. Voix de femme intermédiaire entre le soprano et le contralto. **2.** n. f. Celle qui a cette voix. *Une mezzo-soprano. Des mezzo-sopranos.* – Loc. ital., « soprano moyenne ».

mezzo-tinto [mɛdzotinto] n. m. inv. ART Technique de gravure, dite aussi « à la manière noire », qui consiste à ménager les blancs et les gris au brunissoir sur une planche préalablement hachurée. – Loc. ital., « demi-teinte ».

M.F. n. f. Sigle de *modulation de fréquence.*

mg Symbole du milligramme.

Mg CHIM Symbole du magnésium.

mgr GEOM Symbole du milligrade.

Mgr Abrév. de *monseigneur.*

MHz Symbole du mégahertz.

mi-. Préfixe, du lat. *medius,* « qui est au milieu », qui peut être joint à des adj. *(mi-clos),* ou à des subst. pour former : **1.** Des noms composés. *La mi-août, la mi-carême.* **2.** Des loc. adv. (il est alors précédé de *à*). *À mi-corps, à mi-jambe, à mi-chemin.* **3.** Des loc. adj. *Mi-figue mi-raisin.*

mi [mi] n. m. MUS Troisième note de la gamme d'ut. *Mi bécarre, mi bémol.* – Signe qui la représente. – Prem. syllabe de *mira* dans l'hymne lat. à saint Jean Baptiste (XIe s.).

miaou [mjau] n. m. Fam. Miaulement, cri du chat. *Des miaous.* – Onomat.

miasme [mjasm] n. m. (Surtout au plur.) Émanation putride provenant d'une décomposition. – Gr. *miasma,* « souillure ».

miaulement [mjolmɑ̃] n. m. **1.** Cri du chat et de certains félins. **2.** Son analogue au miaulement. *Miaulement d'un gond mal huilé.* – De *miauler.*

miauler [mjole] v. intr. [1] **1.** Pousser son cri, en parlant du chat et de certains félins. **2.** Émettre un bruit semblable au miaulement. *Des balles miaulèrent à ses oreilles.* – D'un rad. onomat.

miauleur, euse [mjolœʀ, øz] adj. Qui miaule. – De *miauler.*

mi-bas [mibɑ] n. m. inv. Chaussette montant jusqu'au genou. – De *mi-,* et *bas.*

mi-bois (à) [amibwa] loc. adv. TECH *Assemblage à mi-bois,* obtenu en entaillant chacune des deux pièces de bois à assembler sur la moitié de leur épaisseur. – De *mi-,* et *bois.*

mica [mika] n. m. Minéral formé principalement de silicate d'aluminium et de potassium, caractérisé par sa structure feuilletée, son éclat métallique et sa grande résistance à la chaleur. *Les micas peuvent se rattacher à deux types : le* mica noir *(ou* biotite*), qui est un silicate de magnésium; le* mica blanc *(ou* muscovite*), silicate d'aluminium.* – Lat. *mica,* « parcelle ».

micacé, ée [mikase] adj. **1.** Qui est de la nature du mica; qui contient du mica. **2.** Qui ressemble au mica. ▷ SC NAT Qui a des écailles ressemblant au mica. – De *mica.*

mi-carême [mikaʀɛm] n. f. Jeudi de la troisième semaine du carême, marqué par des fêtes, des mascarades. *Des mi-carêmes.* – De *mi-,* et *carême.*

micaschiste [mikaʃist] n. m. PETROG Roche schisteuse métamorphisée, feuilletée, riche en mica et en quartz. – De *mica,* et *schiste.*

micellaire [misɛllɛʀ] adj. CHIM Relatif aux micelles. – De *micelle.*

micelle [misɛl] n. f. CHIM Agrégat de molécules ou d'ions dont la cohésion est assurée par des forces intermoléculaires et qui constitue l'une des phases d'une substance colloïdale. – Du lat. *mica,* « parcelle ».

miche [miʃ] n. f. **1.** Gros pain rond. *Entamer une miche.* **2.** Plur. Pop. Fesses. – Du lat. pop. **micca,* de *mica,* « parcelle, miette ».

miché [miʃe] ou **micheton** [miʃtɔ̃] n. m. Arg. Client d'une prostituée. – De *michet,* forme pop. de *Michel.*

micheline [miʃlin] n. f. CH de F Anc. Autorail dont les roues étaient garnies de pneumatiques. ▷ *Abusiv.* Autorail. – Du n. des frères *Michelin,* André (1853-1931) et

Édouard (1859-1940), industriels français inventeurs du pneumatique démontable.

mi-chemin (à) [amiʃmɛ̃] loc. adv. À la moitié d'un trajet, d'un parcours. *Tourner à mi-chemin.* ▷ Loc. prép. *À mi-chemin de. À mi-chemin de Paris et de Bordeaux.* – De *mi-*, et *chemin.*

micheton. V. miché.

mi-clos, -close [miklo, kloz] adj. Qui est à moitié clos. *Yeux mi-clos. Persiennes mi-closes.* – De *mi-*, et *clos.*

micmac [mikmak] n. m. Fam. Intrigue secrète et embrouillée. *Faire des micmacs.* ▷ Désordre; situation embrouillée, confuse. – Du moy. néerl. *muytmaker,* «mutin, séditieux», de *muit,* «émeute», et *maker,* «faiseur».

micocoulier [mikɔkulje] n. m. Arbre ornemental (genre *Celtis,* fam. ulmacées) des régions méditerranéennes, au bois souple et résistant. – Mot provenç., du gr. mod. *mikrokoukouli.*

mi-corps (à) [amikɔʀ] loc. adv. Jusqu'au milieu du corps, jusqu'à la taille. – De *mi-*, et *corps.*

mi-côte (à) [amikot] loc. adv. Au milieu de la côte. – De *mi-*, et *côte.*

mi-course [mikuʀs] n. f. Lieu, moment situé à la moitié d'une course. *La mi-course était déjà un but pour lui.* – Loc. *À mi-course. S'arrêter à mi-course.* – De *mi-*, et *course.*

micro-. Élément, du gr. *mikros,* «petit», marquant : **1.** l'idée de petitesse ou d'une action s'exerçant sur un très petit objet; **2.** la division par un million de l'unité (symbole µ).

micro [mikʀo] n. m. Abrév. de *microphone* et de *micro-ordinateur.*

micro-ampère ou **microampère** [mikʀoɑ̃pɛʀ] n. m. ELECTR Un millionième d'ampère. *Des micro-ampères.* – De *micro-*, et *ampère.*

micro-ampèremètre [mikʀoɑ̃pɛʀmɛtʀ] n. m. ELECTR Appareil servant à mesurer les intensités de l'ordre du micro-ampère. *Des micro-ampèremètres.* – De *micro-ampère,* et *mètre.*

micro-analyse ou **microanalyse** [mikʀoanaliz] n. f. CHIM Analyse pratiquée sur des quantités très petites. *Des micro-analyses.* – De *micro-*, et *analyse.*

microbalance [mikʀobalɑ̃s] n. f. Balance de grande précision (de l'ordre du centième de milligramme). – De *micro-*, et *balance.*

microbande [mikʀobɑ̃d] n. f. TECH Bande obtenue par tirage à partir d'un microfilm. – De *micro-*, et *bande.*

microbe [mikʀɔb] n. m. Organisme microscopique unicellulaire (bactérie, virus, etc.). Syn. germe. – Gr. *mikrobios,* «dont la vie est courte», de *mikros,* «petit», et *bios,* «vie».

microbien, enne [mikʀɔbjɛ̃, ɛn] adj. Relatif aux microbes. *Culture, affection microbienne.* – De *microbe.*

microbiologie [mikʀobjɔlɔʒi] n. f. Science qui étudie les microbes. – De *microbe,* et *-biologie.*

microbiologiste [mikʀobjɔlɔʒist] n. Spécialiste de la microbiologie. – De *microbiologie.*

microcéphale [mikʀosefal] adj. (et n.) MED, ZOOL Dont le crâne et l'encéphale sont anormalement petits. – Gr. *mikrokephalos,* de *mikros,* «petit», et *kephalê,* «tête».

microchimie [mikʀoʃimi] n. f. CHIM Ensemble des méthodes et des techniques permettant les recherches sur les très petites quantités de matière, de l'ordre du centigramme ou du décigramme. *La microchimie étudie les produits naturels tels que les vitamines et les hormones, et les éléments radioactifs artificiels obtenus dans les réacteurs nucléaires.* – De *micro-*, et *chimie.*

microchirurgie [mikʀoʃiʀyʀʒi] n. f. **1.** CHIR Chirurgie pratiquée à l'aide d'un microscope. **2.** BIOL Micromanipulation à caractère chirurgical. – De *micro-*, et *chirurgie.*

microclimat [mikʀoklima] n. m. Climat propre à une zone de très faible étendue, et dont les caractéristiques dépendent de conditions locales telles que relief, réseau hydrographique, couverture végétale, constructions, etc. – De *micro-*, et *climat.*

microcline [mikʀoklin] n. f. PETROG Feldspath potassique de même composition que l'orthose, mais qui ne cristallise pas de la même façon. – De *micro-*, et gr. *klinein,* «pencher».

microcomposant [mikʀokɔ̃pozɑ̃] n. m. TECH Composant électronique de très faibles dimensions. – De *micro-*, et *composant.*

microcosme [mikʀokɔsm] n. m. **1.** Monde en réduction (par oppos. à *macrocosme,* le grand monde, l'Univers). ▷ *Spécial.* L'homme, considéré comme le résumé et l'abrégé de la création tout entière, pour les philosophes mystiques ou hermétiques du Moyen Âge et de la Renaissance. **2.** Reproduction en miniature de la société. *Le microcosme qu'était notre village.* – Bas lat. *microcosmus,* gr. *mikrokosmos.*

micro-économie ou **microéconomie** [mikʀoekɔnɔmi] n. f. ECON Partie de l'économie qui étudie les comportements économiques individuels (par oppos. à *macro-économie*). – De *micro-*, et *économie.*

micro-édition ou **microédition** [mikʀoedisjɔ̃] n. f. Application de la micro-informatique qui permet, même à des non-professionnels de l'édition, de réaliser une mise en pages et une impression. *Des micro-éditions.* – De *micro-*, et *édition.*

micro-électronique ou **microélectronique** [mikʀoelɛktʀɔnik] n. f. ELECTRON Ensemble des techniques utilisées pour réaliser des microstructures électroniques (circuits intégrés, notam.). – De *micro-*, et *électronique.*

micro-élément [mikʀoelemɑ̃] n. m. BIOCHIM Syn. de *oligo-élément.* – De *micro-*, et *élément.*

microfaune [mikʀofon] n. f. Faune microscopique. – De *micro-*, et *faune.*

microfiche [mikʀofiʃ] n. f. TECH Document de format normalisé (105 × 148 mm) comportant plusieurs microphotographies. – De *micro-*, et *fiche.*

microfilm [mikʀofilm] n. m. TECH Film qui groupe des photographies de format très réduit reproduisant des documents. – De *micro-*, et *film.*

microfilmer [mikʀofilme] v. tr. [1] Photographier (des documents) sur microfilm. – De *microfilm.*

microflore [mikʀoflɔʀ] n. f. Totalité des micro-organismes végétaux existant dans les cavités naturelles ou sur les tissus de l'organisme. – De *micro-*, et *flore.*

micrographie [mikʀogʀafi] n. f. **1.** Didac. Science et technique de la préparation des objets en vue de leur étude au microscope; cette étude elle-même. **2.** Photographie d'une préparation microscopique. – De *micro-*, et *-graphie.*

micrographique [mikʀogʀafik] adj. Didac. Qui se rapporte à la micrographie. – De *micrographie.*

microgravité [mikʀogʀavite] n. f. ESP Champ de force de faible intensité (à l'intérieur d'un véhicule spatial). V. impesanteur. – De *micro-*, et *gravité.*

microgrenu, ue [mikʀogʀəny] adj. PETROG Se dit d'une roche constituée de cristaux microscopiques résultant d'une cristallisation rapide. – De *micro-*, et *grenu.*

micro-informatique [mikʀoɛ̃fɔʀmatik] n. f. INFORM Domaine de l'informatique concernant l'utilisation des microprocesseurs et des micro-ordinateurs. – De *micro-*, et *informatique.*

microlit(h)e [mikʀɔlit] n. m. PETROG Petit cristal de feldspath en forme de baguette, caractéristique des roches éruptives. – De *micro-*, et *-lithe.*

microlit(h)ique [mikʀɔlitik] adj. Qui contient des microlites. *Roches microlitiques.* – De *micro-*, et *-lithique.*

micromanipulation [mikʀomanipylasjɔ̃] n. f. BIOL Manipulation faite dans le champ d'un microscope à l'aide d'un appareil à commande pneumatique permettant d'utiliser de très petits instruments (aiguilles, crochets, etc.) pour faire diverses opérations sur les cellules (injections, extraction du noyau, etc.). – De *micro-*, et *manipulation.*

micromécanique [mikʀomekanik] n. f. Technique de la fabrication des mécanismes de très petites dimensions. – De *micro-*, et *mécanique.*

micromètre [mikʀomɛtʀ] n. m. **1.** PHYS Unité de longueur valant un millionième de mètre (symbole μm). **2.** TECH Instrument de précision pour mesurer les petites longueurs. – De *micro-*, et *-mètre.*

micrométrie [mikʀometʀi] n. f. PHYS Mesure des très petites dimensions. – De *micro-*, et *-métrie.*

micrométrique [mikʀometʀik] adj. **1.** PHYS Relatif à la micrométrie. **2.** TECH *Vis micrométrique :* vis à très faible pas, utilisée pour parfaire la mise au point ou le réglage de certains appareils (microscope, palmer, etc.). – De *micrométrie.*

microminiaturisation [mikʀominjatyʀizasjɔ̃] n. f. TECH Miniaturisation à l'extrême d'un appareillage électronique. – De *microminiaturiser.*

microminiaturiser [mikʀominjatyʀize] v. tr. [1] TECH Opérer la microminiaturisation de. – De *micro-*, et *miniaturiser.*

micromodule [mikʀomɔdyl] n. m. ELECTR Circuit de très faibles dimensions constitué de microcomposants, moulés dans une résine isolante. – De *micro-*, et *module.*

micron [mikʀɔ̃] n. m. Syn. anc. de *micromètre* (sens 1). – Du gr. *mikron,* neutre de *mikros,* « petit ».

micronésien, enne [mikʀɔnezjɛ̃, ɛn] adj. et n. De Micronésie, ensemble d'archipels du Pacifique. ▷ Subst. *Un(e) Micronésien(ne).*

micronucleus [mikʀonykleys] n. m. BIOL Élément constitutif, avec les macronucleus, du noyau des infusoires. (Seul le micronucleus joue un rôle dans la transmission du capital génétique.) – De *micro-*, et lat. *nucleus,* « noyau ».

micro-onde [mikʀɔɔ̃d] n. **I.** n. f. TECH Onde électromagnétique faisant partie des ondes hertziennes et comprise entre 300 MHz et 300 GHz. – *Four à micro-ondes,* dans lequel les aliments absorbent l'énergie de micro-ondes qui se transforme en chaleur, essentiellement du fait des frictions intermoléculaires. **II.** n. m. (portant la marque du plur.) *Un micro-ondes :* un four à micro-ondes. – De *micro-*, et *onde.*

micro-ordinateur [mikʀoɔʀdinatœʀ] n. m. INFORM Ordinateur de petit format, le plus souvent individuel, dont l'unité centrale est constituée autour d'un microprocesseur. *Des micro-ordinateurs.* (Abrév. : micro). – De *micro-*, et *ordinateur.*

micro-organisme ou **microorganisme** [mikʀoɔʀganism] n. m. BIOL Organisme microscopique. *Les protistes sont des micro-organismes.* – De *micro-*, et *organisme.*

microphone [mikʀofɔn] n. m. ELECTROACOUST Appareil servant à transformer en signaux électriques des vibrations sonores. ▷ *Microphone émetteur,* sans fil, couplé à un émetteur radioélectr. de faible puissance. (Abrév. : micro). – De *micro-*, et *-phone.*

microphonique [mikʀofɔnik] adj. Relatif au microphone. – De *microphone.*

microphotographie [mikʀofɔtɔgʀafi] n. f. TECH **1.** Photographie sur microfilms. **2.** Reproduction photographique de l'image fournie par un microscope. Syn. photomicrographie. – De *micro-*, et *photographie.*

microphysique [mikʀofizik] n. f. PHYS Partie de la physique qui étudie l'atome et son noyau. – De *micro-*, et *physique.*

microprocesseur [mikʀopʀɔsɛsœʀ] n. m. INFORM Ensemble de circuits intégrés constituant notam., sous un très faible volume, l'unité centrale d'un micro-ordinateur. – Angl. *microprocessor,* de *to process,* « effectuer une opération, traiter ».

microprogrammation [mikʀɔpʀɔgʀamasjɔ̃] n. f. INFORM Programmation dans laquelle chaque instruction commande au niveau programmable le plus élémentaire d'un ordinateur. – De *micro-*, et *programmation.*

micropsie [mikʀɔpsi] n. f. MED Anomalie de la vision consistant à voir les objets plus petits qu'ils ne sont. – De *micro-*, et *-opsie.*

micropyle [mikʀopil] n. m. BOT Orifice dans le tégument de l'ovule des végétaux phanérogames, par où passent les anthérozoïdes lors de la fécondation. – De *micro-*, et gr. *pylê,* « porte ».

microradiomètre [mikʀoʀadjɔmɛtʀ] n. m. PHYS Appareil servant à mesurer les très faibles intensités de rayonnement thermique (détection des lancements de fusées à partir de satellites, par ex.). – De *micro-*, et *radiomètre.*

microscope [mikʀɔskɔp] n. m. PHYS Instrument d'optique permettant d'observer des objets trop petits pour être discernés à l'œil nu. – De *micro-*, et *-scope.*
ENCYCL On peut classer les divers microscopes en fonction de la nature du phénomène utilisé pour former les images. Le *microscope optique* utilise les photons associés aux ondes lumineuses et comporte un objectif qui réalise une image très agrandie de l'objet, tandis qu'un oculaire permet l'observation de celle-ci. Le microscope *électronique* permet d'obtenir une image d'un objet de quelques dizaines de nanomètres (milliardièmes de mètre) en utilisant un faisceau d'électrons. Le *microscope à effet tunnel** utilise des particules (électrons ou ions) accélérées par un champ électrique ; il permet d'observer des détails de dimensions inférieures au nanomètre. Le *microscope acoustique* utilise des ondes ultrasonores selon un principe voisin de celui de l'échographie.

microscopie [mikʀɔskɔpi] n. f. Observation à l'aide du microscope. – Technique de l'emploi du microscope. – De *microscope.*

microscopique [mikʀɔskɔpik] adj. **1.** PHYS Réalisé à l'aide du microscope. *Observations microscopiques.* **2.** Qui n'est visible qu'au microscope. *Animaux microscopiques.* – *Par ext.* Minuscule. *Écriture microscopique.* – De *microscopie.*

microseconde [mikʀosəgɔ̃d] n. f. PHYS Millionième de seconde (symbole μs). – De *micro-*, et *seconde.*

microsillon [mikʀɔsijɔ̃] n. m. **1.** Sillon d'un disque phonographique de profondeur et de largeur particulièrement faibles, permettant une audition de longue durée. **2.** Cour. Disque gravé en microsillon (par oppos. aux anciens disques 78 tours, à sillon large). – De *micro-*, et *sillon.*

microsociété [mikʀosɔsjete] n. f. SOCIOL Communauté humaine de très petite taille. – De *micro-*, et *société.*

microsonde [mikRosɔ̃d] n. f. Sonde permettant l'analyse et le dosage de très petites quantités de matière. – De *micro-*, et *sonde*.

microsporange [mikRospɔRɑ̃ʒ] n. m. BOT Sporange à microspores. – De *micro-*, et *sporange*.

microspore [mikRospɔR] n. f. BOT Spore la plus petite, à potentialité mâle, des végétaux produisant deux types de spores (par oppos. à *macrospore*). – De *micro-*, et *spore*.

microstructure [mikRostRyktyR] n. f. Didac. **1.** Structure microscopique. **2.** Structure faisant partie d'une structure plus grande. *On étudie les microstructures en sociologie, en linguistique, etc.* – De *micro-*, et *structure*.

microtome [mikRotɔm] n. m. HISTOL Instrument servant à préparer dans les tissus animaux ou végétaux des coupes très minces pour le microscope. – De *micro-*, et *-tome*.

micro-trottoir [mikRotRɔtwaR] n. m. Sondage rapide, dans la rue, filmé ou enregistré. *Des micros-trottoirs.* – De *micro-*, et *trottoir*.

microviseur [mikRovizœR] n. m. TECH Petit judas de porte permettant de voir à l'extérieur sans être vu. – De *micro-*, et *viseur*.

miction [miksjɔ̃] n. f. MED Expulsion de l'urine accumulée dans la vessie. – Bas lat. *mictio, minctio*, de *mingere*, «uriner».

midi [midi] n. m. **1.** Milieu du jour; douzième heure. *En plein midi. – Demain à midi* ou, ellipt., *demain midi.* ▷ *Vers les midi* : aux environs de midi. ▷ Fig. *Chercher midi à quatorze heures* : trouver des difficultés inexistantes, compliquer les choses comme à plaisir. ▷ Fam., vieilli *C'est midi* (sonné) : il n'y a rien à faire, impossible. **2.** Sud (point cardinal). **3.** Région, pays méridional. ▷ *Spécial.* La partie méridionale de la France. ▷ ASTRO *Midi vrai, midi moyen.* – De *mi-*, et a. fr. *di*, «jour», lat. *dies*.

midinette [midinɛt] n. f. Anc. Jeune ouvrière ou vendeuse parisienne de la couture ou de la mode. ▷ Mod. Jeune citadine aux idées naïves et romanesques. – De *midi*, et *(dî)nette*; «qui se contente d'une dînette à midi».

midship [midʃip] ou **midshipman, men** [midʃipman, mɛn] n. m. MAR Aspirant, dans les marines anglaise et américaine. ▷ Enseigne de deuxième classe, dans la marine française. – Mot angl., «(homme) du milieu du vaisseau».

1. mie [mi] n. f. (et adv.) **1.** adv. Vx *Ne... mie* : ne... pas. *Il ne comprenait mie.* **2.** n. f. Partie intérieure du pain, qui est molle. *La mie et la croûte.* – Du lat. *mica*, «parcelle, miette».

2. mie [mi] n. f. Vx ou litt. Femme aimée. – De *amie* sous la forme *m'amie*, «mon amie».

miel [mjɛl] n. m. **1.** Matière sucrée plus ou moins épaisse, blanche ou jaune, parfois brune, que les abeilles élaborent à partir du nectar qu'elles recueillent sur les fleurs. **2.** Fig. Ce qui est plein de douceur. *Paroles de miel.* – Loc. *Être tout sucre tout miel* : être d'une douceur, d'une amabilité inhabituelles, en général pour obtenir qqch. ▷ *Lune de miel* : premiers temps du mariage. – Lat. *mel*.

miellat [mjɛla] n. m. APIC Liquide sucré plus ou moins visqueux excrété par divers insectes suceurs de sève (pucerons, notam.) et récolté par les abeilles. – De *miel*.

miellé, ée [mjɛle] adj. **1.** Enduit de miel, sucré au miel. **2.** Qui rappelle le miel (par son goût, son aspect, etc.). *Couleur miellée.* – De *miel*.

miellée [mjele] n. f. APIC **1.** Miellat. **2.** Période de l'année où les abeilles réalisent une forte production de miel. **3.** Nectar butiné que rapportent les abeilles. – De *miel*.

mielleusement [mjɛløzmɑ̃] adv. Doucereusement. – De *mielleux*.

mielleux, euse [mjɛlø, øz] adj. **1.** Qui rappelle le miel, sa saveur. ▷ Péjor. Fade, doucereux. **2.** D'une douceur affectée et obséquieuse. *Un ton mielleux.* – De *miel*.

mien, mienne [mjɛ̃, mjɛn] adj. et pron. poss. de la 1re pers. du sing. **I.** adj. poss. Litt. Qui est à moi, qui m'appartient; de moi. *Un mien ami.* ▷ (Attribut.) *Cette maison est mienne. – Je fais mienne cette proposition.* **II.** pron. poss. *Le(s) mien(s), la (les) mienne(s).* **1.** Ce qui est mien. *Ta fille et la mienne. – Ce livre est le mien.* ▷ *Vos conditions seront les miennes* : les conditions que vous proposerez seront celles-là mêmes que j'accepterai. **2.** n. m. *Le mien* : mon bien, ce qui m'appartient. *Le tien et le mien.* ▷ Fig. *J'y mettais du mien*, de ma personne, de mes capacités, de la bonne volonté. ▷ *Les miens* : mes proches, mes parents. – Du lat. *meum*, accus. de *meus*.

miette [mjɛt] n. f. **1.** Petite parcelle de pain, de gâteau qui se détache quand on le coupe ou qui reste quand on a mangé. ▷ Fig. *Il n'a recueilli que les miettes de l'héritage.* – Loc. *Ne pas en laisser une miette* : ne rien laisser. *Ne pas en perdre une miette* : ne rien perdre d'un spectacle. **2.** Petite parcelle. *Briser un verre en miettes.* – De *mie* 1.

mieux [mjø] adv., n. m. et adj. Comparatif de *bien*. **I.** adv. **1.** D'une manière plus avantageuse, plus accomplie. *Il peut mieux faire. Il chante mieux que les autres. Il entend beaucoup mieux.* ▷ *Aller mieux* : être en meilleure santé. – *Ses affaires vont mieux*, sont dans un meilleur état. ▷ *Aimer mieux* : préférer. ▷ *Valoir mieux* : être préférable. Prov. *Mieux vaut tard que jamais.* **2.** Loc. adv. *De mieux en mieux* : en faisant toujours des progrès. ▷ *Le mieux du monde* : aussi bien que possible. ▷ *Au mieux* : dans les conditions les plus favorables. *Il l'a vendu au mieux. – Être au mieux avec qqn* : être très lié, être en très bons termes avec lui. ▷ Fam. *À qui mieux mieux* : en rivalisant, en cherchant à surpasser l'autre. ▷ *Tant mieux* : interj. marquant la satisfaction. *Il a gagné, tant mieux!* **3.** Superl. de *bien*. *Le mieux* : de la manière la meilleure. *Le texte le mieux rédigé. Agis le mieux, du mieux que tu peux.* **II.** n. m. Ce qui est meilleur, quelque chose de meilleur. *En attendant mieux. – Faute de mieux.* ▷ Prov. *Le mieux est l'ennemi du bien* : on gâte souvent une bonne chose en voulant la rendre meilleure. ▷ *Il y a du mieux*, une amélioration. ▷ *Faire de son mieux* : faire aussi bien que l'on peut. **III.** adj. attribut. **1.** (Choses) Meilleur, plus convenable. *C'est mieux pour lui. Il n'a rien de mieux à vous proposer.* **2.** En meilleure santé. *Il est mieux qu'hier.* ▷ Plus beau; d'une valeur supérieure. *Elle est mieux que lui.* – Du lat. *melius*.

mieux-être [mjøzɛtR] n. m. inv. Bien-être accru. – De *mieux*, et *être*.

mièvre [mjɛvR] adj. **1.** Vx Vif, déluré. **2.** D'une grâce un peu fade, affectée. – P.-ê. de l'anc. scand. *snoefr*, «vif»; d'abord *esmièvre*.

mièvrement [mjɛvRəmɑ̃] adv. D'une façon mièvre. – De *mièvre*.

mièvrerie [mjɛvRəRi] n. f. Qualité, état de qqn, de qqch qui est mièvre. – Acte, chose mièvre. – De *mièvre*.

migmatite [migmatit] n. f. MINER Roche métamorphique de composition analogue à celle du granite, mais qui conserve la foliation du gneiss. – Du gr. *migma*, «mélange», et *-ite* 3.

mignard, arde [miɲaR, aRd] adj. D'une grâce, d'une douceur délicate, mignonne, recherchée (parfois péjor.). *Une jeune fille mignarde. Sourire mignard.* – De *mignon*, et suff. *-ard*.

mignardise [miɲaRdiz] n. f. **1.** Litt. Délicatesse mignonne. *Mignardise d'un visage.* **2.** Délicatesse, gentillesse affectée. ▷ *Des mignardises* : des manières mignardes. **3.** *Mignardise* ou, en appos., *œillet mignardise* : petit œillet très parfumé. – De *mignard.*

mignon, onne [miɲɔ̃, ɔn] adj. et n. **1.** adj. Délicat, gentil, gracieux. *Enfant mignon.* ▷ (Surtout au fém.) Aimable, joli. *Une jeune fille très mignonne.* ▷ Fam. Complaisant, gentil. *Sois mignon, va me poster cette lettre.* **2.** Subst. Jeune personne, enfant mignon. ▷ Terme d'affection. *Alors, ma mignonne !* ▷ Pop. Jeune fille, jeune femme. **3.** n. m. Nom donné aux favoris d'Henri III, à ses gitons. – A. fr. *mignot,* p.-ê. de *minet,* « chat ».

mignonne [miɲɔn] n. f. Variété de poire rouge foncé. ▷ Variété de prune longue à peau jaune pâle. – De *mignon.*

mignonnement [miɲɔnmɑ̃] adv. Vieilli, litt. D'une manière délicate. – De *mignon.*

mignonnet, ette [miɲɔnɛ, ɛt] adj. (et n.) Délicat et mignon ; plutôt mignon. – Dimin. de *mignon.*

mignonnette [miɲɔnɛt] n. f. **1.** Œillet mignardise. **2.** Salade faite avec de jeunes feuilles de chicorée sauvage. **3.** Poivre concassé destiné, notam., à l'assaisonnement des huîtres. **4.** Gravillon roulé d'une granulométrie inférieure à 10 mm. – Fém. de *mignonnet.*

mignoter [miɲɔte] v. tr. [1] Fam. Cajoler, dorloter. – De l'a. fr. *mignot,* « mignon ».

migraine [migʀɛn] n. f. MED Douleur d'origine vasomotrice n'affectant qu'un seul côté de la tête, qui s'accompagne parfois de nausées et de vomissements. – Cour. Mal de tête. – Du lat. méd. *hemicrania,* mot gr., « (douleur) dans la moitié du crâne ».

migraineux, euse [migʀɛnø, øz] adj. et n. **1.** Relatif à la migraine. **2.** Subst. Personne qui a la migraine, qui y est sujette. – De *migraine.*

migrant, ante [migʀɑ̃, ɑ̃t] adj. Qui effectue une migration (sens 1). ▷ Subst. Personne qui migre ou a migré depuis peu de temps. – *Spécial.* Travailleur immigré. – De *migration.*

migrateur, trice [migʀatœʀ, tʀis] adj. et n. Qui migre. – De *migration.*

migration [migʀasjɔ̃] n. f. **1.** Déplacement d'une population passant d'une région dans une autre pour s'y établir. *Les migrations des Barbares.* – *Migration saisonnière,* qui s'effectue en fonction des saisons vers les lieux de travail, de vacances. **2.** Déplacement en groupes qu'effectuent, régulièrement, au cours des saisons, certains animaux. *Migration des hirondelles.* **3.** MED Déplacement (d'un corps étranger, de cellules) dans l'organisme. *Migration d'un calcul. Migration de l'ovule.* **4.** PHYS, METALL Déplacement (de particules) dans une substance sous l'effet d'un facteur extérieur. – Lat. *migratio.*

migratoire [migʀatwaʀ] adj. Qui concerne les migrations. – De *migration.*

migrer [migʀe] v. intr. [1] Effectuer une, des migrations. *Population qui migre.* – *Oiseaux migrant en Afrique. Les saumons migrent afin de se reproduire dans un milieu favorable.* ▷ PHYS *Les ions migrent à la cathode.* – Lat. *migrare.*

mihrab [miʀab] n. m. Niche à l'intérieur d'une mosquée, orientée vers La Mecque. – Mot ar.

mi-jambe (à) [amiʒɑ̃b] loc. adv. Au milieu de la jambe. *Bottes qui montent à mi-jambe, jusqu'à mi-jambe.* – De *mi-,* et *jambe.*

mijaurée [miʒɔʀe] n. f. Fille, femme aux manières prétentieuses, affectées. *Faire la mijaurée.* – P.-ê. de *mijolée,* dial., de *mijoler,* « cajoler », de l'a. fr. *mijot,* « lieu où l'on fait mûrir les fruits ».

mijoter [miʒɔte] v. [1] **I.** v. tr. **1.** Faire cuire lentement, à petit feu. ▷ Cuisiner, préparer avec beaucoup de soin. *Je vous ai mijoté un bon petit plat.* **2.** Fig., fam. Préparer doucement, à loisir, et d'une manière plus ou moins secrète (un projet, un mauvais coup, etc.). *Qu'est-ce que vous mijotez, tous les deux ?* **II.** v. intr. Cuire lentement, à petit feu. – De l'a. fr. *mijot,* « lieu où l'on fait mûrir les fruits », p.-ê. du germ. **musganda.*

mikado [mikado] n. m. **1.** Empereur du Japon. **2.** Jeu d'adresse ressemblant au jeu de jonchets*. – Mot japonais, « souverain ».

1. mil. V. mille 1.

2. mil [mil] n. m. Céréale à petits grains cultivée dans les régions chaudes de l'Ancien Monde. *Les millets et les sorghos sont des mils.* ▷ *Gros mil.* V. sorgho. – Lat. *milium.*

milady, plur. **miladys** ou **miladies** [milɛdi ; milɛdiz] n. f. Titre donné en France à une lady. – De l'angl. *my lady,* « ma dame ».

milan [milɑ̃] n. m. Oiseau de proie (*Milvus,* et genres voisins) aux longues ailes (jusqu'à 1,50 m d'envergure) et à la queue fourchue. *Le milan noir et le milan royal, charognards d'Europe, planent au-dessus des plaines ou des étangs en quête d'animaux morts.* – Mot provenç., du lat. pop. **milanus,* lat. *miluus.*

milanais, aise [milanɛ, ɛz] adj. et n. **1.** De Milan, ville d'Italie du Nord. ▷ Subst. *Un(e) Milanais(e).* **2.** *Escalope milanaise,* panée et cuite au beurre.

mildiou [mildju] n. m. Maladie des plantes (vignes, pommes de terre, etc.) due à des moisissures et qui se manifeste par des taches brunes suivies d'un flétrissement général. (*Plasmospora viticola,* originaire d'Amérique, attaque la vigne ; *Phytophtora infestans,* la pomme de terre. On peut prévenir le mildiou en traitant les plantes par des solutions cupriques : bouillie bordelaise ou bourguignonne, et en employant divers fongicides de synthèse.) – Mot angl. *mildew.*

mildiousé, ée [mildjuze] adj. VITIC Attaqué par le mildiou. – De *mildiou.*

mile [majl ; mil] n. m. Mesure anglaise de longueur équivalant à 1 609 m. – Mot angl., du fr. *mille* 2.

miliaire [miljɛʀ] adj. et n. **1.** adj. MED Qui présente un aspect granuleux rappelant la semence de mil. **2.** n. f. Éruption de fines vésicules dues à la rétention de la sueur. – Lat. *miliarius,* de *milium,* « mil ».

milice [milis] n. f. **1.** Vx Art de la guerre. **2.** Vx Armée, troupe. **3.** Au Moyen Âge, troupe levée dans une ville affranchie pour défendre celle-ci (*milices urbaines, milices bourgeoises* ou *milices communales*). **4.** Corps de police supplétif. ▷ Spécial. *La Milice* : l'organisation policière (formée de volontaires) créée par le gouvernement Pétain-Laval pour lutter contre la Résistance (1943-1944). **5.** Formation de police, sans caractère officiel, chargée de défendre des intérêts privés. *Milice patronale.* – Du lat. *militia,* « service militaire », de *miles, militis,* « soldat ».

milicien, enne [milisjɛ̃, ɛn] n. Personne qui fait partie d'une milice. – De *milice.*

milieu [miljø] n. m. **I. 1.** Centre d'un lieu, point situé à égale distance des extrémités. *Faire un dessin au milieu d'une feuille de papier. Ville située au milieu de la France.* **2.** Période située à égale distance du début et de la fin. *Le milieu du mois.* **3.** Loc. *Au milieu de* : à égale distance des extrémités de, au centre de, en plein dans. *Au milieu de la forêt.* ▷ *Au beau milieu (de)* : tout au milieu, en plein milieu (de). *Au beau milieu de son discours, il a été interrompu.* **4.** Fig. Ce qui est également éloigné de deux excès contraires. *Garder le juste milieu.* – Loc. *Il n'y a pas de milieu* : il faut absolument choisir entre un parti ou l'autre. **II. 1.** Ensemble de conditions naturelles (géographiques, climatiques, etc.) qui régissent la vie d'êtres vivants. *Milieu marin. Adaptation d'un animal à son milieu.* (V. écologie, écosystème, environnement, habitat). **2.** *Milieu intérieur :* ensemble des liquides interstitiels (y compris le sang) qui baignent les cellules de l'organisme. **3.** Entourage, société, sphère sociale où l'on vit. *Influence du milieu. Réunir des amis de milieux différents.* ▷ Absol. *Le milieu :* le monde de la pègre. – De *mi-*, et *lieu*.

militaire [militɛʀ] adj. et n. m. **I.** adj. **1.** Relatif à l'armée, aux soldats, à la guerre. *Art militaire. Justice militaire. Autorités militaires* (par oppos. à *autorités civiles*). *Honneurs militaires,* rendus par les troupes en armes. ▷ *L'heure militaire :* l'heure précise. **2.** Qui s'appuie sur l'armée. *Dictature militaire.* **II.** n. m. **1.** Membre de l'armée. *Un militaire en uniforme.* **2.** Litt. *Le militaire :* l'armée, la profession de militaire. – Lat. *militaris,* de *miles, militis,* « soldat ».

militairement [militɛʀmɑ̃] adv. **1.** Par la force armée. *Zone occupée militairement.* **2.** Fig. Avec exactitude ; avec résolution. – De *militaire*.

militant, ante [militɑ̃, ɑ̃t] adj. et n. **1.** adj. Qui agit en combattant. *Politique militante.* **2.** n. Adhérent actif d'un parti, d'une organisation. *Les militants d'un parti.* – Ppr. de *militer*.

militantisme [militɑ̃tism] n. m. Activité des militants d'une organisation. – De *militant*.

militantiste [militɑ̃tist] adj. Qui concerne le militantisme ; qui en relève. *Une action militantiste.* – De *militantisme*.

militarisation [militaʀizasjɔ̃] n. f. Action de militariser ; son résultat. – De *militariser*.

militariser [militaʀize] v. tr. [1] Pourvoir d'une force armée. ▷ Organiser de façon militaire. ▷ Faire occuper par la force armée. *Militariser une zone.* – De *militaire*.

militarisme [militaʀism] n. m. **1.** Politique s'appuyant sur les militaires, sur l'armée, ou exercée par des militaires. *Le militarisme de l'Allemagne impériale.* **2.** Opinion, tendance de ceux qui sont favorables à l'influence des militaires, de l'armée. – De *militaire*.

militariste [militaʀist] adj. et n. Péjor. Partisan du militarisme. *Militariste chauvin.* – De *militarisme*.

militer [milite] v. intr. [1] **1.** Œuvrer activement à la défense ou à la propagation d'une idée, d'une doctrine. ▷ Être militant d'une organisation. *Militer au P.C.* **2.** *Militer pour, contre :* plaider pour, contre ; venir à l'appui d'une thèse, de son contraire. *Cet argument milite en sa faveur.* – Lat. *militare,* « être soldat », de *miles, militis,* « soldat ».

milk-shake [milkʃɛk] n. m. (Anglicisme) Boisson à base de lait frappé et battu avec de la crème glacée ou de la pulpe de fruits. *Des milk-shakes.* – Mot angloamér. de *milk,* « lait », et de *to shake,* « secouer ».

millas n. m., **millasse** [mijas] ou **milliasse** [miljas] n. f. Rég. Gâteau fait de farine de maïs cuite dans du saindoux, puis refroidi, et coupé en cubes qui sont ensuite frits (ou grillés) et servis chauds saupoudrés de sucre en poudre. – Gascon *mias, millas*.

1. mille [mil] adj. et n. m. inv. **I.** adj. **1.** adj. num. cardinal. Qui vaut dix fois cent (1 000). *Mille kilomètres.* ▷ N.B. *Mille* peut s'écrire *mil* dans une date inférieure à *deux mille : mil neuf cent trente.* **2.** Un grand nombre de. *Je vous remercie mille fois.* **3.** Loc. fam. *Je vous le donne en mille :* je parie, à mille contre un, que vous ne devinerez pas la chose en question. **4.** adj. num. ordinal. Millième. *Fêter le numéro mille d'un journal. L'an mille.* **II.** n. m. inv. **1.** Le nombre mille. *Multiplier par mille.* **2.** Millier. *Quel est le prix au mille ?* – Loc. fam. *Des mille et des cents :* beaucoup d'argent. **3.** Centre d'une cible, qui fait gagner mille points quand on le touche. – Loc. fig. *Mettre, taper, toucher dans le mille :* tomber juste ; réussir pleinement. **4.** Groupe de mille exemplaires d'un ouvrage. *Vingtième mille.* – Lat. *mille,* plur. *millia,* ou *milia.*

2. mille [mil] n. m. **1.** ANTIQ Unité romaine de mesure des distances, valant mille pas (1 482 m). **2.** *Mille marin :* unité de mesure des distances utilisée en navigation maritime et aérienne, distance entre deux points d'un méridien terrestre séparés par une minute d'arc (1 852 m). – Lat. *mille.*

1. millefeuille [milfœj] n. f. Plante herbacée des terrains incultes (*Achillea millefolium,* fam. composées) à feuilles finement divisées, et à fleurs blanches ou rosées. – De *mille* 1, et *feuille.*

2. millefeuille [milfœj] n. m. Gâteau de pâte feuilletée garnie de crème pâtissière. – De *mille* 1, et *feuille.*

millénaire [millenɛʀ] adj. et n. **I.** adj. Qui existe depuis mille ans. *Un monument millénaire.* **II.** n. m. **1.** Période de mille ans. **2.** Millième anniversaire. *Célébrer le millénaire de Paris.* – Lat. *millenarius.*

millénarisme [millenaʀism] n. m. RELIG Croyance en un règne messianique destiné à durer mille ans. (Cette durée de mille ans, que l'on retrouve à la fois dans l'islam, dans la tradition juive et dans certaines traditions chrétiennes, anciennes et contemporaines, s'entend soit littéralement soit symboliquement.) – De *millénaire.*

millénariste [millenaʀist] adj. et n. RELIG **1.** adj. Du millénarisme. *Théorie millénariste.* **2.** n. Celui, celle qui ajoute foi au millénarisme. – De *millénarisme.*

millénium [millenjɔm] n. m. RELIG Règne de mille ans, dans le millénarisme. – Du lat. *mille.*

mille-pattes [milpat] n. m. inv. Nom cour. de nombreux myriapodes. – De *mille* 1, et *patte.*

mille-pertuis ou **millepertuis** [milpɛʀtɥi] n. m. inv. Plante dicotylédone herbacée (genre *Hypericum,* fam. hypéricacées) à fleurs jaunes, qui doit son nom aux glandes translucides qui criblent ses feuilles. – De *mille* 1, et *pertuis.*

millépore [millepɔʀ] n. m. ZOOL Hydrozoaire à squelette calcaire (genre *Millepora*), qui contribue à la construction des récifs coralliens tropicaux. – De *mille* 1, et *pore.*

mille-raies [milʀɛ] n. m. inv. Tissu à fines raies ou à fines côtes. – (En appos.) *Velours mille-raies.* – De *mille* 1, et *raie.*

millerandage [milʀɑ̃daʒ] n. m. VITIC Développement imparfait des grains de raisin, par suite d'une mauvaise fécondation. – De *millerand* adj., du lat. *milium* (millet) *granum* (grain), qualifiant des raisins avortés.

millerandé, ée [milʀɑ̃de] adj. VITIC Atteint de millerandage. – De *millerandage.*

millésime [millezim] n. m. **1.** Chiffre exprimant le nombre mille dans une date. *1 est le millésime de 1950.* **2.** Chiffre marquant la date de fabrication d'une monnaie, la date de récolte d'un vin, etc. *Bouteille qui porte le millésime d'une grande année.* – Lat. *millesimus,* « millième ».

millésimé, ée [millezime] adj. Qui porte un millésime. *Cru millésimé.* – De *millésime.*

millet [mijɛ] n. m. Nom cour. de diverses graminées céréalières (genres *Setaria* et *Phalaris,* notam.) cultivées surtout en Asie et en Afrique, et utilisées dans l'alimentation humaine et comme fourrage. – Dimin. de *mil* 2.

milli-. Élément, du lat. *mille,* « mille », marquant la division par mille de l'unité.

milliaire [miljɛʀ] adj. ANTIQ ROM *Borne milliaire :* borne qui marquait les milles. – Lat. *milliarius.*

milliampère [milliɑ̃pɛʀ] n. m. ELECTR Millième d'ampère (symbole mA). – De *milli-*, et *ampère*.

milliard [miljaʀ] n. m. Nombre qui vaut mille millions. – Absol. *Un milliard :* mille millions de francs. – *Par ext.* Nombre indéterminé et très considérable. – De *million*, par chang. de suff.

milliardaire [miljaʀdɛʀ] adj. et n. Dont la fortune dépasse le milliard. – De *milliard*.

milliardième [miljaʀdjɛm] adj. et n. **1.** adj. numéral ordinal. Dont le rang est marqué par le nombre un milliard. **2.** n. m. Chacune des parties d'un tout divisé en un milliard de parties égales. – De *milliard*.

milliasse. V. millas.

millibar [mi(l)libaʀ] n. m. METEO Anc. unité de pression valant un millième de bar, utilisée en partic. en météorologie et qui a été remplacée par l'hectopascal*. – De *milli-*, et *bar*.

millième [miljɛm] adj. et n. **I.** adj. num. ord. Dont le rang est marqué par le nombre 1 000. *La millième heure de vol.* **II.** n. **1.** Personne, chose qui occupe la millième place. *Le millième sur la liste nationale des candidats reçus au concours.* **2.** n. m. Chacune des parties d'un tout divisé en mille parties égales. *Un millième du budget national.* – Du lat. *millesimus* ou du fr. *mille* 1.

milliéquivalent [milliekivalɑ̃] n. m. CHIM Millième de l'équivalent-gramme d'un ion (symbole mEq). – De *milli-*, et *équivalent*.

millier [milje] n. m. **1.** Nombre de mille, d'environ mille. *Des milliers de gens.* **2.** Loc. *Par milliers :* en très grand nombre. – Du lat. *milliarium* ou de *mille* 1.

milligrade [miligʀad] n. m. GEOM Unité de mesure d'angle égale à un millième de grade (symbole mgr). – De *milli-*, et *grade*.

milligramme [miligʀam] n. m. PHYS Unité de mesure de masse, équivalant à la millième partie du gramme (symbole mg). – De *milli-*, et *gramme*.

millilitre [mililitʀ] n. m. PHYS Unité de mesure de volume, équivalant à la millième partie du litre (symbole ml). – De *milli-*, et *litre*.

millimètre [milimɛtʀ] n. m. Unité de longueur valant un millième de mètre (symbole mm). ▷ *Millimètre carré* (mm^2) *:* unité de surface correspondant à un carré de 1 mm de côté. *Millimètre cube* (mm^3) *:* unité de volume correspondant à un cube d'arête de 1 mm. – De *milli-*, et *mètre*.

millimétré, ée [millimetʀe] adj. Gradué, réglé en millimètres. *Papier millimétré.* – De *millimètre*.

millimétrique [millimetʀik] adj. **1.** Syn. de *millimétré*. **2.** D'un ordre de grandeur voisin du millimètre. *Ondes millimétriques.* – De *millimètre*.

million [miljɔ̃] n. m. Nombre qui vaut mille fois mille. *Quatre millions d'habitants.* – Absol. *Un million :* mille fois mille francs. – *Par ext.* Nombre indéterminé et très considérable. – Ital. *milione*.

millionième [miljɔnjɛm] adj. et n. m. **1.** adj. num. ordinal. Dont le rang est marqué par le nombre un million. **2.** n. m. Chacune des parties d'un tout divisé en un million de parties égales. – De *million*.

millionnaire [miljɔnɛʀ] adj. et n. Dont la fortune s'évalue en millions. ▷ *Ville millionnaire,* d'au moins un million d'habitants. – De *million*.

millithermie [millitɛʀmi] n. f. PHYS Millième de thermie (symbole mth). – De *milli-*, et *thermie*.

millivolt [milivɔlt] n. m. ELECTR Millième de volt (symbole mV). – De *milli-*, et *volt*.

millivoltmètre [millivɔltmɛtʀ] n. m. ELECTR Appareil servant à mesurer les différences de potentiel de l'ordre du millivolt. – De *milli-*, et *voltmètre*.

milord [milɔʀ] n. m. **1.** Vx Titre donné en France aux lords britanniques. **2.** Pop., vieilli Homme fort riche et élégant. **3.** Anc. Cabriolet à quatre roues. – Angl. *my lord*, « mon seigneur ».

milouin [milwɛ̃] n. m. Canard plongeur (genre *Aythya*). *Le milouin mâle est gris, avec la poitrine noire et la tête rousse. Le milouin femelle est gris-brun.* – P.-ê. du lat. *miluus*, « milan ».

mi-lourd [miluʀ] adj. et n. m. SPORT Se dit d'un boxeur professionnel pesant entre 76,204 kg et 79,378 kg. *Des mi-lourds.* – De *mi-*, et *lourd*.

mime [mim] n. **1.** n. m. ANTIQ Brève comédie bouffonne. ▷ Acteur interprétant une telle comédie. **2.** n. m. ou, rare, f. Interprète de pantomime, acteur qui s'exprime uniquement par les gestes et les attitudes, sans dire une seule parole. – *Par ext.* Celui, celle qui mime. – Lat. *mimus*, gr. *mîmos*.

mimer [mime] v. tr. [1] Imiter, représenter par des gestes, des attitudes. *Mimer qqn. Mimer des sentiments passionnés.* – De *mime*.

mimétique [mimetik] adj. Qui se rapporte au mimétisme. – De *mimétisme*.

mimétisme [mimetism] n. m. **1.** Aptitude de certaines espèces animales à prendre l'aspect d'un élément de leur milieu de vie. **2.** Fig. Tendance à imiter le comportement d'autrui, à prendre les manières, les habitudes d'un milieu, etc. – Du gr. *mimeisthai*, « mimer, imiter ».
ENCYCL On distingue plusieurs types de mimétismes. Les animaux qui, pour se défendre ou se mettre à l'affût, se confondent avec le milieu opèrent un *camouflage*, nommé *homochromie* lorsqu'ils en adoptent la couleur (dite alors *cryptique*) et *homomorphie* lorsqu'ils en adoptent la forme. Ainsi, la sole adopte la couleur du sable; la mante religieuse, celle d'un organe végétal; le pelage de l'hermine devient blanc en hiver. D'autres espèces profitent de leur ressemblance avec des animaux dangereux, redoutables. Certaines mouches, certains papillons prennent l'aspect d'une guêpe pour décourager leurs prédateurs; d'autres miment à s'y méprendre une espèce particulière, à l'odeur nauséabonde, afin d'écarter leurs ennemis.

mimi [mimi] n. m. **1.** Fam. (Langage enfantin.) Chat. ▷ Baiser, caresse. **2.** (Terme affectueux.) *Mon gros mimi.* – Redoublement enfantin de la prem. syll. de *minet*.

mimique [mimik] n. f. (et adj.) **1.** Rare Art de représenter par le geste, art du mime. ▷ adj. *Langage mimique.* **2.** Représentation par le geste ou par l'expression du visage d'une idée, d'un sentiment, etc. *Une mimique expressive.* – Lat. *mimicus*, gr. *mimikos*.

mimodrame [mimɔdʀam] n. m. Œuvre dramatique dans laquelle les acteurs miment leur rôle sans parler, souvent sur un accompagnement musical. – De *mime*, et *drame*.

mimolette [mimɔlɛt] n. f. Fromage de Hollande rouge orangé, à pâte un peu molle. – De *mi-*, et *mollet*, « un peu mou ».

mimologie [mimɔlɔʒi] n. f. Didac. **1.** Rare Imitation de la voix. **2.** Langage des sourds-muets. – De *mime*, et *-logie*.

mimosa [mimoza] n. m. **1.** Cour. Arbuste aux feuilles entières ou composées, cultivé pour ses fleurs jaunes (parfois blanches) ornementales, groupées en petites boules (« glomérules ») très odorantes. *Le mimosa des horticulteurs est un acacia* (V. ce mot) *pour les botanistes.* **2.** BOT Légumineuse herbacée d'origine américaine, dont une espèce est appelée *sensitive*, parce que ses feuilles se replient quand on les touche. – Lat. bot., de *mimus*,

« mime », par allus. à la contractilité de certaines espèces.

mimosacées [mimozase] n. f. pl. Famille de légumineuses comprenant les *Mimosa* et les *Acacia*. – Sing. *Une mimosacée*. – De *mimosa*.

mi-moyen [mimwajɛ̃] adj. et n. m. SPORT Vieilli Syn. de *welter*. – De *mi-*, et *moyen*.

min Symbole de minute.

MIN [min] n. m. Acronyme pour *marché d'intérêt national*. Marché de produits agricoles ou alimentaires d'une importance particulière, soumis à une réglementation. *Le MIN de Bordeaux*.

minable [minabl] adj. **1.** Qui fait pitié. *Aspect minable*. **2.** Fam. Médiocre, dérisoire. ▷ Subst. *Un minable*. – De *miner*.

minablement [minabləmɑ̃] adv. D'une façon minable. – De *minable*.

minage [minaʒ] n. m. MILIT Action de miner (un terrain, un port, etc.). – De *miner*.

minaret [minaʀɛ] n. m. Tour d'une mosquée. *Du haut du minaret, le muezzin appelle à la prière*. – Turc *menâret*, ar. *manārah*, « phare ».

minauder [minode] v. intr. [1] Faire des mines, faire des manières. – De *mine* 3.

minauderie [minodʀi] n. f. **1.** Action de minauder; manque de naturel d'une personne qui minaude. **2.** (Plur.) Manières affectées. – De *minauder*.

minaudier, ère [minodje, ɛʀ] adj. Qui minaude, qui a l'habitude de minauder. – De *minauder*.

minbar [minbaʀ] n. m. Chaire à prêcher d'une mosquée. – Mot ar.

mince [mɛ̃s] adj. et interj. **I.** adj. **1.** De peu d'épaisseur. *Étoffe mince*. **2.** Svelte, élancé. *Femme mince*. **3.** Fig. Peu important, médiocre. *De minces revenus*. **II.** interj. Fam. (Marquant la surprise, l'admiration, etc.) *Mince alors!* – De l'anc. v. *mincier*, « couper en menus morceaux », var. de *menuiser*.

minceur [mɛ̃sœʀ] n. f. **1.** Caractère de ce qui est mince, peu épais. **2.** État d'une personne mince. – De *mince*.

mincir [mɛ̃siʀ] v. intr. [3] S'amincir. *Il a minci très vite*. – De *mince*.

mindel [mindɛl] n. m. Deuxième grande glaciation alpine du quaternaire. – De *Mindel*, n. d'une rivière d'All.

1. mine [min] n. f. Ancienne mesure de capacité pour les grains, valant six boisseaux, soit environ 781 dans la région parisienne. – Bas lat. *mina*, class. *hemina*; d'abord *émine*.

2. mine [min] n. f. **I. 1.** Gisement, le plus souvent souterrain, d'où l'on extrait une substance métallique ou minérale. *Mine de phosphate, de cuivre, de diamant*. ▷ Fig. *Une mine d'or* : une source de profits considérables et continus. – *Cette bibliothèque est une mine de renseignements*. **2.** Excavation pratiquée pour exploiter un tel gisement. *Descendre au fond d'une mine*. **3.** Ensemble des ouvrages, des bâtiments, des machines, des installations nécessaires à cette exploitation. *Travailleurs d'une mine de charbon* (galibot, haveur, herscheur, porion, etc.). **II. 1.** Vx Galerie souterraine creusée sous une fortification pour en provoquer l'effondrement. **2.** Excavation dans laquelle on place une charge explosive destinée à détruire un ouvrage; cette charge elle-même. **3.** Engin de guerre conçu de manière à faire explosion lorsqu'un homme, un véhicule, un navire, etc., passe à proximité. *Mine antipersonnel, antichar, sous-marine*. **III.** Mince baguette de graphite ou de matière colorée constituant la partie centrale d'un crayon. – *Mine de plomb* : graphite utilisé pour faire la mine des crayons, plombagine. – P.-ê. gallo-rom. *mina*, mot celtique.

3. mine [min] n. f. **1.** Expression du visage, physionomie d'une personne, en tant qu'indice de son état de santé. *Avoir bonne mine, mauvaise mine*. **2.** Expression du visage, physionomie d'une personne, en tant qu'indice de son humeur, de son caractère, de ses sentiments. *Vous avez une mine bien réjouie! Juger qqn sur sa mine*. ▷ Contenance que l'on prend, air que l'on affecte. *Faire la mine à qqn*, lui témoigner du mécontentement, de l'humeur. *Faire bonne (triste, grise) mine à qqn*, bien (mal) l'accueillir. – *Faire mine de* (+ inf.) : faire semblant de; paraître prêt à. – *Mine de rien* : en ayant l'air de rien. ▷ Plur. *Faire des mines* : faire des manières, avoir un comportement affecté, minauder. **3.** Vieilli ou litt. Maintien, tournure. *Un homme de fort belle mine*. ▷ Apparence, aspect (d'une chose). *Voilà un civet de lièvre qui a bonne mine!* ▷ Loc. *Ne pas payer de mine* : ne pas se présenter à son avantage, n'avoir pas bon aspect. *Un petit restaurant qui ne paie pas de mine mais où l'on mange fort bien*. – P.-ê. du breton *min*, « bec, museau ».

4. mine [min] n. f. ANTIQ GR **1.** Mesure de poids valant environ 435 g. **2.** Monnaie valant cent drachmes. – Lat. *mina*, gr. *mnâ*.

miner [mine] v. tr. [1] **I. 1.** Vx Creuser une mine, une sape sous (un ouvrage). **2.** Mod. (Sujet n. de chose.) Creuser en créant un risque d'effondrement. *Fleuve qui mine ses berges pendant une crue*. **3.** Fig. Consumer, détruire peu à peu. – Pp. adj. *Elle est minée par le chagrin*. ▷ v. pron. *Il se mine pour un rien*. **II.** Placer des mines explosives dans (un lieu). – De *mine* 2.

minerai [minʀɛ] n. m. Corps contenu dans un terrain et renfermant un métal (ou tout autre élément utile) en proportion suffisante pour en permettre l'exploitation. *Les minerais sont recouverts ou imprégnés d'une substance appelée « gangue »*. – De *mine* 2.

minéral, ale, aux [mineʀal, o] n. m. et adj. **1.** n. m. Corps inorganique se trouvant à l'intérieur de la terre ou à sa surface. *Propriétés d'un minéral (densité, dureté, couleur, éclat, propriétés optiques)*. **2.** adj. Des minéraux. *Règne minéral* (par oppos. à *règne végétal* et à *règne animal*). *Chimie minérale*, qui a trait à tous les éléments autres que le carbone, et aux combinaisons auxquelles ils peuvent donner lieu (par oppos. à la *chimie organique*, chimie des composés du carbone). **3.** *Eau minérale* : eau provenant du sous-sol et parfois minéralisée. – Lat. médiév. *mineralis*.

ENCYCL Selon la classification *chimique*, on divise ainsi les 2 000 espèces minérales existantes : **1.** *Éléments natifs*, c.-à-d. purs, comme l'or, le platine, le cuivre, etc.; **2.** *Oxydes et hydroxydes*, comme la magnétite (Fe_3O_4), le corindon (Al_2O_3), le rutile (TiO_2), etc.; **3.** *Sels* de divers acides, comme les chlorures, fluorures, sulfures, nitrates, borates, etc. **4.** On classe à part les *silicates*, qui constituent près de 90 % de l'ensemble des minéraux terrestres. (V. silicate.) La classification des minéraux étant effectuée, une étude des cristaux constitutifs permet de préciser leur structure. (V. cristal.) Les cristaux sont classés d'après leurs éléments de symétrie (plans, axes et centre de symétrie), ce qui conduit à définir la *maille* du cristal. Les formes, multiples, des différents cristaux peuvent être toutes ramenées à sept polyèdres, ou mailles élémentaires : les mailles *cubique* (6 faces carrées), *quadratique* (prisme droit à base carrée, c.-à-d. 2 faces carrées, 4 rectangulaires), *orthorhombique* (prisme droit à base rectangle ou losange : 6 faces rectangulaires ou 4 rectangulaires et 2 losanges), *monoclinique* (prisme oblique à base rectangulaire : 2 faces rectangulaires, 4 en forme de parallélogramme), *triclinique* (6 faces en forme de parallélogramme), *hexagonale* (prisme droit à base hexagonale : 2 faces hexagonales, 6 faces rectangulaires) et *rhomboédrique* (6 faces égales en forme de losange). Tout cristal étant obtenu par la répétition de la maille élémentaire, sa forme visible à l'œil nu varie considérablement, car le nombre de mailles élémentaires peut être très différent dans les trois directions de l'espace. Cependant, quelle que soit la forme du cristal, l'angle dièdre formé par deux faces sera toujours égal à celui des deux faces homologues de la maille (loi de constance des dièdres). Lorsqu'un minéral cristallise dans plusieurs mailles, on le dit *polymorphe.* Le carbone est polymorphe : le diamant, carbone pur, cristallise dans une maille cubique; le graphite, dans une maille hexagonale. En revanche, deux minéraux différents sont *isomorphes* s'ils cristallisent de la même façon; pouvant se mélanger et cristalliser ensemble, ils ont des propriétés semblables. Lors de la cristallisation, plusieurs cristaux élémentaires peuvent se former simultanément; emmêlés, ils constituent alors une *macle.*

minéralier [mineʀalje] n. m. Cargo équipé pour le transport des minerais et des cargaisons en vrac. *Minéralier-pétrolier :* minéralier pouvant également transporter des hydrocarbures en vrac. – De *minéral.*

minéralisateur, trice [mineʀalizatœʀ, tʀis] adj. et n. m. Qui transforme les métaux en minerais. – De *minéraliser.*

minéralisation [mineʀalizasjɔ̃] n. f. **1.** Transformation d'un métal en minerai. **2.** État d'une eau qui contient en dissolution certaines substances minérales. – De *minéraliser.*

minéraliser [mineʀalize] v. tr. [1] **1.** Transformer (un métal) en minerai. **2.** Ajouter des substances minérales à (de l'eau). – De *minéral.*

minéralogie [mineʀalɔʒi] n. f. Science qui étudie les minéraux. – De *minéral,* et *-logie.*

minéralogique [mineʀalɔʒik] adj. **1.** De la minéralogie, relatif à la minéralogie. *Carte minéralogique d'une région.* **2.** *Numéro minéralogique :* combinaison de chiffres et de lettres (autref. attribuée par le Service des mines) constituant l'immatriculation d'un véhicule automobile. *Plaque minéralogique d'un camion.* – De *minéralogie.*

minéralogiste [mineʀalɔʒist] n. m. Spécialiste de minéralogie. – De *minéralogie.*

minéralurgie [mineʀalyʀʒi] n. f. Didac. Ensemble des techniques de traitement des minerais. – De *minéral,* et *-urgie,* d'après *sidérurgie.*

1. minerve [minɛʀv] n. f. Appareil d'orthopédie, collerette rigide qui maintient la tête droite et les vertèbres cervicales en extension. – Nom fr. de *Minerva,* déesse latine de la Sagesse et de l'Intelligence.

2. minerve [minɛʀv] n. f. IMPRIM Petite machine à imprimer, actionnée à l'aide d'une pédale ou d'un moteur. – Nom déposé.

minestrone [minɛstʀɔn] n. m. Soupe italienne épaisse, aux légumes et au riz (ou aux pâtes). – Mot ital.

minet, ette [minɛ, ɛt] n. Fam. **1.** Petit(e) chat(te). **2.** (Terme d'affection.) *Mon gros minet.* **3.** Jeune homme, jeune fille qui s'habille en suivant la mode de très près. ▷ n. f. Jeune fille, quelle que soit sa mise. – De *mine,* nom pop. onomat. du chat en gallo-roman.

1. minette [minɛt] n. f. Rég. Luzerne, trèfle jaune. – Mot normand, du rad. expressif de *minet.*

2. minette [minɛt] n. f. Minerai de fer lorrain, très phosphoreux. – Dimin. de *mine* 2.

1. mineur, eure [minœʀ] adj. et n. **1.** De moindre importance. *Cela n'a qu'un intérêt mineur.* **2.** DR Qui n'a pas atteint l'âge de la majorité (dix-huit ans, en France). *Une fille mineure.* ▷ Subst. *Détournement, enlèvement de mineur.* **3.** GEOGR *L'Asie Mineure :* l'Anatolie, en Turquie. **4.** MUS *Gamme mineure,* dans laquelle la première tierce* et la sixte* sont mineures. – *Ton, mode mineur,* utilisant les notes de la gamme mineure (par oppos. à *ton, mode majeur*). **5.** LOG *Terme mineur d'un syllogisme,* qui est sujet dans la conclusion. ▷ n. f. *La mineure :* la deuxième proposition d'un syllogisme, qui contient le terme mineur. **6.** RELIG CATHOL *Frères mineurs.* V. encycl. franciscain. – *Ordres mineurs :* V. ordre (sens II, 10). – Lat. *minor,* «plus petit».

2. mineur [minœʀ] n. m. **1.** MINES Ouvrier qui travaille dans une exploitation minière. **2.** MILIT Soldat du génie employé au travail de sape et de mine. – (En appos.) *Sapeur mineur.* – De *mine* 2.

mini-. Élément, du lat. *minus,* «moins», par l'angl., impliquant une idée de petitesse, surtout utilisé dans la formation de termes récents (mode, publicité, etc.). *Mini(-)jupe.*

miniature [minjatyʀ] n. f. **1.** Lettre ornée, d'abord peinte au minium, par laquelle on commençait le chapitre d'un manuscrit, au Moyen Âge. **2.** Très petite peinture sur émail, ivoire, vélin, etc. *Des miniatures persanes. Une miniature du XVIII*e *s.* V. aussi enluminure. **3.** Loc. adv. *En miniature :* sous une forme très réduite, condensée. – (En appos.) *Golf miniature.* – Ital. *miniatura;* rapproché de *minuscule, mignon,* et d'abord écrit *mignature.*

miniaturisation [minjatyʀizasjɔ̃] n. f. TECH Action de miniaturiser; son résultat. – De *miniaturiser.*

miniaturiser [minjatyʀize] v. tr. [1] TECH Réduire le plus possible l'encombrement de (un appareillage, une machine, etc.). – De *miniature.*

miniaturiste [minjatyʀist] n. Peintre de miniatures. – De *miniature.*

minibus [minibys] n. m. Petit autobus comportant un nombre réduit de places. – De *mini-,* et *bus.*

minicar [minikaʀ] n. m. Petit autocar. – De *mini-,* et *car.*

minicassette [minikasɛt] n. f. Boîtier plat en matière plastique renfermant une bande magnétique. – *Par ext.* n. m. Magnétophone dans lequel on utilise ce type de cassette. – Nom déposé; de *mini-,* et *cassette.*

minier, ère [minje, ɛʀ] adj. Relatif aux mines. *Gisement minier. Exploitation minière.* – De *mine* 2.

minière [minjɛʀ] n. f. Anc. Mine exploitée à ciel ouvert. – De *mine* 2.

mini-golf [minigɔlf] n. m. Syn. de *golf* miniature.* – De *mini-,* et *golf.*

mini-jupe ou **minijupe** [miniʒyp] n. f. Jupe très courte. *Des mini-jupes.* – De *mini-,* et *jupe;* trad. de l'angl. *mini-skirt.*

minima. V. minimum.

minima (a). V. à minima.

minimal, ale, aux [minimal, o] adj. **1.** Qui a atteint, qui constitue un minimum. *Température minimale.* ▷ MATH *Élément minimal d'un ensemble ordonné :* élément qui n'a pas de minorant strict. **2.** BX-A *Minimal Art :* V. minimalisme. – De *minimum.*

minimalisme [minimalism] n. m. **1.** Point de vue, position du minimaliste. **2.** BX-A Tendance de l'abstraction géométrique apparue dans les années 60 aux États-Unis, dans laquelle les éléments de l'œuvre sont réduits au minimum et simplifiés à l'extrême. Syn. Minimal Art. – De *minimal.*

minimaliste [minimalist] adj. et n. **1.** Qui défend ou représente une position minimale. ▷ Subst. *Le point de vue des minimalistes.* **2.** BX-A Relatif au minimalisme. ▷ Subst. Adepte du minimalisme. – De *minimal.*

minime [minim] adj. et n. **1.** adj. Très petit. *Valeur minime.* **2.** n. Jeune sportif âgé de 13 à 15 ans. **3.** n. RELIG CATHOL Religieux, religieuse de l'ordre monastique (de spiritualité franciscaine) fondé par saint François de Paule en 1452 à Cosenza et introduit en France sous Louis XI. – Lat. *minimus,* «le plus petit».

minimisation [minimizasjɔ̃] n. f. Action de minimiser. – De *minimiser,* et *-ation.*

minimiser [minimize] v. tr. [1] Donner à (un fait, une réalité, une chose, etc.) une importance moins grande que celle qu'on aurait pu ou dû lui accorder. *Minimiser un incident.* – De *minime.*

minimum [minimɔm] n. m. et adj. **I.** n. m. **1.** La plus petite valeur qu'une quantité variable puisse prendre. *Ne pas obtenir le minimum de points requis.* – Loc. adv. *Au minimum :* au moins. *Cela vaut au minimum mille francs.* **2.** *Minimum vital :* minimum que doit toucher un travailleur pour pouvoir satisfaire ses besoins essentiels. – *Minimum garanti* (abrév. : M.G.) : indice servant au calcul des avantages en nature et variant en fonction de l'indice des prix. ⊳ adj. *Salaire minimum interprofessionnel de croissance* (SMIC*). **3.** DR Peine la plus petite. *Le substitut n'a requis que le minimum.* **4.** MATH *Minimum d'une fonction :* valeur de la fonction plus petite que toutes les valeurs immédiatement voisines. **II.** adj. Le plus bas. *Tarif minimum.* (N.B. Dans le langage scientifique, on emploie *minimal, minimale, minimaux,* et non *minimum, minima.* Dans le langage courant, le plur. est *minimums* ou *minima,* le féminin est *minima.*) – Mot lat., «le plus petit».

mini-ordinateur [miniɔʀdinatœʀ] n. m. INFORM Ordinateur de faibles dimensions dont l'unité centrale est miniaturisée. *Des mini-ordinateurs.* – De *mini-,* et *ordinateur.*

ministère [ministɛʀ] n. m. **1.** Charge de ministre. **2.** Ensemble des ministres constituant un cabinet. *Renverser le ministère.* **3.** Durée des fonctions d'un ministre. *Sous le ministère de Gambetta.* **4.** Ensemble des services publics placés sous la direction d'un ministre ; bâtiment qui les abrite. *Le ministère des Affaires étrangères.* **5.** DR *Ministère public :* corps de magistrats formant la magistrature debout (ou parquet), chargés de représenter l'État auprès des tribunaux et de requérir l'exécution des lois. **6.** Sacerdoce. *Le saint ministère.* **7.** Entremise, intervention. *Offrir son ministère.* – *Signifier une décision de justice par ministère d'huissier.* – Lat. *ministerium,* «fonction de serviteur, service».

ministériel, elle [ministeʀjɛl] adj. **1.** Relatif au ministère. *Crise ministérielle. Arrêté ministériel,* pris par un ministre. **2.** Partisan du ministère en place. *Journal ministériel.* **3.** DR *Officier ministériel :* notaire, huissier ou commissaire-priseur. – De *ministère,* sur le lat. *ministerialis.*

ministrable [ministʀabl] adj. Qui peut devenir ministre. *Un député ministrable.* – De *ministre.*

ministre [ministʀ] n. m. **1.** Membre du gouvernement qui dirige un ensemble de services publics. *Ministre des Finances. Les délibérations du Conseil des ministres. Madame le ministre des Affaires sociales.* – *Ministre d'État :* titre honorifique attribué à certains ministres qui entrent au gouvernement en fonction de leur personnalité ou de leur représentativité. – *Ministre sans portefeuille,* qui, ayant le titre de ministre, fait partie du gouvernement sans être à la tête d'un ministère. ⊳ *Premier ministre :* chef du gouvernement. **2.** Agent diplomatique de rang inférieur à celui d'ambassadeur. *Ministre plénipotentiaire.* **3.** (En appos.) *Papier ministre,* de grand format. – *Bureau ministre,* de grande taille. **4.** RELIG Ecclésiastique. *Ministre de Dieu, du culte.* ⊳ Pasteur protestant. *Ministre calviniste.* – Lat. *minister,* «serviteur».

minitel [minitɛl] n. m. INFORM Petit terminal commercialisé par les P.T.T., servant à la consultation de banques de données et à l'échange d'informations. – Nom déposé ; de *mini-,* et *tel,* pour «terminal» et «téléphone».

minitéliste [minitelist] n. Utilisateur, utilisatrice du minitel. – De *minitel.*

minium [minjɔm] n. m. *Minium de plomb* ou, absol., *minium :* pigment rouge orangé, constitué d'oxyde de plomb de formule Pb_3O_4, utilisé principalement comme antirouille. ⊳ Abusiv. *Minium de fer, d'aluminium, de titane :* pigments utilisés à la place du minium de plomb dans les peintures antirouille. – Mot lat.

minoen, enne [minɔɛ̃, ɛn] adj. et n. Qui appartient à la période la plus ancienne de l'histoire crétoise (IIIe mill. - 1300 env. av. J.-C.). *Art minoen.* ⊳ n. m. *Le minoen ancien.* – Angl. *Minoan,* de *Minos,* roi semi-légendaire de Cnossos (Crète).

minois [minwa] n. m. Visage frais, délicat d'enfant, de jeune fille, de jeune femme. – De *mine* 3.

minorant [minɔʀɑ̃] n. m. MATH *Minorant d'une partie P d'un ensemble ordonné E :* élément de l'ensemble E, inférieur à tout élément de la partie P. – Ppr. subst. de *minorer.*

minoration [minɔʀasjɔ̃] n. f. Didac. Action de minorer ; son résultat. – De *minorer.*

minorer [minɔʀe] v. tr. [1] Réduire la valeur, l'importance de (qqch). – Bas lat. *minorare.*

minoritaire [minɔʀitɛʀ] adj. et n. Qui appartient à la minorité. *Courant minoritaire.* – De *minorité.*

minorité [minɔʀite] n. f. **1.** Le plus petit nombre (dans un ensemble). *Dans une minorité de cas.* **2.** Le plus petit nombre des suffrages, dans une réunion, une assemblée où l'on vote. *Être mis en minorité.* ⊳ Parti, tendance minoritaire (par oppos. à *majorité*). ⊳ Petite collectivité à l'intérieur d'un ensemble. *Les minorités ethniques, religieuses.* **3.** État d'une personne légalement mineure (âgée de moins de dix-huit ans, en France). – Temps pendant lequel on est mineur. ⊳ Temps pendant lequel un souverain est trop jeune pour exercer le pouvoir monarchique. *La minorité de Louis XIV.* – Lat. médiév. *minoritas,* du class. *minor,* «moindre».

minot [mino] n. m. **1.** Anc. Mesure de capacité utilisée en France valant la moitié d'une mine. ⊳ Surface que l'on pouvait ensemencer avec un minot de grain. **2.** Farine de blé dur utilisée pour l'alimentation du bétail. **3.** Rég., fam. Enfant. – De *mine* 1.

minoterie [minɔtʀi] n. f. **1.** Meunerie. **2.** Grand moulin industriel. – De *minotier.*

minotier [minɔtje] n. m. Exploitant d'une minoterie. – De *minot.*

minou [minu] n. m. **1.** (Langage enfantin.) Chat, petit chat. **2.** *Par métaph.* Terme affectueux (en parlant à une personne). *Mon petit minou.* – De *minet.*

minuit [minɥi] n. m. **1.** Milieu de la nuit. ⊳ Litt. *Sur le minuit.* – Vx *Vers la minuit.* **2.** Instant où un jour finit et où l'autre commence. *Le jour civil commence à minuit et se compte de 0 à 24 heures.* – De *mi-,* et *nuit.*

minuscule [minyskyl] adj. et n. f. **1.** Très petit. *Animal minuscule.* **2.** *Lettre, caractère minuscule :* petite lettre dont la graphie est particulière par rapport à la majuscule. ⊳ n. f. *Une minuscule.* – Lat. *minusculus,* «un peu plus petit, assez petit», dimin. de *minor.*

minus habens [minysabɛ̃s] ou **minus** [minys] n. inv. Fam. Personne peu intelligente ou peu capable. *Tu n'es qu'un minus.* – Lat., «ayant moins».

minutage [minytaʒ] n. m. Décompte précis du temps. – De *minuter* 1.

minutaire [minytɛʀ] adj. DR Qui a le caractère d'une minute. – De *minute* 2.

1. minute [minyt] n. f. **I. 1.** Division du temps, égale à la soixantième partie d'une heure et à 60 secondes (symbole : min). **2.** Espace de temps très court. *Je reviens dans une minute.* – Loc. *À la minute* : immédiatement. – *À la minute où* : dès que. – *D'une minute à l'autre* : tout de suite, dans l'instant qui va suivre. – Fam. *Minute!* : attention, doucement! – (En appos.) Très rapide. *Ressemelage minute.* **II.** GEOM *Minute sexagésimale* ou, absol., *minute* : unité de mesure d'arc et d'angle, égale à la soixantième partie d'un degré (symbole :'). *Vingt degrés seize minutes* (20° 16'). – Lat. médiév. *minuta,* fém. du class. *minutus,* «menu».

2. minute [minyt] n. f. DR Original des actes notariés ou des sentences rendues par les tribunaux. – Lat. médiév. *minuta,* «écriture menue».

1. minuter [minyte] v. tr. [1] Déterminer avec précision le déroulement dans le temps, l'horaire de. *Minuter un exposé.* – De *minute* 1.

2. minuter [minyte] v. tr. [1] DR Rédiger la minute de (un acte juridique). – De *minute* 2.

minuterie [minytʀi] n. f. **1.** TECH Partie d'un mouvement d'horlogerie destinée à marquer les fractions de l'heure. **2.** Cour. Dispositif électrique à mouvement d'horlogerie, servant à établir un contact pendant une durée déterminée, et utilisé principalement pour la commande d'appareils d'éclairage. – De *minute* 1.

minuteur [minytœʀ] n. m. Dispositif à mouvement d'horlogerie, programmable, déclenchant une sonnerie ou coupant un contact électrique au bout du temps donné. – De *minuter.*

minutie [minysi] n. f. **1.** Vx Chose insignifiante. **2.** Soin extrême, qui se manifeste jusque dans les plus petits détails. *Travailler avec minutie.* – Lat. *minutia,* «parcelle», de *minutus,* adj., «menu».

minutier [minytje] n. m. DR Registre, dépôt des minutes. – De *minute* 2.

minutieusement [minysjøzmɑ̃] adv. De façon minutieuse. – De *minutieux.*

minutieux, euse [minysjø, øz] adj. **1.** Qui travaille avec minutie, méticuleux. **2.** Qui marque la minutie. *Recherches minutieuses.* – De *minutie.*

miocène [mjɔsɛn] n. m. et adj. GEOL *Le miocène* : troisième étage de l'ère tertiaire, après l'oligocène et avant le pliocène, caractérisé par la tendance des mammifères au gigantisme. ▷ adj. *Une couche miocène.* – Angl. *miocene,* du gr. *meion,* «moins», et *kainos,* «récent».

mioche [mjɔʃ] n. Fam. Enfant. – A. fr. *mioche,* «mie de pain»; de *mie* 1.

mi-parti, ie [mipaʀti] adj. Composé de deux parties d'égale importance mais de nature différente. ▷ HIST *Chambres mi-parties,* composées, à la suite de l'édit de Nantes, pour moitié de juges catholiques et de juges protestants. – De l'anc. v. *mipartir,* «partager en deux moitiés».

mir [miʀ] n. m. HIST Communauté rurale, en Russie, avant 1917. – Mot russe.

mirabelle [miʀabɛl] n. f. **1.** Petite prune jaune, ronde et parfumée. **2.** Eau-de-vie de mirabelle. – Ital. *mirabella,* altér. de *mirobolano,* lat. *myrobolanus,* du gr. *muron,* «parfum», et *balanos,* «gland».

mirabellier [miʀabelje] n. m. Prunier qui donne des mirabelles. – De *mirabelle.*

mirabilis [miʀabilis] n. m. BOT Plante herbacée (genre *Mirabilis,* fam. nyctaginacées) d'origine américaine et africaine, dont il existe de nombreuses variétés horticoles, aux fleurs de couleurs variées. *La belle-de-nuit, qui s'ouvre le soir, est un mirabilis.* – Mot lat., «admirable».

miracle [miʀakl] n. m. **1.** Événement, phénomène réputé contraire aux lois de la nature et dont l'accomplissement inexpliqué est, pour certains croyants, l'effet de la volonté divine. *Cela tient du miracle.* ▷ *Crier miracle, au miracle* : s'extasier devant une chose fort ordinaire. ▷ *Croire aux miracles* : être trop crédule. ▷ *Cour* des Miracles.* **2.** Effet extraordinaire d'un hasard heureux. *Par miracle il est sauf.* **3.** *Par exag.* Fait, chose extraordinaire qui cause la surprise et l'admiration. *Ce tableau est un miracle d'harmonie.* **4.** LITTER Au Moyen Âge, composition dramatique qui mettait en scène les interventions miraculeuses des saints ou de la Vierge. – Lat. *miraculum,* «prodige», de *mirari,* «s'étonner».

miraculé, ée [miʀakyle] adj. et n. Se dit d'une personne qui a été l'objet d'un miracle. ▷ Subst. *Les miraculés de Lourdes. Les miraculés de la route.* – De *miracle.*

miraculeusement [miʀakyløzmɑ̃] adv. D'une façon miraculeuse. *Échapper miraculeusement à la mort.* – De *miraculeux.*

miraculeux, euse [miʀakylø, øz] adj. **1.** Fait par miracle, qui tient du miracle. *Guérison miraculeuse.* **2.** Qui fait des miracles. *Remède miraculeux.* **3.** *Par anal.* Extraordinaire, merveilleux, étonnant. *Tout cela est miraculeux.* – Du lat. *miraculum,* «prodige, merveille».

mirador [miʀadɔʀ] n. m. **1.** ARCHI Belvédère situé au sommet des maisons espagnoles. **2.** Poste d'observation élevé, servant en partic. à surveiller un camp de prisonniers. – Mot esp. de *mirar,* «regarder»; lat. *mirare.*

mirage [miʀaʒ] n. m. **I. 1.** Phénomène optique propre aux régions chaudes du globe, qui donne l'illusion d'une nappe d'eau lointaine où se reflètent les objets, et qui est dû à la courbure des rayons lumineux dans l'air surchauffé. **2.** Fig. Illusion séduisante. *Le mirage de l'espérance.* Syn. chimère. **II.** Action de mirer (sens 2). *Le mirage des œufs.* – De *mirer.*

miraud, aude. V. miro.

mirbane [miʀban] n. f. CHIM *Essence de mirbane* : nitrobenzène utilisé en parfumerie.

mire [miʀ] n. f. **1.** Vx Action de viser. ▷ Mod. *Cran de mire* : V. cran. – *Ligne de mire* : droite qui va de l'œil de l'observateur au point visé. – *Point de mire* : point visé. – Fig. *Être le point de mire de toutes les convoitises.* **2.** TECH Tout signal fixe servant à orienter un instrument, à prendre des repères par visée. ▷ *Spécial.* Règle graduée utilisée pour les relevés topographiques. **3.** *Mire électronique* : image diffusée par un émetteur de télévision et qui sert au réglage des récepteurs. – Déverbal de *mirer.*

mire-œufs [miʀø] n. m. inv. Appareil servant à mirer les œufs. – De *mirer,* et *œuf.*

mirepoix [miʀpwa] n. f. CUIS Préparation à base de légumes et de condiments, que l'on incorpore à certaines sauces pour en rehausser la saveur. – Du nom du duc de *Mirepoix* (1699-1757) dont le cuisinier mit au point cette recette.

mirer [miʀe] v. tr. [1] **1.** Vx Observer attentivement. ▷ Viser avant de tirer. *«Deux beaux canards s'en vont nageant, mira le noir, tua le blanc» (vieille chanson).* **2.** Examiner à la lumière. *Mirer des œufs,* les observer par transparence devant une source de lumière vive pour s'assurer qu'ils sont frais. *Mirer du drap,* le regarder à contre-jour pour en déceler les défauts. **3.** Litt. Regarder dans une surface réfléchissante. *Narcisse mirait son visage dans l'eau des fontaines.* ▷ v. pron. *Se mirer dans une psyché.* – Lat. pop. *mirare,* «regarder attentivement», class. *mirari,* «s'étonner».

mirettes [miʀɛt] n. f. pl. Pop. Yeux. *Ouvrez vos mirettes.* – De *mirer.*

mirifique [miʀifik] adj. Iron. Merveilleux. *On lui avait fait des offres mirifiques.* – Lat. *mirificus,* de *mirari,* « s'étonner ».

mirliflore [miʀliflɔʀ] n. m. Vieilli, plaisant Jeune élégant qui fait l'avantageux. – P.-ê. altér. de *(eau de) mille fleurs,* parfum qui fut à la mode, avec infl. de *mirifique.*

mirliton [miʀlitɔ̃] n. m. Instrument de musique formé d'un tube percé de deux trous, bouché aux deux extrémités par une membrane. ▷ *Vers de mirliton :* mauvais vers, du genre de ceux que l'on imprimait sur les bandes de papier entourant les mirlitons. – P.-ê. anc. refrain de chanson populaire.

mirmidon. V. myrmidon.

mirmillon [miʀmijɔ̃] n. m. ANTIQ ROM Gladiateur armé à la gauloise d'un casque, d'une courte épée et d'un bouclier. *Le mirmillon combattait en général le rétiaire.* – Lat. *mirmillo.*

miro [miʀo] ou **miraud, aude** [miʀo, od] adj. et n. Fam. Qui voit mal, myope. – De *mirer.*

mirobolant, ante [miʀɔbɔlɑ̃, ɑ̃t] adj. Fam. Magnifique, extraordinaire au point d'en être incroyable. *Promesse mirobolante.* – P.-ê. de *myrobolan.*

miroir [miʀwaʀ] n. m. **1.** Corps (surface polie, glace de verre étamée, etc.) qui réfléchit les rayons lumineux, qui renvoie l'image des objets. *Miroir concave, convexe.* – PHYS *Miroirs de Fresnel* : V. Fresnel. ▷ *Miroir aux alouettes* : instrument monté sur pivot et garni de miroirs, que l'on fait tourner au soleil pour attirer de petits oiseaux ; fig. moyen d'attirer les gens crédules pour les berner. **2.** Fig. Surface unie réfléchissant les rayons lumineux. *Miroir d'eau.* ▷ CUIS *Œufs au miroir :* œufs sur le plat cuits au four. **3.** Fig., litt. Ce qui reproduit l'image de qqch, de qqn. *Les yeux, miroir de l'âme.* – De *mirer.*

miroité, ée [miʀwate] adj. Se dit d'un cheval bai dont la croupe présente des marques plus brunes ou plus claires que le fond de la robe. – Pp. de *miroiter.*

miroitement [miʀwatmɑ̃] n. m. Éclat d'une surface qui miroite. *Le miroitement de la rivière.* Syn. reflet, chatoiement. – De *miroiter.*

miroiter [miʀwate] v. intr. [1] Renvoyer la lumière en présentant des reflets changeants, scintiller. *Le lac miroite au soleil.* ▷ Fig. *Faire miroiter :* faire valoir (pour séduire, pour tenter qqn). *Faire miroiter un avantage aux yeux de qqn.* – De *miroir.*

miroiterie [miʀwatʀi] n. f. Commerce, industrie des miroirs. – TECH Fabrique de vitrages épais et de miroirs (par oppos. à *vitrerie,* fabrique de vitres minces). – De *miroiter.*

miroitier, ère [miʀwatje, ɛʀ] n. TECH Personne qui vend, qui répare, qui installe des miroirs ou des glaces. – De *miroir.*

miroton [miʀɔtɔ̃] ou pop. **mironton** [miʀɔ̃tɔ̃] n. m. Viande de bœuf bouillie coupée en tranches, et accommodée aux oignons. – (En appos.) *Un bœuf miroton.*

mis(o)-. Élément, du gr. *misein,* « haïr ».

misaine [mizɛn] n. f. MAR *Mât de misaine :* mât vertical à l'avant du navire, entre la proue et le grand mât. – *Voile de misaine* ou *misaine :* voile principale de ce mât. – D'apr. l'ital. *mezzana,* catalan *mitjana,* « médian ».

misandre [mizɑ̃dʀ] adj. et n. f. Qui déteste, qui méprise les hommes. – De *mis-,* et *-andre,* sur le modèle de *misanthrope.*

misandrie [mizɑ̃dʀi] n. f. Aversion, mépris pour le sexe masculin, les hommes. – De *misandre.*

misanthrope [mizɑ̃tʀɔp] n. et adj. **1.** Personne qui déteste les hommes, le genre humain. Ant. philanthrope. **2.** Personne bourrue, maussade, qui fuit le commerce des hommes. *« Le Misanthrope », comédie de Molière* (1666). Ant. sociable. ▷ adj. *Il est devenu complètement misanthrope.* – Gr. *misanthrôpos,* de *misein,* « haïr », et *anthrôpos,* « homme ».

misanthropie [mizɑ̃tʀɔpi] n. f. **1.** Haine des hommes, du genre humain. **2.** *Par ext.* Caractère du misanthrope. Ant. philanthropie. – Gr. *misanthrôpia.*

misanthropique [mizɑ̃tʀɔpik] adj. Qui a le caractère de la misanthropie. *Réflexion misanthropique.* – De *misanthropie.*

miscellanées [miselane] n. f. pl. Didac. Recueil composé d'écrits sur différents sujets, mélanges*. ▷ Sing. Rare *« Une miscellanée de légumes, de pain et de viandes » (Chateaubriand).* – Lat. *miscellanea,* « choses mêlées », de *miscere,* « mêler ».

miscibilité [misibilite] n. f. Qualité d'une substance miscible. – De *miscible.*

miscible [misibl] adj. CHIM Qui peut se mélanger de manière homogène avec un autre corps. – Du lat. *miscere,* « mêler ».

mise [miz] n. f. Action de mettre, son résultat. **1.** Action de placer dans un lieu déterminé. *La mise au tombeau du Christ.* ▷ ELECTR *Mise à la terre :* action de réunir un appareil au sol ou à une prise de terre, par l'intermédiaire d'un conducteur. **2.** Action de placer dans une certaine situation. *Mise à l'épreuve. Mise en vente. Mise à prix.* **3.** Action de disposer d'une certaine manière. *Mise en place.* ▷ PHYS *Mise au point :* réglage d'un instrument d'optique. – *Par ext.* Réglage, en général. ▷ IMPRIM *Mise en page(s) :* agencement des textes et des illustrations sur un feuillet d'un format déterminé. ▷ *Mise en scène :* direction artistique d'une œuvre théâtrale ou cinématographique ; fig. ensemble de dispositions prises à l'avance en vue de faire croire qqch. *Il avait organisé une mise en scène compliquée pour nous persuader de son innocence.* ▷ Par ext. *Mise en ondes :* direction artistique d'une émission radiophonique. **4.** *Être, n'être pas de mise* (ellipt. *de mise en circulation*) : être, n'être pas convenable, admissible. *De telles paroles ne sont pas de mise ici.* **5.** Manière de se vêtir. *Mise soignée, négligée.* Syn. tenue, toilette. **6.** Somme que l'on engage (au jeu, dans une entreprise, etc.). *Perdre sa mise. Mise de fonds.* ▷ Fig., fam. *Sauver la mise à qqn,* lui épargner un ennui. – Pp. fém. subst. de *mettre.*

miser [mize] v. tr. [1] **1.** Déposer comme mise, comme enjeu. *Miser dix francs.* – Absol. *Miser gros.* **2.** (Sans comp. dir.) Compter, faire fond sur. *Je mise sur sa loyauté.* Loc. *Miser sur tous les tableaux :* se garantir de toutes parts. – De *mise.*

misérabilisme [mizeʀabilism] n. m. Forme de populisme qui s'attache avec complaisance à la description de la misère. – De *misérable.*

misérabiliste [mizeʀabilist] adj. et n. Qui pratique le misérabilisme ; qui relève du misérabilisme. *Écrivain misérabiliste.* – De *misérable.*

misérable [mizeʀabl] adj. et n. **1.** Qui est dans la misère, le dénuement. *Des gens misérables qui ne mangent pas à leur faim.* – Subst. *« Les Misérables », roman de Victor Hugo* (1862). Syn. pauvre, nécessiteux. ▷ (Choses) *Une cabane misérable.* **2.** Qui est malheureux, digne de pitié. *Se sentir misérable.* **3.** Qui est sans valeur. *Des vers misérables.* Syn. méchant, piètre. – Insignifiant. *Ils se battent pour quelques misérables sous.* Syn. malheureux. **4.** n. Vil individu. *C'est un misérable qui ne mérite pas la corde pour le pendre. Misérable ! Vous avez trahi !* – Lat. *miserabilis.*

misérablement [mizeʀabləmɑ̃] adv. D'une manière misérable. – De *misérable.*

misère [mizɛʀ] n. f. **I. 1.** État d'extrême pauvreté. *Finir ses jours dans la misère. Au comble de la misère. Misère* *noire,* totale. – *Crier misère :* proclamer sa pauvreté (personnes); être le signe d'un grand dénuement (choses). *Son vieux manteau crie misère.* Syn. indigence. **2.** État, condition malheureuse, pitoyable. *La vie, cette vallée de misère. La misère du temps.* ▷ MED *Misère physiologique :* état grave de dénutrition. **3.** Faiblesse, impuissance de l'homme, néant de sa condition. *Tout ici-bas n'est que misère et vanité.* **4.** Chose pénible, douloureuse. *Quelle misère! C'est une misère de le voir ainsi diminué!* – (Au pluriel.) Peines, ennuis. *Raconter ses petites misères. Faire des misères à qqn.* Syn. malheurs. **5.** Chose insignifiante. *Se quereller pour une misère.* Syn. bagatelle, vétille. **II.** BOT Nom cour. de plusieurs monocotylédones ornementales à croissance rapide (*Tradescantia* et genres voisins), vivaces, à tiges retombantes. – Lat. *miseria,* de *miser,* «malheureux».

miserere ou **miséréré** [mizeʀeʀe] n. m. inv. RELIG CATHOL Psaume qui commence, dans la traduction latine de la Vulgate, par les mots *Miserere mei, Domine.* – MUS Musique qui accompagne ce psaume. – Mot lat., «aie pitié».

miséreux, euse [mizeʀø, øz] adj. et n. **1.** Qui est dans la misère. ▷ Subst. *Une bande de miséreux.* **2.** Qui dénote la misère. *Air miséreux.* – De *misère.*

miséricorde [mizeʀikɔʀd] n. f. **1.** Compassion éprouvée aux misères d'autrui. *Ayez miséricorde.* Syn. pitié. ▷ MAR Vx *Ancre de miséricorde,* la plus grosse ancre du navire. **2.** Pardon, grâce accordée à un coupable. *Implorer, obtenir miséricorde.* ▷ (Prov.) *À tout péché miséricorde :* toute faute peut être pardonnée. **3.** *Miséricorde! :* exclamation exprimant la surprise, la crainte. **4.** Console sculptée, sous le siège mobile d'une stalle d'église, sur laquelle on peut s'appuyer pendant les offices tout en ayant l'air d'être debout. – Lat. *misericordia,* de *misericors,* «qui a le cœur *(cor)* sensible au malheur *(miseria)*».

miséricordieux, euse [mizeʀikɔʀdjø, øz] adj. Qui a de la miséricorde. *Cœur miséricordieux.* ▷ Subst. *Heureux les miséricordieux!* – Lat. médiév. *misericordius.*

misogyne [mizɔʒin] adj. et n. Qui déteste, qui méprise les femmes. – Gr. *misogunês.*

misogynie [mizɔʒini] n. f. Aversion, mépris pour les femmes. – Gr. *misogunia.*

mispickel [mispikɛl] n. m. MINER Sulfoarséniure de fer (FeAsS). – Mot all.

miss [mis] n. f. **1.** Mademoiselle, en parlant d'une jeune fille de langue anglaise. *Miss Thomson.* **2.** Anc. Institutrice ou gouvernante anglaise employée à l'éducation des enfants. **3.** Titre (en général suivi d'un nom de lieu) donné aux lauréates des concours de beauté. *Miss France. Miss Univers. Des misses* ou *des miss.* – Mot angl., «mademoiselle».

missel [misɛl] n. m. LITURG CATHOL Livre d'autel contenant les prières et les indications du rituel de la messe pour les différents jours de l'année. – Abrégé de ce livre à l'usage des fidèles. – A. fr. *messel, missel,* d'apr. le lat. ecclés. *missalis liber,* «livre de messe».

missi dominici [misidɔminisi] n. m. pl. HIST Envoyés du roi chargés de l'inspection des provinces et de la surveillance des comtés, sous Charlemagne et les premiers Carolingiens. – Mots lat., «envoyés du maître».

missile [misil] n. m. Engin explosif de grande puissance possédant son propre dispositif de propulsion et de guidage. – Mot angl., du lat. *missile,* «projectile».
ENCYCL Un missile comporte un système de propulsion (moteur-fusée), un système de guidage et une charge utile (ogive nucléaire, par ex.). Suivant leur portée, on distingue les *missiles stratégiques* (portée supérieure à 2 000 km), les *missiles antimissiles* (destinés à la destruction des missiles adverses) et les *missiles tactiques* (portée généralement inférieure à 40 km). Suivant leur site de lancement et leur objectif, on distingue les missiles sol-sol, sol-air, mer-sous-mer, etc. Les *missiles de croisière* sont des missiles stratégiques, d'une portée de l'ordre de 4 000 km, qui échappent aux radars adverses en volant à très basse altitude; ils parviennent à reconnaître leur itinéraire en comparant le relief qu'ils survolent, à l'aide d'un altimètre, avec les informations contenues dans la mémoire d'un ordinateur.

mission [misjɔ̃] n. f. **1.** Charge confiée à qqn de faire qqch. *Mission diplomatique, scientifique. Envoyer qqn en mission. Chargé de mission.* ▷ RELIG Pour les chrétiens, charge apostolique confiée aux évangélisateurs. – Ensemble des activités visant à l'évangélisation. *Société des missions étrangères.* **2.** Ensemble des personnes auxquelles une charge est confiée. *Mission scientifique dans les régions polaires.* ▷ Communauté religieuse travaillant à l'évangélisation. ▷ Établissement où vit cette communauté. *La mission est installée dans la vallée.* – Lat. *missio,* «action d'envoyer».

missionnaire [misjɔnɛʀ] n. et adj. **1.** RELIG Celui, celle qui propage l'Évangile au loin. *Les missionnaires de la Nouvelle-France.* – Celui, celle qui propage une foi. *Les missionnaires de l'islam.* ▷ adj. *Père, sœur missionnaire.* ▷ adj. Relatif aux missions. *Congrégation missionnaire.* **2.** *Par ext.* Propagandiste (d'une idée). *Missionnaire de la paix.* **3.** Loc. fam. *Position du missionnaire :* au cours de l'acte sexuel, position dans laquelle l'homme est couché sur la femme et lui fait face. – De *mission.*

missive [misiv] n. f. et adj. Lettre, écrit que l'on envoie à qqn. ▷ adj. DR *Lettre missive.* – Du lat. *missus,* pp. de *mittere,* «envoyer».

mistelle [mistɛl] n. f. VITIC Moût de raisin dont la fermentation a été arrêtée par addition d'alcool. – Esp. *mistela,* de *misto,* «mélangé».

mistigri [mistigʀi] n. m. **1.** Fam. Chat. **2.** JEU Valet de trèfle, dans certains jeux. – Jeu de cartes où le valet de trèfle entre deux cartes de même couleur a l'avantage. – P.-ê. de *miste,* var. de *mite,* anc. nom pop. du chat, et *gris.*

mistoufle [mistufl] n. f. Vieilli **1.** Fam. (Souvent au plur.) Méchanceté. *Faire des mistoufles à qqn.* **2.** Pop. Misère. *Sombrer dans la mistoufle.* – P.-ê. de *mis(ère).*

mistral [mistʀal] n. m. Vent violent de secteur nord soufflant le long de la vallée du Rhône et sur la région méditerranéenne. – Ancien provenç. *maestral,* «magistral», «vent maître».

mitaine [mitɛn] n. f. Gant qui laisse découvertes les deux dernières phalanges des doigts. – De l'a. fr. *mite,* même sens, p.-ê. de *mite,* anc. n. pop. du chat.

mitan [mitɑ̃] n. m. Vx ou dial. Milieu. *«Dans le mitan du lit, la rivière est profonde» (vieille chanson).* – Dial. de l'Est, de *mi-,* et *tant.*

mitard [mitaʀ] n. m. Arg. Dans une prison, cellule ou cachot disciplinaire. – De l'arg. *mite, mitte,* «cachot».

mite [mit] n. f. **1.** Nom cour. de divers arthropodes vivant sur des aliments, notam. d'un acarien, la *mite du fromage* (*Tiroglyphus siro*). **2.** Cour. Insecte lépidoptère, de la famille des teignes, dont les chenilles attaquent les tissus et les fourrures. – Mot moyen néerl.

mité, ée [mite] adj. Rongé par les mites. – De *mite.*

mi-temps [mitɑ̃] n. **1.** n. f. Temps de repos entre les deux parties d'un jeu d'équipes. *L'arbitre a sifflé la mi-temps.* ▷ Chacune de ces deux parties, d'égale durée. *Seconde mi-temps.* **2.** Loc. adv. *À mi-temps.* ▷ *Travail à mi-temps,* d'une durée équivalente à la moitié du temps de travail normal, du temps complet. – n. m. inv. *Un mi-temps.* – De *mi-,* et *temps.*

miter (se) [mite] v. pron. [1] Être rongé par les mites. – De *mite.*

miteusement [mitøzmɑ̃] adj. De manière miteuse. – De *miteux.*

miteux, euse [mitø, øz] adj. et n. D'aspect misérable, pitoyable. – De *mite.*

mithriacisme [mitʀijasism] [mitʀasism] ou **mithracisme** n. m. HIST Culte de Mithra, largement célébré dans le monde hellénistique et qui contrecarra les progrès du christianisme jusqu'à la fin du IVe s. – Du lat. *mithriacus,* «de Mithra», nom d'une divinité apparue dans la mythologie v. 500 av. J.-C., identifiée par les Perses au dieu solaire, et parfois, dans le monde hellénistique, à Hermès, en fait, dieu médiateur entre le Bien et le Mal.

mithriaque [mitʀijak] adj. HIST Relatif à Mithra, à son culte. – Lat. *mithriacus.* (V. mithriacisme).

mithridatisation [mitʀidatizasjɔ̃] n. f. MED Action de mithridatiser, fait de se mithridatiser; son résultat. – De *mithridatiser.*

mithridatiser [mitʀidatize] v. tr. [1] Immuniser (contre un poison) par l'accoutumance. – Du n. de *Mithridate* VI Eupator, roi du Pont (111-63 av. J.-C.), qui se rendit invulnérable au poison.

mithridatisme [mitʀidatism] n. m. MED Immunité aux substances toxiques acquise par l'ingestion de doses progressives de ces substances. – De *mithridatiser.*

mitigation [mitigasjɔ̃] n. f. Vx Adoucissement. ▷ DR *Mitigation des peines.* – Lat. *mitigatio.*

mitigé, ée [mitiʒe] adj. **1.** Vx Adouci, modéré. **2.** Cour. Moins sévère; relâché. *Morale mitigée.* **3.** *Abusiv.* Cour. Partagé, mêlé. *Une joie mitigée de remords.* Syn. atténué, tempéré. – Pp. de *mitiger.*

mitiger [mitiʒe] v. tr. [13] Vx Adoucir, modérer. *Mitiger une peine.* – Lat. *mitigare,* «adoucir», de *mitis,* «doux».

mitigeur [mitiʒœʀ] n. m. TECH Appareil de robinetterie mélangeur pour régler la température de l'eau. – De *mitiger.*

mitochondrie [mitɔkɔ̃dʀi] n. f. BIOL Organelle, présente dans le cytoplasme de toutes les cellules, qui joue un rôle essentiel dans les phénomènes d'oxydation et de stockage de l'énergie sous forme d'A.T.P. Syn. chondriosome. – Du gr. *mitos,* «filament», et *khondros,* «cartilage».

miton [mitɔ̃] n. m. **1.** Vx Mitaine. **2.** HIST Gantelet de mailles de l'armure des chevaliers. – De l'a. fr. *mite,* «gant».

mitonner [mitɔne] v. [1] **I.** v. intr. Cuire doucement dans son jus. **II.** v. tr. **1.** Faire cuire longtemps et à petit feu. ▷ Préparer avec soin, longuement (un mets). *Mitonner de bons petits plats.* Syn. mijoter. – Fig. *Mitonner une affaire,* en préparer longuement le succès. **2.** Fig. *Mitonner qqn,* le dorloter, l'entourer de prévenances. – Du normand *miton,* «mie de pain», de *mie.*

mitose [mitoz] n. f. BIOL Ensemble des phénomènes de transformation et de division des chromosomes aboutissant, à partir d'une cellule mère, à la formation de deux cellules filles ayant le même nombre de chromosomes. *La mitose est le mode de division cellulaire le plus fréquent.* – Gr. *mitos,* «filament», et *-ose* 2.

ENCYCL Précédée par l' *interphase,* pendant laquelle a lieu la duplication de la masse d'A.D.N., la mitose débute par la *prophase* : les chromosomes s'individualisent et se fissurent longitudinalement en deux chromatides. Ensuite, la *métaphase* commence par la formation du fuseau achromatique à partir des asters, puis les chromosomes se groupent dans le plan équatorial du fuseau. L'*anaphase* se caractérise par la scission totale des chromosomes fils et la migration des chromatides vers les extrémités du fuseau; ainsi, une répartition en deux lots de chromosomes rigoureusement identiques est réalisée. La mitose s'achève par la *télophase* : les chromosomes perdent leur individualité, le fuseau disparaît et une membrane plasmique se forme, qui sépare les deux cellules filles identiques à la cellule mère du point de vue chromosomique. V. méiose.

mitotique [mitɔtik] adj. BIOL De la mitose, relatif à la mitose. – De *mitose.*

mitoyen, enne [mitwajɛ̃, ɛn] adj. Qui est entre deux choses, qui sépare deux choses et leur est commun. *Mur mitoyen.* ▷ DR Qui sert de séparation entre deux propriétés. – Refait d'apr. *mi-,* «demi», de l'a. fr. *moiteen,* «au milieu».

mitoyenneté [mitwajɛnte] n. f. État, qualité de ce qui est mitoyen. – De *mitoyen.*

mitraillade [mitʀajad] n. f. Décharge de canons chargés à mitraille. – De *mitrailler.*

mitraillage [mitʀajaʒ] n. m. Action de mitrailler (avec une mitrailleuse, un canon mitrailleur). – De *mitrailler.*

mitraille [mitʀaj] n. f. **1.** Fam. Monnaie de billon. *Payer en mitraille.* ▷ Menue monnaie. **2.** Menus morceaux de cuivre; vieille ferraille. **3.** Vieux fers, puis grosses balles dont on chargeait les canons autrefois. ▷ Décharge de balles, d'obus. – A. fr. *mitaille,* de *mite,* «monnaie de cuivre de Flandre».

mitrailler [mitʀaje] v. [1] **I.** v. intr. Tirer à la mitrailleuse, au canon mitrailleur. **II.** v. tr. **1.** Diriger un mitraillage sur. **2.** Par anal. Fam. Photographier, filmer sous tous les angles. ▷ *Mitrailler de questions* : questionner sans relâche. – De *mitraille.*

mitraillette [mitʀajɛt] n. f. Pistolet* mitrailleur. – De *mitrailleuse.*

mitrailleur [mitʀajœʀ] n. m. (et adj. m.) **1.** Vx Celui qui mitraille, qui fait tirer à mitraille. **2.** Mod. Celui qui sert une mitrailleuse. **3.** adj. m. *Pistolet* mitrailleur.* ▷ *Fusil* mitrailleur.* ▷ *Canon* mitrailleur.* – De *mitrailler.*

mitrailleuse [mitʀajøz] n. f. Arme automatique à tir rapide d'un calibre de 7,5 à 20 mm, montée sur affût, sur tourelle ou à poste fixe. *Mitrailleuse légère,* d'un calibre inférieur à 8 mm, utilisée dans le combat rapproché. – *Mitrailleuse lourde,* d'un calibre de 8 à 20 mm, utilisée à poste fixe pour la protection antiaérienne ou pour les tirs à longue distance. – De *mitrailler.*

mitral, ale, aux [mitʀal, o] adj. En forme de mitre. ▷ ANAT *Valvule mitrale* : valvule du cœur entre l'oreillette et le ventricule gauches. ▷ MED Qui se rapporte à la valvule mitrale. *Maladie, rétrécissement mitral.* – De *mitre.*

mitre [mitʀ] n. f. **I. 1.** ANTIQ Coiffure haute et conique des Assyriens et des Perses. **2.** Coiffure haute et conique portée par les prélats, notam. les évêques, lorsqu'ils officient. **II. 1.** CONSTR Couronnement d'un conduit de fumée, de section rectangulaire. **2.** Mollusque gastéropode des mers chaudes, de forme allongée. – Lat. *mitra,* mot gr. «bandeau».

mitré, ée [mitʀe] adj. Qui porte la mitre, qui a le droit de la porter. *Abbé mitré.* – De *mitre.*

mitron [mitʀɔ̃] n. m. **1.** Garçon boulanger; garçon pâtissier. **2.** CONSTR Couronnement en terre cuite de forme tronconique, scellé à la partie supérieure d'un conduit de fumée. – De *mitre,* à cause de la forme primitive du bonnet des garçons boulangers.

mi-voix (à) [amivwa] loc. adv. En ne donnant qu'un faible son de voix. *Parler à mi-voix.* (Cf. mezza voce.) – De *à, mi-,* et *voix.*

mixage [miksaʒ] n. m. AUDIOV Opération par laquelle on combine plusieurs signaux (son ou image) sur un même support. – De *mixer.*

mixer [mikse] v. tr. [1] AUDIOV Procéder au mixage de. – De l'angl. *to mix,* «mélanger».

mixeur [miksœʀ] ou **mixer** [miksɛʀ] n. m. Appareil ménager électrique pour broyer, mélanger des aliments. – Angl. *mixer*, « mélangeur ».

mixité [miksite] n. f. État, caractère de ce qui est mixte (sens 2). – De *mixte.*

mixte [mikst] adj. **1.** Qui est formé d'éléments hétérogènes et qui participe de leurs différentes propriétés. *Commission mixte*, composée de personnes représentant des intérêts différents. – ECON *Économie mixte :* système fondé sur la participation de partenaires publics et privés. ▷ Intermédiaire, participant de deux ou de plusieurs genres ou catégories. *Le drame, genre mixte entre la tragédie et la comédie.* ▷ *Mariage mixte*, entre personnes d'obédiences religieuses différentes ou de races différentes. **2.** Qui comprend, qui reçoit des personnes des deux sexes. *École mixte.* – *Double mixte :* match de tennis opposant deux équipes comprenant chacune un homme et une femme. – Lat. *mixtus*, pp. de *miscere*, « mélanger ».

mixtiligne [mikstiliɲ] adj. **1.** GEOM Formé de droites et de courbes. *Figure mixtiligne.* **2.** MINER Cristal ayant des faces planes et des faces courbes. – De *mixte*, et *ligne.*

mixtion [miksjɔ̃] n. f. PHARM Action de mélanger plusieurs substances ou drogues pour composer un médicament. ▷ Produit ainsi obtenu. – Lat. *mixtio.*

mixtionner [mikstjɔne] v. tr. [1] Didac. Mélanger (des substances). – De *mixtion.*

mixture [mikstyʀ] n. f. **1.** CHIM, PHARM Mélange, généralement liquide, de substances chimiques, de médicaments. **2.** Cour. Mélange peu appétissant. *Vous ne me ferez pas boire de cette horrible mixture.* – Lat. *mixtura.*

M.J.C. n. f. Établissement rattaché au ministère chargé de la Jeunesse et des Sports, et visant à offrir aux jeunes un lieu d'activités socioculturelles. – Sigle de *maison des jeunes et de la culture.*

ml Symbole de millilitre.

Mlle ou **M**[lle] Abrév. de *mademoiselle.*

mm Symbole de millimètre.

MM. Abrév. de *messieurs.*

Mme ou **M**[me], plur. **Mmes** ou **M**[mes] Abrév. de *madame, mesdames.*

Mn CHIM Symbole du manganèse.

mnémo-. Élément, du gr. *mnêmê*, « mémoire ».

mnémonique [mnemɔnik] adj. et n. Didac. Relatif à la mémoire ; qui aide la mémoire. *Procédé mnémonique.* ▷ n. f. Ensemble des procédés d'aide à la mémoire, reposant sur des associations d'idées. ▷ n. m. INFORM Brève séquence de caractères qui représente une commande de façon facilement mémorisable. – Gr. *mnêmonikos.*

mnémotechnique [mnemɔtɛknik] adj. Qui aide la mémoire par des procédés d'association mentale. – Du gr. *mnêmê*, « mémoire », et *technique.*

-mnèse, -mnésie, -mnésique. Éléments, du gr. *mnasthai*, « se souvenir ».

mnésique [mnezik] adj. Relatif à la mémoire. – Du rad. gr. *mimnêskô*, « je me souviens ».

1. Mo CHIM Symbole du molybdène.

2. Mo INFORM Symbole de méga-octet.

moabite [mɔabit] adj. et n. ANTIQ **1.** adj. Du pays de Moab ; du peuple de Moab. *Langue, coutume moabites.* ▷ Subst. *Les Moabites :* le peuple sémite qui habitait le pays de Moab, au S.-E. de la Palestine, et qui fut soumis par Saül et par David, puis par les Assyriens. *Un(e) Moabite.* **2.** n. m. *Le moabite :* la langue sémitique que parlaient les Moabites. – Du n. de *Moab*, personnage biblique, fils de Loth, ancêtre éponyme des Moabites.

mobile [mɔbil] adj. et n. **I.** adj. **1.** Qui se meut ; qui peut être mû, déplacé. **2.** Changeant. *Caractère, visage mobile.* **3.** Qui se déplace, qui n'est pas sédentaire. ▷ MILIT *Troupes mobiles.* – *La garde mobile :* le corps de volontaires créé en 1848 pour veiller au maintien de l'ordre dans Paris. **4.** Dont la date varie d'une semaine, d'une année, etc., à l'autre. *Une journée de repos hebdomadaire mobile. Fêtes mobiles :* Pâques, l'Ascension et la Pentecôte. **5.** Dont la valeur varie. *Échelle mobile des salaires.* **II.** n. m. **1.** PHYS Corps en mouvement. **2.** Soldat de la garde nationale mobile. *Les mobiles de 1870.* **3.** Ce qui incite à agir. *Le mobile d'un crime.* **4.** BX-A Composition artistique, sculpture non figurative, faite de plaques légères agencées sur des tiges articulées et mises en mouvement par le vent ou un moteur. *Les mobiles de Calder.* – Lat. *mobilis*, « qui se meut », pour *movibilis*, de *movere*, « mouvoir ».

mobile home [mɔbilom] n. m. (Anglicisme) Syn. de *auto-caravane. Des mobile homes.* – Angl., « maison mobile ».

mobilier, ère [mɔbilje, ɛʀ] adj. et n. m. **I.** adj. **1.** Qui consiste en meubles, qui concerne les meubles. **2.** DR Qui est de la nature du meuble. *Biens, effets mobiliers. Valeurs mobilières :* titres, actions, obligations, parts sociales, qui sont, en droit, des biens meubles. ▷ Qui concerne les meubles. **II.** n. m. Ensemble des meubles d'un appartement, d'une maison. ▷ *Mobilier urbain :* ensemble des équipements tels que bancs publics, kiosques, lampadaires, etc., installés dans les lieux publics de plein air. – De *mobile.*

mobilisable [mɔbilizabl] adj. (et n.) Qui peut être mobilisé. ▷ Susceptible d'être appelé sous les drapeaux. – De *mobiliser.*

mobilisateur, trice [mɔbilizatœʀ, tʀis] adj. **1.** MILIT Responsable de la mobilisation. *Centre mobilisateur.* **2.** *Par ext.* Susceptible de mobiliser. *Un mot d'ordre mobilisateur.* – De *mobiliser.*

mobilisation [mɔbilizasjɔ̃] n. f. **1.** DR Action de considérer fictivement un immeuble comme un meuble. **2.** Action de mobiliser, son résultat. ▷ *Spécial.* Ensemble des opérations permettant de mettre une nation sur le pied de guerre. *Mobilisation partielle, générale.* – De *mobiliser.*

mobilisé, ée [mɔbilize] adj. et n. m. Rappelé sous les drapeaux lors d'une mobilisation. ▷ n. m. *Un mobilisé.* – Pp. de *mobiliser.*

mobiliser [mɔbilize] v. tr. [1] **1.** DR Rare Transformer conventionnellement un immeuble par nature en meuble. **2.** FIN *Mobiliser une créance*, faciliter sa circulation en la constatant par un titre négociable. ▷ *Mobiliser des capitaux*, les débloquer, assurer leur circulation. **3.** MED Faire mouvoir. *Mobiliser un membre pour éviter l'atrophie. Mobiliser un malade.* **4.** Procéder à la mobilisation (d'une armée, de citoyens mobilisables). ▷ Par ext. *Mobiliser son personnel pour organiser une fête.* – *Parti qui mobilise ses adhérents.* – Fig. *Mobiliser tous ses efforts sur un point.* – De *mobile.*

mobilité [mɔbilite] n. f. **1.** Caractère de ce qui est mobile. **2.** Qualité de ce qui change d'aspect rapidement. *Mobilité de la physionomie.* ▷ Fig. *Mobilité de caractère, d'esprit.* **3.** CHIM Aptitude d'une particule chargée électriquement (électron ou ion) à se déplacer dans un milieu déterminé. – Lat. *mobilitas.*

mobylette [mɔbilɛt] n. f. Cyclomoteur de la marque de ce nom. – *Par ext.* Cyclomoteur, quelle que soit sa marque. – Nom déposé ; de *mobile*, et *bicyclette.*

1. mocassin [mɔkasɛ̃] n. m. **1.** Chaussure de peau des Indiens d'Amérique du Nord. **2.** *Par anal.* Chaussure basse, très souple, sans lacets. – Algonquin *makisin.*

2. mocassin [mɔkasɛ̃] n. m. Grand serpent venimeux d'Amérique du N. et d'Asie, proche des crotales. – Même orig. que *mocassin* 1.

moche [mɔʃ] adj. Fam. **1.** Laid, pas beau. *Le temps est moche, aujourd'hui.* - Fig. *C'est moche, ce que tu fais là!* **2.** Désagréable, ennuyeux. *C'est moche ce qui lui est arrivé.* - Indélicat, mesquin, méprisable. *Il a été moche avec elle.* – P.-ê. du frq. *mokka,* «masse informe».

mocheté [mɔʃte] n. f. Fam. Personne, chose, action laide. – De *moche.*

modal, ale, aux [mɔdal, o] adj. **1.** Vx PHILO Relatif aux modes de la substance. *Existence modale.* **2.** MUS Relatif aux modes. *Notes modales,* la tierce et la sixte, qui caractérisent le mode majeur ou mineur. **3.** GRAM Relatif aux modes. *Attraction modale.* ▷ LING *Auxiliaire modal* ou, n. m., *un modal,* qui, dans un énoncé, exprime la modalité logique (probable, possible, contingent, nécessaire). *«Devoir», «pouvoir» sont des auxiliaires modaux.* **4.** Relatif à une modalité. ▷ DR *Clause modale.* – De *mode* 2.

modalité [mɔdalite] n. f. **1.** PHILO Propriété qu'a la substance d'avoir des modes. **2.** MUS Caractère que revêt une phrase musicale selon le mode auquel elle appartient. **3.** Forme particulière que revêt une chose, un acte, une pensée, etc. *Préciser les modalités de paiement.* - *Modalités d'exécution.* ▷ DR Disposition d'un acte juridique qui aménage son exécution ou ses effets. *La condition suspensive dans un contrat est une modalité de son exécution.* **4.** LOG Caractère d'un jugement, selon qu'il énonce une relation existante ou inexistante, possible ou impossible, nécessaire ou contingente. – De *modal.*

1. mode [mɔd] n. f. **1.** Vx Manière d'être, d'agir particulière à qqn. *Vivre à sa mode.* **2.** Vieilli Manière de vivre, de penser, usages propres à un pays, une région, un groupe social. ▷ CUIS Mod. *À la mode de. Tripes à la mode de Caen.* - *Bœuf à la mode, bœuf mode,* piqué de lard, accompagné de carottes et d'oignons et cuit à feu doux dans son jus. **3.** Usage peu durable, manière collective d'agir, de penser, propre à une époque et à une société données. *Être à la pointe de la mode. C'est passé de mode. Il est de mode de* : il est de bon ton de. ▷ Loc. *À la mode* : au goût du jour. **4.** *La mode* : la mode vestimentaire. *Mode d'hiver, d'été. Présentation de mode. Robe à la mode.* - Ellipt. *Coloris, coupe mode.* **5.** Industrie et commerce de l'habillement féminin et spécial., vieilli, des chapeaux (cf. modiste). *Magasin de modes. Travailler dans la mode.* – Lat. *modus,* «manière, mesure».

2. mode [mɔd] n. m. **1.** PHILO Vx Manière d'être d'une substance. **2.** Forme, procédé. *Mode de vie. Mode de gouvernement.* **3.** MUS Système d'organisation des sons, des rythmes, et partic. des différentes gammes. ▷ Échelle limitée de sons. *Mode mineur, majeur* : V. mineur, majeur. **4.** LING Catégorie grammaticale, réalisée le plus souvent par la modification de la forme du verbe, qui exprime l'attitude du sujet parlant envers ce qu'il est en train de dire. (En français, il existe des *modes personnels** : indicatif, impératif, conditionnel, subjonctif; et des *modes impersonnels** : infinitif et participe.) **5.** STATIS Valeur correspondant quantitativement à la population la plus dense. – Même mot que *mode* 1.

modelage [mɔdlaʒ] n. m. Action de modeler une substance, un objet; ouvrage ainsi obtenu. – De *modeler.*

modelé [mɔdle] n. m. **1.** Rendu du relief, des formes, en sculpture, en peinture, en dessin. **2.** GEOGR Forme ou figuration du relief. – Pp. subst. de *modeler.*

modèle [mɔdɛl] n. m. **1.** Ce qui sert d'exemple, ce qui doit être imité. *Modèle d'écriture.* **2.** Ce sur quoi on règle sa conduite; exemple que l'on suit ou que l'on doit suivre. *Prendre modèle sur qqn, qqch.* - *Un modèle de vertu.* **3.** Bx-A Chose, personne qu'un artiste travaille à représenter. ▷ *Spécial.* Personne qui pose pour un peintre, un sculpteur. **4.** Objet destiné à être reproduit. *Modèle de fonderie.* ▷ Objet reproduit industriellement à de nombreux exemplaires. *Un modèle déjà ancien.* ▷ Représentation d'un ouvrage, d'un objet que l'on se propose d'exécuter. *Modèle réduit* : reproduction à petite échelle. **5.** Didac. Schéma théorique visant à rendre compte d'un processus, des relations existant entre divers éléments d'un système. ▷ MATH *Modèle mathématique* : ensemble d'équations et de relations servant à représenter et à étudier un système complexe. **6.** ASTRO *Modèle d'étoile* : étoile fictive dont on a défini les paramètres à l'état initial. – Ital. *modello,* lat. pop. **modellus,* du class. *modulus.*

modeler [mɔdle] v. tr. [17] **1.** Façonner (une matière molle) pour en tirer une forme déterminée. *Pâte à modeler* : V. pâte. **2.** Façonner (un objet) en manipulant une matière molle. ▷ *Spécial.* Former avec de la terre glaise, de la cire, etc., le modèle d'un ouvrage à exécuter en marbre, en bronze, etc. **3.** Fig. *Modeler sur* : conformer à. *Modeler sa conduite sur celle de qqn.* ▷ v. pron. *Se modeler sur les gens de bien.* – De *modèle.*

modeleur, euse [mɔdlœʀ, øz] n. (et adj.) **1.** Sculpteur qui façonne des modèles. **2.** Ouvrier qui façonne des modèles (de pièces, de machines, etc.). – De *modeler.*

modélisation [mɔdelizasjɔ̃] n. f. Didac. Conception, établissement d'un modèle théorique. – De *modéliser.*

modéliser [mɔdelize] v. tr. [1] Didac. Concevoir, établir le modèle de (qqch); présenter sous forme de modèle (sens 5). – De *modèle.*

modélisme [mɔdelism] n. m. Fabrication de modèles réduits. – De *modèle.*

modéliste [mɔdelist] n. (et adj.) **1.** Personne qui dessine, qui crée des modèles (partic. des modèles pour la mode). **2.** Spécialiste de la fabrication de modèles réduits. – De *modèle.*

modem [mɔdɛm] n. m. TELECOM et INFORM Système électronique servant à connecter un terminal ou un ordinateur à une ligne de télécommunication. – De *mo(dulateur),* et *dém(odulateur).*

modénature [mɔdenatyʀ] n. f. ARCHI Proportion et galbe des moulures d'une corniche. – Ital. *modanatura,* de *modano,* «modèle».

modérantisme [mɔdeʀɑ̃tism] n. m. HIST Opinion politique modérée (spécial., pendant la Terreur). – Du ppr. de *modérer.*

modérantiste [mɔdeʀɑ̃tist] n. (et adj.) HIST Partisan du modérantisme. – De *modérantisme.*

modérateur, trice [mɔdeʀatœʀ, tʀis] n. et adj. **1.** Personne qui tempère des opinions exaltées. ▷ adj. *Élément modérateur d'une assemblée.* **2.** *Ticket modérateur.* V. ticket 1. **3.** PHYS NUCL Substance capable de ralentir les neutrons produits lors d'une fission nucléaire, pour leur permettre de provoquer d'autres fissions (graphite, eau ordinaire, eau lourde). **3.** PHYSIOL Qui ralentit une activité organique. – Lat. *moderator.*

modération [mɔdeʀasjɔ̃] n. f. **1.** Retenue qui porte à garder en toutes choses une certaine mesure. *User de modération.* **2.** Fait de modérer (qqch). **3.** DR Adoucissement. *Modération d'une peine.* **4.** Diminution (d'un prix). *Modération des taxes.* – Lat. *moderatio.*

moderato [mɔdeʀato] adv. MUS D'un mouvement au tempo modéré, entre *allegro* et *andante.* – Mot ital.

modéré, ée [mɔdeʀe] adj. et n. **1.** Éloigné de tout excès. *Prix modéré. Chaleur modérée.* - *Un esprit modéré.* **2.** Dont les opinions politiques sont également éloignées des extrêmes. - Subst. *Les modérés.* – Pp. de *modérer.*

modérément [mɔdeʀemɑ̃] adv. Avec modération. *Boire modérément.* – De *modéré.*

modérer [mɔdeʀe] v. tr. [14] Diminuer, tempérer. *Modérer le zèle de qqn.* ▷ v. pron. Se contenir, rester à l'écart de tout excès. – Lat. *moderare*, de *modus*, « mesure ».

modern dance [mɔdɛʀndɑ̃s] n. f. Danse contemporaine, issue de la danse classique et marquée par un refus des contraintes de l'académisme. – Mots amér.

moderne [mɔdɛʀn] adj. et n. m. **1.** Actuel, de notre époque ou d'une époque récente. *Les auteurs modernes.* ▷ n. m. LITTER *Les modernes* : les écrivains contemporains (au XVIIe s.), par oppos. aux écrivains de l'Antiquité, *les anciens.* **2.** HIST *Histoire moderne* : histoire comprise entre la prise de Constantinople (1453) ou la découverte de l'Amérique (1492) et la Révolution française (1789). **3.** Nouveau, récent. *Tout le confort moderne.* ▷ n. m. *Le moderne* : l'ameublement contemporain (par oppos. à *rustique*, à *de style*). **4.** Qui est de son époque, qui est au goût du jour. *Jeune femme moderne.* – Bas lat. *modernus*, de *modo*, « récemment ».

modernisateur, trice [mɔdɛʀnizatœʀ, tʀis] adj. et n. Qui modernise. – De *moderniser.*

modernisation [mɔdɛʀnizasjɔ̃] n. f. Action de moderniser; son résultat. – De *moderniser.*

moderniser [mɔdɛʀnize] v. tr. [1] Donner un caractère moderne à (qqch). *Moderniser un logement.* ▷ v. pron. Devenir moderne. – De *moderne.*

modernisme [mɔdɛʀnism] n. m. **1.** Tendance à préférer ce qui est moderne. **2.** HIST RELIG Tendance (qui s'incarna et s'exprima de façon extrêmement diversifiée) à un renouvellement philosophique, théologique et exégétique de la foi catholique. *Représenté en France par Loisy, notam., le modernisme fut condamné en 1907 par Pie X, qui le jugeait incompatible avec la tradition issue du concile de Trente.* – De *moderne.*

moderniste [mɔdɛʀnist] adj. et n. **1.** Qui préfère ce qui est moderne. **2.** RELIG Partisan du modernisme. – De *moderne.*

modernité [mɔdɛʀnite] n. f. Caractère de ce qui est moderne. – De *moderne.*

modern style [mɔdɛʀnstil] n. m. inv. et adj. inv. V. art nouveau (encycl. art). – Mots angl., « style moderne ».

modeste [mɔdɛst] adj. **1.** Exempt de vanité, d'orgueil. *Il est resté modeste malgré son succès.* **2.** Plein de pudeur. *Propos modestes.* **3.** Simple, sans faste. *Avoir un train de vie très modeste.* – Lat. *modestus*, de *modus*, « mesure ».

modestement [mɔdɛstəmɑ̃] adv. **1.** Avec modestie. **2.** Avec pudeur. **3.** Avec simplicité, sans dépenser beaucoup. *Vivre très modestement.* – De *modeste.*

modestie [mɔdɛsti] n. f. **1.** Absence de vanité, d'orgueil. *Parler de soi avec modestie.* **2.** Réserve, pudeur. **3.** Caractère de ce qui est modeste; simplicité, absence de faste. – Lat. *modestia.*

modicité [mɔdisite] n. f. Caractère de ce qui est modique. *Modicité d'un salaire.* – Bas lat. *modicitas*, « faibles ressources ».

modifiable [mɔdifjabl] adj. Qui peut être modifié. – De *modifier.*

modificateur, trice [mɔdifikatœʀ, tʀis] adj. et n. m. Qui a la capacité, le pouvoir de modifier. *Gène modificateur.* ▷ n. m. *Un modificateur* : un agent propre à modifier. – De *modifier.*

modification [mɔdifikasjɔ̃] n. f. **1.** Changement qui ne transforme pas complètement qqch. *Modification dans l'état de santé de qqn.* **2.** Changement. *Modifications apportées à un programme.* – Lat. *modificatio*, « disposition mesurée, réglée ».

modifier [mɔdifje] v. tr. [2] Changer (une chose) sans la transformer complètement. *Modifier ses habitudes.* ▷ v. pron. Subir un changement. – Lat. *modificare.*

modillon [mɔdijɔ̃] n. m. ARCHI Petite console destinée à soutenir une corniche. – Ital. *modiglione*, lat. pop. **mutulio.*

modique [mɔdik] adj. Peu considérable, de peu de valeur. *Ressources modiques.* – Lat. *modicus.*

modiquement [mɔdikmɑ̃] adv. De manière modique. – De *modique.*

modiste [mɔdist] n. f. Personne qui confectionne ou qui vend des chapeaux, des coiffures de femmes. – De *mode* 1.

modulable [mɔdylabl] adj. Qu'on peut moduler (sens II, 2). – De *moduler.*

modulaire [mɔdylɛʀ] adj. Relatif au module, constitué de modules. *Bâtiment de conception modulaire.* – De *module.*

modulant, ante [mɔdylɑ̃, ɑ̃t] adj. MUS Qui a le caractère de la modulation. – Ppr. de *moduler.*

modulateur, trice [mɔdylatœʀ, tʀis] adj. et n. ELECTR Se dit de tout appareil qui sert à moduler le courant électrique. – De *moduler.*

modulation [mɔdylasjɔ̃] n. f. **1.** Ensemble des variations d'un son musical, cadencées et enchaînées sans heurt. *Modulation du chant du rossignol.* **2.** MUS Passage d'une tonalité à une autre; transition au moyen de laquelle s'opère ce passage. **3.** ELECTR Opération qui consiste à faire varier l'une des caractéristiques (amplitude, intensité, fréquence, phase) d'un courant ou d'une oscillation pour transmettre un signal donné. *Modulation d'amplitude. Modulation de fréquence* : procédé permettant une reproduction sonore d'excellente qualité, utilisé par la radiodiffusion et la télévision. – Lat. *modulatio*, par l'ital. *modulazione.*

ENCYCL La modulation permet d'obtenir une onde haute fréquence, facile à transporter, à partir d'un signal basse fréquence et d'une onde haute fréquence de caractéristiques données. À l'émission, la modulation nécessite un oscillateur haute fréquence qui produit l'onde porteuse et un modulateur qui combine les signaux haute fréquence et basse fréquence. À la réception, un démodulateur permet d'extraire de l'onde reçue le signal sonore transmis.

module [mɔdyl] n. m. **1.** ARCHI Mesure servant à établir les rapports de proportion entre les parties d'un édifice. ▷ Unité de base, élément simple caractéristique d'une structure répétitive. ▷ Diamètre d'une monnaie, d'une médaille. **2.** MATH Racine carrée du produit d'un nombre complexe par son conjugué. ▷ *Module d'un vecteur*, sa longueur. **3.** TECH *Module d'élasticité* ou *module de Young* : coefficient qui caractérise l'allongement d'un corps soumis à une traction. ▷ *Module de résistance à la flexion* : coefficient qui caractérise la résistance d'une poutre à la flexion. **4.** ESP Élément d'un vaisseau spatial. *Module lunaire* – Lat. *modulus*, de *modus*, « mesure ».

moduler [mɔdyle] v. [1] **I.** v. intr. MUS Passer d'une tonalité à une autre. **II.** v. tr. **1.** ELECTR Faire subir une modulation à (un courant, une oscillation). **2.** Fig. Adapter aux conditions du moment, aux circonstances. – Lat. *modulari.*

modus vivendi [mɔdysvivɛ̃di] n. m. inv. Accommodement, accord conclu entre deux parties en litige. – Mots lat., « manière de vivre ».

moelle [mwal] n. f. **1.** ANAT *Moelle épinière* : partie du système nerveux central contenue dans le canal rachidien, faisant suite au bulbe rachidien et qui se termine au niveau de la deuxième vertèbre lombaire. **2.** ANAT *Moelle osseuse, moelle* : substance molle et graisseuse localisée dans le canal central des os longs et dans les alvéoles des os plats, qui joue un rôle capital dans la formation des globules rouges. ▷ Fig. *Jusqu'à la moelle* : complètement. *Être corrompu jusqu'à la moelle (des os).* **3.** BOT

Tissu mou, à grosses cellules, situé au centre de la tige de certains végétaux. – Du lat. *medulla*; d'abord *meole*, et *moele* par métathèse.

moelleusement [mwaløzmɑ̃] adv. De manière moelleuse. – De *moelleux*.

moelleux, euse [mwalø, øz] adj. Doux, agréable aux sens. *Lit moelleux. Étoffe moelleuse. Voix moelleuse. Vin moelleux.* ▷ *Formes moelleuses*, aux contours pleins et gracieux. – Bas lat. *medullosus*, «rempli de moelle».

moellon [mwalɔ̃] n. m. CONSTR Pierre de petite dimension utilisée en maçonnerie. – Lat. pop. **modolio*, de *modiolus*, «moyeu»; altér. d'apr. *moelle*, de l'a. fr. *moilon*.

moere [mwɛʀ] n. f. (En Flandre et dans le nord de la France.) Lagune d'eau douce que l'on a asséchée et mise en culture. – Mot holl.; a. fr. *more*, «marais».

mœurs [mœʀs] n. f. pl. **1.** Habitudes de conduite d'une personne. *Cet homme a des mœurs austères.* ▷ DR *Bonnes mœurs* : ensemble des règles conformes à la norme sociale, notam. en matière sexuelle. – *Police des mœurs* ou, ellipt., *les mœurs*, qui s'occupe de réprimer la prostitution. *Attentat aux mœurs* : outrage aux bonnes mœurs, outrage public à la pudeur. **2.** Habitudes, coutumes propres à un groupe humain, une société, un peuple. *Les mœurs des Grecs.* – (Prov.) *Autres temps, autres mœurs* : chaque époque a ses usages. ▷ *Scène de mœurs* : peinture qui représente un épisode de la vie quotidienne. – *Roman de mœurs*, qui décrit les mœurs d'une époque, d'un groupe social, etc. **3.** Habitudes d'une espèce animale. *Les mœurs des fourmis.* – Du lat. *mores*, pl. de *mos, moris*, «volonté, désir, usage, coutume»; d'abord *mors, murs*, puis *meurs*.

mofette [mɔfɛt] n. f. **1.** GEOL Émanation de gaz carbonique, dans certains terrains volcaniques. **2.** V. moufette. – Ital. *moffetta*, de *muffa*, «moisissure».

moghol, ole [mɔgɔl] adj. Des Moghols, dynastie timouride turque. – Mot mongol.

mohair [mɔɛʀ] n. m. Poil de chèvre angora; laine filée avec ce poil. ▷ Étoffe légère fabriquée avec du mohair. – Mot angl.; de l'ar. *mukhayyar*, «de choix», par attract. de l'angl. *hair*, «poil».

1. moi [mwa] pron. pers. Forme tonique de la 1re personne du sing. et des deux genres, insistant sur la personne qui s'exprime. **1.** (Complément d'objet, après un impératif.) *Laisse-moi.* – (Dans les réponses.) *Qui demande-t-on? – Moi.* – (Quand le complément d'objet est redoublé.) *Il nous appelle, mon frère et moi.* **2.** (Complément d'objet indirect ou d'attribution, après le verbe.) *Pensez à moi. De vous à moi* : en confidence. **3.** (Complément d'agent.) *Choisi par moi.* **4.** (Complément circonstanciel.) *Sors avec moi.* **5.** (Complément de nom.) *En souvenir de moi.* **6.** (Complément d'adjectif.) *Digne de moi.* ▷ (Complément d'un comparatif.) *Aussi content que moi.* **7.** (Attribut) *«L'État, c'est moi» (Louis XIV).* **8.** (Sujet, renforçant *je*.) *Moi, je travaille, toi, tu t'amuses.* **9.** (Emploi explétif.) *Écoute-moi cet air!* **10.** Loc. *À moi!* : cri pour appeler au secours ou VX pour interpeller qqn. *«À moi, comte, deux mots» (Corneille).* ▷ *Pour moi* : à mon avis. *Pour moi, c'est étrange.* ▷ *Quant à moi* : en ce qui me concerne. ▷ *Chez moi* : dans l'endroit où j'habite. – N.B. : devant *en* et *y*, *moi* devient *m'*. *Passe-m'en. Faites-m'y inscrire, à ce club.* – Du lat. *me* (V. me), devenu *mei, mi, moi*, en position accentuée.

2. moi [mwa] n. m. inv. **1.** PHILO Personne humaine en tant qu'elle a conscience d'elle-même, à la fois sujet et objet de la pensée. *«Le moi consiste dans ma pensée» (Pascal).* **2.** Personne de chaque individu, à laquelle il tend à rapporter toute chose. *«Le moi est haïssable» (Pascal).* **3.** PSYCHAN Instance qui maintient l'unité de la personnalité en permettant l'adaptation au principe de réalité, la satisfaction partielle du principe de plaisir et le respect des interdits émanant du surmoi. – Lat. *me*.

moï [mɔj] adj. (inv. en genre) Relatif aux Moïs, population du sud du Viêtnam, décimée par les guerres d'Indochine. – Mot vietnamien, «sauvage».

moie. V. moye.

moignon [mwaɲɔ̃] n. m. **1.** Partie d'un membre amputé située entre la cicatrice et l'articulation. *Moignon de jambe.* **2.** Membre rudimentaire. *Moignon d'aile.* **3.** Ce qui reste d'une grosse branche d'arbre coupée ou cassée. – De l'a. fr. *moignier, esmoignier*, «mutiler», de l'anc. provenç., probabl. de *mundiare*, «couper pour nettoyer», de *mundus*, «pur».

moindre [mwɛ̃dʀ] adj. (Comparatif) **1.** Plus petit, moins important. *Une somme moindre que je ne pensais. De moindre valeur.* **2.** (Superlatif) *Le moindre* : le plus petit, le moins important. *S'éveiller au moindre bruit. Je n'en ai pas la moindre idée.* – *C'est la moindre des choses*, le moins qu'on puisse faire. – *Un écrivain et non des moindres.* – Du lat. *minor* (cf. mineur 1), compar. de *parvus*, «petit»; d'abord *mendre, meindre*.

moindrement [mwɛ̃dʀəmɑ̃] adv. Litt. *Le moindrement* : le moins du monde. – De *moindre*.

moine [mwan] n. m. **1.** Religieux appartenant à un ordre monastique. ▷ Loc. prov. *L'habit ne fait pas le moine* : on ne doit pas juger les gens sur leur apparence. – *Gras comme un moine* : très gras, très gros. **2.** Nom cour. de divers animaux, notam. d'un papillon nocturne et d'un phoque des mers chaudes. – Adaptation anc. du lat. ecclés. *monachus*, gr. *monakhos*, «solitaire», de *monos*, «seul».

moineau [mwano] n. m. Oiseau passériforme de petite taille *(Passer domesticus)*, à livrée brune et beige, très courant dans les villes. Syn. (fam.) pierrot, (arg.) piaf. ▷ Fig., fam. *Un drôle de moineau* : un drôle d'individu. – De *moine*, d'apr. la couleur du plumage.

moinerie [mwanʀi] n. f. Péjor., VX **1.** Les moines. **2.** Monastère. **3.** Esprit, condition monastique. – De *moine*.

moinesse [mwanɛs] n. f. Vx et péjor. Moniale. – Fém. de *moine*.

moinillon [mwanijɔ̃] n. m. Fam., plaisant Jeune moine. – Dimin. de *moine*.

moins [mwɛ̃] adv., prép. et n. m. **1.** Comparatif d'infériorité. *Moins grand que son frère. J'ai mille francs de moins que lui. J'ai reçu mille francs en moins.* – *De moins en moins* : en diminuant peu à peu. – *Moins que jamais* : moins dans ce cas que dans tout autre. – *D'autant moins* : en proportion inverse du fait que. **2.** *Le moins* : superlatif de *peu*. *Le moins bon élève de la classe. Parlez-en le moins possible. Pas le moins du monde* : pas du tout. ▷ *Du moins* : cependant, en tout cas. *S'il ne travaille pas, du moins ne perd-il pas son temps.* Syn. Tout au moins, pour le moins, à tout le moins. ▷ *Au moins* : seulement. *Si au moins il travaillait, au lieu de s'amuser.* – *Il a au moins cinquante ans*, au minimum cinquante ans. ▷ *Des moins* : très peu. *Une soirée des moins réussies.* **3.** Loc. adv. *À moins* : pour qqch de moindre. *On se fâcherait à moins.* ▷ Loc. prép. *À moins de* : à un prix inférieur à. *Il se refuse à vendre à moins d'un million.* – Sauf dans le cas de. *Présence requise à moins d'une impossibilité dûment attestée.* ▷ Loc. conj. (suivie de «ne» et du subj.). *À moins que* : sauf dans le cas où. *Je n'irai pas à moins que vous ne veniez aussi.* **4.** n. m. *Le moins* : le minimum. *Le moins que l'on puisse dire. C'est bien le moins* : on ne saurait faire moins. – (Prov.) *Qui peut le plus peut le moins.* **5.** n. m. MATH Signe de la soustraction (–). **6.** prép. (employée pour soustraire.) *8 moins 5 égale 3. Dix heures moins le quart.* – Loc. fam. *Il était moins cinq, moins une* : il s'en est fallu de peu. – Du lat. *minus*, neutre de *minor*.

moins-perçu [mwɛ̃pɛʀsy] n. m. FIN Différence entre la somme que l'on aurait dû percevoir et la somme perçue. *Des moins-perçus.* Ant. trop-perçu. – De *moins,* et pp. de *percevoir.*

moins-value [mwɛ̃valy] n. f. FIN Diminution de la valeur d'un fonds, d'un revenu ; perte de valeur. *Des moins-values.* Ant. plus-value. – De *moins,* et a. fr. *value,* d'apr. *plus-value.*

moirage [mwaʀaʒ] n. m. TECH Action de moirer une étoffe ; son résultat. – De *moirer.*

moire [mwaʀ] n. f. **1.** Étoffe de soie à reflets chatoyants. **2.** Apprêt destiné à donner à certaines étoffes une apparence ondée et chatoyante. **3.** Litt. Reflet des étoffes moirées. ▷ Effet lumineux évoquant une étoffe moirée. – Adapté de l'angl. *mohair* (V. mohair). D'abord *mouaire.*

moiré, ée [mwaʀe] adj. Qui a les reflets de la moire. – De *moire.*

moirer [mwaʀe] v. tr. [1] TECH Donner à (une étoffe) des reflets chatoyants en la comprimant à chaud. ▷ Fig., litt. *Le soleil moirait la surface des eaux.* – De *moire.*

moirure [mwaʀyʀ] n. f. Effet de ce qui est moiré. – De *moirer.*

mois [mwa] n. m. **1.** Chacune des douze parties de l'année. *Le mois de janvier. Mois lunaire :* temps séparant deux conjonctions de la Lune avec le Soleil. **2.** Espace d'environ trente jours. *Il me faudra deux mois pour finir ce travail.* **3.** Prix payé pour un mois de travail. *Payer son mois à un employé.* – Du lat. *mens, mensis ;* d'abord *meis.*

moise [mwaz] n. f. TECH Pièce double, utilisée surtout en charpente, qui solidarise plusieurs autres pièces qu'elle enserre sur deux faces. – Du lat. *mensa,* « table ».

moïse [mɔiz] n. m. Corbeille qui sert de berceau. – Du n. du prophète *Moïse,* trouvé, selon la Bible, par la fille du pharaon dans un berceau flottant sur le Nil.

moisi, ie [mwazi] adj. et n. m. **1.** adj. Couvert de moisissure. **2.** n. m. Ce qui est moisi. *Odeur de moisi.* – Pp. de *moisir.*

moisir [mwaziʀ] v. [3] **I.** v. tr. Couvrir de moisissures. *L'humidité moisit le blé.* **II.** v. intr. **1.** Devenir moisi. *Confitures qui moisissent.* **2.** Fig., fam. Attendre trop longtemps, se morfondre. *Je n'ai pas l'intention de moisir ici.* – Du lat. pop. **mucire,* class. *mucere.*

moisissure [mwazisyʀ] n. f. Nom cour. des champignons ne comportant pas de fructifications massives et se développant sur des matières organiques humides ou en décomposition. *On tire la pénicilline d'une moisissure blanche, le Pénicillium.* – De *moisir.*

moissine [mwasin] n. f. AGRIC Bout de sarment de vigne coupé avec la grappe.

moisson [mwasɔ̃] n. f. **1.** Action de récolter le blé, les céréales. *Faire la moisson.* **2.** La récolte elle-même. *Moisson abondante.* ▷ Fig. *Une ample moisson de renseignements.* **3.** Temps, époque où l'on fait la moisson. *La moisson sera tardive cette année.* – Du lat. pop. **messio, messionis,* class. *messis.*

moissonnage [mwasɔnaʒ] n. m. AGRIC Manière de moissonner. *Moissonnage à la machine.* – De *moissonner.*

moissonner [mwasɔne] v. tr. [1] **1.** Faire la moisson, la récolte de céréales. *Moissonner du blé.* – Par ext. *Moissonner un champ.* **2.** Fig. Remporter, recueillir en abondance. *Moissonner les récompenses, les distinctions.* – De *moisson.*

moissonneur, euse [mwasɔnœʀ, øz] n. **1.** Personne qui moissonne. **2.** n. f. Machine servant à récolter les céréales. – De *moissonner.*

moissonneuse-batteuse [mwasɔnøzbatøz] n. f. Machine agricole qui bat le grain et le sépare de la paille. *Des moissonneuses-batteuses.* – De *moissonneuse,* et *batteuse.*

moissonneuse-lieuse [mwasɔnøzljøz] n. f. Machine agricole qui met les tiges en bottes. *Des moissonneuses-lieuses.* – De *moissonneuse,* et *lieuse.*

moite [mwat] adj. Légèrement humide (partic., en parlant de la peau humide de sueur). *Avoir les mains moites. Chaleur moite qui précède l'orage.* – P.-ê. du lat. *mucidus,* « moisi », par crois. avec *musteus,* « juteux » ; d'abord *muste, moiste.*

moiteur [mwatœʀ] n. f. Caractère de ce qui est moite ; légère humidité. *Moiteur due à la fièvre.* – De *moite.*

moitié [mwatje] n. f. et adv. **I.** n. f. **1.** Chacune des deux parties égales en lesquelles un tout est divisé. *Trois est la moitié de six.* – Partie, portion qui représente environ une moitié d'un tout. *Il passe la moitié de son temps à dormir. Il a fait une bonne moitié du travail.* **2.** Milieu. *Être à la moitié du chemin.* **3.** Fig., fam. Épouse. *Ma chère moitié.* **4.** Loc. adv. *À moitié :* à demi ; *par ext.* en partie. *Remplir une salle à moitié. Il est à moitié fou.* ▷ *Faire les choses à moitié,* ne pas les faire convenablement, complètement. ▷ *De moitié, pour moitié :* pour une part égale à la moitié. *Ce produit a augmenté de moitié. Il est pour moitié responsable de ce qui lui arrive.* ▷ *Être, se mettre de moitié avec qqn,* s'associer avec lui, partager également le gain et la perte. **II.** adv. À demi. *Pain moitié froment, moitié seigle.* ▷ Fam. *Moitié-moitié :* en partageant en deux parts égales. *Pour les gains, nous ferons moitié-moitié.* – D'une manière mitigée, à demi. *Vous l'avez apprécié ? – Moitié-moitié.* – Du lat. *medietas,* « milieu, moitié ».

moitir [mwatiʀ] v. tr. [3] Rare ou litt. Rendre moite. – De *moite.*

moka [mɔka] n. m. **1.** Café renommé provenant d'Arabie. – Infusion faite avec ce café. **2.** *Par ext.* Café, en général. *Tasse, cuiller à moka.* **3.** Gâteau garni de crème au beurre aromatisée au café (ou au chocolat). – De *Moka,* n. d'un port du Yémen, où l'on embarquait le café d'Arabie.

1. mol, molle. V. mou.

2. mol CHIM Symbole de la mole.

1. molaire [mɔlɛʀ] n. f. Chacune des grosses dents implantées à l'arrière des mâchoires, qui servent à broyer les aliments. – Adj. lat. *(dens) molaris,* « (dent) en forme de meule ».

2. molaire [mɔlɛʀ] adj. CHIM Relatif à la mole. ▷ *Masse* moléculaire molaire.* ▷ *Solution molaire,* qui contient une mole de soluté par litre. ▷ *Volume molaire,* occupé par une mole. – De *mole.*

môlaire [molɛʀ] adj. MED Relatif à la môle. *Grossesse môlaire,* dans laquelle se produit une dégénérescence des villosités choriales de l'œuf. – De *môle* 1.

molard ou **mollard** [mɔlaʀ] n. m. Grossier Crachat épais. – De *mol,* « mou ».

molarder ou **mollarder** [mɔlaʀde] v. intr. [1] Grossier Cracher. – De *molard.*

molarité [mɔlaʀite] n. f. CHIM Concentration molaire d'une solution, rapport entre le nombre de moles du soluté et le volume de la solution. – De *molaire* 2.

molasse ou **mollasse** [mɔlas] n. f. GEOL Grès tendre à ciment argilo-calcaire englobant des grains de quartz, des paillettes de mica, etc. *La molasse, qui présente la particularité de durcir à l'air, est très utilisée dans la construction.* – De *mollasse* 1 ou forme péjor. de *meulière.*

moldave [mɔldav] adj. et n. **1.** adj. De Moldavie, n. d'une région de la Roumanie et d'un État d'Europe de l'Est. **2.** n. m. Langue roumaine parlée en Moldavie.

mole [mɔl] n. f. CHIM Unité de quantité de matière du système international SI (symbole mol), équivalant à la quantité de matière d'un système qui comprend autant d'entités élémentaires (molécules, atomes, ions, électrons) qu'il y a d'atomes dans 12 g de carbone 12 (soit $6,022.10^{23}$). – Mot angl., de *molecule*, du lat. mod. *molecula*, dimin. de *moles*, « masse ».

1. môle [mol] n. f. MED Dégénérescence des villosités de la paroi de l'œuf en cours de grossesse. – Du lat. méd. *mola*, « meule ».

2. môle [mol] n. m. MAR Jetée construite à l'entrée d'un port et faisant office de brise-lames. – Terre-plein bordé de quais, le long desquels peuvent accoster les navires, et qui divise un bassin en darses. – Ital. *molo*.

3. môle [mol] n. f. ICHTYOL Poisson marin *(Mola mola)*, appelé cour. *poisson-lune* ou *lune de mer* à cause de son corps aplati en disque (il peut atteindre 3 m pour 1 500 kg). – Lat. *mola*, « meule ».

moléculaire [mɔlekylɛʀ] adj. CHIM Relatif à la molécule. – De *molécule*.

molécule [mɔlekyl] n. f. CHIM Ensemble d'atomes liés les uns aux autres par des liaisons fortes (de covalence). (Cf. encycl. liaison.) ▷ *Molécule-gramme*, anc. syn. de *mole*. – Lat. mod. *molecula*, de *moles*, « masse ».

ENCYCL La molécule est la plus petite partie d'un corps pur qui puisse exister sans que celui-ci perde son individualité. Les molécules des corps simples sont formées d'un ou de plusieurs atomes identiques; ainsi, la molécule d'hydrogène est constituée de deux atomes (H_2) : elle est diatomique. Les dimensions des molécules sont extrêmement petites, voisines du milliardième de mètre. Seules les très grosses molécules peuvent être observées au microscope électronique. La composition d'une molécule peut être représentée par une formule illustrant le nombre et la nature des atomes qu'elle contient, et indiquant les liaisons qui existent entre les atomes (formule développée). La masse molaire d'une molécule s'obtient facilement en additionnant les masses atomiques des atomes qui la constituent. Par exemple, une molécule d'eau (de formule H_2O) comprend deux atomes d'hydrogène (de masse atomique 1 g) et un atome d'oxygène (de masse atomique 16 g); sa masse molaire est donc égale à $(2 \times 1) + 16 = 18$ g. Certaines molécules géantes (de la cellulose, du caoutchouc, de l'amidon, etc.), appelées *macromolécules**, possèdent plusieurs centaines de milliers d'atomes. L'industrie des matières plastiques fait appel à la synthèse de très nombreuses macromolécules (polystyrène, polyéthylène, polychlorure de vinyle). Cf. aussi polymérisation.

molène [mɔlɛn] n. f. BOT Plante (genre *Verbascum*, fam. scrofulariacées) des terres incultes, dont une espèce, la *molène commune*, appelée aussi *bouillon-blanc*, porte des fleurs pectorales. – P.-ê. de *mol*, « mou ».

moleskine [mɔlɛskin] n. f. **1.** Coutil de coton lustré. **2.** Toile cirée imitant le grain du cuir. *Des banquettes recouvertes de moleskine.* – Angl. *moleskin*, propr. « peau de taupe ».

molester [mɔlɛste] v. tr. [1] **1.** Vielli ou litt. Tourmenter, tracasser. **2.** Faire subir des violences physiques à (qqn). Syn. malmener, brutaliser. – Bas lat. *molestare*, du class. *molestus*, « pénible, fâcheux ».

moletage [mɔltaʒ] n. m. Action de moleter; son résultat. – De *moleter*.

moleté, ée [mɔlte] adj. et n. m. TECH Quadrillé, strié à l'aide d'une molette. ▷ n. m. Ornement imprimé à la molette dans une pâte céramique. – Pp. de *moleter*.

moleter [mɔlte] v. tr. [20] TECH **1.** Travailler à la molette. **2.** Strier par moletage. – Pp. adj. *Écrou moleté*. – De *molette*.

molette [mɔlɛt] n. f. **1.** Roulette garnie de pointes, à l'extrémité d'un éperon. **2.** Roulette munie d'un tranchant, de pointes ou d'aspérités, et servant à couper, à marquer, à frotter, etc. – Outil constitué d'un manche muni de cette roulette. *Molette de vitrier.* **3.** Petit disque, petit cylindre cannelé que l'on manœuvre pour actionner un mécanisme. *Clé à molette. La molette d'un briquet.* **4.** TECH Poulie de grand diamètre située à la partie supérieure d'un chevalement de mine et sur laquelle s'enroule le câble de la machine d'extraction. – De *meule*, d'ap. lat. *mola*.

moliéresque [mɔljeʀɛsk] adj. Relatif à Molière; qui rappelle les œuvres, le style de Molière. – De *Molière*, auteur dramatique fr. (1622-1673).

molinisme [mɔlinism] n. m. RELIG Doctrine de Luis Molina, selon laquelle l'homme reçoit en naissant une grâce suffisante, qu'il pourra, en vertu de son libre arbitre, rendre efficace. – De *moliniste*.

moliniste [mɔlinist] n. HIST RELIG Partisan du molinisme. ▷ adj. *Doctrine moliniste.* – Du n. de Luis *Molina*, jésuite espagnol (1536-1600).

mollah [mɔla], **mulla** ou **mullah** [mulla] n. m. Docteur en droit religieux dans l'islam chiite. – Ar. *mawlā*, « maître, seigneur ».

mollard, mollarder. V. molard, molarder.

1. mollasse [mɔlas] adj. Péjor. **1.** Sans consistance, mou et flasque. *Chair mollasse.* **2.** Fig. (Personnes) Sans énergie. *C'est une grande mollasse.* Syn. apathique, indolent. – De *mol*, *mou*, et *-asse*, ou ital. *molaccio*.

2. mollasse. V. molasse.

mollasson, onne [mɔlasɔ̃, ɔn] n. et adj. Fam. Personne molle, mollasse. *Il a tenté, en vain, de remuer ce mollasson.* ▷ adj. *Un enfant mollasson.* – De *mollasse* 1.

mollement [mɔlmɑ̃] adv. **1.** Avec mollesse. *Couché mollement.* **2.** Sans vigueur, sans conviction. *Travailler mollement. Se défendre mollement.* – De *mol*, *mou*.

mollesse [mɔlɛs] n. f. **1.** Caractère de ce qui est mou, moelleux. *La mollesse d'un matelas.* – Fig., litt. Flexibilité, douceur de pensée, de style. *Vers pleins de mollesse.* Syn. douceur. Ant. dureté. **2.** Manque d'énergie dans le caractère, la conduite. *Agir, protester avec mollesse.* – Excès d'indulgence. *La mollesse d'un père.* Syn. indolence, faiblesse. Ant. fermeté, résolution. **3.** Manque de vigueur, de force dans l'expression. *La mollesse des traits d'un visage.* Syn. atonie. **4.** Délicatesse d'une vie facile. *Vivre dans la mollesse.* – De *mol*, *mou*.

1. mollet, ette [mɔlɛ, ɛt] adj. (rare au fém.) D'une mollesse douce, agréable. *Lit mollet. Pain mollet.* ▷ *Œuf mollet*, cuit dans sa coquille de manière que le blanc soit pris et le jaune onctueux. – Dimin. de *mol*.

2. mollet [mɔlɛ] n. m. Relief musculaire à la face postérieure de la jambe, au-dessous du genou. – Fam. *Mollets de coq*, très maigres. – De *mollet* 1.

molletière [mɔltjɛʀ] n. f. et adj. Guêtre protégeant le mollet. ▷ adj. *Bandes molletières* : bandes d'étoffe ou de cuir dont on entoure le mollet. – De *mollet* 2.

molleton [mɔltɔ̃] n. m. Étoffe de laine ou de coton gratté. – Pièce de cette étoffe servant d'épaisseur protectrice et isolante. *Intercaler un molleton entre la nappe et la table.* – De *mollet* 1.

molletonné, ée [mɔltɔne] adj. **1.** Qui a l'aspect du molleton. **2.** Doublé de molleton. – De *molleton*.

molletonner [mɔltɔne] v. tr. [1] Doubler, garnir de molleton. *Molletonner un gilet.* – De *molleton*.

molletonneux, euse [mɔltɔnø, øz] adj. De la nature du molleton. – De *molleton*.

mollir [mɔliʀ] v. [3] **I.** v. intr. **1.** Devenir mou. *Ces poires mollissent.* **2.** Perdre de sa force. *Le vent mollit.* **3.**

Fig. Céder sous un effort, faiblir. *Les troupes mollissent.* Syn. fam. flancher. **II.** v. tr. MAR Détendre. *Mollir un câble.* – De *mol, mou.*

mollisol [mɔlisɔl] n. m. GEOL Couche superficielle du sol, qui subit l'action du gel et du dégel. – Lat. *mollis,* « mou », et *sol.*

mollo [mɔlo] adv. Pop. Doucement, délicatement. *Y aller mollo.* – De *mollement.*

molluscum [mɔlyskɔm] n. m. MED Tumeur fibreuse de la peau, molle et de dimension variable. – Mot lat., « nœud de l'érable ».

mollusque [mɔlysk] n. m. **1.** n. m. pl. ZOOL Embranchement de métazoaires au corps mou non segmenté souvent pourvu d'une coquille calcaire. - Sing. *L'escargot est un mollusque.* **2.** Fig., fam. Individu mou, sans énergie. Syn. fam. mollasson. – Lat. scientif. *molluscum,* du lat. *mollusca (nux),* « (noix) à l'écorce molle ».

ENCYCL Les mollusques sont des métazoaires cœlomates munis d'un système nerveux ventral et à symétrie bilatérale. Leur taille varie entre un millimètre et huit mètres de long. Leur corps comprend deux parties : la tête et le tronc. La face ventrale porte habituellement un organe locomoteur : *le pied*; le tégument forme un vaste repli : *le manteau,* qui sécrète la coquille. Dans l'espace situé entre le manteau et le corps se trouve la cavité palléale, qui contient les branchies. La bouche est pourvue d'une lame chitineuse dentée : la *radula.* Le cœur, à deux cavités, est l'organe moteur d'un appareil circulatoire lacunaire. Les mollusques sont hermaphrodites ou à sexes séparés; ils se développent le plus souvent en s'enroulant en hélice; la plupart des espèces passent par un stade larvaire. Presque tous les mollusques sont marins; beaucoup rampent; certains sont fouisseurs (solen), perceurs (taret), nageurs (poulpe); on rencontre des mollusques d'eau douce (limnée) et terrestres (escargot, limace). Beaucoup sont comestibles (huître, moule, calmar, escargot, etc.). Apparus au cambrien, les mollusques sont divisés en sept classes dont les plus importantes sont les gastéropodes (escargots, par ex.), les lamellibranches (huîtres, par ex.) et les céphalopodes (poulpes, par ex.).

moloch [mɔlɔk] n. m. ZOOL Lézard (*Moloch horridus,* fam. agamidés) du désert australien, long d'une vingtaine de cm, couvert d'épines. – De *Moloch,* divinité mentionnée dans l'Ancien Testament.

molosse [mɔlɔs] n. m. Grand dogue. – Lat. *molossus,* mot gr., « chien du pays des Molosses », dans l'anc. Épire.

molothre [mɔlɔtʀ] n. m. Passériforme américain (genre *Molothrus*), au bec fort, dont la vie parasite rappelle celle des coucous.

molto [mɔlto] adv. MUS Très, beaucoup. *Molto vivace.* – Mot ital.

moly [mɔli] n. m. **1.** MYTH Plante merveilleuse qui préserve Ulysse des enchantements de Circé, dans *l'Odyssée.* **2.** BOT Ail doré. – Mot lat., gr. *môlu.*

molybdate [mɔlibdat] n. m. CHIM Sel de l'acide molybdique. – De *molybdène.*

molybdène [mɔlibdɛn] n. m. CHIM Élément métallique de numéro atomique Z = 42 et de masse atomique 95,94 (symbole Mo). - Métal (Mo) blanc, qui fond à 2 620 °C et bout à 4 612 °C. *Le molybdène est utilisé pour la fabrication d'aciers inoxydables.* – Lat. *molybdæna,* mot gr., de *molubdos,* « plomb ».

molybdique [mɔlibdik] adj. CHIM *Acide molybdique,* de formule H_2MoO_4. ▷ *Anhydride molybdique,* de formule MoO_3. – De *molybdène.*

môme [mom] n. **1.** Fam. Enfant. *Un môme insupportable.* **2.** n. f. Pop. Jeune fille. *Une belle môme.*

moment [mɔmɑ̃] n. m. **A. I. 1.** Petite partie du temps. *Il n'en a que pour un moment. N'avoir pas un moment à soi* : être sans cesse occupé. Syn. instant. **2.** Laps de temps indéterminé. *Attendre un long, un bon moment,* longtemps. *Passer de bons, de mauvais moments,* des moments heureux, pénibles. ▷ Absol. Temps présent. *Les vedettes du moment.* **3.** Circonstance, occasion. *C'est le moment, le bon moment. Il a choisi un mauvais moment.* ▷ *Moment psychologique,* propice pour dénouer une situation. **II. 1.** Loc. adv. *Dans un moment* : bientôt. *D'un moment à l'autre* : incessamment. *En un moment* : très rapidement. *Par moments* : de temps en temps. *À tout (tous) moment (s)* : sans cesse. *En ce moment* : à l'heure qu'il est. **2.** Loc. prép. *Au moment de* : sur le point de. **3.** Loc. conj. *Au moment où* : lorsque. - *Du moment que* : puisque. **B. 1.** MATH *Moment d'un vecteur $\overrightarrow{AB}$ par rapport à un point O* : vecteur $\overrightarrow{OM}$ tel que $\overrightarrow{OM} = \overrightarrow{OA} \cap \overrightarrow{AB}$, perpendiculaire au plan OAB dans le sens direct et dont le module est égal au produit de AB par la distance de O à la droite AB. **2.** PHYS *Moment d'une force par rapport à un point* : moment du vecteur représentant cette force, par rapport à ce point. ▷ *Moment d'un couple* : vecteur perpendiculaire au plan des forces constituant le couple dans le sens direct et dont le module est le produit de l'intensité des forces par leur distance. ▷ *Moment cinétique, moment dynamique en un point* : moment du vecteur $m\overrightarrow{V}$ (quantité de mouvement), du vecteur $m\overrightarrow{\Gamma}$ (force) par rapport à ce point. /fsp/ ▷ *Moment d'inertie d'un système par rapport à un axe* : somme des produits des masses des éléments du système par les carrés des distances de ceux-ci à l'axe. **3.** ELECTR *Moment électrique* : produit de la quantité d'électricité constituant chaque charge d'un doublet électrique par la distance qui sépare ces charges. ▷ *Moment magnétique* : vecteur caractéristique d'un dispositif placé dans un champ magnétique. **4.** CHIM *Moment dipolaire d'une molécule* : moment électrique du dipôle formé par les molécules dont les barycentres des charges positives et négatives ne sont pas confondus. – Lat. *momentum,* contract. de *movimentum,* « mouvement ».

momentané, ée [mɔmɑ̃tane] adj. Qui dure peu. *Plaisir momentané.* – Bas lat. *momentaneus.*

momentanément [mɔmɑ̃tanemɑ̃] adv. D'une façon momentanée. – De *momentané.*

momerie [mɔmʀi] n. f. Litt. Pratique hypocrite, affectée. *Les momeries d'un faux dévot.* – De l'a. fr. *momer,* « se déguiser ».

mômerie [momʀi] n. f. Fam. Enfantillage. – De *môme.*

momie [mɔmi] n. f. **1.** Corps embaumé par les anciens Égyptiens. *La momie d'un pharaon.* ▷ Par ext. Cadavre desséché et conservé (artificiellement ou naturellement). **2.** Fig. Personne très maigre. ▷ Personne à l'esprit rétrograde. – Lat. médiév. *mumia,* ar. *mumiya,* rac. *mum,* « cire ».

momification [mɔmifikasjɔ̃] n. f. Action de momifier; son résultat. – De *momifier.*

momifier [mɔmifje] v. tr. [1] **1.** Transformer (un cadavre) en momie. ▷ v. pron. *Cadavre qui se momifie.* **2.** Fig. Rendre extrêmement maigre. - Figer dans l'inertie ou dans des habitudes surannées. – De *momie,* et *-fier.*

mon, ma, mes [mɔ̃, ma, me] adj. poss. masc. sing., fém. et plur. de la première personne, marquant : **1.** la possession. *Ma maison. Mon fils*; **2.** des rapports divers *(affectifs, sociaux; d'habitude, de convenance, d'intérêt, etc.). Mon meilleur ami. Mon général. Ma promenade quotidienne. Mon dentiste.* - Fam. *Voilà mon homme qui se met à courir*; **3.** des relations grammaticales *(sujet ou objet d'une action). Veuillez accepter mes excuses,* celles que je vous fais. *Venez à mon secours,* me secourir. - (N.B. On emploie *mon* au lieu de *ma* devant un nom fém. commençant par une voyelle ou un *h* muet : *mon île, mon* *horloge.*) – Forme atone des adj. lat. *meum, meam, meos* et *meas.*

môn. V. môn-khmer.

mon(o)- Élément, du gr. *monos,* « seul ».

monacal, ale, aux [mɔnakal, o] adj. Propre aux moines, au genre de vie des moines. *Vie monacale.* – Lat. ecclés. *monachalis,* de *monachus,* « moine ».

monachisme [mɔnaʃism; mɔnakism] n. m. Vie des moines. ▷ Institution monastique. *Esprit du monachisme.* – Du lat. ecclés. *monachus,* « moine ».

monade [mɔnad] n. f. PHILO Pour Leibniz, substance simple, irréductible, élément premier de toutes les choses, et qui contient en elle-même le principe et la source de toutes ses actions. – Bas lat. *monas, monadis,* « unité », du gr.

monadelphe [mɔnadɛlf] adj. BOT Se dit des étamines soudées entre elles en un seul faisceau. *Étamines monadelphes du genêt.* – De *mon(o)-,* et gr. *adelphos,* « frère ».

monadisme [mɔnadism] n. m. ou **monadologie** [mɔnadɔlɔʒi] n. f. PHILO Théorie des monades de Leibniz. – De *monade.*

monarchie [mɔnaʀʃi] n. f. **1.** Forme de gouvernement d'un État dans laquelle le pouvoir est détenu par un seul chef, le plus souvent un roi héréditaire. *Selon que l'autorité du souverain est illimitée ou limitée par une constitution, la monarchie est dite « absolue » ou « constitutionnelle ». Monarchie parlementaire :* monarchie constitutionnelle dans laquelle le gouvernement est responsable devant le Parlement. **2.** État gouverné par un seul individu, spécial. par un roi. – Bas lat. *monarchia,* mot. gr. « gouvernement d'un seul ».

monarchique [mɔnaʀʃik] adj. Qui se rapporte à la monarchie. *Régime monarchique.* – De *monarchie.*

monarchisme [mɔnaʀʃism] n. m. Doctrine des monarchistes. – De *monarchie.*

monarchiste [mɔnaʀʃist] adj. et n. Qui est partisan de la monarchie. *Partis monarchistes.* ▷ Subst. *Le point de vue des monarchistes.* – De *monarchie.*

monarque [mɔnaʀk] n. m. Celui qui détient l'autorité souveraine dans une monarchie. – Bas lat. *monarcha,* gr. *monarkhês.*

monastère [mɔnastɛʀ] n. m. Lieu, groupe de bâtiments habité par des moines ou des moniales. – Lat. ecclés. *monasterium,* du gr.

monastique [mɔnastik] adj. Des moines, de la vie des moines. *Discipline monastique.* – Bas lat. ecclés. *monasticus.*

monazite [mɔnazit] n. f. MINER Minerai contenant principalement des phosphates de cérium, de lanthane et de thorium. – All. *Monazit,* du gr. *monazein,* « être seul, rare ».

monceau [mɔ̃so] n. m. Tas, amas important. *Un monceau de ruines.* ▷ Fig. *Un monceau d'absurdités.* – Du bas lat. *monticellus,* « monticule ».

mondain, aine [mɔ̃dɛ̃, ɛn] adj. et n. **1.** Qui concerne la haute société, ses divertissements. *Vie mondaine.* **2.** Qui fréquente, qui aime le monde, la haute société. *Femme très mondaine.* ▷ Subst. *Un(e) mondain(e).* **3.** *La police mondaine* ou, n. f., *la mondaine :* service de police spécialisé dans les affaires de drogue et de mœurs. – Lat. *mundanus,* « du monde, du siècle » en lat. ecclés.

mondanité [mɔ̃danite] n. f. **1.** Goût pour les divertissements mondains. *Sa mondanité est excessive.* **2.** (Plur.) Événements, faits de la vie mondaine. *Passer sa vie dans les mondanités.* – De *mondain.*

monde [mɔ̃d] n. m. **I. 1.** Ensemble de tout ce qui existe, univers. *La fin du monde.* **2.** Système planétaire; planète. *On découvrira peut-être un jour d'autres mondes habités.* **3.** La planète où vivent les hommes, la Terre. *Les cinq parties du monde. Courir le monde :* voyager beaucoup. – Fig. *Au bout du monde :* très loin. ▷ *Le Nouveau Monde :* l'Amérique, par oppos. à *l'Ancien Monde,* la partie de la surface terrestre connue avant la découverte de l'Amérique (Europe, Asie, Afrique). ▷ *Tiers* monde.* **4.** RELIG *L'autre monde :* le séjour des morts (par oppos. à *ce monde, ce bas monde,* le séjour des vivants). **5.** Fig. Univers particulier. *Le monde du rêve. Se créer son monde à soi.* ▷ *Se faire un monde d'une chose,* se l'imaginer comme plus difficile, plus importante qu'elle n'est en réalité. ▷ *C'est un monde! :* c'est incroyable, insensé (avec une nuance d'indignation). **II. 1.** Le genre humain, l'humanité. *Le Christ, sauveur du monde. Ainsi va le monde.* ▷ *Venir au monde :* naître. *Mettre un enfant au monde,* elle lui a donné naissance. **2.** Groupe social défini. *Le monde de la politique. Le monde scientifique.* **3.** La haute société, les classes aisées qui ont une vie facile et brillante. *Sortir dans le monde. Le grand monde. Un homme du monde.* **4.** La vie en société. *Fuir le monde.* ▷ *Spécial.* La vie laïque, par oppos. à la vie monastique. *Renoncer au monde.* **III. 1.** Un grand nombre, ou un certain nombre de personnes. *Il y a du monde dans les rues.* ▷ *Recevoir du monde,* des invités, des hôtes. **2.** L'entourage de qqn (proches, subordonnés, etc.). *Réunir tout son monde.* **IV. 1.** Loc. *Du monde, au monde.* (Renforçant certaines expressions.) *La plus belle fille du monde. Pour rien au monde.* **2.** Loc. pron. indéf. *Tout le monde :* tous, on. *Tout le monde sait que...* ▷ Fam. *Monsieur Tout-le-Monde :* n'importe qui. – Lat. *mundus.*

monder [mɔ̃de] v. tr. [1] Débarrasser (un fruit, une substance) de ses parties inutiles, de ses impuretés. *Monder de l'orge, des noix.* – Lat. *mundare,* « purifier ».

mondial, ale, aux [mɔ̃djal, o] adj. Qui intéresse, qui concerne le monde entier. *Savant de réputation mondiale.* – De *monde.*

mondialement [mɔ̃djalmɑ̃] adv. D'une manière mondiale. *Mondialement connu.* – De *mondial.*

mondialisation [mɔ̃djalizasjɔ̃] n. f. Action de mondialiser ou de se mondialiser; son résultat. – De *mondialiser.*

mondialiser v. tr. [1] Rendre mondial. ▷ v. pron. Devenir mondial. – De *mondial.*

mondialisme [mɔ̃djalism] n. m. Universalisme visant à l'unité politique de la communauté humaine. – De *mondial.*

mondialiste [mɔ̃djalist] adj. et n. **1.** Qui est à l'échelle mondiale. **2.** Qui a rapport au mondialisme. – Subst. *Partisan du mondialime.* – De *mondial,* et *-iste.*

mondovision [mɔ̃dɔvizjɔ̃] ou **mondiovision** [mɔ̃djɔvizjɔ̃] n. f. Système de diffusion simultanée d'émissions de télévision dans plusieurs pays du monde, au moyen de satellites. *La diffusion des jeux Olympiques en mondovision.* – De *monde,* et *(télé)vision.*

monégasque [mɔnegask] adj. et n. De la principauté, de la ville de Monaco, sur la côte d'Azur. ▷ Subst. *Un(e) Monégasque.* – Ital. *monegasco,* lat. *Monœcus.*

monel [mɔnɛl] n. m. TECH Alliage à base de nickel et de cuivre, qui contient également d'autres métaux (fer, notam.) en faibles proportions. – Nom déposé; du n. du chimiste et industriel américain *Monell.*

monème [mɔnɛm] n. m. LING Unité minimale de première articulation obtenue par commutation. *On distingue les monèmes lexicaux, ou* lexèmes (*elle* court, *il* court), *des monèmes grammaticaux, ou* morphèmes (*nous* cour*ons, vous* cour*ez*). – De *mon(o)-,* d'ap. *(morph)ème.*

monergol [mɔnɛʀgɔl] n. m. TECH Propergol constitué d'un seul ergol (eau oxygénée ou hydrazine, par ex.). – De *mon(o)-,* et *(prop)ergol.*

monétaire [mɔnetɛʀ] adj. Relatif à la monnaie, aux monnaies. *Système monétaire. Politique monétaire.* – Bas lat. *monetarius.*

monétarisme [mɔnetaʀism] n. m. ECON Doctrine qui met au premier plan la monnaie et les phénomènes qui lui sont liés (ex. inflation). – De *monétaire.*

monétique [mɔnetik] n. f. Ensemble des moyens informatiques et électroniques utilisés comme mode de paiement. – De *monnaie* et suff. *-ique,* sur *informatique.*

monétisation [mɔnetizasjɔ̃] n. f. Action de monétiser. – De *monétiser.*

monétiser [mɔnetize] v. tr. [1] Transformer (un métal) en monnaie. – Du lat. *moneta,* «monnaie».

mongol, ole [mɔ̃gɔl] adj. et n. **1.** adj. De Mongolie, n. d'une vaste rég. d'Asie centrale et d'un État continental de l'Asie du Centre-Est, situé entre la Russie et la Chine. ▷ Subst. *Un(e) Mongol(e).* **2.** n. m. Nom générique des langues ouralo-altaïques parlées en Mongolie. Syn. trisomique. – Mot mongol.

mongolien, enne [mɔ̃gɔljɛ̃, ɛn] n. (et adj.) Sujet atteint de mongolisme. Syn. trisomique. – V. mongolisme.

mongolique [mɔ̃gɔlik] adj. Qui se rapporte à la Mongolie, à ses habitants. – Du n. de la *Mongolie,* rég. d'Asie centrale.

mongolisme [mɔ̃gɔlism] n. m. MED Maladie congénitale due à la présence d'un chromosome supplémentaire sur la paire n° 21 et caractérisée par un aspect physique particulier (tête arrondie, pommettes hautes), des malformations viscérales, notam. cardiaques, et une débilité mentale. *Le mongolisme, acquis au cours de la fécondation, apparaît dès la naissance.* Syn. trisomie 21. – De *Mongol, Mongolie,* à cause du faciès particulier des malades.

moniale [mɔnjal] n. f. Religieuse cloîtrée. – Du lat. ecclés. *(sancti) monialis,* «religieuse».

monilia [mɔnilja] n. f. BIOL Champignon deutéromycète (genre *Monilia*), moisissure qui se développe sur les fruits et provoque leur pourriture par cercles concentriques. *La monilia est pathogène pour l'homme et les animaux.* – Du lat. *monile,* «collier».

monisme [mɔnism] n. m. PHILO Doctrine considérant le monde comme formé d'un seul principe, tel que la matière (*monisme matérialiste*) ou l'esprit (*monisme spiritualiste* ou *idéaliste*), par oppos. aux conceptions dualistes ou pluralistes. *Le monisme de Spinoza.* – All. *Monismus,* du gr. *monos,* «seul».

moniste [mɔnist] adj. PHILO Qui a les caractères du monisme. *Doctrines monistes.* ▷ Subst. Partisan du monisme. – De *monisme.*

moniteur, trice [mɔnitœʀ, tʀis] n. **1.** Personne chargée d'enseigner certains sports, certaines techniques. *Moniteur de voile, de ski. Moniteur d'auto-école.* ▷ Personne qui dirige les activités d'un groupe d'enfants. *Les moniteurs d'une colonie de vacances.* **2.** n. m. INFORM Programme particulier assurant la gestion de l'ensemble des travaux à réaliser par un ordinateur. Syn. de *écran.* ▷ MED Appareil électronique qui réalise automatiquement certaines opérations de surveillance, des analyses biologiques, et la correction de certains déséquilibres biologiques. *Le moniteur cardiaque permet une surveillance de l'activité du cœur en continu.* – Lat. *monitor,* «conseiller, guide».

monition [mɔnisjɔ̃] n. f. DR CANON **1.** Avertissement adressé à une personne susceptible d'encourir une censure ecclésiastique. **2.** Publication d'un monitoire. – Lat. *monitio.*

monitoire [mɔnitwaʀ] n. m. DR CANON Lettre d'un official sommant tous ceux qui posséderaient des indications concernant un fait criminel de les révéler. – Lat. *monitorius,* «qui donne un avertissement».

monitor [mɔnitɔʀ] n. m. MAR ANC Navire cuirassé, bas sur l'eau, créé par les Américains pendant la guerre de Sécession. – Mot amér., du lat. *monitor,* «conseiller, guide».

monitorage [mɔnitɔʀaʒ] n. m. Système de surveillance électronique utilisé notam. en médecine. Syn. monitoring. – Adaptation de l'angl. *monitoring,* de *moniteur.*

monitorat [mɔnitɔʀa] n. m. Formation, fonction de moniteur (sens 1). – De *moniteur.*

monitorer [mɔnitɔʀe] v. tr. [1] Surveiller par monitorage.

monitoring [mɔnitɔʀiŋ] n. m. (Anglicisme) Syn. (off. déconseillé) de *monitorage.* – Mot angl., «contrôle, commande».

môn-khmer, ère [monkmɛʀ] adj. LING *Langues môn-khmères,* parlées de la Birmanie au sud du Viêt-nam (bahnar, khasi, môn, khmer, palaung). – Mot indigène.

monnaie [mɔnɛ] n. f. **1.** Ensemble des valeurs, matérialisées par des pièces de métal ou des billets de papier ayant cours légal, qui servent de moyen d'échange. *Monnaie d'or, de cuivre, de bronze, d'aluminium. Monnaie de papier. Monnaie de compte,* qui n'est pas représentée matériellement par des pièces ou des billets. – *Fausse monnaie,* fabriquée frauduleusement en dehors des émissions légales. – *Battre monnaie :* faire fabriquer de la monnaie. **2.** Pièces ou billets de faible valeur. *Je n'ai pas de monnaie sur moi, je n'ai qu'un gros billet.* **3.** Ensemble de pièces ou de billets dont la valeur totale équivaut à celle d'une pièce ou d'un billet unique. *Auriez-vous la monnaie de cent francs?* **4.** Ensemble de pièces ou de billets représentant la différence de valeur entre un prix à payer et le signe monétaire donné en paiement. *Rendre la monnaie.* – Loc. fig. *Rendre à qqn la monnaie de sa pièce,* user de représailles contre lui, se venger. – Du lat. *moneta,* «qui avertit», surnom de Junon, le temple de *Juno moneta* servant à Rome d'atelier pour la frappe des monnaies.

ENCYCL On distingue trois formes de monnaie : la monnaie *métallique,* qui, longtemps seule en vigueur, était surtout fondée sur deux métaux précieux, l'or et l'argent; la monnaie *fiduciaire* (billets de banque), dont la création correspond à l'accélération et au développement des transactions; enfin, la monnaie *scripturale,* qui est l'ensemble des soldes créditeurs inscrits dans les comptes courants des banques. Ces trois formes de monnaie ont subi une profonde évolution. La monnaie métallique est devenue une simple monnaie d'appoint. La monnaie fiduciaire, qui, lors de sa création, était immédiatement convertible en métal précieux (or), a peu à peu perdu ses liens avec le régime de convertibilité. Au cours légal de la monnaie a succédé le cours forcé. Si une certaine couverture or demeure, afin de garantir la valeur du papier (billet de banque), cette valeur est de plus en plus la résultante de l'activité économique et de la conjoncture.

monnaie-du-pape [mɔnɛdypap] n. f. Plante appelée aussi *lunaire,* dont les fruits évoquent des pièces de monnaie. *Des monnaies-du-pape.* – De *monnaie, du,* et *pape.*

monnayable [mɔnɛjabl] adj. Qui peut être monnayé, vendu. – De *monnayer.*

monnayage [mɔnɛjaʒ] n. m. TECH Fabrication de la monnaie. – De *monnayer.*

monnayer [mɔnɛje] v. tr. [21] **1.** Transformer (un métal) en monnaie. *Monnayer de l'or.* **2.** Donner l'empreinte à (la monnaie). *Cette presse monnaie mille pièces par heure.* **3.** Vendre, transformer en argent liquide. *Monnayer des actions.* **4.** Fig. Tirer argent de (qqch). *Monnayer ses louanges.* – De *monnaie.*

monnayeur [mɔnɛjœʀ] n. m. Rare. Ouvrier qui fabrique des monnaies. – De *monnayer.*

mono-. V. mon(o)-.

mono [mono] adj. inv. Abrév. fam. de *monophonique* (par oppos. à *stéréo*). *Disque mono.*

monoacide [monoasid] adj. CHIM Qui possède une seule fonction acide. – De *mono-,* et *acide.*

monoamine-oxydase [monoaminɔksidaz] n. f. Enzyme dégradant les catécholamines, qui joue un rôle très important dans la transmission nerveuse. *Des monoamines-oxydases.* (Abrév. : M.A.O.) *Inhibiteurs de la monoamine-oxydase* ou *I.M.A.O.* – De *mono-amine, oxyd(e),* et *-ase.*

monoatomique [monoatɔmik] adj. CHIM Dont la molécule ne comprend qu'un atome, par oppos. à *diatomique, triatomique,* etc. *Les gaz rares sont monoatomiques.* – De *mono-,* et *atomique.*

monoblaste [monoblast] n. m. BIOL Cellule souche des monocytes. – De *mono-,* et *-blaste.*

monobloc [monoblɔk] adj. inv. et n. m. TECH Constitué d'un seul bloc. *Fusil monobloc.* – De *mono-,* et *bloc.*

monocamérisme [monokameʀism] ou **monocaméralisme** [monokameʀalism] n. m. DR En droit constitutionnel, système politique dans lequel il n'existe qu'une seule assemblée de représentants élus (par oppos. à *bicamérisme, bicaméralisme*). – De *mono-,* et lat. *camera,* «chambre».

monocarpique [monokaʀpik] adj. BOT Qui ne fleurit ou ne fructifie qu'une seule fois, puis meurt. Ant. polycarpique. – De *mono-,* et gr. *karpos,* «fruit».

monocellulaire [monoselylɛʀ] adj. BIOL Rare Qui est constitué d'une seule cellule. *Organisme monocellulaire.* Syn. cour. unicellulaire. – *De mono-,* et *cellulaire.*

monochromateur [monokʀomatœʀ] n. m. PHYS Appareil d'optique (prisme ou réseau) permettant d'isoler une radiation monochromatique. – De *mono-,* et gr. *khrôma, khrômatos,* «couleur».

monochromatique [monokʀɔmatik] adj. PHYS *Radiation monochromatique,* qui correspond à une longueur d'onde unique et bien déterminée. – De *mono-,* et *chromatique.*

monochrome [monokʀom] adj. D'une seule couleur. *Les grisailles sont des peintures monochromes.* – Gr. *monokhrômos.*

monochromie [monokʀɔmi] n. f. TECH Caractère de ce qui est monochrome. – De *monochrome.*

monocle [mɔnɔkl] n. m. Verre correcteur unique que l'on fait tenir entre l'aile du nez et l'arcade sourcilière. *Porter (le) monocle. Ajuster son monocle.* – Bas lat. *monoculus,* «qui n'a qu'un œil».

monoclinal, ale, aux [monoklinal, o] adj. GEOL Se dit d'une structure géologique où toutes les couches ont le même pendage. – De *mono-,* d'apr. *synclinal.*

monoclinique [monoklinik] adj. MINER *Minéral monoclinique,* qui cristallise sous forme de prisme oblique à deux faces rectangulaires et quatre faces en parallélogramme. – De *mono-,* et gr. *klinein,* «incliner».

monoclonal, ale, aux [mɔnɔklonal, o] adj. BIOL Qui dérive par clonage* d'une cellule unique. – De *mono-,* et *clone.*

monocoque [mɔnɔkɔk] adj. et n. m. **1.** AUTO *Carrosserie monocoque,* dont les éléments forment un bloc permettant la suppression du châssis. **2.** MAR *Bateau monocoque* ou, n. m., *un monocoque,* qui n'a qu'une coque (par oppos. à *multicoque*). – De *mono-,* et *coque.*

monocorde [monokɔʀd] n. m. et adj. **1.** n. m. MUS Instrument d'étude acoustique comportant une seule corde montée sur une caisse de résonance. ▷ adj. *Violon monocorde.* **2.** adj. Fig. Dont les inflexions sont peu variées; monotone. *Voix monocorde.* – Lat. *monochordon,* mot gr.

monocotylédone [monokɔtiledɔn] adj. et n. f. BOT **1.** adj. Se dit d'une plante dont l'embryon ne possède qu'un cotylédon. **2.** n. f. pl. Groupe de plantes angiospermes caractérisées par un embryon à un seul cotylédon, des feuilles à nervures parallèles, engainantes et démunies de pétiole. – Sing. *Le palmier est une monocotylédone.* – De *mono-,* et *cotylédon.*

monocristal, aux [monokʀistal, o] n. m. CHIM Cristal unique obtenu en favorisant la croissance d'un germe à partir du composé fondu. – De *mono-,* et *cristal.*

monoculaire [mɔnɔkylɛʀ] adj. **1.** MED Qui se rapporte à un seul œil. *Vision monoculaire.* **2.** OPT À un seul oculaire. *Lunette monoculaire.* – Lat. *monoculus.*

monoculture [monokyltyʀ] n. f. Culture d'une seule plante sur un même sol. *Monoculture du blé, de la betterave sucrière, de la vigne.* – De *mono-,* et *culture.*

monocycle [monosikl] adj. et n. m. Didac. Qui n'a qu'une seule roue. ▷ n. m. Vélocipède d'acrobate, à une seule roue. – De *mono-,* et *cycle* 2.

monocyclique [monosiklik] adj. BIOL Qui n'a qu'un cycle sexuel annuel. – De *mono-,* et *cycle* 1.

monocylindre [monosilɛ̃dʀ] n. m. Dans la moto, moteur à un seul cylindre. – De *mono-,* et *cylindre.*

monocylindrique [monosilɛdʀik] adj. TECH Se dit d'un moteur à explosion à un seul cylindre. – De *mono-,* et *cylindre.*

monocyte [mɔnɔsit] n. m. BIOL Élément figuré du sang, cellule de la lignée blanche (V. leucocyte), précurseur des macrophages. – De *mono-,* et *-cyte.*

monodie [mɔnɔdi] n. f. **1.** ANTIQ Monologue lyrique des tragédies grecques. **2.** MUS Écriture mélodique ne comprenant qu'une seule voix (par oppos. à *choral*). – Lat. *monodia,* mot gr., rac. *ôidê,* «chant».

monodique [mɔnɔdik] adj. MUS De la monodie. – De *monodie.*

monœcie [mɔnesi] n. f. BOT État des plantes monoïques. – Lat. scientif. *monœcia,* gr. *monos,* «seul», et *oikia,* «maison».

monogame [mɔnɔgam] adj. et n. **1.** Qui a une seule femme, un seul mari (par oppos. à *bigame, polygame*). **2.** ZOOL Dans les espèces animales, mâle vivant avec une seule femelle à la fois. **3.** BOT Plante dont chaque pied ne porte que des fleurs d'un seul sexe. – Lat. ecclés. *monogamus,* du gr.; cf. *mono-,* et *-game.*

monogamie [mɔnɔgami] n. f. Fait d'être monogame. ▷ Régime juridique dans lequel une personne ne peut avoir légalement qu'un seul conjoint. – Bas lat. *monogamia,* du gr.

monogamique [mɔnɔgamik] adj. Qui a rapport à la monogamie; où la monogamie est en usage. *Société monogamique.* – De *monogamie.*

monogatari [mɔnogataʀi] n. m. Récit romancé japonais. – Mot jap.

monogénisme [mɔnɔʒenism] n. m. Didac. Doctrine qui soutient que toutes les races humaines dérivent d'une seule origine commune. – De *mono-,* et *-génie.*

monogramme [mɔnɔgʀam] n. m. Chiffre formé des principales lettres (initiales, éventuellement autres lettres), entrelacées, d'un nom. – Bas lat. d'orig. gr. *monogramma;* cf. *mono-,* et *-gramme.*

monographie [mɔnɔgʀafi] n. f. Ouvrage traitant d'un sujet précis de manière exhaustive. – De *mono-*, et *-graphie.*

monographique [mɔnɔgʀafik] adj. Qui est de la nature de la monographie. *Étude monographique.* – De *monographie.*

monoïdéisme [mɔnɔideism] n. m. PHILO État de l'esprit occupé par une seule idée. – De *mono-*, et *idée.*

monoïque [mɔnɔik] adj. BOT Se dit d'une plante qui porte sur le même pied des fleurs mâles et des fleurs femelles. *Le maïs est monoïque.* Ant. dioïque. – De *mono-*, et gr. *oikos*, « demeure ».

monokini [mɔnɔkini] n. m. Vieilli Maillot de bain féminin ne comportant pas de soutien-gorge. – Tiré par plaisant. de *bikini*, en donnant à *bi-* la valeur de deux (« maillot de bain deux pièces »).

monolingue [mɔnɔlɛ̃g] adj. et n. Qui ne parle qu'une seule langue. – Qui ne compte qu'une langue. *Un dictionnaire monolingue.* Syn. unilingue. – De *mono-* et du lat. *lingua*, « langue », d'apr. *bilingue.*

monolithe [mɔnɔlit] adj. et n. m. **1.** adj. Qui est formé d'une seule pierre. *Colonne monolithe.* **2.** n. m. Monument fait d'une seule pierre. *Les menhirs sont des monolithes.* – Lat. d'orig. gr. *monolithus.*

monolithique [mɔnɔlitik] adj. Fait d'un seul bloc de pierre. ▷ Fig. *Parti, système politique monolithique.* – De *monolithe.*

monolithisme [mɔnɔlitism] n. m. ARCHI Système de constructions monolithes ou faites avec de grandes pierres. ▷ Fig. Caractère de ce qui est monolithique. – De *monolithe.*

monologue [mɔnɔlɔg] n. m. **1.** Scène d'une pièce de théâtre où un personnage est seul et se parle à lui-même. *Le monologue d'Hamlet.* – Petite composition scénique récitée par une seule personne. **2.** Discours d'une personne qui ne laisse pas parler les autres. **3.** *Monologue intérieur :* discours qu'une personne se tient à elle-même. ▷ LITTER Procédé consistant à reproduire à la première personne le mouvement de la pensée des personnages. – De *mono-*, et *-logue*, d'apr. *dialogue.*

monologuer [mɔnɔlɔge] v. intr. [1] Parler en monologue, parler seul. – De *monologue.*

monomane [mɔnɔman] ou **monomaniaque** [mɔnɔmanjak] adj. et n. Relatif à la monomanie; atteint de monomanie. ▷ Subst. *Un(e) monomane.* – De *monomanie.*

monomanie [mɔnɔmani] n. f. PSYCHO Altération partielle de la raison, caractérisée par la divagation sur un seul sujet représentant une obsession. – De *mono-*, et *-manie.*

monôme [mɔnom] n. m. **1.** MATH Expression algébrique ne renfermant aucun signe d'addition ou de soustraction. *$5a^2b$ est un monôme égal à $5 \times a \times a \times b$.* **2.** Fig. File de personnes se tenant par les épaules et défilant sur la voie publique (manifestation estudiantine traditionnelle). – De *mono-*, d'apr. *binôme.*

monomère [mɔnɔmɛʀ] adj. et n. m. CHIM Constitué de molécules simples susceptibles de former un ou des polymères. ▷ n. m. *L'acétylène C_2H_2 est un monomère du benzène C_6H_6.* – De *mono-*, d'apr. *polymère.*

monométallisme [mɔnometal(l)ism] n. m. FIN Système dans lequel un métal seulement constitue l'étalon de monnaie légale (par oppos. à *bimétallisme*). – De *mono-*, et *métal.*

monométalliste [mɔnometal(l)ist] adj. et n. **1.** FIN adj. Relatif au monométallisme. **2.** n. Partisan du monométallisme. – De *monométallisme.*

monomètre [mɔnɔmɛtʀ] adj. LITTER **1.** Qui n'a qu'une seule espèce de vers. **2.** *Vers monomètre* ou, n. m., *un monomètre :* vers grec ou latin d'une seule mesure. – Gr. *monometros.*

monomoteur [mɔnɔmɔtœʀ] adj. m. (et n. m.) Qui n'a qu'un seul moteur, en parlant d'un avion. – De *mono-*, et *moteur.*

mononucléaire [mɔnɔnykleɛʀ] adj. (et n. m.) BIOL Se dit des globules blancs ne possédant qu'un seul noyau (lymphocytes et monocytes). – De *mono-*, et *nucléaire.*

mononucléose [mɔnɔnykleoz] n. f. MED Augmentation du nombre des mononucléaires dans le sang. – De *mononuclé(aire)*, et *-ose* 2.

monoparental, ale, aux [mɔnɔpaʀɑ̃tal, o] adj. Se dit d'une famille ne comportant qu'un seul parent. – De *mono-*, et *parental.*

monophasé, ée [mɔnɔfɑze] adj. ELECTR Qui ne présente qu'une seule phase. *Courant monophasé.* ▷ *Réseau monophasé*, à deux conducteurs (par oppos. à *triphasé*). – De *mono-*, et *phasé.*

monophonie [mɔnɔfɔni] n. f. Procédé de reproduction des sons dans lequel la transmission du signal acoustique se fait par un seul canal (par oppos. à *stéréophonie*). – De *mono-*, et *-phonie.*

monophonique [mɔnɔfɔnik] adj. Relatif à la monophonie. (Abrév. fam. : mono). – De *monophonie.*

monophysisme [mɔnɔfizism] n. m. THEOL Doctrine qui ne reconnaît en Jésus-Christ que la nature divine et condamnée au concile de Chalcédoine (451). – De *monophysite.*

ENCYCL Le monophysisme est représenté auj. par trois Églises indépendantes : *Église jacobite* de Syrie, *Église arménienne* et *Église copte* (deux branches, l'une en Égypte, l'autre en Éthiopie).

monophysite [mɔnɔfizit] adj. THEOL Relatif au monophysisme. ▷ Subst. Partisan du monophysisme. – De *mono-*, et gr. *phusis*, « nature ».

monoplace [mɔnɔplas] adj. et n. Qui ne comporte qu'une seule place, en parlant d'une automobile ou d'un avion. *Voiture de course monoplace.* – De *mono-*, et *place.*

monoplan [mɔnɔplɑ̃] n. m. Avion qui n'a qu'un seul plan de sustentation (par oppos. à *biplan, triplan*, etc.). – De *mono-*, et *plan.*

monoplégie [mɔnɔpleʒi] n. f. MED Paralysie localisée à un seul membre ou à un seul groupe musculaire. – De *mono-*, d'apr. *hémiplégie.*

monopole [mɔnɔpɔl] n. m. **1.** Privilège exclusif de fabriquer, de vendre, de faire qqch, que possède un individu, un groupe d'individus ou l'État. ▷ Par ext. *Monopole de fait :* accaparement du marché par une seule entreprise productrice ou distributrice. **2.** Fig. Droit, privilège exclusif que l'on s'attribue. *Il croit avoir le monopole de l'esprit.* – Lat. *monopolium*, gr. *monopôlion*, de *pôlein*, « vendre ».

monopôle [mɔnɔpol] n. m. PHYS *Monopôle magnétique :* particule hypothétique qui jouerait vis-à-vis du champ magnétique le rôle que jouent les particules chargées en tant que source du champ électrique. – De *mono-*, et *pôle.*

monopoleur, euse [mɔnɔpɔlœʀ, øz] n. ECON Personne qui bénéficie d'un monopole. Syn. monopoliste. – De *monopoler.*

monopolisateur, trice [mɔnɔpɔlizatœʀ, tʀis] n. et adj. Personne qui monopolise (qqch). ▷ adj. *Des trusts monopolisateurs.* – De *monopoliser.*

monopolisation [mɔnɔpɔlizasjɔ̃] n. f. Action de monopoliser. – De *monopoliser.*

monopoliser [mɔnɔpɔlize] v. tr. [1] **1.** Exercer le monopole de. **2.** Fig. Accaparer, réserver pour son propre usage. *Il monopolise tous les cendriers.* – De *monopole.*

monopoliste [mɔnɔpɔlist] adj. et n. Se dit de qui détient, impose un monopole. *Groupe industriel monopoliste.* – De *monopole.*

monopolistique [mɔnɔpɔlistik] adj. ECON Caractérisé par l'existence de monopoles. *Économie monopolistique.* – De *monopole.*

monoptère [mɔnɔptɛʀ] adj. (et n. m.) ARCHI Se dit d'un édifice circulaire (temple antique le plus souvent) dont l'enceinte est formée d'une seule rangée de colonnes soutenant la toiture. – Gr. *monopteros,* de *mono-,* et *-ptère.*

monorail [mɔnɔʀaj] n. m. et adj. inv. TECH **1.** Engin de manutention constitué d'un palan se déplaçant le long d'un rail. **2.** Chemin de fer à rail unique. ▷ adj. inv. *Trains monorail.* – De *mono-,* et *rail.*

monorime [mɔnɔʀim] adj. et n. m. *Poésie monorime,* dont tous les vers ont la même rime. ▷ n. m. *Un monorime :* un poème monorime. – De *mono-,* et *rime.*

monosaccharide [mɔnosakaʀid] n. m. CHIM Syn. d'*ose.* – De *mono-,* et *saccharide.*

monosémique [mɔnosemik] adj. LING Se dit d'un mot qui n'a qu'un seul sens. – De *mono-,* et *sémique.*

monoski [mɔnoski] n. m. SPORT Ski nautique effectué sur un seul ski; le ski utilisé pour ce sport. – De *mono-,* et *ski.*

monosperme [mɔnospɛʀm] adj. BOT Qui contient une seule graine. *Fruit monosperme.* – De *mono-,* et *sperme.*

monostyle [mɔnostil] adj. et n. m. ARCHI Se dit d'une colonne à fût unique. – De *mono-,* et du gr. *stulos,* «colonne».

monosubstitué, ée [mɔnosybstitɥe] adj. CHIM Qualifie un dérivé obtenu en remplaçant dans une molécule un atome par un autre atome ou par un radical. – De *mono-,* et pp. de *substituer.*

monosyllabe [mɔnosil(l)ab] adj. et n. m. GRAM Qui n'a qu'une syllabe. ▷ n. m. *Parler, répondre par monosyllabes,* sans former de phrases. – De *mono-,* et *syllabe.*

monosyllabique [mɔnosil(l)abik] adj. **1.** Qui n'a qu'une syllabe. **2.** Qui ne contient, ne comporte que des monosyllabes. *Vers monosyllabique. Langues monosyllabiques* (chinois, tibétain, vietnamien, etc.). – De *monosyllabe.*

monosyllabisme [mɔnosil(l)abism] n. m. GRAM Nature des langues monosyllabiques. *Monosyllabisme siamois.* – De *monosyllabe.*

monothéique [mɔnoteik] adj. Qui appartient au monothéisme. – De *monothéisme.*

monothéisme [mɔnoteism] n. m. Foi en un Dieu unique. *Les grandes religions monothéistes sont le judaïsme, le christianisme et l'islam.* Ant. polythéisme. – De *mono-,* et *théisme.*

monothéiste [mɔnoteist] adj. et n. Qui croit en un Dieu unique. *Doctrine monothéiste. Peuple monothéiste.* – De *mono-,* et *-théiste.*

monothélisme [mɔnotelism] n. m. THEOL Hérésie de ceux qui, pour se concilier les monophysites, attribuaient à Jésus-Christ une seule volonté, la volonté divine. *Le monothélisme fut condamné au IIIe concile de Constantinople* (680-681). – De *mono-,* et gr. *thelein,* «vouloir».

monothéliste [mɔnotelist] adj. THEOL Relatif au monothélisme. ▷ Subst. Partisan du monothélisme. – De *monothélisme.*

monotone [mɔnɔtɔn] adj. **1.** Qui est toujours ou presque toujours sur le même ton. *Chant monotone.* Syn. monocorde. **2.** Fig. Qui manque de variété; qui ennuie par une uniformité fastidieuse. *Style monotone. Vie monotone.* Syn. uniforme. **3.** MATH *Fonction monotone dans un intervalle,* qui croît ou décroît dans cet intervalle. – Bas lat. *monotonus,* gr. *monotonos.*

monotonie [mɔnɔtɔni] n. f. Caractère de ce qui est monotone; uniformité ennuyeuse. *Monotonie du débit.* – Fig. *Rien ne venait rompre la monotonie de ce paysage.* Ant. variété, diversité. – Gr. *monotonia.*

monotrèmes [mɔnɔtʀɛm] n. m. pl. ZOOL Ordre de mammifères regroupant les rares protothériens actuels, ovipares, munis d'un bec corné et couverts de poils ou de piquants. (Les monotrèmes vivent en Australie et en Nouvelle-Guinée. On distingue les échidnés et les ornithorynques. Les jeunes se nourrissent du lait qui s'écoule le long des poils des champs mammaires, dépourvus de tétines.) – Sing. *Un monotrème.* – De *mono-,* et gr. *trêma,* «orifice», ces animaux ne possédant qu'un orifice postérieur pour le rectum et les conduits urinaires et génitaux. V. cloaque (sens 2).

1. monotype [mɔnɔtip] adj. et n. m. **I.** adj. Dont le type est uniforme. **1.** BOT Qualifie un genre qui ne possède qu'une espèce. **2.** MAR Se dit d'un yacht à voiles dont les caractéristiques sont conformes à celles d'une série donnée, et homologuées par les fédérations de yachting. ▷ n. m. *Un monotype.* **II.** n. m. TECH Procédé de dessin au pinceau, à l'encre d'imprimerie, sur plaque de métal, pour tirage d'une épreuve unique à la presse; cette épreuve elle-même. *Les monotypes de Degas.* – De *mono-,* et *type.*

2. monotype [mɔnɔtip] n. f. IMPRIM Machine à composer dans laquelle chaque caractère est fondu séparément. – Nom déposé; de *mono-,* d'apr. *linotype.*

monovalent, ente [monovalɑ̃, ɑ̃t] adj. CHIM Qui possède la valence. Syn. univalent. – De *mono-,* et *valent,* d'après *valence.*

monoxène [mɔnɔksɛn] adj. et n. m. ZOOL *Parasite monoxène,* dont le développement complet se fait sur un seul hôte. ▷ n. m. *Un monoxène.* – De *mono-,* et gr. *xenos,* «hôte».

monoxyde [mɔnɔksid] n. m. CHIM Oxyde contenant un seul atome d'oxygène. *Monoxyde de carbone.* Syn. anc. protoxyde. – De *mon(o)-,* et *oxyde.*

monoxyle [mɔnɔksil] adj. Fait d'une seule pièce de bois. *Pirogue, tambour monoxyle.* – De *mono-,* et gr. *xulon,* «bois».

monozygote [mɔnozigɔt] adj. BIOL Se dit de jumeaux issus d'un même œuf. Syn. univitellin. Ant. dizygote, bivitellin. – De *mono-,* et *zygote.*

monseigneur [mɔ̃se(ɛ)ɲœʀ] n. m. **1.** Titre honorifique, qui n'est plus donné aujourd'hui qu'aux archevêques et aux évêques, ainsi qu'aux princes d'une famille souveraine. (Abrév. : Mgr). ▷ Plur. *Messeigneurs* et *nosseigneurs* (abrév. : NN. et SS.). **2.** *Pince*-monseigneur.* – De *mon,* et *seigneur.*

monsieur [məsjø], plur. **messieurs** [mesjø] n. m. **1.** Titre donné autrefois aux hommes de condition élevée. ▷ Absol. *Monsieur :* frère puîné du roi de France. **2.** Mod. Titre donné par civilité à tous les hommes. *Je vous prie d'agréer, Monsieur... Monsieur et madame Untel. Messieurs les jurés.* (Abrév. devant un nom : M., plur., MM.) **3.** Titre donné par déférence à un homme à qui l'on parle à la troisième personne. *Comme Monsieur voudra.* **4.** Homme dont le langage, les manières annoncent quelque éducation. *Des allures de monsieur.* Fam. *Un vilain* (ou, par antiphrase, *un joli*) *monsieur :* un homme peu recommandable. – De *mon,* et *sieur.*

monsignor [mɔ̃siɲɔʀ] ou **monsignore** [mɔ̃siɲɔʀe], plur. **monsignori** [mɔ̃siɲɔʀi] n. m. Prélat de la cour papale. – Mot ital., « monseigneur ».

1. monstre [mɔ̃stʀ] n. m. et adj. **I.** n. m. **1.** Être fantastique des légendes et des traditions populaires. *Persée combattit le monstre.* – Fig. *Monstre sacré :* acteur très célèbre. **2.** Animal de taille exceptionnelle. *Monstres marins. Le monstre du loch Ness.* **3.** Être organisé dont la conformation s'écarte de celle qui est naturelle à son espèce ou à son sexe. *Monstre à deux têtes.* **4.** Personne extrêmement laide. ▷ Personne très méchante, dénaturée. *Un monstre de cruauté, d'orgueil.* **II.** adj. Fam. Exceptionnellement grand, important. *Un banquet monstre.* – Lat. *monstrum,* « prodige, chose incroyable ».

2. monstre [mɔ̃stʀ] n. m. MUS Canevas formé de syllabes souvent dépourvues de sens remis par un musicien à un parolier pour lui indiquer la mesure et le rythme. – De *monstre* 1.

monstrueusement [mɔ̃stʀyøzmɑ̃] adv. D'une manière monstrueuse. *Il est monstrueusement gros.* Syn. prodigieusement. – De *monstrueux.*

monstrueux, euse [mɔ̃stʀyø, øz] adj. **1.** Qui a la conformation d'un monstre. **2.** Dont les proportions sont démesurées; gigantesque, colossal. **3.** Horrible, effroyable, épouvantable. *Crime monstrueux.* – Lat. *monstruosus.*

monstruosité [mɔ̃stʀyozite] n. f. **1.** Anomalie dans la conformation. **2.** Caractère de ce qui est monstrueux. **3.** Chose monstrueuse. *Cette calomnie est une monstruosité.* – De *monstrueux.*

mont [mɔ̃] n. m. **1.** Élévation de terrain de quelque importance. ▷ Loc. *Aller par monts et par vaux :* voyager beaucoup, dans toutes sortes de pays. ▷ Fig. *Promettre monts et merveilles :* promettre de grands avantages, de grandes richesses. **2.** En chiromancie, éminence charnue située sous chaque doigt dans la face interne de la main. *Mont de Jupiter.* **3.** ANAT *Mont de Vénus :* saillie du pubis de la femme. Syn. pénil. – Du lat. *mons, montis.*

montage [mɔ̃taʒ] n. m. **1.** Rare Action de transporter qqch de bas en haut. **2.** Action d'assembler différentes parties pour former un tout. *Atelier de montage.* ▷ AUDIOV Opération par laquelle on assemble les différentes séquences d'un film (ou d'une bande sonore). **3.** Ensemble d'éléments montés, assemblés. *Montage photographique.* ▷ ELECTR Assemblage de composants selon un schéma déterminé. **4.** FIN *Montage financier :* ensemble des démarches suivies par une société pour se procurer des capitaux sur le marché financier. **5.** TECH Action de sertir une pierre précieuse. **6.** MINES Galerie qui suit la pente d'une couche de minerai. – De *monter.*

montagnais, aise [mɔ̃taɲɛ, ɛz] adj. et n. **1.** adj. Qui a trait à la tribu amérindienne des Montagnais, installée dans le nord-est du Québec. – Subst. *Un(e) Montagnais(e).* **2.** n. m. Langue parlée par les Montagnais, apparentée aux dialectes de la famille amérindienne. – De *montagne.*

montagnard, arde [mɔ̃taɲaʀ, aʀd] adj. et n. **1.** Relatif à la montagne et à ses habitants. *Mœurs montagnardes.* **2.** Qui habite la montagne. *Berger montagnard.* ▷ Subst. *Un vrai montagnard.* – HIST *Les Montagnards :* députés extrémistes sous la Convention et sous la IIe République. *Les Montagnards gouvernèrent du 2 juin 1793 (chute des Girondins) au 27 juillet 1794 (9 thermidor an II).* – De *montagne.*

montagne [mɔ̃taɲ] n. f. **1.** Relief important du sol s'élevant à une grande hauteur. *Le sommet, les pentes, le pied d'une montagne. Chaîne de montagnes.* ▷ Loc. fig., fam. *Se faire une montagne de qqch,* s'en exagérer les difficultés. **2.** Région montagneuse (par oppos. à *plaine*). *Habiter en montagne.* – (Par oppos. à *campagne,* à *mer.*) *Vacances à la montagne. L'air de la montagne lui fera du bien.* **3.** Fig. Grande quantité de choses amoncelées. *Son bureau est recouvert d'une montagne de paperasses.* **4.** HIST *La Montagne :* groupe de députés qui siégeaient sur les bancs les plus élevés de la Convention. Cf. montagnard. **5.** *Montagnes russes :* jeu forain, suite de pentes et de contrepentes qu'un véhicule sur rails parcourt à grande vitesse. – Du lat. pop. **montanea,* fém. subst. de **montaneus,* du class. *montanus,* de *mons.*

montagnette [mɔ̃taɲɛt] n. f. Petite montagne. – Dimin. de *montagne.*

montagneux, euse [mɔ̃taɲø, øz] adj. Où il y a des montagnes; constitué de montagnes. *Région montagneuse.* – De *montagne.*

montaison [mɔ̃tɛzɔ̃] n. f. Migration des saumons et des truites qui remontent les fleuves et les rivières où ils doivent frayer; époque où s'effectue cette migration. – De *monter.*

montanisme [mɔ̃tanism] n. m. RELIG Doctrine du prêtre hérésiarque de Montan (IIe s.) qui prétendait apporter une troisième révélation, celle du Paraclet (après celle de Moïse et du Christ), et qui annonçait l'imminence de la fin du monde. – De *Montan* ou *Montanus* (IIe s. apr. J.-C.), fondateur de la secte des montanistes.

montaniste [mɔ̃tanist] n. RELIG Partisan du montanisme. ▷ adj. *Doctrine montaniste.* – De *montanisme.*

1. montant, ante [mɔ̃tɑ̃, ɑ̃t] adj. **1.** Qui monte, qui va de bas en haut. *Marée montante :* V. flux. ▷ MUS *Gamme montante,* qui va des notes graves aux notes aiguës. Syn. ascendant. Ant. descendant. **2.** MILIT *Garde montante,* celle qui vient relever la garde descendante. **3.** Qui recouvre vers le haut. *Chaussures montantes.* – Ppr. de *monter.*

2. montant [mɔ̃tɑ̃] n. m. **1.** Pièce longue disposée verticalement. *Les montants d'une échelle.* **2.** Total d'un compte. *Quel est le montant des dépenses ?* ▷ ECON *Montants compensatoires monétaires :* taxes et subventions sur les produits agricoles circulant à l'intérieur de la C.É.E. destinées à compenser les variations de taux de change entre les monnaies afin de maintenir des prix uniques. **3.** Fig. Saveur, goût relevé. *Le montant d'une sauce.* – De *montant* 1.

mont-blanc [mɔ̃blɑ̃] n. m. Dessert composé de crème de marrons surmontée de crème fraîche ou de crème Chantilly. *Des monts-blancs.* – Du *mont Blanc,* point culminant des Alpes.

mont-de-piété [mɔ̃dpjete] n. m. Anc. Crédit* municipal. *Des monts-de-piété.* – Mauvaise trad. de l'ital. *monte di pietà,* « crédit de pitié ».

monte [mɔ̃t] n. f. **1.** Accouplement des étalons et des juments. *Étalon vendu pour la monte.* – Temps, saison de cet accouplement. *La monte commence en avril et finit en juin.* **2.** Action, manière de monter un cheval. – Déverbal de *monter.*

monte-charge [mɔ̃tʃaʀʒ] n. m. inv. Appareil élévateur pour le transport vertical des objets, des charges pesantes. – De *monter,* et *charge.*

montée [mɔ̃te] n. f. **1.** Action de se porter vers un endroit plus élevé. – Par ext. *Montée laiteuse* ou *montée de lait :* apparition de la sécrétion lactée. **2.** Pente, en tant qu'elle conduit vers le haut. *Sa maison se situe au milieu de la montée.* Syn. rampe. **3.** ARCHI *Montée d'une voûte,* sa hauteur. **4.** Augmentation, élévation. *La montée des prix, des eaux.* – Pp. fém. subst. de *monter.*

monte-en-l'air [mɔ̃tɑ̃lɛʀ] n. m. inv. Arg., vieilli Cambrioleur. – De *monter en l'air.*

monténégrin, ine [mɔ̃tenegʀɛ̃, in] adj. et n. Du Monténégro, rég. montagneuse de la côte occid. des Balkans, sur l'Adriatique. – Trad. ital. du serbo-croate *Črna Gora,* « Montagne noire ».

monte-pente [mɔ̃tpɑ̃t] n. m. Rare Syn. de *remonte-pente*. – De *monter*, et *pente*.

monte-plats [mɔ̃tpla] n. m. inv. Monte-charge servant au transport des plats entre la cuisine et la salle à manger. – De *monter*, et *plat*.

monter [mɔ̃te] v. [1] **A.** v. intr. **I.** (Sujet n. de personne.) **1.** Se transporter dans un lieu plus haut que celui où l'on était. *Monter au haut d'un arbre, sur une chaise.* **2.** Prendre place dans un véhicule, un avion, etc. *Monter en avion, en ballon, en train.* ▷ *Monter à cheval, à bicyclette.* – *Absol.* Faire de l'équitation. *Il monte chaque jour.* – Pp. adj. *Police montée*, à cheval. **3.** Fam. Se déplacer vers le nord ou se rendre à la capitale. *Monter à Paris.* **4.** Passer à un degré supérieur. *Monter en grade.* **5.** Surenchérir, partic. au jeu, fournir une carte plus forte. *Monter sur la dame.* **II.** (Sujet n. de chose.) **1.** S'élever, se porter vers un point élevé. *Le ballon monta dans le ciel. Le brouillard monte. Des odeurs grasses montaient des cuisines.* ▷ Atteindre, gagner un point élevé (du corps). *Le sang lui monta au visage.* ▷ *Vin qui monte à la tête*, qui enivre. – Fig. *Le succès lui est monté à la tête.* **2.** Augmenter de niveau, de volume, de prix, etc. *La mer monte sous l'effet de la marée. Le prix de l'or a beaucoup monté. Il sentit sa colère monter.* ▷ Pousser, croître (en hauteur). *Les salades commencent à monter.* – *Monter à fleurs, à graines* ou *monter en graine* : quitter l'état végétatif pour produire fleurs ou graines. Fig., fam. *Jeune fille qui monte en graine*, qui vieillit et tarde à se marier. ▷ Fig. Prendre de l'importance, arriver. *La génération qui monte.* **3.** S'élever en pente. *Rue qui monte en pente raide.* – Conduire vers un point élevé. *Escalier qui monte au grenier.* **4.** S'étendre de bas en haut. *Robe qui monte jusqu'au cou.* **B.** v. tr. **I. 1.** Gravir, franchir (une élévation). *Monter un escalier.* **2.** Porter dans un lieu élevé. *Monter des meubles dans une chambre.* **3.** Chevaucher (un animal). *Monter un cheval.* **4.** Accroître, hausser. *Monter trop haut sa dépense.* **5.** MUS Parcourir (l'échelle des sons) en allant du grave à l'aigu. *Monter la gamme.* – Accorder (un instrument) à un ton, à un diapason plus haut. *Monter un violon.* **6.** Fig. *Monter la tête à qqn*, ou *monter qqn*, l'exciter contre qqn ou qqch. **7.** *Monter la garde* : assurer le service de garde. **II. 1.** Ajuster, assembler différentes parties pour former un tout. *Monter une machine. Monter une tente. Monter les manches d'un vêtement.* ▷ MUS *Monter un violon, une guitare*, y tendre des cordes. **2.** Installer, insérer dans un cadre, une garniture. *Monter un diamant, une estampe.* **3.** Disposer (les éléments de base d'un ouvrage). *Monter les mailles d'un tricot.* ▷ *Monter un métier à tisser*, y tendre les fils de chaîne. **4.** Préparer, organiser. *Monter une pièce de théâtre. Monter un coup.* **5.** Pourvoir du nécessaire; réunir les éléments de, constituer (un ensemble). *Monter son ménage.* **C.** v. pron. **1.** S'exalter, s'irriter. *Se monter contre qqn.* – Absol. *Il se monte aisément.* **2.** Se pourvoir. *Se monter en livres.* **3.** S'élever à (en parlant d'un total). *La dépense se monte à mille francs.* – Lat. pop. **montare*, de *mons, montis*, « mont ».

monte-sac(s) [mɔ̃tsak] n. m. Appareil élévateur servant au transport des sacs dans les docks. *Des monte-sacs.* – De *monter*, et *sac*.

monteur, euse [mɔ̃tœʀ, øz] n. **1.** Personne qui effectue des montages, des installations. *Monteur électricien.* – AUDIOV Personne chargée du montage. **2.** Fig. Personne qui organise, qui prépare. *Monteur d'affaires.* – De *monter*.

montgolfière [mɔ̃gɔlfjɛʀ] n. f. AERON Aérostat qui tire sa force ascensionnelle de l'air chaud. – Du n. des frères Joseph (1740-1810) et Étienne (1745-1799) de *Montgolfier*, qui l'inventèrent.

monticule [mɔ̃tikyl] n. m. Petite élévation de terrain. Syn. éminence, butte. – Bas lat. *monticulus*, dimin. du class. *mons*, « mont ».

montjoie [mɔ̃ʒwa] n. f. **1.** Monceau de pierres servant de monument commémoratif, de point de repère, etc. Syn. cairn. **2.** *Montjoie!* : cri de ralliement et de guerre des troupes de divers pays, du XIIe au XVIIIe s. – De *mont*, et *joie*, altér. du frq. **mund-gawi*, « protection du pays ».

montmartrois, oise [mɔ̃maʀtʀwa, waz] adj. et n. De Montmartre, quartier de Paris. *Les peintres et chansonniers montmartrois.* – Du n. *Montmartre*, de *mont* et a. fr. *martre*, « martyrs » (« mont des martyrs »).

montmorency [mɔ̃mɔʀɑ̃si] n. f. inv. Cerise à queue courte, au goût acidulé. – Du n. de la ville de *Montmorency*, dans le Val-d'Oise.

montoir [mɔ̃twaʀ] n. m. Vx Grosse pierre, banc, etc., servant à monter à cheval. – *Côté du montoir* : côté gauche du cheval. – De *monter*.

montparno [mɔ̃paʀno] n. et adj. Fam. Peintre ou écrivain de Montparnasse entre 1918 et 1930, époque où ce quartier était le centre de la vie artistique française. – De *Montparnasse*, quartier de Paris.

montrable [mɔ̃tʀabl] adj. Fam. Que l'on peut montrer. – De *montrer*.

1. montre [mɔ̃tʀ] n. f. **1.** Vx Action de montrer. ▷ Loc. *Faire montre de* : faire étalage, faire parade de; exhiber. – Mod. Donner des marques, des preuves de. *Faire montre de courage.* **2.** Vitrine, éventaire où sont exposées des marchandises; ensemble des marchandises exposées. *Bijoux en montre.* ▷ *Pour la montre* : pour être montré; en manière de décoration, d'ornement. *N'être là que pour la montre.* **3.** MUS Ensemble des tuyaux formant la façade d'un buffet d'orgue. – Déverbal de *montrer*.

2. montre [mɔ̃tʀ] n. f. **1.** Instrument portatif qui indique l'heure. *Une montre de gilet et sa chaîne. Montre électrique, électronique, à quartz.* **2.** SPORT *Course contre la montre*, dans laquelle chaque coureur ou chaque équipe de coureurs, partant seul(e), est classé(e) selon le temps qu'il (elle) a mis à parcourir la distance fixée; fig. lutte contre le temps pour accomplir une action, mener à bien une affaire, etc. – De *montre* 1.

montre-bracelet [mɔ̃tʀəbʀaslɛ] n. f. Vieilli Montre que l'on porte au poignet. *Des montres-bracelets.* – De *montre*, et *bracelet*.

montrer [mɔ̃tʀe] v. [1] **I.** v. tr. **1.** Faire voir. *Montrer sa maison. Dessin qui montre des objets.* **2.** Indiquer par un geste, un signe. *Montrer qqn du doigt.* – *Montrer la porte à qqn*, l'inviter à sortir. ▷ (Sujet n. de chose.) *Panneau qui montre une direction.* **3.** Enseigner, apprendre. *Montrer à lire à un enfant.* **4.** Laisser voir, exposer à la vue. *Robe qui montre les genoux.* **5.** Faire ou laisser paraître; manifester. *Montrer sa douleur. Montrer du courage.* ▷ Révéler. *Montrer son vrai visage.* **6.** Exposer ou établir (par la description, le témoignage, la démonstration, etc.). *Montrer le bon côté d'une chose. Montrez-moi que j'ai tort.* ▷ (Sujet n. de chose.) *Bilan qui montre des carences.* **II.** v. pron. **1.** Se faire voir, paraître. *Il n'ose plus se montrer.* **2.** (Suivi d'un adj.) Se révéler, s'avérer. *Se montrer généreux. Ses craintes se sont montrées vaines.* – Lat. *monstrare*.

montreur, euse [mɔ̃tʀœʀ, øz] n. *Montreur de* : personne dont le métier est de montrer (tel spectacle). *Montreur de marionnettes, d'animaux savants.* – De *montrer*.

montueux, euse [mɔ̃tɥø, øz] adj. Vieilli Inégal, coupé par des collines, des hauteurs. *Pays, chemin montueux.* – Lat. *montuosus*.

monture [mɔ̃tyʀ] n. f. **1.** Animal de selle; animal que l'on utilise pour se faire porter. – (Prov.) *Qui veut voyager loin ménage sa monture.* **2.** Pièce qui sert à maintenir la partie principale d'un objet ou à faire tenir ensemble ses parties constitutives. *Monture d'un diamant,* *de lunettes. Monture de parapluie,* son armature métallique. – De *monter.*

monument [mɔnymɑ̃] n. m. **1.** Ouvrage d'architecture ou de sculpture édifié pour conserver la mémoire d'un homme illustre ou d'un grand événement. *Monument funéraire* (tombeau, mausolée, etc.). *Monument aux morts* (d'une guerre). **2.** Édifice, ouvrage considéré pour sa grandeur, sa valeur ou sa signification (religieuse, esthétique, historique, etc.). *Monuments de l'Antiquité.* – *Monument historique* : V. classer (sens 5). **3.** Fig. Œuvre considérable par ses dimensions ou ses qualités. *Les monuments de l'art, de la littérature.* **4.** Fam. Personne, chose de vastes proportions. *C'est un monument de muscles.* – Plaisant *Son intervention a été un monument de sottise.* – Lat. *monumentum.*

monumental, ale, aux [mɔnymɑ̃tal, o] adj. **1.** Relatif aux monuments. **2.** Qui forme un monument ou qui en fait partie. *Fontaine, fresque monumentale.* **3.** Imposant (de grandeur, de proportions, etc.). *Une œuvre écrite monumentale.* **4.** Fam. Énorme en son genre. *Un orgueil monumental.* – De *monument.*

moque [mɔk] n. f. Rég. et MAR Récipient qui sert à mesurer certaines denrées, certains produits. *Une moque de café, de peinture, de cidre.* – Néerl. *mok,* « aiguière ».

moquer [mɔke] v. [1] **I.** v. tr. Vieilli ou litt. *Moquer qqn* (ou *qqch*), le railler, le tourner en ridicule. **II.** v. pron. *Se moquer de.* **1.** Railler, tourner en ridicule. *Se moquer d'un ami, de ses travers.* **2.** Mépriser, braver, ne faire aucun cas de (qqn, qqch). *Se moquer du danger, du qu'en-dira-t-on.* – Fam. *Se moquer du tiers comme du quart,* de tout, de tout le monde. ▷ Traiter avec une trop grande légèreté ; abuser (qqn). *Il se moque du monde.* **3.** Absol. Litt. Ne pas parler, ne pas agir sérieusement. *Je crois bien qu'il se moque.* – P.-ê. onomat.

moquerie [mɔkʀi] n. f. **1.** Action de se moquer. *Être enclin à la moquerie.* **2.** Parole, action par laquelle on se moque. *Accabler qqn de moqueries.* – De *moquer.*

moquette [mɔkɛt] n. f. Tapis cloué ou collé qui recouvre uniformément le sol d'une pièce ou d'un appartement sur toute sa surface. ▷ Étoffe qui sert à fabriquer de tels tapis. *Tendre ses murs de moquette.*

moqueur, euse [mɔkœʀ, øz] adj. et n. **I.** adj. **1.** Qui se moque, qui est porté à la moquerie. *Esprit moqueur.* ▷ Subst. *Un moqueur impénitent.* **2.** Qui exprime ou marque de la moquerie. *Parole moqueuse. Regard moqueur.* **II.** n. m. ORNITH Oiseau africain, à bec incurvé et à longue queue. ▷ Oiseau passériforme américain. – (En appos.) *Merle moqueur.* – De *moquer.*

mor [mɔʀ] n. m. PEDOL Humus très acide, à minéralisation très lente, typique des forêts résineuses sur terrain siliceux. – Mot danois.

moracées [mɔʀase] n. f. pl. BOT Famille d'arbres ou d'arbustes dicotylédones apétales surtout tropicaux dont certains genres sont cultivés en Europe (mûrier, figuier). – Sing. *L'arbre à pain est une moracée.* – Du lat. *morus,* « mûrier ».

morailles [mɔʀaj] n. f. pl. TECH **1.** Tenailles servant à pincer les naseaux d'un cheval afin de le maîtriser, notam. lorsqu'on le ferre. (Rare au sing.) **2.** Tenailles de verrier. – Provenç. *moralha,* de *mor,* « museau » ; du lat. pop. **murru,* « visière ».

moraillon [mɔʀajɔ̃] n. m. TECH Pièce métallique de fermeture à charnière, avec un évidement pour le passage d'un anneau. – De l'anc. sing. de *morailles.*

moraine [mɔʀɛn] n. f. Amas de débris de nature diverse arrachés et transportés par un glacier. – Savoyard *morena,* « bourrelet de terre », d'un rad. prélatin *murr-,* « tertre ».

ENCYCL On distingue divers types de moraines : les *moraines latérales* et *de fond* bordent un glacier ; les *moraines médianes* résultent de la réunion de moraines latérales au confluent de deux glaciers ; la *moraine frontale* se rencontre à l'extrémité inférieure du glacier. Constituées de matériaux très divers (argile à blocaux, notam.), les moraines, imperméables, favorisent, lors du retrait du glacier, la formation d'un *lac de barrage.*

morainique [mɔʀenik] adj. Qui se rapporte aux moraines. – De *moraine.*

moral, ale, aux [mɔʀal, o] adj. et n. m. **I.** adj. **1.** Qui concerne les mœurs, les règles de conduite en usage dans une société. *Jugement moral. Obligation morale.* ▷ Relatif au bien, au devoir, aux valeurs qui doivent régler notre conduite. *Conscience, doctrine morale.* – *Sens moral* : faculté de discerner le bien du mal en conformité avec les règles de la conduite sociale, ou avec ce qui est tenu pour bon ou édifiant. *Écrivain, livre moral.* **2.** Relatif à l'esprit, au mental (par oppos. à *physique,* à *matériel*). *Santé morale.* ▷ DR *Personne morale* : être collectif ou impersonnel auquel la loi reconnaît une partie des droits civils exercés par les citoyens. **II.** n. m. **1.** Vx Ensemble des facultés mentales. – Mod. *Au moral* : au plan intellectuel ou spirituel. **2.** Disposition d'esprit. *Avoir bon moral. Remonter le moral d'une troupe.* – Lat. *moralis,* de *mores,* « mœurs ».

morale [mɔʀal] n. f. **1.** Ensemble des principes de jugement et de conduite qui s'imposent à la conscience individuelle ou collective comme fondés sur les impératifs du bien ; cet ensemble érigé en doctrine. *Morale épicurienne, chrétienne.* **2.** Tout ensemble de règles, d'obligations, de valeurs. *Morale rigoureuse. Morale politique.* **3.** Leçon, admonestation à caractère moral. *Faire la morale à qqn.* **4.** Enseignement moral, conclusion morale. *La morale d'une fable.* ▷ *Par ext.* Enseignement quelconque. *La morale de cette affaire, c'est qu'on nous a bernés.* – Fém. subst. de *moral.*

moralement [mɔʀalmɑ̃] adv. **1.** Conformément à la morale, à ses règles. *Agir moralement.* **2.** Du point de vue moral, au plan des sentiments, de l'opinion, etc. *Être moralement certain que...* ▷ *Soutenir moralement une entreprise* (par oppos. à *physiquement, matériellement*). – De *moral.*

moralisant, ante [mɔʀalizɑ̃, ɑ̃t] adj. Qui moralise (sens 2). – Ppr. de *moraliser.*

moralisateur, trice [mɔʀalizatœʀ, tʀis] adj. et n. Souvent péjor. Qui fait la morale ; qui édifie ou prétend édifier. – De *moraliser.*

moralisation [mɔʀalizasjɔ̃] n. f. Action de moraliser, de rendre moral. – De *moraliser.*

moraliser [mɔʀalize] v. [1] **I.** v. tr. **1.** Vx Rendre moral. *Le travail moralise l'homme.* **2.** *Moraliser qqn,* lui faire la morale, l'admonester. **II.** v. intr. Faire des réflexions morales. *Moraliser sur l'inconstance.* – De *moral.*

moralisme [mɔʀalism] n. m. **1.** Attitude ou système fondés sur la prééminence de la morale. **2.** Formalisme moral. – De *morale.*

moraliste [mɔʀalist] n. (et adj.) **1.** Philosophe qui traite de la morale. **2.** Auteur d'observations critiques sur les mœurs, la nature humaine. **3.** Personne qui aime à faire la morale. ▷ adj. *Il est un peu trop moraliste.* – De *morale.*

moralité [mɔʀalite] n. f. **1.** Conformité aux principes, aux règles de la morale. *Moralité d'une action, d'un ouvrage.* **2.** Sens moral d'une personne, tel qu'il peut se manifester dans sa conduite. *Un homme de moralité douteuse.* **3.** Enseignement moral. *Moralité d'une fable, d'un événement.* ▷ Vx Sentence morale. *Recueil de moralités.* **4.** LITTER Pièce de théâtre, généralement allégorique et à intention moralisatrice, au Moyen Âge. *La moralité fut en faveur au XVᵉ s.* – Bas lat. *moralitas,* « caractère, caractéristique ».

morasse [mɔʀas] n. f. IMPRIM Dernière épreuve, avant l'impression, d'un journal mis en pages. – De l'ital. *moraccio*, « noiraud », de *moro*, « noir ».

1. moratoire [mɔʀatwaʀ] adj. DR Qui accorde un délai. *Sentence moratoire.* – *Intérêts moratoires*, dus, par décision de justice, à compter du jour d'exigibilité d'une créance. – Lat. jur. *moratorius*, de *morari*, « retarder ».

2. moratoire [mɔʀatwaʀ] ou **moratorium** [mɔʀatɔʀjɔm] n. m. DR Décision légale de suspendre provisoirement l'exigibilité de certaines créances. *Des moratoires* ou *des moratoriums.* – De *moratoire* 1.

morave [mɔʀav] adj. et n. **1.** De Moravie, rég. comprise entre la Bohême et la Slovaquie. ▷ Subst. *Les Moraves.* **2.** HIST *Frères moraves* : membres d'une communauté de Hussites, fondée en Bohême v. 1450, dont l'influence s'exerça surtout en Moravie et qui se dispersa en 1620; les groupes les plus importants se trouvent auj. en Amérique du Nord.

morbide [mɔʀbid] adj. **1.** MED Qui tient à la maladie, qui en est l'effet. *État morbide.* **2.** Qui provient d'un dérèglement de l'esprit, de la sensibilité, de la volonté. *Curiosité, jalousie morbide.* **3.** Qui flatte, qui indique un goût délibéré pour ce qui est jugé inquiétant, malsain, anormal. *Littérature morbide.* – Lat. *morbidus.*

morbidesse [mɔʀbidɛs] n. f. **1.** PEINT Mollesse et délicatesse dans le rendu des chairs. **2.** Litt. Grâce nonchalante, alanguie. – De l'ital. *morbidezza*, de *morbido*, « doux ».

morbidité [mɔʀbidite] n. f. **1.** MED Caractère morbide. **2.** Rapport du nombre des malades au nombre des personnes saines dans une population donnée et pendant un temps déterminé. *Morbidité cancéreuse. Tables de morbidité.* – De *morbide.*

morbier [mɔʀbje] n. m. Fromage du Jura, au lait de vache. – Du n. de *Morbier*, commune du Jura français.

morbilleux, euse [mɔʀbijø, øz] adj. MED Relatif à la rougeole. – Du lat. médiév. *morbillus*, « éruption, rougeole », propr. « petite maladie ».

morbleu ! [mɔʀblø] interj. Vx Ancien juron. – Altér. de *mordieu*, euph. pour *mort de Dieu.*

morceau [mɔʀso] n. m. **1.** Partie séparée (bouchée, portion) d'un aliment solide. *Morceau de brioche.* ▷ Fam. *Manger un morceau* : prendre une collation, se restaurer rapidement. – Fig., fam. *Manger, cracher, lâcher le morceau* : passer aux aveux, dénoncer ses complices. – *Enlever, emporter le morceau* : parvenir à ses fins, avoir gain de cause. ▷ Pièce de bête de boucherie ou de volaille. *Morceau de choix. Les bas morceaux.* **2.** Partie d'un corps ou d'une matière solide; partie d'un objet brisé. *Morceau de bois, d'assiette. Mettre en morceaux.* – *Être fait de pièces et de morceaux*, d'éléments disparates. ▷ Partie non séparée, mais distincte, d'un tout. *Morceau de ciel.* **3.** Partie, fragment d'une œuvre (d'art, de littérature, etc.). *Recueil de morceaux choisis.* ▷ Objet, ouvrage pris dans sa totalité. *Un beau morceau d'architecture.* **4.** MUS Partie distincte d'une œuvre instrumentale, d'un concert. *Cette ouverture est un morceau célèbre.* ▷ Œuvre courte; partition musicale. *Morceau de violon.* **5.** Fam. *Un beau morceau, un morceau de roi* : une belle femme. *« La Chiquita... sera dans deux ou trois ans d'ici un morceau de roi » (Gautier).* – De l'a. fr. *mors*, « morceau, morsure »; d'abord *morsel, morcel.*

morcelable [mɔʀsəlabl] adj. Qui peut être morcelé. – De *morceler.*

morceler [mɔʀsəle] v. tr. [19] Diviser en morceaux, en parties. *Morceler un héritage.* – De l'a. fr. *morcel*, « morceau ».

morcellement [mɔʀsɛlmɑ̃] n. m. Action de morceler; état de ce qui est morcelé. *Morcellement des terres.* – De *morceler.*

mordache [mɔʀdaʃ] n. f. TECH Pièce en métal tendre, ou en matière plastique, que l'on adapte aux mâchoires d'un étau pour ne pas endommager l'objet à serrer. – De *mordre.*

mordacité [mɔʀdasite] n. f. Vx Causticité. *Mordacité d'un acide.* ▷ Fig., litt. *Mordacité d'une satire.* – Lat. *mordacitas.*

mordançage [mɔʀdɑ̃saʒ] n. m. TECH Opération consistant à imprégner d'un mordant une matière à teindre. – De *mordancer.*

mordancer [mɔʀdɑ̃se] v. tr. [12] TECH Imprégner d'un mordant (la matière à teindre). – De *mordant.*

mordant, ante [mɔʀdɑ̃, ɑ̃t] adj. et n. m. **I.** adj. **1.** Qui mord. – VEN *Bêtes mordantes*, qui se défendent avec les dents (ours, blaireau, etc.). **2.** *Par ext.* Corrosif. *Acide mordant.* ▷ Fig. Caustique (dans la critique, la raillerie, etc.). *Esprit, pamphlet mordant.* **II.** n. m. **1.** Agent avec lequel on corrode les surfaces métalliques. *L'eau-forte est le mordant employé en gravure.* ▷ Substance dont on imprègne une matière pour qu'elle fixe les colorants. **2.** Fig. Causticité. *Le mordant d'une satire.* ▷ Caractère incisif; vivacité, énergie. *Voix qui a du mordant. Le mordant d'une troupe*, sa qualité offensive. **3.** MUS Ornement bref faisant alterner la note principale et le ton ou demi-ton immédiatement inférieur, pour s'achever sur la principale. – Ppr. de *mordre.*

mordicus [mɔʀdikys] adv. Fam. Avec opiniâtreté, obstinément. *Soutenir mordicus une opinion.* – Mot lat., « en mordant ».

mordillage [mɔʀdijaʒ] ou **mordillement** [mɔʀdijmɑ̃] n. m. Action de mordiller. – De *mordiller.*

mordiller [mɔʀdije] v. tr. [1] Mordre légèrement et à petits coups. – De *mordre.*

mordoré, ée [mɔʀdɔʀe] adj. D'un brun chaud, à reflets dorés. – De *more* (ou *maure*), et *doré.*

mordorer [mɔʀdɔʀe] v. tr. [1] Donner une couleur mordorée à. – De *mordoré.*

mordorure [mɔʀdɔʀyʀ] n. f. Couleur mordorée. – De *mordoré.*

mordre [mɔʀdʀ] v. [6] **I.** v. tr. **1.** Saisir, serrer, entamer avec les dents. *Mordre qqn jusqu'au sang.* ▷ Loc. fig. *Mordre la poussière* : être terrassé dans un combat; subir une défaite. – v. pron. *Se mordre les doigts (d'une chose)* : se repentir (de l'avoir faite). *Se mordre les lèvres*, pour s'empêcher de parler ou de rire, ou par dépit. **2.** Piquer, blesser, en parlant d'un insecte, d'un serpent, etc. *Être mordu par un insecte.* **3.** Entamer, pénétrer (en rongeant, en creusant, etc.). *Lime qui mord un métal.* – Fig. *Froid qui mord.* **4.** Avoir prise, s'engrener. *Foret, engrenage qui mord.* **II.** v. tr. indir. *Mordre à* : prendre avec les dents, avec la bouche. *Poisson qui mord à l'appât* ou, absol., *qui mord.* – Fig. *Mordre à l'appât, à l'hameçon* : se laisser prendre (à des propositions, à des flatteries, etc.). ▷ Fig. *Mordre à* : avoir des dispositions, du goût pour. **III.** v. intr. **1.** *Teinture qui mord*, qui prend, qui se fixe bien. *Étoffe qui mord*, qui prend la teinture. **2.** *Mordre dans* : enfoncer les dents dans; pénétrer, entamer. **3.** *Mordre sur* : attaquer en corrodant. **4.** Empiéter. *Les coureurs ne doivent pas mordre sur la ligne de départ.* – Lat. *mordere.*

mordu, ue [mɔʀdy] adj. et n. Fam. **1.** adj. *Il est mordu* : il est amoureux. **2.** n. Personne passionnée. *Un mordu de rugby.* – Pp. de *mordre.*

more. V. maure.

moreau, elle [mɔʀo, ɛl] adj. *Cheval moreau, jument morelle*, à la robe d'un noir luisant. – Du lat. pop. **maurellus*, « brun comme un Maure ».

morelle [mɔʀɛl] n. f. BOT Plante du genre *Solanum* (fam. solanacées) dont les espèces les plus connues sont la pomme de terre, le tabac, la tomate et des espèces sauvages. *La morelle noire est toxique, la douce-amère est médicinale.* – Du lat. pop. *maurella*, fém. de **maurellus*, « brun comme un Maure ».

moresque. V. mauresque.

morfal, ale [mɔʀfal] n. et adj. Arg. Personne qui mange beaucoup. – De *morfaler.*

morfaler [mɔʀfale] v. intr. et pron. [1] Arg. Manger goulûment. – Var. de l'anc. v. *morfier*, même sens; d'orig. germ.

1. morfil [mɔʀfil] n. m. Petites barbes ou aspérités qui adhèrent au tranchant d'une lame fraîchement affûtée. – De *mort*, pp. de *mourir*, et *fil.*

2. morfil [mɔʀfil] ou **marfil** [maʀfil] n. m. Vx Dent d'éléphant, ivoire à l'état brut. – Esp. *marfil*, d'orig. ar.

morfondre (se) [mɔʀfɔ̃dʀ] v. pron. [6] **1.** Vx Être transi de froid. ▷ v. tr. Vx ou litt. Pénétrer de froid, transir. *La bise m'a morfondu.* **2.** S'ennuyer à attendre. *Laisser qqn se morfondre.* – Du provenç. *mourre*, rad. *murr-*, « museau », et *fondre.*

morganatique [mɔʀganatik] adj. DR, HIST Se dit du mariage d'un prince avec une femme de condition inférieure; se dit de la femme elle-même. *L'union morganatique exclut l'épouse et les enfants éventuels du droit aux nom, titres et prérogatives nobiliaires du mari. Épouse morganatique.* – Lat. médiév. *morganaticus*, bas lat. *morganegiba*, « don du matin (après les noces) », du frq. *morgan* (matin), et *geba* (don).

morganatiquement [mɔʀganatikmɑ̃] adv. DR Par mariage morganatique. – De *morganatique.*

morgeline [mɔʀʒəlin] n. f. Rég. Syn. de *mouron* des oiseaux.* – De l'ital. *morsugalline, morso di gallina*, « morsure de poule ».

1. morgue [mɔʀg] n. f. Contenance hautaine et méprisante. – Déverbal de *morguer.*

2. morgue [mɔʀg] n. f. Lieu où sont déposés les cadavres non identifiés ou soumis à expertise médicolégale. *La morgue de Paris est appelée « Institut médicolégal ».* ▷ Salle froide où sont déposés provisoirement les morts, dans un hôpital, une clinique. – De *morgue* 1.

morguer [mɔʀge] v. tr. [1] Vx Dévisager, traiter avec morgue. – Du lat. pop. **murricare*, « faire la moue ».

moribond, onde [mɔʀibɔ̃, ɔ̃d] adj. et n. Qui est près de mourir. ▷ Subst. *Un(e) moribond(e).* ▷ Fig. (Choses) *Entreprise moribonde.* – Lat. *moribundus.*

moricaud, aude [mɔʀiko, od] adj. et n. **1.** adj. Fam. Qui a la peau très brune. ▷ Subst. *Un(e) moricaud(e).* **2.** n. Péjor., raciste Personne de couleur. – De *more, maure.*

morigéner [mɔʀiʒene] v. tr. [14] **1.** Vx Éduquer, élever. **2.** Réprimander, tancer. – Du lat. médiév. *morigenatus*, « bien élevé », class. *morigeratus*, « complaisant, docile ».

morille [mɔʀij] n. f. Champignon ascomycète discomycète comestible (genre *Morchella*), dont le chapeau alvéolé a l'aspect d'une éponge. – Du lat. pop. **mauricula*, de *Maurus*, « Maure », par allus. à la couleur brune.

morillon [mɔʀijɔ̃] n. m. **1.** Variété de raisin noir. **2.** Canard plongeur (*Aythia fuligula*) huppé noir et blanc, commun en Europe. **3.** Émeraude brute. – De *more, maure*, « brun ».

morio [mɔʀjo] n. m. ENTOM Grand papillon (*Euvanessa antiopa*) aux ailes brunes bordées de jaune. – Lat. zool., p.-ê. de *more, maure*, « brun ».

1. morion [mɔʀjɔ̃] n. m. Quartz d'un noir rougeâtre. – Abrév. et francisation du lat. *mormorion.*

2. morion [mɔʀjɔ̃] n. m. Anc. Casque léger, à bords relevés en pointe, en usage surtout au XVIᵉ s. – Esp. *morrión*, de *morra*, « sommet de la tête ».

morisque [mɔʀisk] n. HIST Musulman d'Espagne converti au catholicisme sous la contrainte, au XVIᵉ s. ▷ adj. *Un costume morisque.* – Esp. *morisco*, du lat. *maurus* (V. maure).

mormon, one [mɔʀmɔ̃, ɔn] n. et adj. Membre d'un mouvement religieux (« Église de Jésus-Christ des saints des derniers jours ») fondé aux États-Unis à partir de 1830, dont la doctrine repose sur l'Ancien Testament mêlé d'emprunts à diverses religions (partic. au judaïsme). *Les mormons (plus de 5 millions) constituent l'une des communautés les plus riches des É.-U.* ▷ adj. *La foi mormone.* – De *Mormon*, nom du prophète qui aurait été à l'origine de l'ouvrage de J. Smith *le Livre de Mormon*, qu'il publia en 1830.

mormonisme [mɔʀmɔnism] n. m. Religion, doctrine des mormons. – De *mormon.*

1. morne [mɔʀn] adj. **1.** Abattu, morose; empreint d'une sombre tristesse. *Un homme, un air morne.* **2.** Qui engendre la tristesse; maussade, terne. *Pays, ciel morne. Existence morne.* – Du frq. **mornôn*, « être triste ».

2. morne [mɔʀn] n. f. Anc. Anneau, bouton dont on garnissait le fer des armes de tournoi pour les rendre inoffensives. – De l'anc. v. *morner*, « émousser ».

3. morne [mɔʀn] n. m. Colline ronde et isolée, dans les Antilles, la Réunion et l'île Maurice. – Mot créole; altér. de l'esp. *morro*, « monticule ».

morné, ée [mɔʀne] adj. Anc. Garni d'une morne ou rendu mousse. *« Si la pointe n'eût été mornée, le fer lui eût traversé le corps » (Th. Gautier).* – De *morne* 2.

mornifle [mɔʀnifl] n. f. Fam. Coup de la main sur le visage, gifle. – De l'anc. v. **mornifler*, rad. *murr-*, « museau », et a. fr. *nifler*, onomat.

1. morose [mɔʀoz] adj. Qui est d'humeur chagrine; triste, maussade. – Lat. *morosus.*

2. morose [mɔʀoz] adj. THEOL *Délectation morose* : V. délectation. – Du lat. théol. *morosa delectatio*, bas lat. *morosus*, « lent », de *mora*, « retard ».

morosité [mɔʀozite] n. f. Caractère, tempérament morose; maussaderie. – Lat. *morositas.*

morph(o)-, -morphe, -morphique, -morphisme. Éléments, du gr. *morphê*, « forme ».

morphème [mɔʀfɛm] n. m. LING **1.** Unité grammaticale de première articulation qui se combine aux lexèmes suivant les règles de la morphologie. *Le mot* [kuʀjɔ̃] (courions) *se compose du lexème* [kuʀ] (cour) *et des morphèmes* [j] (i), *marque de l'imparfait, et* [ɔ̃] (ons), *marque de la personne.* **2.** Monème. *Morphème grammatical* : morphème (sens 1). *Morphème lexical* : lexème. – De *morph-*, et *(phon)ème.*

morphine [mɔʀfin] n. f. CHIM Principal alcaloïde de l'opium, antalgique puissant mais toxique à fortes doses, et qui entre dans la catégorie des stupéfiants. *Morphine-base*, non purifiée. – De *Morphée*, dieu des songes, lat. *Morpheus*, mot gr.

morphinisme [mɔʀfinism] n. m. MED Intoxication chronique par la morphine ou par ses sels (héroïne, codéine, etc.). – De *morphine.*

morphinomane [mɔʀfinoman] adj. et n. Qui s'intoxique à la morphine. – De *morphine*, et *-mane* 2.

morphinomanie [mɔʀfinomani] n. f. Toxicomanie des morphinomanes. – De *morphine*, et *-manie.*

-morphique, -morphisme. V. morph(o)-.

morphisme [mɔʀfism] n. m. MATH Application d'un ensemble E dans un ensemble F, E et F étant munis chacun d'une loi de composition interne. – Du gr. *morphê*, « forme ».

morpho [mɔʀfo] n. m. Papillon d'Amérique du Sud, aux ailes d'un splendide bleu irisé.

morphogène [mɔʀfoʒɛn] adj. Se dit des facteurs physiques, chimiques, etc., qui interviennent dans la morphogenèse. – De *morpho-*, et *-gène*.

morphogenèse [mɔʀfoʒənɛz] ou **morpho-génie** [mɔʀfoʒeni] n. f. BIOL Ensemble des processus qui déterminent la structure des tissus et des organes d'un être vivant au cours de sa croissance; leur étude. – De *morpho-*, et *-genèse*, *-génie*.

morphologie [mɔʀfɔlɔʒi] n. f. **1.** Étude de la configuration et de la structure des formes externes des êtres vivants et de leurs organes. *Morphologie animale, végétale, humaine.* **2.** Forme, conformation; aspect général. *Morphologie d'un muscle, d'un relief.* **3.** LING Étude de la formation, de la structure des mots et des variations de leurs formes. – De *morpho-*, et *-logie*.

morphologique [mɔʀfɔlɔʒik] adj. Didac. Relatif à la morphologie, aux formes (en biologie, géologie, etc.). – De *morphologie*.

morphologiquement [mɔʀfɔlɔʒikmɑ̃] adv. Didac. Relativement à la morphologie, aux formes. – De *morphologique*.

morphopsychologie [mɔʀfopsikɔlɔʒi] n. f. Étude des correspondances entre la psychologie des individus et leur aspect physique, leur morphologie. – De *morpho-*, et *psychologie*.

morpion [mɔʀpjɔ̃] n. m. **1.** Arg. Pou du pubis (*Phtirus pubis*). **2.** Pop. Enfant, gamin. **3.** Jeu qui se joue sur du papier quadrillé et qui oppose deux joueurs (quelquefois plus) dont chacun doit tenter de placer en ligne droite cinq de ses marques (croix, points, etc.). – De *mordre*, et **pion*, «fantassin».

mors [mɔʀ] n. m. **1.** Pièce métallique que l'on place dans la bouche d'un cheval, et qui, agissant comme un levier sur les barres, permet de le diriger. ▷ Loc. *Prendre le mors aux dents* (pour un cheval), le serrer entre les incisives, et rendre de la sorte son action inefficace; s'emballer. – Fig. (Personnes) Se laisser emporter par la passion, la colère, etc.; entreprendre une tâche avec une ardeur inaccoutumée. **2.** TECH Partie de la mâchoire d'un étau qui serre l'objet à travailler (en général, pièce rapportée, cannelée en diagonale de manière à assurer une bonne prise). ▷ Mâchoire d'une pince. **3.** En reliure, tranche du carton que le relieur loge dans la gouttière (appelée aussi *mors*) pratiquée en rabattant le dos du premier et du dernier cahier d'un livre. – De *mordre*.

1. morse [mɔʀs] n. m. Grand mammifère marin des régions arctiques (genre *Odobenus*), long de 3 à 5 m, pouvant peser jusqu'à une tonne, aux canines supérieures développées en défenses. – Russe *morj*, lapon *morssa*.

2. morse [mɔʀs] n. m. TELECOM Code inventé par S. Morse, dont chaque signe est constitué de points (correspondant à des impulsions brèves) et de traits (impulsions longues). ▷ adj. *Appareil morse*, qui utilise ce code. – Du n. de l'inventeur S. *Morse* (1791-1872).

morsure [mɔʀsyʀ] n. f. **1.** Action de mordre; marque ou plaie qui en résulte. *Une morsure de chien.* ▷ Fig. *Les morsures du froid.* **2.** Action d'une substance corrosive. *Morsure d'un acide.* – De *mors*.

1. mort [mɔʀ] n. f. **1.** Fin de la vie, cessation définitive de toutes les fonctions corporelles. *Le critère médico-légal de la mort est la cessation complète de l'activité cérébrale, attestée par deux électro-encéphalogrammes à vingt-quatre heures d'intervalle.* – *Se donner la mort* : se tuer, se suicider. *Être à la mort, à l'article de la mort,* sur le point de mourir. – *Arrêt, sentence de mort.* – Loc. adv. *À mort* : de telle sorte que la mort survient. *Être frappé à mort. Combat à mort,* qui doit se terminer par la mort de l'un des combattants. Fig. *En vouloir à mort à qqn,* lui en vouloir tellement que l'on souhaite sa mort (*par exag.,* lui garder une rancune extrêmement vive). *Par ext.,* fam. Beaucoup, extrêmement, très fort, à fond. *Serrer un écrou à mort.* – Interj. *À mort! Mort à!...* : cris par lesquels on réclame la mort de qqn (ou par lesquels on proclame son hostilité à qqn, à qqch). *À mort les traîtres! Mort aux vaches!* – *À la vie (et) à la mort* : pour toujours. ▷ BIOL Cessation définitive des fonctions biologiques. *Mort d'une cellule.* **2.** Ensemble des circonstances qui accompagnent la fin de la vie; ensemble des causes qui déterminent cette fin, manière de mourir. *Mourir de mort naturelle, violente. Mourir de sa belle mort,* de vieillesse et sans souffrance. **3.** Fig. Souffrance physique ou morale extrêmement vive; désarroi, désespoir. *Souffrir mille morts. Avoir la mort dans l'âme.* ▷ THEOL *Mort de l'âme* : état où l'âme tombe par le péché. – *Mort éternelle* : état des pécheurs condamnés aux peines de l'enfer. **4.** Extinction, destruction, disparition (de qqch). *C'est la mort de toutes nos espérances. L'avènement des grandes minoteries à vapeur a entraîné la mort de la meunerie traditionnelle.* **5.** DR ANC *Mort civile* : situation de certains condamnés, dont la condamnation (peine capitale, travaux forcés à perpétuité, déportation) produisait les mêmes effets juridiques que la mort physique effective (ouverture de la succession, liens de parenté, y compris le mariage, rompus, etc.). *La mort civile a été supprimée en 1854.* **6.** *La Mort* : personnification de la mort, souvent représentée sous l'aspect d'un squelette armé d'une faux. – Du lat. *mors,* accusatif *mortem*.

2. mort, morte [mɔʀ, mɔʀt] adj. et n. **I.** adj. **1.** Qui a cessé de vivre. *Il est mort vieux.* – (Animaux, végétaux, tissus, etc.) *Cheval mort. Bois mort. Cellule morte.* **2.** Qui semble privé de vie, qui semble être dans un état voisin de la mort. *Ivre mort. Être mort de peur, plus mort que vif,* saisi d'une frayeur paralysante. – Loc. *C'est un homme mort,* qui ne peut plus échapper à une mort prochaine. ▷ *Regard mort,* sans expression, vide. **3.** (Choses) Sans apparence de vie, sans activité. *Ville morte. Eau morte,* stagnante. – *Langue morte,* que l'on ne parle plus. *Angle mort* : partie du champ de vision qui se trouve masquée par un obstacle. – MECA *Point mort* : point où un organe mécanique ne reçoit plus d'impulsion motrice; *spécial.* position du levier de commande de la boîte de vitesses d'un véhicule automobile, dans laquelle aucun pignon n'est enclenché. – Fig. *L'affaire est au point mort,* elle est laissée en l'état, elle n'avance plus. – *Poids mort* : poids propre d'une machine, qui réduit son travail utile; fig. (personne) se dit de qqn d'encombrant, qui est inutile de sa personne. – SPORT *Temps mort* : temps d'un arrêt de jeu; fig. temps de diminution ou de cessation de l'activité, de l'intérêt, etc. **II.** n. **1.** Personne qui a cessé de vivre. *L'incendie a fait deux morts.* – *Sonnerie aux morts* : sonnerie militaire d'hommage aux soldats morts pour la patrie. ▷ Cadavre. *Enterrer un mort.* – Loc. *Faire le mort* : feindre l'immobilité d'un mort; fig. s'abstenir de toute réaction, de toute intervention; ne pas se manifester. Fam. *La place du mort,* à côté du conducteur, dans une automobile. **2.** Personne morte mais considérée seulement comme soustraite au monde des vivants. *Culte, messe des morts.* **3.** n. m. JEU Au bridge, celui des quatre joueurs qui étale ses cartes; le jeu, étalé, de ce joueur. – Lat. pop. **mortus,* du class. *mortuus*.

mortadelle [mɔʀtadɛl] n. f. Gros saucisson d'Italie, fait avec du bœuf et du porc. – Ital. *mortadella,* du lat. *murtatum,* «farce au myrte».

mortaisage [mɔʀtɛzaʒ] n. m. TECH Action de mortaiser. – De *mortaiser*.

mortaise [mɔʀtɛz] n. f. TECH **1.** Cavité pratiquée dans une pièce pour recevoir le tenon d'une autre pièce. **2.** Ouverture de la gâche d'une serrure, où s'engage le pêne. – P.-ê. de l'ar. *murtazza,* «fixé».

mortaiser [mɔʀtɛze] v. tr. [1] TECH Faire une mortaise dans. – De *mortaise*.

mortaiseuse [mɔʀtɛzøz] n. f. TECH Machine-outil servant à faire des mortaises. – De *mortaiser.*

mortalité [mɔʀtalite] n. f. Ensemble des morts (d'hommes ou d'animaux) survenues dans un certain temps pour une même raison. *Mortalité du bétail.* ▷ *Taux de mortalité* ou *mortalité :* rapport entre le nombre des décès et le nombre des individus d'une population, pour un temps et en un lieu donnés. *Mortalité infantile. Tables de mortalité.* – Lat. *mortalitas.*

mort-aux-rats [mɔʀoʀɑ] n. f. inv. (Rare au plur.) Poison destiné à la destruction des rongeurs. – De *mort* 1, et *rat.*

mort-bois [mɔʀbwɑ] n. m. SYLVIC Menu bois sans valeur ou sans usage (broussailles, ronces, etc.). *Des morts-bois.* – De *mort* 2, et *bois.*

morte-eau [mɔʀto] n. f. *Marée de morte-eau :* marée d'amplitude relativement faible, qui se produit lorsque le Soleil et la Lune sont en quadrature. *Les mortes-eaux.* – De *mort* 2, et *eau.*

mortel, elle [mɔʀtɛl] adj. et n. **1.** Sujet à la mort. *Tous les hommes sont mortels.* – *La dépouille mortelle de qqn,* son cadavre. ▷ Subst. Être humain. *Un heureux mortel. Le commun des mortels :* les hommes en général. **2.** Qui cause ou qui peut causer la mort. *Danger mortel.* – *Ennemi mortel d'une personne,* qui souhaite sa mort, ennemi implacable. – RELIG CATHOL *Péché mortel,* qui donne la mort à l'âme en lui ôtant la grâce sanctifiante. **3.** *Par exag.* Extrême dans son genre. *Ennui mortel.* ▷ Excessivement ennuyeux. *Attente mortelle.* – Fam. *Il est mortel, avec ses sermons.* – Lat. *mortalis.*

mortellement [mɔʀtɛlmɑ̃] adv. **1.** À mort. *Blesser mortellement.* **2.** Extrêmement. *Être mortellement inquiet. Discours mortellement ennuyeux.* – De *mortel.*

morte-saison [mɔʀt(ə)sɛzɔ̃] n. f. Temps où la terre ne produit rien. ▷ *Par ext.* Période de l'année pendant laquelle l'activité économique diminue. *Des mortes-saisons.* – De *mort* 2, et *saison.*

mortier [mɔʀtje] n. m. **I.** Mélange de ciment ou de chaux, de sable et d'eau, utilisé en construction comme matériau de liaison. *Mortier gras, maigre, hydraulique.* **II. 1.** Récipient aux parois épaisses utilisé pour broyer, au moyen d'un pilon, certaines substances. **2.** Pièce d'artillerie à canon court et à tir courbe, pour les objectifs rapprochés et masqués. *Mortier d'infanterie,* portatif. **3.** Anc. Coiffure que portaient les présidents de parlement et le chancelier de France. – Mod. Toque portée par certains magistrats. – Du lat. *mortarium.*

mortifère [mɔʀtifɛʀ] adj. Qui cause la mort. ▷ Plaisant D'un ennui extrême. – Lat. *mortifer.*

mortifiant, ante [mɔʀtifjɑ̃, ɑ̃t] adj. Qui mortifie. – Ppr. de *mortifier.*

mortification [mɔʀtifikasjɔ̃] n. f. **1.** RELIG Souffrance, privation que l'on s'inflige pour se préserver ou se purifier de tentations, de péchés. **2.** Blessure d'amour-propre, humiliation. **3.** MED Altération et destruction d'un tissu, d'un organe (par gangrène ou nécrose). **4.** CUIS Faisandage. – Lat. ecclés. *mortificatio,* «mort, destruction».

mortifier [mɔʀtifje] v. tr. [2] **1.** RELIG Soumettre à quelque mortification spirituelle ou corporelle. *Mortifier sa chair, ses passions.* ▷ v. pron. *Se mortifier en secret.* **2.** Fig. Blesser moralement, humilier. *Ce refus l'a mortifié.* **3.** MED Vx Altérer et détruire (un tissu). **4.** CUIS Faisander. – Attendrir. ▷ v. pron. *Viande qui se mortifie.* – Du lat. ecclés. *mortificare,* «faire mourir, abaisser».

mortinatalité [mɔʀtinatalite] n. f. En démographie, nombre des mort-nés au sein d'une population pour une période donnée. *Taux de mortinatalité.* – Du lat. *mors, mortis,* «mort», et *natalité.*

mort-né, -née [mɔʀne] adj. et n. **1.** Mort à sa mise au monde. *Une enfant mort-née.* ▷ Subst. *Un mort-né, des mort-nés* (inus. au f.). **2.** Fig. Qui ne voit pas le jour, qui ne reçoit même pas un début de réalisation. *Projet mort-né.* – De *mort* 2, et *né.*

mortuaire [mɔʀtɥɛʀ] adj. Relatif à un mort, à une cérémonie funèbre. *Couronne mortuaire.* – *Masque mortuaire :* empreinte, moulage du visage d'un défunt. – *Registre mortuaire,* où sont inscrits les noms des personnes décédées, dans une localité. *Extrait mortuaire :* copie d'un acte de ce registre. – Lat. *mortuarius.*

morue [mɔʀy] n. f. **1.** Poisson (genre *Gadus,* fam. gadidés) des régions froides de l'Atlantique Nord (Terre-Neuve, Islande, Norvège), long d'un à deux mètres. *Huile de foie de morue.* – *Morue fraîche :* cabillaud. ▷ Par métaph. *Queue de morue :* pans longs et étroits du frac. **2.** Vulg. Prostituée. – Dial. *molue,* p.-ê. du celtique *mor,* «mer», et de l'a. fr. *luz,* «brochet».

morula [mɔʀyla] n. f. EMBRYOL Petite sphère pleine, ayant l'aspect d'une mûre, constituée par les cellules (blastomères) provenant de la division de l'œuf. – (En appos.) *Le stade morula précède le stade blastula.* (V. embryogenèse). – Lat. scientif., dimin. de *morum,* «mûre».

morutier, ère [mɔʀytje, ɛʀ] adj. et n. m. **1.** adj. Relatif à la morue. *Pêche morutière.* **2.** n. m. Pêcheur ou bateau qui fait la pêche à la morue. – De *morue.*

morvandiau, aux [mɔʀvɑ̃djo], **morvandeau, elle, eaux** [mɔʀvɑ̃do, ɛl, o] adj. et n. Du Morvan, rég. nord-est du Massif central. – Subst. *Les Morvandiaux* ou *les Morvandeaux.* ▷ n. m. Dialecte parlé dans le Morvan.

morve [mɔʀv] n. f. **1.** Humeur visqueuse sécrétée par les muqueuses nasales et s'écoulant par le nez. **2.** MED VET Maladie contagieuse des équidés, transmissible à l'homme. – P.-ê. var. mérid. de *gourme.*

morveux, euse [mɔʀvø, øz] adj. et n. **I. 1.** adj. Qui a la morve au nez. – Prov. *Qui se sent morveux (qu'il) se mouche :* que celui qui se sent visé par une critique en fasse son profit. **2.** n. Fam. Jeune enfant. ▷ Personne très jeune et sans expérience qui veut trancher de tout. *Traiter qqn de morveux.* **II.** adj. MED VET Atteint de la morve. – De *morve.*

1. mosaïque [mɔzaik] n. f. **1.** Ouvrage décoratif composé de petites pièces (en pierre, en verre, en émail, etc.) de différentes couleurs, assemblées et jointoyées de manière à former un pavage ou un revêtement mural; art de composer de tels ouvrages. **2.** Fig. Juxtaposition d'éléments nombreux et divers. *Mosaïque de fleurs. Mosaïque d'États.* **3.** BOT Maladie virale de certaines plantes (tabac, pomme de terre, etc.), caractérisée par des taches vert clair ou jaunes sur les feuilles. – Ital. *mosaico,* lat. médiév. *musaicum,* altér. de *musivum.*

2. mosaïque [mɔzaik] adj. RELIG Relatif à Moïse, au mosaïsme. *Loi mosaïque.* – Lat. mod. *mosaicus,* «de Moïse».

mosaïsme [mɔzaism] n. m. RELIG Ensemble des institutions que le peuple d'Israël reçut de Moïse. – De *mosaïque* 2.

mosaïste [mɔzaist] n. ART, TECH Artiste, artisan qui compose des mosaïques. – (En appos.) *Maître mosaïste.* – De *mosaïque* 1.

mosan, ane [mɔzɑ̃, an] adj. De la Meuse ou de sa région. – De *Mosa,* n. lat. de la Meuse.

moscoutaire [mɔskutɛʀ] n. et adj. POLIT Anc., péjor. Communiste accusé de suivre des directives venues de Moscou, alors capitale de l'U.R.S.S. – adj. *Le plus moscoutaire des partis communistes.* – De *Moscou.*

moscovite [mɔskɔvit] adj. et n. **1.** Vx De Moscovie, anc. n. de la rég. de Moscou. **2.** Mod. De Moscou. ▷ Subst. *Un(e) Moscovite.*

mosellan, ane [mɔzɛlɑ̃, an] adj. De la Moselle ou de sa région. – De *Moselle.*

mosquée [mɔske] n. f. Édifice réservé au culte musulman. – De l'ar. *masdjid,* «lieu où l'on se prosterne», par l'esp. *mezquita;* d'abord *musquette.*

ENCYCL Une grande mosquée comprend traditionnellement : une vaste cour à ciel ouvert et une salle de prière couverte. Le mur de *quibla,* le long duquel les fidèles s'alignent pour prier, est désigné par une niche (le *mihrab*), qui indique la direction de La Mecque. À côté du mihrab se trouve une chaire (le *minbar*) pour le prêche du vendredi. La mosquée, parfois surmontée d'une ou de plusieurs coupoles, est flanquée d'un minaret, du haut duquel, cinq fois par jour, retentit la voix du muezzin, qui convie les fidèles à la prière.

mot [mo] n. m. **1.** Son ou groupe de sons d'une langue auquel est associé un sens, et que les usagers de cette langue considèrent comme formant une unité autonome; lettre ou suite de lettres comprise entre deux espaces blancs, transcrivant un tel son ou un tel groupe de sons, en français et dans les langues de tradition graphique comparable. *Mot savant, mot courant. Épeler un mot. Chercher ses mots :* parler avec difficulté, en hésitant. *Manger ses mots,* mal les prononcer. *Ce sont des mots, ce ne sont que des mots,* des paroles creuses, qui ne veulent rien dire. *Grands mots :* mots trop solennels, qui dénotent l'emphase, l'affectation sentencieuse. *Gros mot :* mot grossier. – *Le mot de Cambronne,* euph. pour *merde* (mot que Cambronne aurait lancé au général anglais qui le sommait de se rendre, à Waterloo). – *Le mot de l'énigme :* le mot que l'on propose à deviner, dans une énigme; fig. ce qui éclaire une affaire demeurée longtemps mystérieuse. – *Le fin mot,* celui qui vient en dernier, et qui permet de comprendre le reste. *J'ai su le fin mot de l'affaire.* – *Maître mot :* mot qui résume la pensée (de qqn), la volonté (d'un groupe). – *Jeu de mots :* équivoque plaisante jouant sur les similitudes phonétiques et les rencontres de sens, calembour. – *Mot à mot :* un mot après l'autre; littéralement, sans dégager le sens général de l'expression, de la phrase, du texte. *Traduire mot à mot.* – n. m. *Faire du mot à mot.* – *Mot pour mot :* textuellement, sans changer un seul mot. *Je lui ai répété mot pour mot ce que vous m'aviez dit.* ▷ *Mots croisés :* V. croisé. ▷ INFORM *Mot clé,* associé à un contenu et ayant une signification spécifique. ▷ LING *Mot-outil,* dont la fonction est purement grammaticale (ex. *il* dans *il pleut*). **2.** Ce que l'on dit en peu de paroles; bref énoncé, courte phrase. *Dites-lui un mot en ma faveur. Placer son mot dans la conversation. J'ai deux mots à vous dire.* ▷ Loc. *Avoir son mot à dire :* être fondé à donner son avis, ou en avoir le droit. – *Ne pas souffler mot :* se taire, demeurer silencieux. – Prov. *Qui ne dit mot consent.* – *Trancher le mot :* dire nettement ce que l'on pense. – *Avoir le dernier mot :* avoir le dessus, l'emporter dans une discussion. – *C'est mon dernier mot,* ma dernière proposition, mon ultime conclusion. – *Je n'ai pas dit mon dernier mot :* je n'ai pas renoncé à avoir le dessus (dans une affaire, une action mal engagée, etc.). – *Avoir des mots avec qqn,* une querelle. – *Au bas mot :* en évaluant au plus bas. – *À demi-mot :* V. demi-mot (à). – *Toucher un mot d'une affaire à qqn,* lui en parler, la porter à sa connaissance. – *Prendre qqn au mot,* prendre ce qu'il dit au pied de la lettre, tenir pour assurées ses assertions, ses promesses. – *Mot d'ordre :* consigne d'action, résolution commune à un groupe. – *Mot de passe :* formule qui permet de se faire reconnaître d'un parti ami, d'une sentinelle, etc. Fig. *Se donner le mot :* se mettre d'accord, convenir par avance de qqch. – *En un mot :* en bref, pour résumer. **3.** Parole remarquable ou mémorable; sentence. *Citer un mot historique. Mot d'auteur, d'enfant.* – *Le mot de la fin :* l'expression qui conclut heureusement un discours, un entretien. ▷ Parole amusante ou spirituelle. *Mot d'esprit. Bon mot. Avoir le mot pour rire.* **4.** Courte missive, billet. *Envoyer un mot à qqn.* – Du lat. pop. *mottum,* rad. *muttire,* «souffler mot, parler».

motard [mɔtaʀ] n. m. Fam. Motocycliste. – *Spécial.* Motocycliste de la police, de la gendarmerie, de l'armée. – De *moto* 1.

motel [mɔtɛl] n. m. Hôtel aménagé, au bord des grands itinéraires routiers, pour servir de gîte d'étape aux automobilistes. – Mot anglo-amér., de *motor(car),* «automobile», et *hotel.*

motet [mɔtɛ] n. m. MUS Chant d'église à plusieurs voix, sur des textes différents, parfois dans des langues différentes. – Pièce vocale destinée à l'église, chantée a cappella et dont les paroles latines ne sont pas celles de l'office. *Motets de Josquin Des Prés.* – De *mot.*

moteur, trice [mɔtœʀ, tʀis] n. et adj. **I. 1.** n. m. PHILO Anc. Principe, agent premier; force qui imprime un mouvement. ▷ Cour. Personne qui dirige, inspire ou anime. *Le moteur d'une politique.* ▷ Cause, motif. *L'intérêt, moteur de nos actions.* **2.** adj. Qui produit ou communique le mouvement. *Muscles moteurs. Force, roue motrice.* ▷ Relatif aux organes du mouvement. *Troubles moteurs.* **II.** n. m. Appareil conçu pour la transformation d'une énergie quelconque en énergie mécanique. **III.** n. f. V. motrice. – Lat. *motor,* de *movere,* «mouvoir».

ENCYCL **Moteur à vapeur.** Il utilise l'énergie de la vapeur qui, produite dans un générateur, alimente une machine à piston (anciennes locomotives à vapeur) ou une turbine (centrales électriques, propulsion des navires). – **Moteur à combustion interne.** L'énergie est fournie par la combustion et la détente d'un gaz. **Moteur à explosion.** Moteur à combustion interne. – **Moteur à étincelles.** Moteur à allumage commandé (par oppos. à *moteur Diesel*). – **Moteur hydraulique.** Il transforme l'énergie hydraulique (chute d'eau, huile sous pression) en énergie mécanique. – **Moteur électrique.** Il transforme l'énergie électrique en énergie mécanique. – **Moteur à réaction.** Il tire sa force motrice de l'éjection d'un fluide (le plus souvent les gaz résultant d'une combustion). – **Moteur-fusée.** Moteur à réaction capable de fonctionner sans recourir à l'oxygène de l'air comme carburant, constitué d'une chambre de combustion et d'une tuyère qui assure l'éjection à grande vitesse des gaz résultant de la combustion des propergols. – **Moteur à plasma** et **moteur ionique.** Un *moteur à plasma* comprend un générateur de plasma (hydrogène, vapeur de lithium) et un dispositif qui accélère le jet de plasma (par détente ou par action d'un champ électromagnétique). Un *moteur ionique* tire son énergie motrice de l'éjection d'un faisceau d'ions accélérés par un puissant champ électrique.

motif [mɔtif] n. m. **1.** Raison qui détermine ou explique un acte, une conduite. *Les motifs d'un refus. Se tourmenter sans motif,* sans raison. ▷ DR *Motifs d'un jugement,* exposé des raisons de droit et de fait qui le justifient. **2.** Sujet d'un tableau. *Travailler sur le motif,* d'après nature. **3.** Dessin, ornement répété. *Motifs décoratifs d'une tenture murale. Motif d'architecture.* ▷ MUS Partie délimitée d'une ligne mélodique, dont l'articulation est caractéristique. – Bas lat. *motivus,* «mobile»; par l'anc. adj. *motif,* «qui met en mouvement».

motilité [mɔtilite] n. f. Didac. Faculté de se mouvoir. *Motilité musculaire.* – Du lat. *motum,* supin de *movere,* «mouvoir».

motion [mosjɔ̃] n. f. Proposition faite dans une assemblée délibérante par un ou plusieurs de ses membres. *Rejeter une motion. Motion de censure :* motion proposée au vote de l'Assemblée nationale pour mettre en cause l'action du gouvernement et le contraindre à démissionner. – Angl. *motion.*

motivant, ante [mɔtivɑ̃, ɑ̃t] adj. **1.** Rare Qui motive (sens 1), qui justifie, explique. *Les arguments motivants étaient...* **2.** Qui motive (sens 3), qui fournit une motivation à une conduite. – Ppr. de *motiver.*

motivation [mɔtivasjɔ̃] n. f. **1.** PHILO Relation d'un acte à ses motifs. **2.** PSYCHO Ensemble des facteurs conscients ou inconscients qui déterminent un acte, une conduite. **3.** ECON Ensemble des facteurs déterminant le comportement d'un individu en tant qu'agent économique (plus partic., en tant que consommateur). *Étude de motivation.* – De *motiver.*

motivé, ée [mɔtive] adj. Soutenu, stimulé par une motivation. *Concurrent motivé.* – Pp. de *motiver.*

motiver [mɔtive] v. tr. [1] **1.** Expliquer, justifier par des motifs. *Motiver un arrêt, un choix.* **2.** Servir de motif à, être le motif de. *Nécessité qui motive une démarche.* **3.** Fournir une motivation à (qqn), déterminer ses actes, sa conduite. *C'est surtout l'intérêt financier qui le motive.* – De *motif.*

moto-. Élément, tiré de *moteur* (n. m.).

1. moto [mɔto] n. f. Cour. Abrév. de *motocyclette.*

2. moto [moto] n. m. MUS *Con moto* : d'une manière animée. – Mot ital., propr. « mouvement ».

motociste [mɔtosist] n. m. COMM Spécialiste de la vente et de la réparation des motocycles. – De *moto* 1.

motocross [mɔtokʀɔs] n. m. inv. Course de motos sur parcours naturel fortement accidenté. – De *moto(cyclette),* et *cross-(country).*

motoculteur [mɔtokyltœʀ] n. m. Appareil automoteur conduit à la main, pour les petits travaux agricoles, la viticulture, etc. – De *motoculture.*

motoculture [mɔtokyltyʀ] n. f. Utilisation dans l'agriculture de machines mues par des moteurs. – De *moto-,* et *culture.*

motocycle [motosikl] n. m. ADMIN Tout engin à deux roues équipé d'un moteur. – De *moto-,* et *cycle* 2.

motocyclette [motosiklɛt] n. f. ADMIN Vieilli ou litt. Motocycle équipé d'un moteur d'une cylindrée supérieure à 125 cm^3. (Abrév. : moto). – De *motocycle,* d'apr. *bicyclette.*

motocyclisme [motosiklism] n. m. **1.** Pratique de la motocyclette. **2.** Ensemble des activités sportives pratiquées sur motocyclette avec ou sans side-car. – De *motocycliste.*

motocycliste [motosiklist] n. et adj. **1.** n. Personne qui monte une motocyclette. **2.** adj. Relatif au motocyclisme. *Sport motocycliste.* – De *motocyclette,* d'apr. *cycliste.*

motonautique [mɔtonotik] adj. SPORT Relatif au motonautisme. – De *motonautisme.*

motonautisme [motonotism] n. m. Pratique sportive de la navigation sur de petits bateaux à moteur. – De *moto-,* et *nautisme.*

motoneige [mɔtɔnɛʒ] n. f. Petit véhicule sur chenille, muni de skis à l'avant, dont on se sert comme d'une moto pour se déplacer sur la neige. – Mot du Canada, de *moto,* et *neige.*

motopompe [motopɔ̃p] n. f. Pompe entraînée par un moteur. – *Par ext.* Véhicule automobile équipé d'une motopompe, destiné à la lutte contre les incendies. – De *moto-,* et *pompe.*

motorisation [mɔtɔʀizasjɔ̃] n. f. Action de motoriser ; son résultat. – De *motoriser.*

motoriser [mɔtɔʀize] v. tr. [1] **1.** Rare Doter d'un moteur. **2.** Cour. Doter de véhicules, de machines automobiles. – Pp. adj. *Troupes motorisées,* dotées de moyens de transport automobiles. **3.** Fam. *Être motorisé* : avoir à sa disposition une automobile, une motocyclette, etc. *Je suis motorisé, je vous raccompagnerai.* – De *moteur.*

motoriste [mɔtɔʀist] n. m. TECH **1.** Mécanicien spécialisé dans l'entretien et la réparation des automobiles et des moteurs. **2.** Constructeur de moteurs (d'avion, en partic.). – De *moteur.*

motorship [mɔtɔʀʃip] n. m. MAR (Anglicisme). Navire de commerce à moteur Diesel (abrév. : MS). – Mot angl., « bateau à moteur ».

mototracteur [mɔtotʀaktœʀ] n. m. AGRIC Tracteur automobile équipé d'outils pour la culture. – De *moto-,* et *tracteur.*

motrice [mɔtʀis] n. f. Voiture munie d'un moteur, destinée à la traction des rames, des convois. *Motrice d'un autorail.* – Abrév. de *locomotrice.*

motricité [mɔtʀisite] n. f. PHYSIOL Ensemble des fonctions permettant le mouvement. *Motricité volontaire.* ▷ Faculté motrice liée à l'activité d'un système musculaire. *La motricité gastrique est involontaire.* – De *moteur, motrice.*

mots-croisiste [mokʀwazist] n. Rare Cruciverbiste. – De *mots croisés* ; V. croisé.

motte [mɔt] n. f. **1.** Petite masse de terre compacte. *Briser à la herse les mottes d'un champ.* **2.** *Motte de beurre* : masse de beurre pour la vente au détail. *Beurre à la motte.* – Du préroman **mutt,* « levée de terre ».

motter (se) [mɔte] v. pron. [1] CHASSE En parlant d'un animal, se cacher derrière les mottes de terre. – De *motte.*

motteux [mɔtø] n. m. Oiseau passereau, traquet (*Œnanthe œnanthe*) à croupion blanc, dit aussi *cul-blanc.* – De *motte* (parce qu'il s'y pose fréquemment).

motu proprio [mɔtypʀɔpʀio] loc. adv. et n. m. inv. **1.** loc. adv. Rare Spontanément, sans en être prié. **2.** n. m. inv. Acte envoyé par le pape de sa propre initiative (à la différence du *rescrit**). – Loc. du lat. ecclés., « de son propre mouvement ».

motus [mɔtys] interj. Fam. Interjection invitant qqn à garder le silence. *Maintenant vous êtes au courant, mais motus et bouche cousue !* – Latinisation plaisante de *mot.*

mot-valise [movaliz] n. m. Mot formé d'éléments d'autres mots (ex. *motel* formé à partir de *motor[car]* et de *hôtel* ; *franglais,* de *français* et *anglais* ; *caméscope,* de *caméra* et *magnétoscope*). – De *mot,* et *valise.*

1. mou [mu] ou **mol** [mɔl] devant une voyelle ou un h muet, **molle** [mɔl] adj., n. m. et adv. **I.** adj. **1.** Qui cède facilement au toucher, qui s'enfonce à la pression (par oppos. à *dur, ferme*). *Fromage mou, oreiller mou.* **2.** Qui plie facilement, qui manque de rigidité. *Tige molle.* – *Chapeau mou.* **3.** Fig. Qui manque d'énergie, de résolution, de vigueur morale. *Caractère mou. Personne trop molle dans ses choix. N'adresser à qqn qu'un mol avertissement.* **4.** Qui manque de vigueur (dans le style, l'exécution). *Le jeu du violoniste était trop mou. Dessin au trait mou.* **5.** *Le temps, l'air est mou,* chaud, humide et lourd. **6.** Vieilli Qui cause ou dénote la mollesse de l'âme. *La molle oisiveté.* **7.** MAR *Bateau mou,* qui a tendance à abattre (sens III). **II.** n. m. **1.** Homme qui manque de fermeté, de caractère. *Un mou.* **2.** Ce qui est mou. **3.** *Donner, reprendre du mou à un cordage* : le détendre, le retendre. **III.** adv. Pop. Doucement. *Y aller mou.* – Du lat. *mollis,* « souple, doux, touchant ».

2. mou [mu] n. m. **1.** Poumon de certains animaux de boucherie. *Mou de veau.* **2.** Pop. *Bourrer le mou à qqn,* lui bourrer le crâne, le tromper, lui en faire accroire. – De *mou* 1.

moucharabieh [muʃaʀabjɛ] n. m. ARCHI Balcon protégé par un grillage en bois pour voir dehors sans être vu, dans les pays arabes ; ce grillage lui-même. – Ar. *machrabiyya.*

mouchard, arde [muʃaʀ, aʀd] n. **1.** Péjor. Indicateur, espion. – Dénonciateur. **2.** n. m. Nom de certains appareils de contrôle et de surveillance (tachygraphe, notam.). – De *mouche* (sens III, 2).

mouchardage [muʃaʀdaʒ] n. m. Fam. Action de moucharder. – De *moucharder*.

moucharder [muʃaʀde] v. tr. [1] Fam. Espionner et rapporter ce que l'on a vu, entendu. – De *mouchard*.

mouche [muʃ] n. f. **I. 1.** Insecte de l'ordre des diptères, dont les espèces sont très nombreuses; spécial., insecte de la fam. des muscidés dont l'espèce la plus commune est la mouche domestique (*Musca domestica*). *Mouches qui volent autour d'un plat. Les mouches sont les agents vecteurs de diverses maladies.* ▷ (Insectes volants d'ordres divers.) *Mouche à bœuf* : taon, œstre. – Anc. *Mouche d'Espagne* : cantharide. **2.** Loc. *On aurait entendu une mouche voler* : il régnait un silence absolu. – (Prov.) *On ne prend pas les mouches avec du vinaigre* : on ne rallie pas les gens à soi avec des procédés désagréables. ▷ Fam. *Mourir, tomber comme des mouches*, en grand nombre. – *Il ne ferait pas de mal à une mouche* : il n'est absolument pas violent; il est inoffensif. – *La mouche du coche*, personne qui s'agite beaucoup, qui agit avec un empressement bruyant et importun, sans rendre service efficacement (par allus. à la fable de La Fontaine *le Coche et la Mouche*). – *Quelle mouche le pique?* : pourquoi s'emporte-t-il si brusquement? – *Prendre la mouche* : se vexer. – *Pattes de mouches* : écriture dont le caractère menu et mal formé est difficilement lisible. – *Fine mouche* : personne fine et rusée. **3.** *Mouche (artificielle)* : assemblage de petites plumes pour servir d'appât, que l'on fixe au bout d'un hameçon. *Pêche* (au lancer) *à la mouche*. **II. 1.** Petite rondelle de taffetas noir que les dames se mettaient sur la peau pour en faire valoir la blancheur. **2.** *Mouches volantes* : petites taches sombres ou brillantes se déplaçant dans le champ visuel. **3.** SPORT Petite boule de protection que l'on fixe à la pointe d'un fleuret. – *Poids mouche*, en boxe, catégorie d'athlètes chez les professionnels pesant entre 48,99 et 50,80 kg. *Poids mi-mouche*, entre 47,62 et 48,97 kg. *Poids super-mouche*, entre 50,80 et 52,16 kg. **4.** Point noir marquant le centre d'une cible. – *Faire mouche* : atteindre le centre d'une cible; fig. toucher juste. *Sa répartie a fait mouche.* **5.** Petite touffe de barbe qu'on laisse pousser juste en dessous de la lèvre inférieure. **III. 1.** MAR ANC Navire léger servant d'estafette. ▷ *Mouche* (vx), *bateau-mouche* (mod.) : bateau de promenade, sur la Seine. **2.** Vx Espion. – Du lat. *musca*.

ENCYCL La mouche domestique *(Musca domestica)* est grisâtre et longue de 4 à 8 mm. Une espèce voisine, la petite mouche domestique *(Fannia canicularis)*, est répandue en été dans les habitations. Ces mouches, pourvues d'une trompe spongieuse, n'absorbent que des aliments liquides. D'autres mouches ont une trompe rigide piqueuse et peuvent transmettre des maladies; ainsi, la mouche tsé-tsé *(Glossina)* transmet la maladie du sommeil. De façon plus générale, on donne le nom de *mouches* à d'autres diptères : mouche du vinaigre *(Drosophila melanogaster)*, mouche bleue ou à viande *(Calliphora)*. Dans de nombreux cas, les larves (asticots) sont plus nuisibles que les formes adultes.

moucher [muʃe] v. tr. [1] **1.** Débarrasser (le nez) des mucosités qui l'encombrent en expirant fortement tout en pressant les narines. *Mouche ton nez! – Moucher un enfant.* ▷ v. pron. *Se moucher bruyamment.* **2.** Rejeter par le nez. *Moucher du sang.* **3.** Fig., fam. *Moucher qqn*, le remettre à sa place; le réprimander vertement. **4.** *Moucher une chandelle*, couper l'extrémité carbonisée de sa mèche ou l'éteindre avec ses doigts. – Du lat. pop. **muccare*, de *muc(c)us*, «morve».

1. moucheron [muʃʀɔ̃] n. m. Nom courant des petits insectes volants. – De *mouche*.

2. moucheron [muʃʀɔ̃] n. m. Vx Extrémité déjà brûlée d'une chandelle. – De *moucher*.

moucheronner [muʃʀɔne] v. intr. [1] Se dit des poissons qui viennent saisir des insectes à la surface de l'eau. – De *moucheron* 1.

moucheté, ée [muʃte] adj. **1.** Marqué de mouchetures ou de taches de couleurs différentes. *Soie mouchetée. – Pelage moucheté d'un animal.* **2.** Garni d'une mouche (fleuret, sabre). – Pp. de *moucheter*.

moucheter [muʃte] v. tr. [20] **1.** Marquer de petites taches d'une autre couleur que le fond. **2.** SPORT Garnir (un fleuret) d'une mouche. – De *mouche*.

mouchetis [muʃti] n. m. CONSTR Crépi projeté sur un mur extérieur et qui présente de petites aspérités. – De *moucheter*.

mouchette [muʃɛt] n. f. **I.** ARCHI **1.** Partie saillante du larmier d'une corniche. **2.** Découpure en ellipse dans le fenêtrage du gothique flamboyant. **II.** n. f. pl. Anc. Ciseaux pour moucher les chandelles. – De *moucher*.

moucheture [muʃtyʀ] n. f. **1.** Petite tache d'une autre couleur que le fond. *Moucheture d'hermine* : petit morceau de fourrure noire qu'on met dans l'hermine. **2.** Tache naturelle du pelage, de la peau, ou du plumage de certains animaux. – De *moucheter*.

mouchoir [muʃwaʀ] n. m. **1.** Linge de forme carrée qui sert à se moucher. – *Mouchoir en papier* (ouate de cellulose), que l'on jette après usage. – *Faire un nœud à son mouchoir* (pour se rappeler qqch). *Agiter son mouchoir* (en signe d'adieu). ▷ *Terrain grand comme un mouchoir de poche*, très petit. – SPORT *Arriver dans un mouchoir*, avec une très petite avance. – Par ext. *La bataille électorale va se jouer dans un mouchoir.* **2.** Vieilli Fichu dont les femmes se couvrent la tête, le cou. – De *moucher*.

mouchure [muʃyʀ] n. f. Mucosité nasale que l'on extrait en se mouchant. – De *moucher*.

moudjahid, [mudzaid] plur. **moudjahidin** [mudʒaidin] n. m. Combattant musulman engagé pour défendre ou faire triompher l'islam. ▷ Combattant pour l'indépendance, dans les pays musulmans occupés par des forces coloniales ou étrangères. *Les moudjahidin algériens* (de 1954 à 1962). *Les moudjahidin afghans* (depuis 1979). – Mot ar., de *djihād*, «guerre sainte».

moudre [mudʀ] v. tr. [77] **1.** Broyer, réduire en poudre (des grains) avec une meule ou un moulin. *Moudre du café.* **2.** Vx *Moudre un air* : le jouer sur un instrument pourvu d'une manivelle (vielle, orgue de Barbarie, etc.). – Jouer (un air), dire (un texte), mécaniquement. **3.** Par anal. Rare Rouer (qqn) de coups. – Du lat. *molere*, de *mola*, «meule».

moue [mu] n. f. Grimace faite en rapprochant, en avançant les lèvres et qui manifeste le mécontentement. *Moue de dédain, de mépris, de dépit. – Faire la moue* : prendre, avoir un air mécontent. – Frq. **mauwa*, p.-ê. onomat.

mouette [mwɛt] n. f. Oiseau marin (fam. laridés) voisin du goéland mais plus petit. *Mouette rieuse* ou *mouette blanche (Larus ridibundus)*, espèce la plus répandue en Europe, commune le long des grands fleuves. *Mouette tridactyle (Rissa tridactyla)*, dépourvue de pouce, aux ailes cendrées, qui niche en colonie sur les falaises de l'Arctique à la Bretagne. – Dimin. de l'a. fr. *maoue*, *mauve*, anglo-saxon *maew*.

moufeter. V. moufter.

moufette ou **mouffette** [mufɛt] n. f. Mammifère carnivore d'Amérique (genres *Mephitis*, *Spilogale*, *Conepatus*, fam. mustélidés) au pelage noir orné de blanc, qui projette la sécrétion malodorante de ses glandes anales lorsqu'il est attaqué. *Fourrure de la moufette (sconse* ou *skunks)*. Syn. mofette. – De *mofette*.

1. moufle [mufl] n. f. **1.** Gros gant ne comportant pas de séparations pour les doigts, excepté pour le pouce. **2.**

n. m. ou f. TECH Assemblage de poulies dans une même chape, destiné à soulever de lourdes charges avec un moindre effort. – Du lat. médiév. *muffula*, du germ. *muffel*, « museau ».

2. moufle [mufl] n. m. **1.** CHIM Vase de terre dont on se sert pour exposer un corps à l'action du feu sans que la flamme le touche. **2.** TECH Four à porcelaine. – De *moufle* 1.

mouflet, ette [muflɛ, ɛt] n. Fam. Jeune enfant. – De l'a. fr. et dial. *mo(u)flet, mouflart, moufflu*, « rebondi, dodu ».

mouflon [muflɔ̃] n. m. Ovin sauvage des montagnes d'Europe (*Ovis ammon musimon*) dont le mâle porte des cornes recourbées en volutes. – Ital. dial. *muflone*, du bas lat. *mufro*.

moufter ou **moufeter** [mufte] v. intr. [1] Fam. Protester. (Utilisé surtout en tournure négative.) – P.-ê. de *mouflet*.

mouillage [mujaʒ] n. m. **1.** Action de mouiller (qqch). **2.** Action d'ajouter frauduleusement de l'eau à une boisson. **3.** MAR Action de mettre à l'eau. *Mouillage des mines*. – *Spécial.* Action de mouiller l'ancre. *Manœuvres de mouillage*. **4.** Endroit où un navire mouille. *Chercher un mouillage sûr*. – De *mouiller*.

mouillant, ante [mujɑ̃, ɑ̃t] adj. et n. m. TECH Se dit de produits qui, abaissant la tension superficielle d'un liquide, permettent à celui-ci de mieux imprégner une surface, de s'y étaler plus uniformément. *Passer des photos dans un bain mouillant avant séchage* (pour éviter la formation de traînées). – Ppr. de *mouiller*.

mouille [muj] n. f. **1.** MAR Avarie causée par l'eau à une cargaison. **2.** Rég. Creux dans le fond du lit d'un cours d'eau. – Déverbal de *mouiller*.

mouillé, ée [muje] adj. **1.** Rendu humide ; trempé. *Linge mouillé*. **2.** Plein de larmes. *Yeux mouillés*. – Par ext. *Voix mouillée*, pleine d'émotion. **3.** PHON *Consonne mouillée*, articulée avec le son [j] (ex. *l* et *n* dans *paille* [paj], *montagne* [mɔ̃taɲ]). – Pp. de *mouiller*.

mouillement [mujmɑ̃] n. m. Rare Action de mouiller. ▷ PHON Mouillure. – De *mouiller*.

mouiller [muje] v. tr. [1] **1.** Tremper, rendre humide. *Mouiller une éponge. La pluie a tout mouillé*. ▷ v. pron. *Il n'a pas envie de se mouiller sous l'orage*. ▷ v. intr. Pop. Avoir peur. **2.** Étendre d'eau. *Mouiller du lait*. ▷ CUIS Ajouter un liquide (eau, vin, etc.) à un mets pendant la cuisson pour faire une sauce. *Mouiller un ragoût*. **3.** MAR Mettre à l'eau. *Mouiller des mines*. – *Mouiller l'ancre* ou, sans comp., *mouiller* : laisser tomber l'ancre de manière qu'elle morde le fond et retienne le navire. *Navire qui mouille près de la côte*. **4.** Fig., fam. Compromettre, impliquer (qqn). *Mouiller qqn dans un scandale*. ▷ v. pron. Se compromettre, prendre des risques. *Il n'a pas hésité à se mouiller pour eux dans cette affaire*. **5.** PHON *Mouiller une consonne*, la prononcer en y adjoignant le son [j] . – Du lat. pop. **molliare*, « amollir le pain en le mouillant », de *mollis*, « mou ».

mouillère [mujɛʀ] n. f. Rég. Partie de champ ou de pré, ordinairement humide. – De *mouiller*.

mouillette [mujɛt] n. f. Fam. Morceau de pain long et mince, que l'on trempe dans les œufs à la coque, dans du vin, etc. – De *mouiller*.

mouilleur [mujœʀ] n. m. **1.** Instrument pour humecter le dos des étiquettes, des timbres, etc. **2.** MAR Dispositif destiné à libérer l'ancre et la chaîne au moment du mouillage. **3.** MAR *Mouilleur de mines* : bâtiment spécialement équipé pour mouiller des mines. – De *mouiller*.

mouilloir [mujwaʀ] n. m. Récipient servant à mouiller, à humecter (du linge avant le repassage, notam.). – De *mouiller*.

mouillure [mujyʀ] n. f. **1.** Action de mouiller. – État de ce qui est mouillé. **2.** *Une mouillure* : une tache d'humidité. **3.** PHON Caractère d'une consonne mouillée. – De *mouiller*.

mouise [mwiz] n. f. Pop. Misère. *Être dans la mouise*. – De l'all. dial. du Sud *Mues*, « bouillie ».

moujik [muʒik] n. m. Paysan russe. – Mot russe, « paysan ».

moukère ou **mouquère** [mukɛʀ] n. f. Arg. Femme. – Mot de sabir algérien, de l'esp. *mujer*, « femme ».

1. moulage [mulaʒ] n. m. **1.** Rare Action de moudre. **2.** DR FEOD *Droit de moulage* : droit payé au seigneur propriétaire du moulin banal*. – De *moudre*.

2. moulage [mulaʒ] n. m. **1.** Action de mouler. *Pièce obtenue par moulage*. **2.** Objet obtenu par moulage, spécial. reproduction d'une œuvre sculptée. *Cette statuette est un moulage. Exposition de moulages*. – De *mouler*.

moulant, ante [mulɑ̃, ɑ̃t] adj. Qui moule le corps. *Une jupe moulante*. – Ppr. de *mouler*.

1. moule [mul] n. m. **1.** Corps solide creux et façonné, destiné à recevoir une matière pâteuse plus ou moins fluide pour lui donner une forme qu'elle conservera en se solidifiant. *Verser, couler du plâtre, du métal en fusion, dans un moule*. – CUIS *Moule à gaufre, à tarte*. **2.** Pièce pleine sur laquelle on applique une matière malléable pour lui donner une forme. **3.** Fig. Type, modèle qui imprime sa marque (sur le caractère, le comportement, etc.). *Homme d'affaires formé au moule* (ou *dans le moule*) *des écoles américaines*. **4.** Loc. *Être fait au moule*, parfaitement fait. – Du lat. *modulus*, « mesure, module », dimin. de *modus*.

2. moule [mul] n. f. **1.** Mollusque lamellibranche marin, comestible, pourvu d'une coquille à deux valves oblongues articulées, qui vit en colonies, fixé par son byssus aux corps immergés (rochers, pieux, etc.), dans la zone de balancement des marées. – *Moule d'étang* : anodonte*. *Moule de rivière* : mulette*. **2.** Fam. Personne molle, sans énergie ni caractère ; imbécile. *Quelle moule !* – Du lat. *musculus*, « moule », dimin. de *mus*, « rat » ; propr. « petite souris ».

moulé, ée [mule] adj. **1.** Obtenu, reproduit par moulage. *Frise moulée*. – METALL *Acier moulé*, mis en forme dans un moule (par oppos. à *forgé, laminé*). – *Pain moulé*, cuit dans un moule. *Baguette moulée*. **2.** Serré ; dont la forme est dessinée (par un vêtement ajusté). *Corps moulé dans un maillot*. – *Lettre moulée*, imprimée ou imitant l'imprimé. *Écriture moulée*, bien formée. – Pp. de *mouler*.

mouler [mule] v. tr. [1] **1.** Fabriquer, mettre en forme, reproduire au moyen d'un moule. *Mouler une médaille*. **2.** Prendre une empreinte pour qu'elle puisse servir de moule. *Mouler un bas-relief*. **3.** Fig. *Mouler sur* : faire coïncider avec, ajuster à. **4.** Épouser la forme de. *Robe qui moule le corps*. – De *moule* 1.

mouleur, euse [mulœʀ, øz] n. TECH Ouvrier, ouvrière qui exécute des moulages (partic. d'ouvrages sculptés). – De *mouler*.

moulière [muljɛʀ] n. f. Zone naturelle où se développent les moules. – Installation, parc où l'on pratique l'élevage des moules. – De *moule* 2.

moulin [mulɛ̃] n. m. **1.** Machine à moudre les céréales. *Moulin à vent, à eau*. – Établissement où est installé un moulin. ▷ Loc. fig. *Entrer quelque part comme dans un moulin* : très facilement, comme on veut. – *Faire venir l'eau au moulin* : procurer à soi ou aux siens avantages et profits. – *Apporter de l'eau au moulin de qqn* : apporter des arguments à l'appui de ce qu'il dit. – (Prov.) *On ne peut être à la fois au four et au moulin* : on ne peut pas faire deux choses à la fois, être à deux endroits en même temps. – *Se battre contre des moulins à vent,* contre des adversaires imaginaires que l'on s'est créés (par allus. à un épisode du *Don Quichotte* de Cervantès). **2.** Machine servant à écraser des graines, à les broyer pour en extraire un suc, etc. *Moulin à huile.* ▷ Petit appareil ménager pour broyer. *Moulin à poivre, à café. Moulin à légumes.* **3.** Fam. Moteur (de voiture, d'avion). *Faire tourner son moulin.* **4.** *Moulin à prière :* instrument sacré des bouddhistes tibétains, composé d'un cylindre creux qui renferme une formule sacrée inscrite sur une bande d'étoffe ou de papier et qui tourne autour d'un axe (chaque tour qu'on fait faire au cylindre équivaut à une prière). **5.** Fam. *Moulin à paroles :* personne très bavarde. – Du bas lat. *molinum,* de *mola,* « meule ».

moulinage [mulinaʒ] n. m. **1.** TEXT Opération consistant à tordre ensemble les fils de soie grège tirés des cocons et, par ext., d'autres fibres textiles. **2.** Action de presser au moulin à légumes. – De *mouliner.*

mouliner [muline] v. tr. [1] **1.** TEXT Procéder au moulinage de la soie et, par ext., d'autres fibres textiles. **2.** Presser au moulin à légumes. – De *moulin.*

moulinet [mulinɛ] n. m. **I. 1.** Petit tambour commandé par une manivelle, placé sur une canne à pêche et sur lequel est enroulée la ligne. **2.** Objet, appareil fonctionnant par un mouvement de rotation. **II.** Mouvement de rotation d'une canne, d'une épée, etc., que l'on fait tournoyer. *Faire des moulinets avec un bâton.* – Par ext. *Faire des moulinets avec les bras.* – Dimin. de *moulin.*

moulinette [mulinɛt] n. f. Petit moulin à légumes. *Passer du persil à la moulinette.* – Loc. fig., fam. *Passer à la moulinette :* critiquer sans faire grâce de rien. – Nom déposé. De *moulin,* et diminutif *-ette.*

moulineur, euse [mulinœʀ, øz] ou **moulinier, ère** [mulinje, ɛʀ] n. TECH Ouvrier, ouvrière qui mouline la soie ou d'autres fibres textiles. – De *mouliner.*

moult [mult] adv. Vx ou litt. Beaucoup, très. – Lat. *multum,* « beaucoup ».

moulu, ue [muly] adj. **1.** Broyé, réduit en poudre. *Café moulu.* **2.** Fig. Meurtri (de coups); brisé (de fatigue). – Pp. de *moudre.*

moulure [mulyʀ] n. f. **1.** Ornement allongé d'architecture, creux ou saillant. *Moulures décorant un plafond. Entablement orné de moulures.* – *Par anal.* Ornement taillé ou rapporté, en ébénisterie. **2.** *Moulure électrique :* baguette creusée de rainures destinées à recevoir des fils électriques. – De *mouler.*

moulurer [mulyʀe] v. tr. [1] Orner de moulures. – Pp. adj. *Panneau mouluré.* – De *moulure.*

moumoute [mumut] n. f. **1.** Fam. Coiffure postiche, perruque. **2.** Fam. Veste en peau de mouton, en fourrure. – Formé sur *moutonne,* « coiffure de femme aux cheveux frisés ramenés en touffe sur le front » évoquant la toison du mouton.

mouquère. V. moukère.

mourant, ante [muʀɑ̃, ɑ̃t] adj. et n. **1.** Qui se meurt. *Le malade est mourant.* ▷ Subst. *Se tenir au chevet d'un mourant.* **2.** Fig. Qui va faiblissant. *Voix, lumière mourante.* **3.** Fig., fam., vx Qui fait mourir (d'ennui, de rire). – Ppr. de *mourir.*

mourir [muʀiʀ] **I.** v. intr. **[34] 1.** Cesser de vivre. *Mourir de maladie. Mourir noyé. Mourir au champ d'honneur. Mourir de sa belle mort,* de mort naturelle. ▷ (Végétaux) *Les fleurs coupées meurent très vite.* **2.** Fig. Ressentir vivement les atteintes de (une sensation pénible, une passion violente). *Mourir de faim, de peur, d'amour. Mourir d'envie. Mourir de rire.* – *S'ennuyer à mourir,* profondément. **3.** (Choses) Cesser d'exister. *Laisser mourir le feu.* – Fig. *Passion qui meurt.* **II.** v. pron. Litt. Être sur le point de mourir. *« Madame se meurt, Madame est morte »* (Bossuet). ▷ Fig. *Le jour se meurt.* – Lat. pop. *morire,* class. *mori.*

mouroir [muʀwaʀ] n. m. **1.** Péjor. Hospice, asile ou hôpital où l'on ne dispense aux vieillards qu'un minimum de soins médicaux, en raison de leur mort prochaine. **2.** Lieu où l'on meurt en masse. – De *mourir.*

mouron [muʀɔ̃] n. m. **1.** Cour. Nom de diverses herbes de petites dimensions (genre *Anagallis,* fam. primulacées), à fleurs rouges, toxiques pour certains animaux. *Mouron rouge, mouron bleu* ou *mouron des champs.* ▷ *Mouron des oiseaux, mouron blanc, Stellaria media* (fam. caryophyllacées). **2.** Loc. pop. *Se faire du mouron,* du souci. – Du moyen néerl. *muer.*

mourre [muʀ] n. f. Anc. Jeu dans lequel deux personnes se montrent simultanément un certain nombre de doigts dressés en annonçant un chiffre (celui qui a annoncé le chiffre coïncidant avec le total des doigts dressés a gagné). – De l'ital. dial. *morra,* du lat. *mora,* « retard ».

mouscaille [muskɑj] n. f. Arg. Excrément. – Fig. *Être dans la mouscaille :* avoir des ennuis, des problèmes; être dans la déconfiture, dans la misère. – De l'arg. *mousse,* « excrément ».

mousmé(e) [musme] n. f. Vieilli Jeune femme japonaise. – *Par ext.* Pop. femme. – Jap. *musume,* « jeune femme ».

mousquet [muskɛ] n. m. Ancienne arme à feu portative, à mèche, en usage avant le fusil, que l'on appuyait pour tirer sur une fourche spéciale plantée en terre. – De l'ital. *moschetto,* de *mosca,* « mouche ».

mousquetaire [muskətɛʀ] n. m. **1.** Anc. Soldat armé du mousquet. ▷ Gentilhomme d'une compagnie montée faisant partie de la garde du roi, aux XVIIe et XVIIIe s. *« Les Trois Mousquetaires », roman d'Alexandre Dumas.* **2.** *Poignet mousquetaire, bottes à la mousquetaire,* à revers. *Gant à la mousquetaire,* pourvu d'un large crispin. – De *mousquet.*

mousqueterie [muskɛt(ə)ʀi] n. f. Vieilli Décharge simultanée de plusieurs fusils. – De *mousquet.*

mousqueton [muskətɔ̃] n. m. **1.** Anc. Mousquet à canon court. **2.** Fusil à canon court. **3.** Boucle métallique qu'une lame formant ressort ou un ergot articulé maintient fermée, constituant une agrafe de sûreté susceptible d'être accrochée ou décrochée rapidement et facilement. *Mousqueton d'alpiniste.* – MAR *Mousqueton de foc.* – Dimin. de *mousquet.*

moussaillon [musajɔ̃] n. m. Fam. Petit mousse. – Dimin. de *mousse* 1.

moussaka [musaka] n. f. Plat d'origine turque, constitué d'un gratin d'aubergines, à la viande hachée et à la sauce tomate, souvent recouvert d'une béchamel. – Mot turc.

moussant, ante [musɑ̃, ɑ̃t] adj. Susceptible de produire de la mousse. *Produit moussant.* ▷ CHIM *Pouvoir moussant :* aptitude à former des mousses. – *Agent moussant :* produit tensio-actif qui favorise la formation de mousse (savon, par ex.). – Ppr. de *mousser.*

1. mousse [mus] n. m. Jeune apprenti marin. – P.-ê. de l'ital. *mozzo;* esp. *mozo,* « garçon ».

2. mousse [mus] n. f. **I.** Plante rase des lieux humides, vivant en touffes serrées et volumineuses. – (Prov.) *Pierre qui roule n'amasse pas mousse :* qui change souvent d'état, court le monde, ne s'enrichit pas. ▷ (En appos.) *Vert mousse,* nuance de vert clair. **II. 1.** Accumulation de bulles à la surface d'un liquide; émulsion d'un gaz à l'intérieur d'un liquide. *Mousse de la bière, de la lessive.* ▷ CUIS Crème à base de blancs d'œufs battus en neige. *Mousse au chocolat.* – Sorte de pâté à texture fine. *Mousse de foies de volaille.* ▷ TECH *Mousse carbonique,* formée de bulles de dioxyde de carbone. *Les extinc-*

teurs à mousse carbonique contiennent du bicarbonate de sodium et du sulfate d'aluminium, mélangés au moment de l'utilisation. **2.** Désignant une matière spongieuse. ▷ (En appos.) *Caoutchouc mousse :* caoutchouc à alvéoles, de faible densité. ▷ CHIM *Mousse de platine :* poudre de platine très fine, utilisée comme catalyseur. ▷ *Point mousse,* obtenu au tricot en faisant tous les rangs à l'endroit. – Du frq. **mosa.*

ENCYCL **Bot.** – Les mousses, végétaux cryptogames qui forment la classe (ou embranchement) des muscinées (dites aussi bryophytes), sont répandues sur le sol dans des zones humides; leur taille varie de quelques millimètres à quelques décimètres. Elles sont constituées d'un axe feuillé dressé ou rampant dépourvu de racines. Ces pieds sont *haploïdes* et portent à leurs extrémités des organes sexuels : *anthéridies* mâles et *archégones* femelles. Après fécondation, l'œuf se développe sur le pied femelle et donne un *sporogone* diploïde, formé d'un pédoncule (soie) portant une urne surmontée d'une coiffe. Dans cette urne s'effectue la méiose, qui donne des spores haploïdes, lesquelles produiront de nouveaux pieds feuillés. Les muscinées comprennent également les *sphaignes,* caractéristiques des tourbières.

3. mousse [mus] adj. Émoussé. *Instrument, pointe mousse.* ▷ Qui n'est ni pointu, ni tranchant. *Ciseaux à pointes mousses.* – P.-ê. du lat. pop. **muttius,* « émoussé ».

mousseline [muslin] n. f. et adj. inv. **1.** n. f. Toile de coton et, par ext., de laine ou de soie, très fine et transparente. **2.** adj. inv. *Porcelaine mousseline,* d'une grande finesse. ▷ CUIS *Gâteau mousseline :* brioche à pâte légère. *Sauce mousseline :* V. sauce. *Pommes mousseline* ou *purée mousseline :* purée de pommes de terre fouettée. – Ital. *mussolina,* de l'ar. *al-Mūsil,* « Mossoul », ville d'Irak.

mousser [muse] v. intr. [1] **1.** Produire de la mousse. *Le champagne mousse.* **2.** Fig., fam. *Faire mousser qqn, qqch,* le présenter sous un jour trop favorable. *Faire mousser sa réussite.* – De *mousse* 2.

mousseron [musʀɔ̃] n. m. Champignon des prés (*Tricholoma georgii*) proche des agarics, comestible. *Le tricholome de la Saint-Georges est un mousseron. Faux mousseron, mousseron d'automne, petit mousseron des prés :* marasme. – Du bas lat. *mussirio, mussirionis,* par attract. de *mousse* 2.

mousseux, euse [musø, øz] adj. et n. m. **1.** Qui mousse; qui constitue une mousse. *Crème mousseuse.* ▷ n. m. Vin mousseux (à l'exception du champagne). **2.** Fig. Qui évoque la mousse. *Des dentelles mousseuses. Roses mousseuses.* – De *mousse* 2.

moussoir [muswaʀ] n. m. Ustensile pour faire mousser le chocolat, battre les œufs, etc. – De *mousser.*

mousson [musɔ̃] n. f. Régime de vents (notam. en Asie) dont la direction, constante au cours d'une saison, s'inverse brutalement d'une saison à l'autre, produisant des variations climatiques importantes (sécheresse, pluie). ▷ *Par méton.* Époque où se produit ce phénomène. – Du portug. *moncaõ,* par le néerl.; ar. *mawsim,* « époque, saison ».

moussu, ue [musy] adj. Couvert de mousse (2, sens I). *Vieil arbre moussu.* – De *mousse* 2.

moustache [mustaʃ] n. f. **1.** Poils qu'on laisse pousser au-dessus de la lèvre supérieure. *Homme qui porte la moustache.* **2.** (Plur.) Longs poils (vibrisses*) qui poussent à la pointe du museau de nombre d'animaux carnivores et rongeurs. – De l'ital. *mostaccio,* bas gr. *mustaki,* du gr. anc. *mustax, mustakos,* « lèvre supérieure ».

moustachu, ue [mustaʃy] adj. (et n. m.) Qui porte la moustache, qui a de la moustache. ▷ n. m. *Un moustachu.* – De *moustache.*

moustérien, enne [musteʀjɛ̃, ɛn] adj. et n. m. PREHIST Se dit de l'ensemble des industries du paléolithique moyen connu en Europe (homme de Néandertal), en Asie et en Afrique du N. ▷ n. m. *Le moustérien.* – De *Moustier,* n. d'un village de Dordogne.

moustiquaire [mustikɛʀ] n. f. Rideau de gaze, de mousseline entourant un lit pour protéger des moustiques. ▷ Toile métallique tendue sur les ouvertures d'une habitation pour arrêter les insectes. – De *moustique.*

moustique [mustik] n. m. Petit insecte ailé dont la larve prolifère dans les eaux dormantes et dont la piqûre cause de vives démangeaisons. – Esp. *mosquito,* de *mosca,* « mouche », lat. *musca.*

ENCYCL *Culex pipiens,* le moustique commun, ou cousin, long de 3 à 6 mm, est un hôte fréquent des habitations. Seules les femelles se nourrissent de sang. Les très nombreuses espèces de moustiques sont regroupées avec les mouches dans l'ordre des diptères; elles constituent le sous-ordre des nématocères. Les femelles de diverses espèces transmettent des maladies infectieuses telles que le paludisme et la malaria.

moût [mu] n. m. Jus (de raisin, de pomme, de poire, etc.) qui n'a pas encore fermenté. ▷ *Par anal.* Jus extrait de certains végétaux dont la fermentation donnera une boisson alcoolique. – Du lat. *mustum.*

moutard [mutaʀ] n. m. Pop. Petit garçon; enfant. *Moutard qui braille.* – P.-ê. du provenç. *mottet,* « jeune homme », du rad. préroman **mutt-,* « levée de terre, petit tas ».

moutarde [mutaʀd] n. f. (et adj. inv.) **1.** Nom cour. de diverses crucifères (genre *Sinapis*). **2.** Graine de ces plantes. **3.** Condiment à base de graines ou de farine de moutarde. ▷ Loc. fig., fam. *La moutarde lui monte au nez :* la colère le gagne. ▷ adj. inv. Couleur jaune orangé tirant sur le vert. ▷ (Par anal. d'odeur.) *Gaz moutarde :* ypérite (gaz de combat). – De *moût.*

ENCYCL La *moutarde noire (Sinapis* ou *Brassica nigra),* aux fleurs jaunes en grappes et aux feuilles bleu-vert, a des graines brunes riches en sinigroside, sucre complexe à saveur piquante utilisé comme révulsif (sinapisme). Les graines de la *moutarde blanche (Sinapis alba)* fournissent une farine plus douce. La moutarde condimentaire contient un mélange de farines de moutarde noire et de moutarde blanche macérées dans du vinaigre (ou du verjus) additionné d'aromates.

moutardier [mutaʀdje] n. m. **1.** Petit pot dans lequel on présente la moutarde. **2.** Personne qui fabrique ou qui vend de la moutarde. ▷ Fam., vieilli *Se prendre pour le premier moutardier du pape :* avoir une haute opinion de soi (par allusion au *premier moutardier,* charge qu'aurait créée le pape Jean XXII, au XIVe s.) – De *moutarde.*

moutazilite ou **mutazilite** [mutazilit] n. m. RELIG Membre d'une secte musulmane fondée par Wasil ibn'Ata au VIIIe s. pour lutter contre l'islam orthodoxe (sunnisme). – De l'ar. *muttazilīn,* « ceux qui se séparent ».

moutier [mutje] n. m. Vx Monastère (encore usité dans les noms de lieux; s'écrit aussi *moustier*). – Du lat. pop. **monisterium,* class. *monasterium.*

mouton [mutɔ̃] n. m. **1.** Mammifère ruminant (*Ovis aries*) à l'épaisse toison frisée, au cri (bêlement) caractéristique, élevé pour sa laine, son lait et sa viande. *Troupeau de moutons. Le mouton mâle est le bélier, le mouton femelle est la brebis.* – *Spécial.* Mâle castré de cet animal, élevé pour la boucherie (par oppos. à *bélier*). ▷ Loc. fig. *Revenons à nos moutons,* au sujet que nous avons quitté (allus. à *la Farce de Maître Pathelin*). – Péjor. *Moutons de Panurge :* personnes qui imitent stupidement les autres (allus. au *Pantagruel* de Rabelais). *C'est un mouton,* une personne trop soumise et dépourvue de sens critique. *Un mouton enragé :* une personne calme de tempérament qui s'emporte avec violence. *Mouton à cinq pattes :* chose rarissime; personne exceptionnelle. **2.** Viande de mouton. *Du mouton très tendre.* **3.** Peau de mouton tannée. *Une veste de mouton.* **4.** Fig. (Souvent au plur.) Petite vague au sommet couvert d'écume. – Petit nuage. ▷ Fam. Petit flocon de poussière. **5.** TECH Lourde masse utilisée pour le battage des pieux. ▷ Grosse pièce de bois dans laquelle sont engagées les anses d'une cloche. **6.** Arg. Compagnon de cellule placé par la police auprès d'un détenu pour gagner sa confiance et découvrir ses secrets. – Du gaul. **multo*, gallois *molt*, irland. *molt*, «mâle châtré».

moutonné, ée [mutɔne] adj. **1.** Frisé. *Chevelure moutonnée.* **2.** *Ciel moutonné*, couvert de petits nuages floconneux (cirrocumulus). **3.** GEOL *Roche moutonnée :* roche dure à laquelle l'érosion glaciaire a donné des formes douces. – Pp. de *moutonner.*

moutonnement [mutɔnmɑ̃] n. m. Action de moutonner. – De *moutonner.*

moutonner [mutɔne] v. intr. [1] Prendre un aspect floconneux, ondulant, qui fait songer à la toison du mouton. *Mer qui moutonne*, qui se couvre de moutons, de vagues écumeuses. *Un banc de nuages moutonne à l'horizon.* – De *mouton.*

moutonnerie [mutɔnʀi] n. f. Rare Tendance à être trop soumis ou à imiter niaisement autrui. – De *mouton.*

moutonneux, euse [mutɔnø, øz] adj. Qui moutonne. – De *moutonner.*

moutonnier, ère [mutɔnje, ɛʀ] adj. **1.** Qui ressemble ou qui évoque le mouton. **2.** Fig. Qui suit niaisement les autres, comme les moutons. – De *mouton.*

mouture [mutyʀ] n. f. **1.** Action de moudre le grain. *La mouture du blé dans une minoterie.* **2.** Produit qui en résulte. *Une excellente mouture.* **3.** (Souvent péjor.) Fig. Version remaniée d'un sujet déjà traité. *Auteur qui fait paraître une nouvelle mouture d'une œuvre ancienne.* – Du lat. pop. **molitura*, de *molere*, «moudre».

mouvance [muvɑ̃s] n. f. FEOD Dépendance d'un domaine qui relève d'un fief supérieur. – *Par ext.* Relation de supériorité d'un fief à l'égard d'un domaine qui en relève. ▷ Fig. Domaine, sphère d'influence. *Petit pays qui est dans la mouvance d'un voisin puissant.* – De *mouvoir.*

mouvant, ante [muvɑ̃, ɑ̃t] adj. **1.** Changeant, instable. *Des reflets mouvants. Des opinions mouvantes.* **2.** Qui manque de solidité, de stabilité (sol). *Sables mouvants.* – Ppr. de *mouvoir.*

mouvement [muvmɑ̃] n. m. **I. 1.** Changement de place, de position d'un corps (par rapport à un autre corps ou par rapport à un système de référence). *Le mouvement des vagues, d'un bateau amarré.* ▷ ASTRO *Mouvement diurne :* mouvement apparent de rotation de la sphère céleste, lié à la rotation de la Terre, qui s'effectue en 23 h 56 min 4 s. *Mouvement propre :* déplacement angulaire d'une étoile par rapport à l'ensemble des étoiles voisines. ▷ PHYS *Quantité de mouvement :* produit de la masse par la vitesse. **2.** Déplacement d'un organisme vivant ou de l'une de ses parties; action, manière de mouvoir son corps. *Mouvements de danse.* – Loc. *En deux temps, trois mouvements :* très rapidement. ▷ *Prendre, se donner du mouvement :* faire de l'exercice. **3.** Évolution, déplacement d'un groupe de personnes. *Mouvement de reflux d'une foule. Surveiller les mouvements de l'ennemi.* **4.** Animation, passage. *Il y a du mouvement dans la rue.* **5.** Fig. Série de changements, de mutations dans un corps militaire ou civil. *Mouvement préfectoral.* **6.** Circulation des biens, de la monnaie. *Mouvement de fonds.* ▷ Opération de débit ou de crédit sur un compte bancaire. **7.** Variation en quantité. *Mouvement des prix.* **8.** Ce qui évoque le mouvement; ce qui est ou semble être le résultat d'un mouvement. *Le mouvement d'un drapé sur une statue.* ▷ *Mouvement de terrain :* accident de terrain, éminence ou vallonnement. ▷ LITTER *Mouvement oratoire.* **9.** MUS Degré de vitesse ou de lenteur à donner à la mesure. (Principaux mouvements : *largo, lento, adagio, andante, allegro, presto.*) ▷ Partie d'une œuvre musicale qui doit être jouée dans un mouvement donné. *Le premier mouvement de la symphonie «Jupiter» de Mozart est un allegro vivace.* **II. 1.** Passage d'un état affectif à un autre. *Un mouvement de colère. Agir de son propre mouvement*, de sa propre initiative. **2.** Évolution sociale. *Le mouvement des idées, des mœurs. Être dans le mouvement :* suivre la mode, le progrès. **3.** Action collective qui tend à produire un changement dans l'ordre social. *Mouvement séditieux, populaire.* **4.** Groupe humain qui s'est formé pour accomplir une action déterminée. *Mouvement surréaliste, anarchiste.* – Association, groupement. *Mouvements de jeunesse.* **III.** Mécanisme produisant un mouvement régulier et servant en général à la mesure du temps. *Le mouvement et le boîtier d'une montre. Mouvement d'horlogerie commandant un contact électrique. Mouvement perpétuel*, celui d'une machine qui fonctionnerait sans recevoir d'énergie du milieu extérieur ou en ne puisant de l'énergie qu'à une seule source de chaleur. – De *mouvoir.*

mouvementé, ée [muvmɑ̃te] adj. **1.** Accidenté (relief). *Terrain mouvementé.* **2.** Fig. Où règne le mouvement, agité. *Séance mouvementée.* – De *mouvement.*

mouvoir [muvwaʀ] **I.** v. tr. [43] **1.** Faire changer de position. *Le mécanisme qui meut un automate.* **2.** Fig. Faire agir (qqn). *Les sentiments qui le meuvent sont parfaitement honorables. Être mû par l'ambition.* **II.** v. pron. Se déplacer, bouger. *Vieillard qui se meut péniblement.* – Du lat. *movere.*

moviola [mɔvjɔla] n. f. CINE Petit appareil de projection comportant un écran de verre, qu'on utilise notam. lors du montage d'un film. – Nom déposé, de l'amér., *movie*, «film», et suff. dimin. lat.

moxa [mɔksa] n. m. MED Cautérisation au moyen d'un corps qui brûle lentement à la surface de la peau (pratique thérapeutique de la médecine extrême-orientale traditionnelle). ▷ Ce corps lui-même. – Du jap. *mogusa*, nom d'une variété d'armoise dont le parenchyme sert de combustible.

moye ou **moie** [mwa] n. f. TECH Couche tendre d'une pierre, à partir de laquelle se produit son délitement. – Déverbal de l'anc. v. *moyer*, «partager par le milieu», du bas lat. *mediare.*

moyé, ée [mwaje] adj. Qui contient des moyes. *Pierre moyée.* – De *moye*, ou pp. de l'anc. v. *moyer.*

1. moyen, enne [mwajɛ̃ (ou mwajɛn devant une voyelle ou un h muet), fém. ɛn] adj. (et n. m.) **1.** Qui est au milieu (dans l'espace, dans le temps, dans une série). *Le cerveau moyen. Momie égyptienne datant du Moyen Empire.* ▷ LING *Moyen français :* langue parlée et écrite en France du XIVe au XVIe s. (intermédiaire entre l'ancien français et le français moderne). ▷ MATH *Termes moyens* ou, n. m. pl., *les moyens :* dans deux fractions égales, le dénominateur de la première et le numérateur de la seconde. *Si* $\frac{a}{b}=\frac{c}{d}$ *le produit des moyens bc est égal au produit des extrêmes ad.* ▷ LOG *Moyen terme*, celui qui, dans un syllogisme, est commun à la majeure et à la mineure. – Fig. Solution intermédiaire entre des extrêmes. *Chercher un moyen terme qui puisse satisfaire chacune des parties.* **2.** Qui est également éloigné des deux extrêmes (par la quantité ou par la qualité). *Corpulence moyenne. Âge moyen. Intelligence moyenne. Les classes moyennes*, intermédiaires entre le prolétariat et la haute bourgeoisie. – *Cours moyen*, entre le cours élémentaire et la classe de sixième. ▷ n. m. *Les moyens*, groupe des enfants situé, en fonction de l'âge, entre les grands et les petits, dans les écoles maternelles, les colonies de vacances, etc. ▷ SPORT *Poids moyen :* catégorie de poids variant de 72 à 75 kg suivant les disciplines. **3.** Commun, ordinaire ; qui appartient au genre le plus répandu. *Français moyen,* dont le genre de vie, la mentalité, etc., sont proches de ceux de la majorité des Français. **4.** Obtenu, calculé en faisant la moyenne de plusieurs valeurs. *La consommation moyenne d'électricité par personne et par an.* – Du lat. *medianus,* « du milieu », de *medius,* « central ».

2. moyen [mwajɛ̃] n. m. **I.** n. m. **1.** Ce que l'on fait ou ce que l'on utilise pour parvenir à une fin. *Moyen honnête. C'est le seul moyen.* – *Moyens de communication, de transport. Moyens de production. La fin justifie les moyens :* tous les moyens sont bons pour obtenir le résultat désiré. – Fam. *Employer les grands moyens :* recourir à des mesures particulièrement énergiques ou spectaculaires. ▷ *Il y a, il n'y a pas moyen de :* il est possible, il est impossible de. ▷ DR Chacune des raisons sur lesquelles on se fonde pour tirer une conclusion. *Moyens de nullité.* **2.** (Plur.) Capacités naturelles (physiques ou intellectuelles). *Écolier qui a peu de moyens.* **3.** (Plur.) Ressources pécuniaires. *Ne pas avoir les moyens de s'offrir qqch.* – Absol. Fam. *Il a les moyens.* **II.** Loc. prép. *Au moyen de :* en se servant de, à l'aide de. ▷ *Par le moyen de :* par l'intermédiaire de, grâce à. – Subst. de *moyen.*

moyenâgeux, euse [mwajɛnaʒø, øz] adj. **1.** Vieilli Du Moyen Âge ; médiéval. **2.** Qui évoque le Moyen Âge. *Costumes moyenâgeux.* **3.** Fig. Archaïque, retardataire. *Une mentalité, des coutumes moyenâgeuses.* – De *Moyen Âge,* période qui s'étend entre 476 (chute de l'Empire romain d'Occident) et 1453 (prise de Constantinople par les Turcs) ou 1492 (découverte de l'Amérique).

moyen-courrier [mwajɛ̃kuʀje] n. m. et adj. Avion de transport dont l'autonomie ne dépasse pas 4 000 km. ▷ adj. *Des avions moyen-courriers.* – De *moyen* 1, et *courrier.*

moyennant [mwajenɑ̃] prép. **1.** Au moyen de. *Moyennant finance :* en payant. – *Moyennant quoi :* grâce à quoi. **2.** Litt. Loc. conj. *Moyennant que :* à condition que. *Moyennant qu'elle vienne.* – Ppr. de l'anc. v. *moyenner,* « négocier, parvenir à un résultat ».

moyenne [mwajɛn] n. f. **1.** Ce qui tient le milieu entre les extrêmes. *Être plus riche que la moyenne.* **2.** MATH *Moyenne arithmétique de plusieurs valeurs :* quotient de la somme de ces valeurs par leur nombre. – *Moyenne quadratique de deux nombres positifs :* racine carrée de la moyenne arithmétique de leur carré. – *Moyenne harmonique de deux nombres :* quotient de 2ab par a + b. *Les nombres 2 et 8 ont 5 pour moyenne arithmétique, 5,8 pour moyenne quadratique et 3,2 pour moyenne harmonique.* **3.** Nombre de points égal à la moitié de la note maximale. *Avoir la moyenne à un devoir.* **4.** *En moyenne :* selon une moyenne approximative. *Cet automobiliste fait en moyenne 20 000 km par an.* – Fém. subst. de *moyen* 1.

moyennement [mwajɛnmɑ̃] adv. D'une manière moyenne, modérément, médiocrement. – De *moyen* 1.

moyette [mwajɛt] n. f. AGRIC Petite meule provisoire dressée sur le champ même de la moisson pour soustraire les gerbes aux intempéries. – Dimin. de l'a. fr. *moie,* « meule ».

moyeu [mwajø] n. m. Partie centrale de la roue d'un véhicule, traversée par l'essieu, et sur laquelle sont éventuellement assemblés les rayons. – Par ext. *Moyeu d'un volant, d'une poulie.* – Du lat. *modiolus,* « petit vase », dimin. de *modius,* « boisseau ».

mozabite. V. mzabite.

mozambicain, aine [mɔzɑ̃bikɛ̃, ɛn] adj. et n. Du Mozambique, État d'Afrique orient., sur l'océan Indien. ▷ Subst. *Un(e) Mozambicain(e).*

mozarabe [mɔzaʀab] n. et adj. **1.** n. HIST Espagnol chrétien autorisé à pratiquer sa religion, au temps de la domination maure sur l'Espagne. **2.** adj. *Art mozarabe :* art d'inspiration chrétienne fortement influencé par l'islam, qui se répandit en Espagne aux Xe et XIe s. – Anc. esp. *moz'arabe,* de l'ar. *musta'rib,* « arabisé ».

mozartien, enne [mɔzaʀsjɛ̃, ɛn] adj. et n. **1.** Propre à Mozart, à sa musique. **2.** Qui aime la musique de Mozart. – Du n. du compositeur autrichien W. A. *Mozart* (1756-1791).

mozzarella [mɔdzaʀɛlla] n. f. Fromage italien (Latium, Campanie) de bufflonne ou de vache, à pâte molle et élastique. – Mot ital.

m/s PHYS Symbole du mètre par seconde (unité de vitesse). ▷ *m/s²* : symbole du mètre par seconde carrée (unité d'accélération).

M.S.T. Sigle de *maladie sexuellement transmissible.*

mu [my] n. m. Douzième lettre de l'alphabet grec (μ, M) utilisée en français pour noter le préfixe *micro-,* qui indique la division de l'unité par un million. (Ex. : 1 μm = 1 micromètre = 1 millionième de mètre.) – Mot grec.

mû, mue [my] Pp. du v. mouvoir. Plur. *mus, mues.*

muable [mɥabl] adj. Vx, litt. Variable, changeant. – De *muer.*

mucilage [mysilaʒ] n. m. Substance végétale sécrétée par les cellules de certaines plantes, qui, en présence d'eau, gonfle et forme une gelée. *Le mucilage, émollient et laxatif, est utilisé en pharmacie.* – Bas lat. *mucilago,* « mucosité », du class. *mucus.*

mucilagineux, euse [mysilaʒinø, øz] adj. (et n.) Qui contient un mucilage ; qui rappelle le mucilage par sa consistance, son aspect. ▷ Subst. *Un mucilagineux.* – Du bas lat. *mucilago, mucilaginis,* « mucosité ».

mucine [mysin] n. f. BIOCHIM Protéine, présente notam. sur la muqueuse gastrique, qui donne au mucus sa consistance visqueuse. – De *muc(us),* et *-ine.*

mucor [mykɔʀ] n. m. BOT Champignon zygomycète, type de l'ordre des mucorales, moisissures à mycélium clair. – Mot lat., « moisissure ».

mucosité [mykɔzite] n. f. Amas de mucus épais. – Du lat. *mucosus,* « muqueux ».

mucoviscidose [mykovisidoz] n. f. MED Affection héréditaire, caractérisée par une trop grande viscosité des sécrétions bronchiques et digestives, et qui détermine une insuffisance respiratoire et pancréatique. – De *mucus,* et *visqueux.*

mucron [mykʀɔ̃] n. m. BOT Petite pointe raide qui termine certains organes végétaux. – Lat. *mucro, mucronis,* « pointe ».

mucus [mykys] n. m. Sécrétion protectrice des muqueuses. *Mucus nasal.* ▷ ZOOL Substance visqueuse sécrétée par les téguments de certains animaux. – Mot lat., « morve ».

mudéjar ou **mudéjare** [mudexaʀ ; mudeʒaʀ] n. et adj. **1.** n. HIST Musulman d'Espagne devenu sujet des chrétiens par suite de la reconquête (XIe-XVe s.). **2.** adj. *Art mudéjar :* forme d'art aux caractères à la fois mauresques et chrétiens, qui s'est développée en Espagne du XIIe au XVIe s., après la reconquête. – Esp. *mudejar,* de l'ar. *mudajjan,* « domestiqué ».

mue [my] n. f. **I. 1.** Changement de poil, de plumes, de peau, de cornes, etc., qui s'opère chez certains animaux, à des périodes déterminées. **2.** Dépouille d'un animal qui a mué. **3.** Changement dans le timbre de la voix, qui devient plus grave, au moment de la puberté. ▷ Temps où s'opère ce changement. **II.** Cage sous laquelle on met la volaille à engraisser. – Déverbal de *muer.*

muer [mɥe] v. [1] **I.** v. intr. **1.** Changer de pelage, de plumage, de carapace, etc., en parlant d'un animal. **2.** Changer de ton et devenir plus grave, en parlant de la voix d'un adolescent. - Par ext. *Jeune homme qui mue,* qui acquiert sa voix d'homme. **II.** v. tr. Vx Changer. ▷ Mod., litt. *Muer en :* transformer en. - v. pron. *Il s'est mué en cuisinier pour la circonstance.* – Du lat. *mutare,* «changer».

muesli [mɥɛsli] ou **musli** [mysli] n. m. Mélange de céréales et de fruits sur lequel on verse du lait. – Mot suisse-allemand.

muet, ette [mɥɛ, ɛt] adj. et n. **1.** Privé de l'usage de la parole. ▷ Subst. *Un(e) muet(te).* **2.** Qui se tait. *Rester muet comme une carpe.* - Loc. fig. *La grande muette :* l'armée, censée n'exprimer aucune opinion politique. ▷ THEAT *Jeu muet,* dans lequel l'acteur ne recourt pour s'exprimer qu'aux mouvements du corps et de la physionomie. *Rôle muet,* dans lequel il n'y a pas de texte. **3.** Qui n'est pas exprimé, prononcé. *Les grandes douleurs sont muettes.* **4.** *Film, cinéma muet,* qui ne comporte pas l'enregistrement du son, des paroles des personnages. ▷ n. m. *Le muet :* le cinéma muet. *Une star du muet.* **5.** Qui ne se prononce pas. *Dans «allemand», l'«e» est muet.* **6.** Sur quoi rien n'est écrit. *Carte muette.* – Dimin. de l'a. fr. *mu,* lat. *mutus.*

muette [mɥɛt] n. f. Vx Petit pavillon de chasse. – Anc. orthographe de *meute.*

muezzin [mɥɛdzin; mɥɛdzɛ̃] n. m. Fonctionnaire religieux attaché à une mosquée, qui appelle les fidèles à la prière du haut du minaret. – Mot turc, de l'ar. *mo'adhdhin,* «qui appelle à la prière».

muffin [myfɛ̃] n. m. Petit pain rond moulé en pâte à brioche légère. – Mot angl.

mufle [myfl] n. m. et adj. **1.** Extrémité nue du museau de certains mammifères (notam. des ruminants). *Mufle d'un taureau, d'un lion.* **2.** Fig., fam. Homme mal élevé, grossier, spécial. envers les femmes. *Vous êtes un mufle, monsieur!* ▷ adj. *Il est assez mufle.* – Var. du moyen fr. *moufle,* germ. *muffel,* «museau».

muflerie [myfləʀi] n. f. Fam. Comportement, caractère ou agissement d'un mufle. – De *mufle.*

muflier [myflije] n. m. Plante ornementale (genre *Antirrhinum,* fam. scrofulariacées) dont les fleurs, de couleurs variées, ont la forme d'un mufle. Syn. gueule-de-loup. – De *mufle,* par anal. de forme.

mufti ou **muphti** [myfti] n. m. Docteur de la loi musulmane, jugeant les questions de dogme et de discipline. – Ar. *mufti,* «juge».

muge [myʒ] n. m. Poisson marin comestible qui vit en bandes le long des côtes. Syn. mulet. – Mot provenç., du lat. *mugil.*

mugir [myʒiʀ] v. intr. [3] Pousser son cri, en parlant des bovidés. *La vache mugit.* ▷ Fig. Produire un son analogue à un mugissement. *Les sirènes du paquebot mugirent.* – Lat. *mugire,* par l'a. fr. *muir.*

mugissement [myʒismɑ̃] n. m. Cri des bovidés. ▷ Fig. Son grave et prolongé rappelant ce cri. *Les mugissements du vent.* – De *mugir.*

muguet [mygɛ] n. m. **1.** Plante à rhizome (*Convallaria maialis,* fam. liliacées) croissant dans les bois des régions tempérées, caractérisée par ses fleurs blanches en forme de clochettes, au parfum suave et pénétrant. **2.** Maladie contagieuse due à une levure (*Candida albicans*) et caractérisée par la présence de plaques d'un blanc crémeux sur les muqueuses buccale et pharyngienne. – De l'a. fr. *mugue,* var. de *musc,* à cause du parfum.

muid [mɥi] n. m. **1.** Ancienne mesure de capacité, dont la valeur variait selon les régions et les denrées à mesurer. *À Paris, le muid de vin valait 268 litres.* **2.** Tonneau de cette capacité. – Lat. *modius,* «mesure, boisseau».

mulard, arde [mylaʀ, aʀd] n. m. (et adj.) Hybride du canard domestique et du canard musqué. ▷ adj. *Une cane mularde.* – De *mulet* 1, par changement de suff.

mulassier, ère [mylasje, ɛʀ] adj. Du mulet. *Élevage mulassier.* ▷ *Jument mulassière,* réservée à la production des mulets. – De l'a. fr. *mulasse,* «jeune mulet».

mulâtre, mulâtresse [mylɑtʀ, mylɑtʀɛs] n. et adj. Personne née d'un Noir et d'une Blanche, ou d'un Blanc et d'une Noire (le f. *mulâtresse* est vieilli). – Altér. de l'esp. *mulato,* de *mulo,* «mulet, bête hybride».

1. mule [myl] n. f. Hybride femelle de l'âne et de la jument. ▷ Loc. fig., fam. *Être têtu comme une mule. C'est une vraie tête de mule,* un(e) entêté(e). – Fém. de l'a. fr. *mul,* lat. *mula.*

2. mule [myl] n. f. Pantoufle sans quartier. ▷ Pantoufle blanche du pape, ornée d'une croix brodée. *Baiser la mule du pape.* – Du lat. *mulleus (calceus),* «soulier rouge», de *mullus,* «rouget».

mule-jenny [myl(d)ʒeni] n. f. TECH Métier à filer le coton. *La mule-jenny a été inventée en 1779 par Samuel Crompton. Des mule-jennys.* – Mot angl., de *mule,* au sens d'«hybride», et *jenny* *.

1. mulet [mylɛ] n. m. **1.** Hybride mâle de l'âne et de la jument. V. bardot. - Loc. fam. *Chargé comme un mulet :* très chargé. **2.** SPORT Dans une course automobile, voiture de réserve. – Dimin. de l'a. fr. *mul;* lat. *mulus.*

2. mulet [mylɛ] n. m. Syn. de *muge.* – Du lat. *mullus,* «rouget».

muleta [mulɛta] n. f. Morceau d'étoffe rouge destiné à exciter le taureau dans les corridas. – Mot esp.

muletier, ère [myltje, ɛʀ] n. m. et adj. **1.** n. m. Conducteur de mulets, de mules. **2.** adj. Qui convient aux mulets. *Chemin muletier.* – De *mulet* 1.

mulette [mylɛt] n. f. Mollusque lamellibranche qui vit dans les eaux douces. – Altér. de *moulette,* dimin. de *moule.*

mull [myl] n. m. GEOL Sol non acide (pH 7 env.) dont l'humification est rapide. – Mot all., «mousseline».

mulla ou **mullah** V. mollah.

mulon [mylɔ̃] n. m. Petit tas de sel conservé sous de l'argile, dans les marais salants. – De l'a. fr. *mule,* «tas de foin, meule».

mulot [mylo] n. m. Rat des bois et des champs (genre *Sylvanus,* fam. muridés) aux grandes oreilles et à longue queue. – Du bas lat. *mulus,* «taupe».

mulsion [mylsjɔ̃] n. f. Rare Traite des bêtes laitières. – Bas lat. *mulsio.*

multi-. Élément, du lat. *multus,* «nombreux».

multicaule [myltikol] adj. BOT Qui a plusieurs tiges. – Lat. *multicaulis.*

multicolore [myltikɔlɔʀ] adj. Qui présente des couleurs variées. *Papillon multicolore.* – Lat. *multicolor.*

multicoque [myltikɔk] n. m. Bâteau à plusieurs coques ou flotteurs (ex. trimaran). – De *multi-,* et *coque.*

multicouche [myltikuʃ] adj. TECH Qui comporte plusieurs couches, qui est composé de plusieurs couches. *Revêtement d'étanchéité multicouche. Circuit imprimé multicouche.* – De *multi-,* et *couche.*

multifilaire [myltifilɛʀ] adj. Qui comporte plusieurs fils. *Câble multifilaire.* – De *multi-,* et *fil.*

multiflore [myltiflɔʀ] adj. BOT Qui a de nombreuses fleurs. – Lat. *multiflorus.*

multiforme [myltifɔʀm] adj. Qui a ou qui peut prendre des formes diverses, variées. *La folie est multiforme.* – Lat. *multiformis.*

multigrade [myltigʀad] adj. TECH *Huile multigrade,* dont la viscosité varie peu avec la température. – De *multi-,* et *grade.*

multilatéral, ale, aux [myltilateʀal, o] adj. POLIT Qui concerne plusieurs États (et non deux États seulement). *Accords multilatéraux.* ▷ *Aide multilatérale,* accordée par un pays industrialisé à un pays en voie de développement par l'intermédiaire d'organismes internationaux (par oppos. à *aide bilatérale**). – De *multi-,* et *latéral.*

multimédia [myltimedja] adj. Qui concerne plusieurs médias; qui utilise plusieurs médias. *Une campagne publicitaire multimédia. Un groupe multimédia.* – De *multi,* et *media.*

multimètre [myltimɛtʀ] n. m. ELECTR Appareil de mesure dont l'écran indique de façon analogique (déplacement d'une aiguille) ou numérique, la valeur d'une grandeur électrique (tension, intensité, résistance, etc.). – De *multi-,* et *-mètre.*

multimillionnaire [myltimiljɔnɛʀ] adj. (et n.) Plusieurs fois millionnaire. – *Par ext.* Extrêmement riche. – De *multi-,* et *millionnaire.*

multinational, ale, aux [myltinasjɔnal, o] adj. (et n. f.) Qui comprend, qui concerne plusieurs nations. *L'U.R.S.S. était un pays multinational.* ▷ *Société multinationale* ou, n. f., *une multinationale :* grande firme dont les activités s'exercent dans plusieurs États. – De *multi-,* et *national.*

multipare [myltipaʀ] adj. (et n.) **1.** ZOOL Se dit d'une femelle qui a plusieurs petits en une seule portée. **2.** MED Se dit d'une femme qui a accouché plusieurs fois (par oppos. à *nullipare, primipare*). – De *multi-,* et *-pare.*

multiparité [myltipaʀite] n. f. ZOOL Caractère des femelles multipares. – De *multipare.*

multipartisme [myltipaʀtism] n. m. POLIT Système parlementaire caractérisé par l'existence de plus de deux partis. – De *multi-,* et *parti.*

multiple [myltipl] adj. et n. m. **1.** Composé, constitué d'éléments différents; complexe. *Organe multiple,* composé de plusieurs pièces élémentaires. *Poulie multiple,* à plusieurs gorges. – GEOM *Point multiple d'une courbe :* point par lequel passent plusieurs branches de cette courbe. ▷ Qui présente divers aspects. *La nature est multiple.* **2.** *Par ext.* Qui existe en grand nombre. *Le cas est illustré par de multiples exemples.* Syn. nombreux. **3.** MATH Qualifie un nombre égal au produit d'un nombre donné par un nombre entier. *15 est multiple de 3 et de 5.* ▷ n. m. Nombre multiple. *8 est un multiple de 2, et 2 est un sous-multiple de 8.* – *Plus petit commun multiple* (abrév. : P.P.C.M.) : plus petit parmi les nombreux multiples que certains nombres ont en commun. – Lat. *multiplex,* «à plusieurs plis, multiple».

multiplet [myltiplɛ] n. m. **1.** MATH Association ordonnée d'éléments appartenant à des ensembles différents. **2.** OPT Ensemble de lentilles formant un système centré. – De *multiple.*

multiplex [myltiplɛks] n. m. inv. TELECOM Dispositif permettant de transmettre plusieurs communications télégraphiques, téléphoniques ou radiotéléphoniques, ou plusieurs émissions radioélectriques ou télévisées par une seule voie de transmission. – Mot lat., «multiple».

multipliable [myltiplijabl] adj. Qui peut être multiplié. – De *multiplier.*

multiplicande [myltiplikɑ̃d] n. m. MATH Nombre que multiplie un autre nombre. – Du lat. *multiplicandus,* «qui doit être multiplié».

multiplicateur, trice [myltiplikatœʀ, tʀis] adj. et n. m. Qui multiplie, qui a pour fonction de multiplier. ▷ n. m. MATH Nombre par lequel on multiplie un autre nombre. *Si l'on multiplie 2 par 6, 6 est le multiplicateur et 2 est le multiplicande.* – Bas lat. *multiplicator.*

multiplicatif, ive [myltiplikatif, iv] adj. Qui multiplie. ▷ MATH *Loi multiplicative,* qui confère les propriétés de la multiplication. *Groupe multiplicatif,* muni d'une loi multiplicative. – Bas lat. *multiplicativus.*

multiplication [myltiplikasjɔ̃] n. f. **1.** Augmentation en nombre. *Multiplication des espèces.* Syn. accroissement, prolifération. **2.** MATH Opération consistant à additionner à lui-même un nombre (multiplicande), un nombre de fois égal à un autre nombre (multiplicateur). ▷ *Table de multiplication :* tableau donnant les produits des premiers nombres (de 1 à 10 ou 12) entre eux. **3.** TECH Rapport des vitesses angulaires d'un arbre entraîné et d'un arbre moteur, quand l'arbre moteur tourne moins vite que l'arbre entraîné. Ant. démultiplication. – Bas lat. *multiplicatio.*

ENCYCL **Math.** – La multiplication est une loi de composition interne qui possède les propriétés suivantes : **1.** associativité : $a \times (b \times c) = (a \times b) \times c$; **2.** distributivité par rapport à l'addition : $a \times (b + c) = a \times b + a \times c$; **3.** commutativité : $a \times b = b \times a$; **4.** existence d'un élément neutre 1, appelé unité : $1 \times a = a \times 1 = a$. Cette loi se note généralement par le signe [.] ou [×], ce signe étant parfois omis; le résultat de la multiplication s'appelle produit; ainsi, le produit de a et de b pourra se noter [a. b], [a × b] ou [ab].

multiplicité [myltiplisite] n. f. **1.** Caractère de ce qui est multiple. *La multiplicité de la nature humaine.* **2.** Grande quantité. *Multiplicité des lois.* Syn. pluralité. – Bas lat. *multiplicitas.*

multiplier [myltiplije] v. [2] **I.** v. tr. **1.** Augmenter le nombre, la quantité de. *Multiplier les difficultés.* Syn. accroître. – *Par ext.* Produire en grand nombre, accumuler. *Multiplier les erreurs.* **2.** MATH Faire la multiplication de. *Multiplier 2 par 3.* **II.** v. intr. Rare, vx Augmenter en nombre par voie de génération. *«Croissez et multipliez» (Bible).* **III.** v. pron. **1.** Croître en nombre. *Les obstacles se multipliaient.* **2.** Se reproduire. *Animaux qui se multiplient très rapidement.* **3.** Fig. Sembler être en plusieurs lieux à la fois, à force d'activité. *Se multiplier pour rendre service.* – Lat. *multiplicare.*

multipolaire [myltipɔlɛʀ] adj. **1.** ELECTR Qui comporte plus de deux pôles. *Machine multipolaire.* **2.** BIOL *Cellule multipolaire :* cellule nerveuse comportant de nombreuses ramifications. – De *multi-,* et *polaire.*

multiprise [myltipʀiz] n. f. Prise de courant électrique qui permet de brancher plusieurs prises. Syn. prise multiple. – De *multi-,* et *prise.*

multiprocesseur [myltipʀɔsesœʀ] n. m. Ordinateur qui possède plusieurs unités centrales de traitement. – Angl. *multiprocessor.*

multiprogrammation [myltipʀɔgʀamasjɔ̃] n. f. INFORM Mode de fonctionnement d'un ordinateur permettant l'exécution simultanée de plusieurs programmes sur la même machine. – De *multi-,* et *programmation.*

multipropriété [myltipʀɔpʀijete] n. f. Forme de copropriété consistant à partager un bien par périodes annuelles déterminées. – De *multi-,* et *propriété.*

multiracial, ale, aux [myltiʀasjal, o] adj. Didac. Qui comporte plusieurs groupes raciaux humains. *Une société multiraciale.* – De *multi-,* et *racial.*

multirisque [myltiʀisk] adj. FIN *Assurance multirisque,* qui couvre des risques de natures différentes. – De *multi-,* et *risque.*

multistandard [myltistɑ̃daʀ] adj. m. inv. et n. m. Se dit d'un récepteur de télévision susceptible de recevoir des émissions d'émetteurs ayant des normes différentes (nombre de lignes, nombre d'images à la seconde). – De *multi-*, et *standard.*

multitube [myltityb] adj. MILIT *Canon multitube,* comportant plusieurs tubes accolés. – De *multi-*, et *tube.*

multitubulaire [myltitybylɛʀ] adj. TECH *Chaudière multitubulaire,* dont la surface de chauffe est constituée de tubes à l'intérieur desquels circule l'eau. – De *multi-*, et *tubulaire.*

multitude [myltityd] n. f. **1.** Grand nombre. *Une multitude de spectateurs. Il reste une multitude de points à éclaircir.* **2.** Péjor. Le plus grand nombre, le commun des hommes. *Flatter la multitude.* Syn. foule, masse. – Lat. *multitudo.*

munichois, oise [mynikwa, waz] adj. et n. **1.** De Munich. ▷ Subst. *Un(e) Munichois(e).* **2.** HIST Péjor. Partisan des accords de Munich (qui, en 1938, consacrèrent la politique d'*apaisement* des gouvernements anglais et français vis-à-vis de l'expansionnisme du Troisième Reich). – Du n. de *Munich,* ville de Bavière, en Allemagne.

municipal, ale, aux [mynisipal, o] adj. et n. f. pl. Relatif à une commune et à son administration. *Loi municipale. Conseil municipal. Officiers municipaux. Élections municipales* ou, n. f. pl., *les municipales.* – Lat. *municipalis,* de *municipium,* « municipe ».

municipalisation [mynisipalizasjɔ̃] n. f. Action de municipaliser. ▷ *Municipalisation des sols,* qui fait de la commune l'acheteur exclusif des terrains à bâtir situés sur son territoire. – De *municipaliser.*

municipaliser [mynisipalize] v. tr. [1] Soumettre au contrôle d'une municipalité. – De *municipal.*

municipalité [mynisipalite] n. f. **1.** Corps d'élus qui administre une commune, comprenant le maire et les conseillers municipaux. – DR ADMIN Ensemble du maire et de ses adjoints. **2.** Lieu où siège le conseil municipal; mairie. **3.** Circonscription municipale; commune. – De *municipal.*

municipe [mynisip] n. m. ANTIQ Cité sous dépendance romaine qui jouissait du droit de s'administrer elle-même. – Lat. *municipium,* de *munia,* « fonctions », et *capere,* « prendre, assumer ».

munificence [mynifisɑ̃s] n. f. Grande libéralité, générosité, largesse. *Traiter un hôte avec munificence.* – Lat. *munificentia,* de *munificus,* « généreux », de *munus,* « présent », et *facere,* « faire ».

munificent, ente [mynifisɑ̃, ɑ̃t] adj. D'une grande générosité. – De *munificence.*

munir [myniʀ] v. tr. [3] **1.** Pourvoir du nécessaire. *Munir des voyageurs de vivres.* ▷ v. pron. *Se munir contre la pluie.* – Fig. *Se munir de patience.* – Pp. adj. *Il est mort muni des sacrements de l'Église.* **2.** Garnir, équiper. *Munir des fauteuils de housses.* – Lat. *munire,* « fortifier, construire ».

munition [mynisjɔ̃] n. f. **1.** Vx Ensemble des denrées et des équipements destinés aux armées. *Pain de munition.* **2.** (Plur.) Approvisionnement pour les armes à feu (cartouches, obus, grenades, etc.). – Du lat. *munitio,* « fortification ».

munitionnaire [mynisjɔnɛʀ] n. m. HIST Agent qui approvisionnait les troupes en vivres, sous l'Ancien Régime. – De *munition.*

munster [mœ̃stɛʀ] n. m. Fromage de lait de vache, à pâte grasse, fabriqué dans les Vosges. – De *Munster,* ch.-l. de cant. dans le Haut-Rhin.

muon [myɔ̃] n. m. PHYS NUCL Lepton négatif instable de masse égale à 207 fois celle de l'électron (symbole μ^-). *Le muon fut appelé à tort méson* μ. – De *mu,* et *(électr)on.*

muphti. V. mufti.

muqueux, euse [mykø, øz] adj. et n. f. MED **1.** De la nature du mucus. **2.** Qui sécrète du mucus. ▷ n. f. ANAT Membrane qui tapisse l'intérieur des organes creux communiquant directement avec l'extérieur, et qui sécrète du mucus. *Muqueuse buccale.* – Du lat. *mucosus,* de *mucus,* « morve ».

mur [myʀ] n. m. **1.** Ouvrage de maçonnerie servant à soutenir un plancher ou une charpente *(mur porteur),* ou à cloisonner un espace. *Mur de brique. Mur de refend*. Mur de soutènement.* ▷ Loc. *Coller qqn au mur,* pour le fusiller. – Arg., fig. *Faire le mur :* sortir en cachette (de la caserne, du lycée, etc.) en sautant par-dessus le mur. – Prov. *Les murs ont des oreilles :* il faut se méfier, on peut être entendu. – *Mettre qqn au pied du mur,* le mettre en demeure de prendre une décision, de faire qqch, etc. ▷ (Plur.) *Les murs :* l'enceinte d'une ville. – *Par ext.* La ville elle-même. *Vous êtes dans nos murs.* **2.** *Par ext.* Toute barrière. *Un mur de rondins.* **3.** Fig. Barrière, limite fictive. *Le mur de la vie privée.* – Ce qui constitue un obstacle. *Il se heurta à un mur de silence.* ▷ AVIAT *Mur du son :* ensemble des phénomènes aérodynamiques qui font obstacle au franchissement de la vitesse du son par un avion, un missile, etc. ▷ *Mur de la chaleur :* limite au-delà de laquelle l'échauffement aérodynamique dû au déplacement d'un engin risque d'endommager ses structures. – Lat. *murus.*

mûr, mûre [myʀ] adj. **1.** (En parlant d'un fruit, d'une céréale.) Parvenu à un point de développement qui le rend propre à propager l'espèce ou à être consommé. *Blé, raisin mûrs.* **2.** *Par ext.* Qui est prêt à être réalisé, à remplir une fonction, etc., dans des conditions idéales. *L'affaire n'est pas encore mûre.* – (Personnes) *Être mûr pour qqch,* être en âge, en situation de l'obtenir. **3.** Qui a atteint son développement complet, physique ou intellectuel. *Homme mûr. Âge mûr.* ▷ *Abcès mûr,* près de percer. **4.** Qui a un jugement sage et réfléchi. *Fillette mûre pour son âge.* ▷ *Après mûre réflexion :* après avoir longuement réfléchi. **5.** Fam. *Étoffe mûre,* usée, près de se déchirer. ▷ Pop. *Être mûr :* être ivre. – Du lat. *maturus.*

murage [myʀaʒ] n. m. Action de murer. – De *murer.*

muraille [myʀaj] n. f. **1.** Mur épais et assez haut. *Pan de muraille.* ▷ *Couleur de muraille :* couleur grise, qui se confond avec celle des murs. **2.** (Souvent au plur.) Construction servant de clôture, de défense; fortification. *Murailles crénelées. La Grande Muraille de Chine.* Syn. rempart, enceinte. **3.** MAR Partie de la coque du navire comprise entre la flottaison et le plat-bord. **4.** ZOOL Partie extérieure du sabot d'un cheval. – De *mur.*

mural, ale, aux [myʀal, o] adj. **1.** Qui se fixe, s'applique au mur. *Four, réfrigérateur mural.* ▷ BX-A *Peinture murale,* faite directement sur un mur. **2.** ANTIQ *Couronne murale,* que les Romains donnaient à celui qui, le premier, escaladait les murs d'une ville assiégée. – Lat. *muralis.*

mûre [myʀ] n. f. **1.** Fruit comestible du mûrier. *Sirop de mûre.* **2.** Fruit comestible de la ronce. – A. fr. *meure,* lat. pop. *mora,* du class. *morum.*

mûrement [myʀmɑ̃] adv. Avec une réflexion approfondie. *Mûrement réfléchi.* – De *mûr.*

murène [myʀɛn] n. f. Poisson apode des côtes rocheuses, au corps mince et long, très vorace. – Lat. *muræna,* gr. *muraina.*

murer [myʀe] v. tr. [1] **1.** Entourer de murs, de murailles. *Murer une ville.* **2.** Fermer par une maçonnerie. *Murer une porte.* **3.** Enfermer en maçonnant les issues. *Murer un prisonnier.* **4.** Fig. Soustraire à toute influence extérieure. *Murer sa vie privée.* ▷ v. pron. S'enfermer pour s'isoler. *Elle se mura chez elle pour réfléchir.* – Fig. *Se murer dans son obstination.* – De *mur.*

muret [myʀɛ] n. m. ou **murette** [myʀɛt] n. f. Mur de faible hauteur. – Dimin. de *mur.*

murex [myʀɛks] n. m. Mollusque gastéropode dont la coquille est garnie d'épines, de tubercules, et prolongée en siphon tubulaire. *Les Anciens extrayaient la pourpre du murex.* – Mot lat.

muriate [myʀjat] n. m. CHIM Vx Chlorure. – Du lat. *muria,* « saumure ».

muriatique [myʀjatik] adj. CHIM *Acide muriatique,* syn. anc. d' *acide chlorhydrique.* – Lat. *muriaticus.*

muridés [myʀide] n. m. pl. ZOOL Famille de rongeurs à museau pointu (rats, souris et mulots). – Sing. *Un muridé.* – Du lat. *mus, muris,* « souris ».

mûrier [myʀje] n. m. *Mûrier blanc* (*Morus alba,* fam. moracées) : arbre haut d'une vingtaine de mètres, originaire d'Extrême-Orient, cultivé en France pour ses feuilles qui servent de nourriture aux vers à soie et utilisé en ébénisterie et en industr. papetière. – *Mûrier noir (Morus nigra) :* arbre haut d'environ 6 m, originaire de Perse, cultivé dans le Midi et dont les fruits noirâtres ont des propriétés astringentes. – De *meure,* forme anc. de *mûre.*

mûrir [myʀiʀ] v. [3] **I.** v. intr. **1.** Devenir mûr. *Les fruits mûrissent en été.* – Fig. *Laisser mûrir une affaire.* **2.** Acquérir du jugement. *Esprit qui mûrit.* **II.** v. tr. **1.** Rendre mûr. *Le soleil mûrit les blés.* **2.** Former (qqn), lui donner de la sagesse, du jugement. *Ces épreuves l'ont mûri.* **3.** Mettre au point peu à peu. *Mûrir un projet.* – De *mûr,* ou de l'a. fr. *maürer,* « devenir mûr ».

mûrissement [myʀismɑ̃] n. m. Venue à maturation (des fruits). – De *mûrir.*

mûrisserie [myʀisʀi] n. f. TECH Local où on laisse mûrir certains fruits. *Mûrisserie de bananes.* – De *mûrir.*

murmel [myʀmɛl] n. m. Fourrure de marmotte rappelant la marte ou le vison. – Mot all., « marmotte ».

murmure [myʀmyʀ] n. m. **1.** Bruit continu, sourd et confus, de voix humaines. *Il entra et le murmure cessa brusquement. Murmure d'approbation.* **2.** *Par anal.* Bruit léger et régulier produit par des eaux qui coulent, le vent dans les feuilles, etc. *Le murmure du ruisseau.* **3.** (Souvent plur.) Plaintes, commentaires plus ou moins malveillants exprimés à mi-voix par des personnes mécontentes. *Provoquer des murmures de protestation.* ▷ On-dit, bruit qui court. *Faire cesser les murmures.* – Déverbal de *murmurer.*

murmurer [myʀmyʀe] v. intr. [1] **1.** Parler, prononcer à voix basse. *Elle murmurait plus qu'elle ne parlait.* ▷ v. tr. *Il lui murmura quelques mots à l'oreille.* Syn. chuchoter. **2.** Émettre un murmure, un bruit léger et régulier. *Le vent murmure dans le feuillage.* **3.** Se plaindre, protester sourdement. *Murmurer entre ses dents. Murmurer contre un ordre reçu.* ▷ Faire des commentaires à voix basse, de bouche à oreille; jaser. *En ville, on murmurait à leur sujet.* – Lat. *murmurare,* de *murmur,* « murmure, bourdonnement, grondement », onomat.

mûron [myʀɔ̃] n. m. Dial. Fruit de la ronce, cour. appelé mûre. – De *mûre.*

murrhin, ine [myʀɛ̃, in] adj. ANTIQ *Vase murrhin :* vase précieux fabriqué dans une matière irisée mal connue, peut-être de la porcelaine de Chine. – Lat. *murrhinus.*

musacées [myzase] n. f. pl. Famille de monocotylédones tropicales comprenant notam. le bananier. – Sing. *Une musacée.* – Du lat. bot. mod. *musa,* « bananier ».

musagète [myzaʒɛt] adj. m. MYTH Se dit d'Apollon en tant que « conducteur des Muses ». – Lat. d'orig. gr. *musagetes.*

musaraigne [myzaʀɛɲ] n. f. Petit mammifère insectivore au museau pointu (genres *Sorex* et voisins, fam. soricidés), dont une espèce, la *musaraigne carrelet,* détruit les insectes, les vers, les limaces, etc. – Lat. pop. *musaranea,* de *mus,* « rat », et *aranea,* « araignée ».

musard, arde [myzaʀ, aʀd] adj. et n. Rare Flâneur. – De *muser.*

musarder [myzaʀde] v. intr. [1] Flâner. – De *musard.*

musardise [myzaʀdiz] ou **musarderie** [myzaʀdəʀi] n. f. Vx Flânerie. – De *musard.*

musc [mysk] n. m. **1.** Substance très odorante extraite des glandes abdominales du chevrotain porte-musc mâle. **2.** Parfum à base de musc. – Bas lat. *muscus,* du persan *mus.*

muscade [myskad] n. f. et adj. f. **1.** n. f. Graine d'un arbre tropical (muscadier) qui, réduite en poudre, est utilisée comme condiment. ▷ adj. f. *Noix muscade.* **2.** adj. f. *Rose muscade :* variété de rose rouge. **3.** n. f. Petite boule de la grosseur d'une muscade dont se servent les escamoteurs dans leurs tours. ▷ Loc. fig. *Passez muscade! :* le tour a réussi, le tour est joué! – Anc. provenç. *muscada,* de *musc.*

muscadet [myskadɛ] n. m. **1.** Cépage blanc des vignobles de l'embouchure de la Loire. **2.** Vin blanc sec provenant de ce cépage. – Mot provenç., « vin muscat ».

muscadier [myskadje] n. m. Arbuste tropical qui donne un fruit dont l'amande est la noix de muscade. – De *muscade.*

muscadin [myskadɛ̃] n. m. **1.** Vx Jeune fat. **2.** HIST Jeune homme qui, après le 9 Thermidor, arborait une élégance recherchée (et se parfumait au musc). – De l'ital. *moscardino,* « pastille parfumée au musc ».

muscardin [myskaʀdɛ̃] n. m. Petit rongeur au pelage roux doré, long d'une quinzaine de centimètres, qui construit un nid en boule dans les buissons. – Ital. *moscardino,* « pastille parfumée au musc », par allus. à l'odeur musquée qu'on attribuait autref. à cet animal.

muscardine [myskaʀdin] n. f. Maladie mortelle des vers à soie, due à une moisissure. – Provenç. *moscardino.*

muscari [myskaʀi] n. m. Plante ornementale (fam. liliacées) à fleurs en grappes bleues ou blanches à odeur musquée. – Mot du lat. bot., du bas lat. *muscus,* « musc ».

muscarine [myskaʀin] n. f. Substance alcaloïde toxique de certains champignons vénéneux. – Du lat. scientif. *muscaria (amanita),* « amanite tue-mouches », d'où est extrait ce poison; de *musca,* « mouche ».

muscat [myska] n. m. et adj. **1.** Variété de raisin parfumé, à l'odeur musquée. ▷ adj. *Raisin muscat.* **2.** Famille de cépages blancs. ▷ Vin issu de ces cépages. – Mot provenç., de *musc.*

muscidés [myside] n. m. pl. ENTOM Famille de diptères comprenant les mouches proprement dites. – Sing. *Un muscidé.* – Du lat. *musca,* « mouche ».

muscinées [mysine] n. f. pl. BOT Classe de végétaux bryophytes appelés couramment *mousses.* – Sing. *Une muscinée.* – Du lat. *muscus,* « mousse ».

muscle [myskl] n. m. Organe contractile assurant le mouvement, chez l'homme et chez les animaux. *Gonfler ses muscles.* ▷ Fam. *Avoir du muscle :* être très fort. – Lat. *musculus,* « petit rat, moule, muscle ».

ENCYCL Selon les fibres qui les composent, on distingue : les *muscles rouges striés* (appelés aussi muscles squelettiques, car ils sont en relation avec les os), agents de la mobilité volontaire; les *muscles lisses,* ou involontaires, qui obéissent au système neurovégétatif. Le *muscle cardiaque* doit être classé à part, car il possède à la fois des fibres lisses et des fibres striées.

musclé, ée [myskle] adj. Qui a les muscles volumineux, bien dessinés. *Athlète musclé.* ▷ Fig. Qui a du nerf, qui est fort, qui a du corps. *Musique musclée.* – De *muscle.*

muscler [myskle] v. tr. [1] Développer les muscles de (qqn). ▷ v. pron. *Faire des exercices pour se muscler.* – De *muscle.*

muscovite [myskɔvit] n. f. MINER Mica blanc. – De *Muscovy,* nom angl. de la Moscovie, État russe constitué autour de Moscou (XVe-XVIIe s.).

musculaire [myskylɛʀ] adj. Des muscles, qui a rapport aux muscles. – Du lat. *musculus* (V. muscle).

musculation [myskylasjɔ̃] n. f. Développement de la musculature ou de certains groupes musculaires. – Ensemble d'exercices spécialement étudiés pour favoriser ce développement. – Du lat. *musculus* (V. muscle).

musculature [myskylatyʀ] n. f. Ensemble des muscles du corps. *Musculature d'un culturiste.* – Du lat. *musculus* (V. muscle).

musculeux, euse [myskylø, øz] adj. **1.** ANAT Composé de fibres musculaires. **2.** Qui a une forte musculature. – Lat. *musculosus.*

muse [myz] n. f. **1.** (Avec une majuscule.) MYTH Chacune des neuf déesses qui présidaient aux arts libéraux*. *Calliope était la Muse de l'éloquence, Clio de l'histoire, Érato de l'élégie, Euterpe de la musique, Melpomène de la tragédie, Polymnie de la poésie lyrique, Terpsichore de la danse, Thalie de la comédie et Uranie de l'astronomie.* **2.** (Parfois avec une majuscule.) *La Muse, les Muses* : la poésie. ▷ Litt., plaisant *Taquiner la Muse* : composer à l'occasion des poèmes, par divertissement. **3.** (Avec une minuscule.) Vieilli Femme qui inspire un poète, un artiste. – Lat. *musa,* gr. *moûsa.*

museau [myzo] n. m. **1.** Partie antérieure de la tête de certains animaux (mammifères, sauf le cheval; poissons) comprenant la gueule et le nez. *Museau de chien, de requin.* **2.** Fam. Visage. *Vilain museau.* **3.** CUIS Préparation faite avec la chair cuite des têtes de bœuf ou de porc. *Museau à la vinaigrette.* – De l'a. fr. *mus*; lat. pop. *musus.*

musée [myze] n. m. **1.** Vx Établissement consacré aux lettres, aux arts, aux sciences. **2.** Mod. Lieu public où sont rassemblées des collections d'objets d'art, ou des pièces présentant un intérêt historique, scientifique, technique. *Musée des Beaux-Arts. Musée des Arts décoratifs. Musée des Arts et Traditions populaires. Musée de la Marine. Musée océanographique.* ▷ Par anal. *Ville musée,* riche en monuments historiques et œuvres d'art. – Lat. *museum,* gr. *mouseîon*; «temple des Muses, lieu consacré aux études».

ENCYCL Le terme de musée désigna tout d'abord un sanctuaire dédié aux muses, situé sur une colline d'Athènes. Il s'appliqua aussi à une académie dotée de vastes complexes comme ceux que Ptolémée Philadelphe avait installés dans son palais d'Alexandrie. De nos jours, le musée a perdu sa destination religieuse pour devenir un lieu de rassemblement de collections d'objets d'art ou de science. Il s'est formé généralement autour de collections privées. La conception des musées, qui était traditionnellement fondée sur la notion de conservation, s'est modifiée, incluant les visites et l'organisation d'expositions.

museler [myz(ə)le] v. tr. [19] **1.** Mettre une muselière à (un animal). **2.** Fig. Empêcher de s'exprimer. *Museler la presse.* – De *musel,* forme anc. de *museau.*

muselet [myzlɛ] n. m. TECH Armature en fil de fer qui tient le bouchon d'une bouteille de vin mousseux. – De *musel,* forme anc. de *museau.*

muselière [myzəljɛʀ] n. f. Appareil que l'on met au museau de certains animaux, pour les empêcher de mordre ou de manger. *Mettre une muselière à un chien.* – De *musel,* forme anc. de *museau.*

musellement [myzɛlmɑ̃] n. m. Action de museler. – De *museler.*

muséographie [myzeɔgʀafi] n. f. Description des musées; description, étude de leurs collections. – De *musée,* et *-graphie.*

muséologie [myzeɔlɔʒi] n. f. Ensemble des connaissances scientifiques et techniques concernant la conservation et la présentation des collections des musées. – De *musée,* et *-logie.*

muser [myze] v. intr. [1] Vieilli ou litt. Perdre son temps à des riens. – «Rester le museau en l'air», de l'a. fr. *mus,* «museau».

muserolle [myzʀɔl] n. f. TECH Partie de la bride qui se place au-dessus du nez du cheval. – Ital. *museruola,* de *muso,* «museau».

1. musette [myzɛt] n. f. (et n. m.) **I. 1.** Instrument de musique populaire, sorte de cornemuse. **2.** Air fait pour la musette. **3.** (En appos.) *Bal musette,* ou n. m., *musette* : bal populaire (à l'origine, bal où l'on dansait au son de la musette). **II.** Sac en toile que l'on peut porter en bandoulière. – De l'a. fr. *muse,* même sens, de *muser* au sens anc., «jouer de la muse».

2. musette [myzɛt] n. f. Musaraigne. – Même rad. que *musaraigne.*

muséum [myzeɔm] n. m. Musée consacré aux sciences naturelles. – Lat. *museum* (cf. musée).

musical, ale, aux [myzikal, o] adj. **1.** Relatif à la musique. *Composition musicale.* **2.** Où l'on donne de la musique. *Soirée musicale.* **3.** Qui a le caractère de la musique; harmonieux, chantant. *Phrase musicale. L'italien est une langue musicale.* ▷ Par ext. *Avoir l'oreille musicale* : être apte à saisir, à reconnaître les sons musicaux et leurs combinaisons. – De *musique.*

musicalement [myzikalmɑ̃] adv. **1.** D'une façon musicale, harmonieuse. **2.** Conformément aux règles de la musique. **3.** Pour ce qui est de la musique. – De *musical.*

musicalité [myzikalite] n. f. Qualité de ce qui est musical. *Musicalité d'un enregistrement. – Musicalité d'un vers de Racine.* – De *musical.*

music-hall [myzikol] n. m. **1.** Établissement où se donnent des spectacles de variétés. *Des music-halls.* **2.** Ce genre de spectacle. *Une vedette de music-hall.* – Mots angl., «salle de musique».

musicien, enne [myzisjɛ̃, ɛn] n. et adj. **1.** Personne qui connaît, pratique l'art de la musique. ▷ adj. *Il est très musicien. Avoir l'oreille musicienne.* **2.** Personne dont la profession est de composer ou de jouer de la musique. *Bach est son musicien préféré. Un orchestre de soixante musiciens. Un musicien de jazz.* – De *musique.*

musicographe [myzikɔgʀaf] n. Auteur, critique qui écrit sur la musique. *Un musicographe spécialiste de Verdi.* – De *musique,* et *-graphe.*

musicographie [myzikɔgʀafi] n. f. Art, travail du musicographe. – De *musicographe.*

musicologie [myzikɔlɔʒi] n. f. Étude de la musique dans ses rapports avec l'histoire, l'art, l'esthétique. – De *musique,* et *-logie.*

musicologue [myzikɔlɔg] n. Spécialiste de musicologie. – De *musique,* et *-logue.*

musicothérapie [myzikoteʀapi] n. f. PSYCHIAT Utilisation de la musique à des fins thérapeutiques. – De *musique,* et *thérapie.*

musique [myzik] n. f. **1.** Art de combiner les sons suivant certaines règles. ▷ Ensemble des productions de cet art; œuvre musicale. *Musique religieuse. Musique de chambre,* pour petit orchestre. *Musique atonale, dodécaphonique, sérielle. Musique enregistrée. Musique de film. Préférez-vous la musique classique ou la musique contemporaine?* **2.** Musique écrite. *Copier de la musique. Savoir déchiffrer la musique.* **3.** Société de musiciens exécutant de la musique ensemble. *Une musique militaire. Chef de musique.* **4.** Loc. fig. et fam. *En avant la musique! :* allons-y! – *C'est toujours la même musique,* toujours la même chose, en parlant de qqch qu'on désapprouve. – *Connaître la musique :* savoir à quoi s'en tenir. – *Réglé comme du papier à musique :* très bien organisé, méthodique; qui se produit inévitablement. **5.** Fig. Suite de sons qui produisent une impression agréable. *La musique d'une source.* – Lat. *musica,* gr. *mousikê,* «art des Muses».

musiquette [myzikɛt] n. f. Péjor. Musique facile, sans valeur. *Ce n'est que de la musiquette.* – Dimin. de *musique.*

musli. V. muesli.

musoir [myzwaʀ] n. m. TECH Extrémité arrondie d'une digue, d'une jetée. *Phare construit sur le musoir d'un môle-abri.* – De *museau.*

musophage [myzɔfaʒ] n. m. ZOOL Oiseau cuculiforme d'Afrique, qui se nourrit de bananes, type de la fam. des musophagidés (qui comprend aussi les touracos). – Du lat. bot. *musa,* «banane», et *-phage.*

musqué, ée [myske] adj. **1.** Parfumé au musc. **2.** Dont l'odeur rappelle le musc. *Poire musquée.* **3.** ZOOL *Bœuf musqué :* V. ovibos. – *Rat musqué :* V. ondatra. – Pp. de *musquer,* «parfumer au musc».

mussif [mysif] adj. m. TECH *Or mussif :* bisulfure d'étain, rappelant l'or par sa couleur et utilisé en dorure. – A. fr. *music,* du lat. médiév. *(aurum) musivum,* «(or) mosaïque».

mussitation [mysitasjɔ̃] n. f. MED Mouvement des lèvres sans production de son, symptomatique de certaines affections cérébrales. – Lat. *mussitatio,* de *mussitare,* «parler à voix basse».

mustang [mystɑ̃g] n. m. Cheval importé d'Europe et redevenu sauvage, dans l'ouest des États-Unis. – De l'anc. esp. *mestengo,* «sans maître».

mustélidés [mystelide] n. m. pl. ZOOL Famille de mammifères à fourrure, carnivores, pourvus de glandes à musc. *L'hermine, la belette, la loutre, la fouine, le putois, le vison sont des mustélidés.* – Sing. *Un mustélidé.* – Du lat. *mustella,* «belette».

musulman, ane [myzylmɑ̃, an] adj. et n. **1.** Qui professe la religion islamique. ▷ Subst. *Un(e) musulman(e).* **2.** De la religion islamique. *Les fêtes musulmanes. Une communauté musulmane.* – De l'ar. *moslem,* propr. «qui s'est soumis (à Dieu)».

mutabilité [mytabilite] n. f. Litt. Caractère de ce qui est susceptible de changer. – De *mutable.*

mutable [mytabl] adj. Qui peut changer, être changé. – De *muter* 2.

mutage [mytaʒ] n. m. TECH Opération consistant à arrêter la fermentation du jus de raisin en y ajoutant certains produits (alcool, notam.). – De *muter* 1.

mutagène [mytaʒɛn] adj. BIOL Qui produit une mutation. *Les radiations ionisantes sont mutagènes.* – De *muta(tion),* et *-gène.*

mutagenèse [mytaʒənɛz] n. f. BIOL Formation d'une mutation. – De *muta(tion),* et *genèse.*

mutant, ante [mytɑ̃, ɑ̃t] n. et adj. **1.** BIOL Être vivant qui subit ou qui a subi une ou plusieurs mutations. ▷ adj. Qui a subi une mutation. *Type mutant.* **2.** n. Personnage de science-fiction qui subit une mutation. – Ppr. de *muter* 2.

mutarotation [mytaʀɔtasjɔ̃] n. f. CHIM Évolution du pouvoir rotatoire spécifique d'une solution optiquement active. – De *muta(tion),* et *rotation.*

mutation [mytasjɔ̃] n. f. **1.** Changement. **2.** Remplacement d'une personne par une autre, changement d'affectation. *Mutation d'un fonctionnaire, d'un militaire.* **3.** MUS *Jeu de mutation :* jeu d'orgue qui permet d'ajouter des harmoniques aux sons émis par un autre jeu et d'en modifier ainsi le timbre. **4.** BIOL Modification du génome (patrimoine héréditaire) d'un être vivant, apparaissant brusquement et se transmettant aux générations suivantes. **5.** DR Transmission de la propriété. *Droits de mutation.* – Lat. *mutatio.*

ENCYCL **Biol.** – Une mutation résulte de la modification biochimique du gène *(récessif* ou *dominant)* responsable d'un caractère. Cette modification peut être naturelle (et dans ce cas elle est toujours aléatoire, l'influence de la vie du sujet et de son milieu étant nulle), ou produite artificiellement, notam. à l'aide de rayonnements ionisants. Le long d'un chromosome, le taux des mutations n'est pas identique pour tous les gènes; aussi distingue-t-on les gènes *instables,* qui mutent facilement, et les gènes *stables.* Il existe enfin des mutations dues à des remaniements héréditaires des chromosomes sans altération des gènes. On distingue divers types de mutations. **1.** Modification d'un segment complet de chromosome : translocations, boucles d'inversion, pertes de segments d'un chromosome, etc. **2.** Modification d'un triplet de base d'une molécule d'acide désoxyribonucléique (V. code génétique); le triplet modifié peut, soit ne plus porter d'information *(mutation non sens),* soit porter une information nouvelle *(mutation faux sens).* Les mutations sont responsables de l'évolution des espèces; la sélection des nouvelles espèces par le milieu naturel permet de distinguer les mutations létales (incompatibles avec la vie de l'individu porteur), néfastes et bénéfiques.

mutationnisme [mytasjɔnism] n. m. BIOL Théorie émise en 1901 par De Vries (1848-1935), qui explique l'évolution des êtres vivants par les mutations. – De *mutation.*

mutationniste [mytasjɔnist] adj. et n. **1.** adj. Relatif au mutationnisme. **2.** n. Partisan du mutationnisme. – De *mutation.*

mutatis mutandis [mytatismytɑ̃dis] loc. adv. En faisant les changements nécessaires. – Mots lat., «les choses devant être changées l'ayant été».

mutazilite. V. moutazilite.

1. muter [myte] v. tr. [1] Pratiquer le mutage sur (un moût, un jus). – De *(vin) muet,* dont on a arrêté la fermentation.

2. muter [myte] v. tr. [1] Changer d'affectation. *Muter un fonctionnaire.* – Lat. *mutare.*

mutilateur, trice [mytilatœʀ, tʀis] adj. Qui mutile. *Intervention mutilatrice.* – De *mutiler.*

mutilation [mytilasjɔ̃] n. f. **1.** Amputation accidentelle d'un membre, d'une partie du corps. – *Mutilation volontaire :* blessure volontaire que s'inflige une personne pour se soustraire à ses obligations militaires (infraction justiciable des tribunaux militaires). **2.** Dégradation. *Mutilation d'une œuvre d'art.* **3.** Suppression fâcheuse d'une partie d'un tout, partic., retranchement d'un passage d'un ouvrage. – Bas lat. *mutilatio.*

mutilé, ée [mytile] n. Personne qui a subi une mutilation. *Mutilé de guerre. Mutilé du travail.* – Pp. subst. de *mutiler.*

mutiler [mytile] v. tr. [1] **1.** Amputer (une personne, un animal) d'un membre, lui infliger une blessure grave qui porte atteinte irréversiblement à son intégrité physique (surtout au passif et au pp.). *Ancien combattant* *mutilé d'un bras.* **2.** Détériorer gravement, tronquer (une chose). *Mutiler une sculpture.* - *Mutiler un texte, un ouvrage,* l'amputer d'une partie essentielle. ▷ Fig. *Mutiler la vérité.* – Lat. *mutilare.*

mutin, ine [mytɛ̃, in] n. et adj. **1.** n. Personne qui est entrée en rébellion ouverte contre un pouvoir établi. **2.** adj. Espiègle, vif et taquin. *Garçonnet mutin.* - Par ext. *Air mutin.* – De *meute,* sens anc. « émeute ».

mutiner (se) [mytine] v. pron. [1] Refuser d'obéir au pouvoir hiérarchique; se révolter. *Les soldats se sont mutinés et se sont emparés de la ville.* – De *mutin.*

mutinerie [mytinʀi] n. f. Action de se mutiner; son résultat. – De *mutin.*

mutisme [mytism] n. m. **1.** PSYCHIAT Attitude de celui qui refuse de parler, déterminée par des facteurs psychologiques (névrose, psychose). *Le mutisme est un élément caractéristique de l'autisme.* **2.** Cour. État, attitude de celui qui refuse volontairement de parler, de s'exprimer ou qui est contraint au silence. *S'enfermer dans un mutisme obstiné.* ▷ Fig. *L'étrange mutisme des autorités sur cette affaire.* – Du lat. *mutus,* « muet ».

mutité [mytite] n. f. Impossibilité physiologique de parler, déterminée par des lésions des centres cérébraux du langage articulé, des organes phonateurs, ou par suite de surdité *(surdi-mutité).* – Bas lat. *mutitas.*

mutualisme [mytɥalism] n. m. ECON Doctrine qui préconise la mutualité. – De *mutualiste.*

mutualiste [mytɥalist] adj. et n. Relatif au mutualisme; fondé sur ses principes. *Société mutualiste.* ▷ Subst. Membre d'une société mutualiste. – De *mutuel.*

mutualité [mytɥalite] n. f. **1.** Rare Caractère de ce qui est mutuel. **2.** Système de solidarité sociale (assurance, prévoyance) fondé sur l'entraide mutuelle des membres cotisants groupés au sein d'une même société à but non lucratif. *La mutualité fut une des formes de socialisme préconisées par Proudhon.* - Ensemble des sociétés mutualistes. – De *mutuel.*

mutuel, elle [mytɥɛl] adj. et n. f. **1.** Réciproque, fondé sur un ensemble d'actes, de sentiments qui se répondent. *Haine mutuelle. Torts mutuels,* partagés. **2.** Fondé sur les principes de la mutualité. *Société d'assurance mutuelle* (à but non lucratif). ▷ n. f. *Une mutuelle :* une société mutualiste. – Du lat. *mutuus,* « réciproque ».

mutuellement [mytɥɛlmɑ̃] adv. Réciproquement. *Ils s'aident mutuellement,* l'un l'autre. – De *mutuel.*

mutule [mytyl] n. f. ARCHI Ornement de la corniche dans l'ordre dorique, placé sous le larmier. – Lat. *mutulus,* « tête de chevron ».

MW PHYS et ELECTR Symbole du mégawatt.

Mx Symbole du maxwell.

my(o)-. Élément, du gr. *mus,* « muscle ».

myalgie [mjalʒi] n. f. MED Douleur musculaire. – De *my(o)-,* et *-algie.*

myasthénie [mjasteni] n. f. MED Affection musculaire caractérisée par une fatigabilité anormale des muscles volontaires, avec épuisement progressif de la force musculaire. – De *my(o)-,* et *asthénie.*

-myce, myc(o)-. Éléments, du gr. *mukês,* « champignon ».

mycélium [miseljɔm] n. m. BOT Appareil végétatif des champignons, formé de filaments plus ou moins ramifiés, cloisonnés (hyphes) ou non (siphons). *Le mycélium constitue le thalle des champignons.* – Lat. scientif., du gr. *mukês.*

mycène [misɛn] n. m. BOT Champignon basidiomycète à lamelles, à spores blanches, très grêle, comestible mais sans intérêt culinaire. – Du gr. *mukês,* « champignon ».

mycénien, enne [misenjɛ̃, ɛn] adj. et n. **1.** De Mycènes. ▷ Subst. *Les Mycéniens.* **2.** Relatif à Mycènes, à la civilisation préhellénique née dans cette ville de la Grèce antique. **3.** n. m. Langue grecque archaïque. – De *Mycènes,* anc. v. de Grèce.

-mycète. Suffixe servant à former des mots savants désignant des champignons (ex. *basidiomycètes*).

myciculture [misikyltyʀ] n. f. Culture des champignons. – De *myc(o)-,* et *culture.*

myco-. V. -myce.

mycobactérie [mikɔbakteʀi] n. f. BIOL Bactérie ayant des caractères proches de certains champignons. – De *myco-,* et *bactérie.*

mycoderme [mikɔdɛʀm] n. m. BOT Levure qui se forme en voile à la surface des liquides fermentés ou sucrés. *Mycoderme acétique* (« fleur de vin »), qui transforme le vin en vinaigre. – Lat. scientif. *mycoderma.*

mycologie [mikɔlɔʒi] n. f. Partie de la botanique qui a pour objet l'étude des champignons. – De *myco-,* et *-logie.*

mycologique [mikɔlɔʒik] adj. Relatif à la mycologie, aux champignons. – De *mycologie.*

mycologue [mikɔlɔg] n. Botaniste spécialisé dans l'étude des champignons. – De *mycologie.*

mycoplasme [mikɔplasm] n. m. BIOL Bactérie polymorphe de petite taille, dépourvue de paroi et parfois pathogène pour l'homme. – De *myco-,* et *-plasme.*

mycorhize [mikɔʀiz] n. m. BOT Champignon associé par symbiose aux racines d'un végétal. *Les mycorhizes peuvent être internes* (orchidées) *ou externes, formant un manchon autour des racines* (chêne, hêtre). – De *myco-,* et gr. *rhiza,* « racine ».

mycose [mikoz] n. f. MED Affection due à un champignon parasite. – De *myc(o)-,* et *-ose* 2.

mydriase [midʀijɑz] n. f. MED Dilatation de la pupille, spontanée (accommodation), pathologique (paralysie de l'iris) ou provoquée (par des médicaments : atropine, notam.). – Gr. *mudriasis.*

mydriatique [midʀijatik] adj. (et n. m.) MED Relatif à la mydriase; qui provoque la mydriase. - *Substance mydriatique* (atropine, tabac, cocaïne, etc.), ou n. m., *un mydriatique.* – De *mydriase.*

mye [mi] n. f. ZOOL Mollusque marin bivalve, comestible, qui vit enfoui dans le sable. – Du lat. *myax,* gr. *muax,* « moule ».

myél(o)-, -myélite. Éléments, tirés du gr. *muelos,* « moelle ».

myéline [mjelin] n. f. ANAT Substance constituée principalement de lipides dont les couches alternent avec des couches de protides, et qui forme l'essentiel de la gaine du cylindraxe de certaines cellules nerveuses. *Les fibres nerveuses pourvues d'une gaine de myéline forment la substance blanche du cerveau et de la moelle épinière.* – De *myél(o)-,* et *-ine.*

myélinique [mjelinik] adj. ANAT Se dit d'une cellule nerveuse pourvue d'une gaine de myéline. – De *myéline.*

-myélite. V. myél(o)-.

myélite [mjelit] n. f. MED Inflammation de la moelle épinière. *La poliomyélite est une myélite virale de la substance grise.* – De *myél-,* et *-ite* 1.

myéloblaste [mjelɔblast] n. m. BIOL Cellule souche des myélocytes dont dérivent les leucocytes granuleux (polynucléaires). *Certaines leucémies sont dues à la prolifération anarchique des myéloblastes.* – De *myélo-,* et *-blaste.*

myélocyte [mjelɔsit] n. m. BIOL Cellule jeune de la moelle osseuse, précurseur des leucocytes polynucléaires. – De *myélo-*, et *-cyte*.

myélogramme [mjelɔgʀam] n. m. MED Détermination de la nature et du pourcentage des différentes cellules qui constituent la moelle osseuse. – De *myélo-*, et *-gramme*.

myélographie [mjelɔgʀafi] n. f. MED Radiographie de la moelle épinière après injection dans le canal rachidien d'un produit opaque aux rayons X. – De *myélo-*, et *-graphie*.

myéloïde [mjelɔid] adj. MED Relatif à la moelle osseuse. – De *myél-*, et *-oïde*.

myélome [mjelom] n. m. MED Tumeur maligne caractérisée par une prolifération de cellules médullaires et par la sécrétion excessive d'une immunoglobuline particulière. Syn. maladie de Kahler. – De *myél-*, et *-ome*.

myélopathie [mjelɔpati] n. f. MED Affection de la moelle épinière ou osseuse. – De *myélo-*, et *-pathie*.

myélosarcome [mjelɔsaʀkom] n. m. MED Sarcome de la moelle osseuse. – De *myélo-*, et *sarcome*.

mygale [migal] n. f. Grosse araignée des régions tropicales (nombr. genres), qui creuse un terrier qu'elle ferme par un opercule. *La morsure de la mygale, mortelle pour les petits animaux, est dangereuse pour l'homme.* – Du gr. *mugalê*, «musaraigne», de *mus*, «rat», et *galê*, «belette».

myo-. V. my(o)-.

myoblaste [mijɔblast] n. m. BIOL Cellule dont dérivent les fibres musculaires. – De *myo-*, et *-blaste*.

myocarde [mijɔkaʀd] n. m. ANAT Tunique du cœur, constituée de fibres musculaires striées. *Infarctus du myocarde* : V. infarctus. – De *myo-*, et suff. *-carde*, du gr. *kardia*, «cœur».

myocardie [mijɔkaʀdi] n. f. MED Atteinte du myocarde aboutissant à une insuffisance cardiaque. – De *myocarde*.

myocardiopathie [mijɔkaʀdjopati] n. f. MED Maladie du myocarde. Syn. cardiomyopathie. – De *myocarde*, et *-pathie*.

myocardite [mijɔkaʀdit] n. f. MED Atteinte inflammatoire, aiguë, subaiguë ou chronique, du myocarde, due à un rhumatisme articulaire aigu, à une scarlatine, à une infection virale, à la syphilis, etc. – De *myocarde*, et *-ite* 1.

myofibrille [mijɔfibʀij] n. f. BIOL Filament protéique contractile contenu dans le cytoplasme des fibres musculaires et dont il constitue l'appareil contractile. – De *myo-*, et *fibrille*.

myoglobine [mijɔglɔbin] n. f. BIOL Protéine du tissu musculaire, dont la structure, proche de celle de l'hémoglobine, permet le stockage de l'oxygène. – De *myo-*, et de *(hémo)globine*.

myogramme [mijɔgʀam] n. m. PHYSIOL Courbe obtenue à l'aide d'un myographe. – De *myo-*, et *-gramme*.

myographe [mijɔgʀaf] n. m. PHYSIOL Appareil servant à enregistrer les déplacements résultant de la contraction d'un muscle. – De *myo-*, et *-graphe*.

myographie [mijɔgʀafi] n. f. PHYSIOL Enregistrement graphique des contractions musculaires. – De *myo-*, et *-graphie*.

myologie [mijɔlɔʒi] n. f. Didac. Partie de l'anatomie qui traite des muscles. – De *myo-*, et *-logie*.

myome [mijom] n. m. MED Tumeur bénigne formée de tissu musculaire. – De *my-*, et *-ome*.

myopathe [mijɔpat] adj. et n. MED Se dit d'un sujet atteint de myopathie. – De *myopathie*.

myopathie [mijɔpati] n. f. MED Affection du tissu musculaire, acquise ou congénitale, d'origine métabolique, neurologique, endocrinienne ou toxique. – De *myo-*, et *-pathie*.

myope [mjɔp] adj. et n. Atteint de myopie. *L'œil myope est trop convergent, sa correction exige le port de verres divergents.* ▷ Fig. Peu perspicace, borné. – Lat. *myops*, gr. *muôps*, «qui cligne des yeux».

myopie [mjɔpi] n. f. Trouble de la vision des objets lointains, dû à un défaut optique du cristallin, qui forme l'image de l'objet en avant de la rétine. ▷ Fig. *Myopie intellectuelle.* – Gr. *muôpia*.

myopotame [mijɔpɔtam] n. m. ZOOL Ragondin. – Lat. zool. *myopotamus*, du gr. *mus*, «rat», et *potamos*, «fleuve».

myorelaxant, ante [mijɔʀəlaksɑ̃, ɑ̃t] adj. et n. m. MED Qui favorise la relaxation musculaire. – n. m. *Prendre un myorelaxant pour combattre une contracture.* Syn. décontracturant. – De *myo-*, et *relaxant*.

myosine [mjɔzin] n. f. BIOCHIM Fibrine* musculaire qui joue un rôle important dans le mécanisme de la contraction musculaire. – De *myo-*, et *(proté)ine*.

myosis [mijɔzis] n. m. MED Diminution du diamètre de la pupille. – Mot lat., du gr. *muein*, «cligner de l'œil».

myosite [mijɔzit] n. f. MED Affection inflammatoire du tissu musculaire. – De *myo-*, et *-ite* 1.

myosotis [mjɔzɔtis] n. m. Petite plante (genre *Myosotis*, fam. borraginacées) à feuilles velues et à fleurs bleues, blanches ou roses, appelée aussi *ne-m'oubliez-pas* et *oreille-de-souris*. *La plupart des myosotis sont communs dans les lieux incultes d'Europe et d'Asie.* – Mot lat., du gr. *muosôtis*, de *mus*, «souris», et *ous, ôtos*, «oreille», à cause de la forme des feuilles.

myria-, myrio-. Élément, du gr. *murias*, «dizaine de mille».

myriade [miʀjad] n. f. Quantité immense et innombrable. *Des myriades d'étoiles.* – Du bas lat. *myrias*, gr. *murias*, «dizaine de mille».

myriapodes [miʀjapɔd] n. m. pl. ZOOL Classe d'arthropodes terrestres dont le corps est formé d'un grand nombre de segments presque identiques portant chacun une ou deux paires de pattes. (La morsure de certaines espèces de grande taille est venimeuse.) – Sing. *Un myriapode.* Syn. cour. mille-pattes. – De *myria-*, et *-pode*.

myrio-. V. myria-.

myriophylle [miʀjɔfil] n. m. BOT Plante d'eau douce dont les feuilles ont la forme de fines lanières. – De *myrio-*, et *-phylle*.

myrmidon ou **mirmidon** [miʀmidɔ̃] n. m. Fam., vieilli Homme chétif, de petite taille. – Fig., vieilli Homme sans importance, sans valeur. – Lat. *Myrmidones*, mot gr., de *murmêx*, «fourmi», n. d'un peuple de l'Antiq., dont Achille était le chef.

myrobolan [miʀɔbɔlɑ̃] n. m. PHARM Vx Fruit desséché de divers arbres de l'Inde, autref. utilisé dans la préparation de dépuratifs. – Lat. *myrobolanus*, gr. *murobolanos*, de *muron*, «parfum», et *balanos*, «gland».

myroxylon [miʀɔksilɔ̃] n. m. BOT Légumineuse arborescente d'Amérique du Sud dont la résine sert à la préparation du *baume du Pérou* et du *baume de tolu*. – Du gr. *muron*, «parfum», et *xulon*, «bois».

myrrhe [miʀ] n. f. Gomme résine aromatique produite par un arbre d'Arabie et que l'on utilise dans la préparation de certains cosmétiques et en pharmacie. *La myrrhe offerte par les Mages à l'Enfant Jésus.* – Lat. *myrrha*, mot gr.

myrtacées [miʀtase] n. f. pl. BOT Famille de dicotylédones dialypétales voisine des rosacées, essentiellement tropicale (eucalyptus, giroflier, etc.) à l'exception du myrte. - Sing. *Une myrtacée.* – De *myrte.*

myrte [miʀt] n. m. **1.** Arbuste ornemental méditerranéen (genre *Myrtus*) à feuilles persistantes coriaces, à fleurs blanches odorantes et à baies bleu-noir comestibles. **2.** ANTIQ ou litt. Feuille de myrte, comme symbole de la gloire, de l'amour. – Lat. *myrtus*, gr. *murtos.*

myrtiforme [miʀtifɔʀm] adj. ANAT Qui a la forme des feuilles du myrte (en fer de lance). *L'abaisseur de l'aile du nez, ou muscle myrtiforme.* – De *myrte*, et *-forme.*

myrtille [miʀtij] n. f. **1.** Petit arbrisseau (*Vacinium myrtillus*, fam. éricacées) à fleurs blanches, poussant dans les forêts de montagne, aux baies noires comestibles. **2.** Fruit de cet arbrisseau, dit aussi *airelle. Confiture de myrtilles.* – Lat. *myrtillus*, de *myrtus*, «myrte».

mystagogie [mistagɔʒi] n. f. Didac. Initiation aux mystères. – De *mystagogue.*

mystagogue [mistagɔg] n. m. ANTIQ GR Prêtre qui initiait aux mystères sacrés. – Lat. *mystagogus*, gr. *mustagôgos*, de *mustês*, «initié», et *agein*, «conduire».

mystère [mistɛʀ] n. m. **I. 1.** ANTIQ Doctrine religieuse qui n'était révélée qu'aux seuls initiés. - (Plur.) Cérémonies du culte qui se rapportaient à ces doctrines. *Les mystères grecs d'Éleusis.* **2.** THEOL Dogme révélé du christianisme, inaccessible à la raison. *Le mystère de la Trinité.* **3.** Ce qui n'est pas accessible à la connaissance humaine. *Les mystères de la nature, du cœur humain.* **4.** Ce qui est inconnu, incompréhensible (mais virtuellement connaissable). *Cette disparition reste un mystère pour la police. Percer un mystère.* **5.** Ce qui est tenu secret. *Les mystères de la politique.* ▷ Ensemble des précautions dont on s'entoure pour tenir une chose secrète (souvent sans raisons sérieuses). *Expliquez-nous, au lieu de faire des mystères! Il y est allé et n'en fait pas mystère*, et ne s'en cache pas. **6.** Crème glacée avec de la meringue et des amandes pilées. **II.** LITTER Drame religieux qui se jouait au Moyen Âge sur le parvis des églises. *«Le Mystère de la Passion», d'Arnoul Gréban (1452).* – Lat. *mysterium*, gr. *musterion*, de *mustês*, «initié».

mystérieusement [misteʀjøzmɑ̃] adv. D'une façon mystérieuse, cachée. *Agir mystérieusement.* – De *mystérieux.*

mystérieux, euse [misteʀjø, øz] adj. **1.** Qui est de la nature du mystère, qui contient un mystère, un sens caché. *Prophétie mystérieuse.* **2.** Cour. Qui fait des mystères. *Un homme mystérieux.* **3.** Sur qui ou sur quoi plane un mystère. *Personnage mystérieux. Disparition mystérieuse.* – De *mystère.*

mysticètes [mistisɛt] n. m. pl. ZOOL Sous-ordre de cétacés comprenant les espèces pourvues de fanons (baleines). - Sing. *Un mysticète.* – Du gr. *mustax*, «moustache», et *kêtos*, «gros poisson de mer».

mysticisme [mistisism] n. m. **1.** Doctrine philosophique, tour d'esprit religieux qui suppose la possibilité d'une communication intime de l'homme avec la divinité (communication qui procéderait d'une connaissance intuitive, immédiate) par la contemplation et l'extase. *Mysticisme chrétien, bouddhiste.* **2.** *Par ext.* Doctrine philosophique fondée sur l'intuition immédiate, sur une foi absolue en son objet. – De *mystique.*

mysticité [mistisite] n. f. Litt. ou didac. Foi mystique. - Pratique de dévotion empreinte de mysticisme. – De *mystique.*

mystifiable [mistifjabl] adj. Qui peut être mystifié. – De *mystifier.*

mystificateur, trice [mistifikatœʀ, tʀis] n. et adj. Personne qui aime mystifier. *L'œuvre d'un mystificateur.* ▷ adj. Qui mystifie. *Annonce mystificatrice.* – De *mystifier.*

mystification [mistifikasjɔ̃] n. f. **1.** Acte, propos par lesquels on mystifie qqn. *Être victime d'une mystification.* **2.** Tromperie ou illusion collective (morale ou intellectuelle). *Marx considère que la religion est une mystification.* – De *mystifier.*

mystifier [mistifje] v. tr. [2] **1.** Tromper (qqn) en abusant de sa crédulité pour s'amuser à ses dépens. **2.** Tromper (qqn) en donnant d'une chose une idée séduisante, mais fallacieuse. *Se laisser mystifier par une propagande démagogique.* – Du gr. *mustês*, «initié», et *-fier.*

mystique [mistik] adj. et n. **1.** Relatif au mystère d'une religion. *Le corps mystique du Christ* : l'Église. **2.** Qui procède du mysticisme. *Foi, expérience, connaissance mystiques.* **3.** Prédisposé au mysticisme ou dont la foi en procède. - Subst. *Les mystiques du XVIII*e *s.* **4.** Dont le caractère est exalté, les idées absolues. *Un progressiste mystique.* - Subst. *Les mystiques de la révolution.* **5.** n. f. *La mystique* : l'ensemble des pratiques et des connaissances liées au mysticisme. *La mystique juive.* ▷ *Par anal.* Manière plus passionnelle que rationnelle d'envisager une idée, une doctrine. *La mystique révolutionnaire.* – Lat. *mysticus*, gr. *mustikos*, «relatif aux mystères».

mystiquement [mistikmɑ̃] adv. De manière mystique. - Dans un sens mystique. – De *mystique.*

mythe [mit] n. m. **1.** Récit légendaire transmis par la tradition, qui, à travers les exploits d'êtres fabuleux (héros, divinités, etc.), fournit une tentative d'explication des phénomènes naturels et humains (naissance du monde, de l'homme, des institutions; acquisition des techniques). *Les mythes égyptiens, grecs. Le mythe d'Œdipe, de Prométhée.* **2.** Représentation, amplifiée et déformée par la tradition populaire, de personnages ou de faits historiques, qui prennent force de légende dans l'imaginaire collectif. *Le mythe napoléonien.* **3.** Représentation traditionnelle, simpliste et souvent fausse, mais largement partagée. *Le mythe de la galanterie française.* **4.** Croyance entretenue par la crédulité ou l'ignorance. *Le mythe de l'alcool qui fortifie.* **5.** Allégorie destinée à présenter sous une forme concrète et imagée une idée abstraite, une doctrine philosophique. *Le mythe platonicien de la caverne.* ▷ Fiction admise comme porteuse d'une vérité symbolique. *Le mythe de l'éternel retour.* – Bas lat. *mythus*, gr. *muthos*, «récit, fable».

-mythie, mytho-. Éléments, du gr. *muthos*, «fable».

mythification [mitifikasjɔ̃] n. f. Action de mythifier; son résultat. – De *mythifier.*

mythifier [mitifje] v. tr. [2] Conférer à (une chose, un fait, un personnage) une dimension mythique, quasi sacrée. – De *mythe*, et *-fier.*

mythique [mitik] adj. Qui a rapport au mythe, qui lui appartient ou qui en a le caractère. *Récits mythiques. Héros, personnages mythiques.* – Lat. *mythicus*, gr. *muthikos.*

mythologie [mitɔlɔʒi] n. f. **1.** Ensemble des mythes propres à une civilisation, à un peuple, à une religion. *La mythologie aztèque.* - *Spécial.* Mythologie de l'Antiquité gréco-latine. *Hercule, héros de la mythologie.* **2.** Discipline ayant pour objet l'étude des mythes, de leur origine et de leur signification. **3.** Ensemble de représentations idéalisées d'un objet investi de valeurs imaginaires liées à la mode, à la tradition, à des aspirations collectives inconscientes. *La mythologie de la star.* – Bas lat. *mythologia*, du gr.

mythologique [mitɔlɔʒik] adj. Qui a rapport ou qui appartient à la mythologie. – Bas lat. *mythologicus.*

mythologue [mitɔlɔg] n. Spécialiste de l'étude des mythes. – Du gr. *muthologos*, «qui dit des fables».

mythomane [mitɔman] adj. et n. Qui relève de la mythomanie; qui en est atteint. *Délire mythomane.* ▷ Subst. *Un(e) mythomane.* – De *mythomanie.*

mythomanie [mitɔmani] n. f. Tendance pathologique à dire des mensonges, à fabuler, à simuler. – De *mytho-*, et *manie.*

mytil(i)-, mytil(o)-. Éléments, du lat. *mytilus*, gr. *mutilos*, « coquillage, moule ».

mytiliculteur [mitilikyltœʀ] n. m. Celui qui pratique la mytiliculture. – De *mytiliculture.*

mytiliculture [mitilikyltyʀ] n. f. Élevage des moules. – De *mytili-*, et *culture.*

mytilotoxine [mitilɔtɔksin] n. f. BIOCHIM Toxine contenue dans le foie des moules empoisonnées et qui peut causer chez l'homme une intoxication grave. – De *mytilo-*, et *toxine.*

myxine [miksin] n. f. ZOOL Cyclostome (genre *Myxina*), long de 20 à 30 cm, parasite interne de poissons. – Du gr. *muxa*, « mucosité », et *-ine.*

myxœdémateux, euse [miksedematø, øz] adj. et n. MED Relatif au myxœdème, causé par le myxœdème. *Arriération myxœdémateuse.* ▷ Atteint de myxœdème. Subst. Un myxœdémateux. – De *myxœdème.*

myxœdème [miksedɛm] n. m. MED Affection due à l'insuffisance ou à la suppression de la sécrétion thyroïdienne, caractérisée par un œdème blanchâtre de la peau et par des troubles sexuels et intellectuels (arriération mentale). – Du gr. *muxa*, « morve », et *oidêma*, « gonflement ».

myxomatose [miksɔmatoz] n. f. MED VET Maladie infectieuse, mortelle et très contagieuse, causée aux lapins par un virus et transmise par les puces, caractérisée par des tuméfactions siégeant dans les zones de transition entre la peau et les muqueuses, par des œdèmes faciaux et par une inflammation purulente des paupières. – De *myxome*, « tumeur molle, composée de tissu muqueux », du gr. *muxa*, « morve », et *-ose* 2.

myxomycètes [miksɔmisɛt] n. m. pl. BOT Champignons inférieurs proches du règne animal par les affinités qu'ils présentent avec certains protozoaires. – Sing. *Un myxomycète.* – Du gr. *muxa*, « morve », et *-mycète.*

myxovirus [miksoviʀys] n. m. BIOL *Les myxovirus* : groupe de virus qui comprend ceux de la grippe, de la pneumonie virale et des oreillons. – Du gr. *muxa*, « morve, mucosité », et *virus.*

mzabite [mzabit] ou **mozabite** [mɔzabit] adj. et n. **1.** adj. Du Mzab. *L'architecture mozabite.* **2.** Subst. Habitant du Mzab. *Les Mzabites.* ▷ Musulman d'une secte schismatique dont la terre d'élection est le Mzab. ▷ *Le mzab* : la langue berbère parlée au Mzab. – De *Mzab*, n. d'une région d'oasis dans le Sud algérien.

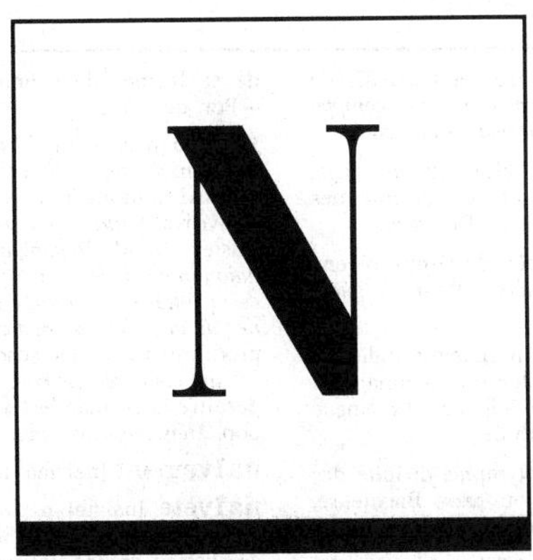

n [ɛn] n. m. Quatorzième lettre et onzième consonne de l'alphabet. (Employé seul, *n* note l'occlusive nasale dentale [n]; devant une consonne ou en fin de mot, il transforme en un son nasal la voyelle qui le précède, comme dans *anse* [ɑ̃s], *ronce* [ʀɔ̃s], *jardin* [ʒaʀdɛ̃], etc. Combiné avec *g* (*gn*), il note la palatale nasale [ɲ] : *peigne* [pɛɲ], *montagne* [mɔ̃taɲ], etc.) ▷ N. : abrév. de *nord.* – N° ou n° : abrév. de *numéro.* – N* ou N**, désigne une personne dont on ignore ou dont on préfère taire le nom. ▷ MATH N : symbole de l'ensemble des entiers naturels. – N* (on dit «n étoile») : symbole de l'ensemble des entiers naturels autres que zéro. – n : désigne souvent un nombre indéterminé. ▷ BIOL *n* (ou *N*) : nombre haploïde de chromosomes (V. encycl. chromosome). ▷ PHYS N : symbole du neutron. – n : symbole de nano-. – N : symbole du nombre d'Avogadro. – N : symbole du newton. ▷ CHIM N : symbole de l'azote, autrefois nommé *nitrogène.*

na! [na] interj. Exclamation enfantine renforçant une affirmation ou une négation. *J'irai pas, na!* – Onomat.

Na CHIM Symbole du sodium. – Abrév. de *natrium,* anc. nom du sodium.

nabab [nabab] n. m. **1.** HIST Titre donné dans l'Inde musulmane aux gouverneurs des provinces, aux grands officiers de la cour des sultans. **2.** Mod. et plaisant Homme très riche qui fait étalage de sa fortune. – Mot hindoustani, ar. *nūwwāb,* plur. de *nāïb,* «lieutenant».

nabis [nabi] n. m. pl. Bx-A Groupe de peintres (M. Denis, É. Bernard, É. Vuillard, P. Bonnard, etc.) qui se constitua autour de P. Sérusier, son princ. animateur, en 1888. – De l'hébreu *nabi,* «prophète».

nabla [nabla] n. m. MATH Opérateur (utilisé dans le calcul vectoriel et différentiel) symbolisé par un delta renversé ($\vec{\nabla}$). – Par anal. avec la forme triangulaire d'un instrument de musique hébraïque.

nabot, ote [nabo, ɔt] n. et adj. Péjor. Personne de très petite taille, presque naine. – Probabl. altér. de *nainbot,* de *nain,* et *bot* (germanique *butt,* «crapaud»).

nabuchodonosor [nabykɔdɔnɔzɔʀ] n. m. Grande bouteille de champagne dont la contenance est égale à vingt fois celle de la bouteille ordinaire, soit 15 litres. – De *Nabuchodonor,* roi de Babylone.

nacelle [nasɛl] n. f. **1.** Vx, litt. Petite embarcation à rames, sans mât ni voile. **2.** Mod. Panier fixé sous un aérostat et dans lequel prennent place les aéronautes. ▷ TECH Légère plate-forme suspendue munie d'un garde-corps. *Nacelle de laveur de carreaux.* – Du bas lat. *navicella, naucella,* dimin. de *navis,* «bateau».

nacre [nakʀ] n. f. **1.** Substance calcaire et organique, dure, brillante, à reflets irisés et chatoyants, qui recouvre la face interne de la coquille de certains mollusques et que l'on utilise en bijouterie et en marqueterie. *Perles véritables en nacre pure. Boutons de nacre.* **2.** Litt. Couleur nacrée. – Ar. *naqqāra*; ital. *naccaro.*

nacré, ée [nakʀe] adj. Qui a l'éclat, l'aspect de la nacre. – De *nacre.*

nacrer [nakʀe] v. tr. [1] **1.** TECH Donner (aux fausses perles de verre) l'aspect de la nacre. **2.** Donner l'irisation de la nacre. – De *nacre.*

nadir [nadiʀ] n. m. ASTRO Point imaginaire de la sphère céleste locale, opposé au zénith, situé à la verticale de l'observateur sous le plan horizontal. – Ar. *nadhir,* «opposé (au zénith)».

nævocarcinome [nevokaʀsinom] n. m. MED Mélanome malin. – De *nævus,* et *carcinome.*

nævus [nevys], plur. **nævi** [nevi] n. m. MED Tache colorée de la peau, d'origine congénitale. *Certains nævi peuvent dégénérer en cancer.* Syn. grain de beauté. – Mot lat., «tache, verrue».

nāgāri. V. devanāgāri.

nage [naʒ] n. f. **1.** Action de nager. *Passer une rivière à la nage :* en nageant. ▷ Manière de nager. *Le crawl est la nage la plus rapide.* – SPORT *Nage libre :* épreuve de natation où le type de nage n'est pas imposé. *En nage libre, les concurrents choisissent habituellement le crawl.* **2.** MAR Action, manière de ramer. *Bancs de nage,* sur lesquels sont assis les rameurs. *Chef de nage,* qui dirige les rameurs. **3.** Loc. fam. *Être en nage,* tout mouillé de sueur. **4.** *Écrevisses, homard à la nage,* que l'on sert dans le court-bouillon de cuisson. – Déverbal de *nager.*

nageoire [naʒwaʀ] n. f. Organe locomoteur et stabilisateur, en forme de palette, des poissons. *Nageoires paires :* nageoires pectorales, pelviennes. *Nageoires impaires :* nageoires dorsale (homocerque ou hétérocerque, selon les groupes), caudale, anale. – *Par ext.* Organe natatoire de certains animaux aquatiques (marsouins, phoques, etc.; à propos de ces animaux, les zoologistes préfèrent parler de *palette natatoire*). – De *nager.*

nager [naʒe] v. intr. [13] **1.** Se soutenir et avancer sur l'eau, ou sous l'eau, par des mouvements adéquats. *Nager comme un poisson. Apprendre à nager.* ▷ Fig., fam. *Savoir nager :* savoir manœuvrer, être habile en affaires, et souvent peu scrupuleux. – *Nager contre le courant :* lutter contre le cours des choses. **2.** (Choses) Être plongé, noyé, dans un liquide; flotter. *Quelques morceaux de viande nageant dans la sauce.* **3.** Fig. Être pleinement dans tel état, telle situation. *Nager dans le bonheur, dans l'opulence.* **4.** Fam. Être très au large (dans un vêtement). **5.** Fam. Se trouver très embarrassé, ne savoir que faire. *Tout cela le dépasse, il nage complètement.* **6.** MAR Ramer. – Du latin *navigare*, « naviguer ».

nageur, euse [naʒœʀ, øz] n. **1.** Celui, celle qui nage. *C'est un très bon nageur.* ▷ Sportif qui dispute des épreuves de natation. **2.** MAR Rameur. – De *nager.*

naguère [nagɛʀ] adv. **1.** Il y a peu de temps, récemment **2.** Cour. et abusiv. *Jadis, autrefois.* – Pour *n'a guère* (autref. *n'a guères*), « il n'y a guère ».

nahuatl [naɥalt] n. m. et adj. inv. Langue indienne d'Amérique centrale (Mexique, Colorado, Arizona), qui fut celle de l'Empire aztèque. – adj. inv. *La langue nahuatl.* – De *Nahua*, nom d'une ethnie.

1. naïade [najad] n. f. **1.** MYTH Nymphe, divinité des rivières et des fontaines. **2.** Litt. ou plaisant Baigneuse, nageuse. – Lat. d'orig. gr. *naias, naiadis.*

2. naïade [najad] n. f. ou **naias** [najas] n. m. BOT Plante monocotylédone aquatique (genre *Naias*) d'Europe centrale, voisine du potamot. – De *naïade* 1.

naïf, ïve [naif, iv] adj. et n. **I. 1.** Qui est, par manque d'expérience, d'un naturel candide, simple et ingénu. *La fillette répondit avec une candeur naïve et charmante.* **2.** Qui est d'une simplicité un peu niaise, d'une crédulité excessive. *On lui fait faire n'importe quoi tant il est naïf.* ▷ Subst. *Un naïf, une naïve.* **II. 1.** Vx ou litt. Apporté en naissant, natif, originaire. ▷ BIOL Se dit, en expérimentation, d'un animal vierge de toute manipulation, de tout traitement antérieurs. **2.** Naturel, ingénu, sans artifice. *Les élans naïfs de l'enfance.* ▷ Mod. et didac. Se dit d'un comportement qui fait appel à l'intuition dans le domaine des connaissances au lieu de s'appuyer sur une démarche scientifique. **3.** BX-A *Art naïf* : nom donné à l'art de certains autodidactes dont les œuvres ont un caractère ingénu qui évoque la vision « primitive » (peu soumise aux lois de la perspective) des maîtres de la fin du Moyen Âge. – Par ext. *Peintre naïf.* ▷ Subst. *Un naïf.* – Du lat. *nativus*, « qui a une naissance; naturel ».

nain, naine [nɛ̃, nɛn] n. et adj. **I.** n. **1.** Personne d'une taille anormalement petite; personne atteinte de nanisme. **2.** *Nain jaune* : jeu de cartes dans lequel on utilise un plateau au centre duquel est représenté un nain jaune portant le 7 de carreau pour collecter les jetons symbolisant les mises. **II.** adj. **1.** Qui est d'une extrême petitesse (objets, végétaux, animaux). *Plante naine. Pois nain. Caniche nain.* **2.** (Personnes) Atteint de nanisme. *Il est presque nain.* **3.** ASTRO *Étoile naine* : étoile dont le diamètre et la luminosité sont relativement faibles (par oppos. aux *étoiles géantes* et *supergéantes*). ▷ Subst. *Une naine. Les naines rouges. Les naines blanches.* – Lat. *nanus.*

naissain [nɛsɛ̃] n. m. Ensemble des très jeunes moules ou huîtres (à l'état larvaire ou embryonnaire) d'un élevage. – De *naître.*

naissance [nɛsɑ̃s] n. f. **1.** Commencement de la vie indépendante, caractérisée par l'établissement de la respiration pulmonaire. *Donner naissance à* : enfanter. *Anniversaire, date de naissance.* – DR *Déclaration, acte de naissance.* – *Nombre des naissances et des décès. Régulation, contrôle, limitation des naissances.* ▷ Loc. adv. *De naissance* : dès la naissance, de manière congénitale. *Aveugle de naissance.* **2.** Accouchement. *Naissance difficile.* **3.** Vx ou litt. Origine, extraction. *Un homme de bonne, de haute naissance.* **4.** Fig. Origine, commencement. *La naissance d'une nation.* – *La naissance du jour.* **5.** Point où commence une chose. *La naissance de l'épaule.* – *La naissance d'une voûte*, le commencement de sa courbure. – De *naître*, d'après le lat. *nascentia*, « nativité ».

naissant, ante [nɛsɑ̃, ɑ̃t] adj. **1.** Qui commence à se former, à se développer. *Barbe naissante. Sentiments naissants.* **2.** CHIM *État naissant* : état d'un corps qui vient de se former dans une réaction. *Hydrogène naissant.* – Ppr. de *naître.*

naître [nɛtʀ] v. intr. [74] **1.** Venir au monde. *Un enfant qui vient de naître. Napoléon Ier naquit à Ajaccio, en 1769.* – (Suivi d'un attribut.) *Il est né sourd-muet.* **2.** *Naître à* : s'ouvrir à. *Naître à une vie nouvelle.* **3.** Fig. Commencer à exister. *La Ve République est née en 1958. La révolution industrielle est née en Angleterre au XVIIIe s.* – *Naître de* : prendre son origine dans (telle cause). *Cette idée est née de la volonté de mieux servir le public.* ▷ *Faire naître* : produire, provoquer, susciter. *Ce voyage a fait naître chez lui un goût très vif pour l'art persan.* **4.** Commencer à paraître, à se manifester. *Le jour allait naître.* – Du lat. pop. **nascere*, class. *nasci.*

naïvement [naivmɑ̃] adv. De façon naïve. – De *naïf.*

naïveté [naivte] n. f. **1.** Ingénuité. *Il a gardé une naïveté d'enfant.* **2.** Péjor. Simplicité niaise. *Il a fait preuve d'une bien grande naïveté à l'égard de ses débiteurs.* **3.** Propos, geste naïf qui échappe par ignorance ou par gaucherie. – De *naïf.*

naja [naʒa] n. m. ZOOL Nom scientif. du cobra. *Naja hannah* : cobra royal. – De *nagha*, mot de Ceylan, hindi *nagh*, « serpent »; lat. zool. créé par les Hollandais.

namibien, enne [namibjɛ̃, ɛn] adj. et n. Relatif à la Namibie, État de l'Afrique australe; de Namibie. – Subst. *Un(e) Namibien(ne).*

namurien, enne [namyʀjɛ̃, ɛn] n. m. et adj. GEOL *Le namurien* : étage du carbonifère, caractéristique de la région de Namur. – Du n. de la v. de *Namur* (Belgique).

nana [nana] n. f. Fam. **1.** Maîtresse. **2.** Femme, fille. *Sortir avec une nana.* – Du prénom *Anna.*

nanan [nanɑ̃] n. m. Loc. fam. Vieilli *C'est du nanan* : c'est délicieux; c'est très facile. – Rad. expressif *nan-*, attesté dans de nombreux dér. dial.

nandou [nɑ̃du] n. m. Oiseau ratite (genre *Rhea*) de la pampa sud-américaine, ressemblant à une petite autruche. – *Nandou de Darwin* : petit nandou qui vit sur les hauts plateaux andins. – Mot guarani (Brésil); lat. zool. *nandu.*

naniser [nanize] v. tr. [1] TECH Empêcher de grandir, rendre nain (une plante). – Pp. adj. *Un bonzaï est une plante nanisée.* – De *nain.*

nanisme [nanism] n. m. MED Anomalie liée en général à des troubles endocriniens (insuffisances thyroïdienne, hypophysaire ou cortico-surrénale, notam.), caractérisée par une taille de beaucoup inférieure à la moyenne. – Du lat. *nanus*, « nain ».

nanoréseau [nanoʀezo] n. m. INFORM Configuration de matériel informatique destinée à l'enseignement, regroupant des micro-ordinateurs autour d'un serveur grâce à un réseau local. – De *nano-*, et *réseau.*

nansouk ou **nanzouk** [nɑ̃zuk] n. m. Tissu léger de coton, utilisé en lingerie. – Mot hindi.

nanti, ie [nɑ̃ti] adj. et n. Bien pourvu, riche. ▷ Subst. *Spécial.* Péjor. *Les nantis* : les riches, les privilégiés. – Pp. de *nantir.*

nantir [nɑ̃tiʀ] v. tr. [3] DR **1.** Pourvoir (un créancier) de gages pour la garantie d'une dette, d'un prêt. – v. pron. *Se nantir des effets d'une succession*, s'en saisir comme y ayant droit, avant liquidation. **2.** Pourvoir, mettre en possession de (qqn). *Nanti par l'Assemblée de pouvoirs exceptionnels.* – De l'a. fr. *nant*, « gage », de l'anc. scand. *nam*, « prise de possession ».

nantissement [nɑ̃tismɑ̃] n. m. DR Contrat par lequel un débiteur met en possession effective d'un bien son créancier pour sûreté de la dette qu'il contracte; ce bien. (On parle de *gage* si ce bien est mobilier, et d'*antichrèse* s'il est immobilier.) – De *nantir.*

nanzouk. V. nansouk.

naos [naos] n. m. **1.** ANTIQ GR Partie intérieure et principale d'un temple, abritant la statue d'une divinité et où seuls les prêtres avaient accès. **2.** Partie d'une église chrétienne orientale où se tiennent les fidèles. – Mot gr., « habitation, sanctuaire ».

napalm [napalm] n. m. Essence gélifiée par du palmitate d'aluminium ou de sodium, dont on se sert pour fabriquer des bombes incendiaires. *Les bombes au napalm projettent, en explosant, des gouttes enflammées sur une très grande surface.* – De *Na*, symbole chim. du sodium, et *palm*, abrév. de *palmitate*.

napel [napɛl] n. m. Nom vulg. d'un aconit à fleurs bleues dont on tire l'aconitine. – Lat. scientif. *napellus*, dimin. de *napus*, « navet ».

naphta [nafta] n. m. CHIM Mélange d'hydrocarbures, constituant du pétrole brut ou extrait des essences par raffinage et des supercarburants par reformage. – Mot. lat., « naphte ».

naphtalène [naftalɛn] n. m. CHIM Hydrocarbure de formule C_{10} H_8, formé de deux noyaux benzéniques accolés, extrait par distillation des goudrons de houille, et qui se présente sous forme de cristaux blancs brillants d'odeur aromatique. *Le naphtalène sert de point de départ à la fabrication de matières plastiques et de colorants.* – Var. de *naphtaline*.

naphtaline [naftalin] n. f. COMM Naphtalène impur utilisé notam. comme antimite. – Du lat. *naphta*, « naphte ».

naphte [naft] n. m. **1.** Huile minérale, pétrole brut. **2.** PETROCHIM Partie légère du pétrole distillé, de densité 0,70 env., utilisée comme dissolvant, dégraisseur, etc. – Du lat. *naphta*, « naphte », mot gr., d'orig. orientale.

naphtol [naftɔl] n. m. CHIM Phénol dérivé du naphtalène, utilisé dans la fabrication des matières colorantes et comme antiseptique. – De *naphte*.

napoléon [napɔleɔ̃] n. m. Pièce d'or de 20 francs, à l'effigie de Napoléon Ier ou de Napoléon III. – Du n. de l'empereur *Napoléon Ier* (1769-1821).

napoléonien, enne [napɔleɔnjɛ̃, ɛn] adj. Relatif à Napoléon Ier, à sa dynastie, à son système, etc. *La légende napoléonienne.* – Du n. de l'empereur *Napoléon Ier*.

napolitain, aine [napɔlitɛ̃, ɛn] adj. et n. De Naples. – Subst. *Un(e) Napolitain(e).* – Ital. *napoletano*, lat. *neapolitanus*, de *Neapolis*, « Naples », v. du sud de l'Italie.

nappage [napaʒ] n. m. Action de napper (sens 2); résultat de cette action. *Le nappage d'un gâteau.* – De *napper*.

nappe [nap] n. f. **I.** Linge destiné à couvrir une table. *Nappe blanche, à fleurs, brodée.* ▷ *Nappe d'autel.* **II. 1.** Toute masse étalée ou formant une couche d'un corps fluide. *Nappe d'huile. Nappe de gaz, de brouillard.* – *Nappe d'eau* : grande étendue d'eau tranquille. ▷ GEOL *Nappe phréatique* : V. phréatique. **2.** GEOL Couche de matières éruptives ou sédimentaires. *Nappe volcanique.* **3.** GEOM Portion illimitée d'une surface courbe. – Du lat. *mappa*, « serviette de table ».

napper [nape] v. tr. [1] **1.** Couvrir d'une nappe ou comme d'une nappe. – Pp. adj. *Socle nappé de velours.* **2.** CUIS Recouvrir (un mets) d'une préparation d'accompagnement onctueuse (sauce, crème, etc.). – Pp. adj. *Gâteau nappé de chocolat.* – De *nappe*.

napperon [napʀɔ̃] n. m. Petite pièce d'étoffe ou de papier servant à protéger ou à décorer une nappe, le dessus d'une table, etc. – Dimin. de *nappe*.

narcéine [naʀsein] n. f. CHIM Alcaloïde de l'opium, aux propriétés proches de celles de la morphine. – Du gr. *narkê*, « engourdissement ».

1. narcisse [naʀsis] n. m. Plante herbacée ornementale (genre *Narcissus*, fam. amaryllidacées), bulbeuse, dont les fleurs jaunes ou blanches, très parfumée, présentent des pétales disposés en couronne autour d'une clochette centrale. *La jonquille est un narcisse. Narcisse des prés*, à clochette centrale jaune. *Narcisse blanc* ou *narcisse des poètes*, dit aussi *jeannette*. – Lat. *narcissus*, gr. *narkissos*.

2. narcisse [naʀsis] n. m. Homme exclusivement ou complaisamment attaché à sa propre personne. – Du n. de *Narcisse*, personnage mythologique épris de son image.

narcissique [naʀsisik] adj. Qui est de la nature du narcissisme. *Une admiration narcissique.* – De *narcisse* 2.

narcissisme [naʀsisism] n. m. **1.** Cour. Admiration plus ou moins exclusive de sa propre personne. **2.** PSYCHAN Amour morbide de soi-même. *Narcissisme primaire* : moment du développement psychosexuel où l'enfant investit toute sa libido sur lui-même. *Narcissisme secondaire*, par lequel le sujet reporte sur lui-même la libido destinée à un investissement extérieur. – De *narcisse* 2.

narco-. Élément, du gr. *narkê*, « engourdissement ».

narco-analyse [naʀkoanaliz] n. f. PSYCHAN Procédé thérapeutique d'investigation psychanalytique utilisant la levée de certains contrôles psychologiques obtenue par l'administration d'un narcotique. *Des narco-analyses.* – De *narco-*, et *analyse*.

narcodollars [naʀkodɔlaʀ] n. m. pl. Dans la langue de la presse, ressources, notam. en devises, tirées du commerce de la drogue. – De *narco-*, et *dollar*.

narcolepsie [naʀkolɛpsi] n. f. MED Besoin irrépressible de dormir, survenant par accès, d'origine pathologique. – De *narco-*, et gr. *lêpsis*, « crise ».

narcose [naʀkoz] n. f. Sommeil provoqué artificiellement par une substance chimique; anesthésie générale. – Gr. *narkôsis*, « engourdissement ».

narcotine [naʀkɔtin] n. f. Un des principaux alcaloïdes tirés de l'opium. – De *narcotique*.

narcotique [naʀkɔtik] n. m. et adj. **1.** n. m. Substance dont l'absorption provoque l'engourdissement intellectuel, la résolution musculaire et l'affaiblissement de la sensibilité, en agissant sur le système nerveux central. **2.** adj. Qui affaiblit la sensibilité, provoque l'engourdissement, l'assoupissement. *Propriétés narcotiques de la morphine.* – Lat. médiév. *narcoticus*, gr. *narkôtikos*.

narcotrafic [naʀkotʀafik] n. m. Trafic de stupéfiants, spécial. de cocaïne. – De *narco-*, et *trafic*.

narcotrafiquant [naʀkotʀafikɑ̃] n. m. Trafiquant de stupéfiants, spécial. de cocaïne. – De *narco-*, et *trafiquant*.

nard [naʀ] n. m. **1.** *Nard* ou *nard indien* : plante d'Asie (*Nardostachys jatamansis*, fam. valérianacées) dont les racines fournissent un parfum fort estimé autrefois; ce parfum. **2.** Herbe des prés (fam. cypéracées), aux feuilles coriaces et piquantes. – Lat. d'orig. orientale *nardus*.

narguer [naʀge] v. tr. [1] Braver par l'attitude ou la parole, avec une insolence dédaigneuse ou moqueuse. – Du lat. pop. **naricare*, « nasiller », de *naris*, « narine »; signif. d'abord « être désagréable », puis *(se narguer)*, « se moquer ».

narguilé, narghilé ou **narghileh** [naʀgile] n. m. Grande pipe à tuyau souple, en usage au Moyen-Orient, comportant un réservoir d'eau aromatisée que la fumée traverse avant d'arriver à la bouche du fumeur. – Persan *narguileh*.

narine [naʀin] n. f. Chacun des deux orifices du nez, chez l'homme et la plupart des mammifères. – Lat. pop. **narina,* class. *naris.*

narquois, oise [naʀkwa, waz] adj. Qui exprime une malice railleuse; goguenard. *Air narquois. Propos narquois.* – (Personnes) *Il m'a paru plutôt narquois.* – Mot argot, probabl. avec infl. de *narguer.*

narquoisement [naʀkwazmɑ̃] adv. D'une façon narquoise. – De *narquois.*

narrateur, trice [naʀatœʀ, tʀis] n. Personne qui raconte, qui fait un récit. – Lat. *narrator.*

narratif, ive [naʀatif, iv] adj. En forme de récit; propre au récit, à la narration. *Exposé narratif. Style narratif.* – Bas lat. *narrativus.*

narration [naʀasjɔ̃] n. f. **1.** Récit ou relation d'un fait, d'un événement. **2.** Exercice scolaire qui consiste à imaginer un récit sur un sujet donné et à le développer par écrit. – Lat. *narratio.*

narratologie [naʀatɔlɔʒi] n. f. Théorie du récit narratif, des structures narratives. – De *narration,* et *-logie.*

narrer [naʀe] v. tr. [1] Litt. Raconter, faire connaître par un récit. *Narrer une aventure.* – Lat. *narrare.*

narthex [naʀtɛks] n. m. ARCHI Vestibule ou porche couvert, fermé vers l'extérieur, précédant la nef des basiliques romanes et byzantines, et où se tenaient les catéchumènes. – Gr. ecclés. *narthêx,* «férule, cassette», puis «portique».

narval, als [naʀval] n. m. Mammifère cétacé odontocète *(Monodon monoceros),* long de 4 à 5 m, vivant en bandes dans l'Arctique et remarquable par le développement, chez le mâle, de l'incisive supérieure gauche en une défense torsadée qui peut mesurer jusqu'à 2 m. Syn. licorne de mer. – Danois d'orig. islandaise, *narhval,* par le lat. savant.

nasal, ale, als ou **aux** [nazal, o] adj. et n. **I.** adj. (plur. *nasals*) **1.** Du nez; relatif au nez. *Les fosses nasales* : les deux cavités qui communiquent en avant avec les narines, en arrière avec le pharynx, et qui forment la partie supérieure des voies respiratoires. *Les fosses nasales sont le siège de l'odorat.* **2.** PHON *Son nasal,* dont l'émission se caractérise par la vibration de l'air dans les fosses nasales. *Consonnes nasales* (m [ɛm], n [ɛn], gn [ɲ]). *Voyelles nasales* (an, am, en, etc. [ɑ̃]; in, aim, etc. [ɛ̃]; on, om, etc. [ɔ̃]; un, eun [œ̃]). ▷ n. f. *Une nasale* : une consonne ou une voyelle nasale. **II.** n. m. (plur. *nasaux*) Partie du casque qui protégeait le nez. – Du lat. *nasus,* «nez».

nasalisation [nazalizasjɔ̃] n. f. PHON Caractère d'un son nasalisé; transformation d'un son oral en son homologue nasal. – De *nasaliser.*

nasaliser [nazalize] v. tr. [1] PHON Transformer en un son nasal; prononcer avec un son nasal. – De *nasal.*

nasalité [nazalite] n. f. PHON Caractère nasal d'un son. *Nasalité d'une diphtongue.* – De *nasal.*

nasard [nazaʀ] n. m. MUS Instrument à vent ancien, voisin du cornet. ▷ *Par ext.* Jeu de mutation* de l'orgue, qui émet la dixième du son fondamental. – Du lat. *nasus,* «nez».

nasarde [nazaʀd] n. f. **1.** Vx Chiquenaude sur le nez. **2.** Fig. Moquerie offensante. – Du lat. *nasus,* «nez».

1. nase ou **naze** [naz] n. m. Pop. Nez. – Lat. *nasus,* ital. ou provenç. *naso.*

2. nase ou **naze** [naz] adj. Fam. En mauvais état. – De **nase, faux nase,* maladies des chevaux (morve) et des moutons.

naseau [nazo] n. m. Chacune des narines du cheval et de quelques grands mammifères. – Du rad. du lat. *nasus,* «nez».

nasillard, arde [nazijaʀ, aʀd] adj. Se dit du timbre qu'a la voix d'une personne qui nasille. – Se dit d'un son dont le timbre rappelle une telle voix. *Le son nasillard de la cornemuse.* – De *nasiller.*

nasillement [nazijmɑ̃] n. m. **1.** Fait de nasiller. **2.** MED Altération de la voix d'une personne qui ne peut parler qu'en nasillant. **3.** Cri du canard. – De *nasiller.*

nasiller [nazije] v. intr. [1] **1.** Parler en laissant passer de l'air par le nez, parler du nez. ▷ v. tr. *Nasiller un refrain.* **2.** Émettre des sons nasillards. *Haut-parleur qui nasille.* **3.** Pousser son cri, en parlant du canard. – Du lat. *nasus,* «nez».

nasique [nazik] n. m. **1.** Singe cercopithèque (*Nasalis larvatus,* fam. cercopithécidés) de Bornéo, au nez très long (surtout chez le mâle) et tombant. **2.** Couleuvre d'Asie au long museau, de mœurs arboricoles. – Du lat. *nasica,* «au grand nez», surnom pop.

nasitort [nazitɔʀ] n. m. Rég. Plante crucifère (*Lepidium sativum*) à la saveur rappelant celle du cresson de fontaine. Syn. cresson alénois. – Du lat. *nasus,* «nez», et *tortus,* «tordu», car sa saveur forte fait froncer le nez.

naskapi, ie [naskapi] adj. et n. **1.** adj. Propre au groupe amérindien des Naskapis installés au Nouveau-Québec. – Subst. *Un(e) Naskapi(e).* **2.** n. m. Langue algonkienne parlée par les Naskapis. – Du montagnais *unaskahpiwaky,* «gens de l'endroit où cela disparaît».

nasonnement [nazɔnmɑ̃] n. m. MED Altération de la voix (nasalisation des voyelles orales) due à l'exagération de la perméabilité nasale. – De *nasonner,* var. de *nasiller,* d'ap. *chantonner.*

nasse [nas] n. f. **I. 1.** Engin de pêche en osier ou en fil métallique, de forme oblongue, à ouverture conique. **2.** Filet destiné à capturer les petits oiseaux, les rongeurs. **II.** Mollusque gastéropode marin à la coquille treillissée, qui se nourrit de proies mortes. – Lat. *nassa.*

nastie [nasti] n. f. BOT Mouvement d'un organe végétal dû à des variations du milieu extérieur (température, lumière, contact, etc.), mais non orienté (à la différence du tropisme*). – Du gr. *nastos,* «épais, pressé».

natal, ale, als [natal] adj. Où l'on est né. *Pays natal, ville natale.* – Lat. *natalis.*

nataliste [natalist] adj. et n. Qui vise à favoriser l'accroissement des naissances. *Politique, mesures natalistes.* ▷ Subst. Partisan de l'augmentation de la natalité. – De *natal.*

natalité [natalite] n. f. Rapport du nombre des naissances à la population totale, dans un temps (en général l'année) et un lieu donnés. *Pays à forte natalité. Taux de natalité.* – De *natal.*

natation [natasjɔ̃] n. f. Activité physique qui consiste à nager; cette activité, en tant que sport de compétition. *Pratiquer la natation. Épreuves de natation des jeux Olympiques* (courses dans les diverses catégories de nage; plongeons; water-polo; etc.). – Lat. *natatio.*

natatoire [natatwaʀ] adj. **1.** Rare Qui concerne la natation. **2.** *Vessie natatoire* : vessie remplie d'un mélange gazeux que l'on trouve dans le corps de nombreux poissons. (Les zoologistes, qui ne sont plus assurés auj. qu'il s'agisse d'un organe équilibreur, préfèrent lui donner le nom de *vessie gazeuse.*) – Bas lat. *natatorius.*

natice [natis] n. f. Mollusque gastéropode marin dont la coquille rappelle celle de l'escargot. – Lat. scientif. *natex.*

natif, ive [natif, iv] adj. et n. **1.** *Natif de* : né à, originaire de. *Natif de Paris.* ▷ Subst. *Les natifs du Tibet.* **2.** Que l'on a de naissance, inné. *Qualité, grâce native.* **3.** Se dit d'un corps simple que l'on trouve dans la nature sous une forme non combinée. *Or, soufre natif.* – Lat. *nativus.*

nation [nasjɔ̃] n. f. **1.** Communauté humaine caractérisée par la conscience de son identité historique ou culturelle, et généralement par l'unité linguistique ou religieuse. *La nation kurde.* **2.** Une telle communauté, définie comme entité politique, réunie sur un territoire ou un ensemble de territoires propres, et organisée institutionnellement en État. *La nation française. L'Organisation des Nations unies (O.N.U.).* ▷ DR Personne juridique dotée de la souveraineté et distincte de l'ensemble des individus qui la composent en tant que nationaux. *Le droit des nations.* ▷ HIST *La Société des Nations (S.D.N.)* : V. encycl. société. – Lat. *natio.*

national, ale, aux [nasjɔnal, o] adj. et n. **I.** adj. **1.** Relatif ou propre à une nation. *Hymne national.* **2.** Qui concerne la nation entière, en tant qu'ensemble d'individus ou de biens, ou en tant qu'institution (par oppos. à *privé*, à *local*, etc.). *Assemblée nationale. Défense nationale.* – *Route nationale* ou, n. f., *une nationale*, dont la construction et l'entretien incombent à l'État. **II.** n. m. pl. Personne qui a telle nationalité. *Les consuls défendent à l'étranger les intérêts de leurs nationaux.* – De *nation.*

nationalisation [nasjɔnalizasjɔ̃] n. f. Transfert du domaine privé au domaine public de la propriété de biens ou de moyens de production. – De *nationaliser.*

nationaliser [nasjɔnalize] v. tr. [1] Procéder à la nationalisation de. *Nationaliser les grandes industries.* – De *national.*

nationalisme [nasjɔnalism] n. m. **1.** Attachement exclusif à la nation dont on fait partie et à tout ce qui lui est propre. **2.** Doctrine politique revendiquant la primauté de la puissance nationale sur toute autre considération de rapports internationaux. **3.** Mouvement fondé sur la prise de conscience, par une communauté, de ses raisons de fait et de droit de former une nation. *Le nationalisme italien au XIX*[e] *s.* – De *national.*

nationaliste [nasjɔnalist] adj. et n. Relatif au nationalisme. – Partisan du nationalisme. – De *national.*

nationalité [nasjɔnalite] n. f. **1.** Ensemble des caractères propres à une nation (sens 1). – *Principe des nationalités*, en vertu duquel les communautés humaines qui forment une nation (au sens 1) ont le droit de former un État politiquement indépendant. **2.** Lien d'appartenance d'une personne physique ou morale à un État déterminé. *Nationalité d'origine, acquise. Nationalité d'une société, d'une entreprise.* – De *national.*

national-socialisme [nasjɔnalsɔsjalism] n. m. sing. Doctrine du Parti ouvrier allemand national-socialiste (NSDAP) qui avait pour chef Adolf Hitler. Syn. nazisme. – All. *Nationalsozialismus.*

national-socialiste [nasjɔnalsɔsjalist] adj. et n. Relatif au national-socialisme. *Politique national(e)-socialiste.* – Subst. Partisan de cette doctrine; membre du parti nazi. *Des nationaux-socialistes.* – All. *Nationalsozialist.*

nativement [nativmɑ̃] adv. D'une façon native, de naissance. – De *natif.*

nativisme [nativism] n. m. PHILO Théorie selon laquelle la perception de l'espace est donnée immédiatement avec la sensation et non acquise par un travail de l'esprit. – De *natif.*

nativité [nativite] n. f. **1.** RELIG Naissance (de Jésus, de la Vierge, de Jean-Baptiste). ▷ Fête anniversaire de cette naissance. – Absol. (Avec une majuscule.) *La Nativité* : la naissance de Jésus; la fête de Noël. ▷ BX-A *Une nativité* : une œuvre gravée, peinte ou sculptée représentant la naissance de Jésus. **2.** ASTROL *Thème de nativité* : thème astral, représentation de la position des astres au moment de la naissance. – Bas lat. *nativitas*, « naissance, génération ».

natrémie [natʀemi] n. f. MED Taux de sodium du sang. – De *natr(on)*, et *-émie.*

natron [natʀɔ̃] ou **natrum** [natʀɔm] n. m. CHIM Carbonate de sodium hydraté naturel. *Les Égyptiens utilisaient le natron pour déshydrater les corps à momifier.* – Ar. *natrûn*, esp. *natron.*

natte [nat] n. f. **1.** Ouvrage fait de brins d'une matière végétale entrelacés à plat. *Une natte de jonc. Dormir sur une natte.* **2.** Tresse de cheveux. – Lat. médiév. *natta*, altér. du bas lat. *matta.*

natter [nate] v. tr. [1] Tresser une natte. – De *natte*; signif. d'abord « couvrir d'une natte ».

nattier [natje] adj. inv. *Bleu nattier* : bleu profond et mat, plus clair que le marine. – Du n. du peintre français *J.-M. Nattier* (1685-1766).

naturalisation [natyʀalizasjɔ̃] n. f. **I. 1.** Action de naturaliser (sens I, 1); fait d'être naturalisé. *Étranger qui demande sa naturalisation.* **2.** Acclimatation. *Naturalisation d'une espèce végétale.* – Fig. *Naturalisation d'une invention.* **II.** Opération par laquelle on donne à une plante coupée, à un animal mort, l'apparence de la nature vivante. – De *naturaliser.*

naturalisé, ée [natyʀalize] adj. et n. **1.** Qui a obtenu une naturalisation (sens I, 1). – Subst. *Les nationaux et les naturalisés.* **2.** Se dit d'un animal mort, d'une plante coupée qui ont été traités selon des techniques permettant de conserver l'aspect du vivant. – Pp. de *naturaliser.*

naturaliser [natyʀalize] v. tr. [1] **I. 1.** Accorder à (un étranger) telle nationalité. *Se faire naturaliser français.* **2.** Acclimater complètement (un animal, une plante). ▷ Fig. Introduire dans un pays. *Naturaliser un usage.* **II.** Préparer (un animal mort, une plante coupée) de manière à leur conserver l'aspect du vivant. – Du lat. *naturalis*, « naturel ».

naturalisme [natyʀalism] n. m. **I.** PHILO **1.** Doctrine qui prétend opérer à partir des données naturelles, refusant le surnaturel. **2.** Doctrine qui prend ses critères dans la nature, faisant ainsi de la vie morale le prolongement de la vie biologique. **II.** BX-A, HIST, LITTER Théorie suivant laquelle l'art, la littérature se doivent de dépeindre la nature et ses réalités et non de la rêver ou de l'interpréter. *Émile Zola, théoricien du naturalisme littéraire.* – Du lat. *naturalis*, « naturel ».

naturaliste [natyʀalist] n. et adj. **I.** n. **1.** Spécialiste de sciences naturelles. **2.** Personne qui prépare les animaux morts pour les conserver, qui procède à leur naturalisation (V. taxidermiste). **II.** adj. **1.** PHILO Adepte du naturalisme (sens 1). **2.** BX-A, HIST, LITTER Partisan du naturalisme artistique ou littéraire. *Les peintres, les romanciers naturalistes.* ▷ Subst. *Les naturalistes du XIX*[e] *siècle.* – Du lat. *naturalis*, « naturel ».

nature [natyʀ] n. f. (et adj. inv.) **I. 1.** Ensemble des caractères, des propriétés d'un être ou d'une chose, qui définissent son appartenance à une catégorie, à un genre déterminés. *Déterminer la nature d'un phénomène.* – *Il a reçu des offres de toute nature*, de toute sorte. ▷ Loc. *De nature à* (+ inf.) : qui, par sa nature même, est susceptible de. *Des propositions de nature à le satisfaire.* **2.** (Appliqué à l'homme.) *La nature humaine* et, sans comp., *la nature* : l'ensemble des caractères innés, fondamentaux (physiques et moraux), propres à l'être humain (par oppos. aux caractères acquis du fait de l'éducation, de la coutume, etc.). – *L'homme dans l'état de nature* (par oppos. à l'état *civil*, *social*), avant toute organisation sociale, toute civilisation. **3.** *Spécial.* Ce qui, en l'homme, relève de l'instinct; les pulsions instinctives (partic. celles de la chair). *Refréner en nous la nature.* **4.** Conscience morale; raison comme principe de la loi et de la morale idéales. – *Vices contre nature* : perversions sexuelles. **5.** Complexion, tempérament. *Ils ont des natures, ce sont des natures très différentes.* – Par ext. *Une nature violente, impulsive. Une heureuse nature.* ▷ Absol.

Fam. *C'est une nature* : il a une forte nature, un fort tempérament. ▷ Loc. *De nature, par nature* : du fait même de sa nature, de façon innée. *Ils sont avares de nature.* **II.** (Concret) **1.** Principe actif d'organisation du monde, qui préside à la production des phénomènes dans l'univers et anime les êtres vivants. *Les lois de la nature.* – *La nature, opposée à la culture.* – (Personnifiée, souvent avec une majuscule.) *La Nature ne fait rien en vain. Laisser faire la nature* : laisser aller le cours habituel et normal des choses. **2.** Ensemble, organisé selon un certain ordre, de tout ce qui existe, choses et êtres; l'Univers et les phénomènes qui s'y produisent. *La place de l'homme dans la nature.* ▷ *Spécial.* Monde physique et ses lois. *Les sciences de la nature* (par oppos. aux *sciences humaines*). **3.** Monde sensible, Univers considéré indépendamment des transformations opérées par l'homme. ▷ *Spécial.* Environnement, monde physique et biologique (éléments, faune, flore, etc.) dans le rapport affectif ou esthétique qu'entretient l'homme avec eux. *Nature sauvage, hostile, riante. Les beautés de la nature.* – *La protection de la nature. Détester la ville, n'aimer que la nature. Le spectacle de la nature en hiver.* **4.** Être, objet servant de modèle à un artiste (seulement dans des expressions telles que *d'après nature, plus grand que nature,* etc.). *Peindre d'après nature. Figure plus grande que nature.* – (En appos.) *Grandeur nature* : de mêmes dimentions que l'original. ▷ *Nature morte* : groupe d'êtres ou d'objets inanimés (animaux morts, fruits, objets divers) formant le sujet d'un tableau; tableau représentant un tel groupe. *« Le Bœuf écorché », nature morte de Rembrandt.* **5.** *En nature* : en prestations, en objets réels (sans intermédiaire monétaire). *Rémunération en nature.* **III.** adj. inv. **1.** Préparé ou consommé tel quel, sans autres adjuvants que les agents habituels de sapidité (sel, poivre...). *Bœuf nature* : bœuf bouilli servi sans sauce. *Deux omelettes nature.* **2.** Fam. (Personnes) Naturel, sans affectation. *Il est très nature.* – Lat. *natura.*

naturel, elle [natyʀɛl] adj. et n. m. **I.** adj. **1.** Relatif à la nature d'une chose, d'un être. *Propriétés naturelles.* ▷ THEOL *Religion naturelle,* que l'homme posséderait de nature (par oppos. à *révélée*). **2.** De la nature, qui appartient à la nature; qui relève du monde physique et de ses lois. *Les forces, les phénomènes naturels.* – *Sciences naturelles* (on disait autref. *histoire naturelle*). **3.** Qui existe dans la nature préalablement à toute pensée réfléchie. – MATH *Nombres naturels* : les entiers positifs (0, 1, 2, 3, 4, etc.). ▷ LING *Langues naturelles* : le français, l'anglais, etc., par oppos. aux *langages* (systèmes de signes) *artificiels* (de la logique, de l'informatique, etc.). **4.** (Par oppos. à *humain,* à *artificiel.*) Qui est le fait de la nature. *Ressources naturelles d'un pays. Les Pyrénées, frontière naturelle entre la France et l'Espagne.* **5.** Qu'on trouve tel quel dans la nature. *Gaz naturel* (gaz de Lacq, par ex.). *Aspect d'une pierre précieuse à l'état naturel,* à l'état brut, non taillé. **6.** Qui est tel qu'il existe dans la nature; qui n'a pas été modifié, altéré, falsifié. *Produits alimentaires naturels.* **7.** MUS *Note naturelle,* sans dièse ni bémol. **8.** Fondé sur la nature (au sens I, 4), et non sur des dispositions relevant de la coutume ou de la volonté du législateur. *Droit naturel* (par oppos. au *droit positif*). ▷ (Par oppos. à *légitime.*) *Enfant naturel,* né en dehors du mariage. **9.** Conforme à la nature, au cours habituel et normal des choses. *Cela est naturel, tout naturel* : cela va de soi. **II.** adj. (Appliqué à l'homme.) **1.** Qui appartient à la nature humaine (dans l'ordre physique, physiologique ou psychique). *Fonctions naturelles.* **2.** Qui fait partie de la nature de qqn, qui lui est inné. *Dispositions, penchants naturels. Sa gentillesse naturelle.* **3.** Conforme à la nature profonde d'un individu, et, par suite, exempt d'affectation, de recherche. *Se comporter de manière simple et naturelle.* – *Rester naturel en toutes circonstances.* **III.** n. m. **1.** Ensemble des caractères (physiques ou moraux) qu'une personne tient de naissance. *Il est d'un naturel peu aimable.* **2.** Manière d'être exempte de toute affectation. *Savoir se comporter avec le naturel, la simplicité, qui convient.* **3.** Loc. *Au naturel* : sans assaisonnement, sans préparation particulière. *Riz au naturel.* **4.** Vx Habitant originaire d'un lieu. *Les naturels de Polynésie.* – Lat. *naturalis.*

naturellement [natyʀɛlmɑ̃] adv. **1.** D'une façon naturelle; conformément aux propriétés, aux caractères naturels d'une chose, d'un être. *Substance naturellement radioactive.* – *C'est un homme naturellement bon.* **2.** Par une suite logique, un enchaînement naturel. *Nous avons été naturellement, tout naturellement, amenés à...* ▷ Évidemment, bien sûr. *Naturellement, elle a refusé. « Vous irez ? – Naturellement ! »* **3.** Avec naturel, simplement; sans affectation. *Parler naturellement.* – De *naturel.*

naturisme [natyʀism] n. m. **1.** PHILO Doctrine selon laquelle l'adoration des forces naturelles serait la source essentielle de la religion. **2.** MED Système thérapeutique préconisant le recours aux médications naturelles (bains, massages, exercice physique, etc.). **3.** Doctrine de ceux qui préconisent le retour à la nature et à un mode d'existence primitif où la vie en commun, la pratique du sport, la suppression des vêtements, l'alimentation végétarienne, la simplicité de l'habitat sont la règle. ▷ Cour. Fait de ne pas porter de vêtements, nudisme. *Pratiquer le naturisme.* – De *nature.*

naturiste [natyʀist] n. et adj. Adepte du naturisme (sens 3). ▷ adj. *Plage naturiste.* – De *naturisme.*

naturopathe [natyʀɔpat] adj. et n. Qui pratique la naturopathie. – De *nature,* et *-pathe,* désignant le thérapeute et non le patient (mot mal formé).

naturopathie [natyʀɔpati] n. f. Doctrine selon laquelle la plupart des maladies peuvent être évitées ou traitées par la phytothérapie, la diététique (régime végétarien, produits naturels) et des moyens naturels (repos, massages, thermalisme, etc.). – De *nature,* et *-pathe,* désignant la thérapie et non la maladie.

naucore [nokɔʀ] n. f. ZOOL Punaise des eaux stagnantes, longue d'une quinzaine de millimètres. – Du gr. *naûs,* « navire », et *koris,* « punaise ».

naufrage [nofʀaʒ] n. m. **1.** Perte totale ou partielle d'un navire en mer par suite d'un accident. **2.** Fig. Grande perte, grand malheur. *Il n'a pas survécu au naufrage de sa fortune.* – Loc. *Faire naufrage au port* : subir un échec au moment où l'on était tout près de réussir. – Lat. *naufragium,* de *navis,* « bateau », et *frangere,* « briser ».

naufragé, ée [nofʀaʒe] adj. et n. Qui a fait naufrage. *Navire naufragé.* – *Marins naufragés.* ▷ Subst. *Recueillir à son bord des naufragés.* – De *naufrager.*

naufrager [nofʀaʒe] v. intr. [13] Rare Faire naufrage. – De *naufrage.*

naufrageur, euse [nofʀaʒœʀ, øz] n. **1.** Pilleur d'épaves qui, par de faux signaux (feux allumés sur les côtes, par ex.), provoquait le naufrage des navires. **2.** Fig. Personne qui cause la perte, l'effondrement de qqch. *Les naufrageurs de l'équilibre monétaire.* – De *naufrager.*

naumachie [nomaʃi] n. f. ANTIQ ROM **1.** Représentation d'un combat naval. **2.** Bassin (creusé dans un amphithéâtre, une arène, un cirque) où ce spectacle avait lieu. – Lat. *naumachia,* mot gr., de *naus,* « navire », et *makhê,* « combat ».

naupathie [nopati] n. f. MED Mal de mer. – Du gr. *naus,* « navire », et *-pathie.*

nauplius [noplijys] n. m. ZOOL Première forme larvaire des crustacés, non segmentée, portant trois paires d'appendices. – Mot lat., « espèce de crustacé ».

nauruan, ane [noʀyɑ̃, an] adj. et n. De Nauru, État de Polynésie. – Subst. *Un(e) Nauruan(e).*

nauséabond, onde [nozeabɔ̃, ɔ̃d] adj. **1.** Qui provoque le dégoût, qui cause des nausées (en parlant d'une odeur). *Odeur nauséabonde.* **2.** Fig. Dégoûtant, répugnant. *Une publication nauséabonde.* – Lat. *nauseabundus.*

nausée [noze] n. f. **1.** Envie de vomir. *Avoir des nausées.* **2.** Fig. Dégoût, écœurement profond. *Ce spectacle me donne la nausée. J'en ai la nausée.* – Lat. *nausea,* du gr. *nautia,* « mal de mer », de *nautês,* « marin ».

nauséeux, euse [nozeø, øz] adj. **1.** Qui provoque des nausées. **2.** Fig. Qui provoque la répugnance, un dégoût profond. *Des propos nauséeux.* **3.** Qui éprouve des nausées. *Se sentir nauséeux.* – De *nausée.*

-naute, -nautique. Éléments, du gr. *nautês,* « navigateur », *nautikos,* « relatif à la navigation ».

nautile [notil] n. m. ZOOL Mollusque céphalopode des mers chaudes qui possède jusqu'à 90 tentacules filiformes et dont la coquille spiralée et cloisonnée atteint 25 cm de diamètre. – Gr. *nautilos;* lat. *nautilus.*

nautique [notik] adj. et n. m. **1.** Relatif à l'art et aux techniques de la navigation. *Cartes nautiques.* **2.** Relatif à la navigation de plaisance, aux jeux et sports pratiqués sur l'eau. *Fête nautique. Ski nautique.* **3.** MAR *Mille nautique* ou, n. m., *nautique* : mille marin. – Gr. *nautikos,* lat. *nauticus.*

nautisme [notism] n. m. Ensemble des sports nautiques. – De *nautique.*

nautonier, ère [notɔnje, ɛʀ] n. Vx Personne qui conduit une embarcation. ▷ MYTH *Le nautonier des Enfers :* Charon. Syn. nocher. – Anc. provenç., du lat. pop. **nauto, nautonis,* class. *nauta.*

navaja [navaxa; navaʒa] n. f. Poignard espagnol à lame légèrement courbe et très effilée. – Mot esp.

naval, ale, als [naval] adj. et n. f. **1.** Qui concerne les navires. *Constructions navales. Les chantiers navals du Havre.* **2.** Qui concerne les navires de guerre, la marine militaire. *Bataille navale.* – *L'École navale,* qui forme les officiers de marine militaire. ▷ n. f. (Avec majuscule.) *Il a fait Navale.* – Lat. *navalis.*

navarin [navaʀɛ̃] n. m. CUIS Ragoût de mouton accompagné d'oignons, de navets et de pommes de terre. – Déformation plaisante de *navet,* d'ap. *Navarin,* port de Grèce, ville fameuse par la bataille de 1827, auj. Pylos.

navarque [navaʀk] n. m. ANTIQ GR Commandant d'une flotte ou d'un vaisseau de guerre. – Lat. d'orig. gr. *navarchus.*

navel [navel] n. f. Variété d'orange qui porte, dans la partie apicale, une dénivellation de la peau en forme de nombril et un fruit secondaire interne. – (En appos.) *Orange navel.* – Mot angl., « nombril ».

navet [navɛ] n. m. **1.** Plante potagère (*Brassica napus,* fam. crucifères) cultivée pour sa racine comestible; cette racine. **2.** Fig. Œuvre d'art sans valeur. – *Spécial.* Très mauvais film. – De l'a. fr. *nef;* lat. *napus.*

1. navette [navɛt] n. f. **1.** Dans un métier à tisser, instrument pointu aux deux extrémités qui sert à faire courir le fil de trame et à le croiser avec le fil de chaîne. ▷ Dans une machine à coudre, organe qui supporte et guide la canette. **2.** Fig. *Faire la navette :* faire des allées et venues répétées. *Son travail l'oblige à faire la navette entre Paris et Marseille.* ▷ Engin, service de transport qui effectue des allers et retours réguliers sur une courte distance. – *Navette spatiale :* véhicule spatial en grande partie récupérable, utilisé comme vaisseau habité et comme convoyeur vers l'espace de charges utiles de grandes dimensions. *Une navette spatiale, lancée comme une fusée, atterrit comme un avion.* – Dér. anc. de *nef,* employé par anal. de forme.

2. navette [navɛt] n. f. Crucifère utilisée comme fourrage vert et dont les graines fournissent une huile. – De *navet.*

navicert [navisɛʀ] n. m. MAR Permis délivré à un navire de commerce, et qui lui permet de naviguer dans une zone de blocus. – Mot angl., abrév. pour *navigation certificate.*

naviculaire [navikylɛʀ] adj. ANAT Qui a la forme d'une nacelle. *Os naviculaire.* – Lat. *navicularis,* de *navicula,* de *navis,* « bateau ».

navicule [navikyl] n. f. BOT Algue diatomée de forme elliptique, commune dans les eaux douces et salées. (Une espèce est responsable du verdissement de certaines huîtres.) – Lat. *naviculus.*

navigabilité [navigabilite] n. f. **1.** État de ce qui est navigable. **2.** Aptitude pour un navire à prendre la mer, pour un aéronef à prendre l'air, et cela dans les conditions de sécurité requises. *Certificat de navigabilité.* – De *navigable.*

navigable [navigabl] adj. Où l'on peut naviguer. *Rivière navigable.* – De *naviguer.*

navigant, ante [navigɑ̃, ɑ̃t] adj. et n. Se dit du personnel qui navigue dans l'aviation ou la marine, par oppos. à celui qui reste à terre. – Ppr. de *naviguer.*

navigateur, trice [navigatœʀ, tʀis] n. **1.** Personne qui navigue. ▷ Litt. Marin qui fait des voyages au long cours. – HIST *Les grands navigateurs :* ceux qui, aux XVe et XVIe s., contribuèrent par leurs voyages à la découverte de nouvelles terres, de nouvelles voies maritimes (C. Colomb, Vasco de Gama, etc.). ▷ adj. Qui s'adonne à la navigation. *Peuple navigateur.* **2.** Personne chargée de la navigation à bord d'un navire, d'un avion. ▷ Dans un rallye automobile, personne qui assiste le pilote. **3.** n. m. *Navigateur automatique :* appareil permettant de déterminer automatiquement le point d'un avion, d'un navire ou d'un char ainsi que son éventuel écart par rapport au plan de route établi. – Lat. *navigator.*

navigation [navigasjɔ̃] n. f. **1.** Action de naviguer. *Navigation maritime, fluviale, sous-marine. Navigation côtière, au long cours.* **2.** Art et technique de la conduite des navires (détermination de la position et tracé de la route). *Apprendre quelques rudiments de navigation.* – *Navigation en vue de terre,* qui consiste à définir la position du navire en relevant les azimuts de plusieurs amers situés le long de la côte. – *Navigation à l'estime,* dans laquelle on trace sur la carte la route suivie par le navire en relevant les caps successifs, ainsi que la vitesse du navire. – *Navigation astronomique,* qui consiste à relever au sextant, à des instants déterminés, la hauteur du Soleil ou d'autres astres. – *Navigation radioélectrique :* radionavigation. (V. sonar et encycl. radar). **3.** Ensemble du trafic, de la circulation sur l'eau. *Compagnie, ligne de navigation.* **4.** AVIAT Art de déterminer la route que doit suivre un avion, la position en vol de cet avion et les corrections éventuelles à apporter à la route suivie pour rallier la destination prévue. *Procédés de navigation aérienne. Dispositifs d'aide à la navigation.* – Circulation, trafic aériens. ▷ Par anal. *Navigation spatiale.* – Lat. *navigatio.*

naviguer [navige] v. intr. [1] **1.** Voyager sur mer, sur l'eau. *Ce navire n'est plus en état de naviguer. Nous avons navigué trois jours en pleine mer.* **2.** (Personnes) Pratiquer la navigation; conduire un navire. *Aimer naviguer.* **3.** (Navires) Se comporter à la mer. *Un trois-mâts qui naviguait remarquablement bien.* **4.** Diriger la marche d'un avion. *Naviguer à basse altitude.* **5.** Fig., fam. Voyager, se déplacer beaucoup et souvent. *Il a beaucoup navigué dans sa vie.* **6.** Fig. Se diriger habilement dans des affaires troubles ou difficiles. *Savoir naviguer.* – Lat. *navigare.*

naviplane [naviplan] n. m. Véhicule sur coussin d'air utilisé pour le transport maritime. – Nom déposé, de *navi(gation),* d'après *aquaplane.*

navire [naviʀ] n. m. Bâtiment ponté conçu pour la navigation en haute mer. (Moins cour. que *bateau.*

Désigne surtout les bâtiments de fort tonnage.) *Navire de commerce, de guerre.* - *Navire-hôpital,* aménagé pour le transport des malades et des blessés. *Des navires-hôpitaux.* - *Navire-citerne :* navire équipé pour le transport des liquides (pétrole et gaz liquéfiés, notam.). *Des navires-citernes.* - *Navire-usine :* navire spécialement équipé pour le traitement du poisson qui lui est livré par des chalutiers ou qu'il pêche lui-même. *Des navires-usines.* – Du lat. pop. **navilium,* altér. du class. *navigium.*

navrant, ante [navʀɑ̃, ɑ̃t] adj. Qui navre, qui cause une profonde affliction. *Un spectacle assez navrant.* ▷ Cour. Regrettable, fâcheux. *Un contretemps navrant.* – Ppr. de *navrer.*

navrement [navʀəmɑ̃] n. m. Litt. Affliction profonde. *Le navrement se lisait sur son visage. Quel navrement de le voir dans cet état!* – De *navrer.*

navrer [navʀe] v. tr. [1] Affliger, causer une grande peine à. *Son départ m'a profondément navré.* ▷ Cour. Désoler. *Je suis navré, mais c'est impossible.* – De l'anc. nordique **nafra,* « transpercer »; a. fr. *nafrer,* « blesser ».

nazaréen, enne [nazaʀeɛ̃, ɛn] adj. et n. De Nazareth. ▷ Nom donné aux premiers chrétiens. - *Le Nazaréen :* Jésus. – De *Nazareth,* v. d'Israël, en Galilée.

nazaréens [nazaʀeɛ̃] n. m. pl. BX-A Groupe de peintres allemands (J. Overbeck, F. Pforr, etc.) constitué à Rome v. 1810-1812 et qui, valorisant l'art de la fresque, prônait un retour à l'esthétique d'inspiration chrétienne des primitifs italiens. – De *nazaréen.*

naze. V. nase.

nazi, ie [nazi] adj. et n. Qui se rapporte au Parti ouvrier allemand national-socialiste (NSDAP), à ses activités, à sa doctrine, au régime qu'il instaura en Allemagne. *Propagande nazie.* - Relatif aux actes de ce parti. *Barbarie nazie.* ▷ Subst. *Les nazis.* – Emprunté à l'abrév. all., d'abord iron., *Nazi* pour *na(tionalso)zi(alist),* membre du Nationalsozialistische Deutsche Arbeiterpartei (NSDAF), parti fondé par A. Hitler.

nazifier [nazifje] v. tr. [2] Rendre nazi. ▷ v. pron. Devenir nazi. – De *nazi.*

nazisme [nazism] n. m. Mouvement, régime et doctrine nazis. *Le nazisme fut la doctrine officielle de l'État allemand de 1933 à 1945.* Syn. national-socialisme, hitlérisme. – De *nazi.*

ENCYCL Élaboré par Hitler dans *Mein Kampf,* le nazisme fut la doctrine officielle de l'État allemand de 1933 à 1945. Les nazis exaltaient la supériorité des Germains, considérés comme le rameau le plus pur de la race blanche, digne de dominer les peuples inférieurs (parmi lesquels les hommes de couleur) et, de ce fait, en droit d'éliminer les races considérées par eux comme impures : Juifs, Tziganes furent exterminés dans des camps de concentration. La conception de l'État nazi était totalitaire; de la naissance à la mort, et en tous domaines (éducation, presse, arts), la nation allemande était embrigadée. Les jeunes Allemands, enrôlés dès leur plus jeune âge, se voyaient inculquer le culte fanatique du chef, le Führer, en même temps que la négation de l'individu au profit du groupe. Toute velléité d'opposition au régime se trouvait neutralisée par l'action du parti ou impitoyablement réduite par la Gestapo. Anticapitaliste dans la mesure où elle prônait l'étatisation de la politique économique et où elle répandait des slogans contre la grande propriété, la doctrine nazie cherchait plutôt à rallier la classe ouvrière qu'à bouleverser les structures sociales. Enfin, le nazisme était expansionniste. Hitler demandait la réunion de tous les Allemands dans le cadre d'une Grande Allemagne après abrogation du traité de Versailles. Il préconisait la constitution d'une armée nationale (au lieu de l'armée de métier). La politique d'annexion des régions en partie peuplées de germanophones fut le prélude à la Seconde Guerre mondiale.

Nb CHIM Symbole du niobium.

N.B. Abrév. des mots latins *nota bene,* « remarquez bien ».

Nd CHIM Symbole du néodyme.

Ne CHIM Symbole du néon.

ne [nə] (*n'* devant une voyelle ou un h muet) adv. **A.** *Ne* marquant la négation. **I.** *Ne* employé seul. **1.** (Dans une principale ou une indépendante, seulement dans certaines tournures ou expressions.) *N'avoir cure, n'avoir garde. N'importe! Qu'à cela ne tienne. Que ne le disiez-vous!* **2.** (Dans une subordonnée relative au subj., après une principale négative ou interrogative; dans certaines loc.; dans quelques constructions.) *Il n'est pas d'instant qu'il n'y pense.* - *Si je ne me trompe; si je ne m'abuse.* - *Voici bientôt trois jours qu'il n'est venu.* **II.** *Ne* employé en corrélation avec un mot négatif ou restrictif. **1.** *Ne... pas; ne... point; ne... plus; ne... jamais. Il n'ira pas.* - Litt., vx ou rég. *Il n'ira point.* - *Il n'ira plus.* - *Jamais il n'ira.* ▷ *Ne... que. Je n'irai que si on me le demande :* j'irai seulement si on me le demande. **2.** (Avec un indéfini négatif placé avant ou après.) *Personne n'y est allé. Je n'ai rien vu.* ▷ (Avec *ni* répété.) *Ni lui ni moi n'y sommes allés.* **3.** (Affirmation renforcée par double négation.) *Vous n'êtes pas sans savoir qu'il vous attend :* vous savez très bien qu'il vous attend. **B.** *Ne* employé sans valeur négative (emploi dit *explétif*). **1.** (Après les verbes d'empêchement, de défense, de crainte.) *J'interdirai, j'éviterai qu'il ne vienne. J'ai peur, je crains qu'il n'arrive.* **2.** (En phrase négative ou interrogative après les verbes exprimant le doute ou la négation.) *Je ne doute pas une seconde qu'il ne renonce. Je ne nie pas qu'il ne soit venu. Niez-vous qu'il n'y soit parvenu?* **3.** (Après les propositions comparatives d'inégalité introduites par *autrement, meilleur, mieux, moindre, pire,* etc., si la principale est affirmative.) *Vous le ferez mieux que je ne le ferais moi-même.* **4.** Après *à moins que, sans que* (emploi du *ne* explétif critiqué), *il s'en faut que, avant que, que. Allez-y avant qu'il n'arrive. Vous ne sortirez que vous ne m'ayez livré votre secret.* – Lat. *non* en position proclitique.

né, née [ne] adj. **1.** Venu au monde. *Le premier-né, le dernier-né :* le premier, le dernier des enfants d'une famille. *C'est la dernière-née.* - *Né de :* issu de. *Né d'une famille bourgeoise. Né de père inconnu.* - *Né pour :* naturellement disposé pour. *Il est né pour faire de la musique.* **2.** *Bien né, mal né :* qui a de bonnes, de mauvaises inclinations, un bon, un mauvais naturel. *Âme bien née.* - Vx et absol. *Un homme né,* issu d'une famille noble. **3.** De naissance, naturellement. *Un orateur(-)né.* – Pp. de *naître.*

néandert(h)alien, enne [neɑ̃dɛʀtaljɛ̃, ɛn] adj. et n. PREHIST Désigne les fossiles d'*Homo sapiens* datant du pléistocène. ▷ Subst. *Un néandert(h)alien.* – De *Neandert(h)al,* n. d'une vallée de la Düssel, en All., où fut trouvé, en 1856, le crâne fossile qui servit à caractériser l'espèce dite homme de Néandertal.

néanmoins [neɑ̃mwɛ̃] adv. Malgré cela; mais, toutefois, cependant, pourtant. *Il est très jeune et néanmoins fort raisonnable.* – De *néant,* « en rien », et *moins,* au sens de « nullement moins, en rien moins ».

néant [neɑ̃] n. m. **1.** Rien; état de ce qui n'existe pas. - Loc. *Réduire à néant :* anéantir, détruire complètement. *Tous ces projets réduits à néant.* ▷ *Ellipt.* Aucun. *Signes particuliers : néant.* - *J'accepte le premier point, mais pour le reste, néant!,* non, pas question. **2.** Absence de valeur d'une chose. *Il a parfaitement conscience du néant des honneurs qu'on lui rend.* ▷ *Tirer qqn du néant,* le tirer d'une condition obscure pour le placer dans une situation honorable. **3.** PHILO Ce qui n'a pas d'être, le non-être (par oppos. à *l'être.*) « *L'Être et le Néant* », essai de

Jean-Paul Sartre (1943). – Du bas lat. *ne gentem,* «pas une personne», ou du lat. *nec entem,* de *ens, entis,* ppr. de *esse,* «être».

néanthropien, enne [neɑ̃tʀɔpjɛ̃, ɛn] n. m. et adj. PREHIST Vieilli Homme fossile dont l'apparition coïncide avec la fin de la dernière glaciation. – adj. *Des fossiles néanthropiens.* – De *né(o)-* et du gr. *anthropos,* «homme».

néantiser [neɑ̃tize] v. tr. [1] **1.** PHILO Concevoir comme néant, comme non-être. **2.** Réduire à néant, anéantir. – De *néant.*

nébulaire [nebylɛʀ] adj. Propre ou relatif à une nébuleuse. – Du lat. *nebula,* «nuage».

nébuleuse [nebyløz] n. f. ASTRO Objet céleste constitué soit d'une multitude d'étoiles (nébuleuse extragalactique ou, simplement, galaxie), soit d'un nuage de gaz et de poussières situé dans la Galaxie (nébuleuse gazeuse), qui, contrairement aux étoiles et aux planètes, nettement délimitées, présente un aspect diffus et vaporeux. – Substantivation de *(étoile) nébuleuse.*

nébuleusement [nebyløzmɑ̃] adv. De manière nébuleuse, obscure. – De *nébuleux.*

nébuleux, euse [nebylø, øz] adj. **1.** Obscurci par les nuages. *Ciel nébuleux.* **2.** Fig. Qui manque de clarté; fumeux. *Théories, projets nébuleux.* – Lat. *nebulosus,* de *nebula,* «brouillard».

nébulisation [nebylizasjɔ̃] n. f. TECH Action de nébuliser; son résultat. – Du lat. *nebula,* «brouillard».

nébuliser [nebylize] v. tr. [1] TECH Projeter, vaporiser (un liquide) en fines gouttelettes à l'aide d'un nébuliseur. – De l'angl. *to nebulize.*

nébuliseur [nebylizœʀ] n. m. TECH Appareil servant à projeter un liquide en fines gouttelettes. – Du lat. *nebula,* «brouillard».

nébulosité [nebylozite] n. f. **1.** Caractère, état de ce qui est nébuleux. – METEO Surface de ciel couverte par des nuages. **2.** Fig. *La nébulosité d'une théorie.* – Bas lat. *nebulositas,* «obscurité».

nécessaire [nesesɛʀ] adj. et n. m. **I.** adj. **1.** Se dit de ce qui constitue une condition indispensable à la réalisation de qqch. *La respiration est nécessaire à la vie.* – MATH *Condition nécessaire et suffisante,* qui rend vraie une proposition si, et seulement si, cette condition est remplie. **2.** Se dit de ce qui est indispensable, de ce dont on ne saurait se passer pour répondre à un besoin. *Une voiture m'est absolument nécessaire pour mon travail. Il est nécessaire d'en discuter, que nous en discutions.* – *Se rendre nécessaire* : se rendre indispensable. **3.** LOG Qui découle logiquement et inévitablement de conditions ou d'une hypothèse déterminées. *Le syllogisme est un type formellement parfait d'enchaînement nécessaire.* ▷ Cour. Inéluctable. **4.** Qui ne peut pas ne pas être ni être autrement (par oppos. à *contingent*). «*Les lois, dans la signification la plus étendue, sont des rapports nécessaires qui dérivent de la nature des choses*» *(Montesquieu).* **II.** n. m. **1.** Ce qui est absolument indispensable pour vivre. *Le nécessaire et le superflu. Manquer du plus strict nécessaire.* **2.** Ce qu'il faut faire pour arriver à un résultat déterminé. *Je compte sur vous pour faire le nécessaire.* **3.** PHILO *Le nécessaire et le contingent.* **4.** *Un nécessaire* : coffret garni des objets nécessaires pour un usage déterminé. *Un nécessaire de toilette, de couture.* – Lat. *necessarius.*

nécessairement [nesesɛʀmɑ̃] adv. **1.** Par un besoin impérieux; absolument. *Il faut nécessairement qu'on trouve une solution.* **2.** D'une manière nécessaire, logique et inévitable. – De *nécessaire.*

nécessitant, ante [nesesitɑ̃, ɑ̃t] adj. THEOL *Grâce nécessitante,* qui contraindrait l'homme de manière absolue. – Ppr. de *nécessiter.*

nécessité [nesesite] n. f. **1.** Caractère de ce qui est nécessaire; chose nécessaire; obligation. *La nécessité de manger pour vivre.* – *Nécessité vitale,* absolue. **2.** Besoin impérieux; ce qui est indispensable dans une situation donnée. *Pourvoir aux urgentes nécessités de l'État.* – *Les nécessités de la vie.* ▷ *Objets de première nécessité,* ceux qui sont vraiment indispensables pour vivre. **3.** Loc. *Nécessité fait loi* : certains actes se justifient d'eux-mêmes par leur caractère inévitable. – *Faire de nécessité vertu* : s'acquitter, en y cherchant une occasion de mérite, d'une chose nécessaire. **4.** PHILO, LOG Caractère nécessaire d'un enchaînement de causes et d'effets. – Lat. *necessitas.*

nécessiter [nesesite] v. tr. [1] **1.** Rendre indispensable; exiger. *Cela nécessite un prêt. Cette opération nécessite une grande maîtrise de la technique.* **2.** PHILO Impliquer logiquement et inéluctablement. – Lat. *necessitare,* «contraindre».

nécessiteux, euse [nesesitø, øz] adj. et n. Qui est dans le besoin, qui manque du nécessaire. *Vieillard nécessiteux.* – Subst. *Secourir les nécessiteux,* les indigents. – De *nécessité.*

neck [nɛk] n. m. GEOL Piton rocheux provenant d'une ancienne cheminée volcanique remplie de lave solidifiée et dégagée par l'érosion des formations encaissantes. – Mot angl., «cou».

nec plus ultra [nɛkplyzyltʀa] n. m. inv. Ce qui constitue un terme, un état qui n'a pas été ou ne saurait être dépassé. *Le nec plus ultra de l'élégance.* – Loc. lat. subst., «pas au-delà», apposée (dit la légende) par Hercule sur les deux montagnes qu'il sépara pour unir la Méditerranée à l'Atlantique et dont il avait fait les limites du monde visible.

nécr(o)-. Élément, du gr. *nekros,* «mort».

nécrobie [nekʀɔbi] adj. et n. **1.** adj. et n. m. Se dit d'un organisme vivant sur les cadavres. **2.** n. f. Coléoptère qui vit sur les matières animales en décomposition. – De *nécro-,* et gr. *bios,* «vie».

nécrologe [nekʀɔlɔʒ] n. m. RELIG CATHOL Liste des personnes défuntes d'une paroisse. – *Par ext.* Liste des personnes mortes au cours d'une catastrophe. – Lat. médiév. *necrologium.*

nécrologie [nekʀɔlɔʒi] n. f. **1.** Notice biographique sur un personnage décédé récemment. **2.** Liste de personnes décédées pendant un laps de temps déterminé. – Avis des décès survenus à une date ou pendant une période déterminées et publiés. *La nécrologie d'un journal.* – De *nécrologe.*

nécrologique [nekʀɔlɔʒik] adj. Qui concerne la nécrologie. *Article nécrologique. Rubrique nécrologique d'un quotidien.* – De *nécrologie.*

nécrologue [nekʀɔlɔg] n. m. Auteur de nécrologies, d'articles nécrologiques. – De *nécrologie.*

nécromancie [nekʀomɑ̃si] n. f. Science occulte qui prétend, par l'évocation des morts, révéler l'avenir. – Lat. *necromantia,* du gr. *nekromanteia.*

nécromancien, enne [nekʀomɑ̃sjɛ̃, ɛn] n. Personne qui s'occupe de nécromancie. – De *nécromancie.*

nécrophage [nekʀofaʒ] adj. et n. Qui se nourrit de cadavres. *Animal, insecte nécrophage.* ▷ Subst. PSYCHIAT Malade commettant des actes de nécrophagie. – Gr. *nekrophagos.*

nécrophagie [nekʀofaʒi] n. f. PSYCHIAT Cannibalisme perpétré sur des cadavres. – De *nécrophage.*

nécrophile [nekʀɔfil] adj. et n. MED Se dit d'une personne atteinte de nécrophilie. – De *nécro-,* et *-phile.*

nécrophilie [nekʀofili] n. f. PSYCHIAT Attirance sexuelle morbide pour les cadavres. – De *nécro-,* et *-philie.*

nécrophore [nekʀofɔʀ] n. m. ENTOM Coléoptère noir (genre *Necrophorus*), long d'environ 25 mm, qui pond ses œufs sur des charognes qu'il a enterrées. – Gr. *nekrophoros*, «qui transporte un mort».

nécropole [nekʀɔpɔl] n. f. **1.** ANTIQ Vaste ensemble de sépultures antiques. *Les nécropoles de Thèbes, en Égypte. Nécropole souterraine. Nécropole à ciel ouvert.* **2.** Litt. Vaste cimetière d'une grande ville moderne. **3.** Édifice (église, etc.) qui contient les tombeaux d'une famille princière ou royale. *Le Panteón de los reyes, dans l'Escurial, est la nécropole des rois d'Espagne.* – Gr. *nekropolis*, «ville des morts».

nécrose [nekʀoz] n. f. BIOL Mort cellulaire ou tissulaire. – Gr. *nekrôsis*.

nécroser [nekʀoze] v. tr. [1] Provoquer la nécrose de. ▷ v. pron. Être atteint de nécrose. – De *nécrose*.

nécrosique [nekʀozik] ou **nécrotique** [nekʀotik] adj. MED Atteint de nécrose. – De *nécrose*.

nectaire [nɛktɛʀ] n. m. BOT Glande portée par des organes floraux (pétales, étamines) ou extra-floraux, et qui sécrète le nectar. – Lat. savant *nectarium*, du gr. *nektar*.

nectar [nɛktaʀ] n. m. **1.** MYTH Breuvage des dieux. ▷ Litt. Breuvage délicieux. *Ce vin est un nectar.* **2.** Liquide sucré, très riche en glucose, sécrété par les nectaires et utilisé par les abeilles pour faire le miel. – Mot lat., du gr. *nektar*.

nectarine [nɛktaʀin] n. f. Hybride de pêche à peau lisse et noyau libre. – Du gr. *nektar*, «boisson des dieux».

necton [nɛktɔ̃] n. m. OCEANOGR Ensemble des animaux marins qui se déplacent en nageant (par oppos. à *plancton*). – Gr. *nêktôs*, «nageur».

néerlandais, aise [neɛʀlɑ̃dɛ, ɛz] adj. et n. **1.** adj. Des Pays-Bas, État d'Europe occid. ▷ Subst. *Un(e) Néerlandais(e).* **2.** n. m. *Le néerlandais* : la langue germanique parlée aux Pays-Bas et dans le nord de la Belgique (flamand). – De *Néerlande*, forme fr. de *Nederland*, «Pays-Bas» en néerlandais.

nef [nɛf] n. f. **1.** Vx ou litt. Navire. ▷ Au Moyen Âge, navire de formes rondes, à châteaux élevés. **2.** Partie d'une église qui va du portail à la croisée du transept et qui est comprise entre les deux murs latéraux (église à nef unique), entre une rangée de piliers et un mur latéral, ou entre deux rangées de piliers (église à trois, à cinq nefs). – Du lat. *navis*.

néfaste [nefast] adj. **1.** ANTIQ ROM *Jours néfastes*, où il était interdit par la loi divine de s'occuper des affaires publiques. **2.** Malheureux, désastreux. *Journée néfaste.* ▷ Qui porte malheur. *Personnage néfaste. – Idée néfaste.* – Lat. *nefastus*, «interdit par la loi divine».

nèfle [nɛfl] n. f. Fruit du néflier, que l'on consomme blet. ▷ Pop. *Des nèfles!* : rien du tout! Pas question!– Var. dial. *nesple, mesle*, pl. neutre lat. *mespila*.

néflier [neflije] n. m. Rosacée arborescente (*Mespilus germanica*) aux fruits comestibles, qui pousse spontanément dans les régions tempérées. – De *nèfle*.

négateur, trice [negatœʀ, tʀis] adj. et n. Litt. Qui nie, qui a l'habitude de nier. ▷ Subst. *Un négateur de Dieu.* – Lat. *negator*.

négatif, ive [negatif, iv] adj. et n. **1.** Qui exprime une négation, qui marque un refus (par oppos. à *affirmatif*). *La réponse est négative. – Assertion négative.* ▷ n. f. *Ils nous ont encore répondu par la négative*, négativement. **2.** Qui n'est pas constructif, qui ne fait que s'opposer. *Critique négative.* **3.** Qui ne consiste qu'en l'absence de son contraire (par oppos. à *positif*). *Bonheur, plaisir négatif.* **4.** MATH *Nombre négatif*, inférieur ou égal à zéro. *Nombre strictement négatif*, inférieur à zéro. ▷ *Exposant négatif*, affecté du signe moins. ▷ METEO *Température négative*, inférieure à 0 °C. **5.** *Électricité négative*, constituée d'électrons. ▷ *Pôle négatif* : pôle par lequel le courant arrive, dans un générateur de courant continu. ▷ CHIM *Ion négatif* : anion. **6.** PHOTO *Épreuve négative* ou, n. m., *un négatif* : phototype dans lequel les parties claires et les parties sombres sont inversées par rapport au modèle. – Bas lat. *negativus*.

négation [negɑsjɔ̃] n. f. **1.** Action de nier; son expression verbale, écrite, etc. ▷ LOG *Négation d'une proposition P* : proposition, notée non P ou $\bar{P}$, qui est fausse si P est vraie et inversement. ▷ Comportement, acte qui est en contradiction complète avec qqch. *Accepter, ce serait la négation de tout ce que nous avons fait jusqu'à présent.* **2.** Mot, groupe de mots qui sert à rendre un énoncé négatif. *«Non», «ne... pas» sont des négations.* – Lat. *negatio*.

négativement [negativmɑ̃] adv. D'une manière négative. – De *négatif*.

négativisme [negativism] n. m. **1.** PHILO Système niant toute croyance à une réalité. **2.** PSYCHIAT Trouble de l'activité volontaire caractérisé par le refus passif ou actif de répondre à toute sollicitation, interne ou externe. **3.** Didac. Attitude caractérisée par la négation, le refus systématique de tout. – De *négatif*.

négativité [negativite] n. f. **1.** PHYS Caractère d'un corps porteur d'une charge négative. **2.** Caractère de ce qui est négatif (sens 2). – De *négatif*.

négaton [negatɔ̃] n. m. PHYS NUCL Syn. de *électron* (par oppos. à l'électron positif ou *positon*). – *De négat(if)*, et *(électr)on*.

négatoscope [negatoskɔp] n. m. TECH Écran lumineux pour l'examen des clichés radiographiques. – De *négat(if)*, et *-scope*.

négligé, ée [neglіʒe] adj. et n. m. **I.** adj. **1.** Dont on n'a pas pris un soin suffisant. *Barbe, tenue négligée.* ▷ Pour qui l'on manque d'égards, d'attentions. **2.** Qui néglige sa personne, sa tenue. **II.** n. m. **1.** État d'une personne dont la toilette est sans recherche. *Le négligé lui va bien. Être toujours en négligé.* **2.** Vieilli Syn. de *déshabillé* (sens 2). – Pp. de *négliger*.

négligeable [negliʒabl] adj. Qui peut être négligé, sans importance. *Efforts négligeables.* ▷ MATH *Quantité négligeable* : quantité suffisamment faible pour que l'on puisse ne pas en tenir compte dans les calculs. ▷ Cour., péjor. Ce qui est sans intérêt, ne compte pas. – De *négliger*.

négligemment [negliʒamɑ̃] adv. **1.** Avec négligence. *S'habiller négligemment.* **2.** Avec indifférence. *Répondre négligemment.* – De *négligent*.

négligence [negliʒɑ̃s] n. f. **1.** Défaut de soin, d'application; manque d'attention. ▷ *Spécial.* Manque de soin dans la tenue. *Vêtu avec négligence.* **2.** Faute, erreur due à un manque de soin, d'application. *Commettre une, des négligences. – Négligences de style.* – Lat. *negligentia*.

négligent, ente [negliʒɑ̃, ɑ̃t] adj. Qui fait preuve de négligence. – Lat. *negligens*.

négliger [negliʒe] v. tr. [13] **1.** Ne pas s'occuper de (qqch) avec autant de soin, d'attention qu'on le devrait. *Négliger sa santé, ses intérêts. – Négliger sa mise, sa toilette.* ▷ v. pron. Prendre moins soin qu'à l'ordinaire de sa personne. **2.** Ne pas montrer (à qqn) autant d'attention, d'affection qu'on le devrait. *Négliger sa femme, ses amis.* **3.** Ne pas mettre en usage ou à profit. *Négliger un avertissement. – Négliger une occasion.* – Lat. *negligere*.

négoce [negɔs] n. m. **1.** Vx Affaire, activité, relation. **2.** Vieilli Commerce en gros. – Lat. *negotium*.

négociabilité [negɔsjabilite] n. f. COMM Qualité de ce qui peut être négocié (sens II, 1). *Négociabilité d'un effet de commerce.* – De *négociable*.

négociable [negɔsjabl] adj. Que l'on peut négocier. *Titre négociable.* – De *négocier.*

négociant, ante [negɔsjɑ̃, ɑ̃t] n. Personne qui fait du négoce, du commerce en gros. *Négociant en tissus.* – Ital. *negoziante.*

négociateur, trice [negɔsjatœʀ, tʀis] n. **1.** Personne chargée de négocier une affaire. **2.** Diplomate, personne qui a pour mission de mener des négociations avec les parties intéressées (spécial. en matière sociale, politique). – Lat. *negotiator,* « négociant, banquier ».

négociation [negɔsjasjɔ̃] n. f. **I. 1.** Action de négocier; l'affaire que l'on négocie. *Une négociation difficile.* **2.** COMM Action de négocier (un billet, une traite). **II.** Ensemble des démarches entreprises pour conclure un accord, un traité, pour rechercher une solution à un problème social ou politique; résultat de ces démarches. *Préférer la négociation à l'affrontement. Le problème des salaires n'a pu être réglé par la négociation. Engager, rompre des négociations.* – Lat. *negotiatio,* « commerce en grand ».

négocier [negɔsje] v. [2] **I.** v. intr. **1.** Vx Faire le négoce. **2.** Engager des pourparlers, procéder à des échanges de vues dans l'intention de traiter une affaire. ▷ *Spécial.* Aboutir à, rechercher un accord social, politique par la négociation (sens II). **II.** v. tr. **1.** COMM Céder (un effet, une lettre de change) à un tiers contre de l'argent liquide. **2.** Se concerter sur les conditions de réalisation de qqch. *Négocier une affaire importante.* – *Négocier un règlement de paix.* **3.** SPORT, AUTO *Négocier un virage,* le prendre, à grande vitesse, le mieux possible. – Lat. *negotiari,* « faire le commerce en grand ».

négondo ou **negundo** [negɔ̃do] n. m. BOT Érable originaire d'Amérique du N., à feuilles panachées de blanc, et dont le bois est utilisé en marqueterie. – Mot malais par le portugais.

nègre, négresse [nɛgʀ, negʀɛs] n. et adj. **A.** n. **I. 1.** Vieilli (Souvent employé avec une intention péjor. et raciste, sauf par les Noirs eux-mêmes.) Personne de race noire. **2.** Esclave noir employé autrefois dans les colonies. *La traite des nègres.* ▷ Fam. *Travailler comme un nègre,* beaucoup, durement. **II.** n. m. **1.** Fig. Personne qui prépare ou fait le travail d'un écrivain célèbre, d'une personne connue qui signe de son nom un ouvrage qu'il n'a pas écrit. **2.** CUIS *Nègre en chemise* : entremets fait de beurre, d'œufs et de chocolat glacé recouvert de crème fouettée. **B.** adj. **1.** De race noire; relatif à la race, aux ethnies noires. *Coutumes nègres.* ▷ *Art nègre* : art de l'Afrique noire, spécial. tel que l'Occident l'a découvert au début du XXe s. *L'art nègre a contribué à la naissance du cubisme.* **2.** adj. inv. *Nègre* ou, plus cour., *tête-de-nègre* : marron foncé. *Un manteau tête-de-nègre.* ▷ *Nègre blanc* : équivoque, dont les termes, les conclusions sont contradictoires. *Réponse nègre blanc.* – Esp. ou portug., *negro,* « noir »; lat. *niger.*

négrier, ère [negʀije, ɛʀ] adj. et n. m. **I.** adj. Qui a rapport à la traite des Noirs; qui se livre, qui sert à la traite des Noirs. *Capitaine négrier. Navire négrier.* **II.** n. m. **1.** Celui qui faisait la traite des Noirs. – Navire qui servait à faire la traite des Noirs. **2.** Fig. Chef d'entreprise dur et âpre comme un marchand d'esclaves. – De *nègre.*

négrille [negʀij] n. (et adj.) Individu d'une race d'Afrique équatoriale à peau brunâtre, de très petite taille (moins de 1,50 m). V. pygmée. – De *nègre.*

négrillon, onne [negʀijɔ̃, ɔn] n. Vx ou péjor. et raciste Petit enfant de race noire. – Dimin. de *nègre.*

négritude [negʀityd] n. f. **1.** Fait d'appartenir à la race noire. **2.** Ensemble des caractéristiques culturelles, historiques, des nations, des peuples noirs. – De *nègre,* répandu par le poète et homme d'État sénégalais L. S. Senghor.

négro [negʀo] n. m. Pop. (injur. et raciste) Noir. – De *nègre.*

négro-africain, aine [negʀoafʀikɛ̃, ɛn] adj. Relatif aux peuples d'Afrique noire. ▷ Subst. *Les Négro-Africains.* – De *nègre,* et *africain.*

négro-américain, aine [negʀo ameʀikɛ̃, ɛn] adj. Qui appartient aux Noirs d'Amérique. *La musique négro-américaine.* ▷ Subst. *Les Négro-Américains.* – De *nègre,* et *américain.*

négroïde [negʀɔid] adj. (et n.) Qui présente, dans le visage, certaines des caractéristiques du type noir. – De *nègre,* et *-oïde.*

negro-spiritual [negʀospiʀitɥol] n. m. Chant religieux des Noirs chrétiens des États-Unis. *Les negro-spirituals.* – De l'amér. *negro,* « nègre », et *spiritual,* « (chant) spirituel ».

néguentropie [negɑ̃tʀɔpi] n. f. PHYS, INFORM Grandeur dont les variations sont opposées à celles de l'entropie d'un système. – De *néga(tive),* et *entropie.*

negundo. V. négondo.

négus [negys] n. m. HIST Titre des empereurs d'Éthiopie. – Éthiopien *negûs (negusti),* « roi (des rois) ».

neige [nɛʒ] n. f. **1.** Eau congelée qui tombe en flocons blancs et légers. *Chute de neige, boule de neige.* – Fig. *Être blanc comme neige* : être innocent, ne rien avoir à se reprocher. ▷ *Neiges persistantes* ou, cour., *neiges éternelles,* qui (à une altitude supérieure à 2 700 m en France) ne fondent pas en été. **2.** *De neige* : qui a rapport aux sports d'hiver. *Train de neige. Vacances de neige.* – *Classe de neige* : enseignement organisé en montagne à l'époque des sports d'hiver pour une classe scolaire. **3.** *Neige carbonique* : anhydride carbonique solide (CO^2) utilisé dans les extincteurs et comme réfrigérant. ▷ *Neige artificielle,* obtenue par pulvérisation d'eau froide. **4.** Arg. Cocaïne. **5.** CUIS *Œufs en neige* : blancs d'œufs battus formant une masse blanche compacte. ▷ *Œufs à la neige* : œufs en neige cuits servis sur une crème anglaise. – Déverbal de *neiger.*

neiger [nɛʒe] v. impers. [13] Tomber, en parlant de la neige. – Du lat. pop. **nivicare,* du class. *nix, nivis,* « neige ».

neigeux, euse [nɛʒø, øz] adj. **1.** Couvert de neige. **2.** Qui rappelle la neige par sa blancheur immaculée, sa consistance. – De *neige.*

nélombo ou **nélumbo** [nelɔ̃bo] n. m. BOT Plante d'eau douce (genre *Nelumbium,* fam. nymphéacées) dont une espèce indienne à grandes fleurs blanches est le *lotus sacré.* – Mot cingalais.

némale [nemal] ou **némalion** [nemaljɔ̃] n. m. BOT Algue rouge marine dont le thalle ramifié est formé de cordons cylindriques et élastiques. – Du nom de *Nemal,* naturaliste amér.

némat(o)-. Élément, du gr. *nêma, nêmatos,* « fil ».

némathelminthes [nematɛlmɛ̃t] n. m. pl. ZOOL Embranchement de vers au corps cylindrique non segmenté, appelés aussi *vers ronds,* dont la plupart sont parasites (ascaris, oxyure, trichines, etc.). – Sing. *Un némathelminthe.* – De *némat(o)-,* et *helminthe.*

nématique [nematik] adj. PHYS *État nématique* : état mésomorphe dans lequel les molécules d'un cristal liquide sont orientées dans une même direction en l'absence d'influence extérieure. *Les propriétés de l'état nématique sont utilisées pour l'affichage de lettres ou de chiffres dans les calculatrices.* – De *némat(o)-,* et *-ique.*

némato-. V. némat(o)-.

nématoblaste [nematɔblast] n. m. ZOOL Syn. de *cnidoblaste.* – De *némato-,* et *-blaste.*

nématocères [nematɔsɛʀ] n. m. pl. ENTOM Sous-ordre d'insectes diptères comprenant notam. les moustiques. - Sing. *Un nématocère.* – De *némato-*, et gr. *keras*, «corne».

nématocyste [nematɔsist] n. m. ZOOL Vésicule à venin des cnidaires. – De *némato-*, et gr. *kustis*, «vessie».

nématodes [nematɔd] n. m. pl. ZOOL Classe très import. de némathelminthes comprenant des espèces marines, d'eau douce ou terrestres, caractérisées par un tube digestif complet. *L'ascaris, la trichine, les filaires sont des nématodes parasites de l'homme.* - Sing. *Un nématode.* – Du gr. *nêmatôdes*, «semblable à des fils».

nématorhynques [nematɔʀɛ̃k] n. m. pl. ZOOL Embranchement de métazoaires pseudocœlomates marins ou d'eau douce, microscopiques, les plus primitifs des vers. - Sing. *Un nématorhynque.* – De *némato-* (à cause des bouquets de cils de la partie antérieure), et *-rhynque.*

némertiens [nemɛʀsjɛ̃] n. m. pl. ZOOL Embranchement de métazoaires cœlomates, vers marins ou d'eau douce au tube digestif complet. - Sing. *Un némertien.* – Du nom d'une nymphe de la mythol. grecque, *Nemertes*, l'une des Néréides.

néné [nene] n. m. Pop. Sein de femme. – Du rad. expressif *nan-* (V. nanan).

nénette [nenɛt] n. f. Fam. **1.** Loc. *Se casser la nénette;* se démener, se casser la tête pour résoudre une difficulté. **2.** Fille, femme. – Du rad. expressif *nan-* (V. nanan).

nénies [neni] n. f. pl. ANTIQ GR et ROM Chants, lamentations funèbres. – Lat. *nenia.*

nenni [nɛnni; neni] adv. Vx Non. – Composé de *nen*, forme atone de *non*, et de *il;* d'abord *nenil.*

nénuphar [nenyfaʀ] n. m. Plante aquatique des eaux tranquilles (genre *Nymphea, Nuphar*, etc., fam. nymphéacées) aux feuilles flottantes et aux fleurs solitaires diversement colorées. *Nénuphar blanc* (Nymphea alba). *Nénuphar jaune* (Nuphar luteum). – Lat. médiév., de l'ar. *nīnūfar.*

néo-. Préfixe, du gr. *neos*, «nouveau».

néoblaste [neoblast] n. m. BIOL Cellule de régénération existant chez certains groupes d'animaux primitifs (planaires, annélides). – De *néo-*, et gr. *blastos*, «germe».

néo-calédonien, enne [neokaledɔnjɛ̃, ɛn] adj. et n. De Nouvelle-Calédonie, île du Pacifique S., territ. français d'outre-mer; relatif aux Néo-Calédoniens. ▷ Subst. *Les Néo-Calédoniens.* – De *néo-*, et *(Nouvelle-) Calédonie.*

néo-capitalisme [neokapitalism] n. m. ECON Forme moderne du capitalisme qui accepte l'intervention de l'État dans certains secteurs.

néo-celtique [neosɛltik] adj. Se dit des langues vivantes dérivées de l'ancien celte telles que le breton et le gaélique. *Les langues néo-celtiques.*

néo-chrétien, enne [neokʀetjɛ̃, ɛn] adj. et n. Qui est partisan du néo-christianisme; qui le pratique.

néo-christianisme [neokʀistjanism] n. m. Système de philosophie chrétienne, datant de la fin du XIXe s., qui tend à constituer une religion sans dogme.

néo-classicisme [neoklasisism] n. m. **1.** LITTER Mouvement littéraire français du début du XXe s. qui s'est attaché à renouveler les formes poétiques modernes en prenant pour modèle l'idéal classique. *Le néo-classicisme est issu de l'«école romane» de J. Moréas.* **2.** BX-A Mouvement artistique de retour à l'Antiquité gréco-romaine apparu v. le milieu du XVIIIe s. à Rome, qui se répandit dans tous les pays européens et aux É.-U. (*Capitole* de Washington), et se prolongea jusqu'en 1830 env. – De *néo-*, et *classicisme.*

néo-classique [neoklasik] adj. et n. m. Relatif au néo-classicisme, qui appartient au néo-classicisme. - n. m. *Les néo-classiques.*

néo-colonialisme [neokɔlɔnjalism] n. m. État de domination économique et culturelle maintenu par des voies détournées sur d'anciennes colonies.

néo-colonialiste [neokɔlɔnjalist] adj. et n. Qui a les caractères du néo-colonialisme; qui pratique le néo-colonialisme. *Politique néo-colonialiste.* ▷ Subst. *Des néo-colonialistes.*

néo-confucianisme [neokɔ̃fysjanism] n. m. Doctrine inspirée du confucianisme, qui se développa en Chine au Xe s.

néo-criticisme [neokʀitisism] n. m. PHILO Doctrine philosophique d'inspiration kantienne. *Renouvier est le principal représentant du néo-criticisme en France.*

néo-darwinisme [neodaʀwinism] n. m. BIOL Théorie de l'évolution fondée sur la seule sélection de l'espèce par le milieu, qui nie l'hérédité des caractères acquis.

néodyme [neodim] n. m. CHIM Élément appartenant à la famille des lanthanides, de numéro atomique Z = 60, de masse atomique 144,24 (symbole Nd). - Métal (Nd) qui fond à 1 021 °C et bout à 3 068 °C. – De *néo-*, et gr. *didumos*, «jumeau».

néo-fascisme [neofaʃism] n. m. Tendance politique inspirée du fascisme* italien.

néo-fasciste [neofaʃist] adj. et n. Du néo-fascisme. ▷ Subst. *Les néo-fascistes.*

néoformation [neofɔʀmasjɔ̃] n. f. MED Syn. de *néoplasie.*

néoformé, ée [neofɔʀme] adj. BIOL Qui provient d'une néoformation; nouvellement formé. – De *néoformation*, d'ap. *formé.*

néogène [neoʒɛn] n. m. et adj. GEOL Dernière partie de l'ère tertiaire, qui comprend le miocène et le pliocène.

néoglucogenèse [neoglykoʒənɛz] ou **néoglycogenèse** [neoglikoʒənɛz] n. f. BIOCHIM Transformation des protéines en glucose au niveau du foie. – De *néo-*, *gluco-*, et *genèse.*

néognathes [neognat] n. m. pl. ORNITH Syn. de *carinates.* - Sing. *Un néognathe.* – De *néo-*, et gr. *gnathos*, «mâchoire».

néo-gothique [neogɔtik] adj. et n. m. ARCHI Qui s'inspire du gothique. ▷ n. m. *Le néo-gothique*, style architectural et décoratif de la fin du XIXe s.

néo-grec, -grecque [neogʀɛk] adj. **1.** Relatif à la Grèce, État d'Europe méridionale occupant le S. de la péninsule balkanique, au grec moderne. **2.** Qui s'inspire de l'art de la Grèce antique. *Les arts néo-grecs.*

néo-guinéen, enne [neogineɛ̃, ɛn] adj. De la Nouvelle-Guinée, île d'Océanie, au N. de l'Australie. *Des masques néo-guinéens.*

néo-impressionnisme [neoɛ̃pʀesjɔnism] n. m. BX-A Mouvement pictural qui s'affirma entre 1884 et 1891, et dont les adeptes (Seurat, Signac, Cross, etc.) utilisaient la division systématique du ton. (V. divisionnisme, pointillisme). – De *néo-*, et *impressionnisme*, terme dû au critique d'art Félix Fénéon (1861-1944).

néo-impressionniste [neoɛ̃pʀesjɔnist] adj. Du néo-impressionnisme. ▷ Subst. Adepte du néo-impressionnisme.

néo-kantisme [neokɑ̃tism] n. m. PHILO Doctrine philosophique de la seconde moitié du XIXe s., qui s'inspire de l'idéalisme transcendantal de Kant. *Les principaux* *représentants du néo-kantisme sont O. Liebmann, H. Cohen, P. Natorp, E. Cassirer, H. Rickert.*

néo-lamarckisme [neolamaʀkism] n. m. Didac. Théorie transformiste qui s'inspire des idées de Lamarck mais qui tient l'hérédité et la sélection pour secondaires et considère le milieu et l'habitude comme déterminants dans l'évolution des espèces.

néo-libéralisme [neolibeʀalism] n. m. ECON, POLIT Forme renouvelée du libéralisme, qui permet à l'État une intervention limitée sur le plan économique et juridique.

néolithique [neolitik] n. m. et adj. Dernière période de la préhistoire, à laquelle succède la protohistoire. ▷ adj. *Âge néolithique.* – De *néo-*, et *-lithique*.
ENCYCL Le néolithique (de l'Europe occidentale) débute v. 5000 et s'achève v. 2500 av. J.-C., mais ces dates varient considérablement avec les sites. Ainsi la ville néolithique la plus anc. que l'on connaisse est Jéricho (v. 8000 ou 7000 av. J.-C.).

néologie [neɔlɔʒi] n. f. Invention, introduction de mots nouveaux dans une langue. ▷ LING Processus de formation de mots nouveaux dans le lexique d'une langue par emprunt, dérivation, composition, suffixation, abréviation populaire, etc. – De *néo-*, et *-logie*.

néologique [neɔlɔʒik] adj. Relatif à la néologie; par néologie. *Expression néologique. Formation néologique.* – De *néologie*, ou de *néologisme*.

néologisme [neɔlɔʒism] n. m. **1.** Usage d'un mot nouveau; emploi d'un mot dans un sens nouveau. **2.** Mot, sens nouveau. – De *néo-*, et du gr. *logia*, « théorie », de *logos*, « discours ».

néoménie [neɔmeni] n. f. ANTIQ Fête qui se célébrait chez les Juifs, les Grecs et les Romains à chaque nouvelle lune. – Lat. *neomenia*, mot gr., de *neos*, « nouveau », et *mên*, « mois ».

néomycine [neɔmisin] n. f. PHARM Antibiotique à large spectre obtenu à partir de *Streptomyces fradiæ*. – De *néo-*, gr. *mukos*, « champignon », et *-ine*.

néon [neɔ̃] n. m. Élément de numéro atomique Z = 10, de masse atomique 20,17 (symbole Ne). - Gaz rare (Ne) de l'air qui se liquéfie à −246 °C et se solidifie à −248,7 °C, utilisé pour l'éclairage par tubes luminescents. – Gr. *neos*, « nouveau » (d'ap. argon, krypton).

néonatal ou **néo-natal, ale, als** [neonatal] adj. MED Relatif aux premiers jours qui suivent la naissance; du nouveau-né. *Médecine néo-natale.*

néonatalogie [neonatalɔʒi] n. f. MED Discipline spécialisée dans les maladies du nourrisson dans la période qui suit immédiatement la naissance. – De *néo-natal*, et *-logie*.

néonazi ou **néo-nazi, ie** [neonazi] adj. et n. Du néonazisme. ▷ Subst. Partisan du néonazisme. *Les néo-nazis.*

néonazisme ou **néo-nazisme** [neonazism] n. m. Tendance, mouvement politique d'extrême droite qui s'inspire du nazisme.

néophyte [neɔfit] n. et adj. **1.** HIST RELIG Païen nouvellement converti, dans l'Église primitive. **2.** Personne nouvellement convertie à une doctrine, à une religion, etc. *L'ardeur du néophyte.* ▷ adj. *Un fanatisme néophyte.* – Lat. ecclés. *neophytus*, gr. *neophytos*, « nouvellement planté ».

néoplasie [neoplazi] n. f. MED Syn. de *tumeur maligne*. – De *néo-*, et *-plasie*, *-plasme*.

néoplasique [neoplazik] adj. MED De la nature de la néoplasie; tumoral, cancéreux. – De *néoplasie*.

néoplasme [neoplasm] n. f. MED Syn. de *tumeur*. – Du gr. *neos*, « nouveau », et *plassein*, « former ».

néo-plasticisme [neoplastisism] n. m. BX-A Doctrine picturale qui prône l'usage exclusif de figures géométriques simples et des trois couleurs primaires (auxquelles peuvent être jointes les trois non-couleurs : noir, blanc, gris). *Mondrian, théoricien et promoteur du néo-plasticisme.* – De *néo-*, *plastique*, et *-isme*.

néo-platonicien, enne [neoplatɔnisjɛ̃, ɛn] adj. et n. De l'école néo-platonicienne. *Plotin, philosophe néo-platonicien.* ▷ Subst. *Un (des) néo-platonicien(s).*

néo-platonisme [neoplatɔnism] n. m. PHILO ANC Doctrine, élaborée à Alexandrie au IIIe s. apr. J.-C. et qui se développa jusqu'au VIe s., tentant de concilier les doctrines religieuses de l'Orient avec la philosophie de Platon.

néo-positivisme [neopozitivism] n. m. PHILO Mouvement philosophique du XXe s., dit aussi *positivisme logique*, issu du cercle de Vienne* (Schlick, Carnap, Reichenbach, Wittgenstein, etc.).

néo-positiviste [neopozitivist] adj. et n. Qui appartient au néo-positivisme. ▷ Subst. Philosophe de l'école néo-positiviste. *Les néo-positivistes ont étudié le langage, les systèmes de symboles et la logique formelle.*

néoprène [neopʀɛn] n. m. TECH Caoutchouc synthétique incombustible, résistant aux huiles et au froid. – Nom déposé; de *néo-*, *pr(opyle)*, et *-ène*.

néoptères [neɔptɛʀ] n. m. pl. ENTOM Vaste division regroupant les insectes dont les ailes, au repos, sont repliées vers l'arrière, les ailes antérieures recouvrant les ailes postérieures (orthoptères, coléoptères, hyménoptères, diptères, etc.). - Sing. *Un néoptère.* – De *néo-*, et *-ptère*.

néo-réalisme [neoʀealism] n. m. **1.** Doctrine artistique ou littéraire que marque, essentiellement en Italie, un retour au réalisme après la Seconde Guerre mondiale. **2.** CINE École italienne qui se manifesta de 1942 à 1953, marquée par le réalisme des décors, des situations, et par un intérêt pour les problèmes sociaux.

néo-réaliste [neoʀealist] adj. (et n.) Relatif au néo-réalisme; caractérisé par l'empreinte du néo-réalisme. *Des cinéastes néo-réalistes.*

néoténie [neoteni] n. f. ZOOL Possibilité pour certains animaux de se reproduire à l'état larvaire. V. axolotl. – Mot all. de *néo-*, et du gr. *teinein*, « étendre ».

néo-thomisme [neotɔmism] n. m. PHILO Doctrine philosophique contemporaine qui intègre au thomisme les acquisitions de la science moderne.

néotrague [neɔtʀag] n. m. ZOOL Très petite antilope (nommée aussi *antilope royale*). – Du lat. mod. *neotragus*, de *néo-*, et gr. *tragos*, « bouc ».

néottie [neɔti] n. f. BOT Orchidée non chlorophyllienne, saprophyte, qui vit sur des débris de feuilles. – Du grec. *neotteia*, « nid d'oiseau ».

néo-zélandais, aise [neozelɑ̃dɛ, ɛz] adj. et n. De la Nouvelle-Zélande, État d'Océanie. ▷ Subst. *Un(e) Néo-Zélandais(e).* – De *néo-*, et *(Nouvelle-) Zélande*.

néozoïque [neozɔik] adj. et n. m. GEOL Syn. de *tertiaire*. – De *néo-*, et gr. *zôon*, « être animé, être vivant », pour mettre l'accent sur le renouvellement de la flore et de la faune à cette époque.

népalais, aise [nepalɛ, ɛz] adj. et n. **1.** Du Népal, État d'Asie centrale. ▷ Subst. *Un(e) Népalais(e).* **2.** *Le népalais* : la langue indo-européenne parlée au Népal.

nèpe [nɛp] n. f. Punaise carnassière d'eau douce longue d'une vingtaine de millimètres. Syn. scorpion d'eau. – Lat. *nepa*, « scorpion ».

népenthès [nepɑ̃tɛs] n. m. **1.** ANTIQ GR Breuvage qui, selon Homère, avait la propriété de dissiper le chagrin.

2. BOT Plante carnivore épiphyte (genre *Nepenthes*) des forêts tropicales. – Mot gr., «qui dissipe la douleur».

néper [nepɛʀ] n. m. PHYS Unité, utilisée en radioélectricité, servant à mesurer le rapport de deux grandeurs de même nature (tension, puissance, etc.). (Symbole Np; 1 Np = 8,69 dB.)– Du n. de J. *Neper* (1550-1617), mathématicien écossais.

népérien, enne [nepeʀjɛ̃, ɛn] adj. MATH *Logarithme népérien*, dont la base est le nombre *e* (symbole Log ou ln). – De *Neper* (V. néper).

népète [nepɛt] n. f. BOT Plante herbacée (genre *Nepeta*, fam. labiées) comportant de nombreuses espèces, et notam. la cataire, ou *herbe aux chats*. – Lat. *nepeta*.

néphélémétrie [nefelemetʀi] ou **néphélo-métrie** [nefelometʀi] n. f. PHYS Évaluation de la concentration d'une émulsion par comparaison photométrique avec une solution étalon. – Du gr. *nephelê*, «nuage», et de *-métrie*.

néphélion [nefeljɔ̃] n. m. MED Tache translucide de la cornée – Du gr. *nephelion*, «petit nuage».

néphr(o)-. Élément, du gr. *nephros*, «rein».

néphrectomie [nefʀɛktɔmi] n. f. CHIR Ablation chirurgicale du rein. – De *néphr(o)-*, et *-ectomie*.

néphrétique [nefʀetik] adj. et n. MED *Colique néphrétique* : crise douloureuse souvent due à la migration d'un calcul dans l'uretère. ▷ Subst. Personne sujette aux coliques néphrétiques. – Lat. méd. *nephreticus*, gr. *nephritikos*, «qui souffre des reins».

néphridie [nefʀidi] n. f. ZOOL Organe excréteur de certains invertébrés (annélides, lamellibranches). – Du gr. *nephridios*, «qui concerne le rein».

1. néphrite [nefʀit] n. f. MED Atteinte inflammatoire du rein. – Du gr. *nephrîtis (nosos)*, «(maladie) des reins».

2. néphrite [nefʀit] n. f. PETROG Variété de jade. – Du gr. *nephrîtis*, «des reins», parce que cette pierre passait pour guérir les maux de reins.

néphro-. V. néphr(o)-.

néphrologie [nefʀɔlɔʒi] n. f. MED Partie de la médecine qui traite de la physiologie et de la pathologie rénales. – De *néphro-*, et *-logie*.

néphrologue [nefʀɔlɔg] n. MED Spécialiste de néphrologie. – De *néphrologie*.

néphron [nefʀɔ̃] n. m. ANAT Unité fonctionnelle rénale qui comprend le glomérule et le tubule. *Le rein compte environ un million de néphrons*. – Du gr. *nephros*, «rein».

néphropathie [nefʀɔpati] n. f. MED Affection touchant le rein. – De *néphro-*, et *-pathie*.

néphrose [nefʀoz] n. f. MED Affection dégénérative du rein. – De *néphr(o)-*, et *-ose* 2.

népotisme [nepɔtism] n. m. **1.** HIST RELIG Forme de favoritisme qui sévissait à la cour pontificale, notam. au XVIe s., et qui consistait à réserver dignités et bénéfices ecclésiastiques à des parents du pape (en partic. à des neveux). **2.** Abus d'influence d'un notable qui distribue des emplois, des faveurs à ses proches. – Ital. *nepotismo*, de *nepote*, «neveu», du lat. *nepos, nepotis*.

neptunium [nɛptynjɔm] n. m. CHIM Élément artificiel de numéro atomique Z = 93, dont l'isotope le plus stable a pour masse atomique 237 (symbole Np). – Du n. de la planète *Neptune*.

néréide [neʀeid] n. f. ZOOL Ver annélide polychète marin carnassier, pourvu de quatre ocelles et d'antennes. – De *Néréides*, n. des nymphes de la mer dans la myth. grecque.

nerf [nɛʀ] n. m. **I. 1.** Chacun des filaments blanchâtres qui mettent les différentes parties du corps en relation avec l'encéphale et la moelle épinière. *Nerfs sensitifs*, qui transmettent les sensations de la périphérie vers le névraxe. *Nerfs moteurs*, qui transmettent aux muscles l'excitation motrice. *Nerfs mixtes*, à la fois sensitifs et moteurs. **2.** (Plur.) *Les nerfs* (considérés comme le siège d'émotions telles que l'agacement, l'irritation, la colère). *Crise de nerfs*, extériorisation soudaine, bruyante et désordonnée d'une tension affective devenue insupportable (sous forme de pleurs, de cris, de gesticulations diverses). – Loc. fam. *Avoir ses nerfs, les nerfs en boule, les nerfs en pelote* : être très agacé. *Taper sur les nerfs de qqn*, l'agacer considérablement. *Paquet de nerfs* : personne très nerveuse. *Être, vivre sur les nerfs*, dans un état de grand énervement. *Être à bout de nerfs* : être sur le point de ne plus pouvoir maîtriser la tension nerveuse que l'on était parvenu jusque-là à contenir. **3.** Loc. fig. *Guerre des nerfs* : ensemble des procédés de démoralisation qu'emploient des pays en conflit pour affaiblir le moral de l'ennemi (civils et militaires). **II. 1.** Vx ou pop. Tendon des muscles. **2.** Fig. Vigueur. *Avoir du nerf*, du ressort. – Prov. *L'argent est le nerf de la guerre*, ce qui la permet et l'entretient. **3.** Cordelette reliant les fils d'assemblage des cahiers d'un livre, en reliure traditionnelle. **4.** *Nerf de bœuf* : cravache, matraque faite d'une verge de bœuf ou de taureau étirée et durcie par dessiccation. – Du lat. *nervus*, «ligament, tendon».

ENCYCL **Zool.** – Chez tous les animaux le système nerveux est d'origine ectodermique (c.-à-d. que, à l'origine, il est situé à l'extérieur de la gastrula). Son évolution est parallèle à celle du monde animal : absence de cellules nerveuses chez les protozoaires; apparition de quelques fibres nerveuses chez les spongiaires, système nerveux très complexe des vertébrés (cerveau, une moelle épinière et de nombreux nerfs innervant tout le corps). L'augmentation de ses capacités atteint son maximum chez l'homme. Les animaux sont classés en : *hyponeuriens*, à système nerveux ventral (vers, mollusques, arthropodes, etc.); *épineuriens*, à système nerveux dorsal (cordés : tuniciers, céphalocordés et vertébrés). **Anat. et physiol.** – Le système nerveux est un ensemble de structures, très complexes et hétérogènes, qui concourent à l'activité consciente ou inconsciente, volontaire ou involontaire, de l'homme. On peut le diviser en deux grands systèmes : le système cérébro-spinal et le système neurovégétatif ou sympathique. Les centres de ces deux systèmes sont confondus et constitués à partir d'une seule unité de base : la cellule nerveuse, ou neurone. Le système cérébro-spinal est constitué par deux ensembles : le système nerveux central (ou névraxe), qui se compose de l'encéphale et de la moelle épinière, et le système nerveux périphérique, qui comprend les nerfs et les ganglions nerveux. Il permet la relation avec le milieu extérieur. Le système neurovégétatif, ou sympathique, se subdivise en systèmes sympathique, dit également orthosympathique, et parasympathique, qui innervent les viscères et règlent leur fonctionnement suivant les besoins de l'organisme. Il coordonne les fonctions de l'organisme humain en contrôlant la vie végétative (ou viscérale). Les nerfs crâniens, au nombre de 12 paires, se détachent de l'encéphale, du bulbe et de la protubérance. Les nerfs rachidiens (31 paires) se détachent de la moelle par deux racines (antérieure et postérieure), se réunissent en un tronc commun pou r sortir du canal rachidien, puis se séparent à nouveau. Les nerfs du système sympathique se détachent des ganglions de la chaîne sympathique, avec lesquels ils forment des plexus : plexus cardiaque, pulmonaire, solaire, mésentérique et hypogastrique. Ces nerfs (dont le principal est le nerf pneumogastrique) sont formés de fibres provenant de certains nerfs crâniens et de centres particuliers. Les nerfs sympathiques ont une action antagoniste de celle des nerfs parasympathiques. Tout nerf est composé par la réunion des fibres nerveuses (axones) qui prolongent les cellules nerveuses (neurones).

Chaque neurone comprend : - un corps, entouré par une membrane et pourvu d'un noyau et de cytoplasme; - des prolongements courts et très ramifiés, les dendrites, qui transmettent l'influx au corps cellulaire; - un axone, ou cylindraxe, comprenant, de l'intérieur vers l'extérieur : une enveloppe; une gaine de myéline, interrompue par places et délimitant des segments annulaires; une couche de protoplasme, contenant des noyaux. Certains neurones sont sensitifs, d'autres moteurs. Les cellules nerveuses ne possèdent pas le pouvoir de se multiplier par division, comme certaines autres cellules de l'organisme; leur nombre est fixe, dès la naissance. Le long des axones se propage l'influx nerveux, qui est un phénomène électrique. Une cellule nerveuse est chargée électriquement, avec une différence de potentiel entre l'intérieur et l'extérieur (potentiel de repos). Lorsque la cellule est excitée, un potentiel d'action apparaît : il se traduit par une onde de dépolarisation qui se déplace le long du nerf, suivie d'une repolarisation immédiate, produite par les processus métaboliques. Les neurones sont connectés par des *synapses*, qui permettent la transmission de l'influx nerveux de neurone à neurone et de neurone à organe récepteur. Le phénomène électrique parvenant à la partie terminale de la cellule est associé avec une activité sécrétoire qui libère un médiateur chimique (acétylcholine et noradrénaline) capable d'ag ir sur la membrane synaptique de la cellule suivante.

néritique [neʀitik] adj. GEOL *Sédiments néritiques* : sédiments marins accumulés sur la plate-forme continentale, dans lesquels les débris organiques figurent en quantité importante. – Du gr. *nêritês*, «coquillage».

néroli [neʀɔli] n. m. TECH *Essence de néroli* : huile essentielle tirée de la fleur du bigaradier et utilisée en parfumerie. – Du nom d'une princesse ital. qui aurait introduit ce parfum en France.

néronien, enne [neʀɔnjɛ̃, ɛn] adj. Relatif à Néron, digne de Néron. *Débauches néroniennes.* – Du n. de *Néron* (37-68 ap. J.-C.), empereur romain auquel on a fait une réputation de cruauté.

nerprun [nɛʀpʀœ̃] n. m. Arbuste à feuilles caduques (genre *Rhamnus*, fam. rhamnacées), dont les fruits, généralement noirs, donnent des teintures jaunes ou vertes suivant les espèces. *La bourdaine est un nerprun.* – Du lat. pop. *niger prunus*, «prunier noir».

nervation [nɛʀvasjɔ̃] n. f. **1.** BOT Nervures d'une feuille; disposition de ces nervures. **2.** ZOOL Ensemble, disposition des nervures des ailes des insectes. – De *nerf.*

nerveusement [nɛʀvøzmɑ̃] adv. **I. 1.** Quant au système nerveux, en ce qui concerne le système nerveux. *Il est épuisé nerveusement.* ▷ *Pleurer nerveusement*, sous l'effet d'une trop forte tension nerveuse. **2.** Avec nervosité. *Parler nerveusement.* **II.** Fig. Avec nerf, avec vigueur. *Tableau nerveusement brossé.* – De *nerveux.*

nerveux, euse [nɛʀvø, øz] adj. (et n.) **I. 1.** Qui appartient, qui a rapport aux nerfs. *Centre nerveux. Influx nerveux. Système nerveux* (V. encycl. nerf). **2.** Relatif aux nerfs, au système nerveux considéré comme le siège de l'affectivité et de l'émotivité. *Maladies nerveuses*, affectant les nerfs en l'absence de lésions organiques. *Dépression nerveuse.* **3.** (Personnes) Agité, excité. *Un enfant nerveux.* - Subst. *C'est un grand nerveux.* **II. 1.** Fort, musclé. *Des bras nerveux.* **2.** Rempli de tendons, filandreux, en parlant d'une viande. *Morceau trop nerveux.* **3.** Fig. Vigoureux. *Un discours nerveux.* ▷ *Moteur nerveux*, qui a de bonnes reprises. – Lat. *nervosus*, «qui a beaucoup de muscles».

nervi [nɛʀvi] n. m. Péjor. Homme de main. – Plur. de l'ital. *nervo*, «vigueur»; d'abord mot d'argot marseillais, «portefaix».

nervin, ine [nɛʀvɛ̃, in] adj. (et n. m.) PHARM Se dit d'une substance qui tonifie les nerfs. – De *nerf.*

nervosité [nɛʀvozite] n. f. Énervement, irritabilité. – De *nerveux*; d'abord «vigueur», du lat. *nervositas*, «force (d'un fil)».

nervure [nɛʀvyʀ] n. f. **1.** Saillie longue et fine à la surface d'une chose. **2.** BOT Faisceau composé de liber et de bois d'une feuille, qui fait généralement saillie sur la face inférieure du limbe. **3.** ZOOL Renforcement, en saillie, des ailes membraneuses des insectes. **4.** En reliure, saillie au dos d'un livre, formée par les cordelettes (nerfs) qui relient les cahiers entre eux. **5.** TECH Renforcement formant saillie à la surface d'une pièce et destiné à assurer sa rigidité. – De *nerf.*

nervuré, ée [nɛʀvyʀe] adj. Qui porte des nervures. *Une feuille très nervurée.* – Pp. de *nervurer.*

nervurer [nɛʀvyʀe] v. tr. [1] TECH Orner, garnir de nervures. – De *nervure.*

nestorianisme [nɛstɔʀjanism] n. m. HIST RELIG Doctrine hérétique de Nestorius. – De *nestorien.*

nestorien, enne [nɛstɔʀjɛ̃, ɛn] n. et adj. **1.** n. Disciple de Nestorius. **2.** adj. De Nestorius; qui suit la doctrine de Nestorius. *Hérésie nestorienne. Il existe encore une Église nestorienne dans le Kurdistān et en Inde du Sud.* – De *Nestorius* (v. 380-451), patriarche de Constantinople, qui contestait la nature divine du Christ incarné.

1. net, nette [nɛt] adj., n. m. et adv. **I.** adj. **1.** Propre. *Une chambre nette.* - Fig. *Il est sorti net de cette fâcheuse affaire.* ▷ Loc fig. *Avoir les mains nettes* : avoir la conscience tranquille. **2.** Nettoyé. ▷ Loc. *Faire place nette* : nettoyer un endroit; fig. éliminer ce dont on veut se débarrasser. *Faire place nette en entrant dans un meublé. Le nouveau patron a licencié pour faire place nette.* **3.** FIN Tous frais et charges déduits (par oppos. à *brut*). *Bénéfice, prix, salaire nets.* **4.** *Poids net* : poids du seul contenu (par oppos. à *poids brut* : poids du contenu et du contenant). **5.** Dont les contours sont bien visibles, bien détachés; qui n'est ni brouillé ni flou. *Une image nette.* **6.** Clair, précis. *Une voix nette. Avoir l'esprit net.* - Fig. *Cette affaire n'est pas nette*, n'est pas honnête. **II.** n. m. *Au net* : au propre. *Mettre un écrit au net.* **III.** adv. **1.** Clairement. *Parler net.* **2.** Uniment et tout d'un coup. *La branche s'est cassée net.* – Du lat. *nitidus*, «brillant».

2. net. V. let.

netské [nɛtske] ou **netsuké** [nɛtsuke] n. m. inv. Petite figurine japonaise sculptée en bois, en ivoire, servant d'attache. – Mot jap.

nettement [nɛtmɑ̃] adv. **1.** Avec netteté. *On discerne nettement la maison d'ici.* **2.** D'une manière claire, évidente. *Expliquer nettement qqch.* **3.** Fam. Tout à fait. *Il paraît nettement plus âgé que vous.* – De *net.*

netteté [nɛtte] n. f. **1.** Propreté. *La netteté d'un miroir.* **2.** Clarté, précision. *S'exprimer avec netteté.* – De *net*; d'abord *netée*, «pureté».

nettoiement [nɛtwamɑ̃] n. m. Ensemble des opérations de nettoyage. *Le service de nettoiement de la ville.* – De *nettoyer.*

nettoyable [nɛtwajabl] adj. Qui peut être nettoyé. – De *nettoyer.*

nettoyage [nɛtwajaʒ] n. m. **1.** Action de nettoyer. **2.** *Nettoyage par le vide*, par aspirateur; fig., fam. action de débarrasser un endroit sans rien y laisser. – De *nettoyer.*

nettoyant, ante [nɛtwajɑ̃, ɑ̃t] n. m. et adj. Produit qui nettoie. *Les nettoyants ménagers.* ▷ adj. *Poudre nettoyante.* – Ppr. de *nettoyer.*

nettoyer [nɛtwaje] v. tr. [23] **1.** Rendre propre, net. *Nettoyer un habit, une maison.* ▷ v. pron. (Passif) *Cette* *moquette se nettoie facilement.* – (Réfl.) Se laver. **2.** Fig., fam. Dégarnir, vider, dépouiller. *Les cambrioleurs ont nettoyé l'appartement. Il s'est fait nettoyer au casino.* **3.** Fam. Éliminer les gens indésirables, les ennemis de (une position, un lieu). – De *net.*

nettoyeur, yeuse [netwajœʀ, jøz] n. **1.** Personne qui nettoie. **2.** n. m. Machine à nettoyer. – De *nettoyer.*

1. neuf [nœf] adj. num. inv. et n. m. inv. **I.** adj. num. inv. **1.** (Cardinal) Huit plus un (9). *Les neuf Muses.* (N.B. Le *f* se prononce *v* devant une voyelle ou un *h* muet dans certains systèmes usuels. *Neuf ans* [nœvɑ̃]. *Neuf heures* [nœvœʀ].) **2.** (Ordinal) *Page neuf. Charles IX.* – Ellipt. *Le neuf janvier.* **II.** n. m. inv. **1.** Le nombre neuf. *Divisibilité par neuf.* – *Preuve par neuf* : calcul rapide destiné à vérifier l'exactitude d'une multiplication, d'une division ou de l'extraction d'une racine carrée ; fig., preuve irréfutable. ⊳ Chiffre représentant le nombre neuf (9). *Faites bien vos neuf.* ⊳ Numéro neuf. *Pour avoir cette communication, il faut faire le neuf.* ⊳ *Le neuf* : le neuvième jour du mois. **2.** JEU Carte portant neuf marques. *Neuf de trèfle.* – Du lat. *novem.*

2. neuf, neuve [nœf, nœv] adj. et n. m. **I.** adj. **1.** Qui est fait depuis peu. *Maison neuve.* **2.** Qui n'a pas encore servi. *Un habit neuf.* – Loc. *Faire peau neuve* : muer, en parlant du serpent ; fig. se transformer entièrement. *Salle de spectacle qui fait peau neuve,* qui est entièrement réaménagée, refaite. **3.** Plus récent (par oppos. à *ancien,* à *vieux*). *La vieille ville et la ville neuve.* **4.** Novice. *Être neuf dans un métier.* **5.** Nouveau, original. *Des idées neuves.* **6.** Qui n'est pas émoussé par l'habitude. *Porter un regard neuf sur qqch de banal.* **7.** Fam. *Qqch de neuf,* de nouveau. *Rien de neuf aujourd'hui ?* **II.** n. m. **1.** Ce qui est neuf. *Le neuf et l'occasion.* **2.** *À neuf* : de manière à restituer l'aspect du neuf. *Refaire une chambre à neuf.* **3.** *De neuf* : avec qqch de neuf. *Être habillé de neuf.* – Du lat. *novus.*

neuf-huit (à) [anœfɥit] loc. adj. MUS Se dit d'une mesure ternaire à trois temps, ayant la noire pointée (ou trois croches) pour unité de temps. – De *neuf,* et *huit.*

neume [nøm] n. MUS **1.** n. m. Signe employé au Moyen Âge dans la notation du plain-chant. **2.** n. f. Groupe de notes chanté d'une seule émission de voix. – Du lat. médiév. *neuma,* altér. du gr. *pneûma,* « souffle, émission de voix ».

neur(o)-. Élément, du gr. *neuron,* « nerf ».

neural, ale, aux [nøʀal, o] adj. BIOL Qui a rapport au système nerveux dans sa période embryonnaire. *Plaque neurale.* – Du gr. *neuron,* « nerf ».

neurasthénie [nøʀasteni] n. f. **1.** MED Vx État dépressif caractérisé par une grande fatigue, accompagnée de mélancolie. **2.** Cour. Disposition générale à la tristesse, à la mélancolie. Syn. abattement, dépression. – De *neur(o)-,* et *asthénie.*

neurasthénique [nøʀastenik] adj. et n. Vieilli **1.** Relatif à la neurasthénie. **2.** Affecté de neurasthénie. ⊳ Subst. *Un(e) neurasthénique.* – De *neurasthénie.*

neurinome [nøʀinom] n. f. MED Tumeur développée au niveau de la gaine des fibres nerveuses. – Du gr. *neuros,* « nerf », et *-ome.*

neuro-. V. neur(o)-.

neurobiologie [nøʀobjɔlɔʒi] n. f. BIOL Étude du fonctionnement des tissus nerveux et des cellules. – Angl. *neurobiology.*

neurobiologique [nøʀobjɔlɔʒik] adj. Relatif à la neurobiologie.

neurobiologiste [nøʀobjɔlɔʒist] n. Spécialiste de la neurobiologie.

neuroblaste [nøʀoblast] n. m. BIOL Cellule souche des neurones. – De *neuro-,* et *-blaste.*

neuroblastome [nøʀoblastom] n. m. MED Tumeur maligne qui se développe à partir des cellules embryonnaires du tube neural. – De *neuroblaste,* et *-ome.*

neurochimie [nøʀoʃimi] n. f. BIOCHIM Partie de la biochimie qui concerne le fonctionnement chimique du système nerveux.

neurochirurgical, ale, aux [nøʀoʃiʀyʀʒikal, o] adj. Didac. Relatif à la neurochirurgie.

neurochirurgie [nøʀoʃiʀyʀʒi] n. f. Chirurgie du système nerveux.

neurochirurgien, enne [nøʀoʃiʀyʀʒjɛ̃, ɛn] n. Spécialiste de neurochirurgie.

neurodépresseur [nøʀodepʀesœʀ] adj. et n. m. PHARM Se dit d'un médicament qui déprime l'activité du système nerveux central. – n. m. *Un neurodépresseur.*

neuro-endocrinologie [nøʀoɑ̃dɔkʀinɔlɔʒi] n. f. BIOCHIM Étude des relations entre le système endocrinien et le système nerveux central.

neurofibrille [nøʀofibʀij] n. f. ANAT Structure microscopique du neurone, qui se prolonge dans le cylindraxe.

neurofibromatose [nøʀofibʀomatoz] n. f. MED Affection héréditaire d'évolution lente, caractérisée surtout par la présence de tumeurs cutanées, de tumeurs des nerfs ou du système nerveux central et de taches pigmentaires de la peau. Syn. maladie de Recklinghausen. – De *neuro-, fibrome,* et *-ose 2.*

neurohormone [nøʀoɔʀmɔn] n. f. BIOCHIM Hormone sécrétée par les cellules nerveuses.

neuroleptique [nøʀolɛptik] adj. et n. m. MED Qui exerce une action sédative sur le système nerveux. Syn. neuroplégique. ⊳ n. m. PHARM Médicament neuroleptique. *Les neuroleptiques sont utilisés dans le traitement des psychoses accompagnées d'excitation et comme réducteurs des mécanismes délirants et hallucinatoires.* – De *neuro-,* et gr. *leptos,* « faible ».

neurolinguistique [nøʀolɛ̃gɥistik] n. f. Didac. Branche de la neuropsychologie qui traite des rapports entre le langage et les structures cérébrales.

neurologie [nøʀɔlɔʒi] n. f. MED Branche de la médecine qui étudie les affections du système nerveux. – De *neuro-,* et *-logie.*

neurologique [nøʀɔlɔʒik] adj. MED Qui a rapport à la neurologie ou à son objet. *Troubles neurologiques.*

neurologue [nøʀɔlɔg] ou **neurologiste** [nøʀɔlɔʒist] n. Spécialiste de neurologie. – De *neurologie.*

neuromédiateur [nøʀomedjatœʀ] n. m. BIOCHIM Neurotransmetteur transmettant l'influx nerveux aux neurones périphériques et aux jonctions neuromusculaires. *L'adrénaline, l'acétylcholine, la sérotonine sont des neuromédiateurs.*

neuromoteur, trice [nøʀomɔtœʀ, tʀis] adj. PHYSIOL Relatif aux nerfs moteurs. – De *neuro-,* et *moteur.*

neuromusculaire [nøʀomyskylɛʀ] adj. Qui concerne à la fois les muscles et leur innervation.

neuronal, ale [nøʀɔnal] adj. Du neurone. – Mot angl.

neurone [nøʀon] n. m. ANAT Cellule qui assure la conduction de l'influx nerveux. – Gr. *neuron,* « nerf ».
ENCYCL Chaque neurone comprend : – un corps, entouré par une membrane, et pourvu d'un noyau et d'un cytoplasme ; – des prolongements courts et très ramifiés, les dendrites, qui transmettent l'influx au corps cellulaire ; – un axone, ou cylindraxe, comprenant, de l'intérieur vers l'extérieur : une enveloppe ; une gaine de myéline, interrompue par places et délimitant des segments annulaires ; une couche de protoplasme, contenant des noyaux. Certains neurones sont sensitifs, d'autres

moteurs. Les neurones sont connectés par des synapses, qui permettent la transmission de l'influx nerveux de neurone à neurone et de neurone à organe récepteur. V. encycl. nerf.

neuropathologie [nøʀopatɔlɔʒi] n. f. MED Branche de la pathologie qui étudie les maladies nerveuses.

neuropeptide [nøʀopɛptid] n. m. BIOCHIM Neurotransmetteur, constitué d'un faible nombre d'acides aminés (1 à 5), uniquement présent dans le système nerveux central. *L'endorphine, l'enképhaline, la substance P sont des neuropeptides.*

neurophysiologie [nøʀofizjɔlɔʒi] n. f. Didac. Étude du métabolisme et des mécanismes de fonctionnement du système et des tissus nerveux.

neuroplégique [nøʀopleʒik] adj. MED Syn. de *neuroleptique.* – De *neuro-,* et *-plégie.*

neuropsychiatre [nøʀopsikjatʀ] n. Médecin spécialiste de neuropsychiatrie.

neuropsychiatrie [nøʀopsikjatʀi] n. f. Didac. Partie de la médecine consacrée aux affections nerveuses et aux maladies mentales.

neuropsychologie [nøʀopsikɔlɔʒi] n. f. Didac. « Discipline qui traite des fonctions mentales supérieures dans leurs rapports avec les structures cérébrales » (Hécaen).

neurosarcome [nøʀosaʀkom] n. m. MED Syn. (impropre) de *neurinome malin.* – De *neuro-,* et *sarcome.*

neurosciences [nøʀosjɑ̃s] n. f. pl. BIOL Ensemble des disciplines scientifiques étudiant l'anatomie, la physiologie et la pathologie du système nerveux.

neurostimulant, ante [nøʀostimylɑ̃, ɑ̃t] adj. et n. m. MED Qui stimule le système nerveux central. ▷ n. m. Médicament neurostimulant.

neurotoxine [nøʀotɔksin] n. f. BIOCHIM Toxine agissant sur le système nerveux central et causant la paralysie ou la contracture.

neurotoxique [nøʀotɔksik] adj. Toxique pour le système nerveux.

neurotransmetteur [nøʀotʀɑ̃smɛtœʀ] n. m. BIOCHIM Toute molécule capable de transporter l'information d'un neurone vers un autre (V. neuromédiateur et neuropeptide.) – De *neuro-,* et *transmettre.*

neurotrope [nøʀotʀɔp] adj. BIOCHIM Qui se fixe électivement sur le système nerveux, en parlant d'une substance chimique, d'un germe, etc. – De *neuro-,* et *-trope.*

neurovégétatif, ive [nøʀoveʒetatif, iv] adj. PHYSIOL *Système neurovégétatif* ou *système nerveux autonome* : partie du système nerveux qui assure la régulation des fonctions végétatives de l'organisme (fonctions circulatoire, respiratoire, digestive, métabolique, reproductive, endocrinienne).

neurula [nøʀyla] n. f. EMBRYOL Embryon de vertébré parvenu au stade de la formation de l'axe cérébrospinal. – (En appos.) *Stade neurula.* – De *neuro-,* d'ap. *morula.*

neutralisant, ante [nøtʀalizɑ̃, ɑ̃t] adj. et n. m. Qui neutralise ; propre à neutraliser. ▷ CHIM *Substance neutralisante.* – n. m. *Un neutralisant.* – Ppr. de *neutraliser.*

neutralisation [nøtʀalizasjɔ̃] n. f. **1.** Action de neutraliser ; fait de se neutraliser. **2.** Attribution du statut de neutre (à un territoire, un navire, une personne, etc.). **3.** CHIM Diminution de l'acidité d'un corps, d'une solution, sous l'effet d'une base (ou, inversement, de l'alcalinité sous l'effet d'un acide) ; opération par laquelle on provoque une telle diminution. *Neutralisation complète, partielle. Mesure du titre d'une solution par neutralisation.* **4.** LING Disparition, dans certains contextes, de l'opposition ordinairement pertinente entre deux phonèmes. *Neutralisation de l'opposition é fermé - è ouvert* ([e]-[ɛ]) *en finale fermée au profit du è ouvert* ([ɛ]), *en français* (ex. *fer, air*). – De *neutraliser.*

neutraliser [nøtʀalize] **I.** v. tr. [1] Rendre neutre. **1.** Donner la qualité, le statut de neutre à. *Neutraliser un territoire.* **2.** Supprimer ou amoindrir considérablement l'effet de. *Neutraliser l'influence d'une doctrine.* ▷ MILIT Annihiler les possibilités d'action de (une troupe, une batterie, etc.). *Neutraliser un nid de mitrailleuses.* – *Par ext.,* cour. Empêcher d'agir, maîtriser (un individu dangereux, animé d'intentions hostiles, etc.). *Des passants sont parvenus à neutraliser le dément et à le désarmer.* **3.** CHIM Effectuer la neutralisation de. *Neutraliser une solution, un acide.* **II.** v. pron. **1.** Se compenser, s'annuler mutuellement. *Forces égales et de sens contraire qui se neutralisent.* **2.** LING Disparaître, s'effacer dans telle ou telle position, en parlant de l'opposition. *« En russe... l'opposition de la sonorité à son absence [se neutralise] en fin de mot et devant occlusive ou fricative » (Martinet).* – Du lat. *neutralis,* « neutre ».

neutralisme [nøtʀalism] n. m. Doctrine au nom de laquelle une puissance rejette toute adhésion à un système d'alliances militaires. – Du lat. *neutralis,* « neutre ».

neutraliste [nøtʀalist] adj. et n. **1.** Qui est par principe partisan de la neutralité. **2.** Qui est partisan du neutralisme. – Du lat. *neutralis,* « neutre ».

neutralité [nøtʀalite] n. f. **1.** État d'une personne qui reste neutre, qui évite de prendre parti. *Observer une stricte neutralité.* ▷ État d'une puissance souveraine qui n'adhère à aucun système d'alliances militaires ou qui se tient en dehors d'un conflit entre d'autres puissances. **2.** CHIM *Neutralité d'une solution :* (du point de vue acide/base) état d'une solution dont le pH est égal à 7 ; (du point de vue électrique) état d'une solution dans laquelle la somme des charges positives apportées par les cations est égale à la somme des charges négatives apportées pas les anions. **3.** ELECTR État d'un corps ou d'un système qui porte des charges électriques dont la somme algébrique est nulle. – Du lat. *neutralis,* « neutre ».

neutre [nøtʀ] adj. et n. m. **A.** adj. **I. 1.** Qui ne prend pas parti dans une discussion, un différend. *Ils se disputaient, j'ai préféré rester neutre.* ▷ Qui n'adhère pas à un système d'alliances militaires ; qui ne prend pas part à un conflit armé. *État neutre.* – Par ext. *Pavillon neutre. Négocier en terrain neutre.* **2.** Qui n'a pas de caractère marqué (d'expression, d'éclat, etc.). *Voix neutre. Couleur neutre.* **3.** GRAM Qui n'entre pas dans les catégories grammaticales du masculin ou du féminin. **II. 1.** ELECTR Se dit d'un corps qui ne porte aucune charge électrique ou dont les charges, de signe contraire, se compensent exactement. *Conducteur neutre d'un réseau de distribution triphasé.* – PHYS NUCL *Particules neutres :* V. neutrino et neutron. **2.** CHIM Qui n'est ni acide ni basique. **3.** MATH *Élément neutre (d'un ensemble E muni d'une loi de composition interne)* : élément unique e tel que, pour tout élément a de *E,* a ★ e = e ★ a = a. (L'élément neutre est 1 pour la multiplication, 0 pour l'addition ; en effet : a × 1 = 1 × a = a et a + 0 = 0 + a = a.) **4.** ENTOM *Individus neutres :* individus dont les organes sexuels sont atrophiés, dans les communautés d'insectes sociaux. *Abeilles, fourmis neutres.* **B.** n. m. **1.** Individu, nation neutre. *Le droit des neutres.* **2.** GRAM *Le neutre :* le genre neutre. *Le neutre existe notamment en latin et en grec.* – Du lat. *neuter,* « ni l'un ni l'autre ».

neutrino [nøtʀino] n. m. PHYS NUCL Particule (symbole ν) de masse nulle et dénuée de charge électrique, émise dans la radioactivité bêta en même temps que l'électron, appartenant à la famille des leptons. (Il en existe trois types : un associé à l'électron, le neutrino électronique ; un associé au muon, le neutrino muonique ; un troisième associé au lepton, le neutrino tauique.) – Mot ital., de *neutro,* «neutre».

neutron [nøtʀɔ̃] n. m. PHYS NUCL Particule fondamentale, constituant du noyau atomique (symbole n, n° ou $\frac{1}{0}$ n). V. encycl. atome et particule. – ASTRO *Étoile à neutrons :* étoile effondrée hypothétique, de densité très élevée, qui serait constituée essentiellement de neutrons. – *Bombe à neutrons :* bombe thermonucléaire de faible puissance dont l'explosion s'accompagne d'un intense flux de neutrons annihilant toute vie sur une grande étendue, mais provoquant peu de destructions matérielles. – Mot angl. ; de *neutr(al),* «neutre», d'après *électron.*

ENCYCL **Phys. nucl.** – Le neutron a une masse très voisine de celle du proton, une charge électrique nulle. Un noyau atomique comprend Z protons (Z = numéro atomique) et [A – Z] neutrons (A = nombre de masse). Protons et neutrons sont liés au sein du noyau par les forces internucléaires. Lors de réactions nucléaires, des neutrons peuvent être libérés par le noyau. Ils constituent alors des projectiles qui, s'ils sont suffisamment ralentis (neutrons thermiques), provoquent la fission de certains noyaux (utilisée dans les réacteurs nucléaires et dans la bombe atomique).

neutronique [nøtʀɔnik] adj. et n. f. PHYS NUCL **1.** adj. Qui a rapport aux neutrons. **2.** n. f. Branche de la physique nucléaire qui s'attache à l'étude des neutrons. – De *neutron.*

neutrophile [nøtʀɔfil] adj. BIOL Qui présente des affinités pour les colorants basiques comme pour les colorants acides. *Polynucléaire à granulations neutrophiles.* – De *neutre,* et *-phile.*

neuvaine [nøvɛn] n. f. RELIG CATHOL Suite d'actes de dévotion répétés pendant neuf jours consécutifs. – De *neuf* 1.

neuvième [nœvjɛm] adj. et n. **I.** adj. num. ord. Dont le rang est marqué par le nombre 9. *La neuvième fois. Le neuvième étage* ou, ellipt., *le neuvième. Le neuvième arrondissement* ou, ellipt., *le neuvième.* **II.** n. **1.** Personne, chose qui occupe la neuvième place. **2.** n. f. Seconde année du cours élémentaire dans l'enseignement primaire. **3.** n. m. Chaque partie d'un tout divisé en neuf parties égales. *Un neuvième du gain.* **4.** n. f. MUS Intervalle de neuf degrés, d'une note à une autre. – De *neuf* 1.

neuvièmement [nœvjɛmmɑ̃] adv. En neuvième lieu. – De *neuvième.*

ne varietur [nevaʀjetyʀ] loc. adv. et adj. DR Pour qu'il ne soit plus changé. (Se dit pour attester qu'une pièce de procédure a reçu sa rédaction définitive.) ▷ *Édition ne varietur,* définitive. – Mots latins, «pour qu'il ne soit pas changé».

névé [neve] n. m. Amas de neige dont la base, transformée en glace sous l'effet de la pression, donne naissance à un glacier, en haute montagne. – P.-ê. savoyard *névi,* du lat. *nix, nivis,* «neige».

neveu [n(ə)vø] n. m. **1.** Vx Petit-fils. **2.** Mod. Fils du frère ou de la sœur, du beau-frère ou de la belle-sœur. – *Petit-neveu :* fils du neveu ou de la nièce. *Des petits-neveux.* – *Neveu à la mode de Bretagne :* fils d'un cousin ou d'une cousine. – Du lat. *nepos, nepotis,* «petit-fils».

névr(o)-. Élément, du gr. *neuron,* «nerf».

névralgie [nevʀalʒi] n. f. **1.** MED Douleur siégeant sur le trajet d'un nerf. **2.** *Abusiv.* Mal de tête. – De *névr(o)-,* et *-algie.*

névralgique [nevʀalʒik] adj. **1.** Relatif à la névralgie. **2.** Fig. *Point névralgique :* point sensible, critique (d'une situation, d'une affaire, etc.). – *Centre névralgique :* centre d'importance capitale (dans une organisation, un réseau de communications, etc.). – De *névralgie.*

névraxe [nevʀaks] n. m. ANAT Système nerveux central, ensemble formé par le cerveau et la moelle épinière. – De *névr(o)-,* et *axe.*

névrite [nevʀit] n. f. MED Lésion inflammatoire des nerfs. – De *névr(o)-,* et *-ite* 1.

névritique [nevʀitik] adj. MED Qui a rapport à la névrite. – De *névrite.*

névro-. V. névr(o)-.

névroglie [nevʀɔgli] n. f. ANAT Tissu interstitiel nourricier du système nerveux. – De *névro-,* et gr. *gloios,* «glu».

névropathe [nevʀɔpat] adj. (et n.) Vieilli Qui souffre de névropathie. – De *névropathie.*

névropathie [nevʀɔpati] n. f. MED Vieilli Affection psychique et fonctionnelle liée à des troubles du système nerveux. – De *névro-,* et *-pathie.*

névroptères [nevʀɔptɛʀ] n. m. pl. ENTOM Ancien ordre dans lequel étaient regroupés tous les insectes possédant des ailes transparentes réticulées. – Sing. *Un névroptère.* – De *névro-,* et *-ptère.*

névroptéroïdes [nevʀɔptɛʀɔid] n. m. pl. ENTOM Superordre d'insectes néoptères pourvus de pièces buccales broyeuses et d'ailes membraneuses à nervation dense (fourmis-lions, etc.). – Sing. *Un névroptéroïde.* – De *névroptères,* et *-oïde.*

névrose [nevʀoz] n. f. PSYCHIAT Affection nerveuse, caractérisée par des conflits psychiques, qui détermine des troubles du comportement, mais n'altère pas gravement la personnalité du sujet (à la différence de la *psychose*). *Névrose obsessionnelle,* caractérisée par un comportement de type rituel destiné à parer à des représentations ou à des impulsions obsédantes. *Névrose d'angoisse, d'échec.* – Du gr. *neuron,* «nerf», et *-ose.*

névrosé, ée [nevʀoze] adj. et n. PSYCHIAT Atteint de névrose. ▷ Subst. *Un(e) névrosé(e).* – De *névrose.*

névrotique [nevʀɔtik] adj. PSYCHIAT Qui a rapport à la névrose ; qui est de la nature de la névrose. – De *névrose.*

new-look [njuluk] n. m. inv. et adj. inv. Style des années 50. – *Par ext.* Aspect, style nouveau. ▷ adj. inv. *Politique new-look.* – Mots amér., «nouvel aspect» (d'abord en parlant d'une mode vestimentaire créée par Christian Dior).

newsmagazine [njuzmagazin] ou **news** [njuz] n. m. (Anglicisme) Type d'hebdomadaire consacré à l'actualité sous tous ses aspects. – Mots angl., de *news,* «nouvelles», et *magazine.*

newton [njutɔn] n. m. PHYS Unité de force du système SI (symbole N), force qui communique à un corps dont la masse est de 1 kg une accélération de 1 m/s². – *Newton-mètre :* unité de mesure du système SI (symbole N/m) ; moment, par rapport à un axe, d'une force de 1 newton dont le support, perpendiculaire à cet axe, se trouve à une distance de 1 m de celui-ci. – Du n. du physicien angl. Isaac *Newton* (1642-1727).

newtonien, enne [njutɔnjɛ̃, ɛn] adj. et n. Relatif au système de Newton. ▷ HIST *Les newtoniens :* les partisans du système de Newton (par oppos. aux *cartésiens*), dans les polémiques scientifiques du XVIIIe s. – Du n. de I. *Newton* (V. newton).

new-yorkais, aise [nujɔʀkɛ, ɛz] adj. et n. De New York, ville et État du N.-E. des États-Unis d'Amérique. ▷ Subst. *Un(e) New-Yorkais(e).*

nez [ne] n. m. **1.** (Chez l'homme.) Partie du corps faisant saillie au milieu du visage, entre la bouche et le front, qui participe à la fonction respiratoire et, par ses récepteurs olfactifs, à l'odorat. *Nez aquilin, épaté, camus. Parler, chanter du nez* : nasiller. – Fam. *Ça sent* (telle chose ou odeur) *à plein nez*, très fort. – Fig., fam. *Gagner* (une course, etc.) *les doigts dans le nez*, facilement, sans effort. ▷ (Animaux) Museau. *Nez de chien, de renard* (se dit seulement des animaux doués de flair). **2.** Loc. fig. *Cela se voit comme le nez au milieu du visage, de la figure* : c'est flagrant. – *Mener qqn par le bout du nez*, lui faire faire ce que l'on veut. – *Cela m'est passé sous le nez* : c'est un plaisir, un avantage, etc., qui m'a échappé. – *Cela lui pend au nez* : cela risque fort de lui arriver; cela va lui arriver sous peu. – *À vue de nez* : approximativement. – *Ne pas voir plus loin que le bout de son nez* : manquer absolument de discernement, de prévoyance. – *Faire un pied de nez à qqn* : tenir sa main grande ouverte, le pouce sur le nez, pour narguer qqn. – *Mettre le nez dans une chose*, commencer à l'examiner, à l'étudier; s'en mêler indiscrètement. *Il met (fourre) son nez partout.* – *Montrer le bout du* (ou *de son*) *nez* : commencer à se montrer; commencer à montrer ses intentions. – *Se casser le nez* : trouver porte close; échouer dans une entreprise. – Fam. *Avoir un coup dans le nez* : être gris. – Fam. *Avoir qqn dans le nez*, éprouver pour lui de l'antipathie, de l'aversion. **3.** Visage. *On m'a fermé la porte au nez.* – *Nez à nez* : face à face. – *Au nez de qqn*, en sa présence; en le bravant. *Le prisonnier s'est évadé au nez et à la barbe de ses gardiens.* **4.** Odorat, flair. *Chien qui a du nez.* ▷ Fig. Sagacité. *Avoir du nez, le nez fin, le nez creux.* **5.** Partie allongée ou fuselée qui forme l'avant d'une chose. *Nez d'un avion. Bateau trop chargé de l'avant qui pique du nez dans la lame.* **6.** TECH Saillie se terminant en pointe ou en biseau. *Nez de marche, de gouttière.* **7.** GEOGR Avancée de terre dans la mer. *Le nez de Jobourg.* – Du lat. *nasus.*

ni [ni] conj. S'emploie pour réunir (avec valeur de *et* ou de *ou*) des propositions négatives ou les différents termes d'une proposition négative. *Je ne l'aime ni ne l'estime. Ni les honneurs ni les richesses ne rendent heureux. Sans tambour ni trompette.* – Litt. (Dans les phrases où la négation est implicite.) *«Patience et longueur de temps / Font plus que force ni que rage» (La Fontaine).* – Lat. *nec.*

Ni CHIM Symbole du nickel.

niable [njabl] adj. Que l'on peut nier. (Surtout en tournure négative.) *Voilà un fait qui n'est pas niable.* – De *nier.*

niais, niaise [njɛ, njɛz] adj. et n. **1.** Vx Qui n'est pas encore sorti du nid, en parlant d'un oiseau de fauconnerie. **2.** Cour. D'une naïveté ou d'une inexpérience extrême; sot et emprunté. ▷ Subst. *Un(e) niais(e). Jouer les niais.* **3.** Par ext. *Un rire niais. Voilà un roman bien niais.* – Du lat. pop. **nidax*, «pris au nid», de *nidus*, «nid».

niaisement [njɛzmɑ̃] adv. D'une manière niaise. – De *niais.*

niaiserie [njɛzʀi] n. f. **1.** Caractère d'une personne ou d'une chose niaise. *Sa niaiserie est fort affligeante.* – *Niaiserie d'une remarque.* **2.** Action, parole niaise. *Dire des niaiseries.* – *Par ext.* Futilité, fadaise. *Perdre son temps à des niaiseries.* – De *niais.*

niaouli [njauli] n. m. Arbre d'Océanie (genre *Melaleuca*, fam. myrtacées), dont les feuilles donnent par distillation l'*essence de niaouli*, antiseptique des voies respiratoires. – Mot de la Nouvelle-Calédonie.

nib [nib] adv. Arg. Rien, aucunement, pas du tout. *Nib de pognon* : point d'argent. – De *nibergue*, pour *niberque*, anagramme de *bernique.*

nicaraguayen, enne [nikaʀagwɛjɛ̃, ɛn] adj. et n. Du Nicaragua, État d'Amérique centrale. ▷ Subst. *Un(e) Nicaraguayen(ne).*

1. niche [niʃ] n. f. **1.** Enfoncement pratiqué dans l'épaisseur d'un mur pour y placer une statue, un buste, un vase, etc. ▷ Alcôve. **2.** Petite loge, en forme de maison, destinée à servir d'abri à un chien. **3.** ECOL *Niche écologique* : place (d'un organisme, d'une espèce animale) dans un biotope donné, déterminée par son alimentation et ses relations avec les autres espèces. **4.** ECON *Niche technologique* : domaine de l'activité économique à l'intérieur duquel il est rentable de créer des entreprises mettant en œuvre les techniques de pointe. – Déverbal de *nicher.*

2. niche [niʃ] n. f. Malice, espièglerie. *Faire des niches à qqn.* – P.-ê. de l'anc. v. *niger, nicher*, «agir en niais».

nichée [niʃe] n. f. Ensemble des petits oiseaux d'une même couvée, encore dans le nid. ▷ Fig. *Une nichée d'enfants.* – Pp. subst. de *nicher.*

nicher [niʃe] v. [1] **I.** v. intr. **1.** Établir son nid. *Les fauvettes nichent dans les buissons.* **2.** Être dans son nid. **3.** Fig., fam. Se loger; habiter. *Où niche-t-il, en ce moment?* **II.** v. pron. **1.** Établir son nid. **2.** Fig., fam. Se mettre, se cacher (comme des oisillons blottis dans le nid). *Où est-il donc allé se nicher?* ▷ Se placer, se loger. – Fig. *Où l'orgueil se niche-t-il?* – Du lat. pop. *nidicare*, de *nidus*, «nid».

nichet [niʃɛ] n. m. AGRIC Œuf artificiel en plâtre, qu'on laisse dans un nid, dans un poulailler, pour inciter les poules à venir y pondre. – De *nicher.*

nicheur, euse [niʃœʀ, øz] adj. ORNITH Qui construit des nids. – De *nicher.*

nichoir [niʃwaʀ] n. m. Cage, boîte, panier, où les oiseaux viennent nicher. – De *nicher.*

nichon [niʃɔ̃] n. m. Fam. Sein de femme. – De *nicher.*

nichrome [nikʀom] n. m. TECH Alliage inoxydable de nickel et de chrome, avec un peu de fer, qui a une grande résistance électrique. – Nom déposé; de *nickel*, et *chrome.*

nickel [nikɛl] n. m. (et adj. inv.) **1.** n. m. Élément métallique de numéro atomique Z = 28 et de masse atomique 58,71 (symbole Ni). – Métal (Ni) blanc de densité 8,9, qui fond à 1 455 °C et bout vers 2 900 °C. *Le nickel entre dans la composition de nombreux alliages, notam. des aciers inoxydables.* **2.** adj. inv. Pop. (Par allus. au brillant que prend une pièce de nickel polie.) D'une extrême propreté. *Il avait tout nettoyé, c'était nickel.* – De l'all. *Kupfernickel*, de *Kupfer*, «cuivre», et *Nickel*, abrév. de *Nikolaus*, nom donné à ce minerai par les mineurs allemands qui avaient cru d'abord découvrir du cuivre.

nickelage [niklaʒ] n. m. Action de nickeler; son résultat. – Opération qui consiste à déposer une couche protectrice de nickel sur un objet en fer ou en alliage. – De *nickeler.*

nickeler [nikle] v. tr. [19] Recouvrir d'une couche de nickel par électrolyse. ▷ Pp. adj. *Acier nickelé.* – De *nickel.*

nickélifère [nikelifɛʀ] adj. Qui contient du nickel. – De *nickel*, et *-fère.*

niçois, oise [niswa, waz] adj. et n. De Nice, v. du S. de la France. – *Salade niçoise* : V. salade.

nicol [nikɔl] n. m. OPT Prisme constitué de deux parties taillées dans le spath d'Islande et utilisé pour obtenir, à partir de la lumière naturelle, de la lumière polarisée. – Du n. de W. *Nicol* (vers 1768-1851), physicien anglais.

nicolaïte [nikɔlait] n. RELIG **1.** Membre d'une communauté chrétienne hétérodoxe du Ier s., proche des gnostiques. **2.** Adversaire du célibat ecclésiastique, aux Xe et XIe s. – De *Nicolas*, n. d'un des sept diacres de Jérusalem, qui aurait fondé cette secte et aurait autorisé la polygamie, y compris pour les clercs.

nicotinamide [nikɔtinamid] n. f. BIOCHIM Amide de l'acide pyridine 3 carbonique (acide nicotinique) constituant de nucléotides qui assurent le rôle de transporteur d'hydrogène. (La carence en nicotinamide - vitamine B 3 ou PP - provoque de graves troubles physiologiques : pellagre chez l'homme, notam.) – De *nicotine*, et *amide*.

nicotine [nikɔtin] n. f. BIOCHIM Alcaloïde contenu dans le tabac, stimulant de la sécrétion d'adrénaline, qui a des effets extrêmement nocifs à haute dose. – Du rad. de *nicotiane* ou *herba nicotiana*, herbe à *Nicot*, «tabac», du n. de J. *Nicot* (v. 1530-1600), diplomate fr. qui l'introduisit en France.

nicotinique [nikɔtinik] adj. Didac. De la nicotine. – De *nicotine*.

nicotinisme [nikɔtinism] n. m. MED Vieilli Syn. de *tabagisme*. – De *nicotine*.

nictation [niktasjɔ̃] ou **nictitation** [niktitasjɔ̃] n. f. MED Clignotement spasmodique. – Lat. *nictatio*.

nictitant, ante [niktitɑ̃, ɑ̃t] adj. ZOOL *Paupière nictitante* : troisième paupière des oiseaux, qui clignote et se déplace horizontalement pour préserver l'œil de la lumière vive. (Elle est réduite à l'état de membrane non fonctionnelle chez d'autres animaux, notam. le chat.) – Du lat. *nictare*, «clignoter».

nid [ni] n. m. **1.** Abri construit par les oiseaux pour pondre et couver leurs œufs, pour élever leurs petits. ▷ *Par ext.* Lieu qu'aménagent certains animaux (pour y pondre, y mettre bas, élever leurs petits). *Nid de souris. Nid de fourmis. Nid de guêpes.* **2.** Fig. *Nid-de-poule* : petite cavité dans une chaussée défoncée. *Des nids-de-poule.* - *Nid d'aigle* : habitation presque inaccessible, en un lieu escarpé, élevé. - MAR *Nid-de-pie* : poste d'observation sur le mât d'un navire. *Des nids-de-pie.* ▷ TECH *Nid(s)-d'abeilles* : structure alvéolaire formée par un assemblage de rubans métalliques. - Tissage formant des alvéoles. *Serviette de toilette (en) nid(s)-d'abeilles. Des nids-d'abeilles.* **3.** *Par métaph.* Habitation de l'homme. *Rentrer au nid. Un nid douillet.* **4.** *Nid de...* : endroit où se trouvent rassemblées des choses ou des personnes qu'on a toute raison de craindre. *Nid de brigands.* Syn. repaire. - MILIT *Nid de mitrailleuses.* – Lat. *nidus*.

nidation [nidasjɔ̃] n. f. BIOL Implantation de l'œuf fécondé des mammifères sur la muqueuse utérine, au début de la gestation. – Du lat. *nidus*, «nid».

nider (se) [nide] v. pron. [1] S'implanter par nidification. – De *nidification*.

nidicole [nidikɔl] adj. ZOOL Qui demeure longtemps au nid (jeunes oiseaux). – De *nid*, et *-cole*.

nidification [nidifikasjɔ̃] n. f. Action, manière de nidifier; construction d'un nid. – De *nidifier*.

nidifier [nidifje] v. intr. [2] Construire son nid. – Du lat. *nidificare*, de *nidus*, «nid».

nidifuge [nidifyʒ] adj. ZOOL Qui quitte rapidement le nid. – De *nid*, et *-fuge* 1.

nièce [njɛs] n. f. Fille du frère ou de la sœur. *Je suis son oncle, elle est ma nièce.* – Du lat. pop. *neptia*; class. *neptis*, même évolution de sens que *neveu*.

niellage [njelaʒ] n. m. TECH Action de nieller une pièce d'orfèvrerie. – De *nieller* 2.

1. nielle [njɛl] n. f. Plante herbacée (*Lychnis githago*, fam. caryophyllacées) à fleurs violacées, aux graines toxiques, qui poussait autrefois parmi les céréales *Nielle des champs, des blés.* – Du lat. *nigella*, «nigelle».

2. nielle [njɛl] n. f. Maladie des céréales (blé, notam.) provoquée par un nématode microscopique, l'anguillule des céréales (*Tylenchus*). *Les épis atteints de la nielle sont remplis d'une fine poussière noire.* – Par attraction entre l'a. fr. *niele*, «brouillard nuisible aux céréales», du lat. *nebula*, «brouillard», et *nielle* 1.

3. nielle [njɛl] n. m. TECH Incrustation noire sur fond blanc ornant certaines pièces d'orfèvrerie. – A. fr. *neel, neiel*, «émail noir», du lat. *nigellus*, de *niger*, «noir».

1. nieller [njele] v. tr. [1] Attaquer, gâter par la nielle. - Pp. adj. *Blé niellé.* – De *nielle* 2.

2. nieller [njele] v. tr. [1] TECH Orner de nielles. – De *nielle* 3.

nielleur [njelœʀ] n. m. TECH Graveur de nielles. – De *nieller* 3.

1. niellure [njelyʀ] n. f. Action de la nielle sur les céréales. – De *nielle* 2.

2. niellure [njelyʀ] n. f. TECH Art du nielleur. – A. fr. *neelure*, de *nieller* 3.

nier [nje] v. tr. [2] **1.** Rejeter comme faux, comme inexistant. *Nier un fait. Nier l'évidence. Nier les conclusions d'une théorie.* ▷ *Nier* (+ inf.). *Il nie être venu.* ▷ *Nier que* (+ indic.). *Il nie que je suis venu.* - *Nier que* (+ subj.). *Il nie que je sois venu.* **2.** *Nier un dépôt, une dette* : déclarer n'avoir pas reçu de dépôt, n'avoir pas fait de dette. – Du lat. *negare*, par l'a. fr. *neier*, «nier Dieu».

nietzschéen, enne [nitʃeɛ̃, ɛn] adj. et n. Didac. Relatif à Nietzsche, à sa philosophie. – Du n. du philosophe all. F. *Nietzsche* (1844-1900).

nifé [nife] ou **nife** [nif] n. m. GEOL Noyau de la Terre, qui serait constitué principalement de nickel et de fer. Syn. barysphère. – De *ni(ckel)*, et *fe(r)*.

nigaud, aude [nigo, od] adj. et n. Qui se conduit de manière sotte ou niaise. ▷ Subst. *Quel nigaud!* – P.-ê. abrév. de *Nigodème*, prononc. pop. de *Nicodème*, personnage d'un mystère médiéval, type du niais.

nigauderie [nigodʀi] n. f. Action de nigaud. - Caractère de nigaud. – De *nigaud*.

nigelle [niʒɛl] n. f. Plante herbacée (genre *Nigella*, fam. renonculacées), ornementale, aux fleurs bleues ou blanches et aux feuilles découpées en fines lanières, dont une espèce est aromatique *(Adiantum capillus veneris)*. – Du lat *nigella*; forme savante de *nielle* 1.

nigérian, ane [niʒeʀjɑ̃, an] adj. et n. De la République du Nigeria, État d'Afrique occid. ▷ Subst. *Un(e) Nigérian(e).* – D'après l'angl. *Nigerian*.

nigérien, ienne [niʒeʀjɛ̃, jɛn] adj. et n. De la République du Niger, État continental d'Afrique occid. ▷ Subst. *Un(e) Nigérien(ne).*

night-club [najtklœb] n. m. (Anglicisme) Syn. de *boîte* de nuit. Des night-clubs.* – Mots angl., «club de nuit».

nihilisme [niilism] n. m. **1.** PHILO Scepticisme absolu; négation totale de toute hiérarchie des valeurs. **2.** POLIT Doctrine qui n'admet aucune contrainte de la société sur l'individu, formée en Russie au XIXe s. – Du lat. *nihil*, «rien».

nihiliste [niilist] adj. et n. Qui se rapporte au nihilisme. ▷ Subst. Adepte du nihilisme. – De *nihilisme*.

nihil obstat [niilopstat] Locution latine qui signifie «rien n'empêche», employée par la censure ecclésiastique pour autoriser l'impression d'un livre.

nilgaut [nilgo] n. m. ZOOL Grande antilope de l'Inde, à petites cornes et à croupe basse (hauteur au garrot : 1,40 m). – Hindi *nilgāu*, mot persan «bœuf *(gao)* bleu *(nil)*».

nille [nij] n. f. TECH Manchon mobile entourant le manche d'une manivelle et tournant autour de lui. – De l'a. fr. *anille*, lat. *anaticula*, «petit canard».

nilo-. Élément, tiré de *Nil.* (Ex. *nilo-saharien.*)

nilotique [nilɔtik] adj. GEOGR Relatif au Nil, le plus long fleuve d'Afrique. ▷ LING *Langues nilotiques* : langues négro-africaines parlées dans la région soudanaise. – Lat. d'orig. gr. *niloticus*, de *Nilus*, gr. *Neilos*, « le Nil ».

nilpotent, ente [nilpɔtɑ̃, ɑ̃t] adj. MATH *Élément nilpotent d'un anneau* : élément de l'anneau qui, élevé à la puissance *n* (*n* étant un entier positif), est nul. – Formation savante, du lat. *nil*, forme contractée de *nihil*, « rien », et *potens*, « puissant ».

nimbe [nɛ̃b] n. m. BX-A Auréole, cercle lumineux représenté autour de la tête de Dieu, des anges ou des saints. ▷ Par ext., litt. *Un nimbe de cheveux blonds.* – Du lat. *nimbus*, « nuage ».

nimber [nɛ̃be] v. tr. [1] Orner d'un nimbe. ▷ Litt. Auréoler, faire comme un nimbe autour de. *Un rayon de soleil nimbait son visage.* – Fig. *Il était nimbé d'une auréole de sainteté.* – De *nimbe*.

nimbo-stratus ou **nimbostratus** [nɛ̃bostʀatys] n. m. inv. METEO Nuage très développé verticalement et très étendu, dont la base, souvent sombre, présente un aspect flou dû aux chutes de pluie ou de neige qui en tombent de façon généralement durable. – De *nimbus*, et *stratus*.

nimbus [nɛ̃bys] n. m. inv. METEO Vx Gros nuage gris, porteur de pluie. (Ce mot n'est utilisé auj. que dans des composés : *cumulonimbus*, par ex.) – Mot lat., « nuage ».

ninas [ninas] n. m. inv. Petit cigare. – Esp. *niñas*, f. pl. de *niño*, « enfant ».

niobium [njɔbjɔm] n. m. CHIM Élément métallique de numéro atomique Z = 41, de masse atomique 92,906 (symbole Nb). – Métal (Nb) gris et brillant, qui fond à 2 468 °C et bout à 2 742 °C. *Très rare, le niobium est toujours associé au tantale dans ses minerais.* – De *Niobé*, fille légendaire de Tantale, dans la mythologie grecque.

niôle. V. gnôle.

nipper [nipe] v. tr. [1] Fam. Habiller, vêtir. ▷ v. pron. *Il eut à peine le temps de se nipper.* ▷ Pp. adj. *Il est bien nippé.* – De *nippes*.

nippes [nip] n. f. pl. Fam. Vêtements usés ; hardes. *De vieilles nippes.* ▷ Pop. Vêtements. – De *guenipe*, forme dial. de *guenille*.

nippon, one ou **onne** [nipɔ̃, ɔn] adj. et n. Du Japon, État d'Extrême-Orient. ▷ Subst. *Un(e) Nippon(e).* Syn. cour. japonais. – Mot japonais, « soleil levant ».

nique [nik] n. f. *Faire la nique à qqn*, lui adresser un geste de mépris ou de moquerie. – Onomat. ; p.-ê. de l'anc. v. *niquer*, « hocher la tête ».

niquedouille [nikduj] n. et adj. Fam. vieilli Benêt, nigaud. – Rac. de *nigaud*, avec influence de *andouille*.

niquer [nike] v. tr. [1] **1.** Arg. Avoir des relations sexuelles avec. **2.** Fig., vulg. *Niquer qqn*, le duper, l'attraper. – De l'ar. *ynnik*.

nirvāna [niʀvana] ou **nirvana** [niʀvana] n. m. RELIG Dans le bouddhisme, suprême félicité dont jouit celui qui s'est défait de tout attachement ; extinction du karma du désir humain, permettant de s'affranchir du cycle des réincarnations. – Mot sanscr., « extinction ».

nit [nit] n. m. PHYS Unité SI de luminance (symbole nt). – Du lat. *nitere*, « briller ».

nitouche. V. sainte nitouche.

nitr(o)-. Élément, du lat. *nitrum*, « nitre », indiquant la présence d'un nitrate dans un composé chimique.

nitratation [nitʀatasjɔ̃] n. f. CHIM Transformation, dans le sol, des nitrites en nitrates par les bactéries nitriques (genre *Nitrobacter*). – De *nitrate*.

nitrate [nitʀat] n. m. CHIM Sel ou ester de l'acide nitrique (on disait autrefois *azotate*). *Les nitrates de sodium, de potassium de chaux, de magnésium et surtout d'ammonium sont des engrais très utilisés. Le nitrate d'argent est employé comme cautérisant.* – De *nitre*.

nitrater [nitʀate] v. tr. [1] TECH **1.** Opérer la nitratation de (un sol). **2.** Ajouter du nitrate à. **3.** Traiter au nitrate. – De *nitrate*.

nitration [nitʀasjɔ̃] n. f. CHIM Action de nitrer. – De *nitrate*.

nitre [nitʀ] n. m. Vx Salpêtre (nitrate de potassium). – Lat. *nitrum*, gr. *nitron*.

nitré, ée [nitʀe] adj. CHIM Obtenu par nitration. *Les dérivés nitrés sont des oxydants.* – De *nitre*.

nitrer [nitʀe] v. tr. [1] CHIM Introduire, en remplacement d'un atome d'hydrogène, le radical nitryle (NO_2) dans une molécule. – De *nitre*.

nitreux, euse [nitʀø, øz] adj. **1.** CHIM Se dit des dérivés oxygénés de l'azote, au degré d'oxydation + 1 ou + 3. ▷ *Acide nitreux* (HNO_2), qui se décompose en acide nitrique. **2.** MICROB Se dit des bactéries qui réalisent la nitrosation. – Lat. *nitrosus*.

nitrière [nitʀijɛʀ] n. f. TECH Lieu d'où l'on extrait des nitrates. *Les nitrières du Chili.* – De *nitre*.

nitrifiant, ante [nitʀifjɑ̃, ɑ̃t] adj. CHIM Qui assure la nitrification. *Bactéries nitrifiantes* (ou *nitrobactéries*). – Ppr. de *nitrifier*.

nitrification [nitʀifikasjɔ̃] n. f. CHIM Transformation, dans le sol, des composés organiques azotés en nitrates facilement assimilables par les plantes chlorophylliennes. *La nitrification se fait en deux temps : nitrosation* et nitratation*.* – De *nitrifier*.

nitrifier [nitʀifje] v. tr. et v. pron. [2] CHIM Transformer en nitrates. ▷ v. pron. Se transformer en nitrates. – De *nitre*, et *-fier*.

nitrile [nitʀil] n. m. CHIM Produit de déshydratation d'un amide, comportant le radical –C≡N. – De *nitre*.

nitrique [nitʀik] adj. **1.** CHIM Se dit des dérivés oxygénés de l'azote, au degré d'oxydation +2 ou +5. ▷ *Acide nitrique* : acide HNO_3, utilisé dans l'industrie chimique (explosifs, vernis, etc.) et en gravure (eau-forte). **2.** Par ext. *Bactéries nitriques*, qui opèrent la nitratation. – De *nitre*.

nitrite [nitʀit] n. m. CHIM Sel de l'acide nitreux. – De *nitre*.

nitro-. V. nitr(o)-.

nitrobacter [nitʀobaktɛʀ] n. m. ou **nitrobactérie** [nitʀobakteʀi] n. f. CHIM Bactérie aérobie qui provoque la nitrification. – De *nitro-*, et *bactérie*.

nitrobenzène [nitʀobɛ̃zɛn] n. m. CHIM Dérivé nitré du benzène utilisé en parfumerie, dans la fabrication de certains explosifs et dans l'industrie chimique (colorants). – De *nitre*, et *benzène*.

nitrocellulose [nitʀoselyloz] n. f. CHIM Ester résultant de l'action de l'acide nitrique sur la cellulose (nitrate de cellulose), utilisé notam. pour fabriquer des vernis et des explosifs (dynamite-gomme : V. dynamite). – De *nitro-*, et *cellulose*.

nitrogène [nitʀɔʒɛn] n. m. CHIM Anc. nom de l'azote. – Du gr. *nitron*, « nitre », et *-gène*.

nitroglycérine [nitʀoglyseʀin] n. f. CHIM et cour. Ester nitrique de la glycérine, liquide jaunâtre et huileux qui détone violemment au choc. *La dynamite est constituée de nitroglycérine absorbée par de la silice poreuse* (kieselguhr). – De *nitro-*, et *glycérine*.

nitrosation [nitʀozasjɔ̃] n. f. Transformation, dans le sol, des composés organiques azotés (amines, ammoniac) en nitrites, par des bactéries nitreuses. ▷ CHIM Introduction du radical nitrosyle dans une molécule. – Du lat. *nitrosus,* «qui contient du nitre».

nitrosomonas [nitʀozɔmɔnas] n. m. pl. MICROB Micro-organismes qui transforment les composés ammoniacaux en nitrites. – De *nitro-* et gr. *monas,* «unité».

nitrosyle [nitʀozil] n. m. CHIM Radical monovalent (NO). – De *nitre.*

nitrotoluène [nitʀotɔlɥɛn] n. m. CHIM Dérivé nitré du toluène. (L'un des nitrotoluènes, le *trinitrotoluène,* ou T.N.T., est un explosif.)– De *nitro-,* et *toluène.*

nitruration [nitʀyʀasjɔ̃] n. f. METALL Traitement de surface des aciers par formation de nitrures (cémentation), destiné à leur donner de la dureté. – De *nitrurer.*

nitrure [nitʀyʀ] n. m. CHIM Combinaison de l'azote avec un corps simple (métal, en partic.). – De *nitre,* et *-ure.*

nitrurer [nitʀyʀe] v. tr. [1] METALL Soumettre à la nitruration. – De *nitrure.*

nitryle [nitʀil] n. m. CHIM Radical monovalent $-NO_2$, contenu dans les composés nitrés. – De *nitre.*

nival, ale, aux [nival, o] adj. GEOGR Relatif à la neige; dû à la neige. ▷ *Régime nival,* d'un cours d'eau alimenté par la fonte des neiges (hautes eaux au printemps, basses eaux en hiver). – Lat. *nivalis.*

nive [niv] n. f. Rég. Rivière, torrent, dans les Pyrénées. – Mot rég., du rad. préroman **nava,* «ruisseau».

nivéal, ale, aux [niveal, o] adj. BOT Qui fleurit en hiver. – Du lat. *nix, nivis,* «neige».

niveau [nivo] n. m. **I. 1.** Instrument servant à vérifier ou à obtenir l'horizontalité d'une surface plane. *Niveau d'eau :* instrument formé de deux fioles de verre ajustées à un support et contenant un liquide; la droite passant par les surfaces des liquides indiquant l'horizontalité. **2.** Instrument servant à déterminer la différence d'altitude entre deux points. **II. 1.** Degré d'élévation d'un plan horizontal ou de plusieurs points dans le même plan horizontal par rapport à un plan parallèle pris comme référence. *L'évaporation a fait baisser le niveau de l'eau de ce bassin. La piscine est au même niveau que la terrasse; elle est de niveau avec la terrasse.* – *Courbe de niveau,* reliant sur une carte, un plan, les points situés à une même altitude. – *Angle au niveau :* angle de la ligne de tir avec l'horizontale. – *Au niveau de :* à la même hauteur que. **2.** Par métaph. *Texte que l'on peut lire à différents niveaux* (littéraire, historique, psychologique, etc.). – *Au niveau psychologique :* par rapport à la psychologie, du point de vue de la psychologie. **3.** Fig. Degré plus ou moins élevé dans une échelle de grandeurs. *Niveau des prix, du pouvoir d'achat. Niveau de vie.* – *Le niveau de la mortalité baisse grâce aux progrès de l'hygiène.* – *Niveau social :* degré occupé dans la hiérarchie sociale. ▷ Valeur comprise par rapport à une valeur de référence. *Artisan d'un haut niveau professionnel. Niveau intellectuel, moral.* – *Être au niveau :* être à la hauteur. *Cet élève n'est pas au niveau (de sa classe).* ▷ LING *Niveau de langue :* marque stylistique (choix du vocabulaire, facteurs tenant aux formes syntaxiques notam.) renvoyant à un classement hiérarchisé des pratiques langagières en fonction des situations de communication ou de caractéristiques socioculturelles. *On distingue divers niveaux de langue : courant, familier, populaire, littéraire, etc.* **4.** PHYS *Niveau d'énergie d'un atome :* valeur caractéristique de l'énergie d'un électron sur chacune des couches électroniques entourant le noyau. (Ces niveaux sont repérés par les lettres K, L, M, etc., dans cet ordre, à partir du noyau, et correspondent aux nombres quantiques principaux 1, 2, 3, etc.)– De l'a. fr. *livel,* lat. pop. **libellus,* class. *libella.*

nivelage [nivlaʒ] n. m. Action de niveler; son résultat. – De *niveler.*

niveler [nivle] v. tr. [19] **1.** Rendre (une surface) horizontale ou plane. *Niveler le sol.* **2.** Fig. Rendre égal, mettre au même niveau. *Niveler les fortunes, les conditions sociales.* **3.** TECH Mesurer ou vérifier avec un niveau. – De *nivel,* forme anc. de *niveau.*

niveleur, euse [nivlœʀ, øz] n. **1.** Personne qui nivelle, égalise, met au niveau. **2.** Fig., péjor. Personne aspirant à rendre une société égalitaire. ▷ HIST Nom porté par les républicains anglais les plus hostiles à la monarchie, au XVIIe s., et opposés à l'autoritarisme de Cromwell. – De *niveler.*

niveleuse [nivløz] n. f. TRAV PUBL Engin de terrassement muni d'une lame orientable et qui sert à profiler la surface d'un sol. (Syn. off. recommandé de *grader.*) – - De *niveler.*

nivellement [nivɛlmɑ̃] n. m. **1.** TECH Action de déterminer, avec un niveau, l'altitude des différents points d'une surface. *Le nivellement s'effectue à l'aide d'un niveau à lunette ou par photogrammétrie.* **2.** Action de niveler une surface, de la rendre plane. **3.** Fig. Action de niveler (sens 2). *Le nivellement des fortunes. Nivellement par la base, par le bas,* qui égalise en prenant pour référence la valeur la plus basse. – De *niveler.*

nivéole [niveɔl] n. f. Plante ornementale (genre *Leucoïum,* fam. amaryllidacées) voisine du perce-neige. – Du lat. *niveus,* «de neige».

nivernais, aise [nivɛʀnɛ, ɛz] adj. (et n.) De Nevers (ch.-l. du département de la Nièvre), ou du Nivernais, anc. prov. de France. – Du bas lat. *Nivernum,* «de Nevers».

nivo-. Préfixe, du lat. *niveus,* «de neige».

nivo-glaciaire [nivoglasjɛʀ] adj. GEOGR *Régime nivo-glaciaire :* régime d'un cours d'eau alimenté par la fonte des neiges et des glaciers (V. nival). *Des régimes nivo-glaciaires.* – De *nivo-,* et *glaciaire.*

nivo-pluvial, ale, aux [nivoplyvjal, o] adj. GEOGR *Régime nivo-pluvial :* régime d'un cours d'eau alimenté par la fonte des neiges et les pluies (hautes eaux au printemps et en automne, basses eaux en été). *Des régimes nivo-pluviaux.* – De *nivo-,* et *pluvial.*

nivôse [nivoz] n. m. HIST Quatrième mois du calendrier républicain (du 21/23 déc. au 19/21 janv.). – Du lat. *nivosus,* «neigeux».

No CHIM Symbole du nobélium.

nô [no] n. m. inv. Drame lyrique chanté et mimé, avec accompagnement orchestral, au Japon; genre théâtral traditionnel auquel appartient ce type de pièce. – Mot japonais.

nobélium [nɔbeljɔm] n. m. CHIM Élément radioactif artificiel appartenant à la famille des actinides, de numéro atomique Z = 102, de masse atomique 254 (symbole No). – Du n. de A. *Nobel* (1833-1896), chimiste suédois.

nobiliaire [nɔbiljɛʀ] adj. et n. m. **1.** adj. Qui appartient à la noblesse. *Titres nobiliaires.* **2.** n. m. Catalogue des familles nobles d'un pays. – Du lat. *nobilis,* «noble».

noblaillon, onne [nɔblajɔ̃, ɔn] n. Péjor. Noble de petite noblesse. – De *noble.*

noble [nɔbl] adj. et n. **1.** Qui fait partie de la noblesse; dont les ancêtres appartenaient à cette classe. ▷ Subst. *Les nobles étaient exempts de taille.* **2.** Propre à ce groupe social, à ses membres. *Un nom, un sang noble.* **3.** Qui a ou qui dénote des sentiments élevés, de la grandeur, de la distinction. *Se montrer noble et généreux. Un maintien noble. Un style noble.* ▷ THEAT *Père noble :* rôle de personnage digne et d'un certain âge. **4.** Supérieur aux choses de même catégorie. *Le cœur, organe noble.* – *Métaux nobles :* métaux précieux (or et platine), difficilement oxydables. – Lat. *nobilis,* «célèbre, connu».

noblement [nɔbləmɑ̃] adv. D'une manière noble. – De *noble*.

noblesse [nɔblɛs] n. f. **1.** Dans certaines sociétés et à certaines époques, classe sociale dont les membres jouissent légalement de privilèges. *La noblesse d'Ancien Régime. La noblesse d'Empire.* – *Par ext.* Catégorie sociale constituée par les descendants des membres de cette classe. **2.** Condition, état de noble. *Noblesse d'épée, de robe. Lettres* de noblesse.* – Prov. *Noblesse oblige* : une personne noble ou occupant une position élevée doit se conduire en fonction de son rang. **3.** Élévation des sentiments, grandeur d'âme. *J'ai admiré la noblesse de cœur dont il a fait preuve.* ▷ Caractère noble (sens 3); distinction. *Noblesse des gestes, du visage.* – De *noble*.

nobliau [nɔblijo] n. m. Péjor. Noble de petite noblesse; dont la noblesse est douteuse. – De *noble*.

noce [nɔs] n. f. **1.** (Plur.) Mariage. *Voyage de noces. Justes noces :* mariage légitime. ▷ *Noces d'argent, d'or, de diamant :* vingt-cinquième, cinquantième, soixantième anniversaire de mariage. **2.** Fête organisée lors d'un mariage. *Les parents et les amis invités à la noce.* **3.** Ensemble des personnes qui assistent à un mariage. *La noce est arrivée en retard à l'église.* **4.** Loc. fam. *Faire la noce :* se divertir, ripailler en joyeuse compagnie. – Fig., fam. *N'être pas à la noce :* être dans une situation pénible. – Du lat. pop. **noptiæ*, déform. d'ap. **novius*, «nouveau marié», du class. *nuptiæ*.

noceur, euse [nɔsœʀ, øz] n. Fam. Personne qui fait la noce. Syn. fêtard, viveur. – De *noce*.

nocher [nɔʃe] n. m. Litt. Celui qui conduit un bateau. ▷ MYTH *Le nocher des Enfers :* Charon. – Ital. *nocchiero*, lat. *nauclerus*, gr. *nauklêros*, «patron de bateau».

nocif, ive [nɔsif, iv] adj. Susceptible de nuire. *Produit nocif.* – (Abstrait) *Répandre des idées nocives.* – Lat. *nocivus*.

nocivité [nɔsivite] n. f. Propriété de ce qui est nocif. – De *nocif*.

noctambule [nɔktɑ̃byl] n. et adj. Personne qui passe ses nuits à se divertir, à faire la fête. ▷ adj. *Un fêtard noctambule.* – Lat. médiév. *noctambulus*, du lat. class. *nox, noctis*, «nuit», et *ambulare*, «marcher».

noctambulisme [nɔktɑ̃bylism] n. m. Manière de vivre du noctambule. – De *noctambule*.

noctiluque [nɔktilyk] n. f. ZOOL Organisme marin unicellulaire (classe des péridiniens), luminescent, qui prolifère parfois en quantité telle que la surface de la mer en est éclairée. – Bas lat. *noctilucus*, «qui luit pendant la nuit».

noctuelle [nɔktɥɛl] n. f. Papillon de nuit de couleur sombre, aux ailes antérieures allongées ou triangulaires et au thorax velu. – Du lat. *noctua*, «chouette».

noctule [nɔktyl] n. f. ZOOL Grande chauve-souris arboricole (genre *Nyctalus*), commune en Europe. – Du lat. *noctua*, «chouette».

nocturne [nɔktyʀn] adj. et n. **I.** adj. **1.** Qui a lieu pendant la nuit. *Visite nocturne.* **2.** Qui a une vie active la nuit. **II.** ORNITH n. m. pl. Division des oiseaux rapaces, regroupant ceux dont la vie active est nocturne. **III.** n. m. **1.** LITURG CATHOL Partie de l'office de nuit comprenant des psaumes et des leçons. **2.** MUS Morceau pour piano, de forme libre, d'un caractère tendre et mélancolique, propre à être exécuté en sérénade. *Un nocturne de Chopin.* **IV.** n. m. ou n. f. **1.** Match, compétition sportive qui a lieu en soirée. **2.** Prolongation dans la soirée de l'ouverture d'un magasin. – Lat. *nocturnus*.

nocuité [nɔkɥite] n. f. Caractère nocif. – Du lat. *nocuus*, «nuisible».

nodal, ale, aux [nɔdal, o] adj. **1.** ANAT, PHYSIOL *Tissu nodal :* tissu du myocarde renfermant les nœuds cardiaques, et qui est à l'origine du fonctionnement automatique du cœur. **2.** PHYS Relatif à un nœud* de vibration. ▷ *Points nodaux*, situés sur l'axe d'un système optique et tels que tout rayon incident passant par l'un de ces points est parallèle au rayon émergent passant par l'autre. – Du lat. *nodus*, «nœud».

nodosité [nɔdɔzite] n. f. **1.** MED Petite tumeur dure et circonscrite, en général indolore. **2.** État d'un végétal qui a des nœuds. **3.** Nœud dans le bois. ▷ BOT Renflement des radicelles de certaines plantes, notam. des légumineuses, dû à la présence de bactéries qui transforment l'azote atmosphérique en azote organique. – Bas lat. *nodositas*.

nodulaire [nɔdylɛʀ] adj. **1.** Didac. Qui présente des nœuds, des nodules. *Tige nodulaire.* **2.** METALL *Fonte nodulaire :* fonte résistante, ductile et usinable, contenant des sphérules de graphite. – De *nodule*.

nodule [nɔdyl] n. m. **1.** Petit nœud, petite protubérance. **2.** MED Petite nodosité. **3.** TECH *Nodules polymétalliques :* petites sphères de quelques centimètres de diamètre contenant du manganèse, du nickel, du cobalt, du cuivre et des minéraux divers, qui tapissent le fond de certaines régions océaniques. – Lat. *nodulus*, dimin. de *nodus*, «nœud».

noduleux, euse [nɔdylø, øz] adj. Qui présente des nodules. – De *nodule*.

noël [nɔɛl] n. **1.** n. m. (Avec une majuscule.) Fête de la nativité de Jésus-Christ, célébrée le 25 déc. ▷ n. f. *La Noël :* la période de Noël, la fête de Noël. ▷ *Père Noël :* personnage imaginaire à la barbe blanche et vêtu d'un manteau rouge, censé apporter des jouets aux enfants pendant la nuit de Noël. *Écrire au Père Noël.* Fam. *Le petit noël :* le cadeau fait à Noël. **2.** Chant religieux ou profane pour le temps de Noël. – Du lat. *natalis (dies)*, «jour de naissance».

noème [nɔɛm] n. m. PHILO Objet de la pensée. – Gr. *noêma*, «source de la pensée».

noèse [nɔɛz] n. f. PHILO Acte de la pensée (par oppos. à *noème*, ce qui est pensé). – Gr. *noêsis*, «action de penser».

noétique [nɔetik] adj. PHILO De la noèse. – De *noèse*.

nœud [nø] n. m. **I. 1.** Enlacement étroit obtenu soit en entrecroisant les extrémités d'une corde (d'un ruban, d'un lacet, etc.) puis en tirant sur celles-ci, soit en liant une corde (un ruban, etc.) à une ou plusieurs autres. *Nœud simple, double. Corde à nœuds.* ▷ *Nœud gordien*.* ▷ *Nœud de vipères :* entrelacement formé du corps de plusieurs vipères. **2.** Ornement en nœud de ruban ou en forme de nœud. *Robe garnie de nœuds. Nœud de diamants.* **3.** Fig., litt. Lien entre personnes. *Les nœuds de l'amitié.* **4.** Point essentiel d'une question, d'une difficulté. *Le nœud de l'affaire.* **5.** LITTER, THEAT Moment capital d'une pièce, d'un roman, à partir duquel l'intrigue s'achemine vers son dénouement. **6.** Point d'un réseau de communication où plusieurs voies se croisent. *Nœud routier, ferroviaire.* ▷ ELECTR Point d'un circuit où plusieurs conducteurs se trouvent reliés. **7.** MATH Point commun aux extrémités de plusieurs arcs d'un graphe. **8.** PHYS Point d'une onde stationnaire où l'amplitude de la vibration est nulle (par oppos. au *ventre*, où elle est maximale). **9.** ASTRO Chacun des deux points où l'orbite d'un corps céleste qui gravite autour d'un autre coupe le plan de référence (plan de l'écliptique pour la Lune et les planètes; plan équatorial pour un satellite artificiel, etc.). *Nœud ascendant (descendant)*, correspondant au passage d'un astre du sud vers le nord (du nord vers le sud). *Ligne des nœuds*, droite reliant les nœuds ascendant et descendant. **10.** ANAT *Nœud vital :* point du bulbe rachidien contenant les centres nerveux vitaux (notam. respiratoires). **II. 1.** BOT Point de la tige d'une plante où s'insère une feuille portant un bourgeon axillaire, à l'origine d'une ramification. ▷ Petit noyau de bois de cœur adhérant plus ou moins au reste du tissu ligneux. – Défaut du bois correspondant au point d'insertion d'une ramification sur l'arbre. **2.** ANAT *Nœuds cardiaques* : formations spécialisées du myocarde, qui commandent les contractions du cœur. **III.** MAR Unité de vitesse utilisée pour les navires, équivalant à 1 mille (1 852 m) par heure. *Filer 15 nœuds.* – Lat. *nodus.*

noir, noire [nwaʀ] adj. et n. **I.** adj. **1.** Qui est de la couleur la plus sombre, propre aux corps dont la surface ne réfléchit aucune radiation visible. *Noir comme du jais.* ▷ PHYS *Corps noir* : corps qui absorbe totalement le rayonnement thermique qu'il reçoit. – *Lumière noire* : rayonnement ultraviolet utilisé pour obtenir certains effets décoratifs de fluorescence. **2.** De teinte relativement foncée. *Raisin noir. Pain noir. Blé noir* : sarrasin. ▷ *Spécial.* Que la poussière, la saleté a foncé, assombri. *Chemise dont le col est tout noir.* **3.** Où il n'y a pas de lumière. *Cachot noir. Nuit noire.* **4.** Fig. Caractérisé par la tristesse, le malheur. *Des idées noires. Une période noire.* **5.** Inspiré par ce qu'il y a de plus mauvais en l'homme. *De noirs desseins. Une noire ingratitude.* – *Messe noire* : parodie sacrilège de la messe, célébrée en l'honneur du Diable. ▷ *Roman, film noir,* sombre, pessimiste ou traitant de crimes et de violence. ▷ *C'est sa bête noire* : la chose, la personne qu'il déteste le plus au monde. **6.** Qui est à la fois illégal et secret. *Marché* noir. Travail (au) noir,* qui n'est pas déclaré. *Liste* noire. Caisse noire,* constituée de fonds qui ne sont pas comptabilisés. **7.** Fam. *Être noir,* ivre. **II.** adj. et n. Qui appartient à la grand-race humaine caractérisée par une pigmentation très prononcée de la peau. *Des enfants noirs.* – Subst. *La traite* des Noirs.* ▷ Par ext. *Le quartier noir d'une ville,* le quartier habité par des personnes de race noire (dans les pays où la ségrégation raciale est marquée). **III.** n. m. **1.** Couleur noire. *Un noir profond et mat. S'habiller en noir en signe de deuil.* – Fig. *C'est écrit noir sur blanc,* clairement, d'une manière qui ne prête pas à équivoque. ▷ Fig. *Voir tout en noir* : être très pessimiste. **2.** Substance de couleur noire utilisée comme colorant. *Noir animal. Noir de fumée, de carbone, d'aniline.* ▷ Fig. *Broyer du noir* : être très triste, déprimé. **3.** Obscurité. *Avancer à tâtons dans le noir.* **4.** Ce qui est noir. *Les noirs d'un tableau,* ses parties les plus foncées. – Pop. *Un noir, un petit noir* : une tasse de café. – Lat. *niger.*

noirâtre [nwaʀɑtʀ] adj. D'une couleur qui tire sur le noir. – De *noir,* et *-âtre.*

noiraud, aude [nwaʀo, od] adj. (et n.) Qui a le teint et les cheveux très bruns. – De *noir.*

noirceur [nwaʀsœʀ] n. f. **1.** Litt. Qualité de ce qui est noir, couleur noire. *La noirceur de l'ébène.* **2.** Fig., litt. Vilenie, méchanceté, bassesse. *La noirceur de son âme.* ▷ Action, parole qui dénote une telle vilenie, une telle méchanceté. *Commettre des noirceurs.* – De *noir,* d'ap. *noircir.*

noircir [nwaʀsiʀ] v. [3] **I.** v. tr. **1.** Rendre noir, colorer en noir. *Noircir ses cils avec du fard.* – Fam. *Noircir du papier* : écrire des choses sans grande valeur. **2.** Fig. Diffamer, porter atteinte à la réputation de. ▷ Présenter (qqch) d'une façon exagérément pessimiste. *Noircir la situation.* **II.** v. intr. Devenir noir. *L'argent noircit à l'air.* **III.** v. pron. **1.** Devenir noir. *Ciel se noircissant de nuages.* **2.** Fam. S'enivrer. – Du lat. pop. *nigricire,* class. *nigrescere,* de *niger,* « noir ».

noircissement [nwaʀsismɑ̃] n. m. Action de rendre noir ; fait de devenir noir. – De *noircir.*

noircissure [nwaʀsisyʀ] n. f. Tache de noir. ▷ Altération du vin, qui devient noir. – De *noircir.*

noire [nwaʀ] n. f. Note de musique valant le quart d'une ronde, représentée par un ovale noir muni d'une queue simple. – De *noir.*

noise [nwaz] n. f. Querelle. (Vx, sauf dans la loc. *Chercher (des) noise(s) à qqn.*)– P.-ê. du lat. *nausea,* « mal de mer ».

noiseraie [nwazʀɛ] n. f. Lieu planté de noyers ou de noisetiers. – De *noyer* 2, avec infl. de *noisette.*

noisetier [nwaztje] n. m. Arbuste des bois, des haies et des jardins (genre *Corylus,* fam. bétulacées), dont le fruit est la noisette. *Le noisetier commun, ou coudrier, est un arbuste monoïque, dont les feuilles, presque rondes, sont finement dentées.* – De *noisette.*

noisette [nwazɛt] n. f. et adj. inv. **1.** Fruit du noisetier, constitué d'une coque résistante, de couleur brun-roux à maturité, renfermant une amande oléagineuse comestible, au goût fort apprécié. ▷ adj. inv. Qui est de la couleur de la noisette. *Des yeux noisette.* **2.** *Par ext.* Morceau gros comme une noisette. *Faire fondre une noisette de beurre.* – Dimin. de *noix.*

noix [nwɑ] n. f. **1.** Fruit (drupe) du noyer commun, constitué d'un péricarpe charnu extérieurement (brou), ligneux intérieurement, renfermant une graine oléagineuse à gros cotylédons, de forme irrégulière. *La noix est un fruit sec très apprécié. Huile de noix.* **2.** Fruit de divers arbres. *Noix de cajou*. Noix de coco*. Noix de cola* ou *de kola*. Noix muscade*. Noix vomique*.* **3.** *Par ext.* Morceau de la grosseur d'une noix. *Noix de margarine.* **4.** CUIS *Noix de veau,* morceau de choix placé dans le cuisseau. **5.** TECH Partie renflée de certains axes. – Rainure à fond semi-cylindrique solidaire du châssis d'une fenêtre et à l'intérieur de laquelle vient s'encastrer la languette de rive (ou *de noix*) du battant. **6.** Fig., fam. *Une noix* : un imbécile. ▷ Pop. *À la noix, à la noix de coco* : sans valeur, défectueux, mauvais. *Qui est-ce qui m'a fichu ce système à la noix ?* – Lat. *nux.*

noli-me-tangere [nɔlimetɑ̃ʒeʀe] n. m. inv. **1.** Vx Lésion cutanée que les topiques ne font qu'irriter. **2.** Balsamine dont les fruits lancent leurs graines au loin dès qu'on les touche. Syn. impatiente. – Expr. lat., « ne me touche pas ».

nolis [nɔli] n. m. MAR Fret. – De *noliser.*

nolisement [nɔlizmɑ̃] n. m. Vx Affrètement. – De *noliser.*

noliser [nɔlize] v. tr. [1] **1.** Vieilli Affréter (un navire). **2.** Mod. Prendre en location un véhicule de transport collectif pour un voyage ou pour une durée déterminés. Syn. affréter. – Pp. adj. *Vol nolisé* : vol à la demande, vol en charter. – De l'ital. *noleggiare,* du lat. *naulum,* gr. *naûlon,* « fret ».

nom [nɔ̃] n. m. **I. 1.** Mot qui sert à désigner un être vivant, une chose (abstraite ou concrète), un groupe. Syn. substantif. ▷ *Nom propre,* qui désigne un être singulier, unique (ex. *Napoléon, Paris*). – *Nom commun,* donné à toutes les choses, à tous les êtres conçus comme appartenant à une même catégorie (ex. *homme, arbre, cheval*). ▷ *Appeler les choses par leur nom* : donner sans ménagement aux personnes ou aux choses les noms qu'elles méritent, parfois au mépris de la bienséance. ▷ *Une chose sans nom, qui n'a pas de nom,* inqualifiable ou indicible. *Une horreur sans nom.* **2.** Appellation qui fonde l'identité de l'individu qu'elle désigne, qui permet de le distinguer d'un autre dans le langage. *Afficher les noms des candidats reçus.* ▷ (Par oppos. à *prénom.*) *Nom de famille,* ou absol., *nom* : nom commun aux personnes d'une même famille (et qui se transmet, en France, par les hommes); patronyme. *Déclinez vos nom, prénom, qualités.* ▷ Prénom, nom de baptême. *Jean est un nom courant.* – Fam. *Petit nom.* ▷ (En tant que patronyme d'une famille noble.) *Un nom qui s'éteint* : une famille dont le nom disparaît, faute d'héritier mâle. ▷ *Nom de guerre,* que l'on prend lorsqu'on ne veut pas être connu sous le sien propre, pseudonyme. ▷ *Se faire un nom* : faire connaître son nom, devenir célèbre. **3.** Le mot opposé à la chose ; l'apparence. *La gloire n'est qu'un vain nom.* **II.** Loc. interj. (dans des jurons). *Nom d'un chien! Nom de nom!* **III.** Loc. prép. *Au nom de.* **1.** De la part de. *Emprunter de l'argent au nom d'un ami.* **2.** En vertu de, en considération de. *Au nom de la loi, ouvrez!* **3.** RELIG CATHOL *Au nom du Père, du Fils et du Saint-Esprit* : invocation aux trois personnes de la Trinité. – Lat. *nomen.*

nomade [nɔmad] adj. et n. Qui n'a pas d'habitation fixe. *Peuples nomades de chasseurs ou de pasteurs.* – Par ext. *Vie nomade.* ▷ Subst. *Terrain interdit aux nomades.* – Lat. *nomas, nomadis,* gr. *nomas, nomados,* de *nemein,* « faire paître ».

nomadiser [nɔmadize] v. intr. [1] Vivre en nomade. *Peuples qui nomadisent aux confins du Sahel et du Sahara.* – De *nomade.*

nomadisme [nɔmadism] n. m. Genre de vie d'un groupe humain que la nature de ses activités contraint à des déplacements saisonniers ou étendus sur un certain nombre d'années. *Nomadisme de cueillette, de pêche, de chasse. Nomadisme pastoral.* – De *nomade.*

no man's land [nomanslɑ̃d] n. m. Zone séparant les premières lignes de deux armées ennemies. ▷ Fig. Terrain neutre. *Des no man's land(s).* – Loc. angl., « terre d'aucun homme ».

nombrable [nɔ̃bʀabl] adj. Qui peut être compté. – De *nombrer.*

nombre [nɔ̃bʀ] n. m. **I. 1.** Unité ou collection, soit d'unités, soit de parties de l'unité. *Multiplier un nombre par un autre. Nombre cardinal,* qui sert à marquer la quantité (un, deux, etc.), par oppos. à *nombre ordinal,* qui sert à marquer l'ordre (premier, deuxième, etc.). *Nombre entier,* sans décimale. *Nombre entier naturel* : nombre entier positif (0, 1, 2, 3...), appartenant à l'ensemble noté N. *Nombre entier relatif* : nombre entier positif ou négatif (..., –3, –2, –1, 0, 1, 2, 3,...), appartenant à l'ensemble noté Z. *Nombre décimal,* qui s'exprime sous la forme d'une partie entière et d'une partie décimale, séparées par une virgule. *Nombre rationnel* : nombre qui peut s'exprimer sous la forme d'une fraction et appartient à l'ensemble noté Q (par oppos. à *nombre irrationnel*). *Nombre réel* : nombre appartenant à l'ensemble, noté R, qui comprend tous les nombres rationnels et irrationnels. *Les nombres décimaux font partie des nombres réels. Nombre complexe,* qui peut s'écrire sous la forme $a + i \times b$, a et b étant deux nombres réels et i la quantité définie par l'égalité $i^2 = -1$. (L'ensemble des nombres complexes est noté C.) *Nombre algébrique,* qui est la solution d'une équation de la forme $a_0 + a_1x + a_2x^2 + ... + a_nx^n = 0$, par oppos. à *nombre transcendant**. (L'ensemble des nombres algébriques réels est noté A.) *Nombre premier,* qui n'admet comme diviseurs que lui-même et l'unité. (Ex. : 1, 2, 3, 5, 7, 11, 13, 17, etc.) *Nombres premiers entre eux,* qui n'admettent que l'unité comme diviseur commun (18 et 25, par ex.). *Nombre positif,* supérieur à zéro et affecté ou non du signe +, par oppos. à *négatif,* inférieur à zéro et affecté du signe –. (Zéro est à la fois positif et négatif.) *Nombre parfait,* égal à la somme de tous ses diviseurs (par ex. $6 = 1 + 2 + 3$). – *Théorie des nombres* : branche de l'arithmétique élémentaire. – *Loi des grands nombres* : si l'on effectue un grand nombre d'expériences, le nombre d'apparitions d'un résultat donné tendra vers la probabilité de ce résultat. ▷ PHYS, CHIM *Nombre d'Avogadro*.* – *Nombre de masse* : nombre de nucléons (neutrons et protons) contenus dans le noyau d'un atome. ▷ CHIM *Nombre d'oxydation* : V. oxydation. ▷ *Nombre d'or.* – ASTRO Rang de l'année dans le cycle lunaire de 19 années juliennes. – BX-A, ARCHI Nombre correspondant au partage le plus harmonieux d'une grandeur en deux parties inégales, qui est exprimé par la formule : $\frac{a+b}{a} = \frac{a}{b}$; si $b = 1$, $a = \frac{1+\sqrt{5}}{2} = 1{,}618...$ **2.** Quantité indéterminée. *Un petit nombre de personnes. Le nombre croissant des chômeurs.* – *Le grand, le plus grand nombre* : la majorité. **3.** Grande quantité. *Être écrasé sous le nombre.* – *Faire nombre* : donner une impression de grande quantité, de multitude. **4.** GRAM Forme que prend un mot pour exprimer l'unité ou la pluralité. *Le grec connaît trois nombres : le singulier, le duel et le pluriel.* **5.** LITTER Harmonie résultant du rythme, de la succession des sons, en prose ou en poésie. **II. 1.** Loc adv. *Dans le nombre* : dans la quantité, dans la masse. *Passer inaperçu dans le nombre.* ▷ *Sans nombre* : en quantité considérable. *Se heurter à des difficultés sans nombre.* ▷ *En nombre* : en grande quantité. **2.** Loc. prép. *Au nombre de, du nombre de* : parmi. *On le compte au nombre des grands hommes. Il est du nombre des victimes.* **3.** Loc. adj. *Nombre de, bon nombre de* : beaucoup de. *Nombre de gens pensent que...* – Lat. *numerus.*

nombrer [nɔ̃bʀe] v. tr. [1] Rare Évaluer en nombre, compter. – De *nombre.*

nombreux, euse [nɔ̃bʀø, øz] adj. **1.** Dont les éléments sont en grand nombre. *Une famille nombreuse.* **2.** En grand nombre. *De nombreux spectateurs.* **3.** LITTER Qui crée une impression d'harmonie par une disposition heureuse des sonorités et des mots, par le nombre (sens I, 5). *Vers nombreux.* – De *nombre.*

nombril [nɔ̃bʀi(l)] n. m. Cicatrice de la section du cordon ombilical chez l'homme et les mammifères. Syn. ombilic. ▷ Fig., fam. *Se prendre pour le nombril du monde* : accorder à sa personne une importance excessive, être égocentrique. – A. fr. *nomblil, omblill,* du lat. *umbilicus.*

nombrilisme [nɔ̃bʀilism] n. m. Fam. Attitude d'une personne obnubilée par ses propres problèmes. – De *nombril.*

-nome, -nomie, -nomique, nomo-. Éléments, du gr. *nomos,* « ce qui est attribué en partage, loi ».

nome [nom] n. m. **1.** HIST Division administrative de l'Égypte ancienne. **2.** Mod. Division administrative de la Grèce. – Gr. *nomos,* « portion de territoire ».

nomenclature [nɔmɑ̃klatyʀ] n. f. **1.** Ensemble des termes propres à un art, à une science, à une technique, strictement définis et classés ; méthode de classification de ces termes. *Nomenclature biologique, chimique.* – *Nomenclature binominale de Linné* : nomenclature universellement adoptée, qui désigne tout être vivant par ses deux noms latins, de genre et d'espèce. **2.** Répertoire, liste, catalogue concernant des éléments classés et définis pour un usage précis. *Nomenclature des actes médicaux remboursés par la Sécurité sociale.* **3.** Ensemble des mots constituant les entrées d'un dictionnaire. *Faire entrer un néologisme dans la nomenclature d'un dictionnaire.* – Lat. *nomenclatura,* « action d'appeler *(calare)* par le nom *(nomen)* ».

nomenklatura [nɔmɛnklatuʀa] n. f. POLIT Groupe social aux prérogatives exceptionnelles, dans le régime soviétique ou les régimes bureaucratiques. – Mot russe, « liste de noms » ; du lat.

-nomie. V. -nome.

nominal, ale, aux [nɔminal, o] adj. **I.** (Par oppos. à *réel,* à *effectif.*) **1.** Qui n'existe que de nom, et pas en réalité. *Le pouvoir que lui confère ce poste est purement nominal.* **2.** ECON *Valeur nominale* : valeur théorique qui est inscrite sur un billet de banque, un effet de commerce, une obligation. **3.** TECH *La puissance, la vitesse nominale d'une machine,* celle annoncée par le fabricant. **II.** Qui a rapport au nom, qui dénomme (des choses ou des personnes). *Erreur nominale* : erreur sur le nom. *Appel nominal,* qui se fait en appelant les noms. **III.** GRAM Qui a rapport au nom ; qui équivaut à un nom. *Formes nominales et formes verbales. Emploi nominal d'un adjectif.* – Lat. *nominalis,* de *nomen,* « nom ».

nominalement [nɔminalmɑ̃] adv. **1.** De nom seulement. *Il en est nominalement propriétaire.* **2.** Par son nom.

Nous avons été appelés nominalement. **3.** LING Comme un nom. *Adjectif employé nominalement.* Syn. substantivement. – De *nominal.*

nominalisme [nɔminalism] n. m. PHILO **1.** Doctrine selon laquelle les idées abstraites et générales se réduisent à des noms, à des mots. **2.** Mod. *Nominalisme scientifique* : doctrine qui voit dans la science une simple construction de l'esprit, de valeur purement pratique, ne pouvant atteindre la nature réelle des objets auxquels elle s'applique. – De *nominaliste.*

nominaliste [nɔminalist] adj. et n. Qui a rapport au nominalisme. ▷ Subst. Partisan du nominalisme. – De *nominal.*

1. nominatif, ive [nɔminatif, iv] adj. Qui dénomme; qui contient des noms. *La liste nominative des électeurs.* ▷ *Titre nominatif,* sur lequel est porté le nom du possesseur (par oppos. à *titre au porteur*). – Lat. *nominativus.*

2. nominatif [nɔminatif] n. m. LING Cas sujet dans les langues à déclinaison. – Lat. *nominativus.*

nomination [nɔminasjɔ̃] n. f. **1.** Action de nommer à un emploi, une fonction, une dignité; fait d'être nommé. ▷ *Par méton.* Document faisant foi d'une nomination. **2.** Dans le langage des médias, sélection (d'une personne, d'une œuvre, etc.) pour l'attribution d'un prix. *Ce film a obtenu trois nominations pour les césars.* – Lat. *nominatio.*

nominativement [nɔminativmɑ̃] adv. Par son nom. *Désigner nominativement une personne.* – De *nominatif* 1.

nominé, ée [nɔmine] adj. et n. Dans le langage des médias, qui fait l'objet d'une nomination (en parlant d'une personne, d'une œuvre). Syn. (off. recommandé) sélectionné. – De *nomination.*

-nomique. V. -nome.

nommé, ée [nɔme] adj. (et n.) **1.** Qui a pour nom. *Un homme nommé Lebrun.* ▷ Subst. (Dans le style jurid., ou péjor.) *Le, un nommé Dupont.* **2.** Loc. adv. *À point nommé* : fort à propos. *Il arriva à point nommé.* **3.** Cité. *Les personnes nommées ci-après...* **4.** Désigné par nomination (par oppos. à *élu*). – Pp. de *nommer.*

nommément [nɔmemɑ̃] adv. En désignant par le nom. *On l'accuse nommément.* – De *nommé.*

nommer [nɔme] v. tr. [1] **I. 1.** Donner un nom à; désigner par un nom. *Comment allez-vous nommer votre fils ?* ▷ v. pron. *Il se nomme Paul.* **2.** Dire le nom d'une personne, d'une chose; la désigner par son nom. *Refuser, par discrétion, de nommer qqn.* **II.** Désigner (qqn) pour remplir un office, l'investir d'une fonction, d'une charge, d'un titre. (Souvent opposé à *élire.*) *Il a été nommé ministre de l'Intérieur. Il a été nommé à Paris.* – Du lat. *nominare.*

nomo-. V. -nome.

nomogramme [nɔmɔgʀam] n. m. Didac. Table graphique cotée destinée à faciliter les calculs pratiques. – De *nomo-,* et *-gramme.*

nomographie [nɔmɔgʀafi] n. f. Didac. Procédé de calcul qui utilise des nomogrammes (abaques, graphiques). – De *nomo-,* et *-graphie.*

nomothète [nɔmɔtɛt] n. m. ANTIQ GR **1.** Membre d'une commission athénienne chargée de réviser les lois. **2.** Législateur. *Solon et Lycurgue furent les plus illustres nomothètes de la Grèce.* – Gr. *nomothetês.*

non [nɔ̃] adv. et n. m. inv. **I.** adv. de négation. **1.** (Par oppos. à *oui.*) Refus, réponse négative. *Viendrez-vous ? – Non. Est-il venu ? – Non.* ▷ *Il dit que oui, moi non. Il a déclaré que non.* ▷ En début de phrase, pour insister. *Non, je ne viendrai pas.* ▷ Fam. (Exclamatif) Marquant la protestation, l'indignation. *Non, par exemple !* – (Interrogatif) Marquant le doute, l'étonnement. *Non, pas possible ?* **2.** Accompagné d'un autre adv. et en double négation. *Je partis, non sans avoir remercié.* **3.** Loc. adv. *Non plus* (pour *aussi,* dans les phrases négatives). *Vous n'en voulez pas ? Moi non plus.* ▷ *Non seulement... mais* ou *mais encore. Il fut battu non seulement sur mer, mais encore* (ou *mais aussi*) *sur terre.* **II.** n. m. inv. *Un non, des non. Un non très sec.* **III.** (En composition.) Devant un nom, un adjectif ou un verbe pour donner au mot un sens négatif. (Rem. : Les mots composés s'écrivent avec un trait d'union mais en fonction d'adjectif ils n'en prennent pas.) *Non-activité. Non recevable.* – Lat. *non* en position accentuée.

non-accompli, ie [nɔnakɔ̃pli] adj. et n. m. LING Syn. de *imperfectif. Les verbes non accomplis.*

non-activité [nɔnaktivite] n. f. Situation d'un fonctionnaire, partic. d'un officier, qui, provisoirement, n'exerce aucune fonction.

nonagénaire [nɔnaʒenɛʀ] adj. et n. Qui a entre quatre-vingt-dix et cent ans. – Lat. *nonagenarius.*

non-agression [nɔnagʀesjɔ̃] n. f. Fait de ne pas attaquer (un pays, un État). *Pacte de non-agression.*

non-aligné, ée [nɔnaliɲe] adj. (et n.) Qui pratique le non-alignement. *Les pays non alignés du tiers monde.* – Subst. *Les non-alignés.*

non-alignement [nɔnaliɲmɑ̃] n. m. Politique des pays qui ne s'alignent pas sur la politique étrangère d'autres pays (l'*alignement* se faisant généralement sur les positions d'une grande puissance, les États-Unis, notam.).

nonante [nɔnɑ̃t] adj. num. cardinal. Vx ou rég. (Belgique, Suisse romande). Quatre-vingt-dix. – Du lat. *nonaginta.*

nonantième [nɔnɑ̃tjɛm] adj. num. ord. Vx ou rég. Quatre-vingt-dixième. – De *nonante.*

non-assistance [nɔnasistɑ̃s] n. f. DR Délit qui consiste à s'abstenir volontairement de porter secours à qqn. *Non-assistance à personne en danger.*

non-belligérance [nɔ̃bɛliʒeʀɑ̃s] n. f. Position d'un État qui, sans se déclarer neutre lors d'un conflit armé, ne s'y engage pas militairement.

non-belligérant, ante [nɔ̃bɛliʒeʀɑ̃, ɑ̃t] n. et adj. Personne ou groupe qui s'abstient de participer militairement à un conflit. *Les non-belligérants.* ▷ adj. *Pays non belligérant.*

nonce [nɔ̃s] n. m. Ambassadeur du Saint-Siège auprès d'un gouvernement étranger. (On dit aussi *nonce apostolique.*) – Ital. *nunzio,* lat. *nuntius,* « envoyé ».

nonchalamment [nɔ̃ʃalamɑ̃] adv. Avec nonchalance. – De *nonchalant.*

nonchalance [nɔ̃ʃalɑ̃s] n. f. **1.** Fait d'être nonchalant, manque d'ardeur, de vivacité. **2.** Manque de soin; négligence. – De *nonchalant.*

nonchalant, ante [nɔ̃ʃalɑ̃, ɑ̃t] adj. Qui manque d'ardeur, de vivacité, d'activité (par insouciance, par indifférence). *Personne nonchalante.* ▷ Par ext. *Une pose nonchalante.* – Ppr. de l'anc. v. *nonchaloir,* « négliger ».

non-chalcédonien, enne [nɔ̃kalsedɔnjɛ̃, ɛn] adj. et n. Qualifie les chrétiens, les Églises qui ne reconnurent pas les décisions du concile de Chalcédoine (451) établissant comme dogme la double nature, humaine et divine, du Christ.

nonchaloir [nɔ̃ʃalwaʀ] n. m. Vieilli, litt. Nonchalance. – De *non,* et de la substantivation de l'anc. v. *chaloir,* « importer ».

nonciature [nɔ̃sjatyʀ] n. f. Charge d'un nonce. – Exercice de cette charge. ▷ Résidence d'un nonce. – Ital. *nunziatura.*

non-combattant, ante [nɔ̃kɔ̃batɑ̃, ɑ̃t] n. et adj. Personne ou groupe qui ne prend pas une part effective au combat, en parlant de certains personnels militaires (aumôniers, médecins, etc.). *Les non-combattants.* ▷ adj. *Les services non combattants.*

non-comparant, ante [nɔ̃kɔ̃parɑ̃, ɑ̃t] n. et adj. DR Personne qui, faute de comparaître, fait défaut en justice. *Jugement prononcé aux torts du non-comparant. Les non-comparants.* ▷ adj. *La partie non comparante.*

non-comparution [nɔ̃kɔ̃paʀysjɔ̃] n. f. DR Fait de ne pas se présenter devant la justice.

non-conciliation [nɔ̃kɔ̃siljasjɔ̃] n. f. DR Défaut de conciliation. *Ordonnance de non-conciliation.*

non-conducteur [nɔ̃kɔ̃dyktœʀ] n. m. Corps qui n'est pas conducteur de l'électricité ou de la chaleur. *Des non-conducteurs.*

non-conformisme [nɔ̃kɔ̃fɔʀmism] n. m. **1.** HIST Doctrine des non-conformistes. **2.** *Par ext.* Attitude d'un non-conformiste.

non-conformiste [nɔ̃kɔ̃fɔʀmist] n. et adj. **1.** HIST En Angleterre, protestant qui n'appartient pas à l'Église anglicane. **2.** *Par ext.* Personne qui ne se conforme pas aux traditions, aux mœurs, aux manières d'être en usage. *Des non-conformistes.* ▷ adj. *Intellectuel non conformiste.* – *Attitude non conformiste.*

non-conformité [nɔ̃kɔ̃fɔʀmite] n. f. Défaut de conformité.

non-contradiction [nɔ̃kɔ̃tʀadiksjɔ̃] n. f. PHILO *Principe de non-contradiction,* selon lequel une chose ne peut pas être à la fois elle-même et autre qu'elle-même.

non-croyant, ante [nɔ̃kʀwajɑ̃, ɑ̃t] n. (et adj.) Personne qui n'est adepte d'aucune religion. *Des non-croyants.* – adj. *Elle est non croyante.*

non directif, ive [nɔ̃diʀɛktif, iv] adj. Qui n'est pas directif. *Des méthodes pédagogiques non directives.* ▷ PSYCHO, SOCIOL *Entretien non directif,* dans lequel l'enquêteur s'efforce de conserver une attitude neutre, de manière à ne pas orienter les réponses de son (ou ses) interlocuteur(s).

non-directivité [nɔ̃diʀɛktivite] n. f. Caractère non directif. – De *non directif.*

non-dissémination [nɔ̃diseminasjɔ̃] n. f. **1.** Syn. de *non-prolifération.* **2.** Action d'éviter la dispersion (d'un produit dangereux). *La non-dissémination de déchets radioactifs.*

non-dit [nɔ̃di] n. m. Ce qui s'entend bien que non exprimé. *Des non-dits.* – De *non,* et *dit* 2.

none [nɔn] n. f. **1.** LITURG CATHOL Celle des sept heures canoniales qui se récitait après sexte, vers la neuvième heure du jour. **2.** ANTIQ Chez les Romains, quatrième partie du jour, qui commençait à la fin de la neuvième heure (env. trois heures de l'après-midi). – Du lat. *nona (hora),* « neuvième heure ».

non-engagé, ée [nɔnɑ̃gaʒe] adj. et n. Qui n'est pas engagé dans un système d'alliances militaires. *Les nations non engagées.* ▷ Subst. *Les non-engagés.*

nones [nɔn] n. f. pl. ANTIQ Une des dates fixes du calendrier romain, le 9e jour avant les ides. – Du lat. *nonæ (dies),* « neuvièmes jours ».

non-être [nɔnɛtʀ] n. m. inv. PHILO Ce qui n'a pas d'existence, de réalité (par oppos. à *être*).

non euclidien, enne [nɔnøklidjɛ̃, ɛn] adj. Se dit d'une géométrie qui n'obéit pas au postulat d'Euclide. *Les géométries non euclidiennes.* V. encycl. géométrie.

non-exécution [nɔnegzekysjɔ̃] n. f. DR Défaut d'exécution d'un acte, d'une sentence.

non-existence [nɔnegzistɑ̃s] n. f. PHILO Fait de ne pas exister. *Des non-existences.*

non-figuratif, ive [nɔ̃figyʀatif, iv] adj. et n. BX-A Qui ne s'attache pas à représenter le réel. *Art, peintre non figuratif.* ▷ Subst. *Des non-figuratifs.*

non-fumeur [nɔ̃fymœʀ] n. m. Personne qui ne fume pas (par oppos. à *fumeur*). *Les non-fumeurs.* – (En appos.) *Compartiment non-fumeur.*

nonidi [nɔnidi] n. m. HIST Neuvième jour de la décade, dans le calendrier républicain. – Du lat. *nonus,* « neuvième », et *dies,* « jour ».

non-ingérence [nɔnɛ̃ʒeʀɑ̃s] n. f. POLIT Non-intervention dans les affaires intérieures d'un pays étranger. *Des non-ingérences.*

non-initié, ée [nɔninisje] n. Personne qui n'est pas initiée. *Les non-initiés.*

non-inscrit, ite [nɔnɛ̃skʀi, it] n. et adj. Député ou sénateur qui ne fait pas partie d'un groupe parlementaire. *Les non-inscrits.* ▷ adj. *Sénateur non inscrit.*

non-intervention [nɔnɛ̃tɛʀvɑ̃sjɔ̃] n. f. Attitude d'un gouvernement qui s'abstient d'intervenir dans les affaires d'autres pays (politique étrangère, conflits entre pays étrangers et, spécial., affaires intérieures de ces pays). *Politique de non-intervention.*

non-interventionniste [nɔnɛ̃tɛʀvɑ̃sjɔnist] adj. et n. Qui pratique ou qui est partisan de la non-intervention. *Attitude non interventionniste.* ▷ Subst. *Les non-interventionnistes.*

non-jouissance [nɔ̃ʒuisɑ̃s] n. f. DR Privation de jouissance.

non-lieu [nɔ̃ljø] n. m. DR Décision par laquelle un juge d'instruction ou la chambre des mises en accusation déclare qu'il n'y a pas lieu de poursuivre en justice la personne contre laquelle une procédure d'instruction avait été engagée. *Déclaration, ordonnance de non-lieu fondée sur une insuffisance de preuves* ou, ellipt, *un non-lieu. Des non-lieux.*

non-métal, aux [nɔ̃metal, o] n. m. CHIM Tout élément qui n'est pas un métal. Syn. anc. métalloïde.

non-moi [nɔ̃mwa] n. m. inv. PHILO Tout ce qui est distinct du moi du sujet, du locuteur. – De *non,* et *moi.*

nonne [nɔn] n. f. Vx ou plaisant Religieuse. – Lat. ecclés. *nonna,* du lat. pop., « mère ».

nonnette [nɔnɛt] n. f. **1.** Vx ou plaisant Jeune religieuse. **2.** (Par anal. d'aspect avec le costume de certaines religieuses.) Mésange à tête noire. – (En appos.) *Mésange nonnette.* **3.** Petit pain d'épice rond (autrefois fabriqué dans certains couvents). – Dimin. de *nonne.*

nonobstant [nɔnɔpstɑ̃] prép. et adv. **1.** prép. Vx Malgré l'existence de, en dépit de. ▷ DR *Le tribunal a prononcé l'exécution de l'obligation nonobstant les voies de recours.* **2.** adv. Vx ou litt. Néanmoins. – De *non,* et a. fr. *obstant,* du lat. *obstans,* ppr. de *obstare,* « faire obstacle ».

non-paiement [nɔ̃pɛmɑ̃] n. m. Défaut de paiement. *Des non-paiements.*

nonpareil, eille [nɔ̃paʀɛj] adj. et n. **I.** adj. Vx Sans pareil. **II.** n. f. Vx **1.** Ruban très étroit. **2.** Dragée très petite.

non possumus [nɔnpɔsumus] n. m. Refus sans appel. *Ils lui ont opposé un non possumus.* – Loc. lat. signifiant « nous ne pouvons pas », réponse des apôtres Pierre et Jean à ceux qui voulaient leur interdire de prêcher l'Évangile.

non-prolifération [nɔ̃pʀɔlifeʀasjɔ̃] n. f. POLIT Arrêt du développement, limitation du nombre (des armes nucléaires). *Des non-proliférations.*

non-recevoir [nɔ̃ʀ(ə)səvwaʀ] n. m. *Fin de non-recevoir :* V. fin 1.

non-réciprocité [nɔ̃ʀesipʀɔsite] n. f. Caractère, état de ce qui n'est pas réciproque.

non-résident, ente [nɔ̃ʀezidɑ̃, ɑ̃t] n. (et adj.) Personne qui ne réside pas de façon permanente dans son pays, qui n'y est pas domiciliée. *Les non-résidents.* ▷ adj. *Les citoyens non résidents.*

non-retour [nɔ̃ʀətuʀ] n. m. Seulement dans la loc. *Point de non-retour :* moment à partir duquel l'autonomie d'un aéronef ne lui permet plus de revenir à son point de départ. ▷ Fig. Moment à partir duquel un processus est engagé de manière irréversible. – Calque de l'amér. *point of no return.*

non-salarié, ée [nɔ̃salaʀje] adj. et n. Qui n'est pas rétribué sous forme de salaire. - Subst. *Les représentants des professions libérales sont des non-salariés.*

non-sens [nɔ̃sɑ̃s] n. m. inv. **1.** Parole, action absurde, dépourvue de sens. **2.** Défaut de sens, de signification. ▷ Phrase, énoncé, raisonnement dépourvu de sens. *Faire des non-sens dans une traduction.* – De *non,* et *sens,* par l'angl. *nonsense,* « manque de bon sens ».

nonsense [nɔnsɛns] n. m. Caractère absurde et paradoxal, d'un texte. - *Par ext.* Texte, récit, film ayant ce caractère, notam. dans la littérature britannique. *Les œuvres de Lewis Carroll illustrent particulièrement le nonsense.* – Mot angl.

non-stop [nɔnstɔp] adj. inv. et n. m. inv. (Américanisme) **1.** adj. inv. AERON *Vol non-stop,* sans escale. ▷ Fig. Sans interruption. *Émission radiophonique non-stop.* **2.** n. m. inv. Absence d'interruption, continuité. *Retransmission télévisée en non-stop d'une épreuve sportive.* – Angl. *non stop,* même sens.

non-tissé [nɔ̃tise] n. m. TECH Matériau constitué de fibres textiles agglomérées par un procédé physique, chimique ou mécanique (à l'exclusion du tissage ou du tricotage). *Les non-tissés sont utilisés notam. dans la fabrication des revêtements muraux et des nappes.* – De *non,* et pp. de *tisser.*

non-usage [nɔnyzaʒ] n. m. Fait de ne pas, de ne plus se servir de qqch. *Des non-usages.*

non-valeur [nɔ̃valœʀ] n. f. **1.** DR Défaut, manque de productivité d'une terre, d'un bien ; cette terre, ce bien. **2.** FIN Créance que l'on n'a pas pu recouvrer. **3.** Fig. Personne, chose sans valeur, sans utilité. *Des non-valeurs.*

non viable [nɔ̃vjabl] adj. Didac. Se dit d'un fœtus dont le stade de développement n'est pas suffisant pour assurer sa survie extra-utérine ou d'un nouveau-né présentant des lésions incompatibles avec sa survie. *Des fœtus non viables.*

non-violence [nɔ̃vjɔlɑ̃s] n. f. Attitude, doctrine philosophique et politique de ceux qui refusent d'opposer la violence à la violence, et qui prônent le recours aux moyens pacifiques (résistance passive, par ex.) pour résister aux agressions et à la force brutale. – De *non,* et *violence* ; d'ap. l'angl., trad. du sanscr. *ahimsâ.*

non-violent, ente [nɔ̃vjɔlɑ̃, ɑ̃t] n. et adj. **1.** n. Partisan, adepte de la non-violence. *Les non-violents.* **2.** adj. Qui se réclame de la non-violence ou qui s'y rapporte. *Marche de protestation non violente.* – De *non-violence.*

non-voyant, ante [nɔ̃vwajɑ̃, ɑ̃t] adj. et n. Se dit d'une personne aveugle ou presque aveugle. *Des non-voyants.*

noologique [nɔɔlɔʒik] adj. PHILO *Sciences noologiques,* relatives à la pensée, à l'esprit humain (opposées aux sciences *cosmologiques,* qui ont pour objet l'univers matériel). – Du gr. *noos, noûs,* « pensée », et *-logique.*

nopal [nɔpal] n. m. BOT Plante grasse des régions méditerranéennes (*Opuntia cochenillifera,* fam. cactacées) dont la tige est constituée de palettes aplaties pourvues d'épines et dont le fruit charnu (*figue de Barbarie*) est comestible. *Les nopals étaient autrefois cultivés pour l'élevage des cochenilles, qui se nourrissaient de leur sève.* – Mot esp., de l'aztèque *nopalli.*

noradrénaline [nɔʀadʀenalin] n. f. BIOCHIM Précurseur de l'adrénaline sécrété par les fibres sympathiques et par la médullo-surrénale, important médiateur chimique de la synapse nerveuse. – De *nor(mal),* et *adrénaline.*

nord [nɔʀ] n. m. et adj. inv. **I.** n. m. **1.** Celui des quatre points cardinaux auquel on fait face (dans l'hémisphère boréal) lorsqu'on a l'ouest à gauche et l'est à droite. (Abrév. : N.) ▷ *Au nord de :* dans la région située vers le nord par rapport à (tel lieu). *Au nord de Paris.* – *La côte qui s'étend au nord de la Méditerranée.* ▷ Loc. fig. *Perdre le nord :* n'être plus tout à fait lucide et raisonnable, perdre la tête. - (En tournure négative.) *Il ne perd pas le nord :* il sait défendre ses intérêts, il sait se défendre. **2.** Partie septentrionale (située vers le nord) d'une région, d'un pays, d'un continent. *Le nord de la Bretagne, de la France, de l'Europe.* ▷ Absol. (Avec une majuscule.) *Les peuples du Nord,* des pays septentrionaux. *Les grandes villes industrielles du Nord,* du nord de la France (Somme, Aisne, Nord, Pas-de-Calais). **II.** adj. inv. Situé au nord. *Le pôle Nord. La porte nord de la ville.* – Angl. *north.*

nord-africain, aine [nɔʀafʀikɛ̃, ɛn] adj. et n. D'Afrique du Nord, du Maghreb. ▷ Subst. *Des Nord-Africains.*

nord-américain, aine [nɔʀameʀikɛ̃, ɛn] adj. et n. D'Amérique du Nord. *Le continent nord-américain.* ▷ Subst. *Des Nord-Américains.*

nord-coréen, enne [nɔʀkɔʀeɛ̃, ɛn] adj. et n. De Corée du Nord, nom cour. de la Rép. dém. de Corée, État d'Asie orientale. ▷ Subst. *Des Nord-Coréens.*

nord-est [nɔʀɛst ; nɔʀdɛst] n. m. et adj. inv. **1.** n. m. Point de l'horizon situé à égale distance, angulairement, du nord et de l'est. ▷ Région située vers le nord-est. *Le nord-est des États-Unis.* **2.** adj. inv. *La côte nord-est de l'Afrique.* (Abrév. : N.-E.)

nordet [nɔʀdɛ] n. m. MAR Nord-est. *L'épave est dans le nordet des dangers.* ▷ Vent de nord-est. *Port mal abrité du nordet.* (On écrit aussi *nordé.*)– De *nord-est.*

nordique [nɔʀdik] adj. et n. Relatif aux peuples, aux pays du nord de l'Europe (spécial. islandais et scandinaves). *Langues nordiques.* ▷ Subst. *Des Nordiques.* - *Le nordique :* V. norois 2. – De *nord.*

nordir [nɔʀdiʀ] v. intr. [3] MAR Tourner au nord, en parlant du vent. – De *nord.*

nordiste [nɔʀdist] n. (et adj.) **1.** HIST Partisan, soldat des États du Nord, dans la guerre de Sécession, aux États-Unis. (V. yankee.) **2.** Habitant du nord de la France (département du Nord, Région Nord-Pas-de-Calais). – De *nord.*

nord-ouest [nɔʀwɛst ; nɔʀdwɛst] n. m. et adj. inv. **1.** n. m. Point de l'horizon situé à égale distance, angulairement, du nord et de l'ouest. ▷ Région située vers le nord-ouest. *Le nord-ouest de l'Espagne.* **2.** adj. inv. *Les arrondissements nord-ouest de Paris.* (Abrév. : N.-O.)

nord-vietnamien, enne [nɔʀvjɛtnamjɛ̃, ɛn] adj. et n. Du Nord-Viêt-nam (au temps où les provinces nord et sud du Viêt-nam formaient deux États distincts). ▷ Subst. *Les Nord-Vietnamiens.*

noria [nɔʀja] n. f. Machine à élever l'eau, constituée principalement d'une roue ou d'une chaîne sans fin à laquelle sont fixés des godets. ▷ Fig. Ce qui évoque la circulation sans fin des godets d'une noria. *La noria d'un pont aérien.* – De l'ar. *nâ'oura,* par l'esp.

normal, ale, aux [nɔʀmal, o] adj. et n. f. **I.** adj. **1.** Conforme à la règle commune ou à la règle idéale, ou à la moyenne statistique. *Un phénomène normal.* ▷ Habituel, naturel. – PHYS *Conditions normales de température et de pression*, correspondant à une température de 0 °C et à une pression de 1 013,25 hectopascals. ▷ Qui n'est pas altéré par la maladie. *Être dans son état normal.* ▷ Dont les aptitudes intellectuelles et physiques, dont le comportement sont conformes à la moyenne. *Une personne normale. Un enfant qui n'est pas normal.* **2.** *École normale*, où sont formés les futurs instituteurs. ▷ *École normale supérieure* (ellipt. *Normale*, arg. scol. *Normale Sup*), destinée à l'origine à la formation des professeurs de l'enseignement secondaire. **3.** Qui sert de règle, de modèle. ▷ CHIM *Solution normale* : solution qui contient une mole d'éléments actifs (protons, électrons) par litre. – *Chaîne normale* : chaîne carbonée non ramifiée. **4.** GEOM Perpendiculaire. **II.** n. f. **1.** Ce qui est habituel, régulier, conforme à la règle commune. *Intelligence supérieure à la normale.* **2.** GEOM *Normale en un point d'une courbe, d'une surface*, perpendiculaire en ce point à la tangente, au plan tangent. – Lat. *normalis*, « fait à l'équerre », de *norma*, « équerre ».

normalement [nɔʀmalmɑ̃] adv. **1.** De manière normale, habituelle. **2.** GEOM Perpendiculairement. – De *normal.*

normalien, enne [nɔʀmaljɛ̃, ɛn] n. (et adj.) Élève ou ancien élève d'une École normale supérieure. – *Spécial.* Ancien élève de l'École normale supérieure de la rue d'Ulm, à Paris. ▷ adj. *La tradition normalienne.* – De *(École) normale.*

normalisateur, trice [nɔʀmalizatœʀ, tʀis] adj. Qui normalise. *Des mesures normalisatrices.* – De *normaliser.*

normalisation [nɔʀmalizasjɔ̃] n. f. **1.** Établissement et mise en application d'un ensemble de règles et de spécifications (normes), ayant pour objet de simplifier, d'unifier et de rationaliser les produits industriels, les unités de mesure, les symboles, etc. *Les normes françaises sont élaborées par l'Association française de normalisation (AFNOR).* **2.** Action de normaliser (sens 2). – De *normaliser.*

normaliser [nɔʀmalize] v. tr. [1] **1.** Rendre conforme à une norme. ▷ Procéder à la normalisation (sens 1) de. – Pp. adj. *Appareil de contrôle normalisé.* **2.** Rendre normal, conforme aux usages généralement en vigueur (ce qui ne l'était pas ou ne l'était plus). *Normaliser les relations diplomatiques entre deux États.* – De *normal.*

normalité [nɔʀmalite] n. f. Caractère de ce qui est normal. ▷ CHIM *Normalité d'une solution* : nombre de moles d'éléments actifs (protons, électrons) par litre. – De *normal.*

normand, ande [nɔʀmɑ̃, ɑ̃d] n. et adj. **1.** n. m. pl. HIST *Les Normands* : les pillards scandinaves (alors appelés aussi *Northmen*), connus aussi sous les noms de Vikings et de Varègues, qui firent de nombreuses incursions en France et en Europe jusqu'à la mer Noire (VIIIe-IXe s.), et dont certains s'installèrent dans l'actuelle Normandie. ▷ adj. *Les invasions normandes.* **2.** n. Habitant, personne originaire de Normandie. – *Réponse de Normand*, ambiguë. **3.** adj. Relatif à la Normandie, aux Normands. *La campagne normande.* **4.** ELEV *Race normande* : race bovine de grande taille, dont la robe tachetée inclut toujours le blond, le noir et le blanc, bonne laitière élevée aussi pour la viande. – Frq. **nortman*, « homme du Nord ».

normanno-picard, arde [nɔʀmanopikaʀ, aʀd] adj. et n. m. LING Se dit des parlers d'origine normande et picarde qui se mêlèrent à la langue anglaise au XIIe s. *Les parlers normanno-picards.* – n. m. *Le normanno-picard.* – Du lat. *normannus*, du frq. *nortman*, « homme du Nord », et *picard.*

normatif, ive [nɔʀmatif, iv] adj. Qui a force de règle, qui pose une norme ; qui a les caractères d'une norme ; relatif à une norme. *Jugements normatifs.* – *Grammaire normative*, qui prescrit des règles conformes à un état de la langue reconnu correct. ▷ *Sciences normatives* : l'esthétique, la logique et la morale (parce qu'elles déterminent une norme, édictent des règles). – De *norme.*

norme [nɔʀm] n. f. **1.** Règle, loi à laquelle on doit se conformer ; état habituel conforme à la moyenne des cas, à la normale. *Ne pas s'écarter de la norme.* ▷ *Spécial.* TECH Règle, spécification à laquelle un produit doit être conforme. – *Norme française* ou *norme N.F.* : document de l'AFNOR où sont définies les prescriptions techniques de produits et de méthodes déterminés. **2.** MATH *Norme d'un vecteur* : généralisation à un espace vectoriel quelconque de la notion de longueur d'un vecteur de l'espace physique. – Du lat. *norma*, « équerre, règle ».

normé, ée [nɔʀme] adj. MATH *Espace vectoriel normé*, muni d'une norme. – De *norme.*

normographe [nɔʀmɔgʀaf] n. m. TECH Instrument de dessinateur, plaque dans laquelle des évidements ont été pratiqués à la forme des lettres, des chiffres, des symboles usuels, etc., pour servir de gabarits. – De *norme*, et *-graphe.*

1. norois ou **noroît** [nɔʀwa] n. m. MAR Nord-ouest. ▷ Vent de nord-ouest. – Altér. dial. de *nord-ouest.*

2. norois, oise ou **norrois, oise** [nɔʀwa, waz] n. m. et adj. Langue des anciens Scandinaves, appelée aussi *nordique.* ▷ adj. *Inscription nor(r)oise.* – Du rad. anc. angl. *north*, « nord ».

norvégien, enne [nɔʀveʒjɛ̃, ɛn] adj. et n. **I. 1.** adj. De Norvège, État d'Europe septentrionale. – Subst. *Un(e) Norvégien(ne).* ▷ CUIS *Omelette norvégienne* : crème glacée recouverte d'une croûte de meringue chaude. – *Marmite* norvégienne.* **2.** n. m. *Le norvégien* : La langue scandinave parlée en Norvège. **II.** MAR **1.** adj. *Arrière norvégien* : arrière pointu d'un bateau, sans tableau ni voûte. **2.** n. f. Barque à l'avant relevé et arrondi.

nos. V. notre.

noso-. Élément, du gr. *nosos*, « maladie ».

nosocomial, ale, aux [nɔzɔkɔmjal, o] adj. MED Qui se rapporte aux hôpitaux. – Qui se contracte lors d'une hospitalisation. *Une infection nosocomiale.* – De *noso-*, et du gr. *komeîn*, « soigner ».

nosoconiose [nɔzɔkɔnjoz] n. f. MED Nom générique des affections produites par l'action de poussières. – Du gr. *nosos*, « maladie », et *konis*, « poussière ».

nosographie [nɔzɔgʀafi] n. f. MED Classification analytique des maladies. – De *noso-*, et *-graphie.*

nosologie [nɔzɔlɔʒi] n. f. MED Étude des caractères distinctifs des maladies en vue de leur classification. – De *noso-*, et *-logie.*

nostalgie [nɔstalʒi] n. f. **1.** Tristesse de la personne qui souffre d'être loin de son pays. **2.** Mélancolie causée par un regret. *Avoir la nostalgie du passé.* – Lat. méd. *nostalgia*, du gr. *nostos*, « retour », et *algos*, « souffrance ».

nostalgique [nɔstalʒik] adj. **1.** Qui souffre de nostalgie. **2.** Qui évoque, qui exprime la nostalgie. *Un chant nostalgique.* – De *nostalgie.*

nostoc [nɔstɔk] n. m. BOT Algue bleue (cyanophycées) formée de chapelets de cellules globuleuses. – Mot créé par Paracelse, médecin suisse (1493-1541).

nota [nɔta] ou **nota bene** [nɔtabene] n. m. inv. Mots placés avant une remarque importante pour attirer l'attention du lecteur (abrév. : N.B.). – Note en marge d'un texte. – Mots lat., impér. de *notare*, « noter », et *bene*, « bien ».

notabilité [nɔtabilite] n. f. **1.** Personne notable (cf. notable, II, 1). *Les notabilités de la politique.* Syn. personnalité. 2. Rare Fait d'être un notable, caractère d'une personne notable. – De *notable.*

notable [nɔtabl] adj. et n. m. I. adj. Qui mérite d'être noté, pris en considération. *Différence notable.* Syn. remarquable. II. n. m. 1. Personnage important par sa situation sociale. *Inviter les notables de la ville.* 2. HIST *Assemblée de notables :* assemblée dont les attributions étaient les mêmes que celles des états généraux mais dont les membres, généralement des privilégiés, étaient nommés par le roi (XVIe-XVIIIe s.). – Du lat. *notabilis,* «remarquable».

notablement [nɔtabləmɑ̃] adv. D'une manière notable. – De *notable.*

notaire [nɔtɛʀ] n. m. 1. Officier public établi pour recevoir tous les actes et contrats auxquels les parties doivent ou veulent faire donner un caractère d'authenticité. 2. *Notaire apostolique :* au Vatican, personne chargée de rédiger et notifier les décisions d'ordre ecclésiastique. – Du lat. *notarius,* «sténographe, secrétaire», de *notare,* «noter».

notairesse [nɔtɛʀɛs] n. f. Vieilli Femme d'un notaire. – De *notaire.*

notamment [nɔtamɑ̃] adv. Spécialement, entre autres. – De *notant,* ppr. de *noter.*

notarial, ale, aux [nɔtaʀjal, o] adj. Qui appartient au notariat. – De *notaire.*

notariat [nɔtaʀja] n. m. 1. Charge, profession de notaire. 2. Ensemble des notaires. – De *notaire.*

notarié, ée [nɔtaʀje] adj. Passé devant notaire. *Un acte notarié.* – De *notaire.*

notation [nɔtasjɔ̃] n. f. 1. Action, manière de représenter par des signes conventionnels. *Notation algébrique. Notation musicale :* figuration des sons musicaux, de leur valeur, de leur durée, etc. *Notation chimique :* système conventionnel de représentation des espèces chimiques par des lettres symbolisant les éléments et des formules figurant leurs combinaisons. 2. Ce que l'on note par écrit; brève remarque. *Pensée exprimée par quelques notations précises.* 3. Action de donner une note, une appréciation. *Barème de notation.* – Lat. *notatio.*

note [nɔt] n. f. I. 1. Bref commentaire sur un passage d'un texte. *Notes au bas de la page.* 2. Communication succincte faite par écrit. *Rédiger une note de service. Note diplomatique,* adressée par un agent diplomatique à un autre ou par un ambassadeur au gouvernement auprès duquel il est accrédité. 3. Indication sommaire que l'on consigne pour ne pas oublier qqch. *Prendre des notes à un cours.* 4. Décompte d'une somme due. *Acquitter, payer une note.* 5. Appréciation concernant le travail, le comportement de qqn (élève, fonctionnaire), généralement exprimée par un chiffre ou une lettre. *Le carnet de notes d'un élève. Fonctionnaire qui a une mauvaise note.* II. 1. MUS Caractère de l'écriture musicale utilisé pour représenter un son. *Il sait lire les* (ou *ses*) *notes.* 2. Son représenté par un tel caractère. *Les sept notes de la gamme* (do ou ut, ré, mi, fa, sol, la, si). *Notes affectées d'un dièse, d'un bémol. Fausse note :* note discordante, dont l'émission est défectueuse ou dont l'intonation est trop haute ou trop basse; fig. ce qui détonne dans un ensemble. *Cet échange de répliques un peu vives a été la seule fausse note de la soirée.* ▷ Loc. fig. *Être dans la note :* être en accord, en harmonie (avec le reste). *Cette réflexion est bien dans la note du personnage.* – *Donner la note :* indiquer ce qu'il convient de faire. – *Forcer la note :* exagérer. 3. Détail, touche. *Une note gaie, originale, dans un costume. La note juste.* – Lat. *nota,* «signe, marque».

noter [nɔte] v. tr. [1] 1. Affecter d'une marque. *Noter d'un trait rouge les passages à corriger sur un manuscrit.* 2. Inscrire (qqch) pour s'en souvenir. *Noter des citations sur un cahier.* – Pp. adj. *Les rendez-vous notés sur un agenda.* 3. Remarquer (qqch). *Noter une amélioration dans l'état d'un malade.* 4. Porter une appréciation, le plus souvent chiffrée, sur les qualités de (qqn, qqch). *Noter des copies.* – Pp. adj. *Employé mal noté.* 5. MUS Écrire (de la musique) avec les signes destinés à cet usage. *Noter un air.* ▷ Représenter par (un signe). – v. pron. *Le son* [y] *se note u.* – Lat. *notare.*

notice [nɔtis] n. f. Texte bref donnant des indications, des explications sur un sujet. *Notice biographique, nécrologique. Notice de montage d'un appareil.* – Du lat. *notitia,* «connaissance de quelque chose».

notificatif, ive [nɔtifikatif, iv] adj. Qui sert à notifier. – De *notifier.*

notification [nɔtifikasjɔ̃] n. f. Action de notifier; acte par lequel on notifie. ▷ DR *Notification d'un jugement, d'un procès-verbal.* – De *notifier.*

notifier [nɔtifje] v. tr. [2] *Notifier qqch à qqn,* le porter à sa connaissance de manière officielle ou dans les formes légales. *Je lui ai notifié ma décision par lettre recommandée.* Syn. signifier, informer. – Lat. *notificare.*

notion [nɔsjɔ̃] n. f. 1. Connaissance immédiate, plus ou moins confuse. *La notion du beau. N'avoir aucune notion du danger.* 2. Concept, idée. «*Les notions primitives sont comme des originaux sur le patron desquels nous formons toutes nos autres connaissances*» *(Descartes).* 3. Connaissance élémentaire d'une langue, d'une science. *Notions d'allemand, de géométrie.* – Lat. *notio.*

notionnel, elle [nɔsjɔnɛl] adj. Didac. Relatif à une notion, aux notions (sens 2). ▷ *Grammaire notionnelle,* dont l'hypothèse est que le langage traduit une pensée universelle, indépendamment du contexte linguistique. – De *notion.*

notoire [nɔtwaʀ] adj. Connu de beaucoup; public, manifeste. *Fait notoire. Tricheur notoire.* Syn. manifeste. – Du lat. jurid. *notorius,* «qui fait connaître».

notoirement [nɔtwaʀmɑ̃] adv. D'une façon notoire. – De *notoire.*

notonecte [nɔtɔnɛkt] n. m. ou f. ENTOM Punaise aquatique qui peut nager sur le dos à l'aide de pattes postérieures en forme de rames. – Du gr. *nôtos,* «dos», et *nêktos,* «nageur».

notoriété [nɔtɔʀjete] n. f. 1. Caractère d'un fait notoire. *Il est de notoriété publique que...* ▷ DR *Acte de notoriété,* par lequel des témoins attestent un fait quelconque, devant un officier public. 2. Fait d'être connu (en bonne part), célébrité. *Avoir une certaine notoriété.* Syn. réputation. – De *notoire.*

notre [nɔtʀ], plur. **nos** [no] adj. poss. de la 1re pers. du plur. 1. Qui nous appartient ou se rapporte à nous. *Notre chien. Notre père. Notre pays.* – Plaisant *Notre cher président...* 2. Empl. à la place de *mon, ma* ou *mes* (plur. de majesté ou de modestie). *Il est de notre devoir, en tant qu'auteur de cet ouvrage...* – Lat. *noster, nostra, nostrum.*

nôtre, nôtres [notʀ] adj., pron. et n. 1. adj. poss. de la 1re pers. du plur. empl. comme attribut. À nous. *Cette terre est nôtre.* 2. pron. poss. *Le nôtre, la nôtre, les nôtres :* celui, celle, ceux que nous possédons. *C'est votre chien, ce n'est pas le nôtre.* – Loc. *Nous y avons mis du nôtre :* nous avons fait des efforts, des concessions. ▷ n. m. pl. *Les nôtres :* les membres du groupe (famille, amis, société) auquel nous appartenons. *Serez-vous des nôtres? :* vous joindrez-vous à nous?– Du lat. *noster,* forme tonique de *notre.*

notule [nɔtyl] n. f. Brève annotation. – Bas lat. *notula,* dimin. de *nota,* «signe, marque».

nouage [nwaʒ] n. m. Action de nouer. – TECH Opération de tissage qui consiste à nouer l'extrémité d'une chaîne terminée à l'extrémité de la suivante. – De *nouer.*

nouaison [nwɛzɔ̃] n. f. AGRIC, ARBOR Transformation de la fleur fécondée en fruit, début de la formation du fruit (on dit aussi *nouure*). – De *nouer*.

nouba [nuba] n. f. Anc. Fanfare des tirailleurs d'Afrique du Nord, avec fifres et tambourins indigènes. ▷ Fig., fam. *Faire la nouba*, la noce. – Mot ar. d'Algérie, « tour de rôle », pour désigner la musique que l'on jouait à tour de rôle devant les maisons des dignitaires.

1. noue [nu] n. f. CONSTR **1.** Angle rentrant formé par la rencontre de deux combles. **2.** Élément creux (tuile, lame de zinc), placé dans cet angle pour collecter l'eau de pluie. – Du lat. pop. **navica*, **nauca*, dimin. de *navis*, « bateau ».

2. noue [nu] n. f. Rég. Sol humide et gras, cultivé en pâturage. – Du gaul. **nauda*.

noué, ée [nwe] adj. **1.** À quoi l'on a fait un nœud; lié au moyen d'un nœud. ▷ Fig. *Avoir la gorge nouée*, contractée par l'émotion, l'anxiété, etc. **2.** Vx Rachitique, qui ne grandit pas. *Enfant noué*. – Pp. de *nouer*.

nouement [numɑ̃] n. m. Rare Action de nouer (le plus souvent dans la loc. fig. *nouement des aiguillettes**). – De *nouer*.

nouer [nwe] v. [1] **I.** v. tr. **1.** Faire un nœud à; réunir au moyen d'un nœud les extrémités de (un lien, une corde, etc.). *Nouer une ficelle autour d'un colis.* – Lier par un nœud deux ou plusieurs liens, cordes, etc. **2.** Réunir, rassembler, serrer au moyen d'un ou de plusieurs nœuds. *Nouer ses cheveux avec un ruban.* Syn. attacher. **3.** Fig. *Nouer une amitié* : établir un lien amical avec qqn. *Nouer de nouvelles relations.* ▷ *Nouer l'action, l'intrigue d'une pièce*, en former le nœud, combiner les événements à partir desquels l'action, l'intrigue pourra se développer. **II.** v. pron. S'entrelacer, s'attacher. ▷ BOT Commencer à se former à partir de la fleur fécondée, en parlant d'un fruit. – Fig. *Le drame se noue.* – Lat. *nodare*, de *nodus*, « nœud ».

noueux, euse [nuø, øz] adj. Se dit du bois qui comporte de nombreux nœuds. *Le tronc noueux d'un vieil aulne.* ▷ Fig. Dont l'aspect évoque les nodosités d'un tronc, d'une branche d'arbre. *Membres noueux.* – Du lat. *nodosus*.

nougat [nuga] n. m. **1.** Confiserie à base d'amandes, de sucre et de miel. *Nougat de Montélimar.* **2.** (Plur.) Arg. *Les nougats* : les pieds. – Provenç. *nogat*, « tourteau de noix », du lat. pop. *nuca*, « noix », altér. de *nux*.

nougatine [nugatin] n. f. Confiserie faite de sucre caramélisé et de menus morceaux d'amandes ou de noix, souvent utilisée en pâtisserie. – De *nougat*.

nouille [nuj] n. f. (et adj.) **1.** (Plur.) Pâtes alimentaires en forme de lamelles minces et allongées. **2.** Fig., fam. Personne molle et indolente, sans initiative. ▷ adj. *Ce qu'il est nouille !* **3.** *Style nouille* : V. encycl. art. – De l'all. *Nudel*.

noulet [nulɛ] n. m. CONSTR **1.** Assemblage de pièces de charpente qui, à la rencontre de deux combles de hauteur différente, soutient le faîtage et les pannes du comble le moins élevé. **2.** Canal pour l'écoulement des eaux, fait avec des noues (cf. noue 1, sens 2). – De *noue* 1.

nouménal, ale, aux [numenal, o] adj. PHILO Relatif au noumène. – De *noumène*.

noumène [numɛn] n. m. PHILO Chez Kant, la chose en soi, telle qu'elle existe indépendamment de qui peut la connaître ou la sentir (par oppos. à *phénomène*). – All. *Noumenon*, créé par le philosophe Emmanuel Kant (1724-1804) d'ap. le gr. *nooumena*, « choses pensées », de *noeîn*, « penser ».

nounou [nunu] n. f. Nourrice, dans le langage enfantin. – Redoublement de la première syllabe de *nourrice*.

nounours [nunuʀs] n. m. Ours en peluche, dans le langage enfantin. – De *ours*.

nourrain [nuʀɛ̃] n. m. TECH **1.** Ensemble d'alevins placés dans un étang pour le repeupler. **2.** Jeune porc sevré. – Du lat. *nutrimen*, « nourriture ».

nourri, ie [nuʀi] adj. **1.** Qui reçoit de la nourriture. *Un chat bien nourri.* **2.** Fig. Riche, abondant, substantiel. *Style nourri.* – *Fusillade nourrie*, dans laquelle les décharges sont fréquentes et nombreuses. – Pp. de *nourrir*.

nourrice [nuʀis] n. f. **1.** Femme qui allaite un enfant (le sien ou celui d'une autre). **2.** Femme qui, moyennant une rétribution, s'occupe chez elle d'enfants qui ne sont pas les siens. *Les nourrices agréées ont le statut d'assistantes maternelles depuis le 1er janv. 1978.* – *Mettre un enfant en nourrice*, le placer chez une nourrice. **3.** Bidon contenant une réserve de liquide (eau, essence, etc.). ▷ TECH Réservoir auxiliaire de carburant. – Réservoir constitué par une tuyauterie de gros diamètre placée à l'embranchement de plusieurs canalisations plus petites, qui sert à opérer des mélanges de fluides ou à équilibrer des pressions. – Du bas lat. *nutricia*, fém. de *nutricius*, « nourricier ».

nourricier, ère [nuʀisje, ɛʀ] adj. **1.** *Père nourricier* : homme qui élève un enfant qui n'est pas le sien; père adoptif; mari de la nourrice. **2.** Qui fournit la nourriture. *Terre nourricière.* **3.** Qui a des propriétés nutritives. *Suc nourricier.* ▷ ANAT *Artères nourricières*, qui irriguent les os. – De *nourrice*.

nourrir [nuʀiʀ] v. [3] **I.** v. tr. **1.** Fournir en aliments (une personne, un animal). *Nourrir un enfant. Nourrir des poules au maïs.* – *Mère qui nourrit son bébé*, qui l'allaite. Syn. alimenter. **2.** Subvenir aux besoins matériels de (qqn). *Nourrir sa femme et ses enfants.* ▷ Par ext. *Son travail ne le nourrit pas.* **3.** Entretenir; faire durer. *Le bois nourrit le feu.* **4.** Fig., litt. Entretenir intérieurement. *Nourrir des craintes.* **5.** Fig. Former, instruire (l'esprit). *La lecture nourrit l'intelligence.* **6.** Vx Élever. – Pp. adj. *« Nourri dans le sérail, j'en connais les détours » (Racine).* **II.** v. pron. **1.** Consommer (tel ou tel aliment). *Se nourrir de lait.* – Absol. *Se nourrir* : manger. **2.** Par métaph., fig. *Se nourrir de poésie.* – Du lat. *nutrire*, « allaiter », par ext. « alimenter ».

nourrissage [nuʀisaʒ] n. m. ELEV Action, manière de nourrir des bestiaux, de les élever. – De *nourrir*.

nourrissant, ante [nuʀisɑ̃, ɑ̃t] adj. Qui nourrit, qui a valeur nutritive. *Régimes peu nourrissants.* ▷ *Absol.* Qui nourrit bien; substantiel. *Un aliment nourrissant.* – Ppr. de *nourrir*.

nourrisseur [nuʀisœʀ] n. m. ELEV **1.** Éleveur qui engraisse le bétail pour la boucherie ou qui élève des vaches pour leur lait, sans cultiver le fourrage. **2.** Mangeoire qui débite automatiquement la nourriture aux animaux au fur et à mesure des besoins. – De *nourrir*.

nourrisson [nuʀisɔ̃] n. m. Jeune enfant qui n'est pas encore sevré. ▷ MED Jeune enfant, entre la fin de la période néo-natale (3e semaine) et la fin de la première dentition (2e année). – Du bas lat. *nutritionem*, accus. du class. *nutritio*, « action de nourrir ».

nourriture [nuʀityʀ] n. f. **1.** Ce dont on se nourrit. *Ne pas avoir assez de nourriture.* **2.** Fig. Ce qui forme, enrichit. *Les nourritures de l'esprit.* – Du bas lat. *nutritura*, avec infl. de *nourrir*.

nous [nu] pron. pers. 1re pers. du plur., sujet ou complément. **1.** (Désignant un ensemble de personnes qui inclut la personne qui parle.) *Nous partons. Il nous regarde. Suivez-nous. Il l'a dit à nous et à nos amis. Il nous l'a dit.* – *Chez nous* : dans notre maison, notre pays. ▷ *Nous autres* (marquant l'opposition entre un groupe dont la personne qui parle fait partie et les autres). *Nous autres, travailleurs.* **2.** Remplaçant *je* (*nous* de majesté ou de modestie). *Nous, maire de...* **3.** Fam. (Employé pour *tu* ou *vous.*) *Nous avons été sages ?* **4.** (Employé comme indéterminé.) *Il nous arrive à tous de nous tromper.* – Lat. *nos.*

nouure [nuyʀ] n. f. **1.** MED Tuméfaction des épiphyses, chez le rachitique. ▷ Induration circonscrite du tissu sous-cutané. **2.** BOT Syn. de *nouaison.* – De *nouer.*

nouveau [nuvo] ou **nouvel** [nuvɛl] (devant un nom commençant par une voyelle ou un *h* muet), **nouvelle** [nuvɛl] adj. et n. **A.** adj. **I. 1.** Qui n'existe que depuis peu; qui est apparu très récemment. *Pommes de terre nouvelles. Vin nouveau. Procédé nouveau. Mot nouveau. Quoi de nouveau ?* : quels sont les faits récents? **2.** Que l'on ne connaissait pas jusqu'alors. *Un nouveau visage. Ce milieu est nouveau pour lui.* ▷ Neuf, original. *La ligne de cette voiture est tout à fait nouvelle.* **3.** Qui vient après, qui remplace (telle autre chose, telle autre personne). *Un nouveau vin. Un nouvel emploi. C'est un nouveau César.* – *Le nouvel an. Le Nouveau Monde* : l'Amérique. – *Le Nouveau Testament,* ensemble de livres saints constitué par les Évangiles, les Actes des Apôtres, les Épîtres et l'Apocalypse. – *Le nouveau roman*, le nouveau réalisme* (V. encycl. réalisme), *la nouvelle critique**. **II.** Qui est tel depuis peu. *Un nouveau riche. Des nouveaux venus.* **B.** n. **I.** Personne qui vient d'entrer dans une collectivité (école, entreprise, etc.). **II.** n. m. *Du nouveau.* **1.** Des événements, des faits nouveaux. *J'ai appris du nouveau.* **2.** Des choses originales, inédites. *Il nous faut du nouveau.* **C.** Loc. adv. **1.** *De nouveau* : encore une fois. *Il est de nouveau malade.* **2.** *À nouveau* : une fois de plus et d'une façon différente. *Rédiger à nouveau un rapport.* ▷ FIN *Créditer, porter à nouveau,* sur un nouveau compte. – Lat. *novellus,* dimin. de *novus,* « neuf ».

nouveau-né, -née [nuvone] adj. et n. **1.** adj. Qui vient de naître. *Des enfants nouveau-nés, une fille nouveau-née. Un agneau nouveau-né.* **2.** n. Enfant ou animal qui vient de naître. *Des nouveau-nés.* ▷ MED Enfant de moins de 28 jours. – De *nouveau,* au sens adv. de « récemment », et *né.*

nouveauté [nuvɔte] n. f. **I.** Caractère de ce qui est nouveau. *La nouveauté d'une doctrine.* **II.** Chose nouvelle. *Aimer les nouveautés. Cette prétendue invention est loin d'être une nouveauté.* – *Spécial.* **1.** Publication nouvelle. *Le rayon des nouveautés dans une librairie.* **2.** Production récente dans le domaine de la mode. *Journal de mode qui présente les dernières nouveautés. Magasin de nouveautés,* spécialisé dans les articles de mode. – De *nouveau.*

nouvelle [nuvɛl] n. f. **I. 1.** Annonce d'un événement récent. *Répandre une nouvelle. Fausse nouvelle. Écouter les nouvelles à la radio.* – *Première nouvelle !* : ce que vous m'annoncez me surprend! **2.** (Plur.) Renseignements relatifs à la situation, à la santé de qqn. *Prendre des nouvelles d'un malade.* – Prov. *Pas de nouvelles, bonnes nouvelles* : quand on ne reçoit pas de nouvelles de qqn, on peut présumer qu'il va bien. ▷ (Par menace.) *Vous aurez de mes nouvelles !* ▷ *Vous m'en direz des nouvelles* : vous m'en ferez des compliments, à coup sûr cela vous plaira. *Prenez de ce petit fromage, vous m'en direz des nouvelles !* **II.** LITTER Brève composition littéraire de fiction. *Un recueil de nouvelles.* – Lat. pop. *novella.*

nouvellement [nuvɛlmɑ̃] adv. Depuis peu. *Maison nouvellement bâtie.* – De *nouvel,* forme anc. de *nouveau.*

nouvelliste [nuvelist] n. LITTER Auteur de nouvelles. – De *nouvelle.*

nova[nɔva], plur. **novæ** [nɔve] n. f. ASTRO Étoile dont l'éclat augmente brusquement (de plus de 10 magnitudes en quelques jours) puis décline lentement (en plusieurs mois) jusqu'au retour à l'état initial. V. supernova. – Fém. de l'adj. lat. *novus,* « nouveau ».

novateur, trice [nɔvatœʀ, tʀis] n. et adj. Personne qui fait ou qui tente de faire des innovations. *Un hardi novateur.* ▷ adj. *Tendances novatrices.* – Bas lat. *novator,* rad. *novus,* « neuf ».

novation [nɔvasjɔ̃] n. f. DR Substitution d'une obligation à une autre, extinction d'une dette en raison de la création d'une dette nouvelle. – Bas lat. *novatio,* de *novare,* « renouveler », rad. *novus,* « neuf ».

novatoire [nɔvatwaʀ] adj. DR Qui a trait à la novation. *Acte novatoire.* – De *novation.*

novélisation [nɔvelizasjɔ̃] n. f. Adaptation littéraire d'une œuvre télévisuelle.

novembre [nɔvɑ̃bʀ] n. m. Onzième mois de l'année, comprenant trente jours. *Le 11 Novembre* : jour férié, en commémoration de l'armistice de 1918. – Lat. *novembris,* de *novem,* « neuf », neuvième mois de l'anc. année romaine.

nover [nɔve] v. tr. [1] DR Renouveler (une obligation) par novation. – De *novation.*

novice [nɔvis] n. et adj. **I.** n. **1.** RELIG Personne qui passe dans un couvent un temps d'épreuve avant de prononcer ses vœux. **2.** Personne qui est encore peu expérimentée dans une activité, un métier. ▷ adj. *Un avocat novice.* **3.** MAR Apprenti marin, qui n'est plus mousse mais qui n'est pas encore matelot. **II.** adj. Qui n'a pas l'expérience du monde; candide, innocent. – Lat. *novicius,* de *novus,* « neuf, nouveau ».

noviciat [nɔvisja] n. m. **1.** État de novice dans un ordre religieux. – Temps que dure cet état. ▷ Fig. Apprentissage. *Faire son noviciat dans l'atelier d'un grand maître.* **2.** Bâtiment où logent les novices. – Lat. médiév. *novitiatus,* de *novicius* (V. novice).

novocaïne [nɔvɔkain] n. f. Succédané de la cocaïne, utilisé comme anesthésique local. – Nom déposé, pour *novococaïne,* de *cocaïne,* et du lat. *novus,* « nouveau ».

noyade [nwajad] n. f. Action de noyer une personne, un animal; résultat de cette action; fait de se noyer. ▷ MED Asphyxie mécanique provoquée soit par l'invasion des voies respiratoires par un liquide, soit par un arrêt cardio-respiratoire réflexe au contact de l'eau (hydrocution). – De *noyer* 1.

noyau [nwajo] n. m. **I. 1.** Partie centrale dure de certains fruits, résultant de la lignification de l'endocarpe et contenant la graine. *Noyau de prune.* – Fam. *Siège, matelas rembourré avec des noyaux de pêche,* très dur. **2.** *Par ext.* Petit amas de matière au sein d'un solide, d'une densité différente de celle du reste de la masse. *Les nœuds du bois constituent au sein de la substance ligneuse des noyaux durs, peu adhérents et tendant à se fendre.* **II.** Fig. **1.** Petit groupe humain à partir duquel un groupe plus vaste se constitue. *Le noyau d'une colonie.* **2.** Petit groupe humain envisagé quant à sa stabilité, à sa cohésion. *Il avait conservé autour de lui un noyau de fidèles.* ▷ *Noyau dur* : dans le langage des affaires, groupe d'actionnaires stable qui contrôle une société. **3.** Groupe de quelques personnes qui mènent, au sein d'un milieu donné, une action particulière, généralement de nature politique ou militaire. *Noyau de propagandistes. Noyau de résistance.* **III. 1.** BIOL Organite cellulaire de forme approximativement sphérique, limité par une membrane percée de pores, qui contient les chromosomes et un ou plusieurs nucléoles. V. encycl. chromosome. **2.** PHYS NUCL Partie centrale de l'atome autour de laquelle gravitent les électrons. **3.** CONSTR Partie centrale d'un bâtiment. ▷ *Noyau d'escalier* : partie centrale d'un escalier en hélice, à laquelle sont fixées les marches. **4.** ELECTR Pièce ferromagnétique autour de laquelle sont enroulées les spires d'un bobinage. *Noyau d'une bobine d'induction.* **5.** ASTRO Partie solide au centre de la tête d'une comète. **6.** CHIM Chaîne cyclique particulièrement stable, conférant à la molécule dont elle fait partie certaines propriétés caractéristiques. *Noyau benzénique des composés aromatiques.* **7.** METALL Pièce en matière réfractaire que l'on place à l'intérieur d'un moule de fonderie pour obtenir un creux dans la pièce coulée. **8.** GEOL Partie centrale de la sphère terrestre. V. encycl. terre. **9.** ANAT Petit amas de substance grise dans un centre nerveux. **10.** FIN Liste de produits contingentés. – Du lat. pop. **nodellus*, de *nodus*, « nœud ».

ENCYCL **Phys. nucl.** – Le noyau d'un atome est constitué de protons et de neutrons, rassemblés sous le nom de nucléons. Les réactions entre noyaux sont appelées *réactions nucléaires*. La *fission* d'un noyau d'uranium 235 s'obtient par un bombardement de neutrons. La différence de masse entre ce noyau et les fragments résultant de la fission libère une quantité considérable d'énergie, ainsi que des neutrons, qui permettent à la réaction de se poursuivre (réaction en chaîne). La fission nucléaire est utilisée à des fins pacifiques pour produire de l'électricité (réacteurs nucléaires). La *fusion* des noyaux légers (deutérium, tritium) en un noyau plus lourd (hélium) s'accompagne également d'une perte de masse libérant de l'énergie. Elle n'est possible qu'à des températures très élevées, atteignant plusieurs millions de kelvins (bombe à hydrogène, fusion thermonucléaire contrôlée); elle s'effectue naturellement dans les étoiles. Certains noyaux, qualifiés de *radioactifs*, sont instables car ils contiennent relativement trop de protons ou de neutrons. Ils ont tendance à se transformer en d'autres noyaux plus stables, en émettant des rayonnements. On dit qu'ils se désintègrent. V. encycl. radioactivité.

noyautage [nwajotaʒ] n. m. Système qui consiste à introduire dans un milieu donné des individus isolés chargés de mener une action de propagande ou de subversion. – De *noyauter*.

noyauter [nwajote] v. tr. [1] S'implanter par noyautage dans (un milieu). *Mouvement politique qui noyaute une administration.* – De *noyau*.

noyé, ée [nwaje] adj. et n. **I.** adj. **1.** Mort par asphyxie dans un liquide. **2.** Mouillé, baigné. *Des yeux noyés de larmes.* **3.** TECH *Noyé dans la masse* : enrobé d'une matière formant un bloc. **4.** Fig. *Être noyé* : être incapable de surmonter les difficultés que l'on affronte. **II.** n. Personne asphyxiée par immersion (morte ou simplement sans connaissance). *Secours aux noyés.* – Pp. de *noyer* 1.

1. noyer [nwaje] **I.** v. tr. [23] **1.** Faire mourir par asphyxie dans un liquide. *Noyer une portée de chiots.* ▷ Loc. *Noyer le poisson*, le promener au bout de l'hameçon, la tête plus ou moins hors de l'eau, pour le fatiguer; fig. se perdre dans des digressions, des considérations générales oiseuses pour éluder une question embarrassante. ▷ Fig. *Noyer son chagrin dans l'alcool*, tenter de l'oublier en buvant. – *Noyer une révolte dans le sang*, en venir à bout par une répression meurtrière, par des massacres. **2.** Inonder, submerger, engloutir. *Les crues ont noyé les champs près de la rivière.* ▷ AUTO *Noyer le carburateur*, y laisser arriver une trop grande quantité d'essence, qui l'empêche de fonctionner. **3.** Enrober, faire disparaître dans une masse. *Noyer une poutrelle dans du béton.* **4.** Rendre indiscernable, indistinct. *La brume noyait les silhouettes des arbres.* – Fig. *Noyer sa pensée dans des phrases interminables.* ▷ Bx-A *Noyer les couleurs*, les fondre les unes dans les autres en les détrempant. **II.** v. pron. **1.** Mourir asphyxié par submersion. *Se noyer dans un puits.* ▷ Loc. fig. *Se noyer dans un verre d'eau* : ne pouvoir surmonter le moindre obstacle, ne pouvoir résoudre une petite difficulté. **2.** Fig. Se perdre. *Se noyer dans les détails.* – Du lat. *necare*, « tuer ».

2. noyer [nwaje] n. m. Grand arbre des régions tempérées (genre *Juglans*, fam. juglandacées) à feuilles composées, à fleurs mâles groupées en chatons, à fleurs femelles souvent solitaires, dont le fruit est la noix. *Le noyer commun* (Juglans regia) *comprend de nombreuses variétés. Noyer blanc d'Amérique* : hickory. ▷ Bois de cet arbre, recherché en ébénisterie pour ses veines brunâtres, son grain serré et sa dureté. *Armoire en noyer.* – Du lat. pop. **nucarius*, de *nux*, « noix ».

Np CHIM Symbole du neptunium. – PHYS Symbole du neper.

N.P.I. Sigle pour *nouveau pays industrialisé*.

nt PHYS Symbole du nit (unité de luminance).

1. nu [ny] n. m. Treizième lettre de l'alphabet grec (Ν, ν), correspondant à *n*. – Mot gr.

2. nu, nue [ny] adj. et n. m. **I.** adj. **1.** Qui n'est couvert d'aucun vêtement. *Être tout nu. Avoir la tête nue. Être nu-tête, nu-jambes, nu-pieds*, avoir la tête, les jambes, les pieds nus. **2.** Sans enveloppe, sans revêtement, sans ornement. *Épée nue*, hors de son fourreau. *Chambre nue*, dépourvue de meubles, d'ornements. *Terrain nu*, sans végétation ni construction. *Arbre nu*, dépouillé de son feuillage. ▷ *À l'œil nu* : sans instrument d'optique. **3.** Fig. Simple, sans fioriture. *Écrire dans un style nu. Voilà la vérité toute nue*, telle qu'elle est, sans en rien cacher. **II.** n. m. **1.** Corps ou partie du corps dénudé(e); sa représentation dans l'art. *Le nu et le drapé. Nu artistique.* **2.** CONSTR *Nu du mur* : surface unie de parement par rapport à laquelle on mesure les retraits et les saillies. **III.** Loc. adv. *À nu* : à découvert. *Enlever l'écorce pour mettre le bois à nu.* ▷ Fig. *Montrer, mettre son cœur à nu* : ne rien cacher de ses états d'âme, de ses sentiments. – Lat. *nudus*.

nuage [nyaʒ] n. m. **1.** Amas de gouttelettes d'eau ou de petits cristaux de glace en suspension dans l'atmosphère. *Un ciel sans nuages.* ▷ Fig. *Être dans les nuages*, distrait, absent. **2.** Ce qui évoque un nuage par son aspect. *Un nuage de poussière. Mettre un nuage de poudre sur son visage.* – *Un nuage de lait* : une petite quantité de lait que l'on ajoute à du café ou du thé, et qui, avant de s'y mélanger, prend un instant l'aspect floconneux d'un nuage. **3.** Fig. Ce qui trouble la sérénité, la tranquillité. *Bonheur sans nuages.* **4.** CHIM *Nuage électronique* : ensemble des points de l'espace plus ou moins proches du noyau de l'atome et susceptibles d'être occupés par un électron (modèle théorique représentant le domaine de probabilité de présence de l'électron unique – hydrogène – ou des électrons de l'atome). – De *nue*, qu'il a remplacé.

ENCYCL **Météo.** – Les gouttelettes d'eau et les cristaux de glace constitutifs des nuages sont animés d'un très faible mouvement de chute (quelques dixièmes de mm par seconde), de sorte que le moindre mouvement ascendant de l'air suffit à les maintenir en altitude. Suivant leur forme et par altitude décroissante, on distingue : cirrus (filaments), cirrostratus (voiles transparents), cirrocumulus (nappes blanches), altocumulus (balles), altostratus (aspect grisâtre ou bleuâtre), nimbostratus (nuages de pluie, très épais), strato-cumulus (balles ou rouleaux), stratus (couche nuageuse à basse altitude), cumulus (nuages séparés aux contours nets) et cumulonimbus (nuages d'orage caractérisés par un fort développement vertical). Les nuages sont généralement associés en de vastes ensembles appelés *systèmes nuageux*.

nuageux, euse [nyaʒø, øz] adj. **1.** Couvert partiellement ou entièrement par les nuages. *Ciel nuageux.* **2.** METEO Des nuages, qui a rapport aux nuages. *Système nuageux.* **3.** Fig. Confus, obscur. *Esprit nuageux.* – De *nuage*.

nuance [nyɑ̃s] n. f. **1.** Chacun des degrés par lesquels peut passer une couleur. *Les nuances produites par la dégradation d'une couleur.* **2.** Fig. Différence délicate, subtile (entre des choses de même genre). *Une nuance d'amertume dans la voix. Style sans nuance. Il y a une nuance entre « juste » et « équitable ».* **3.** MUS Degré d'intensité que l'on doit donner aux sons. – De l'anc. v. *nuer*, « assortir les couleurs ».

nuancé, ée [nyɑ̃se] adj. Qui présente des nuances. *Teinte nuancée.* – Fig. *Pensée nuancée.* – Pp. de *nuancer.*

nuancer [nyɑ̃se] v. tr. [12] Introduire des nuances dans. *Nuancer un bleu.* ▷ Fig. *Nuancer un jugement.* – De *nuance.*

nuancier [nyɑ̃sje] n. m. Carton, petit cahier, etc., sur lequel est présenté un échantillonnage des couleurs proposées à la clientèle. *Nuancier d'un fabricant de peinture, d'une marque de rouge à lèvres.* – De *nuance.*

nubien, enne [nybjɛ̃, ɛn] adj. et n. De Nubie, anc. rég. d'Afrique, entre l'Égypte et le Soudan. ▷ Subst. *Les Nubiens.* – Du lat. *Nubaei,* peuple éthiopien.

nubile [nybil] adj. **1.** Qui est en âge de se marier. *Selon le Code civil, les filles sont réputées nubiles à quinze ans révolus, et les garçons à dix-huit.* **2.** Qui est en âge de procréer. – Lat. *nubilis,* de *nubere,* « se marier ».

nubilité [nybilite] n. f. État d'une personne nubile ; âge nubile. – De *nubile.*

nucelle [nysɛl] n. m. BOT Tissu de réserve de l'ovule végétal, dans lequel se développe le gamète femelle. – Du lat. *nucella,* dimin. de *nux, nucis,* « noix ».

nuclé(o)-. Élément, du lat. *nucleus,* « noyau ».

nucléaire [nykleɛʀ] adj. et n. m. **A.** adj. BIOL Du noyau de la cellule ; qui a rapport au noyau de la cellule. *Membrane nucléaire.* **B. I.** adj. **1.** Du noyau de l'atome ; qui a rapport au noyau de l'atome. *Physique nucléaire. Chimie nucléaire :* partie de la physique nucléaire qui s'intéresse plus particulièrement à l'étude des réactions entre noyaux et particules. *Réaction nucléaire :* réaction qui affecte les constituants du noyau de l'atome (V. encycl. fission et encycl. fusion). *Énergie nucléaire :* énergie dégagée par une réaction nucléaire. **2.** Cour. Qui a trait à l'énergie nucléaire, qui l'utilise ou la produit. *Centrale nucléaire,* qui utilise l'énergie nucléaire pour produire de l'électricité. *Armes nucléaires.* ▷ Par ext. *Guerre nucléaire. Les puissances nucléaires :* les pays qui possèdent des armes nucléaires. **II.** n. m. *Le nucléaire :* l'énergie nucléaire ; l'ensemble de ses utilisations industrielles, militaires, etc. – Du lat. *nucleus,* « noyau ».

ENCYCL **Phys. nucl.** – La *physique nucléaire* est l'étude des constituants du noyau atomique. L'étude des interactions des particules aux hautes énergies nécessite l'emploi d'appareils destinés à communiquer aux particules une énergie élevée, les accélérateurs de particules (cyclotron, synchrotron, accélérateurs linéaires). Ces appareils provoquent des transmutations artificielles, c.-à-d. des transformations d'un élément en un autre. Ils ont une importance considérable : recherche de nouvelles particules, détermination de la constitution de la matière. L'étude de ces transmutations appartient au domaine de la *chimie nucléaire.* Ces réactions s'accompagnent d'échanges de quantités d'énergie considérables et d'émission de particules. De telles réactions se produisent dans les étoiles ; il s'agit, dans ce cas, de réactions thermonucléaires, c.-à-d. de réactions de fusion entre des noyaux d'atomes légers. L'énergie nucléaire due à la *fission* du noyau de l'atome (V. encycl. noyau) est utilisée pour produire de l'électricité ou de la chaleur (centrales nucléaires, propulsion des navires et des sous-marins, alimentation en énergie électrique des satellites). La première bombe atomique était fondée sur ce phénomène de fission.

nucléarisation [nykleaʀizasjɔ̃] n. f. Installation de sources nucléaires d'énergie en remplacement des sources traditionnelles. – Du rad. de *nucléaire.*

nucléase [nykleaz] n. f. BIOCHIM Enzyme du groupe des hydrolases qui scinde les acides nucléiques en oligo- et mono-nucléotides. – De *nuclé-,* et *-ase.*

nucléation [nykleasjɔ̃] n. f. PHYS Phénomène qui accompagne les changements d'état de la matière et qui consiste en l'apparition, au sein d'un milieu donné, de points de transformation à partir desquels se développe une nouvelle structure physique ou chimique. *La congélation de l'eau surfondue se fait par nucléation.* – Du lat. *nucleus,* « noyau ».

nucléé, ée [nyklee] adj. BIOL Pourvu d'un ou de plusieurs noyaux. *Cellule nucléée.* – Du lat. *nucleus,* « noyau ».

nucléide [nykleid] n. m. PHYS NUCL Noyau atomique défini par son numéro atomique Z et son nombre de masse A. V. encycl. noyau. – Du lat. *nucleus,* « noyau », et *-ide.*

nucléine [nyklein] n. f. BIOCHIM Syn. anc. de *nucléoprotéine.* – Du lat. *nucleus,* « noyau », et *-ine.*

nucléique [nykleik] adj. BIOCHIM *Acides nucléiques :* constituants fondamentaux de la cellule vivante, porteurs de l'information génétique, polymères constitués de très nombreuses unités de nucléotides. – Du lat. *nucleus,* « noyau » et *-ique.*

ENCYCL Les acides nucléiques furent d'abord mis en évidence dans le noyau cellulaire ; c'est à cette circonstance qu'ils doivent leur nom. On divise ces acides en deux groupes selon le type d'ose (sucre) qui entre dans leur composition : l'acide désoxyribonucléique (A.D.N.), essentiellement localisé dans le noyau ; les acides ribonucléiques (A.R.N.), plus abondants dans le cytoplasme. V. encycl. code, désoxyribonucléique et ribonucléique.

nucléo-. V. nuclé(o)-.

nucléole [nykleɔl] n. m. BIOL Corpuscule nucléaire qui joue un rôle important dans la physiologie de la cellule (synthèse des protéines et de l'A.R.N.). – Du lat. *nucleus,* « noyau ».

nucléon [nykleɔ̃] n. m. PHYS NUCL Particule constitutive du noyau de l'atome (proton ou neutron). – Du lat. *nucleus,* « noyau », d'après *(prot)on.*

nucléonique [nykleɔnik] adj. PHYS NUCL Relatif aux nucléons. – De *nucléon.*

nucléophile [nykleɔfil] adj. CHIM Se dit d'un atome, d'un ion ou d'une molécule susceptible de céder un ou plusieurs doublets électroniques. Syn. donneur. – De *nucléo-,* et *-phile.*

nucléoprotéine [nykleopʀɔtein] n. f. BIOCHIM Hétéroprotéine basique formée par une protéine et un acide nucléique. – De *nucléo-,* et *protéine.*

nucléoside [nykleɔzid] n. m. BIOCHIM Substance formée d'un sucre et d'une base purique ou pyrimidique. – De *nucléo-,* et *oside.*

nucléosome [nykleɔzom] n. m. BIOCHIM Unité élémentaire de la structure morphologique des chromosomes. – De *nucléo-,* et *-some,* d'ap. *chromosome.*

nucléosynthèse [nykleosɛ̃tɛz] n. f. ASTRO Ensemble des réactions nucléaires qui permettent d'expliquer la formation (à partir du noyau d'hydrogène) de tous les éléments chimiques présents dans l'Univers. – De *nucléo-,* et *synthèse.*

nucléotidase [nykleotidaz] n. f. BIOCHIM Enzyme hydrolysant les nucléotides en nucléosides. – De *nucléotide,* et *-ase.*

nucléotide [nykleɔtid] n. m. BIOCHIM Unité élémentaire des acides nucléiques, constituée par la liaison d'un sucre, d'un acide phosphorique et d'une base purique ou pyrimidique. (Les nucléotides entrent aussi dans la composition des coenzymes transporteurs d'énergie tels que l'adénosine-phosphate.)– Du lat. *nucleus,* « noyau ».

nucléus ou **nucleus** [nykleys] n. m. PREHIST Bloc ou rognon de roche dure (partic., de silex) ayant subi un débitage. – Du lat. *nucleus,* « noyau ».

nudisme [nydism] n. m. Doctrine invitant à vivre nu en plein air ; la pratique de cette doctrine. – De *nu*, d'ap. le lat. *nudus*, « nu ».

nudiste [nydist] adj. et n. Relatif au nudisme. *Un camp nudiste.* ▷ Subst. Adepte du nudisme. – De *nu*, d'ap. le lat. *nudus*, « nu ».

nudité [nydite] n. f. **1.** État d'une personne nue. *La nudité d'Ève.* ▷ Fig. *Vice qui s'étale dans toute sa nudité*, sans voile, effrontément. **2.** Partie du corps habituellement dérobée aux regards par un vêtement. *Voiler sa nudité.* **3.** Bx-A Représentation du corps nu. *Peindre des nudités.* **4.** État de ce qui n'a pas de revêtement, d'ornement ; dépouillement. *La nudité d'une cellule de moine.* ▷ Fig. *La nudité du style.* – Bas lat. *nuditas*, de *nudus*, « nu ».

nue [ny] n. f. Vx ou litt. Nuages. ▷ *Par ext.* Partie de l'espace occupée par les nuages ; le ciel. *Oiseau qui prend son essor vers la nue.* ▷ Loc. fig. Cour. *Porter aux nues* : louer exagérément. – *Tomber des nues* : éprouver une grande surprise. – Du lat. pop. **nuba*, class. *nubes*, « nuage ».

nuée [nye] n. f. **1.** Litt. Nuage épais et de grande taille. *Nuées noires annonçant un orage.* **2.** *Nuée ardente* : projection de cendres accompagnées de gaz en combustion à très haute température, qui émane d'un volcan. **3.** Multitude d'insectes, d'oiseaux, etc., évoquant un nuage. *Une nuée de sauterelles.* ▷ Très grande quantité (d'éléments distincts). *Une nuée d'assaillants.* – De *nue*.

nuement. V. nûment.

nue-propriété [nypʀɔpʀijete] n. f. DR *Avoir la nue-propriété d'une chose*, en avoir la propriété sans en avoir la jouissance (celle-ci étant réservée à l'*usufruitier*). *Des nues-propriétés.* – De *nu*, et *propriété*.

nuire [nɥiʀ] v. tr. indir. [**69**] Causer du tort, un dommage (à qqn, qqch). *Il cherche à me nuire. Les gelées tardives nuisent aux récoltes.* – Absol. *Volonté de nuire.* Syn. desservir, léser, préjudicier. ▷ v. pron. Se causer du tort. – Du lat. *nocere*.

nuisance [nɥizɑ̃s] n. f. Ensemble des facteurs techniques ou sociaux (bruit, pollution, etc.) qui nuisent à la qualité de la vie. – De *nuire*.

nuisette [nɥizɛt] n. f. Chemise de nuit de femme, très courte. – De *nuit*, et *(chemi)sette*.

nuisible [nɥizibl] adj. Qui nuit. *Cela est nuisible à la santé. Animal nuisible.* Syn. préjudiciable, dommageable. – A. fr. *nuisable*, de *nuire*.

nuisiblement [nɥizibləmɑ̃] adv. Rare D'une manière nuisible. – De *nuisible*.

nuit [nɥi] n. f. **1.** Temps pendant lequel le soleil reste au-dessous de l'horizon. *Les chaudes nuits d'été. Passer une bonne, une mauvaise nuit* : bien, mal dormir. *Passer une nuit blanche*, sans sommeil. ▷ (Personnifiée, avec une majuscule.) *Le Sommeil, fils de la Nuit.* ▷ Loc. adv. *Nuit et jour* : sans cesse. – *De nuit* : pendant la nuit. *Voyager de nuit.* ▷ (Précédé d'un subst.) *De nuit* : qui s'effectue la nuit, qui est actif ou fonctionne pendant la nuit, qui sert la nuit. *Travail de nuit. Équipe de nuit. Oiseau de nuit. Train de nuit. Table, chemise de nuit.* **2.** Obscurité de la nuit. *Une nuit noire. S'enfuir à la faveur de la nuit.* ▷ Loc. fig. *C'est le jour et la nuit* : ce sont deux personnes, deux choses très différentes. – *La nuit des temps* : les temps les plus reculés. **3.** Litt., fig. Aveuglement moral ou aveuglement des sens. *La nuit de l'ignorance.* **4.** Par métaph. *La nuit du tombeau, la nuit éternelle* : la mort. – Du lat. *nox, noctis* ; gr. *nux, nuktos*.

ENCYCL **Hist.** – **Nuit des longs couteaux.** Nuit du 29 au 30 juin 1934 au cours de laquelle Hitler fit procéder à l'élimination des chefs des S.A., dont Röhm, par les S.S. – **Nuit de cristal.** Nuit du 9 au 10 nov. 1938 durant laquelle les nazis se livrèrent à un pogrom dans l'Allemagne entière en représailles de l'assassinat du conseiller de l'ambassade d'Allemagne par un jeune juif. – **Nuit et brouillard** (décret) (en all. *Nacht und Nebel*), promulgué par Hitler en déc. 1941 pour la déportation clandestine de prisonniers politiques destinés à disparaître dans les camps de concentration.

nuitamment [nɥitamɑ̃] adv. Litt. De nuit. *Molière fut enterré nuitamment.* – Réfection de l'a. fr. *nuitantre*.

nuitée [nɥite] n. f. Durée pendant laquelle on peut rester dans un hôtel, un camping, en payant le prix d'une nuit (de midi au lendemain à midi). – De *nuit*.

nul, nulle [nyl] adj., pron. et n. **I.** adj. indéf. (placé avant le nom). Aucun, pas un. *Nul homme n'est infaillible. Je n'en ai nul besoin.* ▷ pron. indéf. masc. empl. comme sujet. Personne. *Nul n'est censé ignorer la loi.* **II.** adj. qualificatif (placé après le nom). **1.** Qui équivaut à rien, qui est réduit à rien. *Bénéfice nul. Visibilité nulle.* – *Match nul*, sans vainqueur ni vaincu. ▷ MATH Égal à zéro. – *Vecteur nul*, dont toutes les composantes sont nulles. **2.** DR Entaché de nullité. *Testament nul. Élection nulle.* Syn. caduc. **3.** Sans aucune valeur, très mauvais. *Devoir nul. Son interprétation de la Cinquième Symphonie est nulle.* **4.** Qui manque de capacité (dans tel domaine). *Il est nul en anglais, en cuisine.* ▷ Absol. *Ce candidat est absolument nul.* – Lat. *nullus*.

nullard, arde [nylaʀ, aʀd] adj. et n. Fam. Nul, bon à rien. *Il est plutôt nullard en math.* – Subst. *C'est un nullard.* – De *nul*.

nullement [nylmɑ̃] adv. En aucune façon, pas du tout. *Il n'est nullement déçu.* – De *nul*.

nullipare [nylipaʀ] adj. et n. f. **1.** MED Se dit d'une femme qui n'a jamais accouché (par oppos. à *multipare*). **2.** ZOOL Se dit d'une femelle de mammifère avant sa première gestation. – Du lat. *nullus*, et *-pare*, d'ap. *(primi)pare*.

nullité [nylite] n. f. **1.** DR Caractère d'un acte juridique qui n'a pas de valeur légale par suite d'un vice de forme, d'un défaut de procédure. *Acte frappé de nullité.* Ant. validité. **2.** Caractère d'une chose, d'une personne nulle, sans valeur. *La nullité d'un argument. Nullité d'une copie, d'un élève.* **3.** Personne nulle, incapable. *Elle a épousé une nullité.* – Lat. médiév. *nullitas*, de *nullus*, « aucun, sans valeur ».

nûment ou **nuement** [nymɑ̃] adv. Litt. Sans déguisement, simplement. *Dire nûment ce qu'on pense.* – De *nu* 2.

numéraire [nymeʀɛʀ] n. m. et adj. **1.** n. m. Monnaie métallique. – *Par ext.* Toute monnaie ayant cours légal (par oppos. à *effets de commerce, titres*, etc.). *Payer en numéraire.* ▷ adj. *Espèces numéraires*, monnayées. **2.** adj. *Pierres numéraires*, dont on se servait autrefois pour mesurer les distances sur les routes. – Du bas lat. *numerarius*, « officier comptable », de *numerus*, « nombre ».

numéral, ale, aux [nymeʀal, o] adj. (et n. m.) Qui désigne un nombre ; qui symbolise, figure un nombre. I, V, X, L, C, D, M *sont des lettres numérales dans la numération romaine.* ▷ GRAM *Adjectif numéral cardinal*, exprimant le nombre (un, deux, dix, etc.). *Adjectif numéral ordinal*, exprimant l'ordre, le rang dans une série (premier, deuxième, centième, etc.). ▷ n. m. *Un numéral, les numéraux.* – Bas lat. *numeralis*.

numérateur [nymeʀatœʀ] n. m. MATH Nombre placé au-dessus de la barre d'une fraction, qui indique combien celle-ci contient de divisions égales de l'unité. *Dans la fraction* $\frac{7}{8}$ *7 est le numérateur et 8 le dénominateur.* – Bas lat. *numerator*, « celui qui compte ».

numération [nymeʀasjɔ̃] n. f. **1.** Façon d'énoncer ou d'écrire les nombres. *Numération romaine, arabe.* ▷ Système qui organise la suite des nombres en séries hiérarchisées. *Numération à base 10 ou décimale. Numération à base 2 ou binaire.* **2.** Opération qui consiste à compter, à dénombrer. – MED *Numération globulaire :* détermination de la concentration sanguine en globules rouges, en globules blancs et en plaquettes. – Lat. *numeratio.*

numérique [nymeʀik] adj. **1.** Relatif aux nombres. *Opération numérique.* – *Calcul numérique,* qui s'effectue uniquement avec des nombres (par oppos. au *calcul algébrique* qui, outre les nombres, utilise des lettres). ▷ MATH *Droite numérique :* ensemble ordonné des nombres réels. *Fonction numérique :* application de la droite numérique dans elle-même. **2.** Considéré du point de vue du nombre. *La supériorité numérique de l'ennemi.* **3.** TECH Qui utilise des nombres (par oppos. à *analogique*). *Calculateur, système d'affichage numérique.* – Du lat. *numerus,* « nombre ».

numériquement [nymeʀikmɑ̃] adv. En nombre, quant au nombre. *Deux groupes numériquement égaux.* – De *numérique.*

numérisation [nymeʀizasjɔ̃] n. f. INFORM Action de numériser; résultat de cette action. – De *numériser.*

numériser [nymeʀize] v. tr. [1] INFORM Représenter (un signal) sous forme numérique. *Numériser une image.* – De *numérique.*

numéro [nymeʀo] n. m. (N°, n° par abrév. devant un nombre.) **1.** Chiffre, nombre que l'on inscrit sur une chose, et qui sert à la reconnaître, à la classer. *Le numéro d'une page, d'un immeuble, d'une carte d'identité. Le numéro des aiguilles à tricoter indique leur grosseur.* – *Numéro gagnant :* billet de loterie sortant au tirage. *Tirer le bon numéro,* celui qui, autref., exemptait du service militaire; fig. être favorisé par la chance. – *Numéro vert* (Nom déposé.) : numéro de téléphone qui permet à l'entreprise abonnée de recevoir des communications dont le coût est à sa charge, l'appel étant gratuit pour les correspondants. – CHIM *Numéro atomique* d'un élément.* ▷ *Le numéro un :* le membre le plus important (du gouvernement d'un pays, d'un groupement politique, etc.). *Le numéro un soviétique.* **2.** Chacune des livraisons d'un périodique. *Un numéro de revue.* – Fig., fam. *La suite au prochain numéro,* remise à plus tard. **3.** Partie du programme d'un spectacle de variétés, de cirque, présentée par un même artiste ou un même groupe d'artistes. *Un numéro de chant, d'acrobatie.* ▷ Fig., fam. Comportement d'une personne qui prend des attitudes outrées, qui se donne en spectacle; exhibition déplacée. *C'est bientôt fini, ton petit numéro?* **4.** Fig., fam. Personne originale. *C'est un numéro, un drôle de numéro!* **5.** Loc. adj. Fig., fam. *Numéro un :* essentiel, primordial, principal. *La règle numéro un est de...* – Ital. *numero,* « nombre ».

numérologie [nymeʀɔlɔʒi] n. f. Science ésotérique des nombres fondée sur leur signification symbolique. – De *numéro,* et *-logie.*

numérologue [nymeʀɔlɔg] n. Spécialiste de numérologie. *Les numérologues prétendent étudier le caractère et dire l'avenir à partir de la transcription en nombres de données individuelles (patronyme, date de naissance, etc.).*

numérotage [nymeʀɔtaʒ] n. m. Action de numéroter. – De *numéroter.*

numérotation [nymeʀɔtasjɔ̃] n. f. **1.** Syn. anc. de *numérotage.* **2.** Mod. Résultat du numérotage; ordre des numéros. – De *numéroter.*

numéroter [nymeʀɔte] v. tr. [1] Pourvoir d'un numéro, distinguer par un numéro (chacun des éléments d'une série ordonnée). *Numéroter les pages d'un manuscrit.* – De *numéro.*

numéroteur [nymeʀɔtœʀ] n. m. et adj. Petit appareil à main servant à imprimer des numéros. ▷ adj. *Timbre numéroteur.* – De *numéroter.*

numerus clausus [nymeʀysklozys] n. m. Nombre limite de candidats que l'on admet à un concours, à une fonction. *Le numerus clausus a souvent été appliqué à des minorités religieuses ou ethniques, en particulier aux juifs, en Russie tsariste et en Europe centrale.* – Mots lat., « nombre fermé ».

numide [nymid] adj. et n. De Numidie, anc. rég. d'Afrique du N. conquise par les Romains, correspondant à l'Algérie actuelle. ▷ Subst. *Les Numides.* – De *Numidie,* « pays des nomades », du gr. *nomas, nomados,* de *nemein,* « paître ».

numismate [nymismat] n. Personne versée dans la numismatique. – De *numismatique.*

numismatique [nymismatik] n. f. et adj. Étude, science des monnaies et des médailles. ▷ adj. *Recherches numismatiques.* – Du lat. *numisma, numismatis,* « monnaie, médaille », du gr. *nomisma,* « ce qui est établi par l'usage », de *nomos,* « coutume ».

nummulite [nymylit] n. f. PALEONT Foraminifère du tertiaire dont le test calcaire spiralé peut atteindre une dizaine de centimètres de diamètre. – Du lat. *nummulus,* « petite monnaie ».

nummulitique [nymylitik] adj. et n. m. **1.** adj. PEDOL Se dit d'un terrain riche en nummulites. **2.** n. m. GEOL Première partie du tertiaire, caractérisée par l'expansion des nummulites. *Le nummulitique, dit aussi paléogène, comprend le paléocène, l'éocène et l'oligocène.* – De *nummulite.*

nunatak [nynatak] n. m. GEOGR Piton rocheux escarpé, libre de glace, traversant la calotte glaciaire. – Mot des Esquimaux du Groenland.

nunchaku [nunʃaku] n. m. Arme d'origine japonaise formée de deux bâtons reliés par une chaîne ou une corde fixée à l'une de leurs extrémités. – Mot japonais.

nuncupatif [nɔ̃kypatif] adj. m. DR ROM *Testament nuncupatif,* établi dans les formes de la nuncupation. – Bas lat. *nuncupativus,* « désigné », de *nuncupare,* « désigner comme héritier ».

nuncupation [nɔ̃kypasjɔ̃] n. f. DR ROM Confirmation orale solennelle de dispositions testamentaires, faite par le testateur. – Lat. jur. *nuncupatio,* « appellation ».

nunuche [nynyʃ] adj. Fam. Un peu niais. – Rad. expressif, et *(cr)uche.*

nuoc-mâm [nɥɔkmam] n. m. inv. Sauce à base de poisson fermenté, condiment très utilisé dans la cuisine vietnamienne. – Mot vietnamien, « eau de poisson ».

nu-pieds [nypje] n. m. inv. Sandale légère laissant le dessus du pied largement découvert. *Une paire de nu-pieds en cuir.*

nu-propriétaire, nue-propriétaire [nypʀɔpʀijetɛʀ] n. Personne qui a la nue-propriété d'un bien (par oppos. à *usufruitier*). *Des nus-propriétaires. Des nues-propriétaires.* – De *nue-propriété.*

nuptial, ale, aux [nypsjal, o] adj. Des noces; relatif aux noces, à la cérémonie du mariage. *Anneau nuptial. Bénédiction nuptiale.* ▷ Par ext. (Animaux) *Mœurs nuptiales de certaines espèces.* – Lat. *nuptialis,* de *nuptiæ,* « noces ».

nuptialité [nypsjalite] n. f. STATIS Nombre annuel des mariages dans une population donnée. – De *nuptial.*

nuque [nyk] n. f. Partie postérieure du cou, au-dessous de l'occiput. – Lat. médiév. *nuca, nucha,* « moelle épinière », de l'ar.

nuraghe [nuʀag], plur. **nuraghi** [nuʀagi] n. m. ARCHEOL Construction cyclopéenne de l'âge du bronze, en Sardaigne. *Les nuraghi sont des ouvrages de défense.* – Mot sarde, que l'on rattache aux racines hébraïques *nour,* « lumière », et *hag,* « toit ».

nursage [nœʀsaʒ] n. m. MED Syn. (off. recommandé) de *nursing.* – De *nurse.*

nurse [nœʀs] n. f. Femme chargée de s'occuper des enfants dans une famille. – Mot angl., du franç. *nourrice.*

nursery [nœʀsəʀi] n. f. Partie d'une habitation, pièce, salle réservée aux jeunes enfants. *Des nurserys* ou *des nurseries.* – Mot angl., de *nurse.*

nursing [nœʀsiŋ] n. m. MED Ensemble des soins apportés par le personnel infirmier, destinés à l'entretien d'un malade grabataire et à la prévention ou à la limitation des complications secondaires à son état. Syn. (off. recommandé) nursage. – Mot anglais.

nutation [nytasjɔ̃] n. f. **1.** MECA, ASTRO Mouvement d'oscillation de faible amplitude qui affecte, en plus du mouvement de précession*, l'axe de rotation d'un solide mobile autour d'un point et tournant sur lui-même. *La période de nutation de la Terre est de 18 ans 2/3.* **2.** BOT Mouvement hélicoïdal de l'extrémité d'une tige lors de sa croissance. **3.** MED Oscillation incessante de la tête. – Lat. *nutatio,* de *nutare,* « osciller ».

nutriment [nytʀimɑ̃] n. m. BIOL Toute substance nutritive qui peut être assimilée directement par l'organisme, sans passer par le tube digestif. – Lat. *nutrimentum,* « nourriture ».

nutritif, ive [nytʀitif, iv] adj. **1.** Qui a la propriété de nourrir. *Substance nutritive.* **2.** Qui a rapport à la nutrition. *Valeur nutritive d'un aliment.* – Lat médiév. *nutritivus.*

nutrition [nytʀisjɔ̃] n. f. Processus par lequel les organismes vivants utilisent les aliments pour assurer leur croissance et leurs fonctions vitales. – Bas lat. *nutritio,* de *nutrire,* « nourrir ».

nutritionnel, elle [nytʀisjɔnɛl] adj. Relatif à la nutrition. – De *nutrition.*

nutritionniste [nytʀisjɔnist] n. MED Spécialiste des problèmes d'alimentation, de diététique. – De *nutrition.*

nyct(o)-. Élément, du gr. *nux, nuktos,* « nuit ».

nyctaginacées [niktaʒinase] n. f. pl. BOT Famille de plantes dicotylédones, exotiques pour la plupart, à calice pétaloïde, comprenant la belle-de-nuit et la bougainvillée. - Sing. *Une nyctaginacée.* – De *nyctage,* « belle de nuit », lat. bot., du gr. *nux, nuktos,* « nuit ».

nyctalope [niktalɔp] adj. et n. Didac. Doué (ou affecté) de nyctalopie. – Lat. *nyctalops,* gr. *nuktalôps,* « qui ne voit que dans la nuit », de *nux, nuktos,* « nuit », et *ops,* « vue ».

nyctalopie [niktalɔpi] n. f. Didac. Faculté de voir dans l'obscurité, propre à certains animaux (hibou, chat). *La nyctalopie constitue une anomalie chez l'être humain.* – Lat. *nyctalopia,* du gr. (V. préc.).

nycthéméral, ale, aux [niktemeʀal, o] adj. MED, BIOL Qui a rapport au nycthémère. *Rythme nycthéméral.* – De *nycthémère.*

nycthémère [niktemɛʀ] n. m. BIOL Durée de vingt-quatre heures, correspondant à un cycle biologique réglé par l'alternance du jour et de la nuit. – Gr. *nukthêmeron,* de *nux, nuktos,* « nuit », et *hêmera,* « jour ».

nylon [nilɔ̃] n. m. Textile synthétique à base de polyamide, utilisé pour fabriquer des fils et des tissus. *La résistance du nylon à la traction est égale à celle de l'acier. Des bas en nylon ou,* ellipt., *des bas nylon.* – Nom déposé, mot amér., probabl. de l'élément *nyl-* de *(vi)nyle,* et *-on,* d'ap. *cotton,* « coton ».

nymphal, ale, aux [nɛ̃fal, o] adj. ENTOM Relatif à la nymphe des insectes. *État nymphal.* – De *nymphe.*

nymphe [nɛ̃f] n. f. **1.** MYTH Divinité subalterne des bois, des montagnes, des eaux, dans la mythologie gréco-romaine. *Les naïades, nymphes des ruisseaux et des fontaines, les oréades, nymphes des montagnes, les hyades et les hamadryades, nymphes des forêts.* **2.** Fig. Jeune fille bien faite. **3.** ENTOM Deuxième état larvaire, entre la larve et l'imago, des insectes à métamorphose, caractérisé par des ébauches alaires visibles. *La nymphe des holométaboles (nommée chrysalide chez les papillons) est immobile.* **4.** (Plur.) ANAT Petites lèvres de la vulve. – Lat. d'orig. gr. *nympha.*

nymphéa [nɛ̃fea] n. m. BOT Nénuphar blanc (genre *Nymphæa*). – Lat. d'orig. gr. *nymphæa.*

nymphéacées [nɛ̃fease] n. f. pl. BOT Famille de dicotylédones dialypétales aquatiques (ordre des ranales) comprenant les nénuphars. - Sing. *Une nymphéacée.* – De *nymphéa.*

nymphée [nɛ̃fe] n. m. ANTIQ Grotte naturelle ou petit temple (avec fontaine) consacré aux nymphes. – Lat. *nymphæum,* du gr.

nymphette [nɛ̃fɛt] n. f. Adolescente faussement ingénue, aux manières provocantes. – Dimin. de *nymphe.*

nymphomane [nɛ̃fɔman] adj. et n. f. Qui est atteinte de nymphomanie. ▷ n. f. *Une nymphomane.* – De *nymphomanie.*

nymphomanie [nɛ̃fɔmani] n. f. Exagération pathologique des désirs sexuels chez la femme ou chez la femelle. – De *nymphe,* et *-manie.*

nymphose [nɛ̃foz] n. f. ENTOM Transformation d'une larve d'insecte en nymphe. – De *nymphe.*

nystagmus [nistagmys] n. m. MED Suite de mouvements saccadés et rapides des globes oculaires, indépendants de la volonté, souvent symptomatiques d'une affection des centres nerveux. – Gr. *nustagmos,* de *nustazein,* « baisser la tête, s'assoupir ».

o [o] n. m. **1.** Quinzième lettre de l'alphabet et quatrième voyelle. *La lettre o représente un son ouvert* (fiole) *ou fermé* (dôme); *elle peut également être muette* (paon, bœuf). **2.** *O* : abrév. de *Ouest.* **3.** PHYS ° : symbole du degré de température et du degré d'angle.

ô [o] interj. **1.** (Dans une apostrophe, une invocation.) *Ô mon Dieu!* **2.** (Marquant l'émotion.) *Ô joie!* – Lat. *O*, onomat.

oaristys [ɔaʀistis] n. f. Litt. Idylle, entretien amoureux. – Gr. *oaristus.*

oasien, enne [ɔazjɛ̃, ɛn] adj. et n. Qui a rapport aux oasis. ▷ Subst. Habitant(e) d'une oasis. – De *oasis.*

oasis [ɔazis] n. f. **1.** Lieu qui, au milieu d'un désert, est couvert d'une végétation liée à la présence d'eau en surface ou à faible profondeur. *Les palmiers d'une oasis.* **2.** Fig. Endroit ou moment plaisant, formant contraste avec le désagrément d'un milieu ou d'une époque. – Bas lat. *oasis*, mot gr. empr. à l'égypt.

ob-. Élément, du lat. *ob*, «en face de, à l'encontre de», qui prend selon la lettre qu'il précède les formes *oc-, of-, op-, os-* ou *o-* *(occasion, offenser, omettre).*

obédience [ɔbedjɑ̃s] n. f. **1.** Vx Obéissance d'un religieux à ses supérieurs. ▷ HIST Ensemble des pays qui reconnaissaient l'un ou l'autre des papes rivaux, en temps de schisme. – *Ambassade d'obédience*, envoyée au pape par un monarque en témoignage de son obéissance. **2.** Permission écrite qu'un supérieur donne à un religieux de se déplacer. – HIST *Lettre d'obédience* : brevet accordé par un supérieur à un religieux à qui devait être confiée la direction d'une école, de 1850 à 1881. **3.** HIST *Pays d'obédience* : provinces où le roi n'avait pouvoir de nommer les ecclésiastiques et de leur attribuer des bénéfices que sous certaines conditions (indults), sous l'Ancien Régime. **4.** Mod. *D'obédience* (+ adj.) : qui reconnaît (telle autorité spirituelle). *Être d'obédience israélite.* ▷ *Par ext.* Qui se rattache à (telle tendance). *Groupement communiste d'obédience maoïste.* – Lat. *obœdientia.*

obédiencier [ɔbedjɑ̃sje] n. m. Religieux qui, par ordre de son supérieur, dessert un bénéfice dont il n'est pas titulaire. – De *obédience.*

obédientiel, elle [ɔbedjɑ̃sjɛl] adj. Relatif à l'obédience. – De *obédience.*

obéir [ɔbeiʀ] v. tr. indir. [3] **1.** Se soumettre (à qqn), accomplir sa volonté, ses ordres. *Obéir à ses chefs.* ▷ (Passif) *Vous serez obéi.* – Par ext. *Obéir au règlement.* ▷ Fig. *Obéir à la force, à un caprice.* **2.** (Choses) Être soumis, sensible (à une action). *Les corps obéissent aux lois de la gravitation universelle. Navire qui obéit au gouvernail.* – Du lat. *obœdire.*

obéissance [ɔbeisɑ̃s] n. f. Action, état de celui qui obéit; disposition à obéir. *Obéissance à ses parents.* – De *obéir.*

obéissant, ante [ɔbeisɑ̃, ɑ̃t] adj. Qui obéit, qui fait preuve d'obéissance. – Ppr. de *obéir.*

obel ou **obèle** [ɔbɛl] n. m. Didac. Signe en forme de broche indiquant les interpolations, dans les anciens manuscrits. – Bas lat. *obelus*, «broche», du gr. *obelos.*

obélisque [ɔbelisk] n. m. Monolithe quadrangulaire en forme d'aiguille surmontée d'une petite pyramide. *L'obélisque érigé place de la Concorde, en 1836, vient de Louxor.* – Lat. *obeliscus.*

obéré, ée [ɔbeʀe] adj. Chargé de dettes. – Lat. *obœratus*, «endetté».

obérer [ɔbeʀe] v. tr. [14] Endetter. – De *obéré.*

obèse [ɔbɛz] adj. et n. D'un embonpoint excessif. ▷ Subst. *Un(e) obèse.* – Lat. *obesus*, de *ob-*, et *edere*, «manger».

obésité [ɔbezite] n. f. **1.** État d'une personne obèse. **2.** Accumulation excessive de graisses dans l'organisme. – Lat. *obesitas.*

obi [ɔbi] n. f. Longue ceinture en soie, nouée dans le dos, du costume japonais traditionnel. – Mot japonais.

obier [ɔbje] n. m. Espèce de viorne (*Viburnum opulus*, fam. caprifoliacées), arbuste appelé aussi *boule-de-neige.* – Var. de *aubier*, à cause de la couleur blanche du bois.

obit [ɔbit] n. m. LITURG CATHOL Service anniversaire célébré pour le repos de l'âme d'un mort. – Lat. *obitus*, «trépas», de *obire*, «mourir».

obituaire [ɔbitɥɛʀ] adj. et n. m. LITURG CATHOL *Registre obituaire* ou, n. m., *obituaire* : registre où sont inscrits les obits fondés dans une église. – Lat. médiév. *obituarius*, du class. *obitus*, «mort».

objectal, ale, aux [ɔbʒɛktal, o] adj. PSYCHAN Qui est extérieur à la personne du sujet, dont l'objet est indépendant du moi. *Relation objectale.* – Du lat. *objectum.* (V. objet.)

objecter [ɔbʒɛkte] v. tr. [1] Opposer (un argument) à une affirmation, à une demande. *On nous a objecté la nécessité de réduire les dépenses. Objecter une impossibilité à la réalisation d'un projet. Objecter un argument contre une hypothèse.* – Lat. *objectare*, «placer devant, opposer».

objecteur [ɔbʒɛktœʀ] n. m. **1.** Vx Celui qui objecte, qui fait une, des objections. **2.** *Objecteur de conscience* :

homme qui refuse d'accomplir ses obligations militaires par scrupule de conscience philosophique ou religieux. (En France, depuis 1963, les objecteurs de conscience peuvent être exemptés de service militaire – service national –, mais ils doivent alors accomplir un service civil d'une durée double de la durée du service national normal.) – Sens 1, de *objecter;* sens 2, trad. de l'angl. *consciencious objector.*

objectif, ive [ɔbʒɛktif, iv] adj. et n. m. **A.** adj. **1.** PHILO Qui existe en dehors de l'esprit (par oppos. à *subjectif*). *Réalité objective.* **2.** Qui n'est pas influencé par les préjugés, le parti pris. *Une analyse objective de la situation. Historien objectif.* **B.** n. m. **I.** PHYS Système optique qui, dans un instrument, est tourné vers l'objet. *Objectif et oculaire d'une lunette, d'un microscope. Objectif à miroir d'un télescope. Objectif d'un appareil photo.* **II. 1.** MILIT Cible sur laquelle on dirige le feu d'une arme. **2.** Fig. But que l'on se propose d'atteindre. *Son objectif, c'est le pouvoir.* – Lat. *objectivus.*

objection [ɔbʒɛksjɔ̃] n. f. Ce que l'on objecte. *Faire une objection.* ▷ Spécial. *Objection de conscience :* refus du service militaire, fondé sur des opinions philosophiques ou religieuses. – Bas lat. *objectio.*

objectivant, ante [ɔbʒɛktivɑ̃, ɑ̃t] adj. Qui tend à rendre objectif. – Ppr. de *objectiver.*

objectivation [ɔbʒɛktivasjɔ̃] n. f. PHILO Action d'objectiver. – De *objectiver.*

objectivement [ɔbʒɛktivmɑ̃] adv. De manière objective. – De *objectif.*

objectiver [ɔbʒɛktive] v. tr. [1] PHILO Rendre objectif; considérer comme objectif. – De *objectif.*

objectivisme [ɔbʒɛktivism] n. m. PHILO **1.** Doctrine qui pose l'existence d'une réalité objective. **2.** Attitude intellectuelle qui consiste à s'efforcer d'éliminer les éléments d'appréciation subjectifs, à s'en tenir à la stricte objectivité. – De *objectif.*

objectiviste [ɔbʒɛktivist] adj. Relatif à l'objectivisme. ▷ Subst. Partisan de l'objectivisme. – De *objectivisme.*

objectivité [ɔbʒɛktivite] n. f. **1.** PHILO Qualité de ce qui existe en dehors de l'esprit. **2.** Attitude objective, impartiale. *Objectivité d'un journaliste.* – De *objectif.*

objet [ɔbʒɛ] n. m. **1.** Ce qui affecte les sens, spécial. la vue. *Les hallucinogènes déforment la perception des objets.* **2.** Chose, généralement maniable, destinée à un usage particulier. *Objet en métal, en bois. Objet fragile. Objet d'art,* qui est le résultat d'une création artistique. **3.** ASTRO Corps céleste dont les caractéristiques sont encore imparfaitement connues. ▷ *Objet volant non identifié :* V. ovni. **4.** PHYS Tout corps lumineux ou éclairé dont un système optique forme l'image. **5.** Ce qui occupe l'esprit, ce à quoi s'applique la pensée, l'entendement. *Le vrai est l'objet de l'entendement.* ▷ PHILO La chose même qui est pensée, par oppos. au sujet qui pense. **6.** Ce à quoi est consacrée une activité de l'esprit. *L'objet des mathématiques.* ▷ Matière, sujet. *Objet d'une note de service.* **7.** But, fin. *Son objet est de nous convaincre.* **8.** Personne, chose à laquelle s'adresse un sentiment. *Être un objet de respect.* **9.** GRAM Complément du verbe (mot ou groupe de mots) indiquant l'être ou la chose qui subit l'action réalisée par le sujet. *Le sujet et l'objet du verbe. Complément d'objet direct* ou *objet direct :* complément d'un verbe transitif direct, construit sans préposition (ex. : *il a cassé le vase*). *Complément d'objet indirect* ou *objet indirect :* complément d'un verbe transitif indirect, construit avec une préposition (ex. : *cela ne convient pas* aux *malades*). – Lat. scolast. *objectum,* «ce qui est placé devant», de *objicere,* «jeter *(jacere)* devant».

objurgation [ɔbʒyʀgasjɔ̃] n. f. (Généralement au plur.) Intervention pressante visant à détourner qqn de ses intentions. *Je me suis rendu à ses objurgations.* – Lat. *objurgatio,* «reproche».

objurguer [ɔbʒyʀge] v. intr. [1] Litt. Exprimer sa désapprobation par des objurgations. – Lat. *objurgare.*

oblat, ate [ɔbla, at] n. RELIG CATHOL **1.** Laïc qui se joint à une communauté religieuse sans prononcer les vœux de pauvreté, de chasteté et d'obéissance. ▷ Religieux de certains ordres. *Les oblats de Marie-Immaculée.* **2.** n. m. pl. LITURG Offrandes faites lors de l'eucharistie (pain, vin, cierge, etc.). **3.** n. f. HIST Demoiselle ou dame noble pauvre que le roi mettait à la charge d'un couvent sans lui imposer de vœux. – Lat. *oblatus,* «offert», pp. de *offerre,* l'oblat (sens 1) se donnant à un couvent avec ses biens.

oblatif, ive [ɔblatif, iv] adj. Didac. Qui porte à faire don de soi-même. *Sentiments oblatifs.* – Bas lat. *oblativus,* du class. *oblatus* (V. oblat).

oblation [ɔblasjɔ̃] n. f. RELIG Action par laquelle on offre (qqch) à Dieu. *Oblation du pain et du vin.* ▷ LITURG Partie de la messe où le prêtre, avant de consacrer le pain et le vin, les offre à Dieu. – Bas lat. *oblatio.*

oblativité [ɔblativite] n. f. Didac. Acte de faire don; générosité désintéressée. – De *oblatif.*

obligataire [ɔbligatɛʀ] n. FIN Porteur d'obligations. ▷ adj. *Emprunt obligataire,* en obligations. – De *obligation,* d'après *donataire.*

obligation [ɔbligasjɔ̃] n. f. **1.** Ce qui est imposé par la loi, la morale ou les circonstances. *Satisfaire à ses obligations familiales et professionnelles. Être dans l'obligation de déménager.* ▷ RELIG CATHOL *Fête d'obligation,* qui comporte les mêmes obligations (assistance à la messe, notam.) que le dimanche. **2.** DR Lien astreignant à effectuer une prestation ou à s'abstenir d'un acte déterminé. *Obligation alimentaire entre parents.* – *Par ext.* Acte par lequel une personne s'engage à faire ou à ne pas faire qqch. *Souscrire une obligation.* **3.** FIN Valeur mobilière négociable émise par une société ou une collectivité publique et qui donne droit à des intérêts. *Une obligation est remboursée soit au bout d'un délai déterminé, soit par tirage au sort.* ▷ *Obligation convertible,* susceptible d'être transformée en action. **4.** Vieilli Lien de reconnaissance. *Avoir de grandes obligations à qqn.* – Lat. *obligatio.*

obligatoire [ɔbligatwaʀ] adj. **1.** Qui constitue une obligation. *Clause obligatoire. Arrêt obligatoire.* **2.** Fam. Forcé, immanquable. – Bas lat. jurid. *obligatorius.*

obligatoirement [ɔbligatwaʀmɑ̃] adv. D'une manière obligatoire. – De *obligatoire.*

obligé, ée [ɔbliʒe] adj. et n. **I.** adj. **1.** Contraint, forcé. *Vous serez obligé d'accepter.* **2.** Reconnaissant. *Je vous suis obligé de votre attention.* **3.** Dont on ne peut se dispenser. *Corvée obligée.* – Fam. *C'est obligé :* cela ne peut pas être autrement. **II.** n. **1.** Personne à qui l'on a rendu un service. *Je suis votre obligé.* **2.** DR *Le principal obligé :* le principal débiteur. – Pp. de *obliger.*

obligeamment [ɔbliʒamɑ̃] adv. D'une manière obligeante. – De *obligeant.*

obligeance [ɔbliʒɑ̃s] n. f. Disposition à être obligeant. *Il a eu l'obligeance de me raccompagner.* – De *obligeant.*

obligeant, ante [ɔbliʒɑ̃, ɑ̃t] adj. Qui aime à rendre service. *Voisin obligeant.* – Par ext. *Attitude obligeante.* – Ppr. de *obliger.*

obliger [ɔbliʒe] v. tr. [13] **1.** *Obliger à :* contraindre, forcer à; mettre dans la nécessité de. *La crainte l'oblige à se taire. Son état de santé l'oblige à suivre un régime.* – Vieilli ou litt. *Obliger de.* **2.** DR Lier juridiquement. *La loi oblige tous les citoyens.* **3.** Rendre service, faire plaisir à (qqn). – Lat. *obligare,* de *ob-,* et *ligare,* «lier».

oblique [ɔblik] adj. et n. **1.** Qui s'écarte de la direction droite ou perpendiculaire. *Ligne oblique. Les pans obliques d'un prisme.* – Fig. *Regard oblique.* ▷ n. f. GEOM Droite inclinée, non perpendiculaire (à une autre droite, à un plan). ▷ n. m. ANAT Se dit de muscles dont les fibres sont obliques chez un sujet debout. *Le grand oblique de l'abdomen.* **2.** DR *Action oblique,* par laquelle le créancier se substitue au débiteur pour l'exercice de certains droits. **3.** GRAM *Cas obliques,* qui n'expriment pas un rapport direct (génitif, datif, ablatif). **4.** Loc. adv. *En oblique :* en suivant une ligne oblique. – Lat. *obliquus.*

obliquement [ɔblikmɑ̃] adv. De biais, en oblique. – De *oblique.*

obliquer [ɔblike] v. intr. [1] Aller en oblique. *Obliquer vers la droite.* – Lat. *obliquare.*

obliquité [ɔblikɥite] n. f. Position de ce qui est oblique; inclinaison d'une ligne, d'une surface sur une autre. *Obliquité des rayons du soleil.* ▷ ASTRO *Obliquité de l'écliptique :* angle que fait le plan de l'écliptique avec le plan de l'équateur (23° 27' en moyenne). – Lat. *obliquitas.*

oblitérateur, trice [ɔbliteʀatœʀ, tʀis] adj. et n. m. Qui oblitère. ▷ n. m. Instrument pour oblitérer des timbres. – De *oblitérer.*

oblitération [ɔbliteʀasjɔ̃] n. f. **1.** Action d'oblitérer; son résultat. *Oblitération d'un timbre.* **2.** MED État d'un conduit, d'une cavité obstruée. – De *oblitérer.*

oblitérer [ɔbliteʀe] v. tr. [14] **1.** Litt. Effacer peu à peu, insensiblement. *Le temps a oblitéré ces inscriptions.* ▷ Fig. Supprimer. *Son snobisme oblitère parfois son bon sens.* **2.** *Oblitérer un timbre,* l'annuler par l'apposition d'un cachet. **3.** MED Boucher, obstruer (une cavité, un conduit). – Lat. *oblitterare,* «effacer les lettres», de *ob-,* et *littera,* «lettre».

oblong, ongue [ɔblɔ̃, ɔ̃g] adj. Plus long que large. *Figure oblongue.* – Lat. *oblongus.*

obnubilation [ɔbnybilasjɔ̃] n. f. Obscurcissement d'un esprit obnubilé. ▷ PSYCHIAT Diminution du niveau de vigilance accompagnée d'une torpeur intellectuelle. – Du bas lat. *obnubilatio,* «action de couvrir de nuages».

obnubiler [ɔbnybile] v. tr. [1] Priver de lucidité en envahissant l'esprit. *La passion obnubile son jugement. Il est obnubilé par cette idée.* – *Par ext.* Obséder. – Lat. *obnubilare,* «couvrir de nuages».

obole [ɔbɔl] n. f. **1.** ANTIQ GR Petite monnaie valant un sixième de drachme. **2.** Ancienne monnaie française équivalant à un demi-denier. **3.** Petite somme d'argent, petite contribution. *Apporter son obole.* – Lat. *obolus,* gr. *obolos.*

obombrer [ɔbɔ̃bʀe] v. tr. [1] Litt. Couvrir d'ombre. – Lat. *obumbrare.*

obscène [ɔpsɛn] adj. Qui offense la pudeur. *Propos obscènes.* – Lat. *obscenus,* «de mauvais augure».

obscénité [ɔpsenite] n. f. **1.** Caractère de ce qui est obscène. **2.** Parole, action obscène. – Lat. *obscenitas.*

obscur, ure [ɔpskyʀ] adj. **1.** Privé de lumière. *Cour obscure.* Syn. sombre. **2.** Foncé (couleurs). *Des sapins d'un vert obscur.* **3.** Fig. Difficile à saisir, à comprendre. *Discours obscur.* ▷ Vague, confus, qui ne se manifeste pas clairement. *Être tourmenté par d'obscurs désirs.* **4.** Qui n'est pas connu, qui n'a pas de notoriété. *Un chercheur obscur. Né de parents obscurs,* d'un milieu modeste. – Lat. *obscurus.*

obscurantisme [ɔpskyʀɑ̃tism] n. m. Hostilité systématique au progrès de la civilisation, des «lumières». – De *obscur.*

obscurantiste [ɔpskyʀɑ̃tist] adj. et n. Qui concerne l'obscurantisme. ▷ Subst. Partisan de l'obscurantisme. – De *obscurantisme.*

obscurcir [ɔpskyʀsiʀ] v. [3] **I.** v. tr. **1.** Rendre obscur. *Les nuages obscurcissent le ciel.* **2.** Fig. Frapper d'aveuglement (l'esprit). *Les préjugés obscurcissent son intelligence.* **3.** Rendre peu compréhensible. *Tournures compliquées qui obscurcissent le style.* **II.** v. pron. **1.** Devenir obscur. *Le ciel s'obscurcit.* **2.** Fig. Se troubler, se brouiller (esprit). *Sa raison s'obscurcit.* – De l'a. fr. *oscurir,* de *oscur,* anc. forme de *obscur.*

obscurcissement [ɔpskyʀsismɑ̃] n. m. Action d'obscurcir, fait de s'obscurcir; son résultat. *Obscurcissement du jour.* ▷ Fig. *Obscurcissement de la conscience.* – De *obscurcir.*

obscurément [ɔpskyʀemɑ̃] adv. **1.** D'une façon peu claire, confuse. *Écrire, percevoir obscurément.* **2.** De façon à rester inconnu. *Vivre obscurément.* – De *obscur.*

obscurité [ɔpskyʀite] n. f. **1.** Absence de lumière. *Chambre plongée dans l'obscurité.* **2.** Fig. Manque d'intelligibilité. *Obscurité d'un texte.* **3.** État de ce qui est difficilement connaissable. *L'obscurité de ses antécédents.* **4.** Absence de notoriété. *Préférer l'obscurité à la gloire.* – Lat. *obscuritas.*

obsécration [ɔpsekʀasjɔ̃] n. f. Rare Prière par laquelle on implore une assistance humaine ou divine. – Lat. *obsecratio.*

obsédant, ante [ɔpsedɑ̃, ɑ̃t] adj. Qui obsède. – Ppr. de *obséder.*

obsédé, ée [ɔpsede] n. et adj. Qui a une obsession. – *Par exag.* Maniaque. – Pp. de *obséder.*

obséder [ɔpsede] v. tr. [14] **1.** S'imposer sans relâche à l'esprit. *Cette vision m'obsède.* **2.** Vieilli Importuner par ses assiduités. *Obséder qqn par ses visites.* – Lat. *obsidere,* «assiéger, bloquer, investir».

obsèques [ɔpsɛk] n. f. pl. Cérémonie accompagnant un enterrement. – Bas lat. *obsequiæ.*

obséquieusement [ɔpsekjøzmɑ̃] adv. D'une manière obséquieuse. – De *obséquieux.*

obséquieux, euse [ɔpsekjø, øz] adj. D'une politesse, d'une prévenance excessive, servile. *Vendeur obséquieux.* – Lat. *obsequiosus.*

obséquiosité [ɔpsekjɔzite] n. f. Caractère, comportement obséquieux. – De *obséquieux.*

observabilité [ɔpsɛʀvabilite] n. f. Qualité de ce qui est observable. – De *observable.*

observable [ɔpsɛʀvabl] adj. Qui peut être observé. – De *observer,* et *-able.*

observance [ɔpsɛʀvɑ̃s] n. f. **1.** Exécution de ce que prescrit une règle (en partic. une règle religieuse). *Observance des cérémonies.* **2.** Pratique de la règle par un ordre religieux; la règle elle-même. *La stricte observance de Cîteaux.* – Lat. *observantia.*

observateur, trice [ɔpsɛʀvatœʀ, tʀis] n. et adj. **A.** n. **I.** Vx Personne qui observe ce qui est prescrit. **II. 1.** Personne qui s'applique à observer les hommes, les choses, les phénomènes. *Ce peintre est un bon observateur de la nature.* **2.** Personne qui assiste à un événement qu'elle observe, sans y prendre part, pour son compte personnel ou celui d'un autre. *Observateur officiel envoyé par son pays à un congrès.* **3.** MILIT Personne (artilleur, aviateur) chargée d'observer les positions ennemies. **B.** adj. Porté à observer. *Esprit observateur.* – Lat. *observator.*

observation [ɔpsɛʀvasjɔ̃] n. f. **I.** Action d'observer ce qui est prescrit. *Observation d'une règle.* **II. 1.** Action d'étudier avec attention. *Observation des étoiles, des hommes. Observation scientifique. Avoir l'esprit d'observation :* être apte à observer. **2.** Action de surveiller, d'épier. *Poste d'observation.* – MILIT *Aviation d'observation,* chargée d'observer les positions ennemies. ▷ *Mettre un malade en observation,* surveiller particulièrement l'évolution de son cas pour établir un diagnostic. **3.** Réflexion, remarque portant sur ce que l'on a observé.

Une observation juste. Observation sur un auteur. **4.** Léger reproche. *Faire une observation à qqn.* – Lat. *observatio.*

observatoire [ɔpsɛʀvatwaʀ] n. m. **1.** Établissement destiné aux observations astronomiques ou météorologiques. – Par ext. *Observatoire économique* : établissement officiel chargé d'observer les variations des principaux facteurs économiques d'une région. **2.** MILIT Point d'où l'on peut observer les positions ennemies. – De *observer.*

observer [ɔpsɛʀve] v. [1] **A.** v. tr. **I.** Suivre, respecter (ce qui est prescrit). *Observer le règlement, le silence.* **II. 1.** Considérer, étudier avec soin (qqn, qqch). *Observer un nouveau venu. Observer un phénomène dans un but scientifique.* **2.** Surveiller, épier. *Observer les allées et venues de ses voisins.* **3.** Remarquer (qqch). *On observe un ralentissement de la production. Faire observer qqch à qqn.* **B.** v. pron. Prendre garde à ce qu'on dit, à ce qu'on fait. *Il était obligé de s'observer dans cette réunion guindée.* – Lat. *observare.*

obsession [ɔpsesjɔ̃] n. f. Pensée obsédante. *Avoir l'obsession de l'échec.* ▷ PSYCHOPATHOL Trouble mental caractérisé par une idée fixe, une crainte ou une impulsion qui s'impose à l'esprit et détermine une sensation d'angoisse. – Lat. *obsessio,* «action d'assiéger».

obsessionnel, elle [ɔpsɛsjɔnɛl] adj. Relatif à l'obsession. – PSYCHOPATHOL *Névrose obsessionnelle* : trouble mental dans lequel le conflit psychique s'exprime par des idées obsédantes, une compulsion* à accomplir certains actes, la lutte contre ces idées et compulsions, un mode de pensée (doute, rumination mentale) qui finissent par provoquer l'inhibition*. – De *obsession.*

obsidienne [ɔpsidjɛn] n. f. MINER Roche éruptive dont l'aspect rappelle celui du verre et qui présente une structure particulière due au refroidissement très rapide de la lave. – Lat. *obsidianus,* lecture fautive pour *obsianus (lapis),* «(pierre) d'Obsius», découvreur de ce minéral, selon Pline.

obsidional, ale, aux [ɔpsidjɔnal, o] adj. Didac. Qui concerne le siège d'une ville. ▷ ANTIQ ROM *Couronne obsidionale,* décernée à celui qui avait forcé un siège. ▷ *Monnaie obsidionale,* frappée dans une place assiégée. ▷ MED *Délire obsidional,* de celui qui se croit assiégé, persécuté. – Lat. *obsidionalis,* de *obsidio,* «siège».

obsolescence [ɔpsɔlɛsɑ̃s] n. f. Didac. Fait de se périmer, de devenir désuet. – ECON Dépréciation (d'un outillage) résultant d'un vieillissement lié au progrès technique. – Du lat. *obsolescere,* «tomber en désuétude», par l'anglais.

obsolescent, ente [ɔpsɔlɛsɑ̃, ɑ̃t] adj. ECON Frappé d'obsolescence. – Mot angl.; même orig. qu'*obsolescence.*

obsolète [ɔpsɔlɛt] adj. Périmé, désuet. – Lat. *obsoletus.*

obstacle [ɔpstakl] n. m. **1.** Ce qui s'oppose au passage, à la progression. *Il y a un obstacle sur la route.* ▷ SPORT *Course d'obstacles,* qui s'effectue sur un parcours où sont disposés des fossés, des haies, etc. **2.** Fig. Ce à quoi on se heurte dans l'exécution d'un projet. *Faire obstacle à un plan.* – Lat. *obstaculum,* de *obstare,* «se tenir *(stare)* devant *(ob)* ».

obstétrical, ale, aux [ɔpstetʀikal, o] adj. Relatif à l'obstétrique. – De *obstétrique.*

obstétricien, enne [ɔpstetʀisjɛ̃, ɛn] n. MED Médecin spécialiste en obstétrique. – De *obstétrique.*

obstétrique [ɔpstetʀik] n. f. MED Partie de la médecine qui traite de la grossesse et des accouchements. – Du lat. *obstetrix, obstetricis,* «sage-femme».

obstination [ɔpstinasjɔ̃] n. f. Caractère d'une personne obstinée, opiniâtre. – Lat. *obstinatio.*

obstiné, ée [ɔpstine] adj. et n. Qui a de l'obstination; qui dénote l'obstination. ▷ Subst. *Un(e) obstiné(e).* – Lat. *obstinatus,* pp. de *obstinare,* «vouloir de manière opiniâtre».

obstinément [ɔpstinemɑ̃] adv. D'une manière obstinée. – De *obstiné.*

obstiner (s') [ɔpstine] v. pron. [1] Persister opiniâtrement. *S'obstiner dans son erreur. S'obstiner à faire qqch.* – Lat. *obstinare.*

obstructif, ive [ɔpstʀyktif, iv] adj. Qui provoque une obstruction. – De *obstruction.*

obstruction [ɔpstʀyksjɔ̃] n. f. **1.** MED Engorgement ou occlusion d'un conduit de l'organisme. **2.** Manœuvre dilatoire destinée à retarder ou empêcher l'aboutissement d'un débat. *Faire de l'obstruction dans une assemblée.* **3.** SPORT Au football, au rugby, irrégularité (sanctionnée par un coup franc) qui consiste à entraver l'action d'un adversaire en lui barrant le passage alors qu'il n'est pas en possession du ballon. – Lat. *obstructio.*

obstructionnisme [ɔpstʀyksjɔnism] n. m. POLIT Tactique de ceux qui font de l'obstruction systématique. – De *obstructionniste.*

obstructionniste [ɔpstʀyksjɔnist] n. et adj. POLIT **1.** n. Parlementaire qui fait de l'obstruction. **2.** adj. Relatif à l'obstruction. – De *obstruction.*

obstruer [ɔpstʀye] v. tr. [1] Boucher (un conduit, un passage, un canal). *Caillot qui obstrue une artère.* – Lat. *obstruere.*

obtempérer [ɔptɑ̃peʀe] v. tr. indir. [14] DR ADMIN *Obtempérer à un ordre, à une sommation,* etc., y obéir, s'y soumettre. – Absol. *Refus d'obtempérer.* ▷ Cour. Obéir sous la menace. – Lat. *obtemperare.*

obtenir [ɔptəniʀ] v. tr. [36] **1.** Réussir à se faire accorder (ce que l'on demande). *Obtenir une place, une permission.* **2.** Parvenir à (tel résultat). *Obtenir un bon rendement de ses terres.* – Lat. *obtinere,* francisé d'ap. *tenir.*

obtention [ɔptɑ̃sjɔ̃] n. f. Fait d'obtenir. *Obtention d'un titre.* – Du lat. *obtentum,* pp. de *obtinere* (V. obtenir).

obturateur, trice [ɔptyʀatœʀ, tʀis] adj. et n. m. **1.** adj. Qui sert à obturer. ▷ ANAT *Trou obturateur* : trou souspubien de l'os iliaque, qui tient sa dénomination paradoxale de la *membrane obturatrice* qui l'oblitère. **2.** n. m. Objet, mécanisme servant à obturer. ▷ TECH Pièce servant au réglage ou à l'arrêt du débit d'un liquide, d'un gaz. ▷ PHOTO Dispositif qui laisse pénétrer la lumière dans un appareil photographique pendant le temps de pose fixé. – De *obturer.*

obturation [ɔptyʀasjɔ̃] n. f. Action d'obturer; état de ce qui est obturé. *Obturation d'une dent cariée.* – Bas lat. *obturatio.*

obturer [ɔptyʀe] v. tr. [1] Boucher (une cavité, un trou). – Lat. *obturare.*

obtus, use [ɔpty, yz] adj. **1.** Rare Émoussé, arrondi. *Oiseau au bec obtus.* **2.** GEOM *Angle obtus,* plus grand que l'angle droit. **3.** Fig., VX *Sens obtus,* qui manque d'acuité. ▷ Mod. *Esprit obtus,* peu pénétrant, sans finesse. – Lat. *obtusus,* «émoussé».

obtusangle [ɔptyzɑ̃gl] adj. GEOM *Triangle obtusangle,* qui a un angle obtus. – Bas lat. *obtusangulus.*

obus [oby] n. m. Projectile explosif de forme généralement cylindro-ogivale, tiré par une pièce d'artillerie. – All. *Haubitze,* du tchèque *haufnice,* «catapulte»; d'abord *hocbus.*

obusier [obyzje] n. m. Pièce d'artillerie courte, généralement de fort calibre et à tir courbe, qui permet d'atteindre des objectifs défilés. – De *obus.*

obvenir [ɔbvəniʀ] v. intr. [36] DR Échoir. – Lat. *obvenire.*

obvers [ɔbvɛʀ] n. m. ou **obverse** [ɔbvɛʀs] n. f. TECH Vx Avers. – Lat. *obversus,* pp. de *obvertere,* « tourner vers ou contre ».

obvie [ɔbvi] adj. Didac. *Sens obvie :* sens le plus courant d'un mot. – Lat. *obvius,* propr. « qui vient au-devant ».

obvier [ɔbvje] v. tr. indir. [1] Litt. *Obvier à :* prendre les précautions, les mesures nécessaires pour éviter, prévenir (un mal, un inconvénient). – Bas lat. *obviare,* « résister ».

oc [ɔk] partic. affirmative signifiant « oui » dans les dialectes de la France du sud de la Loire, couramment parlés au Moyen Âge. – *Langue d'oc :* ensemble des dialectes de la France du sud de la Loire (à l'exception du basque et du catalan) et dans lesquels « oui » se dit *oc* (par oppos. à *langue d'oïl*). V. oïl. – Mot provenç., du lat. *hoc.*

ocarina [ɔkaʀina] n. m. Petit instrument à vent de musique populaire, constitué d'un bec et d'une coque ovoïde en terre cuite, en métal ou en matière plastique, percée de trous, et dont la sonorité rappelle celle de la flûte. – Mot ital., probabl. de *oca,* « oie ».

occase [ɔkaz] n. f. Pop. Occasion. – Abrév. de *occasion.*

occasion [ɔkazjɔ̃] n. f. **1.** Circonstance, conjoncture favorable, qui vient à propos. *Profiter de l'occasion. Manquer l'occasion.* ▷ Loc. adv. *À l'occasion :* si une circonstance favorable se présente. **2.** Circonstance, moment. *Montrer du sang-froid en toute occasion.* **3.** Circonstance qui donne lieu à telle ou telle action, qui a pour conséquence tel ou tel fait. *Avoir l'occasion de rendre service.* – *Occasions de réjouissance.* ▷ Loc. adv. *À l'occasion de. Banquet à l'occasion d'un anniversaire.* – *Par occasion :* fortuitement. – *D'occasion :* que des circonstances accidentelles ont suscité. *Un héroïsme d'occasion.* **4.** Marché, achat conclu dans des conditions avantageuses. ▷ *Vêtements, voitures d'occasion,* qui ne sont pas neufs, qui ont déjà servi. ▷ Ellipt. *Vendre du neuf et de l'occasion.* – Lat. *occasio.*

occasionnalisme [ɔkazjɔnalism] n. m. PHILO Doctrine des causes occasionnelles, due à Malebranche, et d'après laquelle la seule cause efficiente de tout ce qui se produit est Dieu. – De *occasionnel.*

occasionnel, elle [ɔkazjɔnɛl] adj. **1.** PHILO *Cause occasionnelle :* cause qui est seulement l'occasion offerte à la véritable cause de produire son effet. **2.** Que l'occasion seule fait naître, qui arrive fortuitement. – De *occasion.*

occasionnellement [ɔkazjɔnɛlmɑ̃] adv. Par occasion, de manière occasionnelle. – De *occasion.*

occasionner [ɔkazjɔne] v. tr. [1] Donner lieu à, être la cause, l'occasion de (un inconvénient, une gêne, un malheur). – De *occasion.*

occident [ɔksidɑ̃] n. m. **1.** Celui des quatre points cardinaux qui est du côté où le soleil se couche. Syn. ouest, couchant. **2.** Région située à l'ouest par rapport à un lieu donné. ▷ (Avec une majuscule.) Ensemble des pays situés à l'ouest du continent eurasiatique. – (Dans un certain type de discours politique.) Ensemble des peuples qui habitent ces pays, en tant que dépositaires de valeurs (religieuses, notam.) considérées comme essentielles par celui qui parle. *Défendre l'Occident chrétien.* ▷ POLIT Ensemble atlantique constitué par les pays d'Europe de l'Ouest, le Canada et les États-Unis. ▷ *Spécial.* Ensemble des pays membres de l'OTAN. – Lat. *occidens,* « (soleil) couchant ».

occidental, ale, aux [ɔksidɑ̃tal, o] adj. et n. **1.** Qui est à l'occident. *Peuples de l'Europe occidentale.* **2.** Qui a rapport à l'Occident. *Mode de vie occidental. S'habiller à l'occidentale,* à la manière des Occidentaux. ▷ POLIT *Les puissances occidentales.* – *Le bloc occidental* (par oppos. aux pays de *l'Europe de l'Est*). **3.** Subst. Habitant, personne originaire de l'Occident. *Les Occidentaux.* – Lat. *occidentalis.*

occidentalisation [ɔksidɑ̃talizasjɔ̃] n. f. Action d'occidentaliser, fait de s'occidentaliser; son résultat. – De *occidentaliser.*

occidentaliser [ɔksidɑ̃talize] v. tr. [1] Transformer en prenant comme modèle les valeurs, la culture de l'Occident. ▷ v. pron. *Habitudes de vie qui s'occidentalisent.* – De *occidental.*

occipital, ale, aux [ɔksipital, o] adj. et n. m. ANAT De l'occiput. ▷ *Os occipital* ou, n. m., *l'occipital :* os situé à la partie inférieure de l'arrière du crâne et traversé par un large orifice, le *trou occipital,* qui livre passage au bulbe rachidien. – Lat. médiév. *occipitalis.*

occiput [ɔksipyt] n. m. Didac. ou plaisant Partie postérieure de la tête, au-dessus de la nuque. – Mot lat.

occire [ɔksiʀ] v. tr. Vx ou plaisant Tuer (empl. seulement à l'inf. et au pp., *occis, ise,* dans les temps composés). – Lat. pop. **aucidere,* class. *occidere.*

occitan, ane [ɔksitɑ̃, an] adj. et n. **1.** adj. Relatif à l'Occitanie, à la langue d'oc. *Littérature, culture occitane.* ▷ Subst. *Un(e) Occitan(e).* **2.** n. m. Langue d'oc : V. oc. – Lat. médiév. *(lingua) occitana,* latinisation de *(langue) d'oc.*

occlure [ɔklyʀ] v. tr. [78] MED Fermer (un conduit, un orifice). ▷ CHIR Pratiquer l'occlusion de (un orifice naturel). – Lat. *occludere,* « enfermer ».

occlus, use [ɔkly, yz] adj. **1.** CHIM Se dit d'un gaz inclus dans un solide. **2.** METEO *Front occlus :* V. front. – Pp. de *occlure.*

occlusif, ive [ɔklyzif, iv] adj. et n. f. **1.** MED Qui produit l'occlusion. *Bandage occlusif.* **2.** PHON *Consonne occlusive* ou, n. f., *une occlusive :* consonne dont l'articulation se fait par une fermeture complète et momentanée du conduit buccal suivie ou non d'une ouverture brusque. *Occlusives bilabiales* ([p], [b]), *occlusives dentales* ([t], [d]), etc. – Du lat. *occlusus,* de *occludere,* « fermer ».

occlusion [ɔklyzjɔ̃] n. f. **1.** Rapprochement des bords d'une ouverture naturelle. *L'occlusion des paupières, du chenal expiratoire.* ▷ MED *Occlusion intestinale :* oblitération interrompant le transit des matières fécales et des gaz. ▷ CHIR Opération destinée à occlure une ouverture naturelle. **2.** CHIM Propriété que possèdent certains corps (métaux, partic.) d'absorber des gaz et de les retenir énergiquement. ▷ Le gaz ainsi absorbé. – Bas lat. *occlusio.*

occultation [ɔkyltasjɔ̃] n. f. **1.** ASTRO Passage d'un astre derrière un autre qui le masque à la vue de l'observateur terrestre. **2.** Action d'occulter; son résultat. ▷ MAR *Feu à occultation,* qui présente des périodes de lumière plus longues que les périodes d'obscurité (à la différence des feux dits *à éclats*). – Lat. *occultatio,* « action de cacher ».

occulte [ɔkylt] adj. **1.** Caché. *Cause occulte.* **2.** Qui s'exerce en secret; clandestin. *Pressions occultes faites sur un juré.* **3.** *Sciences occultes :* doctrines et pratiques présentant généralement un caractère plus ou moins ésotérique, et reposant sur la croyance en des influences, des forces que la connaissance rationnelle serait impuissante à expliquer (astrologie, alchimie, divination, etc.). – Lat. *occultus,* de *occulere,* « dissimuler ».

occulter [ɔkylte] v. tr. [1] **1.** ASTRO Cacher (un astre) en passant devant lui, en parlant d'un autre astre. **2.** Rendre difficilement visible (un signal lumineux) dans une zone déterminée. ▷ (Abstrait) Dissimuler. *Occulter un fait gênant.* – Lat. *occultare.*

occultisme [ɔkyltism] n. m. Connaissance, pratique des sciences occultes. – De *occulte.*

occultiste [ɔkyltist] n. et adj. **1.** n. Adepte des sciences occultes. **2.** adj. Qui appartient aux sciences occultes, à l'occultisme. – De *occulte.*

occupant, ante [ɔkypɑ̃, ɑ̃t] n. et adj. **1.** n. DR et cour. Personne qui occupe un local, un emplacement. ▷ *Spécial.* DR Personne qui occupe un local d'habitation ou un local professionnel sans être titulaire d'un bail ou d'un engagement de location. ▷ *Premier occupant :* celui qui le premier prend possession d'un lieu. **2.** adj. Qui occupe militairement un pays. *Troupes occupantes.* ▷ n. m. *Lutter contre l'occupant.* – Ppr. subst. de *occuper.*

occupation [ɔkypasjɔ̃] n. f. **1.** Affaire, activité à laquelle on est occupé. *Il a de multiples occupations.* **2.** Place, emploi. *Il n'a pas d'occupation actuellement.* **3.** Habitation, jouissance d'un lieu, d'un local. *Loyer payé à proportion de l'occupation.* **4.** DR Mode d'acquisition originaire de la propriété d'un meuble sans maître par une appréhension matérielle. *Occupation des épaves, des produits de la chasse ou de la pêche.* **5.** Action de se rendre maître d'un pays par les armes et d'y maintenir des forces militaires. *Armée d'occupation.* ▷ Période pendant laquelle un pays est occupé par une puissance étrangère. – Spécial. *L'Occupation :* la période pendant laquelle la France fut occupée par les armées allemandes, de 1940 à 1944. **6.** Fait d'occuper un lieu. *Après un mois d'occupation, l'usine a été évacuée par les forces de l'ordre.* – Lat. *occupatio.*

occupé, ée [ɔkype] adj. **1.** Qui a une occupation, qui s'occupe de qqch. *Il est occupé à terminer ce travail.* ▷ Qui a de l'occupation; actif. *Un homme très occupé.* ▷ Vieilli Préoccupé. **2.** Placé sous l'autorité de troupes d'occupation. *Zone occupée.* **3.** Où quelqu'un est déjà installé. *Fauteuil occupé.* – Pp. de *occuper.*

occuper [ɔkype] v. [1] **I.** v. tr. **1.** Se rendre maître, demeurer maître de (un lieu). *L'ennemi occupait toutes les villes frontalières. Occuper le terrain conquis.* ▷ Par ext. *Ouvriers en grève qui occupent une usine.* **2.** DR Acquérir par occupation (sens 4). **3.** Remplir (une étendue d'espace ou de temps). *Un grand lit occupait la moitié de la chambre. Ce travail a occupé la plus grande partie de ma journée.* ▷ Absorber (qqn), lui prendre son temps. *Sa famille et sa carrière l'occupent tout entier.* **4.** Habiter. *Il occupait le rez-de-chaussée et sa fille le premier étage.* **5.** Remplir, exercer (une fonction, un emploi). *Il occupe un poste très important au ministère.* **6.** Employer, donner de l'occupation à. *Il occupe plusieurs ouvriers. Occuper qqn à qqch.* **II.** v. pron. **1.** Vieilli *S'occuper à :* travailler à, employer son temps à. *S'occuper à jardiner.* **2.** Mod. *S'occuper de qqch.,* y consacrer son temps, son attention. *S'occuper d'œuvres sociales. Occupez-vous de ce qui vous regarde.* ▷ *S'occuper de qqn,* lui consacrer son temps, veiller sur lui. *Son mari s'occupe bien des enfants.* **3.** (S. comp.) Employer pleinement son temps, ne pas rester inactif. *Aimer, savoir s'occuper.* **III.** v. intr. DR Défendre en justice les intérêts d'un client, en parlant d'un avocat (et, anc., d'un avoué). *C'est maître Untel qui occupe pour moi dans cette affaire.* – Lat. *occupare,* « s'emparer de ».

occurrence [ɔkyʀɑ̃s] n. f. **1.** Litt. Occasion, circonstance. – Loc. *En l'occurrence :* dans le cas envisagé. **2.** LITURG Rencontre de deux fêtes qui tombent le même jour. **3.** LING Apparition d'une unité linguistique dans un énoncé. – Sens 1 et 2, de *occurrent;* sens 3, de l'angl. *occurrence.*

occurrent, ente [ɔkyʀɑ̃, ɑ̃t] adj. LITURG Qui tombe le même jour qu'une autre fête. *Fêtes occurrentes.* – Lat. *occurrens,* ppr. de *occurrere,* « se rencontrer ».

océan [ɔseɑ̃] n. m. **1.** Vaste étendue d'eau salée baignant une grande partie de la Terre. ▷ Partie de cette étendue. *L'océan Atlantique, Pacifique.* ▷ *L'Océan :* en France, l'océan Atlantique. *Les plages de l'Océan.* **2.** Fig. *Océan de :* grande étendue. *Le désert, vaste océan de sable.* ▷ Ce qui évoque la succession des tempêtes et des calmes de l'océan. *L'océan de la vie.* – Lat. *Oceanus,* gr. *Okeanos,* n. d'une divinité de la mer.

océane [ɔsean] adj. f. Litt. Océanique. – De la loc. lat. *mare Oceanus,* « océan ».

océanien, enne [ɔseanjɛ̃, ɛn] adj. et n. De l'Océanie; relatif à ses habitants. ▷ Subst. *Les Océaniens.* – De *Océanie,* de *océan.*

océanique [ɔseanik] adj. **1.** De l'océan. *Flore océanique.* **2.** Qui est proche de l'océan, qui en subit l'influence. *Climat océanique :* climat doux et humide que l'influence des océans fait régner sur les îles et les façades maritimes de la zone tempérée. – Lat. *oceanicus.*

océanographe [ɔseanɔgʀaf] n. Spécialiste d'océanographie. – De *océanographie.*

océanographie [ɔseanɔgʀafi] n. f. Science qui a pour objet l'étude des océans. – De *océan,* et *-graphie.*

océanographique [ɔseanɔgʀafik] adj. Relatif à l'océanographie. *Études océanographiques. Le Musée océanographique de Monaco.* – De *océanographie.*

océanologie [ɔseanɔlɔʒi] n. f. Océanographie appliquée à l'exploitation des ressources océaniques et à la protection des mers. – De *océan,* et *-logie.*

océanologique [ɔseanɔlɔʒik] adj. Relatif à l'océanologie. – De *océanologie.*

océanologue [ɔseanɔlɔg] n. Spécialiste d'océanologie. – De *océanologie.*

ocelle [ɔsɛl] n. m. ZOOL **1.** Tache arrondie dont le centre est d'une autre couleur que la circonférence. *Les ocelles des ailes de papillon, des plumes caudales du paon.* **2.** Œil simple de certains arthropodes. – Lat. *ocellus,* dimin. de *oculus,* « œil ».

ocellé, ée [ɔsele] adj. Litt. ou ZOOL Marqué d'ocelles. – Bas lat. *ocellatus,* « qui a de petits yeux ».

ocelot [ɔslo] n. m. **1.** Félin *(Felis pardalis)* d'Amérique du Sud, long de 1,50 m avec la queue, grimpeur agile, dont la fourrure tachetée est très recherchée. **2.** Fourrure de l'ocelot. – Mot aztèque, par l'espagnol.

-oche. Suffixe argotique, diminutif.

ocre [ɔkʀ] n. f. **1.** Argile friable, de couleur jaune, rouge ou brune selon la nature des oxydes qu'elle contient. **2.** Couleur, colorant à base d'ocre. **3.** Couleur d'un brun tirant sur le jaune ou le rouge. ▷ adj. inv. *Des murs ocre.* – Lat. *ochra,* gr. *ôkhra,* de *ôkhros,* « jaune ».

ocré, ée [ɔkʀe] adj. Qui a la teinte de l'ocre jaune ou rouge. – De *ocre.*

ocrer [ɔkʀe] v. tr. [1] Colorer en ocre. – De *ocre.*

ocreux, euse [ɔkʀø, øz] adj. De la nature de l'ocre; qui contient de l'ocre. – De *ocre.*

oct-, octa-, octi-, octo-. Éléments, du lat. *octo,* « huit ».

octa [ɔkta] n. m. METEO Unité de mesure de la nébulosité, étendue de nuages (d'un seul tenant ou fractionnée) masquant le huitième du ciel. – Du lat. *octo,* « huit ».

octaèdre [ɔktaɛdʀ] n. m. (et adj.) GEOM Polyèdre à huit faces. – Bas lat. *octaedros,* mot gr. (V. -èdre).

octaédrique [ɔktaedʀik] adj. GEOM En forme d'octaèdre. *Cristaux octaédriques.* – De *octaèdre.*

octal, ale, aux [ɔktal, o] adj. INFORM Se dit d'un système de numération à base huit. – Dér. savant du lat. *octo,* « huit ».

octane [ɔktan] n. m. CHIM Hydrocarbure saturé de formule C_8H_{18}. ▷ *Indice d'octane,* qui mesure le pouvoir antidétonant d'un carburant. – De *oct-,* et *-ane,* élément désignant les hydrocarbures saturés.

octant [ɔktɑ̃] n. m. **1.** GEOM Huitième partie d'un cercle, arc de 45°. **2.** MAR Instrument de mesure des angles analogue au sextant, mais dont le limbe est de 45°. – Lat. *octans*, «huitième partie».

octante [ɔktɑ̃t] adj. num. card. Vx ou rég. (Belgique, Suisse romande). Quatre-vingts. – Latinisation de l'a. fr. *oitante*, d'ap. le lat. *octoginta*.

octastyle [ɔktastil] adj. ARCHI Qui présente huit colonnes en façade. (On dit aussi *octostyle*.) – Gr. *oktastulos*, de *oktô*, «huit», et *stulos*, «colonne».

octave [ɔktav] n. f. **1.** LITURG Espace de huit jours après une grande fête. – Le huitième jour qui suit cette fête. **2.** MUS Intervalle dans lequel la note la plus haute a pour fréquence le double de la plus basse, chacune de ces notes donnant leur nom à la succession des gammes. ▷ Huitième degré de l'échelle diatonique. – *Jouer un passage à l'octave*, une octave plus haut (ou, moins souvent, plus bas). **3.** SPORT En escrime, huitième parade : position de la main, ongles dessus, pointe basse dans la ligne du dehors. – Lat. *octavus*, «huitième».

octavier [ɔktavje] v. [1] MUS **1.** v. intr. Émettre l'octave haute de la note que l'instrumentiste cherche à jouer, au lieu de la note elle-même, en parlant d'un instrument à vent. Cf. quintoyer. **2.** v. tr. Jouer (un morceau) à l'octave au-dessus. – De *octave*.

octavon, onne [ɔktavɔ̃, ɔn] adj. et n. Se dit d'une personne née d'un quarteron et d'une Blanche ou d'un Blanc et d'une quarteronne. – De l'esp. *octavo*, lat. *octavus*, «huitième».

octet [ɔktɛ] n. m. **1.** CHIM Groupe de huit électrons appartenant à la même orbitale atomique et formant un édifice particulièrement stable, caractéristique des corps chimiquement inertes. **2.** INFORM Groupe de huit bits. – Mot anglais.

octi-. V. oct-.

octidi [ɔktidi] n. m. Huitième jour de la décade, dans le calendrier républicain. – De *octi-*, et lat. *dies*, «jour».

octo-. V. oct-.

octobre [ɔktɔbʀ] n. m. Dixième mois de l'année, comprenant trente et un jours. ▷ *Les journées d'octobre* : V. encycl. – *La révolution d'Octobre* : V. encycl.– Lat. *october*, de *octo*, «huit», huitième mois de l'année romaine.

ENCYCL **Hist.** – *Les journées d'octobre 1789* (journées des 5 et 6) furent des journées d'émeutes qui, commencées le 5 à Paris, virent la foule marcher sur Versailles; elle imposa à Louis XVI et à sa famille de venir résider aux Tuileries, où ils furent en réalité prisonniers du peuple. – *La révolution d'Octobre*, insurrection dirigée par les bolcheviks, renversa à Petrograd le gouv. socialiste de Kerenski en 1917. Lénine et Trotski la déclenchèrent le 24 oct. (du calendrier russe, c.-à-d. le 6 nov.); elle triompha le 26 oct. (8 nov.). Lénine constitua alors le Conseil des commissaires du peuple, qu'il présida, et instaura la dictature du prolétariat.

octocoralliaires [ɔktokɔʀaljɛʀ] n. m. pl. ZOOL Classe de cnidaires anthozoaires qui comprend notam. les alcyons et le corail rouge. – Sing. *Un octocoralliaire*. – De *octo-*, et *coralliaires*.

octogénaire [ɔktɔʒenɛʀ] adj. et n. Qui a entre quatre-vingts et quatre-vingt-dix ans. ▷ Subst. *Un(e) octogénaire*. – Lat. *octogenarius*.

octogonal, ale, aux [ɔktɔgɔnal, o] adj. En forme d'octogone. – De *octogone*.

octogone [ɔktɔgɔn] n. m. GEOM Polygone qui a huit angles (et donc huit côtés). – Lat. *octogonos*, mot gr.

octopode [ɔktɔpɔd] adj. et n. m. **1.** adj. Qui a huit pieds, huit tentacules. **2.** n. m. pl. ZOOL Ordre de mollusques céphalopodes dibranchiaux dépourvus de coquille et possédant huit bras, qui comprend notam. la pieuvre et l'argonaute. – Sing. *Un octopode*. – Gr. *oktôpous, oktôpodos*.

octostyle. V. octastyle.

octosyllabe [ɔktosil(l)ab] adj. et n. m. Qui a huit syllabes. ▷ n. m. Vers octosyllabe. – Lat. *octosyllabus*.

octosyllabique [ɔktɔsil(l)abik] adj. Syn. de *octosyllabe*. – De *octosyllabe*.

octroi [ɔktʀwa] n. m. **1.** Action d'octroyer. *Octroi d'un privilège*. **2.** Anc. Impôt perçu par les villes sur certaines des marchandises qui y entraient. *Les droits d'octroi ont été supprimés sur l'ensemble du territoire français en 1948*. ▷ *Par ext.* Administration qui percevait cet impôt. – Bureau où il était versé. – De *octroyer*.

octroyer [ɔktʀwaje] v. tr. [23] **1.** Concéder, accorder comme une faveur. *Octroyer une grâce*. ▷ v. pron. Fam. *S'octroyer un peu de repos*. **2.** Allouer. *La maigre pension qu'on lui octroie*. – Du lat. pop. **auctoritare*, class. *auctorare*, «garantir, louer»; a. fr. *otreier*.

octuor [ɔktɥɔʀ] n. m. MUS **1.** Morceau écrit pour huit voix ou huit instruments. **2.** Groupe de huit musiciens ou de huit chanteurs. – De *oct-*, d'ap. *quatuor*.

octuple [ɔktypl] adj. Didac. Qui contient huit fois un nombre, une quantité. – Lat. *octuplus*.

oculaire [ɔkylɛʀ] adj. et n. m. **I.** adj. **1.** Qui a rapport à l'œil, de l'œil. *Globe oculaire*. **2.** *Témoin oculaire*, qui a vu une chose de ses propres yeux. **II.** n. m. Lentille ou système de lentilles qui, dans un instrument d'optique, est proche de l'œil de l'observateur (par oppos. à *objectif*). – Lat. *ocularis*, de *oculus*, «œil».

ocularistе [ɔkylaʀist] n. Didac. Fabricant de pièces de prothèse oculaire. – De *oculaire*.

oculiste [ɔkylist] n. Vieilli Syn. de *ophtalmologiste*. – Du lat. *oculus*, «œil».

oculus [ɔkylys] n. m. ARCHI Syn. de *œil-de-bœuf*. *Des oculi* ou *des oculus*. – Mot lat., «œil».

ocytocine [ɔsitɔsin] n. f. BIOCHIM Hormone post-hypophysaire qui stimule les contractions du muscle utérin lors de l'accouchement et qui active l'hormone antidiurétique. – Du gr. *ôkutokos*, «qui procure un accouchement *(tokos)* rapide *(ôkus)* ».

ocytocique [ɔsitɔsik] adj. BIOCHIM Qui stimule les contractions du muscle utérin. – De *ocytocine*.

od(o)-, -ode. Éléments, du grec *hodos*, «route» (ex. *cathode, anode, diode*).

odalisque [ɔdalisk] n. f. **1.** Anc. Esclave remplissant les fonctions de femme de chambre auprès des femmes du sultan. **2.** Cour. Femme de harem. – Turc *odalik*.

ode [ɔd] n. f. LITTER **1.** Poème chanté, chez les anciens Grecs. **2.** Poème lyrique d'inspiration élevée, composé de strophes le plus souvent symétriques ou de stances. – Bas lat. *oda*, gr. *ôdê*, propr. «chant».

odelette [ɔd(ə)lɛt] n. f. Petite ode. – Dimin. de *ode*.

odéon [ɔdeɔ̃] n. m. **1.** ANTIQ Théâtre couvert, consacré à la musique et au chant dans le monde grec et le monde romain. *L'odéon de Périclès à Athènes*. **2.** Nom donné à certaines salles de spectacle, généralement consacrées à l'art dramatique ou à l'art lyrique. – Lat. *odeum*, gr. *ôdeion*.

odeur [ɔdœʀ] n. f. Émanation volatile produite par certains corps et perçue par l'organe de l'odorat. *Bonne, mauvaise odeur. Une odeur de moisi*. ▷ Loc. fig. *Mourir en odeur de sainteté* : mourir saintement après une vie de piété. (À cause d'une croyance selon laquelle les cadavres de certains saints particulièrement vénérables auraient exhalé une odeur exquise.) – Par ext. *N'être pas en odeur de sainteté auprès de qqn*, ne pas jouir de son estime. – Lat. *odor*.

odieusement [ɔdjøzmɑ̃] adv. D'une manière odieuse. – De *odieux.*

odieux, euse [ɔdjø, øz] adj. **1.** Qui suscite l'aversion, l'indignation. *Se rendre odieux. Mensonge odieux.* **2.** (Personnes) Très désagréable; méchant et grossier. *Il a été odieux avec elle.* – Lat. *odiosus.*

odo-. V. od(o)-.

odographe ou **hodographe** [ɔdɔgʀaf] n. et adj. **1.** n. m. TECH Appareil servant à enregistrer le profil d'une route, d'une voie ferrée. **2.** adj. *Courbe odographe* ou, n. f., *une odographe :* courbe décrite par l'extrémité d'un vecteur d'origine fixe, égal au vecteur vitesse d'un point mobile sur une courbe. – De *odo-*, et *-graphe.*

odomètre ou **hodomètre** [ɔdɔmɛtʀ] n. m. Didac. Syn. de *podomètre.* – Gr. *hodometron,* de *hodos,* «route», et *metron,* «mesure».

odonates [ɔdɔnat] n. m. pl. ENTOM Ordre d'insectes de type broyeur, à longues ailes. – Sing. *La libellule est un odonate.* – Du gr. *odous, odontos,* «dent».

odontalgie [ɔdɔ̃talʒi] n. f. MED Mal de dent. – De *odont(o)-*, et *-algie.*

odont(o)-. Élément, du gr. *odous, odontos,* «dent».

odontocètes [ɔdɔ̃tɔsɛt] n. m. pl. ZOOL Sous-ordre de cétacés pourvus de dents (dauphins, cachalots, narvals, etc.). – Sing. *Un odontocète.* – De *odonto-*, et gr. *kêtos,* «gros poisson de mer».

odontoïde [ɔdɔ̃tɔid] adj. ANAT Qui a la forme d'une dent. ▷ *Apophyse odontoïde :* apophyse de l'axis. – De *odont(o)-*, et *-oïde.*

odontologie [ɔdɔ̃tɔlɔʒi] n. f. MED Étude des dents et de leurs affections, médecine dentaire. – Gr. *odontalgia.*

odontostomatologie [ɔdɔ̃tostɔmatɔlɔʒi] n. f. MED Discipline regroupant l'odontologie et la stomatologie, médecine de la bouche et des dents. – De *odonto-*, et *stomatologie.*

odorant, ante [ɔdɔʀɑ̃, ɑ̃t] adj. Qui répand une odeur (partic. une bonne odeur). *Substance odorante.* Ant. inodore. – De l'anc. v. *odorer*; lat. *odorare.*

odorat [ɔdɔʀa] n. m. Sens par lequel l'homme et les animaux perçoivent et reconnaissent les odeurs. – Lat. *odoratus.*

odoriférant, ante [ɔdɔʀifeʀɑ̃, ɑ̃t] adj. Qui répand une odeur agréable. – Lat. *odorifer.*

odyssée [ɔdise] n. f. **1.** Didac. Récit d'un voyage aventureux, plein de péripéties imprévues. **2.** Cour. Voyage plein de péripéties; vie mouvementée. – Du titre de *l'Odyssée,* en gr. *Odusseia,* «histoire d'Ulysse» (en gr. *Odusseus*), épopée d'Homère.

œcoumène. V. écoumène.

œcuménicité [ekymenisite] n. f. RELIG Caractère œcuménique. – De *œcuménique.*

œcuménique [e(ø)kymenik] adj. **1.** RELIG Universel. ▷ *Concile œcuménique :* concile universel des évêques de l'Église catholique, présidé par le pape ou par ses légats. ▷ *Conseil œcuménique des Églises :* association créée en 1948 pour la communion fraternelle des Églises chrétiennes non catholiques en quête d'unité. ▷ *Patriarche œcuménique :* titre que se donnent les patriarches de Constantinople. **2.** Relatif à l'œcuménisme. – Qui rassemble les Églises. *Une réunion œcuménique.* – Lat. médiév. *œcumenicus,* du gr. *oikoumenê (gê),* «terre habitée, univers».

œcuménisme [e(ø)kymenism] n. m. RELIG Mouvement visant à l'union de toutes les Églises chrétiennes en une seule. – De *œcuménique.*

œdémateux, euse [e(ø)dematø, øz] adj. MED **1.** De la nature de l'œdème. **2.** Atteint d'œdème. – De *œdème.*

œdème [edɛm; ødɛm] n. m. MED Infiltration séreuse d'un tissu (partic. du tissu sous-cutané), qui se traduit par un gonflement localisé ou diffus. – *Œdème pulmonaire :* accumulation anormale de liquide dans les espaces interstitiels pulmonaires, se traduisant par une très forte gêne respiratoire et due le plus souvent à une défaillance cardiaque. – Gr. *oidêma,* de *oideîn,* «enfler».

œdicnème [ediknɛm; ødiknɛm] n. m. ZOOL Oiseau charadriiforme (genres *Esacus* et *Burhinus*) des zones tempérées et tropicales, de la taille d'un coq et qui se caractérise par une grande tête et de gros yeux. *L'œdicnème criard (Burhinus œdicnemus), appelé aussi courlis de terre, est la seule espèce européenne.* – Lat. zool. *œdicnemus,* du gr. *oideîn,* «enfler», et *knêmê,* «jambe».

œdipe [edip; ødip] n. m. PSYCHAN *Œdipe* ou *complexe d'Œdipe :* ensemble des désirs amoureux et des sentiments d'hostilité éprouvés par l'enfant à l'égard de ses parents. – Du n. d' *Œdipe,* personnage de la mythologie grecque qui épousa sa mère et tua son père.
ENCYCL Dans sa forme courante, les désirs amoureux de l'enfant se portent sur le parent du sexe opposé et l'hostilité, la jalousie, sur le parent du même sexe. La situation œdipienne, ou complexe d'Œdipe, se caractérise dans tous les cas par cette structure affective triangulaire dans laquelle l'enfant et son désir sont mêlés avec ambivalence (l'amour qu'il éprouve ne va pas sans haine, sans jalousie, sans admiration) et avec un sentiment de culpabilité. Pour Freud et ses disciples, le drame œdipien conditionne l'évolution affective et sexuelle de l'enfant.

œdipien, enne [e(ø)dipjɛ̃, ɛn] adj. PSYCHAN Qui a trait à l'œdipe; qui est de la nature de l'œdipe. *Situation œdipienne.* – De *œdipe.*

œil [œj], plur. **yeux** [jø] n. m. **I. 1.** Organe de la vue (le globe oculaire : iris, pupille, etc.; les paupières). *Avoir les yeux bleus, noirs.* – Fig. et prov. (Allus. biblique.) *Œil pour œil, dent pour dent,* formule de la loi du talion. – *Avoir de bons yeux,* une bonne vue. – Loc. fig. *Avoir bon pied, bon œil :* être en bonne santé. – *Faire les gros yeux à qqn, à un enfant,* le regarder en prenant un air sévère. **2.** *Ouvrir, fermer les yeux,* les paupières. *Ouvrir des yeux ronds* (sous l'effet de la surprise). – Fig. *Ouvrir* (ou *avoir*) *l'œil :* être très attentif. – Fig. *Ouvrir les yeux à qqn,* faire en sorte qu'il se rende à l'évidence. ▷ Fig. *Fermer les yeux :* mourir. *Fermer les yeux à qqn,* l'assister dans ses derniers moments. – Fig. *Fermer les yeux sur une chose,* faire semblant, par complicité, par indulgence ou par lâcheté, de ne pas la voir. – *Ne pas fermer l'œil (de la nuit) :* ne pas trouver le sommeil de la nuit. ▷ *Cligner de l'œil, des yeux. Faire un clin d'œil à qqn.* **3.** Regard. *Jeter un œil sur qqch,* l'examiner rapidement. *L'œil du maître.* – Fam. *Faire de l'œil à (qqn) :* cligner de l'œil avec un regard appuyé pour exprimer la connivence ou une invite amoureuse. – *Ses yeux sont tombés sur moi :* il m'a aperçu subitement. – *Sous les yeux de qqn :* à sa vue; juste devant lui. – *Cela saute aux yeux, crève les yeux :* cela est d'une évidence criante. – *Ne pas avoir les yeux dans sa poche :* voir (souvent en faisant preuve d'une certaine indiscrétion) ce qui normalement n'attirerait pas l'attention de qqn d'autre. – *Visible à l'œil nu,* sans l'aide d'un instrument d'optique. – Fig. *Surveiller d'un œil,* distraitement. ▷ *Coup d'œil :* regard rapide. *Jeter un coup d'œil sur qqch.* – *Avoir le coup d'œil :* avoir le regard exercé, voir les choses promptement et avec exactitude. ▷ *Mauvais œil :* regard qui est censé porter malheur, faculté de porter malheur. **4.** Loc. fig. *Coûter les yeux de la tête :* coûter excessivement cher. – Fam. *Sortir par les yeux :* exaspérer à force d'insistance. – *Pour les beaux yeux de (qqn) :* sans contrepartie. – *Tourner de l'œil :* s'évanouir. – Pop. *Se battre l'œil de qqch,* s'en moquer, n'y attacher aucune importance. – Pop. *Se mettre le doigt dans l'œil :* se tromper lourdement. ▷ Loc. exclam. fam. *Mon œil!* (exprimant l'incrédulité). ▷ Loc. adv. *À l'œil :* gratuitement (propr.

VX : en faisant crédit à qqn sur sa mine). **5.** (En tant qu'indice des qualités de l'âme, du caractère.) *L'œil mauvais, fourbe,* etc. ▷ Disposition, état d'esprit. *Voir qqn, qqch, d'un bon œil, d'un mauvais œil :* considérer qqn, qqch, favorablement, défavorablement. **II.** Par anal. (de fonction). **1.** *Œil de verre :* œil artificiel en verre ou en émail qui remplace, dans l'orbite, un œil perdu. **2.** *Œil électrique :* cellule photoélectrique. **III.** Par anal. (de forme). **1.** TECH (Plur. *œils.*) Ouverture, trou, sur divers articles ou instruments. *L'œil d'une aiguille,* son chas. *Œil d'une roue,* par lequel passe son axe. *Œil d'un marteau,* dans lequel on fixe le manche. ▷ MAR *Œil épissé :* boucle formée par l'extrémité d'un cordage repliée et épissée sur elle-même. ▷ IMPRIM Relief qui constitue la lettre, sur un caractère. **2.** Bulle de graisse qui nage à la surface d'un bouillon. ▷ Chacun des trous qui se trouvent dans la mie de pain, dans certains fromages. **3.** ARBOR Bouton, bourgeon. – Du lat. *oculus;* d'abord *ol, oil.*

ENCYCL **Anat.** – L'œil humain est un organe irrégulièrement sphérique, de 2 à 3 cm de diamètre, qui pèse de 7 à 8 g. Calé dans l'orbite par un coussinet adipeux, il est fixé à l'os par 6 muscles moteurs : 4 droits et 2 obliques. L'œil est formé de 3 enveloppes (de l'extérieur vers l'intérieur) : la *sclérotique,* la *choroïde* et la *rétine.* La sclérotique (le « blanc » de l'œil), cartilagineuse, devient transparente à la partie antérieure de l'œil, formant la *cornée.* Derrière, la choroïde se prolonge par les *procès ciliaires* et l'*iris,* qui limite la *pupille,* ouverture à diamètre variable, derrière laquelle se trouve une lentille biconvexe, le *cristallin.* La rétine, seule membrane sensible aux rayons lumineux, contient les cellules visuelles, à cônes et à bâtonnets. On distingue sur la rétine deux points spéciaux : la *tache jaune,* où se forment le plus nettement les images, et le *point aveugle,* où s'épanouit le nerf optique et qui est insensible aux rayons lumineux. Entre la cornée et le cristallin se trouve un liquide, l'*humeur aqueuse* et, à l'intérieur de l'œil, l'*humeur vitrée.* Les anomalies de l'œil entraînent des troubles de la vision : anomalies de courbure du cristallin ou de la rétine *(hypermétropie, presbytie, astigmatisme);* anomalie chromatique *(daltonisme).*

œil-de-bœuf [œjdəbœf] n. m. ARCHI Ouverture ronde ou ovale destinée à donner du jour. *Des œils-de-bœuf.* Syn. oculus.

œil-de-chat [œjdəʃa] n. m. MINER Chrysobéryl chatoyant dont les nuances peuvent varier du jaune-vert au mauve-gris. *Des œils-de-chat.*

œil-de-perdrix [œjdəpɛʀdʀi] n. m. Cor entre deux orteils. *Des œils-de-perdrix.*

œil-de-tigre [œjdətigʀ] n. m. Quartz à inclusions d'amiante silicifiée présentant des fibres parallèles à reflets jaune-or. *Des œils-de-tigre.*

œillade [œjad] n. f. Coup d'œil furtif, clin d'œil en signe de connivence, spécial. en signe d'invite amoureuse. – De *œil.*

œillère [œjɛʀ] n. f. **1.** Chacune des deux pièces de cuir attachées au montant de la bride d'un cheval pour l'empêcher de voir sur les côtés. ▷ Fig. *Avoir des œillères :* avoir une vue étroite ou partisane des choses; être borné. **2.** Petit récipient ovale pour les bains d'œil. – De *œil.*

1. œillet [œjɛ] n. m. **1.** Petit trou rond, souvent bordé d'un renfort, servant à passer un cordon, un lacet, un cordage, un bouton, etc. **2.** Petite pièce métallique circulaire qui sert à renforcer la bordure d'un œillet. *Pince à œillet.* – Toute pièce servant à renforcer les bordures d'une perforation circulaire. **3.** TECH Bassin d'un marais salant où s'opèrent la cristallisation et le ramassage du sel. – Dimin. de *œil.*

2. œillet [œjɛ] n. m. **1.** Plante herbacée (genre *Dianthus,* fam. caryophyllacées) ornementale à fleurs très odorantes de diverses couleurs. **2.** *Œillet d'Inde :* tagète (fam. composées). – De *œil,* nom anc. ou dial. de fleurs.

1. œilleton [œjtɔ̃] n. m. Pièce adaptée à l'oculaire d'un instrument d'optique, d'un appareil photo, etc., pour permettre une meilleure position de l'œil de l'observateur. ▷ Petit viseur circulaire qui remplace le cran de mire sur certaines armes. – De *œillet* 1.

2. œilleton [œjtɔ̃] n. m. BOT Rejet (sens II) de certaines plantes qu'on utilise pour leur reproduction. *Des œilletons d'artichaut.* – De *œillet* 2.

œilletonnage [œjtɔnaʒ] n. m. ARBOR Action d'œilletonner. – De *œilletonner.*

œilletonner [œjtɔne] v. tr. [1] ARBOR **1.** Multiplier (une plante) en séparant les œilletons. **2.** Débarrasser (un arbre fruitier) de ses œilletons à feuilles; débarrasser (un arbre) de ses bourgeons à bois. – De *œilleton* 2.

œillette [œjɛt] n. f. Pavot (*Papaver somniferum,* var. *nigrum*) aux graines oléagineuses, dont on extrait l'*huile d'œillette.* – Altér. de *oliette,* dér. de *olie,* anc. forme de *huile.*

œkoumène. V. écoumène.

œn(o)-. Élément, du gr. *oinos,* « vin ».

œnanthe [ønɑ̃t] n. f. BOT Plante herbacée aquatique (genre *Œnanthe,* fam. ombellifères), glabre et vénéneuse. – Mot lat. d'orig. grecque.

œnanthique [ønɑ̃tik] adj. Didac. Qui a trait au bouquet des vins. – Du bas lat. *œnanthium,* « essence de raisins sauvages ».

œnilisme [ønilism] ou **œnolisme** [ønɔlism] n. m. MED Alcoolisme dû à l'abus du vin. – De *œn(o)-,* d'ap. *(alco)-olisme.*

œnolique [ønɔlik] adj. BIOCHIM *Acides œnoliques :* acides faibles qui colorent le vin rouge. – De *œnol* (vx), « vin servant d'excipient pharmaceutique », rad. *œn-.*

œnologie [e(ø)nɔlɔʒi] n. f. Technique de la fabrication et de la conservation des vins. – De *œno-,* et *-logie.*

œnologique [enɔlɔʒik] adj. Relatif à l'œnologie. – De *œnologie.*

œnologue [enɔlɔg] n. Spécialiste d'œnologie. – De *œno-,* et *-logue.*

œnométrie [e(ø)nɔmetʀi] n. f. TECH Analyse des caractéristiques d'un vin. – De *œno-,* et *-métrie.*

œnométrique [enɔmetʀik] adj. TECH Relatif à l'œnométrie. – De *œnométrie.*

œnothera [e(ø)nɔteʀa] ou **œnothère** [e(ø)nɔtɛʀ] n. m. BOT Onagre (plante). – Gr. *oinothêras.*

œnothéracées [ønɔteʀase] n. f. pl. BOT Famille de plantes dicotylédones dialypétales, fréquentes dans les lieux humides, qui comprend notam. l'épilobe et le fuchsia. Syn. onagrariacées. – Sing. *Une œnothéracée.* – De *œnothera.*

œrsted [œʀstɛd] n. m. PHYS Anc. Unité de mesure d'intensité de champ magnétique, remplacée auj. par l'*ampère par mètre.* – De Christian *Œrsted* (1777-1851), physicien danois.

œrstite [œʀstit] n. f. METALL Variété d'acier contenant du titane et du cobalt, et à forte aimantation rémanente. – De *œrsted,* et *-ite* 3.

œsophage [e(ø)zɔfaʒ] n. m. ANAT Segment du tube digestif qui relie le pharynx à l'estomac. – Gr. *oisophagos.*

œsophagien, enne [ezɔfaʒjɛ̃, ɛn] adj. ANAT, MED Relatif à l'œsophage. – De *œsophage.*

œsophagite [ezɔfaʒit] n. f. MED Inflammation de l'œsophage. – De *œsophage,* et *-ite* 1.

œsophagoscope [ezɔfagɔskɔp] n. m. MED Instrument servant à explorer l'œsophage. – De *œsophage*, et *-scope*.

œstradiol [østʀadjɔl] n. m. BIOL Œstrogène naturel très actif, considéré comme la véritable hormone femelle. V. encycl. œstrogène. – De *œstrus*.

œstral, ale, aux [østʀal, o] adj. BIOL *Cycle œstral* : succession de modifications cycliques affectant l'appareil génital des femelles des mammifères durant la période où elles sont aptes à la reproduction. – De *œstrus*.

œstre [østʀ] n. m. ENTOM Mouche au corps épais et velu, qui dépose ses œufs sous la peau ou dans les fosses nasales *(œstre du mouton)* des animaux domestiques. – Lat. *œstrus*, « taon ».

œstrogène [østʀɔʒɛn; ɛstʀɔʒɛn] adj. et n. m. BIOL Qui déclenche l'œstrus chez la femme et les femelles des mammifères. *Hormones œstrogènes.* ▷ n. m. *Les œstrogènes.* – De *œstrus*, et *-gène*.

ENCYCL Chez la femme, les œstrogènes naturels, œstradiol et œstrone (ou folliculine), sont synthétisés par l'ovaire et par le placenta au cours de la grossesse et, chez l'homme, dans les testicules. En dehors de la grossesse, la sécrétion d'œstrogènes par la femme est cyclique, avec un pic au 14e jour du cycle, correspondant à l'ovulation. Cette sécrétion dépend des hormones hypophysaires.

œstrone [østʀɔn; ɛstʀɔn] n. f. Syn. (adopté par convention internationale) de *folliculine*. – De *œstrus*.

œstrus [østʀys; ɛstʀys] n. m. BIOL Phase du cycle œstral de la femme et des femelles des mammifères, correspondant à l'ovulation et à la période où la fécondation est possible. – Mot lat.; gr. *oistros*, « fureur ».

œuf [œf], plur. **œufs** [ø] n. m. **I. 1.** Produit de la ponte externe des oiseaux, de forme caractéristique *(ovoïde)*, comprenant une coquille, des membranes, des réserves. *Le blanc et le jaune de l'œuf. Œuf d'autruche.* ▷ ZOOL Produit de la ponte des reptiles, des poissons, des insectes. *Œuf de serpent. Œufs de cabillaud. Œufs d'esturgeon* (caviar). **2.** Œuf de poule, en tant qu'aliment. *Œuf à la coque, en gelée, sur le plat. Œuf dur.* **3.** Loc. fig. *Mettre tous ses œufs dans le même panier* : faire dépendre d'une seule chose une entreprise. – *Marcher sur des œufs* : se conduire avec une circonspection extrême dans des circonstances délicates. – *Tondre un œuf* : tenter de tirer profit des plus petites choses, être sordidement avare. – *Plein comme un œuf* : tout à fait plein, dans quoi il ne reste pas la moindre place. – *Étouffer, tuer dans l'œuf* : faire avorter (une entreprise à l'état de projet). – *C'est l'œuf de Colomb* : c'est une solution simple mais à laquelle il fallait penser (allusion à une anecdote selon laquelle Christophe Colomb aurait fait tenir debout un œuf, en en écrasant légèrement le bout). – Pop. *Va te faire cuire un œuf!* : va au diable, va te faire pendre ailleurs! **4.** Par anal. *Œuf de Pâques* : confiserie en forme d'œuf, en sucre ou en chocolat, que l'on offre (aux enfants, en partic.) à l'occasion de Pâques. **II.** BIOL Cellule résultant de la fécondation du gamète femelle par le gamète mâle et dont le développement donnera un nouvel être vivant, animal ou végétal. Syn. zygote. – Lat. *ovum*; d'abord *of, uef, œf*.

œuvé, ée [øve] adj. Se dit des poissons femelles qui portent des œufs. – De *œuf*.

œuvre [œvʀ] n. **I.** n. f. **1.** Ce qui est fait, produit par quelque agent et qui subsiste après l'action. *Faire œuvre utile.* – Loc. *Être le fils de ses œuvres* : être arrivé au succès par son propre mérite. **2.** Action, activité, travail. Prov. *À l'œuvre on connaît l'ouvrier* (ou *l'artisan*). – *Être, se mettre à l'œuvre.* – *Mettre qqch en œuvre* : employer (qqch) pour un usage déterminé; fig. avoir recours à (qqch). *Mettre tout en œuvre pour réussir.* ▷ Vieilli *Œuvre de chair* : relations sexuelles, dans le vocabulaire de la morale chrétienne. **3.** Organisation charitable. *Œuvre de bienfaisance. Laisser une partie de sa fortune à des œuvres.* **4.** Ouvrage littéraire, production artistique. *Œuvres choisies, complètes d'un écrivain. Une œuvre de jeunesse, de maturité.* **5.** MAR (Plur.) *Œuvres vives d'un navire* : partie de la coque qui est au-dessous de la ligne de flottaison. *Œuvres mortes*, au-dessus de la ligne de flottaison. **II.** n. m. **1.** ALCHIM *Le grand œuvre* : la recherche de la pierre philosophale. **2.** Litt. Ensemble des œuvres (picturales, en partic.) d'un artiste. *L'œuvre peint de Michel-Ange.* **3.** CONSTR *Gros œuvre* : ensemble des ouvrages qui assurent la stabilité et la résistance d'une construction. *Second œuvre* : ensemble des aménagements. *En œuvre, hors œuvre* : dans le corps, hors du corps du bâtiment. – Loc. *À pied d'œuvre* : très près de la construction que l'on élève. *Apporter des matériaux à pied d'œuvre.* – Fig., cour. *Être à pied d'œuvre* : être sur le point d'entreprendre une besogne. – Du lat. *opera*; d'abord *uevre, œvre, ovre*.

œuvrer [œvʀe] v. intr. [1] Travailler, agir. *Œuvrer pour une cause.* – Du bas lat. *operare*; a. fr. *obrer, ovrer*.

1. off [ɔf] adj. inv. Syn. de *hors-champ*. – De la loc. adv. angl. *off-screen*, « hors de l'écran ».

2. off [ɔf] adj. inv. Se dit d'un spectacle ne figurant pas à l'affiche d'un programme officiel mais qui est donné en marge de celui-ci. *Festival officiel et festival off.* – De la loc. angl. *off-Broadway*, « qui n'est pas (à l'affiche) sur (l'avenue de) Broadway », où se trouvent les principaux théâtres de New York.

offensant, ante [ɔfɑ̃sɑ̃, ɑ̃t] adj. Qui offense. *Des paroles offensantes.* – Ppr. de *offenser*.

offense [ɔfɑ̃s] n. f. **1.** Injure, affront. *Faire, recevoir une offense. Offense envers un chef d'État.* **2.** RELIG Péché (outrage fait à Dieu). – Lat. *offensa*.

offensé, ée [ɔfɑ̃se] adj. et n. Qui a reçu une offense. *Susceptibilité offensée.* ▷ Subst. *C'était l'offensé qui, dans un duel, avait le choix des armes.* – Pp. de *offenser*.

offenser [ɔfɑ̃se] v. [1] **I.** v. tr. **1.** Heurter, blesser, froisser. *Offenser un ami.* – Vieilli ou litt. *Offenser la morale. Un spectacle qui offense la vue.* **2.** RELIG *Offenser Dieu*, par le péché. **II.** v. pron. Se fâcher, se vexer, se considérer comme offensé. – De *offense*.

offenseur [ɔfɑ̃sœʀ] n. m. Celui qui offense. – De *offenser*.

offensif, ive [ɔfɑ̃sif, iv] adj. et n. f. **I.** adj. Qui attaque; qui sert à attaquer. *Grenade offensive.* **II.** n. f. **1.** Initiative des opérations militaires. *Prendre l'offensive.* – Par ext. *Une offensive diplomatique.* **2.** Fig. Attaque. – Du lat. *offendere*, « se heurter contre ».

offensivement [ɔfɑ̃sivmɑ̃] adv. D'une manière offensive. – De *offensif*.

offertoire [ɔfɛʀtwaʀ] n. m. LITURG Moment de la messe où le prêtre fait l'oblation du pain et du vin. ▷ Prière dite à ce moment. ▷ Morceau de musique exécuté à ce moment. – Bas lat. *offertorium*.

office [ɔfis] n. **I.** n. m. **1.** Vx Devoir. **2.** Vieilli Fonction. – Loc. Mod. *Remplir son office. Faire office de* : servir de. ▷ Loc. *D'office* : sans l'avoir demandé, par ordre d'une autorité supérieure. *Avocat désigné d'office.* – PSYCHIAT *Hospitalisation d'office* : hospitalisation d'un malade mental susceptible de troubler l'ordre public ou d'atteindre à la sûreté des personnes, sur ordre de l'autorité administrative et sur avis médical. **3.** Plur. *Bons offices* : services. *Offrir ses bons offices à qqn.* – Médiation diplomatique. **4.** Anc. Charge avec juridiction. **5.** Fonction publique conférée à vie. *Office de notaire.* **6.** Bureau, agence. *Office touristique.* **7.** ADMIN Établissement d'État ou d'une collectivité publique doté de la personnalité morale et de l'autonomie financière. *Office national des forêts.* **8.** LITURG *Office divin* ou, absol., *office* : service religieux. *L'office des morts.* **II.** n. f. (rare ou rég.) ou m. (cour.) Pièce proche de la cuisine où les gens de maison préparent le service de la table. – Lat. *officium*.

official, aux [ɔfisjal, o] n. m. DR CANON Ecclésiastique délégué par l'évêque pour exercer en son nom diverses fonctions de juge dans le diocèse (conflits mettant un clerc en cause, causes matrimoniales, discipline du clergé). – Lat. jurid. *officialis*, «appariteur».

officialisation [ɔfisjalizasjɔ̃] n. f. Action d'officialiser. – De *officialiser*.

officialiser [ɔfisjalize] v. tr. [1] Rendre officiel. – Du rad. de *officiel*.

officialité [ɔfisjalite] n. f. DR CANON Juridiction de l'official. – Sa charge. – Tribunal où l'official rend justice. – De *official*.

officiant [ɔfisjɑ̃] n. m. (et adj. m.) RELIG CATHOL Prêtre qui célèbre l'office. – Ppr. subst. du v. *officier*.

officiel, elle [ɔfisjɛl] adj. et n. m. **1.** adj. Qui émane d'une autorité constituée. *Mettre en doute l'interprétation officielle d'un événement. Avis officiel d'une nomination. Le «Journal officiel».* **2.** Qui représente une telle autorité. *Les personnages officiels.* ▷ n. m. *L'entrée des officiels.* – *Par ext.* Responsable, organisateur d'une compétition sportive. – Bas lat. *officialis*, de *officium*, «office»; angl. *official*.

officiellement [ɔfisjɛlmɑ̃] adv. D'une manière officielle. *Candidat officiellement désigné.* – De *officiel*.

1. officier [ɔfisje] v. intr. [2] **1.** LITURG Célébrer l'office divin. **2.** Fig., plaisant Faire une chose banale en s'entourant d'une certaine solennité. *Il faut découper le poulet, voulez-vous officier?* – Lat. médiév. *officiare*, de *officium*, «office».

2. officier [ɔfisje] n. m. **1.** Anc. Titulaire d'un office (sens 4). ▷ Domestique d'une grande maison, qui avait soin de l'office, qui gardait le linge, etc. *Officier de bouche.* ▷ *Officier de santé*, qui (jusqu'en 1892) pouvait exercer la médecine en France sans avoir le diplôme de docteur en médecine. **2.** Personne qui remplit une charge civile. *Officier ministériel. Officier de police judiciaire, de l'état civil.* **3.** Militaire qui exerce un commandement avec un grade allant de celui de sous-lieutenant (armée de terre, aviation) ou d'enseigne de vaisseau (marine) à celui de général ou d'amiral. *Officier de l'armée active* (ou *d'active*), *de réserve. Officiers supérieurs, officiers généraux.* ▷ Membre du commandement d'un navire marchand. ▷ Membre du personnel d'encadrement de l'Armée du Salut. **4.** Titulaire d'un grade, dans un ordre honorifique. *Officier de la Légion d'honneur*, qui possède le grade supérieur à celui de chevalier. *Grand officier de la Légion d'honneur*, entre commandeur et grand-croix. *Officier du Mérite agricole.* – Lat. médiév. *officiarius*, «chargé d'une fonction».

officière [ɔfisjɛʀ] n. f. **1.** Vx Religieuse titulaire d'un office (sens 2). **2.** Femme officier, dans l'Armée du Salut. – De *officier*.

officieusement [ɔfisjøzmɑ̃] adv. D'une manière officieuse. – De *officieux*.

officieux, euse [ɔfisjø, øz] adj. **1.** Vieilli Obligeant, serviable. **2.** Qui émane d'une source autorisée, mais qui n'a pas de caractère officiel. *La nouvelle est encore officieuse.* – Lat. *officiosus*, de *officium*, au sens de «service rendu».

officinal, ale, aux [ɔfisinal, o] adj. Didac. Qui entre dans les préparations pharmaceutiques. *Plantes officinales.* – De *officine*.

officine [ɔfisin] n. f. **1.** Laboratoire d'un pharmacien. **2.** Fig., péjor. Lieu où se trament des choses louches. – Lat. *officina*, «atelier, fabrique».

offlag. V. oflag.

offrande [ɔfʀɑ̃d] n. f. **1.** Litt. Don. *Apporter son offrande à une souscription.* **2.** Don fait à une divinité, à ses ministres. **3.** LITURG Partie de certaines messes solennelles où sont reçus les dons des fidèles. – Lat. médiév. *offeranda*, subst. fém., du lat. class. *offeranda*, «chose à offrir».

offrant [ɔfʀɑ̃] n. m. Loc. *Le plus offrant* : celui qui offre le prix le plus élevé. *Adjudication au plus offrant.* – De *offrir*.

offre [ɔfʀ] n. f. **1.** Action d'offrir qqch. – *Spécial.* Fait de proposer un prix pour qqch; somme proposée. *Faire une offre.* V. offrir (sens 3). ▷ Ce qui est offert. *Accepter, repousser une offre.* **2.** DR Action de proposer le paiement d'une dette ou l'exécution d'une obligation pour éviter des poursuites. **3.** Quantité de marchandises ou de services proposée sur le marché. *La loi de l'offre et de la demande.* – *Appel d'offres* : V. appel. ▷ *Offre publique d'achat* (abrév. : O.P.A.) : offre publique faite par une société aux actionnaires d'une autre société de racheter leurs actions à un prix supérieur à celui coté en Bourse. – *Offre publique d'échange* (abrév. : O.P.E.), par laquelle une société fait connaître publiquement son intention d'échanger ses titres propres avec ceux d'une autre société. – De *offrir*.

offrir [ɔfʀiʀ] v. [32] **I.** v. tr. **1.** Présenter, proposer (qqch à qqn). *Offrir ses services à qqn. Offrir des gâteaux. Offrir son bras à qqn*, en signe de civilité. **2.** Donner comme cadeau. *Offrir un disque à qqn pour Noël.* **3.** Proposer en échange (de qqch). *Il offre tant de la maison.* **4.** Présenter à la vue, à l'esprit. *Ce tableau offre un exemple de la seconde manière du peintre.* **II.** v. pron. *S'offrir à* (+ inf.) : se proposer pour (faire telle chose). *Je m'offre à vous reconduire.* ▷ Se présenter. *Une occasion s'offre à vous.* – Lat. pop. **offerire*, class. *offerre*.

offset [ɔfsɛt] n. m. inv. IMPRIM Procédé d'impression industrielle dérivé de la lithographie, dans lequel le report du texte ou de l'image à imprimer se fait d'abord de la forme d'impression sur un rouleau spécial (blanchet en caoutchouc), puis de ce rouleau au papier. – (En appos.) *Machine offset*, qui permet d'imprimer en offset. – Mot angl., «report».

off shore ou **offshore** [ɔfʃɔʀ] adj. inv. et n. m. (Américanisme) **1.** TECH Qui a rapport aux techniques de recherche, de forage et d'exploitation des gisements pétroliers marins. *Prospection off shore.* ▷ n. m. *L'off shore* : l'ensemble de ces techniques. **2.** *Par ext.* ECON Se dit d'un établissement financier établi à l'étranger. Syn. (off. recommandé) extraterritorial. **3.** *Commandes, achats off shore*, portant sur du matériel de guerre, et effectués par les États-Unis dans les pays mêmes où l'armée américaine est stationnée. – Mots angl. «loin du rivage», de *off*, «loin de, hors de», et *shore*, «rivage».

offusquer [ɔfyske] v. tr. [1] **1.** Vieilli Obscurcir. *«Le soleil offusqué» (Paul Morand).* **2.** Choquer, porter ombrage à. *Son franc-parler offusque les gens.* ▷ v. pron. réfl. Être choqué, froissé. *S'offusquer d'une remarque.* – Lat. ecclés. *offuscare*, «obscurcir».

oflag ou **offlag** [ɔflag] n. m. Camp d'officiers prisonniers, en Allemagne, pendant les deux guerres mondiales. – Abrév. de l'all. *Offizierlager*.

og(h)am [ɔgam] ou **og(h)amique** [ɔgamik] adj. et n. m. Se dit de l'écriture celtique d'Irlande et du pays de Galles (Ve -VIIe s.). – De *Og(h)am*, inventeur mythique de cette écriture.

ogival, ale, aux [ɔʒival, o] adj. En forme d'ogive. ▷ Vx *Style ogival*, gothique. – De *ogive*.

ogive [ɔʒiv] n. f. **1.** Arc bandé en diagonale sous une voûte pour la renforcer. *Croisée d'ogives*, formée par deux arcs qui se croisent à la clef de voûte. *La voûte d'ogives est caractéristique des monuments du Moyen Âge de style gothique, du XIIe au XIVe s.* **2.** *Par ext., abusiv.*

Arcade formée de deux arcs qui se coupent à angle aigu. **3.** Partie d'un objet dont le profil est en forme d'ogive. *L'ogive d'un obus.* – *Ogive nucléaire* : ogive d'une bombe ou d'un missile, contenant une charge nucléaire. – P.-ê. de l'anglo-norm. *ogé,* du lat. *obviatum,* supin de *obviare,* «s'opposer», avec suff. lat. *-ivus.*

ogre, ogresse [ɔgʀ, ɔgʀɛs] n. Personnage mythique (légendes, contes de fées), géant(e) avide de chair humaine. – Loc. *Manger comme un ogre,* énormément. – Altér. probabl. de *orc,* lat. *Orcus,* nom d'une divinité infernale.

oh ! [o] interj. **1.** (Marquant la surprise ou l'admiration.) *Oh ! c'est toi !* **2.** (Insistant de manière expressive sur ce que l'on dit.) *Oh ! si je pouvais réussir !* – Lat. *oh !,* anc. *ho !*

ohé ! [ɔe] interj. (Pour appeler.) *Ohé ! du bateau !* – Lat. *ohe.*

ohm [om] n. m. ELECTR Unité de résistance, de symbole Ω, résistance d'un conducteur que traverse un courant de 1 ampère lorsqu'une différence de potentiel de 1 volt est appliquée à ses extrémités. – Du n. de Georg *Ohm* (1787-1854), physicien allemand.

ohmique [omik] adj. ELECTR Qui a rapport au phénomène de résistance électrique ou à la loi à laquelle il obéit. – De *ohm.*

ohmmètre [ommɛtʀ] n. m. ELECTR Instrument servant à mesurer les résistances électriques. – De *ohm,* et *-mètre.*

-oïde, -oïdal. Éléments, du gr. *-eidês,* de *eidos,* «aspect», indiquant l'idée de ressemblance.

oïdie [ɔidi] n. f. BOT Élément reproducteur des champignons supérieurs (basidiomycètes). – De *oïdium.*

oïdium [ɔidjɔm] n. m. **1.** BOT Moisissure microscopique, redoutable parasite des plantes. *Oïdium de la vigne, du houblon, du rosier.* **2.** Maladie due à ce champignon. – Lat. scientif., du gr. *ôoeidês,* «ovoïde».

oie [wa] n. f. **1.** Oiseau migrateur (genre *Anser,* fam. anatidés, ordre des ansériformes) qui passe l'été dans les régions nordiques et l'hiver dans le sud de l'Europe, et dont une espèce est domestiquée depuis l'Antiquité. *On engraisse les oies domestiques pour obtenir le foie gras. Plume d'oie,* utilisée autref. pour écrire. **2.** *Jeu de l'oie* : jeu consistant à faire avancer un pion selon le nombre de points obtenus aux dés, sur un tableau à cases numérotées et où sont figurées des oies. ▷ *Pas de l'oie* : pas de parade en usage dans certaines armées. **3.** Fig. et péjor. Personne fort niaise. *Oie blanche* : jeune fille candide et niaise. – Du bas lat. *auca,* du lat. class. *avis,* «oiseau».

oignon [ɔɲɔ̃] n. m. **I. 1.** Plante potagère (*Allium cepa,* fam. liliacées) cultivée pour ses bulbes, de saveur et d'odeur fortes, composés de plusieurs tuniques s'enveloppant les unes dans les autres. **2.** Bulbe de l'oignon. *Pleurer en épluchant les oignons* (à cause de l'huile volatile lacrymogène que renferme la plante). *Soupe, tarte à l'oignon.* **3.** Loc. fig., fam. *Aux petits oignons* : très bien. – *Se mêler de ses oignons* : s'occuper de ses affaires et non de celles des autres. – *En rang d'oignons* : aligné. **4.** Bulbe de diverses plantes, liliacées notam. *Oignons de tulipe.* **II.** Fig. **1.** Induration douloureuse qui se développe surtout près des orteils. **2.** Montre de gilet ancienne, à verre bombé. – Du lat. dial. *unio, unionis.*

oignonade [ɔɲɔnad] n. f. Mets à base d'oignons. – De *oignon.*

oignonière [ɔɲɔnjɛʀ] n. f. AGRIC Terrain semé d'oignons. – De *oignon.*

oïl [ɔjl] Particule affirmative, forme anc. de «oui». ▷ *Langue d'oïl,* parlée en France au Moyen Âge au nord de la Loire (par oppos. à *langue d'oc*). V. oc. – A. fr. *o,* «cela»; du lat. *hoc,* et *il.*

oindre [wɛ̃dʀ] v. tr. [56] **1.** Vx ou litt. Enduire d'une substance grasse. – (Prov.) *Oignez vilain, il vous poindra, poignez vilain, il vous oindra* : caressez un rustre, il vous rebutera; rebutez-le, il vous caressera (il faut en user rudement avec les gens grossiers si l'on veut être respecté). **2.** RELIG CATHOL Frotter avec les saintes huiles. – Du lat. *ungere.*

oing ou **oint** [wɛ̃] n. m. TECH *Vieux oing* : vieille graisse pour graisser les essieux. – Du lat. *unguen,* «graisse».

oint, ointe [wɛ̃, wɛ̃t] adj. et n. m. **I.** adj. **1.** Enduit d'une substance grasse, d'huile. **2.** Consacré avec une huile bénite. **II.** n. m. RELIG CATHOL Personne consacrée par l'onction. *L'Oint du Seigneur* : Jésus. – Pp. de *oindre.*

oiseau [wazo] n. m. **1.** Vertébré ovipare, couvert de plumes, ayant deux pattes et deux ailes, à la tête munie d'un bec et généralement adapté au vol. – *Chant, cri, gazouillis, sifflement des oiseaux. Migration des oiseaux. La classe des oiseaux.* – Litt. *L'oiseau de Jupiter* : l'aigle. *L'oiseau de Minerve* : la chouette. **2.** Loc. fig. *L'oiseau s'est envolé* : la personne que l'on venait chercher est déjà partie. *Être comme l'oiseau sur la branche*.* – Prov. *Petit à petit l'oiseau fait son nid* : des efforts patients conduisent au but. ▷ *À vol d'oiseau* : en ligne droite. **3.** Fam., péjor. Individu. *En voilà un drôle d'oiseau ! Oiseau de malheur, de mauvais augure*.* – Plaisant, souvent iron. *Oiseau rare* : personne douée de qualités exceptionnelles. **4.** TECH Chevalet de couvreur. – Du lat. pop. *aucellus,* de *avicellus,* dimin. de *avis,* «oiseau»; a. fr. *oisel.*

oiseau-lyre [wazoliʀ] n. m. Ménure. *Des oiseaux-lyres.* – De *oiseau,* et *lyre.*

oiseau-mouche [wazomuʃ] n. m. Colibri. *Des oiseaux-mouches.* – De *oiseau,* et *mouche,* à cause de sa petite taille.

oiseler [waz(ə)le] v. [22] **1.** v. tr. Dresser (un oiseau) pour la chasse au vol. **2.** v. intr. Tendre des pièges aux oiseaux. – De l'a. fr. *oisel,* «oiseau».

oiselet [waz(ə)lɛ] n. m. Vieilli Petit oiseau. – De l'a. fr. *oisel,* «oiseau».

oiseleur [waz(ə)lœʀ] n. m. Celui qui fait métier de prendre les oiseaux. – De *oiseler.*

oiselier, ère [wazəlje, ɛʀ] n. Personne qui élève des oiseaux et les vend. – De l'a. fr. *oisel,* «oiseau».

oiselle [wazɛl] n. f. **1.** Vx Femelle d'oiseau. **2.** Mod., fam. et péjor. Jeune fille niaise et naïve. – Fém. de l'a. fr. *oisel,* «oiseau».

oisellerie [wazɛlʀi] n. f. **1.** Métier de l'oiselier. **2.** Endroit où l'on élève des oiseaux. – De l'a. fr. *oisel,* «oiseau».

oiseux, euse [wazø, øz] adj. Inutile, vain. *Discours oiseux.* – Du lat. *otiosus,* «oisif».

oisif, ive [wazif, iv] adj. et n. **1.** adj. Inactif, désœuvré, sans occupation. **2.** n. Personne qui n'exerce aucune profession, dont tout le temps est libre. – De *oiseux,* par changement de suffixe.

oisillon [wazijɔ̃] n. m. Petit oiseau. – Jeune oiseau. – Dimin. de *oiseau.*

oisivement [wazivmɑ̃] adv. D'une manière oisive. – De *oisif.*

oisiveté [wazivte] n. f. État d'une personne oisive; désœuvrement. – De *oisif.*

oison [wazɔ̃] n. m. **1.** Jeune oie. **2.** *Par métaph.,* péjor. Personne niaise, ou naïve et inexpérimentée. – Du lat. pop. **aucio, aucionis,* de *auca,* «oie»; réfection d'ap. *oiseau,* de l'a. fr. *osson.*

O.K. [ɔke] adv. et adj. inv. Fam. D'accord. ▷ adj. inv. Correct, convenable. *Tout est O.K.* – Mot amér., abrév. de *oll korrect,* altér. de *all correct,* «tout va bien».

okapi [ɔkapi] n. m. Ruminant artiodactyle des forêts du Zaïre, haut de 1,60 m au garrot, au pelage marron, à la croupe et aux pattes antérieures rayées de blanc. – Mot bantou, par l'angl.

okoumé [ɔkume] n. m. Arbre d'Afrique équatoriale dont le bois rose et tendre est utilisé en ébénisterie et dans la fabrication du contre-plaqué. – Mot d'une langue du Gabon.

-ol. Élément, du lat. *oleum,* « huile », servant à caractériser certaines substances chimiques.

ola ['ɔla] n. f. Manifestation enthousiaste du public dans une enceinte circulaire, figurant le mouvement d'une vague. – Mot esp., « vague ».

olé-, oléi-, oléo-. Élément, du lat. *olea,* « olivier », *oleum,* « huile ».

olé ! [ɔlle] ou **ollé !** [ɔlle] interj. espagnole qui sert à encourager (en particulier dans les corridas). ▷ Loc. adj. fam. *Olé olé* : licencieux, polisson. *Des plaisanteries un peu olé olé.* – Mot esp.

oléacées [ɔlease] n. f. pl. BOT Famille de dicotylédones gamopétales comprenant des arbres (genre *Olea,* comme l'olivier, le frêne, etc.) et des arbustes (lilas, troène, etc.). – Sing. *Une oléacée.* – Du lat. *olea,* « olivier ».

oléagineux, euse [ɔleaʒinø, øz] adj. et n. m. **1.** De la nature de l'huile. **2.** Qui contient, qui peut fournir de l'huile. *Graine oléagineuse.* ▷ n. m. Plante oléagineuse. – Du lat. *oleaginus,* « relatif à l'olivier ».

oléate [ɔleat] n. m. CHIM Sel ou ester de l'acide oléique. – De *olé(ique),* et *-ate.*

olécrane ou **olécrâne** [ɔlekʀɑn] n. m. ANAT Apophyse de l'extrémité supérieure du cubitus, formant le relief osseux du coude. – Gr. *ôlekranon,* de *ôle(nê),* « bras, coude », et *kranion,* « tête ».

oléfiant, ante [ɔlefjɑ̃, ɑ̃t] adj. CHIM Qui produit de l'huile.

oléfine [ɔlefin] n. f. CHIM Syn. de *alcène.* – Mot angl., de *oléf(iant),* et *-ine.*

oléi-. V. olé-.

oléicole [ɔleikɔl] adj. AGRIC Relatif à l'oléiculture. – De *oléi-,* d'ap. *agricole.*

oléiculteur, trice [ɔleikyltœʀ, tʀis] n. ARBOR Personne qui pratique l'oléiculture. – De *oléi-,* d'ap. *agriculteur.*

oléiculture [ɔleikyltyʀ] n. f. ARBOR Culture des oliviers. – De *oléi-,* et *culture.*

oléine [ɔlein] n. f. CHIM Ester triglycérique de l'acide oléique. – De *olé-,* et *-ine,* d'après *glycérine.*

oléique [ɔleik] adj. CHIM *Acide oléique* : acide gras naturel très répandu dans les graisses animales et végétales. – De *olé-,* et *-ique.*

oléo-. V. olé-.

oléoduc [ɔleɔdyk] n. m. TECH Grosse conduite servant au transport des hydrocarbures liquides. V. pipeline. – De *oléo-,* sur le modèle de *aqueduc.*

oléolat [ɔleɔla] n. m. PHARM Huile essentielle. – Du lat. *oleum,* « huile ».

oléomètre [ɔleɔmɛtʀ] n. m. TECH Appareil servant à mesurer la densité des huiles. – De *oléo-,* et *-mètre.*

oléopneumatique [ɔleɔpnømatik] adj. TECH *Système de suspension oléopneumatique,* comprenant une membrane qui comprime un matelas d'air et un circuit d'huile qui sert à transmettre les efforts. – De *oléo-,* et *pneumatique.*

oléoprotéagineux [ɔleɔpʀɔteaʒinø] n. m. AGRIC Plante dont les graines ou les fruits sont riches en lipides et en protéines. – De *oléo-, proté(ine),* et d'après la term. d'*(olé)agineux.*

oléum [ɔleɔm] n. m. CHIM Acide sulfurique fumant, utilisé dans la fabrication des phénols, des colorants et des explosifs. – Lat *oleum,* « huile ».

olfactif, ive [ɔlfaktif, iv] adj. Relatif à l'odorat. – Du lat. *olfactus,* « odorat ».

olfaction [ɔlfaksjɔ̃] n. f. Didac. Sens de l'odorat. – Du lat. *olfactus,* « odorat ».

oliban [ɔlibɑ̃] n. m. Rare Encens. – Bas lat. *olibanus,* ar. *ăl-Lŭbān.*

olibrius [ɔlibʀiys] n. m. **1.** Dans les mystères du Moyen Âge, personnage bravache et fanfaron. **2.** Fam., péjor. Personnage ridicule, pédant et importun. – De *Olybrius,* n. donné par la légende au persécuteur de sainte Marguerite, d'après le nom d'un empereur romain du Vᵉ s., incapable et fanfaron.

olifant [ɔlifɑ̃] n. m. Petit cor d'ivoire que portaient les chevaliers. *Roland à Roncevaux sonna de l'olifant.* (S'écrivait autrefois *oliphant*). – Altér. de *éléphant.*

olig(o)-. Élément, du gr. *oligos,* « petit, peu nombreux ».

oligarchie [ɔligaʀʃi] n. f. Didac. Régime politique dans lequel le pouvoir est aux mains d'un petit nombre d'individus ou de familles ; ces individus ou ces familles. *L'oligarchie romaine.* – Gr. *oligarkhia,* « commandement de quelques-uns ».

oligarchique [ɔligaʀʃik] adj. Didac. Relatif à l'oligarchie. *État oligarchique.* – Gr. *oligarkhikos.*

oligarque [ɔligaʀk] n. m. Didac. Membre d'une oligarchie. – Gr. *oligarkhês.*

oligocène [ɔligɔsɛn] n. m. et adj. GEOL Partie du nummulitique (période la plus ancienne du tertiaire), caractérisée par la prolifération des nummulites, des oiseaux, des mammifères, des angiospermes, et au cours de laquelle les Alpes commencèrent à se former. – adj. *Faune oligocène.* – De *oligo-,* et gr. *kainos,* « récent ».

oligochètes [ɔligɔkɛt] n. m. pl. ZOOL Classe d'annélides dont chaque segment porte un petit nombre de soies. (On divise cette classe en deux groupes : celui des vers terrestres ou terricoles – lombric – et celui des vers d'eau douce ou limicoles – tubifex.) – Sing. *Un oligochète.* – De *oligo-,* et gr. *khaitê,* « chevelure ».

oligoclase [ɔligɔklaz] n. f. MINER Variété de feldspath contenant du sodium et du calcium. – De *oligo-,* et gr. *klasis,* « rupture ».

oligo-élément ou **oligoélément** [ɔligoelemɑ̃] n. m. BIOCHIM Élément qui existe à l'état de traces dans l'organisme, à la vie duquel il est indispensable.
ENCYCL Les princ. oligo-éléments sont, par ordre de concentration décroissante, le magnésium, le fer, le silicium, le zinc, le rubidium, le cuivre, le brome, l'étain, le manganèse, l'iode, l'aluminium, le plomb, le molybdène, le bore, l'arsenic, le cobalt et le lithium.

oligophrénie [ɔligofʀeni] n. f. MED Arriération mentale. ▷ *Oligophrénie phénylpyruvique* : syn. de *phénylcétonurie.* – De *oligo-,* et gr. *phrên,* « intelligence ».

oligopole [ɔligopɔl] n. m. ECON Marché caractérisé par un petit nombre de vendeurs face à un grand nombre d'acheteurs. – De *oligo-,* et *(mono)pole.*

oligopolistique [ɔligopɔlistik] adj. ECON Qui a trait à une situation d'oligopole. – De *oligopole.*

oligurie [ɔligyʀi] n. f. MED Diminution de la quantité d'urine émise en un temps donné. – De *olig(o)-,* et *-urie.*

olim [ɔlim] n. m. inv. HIST Registre du parlement de Paris (1254-1318). – Mot lat., « autrefois ».

olivaie [ɔlivɛ] ou **oliveraie** [ɔlivʀɛ] n. f. Lieu planté d'oliviers. Syn. olivette. – De *olive* ou de *olivier.*

olivaison [ɔlivɛzɔ̃] n. f. AGRIC Récolte des olives. – Époque où elle se fait. – De *olive.*

olivâtre [ɔlivɑtʀ] adj. Qui tire sur le vert olive. *Teint olivâtre,* bistre, mat. – De *olive,* et *-âtre.*

olive [ɔliv] n. f. **1.** Fruit (drupe) comestible de l'olivier, dont la pulpe pressée fournit de l'huile. *Huile d'olive. Olives vertes,* cueillies avant maturité et conservées dans la saumure. *Olives noires,* cueillies mûres, ébouillantées et conservées dans l'huile. *Olives farcies.* **2.** (En appos.) *Couleur olive, vert olive* ou, absol., *olive :* couleur verdâtre tirant sur le brun. *Des robes olive.* **3.** ARCHI Motif décoratif en forme d'olive. **4.** TECH Objet ayant la forme d'une olive (bouton de porte, interrupteur électrique, etc.). **5.** ANAT *Olives bulbaires :* éminences de la face antérieure du bulbe rachidien. – Provenç. et lat. *oliva.*

oliveraie. V. olivaie.

olivétain, aine [ɔlivetɛ̃, ɛn] n. RELIG Moine, moniale de la congrégation bénédictine fondée au XIVe s. par Bernardo Tolomei sur le mont Olivet (Monte Oliveto), proche de Sienne. – De mont *Olivet.*

olivette [ɔlivɛt] n. f. **1.** Oliveraie. **2.** Raisin à grains de forme allongée. **3.** Variété de tomate oblongue. **4.** (Plur.) Danse provençale que l'on exécutait à l'époque de la récolte des olives. – De *olive.*

olivier [ɔlivje] n. m. Arbre des régions méditerranéennes (*Olea europaea,* fam. des oléacées) au tronc tortueux, aux feuilles simples argentées à leur face inférieure, aux fleurs blanches, dont le fruit est l'olive. – HIST *Mont des Oliviers :* colline, proche de Jérusalem, où Jésus alla prier la veille de sa mort, au lieu-dit *jardin des Oliviers,* ainsi nommé parce que s'y trouvait un pressoir à huile. ▷ Bois clair, dur et odorant de cet arbre, fort apprécié pour son grain fin et serré et son riche veinage. *Coupe, mortier en olivier.* – De *olive.*

olivine [ɔlivin] n. f. MINER Variété très répandue de péridot (pierre semi-précieuse), de couleur vert olive. – De *olive.*

ollaire [ɔllɛʀ] adj. TECH *Pierre ollaire :* pierre tendre utilisée pour faire des vases. – Bas lat. *ollarius,* de *olla,* « pot ».

ollé ! V. olé !

olographe [ɔlɔgʀaf] adj. DR Se dit d'un testament daté, signé et écrit en entier de la main du testateur. – Lat. *olographus,* pour *holographus,* mot gr., de *holos,* « entier ».

olympiade [ɔlɛ̃pjad] n. f. **1.** Espace de quatre ans qui séparait deux célébrations consécutives des jeux Olympiques grecs. **2.** (Plur.) Jeux Olympiques. *Les prochaines olympiades.* – Du lat. *olympias, olympiadis,* gr. *olumpias, olumpiados,* du n. d'*Olumpia,* « Olympie », ville d'Élide, région de Grèce.

olympien, enne [ɔlɛ̃pjɛ̃, ɛn] adj. **1.** MYTH Qui habite l'Olympe, le séjour des dieux. *Zeus olympien.* **2.** Litt. D'une noblesse sereine et majestueuse. *Calme olympien.* – Lat. *olympius,* gr. *olumpios.*

olympique [ɔlɛ̃pik] adj. **1.** ANTIQ GR Relatif à Olympie. *Jeux Olympiques :* V. encycl. jeu. *Comité international olympique* (C.I.O.), fondé en 1894 et qui a la responsabilité de l'organisation des jeux Olympiques. **2.** Qui se rapporte aux jeux Olympiques. *Record olympique.* – Lat. *olympicus,* gr. *olumpikos.*

olympisme [ɔlɛ̃pism] n. m. Didac. **1.** Ensemble des règles et de l'organisation des jeux Olympiques. **2.** Esprit, idéal olympique. – De *olympique.*

omanais, aise [ɔmane, ɛz] adj. et n. Du sultanat d'Oman, État du S.-E. de l'Arabie. ▷ Subst. *Un(e) Omanais(e).*

omayyade. V. omeyyade.

ombelle [ɔ̃bɛl] n. f. BOT Type d'inflorescence formée d'axes secondaires qui partent tous en rayonnant du même point de l'axe principal. (Si chaque axe secondaire porte une fleur unique, l'ombelle est dite *simple ;* s'il se termine par une petite ombelle ou ombellule, formée d'axes tertiaires, elle est dite *composée.*) – Du lat. *umbella,* « parasol ».

ombellé, ée [ɔ̃belle] adj. BOT Disposé en ombelle. – De *ombelle.*

ombellifère [ɔ̃bɛllifɛʀ] adj. et n. f. BOT **1.** adj. Qui porte des ombelles. *Plante ombellifère.* **2.** n. f. pl. Famille de dicotylédones dialypétales comprenant des plantes généralement herbacées, caractérisées essentiellement par leur inflorescence en ombelle et par leur fruit formé d'un double akène, dont certaines espèces sont comestibles (carotte, cerfeuil, persil, angélique), d'autres vénéneuses (ciguë, œnanthe). – Sing. *Une ombellifère.* – Du lat. *umbella,* et *-fère.*

ombelliforme [ɔ̃bɛllifɔʀm] adj. Didac. En forme d'ombelle. – De *ombelle,* et *-forme.*

ombellule [ɔ̃bɛlyl] n. f. BOT Petite ombelle constitutive d'une ombelle composée. – Dimin. de *ombelle.*

ombilic [ɔ̃bilik] n. m. **1.** ANAT Ouverture de la paroi abdominale du fœtus, par laquelle passe le cordon ombilical. – Cicatrice à laquelle cette ouverture laisse place peu de temps après la naissance ; nombril. **2.** Fig., litt. Point central. *« L'ombilic des limbes », d'Antonin Artaud.* **3.** ARCHEOL Renflement au centre d'un bouclier ou d'un plat. **4.** BOT Dépression ou renflement à la base ou au sommet de certains fruits, de certains champignons. – Lat. *umbilicus.*

ombilical, ale, aux [ɔ̃bilikal, o] adj. ANAT Qui a rapport à l'ombilic. *Hernie ombilicale. Cordon ombilical,* qui met en relation l'organisme (et notam. le système circulatoire) du fœtus avec celui de la mère par l'intermédiaire du placenta. – De *ombilic.*

ombiliqué, ée [ɔ̃bilike] adj. Didac. Qui présente une dépression. – De *ombilic.*

omble [ɔ̃bl] n. m. ICHTYOL Grand salmonidé (jusqu'à 80 cm) dont on distingue deux espèces : l'*omble chevalier (Salvelinus alpinus),* aux flancs tachetés, qui vit dans les lacs d'Europe de l'Ouest et dont la chair est très estimée ; et l'*omble de fontaine* ou *saumon de fontaine (Salvelinus fontinalis),* aux flancs et au dos zébrés, importé d'Amérique, qui vit dans les eaux courantes. – Altér. de *amble,* mot de Neuchâtel ; bas lat. *amulus.*

ombrage [ɔ̃bʀaʒ] n. m. **1.** Ombre produite par les feuillages des arbres ; ces feuillages eux-mêmes. *Ombrage épais.* **2.** Fig. *Porter ombrage à qqn,* blesser sa susceptibilité. *Prendre ombrage de qqch,* s'en offenser. – De *ombre* 1.

ombragé, ée [ɔ̃bʀaʒe] adj. Protégé par un (des) ombrage(s). *Parc ombragé.* – Pp. de *ombrager.*

ombrager [ɔ̃bʀaʒe] v. tr. [**13**] Couvrir d'ombre. – De *ombrage.*

ombrageux, euse [ɔ̃bʀaʒø, øz] adj. **1.** Qui a peur de son ombre, des ombres, en parlant d'un animal craintif. *Cheval, âne ombrageux.* **2.** Fig. Qui prend facilement ombrage ; soupçonneux ou susceptible. – De *ombrage.*

1. ombre [ɔ̃bʀ] n. f. **I. 1.** Obscurité provoquée par un corps opaque qui intercepte la lumière. *L'ombre qui règne dans les forêts.* ▷ Par ext. *L'ombre, les ombres de la nuit,* son obscurité. **2.** Image, silhouette sombre projetée par un corps qui intercepte la lumière. *Voir son ombre sur la route.* ▷ *Ombres chinoises :* ombres de figures découpées ou de mains dans différentes positions, portées sur un écran et figurant des animaux, des personnages, etc. – *Théâtre d'ombres.* ▷ Loc. fig. *Suivre qqn* *comme son ombre, être l'ombre de qqn,* le suivre partout. – *Courir après une ombre :* poursuivre des chimères. *Lâcher la proie pour l'ombre,* un avantage réel pour un faux-semblant. – *Avoir peur de son ombre :* être très craintif. – *L'ombre de :* l'apparence de. *Il n'y a pas l'ombre d'un doute.* **3.** Partie couverte de couleurs plus sombres, de hachures, etc., représentant les ombres, dans un tableau, un dessin. *Impression de relief créée par les ombres.* ▷ Loc. fig. *Il y a une ombre au tableau,* qqch qui fait que la situation n'est pas totalement satisfaisante. **4.** Fantôme, apparence à demi matérialisée d'un mort, dans certaines croyances. *Royaume des ombres.* – Fig. *Être l'ombre de soi-même :* être diminué, affaibli au point de paraître à peine vivant. **5.** Fig. Obscurité, incognito. *Votre nom ne sera pas mentionné, vous resterez dans l'ombre.* **II.** Loc. adv. *À l'ombre,* dans un endroit abrité du soleil. – Fig., fam. *Mettre qqn à l'ombre,* en prison. ▷ Fig., litt. *À l'ombre de :* dans le voisinage de; sous la protection de. – Lat. *umbra.*

2. ombre [ɔ̃bʀ] n. m. ICHTYOL Poisson salmonidé *(Thymallus)* long de 25 à 40 cm, de couleur brunâtre, qui vit dans les eaux courantes de l'Europe, à la chair estimée. – Lat. *umbra,* «poisson de teinte sombre»; d'abord *umbre,* «poisson sciénide».

3. ombre [ɔ̃bʀ] n. f. Ocre brun utilisé pour ombrer. – De *terre d'ombre,* avec infl. de *Ombrie* (n. d'une région d'Italie).

ombrelle [ɔ̃bʀɛl] n. f. **1.** Petit parasol de dame. **2.** ZOOL Partie gélatineuse, en forme de cloche, d'une méduse. – Bas lat. *umbrella,* lat. class. *umbella.*

ombrer [ɔ̃bʀe] v. tr. [1] Figurer une ombre, les ombres sur (un dessin, un tableau). – De l'ital. *ombrare,* «mettre à l'ombre».

ombrette [ɔ̃bʀɛt] n. f. Oiseau ciconiiforme (*Scopus umbretta*) d'Afrique tropicale, qui construit d'énormes nids. – De *ombre* 1.

ombreux, euse [ɔ̃bʀø, øz] adj. **1.** Litt. Qui donne de l'ombre. *Ramure ombreuse.* **2.** Plein d'ombre. *Vallons ombreux.* – Du lat. *umbrosus.*

ombrien, enne [ɔ̃bʀijɛ̃, ɛn] adj. et n. **1.** De l'Ombrie, rég. admin. de l'Italie, formée des prov. de Pérouse et Terni. ▷ Subst. *Un(e) Ombrien(ne).* **2.** n. m. *L'ombrien :* la langue du groupe italique parlée en Ombrie.

ombrine [ɔ̃bʀin] n. f. Grand poisson marin (fam. sciénidés) rayé longitudinalement. – De *ombre* 2.

ombudsman [ɔmbydzman] n. m. Personne chargée d'arbitrer les différends qui peuvent survenir entre l'Administration et les citoyens et de défendre les droits de ces derniers, dans certains pays (Suède, notam.). V. médiateur. – Mot suédois, de *ombud,* «délégué», et *man,* «homme».

-ome. MED Suffixe impliquant l'idée de tumeur (ex. *fibrome, carcinome*).

oméga [ɔmega] n. m. **1.** Vingt-quatrième et dernière lettre de l'alphabet grec (Ω, ω), correspondant à *o* long. ▷ Fig. *L'alpha et l'oméga :* le commencement et la fin (Bible). **2.** PHYS ω : symbole d'une vitesse angulaire ou de la pulsation d'une grandeur sinusoïdale. – Ω : symbole de l'ohm. **3.** PHYS NUCL Nom commun de particules dont certaines (w) appartiennent à la famille des mésons et d'autres (W) à celle des hypérons. – Mot gr., «grand o».

omelette [ɔmlɛt] n. f. Mets fait d'œufs battus, additionnés ou non d'ingrédients divers et cuits à la poêle. *Une omelette aux champignons.* ▷ Loc. prov. *On ne fait pas d'omelette sans casser des œufs :* on n'obtient pas de résultats sans sacrifices. – Altér. de l'a. fr. *amelette,* de *alumelle,* «lamelle», avec agglutination de *a.*

omettre [ɔmɛtʀ] v. tr. [60] Passer, oublier, négliger; s'abstenir volontairement (de faire, d'agir). *Omettre un mot dans une lettre. Omettre de saluer.* – Lat. *omittere,* d'ap. *mettre.*

omeyyade, omayyade ou **umayyade** [ɔmɛjad] adj. Relatif aux Omeyyades, dynastie de califes musulmans (660-750).

omicron [ɔmikʀɔn] n. m. Quinzième lettre de l'alphabet grec (O, o), correspondant à *o* bref. – Mot grec, «petit o».

omis, ise [ɔmi, iz] adj. et n. m. Qui a été oublié, négligé, passé, dans une phrase, une énumération, une liste, etc. *Trois mots omis.* ▷ n. m. MILIT *Les omis du service national,* qui n'ont pas été recensés avec leur classe d'âge. – Pp. de *omettre.*

omission [ɔmisjɔ̃] n. f. Action d'omettre; chose omise. *Signaler une omission.* – *Péché d'omission, par omission,* consistant à ne pas faire ce qui devrait être fait. – Bas lat. *omissio,* du class. *omissum,* de *omittere,* «omettre».

omni-. Élément, du lat. *omnis,* «tout».

omnibus [ɔmnibys] n. m. et adj. inv. **1.** Anc. Voiture publique accomplissant dans une ville des trajets déterminés. **2.** *Train omnibus* ou, n. m., *omnibus,* qui dessert toutes les stations sur son parcours. Ant. express, rapide. – Mot lat., «pour tous»; de *(voiture) omnibus.*

omnidirectionnel, elle [ɔmnidiʀɛksjɔnɛl] adj. TECH Qui a les mêmes propriétés, la même efficacité dans toutes les directions. *Antenne omnidirectionnelle. Micro omnidirectionnel.*

omnipotence [ɔmnipɔtɑ̃s] n. f. Faculté de décider souverainement; toute-puissance. – Bas lat. *omnipotentia.*

omnipotent, ente [ɔmnipɔtɑ̃, ɑ̃t] adj. Dont le pouvoir est absolu; tout-puissant. *Chef omnipotent.* – Lat. *omnipotens, omnipotentis.*

omnipraticien, enne [ɔmnipʀatisjɛ̃, ɛn] n. Médecin généraliste.

omniprésence [ɔmnipʀezɑ̃s] n. f. Présence en tous lieux.

omniprésent, ente [ɔmnipʀezɑ̃, ɑ̃t] adj. Présent partout. *Dieu est omniprésent.*

omniscience [ɔmnisjɑ̃s] n. f. Science universelle, infinie. *Omniscience divine.* – Lat. médiév. *omniscientia.*

omniscient, ente [ɔmnisjɑ̃, ɑ̃t] adj. Qui sait tout. – De *omniscience.*

omnisports [ɔmnispɔʀ] adj. inv. Qui concerne tous les sports. – Où l'on pratique plusieurs sports. *Gymnase omnisports.*

omnium [ɔmnjɔm] n. m. **1.** SPORT Compétition cycliste comprenant plusieurs courses différentes. ▷ Course à laquelle participent des chevaux de tous âges. **2.** FIN Société financière ou commerciale dont les activités s'étendent à toutes les branches d'un secteur économique. – Mot lat., génitif plur. de *omnis,* «tout».

omnivore [ɔmnivɔʀ] adj. et n. m. Qui se nourrit aussi bien d'aliments végétaux que d'aliments animaux. *Le porc est omnivore.* – n. m. *Un omnivore.* – De *omni-,* et *-vore.*

omoplate [ɔmɔplat] n. f. Os pair, triangulaire et plat, qui est appliqué contre la partie postérieure et supérieure du thorax. *L'omoplate, sur laquelle s'insèrent de nombreux muscles rattachant le tronc au membre supérieur, s'articule avec la clavicule en avant et avec la tête humérale en haut.* – Gr. *ômoplatê,* de *ômos,* «épaule», et *platê,* «surface large et plate».

on [ɔ̃] pron. pers. indéf. Pron. de la 3e pers., inv., ayant toujours fonction de sujet. **I.** Désignant une ou plus. pers. non déterminées. **1.** L'homme, les hommes en général. *Autrefois, on vivait mieux.* – (Emploi fréquent dans les proverbes, les sentences.) *Quand on veut, on peut. On n'aime qu'une fois.* **2.** Un certain nombre (plus ou moins grand) de personnes. *Ici, on est plutôt de gauche.* **3.** Les gens, l'opinion. *On dit, on raconte que* (cf. on-dit, qu'en-dira-t-on). ▷ Loc. *On dirait* (introduisant une comparaison). *Il gesticule et parle tout seul, on dirait un fou.* – *On dirait que* : il semble que. *On dirait qu'il arrive.* **4.** Une personne quelconque (connue ou non), qqn. *On frappe. On vous demande au secrétariat.* – (Emploi correspondant à un passif sans compl. d'agent.) *On sert le dîner. On a interdit ce passage.* ▷ Loc. *On ne peut plus* (exprimant un superlatif). *Il est on ne peut plus bête.* – *On ne sait jamais* (indiquant une éventualité peu probable). *Il peut encore venir, on ne sait jamais.* **II.** Désignant une ou plus. pers. déterminées. **1.** (Représentant une 1re pers. sing. ou plur.) Fam. Je, moi. *Oui, on arrive.* – Litt. *On a voulu montrer dans ce chapitre...* ▷ Fam. Nous. *Chez nous, généralement, on n'agit pas ainsi. Nous, on va au cinéma.* **2.** Fam. (Représentant une 2e pers. sing. ou plur.) Tu, toi, vous. *Alors ? on ne dit pas bonjour ?* **3.** (Représentant une 3e pers. sing. ou plur.) Il(s), elle(s). *Nous sommes encore très liés : on me raconte ses secrets.* – Rem. *On* est en principe masc. sing., toutefois le part. passé ou l'adj. qui le suit s'accorde en genre et en nombre avec la ou les pers. représentées par *on. Quand on est belle et coquette. On est tous frères.* – Pour éviter un hiatus, on emploie souvent *l'on* au lieu de *on. Si l'on réfléchit.* – Du nominal lat. *homo;* par l'a. fr. *om.*

onagrariacées [ɔnagʀaʀjase] ou **onagrariées** [ɔnagʀaʀje] n. f. pl. BOT Syn. de *œnothéracées.* – Sing. *Une onagrariacée* ou *une onagrariée.* – De *onagre* 2.

1. onagre [ɔnagʀ] n. m. **1.** Âne sauvage (*Equus onager*) vivant en Iran et en Inde. **2.** ANTIQ Machine de guerre servant à lancer des pierres. – Gr. *onagros,* «âne sauvage»; lat. *onager.*

2. onagre [ɔnagʀ] n. f. Plante dicotylédone (genre *Œnothera*) produisant spontanément de nombreux hybrides et dont certaines variétés sont cultivées pour leurs grandes fleurs jaunes. – Gr. *onagros* (V. onagre 1).

onanisme [ɔnanism] n. m. Masturbation. – De *Onan,* personnage biblique contraint par la loi des patriarches à «susciter une postérité» mais qui éjacula sur le sol, pour éviter de rendre enceinte la veuve de son frère.

onaniste [ɔnanist] adj. Relatif à l'onanisme. – De *onanisme.*

onc, oncques ou **onques** [ɔ̃k] adv. Vx Jamais. – Du lat. *unquam,* «quelquefois».

1. once [ɔ̃s] n. f. **1.** Ancienne unité de poids. *Once romaine* : le douzième de la livre. *Once de Paris* : le seizième de la livre. ▷ Mesure de poids anglo-saxonne (s'écrit *ounce* en angl. – symbole oz) valant un seizième de livre, soit 28,35 g. **2.** Fig. *Une once de* : une très petite quantité de. *Ne pas avoir une once de bon sens.* – Lat. *uncia,* «douzième partie».

2. once [ɔ̃s] n. f. Grand félidé (*Panthera uncia*) au pelage clair, tacheté et épais, des montagnes d'Asie centrale. Syn. panthère des neiges. – De *lonce,* lat. pop. **lyncea,* dér. de *lynx.*

onchocercose [ɔ̃kɔsɛʀkoz] n. f. MED Parasitose fréquente en Afrique, due à une filaire (*Onchocerca volvulus*) et caractérisée par des nodules, des lésions cutanées et de graves atteintes oculaires. – Du gr. *ogkos,* «crochet», *kerkos,* «queue», et *-ose* 2.

oncial, ale, aux [ɔ̃sjal, o] adj. et n. f. *Écriture onciale* : écriture en grandes capitales romaines arrondies. *Caractères onciaux.* ▷ n. f. *Manuscrit en onciale.* – Du lat. *uncialis,* «d'un douzième (de pied)», «d'un pouce».

oncle [ɔ̃kl] n. m. **1.** Frère du père ou de la mère. *Oncle paternel, maternel.* ▷ *Par ext.* Mari de la tante. **2.** *Oncle à la mode de Bretagne* : cousin germain du père ou de la mère. ▷ *Oncle d'Amérique* : parent riche et éloigné laissant un héritage inattendu. – Du lat. *avunculus,* «oncle maternel».

oncogène [ɔ̃kɔʒɛn] adj. et n. m. MED Qui provoque l'apparition de tumeurs cancéreuses. *Virus oncogène. Substance, rayonnement oncogène.* – n. m. *Il existe plusieurs types d'oncogènes.* – Du gr. *onkos,* «grosseur, tumeur», et *-gène.*

oncogenèse [ɔ̃koʒənɛz] n. f. MED Développement d'un cancer. Syn. cancérogenèse. – De *onco-,* et *-genèse.*

oncologie [ɔ̃kɔlɔʒi] n. f. Didac. Étude des tumeurs cancéreuses. – Du gr. *onkos,* «grosseur, tumeur», et *-logie.*

oncques. V. onc.

onction [ɔ̃ksjɔ̃] n. f. **1.** LITURG Geste rituel consistant à oindre une personne avec les saintes huiles pour la bénir ou la consacrer. *Onction du baptême.* – *Onction* ou *sacrement des malades* (appelée *extrême-onction* jusqu'en 1963) : cinquième sacrement de l'Église catholique, conféré aux fidèles en danger de mort. **2.** Litt. Douceur de la parole ou des manières, évoquant la piété. – Lat. *unctio,* de *unguere,* «oindre».

onctueusement [ɔ̃ktɥøzmɑ̃] adv. De manière onctueuse. – De *onctueux.*

onctueux, euse [ɔ̃ktɥø, øz] adj. **1.** Qui évoque au toucher la fluidité ou la douceur de l'huile. *Pâte, crème onctueuse.* **2.** Fig. (Souvent péjor.) Qui a de l'onction (sens 2). *Une éloquence, des manières onctueuses.* – Lat. médiév. *unctuosus,* de *ungere,* «oindre».

onctuosité [ɔ̃ktɥozite] n. f. Caractère de ce qui est onctueux. – Lat. médiév. *unctuositas.*

ondatra [ɔ̃datʀa] n. m. ZOOL Rongeur *(Ondatra zibethicus)* originaire d'Amérique du Nord acclimaté en Europe, long d'une quarantaine de centimètres, aux pattes palmées, adapté à la vie dans les marais, où il construit des huttes d'herbes et de roseaux. Syn. rat musqué. – Mot indien du Canada.

onde [ɔ̃d] n. f. **I. 1.** Litt. Déformation qui se propage à la surface d'une nappe liquide, caractérisée par une succession de bosses et de creux. *Le vent fait des ondes sur le lac.* ▷ Ornement dessiné ou sculpté, ou forme naturelle évoquant une onde. *Les ondes d'une colonne torse, d'une chevelure.* **2.** Litt., vieilli Eau (de la mer, d'une rivière, d'un lac). *Une onde limpide. Voguer sur les ondes.* **II.** PHYS **1.** Déformation d'un milieu fluide, qui se propage à partir d'un point. *Onde de marée. Onde acoustique. Onde de choc,* engendrée par un corps qui se déplace dans un fluide à une vitesse supérieure à celle de la propagation du son dans ce fluide. **2.** Tout phénomène vibratoire qui se propage. *Onde sismique. Onde lumineuse. Onde stationnaire,* résultant de l'interférence de deux vibrations et caractérisée par des *nœuds,* où l'amplitude de vibration est nulle, et des *ventres,* où l'amplitude est maximale. *Onde amortie,* dont l'amplitude décroît. *Ondes électromagnétiques* : V. encycl. électromagnétisme et encycl. rayonnement. *Ondes radioélectriques* ou *hertziennes.* (Cour. : *grandes ondes, ondes moyennes, petites ondes. Émission sur ondes courtes.*) – Loc. fig., fam. *Être sur la même longueur d'onde* : parler le même langage, bien se comprendre mutuellement. (*Longueur d'onde,* sens pr. : V. encycl.) ▷ TELECOM *Onde porteuse* : onde électromagnétique de haute fréquence dont la modulation permet la transmission de signaux. **3.** Plur. *Les ondes* : les émissions radiodiffusées, la radio. *Retransmission sur les ondes. Mise en ondes d'une émission.* **4.** PHYS *Fonction d'onde* : fonction mathématique qui permet de calculer la probabilité de présence d'une particule en un point. **5.** MUS *Ondes Martenot* : instrument électronique à clavier, où les sons émis naissent d'oscillateurs à lampes et pour lequel de nombreuses pièces contemporaines ont été écrites. – Lat. *unda,* «eau courante».

ENCYCL **Phys.** – On appelle *onde matérielle* une onde qui se propage dans un milieu en le déformant (onde sonore dans l'air atmosphérique, par ex.). La propagation de l'onde est due, dans ce cas, à la transmission du mouvement par les molécules du milieu de propagation. Il n'en est pas toujours ainsi, et certaines ondes, appelées *ondes électromagnétiques* (lumière, ondes radioélectriques), se propagent sans support matériel, et en partic. dans le vide. Une particule, appelée *photon*, est associée à chacune de ces ondes. La *vitesse* de propagation d'une onde dépend de la nature de cette onde et du milieu dans lequel elle se propage (330 m/s pour les ondes sonores dans l'air aux conditions normales de température et de pression, par ex.). Toute onde peut être considérée comme la somme d'un nombre plus ou moins grand d'*ondes sinusoïdales*. La *période* d'une onde sinusoïdale est la durée au bout de laquelle la situation d'un point quelconque sur la courbe sinusoïdale redevient la même; ex. : durée au bout de laquelle un point atteint à nouveau le sommet de la courbe. La *longueur d'onde* est la distance parcourue par l'onde pendant une période. L'inverse de la longueur d'onde est appelé *nombre d'onde* et l'inverse de la période, la *fréquence*. Plus la longueur d'onde est courte, plus la fréquence est élevée.

ondée [ɔ̃de] n. f. Pluie subite et de courte durée. Syn. averse. – De *onde*.

ondemètre [ɔ̃dmɛtʀ] n. m. TELECOM Appareil permettant de mesurer les longueurs d'ondes ou de régler un poste émetteur ou récepteur sur une longueur d'onde déterminée. – De *onde*, et *-mètre*.

ondin, ine [ɔ̃dɛ̃, in] n. **1.** MYTH (Rare au masc.) Génie, déesse des eaux dans la mythologie nordique. **2.** n. f. Fig. Nageuse jeune et gracieuse. – De *onde*.

on-dit [ɔ̃di] n. m. inv. Propos, bruit qui court. *Se méfier des on-dit.* – De *on*, et *dit*.

ondoiement [ɔ̃dwamɑ̃] n. m. **1.** Action d'ondoyer, mouvement de ce qui ondoie. *Ondoiement des blés sous le vent.* **2.** LITURG CATHOL Baptême d'urgence, réduit à l'essentiel (effusion d'eau accompagnée des paroles sacramentelles), conféré à un nouveau-né ou à une personne en danger de mort. – De *ondoyer*.

ondoyant, ante [ɔ̃dwajɑ̃, ɑ̃t] adj. **1.** Qui ondoie. **2.** Versatile. – Ppr. de *ondoyer*.

ondoyer [ɔ̃dwaje] v. **[23] 1.** v. intr. Faire des mouvements évoquant une onde (sens I, 1); être animé de tels mouvements. *Les drapeaux ondoient au vent.* **2.** v. tr. LITURG CATHOL Baptiser par ondoiement. – De *onde*.

ondulant, ante [ɔ̃dylɑ̃, ɑ̃t] adj. **1.** Qui ondule. – Qui présente une ondulation. **2.** Qui varie en intensité. *Une fièvre ondulante.* – Ppr. de *onduler*.

ondulation [ɔ̃dylasjɔ̃] n. f. **1.** Mouvement des ondes (sens I, 1). *Ondulations de la houle.* **2.** Ligne, contour sinueux, évoquant le mouvement des ondes. – Du bas lat. *undula*, «petite onde».

ondulatoire [ɔ̃dylatwaʀ] adj. **1.** Qui a le caractère d'une onde (sens I, 1). *Mouvement ondulatoire des vagues.* **2.** PHYS Relatif aux ondes. ▷ *Mécanique ondulatoire* : théorie physique, due à L. de Broglie (1923), qui joue un rôle fondamental en physique nucléaire et en astrophysique. – De *onduler*.

ondulé, ée [ɔ̃dyle] adj. Qui ondule. *Cheveux ondulés.* ▷ Dont la surface présente des ondulations. *Tôle ondulée.* – Pp. de *onduler*.

onduler [ɔ̃dyle] v. **[1] 1.** v. intr. Avoir un mouvement d'ondulation, des ondulations. *Les herbes ondulent sous le vent. Ses cheveux ondulent naturellement.* **2.** v. tr. Rendre ondulé. *Onduler ses cheveux.* – Bas lat. **undulare*, rac. *unda*, «onde».

onduleur [ɔ̃dylœʀ] n. m. ELECTR Appareil servant à transformer un courant continu en courant alternatif. – De *onduler*.

onduleux, euse [ɔ̃dylø, øz] adj. Qui ondule, qui présente des ondulations. *Démarche, draperie onduleuse.* – De *ondulation*.

one man show [wanmanʃo] loc. subst. m. (Anglicisme) Spectacle de variétés donné par un artiste seul en scène. Syn. (officiellement recommandé) spectacle solo ou solo. – Mot angl., «spectacle» *(show)* d'un seul homme *(one man)*.

onéreux, euse [ɔneʀø, øz] adj. Qui occasionne des frais, des charges. *Un logement onéreux.* ▷ *À titre onéreux* : en payant. – Du lat. *onerosus*, «pesant, lourd», de *onus, oneris*, «poids, charge».

one-step [wanstɛp] n. m. inv. Danse à deux temps, importée des États-Unis, à la mode peu après la Première Guerre mondiale. – Mot amér., «un pas (par temps)».

O.N.G. n. m. Organisme qui ne reçoit aucune subvention de l'État. – Sigle de *organisme non gouvernemental*.

ongle [ɔ̃gl] n. m. **1.** Chez l'homme, lame cornée implantée à l'extrémité dorsale de la dernière phalange des doigts et des orteils. *Racine de l'ongle. Se faire les ongles.* ▷ Loc. fig. *Avoir les ongles crochus* : être avare. *Avoir de l'esprit (de l'humour, etc.) jusqu'au bout des ongles*, en avoir beaucoup. *Savoir qqch sur le bout des ongles*, parfaitement, à fond. **2.** Griffe des carnassiers; serre des rapaces. ▷ Loc. fig. *Avoir bec* (ou *dents*) *et ongles* : être capable de se défendre. – Lat. *ungula*, «griffe, serre, sabot, ongle».

onglée [ɔ̃gle] n. f. Engourdissement douloureux du bout des doigts, causé par le froid. *Avoir l'onglée.* – De *ongle*.

onglet [ɔ̃glɛ] n. m. **1.** TECH (Menuiserie) Assemblage formé par la juxtaposition de deux biseaux pratiqués aux extrémités de deux pièces de bois (baguettes, moulures, liteaux, etc.) selon la bissectrice de l'angle que forment celles-ci; chacun des biseaux (le plus souvent à quarante-cinq degrés) ainsi pratiqués. *Assemblage à onglet. Boîte à onglets* : outil formé de trois planches assemblées en U et convenablement entaillées, qui permet de guider la lame d'une scie lorsqu'on pratique un onglet. **2.** Muscle pilier du diaphragme du bœuf, qui fournit un morceau très estimé en boucherie; bifteck coupé dans ce morceau. *Onglet à l'échalote.* **3.** Petite entaille pratiquée dans le couvercle d'une boîte, la lame d'un canif, etc., pour donner prise à l'ongle. **4.** GEOM Portion de volume délimitée par une surface de révolution, et comprise entre deux plans passant par l'axe de révolution. **5.** BOT Partie rétrécie d'un pétale ou d'un sépale qui s'insère sur le réceptacle. **6.** IMPRIM Bande de papier ou de toile fixée au dos des cahiers d'un livre pour permettre l'insertion des hors-texte. *Gravure montée sur onglet.* – De *ongle*.

onglette [ɔ̃glɛt] n. f. Petit burin plat de graveur. – De *ongle*.

onglier [ɔ̃glije] n. m. Nécessaire à ongles. – De *ongle*.

onglon [ɔ̃glɔ̃] n. m. ZOOL Sabot qui enveloppe chacun des doigts des ruminants (on dit aussi *ongule*). – De *ongle*.

onguent [ɔ̃gɑ̃] n. m. Médicament à usage externe, de consistance molle, se liquéfiant à la chaleur de la peau. – Du lat. *unguentum*, «parfum liquide, huile parfumée».

onguiculé, ée [ɔ̃gikyle] adj. et n. m. ZOOL *Mammifères onguiculés*, dont les doigts sont terminés par des griffes ou par des ongles. ▷ n. m. *Les onguiculés.* – Du lat. *unguiculus*, «ongle de la main ou du pied».

ongulé, ée [ɔ̃gyle] adj. et n. m. ZOOL Se dit d'un mammifère dont la dernière phalange des doigts est protégée par un étui corné. ▷ n. m. *Un ongulé.* – Du lat. *ungula.*

onguligrade [ɔ̃gyligʀad] adj. ZOOL Se dit des quadrupèdes dont les membres reposent sur des sabots. – Du lat. *ungula* (V. ongle), et *gradi,* «marcher».

onir(o)-. Élément, du grec *oneiros,* «rêve».

onirique [ɔniʀik] adj. **1.** Qui est de la nature du rêve, qui concerne les rêves. **2.** Qui est analogue au rêve, qui rappelle les rêves par son caractère étrange, irréel. – Du gr. *oneiros,* «rêve».

onirisme [ɔniʀism] n. m. **1.** Activité mentale propre aux états oniriques. **2.** MED État de délire aigu dominé par des hallucinations visuelles souvent terrifiantes apparentées aux images du rêve. – De *onirique.*

onirologie [ɔniʀɔlɔʒi] n. f. Étude des rêves. – De *oniro-,* et *-logie.*

onirologue [ɔniʀɔlɔg] n. Spécialiste de l'onirologie. – De *onirologie.*

oniromancie [ɔniʀomɑ̃si] n. f. Divination par les songes. – Du gr. *oneiros,* «rêve», et *mancie.*

onomasiologie [ɔnɔmazjɔlɔʒi] n. f. LING Branche de la sémantique qui étudie les dénominations en partant du concept, par oppos. à *sémasiologie.* – Gr. *onomasia,* «désignation», de *onoma,* «mot», et *-logie.*

onomastique [ɔnɔmastik] adj. et n. f. LING **1.** adj. Qui a rapport aux noms propres. *Table onomastique.* **2.** n. f. Étude des noms propres. – Gr. *onomastikos,* «relatif au nom».

onomatopée [ɔnɔmatɔpe] n. f. LING Création d'un mot dont le son suggère celui de la chose qu'il dénomme; un tel mot. *Cliquetis, glouglou, clapoter, crac, boum sont des onomatopées.* – Lat. *onomatopoeia,* gr. *onomatopoiia,* «création (*poiein,* «faire») de mots *(onoma)*».

onomatopéique [ɔnɔmatɔpeik] adj. Didac. Qui a les caractères de l'onomatopée. – De *onomatopée.*

onques. V. onc.

onto-. Élément, du gr. *ôn, ontos,* «l'étant, l'être, ce qui est».

ontogenèse [ɔ̃tɔʒənɛz] ou **ontogénie** [ɔ̃tɔʒeni] n. f. BIOL Science qui étudie la croissance et le développement des individus, de l'œuf à l'âge adulte. – De *onto-,* et *-genèse, -génie.*

ontogénique [ɔ̃tɔʒenik] ou **ontogénétique** [ɔ̃tɔʒenetik] adj. Qui concerne l'ontogénie. – De *ontogénie.*

ontologie [ɔ̃tɔlɔʒi] n. f. PHILO Connaissance de l'être en tant qu'être, de l'être en soi. – Lat. philo. *ontologia.*

ontologique [ɔ̃tɔlɔʒik] adj. PHILO Qui a rapport à l'ontologie. *Preuve ontologique de l'existence de Dieu :* raisonnement formulé d'abord par saint Anselme, qui tente de prouver l'existence de Dieu par sa perfection («Nous avons l'idée de Dieu en tant qu'être parfait; un être parfait qui n'aurait pas d'existence serait imparfait; donc Dieu existe»). – De *ontologie.*

ontologiquement [ɔ̃tɔlɔʒikmɑ̃] adv. PHILO En ce qui concerne l'ontologie. – De *ontologique.*

ontologisme [ɔ̃tɔlɔʒism] n. m. PHILO Tendance à accorder une importance privilégiée aux problèmes d'ordre ontologique. – De *ontologie.*

onusien, enne [ɔnyzjɛ̃, ɛn] adj. Fam. De l'ONU. – Du sigle de *Organisation des Nations unies.*

onych(o)-. Élément, du gr. *onux, onukhos,* «ongle».

onychophagie [ɔnikɔfaʒi] n. f. MED Habitude de se ronger les ongles. – De *onycho-,* et *-phagie.*

onyx [ɔniks] n. m. Agate semi-transparente présentant des couches annulaires, concentriques, de couleurs variées. – Mot lat., du gr. *onux,* «ongle», la pierre étant translucide comme un ongle.

onyxis [ɔniksis] n. m. MED Inflammation du derme sous un ongle. – Du gr. *onux,* «ongle».

onzain [ɔ̃zɛ̃] n. m. LITTER Strophe de onze vers. – De *onze.*

onze [ɔ̃z] adj. inv. et n. m. inv. **I.** adj. num. inv. **1.** (Cardinal) Dix plus un (11). *Onze (personnes) à table.* **2.** (Ordinal) Onzième. *Louis XI. Page onze.* – Ellipt. *Le onze octobre.* **II.** n. m. inv. **1.** Le nombre onze. ▷ Chiffres représentant le nombre onze (11). *Un onze mal formé.* ▷ Numéro onze (11). *Composer le onze.* ▷ *Le onze :* le onzième jour du mois. **2.** SPORT Équipe de football (formée de onze joueurs). *Le onze de France.* – Du lat. *undecim,* de *unus,* «un», et *decem,* «dix».

onzième [ɔ̃zjɛm] adj. et n. **I.** adj. num. ord. Dont le rang est marqué par le nombre onze. *La onzième fois. Le onzième arrondissement* ou, ellipt., *le onzième.* ▷ Loc. *Les ouvriers de la onzième heure :* selon l'Évangile de saint Matthieu, les travailleurs du dernier moment, comparés aux croyants tardifs. **II.** n. **1.** Personne, chose qui occupe la onzième place. *Le onzième de la liste.* **2.** n. m. Chaque partie d'un tout divisé en onze parties égales. *Héritier pour un onzième.* – De *onze.*

onzièmement [ɔ̃zjɛmmɑ̃] adv. En onzième lieu. – De *onzième.*

oo-. Élément, du gr. *ôon,* «œuf».

oocyte [ɔɔsit] ou **ovocyte** [ɔvɔsit] n. m. BIOL Gamète femelle non encore parvenu à la maturité. – De *oo-,* et *-cyte.*

oogone [oogɔn] n. f. BOT Organe femelle où se forment les oosphères, chez les algues et chez certains champignons. – De *oo-,* et gr. *gonos,* «ce qui est engendré».

oolithe ou **oolite** [ɔɔlit] n. f. GEOL Petite sphère calcaire de la taille d'une tête d'épingle. – De *oo-,* et *-lit(h)e.*

oolithique [ɔɔlitik] adj. GEOL Qui contient des oolithes. *Les calcaires oolithiques sont très fréquents au jurassique.* – De *oolithe.*

oosphère [ɔɔsfɛʀ] n. f. BOT Gamète femelle végétal. – De *oo-,* et *sphère.*

oospore [ɔɔspɔʀ] n. f. BOT Cellule de fécondation des algues et des champignons. – De *oo-,* et *spore.*

oothèque [ɔɔtɛk] n. f. ZOOL Coque qui renferme la ponte de certains insectes (blattes et mantes, notam.). – De *oo-,* et *-thèque.*

op. Abrév. de *opus.*

O.P.A. n. f. ECON Abrév. de *offre* publique d'achat.*

opacifiant, ante [ɔpasifjɑ̃, ɑ̃t] adj. Qui opacifie. – Ppr. de *opacifier.*

opacification [ɔpasifikasjɔ̃] n. f. Action d'opacifier; fait de s'opacifier. ▷ MED Introduction d'une substance opaque aux rayons X, dans un organe ou un vaisseau, pour en permettre l'observation. – De *opacifier.*

opacifier [ɔpasifje] v. tr. [2] Rendre opaque. ▷ v. pron. Devenir opaque. – De *opaque,* et *-fier.*

opacimètre [ɔpasimɛtʀ] n. m. TECH Appareil servant à mesurer l'opacité d'une substance. – De *opaci(métrie),* et *-mètre.*

opacimétrie [ɔpasimetʀi] n. f. TECH Mesure de l'opacité d'une substance. – De *opaci(té),* et *-métrie.*

opacité [ɔpasite] n. f. **1.** Rare Ombre épaisse. *L'opacité des forêts tropicales.* **2.** Propriété des corps opaques. ▷ PHYS Rapport entre le flux lumineux transmis et le flux incident. – Lat. *opacitas,* «ombrage, ombre».

opale [ɔpal] n. f. Pierre fine, à reflets irisés, constituée de silice hydratée. ▷ adj. inv. *Des perles opale.* – Du lat. *opalus,* «pierre précieuse».

opalescence [ɔpalɛsɑ̃s] n. f. Litt. Aspect irisé qui rappelle celui de l'opale. – De *opalescent.*

opalescent, ente [ɔpalɛsɑ̃, ɑ̃t] adj. Litt. Dont l'aspect irisé rappelle celui de l'opale. – De *opale.*

opalin, ine [ɔpalɛ̃, in] adj. et n. f. **1.** adj. Qui a une teinte laiteuse, des reflets irisés. *Porcelaine opaline.* **2.** n. f. Verre à l'aspect blanc laiteux et aux reflets irisés. ▷ Bibelot en opaline. – De *opale.*

opalisation [ɔpalizasjɔ̃] n. f. TECH Action d'opaliser. – De *opaliser.*

opaliser [ɔpalize] v. tr. [1] TECH Rendre translucide et laiteux comme l'opale. – Pp. adj. *Verre opalisé.* – De *opale.*

opaque [ɔpak] adj. **1.** Qui n'est pas transparent, qui ne laisse pas passer la lumière. *Corps opaque.* **2.** PHYS *Opaque à,* qui ne laisse pas passer (telles radiations). *Corps opaque aux rayons X.* **3.** Qui ne laisse passer que peu de lumière; épais, impénétrable à la vue. *Brouillard opaque.* – Lat. *opacus,* «ombragé, touffu».

op'art [ɔpaʀt] n. m. Mouvement d'art abstrait qui prit naissance aux É.-U. v. 1960 et qui recouvre l'ensemble des recherches visuelles fondées sur les effets optiques et chromatiques de certaines compositions élaborées à partir d'éléments de la géométrie et de la physique. V. aussi cinétique. – Expression amér., de *optical art,* «art optique».

-ope, -opie. Éléments, du gr. *ôps, opis,* «vue».

ope [ɔp] n. m. ou f. ARCHI Emplacement ménagé dans une maçonnerie pour recevoir l'extrémité d'une poutre, d'un madrier d'échafaudage. Syn. trou de boulin*. ▷ Trou d'évacuation pour la fumée. – Lat. *opa,* gr. *opê,* «ouverture».

O.P.E. n. f. ECON Abrév. de *offre* publique d'échange.*

opéable [opeabl] adj. ECON Qualifie une société susceptible de faire l'objet d'une offre publique d'achat (O.P.A.) ou d'une offre publique d'échange (O.P.E.). – De *O.P.A.*

open [ɔpɛn] adj. inv. (et n. m.) **1.** SPORT Se dit d'une compétition ouverte à la fois aux professionnels et aux amateurs. *Tournoi open de golf, de tennis.* – n. m. *L'open de Roland-Garros.* **2.** *Billet open :* billet d'avion non daté. – Mot angl., «ouvert».

openfield ou **open field** [ɔpɛnfild] n. m. GEOGR Territoire composé de portions de terre cultivable non closes. – Mot angl., «champ ouvert».

open market [ɔpɛnmaʀkɛt] n. m. ECON Politique permettant à un État d'intervenir sur le marché monétaire par un achat ou une vente massifs d'effets de commerce afin d'influencer le taux d'intérêt sur ce marché. – Mots angl., «marché ouvert».

opéra [ɔpeʀa] n. m. **1.** Œuvre dramatique, représentée au théâtre avec un accompagnement de musique orchestrale et dont toutes les paroles sont chantées (récitatifs, airs, etc.). *Les opéras de Mozart, de Verdi.* – *Opéra bouffe :* V. bouffe. – *Grand opéra* ou *opéra sérieux,* dont l'action est tragique. **2.** Genre lyrique constitué par ces ouvrages. *Amateur d'opéra.* – *L'opéra italien.* **3.** Théâtre où l'on joue des opéras. ▷ *L'Opéra :* l'Opéra de Paris. *Les chœurs de l'Opéra.* – Ital. *opera,* lat. *opera,* «œuvre».

ENCYCL Iacopo Peri, en introduisant le récitatif dans le spectacle musical (*Dafne,* 1597), inaugura le genre opéra, mais c'est Monteverdi qui donna, avec son *Orfeo* (1607), la prem. véritable œuvre lyrique. L'opéra italien connut bientôt une vogue immense (Provenzale, Alessandro et Domenico Scarlatti), puis tomba peu à peu en décadence, alors que se développait l'opéra bouffe (*la Servante maîtresse* de Pergolèse, 1733), prédominant en Italie tout au long du XVIIIe s. Au XIXe s., Rossini (encore assez près de l'opéra bouffe), Donizetti, Bellini, Verdi et ses successeurs (Puccini, Leoncavallo, Mascagni) donnèrent un nouvel et puissant élan à l'opéra ital. : c'est le triomphe du bel canto. En France, où Mazarin s'était efforcé d'introduire l'opéra ital., le ballet et l'air de cour, en faveur au XVIIe s., contribuèrent à former le nouveau genre, qui s'épanouit avec Lully, mais il sombra vite. Au XVIIIe s., Rameau, par ses innovations harmoniques, parvint à régénérer l'opéra français; après lui, Mondonville et Philidor, en imitant l'opéra bouffe ital., ouvrirent la voie à l'opéra-comique. Gluck, véritable créateur de l'opéra-tragédie, amorça une réaction, mais le public préféra aux opéras dits «sérieux» les opéras-comiques de Duni, Monsigny, Grétry. Le XIXe s. fut d'abord pauvre : après Berlioz qui est ignoré, c'est en fait Gounod (*Faust,* 1859) qui rénove l'art dramatique français, suivi de Bizet (*Carmen,* 1875), Massenet, Chabrier, Charpentier, Fauré; *Pelléas et Mélisande* (1902) de Debussy marque avec éclat l'apparition d'une nouvelle sensibilité musicale, redevable à Moussorgski, l'auteur de *Boris Godounov* (1874). L'opéra ital., introduit en Allemagne en 1627, s'installa à Vienne (Cesti), Munich (Steffani), Hambourg. Mozart résuma magistralement toutes les tendances musicales de son époque dans *les Noces de Figaro* (1786), *Don Juan* (1787), etc. Après *la Flûte enchantée* (1791) de Mozart (le premier opéra en allemand), Beethoven donna la prem. œuvre lyrique romantique (*Fidelio,* 1805) puis Weber s'affirma comme le plus typique des auteurs romantiques allemands. Enfin Wagner vint bouleverser les règles traditionnelles du genre en conférant à son drame musical la portée du «Grand Œuvre» à la fois psychologique, symbolique et philosophique. À la fin du XIXe s. et déjà au XXe s., R. Strauss, Schönberg, Berg ainsi que Bartók, Prokofiev, Nono et Henze donnent des œuvres importantes.

opéra-ballet [ɔpeʀabalɛ] n. m. Opéra avec danses dans lequel les actes sont «liés seulement entre eux par quelques rapports généraux étrangers à l'action» (J.-J. Rousseau). *Lully et Rameau composèrent des opéras-ballets.* – De *opéra,* et *ballet.*

opérable [ɔpeʀabl] adj. Qui peut être opéré (sens II, 2). *Malade, tumeur opérables.* – De *opérer.*

opéra-comique [ɔpeʀakɔmik] n. m. **1.** Drame musical lyrique dans lequel des parties dialoguées s'intercalent entre les parties chantées. *Des opéras-comiques.* **2.** Théâtre où l'on joue ce genre d'ouvrage.

opérande [ɔpeʀɑ̃d] n. m. MATH Élément sur lequel porte une opération. – De *opérer.*

opérant, ante [ɔpeʀɑ̃, ɑ̃t] adj. Qui agit, qui produit un effet. ▷ THEOL *Foi opérante.* – Ppr. de *opérer.*

opérateur, trice [ɔpeʀatœʀ, tʀis] n. **1.** Personne chargée de la commande d'une machine. ▷ AERON, MAR *Opérateur radio,* chargé des télécommunications à bord. ▷ INFORM Personne chargée de la commande et de la surveillance d'un ordinateur. ▷ CINE Responsable de la prise de vues, de l'enregistrement sonore ou de la projection d'un film. **2.** FIN Personne ou organisme habilités à faire des opérations financières. Syn. donneur d'ordre. **3.** MATH Symbole représentant une opération ou une suite d'opérations à effectuer sur un concept quelconque (par ex. d'ordre logique, mathématique ou physique). – Du bas lat. *operator,* «travailleur».

opération [ɔpeʀasjɔ̃] n. f. **I.** Action d'un pouvoir, d'une faculté, d'un organe, etc., qui agit selon sa nature pour produire un effet. *Les opérations de l'esprit, de la mémoire.* – *Les opérations de la fécondation.* ▷ THEOL Action de Dieu sur la volonté humaine. *Opération du Saint-Esprit :* intervention mystérieuse du Saint-Esprit dans l'Incarnation. – Plaisant, fam. *Ce portefeuille n'a tout de même pas disparu par l'opération du Saint-Esprit!* **II. 1.** Action, suite ordonnée d'actes qui suppose une méthode, une recherche et une combinaison de moyens mis en œuvre en vue de produire un résultat précis. *Tenter, réussir une opération de sauvetage en mer.* **2.** MILIT Ensemble de mouvements stratégiques destinés à faire réussir une attaque, à organiser une défense. *Base d'opérations*, où sont rassemblés le personnel et les moyens logistiques. – *Salle d'opérations*, où sont centralisées toutes les informations relatives au mouvement des troupes. **3.** Cour. Action, ensemble de mesures en vue d'obtenir un résultat. *Monter une opération publicitaire.* **4.** FIN *Opérations boursières* : transactions opérées sur des valeurs mobilières ou des marchandises. ▷ Cour. Affaire. *Faire une bonne opération.* **III. 1.** MATH Ensemble de démarches méthodiques de la pensée procédant de la déduction et s'appliquant sur les parties d'un ou de plusieurs ensembles en suivant une loi déterminée. ▷ *Spécial.* Application d'un ensemble sur lui-même. *L'addition et la multiplication sont des opérations dans l'ensemble des nombres réels.* ▷ Cour. *Enfant qui sait faire les quatre opérations*, l'addition, la soustraction, la multiplication et la division. **2.** CHIR Cour. Intervention chirurgicale. – Lat. *operatio*, « ouvrage, travail ».

opérationnel, elle [ɔpeʀasjɔnɛl] adj. **1.** Qui a trait à des opérations militaires. *Secteur opérationnel.* **2.** Prêt à être mis en service. *Cette usine sera opérationnelle à la fin de l'année.* ▷ Fig. Efficace, pratique. **3.** MATH, TECH *Recherche opérationnelle* : ensemble des méthodes mises en œuvre pour analyser les problèmes d'organisation (d'une armée, d'une entreprise, etc.), à des fins stratégiques, commerciales, etc. – De *opération.*

opératoire [ɔpeʀatwaʀ] adj. **1.** Relatif aux interventions chirurgicales. *Choc opératoire. Bloc opératoire.* – *Champ opératoire.* V. champ (sens III, 2). **2.** Didac. Relatif à une opération, qui a les caractères d'une opération (sens II, III, 1). – De *opérer.*

operculaire [ɔpɛʀkylɛʀ] adj. Didac. Qui a la fonction d'un opercule. *Valve operculaire.* – De *opercule.*

opercule [ɔpɛʀkyl] n. m. **I.** TECH Pièce mobile servant à fermer une ouverture, à recouvrir une cavité. **II.** BOT Pièce qui ferme l'urne des mousses. **III.** ZOOL **1.** Lamelle de mucus desséché et calcifié qui ferme la coquille des escargots en hiver. **2.** Membrane recouvrant l'ouverture des narines à la base du bec, chez les oiseaux. **3.** Pièce osseuse paire recouvrant les branchies des poissons. **4.** Membrane qui clôt les alvéoles des abeilles. – Lat. *operculum*, « couvercle ».

operculé, ée [ɔpɛʀkyle] adj. Clos par un opercule. – De *opercule.*

opéré, ée [ɔpeʀe] adj. **1.** Qui vient d'être soumis à une intervention chirurgicale. ▷ Subst. *L'état de l'opéré est satisfaisant.* **2.** (Choses) Effectué, réalisé. – Pp. de *opérer.*

opérer [ɔpeʀe] v. [14] **I.** v. intr. Produire un effet, agir. *Laisser opérer la nature.* ▷ THEOL *La grâce opère dans l'âme.* **II.** v. tr. **1.** Effectuer, réaliser par une série ordonnée d'actes. *Troupes qui opèrent leur jonction.* – *Opérer des réformes.* ▷ (S. comp.) Agir. *Les cambrioleurs ont opéré en toute tranquillité.* **2.** Pratiquer une intervention chirurgicale sur. *Opérer un malade. Se faire opérer des amygdales.* ▷ *Opérer qqn d'une tumeur*, pratiquer l'ablation de celle-ci. **III.** v. pron. S'effectuer, s'accomplir. *Changements qui s'opèrent.* – Lat. *operari*, « travailler », de *opus*, « œuvre, ouvrage ».

opérette [ɔpeʀɛt] n. f. Œuvre théâtrale composée sur un sujet gai et dans laquelle une musique légère accompagne les parties chantées. *Les opérettes d'Offenbach.* ▷ *Soldats, conspirateur, héros d'opérette*, qui semblent faire partie d'une opérette; que l'on ne peut prendre au sérieux. – Ital. *operetta*, dimin. de *opera.*

opéron [ɔpeʀɔ̃] n. m. BIOCHIM Unité d'information (V. encycl. code) fonctionnant sous le contrôle de deux gènes antagonistes. – De *opérer.*

ophi(o)-. Élément, du gr. *ophis*, « serpent ».

ophicléide [ɔfikleid] n. m. MUS Gros instrument à vent en cuivre, muni de clés, fort employé autrefois dans les musiques militaires, aujourd'hui remplacé par le tuba. – De *ophi-*, et gr. *kleis, kleidos*, « clef ».

ophidien, enne [ɔfidjɛ̃, ɛn] adj. et n. m. **1.** adj. Didac. De la nature du serpent, relatif aux serpents. **2.** n. m. pl. ZOOL *Ophidiens* : sous-ordre de reptiles dépourvus de pattes, possédant de nombreuses côtes. *Les ophidiens, ou serpents, sont apparus au crétacé.* – Sing. *Un ophidien.* – Du gr. *ophis*, « serpent ».

ophioglosse [ɔfjɔglɔs] n. m. BOT Fougère (genre *Ophioglossum*) des lieux humides, aux frondes ovales non découpées prolongées par un épi qui porte les sporanges, appelée cour. *langue-de-serpent.* – Du lat. mod. *ophioglossum*, de *ophio-*, et gr. *glôssa*, « langue ».

ophiolâtrie [ɔfjɔlɑtʀi] n. f. Didac. Culte des serpents. – De *ophio-*, et *-lâtrie.*

ophiolite [ɔfjɔlit] n. f. GEOL Ensemble de roches, principalement éruptives, qui se forme dans les rifts océaniques. *Les ophiolites font partie de la croûte océanique mais on les trouve fréquemment sur les continents, dans les chaînes de montagnes récentes, du fait des mouvements de l'écorce terrestre.* – De *ophio-*, et *lit(h)e*, gr. *lithos*, « pierre ».

ophiolitique [ɔfjɔlitik] adj. GEOL Relatif aux ophiolites. *Cortège ophiolitique*, surtout constitué de basaltes déposés en coussins *(pillow lavas)* et de laves. – De *ophiolite.*

ophiologie [ɔfjɔlɔʒi] n. f. ZOOL Partie de la zoologie qui traite des serpents. – De *ophio-*, et *-logie.*

1. ophite [ɔfit] n. m. RELIG Membre d'une secte gnostique égyptienne du IIe s. ap. J.-C., qui vouait un culte au serpent et en faisait un symbole du Messie (le serpent ayant révélé à l'humanité, en tentant Ève, la connaissance du bien et du mal). – Du gr. *ophis*, « serpent ».

2. ophite [ɔfit] n. m. MINER Marbre vert foncé à filets jaunes. – Lat. *ophites*, du gr. *ophis*, « serpent », les rayures de la pierre évoquant la peau du serpent.

ophiure [ɔfjyʀ] n. f. ZOOL Échinoderme de la sous-classe des ophiurides. – De *ophi-*, et gr. *oura*, « queue ».

ophiurides [ɔfjyʀid] ou **ophiuridés** [ɔfjyʀide] n. m. pl. ZOOL Sous-classe d'échinodermes dont le corps est constitué d'un disque central et de cinq bras rayonnants longs et grêles. – Sing. *Un ophiuride* ou *un ophiuridé.* – De *ophiure.*

ophrys [ɔfʀis] n. m. ou f. BOT Orchidée européenne (genre *Ophrys*) dont le labelle très coloré rappelle l'aspect de divers insectes (abeille, frelon, mouche, etc.). – Mot lat., du gr.

ophtalm(o)-, -ophtalmie. Éléments, du gr. *ophtalmos*, « œil ».

ophtalmie [ɔftalmi] n. f. MED Maladie inflammatoire de l'œil. *Ophtalmie des neiges* : inflammation aiguë de la cornée et de la conjonctive, due à l'exposition à la lumière des yeux non protégés, en haute montagne. – Lat. *ophtalmia*, mot gr.

ophtalmique [ɔftalmik] adj. ANAT, MED Des yeux, relatif aux yeux. *Migraine ophtalmique.* – De *ophtalmie.*

ophtalmologie [ɔftalmɔlɔʒi] n. f. Branche de la médecine qui traite des affections des yeux et de leurs annexes. – De *ophtalmo-*, et *-logie.*

ophtalmologique [ɔftalmɔlɔʒik] adj. Relatif à l'ophtalmologie. – De *ophtalmologie.*

ophtalmologiste [ɔftalmɔlɔʒist] ou **ophtalmologue** [ɔftalmɔlɔg] n. Médecin spécialisé en ophtalmologie. (Abrév. fam. : ophtalmo). – De *ophtalmologie.*

ophtalmomètre [ɔftalmɔmɛtʀ] n. m. MED Instrument d'optique servant à mesurer les rayons de courbure de la cornée et son indice de réfraction. – De *ophtalmo-,* et *-mètre.*

ophtalmoscope [ɔftalmɔskɔp] n. m. MED Appareil permettant l'examen du fond de l'œil. – De *ophtalmo-,* et *-scope.*

ophtalmoscopie [ɔftalmɔskɔpi] n. f. MED Examen du fond de l'œil. – De *ophtalmo-,* et *-scopie.*

opiacé, ée [ɔpjase] adj. et n. m. Qui contient de l'opium ou qui en a l'odeur, le goût. *Médicament opiacé. Cigarettes opiacées.* ▷ n. m. Médicament à base d'opium. – De *opium.*

opiacer [ɔpjase] v. tr. [12] Mêler de l'opium à. *Opiacer un breuvage.* – De *opiacé.*

opiat [ɔpja] n. m. PHARM Vx Électuaire (autref. opiacé). – Lat. médiév. *opiatum,* du class. *opium.*

-opie. V. -ope.

opilions [ɔpiljɔ̃] n. m. pl. ZOOL Ordre d'arachnides appelés cour. *faucheurs* ou *faucheux,* aux pattes longues et grêles et dont le céphalothorax et l'abdomen sont soudés. - Sing. *Un opilion.* – Du lat. *opilio,* « berger ».

opimes [ɔpim] adj. f. pl. ANTIQ ROM *Dépouilles opimes,* celles qu'un général prenait sur le général ennemi qu'il avait tué de sa main; fig., litt. riche butin, riche profit. – Lat. *opimus,* « riche, copieux », dans l'expression *opima spolia,* « dépouilles opimes ».

Opinel [ɔpinɛl] n. m. Couteau pliant à manche de bois. – Nom déposé.

opiner [ɔpine] v. intr. [1] DR ou litt. Donner son avis dans une assemblée sur un sujet mis en délibération. *Opiner sur, pour* ou *contre une clause.* - *Opiner à* : être d'avis de, en faveur de. *« Chacun opine à la vengeance » (La Fontaine).* ▷ Mod. (Souvent par plaisant.) *Opiner du bonnet* : marquer d'un signe (autref., en ôtant son bonnet) son acquiescement. - Par ext. *Opiner de la tête, du chef.* – Lat. *opinari,* « croire que ».

opiniâtre [ɔpinjɑtʀ] adj. (et n.) **1.** Vx Obstiné, têtu. **2.** Tenace dans sa volonté. *Caractère opiniâtre.* ▷ Subst. *Un(e) opiniâtre.* **3.** Où il entre de la persévérance, de l'obstination, de l'acharnement. *Zèle, travail, lutte opiniâtre.* ▷ Persistant. *Fièvre opiniâtre.* – De *opinion,* et *-âtre.*

opiniâtrement [ɔpinjɑtʀəmɑ̃] adv. Avec opiniâtreté. *Se défendre opiniâtrement.* – De *opiniâtre.*

opiniâtrer (s') [ɔpinjɑtʀe] v. pron. [1] Vx ou litt. S'attacher avec obstination ou ténacité à une opinion, une décision. *S'opiniâtrer à refuser* (ou *dans le refus de*) *tout compromis.* – De *opiniâtre.*

opiniâtreté [ɔpinjɑtʀəte] n. f. **1.** Vx Obstination, entêtement. **2.** Cour. Volonté persévérante, tenace. *Chercher, résister avec opiniâtreté.* – De *opiniâtre.*

opinion [ɔpinjɔ̃] n. f. **1.** Jugement qu'on se forme ou qu'on adopte sur un sujet; assertion ou conviction personnelle plus ou moins fondée. *Se faire, avoir, soutenir, émettre une opinion.* **2.** Jugement favorable ou défavorable (sur qqn, son caractère, ses actes, etc.). *Avoir bonne ou mauvaise opinion de qqn.* **3.** (Surtout au plur.) Manière de penser, doctrine, croyance (en matière morale, politique, etc.). *Opinions libérales, avancées.* **4.** Jugement commun, ensemble des idées ou des convictions communes à une collectivité. *L'opinion publique* ou, absol., *l'opinion. Braver l'opinion. Sondage d'opinion.* – Lat. *opinio,* de *opinari,* « croire que ».

opiomane [ɔpjɔman] n. et adj. Toxicomane qui fume ou qui mâche l'opium. – De *opiomanie.*

opiomanie [ɔpjɔmani] n. f. Toxicomanie des opiomanes. – De *opium,* et *-manie.*

opistho-. Élément, du gr. *opisthen,* « derrière, en arrière ».

opisthobranches [ɔpistɔbʀɑ̃ʃ] n. m. pl. ZOOL Sous-classe de mollusques gastéropodes marins hermaphrodites, aux branchies situées en arrière du cœur. - Sing. *Un opisthobranche.* – De *opistho-,* et *branchies.*

opisthodome [ɔpistɔdɔm] n. m. ARCHI Partie postérieure d'un temple grec. V. naos, pronaos. – Gr. *opisthodomos,* de *domos,* « maison ».

opisthographe [ɔpistɔgʀaf] adj. Didac. Se dit d'un manuscrit dont le recto et le verso sont couverts d'écriture. – Gr. *opisthographos.*

opium [ɔpjɔm] n. m. **1.** Suc narcotique tiré de certains pavots, fumé ou mâché comme excitant et comme stupéfiant. - *Guerre de l'Opium* : conflit (1840-1842) qui opposa la G.-B. à la Chine qui avait interdit l'importation d'opium indien et détruit à Canton une import. livraison brit. (1839). **2.** Fig. Ce qui assoupit insidieusement (la volonté, l'esprit critique, etc.). *Marx disait de la religion qu'elle était « l'opium du peuple ».* – Lat. *opium,* gr. *opion,* de *opos,* « suc ».

opo-. Élément, du gr. *opos,* « suc ».

oponce. V. opuntia.

opopanax [ɔpɔpanaks] ou **opoponax** [ɔpɔpɔnaks] n. m. BOT Ombellifère (genre *Opopanax*) des régions chaudes d'Europe et d'Asie, dont on extrait une gomme-résine utilisée en pharmacie et en parfumerie. ▷ Cette gomme-résine. - Le parfum que l'on en tire. – Lat. *opopanax,* du gr. *opos,* « suc », et *panax,* « plante médicinale ».

opossum [ɔpɔsɔm] n. m. Marsupial d'Amérique (genre *Didelphis*), long d'une cinquantaine de cm sans la queue, au pelage gris fort recherché. Syn. sarigue. ▷ Fourrure de cet animal. – Mot amér., de l'algonquin *oposon.*

opothérapie [ɔpɔteʀapi] n. f. MED Emploi thérapeutique de glandes endocrines ou d'organes animaux, à l'état naturel ou sous forme d'extraits hormonaux. – De *opo-,* et *-thérapie.*

oppidum [ɔpidɔm] n. m. ANTIQ Site fortifié, camp retranché, le plus souvent sur une hauteur. *Des oppidums* ou *des oppida.* – Mot lat.

opportun, une [ɔpɔʀtœ̃, yn] adj. Qui vient à propos. *Mesure opportune.* ▷ Qui convient. *Au moment opportun,* convenable, favorable. – Lat. *opportunus,* rad. *portus,* propr. « qui conduit au port ».

opportunément [ɔpɔʀtynemɑ̃] adv. De façon opportune. – De *opportun.*

opportunisme [ɔpɔʀtynism] n. m. Attitude consistant à agir selon les circonstances, à en tirer le meilleur parti, en faisant peu de cas des principes. – De *opportun.*

opportuniste [ɔpɔʀtynist] adj. et n. **1.** Qui fait preuve d'opportunisme. *Conduite opportuniste.* ▷ Subst. *C'est un(e) opportuniste.* **2.** MED Se dit d'un microorganisme normalement présent dans la flore d'un individu et qui devient pathogène lors d'un affaiblissement des défenses de l'organisme. – De *opportun.*

opportunité [ɔpɔʀtynite] n. f. Caractère de ce qui est opportun. *L'opportunité d'une démarche.* ▷ Occasion favorable. *Saisir l'opportunité.* – Lat. *opportunitas.*

opposabilité [ɔpozabilite] n. f. **1.** Caractère de ce qui est opposable. *Opposabilité du pouce.* **2.** DR Caractère de ce qui est juridiquement opposable. – De *opposable.*

opposable [ɔpozabl] adj. **1.** Qui peut être mis vis-à-vis de (qqch). *Le pouce est opposable aux autres doigts.* ▷ Qui peut être opposé à (qqch). *Décision opposable à une* *autre.* **2.** DR Dont on peut se prévaloir contre un tiers. – De *opposer.*

opposant, ante [ɔpozɑ̃, ɑ̃t] adj. et n. **1.** Qui s'oppose. ▷ Subst. Personne qui, en matière politique, appartient à l'opposition. *Les opposants au régime.* **2.** ANAT *Muscle opposant.* ▷ n. m. *L'opposant du pouce.* – Ppr. de *opposer.*

opposé, ée [ɔpoze] adj. et n. m. **I.** adj. **1.** Placé en vis-à-vis. *Rives opposées.* ▷ Orienté en sens inverse. *Direction opposée.* ▷ GEOM *Angles opposés (par le sommet),* formés par deux droites qui se coupent. – MATH *Nombres opposés* ou *symétriques,* de même valeur absolue mais de signes contraires (par ex., + 1 et – 1). **2.** Qui diffère totalement; contraire, contradictoire. *Intérêts, caractères opposés.* **3.** Qui est défavorable ou hostile à; qui lutte contre. *Partis opposés.* **II.** n. m. Ce qui est opposé (par sa place, sa direction, sa nature, etc.). *L'opposé de l'avers est le revers.* – Fam. *Elle est tout l'opposé de son mari.* ▷ Loc. adv. ou prép. *À l'opposé (de) :* au contraire (de), en opposition (avec). – Pp. de *opposer.*

opposer [ɔpoze] **I.** v. tr. [1] **1.** Présenter, mettre en face de (comme réplique, résistance, obstacle, etc.). *Je lui ai opposé mon mutisme, mes intérêts. Opposer une digue à un torrent.* – DR *Opposer la caducité d'un acte.* **2.** Mettre en lutte, en rivalité. *Rivalité qui oppose deux personnes.* **3.** Mettre en vis-à-vis; disposer de manière à faire contraste. *Opposer deux miroirs. Opposer du rouge à du noir.* **4.** Comparer en soulignant les différences. *Opposer Aristote à Platon.* **II.** v. pron. **1.** Faire obstacle, empêcher. *S'opposer à une entreprise.* **2.** Faire front, s'affronter. *Orateurs, armées qui s'opposent.* **3.** Être vis-à-vis; former un contraste. *Ornements qui s'opposent.* – Lat. *opponere,* d'ap. *poser.*

opposite [ɔpozit] n. m. et adj. **1.** Vx L'opposé, le contraire. **2.** Mod. Loc. adv. ou prép. *À l'opposite (de) :* du côté opposé (à); vis-à-vis (de). – Lat. *oppositus,* «placé devant».

opposition [ɔpozisjɔ̃] n. f. **1.** Position ou rapport de choses situées en vis-à-vis ou qui s'opposent, s'affrontent. *Opposition de deux couleurs. Opposition d'intérêts.* ▷ ASTRO Position de deux corps célestes diamétralement opposés par rapport à la Terre ou au Soleil. ▷ PHYS *Grandeurs sinusoïdales en opposition de phase,* dont la différence de phase est de 180°. ▷ ELECTR *Générateurs en opposition,* associés de telle façon que chacun des pôles de l'un soit relié au pôle de même nom de l'autre. ▷ (Personnes) *Opposition de deux concurrents.* ▷ *Être, entrer en opposition avec qqn.* ▷ Loc. adv. ou prép. *Par opposition (à) :* à la différence, au contraire (de). **2.** Résistance qu'oppose une personne, un groupe. *Opposition à un projet. – Faire opposition à un paiement.* ▷ DR Voie de recours ouverte à toute personne condamnée par une décision de justice rendue contre elle par défaut. **3.** Parti ou ensemble de personnes opposés au gouvernement, au régime politique en place. – Bas lat. *oppositio.*

oppositionnel, elle [ɔpozisjɔnɛl] adj. et n. De l'opposition, qui appartient à l'opposition politique. – De *opposition.*

oppressant, ante [ɔpʀesɑ̃, ɑ̃t] adj. Qui oppresse. *Chaleur oppressante.* ▷ Fig. Qui étreint, accable. *Un regard oppressant.* – Ppr. de *oppresser;* d'abord au sens de «tyrannique».

oppresser [ɔpʀese] v. tr. [1] **1.** Presser fortement la poitrine de (qqn) de manière à gêner sa respiration; donner une impression de gêne respiratoire à (qqn). *L'asthme l'oppresse.* **2.** Fig. Faire subir un tourment moral, une angoisse à. *Un tourment l'oppresse.* – Du lat. *oppressum,* supin de *opprimere,* «presser, comprimer».

oppresseur [ɔpʀesœʀ] n. m. Celui qui opprime. ▷ adj. m. *Pouvoir oppresseur.* – Lat. *oppressor,* «destructeur».

oppressif, ive [ɔpʀesif, iv] adj. Qui sert à opprimer, qui vise à opprimer. *Mesures oppressives.* – De *oppresser.*

oppression [ɔpʀesjɔ̃] n. f. **I. 1.** Sensation d'un poids sur la poitrine. **2.** *Par ext.* Malaise physique ou psychique d'une personne oppressée. **II. 1.** Action d'opprimer; contrainte tyrannique. *Oppression policière.* **2.** État d'opprimé. *Vivre dans l'oppression.* – Lat. *oppressio,* «action de presser».

opprimant, ante [ɔpʀimɑ̃, ɑ̃t] adj. Qui opprime. – Ppr. de *opprimer.*

opprimé, ée [ɔpʀime] adj. et n. Qui est soumis à une oppression. ▷ Subst. *Défendre les opprimés.* – Pp. de *opprimer.*

opprimer [ɔpʀime] v. tr. [1] **1.** Accabler par abus de pouvoir, par violence. *Opprimer les faibles.* – Fig. *Opprimer les esprits, l'opinion.* **2.** Vx ou litt. Accabler sous un poids (physique ou moral). *«Malgré le faix des ans et du sort qui m'opprime» (Racine).* – Lat. *opprimere,* «presser, comprimer».

opprobre [ɔpʀɔbʀ] n. m. Litt. **1.** Honte extrême et publique, déshonneur. *Couvrir, charger qqn d'opprobre.* **2.** Cause de honte. *Être l'opprobre de sa famille.* **3.** État d'abjection. *Vivre dans l'opprobre.* – Lat. *opprobrium,* de *probrum,* «action honteuse».

-opsie. Élément, du gr. *opsis,* «vue, vision».

opsonine [ɔpsɔnin] n. f. BIOCHIM Substance soluble du sérum, proche des anticorps, qui se combine aux bactéries pour les rendre vulnérables aux leucocytes. – Du gr. *opson,* «aliment», et *-ine.*

optatif, ive [ɔptatif, iv] adj. et n. m. LING Qui exprime le souhait. ▷ *Mode optatif :* mode verbal exprimant le souhait, dans certaines langues (sanskrit, grec). – n. m. *L'optatif.* – Bas lat. *optativus,* du class. *optare,* «choisir».

opter [ɔpte] v. intr. [1] Choisir, se déterminer entre deux ou plusieurs choses qu'on ne peut obtenir ou exécuter à la fois. *Opter pour une politique.* – Lat. *optare,* «choisir».

opticien, enne [ɔptisjɛ̃, ɛn] n. (et adj.) **1.** Vx Celui qui connaît l'optique. **2.** Mod. Personne qui fabrique ou vend des instruments d'optique (et partic. des lunettes). ▷ adj. *Ingénieur opticien.* – De *optique.*

optimal, ale, aux [ɔptimal, o] adj. Qui est le meilleur possible. *Rendement optimal d'un moteur.* ▷ Qui correspond à l'optimum. *Valeur optimale.* (N.B. *Optimal* et *optimale* ont remplacé les formes adjectives *optimum* et *optima* dans le langage technique.) – De *optimum.*

optimalisation [ɔptimalizasjɔ̃] n. f. Syn. dé-conseillé de *optimisation.* – De *optimal.*

optimaliser [ɔptimalize] v. [1] Syn. déconseillé de *optimiser.* – De *optimal.*

optimisation [ɔptimizasjɔ̃] n. f. Action d'optimiser; son résultat. ▷ Action de rechercher par le calcul les conditions qui assurent le fonctionnement optimal d'une machine, l'utilisation la meilleure d'un matériel, les bénéfices les plus élevés d'une entreprise, etc. – De *optimiser.*

optimiser [ɔptimize] v. tr. [1] Rendre optimal; procéder à l'optimisation de. – De *optimum.*

optimisme [ɔptimism] n. m. **1.** PHILO Système philosophique, développé partic. par Leibniz (1646-1716), selon lequel le monde est le meilleur possible, le mal n'y ayant de sens qu'en fonction du bien. *Voltaire a fait dans «Candide» la satire de l'optimisme.* **2.** Cour. Attitude ou disposition d'esprit consistant à voir le bon côté des choses. *Optimisme béat.* ▷ Espérance confiante. *Nouvelle qui incite à l'optimisme.* Ant. pessimisme. – Du lat. *optimus,* superl. de *bonus,* «bon».

optimiste [ɔptimist] adj. (et n.) **1.** PHILO Relatif à l'optimisme ou qui en est partisan. – Subst. *Les optimistes.* **2.** Cour. Qui prend les choses du bon côté, qui présage heureusement de l'avenir. *Attitude optimiste.* – Subst. *C'est un optimiste de nature.* – De *optimisme.*

optimum [ɔptimɔm] n. m. et adj. **I.** n. m. **1.** État le plus favorable, le meilleur possible d'une chose. *L'optimum d'un fonctionnement.* ▷ ECON *Optimum de population :* point d'équilibre entre le nombre des individus d'une population et les ressources disponibles. **2.** Didac. Valeur qui résulte d'un calcul d'optimisation. *Des optimums* ou (VX) *des optima.* **II.** adj. *Conditions optimums* ou *optima.* – Mot lat., «le meilleur», superl. neutre de l'adj. *bonus.*

option [ɔpsjɔ̃] n. f. **1.** Faculté d'opter; action d'opter. *Avoir l'option entre deux avantages.* – *Matières à option,* entre lesquelles un candidat peut choisir, dans un concours, un examen. **2.** DR Faculté de choisir entre plusieurs possibilités légales ou conventionnelles. ▷ Promesse d'achat ou de vente, sans engagement de l'acheteur, et moyennant ou non des arrhes. *Prendre, accorder une option sur une terre.* ▷ COMM *En option :* apporté en amélioration d'un modèle de série, contre le paiement d'un supplément. – Lat. *optio.*

optionnel, elle [ɔpsjɔnɛl] adj. Qui donne la possibilité d'un choix ou qui comporte une telle possibilité. – De *option.*

optique [ɔptik] adj. et n. f. **I.** adj. **1.** Relatif ou propre à la vision, à l'appareil de la vision. *Nerf optique.* **2.** Relatif à l'optique, propre à l'optique (voir sens II). – PHYS *Système optique :* association de lentilles, de miroirs, de prismes, etc. *Axe optique :* axe de révolution d'un système optique centré. *Centre optique :* point d'un système optique centré, tel que le rayon incident passant par ce point n'est pas dévié. *Chemin, longueur optique :* produit de la longueur d'un rayon par l'indice du milieu. **II.** n. f. **1.** Partie de la physique qui étudie les lois de la lumière et de la vision. *Optique géométrique, physique. Optique électronique :* technique permettant de former l'image d'un objet à l'aide d'un faisceau d'électrons soumis à l'action d'un champ électrique ou magnétique (télévision, microscope électronique, etc.). ▷ Traité sur l'optique. *«L'Optique» de Newton (1704).* ▷ Industrie ou commerce des instruments d'optique. *Travailler dans l'optique.* **2.** Ensemble du système optique d'un instrument. *L'optique d'un spectrographe.* **3.** Perspective, aspect d'un objet vu à distance ou sous un certain angle. *La mise en scène doit tenir compte de l'optique du théâtre.* – *Illusion d'optique :* V. illusion. ▷ Fig. Manière de voir, de juger. *Je n'ai pas sur cette question la même optique que vous.* – Gr. *optikos,* «relatif à la vue», fém. subst. *optikê,* «l'art de voir».

ENCYCL **Phys.** – L'*optique géométrique* est la partie de l'optique qui traite du trajet suivi par la lumière sans tenir compte du mécanisme réel de la propagation de celle-ci. De très nombreuses observations montrent que, dans des milieux homogènes comme l'eau ou l'air, la lumière se propage suivant des lignes droites appelées *rayons lumineux,* qui obéissent aux lois de la réflexion et de la réfraction énoncées par Descartes. La vitesse de déplacement de la lumière dans le vide est voisine de 300 000 km/s. C'est un invariant (sa valeur reste la même, quel que soit le système de référence dans lequel on la mesure). Le rapport n entre la vitesse c de la lumière dans le vide et la vitesse v dans un milieu homogène est appelé *indice absolu* du milieu. L'indice absolu de l'eau est égal à 1,33 (v = 226 000 km/s) et celui du diamant à 2,42 (v = 124 000 km/s). Une *surface d'onde* est le lieu des points atteints au même instant par la lumière qui provient d'une source ponctuelle. Les rayons lumineux issus d'une telle source restent normaux aux surfaces d'ondes, même après un certain nombre de réflexions et de réfractions. Un *système optique* est constitué par une succession de miroirs, qui provoquent la réflexion de la lumière, et de dioptres (surfaces séparant deux milieux d'indices différents), qui provoquent sa réfraction. Les lames à faces parallèles, les prismes et les lentilles sont délimités par des dioptres (plans ou sphériques, par ex.). Les *instruments d'optique* sont constitués d'un ou de plusieurs systèmes optiques. Seul un instrument composé uniquement de miroirs plans donne d'un point quelconque de l'espace une image ponctuelle (stigmatisme). Les autres sont entachés d'*aberrations.* Un instrument d'optique est caractérisé : par son *pouvoir séparateur,* qui est son aptitude à donner de deux points le plus voisins possible deux images distinctes; par sa *puissance* (rapport entre l'angle sous lequel on voit l'image de l'objet et la longueur réelle de cet objet), qui s'exprime en dioptries; par son *grossissement* (rapport entre le diamètre apparent de l'image et celui de l'objet); par sa *clarté* (rapport des flux lumineux reçus à travers l'instrument et à l'œil nu). Les principaux instruments d'optique sont les loupes, les oculaires, la lunette astronomique, les viseurs et le microscope. L'*optique ondulatoire,* appelée également *optique physique,* assimile la lumière à une vibration électromagnétique qui se propage à une vitesse déterminée. Une onde de fréquence donnée produit sur l'œil l'impression d'une couleur déterminée; elle est dite *monochromatique.* Dans le vide, une onde lumineuse monochromatique est un ensemble de deux champs sinusoïdaux : un champ électrique et un champ magnétique, perpendiculaires entre eux, et vibrant en phase. La propagation s'effectue perpendiculairement au plan formé par ces deux champs. L'étude du processus d'émission des vibrations lumineuses par des sources telles que filaments incandescents, arcs électriques, décharges dans les gaz, montre que cette émission s'effectue au niveau des électrons des atomes. Chaque atome émet une suite de vibrations (train d'ondes), de durée limitée, se traduisant par une lumière non cohérente. Chacun des points de la source émet des trains d'ondes sans relation de phase (incohérence temporelle) et non monochromatiques, de même que, à un instant donné, la phase des trains d'ondes émis par tous les points n'est pas la même (incohérence spatiale). Les *lasers* permettent d'obtenir une lumière présentant une parfaite cohérence spatiale, qui leur confère une directivité remarquable, et une excellente cohérence temporelle; ce sont des sources lumineuses pratiquement monochromatiques. Leurs applications sont auj. de plus en plus nombreuses. L'*optique électronique* est l'ensemble des techniques qui permettent de former une image d'un objet à l'aide d'un faisceau d'électrons soumis à l'action de champs magnétiques ou électriques. Il est possible, à l'aide de tels champs, de dévier un faisceau d'électrons, comme on dévie un faisceau lumineux à l'aide d'un dioptre. Pour rendre visible l'image d'un objet, il suffit de recevoir le faisceau d'électrons sur un écran fluorescent ou sur une couche photographique. Le microscope électronique et la télévision constituent deux des domaines d'application les plus importants de l'optique électronique. La lumière peut être transmise le long de parcours sinueux à l'intérieur de fibres de verre. Ces *fibres optiques* jouent un rôle de guide d'onde et permettent de transporter à section égale un débit d'informations beaucoup plus élevé que les conducteurs électriques.

optoélectronique [ɔptoelɛktʀonik] n. f. TECH Ensemble des techniques permettant de transmettre des informations à l'aide d'ondes électromagnétiques dont les longueurs d'onde sont proches de celles de la lumière visible. – Du gr. *optos,* «visible», et *électronique.*

optomètre [ɔptomɛtʀ] n. m. MED Appareil permettant l'étude des amétropies. – Du gr. *optos,* «visible», et *-mètre.*

optométrie [ɔptɔmetʀi] n. f. **1.** MED Mesure des amétropies. **2.** PHYS Partie de l'optique qui a trait à la vision. – De *optomètre.*

optométriste [ɔptɔmetʀist] n. et adj. Opticien spécialiste en optométrie. - adj. *Opticien optométriste.* – De *optométrie.*

opulence [ɔpylɑ̃s] n. f. **1.** Abondance de biens, de ressources; richesse. *Vivre dans l'opulence.* **2.** Fig. Plénitude des formes. *L'opulence des nus de Rubens.* – Lat. *opulentia.*

opulent, ente [ɔpylɑ̃, ɑ̃t] adj. **1.** Qui est dans l'opulence; qui manifeste l'opulence. *Homme opulent. Train de vie opulent.* **2.** Fig. Qui présente des formes amples, pleines. *Poitrine opulente.* – Lat. *opulentus.*

opuntia [ɔpɔ̃sja] ou **oponce** [ɔpɔ̃s] n. m. BOT Plante grasse (genre *Opuntia,* fam. cactacées) aux rameaux épineux aplatis en forme de raquette (figuier de Barbarie, nopal, raquette). – Lat. *opuntia,* de *opuntius,* gr. *opountios,* «d'Oponte», ville grecque.

opus [ɔpys] n. m. MUS Morceau numéroté de l'œuvre complète d'un musicien. (Abrév. : op.) *Sonate opus 39 de Beethoven.* – Mot lat., «ouvrage».

opuscule [ɔpyskyl] n. m. Petit ouvrage de science, de littérature, etc. – Lat. *opusculum,* dimin. de *opus,* «ouvrage».

opus incertum [ɔpysɛ̃sɛʀtɔm] n. m. ARCHI Assemblage apparent de moellons ou de dalles de formes irrégulières, avec des joints d'épaisseur constante. – Mots lat., «ouvrage irrégulier».

1. or [ɔʀ] n. m. **1.** Élément métallique de numéro atomique Z = 79 et de masse atomique 196,967 (symbole Au). - Métal (Au) précieux, mou, ductile et malléable, jaune par réflexion et vert par transparence, de densité 19,3, qui fond à 1 063 °C et bout vers 2 600 °C. *L'or est quasiment inaltérable, mais forme avec le mercure un amalgame pulvérulent.* ▷ CHIM *Or colloïdal* : suspension colloïdale d'or. **2.** Ce métal, monnayé ou non, considéré pour sa valeur. *Payer en or.* - *Étalon-or* : V. étalon 2. **3.** (Dans certaines loc. fig.) Richesse, valeur considérable. *Être cousu d'or, rouler sur l'or* : être très riche. *Acheter, vendre à prix d'or,* très cher. *Valoir son pesant d'or* : valoir très cher, être très précieux. *C'est de l'or en barre, c'est une affaire d'or* (ou *en or*) : c'est une affaire très fructueuse. *Je n'en voudrais pas pour tout l'or du monde,* à aucun prix. **4.** Couleur, aspect de l'or (souvent au plur.); objet ou substance de cette couleur, de cet aspect. *Les ors d'une icône.* ▷ Fig. *«L'or des cheveux» (Verlaine).* **5.** HERALD Un des deux métaux employés, représenté en gravure par des pointillés. **6.** (Pour signifier l'excellence, la perfection, la rareté, etc.) *Être bon, franc comme l'or. Un cœur d'or,* bon, généreux. *Parler d'or* : prononcer des paroles sages, judicieuses. - Fam. *Un ami, un public en or.* **7.** *L'or noir* : le pétrole. – Lat. *aurum.*

2. or ou (vx) **ore, ores** [ɔʀ] conj. et adv. **1.** conj. Sert à lier deux termes d'un raisonnement (notam. la majeure à la mineure d'un syllogisme), à introduire certaines phases d'un récit, ou certaines incidentes (d'explication, d'objection, etc.) d'un discours. *Il rêvait de voyages, or il était pauvre.* **2.** adv. Vx Maintenant. - (Pour interpeller, exhorter.) *Or çà, compagnons.* ▷ Mod. *D'ores et déjà* : dès maintenant. *Il est d'ores et déjà certain du succès.* – Lat. pop. *hora,* pour *hac hora,* «à cette heure».

oracle [ɔʀakl] n. m. **1.** Vieilli Volonté de Dieu signifiée par les prophètes, les apôtres. **2.** ANTIQ Réponse d'une divinité à ceux qui la consultaient; la divinité elle-même. ▷ Lieu où étaient rendus ces oracles. *L'oracle de Delphes.* **3.** Décision, opinion émanant d'une personne détenant l'autorité, le savoir (souvent iron.). *Les oracles de la science.* **4.** Personne autorisée, compétente. *Passer pour un oracle.* – Lat. *oraculum,* de *orare,* «parler».

oraculaire [ɔʀakylɛʀ] adj. Litt. Qui a le caractère d'un oracle. *Annonce oraculaire.* – Lat. *oracularius,* «qui émet des oracles».

orage [ɔʀaʒ] n. m. **1.** Violente agitation de l'atmosphère accompagnée d'éclairs et de tonnerre, de pluie, de grêle, etc. *L'orage gronde, éclate.* ▷ GEOPH *Orage magnétique,* qui se produit lors des éruptions solaires, l'énergie des particules émises étant telle qu'elles parviennent à pénétrer dans l'ionosphère, au niveau des pôles. **2.** Fig. Trouble violent dans la vie personnelle ou sociale; tumulte ou éclat de sentiments, de passions. *Il est en colère, laissez passer l'orage.* - Fam. *Il y a de l'orage dans l'air,* une nervosité qui menace de se manifester avec soudaineté et violence. – De l'a. fr. *ore,* «brise», du lat. *aura.*

orageusement [ɔʀaʒøzmɑ̃] adv. D'une manière orageuse (surtout au sens fig.) *L'entrevue commença orageusement.* – De *orageux.*

orageux, euse [ɔʀaʒø, øz] adj. **1.** Qui menace d'orage. *Temps orageux.* ▷ Sujet aux orages. *Climat orageux.* ▷ Troublé par l'orage. *Nuit orageuse.* **2.** Fig. Tumultueux. *Séance orageuse.* – De *orage.*

oraison [ɔʀɛzɔ̃] n. f. **1.** Prière. *Faire une oraison.* **2.** Vx Discours. ▷ Mod. *Oraison funèbre* : éloge d'un mort, solennel et public. – Du lat. *oratio, orationis,* «langage, parole, discours».

oral, ale, aux [ɔʀal, o] adj. et n. m. **1.** adj. Transmis ou exprimé par la bouche, la voix (par oppos. à *écrit*). *Tradition orale.* ▷ *Épreuves orales d'un concours.* - n. m. *Échouer à l'oral,* aux épreuves orales. **2.** adj. Qui a rapport à la bouche. *Cavité orale* : bouche. *Soigner par voie orale.* ▷ PHON *Phonème oral* ([ɑ], [o], etc.), par oppos. à *phonème nasal* ([ɑ̃], [ɔ̃], etc.). ▷ PSYCHAN *Stade oral* : première phase d'organisation libidinale (de la naissance au sevrage), dans laquelle la satisfaction auto-érotique est liée à l'activité de la zone érogène buccale. – Du lat. *os, oris,* «bouche».

oralement [ɔʀalmɑ̃] adv. De vive voix (par oppos. à *par écrit*). – De *oral.*

oralité [ɔʀalite] n. f. **1.** Caractère oral. *L'oralité d'une tradition.* **2.** PSYCHAN Ensemble des caractéristiques du stade oral. – De *oral.*

-orama, -rama. Élément, du gr. *orama,* «spectacle».

oranais, aise [ɔʀanɛ, ɛz] adj. et n. D'Oran, v. d'Algérie. ▷ Subst. *Un(e) Oranais(e).*

orange [ɔʀɑ̃ʒ] n. et adj. inv. **1.** n. f. Fruit comestible de l'oranger, de forme sphérique, dont la pulpe juteuse et parfumée est protégée par une écorce épaisse et souple, de couleur jaune-rouge. *Orange amère, orange douce.* **2.** adj. inv. De la couleur de l'orange. *Des robes orange.* ▷ n. m. *Soleil d'un bel orange.* – Du provençal *auranja;* esp. *naranja;* ar. *nārāndj,* du persan.

orangé, ée [ɔʀɑ̃ʒe] adj. et n. m. **I.** adj. De couleur orange. *Teinte orangée.* **II.** n. m. **1.** Couleur orange. *On obtient l'orangé par le mélange du jaune et du rouge.* **2.** Pigment ou colorant de couleur orange. – De *orange.*

orangeade [ɔʀɑ̃ʒad] n. f. Boisson composée d'orange, d'eau et de sucre. – De *orange.*

oranger [ɔʀɑ̃ʒe] n. m. Arbre (*Citrus aurantium,* fam. rutacées) des régions chaudes aux feuilles épaisses et persistantes dont le fruit est l'orange. *Eau de fleur d'oranger* : eau aromatisée sédative faite avec de l'essence extraite des fleurs de l'oranger. – De *orange.*

orangeraie [ɔʀɑ̃ʒʀɛ] n. f. Terrain planté d'orangers. – De *oranger.*

orangerie [ɔʀɑ̃ʒʀi] n. f. Serre où l'on garde pendant l'hiver les orangers en caisse et les plantes qui craignent le froid. - Partie d'un jardin où sont placés les orangers. – De *oranger.*

orangette [ɔʀɑ̃ʒɛt] n. f. Petite orange verte confite dans le sucre ou dans l'alcool. – De *orange.*

orangiste [ɔʀɑ̃ʒist] n. m. et adj. HIST **1.** Partisan de la dynastie d'Orange. – adj. *Dynastie orangiste.* **2.** Protestant d'Irlande du Nord partisan de l'union de l'Ulster et de l'Angleterre, qu'avait réalisée Guillaume III d'Orange-Nassau, roi d'Angleterre (1689-1702) en 1690. *Les orangistes se manifestèrent surtout à la fin du XVIII*^e^ *s. et à la fin du XIX*^e^ *s.* – adj. *Pamphlet orangiste.* – Du n. de la principauté d' *Orange,* anc. seigneurie du S.-E. de la France, qui passa à la maison de Nassau (1645).

orang-outan ou **orang-outang** [ɔʀɑ̃utɑ̃] n. m. Grand singe anthropomorphe (*Pongo pygmæus,* fam. pongidés) des forêts de Sumatra et de Bornéo, dont la taille atteint 1,40 m. *Les orangs-outans sont arboricoles et frugivores.* – Mots malais, « homme des bois ».

orant, ante [ɔʀɑ̃, ɑ̃t] n. et adj. **1.** n. BX-A Personnage représenté en train de prier. *Les orantes des catacombes.* ▷ adj. *Vierge orante.* **2.** n. f. RELIG CATHOL Membre de certaines congrégations religieuses contemplatives. *Les orantes de l'Assomption.* – Du lat. *orare,* « prier ».

orateur, trice [ɔʀatœʀ, tʀis] n. **1.** Personne qui prononce un discours. *Interrompre l'orateur. Les grands orateurs grecs.* **2.** Personne qui a le don de la parole. *C'est un orateur-né.* – Lat. *orator.*

1. oratoire [ɔʀatwaʀ] adj. Relatif à l'éloquence, à l'art de bien parler. *Formules oratoires.* – Lat. *oratorius.*

2. oratoire [ɔʀatwaʀ] n. m. Pièce d'une habitation destinée à la prière. ▷ Petite chapelle. ▷ *Oratoire* ou *Oratoire d'Italie,* et *Oratoire de Jésus et de Marie immaculée* ou *Oratoire de France :* nom de deux sociétés de prêtres séculiers fondées, l'une en Italie en 1564, l'autre en France en 1611. – Bas lat. ecclés. *oratorium,* de *orare,* « prier ».

oratorien [ɔʀatɔʀjɛ̃] n. m. Membre de la congrégation religieuse française de l'Oratoire. ▷ adj. *Père oratorien.* – De *oratoire* 2.

oratorio [ɔʀatɔʀjo] n. m. Drame lyrique à caractère le plus souvent religieux, dont la facture s'apparente à celle de l'opéra, mais qui est destiné à être exécuté sans décors ni costumes. *Les oratorios de Haendel, de Haydn.* – Mot ital., « oratoire ».

1. orbe [ɔʀb] adj. CONSTR *Mur orbe,* sans ouverture. – Lat. *orbus,* « privé de, aveugle ».

2. orbe [ɔʀb] n. m. **1.** ASTRO Espace circonscrit par l'orbite d'une planète ou de tout corps céleste. **2.** Poét. Globe d'un astre. *L'orbe du soleil.* – Lat. *orbis,* « cercle ».

orbicole [ɔʀbikɔl] adj. Rare Qualifie une plante qui peut croître sur tous les points du globe. – Du lat. *orbis,* « cercle », et *-cole.*

orbiculaire [ɔʀbikylɛʀ] adj. Didac. **1.** De forme arrondie. ▷ ANAT Se dit de muscles à fibres circulaires. *Muscle orbiculaire,* ou, n. m., *l'orbiculaire des lèvres, des paupières.* **2.** Qui décrit une circonférence. *Mouvement orbiculaire.* – Lat. imp. *orbicularis.*

orbitaire [ɔʀbitɛʀ] adj. ANAT Qui a rapport à l'orbite de l'œil. – De *orbite.*

orbital, ale, aux [ɔʀbital, o] adj. et n. f. **1.** adj. ASTRO, ESP Relatif à l'orbite d'une planète, d'un satellite. **2.** n. f. PHYS NUCL, CHIM Région de l'espace, autour du noyau de l'atome, où la probabilité de présence d'un électron donné est maximale. (V. encycl. liaison.) – De *orbite.*

orbite [ɔʀbit] n. f. **1.** ANAT Cavité de la face dans laquelle est logé l'œil. **2.** ASTRO Trajectoire décrite par un corps céleste, naturel ou artificiel, autour d'un autre. **3.** Fig. Sphère dans laquelle se manifeste l'influence, l'activité (de qqn, de qqch). *Politiciens qui gravitent dans l'orbite du pouvoir.* – Lat. *orbita,* de *orbis,* « cercle ».

orcanète ou **orcanette** [ɔʀkanɛt] n. f. BOT Plante herbacée à fleurs bleues (*Alkanna tinctoria,* fam. borraginacées) des zones incultes méditerranéennes, dont la racine fournit une substance colorante rouge. – Du lat. médiév. *alchanna,* de l'ar. *(o)ăl-hinnās,* « henné ».

orcéine [ɔʀsein] n. f. **1.** Matière colorante rouge tirée de l'orseille*. **2.** CHIM Mélange de colorants utilisé en microscopie et dans les analyses biologiques. – Du rad. de *orseille.*

orchestral, ale, aux [ɔʀkɛstʀal, o] adj. Qui a rapport à un orchestre, à l'orchestre. *Musique orchestrale,* destinée à être jouée par un orchestre (par oppos. à *vocal*). – De *orchestre.*

orchestrateur, trice [ɔʀkɛstʀatœʀ, tʀis] n. Celui, celle qui conçoit une orchestration. – De *orchestrer.*

orchestration [ɔʀkɛstʀasjɔ̃] n. f. **1.** Art d'orchestrer. *Traité d'orchestration.* **2.** Adaptation d'une œuvre musicale en vue de son exécution par un orchestre. – De *orchestrer.*

orchestre [ɔʀkɛstʀ] n. m. **I. 1.** ANTIQ GR Partie du théâtre située entre le public et la scène, et où évoluait le chœur. **2.** Dans un théâtre, endroit réservé aux musiciens, en contrebas de la scène. **3.** Dans une salle de spectacle, ensemble des places situées au niveau inférieur (par oppos. à *balcon*). **II.** Ensemble des instrumentistes qui participent à l'interprétation d'une œuvre musicale; troupe de musiciens qui jouent habituellement ensemble. *L'orchestre de l'Opéra. Orchestre de jazz. Chef d'orchestre :* musicien qui dirige un orchestre en lui indiquant, par des gestes, la mesure et les nuances expressives. – Gr. *orkhêstra,* « partie du théâtre où le chœur évoluait ».

orchestrer [ɔʀkɛstʀe] v. tr. [1] **1.** Écrire (une œuvre musicale) en combinant les parties instrumentales. **2.** Fig. Diriger (une action concertée). *Orchestrer une campagne de presse.* – De *orchestre.*

orchi-, orchido-. Élément, du gr. *orkhis,* « testicule ».

orchialgie [ɔʀkialʒi] n. f. MED Douleur des testicules. – De *orchi-,* et *-algie.*

orchidacées [ɔʀkidase] n. f. pl. BOT Famille de plantes monocotylédones phanérogames, angiospermes, aux fleurs généralement très décoratives. – Sing. *Une orchidacée.* – De *orchidée.*

orchidée [ɔʀkide] n. f. **1.** Plante de la famille des orchidacées, à fleurs ornementales; la fleur de cette plante. **2.** (Plur.) Syn. de *orchidacées.* – Du gr. *orkhidion,* « petit testicule ».

ENCYCL Les orchidées (env. 15 000 espèces) sont des plantes herbacées répandues dans le monde entier; la vanille en fait partie. Leurs racines sont souvent tubérisées chez les espèces européennes vivaces. La fleur, zygomorphe, comprend trois pétales et trois sépales pétaloïdes. Le pétale médian, ou labelle, possède ou non un éperon. Les grains de pollen sont groupés en pollinies. La fécondation est assurée par les insectes, la disposition de l'étamine et des stigmates interdisant l'autofécondation. Les orchidées tropicales sont souvent saprophytes et épiphytes (lianes). Les orchidées vivent en symbiose spécifique avec un champignon, indispensable à la germination des graines. Leur culture, longtemps impossible, est auj. effectuée industriellement (genre *Cattleya* et voisins).

orchis [ɔʀkis] n. m. Orchidée (genre *Orchis*) dont les fleurs portent un éperon, rattaché au labelle et qui possède deux tubercules, l'un qui a donné naissance à la plante, l'autre lui permettant de se reproduire l'année suivante. – Mot lat., du gr. *orkhis,* « testicule ».

orchite [ɔʀkit] n. f. MED Inflammation aiguë ou chronique du testicule. – Du gr. *orkhis,* « testicule ».

ordalie [ɔʀdali] n. f. HIST, ETHNOL Épreuve judiciaire dont l'issue, réputée dépendre de Dieu ou d'une puissance surnaturelle, établit la culpabilité ou l'innocence d'un individu. – De l'anc. angl. *ordál*, «jugement».

ENCYCL Au Moyen Âge, un accusé pouvait avoir recours à l'ordalie, alors nommée *jugement de Dieu*. Tantôt l'accusateur et l'accusé se battaient en duel devant le juge, tantôt l'accusé seul se soumettait à une épreuve (ordalie du fer rouge, de l'eau bouillante, de l'immersion, etc.).

ordinaire [ɔʀdinɛʀ] adj. et n. m. **I.** adj. **1.** Qui ne sort pas de l'ordre commun, de l'usage habituel. *Il lui est arrivé une chose peu ordinaire*. **2.** De qualité moyenne, courante. *Du papier ordinaire*. – Péjor. *Des gens très ordinaires*, de condition modeste ou de manières vulgaires. **II.** Loc. adv. *À l'ordinaire, d'ordinaire* : d'habitude, en général. *Agir comme à l'ordinaire. C'est ce qu'on fait d'ordinaire dans ces cas-là*. **III.** n. m. **1.** Ce qui est ordinaire, courant. *Cela ne change pas de l'ordinaire*. **2.** Ce que l'on sert habituellement aux repas (en partic. dans l'armée). *L'ordinaire est mauvais*. ▷ MILIT Service chargé de l'alimentation d'une troupe. **3.** LITURG *L'ordinaire de la messe* : les prières fixes qui sont dites dans toutes les messes (par oppos. aux textes du *propre*). – Lat. *ordinarius*, «rangé par ordre, conforme à la règle».

ordinairement [ɔʀdinɛʀmɑ̃] adv. D'ordinaire, d'habitude. *Il est ordinairement à l'heure*. – De *ordinaire*.

ordinal, ale, aux [ɔʀdinal, o] adj. Qui marque le rang, l'ordre. *Nombre ordinal* (V. nombre). ▷ GRAM *Adjectif numéral ordinal* : adjectif qui exprime le rang dans une série ordonnée (ex. premier, deuxième, troisième, etc.). – Lat. gram. *ordinalis*.

ordinand [ɔʀdinɑ̃] n. m. LITURG CATHOL Celui qui se prépare à recevoir les ordres sacrés. – Lat. ecclés. médiév. *ordinandus*.

ordinant [ɔʀdinɑ̃] n. m. LITURG CATHOL Évêque qui confère les ordres. – Lat. ecclés. médiév. *ordinans*.

ordinateur [ɔʀdinatœʀ] n. m. INFORM Machine capable d'effectuer automatiquement des opérations arithmétiques et logiques (à des fins scientifiques, administratives, comptables, etc.) à partir de programmes définissant la séquence de ces opérations. *Ordinateur individuel. Ordinateur domestique*. – Lat. *ordinator*, «celui qui met en ordre».

ENCYCL L'utilisation de l'ordinateur est fondée sur l'*informatique*. Un ordinateur est constitué d'éléments physiques appelés *matériel* (*hardware* en anglais) et fonctionne à partir d'un ensemble de programmes appelé *logiciel* (*software* en anglais). Un ordinateur est caractérisé par sa grande rapidité de calcul et par sa capacité de stocker des informations dans des organes appelés *mémoires*. Les opérations successives qu'on doit effectuer pour traiter des informations sont inscrites à l'intérieur d'un programme rédigé dans un langage conventionnel. Les *unités d'entrée* (lecteur de disquettes, lecteur optique, clavier, etc.) permettent d'introduire le programme et les données initiales. L'*unité centrale* reçoit les informations fournies par les unités d'entrée et exécute les instructions du programme. Les *mémoires auxiliaires* (bandes magnétiques, disques magnétiques, disques optiques) servent à stocker les informations avant ou après leur transfert en mémoire centrale. Les *unités de sortie* (imprimante, table traçante, écran, etc.) fournissent les résultats du traitement. Les organes d'entrée-sortie et les mémoires auxiliaires sont appelés des *périphériques*. L'ordinateur peut servir à la fois à plusieurs utilisateurs équipés de *terminaux*, organes d'entrée-sortie reliés à l'ordinateur par des lignes de transmission, ou au contraire fonctionner de manière autonome lorsqu'il est installé dans les locaux de l'utilisateur. Le traitement peut s'effectuer *par lots* (en regroupant les programmes à exécuter), *en temps partagé* ou *en temps réel*. V. temps.

ordination [ɔʀdinasjɔ̃] n. f. RELIG Action de conférer ou de recevoir le sacrement de l'ordre (sens II, 9). *L'archevêque procéda à l'ordination*. – Cérémonie au cours de laquelle il est conféré. – Lat. chrétien *ordinatio*.

ordinogramme [ɔʀdinɔgʀam] n. m. INFORM Représentation graphique du processus utilisé pour traiter des informations dans un ordinateur. Syn. organigramme (sens 2). – De *ordin(ateur)*, et *-gramme*.

ordo [ɔʀdo] n. m. inv. LITURG CATHOL Petit livre indiquant aux ecclésiastiques l'office à célébrer chaque jour. – Mot lat., «ordre».

ordonnance [ɔʀdɔnɑ̃s] n. f. **I.** Disposition ordonnée des éléments d'un ensemble. *L'ordonnance d'un tableau*. ▷ ARCHI Disposition des différentes parties d'un édifice. **II.** Ce qui est prescrit par une autorité compétente. **1.** Acte législatif d'un gouvernement. – HIST *Ordonnances des rois de France*, qui avaient un caractère général et étaient applicables à tout le royaume. **2.** DR Décision émanant du président de la juridiction ou d'un juge d'instruction. *Une ordonnance de référé, de non-lieu*. **3.** Ensemble des prescriptions faites par un praticien (médecin, dentiste, etc.). ▷ Écrit daté et signé contenant ces prescriptions. **III.** n. f. ou m. Anc. Soldat affecté au service personnel d'un officier. ▷ *Officier d'ordonnance* : syn. de *aide de camp*. (V. aide 2.)– De *ordonner*.

ordonnancement [ɔʀdɔnɑ̃smɑ̃] n. m. **1.** Action de régler suivant un certain ordre. *Ordonnancement d'une cérémonie*. **2.** FIN Action d'ordonnancer un paiement. **3.** TECH Recherche de la meilleure utilisation du personnel et du matériel lors de la fabrication d'un produit ou de la construction d'un ouvrage. – De *ordonnancer*.

ordonnancer [ɔʀdɔnɑ̃se] v. tr. [**12**] **1.** Régler selon un ordre déterminé. *Ordonnancer une fête*. **2.** FIN Donner l'ordre de payer (une dépense publique) après qu'en ont été contrôlés le montant et la légitimité. **3.** TECH Effectuer l'ordonnancement de (une fabrication, une construction). – De *ordonnance*.

ordonnancier [ɔʀdɔnɑ̃sje] n. m. **1.** Registre dans lequel le pharmacien doit consigner les préparations et les produits vendus sur ordonnance. **2.** Bloc de papier à l'en-tête d'un praticien et destiné à faire des ordonnances. – De *ordonnance*.

ordonnateur, trice [ɔʀdɔnatœʀ, tʀis] n. **1.** Personne qui dispose, règle selon un ordre. *L'ordonnateur d'une fête. Ordonnateur des pompes funèbres*, chargé de régler la marche des convois funèbres. **2.** FIN Personne habilitée à ordonnancer un paiement. – De *ordonner*.

ordonné, ée [ɔʀdɔne] adj. **1.** Qui est en ordre, rangé, bien tenu. *Une maison ordonnée*. **2.** Qui est naturellement enclin à mettre de l'ordre, à ranger. *Un garçon soigneux et ordonné*. **3.** Dont les éléments sont classés, disposés selon leur rang, hiérarchisés. ▷ MATH *Ensemble ordonné*, muni d'une relation d'ordre (sens I, 1). **4.** RELIG Qui a reçu le sacrement de l'ordre (sens II, 9). – Pp. de *ordonner*.

ordonnée [ɔʀdɔne] n. f. MATH Coordonnée verticale qui permet, avec l'abscisse, de définir la position d'un point dans un espace à deux dimensions. (On la représente par le symbole y.) – Pp. fém. subst. de *ordonner*.

ordonner [ɔʀdɔne] v. tr. [**1**] **1.** Mettre en ordre. *Ordonner les diverses parties d'un livre*. ▷ MATH *Ordonner un polynôme* : ranger ses termes suivant les puissances croissantes ou décroissantes de l'une des variations. **2.** Commander, donner un ordre. *Ordonner à qqn de partir. Je fais ce qu'on m'ordonne. – Le médecin lui a ordonné un régime*. **3.** RELIG Conférer les ordres sacrés à (qqn). *Ordonner un prêtre*. – Lat. *ordinare*; a. fr. *ordener*; d'ap. *donner*.

ordovicien, enne [ɔʀdɔvisjɛ̃, ɛn] adj. et n. m. GEOL Relatif à la première partie du silurien. – n. m. *On fait* *parfois de l'ordovicien une période à part.* – De *Ordovices,* nom lat. d'un peuple gallois.

ordre [ɔʀdʀ] n. m. **I. 1.** Organisation d'un tout en ses parties; relation entre les éléments d'un ensemble, qui associe à chacun de ceux-ci un rang, une importance par rapport à tous les autres. *Ordre alphabétique, chronologique. Procédons par ordre.* ▷ MATH *Relation d'ordre dans un ensemble :* relation binaire R qui est réflexive (∀x∈ E, xRx), transitive (xRy et yRz ⇒ xRz) et antisymétrique (xRy et yRx ⇒ y = x). *L'ensemble N des entiers naturels est muni de la relation d'ordre notée* ⩽. ▷ *Ordre du jour :* ensemble des questions, classées dans un certain ordre, sur lesquelles doit délibérer une assemblée. – Fig. *C'est un problème qui est à l'ordre du jour,* dont il est beaucoup question en ce moment, qui est d'actualité. **2.** Arrangement régulier dans l'espace. *L'ordre d'un jardin à la française.* ▷ MILIT Disposition d'une troupe sur le terrain. *Ordre de bataille. Progresser en ordre dispersé.* ▷ Bonne organisation, fonctionnement normal, régulier. *Remettre de l'ordre dans les affaires d'une entreprise.* ▷ Disposition régulière d'un ensemble d'objets, destinée à réduire l'espace qu'ils occupent et permettant de trouver facilement ceux dont on a besoin. *Outils disposés en bon ordre.* **3.** Méthode, exactitude, précision de l'esprit. *Un homme d'ordre.* ▷ Tendance spontanée à disposer les objets en ordre (sens 2), à ranger. *Elle a beaucoup de soin et d'ordre.* **4.** Organisation sociale; stabilité des institutions, paix civile. *Interdire une réunion susceptible de troubler l'ordre public. Maintien de l'ordre.* **5.** Ensemble des lois naturelles. *L'ordre de l'univers, des choses.* Loc. *C'est dans l'ordre (des choses) :* c'est normal. **II. 1.** HIST Chacune des trois grandes classes de la société sous l'Ancien Régime. *Les états généraux rassemblaient des représentants des trois ordres : noblesse, clergé et tiers état.* **2.** Corps composé de membres élus de certaines professions libérales. *Ordre des avocats, des médecins, des architectes.* **3.** Société religieuse dont les membres ont fait solennellement vœu de vivre selon une règle. *L'ordre des Bénédictins, des Jésuites, des Carmélites.* **4.** Anc. *Ordres de chevalerie :* associations religieuses et militaires formées pour combattre les infidèles, au Moyen Âge. *Ordre de Malte, des Templiers.* **5.** Société dont on est admis à faire partie à titre de récompense honorifique. *Ordre de la Légion d'honneur.* **6.** Catégorie d'êtres ou de choses; division, espèce. *Dans un autre ordre d'idées. Un travail d'ordre intellectuel.* ▷ *De l'ordre de :* d'environ (telle grandeur, telle quantité). *Somme de l'ordre d'un million.* **7.** BIOL Unité systématique faisant suite à la classe et précédant la famille. *L'ordre des carnivores, des ongulés. Les ordres, parfois divisés en sous-ordres, peuvent être regroupés en super-ordres.* **8.** ARCHI Chacun des styles de construction de l'architecture antique (ou imités de cette architecture), caractérisés par la structure et la décoration des colonnes, des chapiteaux et des entablements. *Les ordres ionique, dorique et corinthien.* **9.** THEOL *Sacrement de l'ordre :* sacrement donnant pouvoir d'exercer certaines fonctions ecclésiastiques. **10.** RELIG CATHOL Degré dans la hiérarchie ecclésiastique. *Ordres majeurs :* le diaconat et le sacerdoce (prêtre, évêque). *Ordres mineurs* (appelés aujourd'hui *ministères*) : lecteur et servant à l'autel. – *Entrer dans les ordres :* se faire prêtre, religieux, religieuse. **11.** Fig. Degré établi par comparaison. *Ouvrage de premier, de second ordre,* de première, de seconde importance. **III. 1.** Commandement, prescription. *Donner, exécuter un ordre.* – *Jusqu'à nouvel ordre :* jusqu'à ce que les dispositions actuelles aient été modifiées. **2.** FIN *Billet à ordre :* effet de commerce endossé par le bénéficiaire et payé à la personne désignée par celui-ci. ▷ *Ordre de Bourse :* ordre d'effectuer une transaction, donné à un agent de change. *Donneur d'ordres :* syn. de *opérateur.* **3.** COMM Commande. *Adresser un ordre à un fournisseur.* **4.** INFORM Directive qui commande un organe périphérique d'ordinateur. – Du lat. *ordo, ordinis.*

ordure [ɔʀdyʀ] n. f. **1.** Matière vile, malpropre. – *Spécial.* Excrément. *L'ordure d'un chien.* **2.** (Plur.) Déchets, matières de rebut. *Boîte à ordures. Collecte des ordures ménagères.* **3.** Fig., litt. Abjection. *Se complaire dans l'ordure.* **4.** Parole, écrit infâme ou obscène. *Ce texte est un tissu d'ordures.* **5.** Vulg., inj. Personne très méprisable. *C'est une belle ordure.* – De l'a. fr. *ord,* « sale », du lat. *horridus,* « qui fait horreur ».

ordurier, ère [ɔʀdyʀje, ɛʀ] adj. Qui se plaît à dire, à écrire des ordures, des obscénités. *Être ordurier.* ▷ Qui contient des obscénités. *Un texte ordurier.* – De *ordure.*

ore. V. or 2.

öre [øʀ] n. m. Unité monétaire du Danemark, de la Norvège et de la Suède. – Mot scandinave.

oréade [ɔʀead] n. f. MYTH GR Nymphe des monts et des bois. – Lat. *oreas, oreadis,* du gr. *oreas,* rac. *oros,* « montagne ».

orée [ɔʀe] n. f. Lisière, bordure. *L'orée d'un bois.* ▷ Fig., litt. *L'orée du jour.* – Lat. *ora.*

oreillard, arde [ɔʀɛjaʀ, aʀd] adj. et n. m. **1.** adj. Rare Dont les oreilles sont très longues. *Cheval oreillard.* **2.** n. m. Chauve-souris aux grandes oreilles de l'hémisphère Nord. – De *oreille.*

oreille [ɔʀɛj] n. f. **1.** Organe de l'ouïe. *Se boucher les oreilles.* ▷ ANAT Chacun des trois segments de l'appareil auditif. *Oreille externe, oreille moyenne, oreille interne* (V. encycl.). ▷ Loc. *Parler à l'oreille de qqn.,* de manière à n'être entendu que de lui. – Fig. *Prêter l'oreille :* écouter attentivement. – Fig. *Choses qui viennent aux oreilles,* dont on entend parler. – Fig., fam. *Ça lui entre par une oreille et ça sort par l'autre :* il ne fait pas attention à ce qu'on lui dit, ou il l'oublie très vite. **2.** Ouïe, perception des sons. *Musique qui flatte l'oreille. Être dur d'oreille,* un peu sourd. – *Faire la sourde oreille :* feindre de ne pas entendre ce que l'on dit, ce que l'on demande. – Absol. *Avoir de l'oreille :* avoir une bonne ouïe, bien distinguer les sons musicaux. **3.** Pavillon de l'oreille. *Boucles d'oreilles. Si tu continues, tu vas te faire tirer les oreilles.* – Fig. *Se faire tirer l'oreille pour... :* n'accepter qu'avec réticence de... ▷ Loc. fig. *Avoir l'oreille basse :* être mortifié. *Mettre la puce à l'oreille :* éveiller les soupçons. *Échauffer les oreilles :* impatienter vivement, mettre en colère. *Montrer le bout de l'oreille :* laisser entrevoir sa véritable personnalité, ses intentions cachées. **4.** Ce qui rappelle une oreille par sa forme, son aspect. *Les oreilles d'un récipient :* les deux appendices situés de part et d'autre de celui-ci et qui servent à le tenir. ▷ TECH *Écrou à oreilles,* muni de deux ailettes qui permettent de le manœuvrer sans utiliser de clé. ▷ MAR Partie saillante de la patte d'une ancre. ▷ *Oreille-de-mer :* haliotide. ▷ *Oreille-de-souris :* myosotis. ▷ *Oreille-de-Judas :* champignon en forme de coupelle, irrégulière et translucide, d'un brun-rouge violacé, croissant surtout sur les vieux sureaux, comestible (une espèce asiatique est le champignon noir des Chinois). – Lat. *auricula.*

ENCYCL **Anat.** – L'oreille est un organe d'audition mais également d'équilibre. L'oreille externe se compose du pavillon de l'oreille et du conduit auditif externe. L'oreille moyenne est constituée par plusieurs cavités situées dans le rocher et qui communiquent entre elles : la caisse du tympan, la trompe d'Eustache et les cavités mastoïdiennes; le tympan est une membrane qui transmet ses vibrations à l'oreille interne par l'intermédiaire de 3 osselets : le marteau, l'enclume et l'étrier. L'oreille interne se compose de deux parties : le labyrinthe, membraneux, qui, formé des canaux semi-circulaires et du vestibule, est responsable des fonctions d'équilibre; le limaçon, ou cochlée, qui possède la fonction d'audition proprement dite. Le récepteur sensoriel de l'ouïe est l'organe de Corti, qui contient les cellules sensorielles et se prolonge à son extrémité inférieure par le nerf cochléaire, branche du nerf auditif qui gagne le lobe temporal.

oreiller [ɔʀeje] n. m. Coussin destiné à soutenir la tête d'une personne couchée. *Taie d'oreiller.* – De *oreille.*

oreillette [ɔʀɛjɛt] n. f. **1.** ANAT Chacune des deux cavités supérieures du cœur, où arrive le sang. *L'oreillette droite reçoit le sang des veines caves, l'oreillette gauche, celui des veines pulmonaires.* **2.** Partie d'une coiffure qui couvre l'oreille. – Dimin. de *oreille.*

oreillon [ɔʀɛjɔ̃] n. m. **1.** Partie du casque d'une armure qui protégeait l'oreille. **2.** (Plur.) MED Infection virale, contagieuse et immunisante qui se manifeste le plus souvent par la tuméfaction de certaines glandes, notam. des parotides. **3.** Abricot au sirop, dénoyauté et en moitiés. – De *oreille.*

orémus [ɔʀemys] n. m. **1.** LITURG Mot prononcé durant la messe en latin par le prêtre pour inviter les fidèles à prier avec lui. **2.** Vx, fam. Oraison, prière. *Dire des orémus.* – Lat. *oremus,* « prions ».

ores. V. or 2.

orfèvre [ɔʀfɛvʀ] n. Personne qui fabrique ou qui vend des objets d'ornement en métaux précieux. ▷ *Être orfèvre en la matière :* avoir une connaissance parfaite de ce dont il est question. – Du lat. *aurifex,* finale d'ap. l'a. fr. *fèvre,* « artisan », lat. *faber.*

orfèvrerie [ɔʀfɛvʀəʀi] n. f. **1.** Art, commerce de l'orfèvre. **2.** Ouvrages de l'orfèvre. *Articles d'orfèvrerie.* – De *orfèvre.*

orfraie [ɔʀfʀɛ] n. f. Aigle de grande taille, appelé aussi *aigle de mer* ou *pygargue.* (Ne pas confondre avec l'effraie, chouette commune en Europe.) ▷ *Pousser des cris d'orfraie* (pour *d'effraie) :* crier très fort. – Du lat. *ossifraga,* « qui brise les os ».

orfroi [ɔʀfʀwa] n. m. Didac. Parement, galon brodé d'or ou d'argent d'un vêtement sacerdotal. – Du lat. *aurum phrygium,* « or de Phrygie », parce que les Phrygiens étaient des brodeurs d'or réputés.

organdi [ɔʀgɑ̃di] n. m. Mousseline de coton très légère raidie par un apprêt. – Du n. d' *Ourgandj,* v. de l'anc. Turkestan.

organe [ɔʀgan] n. m. **I. 1.** Partie d'un corps organisé remplissant une fonction déterminée. *Les organes des sens.* - *Organe de Corti,* situé dans le canal cochléaire du limaçon membraneux, récepteur de l'audition. **2.** Moyen, instrument. *Les lois sont les organes de la justice.* **3.** Institution chargée de faire fonctionner une catégorie déterminée de services. *Les organes du pouvoir.* **4.** Pièce d'une machine, d'un mécanisme, remplissant une fonction déterminée. *Organes de freinage.* **II. 1.** *Absol.* Voix. *Avoir un bel organe.* **2.** Fig. Personne, chose par l'entremise de laquelle on fait connaître sa pensée, son opinion. *Servir d'organe auprès de qqn.* ▷ *Par ext.* Publication périodique, journal. *Organe de presse. L'organe officiel d'un parti.* – Du lat. *organum,* « instrument, orgue ».

organeau [ɔʀgano] n. m. MAR Anneau métallique fixé à l'extrémité de la verge d'une ancre. – De *organe.*

organelle [ɔʀganɛl] n. f. BIOL Microstructure intracellulaire présentant une architecture et des fonctions métaboliques propres (dictyosomes, mitochondries, lysosomes). Syn. (auj. déconseillé) organite. – Mot anglais.

organicien, enne [ɔʀganisjɛ̃, ɛn] adj. et n. Didac. *Chimiste organicien,* spécialiste de chimie organique. ▷ Subst. *Un(e) organicien(ne).* – De *organique.*

organicisme [ɔʀganisism] n. m. **1.** PHILO Théorie selon laquelle la vie résulte, non d'une force qui anime les organes, mais de l'activité propre de l'ensemble des organes eux-mêmes. **2.** MED Théorie qui rattache toute maladie à une lésion organique. **3.** SOCIOL Doctrine qui assimile les sociétés à des organismes vivants. – De *organique.*

organigramme [ɔʀganigʀam] n. m. **1.** Schéma représentant l'organisation générale d'une administration, d'une entreprise, et faisant ressortir les attributions et les liaisons hiérarchiques et organiques de ses divers éléments. **2.** INFORM Syn. de *ordinogramme.* – De *organi(ser),* et *-gramme.*

organique [ɔʀganik] adj. **1.** Qui a rapport aux organes ou aux organismes vivants. *Vie organique.* ▷ MED *Maladie organique,* liée à une altération de la structure d'un organe ou d'un tissu (par oppos. à *fonctionnelle*). **2.** Qui provient d'organismes, de tissus vivants. *Matières organiques.* ▷ *Chimie organique :* partie de la chimie qui étudie les composés du carbone (par oppos. à *chimie minérale*). **3.** DR Qui a trait aux parties essentielles de la constitution d'un État, d'un traité. *Loi organique.* – Lat. *organicus,* « d'instrument, mécanique ».

organiquement [ɔʀganikmɑ̃] adv. De façon organique, constitutivement. – De *organique.*

organisable [ɔʀganizabl] adj. Qui peut être organisé. – De *organiser.*

organisateur, trice [ɔʀganizatœʀ, tʀis] adj. et n. **1.** Qui organise. *Principe organisateur.* ▷ Subst. Personne qui organise, sait organiser. *C'est un excellent organisateur.* **2.** BIOL *Centre organisateur,* ou, n. m., *l'organisateur :* zone de l'embryon caractérisée par la propriété d'induire la différenciation tissulaire et de coordonner l'organogenèse. – De *organiser.*

organisation [ɔʀganizasjɔ̃] n. f. **1.** Manière dont un corps est organisé; structure. *Organisation des reptiles, d'une cellule.* **2.** Action d'organiser. *Voulez-vous vous charger de l'organisation de la fête ?* **3.** Manière dont un ensemble quelconque est constitué, réglé. *Organisation judiciaire.* **4.** Association, groupement. – De *organiser.*

organisationnel, elle [ɔʀganizaʃjɔnɛl] adj. Qui concerne l'organisation. – De *organisation.*

organisé, ée [ɔʀganize] adj. **1.** BIOL Pourvu d'organes. *Êtres organisés.* **2.** Constitué, agencé pour tel usage, telle fonction. *Groupe organisé. Atelier bien organisé.* **3.** (Personnes) Ordonné, méthodique, prévoyant. *Une ménagère bien organisée.* - (Choses) Conçu pour être efficace; réglé d'avance. *Voyage organisé.* **4.** Qui fait partie d'une organisation (sens 4). – Pp. de *organiser.*

organiser [ɔʀganize] **I.** v. tr. **[1] 1.** Mettre en place (les éléments d'un ensemble) en vue d'une fonction, d'un usage déterminés. *Organiser un service.* **2.** Préparer, monter. *Organiser un voyage, un spectacle.* ▷ Régler, aménager. *Organiser ses loisirs, son temps.* **II.** v. pron. Devenir organisé. *Les secours s'organisent.* ▷ Prendre ses dispositions pour agir efficacement. – De *organe.*

organisme [ɔʀganism] n. m. **1.** Ensemble des organes constituant un être vivant; cet être vivant, en tant que corps organisé doué d'autonomie. ▷ *Spécial.* Corps humain. *Substances nécessaires à l'organisme. Votre organisme a besoin de repos.* **2.** Groupement, association. *Organisme politique.* **3.** Ensemble de services administratifs remplissant une fonction déterminée. *Organisme d'aide sociale.* – De *organe.*

organiste [ɔʀganist] n. Musicien, musicienne qui joue de l'orgue. – Lat. médiév. *organista.*

organite [ɔʀganit] n. m. BIOL Syn. (auj. déconseillé) de *organelle.* – De *organe.*

organo-. Élément signifiant « organe » ou « organique ».

organochloré, ée [ɔʀganɔklɔʀe] adj. et n. m. CHIM Se dit d'un produit organique dérivé du chlore. ▷ n. m. *Les organochlorés sont des produits de synthèse employés notam. comme insecticides et comme réfrigérants.* – De *organo-,* et *chloré.*

organogenèse [ɔʀganoʒənɛz] ou **organogénèse** [ɔʀganoʒenɛz] n. f. BIOL Formation des organes d'un être vivant au cours de son développement embryonnaire. – De *organo-*, et *-genèse*.

organologie [ɔʀganɔlɔʒi] n. f. **1.** ANAT Description et étude des organes. **2.** MUS Étude des instruments de musique et de leur histoire. – De *organo-*, et *-logie*.

organomagnésien [ɔʀganomaɲezjɛ̃] n. m. et adj. m. CHIM Dérivé organométallique du magnésium. ▷ adj. m. *Les dérivés organomagnésiens halogénés sont très employés en synthèse organique.* – De *organo-*, et *magnésium*.

organométallique [ɔʀganometalik] adj. et n. m. CHIM Se dit des composés organiques contenant un atome de métal directement lié à un atome de carbone. V. transition (*métaux de transition*). – n. m. *Un organométallique.* – De *organo-*, et *métallique*.

organophosphoré, ée [ɔʀganɔfɔsfɔʀe] adj. et n. m. CHIM Se dit d'un produit organique de synthèse dérivé du phosphore. – n. m. *Un organophosphoré.* – De *organo-*, et *phosphoré*.

organsin [ɔʀgɑ̃sɛ̃] n. m. TECH Soie torse passée deux fois au moulin et destinée à servir de chaîne. – Ital. *organzino*.

organum [ɔʀganɔm] n. m. MUS Polyphonie liturgique à deux, puis à plusieurs voix, dans la musique médiévale. – Mot lat., «orgue, registre (musique)», gr. *organon*.

orgasme [ɔʀgasm] n. m. Paroxysme du plaisir sexuel. – Du gr. *orgân*, «bouillonner d'ardeur», de *orgê*, «accès de colère».

orgastique [ɔʀgastik] adj. Didac. Propre, relatif à l'orgasme. – De *orgasme*.

orge [ɔʀʒ] n. **1.** n. f. Plante herbacée (genre *Hordeum*, fam. graminées), céréale annuelle à épi simple; grain de cette plante. *Il existe plusieurs variétés d'orge suivant le nombre de rangées d'épillets dans l'épi : orge à 6 rangs, 4 rangs, 2 rangs.* ▷ *Sucre d'orge* : V. sucre. **2.** n. m. *Orge mondé* : grain d'orge dépouillé de ses enveloppes. *Orge perlé* : orge mondé réduit en semoule. – Du lat. *hordeum*.

orgeat [ɔʀʒa] n. m. *Sirop d'orgeat* ou *orgeat*, fait autref. avec de l'orge, auj. avec des amandes et du sucre. – De *orge*.

orgelet [ɔʀʒəlɛ] n. m. Petit furoncle du bord libre de la paupière, en forme de grain d'orge, appelé aussi *compère-loriot*. – Du bas lat. *hordeolus*, «grain d'orge»; d'abord *ordeole*, *orgeolet*.

orgiaque [ɔʀʒjak] adj. **1.** ANTIQ Relatif aux mystères de Dionysos, à Athènes, de Bacchus, à Rome. *Délire orgiaque.* **2.** Qui a les caractères d'une orgie. – Gr. *orgiakos*.

orgie [ɔʀʒi] n. f. **1.** ANTIQ (Plur.) Fêtes consacrées à Dionysos chez les Grecs, à Bacchus chez les Romains. **2.** Partie de débauche où, aux excès de la table, s'ajoutent des débordements sexuels. **3.** Profusion; luxuriance. – Lat. *orgia*, n. plur.; du gr. *orgion*.

orgue [ɔʀg] n. m. au sing., et au plur. lorsque le mot désigne plusieurs instruments; n. f. au plur. (souvent emphatique) lorsque le mot désigne un seul instrument. **I. 1.** Grand instrument à vent composé de tuyaux de différentes grandeurs, d'un ou de plusieurs claviers et d'une soufflerie fournissant le vent. *Un bel orgue. Les grandes orgues de Notre-Dame.* ▷ *Orgue électrique, électronique* : instrument à clavier, sans tuyaux, dans lequel le son est produit par un signal électrique convenablement amplifié et modulé. ▷ *Orgue de Barbarie* (par altér. de *Barberis*, n. d'un fabricant d'orgues de Modène) : orgue mécanique portatif dans lequel la distribution de l'air mettant en vibration les tuyaux sonores est réglée par une bande de carton perforée que l'on fait défiler au moyen d'une manivelle. **2.** *Point d'orgue* : prolongation de la durée d'une note ou d'un silence, laissée à la discrétion de l'instrumentiste; signe (𝄐) indiquant cette prolongation. **II. 1.** HIST *Orgues de Staline* : lance-roquettes à tubes multiples utilisés par les Soviétiques pendant la Seconde Guerre mondiale. **2.** PETROG *Orgues basaltiques* : formation prismatique de basalte, dont l'aspect rappelle celui des tuyaux d'un orgue. – Lat. ecclés. *organum*, gr. *organon*.

orgueil [ɔʀgœj] n. m. **1.** Opinion trop avantageuse de soi-même, de son importance. **2.** (En bonne part.) Sentiment légitime de sa valeur, de sa dignité. – Frq. **urgoli*, «fierté».

orgueilleusement [ɔʀgœjøzmɑ̃] adv. D'une manière orgueilleuse. – De *orgueilleux*.

orgueilleux, euse [ɔʀgœjø, øz] adj. (et n.) **1.** Qui a de l'orgueil. *Un personnage orgueilleux.* – *Être orgueilleux de son rang*, en tirer orgueil. ▷ Subst. *C'est une orgueilleuse.* **2.** Qui dénote l'orgueil. *Ton orgueilleux.* – De *orgueil*.

orichalque [ɔʀikalk] n. m. ANTIQ Alliage métallique précieux dont parlent les auteurs grecs; le cuivre et ses alliages (bronze, en partic.). – Gr. *oreikhalkos*, «airain de montagne».

oriel [ɔʀjɛl] n. m. ARCHI Syn. off. recommandé de *bow-window*. – De l'angl. *oriel window*, «fenêtre sous auvent», a. fr. *oriol*.

orient [ɔʀjɑ̃] n. m. **I. 1.** Celui des quatre points cardinaux qui est du côté où le soleil se lève; est, levant. **2.** Partie d'une région, d'un pays, d'un continent située vers l'est. ▷ *Spécial.* (Par rapport à l'Europe occidentale.) Les régions de l'est de l'Ancien Monde. – HIST *L'Orient ancien* : l'ensemble constitué par les grandes civilisations de l'Antiquité entourant la Méditerranée orientale jusqu'à l'Iran inclus (Mésopotamie, Égypte, etc.). **II.** Partie d'une loge maçonnique où se tient le vénérable; lieu où se réunit cette loge. *Orient de Nîmes, de Paris. Grand Orient* : fédération de loges pratiquant des rites différents (français, écossais, etc.). *Grand Orient de France* : principale obédience maçonnique de France (plusieurs dizaines de milliers de membres). **III.** *L'orient d'une perle*, son reflet nacré. – Lat. *oriens*, *orientis*, ppr. de *oriri*, «se lever».

orientable [ɔʀjɑ̃tabl] adj. Qui peut être orienté. *Antenne orientable.* – De *orienter*.

oriental, ale, aux [ɔʀjɑ̃tal, o] adj. et n. **1.** Situé du côté de l'orient, à l'est. *Pyrénées orientales.* **2.** Originaire de l'Orient; propre aux pays, aux peuples de l'Orient. *Langues orientales* (hébreu, arabe, chinois, etc.). ▷ Subst. *Les Orientaux.* – Lat. *orientalis*.

orientalisme [ɔʀjɑ̃talism] n. m. **1.** Étude de l'Orient, de ses peuples, de leurs civilisations, etc. **2.** Goût des choses de l'Orient. – De *oriental*.

orientaliste [ɔʀjɑ̃talist] n. et adj. **1.** Personne versée dans la connaissance de l'Orient (notam. de ses langues et civilisations). **2.** Personne (partic., artiste) attachée à l'orientalisme (sens 2). – adj. *Peintre orientaliste.* – De *oriental*.

orientation [ɔʀjɑ̃tasjɔ̃] n. f. **1.** Détermination du lieu où l'on se trouve, à l'aide des points cardinaux ou de tout autre repère. *Avoir le sens de l'orientation. Table* d'orientation.* **2.** Action d'orienter (sens 1) une chose, de régler sa position par rapport aux points cardinaux. *Orientation d'un édifice.* **3.** Fig. Action de diriger dans telle ou telle direction. *Orientation des recherches. Orientation scolaire et professionnelle*, vers telles études, tel métier. – De *orienter*.

orienté, ée [ɔʀjɑ̃te] adj. **1.** Disposé, construit de telle ou telle manière par rapport aux points cardinaux. *Maison bien orientée.* **2.** MATH *Droite orientée*, sur laquelle on a choisi un vecteur unité. **3.** Qui manifeste ou trahit une certaine tendance politique, doctrinale, etc. *Commentaire orienté.* – Pp. de *orienter.*

orienter [ɔʀjɑ̃te] **I.** v. tr. [1] **1.** Disposer une chose par rapport aux points cardinaux ou dans une direction déterminée. *Orienter au sud, vers la mer.* **2.** *Orienter une carte, un plan,* y porter les points cardinaux. **3.** Indiquer une direction à (qqn). *Orienter un passant.* ▷ Fig. Faire prendre telle ou telle direction à. *Orienter une enquête. Orienter un enfant vers les sciences.* **4.** GEOM *Orienter une droite* : définir un sens positif sur cette droite. **II.** v. pron. **1.** Déterminer sa position par des repères, par les points cardinaux. *S'orienter à la boussole.* **2.** Prendre telle direction, telle voie. *S'orienter vers le nord, le sud.* – Fig. *S'orienter vers la politique.* – De *orient.*

orienteur, euse [ɔʀjɑ̃tœʀ, øz] n. et adj. **1.** n. Personne qui s'occupe d'orientation scolaire et professionnelle. **2.** n. m. MILIT (En appos.) *Officier orienteur,* chargé de jalonner l'itinéraire d'une formation militaire. **3.** n. m. Appareil destiné à donner le midi vrai pour chaque jour et, par suite, à permettre de s'orienter. – adj. *Appareil orienteur.* – De *orienter.*

orifice [ɔʀifis] n. m. Ouverture qui sert d'entrée ou d'issue à une cavité, un conduit. *Orifice d'un tube, d'un puits. Orifice naturel,* du corps humain ou animal (bouche, anus, etc.). – Lat. *orificium.*

oriflamme [ɔʀiflam] n. f. **1.** HIST Bannière de l'abbaye de Saint-Denis, puis des rois de France (XIIe -XVe s.). **2.** Bannière d'apparat, de décoration. – De l'a. fr. *orie,* « doré », et *flamme.*

origan [ɔʀigɑ̃] n. m. Syn. de *marjolaine.* – Lat. *origanum.*

originaire [ɔʀiʒinɛʀ] adj. **1.** Qui tire son origine de (tel lieu). *Plante originaire de Chine.* **2.** Qui existe depuis l'origine. *Déformation originaire.* – Bas lat. *originarius.*

originairement [ɔʀiʒinɛʀmɑ̃] adv. À l'origine, primitivement. ▷ Par son origine, du fait de son origine. – De *originaire.*

original, ale, aux [ɔʀiʒinal, o] adj. et n. **I. 1.** adj. Qui est de l'auteur même, qui constitue la source première. *Dessin original. Copie d'un acte original. Édition originale (d'un texte, d'une gravure),* la première parue. **2.** n. m. Ouvrage, document, modèle primitif. *L'original d'un traité. Reproductions d'après l'original.* ▷ Modèle artistique ou littéraire. *Ressemblance d'un portrait avec l'original.* **II.** adj. **1.** D'une singularité neuve ou personnelle. *Idée originale. Artiste original.* **2.** *Par ext.* D'une singularité bizarre, excentrique. *Manières originales.* ▷ Subst. *C'est une originale.* – Lat. imp. *originalis,* « qui existe dès l'origine ».

originalement [ɔʀiʒinalmɑ̃] adv. D'une manière originale. – De *original;* d'abord signif. « primitivement ».

originalité [ɔʀiʒinalite] n. f. **1.** Caractère d'une personne ou d'une chose originale (sens II). *Originalité d'un artiste, d'un décor.* – *Manquer d'originalité,* d'invention, de personnalité. **2.** Ce qui est original (sens II). – De *original.*

origine [ɔʀiʒin] n. f. **1.** Principe, commencement. *L'origine de la vie.* – (Plur.) *Des origines à nos jours.* ▷ Loc.adv. *À (ou dès) l'origine* : au (ou dès le) commencement. *À l'origine, les ailes des avions étaient entoilées.* **2.** Cause, source. *L'origine d'une guerre.* **3.** Point de départ généalogique, milieu d'extraction (d'une personne, d'un groupe). *Origine des Celtes. Être d'origine paysanne.* **4.** Temps, lieu, milieu dont une chose est issue; provenance. *Tradition d'origine médiévale, occitane. Mot d'origine slave.* – *Origine d'un envoi.* – *Produit d'origine,* dont l'origine (de lieu ou de fabrication) est attestée. **5.** MATH Point à partir duquel sont définies les coordonnées d'un point. – Lat. *origo, originis.*

originel, elle [ɔʀiʒinɛl] adj. **1.** De l'origine, qui remonte à l'origine. *Instinct originel.* **2.** THEOL Qui remonte à la création, à la faute d'Adam. *Péché originel.* – Lat. imp. *originalis.*

originellement [ɔʀiʒinɛlmɑ̃] adv. Dès l'origine, primitivement. – De *originel.*

orignal, aux [ɔʀiɲal, o] ou **orignac** [ɔʀiɲak] n. m. Élan d'Amérique du Nord. – Mot franco-canadien, du basque *oregnac,* pl. de *oregna,* « cerf ».

orillon [ɔʀijɔ̃] n. m. **1.** Vx Petite pièce saillante en forme d'oreille. *Orillons d'un pot.* **2.** MILIT Saillie, épaulement de maçonnerie d'un bastion. – Dimin. de *oreille.*

orin [ɔʀɛ̃] n. m. MAR Filin frappé sur le diamant d'une ancre et permettant de la relever si elle est engagée. ▷ Filin retenant une mine mouillée entre deux eaux. – P.-ê. moy. néerl. *oorring,* « anneau d'ancre ».

oripeau [ɔʀipo] n. m. **1.** Vieilli Lame de cuivre polie et brillante comme de l'or. **2.** Vieilli Étoffe, broderie de faux or ou de faux argent. – Cour. (Plur.) Vieux habits d'apparat. **3.** Fig. Clinquant, faux brillant. – De l'a. fr. *orie,* « doré », et *peau.*

O.R.L. Abréviation de *oto-rhino-laryngologie.*

orle [ɔʀl] n. m. **1.** ARCHI Filet sous l'ove d'un chapiteau. **2.** HERALD Bordure intérieure ne touchant pas les bords de l'écu. – Lat. pop. **orula,* dimin. de *ora,* « bord ».

orlon [ɔʀlɔ̃] n. m. Fibre textile synthétique fabriquée à partir d'un nitrile acrylique. – Nom déposé; orig. incert., suff. de *(ny)lon.*

ormaie [ɔʀmɛ] ou **ormoie** [ɔʀmwa] n. f. Lieu planté d'ormes. – De *orme.*

orme [ɔʀm] n. m. Arbre de nos régions (genre *Ulmus,* fam. des ulmacées), aux feuilles alternes dentelées, aux fleurs rougeâtres, hermaphrodites, dont le fruit est une samare. *Les ormes sont menacés par une maladie due à un champignon.* ▷ Bois de cet arbre. – Lat. *ulmus;* a. fr. *oulme.*

1. ormeau [ɔʀmo] n. m. **1.** Petit orme, jeune orme. **2.** Syn. de *orme.* – De *orme.*

2. ormeau [ɔʀmo], **ormet** [ɔʀmɛ] ou **ormier** [ɔʀmje] n. m. Mollusque marin comestible (genre *Haliotis*). – Du lat. *auris maris,* « oreille de mer ».

ormet, ormier. V. ormeau 2.

ormille [ɔʀmij] n. f. **1.** Petit ormeau. **2.** Plant de jeunes ormes. – De *orme,* d'ap. *charmille.*

ormoie. V. ormaie.

1. orne [ɔʀn] n. m. AGRIC Rég. Sillon entre les rangs de ceps. – Du lat. *ordo, ordinis,* « ordre ».

2. orne [ɔʀn] n. m. Rég. Frêne à fleurs (*Fraxinus ornus*). – Lat. *ornus.*

ornemaniste [ɔʀnəmanist] n. BX-A Artiste, ouvrier qui ne conçoit ou ne réalise que des ornements (architecture, ébénisterie). – De *ornement.*

ornement [ɔʀnəmɑ̃] n. m. **1.** Rare Action d'orner; son résultat. ▷ *D'ornement* : qui sert à orner. *Plantes d'ornement.* **2.** Élément ajouté qui sert à orner, à embellir. *Robe unie et sans ornements.* – *Spécial.* BX-A Élément décoratif (sculpture, moulure) ajouté à un ensemble. *Façade chargée d'ornements.* ▷ Fig., litt. *Être l'ornement de* : faire honneur, donner du lustre à. *Il était l'ornement des salons de la ville.* **3.** MUS Note ou groupe de notes d'agrément (souvent conventionnelles) ajoutées à une mélodie (V. appoggiature, gruppetto, mordant, trille). **4.** LITURG CATHOL (Surtout au plur.) Habits sacerdotaux des cérémonies du culte. – Lat. *ornamentum.*

ornemental, ale, aux [ɔʀnəmɑ̃tal, o] adj. **1.** Relatif à l'ornement, qui use d'ornements. *Style ornemental.* **2.** Qui sert à orner. *Plante ornementale.* Syn. décoratif. – De *ornement.*

ornementation [ɔʀnəmɑ̃tasjɔ̃] n. f. **1.** Art d'ornementer. *Un spécialiste de l'ornementation.* **2.** Disposition des ornements. *L'ornementation d'un chapiteau.* – De *ornement.*

ornementer [ɔʀnəmɑ̃te] v. tr. [1] Embellir par des ornements. – De *ornement.*

orner [ɔʀne] v. tr. [1] **1.** Embellir, décorer (qqch). – Pp. adj. Absol. *Lettres ornées,* enluminées. *Style orné,* très travaillé, qui use abondamment des figures de rhétorique. – Servir d'ornement à. *Des guirlandes ornaient les façades des maisons.* **2.** Fig., litt. Rendre plus agréable, donner plus d'éclat à. – Lat. *ornare.*

ornière [ɔʀnjɛʀ] n. f. **1.** Trace profonde creusée par des roues de voitures dans un chemin. *S'enfoncer dans une ornière.* ▷ Loc. fig. *Sortir de l'ornière :* se sortir d'une situation difficile. **2.** Fig. Voie toute tracée que l'on suit par routine. *L'ornière des préjugés.* – De l'a. fr. *orbière,* lat. pop. **orbitaria,* par crois. avec *orne* 2.

ornith(o)-. Élément, du gr. *ornis, ornithos,* «oiseau».

ornithogale [ɔʀnitɔgal] n. m. BOT Petite plante bulbeuse herbacée (genre *Ornithogalum,* fam. liliacées), à fleurs blanches, jaunes ou vertes. (*Ornithogalum umbellatum* est la *dame-d'onze-heures.*) – Gr. *ornithogalon,* propr. «lait d'oiseau», de *ornis, ornithos,* «oiseau», et *gala,* «lait».

ornithologie [ɔʀnitɔlɔʒi] n. f. Partie de la zoologie qui étudie les oiseaux. – De *ornitho -,* et *-logie.*

ornithologique [ɔʀnitɔlɔʒik] adj. Qui a rapport à l'ornithologie. *Recherches ornithologiques.* – De *ornithologie.*

ornithologiste [ɔʀnitɔlɔʒist] ou **ornithologue** [ɔʀnitɔlɔg] n. Spécialiste de l'étude des oiseaux. – De *ornithologie.*

ornithomancie [ɔʀnitomɑ̃si] n. f. ANTIQ Divination par le chant ou par le vol des oiseaux. – De *ornitho -,* et *-mancie.*

ornithopodes [ɔʀnitɔpɔd] n. m. pl. PALEONT Sous-ordre de dinosaures bipèdes herbivores, aux pieds courts munis de trois doigts, proches des kangourous. – Sing. *Un ornithopode.* – De *ornitho-,* et *-pode.*

ornithorynque [ɔʀnitɔʀɛ̃k] n. m. Mammifère ovipare d'Australie (ordre des monotrèmes), au bec corné aplati, aux pattes palmées, à la fourrure brune. – De *ornitho-,* et gr. *runkhos,* «bec».

ornithose [ɔʀnitoz] n. f. MED Infection pulmonaire aiguë d'origine virale, transmise par certains oiseaux (perroquets, notam.). – De *ornith(o)-,* et *-ose* 2.

oro-. Élément, du gr. *oros,* «montagne».

orobanche [ɔʀobɑ̃ʃ] n. f. BOT Plante dicotylédone herbacée dépourvue de chlorophylle, aux feuilles réduites à des écailles et aux fleurs de diverses couleurs, qui vit en parasite sur la racine des plantes légumineuses. – Lat. *orobanche,* du gr. *orobagkhê,* de *agkhein,* «étouffer».

orogenèse [ɔʀoʒənɛz] ou **orogénèse** [ɔʀoʒenɛz] n. f. GEOL Ensemble des phénomènes géologiques qui entraînent la formation des montagnes. – De *oro-,* et *-genèse.*

orogénie [ɔʀoʒeni] n. f. GEOL **1.** Étude de la formation des montagnes. **2.** Syn. de *orogenèse.* – De *oro-,* et *-génie.*

orogénique [ɔʀoʒenik] adj. GEOL Relatif à l'orogenèse ou à l'orogénie. – De *orogénie.*

orographie [ɔʀogʀafi] n. f. Didac. Étude descriptive du relief terrestre. ▷ *Par ext.* Système montagneux d'un pays, d'une région du monde. – De *oro-,* et *-graphie.*

orographique [ɔʀogʀafik] adj. Didac. Relatif à l'orographie. *Carte orographique.* – De *orographie.*

oronge [ɔʀɔ̃ʒ] n. f. Champignon comestible au chapeau rouge-orange, aux lamelles jaunes, appelé aussi *amanite des Césars (Amanita cæsarea).* ▷ *Fausse oronge* ou *amanite tue-mouches (Amanita muscaria) :* champignon toxique au chapeau rouge tacheté de blanc, aux lamelles blanches. – Provenç. *ouronjo,* var. de *auranja,* «orange».

orpaillage [ɔʀpajaʒ] n. m. TECH Travail de l'orpailleur. – De *orpailleur.*

orpailleur [ɔʀpajœʀ] n. m. TECH Ouvrier qui extrait, par lavage, les paillettes d'or des sables aurifères. ▷ *Par ext.* Chercheur d'or. – De l'a. fr. *harpailler,* «saisir», altér. d'ap. *or.*

orphelin, ine [ɔʀfəlɛ̃, in] n. et adj. Enfant qui a perdu son père et sa mère, ou l'un des deux. *Un orphelin de père. Défendre la veuve et l'orphelin.* ▷ adj. *Une jeune fille orpheline.* – A. fr. *orfenin,* lat. ecclés. *orphanus,* du gr. *orphanos.*

orphelinat [ɔʀfəlina] n. m. Établissement qui recueille des orphelins. – De *orphelin.*

orphéon [ɔʀfeɔ̃] n. m. **1.** Vx Instrument de musique à cordes et à clavier. **2.** Vx École, groupe de chant choral. ▷ Mod. Fanfare. *L'orphéon municipal.* – De *Orphée,* joueur de lyre de la myth. gr.

orphéoniste [ɔʀfeɔnist] n. Membre d'un orphéon. – De *orphéon.*

orphie [ɔʀfi] n. f. ICHTYOL Poisson des mers d'Europe *(Belone belone),* au long bec fin et denté, appelé également *bécassine, aiguille de mer, aiguillette.* – Gr. *orphos.*

orphique [ɔʀfik] adj. Didac. **1.** Qui a rapport à la tradition poétique et religieuse que les anciens Grecs faisaient remonter à Orphée. *Mystères, poèmes orphiques.* **2.** Relatif à l'orphisme; qui se rattache à l'orphisme. – Gr. *orphikos.*

orphisme [ɔʀfism] n. m. **1.** ANTIQ GR Courant théologique et philosophique qui se développa en Grèce du VIIe au IVe s. av. J.-C. (V. encycl.). **2.** PEINT Tendance picturale élaborée par R. Delaunay et fondée sur l'organisation harmonique des couleurs selon la loi des contrastes simultanés. – De *Orphée* (V. orphéon).

ENCYCL **Antiq.** – L'orphisme était un ensemble de doctrines sur les origines et la fin du monde (immortalité de l'âme et cycle des réincarnations). Il comprenait des rites mystiques. Ces conceptions nouvelles exercèrent une influence profonde, à la fois sur la religion gr. (d'où la vogue des «mystères») et sur le pythagorisme naissant.

orpiment [ɔʀpimɑ̃] n. m. TECH Sulfure d'arsenic de couleur jaune, utilisé en peinture et en pharmacie. Syn. orpin. – Du lat. *auripigmentum,* propr., «couleur d'or».

orpin [ɔʀpɛ̃] n. m. **1.** Syn. de *orpiment.* **2.** Plante (genre *Sedum,* fam. crassulacées) à fleurs blanches ou jaunes, aux feuilles charnues, qui croît sur les murs, les toits, etc. Syn. sedum. – Altér. de *orpiment* (sens 2, par analogie de couleur).

orque [ɔʀk] n. f. Cétacé odontocète (*Orcinus orca,* fam. delphinidés), long de 6 à 9 m, à aileron dorsal élevé, très vorace. Syn. épaulard. – Lat. *orca.*

orseille [ɔʀsɛj] n. f. BOT Nom cour. de divers lichens méditerranéens, qui fournissaient autrefois des colorants à l'industrie textile. – Colorant tiré de l'orseille. – Catalan *orxella.*

orteil [ɔʀtɛj] n. m. Doigt de pied. *Le gros orteil :* le pouce du pied. – A. fr. *arteil,* lat. *articulus,* dimin. de *artus,* «articulation».

orth(o)-. Élément, du gr. *orthos,* «droit», et, au fig., «correct».

orthèse [ɔʀtɛz] n. f. MED Appareil qui pallie une déficience corporelle de nature mécanique. *Les chaussures* *orthopédiques sont des orthèses.* – De *ortho(pédie)*, sur *prothèse.*

orthocentre [ɔʀtosɑ̃tʀ] n. m. GEOM Point de rencontre des hauteurs d'un triangle. – De *ortho-*, et *centre.*

orthochromatique [ɔʀtokʀɔmatik] adj. TECH Se dit d'une émulsion photographique sensible à toutes les couleurs sauf au rouge. – De *ortho-*, et *chromatique.*

orthodontie [ɔʀtodɔ̃ti] n. f. Partie de la dentisterie qui a pour objet le traitement des anomalies de position des dents. – De *orth(o)-*, et gr. *odous, odontos*, « dent ».

orthodontiste [ɔʀtodɔ̃tist] n. Praticien qui exerce l'orthodontie. – De *orthodontie.*

orthodoxe [ɔʀtɔdɔks] adj. et n. **1.** Conforme au dogme, à la doctrine d'une religion. *Doctrine orthodoxe.* Ant. hérétique. ▷ Se dit des Églises chrétiennes d'Orient qui n'admettent pas l'autorité de Rome (dont elles se sont séparées en 1054). *Églises orthodoxes grecque, russe.* ▷ Subst. *Les orthodoxes russes.* **2.** Conforme à une tradition, à une doctrine établies. ▷ Cour. (En phrase négative.) *Des conceptions peu orthodoxes*, originales, qui rompent avec la routine, le conformisme. – Péjor. *Des pratiques peu orthodoxes.* – Lat. ecclés. *orthodoxus*, du gr. *orthodoxeîn*, « penser juste », de *orthos*, « juste », et *doxa* « opinion ».

orthodoxie [ɔʀtɔdɔksi] n. f. **1.** Doctrine officiellement enseignée par une Église. **2.** *Par ext.* Ensemble des dogmes, principes établis. **3.** Caractère de ce qui est orthodoxe. *L'orthodoxie d'un essai théologique.* – *L'orthodoxie d'une théorie scientifique.* **4.** Ensemble des Églises orthodoxes. – De *orthodoxe.*

orthodromie [ɔʀtodʀɔmi] n. f. MAR, AVIAT Trajet le plus court reliant deux points de la surface de la Terre, arc de grand cercle passant par ces points. – Du gr. *orthodromeîn*, « courir en ligne droite ».

orthodromique [ɔʀtodʀɔmik] adj. MAR, AVIAT Relatif à l'orthodromie. *Route orthodromique et route loxodromique.* – De *orthodromie.*

orthogenèse [ɔʀtoʒənɛz] ou **orthogénèse** [ɔʀtoʒenɛz] n. f. BIOL Processus évolutif dans lequel une série de variations se produit dans le même sens à travers différentes espèces ou genres. – De *ortho-*, et *-genèse.*

orthogénie [ɔʀtoʒeni] n. f. MED Contrôle des naissances. – De *ortho-*, et *-génie.*

orthogonal, ale, aux [ɔʀtogɔnal, o] adj. GEOM Qui forme un angle droit; qui se fait à angle droit. *Plans orthogonaux*, qui se coupent à angle droit. – *Projection orthogonale*, obtenue au moyen des perpendiculaires abaissées des différents points d'une figure au plan de projection. – Du lat. *orthogonus*, d'orig. gr., « à angle droit ».

orthogonalement [ɔʀtogɔnalmɑ̃] adv. GEOM À angle droit, perpendiculairement. – De *orthogonal.*

orthographe [ɔʀtɔgʀaf] n. f. **1.** Ensemble des règles régissant l'écriture des mots d'une langue. *Réforme de l'orthographe.* ▷ Application effective de ces règles. *Avoir une bonne orthographe.* **2.** Manière correcte d'écrire un mot. *Pourriez-vous me rappeler l'orthographe de « rhododendron »?* **3.** Système orthographique propre à une époque. *L'orthographe du XVIe s.* – Lat. *orthographia*, mot gr., « écriture correcte ».

orthographier [ɔʀtɔgʀafje] v. tr. [2] Écrire (un mot, une phrase) selon les règles de l'orthographe. ▷ v. pron. *Tranquillité s'orthographie avec deux l.* – De *orthographe.*

orthographique [ɔʀtɔgʀafik] adj. Relatif à l'orthographe. – De *orthographe.*

orthonormé, ée [ɔʀtonɔʀme] adj. MATH *Base orthonormée* : base d'un espace vectoriel constituée de vecteurs unitaires orthogonaux deux à deux. – De *ortho-*, et *normé.*

orthopédie [ɔʀtɔpedi] n. f. **1.** Branche de la médecine qui étudie et traite les lésions congénitales ou acquises des os, des articulations, des muscles et des tendons. **2.** Cour. Orthopédie des membres inférieurs. – De *ortho-*, et gr. *pais, paidos*, « enfant »; sens 2 par rapprochement avec lat. *pes, pedis*, « pied ».

orthopédique [ɔʀtopedik] adj. Relatif à l'orthopédie. *Appareil orthopédique.* – De *orthopédie.*

orthopédiste [ɔʀtopedist] n. et adj. **1.** Praticien qui exerce l'orthopédie. – adj. *Chirurgien orthopédiste.* **2.** Personne qui fabrique ou qui vend des appareils orthopédiques. – De *orthopédie.*

orthophonie [ɔʀtofɔni] n. f. **1.** Prononciation sans défauts. **2.** MED Correction des troubles du langage parlé et écrit. – De *ortho-*, et *-phonie.*

orthophoniste [ɔʀtofɔnist] n. MED Spécialiste de l'orthophonie. – De *orthophonie.*

orthoptères [ɔʀtɔptɛʀ] n. m. pl. ENTOM Ordre d'insectes (sauterelles, criquets, etc.) dont les ailes postérieures, à plis droits, se replient, comme un éventail, sous les élytres. – Sing. *Un orthoptère.* – Lat. savant, de *ortho-*, et *-ptère.*

orthoptie [ɔʀtɔpsi] n. f. MED Rééducation de l'œil (atteint de strabisme, notam.). – De *orth(o)-*, et gr. *ôps*, « vision ».

orthoptiste [ɔʀtɔptist] n. Spécialiste de la rééducation de l'œil. – De *orthoptie.*

orthorhombique [ɔʀtoʀɔ̃bik] adj. MINER Se dit d'un cristal en forme de prisme droit à base en losange (ou en rectangle). – De *ortho-*, et *rhombe.*

orthoscopique [ɔʀtoskɔpik] adj. PHOTO *Objectif orthoscopique*, qui donne une image sans déformation. – De *ortho-*, et *-scopique.*

orthose [ɔʀtoz] n. m. MINER Feldspath potassique de couleur blanche, rouge ou rose, abondant dans les granites et les gneiss, et qui présente des clivages à angle droit. – Du gr. *orthos*, « droit ».

orthostatique [ɔʀtostatik] adj. MED Relatif à la station debout. – Qui se produit en station debout. *Hypotension orthostatique.* – De *ortho-*, et gr. *statos*, « qui est debout ».

orthosympathique [ɔʀtosɛ̃patik] adj. ANAT, PHYSIOL Syn. de *sympathique.* – De *ortho-*, et *sympathique.*

ortie [ɔʀti] n. f. **1.** Plante herbacée (genre *Urtica*, fam. urticacées) dont les feuilles dentées et les tiges sont couvertes de poils qui se cassent au toucher et libèrent un liquide irritant (acide formique). **2.** *Ortie blanche, ortie rouge* : noms cour. de lamiers. – Lat. *urtica.*

ortolan [ɔʀtɔlɑ̃] n. m. Bruant européen *(Emberiza hortulana)* à gorge jaune dont la chair est très estimée. – Mot provenç., du bas lat. *hortulanus*, « de jardin ».

orvale [ɔʀval] n. f. Sauge (*Salvia sclarea*) aux bractées violacées, appelée aussi *toute-bonne.* – P.-ê. altér. de *auris galli*, « oreille de coq ».

orvet [ɔʀvɛ] n. m. Reptile saurien *(Anguis fragilis)*, long de 30 à 50 cm, dépourvu de pattes, ovovivipare, appelé aussi *serpent de verre* à cause de la grande fragilité de sa queue. – De l'a. fr. *orb*, « aveugle », l'orvet passant pour être aveugle.

orviétan [ɔʀvjetɑ̃] n. m. **1.** Vx Médicament à base de simples. **2.** *Marchand d'orviétan* : charlatan, exploiteur de la crédulité publique. – Ital. *orvietano*, du nom d'*Orvieto*, v. d'Italie.

oryctérope [ɔʀikteʀɔp] n. m. ZOOL Mammifère des savanes africaines (genre *Orycteropus*, seul représentant de l'ordre des tubulidentés), long d'un mètre, muni d'un museau en forme de groin et de griffes puissantes, qui vit dans des terriers et se nourrit de termites et de fourmis. Syn. cochon de terre. – Du gr. *oruktêr, oruktêros,* «fouisseur», et *ôps,* «vue».

oryx [ɔʀiks] n. m. Antilope (genre *Oryx*) aux cornes fines très longues et à peine incurvées, qui vit en Afrique et en Arabie. – Mot lat., du gr. *orux.*

os [ɔs, plur. o] n. m. **1.** Élément dur et calcifié du corps de l'homme et des vertébrés servant à soutenir les parties du corps entre elles, et dont l'ensemble constitue le squelette. ▷ Loc. fig., fam *En chair et en os* : en personne. – *Donner un os à ronger à qqn,* lui accorder un petit avantage pour tromper son impatience ou son avidité. – *Il y laissera ses os* : il s'engage dans une aventure qui fera sa perte. – *Jusqu'aux os, jusqu'à la moelle des os* : entièrement, complètement. – *N'avoir que les os et la peau, n'avoir que la peau sur les os* : être très maigre. – *Ne pas faire de vieux os* : mourir jeune. ▷ Loc. fig., pop. *Tomber sur un os* : rencontrer une difficulté, un obstacle. **2.** (Plur.) Ossements, restes d'un être vivant après sa mort. **3.** *Os de seiche* : coquille interne de la seiche. – Lat. *os, ossis.*

ENCYCL **Anat. et physiol.** – Les os sont constitués de tissu spongieux engainé à sa périphérie par du tissu compact. Durs, rigides et calcifiés, ils assument plusieurs fonctions : soutien, protection, point d'insertion des muscles, réservoir des sels minéraux de l'organisme, hématopoïèse dans la moelle osseuse. Les os qui constituent le squelette humain sont au nombre de 208. On distingue trois catégories d'os : les *os longs,* dont la longueur prédomine sur les deux autres dimensions et qui possèdent un corps, la diaphyse, et deux extrémités renflées, les épiphyses ; les *os plats,* dont la longueur et la largeur prédominent sur l'épaisseur et qui présentent deux faces et des bords ; les *os courts,* dont les trois dimensions sont à peu près égales. La surface des os présente des saillies, ou apophyses, des dépressions, éminences ou cavités, ainsi que de nombreux orifices qui donnent passage aux vaisseaux nourriciers de l'os. Les os ont pour origine une ébauche cartilagineuse dans laquelle apparaissent des points d'ossification. La substance osseuse comprend des ostéocytes, ou cellules osseuses, et leurs précurseurs, les ostéoblastes, autour du canal. La moelle osseuse se présente sous trois aspects : moelle rouge, hématopoïétique ; moelle jaune, envahie par les cellules graisseuses ; moelle grise, entièrement graisseuse et inactive. La moelle rouge, active, est surtout abondante dans les os plats.

Os CHIM Symbole de l'osmium.

O.S. Abrév. de *ouvrier, ouvrière spécialisé(e).*

osamine [ozamin] n. f. BIOCHIM Dérivé aminé d'un ose. – De *ose,* et *amine.*

oscabrion [ɔskabʀijɔ̃] n. m. Syn. de *chiton* (sens 2).

oscar [ɔskaʀ] n. m. Récompense, matérialisée par une statuette, décernée chaque année aux É.-U. à un film (pour son scénario, sa mise en scène, son interprétation, sa musique, etc.) par l'Académie des arts et sciences du cinéma. – Cette statuette. ▷ Par ext. *L'oscar de la publicité, de la chanson.* – Du prénom *Oscar,* surnom plaisant de la statuette.

oscillaire [ɔsilɛʀ] n. f. BOT Algue bleue (genre *Oscillaria*) dont le thalle est constitué de filaments microscopiques qui oscillent continuellement. – Lat. bot. *oscillaria.*

oscillant, ante [ɔsilɑ̃, ɑ̃t] adj. **1.** Qui oscille. *Pendule oscillant.* ▷ PHYS Qui change périodiquement de sens. ▷ ELECTR *Circuit oscillant,* qui comprend une inductance et un condensateur associés en série ou en parallèle. **2.** Fig. Qui varie. *Actions et obligations oscillantes.* – Ppr. de *osciller.*

oscillateur [ɔsilatœʀ] n. m. **1.** PHYS Dispositif générant des oscillations électriques, lumineuses, mécaniques ou sonores. **2.** TELECOM Appareil servant à produire des signaux sinusoïdaux de fréquence déterminée. – De *osciller.*

oscillation [ɔsilasjɔ̃] n. f. **1.** Mouvement d'un corps qui oscille. ▷ Mouvement de va-et-vient ne s'effectuant pas toujours entre les mêmes limites. **2.** PHYS Mouvement d'un point ou d'un système de part et d'autre d'une position d'équilibre ; variation périodique d'une grandeur. **3.** Fig. Fluctuation. *Oscillations des cours de la Bourse.* – Lat. *oscillatio.*

oscillatoire [ɔsilatwaʀ] adj. PHYS Caractérisé par des oscillations. *Mouvement oscillatoire.* – Lat. scientif. *oscillatorius,* de *oscillare,* «se balancer».

osciller [ɔscije ; ɔsile] v. intr. [1] **1.** Se mouvoir alternativement en deux sens contraires autour d'un point fixe. *Le pendule oscille.* **2.** Fig. Hésiter. – Lat. *oscillare,* de *oscillum,* «balançoire».

oscillogramme [ɔsilɔgʀam] n. m. PHYS Courbe obtenue à l'aide d'un oscillographe. – De *osciller,* et *-gramme.*

oscillographe [ɔsilɔgʀaf] n. m. **1.** PHYS Appareil permettant de tracer sur un écran ou d'enregistrer la courbe qui représente les variations d'une tension électrique en fonction du temps. **2.** MAR Instrument servant à étudier, sur un navire, les effets du roulis et de la houle. – De *osciller,* et *-graphe.*

oscillomètre [ɔsilɔmɛtʀ] n. m. MED Appareil permettant de mesurer la pression artérielle. – De *osciller,* et *-mètre.*

oscilloscope [ɔsilɔskɔp] n. m. ELECTR Oscillographe à écran cathodique. – De *osciller,* et *-scope.*

osculateur, trice [ɔskylatœʀ, tʀis] adj. GEOM Se dit d'une ligne, d'une surface qui présente un contact d'ordre supérieur ou égal à 3 avec une autre ligne, une autre surface. – De *osculation.*

osculation [ɔskylasjɔ̃] n. f. GEOM Contact propre aux lignes et aux surfaces osculatrices. – Lat. *osculatio,* de *osculari,* «baiser».

oscule [ɔskyl] n. m. ZOOL Grand orifice à la surface des éponges, par lequel l'eau absorbée par les pores est rejetée. – Lat. *osculum,* «petite bouche».

1. -ose. Suffixe, tiré de *(gluc)ose,* servant à former les noms des glucides.

2. -ose. Suffixe, du gr. *-ôsis,* désignant des maladies non inflammatoires (*psychose, avitaminose,* etc.).

ose [oz] n. m. BIOCHIM Sucre simple non hydrolysable contenant plusieurs fonctions alcool et une fonction réductrice. V. encycl. glucide. – De *-ose* 1, substantivé.

osé, ée [oze] adj. **1.** Audacieux. *Entreprise osée.* Syn. hardi, téméraire. **2.** Scabreux, licencieux. *Plaisanterie osée.* – Pp. de *oser.*

oseille [ozɛj] n. f. **1.** Plante potagère (genre *Rumex,* fam. polygonacées) cultivée pour ses feuilles à la saveur acide. ▷ *Sel d'oseille* : oxalate acide de potassium, autref. extrait de l'oseille, utilisé pour enlever les taches de rouille. **2.** Arg. Argent (sens 2). *Avoir de l'oseille.* – Du bas lat. *acidula,* de *acidus,* «acide», d'ap. *oxalis,* «oseille».

oser [oze] v. tr. [1] **1.** Entreprendre hardiment. *Homme à tout oser.* Syn. risquer, tenter. **2.** (Suivi d'un inf.) Avoir l'audace, le courage de. *Oseriez-vous l'affirmer ?* – (Sens atténué.) *Personne n'ose lui apprendre la nouvelle.* ▷ Se permettre de. *Si j'ose dire.* – Lat. pop. *ausare,* class. *audere,* d'ap. le pp. *ausus.*

oseraie [ozʀɛ] n. f. Lieu planté d'osiers. – De *osier.*

osidase [ozidaz] n. f. BIOCHIM Enzyme du groupe des hydrolases qui catalyse la rupture de la liaison osidique des glucides. – De *oside*, et *-ase*.

oside [ozid] n. m. BIOCHIM Composé donnant par hydrolyse un ou plusieurs oses. – De *ose*, et *-ide*.

osidique [ozidik] adj. BIOCHIM Relatif aux osides. ▷ *Liaison osidique* : liaison chimique établie entre un ose et un composé hydroxyle. – De *oside*.

osier [ozje] n. m. **1.** Nom cour. de divers saules dont les plus répandus sont le saule blanc (*Salix alba*) et le saule viminal (*Salix viminalis*), utilisés en vannerie. **2.** Rameau flexible de ces arbres, employé en vannerie et pour la fabrication de liens. *Panier d'osier.* – Bas lat. *auserai.*

osiériculture [ozjeʀikyltyʀ] n. f. TECH Culture de l'osier. – De *osier*, et *culture*.

osmie [ɔsmi] n. f. ZOOL Abeille solitaire (genre *Osmia*) nommée cour. *abeille maçonne* parce qu'elle construit des cellules de mortier dans les trous des murs. – Du gr. *osmê*, « odeur ».

osmium [ɔsmjɔm] n. m. CHIM Élément métallique de numéro atomique Z = 76, de masse atomique 190,2 (symbole Os). – Métal (Os) de couleur gris-bleu, de densité 22,57, qui fond vers 3 045 °C et bout vers 5 027 °C. – Du gr. *osmê*, « odeur », à cause de l'odeur de l'oxyde OsO_4 du métal.

osmole [ɔsmɔl] n. f. BIOCHIM Unité de mesure du nombre de particules actives sur le plan osmotique dans une solution, correspondant à un nombre de particules égal au nombre d'Avogadro. – De *os(mose)*, et *mole*.

osmomètre [ɔsmomɛtʀ] n. m. PHYS Appareil servant à mesurer la pression osmotique. – De *osmo(se)*, et *-mètre*.

osmonde [ɔsmɔ̃d] n. f. BOT Grande fougère de nos forêts (*Osmunda regalis*), appelée aussi *fougère aquatique*. – Mot du Nord.

osmose [ɔsmoz] n. f. **1.** CHIM, PHYS, BIOL Diffusion entre deux fluides séparés par des parois semi-perméables. **2.** Fig. Influence mutuelle, interpénétration profonde, intime. – Du gr. *ôsmos*, « poussée, impulsion ».
ENCYCL Lorsque deux solutions ayant des concentrations différentes sont séparées par une paroi semi-perméable, la solution la moins concentrée traverse la paroi jusqu'à ce que la pression exercée sur la solution la plus concentrée atteigne une valeur appelée *pression osmotique*. Inversement, si l'on exerce une pression sur la solution la plus concentrée, sa concentration va augmenter (osmose inverse). Ce procédé est utilisé pour le dessalement de l'eau de mer. Les phénomènes d'osmose jouent un très grand rôle chez les êtres vivants, notam. au niveau de la membrane cellulaire.

osmotique [ɔsmɔtik] adj. Relatif à l'osmose. – De *osmose*.

osque [ɔsk] adj. et n. **1.** adj. Relatif aux Osques, anc. population de l'Italie. **2.** n. m. *L'osque* : le parler osque, voisin du latin. – Lat. *osci*, sing. *oscus*.

ossature [ɔsatyʀ] n. f. **1.** Ensemble des os constitutifs du corps humain. *Ossature puissante.* Syn. squelette. **2.** Assemblage régulier d'éléments, qui soutient un ouvrage et en assure la rigidité. *Ossature métallique, en béton d'un bâtiment.* Syn. charpente, armature, structure. – Fig. *Ossature d'une tragédie.* – De *os*.

osséine [ɔsein] n. f. BIOCHIM Protéine constitutive de la substance osseuse. – De *os*, et *-ine*.

osselet [ɔslɛ] n. m. **1.** Petit os. *Osselets de l'oreille.* **2.** Chacun des petits os tirés de la jointure du gigot de mouton (*ou* : petit élément de métal, de matière plastique, etc., moulé à la forme d'un osselet), que les enfants jouent à lancer et à rattraper sur le dos de la main. – (Plur.) Ce jeu. *Une partie d'osselets.* **3.** VETER Tumeur osseuse du boulet, chez le cheval. – Dimin. de l'a. fr. *ossel*, « os ».

ossements [ɔsmɑ̃] n. m. pl. Os décharnés et desséchés d'hommes ou d'animaux morts. – Lat. ecclés. *ossamentum*, du lat. *os*, *ossis*, « os ».

osseux, euse [ɔsø, øz] adj. **1.** Relatif aux os. *Système osseux.* – De la nature des os. *Substance osseuse* – Qui a des os. *Poissons osseux.* **2.** Dont les os sont gros ou saillants. *Main osseuse.* – De *os*.

ossianique [ɔsjanik] adj. Relatif à Ossian ; qui ressemble aux poésies attribuées à Ossian. – De *Ossian*, barde écossais légendaire du IIIe s.

ossification [ɔsifikasjɔ̃] n. f. PHYSIOL Formation du tissu osseux par élaboration et minéralisation de la substance fondamentale de l'os. – *Ossification fibreuse*, par laquelle l'os augmente en épaisseur et qui se fait à partir de la face profonde du périoste, sans ébauche cartilagineuse intermédiaire. – *Ossification enchondrale*, par laquelle l'os augmente en longueur et qui se fait par l'intermédiaire des cartilages de conjugaison. – De *ossifier*.

ossifier [ɔsifje] v. tr. [2] Changer en os, en tissu osseux (les parties membraneuses et cartilagineuses). ▷ v. pron. Devenir osseux. – De *os*, et *-fier*.

osso buco ou **ossobuco** [ɔsobuko] n. m. Jarret de veau avec son os, cuit à l'étouffée, avec des tomates et divers aromates. *Des osso buco* ou *des ossobucos.* – Mot ital., propr. « os à trou ».

ossu, ue [ɔsy] adj. Rare Qui a de gros os. – De *os*.

ossuaire [ɔsɥɛʀ] n. m. Lieu où l'on dépose les ossements extraits de cimetières désaffectés, ou provenant de cadavres recueillis sur un champ de bataille. *L'ossuaire de Douaumont.* – Lat. *ossuarium*, « urne funéraire ».

ost [ɔst] n. m. **1.** Vx Armée. *L'ost des Sarrasins.* **2.** FEOD Service militaire dû par le vassal à son seigneur. – Lat. *hostis*, « ennemi », puis « armée ».

osté(o)-. Préfixe, du gr. *osteon*, « os ».

ostéalgie [ɔstealʒi] n. f. MED Douleur osseuse aiguë. – De *osté(o)-*, et *-algie*.

ostéichthyens [ɔsteiktjɛ̃] n. m. pl. ICHTYOL Classe de poissons à squelette ossifié, dits aussi *poissons osseux.* – Sing. *Un ostéichthyen.* – De *osté(o)-*, et gr. *ichthus*, « poisson ».

ostéite [ɔsteit] n. f. MED Affection inflammatoire du tissu osseux. – De *osté(o)-*, et *-ite* 1.

ostensible [ɔstɑ̃sibl] adj. **1.** Vx Qui peut être montré. **2.** Qu'on affiche, qu'on laisse voir à dessein. *Mépris ostensible.* – Du lat. *ostensus*, pp. de *ostendere*, « montrer », de *obs*, « devant », et *tendere*, « tendre ».

ostensiblement [ɔstɑ̃sibləmɑ̃] adv. De façon ostensible, sans se cacher. *Agir ostensiblement.* Ant. subrepticement. – De *ostensible*.

ostensoir [ɔstɑ̃swaʀ] n. m. LITURG Dans la religion cathol., support d'or ou d'argent servant à exposer l'hostie consacrée à l'adoration des fidèles. – Du lat. *ostensus*, pp. de *ostendere*, « montrer ».

ostentation [ɔstɑ̃tasjɔ̃] n. f. Insistance excessive pour montrer une qualité, un avantage. *Être généreux avec ostentation.* – Lat. *ostentatio*.

ostentatoire [ɔstɑ̃tatwaʀ] adj. Qui témoigne de l'ostentation. – Du lat. *ostentatum*, pp. de *ostantare*, « présenter avec insistance ».

ostéo-. V. osté(o)-.

ostéoblaste [ɔsteoblast] n. m. BIOL Cellule indispensable au processus d'ossification, qui élabore les fibres collagènes et l'osséine, en se transformant en ostéocyte. – De *ostéo-*, et *-blaste*.

ostéochondrite [ɔsteokɔ̃dʀit] n. f. MED Inflammation de l'os encore partiellement cartilagineux, chez l'enfant. ▷ Inflammation affectant à la fois l'os et le cartilage articulaire. – De *ostéo-*, et gr. *khondros*, « cartilage ».

ostéocyte [ɔsteosit] n. m. ANAT Cellule osseuse définitive. V. ostéoblaste. – De *ostéo-*, et *-cyte*.

ostéogenèse [ɔsteoʒənɛz] n. f. BIOL Syn. de *ossification*. – De *ostéo-*, et *-genèse*.

ostéologie [ɔsteolɔʒi] n. f. Didac. Partie de l'anatomie qui étudie les os. – Gr. *osteologia*.

ostéomalacie [ɔsteomalasi] n. f. MED Affection caractérisée par un ramollissement général du squelette, et due, soit à une carence en calcium et en phosphore, soit à une carence en vitamine D_2. *Ostéomalacie de l'enfant, ou rachitisme*. – De *ostéo-*, et gr. *malakia*, « mollesse ».

ostéomyélite [ɔsteomjelit] n. f. MED Inflammation simultanée de l'os et de la moelle osseuse, aiguë ou chronique, due à un staphylocoque et observée le plus souvent chez l'adolescent. – De *ostéo-*, et *myélite*.

ostéopathe [ɔsteɔpat] n. Personne qui pratique l'ostéopathie (sens 2). – De l'angl. *osteopath*.

ostéopathie [ɔsteɔpati] n. f. **1.** Nom générique des maladies des os. **2.** Méthode thérapeutique qui accorde une place prépondérante aux manipulations vertébrales et articulaires. – De *ostéo-*, et *-pathie*.

ostéophyte [ɔsteofit] n. m. MED Production osseuse pathologique, née du périoste dans le voisinage d'une articulation malade ou d'une zone d'ostéite chronique. – De *ostéo-*, et *-phyte*.

ostéoplastie [ɔsteoplasti] n. f. CHIR Restauration chirurgicale d'un os. – De *ostéo-*, et *-plastie*.

ostéoporose [ɔsteopɔʀoz] n. f. MED Raréfaction pathologique du tissu osseux. – De *ostéo-*, et gr. *poros*, « passage ».

ostéosarcome [ɔsteosaʀkom] n. m. MED Tumeur maligne primitive des os. – De *ostéo-*, et *sarcome*.

ostéosynthèse [ɔsteosɛ̃tɛz] n. f. CHIR Réunion de deux segments d'os fracturés à l'aide de matériaux étrangers (clou, plaque, vis, fixateur externe, etc.). – De *ostéo-*, et *synthèse*.

ostéotomie [ɔsteotɔmi] n. f. CHIR Résection partielle ou complète d'un os dans un but thérapeutique. – De *ostéo-*, et *-tomie*.

ostiak [ɔstjak] adj. et n. **1.** Relatif aux Ostiaks, peuple de Sibérie occid. établi entre l'Ob moyen et l'Oural. ▷ Subst. *Un(e) Ostiak*. **2.** n. m. *L'ostiak* : la langue finno-ougrienne de ce peuple. – Mot indigène.

ostinato [ɔstinato] adv. MUS Se dit d'un motif rythmique ou mélodique répété avec obstination. – Mot ital.

ostiole [ɔstjɔl] n. m. BIOL Petit orifice. ▷ BOT Petit orifice par lequel s'effectuent les échanges gazeux de la feuille. – Lat. *ostiolum*, dimin. de *ostium*, « ouverture ».

ostpolitik [ɔstpɔlitik] n. f. Politique d'un pays vis-à-vis des pays de l'Europe de l'Est. – Mot all., de *Ost*, « est », et *Politik*, « politique ».

ostracé, ée [ɔstʀase] adj. ZOOL Qui est de la nature des coquillages, ou qui en présente l'aspect. – Gr. *ostrakon*, « coquille ».

ostracisme [ɔstʀasism] n. m. **1.** ANTIQ GR À Athènes, au Ve s. av. J.-C., procédure d'exclusion temporaire à l'égard d'un citoyen jugé dangereux pour la démocratie. **2.** Exclusion d'une personne décidée par un groupe, une collectivité. ▷ Attitude de réserve et d'hostilité plus ou moins larvée qu'un groupe, une société manifeste à l'égard de qqn. – Gr. *ostrakismos*, de *ostrakon*, « coquille » (les sentences étaient notées sur un morceau de poterie appelé *ostrakon*).

ostracodes [ɔstʀakɔd] n. m. pl. ZOOL Sous-classe de crustacés de petite taille, à carapace bivalve, comprenant de nombreuses espèces. – Sing. *Un ostracode*. – Du gr. *ostrakodês*, « qui ressemble à une coquille ».

ostréi-. Élément, du lat. *ostrea*, gr. *ostreon*, « huître ».

ostréicole [ɔstʀeikɔl] adj. Relatif à l'ostréiculture. – Du gr. *ostreon*, « huître », d'après *agricole*.

ostréiculteur, trice [ɔstʀeikyltœʀ, tʀis] n. Personne qui élève des huîtres. – Du gr. *ostreon*, « huître », d'après *agriculteur*.

ostréiculture [ɔstʀeikyltyʀ] n. f. Élevage des huîtres. – Gr. *ostreon*, « huître », et *culture*.

ostréidés [ɔstʀeide] n. m. pl. ZOOL Famille de mollusques lamellibranches comprenant les huîtres. – Sing. *Un ostréidé*. – Du gr. *ostreon*, « huître », et *-idé*.

ostrogoth, gothe ou **ostrogot, gote** [ɔstʀɔgo, got] adj. et n. **1.** adj. Relatif aux Ostrogoths. ▷ Subst. *Un(e) Ostrogoth(e)*. **2.** n. Fam., péjor. Rustaud, malappris. – *Par ext.* Individu bizarre, singulier. *Un drôle d'ostrogoth*. – Bas lat. *Ostrogothus*, « Ostrogoth », n. d'un peuple germain, du germ. *ost*, « est », et *goth*.

otage [ɔtaʒ] n. m. Personne remise en garantie de l'exécution d'une convention. ▷ Personne que l'on arrête ou que l'on enlève et que l'on retient pour se garantir contre d'éventuelles représailles, ou pour obtenir ce que l'on exige. *Prise d'otages*. – Du lat. *hospes*, « hôte », les otages étant autref. logés chez le souverain.

otalgie [ɔtalʒi] n. f. MED Douleur localisée à l'oreille. – Gr. *ôtalgia*, de *oûs*, *ôtos*, « oreille », et *algos*, « souffrance ».

otarie [ɔtaʀi] n. f. Mammifère marin du Pacifique et des mers australes, voisin du phoque mais qui s'en distingue par des oreilles externes pourvues d'un pavillon, et par des membres postérieurs dirigés vers l'avant. *Les principales espèces d'otaries sont l'otarie de Californie (genre* Zalophus*), dressée dans les cirques, l'otarie de Steller* (Eumetopias)*, du Pacifique Nord, et l'ours de mer* (Callorhinus) *des îles Pribilof, dans la mer de Béring, chassé pour sa fourrure laineuse*. – Du gr. *ôtarion*, « petite oreille ».

ôter [ote] v. [1] **I.** v. tr. **1.** Enlever (d'un endroit). *Ôtez cette table de là*. – (En parlant de vêtements.) Enlever, quitter. *Ôter son manteau*. **2.** Enlever, prendre, ravir (à qqn). *Ôter la vie, l'honneur*. ▷ Fig. *Ôter le pain de la bouche à qqn*, lui enlever ce qui lui est nécessaire pour subsister. **3.** Retrancher, soustraire. – Pp. *Deux ôté de trois, reste un*. **4.** Enlever en séparant. *Ôter un nom d'une liste*. **5.** Faire disparaître. *Frottez fort pour ôter la saleté*. **II.** v. pron. Se retirer, s'éloigner. – Fam. *Ôte-toi de là !* – Du lat. *obstare*, « faire obstacle », bas lat. « enlever ».

oti-, oto-. Éléments, du gr. *oûs*, *ôtos*, « oreille ».

otique [ɔtik] adj. ANAT Qui appartient à l'oreille. – Gr. *ôtikos*.

otite [ɔtit] n. f. Inflammation de l'oreille. – Du gr. *oûs*, *ôtos*, « oreille », et *-ite* 1.

otocyon [ɔtosjɔ̃] n. m. Canidé d'Afrique du S. (*Otocyon megalotis*), aux grandes oreilles. – De *oto-*, et gr. *kuôn*, « chien ».

otocyste [ɔtosist] n. m. ZOOL Vésicule auditive de certains invertébrés. – De *oto-*, et *-cyste*.

otolithe [ɔtolit] n. m. ou f. **1.** ZOOL Concrétion minérale de l'otocyste qui sert à communiquer les vibrations sonores. **2.** ANAT Concrétion calcaire de l'oreille interne, qui joue un rôle dans l'équilibration. – De *oto-*, et *-lithe*.

otologie [ɔtolɔʒi] n. f. Didac. Branche de la médecine qui étudie l'oreille et ses maladies. – De *oto-*, et *-logie*.

oto-rhino-laryngologie [otoʀinolaʀɛ̃gɔlɔʒi] n. f. Branche de la médecine qui traite des maladies des oreilles, de la gorge et du nez. (Abrév. : O.R.L.)– De *oto-*, *rhino-*, et *laryngologie*.

oto-rhino-laryngologiste [otoʀinolaʀɛ̃gɔlɔʒist] n. Médecin spécialiste d'oto-rhino-laryngologie. (Abrév. : O.R.L. ; cour. otorhino). – De *oto-rhino-laryngologie*.

otoscope [ɔtoskɔp] n. m. MED Instrument optique permettant l'examen du conduit auditif externe et du tympan. – De *oto-*, et *-scope*.

otospongiose [ɔtospɔ̃ʒjoz] n. f. MED Ankylose des articulations réunissant les petits os de l'oreille moyenne, qui provoque une surdité de transmission. – De *oto-*, *spongi(eux)*, et *-ose* 2.

ottoman, ane [ɔtɔmɑ̃, an] adj. et n. **I.** adj. HIST Qui concerne la Turquie, la dynastie fondée par Othman (Osman) ou Uthmān Ier Gazi. *Le dernier sultan ottoman fut renversé par Mustafa Kemal en 1922. L'Empire ottoman.* **II. 1.** n. HIST Habitant de la Turquie des sultans. *Les Ottomans.* **2.** n. m. Étoffe à grosses côtes, de soie et coton. **3.** n. f. Long canapé à dossier enveloppant. – Du n. de *Othman* Ier (v. 1280-1326), fondateur d'une dynastie qui régna sur la Turquie de 1259 à 1922.

ou [u] conj. de coord. **1.** (Marquant l'alternative.) *L'un ou l'autre. Oui ou non.* - *Ou..., ou... Ou il part, ou il reste. Choisissez : ou lui, ou moi.* **2.** (Marquant l'équivalence.) Autrement dit, en d'autres termes. *Le lynx ou loup-cervier.* (N.B. Dans une proposition négative, on emploie *ni*.) **3.** (Marquant l'évaluation.) *Il pouvait être trois ou quatre heures.* (N.B. Quand *ou* exprime une exclusion, le verbe, l'adj. ou le participe qui suit est sing., sinon il est plur.)– Lat. *aut.*

où [u] pron., adv. relat. et adv. interrog. **I.** pron., adv. relat. **1.** pron., adv. relat., loc. adv. relat. (Sens spatial.) Dans lequel, dans laquelle. *La maison où il habite. Voilà où il vit.* - Vers lequel, vers laquelle. *La ville où je vais.* - Duquel, de laquelle. *La maison d'où il sort.* - Par lequel, par laquelle. *Le chemin par où je suis passé.* **2.** pron., adv. relat. (Sens temporel.) Pendant lequel. *Le moment où je parle.* **II.** adv. **1.** adv., loc. adv. (Sens spatial.) À l'endroit où. *Je vais où il fera beau. On ne voit rien d'où je suis placé.* - Fig. *Où il se trompe, c'est quand il prétend que ...* ▷ (Dans le titre d'un chapitre.) *Où notre héros prend des risques.* **2.** Loc. adv. *Où que* : en quelque lieu que. *Où qu'il aille.* **3.** Loc. adv. *D'où.* (Marquant la conséquence.) *D'où je conclus que...* **III.** adv. et loc. adv. interrog. En, vers quel lieu ? *Où es-tu ? Par où passer ?* – Lat. *ubi.*

ouaille [waj] n. f. **1.** Vx Brebis. **2.** (Surtout au plur.) Chrétien, par rapport à son pasteur. *Le curé et ses ouailles.* – A. fr. *œille*, « brebis », du bas lat. *ovicula*, de *ovis*, « brebis ».

ouais ! [wɛ] interj. Fam. Oui (avec l'idée de surprise ou d'ironie). – Altér. de *oui.*

ouate [wat] n. f. **1.** Textile spécialement préparé et cardé pour garnir des doublures, servir de bourre, etc. **2.** Coton soyeux cardé fin et destiné aux soins d'hygiène, de chirurgie, etc. *De l'ouate* ou *de la ouate.* – P.-ê. de l'ar., par l'ital. *ovatta.*

ouaté, ée [wate] adj. Garni d'ouate. ▷ Fig. Feutré, étouffé, doux. *Un son ouaté.* – Pp. de *ouater.*

ouater [wate] v. tr. [1] Garnir d'ouate. – De *ouate.*

ouatine [watin] n. f. Étoffe ayant l'apparence de l'ouate, utilisée pour faire des doublures. – De *ouate.*

ouatiné, ée [watine] adj. Doublé de ouatine. ▷ Fig. Doux. – Pp. de *ouatiner.*

ouatiner [watine] v. tr. [1] Doubler de ouatine. – De *ouatine.*

oubli [ubli] n. m. **1.** Défaillance momentanée ou permanente de la mémoire ; fait d'oublier. *Avoir un (des) oubli(s)*, un (des) moment(s) de distraction. *Un oubli fâcheux. Tirer un artiste de l'oubli*, lui rendre la notoriété. **2.** Manquement à ses obligations, à ses devoirs. *Oubli du respect dû à soi-même.* **3.** Désintéressement. *L'oubli des choses terrestres.* - *Oubli de soi-même* : abnégation. ▷ *Oubli des injures* : pardon des injures. – Déverbal de *oublier.*

oubliable [ublijabl] adj. Rare Que l'on peut facilement oublier. – De *oublier.*

oublie [ubli] n. f. Vieilli Pâtisserie très mince roulée en cornet. – Du lat. ecclés. *oblata*, « hostie », de *oblatus*, « offert ».

oublier [ublije] v. [2] **I.** v. tr. **1.** Perdre le souvenir de (qqch, qqn). *Oublier sa leçon.* **2.** Ne plus vouloir se souvenir de (qqch). *Oublier une injure.* **3.** Négliger. *Oublier ses devoirs.* **4.** Laisser par inadvertance. *Oublier ses clefs.* **5.** Omettre par inattention. *Oublier un nom sur une liste.* ▷ *Oublier l'heure* : laisser passer le moment où l'on avait qqch à faire. **6.** Refuser de prendre en considération. *Vous oubliez qui je suis.* **II.** v. pron. **1.** (Passif) Sortir de la mémoire. *Les détails s'oublient.* **2.** Manquer à ce qu'on doit aux autres, à soi-même. *Il s'est oublié jusqu'à l'injurier.* **3.** Par euph. *Le chien s'est oublié sur le tapis*, il y a fait ses besoins. – Du lat. pop. **oblitare*, de *oblitus*, pp. de *oblivisci*, « ne plus penser à ».

oubliette [ublijɛt] n. f. (Surtout au plur.) Cachot souterrain. - Fig., fam. *Jeter aux oubliettes* : laisser complètement de côté. *Un projet tombé aux oubliettes.* – De *oublier.*

oublieux, euse [ublijø, øz] adj. Sujet à oublier. - *Oublieux des bienfaits* : ingrat. – De *oublier.*

ouche [uʃ] n. f. Dial. Pièce de bonne terre proche de la maison, généralement cultivée en jardin. – Bas lat. d'orig. gaul. *olca*, « terre labourable ».

oued, plur. **oueds** ou rare **ouadi** [wɛd, wadi] n. m. Cours d'eau saisonnier des régions arides d'Afrique du Nord. – Mot. ar., « cours d'eau ».

ouest [wɛst] n. m. et adj. inv. **I.** n. m. **1.** Point cardinal qui est au soleil couchant, à l'opposé de l'est. *Le vent souffle de l'ouest.* **2.** (Avec majuscule.) Partie d'une région, d'un pays, d'un continent située à l'ouest. *Les provinces de l'Ouest.* ▷ Absol. *L'Ouest* : l'Europe occidentale et l'Amérique du Nord (par oppos. aux pays de *l'Europe de l'Est* et aux pays de *l'ex-U.R.S.S.*). **II.** adj. inv. Situé à l'ouest. *La côte ouest.* – De l'angl. *west.*

ouest-allemand, ande [wɛstalmɑ̃, ɑ̃d] adj. De l'Allemagne de l'Ouest (République fédérale d'Allemagne). *Le chancelier ouest-allemand.* – De *Ouest*, et *allemand*, calque de l'angl. *west german.*

ouf ! [uf] interj. Onomatopée exprimant le soulagement.

ougandais, aise [ugɑ̃dɛ, ɛz] adj. et n. D'Ouganda, État continental d'Afrique orientale. ▷ Subst. *Un(e) Ougandais(e).*

ougrien, enne [ugʀijɛ̃, ɛn] adj. *Les langues ougriennes* : sous-groupe de la famille finno-ougrienne (V. ce mot), qui comprend deux parlers sibériens, l'ostiak et le vogoule. – *De Ougre*, n. de peuple (V. hongrois).

oui [wi] adv. et n. m. inv. **I.** adv. Particule affirmative inv. **1.** *« Oui, je viens dans Son temple adorer l'Éternel » (Racine).* - *Vient-il avec nous ?* - *Oui !* **2.** (En association avec un adv. ou une interj. marquant l'insistance.) *Oui certes ! Oui vraiment ! Mais oui !* **3.** (Avec une valeur interrogative.) *C'est bien ici, oui ?* **II.** n. m. inv. *Le oui et le non.* - Loc. *Pour un oui pour un non* : sans motifs sérieux. – Du lat. *hoc*, a. fr. *o*, renforcé par le pron. pers. *il.* (V. oc.)

ouï-dire [widiʀ] n. m. inv. Ce que l'on ne sait que par le rapport d'autrui, par la rumeur publique. *Apprendre par ouï-dire une nouvelle.* – De *ouï*, pp. de *ouïr*, et *dire*.

ouïe [wi] n. f. **1.** Sens qui permet d'entendre. *Avoir l'ouïe fine.* – Loc. fam. *Être tout ouïe* : écouter avec attention. **2.** (Plur.) Ouvertures situées sur les côtés de la tête d'un poisson, qui font communiquer la cavité branchiale avec le milieu extérieur. **3.** MUS Syn. de *esse* 2. **4.** (Plur.) AVIAT Prise d'air qui assure l'alimentation du réacteur. ⊳ Prises d'air qui assurent la ventilation de certains moteurs d'automobiles. – Déverbal de *ouïr*.

ouïg(h)our [wiguʀ] adj. et n. **1.** adj. Relatif aux Ouïgours, peuple turc établi dès le VIIIe s. en Asie centrale et auj. réparti de part et d'autre de la frontière sino-soviétique. ⊳ Subst. *Les Ouïgours.* **2.** n. m. Langue des Ouïgours. *L'ouïgour moderne, voisin du turc, écrit en caractères arabes, latins (entre 1930 et 1947) ou cyrilliques, est parlé par une importante fraction de la population du Xinjiang.* – Mot turc.

ouille ! ou **ouïe !** [uj] interj. Onomatopée exprimant la douleur.

ouiller [uje] v. tr. [1] TECH *Ouiller un tonneau*, le remplir avec du vin de même provenance que celui qui s'est évaporé en cours de fermentation. – A. fr. *aeuller*, *œiller*, «remplir jusqu'à l'œil», de *œil*, «sonde de tonneau».

ouïr [wiʀ] v. tr. [38] Vx Entendre, écouter. *Oyez, bonnes gens!* – Mod. *J'ai ouï dire que...* : j'ai entendu dire que... – Du lat. *audire*.

ouistiti [wistiti] n. m. Singe d'Amérique du S. (genre *Callithrix*), de très petite taille. – Adapté d'un mot indigène, probabl. onomat.

oukase. V. ukase.

ouléma. V. uléma.

ounce. V. once 1.

ouragan [uʀagɑ̃] n. m. **1.** Tempête très violente caractérisée par des vents tourbillonnants. ⊳ METEO, MAR Tempête très violente dans laquelle les vents atteignent ou dépassent la vitesse de 118 km/h (force 12). **2.** Tourmente orageuse. – Fig. *Arriver en ouragan*, avec une violence impétueuse. **3.** Fig. Trouble violent. *Ouragan politique.* – Mot d'une langue des Antilles, par l'esp.

ouralien, enne [uʀaljɛ̃, ɛn] adj. De l'Oural, des monts Oural. ⊳ LING *Famille ouralienne* ou, n. m., *l'ouralien* : syn. de *langues finno-ougriennes*. – Du n. des monts *Oural*, chaîne de montagnes formant une limite conventionnelle entre l'Europe et l'Asie.

ouralo-altaïque [uʀaloaltaik] adj. LING *Langues ouralo-altaïques* : nom collectif parfois donné aux familles de langues finno-ougriennes (finnois, hongrois, etc.), et turco-mongoles (turc, par ex.). – De *oural(ien)*, et *altaïque*, «de l'Altaï».

ourdir [uʀdiʀ] v. tr. [3] **1.** TECH Préparer (les fils de la chaîne), les disposer en nappe et les tendre sur l'ourdissoir avant de les monter sur le métier à tisser. **2.** Fig., litt. Machiner, préparer. *Ourdir un complot.* Syn. tramer. – Lat. pop. **ordire*, class. *ordiri*.

ourdissage [uʀdisaʒ] n. m. TECH Opération qui consiste à ourdir; son résultat. – De *ourdir* (sens 1).

ourdisseur, euse [uʀdisœʀ, øz] n. TECH Personne qui procède à l'ourdissage. – De *ourdir* (sens 1).

ourdissoir [uʀdiswaʀ] n. m. TECH Appareil muni d'un dispositif d'enroulement (roue, cylindre, etc.) utilisé pour l'ourdissage. – De *ourdir* (sens 1).

ourdou. V. urdu.

-oure. Élément, du gr. *oura*, «queue».

ourlé, ée [uʀle] adj. Garni d'un ourlet. ⊳ Fig. Garni d'une bordure visible. *Vagues ourlées d'écume.* – Pp. de *ourler*.

ourler [uʀle] v. tr. [1] Faire un ourlet à. – Lat. pop. **orulare*, de *ora*, «bord».

ourlet [uʀlɛ] n. m. **1.** Bord d'une étoffe replié et cousu pour empêcher qu'il ne s'effile. – *Faux ourlet* : ourlet fait avec un morceau d'étoffe ajouté. **2.** TECH Rebord d'une feuille métallique repliée sur toute sa longueur. – Dimin. de *orle*.

ourlien, enne [uʀljɛ̃, ɛn] adj. MED Qui a rapport aux oreillons. *Orchite ourlienne.* – De l'a. fr. rég. *ourles*, «oreillons».

ours, ourse [uʀs] n. (et adj. inv.) **I. 1.** Grand mammifère carnivore (fam. *ursidés*), au corps massif couvert d'une épaisse toison, au museau pointu, à la démarche plantigrade, dont les diverses espèces habitent l'Arctique et les régions froides d'Eurasie et d'Amérique. *Ours blanc, brun.* ⊳ n. f. Ours femelle. ⊳ Jouet d'enfant figurant un ours. *Ours en peluche.* – Loc. fig. *Vendre la peau de l'ours avant de l'avoir tué* : spéculer sur ce qui n'est qu'une espérance (allus. à la fable de La Fontaine *l'Ours et les Deux Compagnons*). – *Le pavé de l'ours* : action maladroite, exécutée dans le dessein de rendre service mais qui a des conséquences dommageables pour celui que l'on croyait aider (allus. à la fable de La Fontaine *l'Ours et l'Amateur des jardins*). **2.** Fig. Personne peu sociable, renfermée, et d'allures bourrues. – adj. inv. *Ce qu'elle peut être ours!* – *Ours mal léché* : personne mal élevée, aux manières grossières. **II.** *Ours de mer* : otarie à fourrure. **III.** Liste des collaborateurs qui figure dans un journal. – Lat. *ursus*, *ursa*.

ENCYCL Le sous-genre *Ursus arctos* comprend plusieurs espèces : l'*ours géant d'Alaska* ou *kodiak*, qui peut atteindre 3 m de long pour 700 kg; l'*ours gris*, ou *grizzly*, qui vit en Amérique du N.; l'*ours brun* d'Europe *(Ursus arctos arctos)*, qui subsiste encore dans les Pyrénées (où, rarissime, il est totalement protégé) et en Europe de l'E.; ces ours sont plus omnivores que carnassiers. L'*ours blanc (Ursus thalarctos)*, très bon nageur, vit dans l'Arctique; redoutable carnassier, il se nourrit de poissons, et même de phoques. Dérangé ou blessé, il peut attaquer l'homme. L'*ours noir* est l'ours familier des parcs nationaux des É.-U. Les *ours malais* ou *ours à collier (Helarctos)*, de petite taille, possèdent une tache jaune sur la poitrine.

ourse [uʀs] n. f. **1.** Femelle de l'ours. **2.** *Grande Ourse, Petite Ourse* : constellations boréales également nommées Grand Chariot et Petit Chariot. *L'étoile polaire est située à une extrémité de la Petite Ourse.* – Fém. de *ours*.

oursin [uʀsɛ̃] n. m. Animal marin comestible, échinoderme au test rigide et globuleux hérissé de piquants. – De *ours*.

ENCYCL Le test de l'oursin, formé de plaques calcaires soudées, est percé de nombreux trous laissant passer les pieds ou ambulacres. La bouche est entourée de 5 mâchoires mobiles qui forment la *lanterne d'Aristote*. On distingue : les *oursins réguliers*, qui présentent une symétrie de révolution (oursins courants des écaillers); les *oursins irréguliers*, qui ne présentent qu'une symétrie bilatérale (nombreuses formes fossiles). Les sexes sont séparés. Les gamètes sont rejetés en mer où a lieu la fécondation et où les larves se métamorphosent. Ce sont les gonades que l'on consomme dans les espèces comestibles.

ourson [uʀsɔ̃] n. m. **1.** Petit de l'ours. **2.** Anc. Bonnet à poil des grenadiers. – De *ours*.

oust ! ou **ouste !** [ust] interj. Fam. (Pour chasser qqn ou le faire se hâter.) *Allez, ouste, dehors!*– Onomat.

out [awt] adv. et adj. inv. (Anglicisme) TENNIS En dehors des limites du terrain. ⊳ adj. inv. *Balle out.* – Fig., fam. *Être out*, hors du coup, dépassé. – Mot angl., «dehors».

outaouais, aise [utawe, ɛz] adj. et n. D'Ottawa, cap. fédérale du Canada. ⊳ Subst. *Un(e) Outaouais(e).* – Du n. d'une tribu amérindienne, *Outaouais*, «cheveux relevés».

outarde [utaʀd] n. f. **1.** Oiseau gruiforme (genre *Otis* et voisins) des steppes d'Eurasie, d'Afrique et d'Australie. *Petite outarde* ou canepetière (*Otis tetrax*). **2.** Oie sauvage du Canada. – Lat. pop. **austarda*, contraction de *avis tarda*, « oiseau lent ».

outil [uti] n. m. **1.** Instrument qui sert à effectuer un travail. – *Spécial.* Instrument destiné à être tenu par la main, qui sert à façonner la matière. *Outil de maçon, de sculpteur.* **2.** Pop., vieilli Individu bizarre ; original. *Tu parles d'un outil !* – Lat. pop. **usitilium*, altér. de *utensilia*, « ustensiles ».

outillage [utijaʒ] n. m. Ensemble des outils et des machines utilisés par un artisan, une entreprise, une industrie. – De *outiller.*

outiller [utije] v. tr. [1] **1.** Munir d'outils. *Outiller un apprenti.* – Pp. adj. *Un atelier bien outillé.* ▷ v. pron. *Entreprise qui commence à s'outiller.* **2.** Pourvoir de ce qui est nécessaire à l'exécution d'une tâche, à l'exercice d'une activité déterminée. *Outiller un laboratoire pour un nouveau type de recherche.* – De *outil.*

outilleur [utijœʀ] n. m. TECH Ouvrier hautement qualifié chargé des outillages. – De *outil.*

outlaw [awtlo] n. m. (Anglicisme) HIST Bandit, aventurier, rebelle, hors-la-loi dans les pays anglo-saxons. – Mot angl., « hors la loi ».

output [awtput] n. m. (Anglicisme) INFORM Sortie de données dans un traitement (par oppos. à *input*). – Mot angl., « sortie ».

outrage [utʀaʒ] n. m. **1.** Injure grave, de fait ou de parole. ▷ Par euph. *Faire subir les derniers outrages à une femme*, la violer. ▷ Fig. *Faire outrage à la raison, à la morale*, faire, dire qqch qui y soit contraire. **2.** DR Injure grave commise envers un personnage officiel dans l'exercice de ses fonctions. *Outrage à agent de la force publique. Outrage à magistrat.* ▷ *Outrage aux bonnes mœurs* : délit consistant à porter atteinte à la moralité publique par des paroles, des écrits ou des représentations graphiques, cinématographiques ou télévisées contraires à la décence. ▷ *Outrage public à la pudeur* : délit consistant en un acte volontaire de nature à blesser la pudeur de ceux qui, même fortuitement, en ont été témoins. – De *outre* 2.

outragé, ée [utʀaʒe] adj. Litt. Qui a subi un outrage. – Loc. *Prendre un air outragé*, l'attitude scandalisée d'une personne offensée par un outrage. – Pp. de *outrager.*

outrageant, ante [utʀaʒɑ̃, ɑ̃t] adj. Qui outrage. *Paroles outrageantes.* – Ppr. de *outrager.*

outrager [utʀaʒe] v. tr. [13] **1.** Offenser gravement (qqn) par un outrage. *Outrager qqn dans son honneur.* **2.** Porter atteinte à (qqch). *Outrager la morale, le bon sens.* – De *outrage.*

outrageusement [utʀaʒøzmɑ̃] adv. **1.** De façon outrageuse. *Injurier outrageusement qqn.* **2.** Excessivement. *Elle s'était outrageusement maquillée.* – De *outrageux.*

outrageux, euse [utʀaʒø, øz] adj. Litt. Qui fait outrage. – De *outrage.*

outrance [utʀɑ̃s] n. f. **1.** Excès. *De regrettables outrances de langage.* **2.** Loc. adv. *À outrance* : exagérément. ▷ Loc. adj. *Combat, guerre à outrance*, sans merci. – De *outrer.*

outrancier, ère [utʀɑ̃sje, ɛʀ] adj. Exagéré, excessif ; outrepassant ce qui est convenable, admis. *Propos outranciers.* – De *outrance.*

1. outre [utʀ] n. f. Peau de bouc cousue comme un sac et servant à contenir des liquides. *Outre de vin.* – Lat. *uter, utris*, « ventre ».

2. outre [utʀ] adv. et prép. **I.** adv. **1.** Vieilli Au-delà. *Ne pas aller outre.* ▷ *Passer outre* : aller plus loin. – Fig. *Passer outre à* (une opposition, une interdiction, etc.), n'en pas tenir compte. **2.** Loc. adv. (Surtout en tournure négative.) *Outre mesure* : plus qu'il ne convient. ▷ *En outre* : de plus, par ailleurs. ▷ Vx *D'outre en outre* : de part en part. **3.** Loc. conj. *Outre que* : non seulement... mais encore. *Outre qu'il écrit, il illustre ses textes.* **II.** prép. **1.** En plus de. *Outre son salaire, il reçoit une prime.* **2.** En loc. (avec un trait d'union). Au-delà de. *Outre-mer, outre-tombe, outre-Atlantique, outre-Manche, outre-Rhin* : V. ces mots. – Lat. *ultra*, « au-delà de, plus que ».

outré, ée [utʀe] adj. **1.** Litt. Excessif. *Compliments outrés.* **2.** Mod. Indigné, révolté. *Je suis outré de ces mensonges.* – Pp. de *outrer.*

outre-Atlantique [utʀatlɑ̃tik] adv. Au-delà de l'Atlantique. – *Spécial.* Aux États-Unis. – De *outre* 2, et *Atlantique.*

outrecuidance [utʀəkɥidɑ̃s] n. f. **1.** Litt. Estime excessive de soi. **2.** Impertinence envers autrui. *Affirmer avec outrecuidance que...* – De *outrecuidant.*

outrecuidant, ante [utʀəkɥidɑ̃, ɑ̃t] adj. Qui fait preuve d'outrecuidance. – Ppr. de l'anc. v. *outrecuider*, « avoir une excessive confiance en soi », de *outre* 2, et *cuider*, « croire, penser ».

outre-Manche [utʀəmɑ̃ʃ] adv. Au-delà de la Manche. – *Spécial.* En Grande-Bretagne. – De *outre* 2, et *Manche.*

outremer [utʀəmɛʀ] n. m. et adj. inv. **1.** MINER Pierre fine bleue appelée aussi *lapis-lazuli, lazurite.* **2.** Couleur bleue soutenue. *Reflets d'outremer de l'eau.* ▷ adj. inv. *Des jupes outremer.* – De *outre* 2, et *mer.*

outre-mer [utʀəmɛʀ] adv. (Par rapport à la France.) Situé au-delà des mers. *Territoires d'outre-mer* : V. TOM. – De *outre* 2, et *mer.*

outrepassé, ée [utʀəpase] adj. ARCHI *Arc outrepassé*, dont le tracé forme un cintre plus grand que la demi-circonférence. – Pp. de *outrepasser.*

outrepasser [utʀəpase] v. tr. [1] **1.** Rare Dépasser. *Ce mur outrepasse l'alignement.* **2.** Dépasser la limite de (ce qui est convenable, permis, prescrit). *Outrepasser ses droits, des ordres.* – De *outre* 2, et *passer.*

outrer [utʀe] v. tr. [1] **1.** Exagérer. *Cet acteur outre ses effets.* **2.** (Aux temps composés.) Indigner, révolter. *Sa conduite m'avait outré.* – De *outre* 2.

outre-Rhin [utʀəʀɛ̃] adv. Au-delà du Rhin. – *Spécial.* En Allemagne. – De *outre* 2, et *Rhin.*

outre-tombe [utʀətɔ̃b] loc. adv. Au-delà de la tombe, après la mort. – Loc. adj. *D'outre-tombe. Mémoires d'outre-tombe (F.R. de Chateaubriand).* – De *outre* 2, et *tombe.*

outsider [awtsajdəʀ] n. m. (Anglicisme) TURF Cheval qui n'est pas parmi les favoris. ▷ Fig. *Le jury du festival a couronné cette année un outsider.* – Mot angl., « qui se tient en dehors ».

ouvert, erte [uvɛʀ, ɛʀt] adj. **1.** Qui n'est pas fermé. *Bouche ouverte. Livre ouvert.* – Loc. *Traduire à livre ouvert*, directement. **2.** PHON *Voyelle ouverte*, prononcée avec ouverture du canal buccal (ex. [ɛ], [ɔ]) – *Syllabe ouverte*, terminée par une voyelle. **3.** MATH *Intervalle ouvert*, qui ne comprend pas les bornes qui le limitent. **4.** ELECTR *Circuit ouvert*, présentant une interruption et dans lequel le courant ne passe pas. **5.** Fendu, coupé, entamé. *Il a eu l'arcade sourcilière ouverte.* **6.** Libre d'accès. *Ville ouverte.* ▷ Loc. *Tenir table ouverte* : recevoir même ceux que l'on n'a pas invités. **7.** Commencé. *La séance est ouverte.* **8.** Franc, sincère. *Visage, caractère ouvert.* ▷ Éveillé. *Esprit ouvert.* **9.** Déclaré, public, manifeste. *Être en guerre ouverte avec qqn.* – Pp. de *ouvrir.*

ouvertement [uvɛʀtəmɑ̃] adv. Franchement ; sans détour, sans dissimulation. *Parler ouvertement.* – De *ouvert.*

ouverture [uvɛʀtyʀ] n. f. **1.** Espace vide, libre, faisant communiquer l'intérieur et l'extérieur. *Ouverture d'une grotte.* **2.** Action d'ouvrir ce qui était fermé; fait de s'ouvrir. *Ouverture d'un coffre, d'un parachute.* **3.** Commencement. *Ouverture de la campagne électorale. Ouverture de la chasse, de la pêche* : le premier jour, chaque année, où il est permis de chasser, de pêcher. ▷ SPORT *Demi d'ouverture* : joueur chargé de lancer les attaques, au rugby. **4.** Fig. Première démarche qui précède une négociation. *Ouverture de paix* (souvent au plur.). - *Ouverture d'un compte, d'un crédit.* **5.** Fig. *Ouverture d'esprit* : facilité à comprendre et à admettre ce qui est nouveau, inhabituel. ▷ *Ouverture de cœur* : franchise, tendance à l'épanchement amical. **6.** JEU *Avoir l'ouverture*, les cartes, le nombre de points nécessaires pour ouvrir, faire une annonce. **7.** MUS Morceau de musique instrumentale exécuté au début d'une œuvre lyrique. *L'ouverture des «Maîtres Chanteurs de Nuremberg» de Wagner.* – Du lat. pop. **opertura*, class. *apertura.*

ouvrable [uvʀabl] adj. *Jour ouvrable*, où l'on travaille normalement (par oppos. à *férié*). – De *ouvrer.*

ouvrage [uvʀaʒ] n. m. (et f.) **1.** Besogne, travail. *Se mettre à l'ouvrage.* - *Ouvrages de dame* : travaux d'aiguille. ▷ n. f. Pop. ou plaisant *De la belle ouvrage* : du beau travail. **2.** Résultat du travail d'un ouvrier. *Ouvrage de maçonnerie.* **3.** *Par ext.* Construction, bâtiment. *Maître de l'ouvrage.* ▷ *Ouvrages d'art* : travaux nécessités par la construction d'une route ou d'une voie ferrée (tranchée, viaduc, tunnel, etc.). ▷ MILIT Fortification. *Ouvrage avancé.* ▷ METALL Partie du haut fourneau située entre les étalages et le creuset, à l'intérieur de laquelle s'élaborent les laitiers. **4.** Texte relativement long, imprimé ou destiné à l'impression. *Publier un ouvrage de droit.* **5.** Fig. Œuvre. *Ce succès est l'ouvrage du hasard.* – De *œuvre.*

ouvragé, ée [uvʀaʒe] adj. **1.** Ouvré. **2.** Minutieusement travaillé. – De *ouvrage.*

ouvrager [uvʀaʒe] v. tr. [13] Ouvrer avec délicatesse, minutie. ▷ Enrichir d'ornements. – De *ouvrage.*

ouvrant, ante [uvʀɑ̃, ɑ̃t] adj. et n. m. **1.** adj. Qui s'ouvre. *Le toit ouvrant d'une automobile.* **2.** n. m. CONSTR Partie mobile d'une porte, d'une fenêtre, par oppos. à la partie fixe, le *dormant.* – Ppr. de *ouvrir.*

ouvré, ée [uvʀe] adj. **1.** Travaillé, façonné. *Bois ouvré.* ▷ Orné, décoré. **2.** *Jour ouvré*, où l'on travaille effectivement (par oppos. à *chômé*). – Pp. de *ouvrer.*

ouvreau [uvʀo] n. m. TECH Ouverture pratiquée dans les parois des fours de verrier pour le passage de l'air, des gaz ou pour puiser le verre. ▷ Ouverture dans la paroi d'un four ou d'une chaudière destinée à recevoir le brûleur. – De *ouvrir.*

ouvre-boîte(s) [uvʀəbwat] n. m. Instrument coupant utilisé pour ouvrir les boîtes de conserve. *Des ouvre-boîtes électriques.* – De *ouvrir*, et *boîte.*

ouvre-bouteille(s) [uvʀəbutɛj] n. m. Petit instrument formant levier utilisé pour décapsuler les bouteilles. *Des ouvre-bouteilles.* Syn. décapsuleur. – De *ouvrir*, et *bouteille.*

ouvrer [uvʀe] v. [1] **1.** v. intr. Vx Travailler. **2.** v. tr. Travailler, façonner. - *Ouvrer de la lingerie*, l'orner de broderies, de festons, etc. ▷ Mettre en œuvre (des matériaux). *Ouvrer des pièces de bois.* – Du lat. *operari.*

ouvreur, euse [uvʀœʀ, øz] n. **I. 1.** JEU Joueur qui mise le premier. **2.** SPORT Skieur qui ouvre une piste. **II.** n. f. Femme qui place le public dans une salle de spectacle. – De *ouvrir.*

ouvrier, ère [uvʀije, ɛʀ] n. et adj. **I.** n. **1.** Personne rémunérée pour effectuer un travail manuel. *Ouvrier menuisier. Ouvrier d'usine. Ouvrier agricole.* ▷ *Ouvrier spécialisé*, qui effectue une tâche particulière, mais ne nécessitant aucune qualification professionnelle. *Ouvrier qualifié*, qui est titulaire d'un certificat d'aptitude professionnelle. **2.** Litt. Personne qui fait tel ou tel travail. *Pièce de théâtre faite par un bon ouvrier.* ▷ *Cheville ouvrière* : V. cheville (sens 2). **3.** n. f. ENTOM Femelle stérile, chez les insectes sociaux (abeilles, guêpes, fourmis). **II.** adj. Des ouvriers, relatif aux ouvriers. *La classe ouvrière.* – Du lat. *operarius*, de *opera*, «travail».

ouvriérisme [uvʀijeʀism] n. m. POLIT Théorie selon laquelle seuls les ouvriers sont qualifiés pour diriger le mouvement socialiste et révolutionnaire et pour gérer l'économie. – De *ouvrier.*

ouvriériste [uvʀijeʀist] adj. et n. Relatif à l'ouvriérisme, qui en relève. ▷ Subst. Partisan de l'ouvriérisme. – De *ouvrier.*

ouvrir [uvʀiʀ] v. [32] **I.** v. tr. **1.** Faire que ce qui était fermé ne le soit plus; faire communiquer l'extérieur et l'intérieur en ménageant une ouverture, en séparant ce qui était rapproché. *Ouvrir une porte.* - Absol. *Ouvrez!* - *Ouvrir une lettre*, la décacheter. - *Ouvrir la bouche, les yeux.* - Loc. fig. *Ouvrir l'œil* : faire attention. **2.** Rendre libre (un accès). *Ouvrir un chemin.* - Fig. *Ouvrir la voie.* **3.** Fig. Découvrir. *Ouvrir son cœur à qqn.* - *Ouvrir l'esprit à qqn*, le rendre plus apte à penser, à comprendre. *Ouvrir les yeux à qqn*, le mettre en face de la réalité, de la vérité. **4.** Commencer, entamer. *Ouvrir le bal, le feu.* - *Ouvrir la marche* : marcher en tête. ▷ *Ouvrir une piste de ski*, effectuer le premier le parcours sur cette piste. **5.** Fonder, créer. *Ouvrir une école, une boutique.* **II.** v. intr. **1.** Être ouvert. *Porte bloquée qui n'ouvre plus. Ce magasin n'ouvre pas le lundi.* **2.** Commencer. *La saison ouvre par cette fête.* **III.** v. pron. **1.** Devenir ouvert. *Les fleurs s'ouvrent au soleil.* **2.** Se faire une plaie ouverte sur. *S'ouvrir le genou.* **3.** Être ou devenir libre (en parlant d'un accès, d'une voie de communication). *La route s'ouvre à eux.* - Fig. *Des perspectives inattendues s'ouvrent désormais.* **4.** (Personnes) *S'ouvrir à qqn*, lui faire des confidences. - *Esprit qui s'ouvre*, s'éveille. **5.** (Choses) Commencer. *Le congrès s'ouvrira par le discours du président.* – Du lat. pop. *operire*, class. *aperire.*

ouvroir [uvʀwaʀ] n. m. **1.** Lieu réservé aux travaux d'aiguille, dans un couvent. **2.** Fondation charitable dont les membres exécutent bénévolement des travaux d'aiguille pour les nécessiteux. – De *ouvrer.*

ouzbek [uzbɛk] adj. et n. Qui se rapporte à l'Ouzbékistan, État d'Asie centrale, à ses habitants, à leur langue. ▷ Subst. *Un(e) Ouzbek.* – Mot de cette langue.

ouzo [uzo] n. m. Alcool grec parfumé à l'anis. – Mot gr. mod., «anisette».

ov(o)-, ovi-. Éléments, du lat. *ovum*, «œuf».

ovaire [ɔvɛʀ] n. m. **1.** BIOL Organe reproducteur femelle où se forment les ovules. **2.** BOT Organe femelle où se forment les ovules, et qui donne le fruit. – Lat. méd. *ovarium*, de *ovum*, «œuf».

ENCYCL **Physiol.** - Les ovaires sont les glandes génitales de la femme; pairs et symétriques, ils sont situés dans la cavité péritonéale, à proximité du pavillon des trompes de Fallope. Les ovaires possèdent deux fonctions de sécrétion : leur sécrétion externe est représentée par l'expulsion de l'ovule; leur sécrétion interne par deux hormones : la folliculine et la progestérone. Les activités de l'ovaire, placées sous la dépendance d'hormones hypophysaires (F.S.H. et L.H.), s'exercent chez la femme entre la puberté et la ménopause.

ovalbumine [ɔvalbymin] n. f. BIOCHIM Protéine du blanc d'œuf. – De *ov(o)-*, et *albumine.*

ovale [ɔval] adj. et n. m. **1.** adj. Qui a la forme d'une courbe fermée et allongée, semblable à celle d'un œuf. *Table ovale.* **2.** n. m. GEOM Figure de cette forme, composée de quatre arcs de cercle, égaux deux à deux. – Du lat. *ovum*, «œuf».

ovalisation [ɔvalizasjɔ̃] n. f. TECH Défaut d'une pièce cylindrique dont la section devient ovale par suite de l'usure. – De *ovaliser.*

ovaliser [ɔvalize] v. tr. [1] TECH Rendre ovale. *L'usure ovalise les cylindres d'un moteur.* – De *ovale.*

ovariectomie [ɔvaʀjɛktɔmi] n. f. CHIR Ablation chirurgicale d'un ou des deux ovaires. – De *ovaire,* et *-ectomie.*

ovarien, enne [ɔvaʀjɛ̃, ɛn] adj. Relatif à l'ovaire. – De *ovaire.*

ovarite [ɔvaʀit] n. f. MED Inflammation des ovaires. – De *ovaire,* et *-ite* 1.

ovation [ɔvasjɔ̃] n. f. **1.** ANTIQ ROM Petit triomphe au cours duquel le général vainqueur ne sacrifiait qu'une brebis. **2.** Acclamation, démonstration bruyante d'enthousiasme en l'honneur de (qqn). *Faire une ovation au vainqueur.* – Lat. *ovatio,* de *ovis,* « brebis ».

ovationner [ɔvasjɔne] v. tr. [1] Saluer par des ovations, des acclamations. – De *ovation.*

ove [ɔv] n. m. Didac. Ornement décoratif en forme d'œuf. – Lat. *ovum,* « œuf ».

ové, ée [ɔve] adj. Didac. Qui a la forme d'un ove. – Du lat. *ovum,* « œuf ».

overdose [ɔvəʀdoz] n. f. (Américanisme) Absorption d'une forte dose de drogue, provoquant d'importants désordres physiologiques et pouvant entraîner la mort. – Anglo-amér. *over,* « au-delà, au-dessus », et *dose,* « dose ».

overdrive [ɔvəʀdʀajv] n. m. AUTO Organe de la boîte de vitesses de certaines automobiles, permettant d'augmenter légèrement le rapport de surmultiplication. – Mot angl., de *over,* « au-dessus », et *to drive,* « conduire ».

ovi-. V. ov(o)-.

ovibos [ɔvibɔs] n. m. ZOOL Bœuf musqué, bovidé (*Ovibos moschatus*) à la toison brune laineuse et aux cornes plates recourbées, qui vit en troupeaux dans les régions arctiques américaines. – Du lat. *ovis,* « brebis », et *bos,* « bœuf ».

ovidés [ɔvide] n. m. pl. ZOOL Groupe de mammifères ruminants comprenant : les bovins, les antilopes, les ovins et les caprins. - Sing. *Un ovidé.* – Du lat. *ovis,* « brebis ».

oviducte [ɔvidykt] n. m. ZOOL Conduit qui donne passage à l'ovule, chez les animaux. *Dans l'espèce humaine, l'oviducte est appelé « trompe de Fallope ».* – De *ovi-,* et lat. *ductus,* « conduit ».

ovin, ine [ɔvɛ̃, in] adj. et n. m. Du mouton, qui a rapport au mouton. *Race ovine.* ▷ n. m. pl. *Les ovins* : les moutons et les mouflons. - Sing. *Un ovin.* – Du lat. *ovis,* « brebis ».

ovinés [ɔvine] n. m. pl. ZOOL Syn. de *caprins.* - Sing. *Un oviné.* – Du lat. *ovis,* « brebis ».

ovipare [ɔvipaʀ] adj. et n. ZOOL Qui pond des œufs. – Lat. *oviparus,* de *ovum,* « œuf », et *parere,* « accoucher ».

oviparité [ɔvipaʀite] n. f. ZOOL Mode de reproduction des animaux ovipares. – De *ovipare.*

ovipositeur [ɔvipozitœʀ] n. m. ZOOL Organe, généralement long et effilé, à l'aide duquel de nombreux insectes déposent leurs œufs dans les endroits les plus favorables à leur incubation. Syn. oviscapte. – De *ovi-,* et lat. *positor,* « qui place ».

oviscapte [ɔviskapt] n. m. ZOOL Syn. de *ovipositeur.* – De *ovi-,* et gr. *skaptein,* « creuser ».

ovni [ɔvni] n. m. Objet volant non identifié. – Acronyme pour *Objet Volant Non Identifié,* calque de l'amér. U.F.O. pour *Unidentified Flying Object.*

ovo-. V. ov(o)-.

ovocyte. V. oocyte.

ovogenèse [ɔvoʒənɛz] n. f. BIOL Formation des ovules, chez les animaux. – De *ovo-,* et *-genèse.*

ovoïdal, ale, aux [ɔvɔidal, o] adj. Dont la forme ressemble à celle d'un œuf. – De *ovoïde.*

ovoïde [ɔvɔid] adj. Qui a la forme d'un œuf. – De *ov(o)-,* et *-oïde.*

ovonique [ɔvɔnik] n. f. ELECTRON Branche de l'électronique, technique fondée sur la propriété que présentent les combinaisons en couches minces de certains éléments (tellure, silicium, germanium et arsenic, en partic.) de voir leur résistance s'abaisser brusquement lorsque la tension qui leur est appliquée dépasse une certaine valeur. – Angl. *ovonics.*

ovovivipare [ɔvɔvivipaʀ] adj. ZOOL Se dit des animaux ovipares chez lesquels l'incubation des œufs se fait dans les voies génitales de la femelle. *La vipère est ovovivipare.* – De *ovo-,* et *vivipare.*

ovulaire [ɔvylɛʀ] adj. BIOL Relatif à l'ovule. *Ponte ovulaire* ou *ovulation.* – De *ovule.*

ovulation [ɔvylasjɔ̃] n. f. BIOL Rupture du follicule, libérant l'ovule. – De *ovule.*

ovule [ɔvyl] n. m. **1.** BOT Petit corps arrondi contenu dans l'ovaire des végétaux et renfermant le gamète femelle, ou *oosphère.* **2.** BIOL Gamète femelle. **3.** PHARM Corpuscule contenant une substance médicamenteuse, destiné à être introduit dans le vagin. – Du lat. *ovum,* « œuf ».

ENCYCL **Bot.** L'ovule est un organe attaché au placenta de l'ovaire par le funicule. Il est formé d'un ou de deux téguments qui entourent un tissu de réserve, le nucelle, contenant le sac embryonnaire où se forme le gamète femelle, l'oosphère, qui, après fécondation, donnera l'œuf. Celui-ci donnera l'embryon ; le reste de l'ovule fournira les autres éléments de la graine (téguments, albumen, etc.).
Biol. L'ovule fécondé donne naissance à une cellule diploïde ou œuf. L'œuf, après un début de maturation et la sécrétion d'une coquille de nature variable (corne, chitine, calcaire, etc.), est pondu par les animaux ovipares ; il achève alors son développement grâce à ses réserves. Chez les animaux vivipares, l'œuf, toujours dépourvu de coque imperméable, se fixe dans la muqueuse utérine (nidation) et y achève son développement grâce aux substances nutritives fournies par la mère.

ovuler [ɔvyle] v. intr. [1] Avoir une ovulation. – De *ovule.*

ox(y)-. CHIM Élément, du gr. *oxus,* « aigu, acide », qui, le plus souvent, sert à indiquer la présence d'oxygène dans une molécule.

oxacide [ɔksasid] n. m. CHIM Acide dont la molécule contient de l'oxygène. – De *ox-,* et *acide.*

oxalate [ɔksalat] n. m. CHIM Sel ou ester de l'acide oxalique. – Du gr. *oxalis,* « oseille », et *-ate.*

oxalique [ɔksalik] adj. CHIM *Acide oxalique* : diacide de formule HOOC–COOH présent dans de nombreux végétaux (oseille, notam.), utilisé comme détartrant et comme décolorant. – De *oxalide.*

oxalis [ɔksalis] n. m. ou f. Plante herbacée dont les feuilles, à trois ou quatre lobes, sont riches en acide oxalique. Syn. rég. tréflon. – Du gr. *oxalis,* « oseille ».

oxford [ɔksfɔʀd] n. m. Toile de coton rayée ou quadrillée, à grain marqué. – Du n. de la v. angl. d' *Oxford.*

oxhydrile ou **oxhydryle** [ɔksidʀil] n. m. CHIM Syn. anc. de *hydroxyle.* – De *ox-,* *hydr-,* et gr. *ulê,* « bois ».

oxhydrique [ɔksidʀik] adj. CHIM Qui contient de l'oxygène et de l'hydrogène. ▷ TECH *Chalumeau oxhydrique,* dont la flamme résulte de la combustion d'un mélange d'un volume d'oxygène et de deux volumes d'hydrogène. – De *ox-,* et *hydrique.*

oxonium [ɔksɔniɔm] adj. et n. m. CHIM *Ion oxonium* ou *un oxonium :* proton monohydraté H_3O^+. – *Par ext.* Ion organique résultant de la fixation d'un radical carboné positif sur un atome d'oxygène appartenant à une molécule organique. – De *ox-,* sur le modèle de *ammonium.*

oxy-. V. ox(y)-.

oxyacétylénique [ɔksiasetilenik] adj. TECH *Chalumeau oxyacétylénique,* dont la flamme est produite par la combustion d'un mélange d'oxygène et d'acétylène. – De *oxy-,* et *acétylénique.*

oxycarboné, ée [ɔksikaʀbɔne] adj. CHIM Combiné à de l'oxyde de carbone. ▷ BIOCHIM *Hémoglobine oxycarbonée,* qui a fixé de l'oxyde de carbone. ▷ MED *Intoxication oxycarbonée,* par l'oxyde de carbone. – De *oxy-,* et *carboné.*

oxychlorure [ɔksiklɔʀyʀ] n. m. CHIM Combinaison d'un corps avec l'oxygène et le chlore. – De *oxy-,* et *chlorure.*

oxycoupage [ɔksikupaʒ] n. m. TECH Découpage de pièces métalliques à l'aide d'un chalumeau équipé d'une buse d'où sort à grande vitesse un jet d'oxygène. *L'oxycoupage est utilisé notam. dans les travaux sous-marins.* – De *oxy-,* et *(dé)coupage.*

oxydable [ɔksidabl] adj. Qui peut s'oxyder. – De *oxyder.*

oxydant, ante [ɔksidɑ̃, ɑ̃t] adj. et n. Qui oxyde, peut capter des électrons. – Ppr. de *oxyder.*

oxydase [ɔksidaz] n. f. BIOCHIM Enzyme qui active la fixation de l'oxygène sur d'autres corps. – De *oxyde,* et *-ase.*

oxydation [ɔksidasjɔ̃] n. f. Cour. Fixation d'oxygène sur un corps. ▷ CHIM Réaction au cours de laquelle un corps perd des électrons. *La corrosion des métaux est due à une oxydation.* ▷ *Nombre* ou *degré d'oxydation d'un élément dans une combinaison :* nombre (positif ou négatif) caractérisant l'état d'oxydation de l'élément dans la combinaison. – De *oxyder.*

ENCYCL L'oxydation est une fixation d'oxygène par un élément (au cours de la combustion d'un corps, par ex.) et plus généralement une perte d'électrons par cet élément : divers corps autres que l'oxygène (chlore, par ex.) sont susceptibles de faire perdre des électrons à d'autres corps. Un corps ne peut être oxydé que s'il est en présence d'un corps capable d'accepter les électrons de l'autre corps. Les corps qui captent des électrons sont des *oxydants*; ceux qui en cèdent, des *réducteurs.* Beaucoup d'oxydes se trouvent à l'état naturel (oxydes de fer, par ex.).

oxyde [ɔksid] n. m. CHIM et cour. Composé résultant de la combinaison de l'oxygène avec un autre élément. – Du gr. *oxus,* « acide ».

oxyder [ɔkside] **1.** v. tr. [**1**] CHIM Produire l'oxydation de. **2.** v. pron. CHIM Se transformer en oxyde. ▷ Être attaqué superficiellement par l'oxydation. – De *oxyde.*

oxydoréduction [ɔksidɔʀedyksjɔ̃] n. f. CHIM Réaction chimique au cours de laquelle un oxydant et un réducteur échangent des électrons. – De *oxyde,* et *réduction.*

oxygénation [ɔksiʒenasjɔ̃] n. f. **1.** CHIM Oxydation par l'oxygène. **2.** Action d'oxygéner, de s'oxygéner; son résultat. **3.** Action d'appliquer de l'eau oxygénée. – De *oxygéner.*

oxygène [ɔksiʒɛn] n. m. **1.** CHIM Élément de numéro atomique Z = 8 et de masse atomique 15,9994 (symbole O). – Gaz (O_2 : *dioxygène*) incolore, insipide et inodore, qui se liquéfie à – 182,96 °C et se solidifie à – 218,4 °C. **2.** Cour. Air pur. *J'ai pris un bol d'oxygène à la montagne.* – Du gr. *oxus,* « acide », et *-gène.*

ENCYCL L'oxygène est l'élément le plus abondant de la couche terrestre (89 % en masse des eaux naturelles et 47 % des roches). Il représente 21 % du volume de l'atmosphère et est indispensable à la vie. Les combinaisons de l'oxygène avec les autres éléments (sauf avec le fluor) s'appellent des oxydes.

oxygéné, ée [ɔksiʒene] adj. Qui renferme de l'oxygène. ▷ *Eau oxygénée :* peroxyde d'hydrogène, de formule H_2O_2. – Pp. de *oxygéner.*

oxygéner [ɔksiʒene] **1.** v. tr. [**14**] CHIM Combiner un corps avec l'oxygène. **2.** v. pron. Fam. Respirer de l'air pur (en faisant un séjour à la campagne, en se promenant, etc.). – De *oxygène.*

oxygénothérapie [ɔksiʒenoteʀapi] n. f. MED Administration thérapeutique d'oxygène (chirurgie cardiaque, intoxication par l'oxyde de carbone, etc.). – De *oxygène,* et *thérapie.*

oxyhémoglobine [ɔksiemoglɔbin] n. f. BIOCHIM Composé formé par la fixation réversible de l'oxygène sur l'hémoglobine, qui assure le transport de l'oxygène des alvéoles pulmonaires aux cellules, et qui donne au sang sa couleur rouge vif. – De *oxy-,* et *hémoglobine.*

oxylithe [ɔksilit] n. m. ou f. CHIM Peroxyde de sodium Na_2O_2, employé pour la production d'oxygène par addition d'eau légèrement acidulée. – De *oxy-,* et *-lithe.*

oxymoron [ɔksimɔʀɔ̃] ou **oxymore** [ɔksimɔʀ] n. m. RHET Alliance de deux mots de sens incompatibles. *« Cette obscure clarté... » (Corneille) est un oxymoron.* – Du gr. *oxumôron,* de *oxus,* « aigu, fin », et *môros,* « sot, fou ».

oxysulfure [ɔksisylfyʀ] n. m. CHIM Composé résultant de l'union d'un corps avec l'oxygène et le soufre. – De *oxy-,* et *sulfure.*

oxyton [ɔksitɔ̃] n. m. PHON Mot dont l'accent tonique porte sur la dernière syllabe. – Du gr. *oxutonos,* « au son aigu ».

oxyure [ɔksjyʀ] n. m. MED Petit ver blanc long de quelques millimètres, parasite de la portion terminale de l'intestin de l'homme. – Du gr. *oxus,* « point », et *oura,* « queue ».

oxyurose [ɔksjyʀoz] n. f. MED Parasitose due aux oxyures. – De *oxyure.*

oyat [ɔja] n. m. Plante herbacée (*Psamma arenaria,* fam. graminées) dont les racines fixent les dunes. – Mot picard.

oz Symbole de l'ounce (V. once 1).

ozalid [ɔzalid] n. m. IMPRIM Papier sensible utilisé pour le tirage d'une épreuve d'ultime contrôle. – (En appos.) *Papier ozalid.* ▷ Cette épreuve elle-même. – Nom déposé; anagramme de *diazol,* de *diazo-.*

ozène [ɔzɛn] n. m. MED Atrophie des muqueuses et du squelette des fosses nasales, s'accompagnant de suppuration et de formation de croûtes brunes et fétides. – Lat. *ozæna,* gr. *ozaina,* de *ozein,* « exhaler une odeur ».

ozocérite [ɔzoseʀit] ou **ozokérite** [ɔzokeʀit] n. f. MINER Mélange d'hydrocarbures voisins de la paraffine et du bitume, appelé aussi « cire fossile ». – Du gr. *ozein,* « exhaler une odeur », et *kêros,* « cire ».

ozone [ɔzon] n. m. CHIM Variété allotropique de l'oxygène, de formule O_3, gaz légèrement bleuté qui se forme dans l'air ou dans l'oxygène soumis à des décharges électriques ou traversé par des rayons ultraviolets. ▷ *Couche d'ozone :* couche atmosphérique, située entre 20 et 30 km d'altitude, où la concentration d'ozone est maximale. – Du gr. *ozein,* « exhaler une odeur ».

ENCYCL **Chim.** - La molécule d'ozone comprend trois atomes d'oxygène. L'ozone se liquéfie à - 112 °C et se solidifie à - 250 °C. Oxydant très puissant, il oxyde à froid tous les métaux, même l'or et le platine. La mince couche d'ozone de l'atmosphère, située à une altitude de 20 à 30 km, absorbe la quasi-totalité des rayons ultraviolets, nous protégeant ainsi contre leur action. Cette couche protectrice d'ozone pourrait être détruite par les fréons (V. encycl. fluor) utilisés comme gaz propulseurs dans les bombes à aérosols; en effet, le chlore libéré par la dissociation des fréons sous l'action des rayons ultraviolets transforme l'ozone en oxygène. Le monoxyde d'azote libéré par les réacteurs des avions volant à l'altitude de la couche d'ozone (supersoniques, en partic.) provoque également la dissociation de l'ozone. L'ozone détruit les germes pathogènes; il est utilisé pour purifier l'air et stériliser les eaux. On l'emploie également pour le blanchiment des tissus et le vieillissement des alcools.

ozonisation [ɔzɔnizasjɔ̃] n. f. **1.** CHIM Transformation de l'oxygène en ozone. **2.** TECH Stérilisation de l'air ou des eaux au moyen de l'ozone. – De *ozoniser.*

ozoniser [ɔzɔnize] v. tr. [**1**] **1.** CHIM Convertir l'oxygène en ozone. **2.** TECH Stériliser par l'ozone. – De *ozone.*

ozoniseur [ɔzɔnizœʀ] ou **ozonisateur** [ɔzɔnizatœʀ] n. m. TECH Appareil servant à produire de l'ozone. – De *ozoniser.*

ozonosphère [ɔzɔnɔsfɛʀ] n. f. Zone de la haute atmosphère terrestre particulièrement riche en ozone. (V. encycl. ozone.) – De *ozone,* et *sphère.*

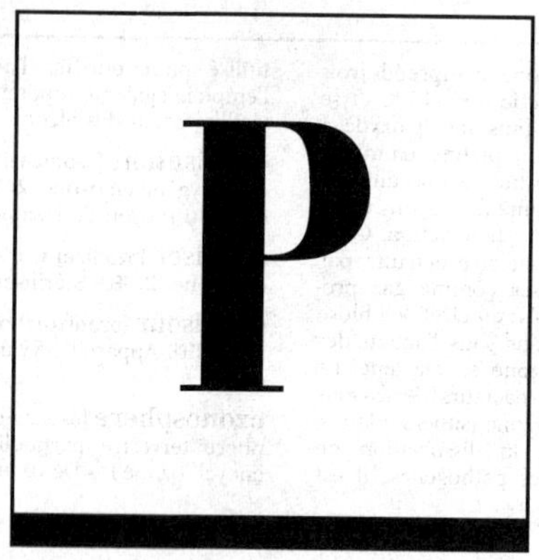

p [pe] n. m. **1.** Seizième lettre (p, P) et douzième consonne de l'alphabet, notant l'occlusive labiale sourde [p] (ex. *cep* [sɛp], *nappe* [nap]) ou, dans la combinaison *ph*, la fricative labiodentale sourde [f] (ex. *photographie* [fɔtɔgʀafi]); restant parfois muette, à l'intérieur de certains mots (ex. *compte* [kɔ̃t]) ou en position finale (ex. *coup* [ku]; *drap* [dʀɑ]); ne se faisant entendre dans les adverbes *trop* et *beaucoup* que sous forme de liaison (ex. *trop occupé* [tʀopɔkype]; *beaucoup à faire* [bokupafɛʀ]). **2.** P., devant le nom d'un ecclésiastique : abrév. de *père*. **3.** CHIM P : symbole du phosphore. ▷ PHYS p : symbole du préfixe *pico*; p : symbole de la pression. - P : symbole de la puissance. ▷ BIOCHIM *Substance P :* V. substance. **4.** MUS p. : abrév. de *piano* (adv.).

1. Pa CHIM Symbole du protactinium.

2. Pa PHYS Symbole du pascal.

pacage [pakaʒ] n. m. **1.** Lieu où l'on fait paître les bestiaux. **2.** Action de faire paître les bestiaux. *Droit de pacage.* – Du lat. pop. **pascuaticum*, class. *pascuum*, « pâturage ».

pacager [pakaʒe] v. tr. [**13**] Faire paître (des bestiaux). ▷ v. intr. Paître. – De *pacage.*

pacane [pakan] n. f. BOT Syn. de *pécan*. – Mot algonkin.

pacanier [pakanje] n. m. BOT Arbre (genre *Carya*) originaire d'Amérique du Nord, produisant une noix lisse comestible (*pacane* ou *noix de pécan*). – De *pacane.*

pacemaker [pɛsmekœʀ] n. m. (Anglicisme) Syn. (off. déconseillé) de *stimulateur* cardiaque.* – Mots angl., «celui qui règle la marche, le pas»; de *pace*, «pas», et *maker*, «faiseur».

pacfung ou **packfung** [pakfɔ̃] n. m. CHIM Alliage de cuivre, de nickel et de zinc. – De l'angl. *packfong;* mot dial. chinois.

pacha [paʃa] n. m. **1.** Gouverneur de province, dans l'ancien Empire ottoman. ▷ Titre honorifique conféré avant 1923 à certains grands personnages, notam. en Turquie. **2.** Loc. fam. *Mener la vie de pacha :* vivre dans l'opulence et l'oisiveté. ▷ *Faire le pacha :* se faire servir. **3.** Fam. Surnom du commandant d'un navire de guerre. – Mot turc.

pachalik [paʃalik] n. m. HIST Territoire gouverné par un pacha. – Mot turc; de *pacha.*

pachtou [paʃtu] n. m. Langue du rameau iranien oriental des langues indo-européennes, parlée en Afghānistān et au Pākistān. – Mot de cette langue.

pachyderme [paʃidɛʀm] adj. et n. m. **1.** adj. Vx Dont la peau est épaisse. **2.** n. m. pl. Ancien ordre de mammifères comprenant l'éléphant, le rhinocéros, l'hippopotame, etc. ▷ (Au sing.) Cour. Éléphant. **3.** Fig. Personne d'allure massive. – Gr. *pakhudermos*, «qui a la peau épaisse».

pachydermie [paʃidɛʀmi] n. f. MED Épaississement de la peau. – De *pachyderme.*

pachyure [paʃjyʀ] n. f. ZOOL Minuscule musaraigne. *La pachyure étrusque (Syncus etruscus), qui mesure moins de 8 cm, queue comprise, est le plus petit des mammifères.* – Du gr. *pakhus*, «épais», et *oura*, «queue».

pacifiant, ante [[pasifjɑ̃, ɑ̃t]] adj. Qui pacifie, qui calme. – Ppr. de *pacifier.*

pacificateur, trice [pasifikatœʀ, tʀis] n. Personne qui pacifie. ▷ adj. *Action pacificatrice.* – Lat. *pacificator.*

pacification [pasifikasjɔ̃] n. f. Action de pacifier. – Lat. *pacificatio.*

pacifier [pasifje] v. tr. [**2**] **1.** Rétablir la paix dans (une région, un pays). ▷ *Par euph.* Écraser la rébellion dans (une province, un pays). **2.** Fig. Apaiser, calmer. *Pacifier les esprits.* – Lat. *pacificare.*

pacifique [pasifik] adj. et n. m. **I. 1.** Qui aime la paix, qui est attaché à la paix. - Par ext. *Mener une vie pacifique.* **2.** Qui se passe dans la paix; exempt de troubles, de violence. *Manifestation pacifique.* **3.** Qui amène la paix ou la favorise. *Politique pacifique.* **II.** *L'océan Pacifique* ou, n. m., *le Pacifique :* l'océan situé entre l'Asie et l'Amérique. – Lat. *pacificus.*

pacifiquement [pasifikmɑ̃] adv. De manière pacifique. – De *pacifique.*

pacifisme [pasifism] n. m. Doctrine politique des pacifistes. Ant. bellicisme. – De *pacifique.*

pacifiste [pasifist] n. et adj. Partisan de la paix entre les États. *Une manifestation de pacifistes.* ▷ Adj. *Propagande pacifiste.* Ant. belliciste. – De *pacifique.*

1. pack [pak] n. m. OCEANOGR Banquise dérivante disloquée en grands plateaux séparés par des chenaux plus ou moins larges. – De l'angl. *pack ice*, «amas de glace flottante».

2. pack [pak] n. m. (Anglicisme) **1.** SPORT Ensemble des huit avants, au rugby. **2.** Emballage, le plus souv. en carton plastifié, de bouteilles, de petits pots, etc. – Mot angl., «paquet».

package [pakɛdʒ] n. m. (Anglicisme) INFORM Syn. de *progiciel.* – Mot angl., «paquet», de *to pack*, «emballer».

packaging [pakadʒiŋ] n. m. (Anglicisme) Syn. de *conditionnement* (sens 2). – Mot angl. de *package.*

packfung. V. pacfung.

pacotille [pakɔtij] n. f. 1. Vx Quantité de marchandises que les membres de l'équipage ou les passagers d'un navire avaient le droit d'embarquer sans payer de fret, afin d'en faire commerce pour leur propre compte. 2. Anc. Assortiment de verroteries et de marchandises diverses qui étaient destinées au troc avec les pays d'Afrique et d'Orient. 3. Mod., péjor. Marchandise de peu de valeur. ▷ *De pacotille* : sans valeur; de mauvaise qualité. *Une montre de pacotille.* - Factice. *Un exotisme de pacotille.* – Esp. *pacotilla*, de la famille de *paquet.*

pacquage ou **paquage** [pakaʒ] n. m. Action de pacquer (le poisson). – De *pacquer.*

pacquer ou **paquer** [pake] v. tr. [1] PECHE Presser (le poisson salé) dans des barils. – De l'a. fr. *pacque*, « paquet ».

pacte [pakt] n. m. Convention solennelle entre deux ou plusieurs États, partis, individus. *Conclure, rompre un pacte. Pacte de non-agression.* ▷ Fig. *Faire, signer un pacte avec le diable*, lui livrer son âme pour obtenir la puissance, la richesse, la jeunesse, etc. – Lat. *pactum.*

pactiser [paktize] v. intr. [1] 1. Faire un pacte (avec qqn). 2. Fig. Transiger (avec qqn, qqch). *Pactiser avec sa conscience.* – De *pacte.*

pactole [paktɔl] n. m. Source importante de richesses. *Le pétrole est pour les pays du Proche-Orient un véritable pactole.* – De *Pactole*, rivière de Lydie (anc. rég. de l'Asie Mineure), célèbre par les paillettes d'or qu'elle roulait.

padan, ane [padɑ̃, an] adj. Du Pô (fleuve de l'Italie du N.), de sa région. *La plaine padane.* – Lat. *padanus*, « du Pô ».

paddock [padɔk] n. m. 1. Enclos, dans une prairie, réservé aux juments poulinières et à leurs poulains, ou à un pur sang. 2. Enceinte, dans le pesage d'un champ de courses, où les chevaux sont promenés en main. 3. Arg. Lit. – Mot angl., « enclos ».

paddy [padi] n. m. TECH Riz non décortiqué. – Mot angl., du malais.

padouan, ane [paduɑ̃, an] adj. et n. De Padoue, v. d'Italie. ▷ Subst. *Un(e) Padouan(e).*

pæan. V. péan.

paella [paelja; paela] n. f. Plat espagnol composé de riz au safran cuit à la poêle avec des moules, des crustacés, des morceaux de volaille, des légumes divers, etc. – Mot esp. « poêle ».

1. paf [paf] adj. inv. Pop. Ivre. *Ils sont complètement paf.* – De *s'empaffer*, « se gaver d'aliments et de vin », variante de *s'empiffrer.*

2. paf ! [paf] interj. (Exprimant le bruit d'une chute, d'un coup, etc.) *Et paf, le voilà par terre !* – Onomat.

PAF [paf] n. m. Acronyme pour *paysage audiovisuel français.*

pagaie [pagɛ] n. f. Rame courte, à large pelle, utilisée pour la propulsion des pirogues et de certaines embarcations de sport, que l'on manie sans l'appuyer à un point fixe (à la différence de l'aviron). *Pagaie simple des canoës et pagaie double des kayaks.* – Du malais *pengajoeh.*

pagaille [pagaj] n. f. Fam. 1. Grand désordre. *En voilà une pagaille !* 2. Loc. adv. *En pagaille* : en désordre. *Il a tout jeté en pagaille dans un tiroir.* - En grande quantité. *Pêcher du poisson en pagaille.* – Provenç. mod. *pagaio.*

paganiser [paganize] v. tr. [1] Didac. Rendre païen. – Du lat. *paganus*, « paysan, païen ».

paganisme [paganism] n. m. Nom donné, lors du triomphe du christianisme, aux religions polythéistes. *Le paganisme romain.* - *Par ext.* Ce qui rappelle les tendances, les mœurs des païens. – Bas lat. ecclés. *paganismus*, du class. *paganus*, « paysan, païen ».

pagayer [pageje] v. [21] 1. v. intr. Ramer avec une pagaie. 2. v. tr. Faire avancer (une embarcation) à l'aide d'une pagaie. – De *pagaie.*

pagayeur, euse [pagɛjœʀ, øz] n. Personne qui pagaie. – De *pagayer.*

1. page [paʒ] n. f. 1. Côté d'un feuillet de papier, de parchemin, etc. *Une feuille comporte deux pages. Cahier de 100 pages. Écrire une page sur deux.* - *Par ext.* Feuillet. *Déchirer, corner une page.* 2. INFORM Unité de découpage de la mémoire centrale d'un ordinateur. 3. Texte écrit, imprimé sur une page. *Page de trente lignes. Lire quelques pages avant de s'endormir.* - Fig. Contenu de ce texte, relativement à sa valeur littéraire, musicale. *Les plus belles pages d'un auteur.* 4. Fig. Époque de l'histoire, période d'une vie, considérée quant aux événements qui l'ont marquée. *C'est une page sinistre de l'histoire de France.* ▷ *Tourner la page* : changer de mode de vie, oublier le passé. ▷ Fam. *Être à la page*, au courant des dernières nouveautés. – Lat. *pagina.*

2. page [paʒ] n. m. Anc. Jeune noble placé auprès d'un souverain, d'un seigneur, pour faire le service d'honneur et apprendre le métier des armes. – Probabl. du gr. *paidion*, « enfant »; ital. *paggio*, par le lat.

3. page. V. pageot 1.

pagel n. m., **pagelle** [paʒɛl] n. f. ou **pageot** [paʒo] n. m. Poisson téléostéen (genre *Pagellus*, fam. sparidés) des mers chaudes et tempérées, parfois confondu avec la daurade et vendu sous ce nom. *Le pagel est appelé pageot dans le sud et l'ouest de la France.* – Lat. *pagellus*, d'orig. gr.

1. pageot [paʒo] ou **page** [paʒ] n. m. Pop Lit.

2. pageot. V. pagel.

pagination [paʒinasjɔ̃] n. f. 1. Action de paginer. - Série des numéros des pages d'un livre. *Pagination défectueuse.* 2. INFORM Découpage de la mémoire d'un ordinateur. – Du lat. *pagina*, « page ».

paginer [paʒine] v. tr. [1] Numéroter les pages de (un livre, un cahier, un registre, etc.). Syn. folioter. – Du lat. *pagina*, « page ».

pagne [paɲ] n. m. Morceau d'étoffe ou de matière végétale tressée, couvrant le corps le plus souvent de la ceinture aux mollets, dont les habitants de certaines régions chaudes du globe (Afrique, Amérique tropicale, Océanie, etc.) se ceignent les reins. – Esp. *paño*, « pan d'étoffe », du lat. *pannus.*

pagode [pagɔd] n. f. 1. Temple des peuples d'Extrême-Orient. ▷ *Spécial.* Temple des brahmanes ou des bouddhistes. (N.B. On tend aujourd'hui à employer *temple* plutôt que *pagode.*) 2. Ancienne monnaie d'or de l'Inde. 3. (En appos.) *Manches pagode(s)*, serrées jusqu'au coude et s'évasant jusqu'au poignet. – Portug. *pagoda*, du tamoul *pagavadam*, « divinité ».

pagre [pagʀ] n. m. Poisson téléostéen marin voisin de la dorade (fam. sparidés), long d'une cinquantaine de cm, à la chair estimée. – Gr. *phagros.*

pagure [pagyʀ] n. m. ZOOL Crustacé décapode dissymétrique (genre *Pagurus*), démuni de coquille, qui loge son corps mou dans une coquille de mollusque abandonnée. Syn. cour. bernard-l'ermite. – Gr. *pagouros*, « qui a la queue en forme de corne ».

pagus [pagys], plur. **pagi** [paʒi] n. m. ANTIQ ROM Circonscription rurale. – Mot lat., « pays ».

pahlavi. V. pehlevi.

paidologie. V. pédologie 2.

paidologue. V. pédologue.

paie [pɛ] ou **paye** [pɛj] n. f. 1. Action de payer (un salaire, etc.). ▷ Loc. pop. *Il y a une paye que* : il y a longtemps que. **2.** Salaire, solde. *Toucher sa paye.* – Déverbal de *payer.*

paiement [pɛmɑ̃] et **payement** [pɛjmɑ̃] n. m. **1.** Action de payer, d'acquitter une dette, un droit, etc. **2.** Somme payée. ▷ Fig. *Le paiement d'une dette morale.* – De *payer.*

païen, enne [pajɛ̃, ɛn] adj. et n. **1.** Relatif à une religion autre que les grandes religions monothéistes (se dit surtout par oppos. à *chrétien). Dieux, temples païens. Fêtes païennes.* ▷ Subst. *Les Grecs et les Romains étaient des païens.* **2.** *Par ext.* Qui n'a pas de religion; non croyant. ▷ Subst. *Jurer comme un païen.* Syn. impie. – Du lat. *paganus,* «paysan», de *pagus,* «pays, village».

paierie [pɛʀi] n. f. Centre administratif chargé des paiements. *La paierie générale de la Marne.* – De *payer.*

paillage [pajaʒ] n. m. AGRIC Action de pailler. – De *pailler* 2.

paillard, arde [pajaʀ, aʀd] adj. et n. **1.** Enclin au libertinage, à la licence sexuelle. ▷ Subst. *Un vieux paillard.* Syn. libertin. **2.** Qui exprime la paillardise; grivois. *Chanson paillarde.* – De *paille;* d'abord *paillart,* «vagabond qui couche sur la paille».

paillardise [pajaʀdiz] n. f. **1.** Libertinage, licence sexuelle. **2.** Action, parole grivoise. *Écrire des paillardises.* – De *paillard.*

1. paillasse [pajas] n. f. **1.** Grand sac cousu rembourré avec de la paille, des feuilles de maïs, etc., qui sert de matelas. **2.** TECH Dallage à hauteur d'appui sur lequel on effectue les manipulations, dans un laboratoire de chimie, de pharmacie, etc. ▷ Surface horizontale d'un évier, à côté de la cuve. – De *paille.*

2. paillasse [pajas] n. m. Anc. Bateleur, pitre des théâtres forains. – Ital. *Pagliaccio,* personnage du théâtre italien dont l'habit était fait de toile à paillasse.

paillasson [pajasɔ̃] n. m. **1.** AGRIC Claie, faite avec de la paille longue, destinée à protéger les couches et les espaliers. **2.** Natte, tapis-brosse placé devant une porte, sur lequel on s'essuie les pieds. **3.** Péjor., fig. Individu bassement servile. – De *paillasse* 1.

paillassonnage [pajasɔnaʒ] n. m. AGRIC Action de paillassonner. – De *paillassonner.*

paillassonner [pajasɔne] v. tr. **[1]** AGRIC Couvrir de paillassons. *Paillassonner des espaliers.* – De *paillasson.*

paille [paj] n. f. et adj. inv. **A.** n. f. **I. 1.** Tige creuse des graminées. ▷ Chaume desséché des graminées dépouillées de leur épi. *Ballot de paille. Lit, litière de paille.* – Loc. fam. *Être sur la paille* : être ruiné; être dans la misère. – Fig. *Homme de paille* : prête-nom. – *Vin de paille* : vin blanc liquoreux fait de raisins mûris sur la paille. ▷ Cette matière employée à des ouvrages de vannerie. *Chapeau de paille.* **2.** Brin de paille. – *Tirer à la courte paille* : tirer au sort avec des brins de paille de longueur inégale. – *Parabole de la paille et la poutre* ou, prov., *voir une paille dans l'œil de son voisin et ne pas voir une poutre dans le sien* : remarquer mieux les défauts d'autrui que les siens propres. ▷ Petit tuyau en carton ou en plastique, chalumeau servant à aspirer un liquide. *Boire de l'orangeade avec une paille.* **3.** *Paille de fer* : tampon fait de longs copeaux de métal, dont on se sert pour gratter, récurer, décaper. *Passer un parquet à la paille de fer.* **II.** TECH **1.** Défaut (fissure, cavité, impureté) dans le métal forgé ou laminé. **2.** Défaut d'une pierre précieuse. Syn. crapaud. **B.** adj. inv. D'un jaune brillant. *Des cheveux paille. Jaune paille.* – Du lat. *palea,* «balle de blé».

1. paillé [paje] n. m. AGRIC Fumier dont la paille n'est pas encore décomposée. – De *paille.*

2. paillé, ée [paje] adj. **1.** Qui a la couleur de la paille. **2.** Garni de paille. *Chaise paillée.* **3.** TECH Qui présente des pailles, des défauts. *Fer paillé.* Syn. pailleux. – De *paille.*

paille-en-queue [pajɑ̃kø] n. m. Phaéton (oiseau). *Des pailles-en-queue.* – De *paille, en,* et *queue,* à cause de deux plumes postérieures longues et fines.

1. pailler [paje] n. m. AGRIC Lieu (cour, hangar, grenier, etc.) où l'on entrepose la paille. – Lat. *palearium,* «grenier à paille», de *palea,* «paille».

2. pailler [pɑje] v. tr. **[1] 1.** AGRIC Couvrir de paille. *Pailler des arbustes pour les protéger du froid.* **2.** Garnir de paille tressée. *Pailler des chaises.* – De *paille.*

1. paillet [pajɛ] n. m. **1.** MAR Natte de cordage tressé utilisée pour préserver un objet de l'usure due au frottement. **2.** TECH Petit ressort de targette. – De *paille.*

2. paillet [pajɛ] n. m. Vin peu coloré (blanc, rosé ou gris) dont la couleur tire sur celle de la paille. ▷ adj. m. *Vin paillet.* – De *paille.*

pailletage [pajtaʒ] n. m. Action de pailleter; son résultat. – De *pailleter.*

pailleté, ée [pajte] adj. Semé de paillettes (sens 2). *Robe pailletée.* – De *paillette.*

pailleter [pajte] v. tr. **[20]** Parsemer de paillettes. ▷ Fig. *La nuit tombait, pailletant le ciel d'étoiles.* – De *paillette.*

pailleteur [pajtœʀ] n. m. TECH Celui qui recueille les paillettes d'or dans les sables aurifères. Syn. orpailleur. – De *paillette.*

paillette [pajɛt] n. f. **1.** MINER Mince lamelle détachée par exfoliation. *Paillette de mica.* – Parcelle d'or que l'on trouve dans le sable de certaines rivières. ▷ *Par ext.* Mince lamelle. *Savon en paillettes.* **2.** Mince lamelle brillante que l'on coud comme ornement sur un tissu. *Habit à paillettes.* – Dimin. de *paille.*

pailleux, euse [pajø, øz] adj. **1.** AGRIC *Fumier pailleux,* dont la paille n'est pas assez décomposée. **2.** TECH Qui présente des défauts, des pailles. *Acier pailleux.* Syn. paillé. – De *paille.*

paillis [paji] n. m. AGRIC Fumier de paille à demi décomposé dont on couvre les semis. – De *paille.*

paillon [pajɔ̃] n. m. **1.** En joaillerie, lamelle de métal battu, placée sous une pierre pour faire valoir sa transparence et son éclat. **2.** Manchon de paille dont on entoure une bouteille. – De *paille;* d'abord signif. «petite paillasse».

paillote [pajɔt] n. f. Construction, hutte de paille des pays chauds. – De *paille.*

pain [pɛ̃] n. m. **1.** Aliment fait de farine additionnée d'eau et de sel, pétrie, fermentée et cuite au four. *Baguette, miche de pain. Pain de seigle. Pain complet*.* – *Pain azyme,* sans levain. *Les hosties sont faites de pain azyme.* – Masse façonnée de cet aliment. *Un pain bien cuit.* ▷ Loc. fig. *Avoir du pain sur la planche* : avoir beaucoup de travail en perspective. – *Bon comme le bon pain* : d'une grande bonté. – *Long comme un jour sans pain* : très long. – *Manger son pain blanc le premier* : avoir des débuts faciles, heureux. – *Pour une bouchée de pain* : pour un prix très bas. **2.** (Dans les noms de diverses pâtisseries.) *Pain aux raisins* : petit gâteau fait de pâte briochée garnie de raisins secs. *Pain au chocolat. Pain au lait. Pain perdu* : entremets fait de tranches de pain trempées dans du lait et des œufs battus, et frites. *Pain d'épice(s)* : V. épice. **3.** (En tant que symbole de la nourriture.) *Le pain quotidien.* ▷ *Gagner son pain à la sueur de son front* : gagner sa vie durement. ▷ *Ôter le pain de la bouche à qqn,* le priver du nécessaire. **4.** CUIS *Par ext.* Préparation moulée en forme de pain. *Pain de viande, de poisson, de fruits.* **5.** TECH Matière moulée formant une masse. *Pain de savon, de cire, de dynamite.* – *Pain de sucre* : masse de sucre de canne coulée dans un moule de forme conique; par anal. de forme, dôme résultant de l'altération très violente, sous le climat tropical, d'un relief de roches cristallines. *Le Pain de Sucre de Rio de Janeiro.* **6.** BOT *Arbre à pain* : V. artocarpus. **7.** Pop. Coup. *Recevoir un pain.* – Du lat. *panis*; d'abord *pan.*

1. pair [pɛʀ] n. m. **I. 1.** Personne placée sur un pied d'égalité avec une autre. *Être jugé par ses pairs.* – *Traiter qqn de pair à compagnon, de pair à égal,* en égal ou comme s'il était un égal. **2.** ECON, FIN Égalité de valeur. *Pair de l'or d'une monnaie* : égalité de valeur de l'unité monétaire envisagée et du poids légal de métal fin qu'elle renferme. *Pair du change* : égalité des rapports de deux monnaies à leurs parités-or respectives. *Pair d'un titre boursier* : valeur de ce titre lorsque son cours coté est représenté par sa valeur nominale. **3.** Loc. *Au pair* : se dit d'un employé logé et nourri mais non rémunéré. ▷ *Hors (de) pair* : sans égal. *Un administrateur hors de pair.* – *Aller de pair,* ensemble sur le même plan. **II. 1.** FEOD Grand vassal du roi. – Seigneur d'une terre érigée en pairie. *Duc et pair.* **2.** HIST Membre de la Chambre haute sous la Restauration et sous Louis-Philippe. **3.** En Grande-Bretagne, membre de la Chambre des lords (en angl. *peer*). – Du lat. *par*; d'abord *peer,* adj. «égal, semblable».

2. pair, paire [pɛʀ] adj. **1.** *Nombre pair,* qui, divisé par deux, donne un nombre entier. ▷ MATH *Fonction paire* : fonction f(x) qui ne change pas quand on remplace x par −x. **2.** ANAT *Organes pairs* : organes doubles et symétriques. *Les yeux, les poumons sont des organes pairs.* – Du lat. *par,* «semblable».

paire [pɛʀ] n. f. **1.** Groupe de deux objets allant ordinairement ensemble. *Une paire de gants, de chaussures.* – Loc. fam. *C'est une autre paire de manches* : c'est une affaire toute différente. ▷ Objet composé de deux pièces symétriques. *Une paire de lunettes.* **2.** *Par ext.* Ensemble de deux choses, de deux êtres. *Une paire de claques.* ▷ Ensemble de deux animaux de la même espèce. *Une paire de pigeons* (le mâle et la femelle). *Une paire de bœufs de trait.* ▷ Plaisant, fam. (Personnes) *Une paire d'amis.* – *Les deux font la paire* : ils ont les mêmes défauts. ▷ JEU Ensemble de deux cartes de même figure. *Paire d'as.* **3.** Pop. *Se faire la paire* : filer, s'éclipser. – Du lat. *paria,* fém. issu du plur. neutre de *par.*

pairesse [pɛʀɛs] n. f. En Grande-Bretagne, femme possédant une pairie. – Épouse d'un membre de la Chambre des lords. – Angl. *peeress.*

pairie [pɛʀi] n. f. **1.** Titre, dignité de pair. **2.** FEOD Domaine auquel cette dignité était attachée. – De *pair* 1.

pairle [pɛʀl] n. m. HERALD Pièce en forme d'Y dont les deux branches aboutissent aux angles du chef.

paisible [pezibl] adj. **1.** Qui aime la paix; doux et tranquille. *Un homme paisible.* Syn. pacifique. **2.** DR Qui n'est pas troublé dans la possession d'un bien. *Paisible possesseur d'une terre.* **3.** Que rien ne vient troubler. *Sommeil paisible.* ▷ Où règne la paix. *Royaume paisible. Forêts paisibles.* Syn. tranquille, calme. – De *paix.*

paisiblement [pezibləmɑ̃] adv. D'une manière paisible, en paix. – De *paisible.*

paissance [pesɑ̃s] n. f. DR Action de faire paître du bétail sur un terrain communal. – De *paître*; signif. d'abord «pâture».

paître [pɛtʀ] v. [74] (Ni au passé simple ni aux temps composés.) **I.** v. tr. **1.** Vx Nourrir (un oiseau de proie). *Paître un faucon.* ▷ v. pron. (Ne se dit que des oiseaux carnassiers.) *Les corbeaux se paissent de charogne.* **2.** Vx Mener (le bétail) aux prés. *Paître des moutons.* **3.** (En parlant d'animaux.) Brouter, manger. *Des alpages où les troupeaux paissent une herbe grasse.* **II.** v. intr. **1.** Brouter l'herbe. *Mener paître des moutons.* **2.** Fig., fam. *Envoyer paître (qqn)* : renvoyer (qqn) avec humeur. *Envoyer paître un importun.* – Du lat. *pascere.*

paix [pɛ] n. f. **1.** Concorde, absence de conflit entre les personnes. *Vivre en paix avec autrui.* **2.** Situation d'un pays qui n'est pas en état de guerre. *Temps de paix.* ▷ *Par ext.* Traité de paix. *Faire, signer la paix. Paix avantageuse, honteuse.* **3.** Tranquillité, quiétude que rien ne trouble. *Cet enfant ne la laisse jamais en paix.* – Fam. *Fichez-moi la paix!* (Ellipt.) *La paix!* ▷ Absence d'agitation, état de calme silencieux et reposant. *La paix des forêts.* **4.** Tranquillité sereine de l'âme. *Mettre sa conscience en paix.* ▷ *Qu'il repose en paix!* (trad. du lat. *Requiescat in pace*) : souhait du repos éternel pour un mort. **5.** *Paix de Dieu* : protection accordée par l'Église aux non-combattants lors des conflits opposant les seigneurs du haut Moyen Âge. (Cette institution tomba en désuétude à partir du XIIIe s.) – Lat. *pax, pacis.*

pakistanais, aise [pakistanɛ, ɛz] adj. et n. Du Pākistān, État d'Asie. ▷ Subst. *Un(e) Pakistanais(e).*

pal [pal] n. m. **1.** Pieu dont une extrémité est aiguisée. ▷ Spécial. *Supplice du pal* (V. empaler). **2.** HERALD Large bande traversant l'écu du haut du chef jusqu'à la pointe. **3.** AGRIC Plantoir de vigneron. ▷ *Pal injecteur* : instrument servant à injecter certaines substances chimiques dans le sol (pour traiter les vignes atteintes par le phylloxéra, notam.). – Lat. *palus,* «poteau».

PAL [pal] n. m. et adj. inv. Se dit du système de télévision en couleurs d'origine allemande. – Acronyme pour l'angl. *phase alternative line.*

palabre [palabʀ] n. f. **1.** Vx Présent fait à un chef local pour se gagner sa faveur, en Afrique noire. ▷ Longues conversations, longues tractations dont s'accompagnait ce présent. **2.** Mod. (Français d'Afrique noire.) Débat réglé entre les hommes d'un village sur un sujet intéressant la communauté. **3.** Péjor. Discours interminable, conversation trop longue et oiseuse. – Esp. *palabra,* «parole».

palabrer [palabʀe] v. intr. [1] **1.** (Français d'Afrique noire.) Délibérer, tenir une palabre (sens 1). **2.** Faire de longs discours oiseux, converser interminablement. – De *palabre.*

palace [palas] n. m. Hôtel, établissement de luxe. *Ils ne descendent que dans des palaces.* – Mot angl. «palais»; du fr.

paladin [paladɛ̃] n. m. **1.** Seigneur de la suite de Charlemagne. *Le paladin Roland.* **2.** *Par ext.* Chevalier du Moyen Âge, en quête de causes justes. – Ital. *paladino,* lat. médiév. *palatinus,* «officier du palais».

palafitte [palafit] n. m. ARCHEOL Ensemble d'habitations du néolithique récent, construit sur pilotis dans les zones marécageuses du bord des lacs. – Ital. *palafitta,* du lat. *palus,* «pieu», et *fingere,* «façonner».

1. palais [palɛ] n. m. **1.** Vaste et somptueuse résidence d'un chef d'État, d'un haut personnage, d'un riche particulier. *Le palais de l'Élysée. Le palais ducal de Nevers.* – Par exag. *Cette maison est un palais!* **2.** Ancien palais rendu public ou vaste édifice spécialement construit pour abriter diverses manifestations (culturelles, sportives, etc.), un grand organisme de l'État, etc. *Le palais du Louvre. Le Grand Palais. Palais des Sports. Le Palais-Bourbon.* **3.** *Le palais de justice* ou, absol., *le palais* : édifice où siègent les cours et les tribunaux. – *Les gens du* ou *de palais* : les juges, les avocats, etc. – *Le style du palais* : le langage particulier des plaidoiries, des actes juridiques, etc. – Du lat. *Palatium,* «le (mont) Palatin» sur lequel Auguste avait fait édifier sa demeure.

2. palais [palɛ] n. m. **1.** Partie supérieure de la cavité buccale, séparant les fosses nasales de la bouche. *Voûte du palais,* ou *palais dur* (osseux; partie antérieure). *Voile du palais,* ou *palais mou* (musculeux; partie postérieure). **2.** Fig. Sens gustatif. *Avoir le palais fin.* – Lat. pop. **palatium,* class. *palatum.*

palan [palɑ̃] n. m. Appareil de levage constitué par deux systèmes de poulies qui permettent de réduire, en la démultipliant, la force à exercer pour soulever, pour déplacer une charge. *Palan électrique.* – Ital. *palanco,* lat pop. **palanca,* gr. *phalagx, phalaggos* «gros bâton», d'où «rouleau pour déplacer les fardeaux».

palanche [palɑ̃ʃ] n. f. Tige de bois légèrement incurvée, que l'on pose sur l'épaule pour porter deux charges, deux seaux à la fois, aux extrémités. – Du lat. pop. *palanca,* class. *palanga.* V. palan.

palancre [palɑ̃kʀ] ou **palangre** [palɑ̃gʀ] n. f. PECHE Longue et grosse ligne, soutenue par des flotteurs, à laquelle sont attachées des lignes plus petites munies d'hameçons. – Mot provençal.

palangrotte [palɑ̃gʀɔt] n. f. PECHE Petite ligne à main à plusieurs hameçons, pour la pêche au fond. – De *palangre.*

palanque [palɑ̃k] n. f. FORTIF Mur de défense constitué de gros pieux jointifs plantés verticalement. – Ital. *palanca,* «poutre», même famille que *palan.*

palanquée [palɑ̃ke] n. f. **1.** MAR Quantité de marchandises embarquée ou débarquée en une seule fois à l'aide d'un palan. **2.** Fig., fam. *Une palanquée :* une quantité. – Pp. fém. subst. de *palanquer.*

palanquer [palɑ̃ke] v. intr. [**1**] Lever avec un palan. – De *palan.*

palanquin [palɑ̃kɛ̃] n. m. **1.** Chaise ou litière portée à bras d'hommes, en Extrême-Orient. **2.** Abri, nacelle que l'on installe sur le dos des chameaux, des éléphants. – Portug. *palanquim,* du hindi *pâlakî,* sanscrit *paryanka.*

palastre [palastʀ] ou **palâtre** [palɑtʀ] n. m. TECH Boîtier d'une serrure; plaque de fond de ce boîtier. – Du lat. *pala,* «pelle».

palatal, ale, aux [palatal, o] adj. (et n. f.) **1.** PHON Se dit d'un phonème dont le point d'articulation est situé dans la région du palais dur. *Voyelles palatales* ([i], [e], par ex.). *Consonnes palatales* ([g], [j], par ex.). ▷ n. f. [i] *et* [k] *sont des palatales.* **2.** Rare Palatin (sens 1). – Du lat. *palatum,* «palais».

palatalisation [palatalizasjɔ̃] n. f. PHON Modification subie par un phonème dont le point d'articulation est reporté dans la région du palais dur. *Palatalisation des consonnes sifflantes devant une voyelle mouillée, en russe.* – De *palatal.*

palataliser [palatalize] v. tr. [**1**] PHON Transformer par palatalisation. – De *palatal.*

1. palatin, ine [palatɛ̃, in] adj. ANAT Du palais. *Voûte palatine.* – Du lat. *palatum,* «palais».

2. palatin, ine [palatɛ̃, in] adj. et n. **1.** adj. Appartenant à un palais. *La chapelle palatine, à Aix-la-Chapelle.* ▷ HIST Qui occupait une charge dans le palais d'un prince. *Comte palatin.* – Subst. *Un palatin.* ▷ *La Palatine :* la princesse Palatine, belle-sœur de Louis XIV. **2.** n. m. Dans l'ancienne Pologne, gouverneur d'une province. – En Hongrie, représentant du roi qui avait la charge suprême de la justice. – Lat. *palatinus.*

palatinat [palatina] n. m. HIST Dignité de palatin. – Territoire administré par un palatin. – De *palatin* 2.

palâtre. V. palastre.

1. pale [pal] n. f. **1.** Partie plate d'un aviron, qui entre dans l'eau. ▷ Aube de la roue d'un bateau à vapeur. ▷ Chacun des éléments de forme vrillée, fixés au moyeu d'une hélice (de bateau, d'avion) ou d'un rotor (d'hélicoptère). **2.** TECH Petite vanne qui ferme un réservoir. – Lat. *pala,* «pelle»; signif. d'abord «rame de bateau».

2. pal(l)e [pal] n. f. LITURG CATHOL Carton garni de toile blanche qui couvre le calice pendant la messe. – Lat. *palla,* «manteau».

pâle [pɑl] adj. **1.** Blême, d'une blancheur sans éclat, en parlant du teint d'une personne. *Une figure très pâle, marquée par la maladie.* – *Les Visages pâles :* les Blancs, pour les Indiens d'Amérique (expression que la littérature a contribué à répandre). ▷ (Personnes) Qui a le teint pâle. *Je l'ai trouvé bien pâle, il doit être malade.* **2.** Arg. (des militaires) *Se faire porter pâle,* malade. **3.** Qui a peu d'éclat, qui a peu de couleurs; blafard. *Une lumière pâle,* terne. ▷ Se dit d'une couleur à laquelle on a mélangé beaucoup de blanc. *Un bleu pâle.* **4.** Fig. Médiocre, terne. *Une pâle copie des grands classiques. Un pâle truand.* – Du lat. *pallidus,* de *pallere,* «pâlir».

palé(o)-. Élément, du gr. *palaios,* «ancien».

pale-ale [pɛlɛl] n. f. Bière blonde anglaise. *Des pale-ales.* – Mots angl., *pale,* empr. au fr. *pâle,* et *ale,* «bière».

paléanthropiens [paleɑ̃tʀɔpjɛ̃] n. m. pl. PALEONT Vieilli Hominidés fossiles du pléistocène. – Sing. *Un paléanthropien.* – adj. *Les fossiles paléanthropiens.* – De *palé(o)-,* et *-antrope.*

paléarctique [paleaʀktik] adj. GEOGR *Région paléarctique :* une des divisions du globe, suivant les critères biogéographiques, qui comprend l'Europe, l'Afrique du Nord et l'Asie septentrionale et centrale. – De *palé-(o),* et *arctique.*

palefrenier, ère [palfʀənje, ɛʀ] n. Employé(e) chargé(e) du soin des chevaux. – Anc. provenç. *palafrenier,* de *palafren,* «palefroi».

palefroi [palfʀwa] n. m. Anc. Cheval de marche ou de parade (par oppos. à *destrier,* cheval de bataille). – Du bas lat. *paraveredus,* de *veredus,* «cheval».

palémon [palemɔ̃] n. m. ZOOL Grosse crevette (*Crangon crangon*), abondante en mer du Nord, appelée aussi *crevette rose,* ou *bouquet.* – De *Palémon,* divinité marine.

paléo-. V. palé(o)-.

paléobotanique [paleobɔtanik] n. f. Didac. Paléontologie végétale.

paléocène [paleɔsɛn] adj. et n. m. GEOL Qui correspond à l'étage géologique du paléogène inférieur. – n. m. *Le paléocène.* – De *paléo-,* et *-éocène.*

paléochrétien, enne [paleokʀetjɛ̃, ɛn] adj. Didac. Des premiers chrétiens (Ier-VIe s.). *Art paléochrétien.*

paléoclimat [paleoklima] n. m. Didac. Climat d'une région à une période géologique ancienne.

paléoclimatologie [paleoklimatɔlɔʒi] n. f. Didac. Partie de la paléogéographie qui étudie les paléoclimats. (La *palynologie** est très utilisée pour connaître les paléoclimats des périodes récentes; pour les périodes les plus anciennes, on étudie les modes d'érosion des roches.) – De *paléoclimat.*

paléoethnologie. V. palethnologie.

paléogène [paleɔʒɛn] n. m. GEOL Première partie (paléocène, éocène et oligocène) du tertiaire. Syn. nummulitique. – De *paléo-,* et *gène.*

paléogéographie [paleoʒeɔgʀafi] n. f. Didac. Partie de la géographie qui s'attache à la description et à l'étude de la Terre (relief, hydrographie, climats, etc.) aux diverses périodes géologiques.

paléogéographique [paleoʒeɔgʀafik] adj. Didac. Qui a rapport à la paléogéographie.

paléographe [paleɔgʀaf] n. Didac. Spécialiste de la paléographie. – (En appos.) *Archiviste paléographe,* diplômé de l'École nationale des chartes. – De *paléographie.*

paléographie [paleɔgʀafi] n. f. Didac. Science du déchiffrage des écritures anciennes (inscriptions, manuscrits, chartes, etc.).

paléographique [paleɔgʀafik] adj. Didac. Relatif à la paléographie. – De *paléographie.*

paléolithique [paleɔlitik] adj. et n. m. Relatif à l'âge de la pierre taillée. ▷ n. m. *Le paléolithique :* la période archéologique couvrant la majeure partie du quaternaire (selon les continents, de 1,8 million d'années à 18 000 ans av. notre ère), au cours de laquelle les premières industries humaines (pierre taillée) firent leur apparition. – Mot angl., de *paléo-*, et gr. *lithos*, « pierre ».

paléomagnétisme [paleomaɲetism] n. m. Didac. Partie des sciences de la Terre qui étudie les variations du géomagnétisme (et notam. de l'effet de thermorémanence) au cours des temps géologiques, telles que les roches et les fossiles en conservent la trace.

paléontologie [paleɔ̃tɔlɔʒi] n. f. Science des êtres vivants (animaux, végétaux) qui ont peuplé la Terre au cours des temps géologiques, fondée sur l'étude des fossiles. *La paléontologie est divisée en paléontologie animale, paléontologie végétale et micropaléontologie.* – De *palé(o)-*, et *ontologie*.

paléontologique [paleɔ̃tɔlɔʒik] adj. Relatif à la paléontologie. – De *paléontologie*.

paléontologiste [paleɔ̃tɔlɔʒist] ou **paléontologue** [paleɔ̃tɔlɔg] n. Spécialiste de la paléontologie. – De *paléontologie*.

paléosibérien, enne [paleɔsibeʀjɛ̃, ɛn] adj. **1.** ANTHROP *Peuples paléosibériens :* peuples aux caractères mongoliques peu marqués, qui habitent encore aujourd'hui l'Oural et l'est de la Sibérie (ex. : les Ostiaks). ▷ Subst. *Les Paléosibériens ont sans doute été les ancêtres des Aïnous du Japon.* **2.** LING *Langues paléosibériennes :* langues fort diverses, mal connues, encore parlées dans la partie extrême-orientale de la Sibérie.

paléosol [paleosɔl] n. m. PALEONT Sol fossile. – De *paléo-*, et *sol*.

paléothérium [paleoteʀjɔm] n. m. PALEONT Mammifère (genre *Paleotherium*) périssodactyle fossile, à allure de tapir, qui vécut à l'éocène. – De *paléo-*, et gr. *thêrion*, « bête sauvage ».

paléozoïque [paleozɔik] adj. et n. m. PALEONT Relatif aux couches géologiques contenant les plus anciens fossiles animaux ou végétaux. ▷ n. m. GEOL *Le paléozoïque :* l'ère primaire. – De *paléo-*, et *-zoïque*.

paleron [palʀɔ̃] n. m. Partie plate et charnue de l'épaule de certains mammifères. ▷ En boucherie, morceau du bœuf ou du porc qui se trouve sur la partie arrière de l'épaule près de l'omoplate. – De *pale* 1.

palestinien, enne [palɛstinjɛ̃, ɛn] adj. et n. De Palestine, rég. du Proche-Orient. ▷ Subst. *Un(e) Palestinien(ne).*

palestre [palɛstʀ] n. f. ANTIQ Lieu public réservé aux exercices physiques, notam. à la lutte, dans la civilisation gréco-romaine. – Gr. *palaistra*.

palet [palɛ] n. m. Pierre plate et ronde ou disque épais qu'on lance vers un but, dans certains jeux (marelle, hockey, etc.). – De *pale* 1.

palethnologie [palɛtnɔlɔʒi] ou **paléoethnologie** [paleoɛtnɔlɔʒi] n. f. Didac. Étude des peuples disparus. – De *pal(éo)-*, et *ethnologie*.

paletot [palto] n. m. Veste à manches ouverte sur le devant que l'on porte par-dessus d'autres habits. ▷ Fam. Tout vêtement de dessus tricoté.▷ Loc. fig. *Tomber sur le paletot de qqn*, l'assaillir. – Moyen angl. *paltok*, « sorte de jaquette ».

palette [palɛt] n. f. **I.** Objet de forme aplatie, d'une certaine largeur. *En partic. :* **1.** Petite raquette en bois servant à jouer à la paume, au volant. **2.** Plaque mince percée d'un trou pour passer le pouce, sur laquelle les peintres travaillent leurs couleurs. – Fig. Ensemble des couleurs, des nuances utilisées par un peintre. *Artiste qui a une riche palette.* **3.** MILIT Petit disque placé au bout d'une tige, servant à indiquer les points d'impact sur une cible. **4.** TECH Aube d'une roue. ▷ Plateau servant à la manutention des marchandises. **II.** En boucherie, morceau de porc, de mouton provenant de la région de l'omoplate. *Palette de porc aux lentilles.* – Dimin. de *pale* 1.

palettisation [palɛtizasjɔ̃] n. f. TECH Action de palettiser. – Emploi des palettes lors des manutentions. – De *palettiser*.

palettiser [palɛtize] v. tr. [1] TECH **1.** Charger (des marchandises) sur une palette. **2.** Équiper de palettes ; réorganiser en généralisant l'emploi des palettes. *Palettiser un service de manutention.* – De *palette*.

palétuvier [paletyvje] n. m. Arbre des mangroves (genre *Rhizophora*), caractérisé par des racines en partie aériennes adaptées à la vase. Syn. manglier. – Du tupi *apara-hiwa*, « arbre courbé ».

pâleur [palœʀ] n. f. Aspect, teinte de ce qui est pâle. *Pâleur du teint.* – De *pâle* ; lat. *pallor*.

pāli [pali] n. m. Ancienne langue de l'Inde, très proche du sanskrit, encore parlée par les prêtres bouddhistes du Sri Lanka. – Du pāli *pāli-bhāsā*, « langue (pāli) des textes canoniques (bhāsā) ».

pâlichon, onne [paliʃɔ̃, ɔn] adj. Fam. Un peu pâle ; pâlot. – Dimin. de *pâle*.

palier [palje] n. m. **1.** Plan horizontal reliant deux volées d'escalier ou servant d'accès à des locaux situés au même niveau. *Demeurer sur le même palier. Voisins de palier.* **2.** Tronçon horizontal d'une route, situé entre deux pentes. *Faire 100 km à l'heure en palier.* ▷ Fig. Phase de stabilité dans le cours d'une évolution. *L'expansion économique a atteint un palier.* ▷ *Par paliers :* par étapes, degrés successifs. *Impôt établi par paliers.* ▷ PHYS Partie d'une courbe parallèle à l'axe des abscisses. *Palier de liquéfaction.* **3.** MECA Pièce à l'intérieur de laquelle tourne un arbre de transmission. – De l'a. fr. *paele*, « poêle », par anal. de forme.

palière [paljɛʀ] adj. f. *Porte palière*, qui s'ouvre sur un palier. ▷ *Marche palière :* marche d'escalier de niveau avec le palier. – De *palier*.

palilalie [palilali] n. f. MED Trouble de la parole consistant en la répétition involontaire des mots. – De *pali(n)-*, et gr. *lalein*, « bavarder ».

palimpseste [palɛ̃psɛst] n. m. Parchemin manuscrit dont le texte primitif a été gratté et sur lequel un nouveau texte a été écrit. – Lat. *palimpsestus*, gr. *palimpsêstos*.

palin-. Élément, du gr. *palin*, « de nouveau ».

palindrome [palɛ̃dʀom] adj. et n. m. Se dit d'un mot, d'un vers, d'une phrase que l'on peut lire de gauche à droite et de droite à gauche (ex. : Un roc cornu). ▷ MATH *Nombre palindrome*, dont les chiffres présentent une symétrie (ex. : 328823 ; 3287823). – Gr. *palindromos*, « qui revient sur ses pas ».

palingénésie [palɛ̃ʒenezi] n. f. **1.** PHILO Régénération universelle cyclique du monde et de tous les êtres. **2.** Fig. Renouvellement moral. – Bas lat. *palingenesia*, de *palin-*, et *genesis*, « naissance ».

palingénésique [palɛ̃ʒenezik] adj. PHILO Relatif à la palingénésie. *Doctrine palingénésique. Théories palingénésiques des stoïciens, de Platon, de Schopenhauer.* – De *palingénésie*.

palinodie [palinɔdi] n. f. **1.** ANTIQ Pièce de vers dans laquelle l'auteur rétractait ce qu'il avait exprimé auparavant. **2.** Fig., péjor. Rétractation, changement d'opinion. *Les palinodies des politiciens.* – Bas lat. *palinodia*, mot gr. « chant sur un autre ton ».

pâlir [pɑliʀ] v. [3] **I.** v. intr. **1.** Devenir pâle. *Ses amies en ont pâli de jalousie.* Syn. blêmir. **2.** (Choses) Prendre une teinte moins vive, moins soutenue; passer. *Cette étoffe a pâli au soleil.* **II.** v. tr. Litt. Rendre pâle. *La fièvre l'a pâli.* – De *pâle.*

palis [pali] n. m. Petit pieu pointu que l'on assemble à d'autres pour former une clôture. ▷ Clôture ainsi formée. – De *pal.*

palissade [palisad] n. f. **1.** Barrière, clôture faite de palis. **2.** Mur de verdure, haie. *Palissade de houx.* – De *palis.*

palissader [palisade] v. tr. [1] Entourer, protéger par une palissade. – De *palissade.*

palissadique [palisadik] adj. BOT Relatif au parenchyme chlorophyllien de la face supérieure des feuilles, formé de grandes cellules jointives. – De *palissade.*

palissage [palisaʒ] n. m. ARBOR Action de palisser; son résultat. – De *palisser.*

palissandre [palisɑ̃dʀ] n. m. Bois brun à reflets violacés, au beau veinage, fourni par plusieurs espèces de bignoniacées de la Guyane et utilisé en ébénisterie et en marqueterie. – Néerl. *palissander,* d'un dial. de la Guyane.

pâlissant, ante [pɑlisɑ̃, ɑ̃t] adj. **1.** Qui pâlit. *Visage pâlissant.* **2.** Qui perd de son éclat. *Jour pâlissant.* – Ppr. de *pâlir.*

palisser [palise] v. tr. [1] ARBOR Étendre et fixer à un support (mur, treillage, tuteur) les branches ou les pousses d'une plante pour en faire un espalier. – De *palis*; signif. d'abord «fermer avec des pieux».

palisson [palisɔ̃] n. m. TECH Instrument de fer, de forme semi-circulaire avec lequel on adoucit les peaux en chamoiserie. – De *palis.*

palissonner [palisɔne] v. tr. [1] Passer (les peaux) au palisson. – De *palisson.*

paliure [paljyʀ] n. m. BOT Arbrisseau méditerranéen épineux, appelé aussi *épine du Christ* (genre *Paiurus,* fam. rhamnacées), utilisé pour constituer des haies. – Gr. *paliouros.*

1. palladium [paladjɔm] n. m. **1.** ANTIQ Statue de Pallas considérée comme un gage de salut public, notam. chez les Troyens. **2.** Ce que l'on considère comme une protection, une sauvegarde, une garantie. *La Constitution, palladium des libertés fondamentales.* – Mot lat., du gr. *palladion.*

2. palladium [paladjɔm] n. m. CHIM Élément métallique de numéro atomique Z = 46, de masse atomique 106,4 (symbole Pd). – Métal (Pd) blanc, très dur et très ductile, de densité 11,92, qui fond à 1 552 °C et bout à 2 900 °C. *Le palladium, susceptible, à l'état divisé, d'absorber de grandes quantités d'hydrogène, est employé comme catalyseur.* – Mot angl. du nom de la planète *Pallas.*

palle. V. pale 2.

palléal, ale, aux [paleal, o] adj. ZOOL Relatif au manteau des mollusques et des brachiopodes. ▷ *Cavité palléale* : cavité externe contenant les organes respiratoires chez les mollusques et les brachiopodes. – Du lat. *palla,* «manteau».

palliatif, ive [paljatif, iv] adj. et n. m. **1.** adj. Qui pallie, dont l'efficacité n'est qu'apparente. *Remède palliatif.* – *Soins palliatifs* : traitement qui ne vise qu'à atténuer la douleur. **2.** n. m. Mesure provisoire, insuffisante; expédient. *Cette décision hâtive n'est qu'un palliatif.* – Lat. médiév. *palliativus,* de *palliare,* «couvrir d'un manteau».

pallidum [palidɔm] n. m. ANAT Une des deux formations qui constituent les noyaux gris centraux du cerveau. *Le pallidum, dit aussi «globus pallidus», commande de nombreux automatismes.* – Du lat. *pallidus,* «pâle».

pallier [palje] v. tr. [2] **1.** Déguiser, présenter sous un jour favorable en dénaturant la vérité. *Pallier les fautes d'un subordonné.* **2.** Ne résoudre qu'en apparence ou provisoirement; atténuer. *Pallier une difficulté.* (N.B. La construction *pallier à* est considérée comme fautive.) – Bas lat. *palliare,* «couvrir d'un manteau».

pallikare [palikaʀ] n. m. HIST Au XIXe s., partisan grec ou albanais combattant contre les occupants turcs. – Gr. mod. *pallikari,* «gaillard, homme brave».

pallium [paljɔm] n. m. **1.** ANTIQ ROM Manteau d'origine grecque, que les Romains portaient le plus souvent pardessus la tunique. **2.** LITURG Ornement sacerdotal formé d'une étroite bande d'étoffe de laine blanche d'agneau semée de croix noires, que le pape porte en sautoir et qu'il confère, parfois, à des prélats qu'il veut honorer. – Mot lat., «manteau».

palmaire [palmɛʀ] adj. ANAT Qui a rapport à la paume des mains. – Du lat. *palma,* «paume».

palmarès [palmaʀɛs] n. m. **1.** Liste des lauréats d'un concours, d'une distribution de prix, etc. *Le palmarès du festival de Cannes.* **2.** AUDIOV Classement de productions de variétés. (Mot off. recommandé pour *hit-parade.*)– Lat. *palmares,* plur. de *palmaris,* «qui mérite la palme».

palmature [palmatyʀ] n. f. Malformation de la main dont les doigts sont reliés par une membrane. – Du lat. *palmatus,* «palmé».

1. palme [palm] n. f. **1.** Feuille du palmier. ▷ (En tant que symbole de la victoire, du triomphe.) *Remporter la palme.* – *La palme du martyre* : la gloire éternelle dont jouissent les martyrs. **2.** (Dans quelques loc.) Palmier. *Vin de palme.* ▷ *Huile de palme* ou *beurre de palme* : matière grasse extraite du fruit d'un palmier, utilisée notam. en savonnerie. **3.** Ornement en forme de palme. *Palmes sculptées.* **4.** Insigne d'une distinction honorifique. *Palmes académiques.* ▷ MILIT Petit insigne agrafé sur la croix de guerre (ou sur la croix de la valeur militaire), qui représente une citation à l'ordre de l'armée. **5.** Palette de caoutchouc que l'on adapte au pied pour rendre la nage plus rapide. – Lat. *palma,* «palmier, paume».

2. palme [palm] n. m. Ancienne unité de longueur romaine (env. 7,4 cm). ▷ Ancienne unité de longueur italienne valant env. 24,7 cm. – Lat. *palmus.*

palmé, ée [palme] adj. **1.** BOT Qui a la forme d'une main, d'une palme. *Feuille palmée.* **2.** ZOOL Qui possède une palmure. *Patte palmée. Pied palmé.* – Lat. *palmatus.*

1. palmer [palme] v. tr. [1] TECH Aplatir la tête de (une aiguille) avant de percer le chas. – Du lat. *palma,* «paume».

2. palmer [palmɛʀ] n. m. TECH Instrument à tambour micrométrique, servant à mesurer avec précision le diamètre ou l'épaisseur d'une pièce. – Du nom de l'inventeur J.L. *Palmer.*

3. palmer [palme] v. intr. [1] Nager à l'aide de palmes. *Palmer en plongée.* – De *palme* 1 (sens 5).

palmeraie [palməʀɛ] n. f. Plantation de palmiers. – De *palmier.*

palmette [palmɛt] n. f. **1.** ARCHI Ornement en forme de feuille de palmier. **2.** ARBOR Disposition symétrique des branches des arbres fruitiers en espalier. – Dimin. de *palme* 1.

palmier [palmje] n. m. **1.** Arbre monocotylédone d'origine tropicale, à feuilles très découpées, disposées en bouquet au sommet du tronc, et qui compte de nombreuses espèces (cocotier, palmier-dattier, raphia, etc.). ▷ *Cœur de palmier* : chou-palmiste. V. palmiste. **2.** Petit gâteau de pâte feuilletée. – De *palme* 1.

palmipède [palmipɛd] adj. et n. m. ZOOL Dont les pieds sont palmés. ⊳ n. m. pl. *Les palmipèdes :* anc. ordre d'oiseaux aquatiques aux pattes palmées, divisé auj. en ansériformes (oies), alciformes (pingouins), pélécaniformes (pélicans), etc. - Sing. *L'oie est un palmipède.* – Lat. *palmipes, palmipedis,* de *palma,* « palme ».

palmiste [palmist] n. m. Palmier aux bourgeons comestibles (V. arec). – Mot antillais, de l'esp. *palmito.*

palmitate [palmitat] n. m. CHIM Sel ou ester de l'acide palmitique. V. napalm. – De *palmitine.*

palmite [palmit] n. m. Moelle de palmier, comestible. – De l'esp. *palmito.*

palmitine [palmitin] n. f. CHIM Ester du glycérol qui entre dans la composition de nombreuses graisses végétales et animales (huile de palme, notam.). – De *palme* 1.

palmitique [palmitik] adj. CHIM *Acide palmitique :* acide gras présent dans la plupart des graisses animales et végétales. – De *palmitine.*

palmure [palmyʀ] n. f. ZOOL Membrane réunissant les doigts de divers vertébrés aquatiques (canard, loutre, grenouille, etc.). – De *palme* 1.

palombe [palɔ̃b] n. f. Rég. (Midi, Sud-Ouest). Pigeon ramier. – Lat. *palumba.*

palomet [palɔmɛ] n. m. BOT Champignon (russule) comestible, au chapeau craquelé, couleur vert-de-gris.

palonnier [palɔnje] n. m. **1.** Pièce du train d'une voiture à laquelle les traits des chevaux sont attachés. **2.** AVIAT Ensemble des deux pédales qui commandent la gouverne de direction. **3.** AUTO Dispositif destiné à équilibrer entre les deux roues l'effort transmis par le frein à main. – Probabl. de l'a. fr. **palon,* du lat. *palus,* « pieu ».

palot [palo] n. m. TECH Pelle spéciale pour le travail dans les tourbières. ⊳ Rég. Pelle qui sert à extraire du sable les vers, les coquillages, etc. – De *pale* 1.

pâlot, otte [pɑlo, ɔt] adj. Fam. Un peu pâle. – De *pâle.*

palourde [paluʀd] n. f. Mollusque lamellibranche *(Tapes decussatus),* comestible, qui vit enfoui dans le sable. Syn. clovisse. – Du lat. pop. **pelorida,* class. *peloris,* du gr.

palpable [palpabl] adj. **1.** Perceptible par le toucher. *Un objet palpable.* **2.** Évident, patent. *Vérité palpable.* – Bas lat. *palpabilis.*

palpation [palpasjɔ̃] n. f. MED Partie de l'examen clinique du malade reposant sur l'exploration manuelle et le toucher. – De *palper.*

palpe [palp] n. m. ZOOL Petit appendice des pièces buccales des arthropodes, portant souvent les organes sensoriels du toucher, du goût et de l'odorat. – Déverbal de *palper.*

palpébral, ale, aux [palpebʀal, o] adj. ANAT De la paupière, relatif à la paupière. *Réflexe palpébral.* – Lat. *palpebralis.*

palper [palpe] v. tr. [1] **1.** Examiner en tâtant, en touchant avec les mains, les doigts. *Médecin qui palpe l'abdomen d'un malade.* **2.** Fam. *Palper de l'argent* ou, absol., *palper :* recevoir de l'argent. – Lat. *palpare.*

palpeur [palpœʀ] n. m. TECH **1.** Organe servant à explorer le contour d'une pièce. **2.** Dispositif à ressort placé au centre d'une plaque de cuisson, agissant sur le thermostat et régulant la température du récipient se trouvant en contact avec la plaque. **3.** *Palpeur ultrasonore :* appareil de sondage à tête sensible comportant un cristal récepteur ou émetteur d'ultrasons, qui, par l'intermédiaire d'eau ou d'huile, est en contact avec le matériau à sonder. – De *palper.*

palpitant, ante [palpitɑ̃, ɑ̃t] adj. **1.** Qui palpite. ⊳ n. m. Arg. *Le palpitant :* le cœur. **2.** Qui passionne, intéresse vivement. *Écouter une histoire palpitante.* – Ppr. de *palpiter.*

palpitation [palpitasjɔ̃] n. f. Mouvement de ce qui palpite. *Palpitation des artères.* ⊳ (Surtout au plur.) Battements accélérés du cœur. – Lat. *palpitatio.*

palpiter [palpite] v. intr. [1] **1.** Avoir des mouvements convulsifs, des battements désordonnés (organe, organisme). *Elle avait peur et son cœur palpitait. Le corps de la victime palpitait encore faiblement.* ⊳ Fig. *Feu qui palpite.* **2.** Être ému au point d'avoir des palpitations cardiaques. *Palpiter d'espoir.* – Lat. *palpitare,* fréquent. de *palpare,* « palper ».

palplanche [palplɑ̃ʃ] n. f. TRAV PUBL Profilé métallique mis en place par battage et emboîté dans des profilés identiques pour former un écran étanche. – De *pal,* et *planche.*

palsambleu! [palsɑ̃blø] interj. Ancien juron. – Euph. pour « Par le sang (de) Dieu ».

paltoquet [paltɔkɛ] n. m. Vx Homme grossier. ⊳ Mod. Homme insignifiant et vaniteux. – De *paletot,* au sens de « casaque de paysan ».

paluche [palyʃ] n. f. Pop. Main. – De *pale* 1.

palud [paly], **palude** [palyd] ou **palus** [paly] n. m. **1.** Rég. Marais. **2.** Dial. (Bordelais) Terrain formé par alluvionnement ou situé sur l'emplacement d'un ancien marais. – Lat. *palus, paludis.*

paludéen, enne [palydeɛ̃, ɛn] adj. et n. **1.** Des marais, propre aux marais. *Plante paludéenne.* **2.** MED Relatif au paludisme. *Fièvre paludéenne.* ⊳ Atteint de paludisme. - Subst. *Un(e) paludéen(ne).* – Du lat. *palus, paludis,* « marais ».

paludier, ère [palydje, ɛʀ] n. Personne qui travaille dans les marais salants. – De *palud.*

paludine [palydin] n. f. ZOOL Mollusque gastéropode vivipare des eaux douces (genre *Vivipara*), dont la coquille ressemble à celle de l'escargot. – Du lat. *palus, paludis,* « marais, étang ».

paludisme [palydism] n. m. MED Maladie infectieuse fréquente dans les régions marécageuses, due à un protozoaire transmis par la piqûre de l'anophèle et se traduisant essentiellement par une fièvre intermittente. Syn. malaria. – Du lat. *palus, paludis,* « marais ».

palus. V. palud.

palustre [palystʀ] adj. **1.** De la nature du marais. *Terrain palustre.* ⊳ Qui vit, qui croît dans les marais. **2.** MED Paludéen. *Fièvre palustre.* – Lat. *paluster, palustris.*

palynologie [palinɔlɔʒi] n. f. Didac. Étude du pollen et des spores des plantes actuelles et fossiles. V. paléoclimatologie. – Du gr. *palunein,* « répandre (de la farine) », et de *-logie.*

pâmer (se) [pɑme] v. pron. [1] **1.** Vx ou plaisant Défaillir, s'évanouir. **2.** Être comme sur le point de défaillir, par l'intensité d'une émotion ou d'une sensation. *Se pâmer d'aise.* - (Passif) *Être pâmé d'effroi, d'admiration.* – Du lat. pop. **pasmare,* class. *spasmare,* « avoir un spasme ».

pâmoison [pamwazɔ̃] n. f. Vx Évanouissement. ⊳ Mod., plaisant État d'une personne qui se pâme. *Tomber en pâmoison.* – De *pâmer.*

pampa [pɑ̃pa] n. f. Vaste plaine d'Amérique du Sud, à végétation principalement herbacée. – Mot d'Amérique lat., empr. à une langue indigène.

pampero [pɑ̃peʀo] n. m. GEOGR Vent violent qui souffle sur la pampa et les régions côtières qui la bordent. – Mot d'Amérique lat., de *pampa.*

pamphlet [pɑ̃flɛ] n. m. Petite brochure satirique, court écrit qui s'en prend avec vigueur à une personne, au régime, aux institutions en place, etc. – Mot angl.; altér. de *Pamphilet,* comédie en vers latins du XIIe s.

pamphlétaire [pɑ̃fletɛʀ] n. Auteur de pamphlets. ▷ adj. *Ton pamphlétaire.* – De *pamphlet.*

pampille [pɑ̃pij] n. f. Petite pendeloque, formant avec d'autres une frange ornementale, dans un ouvrage de bijouterie ou de passementerie. – De *pampre.*

pamplemousse [pɑ̃pləmus] n. m. ou f. Fruit du pamplemoussier, grosse baie jaune, comestible, au goût acidulé et légèrement amer. – Du néerl. *pompelmoes,* «gros citron».

pamplemoussier [pɑ̃pləmusje] n. m. Arbre (*Citrus maxima,* fam. rutacées) des régions chaudes, cultivé pour ses fruits (pamplemousses). – De *pamplemousse.*

pampre [pɑ̃pʀ] n. m. **1.** Branche de vigne avec ses feuilles et ses fruits. ▷ Par méton. Litt. Vigne, raisin. **2.** ARCHI Ornement imitant une branche de vigne. – Lat. *pampinus,* a. fr. *pampe,* «pétale (de rose)».

pan-, pant(o)-. Élément, du gr. *pân,* neutre de *pas, pantos,* «tout».

1. pan [pɑ̃] n. m. **1.** Partie tombante ou flottante d'un vêtement. *Pan de chemise.* **2.** CONSTR Partie plane d'un ouvrage de maçonnerie ou de charpente. *Pan de comble. Pan de mur :* partie plus ou moins large d'un mur. *Pan coupé :* mur oblique, de faible largeur, reliant deux murs contigus et évitant leur rencontre à angle vif. ▷ Ossature d'un mur. *Pan de bois, pan de fer.* ▷ Fig. Partie, morceau. *Un pan de ciel. Des pans entiers du passé qui remontent à la mémoire.* **3.** Face d'un polyèdre. – Lat. *pannus,* «morceau d'étoffe».

2. pan! [pɑ̃] interj. Onomatopée qui exprime un bruit de heurt ou d'éclatement, un coup.

panacée [panase] n. f. Remède universel. ▷ Fig. Ce que l'on présente comme un remède à tous les maux, à toutes les difficultés dans un domaine donné. – Lat. *panacea,* gr. *panakeia,* de *pan-,* «tout», et *akos,* «remède».

panachage [panaʃaʒ] n. m. Action de panacher, de mélanger; son résultat. ▷ Spécial. *Panachage d'une liste électorale.* (V. panacher.) – De *panacher.*

panache [panaʃ] n. m. **1.** Faisceau de plumes flottantes servant d'ornement à une coiffure, un dais, etc. **2.** Ce qui évoque un panache. *Panache de fumée. Queue en panache.* **3.** TECH Partie supérieure d'une lampe d'église, à laquelle est suspendu le réservoir d'huile. ▷ ARCHI Ornement en forme de plumes (au lieu de feuilles) d'un chapiteau. – Surface triangulaire du pendentif d'une voûte. **4.** Fig. Ce qui a fière allure; ce qui est la marque de la générosité valeureuse dans une action, une conduite. *Le goût du panache.* – Ital. *pennacchio,* du lat. *pinna,* «plume».

panaché, ée [panaʃe] adj. **1.** Rare Orné d'un panache. **2.** Bigarré. *Tulipe panachée.* ▷ Composé d'éléments divers. *Liste (électorale) panachée. Salade, glace panachée.* – *Un demi panaché* ou, n. m., *un panaché :* un demi de bière mélangée de limonade. – De *panache.*

panacher [panaʃe] v. tr. [1] **1.** Rare Orner d'un panache. **2.** Composer de couleurs diverses, bigarrer. *Panacher des fleurs, un bouquet.* ▷ Composer d'éléments divers. – *Panacher une liste électorale :* composer la liste que l'on veut faire élire avec les noms de candidats appartenant à des partis différents. – De *panache.*

panachure [panaʃyʀ] n. f. Tache ou ensemble de taches de couleur qui tranchent sur la couleur du fond. *Panachures d'un fruit, d'un plumage.* – De *panache.*

panade [panad] n. f. **1.** Soupe de pain, d'eau et de beurre, agrémentée parfois d'un jaune d'œuf et de lait. **2.** Pop. *Être dans la panade,* dans la misère; dans une situation embrouillée, confuse. – Provenç. *panada,* de *pan,* «pain».

panafricain, aine [panafʀikɛ̃, ɛn] adj. POLIT Relatif au panafricanisme, à l'ensemble des pays ou des peuples d'Afrique. – De *pan-,* et *africain.*

panafricanisme [panafʀikanism] n. m. POLIT Mouvement politique et culturel qui tend à instituer ou à resserrer l'unité et la solidarité des peuples africains. – De *panafricain.*

panais [panɛ] n. m. Plante herbacée (genre *Pastinaca,* fam. ombellifères), bisannuelle, à racine charnue, utilisée comme légume. – Du lat. *pastinaca.*

panama [panama] n. m. Chapeau d'homme léger et souple, de forme ronde, tressé avec la feuille d'un arbuste d'Amérique centrale. ▷ *Par ext.* Chapeau de paille de forme ronde. – Du nom de *Panamá,* État d'Amérique centr., où croît cet arbuste.

panaméen, enne [panameɛ̃, ɛn] adj. et n. De Panamá, État d'Amérique centrale. ▷ Subst. *Un(e) Panaméen(ne).*

panaméricain, aine [panameʀikɛ̃, ɛn] adj. Relatif au panaméricanisme, à l'ensemble des pays d'Amérique. ▷ *Route panaméricaine :* réseau routier reliant les grandes villes d'Amérique latine, dont la branche princ. part de Laredo (Texas) et aboutit à Santiago du Chili (construction commencée en 1936). – De *pan-,* et *américain.*

panaméricanisme [panameʀikanism] n. m. POLIT Mouvement tendant à regrouper les États du continent américain. – De *panaméricain.*

panarabe [panaʀab] adj. POLIT Relatif au panarabisme, à l'ensemble des pays arabes. – De *pan-,* et *arabe.*

panarabisme [panaʀabism] n. m. POLIT Mouvement politique et culturel visant à l'union des pays de langue, de civilisation arabes. – De *pan-,* et *arabisme.*

1. panard, arde [panaʀ, aʀd] adj. *Cheval panard,* aux pieds de devant tournés en dehors. – Provenç. mod. *panard,* «boiteux».

2. panard [panaʀ] n. m. Fam. Pied. – P.-ê. dér. dial. du lat. *pes, pedis* «pied» notam. *penas* «grand pied», d'où *panard* «qui a de grands pieds» (Dauphiné).

panaris [panaʀi] n. m. Inflammation aiguë d'un doigt ou d'un orteil. – Lat. *panaricium.*

panatel(l)a n. m. Cigare de La Havane, mince et allongé. – Esp. *panatela,* sorte de biscuit.

panathénées [panatene] n. f. pl. ANTIQ GR Fêtes célébrées à Athènes en l'honneur de la déesse Athéna. – Gr. *panathênaia.*

panax [panaks] n. m. BOT Arbre ou arbrisseau tropical (genre *Panax*) dont la racine est utilisée pour ses propriétés toniques sous le nom de *ginseng.* – Mot lat. *panax.*

pancarte [pɑ̃kaʀt] n. f. **1.** Vx Charte. **2.** Plaque, panneau portant une inscription. *Pancarte indiquant la sortie. Manifestants qui brandissent des pancartes.* – Lat. médiév. *pancharta,* de *charta,* «papier»; d'abord *pencarte,* «carte marine, charte».

panchen-lama [panʃɛnlama] n. m. RELIG Chef religieux tibétain, placé sous l'autorité du dalaï-lama. *Des panchen-lamas.* – Mot tibétain.

panchromatique [pɑ̃kʀɔmatik] adj. PHOTO Se dit des émulsions sensibles à toutes les couleurs du spectre visible. – De *pan-,* et *chromatique.*

panclastite [pɑ̃klastit] n. f. TECH Explosif brisant obtenu par l'action du peroxyde d'azote sur une substance combustible. – De *pan-,* et du gr. *klastos,* «brisé».

pancrace [pɑ̃kʀas] n. m. ANTIQ GR Combat gymnique corps à corps où tous les coups étaient permis. – De *pan-*, et du gr. *kratos*, «force».

pancréas [pɑ̃kʀeas] n. m. Glande abdominale, endocrine et exocrine, située derrière l'estomac qui sécrète d'une part le suc pancréatique (qui contient des enzymes digestives) d'autre part des hormones (le glucagon et l'insuline). – Gr. *pankreas*, de *kreas*, «chair».

pancréatique [pɑ̃kʀeatik] adj. Du pancréas, relatif au pancréas. – De *pancréas*.

pancréatite [pɑ̃kʀeatit] n. f. MED Inflammation aiguë ou chronique du pancréas. – De *pancréas*, et *-ite* 1.

panda [pɑ̃da] n. m. Mammifère d'Asie dont il existe deux espèces, le petit panda de l'Himalaya (*Ailurus fulgens*, fam. procyonidés long d'une cinquantaine de cm), au pelage roux vif, à la queue annelée de blanc, et le panda géant des montagnes de Chine (*Ailuropoda melanoleuca*, fam. ursidés long d'env. 1,50 m), noir et blanc, actuellement menacé de disparition, qui se nourrit exclusivement de bambou. – Probabl. d'un des noms indigènes de l'animal au Népal.

pandanus [pɑ̃danys] n. m. BOT Arbuste monocotylédone tropical (genre *Pandanus*, fam. pandanacées, ordre pandanales), à fruits comestibles, cultivé en Europe comme plante ornementale. – Mot d'orig. malaise.

pandectes [pɑ̃dɛkt] n. f. pl. DR ROM Recueil général des décisions des anciens jurisconsultes romains, établi par ordre de l'empereur Justinien. – Lat. *pandectæ*.

pandémie [pɑ̃demi] n. f. MED Épidémie qui atteint, dans sa presque totalité, la population d'une région, d'un pays ou d'un ensemble de pays. – De *pan-*, et du gr. *dêmos*, «peuple».

pandémonium [pɑ̃demɔnjɔm] n. m. **1.** (Avec une majuscule.) Capitale imaginaire de l'enfer. *Le Pandémonium imaginé par Milton.* **2.** *Par ext.* Lieu où règnent tous les genres de corruption et de désordre. – Angl. *pandemonium*, mot créé par le poète angl. Milton (1608-1674); de *pan-*, et du gr. *daimôn*, «démon».

pandiculation [pɑ̃dikylasjɔ̃] n. f. Didac. Action de s'étirer, tête renversée, poitrine bombée, bras et jambes tendus, accompagnée souvent de bâillement. – Du lat. *pandiculari*, «s'étendre en bâillant».

pandit [pɑ̃di(t)] n. m. Titre honorifique donné en Inde aux savants et aux érudits de la caste des brahmanes. – Sanskrit *pandita*, «savant».

1. pandore [pɑ̃dɔʀ] n. f. Instrument de la famille du luth, en faveur aux XVIe et XVIIe s. – Du lat. *pandura*.

2. pandore [pɑ̃dɔʀ] n. m. Fam. Gendarme. – N. d'un gendarme dans une chanson célèbre de G. Nadaud, *Pandore ou les Deux Gendarmes*.

pané, ée [pane] adj. Enrobé de panure avant la cuisson. *Côtelette panée.* – Vx *Soupe panée*, dans laquelle on a fait cuire ou tremper du pain. – Pp. de *paner*.

panégyrique [paneʒiʀik] n. m. (et adj.) **1.** LITTER Discours à la louange d'une ville, d'un personnage, d'un saint. ▷ adj. *Sermon panégyrique.* **2.** Cour. Éloge sans réserve. *Faire le panégyrique d'un artiste, de son œuvre.* ▷ Péjor. Éloge outré. – Lat. *panegyricus*, du gr. *panêguris*, «assemblée de tout (le peuple)».

panégyriste [paneʒiʀist] n. LITTER Auteur d'un panégyrique. *Les panégyristes chrétiens.* ▷ Personne qui fait l'éloge de qqn ou de qqch. – Bas lat. *panegyrista*, du gr. *panêguris*. (V. panégyrique).

panel [panɛl] n. m. (Anglicisme) **1.** Groupe de personnes, constitué pour l'étude d'une question. **2.** STATIS Échantillon de personnes soumises à des interviews répétées, dans certaines enquêtes. – Mot angl., propr. «panneau».

paner [pane] v. tr. [1] Enrober (une viande, un poisson, etc.) de panure, de chapelure. – Du rad. de *pain*.

panerée [panʀe] n. f. Vieilli Contenu d'un panier plein. – De *panier*.

paneterie [panɛtʀi] n. f. HIST Office de panetier. ▷ Lieu où se fait la distribution du pain, dans une communauté, un grand établissement. – Dér. du rad. de *pain*.

panetier [pantje] n. m. HIST Officier de bouche chargé de la garde et de la distribution du pain. – Du rad. de *pain*.

paneton [pantɔ̃] n. m. TECH Petite corbeille doublée de toile dans laquelle les boulangers mettent le pâton*. – De *panier*.

paneuropéanisme [panøʀɔpeanism] n. m. POLIT Mouvement visant à l'unité européenne. – D'après *panaméricanisme*.

paneuropéen, enne [panøʀɔpeɛ̃, ɛn] adj. Attaché à l'unité politique de l'Europe. – De *pan-* et *européen*.

pangermanisme [pɑ̃ʒɛʀmanism] n. m. POLIT Doctrine visant à grouper dans un même État tous les peuples réputés germaniques. – De *pan-*, et *germanisme*.

pangermaniste [pɑ̃ʒɛʀmanist] adj. et n. POLIT Relatif au pangermanisme. ▷ Subst. Partisan du pangermanisme. – De *pangermanisme*.

pangolin [pɑ̃gɔlɛ̃] n. m. ZOOL Mammifère insectivore d'Afrique et d'Asie du S. -E. (genre *Manis*, dont les diverses espèces forment l'ordre des pholidotes), édenté, au corps couvert d'écailles. *Le pangolin géant d'Afrique atteint 1,50 m.* – Malais *pang-goling* «celui qui s'enroule».

panhellénique [panɛllenik] adj. ANTIQ Qui concernait la Grèce tout entière. *Jeux panhelléniques.* – De *pan-*, et *hellénique*.

panhellénisme [panɛllenism] n. m. ANTIQ ou POLIT Doctrine visant au regroupement de tous les Grecs en une seule nation. – De *panhellénique*.

panicaut [paniko] n. m. BOT Plante (genre *Eryngium*, fam. ombellifères) des terrains incultes et des sables littoraux, à feuilles épineuses, appelée aussi *chardon bleu*, *chardon Roland* (pour *chardon roulant*). – Provenç. *panicau*, du lat. *panis*, «pain», et *carduus*, «chardon».

panicule [panikyl] n. f. BOT Inflorescence en grappe d'épillets. *Panicule d'avoine.* – Lat. *panicula*, de *panus*, «épi».

paniculé, ée [panikyle] adj. BOT En forme de panicule ou dont les fleurs sont disposées en panicule. – De *panicule*.

panicum [panikɔm] n. m. BOT Genre de graminées comprenant certains millets. – Mot lat.

panier [panje] n. m. **1.** Ustensile portatif fait à l'origine d'osier, de jonc, etc., ordinairement muni d'une anse, et qui sert à transporter des denrées et autres objets. *Panier à provisions. Panier à bouteilles*, divisé en compartiments. – *Panier à salade* : panier à jour dans lequel on secoue la salade pour l'égoutter ; fig., fam. voiture cellulaire. ▷ Fig., fam. *Panier percé* : personne très dépensière. **2.** Contenu d'un panier. ▷ Fig. *Panier de la ménagère*, budget qu'elle consacre à ses dépenses en denrées alimentaires. ▷ Fig., fam. *Le dessus du panier* : ce qu'il y a de mieux. **3.** Anc. Jupon garni de tiges d'osier, de baleines, etc., destiné à donner de l'ampleur aux robes, en faveur au XVIIIe s. **4.** ARCHI *Arc en anse de panier*, surbaissé. (V. anse, sens 3.) **5.** SPORT Filet tronconique sans fond monté sur une armature circulaire rigide, par lequel un joueur de basket-ball doit faire passer le ballon pour marquer un ou des points. ▷ Point(s) ainsi marqué(s). *Réussir un panier.* – Du lat. *panarium*, «corbeille à pain».

panière [panjɛʀ] n. f. Grand panier, grande corbeille à deux anses; son contenu. – De *panier.*

panifiable [panifjabl] adj. Dont on peut faire du pain. *Farine panifiable.* – De *panifier.*

panification [panifikasjɔ̃] n. f. Transformation de la farine en pain. – De *panifier.*

panifier [panifje] v. tr. [2] Transformer (de la farine) en pain. – Du lat. *panis,* « pain » et *-fier.*

paniquant, ante [panikɑ̃, ɑ̃t] adj. Fam. Qui cause la panique. – Ppr. de *paniquer.*

paniquard, arde [panikaʀ, aʀd] adj. et n. Fam., péjor. Qui cède facilement à la panique. – De *panique,* et *-ard.*

panique [panik] adj. et n. f. **1.** adj. *Peur, terreur panique :* peur incontrôlable et soudaine, souvent dénuée de fondement. **2.** n. f. Frayeur subite et irraisonnée, de caractère souvent collectif. – Gr. *panikos,* « de Pan », dieu qui passait pour troubler, effrayer les esprits.

paniqué, ée [panike] adj. Fam. Pris d'affolement; angoissé. – De *panique.*

paniquer [panike] v. [1] **1.** v. tr. Fam. Affoler; angoisser. *Il a réussi à paniquer tout le monde.* **2.** v. intr. ou pron. *Paniquer, se paniquer :* céder à l'affolement ou à l'angoisse. – De *panique.*

panislamique [panislamik] adj. Qui concerne le panislamisme. – De *pan-,* et *islamique.*

panislamisme [panislamism] n. m. POLIT Doctrine, mouvement politique et culturel visant à l'union de tous les peuples musulmans. – De *pan-,* et *islamisme.*

1. **panne** [pan] n. f. Étoffe de soie, de coton, etc., fabriquée comme le velours, mais à poils plus longs et moins serrés. – Du lat. *penna,* « plume, aile »; d'abord *penne,* « peau sur un bouclier ».

2. **panne** [pan] n. f. Pannicule adipeux du cochon et de certains animaux. – De *panne* 1; d'abord *penne d'oint,* « garniture de graisse ».

3. **panne** [pan] n. f. CONSTR Élément horizontal d'une charpente de couverture, qui supporte les chevrons. – Du lat. *patena,* gr. *phatnê,* « crèche ».

4. **panne** [pan] n. f. **I. 1.** MAR « Manœuvre qui a pour objet d'arrêter un navire sous voiles, de manière qu'il n'ait aucun mouvement dans le sens de sa quille et qu'il dérive le moins possible » (Bonnefoux-Paris). *Mettre en panne.* **2.** Pop., vx *Être dans la panne,* dans la misère. ▷ Arg. SPECT Petit rôle; mauvais rôle. **II.** Cour. Arrêt accidentel de fonctionnement. *Tomber en panne. - Panne d'électricité.* – AUTO *Panne sèche :* arrêt du moteur par manque de carburant. ▷ Fig. *Être en panne :* rester court, ne pas pouvoir continuer. - Fam. *Être en panne de qqch,* en manquer. – Du lat. *penna;* d'abord *pene,* « aile, partie latérale ».

5. **panne** [pan] n. f. TECH Partie étroite de la tête d'un marteau, opposée à la face (*table*) avec laquelle on frappe habituellement. ▷ Biseau d'un fer à souder. – De *panne* 4.

panneau [pano] n. m. **1.** Élément plan, avec ou sans bordure, d'un ouvrage de menuiserie, d'architecture, etc. *Panneau d'une porte.* ▷ CONSTR Élément préfabriqué, plaque en béton, en bois, etc. *Panneau de particules, de fibres.* **2.** Plaque de bois ou de métal servant de support à des indications, à une affiche, etc. *Panneau de signalisation.* ▷ BX-A Support de bois d'une peinture. *Panneau d'un diptyque.* **3.** COUT Pièce de tissu fixée à un vêtement pour l'orner ou lui donner de l'ampleur. **4.** CHASSE Filet pour prendre du gibier. ▷ Fig. *Tomber, donner dans le panneau,* dans le piège. **5.** Chacun des deux coussinets placés sous l'arçon d'une selle. – Du lat. pop. *pannellus,* « petit pan », de *pannus* (V. pan 1).

panneautage [panotaʒ] n. m. CHASSE Chasse aux panneaux (sens 4). *Le panneautage est interdit en France.* – De *panneauter.*

panneauter [panote] v. intr. [1] CHASSE Chasser avec des panneaux, des filets pour prendre le gibier. – De *panneau.*

panneresse [panʀɛs] n. f. CONSTR Pierre ou brique dont la plus grande face est en parement (opposé à *boutisse*). – De *panneau.*

panneton [pantɔ̃] n. m. TECH Partie de la clef qui fait mouvoir le pêne. – Var. de *penneton,* de *pennon.*

pannicule [panikyl] n. m. ANAT *Pannicule adipeux :* tissu graisseux sous-cutané. – Lat. *panniculus,* dimin. de *pannus,* « morceau d'étoffe ».

pannonien, enne [panɔnjɛ̃, ɛn] adj. et n. *Bassin pannonien :* ensemble des plaines comprises entre les Alpes orient. et les Carpates. ▷ Subst. *Les Pannoniens :* les habitants de cette région. – De *Pannonie,* ancienne contrée d'Europe centrale.

panonceau [panɔ̃so] n. m. **1.** FEOD Écusson d'armoiries qui marquait la limite d'une juridiction. **2.** Écusson placé à la porte d'un officier ministériel. **3.** Petit panneau portant une indication quelconque. – De *pennon,* « écusson d'armoiries ».

panoplie [panɔpli] n. f. **I. 1.** Décoration constituée d'une collection d'armes fixées sur un panneau. **2.** Ensemble de jouets d'enfant, constituant un déguisement présenté sur un carton. *Panoplie de cow-boy.* **II.** Fig. Assortiment d'éléments de même nature; ensemble de moyens utilisés pour une même fin. *La panoplie des antibiotiques.* – Gr. *panoplia,* « armure de l'hoplite ».

panorama [panɔʀama] n. m. **1.** Grand tableau circulaire et continu, peint en trompe l'œil sur les murs d'une rotonde éclairée par en haut, représentant un paysage. *Les panoramas connurent une grande vogue au XIXe siècle.* **2.** Vue circulaire découverte d'un point élevé. *Le panorama s'étend jusqu'aux Alpes.* **3.** Fig. Étude complète d'un sujet relativement vaste. *Panorama des théories sociologiques contemporaines.* – Mot angl., du gr. *pan,* « tout », et *orama,* « spectacle ».

panoramique [panɔʀamik] adj. et n. **1.** adj. Propre à un panorama. *Vue panoramique :* série de photographies juxtaposées restituant une grande partie de l'horizon. ▷ *Une radiographie panoramique* ou, n. f., *une panoramique :* en dentisterie, radiographie qui montre la totalité de la denture. ▷ Par ext. *Restaurant, car panoramique,* offrant une vue sur le panorama. *Papier panoramique :* papier peint reproduisant un paysage. **2.** n. m. AUDIOV Prise de vues effectuée en explorant l'espace environnant par une rotation de la caméra dans le plan horizontal. – De *panorama.*

panoramiquer [panɔʀamike] v. intr. [1] AUDIOV Faire un panoramique. – De *panoramique.*

panorpe [panɔʀp] n. f. ENTOM Insecte cour. nommé mouche-scorpion à cause de la pince qui termine l'abdomen du mâle. – De *pan-,* et du gr. *horpêx,* « aiguillon ».

pansage [pɑ̃saʒ] n. m. Action de panser (un animal). – De *panser.*

panse [pɑ̃s] n. f. **1.** Première poche de l'estomac des ruminants. Syn. rumen. **2.** Fam. Ventre. *Avoir la panse pleine.* **3.** Partie la plus renflée d'un objet. *Panse d'une bouteille.* **4.** Partie arrondie d'une lettre. *La panse d'un « a ».* – Du lat. *pantex, panticis,* « intestin, ventre ».

pansement [pɑ̃smɑ̃] n. m. **1.** Action de panser (une plaie). **2.** Ensemble des éléments (bande, gaze, coton, médicaments, etc.) qui sont appliqués sur une plaie pour la protéger des agents infectieux et la soigner. ▷ *Pansement gastrique :* poudre médicamenteuse absorbée par voie orale et destinée à préserver une muqueuse gastrique malade du contact direct des aliments et de l'action des sucs digestifs. – De *panser;* signif. d'abord «soins à un malade».

panser [pɑ̃se] v. tr. [1] **1.** Appliquer un pansement sur. *Panser une blessure.* ▷ *Par ext. Panser un blessé.* **2.** Étriller, brosser (un animal, spécial. un cheval). *Panser un cheval.* – Lat. *pensare,* «penser»; var. de *penser,* dans l'anc. loc. *penser de,* «prendre soin de».

panslavisme [pɑ̃slavism] n. m. HIST Système, doctrine tendant à favoriser l'union des peuples slaves sous l'autorité de la Russie. – De *pan-,* et *slavisme.*

pansu, ue [pɑ̃sy] adj. **1.** Qui a une grosse panse. **2.** Renflé. *Cruchon pansu.* – De *panse.*

pant(o)- V. pan-.

pantagruélique [pɑ̃tagʀyelik] adj. Digne de l'appétit gigantesque de Pantagruel. *Festin pantagruélique.* – De *Pantagruel,* personnage de Rabelais.

pantalon [pɑ̃talɔ̃] n. m. **1.** Culotte couvrant les jambes jusqu'aux pieds. *Porter un pantalon large, serré.* **2.** Anc. (Généralement plur.) Pièce de lingerie féminine qui couvrait de la taille aux cuisses. – De *Pantalone,* n. pr., personnage de la comédie italienne.

pantalonnade [pɑ̃talonad] n. f. Péjor. **1.** Petite pièce, farce de mauvais goût. **2.** Subterfuge grotesque, hypocrite. – De *pantalon,* d'abord «danse burlesque».

pante [pɑ̃t] n. m. Arg., vx Naïf facile à duper, à voler. ▷ *Par ext.* Type, bonhomme. *Qui c'est ce pante?* – De *pantin;* d'abord *pantre,* «paysan».

pantelant, ante [pɑ̃tlɑ̃, ɑ̃t] adj. **1.** Haletant. **2.** *Chair pantelante,* d'un animal qui vient d'être tué, et qui palpite encore. **3.** Fig. Violemment ému. – Ppr. de *panteler.*

panteler [pɑ̃tle] v. intr. [19] **1.** Vx Haleter. **2.** Fig. et litt. Être agité (par une émotion violente). *Panteler de terreur.* – Altér. de l'a. fr. *panteisier,* «frémir, palpiter».

pantène ou **pantenne** [pɑ̃tɛn] n. f. **1.** CHASSE Pantière. **2.** MAR *Être en pantenne,* en désordre, en parlant du gréement. *Mettre les vergues en pantenne,* les apiquer (incliner) en signe de deuil. – Anc. provenç. *pantena.*

panthéisme [pɑ̃teism] n. m. PHILO Croyance métaphysique qui identifie Dieu et le monde, doctrine selon laquelle «tout ce qui est est en Dieu» (Spinoza). ▷ Cour. Divinisation de la nature. – Angl. *pantheism,* de *pan,* «tout», et gr. *theos,* «dieu».

panthéiste [pɑ̃teist] adj. PHILO Relatif au panthéisme. ▷ Subst. Partisan du panthéisme. – De *panthéisme.*

panthéon [pɑ̃teɔ̃] n. m. **1.** ANTIQ Temple consacré à tous les dieux. **2.** Ensemble des dieux d'une mythologie, d'une religion. *Le panthéon égyptien, germanique.* **3.** Monument à la mémoire des grands hommes d'un pays. - Absol. *Le Panthéon :* le Panthéon de Paris. **4.** Fig. Ensemble de personnages illustres. *Le panthéon de la musique.* – Lat. *Pantheon;* gr. *Pantheion,* de *pan,* «tout», et *theos,* «dieu».

panthère [pɑ̃tɛʀ] n. f. Grand félidé (*Panthera pardus*) d'Afrique et d'Asie, à la robe jaune mouchetée de noir. Syn. léopard. *La panthère noire doit sa couleur à une mutation.* ▷ *Panthère des neiges :* V. once 2. – Lat. d'orig. gr. *panthera.*

pantière [pɑ̃tjɛʀ] n. f. CHASSE Filet tendu verticalement pour attraper des oiseaux volant en bandes. – Lat. d'orig. gr. *panthera,* «large filet».

pantin [pɑ̃tɛ̃] n. m. **1.** Jouet d'enfant, figurine articulée dont on fait bouger les membres au moyen d'un fil. **2.** Péjor. Personne qui gesticule, qui s'agite beaucoup. **3.** Fig., péjor. Fantoche. – P.-ê. de l'a. fr. *pantine,* «écheveau de soie».

panto-. V. pan-.

pantocrator [pɑ̃tɔkʀatɔʀ] adj. m. et n. m. Didac. *Le Christ pantocrator* ou, n. m., *le Pantocrator :* Christ tout-puissant, maître du monde, tel que le représentent les œuvres d'art byzantines. – Gr. *pantokratôr,* «tout-puissant».

pantographe [pɑ̃tɔgʀaf] n. m. **1.** TECH Instrument constitué de quatre tiges articulées, qui permet de reproduire mécaniquement un dessin, éventuellement en le réduisant ou en l'agrandissant. **2.** CH de F Dispositif articulé, sur le toit d'une locomotive ou d'une motrice électrique, destiné à capter le courant de la caténaire. – De *panto-,* et *-graphe.*

pantoire [pɑ̃twaʀ] n. f. MAR Filin dont une extrémité est frappée (fixée) sur un point fixe et l'autre sur une poulie. – De *pente,* au sens de «bande qui pend autour d'un ciel de lit, penture».

pantois, [pɑ̃twa] adj. **1.** Vx Haletant. **2.** Stupéfait. *J'en suis resté tout pantois.* – Déverbal de l'anc. v. *panteisier* (V. panteler), du lat. pop. **pantasiare,* «avoir des visions».

pantomètre [pɑ̃tɔmɛtʀ] n. m. TECH Instrument d'arpentage servant à mesurer les angles. – De *panto-,* et *-mètre.*

pantomime [pɑ̃tɔmim] n. **I.** n. m. Rare Mime. **II.** n. f. **1.** Art d'exprimer des sentiments, des idées, par des attitudes, des gestes, sans paroles. **2.** Pièce mimée. – Lat. d'orig. gr. *pantomimus.*

pantothénique [pɑ̃tɔtenik] adj. BIOCHIM *Acide pantothénique :* vitamine B 5, qui joue un rôle important dans le métabolisme et la résistance des muqueuses aux infections. – Du gr. *pantothen,* «de toutes parts».

pantouflard, arde [pɑ̃tuflaʀ, aʀd] adj. Fam. Casanier, qui aime ses aises, son confort. ▷ Subst. *Un(e) pantouflard(e).* – De *pantoufle.*

pantoufle [pɑ̃tufl] n. f. Chaussure d'intérieur sans talon, légère et confortable. ▷ Fam., vieilli Niais, maladroit.

pantoufler [pɑ̃tufle] v. intr. [1] Fig., fam. Quitter la fonction publique pour entrer dans le secteur privé, en parlant d'un fonctionnaire. – De *pantoufle.*

pantoum [pɑ̃tum] n. m. POET Poème à forme déterminée, emprunté par les romantiques à la poésie malaise, et qui comporte un nombre variable de quatrains à rimes croisées, avec reprise de vers d'un quatrain à l'autre. *«Harmonie du soir», de Baudelaire, est un pantoum.* – Mot malais.

panure [panyʀ] n. f. Croûte de pain râpée qui sert à paner. – Du rad. de *pain.*

panzer [pɑ̃dzɛʀ] n. m. Char de combat de l'armée allemande. - *Panzerdivision :* division blindée allemande. (N.B. Ces deux termes ne s'emploient que pour désigner les chars et les divisions blindées de la Seconde Guerre mondiale.)– Mot all., «blindé».

P.A.O. Sigle de *publication* assistée par ordinateur.*

paon, paonne [pɑ̃, pan] n. **1.** Oiseau galliforme (genre *Pavo,* fam. phasianidés) originaire d'Asie, dont le mâle possède un magnifique plumage vert et bleu aux reflets métalliques. (Le fém. est rare, on dit plus souvent *paon femelle.*) *Le paon mâle fait la roue en dressant les plumes ocellées de sa queue.* **2.** Loc. fig. *Être vaniteux comme un paon,* très vaniteux. - *Le geai paré des plumes du paon,* se dit de qqn qui se vante de ce qui ne lui appartient pas (allusion à une fable de La Fontaine). **3.** n. m. Nom cour. de divers papillons dont les ailes portent des ocelles. *Paon de jour. Petit et grand paon,* nocturnes. – Du lat. *pavo, pavonis.*

papa [papa] n. m. **1.** Terme affectueux utilisé par les enfants et ceux qui leur parlent, à la place de *père. Papa et maman.* ▷ *Bon-papa, grand-papa :* grand-père. **2.** Loc. fam. *À la papa :* sans se presser. - *De papa :* d'hier. *Les* *chansons de papa se portent bien.* – *Fils à papa* : V. fils. – *Papa gâteau* : V. gâteau. – Du lat. *pappus*, « aïeul ».

papable [papabl] adj. Fam. Qui peut être élu pape. *Les noms des cardinaux papables.* – Lat. ecclés. *papabilis*, de *papa* (V. pape).

papaïne [papain] n. f. BIOCHIM Enzyme extraite du latex du papayer, utilisée en thérapeutique comme substitut de la pepsine. – De *papaye*.

papal, ale, aux [papal, o] adj. Du pape, qui appartient au pape. *Dignité papale.* – Lat. ecclés. *papalis*, de *papa* (V. pape).

paparazzi [papaʀadzi] n. m. pl. Photographes spécialisés dans la prise de clichés indiscrets de personnages connus. – Mot ital., plur. de *paparazzo*, « reporter photographe », du n. d'un photographe dans le film de Fellini *la Dolce Vita*.

papauté [papote] n. f. **1.** Dignité de pape; durée de l'exercice de cette dignité. Syn. pontificat. **2.** Pouvoir, gouvernement du ou des papes. *La lutte entre l'Empire byzantin et la papauté, au Moyen Âge.* – De *pape*, d'ap. *royauté*.

papaver [papavɛʀ] n. m. BOT Nom scientifique du pavot. – Mot lat.

papavéracées [papaveʀase] n. f. pl. BOT Famille de plantes dicotylédones dialypétales, généralement herbacées, à fruit en forme de capsule ou de silique, dont le type est le pavot. – Sing. *Une papavéracée.* – De *papaver*.

papavérine [papaveʀin] n. f. BIOCHIM Un des alcaloïdes de l'opium, aux propriétés narcotiques et anticonvulsives. – De *papaver*.

papaye [papaj] n. f. Fruit comestible du papayer, semblable à un gros melon. – Mot caraïbe, *papaya*.

papayer [papaje] n. m. Arbre (*Carica papaya*) originaire de Malaisie, cultivé pour son fruit, la papaye, et pour son latex dont on tire la papaïne. – De *papaye*.

pape [pap] n. m. **1.** Chef suprême de l'Église catholique romaine et évêque de Rome. *Le pape est élu en conclave.* ▷ Loc. fam. *Être sérieux comme un pape*, très sérieux. ▷ Chef suprême de l'Église copte. **2.** *Par anal.* Personnalité considérée comme le chef d'un mouvement. *André Breton, le pape du surréalisme.* – Lat. imp. *papa*, à l'orig. « père nourricier ».

papegai [papgɛ] ou **papegeai** [papʒɛ] n. m. **1.** Vx Perroquet. **2.** Rég. Oiseau de bois ou de carton placé au haut d'une perche pour servir de cible aux tireurs à l'arc ou à l'arbalète. – Anc. provenç. *papagai*, de l'ar. *babbagha*.

1. papelard, arde [paplaʀ, aʀd] n. Vx Faux dévot; hypocrite. ▷ adj. Litt. *Manières papelardes* : manières patelines*. – De l'a. fr. *papeler*, « marmonner des prières ».

2. papelard [paplaʀ] n. m. Fam. Morceau de papier. – Papier écrit ou imprimé. – De *papier*.

papelardise [paplaʀdiz] n. f. Vx ou litt. Fausse dévotion; hypocrisie doucereuse. – De *papelard* 1.

paperasse [papʀas] n. f. Papier, écrit considéré comme sans valeur, inutile. – (Sens collectif.) *Crouler sous la paperasse.* – De *papier*.

paperasserie [papʀasʀi] n. f. Amas de paperasses. ▷ Tendance à accumuler les paperasses. *La paperasserie administrative.* – De *paperasse*.

paperassier, ère [papʀasje, ɛʀ] n. Qui se complaît dans la paperasse. – De *paperasse*.

papesse [papɛs] n. f. **1.** Femme pape (selon une légende). *La papesse Jeanne.* **2.** HIST En Angleterre, reine qui détient le pouvoir religieux. – *Par anal.* Femme qui exerce une autorité morale ou intellectuelle sur un mouvement. – Lat. médiév. *papissa*.

papeterie [papɛtʀi] n. f. **1.** Fabrication du papier; industrie du papier. **2.** Manufacture de papier. **3.** Commerce du papier. ▷ Magasin où l'on vend du papier, des fournitures scolaires et de bureau. – De *papetier*.

papetier, ère [paptje, ɛʀ] n. et adj. **1.** n. Personne qui fabrique du papier ou qui en vend. ▷ Commerçant qui tient une papeterie. **2.** adj. Du papier. *Industrie papetière.* – De *papier*.

papi ou **papy** [papi] n. m. Fam. Grand-père. – Homme âgé. – De *papa* ou *pépé*.

papier [papje] n. m. **1.** Matière faite d'une pâte de fibres végétales étalée en couche mince et séchée. *Papier à dessin, à cigarettes, d'emballage. Papier peint* : papier décoré, dont on tapisse les murs d'une pièce. ▷ (Spécial., papier à usage d'écriture ou d'impression.) *Papier d'écolier. Papier à lettres. Papier réglé**. ▷ *Papier mâché* : pâte de papier encollée, plastique et se prêtant bien au modelage de menus objets. *Marionnettes en papier mâché.* – Loc. fig., fam. *Figure, mine de papier mâché*, blême, maladive. ▷ (Associé à certains produits.) *Papier carbone* : V. carbone. *Papier d'émeri, de verre*, utilisé comme abrasif. *Papier sensible pour la photographie.* ▷ INFORM *Papier digital* : support de données numériques permettant l'enregistrement et la lecture par laser, se présentant comme une feuille de papier et constitué d'une couche d'un métal réfléchissant entre deux couches d'un polymère, et d'une couche protectrice. ▷ *Papier-monnaie* : monnaie fiduciaire, sans garantie d'encaisse métallique. V. monnaie. ▷ FIN *Papier bancable* : titre bancable. ▷ En loc. *Mettre, coucher ses idées sur le papier*, par écrit. **2.** Feuille très mince (de métal). *Papier d'argent, d'étain.* **3.** Feuille, morceau de papier, et, par ext., feuille écrite ou imprimée. *Inscrire qqch sur un papier. Vieux papiers.* – *Papier timbré*, revêtu du timbre de l'État, exigé pour dresser certains actes (par oppos. à *papier libre*). ▷ *Journaliste qui rédige un papier*, un article. ▷ Note; document. *Classer des papiers.* – Loc. fig., fam. *Être dans les petits papiers de quelqu'un*, jouir de son estime, de sa faveur. – MAR (Au plur.) *Papiers de bord* : rôles d'équipage, brevets, connaissements, etc. ▷ (Au plur.) *Papiers d'identité* et, absol., *papiers* : pièces d'identité. *Vos papiers ne sont pas en règle.* ▷ Effet de commerce. *Papier au porteur.* – Du lat. *papyrus*, gr. *papuros*, « roseau d'Égypte ».

papilionacé, ée [papiljɔnase] adj. et n. f. BOT **1.** adj. Didac. Qui ressemble à un papillon. ▷ *Fleur papilionacée* : fleur symétrique par rapport à un plan, comprenant cinq pétales libres, le plus grand enveloppant les autres et redressé en étendard, les deux latéraux, ou *ailes*, symétriques sur les côtés de la fleur, les deux inférieurs se touchant par leur bord et formant la *carène*. **2.** n. f. pl. *Les papilionacées* : la plus importante sous-famille de légumineuses (8 000 espèces env.). – Sing. *Une papilionacée.* – Du lat. *papilio, papilionis*, « papillon ».

papillaire [papillɛʀ] adj. ANAT Relatif à la papille; formé ou pourvu de papilles. – *Tumeur papillaire*, qui présente à sa surface des bourgeons analogues à des papilles hypertrophiées. – De *papille*.

papille [papij] n. f. **1.** ANAT et cour. Petite éminence charnue à la surface de la peau, des muqueuses, qui a généralement une fonction sensorielle. *Papilles gustatives.* – *Papille optique* : terminaison du nerf optique au niveau de la rétine. **2.** BOT Émergence épidermique qui donne son aspect velouté à un fruit, un pétale, etc. – Lat. *papilla*, « mamelon, bouton ».

papilleux, euse [papijø, øz] adj. Pourvu de papilles. – De *papille*.

papillomavirus [papijɔmaviʀys] n. m. MED Virus provoquant des papillomes. – De *papillome*, et *virus*.

papillome [papijom] n. m. MED Tumeur bénigne de la peau et des muqueuses, caractérisée par l'hypertrophie des papilles. *Les verrues sont des papillomes.* – De *papille.*

papillon [papijɔ̃] n. m. **I.** Insecte diurne ou nocturne caractérisé par quatre grandes ailes diversement colorées, dont il existe de très nombreuses espèces, regroupées par les zoologistes dans l'ordre des lépidoptères (V. ce mot). ▷ *Papillon de mer* : V. chétodonte. ▷ Fig. *C'est un vrai papillon,* une personne versatile, inconstante ; une personne volage. ▷ Fig. *Papillons noirs* : sujets de tristesse, idées mélancoliques. **II.** Par anal. **1.** *Nœud papillon* : cravate courte nouée en forme de papillon. **2.** *Brasse papillon,* dans laquelle les deux bras accomplissent simultanément une courbe au-dessus de l'eau. **3.** Pièce pivotant autour d'un axe, qui sert à masquer une ouverture en vue de régler un débit. *Papillon des gaz d'un carburateur.* ▷ *Papillon, écrou papillon* : écrou à ailettes. **4.** Petit feuillet de papier ou de carton mince. *Papillon publicitaire.* ▷ Fam. *Spécial.* Avis de contravention. *Trouver un papillon sous son essuie-glace.* – Lat. *papilio, papilionis.*

papillonnage [papijɔnaʒ] ou **papillonnement** [papijɔnmɑ̃] n. m. Action de papillonner. – De *papillonner.*

papillonner [papijɔne] v. intr. [1] **1.** Battre à la manière des ailes de papillon. *Paupières qui papillonnent.* **2.** Aller d'une chose, d'une personne à une autre sans s'arrêter à aucune. ▷ *Spécial.* Se montrer inconstant, volage. – De *papillon.*

papillotage [papijɔtaʒ] n. m. **1.** Fatigue des yeux produite par un scintillement, un papillotement. **2.** Mouvement des yeux ou des paupières qui papillotent. – De *papilloter.*

papillotant, ante [papijɔtɑ̃, ɑ̃t] adj. **1.** Qui papillote, scintillant. *Lumière papillotante.* **2.** Qui papillote (en parlant des yeux). – Ppr. de *papilloter.*

papillote [papijɔt] n. f. **1.** Morceau de papier sur lequel on roule les cheveux pour les faire boucler. – Fig. *Cela n'est bon qu'à faire des papillotes,* se dit d'un écrit, d'un papier sans valeur. **2.** Papier qui enveloppe un bonbon. ▷ CUIS Papier huilé ou beurré dans lequel on met à cuire une viande, un poisson. *Côtelette en papillote.* – De *papilloter.*

papillotement [papijɔtmɑ̃] n. m. **1.** Éparpillement de points lumineux vifs et instables, scintillement qui trouble et fatigue la vue. **2.** Fluctuation de brillance ou de couleur d'un objet ou d'une image. – De *papilloter.*

papilloter [papijɔte] v. [1] **I.** v. tr. Garnir de papillotes ; envelopper dans une (des) papillote(s). **II.** v. intr. **1.** Produire un papillotement, scintiller. **2.** (En parlant des yeux.) Être animés d'un mouvement involontaire qui empêche de fixer les objets. – De l'a. fr. *papillot,* dimin. de *papillon.*

papion [papjɔ̃] n. m. ZOOL Nom savant du babouin. – Lat. mod. *papio* ; altér. de *babouin.*

papisme [papism] n. m. HIST, RELIG CATHOL Doctrine des partisans de l'autorité absolue du pape. ▷ Péjor. Nom sous lequel les réformés désignent le catholicisme romain. – De *pape.*

papiste [papist] n. et adj. Péjor. Catholique romain, dans le langage des réformés (surtout du XVIe au XIXe s.). ▷ adj. *L'Église papiste.* – De *pape.*

papotage [papɔtaʒ] n. m. Action de papoter ; conversation insignifiante ou frivole. – De *papoter.*

papoter [papɔte] v. intr. [1] Bavarder sur des sujets insignifiants, frivoles. – Du rad. onomat. *pap-,* évoquant le mouvement des lèvres.

papou, e [papu] adj. et n. **I.** adj. Relatif aux Papous, population noire de la Nouvelle-Guinée. ▷ Subst. *Un(e) Papou(e).* **II.** n. m. LING Famille linguistique formée par les langues non austronésiennes parlées en Océanie. – Du malais *papouah,* « frisé ».

papouille [papuj] n. f. Fam. Frôlement, chatouillement en manière de caresse. – P.-ê. de *palpouille* (dial.), de *palper.*

paprika [paprika] n. m. Piment doux de Hongrie, que l'on utilise broyé comme condiment. – Du hongrois *papriko,* « soupe au poivre ».

papule [papyl] n. f. MED Petite saillie cutanée, rose ou rouge, ne renfermant pas de liquide. *Papule syphilitique.* – Lat. *papula,* var. de *papilla* (V. *papille*).

papuleux, euse [papylø, øz] adj. MED Relatif à la papule ; formé ou couvert de papules. *Peau papuleuse.* – De *papule.*

papyrologie [papiʀɔlɔʒi] n. f. Paléographie appliquée à l'étude des papyrus. – De *papyrus,* et *-logie.*

papyrologue [papiʀɔlɔg] n. Spécialiste de papyrologie. – De *papyrus,* et *-logue.*

papyrus [papiʀys] n. m. **1.** Plante des bords du Nil (*Cyperus papyrus,* fam. cypéracées) que les anc. Égyptiens transformaient en feuille pour écrire, en découpant sa tige en bandes étroites qu'ils assemblaient par collage. **2.** Feuille obtenue par ce procédé. ▷ Manuscrit sur papyrus. – Lat. *papyrus,* mot gr. *papuros.*

paquage, paquer. V. pacquage, pacquer.

pâque, pâques [pɑk] n. **I.** n. f. *Pâque.* **1.** Fête annuelle des juifs, qui commémore leur sortie d'Égypte. **2.** Agneau* pascal, dans le rite mosaïque. *Immoler, manger la pâque.* **3.** Vx Pâques. *La pâque russe.* **II.** *Pâques* (Avec une majuscule.) **1.** n. m. sing. (Sans article.) Fête annuelle des chrétiens, qui commémore la résurrection du Christ. *Lorsque Pâques sera passé. Le lundi, la semaine de Pâques,* qui viennent après Pâques. ▷ Loc. *À Pâques ou à la Trinité* : à une date incertaine ; jamais. – *Œuf* de Pâques.* **2.** n. f. plur. (Avec une épithète.) *Pâques fleuries* : le dimanche des Rameaux. *Pâques closes* : le premier dimanche après Pâques. *Joyeuses Pâques.* ▷ *Faire ses pâques* (ou, plus rare, *Pâques*) : recevoir à Pâques la communion prescrite par l'Église à tous les catholiques. – Lat. ecclés. *Pascha,* gr. *Paskha,* hébreu *pasch'ah,* « passage ».

ENCYCL La fête chrétienne de Pâques dérive de la pâque juive : en 30, Jésus célébra l'eucharistie pour la première fois lors de la pâque juive. La date de Pâques fut longtemps controversée ; les uns la plaçaient le même jour que la fête juive ; les autres la reportaient au dimanche qui suivait ce jour. Le concile de Nicée (325) la fixa au prem. dimanche après la prem. lune qui suit l'équinoxe de printemps (la date de cet équinoxe étant différente dans les calendriers julien et grégorien, la pâque russe est à une date différente de la fête catholique). C'est le 4e concile de Latran (1215) qui a prescrit à tous les fidèles de communier pendant le temps pascal (entre Pâques et la Pentecôte).

paquebot [pakbo] n. m. Grand navire spécialement aménagé pour le transport des passagers. – De l'angl. *packet-boat,* « bateau qui transporte des paquets, du courrier ».

pâquerette [pɑkʀɛt] n. f. Petite plante (*Bellis perennis,* fam. composées), à fleur blanche ou rosée ; la fleur de cette plante. – De *Pâques* (époque de sa floraison).

paquet [pakɛ] n. m. **1.** Assemblage de plusieurs choses attachées ou enveloppées ensemble. *Faire, expédier un paquet.* – Loc. fig. *Faire son (ou ses) paquet(s)* : se préparer à partir. ▷ Objet, produit dans son emballage. *Fumer un paquet de cigarettes. Cuire un paquet de riz.* **2.** TYPO Ensemble de lignes de composition destinées au metteur en pages. **3.** Quantité, masse importante. *Paquet de billets.* – Fam. *Toucher un* (ou *le*) *paquet,* beaucoup d'argent. – *Paquet de mer* : masse d'eau de mer projetée sur le pont d'un bateau. **4.** INFORM Ensemble de données acheminées en bloc dans un réseau d'ordinateurs. **5.** Loc. fig., fam. *Lâcher le paquet* : dire sans ménagement tout ce que l'on a envie de dire. *Mettre le paquet* : y aller de toute sa force, de tous ses moyens, etc. *Risquer le paquet* : engager gros dans une affaire incertaine. **6.** SPORT Ensemble des avants, au rugby. Syn. pack. – Du moyen fr. *pacque*, néerl. *pak*, « ballot ».

paquetage [paktaʒ] n. m. Ensemble des effets d'habillement et de campagne d'un soldat, arrangés réglementairement. – De *paquet*.

1. par [paʀ] prép. et adv. **A.** prép. **I.** Marquant : **1.** Le lieu. À travers, en passant au milieu de. *Passer par la porte de derrière. Passer par Vienne.* **2.** Le temps. Pendant. *Comme par le passé.* **II.** Marquant : **1.** La cause, l'agent, l'auteur. *Agir par intérêt. Joseph vendu par ses frères. « Britannicus », par Racine.* **2.** Le moyen, l'instrument. *Voyage par avion. Par le fer et par le feu.* **3.** La manière. *Ranger des livres par ordre de grandeur.* **4.** L'idée de distribution. *Cent francs par personne.* **B.** Loc. prép. *De par* : au nom de; par l'ordre de. *De par la loi.* **C.** adv. *Par trop* : beaucoup trop. – A : lat. *per*, « à travers, au moyen de »; B : altér. de *part*; C : du préf. lat. *per-*, « tout à fait ».

2. par [paʀ] n. m. SPORT Au golf, nombre minimum de coups nécessaires à un très bon joueur pour effectuer un parcours donné, qui sert de base pour déterminer les handicaps. – Mot angl., « égalité », du lat. *par*, « égal ».

1. para-. Élément, du gr. *para*, « à côté de ». ▷ CHIM Sert à désigner les dérivés isomériques ou polymériques.

2. para-, pare-. Éléments, du lat. *parare*, « protéger ».

para [paʀa] n. m. Fam. Abrév. de *parachutiste*.

parabase [paʀabaz] n. f. LITTER ANTIQ Partie de la comédie grecque où l'auteur s'adressait au public par la bouche du coryphée. – Gr. *parabasis*, « action de s'avancer ».

parabellum [paʀabɛllɔm] n. m. Anc. Pistolet automatique, autrefois utilisé dans l'armée allemande. *Des parabellum(s).* – Mot all., d'ap. le prov. lat. *si vis pacem, para bellum*, « si tu veux la paix, prépare la guerre ».

1. parabole [paʀabɔl] n. f. Récit allégorique (partic. de l'Évangile) qui renferme une vérité, un enseignement. *La parabole de l'enfant prodigue.* – Lat. ecclés. *parabola*, gr. *parabolê*, « comparaison ».

2. parabole [paʀabɔl] n. f. GEOM Courbe constituant le lieu géométrique des points équidistants d'un point fixe, appelé *foyer*, et d'une droite fixe, appelée *directrice*. ▷ *Parabole cubique*, d'équation $y = ax^3$. *Parabole semi-cubique*, d'équation $y^2 = ax^3$. ▷ *Abusiv.* Courbe balistique. – Gr. *parabolê*.

1. parabolique [paʀabɔlik] adj. Rare Relatif à la parabole, à l'image allégorique. – Lat. ecclés. *parabolicus*, gr. *parabolikos*.

2. parabolique [paʀabɔlik] adj. (et n. m.) GEOM **1.** Relatif à la parabole. **2.** En forme de parabole. *Miroir, antenne parabolique.* ▷ *Radiateur parabolique*, à réflecteur parabolique ou, n. m., *un parabolique*. – De *parabole* 2.

paraboliquement [paʀabɔlikmɑ̃] adv. En décrivant une parabole. – De *parabolique* 2.

paraboloïde [paʀabɔlɔid] n. m. GEOM Surface du second degré dont le centre est rejeté à l'infini et qui admet une infinité de plans diamétraux, tous parallèles à une même droite. *Paraboloïde de révolution*, engendré par la rotation d'une parabole autour de son axe. *Paraboloïde elliptique*, engendré par une ellipse dont les extrémités d'un des diamètres décrivent une parabole. *Paraboloïde hyperbolique*, engendré par une droite mobile qui s'appuie sur trois droites comprises dans des plans différents et parallèles à un même plan. – De *parabole* 2, et *-oïde*.

paracentèse [paʀasɛ̃tɛz] n. f. CHIR Ponction pratiquée pour évacuer un liquide séreux ou purulent collecté dans une partie du corps (plèvre, péritoine, oreille, etc.). *Paracentèse du tympan.* – Du gr. *parakentêsis*, « ponction ».

paracétamol [paʀasetamɔl] n. m. PHARM Dérivé de l'aniline aux propriétés analgésiques et antipyrétiques.

parachèvement [paʀaʃɛvmɑ̃] n. m. Action de parachever; son résultat. – De *parachever*.

parachever [paʀaʃəve] v. tr. [16] Conduire à son total achèvement, terminer avec le plus de perfection possible. – De *par* 1, et *achever*.

parachimie [paʀaʃimi] n. f. Ensemble des activités concernant les produits dérivés de l'industrie chimique. – De *para-*, et *chimie*.

parachronisme [paʀakʀɔnism] n. m. Didac. Erreur de date qui consiste à placer un événement plus tard que l'époque où il a eu lieu. – De *para-* 1, et gr. *khronos*, « temps ».

parachutage [paʀaʃytaʒ] n. m. **1.** Action de parachuter (qqch ou qqn). **2.** Fig., fam. Action de parachuter (qqn) (sens 2). – De *parachuter*.

parachute [paʀaʃyt] n. m. **1.** Appareil destiné à ralentir la chute des corps tombant d'une grande hauteur, constitué essentiellement d'une voilure en toile de soie ou de nylon, reliée à un système d'attaches entourant le parachutiste ou les objets à larguer. **2.** Organe de sécurité qui bloque la cabine d'un ascenseur en cas de dépassement de la vitesse prévue ou de rupture de câble. – De *para-* 2, et *chute*, sur le modèle de *parasol*.

parachuter [paʀaʃyte] v. tr. [1] **1.** Larguer d'un aéronef avec un parachute. *Parachuter du matériel, des troupes.* **2.** Fig., fam. Désigner inopinément pour un emploi, une tâche, une entreprise. *Parachuter un candidat dans une circonscription au moment des élections.* – De *parachute*.

parachutisme [paʀaʃytism] n. m. Pratique du saut en parachute; entraînement sportif ou militaire au saut en parachute. – De *parachute*.

parachutiste [paʀaʃytist] n. et adj. **1.** Personne qui pratique le parachutisme. – adj. *Équipement parachutiste.* **2.** Militaire entraîné spécialement au parachutisme. (Abrév. fam. : para). – De *parachute*.

paracristallin, ine [paʀakʀistalɛ̃, in] adj. PHYS Syn. de *mésomorphe*. – De *para-* 1, et *cristallin*.

1. parade [paʀad] n. f. **1.** Étalage, exhibition de qqch que l'on juge enviable. *Faire parade de sa beauté, de son savoir.* **2.** Loc. adj. *De parade* : qui ne sert qu'à l'ornement. *Des vêtements de parade.* – Fig. Qui n'est pas sincère. *Une amabilité de parade.* **3.** Scène burlesque donnée par les bateleurs pour engager le public à aller voir le spectacle proposé. *Parade de cirque.* **4.** ZOOL *Parade nuptiale* : ensemble des comportements qui précèdent l'accouplement, chez de nombreux animaux (oiseaux, reptiles, poissons, insectes, etc.). *La parade des coqs de bruyère.* **5.** Défilé militaire où les troupes sont passées en revue. – De *parer* 1.

2. parade [paʀad] n. f. **1.** SPORT Action de parer un coup (escrime, boxe, etc.). **2.** Fig. Riposte. – De *parer* 2.

parader [paʀade] v. intr. [1] **1.** Se pavaner. **2.** Rare Défiler, manœuvrer au cours d'une parade. – De *parade* 1.

paradichlorobenzène [paʀadiklɔʀobɛ̃zɛn] n. m. CHIM Dérivé dichloré du benzène, employé comme insecticide (notam. pour protéger des mites). – De *para-* 1, *di-*, *chloro-*, et *benzène*.

paradigmatique [paʀadigmatik] adj. LING Qui relève du paradigme. *Rapports paradigmatiques.* – De *paradigme.*

paradigme [paʀadigm] n. m. **1.** GRAM Mot qui sert de modèle pour une conjugaison, une déclinaison. *Le verbe «finir» est le paradigme du deuxième groupe.* **2.** LING Ensemble des formes d'un morphème lexical combiné avec ses désinences. (Ex. : dans le cas d'un verbe, l'ensemble des formes qui constituent sa conjugaison.) **3.** LING Classe d'éléments linguistiques qui entretiennent entre eux des rapports de substituabilité. (Ex. : pour une proposition telle que *le lilas fleurit,* les noms *jasmin, lis, muguet,* etc., constituent un paradigme, ainsi que les verbes *embaume, se fane, est cueilli,* etc.) – Lat. *paradigma,* du gr. *paradeigma,* «exemple».

paradis [paʀadi] n. m. **1.** Selon plusieurs religions, lieu où séjournent les bienheureux, les élus, après leur mort. – Loc. fig., fam. *Il ne l'emportera pas au, en paradis* : il s'en repentira. **2.** *Le Paradis terrestre* : le jardin habité par Adam et Ève, selon la Genèse. **3.** Fig. Séjour de bonheur parfait. *Un paradis tropical.* – *Paradis fiscal* : pays où le régime fiscal est particulièrement avantageux pour les capitaux étrangers. **4.** *Les Paradis artificiels* : les sensations procurées par les drogues; *par ext.,* les drogues elles-mêmes. **5.** Balcon, galerie tout en haut d'une salle de spectacles. **6.** *Oiseau de paradis* : paradisier. – Lat. ecclés. *paradisus,* gr. *paradeisos,* du persan *paridaiza,* «enclos du seigneur, parc».

paradisiaque [paʀadizjak] adj. Qui appartient au paradis; digne du paradis. *Un séjour paradisiaque.* Syn. édénique. – Lat. ecclés. *paradisiacus.*

paradisier [paʀadizje] n. m. Oiseau passériforme de Nouvelle-Guinée et de l'Australie, appelé aussi *oiseau de paradis,* dont les plumes magnifiques ont des reflets métalliques. – De *paradis.*

parados [paʀado] n. m. MILIT Dispositif de protection contre les projectiles venant de l'arrière. – De *para-* 2, et *dos.*

paradoxal, ale, aux [paʀadɔksal, o] adj. **1.** Qui tient du paradoxe. *Une affirmation paradoxale.* **2.** Qui aime le paradoxe. *Un esprit paradoxal.* **3.** MED *Sommeil paradoxal* : V. sommeil. – De *paradoxe.*

paradoxalement [paʀadɔksalmɑ̃] adv. D'une manière paradoxale. – De *paradoxal.*

paradoxe [paʀadɔks] n. m. **1.** Proposition contraire à l'opinion commune. *Les paradoxes sont parfois des vérités qui choquent par leur trop grande nouveauté.* **2.** *Par ext.* Ce qui est en contradiction avec la logique, avec le bon sens. – Lat. *paradoxon,* de l'adj. gr. *paradoxos,* «contraire à l'opinion commune».

parafe, parafer, parafeur. V. paraphe, parapher, parapheur.

paraffinage [paʀafinaʒ] n. m. TECH Action de paraffiner; son résultat. – De *paraffiner.*

paraffine [paʀafin] n. f. **1.** CHIM Nom générique des hydrocarbures saturés de formule C_nH_{2n+2}. Syn. alcane. ▷ Cour. Solide gras, de consistance cireuse, constitué d'un mélange de ces hydrocarbures. **2.** MED *Huile de paraffine,* utilisée comme laxatif. – Du lat. *parum affinis,* «qui a peu d'affinité».

paraffiné, ée [paʀafine] adj. Enduit ou imprégné de paraffine. – De *paraffine.*

paraffiner [paʀafine] v. tr. [1] Enduire, imprégner de paraffine. – De *paraffine.*

parafiscal, ale, aux [paʀafiskal, o] adj. Qui a rapport à la parafiscalité. – De *para-* 1, et *fiscal.*

parafiscalité [paʀafiskalite] n. f. Ensemble de charges ou de taxes que les particuliers ou les entreprises doivent acquitter, mais qui ne sont pas à proprement parler des impôts (notam. parce que leur produit n'est pas destiné à alimenter le budget de l'État ou les budgets des collectivités publiques). – De *para-* 1, et *fiscalité.*

parafoudre [paʀafudʀ] n. m. TECH Appareil servant à protéger les installations électriques des effets de la foudre. – De *para-* 2, et *foudre.*

1. parage [paʀaʒ] n. m. Loc. vieillie. *De haut parage,* de haut rang. – De *pair* 1.

2. parage [paʀaʒ] n. m. Préparation des morceaux de viande, avant la vente au détail. – De *parer* 1.

parages [paʀaʒ] n. m. pl. **1.** MAR *Parages de...* : espace, étendue de mer proche de (tel lieu). *Les parages de Terre-Neuve.* **2.** Par ext., cour. Environs. *Que faisait-il dans les parages?* – Esp. *paraje,* «lieu de station», de *parar,* «s'arrêter».

paragraphe [paʀagʀaf] n. m. **1.** Subdivision d'un texte en prose, constituée d'une ou de plusieurs phrases présentant une certaine unité de sens, typographiquement définie par un alinéa initial et un alinéa final. **2.** Signe typographique (§) qui signifie paragraphe (ex. *Voir page 6 § 2*). – Lat. médiév. *paragraphus,* gr. *paragraphos,* «écrit à côté».

paragrêle [paʀagʀɛl] n. m. AGRIC Appareil servant à protéger les cultures contre la grêle en transformant celle-ci en pluie. ▷ adj. inv. *Canons paragrêle.* – De *para-* 2, et *grêle.*

paraguayen, enne [paʀagwejɛ̃, ɛn] adj. et n. Du Paraguay, État d'Amérique du Sud. ▷ Subst. *Un(e) Paraguayen(ne).*

paraître [paʀɛtʀ] v. [73] (et n. m.) **A.** v. **I.** v. intr. **1.** Commencer à être visible, à exister; apparaître. *Elle lisait toujours lorsque le soleil parut. «Lorsque l'enfant paraît, adieu le ciel et la patrie et les poètes saints!» (V. Hugo).* **2.** Se montrer, être visible. *Son chagrin paraît, bien qu'elle le cache.* – *Sans qu'il y paraisse* : sans que cela se voie. – *Dans une heure, il n'y paraîtra plus,* cela ne sera plus visible, sensible. **3.** Se montrer, manifester sa présence alors qu'on est attendu. *Paraître sur la scène. «Paraissez, Navarrois, Maures et Castillans» (Corneille).* **4.** Être publié, mis en vente. *Son dernier livre vient de paraître.* ▷ (Emploi impers.) *Il paraît chaque jour plusieurs journaux.* **5.** *Paraître* (+ attribut du sujet ou inf.) : avoir l'apparence de, sembler. *Votre histoire me paraît bizarre. Il paraît souffrir beaucoup.* **6.** *Absol.* Briller, se faire remarquer. *Il cherche trop à paraître.* **II.** v. impers. **1.** *Il paraît, il paraîtrait que* : on dit que, le bruit court que. – (En propos. incidente.) *Son frère, paraît-il, va se marier.* **2.** *Il (me, te,...) paraît* : il (me, te,...) semble. **B.** n. m. PHILO *Le paraître* : l'apparence. ▷ Litt. *Ne pas juger sur le paraître, mais sur l'être.* – Du bas lat. *parescere,* class. *parere.*

paralie [paʀali] n. f. ANTIQ GR Division de l'Attique, une des trois régions du territoire athénien, comprenant le littoral à l'exclusion de la bande côtière située de part et d'autre du Pirée. – Du gr. *paralos,* «situé près la mer».

paralittéraire [paʀaliteʀɛʀ] adj. Didac. **1.** Se dit des travaux d'écriture (scénarios de films, par ex.) qui ne relèvent pas de l'activité littéraire proprement dite. **2.** De la paralittérature. – De *para-* 1, et *littéraire.*

paralittérature [paʀaliteʀatyʀ] n. f. Didac. Ensemble des productions littéraires de caractère populaire, exclues du domaine de la «littérature» proprement dite (chansons, romans-photos, bandes dessinées, etc.). – De *para-* 1, et *littérature.*

parallactique [paʀalaktik] adj. ASTRO Qui a rapport à la parallaxe. – Gr. *parallaktikos.*

parallaxe [paʀalaks] n. f. **1.** ASTRO Angle sous lequel on verrait, depuis un astre, un segment de droite pris comme référence. – *Parallaxe trigonométrique* : triangulation prenant pour base le diamètre de l'orbite terrestre, seule méthode qui permet de mesurer la distance des étoiles. **2.** TECH *Correction de parallaxe :* angle dont on doit corriger une visée pour tenir compte de la distance entre l'axe de visée et l'axe optique d'un appareil (appareil photo, par ex.). ▷ *Erreur de parallaxe,* commise lorsqu'on lit obliquement une graduation. – Gr. *parallaxis,* «changement».

parallèle [paʀalɛl] adj. et n. **A.** adj. **I.** GEOM **1.** Se dit d'une ligne, d'une surface, également distante d'une autre ligne, d'une autre surface dans toute son étendue. *Lignes, plans parallèles.* ▷ n. f. *Par un point extérieur à une droite, il passe une seule parallèle à cette droite* (postulat d'Euclide). **2.** *Cercle parallèle* ou, n. m., *un parallèle :* cercle obtenu en coupant une surface de révolution par un plan perpendiculaire à son axe de révolution. ▷ *Spécial.* Chacun des cercles fictifs de la sphère terrestre parallèles au plan de l'équateur. *Parallèles et méridiens.* **II.** Fig. **1.** Semblable, qui se déroule dans des conditions analogues. *Deux destins parallèles.* **2.** Qui vise au même résultat. *Mener des actions parallèles.* **3.** Qui existe, qui se déroule en même temps qu'un autre ordre de choses ou de faits de même nature, mais sans en avoir l'aspect officiel, organisé. *Marché des changes parallèle.* ▷ *Police parallèle.* **B.** n. m. Comparaison suivie entre deux personnes, deux objets. *Établir un parallèle entre deux événements semblables.* – Lat. *parallelus,* gr. *parallêlos.*

parallèlement [paʀalɛlmɑ̃] adv. De manière parallèle. – De *parallèle.*

parallélépipède [paʀalelepipɛd] n. m. GEOM Prisme dont les six faces sont des parallélogrammes. ▷ *Parallélépipède rectangle,* dont les faces sont des rectangles. – Bas lat. *parallelepipedum,* du gr. *parallêlepipedos,* de *epipedon,* «surface».

parallélépipédique [paʀalelepipedik] adj. Qui a la forme d'un parallélépipède. – De *parallélépipède.*

parallélisme [paʀalelism] n. m. **1.** État de droits, de plans, d'objets parallèles. *Parallélisme des roues d'un véhicule. - Défaut de parallélisme.* **2.** Fig. Correspondance suivie, progression parallèle (entre des personnes, des choses que l'on compare). **3.** PHILO *Parallélisme psychophysique :* théorie suivant laquelle il existe une correspondance stricte et terme à terme entre la série des faits psychiques et la série des faits physiques. – Bas gr. *parallêlismos.*

parallélogramme [paʀalelɔgʀam] n. m. GEOM Quadrilatère dont les côtés opposés sont parallèles (et donc égaux). ▷ PHYS *Parallélogramme des forces :* parallélogramme construit en menant, par les extrémités de deux vecteurs représentant deux forces concourantes, deux autres vecteurs respectivement parallèles à chacun des deux autres, convergeant en un point qui détermine l'extrémité de la résultante. (La résultante est donc celle des diagonales du parallélogramme qui part du point d'application des forces.) – Lat. *parallelogrammus,* du gr. *parallêlogrammon.*

paralogisme [paʀalɔʒism] n. m. LOG Raisonnement faux, mais fait sans intention d'induire en erreur (à la différence du sophisme). – Gr. *paralogismos.*

paralympique [paʀalɛ̃pik] adj. SPORT *Jeux paralympiques :* auxquels participent des athlètes handicapés physiquement. – De *para-,* 1 et *(o)lympique.*

paralysant, ante [paʀalizɑ̃, ɑ̃t] adj. Qui entraîne la paralysie. – Ppr. de *paralyser.*

paralysé, ée [paʀalize] adj. et n. Atteint de paralysie. ▷ Subst. *Un(e) paralysé(e).* ▷ Fig. *Pays paralysé par une grève générale.* – De *paralysie.*

paralyser [paʀalize] v. tr. [1] **1.** Frapper (qqn) de paralysie (sens 1). **2.** *Par ext.* Rendre inerte (une partie du corps). *Le froid paralysait ses doigts.* **3.** Fig. Frapper d'inertie; empêcher d'agir, de fonctionner. – De *paralysie.*

paralysie [paʀalizi] n. f. **I. 1.** Perte ou déficience des mouvements volontaires dans une région du corps, due à une affection musculaire ou, plus souvent, à une lésion nerveuse centrale ou périphérique. *La paralysie peut frapper la moitié du corps (hémiplégie), les quatre membres (quadriplégie), les deux membres inférieurs ou supérieurs (paraplégie), un seul membre (monoplégie).* **2.** *Paralysie générale progressive :* affection neuropsychique d'origine syphilitique, due à des lésions des méninges et de l'encéphale, caractérisée par des troubles moteurs (langue, doigts), intellectuels et mentaux. **II.** Fig. Impossibilité d'agir; arrêt du fonctionnement de l'activité. *Paralysie d'une usine privée de courant électrique.* – Lat. *paralysis,* mot gr.

paralytique [paʀalitik] adj. et n. Atteint de paralysie. - Subst. *Un(e) paralytique.* – Lat. *paralyticus.*

paramagnétique [paʀamaɲetik] adj. PHYS *Substance paramagnétique,* qui, placée dans un champ magnétique, s'aimante faiblement dans le sens du champ. – D'abord en angl., de *para,* abrév., de *parallel,* et *magnetic.*

paramagnétisme [paʀamaɲetism] n. m. PHYS Propriété des substances paramagnétiques. – De *paramagnétique.*

paramécie [paʀamesi] n. f. ZOOL Gros protozoaire cilié (jusqu'à 0,2 mm de long) commun dans les eaux douces stagnantes. – Lat. *paramecium,* du gr. *paramêkês,* «oblong».

paramédical, ale, aux [paʀamedikal, o] adj. Qui appartient au domaine de la santé et des soins sans toutefois relever des attributions du personnel médical. *Le diététicien, l'opticien lunetier, le pédicure, etc., exercent des métiers paramédicaux.* – De *para-* 1, et *médical.*

paramètre [paʀamɛtʀ] n. m. MATH Lettre désignant dans une équation une grandeur donnée, mais à laquelle on peut envisager d'attribuer des valeurs différentes (à la différence d'une constante, dont la valeur est donnée une fois pour toutes). ▷ Didac., fig. Donnée dont il faut tenir compte pour juger d'une question, régler un problème. – De *para-* 1, et *-mètre.*

paramétrer [paʀametʀe] v. tr. [1] MATH Établir les paramètres de. ▷ INFORM Remplacer certaines variables par des paramètres. – De *paramètre.*

paramétrique [paʀametʀik] adj. MATH Qui contient, qui utilise un paramètre. *Représentation paramétrique d'une courbe.* – De *paramètre.*

paramilitaire [paʀamilitɛʀ] adj. Qui est organisé comme une armée, qui en a les caractéristiques (armement, organisation, entraînement, discipline). *Groupes paramilitaires.* – De *para-* 1, et *militaire.*

paramnésie [paʀamnezi] n. f. MED Trouble de la mémoire caractérisé par l'oubli des mots, de leurs signes, l'emploi de mots étrangers à ce que veut exprimer le sujet, une localisation erronée des souvenirs, etc. – De *para-* 1, et du gr. *mnêsis,* «souvenir».

parangon [paʀɑ̃gɔ̃] n. m. **1.** Litt. *Parangon de... :* modèle de... *Parangon de vertu.* **2.** TECH Diamant, pierre sans défaut. – Esp. *parangón,* «comparaison», et ital. *paragone,* «pierre de touche», gr. *parakonê,* «pierre à aiguiser».

parangonnage [paʀɑ̃gɔnaʒ] n. m. IMPRIM Action de parangonner; son résultat. *Cette page est un vrai parangonnage.* – De *parangonner.*

parangonner [paʀɑ̃gɔne] v. tr. [1] IMPRIM Assembler sur une même ligne (des caractères typographiques de famille ou de corps différents). – De *parangon.*

paranoïa [paʀanɔja] n. f. PSYCHIAT Psychose caractérisée par la surestimation du moi, la méfiance, la susceptibilité, l'agressivité et qui engendre un délire de persécution. – Gr. *paranoia,* «folie», de *para,* «à côté», et *noos,* «pensée, esprit».

paranoïaque [paʀanɔjak] adj. et n. PSYCHIAT **1.** Relatif à la paranoïa. *Délire paranoïaque.* **2.** Atteint de paranoïa. ▷ Subst. *Un(e) paranoïaque.* **3.** Cour. Se dit d'un comportement révélant une méfiance ou une prétention exagérées. - Subst. Personne qui a ce type de comportement. (Abrév. fam. parano). – De *paranoïa.*

paranoïde [paʀanɔid] adj. PSYCHOPATHOL Qui rappelle la paranoïa, qui lui ressemble. *Psychose paranoïde.* – De *paran(oïa)-*, et *-oïde.*

paranormal, ale, aux [paʀanɔʀmal, o] adj. Se dit d'un certain nombre de phénomènes, avérés ou non, qui ne pourraient être expliqués que par l'intervention de forces inconnues dans l'état actuel de nos connaissances (V. métapsychique, parapsychologie). – De *para-* 1, et *normal.*

paranthrope [paʀɑ̃tʀɔp] n. m. PALEONT Hominien fossile de grande taille, rangé parmi les australopithèques, découvert en 1948 dans le Transvaal. – De *para-* 2, et *-anthrope.*

parapente [paʀapɑ̃t] n. m. Sport qui consiste à sauter avec un parachute spécial, en décollant du sol, à partir d'un terrain fortement en pente, et non plus en se faisant larguer par un avion. – De *para(chute)*, et *pente.*

parapet [paʀapɛ] n. m. **1.** FORTIF Terrassement supérieur, en pente douce, d'un talus de fortification, permettant aux défenseurs de tirer en étant à couvert du feu de l'ennemi. **2.** Cour. Mur à hauteur d'appui servant de garde-fou. – Ital. *parapetto*, «qui protège la poitrine».

parapharmacie [paʀafaʀmasi] n. f. Ensemble des produits non thérapeutiques vendus en pharmacie (savon, shampooing, cosmétiques, etc.). – De *para-* 1, et *pharmacie.*

paraphasie [paʀafazi] n. f. MED Trouble du langage consistant en la substitution de syllabes ou de mots les uns aux autres. – De *para-* 1, d'ap. *aphasie.*

paraphe ou **parafe** [paʀaf] n. m. Marque mise avec la signature. *Une signature au paraphe compliqué.* ▷ Signature abrégée (souvent sous forme d'initiales). – Lat. médiév. *paraphus*, altér. de *paragraphus.*

parapheur ou **parafeur** [paʀafœʀ] n. m. Dossier à compartiments destiné à recevoir des lettres soumises à la signature d'un responsable. – De *parapher.*

parapher ou **parafer** [paʀafe] v. tr. [1] Apposer son paraphe sur (qqch). – De*paraphe.*

parapheur ou **parafeur** [paʀafœʀ] n. m. Dossier à compartiments destiné à recevoir des lettres soumises à la signature d'un responsable. – De *parapher.*

paraphrase [paʀafʀɑz] n. f. **1.** Développement explicatif d'un terme ou d'un texte. ▷ *Spécial.* Énoncé synonyme d'un autre énoncé. *«Marie est aimée de Pierre» est la paraphrase de «Pierre aime Marie».* **2.** *Par ext.* Discours, écrit verbeux et diffus. – Lat. *paraphrasis*, mot gr., «phrase à côté».

paraphraser [paʀafʀɑze] v. tr. [1] Faire la paraphrase de, expliquer par une paraphrase. – De *paraphrase.*

paraphraseur, euse [paʀafʀɑzœʀ, øz] n. Rare Personne qui paraphrase, amplifie un récit en le rapportant. – De *paraphraser.*

paraphrastique [paʀafʀastik] adj. Didac. Qui tient de la paraphrase. *Commentaire paraphrastique.* ▷ LING *Transformation paraphrastique*, qui n'apporte pas d'information supplémentaire par rapport à la phrase sur laquelle a été réalisée l'opération. (Ex. : La transformation de nominalisation : Pierre a menti ⇒ Le mensonge de Pierre.) – De *paraphrase.*

paraphrénie [paʀafʀeni] n. f. PSYCHOPATHOL État pathologique où coexistent, chez le sujet, constructions délirantes, conservation de la lucidité et adaptation au réel, avec passage de l'un à l'autre. – De *para-*1, et du gr. *phrên, phrenos*, «esprit».

paraphyse [paʀafiz] n. f. BOT Filament stérile présent dans les organes reproducteurs de nombreux végétaux inférieurs (champignons, algues, mousses, hépatiques). – De *para-* 1, et du gr. *physa*, «vessie».

paraplégie [paʀapleʒi] n. f. MED Paralysie des deux membres supérieurs ou inférieurs. – De *para-* 1, et du gr. *plêgê*, «coup, choc».

paraplégique [paʀapleʒik] adj. et n. MED **1.** Qui présente le caractère de la paraplégie. **2.** Atteint de paraplégie. ▷ Subst. *Un(e) paraplégique.* – De *paraplégie.*

parapluie [paʀaplɥi] n. m. Objet portatif pour se protéger de la pluie, fait d'une pièce d'étoffe circulaire tendue sur une carcasse légère de minces tiges flexibles se repliant le long d'un manche. ▷ Fig., fam. *Ouvrir le parapluie* : prendre des précautions pour n'avoir pas à endosser une responsabilité. – De *para-* 2, et *pluie.*

parapsychique [paʀapsiʃik] adj. Qui a rapport à la parapsychologie ; qui relève de la parapsychologie. – De *para-* 1, et *psychique.*

parapsychologie [paʀapsikɔlɔʒi] n. f. Étude des phénomènes psychiques inexpliqués (prémonition, télépathie, télékinésie, etc.). – De *para-* 1, et *psychologie.*

parapublic, ique [paʀapyblik] adj. Partiellement public. *Une institution parapublique.* – De *para-* 1, et *public.*

pararthropodes [paʀaʀtʀɔpɔd] n. m. pl. ZOOL Embranchement d'invertébrés plus primitifs que les arthropodes comprenant notam. les tardigrades et les pentastomides. - Sing. *Un pararthropode.* – De *par(a)-* 1, et *arthropodes.*

parascève [paʀasɛv] n. f. RELIG Veille du sabbat, dans la religion judaïque. ▷ Anc. Vendredi saint, pour les catholiques. ▷ Vendredi saint, pour les Églises orthodoxes. – Gr. *paraskeuê*, «préparation».

parasciences [paʀasjɑ̃s] n. f. pl. Ensemble de croyances et de pratiques (astrologie, parapsychologie, radiesthésie, notam.) se revendiquant comme sciences, alors que le rationalisme scientifique les rejette. – De *para-* 1, et *science.*

parascolaire [paʀaskɔlɛʀ] adj. Qui complète l'enseignement donné à l'école. *Activités parascolaires.* – De *para-* 1, et *scolaire.*

parasismique [paʀasismik] adj. Qui vise à protéger des effets des séismes. – De *para-* 2, et *sismique.*

parasitaire [paʀazitɛʀ] adj. **1.** BIOL Relatif aux parasites. ▷ MED *Maladie parasitaire*, due à la présence de parasites dans l'organisme. **2.** Fig. Qui vit en parasite. – De *parasite.*

parasite [paʀazit] n. m. et adj. **I.** n. m. Personne qui vit aux dépens d'autrui. *Vivre en parasite.* **II.** n. m. et adj. BIOL Être vivant qui puise les substances qui lui sont nécessaires dans l'organisme d'un autre *(hôte)*, auquel il cause un dommage plus ou moins grave. *Le ténia est un parasite du tube digestif des vertébrés.* - adj. *Un animal parasite.* **III. 1.** n. m. Perturbation dans la réception des signaux radioélectriques. **2.** adj. Fig. Inutile et superflu, qui alourdit. *Mots parasites.* – Lat. *parasitus*, gr. *parasitos*, de *para-*, «à côté», et *sitos*, «nourriture».

ENCYCL **Biol.** - On distingue les endoparasites (qui vivent à l'intérieur de l'hôte) et les ectoparasites (à la surface de l'hôte); on distingue, sur un autre plan, les monoxènes, qui effectuent leur cycle complet sur un seul hôte, et les hétéroxènes, qui l'effectuent sur plusieurs hôtes.

parasiter [paʀazite] v. tr. [1] **1.** Vivre aux dépens de (qqn). **2.** BIOL Vivre aux dépens de (un organisme, un être vivant). **3.** Perturber par des parasites (la réception de signaux électriques). – De *parasite.*

parasiticide [paʀazitisid] adj. et n. m. Didac. Qui tue les parasites. ▷ n. m. Produit parasiticide. – De *parasite,* et *-cide.*

parasitisme [paʀazitism] n. m. **1.** État du parasite, de la personne qui vit aux dépens d'autrui. **2.** BIOL Condition de vie d'un parasite, d'un être vivant qui subsiste aux dépens d'un autre. – De *parasite.*

parasitologie [paʀazitɔlɔʒi] n. f. MED Étude des maladies parasitaires et de leurs agents. – De *parasite,* et *-logie.*

parasitose [paʀazitoz] n. f. MED Maladie causée par un parasite. – De *parasite,* et *-ose* 2.

parasol [paʀasɔl] n. m. **1.** Écran pliant, semblable à un grand parapluie, que l'on déploie pour se protéger du soleil. **2.** *Pin parasol :* pin pignon, dont la ramure étalée horizontalement évoque un parasol. – Ital. *parasole,*de *para-* 2, et *sole,* «soleil».

parastatal, ale, aux [paʀastatal, o] adj. ADMIN Qualifie, en Belgique notam., les organismes semi-publics. – De *para-* 1, et du lat. *status,* «État».

parasympathique [paʀasɛ̃patik] adj. et n. m. PHYSIOL *Le système nerveux parasympathique* ou, n. m., *le parasympathique :* la partie du système végétatif innervant notamment le cœur, les poumons, le tube digestif et les organes génitaux. – De *para-* 1, et *sympathique.*

parasympathomimétique [paʀasɛ̃patomimetik] adj. BIOCHIM Se dit des substances capables de provoquer des effets physiologiques comparables à ceux de l'acétylcholine, médiateur du système nerveux parasympathique. – De *parasympathique,* et *mimétique.*

parasynthétique [paʀasɛ̃tetik] adj. LING Formé par l'adjonction de plusieurs affixes à une base. ▷ n. m. *Anticonstitution-nelle-ment est un parasynthétique.* – Gr. *parasunthetos.*

parataxe [paʀataks] n. f. LING Procédé syntaxique consistant à juxtaposer des phrases, sans expliciter par des particules de subordination ou de coordination le rapport qui les lie. (Ex. *Il pleut, je ne sortirai pas,* au lieu de : *je ne sortirai pas parce qu'il pleut.*) – De *para-* 1, d'ap. *syntaxe.*

parathormone [paʀatɔʀmɔn] n. f. BIOL Hormone synthétisée par les glandes parathyroïdes et qui agit sur le métabolisme phosphocalcique. – De *parath(yroïde),* et *hormone.*

parathyroïde [paʀatiʀɔid] n. f. ANAT Chacune des quatre glandes situées sur la face postérieure de la thyroïde et qui sécrètent la parathormone. – De *para-* 1, et *thyroïde.*

paratonnerre [paʀatɔnɛʀ] n. m. Appareil destiné à protéger les bâtiments de la foudre, ordinairement constitué d'une tige conductrice pointue placée au sommet de l'édifice et reliée à une prise de terre par un conducteur de forte section. – De *para-* 2, et *tonnerre,* sur le modèle de *parasol.*

parâtre [paʀɑtʀ] n. m. **1.** Vx Beau-père. **2.** Fig. Mauvais père. – Du bas lat. *patraster,* «second mari de la mère».

paratyphique [paʀatifik] adj. et n. MED **1.** Relatif à la paratyphoïde. ▷ *Bacille paratyphique :* bacille, voisin du bacille d'Eberth, qui détermine les paratyphoïdes. **2.** Atteint de paratyphoïde. ▷ Subst. *Un(e) paratyphique.* – De *paratyphoïde,* sur le modèle de *typhus, typhique.*

paratyphoïde [paʀatifɔid] n. f. MED Maladie infectieuse due au bacille paratyphique A ou B, proche de la fièvre typhoïde, mais occasionnant généralement des troubles moins graves. – De *para-* 1, et *typhoïde.*

paravalanche [paʀavalɑ̃ʃ] adj. TECH Qui est destiné à protéger des avalanches. *Mur paravalanche.* – De *para-* 2, et *avalanche.*

paravent [paʀavɑ̃] n. m. **1.** Ensemble de panneaux verticaux articulés et souvent décorés, pouvant s'étendre ou se replier les uns sur les autres, servant à empêcher les courants d'air ou à dissimuler à la vue. **2.** Fig. Ce qui sert à masquer, à dissimuler. *Raison sociale qui sert de paravent à des activités peu recommandables.* – Ital. *paravento,* «ce qui écarte le vent».

paravivipare [paʀavivipaʀ] adj. BIOL Qualifie le mode de reproduction où l'œuf est gardé par le père ou la mère dans une cavité du corps jusqu'à éclosion. *L'hippocampe est paravivipare.* – De *para-* 1, et *vivipare.*

parbleu! [paʀblø] interj. Juron atténué marquant l'affirmation d'une évidence. – Euph. pour *par Dieu.*

parc [paʀk] n. m. **I. 1.** ELEV Clôture faite de claies, où l'on enferme les moutons. – Pâture entourée de fossés, où l'on engraisse les bœufs. **2.** PECHE Clôture de filets pour prendre le poisson. – Lieu clos où l'on élève des coquillages. *Parc à huîtres.* **3.** Petite clôture mobile à l'intérieur de laquelle on laisse jouer un très jeune enfant. **4.** TECH Emplacement de stockage à l'air libre. *Parc à ferrailles.* **5.** AUTO *Parc de stationnement :* emplacement, construction aménagés pour le stationnement des véhicules. (Off. recommandé pour remplacer l'anglicisme *parking.*) **6.** TECH Ensemble des véhicules d'une entreprise, d'un pays. *Parc de camions d'une société de transports.* – *Par ext.* Ensemble de biens d'équipement, de marchandises industrielles de même nature dont dispose une population. *Le parc français de téléviseurs.* **II. 1.** Grande étendue boisée et close où l'on conserve du gibier. ▷ *Parc régional, national :* zone à l'intérieur de laquelle sont protégées les richesses naturelles d'une région, d'une nation (notam. les espèces végétales et animales). ▷ *Parc zoologique :* lieu où sont maintenus captifs des animaux présentés au public. Syn. zoo. **2.** Grand jardin d'agrément dépendant d'une habitation importante. *Le parc de Versailles.* **3.** Terrain clos servant à la promenade; grand jardin public. – Du bas lat. *parricus,* «enclos».

parcage [paʀkaʒ] n. m. **1.** Action de parquer. **2.** Action de faire séjourner un troupeau dans un endroit clos, en partic. pour y fumer le sol. **3.** Action de garer un véhicule. (Syn. officiellement recommandé de *parking.*) – De *parquer.*

parcellaire [paʀsel(l)ɛʀ] adj. Qui est fait par parcelles; qui est divisé en parcelles. *Cadastre parcellaire.* – De *parcelle.*

parcelle [paʀsɛl] n. f. **1.** Très petit morceau, petit fragment. *Une parcelle de pain.* ▷ Fig. *Il n'est pas disposé à céder la moindre parcelle de son indépendance.* **2.** Portion de terrain de même culture. – Du lat. pop. **particella,* class. *particula,* de *pars, partis,* «part, partie».

parcellisation [paʀsɛl(l)izasjɔ̃] n. f. Action de parcelliser; fragmentation. *La parcellisation des tâches dans le travail à la chaîne.* – De *parcelliser.*

parcelliser [paʀsɛl(l)ize] v. tr. [1] Diviser en parcelles, en petits éléments. Syn. fragmenter, morceler. – Fig. *Parcelliser une tâche.* – De *parcelle.*

parce que [paʀs(ə)kə] loc. conj. (Introduisant l'expression de la cause.) *Il le fera parce qu'on l'y oblige.* ▷ (Employé seul.) (Dans une phrase elliptique de la proposition causale, pour marquer un refus de donner des raisons.) *Pourquoi n'obéis-tu pas? – Parce que.* ▷ (Dans une phrase elliptique de la proposition principale, comme liaison entre deux membres de phrase.) *Vous y tenez? Parce que nous pourrions nous arranger.* – De *par, ce,* et *que.*

parchemin [paʀʃəmɛ̃] n. m. **1.** Peau finement tannée, utilisée autrefois comme support de l'écriture et employée aujourd'hui en reliure et pour l'habillage de certains objets de luxe. **2.** (Plur.) Titres de noblesse. *« Les vieilles chartes, les antiques parchemins... qui attestaient la noblesse des Sigognac » (Gautier).* **3.** Fam. Diplôme universitaire. – Du bas lat. *pergamena (charta),* gr. *pergamênê,* « (peau) de Pergame ».

parcheminé, ée [paʀʃəmine] adj. Qui a la consistance ou l'aspect du parchemin. *Papier parcheminé.* ▷ Fig. *Visage parcheminé,* dont la peau est ridée et desséchée. – De *parchemin.*

parcheminer [paʀʃəmine] v. tr. [1] Donner l'aspect, la consistance du parchemin à. ▷ v. pron. *Son visage s'est parcheminé.* – De *parchemin.*

parcimonie [paʀsimɔni] n. f. Épargne portant sur les petites choses. *User de qqch avec parcimonie.* ▷ Fig. *Distribuer des éloges avec parcimonie.* Ant. prodigalité, profusion. – Lat. *parcimonia,* de *parcere,* « épargner ».

parcimonieusement [paʀsimɔnjøzmɑ̃] adv. Avec parcimonie. – De *parcimonieux.*

parcimonieux, euse [paʀsimɔnjø, øz] adj. Qui témoigne de parcimonie. – De *parcimonie.*

parclose [paʀkloz] n. f. CONSTR **1.** Moulure servant à fixer une vitre dans la feuillure d'un châssis. **2.** Petite baguette servant à clore un interstice. – Pp. fém. subst. de l'anc. v. *parclore,* « entourer complètement ».

parcmètre [paʀkmɛtʀ] ou **parcomètre** [paʀkɔmɛtʀ] n. m. Appareil servant à contrôler la durée du stationnement payant des véhicules automobiles. – De *parc,* et *-mètre.*

parcourir [paʀkuʀiʀ] v. tr. [26] **1.** Visiter dans toute son étendue, aller d'un bout à l'autre de. *Parcourir une rue, une ville.* ▷ Fig. *Un frisson la parcourut.* **2.** Effectuer (un trajet). *Parcourir une longue distance.* **3.** Fig. Lire rapidement et superficiellement. *Parcourir une lettre.* – A. fr. *parcorre,* lat. *percurrere,* refait d'après *courir.*

parcours [paʀkuʀ] n. m. **1.** Action de parcourir. – Distance parcourue. *Prix du parcours.* **2.** Chemin, itinéraire suivi pour aller d'un point à l'autre. *Parcours d'un fleuve, d'un autobus.* ▷ SPORT Circuit déterminé sur lequel s'effectue une épreuve. *Reconnaître un parcours.* – *Spécial.* Trajet qu'un joueur de golf doit effectuer durant une partie, en plaçant la balle successivement dans chacun des trous du terrain. ▷ MILIT *Parcours du combattant,* effectué par des soldats à l'entraînement sur un circuit comportant de nombreux obstacles. – Du lat. *percursus,* francisé d'ap. *cours.*

par-delà. V. delà.

par-derrière. V. derrière.

par-dessous. V. dessous 1, sens II.

par-dessus. V. dessus 1.

pardessus [paʀdəsy] n. m. Vêtement de ville masculin porté par-dessus les autres vêtements quand il fait froid. – Empl. subst. de la loc. adv. *par-dessus.*

par-devant. V. devant.

pardi ! [paʀdi] [paʀdjø] ou **pardieu !** interj. Exclamations marquant l'affirmation d'une évidence. – Euph. pour *par Dieu.*

pardon [paʀdɔ̃] n. m. **1.** Action de pardonner. *Accorder son pardon.* **2.** Pèlerinage solennel réunissant tous les ans à date fixe un grand nombre de fidèles, en Bretagne. *Le pardon de Sainte-Anne d'Auray.* **3.** *Grand Pardon :* V. Yom Kippour. **4.** *Je vous demande pardon* ou, ellipt., *pardon :* formules de politesse prononcées pour s'excuser. – *Pardon ? :* avec une intonation interrogative, pour prier un interlocuteur de répéter ce que l'on n'a pas entendu ou compris. – Déverbal de *pardonner.*

pardonnable [paʀdɔnabl] adj. Qui peut être pardonné. *Erreur pardonnable.* Syn. excusable. – De *pardonner.*

pardonner [paʀdɔne] v. [1] **I.** v. tr. **1.** Accorder la rémission de (une faute), renoncer à la punir. *Pardonner une faute à qqn.* ▷ Absol. *Pardonner à ses ennemis.* **2.** Considérer sans sévérité, excuser. *Vous voudrez bien me pardonner cette digression.* **II.** v. intr. (Toujours en tournure négative.) Épargner. *La mort ne pardonne à personne.* – *Ce poison ne pardonne pas,* il est mortel. **III.** v. pron. **1.** (Passif) Être digne de pardon, excusable. *Une telle faute ne se pardonne pas.* **2.** (Récipr.) *Se pardonner mutuellement.* **3.** (Réfl.) *Je ne me le pardonnerai jamais.* – De *par,* et *donner,* « donner complètement, remettre ».

-pare, -parité. Éléments, du lat. *-parus,* de *parere,* « engendrer ».

pare-. V. para- 3.

1. paré, ée [paʀe] adj. **1.** Orné, embelli. **2.** Arrangé, préparé pour un usage déterminé. ▷ Spécial. CUIS *Volaille parée,* prête pour la cuisson. – Pp. de *parer* 1.

2. paré, ée [paʀe] adj. **1.** Qui a pris les dispositions nécessaires pour se protéger. **2.** MAR Prêt, préparé. *Le mouillage est paré.* – (Pour donner un ordre.) *Paré à déborder !* – Pp. de *parer* 2.

paréage. V. pariage.

pare-balles [paʀbal] n. m. inv. Dispositif servant à protéger des balles. ▷ adj. inv. *Gilet pare-balles.* – De *parer* 2, et *balle.*

pare-boue [paʀbu] n. m. inv. Feuille de caoutchouc placée derrière une roue de camion pour protéger la carrosserie des projections de boue. – De *parer* 2, et *boue.*

pare-brise [paʀbʀiz] n. m. inv. Plaque de matière transparente située à l'avant d'un véhicule pour protéger les passagers du vent, des intempéries, des projections de gravillons. – De *parer* 2, et *brise.*

pare-chocs [paʀʃɔk] n. m. inv. Chacune des deux pièces, en général métalliques, fixées à l'avant et à l'arrière d'un véhicule automobile pour amortir les chocs. – De *parer* 2, et *choc.*

pare-éclats [paʀekla] n. m. inv. MILIT Ouvrage, cuirassement destiné à protéger des éclats de bombe, d'obus. – De *parer* 2, et *éclat.*

pare-étincelles [paʀetɛ̃sɛl] n. m. inv. Écran (grillage métallique, plaque de verre, etc.) destiné à arrêter les étincelles projetées par le foyer d'une cheminée. – De *parer* 2, et *étincelles.*

pare-feu [paʀfø] n. m. inv. Dispositif destiné à empêcher la propagation du feu. – (En appos.) *Portes pare-feu.* ▷ *Spécial.* Coupe, tranchée ménagée à cet effet dans une forêt. – De *parer* 2, et *feu.*

parégorique [paʀegɔʀik] adj. Vx Qui calme les douleurs. ▷ MED *Élixir parégorique :* préparation opiacée utilisée dans le traitement de certaines diarrhées. – Lat. *paregoricus,* gr. *parêgorikos,* de *parêgorein,* « adoucir ».

pareil, eille [paʀɛj] adj., adv. et n. **I.** adj. **1.** Semblable, identique, analogue. ▷ *L'an passé, à pareille époque,* à la même époque. **2.** Tel, de cette nature. *Vous n'allez pas sortir par un temps pareil !* **II.** adv. Pop. De la même manière. *Elles sont coiffées pareil.* **III.** n. **1.** Personne égale, semblable à une autre ; pair. ▷ *Il n'a pas son pareil au monde :* il est extraordinaire, sans égal. **2.** Chose équivalente, semblable à une autre. *J'ai un chandelier et je cherche le pareil.* ▷ Loc. adj. *Sans pareil(le) :* incomparable, inégalable. ▷ Pop. *C'est du pareil au même :* c'est exactement la même chose. **3.** n. f. *Rendre la pareille à qqn,* lui faire subir le même traitement que celui qu'on a reçu de lui. – Du lat. pop. **pariculus,* du class. *par,* « égal ».

pareillement [paʀɛjmɑ̃] adv. **1.** De la même manière. **2.** Aussi. *Vous le pensez, et moi pareillement.* – De *pareil.*

parélie. V. parhélie.

parement [paʀmɑ̃] n. m. **1.** Morceau d'étoffe riche ou de couleur tranchante ornant un vêtement. ▷ *Spécial.* Bande d'étoffe de couleur, au bas des manches et aux revers d'une veste d'uniforme. **2.** CONSTR Face visible d'un ouvrage de maçonnerie. *Parement de plâtre. Face de parement d'une pierre de taille.* **3.** LITURG Ornement dont on pare un autel. – De *parer* 1.

parenchymateux, euse [paʀɑ̃ʃimatø, øz] adj. ANAT, MED Qui a rapport au parenchyme. *Lésion parenchymateuse.* – Qui est formé d'un parenchyme. – De *parenchyme.*

parenchyme [paʀɑ̃ʃim] n. m. **1.** ANAT Tissu fonctionnel d'un organe (par oppos. au tissu conjonctif). *Parenchyme hépatique, rénal, pancréatique.* **2.** BOT Tissu végétal de réserve ou de remplissage. – Gr. *paregkhuma.*

parent, ente [paʀɑ̃, ɑ̃t] n. et adj. **A.** n. **I. 1.** *Les parents* : le père et la mère. *Association de parents d'élèves.* – DR *Le parent survivant.* ▷ *Parents adoptifs.* ▷ ZOOL Être vivant par rapport à l'être qu'il a engendré. **2.** (Plur.) Personnes dont on descend. *Nos lointains parents de l'âge de pierre.* **II.** Personne avec laquelle il existe un lien de parenté. *C'est un parent de mon mari. Parents et amis.* ▷ Fig. *Traiter en parent pauvre* : n'accorder que peu de soin et d'intérêt à (qqn, qqch); négliger. **B.** adj. Fig. Comparable, analogue. *Ses conceptions sont parentes des miennes.* – Lat. *parens, parentis,* de *parere,* «enfanter».

parental, ale, aux [paʀɑ̃tal, o] adj. Didac. Qui appartient aux parents, relatif aux parents. *Autorité parentale,* attribuée par la loi, conjointement et à égalité, au père et à la mère. ▷ BIOL Propre au parent en tant que géniteur. – De *parent.*

parentales [paʀɑ̃tal] ou **parentalies** [paʀɑ̃tali] n. f. pl. ANTIQ ROM Fêtes funèbres célébrées en l'honneur des parents décédés. – Lat. *parentalia.*

parenté [paʀɑ̃te] n. f. **1.** Rapport entre personnes qui descendent les unes des autres ou qui ont un ascendant commun; rapport entre personnes unies par une alliance (mariage) ou par une adoption. ▷ Fig. RELIG *Parenté spirituelle* : pour les chrétiens, relation existant entre le parrain ou la marraine et le filleul ou la filleule; *par ext.* affinité intellectuelle. ▷ SOCIOL *Système de parenté* : ensemble des relations qui, dans toute société, définissent un certain nombre de groupes et de sous-groupes, et déterminent les obligations et les interdictions auxquelles doivent se soumettre les membres de ces groupes (obligation de faire circuler les biens et prohibition de l'inceste, notam.). *Système de parenté matrilinéaire, patrilinéaire.* **2.** Ensemble des parents et des alliés d'une même personne. *Réunir toute sa parenté.* **3.** Rapport (entre deux ou plusieurs choses, classes d'objets, etc.) fondé sur une communauté d'origine. *Parenté entre deux langues latines.* ▷ Affinité, analogie, ressemblance. *L'iode a une parenté chimique avec le chlore.* – Lat. pop. **parentatus.*

parentèle [paʀɑ̃tɛl] n. f. **1.** Vx ou ETHNOL Consanguinité. **2.** Vx Ensemble des parents; parenté. – Bas lat. *parentela.*

parentéral, ale, aux [paʀɑ̃teʀal, o] adj. MED Qui se fait, qui a lieu en dehors du tube digestif. *Voie parentérale* : voie d'introduction d'une substance autre que la voie digestive. – De *para-* 1, et gr. *enteron,* «intestin».

parenthèse [paʀɑ̃tɛz] n. f. **1.** Insertion dans une phrase, un discours, d'un développement accessoire mais complémentaire; ce développement. **2.** Chacun des deux signes typographiques ( ) qui enferment les mots d'une parenthèse. *Mettez la phrase entre parenthèses.* – Fig. *Ouvrir, fermer une parenthèse* : entamer une digression, la terminer. ▷ MATH Ces signes, isolant une expression algébrique et notant qu'une même opération doit s'appliquer à cette expression tout entière. ▷ Loc. adv. *Entre parenthèses, par parenthèse* : incidemment. ▷ Fig. *Mettre entre parenthèses* : faire momentanément abstraction de. – Lat. *parenthesis,* mot gr., de *parentithenai,* «interposer».

paréo [paʀeo] n. m. Vêtement traditionnel des femmes tahitiennes, pièce d'étoffe drapée autour du corps, couvrant le buste. ▷ Vêtement de plage imitant le paréo tahitien. – Mot tahitien.

1. parer [paʀe] v. [1] **I.** v. tr. **1.** Litt. Garnir d'ornements, d'objets qui embellissent. *Parer une salle pour une cérémonie.* – *Spécial.* Vêtir (qqn) d'habits de fête. *On l'avait paré de son plus joli costume.* – Fig. *Parer qqn de tous les mérites.* ▷ (Sujet n. de chose.) *Les fleurs qui parent le jardin.* **2.** Arranger, préparer pour un usage déterminé. ▷ CUIS Arranger, préparer pour rendre propre à l'usage, à la consommation. *Parer de la viande, une volaille.* **3.** MAR Préparer pour la manœuvre. **II.** v. pron. Faire toilette, se vêtir avec soin. ▷ Fig., litt. *Se parer des vertus qu'on n'a pas.* – Lat. *parare,* «apprêter, préparer».

2. parer [paʀe] v. [1] **I.** v. tr. dir. **1.** *Parer un coup, une attaque,* s'en protéger en l'écartant ou en l'esquivant. – Fig. *Parer le coup* : éviter par des moyens appropriés une éventualité fâcheuse. ▷ MAR *Parer un abordage,* manœuvrer de manière à l'éviter. *Parer un cap,* le doubler en passant au large. **2.** Vx *Parer qqn de* (ou *contre qqch),* le protéger de (qqch). **II.** v. tr. ind. *Parer à* : se garantir contre; prendre toutes les mesures appropriées pour faire face à. *Parer au plus pressé.* – Ital. *parare,* «se garer d'un coup».

3. parer [paʀe] v. [1] EQUIT **1.** v. tr. Retenir (un cheval). **2.** v. intr. *Cheval qui pare sur les hanches,* qui, en galopant, prend appui sur les hanches. – Esp. *parar,* du lat. *parare,* «apprêter, préparer, orner».

parésie [paʀezi] n. f. MED Paralysie partielle ou incomplète, parfois transitoire, d'un ou de plusieurs muscles. – Gr. *paresis,* «relâchement».

pare-soleil [paʀsɔlɛj] n. m. inv. Écran destiné à protéger des rayons directs du soleil. – De *pare-* 2, et *soleil.*

paresse [paʀɛs] n. f. **1.** Tendance à éviter toute activité, à refuser tout effort. **2.** MED Manque d'activité d'un organe. *Paresse intestinale.* – A. fr. *perece,* lat. *pigritia,* de *piger,* «paresseux».

paresser [paʀese] v. intr. [1] Se laisser aller à la paresse; ne rien faire. *Paresser dans son lit.* – De *paresse.*

paresseusement [paʀesøzmɑ̃] adv. **1.** Avec paresse. **2.** Fig. Avec lenteur. *Rivière qui coule paresseusement.* – De *paresseux.*

paresseux, euse [paʀesø, øz] adj. et n. **1.** Qui aime à éviter le travail, l'effort. *Être paresseux comme un loir, comme une couleuvre.* ▷ Subst. *Un paresseux, une paresseuse.* **2.** Qui dénote une certaine paresse. *Gestes paresseux.* ▷ MED Dont l'activité est anormalement faible, lente. *Intestin paresseux.* **3.** n. m. ZOOL Mammifère xénarthre aux mouvements très lents (genre *Cholœpus* comprenant les unaus et genre *Bradypus* comprenant les aïs). – De *paresse.*

paresthésie [paʀɛstezi] n. f. MED Trouble de la sensibilité; anesthésie légère. – De *para-* 1, et gr. *aisthêsis,* «sensation, perception».

parfaire [paʀfɛʀ] v. tr. [10] **1.** Compléter en ajoutant ce qui manque. *Parfaire une somme.* **2.** Achever, mener jusqu'à son terme. *Parfaire un ouvrage.* – Du lat. *perficere,* d'après *faire.*

parfait, aite [paʀfɛ, ɛt] adj. et n. **A.** adj. **I. 1.** Qui réunit toutes les qualités; sans nul défaut. *Ce travail est parfait.* **2.** Aussi accompli qu'il est possible, qui ne saurait être amélioré, dépassé dans son genre. *Un travail* *parfait.* ▷ Irréprochable. *Sa mère a été parfaite en toutes circonstances.* **II. 1.** Complet, total; qui correspond exactement à un modèle, un idéal. *Vivre dans une tranquillité parfaite. Filer le parfait amour.* – Iron. *Un parfait imbécile.* ▷ MATH *Nombre parfait* : nombre égal à la somme de ses diviseurs. (Ex. : 6 = 1 + 2 + 3.) **2.** PHYS *Gaz* parfait.* **3.** MUS *Accord parfait,* formé de la tonique, de la tierce et de la quinte (do, mi, sol, dans le ton de do majeur). **B.** n. **I.** n. m. LING Aspect* du verbe présentant l'action non pas dans son déroulement mais comme achevée, ou comme un procès pur, indépendamment de toute relation temporelle. Syn. perfectif. **II.** n. m. Crème glacée, généralement à un seul parfum. *Parfait au café.* **III.** HIST Initié cathare jugé digne de recevoir l'Esprit par l'imposition des mains (*consolamentum*) et qui par là même s'engageait à suivre les voies les plus rigoureuses du catharisme. – Pp. du v. *parfaire,* d'ap. lat. *perfectus.*

parfaitement [paʀfɛtmɑ̃] adv. **1.** De manière parfaite. **2.** D'une manière absolue, complète. **3.** (Employé comme particule affirmative.) Oui, certainement, assurément. *Vous viendrez ? – Parfaitement !* – De *parfait.*

parfilage [paʀfilaʒ] n. m. TECH, anc. Action de parfiler; son résultat. – De *parfiler.*

parfiler [paʀfile] v. tr. [1] TECH **1.** Orner de filets. **2.** Anc. Défaire fil à fil (un tissu riche) pour récupérer l'or et l'argent. – De l'anc. v. *pourfiler,* de *filer.*

parfois [paʀfwa] adv. Quelquefois, de temps à autre. – De l'a. fr. *par fois,* « par moments ».

parfondre [paʀfɔ̃dʀ] v. tr. [6] TECH Incorporer par fusion des oxydes colorants à l'émail ou au verre. – De *par(a)-* 1, et *fondre.*

parfum [paʀfœ̃] n. m. **1.** Odeur aromatique qui s'exhale d'une substance. *Le parfum du muguet, de la violette.* **2.** Substance odorante, naturelle ou synthétique; mélange de ces substances. *Un flacon de parfum.* **3.** Arg. *Être au parfum* : être au courant. – Déverbal de *parfumer,* ou de l'ital. *perfumo.*

parfumage [paʀfymaʒ] n. m. Opération qui consiste à parfumer un produit. *Le parfumage d'une crème.* – De *parfumer.*

parfumé, ée [paʀfyme] adj. **1.** Qui exhale un parfum agréable. **2.** Qui a une saveur prononcée. *Une pêche parfumée.* **3.** Qui est imprégné de parfum. – Pp. de *parfumer.*

parfumer [paʀfyme] v. tr. [1] **1.** Remplir d'une bonne odeur. *Les fleurs parfument l'air.* **2.** Répandre du parfum sur. *Parfumer son bain.* ▷ v. pron. Imprégner ses vêtements, son corps de parfum. *Vous parfumez-vous souvent ?* **3.** Aromatiser (un mets). – Ital anc. *perfumare,* du lat. *fumare,* « fumer »; les parfums primitifs étant les fumées odorantes obtenues par combustion de bois ou d'écorces.

parfumerie [paʀfymʀi] n. f. **1.** Fabrication, commerce des parfums et des produits de beauté. **2.** Ensemble des professionnels de la parfumerie. – De *parfum.*

parfumeur, euse [paʀfymœʀ, øz] n. **1.** Fabricant, créateur de parfums. **2.** Personne qui vend des parfums, des produits de beauté. – De *parfum.*

par(h)élie [paʀeli] n. f. ou m. Didac. Phénomène lumineux ayant l'apparence d'une tache colorée, dû à la réflexion des rayons du Soleil dans les nuages formés de cristaux de glace. – Lat. *parelion,* du gr. *parêlios,* « qui est à côté du soleil ».

pari [paʀi] n. m. **1.** Gageure, promesse réciproque par laquelle plusieurs personnes, qui soutiennent des avis contraires, s'engagent à payer une certaine somme à celui qui se trouvera avoir raison. **2.** Jeu d'argent dans lequel les gains reviennent aux joueurs qui ont désigné par avance le gagnant ou les concurrents les mieux placés d'une compétition (d'une course de chevaux ou de lévriers, notam.). *Pari mutuel urbain* (P.M.U.). – Fig. *Les paris sont ouverts,* se dit à propos d'une affaire incertaine sur l'issue de laquelle les opinions sont partagées. **3.** PHILO *Pari de Pascal* : argument des *Pensées* destiné aux incroyants et qui montre la disproportion des enjeux selon que l'on croit ou non à l'existence de Dieu : « Si vous gagnez (Dieu existe), vous gagnez tout; si vous perdez (Dieu n'existe pas), vous ne perdez rien. »– Déverbal de *parier.*

paria [paʀja] n. m. En Inde, individu hors caste, considéré comme appartenant au dernier degré de l'échelle sociale, privé de droits, contraint de vivre exclu. V. intouchable. *La classe des parias a été officiellement abolie en 1947.* ▷ Fig., cour. Personne méprisée, exclue du groupe social. – Mot portug., tamoul *parayan,* « joueur de tambour », ces musiciens étant considérés comme impurs parce qu'ils accompagnent les morts dans les cortèges funèbres.

pariade [paʀjad] n. f. **1.** ZOOL Saison où les oiseaux s'apparient pour l'accouplement; cet accouplement. **2.** *Par ext.* Couple d'oiseaux. – De *parier,* au sens anc. de « apparier ».

pariage [paʀjaʒ] ou **paréage** [paʀeaʒ] n. m. FEOD Convention passée entre deux seigneurs, le plus puissant assurant la protection du plus faible en échange d'une partie des revenus de sa seigneurie. – Du bas lat. *pariare,* « aller de pair ».

parian [paʀjɑ̃] n. m. TECH Porcelaine imitant le marbre de Paros. – Mot angl., « de Paros (île grecque des Cyclades) ».

paridés [paʀide] n. m. pl. ORNITH Famille d'oiseaux passériformes comprenant les mésanges. – Sing. *Un paridé.* – Du bas lat. *parus,* class. *parra,* « mésange ».

paridigités [paʀidiʒite] n. m. pl. ZOOL Syn. de *artiodactyles.* – Sing. *Un paridigité.* – Du lat. *par,* « égal, pareil », et *digitus,* « doigt ».

parier [paʀje] v. tr. [2] **1.** Faire un pari, une gageure. *Veux-tu parier que j'ai raison ?* **2.** Engager (telle somme) dans un jeu d'argent fondé sur la mise en compétition de concurrents (chevaux ou lévriers opposés en une course, notam.). *Parier cent francs sur le favori.* **3.** *Par ext.* Affirmer, soutenir avec assurance. *Je parie que vous êtes sorti hier,* j'en suis à peu près certain. *Il y a gros à parier que...* : il y a de fortes raisons de croire que... – A. fr. *pairier,* « se comparer », refait d'ap. le bas lat. *pariare,* « être égal ».

pariétaire [paʀjetɛʀ] n. f. Plante herbacée (genre *Parietaria,* fam. urticacées) qui croît le long des murs. Syn. perce-muraille. – Du lat. *(herba) parietaria,* de *paries,* « paroi, mur ».

pariétal, ale, aux [paʀjetal, o] adj. et n. **I.** adj. **1.** ANAT Relatif à la paroi d'une cavité. *Os pariétal,* ou, n. m., *un, le pariétal* : chacun des deux os qui forment les côtés de la voûte crânienne. **2.** PREHIST *Peintures, gravures pariétales,* faites sur les parois rocheuses des grottes. **II.** n. f. pl. Groupe de plantes dicotylédones, dont les placentas sont logés dans les parois du pistil. – Sing. *Une pariétale.* – Du lat. *paries, parietis,* « paroi ».

parieur, euse [paʀjœʀ, øz] n. Personne qui parie. – De *parier.*

parigot, ote [paʀigo, ɔt] n. et adj. Fam. Parisien. – De *Paris,* et suff. arg. *-got.*

paripenné, ée [paʀipɛnne] adj. BOT *Feuille paripennée* : feuille pennée dont le nombre de folioles est pair (pois, vesce). – Lat. *par,* « pareil », et *penné.*

parisette [paʀizɛt] n. f. Plante herbacée (*Paris quadrifolia,* fam. liliacées) à fleurs vertes ou jaunes dont le fruit charnu et bleuâtre est appelé cour. *raisin-de-*

renard. – Dimin. de *Paris,* de son nom rég. « herbe-à-Paris ».

parisianisme [paʀizjanism] n. m. **1.** Expression, tour propre au français parlé à Paris. **2.** Manière d'être, habitude de vie propre aux Parisiens. ▷ Péjor. Ensemble des caractéristiques propres au cercle fermé des intellectuels parisiens à la mode. – De *parisien.*

parisien, enne [paʀizjɛ̃, ɛn] adj. et n. **1.** De Paris. ▷ Subst. Habitant de Paris. *Un(e) Parisien(ne).* **2.** Qui a les qualités d'élégance, d'esprit que l'on prête aux Parisiens. *L'esprit parisien.* ▷ Qui est caractéristique de la vie mondaine de Paris. **3.** PHON *R parisien,* grasseyé (par oppos. au *r roulé*). – De *Paris.*

parisis [paʀizi] adj. inv. Vx ou HIST Frappé à Paris, en parlant de la monnaie. *Livre parisis.* – Bas lat. *parisiensis,* du class. *Parisii,* nom d'un peuple de la Gaule établi sur des îles de la Seine autour desquelles s'est construite la ville de Lutèce, devenue Paris.

parisyllabe [paʀisillab] rare ou **parisyllabique** [paʀisillabik] adj. En latin, se dit d'une déclinaison, d'un mot comptant le même nombre de syllabes au nominatif et au génitif singulier. (Ex. *civis, civis.*) – Du lat. *par,* « pareil », et de *syllabe.*

paritaire [paʀitɛʀ] adj. Qui est formé d'un nombre égal de représentants de chaque partie. *Commission paritaire.* – De *parité.*

parité [paʀite] n. f. **1.** Égalité, similitude parfaite. **2.** FIN Équivalence entre la valeur relative de l'unité monétaire d'un pays et celle de l'unité monétaire d'un autre pays. *La dévaluation réduit la parité d'une monnaie.* – *Parité des changes :* équivalence des cours du change sur deux places. **3.** MATH Caractère pair ou impair. *Parité d'une fonction.* – Bas lat. *paritas,* de *par,* « égal, pareil ».

parjure [paʀʒyʀ] n. **1.** n. m. Faux serment; violation de serment. *Commettre un parjure.* **2.** n. Personne qui fait un faux serment, qui viole son serment. – Lat. *perjurus.*

parjurer (se) [paʀʒyʀe] v. pron. [1] Violer son serment, faire un faux serment. – Lat. *perjurare.*

parka [paʀka] n. m. ou f. Longue veste à capuchon, en tissu imperméable doublé. – Mot amér., emprunté à l'eskimo des Aléoutiennes.

parkérisation [paʀkeʀizasjɔ̃] n. f. TECH Procédé de protection des pièces d'acier par revêtement de phosphate ferrique. – Nom déposé, du nom de *Parker.*

parking [paʀkiŋ] n. m. **1.** Action de parquer un véhicule; résultat de cette action. *Parking interdit.* Syn. (off. recommandé) parcage. **2.** Parc de stationnement pour véhicules automobiles. *Parking complet.* Syn. (off. recommandé) parc de stationnement ou parc. – Mot angl.

parkinsonien, enne [paʀkinsɔnjɛ̃, ɛn] adj. et n. Relatif à la maladie* de Parkinson. ▷ Subst. Personne atteinte de la maladie de Parkinson. – Du n. du médecin anglais J. *Parkinson* (1755-1824).

parlant, ante [paʀlɑ̃, ɑ̃t] adj. **1.** Qui parle, qui est doué de parole. **2.** *Par ext.* Expressif. *Des gestes parlants.* ▷ Fig. Très ressemblant (œuvre d'art). *Portrait parlant.* ▷ Évident. *Preuves parlantes.* **3.** Qui est accompagné de paroles. *Cinéma, film parlant,* où les images sont accompagnées de paroles, synchronisées, par oppos. à *cinéma, film muet.* ▷ *Horloge parlante.* – Ppr. de *parler.*

parlé, ée [paʀle] adj. Exprimé par la parole. *La langue parlée et la langue écrite.* – Pp. de *parler.*

parlement [paʀləmɑ̃] n. m. **1.** HIST *Un parlement :* en France, sous l'Ancien Régime, cour souveraine de justice. **2.** *Le Parlement :* l'ensemble des assemblées législatives d'un pays. *Le Parlement français* (Sénat et Assemblée nationale), *anglais* (Chambre des lords et Chambre des communes). *Le Parlement européen :* institution européenne siégeant à Strasbourg composée d'un président et de 518 membres élus au suffrage universel par les pays membres de l'Europe des Douze. – De *parler.*

parlementaire [paʀləmɑ̃tɛʀ] adj. et n. **I.** adj. **1.** HIST Qui est relatif à un parlement (sens 1). **2.** Qui est relatif au Parlement (sens 2). *Commissions, débats parlementaires.* ▷ *Régime parlementaire :* régime politique dans lequel la prépondérance appartient au pouvoir législatif. ▷ *Monarchie parlementaire :* V. monarchie. **3.** Qui est lié aux fonctions de membre du Parlement. *Immunité, indemnité parlementaire.* **II.** n. **1.** Membre d'une assemblée législative. **2.** n. m. Délégué envoyé pour parlementer avec l'ennemi, en temps de guerre. – De *parlement.*

parlementairement [paʀləmɑ̃tɛʀmɑ̃] adv. Vieilli Conformément aux usages parlementaires. – De *parlementaire.*

parlementarisme [paʀləmɑ̃taʀism] n. m. Ensemble des institutions caractérisant les régimes parlementaires. – De *parlementaire.*

parlementer [paʀləmɑ̃te] v. intr. [1] Échanger des propositions pour arriver à une convention quelconque entre adversaires, entre belligérants. ▷ *Par ext.* Discuter longuement. – De *parlement.*

1. parler [paʀle] v. [1] **I.** v. intr. **1.** Articuler des sons appartenant à une langue; prononcer des mots. *Cet enfant a parlé tôt. Il parle avec un léger zézaiement.* **2.** Manifester sa pensée, ses sentiments par la parole; s'exprimer. – *Parler en l'air,* à tort et à travers, sans réfléchir, sans peser ses mots. – *Parler pour qqn,* s'exprimer en son nom, intercéder en sa faveur. ▷ *Par anal.* Communiquer par un code autre que la parole. *Les muets parlent par signes.* **3.** Faire des aveux, révéler ce qui devait être tenu secret. *Il a parlé sous la menace.* ▷ *Faire parler qqn,* l'amener à dire ce qu'il voulait tenir caché. **II.** v. tr. indir. **1.** *Parler à (avec) qqn :* s'adresser à qqn, dialoguer avec lui. – Fig. *Parler à un mur :* tenter vainement de convaincre qqn, parler à qqn qui refuse d'écouter. **2.** *Parler de qqch, de qqn :* donner son avis, révéler ses sentiments sur qqch, sur qqn. ▷ *Parler de la pluie et du beau temps :* dire des banalités; s'entretenir de choses et d'autres, sans sujet de conversation précis. **3.** *Parler de qqch à qqn :* s'entretenir avec qqn d'un sujet précis. ▷ Fam. (Marquant l'incrédulité, le doute, l'assentiment ironique.) *Lui, généreux ? Vous parlez !* **III.** v. tr. **1.** *Parler une langue,* pouvoir s'exprimer, converser dans cette langue. *Parler le chinois.* ▷ v. pron. Être parlé. *Le catalan se parle encore dans le Roussillon.* **2.** *Parler affaires, peinture, politique,* etc. : s'entretenir d'affaires, etc. – Du lat. ecclés. *parabolare.*

2. parler [paʀle] n. m. **1.** Manière de parler. *Un parler soigné, négligé.* **2.** LING Langue propre à une région, à l'intérieur d'un grand domaine linguistique. *Les parlers franco-provençaux.* – De *parler* 1.

parleur, euse [paʀlœʀ, øz] n. et adj. **1.** n. Personne qui a l'habitude de parler beaucoup. ▷ Vieilli *Un beau parleur :* une personne qui s'exprime de manière agréable; mod. une personne qui parle avec une élocution affectée, qui s'écoute. **2.** adj. *Oiseau parleur,* capable d'imiter le son de la parole. – De *parler* 1.

parloir [paʀlwaʀ] n. m. Salle pour recevoir les visiteurs dans les collèges, les communautés, les prisons, etc. – De *parler.*

parlo(t)te [paʀlɔt] n. f. Fam. Bavardage oiseux. – De *parler.*

parme [paʀm] adj. inv. et n. m. D'une couleur violet pâle. *Des murs parme.* ▷ n. m. Cette couleur. – De *Parme,* ville d'Italie.

parmélie [paʀmeli] n. f. BOT Lichen (genre *Parmelia*) à thalle foliacé poussant sur les troncs d'arbre, les vieux murs, etc. – Du lat. *parma*, « petit bouclier rond ».

parmesan, ane [paʀməzɑ̃, an] adj. et n. **1.** adj. De la ville de Parme. ▷ Subst. *Un(e) Parmesan(e).* **2.** n. m. Fromage cuit à pâte très dure, de texture granuleuse, au goût et au parfum prononcés, fabriqué dans la région de Parme. – Ital. *parmigiano*, « de Parme ».

parmi [paʀmi] prép. **1.** Au milieu de, entre. *Se frayer un passage parmi les nombreux visiteurs.* **2.** Au nombre de. *Il compte parmi mes amis.* – De *par*, et *milieu*.

Parnasse (le) **1.** Vx Le séjour des poètes. **2.** Litt. (Collectif) Les poètes, la poésie, leur monde symbolique. **3.** Mouvement littéraire apparu en réaction contre le romantisme, qui commença à s'exprimer en 1866 dans un recueil, *le Parnasse contemporain*, et qui élabora une poésie ayant notam. pour fondement le culte de la beauté impassible - l'art pour l'art - et les recherches érudites. – Lat. *Parnassus*, séjour d'Apollon et des Muses.

parnassien, enne [paʀnasjɛ̃, ɛn] n. et adj. Poète du groupe du Parnasse. *Les parnassiens.* - adj. *Un poète parnassien.* – De *Parnasse*.

parodie [paʀɔdi] n. f. **1.** Vx Couplet fait sur un air connu. **2.** Imitation burlesque d'une œuvre littéraire célèbre. Syn. pastiche. **3.** *Par ext.* Imitation grotesque, cynique. *Il a été fusillé après une parodie de procès.* – Lat. *parodia*, mot gr., de *para*, « à côté », et *odê*, « chant ».

parodier [paʀɔdje] v. tr. [2] **1.** Faire la parodie de (une œuvre). **2.** Imiter (qqn), contrefaire ses gestes, ses manières. – De *parodie*.

parodique [paʀɔdik] adj. Qui appartient à la parodie; qui est de la nature de la parodie. – De *parodie*.

parodiste [paʀɔdist] n. Auteur de parodies. – De *parodie*.

parodonte [paʀɔdɔ̃t] n. m. ANAT Ensemble des tissus de soutien (gencives, ligaments, etc.) qui fixent la dent au maxillaire. – De *par(a)*- 1, et du gr. *odous, odontos*, « dent ».

parodontologie [paʀɔdɔ̃tɔlɔʒi] n. f. Partie de l'art dentaire qui concerne les maladies du parodonte. – De *parodonte*, et *-logie*.

parodontose [paʀɔdɔ̃toz] n. f. MED Affection qui atteint le parodonte. – De *parodonte*, et *-ose* 2.

paroi [paʀwa] n. f. **1.** Cloison séparant deux pièces contiguës. ▷ Surface interne d'un objet creux. *Paroi d'un vase.* - ANAT Partie qui limite une cavité du corps. *Paroi nasale.* **2.** Surface latérale d'une excavation, d'une cavité naturelle. *Les parois d'une grotte.* **3.** Versant montagneux abrupt et sans aspérités. – Lat. *paries*.

paroisse [paʀwas] n. f. **1.** Territoire sur lequel un curé, un pasteur exerce son ministère. **2.** Ensemble des habitants de ce territoire. – Lat. ecclés. *parochia*, « diocèse », du gr. *paroikos*, « voisin, étranger ».

paroissial, ale, aux [paʀwasjal, o] adj. D'une paroisse, de la paroisse. *L'église paroissiale.* – De *paroisse*.

paroissien, enne [paʀwasjɛ̃, ɛn] n. **1.** Fidèle d'une paroisse. ▷ Fam., vieilli *Un drôle de paroissien* : un drôle de bonhomme. **2.** n. m. Missel. – De *paroisse*.

parole [paʀɔl] n. f. **I.** Mot ou ensemble de mots servant à exprimer la pensée. **1.** Discours, propos. *Ne pas dire une parole. Paroles amicales, encourageantes.* **2.** Sentence, expression remarquable et forte d'une pensée originale. *Connaissez-vous cette parole de Socrate ?* **3.** Assurance, promesse verbale. *Donner sa parole d'honneur.* ▷ *N'avoir qu'une parole* : respecter ses engagements premiers. ▷ *Sur parole* : sur la foi de la promesse donnée. *Prêter sur parole.* ▷ Fam. *Parole d'honneur! Parole!* (pour insister sur la véracité d'une déclaration). ▷ (Plur.) Promesses vagues. *Assez de belles paroles!* **4.** (Plur.) Texte d'une chanson, d'un opéra (par oppos. à *musique*). **II. 1.** Faculté de parler, d'exprimer la pensée au moyen de la voix. *Avoir le don de la parole* : parler, s'exprimer naturellement avec facilité. **2.** LING Utilisation, mise en acte du code qu'est la langue par les sujets parlants, dans les situations concrètes de communication. *Langue et parole, code et message.* **3.** RELIG *La parole de Dieu* ou, absol., *la Parole* : l'Écriture sainte. – Lat. pop. **paraula*, lat. ecclés. *parabola*, « comparaison ».

parolier, ère [paʀɔlje, ɛʀ] n. Auteur de textes destinés à être mis en musique, de paroles de chansons. *Le parolier et le compositeur. Le parolier d'un opéra* (V. librettiste). – De *parole*.

paronomase [paʀɔnɔmɑz] n. f. RHET Figure qui assemble des paronymes (ex. *Qui se ressemble s'assemble. Qui terre a, guerre a*). – Lat. *paronomasia*, mot grec.

paronyme [paʀɔnim] n. m. Didac. Mot offrant une ressemblance de forme et de prononciation avec un autre (ex. *avènement* et *événement*). – Gr. *parônumos*.

paronymie [paʀɔnimi] n. f. Didac. Caractère des termes paronymes. – Gr. *parônumia*.

paronymique [paʀɔnimik] adj. Didac. Qui a rapport aux paronymes. – De *paronyme*.

parotide [paʀɔtid] n. f. ANAT Glande salivaire placée devant l'oreille, près de l'angle inférieur du maxillaire. – Lat. *parotis, parotidis*, du gr., « près de l'oreille ».

parotidien, enne [paʀɔtidjɛ̃, ɛn] adj. ANAT Qui a rapport à la parotide. – De *parotide*.

parotidite [paʀɔtidit] n. f. MED Inflammation de la parotide. – De *parotide*, et *-ite* 1.

parousie [paʀuzi] n. f. THEOL Second avènement du Christ, lorsqu'il redescendra sur Terre à la fin des siècles. – Gr. *parousia*, « présence ».

paroxysme [paʀɔksism] n. m. **1.** MED Période pendant laquelle les symptômes d'une maladie se manifestent avec le plus d'intensité. **2.** Point le plus aigu (d'une passion, d'une sensation, etc.). *Paroxysme de la colère, du plaisir.* – Gr. méd. *paroxusmos*, de *oxumein*, « aiguiser, exciter ».

paroxysmique [paʀɔksismik] adj. Didac. Relatif au (à un) paroxysme. – De *paroxysme*.

paroxystique [paʀɔksistik] adj. MED ou litt. Qui présente un (des) paroxysme(s). – De *paroxysme*.

paroxyton [paʀɔksitɔ̃] adj. m. LING Qui porte l'accent sur l'avant-dernière syllabe. – Gr. *paroxutonos*.

parpaillot, ote [paʀpajo, ɔt] n. Vx, péjor. ou mod., plaisant Protestant, pour les catholiques. – Occitan *parpailhol*, « papillon », à cause des vêtements blancs des calvinistes.

parpaing [paʀpɛ̃] n. m. Pierre, moellon qui tient toute l'épaisseur d'un mur. ▷ *Par ext.* Élément de construction préfabriqué, parallélépipède en aggloméré, généralement creux. – A. fr. *perpein*, « direction de la longueur », du lat. pop. **perpetaneus*, de *perpes, perpetis*, « ininterrompu, continuel ».

Parque [paʀk] n. f. **1.** *Les Parques* : Dans la myth. romaine, chacune des trois divinités (Nona, Decima, Morta), assimilées aux Moires grecques, qui présidaient à la destinée. **2.** *La Parque* : la destinée, la mort. – Lat. *Parca*.

parquer [paʀke] v. tr. [1] **1.** Mettre dans un parc, dans une enceinte. *Parquer des bestiaux.* - *Parquer des prisonniers.* **2.** Garer un véhicule. *Parquer sa voiture.* ▷ v. pron. Se garer – De *parc*.

parquet [paʀkɛ] n. m. **I. 1.** Revêtement de sol constitué de lames de bois assemblées. *Un parquet bien ciré. Parquet à l'anglaise,* dont les lames sont parallèles et en coupe droite. **2.** MAR *Parquet de chauffe :* ensemble de plaques métalliques formant galerie de circulation dans la salle des machines d'un navire. **II. 1.** Local réservé aux membres du ministère public. **2.** Ensemble des magistrats composant le ministère public auprès d'une cour, d'un tribunal. *Le parquet a été saisi de l'affaire.* ▷ *Petit parquet :* endroit où un substitut du procureur de la République interroge les individus arrêtés et qui, suivant sa décision, seront remis en liberté ou non. **3.** Enceinte où se réunissent les agents de change dans une Bourse. **III.** Vx *Parquet d'élevage :* enclos où la volaille est élevée en liberté. – Dimin. de *parc.*

parquetage [paʀkətaʒ] n. m. TECH Action de parqueter. – Ouvrage de parquet. – De *parqueter.*

parqueter [paʀkəte] v. tr. [**20**] TECH Revêtir d'un parquet. – De *parquet.*

parqueterie [paʀkɛtʀi] n. f. TECH Art de fabriquer ou de poser les parquets. – De *parquet.*

parqueteur [paʀkətœʀ] n. m. TECH Ouvrier spécialisé dans la fabrication ou la pose de parquets. – De *parqueter.*

parqueur, euse [paʀkœʀ, øz] n. **1.** AGRIC Personne qui soigne les bestiaux parqués. **2.** TECH Ostréiculteur qui travaille dans un parc (sens 2). – De *parquer.*

parrain [paʀɛ̃] n. m. **1.** Celui qui, s'étant engagé à veiller sur l'éducation religieuse d'un enfant, le tient sur les fonts baptismaux. **2.** Celui qui préside à la cérémonie du baptême d'un navire, d'une cloche. **3.** Celui qui introduit un nouveau membre dans un cercle, une association. **4.** Fam. Chef d'un clan de malfaiteurs important. – Lat. ecclés. *patrinus,* de *pater,* «père» d'ap. *marraine.*

parrainage [paʀɛnaʒ] n. m. **1.** Qualité, obligations du parrain ou de la marraine. **2.** Caution morale donnée par qqn. **3.** Soutien matériel apporté à une manifestation, à une personne, à un produit ou à une organisation en vue d'en retirer un bénéfice direct (à la différence du mécénat). – De *parrain.*

parrainer [paʀene] v. tr. [**1**] Accorder son parrainage à (qqch, qqn). – De *parrain.*

1. parricide [paʀisid] n. m. Crime de celui qui tue son père, sa mère ou tout autre de ses ascendants. – Lat. *parricidium.*

2. parricide [paʀisid] n. Personne qui a commis un parricide. ▷ adj. *Fils parricide.* – Lat. *par(r)icida.*

parsec [paʀsɛk] n. m. ASTRO Unité de longueur utilisée pour exprimer les distances stellaires (symbole pc), qui représente la distance à laquelle le rayon moyen de l'orbite terrestre (valant 1 UA) est vu sous un angle de 1" (1 parsec = 3,2616 années de lumière, soit 206 265 UA ou $3,0856.10^{13}$ km). *Le mot parsec est une contraction de parallaxe-seconde.* – De *par(allaxe),* et *sec(onde).*

parsemer [paʀsəme] v. tr. [**16**] **1.** Mettre, jeter çà et là. *Les amis des mariés avaient parsemé de fleurs d'oranger le parvis de l'église.* ▷ Fig. Pp. *Une version latine parsemée d'embûches.* **2.** Être dispersé, éparpillé sur. *Des motifs très colorés parsèment ce tapis.* – De *par,* et *semer.*

parsi, ie [paʀsi] n. et adj. **1.** En Inde, descendant des anciens Perses resté fidèle à la religion de Zoroastre. ▷ adj. *Religion parsie.* **2.** n. m. Ancienne langue indo-européenne dérivant du vieux perse. – Persan *Pārsī,* de *Pārs,* «Perse».

parsisme [paʀsism] n. m. Didac. Religion des parsis. – De *parsi.*

1. part [paʀ] n. m. Vx Enfant nouveau-né. – DR *Substitution de part :* action de substituer un enfant nouveau-né à un autre. – Lat. *partus,* «accouchement, enfant».

2. part [paʀ] n. f. **I. 1.** Partie, fraction d'une chose affectée à qqn, à qqch. *Une part de gâteau. Les parts d'un héritage.* ▷ Loc. fig. *La part du lion,* la plus grosse. – *Faire la part du feu :* sacrifier une partie pour sauver le reste. *Faire la part des choses :* tenir compte des circonstances. ▷ *Avoir part à :* bénéficier d'une part de. ▷ *Prendre part à :* avoir un rôle actif dans. *Prendre part à une discussion.* – Participer, prendre intérêt à. *Je prends part à votre douleur.* ▷ *Faire part de qqch à qqn,* l'en informer. – *Billet, lettre de faire-part :* V. faire-part. ▷ *Prendre en bonne, en mauvaise part :* interpréter en bien, en mal. **2.** Unité de base du calcul de l'impôt sur le revenu. **3.** DR, COMM *Part de marché,* exprimée sous forme d'un pourcentage qui indique la position d'une entreprise sur le marché d'un produit, d'un service. ▷ *Part sociale* ou *part :* fraction déterminée du capital d'une société de personnes ou d'une S.A.R.L., donnant à son propriétaire certains droits (notam. participation à l'administration). – *Part d'intérêt :* portion du capital social appartenant à un associé en nom collectif. **II.** Loc. adv. **1.** *Quelque part :* dans un endroit quelconque. ▷ Par euph. *Donner un coup de pied quelque part à qqn,* au derrière. – *Nulle part :* en aucun endroit. – *De part et d'autre :* de deux côtés opposés. – *De toute(s) part(s) :* de tous côtés. – *De part en part :* en passant complètement à travers. – *Autre part, d'autre part :* V. autre. – *Pour ma part, pour sa part,* etc. : quant à moi, quant à lui, etc. – *Pour une part :* dans une certaine mesure. ▷ Loc. prép. *De la part de (qqn)* (pour indiquer de quelle personne provient qqch). **2.** *À part :* séparément. – *À part moi, à part soi :* en moi-même, en soi-même. ▷ Loc. adj. Qui se distingue des autres. *C'est un enfant à part.* ▷ Loc. prép. Excepté. *À part cela, rien à lui reprocher.* – Lat. *pars, partis.*

partage [paʀtaʒ] n. m. **I. 1.** Division en plusieurs parts. *Le partage d'un butin, d'une succession.* ▷ *Sans partage :* sans restriction, en entier. **2.** Répartition des suffrages en nombre égal d'un côté comme de l'autre, dans une assemblée délibérante. *Partage des voix.* **3.** MATH *Partage proportionnel :* recherche des nombres proportionnels à un coefficient donné et dont la somme est égale à un nombre donné. **4.** GEOGR *Ligne de partage des eaux :* crête, ligne de plus faible pente séparant deux bassins fluviaux. **II.** Part assignée à qqn. *Recevoir une maison en partage.* ▷ Fig. *Son partage est la solitude.* – De *partir* 1.

partagé, ée [paʀtaʒe] adj. **1.** Divisé, réparti. **2.** Réciproque. *Un amour partagé.* **3.** INFORM *Travail en temps partagé :* V. temps. – Pp. de *partager.*

partageable [paʀtaʒabl] adj. Qui peut être partagé. – De *partager.*

partageant, ante [paʀtaʒɑ̃, ɑ̃t] n. DR Personne intéressée dans un partage. – Ppr. subst. de *partager.*

partager [paʀtaʒe] **I.** v. tr. [**13**] **1.** Diviser en plusieurs parts destinées à être distribuées. *Partager ses biens entre ses enfants.* **2.** Donner une partie de (ce qui est à soi). *Partager son déjeuner avec un ami.* **3.** Avoir en commun avec qqn. *Partager la même chambre.* – Fig. *Partager l'avis de qqn,* être du même avis que lui. **4.** Séparer (un tout) en parties distinctes. *La bissectrice partage un angle en deux parties égales.* **5.** Diviser (un groupe) en partis opposés. *Question qui partage l'opinion.* **6.** (Passif.) Être en proie à des tendances, des sentiments contradictoires. *Être partagé entre la crainte et l'espoir.* **7.** *Être bien, mal partagé :* être avantagé, désavantagé. **II.** v. pron. **1.** Être partagé, divisé. *L'opinion s'est partagée en trois grandes tendances.* **2.** Partager entre soi. *Elles se sont partagé les avantages.* – De *partage.*

partageur, euse [paʀtaʒœʀ, øz] adj. Qui partage volontiers ce qu'il a. – De *partager.*

partageux, euse [paʀtaʒø, øz] n. et adj. HIST ou plaisant Partisan d'un partage équitable des biens (et, notam., des terres) entre tous les hommes. – De *partager.*

partance [paʀtɑ̃s] n. f. *En partance* : sur le point de partir, en parlant d'un navire, d'un avion, d'un train, de voyageurs. ▷ *En partance pour...* : dont la destination est... – De *partir* 2.

1. partant, ante [paʀtɑ̃, ɑ̃t] n. et adj. **1.** n. Celui, celle qui part. ▷ n. m. SPORT Cheval qui prend le départ d'une course. **2.** adj. Fam. *Être partant pour* : être tout à fait disposé à. – Ppr. subst. de *partir* 2.

2. partant [paʀtɑ̃] conj. Litt. Par conséquent, par suite. *« Plus d'amour, partant, plus de joie » (La Fontaine).* – De *par,* et *tant.*

partenaire [paʀtənɛʀ] n. **1.** Associé avec qui l'on joue contre d'autres joueurs. *Avoir un bon partenaire au bridge.* **2.** Personne avec qui l'on pratique certaines activités. *La partenaire d'un danseur.* ▷ *Spécial.* Personne qui a des relations sexuelles avec une autre. **3.** n. m. Pays ayant des liens politiques, économiques, avec un autre. *La France et ses partenaires européens.* **4.** *Partenaires sociaux* : agents économiques (patrons, syndicats, pouvoirs publics) impliqués dans des négociations d'ordre social. – Sur l'angl., *partner.*

partenariat [paʀtənaʀja] n. m. Fait d'être partenaire. *Le partenariat d'entreprises.* – De *partenaire.*

parterre [paʀtɛʀ] n. m. **1.** Partie d'un jardin où l'on cultive des fleurs, des plantes d'agrément. *Un parterre de géraniums.* **2.** Partie d'une salle de théâtre située derrière les places d'orchestre; les spectateurs qui s'y trouvent. *Huées qui viennent du parterre.* – De *par,* « sur », et *terre.*

parthénocarpie [paʀtenɔkaʀpi] n. f. BOT Développement du fruit sans fécondation de l'ovule et donc sans formation de graine. – Du gr. *parthenos,* « vierge », et *karpos,* « fruit ».

parthénogénèse [paʀtenɔʒenɛz] n. f. BIOL Mode de reproduction animale dans lequel un ovule non fécondé se développe et donne un individu normal. *La parthénogénèse est très fréquente chez les insectes.* – Gr. *parthenos,* « vierge », et *-génèse.*

parthénogénétique [paʀtenɔʒenetik] adj. BIOL Qui a le caractère de la parthénogénèse. – De *parthénogénèse.*

1. parti [paʀti] n. m. **I. 1.** Groupe de personnes ayant les mêmes opinions, les mêmes intérêts. **2.** Association de personnes organisée en vue d'une action politique. *Le parti socialiste.* - Absol. *Le Parti* : le parti communiste. - *Esprit de parti* : partialité en faveur de son parti. - *Parti unique* : seul parti officiellement reconnu dans un régime de type présidentiel. **II.** Résolution; solution. *Choisir entre plusieurs partis.* ▷ *Prendre un parti* : arrêter une décision. ▷ *Prendre son parti de qqch,* s'y résigner. ▷ *Prendre parti* : prendre position. ▷ *Parti pris* : opinion préconçue, préjugé. *Être de parti pris* : montrer de la partialité. **III. 1.** *Faire un mauvais parti à qqn,* lui infliger de mauvais traitements. **2.** Vieilli Personne à marier, considérée par rapport à sa fortune, à sa situation. *Un beau parti.* **3.** *Tirer parti de qqch,* l'utiliser au mieux. – Pp. subst. de *partir* 1.

2. parti, ie ou **ite** [paʀti, it] adj. HERALD Divisé verticalement en deux parties égales. – Pp. de *partir* 1.

3. parti, ie [paʀti] adj. Fam. Ivre. *Être un peu, complètement parti.* – De *partir* 2.

partiaire [paʀsjɛʀ] adj. DR *Colon partiaire* : syn. de *métayer.* – Lat. imp. *partiarius,* « qui a une partie », de *pars,* « part ».

partial, ale, aux [paʀsjal, o] adj. Qui manifeste des préjugés, qui manque d'équité dans ses jugements. – Lat. médiév. *partialis,* de *pars,* « part ».

partialement [paʀsjalmɑ̃] adv. Avec partialité. – De *partial.*

partialité [paʀsjalite] n. f. Attitude d'une personne partiale. ▷ Par ext. *Partialité d'un jugement.* – Lat. médiév. *partialitas.*

partibus (in). V. in partibus.

participant, ante [paʀtisipɑ̃, ɑ̃t] n. et adj. Qui participe (à qqch). *Les participants à un concours.* – Ppr. de *participer.*

participatif, ive [paʀtisipatif, iv] adj. Qui fait appel, qui correspond à une participation. - *Gestion participative* : gestion d'une entreprise qui fait appel au consensus, à la participation active de tous les salariés. – Du rad. de *participer.*

participation [paʀtisipasjɔ̃] n. f. **1.** Action de prendre part à qqch; son résultat. *Participation à un débat.* **2.** Fait d'être intéressé (à un profit). *Participation des travailleurs à la gestion, aux bénéfices de l'entreprise.* - Absol. *Promouvoir la participation.* ▷ *Association en participation* : société commerciale dont le gérant agit pour le compte commun. **3.** Action de participer (à une dépense). – Bas lat. *participatio.*

participe [paʀtisip] n. m. Forme adjective du verbe « participant » à la fois de la nature du verbe (il admet des compléments) et de celle de l'adjectif (il peut s'accorder en genre et en nombre et servir d'épithète ou d'attribut). *Le participe présent à valeur d'adjectif (ou adjectif verbal) s'accorde en genre et en nombre avec le nom auquel il se rapporte. - Le participe passé, conjugué avec « être », s'accorde en genre et en nombre avec le sujet; conjugué avec « avoir », il s'accorde avec son complément d'objet direct, quand ce complément le précède.* – Lat. gram. *participium,* de *pars,* « part », et *capere,* « prendre ».

participer [paʀtisipe] v. tr. indir. [1] **I.** *Participer à.* **1.** Avoir droit à une part de. *Participer aux bénéfices.* **2.** Prendre part à. *Participer à une manifestation.* ▷ Fig. *Participer à la douleur de qqn.* **3.** Payer une part de. *Participer à un achat.* **II.** *Participer de.* Litt. Tenir de la nature de, avoir certains traits de. *Les plantes carnivores semblent participer à la fois du règne végétal et du règne animal.* – Lat. *participare,* de *particeps,* « qui prend part ».

participial, ale, aux [paʀtisipjal, o] adj. Relatif au participe. *Forme participiale.* - *Proposition participiale,* dont le verbe est au participe présent ou passé. – Lat. *participialis.*

particularisation [paʀtikylaʀizasjɔ̃] n. f. Fait de particulariser; son résultat. – De *particulariser.*

particulariser [paʀtikylaʀize] **1.** v. tr. [1] Rendre particulier. *Particulariser un problème.* Ant. généraliser. **2.** v. pron. Se singulariser. – De *particulier.*

particularisme [paʀtikylaʀism] n. m. Attitude d'un groupe social, d'une ethnie qui, appartenant à un ensemble plus vaste, cherche à préserver ses caractéristiques; ces caractéristiques elles-mêmes. *Les particularismes locaux.* – De *particulier.*

particulariste [paʀtikylaʀist] n. Partisan du particularisme. ▷ adj. Relatif au particularisme. – De *particularisme.*

particularité [paʀtikylaʀite] n. f. **1.** Caractère de ce qui est particulier. *La particularité d'une coutume.* **2.** Trait particulier. *Se distinguer par certaines particularités.* – Bas lat. *particularitas.*

particule [paʀtikyl] n. f. **1.** Minuscule partie d'un corps. *Particules de poussière qui voltigent.* **2.** PHYS NUCL *Particule élémentaire* ou, absol., *particule* : constituant fondamental de la matière que l'on suppose ultime, c.-à-d. dépourvu de structure interne. **3.** GRAM Petit mot invariable, élément de composition (préfixe, suffixe) ou élément de liaison (conjonction, préposition). **4.** *Par-*

ticule nobiliaire ou, absol., *particule* : préposition *de* qui précède le nom de beaucoup de familles nobles. *Avoir un nom à particule.* – Lat. *particula,* dimin. de *pars,* « part ».

ENCYCL **Phys.** – La physique des particules, constituée vers le milieu des années 1930, professe que l'atome est constitué d'un noyau entouré de particules porteuses d'une charge électrique négative (les électrons), le noyau étant lui-même un assemblage de particules env. 1 800 fois plus massives que l'électron (le neutron, dépourvu de charge électrique, et le proton, de charge positive), et que la lumière est constituée de photons de masse nulle. Hormis le neutron, dont la durée de vie est de 920 secondes, les particules citées ci-dessus sont toutes stables, c.-à-d. ont une durée de vie infinie. La construction, à partir de 1945, d'accélérateurs* de particules de plus en plus performants a permis de découvrir un très grand nombre de particules instables et l'on a classé les particules en fonction de la nature des interactions* qu'elles subissent ou qu'elles transmettent. Les *particules de matière* (électron, proton, neutron, etc.) subissent diverses interactions qui sont véhiculées par des *particules de champ.* Par ex., le photon est le véhicule (on dit aussi le *médiateur*) de l'interaction électromagnétique. Les particules de matière qui subissent l'interaction forte sont appelées *hadrons,* celles qui y sont insensibles sont des *leptons.* Les particules peuvent être aussi classées suiv. leur comportement statist. en *fermions** et *bosons**. On est amené à subdiviser ainsi la famille des hadrons : les *baryons* (protons, neutrons, diverses particules massives appelées *hypérons*) sont des fermions; les *mésons* (pion, kaon, rhô, etc.) sont des bosons. À partir des années 1960, on a découvert que les hadrons sont constitués d'entités plus élémentaires qui ont reçu le nom de *quarks**. À chaque particule citée ci-dessus correspond une *antiparticule** de même masse et de charge opposée.

particulier, ère [paʀtikylje, ɛʀ] adj. et n. **I.** adj. **1.** Propre à une seule personne, une seule chose, un seul groupe. *Usage particulier à un peuple.* **2.** Qui appartient ou est réservé à une seule personne. *Cours particulier.* – *Secrétaire particulier.* **3.** Qui n'est pas commun, courant. *Un cas très particulier.* **II.** n. **1.** n. m. Ce qui ne concerne qu'une partie d'un tout. *Conclure du particulier au général.* **2.** n. Personne privée (par oppos. à *homme public*). *Un simple particulier.* ▷ Fam., péjor. Individu, bonhomme, type. *Un drôle de particulier.* **III.** Loc. adv. *En particulier.* **1.** Séparément des autres personnes. *Voir qqn en particulier.* **2.** Notamment, spécialement. – Lat. *particularis,* de *pars,* « partie ».

particulièrement [paʀtikyljɛʀmɑ̃] adv. **1.** En particulier (sens III, 1). **2.** Tout spécialement. *Se sentir particulièrement ému.* **3.** D'une manière privée, intimement. *Je ne la connais pas particulièrement.* – De *particulier.*

partie [paʀti] n. f. **A. I. 1.** Élément, fraction d'un tout. *Les parties du corps. La majeure partie du temps. La première partie d'un livre.* – *Faire partie de* : être un élément constitutif de. ▷ MATH *Partie d'un ensemble E* : ensemble F inclus dans E. V. partition. ▷ COMPTA *Comptabilité en partie double* : V. double. ▷ GRAM *Les parties du discours* : V. discours. ▷ Vieilli *Les parties honteuses* ou, absol., mod. et fam., *les parties* : les organes génitaux masculins. **2.** MUS Ce qu'une voix, un instrument doit exécuter dans un morceau d'ensemble. *La partie de ténor, de contrebasse.* **3.** Profession, spécialité. *Il est très compétent dans sa partie.* **II.** DR Chacune des personnes qui plaident l'une contre l'autre ou qui passent un contrat l'une avec l'autre. *La partie adverse. Partie civile,* qui demande réparation du préjudice que lui a causé l'infraction. *Les parties contractantes.* ▷ *Parties belligérantes* : puissances en guerre les unes contre les autres. – Loc. *Prendre qqn à partie,* s'en prendre à lui. *Avoir affaire à forte partie,* à un adversaire puissant, redoutable. **III. 1.** Temps pendant lequel les adversaires sont opposés dans un jeu, un sport. *Une longue partie d'échecs.* **2.** Compétition, lutte. *La partie est inégale.* **3.** Divertissement organisé par plusieurs personnes pour elles-mêmes. *Partie de chasse. Partie de plaisir.* – Loc. *Ce n'est que partie remise* : ce n'est que remis à plus tard. ▷ *Partie carrée* : partie de débauche sexuelle réunissant deux couples. **B.** Loc. adv. *En partie* : partiellement. *Alliage composé en partie de cuivre.* – Pp. fém. subst. de *partir* 1.

partiel, elle [paʀsjɛl] adj. et n. **1.** Qui n'est qu'une partie d'un tout. *Somme partielle.* ▷ n. m. Examen universitaire qui a lieu plusieurs fois par an. **2.** Qui n'existe, ne se produit qu'en partie. *Éclipse partielle.* ▷ *Élections partielles* ou, ellipt., *partielles,* qui ne portent que sur quelques sièges. ▷ PHYS *Pression partielle* (d'un gaz dans un mélange de gaz) : pression qu'aurait ce gaz s'il occupait tout le volume occupé par le mélange. ▷ MATH *Dérivée partielle* (d'une fonction de plusieurs variables) : dérivée par rapport à l'une de ces variables. – Lat. médiév. *partialis,* de *pars,* « partie ».

partiellement [paʀsjɛlmɑ̃] adv. D'une façon partielle. – De *partiel.*

1. partir [paʀtiʀ] v. tr. [**30**] Vx Diviser en plusieurs parts. (Usité auj. seulement dans la loc. *Avoir maille à partir avec qqn.* V. maille.) – Lat. pop. *partire,* class. *partiri,* « partager ».

2. partir [paʀtiʀ] **I.** v. intr. [**30**] **1.** S'en aller, se mettre en route. *Voyageur, train qui part. Partir à, pour la montagne.* ▷ Fig. *Partir (pour un monde meilleur)* : mourir. **2.** (Choses) Disparaître. *L'émail de la cuvette est parti par endroits.* **3.** Être projeté, envoyé au loin. *Flèche qui part.* ▷ Par ext. *Faire partir un engin,* le faire exploser. *Coup de feu qui part,* qui est tiré. ▷ Fig. *Ma réponse est partie trop vite.* **4.** Commencer. *Bien, mal partir* : bien, mal débuter. *Une affaire qui partait plutôt bien.* **5.** Avoir son origine, son point de départ (dans qqch). *Les rayons d'une roue partent du centre.* ▷ Fig. *Cela part d'un bon naturel.* **6.** Se fonder, s'appuyer (sur qqch). *Partir d'un principe, d'une donnée.* **II.** Loc. prép. *À partir de.* **1.** À dater de. *À partir du 1er janvier.* **2.** Au-delà de. *À partir d'ici, la route est mauvaise.* **3.** Cour. (Emploi critiqué) *Obtenir un produit à partir d'une matière première,* l'en tirer. – De l'a. fr. *se partir,* « se séparer (de qqn, d'un lieu) »; du lat pop. *partire,* class. *partiri,* « partager ».

partisan, ane [paʀtizɑ̃, an] n. et adj. **I.** n. (Rare au fém.) **1.** Personne qui prend parti pour qqn ou pour un système, une doctrine. *Les partisans du chef de l'État, d'un régime politique.* **2.** Combattant de troupes irrégulières. *Partisans qui mènent une guérilla.* **II.** adj. **1.** Qui défend (une opinion). *Il est partisan du changement.* **2.** Qui manifeste du parti pris. *Esprit partisan.* – Ital. *partigiano,* de *parte,* « part, parti ».

partita [paʀtita] n. f. MUS Pièce pour clavier ou pour orchestre de chambre comprenant généralement une suite de danses ou des variations. – De l'ital. *partizione,* « partition ».

partiteur [paʀtitœʀ] n. m. TECH Appareil destiné à régler la distribution de l'eau d'un canal d'irrigation entre les divers usagers. – Bas lat. *partitor.*

partitif, ive [paʀtitif, iv] adj. GRAM Qui désigne une partie (par oppos. au tout). *Articles partitifs* : du, de la, des (ex. *manger du pain*). – Lat. médiév. *partitivus.*

1. partition [paʀtisjɔ̃] n. f. **1.** Division, partage (d'un territoire). **2.** HERALD Division de l'écu par des lignes. **3.** MATH *Partition d'un ensemble E* : famille de parties non vides de E, disjointes deux à deux, et dont la réunion constitue l'ensemble E. (Tout élément de E appartient à une, et à une seule, des parties de E.) – Lat. *partitio,* « partage ».

2. partition [paʀtisjɔ̃] n. f. MUS **1.** Réunion de toutes les parties séparées d'une composition. **2.** Texte d'une œuvre musicale; partie jouée par un instrument. *Partition de hautbois.* – Ital. *partizione.*

partouse ou **partouze** [paʀtuz] n. f. Fam. Partie de débauche sexuelle collective. – De *partie*, sens A, III, 3.

partout [paʀtu] adv. En tout lieu. *Je l'ai cherché partout.* ▷ JEU, SPORT (Quand des adversaires totalisent le même nombre de points). *Dix partout*, pour chacun. – De *par*, et *tout.*

parturiente [paʀtyʀjɑ̃t] n. f. MED Femme qui accouche. – Lat. *parturiens, parturientis*, de *parturire*, «accoucher».

parturition [paʀtyʀisjɔ̃] n. f. MED Accouchement naturel. – Mise bas des animaux. – Bas lat. *parturitio.*

parulie [paʀyli] n. f. MED Abcès des gencives. – Gr. *paroulis*, de *oûlon*, «gencive».

parure [paʀyʀ] n. f. **I. 1.** Action de parer, de se parer. **2.** Ce qui sert à parer (vêtements, bijoux, etc.). ▷ Fig. *N'avoir pour parure que la beauté et la jeunesse.* **3.** Ensemble assorti (sous-vêtements féminins, linge de table, etc.). **4.** Ensemble de bijoux (collier, bracelet, boucles d'oreilles, etc.). *Une parure de perles.* **II.** En boucherie, *parure de graisse* : graisse que l'on retire des morceaux de viande. – De *parer* 1.

parurerie [paʀyʀʀi] n. f. TECH, COMM Fabrication, commerce des bijoux, des ornements de fantaisie. – De *parurier.*

parurier, ère [paʀyʀje, ɛʀ] n. TECH, COMM Personne qui fabrique, vend des articles de fantaisie. – De *parure.*

parution [paʀysjɔ̃] n. f. Fait, pour un article, pour un livre, de paraître, d'être publié. – Du pp. de *paraître.*

parvenir [paʀvəniʀ] v. tr. indir. [36] **1.** Arriver (à un point déterminé) dans une progression. *Parvenir à un croisement.* **2.** (Choses) Arriver à destination. *Ce chèque lui est parvenu.* **3.** *Parvenir à* (+ inf.) : arriver à. *Je suis parvenu à le décider.* ▷ *Absol.* S'élever dans l'échelle sociale. *Les moyens de parvenir.* – Lat. *pervenire.*

parvenu, ue [paʀvəny] n. et adj. Péjor. Personne qui, s'étant élevée au-dessus de sa condition première, en a gardé les manières. – Pp. subst. de *parvenir.*

parvis [paʀvi] n. m. Place ménagée devant la façade principale d'une église; *par ext.* d'un grand bâtiment public. – Du lat. ecclés. *paradisus*, au sens de «parc» (V. paradis).

1. pas [pɑ] n. m. **1.** Mouvement consistant à mettre un pied devant l'autre pour marcher. *Marcher à grands pas.* – *Marcher à pas comptés*, lentement, solennellement. *À pas de loup* : silencieusement. ▷ *Pas à pas* : lentement, précautionneusement. ▷ *Faire un faux pas* : trébucher; fig. commettre une faute, une erreur. ▷ Fig. *Faire les premiers pas*, des avances. – *C'est un grand pas de fait*, un gros progrès qui est accompli. **2.** Façon de se déplacer en marchant. *Presser le pas.* – *Cheval qui va au pas*, de son allure la plus lente (par oppos. à *trot*, à *galop*). – Loc. *J'y vais de ce pas*, à l'instant même. ▷ MILIT Manière de marcher réglée pour les troupes. *Marcher au pas.* – Fig. *Mettre qqn au pas*, le contraindre à obéir. ▷ CHOREGR Série de mouvements de pieds d'un danseur. *Pas de valse.* – *Par ext.* Ensemble des figures exécutées par un seul danseur ou un petit groupe de danseurs, indépendamment du corps de ballet. *Pas de deux.* **3.** Trace de pied. *Des pas sur le sable.* ▷ *Retourner sur ses pas*, d'où l'on vient, par le même chemin. **4.** Distance que l'on franchit d'un pas. *Il habite à deux pas, à quelques pas*, tout près. **5.** *Le pas d'une porte*, le seuil. **6.** (Dans quelques noms de lieu.) Passage étroit et difficile; détroit. *Le pas de Calais.* ▷ Loc. fig. *Sauter le pas* : trouver le courage de franchir un obstacle. *Se tirer d'un mauvais pas*, d'une situation difficile. **7.** Loc. *Céder le pas à qqn*, le laisser passer; fig. lui laisser l'avantage. – Loc. fig. *Prendre le pas sur*, prendre le dessus, l'emporter sur. **8.** GEOM Distance entre deux spires consécutives d'une hélice, mesurée le long d'une génératrice. ▷ Distance entre deux filets d'une vis, d'un écrou. *Pas de vis.* ▷ AVIAT *Pas d'une hélice* : distance dont l'hélice avancerait à chaque tour s'il n'y avait aucun glissement dans l'air. – Lat. *passus.*

2. pas [pa] adv. de nég. **I.** (En corrélation avec *ne.*) **1.** (Après le verbe ou après l'auxiliaire.) *Je ne parle pas.* **2.** (Avant le verbe à l'infinitif et, le cas échéant, avant les pronoms atones.) *Ne pas fumer.* **II.** (Empl. seul.) **1.** *Ellipt.* (Dans une réponse, une exclamation.) *Êtes-vous inquiet?* – *Pas tant que vous le pensez. Pas si vite!* **2.** (Devant un adj. ou un participe, emploi critiqué.) *Un garçon pas sérieux.* **3.** Fam. (Empl. sans la particule *ne.*) *Elle a dit qu'elle savait pas.* – Usage spécialisé de *pas* 1.

1. pascal, ale, als ou **aux** [paskal, o] adj. **1.** Qui concerne la fête de Pâques des chrétiens. *Temps pascal* : V. Pâques. **2.** Qui concerne la Pâque juive. *L'agneau pascal.* – Lat. *paschalis.*

2. pascal, als [paskal] n. m. PHYS Unité de mesure de contrainte et de pression du système international (symbole Pa), équivalant à la pression uniforme due à une force de 1 newton exercée perpendiculairement sur une surface de 1 m^2 (1 Pa = 1 N/m^2). – Du nom du mathématicien et philosophe fr. Blaise *Pascal* (1623-1662).

pascalien, enne [paskaljɛ̃, ɛn] adj. Relatif à la philosophie de Pascal, à ses thèses. – Du n. du mathématicien et philosophe français Blaise *Pascal.*

pascalisation [paskalizasjɔ̃] n. f. Action de soumettre à très haute pression une substance agroalimentaire pour inactiver les germes aérobies qu'elle contient. *La pascalisation n'altère pas les qualités nutritives.* – De *pascal* 2.

pas-d'âne [padɑn] n. m. inv. **1.** Tussilage (plante). **2.** MED VET Appareil de contention servant à tenir écartées les mâchoires de certains animaux. **3.** Garde d'épée qui recouvre la main. – De *pas* 1,et *âne.*

pas-de-géant [padʒeɑ̃] n. m. inv. TECH Appareil de gymnastique constitué principalement d'une couronne pivotante fixée à un point élevé (sommet d'un mât, charpente d'un bâtiment, etc.), à laquelle sont accrochées des cordes auxquelles on se suspend pour faire de grandes enjambées en tournant. – De *pas* 1, *de*, et *géant.*

pas-de-porte [padpɔʀt] n. m. inv. COMM Indemnité versée par le nouveau locataire d'un local au propriétaire ou à l'ancien locataire. – De *pas* 1, *de*, et *porte.*

pasionaria [pasjɔnaʀja] n. f. Militante politique active et passionnée, parfois violente. – Mot esp., «la passionnée», surnom de Dolores Ibarruri, femme polit.

paso doble [pasɔdɔbl] n. m. inv. Danse d'origine sud-américaine sur une musique à deux ou quatre temps. – En esp., «pas redoublé».

pasquinade [paskinad] n. f. Vieilli Raillerie bouffonne et triviale. – Ital. *pasquinata*, de *Pasquino*, nom d'une statue antique sur laquelle on affichait des écrits satiriques à Rome.

passable [pasabl] adj. Qui, sans être vraiment bon, est d'une qualité suffisante. – Spécial. *Mention «passable» à un examen.* – De *passer.*

passablement [pasabləmɑ̃] adv. **1.** D'une manière passable. **2.** *Par ext.* Assez. – Iron. D'une façon notable. *Il était passablement ivre.* – De *passable.*

passacaille [pasakaj] n. f. Danse à trois temps d'origine espagnole (fin XVIe-déb. XVIIe s.). – Danse de cour, en général à trois temps, à mouvement lent dont on fit usage en France, au XVIIe s., dans le finale des opéras-ballets. – MUS Pièce instrumentale composée pour clavecin ou pour orgue. *La passacaille en ut mineur de J.-S. Bach.* – Esp. *pasacalle.*

passade [pasad] n. f. **1.** Liaison amoureuse de courte durée. ▷ *Par ext.* Caprice, engouement passager. **2.** EQUIT Anc. Figure de manège consistant à faire aller et venir le cheval entre deux points au galop. – Ital. *passata*, de *passare*, « passer ».

passage [pasaʒ] n. m. **1.** Action, fait de passer. *Le passage d'un col. Le passage d'une frontière.* ▷ *Attendre le passage du car*, le moment où il passe. *Ils se retournaient sur son passage.* – *Au passage* : en passant. – *Lieu de passage*, où l'on ne fait que passer, où il passe beaucoup de monde. *De passage* : qui ne reste que très peu de temps. ▷ (D'un lieu à un autre.) *Le passage de Calais à Douvres.* – Traversée d'un voyageur sur un navire. *Payer le prix du passage.* ▷ (Changement d'état.) *Le passage de l'état solide à l'état liquide.* **2.** ASTRO *Passage d'un astre au méridien d'un lieu*, moment où il traverse le plan méridien de ce lieu. Syn. culmination. **3.** Fig. *Examen de passage*, que subit un élève pour être admis dans la classe supérieure. **4.** Loc. *Avoir un passage à vide* : être momentanément incapable de poursuivre normalement ses activités. **5.** Endroit par où l'on passe. *Encombrer le passage.* ▷ Petite rue, souvent couverte, galerie, réservée aux piétons et par laquelle on peut passer d'une rue à une autre. – *Passage souterrain* : tunnel sous une voie de communication. – *Passage protégé* : passage clouté*. – *Passage à niveau* : endroit où une route coupe, de niveau, une voie ferrée. **6.** Morceau d'une œuvre. *Un passage particulièrement représentatif d'un auteur.* – De *passer.*

passager, ère [pasaʒe, ɛʀ] adj. et n. **I.** adj. **1.** Qui ne fait que passer. *Hôte passager.* **2.** Qui ne dure que peu de temps. *Un engouement passager.* **3.** Rare *Rue passagère*, passante. **II.** n. Personne qui, sans en assurer la marche ni faire partie de l'équipage, voyage à bord d'un navire, d'un avion, d'une voiture. *Les matelots et les passagers.* – De *passage.*

passagèrement [pasaʒɛʀmɑ̃] adv. Pour très peu de temps. – De *passager.*

passant, ante [pasɑ̃, ɑ̃t] adj. et n. **I.** adj. **1.** Où il passe beaucoup de monde. *Une rue très passante.* **2.** HERALD Se dit d'un animal représenté en train de marcher. **II.** n. **1.** Personne qui passe à pied dans une rue, dans un lieu. **2.** n. m. Anneau aplati dans lequel passe une courroie, une ceinture. – Ppr. de *passer.*

passation [pasasjɔ̃] n. f. DR **1.** Action de passer (un acte, un contrat, une écriture comptable). **2.** *Passation des pouvoirs* : action de passer, de transmettre les pouvoirs. – De *passer*; d'abord *passassion*, « décision ».

passavant [pasavɑ̃] n. m. **1.** DR COMM Document délivré par l'administration des contributions indirectes, autorisant le transport de marchandises qui circulent en franchise, ou pour lesquelles les droits de circulation ont été acquittés antérieurement. **2.** MAR Passage en abord, entre l'avant et l'arrière d'un navire. – De *passer*, et *avant.*

1. passe [pɑs] n. f. **I.** Lieu où l'on passe. **1.** Chenal étroit. *Navire qui pénètre dans une passe.* **2.** *Être en passe de* : être en position favorable pour; être sur le point de. – *Être dans une bonne, dans une mauvaise passe* : être dans une bonne, une mauvaise période. **II.** **1.** SPORT Action de passer le ballon à un coéquipier. *Faire une passe à l'ailier droit.* **2.** En escrime, action d'avancer sur l'adversaire. – Fig. *Passe d'armes* : vif échange d'arguments polémiques. ▷ En tauromachie, mouvement par lequel le matador fait passer le taureau près de lui. **3.** *Passes (magnétiques)* : mouvements que fait le magnétiseur avec les mains pour agir sur un sujet. **4.** TECH Chaque passage de l'outil d'une machine-outil dans une opération cyclique. *Usinage en une, deux passes.* **5.** *Mot de passe* : mot convenu pour passer librement, par lequel on se fait reconnaître. **6.** *Maison, hôtel de passe*, de prostitution. **III.** **1.** JEU À la roulette, la deuxième moitié des 36 numéros (le zéro étant excepté), soit de 19 à 36 inclus (par oppos. à *manque.*) **2.** IMPRIM *Passe, main de passe* : le papier fourni en plus pour couvrir les besoins de la mise en train, des essais, d'un travail d'imprimerie. ▷ Par ext. *Volumes de passe*, sur lesquels l'auteur ne touche pas de droits et qui sont destinés à couvrir divers besoins promotionnels (envois aux journalistes, à la critique, etc.). – Déverbal de *passer.*

2. passe [pɑs] n. m. Abrév. de *passe-partout.* (sens I, 1).

1. passé [pɑse] n. m. **1.** Ce qui a été; partie du temps (par oppos. à *présent* et *à avenir*) qui correspond aux événements révolus. *Songer au passé.* – *Par le passé* : autrefois. **2.** *Le passé de qqn*, sa vie écoulée, les événements qui la marquèrent. **3.** GRAM Temps du verbe indiquant que l'événement ou l'état auquel on fait référence est révolu. *Les temps du passé* (imparfait, passé simple, passé composé, plus-que-parfait, passé antérieur). – De *passé* 1.

2. passé [pɑse] prép. Après, au-delà.. *Le temps passé. Passé dix heures, ne faites plus de bruit.* – *Passé ce mur, vous serez libre.* – De *passer.*

3. passé, ée [pɑse] adj. **1.** Qui n'est plus; révolu. *Le temps passé.* – *Il est six heures passées.* **2.** (Couleurs) Éteint, défraîchi. *Un bleu passé.* – Par ext. *La tapisserie est passée.* – De *passer.*

passe-boule(s) [pasbul] n. m. Jeu constitué d'un panneau représentant un personnage grimaçant dont la bouche démesurément ouverte est destinée à recevoir les boules que lancent les joueurs. *Des passe-boules.* – De *passer*, et *boule.*

passe-crassane [paskʀasan] n. f. inv. Variété de poire d'hiver. – De *passer*, et *crassane.*

passe-droit [pasdʀwa] n. m. Faveur qu'on accorde contre le droit, contre le règlement, contre l'usage ordinaire. *Des passe-droits.* – De *passer*, et *droit.*

passée [pɑse] n. f. CHASSE **1.** Moment du soir ou de l'aube où certains oiseaux (canards, notam.) se déplacent en bande. **2.** Trace de patte laissée par une bête. – Pp. fém. subst. de *passer.*

passéisme [paseism] n. m. Péjor. Goût exagéré ou exclusif pour le passé. – De *passé* 2.

passéiste [paseist] adj. et n. Péjor. Qui est trop attaché au passé. – De *passé* 2.

passe-lacet [paslasɛ] n. m. Grosse aiguille à long chas et à pointe mousse, servant à passer un lacet (un cordon, un élastique, etc.) dans un œillet, une coulisse. ▷ Loc. fam. *Raide comme un passe-lacet* : sans argent, sans un sou. *Des passe-lacets.* – De *passer*, et *lacet.*

passement [pasmɑ̃] n. m. Bande de tissu, galon qui borde et orne un habit, des rideaux, etc. – De *passer*, signif. d'abord « passage ».

passementer [pasmɑ̃te] v. tr. [1] Orner, border de passements. – De *passement.*

passementerie [pasmɑ̃tʀi] n. f. Commerce, industrie de celui qui fabrique ou qui vend des bandes de tissu, des ganses, des galons, etc., destinés à l'ornement de vêtements, de meubles, etc.; l'ensemble de ces accessoires destinés à l'ornement. – De *passementier.*

passementier, ère [pasmɑ̃tje, ɛʀ] n. et adj. **1.** n. Personne qui fabrique ou qui vend de la passementerie. **2.** adj. De la passementerie. – De *passement.*

passe-montagne [pasmɔ̃taɲ] n. m. Coiffure en tricot, qui enveloppe la tête et le cou, laissant découverts les yeux, le nez et la bouche. *Des passe-montagnes.* – De *passer*, et *montagne.*

passe-partout [paspaʀtu] n. m. inv. et adj. inv. **I.** n. m. inv. **1.** Clef faite de façon qu'elle puisse ouvrir plusieurs serrures différentes. (Abrév. : passe). **2.** Cadre à fond mobile qui permet de remplacer facilement la gravure qu'on y a placée. **3.** TECH Scie dont la lame est munie d'une poignée à chaque extrémité de façon à pouvoir être manœuvrée par deux personnes. **4.** TECH Brosse dont se sert le boulanger pour enlever la farine du pain. **II.** adj. inv. Fig. Qui convient partout, à tout. *Une réponse passe-partout.* – De *passer*, et *partout.*

passe-passe [paspas] n. m. inv. *Tour de passe-passe* : tour d'adresse que font les prestidigitateurs. – Fig. Tromperie adroite. – De l'impér. de *passer* redoublé.

passe-pied [paspje] n. m. Anc. Danse à trois temps, vive et légère. *Les passe-pieds.* – De *passer*, et *pied.*

passe-plat(s) [paspla] n. m. Ouverture ménagée dans la cloison qui sépare une cuisine d'une salle à manger et destinée au passage des plats. *Des passe-plats.* – De *passer*, et *plat.*

passepoil [paspwal] n. m. Liséré qui borde certaines parties d'un habit, ou la couture de certains vêtements. *Uniforme à passepoil rouge.* – De *passer*, et *poil*, à cause de «la fente du vêtement par où paraissait le poil de la doublure».

passepoiler [paspwale] v. tr. [**1**] Orner d'un passepoil. – De *passepoil.*

passeport [paspɔʀ] n. m. Document délivré à ses ressortissants par l'Administration d'un pays, certifiant l'identité de son détenteur pour lui permettre de circuler à l'étranger. ▷ *Spécial.* Passeport diplomatique. *Ambassadeur qui demande, qui reçoit ses passeports*, qui sollicite son départ ou qui reçoit l'ordre de quitter le pays auprès duquel il est accrédité. – De *passer*, et *port*, au sens anc. de «issue, passage».

passer [pase] v. [**1**] **A.** v. intr. (Litt. avec l'auxiliaire *avoir* pour marquer l'action; avec *être* pour marquer un état résultant d'une action. Auj., l'auxiliaire *être* est le plus cour. utilisé dans tous les cas.) **I.** (Déplacement, mouvement continu.) **1.** Être à un moment à tel endroit au cours d'un déplacement. *Il est passé à Paris hier.* – (Avec inf.) *Il est passé nous rendre visite.* – *Ne faire que passer* : ne rester que très peu de temps. ▷ *En passant* : alors qu'on passe, sans s'attarder. – Fig. *Je vous fais remarquer en passant que... Soit dit en passant* : cela dit incidemment. – Ne pas s'attarder, ne pas insister (sur un sujet). *Passons sur les détails.* – (S. comp.) *Passons!* **2.** Être projeté (en parlant d'un film). *Un film qui passe en exclusivité.* – Avoir lieu (en parlant d'un spectacle). *Le spectacle est passé au Zénith.* – Être présenté (en parlant d'une personne). *Il est passé à la télévision, à la radio pour son livre.* **3.** *Passer sur, passer dessus. Passer sur un pont.* – *Spécial.* Écraser. *La voiture est passée sur un piéton.* **4.** Fig. *Il n'hésiterait pas à passer sur le corps de ses meilleurs amis pour réussir.* – Fig. *Passer avant, après* : être plus important, moins important que. **5.** (Choses) Traverser. *L'autoroute passe à Lyon, par Lyon.* – (En parlant de personnes ou d'objets en mouvement.) *Passer par un endroit*, le traverser au cours d'un déplacement, d'un trajet. ▷ Prendre, emprunter (tel chemin). *Passer par l'escalier de service.* – Fig. *Passer par une grande école*, y faire des études. ▷ Fig. *Une idée qui m'est passée par la tête*, qui m'a traversé l'esprit. ▷ *Passer par* : utiliser, pour servir d'intermédiaire, les services de. *Louer un appartement directement, sans passer par une agence.* **6.** Spécial. *Passer par une épreuve*, la subir. *Je suis passé par là* : moi aussi, j'ai subi ces mêmes épreuves. – Fam. *Y passer* : subir une épreuve sans possibilité de s'y dérober; mourir. **7.** (S. comp.) Continuer son chemin (avec l'idée d'un obstacle à franchir, d'une difficulté à surmonter). *La route est coupée par les inondations, impossible de passer.* – *Laissez passer* : V. laissez-passer (n. m.). ▷ (Aliments) Fam. Être digéré (avec l'idée d'un obstacle possible à la digestion). *Il peut manger n'importe quoi, ça passe toujours bien.* – Loc. fig., fam. *Le, la sentir passer* : souffrir de qqch de pénible ou de douloureux (comme un repas qui ne passerait pas). ▷ (Abstrait) (S. comp.) Être admis, accepté. *La loi est passée.* – (En parlant du comportement, de l'attitude d'une personne.) *Cela peut passer pour cette fois, mais ne recommencez pas.* – (Emploi impers.) *Passe, passe encore* : on peut admettre, à la rigueur. **II.** (Changement de lieu ou d'état.) **1.** Aller d'un lieu à un autre. *Passer de la salle à manger au salon.* ▷ Fig. *Passer d'un sujet à un autre.* – Aborder. *Passer à un autre sujet.* ▷ (Choses) Se transmettre. *Charge héréditaire, qui passe de père en fils.* **2.** Rejoindre un lieu (en fuyant qqch). *Passer dans un pays voisin pour échapper aux recherches.* – Se joindre à. *Passer à l'ennemi.* **3.** (Changement d'état.) *Passer de l'opulence à la misère.* – *Passer de vie à trépas* ou, s. comp., *passer* : mourir. – *Passer de seconde en troisième* (vitesse); *Passer en troisième* (au collège). – *Expression qui passe en proverbe*, qui devient proverbiale. ▷ Être promu (à un grade, à un titre, etc.). *Il est passé lieutenant.* – Fig. *Passer maître en (dans) l'art de* : devenir très habile à. **III.** (Verbe d'état, auxiliaire *avoir*.) *Passer pour* : être regardé comme. *Il a passé pour un idiot.* – *Se faire passer pour...* : laisser croire que l'on est... **IV.** (Temporel) **1.** S'écouler (en parlant du temps). *Les heures qui passent.* **2.** Avoir une fin, une durée limitée. *Les modes passent.* **3.** Finir, disparaître. *La douleur va passer.* – *Style passé de mode*, démodé. **4.** Perdre ses qualités, son intensité (en parlant des couleurs). *Le bleu de cette étoffe a passé au soleil.* **B.** v. tr. **I. 1.** Traverser, franchir (un lieu). *Passer un fleuve à la nage.* **2.** Fig. *Passer un examen*, en subir les épreuves; les réussir. **3.** Aller au-delà, dépasser en laissant derrière soi (un lieu). *Nous avions passé la maison.* – Fig. *Passer les bornes, les limites* : exagérer. ▷ (Temporel) *Il a passé la date limite d'inscription.* – *Il ne passera pas la nuit* : il ne vivra pas jusqu'au jour (en parlant d'un malade, d'un mourant). **4.** Faire traverser. *Passer de la marchandise en fraude* (à la douane). – Mettre en circulation. *Passer une fausse pièce.* **5.** Filtrer; faire traverser un tamis, un crible à. *Passer du bouillon.* – Fig. *Passer qqch au crible*, l'examiner dans ses moindres aspects. **6.** Employer, laisser s'écouler (un temps). *Passer une heure à faire une chose.* – *Jouer aux cartes pour passer le temps*, pour s'occuper. **7.** Satisfaire, assouvir. *Passer sa colère sur qqn.* **8.** Omettre, sauter. *Passer une ligne, une page.* – *Passer son tour.* – (S. comp.) *Je passe!* (dans les jeux de cartes.) **9.** Pardonner, tolérer. *Passer tous ses caprices à un enfant.* **II. 1.** Donner, remettre. *Passez-moi les ciseaux.* ▷ Fam. *Il m'a passé sa voiture pour quelques jours*, il me l'a prêtée. *Il m'a passé son vieux vélo après s'en être acheté un neuf*, il me l'a donné. – Fig. *Passer des renseignements à qqn*, les lui communiquer. ▷ *Passer un coup de fil* : donner un coup de téléphone. – *Passer une personne à une autre*, mettre l'une en communication téléphonique avec l'autre. **2.** *Passer qqch sur* : étendre, étaler (qqch sur qqch d'autre). *Passer une seconde couche de peinture sur un mur.* **3.** Faire aller. *Passer son bras sur les épaules de qqn.* **4.** (Sur un véhicule automobile.) Enclencher (une vitesse). *Passer la troisième.* **5.** Soumettre à l'action de. *Passer la pointe d'une aiguille à la flamme.* – *Passer qqn par les armes*, le fusiller. *Passer qqn à tabac*, le rouer de coups. **6.** *Passer un film*, le projeter. – *Passer un disque à la radio.* **7.** Mettre (un vêtement). *Passer une veste.* **III. 1.** DR COMM Inscrire (une somme, une écriture comptable). *Passer une écriture.* **2.** DR Dresser, établir (un acte). *Passer commande de tant de pièces à un fournisseur. Passer un accord*, le conclure. **C.** v. pron. **I. 1.** S'écouler dans toute sa durée. *Il faut que jeunesse se passe.* **2.** Avoir lieu. *L'action se passe à Paris.* **II.** *Se passer de* : se priver, s'abstenir de. – *Cela se passe de commentaire* : cela parle de soi-même. – Lat. pop. **passare*, de *passus*, «pas».

passerage [pasʀaʒ] n. f. Plante herbacée (genre *Lepidium*, fam. crucifères) dont on croyait autrefois qu'elle guérissait de la rage. – De *passer*, et *rage.*

passereau [pasʀo] n. m. V. passériformes. – Lat. *passer, passeris*, «moineau».

passerelle [pasʀɛl] n. f. **1.** Pont étroit réservé aux piétons. **2.** Plan incliné, sorte de pont léger établi entre un navire accosté et le quai, entre un avion et le terrain d'atterrissage. ▷ MAR Plate-forme couverte située dans la partie la plus élevée des superstructures et d'où est dirigé le navire. **3.** Fig. Moyen de passage. *Passerelle entre deux sections scolaires.* – De *passer.*

passériformes [paseʀifɔʀm] ou **passereaux** [pasʀo] n. m. pl. ORNITH Ordre d'oiseaux, le plus important par le nombre d'espèces qu'il comporte, dont les représentants ont tous la même morphologie, notam. quatre doigts, dont l'un est dirigé vers l'arrière. – Sing. *Un passériforme, un passereau.* – (En appos.) *Oiseaux passériformes, oiseaux passereaux.* – Du lat. *passer, passeris,* « moineau »., et *-forme.*

passerine [pasʀin] n. f. Petit oiseau passériforme d'Amérique (genre *Passerina*), appelé aussi *pape.* – Lat. *passer, passeris,* « moineau ».

passerinette [pasʀinɛt] n. f. Fauvette méditerranéenne (*Sylvia cantillans*), à poitrine rose. – De *passerine.*

passe(-)rose [pasʀoz] n. f. Rég. Rose trémière. *Des passe-roses.* – De *passer,* « surpasser », et *rose.*

passe-temps [pɑstɑ̃] n. m. inv. Occupation agréable pour passer le temps; divertissement. – De *passer,* et *temps.*

passeur, euse [pɑsœʀ, øz] n. **1.** Personne qui conduit un bac, un bateau pour traverser un cours d'eau. **2.** *Par ext.* Personne qui fait passer clandestinement les frontières, traverser les lieux interdits. – De *passer.*

passe-vues [pɑsvy] n. m. inv. Dans un appareil de projection de diapositives, châssis coulissant, à deux ouvertures, servant à mettre en place successivement les diapositives dans la chambre de projection. – De *passer,* et *vue.*

passible [pasibl] adj. *Passible de :* qui encourt (telle peine). *Être passible d'une amende.* – Bas lat. *passibilis,* de *passus,* pp. de *pati,* « souffrir ».

1. passif, ive [pasif, iv] adj. et n. m. **1.** Dont le caractère essentiel réside dans le fait de subir, de recevoir, d'éprouver. **2.** Qui se contente de subir (l'action), de recevoir (l'impression), sans agir; qui n'agit pas. ▷ *Résistance passive,* non violente, qui agit par la force de l'inertie. **3.** GRAM Se dit des formes verbales qui indiquent que le sujet de la phrase subit l'action (celle-ci étant réalisée par l'*agent*). *La forme passive,* ou, n. m., *le passif, se forme avec l'auxiliaire « être » suivi du participe passé du verbe* (ex. : *« le chat mange la souris »* donne *« la souris est mangée par le chat »*). **4.** *Défense passive :* dispositif militaire destiné à protéger les populations civiles contre les attaques aériennes et, le cas échéant, à porter assistance à ces populations. – Lat. *passivus,* « susceptible de passion », de *pati,* « souffrir, subir ».

2. passif [pasif] n. m. Ensemble des dettes et des charges qui pèsent sur un patrimoine. *Le passif et l'actif d'une succession. Le passif d'une société.* (Le *passif du bilan* d'une entreprise donne l'origine des fonds, par ordre d'exigibilité croissante : capitaux propres, dettes à long et moyen terme, avances reçues des clients et dettes à court terme.) – De *passif* 1.

passiflore [pasiflɔʀ] n. f. Liane tropicale ornementale (genre *Passiflora*), qui tire son nom (on l'appelle aussi *fleur de la Passion*) de la forme de ses pièces florales, évoquant les instruments de la Passion (couronne d'épines, clous, lance) et dont le fruit (fruit de la Passion ou grenadille) est très utilisé en pâtisserie. – Lat. bot. *passiflora,* « fleur de la passion ».

passim [pasim] adv. Çà et là (dans un ouvrage). *Vous trouverez ces références dans tel ouvrage, pages 12, 24 et passim.* – Mot lat., « çà et là ».

passing-shot [pasiŋʃɔt] n. m. (Anglicisme) TENNIS Coup tendu destiné à « passer », à déborder l'adversaire monté au filet. *Des passing-shots.* – Mot angl., de *passing,* « qui passe », et *shot,* « tir ».

passion [pasjɔ̃] n. f. **1.** (Le plus souvent au plur.) Mouvement violent de l'âme résultant d'un désir intense, d'un penchant irrésistible. *Être esclave de ses passions.* **2.** Affection très vive, presque irrésistible qu'on éprouve pour une chose. *La passion du jeu.* – Objet de cette affection. *Sa passion, c'est la musique.* **3.** Amour ardent; affection si intense qu'elle peut paraître déraisonnable. *Aimer qqn avec passion.* **4.** Prévention exclusive, opinion irraisonnée, où l'affectivité perturbe le jugement et la conduite. *Le déchaînement des passions politiques.* **5.** (Avec une majuscule.) *La Passion :* les souffrances du Christ sur le chemin de la Croix et son supplice. – Partie de l'Évangile où est racontée la Passion. *La Passion selon saint Matthieu.* ▷ MUS Oratorio ayant pour thème la Passion. *« La Passion selon saint Jean », de J.-S. Bach* (1723). ▷ *Fruit de la Passion :* fruit de la passiflore. **6.** Vx État, phénomène affectif quelconque. *« Les Passions de l'âme », de Descartes* (1649). – Lat. impér. *passio,* « souffrance ».

passionnaire [pasjɔnɛʀ] n. m. LITURG CATHOL Livre qui contient l'histoire de la Passion ou des martyres des saints. – De *passion.*

passionnant, ante [pasjɔnɑ̃, ɑ̃t] adj. Qui passionne. – Ppr. de *passionner.*

passionné, ée [pasjɔne] adj. et n. **1.** Rempli de passion. ▷ Subst. *Un(e) passionné(e) de musique.* **2.** Qui exprime la passion; ardent, fervent. – Pp. de *passionner.*

passionnel, elle [pasjɔnɛl] adj. Relatif aux passions. – *Spécial.* Déterminé par la passion amoureuse. *Crime passionnel.* – Lat. *passionalis,* « susceptible de douleurs, de passions ».

passionnellement [pasjɔnɛlmɑ̃] adv. D'une manière passionnelle. – De *passionnel.*

passionnément [pasjɔnemɑ̃] adv. D'une manière passionnée; avec passion. – De *passionné.*

passionner [pasjɔne] v. tr. [1] **1.** Inspirer un très vif intérêt à (qqn). *Ce problème le passionne.* ▷ v. pron. *Se passionner pour :* prendre un très vif intérêt à. **2.** *Passionner un débat, une discussion,* les rendre plus animés, plus violents en attisant les passions. – De *passion.*

passivation [pasivasjɔ̃] n. f. **1.** TECH Préparation de la surface d'un métal ferreux avant peinture au moyen d'un produit phosphatant. **2.** CHIM Fait de rendre insensible à la corrosion un métal ou un alliage par formation d'une couche protectrice à sa surface. – Mot angl.

passivé, ée [pasive] adj. CHIM Qui a subi une passivation. – De *passif.*

passivement [pasivmɑ̃] adv. D'une manière passive. – De *passif.*

passivité [pasivite] n. f. **1.** État, caractère de celui ou de ce qui est passif. **2.** RELIG État passif de l'âme qui laisse agir Dieu, qui se soumet complètement à son action. **3.** CHIM Propriété d'un métal protégé par passivation. – De *passif.*

passoire [paswaʀ] n. f. Ustensile creux, percé de petits trous, servant de filtre pour séparer les aliments solides du liquide qui a servi à les faire cuire, à les conserver, etc. ▷ Fig. *C'est une vraie passoire :* il (elle) oublie tout. – SPORT *Ce goal est une passoire :* ce goal est mauvais, n'arrête pas les tirs. – De *passer.*

1. pastel [pastɛl] n. m. Plante (*Isatis tinctoria,* fam. crucifères) à fleurs jaunes, appelée aussi *guède,* cultivée comme plante fourragère et dont on tire un colorant bleu indigo. ▷ Nom cour. donné aux autres *Isatis.* – Du bas lat. *pasta,* « pâte »; mot provenç.

2. pastel [pastɛl] n. m. **1.** Bâtonnet fait d'une pâte colorée solidifiée (à base d'argile blanche et de gomme arabique ou de gomme adragante). **2.** Œuvre exécutée au pastel. *Un pastel de Quentin de La Tour.* **3.** n. m. inv. (En appos.) *Des tons pastel,* qui ont la douceur, la délicatesse du pastel. – Bas lat. *pastellus,* «sceau en cire»; ital. *pastello.*

pastelliste [pastelist] n. Peintre qui fait des pastels. – De *pastel* 2.

pastenague [pastənag] n. f. Rég. Poisson sélacien (genre *Dasyatis*), raie, dont la queue porte un aiguillon barbelé et venimeux. - (En appos.) *Raie pastenague.* – Lat. *pastinaca.*

pastèque [pastɛk] n. f. Plante méditerranéenne (*Citrullus vulgaris,* fam. cucurbitacées) cultivée pour ses gros fruits lisses, gorgés d'eau. - Ce fruit, à chair pourpre, blanchâtre ou verdâtre, selon les espèces. Syn. melon d'eau. – Portug. *pateca,* ar. *battīkh.*

pasteur [pastœʀ] n. m. **1.** Vx, poét. Celui qui garde les troupeaux; berger. ▷ ETHNOL Celui qui vit essentiellement d'élevage. - (En appos.) *Peuple pasteur.* **2.** *Par métaph.* Conducteur, chef qui exerce sur une communauté humaine une autorité paternelle, spirituelle. ▷ *Le bon pasteur :* le berger symbolique de l'Évangile, qui ramène les brebis égarées. - (Avec majuscules.) Jésus-Christ. **3.** Ministre du culte protestant. – Lat. *pastor, pastoris.*

pasteurien, enne [pastœʀjɛ, ɛn] ou **pastorien, enne** [pastɔʀjɛ̃, ɛn] adj. et n. **1.** adj. MED Relatif à Pasteur, à ses découvertes et à leurs applications. **2.** n. Chercheur travaillant pour l'Institut Pasteur. – Du nom de Louis *Pasteur,* chimiste et biologiste français (1822-1895).

pasteurisateur [pastœʀizatœʀ] n. m. TECH Appareil servant à la pasteurisation. – De *pasteuriser.*

pasteurisation [pastœʀizasjɔ̃] n. f. Opération qui consiste à chauffer, jusque vers 75 °C, certains liquides fermentescibles (vin, bière, lait, etc.) puis à les refroidir brusquement afin de détruire la plupart des germes pathogènes qu'ils contiennent et d'augmenter ainsi leur durée de conservation. – De *pasteuriser.*

pasteuriser [pastœʀize] v. tr. [1] Soumettre à la pasteurisation. ▷ *Par ext.* Stériliser. - Pp. adj. *Lait pasteurisé.* – Du n. de Louis *Pasteur* (V. pasteurien).

pastiche [pastiʃ] n. m. Imitation du style, de la manière d'un écrivain, d'un artiste; œuvre littéraire ou artistique produite par une telle imitation. – Lat. pop. **pasticium*; ital. *pasticcio,* «pâté».

pasticher [pastiʃe] v. tr. [1] Faire un pastiche de. – De *pastiche.*

pasticheur, euse [pastiʃœʀ, øz] n. Auteur de pastiches. – De *pasticher.*

pastillage [pastijaʒ] n. m. TECH **1.** Fabrication de pastilles, de comprimés. **2.** Application, sur une céramique en fabrication, d'ornements façonnés séparément. – De *pastille.*

pastille [pastij] n. f. **1.** Petit bonbon ou pilule médicamenteuse de forme généralement ronde et aplatie. **2.** Motif décoratif en forme de disque, de rond. *Foulard à pastilles blanches sur fond grenat.* **3.** TECH Petite pièce rappelant la forme d'une pastille. – Du lat. *pastillum,* «petit pain»; par l'esp.

pastilleur, euse [pastijœʀ, øz] n. **1.** Ouvrier, ouvrière qui fabrique des pastilles. **2.** *Pastilleur* ou *pastilleuse :* appareil, machine à fabriquer des pastilles. – De *pastille.*

pastis [pastis] n. m. **1.** Boisson apéritive alcoolisée à base d'anis, que l'on boit additionnée d'eau. **2.** Pop., rég. Situation embrouillée, confuse; embrouillamini. *Quel pastis!* – Du lat. pop. **pasticius*; par l'anc. provenç. *pastitz,* «pâté, pâte».

pastoral, ale, aux [pastɔʀal, o] adj. et n. f. **1.** Litt. Relatif aux bergers, aux pasteurs; qui a les caractères de la vie rustique. **2.** Qui évoque la vie des pasteurs, des bergers. *Roman pastoral. La Symphonie pastorale* ou, ellipt., *la Pastorale :* la sixième symphonie de Beethoven. ▷ n. f. Œuvre littéraire, plastique, musicale, qui met en scène des pasteurs, des bergers, qui traite un sujet champêtre. **3.** Relatif à l'activité des pasteurs spirituels. *Ministère pastoral. Lettre pastorale* (d'un évêque) ou, n. f., *une pastorale.* - *Ministère pastoral.* ▷ n. f. *La pastorale :* l'activité globale des Églises chrétiennes dans leur mission d'évangélisation. – Lat. *pastoralis.*

pastorat [pastɔʀa] n. m. RELIG Dignité, fonction d'un pasteur spirituel, spécial., d'un pasteur protestant. - Durée de cette fonction. – Du lat. *pastor, pastoris,* «pasteur».

pastorien, enne. V. pasteurien.

pastoureau, elle [pastuʀo, ɛl] n. **I.** n. **1.** Litt. Petit berger, petite bergère. **2.** HIST *Les Pastoureaux :* les paysans qui, au XIIIe s., se révoltèrent contre l'autorité féodale et royale. **II.** n. f. **1.** Vx Chanson de bergère. ▷ Une des figures du quadrille ordinaire. **2.** LITTER Genre lyrique du Moyen Âge qui faisait dialoguer un chevalier et une bergère. – Dimin. de l'a. fr. *pastur,* «pasteur, berger».

pat [pat] n. m. inv. JEU Coup, au jeu d'échecs, où le roi n'est pas mis en échec, bien qu'il ne puisse plus bouger sans être pris. *Le pat rend la partie nulle.* - adj. inv. *Votre adversaire est pat; son roi est pat.* – Du lat. *pactum,* «accord»; ital. *patta,* «quitte» (jeu).

patache [pataʃ] n. f. Anc. **1.** Petit bateau utilisé pour la distribution du courrier et pour la surveillance, dans les ports militaires. **2.** Bateau de la douane. **3.** Voiture publique inconfortable mais qui permettait de voyager à bon marché. – Mot esp.; probablement de l'ar. *batās,* «bateau à deux mâts».

patachon [pataʃɔ̃] n. m. **1.** Vx Conducteur de patache. **2.** Loc. fam. *Une vie de patachon,* dissolue. – De *patache.*

patafioler [patafjɔle] v. tr. [1] Fam., vx, rég. Seulement dans la loc. : *Que le diable te patafiole,* te confonde. – De l'a. fr. *fioler,* «saouler», de *fiole,* et rad. expressif *patt-.*

pataphysique [patafizik] n. f. et adj. **1.** n. f. Didac., plaisant «Science des solutions imaginaires», d'après son créateur, l'écrivain Alfred Jarry (1873-1907), dont l'attitude annonce dada, le surréalisme et le théâtre de l'absurde. ▷ adj. Qui relève de la pataphysique. **2.** adj. Qui relève de connaissances, d'imaginations bizarres. – Terme plaisant créé par A. Jarry, de *(méta)physique* pour *épi-métaphysique.*

patapouf [patapuf] interj. et n. m. **1.** interj. Exprime le bruit d'un corps qui tombe. **2.** n. m. Fam. *Un gros patapouf :* un enfant, un homme gros et lourd. – Onomat.

pataquès [patakɛs] n. m. **1.** Faute de liaison. *Dire «ce n'est pas-t-à-moi»* [pɑtamwa] *(au lieu de «pas à moi»* [pɑzamwa] *) est un pataquès.* ▷ *Par ext.* Faute grossière dans le langage; discours confus, inintelligible. **2.** Gaffe, impair entraînant des complications. – Formation imitative ironique, d'après *c'est pas-t-à-moi, je ne sais pas-t-à qui est-ce.*

pataras [pataʀa] n. m. MAR Hauban arrière. – Mot dial., du rad. *patt-,* de *patte.*

patarin [pataʀɛ̃] n. m. HIST Partisan milanais de la réforme du clergé (XIe s.) que le pape approuva. (Le nom fut repris [XIIe-XIIIe s.] par des hérétiques lombards dont la doctrine était proche de celle des vaudois et des cathares et qui accueillirent au XIIIe s. des albigeois en fuite.) – Ital. *patarino*, p.-ê. du milanais *patée*, «fripier».

patate [patat] n. f. **1.** Plante (*Ipomœa batatas*, fam. convolvulacées) cultivée dans les pays chauds pour ses tubercules au goût sucré et pour son feuillage, utilisé comme fourrage vert. – Le tubercule lui-même, appelé aussi *patate douce*. **2.** Fam. Pomme de terre. **3.** Pop. Personne niaise, stupide. *Avance, eh! patate!* **4.** Loc. fig., fam. *En avoir gros sur la patate* : en avoir gros sur le cœur. – Esp. *batata, patata*, d'un mot haïtien; sens 2, d'ap. l'angl. *potato*.

patati, patata [patatipatata] onomat. fam. qui suggère, par moquerie, un long bavardage inutile. *Il n'arrête pas de jacasser, et patati et patata.* – Onomat.

patatras! [patatʀa] interj. Exprime le bruit d'un corps qui tombe avec fracas. – Onomat.

pataud, aude [pato, od] n. et adj. **1.** n. m. Jeune chien qui a de grosses pattes. **2.** n. Fig., vieilli Personne lourde et lente, maladroite. ▷ adj. Cour. *Allure pataude.* – De *Patault*, n. pr. d'un chien; de *patte*.

pataugas [patogas] n. m. Chaussure de toile montante, solide et à semelle de caoutchouc, utilisée notam. pour les longues marches. – Nom déposé; du rad. de *patauger*.

pataugeage [patoʒaʒ] ou **pataugement** [patoʒmɑ̃] n. m. Rare Action de patauger. – De *patauger*.

pataugeoire [patoʒwaʀ] n. f. Bassin peu profond destiné aux enfants (le plus souvent dans une piscine). – De *patauger*.

patauger [patoʒe] v. intr. **[13]** Marcher dans un endroit bourbeux, sur un sol boueux. ▷ Fig., fam. S'embrouiller, s'empêtrer. *Patauger dans les difficultés.* – De *patte*.

patchouli [patʃuli] n. m. **1.** Plante dicotylédone aromatique d'Asie (*Pogostemon patchouli*, fam. labiées). **2.** Parfum extrait de cette plante. – Mot angl, du tamil *pacciali*, de *paccu*, «vert», et *ilai*, «feuille».

patchwork [patʃwɔʀk] n. m. Pièce de tissu faite d'un assemblage cousu de morceaux de tissus divers ou de carrés tricotés, généralement de forme régulière et de couleurs vives. ▷ Fig. *Un patchwork de populations.* – Mot angl., de *work*, «ouvrage», et *patch*, «morceau».

pâte [pɑt] n. f. **I. 1.** Farine détrempée et pétrie dont on fait le pain, les gâteaux, etc. *Pâte sablée, feuilletée.* – *Colle de pâte*, faite de farine délayée dans de l'eau. ▷ Loc. fig., fam. *Une bonne pâte* : une brave personne. – *Mettre la main à la pâte* : participer en personne à l'exécution d'une tâche. **2.** Substance de consistance analogue, résultant d'une préparation. *Pâte à modeler. Pâte à papier.* **II.** *Pâtes alimentaires* ou *pâtes* : petits fragments séchés d'une pâte à base de semoule de blé dur, auxquels on donne diverses formes (spaghetti, nouilles, etc.). – Bas lat. *pasta*; gr. *pastê*, «sauce mêlée de farine».

pâté [pɑte] n. m. **1.** Préparation de viande ou de poisson haché, cuite dans une croûte de pâte ou dans une terrine. **2.** Tache d'encre faite sur du papier en écrivant. **3.** *Pâté de maisons* : groupe de maisons accolées, limité par des rues. **4.** *Pâté (de sable)* : petit tas de sable moulé que les enfants façonnent par jeu. – De *pâte*.

pâtée [pɑte] n. f. **1.** Mélange plus ou moins épais d'aliments variés, dont on nourrit certains animaux domestiques (volailles, chiens, chats, porcs). **2.** Fig., pop. Volée de coups; correction. *On leur a flanqué la pâtée.* – De *pâte*.

1. patelin [patlɛ̃] n. m. Fam. Village, pays, région. – De l'a. fr. *pastiz*, «pacage». V. pâtis; d'abord *pacquelin*.

2. patelin, ine [patlɛ̃, in] n. m. et adj. **1.** n. m. Vx Homme qui cherche à entrer dans les bonnes grâces des gens pour les duper. **2.** adj. Doucereux, hypocrite. *Air patelin.* – De *Pathelin*, personnage d'une farce célèbre du XVᵉ s.

patelle [patɛl] n. f. **1.** Mollusque gastéropode à coquille conique, commun sur les côtes françaises, appelé cour. *bernique* ou *bernicle*. **2.** ANTIQ ROM Plat à bords élevés qui servait aux libations. – Du lat. *patella*, «petit plat».

patène [patɛn] n. f. LITURG Vase sacré en forme de petite assiette, qui sert à couvrir le calice et à recevoir l'hostie. – Lat. *patena*, «bassin, plat».

patenôtre [patnotʀ] n. f. **1.** Vx Oraison dominicale. ▷ Vieilli ou plaisant Prière. *Réciter, marmonner des patenôtres.* **2.** Vx Suite de paroles confuses, inintelligibles, que l'on répète sans cesse. – Francisation du lat. *Pater noster*, premiers mots de l'oraison dominicale «Notre Père».

patent, ente [patɑ̃, ɑ̃t] adj. **1.** Évident, manifeste. *Une erreur patente.* **2.** HIST *Lettres patentes*, que le roi adressait ouvertes au parlement. – Lat. *patens*, ppr. de *patere*, «être ouvert; être évident».

patente [patɑ̃t] n. f. **1.** Impôt direct qui était perçu à l'occasion d'une activité industrielle ou commerciale, au profit des départements et des communes. *La patente a été remplacée en 1975 par la taxe professionnelle.* ▷ *Par ext.* Certificat constatant le paiement de cet impôt. **2.** MAR *Patente (de santé)* : certificat constatant l'état sanitaire d'un navire, au départ. – Ellipse de lettres *patentes*.

patenté, ée [patɑ̃te] adj. **1.** Assujetti à la patente, qui paie patente. *Commerçant patenté.* **2.** Fig., fam. Reconnu comme tel; attitré. *Ivrogne patenté.* – De *patente*.

patenter [patɑ̃te] v. tr. **[1] 1.** Soumettre à la patente. **2.** Délivrer une patente à. – De *patente*.

1. pater [patɛʀ] n. m. Fam. Père. *Mon pater est furieux.* – Apocope de *paternel*, sens II.

2. Pater [patɛʀ] n. m. inv. *Le Pater* : l'oraison, commune à tous les chrétiens, enseignée par le Christ à ses disciples (Matthieu VI, 9-13), qui commence, en latin, par les mots *Pater noster*, «Notre Père». *Dire un Pater.*

patère [patɛʀ] n. f. **1.** ANTIQ Petite coupe pour les libations. **2.** Portemanteau fixé à un mur, dont la forme évoque une coupe. – Lat. *patera*, «coupe».

pater familias ou **paterfamilias** [patɛʀfamiljas] n. m. inv. **1.** Chef de la famille romaine. **2.** Litt. ou plaisant Père de famille imposant et autoritaire. – Mots lat., «père de famille».

paternalisme [patɛʀnalism] n. m. Péjor. Conception selon laquelle les personnes qui détiennent l'autorité doivent jouer, vis-à-vis de ceux sur qui elle s'exerce, un rôle analogue à celui du père vis-à-vis de ses enfants; bienveillance condescendante dans l'exercice de l'autorité. – Angl. *paternalism*, de *paternel*.

paternaliste [patɛʀnalist] adj. et n. Qui a rapport au paternalisme. – Qui indique du paternalisme. *Un ton paternaliste.* ▷ Subst. *C'est un paternaliste de l'ancien temps.* – De *paternalisme*.

paterne [patɛʀn] adj. Vieilli ou litt. D'une bonhomie doucereuse. *Prendre un ton paterne.* – Lat. *paternus*, «paternel».

paternel, elle [patɛʀnɛl] adj. et n. m. **I.** adj. **1.** Du père; qui appartient, qui se rapporte au père. *La maison paternelle.* **2.** Qui est du côté du père. *Oncle paternel.* **3.** Qui évoque la bienveillance du père. *Une semonce paternelle.* **II.** n. m. Pop. Père. – Du lat. *paternus*, de *pater*, «père».

paternellement [patɛʀnɛlmɑ̃] adv. D'une façon paternelle, bienveillante. – De *paternel*.

paternité [patɛʀnite] n. f. **1.** État, qualité de père. ▷ DR *La paternité est dite «légitime» ou «naturelle» selon que* *l'enfant a été conçu ou non pendant le mariage; elle est dite « adoptive » lorsque l'enfant est adopté.* **2.** Fig. Qualité d'auteur, de créateur. *Désavouer la paternité d'un livre.* – Lat. *paternitas.*

pâteux, euse [patø, øz] adj. **1.** Qui a la consistance de la pâte. *Substance pâteuse.* ▷ Trop épais, en parlant d'un liquide. *Encre pâteuse.* **2.** PHYS *Fusion pâteuse,* au cours de laquelle une matière passe par un état intermédiaire entre l'état solide et l'état liquide (cas des verres, notam.). **3.** Loc. *Avoir la bouche, la langue pâteuse,* emplie, chargée d'une salive épaisse qui en altère la sensibilité. – De *pâte.*

-pathe. V. -pathie.

pathétique [patetik] adj. et n. m. **1.** Qui émeut profondément. *Son désarroi était pathétique.* ▷ n. m. *Le pathétique d'une scène.* **2.** ANAT *Nerf pathétique :* nerf crânien en rapport avec le muscle grand oblique de l'œil, dit *muscle pathétique,* qui élève le regard vers le haut. – Bas lat. *patheticus;* gr. *pathêtikos,* « relatif à la passion ».

pathétiquement [patetikmɑ̃] adv. De manière pathétique. – De *pathétique.*

pathétisme [patetism] n. m. Litt. Caractère de ce qui est pathétique. – De *pathétique.*

-pathie, -pathique, -pathe. Éléments, du gr. *-patheia, -pathês,* de *pathos,* « ce que l'on éprouve, affection, maladie ».

patho-. Élément, du gr. *pathos,* « affection, maladie ».

pathogène [patɔʒɛn] adj. MED Qui peut engendrer une maladie. *Bactérie pathogène.* – De *patho-,* et *-gène.*

pathogenèse [patɔʒənɛz] ou **pathogénie** [patɔʒeni] n. f. Didac. Processus d'installation et d'évolution d'une maladie. ▷ Étude de la cause des maladies et de leur processus. – De *pathogène.*

pathogénique [patɔʒenik] adj. MED Qui a rapport à la pathogénie. – De *pathogénie.*

pathognomonique [patɔgnɔmɔnik] adj. MED Se dit des signes caractéristiques d'une maladie, qui permettent de la diagnostiquer sans ambiguïté. – Gr. *pathognômonikos,* « qui connaît la maladie ».

pathologie [patɔlɔʒi] n. f. MED **1.** Étude scientifique, systématique, des maladies. **2.** Ensemble des signes pathologiques par lesquels une maladie se manifeste. *Une pathologie complexe. Pathologie mentale, cardiaque.* – Gr. *pathologia.*

pathologique [patɔlɔʒik] adj. **1.** Didac. Relatif à la pathologie. *Étude pathologique.* **2.** Qui a le caractère de la maladie. *Troubles pathologiques.* – Gr. *pathologikos.*

pathologiquement [patɔlɔʒikmɑ̃] adv. **1.** Didac. D'un point de vue pathologique. **2.** D'une façon pathologique. – De *pathologie.*

pathologiste [patɔlɔʒist] n. et adj. Didac. Spécialiste de la pathologie. – *Spécial.* Spécialiste de l'anatomie pathologique. – De *pathologie.*

pathos [patos] n. m. inv. Litt., péjor. Pathétique exagéré et déplacé dans un discours, et, par ext., dans le ton et les gestes. – Mot gr., « souffrance, passion ».

patibulaire [patibylɛʀ] adj. **1.** Vx Qui a rapport au gibet. *Fourches patibulaires.* **2.** *Visage, mine patibulaire,* d'un individu qui semble mériter la potence; sinistre, louche. – Du lat. *patibulum,* « gibet ».

patiemment [pasjamɑ̃] adv. Avec patience. – De *patient.*

1. patience [pasjɑ̃s] n. f. et interj. **I.** n. f. **1.** Vertu qui permet de supporter ce qui est irritant ou pénible. *La patience d'un grand malade.* **2.** Persévérance dans une longue tâche. *Ouvrage de patience.* **3.** Calme, sang-froid dans l'attente. *S'armer de patience.* **4.** *Jeu de patience :* puzzle. **5.** Syn. de *réussite* (sens 2). **II.** interj. (Pour inciter qqn à garder son calme.) *Patience! ce sera bientôt fini.* ▷ (Marquant une intention menaçante.) *Patience! je lui revaudrai ce mauvais tour.* – Lat. *patientia,* de *pati,* « souffrir ».

2. patience [pasjɑ̃s] n. f. Plante dicotylédone (fam. des polygonacées), appelée aussi oseille épinard (*Rumex patientia*). – Altér. du moyen fr. *lapacion;* lat. *lapathium* ou *lapathum.*

patient, ente [pasjɑ̃, ɑ̃t] adj. et n. **I.** adj. **1.** Qui fait preuve de patience. *Être patient avec les enfants, dans le malheur.* **2.** Qui n'est pas découragé par la longueur d'un travail. *Un chercheur patient.* – Par ext. *Recherches patientes.* **II.** n. **1.** Personne qui subit une opération chirurgicale, un traitement médical. **2.** Condamné qui subit un supplice. – Lat. *patiens,* « qui supporte, endurant ».

patienter [pasjɑ̃te] v. intr. [1] Attendre patiemment. – De *patient.*

1. patin [patɛ̃] n. m. **1.** Pièce de tissu servant à se déplacer sur un parquet pour ne pas le salir. ▷ *Patin à glace :* semelle munie d'une lame, que l'on fixe sous une chaussure spéciale pour glisser sur la glace. – *Le patin :* le patinage. ▷ *Patin à roulettes :* semelle rigide munie de roulettes, que l'on fixe au pied par des courroies. **2.** CH de F Partie du rail qui repose sur les traverses. **3.** Pièce de métal ou de bois servant de support. **4.** TECH Pièce mobile dont le frottement contre la jante d'une roue permet le freinage. ▷ Pièce d'une motrice électrique, qui glisse le long du rail conducteur et qui capte le courant. – De *patte.*

2. patin [patɛ̃] n. m. Loc. pop. *Rouler un patin à qqn,* l'embrasser sur la bouche. – De *patte,* mot dial., « chiffon ».

patinage [patinaʒ] n. m. **1.** Pratique du patin à glace ou du patin à roulettes. **2.** Fait de patiner 2. – De *patiner* 1.

patine [patin] n. f. **1.** Teinte unie que certaines matières prennent avec le temps, ternissure qui adoucit leur éclat et égalise leurs couleurs. *La patine des ivoires anciens.* ▷ *Patine du bronze, du cuivre :* vert-de-gris. **2.** Coloration ou lustrage artificiels de divers objets, destinés à les protéger ou à les décorer. – Ital. *patina,* d'abord « poêle », puis « enduit, patine »; du lat. *patina,* « plat creux ».

1. patiner [patine] v. intr. [1] **1.** Se déplacer avec des patins, pratiquer le patinage. **2.** Glisser par manque d'adhérence (roues de véhicule, disque d'embrayage, etc.). – De *patin.*

2. patiner [patine] v. tr. [1] Donner une patine naturelle ou artificielle à (qqch). *Le temps a patiné cette statue. Patiner un meuble.* – De *patine.*

patinette [patinɛt] n. f. Jouet d'enfant constitué d'un bâti équipé de deux roues de faible diamètre et d'un guidon. Syn. trottinette. – De *patiner* 1.

patineur, euse [patinœʀ, øz] n. Personne qui patine. – De *patiner* 1.

patinoire [patinwaʀ] n. f. **1.** Endroit aménagé pour le patinage. **2.** Fig. Surface glissante. *La route est une vraie patinoire.* – De *patiner* 1.

patio [patjo; pasjo] n. m. Cour intérieure d'une maison, le plus souv. découverte. – Mot esp.

pâtir [patiʀ] v. intr. [3] **1.** Vx Souffrir. **2.** *Pâtir de :* éprouver un dommage, un préjudice du fait de. – Lat. *pati,* « supporter ».

pâtis [pati] n. m. Vx ou rég. Terrain inculte où l'on fait paître les bestiaux. – Lat. pop. *pasticium,* de *pastus,* pp. de *pascere,* « paître »; a. fr. *pastiz.*

pâtisser [patise] v. intr. [1] Faire de la pâtisserie. – Du lat pop. *pasticiare*, dér. de *pasticium*, « pâté, mélange de pâte », du lat. class. *pasta*, « pâte ».

pâtisserie [pɑtisʀi] n. f. **1.** Pâte sucrée, généralement garnie de fruits, de crème, etc., que l'on fait cuire au four; gâteau. **2.** Confection des gâteaux. **3.** Commerce, magasin du pâtissier. **4.** Motif décoratif en stuc. – De *pâtisser*.

pâtissier, ère [pɑtisje, ɛʀ] n. et adj. **1.** n. Personne qui fabrique ou qui vend de la pâtisserie. **2.** adj. *Crème pâtissière*, à base de lait, de farine, d'œufs et de sucre, avec laquelle on garnit divers gâteaux. – De l'a. fr. *pastitz*, « gâteau ».

pâtisson [pɑtisɔ̃] n. m. Courge dite aussi *bonnet-de-prêtre, artichaut d'Espagne, artichaut de Jérusalem*. – De l'a. fr. *pastitz*, « gâteau ».

patoche [patɔʃ] n. f. Fam. Grosse main. – De *patte*; signif. d'abord « coup de férule ».

patois, oise [patwa, waz] n. m. et adj. **1.** n. m. Parler rural utilisé par un groupe restreint. *Patois lorrain, picard.* **2.** adj. Propre au patois. *Une expression patoise.* – Probabl. du rad. *patt-* (cf. patte), exprimant la grossièreté.

patoisant, ante [patwazɑ̃, ɑ̃t] adj. et n. Se dit d'une personne qui parle patois. ▷ adj. Qui renferme des éléments de patois. *Un style, un auteur patoisant.* – Ppr. de *patoiser*.

patoiser [patwaze] v. intr. [1] Parler patois; employer des expressions patoises. – De *patois*.

pâton [pɑtɔ̃] n. m. TECH Morceau de pâte. – *Spécial.* Morceau de pâte à pain prêt à être enfourné. – De *pâte*.

patouille [patuj] n. f. Arg. (des marins) *La patouille* : l'eau, la mer. *Tomber à la patouille.* – Déverbal de *patouiller*.

patouiller [patuje] v. [1] **1.** v. intr. Fam. Patauger. *Patouiller dans la vase.* ▷ Fig. *Il a patouillé lamentablement devant l'examinateur.* **2.** v. tr. Tripoter brutalement ou indiscrètement. – D'un rad. *patt-*. V. patte.

patraque [patʀak] adj. Fam. Légèrement malade, souffrant. *Je me sens tout patraque.* – Du provenç. *patraco*, « monnaie usée, dépréciée »; d'abord n. f., « machine mal faite, qui marche mal ».

pâtre [pɑtʀ] n. m. Litt. Celui qui garde, fait paître des troupeaux. – Anc. cas sujet de *pasteur*; lat. *pastor*, « berger »; d'abord *pastre*.

patriarcal, ale, aux [patʀijaʀkal, o] adj. **1.** Qui a rapport aux patriarches bibliques; qui rappelle la simplicité de leurs mœurs. *Vie patriarcale.* **2.** Qui concerne la dignité de patriarche. *Croix patriarcale.* **3.** SOCIOL Relatif au patriarcat. *Société patriarcale.* – Lat. ecclés. *patriarchalis*.

patriarcat [patʀijaʀka] n. m. **1.** RELIG Dignité de patriarche (sens 3). – Étendue de territoire soumise à sa juridiction. *Le patriarcat d'Antioche.* **2.** SOCIOL Régime social dans lequel la filiation est patrilinéaire et l'autorité du père prépondérante dans la famille (par oppos. à *matriarcat*). – Lat. ecclés. *patiarchatus*.

patriarche [patʀijaʀʃ] n. m. **1.** L'un des chefs de famille auxquels l'Ancien Testament attribue une extraordinaire longévité et une très nombreuse descendance. *Le patriarche Mathusalem.* **2.** Titre honorifique donné, dans l'Église catholique romaine, aux évêques de certains sièges, notam. des plus anciens. **3.** Chef de certaines Églises chrétiennes orthodoxes ou d'une Église catholique orientale non romaine. **4.** Vieillard vénérable vivant au milieu d'une nombreuse famille. – Lat. chrét. *patriarcha*; gr. ecclés. *patriarkhês*, « chef de famille ».

patrice [patʀis] n. m. ANTIQ ROM Dignitaire de l'Empire romain, à partir de Constantin, au rang prestigieux. – Lat. *patricius*, de *pater*, « chef de famille noble ».

patricial, ale, aux [patʀisjal, o] adj. ANTIQ ROM Qui a rapport à la dignité de patrice. – De *patrice*.

patriciat [patʀisja] n. m. **1.** ANTIQ ROM Dignité de patricien. – Ordre des patriciens. **2.** Litt. Aristocratie. – Lat. *patriciatus*.

patricien, enne [patʀisjɛ̃, ɛn] n. et adj. **I.** n. **1.** ANTIQ ROM Personne qui, à Rome, descendait d'une famille de la classe noble et jouissait de privilèges particuliers. **2.** Membre de la noblesse. **II.** adj. **1.** ANTIQ ROM Relatif aux patriciens. **2.** Litt. Aristocratique. *Orgueil patricien.* Ant. plébéien. – Lat. *patricius* (V. patrice).

patrie [patʀi] n. f. **1.** Pays dont on est originaire, nation dont on fait partie ou à laquelle on se sent lié. **2.** Région, localité où l'on est né. **3.** Fig. *La patrie des sciences, des arts* : le pays où les sciences, les arts sont particulièrement en honneur. – Lat. *patria*, « pays du père ».

patrilinéaire [patʀilineɛʀ] adj. ETHNOL Se dit d'un type de filiation ou d'organisation sociale qui ne prend en compte que l'ascendance paternelle. Ant. matrilinéaire. – Angl. *patrilinear*, du lat. *pater*; d'ap. *linéaire*.

patrilocal, ale, aux [patʀilɔkal, o] adj. ETHNOL Se dit d'un mode de résidence qui impose aux couples de venir habiter, après le mariage, dans la famille du père du mari. Ant. matrilocal. – Mot angl., du lat. *pater*, « père », et de *local*, « local ».

patrimoine [patʀimwan] n. m. **1.** Biens que l'on a hérités de son père et de sa mère; biens de famille. *Gérer le patrimoine familial.* **2.** DR Ensemble des biens, des charges et des droits d'une personne évaluables en argent. **3.** Fig. Ce qui constitue le bien, l'héritage commun. *Le patrimoine artistique d'un pays.* **4.** BIOL *Patrimoine héréditaire, génétique* : génotype. – Lat. *patrimonium*, « héritage du père », de *pater*, « père ».

patrimonial, ale, aux [patʀimɔnjal, o] adj. DR Relatif au patrimoine (sens 1 et 2). *Biens patrimoniaux.* – Lat. *patrimonialis*, de *patrimonium*, « héritage du père ».

patriotard, arde [patʀijɔtaʀ, aʀd] adj. et n. Qui manifeste un patriotisme étroit, chauvin. – De *patriote*.

patriote [patʀijɔt] n. et adj. **1.** Qui aime sa patrie, la sert avec dévouement. **2.** HIST Défenseur des idées nouvelles, sous la Révolution. – Bas lat. *patriota*, « compatriote ».

patriotique [patʀijɔtik] adj. Propre au patriote; inspiré par le patriotisme. – De *patriote*.

patriotiquement [patʀijɔtikmɑ̃] adv. En patriote. – De *patriotique*.

patriotisme [patʀijɔtism] n. m. Amour de la patrie, dévouement à la patrie. – De *patriote*.

patristique [patʀistik] n. f. Didac. Partie de la théologie qui étudie la doctrine des Pères de l'Église. V. patrologie. ▷ adj. Relatif aux Pères de l'Église. – Du gr. *patêr, patros*, « père (de l'Église) ».

patrocline [patʀɔklin] adj. GENET Se dit des caractères héréditaires transmis par le père. – Du gr. *patêr, patros*, « père », et *klinein*, « pencher, incliner ».

patrologie [patʀɔlɔʒi] n. f. Didac. **1.** Étude de la vie et des œuvres des théologiens de l'Antiquité chrétienne, et notam. des Pères de l'Église. **2.** Recueil des écrits des anciens auteurs ecclésiastiques. *Patrologie grecque, latine.* – Du gr. *patêr, patros*, « père », et de *-logie*.

1. patron, onne [patʀɔ̃, ɔn] n. **I.** ANTIQ ROM **1.** Patricien protecteur de citoyens de classe inférieure (clients). **2.** Ancien maître d'un esclave affranchi. **II. 1.** Chef d'une entreprise industrielle ou commerciale privée; employeur par rapport à ses employés. *Le patron d'un* *bar, d'une aciérie. Mon patron* : le patron de l'entreprise dans laquelle je travaille. **2.** Professeur, maître dirigeant certains travaux. *Patron de thèse.* **3.** MAR Celui qui commande un bateau de pêche. **III. 1.** Saint ou sainte dont on porte le nom ; saint ou sainte sous le vocable duquel ou de laquelle une église est placée. **2.** Saint ou sainte qu'un pays, une ville, un groupe social a reçu(e) ou choisi(e) pour protecteur (protectrice). *Sainte Geneviève, patronne de Paris.* – Lat. *patronus*, « protecteur », de *pater*, « père ».

2. patron [patʀɔ̃] n. m. **1.** Modèle à partir duquel sont exécutés des travaux artisanaux. *Patron de broderie.* ▷ Modèle en papier, en toile ou en carton, utilisé pour tailler un vêtement. *Patron de robe.* **2.** Carton ajouré servant à colorier ; pochoir. – Lat. *patronus*, « patron », au fig.

patronage [patʀɔnaʒ] n. m. **1.** Soutien moral explicite accordé par un personnage influent, une organisation, à une personne, une organisation, une manifestation. *Exposition organisée sous le patronage de la municipalité.* **2.** Protection d'un saint, d'une sainte. **3.** Organisation de bienfaisance, religieuse ou laïque, veillant à l'éducation morale des enfants, spécial. en organisant leurs loisirs. *Patronage municipal, paroissial.* ▷ Siège d'une telle organisation. – De *patron* 1.

patronal, ale, aux [patʀɔnal, o] adj. **1.** Relatif au patron, au saint du lieu. *Fête patronale.* **2.** Qui concerne le patron, le chef d'une entreprise. *Exigences patronales.* ▷ Du patronat. *Syndicat patronal.* – De *patron* 1.

patronat [patʀɔna] n. m. **1.** ANTIQ ROM Titre de patron ; droit du patron sur ses clients. **2.** Ensemble des patrons (par oppos. à *salariat*). *Le patronat et les syndicats.* – De *patron* 1.

patronner [patʀɔne] v. tr. [1] Protéger, appuyer de son crédit. *Patronner un candidat, une entreprise.* – De *patron* 1.

patronnesse [patʀɔnɛs] adj. f. Souvent iron. *Dame patronnesse,* qui patronne une œuvre de bienfaisance. – De *patron* 1, d'après l'angl. *patroness.*

patronyme [patʀɔnim] n. m. Nom patronymique ; nom de famille. – De *patronymique.*

patronymique [patʀɔnimik] adj. **1.** ANTIQ *Nom patronymique,* porté par les descendants d'un ancêtre illustre, légendaire ou réel. *Les Atrides, nom patronymique des descendants d'Atrée.* **2.** Mod., cour. *Nom patronymique,* de famille. – Bas lat. *patronymicus,* gr. *patrônumikos,* de *pater, patros,* « père », et *onoma,* « noms ».

patrouille [patʀuj] n. f. **1.** Petite troupe de soldats, d'agents de la force publique, etc., chargés d'une ronde de surveillance. – Détachement de soldats chargés d'une mission de reconnaissance. ▷ La mission même d'une telle troupe, d'un tel détachement. *Partir en patrouille.* **2.** AVIAT, MAR Formation réduite d'avions ou de bâtiments chargés d'une mission de surveillance, de protection, etc. – Déverbal de *patrouiller.*

patrouiller [patʀuje] v. intr. [1] Aller en patrouille ; faire une, des patrouilles. – Var. de *patouiller.*

patrouilleur [patʀujœʀ] n. m. **1.** Militaire qui effectue une patrouille. **2.** Avion qui effectue une patrouille. ▷ Petit bâtiment de guerre utilisé pour la surveillance du littoral, l'escorte des convois et la chasse anti-sous-marine. – De *patrouille.*

patte [pat] n. f. **I. 1.** Organe de locomotion des animaux. *Les pattes d'un chien, d'un oiseau, d'une araignée.* ▷ Fig. *Pattes de mouche**. – *Pattes de lapin* ou, absol., *pattes* : favoris coupés court. **2.** Loc. fig. (En parlant de personnes.) *Marcher à quatre pattes,* en prenant appui à la fois sur les pieds ou les genoux et sur les mains. – *Retomber sur ses pattes* : redresser adroitement une situation un moment compromise. – *Montrer patte blanche* : se faire reconnaître pour pouvoir entrer dans un lieu dont l'accès est contrôlé. – *Faire patte de velours* : V. velours. **3.** Fam. Jambe. *Il s'est cassé une patte en skiant.* – *Patte folle* : jambe légèrement boiteuse. – *À pattes* : à pied. *Rentrer à pattes.* **4.** Fam. Main. *Bas les pattes !* : ne touchez pas à cela ! Ne me touchez pas ! ▷ Fig. *Tenir qqn sous sa patte,* le tenir à sa merci. – *Graisser la patte à qqn,* le soudoyer. **II. 1.** Pièce longue et plate servant à fixer, retenir, assembler, etc. *Patte à scellement.* ▷ Courte bande d'étoffe, de cuir, etc., dont une extrémité est fixée à une partie d'un vêtement et dont l'autre porte un bouton, une boutonnière. **2.** MAR *Patte d'une ancre* : chacune des deux parties de chaque côté de la verge. – D'un rad. gallo-romain onomat. *patt-*, d'orig. gaul.

patté, ée [pate] adj. HERALD *Croix pattée,* dont les branches vont en s'élargissant à leurs extrémités. – De *patte.*

patte-d'oie [patdwa] n. f. **1.** Endroit où une route se divise en plusieurs embranchements. **2.** Rides divergentes à l'angle externe de l'œil. *Des pattes-d'oie.* – De *patte, de,* et *oie.*

pattemouille [patmuj] n. f. Linge que l'on humecte et que l'on interpose entre le tissu à repasser et le fer. – De *patte,* mot dial., « chiffon » (germ. **paita*), et *mouiller.*

pattern [patɛʀn] n. m. (Anglicisme) Didac. En sciences humaines, modèle simplifié, schéma à valeur explicative, représentant la structure d'un phénomène complexe. – Mot angl., « modèle ».

pattinsonage [patɛ̃sɔnaʒ] n. m. METALL Procédé de séparation de l'argent contenu dans le plomb argentifère par cristallisation fractionnée. *Le pattinsonage, inventé en 1853, est remplacé aujourd'hui par le zincage.* – Du n. de l'inventeur *Pattinson,* chimiste angl.

pattu, ue [paty] adj. Qui a de grosses pattes. *Chien pattu.* ▷ Dont le haut des pattes est emplumé (oiseaux). *Pigeon pattu.* – De *patte.*

pâturable [pɑtyʀabl] adj. AGRIC Qui peut être livré à la pâture. *Herbes, terres pâturables.* – De *pâturer.*

pâturage [pɑtyʀaʒ] n. m. **1.** Prairie naturelle dont l'herbe est consommée sur place par les bestiaux. **2.** Action de faire paître les bestiaux. – De *pâturer.*

pâture [pɑtyʀ] n. f. **1.** Ce qui sert à la nourriture des animaux. – *Spécial.* Plantes dont on nourrit le bétail, fourrage. ▷ Fig., litt. et vieilli Ce qui sert d'aliment à l'esprit. *Trouver chez un auteur une riche pâture.* – Mod., litt. (Dans les expressions *jeter, donner,* etc., *en pâture.*) Ce qui permet de satisfaire tel besoin, telle exigence. *Jeter un nom en pâture à la curiosité du public.* **2.** Action de pâturer. *Bétail en pâture.* **3.** Terrain, pré où les bêtes pâturent. – Bas lat. *pastura,* « action de paître », de *pascere,* « paître ».

pâturer [pɑtyʀe] v. intr. [1] Paître, prendre sa pâture. ▷ v. tr. *Bêtes qui pâturent un pré.* – De *pâture.*

pâturin [pɑtyʀɛ̃] n. m. Graminée très commune (genre *Poa*) utilisée comme fourrage. – De *pâture.*

paturon ou **pâturon** [patyʀɔ̃] n. m. Partie de la jambe du cheval comprise entre le boulet et la couronne. – De l'a. fr. *pasture,* « corde attachant l'animal par la jambe » ; lat. *pastoria,* « corde de pâtre ».

pauchouse [poʃuz] ou **pochouse** [pɔʃuz] n. f. Rég. Matelote de poissons de rivière au vin blanc. – De *pêcheuse,* ou du bas lat. *popia,* « louche ».

paulette [polɛt] n. f. HIST Droit que devaient payer les officiers de justice et de finance sur leur charge pour en devenir propriétaires et en assurer la transmission héréditaire, sous l'Ancien Régime. – Du n. de Ch. *Paulet,* premier fermier général de cet impôt (1604).

paulicien [polisjɛ̃] n. m. HIST RELIG Membre d'une secte hérétique néo-manichéenne fondée en Arménie (VIIe-Xe s.). – Probabl. du nom de *Paul*, l'un des fondateurs de la secte.

paulien, enne [poljɛ̃, ɛn] adj. DR *Action paulienne*, par laquelle un créancier peut demander la révocation d'un acte fait par son débiteur en fraude de ses droits. – Lat. *pauliana*, du nom d'un préteur appelé *Paulus*.

paulin [pɔlɛ̃] adj. m. DR CANON *Privilège paulin*, qui autorise un nouveau converti au christianisme à se séparer de son conjoint demeuré infidèle, si ce dernier lui conteste la pratique de sa religion, et à épouser religieusement un(e) chrétien(ne) ou une personne respectueuse de la foi chrétienne. – Du n. de l'apôtre *Paul* (5 ou 15 - 62 ou 67), par allusion à l'épître aux Corinthiens I, 12-15.

paulinien, enne [polinjɛ̃, ɛn] adj. RELIG Qui a rapport à saint Paul, à sa doctrine. – Du nom de l'apôtre *Paul*.

paulinisme [polinism] n. m. RELIG Doctrine de saint Paul. – Du n. de l'apôtre *Paul*.

pauliste [polist] n. m. RELIG CATHOL Membre d'une société de missionnaires catholiques, fondée à New York en 1858 et placée sous le patronage de saint Paul. – Angl. *paulist*, du n. de saint *Paul*.

paulownia [polɔ(v)nja] n. m. Arbre ornemental (fam. scrofulariacées) aux fleurs mauves odorantes, qui éclosent avant la feuillaison. – De Anna *Pavlovna*, *Paulowna* dans l'orth. du XIXe s. (1795-1865), fille du tsar Paul Ier, à laquelle cette fleur fut dédiée.

paume [pom] n. f. **I. 1.** Dedans de la main, entre le poignet et les doigts. **2.** TECH Assemblage présentant un tenon à un seul arasement assemblé dans une mortaise ouverte. **II.** Jeu de balle, ancêtre du tennis, qui se joua d'abord avec la paume de la main puis avec une batte ou une raquette, en terrain libre (*longue paume*) ou dans un lieu clos aménagé (*courte paume*). ▷ *Jeu de paume* : terrain, salle de courte paume. – Lat. *palma*, «creux de la main, main, palme».

paumé, ée [pome] adj. Fam. Perdu. *Je suis paumé dans cette ville.* ▷ Fig. *Elle est complètement paumée.* – Subst. *C'est un(e) paumé(e).* – Pp. de *paumer*.

1. paumelle [pomɛl] n. f. **1.** Pièce métallique double qui permet le pivotement d'une porte, d'une fenêtre, d'un volet, etc., et dont les deux parties (l'une, fixée au battant, mobile autour de l'axe porté par l'autre, fixée à l'huisserie) peuvent être désolidarisées (à la différence des deux plaques, généralement matées sur l'axe, d'une *charnière*). **2.** Manique d'ouvrier voilier, bande de cuir protégeant la paume, renforcée au creux de la main d'une plaque métallique piquetée servant à pousser l'aiguille. **3.** Pièce de bois cintrée pour assouplir et grener les peaux. – De *paume* ; signif. d'abord «paume de la main».

2. paumelle [pomɛl] n. f. Orge commune à deux rangs, dont l'épi est en forme de palme. – Lat. *palmula*, «petite palme» ; provenç. *palmola*, *paumola*.

paumer [pome] v. tr. [1] **1.** Pop. Perdre. *J'ai paumé mon trousseau de clés.* ▷ v. pron. Se perdre. **2.** En gravure, *paumer une plaque*, la nettoyer après encrage avec la paume de la main, de manière à ne laisser d'encre que dans les tailles. – De *paume* ; signif. d'abord «toucher de la main».

paupérisation [popeʀizasjɔ̃] n. f. Didac. Appauvrissement continu d'une population, d'un groupe humain. – De *paupériser*.

paupériser [popeʀize] v. tr. [1] Didac. Entraîner la paupérisation de. – Pp. adj. *Une population paupérisée.* ▷ v. pron. *La région s'est rapidement paupérisée.* – Angl. *to pauperize*, du lat. *pauper*, «pauvre».

paupérisme [popeʀism] n. m. Didac. État permanent d'indigence d'un groupe humain, envisagé en tant que phénomène social. «*L'Extinction du paupérisme*», *œuvre de Louis-Napoléon Bonaparte* (1844). – Angl. *pauperism*, du lat. *pauper*, «pauvre».

paupière [popjɛʀ] n. f. Chacune des membranes mobiles qui recouvrent, en se rapprochant, la partie externe de l'œil, et qui lui servent de protection. *Paupière supérieure, inférieure.* – Bas lat. *palpetra*, class. *palpebra* ; d'abord *palpere*.

paupiette [popjɛt] n. f. Tranche de viande, roulée et farcie. – De l'a. fr. *paupier*, «papier enveloppant un gibier», en rapport avec *papillotte*.

pause [poz] n. f. **1.** Suspension momentanée d'une activité, d'un travail. *Orateur qui fait une pause.* ▷ SPORT Repos entre deux périodes de jeu, de combat. ▷ Fam. Court séjour. *En revenant d'Espagne, j'ai fait une pause à Royan.* **2.** MUS Silence de la durée d'une ronde ; signe (barre horizontale sous la quatrième ligne de la portée) qui sert à le noter. – Lat. *pausa*.

pause-café [pozkafe] n. f. Pause ménagée dans une journée de travail pour prendre une boisson. *Des pauses-café.* – De *pause*, et *café*.

pauser [poze] v. intr. [1] **1.** MUS Faire une pause. **2.** Fam., dial. *Faire pauser qqn*, le faire attendre. – De *pause*.

pauvre [povʀ] adj. et n. **1.** Qui n'a pas le nécessaire ; qui manque de biens, d'argent. *Être très pauvre, être pauvre comme Job.* – Qui dénote la gêne, le dénuement. *Une pauvre demeure.* ▷ *Pauvre de, pauvre en* : qui manque de, qui est dépourvu de. – Fam. *Pauvre d'esprit.* ▷ Subst. Personne sans ressources, indigent. *Les riches et les pauvres.* **2.** (Choses) Improductif, infécond, stérile. *Une terre pauvre.* **3.** Qui inspire la compassion. *Le pauvre homme !* – Subst. *Le (la) pauvre !* ▷ Spécial. (à propos d'une personne décédée). *C'était avant la mort de ce pauvre Paul.* ▷ Piteux, lamentable. *Un pauvre type.* – Du lat. *pauper*.

pauvrement [povʀəmɑ̃] adv. **1.** Dans l'indigence, la pauvreté. *Vivre pauvrement.* – *Être vêtu pauvrement*, d'une manière qui dénote la pauvreté. **2.** Litt. D'une manière insuffisante, maladroite, médiocre. *Raisonner pauvrement.* – De *pauvre*.

pauvresse [povʀɛs] n. f. Vieilli Femme pauvre ; *spécial.* mendiante. – Mod., péjor. *C'est une pauvresse.* – De *pauvre*.

pauvret, ette [povʀɛ, ɛt] n. et adj. (Avec une nuance d'affection ou de commisération.) Pauvre petit(e). ▷ adj. *Il a l'air tout pauvret.* – Dimin. de *pauvre*.

pauvreté [povʀəte] n. f. **1.** Manque de biens, insuffisance des choses nécessaires à la vie. «*Il avait vécu dans la pauvreté, dans le dénuement, dans la détresse même*» (V. Hugo). ▷ Loc. prov. *Pauvreté n'est pas vice.* – *Par ext.* État de celui qui ne possède rien. *Religieux qui fait vœu de pauvreté.* ▷ Apparence, aspect de ce qui dénote la gêne, le manque d'argent. *La pauvreté d'un intérieur.* **2.** Insuffisance, stérilité. *La pauvreté du terrain ne permet pas la culture intensive.* **3.** Litt. Action, parole banale. *Ne dire que des pauvretés.* – Lat. *paupertas*.

pavage [pavaʒ] n. m. **1.** Action de paver. **2.** Revêtement de pavés, de dalles, etc. *Pavage en granit.* – De *paver*.

pavane [pavan] n. f. Ancienne danse, de caractère lent et grave, en vogue aux XVIe et XVIIe s. ; air sur lequel elle se dansait. – Ital. *pavana*, de *pavone*, «paon», ou dial. *padana*, «de Padoue».

pavaner (se) [pavane] v. pron. [1] Marcher en essayant de se faire remarquer. – Prendre des airs avantageux. – Crois. entre *se paonner*, de *paon*, et *pavane*.

pavé [pave] n. m. **1.** Morceau de grès, de pierre dure, de bois, etc., généralement taillé en parallélépipède, qui sert au revêtement d'un sol, d'une chaussée. ▷ Fig. *Le pavé de l'ours* : V. ours. **2.** Revêtement de pavés. *Le pavé d'une cour.* - Par ext. La chaussée, la rue. - Loc. fig. *Battre le pavé* : flâner en désœuvré. *Être sur le pavé* : être sans domicile, sans emploi. *Tenir le haut du pavé* : être au premier rang, par le pouvoir, la notoriété, etc. **3.** Gros morceau, de forme régulière, d'une matière quelconque. *Le pavé de bœuf grillé aux herbes.* ▷ Fam. Volume imprimé fort épais. *Un pavé de quinze cents pages.* ▷ Loc. fig., fam. *Un pavé dans la mare* : un événement inattendu qui trouble une situation jusque-là tranquille et sans surprise. **4.** Espace d'une certaine importance occupé dans un journal par un article, une réclame. *Pavé publicitaire.* **5.** MATH Produit cartésien d'intervalles pris dans un espace numérique. – Pp. subst. de *paver.*

pavement [pavmɑ̃] n. m. Pavage (sens 2) fait avec de beaux matériaux. – Du lat. *pavimentum,* « plancher, parquet, carreau, dalles ».

paver [pave] v. tr. [1] Couvrir (un sol, une surface) de pavés, de dalles, de mosaïque, etc. *Paver une rue, un parvis.* - Par ext. *Cailloux qui pavent une allée.* – Lat. pop. **pavare,* class. *pavire,* « aplanir, niveler le sol ».

paveton [pavtɔ̃] n. m. Arg. Pavé; pavage. – De *pavé.*

paveur [pavœʀ] n. m. Ouvrier spécialisé dans le pavage des chaussées. – De *paver.*

pavie [pavi] n. f. Variété de pêche dont la chair ferme adhère fortement à l'épiderme et au noyau. *Pavies au sirop.* – De *Pavie,* ville du Gers.

pavillon [pavijɔ̃] n. m. **I. 1.** Maisonnette construite dans un jardin. *Pavillon de banlieue.* ▷ Petite construction isolée. *Pavillon de chasse.* ▷ Construction liée au corps du bâtiment, mais qui s'en distingue par ses dimensions, son architecture, etc. *Le pavillon de Flore, aux Tuileries.* **2.** Partie extérieure, visible, de l'oreille. ▷ Extrémité évasée de certains instruments à vent. *Le pavillon d'un cor, d'une trompette.* - Par ext. *Pavillon des anciens phonographes.* **3.** Partie supérieure de la carrosserie d'une voiture. **4.** LITURG CATHOL Pièce d'étoffe dont on couvre le ciboire, le tabernacle. **II.** MAR Drapeau. *Pavillon national. Pavillon d'une compagnie de navigation. Pavillon de complaisance,* arboré par certains navires que leurs armateurs ont soustraits aux lois fiscales de leur pays et aux conventions sur la navigation et la sécurité en mer en les faisant naviguer sous une nationalité d'emprunt. *Amener son pavillon,* en signe de reddition. - Loc. fig. *Baisser pavillon* : reculer, céder, capituler. – Du lat. *papilio, papilionis,* « papillon », d'où, par métaph., « tente ».

pavillonnaire [pavijɔnɛʀ] adj. Occupé par des pavillons (sens I, 1), où sont construits des pavillons. *Banlieue pavillonnaire.* - Qui a rapport aux pavillons. – De *pavillon.*

pavimenteux, euse [pavimɑ̃tø, øz] adj. **1.** Rare Propre à servir au pavage. *Grès pavimenteux.* **2.** HISTOL *Épithélium pavimenteux,* composé de cellules plates. – Du lat. *pavimentum.* V. pavement.

pavlovien, enne [pavlɔvjɛ̃, ɛn] adj. Didac. De Pavlov. - Qui a rapport aux travaux de Pavlov sur le réflexe conditionné. – De I.P. *Pavlov,* physiologiste et médecin russe (1849-1936).

pavois [pavwa] n. m. **1.** Grand bouclier de forme ovale ou rectangulaire en usage au Moyen Âge. ▷ HIST *Élever sur le pavois* : chez les Francs, hisser sur un bouclier (celui qui venait d'être proclamé roi); mod., fig. glorifier. **2.** MAR Partie de la muraille d'un navire située au-dessus du pont. ▷ (Seulement dans les loc. *petit pavois* et *grand pavois.*) Ornementation de fête d'un navire. *Petit pavois,* comportant les pavillons nationaux hissés en tête de mât. *Grand pavois,* constitué d'une guirlande de pavillons de signaux courant de l'avant à l'arrière du navire et passant par le haut des mâts. – De l'ital. *pavese,* « de Pavie », ville d'Italie, où l'on fabriquait des boucliers.

pavoisement [pavwazmɑ̃] n. m. Action de pavoiser; son résultat. – De *pavoiser.*

pavoiser [pavwaze] v. [1] **I.** v. tr. et intr. **1.** MAR Hisser le pavois. **2.** Décorer de drapeaux (un édifice, une rue, etc.). **II.** v. intr. Fig., fam. Manifester sa joie. - *Il n'y a pas de quoi pavoiser,* de quoi être fier. – De *pavois.*

pavot [pavo] n. m. Plante herbacée (genre *Papaver,* fam. papavéracées) dont les pétales sont chiffonnés dans le bouton avant la floraison et dont une espèce a des propriétés somnifères. *Le pavot blanc fournit l'opium.* – Lat. pop. **papavus,* class. *papaver;* a. fr. *pavo.*

paxille [paksij] n. m. BOT Champignon basidiomycète à lamelles, au chapeau légèrement déprimé en son centre, enroulé sur les bords. Très toxique cru. – Du lat. *paxillus,* « pieu ».

pax romana [paksʀɔmana] (« paix romaine »), expression créée par Pline le Jeune *(Panégyrique de Trajan)* pour caractériser l'ordre bienfaisant que Rome a donné ou imposé aux provinces de l'Empire. – Mots lat.

payable [pɛjabl] adj. Qui doit être payé (de telle façon, à telle date, etc.). *Payable à vue, au porteur.* – De *payer.*

payant, ante [pɛjɑ̃, ɑ̃t] adj. **1.** Qui paie. *Visiteurs payants.* ▷ n. m. *Les payants.* **2.** Pour quoi l'on paie. *Entrée payante.* **3.** Fam. Avantageux, bénéfique. *Opération payante.* – Ppr. de *payer.*

paye. V. paie.

payement. V. paiement.

payer [pɛje] v. [21] **I.** v. tr. **1.** Acquitter (une dette, un droit, etc.) par un versement. *Payer ses dettes, ses impôts.* - *Payer son loyer.* ▷ (Sujet nom de chose.) *Produit qui paie un droit de douane.* **2.** Remettre à (qqn) ce qui lui est dû (généralement en argent). *Payer un commerçant.* - *Payer qqn par chèque, en nature.* ▷ Fig. *Être payé pour savoir telle chose,* en avoir fait la fâcheuse expérience. ▷ Récompenser; dédommager. *Payer qqn de ses efforts.* **3.** Verser une somme correspondant au prix de (telle chose). *Payer des denrées.* - Fam. Offrir. *Payer la tournée.* - Absol. *Payer comptant, rubis* sur l'ongle.* - Fam. (Anglicisme) *Payer cash*.* ▷ *Payer pour* : payer ou, fig., subir, expier, à la place de. *Payer pour les autres.* ▷ Fam. *Il me le paiera* : je me vengerai de lui. ▷ Obtenir au prix de sacrifices, de dommages. *Payer cher sa réussite.* **II.** v. intr. **1.** *Payer de* : user de, faire preuve de. *Payer d'audace.* - *Payer de sa personne* : s'exposer, agir personnellement. **2.** (Sujet nom de chose.) Fam. Être profitable, rapporter. *Travail qui paie.* **III.** v. pron. **1.** Retenir telle somme; être payé. *Payez-vous sur ce billet.* ▷ Loc. fig. *Se payer de mots* : se contenter de parler, sans agir. **2.** Fam. S'offrir. *Se payer un chapeau.* ▷ *Se payer la tête de qqn,* se moquer de lui. ▷ *Se payer du bon temps.* – Du lat. *pacare,* « pacifier, apaiser »; d'abord *paier,* « se réconcilier avec ».

payeur, euse [pɛjœʀ, øz] n. **1.** Personne qui paie. *Un mauvais payeur.* **2.** (Dans des syntagmes.) Fonctionnaire chargé de payer les dépenses publiques; comptable des deniers publics. *Trésorier-payeur général.* – De *payer.*

1. pays [pei] n. m. **1.** Territoire d'un État; État. *Les pays de la Communauté économique européenne.* ▷ Patrie; lieu, région d'origine. *Revenir au pays.* ▷ Région géographique, administrative, etc. *Le pays de Caux.* ▷ Absol. *Les coutumes du pays.* **2.** Population d'un pays. *Le pays est en effervescence.* **3.** Contrée, région considérée du point de vue physique, économique, etc. *Les pays chauds.* - *Voir du pays* : voyager. **4.** Localité, village. *Un pays perdu.* – Du bas lat. *page(n)sis,* « habitant d'un *pagus,* (bourg) », et, par ext., le bourg lui-même.

2. pays, payse [pei, peiz] n. Rég. ou plaisant Compatriote. – V. *pays* 1.

paysage [peizaʒ] n. m. **1.** Étendue de pays qui s'offre à la vue. ▷ Nature, aspect d'un pays, d'un site, etc. *Le paysage méditerranéen.* – *Paysage urbain.* **2.** Représentation picturale ou graphique d'un paysage (partic. champêtre); cette représentation en tant que genre. *Les maîtres du paysage.* ▷ Loc. fig., fam. *Faire bien dans le paysage* : produire un bon effet. **3.** Fig. Configuration générale, aspect général. *Paysage audiovisuel français (PAF).* – De *pays* 1.

paysager, ère [peizaʒe, ɛʀ] adj. Arrangé à la manière d'un paysage naturel. *Jardin paysager.* ▷ *Bureau paysager* : grand bureau collectif, à cloisons basses, généralement orné de plantes vertes. – De *paysage.*

paysagisme [peizaʒism] n. m. ART *Paysagisme abstrait* : mouvement qui regroupa, après la Seconde Guerre mondiale, des peintres cherchant à accorder la tradition cubiste avec une nouvelle rationalité de la vision. – De *paysage.*

paysagiste [peizaʒist] n. **1.** Peintre de paysages. **2.** Créateur, architecte de jardins, de parcs. – (En appos.) *Jardinier paysagiste.* – De *paysage.*

paysan, anne [peizɑ̃, an] n. et adj. **I.** n. **1.** Personne de la campagne, qui vit du travail de la terre. (N.B. Ce terme tend à être remplacé par *agriculteur, exploitant agricole,* etc.) **2.** Péjor. Rustre, balourd. **II.** adj. Des paysans; relatif aux paysans. – De *pays* 1.

paysannat [peizana] n. m. Ensemble des paysans; la classe ou la condition paysanne. – De *paysan.*

paysannerie [peizanʀi] n. f. **1.** Ensemble des paysans. **2.** LITTER Œuvre mettant en scène des paysans. *Les paysanneries de George Sand.* – De *paysan.*

Pb CHIM Symbole du plomb.

pc ASTRO Symbole du parsec.

1. P.C. [pese] n. m. Sigle de *parti communiste.*

2. P.C. [pese] n. m. MILIT Sigle de *poste de commandement.*

p.c.c. Abrév. de *pour copie conforme.*

P.C.V. [peseve] n. m. Anc., TELECOMM *Communication en P.C.V.* : communication téléphonique imputée au compte du destinataire (pour des communications internationales). – Par ext. *Un P.C.V.* – Abrév. de *paiement contre vérification.*

Pd CHIM Symbole du palladium.

P.-D.G. ou **P.-d.g.** [pedeʒe] n. Fam. Abrév. de *président-directeur général* ou, plus rare, de *présidente-directrice générale.*

péage [peaʒ] n. m. Droit d'accès ou de passage à payer par les usagers d'un port, d'une voie de communication, etc. *Autoroute à péage.* – *Chaîne (de télévision) à péage* : syn. de *chaîne cryptée.* ▷ Lieu de perception de ce droit. *S'arrêter au péage.* – Du lat. pop. **pedaticum,* «droit de mettre le pied *(pes, pedis),* de passer».

péagiste [peaʒist] n. Personne qui est chargée de la perception d'un péage. – De *péage.*

péan ou **pæan** [peɑ̃] n. m. ANTIQ GR Hymne composé en l'honneur d'Apollon. ▷ *Par ext.* Chant de victoire. – Lat. *pæan,* gr. *paian.*

peau [po] n. f. **I. 1.** Tissu résistant et souple, constitué de plusieurs couches cellulaires, qui recouvre le corps des vertébrés. **2.** Épiderme de l'homme. *Les pores, la pigmentation de la peau.* ▷ Loc. fam. *N'avoir que la peau sur les os* : être très maigre. – *Se faire trouer la peau* : être blessé ou tué par balles. – *Être bien, mal dans sa peau* : être à l'aise, mal à l'aise. – Pop. *Avoir qqn dans la peau,* l'aimer d'une passion violente et sensuelle. **II.** (Dans des expr. fig.) **1.** Fam. *La peau de qqn,* sa vie, sa personne. ▷ Pop. *J'aurai sa peau* : je le tuerai; fig., j'aurai le dessus. **2.** Personnalité de qqn. *Entrer dans la peau d'un personnage,* pour jouer un rôle. – *Se mettre dans la peau de qqn,* s'imaginer à sa place. **III.** Cuir, fourrure dont on a dépouillé un animal. *Peaux de lapin.* ▷ *Gants de peau, sac en peau,* en fin cuir souple. **IV.** Loc. fig. **1.** *Vendre la peau de l'ours* : V. ours. **2.** Pop. *Peau de vache* : personne méchante, aigrie et sans indulgence. **3.** Fam. *Peau d'âne* : parchemin, diplôme. **4.** Arg., vieilli *Peau de chien,* ou *peau* : prostituée. ▷ *Vieille peau* terme d'injure adressé à une femme.) **V. 1.** Enveloppe d'un fruit. *Peau d'une pêche.* **2.** Pellicule qui se forme à la surface de certains liquides, de certaines substances. *Peau du lait bouilli.* **3.** Fausses membranes qui se forment pendant certaines maladies (notam. dans la gorge dans certaines angines). **4.** Pop. *Peau de balle!* : rien à faire! Pas question! – Absol., vieilli *La peau!,* exclamation marquant le refus, le mépris. **5.** ELECTR *Effet de peau* : concentration du courant au voisinage de la surface d'un conducteur, observée pour des courants alternatifs de fréquence élevée. Syn. effet Kelvin. – Du lat. *pellis,* «peau d'animal».

ENCYCL **Anat.** – Chez les vertébrés, la peau comprend le derme (souvent doublé d'un hypoderme) et l'épiderme. Le derme, tissu conjonctif, contient les glandes sébacées et sudoripares, les racines des poils, les terminaisons nerveuses ainsi que des vaisseaux sanguins et lymphatiques; il a une fonction de soutien et de nutrition. L'épiderme, qui le recouvre, est un épithélium kératinisé dont les cellules se chargent progressivement de kératine pour former la couche cornée, la plus superficielle. Les cellules cutanées contiennent un pigment, la mélanine, qui donne à la peau sa coloration et dont les variations expliquent les différences de la couleur de la peau selon les races.

peaucier [posje] adj. m. et n. m. ANAT *Muscle peaucier,* ou, n. m., *peaucier* : muscle attaché à l'hypoderme, qui fait se plisser la peau. – De *peau.*

peaufinage [pofinaʒ] n. m. Action de peaufiner; son résultat. – De *peaufiner.*

peaufiner [pofine] v. tr. [1] **1.** Passer à la peau de chamois. **2.** Fig., fam. Parachever avec un soin extrême, fignoler. – De *peau,* et *fin.*

peau-rouge [poʀuʒ] adj. et n. Vieilli Des Indiens de l'Amérique du N. ▷ Subst. *Les Peaux-Rouges.* – De *peau,* et *rouge,* à cause de la teinture rouge dont les guerriers indiens couvraient leur corps.

peausserie [posʀi] n. f. Art, commerce du peaussier. ▷ Marchandise vendue par celui-ci. – De *peaussier.*

peaussier [posje] n. m. Artisan qui prépare les peaux ou en fait le commerce. – De *peau.*

pebble culture [pɛbəlkœltʃəʀ; pɛbœlkyltyʀ] n. f. (Anglicisme) PREHIST Civilisation du galet* aménagé, forme la plus élémentaire de l'industr. lithique. – Mots angl., «culture *(culture)* des galets *(pebble)* ».

pébrine [pebʀin] n. f. BOT Maladie du ver à soie, due à un sporozoaire, entraînant l'atrophie et l'apparition de taches sombres. – Provençal *pebrino,* de *pebre,* «poivre».

pébroc ou **pébroque** [pebʀɔk] n. m. Arg. Parapluie. – De *pépin* 2, et suff. arg.

pécaïre! [pekɛʀ, pekaiʀ] interj. (Rég. mérid.) Vx Exclamation de commisération affectueuse. – Provenç. *pecaire,* «pêcheur», francisé en *peuchère.*

pécan [pekɑ̃] n. m. Fruit d'un hickory d'Amérique, dont l'amande oléagineuse est comestible. *Noix de pécan.* Syn. pacane. – Mot amér., de *pecan tree,* type de noyer.

pécari [pekaʀi] n. m. Mammifère suidé d'Amérique (genre *Tayassu)* proche du cochon par ses soies et son groin, et des ruminants par sa denture, son estomac et ses pattes. ▷ Peau apprêtée de cet animal. – Mot caraïbe.

peccable [pekabl] adj. THEOL Enclin à pécher. *L'homme est de nature peccable.* – Du lat. *peccare,* « pécher ».

peccadille [pekadij] n. f. Petit péché, faute légère. – Esp. *pecadillo,* « petit péché », du lat. *peccatum.*

peccant, ante [pekɑ̃, ɑ̃t] adj. MED Vx *Humeurs peccantes,* viciées, mauvaises. – Du lat. médiév. *peccans,* de *peccare,* « pécher ».

pechblende [pɛʃblɛ̃d] n. f. MINER Minerai renfermant une forte proportion d'oxyde d'uranium. – De l'all. *Pech,* « poix », et *Blende.* V. blende.

1. pêche [pɛʃ] n. f. **1.** Manière, action de pêcher. *Filet de pêche. Pêche à la ligne.* **2.** Droit de pêcher. *Avoir la pêche sur 1 km de rivière.* **3.** Portion de rivière ou d'étang où l'on peut pêcher. *Pêche réservée.* **4.** Poissons, produits que l'on a pêchés. *Faire cuire sa pêche.* – De *pêcher* 1.

2. pêche [pɛʃ] n. f. **1.** Fruit comestible du pêcher, au noyau dur, à la chair jaune ou blanche, tendre et sucrée, à la peau rose et duveteuse. ▷ Loc. fig. *Peau de pêche,* veloutée et rose. **2.** Pop. Coup de poing. *Je lui ai balancé une de ces pêches!* **3.** Loc. fam. *Se fendre la pêche* : rire aux éclats. *Avoir la pêche* : être en pleine forme. – Du lat. pop. **persica,* n. f., plur. du class. *persicum (pomum),* « fruit de Perse ».

péché [peʃe] n. m. RELIG Transgression de la loi divine. *Absoudre qqn de ses péchés.* – *Péché originel,* commis par Adam et Ève et qui entache toute leur postérité. – *Péché mortel*. Péché véniel*. Péchés capitaux* : les sept péchés (avarice, colère, envie, gourmandise, luxure, orgueil, paresse) considérés comme les plus graves et comme la source des autres péchés. ▷ Fig. *Péché mignon* : petit travers, penchant. – Du lat. *peccatum,* « faute, crime ».

pécher [peʃe] v. intr. [14] **1.** Commettre un, des péchés. **2.** *Pécher contre* : manquer à (une règle de morale). *Pécher contre l'honnêteté.* ▷ Commettre une erreur contre. *Pécher contre le bon sens.* **3.** Être insuffisant, en défaut. *Ce projet pèche sur un point.* – Du lat. *peccare.*

1. pêcher [pɛʃe] v. tr. [1] **1.** Prendre, tenter de prendre (du poisson). *Pêcher la sardine.* ▷ Absol. *Pêcher à la ligne, à l'épervier.* – *Pêcher à la mouche.* – Fig. *Pêcher en eau* trouble.* **2.** Retirer de l'eau (des animaux autres que les poissons). *Pêcher l'oursin, la grenouille.* **3.** Fam. Trouver, découvrir (qqch de surprenant). *Où as-tu pêché ce chapeau?* – Du lat. pop. **piscare,* class. *piscari,* de *piscis,* « poisson ».

2. pêcher [pɛʃe] n. m. Petit arbre (fam. rosacées) originaire d'Asie, acclimaté dans nos régions, dont le fruit est la pêche. – De *pêche* 2.

pêcherie [pɛʃʀi] n. f. Lieu où l'on a coutume de pêcher. *Les pêcheries de Terre-Neuve.* ▷ Port de pêche; quartier habité par des pêcheurs. *La mosquée de la Pêcherie, à Alger.* – De *pêcher* 1.

pêchette [pɛʃɛt] n. f. Dial. Petit filet rond à écrevisses. – De *pêcher* 1.

pécheur, pécheresse [peʃœʀ, peʃʀɛs] n. et adj. Personne qui commet des péchés, qui est en état de péché. ▷ adj. *Âme pécheresse.* – Du bas lat. ecclés. *peccatorem,* accusatif de *peccator.*

pêcheur, euse [pɛʃœʀ, øz] n. Personne qui fait métier de pêcher ou qui pêche par plaisir. – (En appos.) *Bateau pêcheur.* ▷ Par anal. *Pêcheur de perles.* – Du lat. *piscator,* de *piscis,* « poisson ».

pécoptéris [pekɔpteʀis] n. m. PALEONT Fougère arborescente fossile du carbonifère. – Du gr. *pekos,* var. du gr. class. *pokos,* « toison », et *pteris,* « fougère ».

pécore [pekɔʀ] n. f. **1.** Vx Animal, bête. **2.** Femme stupide et prétentieuse. **3.** n. f. ou m. Pop., péjor. Paysan. Syn. péquenot. – Ital. *pecora;* lat. pop. *pecora,* n. f., plur. du class. *pecus,* « tête de bétail ».

pecquenaud (var. **péquenaud**), **aude** [pɛkno, od] ou **pecquenot** (var. **péquenot**, **pecnot**), **otte** [pɛkno, ɔt] n. Pop., péjor. Paysan. – D'un rad. *pekk,* « petit, chétif ». (V. aussi pékin 1).

pecten [pɛktɛn] n. m. ZOOL Mollusque lamellibranche (genre *Pecten*) dont une espèce est la coquille Saint-Jacques. – Mot lat.

pectine [pɛktin] n. f. BIOCHIM Substance glucidique très répandue chez les êtres vivants et provenant du pectose. – Du gr. *pêktos,* « coagulé, figé ».

pectiné, ée [pɛktine] adj. et n. m. **1.** ANAT *Muscle pectiné* ou, n. m., *pectiné* : muscle rotateur du fémur. **2.** SC NAT Qui est en forme de peigne. – Lat. *pectinatus.*

pectique [pɛktik] adj. BIOCHIM Qualifie certains polyosides végétaux qui donnent par hydrolyse du galactose et des dérivés du galactose. – De *pectine.*

pectoral, ale, aux [pɛktɔʀal, o] n. m. et adj. **I.** n. m. ANTIQ Plaque ornementale ou de protection portée sur la poitrine. **II.** adj. **1.** ANAT Qui appartient à la poitrine. *Les muscles pectoraux* ou, n. m. pl., *les pectoraux.* ▷ *Nageoires pectorales* : nageoires antérieures, chez les poissons. **2.** Qui est utilisé dans le traitement des affections des bronches, des poumons. *Sirop pectoral.* **3.** Qui se porte sur la poitrine. *Croix pectorale.* – Lat. *pectoralis,* de *pectus,* « poitrine ».

pectose [pɛktoz] n. m. BIOCHIM Composé pectique formé de la combinaison de pectine et de cellulose, qui se trouve surtout dans les fruits et les racines charnues avant leur maturité. – De *pect(ine),* et *(cellul)ose.*

péculat [pekyla] n. m. ADMIN Détournement des deniers publics par celui qui en a le maniement. – Lat. *peculatus,* de *peculari,* « détourner de l'argent ».

pécule [pekyl] n. m. **1.** ANTIQ ROM Somme économisée par un esclave, lui permettant d'acheter sa propre liberté. **2.** Somme d'argent économisée petit à petit. *Il a amassé un petit pécule.* **3.** Somme qu'un militaire qui n'a pas droit à une retraite reçoit quand il quitte l'armée. ▷ Somme prélevée sur le produit du travail d'un prisonnier et dont une partie lui est remise à sa libération. – Lat. *peculium,* « petit bien amassé sou par sou par un esclave ».

pécuniaire [pekynjɛʀ] adj. Qui consiste en argent; qui a rapport à l'argent. *Problèmes pécuniaires.* – Lat. *pecuniarius,* de *pecunia,* « argent ».

pécuniairement [pekynjɛʀmɑ̃] adv. Quant à l'argent, sur le plan pécuniaire. – De *pécuniaire.*

1. péd(o)-, -pédie. Éléments, du gr. *pais, paidos,* « enfant, jeune garçon », ou de *paideuein,* « élever, instruire ».

2. péd(o)-. Élément, du gr. *pedon,* « sol ».

3. péd(i)-, -pède, -pédie. Éléments, du lat. *pes, pedis,* « pied ».

pédagogie [pedagɔʒi] n. f. **1.** Théorie, science de l'éducation (en partic. de l'éducation des enfants). **2.** Ensemble des qualités du pédagogue, de celui qui sait enseigner, expliquer. *Manquer de pédagogie.* – Gr. *paidagôgia.*

pédagogique [pedagɔʒik] adj. **1.** Relatif à la pédagogie. **2.** Conforme aux exigences de la pédagogie. *Qualités pédagogiques.* – Gr. *paidagôgikos.*

pédagogiquement [pedagɔʒikmɑ̃] adv. Au point de vue de la pédagogie. – De *pédagogique.*

pédagogue [pedagɔg] n. et adj. **1.** Personne chargée de l'éducation d'un enfant, d'un adolescent. **2.** Spécialiste de la pédagogie. **3.** Personne qui sait enseigner, expliquer. ▷ adj. *Il est très pédagogue.* – Lat. *pædagogus,* gr. *paidagôgos,* de *pais, paidos,* « enfant », et *agein,* « conduire ».

pédalage [pedalaʒ] n. m. Action de pédaler. – De *pédaler.*

1. pédale [pedal] n. f. **1.** Organe mécanique mû par le pied qui commande le fonctionnement d'un appareil, d'une machine, ou qui communique un mouvement de rotation à un appareil. *Pédale de frein, d'accélérateur. Pédale de bicyclette.* ▷ Loc. fig., fam. *Perdre les pédales :* perdre le fil de son discours, perdre ses moyens. **2.** Touche d'un instrument de musique mue par le pied. *Pédales du piano. Clavier à pédales de l'orgue,* qui fait entendre les basses. ▷ *Note de pédale,* ou, ellipt., *pédale :* note basse tenue que l'on joue sur le clavier à pédales. – Ital. *pedale,* «pédale d'orgue», lat. pop. *pedale,* «instrument actionné avec le pied».

2. pédale [pedal] n. f. Pop. et injur. Homosexuel. – De *pédéraste,* sous l'infl. de *pédale* 1.

pédalée [pedale] n. f. SPORT (Cyclisme) Tour de pédale. – De *pédaler.*

pédaler [pedale] v. intr. [1] **1.** Faire mouvoir une, des pédales, spécial. les pédales d'une bicyclette. **2.** Fig., pop. *On est en retard, il va falloir pédaler,* se dépêcher. ▷ Loc. fig., fam. *Pédaler dans la choucroute, la semoule :* être désorienté, sans efficacité. – De *pédale* 1.

pédaleur, euse [pedalœʀ, øz] n. Cycliste (considéré dans sa manière de pédaler, ses qualités, son style). – De *pédaler.*

pédalier [pedalje] n. m. **1.** Clavier de l'orgue actionné par des pédales. **2.** Ensemble des manivelles, des pédales et du plateau d'une bicyclette. – De *pédale* 1.

pédalo [pedalo] n. m. Petite embarcation utilisée le long des plages et sur les plans d'eau, mue par une roue à aubes ou une hélice actionnée par des pédales. – Nom déposé; de *pédale* 1.

pédant, ante [pedɑ̃, ɑ̃t] n. et adj. **1.** Vx Maître d'école. **2.** Mod. Personne qui affecte d'être savante, qui fait étalage de ses connaissances avec vanité. ▷ adj. *Un ton pédant.* – Mot ital. *pedante,* du gr. *paideuein,* «éduquer, enseigner».

pédanterie [pedɑ̃tʀi] n. f. Air, manière d'un pédant; vain étalage d'érudition. – De *pédant.*

pédantesque [pedɑ̃tɛsk] adj. Litt. Digne d'un pédant. *Discours pédantesque.* – Ital. *pedantesco.*

pédantisme [pedɑ̃tism] n. m. Caractère du pédant, de ce qui est pédant. – De *pédant;* signif. d'abord «état de professeur».

-pède. V. péd(i)-.

pédéraste [pedeʀast] n. m. Celui qui s'adonne à la pédérastie. – *Abusiv.* Homosexuel. (Abrév. pop. et péjor. : pédé). – Gr. *paiderastês.*

pédérastie [pedeʀasti] n. f. Attirance sexuelle ressentie par un homme pour les jeunes garçons; relation physique entre un homme et un jeune garçon. – *Abusiv.* Homosexualité masculine. – Gr. *paiderasteia,* de *erân,* «aimer», et *pais, paidos,* «enfant».

pédérastique [pedeʀastik] adj. Relatif à la pédérastie. – De *pédérastie.*

pédesouille. V. pedzouille.

pédestre [pedɛstʀ] adj. **1.** Qui se fait à pied. *Rallye, sports pédestres.* **2.** Rare *Statue pédestre,* dont le sujet est à pied (par oppos. à *équestre,* à cheval). – Lat. *pedester.*

pédestrement [pedɛstʀəmɑ̃] adv. À pied. – De *pédestre.*

pédezouille. V. pedzouille.

pédiatre [pedjatʀ] n. Médecin spécialiste de pédiatrie. – De *pédiatrie.*

pédiatrie [pedjatʀi] n. f. Branche de la médecine concernant les enfants. – De *péd(o)-* 1, et *-iatrie.*

pédiatrique [pedjatʀik] adj. Relatif à la pédiatrie. – De *pédiatrie.*

pedibus (cum jambis) [pedibuskɔmʒɑ̃bis] loc. adv. Fam. À pied. *Se déplacer pedibus.* – Du lat. *pedibus,* «à pied», et du lat. de fantaisie *cum jambis,* «avec les jambes».

pédicellaire [pedisɛllɛʀ] n. m. ZOOL Petit appendice terminé par trois mors, organe de préhension des échinodermes. – De *pédicelle.*

pédicelle [pedisɛl] n. m. **1.** BOT Dernière ramification du pédoncule, qui porte la fleur. **2.** ZOOL Pièce allongée servant de support à divers organes. Syn. pédicule. – Lat. *pedicellus,* dimin. de *pes, pedis,* «pied».

pédicellé, ée [pedisɛlle] adj. BOT Porté par un pédicelle. – De *pédicelle.*

pédiculaire [pedikylɛʀ] n. f. et adj. **1.** n. f. BOT Plante herbacée (genre *Pedicularis,* fam. scrofulariacées) aux feuilles très découpées, dont une espèce, la *pédiculaire des marais,* est dite aussi *herbe à poux.* **2.** adj. MED Qui a rapport aux poux. – *Maladie pédiculaire :* pédiculose. – Lat. *pedicularius,* de *pediculus,* «pou».

pédicule [pedikyl] n. m. **1.** BOT Support allongé et grêle, dans certaines plantes. **2.** ZOOL Syn. de *pédicelle.* **3.** ANAT Ensemble des éléments vasculaires et nerveux qui rattachent un organe au reste du corps ou à un ensemble fonctionnel. **4.** ARCHI Pilier de petite taille supportant une cuve baptismale, un bénitier. – Lat. *pediculus,* «petit pied».

pédiculé, ée [pedikyle] adj. SC NAT Qui est porté par un pédicule, qui en est muni. – De *pédicule.*

pédiculose [pedikyloz] n. f. MED Ensemble des lésions cutanées provoquées par les poux. – Du lat. *pediculus,* «pou», et *-ose* 2.

pédicure [pedikyʀ] n. Personne spécialisée dans les soins des pieds (excision des cors, traitement des affections des ongles, etc.). – Du lat. *pes, pedis,* «pied», et *curare,* «soigner».

pédicurie [pedikyʀi] n. f. Didac. Pratique du pédicure; métier de pédicure. – De *pédicure.*

1. -pédie. V. péd(i)-.

2. -pédie. V. péd(o)- 1.

pédieux, euse [pedjø, øz] adj. et n. m. ANAT Qui appartient, est relatif au pied. *Artère pédieuse.* ▷ *Muscle pédieux,* ou, n. m., *le pédieux :* le muscle de la partie dorsale externe du pied. – Du lat. *pes, pedis,* «pied».

pedigree [pedigʀe] n. m. Généalogie d'un animal de race pure; document qui l'atteste. – Mot angl., de l'a. fr. *pié de grue,* «marque formée de trois traits», dont on se servait dans les registres officiels généalogiques, en Angleterre.

pédiluve [pedilyv] n. m. Bassin peu profond, en maçonnerie, destiné aux soins de propreté des pieds. *Douches et pédiluves d'une piscine.* – Lat. médiév. *pediluvium;* du class. *pes, pedis,* «pied», et *luere,* «laver».

pédiment [pedimɑ̃] n. m. (Anglicisme) GEOL Glacis situé au pied des montagnes désertiques qui aboutit à un champ d'épandage d'alluvions. – Angl. *pediment,* «fronton».

pédimentation [pedimɑ̃tasjɔ̃] n. f. GEOL Transformation du relief par la formation de pédiments. – De *pédiment.*

pédo-. V. péd(o)-.

pédogenèse [pedɔʒənɛz] n. f. GEOL Ensemble des processus de formation et d'évolution des sols. – De *péd(o)-* 2, et *-genèse.*

1. pédologie [pedɔlɔʒi] n. f. Didac. Branche de la géologie qui étudie les caractères chimiques, physiques et biologiques des sols, leur évolution et leur répartition. – De *péd(o)-* 2, et *-logie*.

2. pédologie. – De *péd(o)-* 1, et *-logie*.

pédologique [pedɔlɔʒik] adj. Didac. Relatif à la pédologie. – De *pédologie* 1.

1. pédologue [pedɔlɔg] n. Didac. Personne spécialisée dans l'étude des sols. – De *pédologie* 1.

2. pédologue [pedɔlɔg] ou **paidologue** [pedɔlɔg] n. Spécialiste de pédologie. – De *pédologie* ou *paidologie*.

pédomètre. V. podomètre.

pédonculaire [pedɔ̃kylɛʀ] adj. Didac. Qui se rapporte au pédoncule. - Sur pédoncule. – De *pédoncule*.

pédoncule [pedɔ̃kyl] n. m. **1.** ANAT Pièce mince et allongée qui relie deux organes ou deux parties d'organe. *Pédoncules cérébraux.* **2.** BOT Ramification terminale de la tige portant la fleur. ▷ Litt. Queue (d'une fleur, d'un fruit). **3.** ZOOL Pièce allongée portant un organe (œil de l'écrevisse, par ex.) ou un organisme entier (anatife). V. pédicelle. – Lat. *pedunculus*, dimin. de *pes, pedis*, « pied ».

pédonculé, ée [pedɔ̃kyle] adj. Muni d'un pédoncule; porté par un pédoncule. - *Chêne pédonculé*, dont les glands sont portés par de longs pédoncules. – De *pédoncule*.

pédophile [pedɔfil] adj. et n. Didac. Qui manifeste une tendance à la pédophilie. ▷ Subst. *Des pédophiles*. – De *pédophilie*.

pédophilie [pedɔfili] n. f. Didac. Attirance sexuelle pour les enfants. – De *péd(o)-* 1, et *-philie*.

pédopsychiatre [pedopsikjatʀ] n. Spécialiste de pédopsychiatrie. – De *pédopsychiatrie*.

pédopsychiatrie . – De *pédo-* 1, et *psychiatrie*.

pedum [pedɔm] n. m. **1.** ANTIQ ROM Houlette de berger, attribut de plusieurs divinités champêtres. **2.** ZOOL Mollusque lamellibranche (fam. pectinidés) des mers chaudes. – Mot lat.

pedzouille, pédezouille ou **pédesouille** [pɛdzuj] n. m. Pop., péjor. Paysan.

peeling [piliŋ] n. m. (Anglicisme) MED Traitement de la peau qui consiste, pour en atténuer les imperfections, à faire desquamer la couche superficielle de l'épiderme afin de provoquer la repousse d'une nouvelle couche épidermique. Syn. exfoliation. – Mot angl., de *to peel*, « peler ».

pégase [pegɑz] n. m. ZOOL Poisson téléostéen cuirassé des mers asiatiques, aux nageoires pectorales en forme d'ailes. – Du lat. *Pegasus*, n. pr. d'un cheval ailé mythologique.

P.E.G.C. n. m. Sigle pour *professeur d'enseignement général de collège*.

pegmatite [pɛgmatit] n. f. MINER Granite formé de très gros cristaux de quartz, de feldspath et de mica blanc. – Du gr. *pêgma, pêgmatos*, « conglomération », et *-ite* 3.

pègre [pɛgʀ] n. f. Monde des voleurs, des escrocs, des gens douteux. – P.-ê. de l'arg. marseillais *pego*, « voleur des quais ».

pehlevi [pɛlevi], **pehlvi** [pɛlvi] ou **pahlavi** [palavi] n. m. LING Langue iranienne, dérivée de l'ancien perse, parlée en Perse sous les Sassanides. – Du pehlevi *pahlavik*, « des Parthes », peuple originaire de Scythie, établi au IIIe s. av. J.-C. en Asie occid., au S.-E. de la mer Caspienne.

peignage [pɛɲaʒ] n. m. TECH Opération qui consiste à peigner les fibres textiles (laine, coton, lin, etc.). - *Par méton.* Lieu où s'effectue cette opération. – De *peigner*.

peigne [pɛɲ] n. m. **I. 1.** Instrument de corne, d'écaille, de matière plastique, etc., à dents fines, longues et serrées, qui sert à démêler et à lisser les cheveux. **2.** Loc. *Sale comme un peigne* : très sale. ▷ Loc. fig. *Passer au peigne fin* : soumettre à un contrôle minutieux. **3.** Accessoire de toilette à dents fines et serrées servant à maintenir ou à orner les cheveux des femmes. **II. 1.** TECH Appareil, outil muni de dents, servant à démêler des fibres textiles ou à maintenir un écartement régulier entre les fils de chaîne d'un métier à tisser. *Peigne de cardeur, de tisserand.* **2.** Poils à l'extrémité des pattes des arthropodes. **3.** ZOOL Mollusque lamellibranche bivalve. Syn. pecten. **4.** BOT *Peigne de Vénus* : plante ombellifère (genre *Scandix*). – Réfection d'ap. *peigner*, de l'a. fr. *pigne*, du lat. *pecten, pectinis*.

peigné, ée [pɛɲe] adj. et n. **I.** adj. Dont les fibres parallèles et allongées présentent un aspect lisse. *Laine peignée.* ▷ n. m. Étoffe tissée de longues fibres de laine peignée. **II.** n. f. **1.** Fam. Correction, volée. *Flanquer une peignée à qqn.* **2.** TECH Quantité de textile que l'ouvrier prend sur son peigne en une fois. – Pp. de *peigner*.

peigne-cul [pɛɲky] n. m. inv. Grossier Personne médiocre, minable. – De *peigner*, et *cul*.

peigner [pɛɲe] v. [1] **I.** v. tr. **1.** Démêler, arranger (les cheveux) avec un peigne. *Peigner sa chevelure.* - *Peigner qqn.* ▷ Loc. fig., fam. *Peigner la girafe**. ▷ v. pron. (Réfl.) Peigner ses cheveux. **2.** Démêler (des fibres textiles). *Peigner de la laine.* **3.** Fig., vieilli (Au pass. et au pp.) Orner, soigner excessivement. **II.** v. pron. (Récipr.) Fig., fam. Se battre. – Du lat. *pectinare*.

peigneur, euse [pɛɲœʀ, øz] n. TECH **1.** Personne dont le travail consiste à peigner tel ou tel textile. ▷ (En appos.) *Ouvrier peigneur.* **2.** n. f. Machine servant à peigner un textile. – De *peigner*.

peignier [pɛɲ(j)e] n. m. TECH Artisan qui fabrique à la main des peignes de corne, d'écaille, d'ivoire. – De *peigne*.

peignoir [pɛɲwaʀ] n. m. **1.** Vêtement de protection dont on couvre le buste des clients chez un coiffeur. **2.** Vêtement ample que l'on porte au sortir du bain. *« Il la vit sortir de l'eau, ramasser son peignoir » (Maupassant).* ▷ Vêtement d'intérieur long et ample, en tissu léger. – De *peigner*, d'abord *peignoer*, « trousse à peignes », puis utilisé dans le sens « vêtement que l'on met pour se peigner ».

peignures [pɛɲyʀ] n. f. pl. Rare Cheveux qui tombent de la tête quand on se peigne. – De *peigner*.

peille [pɛj] n. f. TECH (Le plus souvent au plur.) Chiffon servant à faire le papier. – Provenç. *pelha*, du lat. *pil(l)eus*, « bonnet de feutre ».

peinard, arde [pɛnaʀ, aʀd] ou **pénard, arde** [penaʀ, aʀd] adj. Pop. Qui jouit tranquillement de la vie, paisible. *Rester peinard dans son coin.* - *Un père peinard* : un homme paisible. – *De peine*; d'abord *vieux pénard*, « vieillard cassé par la débauche ».

peinardement [pɛnaʀdəmɑ̃] ou **pénardement** [penaʀdəmɑ̃] adv. Pop. Paisiblement, tranquillement. – De *peinard*.

peindre [pɛ̃dʀ] v. tr. [55] **I. 1.** Couvrir, recouvrir de peinture. **2.** Embellir, décorer avec de la couleur. *L'église du plateau d'Assy a été peinte par Chagall.* **II. 1.** Dessiner, inscrire avec de la peinture. *Peindre une inscription.* **2.** Représenter par des traits et des couleurs, par l'art de la peinture. *Peindre un portrait, un nu, une nature morte.* ▷ (S. comp.) *Il n'est pas seulement écrivain, il peint.* **III.** Fig. Décrire, représenter par le discours. *Peindre les passions, les hommes de son siècle.* ▷ v. pron. Se manifester par des signes sensibles. *La terreur se peignait sur ses traits.* – Du lat. *pingere*.

peine [pɛn] n. f. **A.** Châtiment, punition. **1.** DR *Peine afflictive et infamante*, infligée par le pouvoir public à un individu reconnu judiciairement coupable d'avoir commis un crime. *La peine de mort a été abolie en France en 1981.* – *Peine de police :* sanction de la contravention. – *Peine correctionnelle :* sanction du délit. – *Peine criminelle :* sanction du crime. **2.** Loc. prép. *Sous peine de :* sous risque de, sous menace de. ▷ Par ext. *Partez vite sous peine d'arriver en retard.* **3.** THEOL *Peines éternelles, peines de l'enfer :* damnation. **B. I.** Chagrin, souffrance morale, affliction. – *Faire peine à voir :* inspirer la compassion. ▷ État de qqn qui est inquiet, tourmenté. – Loc. *Être, errer comme une âme en peine.* (V. sens A, 3.) **II. 1.** Occupation, activité qui demande un effort. *Résultat qui a exigé beaucoup de peine.* ▷ (Formules de politesse.) *Voulez-vous prendre, vous donner la peine de* (+ inf.). ▷ *Homme de peine,* qui effectue les travaux pénibles. ▷ Loc. *À chaque jour suffit sa peine.* – *Ce n'est pas la peine :* ce n'est pas nécessaire. *Ça vaut la peine.* – *Pour votre peine, pour la peine :* en compensation. **2.** Difficulté, embarras. *Avoir de la peine à parler.* **3.** Loc. *Sans peine :* aisément, sans difficulté. ▷ *Avec peine :* difficilement. **III.** Loc. adv. *À peine.* **1.** Depuis peu de temps. *À peine arrivé, il a dû repartir.* **2.** Presque pas. *Il sait à peine écrire.* ▷ Tout juste. *Voilà à peine deux heures qu'il est parti.* – Lat. *pœna,* « rançon destinée à racheter un meurtre ».

peiner [pɛne] v. [1] **1.** v. intr. Se fatiguer, éprouver des difficultés. *Peiner à monter.* **2.** v. tr. Faire de la peine à (qqn), attrister. *Vos paroles l'ont peiné.* – Pp. adj. *Un regard peiné.* – De *peine.*

peint, peinte [pɛ̃, pɛ̃t] adj. **1.** Recouvert de peinture. **2.** Orné de motifs peints, de couleur. *Papiers peints.* **3.** Très ou trop fardé. *Un visage peint.* – Pp. de *peindre.*

peintre [pɛ̃tʀ] n. m. **1.** *Peintre en bâtiment* ou, absol., *peintre :* personne spécialisée dans la peinture des murs, des plafonds, etc., et dans la pose des papiers peints. **2.** Artiste qui exerce l'art de la peinture. ▷ (En appos.) *Des artistes peintres.* **3.** Personne, écrivain qui peint (sens III) les hommes, les mœurs. *Racine, peintre de l'amour passion.* – Du lat. pop. **pinctor,* du class. *pictor.*

peinture [pɛ̃tyʀ] n. f. **I.** Action de peindre, d'appliquer des couleurs sur une surface. **II. 1.** Art, manière de peindre (sens II, 2). **2.** Ouvrage d'un artiste peintre. *Expertiser une peinture.* **3.** Vx Portrait peint. ▷ Mod., fig. *Ne pas pouvoir voir qqn en peinture,* ne pas le supporter, le détester. **4.** Litt. Description particulièrement évocatrice. *Peinture de mœurs.* **III. 1.** Couche de couleur couvrant une surface, un objet. **2.** Matière servant à peindre. *Peintures à l'huile, vinyliques, glycérophtaliques, cellulosiques, métallisées.* – Lat. pop. *pinctura,* du class. *pictura.*

peinturer [pɛ̃tyʀe] v. tr. [1] **1.** Vx Enduire de couleur. **2.** Barbouiller maladroitement de peinture. – Peindre avec des peintures criardes et mal assorties, peinturlurer. – De *peinture.*

peinturlurer [pɛ̃tyʀlyʀe] v. tr. [1] Fam. Barbouiller de tons voyants. ▷ v. pron. *Se peinturlurer (le visage) :* se farder à l'excès, de manière voyante. – De *peinturer.*

péjoratif, ive [peʒɔʀatif, iv] adj. et n. m. Se dit d'une expression, d'un mot, d'un suffixe, d'un préfixe, d'une intonation qui comporte un sens défavorable, implique un jugement dépréciatif. *Les suffixes « -aille »* (ferraille), *« -asse »* (vinasse), *« -âtre »* (marâtre), *etc. sont péjoratifs.* ▷ n. m. *Soudard est un péjoratif.* – Du bas lat. *pejorare,* « rendre pire », du class. *pejor,* « pire ».

péjoration [peʒɔʀasjɔ̃] n. f. LING Ajout d'une valeur péjorative à un mot, à un énoncé. – De *péjoratif.*

péjorativement [peʒɔʀativmɑ̃] adv. Dans un sens péjoratif. – De *péjoratif.*

pékan [pekɑ̃] n. m. Martre du Canada *(Mustela pennauti).* ▷ Fourrure de cet animal. – De l'algonquin (langue amérindienne) *pēkanē.*

1. pékin ou **péquin** [pekɛ̃] n. m. Arg. (des militaires) Civil. *S'habiller en pékin.* – P.-ê. d'un rad. *pekk-,* « petit »; provenç. *pequin,* « malingre », ital. *piccolo,* esp. *pequeño;* ou du lat. *pecus,* « bétail ».

2. pékin [pekɛ̃] n. m. **1.** Étoffe de soie à motifs peints. **2.** Étoffe dont les rayures sont dues à une alternance de fils brillants et de fils mats, ou de fils de couleurs différentes. – De *Pékin,* v. de Chine, où cette étoffe était fabriquée.

pékiné, ée [pekine] adj. et n. m. *Tissu pékiné,* qui présente des bandes alternativement claires et foncées, ou brillantes et mates. ▷ n. m. *Du pékiné.* – De *pékin* 2.

pékinois, oise [pekinwa, waz] adj. et n. **1.** adj. De Pékin. ▷ Subst. *Un(e) Pékinois(e).* **2.** n. m. Dialecte du chinois parlé à Pékin et dans le nord de la Chine, devenu langue commune du pays. **3.** n. m. Petit chien au poil long, à la tête ronde, au museau écrasé. – De *Pékin,* cap. de la Chine.

pelade [pəlad] n. f. Chute des poils ou des cheveux par plaques, pouvant évoluer vers la calvitie totale. – De *peler.*

1. pelage [pəlaʒ] n. m. Ensemble des poils d'un mammifère. *Le pelage fauve du lion.* – De *poil.*

2. pelage [pəlaʒ] n. m. TECH Action de peler les peaux. – De *peler;* d'abord « droit perçu sur les peaux ».

pélagianisme [pelaʒjanism] n. m. RELIG Doctrine hérétique du moine Pélage, qui niait le péché originel et affirmait que l'homme peut faire son salut par ses seuls mérites. – De *pélagien.*

pélagie [pelaʒi] n. f. ZOOL Méduse acalèphe luminescente de l'Atlantique, formant des bancs en haute mer. – Lat. scientif. *pelagia,* du gr. *pelagios,* « qui se trouve, vit en pleine mer ».

pélagien, enne [pelaʒjɛ̃, ɛn] n. et adj. Didac. Partisan du pélagianisme. ▷ adj. Qui a rapport à cette doctrine. *L'hérésie pélagienne.* – Du n. du moine hérésiarque *Pélage* (v. 360-v. 422).

pélagique [pelaʒik] ou, vx, **pélagien, enne** [pelaʒjɛ̃, ɛn] adj. BIOL, GEOL Qui est relatif à la haute mer, qui vit en haute mer. *Faune pélagique.* – Du gr. *pelagikos,* « de la mer », ou *pelagios,* « de la pleine mer ».

pélamide ou **pélamyde** [pelamid] n. f. ZOOL **1.** Poisson téléostéen de Méditerranée (*Pelamys sarda* et *Thynnus pelamys*) voisin du thon. Syn. bonite. **2.** Serpent de mer venimeux de l'océan Indien et du Pacifique. – Lat. *pelamis, pelamidis,* « jeune thon »; gr. *pêlamus, pêlamudos.*

pelard [pəlaʀ] adj. et n. m. TECH *Bois pelard* ou, n. m., *pelard :* bois dont on a enlevé l'écorce pour faire du tan. – De *peler.*

pélargonium [pelaʀgɔnjɔm] n. m. BOT Plante ornementale (genre *Pelargonium,* fam. géraniacées), cultivée pour ses nombreuses fleurs de couleurs variées (appelée à tort géranium). – Du gr. *pelargos,* « cigogne », à cause de la forme du fruit, allongé en bec de cigogne.

pélasgique [pela(s)ʒik] ou **pélasgien, enne** [pela(s)ʒɛ̃, ɛn] adj. Des Pélasges, populations ayant précédé l'installation hellénique sur les deux rives de la mer Égée, surtout en Thessalie. ▷ ARCHEOL *Murailles pélasgiques,* cyclopéennes (mycéniennes, notam.). – Du gr. *Pelasgoi,* n. des anc. habitants de la Grèce, de la Crète et de l'Asie Mineure; par le lat.

pelé, ée [pəle] adj. (et n.) **1.** Qui n'a plus de poils, de cheveux. ▷ Subst. Surtout dans la loc. *quatre pelés et un tondu :* un tout petit nombre de personnes. **2.** Dépourvu de végétation, sec, aride. – Pp. de *peler.*

pélécaniformes [pelekanifɔʀm] n. m. pl. ORNITH Ordre d'oiseaux comprenant les pélicans, les cormorans, etc. – Sing. *Un pélécaniforme.* – Du lat. *pelecanus,* « pélican », et *-forme.*

péléen, enne [peleɛ̃, ɛn] adj. GEOGR Qui est du même type que la montagne Pelée, en parlant d'un volcan. ▷ *Éruption péléenne* : éruption de laves formant des dômes ou des aiguilles. – De la montagne *Pelée*, volcan de la Martinique.

pêle-mêle [pɛlmɛl] adv. et n. m. inv. **I.** adv. Confusément, en désordre. *Les assaillants refluèrent pêle-mêle.* **II.** n. m. inv. **1.** Vieilli ou litt. Mélange inextricable. **2.** Cadre qui peut recevoir plusieurs photographies. – De l'a. fr. *mesle-mesle*, forme redoublée de l'impér. de *mêler*. (V. aussi méli-mélo).

peler [pəle] v. [**17**] **1.** v. tr. Ôter la peau de (un fruit). *Peler une pomme avant de la manger.* ▷ Vx Ôter le poil de (une peau); ôter l'écorce de (un arbre). **2.** v. intr. Perdre de son épiderme par petits morceaux, en parlant de l'homme. *Avoir le nez qui pèle après un coup de soleil.* – Du bas lat. *pilare*, «épiler», avec infl. de l'a. fr. *pel*, «peau».

pèlerin, ine [pɛlʀɛ̃, in] n. (rare au f.) **I.** Personne qui fait un voyage vers un lieu de dévotion. **II.** **1.** (En appos.) ZOOL *Requin pèlerin* : V. encycl. requin. **2.** ZOOL *Faucon pèlerin* : grand faucon (*Falco peregrinus*) d'Europe. **3.** ENTOM *Criquet* pèlerin.* – Lat. ecclés. *pelegrinus*, «étranger, voyageur».

pèlerinage [pɛlʀinaʒ] n. m. **1.** Voyage que fait un pèlerin. *Aller en pèlerinage à Lourdes.* **2.** Lieu où va un pèlerin, où viennent des pèlerins. *Le pèlerinage de Saint-Jacques-de-Compostelle.* – De *pèlerin.*

pèlerine [pɛlʀin] n. f. Vêtement sans manches, souvent muni d'un capuchon. – De *pèlerin.*

péliade [peljad] n. f. Vipère *(Vipera berus)* à museau arrondi, qui porte une bande noire sur le dos. – Du gr. *pelios*, «noirâtre».

pélican [pelikɑ̃] n. m. Oiseau palmipède (genre *Pelecanus*, ordre des pélécaniformes) de grande taille, au cou allongé, qui peut accumuler dans son bec en forme de vaste poche les poissons qu'il a capturés. – Lat. *pelicanus* ou *pelecanus*, gr. *pelekan.*

pelisse [pəlis] n. f. Vêtement doublé de fourrure. – Bas lat. *pellicia*, class. *pellicius*, «de peau», de *pellis*, «peau d'animal».

pellagre [pelagʀ] n. f. MED Maladie due à une carence en vitamine PP et qui se manifeste par des lésions cutanées, muqueuses, digestives, et des troubles nerveux. – Du lat. *pellis*, «peau d'animal», d'ap. *podagre.*

pellagreux, euse [pelagʀø, øz] adj. et n. MED Qui a rapport à la pellagre, qui en est affecté. – De *pellagre.*

pelle [pɛl] n. f. **1.** Outil fait d'une plaque de métal munie d'un long manche, servant notam. à creuser ou à déplacer la terre, le sable, etc. ▷ Par anal. *Pelle à gâteau, à tarte* : large spatule munie d'un manche avec laquelle on sert les gâteaux. ▷ Loc. fam. *À la pelle* : en grande quantité. – *Ramasser une pelle* : faire une chute; fig. échouer. **2.** *Pelle mécanique* : engin servant à creuser des tranchées, à niveler le sol, à effectuer des dragages. **3.** Extrémité large et plate d'un aviron. – Lat. *pala.*

pellet [pəlɛ] n. m. PHARM Petit comprimé implanté sous la peau (généralement, comprimé de substances hormonales à résorption lente, destinées à pallier une insuffisance glandulaire). – Mot angl., «pilule».

pelletage [pɛltaʒ] n. m. Action de pelleter. – De *pelleter.*

pelletée [pɛlte] n. f. **1.** Ce que peut contenir une pelle. **2.** Fig., fam. Grande quantité. *Des pelletées d'injures.* – D'abord *pellée*, de *pelle.*

pelleter [pɛlte] v. tr. [**20**] Remuer à la pelle. – D'abord *peltrer*, de *pelle.*

pelleterie [pɛltʀi] n. f. **1.** Art de préparer les peaux pour en faire des fourrures. **2.** Fourrure préparée selon cet art. **3.** Commerce des fourrures. – De *pelletier.*

pelleteur [pɛltœʀ] n. m. Ouvrier qui manie la pelle. – De *pelleter.*

pelleteuse [pɛltøz] n. f. Engin qui sert à excaver un terrain et à charger les déblais sur un véhicule. – Fém. de *pelleteur.*

pelletier, ère [pɛltje, ɛʀ] n. Personne qui fait commerce des peaux, ou qui les prépare pour les transformer en fourrures. ▷ (En appos.) *Marchand pelletier.* – De l'a. fr. *pel*, «peau», lat. *pellis.*

pelliculage [pelikylaʒ] n. m. **1.** TECH Application d'une pellicule transparente, en matière plastique, sur un support, pour le protéger et le rendre plus brillant. **2.** PHOTO Séparation de la couche de gélatine de son support. – De *pellicule.*

pelliculaire [pelikylɛʀ] adj. **1.** Qui forme une pellicule. *Couche pelliculaire.* **2.** ELECTR *Effet pelliculaire* : syn. de *effet de peau**. – De *pellicule.*

pellicule [pelikyl] n. f. **1.** Membrane très mince. **2.** Petite écaille produite par la desquamation du cuir chevelu. *Avoir des pellicules sur le col.* **3.** Couche peu épaisse. *Une pellicule de peinture.* **4.** Feuille de matière plastique recouverte d'une émulsion photosensible. *De la pellicule vierge.* Syn. film. – Lat. *pellicula*, dimin. de *pellis*, «peau».

pelliculé, ée [pelikule] adj. Recouvert par une pellicule. – De *pellicule.*

pelliculeux, euse [pelikylø, øz] adj. Couvert de pellicules (au sens 2). – De *pellicule.*

pellucide [pɛllysid] adj. Rare Transparent, translucide. – Lat. *pellucidus.*

pélobate [pelɔbat] n. m. ZOOL Amphibien voisin du crapaud, qui s'enfouit dans le sol grâce à l'éperon corné de sa patte. – Du gr. *pêlos*, «boue, glaise», et *bainein*, «marcher».

pélodyte [pelɔdit] n. m. ZOOL Petit crapaud fouisseur à la peau grise tachetée de vert. – Du gr. *pêlos*, «boue, glaise» et *dutês*, «plongeur».

pelotage [p(ə)lɔtaʒ] n. m. **1.** Confection d'une pelote de fil. **2.** Fam. Caresses sensuelles. – De *peloter.*

pelotari [p(ə)lɔtaʀi] n. m. SPORT Joueur de pelote basque. *Des pelotaris.* – Mot basque, de *pelote.*

pelote [p(ə)lɔt] n. f. **1.** SPORT Jeu de balle qui se pratique contre un mur; balle servant à ce jeu. ▷ *Pelote basque* : sport d'origine basque qui se joue avec une balle lancée contre un fronton, soit à main nue, soit au moyen d'une raquette en bois *(pala)* ou d'un gant en forme de panier allongé *(chistera)*. **2.** Boule formée d'un ou de plusieurs fils. *Pelote de laine.* **3.** Loc. fig., fam. *Faire sa pelote* : épargner petit à petit quelque argent. – *Avoir les nerfs en pelote* : être très énervé. **4.** *Pelote à épingles* : coussinet sur lequel on pique des épingles. – Lat. pop. *pilotta*, dimin. du class. *pila*, «balle».

peloter [p(ə)lɔte] v. [**1**] **I.** v. tr. **1.** Mettre en pelote (du fil). **2.** Fam. Caresser sensuellement le corps de (qqn). **II.** v. intr. SPORT Jouer à la paume sans faire une partie. – De *pelote.*

peloteur, euse [p(ə)lɔtœʀ, øz] n. (et adj.) **1.** TECH Personne qui fait des pelotes de fil. ▷ n. f. Machine servant à enrouler le fil. **2.** Fam. Personne qui pelote (sens I, 2). ▷ adj. *Des gestes peloteurs.* – De *peloter.*

peloton [p(ə)lɔtɔ̃] n. m. **1.** Petite pelote de fil. **2.** MILIT Petite unité de la cavalerie ou de l'armée blindée commandée par un lieutenant. ▷ Groupe de militaires du contingent qui reçoivent une formation pour devenir sous-officiers ou officiers. *Suivre le peloton.* ▷ *Peloton* *d'exécution* : groupe de militaires commandés pour fusiller un condamné. **3.** SPORT Groupe de coureurs qui demeurent ensemble au cours d'une épreuve. *Peloton de tête.* – De *pelote.*

pelotonnement [p(ə)lɔtɔnmɑ̃] n. m. Action de pelotonner, de se pelotonner. – De *pelotonner.*

pelotonner [p(ə)lɔtɔne] **1.** v. tr. [1] Mettre en peloton (du fil). **2.** v. pron. Se ramasser en boule. – De *peloton.*

pelouse [pəluz] n. f. **1.** Terrain couvert d'une herbe épaisse et courte. **2.** Partie gazonnée d'un champ de courses, d'un stade. **3.** Partie d'un champ de courses que délimite la piste (par oppos. au *pesage* et aux *tribunes.*)– Du lat. *pilosus,* «couvert de poils», par l'a. fr. *pelous,* «poilu».

pelta [pɛlta] ou **pelte** [pɛlt] n. m. ou f. ANTIQ GR Petit bouclier recouvert de cuir, en forme de croissant. – Lat. *pelta,* gr. *peltê.*

peltaste [pɛltast] n. m. ANTIQ GR Soldat d'infanterie légère. – Gr. *peltastês.*

pelté, ée [pɛlte] adj. BOT Se dit d'un organe circulaire fixé à son support par le centre. *La feuille de capucine est peltée.* – De *pelta.*

peluche [p(ə)lyʃ] n. f. Étoffe de laine, de soie, de coton, analogue au velours mais de poil plus long. *Ours en peluche.* - Objet en peluche. – De l'a. fr. *peluchier,* «éplucher», bas lat. *pilucare,* de *pilare,* «peler».

peluché, ée [pəlyʃe] ou **pluché, ée** [plyʃe] adj. Velu, en parlant des plantes, des étoffes. – De *peluche.*

pelucher [pəlyʃe] ou **plucher** [plyʃe] v. intr. [1] Prendre l'aspect de la peluche (en parlant d'une étoffe). – De *peluche.*

pelucheux, euse [pəlyʃø, øz] ou **plucheux, euse** [plyʃø, øz] adj. Qui peluche, dont l'aspect rappelle la peluche. – De *peluche.*

pelure [p(ə)lyʀ] n. f. **1.** Peau d'un fruit ou d'un légume épluché. *Pelure de poire.* - *Pelure d'oignon,* interposée entre les couches qui forment le bulbe de l'oignon. *Couleur pelure d'oignon,* jaune un peu rosé. **2.** (En appos.) *Papier pelure* : papier fin servant, en dactylographie, à faire des doubles d'un texte. **3.** Fig., pop. Vêtement (manteau en partic.). – De *peler;* signif. d'abord «dépouille, butin».

pelvien, enne [pɛlvjɛ̃, ɛn] adj. ANAT Relatif au bassin. *Cavité pelvienne.* – De *pelvis.*

pelvis [pɛlvis] n. m. ANAT Bassin. – Mot lat.

pemmican [pemikɑ̃] n. m. Viande séchée, réduite en poudre et comprimée. – Mot angl., de l'algonquin (langue amérindienne) *pimikkân.*

pemphigus [pɑ̃figys] n. m. MED Maladie de la peau caractérisée par la formation de bulles, remplies de sérosités, au niveau de l'épiderme. – Mot lat. scientif., du gr. *pemphix, pemphigos,* «pustule».

pénal, ale, aux [penal, o] adj. Qui concerne les peines. – *Lois pénales.* ▷ *Code pénal* : recueil de textes fixant les peines à appliquer pour les infractions recensées. – Lat. *pœnalis,* «qui concerne la punition».

pénalement [penalmɑ̃] adv. En matière pénale (par oppos. à *civilement*). – De *pénal.*

pénalisant, ante [penalizɑ̃, ɑ̃t] adj. Qui pénalise, désavantageux. *Passer un examen dans des conditions pénalisantes.* – Ppr. de *pénaliser.*

pénalisation [penalizasjɔ̃] n. f. **1.** SPORT Désavantage infligé à un concurrent qui a enfreint les règlements au cours d'une épreuve sportive. **2.** Sanction. – Angl. *penalization.*

pénaliser [penalize] v. tr. [1] **1.** SPORT Frapper d'une pénalisation. **2.** Frapper d'une peine, sanctionner. *Pénaliser les infractions au code de la route.* – Angl. *to penalize,* du fr. *pénal.*

pénaliste [penalist] n. DR Spécialiste du droit pénal. – De *pénal.*

pénalité [penalite] n. f. **1.** Système des peines établies par la loi. ▷ *Par ext.* Peine. **2.** Sanction qui frappe un délit fiscal ou la non-exécution d'une ou de plusieurs clauses d'un contrat. **3.** SPORT Pénalisation. – De *pénal.*

penalty [penalti] n. m. (Anglicisme) SPORT Au football, sanction qui frappe l'équipe défendante, lorsque l'un de ses joueurs commet une faute grave à l'intérieur de sa propre surface de réparation, et qui consiste en la possibilité accordée à l'équipe lésée de faire tirer un coup de pied par l'un de ses joueurs à courte distance (11 m) du but adverse, défendu par son seul gardien. *Des penaltys* ou *des penalties.* Syn. (off. recommandé) coup de pied ou tir de réparation. – Mot angl.

pénard, pénardement. V. peinard, peinardement.

pénates [penat] n. m. pl. **1.** ANTIQ Dieux domestiques des Romains, qui présidaient au maintien et à l'accroissement de la prospérité du foyer. - (En appos.) *Les dieux pénates.* ▷ Représentation de ces dieux. **2.** Fig., fam. Habitation, foyer. *Regagner ses pénates.* – Lat. *penates,* de *penus,* «intérieur de la maison».

penaud, aude [pəno, od] adj. Confus, honteux. *Être tout penaud.* – De *peine*; propr. «qui est en peine».

pence. V. penny.

penchant [pɑ̃ʃɑ̃] n. m. **1.** Vx Pente, déclinaison d'un terrain. *Le penchant d'une colline.* **2.** Inclination, goût. *Se laisser aller à ses penchants.* ▷ *Spécial.* Sentiment d'attirance amoureuse envers qqn. *Éprouver un doux penchant pour une personne.* – Ppr. subst. de *pencher.*

penché, ée [pɑ̃ʃe] adj. Qui penche; incliné. *Écriture penchée.* ▷ Loc. fig. *Prendre des airs penchés* : affecter une attitude mélancolique, songeuse. – Pp. de *pencher.*

pencher [pɑ̃ʃe] v. [1] **I.** v. tr. Incliner vers le bas, ou de côté. *Pencher la tête vers l'avant, à droite.* **II.** v. intr. **1.** S'écarter de la position verticale (en perdant ou en risquant de perdre son équilibre); être incliné vers le bas. *Ce mur penche dangereusement. Tableau qui penche sur la gauche.* **2.** Fig. *Pencher vers, pour* : avoir tendance à préférer, à choisir (telle chose, tel parti, telle opinion). **III.** v. pron. **1.** S'incliner vers l'avant, en parlant d'une personne. *Se pencher à la fenêtre.* ▷ S'incliner, en parlant d'une chose. *L'arbre se penchait sous la rafale.* **2.** Fig. *Se pencher sur (qqch)* : considérer, examiner (qqch) avec intérêt. – Lat. pop. **pendicare,* class. *pendere,* «pendre».

pendable [pɑ̃dabl] adj. Vx Qui mérite la corde, la pendaison. ▷ Mod., fig. *Jouer un tour pendable à qqn,* un mauvais tour. – De *pendre.*

pendage [pɑ̃daʒ] n. m. GEOL Inclinaison d'une couche, des couches d'un terrain sur l'horizontale. *Le pendage du filon,* dans une mine. – De *pendre.*

pendaison [pɑ̃dɛzɔ̃] n. f. **1.** Action de pendre qqn, de se pendre. *Il a été exécuté par pendaison.* **2.** Action de pendre qqch. - *Pendaison de crémaillère* : fête que l'on donne pour célébrer son installation dans un nouveau logement. – De *pendre.*

1. pendant, ante [pɑ̃dɑ̃, ɑ̃t] adj. et n. m. **I.** adj. **1.** Qui pend. *Marcher les bras pendants.* ▷ DR *Fruits pendants* : produits de la terre (fruits ou autres) non encore récoltés. ▷ ARCHI *Clef de voûte pendante,* munie d'un élément ornemental formant une retombée. **2.** DR Qui n'est pas encore jugé. *Cause pendante.* - Par ext., cour. *Affaire pendante,* en suspens. **II.** n. m. **1.** *Pendant d'oreille* : boucle d'oreille à pendeloques. *Des pendants d'oreilles.* **2.** Chacun des éléments d'une paire d'objets d'art, de mobilier destinés à être exposés ensemble, à former une symétrie. *Vases qui sont le pendant l'un de* *l'autre.* ▷ Fig., fam. Chose, personne qui ressemble à une autre, qui a de nombreux points communs avec elle. – Ppr. de *pendre.*

2. pendant [pɑ̃dɑ̃] prép. **1.** Durant. *Pendant l'hiver.* **2.** Loc. conj. *Pendant que* : tandis que, dans le même temps que. ▷ (Marquant l'opposition et la simultanéité.) *Ils s'amusent pendant que nous travaillons.* – De l'emploi en participe absolu de *pendant* 1 sur le modèle du lat. jur. *pendens : le siège pendant, le temps pendant,* etc.

pendard, arde [pɑ̃daʀ, aʀd] n. **1.** Vx Vaurien, fripon. **2.** TECH Tige servant à suspendre un câble, une tuyauterie. – De *pendre.*

pendeloque [pɑ̃dlɔk] n. f. **1.** Élément suspendu à un bijou. **2.** Ornement suspendu à un lustre. – Altér., d'ap. *breloque,* de *pendeloche,* de l'anc. v. *pendeler,* « pendiller », de *pendre.*

pendentif [pɑ̃dɑ̃tif] n. m. **1.** Bijou suspendu autour du cou à une chaîne, un collier. **2.** ARCHI Chacun des quatre triangles sphériques concaves maçonnés entre les grands arcs soutenant une coupole et qui permettent de passer du plan carré au plan circulaire. – Du lat. *pendens, pendentis,* ppr. de *pendere,* « pendre ».

penderie [pɑ̃dʀi] n. f. Placard, partie d'une armoire où l'on suspend les vêtements. – De *pendre.*

pendiller [pɑ̃dije] v. intr. [1] Être suspendu en l'air et s'agiter, se balancer. *Linge qui pendille à la fenêtre.* – De *pendre.*

pendouiller [pɑ̃duje] v. intr. [1] Fam. Pendre mollement, d'une manière tant soit peu ridicule. *Un pan de chemise qui pendouille hors du pantalon.* – De *pendre.*

pendre [pɑ̃dʀ] v. [6] **I.** v. tr. **1.** Attacher (une personne, une chose) de façon qu'elle ne touche pas le sol. *Pendre qqn par les pieds. Pendre un jambon dans la cheminée.* ▷ *Spécial.* Mettre à mort en suspendant par le cou. *Pendre qqn haut et court.* **2.** Loc. fig. *Dire pis que pendre de qqn,* en dire tout le mal possible. – *Qu'il aille se faire pendre ailleurs,* se dit d'une personne qui vous a fait du tort et que l'on préfère ignorer. **II.** v. intr. **1.** Être suspendu, fixé par une extrémité (l'autre restant libre). *Lampions qui pendent.* **2.** Descendre trop bas. *Robe qui pend d'un côté.* **3.** Loc. fig. *Cela lui pend au nez* : cela risque fort de lui arriver (en parlant d'un désagrément, d'un malheur). **III.** v. pron. **1.** S'accrocher à qqch par une partie du corps, sans autre appui. *Acrobate qui se pend à un trapèze.* **2.** *Absol.* Se suicider par pendaison. – Lat. *pendere.*

pendu, ue [pɑ̃dy] adj. et n. **1.** adj. Qui pend. *Jambon pendu à une poutre.* ▷ Loc. fig., fam. *Avoir la langue bien pendue* : être très bavard; avoir de la repartie. **2.** n. Personne morte par pendaison. – Pp. de *pendre.*

pendulaire [pɑ̃dylɛʀ] adj. Du pendule. ▷ PHYS *Mouvement pendulaire,* dont l'équation est une fonction sinusoïdale du temps. – De *pendule* 1.

1. pendule [pɑ̃dyl] n. m. **1.** PHYS Système matériel oscillant autour d'un axe sous l'action d'une force qui tend à le ramener à sa position d'équilibre. *Pendule de torsion,* constitué par un barreau horizontal suspendu à un fil métallique vertical. **2.** Petite masse, souvent sphérique, de métal, d'os, d'ivoire, etc., suspendue à une cordelette ou à une chaînette et qui, selon les radiesthésistes, permettrait par ses oscillations de détecter certaines « ondes » émises par les minéraux, les substances organiques, l'eau, etc. – Du lat. *pendulus,* « qui pend », de *pendere,* « pendre ».

2. pendule [pɑ̃dyl] n. f. HORL Horloge dont le mouvement est réglé par les oscillations d'un pendule. ▷ Cour. Petite horloge d'appartement. – De *horloge à pendule.*

pendulette [pɑ̃dylɛt] n. f. Petite pendule, petit réveille-matin. – Dimin. de *pendule* 2.

pêne [pɛn] n. m. TECH Pièce mobile d'une serrure, qui bloque le battant de la porte en pénétrant dans la gâche. – Du lat. *pessulus,* « verrou »; d'abord *pesne.*

pénéplaine [peneplɛn] n. f. GEOGR Surface plane de faible altitude résultant de l'érosion d'une région plissée. – Du lat. *pæne,* « presque », et *plaine.*

pénétrabilité [penetʀabilite] n. f. Caractère de ce qui est pénétrable. – De *pénétrable.*

pénétrable [penetʀabl] adj. **1.** Où l'on peut pénétrer; qui peut être pénétré. **2.** Fig. Intelligible, compréhensible. – Lat. *penetrabilis.*

pénétrant, ante [penetʀɑ̃, ɑ̃t] adj. et n. f. **I.** adj. **1.** Qui pénètre. ▷ *Spécial.* Qui traverse les vêtements, en parlant du froid, du vent, etc. **2.** Fig. Qui laisse une forte impression. *Discours pénétrant.* **3.** Apte à pénétrer les choses difficiles; perspicace. *Intelligence pénétrante.* **II.** n. f. Grande voie de circulation menant au cœur d'une grande agglomération. – Ppr. de *pénétrer.*

pénétration [penetʀasjɔ̃] n. f. **1.** Action, fait de pénétrer. *Pénétration des eaux dans le sol.* **2.** Sagacité d'esprit; facilité à approfondir, à connaître. – Bas lat. *penetratio.*

pénétré, ée [penetʀe] adj. **1.** Imprégné. **2.** (Abstrait) Rempli (d'un sentiment); convaincu (d'une opinion). *Être pénétré de reconnaissance. Soyez bien pénétré de cette vérité.* – *Air, ton pénétré,* convaincu (ou, iron., sérieux plus qu'il n'est nécessaire). – Pp. de *pénétrer.*

pénétrer [penetʀe] v. [14] **I.** v. intr. **1.** Entrer, s'introduire à l'intérieur de. *Pénétrer dans un appartement par effraction. Cire qui pénètre dans le bois,* qui l'imprègne, l'imbibe. **2.** *Pénétrer dans* : avoir la compréhension intime de. *Pénétrer dans la pensée de qqn.* **II.** v. tr. **1.** Percer, passer au travers de, entrer dans. *Un froid qui vous pénètre jusqu'aux os.* **2.** Influencer profondément. *Idée qui pénètre qqn.* ▷ Toucher intimement. *Sa douleur me pénètre le cœur.* **3.** Parvenir à connaître, à comprendre (ce qui jusque-là était resté caché). *Pénétrer les intentions de qqn.* **III.** v. pron. **1.** (Récipr.) Vieilli Se percer mutuellement à jour. *Elles cherchaient à se pénétrer.* **2.** (Passif) Être découvert, compris, connu. *Ses intentions ne se pénètrent pas.* **3.** (Récipr.) Se mélanger intimement. **4.** Fig. Se remplir, s'imprégner (d'une pensée, d'un sentiment). *Se pénétrer du sentiment de ses devoirs.* – Lat. *penetrare.*

pénétromètre [penetʀɔmɛtʀ] n. m. TECH Appareil servant à évaluer, par des essais de pénétration, la dureté d'un matériau. – De *pénétrer,* et *-mètre.*

pénibilité [penibilite] n. f. Didac. Caractère de ce qui est pénible (partic. en parlant d'un travail). *Atténuer la pénibilité des tâches.* – De *pénible.*

pénible [penibl] adj. **1.** Qui se fait avec peine, avec fatigue. *Travail pénible.* **2.** Qui cause de la peine, du désagrément. *Situation pénible.* ▷ Fam. (Personnes) Irritant, insupportable. *Ce que tu peux être pénible, quand tu t'y mets !* – De *peine.*

péniblement [penibləmɑ̃] adv. Avec peine, avec effort. *Marcher, écrire péniblement.* ▷ À peine. *On arrive péniblement à une production annuelle de onze millions de tonnes.* – De *pénible.*

péniche [peniʃ] n. f. **1.** Grand bateau à fond plat qui sert au transport fluvial des marchandises. **2.** *Péniche de débarquement* : bâtiment de guerre, à fond plat, permettant de débarquer des hommes et du matériel sur une plage. – De l'angl. *pinnace,* empr. au fr. *pinasse**.

pénicille [penisil] ou **pénicillium** [penisiljɔm] n. m. BOT Champignon ascomycète qui se développe sous forme de moisissure sur les matières alimentaires en voie de décomposition. – Du lat. *penicillum,* « pinceau », par analogie de forme.

pénicilline [penisilin] n. f. Antibiotique isolé à partir de *Penicillium notatum*, par A. Fleming en 1928. *Pénicilline naturelle, synthétique. Les pénicillines agissent sur la paroi de nombreuses bactéries au moment de la division cellulaire ; elles empêchent leur multiplication et donc la propagation des infections.* (V. antibiotique.) – Angl. *penicillin*.

pénicillino-résistant, ante [penisilinorezistɑ̃, ɑ̃t] adj. MED Se dit des germes pathogènes sur lesquels la pénicilline est sans action. *Des germes pénicillino-résistants.* – De *pénicilline*, et *résistant*.

pénien, enne [penjɛ̃, ɛn] adj. ANAT Du pénis, relatif au pénis. – De *pénis*.

pénil [penil] n. m. ANAT Large saillie arrondie, au-dessus du sexe de la femme, qui se couvre de poils à la puberté. Syn. mont de Vénus. – Du lat. pop. **pectiniculum*, de *pecten*, « peigne ».

péninsulaire [penɛ̃sylɛʀ] adj. Relatif à une péninsule, à ses habitants. *Peuple péninsulaire.* – De *péninsule*.

péninsule [penɛ̃syl] n. f. Grande presqu'île. ▷ *La péninsule Ibérique* ou, absol., *la Péninsule* : l'Espagne et le Portugal. – Lat. *paeninsula*, « presqu'île », de *paene*, « presque », et *insula*, « île ».

pénis [penis] n. m. Organe mâle de la copulation dans l'espèce humaine et chez les animaux supérieurs. Syn. verge. – Lat. *penis*, d'abord « queue des quadrupèdes ».

pénitence [penitɑ̃s] n. f. **1.** Regret d'avoir offensé Dieu qui porte à réparer la faute commise et sincèrement avouée, et qu'accompagne la ferme décision de ne plus recommencer. ▷ RELIG CATHOL *Sacrement de pénitence* : auj. appelé sacrement de réconciliation. **2.** Peine imposée par le prêtre comme sanction des péchés confessés. ▷ Austérité que l'on s'impose pour l'expiation de ses péchés. *Faire pénitence.* **3.** *Par ext.*, vieilli Punition. *Mettre un enfant en pénitence dans sa chambre.* ▷ *Pour pénitence, en pénitence, pour votre pénitence* : en punition. – Lat. *pænitentia*, de *pænitere*, « se repentir ».

pénitencerie [penitɑ̃sʀi] n. f. RELIG CATHOL *Pénitencerie apostolique* ou *Sacrée Pénitencerie* ou, absol., *Pénitencerie* : tribunal ecclésiastique qui siège à Rome et est chargé de donner l'absolution pour des péchés que seul le pape peut absoudre. ▷ Fonction, dignité de pénitencier. – De *pénitence*.

pénitencier [penitɑ̃sje] n. m. **1.** RELIG CATHOL Prêtre que l'évêque de chaque diocèse charge d'absoudre certains cas réservés*. ▷ *Grand pénitencier* : cardinal qui préside la Pénitencerie. **2.** Bâtiment civil ou militaire où purgeaient leur peine les condamnés aux travaux forcés, à la réclusion. – De *pénitence*.

pénitent, ente [penitɑ̃, ɑ̃t] adj. et n. **I.** adj. **1.** Qui manifeste le regret d'avoir offensé Dieu et qui se livre à des exercices de pénitence. *Pécheur pénitent.* **2.** Consacré à la pénitence. *Vie pénitente.* **II.** n. **1.** HIST RELIG Pécheur momentanément exclu du bénéfice des sacrements, à la suite d'une faute grave, et qui devait s'astreindre à une longue mortification. **2.** Personne qui confesse ses péchés au prêtre. **3.** Membre de certaines confréries qui se livrent à des exercices de pénitence. *Pénitents blancs.* – Lat. *pænitens*, de *pænitere*, « se repentir ».

pénitentiaire [penitɑ̃sjɛʀ] adj. Relatif aux prisons, aux condamnés à des peines de prison ou de réclusion. *Régime pénitentiaire.* – De *pénitence*.

pénitentiaux [penitɑ̃sjo] adj. m. plur. *Psaumes pénitentiaux* : les sept psaumes de la pénitence (les psaumes VI, XXXII, XXXVIII, LI, CII, CXXX et CXLIII, où s'expriment des sentiments de conscience du péché, de contrition et d'appel à la miséricorde divine). – De *pénitence*.

pénitentiel, elle [penitɑ̃sjɛl] adj. et n. m. RELIG CATHOL **1.** adj. Relatif à la pénitence. *Œuvres pénitentielles.* **2.** n. m. Ancien recueil répertoriant les pénitences (sens 2) selon les péchés auxquels elles étaient affectées. – De *pénitence*.

pennage [pɛnaʒ] n. m. CHASSE Plumage des oiseaux de proie, qui se renouvelle à différents âges. *Un faucon de second pennage.* – De *penne*.

penne [pɛn] n. f. **1.** ORNITH Grande plume des ailes *(rémige)* et de la queue *(rectrice)* des oiseaux. **2.** Par anal. MAR ANC Extrémité supérieure d'une antenne. **3.** Chacun des ailerons en plume qui constituent l'empennage d'une flèche. – Lat. *penna*, « aile, plume ».

penné, ée [pɛnne] adj. BOT *Nervation pennée, feuille composée pennée*, dont les nervures secondaires et les folioles sont disposées comme les barbes d'une plume. – Du lat. *pennatus*, « qui a des plumes ».

pennon ou **penon** [pɛnɔ̃] n. m. **1.** FEOD Étendard triangulaire de la lance d'un chevalier. **2.** MAR Ruban, brin de laine, etc., servant à indiquer la direction du vent, sur un voilier. – De *penne*.

penny [peni] n. m. **1.** Monnaie anglaise, valant le centième de la livre (autref., le douzième du shilling). *Des pence.* [pɛns] **2.** Pièce de cette valeur. *Des pennies.* – Mot angl.

pénombre [penɔ̃bʀ] n. f. **1.** Demi-jour, lumière faible et douce. **2.** PHYS Partie d'un objet qui reçoit certains des rayons lumineux émis par une source non ponctuelle. – Du lat. *pæne*, « presque », et *umbra*, « ombre ».

penon. V. pennon.

pensable [pɑ̃sabl] adj. Qui peut être conçu, imaginé. *Ce n'est pas pensable* : c'est impossible à envisager, à imaginer. – De *penser* 1.

pensant, ante [pɑ̃sɑ̃, ɑ̃t] adj. (et n.) **1.** Qui pense, qui est capable de penser. **2.** *Bien-pensant, mal-pensant* : V. ces mots. – Ppr. de *penser* 1.

pense-bête [pɑ̃sbɛt] n. m. Moyen employé pour ne pas oublier qqch qu'on doit dire ou faire. *Faire un nœud à son mouchoir en guise de pense-bête. Des pense-bêtes.* – De *penser*, et *bête*.

1. pensée [pɑ̃se] n. f. **1.** Faculté de réfléchir, intelligence. **2.** Opération de l'intelligence, idée, jugement, réflexion qui sont produits par la faculté de penser. *Avoir de profondes pensées. Être complètement perdu dans ses pensées.* **3.** Souvenir. *Avoir une pensée pour un disparu.* **4.** Intention. *Je n'ai jamais eu la pensée de vous offenser.* **5.** Esprit, en général. *Cela m'est venu à (dans) la pensée.* **6.** Opinion, façon de penser. *Dites-moi votre pensée sur ce point.* ▷ Ensemble des idées, des opinions habituellement reçues par un individu, au sein d'un groupe humain, etc. *Étudier la pensée de Montaigne. Les nouvelles tendances de la pensée politique américaine.* ▷ *Libre pensée* : V. ce mot. **7.** Brève maxime, aphorisme. *Les « Pensées » de Marc Aurèle.* – Pp. fém. subst. de *penser* 1.

2. pensée [pɑ̃se] n. f. Plante ornementale (genre *Viola*, fam. violacées) dont les fleurs ont de larges pétales veloutés diversement colorés. – De *pensée* 1, la fleur étant considérée comme l'emblème du souvenir.

1. penser [pɑ̃se] v. [1] **I.** v. intr. Concevoir (par le travail de l'esprit, la réflexion, l'intelligence) des idées, des opinions, des notions intellectuelles. *« Je pense, donc je suis » (Descartes).* – *Façon de penser* : raisonnement, jugement. *Cette façon de penser n'engage que toi.* **II.** v. tr. **1.** Avoir dans l'esprit. *Dire tout ce qu'on pense.* **2.** Imaginer, concevoir du point de vue de la commodité. *Penser un appartement en fonction de ses occupants.* **3.** Rapporter par l'esprit à ce que l'on connaît déjà, à une théorie particulière, etc. *Penser l'événement en marxiste.* **4.** Croire, juger, estimer. *Penser du bien, du mal de qqn.* – Fam. *Tu penses !* : effectivement ! Comme tu peux bien l'imaginer ! *Penses-tu ! Pensez-vous !* : certainement pas !

Cela ne risque pas d'arriver, d'exister! **5.** *Penser* (+inf.) : envisager de, compter. *Je pense partir ce soir.* **6.** *Penser que* : croire que. *Je pense que tu as raison.* **III.** v. tr. indir. *Penser à.* **1.** Réfléchir à (qqch). *Pensez bien à ma proposition.* **2.** S'intéresser à, tenir compte de, faire attention à (qqn, qqch). *La chose mérite qu'on y pense.* **3.** Ne pas oublier (qqn, qqch), se souvenir de (qqn, qqch). *C'était une erreur, n'y pensez plus. J'ai pensé à vous en cette occasion.* **4.** Loc. *Sans penser à mal,* en toute innocence. ▷ *Honni soit qui mal y pense* : honte à celui qui verrait du mal à cela (devise de l'ordre de la Jarretière, le plus anc. et le plus élevé des ordres de chevalerie anglais). – Lat. *pensare,* «peser», au fig. «réfléchir».

2. penser [pɑ̃se] n. m. **1.** Vx Faculté de penser. **2.** Poét. Pensée. *«Sur des pensers nouveaux faisons des vers antiques» (A. Chénier).* – De *penser* 1; inf. substantivé.

penseur [pɑ̃sœʀ] n. m. **1.** Personne qui pense, qui s'applique à penser. *«Le Penseur», statue de Rodin.* **2.** Personne qui conçoit des idées nouvelles, et les organise en système; personne dont la pensée, particulièrement originale et profonde, exerce une influence marquante. *Les penseurs du XIXe siècle.* ▷ *Libre penseur* : V. ce mot. – De *penser* 1.

pensif, ive [pɑ̃sif, iv] adj. Occupé profondément par ses pensées. *Avoir l'air pensif.* – De *penser* 1.

pension [pɑ̃sjɔ̃] n. f. **1.** Somme que l'on donne pour être logé et nourri. – Fait d'être logé et nourri contre rétribution. *Prendre des enfants en pension chez soi.* **2.** Établissement qui loge et nourrit qqn contre rétribution. *Pension de famille* : hôtel dont les clients mènent une vie comparable à la vie de famille. ▷ Pensionnat. *Pension pour jeunes filles.* **3.** Allocation versée régulièrement à qqn. *Pension viagère.* ▷ *Spécial.* Allocation versée régulièrement par un organisme social. *Pension de retraite. Toucher sa pension.* – Lat. *pensio,* «pesée, paiement», de *pendere,* «peser, payer».

pensionnaire [pɑ̃sjɔnɛʀ] n. **1.** Personne qui verse une pension pour être logée et nourrie (chez des particuliers, dans un hôtel, une maison de retraite, un établissement scolaire). *Les pensionnaires d'un collège.* **2.** Titre des étudiants, des artistes de l'Académie de France à Rome. *Bourse de pensionnaire à la villa Médicis.* **3.** THEAT *Pensionnaire de la Comédie-Française* : acteur, actrice qui reçoit de la Comédie-Française un salaire fixe (par oppos. à *sociétaire,* qui participe en plus aux bénéfices). **4.** HIST Gouverneur de province, dans les Provinces-Unies (1579-1795). – *Le grand pensionnaire de Hollande* ou, ellipt., *le grand pensionnaire* : secrétaire des états généraux, souvent responsable des Affaires étrangères de la république des Provinces-Unies. – De *pension.*

pensionnat [pɑ̃sjɔna] n. m. **1.** Établissement scolaire dont les élèves sont pensionnaires. **2.** Ensemble des élèves de cet établissement. – De *pension*

pensionné, ée [pɑ̃sjɔne] n. et adj. Personne qui jouit d'une pension, d'une retraite. – Pp. de *pensionner.*

pensionner [pɑ̃sjɔne] v. tr. [1] Vx ou ADMIN Faire bénéficier d'une pension. *Louis XIV pensionnait écrivains et artistes.* – De *pension.*

pensivement [pɑ̃sivmɑ̃] adv. D'une manière pensive, avec un air pensif. – De *pensif.*

pensum [pɛ̃sɔm] n. m. **1.** Vieilli Travail supplémentaire donné à un écolier pour le punir. ▷ Litt. Travail fastidieux, corvée. **2.** Texte ennuyeux. – Mot lat. «tâche, travail», dans la langue des collèges.

pent-, penta- Éléments, du gr. *pente,* «cinq».

pent(a)-. Élément, du gr. *pente,* «cinq».

pentacle [pɛ̃takl] n. m. Rare Étoile à cinq branches, considérée par les Anciens comme un symbole de perfection et à laquelle les occultistes accordent des pouvoirs magiques. – Lat. médiév. *pentaculum.*

pentacorde [pɛ̃takɔʀd] n. m. **1.** ANTIQ Lyre à cinq cordes des Grecs. **2.** MUS Système à cinq tons, basé sur la consonance de quinte. – Lat. *pentachordus,* du gr. *khordê,* «corde».

pentacrine [pɛ̃takʀin] n. m. Échinoderme crinoïde qui vit fixé par un pédoncule au fond des mers profondes et dont il existe de nombreuses espèces fossiles, particulièrement répandues dans les terrains secondaires. – Lat. sav. *pentacrinus,* du gr. *pente,* «cinq», et *krinon,* «lis».

pentadactyle [pɛ̃tadaktil] adj. BIOL Qui a cinq doigts. – De *penta-,* et *-dactyle.*

pentadécagone [pɛ̃tadekagon] ou **pentédécagone** [pɛ̃tedekagon] n. m. et adj. GEOM Polygone qui a quinze angles et quinze côtés. – adj. *Figure pentadécagone.* – De *penta-, déca-,* et du gr. *gônia,* «angle».

pentaèdre [pɛ̃taɛdʀ] n. m. et adj. GEOM Polyèdre à cinq faces. – adj. *Un solide pentaèdre.* – De *penta -,* et du gr. *hedra,* «base».

pentagonal, ale, aux [pɛ̃tagɔnal, o] adj. Qui a la forme d'un pentagone. – De *pentagone.*

pentagone [pɛ̃tagon] n. m. et adj. **1.** GEOM Polygone qui a cinq angles et cinq côtés. – Vx adj. *Figure pentagone.* **2.** *Le Pentagone* : vaste bâtiment pentagonal, siège de l'état-major des armées américaines, à Washington. – *Par ext.* L'état-major lui-même. – Lat. *pentagonum.*

pentamère [pɛ̃tamɛʀ] adj. et n. m. ZOOL Se dit d'un insecte dont le tarse est divisé en cinq parties. – De *penta-,* et *-mère.*

pentamètre [pɛ̃tamɛtʀ] adj. et n. m. METR ANC *Vers pentamètre* : vers grec ou latin de cinq pieds qui suit un hexamètre et forme avec celui-ci le *distique élégiaque.* – n. m. *Un pentamètre.* – Lat. *pentameter,* du gr. *pentametros.*

pentane [pɛ̃tan] n. m. CHIM Hydrocarbure saturé, de formule $C_5\,H_{12}$. – De *penta-.*

pentapole [pɛ̃tapɔl] n. f. ANTIQ Groupe, alliance de cinq cités. – Gr. *pentapolis.*

pentastomides [pɛ̃tastɔmid] n. m. pl. ZOOL Classe de pararthropodes, à l'aspect de vers transparents et dont la tête est munie de cinq papilles. (Le type est la linguatule.) – Sing. *Un pentastomide.* – De *penta-,* gr. *stoma,* «bouche», et *-ide.*

pentathlon [pɛ̃tatlɔ̃] n. m. ANTIQ Ensemble de cinq exercices (saut, course, disque, javelot, lutte) auxquels se livraient les athlètes grecs et romains. ▷ Mod. *Pentathlon moderne* : discipline et épreuve olympique pour les hommes, combinant l'escrime, l'équitation, le tir, la natation et le cross-country. *Le pentathlon féminin, discipline et épreuve d'athlétisme, a été remplacé par l'heptathlon*.* – Bas lat. *pentathlum,* du gr. *pentathlon,* de *penta-,* et *athlon,* «combat».

pentatome [pɛ̃tatɔm] n. m. ENTOM Insecte hétéroptère à l'odeur désagréable. Syn. cour. punaise des bois. – De *penta-,* et du gr. *tomê,* «division».

pentatonique [pɛ̃tatɔnik] adj. MUS Qui est formé de cinq tons. *Gamme pentatonique.* – De *penta-,* et gr. *tonos,* «ton».

pente [pɑ̃t] n. f. **1.** Inclinaison (d'un terrain, d'une surface). *La pente d'un toit. Ligne de plus grande pente. Rupture de pente* : changement brusque de l'inclinaison d'une pente. ▷ Surface, chemin inclinés par rapport à l'horizontale. *Grimper une pente abrupte.* **2.** Loc. fig. *Être sur une mauvaise pente, sur une pente dangereuse* : se laisser entraîner par ses mauvais penchants. *Remonter la pente* : se trouver en meilleure situation, en meilleur état. **3.** GEOM *Pente d'une droite* : valeur de la tangente de l'angle que forme cette droite avec sa projection orthogonale sur le plan horizontal. ▷ TECH Inclinaison d'un axe, d'une route, exprimée en centimètres par mètre de longueur horizontale. *Pente de quatre pour cent.* **4.** ELECTRON *Pente d'un tube électronique* : rapport entre la variation du courant anodique et la variation correspondante de la tension grille*. – Lat. pop. **pendita*, de *pendere*.

Pentecôte [pɑ̃tkot] n. f. **1.** Fête juive commémorant la remise des Tables de la Loi à Moïse, au Sinaï, célébrée sept semaines après le second jour de la Pâque. **2.** Fête chrétienne commémorant la descente du Saint-Esprit sur les Apôtres, célébrée le septième dimanche après Pâques. – Lat. ecclés. *pentecoste*, du gr. *pentekostê*, « cinquantième (jour après Pâques) ».

pentecôtisme [pɑ̃tkotism] n. m. RELIG Mouvement religieux chrétien, né aux É.-U. en 1906, qui met l'accent sur la nécessaire réactualisation des charismes de l'Église primitive, dons de l'Esprit-Saint (don des langues, des miracles, etc.). – De *Pentecôte*.

pentecôtiste [pɑ̃tkotist] n. RELIG Adepte du pentecôtisme. – De *Pentecôte*.

pentédécagone. V. pentadécagone.

penthiobarbital, als [pɛ̃tjɔbaʀbital] n. m. MED Barbiturique soufré, anesthésique d'action brève, notam. employé dans la narco-analyse. Syn. penthotal. – De *pent-*, *thio-*, et *barbital*.

penthotal [pɛ̃tɔtal] n. m. MED Penthiobarbital, anesthésique général, cour. appelé *sérum* de vérité*. – Nom déposé (avec la graphie *pentothal*).

pentode ou **penthode** [pɛ̃tɔd] n. f. ELECTR Tube électronique à cinq électrodes. – De *pent-*, et *(électr)ode*.

pentose [pɛ̃toz] n. m. BIOCHIM Sucre à cinq atomes de carbone possédant une fonction cétone ou aldéhyde, et qui joue un rôle important dans le métabolisme des glucides et dans la formation et le stockage des réserves énergétiques. – De *pent-*, et *-ose* 1.

pentu, ue [pɑ̃ty] adj. En pente. *Toit pentu.* – Mot dial., de *pente*.

penture [pɑ̃tyʀ] n. f. TECH Bande métallique, souvent ouvragée, fixée transversalement et à plat sur un vantail, un panneau mobile, pour le soutenir sur le gond. – De *pente*.

pénultième [penyltjɛm] adj. (et n. f.) Didac. Avant-dernier. ▷ n. f. LING Avant-dernière syllabe d'un mot. – Lat. *pænultimus*, de *pæne*, « presque », et *ultimus*, « dernier ».

pénurie [penyʀi] n. f. Manque, défaut, carence. *Pénurie d'argent, de vivres.* Ant. abondance. – Absol. Pauvreté, misère. *Période de pénurie.* – Lat. *penuria*.

péon [peɔ̃] n. m. Berger, ouvrier agricole, en Amérique du Sud. – Esp. *peón*, du lat. *pedo, pedonis*, « qui a de grands pieds ».

pépé [pepe] n. m. Pop. (Langage enfantin.) Grand-père. – Redoublement du *pé*, de l'anc. *papé*, même sens.

pépée [pepe] n. f. Pop. Jeune fille ou jeune femme. *Une pépée bien roulée.* – Redoublement de la seconde syllabe de *poupée*.

pépère [pepɛʀ] n. m. et adj. **I.** n. m. **1.** Pop. Grand-père (mot enfantin). **2.** Fam. Homme ou enfant gros et d'allure tranquille. *Un gros pépère.* **II.** adj. Fam. Calme, tranquille. *Une vie pépère.* – Redoublement enfantin de *père*.

péperin [pepʀɛ̃] n. m. GEOL Tuf granulaire que l'on trouve dans la région de Rome, avec lequel furent construits les grands édifices de la Rome républicaine. – Ital. *peperino*, du bas lat. *piperinus (lapis)*, de *piper*, « poivre ».

pépètes ou **pépettes** [pepet] n. f. pl. Pop., vieilli Argent. *Avoir des pépètes.* – P.-ê. de *pépites*.

pépie [pepi] n. f. MED VET Pellicule jaune-brun qui recouvre la langue des oiseaux atteints de stomatite. ▷ Fig., fam. *Avoir la pépie* : avoir très soif. – Lat. pop. **pippita*, de **pittita*, du class. *pituita*, « pituite ».

pépiement [pepimɑ̃] n. m. Action de pépier ; cri des jeunes oiseaux. – De *pépier*.

pépier [pepje] v. intr. [ɛ̃] Crier, en parlant des jeunes oiseaux. – Du rad. onomat. *pepp-*, du lat. *pipare*, « piauler ».

1. pépin [pepɛ̃] n. m. **1.** Graine de certains fruits. *Pépins de raisin, de pomme,* etc. *Fruits à pépins* (par oppos. à *fruits à noyau* ou *drupes*). **2.** Fig. fam. Difficulté, anicroche. *Que ferez-vous en cas de pépin ?* – D'un rad. expressif *pep-*, « petit ».

2. pépin [pepɛ̃] n. m. Fam. Parapluie.

pépinière [pepinjɛʀ] n. f. **1.** Plant de jeunes arbres obtenus par semis et élevés jusqu'à un âge permettant la transplantation et le repiquage. – Terrain où sont plantés ces jeunes arbres. **2.** Fig. Lieu, établissement où sont rassemblées et formées des personnes destinées à un état, à une profession. *Le Conservatoire est une pépinière de musiciens.* – De *pépin* 1.

pépiniériste [pepinjeʀist] n. (et adj.) Personne qui cultive des pépinières. ▷ adj. *Jardinier pépiniériste.* – De *pépinière*.

pépite [pepit] n. f. Petite masse de métal natif, et, particulièrement, d'or. – De l'esp. *pepita*, « pépin ».

péplum [peplɔm] n. m. **1.** ANTIQ Tunique de laine d'une seule pièce, portée par les femmes, drapée et agrafée sur l'épaule par deux fibules. **2.** Fam. Film à grand spectacle consacré à un épisode de l'histoire antique. – Mot lat., gr. *peplos*, « tissu, tunique ».

peppermint [pepɛʀmɛ̃t] n. m. (Anglicisme) Liqueur faite avec de la menthe poivrée. – Mot angl. de *pepper*, « poivre », et *mint*, « menthe ».

-pepsie. Élément, du gr. *pepsis*, « digestion ».

pepsine [pɛpsin] n. f. BIOCHIM Enzyme sécrétée par les cellules de la muqueuse gastrique, qui décompose les protéines et les transforme en peptones. – Du gr. *pepsis*, « digestion », et *-ine*.

peptide [pɛptid] n. m. BIOCHIM Protide formé par l'union d'un petit nombre d'acides aminés. *L'insuline, l'A.C.T.H. sont des peptides.* – De *pep(sine)*, et *(pro)tide*.

peptique [pɛptik] adj. BIOCHIM Relatif à la pepsine, à son action. – De *pepsine*.

peptisant, ante [pɛptizɑ̃, ɑ̃t] adj. CHIM Qui provoque la peptisation. – De *peptide*.

peptisation [pɛptizasjɔ̃] n. f. CHIM Transformation d'une substance colloïdale solide en une solution. *La peptisation est l'inverse de la floculation.* – De *peptique*.

peptone [pɛptɔn] n. f. BIOCHIM Substance protidique résultant de l'action d'enzymes sur les protéines. – All. *pepton*, neutre du gr. *peptos*, de *peptein*, « digérer ».

peptonisation [pɛptonizasjɔ̃] n. f. BIOCHIM Transformation en peptone. – De *peptone*.

péquenaud, péquenot. V. pecquenaud.

péquin. V. pékin 1.

per-. CHIM Préfixe qui servait à désigner les composés au degré d'oxydation le plus élevé ou contenant le plus d'oxygène. (Pour les composés contenant le *pont peroxo*, il a été remplacé par le préfixe *peroxo*.)

péramèle [peʀamɛl] n. m. ZOOL Marsupial australien terrestre (genre *Perameles*), de la taille d'un lapin, au museau allongé et dont les membres rappellent ceux des kangourous. – Lat. scientif. *perameles*, du gr. *pêra*, « sac », et lat. *meles*, « martre ».

perborate [pɛʀbɔʀat] n. m. CHIM *Perborate de sodium* : peroxohydrate entrant dans la composition de lessives. – De *per-*, et *borate*.

perçage [pɛʀsaʒ] n. m. Action de percer ; son résultat. – De *percer*.

percale [pɛʀkal] n. f. Toile de coton fine et serrée. *Une brassière de percale.* – Mot angl., du turco-persan *pärgâlä*.

percaline [pɛʀkalin] n. f. Toile de coton servant à faire des doublures. – De *percale*.

perçant, ante [pɛʀsɑ̃, ɑ̃t] adj. **1.** Fort vif, en parlant du froid. *Froid perçant.* **2.** Aigu et qui s'entend de loin, en parlant du son. *Voix, cris perçants.* **3.** *Vue perçante, œil perçant* : grande acuité visuelle. ▷ Vieilli *Esprit perçant*, pénétrant, sagace. – Ppr. de *percer*.

perce [pɛʀs] n. f. **1.** TECH Outil pour percer. **2.** Loc. *Mettre (un tonneau) en perce*, y faire une ouverture pour en tirer le vin. **3.** MUS Trou d'un instrument à vent. *Perce longitudinale, tronconique, cylindrique. Perce latérale.* – Déverbal de *percer*.

percée [pɛʀse] n. f. **1.** Ouverture pratiquée pour faire un chemin ou ménager un point de vue. *Faire une percée dans un bois.* **2.** Action de pénétrer, de rompre la ligne de défense de l'ennemi, de l'adversaire. *Troupes assiégées qui tentent une percée.* **3.** Réussite, notoriété acquise en triomphant des obstacles, de la concurrence, etc. *Une percée commerciale spectaculaire.* – Pp. fém. subst. de *percer*.

percement [pɛʀsəmɑ̃] n. m. Action de percer. *Le percement d'un mur.* – De *percer*.

perce-muraille [pɛʀsmyʀɑj] n. f. Nom courant de la pariétaire (plante). *Des perce-murailles.* – De *percer*, et *muraille*.

perce-neige [pɛʀsənɛʒ] n. m. ou f. inv. Petite plante ornementale (genre *Galanthus*, fam. amaryllidacées), dont les fleurs blanches s'épanouissent à la fin de l'hiver. – De *percer*, et *neige*.

perce-oreille [pɛʀsɔʀɛj] n. m. Insecte dont l'abdomen se termine par une sorte de pince. *Des perce-oreilles.* (On dit aussi *pince-oreilles.*) Syn. forficule. – De *percer*, et *oreille*.

perce-pierre [pɛʀsəpjɛʀ] n. f. Nom cour. de plusieurs plantes vivant sur les pierres (saxifrage et crithme maritime, notam.). *Des perce-pierre(s).* – De *percer*, et *pierre*.

percept [pɛʀsɛpt] n. m. PSYCHO Objet dont la représentation nous est donnée par la perception sensorielle. – De *perception*, d'ap. *concept*.

percepteur, trice [pɛʀsɛptœʀ, tʀis] adj. et n. m. **1.** adj. Qui perçoit. *Organe percepteur.* **2.** n. m. Agent du Trésor public chargé du recouvrement des contributions directes et de certaines taxes. – Du lat. *perceptus*, pp. de *percipere*, « percevoir ».

perceptible [pɛʀsɛptibl] adj. **1.** Qui peut être perçu par les sens. *Son perceptible.* ▷ Qui peut être perçu par l'esprit, compris. *Une subtilité peu perceptible.* **2.** FIN Qui peut être perçu, en parlant d'une taxe, d'un impôt. – Bas lat. *perceptibilis*.

perceptif, ive [pɛʀsɛptif, iv] adj. Relatif à la perception d'un objet, à son appréhension. – De *perception*.

perception [pɛʀsɛpsjɔ̃] n. f. **1.** FIN Recouvrement (des impôts). *Perception d'une taxe.* – Emploi de percepteur. ▷ Local où le percepteur a sa caisse. **2.** PSYCHO Représentation d'un objet, construite par la conscience à partir des sensations. ▷ Cour., *abusiv.* Sensation. *Les perceptions lumineuses.* – Lat. *perceptio*, « récolte ; connaissance ».

perceptionnisme [pɛʀsɛpsjɔnism] n. m. PHILO Théorie selon laquelle le monde extérieur est immédiatement perçu comme tel, par une sorte d'intuition. – De *perception*.

perceptuel, elle [pɛʀsɛptɥɛl] adj. Didac Qui relève de la perception en tant que faculté. *Phénomènes perceptuels.* – De *perception*.

percer [pɛʀse] v. [12] **I.** v. tr. **1.** Faire un trou dans, forer. *Percer une planche, un mur.* ▷ Pénétrer, traverser de part en part. *La pluie perce les habits. Lumière qui perce les ténèbres.* – Loc. *Percer (qqch) à jour* : découvrir (qqch de caché, de secret). **2.** Pratiquer une ouverture, un passage. *Percer une fenêtre, une porte.* **3.** Blesser ou tuer en traversant le corps ou une partie du corps. *Percer qqn de coups d'épée, de poignard.* – Fig. *Percer le cœur de qqn*, l'atteindre profondément, le faire souffrir moralement. **II.** v. intr. **1.** Commencer à apparaître, à se manifester. *Dents qui percent.* – *La vérité finira bien par percer.* **2.** Devenir célèbre, faire son chemin. *Jeune chanteur qui perce.* **3.** *Abcès qui perce*, qui s'ouvre spontanément et se vide de son pus. – Du lat. pop. **pertusiare*, de *pertusus*, pp. de *pertundere*, « trouer ».

percerette [pɛʀsəʀɛt] ou **percette** [pɛʀsɛt] n. f. TECH Vieilli Petite vrille, petit foret ; poinçon. – De *percer*.

perceur, euse [pɛʀsœʀ, øz] n. **1.** Personne qui perce. *Perceur de coffres-forts.* **2.** n. f. Machine servant à percer. – De *percer*.

percevable [pɛʀsəvabl] adj. FIN Qui peut être perçu. *Impôt percevable.* – De *percevoir*.

percevoir [pɛʀsəvwaʀ] v. tr. [5] **1.** Recueillir (de l'argent ; les revenus d'une propriété, un impôt, etc.). *Percevoir un loyer, des droits de douane.* **2.** Prendre conscience de, connaître (qqch) par les sens. *Percevoir une couleur.* ▷ Concevoir, discerner (qqch) par l'esprit, comprendre. *Percevoir le sens d'une phrase.* – A. fr. *parceivre*, du lat. *percipere*, même sens.

1. perche [pɛʀʃ] n. f. Poisson d'eau douce, à la chair estimée, de l'ordre des perciformes, caractérisé par deux nageoires dorsales dont la première est épineuse. *Perche commune. Perche goujonnière* ou *grémille.* ▷ *Perche soleil* ou *arc-en-ciel* : poisson perciforme *(Eupomotis gibbosus)* aux couleurs vives, originaire des États-Unis. *Perche de mer* : serran. – Lat. *perca*, gr. *perkê*, de *perkos*, « tacheté de noir ».

2. perche [pɛʀʃ] n. f. **I. 1.** Pièce de bois, de métal, etc., de section circulaire, longue et mince. ▷ AUDIOV *Perche (à son)*, à l'extrémité de laquelle un micro est fixé. ▷ SPORT *Saut à la perche* : saut en hauteur dans lequel on prend appui sur une perche (naguère en bois ou en métal, auj. en fibre de verre). ▷ TRANSP Tige permettant à un véhicule électrique (trolleybus, tramway, etc.) de capter le courant sur le câble conducteur. **2.** Loc. fig. *Tendre la perche à qqn*, lui donner la possibilité de se sortir d'une situation fâcheuse, lui venir en aide. **3.** Fam. *Une grande perche* : une personne grande et maigre. **II.** METR ANC Mesure de longueur qui valait de 18 à 20 pieds selon les localités. ▷ Anc. mesure agraire (centième partie de l'arpent*). *Une perche de vigne.* – Du lat. *pertica*, « gaule ; perche d'arpenteur ».

perché, ée [pɛʀʃe] adj. Posé, placé à un endroit élevé. ▷ n. m. CHASSE *Au perché* : au moment où les oiseaux sont perchés. *Tirer des faisans au perché.* – Pp. de *percher*.

percher [pɛʀʃe] v. [1] **I.** v. tr. Placer (qqch) à un endroit élevé. *Elle a perché les confitures sur le dessus de l'armoire.* **II.** v. intr. **1.** Se poser sur une branche, un endroit élevé, en parlant d'un oiseau. **2.** Fam. Demeurer en un lieu élevé, en parlant d'une personne. *Percher au septième.* – *Par ext.* Habiter. *Où perche votre ami ?* **III.** v. pron. Se poser sur un endroit élevé. *Un bouvreuil se perche dans le cerisier.* – Se jucher, en parlant d'une personne. *La fille se percha sur la barrière.* – De *perche* 2.

percheron, onne [pɛʀʃəʀɔ̃, ɔn] adj. et n. Du Perche. ▷ n. m. *Spécial.* Grand cheval de trait, lourd et puissant, élevé dans le Perche. – Du n. du *Perche*, rég. fr. (Orne et Eure-et-Loir).

perchette [pɛʀʃɛt] n. f. Petite perche. – Dimin. de *perche* 2.

percheur, euse [pɛʀʃœʀ, øz] adj. Qui a l'habitude de se percher. *Oiseaux percheurs.* – De *percher.*

perchiste [pɛʀʃist] n. **1.** SPORT Sauteur à la perche. **2.** AUDIOV Technicien qui tient la perche à son. (Syn. off. recommandé de *perchman.*)– De *perche* 2.

perchlorate [pɛʀklɔʀat] n. m. CHIM Sel de l'acide perchlorique, oxydant puissant utilisé notam. dans la fabrication des explosifs. – De *per-*, et *chlorate.*

perchlorique [pɛʀklɔʀik] adj. CHIM *Acide perchlorique :* acide fort, de formule $HClO_4$, très oxydant à chaud. – De *per-*, et *chlorique.*

perchlorure [pɛʀklɔʀyʀ] n. m. CHIM Vieilli Peroxochlorure, chlorure à l'état d'oxydation le plus élevé. – De *per-*, et *chlorure.*

perchman [pɛʀʃman] n. m. Syn. (off. déconseillé) de *perchiste* (sens 2). – De l'angl. *perch*, «perche à son», et *man*, «homme».

perchoir [pɛʀʃwaʀ] n. m. **1.** Lieu où les volailles se perchent. ▷ Support sur lequel un oiseau se perche. **2.** Fig., fam. Siège, lieu d'habitation élevé. *Descendre de son perchoir.* ▷ Spécial. Tribune élevée du président de l'Assemblée nationale. – *Par ext.* Présidence de l'Assemblée nationale. – De *percher.*

perciformes [pɛʀsifɔʀm] n. m. pl. ICHTYOL Ordre de poissons téléostéens acanthoptérygiens dont la vessie gazeuse ne communique pas avec l'œsophage (perche, daurade, maquereau, mulet, etc.) – Sing. *Un perciforme.* – Du lat. *perca*, «perche», et de *-forme.*

perclus, use [pɛʀkly, yz] adj. Paralytique, impotent partiellement ou totalement. *Perclus de rhumatismes :* rendu impotent par les rhumatismes. ▷ Fig. *Perclus de timidité.* – Du lat. médic. *perclusus*, «obstrué».

percnoptère [pɛʀknɔptɛʀ] n. m. ORNITH Petit vautour *(Neophron percnopterus)* du bassin méditerranéen, d'Afrique et d'Asie, au plumage blanchâtre tacheté de noir sur les ailes. – Du gr. *perknopteros*, de *perknos*, «noirâtre», et *pteron*, «aile».

perçoir [pɛʀswaʀ] n. m. TECH Outil pour percer. – De *percer.*

percolateur [pɛʀkɔlatœʀ] n. m. Gros appareil à vapeur permettant de faire du café en grande quantité. – Du lat. *percolare*, «filtrer».

percolation [pɛʀkɔlasjɔ̃] n. f. PHYS Circulation à travers une substance d'un liquide soumis à une pression. – *Spécial.* Circulation de l'eau dans un milieu poreux. – De *percolateur.*

percussion [pɛʀkysjɔ̃] n. f. **1.** Choc, action par laquelle un corps en frappe un autre. ▷ MECA, PHYS Produit de la somme des forces, au cours d'un choc, par la durée de ce choc. – *Fusil à percussion*, dans lequel le feu est communiqué à la charge par le choc d'une pièce métallique (percuteur) sur la capsule. – *Perceuse à percussion.* **2.** MED Mode d'examen consistant à déterminer l'état de certains organes en écoutant la transmission d'un son émis en frappant la peau au niveau d'une cavité du corps (thorax, abdomen). **3.** MUS *Instruments de percussion* (ou *à percussion*), dont on joue en les frappant (timbales, tambour, gong, cymbales, triangle, etc.) ou en les entrechoquant (castagnettes, grelots, cymbales, etc.). – Lat. *percussio*, de *percutere*, «frapper»

percussionniste [pɛʀkysjɔnist] n. MUS Musicien qui joue d'un ou de plusieurs instruments à percussion. – De *percussion.*

percutané, ée [pɛʀkytane] adj. Didac. Qui se fait à travers la peau. – Du lat. *per*, «à travers», et de *cutané.*

percutant, ante [pɛʀkytɑ̃, ɑ̃t] adj. **1.** Qui agit par percussion. ▷ ARTILL *Obus percutant*, qui explose en touchant le sol ou la cible. **2.** Fig. Qui frappe, qui fait beaucoup d'effet. *Un argument percutant.* – Ppr. de *percuter.*

percuter [pɛʀkyte] v. [1] **I.** v. tr. **1.** Frapper, heurter violemment (qqch). *Le véhicule a percuté le mur.* ▷ TECH Frapper (l'amorce), en parlant du percuteur d'une arme à feu. **2.** MED Examiner (un organe, une région du corps) par la percussion. **II.** v. intr. **1.** Frapper en éclatant. *L'obus a percuté contre le parapet.* **2.** *Par ext.* Heurter un obstacle avec violence. *L'automobile percuta contre un arbre.* – Lat. *percutere*, «frapper violemment».

percuteur [pɛʀkytœʀ] n. m. Pièce, outil agissant par percussion. ▷ *Spécial.* Dans une arme à feu, tige métallique munie d'une pointe dont le choc contre l'amorce du projectile fait partir le coup. ▷ PREHIST Outil servant à fracturer les roches pour les façonner en outils. – De *percuter.*

perdant, ante [pɛʀdɑ̃, ɑ̃t] adj. et n. **1.** adj. Qui perd. *Numéro perdant. Il est perdant sur toute la ligne.* **2.** n. Personne qui perd. *Être le perdant dans une affaire.* – Ppr. de *perdre.*

perdition [pɛʀdisjɔ̃] n. f. **1.** THEOL État d'une personne qui s'éloigne de l'Église ou du salut, qui vit dans le péché. *Être dans une voie de perdition.* ▷ Vieilli ou iron. *Lieu de perdition*, de débauche, où l'on est exposé à toutes les tentations du péché. **2.** *Navire en perdition*, en danger d'être perdu, de faire naufrage. – Par anal. *Avion en perdition.* – Bas lat. *perditio.*

perdre [pɛʀdʀ] v. [6] **A.** v. tr. **I.** Être privé de la disposition, de la possession, de la présence de qqn, de qqch. **1.** Cesser de posséder, d'avoir à soi, près de soi ou à sa disposition : (un bien, un avantage). *Perdre son argent, ses biens, sa place.* – (une partie de soi, de son corps). *Perdre un bras, un œil.* – (un caractère essentiel, une qualité, un comportement, etc.). *Perdre sa gaieté. Perdre l'habitude de fumer. Argument qui perd de sa force.* – (qqch qui a été égaré, oublié). *Perdre une adresse, son stylo, son chien.* – (qqn que l'on ne retrouve plus). *Enfant qui a perdu ses parents dans la foule.* **2.** Être quitté par (qqn). *Perdre un ami, un adjoint.* ▷ Être privé de (qqn) par la mort. *Perdre ses parents.* **3.** Cesser de suivre; laisser échapper (qqch). *Perdre son chemin. Ne pas perdre une bouchée de qqch.* ▷ *Perdre qqn, qqch de vue*, ne plus le voir, ne plus en entendre parler. ▷ Absol. *Le tonneau perd*, fuit. **4.** Mal employer (qqch). *Perdre son temps.* ▷ *Perdre une occasion*, la laisser échapper. **5.** N'avoir pas le dessus dans (une compétition, un conflit, etc.). *Perdre la partie, une bataille, un procès.* **II.** Porter un préjudice matériel ou moral. **1.** Ruiner, discréditer. *Cet homme vous perdra.* **2.** Vieilli Corrompre, pervertir. *Lectures qui perdent la jeunesse.* **B.** v. pron. Être perdu, en train de se perdre. **1.** Cesser d'exister. *Usages qui se perdent.* **2.** Disparaître. *Se perdre dans la foule.* ▷ Fig. *Se perdre dans la rêverie*, s'y absorber. **3.** S'égarer. *Se perdre dans une forêt.* ▷ Fig. S'embrouiller, s'embarrasser, ne plus s'y reconnaître. *On me demande d'accomplir tant de formalités que je m'y perds.* ▷ Fig. *Se perdre en conjectures :* faire en vain toutes les suppositions possibles. – Du lat. *perdere*, «détruire, perdre définitivement».

perdreau [pɛʀdʀo] n. m. Jeune perdrix de l'année. – Du lat. *perdix*, «perdrix», par l'a. fr. *perdrial*, *perdriau.*

perdrigon [pɛʀdʀigɔ̃] n. m. Rég. Variété de prune. – Du provenç. *perdigon*, «perdreau».

perdrix [pɛʀdʀi] n. f. **1.** Oiseau galliforme, sédentaire et vivant en troupes, recherché comme gibier. **2.** *Perdrix des neiges :* lagopède. – *Perdrix de mer :* glaréole. – Lat. *perdix*, *perdicis*, du gr.

perdu, ue [pɛʀdy] adj. (et n.) **A. I.** (Correspondant aux emplois de *perdre* A, I.) **1.** Dont on n'a plus la disposition, la possession. *Argent perdu. « À la recherche du temps perdu »,* œuvre de Marcel Proust. **2.** Égaré, oublié, que l'on ne retrouve plus. *Objets perdus. Chien perdu. Enfant perdu.* **3.** Employé inutilement, dont on ne peut ou dont on n'a pu profiter. *Peine perdue. Occasion perdue.* ▷ *À temps perdu* : dans les moments de loisir. **4.** Difficile à trouver, isolé, écarté, en parlant d'un lieu, d'une localité. *Coin, pays, village perdu.* **5.** Dans quoi l'on n'a pas eu le dessus, où l'on a été vaincu. *Cause perdue.* **II.** (Correspondant aux emplois de *perdre* A, II.) **1.** Atteint irrémédiablement, dont le cas est désespéré. *Malade perdu. Homme perdu* (dans sa fortune, sa réputation). **2.** Corrompu, débauché. ▷ Spécial. *Femme, fille perdue* : prostituée. **III.** (Correspondant aux emplois de *perdre* B.) **1.** Qui n'existe plus. *Espèce animale perdue.* **2.** Qui disparaît, qui a disparu. *Perdu dans la foule.* ▷ Fig. *Perdu dans la rêverie,* absorbé. **3.** Qui s'est égaré. **B.** Subst. (En loc.) *Comme un perdu* : de toutes ses forces. *Crier comme un perdu.* – Pp. de *perdre.*

perdurable [pɛʀdyʀabl] adj. Vx Qui perdure ; éternel. – De *perdurer.*

perdurer [pɛʀdyʀe] v. intr. [1] Litt. Se perpétuer, durer longtemps. – Lat. *perdurare,* de *per,* « à travers », et *durare,* « résister ».

père [pɛʀ] n. m. **1.** Homme qui a engendré un ou plusieurs enfants. *De père en fils* : par transmission du père aux enfants. ▷ *Père de famille,* qui élève un ou plusieurs enfants. – DR *En bon père de famille* : avec la sagesse, l'esprit d'économie qu'un père de famille est censé posséder. **2.** Géniteur d'un animal. *Le père de ce veau a été primé au concours agricole.* **3.** RELIG *Dieu le Père, le Père éternel* : la première personne de la Trinité. **4.** *Révérend père* ou, absol., *père* : titre donné à la plupart des prêtres catholiques membres du clergé régulier. *Les pères jésuites. Le père Lacordaire.* – *Le Saint-Père* : le pape. – *Les Pères de l'Église* : les apologistes et les docteurs des cinq premiers siècles de l'Église chrétienne. – *Les Pères du désert* : les anciens anachorètes. – *Les Pères du concile* (ou *conciliaires*) : les évêques qui ont voix délibérante aux débats d'un concile. **5.** Créateur, fondateur (d'une œuvre, d'une doctrine). *Freud, père de la psychanalyse.* **6.** Celui qui se conduit, qui est considéré comme un père. *Vous avez été un père pour moi.* **7.** (Suivi d'un nom, pour désigner un homme d'un certain âge et de milieu social modeste.) *Le père Jérôme.* – Marquant la condescendance. *Dites-moi, père Untel...* ▷ *Gros père* : gros homme d'allure bonasse ; enfant joufflu, replet. **8.** (Plur.) Ancêtres, aïeux. *Le sang de nos pères.* – Du lat. *pater, patris.*

pérégrination [peʀegʀinasjɔ̃] n. f. **1.** Vx ou litt. Voyage dans des pays lointains. **2.** Plur. Mod. Nombreux déplacements, allées et venues. – Lat. *peregrinatio,* du pp. de *peregrinari,* « voyager à l'étranger ».

péremption [peʀɑ̃psjɔ̃] n. f. **1.** DR Anéantissement, après un certain délai, de procédures non continuées, de jugements par défaut non exécutés, d'inscriptions hypothécaires non renouvelées. **2.** *Date de péremption,* au-delà de laquelle un médicament, un produit de consommation (alimentaire, par ex.) ne doit plus être utilisé. – Bas lat. *peremptio,* « destruction », de *perimere,* « détruire ».

péremptoire [peʀɑ̃ptwaʀ] adj. **1.** DR Relatif à la péremption. **2.** Décisif, contre quoi il n'y a rien à répliquer. *Argument péremptoire. Il est très péremptoire* : il n'admet pas la contradiction. – Bas lat. *peremptorius.*

péremptoirement [peʀɑ̃ptwaʀmɑ̃] adv. D'une manière péremptoire, catégoriquement. – De *péremptoire.*

pérennant, ante [peʀenɑ̃, ɑ̃t] adj. BOT **1.** Se dit d'une plante annuelle ou bisannuelle qui peut devenir vivace. **2.** Se dit de la partie d'une plante vivace qui reste vivante en hiver (bulbes, rhizomes, tubercules). – De *pérenne.*

pérenne [peʀɛn] adj. Vx ou litt. Qui dure longtemps, depuis longtemps. ▷ GEOGR *Rivière pérenne,* qui coule toute l'année. – Lat. *perennis,* « qui dure un an ».

pérennisation [peʀenizasjɔ̃] n. f. Didac. Action de pérenniser ; son résultat. – De *pérenniser.*

pérenniser [peʀenize] v. tr. [1] Didac. Rendre durable. – De *pérenne.*

pérennité [peʀenite] n. f. Caractère, état de ce qui dure longtemps ou toujours ; continuité. *Assurer la pérennité des institutions.* – Lat. *perennitas.*

péréquation [peʀekwasjɔ̃] n. f. ECON Répartition équitable des ressources ou des charges entre ceux (personnes, entreprises, régions, etc.) qui doivent les recevoir ou les supporter. ▷ Réajustement des traitements et des pensions. ▷ Disposition, mesure visant à fournir au consommateur des marchandises de provenance diverse à des prix identiques. – Lat. jur. *peræquatio,* de *peræquare,* « égaliser ».

perestroïka [peʀestʀɔika] n. f. HIST Restructuration (de la société civile soviétique) dans le sens de la libéralisation. – Mot russe, « reconstruction ».

perfectibilité [pɛʀfɛktibilite] n. f. Litt. Qualité de ce qui est perfectible. – De *perfectible.*

perfectible [pɛʀfɛktibl] adj. Susceptible d'être perfectionné. – Du lat. *perfectus,* pp. de *perficere,* « faire parfaitement, achever ».

perfectif [pɛʀfɛktif] adj. et n. m. LING *Aspect perfectif* ou, n. m., *le perfectif* : aspect du verbe présentant l'action comme achevée ou comme ponctuelle. – Du lat. *perfectus* (V. perfectible).

perfection [pɛʀfɛksjɔ̃] n. f. **1.** Qualité de ce qui est parfait, état de ce qui a une qualité au degré le plus élevé. *Atteindre la perfection. La perfection du style.* – *À la perfection* : parfaitement. ▷ THEOL, PHILO Somme de toutes les qualités à leur degré le plus élevé. *La perfection de Dieu.* **2.** Qualité excellente, remarquable. **3.** (Précédé de l'art. indéf.) Chose ou personne parfaite (dans un rôle, une fonction). *Cette secrétaire est une perfection.* – Lat. *perfectio.*

perfectionné, ée [pɛʀfɛksjɔne] adj. Qui a été doté de perfectionnements. *Machine perfectionnée.* – Pp. de *perfectionner.*

perfectionnement [pɛʀfɛksjɔnmɑ̃] n. m. Action de perfectionner, de rendre meilleur ; son résultat. – De *perfectionner.*

perfectionner [pɛʀfɛksjɔne] **1.** v. tr. [1] Rendre meilleur, faire tendre davantage vers la perfection. *Perfectionner un mécanisme.* **2.** v. pron. Devenir meilleur. – De *perfection.*

perfectionnisme [pɛʀfɛksjɔnism] n. m. Souci excessif d'atteindre la perfection. – De *perfection.*

perfectionniste [pɛʀfɛksjɔnist] n. et adj. Personne scrupuleuse à l'excès, qui cherche à atteindre la perfection dans tout ce qu'elle fait. ▷ adj. *Vous êtes trop perfectionniste.* – De *perfection.*

perfide [pɛʀfid] adj. (et n.) **1.** (Personnes) Qui manque à sa parole, à la confiance mise en lui ; traître. ▷ Subst. *Un(e) perfide.* **2.** (Choses) Qui est peu fiable, trompeur et dangereux. *Une parole perfide.* – Lat. *perfidus,* « qui viole sa foi ».

perfidement [pɛʀfidmɑ̃] adv. Avec perfidie. – De *perfide.*

perfidie [pɛʀfidi] n. f. **1.** Action perfide. *Tramer une perfidie.* **2.** Caractère perfide ; déloyauté. – Lat. *perfidia.*

perforage [pɛʀfɔʀaʒ] n. m. Action de perforer. – De *perforer.*

perforant, ante [pɛʀfɔʀɑ̃, ɑ̃t] adj. Qui perfore. ▷ MILIT *Projectile perforant,* destiné à perforer les blindages. ▷ MED *Mal perforant* : ulcération tendant à gagner en profondeur. – Ppr. de *perforer.*

perforateur, trice [pɛʀfɔʀatœʀ, tʀis] adj. et n. f. **I.** adj. Qui sert à perforer. **II.** n. f. **1.** MINES Machine servant à forer des trous de mine. **2.** INFORM Machine destinée à perforer les cartes ou les bandes. – De *perforer.*

perforation [pɛʀfɔʀasjɔ̃] n. f. Action de perforer ; son résultat. ▷ MED Ouverture accidentelle ou pathologique d'un organe. *Perforation de l'intestin.* ▷ INFORM Petit trou d'une carte, d'une bande perforée. – Du lat. médic. *perforatio,* « trépanation ».

perforé, ée [pɛʀfɔʀe] adj. Percé. ▷ INFORM *Carte, bande perforée,* sur lesquelles l'information figure sous forme de perforations. – Pp. de *perforer.*

perforer [pɛʀfɔʀe] v. tr. [1] Percer en faisant un ou plusieurs trous. – Lat. *perforare.*

perforeuse [pɛʀfɔʀøz] n. f. **1.** Machine à perforer. **2.** INFORM Personne dont le métier consiste à faire fonctionner une perforatrice. – De *perforer.*

performance [pɛʀfɔʀmɑ̃s] n. f. **1.** Résultat chiffré obtenu par un sportif ou un cheval de course lors d'une épreuve, d'une compétition, d'une exhibition, etc. *Performance homologuée.* ▷ *Spécial.* Résultat particulièrement remarquable, exploit. *Cet athlète a réussi là une performance.* – Par ext. *Lire tout Balzac en quinze jours, quelle performance !* **2.** TECH Résultat optimal obtenu par un matériel. **3.** LING Acte de production, d'interprétation ou de compréhension d'un énoncé réalisé par un sujet parlant à partir de la compétence*. *Compétence et performance.* **4.** ART Mode d'expression artistique, événement, représentation comportant une part d'improvisation. – Mot angl., du moyen fr. *parformance,* de *parformer,* « accomplir, exécuter ».

performant, ante [pɛʀfɔʀmɑ̃, ɑ̃t] adj. TECH Capable de performances élevées. *Un appareil performant.* ▷ Par ext. Cour. *Une entreprise performante.* – De *performance.*

performatif [pɛʀfɔʀmatif] n. m. LING Énoncé constituant, accomplissant l'acte qu'il énonce, par le fait même qu'il l'énonce. (Ex. : *Je promets. Je déclare la séance ouverte.*) – De *performance.*

perfuser [pɛʀfyze] v. tr. [1] MED Faire une perfusion sur. *Perfuser un malade.* – De *perfusion.*

perfusion [pɛʀfyzjɔ̃] n. f. MED Injection lente et continue, dans la circulation sanguine, de sérum, de sang ou de substances médicamenteuses en solution. – Du lat. *per,* « à travers », d'ap. *transfusion.*

pergélisol [pɛʀʒelisɔl] n. m. PEDOL Syn. de *permafrost.* – De *per(manent), gel,* et *sol.*

pergola [pɛʀgɔla] n. f. Construction de jardin légère constituée de poutrelles à claire-voie formant toiture, que recouvrent des plantes grimpantes. – Mot ital., du lat. *pergula,* « tonnelle ».

péri-. Élément, du gr. *peri,* « autour ».

périanthe [peʀjɑ̃t] n. m. BOT Ensemble des enveloppes florales (sépales et pétales). – Lat. bot. *perianthum,* de *péri-,* et gr. *anthos,* « fleur ».

périarthrite [peʀiaʀtʀit] n. f. MED Atteinte inflammatoire des tissus avoisinant une articulation, s'accompagnant de douleurs et d'une limitation des mouvements. – De *péri-,* et *arthrite.*

périastre [peʀiastʀ] n. m. ASTRO Point de l'orbite d'un objet céleste le plus proche de l'astre autour duquel il gravite. – De *péri-,* et *astre,* d'après *périgée.*

péribole [peʀibɔl] n. m. ANTIQ Espace clos, le plus souvent planté d'arbres, orné de statues, ménagé autour d'un temple grec. – Lat. *peribolus,* gr. *peribolos.*

péricarde [peʀikaʀd] n. m. ANAT Membrane qui enveloppe le cœur, formée d'un feuillet interne, séreux, et d'un feuillet externe, fibreux. – Du gr. *perikardion,* propr. « autour du cœur ».

péricardique [peʀikaʀdik] adj. ANAT Du péricarde. – De *péricarde.*

péricardite [peʀikaʀdit] n. f. MED Atteinte inflammatoire ou infectieuse, chronique ou aiguë, du péricarde. – De *péricarde,* et *-ite* 1.

péricarpe [peʀikaʀp] n. m. BOT Ensemble des tissus (épicarpe, mésocarpe, endocarpe) qui, dans un fruit, entourent la graine. – Gr. *perikarpion,* de *peri,* « autour », et *karpos,* « fruit ».

péricliter [peʀiklite] v. intr. [1] (Sujet n. de chose.) Aller à sa ruine, décliner. Ant. prospérer. – Du lat. *periclitari,* « risquer », de *periculum,* « essai, danger ».

péricycle [peʀisikl] n. m. BOT Dans les racines et les tiges, couche cellulaire séparant l'écorce du cylindre central. – De *péri-,* et *cycle.*

péridiniens [peʀidinjɛ̃] n. m. pl. BOT Classe d'algues brunes planctoniques unicellulaires, généralement marines, à deux flagelles. – Sing. *Un péridinien.* – Du lat. scientif. *peridinium,* « genre d'animalcule infusoire », du gr. *peridinoumai,* « tournoyer ».

péridot [peʀido] n. m. MINER Minéral constitutif des roches éruptives, formé de silicates de fer et de magnésium en proportions variables (la variété la plus courante est l'olivine).

péridural, ale, aux [peʀidyʀal, o] adj. MED *Anesthésie péridurale* : anesthésie locale, surtout utilisée en obstétrique, réalisée en injectant un anesthésique entre le canal rachidien et la dure-mère. – De *péri-,* et *dure (-mère).*

périgée [peʀiʒe] n. m. ASTRO Point de l'orbite d'un astre ou d'un satellite le plus rapproché de la Terre (par oppos. à l'*apogée*). – Époque où un astre se trouve en ce point. – Du gr. *perigeios,* « qui entoure la Terre ».

périglaciaire [peʀiglasjɛʀ] adj. GEOL *Érosion périglaciaire,* due à l'alternance du gel et du dégel. V. cryoclastie. – De *péri-,* et *glaciaire.*

périgordien [peʀigɔʀdjɛ̃] adj. et n. m. PREHIST De la culture du paléolithique supérieur contemporain de l'aurignacien. – n. m. *Le périgordien.* – De *Périgord,* n. de la rég. fr. située au N.-E. du bassin aquitain.

périgourdin, ine [peʀiguʀdɛ̃, in] adj. Du Périgord ou de Périgueux. ▷ n. f. Danse du Périgord. – CUIS *À la périgourdine,* se dit d'une garniture ou d'une sauce parfumée aux truffes. – De *Périgord,* n. de la rég. fr. située au N.-E. du Bassin aquitain.

périhélie [peʀieli] n. m. ASTRO Point de l'orbite d'une planète ou d'une comète qui est le plus proche du Soleil. Ant. aphélie. – De *péri-,* et *-hélie.*

péril [peʀil] n. m. **1.** Litt. État, situation où il y a un danger à craindre. *Être en péril de mort.* **2.** Risque, danger. *Braver mille périls.* ▷ *À ses risques et périls,* en acceptant de courir tous les risques, tous les dangers qu'implique la situation, l'entreprise. – *Péril jaune,* que, selon certains, les Extrême-Orientaux feraient courir aux Occidentaux. – Du lat. *periculum,* « épreuve, danger ».

périlleusement [peʀijøzmɑ̃] adv. Litt. D'une façon périlleuse ; dangereusement. – De *périlleux.*

périlleux, euse [peʀijø, øz] adj. Qui présente du danger, des risques. *Situation périlleuse.* Syn. dangereux. ▷ *Saut* périlleux.* – De *péril,* d'ap. le lat. *periculosus.*

périmé, ée [peʀime] adj. **1.** Qui a dépassé le délai de validité. *Son abonnement est périmé.* **2.** Fig. Dépassé, qui n'a plus cours. *Théories périmées.* Syn. caduc, désuet. – Pp. de *périmer.*

périmer (se) [peʀime] v. pron. [11] DR Se dit d'une instance qui vient à périr faute d'avoir été poursuivie dans les délais, d'une inscription qu'on n'a pas renouvelée à temps, etc. ▷ Cour. (Avec ellipse du pronom.) Devenir caduc, perdre sa validité. *Il a laissé périmer son billet de retour.* – Lat. *perimere,* « détruire ».

périmètre [peʀimɛtʀ] n. m. **1.** GEOM Contour d'une figure plane; longueur de ce contour. **2.** *Par ext.* Contour d'un espace quelconque. – Gr. et lat. *perimetros.*

périmétrique [peʀimetʀik] adj. Qui appartient au périmètre. – De *périmètre.*

périnatal, ale, als [peʀinatal] adj. MED Relatif à la période qui précède et suit immédiatement la naissance. *Médecine périnatale.* – De *péri-,* et *natal.*

périnatalité [peʀinatalite] n. f. MED Période périnatale. – De *péri-,* et *natalité.*

périnatalogie [peʀinatalɔʒi] n. f. MED Partie de la médecine qui traite de la périnatalité. – De *périnatal,* et *-logie.*

périnéal, ale, aux [peʀineal, o] adj. Didac. Du périnée. *Incision périnéale* (V. épisiotomie). – De *périnée.*

périnée [peʀine] n. m. ANAT Région comprise entre l'anus et les parties génitales. – Gr. *perineos.*

période [peʀjɔd] n. **A.** n. f. **I. 1.** Espace de temps. *Il s'est absenté pour une période indéterminée. La période d'imposition correspond à l'année civile pour l'impôt sur le revenu.* ▷ Espace de temps caractérisé par telle ou telle situation, tels ou tels événements. *La période révolutionnaire.* – Phase dans le cours d'une évolution. *Période d'invasion, d'état, de déclin d'une maladie.* ▷ Spécial. MILIT Temps pendant lequel un réserviste est convoqué, en temps de paix, pour recevoir un complément d'instruction. ▷ GEOL Chacune des grandes divisions des ères géologiques. **2.** Espace de temps déterminé par le retour, à époques fixes, d'un phénomène donné. ▷ ASTRO Durée mise par un astre pour parcourir son orbite. ▷ PHYS Intervalle de temps qui s'écoule entre deux passages successifs par le même état d'un système vibratoire. *La période est égale à l'inverse de la fréquence.* ▷ PHYS NUCL Temps nécessaire pour que l'activité d'un corps radioactif diminue de moitié sous l'effet de sa désintégration. ▷PHYSIOL *Périodes menstruelles :* menstrues. **II.** Ensemble d'éléments, de phénomènes formant un tout, susceptible de se reproduire. **1.** MATH Suite de chiffres qui se reproduit dans un nombre fractionnaire (Ex. : 2, 7 et 0 dans le nombre $\frac{100}{37}$ = 2,702 702 702...) ▷ Nombre qui ne change pas la valeur d'une fonction périodique lorsqu'on l'ajoute à la variable. **2.** CHIM Ensemble des éléments qui se trouvent sur une même ligne du tableau de la classification périodique des éléments. **III. 1.** RHET Phrase composée de plusieurs propositions se succédant harmonieusement et dont la réunion forme un sens complet. **2.** Par anal. MUS Suite de phrases mélodiques formant un tout. **B.** n. m. Vx ou litt. *Le plus haut période :* l'apogée, le plus haut degré. *La puissance du royaume était à son plus haut période.* – Lat. *periodus,* du gr. *periodos,* « circuit ».

périodicité [peʀjɔdisite] n. f. Nature de ce qui est périodique, de ce qui survient, se produit à intervalles réguliers. – De *périodique.*

périodique [peʀjɔdik] adj. et n. m. **1.** Qui se reproduit à des intervalles de temps réguliers. *Phénomènes périodiques.* ▷ *Publication (journal, etc.) périodique,* qui paraît à intervalles réguliers. – n. m. Revue, magazine périodique. ▷ *Spécial.* Qui a rapport à la menstruation, aux précautions d'hygiène qu'elle impose. *Serviette* périodique.* **2.** PHYS Se dit d'une grandeur qui reprend la même valeur, d'un phénomène qui retrouve le même état au bout d'un intervalle de temps déterminé. – MATH *Fonction périodique,* qui reprend la même valeur si on ajoute à la variable une quantité fixe (période). ▷ *Fraction périodique :* nombre fractionnaire qui possède une période. **3.** CHIM *Classification périodique :* classification en tableau des éléments chimiques (V. élément). **4.** RHET *Style périodique,* dans lequel dominent les périodes (sens III, 1). – Lat. *periodicus,* gr. *periodikos.*

périodiquement [peʀjɔdikmɑ̃] adv. De façon périodique. – De *périodique.*

périoste [peʀjɔst] n. m. ANAT Membrane fibreuse qui entoure les os et joue un rôle important dans leur croissance et leur vascularisation. – Du gr. *periosteos,* « qui entoure les os ».

périostique [peʀjɔstik] adj. ANAT Relatif au périoste. – De *périoste.*

périostite [peʀjɔstit] n. f. MED Inflammation aiguë ou chronique du périoste. – De *périoste,* et *-ite* 1.

péripatéticien, enne [peʀipatetisjɛ̃, ɛn] adj. et n. PHILO Qui suit la doctrine d'Aristote. – Relatif à la doctrine d'Aristote ▷ Subst. *Les péripatéticiens.* – De *péripatétique.*

péripatéticienne [peʀipatetisjɛn] n. f. Plaisant Prostituée qui racole dans la rue. – Par allus. au gr. *peripatein,* « se promener ».

péripatétique [peʀipatetik] adj. PHILO Vx Qui appartient au péripatétisme, à la philosophie, à la doctrine d'Aristote. – Lat. *peripateticus,* du gr. *peripatein,* « se promener », à cause de l'habitude qu'avait Aristote d'enseigner en se promenant avec ses disciples.

péripatétisme [peʀipatetism] n. m. PHILO Vx Philosophie d'Aristote; aristotélisme. – De *péripatétique.*

péripétie [peʀipesi] n. f. **1.** LITTER Chacun des changements qui affectent la situation dans une œuvre narrative. – *Spécial.* Brusque revirement menant au dénouement d'une intrigue. **2.** *Par ext.* Incident, circonstance imprévue. *Son voyage a été riche en péripéties.* – Gr. *peripeteia,* « événement imprévu ».

périphérie [peʀifeʀi] n. f. **1.** GEOM Contour d'une figure curviligne. – Surface extérieure d'un corps. **2.** Par ext. *La périphérie :* les quartiers d'une ville les plus éloignés du centre; les faubourgs. – Bas lat. *peripheria,* mot gr., « circonférence ».

périphérique [peʀifeʀik] adj. et n. m. **1.** adj. Qui est situé à la périphérie. *Quartiers périphériques. Le boulevard périphérique* ou, n. m., *le périphérique.* ▷ *Radio périphérique,* qui émet à partir d'un pays limitrophe. ▷ ANAT *Système nerveux périphérique :* partie du système cérébrospinal comprenant les nerfs et les ganglions nerveux. **2.** n. m. INFORM Appareil relié à un ordinateur (organe d'entrée-sortie, mémoire auxiliaire, etc.). – adj. *Les organes périphériques d'un ordinateur.* – De *périphérie.*

périphlébite [peʀiflebit] n. f. MED Inflammation du tissu conjonctif qui entoure les veines. – De *péri-,* et *phlébite.*

périphrase [peʀifʀɑz] n. f. **1.** Figure consistant à dire en plusieurs mots ce qu'on pourrait dire en un seul. (Ex. : *l'astre du jour,* pour *le Soleil.*) **2.** Circonlocution, détour de langage. – Lat. *periphrasis,* mot gr. de *periphrazein,* « parler par circonlocutions ».

périphrastique [peʀifʀastik] adj. Didac. **1.** Qui est de la nature de la périphrase. **2.** Qui abonde en périphrases. *Style périphrastique.* – De *périphrase.*

périple [peʀipl] n. m. **1.** Voyage maritime autour d'une mer ou d'un continent. **2.** *Par ext.* Grand voyage touristique. – Lat *periplus*, gr. *periplous*, de *pleîn*, « naviguer ».

périptère [peʀiptɛʀ] n. m. et adj. ARCHI Temple, édifice entouré d'un seul rang de colonnes isolées du mur. ▷ adj. *Temple périptère.* – Lat. et gr. *peripteros.*

périr [peʀiʀ] v. intr. [3] Litt. **1.** Mourir. « *Sachons vaincre ou sachons périr* » *(Chant du départ).* **2.** MAR Disparaître (en mer), sombrer. **3.** (Choses) Tomber en ruine, disparaître. *Sa gloire ne périra pas.* – Lat. *perire.*

périscope [peʀiskɔp] n. m. Appareil d'optique à prismes (ou à miroirs) et à lentilles, permettant l'observation d'objets situés en dehors du champ de vision de l'observateur. *Périscope d'un sous-marin.* – Du gr. *periskopeîn*, « regarder autour ».

périscopique [peʀiskɔpik] adj. **1.** OPT *Verres périscopiques* : verres correcteurs à grand champ. **2.** MAR *Immersion périscopique* : immersion d'un sous-marin à une profondeur faible qui permet l'usage du périscope. – De *périscope.*

périsperme [peʀispɛʀm] n. m. BOT Partie du nucelle qui subsiste après le développement de l'albumen, dans certaines graines (nénuphar, poivre, etc.). – De *péri-*, et *sperme.*

périssable [peʀisabl] adj. Qui est appelé à périr. *Un bonheur périssable.* Syn. fragile, éphémère. Ant. durable. ▷ *Denrées périssables*, qui ne se conservent pas longtemps. – De *périr.*

périssodactyles [peʀisɔdaktil] n. m. pl. ZOOL Ordre de mammifères ongulés dont le pied repose sur le sol par un nombre impair de doigts. *Le cheval, le tapir, le rhinocéros sont des périssodactyles.* – Sing. *Un périssodactyle.* – Gr. *perissodaktules*, de *perissos*, « surnuméraire, impair », et *daktulos*, « doigt ».

périssoire [peʀiswaʀ] n. f. Petite embarcation plate et allongée, manœuvrée au moyen d'une pagaie double. – De *périr*; « embarcation *qui périt*, chavire facilement ».

périssologie [peʀisɔlɔʒi] n. f. **1.** GRAM Pléonasme. (Ex. : *Descendre en bas.*) **2.** RHET Procédé de style consistant à répéter plusieurs fois sous diverses formes la même idée sur laquelle on veut insister. – Gr. *perissologia*, de *perissos*, « superflu ».

péristaltique [peʀistaltik] adj. PHYSIOL Relatif au péristaltisme. *Mouvement péristaltique.* – Gr. *peristaltikos*, de *peristellein*, « envelopper, comprimer ».

péristaltisme [peʀistaltism] n. m. PHYSIOL Onde de contraction automatique et conjuguée des fibres longitudinales et circulaires de l'œsophage et de l'intestin, se propageant de proche en proche et assurant le cheminement du contenu du tube digestif. – De *péristaltique.*

péristome [peʀistom] n. m. **1.** ZOOL Bord libre de l'ouverture de la coquille des gastéropodes. ▷ Chez les infusoires ciliés, ouverture en entonnoir tapissée de cils, au fond de laquelle se forment les vacuoles digestives. **2.** BOT Bord poilu de l'ouverture de l'urne, chez les mousses. – De *péri-*, et gr. *stoma*, « bouche ».

péristyle [peʀistil] n. m. ARCHI Colonnade qui entoure un édifice, une cour intérieure, etc. – *Par ext.* Galerie constituée sur une de ses faces par des colonnes et sur l'autre par le mur même du monument. – Lat. *peristylum*, gr. *peristulon.*

péritélévision [peʀitelevizjɔ̃] n. f. Ensemble des appareils qui peuvent être connectés à un poste de télévision (magnétoscope, jeux électroniques, etc.). – De *péri-*, et *télévision.*

périthèce [peʀitɛs] n. m. BOT Organe en forme de bouteille, percé d'un orifice étroit, qui contient les asques de certains champignons, généralement microscopiques (champignons agents du black-rot, de l'ergot de seigle, de l'oïdium, notam.). – De *péri-*, et gr. *thêkê*, « boîte, étui ».

péritoine [peʀitwan] n. m. ANAT Membrane séreuse constituée d'un feuillet pariétal appliqué contre les parois abdominale et pelvienne, et d'un feuillet viscéral qui recouvre ou engaine les organes de la cavité abdomino-pelvienne. – Lat. *peritonæum*, du gr. méd. *peritonaion*, « ce qui est tendu autour ».

péritonéal, ale, aux [peʀitɔneal, o] adj. ANAT Relatif au péritoine. – De *péritoine.*

péritonite [peʀitɔnit] n. f. MED Inflammation du péritoine. – Lat. méd. *peritonitis.*

périurbain ou **péri-urbain** [peʀiyʀbɛ̃, ɛn] adj. Qui est situé à la périphérie immédiate d'une ville. – De *péri-*, et *urbain.*

perle [pɛʀl] n. f. **1.** Concrétion globuleuse d'un blanc irisé, formée de couches de nacre concentriques extrêmement minces, que certains mollusques lamellibranches sécrètent autour des corps étrangers. *Perle fine, de culture. Les perles de culture sont obtenues en introduisant des impuretés (généralement des morceaux de perles de mauvaise qualité) dans le manteau des huîtres.* **2.** *Par ext.* Petite boule percée en bois, en métal, en verre, etc. *Enfiler des perles pour faire un collier.* ▷ Fig., fam. *Enfiler des perles* : perdre son temps à des futilités. **3.** (Par comparaison.) Ce qui ressemble à une perle, qui est rond et brillant comme une perle. *Perles de sang, de sueur.* ▷ Litt., fig., vx Dent fine et très blanche. *Son sourire découvrait une rangée de perles.* **4.** ARCHI Petit grain rond, taillé dans une moulure appelée *baguette.* **5.** Fig. Personne, chose sans défaut. *La perle des maris.* ▷ *Spécial.* Employée de maison irréprochable. **6.** (Par antiphrase.) Absurdité, ineptie, souvent chargée involontairement d'un sens plus ou moins burlesque. *Perle trouvée dans une copie d'examen.* **7.** ENTOM Insecte ptérygote, proche de l'éphémère. – Ital. *perla*, altér. du lat. *perna*, « coquillage ».

perlé, ée [pɛʀle] adj. **1.** Orné de perles. **2.** En forme de perle. *Orge perlé.* ▷ Fig. À la suite (à la manière dont sont enfilées les perles). *Grève perlée* : V. grève 2. **3.** Qui a des reflets nacrés comme la perle. *Coton perlé.* **4.** Litt., fig. *Rire perlé*, frais et clair. – De *perle.*

perlèche [pɛʀlɛʃ] ou **pourlèche** [puʀlɛʃ] n. f. MED Ulcération contagieuse de la commissure des lèvres. – De *perlécher*, dial., « pourlécher ».

perler [pɛʀle] v. [1] **1.** v. tr. Vieilli Soigner, faire parfaitement. – Pp. adj. *Un ouvrage perlé.* **2.** v. intr. Former des gouttes (en parlant d'un liquide). *Un front où perle la sueur.* – De *perle.*

perlier, ère [pɛʀlje, ɛʀ] adj. Relatif aux perles. *Industrie perlière.* ▷ *Huître perlière*, qui peut produire, sécréter des perles. – De *perle.*

perlimpinpin [pɛʀlɛ̃pɛ̃pɛ̃] n. m. V. poudre. – Onomat.

perlingual, ale, aux [pɛʀlɛ̃gɥal; pɛʀlɛ̃gwal, o] adj. MED Qui est résorbé par la langue. *Médicament absorbé par voie perlinguale*, qu'on laisse fondre sous la langue. – Du lat. *per-*, « à travers », et *lingual.*

1. perlot [pɛʀlo] n. m. Pop., vx Tabac. – De *semperlot*, p.-ê. de *semper virens*, « chèvrefeuille ».

2. perlot [pɛʀlo] n. m. Petite huître des côtes de la Manche. – De *perle.*

perluète [pɛʀlɥɛt] n. f. Signe typographique (&) signifiant « et », surtout utilisé auj. dans les dénominations de maisons de commerce et d'industrie. – Probabl. du rad. lat. *perna*, « coquillage ».

permafrost [pɛʀmafʀɔst] n. m. (Anglicisme) PEDOL Couche du sous-sol gelée en permanence, dans les régions froides. Syn. pergélisol. – Mot amér. de *perma(nent)*, et *frost*, « gel, gelée ».

permalloy [pɛʀmalɔj] n. m. METALL Alliage de fer et de nickel, de grande perméabilité magnétique. – Nom déposé ; mot angl., de *perm(eable)*, et *alloy*, « alliage ».

permanence [pɛʀmanɑ̃s] n. f. **1.** Caractère de ce qui est constant, immuable. *Le transformisme nie la permanence des espèces.* **2.** Service assurant le fonctionnement d'un organisme de façon continue ; local où il fonctionne. *La permanence d'un commissariat de police.* **3.** Dans un collège, un lycée, salle d'études surveillée où restent les élèves qui ne sont pas en cours. **4.** Loc. adv. *En permanence* : d'une façon permanente, sans interruption. – Lat. médiév. *permanentia*.

permanent, ente [pɛʀmanɑ̃, ɑ̃t] adj. et n. **I.** adj. **1.** Qui dure sans s'interrompre, ni changer. *Assurer une veille permanente.* Syn. constant, continu. Ant. passager. ▷ *Cinéma, spectacle permanent*, dont les séances se succèdent sans interruption. ▷ *Ondulation permanente* ou, n. f., *une permanente* : traitement destiné à donner aux cheveux une ondulation durable. **2.** Qui est établi à demeure ; qui existe quelle que soit la situation. *Armée permanente. Comité permanent.* Ant. provisoire, extraordinaire. **II.** n. m. Membre d'une organisation (en partic., d'un parti, d'un syndicat) qui est rémunéré pour pouvoir s'occuper à plein temps des tâches administratives. – Lat. *permanens*, ppr. de *permanere*, « demeurer jusqu'au bout ».

permanganate [pɛʀmɑ̃ganat] n. m. CHIM Sel d'un composé oxygéné du manganèse, de formule $HMnO_4$. – (En appos.) *Ion permanganate* : ion oxydé du manganèse (MnO_4^-). – *Permanganate de potassium* ($KMnO_4$) : oxydant puissant en milieu acide, utilisé comme antiseptique (épuration des eaux, teinturerie, etc.). – De *per-*, et *manganate*.

perme [pɛʀm] n. f. Fam. Abrév. de *permission* (sens 2).

perméabilité [pɛʀmeabilite] n. f. PHYS Propriété des corps perméables. ▷ *Perméabilité magnétique* : aptitude d'un corps à se laisser traverser par un flux d'induction. ▷ BIOL *Perméabilité membranaire* : perméabilité sélective de la membrane cellulaire, qui ne laisse passer que certaines substances. – De *perméable*.

perméable [pɛʀmeabl] adj. **1.** Qui peut être pénétré ou traversé par un liquide, en partic. par l'eau. *Terrain perméable.* ▷ *Perméable à* : qui se laisse pénétrer, traverser par. *Matière perméable à la lumière.* **2.** Fig. Qui se laisse toucher par une idée, une influence. *Il est perméable aux idées nouvelles.* – Bas lat. *permeabilis*, de *permeare*, « passer à travers ».

perméance [pɛʀmeɑ̃s] n. f. ELECTR Pénétrabilité d'un circuit par un flux magnétique. – De *perméable*.

permettre [pɛʀmɛtʀ] v. [60] **I.** v. tr. **1.** Ne pas interdire, ne pas empêcher (qqch). *Permettre qqch à qqn.* ▷ *Permettre de* (+ inf.) : donner liberté, pouvoir de. *Permettez-moi de sortir.* – *Permettre que* (+ subj.). *Permettrez-vous qu'il vienne ?* ▷ (Dans une formule de politesse.) *Permettez-moi de me retirer.* **2.** (Sujet n. de chose.) Ne pas s'opposer à ; rendre possible. *Laisser-aller qui permet tous les excès. Sa fortune lui permettait des caprices coûteux.* ▷ *Permettre de* (+ inf.) : donner le moyen, la possibilité de. *Dès que mes affaires me permettront d'aller vous voir...* ▷ Impers. *Il est permis*, possible. *Il est permis de penser qu'il se trompe.* – *Il vous est permis de*, loisible de. **II.** v. pron. **1.** S'accorder, s'allouer. *Il ne se permet que quelques instants de repos.* ▷ S'autoriser. *Elle se permet bien des familiarités.* – (Pour atténuer la formulation d'une observation, d'un reproche.) *Je me permettrai une petite critique.* **2.** Se donner la licence, prendre la liberté de. *Il s'est permis de dire que...* – Lat. *permittere*, sous l'infl. de *mettre*.

permien, enne [pɛʀmjɛ̃, ɛn] adj. et n. m. GEOL Se dit de la période terminale du primaire, qui succéda au carbonifère. – n. m. *Le permien a duré env. 40 millions d'années.* – De *Perm*, v. de Russie d'Europe, dans une rég. où le terrain formé à cette période est partic. étendu.

permis [pɛʀmi] n. m. Autorisation écrite délivrée par une administration. *Permis de conduire.* – *Permis à points* : permis de conduire constitué d'un certain nombre de points qui peuvent être retranchés selon un barème correspondant aux diverses infractions. – Pp. subst. de *permettre*.

permissif, ive [pɛʀmisif, iv] adj. Qui admet facilement, qui permet ou tolère des comportements, des pratiques que d'autres réprouveraient ou tendraient à réprimer. – Sur l'angl. *permissive*, « qui permet ».

permission [pɛʀmisjɔ̃] n. f. **1.** Action de permettre ; son résultat. *Demander, accorder une permission.* **2.** Congé accordé à un militaire. – Temps de ce congé. – Titre qui l'atteste. *Faire signer sa permission.* (Abrév. fam. : perme). – Lat. *permissio*, de *permittere*, « permettre ».

permissionnaire [pɛʀmisjɔnɛʀ] n. m. **1.** Soldat en permission. **2.** Porteur d'un permis, d'une permission. – De *permission*.

permissivité [pɛʀmisivite] n. f. Fait d'être permissif. – De l'angl. *permissiveness*.

permittivité [pɛʀmitivite] n. f. ELECTR Caractéristique électrique d'un milieu peu conducteur. *Permittivité absolue* (exprimée en farads par mètre) : quotient de l'excitation électrique par le champ électrique. *Permittivité relative* (nombre sans dimension) : quotient de la permittivité absolue du milieu par celle du vide. – Angl. *permittivity*, de *to permit*, « permettre ».

permutabilité [pɛʀmytabilite] n. f. Caractère de ce qui est permutable. – De *permutable*.

permutable [pɛʀmutabl] adj. Qui peut être permuté. ▷ MATH *Éléments permutables*, que l'on peut intervertir sans changer le résultat. – De *permuter*.

permutation [pɛʀmytasjɔ̃] n. f. **1.** Action de permuter ; échange d'emploi, de poste, d'heures de service. – *Par ext.* Transposition effectuée entre deux choses. ▷ MATH *Permutation de* n *objets*, ensemble d'arrangements différents que peuvent prendre ces *n* objets. *Le nombre de permutations possibles de* n *objets est égal à* n ! (factorielle *n* : $1 \times 2 \times 3 \times ... \times n$). **2.** CHIM *Permutation d'atomes.* – Lat. *permutatio*.

permuter [pɛʀmyte] v. [1] **1.** v. tr. Mettre une chose à la place d'une autre et réciproquement. *Permuter les chiffres d'un nombre.* **2.** v. intr. Échanger son emploi, son poste, ses heures de service, etc. (avec qqn). – Du lat. *permutare*, « changer complètement », de *mutare*.

pernicieusement [pɛʀnisjøzmɑ̃] adv. D'une manière pernicieuse. – De *pernicieux*.

pernicieux, euse [pɛʀnisjø, øz] adj. **1.** Vx Nocif. *Cela est pernicieux à la santé.* ▷ Mod. Nuisible moralement, malfaisant. *Exemple pernicieux.* **2.** MED Se dit de certaines formes graves de maladies, dues à la nature même de celles-ci. *Fièvre, anémie pernicieuse.* – Lat. *perniciosus*, de *pernicies*, « ruine », de *nex, necis*, « mort violente ».

péroné [peʀɔne] n. m. ANAT Os long, situé à la partie externe de la jambe, parallèle au tibia, et qui s'articule en bas avec le calcanéum et l'astragale. – Du gr. *peronê*, propr. « cheville, agrafe ».

péronier, ère [peʀɔnje, ɛʀ] adj. et n. m. **1.** adj. ANAT Relatif au péroné. **2.** n. m. Chacun des muscles (*péronier antérieur court* et *péronier latéral long*) qui s'insèrent en haut sur le péroné et en bas sur les métatarsiens. – De *péroné*.

péronisme [peʀɔnism] n. m. HIST, POLIT Système politique instauré en Argentine par le président Perón, inspiré du corporatisme mussolinien, qui alliait réformes sociales et dirigisme. – De J.D. *Perón* (1895-1974), président de la république Argentine de 1946 à 1955 puis de 1973 à sa mort.

péronnelle [peʀɔnɛl] n. f. Fam., vieilli Femme sotte, bavarde et impertinente. – Nom d'une héroïne de chanson du XVe s., forme pop. du prénom *Pétronille.*

péronosporacées [peʀɔnospɔʀase] ou **péronosporales** [peʀɔnospɔʀal] n. f. pl. BOT Ordre de champignons, pour la plupart parasites de plantes supérieures (ex. : le mildiou). – Sing. *Une péronosporacée* ou *une péronosporale.* – Du gr. *peronê,* «agrafe», et *spora,* «semence».

péroraison [peʀɔʀɛzɔ̃] n. f. Conclusion d'un discours. ▷ *Par ext.* Dernière partie. *Péroraison d'une cantate.* – Lat. *peroratio,* d'ap. *oraison.*

pérorer [peʀɔʀe] v. intr. [1] Parler longuement et avec prétention, emphase. – Lat. *perorare,* «plaider, exposer jusqu'au bout».

péroreur, euse [peʀɔʀœʀ, øz] n. et adj. Personne qui pérore. – De *pérorer.*

per os [peʀɔs] loc. Par la bouche. *Médicament à prendre per os.* – Loc. latine.

pérot [peʀo] n. m. SYLVIC Baliveau âgé de deux fois le temps qui sépare les coupes. – De *père.*

peroxo-. CHIM Préfixe indiquant la présence du groupement -O-O-, appelé *pont peroxo,* dans un composé. (Ex. : acide peroxomonoacétique, de formule CH_3-C-O-O-OH.) – De *per-,* et *oxyde.*

peroxydase [peʀɔksidaz] n. f. BIOCHIM Enzyme qui décompose les peroxydes en libérant de l'oxygène actif (qui se fixe ensuite sur un corps oxydable). – De *per-,* et *oxydase.*

peroxyde [peʀɔksid] n. m. CHIM Composé contenant le pont peroxo. *Peroxyde d'hydrogène* (H_2O_2) : eau* oxygénée. – De *per-,* et *oxyde.*

peroxyder [peʀɔkside] v. tr. [1] CHIM Transformer (un composé) en peroxyde. – De *peroxyde.*

perpendiculaire [pɛʀpɑ̃dikylɛʀ] adj. et n. f. **1.** Qui forme un angle droit. *Droites, plans perpendiculaires.* – *Perpendiculaire à* : qui forme un angle droit avec. *Le garage est perpendiculaire au corps de logis.* ▷ n. f. *Abaisser une perpendiculaire,* une droite perpendiculaire (dite aussi *normale*). **2.** Litt. Perpendiculaire au plan de l'horizon; vertical. *Falaise perpendiculaire.* **3.** ARCHI *Style perpendiculaire* : variété du gothique anglais (XIVe-XVIe s.) caractérisée par la substitution de lignes droites aux courbes du flamboyant. – Lat. *perpendicularis,* de *perpendiculum,* «fil à plomb», de *pendere,* «laisser pendre».

perpendiculairement [pɛʀpɑ̃dikylɛʀmɑ̃] adv. **1.** De façon perpendiculaire. **2.** Verticalement. – De *perpendiculaire.*

perpendicularité [pɛʀpɑ̃dikylaʀite] n. f. État, caractère de ce qui est perpendiculaire. – De *perpendiculaire.*

perpète (à) ou **perpette (à)** [apɛʀpɛt] loc. adv. Pop. À perpétuité, indéfiniment. ▷ Très loin. – Dimin. de *perpétuité.*

perpétration [pɛʀpetʀasjɔ̃] n. f. DR ou litt. Accomplissement (d'un acte malfaisant ou criminel). – Lat. *perpetratio.*

perpétrer [pɛʀpetʀe] v. tr. [14] DR ou litt. Commettre (un acte criminel). *Perpétrer un meurtre.* – Lat. *perpetrare,* «accomplir».

perpétuation [pɛʀpetɥasjɔ̃] n. f. Litt. Action de perpétuer; son résultat. – De *perpétuer.*

perpétuel, elle [pɛʀpetɥɛl] adj. **1.** Qui ne finit jamais, qui ne doit jamais finir; qui ne cesse pas. ▷ *Mouvement perpétuel* : mouvement qui ne cesserait jamais, une fois amorcé; mouvement d'une machine qui produirait au moins autant d'énergie qu'elle en consommerait. **2.** Qui dure toute la vie. *Pension perpétuelle.* ▷ (Personnes) Qui est tel à vie. *Secrétaire perpétuel.* **3.** Continuel, incessant. *Une perpétuelle hantise de la maladie.* **4.** *Par ext.* (Plur.) Fréquents, qui reviennent sans cesse. *Des reproches perpétuels.* – Lat. *perpetualis,* «universel», de *perpetuus,* «qui dure toujours».

perpétuellement [pɛʀpetɥɛlmɑ̃] adv. **1.** Toujours; sans cesse. *Être perpétuellement inquiet.* **2.** Fréquemment, habituellement. *Ils se disputent perpétuellement.* – De *perpétuel.*

perpétuer [pɛʀpetɥe] **1.** v. tr. [1] Rendre perpétuel, faire durer toujours ou longtemps. *Perpétuer le souvenir de qqn.* **2.** v. pron. Durer, se maintenir. *Coutume qui se perpétue. Espèces qui se perpétuent.* – Lat. *perpetuare.*

perpétuité [pɛʀpetɥite] n. f. Caractère de ce qui est perpétuel; durée perpétuelle ou très longue. ▷ Loc. adv. *À perpétuité* : pour toujours; pour toute la vie. *Être condamné à la détention à perpétuité.* – Lat. *perpetuitas,* «continuité».

perplexe [pɛʀplɛks] adj. Irrésolu, hésitant sur le parti à prendre. *Cette histoire me laisse perplexe.* – Lat. *perplexus,* «embrouillé», de *plectere,* «tresser».

perplexité [pɛʀplɛksite] n. f. État d'une personne perplexe; irrésolution, embarras. – Du bas lat. *perplexitas,* «enchevêtrement», de *perplexus* (V. perplexe).

perquisition [pɛʀkizisjɔ̃] n. f. Recherche opérée dans un lieu (généralement au domicile d'un prévenu) pour trouver des objets, des documents, etc., utiles à une enquête, une instruction. ▷ *Mandat de perquisition* : acte par lequel un juge d'instruction charge un officier de police de procéder à une perquisition. – Bas lat. *perquisitio,* «recherche».

perquisitionner [pɛʀkizisjɔne] v. intr. [1] Faire une perquisition. – De *perquisition.*

perré [peʀe] n. m. CONSTR Revêtement de pierres ou de maçonnerie qui protège un talus, le pied d'un ouvrage, etc., contre l'action de l'eau ou les glissements de terrain. – De *pierre.*

perron [peʀɔ̃] n. m. Escalier extérieur se terminant par un palier de plain-pied avec la porte d'entrée d'une maison, d'un édifice. – De *pierre.*

perroquet [peʀɔkɛ] n. m. **I. 1.** Grand oiseau percheur (fam. psittacidés) au plumage généralement orné de couleurs éclatantes, au fort bec arqué, capable d'imiter la parole humaine. ▷ Fig. Personne qui répète sans comprendre ce qu'elle a entendu. **2.** Pastis additionné de sirop de menthe. **II.** MAR ANC Voile carrée qui surmonte le hunier. ▷ *Perroquet de fougue* : hunier du mât d'artimon. – De *Paroquet,* n. pr., dimin. de *Perrot,* lui-même dimin. de *Pierre.*

perruche [peʀyʃ] n. f. **1.** Oiseau grimpeur des pays chauds, semblable à un petit perroquet. ▷ Fig. Femme bavarde, évaporée et sans cervelle. **2.** MAR Voile qui surmonte le hunier du mât d'artimon (V. perroquet de fougue). – De l'a. fr. *perrique,* même orig. que *perroquet.*

perruque [peʀyk] n. f. **1.** Coiffure postiche. **2.** PECHE Ligne emmêlée, entortillée. **3.** Fig., vx *Vieille perruque* : personne âgée aux idées étroites et rétrogrades. **4.** Pop. Travail que l'employé fait en fraude, pour son propre compte, pendant les heures ouvrables ou en se servant de la matière première, des pièces, etc., appartenant à son employeur. – *Par ext.* (Dans la presse, l'édition, etc.) Travail effectué pour son propre compte au siège de l'entreprise. – P.-ê. du lat. *pilus,* «poil», qu'évoque l'esp. *peluca.*

perruquier [peʀykje] n. m. Fabricant de perruques, de postiches. – De *perruque.*

pers, perse [pɛʀ, pɛʀs] adj. Litt. D'une couleur entre le bleu et le vert. *Athéna, la déesse aux yeux pers.* – Du bas lat. *persus,* class. *persicus,* « persan » (plus. colorants étant jadis importés de Perse).

persan, ane [pɛʀsɑ̃, an] adj. et n. **1.** adj. De Perse (de la conquête arabe - VIIe s. - jusqu'en 1935), auj. Iran. *Tapis persan. Miniature persane.* - *Chat persan :* chat à longs poils soyeux de couleurs variées, aux yeux orangés, bleus ou verts. ▷ Subst. *Un(e) Persan(e).* **2.** n. m. *Le persan :* langue de la famille iranienne, issue du moyen perse, ou *pehlvi,* et notée en caractères arabes. *Le persan, langue nationale de l'Iran, est également l'une des deux langues officielles de l'Afghānistān.*

1. perse [pɛʀs] adj. et n. De l'ancienne Perse (av. la conquête arabe). *La civilisation, la religion perses.* ▷ Subst. *Les Mèdes et les Perses.* – Bas lat. *persus.*

2. perse [pɛʀs] n. f. Toile imprimée fabriquée autrefois en Inde (mais supposée persane). – De *perse* 1.

persécuté, ée [pɛʀsekyte] adj. (et n.) **1.** Qui est en butte à des persécutions. **2.** PSYCHO Qui est atteint du délire de persécution. – Pp. de *persécuter.*

persécuter [pɛʀsekyte] v. tr. [1] **1.** Faire souffrir par des traitements tyranniques et cruels. *Néron persécuta les chrétiens.* **2.** Importuner, harceler. *Ses créanciers le persécutent.* – De *persécuteur.*

persécuteur, trice [pɛʀsekytœʀ, tʀis] adj. et n. Qui persécute. - Subst. Tourmenteur, bourreau. – Bas lat. *persecutor,* de *persequi,* « poursuivre ».

persécution [pɛʀsekysjɔ̃] n. f. **1.** Action de persécuter. ▷ Tourment physique ou moral infligé avec opiniâtreté. *Les persécutions subies par les premiers chrétiens.* **2.** *Par ext.* Vexation, méchanceté que l'on fait subir à qqn. *Persécutions mesquines.* **3.** PSYCHO *Délire de persécution :* délire d'interprétation d'une personne qui croit être l'objet de malveillances systématiques. – Bas lat. *persecutio.*

persévérance [pɛʀseveʀɑ̃s] n. f. Constance dans l'effort, dans l'action; qualité d'une personne persévérante. – Lat. *perseverantia.*

persévérant, ante [pɛʀseveʀɑ̃, ɑ̃t] adj. Qui persévère. ▷ Qui a pour habitude de persévérer, de mener à bien ce qu'il a entrepris sans se décourager. – Lat. *perseverans,* et ppr. de *persévérer.*

persévération [pɛʀseveʀasjɔ̃] n. f. MED Persistance d'attitudes qui survivent aux causes physiques ou psychiques qui les ont motivées. – Lat. *perseveratio.*

persévérer [pɛʀseveʀe] v. intr. [14] **1.** Poursuivre avec une longue constance; persister dans une résolution, un sentiment. *Persévérer dans un dessein, dans l'erreur.* - Litt. *Il persévère à nier.* **2.** (Choses) Vx ou didac. Durer, continuer. *Son mal persévère.* – Lat. *perseverare,* de *severus,* « sévère ».

persicaire [pɛʀsikɛʀ] n. f. BOT Renouée (*Polygonum persicaria*) des lieux humides. – Lat. médiév. *persicaria,* de *persicus,* « pêcher, arbre de Perse ».

persienne [pɛʀsjɛn] n. f. Contrevent formé d'un châssis muni de lames disposées de manière à arrêter les rayons directs du soleil tout en laissant l'air circuler. – Fém. de l'anc. adj. *persien,* « de *Perse* ».

persiflage [pɛʀsiflaʒ] n. m. Action de persifler; propos, paroles d'une personne qui persifle. – De *persifler.*

persifler [pɛʀsifle] v. tr. [1] Tourner en ridicule sur le ton de la moquerie ou de l'ironie. – Du lat. *per-,* préf. à valeur intensive, et de *siffler.*

persifleur, euse [pɛʀsiflœʀ, øz] n. et adj. Personne qui persifle, qui a l'habitude de persifler. ▷ adj. *Un ton persifleur.* – De *persifler.*

persil [pɛʀsi(l)] n. m. Plante odorante (*Petroselinum sativum,* fam. ombellifères) dont les feuilles, très divisées, sont utilisées comme condiment. *Hacher de l'ail et du persil.* – Du lat. pop. *petrosilium,* class. *petroselinum* du gr. *petroselinon,* de *petra,* « roche », et *selinon,* « persil ».

persillade [pɛʀsijad] n. f. Assaisonnement à base de persil haché. ▷ Viande de bœuf servie avec cet assaisonnement. – De *persil.*

persillé, ée [pɛʀsije] adj. **1.** *Fromage persillé,* dont la pâte est ensemencée d'une moisissure spéciale. ▷ *Viande persillée,* parsemée d'infiltrations graisseuses. **2.** Assaisonné de persil haché. *Pommes vapeur persillées.* – De *persil.*

persillère [pɛʀsijɛʀ] n. f. Récipient, pot où l'on fait pousser du persil en toute saison. – De *persil.*

persique [pɛʀsik] adj. **1.** Vx De la Perse ancienne. ▷ *Le golfe Persique :* vaste golfe de l'océan Indien entre la péninsule arabique (Arabie) et l'Asie occid. (Irak, Iran). **2.** ARCHI *L'ordre persique :* l'un des aspects de l'ordre dorique. – Lat. *Persicus;* gr. *Persikos.*

persistance [pɛʀsistɑ̃s] n. f. **1.** Action de persister. *Sa persistance à nier l'évidence les accable.* - Fait de persister. *Persistance d'un courant perturbé d'ouest.* **2.** Caractère de ce qui est persistant, durable. *La persistance d'un remords.* – De *persister.*

persistant, ante [pɛʀsistɑ̃, ɑ̃t] adj. Qui dure, qui ne faiblit ou ne disparaît pas. *Bruit persistant.* ▷ *Feuillage persistant,* qui subsiste l'hiver. – Ppr. de *persister.*

persister [pɛʀsiste] v. intr. [1] **1.** *Persister dans un état d'esprit, un sentiment,* continuer de se trouver dans cet état d'esprit, d'éprouver ce sentiment. *Il persiste dans sa résolution.* ▷ *Persister à* (+ inf.) : continuer à. *Je persiste à penser que...* - Continuer avec détermination, opiniâtreté à. *« S'il persiste à demeurer chrétien... » (Corneille).* **2.** (Choses) Durer, subsister. *Toux qui persiste.* – Lat *persistere,* de *sistere,* « être placé, se tenir, s'arrêter ».

persona grata [pɛʀsɔnagʀata] loc. adj. inv. **1.** Se dit d'un représentant diplomatique lorsqu'il est agréé par le pays où il réside ou va résider. Ant. persona non grata. **2.** *Par anal.* En faveur, bien considéré. *Il est persona grata dans la haute finance.* – Mots lat., « personne bienvenue ».

personnage [pɛʀsɔnaʒ] n. m. **1.** Personne importante ou célèbre. *Personnage influent.* **2.** Personne fictive d'une œuvre littéraire ou théâtrale; rôle joué par un acteur. *Les personnages de Racine.* ▷ *Jouer un personnage :* adopter un comportement d'emprunt, tenter de se faire passer pour ce qu'on n'est pas. **3.** Personne considérée dans son apparence, son comportement. *Un curieux personnage.* - Péjor. *Grossier personnage!* **4.** BX-A Représentation d'un être humain dans une œuvre d'art. *Personnage allégorique.* – De *personne* 1.

personnalisation [pɛʀsɔnalizasjɔ̃] n. f. Action de personnaliser. – De *personnaliser.*

personnaliser [pɛʀsɔnalize] v. tr. [1] **1.** Adapter à chacun. *Personnaliser le crédit.* **2.** Donner à (ce qui existe à de multiples exemplaires) un caractère personnel, singulier, unique. *Personnalisez votre voiture.* – De *personnel.*

personnalisme [pɛʀsɔnalism] n. m. PHILO Tout système fondé sur la valeur spécifique, absolue ou transcendante de la personne. *Le personnalisme de E. Mounier.* – De *personne.*

personnaliste [pɛʀsɔnalist] adj. et n. PHILO Relatif au personnalisme; partisan du personnalisme. – De *personnalisme.*

personnalité [pɛʀsɔnalite] n. f. **1.** PSYCHO et cour. Ce qui caractérise une personne, dans son unité, sa singularité et sa permanence. *Troubles de la personnalité :* effets psychiques ou troubles du comportement dus à la dégradation de l'unité du moi. – *Test de personnalité :* test projectif*. **2.** Singularité naturelle ou acquise; originalité de caractère, de comportement. *Avoir une forte personnalité.* **3.** Personnage important (par sa fonction, sa position sociale, etc.). *Une personnalité politique.* **4.** Caractère de ce qui est personnel ou personnalisé. *Personnalité de l'impôt.* **5.** DR *Personnalité juridique :* capacité d'être sujet de droit. – Lat. *personalitas.*

1. personne [pɛʀsɔn] n. f. **1.** Individu, homme ou femme. *Un groupe de dix personnes.* ▷ *Spécial.* Jeune fille, jeune femme. *« Je dévorais d'un œil ardent les belles personnes » (Rousseau).* ▷ *Une (les) grande(s) personne(s) :* un (les) adulte(s). **2.** Individu considéré en lui-même. *« Je chéris sa personne et je hais son erreur » (Corneille).* ▷ Individu considéré quant à son apparence, à sa réalité physique, charnelle. *Il est assez bien fait de sa personne. Attenter à la personne de qqn,* à sa vie. ▷ *En personne :* soi-même (insistant sur la présence réelle, physique de qqn). *J'y étais, en personne.* – *C'est l'avarice en personne,* personnifiée. **3.** Être humain. *Le respect de la personne.* ▷ PHILO Être humain considéré en tant qu'individu conscient (du bien et du mal), doué de raison, libre et responsable. **4.** THEOL *Les personnes divines :* les trois personnes de la Trinité, Père, Fils et Saint-Esprit. (V. hypostase.) **5.** DR Individu ou être moral doté de l'existence juridique. *Personne civile* ou *personne morale :* être moral, collectif ou impersonnel (par opposition à *personne physique, individu*), auquel la loi reconnaît une partie des droits civils exercés par les citoyens. *Une commune est une personne civile.* **6.** GRAM *« Indication du rôle que tient celui qui est en cause dans l'énoncé, suivant qu'il parle en son nom (1re personne), qu'on s'adresse à lui (2e personne) ou qu'on parle de lui (3e personne) » (Marouzeau). Première, deuxième, troisième personne du singulier, du pluriel.* – Lat. *persona,* « masque de théâtre, rôle, caractère, personne », mot d'orig. étrusque.

2. personne [pɛʀsɔn] pron. indéf. m. **1.** Quelqu'un, quiconque. *Il joue mieux que personne.* **2.** Nul, aucun, pas un. *Personne n'est dupe. « Qui a sonné? – Personne. »*— De *personne* 1.

personnel, elle [pɛʀsɔnɛl] adj. et n. m. **I.** adj. **1.** Qui est propre à une personne; qui la concerne ou la vise particulièrement. *C'est son style personnel. Une attaque personnelle.* **2.** Relatif à la personne, aux personnes en général. *Une créance est un droit personnel* (opposé à *réel*). ▷ THEOL Relatif à la personne divine. **3.** GRAM Se dit des formes du verbe quand elles caractérisent une personne *(il chante),* par opposition à *impersonnel* (il pleut). ▷ *Pronom personnel,* qui représente l'une des trois personnes. – *Modes personnels :* modes du verbe dont les désinences indiquent les personnes grammaticales (indicatif, impératif, conditionnel, subjonctif). **4.** Vx Égoïste. ▷ Mod. *Joueur personnel,* sans esprit d'équipe. **II.** n. m. Ensemble des personnes employées dans un service, un établissement, etc., ou exerçant la même profession. *Le personnel d'une entreprise.* – Bas lat. *personalis,* « relatif à la personne ».

personnellement [pɛʀsɔnɛlmɑ̃] adv. **1.** En personne. *Contrôler personnellement.* **2.** Quant à (moi, toi, etc.). *Personnellement, je ne le blâme pas.* **3.** À titre personnel. *Une lettre adressée à qqn personnellement.* – De *personnel.*

personnification [pɛʀsɔnifikasjɔ̃] n. f. **1.** Action de personnifier; ce qui est personnifié. **2.** Type, incarnation. *Il est la personnification du courage.* – De *personnifier.*

personnifié, ée [pɛʀsɔnifje] adj. **1.** Figuré comme une personne. *« La Marseillaise » personnifiée par Rude.* **2.** *Il est la bonté personnifiée,* en personne, incarnée. – Pp. de *personnifier.*

personnifier [pɛʀsɔnifje] v. tr. [2] **1.** Attribuer à (une chose abstraite ou inanimée) la figure, le langage, etc., d'une personne. *Personnifier la mort.* **2.** Constituer en soi le modèle, l'exemple de. *Saint Louis personnifie la justice.* – De *personne,* et *-fier.*

perspectif, ive [pɛʀspɛktif, iv] adj. Qui représente selon les lois de la perspective. *Dessin perspectif.* – Lat. médiév. *perspectivus.*

perspective [pɛʀspɛktiv] n. f. **1.** Art de représenter les objets en trois dimensions sur une surface plane, en tenant compte des effets de l'éloignement et de leur position dans l'espace par rapport à l'observateur. **2.** Aspect que présentent un paysage, des constructions, etc., vus de loin. *Une agréable perspective.* **3.** Fig. Idée que l'on se fait d'un événement à venir. *La perspective de cette rencontre m'est désagréable.* ▷ Loc. adv. *En perspective :* en vue; dans l'avenir. *Avoir une belle situation en perspective.* **4.** Point de vue. *Se placer dans une perspective historique.* – Du lat. médiév. *perspectiva (ars),* « art perspectif », de *perspectus,* pp. de *perspicere,* « regarder à travers ».

perspectivisme [pɛʀspɛktivism] n. m. PHILO Fait que toute connaissance est « perspective », c.-à-d. relative aux besoins vitaux de l'être connaissant. ▷ Doctrine qui pose l'existence de ce fait. *Le perspectivisme de Nietzsche.* – De *perspectif.*

perspicace [pɛʀspikas] adj. Qui a de la perspicacité. – Lat. *perspicax,* de *perspicere,* « voir clairement ».

perspicacité [pɛʀspikasite] n. f. Capacité d'apercevoir, de juger de manière pénétrante, sagace. – Bas lat. *perspicacitas.*

perspiration [pɛʀspiʀasjɔ̃] n. f. PHYSIOL Ensemble des échanges respiratoires qui se font à travers la peau (avec élimination de vapeur d'eau, indépendamment des phénomènes de sudation). – Du lat. *perspirare,* « respirer partout ».

persuader [pɛʀsɥade] **1.** v. tr. et tr. indir. [1] Amener (qqn) à croire, à vouloir, à faire (qqch). *Je l'ai persuadé de la nécessité d'agir.* ▷ (Au passif.) *Nous en sommes persuadés,* convaincus, certains. **2.** v. pron. (Réfl.) Se faire croire à soi-même. *Elle s'est persuadé(e) qu'on lui mentait.* – Lat. *persuadere,* de *suadere,* « conseiller ».

persuasif, ive [pɛʀsɥazif, iv] adj. Qui a le pouvoir de persuader. *Ton, orateur persuasif.* – Bas lat. *persuasivus.*

persuasion [pɛʀsɥazjɔ̃] n. f. **1.** Action de persuader. *Obtenir par la persuasion.* **2.** Don de persuader. *Manquer de persuasion.* **3.** Fait d'être persuadé; conviction. *Avoir la persuasion de son infaillibilité.* – Lat. *persuasio.*

persuasivement [pɛʀsɥazivmɑ̃] adv. De façon persuasive. – De *persuasif.*

persulfate [pɛʀsylfat] n. m. CHIM Vieilli Peroxosulfate. Cf. peroxo-. – De *per-,* et *sulfate.*

persulfure [pɛʀsylfyʀ] n. m. CHIM Sulfure plus riche en soufre qu'un sulfure normal. – De *per-,* et *sulfure.*

perte [pɛʀt] n. f. **I. 1.** Fait d'être privé de qqch que l'on avait, que l'on possédait. *Perte d'un droit, d'un membre.* **2.** Dommage pécuniaire; quantité perdue (d'argent, de produits, etc.). *Essuyer des pertes. Perte sèche,* que rien ne vient compenser. *Vendre une marchandise à perte,* à un prix inférieur au prix d'achat ou de revient. **3.** Fait d'avoir égaré, perdu. *Perte d'un document.* **4.** Loc. *À perte de vue :* jusqu'au point extrême où porte la vue. – Fig. *Discourir à perte de vue,* interminablement, vainement. **II. 1.** Fait d'être privé par la mort de la présence d'une personne. *Éprouver une perte cruelle en la personne de...* **2.** Plur. (En parlant de personnes tuées dans une guerre, une catastrophe.) *Ce régiment a subi de grosses pertes.* **III. 1.** Ruine matérielle ou morale. *Courir à sa perte.* ▷ *Jurer la perte de qqn,* sa mort, sa ruine. **2.** Insuccès; issue malheureuse. *Perte d'un procès.* **3.** Mauvais emploi ; gaspillage. *Perte de temps et d'argent.* ▷ *En pure perte :* sans utilité, sans résultat. *Se dépenser en pure perte.* **IV. 1.** AERON *Avion en perte de vitesse,* dont la vitesse n'est plus suffisante pour le soutenir dans l'air. **2.** ELECTR *Perte en ligne :* perte d'énergie dans un conducteur, sous forme de chaleur. **3.** MED Plur. *Pertes de sang* ou *pertes :* hémorragie utérine. Syn. métrorragie. ▷ *Pertes blanches :* leucorrhée. **4.** PHYS *Perte de charge :* chute de pression dans un fluide en mouvement, due aux frottements. – Lat. pop. **perdita,* f. du pp. de *perdere,* « détruire, perdre ».

pertinemment [pɛʀtinamɑ̃] adv. De façon pertinente, judicieuse. – *Je sais pertinemment que,* de façon certaine, en toute connaissance de cause. – De *pertinent.*

pertinence [pɛʀtinɑ̃s] n. f. **1.** DR et cour. Caractère de ce qui est pertinent. **2.** Didac. Caractère d'un trait pertinent. – De *pertinent.*

pertinent, ente [pɛʀtinɑ̃, ɑ̃t] adj. **1.** DR Qui se rapporte exactement à la question, au fond de la cause. *Faits pertinents.* ▷ Cour. Approprié ; judicieux. *Remarque pertinente.* **2.** Didac. Se dit de tout trait caractéristique ou fonctionnel (partic. d'une langue) envisagé du point de vue choisi pour l'étude ou la description. – Lat. *pertinens,* ppr. de *pertinere,* « concerner ».

pertuis [pɛʀtɥi] n. m. **1.** Vx ou rég. Ouverture, trou. **2.** GEOGR Détroit resserré entre une île et la terre, ou entre deux îles. *Pertuis d'Antioche,* entre les îles de Ré et d'Oléron. *Pertuis breton,* entre la côte N. de l'île de Ré et la côte vendéenne. – De l'anc. v. *pertuiser,* autre forme de *percer.*

pertuisane [pɛʀtɥizan] n. f. HIST Hallebarde à fer long muni de deux oreillons symétriques (XVe-XVIIIe s.). – Alt. de l'ital. *partigiana,* d'ap. *pertuis.*

perturbateur, trice [pɛʀtyʀbatœʀ, tʀis] adj. et n. Qui cause du trouble, du désordre. *Force perturbatrice.* – Subst. *Des perturbateurs ont troublé la séance.* – Bas lat. *perturbator, trix.*

perturbation [pɛʀtyʀbasjɔ̃] n. f. **1.** Trouble, dérèglement dans l'état ou le fonctionnement d'une chose. ▷ ASTRO *Perturbation d'une planète,* écart entre la position qu'elle occupe réellement et la position qu'elle occuperait si elle était soumise à la seule action du Soleil. *L'étude des perturbations d'Uranus a permis à Le Verrier de prouver par le calcul l'existence de la planète Neptune.* ▷ METEO Ensemble de phénomènes atmosphériques (vent, nuages, précipitations) qui accompagnent la rencontre de deux masses d'air d'origines et de caractéristiques différentes, ou qui prennent naissance au sein d'une masse d'air instable. **2.** Trouble, bouleversement. *Perturbations sociales. Jeter la perturbation dans les esprits.* – Lat. *perturbatio.*

perturber [pɛʀtyʀbe] v. tr. [1] Troubler ; empêcher le déroulement ou le fonctionnement normal de. *Perturber une réunion.* – Lat. *perturbare.*

péruvien, enne [peʀyvjɛ̃, ɛn] adj. et n. Du Pérou, État andin d'Amérique du S. ▷ Subst. *Un(e) Péruvien(ne).* – Esp. *peruviano,* de *Perú* « Pérou ».

pervenche [pɛʀvɑ̃ʃ] n. f. (et adj. inv.) **1.** Plante dicotylédone (genre *Vinca,* fam. apocynacées), liane des sous-bois, rampante, aux fleurs tubulaires bleu clair (grande pervenche) ou mauves (petite pervenche). **2.** Couleur bleu-mauve. – adj. inv. *Des yeux pervenche.* – Lat. *pervinca.*

pervers, erse [pɛʀvɛʀ, ɛʀs] adj. et n. **1.** Litt. Porté à faire le mal, méchant. – Qui dénote la perversité. *« Une belle enfant méchante dont les yeux pervers... » (Verlaine).* ▷ Corrompu, dépravé. **2.** PSYCHO Atteint de perversion. – Subst. *Un(e) pervers(e).* ▷ *Spécial.* Atteint de perversion sexuelle. **3.** Loc. *Effet pervers :* conséquence indirecte, inattendue et fâcheuse. – Lat. *perversus,* « renversé, vicieux ».

perversement [pɛʀvɛʀsəmɑ̃] adv. Avec perversité. – De *pervers.*

perversion [pɛʀvɛʀsjɔ̃] n. f. **1.** Action de pervertir, fait de se pervertir ; changement en mal. *Perversion des mœurs.* **2.** PSYCHO Déviation des tendances, des instincts, qui se traduit par un trouble du comportement. ▷ *Perversion sexuelle :* recherche plus ou moins exclusive de la satisfaction des pulsions sexuelles par des pratiques telles que sadisme, masochisme, fétichisme, exhibitionnisme, etc. – Lat. *perversio,* « renversement ».

perversité [pɛʀvɛʀsite] n. f. **1.** Tendance à faire le mal et à en éprouver de la joie ; méchanceté. **2.** Action perverse. – Lat. *perversitas,* « dérèglement ».

pervertir [pɛʀvɛʀtiʀ] v. tr. [3] **1.** Faire changer en mal. *L'oisiveté et le luxe l'ont complètement perverti.* ▷ v. pron. *« Cet aimable enfant... n'avait pas tardé à se pervertir » (Aymé).* **2.** Dénaturer, altérer. *Interprétation qui pervertit le sens d'un texte.* – Lat. *pervertere,* « renverser, retourner ».

pervertissement [pɛʀvɛʀtismɑ̃] n. m. Litt. Action de pervertir, perversion. – De *pervertir.*

pesage [pəzaʒ] n. m. **1.** Action de peser ; mesure des poids. **2.** TURF Action de peser les jockeys avant une course. ▷ Enceinte réservée où l'on procède à cette opération. – De *peser.*

pesamment [pəzamɑ̃] adv. **1.** D'une manière pesante, en pesant d'un grand poids. *Sauter pesamment.* **2.** Fig. Avec lourdeur, sans grâce. *Écrire pesamment.* – De *pesant.*

pesant, ante [pəzɑ̃, ɑ̃t] adj. (et n. m.) **1.** Qui pèse, qui est lourd. *Fardeau pesant.* ▷ n. m. (En loc.) *Valoir son pesant d'or :* avoir une grande valeur, être d'un grand prix. **2.** PHYS Qui tend vers le centre de la Terre par l'action de la pesanteur. *Tous les corps sont pesants.* **3.** Lourd, lent. *Une démarche pesante.* – Fig. Qui manque de vivacité, de légèreté. *Quelle femme pesante ! Des plaisanteries pesantes.* **4.** Fig. Pénible, que l'on a du mal à supporter. *Une atmosphère pesante.* – Ppr. de *peser.*

pesanteur [pəzɑ̃tœʀ] n. f. **1.** Nature de ce qui est pesant. **2.** PHYS Force qui tend à entraîner les corps vers le centre de la Terre. – *Par ext.* Force d'attraction d'un astre quelconque. **3.** Défaut de vivacité, de légèreté, de grâce. *Pesanteur du style.* **4.** Sensation de poids due à une indisposition, à un malaise. *Pesanteur d'estomac.* Syn. lourdeur. – De *pesant.*

ENCYCL **Phys.** – Un corps placé à la surface de la Terre est soumis à une force de gravitation dirigée vers le centre de la Terre et à une force centrifuge due à la rotation de la Terre ; la résultante de ces deux forces est la force de pesanteur, dont le module F, appelé poids de ce corps, est égal au produit de la masse m du corps par l'intensité g de l'accélération de la pesanteur. $F = mg$ (F s'exprime en newtons, m en kilogrammes et g en m/s^2). La valeur de g est de 9,81 m/s^2 à Paris ; elle est plus forte aux pôles ($g = 9{,}83\ m/s^2$) et plus faible à l'équateur ($g = 9{,}78\ m/s^2$) ; à l'équateur, en effet, la force centrifuge est plus forte qu'aux pôles.

pèse. V. pèze.

pèse-acide [pɛzasid] n. m. TECH Aréomètre servant à mesurer la densité des solutions acides. *Des pèse-acide(s).* – De *peser,* et *acide.*

pèse-alcool [pɛzalkɔl] n. m. Syn. de *alcoomètre. Des pèse-alcool(s).* – De *peser,* et *alcool.*

pèse-bébé [pɛzbebe] n. m. Balance ou bascule conçue pour peser les nourrissons. *Des pèse-bébés.* – De *peser,* et *bébé.*

pesée [pəze] n. f. **1.** Quantité pesée en une fois. **2.** Action de peser, de mesurer un poids. *Double pesée,* permettant de compenser l'une par l'autre d'éventuelles erreurs instrumentales. **3.** Force, pression exercée sur qqch. *Faire pesée sur un levier.* – Pp. fém. subst. de *peser.*

pèse-lait [pɛzlɛ] n. m. inv. Syn. de *lacto-densimètre* et de *galactomètre.* – De *peser,* et *lait.*

pèse-lettre [pɛzlɛtʀ] n. m. Petite balance ou peson servant à peser les lettres. *Des pèse-lettres.* – De *peser,* et *lettre.*

pèse-personne [pɛzpɛʀsɔn] n. m. Petite bascule plate à ressort, munie d'un cadran permettant la lecture directe, sur laquelle on monte pour se peser. *Des pèse-personnes.* – De *peser,* et *personne.*

pesanteur [pəsɑ̃tœʀ] n. f. **1.** Nature de ce qui est pesant. **2.** PHYS Force qui tend à entraîner les corps vers le centre de la Terre. – *Par ext.* Force d'attraction d'un astre quelconque. **3.** Défaut de vivacité, de légèreté, de grâce. *Pesanteur du style.* **4.** Sensation de poids due à une indisposition, à un malaise. *Pesanteur d'estomac.* Syn. lourdeur. – De *pesant.*

ENCYCL **Phys.** – Un corps placé à la surface de la Terre est soumis à une force de gravitation dirigée vers le centre de la Terre et à une force centrifuge due à la rotation de la Terre; la résultante de ces deux forces est la force de pesanteur, dont le module F, appelé poids de ce corps, est égal au produit de la masse m du corps par l'intensité g de l'accélération de la pesanteur : $F = mg$ (F s'exprime en newtons, m en kilogrammes et g en m/s^2). La valeur de g est de 9,81 m/s^2 à Paris; elle est plus forte aux pôles ($g = 9,83$ m/s^2) et plus faible à l'équateur ($g = 9,78$ m/s^2); à l'équateur, en effet, la force centrifuge est plus forte qu'aux pôles.

peser [pəze] v. [16] **I.** v. tr. **1.** Mesurer le poids de. *Peser des marchandises. Peser un bébé.* ▷ v. pron. Mesurer son propre poids. **2.** Évaluer avec soin par l'esprit, examiner attentivement. *Bien peser une décision.* – Pp. *Tout bien pesé* : tout bien considéré, à la réflexion. **II.** v. intr. **1.** Avoir un certain poids. *Ce paquet pèse trois kilos.* **2.** *Peser sur* : exercer une force, une pression sur. *Peser sur un levier.* ▷ Fig. *Cela a pesé sur ma décision,* cela l'a influencée. – *Aliment qui pèse sur l'estomac,* indigeste. **3.** *Peser à (qqn)* : être difficile, pénible à supporter pour (qqn). *L'oisiveté lui pèse.* – Lat. pop. **pesare,* de *pendere,* « peser ».

pèse-sirop [pɛzsiʀo] n. m. Aréomètre pour mesurer la densité des sirops de sucre. *Des pèse-sirop(s).* – De *peser,* et *sirop.*

peseta [pezeta] n. f. Unité monétaire de l'Espagne et d'Andorre. – Mot esp.

pesette [pəzɛt] n. f. Petite balance de précision pour les monnaies. – De *peser.*

peso [peso] n. m. Unité monétaire de plusieurs États d'Amérique du Sud. V. monnaie (tableau). – Mot esp. « poids (d'or) ».

peson [pəzɔ̃] n. m. Petite balance à levier. – Dispositif à ressort destiné à mesurer les poids, dynamomètre. – De *peser.*

pessaire [pesɛʀ] n. m. MED **1.** Anneau que l'on place dans le vagin pour maintenir l'utérus dans certains cas de rétroversion utérine ou pour éviter un prolapsus génital. **2.** Préservatif féminin, diaphragme. – Bas lat. *pessarium,* de *pessum,* gr. *pessos,* « tampon de charpie ».

pessimisme [pesimism] n. m. **1.** Tournure d'esprit qui porte à penser que tout va mal, que tout finira mal. **2.** PHILO Doctrine qui soutient que le monde est mauvais, ou que la somme des maux l'emporte sur celle des biens. *Le pessimisme de Schopenhauer.* – Du lat. *pessimus,* superl. de *malus,* « mauvais ».

pessimiste [pesimist] adj. et n. **1.** Enclin au pessimisme. **2.** PHILO Qui a rapport au pessimisme (sens 2). – De *pessimisme.*

peste [pɛst] n. f. **1.** Maladie infectieuse et épidémique très grave, due au bacille de Yersin. ▷ Loc. *Fuir qqn, qqch comme la peste,* tout faire pour l'éviter. ▷ Vx *Peste soit de... :* maudit soit... – Mod. (Juron plaisant.) *Peste! C'est une assez jolie somme!* **2.** MED VET *Pestes aviaire, bovine, porcine* : maladies virales des animaux de basse-cour, des bovins, des porcins. **3.** Litt., fig. Chose ou personne pernicieuse, nuisible, dangereuse. *La corruption est la peste de ce pays.* ▷ *Une peste, une petite peste* : une femme, une fillette méchante, sournoise, médisante, etc. – Du lat. *pestis,* « épidémie, fléau ».

ENCYCL De grandes épidémies de peste marquèrent l'histoire. Maladie du rat, la peste se transmet à l'homme par l'intermédiaire d'une puce; elle se transmet également de malade à malade. La *peste bubonique,* la plus fréquente, est marquée par la formation de bubons aux aines et aux aisselles. La *peste pulmonaire* se traduit par une pneumopathie aiguë. La *peste septicémique* produit un état septicémique d'évolution très grave.

pester [pɛste] v. intr. [1] Manifester de la mauvaise humeur par des paroles de mécontentement, des imprécations. *Pester contre le mauvais temps.* ▷ *Absol.* Fam. Rouspéter. – De l'anc. formule *pester quelqu'un,* « le traiter de peste »; de *peste.*

pesteux, euse [pɛstø, øz] adj. Didac. **1.** De la peste. *Bacille pesteux.* **2.** Contaminé par la peste. *Rat pesteux.* – De *peste.*

pesticide [pɛstisid] n. m. Produit qui empêche le développement des animaux ou des plantes nuisibles, ou qui les détruit. – Mot angl., de *pest,* « insecte, plante nuisible », et *-cide.*

ENCYCL Les *fongicides,* aussi appelés *anticryptogamiques,* détruisent les champignons parasites et donc les « moisissures ». Les *bactéricides,* utilisés pour lutter contre les maladies bactériennes, sont constitués d'antibiotiques. Les *insecticides,* destinés à détruire les insectes nuisibles aux cultures et en partic. les insectes rongeurs (coléoptères, lépidoptères, hyménoptères, orthoptères), comprennent les *organochlorés,* comme le D.D.T. et les *organophosphorés.* Les *herbicides,* ou *désherbants,* utilisés pour détruire les mauvaises herbes qui entravent le développement des cultures, soit brûlent la matière végétale, soit dérèglent la fonction chlorophyllienne des plantes, soit inhibent leur développement.

pestiféré, ée [pɛstifeʀe] adj. et n. Infecté de la peste, atteint de la peste. ▷ Subst. *Un(e) pestiféré(e). « Les Pestiférés de Jaffa », tableau de Gros (1804).* – Du lat. *pestifer,* « qui apporte la ruine, pestilentiel ».

pestilence [pɛstilɑ̃s] n. f. Odeur infecte, nauséabonde. – Du lat. *pestilentia,* « maladie épidémique ».

pestilentiel, elle [pɛstilɑ̃sjɛl] adj. Qui dégage une odeur infecte, nauséabonde. *Vapeurs pestilentielles.* – De *pestilence.*

pet [pɛ] n. m. **1.** Fam. Gaz intestinal qui sort de l'anus avec bruit. **2.** Loc. fam. *Ça ne vaut pas un pet (de lapin)* : ça ne vaut rien. – *Il va y avoir du pet* : cela va faire du vilain. – *Porter le pet* : porter plainte. – Du lat. *peditum.*

peta-. PHYS Élément (symbole P) qui, placé devant le nom d'une unité, indique que celle-ci est multipliée par un million de milliards (10^{15}).

pétale [petal] n. m. Chacune des pièces qui forment la corolle d'une fleur. – Gr. *petalon,* « feuille »; lat. bot. *petalum.*

pétaloïde [petalɔid] adj. BOT Qui a l'aspect d'un pétale. *Sépale pétaloïde.* – De *pétale,* et *-oïde.*

pétanque [petɑ̃k] n. f. Jeu de boules originaire du midi de la France, dans lequel le but est constitué par une boule plus petite appelée « cochonnet ». – Du provenç. *pèd tanco,* « pied fixé » (au sol), d'où *jouer à pétanque,* puis *jouer à la pétanque.*

pétant, ante [petɑ̃, ɑ̃t] adj. Fam. *À dix heures pétantes* : à dix heures sonnantes, à dix heures très exactement. – Ppr. de *péter.*

pétarade [petaʀad] n. f. **1.** Suite de pets accompagnant les ruades de certains animaux. **2.** *Par anal.* Série de brèves détonations. *Les pétarades d'une vieille motocyclette.* – De *pet*; par le provenç. *petarrada.*

pétarader [petaʀade] v. intr. [1] Faire entendre une pétarade. – De *pétarade.*

pétard [petaʀ] n. m. **1.** TECH Charge d'explosif que l'on utilise pour faire sauter un obstacle, une roche, etc. *Pétard de dynamite.* ▷ Petit cylindre de papier bourré d'une composition détonante, que l'on s'amuse à faire exploser, notam. lors de réjouissances publiques. **2.** Fam. *Faire du pétard* : faire du bruit, du tapage. – *Être en pétard,* en colère. **3.** Arg. Cigarette de haschisch. **4.** Arg. Pistolet. **5.** Pop. Derrière. – De *pet.*

pétase [petaz] n. m. ANTIQ Chapeau à larges bords, rond et bas, porté par les Grecs. – Gr. *petasos*; lat. *petasus.*

pétasse [petas] n. f. Vulg., inj. **1.** Vieilli Prostituée. **2.** Femme.

pétaudière [petodjɛʀ] n. f. Maison, assemblée où il n'y a ni ordre ni autorité. – De *Pétaud,*roi légendaire du XVIe s., probabl. dér. de *pet.*

pétauriste [petoʀist] n. m. **1.** ANTIQ GR Danseur, sauteur de corde. **2.** ZOOL Marsupial australien (genre *Petaurus*), appelé aussi *écureuil volant,* qui peut exécuter des vols planés grâce à la membrane qui relie ses membres antérieurs et postérieurs. – Du gr. *petauristein,* «danser sur la corde».

pet-de-nonne [pɛd(ə)nɔn] n. m. Beignet soufflé. *Des pets-de-nonne.* – De *pet, de,* et *nonne.*

pétéchie [peteʃi] n. f. MED Petite tache cutanée rouge violacé due à une infiltration de sang sous la peau. V. purpura. – Ital. *petecchia.*

péter [pete] v. [14] **I.** v. intr. Fam. **1.** Lâcher un pet. – Loc. fig. *Vouloir péter plus haut que son cul* : avoir des prétentions qui dépassent ses capacités, sa condition. – *Péter dans la soie* : être luxueusement habillé; être riche. **2.** Exploser, éclater. *Son fusil lui a pété au nez.* **3.** Se casser. *Le câble était trop faible, il a pété.* **II.** v. tr. Fam. **1.** Casser. *Il a pété la lame de son couteau.* **2.** Fig. *Péter des flammes, péter le feu* : être plein de vivacité, d'enthousiasme, d'entrain. – Lat. *pedere.*

pète-sec [pɛtsɛk] n. inv. et adj. inv. Fam. Personne autoritaire, au ton bref et cassant. – adj. inv. *Elle est un peu pète-sec.* – De *péter,* et *sec.*

péteux, euse [petø, øz] n. Fam. **1.** Couard, poltron. **2.** Personne prétentieuse. *Quel petit péteux!* – De *péter.*

pétillant, ante [petijɑ̃, ɑ̃t] adj. Qui pétille. *Feu pétillant. Boisson pétillante. Un regard pétillant.* – Ppr. de *pétiller.*

pétillement [petijmɑ̃] n. m. **1.** Bruit de ce qui pétille. *Le pétillement du bois vert dans le feu.* **2.** Effervescence d'une boisson qui pétille. *Le pétillement du champagne.* **3.** Fig. (Correspondant aux emplois de *pétiller,* sens 3.) *Le pétillement d'un regard.* – De *pétiller.*

pétiller [petije] v. intr. [1] **1.** Faire entendre des petits bruits d'éclatement secs et répétés. *Feu, bois qui pétille.* **2.** Dégager des bulles qui éclatent à petit bruit, en parlant d'une boisson gazeuse. **3.** Fig. *Pétiller d'ardeur, de malice, etc.* : manifester une vive ardeur, etc. ▷ *Yeux qui pétillent de joie, d'impatience,* qui brillent de joie, etc. – De *pet.*

pétiole [petjɔl; pesjɔl] n. m. BOT Partie étroite de la feuille qui relie le limbe à la tige. – Lat. *petiolus,* de *pes, pedis,* «pied».

pétiolé, ée [petjɔle] adj. BOT Pourvu d'un pétiole. Ant. sessile. – De *pétiole.*

petiot, ote [pətjo, ɔt] adj. et n. Fam. (Avec une valeur affectueuse.) Petit, tout petit. *Il est vraiment petiot.* ▷ Subst. *Son petiot, sa petiote.* – Dimin. de *petit.*

petit, ite [pəti, it] adj., n. et adv. **A.** adj. **I. 1.** Se dit d'un objet dont les dimensions (hauteur, longueur, surface, volume, etc.) sont inférieures à celles des objets de même espèce. *Une petite table. Un appartement très petit. C'est ce qui se fait de plus petit.* **2.** Dont l'importance en nombre, en intensité, en durée, etc., est faible. *Un petit groupe de gens. Rester encore un petit moment.* – *À petit feu* : à feu doux. – *Le petit jour, le petit matin* : l'aube (quand la lumière est encore faible). ▷ (Grandeurs mesurables.) *Rouler à petite vitesse.* **3.** (Placé avant le nom, pour indiquer l'appartenance de la chose à une catégorie particulière.) *Des petits pois. Le petit doigt* : l'auriculaire. – *Le petit déjeuner*.* ▷ (Qualifiant un objet appartenant à un ensemble au sein duquel la taille permet de distinguer deux classes, deux types.) *Le petit modèle et le grand modèle. Un petit (café) crème ou un grand? Grand l, petit l* (L, l). **II.** (Êtres vivants.) **1.** (Se place le plus souvent après le nom, en partic. pour éviter la confusion avec les sens III.) Dont la taille est inférieure à la moyenne. *Une femme petite, très petite.* – *Sélectionner une race de chevaux plus petits.* ▷ Loc. fig. *Se faire tout petit* : faire en sorte de ne pas se faire remarquer, tâcher de passer inaperçu. **2.** Qui n'a pas encore atteint la taille, et par ext., l'âge adulte; jeune. *Il est trop petit pour comprendre.* – *Son petit frère, sa petite sœur* : son frère, sa sœur plus jeunes. **III.** (Employé avant le nom avec diverses valeurs affectives.) **1.** Se dit de ce qu'on trouve attendrissant, charmant, etc. *Les petits secrets d'un enfant.* ▷ *Avoir de petites attentions, être aux petits soins pour qqn,* l'entourer tout particulièrement d'attentions délicates. **2.** Fam. (Associé à l'idée de plaisir.) *Préparer une bonne petite sauce. Fumer une petite cigarette avant de partir.* **3.** (Après un possessif, marquant l'affection, la familiarité, etc.) *Ma petite femme chérie. Allons-y, mon petit Paul!* **4.** (Dépréciatif) *Petit monsieur. Petit voyou! Le petit Untel est une vraie fripouille.* **5.** Par euph. *C'est son petit ami, sa petite amie,* son amant, sa maîtresse. **IV.** (Qualitatif) **1.** (Choses) Qui a peu d'importance. *Avoir quelques petites choses à régler. Ne pas négliger les petits détails.* **2.** (Personnes) Dont la situation, la condition est modeste. *Les petites gens. La petite bourgeoisie.* – Dont l'importance est mineure. *Un petit fonctionnaire.* ▷ Subst. *Les petits et les grands de ce monde.* **3.** *Par ext.* Qui manque de grandeur; étriqué, bas, mesquin. *Napoléon le Petit* : surnom donné par V. Hugo à Napoléon III. *Ces procédés sont petits. Vous êtes petit!* **B.** n. (sens A, II, 2.) **1.** Enfant encore petit. *Faites d'abord manger les petits.* – Spécial. *Le petit* : l'enfant le plus jeune, dans une famille. *Comment va le petit?* ▷ Enfant par rapport à ses parents. *Les petits Untel.* ▷ Fam. Jeune homme, jeune fille. *Une brave petite.* ▷ Très jeune élève. *La classe des petits.* **2.** Animal qui vient de naître ou qui n'est pas encore adulte. *Le petit du lion.* ▷ Loc. *Faire des petits* : mettre bas; fig., fam. croître, se multiplier. *Ses économies ont fait des petits.* – Fam., plaisant *Si tu n'emballes pas cette cruche, elle risque de faire des petits,* de faire des morceaux, de se casser. **C.** adv. **1.** *En petit* : en raccourci, en réduction. **2.** *Petit à petit* : peu à peu. – (Prov.) *Petit à petit, l'oiseau fait son nid* : c'est progressivement qu'on bâtit une fortune, une renommée, etc. – Lat. pop. **pittitus,* d'un rad. expr. enfantin **pitt-.*

petit-beurre [pətibœʀ] n. m. Gâteau sec rectangulaire, au beurre. *Des petits-beurre(s).*

petit-bois [pətibwa] n. m. TECH Montant ou traverse en bois d'une fenêtre, qui maintient les vitres. *Des petits-bois.* – De *petit,* et *bois.*

petit-bourgeois, petite-bourgeoise [pətibuʀʒwa, pətitbuʀʒwaz] n. et adj. **1.** n. (Souvent péjor.) Personne issue des couches les moins fortunées de la bourgeoisie. *Des petit(e)s-bourgeois(es).* **2.** adj. Péjor. Qui dénote l'étroitesse d'esprit, le conformisme considérés comme typiques des petits-bourgeois. *Goûts petits-bourgeois.*

petite-fille. V. petit-fils.

petitement [pətitmɑ̃] adv. **1.** À l'étroit. *Être logé petitement.* **2.** Fig. Chichement. *Vivre petitement.* **3.** Fig. D'une manière basse, mesquine. *Agir petitement.* – De *petit.*

petite-nièce. V. petit-neveu.

petitesse [pətitɛs] n. f. **1.** Caractère de ce qui est petit. *La petitesse de sa taille.* - *La petitesse de ses revenus.* **2.** Fig. Caractère mesquin, bas; mesquinerie. *La petitesse de ce procédé.* – De *petit.*

petit-fils [p(ə)tifis] n. m., **petite-fille** [p(ə)titfij] n. f. Fils, fille du fils ou de la fille par rapport à un grand-père, une grand-mère. *Des petits-fils. Des petites-filles.*

petit-gris [pətigʀi] n. m. **1.** Écureuil d'Europe du N. et de Sibérie, dont la fourrure gris argenté est utilisée en pelleterie; cette fourrure. **2.** Escargot *(Helix aspersa)* comestible, à la coquille blanc jaunâtre rayée de brun. *Des petits-gris.*

pétition [petisjɔ̃] n. f. **1.** Demande, plainte ou vœu adressés par écrit à une autorité quelconque par une personne ou un groupe. *Déposer une pétition dans une ambassade.* **2.** *Pétition de principe :* raisonnement erroné consistant à tenir pour vrai ce qu'il s'agit précisément de démontrer. – Lat. *petitio,* du v. *petere,* «chercher à atteindre»; d'abord *peticiun,* «demande, requête», au sens général.

pétitionnaire [petisjɔnɛʀ] n. Personne qui signe, qui présente une pétition. – De *pétition.*

pétitionner [petisjɔne] v. intr. [1] Rare Faire, présenter une pétition. – De *pétition.*

petit-lait [p(ə)tilɛ] n. m. Liquide qui se sépare du lait caillé. *Des petits-laits.* Syn. lactosérum.

petit-maître [pətimɛtʀ] n. m., **petite-maîtresse** [pətitmɛtʀɛs] n. f. Vx ou litt. Jeune élégant(e), aux manières affectées et ridicules. *Des petits-maîtres, des petites-maîtresses.*

petit-neveu [p(ə)tinəvø] n. m., **petite-nièce** [p(ə)titnjɛs] n. f. Fils, fille du neveu, de la nièce, par rapport à un grand-oncle, une grand-tante. *Des petits-neveux. Des petites-nièces.*

pétitoire [petitwaʀ] adj. et n. m. DR *Action pétitoire* ou, n. m., *un pétitoire :* action qui a pour but de vérifier le bien-fondé des titres de propriété d'un bien immobilier. – Lat. *petitorius,* de *petere,* «demander».

petits-enfants [pətizɑ̃fɑ̃] n. m. pl. Enfants d'un fils ou d'une fille, par rapport à un grand-père, une grand-mère.

petit-suisse [p(ə)tisɥis] n. m. Petit cylindre de fromage frais. *Sucrer un petit-suisse. Des petits-suisses.*

pétochard, arde [petɔʃaʀ, aʀd] n. Pop. Personne craintive, pusillanime. ▷ adj. *Il est très pétochard.* – De *pétoche.*

pétoche [petɔʃ] n. f. Pop. Peur. *Il a la pétoche.* – De *pet* ou de *péter.*

pétocher [petɔʃe] v. intr. [1] Pop. Avoir peur. – De *pétoche.*

pétoire [petwaʀ] n. f. Fam. **1.** Arme à feu d'un modèle désuet, qui fait plus de bruit que de mal. **2.** Deux-roues pétaradant. – De *péter.*

peton [pətɔ̃] n. m. Fam. Petit pied. – Dimin. de *pied.*

pétoncle [petɔ̃kl] n. m. Mollusque lamellibranche comestible (genre *Petonculus,* fam. arcidés) commun sur les fonds rocheux. – Lat. *pectunculus,* de *pecten,* «peigne».

pétrarquiser [petʀaʀkize] v. intr. [1] LITTER Imiter le style de Pétrarque. - P. prés. adj. *Un poète pétrarquisant.* – De *Pétrarque,* poète et humaniste italien (1304-1374).

pétrarquisme [petʀaʀkism] n. m. LITTER Imitation de Pétrarque dans la poésie. V. pétrarquiser.

pétrarquiste [petʀaʀkist] n. et adj. LITTER Imitateur de Pétrarque. – De *pétrarquisme.*

pétré, ée [petʀe] adj. Rare Couvert de pierres, de rochers. ▷ GEOGR, vieilli *Arabie Pétrée :* partie aride et pierreuse de l'Arabie. – Lat. *petræus,* de *petra,* «rocher».

pétrel [petʀɛl] n. m. Oiseau marin (ordre des procellariiformes) au bec crochu, aux pieds palmés, qui vit presque exclusivement au large et ne vient à terre que pour nicher. – Angl. *petrel,* de l'anc. *pitteral.*

pétreux, euse [petʀø, øz] adj. ANAT Du rocher, qui appartient au rocher, partie de l'os temporal. – Lat. *petrosus,* de *petra,* «rocher».

pétrifiant, ante [petʀifjɑ̃, ɑ̃t] adj. Qui pétrifie (sens 2). *Fontaine pétrifiante.* ▷ Fig. *Une terreur pétrifiante.* – Ppr. de *pétrifier.*

pétrification [petʀifikasjɔ̃] n. f. **1.** Phénomène par lequel les corps organiques plongés dans certaines eaux (calcaires en partic.) se couvrent d'une couche minérale; corps organique ainsi pétrifié. **2.** Fig. Immobilisation. – De *pétrifier.*

pétrifier [petʀifje] v. [2] **I.** v. tr. **1.** Changer en pierre. **2.** Imprégner, recouvrir de calcaire, de silice, etc. **3.** Fig. Rendre immobile en causant une émotion violente. *Cette vision l'a pétrifié.* **II.** v. pron. Être changé en pierre. ▷ Fig. S'immobiliser, se raidir. – Du lat. *petra,* «rocher», et *-fier.*

pétrin [petʀɛ̃] n. m. **1.** Coffre dans lequel on pétrit le pain. ▷ *Pétrin mécanique :* appareil pour le pétrissage de la pâte à pain. **2.** Fig., fam. Situation fâcheuse, embarras. *Être dans le pétrin. Quel pétrin!* – Du lat. *pistrinum,* «moulin à blé, boulangerie».

pétrir [petʀiʀ] v. tr. [3] **1.** Malaxer (une substance préalablement détrempée) pour en faire une pâte; brasser, malaxer, travailler (une pâte). *Pétrir de l'argile, de la pâte à pain.* ▷ Fig. Façonner, donner une forme à. - Pp. adj. *Pétri de :* composé de, fait de. *Être pétri d'orgueil, de contradictions.* **2.** Presser avec force, à plusieurs reprises, entre les mains ou dans la main. *Pour vous dire bonjour, il se croit obligé de vous pétrir les doigts.* – Bas lat. *pistrire,* de *pistrix,* fém. de *pistor,* «boulanger».

pétrissable [petʀisabl] adj. Qui peut être pétri. – De *pétrir.*

pétrissage [petʀisaʒ] n. m. **1.** Action de pétrir. **2.** MED Technique de massage dans laquelle les tissus sont pressés et comme pétris entre les doigts. – De *pétrir;* d'abord *pétrissement.*

pétrisseur, euse [petʀisœʀ, øz] n. **1.** Ouvrier, ouvrière en boulangerie, qui pétrit la pâte. - En appos. *Ouvrier pétrisseur.* **2.** n. f. Machine à pétrir. – De *pétrir.*

pétro-. Préfixe, du gr. *petros,* «pierre».

pétrochimie [petʀɔʃimi] ou **pétroléochimie** [petʀɔleoʃimi] n. f. Branche de l'industrie chimique qui utilise les produits extraits du pétrole et des gaz naturels. – De *pétrole,* et *chimie.*

pétrochimique [petʀɔʃimik] ou **pétroléochimique** [petʀɔleoʃimik] adj. Relatif à la pétrochimie. – De *pétrochimie.*

pétrochimiste [petʀɔʃimist] n. Spécialiste de la pétrochimie. – De *pétrochimie.*

pétrodollar [petʀodɔlaʀ] n. m. FIN, ECON Dollar provenant d'un pays exportateur de pétrole, sur le marché des eurodollars. – De *pétro(le),* et *dollar.*

pétrogale [petʀogal] n. m. ZOOL Petit kangourou appelé aussi *wallaby des rochers.* – De *pétro-,* etdu gr. *galê,* «belette».

pétrogenèse [petʀoʒənɛz] n. f. GEOL Formation des roches; étude de ce processus. – De *pétro-,* et *-genèse.*

pétroglyphe [petʀɔglif] n. m. ARCHEOL Gravure sur pierre. – De *pétro-*, et *glyphe*.

pétrographie [petʀɔgʀafi] n. f. GEOL Science qui étudie les roches et leur formation. – De *pétro-*, et *-graphie*.

pétrographique [petʀɔgʀafik] adj. GEOL Relatif à la pétrographie. – De *pétrographie*.

pétrole [petʀɔl] n. m. Huile minérale d'origine organique, composée d'un mélange d'hydrocarbures. *Gisement de pétrole. Pétrole brut,* non encore raffiné. *Gaz* de pétrole liquéfié.* – Un des produits de distillation de cette huile. *Lampe à pétrole.* ▷ En appos. *Bleu pétrole* : bleu tirant sur le vert. – Lat. médiév. *petroleum*, de *petra*, « rocher », et *oleum*, « huile » : « huile de pierre ».
ENCYCL Le pétrole est le résultat de la transformation en hydrocarbures de matières organiques (plancton et substances humiques déposés sur les plateaux continentaux), sous l'action de bactéries anaérobies. Ces hydrocarbures sont contenus dans des roches poreuses et perméables situées dans des configurations géologiques appelées *pièges*, qui favorisent l'accumulation du pétrole (plis anticlinaux, failles, etc.).

pétroléochimie, pétroléochimique V. pétrochimie, pétrochimique.

pétrolette [petʀɔlɛt] n. f. Fam. Petite motocyclette. – De *pétrole*.

pétroleuse [petʀɔløz] n. f. **1.** HIST Nom donné à des femmes qui auraient allumé des incendies en se servant de pétrole, pendant la Commune de 1871. **2.** *Par ext.*, péjor. Femme qui professe des idées politiques résolument progressistes et qui les défend avec ardeur, véhémence. ▷ Femme au caractère entier et au comportement violent (sans référence à la politique). – De *pétrole*.

pétrolier, ère [petʀɔlje, ɛʀ] adj. et n. m. **1.** adj. Du pétrole, qui a rapport au pétrole. *Industrie pétrolière.* **2.** n. m. Navire aménagé pour transporter du pétrole. ▷ Technicien, industriel du pétrole. – De *pétrole*.

pétrolifère [petʀɔlifɛʀ] adj. Qui contient du pétrole. *Roches pétrolifères.* – De *pétrole*, et *-fère*.

pétulance [petylɑ̃s] n. f. Vivacité, impétuosité, fougue. – Du lat. *petulantia*, « insolence ».

pétulant, ante [petylɑ̃, ɑ̃t] adj. Vif, impétueux, fougueux. – Lat. *petulans*, « impudent »; de *petere*, « se jeter sur ».

pétun [petœ̃] n. m. Vx Tabac. – Du portug. *petum*, d'orig. brésilienne.

pétuner [petyne] v. intr. [1] Vx Fumer, priser. – De *pétun*.

pétunia [petynja] n. m. Plante herbacée annuelle (genre *Petunia*, fam. solanacées), à grandes fleurs blanches, roses ou violettes, originaire d'Amérique du S. – De *pétun*.

peu [pø] adv. **I.** (Emploi nominal.) Petite quantité, quantité insuffisante. **1.** *Un peu de* : une petite quantité de. *Mangez un peu de soupe. Accordez-lui un peu de temps pour s'habituer.* ▷ *Peu de* (+ compl.). *Expliquez-vous en peu de mots. Dans peu de temps* : bientôt. – *C'est peu de chose* : c'est négligeable, c'est sans grande importance. **2.** *Le peu (de)* : la petite quantité (de). *Le peu (de temps) qu'il lui reste à passer ici.* **3.** *C'est peu (que) de* : il ne suffit pas de. *C'est peu (que) de donner, il faut le faire de bon cœur.* **II.** (Emploi adverbial.) **1.** En petite quantité, en petit nombre, modérément, faiblement (opposé à *beaucoup*). *Manger peu. Peu s'en faut.* ▷ *Un tant soit peu, un petit peu, quelque peu. Il est quelque peu prétentieux.* ▷ (Par antiphrase.) Trop. *C'est un peu fort!* – (Pour insister, par euph.) Fam. *Un peu, qu'elle est belle!* **2.** Loc. adv. *Pour un peu* : un peu plus, et... *Pour un peu il se serait emporté.* ▷ *Peu à peu* : lentement, progressivement. *Il découvrit peu à peu la vérité.* ▷ *Sous peu* : dans peu de temps. *Il va pleuvoir sous peu.* ▷ *De peu* : d'un rien. *Vous l'avez manqué de peu.* ▷ *Si peu que* (+ subj.). *Si peu que ce soit* : en quelque petite quantité que ce soit. ▷ *Pour peu que* (+ subj.). *Il le fera, pour peu que vous lui demandiez,* pourvu que vous lui demandiez. ▷ *À peu près, à peu de chose près* : presque; environ. *Ils sont à peu près du même âge.* – Du lat. pop. *paucum*, neutre adv., du class. *pauci*, « en petit nombre ».

peuchère! [pøʃɛʀ] interj. Forme francisée de *pécaïre*. – V. pécaïre.

peuh! [pø] interj. (Marquant le scepticisme, le dédain, l'indifférence.) *Peuh! ça n'a aucun intérêt!* – Onomat.

peul ou **peuhl, e** [pøl] n. et adj. **1.** adj. Des Peuls, populations de l'Afrique de l'O. *Traditions peules.* ▷ Subst. *Un(e) Peul(e).* (Au pl. on dit aussi *Foulbés*.) **2.** n. m. LING Langue nigéro-congolaise parlée du Sahel au Cameroun. – Mot africain.

peuplade [pøplad] n. f. Petit groupe humain dans une société primitive. – De *peuple*, d'ap. l'esp. *poblado*.

peuple [pœpl] n. m. **1.** Ensemble d'êtres humains vivant sur le même territoire ou ayant en commun une culture, des mœurs, un système de gouvernement. *Les peuples d'Extrême-Orient. Le peuple juif.* **2.** Vx Population. *Le peuple de Paris.* **3.** Ensemble des citoyens d'un État. *Dans une démocratie, le peuple gouverne. Lancer un appel au peuple.* **4.** Vieilli Foule, multitude. *Un grand concours de peuple.* ▷ Fam. *Du peuple* : du monde, un grand nombre de personnes. *Quand la famille se rassemble, ça fait du peuple!* – *Il se fout du peuple,* du monde, des gens. **5.** *Le peuple* : l'ensemble des citoyens de condition modeste, par oppos. aux catégories privilégiées par la naissance, la culture ou la fortune. *Un homme, une femme, des gens du peuple.* – Vieilli *Le petit peuple, le bas peuple* : la partie la plus humble, la plus défavorisée de la population. – Lat. *populus*; d'abord *poblo*, puis *pueble*, *pople*.

peuplé, ée [pœple] adj. Où il y a des habitants. *Un pays très peuplé.* – Pp. de *peupler*.

peuplement [pœpləmɑ̃] n. m. **1.** Action de peupler; fait de se peupler. *Peuplement d'une région. Colonie de peuplement,* où des colons se fixent et font souche. **2.** Manière dont un territoire, un pays est peuplé. *Étude du peuplement d'une région.* **3.** Ensemble des organismes vivants d'une région, d'un milieu déterminés. *Le peuplement d'un étang.* **4.** ECOL Ensemble des espèces (végétaux et animaux) d'un biotope*. *Le peuplement d'une forêt.* – De *peupler*.

peupler [pœple] v. [1] **I.** v. tr. **1.** Faire occuper (un endroit) par des végétaux, des animaux. *Peupler un bois, un étang.* **2.** Occuper (un endroit, un territoire), en constituer la population. *Diverses ethnies peuplent cette région.* **3.** Fig. Emplir. *Les mythes qui peuplent l'imaginaire.* **II.** v. pron. Devenir habité, peuplé. *Cette bourgade se peuple l'été.* – De *peuple*.

peupleraie [pøplәʀɛ] n. f. Lieu planté de peupliers. – De *peuplier*.

peuplier [pøplije] n. m. Grand arbre (genre *Populus*, fam. salicacées), aux inflorescences en chatons et aux graines cotonneuses, aimant les sols humides, cultivé pour son bois blanc et léger (mobilier, pâte à papier). – De l'a. fr. *peuple*, « peuplier »; du lat. *populus*, même sens.
ENCYCL Les peupliers sont des arbres dioïques dont le tronc peut atteindre 35 m de haut et 1,20 m de diamètre. Dans nos régions, on trouve : le *peuplier noir (Populus nigra)* aux rameaux étalés et aux feuilles triangulaires; le *peuplier d'Italie (Populus pyramidalis),* variante du précédent, auquel ses rameaux dressés donnent une silhouette en pinceau; le *peuplier blanc (Populus alba),* aux branches largement étalées et aux feuilles arrondies dont la face dorsale est couverte de poils; le

peuplier tremble ou *tremble (Populus tremula)*, nommé ainsi parce que ses feuilles bougent au moindre courant d'air.

peur [pœʀ] n. f. **1.** Crainte violente éprouvée en présence d'un danger réel ou imaginaire. *Une peur panique. En être quitte pour la peur* : n'avoir subi d'autre dommage que d'avoir eu peur. – Fam. *Une peur bleue* : une grande peur. – *Laid à faire peur* : très laid. ▷ HIST *La Grande Peur* : panique qui se répandit dans les campagnes françaises à la fin de juillet et au début d'août 1789 et qui donna lieu à des actions violentes contre les nobles (pillage et incendie des châteaux; destruction des documents féodaux). **2.** (Sens atténué.) Légère crainte, légère appréhension. *J'ai peur qu'il ne vienne pas. N'avoir pas peur des mots* : appeler les choses par leur nom, ne pas craindre de les désigner clairement, au risque de choquer. **3.** loc. prép. *De peur de* (+ inf.) : par crainte de. *Il n'est pas sorti de peur d'attraper froid.* ▷ Loc. conj. *De peur que* (+ *ne* + subj.) : dans la crainte que. *Couvrez bien cet enfant, de peur qu'il ne prenne froid.* – Du lat. *pavor, pavoris.*

peureusement [pøʀøzmɑ̃] adv. De manière craintive, en manifestant de la peur. *Se blottir peureusement.* – De *peureux.*

peureux, euse [pøʀø, øz] adj. et n. **1.** Craintif, sujet à la peur. *Il est trop peureux pour courir ce risque.* ▷ Subst. *Un peureux, une peureuse.* **2.** Qui dénote la peur. *Un regard peureux.* – De *peur.*

peut-être [pøtɛtʀ] adv. (et n. m.) **1.** (Marquant le doute; indiquant que l'on n'évoque un événement, un ordre de fait qu'à titre de probabilité, d'éventualité douteuse.) *Viendra-t-il? Peut-être.* – *Peut-être est-il plus riche qu'il ne le dit.* **2.** *Peut-être que* : il peut se faire que. *Peut-être qu'il a raison. Peut-être bien que...* **3.** n. m. *Un peut-être, un grand peut-être* : qqch qui paraît incertain, improbable. – De *pouvoir*, et *être*; ellipse de l'a. fr. *puet ce estre*, «cela peut être».

-pexie. MED Suffixe, du gr. *pêksis*, «fixation», qui sert à former les noms d'opérations destinées à remédier à la mobilité anormale ou à la ptôse d'un organe.

peyotl [pɛjɔtl] n. m. Cactacée des montagnes mexicaines, qui renferme un alcaloïde hallucinogène, la mescaline. – Mot indien du Mexique, par l'angl.

pèze ou **pèse** [pɛz] n. m. Arg. Argent. *Avoir du pèze.* – P.-ê. de *pèse*, mot occitan «pois»; lat. *pisum.*

pézize [peziz] n. f. Champignon ascomycète des bois, brun ou orangé, en forme de coupe, comestible. – Gr. *pezis.*

pfennig [pfenig] n. m. Monnaie allemande, centième partie du mark. – Mot all.

p.g.c.d. MATH Abrév. de *plus grand commun diviseur.*

ph PHYS Symbole du phot.

pH [peaʃ] n. m. CHIM Coefficient caractérisant l'état acide ou basique d'une solution. (Le pH d'une solution est le cologarithme décimal de sa concentration en ions H^+ : $pH = -\log_{10} [H^+]$. Une solution est neutre si son pH est égal à 7, acide s'il est inférieur à 7, basique s'il est supérieur à 7.) – Abrév. de *potentiel hydrogène.*

phacochère [fakɔʃɛʀ] n. m. Mammifère suidé des savanes africaines, aux défenses courbes, voisin du sanglier. – Du gr. *phakos*, «lentille», et *khoîros*, «petit cochon».

phaéton [faetɔ̃] n. m. **1.** Vx, plaisant Cocher, conducteur d'une voiture. **2.** Anc. Petite calèche découverte à quatre roues, haute et légère. ▷ Ancien modèle d'automobile découverte, à deux ou quatre places. **3.** ORNITH Oiseau pélécaniforme des mers chaudes, à longue queue. Syn. paille-en-queue. – Du nom mythologique de *Phaéton*, fils du Soleil qui périt en conduisant le char de son père.

phag(o)-, -phage, -phagie, -phagique. Éléments, du gr. *phagein*, «manger».

phage [faʒ] n. m. MICROB Bactériophage, virus à A.D.N. capable de provoquer la lyse de certaines bactéries. – Aphérèse de *bactériophage.*

phagédénique [faʒedenik] adj. MED Qui ronge les tissus. *Chancre phagédénique.* – Lat. *phagedænicus*; gr. *phagêdainikos*, de *phagêdaina*, «ulcère rongeur».

phagocytaire [fagɔsitɛʀ] adj. BIOL Qui concerne la phagocytose. *Cellule phagocytaire.* – De *phagocyte.*

phagocyte [fagɔsit] n. m. BIOL Leucocyte apte à la phagocytose. – De *phag(o)-*, et gr. *kutos*, «cellule».

phagocyter [fagɔsite] v. tr. [1] **1.** BIOL Détruire par phagocytose. **2.** Fig. Absorber, faire disparaître en intégrant à soi. *Grosse société qui phagocyte une petite entreprise.* – De *phagocyte.*

phagocytose [fagɔsitoz] n. f. **1.** BIOL Capture, ingestion et digestion, par un leucocyte polynucléaire ou un macrophage, d'une particule étrangère. *La phagocytose constitue le plus important moyen de défense de l'organisme contre l'infection bactérienne.* **2.** Fig. Disparition par absorption évoquant une phagocytose (sens 1). – De *phagocyte*, et *ose* 2.

phalange [falɑ̃ʒ] n. f. **1.** ANTIQ GR Corps d'infanterie de l'armée grecque. **2.** Poét. Armée, troupe. ▷ HIST *La Phalange* : la formation politique d'extrême droite, fondée en Espagne en 1933 par José Antonio Primo de Rivera et qui, fusionnant en 1937 avec d'autres formations, devint le parti unique destiné à soutenir l'action du général Franco. **3.** ANAT Segment articulé des doigts, des orteils. *Les deux phalanges du pouce. Les trois phalanges de l'index.* – Lat. *phalanx, phalangis*, mot gr.

phalanger [falɑ̃ʒe] n. m. ZOOL Petit marsupial australien dont le corps atteint 40 à 50 cm, qui vit dans les arbres et, par ses allures lentes, évoque le paresseux (sens 3). – De *phalange.*

phalangette [falɑ̃ʒɛt] n. f. ANAT Dernière phalange du doigt et de l'orteil, sur laquelle est implanté l'ongle. – Dimin. de *phalange.*

phalangien, enne [falɑ̃ʒjɛ̃, ɛn] adj. ANAT Propre aux phalanges. – De *phalange.*

phalangine [falɑ̃ʒin] n. f. ANAT Seconde phalange du doigt, que ne possèdent ni le pouce ni le gros orteil. – De *phalange.*

phalangiste [falɑ̃ʒist] n. HIST Membre de la Phalange, en Espagne. – adj. *Parti phalangiste.* – De *phalange.* (V. *phalange*, sens 2.)

phalanstère [falɑ̃stɛʀ] n. m. Didac. **1.** Communauté de travailleurs, dans le système de Fourier (V. fouriérisme); lieu où elle vit. **2.** *Par ext.* Groupe de personnes qui partagent les mêmes aspirations, les mêmes idées, et qui vivent et travaillent ensemble; communauté. – De *phalan(ge)*, «groupement», et *(mona)stère.*

phalanstérien, enne [falɑ̃steʀjɛ̃, ɛn] adj. et n. Didac. **1.** adj. Qui a rapport au phalanstère fouriériste. **2.** n. Habitant, partisan des phalanstères fouriéristes. – De *phalanstère.*

phalène [falɛn] n. f. Grand papillon nocturne ou crépusculaire (fam. géométridés) dont les chenilles s'attaquent aux plantes cultivées et aux arbres. – Gr. *phalaina.*

phalère [falɛʀ] n. f. ENTOM Papillon nocturne, appelé aussi *bucéphale.* – Du gr. *phalaros*, «tacheté de blanc».

phalline [falin] n. f. BIOCHIM Principe toxique complexe, caractéristique de l'amanite phalloïde et de certaines volvaires. – Du rad. de *phalloïde.*

phallique [falik] adj. **1.** Du phallus, qui a rapport au phallus. *Emblème phallique.* **2.** PSYCHAN *Stade phallique* :

phase d'organisation de la libido de l'enfant survenant après les stades oral et anal, et précédant l'organisation génitale pubertaire. – Bas lat. *phallicus.*

phallocrate [falɔkʀat] n. m. et adj. Homme qui estime bénéficier d'une certaine supériorité par rapport au sexe féminin et qui cherche à l'affirmer. ▷ adj. *Ce que tu peux être phallocrate, par moments!* (Abrév. fam. : phallo). – De *phallus,* et gr. *kratos,* « puissance, pouvoir ».

phallocratie [falɔkʀasi] n. f. Domination exercée par les hommes sur les femmes. ▷ *Par ext.* Attitude, état d'esprit du phallocrate. – De *phallus,* et gr. *kratos,* « puissance, pouvoir ».

phallocratique [falɔkʀatik] adj. Qui a rapport à la phallocratie; qui participe de l'état d'esprit des phallocrates; qui dénote un tel état d'esprit. *Idéologie, discours phallocratique.* – De *phallocratie.*

phalloïde [falɔid] adj. Didac. Qui a la forme d'un phallus. *Amanite phalloïde.* – De *phallus,* et *-oïde.*

phallus [falys] n. m. **1.** ANTIQ Représentation du membre viril en érection, symbole de la force reproductrice de la nature. ▷ Cour. Symbole de l'organe sexuel masculin. **2.** PHYSIOL Organe sexuel masculin. Syn. pénis. **3.** BOT Champignon basidiomycète formé d'un pied sortant d'une volve et d'un chapeau conique perforé d'alvéoles contenant une substance visqueuse d'odeur repoussante. Syn. cour. satyre. – Mot lat., du gr. *phallos.*

phanère [fanɛʀ] n. m. Toute production épidermique apparente (plumes, poils, ongles, cornes, etc.). – Du gr. *phaneros,* « visible, apparent ».

phanérogame [faneʀɔgam] adj. et n. f. pl. **1.** adj. BOT *Plante phanérogame* : plante à fleurs et à graines. **2.** n. f. pl. Embranchement du règne végétal regroupant les plantes aux structures de reproduction facilement observables (cônes, fleurs), les plus évolués des végétaux.– Sing. *Une phanérogame.* – Du gr. *phaneros,* « visible, apparent », et *-game.*

phantasme. V. fantasme.

pharamineux. V. faramineux.

pharaon [faʀaɔ̃] n. m. **1.** ANTIQ Souverain de l'Égypte, dans l'Antiquité. *Le pharaon Ramsès II.* **2.** Jeu de hasard qui se joue avec des cartes et ressemble au baccara. – Lat. *Pharao, Pharaonis,* gr. *Pharao,* de l'égyptien.

pharaonique [faʀaɔnik] ou **pharaonien, enne** [faʀaɔnjɛ̃, ɛn] adj. Qui se rapporte aux pharaons, à leur époque. *L'Égypte pharaonique. Dynastie pharaonienne.* – De *pharaon.*

1. phare [faʀ] n. m. **1.** Tour surmontée d'un foyer lumineux, établie le long des côtes, sur certains récifs, etc., pour guider la marche des navires pendant la nuit ou par temps de brume. *Phare à feu fixe, à feu tournant.* **2.** Projecteur placé à l'avant d'un véhicule pour éclairer la route. *Allumer les phares la nuit, dans le brouillard.* **3.** Fig. Ce qui éclaire, guide. *La liberté sera le phare qui éclairera notre combat.* – Lat. *Pharos,* du gr., n. d'une île de la baie d'Alexandrie.

2. phare [faʀ] n. m. Vx Mât d'un navire, avec ses vergues et ses voiles. ▷ Mod. Seulement dans la loc. *gréement à phares carrés* : gréement d'un navire qui porte à tous ses mâts des voiles carrées. – Var. orthographique de *fard* (même orig. que *fardeau, farder*), adoptée sous l'influence de *phare* 1.

pharillon [faʀijɔ̃] n. m. PECHE Réchaud où brûle un feu vif, suspendu la nuit à l'avant d'un bateau pour attirer le poisson. Syn. lamparo. – De *phare* 1.

pharisaïque [faʀizaik] adj. **1.** HIST, RELIG Des pharisiens. **2.** Fig., péjor. Hypocrite. – Lat. ecclés. *pharisaicus* (V. pharisien).

pharisaïsme [faʀizaism] n. m. **1.** Didac. Doctrine, caractère des pharisiens. **2.** Fig., péjor. Hypocrisie; affectation de dévotion, de vertu. – De *pharisaïque.*

pharisien, enne [faʀizjɛ̃, ɛn] n. et adj. **1.** HIST, RELIG Membre d'une secte juive contemporaine du Christ, qui se distinguait par son respect pointilleux de la Loi écrite (Torah) et des traditions orales. - adj. *Le formalisme pharisien.* **2.** Vieilli Personne qui pratique une piété tout extérieure. ▷ Mod. Personne qui observe avec une rigueur pointilleuse les préceptes d'une morale étroite et toute formelle, et qui se pose en modèle de moralité, de vertu. - adj. *Une attitude pharisienne.* – Lat. ecclés. *pharisæus,* gr. *pharisaios,* de l'hébreu *paruchim,* « les séparés, ceux qui sont à part ».

pharmac(o)-. Élément, du gr. *pharmakon,* « remède ».

pharmaceutique [faʀmasøtik] adj. et n. f. **1.** adj. Qui a rapport à la pharmacie. *Produits pharmaceutiques.* **2.** n. f. Vx Partie de la médecine étudiant la composition des médicaments. – Lat. *pharmaceuticus,* gr. *pharmakeutikos.*

pharmacie [faʀmasi] n. f. **1.** Science de la préparation et de la composition des médicaments. *Faculté de pharmacie.* **2.** Endroit où l'on prépare, conserve, vend, distribue des médicaments, des produits d'hygiène et de diététique. *Ce produit de beauté ne se trouve qu'en pharmacie. La pharmacie d'un hôpital.* **3.** Assortiment de médicaments. *Pharmacie de voyage.* **4.** Armoire à médicaments. – Lat. méd. *pharmacia,* gr. *pharmakeia,* de *pharmakon,* « poison, remède ».

pharmacien, enne [faʀmasjɛ̃, ɛn] n. Personne qui exerce la pharmacie. – De *pharmacie.*

pharmacocinétique [faʀmakosinetik] n. f. MED Étude du devenir d'un médicament dans l'organisme, en fonction du temps et de la dose administrée. – De *pharmaco-,* et *cinétique.*

pharmacodépendance [faʀmakodepɑ̃dɑ̃s] n. f. MED Dépendance à l'égard d'une substance ayant une action pharmacologique, plus spécialement psychotrope (drogue). – De *pharmaco-,* et *dépendance.*

pharmacodynamie [faʀmakodinami] n. f. Étude des effets des médicaments sur les êtres vivants. – De *pharmaco-,* et *-dynamie.*

pharmacodynamique [faʀmakodinamik] adj. Relatif à l'action des médicaments. – De *pharmacodynamie.*

pharmacologie [faʀmakɔlɔʒi] n. f. Didac. Science qui étudie les médicaments, leur composition, leur mode d'action, leur posologie, etc. – De *pharmaco-,* et *-logie.*

pharmacologique [faʀmakɔlɔʒik] adj. Relatif à la pharmacologie. – De *pharmacologie.*

pharmacologue [faʀmakɔlɔg] n. Spécialiste de pharmacologie. – De *pharmacologie.*

pharmacopée [faʀmakɔpe] n. f. **1.** Didac. Ouvrage officiel énumérant les médicaments, leur composition et leurs effets, naguère appelé *Codex.* **2.** Ensemble des médicaments utilisés par l'art médical. *La pharmacopée chinoise traditionnelle.* – Gr. *pharmakopoiïa,* « confection des médicaments ».

pharmacovigilance [faʀmakoviʒilɑ̃s] n. f. MED Collecte et analyse des observations sur les effets secondaires des médicaments, effectuées dans le but d'éviter d'éventuels effets nocifs. – De *pharmaco-,* et *vigilance.*

pharyngal, ale, aux [faʀɛ̃gal, o] adj. et n. f. PHON **1.** adj. Se dit des consonnes articulées avec la langue fortement repoussée vers le pharynx. **2.** n. f. Consonne pharyngale. – De *pharynx.*

pharyngé, ée [farɛ̃ʒe] adj. MED Relatif au pharynx; qui appartient au pharynx. – De *pharynx.*

pharyngien, enne [farɛ̃ʒjɛ̃, ɛn] adj. ANAT Du pharynx, qui a rapport au pharynx. – De *pharynx.*

pharyngite [farɛ̃ʒit] n. f. MED Inflammation de la muqueuse pharyngée. – De *pharynx.*

pharyngo-laryngite [farɛ̃golarɛ̃ʒit] n. f. MED Inflammation du pharynx et du larynx. *Des pharyngo-laryngites.* – De *pharynx,* et *laryngite.*

pharynx [farɛ̃ks] n. m. ANAT Conduit de nature à la fois musculaire et membraneuse qui s'étend verticalement de la cavité buccale à l'œsophage, et par lequel les fosses nasales et le larynx communiquent. *Le pharynx est le carrefour des voies de la déglutition et de la respiration.* – Gr. *pharugx, pharuggos,* «gorge».

phase [fɑz] n. f. **1.** ASTRO Aspect variable que présentent la Lune et les planètes du système solaire selon leur position par rapport à la Terre et au Soleil. *Phases de la Lune :* nouvelle lune, premier quartier, pleine lune et dernier quartier. **2.** CHIM Chacune des parties homogènes, limitées par des surfaces de séparation, d'un système chimique. *Les deux phases d'une émulsion d'eau et d'huile.* **3.** PHYS *Phase d'un mouvement sinusoïdal :* angle que forment le rayon origine et le rayon vecteur à l'instant t. - *Différence de phase :* différence entre les phases de deux mouvements sinusoïdaux de même fréquence. Syn. déphasage. - *Mouvements périodiques en phase :* mouvements périodiques de même fréquence dont les élongations sont maximales au même instant. **4.** ELECTR *Conducteur de phase,* ou *phase :* conducteur autre que le neutre, dans un réseau électrique. **5.** Cour. Chacune des périodes marquant l'évolution d'un processus, d'un phénomène. *Les phases d'une maladie.* **6.** Loc. fig., fam. *Être en phase avec (qqn, qch),* en harmonie. – Gr. *phasis,* «lever d'une étoile».

phasemètre [fɑzmɛtr] n. m. ELECTR Appareil servant à mesurer la différence de phase entre deux courants alternatifs de même fréquence. – De *phase,* et *-mètre.*

phasianidés [fazjanide] n. m. pl. ZOOL Famille de galliformes comprenant notam. les faisans, les perdrix, les paons, les poules. - Sing. *Un phasianidé.* – Du lat. *phasianus,* «faisan».

phasme [fasm] n. m. ENTOM Insecte orthoptère de forme allongée, remarquable par son adaptation mimétique qui lui donne l'aspect d'une brindille ou d'une branche. – Du gr. *phasma,* «fantôme».

phatique [fatik] adj. LING *Fonction phatique :* fonction du langage dont l'objet est uniquement d'établir et de maintenir le contact entre les interlocuteurs. *Certaines formules de politesse ont une fonction phatique.* – Du gr. *phatis,* «parole».

phelloderme [felɔdɛrm] n. m. BOT Parenchyme né de la face interne de l'assise phellogène d'une tige ou d'une racine, et constituant en partie l'écorce secondaire. – Du gr. *phellos,* «liège», et *-derme.*

phellogène [felɔʒɛn] adj. BOT Qui produit le liège, en parlant d'un tissu végétal. – Du gr. *phellos,* «liège», et *-gène.*

phénakistiscope [fenakistiskɔp] ou **phénakisticope** [fenakistikɔp] n. m. Didac. Jouet scientifique ou appareil de démonstration destiné à illustrer la persistance des images rétiniennes, composé d'un tambour rotatif sur le pourtour duquel est fixée une série d'images dont le défilement rapide devant les yeux restitue l'impression du mouvement. – Du gr. *phenakizein,* «tromper», et *-scope.*

phénanthrène [fenɑ̃trɛn] n. m. CHIM Hydrocarbure cyclique $C_{14}H_{10}$, isomère de l'anthracène, employé dans l'industrie des colorants. – De *phén(ol),* et gr. *anthrax,* «charbon».

phénate [fenat] n. m. Syn. de *phénolate.* – De *phénol.*

phénicien, enne [fenisjɛ̃, ɛn] adj. et n. **1.** adj. De la Phénicie. *Comptoirs phéniciens.* - Subst. *Les Phéniciens furent parmi les plus actifs commerçants de la Méditerranée.* **2.** n. m. Langue sémitique du groupe cananéen parlée par les anciens Phéniciens. – De *Phénicie,* n. antique de la bande côtière du littoral syro-libanais.

phénicoptéridés. V. phœnicoptéridés.

phénique [fenik] adj. CHIM Vieilli *Acide phénique :* phénol ordinaire. – De *phénol.*

phéniqué, ée [fenike] adj. CHIM Qui renferme de l'acide phénique. – De *phénique.*

phénix [feniks] n. m. **1.** MYTH Oiseau fabuleux qui, après avoir vécu plusieurs siècles, se brûle lui-même sur un bûcher pour renaître de ses cendres. **2.** Fig. Personne exceptionnelle, unique en son genre. *«Vous êtes le phénix des hôtes de ces bois» (La Fontaine).* **3.** Coq domestique du Japon dont la queue a de longues plumes. **4.** Palmier ornemental (V. phœnix). – Lat. *phœnix,* gr. *phoinix.*

phéno-, -phén-, -phène. CHIM Éléments du gr. *phainô,* «j'éclaire», qui indique la présence d'un radical benzénique dans la molécule d'un composé.

phénobarbital [fenobarbital] n. m. PHARM Barbiturique utilisé comme antispasmodique. – De *phén(ol),* et *barbit(urique).*

phénol [fenɔl] n. m. CHIM Tout composé dérivant d'un hydrocarbure benzénique par substitution d'un ou plusieurs hydroxyles sur le noyau. *Les phénols sont utilisés pour fabriquer des résines, des colorants, des matières plastiques, des médicaments (aspirine), des insecticides.* ▷ Spécial. *Phénol ordinaire* ou, vieilli, *acide phénique :* dérivé hydroxylé du benzène (C_6H_5OH). – Du gr. *phainein,* «briller», et suff. *-ol,* de *alcool.*

phénolate [fenɔlat] n. m. CHIM Sel ou ester du phénol. Syn. phénate. – De *phénol,* et *-ate.*

phénologie [fenɔlɔʒi] n. f. Didac. Étude de l'influence des climats sur les phénomènes périodiques de la végétation et du règne animal. – Formation savante, p.-ê. de l'angl. *phenology;* du gr. *pheno(menon),* et *-logie.*

phénoménal, ale, aux [fenɔmenal, o] adj. **1.** Qui tient du phénomène; surprenant, extraordinaire. *Récoltes d'une abondance phénoménale.* **2.** PHILO De l'ordre du phénomène. ▷ Spécial. (chez Kant). *Le monde phénoménal* (par oppos. à *nouménal*). – De *phénomène.*

phénoménalement [fenɔmenalmɑ̃] adv. **1.** Extraordinairement. **2.** PHILO Du point de vue des phénomènes. – De *phénoménal.*

phénoménalisme [fenɔmenalism] n. m. PHILO Doctrine d'après laquelle les phénomènes seuls sont connaissables. – De *phénoménal.*

phénoménalité [fenɔmenalite] n. f. PHILO Caractère du phénomène. – De *phénoménal.*

phénomène [fenɔmɛn] n. m. **1.** Tout fait extérieur qui se manifeste à la conscience par l'intermédiaire des sens; toute expérience intérieure qui se manifeste à la conscience. *Phénomène sensible, affectif. Phénomène d'hystérie collective.* ▷ PHILO Chez Kant, tout ce qui est l'objet d'une expérience sensible, appréhendé dans l'espace et dans le temps et, donc, se manifestant à la conscience (par oppos. à *noumène*). **2.** Tout ce qui apparaît comme remarquable, nouveau, extraordinaire. *Le succès de ce livre est un phénomène inattendu.* **3.** Être vivant (animal ou humain) qui présente quelque particularité rare, et qu'on exhibe en public. *Phénomène de foire.* **4.** Fam. Personne originale, bizarre, excentrique. *Ah! celui-là, quel phénomène!* – Gr. *phainomena,* «phénomènes célestes», de *phainesthai,* «apparaître».

phénoménisme [fenɔmenism] n. m. PHILO Doctrine d'après laquelle seuls existent des phénomènes, au sens kantien de ce terme. – De *phénomène*.

phénoménologie [fenɔmenɔlɔʒi] n. f. PHILO **1.** Vx Traité, dissertation sur les phénomènes. **2.** *«Phénoménologie de l'esprit» (Hegel)* : «science de la conscience», qui prend en compte la manifestation dialectique de l'esprit au travail dans l'histoire. **3.** Chez Husserl, méthode philosophique qui cherche à revenir «aux choses mêmes» et à les décrire telles qu'elles apparaissent à la conscience, indépendamment de tout savoir constitué. *«La phénoménologie répondait exactement à ses préoccupations* (celles de Sartre*) : dépasser l'opposition de l'idéalisme et du réalisme, affirmer à la fois la souveraineté de la conscience, et la présence du monde tel qu'il se donne à nous» (S. de Beauvoir).* – De *phénomène*, et *-logie*.

phénoménologique [fenɔmenɔlɔʒik] adj. PHILO Qui concerne la phénoménologie. – De *phénoménologie*.

phénoménologue [fenɔmenɔlɔg] n. PHILO Philosophe qui emploie les méthodes phénoménologiques. – De *phénoménologie*.

phénoplaste [fenɔplast] n. m. CHIM Toute résine artificielle thermodurcissable obtenue par polycondensation de phénols ou de dérivés du phénol avec des aldéhydes ou des cétones. – De *phénol*, et *plast(iqu)e*.

phénothiazine [fenɔtjazin] n. f. PHARM Substance cristalline jaune ($C_{12}H_9NS$) dont des dérivés ont des propriétés thérapeutiques, notam. neuroleptiques et antihistaminiques. – Dénomination commune internationale.

phénotype [fenɔtip] n. m. BIOL Ensemble des caractères somatiques apparents d'un individu, (par oppos. au *génotype*). – De *phéno(mène)*, et *-type*.

phénotypique [fenɔtipik] adj. BIOL Qui a trait au phénotype. – De *phénotype*.

phényl-. CHIM Préfixe indiquant la présence du radical phényle dans la molécule d'un composé.

phénylalanine [fenilalanin] n. f. BIOCHIM Acide aminé précurseur de la tyrosine. – De *phényl-*, et *alanine*.

phénylbutazone [fenilbytazɔn] n. f. PHARM Dénomination internationale de la dioxo-diphényl-butyl pyrazolidine, produit utilisé comme anti-inflammatoire et antipyrétique. – De *(dioxo-di)phényl-but(yl pyr)azo(lidi)ne*.

phénylcétonurie [fenilsetɔnyʀi] n. f. MED Maladie héréditaire caractérisée par un déficit en une enzyme, la *phénylalanine-hydroxylase*, et qui se traduit par des signes neurologiques, des altérations du comportement et un défaut de pigmentation des phanères. Syn. oligophrénie* phénylpyruvique. – De *phényl-*, *cétone*, et *-urie*.

phényle [fenil] n. m. CHIM Radical monovalent C_6H_5– contenu dans le benzène et ses dérivés. – De *phén(ol)*, et gr. *hulê*, «bois, matière».

phéophycées [feɔfise] n. f. pl. BOT Embranchement d'algues brunes. – Sing. *Une phéophycée*. – Du gr. *phaios*, «brun», et *phukos*, «algue».

phéromone [feʀɔmɔn] ou **phérormone** [feʀɔʀmɔn] n. f. ZOOL Hormone de la communication, qui joue (en particulier chez les insectes sociaux) un rôle très important dans la régulation de certains comportements (comportement sexuel des papillons, construction des alvéoles chez les abeilles, etc.). – Du gr. *pherô*, «je porte», et *hormone*.

phi [fi] [p] n. m. **1.** Vingt et unième lettre de l'alphabet grec (Φ, φ), notant un [p] aspiré en grec ancien, et un [f] en grec moderne. ▷ PHYS φ : symbole de la phase. **2.** PHYS NUCL Particule de la famille des mésons. – Mot gr.

phil(o)-, -phile, -philie. Éléments, du gr. *philos*, «ami», ou *philein*, «aimer».

philanthe [filɑ̃t] n. m. ENTOM Insecte hyménoptère (genre *Philanthus*) long d'une quinzaine de mm, à abdomen rayé jaune et noir, prédateur des abeilles. – De *phil-*, et gr. *anthos*, «fleur».

philanthrope [filɑ̃tʀɔp] n. **1.** Ami(e) du genre humain; qui aime tous les hommes. **2.** Celui, celle qui contribue par son action personnelle, par des dons en argent, par la fondation d'œuvres, à l'amélioration des conditions de vie des hommes. *Deux lits ont été fondés dans cet hôpital par un généreux philanthrope.* **3.** *Par ext.* Personne qui agit avec désintéressement. – Gr. *philanthrôpos*, de *philos*, «ami», et *anthrôpos*, «homme».

philanthropie [filɑ̃tʀɔpi] n. f. Amour de l'humanité. ▷ Activité du philanthrope. – Gr. *philanthrôpia*.

philanthropique [filɑ̃tʀɔpik] adj. Qui a rapport à la philanthropie; inspiré par la philanthropie. *Œuvre philanthropique.* – Gr. *philanthrôpikos*.

philatélie [filateli] n. f. **1.** Étude des timbres-poste. **2.** Action, fait de collectionner les timbres-poste. – De *phil-*, et gr. *ateleia*, «exemption d'impôts», pour «affranchissement», de *telos*, «charge, impôt».

philatélique [filatelik] adj. Qui se rapporte à la philatélie. *Exposition philatélique.* – De *philatélie*.

philatéliste [filatelist] n. Personne qui s'adonne à la philatélie. – De *philatélie*.

-phile. V. phil(o)-.

philharmonie [filaʀmɔni] n. f. **1.** Vx Amour de la musique. **2.** Société musicale. – De *philharmonique*.

philharmonique [filaʀmɔnik] adj. **1.** Vx Qui aime la musique. **2.** *Société philharmonique* : groupe d'amateurs de musique; petit orchestre de musiciens amateurs. – *Orchestre philharmonique* : grand orchestre symphonique. – De *phil-*, et gr. *harmonia*, d'ap. l'ital. *filarmonica*.

philhellène [filelɛn] n. et adj. **1.** n. HIST Partisan de l'indépendance grecque. **2.** adj. *Par ext.* Ami de la Grèce. – Gr. *philhellên*, de *Hellên*, «Grec».

philhellénisme [filelenism] n. m. HIST Soutien donné à la Grèce luttant pour son indépendance. – De *philhellène*.

philibeg [filibɛg] n. m. Rare Jupon court des montagnards écossais. – Angl. *filibeg*, *philibeg*, du gaélique *feileadh-beag*, «petit kilt».

-philie. V. phil(o)-.

philippin, ine [filipɛ̃, in] adj. et n. Des îles Philippines, archipel et État d'Asie du S. -E. ▷ Subst. *Un(e) Philippin(e).*

philippine [filipin] n. f. Jeu dans lequel deux personnes se partagent deux amandes jumelles (la première qui salue l'autre d'un «Bonjour Philippine!» est la gagnante). – Altér., sous l'infl. de *Philippe*, de l'all. *Vielliebchen* [fillibʃen], «bien-aimé».

philippique [filipik] n. f. Litt. Harangue, discours violent dirigé contre qqn. – Du gr. *philippikos (logos)*, «discours (de Démosthène) contre Philippe, roi de Macédoine».

philistin, ine [filistɛ̃, in] n. et adj. **1.** n. m. pl. (Avec une majuscule.) HIST Peuple de l'Antiquité qui s'établit sur la côte S. de la Palestine (dont le nom signifie : «pays des Philistins»). *Les Philistins luttèrent contre les Hébreux (dont Samson) qui les asservirent sous le règne de David (Xe s. av. J.-C.).* ▷ n. m. (rare au f.) Mod. Personne peu ouverte à la nouveauté, bornée. **2.** adj. Propre aux Philistins. – Bas lat. ecclés. *Philistini*, de l'hébr.

philo-. V. phil(o)-.

philo [filo] n. f. Fam. Philosophie. *Un bouquin de philo.* ▷ *Classe de philo* ou *philo* : autref., une des classes terminales, qui dispensait cet enseignement. *Il a fait philo.* – Abrév. de *philosophie.*

philodendron [filodɛ̃dʀɔ̃] n. m. Arbuste (genre *Philodendron,* fam. aracées), originaire d'Amérique centrale, aux feuilles décoratives. – De *philo-,* et gr. *dendron,* « arbre ».

philologie [filɔlɔʒi] n. f. Étude d'une langue, de sa grammaire, de son histoire d'après les textes. *Philologie grecque, latine, anglaise, etc.* – Lat. *philologia,* mot gr., « amour des lettres, érudition ».

philologique [filɔlɔʒik] adj. Qui concerne la philologie. – De *philologie.*

philologue [filɔlɔg] n. Personne spécialiste de philologie. – Lat. *philologus,* gr. *philologos.*

philosophale [filɔzɔfal] adj. f. *Pierre philosophale* : pierre qui, d'après les alchimistes, pouvait transmuter en or les métaux vils. – De *philosophe* au sens anc. de « alchimiste ».

philosophe [filɔzɔf] n. et adj. **I.** n. **1.** Personne qui étudie la philosophie, qui s'efforce de découvrir les principes des sciences, de la morale, de la vie en général, et qui tente d'organiser ses connaissances en un système cohérent. **2.** Cour. Personne qui fait preuve d'égalité d'âme, qui supporte tout avec sérénité. *Il a pris en philosophe ce revers de fortune.* **II.** adj. Sage, tolérant, serein. *Savoir être philosophe.* – Lat. *philosophus,* gr. *philosophos,* « ami de la sagesse ».

philosopher [filɔzɔfe] v. intr. [1] **1.** Traiter de sujets philosophiques. **2.** Argumenter, raisonner, discuter sur un sujet quelconque. ▷ Péjor. Argumenter de façon oiseuse. – Lat. *philosophari.*

philosophie [filɔzɔfi] n. f. **1.** Branche du savoir qui se propose d'étudier les principes et les causes au niveau le plus général, d'étudier les fondements des valeurs morales, et d'organiser les connaissances en un système cohérent. **2.** Recherche, étude des principes qui fondent une science, un art. *Philosophie de l'histoire, de la peinture.* **3.** Doctrine philosophique. *La philosophie de Descartes, de Heidegger.* **4.** Cour. Égalité d'humeur, calme, courage. *Supporter une disgrâce avec philosophie.* **5.** Matière d'enseignement comprenant la psychologie, la morale, la logique et la métaphysique. ▷ Anc. Classe où l'on enseignait la philosophie (correspond auj. aux sections A et B de la classe terminale de l'enseignement secondaire). (Abrév. fam. : philo). – Lat. *philosophia,* mot gr., « amour de la science ».

ENCYCL Chez les Grecs, la philosophie comprenait la dialectique (psychologie, logique et métaphysique), la physique et la morale. Succédant à Platon (IVe s. av. J.-C.), Aristote considère la philosophie comme « la science de certaines causes et de certains principes », ce qui le conduit à étudier la physique, l'histoire naturelle, l'éthique, la cosmologie, etc. Jusqu'à Descartes et Leibniz (XVIIe-déb. XVIIIe s.), la philosophie englobe l'ensemble des sciences et des recherches théoriques, inséparables d'une perspective métaphysique. Constatant les divergences idéologiques des philosophes et la certitude des mathématiques, Kant, à la fin du XVIIIe s., oriente la philosophie vers une théorie de la connaissance. La philosophie devient un retour critique du savoir sur lui-même. Au début du XIXe s., Hegel est le dernier philosophe qui tente une récapitulation du savoir (à l'aide de la dialectique) : la philosophie rencontre l'histoire et le devenir. Ses successeurs, néokantiens ou jeunes hégéliens, se trouveront face à une triple opposition où Marx, Nietzsche et Freud se proposent de démystifier l'*illusion philosophique,* de mettre à nu ce qu'elle déforme : la justification du système social, la dynamique de la création des valeurs, les déterminations inconscientes de la conscience. Au XXe s., le développement des sciences humaines a amorcé la crise définitive de la philosophie en tant que réflexion totalisante sur le devenir humain.

philosophique [filɔzɔfik] adj. **1.** Qui appartient à la philosophie. *Mener des recherches philosophiques.* **2.** Empreint de sagesse. *La tranquillité philosophique de ceux qui ont beaucoup vécu.* – Bas lat. *philosophicus.*

philosophiquement [filɔzɔfikmɑ̃] adv. **1.** Du point de vue de la philosophie. **2.** À la manière des philosophes, avec sérénité. *Se résigner philosophiquement à la mort.* – De *philosophique.*

philotechnique [filotɛknik] adj. Vieilli *Société philotechnique,* qui a pour objet la diffusion des arts et des sciences. – De *philo-,* et gr. *tekhnê,* « art ».

philtre [filtʀ] n. m. Breuvage magique propre à inspirer l'amour. – Lat. *philtrum,* gr. *philtron.*

phimosis [fimozis] n. m. MED Étroitesse anormale du prépuce, qui empêche de découvrir le gland. – Mot gr., « resserrement ».

phléb(o)-. Élément, du gr. *phlebs, phlebos,* « veine ».

phlébite [flebit] n. f. Thrombose veineuse siégeant en général aux membres inférieurs et survenant le plus souvent chez les cardiaques, les accouchées, les opérés récents. – De *phléb-,* et *-ite.*

phlébographie [flebɔgʀafi] n. f. MED Radiographie des veines après injection d'un produit de contraste. – De *phléb(o)-,* et *graphie.*

phlébologie [flebɔlɔʒi] n. f. MED Branche de la médecine qui étudie les veines et le traitement de leurs affections. – De *phléb(o)-,* et *-logie.*

phlébologue [flebɔlɔg] n. Spécialiste de phlébologie. – De *phlébologie.*

phlébotome [flebɔtɔm] n. m. **1.** CHIR Anc. Lancette utilisée autrefois pour les saignées. **2.** ZOOL Petit moustique (genre *Phlebotomus*) des régions méditerranéennes et tropicales, vecteur de la leishmaniose. – Bas lat. *phlebotomus,* du gr.

phlébotomie [flebɔtɔmi] n. f. CHIR Incision de la paroi d'une veine. – De *phlébotome.*

phlegme, phlegmatique. V. flegme, flegmatique.

phlegmon [flɛgmɔ̃] n. m. Infiltration purulente aiguë du tissu sous-cutané ou du tissu conjonctif d'un organe. *Phlegmon circonscrit, diffus.* – Lat. méd. *phlegmon(e),* du gr. *phlegein,* « brûler ».

phlegmoneux, euse [flɛgmɔnø, øz] adj. MED Qui est de la nature d'un phlegmon. *Pus phlegmoneux.* – De *phlegmon.*

phléole. V. fléole.

phlogistique [flɔʒistik] n. m. CHIM Anc. Fluide que les anciens chimistes supposaient contenu dans les corps combustibles, et qui était censé s'en échapper avec la flamme. *La théorie du phlogistique fut ruinée par les travaux de Lavoisier au XVIIIe s.* – Lat. mod. *phlogisticum,* du gr. *phlogistos,* « inflammable ».

phlox [flɔks] n. m. inv. Plante ornementale herbacée aux fleurs de couleurs variées, originaire d'Amérique (genre *Phlox*). – Mot gr., « flamme ».

phlyctène [fliktɛn] n. f. MED Vésicule sous-cutanée remplie de sérosité transparente. Syn. cour. ampoule. – Gr. *phluktaina,* de *phluzein,* « couler en abondance ».

pH-mètre [peaʃmɛtʀ] n. m. TECH Appareil servant à la mesure du pH. *Des pH-mètres.* – De *pH,* et *-mètre.*

-phobe, -phobie. Éléments, du gr. *phobos,* « crainte ».

phobie [fɔbi] n. f. **1.** PSYCHIAT Peur irraisonnée, angoissante et obsédante, de certains objets, de certaines situations. **2.** Cour. Crainte ou aversion. *Il a la phobie du travail.* – Isolé des composés savants en *-phobie.*

phobique [fɔbik] adj. PSYCHIAT **1.** Qui a rapport à la phobie. *Névrose phobique.* **2.** Atteint de phobie. ▷ Subst. *Un, une phobique.* – De *phobie.*

phocéen, enne [fɔseɛ̃, ɛn] adj. et n. **1.** ANTIQ GR De Phocée, anc. v. d'Asie Mineure (Ionie). *Navigateur phocéen.* ▷ Par ext. *Comptoir phocéen.* ▷ Subst. *Les Phocéens.* **2.** Litt. Marseillais. *La cité phocéenne* : Marseille (parce que la ville fut fondée par des Grecs de Phocée v. 550 av. J.-C.). – Lat. *Phocaicus,* gr. *Phôkaikos,* « de Phocée ».

phocidien, enne [fɔsidjɛ̃, ɛn] adj. et n. ANTIQ GR De la Phocide, n. d'un territoire sacré de l'anc. Grèce, entre la Thessalie et la Béotie. *Dialecte phocidien.* ▷ Subst. *Les Phocidiens.* – De *Phocide.*

phocomèle [fɔkɔmɛl] adj. et n. MED Se dit d'un handicapé congénital dont les mains (ou les pieds) sont soudés au tronc, les membres supérieurs (ou inférieurs) faisant défaut. – Du gr. *phôkê,* « phoque », et *mêlos,* « membre ».

phœnicoptéridés ou **phénicoptéridés** [fenikɔpteʀide] n. m. pl. ZOOL Famille d'ansériformes comprenant les flamants. – Sing. *Un phœnicoptéridé* ou *un phénicoptéridé.* – Du gr. *phoinix, phoinikos,* « rouge », de *-ptère,* et de *-idés.*

phœnix [feniks] n. m. BOT Palmier (genre *Phoenix*), dont une espèce, le *phœnix des Canaries,* est cultivé comme plante d'appartement et dont une autre espèce (*Phoenix dactylifera*) est le dattier. – Gr. *phoinix,* « palmier ».

pholade [fɔlad] n. f. ZOOL Mollusque lamellibranche siphonné qui vit dans des trous qu'il creuse dans les rochers. – Du gr. *phôlas, phôlados,* « qui vit dans des trous ».

pholidotes [fɔlidɔt] n. m. pl. ZOOL Ordre de mammifères qui ne comprend que les pangolins. – Sing. *Un pholidote.* – Du gr. *pholidôtos,* « couvert d'écailles ».

pholiote [fɔljɔt] n. f. BOT Champignon basidiomycète comestible (genre *Pholiota*), à lamelles jaunes ou brunes et à anneau, qui pousse en touffes sur les souches et à la base des vieux arbres. – Lat. bot. *pholiota.*

pholque [fɔlk] n. m. ENTOM Aranéide commune à très longues pattes et à petit corps. – Du gr. *pholkos,* « bancal, cagneux ».

phon-, phono-, -phone, -phonie. Éléments, du gr. *phônê,* « voix, son ».

phonateur, trice [fɔnatœʀ, tʀis] ou **phonatoire** [fɔnatwaʀ] adj. PHYSIOL, LING Qui a rapport à la phonation. *La fonction phonatoire du larynx.* – De *phonat(ion).*

phonation [fɔnasjɔ̃] n. f. PHYSIOL, LING Production des sons par les organes vocaux. – Du gr. *phônê,* « voix, son ».

-phone. V. phon-.

phone [fɔn] n. m. PHYS Unité sans dimension mesurant l'intensité subjective des sons et des bruits. – De *phon-.*

phonématique [fɔnematik] n. f. et adj. LING Partie de la phonologie qui étudie uniquement les phonèmes, excluant de ses analyses les faits d'intonation, d'accentuation, etc. – adj. *Niveau phonématique,* où les phrases sont perçues comme des suites de phonèmes. – De *phonème.*

phonème [fɔnɛm] n. m. LING Unité fondamentale de la description phonologique, segment indécomposable défini par ceux de ses caractères qui ont valeur distinctive ; son du langage. – Gr. *phônêma,* « son de voix ».

phonémique [fɔnemik] adj. LING Relatif au phonème. *Émission phonémique.* – De *phonème.*

phonéticien, enne [fɔnetisjɛ̃, ɛn] n. Spécialiste de phonétique. – De *phonétique.*

phonétique [fɔnetik] adj. et n. f. LING **1.** adj. Relatif aux sons du langage. *Alphabet phonétique international. Description phonétique.* **2.** n. f. Branche de la linguistique ayant pour objet la description des sons de la parole, indépendamment de leur valeur dans le système de la langue (cf. phonologie). *Phonétique articulatoire,* qui étudie l'émission des sons par les organes de la parole. *Phonétique acoustique,* qui étudie la structure physique des sons. *Phonétique historique,* qui étudie les changements des sons intervenus au cours de l'histoire d'une langue. – Gr. *phônêticos.*

phonétiquement [fɔnetikmɑ̃] adv. Du point de vue de la phonétique ; de manière phonétique. – De *phonétique.*

phoniatre [fɔnjatʀ] n. Didac. Médecin spécialiste de phoniatrie. – De *phoniatrie.*

phoniatrie [fɔnjatʀi] n. f. Didac. Branche de la médecine qui étudie la phonation et le traitement de ses troubles. – De *phon-,* et *-iatrie.*

-phonie. V. phon-.

phonie [fɔni] n. f. RADIOELECTR Transmission des messages par la voix (par oppos. à *graphie,* transmission par signaux morse). – De *(télé)phonie.*

phonique [fɔnik] adj. Relatif aux sons ou à la voix. – Du gr. *phônê,* « voix, son ».

phono-. V. phon-.

phono [fɔno] n. m. Fam., vieilli Phonographe. – *Par ext.* Électrophone. – Abrév. de *phonographe.*

phonogramme [fɔnɔgʀam] n. m. **1.** Didac. Tracé de l'enregistrement des vibrations sonores de la voix humaine. **2.** LING Signe qui représente un son (par oppos. à l'*idéogramme*). – De *phono-,* et *-gramme.*

phonographe [fɔnɔgʀaf] n. m. Ancien appareil mécanique servant à reproduire les sons, auj. remplacé par l'électrophone. (Abrév. : phono). – De *phono-,* et *-graphe.*

phonographique [fɔnɔgʀafik] adj. **1.** Vx Qui a rapport au phonographe. **2.** Mod. Qui a rapport à l'enregistrement sonore (notam. à l'enregistrement sur disque). *Droits de reproduction phonographique.* – De *phonographe.*

phonolithe ou **phonolite** [fɔnɔlit] n. m. ou f. GEOL Roche volcanique microlithique qui résonne quand on la frappe. *Phonolithe du Velay.* – De *phono-,* et *-lithe.*

phonolithique ou **phonolitique** [fɔnɔlitik] adj. GEOL Qui a rapport à la phonolite, qui est de même nature qu'elle. – De *phonolithe.*

phonologie [fɔnɔlɔʒi] n. f. LING Branche de la linguistique qui s'attache à décrire les systèmes phonémiques des langues en termes de différences et de ressemblances fonctionnelles (pertinentes pour la communication). – De *phono-,* et *-logie.*

phonologique [fɔnɔlɔʒik] adj. LING Qui a rapport à la phonologie. – De *phonologie.*

phonologue [fɔnɔlɔg] n. LING Spécialiste de l'étude fonctionnelle des sons du langage, de phonologie. – De *phonologie.*

phonométrie [fɔnɔmetʀi] n. f. TECH Mesure de l'intensité des sons. – De *phono-,* et *-métrie.*

phonon [fɔnɔ̃] n. m. PHYS Quantum d'énergie du champ d'agitation thermique des noyaux. (Il transporte l'énergie hf, h étant la constante de Planck et f la fréquence d'oscillation.) – De *phon-,* sur *photon.*

phonothèque [fɔnɔtɛk] n. f. Établissement où sont conservés des documents sonores (disques, bandes magnétiques, etc.). – De *phono-,* et *-thèque.*

phoque [fɔk] n. m. Mammifère des mers froides (ordre des pinnipèdes), de grande taille (de 1,50 m à plus de 5 m), aux oreilles sans pavillon, à la fourrure rase, aux pattes postérieures inaptes à la locomotion terrestre. *Les phoques se nourrissent de poissons et de mollusques.* ▷ Fourrure de cet animal. *Bottillons en phoque.* – Lat. *phoca,* gr. *phôkê.*

-phore. Élément, du gr. *pherein,* « porter ».

phormium [fɔʀmjɔm] n. m. BOT Plante vivace (genre *Phormium,* fam. liliacées) dont une espèce, le lin de Nouvelle-Zélande (*Phormium tenax*), fournit une fibre textile et est également cultivée en France comme plante ornementale. – Mot lat., « natte », gr. *phormion.*

phoronidiens [fɔʀonidjɛ̃] n. m. pl. ZOOL Classe de lophophoriens sédentaires, vermiformes et marins. – Sing. *Un phoronidien.* – Du n. de *Phoronis,* divinité myth. marine grecque.

phosgène [fɔsʒɛn] n. m. CHIM Gaz très toxique ($COCl_2$) résultant de la combinaison du chlore et de l'oxyde de carbone, fréquemment utilisé pendant la Première Guerre mondiale comme gaz de combat. – Du gr. *phôs,* « lumière », et de *-gène.*

phosphatage [fɔsfataʒ] n. m. AGRIC Action de phosphater le sol. – De *phosphate.*

phosphatase [fɔsfataz] n. f. BIOCHIM Enzyme du groupe des hydrolases qui libère l'acide phosphorique en agissant sur différents substrats. – De *phosphate.*

phosphate [fɔsfat] n. m. **1.** CHIM Anc. Sel ou ester de l'acide phosphorique. ▷ Mod. (Dans la nouvelle nomenclature.) Anion oxygéné du phosphore. **2.** Engrais constitué d'un mélange de phosphates. V. superphosphate. – De *phosph(ore),* et *-ate.*

phosphaté, ée [fɔsfate] adj. **1.** Didac. Qui est à l'état de phosphate. ▷ Qui renferme des phosphates. *Engrais phosphaté.* **2.** Cour. Se dit de préparations qui contiennent du phosphate de calcium. *Bouillie phosphatée.* – De *phosphate.*

phosphater [fɔsfate] v. tr. [1] Fertiliser (une terre) avec des phosphates. – De *phosphate.*

phosphaturie [fɔsfatyʀi] n. f. MED Élimination des phosphates par les urines. – De *phosphate,* et *-urie.*

phosphène [fɔsfɛn] n. m. PHYSIOL Sensation lumineuse provoquée par un choc sur le globe oculaire ou par une excitation électrique, la paupière étant fermée. – Du gr. *phôs,* « lumière », et *phainein,* « briller ».

phosphite [fɔsfit] n. m. CHIM Sel ou ester de l'acide phosphoreux. – De *phosph(ore),* et *-ite* 2.

phospho-. CHIM Élément, de *phosphore.*

phosphocalcique [fosfokalsik] adj. Qui concerne le phosphore (sous forme de phosphate) et le calcium, spécial. en médecine. *Bilan phosphocalcique.* – De *phospho-,* et *calcique.*

phospholipide [fɔsfolipid] n. m. BIOCHIM Lipide phosphoré présent dans toutes les cellules vivantes, dont le rôle métabolique est très important. *Les lécithines sont des phospholipides.* – De *phospho-,* et *lipide.*

phospholipidique [fɔsfolipidik] adj. BIOCHIM Relatif aux phospholipides. – De *phospholipide.*

phosphore [fɔsfɔʀ] n. m. Élément non métallique de numéro atomique Z = 15, de masse atomique 30,97 (symbole P). *L'élément phosphore est indispensable à l'organisme.* – Corps simple (P), solide à température ordinaire et dont il existe deux variétés allotropiques : le *phosphore blanc,* très toxique, qui fond à 44 °C et le *phosphore rouge,* non toxique. *Le phosphore rend la fonte cassante et doit en être éliminé. Luminescence du phosphore blanc :* V. phosphorescence. – Du gr. *phôsphoros,* « lumineux », de *phôs,* « lumière », et *pherein* « apporter ».

phosphoré, ée [fɔsfɔʀe] adj. Additionné de phosphore, qui contient du phosphore. – De *phosphore.*

phosphorer [fɔsfɔʀe] v. intr. [1] Fam. Réfléchir intensément ; se livrer avec ardeur, opiniâtreté, à un travail intellectuel (V. potasser). – De *phosphore.*

phosphorescence [fɔsfɔʀesɑ̃s] n. f. **1.** Cour. Luminescence du phosphore blanc, due à son oxydation spontanée à l'air libre. – *Par ext.* Luminescence d'un corps quelconque. ▷ Luminescence d'un être vivant. *La phosphorescence du ver luisant.* **2.** PHYS Propriété que présentent certains corps d'émettre de la lumière après avoir été soumis à un rayonnement, visible ou non (lumière, rayons ultraviolets, chaleur, etc.). – De *phosphore.*

phosphorescent, ente [fɔsfɔʀesɑ̃, ɑ̃t] adj. **1.** Qui émet une lueur dans l'obscurité sans dégagement de chaleur. *La noctiluque est phosphorescente.* ▷ Qui semble émettre une lueur (en réfléchissant la moindre lumière captée). *Les yeux phosphorescents des chats.* **2.** PHYS Luminescent par phosphorescence (au sens 2). ▷ Cour. Qui évoque la lumière émise par les corps phosphorescents (au sens 2). *Un vert phosphorescent.* – De *phosphorescence.*

phosphoreux, euse [fɔsfɔʀø, øz] adj. Didac. Qui contient du phosphore. *Fonte phosphoreuse.* ▷ CHIM *Anhydride phosphoreux,* de formule P_2O_3, obtenu lors de la combustion lente du phosphore. – *Acide phosphoreux,* de formule H_3PO_3. – De *phosphore.*

phosphorique [fɔsfɔʀik] adj. CHIM *Anhydride phosphorique,* de formule P_2O_5, obtenu lors de la combustion vive du phosphore. ▷ *Acide phosphorique,* de formule H_3PO_4. – De *phosphore.*

phosphorisme [fɔsfɔʀism] n. m. MED Intoxication par le phosphore. – De *phosphore.*

phosphorite [fɔsfɔʀit] n. f. CHIM Phosphate de calcium naturel. – De *phosphore.*

phosphure [fɔsfyʀ] n. m. CHIM Combinaison du phosphore avec l'hydrogène ou avec un autre métal. – De *phosphore.*

-phot, -phote, photo-. Éléments, du gr. *phôs, phôtos,* « lumière ».

phot [fɔt] n. m. PHYS Unité d'éclairement égale à 10 000 lux, soit 1 lumen par cm^2 (symbole ph). – Du gr. *phôs, phôtos,* « lumière ».

photo. V. photographie.

photobactérie [fɔtobakteʀi] n. f. Bactérie luminescente.

photobiologie [fɔtobjɔlɔʒi] n. f. BIOL Étude de l'action de la lumière sur les organismes vivants.

photochimie [fɔtoʃimi] n. f. CHIM Étude des réactions chimiques produites ou favorisées par la lumière.

photochimique [fɔtoʃimik] adj. CHIM Qui a rapport à la photochimie, aux effets chimiques de la lumière. – De *photochimie,* d'après *chimique.*

photochromique [fɔtokʀomik] ou **photochrome** [fɔtokʀom] adj. TECH *Verre photochromique :* verre dont la teinte change suivant l'intensité lumineuse, utilisé notam. dans la fabrication de certaines lunettes de soleil. – De *photo-,* et *-chrome.*

photochromisme [fɔtokʀɔmism] n. m. TECH Phénomène caractérisé par une variation réversible du spectre d'absorption d'un corps suivant l'intensité lumineuse qu'il reçoit. – De *photo-, -chrome,* et *-isme.*

photocomposeuse [fɔtokɔ̃pozøz] n. f. TECH Appareil pour la photocomposition. – De *photocomposition.*

photocomposition [fɔtokɔ̃pozisjɔ̃] n. f. TECH Composition photographique d'un texte destiné à l'impression.

photoconducteur, trice [fɔtokɔ̃dyktœʀ, tʀis] adj. ELECTR Se dit d'un corps conducteur dont la résistivité varie sous l'action d'un rayonnement lumineux.

photoconduction [fɔtokɔ̃dyksjɔ̃] n. f. ELECTR Variation de la résistivité d'un corps conducteur sous l'action de la lumière.

photocopie [fɔtokɔpi] n. f. Reproduction photographique d'un document.

photocopier [fɔtokɔpje] v. tr. [2] Effectuer la photocopie de. *Photocopier un rapport.* – De *photocopie.*

photocopieur [fɔtokɔpjœʀ] n. m. ou **photocopieuse** [fɔtokɔpjøz] n. f. Appareil pour la photocopie. – De *photocopier.*

photodégradable [fɔtodegʀadabl] adj. TECH Se dit d'une matière susceptible de subir la photodégradation. – De *photo-,* et *dégradable,* d'après *biodégradable.*

photodégradation [fɔtodegʀadasjɔ̃] n. f. TECH Dégradation de certaines matières plastiques sous l'action des rayons ultraviolets.

photodiode [fɔtodjɔd] n. f. ELECTRON Diode dans laquelle un rayon lumineux incident provoque une variation du courant électrique et peut, ainsi, déclencher un mécanisme électronique. *Une photodiode ne dépasse pas quelques millimètres-cubes et est utilisée dans l'industrie, notam. pour les systèmes de comptage et les systèmes de sécurité divers.*

photoélasticimétrie [fɔtoelastisimetʀi] n. f. TECH Étude des lignes de contrainte qui affectent la masse d'une pièce, d'un organe mécanique, etc., par l'observation en lumière polarisée d'une réplique en matière transparente de cette pièce ou de cet organe, soumise aux mêmes efforts. – De *photo-, élasticité,* et *-métrie.*

photoélasticité [fɔtoelastisite] n. f. TECH Propriété qu'ont certaines matières transparentes isotropes de devenir anisotropes sous l'action de contraintes mécaniques. *La photoélasticimétrie est une application de la photoélasticité.*

photoélectricité [fɔtoelɛktʀisite] n. f. ELECTR Ensemble des phénomènes électriques liés à l'action des radiations (visibles ou non) sur certains corps. ▷ *Spécial.* Photoémission.

photoélectrique [fɔtoelɛktʀik] adj. ELECTR *Effet photoélectrique* : émission d'électrons sous l'effet de la lumière (photoémission), ou, plus généralement, sous l'action d'un rayonnement électromagnétique. ▷ *Cellule photoélectrique* : dispositif fondé sur l'effet photoélectrique, destiné à mesurer l'intensité d'un flux lumineux. – *Par ext.* Tout dispositif de mesure d'un flux lumineux.

photoémetteur, trice [fɔtoemɛtœʀ, tʀis] ou **photoémissif, ive** [fɔtoemisif, iv] adj. PHYS Qui émet des électrons sous l'action de la lumière.

photoémission [fɔtoemisjɔ̃] n. f. ELECTRON Émission d'électrons sous l'action de la lumière.

photoémissivité [fɔtoemisivite] n. f. ELECTRON Caractère d'une substance photoémissive. – De *photoémissif.*

photo-finish ou **photofinish** [fɔtofiniʃ] n. f. (Anglicisme) Photographie, film pris par un appareil photographique, une caméra, qui enregistre automatiquement l'arrivée d'une course. *Des photos-finish* ou *des photofinish.* – De *photo,* et angl. *finish* « arrivée d'une course », de *to finish* « finir, arriver ».

photofission [fɔtofisjɔ̃] n. f. PHYS NUCL Fission d'un atome sous l'action de photons.

photogène [fɔtɔʒɛn] adj. Vx Qui produit de la lumière, luminescent. – De *photo-,* et *-gène.*

photogénie [fɔtɔʒeni] n. f. Qualité de ce qui est photogénique. – De *photo-,* et *-génie.*

photogénique [fɔtɔʒenik] adj. **1.** Qui donne des images photographiques nettes, de bonne qualité. *Texture, matière photogénique.* **2.** Cour. Dont l'image photographique est plaisante à regarder. ▷ Auquel la photographie confère une beauté, un charme parfois trompeurs. *Visage photogénique.* – De *photo-,* et *-génique,* d'après l'angl. *photogenic.*

photogrammétrie [fɔtogʀametʀi] n. f. TECH Ensemble des techniques permettant de mesurer et de situer les objets dans les trois dimensions de l'espace par l'analyse d'images perspectives (le plus souvent photographiques) en deux dimensions. *Traçage des cartes par photogrammétrie à partir de vues aériennes.* – De *photo-, -gramm(e),* et *-(m)étrie.*

photographe [fɔtogʀaf] n. **1.** Personne qui photographie. *Photographe amateur.* – Professionnel de la photographie. *Photographe de presse, de mode.* **2.** Commerçant, professionnel qui se charge du développement et du tirage des films qu'on lui confie, de la vente de matériel photographique. – De *photographie.*

photographie [fɔtogʀafi] ou cour. **photo** [fɔto] n. f. **1.** Art de fixer durablement l'image des objets par utilisation de l'action de la lumière sur une surface sensible. *Les applications de la photographie dans le domaine des sciences. Histoire de la photographie.* – Art et technique de la prise de vue photographique (on dit presque exclusivement *photo,* en ce sens). *Faire de la photo; aimer la photo. Des appareils photo.* **2.** Image obtenue par photographie. *Prendre, développer, tirer des photos.* – *Spécial.* Image d'une personne obtenue par photographie. *Photo d'identité. Prendre une photo de qqn; prendre en photo.* **3.** Fig. Image, reproduction exacte. *Son rapport était une photographie très complète de la situation.* – De *photo-,* et *-graphie.*

ENCYCL Le procédé photographique repose sur deux principes : la formation de l'image dans la chambre noire, et la sensibilité à la lumière des composés halogénés de l'argent. Un appareil photographique se compose essentiellement : d'une chambre noire; d'un objectif avec diaphragme; d'un dispositif de mise au point déplaçant tout ou partie de l'objectif par rapport au plan de la surface sensible; d'un viseur destiné au cadrage et, parfois, au contrôle de la mise au point et des différents réglages; d'un obturateur; éventuellement d'appareils permettant de mesurer l'éclairement du sujet et la distance; enfin d'un dispositif servant à contenir ou à introduire la surface sensible. La photographie, en outre, fonctionne selon d'autres procédés que ceux utilisant les composés halogénés d'argent. – *Les polymères photosensibles* ont la propriété de perdre leur solubilité sous l'action de la lumière ou d'une autre radiation. Ils sont utilisés en photogravure, pour la fabrication des micro-éléments des circuits imprimés ainsi que pour l'usinage chimique des grandes pièces en aluminium et en alliages légers. – *L'électrophotographie* utilise certaines substances photoconductrices (oxyde de zinc, par ex.), non conducteurs à l'obscurité; l'image se forme sur une surface sensible, chargée par un puissant champ électrique avant son exposition.

photographier [fɔtogʀafje] v. tr. [2] **1.** Enregistrer l'image de (qqn, qqch) par la photographie. *Photographier un monument.* **2.** Fig. Enregistrer avec précision dans son esprit l'image de (qqn, qqch). ▷ Faire une peinture, une description très minutieuse de. *Balzac a photographié la société de son temps.* – De *photographie.*

photographique [fɔtogʀafik] adj. Qui appartient, qui sert à la photographie. *Appareil photographique* ou, abrév., *appareil photo.* – Obtenu par photographie. *Cliché photographique.* ▷ Fig. *Une précision photographique.* – De *photographie.*

photographiquement [fɔtogʀafikmɑ̃] adv. **1.** Par des moyens photographiques. **2.** Fig. Avec la fidélité, l'exactitude de la photographie. – De *photographique.*

photograveur [fɔtogʀavœʀ] n. m. Spécialiste de la photogravure. – De *photo(gravure),* et *graveur.*

photogravure [fɔtogʀavyʀ] n. f. Ensemble des opérations conduisant à l'obtention, par voie photographique, de clichés dont les éléments imprimants sont en relief, en creux ou à plat, selon le procédé d'impression auquel on les destine; image obtenue, reproduite d'après ce cliché.

photo-interprétation [fɔtoɛ̃tɛʀpʀetasjɔ̃] n. f. TECH Analyse de photographies aériennes en vue d'établir des cartes (topographiques, pédologiques, etc.). *Des photo-interprétations.*

photolithographie [fɔtolitogʀafi] n. f. **1.** Ensemble des procédés de gravure photochimique où la forme imprimante ne comporte ni relief ni creux. **2.** ELECTRON Technique de fabrication de circuits intégrés consistant à créer des parties oxydées sur la surface d'une puce de silicium exposée aux ultraviolets.

photoluminescence [fɔtolyminesɑ̃s] n. f. Didac. Luminescence d'un corps qui renvoie une radiation d'une longueur d'onde différente de celle qu'il absorbe.

photolyse [fɔtoliz] n. f. CHIM Décomposition chimique sous l'action de la lumière. – De *photo-*, et gr. *lusis*, « dissolution ».

photomacrographie [fɔtomakʀogʀafi] n. f. Syn. de *macrophotographie.* – De *photo-*, avec infixation de *macro-*, d'après *photomicrographie.*

photomaton [fɔtomatɔ̃] n. m. Installation de photographie payante, dotée d'un dispositif mixte pour prendre, développer et tirer automatiquement et instantanément les clichés. – Cliché ainsi obtenu. – Nom déposé; de *photo(graphie)*, et *(au)toma(tique).*

photomécanique [fɔtomekanik] adj. TECH Se dit de tout procédé de reproduction qui permet de créer des clichés, des matrices ou des planches d'impression par des moyens photographiques ou photochimiques.

photomètre [fɔtomɛtʀ] n. m. TECH Appareil servant à mesurer l'intensité lumineuse.

photométrie [fɔtometʀi] n. f. PHYS Mesure de l'intensité d'une source lumineuse. – De *photo-*, et *-métrie.*

photométrique [fɔtometʀik] adj. PHYS De la photométrie. – De *photométrie.*

photomicrographie [fɔtomikʀogʀafi] n. f. Syn. de *microphotographie.*

photomontage [fɔtomɔ̃taʒ] n. m. Montage de photographies.

photomultiplicateur [fɔtomyltiplikatœʀ] n. m. PHYS Appareil associant un dispositif d'amplification du courant à une cellule photoélectrique, utilisé en particulier en astronomie et en physique nucléaire pour la détection et la mesure des très faibles rayonnements.

photon [fɔtɔ̃] n. m. PHYS Particule de masse et de charge nulles associée à un rayonnement lumineux ou électromagnétique. *Les photons se déplacent à la vitesse de la lumière.* – De *phot-*, et suff. *-on*, de *(électr)on.*

photonique [fɔtɔnik] adj. PHYS Relatif aux photons. – De *photon.*

photopériodisme [fɔtopeʀjɔdism] n. m. BOT Ensemble des phénomènes liés à la succession du jour et de la nuit, qui affectent la vie des plantes. – De *photopériodique.*

photophobie [fɔtofɔbi] n. f. MED Crainte pathologique de la lumière, symptôme lié à certaines affections oculaires ou cérébrales. – De *photo-*, et *-phobie.*

photophore [fɔtofɔʀ] n. m. **1.** Lampe à réflecteur. *Photophore de mineur, de spéléologue,* destiné à être fixé au casque. ▷ Lampe portative à manchon incandescent. **2.** Coupe décorative en verre, destinée à recevoir une bougie ou une veilleuse. – De *photo-*, et *-phore.*

photopile [fɔtopil] n. f. TECH Générateur de courant continu qui transforme en électricité l'énergie lumineuse qu'il reçoit, appelé aussi *batterie* (ou *pile*) *solaire. Satellite alimenté en électricité par des photopiles.*

photorécepteur, trice [fɔtoʀesɛptœʀ, tʀis] n. m. et adj. BIOL Zone d'un organisme spécialisée dans la réception des ondes lumineuses. ▷ adj. *Cellule photoréceptrice.*

photorésistance [fɔtoʀezistɑ̃s] n. f. ELECTR Résistance constituée de semiconducteurs, dont la résistivité diminue lorsque l'éclairement augmente.

photorésistant, ante [fɔtoʀezistɑ̃, ɑ̃t] adj. ELECTR Qui a les propriétés d'une photorésistance.

photosensibilisation [fɔtosɑ̃sibilizasjɔ̃] n. f. MED État d'hypersensibilité de la peau aux rayons solaires, qui entraîne une réaction inflammatoire ou allergique (démangeaisons, eczéma, etc.).

photosensible [fɔtosɑ̃sibl] adj. TECH Sensible à la lumière, qui peut être impressionné par la lumière.

photosphère [fɔtosfɛʀ] n. f. ASTRO La plus profonde des couches observables du Soleil, épaisse de quelques centaines de kilomètres, d'où parvient à s'échapper la quasi-totalité du rayonnement solaire.

photostat [fɔtosta] n. m. TECH Reproduction obtenue par photocopie. – Nom déposé; de *photo-*, et *-stat.*

photostoppeur, euse [fɔtostɔpœʀ, øz] n. Personne qui photographie les passants dans la rue, les lieux publics puis leur propose d'acheter la photo ainsi prise. – De *photo(graphie)*, d'ap. *autostoppeur.*

photostyle [fɔtostil] n. m. INFORM Dispositif d'entrée, en forme de crayon, que l'opérateur pointe directement sur un écran d'ordinateur. – De *photo-*, et gr. *stulos*, « colonne ».

photosynthèse [fɔtosɛ̃tɛz] n. f. BIOL, BOT Synthèse de substances organiques effectuée par les plantes vertes exposées à la lumière. Syn. assimilation chlorophyllienne. ENCYCL La photosynthèse consiste en la transformation de l'énergie lumineuse en énergie chimique : à partir du gaz carbonique atmosphérique et de l'eau, les plantes vertes réalisent la synthèse de glucides (substances organiques riches en énergie) grâce à l'énergie lumineuse emmagasinée par la chlorophylle, pigment contenu dans les feuilles de ces plantes.

photosynthétique [fɔtosɛ̃tetik] adj. BOT De la photosynthèse, qui a rapport à la photosynthèse. – De *photosynthèse.*

phototactisme [fɔtotaktism] n. m. BIOL Tactisme commandé par la lumière.

photothécaire [fɔtotekɛʀ] n. Rare Personne en charge d'une photothèque. – De *photothèque*, d'après *bibliothécaire.*

photothèque [fɔtotɛk] n. f. Lieu où l'on conserve une collection de documents photographiques. ▷ Cette collection elle-même. – De *photo-*, et *-thèque*, sur *bibliothèque.*

photothérapie [fɔtoteʀapi] n. f. MED Utilisation thérapeutique de la lumière.

phototropisme [fɔtotʀɔpism] n. m. BOT Tropisme commandé par la lumière. *Phototropisme positif des fleurs et des feuilles des végétaux. Phototropisme négatif des racines.*

phototype [fɔtotip] n. m. TECH Image photographique obtenue directement à partir du sujet. – De *photo-*, et *-type.*

phototypie [fɔtotipi] n. f. TECH Procédé de reproduction par tirage aux encres grasses, dans lequel on insole une plaque sensible placée sous un phototype. – De *photo-*, et *typie.*

photovoltaïque [fɔtovɔltaik] adj. TECH *Effet photovoltaïque* : apparition d'une différence de potentiel entre deux couches d'une plaquette de semi-conducteur dont les conductibilités sont opposées, ou entre un semi-conducteur et un métal, sous l'effet d'un flux lumineux. *Cellule photovoltaïque* : générateur, appelé aussi *photopile*, qui utilise l'effet photovoltaïque.

phragmite [fʀagmit] n. m. **1.** BOT Plante herbacée (genre *Phragmites*, fam. graminées) dont une espèce est le roseau commun ou roseau à balais. **2.** ORNITH Fauvette des roseaux (genre *Acrocephalus*). – Du gr. *phragmitês*, «qui sert à faire une haie».

phrase [fʀɑz] n. f. **1.** Assemblage de mots, énoncé, qui présente un sens complet. *Phrase correcte, élégante, mal construite, boiteuse. Sujet et prédicat d'une phrase. Phrase ne comportant qu'un mot*, ou *mot-phrase*. (Ex. : *Cours!*) ▷ Au plur. *Faire des phrases, de grandes phrases* : avoir un langage affecté, tenir des discours vains et prétentieux. – *Sans phrases* : sans ambages, sans détours. **2.** MUS Suite de notes ou d'accords présentant une certaine unité et dont la fin est marquée par un repos (cadence ou silence). – Lat. *phrasis*, mot gr., «élocution».

phrasé [fʀɑze] n. m. MUS Art de phraser; façon de phraser. – De *phrase*.

phraséologie [fʀazeɔlɔʒi] n. f. **1.** Manière de construire les phrases, particulière à un milieu, à une époque, etc., ou propre à un écrivain. *La phraséologie de Zola*. **2.** Péjor. Usage de phrases verbeuses, de mots prétentieux et vides de sens. – Du gr. *phrasis*, «élocution», et *-logie*.

phraséologique [fʀazeɔlɔʒik] adj. **1.** Qui a rapport à la phraséologie (sens 1), à une phraséologie déterminée. **2.** Péjor. Marqué par la phraséologie (sens 2). *Style abscons et phraséologique*. – De *phraséologie*.

phraser [fʀɑze] v. [1] **1.** v. intr. Faire des phrases, déclamer. **2.** v. tr. MUS Jouer ou chanter (un air, un fragment de mélodie) en faisant clairement sentir le développement des phrases musicales, en accentuant correctement celles-ci ou en posant les respirations là où elles sont nécessaires. – De *phrase*.

phraseur, euse [fʀɑzœʀ, øz] n. et adj. Personne qui phrase, déclamateur prétentieux. ▷ adj. *Éloquence phraseuse*. – De *phraser*; d'abord *phrasier*.

phrastique [fʀastik] adj. LING De la phrase; qui a rapport à la phrase. *Analyse phrastique du discours*. – De *phrase*; gr. *phrastikos*.

phratrie [fʀatʀi] n. f. **1.** ANTIQ GR Subdivision de la tribu à Athènes. **2.** ETHNOL Groupe de clans au sein d'une tribu. – Gr. *phratria*.

phréatique [fʀeatik] adj. GEOL *Nappe phréatique* : nappe d'eau souterraine, permanente ou temporaire, alimentée par les eaux d'infiltration. – Du gr. *phreas, phreatos*, «puits».

phrénique [fʀenik] adj. (et n. m.) ANAT Du diaphragme, qui a rapport au diaphragme. *Nerf phrénique* ou, n. m., *le phrénique*. – Du gr. *phrên, phrenos*, «diaphragme».

phrénologie [fʀenɔlɔʒi] n. f. Anc. Étude des facultés intellectuelles et du caractère d'après les bosses et les dépressions crâniennes. *La phrénologie, fondée par Gall, est depuis longtemps abandonnée*. – Du gr. *phrên, phrenos*, «intelligence», et *-logie*.

phrénologique [fʀenɔlɔʒik] adj. Anc. Relatif à la phrénologie. – De *phrénologie*.

phrygane [fʀigan] n. f. ENTOM Insecte (ordre des trichoptères, super-ordre des névroptéroïdes) dont les larves, aquatiques, se protègent en construisant un fourreau à l'aide de divers matériaux (grains de sable, brindilles, etc.). Syn. cour. traîne-bûches. – Lat. *phryganius*, gr. *phruganion*, «petit bois sec».

phrygien, enne [fʀiʒjɛ̃, ɛn] adj. **1.** ANTIQ GR De Phrygie, anc. contrée du N.-O. de l'Asie Mineure. ▷ Subst. *Un(e) Phrygien(ne)*. **2.** Mod. *Bonnet phrygien*. V. bonnet.

phtalate [ftalat] n. m. CHIM Sel, ester de l'acide phtalique. *Certains phtalates sont utilisés comme plastifiants*. – De *(na)phtal(ène)*, et *-ate*.

phtaléine [ftalein] n. f. CHIM Matière colorante formée par l'union de l'anhydride phtalique et d'un phénol. – De *(na)phtalène*, et *-ine*.

phtalique [ftalik] adj. CHIM *Acide phtalique* : diacide de formule $C_6H_4(CO_2H)_2$ utilisé dans la fabrication des résines glycérophtaliques et de certains textiles synthétiques. – *Anhydride phtalique*, de formule $C_6H_4(CO)_2O$, utilisé dans la fabrication de parfums, de colorants, de plastifiants, etc. – De *(na)phtal(ène)*, et *-ique*.

phtiriasis [ftiʀjazis] n. m. ou **phtiriase** [ftiʀjaz] n. f. MED Dermatose due aux poux, appelée aussi *maladie pédiculaire*. – Lat. *phtiriasis*, d'orig. gr., de *phteir*, «pou».

phtisie [ftizi] n. f. Vx Tuberculose pulmonaire. *Phtisie galopante* : tuberculose pulmonaire évoluant très rapidement. – Lat. *phtisis*, mot gr., «consomption».

phtisiologie [ftizjɔlɔʒi] n. f. MED Partie de la médecine qui étudie et traite la tuberculose (et partic. la tuberculose pulmonaire). – De *phtisie*, et *-logie*.

phtisiologue [ftizjɔlɔg] n. MED Médecin spécialiste de phtisiologie. – De *phtisiologie*.

phtisique [ftizik] adj. Vx Atteint de tuberculose pulmonaire. ▷ Subst. *Un(e) phtisique*. – Lat. *phtisicus*, gr. *phthisikos*.

phyco-, -phycée. Éléments, du gr. *phukos*, «algue».

phycologie [fikɔlɔʒi] n. f. BOT Partie de la botanique qui étudie les algues. – De *phyco-*, et *-logie*.

phycomycètes [fikɔmisɛt] n. m. pl. BOT Classe de champignons primitifs à thalle non cloisonné et cellules reproductrices flagellées, souvent aquatiques, généralement parasites, que certains de leurs caractères rapprochent des algues brunes. – Sing. *Un phycomycète*. – De *phyco-*, et *mycète*.

phylactère [filaktɛʀ] n. m. **1.** Vx Amulette. **2.** RELIG Petite boîte contenant un parchemin où sont inscrits des versets de la Bible, que les juifs pieux portent attachée au bras et au front pendant la prière du matin. **3.** BX-A Banderole aux extrémités enroulées, portant la légende du sujet représenté, que certains artistes du Moyen Âge et de la Renaissance faisaient figurer entre les mains des statues, dans les tableaux, etc. ▷ Espace cerné d'un trait, à l'intérieur duquel sont inscrites les paroles que les personnages d'une bande dessinée sont censés prononcer (V. bulle). – Lat. ecclés. *phylacterium*, gr. *phulaktêrion*, trad. de l'hébr. *tephîlîn*.

phylarque [filaʀk] n. m. ANTIQ GR Chef d'une tribu athénienne. ▷ Officier des troupes auxiliaires, dans l'Empire byzantin. – Lat. *phylarchus*, gr. *phularkhos*, de *phulê*, «tribu».

phylétique [filetik] adj. BIOL Relatif au mode de formation des espèces; relatif à un phylum. – De *phylum*.

phyll-, -phylle, phyllo-. Éléments, du gr. *phullon*, «feuille».

phyllade [filad] n. m. MINER Ardoise grossière, qui se débite en plaques épaisses. – Gr. *phullas, phullados*, «feuillage, lit de feuilles».

phyllie [fili] n. f. ZOOL Insecte orthoptère de Malaisie, remarquable par son adaptation mimétique, qui le fait ressembler à une feuille. – De *phyll-*.

phyllotaxie [filotaksi] n. f. BOT Ordre selon lequel les feuilles sont disposées sur la tige d'une plante. – De *phyllo-*, et *-taxie*.

phylloxéra ou **phylloxera** [filɔksera] n. m. Insecte hétéroptère dont une espèce (*Phylloxera vastatrix*) parasite la vigne. ▷ Maladie de la vigne provoquée par cet insecte. – De *phyllo-*, et gr. *xeros*, « sec ».

phylloxéré, ée [filɔksere] adj. VITIC Attaqué par le phylloxéra. *Vigne phylloxérée.* – De *phylloxéra.*

phylloxérien, enne [filɔkserjɛ̃, ɛn] ou **phylloxérique** [filɔkserik] adj. VITIC Vx Du phylloxéra ; provoqué par le phylloxéra. – De *phylloxéra.*

phylogenèse [filɔʒənɛz] ou **phylogénèse** [filɔʒenɛz] ou **phylogénie** [filɔʒeni] n. f. BIOL Mode de formation des espèces, évolution des organismes vivants. ▷ Science qui étudie cette évolution. – D'ap. l'all., du gr. *phulon*, « race », et *-genèse, -génie.*

phylogénique [filɔʒenik] ou **phylogénétique** [filɔʒenetik] adj. BIOL De la phylogenèse. – De *phylogénie* ou de *phylogénèse.*

phylum [filɔm] n. m. BIOL Série animale ou végétale constituée d'espèces, de genres, de familles, etc., voisins ou descendant les uns des autres selon les lois de l'évolution. – D'ap. l'all., du gr. *phulon*, « race, tribu ».

physalie [fizali] n. f. ZOOL Grande méduse des mers chaudes, remarquable par la volumineuse poche d'air qui lui sert de flotteur. – Du gr. *phusaleos*, « gonflé ».

physalis [fizalis] n. m. BOT Syn. de *alkékenge*. – Gr. *phusalis*, de *phusân*, « gonfler ».

-physe. Élément, du gr. *phusis*, « action de faire naître, formation, production ».

physe [fiz] n. f. ZOOL Mollusque gastéropode d'eau douce, à coquille globuleuse senestre. – Du gr. *phusa*, « vésicule ».

physicalisme [fizikalism] n. m. PHILO Doctrine empiriste qui fait de la physique et de sa terminologie un modèle pour les sciences humaines. – All. *Physikalismus*, de *physique* 2.

physicien, enne [fizisjɛ̃, ɛn] n. Spécialiste de physique. – De *physique* 2.

physico-. Élément, de *physique.* ,

physico-chimique [fizikoʃimik] adj. Qui relève à la fois de la physique et de la chimie. *Des phénomènes physico-chimiques.* – De *physico-*, et *chimique.*

physico-mathématique [fizikomatematik] adj. et n. f. **1.** adj. Anc. Qui relève à la fois de la physique et des mathématiques. *Des questions physico-mathématiques.* **2.** n. f. Mod. Physique mathématique. V. physique 2. – De *physico-*, et *mathématique.*

physio-. Élément, du gr. *phusis*, « nature ».

physiocrate [fizjɔkrat] n. m. HIST, ECON Partisan de la physiocratie. *Turgot, Malesherbes étaient des physiocrates.* – De *physiocratie.*

physiocratie [fizjɔkrasi] n. f. HIST, ECON Doctrine économique du XVIIIe s. qui faisait de la terre et de l'agriculture la principale source de richesse et qui prônait la liberté du commerce et de l'entreprise. *Quesnay, principal représentant de la physiocratie.* – De *physio-*, et *-cratie.*

physiognomonie [fizjɔgnɔmɔni] n. f. Vieilli Art de connaître le caractère des hommes d'après l'examen de leur physionomie. – Lat. scientif. *physiognomonia*, mot gr.

physiognomonique [fizjɔgnɔmɔnik] adj. Vieilli Relatif à la physiognomonie. *« Fragments physiognomoniques », ouvrage de Lavater* (1774). – De *physiognomonie.*

physiognomoniste [fizjɔgnɔmɔnist] n. Vieilli Personne qui étudie, qui pratique la physiognomonie. – De *physiognomonie.*

physiologie [fizjɔlɔʒi] n. f. **1.** Science qui étudie les phénomènes dont les êtres vivants sont le siège, les mécanismes qui règlent le fonctionnement de leurs organes, les échanges qui ont lieu dans leurs tissus. *Anatomie et physiologie. Physiologie végétale, animale, humaine.* ▷ *Par ext.* Ces phénomènes, ces mécanismes, ces échanges eux-mêmes. *Physiologie de la respiration. Physiologie du tube digestif.* **2.** HIST, LITTER Ouvrage littéraire qui s'attache à la description objective d'un fait humain, et dont le genre fut en grande vogue pendant la première moitié du XIXe s. *« Physiologie du goût ou Méditations de gastronomie transcendante » par Brillat-Savarin (1825).* – Lat. *physiologia*, mot gr., « étude de la nature ».

physiologique [fizjɔlɔʒik] adj. **1.** De la physiologie, qui a rapport à la physiologie en tant que science. **2.** Qui a rapport à la physiologie, au fonctionnement d'un organisme ou d'un organe. ▷ Qui se manifeste dans le fonctionnement normal de l'organisme (par oppos. à *pathologique*). *Palpitations physiologiques*, dues à une émotion, un effort violent. – Bas lat. *physiologicus*, « relatif à la physique ».

physiologiquement [fizjɔlɔʒikmɑ̃] adv. Du point de vue de la physiologie. – De *physiologie.*

physiologiste [fizjɔlɔʒist] n. Médecin, chercheur spécialiste de physiologie. – De *physiologie.*

physionomie [fizjɔnɔmi] n. f. **1.** Ensemble des traits, des caractères qui donnent au visage une expression particulière. *Une physionomie douce, spirituelle.* ▷ Absol. Vieilli Expression vive, originale qui caractérise un visage. *Avoir de la physionomie.* **2.** Ensemble des traits qui donnent son caractère particulier à une chose, à un lieu, etc. *La physionomie politique d'un pays.* – Lat. *physiognomia*, altér. de *physiognomonia.*

physionomique [fizjɔnɔmik] adj. Vieilli De la physionomie, qui a rapport à la physionomie. – De *physionomie.*

physionomiste [fizjɔnɔmist] adj. et n. **I.** adj. Se dit d'une personne qui a la mémoire des visages. **II.** n. **1.** Vieilli Personne qui connaît ou qui prétend connaître le caractère d'après la physionomie. **2.** n. m. Employé d'un casino chargé de reconnaître les personnes auxquelles le règlement ou une mesure d'éviction interdit l'accès aux salles de jeu. – De *physionomie.*

physiopathologie [fizjopatɔlɔʒi] n. f. MED Physiologie pathologique, étude des organismes malades. – De *physio-*, et *pathologie.*

physiothérapie [fizjɔterapi] n. f. MED Utilisation thérapeutique des agents physiques (eau, air, lumière, chaleur, froid, etc.). – De *physio-*, et *-thérapie.*

1. physique [fizik] adj. et n. m. **I.** adj. **1.** Qui se rapporte aux corps matériels, à la nature matérielle des corps. *Cause, effet physiques.* **2.** Qui concerne la nature, la matière, à l'exclusion des êtres vivants. *Géographie physique. Sciences physiques :* la chimie et la physique. **3.** Relatif à la physique (par oppos. à *chimique*). *Les propriétés physiques des corps.* **4.** Du corps humain, qui a rapport au corps humain. *Aspect physique d'une personne. – Culture physique :* gymnastique. ▷ Instinctif, incontrôlable. *Une peur physique de l'obscurité.* ▷ Qui concerne les sens. *Plaisir, amour physique.* **II.** n. m. **1.** Constitution, état de santé du corps humain. *Le physique et le moral.* **2.** Apparence, aspect extérieur d'une personne. *Avoir un physique séduisant.* – Lat. *physicus*, gr. *phusikos.*

2. physique [fizik] n. f. Science qui a pour objet l'étude des propriétés de la matière et la détermination des lois qui la régissent. *Expériences de physique. Physique atomique, nucléaire :* partie de la physique qui étudie la structure de l'atome et de son noyau, les propriétés des particules élémentaires et des forces qui s'exercent entre elles (fission*, fusion*, etc.). *Physique expérimentale*.* ▷ *Physique de...* : discipline qui s'attache à l'étude des phénomènes physiques de... *Physique des surfaces. Physique du globe* ou *géophysique*. Physique de l'Univers* ou *astrophysique*. – Lat. *physica*, « connaissance de la nature » ; gr. *phusikê*.

ENCYCL La distinction entre physique et chimie est auj. purement conventionnelle, notam. au niveau de la structure de la matière à l'échelle des particules élémentaires. Les frontières s'estompent a fortiori entre les différents chapitres qui subdivisent la physique. La physique moderne tend à faire dériver les lois physiques des lois d'interaction à l'échelle des particules, rendant ainsi intelligible l'infiniment grand par la connaissance de l'infiniment petit. Mais la voie inverse est également possible, qui fait de la physique à notre échelle un cas particulier d'une physique à l'échelle de l'Univers (astrophysique). Ces deux voies sont sans doute complémentaires et l'établissement d'une science unifiée de la matière passe par l'intégration de ces différents niveaux. Les différents chapitres de la physique sont les suivants : métrologie (mesure des grandeurs) ; mécanique (classique, relativiste et quantique) ; étude de la structure de la matière (solide, liquide, gaz, plasma) ; thermodynamique ; étude des vibrations et des rayonnements ; acoustique ; optique (physique et géométrique) ; électricité (électrostatique, électrocinétique, magnétisme, électromagnétisme, courant alternatif) ; physique atomique ; électronique ; physique nucléaire et des particules.

physiquement [fizikmɑ̃] adv. **1.** D'une manière réelle et physique ; d'un point de vue physique. *C'est physiquement impossible.* **2.** Quant au physique (par oppos. à *moralement*). *Physiquement, il se porte bien.* – De *physique* 1.

phyt(o)-, -phyte. Éléments, du gr. *phuton*, « plante ».

phytéléphas [fitelefas] n. m. BOT Palmier d'Amérique tropicale dont une espèce *(Phytelephas macrocarpa)* produit le corozo. – De *phyt(o)-*, et gr. *elephas*, « ivoire ».

phythormone [fitɔʀmɔn] ou **phytohormone** [fitoɔʀmɔn] n. f. BOT Hormone végétale. *Les phytohormones* (auxine, gibbérelline, etc.) *favorisent la croissance de la cellule et déterminent sa division.* – De *phyt(o)-*, et *hormone*.

phytobiologie [fitobjɔlɔʒi] n. f. BOT Biologie végétale. – De *phyto-*, et *biologie*.

phytochrome [fitokʀom] n. m. BOT Pigment doué de propriétés enzymatiques, qui joue un rôle important dans le développement et la floraison des plantes et dans la germination des graines. – De *phyto-*, et *-chrome*.

phytocide [fitɔsid] adj. et n. m. Qui est susceptible de détruire les plantes. ▷ n. m. Produit susceptible de détruire les plantes. – De *phyto-*, et *-cide*.

phytogéographie [fitoʒeɔgʀafi] n. f. BOT Partie de la géographie qui étudie la répartition des végétaux. – De *phyto-*, et *géographie*.

phytohormone. V. phythormone.

phytoparasite [fitopaʀazit] n. m. BOT Parasite d'un végétal. – De *phyto-*, et *parasite*.

phytopathologie [fitopatɔlɔʒi] n. f. BOT Partie de la botanique qui étudie les maladies des végétaux. – De *phyto-*, et *pathologie*.

phytophage [fitofaʒ] adj. ZOOL Qui se nourrit de substances végétales. *Insectes phytophages.* – De *phyto-*, et *-phage*.

phytopharmacie [fitofaʀmasi] n. f. Didac. Étude et fabrication des produits permettant de combattre les maladies des plantes et les animaux nuisibles aux cultures et aux denrées utilisées par l'homme. – De *phyto-*, et *pharmacie*.

phytophthora [fitoftɔʀa] n. m. BOT Champignon (ordre des péronosporales) parasite des plantes supérieures, dont une espèce, le *Phytophthora infestans*, est l'agent du mildiou de la pomme de terre et du chêne. – De *phyto-*, et gr. *phtorios*, « destructeur ».

phytoplancton [fitoplɑ̃ktɔ̃] n. m. BIOL Plancton végétal (par oppos. à *zooplancton*). – De *phyto-*, et *plancton*.

phytosanitaire [fitosanitɛʀ] adj. Qui concerne la préservation de la santé des végétaux. – De *phyto-*, et *sanitaire*.

phytosociologie [fitososjɔlɔʒi] n. f. BOT Étude des associations végétales. – De *phyto-*, et *sociologie*.

phytothérapie [fitoteʀapi] n. f. Traitement de certaines affections par les plantes. – De *phyto-*, et *thérapie*.

phytotron [fitɔtʀɔ̃] n. m. BOT Laboratoire spécialement aménagé et équipé pour l'étude des mécanismes de la vie végétale, composé d'un ensemble de salles dans lesquelles il est possible de recréer artificiellement l'activité biologique des plantes et de faire varier les différents facteurs qui la gouvernent (température, lumière, humidité, etc.). – Mot angl. ; de *phyto-*, sur le modèle de *cyclotron*.

phytozoaire [fitozɔɛʀ] n. m. ZOOL Animal dont la symétrie rayonnée évoque l'aspect d'une plante (spongiaires, cnidaires, etc.). Syn. zoophyte. – De *phyto-*, et gr. *zôon*, « animal ».

pi [pi] n. m. **1.** Seizième lettre de l'alphabet grec (Π, π), correspondant au p de l'alphabet français. **2.** MATH Nombre transcendant, de symbole π, égal au rapport de la circonférence d'un cercle à son diamètre et dont la valeur approche 3,1416. **3.** PHYS NUCL *Méson π* : V. pion 2. – Mot gr.

piaf [pjaf] n. m. Arg. Moineau. – P.-ê. onomat. du cri de l'oiseau.

piaffement [pjafmɑ̃] n. m. Action de piaffer ; son qui en résulte. – De *piaffer*.

piaffer [pjafe] v. intr. [1] Frapper la terre avec les pieds de devant sans avancer, en parlant d'un cheval. ▷ Fig. (En parlant de personnes.) *Piaffer d'impatience* : manifester son impatience par une agitation, une nervosité excessives ; être très impatient. – P.-ê. onomat.

piaffeur, euse [pjafœʀ, øz] adj. Qui a tendance à piaffer (chevaux). *Jument piaffeuse.* – De *piaffer*.

piaillard, arde. V. piailleur.

piaillement V. piaillerie.

piailler [pjaje] v. intr. [1] **1.** Pousser de petits cris aigus et répétés, en parlant d'un oiseau. ▷ Par ext., fam. *Bébé qui piaille.* **2.** Fam. Crier, criailler continuellement ; récriminer. – Probabl. onomat.

piaillerie [pjajʀi] n. f. ou **piaillement** [pjajmɑ̃] n. m. **1.** Cri d'un oiseau qui piaille. **2.** Criaillerie, récrimination. – De *piailler*.

piailleur, euse [pjajœʀ, øz] ou **piaillard, arde** [pjajaʀ, aʀd] adj. (et n.) Fam. Qui a l'habitude de piailler. ▷ Qui ne cesse de piailler. *Marmot piaillard.* ▷ Subst. *Ces piaillards !* – De *piailler*.

pian [pjɑ̃] n. m. MED Maladie cutanée contagieuse due à un tréponème voisin de celui de la syphilis, mais non vénérienne, qui sévit à l'état endémique dans les pays tropicaux. – Mot du tupi-guarani.

pianissimo [pjanisimo] adv. et n. m. **1.** MUS Avec beaucoup de douceur. (Abrév. : pp.) ▷ n. m. Passage qui doit être joué pianissimo. *Des pianissimo(s).* **2.** Fam. Très doucement. – Mot ital., superl. de *piano* 2.

pianiste [pjanist] n. Musicien, musicienne qui joue du piano. *Une pianiste virtuose.* – De *piano* 1.

pianistique [pjanistik] adj. Relatif au piano, à l'art de jouer du piano. *Technique pianistique.* – De *piano* 1.

1. piano [pjano] n. m. **1.** Instrument de musique à clavier et à cordes frappées qui a remplacé le clavecin. *Piano droit,* dont les cordes et la table d'harmonie sont placées verticalement. *Piano à queue,* dont les cordes et la table d'harmonie sont disposées horizontalement. *Piano demi-queue, piano quart-de-queue* ou *crapaud,* plus petits que le piano à queue. *Piano mécanique. Piano électronique.* – Fam. *Piano à bretelles* : accordéon. ▷ *Par méton.* Technique, art de jouer du piano. *Apprendre le piano.* **2.** Arg. *Passer au piano* : avoir ses empreintes digitales relevées par les services de l'anthropométrie judiciaire. – De l'anc. instrument appelé *piano-forte,* proche du clavecin, mais qui, à la différence de ce dernier, permettait de jouer à volonté *piano,* « doucement », ou *forte,* « fort ».

2. piano [pjano] adv. et n. m. **1.** MUS Doucement. (Abrév. : p.) *Il a exécuté ce morceau piano.* ▷ n. m. Passage qui doit être joué piano. *Des piano(s).* **2.** Fam. Doucement, lentement. *Vas-y piano !*– Mot ital., « doucement ».

piano(-)forte [pjanofɔʀte] n. m. inv. Vx Nom donné d'abord au piano, parce que, contrairement au clavecin, il permettait de jouer à volonté *piano,* « doucement », ou *forte,* « fort ».

pianotage [pjanɔtaʒ] n. m. Action de pianoter. – De *pianoter.*

pianoter [pjanɔte] v. [1] **1.** v. tr. Jouer maladroitement ou distraitement du piano. *Pianoter un air de danse.* ▷ (S. comp.) *Il ne sait pas vraiment jouer, il pianote tout juste.* **2.** v. intr. *Par anal.* Tapoter avec les doigts (sur un objet) comme qqn qui joue du piano (souvent en signe d'énervement, d'impatience). *Il pianotait sur le coin de la table en regardant la pendule.* – De *piano* 1.

piastre [pjastʀ] n. f. **1.** Unité monétaire principale ou monnaie divisionnaire, actuelle ou ancienne, de plusieurs pays. *Piastre égyptienne* (1/100 de la livre). **2.** Fam. Au Québec, dollar. - Billet d'un dollar. – Ital. *piastra.*

1. piaule [pjol] n. f. Arg. Chambre ; logement. – P.-ê. de l'a. fr. *pier,* « engloutir, boire » ; d'abord *piolle,* « cabaret ».

2. piaule [pjol] n. f. MAR Arg. Fort vent. *Il y avait une sacrée piaule, quand le bateau a coulé.* – De *piauler.*

piaulement [pjolmɑ̃] n. m. Cri d'un oiseau qui piaule. ▷ *Par anal.,* fam. *Piaulements d'un bébé.* – De *piauler.*

piauler [pjole] v. intr. [1] Crier, en parlant d'un petit oiseau. - *Par anal.,* fam. *Marmot qui piaule.* ▷ v. impers. MAR Arg. *Ça piaule* : il vente fort. – Onomat.

P.I.B. n. m. Sigle de *produit* intérieur brut.*

pible (à) [apibl] loc. adv. MAR *Mât à pible,* formant une seule pièce de la base au sommet (par oppos. aux mâts dits *à brisure* des anciens voiliers). – De l'a. fr. *pible,* « peuplier ».

1. pic [pik] n. m. Oiseau grimpeur (ordre des piciformes) doté de pattes robustes, d'ongles puissants et d'un long bec droit et pointu avec lequel il fend l'écorce des arbres pour trouver les insectes et les larves dont il se nourrit. (Le *pic-vert* ou *pivert [Picus viridis],* le *grand pic noir [Dryocopus martius]* et le *pic épeiche [Dendrocopos]* vivent en Europe.)– Lat. pop. **piccus,* class. *picus* ; par l'anc. provenç.

2. pic [pik] n. m. Instrument fait d'un fer pointu muni d'un manche, qui sert à creuser le roc, à abattre le minerai, etc. *Pic de mineur.* – Probabl. fig. de *pic* 1, d'ap. *piquer.*

3. pic [pik] n. m. Montagne élevée, au sommet très pointu. *Le pic de Ténériffe.* ▷ *Par anal.* Sommet d'une courbe (sens II, 2) de forme pointue. – D'un préroman **pikk,* de formation analogue à celle des dérivés de **pikkare,* « piquer ».

pic (à) [apik] loc. adv. et n. m. **1.** Verticalement. *Les falaises qui s'élèvent à pic au-dessus de la mer.* - *Couler à pic,* directement au fond de l'eau. ▷ n. m. *Un à-pic*.* **2.** Fig., fam. *Tomber, arriver à pic,* à point nommé, très à propos. – De *piquer,* rattaché à *pic* 3.

pica [pika] n. m. **1.** MED Perversion du goût qui porte à manger des substances non comestibles. **2.** TYPO Mesure équivalant à 4,21 mm. – Mot lat., « pie » 1, par allus. à la voracité de cet oiseau.

picador [pikadɔʀ] n. m. Cavalier qui, dans les courses de taureaux, attaque et fatigue l'animal avec une pique. *Des picadors.* – Mot esp., même rad. que le fr. *piquer.*

picage [pikaʒ] n. m. MED VET Comportement pathologique des gallinacés, qui les porte à arracher les plumes de leurs congénères. – Du lat. *pica,* « pie ».

picaillons [pikajɔ̃] n. m. pl. Pop. Argent. *Avoir des picaillons.* – Mot dial. savoyard ; de l'a. fr. *piquar,* « sonner, tinter ».

picard, arde [pikaʀ, aʀd] adj. et n. **1.** adj. De Picardie, rég. du N.-O. de la France. ▷ Subst. *Un(e) Picard(e).* **2.** n. m. *Le picard* : dialecte de la langue d'oïl.

picardan(t) [pikaʀdɑ̃] n. m. VITIC Cépage du bas Languedoc fournissant un vin blanc liquoreux (*muscat*) ; ce vin. – De *piquer* (au goût), et a. fr. *ardant,* « ardent ».

picaresque [pikaʀɛsk] adj. LITTER Propre aux picaros. *Aventures picaresques.* - Qui met en scène des picaros. *Le roman picaresque* : le genre littéraire (XVIe-XVIIIe s.) d'inspiration réaliste, né en Espagne avec le *Lazarillo de Tormes* (1554) attribué à Hurtado de Mendoza, premier roman décrivant toutes les classes de la société. – Esp. *picaresco,* de *picaro,* « aventurier ».

picaro [pikaʀo] n. m. Aventurier de la tradition littéraire espagnole. V. picaresque. – Mot esp., « rusé, aventurier ».

piccolo ou **picolo** [pikɔlo] n. m. **1.** MUS Petite flûte traversière qui sonne à l'octave de la grande flûte. **2.** Pop., vieilli Vin de pays aigrelet. - Vin rouge ordinaire. – Mot ital., « petit ».

pichenette [piʃnɛt] n. f. Chiquenaude, coup donné avec un doigt replié contre le pouce et brusquement détendu. – P.-ê. altér. du provenç. *pichouneto,* « petit ».

pichet [piʃɛ] n. m. Petit broc à anse destiné à contenir une boisson. *Pichet en grès.* - Son contenu. *Boire un pichet de cidre.* – A. fr. *pichier, bichier,* du bas lat. *becarius,* du gr. *bikos,* « amphore pour le vin ».

picholine [pikɔlin] n. f. Variété de petite olive verte que l'on sert, marinée, en hors-d'œuvre. – Provenç. *pichoulino,* de *pichon, pitchoun,* « petit ».

piciformes [pisifɔʀm] n. m. pl. ORNITH Ordre d'oiseaux, comprenant notam. les pics et les toucans, dont les pattes sont munies de deux doigts dirigés vers l'avant et de deux doigts dirigés vers l'arrière. - Sing. *Un piciforme.* – Du lat. *picus,* « pivert », et *-forme.*

pickles [pikəls] n. m. pl. Légumes conservés dans du vinaigre et fortement épicés, utilisés comme condiment. – Mot angl., pl. de *pickle,* « saumure ».

pickpocket [pikpɔkɛt] n. m. Voleur à la tire. – Mot angl. de *to pick,* « enlever, cueillir », et *pocket,* « poche ».

pick-up [pikœp] n. m. inv. (Anglicisme) **1.** TECH Dispositif de lecture servant à transformer en oscillations électriques les vibrations mécaniques enregistrées sur disque. ▷ *Par ext.* Vieilli Électrophone. **2.** TECH Dispositif qui, sur une machine agricole, sert au ramassage, au pressage du foin. **3.** Véhicule à plateau découvert. – Mot angl., de *to pick up,* « ramasser, recueillir ».

pico-. PHYS Élément (symbole p) qui, placé devant le nom d'une unité, indique que celle-ci est divisée par

10^{12} (soit par un million de millions). – De l'ital. *piccolo*, «petit».

picoler [pikɔle] v. intr. [1] Pop. Boire (de l'alcool, en partic. du vin). – De *piccolo* (sens 2).

picolo. V. piccolo.

picorer [pikɔʀe] v. [1] **1.** v. intr. Chercher sa nourriture (en parlant des oiseaux). *Poules qui picorent.* **2.** v. tr. Piquer çà et là avec le bec. *Moineaux qui picorent des miettes.* ▷ Fig. (Personnes) *Enfant qui picore des grains de raisin.* – De *piquer*, «voler au passage», avec infl. de l'anc. fr. *pecore*, «tête de bétail».

picot [piko] n. m. **1.** TECH Petite pointe restant sur du bois qui n'a pas été coupé net. **2.** TECH Marteau pointu utilisé dans les carrières. – Instrument, pic, pour dégrader les joints de maçonnerie. **3.** Petite dent qui orne le bord d'une dentelle, d'un galon. **4.** PECHE Filet pour la pêche aux poissons plats. – Du rad. de *piquer*.

picotage [pikɔtaʒ] n. m. Action de picoter. – De *picoter*.

picoté, ée [pikɔte] adj. Marqué de petites piqûres, de petits points. *Visage picoté de petite vérole.* – Pp. de *picoter*.

picotement [pikɔtmɑ̃] n. m. Impression de piqûres légères et répétées (sur la peau, sur les muqueuses). – De *picoter*.

picoter [pikɔte] v. tr. [1] **1.** Trouer de nombreuses petites piqûres. ▷ *Spécial.* Becqueter. *Oiseaux qui picotent des fruits.* **2.** Causer des picotements à. – De *picot*, ou var. de *piquoter*, de *piquer*.

picotin [pikɔtɛ̃] n. m. Mesure de capacité (env. 3 l) pour l'avoine destinée aux chevaux; son contenu. ▷ Ration d'avoine, de nourriture destinée à une bête de somme. – P.-ê. de *picoter*, «butiner, becqueter».

picr(o)-. Élément, du gr. *pikros*, «amer».

picrate [pikʀat] n. m. **1.** CHIM Sel de l'acide picrique (souvent utilisé comme explosif). **2.** Pop. Vin rouge aigre, de mauvaise qualité. – De *picr-*, et *-ate*.

picrique [pikʀik] adj. CHIM *Acide picrique* : acide dérivé du phénol. *L'acide picrique fondu constitue la mélinite, explosif puissant.* – De *picr-*.

pictogramme [piktɔgʀam] n. m. **1.** LING Représentation graphique figurative ou symbolique propre aux écritures pictographiques. **2.** Cour. Dessin schématique (souvent normalisé) élaboré afin de guider les usagers et figurant dans divers lieux publics, sur des cartes géographiques, etc. – Du lat. *pictus*, «peint», et *-gramme*.

pictographique [piktɔgʀafik] adj. LING Se dit d'une écriture qui représente les idées par des pictogrammes. – Du lat. *pictus*, «peint», et *-graphique*.

pictural, ale, aux [piktyʀal, o] adj. Qui a rapport à la peinture. *Art pictural. Œuvre picturale.* – Du lat. *pictura*, «peinture».

pic-vert [pivɛʀ] n. m. Syn. de *pivert. Des pics-verts.*

pidgin [pidʒin] n. m. En Asie, système linguistique composite utilisé comme langue de relation et comportant des éléments empruntés d'une part à l'anglais, d'autre part à une langue autochtone. *Pidgin de Chine* (anglais et chinois.) *Pidgin mélanésien* ou *bichlamar* (anglais et malais.) – *Par ext.* Système linguistique composite (quelles que soient les langues concernées) servant à la communication entre gens de parlers différents (plus complet que le sabir*). – Mot angl., altér. du mot *business* prononcé par les Chinois.

1. pie [pi] n. f. et adj. inv. **I.** n. f. **1.** Oiseau noir (ou bleu) et blanc (genre *Pica*, fam. corvidés) à longue queue, au jacassement caractéristique, commun en Europe. ▷ Loc. prov. *Bavarder, jaser comme une pie* : être très bavard, parler beaucoup. **2.** *Fromage à la pie* : fromage blanc aux fines herbes. **II.** adj. inv. Dont la robe est de deux couleurs (se dit surtout des chevaux et des bêtes à cornes). *Cheval pie. Vaches pie.* – Du lat. *pica*, fém. de *picus*, «pivert».

2. pie [pi] adj. f. Surtout dans la loc. *Œuvre pie* : œuvre pieuse. – Lat. *pia*, fém. de *pius*, «pieux».

pièce [pjɛs] n. f. **A. I. 1.** Élément d'un assemblage; chacune des parties dont l'agencement forme un tout organisé. *Pièce de charpente* (poutre, poutrelle, etc.). – *Remplacer une pièce défectueuse dans un mécanisme. Pièces de rechange. Pièces détachées*.* **2.** Élément qu'on rapporte (sur un vêtement ou sur la surface d'un objet) pour réparer une déchirure, une coupure. *Mettre des pièces en cuir aux genoux d'un pantalon.* **3.** Loc. *Tout d'une pièce* : d'un seul morceau, d'un seul tenant. Fig. *Être tout d'une pièce* : être d'un caractère entier. ▷ *Fait de pièces et de morceaux*, d'éléments hétéroclites, disparates. ▷ Fig. *Inventer, forger de toutes pièces (une histoire, un mensonge, etc.)*, l'inventer entièrement, sans s'appuyer sur aucun fondement réel. **II.** Partie déchirée, brisée, d'un tout. *En pièces* : en morceaux, en fragments. *Vase brisé en mille pièces.* – *Mettre en pièces* : déchirer, briser; fig., démolir, éreinter. – *Tailler une armée en pièces*, la défaire entièrement. **B. 1.** Élément d'un ensemble, d'une collection, considéré séparément des autres éléments, et formant un tout par lui-même; unité. *Service à thé de douze pièces. Les pièces d'un jeu d'échecs* (spécial., le roi, la reine, le fou, le cavalier et la tour, par oppos. aux *pions*). – *C'est une véritable pièce de musée, de collection*, un objet de valeur qui pourrait figurer dans un musée, dans une collection. – *Article vendu au cent ou à la pièce.* – *Être payé à la pièce*, au nombre d'unités qu'on a produit, fabriqué. ▷ (En parlant de vêtements.) *Costume deux-pièces* (veston, pantalon), *trois-pièces* (avec un gilet). – *Maillot de bain deux-pièces, une pièce.* Ellipt. *Un deux-pièces, un une-pièce.* ▷ HERALD *Pièces honorables* : meubles héraldiques simples couvrant au moins le tiers de l'écu (ex. : bande, chef, chevron, etc.). **2.** Individu (de telle espèce animale). *Pièce de bétail* : tête de bétail. – *Pièce de gibier.* ▷ (S. comp.) *Chasseur qui revient avec de belles pièces.* **3.** Quantité déterminée d'une matière, considérée comme une unité distincte formant un tout. *Pièce de drap. Pièce de viande.* – *Pièce montée* : grand gâteau constituant un échafaudage de pâtisserie. – Spécial. *Pièce de vin* : contenu d'un fût; ce fût lui-même, de 200 à 300 l, selon les régions. **4.** *Pièce de terre* : espace continu de terre cultivable. *Pièce de blé, d'avoine, etc.* : pièce de terre vouée, dans une exploitation, à la culture du blé, de l'avoine, etc. ▷ *Pièce d'eau* : petit étang, bassin, dans un jardin, un parc. **5.** Chacune des salles, des chambres que comporte un logement, à l'exclusion des cuisines et annexes, salles d'eau, entrées, couloirs. *Un appartement de trois pièces.* Ellipt. *Un deux-pièces, cuisine, salle de bains.* **6.** *Pièce d'artillerie*, ou *pièce* : bouche à feu, canon, obusier, mortier. *Une pièce de soixante-quinze (mm).* – Unité élémentaire d'une batterie* d'artillerie. **7.** *Pièce de monnaie* ou *pièce* : morceau de métal plat et généralement circulaire, marqué d'une empreinte caractéristique de sa valeur, servant de monnaie. *Pièce de dix francs.* – Loc. *Donner, glisser la pièce à qqn*, lui donner un pourboire. – Fig. *Rendre à qqn la monnaie de sa pièce*, user de représailles à son égard, se venger de lui en lui rendant la pareille. **8.** (De *pièce d'écriture*.) Document écrit servant à établir une preuve, un droit. *Pièces justificatives. Pièces d'identité.* – *Pièce à conviction* : tout objet attestant matériellement la réalité d'un délit, dans un procès. **C.** Ouvrage artistique. **1.** Ouvrage littéraire. *Une pièce de vers.* ▷ Morceau (de musique). *Une pièce de Bach.* **2.** Spécial. *Pièce de théâtre* ou *pièce* : ouvrage dramatique. *Une pièce en cinq actes.* ▷ Fig, vx Farce, mauvais tour. – Mod., dans la loc. *faire pièce à qqn*, s'opposer à lui, lui faire échec. – Du lat. pop. d'orig. gaul. **pettia*, «pièce de terre»; gallois *peth*, «chose».

piécette [pjesɛt] n. f. Petite pièce de monnaie. – Dimin. de *pièce*.

pied [pje] n. m. **A. I.** (Chez l'homme.) **1.** Partie du membre inférieur qui, posé sur le sol, supporte le corps en station debout et sert à la marche. *Pied droit, gauche.* – *Marcher pieds nus. Être nu-pieds.* – *Avoir les pieds plats, un pied bot*.* – Loc. adv. *À pied sec* : sans se mouiller les pieds. – Loc. fig. *Pieds et poings liés* : réduit à l'impuissance. – Loc. *De pied en cap* : V. cap. – *Coup de pied* : coup donné avec le pied. ▷ Loc. (avec *mettre*). *Je n'y ai jamais mis les pieds* : je n'y suis jamais allé. *Mettre le pied dehors* : sortir. *Mettre pied à terre* : descendre de cheval, de voiture, de bateau, etc. – Fam. *Il ne peut plus mettre un pied devant l'autre* : il est si faible, si fatigué qu'il ne peut même plus marcher. – Fig., fam. *Mettre les pieds dans le plat* : V. plat, 2. ▷ *Aux pieds de qqn*, par terre, juste devant ses pieds. *L'animal gisait à ses pieds.* – *Se jeter aux pieds de qqn* (pour se prosterner, marquer sa soumission, etc.). – Fig. *Il est à ses pieds*, il lui est complètement soumis. ▷ *À pied* : en marchant, sans l'aide d'un véhicule. *Aimer la marche à pied*, les randonnées pédestres. – SPORT *Course* à pied*. – *Sauter à pieds joints*, les pieds étant serrés, rapprochés. ▷ *Sur pied* : debout. *À sept heures, il était sur pied.* – *Dans deux jours ce malade sera sur pied*, il sera rétabli. – Fig. *Mettre qqch (une affaire, etc.) sur pied*, l'établir, la constituer, l'organiser. ▷ *Portrait en pied*, où le sujet est représenté entièrement et debout. ▷ Vx *Les gens de pied* : les fantassins. – *Valet* de pied.* **2.** Loc. fam. *Être bête comme ses pieds*, très bête. *Jouer comme un pied*, très mal. – *Faire du pied à qqn*, lui toucher le pied avec le sien pour l'avertir, lui signifier un désir amoureux. ▷ Loc. fig., fam. *Casser les pieds de qqn*, l'importuner, l'embêter. – *Mettre à pied* : renvoyer. *Mise à pied.* – *Marcher sur les pieds de qqn*, empiéter sur son domaine en cherchant à le supplanter; lui manquer d'égards. – *Retomber sur ses pieds* : se tirer avantageusement d'une situation fâcheuse. – *Ne pas savoir sur quel pied danser* : ne pas savoir quel parti prendre, quelle attitude adopter. – *Faire des pieds et des mains* : se démener, essayer tous les moyens possibles. – *Il s'est levé du pied gauche* : il est de fort mauvaise humeur. – *Avoir un pied dans la tombe* : être tout près de la mort. – *De pied ferme* : avec l'intention de ne pas céder, de résister énergiquement. *Attendre qqn de pied ferme.* ▷ Vx *Lever le pied* : partir, sortir; mod. s'enfuir avec la caisse, avec l'argent confié; (dans la conduite automobile) ralentir. – *Au pied levé* : sans préparation. **3.** (Après un verbe et sans article.) *Avoir pied* : pouvoir toucher le fond en gardant la tête hors de l'eau. *À cet endroit de la rivière, on n'a plus pied.* – *Perdre pied* : n'avoir plus pied; fig., se troubler, ou ne plus pouvoir se sortir d'une situation fâcheuse. – Fig. *Prendre pied* : s'établir solidement. **4.** Pas; manière de marcher. *Aller, marcher du même pied que qqn. Pied à pied* : pas à pas. ▷ Manière de se tenir. *Avoir le pied marin* : être capable de se tenir sur un bateau en mouvement; fig., savoir naviguer, louvoyer, etc. – Loc. *Avoir bon pied, bon œil* : avoir toute sa santé, toute sa vigueur, toute sa lucidité. **5.** *Le pied du lit* (par oppos. à la *tête*, au *chevet*) : la partie du lit où reposent les pieds. *S'asseoir au pied du lit.* **II.** (Chez l'animal.) **1.** Extrémité inférieure de la jambe ou de la patte de certains animaux. (V. aussi patte.) *Pied de cheval.* ▷ Loc. fig., fam. *Faire le pied de grue.* V. grue. **2.** Chez certains mollusques, organe musculeux qui sert à la locomotion. *Le pied d'un escargot.* **3.** VEN Trace (de pas) d'un animal qu'on chasse. **B. 1.** Partie d'un objet par laquelle il repose sur le sol, est en contact avec le sol. *Le pied d'une échelle.* ▷ Fig. *Mettre qqn au pied du mur*, le forcer à prendre parti immédiatement, à agir sur-le-champ. ▷ Partie basse d'un relief. *Un petit village au pied des Alpes.* ▷ Loc. *À pied d'œuvre* : sur le chantier même, à la base de l'ouvrage en construction. – Fig. *Après un an d'étude du projet, les voilà maintenant à pied d'œuvre.* **2.** (Végétaux) *Le pied et le chapeau d'un champignon. Assis au pied d'un chêne.* – *Récolte sur pied*, non encore coupée, cueillie. ▷ Plant (de certains végétaux). *Pied de salade. Pied de vigne* : cep. **3.** Partie d'un objet qui sert à le supporter. *Les pieds d'un meuble. Verre à pied.* ▷ Support qu'on adapte à certains instruments (appareils photo, télescopes, etc.). **C. 1.** METROL Ancienne unité de mesure de longueur (0,3248 m), valant 12 pouces (*pied de roi*). ▷ Loc. fig. *Il voudrait être (à) cent pieds sous terre* : il est si confus, si gêné, qu'il voudrait être caché. ▷ (Traduit de l'angl. *foot*) Mesure de longueur anglo-saxonne (0,3048 m). *Un pied (foot) égale 12 pouces (inches).* **2.** Fig., vx Mesure, base. *«Est-ce au pied du savoir qu'on mesure les hommes ?» (Boileau).* ▷ Loc. mod. *Au petit pied* : en petit, en raccourci. – *Vivre sur le pied de...*, avec le train de vie de... *Vivre sur le pied d'un grand bourgeois. Vivre sur un grand pied*, en faisant beaucoup de dépenses. – *Sur le même pied que* : sur le même plan que. *Sur un pied d'égalité* : d'égal à égal. – *Armée sur le pied de guerre*, préparée, prête à faire la guerre. – *Au pied de la lettre* : littéralement. **3.** *Par ext.*, fam. *Prendre son pied* : éprouver du plaisir; spécial. du plaisir sexuel. ▷ *C'est le pied! Ce concert, quel pied!* **4.** *Pied à coulisse* : instrument pour mesurer les épaisseurs et les diamètres, constitué de deux becs à écartement variable et d'un vernier. **D.** En métrique ancienne, ensemble de syllabes constituant une unité rythmique (spondée, dactyle, etc.). ▷ *Abusiv.* Chaque syllabe d'un vers, dans la versification française. – Lat. *pes, pedis.*

pied-à-terre [pjetatɛʀ] n. m. inv. Logement que l'on n'occupe qu'occasionnellement.

pied-bot [pjebo] n. m. Personne qui a un pied bot*. *Des pieds-bots.*

pied-d'alouette [pjedalwɛt] n. m. Delphinium. *Des pieds-d'alouette.*

pied-de-biche [pjedbiʃ] n. m. **1.** Outil formé d'une barre de fer recourbée et fendue à une extrémité, destiné à servir de levier et d'arrache-clou. V. pince-monseigneur. ▷ Pièce coudée plate et fendue d'une machine à coudre, qui maintient l'étoffe sur la tablette et entre les deux branches de laquelle l'aiguille monte et descend. **2.** Poignée de sonnette en forme de pied de biche, ou faite d'un véritable pied de biche naturalisé. **3.** Pied de meuble galbé, caractéristique du style Louis XV (et dont l'extrémité était à l'origine sculptée en forme de sabot de biche). *Des pieds-de-biche.*

pied-de-loup [pjedlu] n. m. BOT Syn. de *lycopode. Des pieds-de-loup.*

pied-de-mouton [pjedmutɔ̃] n. m. Hydne. *Des pieds-de-mouton.*

pied-de-poule [pjedpul] n. m. (et adj. inv.) Tissu dont les motifs croisés rappellent les empreintes des pattes de poule. *Des pieds-de-poule.* ▷ adj. inv. *Étoffe pied-de-poule.*

pied-droit ou **piédroit** [pjedʀwa] n. m. CONSTR **1.** Mur ou pilier qui soutient une voûte, une arcade, le tablier d'un pont. **2.** Jambage d'une porte, d'une fenêtre. *Des pieds-droits* ou *des piédroits.* – De *pied*, et *droit* 2.

piédestal, aux [pjedestal, o] n. m. Massif de maçonnerie qui supporte une colonne. – Support élevé formant le socle d'une statue, d'un vase, etc. ▷ Loc. fig. *Mettre qqn sur un piédestal*, lui vouer de l'admiration (souvent excessive). *Tomber de son piédestal* : perdre son prestige. – Ital. *piedestallo*, de *piede*, «pied», et *stallo*, «support».

pied-fort ou **piéfort** [pjefɔʀ] n. m. TECH Pièce de monnaie épaisse frappée comme modèle. *Des pieds-forts* ou *piéforts.* – De *pied*, et *fort* 1.

piedmont. V. piémont.

pied-noir [pjenwaʀ] n. et adj. Fam. Français d'Algérie. *Un(e) pied-noir. Les pieds-noirs.* – adj. (inv. en genre) *Il a l'accent pied-noir.*

piédouche [pjeduʃ] n. m. ARCHI Petit support mouluré formant la base d'un buste sculpté ou d'un balustre. – Ital. *pieduccio*, dimin. de *piede*, « pied ».

pied-plat [pjepla] n. m. Vieilli Individu médiocre, sans valeur. *Des pieds-plats.* – De *pied*, et *plat*, à cause des paysans qui portaient des souliers sans talon.

piédroit. V. pied-droit.

piéfort. V. pied-fort.

piège [pjɛʒ] n. m. **1.** Engin qui sert à prendre des animaux. *Piège à rats.* **2.** Fig. Artifice utilisé pour tromper qqn, ou pour le mettre dans une situation défavorable ou dangereuse. *Tomber dans le piège.* ▷ Difficulté ou danger cachés. *Les pièges d'une traduction. Tendre un piège à un malfaiteur.* **3.** ELECTRON *Piège à ions* : dispositif magnétique utilisé dans certains tubes cathodiques et destiné à empêcher les ions négatifs formés dans le voisinage de la cathode d'aller heurter l'écran. – Du lat. *pedica*, « lien au pied », de *pes, pedis*, « pied ».

piégeage [pjeʒaʒ] n. m. **1.** Chasse à l'aide de pièges. **2.** MILIT Action de piéger (un engin explosif). **3.** Fig. Fait de piéger (sens 2). – De *piéger*.

piéger [pjeʒe] v. tr. [**15**] **1.** Prendre à l'aide de pièges. ▷ *Absol.* Tendre des pièges. **2.** Fig. *Piéger qqn*, le prendre à un piège, le mettre par artifice dans une situation difficile et sans issue. – Fam. *Il s'est fait piéger* : il s'est fait avoir. **3.** MILIT *Piéger une mine, une grenade*, la munir d'un dispositif qui provoque son explosion si on la bouge ou la manipule. – Par ext. *Piéger une maison, une voiture*, etc., y installer des engins explosifs qui éclatent lorsqu'on y pénètre. – Pp. adj. *Voiture piégée.* **4.** PHYS Parvenir à fixer, à canaliser (un phénomène). *Piéger l'énergie. Piéger des particules.* – De *piège*.

piégeur [pjeʒœʀ] n. m. Celui qui tend des pièges, qui chasse à l'aide de pièges. – De *piéger*.

pie-grièche [pigʀijɛʃ] n. f. **1.** Oiseau passériforme (genre *Lanius*) dont la mandibule supérieure se termine par une dent cornée. **2.** Vx Femme acariâtre et querelleuse. *Des pies-grièches.* – De *pie* 1, et fém. de l'a. fr. *griois*, « grec ».

pie-mère [pimɛʀ] n. f. ANAT La plus interne des méninges, en contact avec la masse cérébrospinale. *Des pies-mères.* – Du lat. médiév. *pia mater*, propr. « pieuse mère », cette membrane enveloppant le cerveau comme une mère son enfant.

piémont ou **piedmont** [pjemɔ̃] n. m. GEOGR Plaine alluviale formant glacis et résultant de l'accumulation, au pied d'une chaîne de montagnes récente, des matériaux arrachés à cette chaîne par l'érosion. – De *pied*, et *mont*.

piémontais, aise [pjemɔ̃tɛ, ɛz] adj. et n. Du Piémont, rég. admin. de l'Italie du N. et de la C.E. ▷ Subst. *Un(e) Piémontais(e).*

piéride [pjeʀid] n. f. Papillon (genre *Pieris*) aux ailes blanches, tachetées ou non de noir suivant les espèces, dont les chenilles se nourrissent de feuilles de crucifères (chou, navet, etc.). – De *Piérides*, n. pr. que l'on donne parfois aux Muses.

pierrade [pjɛʀad] n. f. Pierre chauffée sur laquelle on cuit des aliments à table. *Viande cuite sur la pierrade.* – De *pierre*.

pierraille [pjɛʀaj] n. f. Amas de petites pierres. *Un chemin de pierraille.* – De *pierre*.

pierre [pjɛʀ] n. f. **1.** (*La pierre.*) Matière minérale solide et dure, qu'on trouve en abondance sur la Terre sous forme de masses compactes, et dont on se sert notam. pour la construction. *Bloc de pierre. Dur comme pierre, comme la pierre*, très dur. – Fig. *Un cœur de pierre*, dur et insensible. – Spécial. (Matériau) *Un escalier en pierre. Pierre de taille*, qu'on peut tailler et qu'on utilise pour bâtir. – PALEONT *L'âge de (la) pierre* : la période préhistorique caractérisée par la fabrication d'outils en pierre taillée (paléolithique) puis polie (néolithique). ▷ (Variétés diverses de cette matière.) *Pierre ponce.* V. ponce. *Pierre à chaux* (calcaire pur), *à plâtre* (gypse), *à ciment* (marne). *Pierre meulière.* Cf. aussi encycl. minéral. **2.** (*Une pierre.*) Morceau, fragment de cette matière qui peut avoir été façonnée ou non. *Chemin plein de pierres.* Syn. caillou. – *Lancer des pierres. Casser qqch à coups de pierres.* – Loc. fig. *Faire d'une pierre deux coups* : obtenir deux résultats par un même acte. – *Jeter la pierre à qqn* (allusion à la femme adultère de l'Évangile, que la foule s'apprêtait à lapider), le blâmer, l'accuser. ▷ *Spécial.* Bloc de pierre servant à la construction. *Les pierres d'un mur. Une pierre de taille*, taillée. *Construction en pierres sèches*, en pierres posées directement les unes sur les autres, sans mortier. – *Pierre d'autel* : pierre consacrée, enchâssée dans l'autel et sur laquelle le prêtre officie. – *La première pierre d'une construction*, qu'on pose solennellement. ▷ *Par ext.* Monument, stèle, constitués d'une pierre. *Pierre tombale.* – *Pierre levée* : menhir, mégalithe. **3.** Morceau d'une variété de cette matière, qui sert à un usage déterminé. *Pierre à feu, à fusil* : silex qui sert à produire des étincelles. *Pierre à aiguiser. Pierre lithographique**. – Par anal. *Une pierre à briquet* (ferrocérium). **4.** *Pierre précieuse*, ou *pierre* : minéral (souvent cristallin) auquel sa rareté, son éclat, sa beauté confèrent une grande valeur. *Pierre brute. Pierre travaillée*, taillée. – *Spécial.* (en joaillerie.) *Pierres précieuses* (diamant, rubis, saphir et émeraude) et *pierres fines* (les autres gemmes). **5.** Vx Calcul (vésical, en partic.), maladie qui produit ces calculs. *Avoir la pierre.* **6.** Petite concrétion ligneuse se formant dans certains fruits. *Une poire pleine de pierres.* **7.** Composé artificiel ressemblant à de la pierre. *Pierre infernale* : nitrate d'argent. – Spécial. *Pierre philosophale**. – Du gr. *petra*; par le lat.

pierrée [pjɛʀe] n. f. TECH Conduit en pierres sèches, pour l'écoulement des eaux. – De pierre.

pierreries [pjɛʀʀi] n. f. pl. Pierres précieuses travaillées, utilisées comme ornement. *Diadème serti de pierreries.* – De *pierre*.

pierreux, euse [pjɛʀø, øz] adj. **1.** Plein de pierres. *Chemin pierreux.* ▷ *Une poire pierreuse.* V. pierre (sens 6). **2.** De la nature de la pierre. *Concrétion pierreuse.* – Du lat. *petrosus*, a. fr. *perreus*, refait d'ap. *pierre*.

pierrier [pjɛʀje] n. m. Anc. Machine de guerre lançant des pierres. – Nom donné aux premières bouches à feu, qui lançaient des boulets de pierre. – Petit canon de marine, monté sur un chandelier à pivot. – De *pierre*.

pierrot [pjɛʀo] n. m. **1.** (Avec une majuscule.) Nom donné à un personnage de l'anc. comédie italienne et de la pantomime, vêtu de blanc, au visage enfariné. **2.** (Avec une minuscule.) Homme déguisé en Pierrot. **3.** Fam. Moineau. – Dimin. de *Pierre*, prénom.

pietà [pjeta] n. f. inv. Statue ou tableau représentant la Vierge assise portant sur ses genoux le corps du Christ détaché de la croix. – Mot ital., « pitié ».

piétaille [pjetaj] n. f. **1.** Vx Infanterie. **2.** Péjor. Ensemble des gens de petite condition, de fonction subalterne. **3.** Plaisant Ensemble des piétons. – Lat. pop. **peditalia*, de *pedes, peditis*, « fantassin ».

piété [pjete] n. f. **1.** Sentiment de dévotion et de respect pour Dieu, pour les choses de la religion. *Exercices de piété.* **2.** Litt. Sentiment d'affection et de respect. *Piété filiale.* – Lat. *pietas*.

piétement [pjɛtmɑ̃] n. m. Ensemble des pieds d'un meuble et des traverses qui les relient. – De *pied*.

piéter [pjete] **1.** v. intr. [**14**] CHASSE Faire quelques pas en courant, au lieu de s'envoler, en parlant d'une bête à plumes. **2.** v. pron. Litt. Se raidir sur ses pieds, en se haussant ou pour résister. *« Comme une statue qui se* *piète sur son socle» (Gautier).* – Du bas lat. *peditare,* «aller à pied».

piéteur, euse [pjetœʀ, øz] adj. et n. CHASSE Se dit d'un oiseau qui marche et court au lieu de voler. – De *piéter.*

piétin [pjetɛ̃] n. m. **1.** MED VET Maladie du pied du mouton caractérisée par une nécrose sous-ongulée. **2.** Maladie cryptogamique des céréales causée par des champignons microscopiques. – De *pied.*

piétinement [pjetinmɑ̃] n. m. Action de piétiner. ▷ Bruit d'une foule qui piétine. – De *piétiner.*

piétiner [pjetine] v. [1] **I.** v. intr. **1.** Remuer, frapper des pieds sur place. *Piétiner d'impatience.* **2.** Remuer des pieds sans avancer ou en avançant très peu. *File d'attente qui piétine.* ▷ Fig. Ne pas progresser. *Les tractations piétinent.* **II.** v. tr. Fouler aux pieds. – Pp.adj. *Une pelouse piétinée.* – Fig. *Son honneur a été piétiné.* – De *piéter.*

piétisme [pjetism] n. m. RELIG Doctrine d'un mouvement religieux luthérien (XVIIe s.) préconisant le renouveau de la piété personnelle contre le dogmatisme orthodoxe. – De *piétiste.*

piétiste [pjetist] n. et adj. **1.** n. RELIG Partisan, adepte du piétisme. **2.** adj. Du piétisme, qui a rapport au piétisme. – All. *Pietist,* du lat. *pietas,* «piété».

piéton, onne [pjetɔ̃, ɔn] n. et adj. **1.** n. Personne qui va à pied. **2.** adj. Réservé aux piétons. *Rue piétonne.* Syn. piétonnier. – De *piéter.*

piétonnier, ère [pjetɔnje, ɛʀ] adj. Des piétons. – Réservé aux piétons. *Passerelle piétonnière.* Syn. piéton. – De *piéton.*

piètre [pjɛtʀ] adj. (Av. le nom.) Médiocre dans son genre. *Un piètre comédien. Avoir piètre mine.* – Du lat. *pedester,* «qui va à pied», souvent péjor., avec infl. de *pire.*

piètrement [pjɛtʀəmɑ̃] adv. Médiocrement. – De *piètre.*

1. pieu [pjø] n. m. Pièce de bois pointue à un bout, destinée à être enfoncée en terre. *Les pieux d'une clôture.* ▷ CONSTR Élément long que l'on enfonce par battage ou forage (bois, métal) ou que l'on coule (béton) dans le sol pour servir de fondement à un ouvrage. – Forme picarde de *peus,* plur. de l'a. fr. *pel,* lat. *palus,* «pal».

2. pieu [pjø] n. m. Pop. Lit. – P.-ê. forme picarde de *peau* (sur laquelle on dormait).

pieusement [pjøzmɑ̃] adv. **1.** Avec piété. *Vivre pieusement.* **2.** Avec un attachement respectueux. *Conserver pieusement des souvenirs.* – De *pieux.*

pieuter (se) [pjøte] v. pron. [1] Pop. Se mettre au lit. ▷ v. intr. Dormir. *Tu pieutes où, cette nuit?* – De *pieu* 2.

pieuvre [pjœvʀ] n. f. **1.** Mollusque céphalopode (genre *Octopus*), au corps globuleux, aux huit tentacules munis de ventouses, disposés en couronne autour de l'orifice buccal, commun sur les côtes rocheuses. Syn. poulpe. **2.** *Par métaph.* Ce qui enserre, entoure à la manière d'une pieuvre. *«C'est la ville tentaculaire. La pieuvre ardente et l'ossuaire» (Verhaeren).* ▷ Fig. Personne avide, qui ne lâche pas ce dont elle s'est emparée. – Pouvoir, entreprise qui étend insatiablement son emprise. – Mot du parler des îles Anglo-Normandes, du lat. *polypus,* «polype», gr. *polupous,* propr. «qui a plusieurs pieds».

pieux, pieuse [pjø, pjøz] adj. **1.** Qui a de la piété. *Homme pieux.* ▷ Qui dénote de la piété. *Acte pieux.* **2.** Animé ou inspiré par une affection respectueuse. *Fils pieux. Devoirs pieux.* – Lat. *pius.*

pièze [pjɛz] n. f. PHYS Unité de pression hors système (symbole pz), pression exercée uniformément sur un mètre carré par une force de 1 000 newtons. – Du gr. *piezein,* «presser».

piézo-. Élément, du gr. *piezein,* «presser».

piézoélectricité [pjezoelɛktʀisite] n. f. PHYS Phénomène caractérisé par l'apparition de charges électriques à la surface de certains cristaux lorsqu'ils sont soumis à des contraintes mécaniques. – De *piézo-,* et *électricité.*

piézoélectrique [pjezoelɛktʀik] adj. PHYS Relatif à la piézoélectricité; doué de piézoélectricité. *Quartz piézoélectrique.* – De *piézoélectricité.*

piézographe [pjezɔgʀaf] n. m. PHYS Appareil servant à la mesure des faibles pressions. – De *piézo-,* et *-graphe.*

piézomètre [pjezɔmɛtʀ] n. m. PHYS Instrument qui sert à mesurer la compressibilité des liquides. – De *piézo-,* et *-mètre.*

piézométrie [pjezɔmetʀi] n. f. PHYS Étude de la compressibilité des liquides. – De *piézo-,* et *-métrie.*

1. pif [pif] n. m. Pop. Nez. ▷ *Au pif :* au pifomètre*. – Rad. onomat. *piff-.*

2. pif! [pif] interj. Onomatopée (souvent redoublée ou suivie de *paf!*), imitant un bruit sec (détonation, soufflet, etc.).

pifer ou **piffer** [pife] v. tr. [1] Pop. *Ne pas pouvoir pifer (qqn, qqch),* ne pas pouvoir le supporter. – De *pif* 2.

pifomètre [pifɔmɛtʀ] n. m. Pop. *Au pifomètre :* à vue de nez, approximativement. – De *pif* 2, et *-mètre.*

1. pige [piʒ] n. f. **1.** Longueur arbitraire prise comme mesure. – Tige graduée servant à mesurer une hauteur, un niveau. **2.** Arg. Année d'âge. *Il a vingt piges.* **3.** Tâche accomplie par un typographe dans un temps donné, et qui sert de base à sa rémunération. ▷ Mode de rémunération d'un journaliste payé à la tâche. – Article ainsi payé. *Travailler à la pige.* – Déverbal de *piger* 1.

2. pige [piʒ] n. f. Pop. *Faire la pige à qqn,* faire mieux que lui, le dépasser. – Déverbal de *piger* 2.

pigeon [piʒɔ̃] n. m. **1.** Oiseau columbiforme au corps trapu, à la poitrine pleine, au plumage épais, au bec pourvu d'une cire (membrane où s'ouvrent les narines). *Pigeons voyageurs,* appartenant à des espèces chez lesquelles la faculté d'orientation est particulièrement développée, et utilisés (surtout autref.) pour porter des messages. – *Pigeon ramier :* V. ramier. ▷ *Pigeon vole :* jeu d'enfants dans lequel un meneur de jeu énumère rapidement, en commençant par «pigeon», des noms qu'il fait suivre du mot «vole» (les joueurs doivent lever la main lorsque ce qui est nommé est effectivement capable de voler). **2.** Fig., fam. Personne qui se laisse facilement duper. *Elle a été le pigeon dans cette affaire.* **3.** TECH Poignée de plâtre gâché (pour dresser une cloison, etc.). **4.** *Pigeon d'argile :* disque d'argile cuite qui sert de cible mobile, dans le tir à la fosse ou *tir au pigeon.* – Du bas lat. *pipio, pipionis,* «pigeonneau».

pigeonnage [piʒɔnaʒ] n. m. CONSTR Action de pigeonner; ouvrage ainsi exécuté. – De *pigeonner* (sens 2).

pigeonnant, ante [piʒɔnɑ̃, ɑ̃t] adj. Fam. Se dit d'une poitrine de femme haute et rebondie. ▷ Par méton. *Un soutien-gorge pigeonnant.* – De *pigeon,* par métaph. (allus. à la gorge de pigeon).

pigeonne [piʒɔn] n. f. Femelle du pigeon. – De *pigeon.*

pigeonneau [piʒɔno] n. m. **1.** Jeune pigeon. **2.** MED Ulcération professionnelle des doigts (notam. chez les mégissiers). – Dimin. de *pigeon.*

pigeonner [piʒɔne] v. tr. [1] **1.** Fam. Traiter (qqn) en pigeon (sens 2), duper. **2.** CONSTR Plâtrer avec des pigeons (sens 3), exécuter avec du plâtre levé à la truelle ou à la main, sans le lancer ni le plaquer. – De *pigeon.*

pigeonnier [piʒɔnje] n. m. Petite construction destinée à abriter des pigeons domestiques. Syn. colombier. ▷ Par anal. Fam. Logement exigu et élevé. – De *pigeon.*

1. piger [piʒe] v. tr. [13] Mesurer avec une pige. – Du lat. pop. **pinsiare*, class. *pinsare* « fouler » ; ou de *pedicare*, de *pes, pedis*, « pied ».

2. piger [piʒe] v. tr. [13] Pop. **1.** Vx Attraper, prendre. **2.** Mod. Comprendre. *Tu piges la combine ?* – Du lat. pop. **pedicus*, « du pied », *pedica*, « piège ».

pigiste [piʒist] n. Typographe, journaliste payé à la pige. – De *pige* 1.

pigment [pigmɑ̃] n. m. **1.** BIOL Substance synthétisée par les êtres vivants, qui donne leur coloration aux tissus (notam. à la peau) et aux liquides organiques. ▷ BOT Substance colorante des plantes. **2.** TECH Matière d'origine minérale, organique ou métallique, généralement réduite en poudre et que l'on utilise comme colorant. *Médium et pigments d'une peinture.* – Du lat. *pigmentum*, « couleur pour peindre ».
ENCYCL Une substance est un pigment si elle absorbe la lumière visible. On distingue trois sortes de pigments : azotés (les mélanines, la chlorophylle, la flavine), non azotés (carotènes) et divers (indigos, anthocyanes). Les mélanines sont responsables des couleurs sombres ; les chlorophylles, de la coloration verte des végétaux ; les carotènes donnent des colorations jaune orangé et rouge ; les anthocyanes, des colorations bleues ; les flavines, une coloration jaune vif.

pigmentaire [pigmɑ̃tɛʀ] adj. Relatif aux pigments. – Qui contient des pigments. – Lat. *pigmentarius*.

pigmentation [pigmɑ̃tasjɔ̃] n. f. **1.** BIOL Formation et accumulation, normale ou pathologique, de pigment dans certains tissus. **2.** TECH Coloration par un ou des pigments. – Du bas lat. *pigmentatus*, « fardé ».

pigmenté, ée [pigmɑ̃te] adj. Qui est coloré par des pigments. – Pp. de *pigmenter*.

pigmenter [pigmɑ̃te] v. tr. [1] Colorer par un ou des pigments. – De *pigment*.

pigne [piɲ] n. f. Rég. Pomme de pin (spécial., de pin pignon). ▷ Graine de pin. – Lat. *pinea*, de *pinus*, « pin », anc. provenç. *pinha*.

pignocher [piɲɔʃe] v. intr. [1] Fam., vieilli **1.** Manger sans appétit, par petits morceaux. **2.** Peindre à petits coups de pinceau, minutieusement. ▷ v. tr. *Pignocher un tableau.* ▷ *Pignocher un travail*, l'exécuter avec minutie. – Altér. du moyen fr. *épinocher*, de *e(s)pinoche*, « petit morceau, bagatelle », du lat. *spina*, « épine ».

1. pignon [piɲɔ̃] n. m. Partie supérieure triangulaire d'un mur, sur laquelle portent les pannes d'un toit à deux pentes. ▷ *Avoir pignon sur rue* : posséder en propre une maison, un magasin, etc. ; fig., être dans une situation notoirement établie, aisée. – Lat. pop. **pinnio, pinnionis*, class. *pinna*, « créneau ».

2. pignon [piɲɔ̃] n. m. Roue dentée. ▷ *Spécial.* La plus petite des deux roues d'un engrenage. – De *peigne*.

3. pignon [piɲɔ̃] n. m. *Pin pignon* ou *pignon* : pin parasol. ▷ Graine comestible du pignon. – Anc. provenç. *pinhon*.

pignoratif, ive [piɲɔʀatif, iv] adj. DR *Contrat pignoratif*, par lequel un débiteur vend, sous faculté de rachat, un bien à son créancier, qui le lui laisse en location. – Du lat. *pignorare*, « engager », de *pignus, pignoris*, « gage ».

pignouf [piɲuf] n. m. Pop. Individu sans éducation. – Mot dial., de l'a. v. *pigner*, « crier, geindre ».

pilaf [pilaf] n. m. Plat épicé composé de riz mêlé de viande, de poissons, de coquillages, etc. ▷ (En appos.) *Riz pilaf.* – Mot turc, du persan *pilaou*.

pilage [pilaʒ] n. m. Action de piler. – De *piler* 1.

pilaire [pilɛʀ] adj. Didac. Qui a rapport aux poils. – Du lat. *pilus*, « poil ».

pilastre [pilastʀ] n. m. **1.** Pilier adossé à un mur ou engagé dans celui-ci. **2.** Montant à jour placé dans la travée d'une grille, d'une rampe d'escalier ou d'un balcon pour la renforcer. – Ital. *pilastro*, du lat. *pila*, « pilier ».

pilchard [pilʃaʀ] n. m. Grosse sardine. – Mot angl.

1. pile [pil] n. f. **I. 1.** Ensemble d'objets placés les uns sur les autres. *Une pile de livres.* **2.** Massif de maçonnerie servant de support intermédiaire au tablier d'un pont. **II.** *Pile électrique* ou *pile* : générateur de courant, appareil qui transforme l'énergie dégagée au cours d'une réaction chimique en courant électrique. ▷ *Pile photovoltaïque* ou *pile solaire.* V. photopile. – *Pile thermoélectrique.* V. thermopile. ▷ PHYS NUCL *Pile nucléaire :* réacteur nucléaire utilisé pour la recherche, les essais ou la production de radioéléments. – Lat. *pila*, « pilier, colonne ».

2. pile [pil] n. f. **1.** TECH Bac servant à préparer la pâte à papier. **2.** Fam. Volée de coups. – Défaite écrasante. *On va leur flanquer une de ces piles !* – Lat. *pila*, « mortier », de *pinsere*, « broyer ».

3. pile [pil] n. f. et adv. **1.** n. f. Côté d'une pièce de monnaie opposé à la *face et* portant, en général, la valeur de cette pièce. *Jouer à pile ou face* : essayer de deviner quel côté présentera une pièce en tombant, après avoir été lancée en l'air ; fig. décider au hasard. **2.** adv. Fig., fam. *Tomber pile*, juste ou à point. – *S'arrêter pile*, tout d'un coup. – Désigna en a. fr. le coin inférieur du marteau qui frappait la monnaie.

1. piler [pile] v. tr. [1] **1.** Écraser, broyer en frappant. *Piler des amandes.* **2.** Fig., fam. Battre (qqn) à un jeu, dans un combat. *Se faire piler.* – Bas lat. *pilare*, « écraser », de *pila*, « mortier ».

2. piler [pile] v. intr. [1] Fam. S'arrêter, freiner brusquement. *Conducteur qui pile.* – De *pile* 3 (sens 2).

pilet [pilɛ] n. m. *Canard pilet* ou *pilet* : canard sauvage des étangs d'Europe (*Anas acuta*), à longue queue et à tête brune. – De *pilon*, par allusion à la longue queue de cet oiseau.

pileur, euse [pilœʀ, øz] adj. et n. Qui pile. – De *piler*.

pileux, euse [pilø, øz] adj. Qui a rapport aux poils, aux cheveux. *Système pileux* : ensemble des poils recouvrant le corps. – Lat. *pilosus*, « poilu ».

pilier [pilje] n. m. **1.** Massif de maçonnerie constituant un support, dans un édifice. *Les piliers d'une cathédrale.* ▷ Chacun des supports en fer, en bois, etc. soutenant une construction. *Pilier métallique.* **2.** ANAT Portion d'un muscle ou d'un organe ayant une fonction de soutien. *Les piliers du diaphragme, du voile du palais.* **3.** Fig., péjor. Personne fréquentant assidûment quelque lieu. *Pilier de bar.* **4.** Fig. Personne ou chose sur laquelle s'appuie qqch. *Les piliers d'un régime politique.* **5.** SPORT Au rugby, chacun des deux avants de première ligne qui encadrent le talonneur dans les mêlées. – Lat. pop. **pilare*, du class. *pila*.

pilifère [pilifɛʀ] adj. BOT Qui porte des poils. *Assise pilifère.* – Du lat. *pilus*, « poil », et *-fère*.

pili-pili [pilipili] n. m. inv. Piment rouge au goût très fort. – Mot d'une langue africaine.

pillage [pijaʒ] n. m. Action de piller ; son résultat. – De *piller*.

pillard, arde [pijaʀ, aʀd] adj. et n. Qui pille, qui a l'habitude de piller. *Hordes pillardes.* ▷ Subst. *Un pillard.* – De *piller*.

piller [pije] v. tr. [1] **1.** S'emparer de force des biens qui se trouvent dans (une ville, une maison, etc.). *L'ennemi a pillé ce village.* **2.** Voler (qqch) en saccageant, en ruinant. *Piller les œuvres d'art d'une église.* **3.** Se livrer à des vols, à des détournements, au détriment de. *Les* *gouverneurs romains pillaient souvent les provinces.* **4.** Fig. Plagier, copier de façon éhontée. *Piller des chapitres entiers dans une œuvre.* – De l'a. fr. *p(e)ille*, «chiffon», lat. *pileus*, «bonnet d'affranchi».

pilleur, euse [pijœʀ, øz] n. Personne qui pille. – De *piller.*

pilocarpe [pilɔkaʀp] n. m. BOT Arbrisseau d'Amérique du Sud (fam. rutacées) dont une espèce (*Pilocarpus pinnatifolius*) est le jaborandi. – Lat. bot. *pilocarpus*, du gr. *pilos*, «feutre», et *karpos*, «fruit».

pilocarpine [pilɔkaʀpin] n. f. PHARM Alcaloïde extrait des feuilles de jaborandi. – De *pilocarpe.*

pilomoteur, trice [pilomɔtœʀ] adj. PHYSIOL Qui produit l'érection des poils cutanés. – Du lat. *pilum*, «poil», et *moteur.*

pilon [pilɔ̃] n. m. **1.** Instrument servant à écraser ou tasser. *Broyer des épices, du grain dans un mortier avec un pilon.* – *Marteau-pilon* : V. ce mot. ▷ *Mettre un livre au pilon*, en détruire l'édition. **2.** Partie inférieure de la cuisse d'une volaille cuite. **3.** Jambe de bois. – De *piler* 1.

pilonnage [pilɔnaʒ] n. m. MILIT Action de pilonner; son résultat. – De *pilonner.*

pilonner [pilɔne] v. tr. [1] **1.** Écraser avec un pilon. **2.** MILIT Bombarder (une position ennemie) de façon intensive avec des projectiles de gros calibre. – De *pilon.*

pilori [pilɔʀi] n. m. Poteau auquel était attachée une personne condamnée à être exposée publiquement. ▷ Fig. *Clouer qqn au pilori*, le désigner à l'indignation publique. – Lat. médiév. *pilorium*, probabl. de *pila*, «pilier».

pilo-sébacé, ée [pilosebase] adj. ANAT Qui a rapport au poil et à la glande sébacée qui est à sa base. *Follicule pilo-sébacé.* – Du lat. *pilum*, «poil», et de *sébacé.*

piloselle [pilɔzɛl] n. f. BOT Plante aux propriétés diurétiques (*Hieracium pilosella*, fam. composées) appelée aussi *épervière.* – Du lat. médiév. *pilosella*, du class. *pilosus*, «poilu».

pilosisme [pilozism] n. m. MED Croissance anormale des poils dans un endroit déterminé. – Du lat. *pilosus*, «poilu».

pilosité [pilozite] n. f. **1.** Présence de poils. **2.** Ensemble des poils. – Du lat. *pilosus*, «poilu».

pilot [pilo] n. m. TRAV PUBL Gros pieu servant à faire des pilotis. – De *pile* 1.

pilotage [pilɔtaʒ] n. m. Action, art de piloter un navire, un aéronef. – De *piloter.*

pilote [pilɔt] n. m. **I. 1.** MAR Celui qui est chargé de diriger un navire dans les passages difficiles, à l'entrée des ports. **2.** AVIAT Personne qui tient les commandes d'un aéronef; spécialiste du pilotage. *Pilote d'essai. Pilote de ligne.* ▷ *Pilote automatique* : dispositif qui corrige automatiquement, par action sur les gouvernes, les mouvements tendant à modifier la stabilité d'un avion (en cap et en altitude), le cap d'un bateau. **3.** SPORT Spécialiste de la conduite automobile. *Pilote de course.* **II.** (En apposition à un subst. et souvent uni à lui par un trait d'union.) **1.** *Bateau-pilote*, qui conduit le pilote d'un port à bord du navire qu'il doit guider. *Des bateaux-pilotes.* **2.** *Poisson pilote* ou *pilote* : poisson perciforme (*Naucrates ductor*) qui accompagne les requins, les raies, les navires, en quête de la nourriture que ceux-ci abandonnent. **3.** Fig. Qui s'engage dans une voie nouvelle, à titre expérimental. *Classe pilote.* – Ital. *piloto, pedoto*, gr. byzant. **pêdotês*, de *pêdon*, «gouvernail».

piloter [pilɔte] v. tr. [1] **1.** Conduire (un navire, un aéronef, une automobile) en tant que pilote. *Piloter un avion.* **2.** Fig. Guider (qqn) dans des lieux qu'il ne connaît pas. *Piloter un étranger dans Paris.* – De *pilote.*

pilotin [pilɔtɛ̃] n. m. MAR Élève officier préparant les écoles de la marine marchande sur un navire de commerce. – De *pilote.*

pilotis [pilɔti] n. m. Ensemble de pieux servant d'assise à un ouvrage construit au-dessus de l'eau ou d'un sol mouvant. – Chacun de ces pieux. *Hutte sur pilotis.* – De *pilot.*

pilou [pilu] n. m. Tissu de coton pelucheux très employé dans la confection des peignoirs. – Anc. franç. et dial. *peloux*, «poilu», lat. *pilosus.*

pilulaire [pilylɛʀ] adj. et n. **1.** adj. PHARM Relatif aux pilules. – *Masse pilulaire* : pâte dont on fait les pilules. **2.** n. m. VETER Instrument utilisé pour administrer des pilules aux animaux. – De *pilule.*

pilule [pilyl] n. f. **1.** PHARM Médicament de forme sphérique qu'on absorbe par voie orale. ▷ Fig., fam. *Dorer la pilule à qqn*, essayer de lui faire prendre pour séduisante une chose désagréable. – *Avaler la pilule* : supporter une chose déplaisante sans réagir, sans se rebeller. ▷ *Pilule contraceptive* ou, absol., *la pilule* : pilule de substance hormonale bloquant l'ovulation, utilisée comme contraceptif. **2.** Fig., pop. *Prendre une pilule* : essuyer un échec. – Lat. *pilula*, dimin. de *pila*, «boule».

pilulier [pilylje] n. m. **1.** PHARM Instrument servant à préparer les pilules. **2.** Petite boîte à pilules, à comprimés. – De *pilule.*

pilum [pilɔm] n. m. ANTIQ Javelot des soldats romains. – Mot lat.

pimbêche [pɛ̃bɛʃ] n. f. Femme affectant des airs pincés.

piment [pimɑ̃] n. m. **1.** Nom de diverses solanacées du genre *Capsicum*, cultivées pour leurs fruits. ▷ Fruit de ces diverses plantes, riche d'une substance vulnérante, la *capsicine*, et utilisé comme condiment (paprika, poivre de cayenne) ou comme légume (piment doux ou poivron). – *Spécial.* Piment fort. **2.** Fig. Ce qui donne de la saveur, du piquant. *Mettre du piment dans un récit.* – Du lat. *pigmentum*, «drogue, suc».

pimenter [pimɑ̃te] v. tr. [1] **1.** Assaisonner avec du piment. *Pimenter un mets.* **2.** Fig. Donner du piquant à. *Pimenter ses propos.* – De *piment.*

pimpant, ante [pɛ̃pɑ̃, ɑ̃t] adj. Qui donne une impression de fraîcheur et d'élégance. *Jeune fille pimpante. Robe pimpante.* – De l'anc. provenç. *pimpar*, «parer».

pimprenelle [pɛ̃pʀənɛl] n. f. Petite plante herbacée (genre *Poterium*, fam. rosacées), très commune, aux fleurs en capitules verdâtres ou roses, et dont les feuilles sont utilisées comme condiment. – A. fr. *piprenelle*, lat. médiév. *pipinella*, p.-ê. de *piper*, «poivre».

pin [pɛ̃] n. m. Grand conifère* (genre *pinus*) au feuillage persistant composé d'aiguilles. – Lat. *pinus.*

pinacées [pinase] n. f. pl. BOT Famille de conifères comprenant les sapins vrais. – Sing. *Une pinacée.* – De *pin*, et *-acé*, du lat. *aceus*, «appartenant à».

pinacle [pinakl] n. m. **1.** Partie la plus haute d'un édifice. **2.** ARCHI Couronnement d'un contrefort gothique. **3.** Fig. *Être sur le pinacle, au pinacle*, au sommet des honneurs. – *Porter qqn au pinacle*, en faire grand cas, le couvrir d'éloges. – Lat. ecclés. *pinnaculum*, de *pinna*, «créneau».

pinacothèque [pinakɔtɛk] n. f. Musée de peinture (en Italie, en Allemagne). *La pinacothèque de Munich.* – Lat. d'orig. gr. *pinacotheca.*

pinaillage [pinajaʒ] n. m. Fam. Action de pinailler. – De *pinailler.*

pinailler [pinaje] v. intr. [1] Fam. Se montrer exagérément minutieux, ergoter sur des riens.

pinailleur, euse [pinajœʀ, øz] n. et adj. Fam. Personne qui a l'habitude de pinailler, d'ergoter. – adj. *Elle est un peu pinailleuse.* – De *pinailler.*

pinard [pinaʀ] n. m. Pop. Vin. – Var. pop. de *pinot.*

pinardier [pinaʀdje] n. m. Fam. **1.** Négociant en vin. **2.** Navire-citerne servant au transport du vin. – De *pinard.*

pinasse [pinas] n. f. MAR **1.** Anc. Embarcation longue et légère, propre à la course. **2.** Petit bateau de pêche rapide. *Les pinasses d'Arcachon.* – Esp. *pinaza,* propr. « bateau en bois de pin ».

pinastre [pinastʀ] n. m. Rég. Pin maritime (*Pinus maritima*). – Lat. *pinaster.*

pinçage [pɛ̃saʒ] n. m. ARBOR Opération consistant à pincer (les bourgeons, les rameaux). – De *pincer.*

pinçard, arde [pɛ̃saʀ, aʀd] adj. VETER *Cheval pinçard,* qui, en marchant, s'appuie sur la pince (sens 3). – De *pince.*

pince [pɛ̃s] n. f. **1.** Instrument composé de deux branches articulées, servant à saisir ou à serrer des objets. *Pince à linge,* qui sert à fixer du linge sur une corde. *Pince coupante.* ▷ *Pince-monseigneur* : V. ce mot. **2.** Appendice préhenseur des crustacés, patte antérieure fourchue et articulée qui leur sert à saisir, à pincer. *Pinces d'écrevisse, de homard.* ▷ Pop. Main. *Serrer la pince à qqn.* **3.** Extrémité antérieure du pied des mammifères ongulés. ▷ Pop. Pied. *Faire 10 km à pinces.* **4.** Dent incisive des herbivores, et partic. du cheval. **5.** COUT Pli cousu fait pour ajuster un vêtement. *Pinces de taille, de poitrine.* – Déverbal de *pincer.*

pincé, ée [pɛ̃se] adj. **1.** MUS *Cordes pincées,* que l'on fait vibrer en les pinçant avec les doigts (par oppos. à *cordes frappées* et à *cordes frottées*). *Le luth et la guitare sont des instruments à cordes pincées.* **2.** Serré et mince. *Lèvres pincées.* ▷ *Air pincé,* mécontent, maniéré, distant. – Pp. de *pincer.*

pinceau [pɛ̃so] n. m. **1.** Instrument formé d'un faisceau de poils attaché au bout d'un manche, et qui sert à appliquer les couleurs, la colle, etc. *Pinceau en poils de putois, de blaireau.* **2.** Fig. Manière de peindre d'un artiste. *Ce peintre a le pinceau délicat.* **3.** Étroit faisceau de rayons lumineux. *Le pinceau d'un phare.* **4.** Pop. Pied. – Lat. pop. **penicellus,* class. *penicillus,* de *penis,* « queue ».

pinceautage [pɛ̃sotaʒ] n. m. Action de pinceauter. – De *pinceauter.*

pinceauter [pɛ̃sote] v. tr. [1] TECH Retoucher avec un pinceau (un papier, un tissu, etc.). – De *pinceau.*

pincée [pɛ̃se] n. f. Quantité (d'une matière en poudre, en grains) que l'on peut prendre entre l'extrémité de deux doigts. *Une pincée de sel.* – Pp. fém. subst. de *pincer.*

pince-fesse(s) [pɛ̃sfɛs] n. m. inv. Fam., vieilli Réunion dansante. ▷ Réception mondaine. – De *pincer,* et *fesse.*

pincelier [pɛ̃səlje] n. m. TECH Récipient comportant un compartiment pour nettoyer les pinceaux et un autre pour mettre l'huile. – De *pincel,* anc. forme de *pinceau.*

pincement [pɛ̃smɑ̃] n. m. **1.** Action de pincer. ▷ Fig. Sensation vive et quelque peu douloureuse. *Le pincement de la faim. Pincement au cœur.* **2.** ARBOR Syn. de *pinçage.* – De *pincer.*

pince-monseigneur [pɛ̃smɔ̃sɛɲœʀ] n. f. Levier qu'utilisent en partic. les cambrioleurs pour forcer les portes. *Des pinces-monseigneur.* – De *pince,* et *monseigneur.*

pince-nez [pɛ̃sne] n. m. inv. Binocle fixé sur le nez par un ressort. – De *pincer,* et *nez.*

pince-oreille. V. perce-oreille.

pincer [pɛ̃se] v. tr. [12] **1.** Serrer étroitement avec les doigts, avec une pince, etc. *Pincer une barre de fer avec des tenailles.* ▷ MUS *Pincer les cordes d'un instrument,* les faire vibrer avec les doigts. **2.** Serrer la peau fortement entre les doigts ou autrement, en provoquant une sensation douloureuse. – Fig. Produire une sensation vive, semblable à un pincement. *Le froid pince les joues.* – Absol. Fam. *Ça pince, ce matin,* il fait très froid. ▷ v. pron. *Se pincer les doigts dans une porte.* **3.** Rapprocher en serrant et en faisant paraître plus mince. *Pincer les lèvres. Corsage pinçant la taille.* ▷ *Pincer un vêtement,* le resserrer à l'aide de pinces (sens 5). **4.** ARBOR *Pincer les bourgeons* : supprimer les bourgeons axillaires pour arrêter la croissance des ramifications. **5.** Fig., fam. Prendre, surprendre (qqn). *Pincer qqn la main dans le sac.* ▷ Pop. *Être pincé* : être amoureux. – v. intr. *En pincer pour* : être épris de. – P.-ê. d'un rad. expressif *pints-.*

pince-sans-rire [pɛ̃ssɑ̃ʀiʀ] n. m. inv. Personne qui plaisante, qui raille tout en restant impassible. – Du jeu de *je te pince sans rire* où l'on devait pincer qqn sans rire.

pincette [pɛ̃sɛt] n. f. **1.** Petite pince. **2.** (Au plur.) Longue pince en fer servant à saisir les tisons dans le feu. ▷ Loc. fig., fam. *N'être pas à prendre avec des pincettes* : être de très mauvaise humeur. – De *pince.*

pinçon [pɛ̃sɔ̃] n. m. Trace d'un pincement sur la peau. – De *pincer.*

pindarique [pɛ̃daʀik] adj. LITTER Qui est dans la manière lyrique de Pindare. *Odes pindariques.* – Lat. *pindaricus,* gr. *pindarikos,* de *Pindaros,* « Pindare », poète lyrique (518-438 av. J.-C.).

pinéal, ale, aux [pineal, o] adj. ANAT Relatif à l'épiphyse. ▷ ZOOL *Organe pinéal* : organe céphalique pariétal postérieur, formé d'une vésicule aplatie photosensible. (Présent chez de nombr. vertébrés inférieurs, fossiles ou actuels, cet « œil pinéal » perd, chez les vertébrés supérieurs, les mammifères notam., ses propriétés photosensibles et devient une glande, dite autref. *pinéale* : l'épiphyse.) – Du lat. *pinea,* « pomme de pin ».

pineau [pino] n. m. VITIC Vin charentais liquoreux obtenu en ajoutant du cognac au jus de raisin avant la fermentation. – De *pin,* V. pinot.

pinède [pinɛd] n. f. Terrain planté de pins. – Provenç. *pinedo,* lat. *pinetum.*

pingouin [pɛ̃gwɛ̃] n. m. Oiseau marin des régions arctiques (fam. alcidés) au plumage noir et blanc, aux ailes courtes et aux orteils palmés. ▷ Cour. Oiseau de la famille des alcidés (macareux, guillemots). – *Abusiv.* Manchot. – Angl. *penguin,* p.-ê. du gallois *pengwyn,* de *pen,* « tête », et *gwyn,* « blanche ».

ping-pong [piŋpɔ̃ŋ] n. m. Tennis de table. – Nom déposé; onomat.

pingre [pɛ̃gʀ] n. et adj. Personne avare, mesquine. ▷ adj. *Être pingre.* – P.-ê. de *épingle,* le « vendeur d'épingles » étant assimilé à la mesquinerie.

pingrerie [pɛ̃gʀəʀi] n. f. Avarice mesquine. – De *pingre.*

pinne [pin] n. f. Gros mollusque lamellibranche dont la coquille triangulaire peut atteindre 60 cm de long. (*Pinna pectinata* est le cornet.) Syn. jambonneau. – Lat. *pin(n)a,* mot gr.

pinnipèdes [pinipɛd] n. m. pl. ZOOL Sous-ordre de mammifères carnivores marins dont les membres ont évolué en palettes natatoires (otaries, phoques, morses). – Sing. *Un pinnipède.* – Du lat. *pinna,* « nageoire », et de *-pède.*

pinnotère ou **pinnothère** [pinɔtɛʀ] n. m. ZOOL Petit crabe qui vit en symbiose avec divers bivalves (les moules, notam.). – Lat. *pinoteres;* du grec.

pinnule [pinyl] n. f. **1.** BOT Partie la plus petite du limbe des feuilles divisées (frondes des fougères, notam.). **2.** TECH Plaque percée d'un trou ou d'une fente traversée par un fil, servant à faire des visées topographiques. *Pinnule d'une alidade.* – Du lat. *pinnula,* «petite aile».

pinocytose [pinɔsitoz] n. f. BIOL Endocytose des substances liquides. – Du gr. *pinein,* «boire», sur le modèle de *phagocytose.*

pinot [pino] n. m. VITIC Cépage constituant notam. une grande partie du vignoble bourguignon. *Pinot blanc, gris, meunier, noir.* ▷ Vin issu de ce cépage. – De *pin,* par anal. de forme entre la grappe et la pomme de pin.

pin's [pins] n. m. inv. (Anglicisme) Badge qui se fixe au moyen d'une pointe retenue par un embout. – Mot angl. *pin,* «épingle».

pinscher [pinʃɛʀ] n. m. Chien d'agrément, doberman nain. – Mot all.

pinson [pɛ̃sɔ̃] n. m. Petit oiseau passériforme migrateur (genre *Fringilla,* fam. fringillidés), au plumage nuancé (bleu, verdâtre, noir, roux), bon chanteur. *Pinson des arbres* (Fringilla cœlebs). *Pinson du Nord* (Fringilla montifringilla). ▷ Loc. *Gai comme un pinson* : très gai. – Lat. pop. **pincio,* probabl. d'orig. onomat.

pintade [pɛ̃tad] n. f. Oiseau galliforme, originaire d'Afrique, au plumage gris perlé de blanc (*Numida meleagris* et espèces voisines), dont la chair est très estimée. *Préparer une pintade au chou.* – Portug. *pintada,* propr. «tachetée», de *pintar,* «peindre».

pintadeau [pɛ̃tado] n. m. Jeune pintade. – Dimin. du préc.

pintadine [pɛ̃tadin] n. f. Huître perlière. Syn. méléagrine. – Même étym. que *pintade.*

pinte [pɛ̃t] n. f. **1.** Anc. mesure de capacité, variable selon les lieux, valant env. un litre. **2.** Récipient contenant une pinte; son contenu. **3.** Mesure de capacité anglo-saxonne valant 0,568 l en Grande-Bretagne, 0,473 l aux États-Unis, et 1,136 l au Canada. (Abrév. : pte). *La pinte n'est plus officielle en Grande-Bretagne et au Canada depuis l'adoption du système métrique.* – Lat. pop. **pincta,* «(mesure) peinte», c.-à-d. «marquée», class. *picta,* de *pingere,* «peindre».

pinter [pɛ̃te] v. [1] **1.** v. intr. Pop. Boire avec excès. ▷ v. pron. S'enivrer. – *Être pinté,* ivre. **2.** v. tr. Pop., vieilli Boire. *Pinter un litre de rouge.* – De *pinte.*

pin-up [pinœp] n. f. inv. (Anglicisme) Jolie fille peu vêtue dont on épingle la photo au mur. – *Par ext.* Jolie fille d'allure affriolante. – De l'anglo-amér. *pin up girl,* de *to pin up,* «épingler (au mur)».

pinyin [pinjin] n. m. LING Système de transcription de la langue chinoise en caractères latins, rendu officiel par le gouvernement chinois en 1958. – Mot chinois.

piochage [pjɔʃaʒ] n. m. **1.** Action de piocher. **2.** Travail fait à la pioche. – Fig. Travail acharné. – De *piocher.*

pioche [pjɔʃ] n. f. **1.** Outil formé d'un fer pointu ou plat muni d'un manche, qui sert à creuser la terre. ▷ Fig., fam. *Tête de pioche* : individu têtu et borné. **2.** JEU Tas de cartes, de dominos non distribués dans lequel on pioche. – De *pic,* prononcé [pi], et suff. pop. *-oche.*

piocher [pjɔʃe] v. [1] **I.** v. tr. **1.** Creuser, remuer avec une pioche. *Piocher une vigne.* **2.** Fig., fam. Préparer avec ardeur, travailler beaucoup sur. *J'avais bien pioché cette question. Piocher un examen.* **II.** v. intr. JEU Puiser dans le tas de cartes, de dominos non distribués jusqu'à ce que l'on rencontre la carte, le domino que l'on peut jouer. ▷ *Par ext.* Puiser dans un tas. – De *pioche.*

piocheur, euse [pjɔʃœʀ, øz] n. **1.** Personne qui se sert d'une pioche. **2.** Fig., fam. Personne qui travaille assidûment. ▷ adj. *Être piocheur.* Syn. bûcheur. – De *piocher.*

piolet [pjɔlɛ] n. m. Courte pioche utilisée en alpinisme. – Mot du Val d'Aoste, du piémontais *piola,* «petite hache».

1. pion [pjɔ̃] n. m. **1.** Vx Fantassin. **2.** JEU Chacune des huit plus petites pièces du jeu d'échecs. ▷ Chacune des pièces du jeu de dames. – Fig. *N'être qu'un pion (sur l'échiquier)* : n'avoir aucune prise sur les événements, être manœuvré. – Loc., fig., fam. *Damer le pion à qqn,* prendre l'avantage sur lui. **3.** Arg. (des écoles) Surveillant d'études (fém. *pionne*). ▷ *Par ext.,* péjor. Critique, intellectuel à l'esprit étroit et scolaire. – Du bas lat. *pedo, pedonis,* «qui a de grands pieds».

2. pion [pjɔ̃] n. m. PHYS NUCL Particule associée au champ nucléaire, responsable des interactions entre nucléons. Syn. méson π. – De *pi* (π), et *ion.*

pioncer [pjɔ̃se] v. intr. [12] Pop. Dormir. – P.-ê. nasalisation de *piausser,* «dormir sur des peaux».

pionnier, ère [pjɔnje, ɛʀ] n. et adj. **1.** n. m. MILIT Militaire du génie spécialiste des travaux de terrassement. **2.** n. Colon qui défriche et cultive des contrées inhabitées. *Les pionniers de l'Amérique du Nord.* ▷ adj. *Les régions pionnières.* – Fig. Personne qui ouvre une voie nouvelle. *Les pionniers de la science.* **3.** En U.R.S.S., enfant faisant partie d'un mouvement de jeunes dirigé par l'État. – De *pion* 1.

pioupiou [pjupju] n. m. Pop., vieilli Fantassin. – D'une onomat. enfantine désignant les poussins.

pipa [pipa] n. m. Gros crapaud d'Amérique tropicale (genre *Pipa*), dont les œufs se développent, jusqu'à leur éclosion, dans de petites loges situées sur le dos de la femelle. – Mot indigène du Surinam.

pipe [pip] n. f. **1.** Vx Pipeau. **2.** Anc. Mesure de capacité pour liquides. – Grande futaille à eau-de-vie; son contenu. **3.** Ustensile servant à fumer, composé d'un tuyau aboutissant à un fourneau contenant le tabac. *Allumer, fumer sa pipe.* – *Par ext.* Tabac contenu dans le fourneau. *Fumer une pipe.* ▷ Pop. Cigarette. *Un paquet de pipes.* **4.** En loc. Pop. *Casser sa pipe* : mourir. – Fam. *Par tête de pipe* : par personne. *Cela revient à vingt francs par tête de pipe.* – Pop. *Se fendre la pipe* : rire de bon cœur. – Fam. *Nom d'une pipe!* : juron marquant l'étonnement, l'indignation. **5.** TECH Élément de tuyauterie, conduit. *Pipe d'aération.* – De *piper,* sens 5, de l'angl. *pipe,* «tuyau».

pipeau [pipo] n. m. **1.** Flûte champêtre, chalumeau. *Danser au son du pipeau.* **2.** CHASSE Syn. de *appeau.* – (Plur.) Petites branches enduites de glu pour prendre les oiseaux. – Dimin. de *pipe.*

pipée [pipe] n. f. Chasse au pipeau. *Prendre les oiseaux à la pipée.* – Pp. fém. subst. de *piper.*

pipelet, ette [piplɛ, ɛt] n. **1.** Pop. Concierge. **2.** (surtout au fém.) Personne bavarde, commère. – De *Pipelet,* nom d'un ménage de portiers dans *les Mystères de Paris* d'Eugène Sue.

pipeline [piplin; pajplajn] n. m. (Anglicisme) Canalisation servant au transport des liquides, des gaz ou des matières pulvérulentes. *Pipeline pour le transport du pétrole* (oléoduc), *du gaz naturel* (gazoduc). – De l'angl. *pipe-line,* de *pipe,* «tuyau», et *line,* «ligne».

piper [pipe] v. [1] **I.** v. intr. Vx Pousser un cri, en parlant d'un oiseau. ▷ Fig., fam. *Ne pas piper* : ne pas dire un mot. *Il obéit sans piper.* **II.** v. tr. **1.** Prendre à la pipée. *Piper des oiseaux.* **2.** Fig., vieilli Tromper, attraper. *Se faire piper.* ▷ Mod. *Piper des dés, des cartes,* les truquer pour tricher au jeu. – Fig. *Les dés sont pipés* : les données du problème ont été truquées, faussées. – Lat. pop. **pippare,* class. *pipare,* «glousser».

pipéracées [pipeʀase] n. f. pl. BOT Famille de dicotylédones herbacées ou arbustives des régions chaudes, possédant des propriétés aromatiques, astringentes et narcotiques (*Piper nigrum*, le poivre noir, en est le type). – Sing. *Une pipéracée*. – Du lat. *piper*, «poivre».

piperade [pipeʀad] n. f. CUIS Omelette basque aux tomates et aux poivrons. – Mot du S.-O., «piperada», du béarnais *piper*, «poivron», du lat. *piper*, «poivre».

piper-cub [pipəʀkœb] n. m. AVIAT Avion d'observation léger de deux à quatre places (1939-1945). *Des piper-cubs*. – Mots anglo-amér. du nom de la *Piper Aircraft Corporation*, et *cub*, «petit d'un animal».

piperie [pipʀi] n. f. Vx ou litt. Tromperie, fourberie. – De *piper*, sens II, 2.

pipéronal [pipeʀɔnal] n. m. CHIM Syn. de *héliotropine*. – Mot all., de *(aldéhyde) piperonylique*.

pipette [pipɛt] n. f. Tube mince, généralement gradué, utilisé en laboratoire pour prélever des liquides. – Dimin. de *pipe*.

pipeur, euse [pipœʀ, øz] n. et adj. Vx Personne qui triche, qui dupe. – De *piper*, sens II, 2.

pipi [pipi] n. m. Fam. **1.** *Faire pipi* : uriner. **2.** Urine. – Redoublement enfantin de la première syllabe de *pisser*.

pipier, ère [pipje, ɛʀ] n. et adj. **1.** n. Ouvrier, ouvrière qui fabrique des pipes. **2.** adj. Relatif à la fabrication des pipes. *L'industrie pipière du Jura*. – De *pipe*.

pipistrelle [pipistʀɛl] n. f. La plus petite des chauves-souris (*Pipistrellus pipistrellus*, 4 cm de long), très commune en France. – Ital. *pipistrello*, altér. de *vipistrello*, lat. *vespertilio*, propr., «oiseau de nuit».

pipit [pipi(t)] n. m. Petit oiseau passériforme (genre *Anthus*) au plumage terne, de la taille d'un moineau, dont plusieurs espèces (notam. la farlouse) sont communes en Europe. – Onomat. d'ap. le cri de cet oiseau.

pipo [pipo] n. m. Arg. (des écoles) **1.** L'École polytechnique. **2.** Polytechnicien.

piquage [pikaʒ] n. m. **1.** Action de piquer; son résultat. **2.** TECH Raccordement effectué sur une canalisation. – De *piquer*.

piquant, ante [pikɑ̃, ɑ̃t] adj. et n. **I.** adj. **1.** Qui pique ou peut piquer. *Les épines sont piquantes*. **2.** Qui produit une sensation vive, comparable à une, à des piqûres. *Froid piquant*. **3.** Fig. Mordant, satirique. *Critique piquante*. – Qui plaît par sa finesse, sa vivacité. *Conversation piquante*. **II.** n. m. **1.** SC NAT Appendice acéré de divers organes végétaux (Syn. épine), ou d'animaux. *Les piquants d'une châtaigne, d'un hérisson*. **2.** Fig. Ce qui est plaisant, piquant. *Le piquant d'une aventure*. – Ppr. de *piquer*.

1. pique [pik] n. **1.** n. f. Arme d'hast*, fer aigu au bout d'une hampe. **2.** n. m. JEU Couleur noire d'un jeu de cartes, représentée par une figure évoquant un fer de pique. *Atout pique. Roi de pique*. – Carte de cette couleur. *Avoir six piques dans la main*. – Néerl. *pike*.

2. pique [pik] n. f. Propos aigre, malintentionné, destiné à agacer, à vexer. *Envoyer des piques*. – Déverbal de *piquer*.

piqué, ée [pike] adj. et n. **I.** adj. **1.** Cousu par un point de couture. **2.** Parsemé de trous dus à des insectes. *Bois piqué*. ▷ Fam., iron. *Ne pas être piqué des vers, des hannetons* : être parfait dans son genre. **3.** Taché par l'humidité, attaqué par la rouille. *Miroir piqué. Carrosserie piquée*. **4.** Qui s'est aigri sous l'influence de moisissures. *Vin piqué*. **5.** MUS *Notes piquées*, surmontées de points indiquant qu'elles doivent être jouées accentuées et détachées. **6.** Fig. Vexé, dépité. *Il a été piqué par ces remarques*. **7.** Fam. Étrange, un peu fou. ▷ Subst. *N'écoute pas cette piquée !* **II.** n. m. **1.** AVIAT Vol descendant, très fortement incliné. *Bombardement en piqué*. **2.** TECH Étoffe dont le tissage forme des dessins en relief. – Pp. de *piquer*.

pique-assiette [pikasjɛt] n. m. et f. inv. Péjor. Personne qui cherche toujours à se faire inviter à la table d'autrui, parasite. – De *piquer*, et *assiette*.

pique-bœuf [pikbœf] n. m. Oiseau passériforme (genre *Buphagus*) d'Afrique, de la taille d'un étourneau, qui se nourrit des petits animaux parasites vivant sur la peau des grands mammifères (bœuf, éléphant, etc.). *Des pique-bœufs* [pikbø]. – De *piquer*, et *bœuf*.

pique-feu [pikfø] n. m. inv. Tisonnier. – De *piquer*, et *feu*.

pique-fleurs [pikflœʀ] n. m. inv. Socle garni de pointes ou demi-sphère percée de trous ou morceau de mousse en matière plastique que l'on pose au fond d'un vase pour y piquer les tiges des fleurs et les maintenir ainsi dans la position désirée. – De *piquer*, et *fleur*.

pique-nique [piknik] n. m. **1.** Vx Repas où chacun paie son écot ou apporte sa part. **2.** Repas pris en plein air au cours d'une excursion. *Des pique-niques champêtres*. – De *piquer*, et a. fr. *nique*, «petite chose sans valeur».

pique-niquer [piknike] v. intr. [1] Faire un pique-nique. – De *pique-nique*.

pique-niqueur, euse [piknikœʀ, øz] n. Personne qui participe à un pique-nique. – De *pique-niquer*.

pique-notes [piknɔt] n. m. inv. Accessoire de bureau, tige droite ou courbe servant à réunir des feuilles de notes. – De *piquer*, et *note*.

piquer [pike] v. [1] **I.** v. tr. **1.** Percer, entamer légèrement avec un objet pointu. *Piquer qqn avec une aiguille. Épines qui piquent les doigts*. **2.** Fig. Produire une sensation de piqûre, de picotement, de brûlure sur. *La fumée pique les yeux*. – Absol. *Moutarde qui pique*. **3.** Ficher (qqch de pointu) dans. *Piquer une épingle dans une pelote*. ▷ Fam. Faire une piqûre à. *Piquer un enfant contre le tétanos*. – *Piquer un animal*, lui faire une piqûre pour qu'il meure sans souffrance. ▷ Blesser avec son crochet, son dard, son aiguillon (en parlant d'animaux). *Une abeille l'a piqué*. – CUIS Introduire des lardons, de l'ail dans (une viande). *Piquer un gigot*. **4.** Fixer à l'aide d'une pointe, d'une aiguille. *Piquer une gravure au mur*. ▷ (S. compl.) Faire des points de couture dans (de l'étoffe). *Piquer à la machine*. **5.** Parsemer de petits trous. *Les vers ont piqué ce meuble*. – Fig. Parsemer de points, de taches. *Pâquerettes qui piquent un gazon*. **6.** Frapper, toucher (un animal) au moyen d'une pointe pour le faire avancer, l'exciter. *Piquer un cheval, des bœufs*. ▷ Fig. Produire une vive impression sur, exciter. *Piquer la curiosité de qqn*. – *Ce discours l'a piqué au vif*, l'a blessé dans son amour-propre. **7.** Fig. Séparer, détacher nettement. ▷ MUS *Piquer des notes*, les jouer accentuées et détachées. ▷ Absol. PHOTO *Objectif qui pique*, qui a un grand pouvoir séparateur. – Pp. adj. *Photo très piquée*. **8.** Fig., fam. Manifester brusquement par quelque signe physique. *Piquer une colère. Piquer un fard* : rougir. ▷ *Piquer un cent mètres* : se mettre brusquement à courir, sur cent mètres, *par extens.*, sur une courte distance. **9.** Fig., pop. Prendre, voler. *On lui a piqué son portefeuille*. Syn. faucher. – *Se faire piquer* : se faire prendre, se faire arrêter. **II.** v. intr. **1.** AVIAT Effectuer un piqué. ▷ *Piquer sur* : aller tout droit vers. *L'avion piqua sur son objectif*. ▷ Fam. *Piquer du nez* : tomber en avant; baisser la tête en signe de confusion. **2.** EQUIT *Piquer des deux* : faire sentir les deux éperons à un cheval; fig. s'élancer rapidement. **III.** v. pron. **1.** *Se piquer en cousant*. **2.** Fig. *Se piquer au jeu* : s'obstiner à jouer malgré la perte; *par ext.* s'obstiner à venir à bout de qqch. **3.** Fig. *Se piquer de* : avoir la prétention de. **4.** Pop. *Se piquer le nez* : boire, s'enivrer. – Lat. pop. **pikkare*, «piquer, frapper», du rad. expressif *pikk*.

1. piquet [pikɛ] n. m. **1.** Petit pieu que l'on fiche en terre. *Piquet de tente*. ▷ Fam. *Planté comme un piquet* : debout et immobile. **2.** Punition infligée à un élève, consistant à le faire rester debout dans un coin, tourné vers le mur. *Envoyer un chahuteur au piquet.* **3.** MILIT Groupe de soldats prêts à marcher au premier ordre. *Piquet d'incendie.* ▷ Par ext. *Piquet de grève* : groupe de grévistes veillant en partic. à interdire l'accès aux lieux de travail. – De *piquer.*

2. piquet [pikɛ] n. m. Jeu qui se joue avec trente-deux cartes. – Probabl. du rad. de *piquer.*

piquetage [piktaʒ] n. m. TRAV PUBL Action de piqueter. – De *piqueter.*

piqueter [pikte] v. tr. [20] **1.** Parsemer de points, de petites taches. *Ciel piqueté d'étoiles.* **2.** TRAV PUBL Tracer sur un terrain, à l'aide de piquets, les contours d'un bâtiment, l'emprise d'une route à construire, etc. – De *piquet.*

1. piquette [pikɛt] n. f. Boisson obtenue en jetant de l'eau sur du marc de raisin, ou sur d'autres fruits, et en laissant fermenter. – *Par ext.* Vin aigrelet, sans force ni couleur. – De *piquer.*

2. piquette [pikɛt] n. f. Pop. Volée, raclée; défaite écrasante. *Ils ont pris une sacrée piquette!* – Probabl. de *pique,* «correction», du nom d'une anc. punition militaire.

piqueur, euse [pikœʀ, øz] n. et adj. **A.** n. **I.** n. m. **1.** EQUIT Celui qui surveille les écuries, dans un manège, un élevage. **2.** VEN Valet de chiens qui dirige la meute et suit la chasse à cheval. (Dans ce sens, on dit plus souvent *piqueux.*) **3.** TECH Ouvrier qui travaille au pic ou au marteau pneumatique. **4.** TECH Celui qui surveille les ouvriers sur un chantier de travaux publics. **II.** n. Celui, celle qui pique (des étoffes, des peaux, etc.). *Atelier de piqueuses.* **B.** adj. *Insectes piqueurs,* qui sont capables de piquer. *Le moustique, insecte piqueur.* – De *piquer.*

piqueux. V. piqueur (sens A, I, 2).

piquier [pikje] n. m. Anc. Soldat armé d'une pique. – De *pique* 1.

piqûre [pikyʀ] n. f. **1.** Petite plaie faite par un instrument aigu ou par le dard de certains animaux. *Piqûre d'épingle, de guêpe.* **2.** Sensation produite par qqch de piquant. *Ressentir une piqûre.* – Fig. Petite blessure morale. *Piqûres d'amour-propre.* **3.** MED Injection sous-cutanée, intramusculaire ou intraveineuse faite avec une seringue munie d'une aiguille. **4.** Rang de points servant à assembler des pièces d'étoffe, ou à orner. *Robe garnie de piqûres.* **5.** Petit trou dû à des vers, des insectes, etc. **6.** Tache d'humidité. – TECH Attaque d'un métal par la rouille. – De *piquer.*

pirandellien, enne [piʀɑ̃dɛljɛ̃, ɛn] adj. et n. LITTER Relatif à Pirandello, écrivain italien (1867-1936). ▷ *Personnage pirandellien,* qui ressemble à un personnage de Pirandello.

piranha [piʀana] n. m. Poisson téléostéen carnivore (genre *Serrasalmus*), commun dans les fleuves d'Amérique du Sud. – Mot portug., d'orig. tupi.

piratage [piʀataʒ] n. m. **1.** Fait de pirater (sens 1). **2.** Fait de reproduire et de commercialiser une œuvre sans payer leur dû aux ayants droit. – De *pirater.*

pirate [piʀat] n. m. **1.** Aventurier qui court les mers pour piller les navires dont il parvient à se rendre maître. *Pirates barbaresques.* ▷ Navire monté par des pirates. *Couler un pirate.* **2.** Par ext. *Pirate de l'air* : personne qui détourne par la menace un avion de sa destination. **3.** Fig. Individu sans scrupules qui s'enrichit aux dépens des autres. *Ce commerçant est un vrai pirate.* **4.** (Adj. ou comme second élément de noms composés.) Qui ne respecte pas les lois, les règlements; illicite, clandestin. *Enregistrement pirate. Radio-pirate.* – Lat. *pirata,* gr. *peiratês,* de *peirân,* «tenter, entreprendre».

pirater [piʀate] v. [1] **1.** v. intr. Se livrer à la piraterie; agir en pirate. **2.** v. tr. Se livrer au piratage. *Pirater un logiciel.* – De *pirate.*

piraterie [piʀatʀi] n. f. **1.** Agissements de pirate. *Exercer la piraterie.* ▷ *Piraterie aérienne* : détournement d'avions commerciaux, éventuellement accompagné de prise d'otages, à des fins politiques ou crapuleuses. **2.** Fig. Exaction, escroquerie. – De *pirate.*

pire [piʀ] adj. et n. m. **1.** Comparatif synthétique pouvant remplacer *plus mauvais,* lorsque ce mot n'est pas pris dans le sens de «fâcheux, impropre». *Le remède est pire que le mal.* **2.** Superlatif. (Précédé de l'article défini ou de l'adjectif possessif.) *C'est son pire ennemi. Un gredin de la pire espèce. Ce sont les pires.* ▷ n. m. Ce qu'il y a de plus mauvais. *S'engager pour le meilleur et pour le pire.* – Du lat. *pejor,* comparatif de *malus,* «mauvais».

piriforme [piʀifɔʀm] adj. En forme de poire. – Du lat. *pirum,* «poire», et *-forme.*

pirogue [piʀɔg] n. f. Embarcation longue et étroite, faite d'un tronc d'arbre creusé ou de peaux cousues et que l'on manœuvre à la pagaie ou à la voile. – Esp. *piragua,* mot caraïbe.

piroguier [piʀɔgje] n. m. Celui qui se sert d'une pirogue, la conduit. – De *pirogue.*

pirojki [piʀoʒki] n. m. pl. CUIS Mets russe, petits pâtés en croûte, fourrés de viande, de poisson, de légumes, servis comme hors-d'œuvre. – Mot russe.

pirouettant, ante [piʀwɛtɑ̃, ɑ̃t] adj. Qui pirouette. – Ppr. de *pirouetter.*

pirouette [piʀwɛt] n. f. **1.** Vx Toupie. **2.** CHOREGR Tour complet sur soi-même exécuté en pivotant sur la pointe du pied d'appui. *Faire une pirouette.* – Fig. Réponse en forme de plaisanterie à une question embarrassante. *S'en tirer par une pirouette.* **3.** Fig. Brusque changement d'opinion. Syn. revirement; volte-face. – Réfection, d'ap. *girouette,* de l'a. fr. *pirouelle,* «toupie», rad. *pir-,* «cheville», d'orig. gr. *peirô,* «je transperce».

pirouetter [piʀwɛte] v. intr. [1] Faire une, des pirouettes. – De *pirouette.*

1. pis [pi] n. m. Mamelle d'un animal femelle. *Pis d'une vache, d'une brebis.* – Du lat. *pectus,* «poitrine».

2. pis [pi] adv., adj. et n. m. **I.** Comparatif synthétique de *mal.* **1.** adv. Plus mal. – Loc. adv. *De mal en pis, de pis en pis* : de mal en plus mal; de plus en plus mal. *Aller de mal en pis.* **2.** adj. (Neutre de *pire,* comme attribut ou complément d'un pronom neutre.) Plus mauvais, plus fâcheux. *Il n'y a rien de pis que cela.* **3.** n. m. (Sans article.) Chose plus mauvaise, plus fâcheuse. *Il a fait pis que trahir. Dire, penser pis que pendre de qqn. Elle est laide, et, qui pis est, méchante.* **II.** n. m. Superlatif de *mal.* La pire chose. *Le pis qui puisse arriver, c'est qu'il n'y parvienne pas. Mettre, prendre les choses au pis.* ▷ Loc. adv. *Au pis aller* : en mettant les choses au pis. – Du lat. *pejus,* neutre de *pejor,* «pire».

pis-aller [pizale] n. m. inv. Ce dont on doit se contenter faute de mieux. *Cette solution ne peut être qu'un pis-aller.* – De *pis* 2, et *aller.*

pisan, ane [pizɑ̃, an] adj. De Pise, v. de Toscane (Italie). ▷ Subst. *Un(e) Pisan(e).*

pisci-. Élément, du lat. *piscis,* «poisson».

piscicole [pisikɔl] adj. Relatif à la pisciculture. – De *pisci-,* et *-cole.*

pisciculteur, trice [pisikyltœʀ, tʀis] n. Personne qui pratique la pisciculture. – De *pisciculture.*

pisciculture [pisikyltyʀ] n. f. Élevage de poissons comestibles. – De *pisci-,* et *culture.*

pisciforme [pisifɔʀm] adj. Didac. Qui a la forme d'un poisson. – De *pisci-*, et *-forme*.

piscine [pisin] n. f. **1.** Dans certaines religions, bassin destiné à des rites lustraux. **2.** Bassin où l'on pratique la natation. – Bâtiment abritant ce bassin. **3.** PHYS NUCL *Pile-piscine* : réacteur nucléaire utilisant l'eau d'un bassin comme modérateur. – Lat. *piscina*, « vivier, piscine », de *piscis*, « poisson ».

piscivore [pisivɔʀ] adj. et n. m. ZOOL Qui se nourrit de poissons. *Animal piscivore.* ▷ n. m. *Un piscivore.* – De *pisci-*, et *-vore*.

pisé [pize] n. m. CONSTR Matériau fait de terre argileuse mêlée de paille, que l'on a comprimée pour la rendre dure et compacte. – Du verbe lyonnais *piser*, « broyer », lat. *pinsare*.

pisiforme [pizifɔʀm] adj. ANAT *Os pisiforme* : quatrième os de la première rangée du carpe. ▷ n. m. *Le pisiforme.* – Du lat. *pisum*, « pois », et *-forme*.

pisolithe ou **pisolite** [pizɔlit] n. f. GEOL Oolithe de la taille d'un pois, qui se forme au griffon de certaines sources calcaires. – Du gr. *pisos*, « pois », et *-lithe*.

pisolithique ou **pisolitique** [pizɔlitik] adj. GEOL Formé de pisolithes. – De *pisolit(h)e*.

pissaladière [pisaladjɛʀ] n. f. Tarte en pâte à pain, garnie de purée d'oignons, d'olives noires et d'anchois. – Provenç. *pissaladiera* (Nice), de *pissala*, « poisson salé », du lat. *piscis*, « poisson », et *sal*, « sel ».

pissat [pisa] n. m. Urine de certains animaux. *Pissat de cheval.* – De *pisser*.

pisse [pis] n. f. Vulg. Urine. – Déverbal de *pisser*.

pisse-copie [piskɔpi] n. inv. Fam., souvent péjor. Écrivain, journaliste qui écrit beaucoup, sur n'importe quel sujet. – De *pisser*, et *copie*.

pisse-froid [pisfʀwa] n. m. inv. Fam. Homme froid, ennuyeux. – De *pisser*, et *froid*.

pissement [pismɑ̃] n. m. Vulg. Action de pisser. – MED, Rare *Pissement de sang* : hématurie. – De *pisser*.

pissenlit [pisɑ̃li] n. m. Plante (genre *Taraxacum*, fam. composées) à feuilles dentelées, à fleurs jaunes, à fruits groupés en boule duveteuse, que le vent disperse facilement. *Salade de pissenlits.* Syn. dent-de-lion. ▷ Loc. fig., fam. *Manger les pissenlits par la racine* : être mort et enterré. – De *pisser*, *en*, et *lit*, par allus. aux propriétés diurétiques de cette plante.

pisser [pise] v. [1] **1.** v. intr. Fam. ou vulg. Uriner. – Loc. pop. *Autant pisser dans un violon* : cela ne sert à rien, c'est absolument inutile. **2.** v. tr. Pop. Évacuer avec l'urine. *Pisser du sang.* ▷ Laisser s'échapper (un liquide). *Blessure qui pisse le sang.* – (S. comp.) *Cette vieille bassine pisse par le fond.* ▷ Fig., fam. *Pisser de la copie* : écrire abondamment mais très médiocrement. – Lat. pop. **pissiare*, formation expressive.

pissette [pisɛt] n. f. TECH Appareil en verre ou en matière plastique produisant un petit jet de liquide, utilisé dans les laboratoires. – De *pisser*.

pisseur, euse [pisœʀ, øz] n. Vx Personne qui pisse. ▷ n. f. Fig., fam., péjor. (sexiste) *Une pisseuse* : une fillette, une jeune fille. ▷ Fig., péjor. *Pisseur de copie.* V. pisse-copie. – De *pisser*.

pisseux, euse [pisø, øz] adj. **1.** Fam. Imprégné d'urine; qui sent l'urine. **2.** Qui a l'aspect de l'urine; d'une couleur jaunâtre, passée. *Ton pisseux.* – De *pisser*.

pisse-vinaigre [pisvinɛgʀ] n. m. inv. Fam. **1.** Avare. **2.** Personne morose et renfrognée. V. pisse-froid. – De *pisser*, et *vinaigre*.

pissoir [piswaʀ] n. m. Fam., rég. (Nord) Urinoir. – De *pisser*.

pissotière [pisɔtjɛʀ] n. f. Fam. Urinoir public, vespasienne. – De *pisser*.

pistache [pistaʃ] n. f. et adj. inv. **1.** n. f. Rare Fruit du pistachier. – Cour. Graine comestible de ce fruit, amande verdâtre qu'on utilise en confiserie, comme condiment, ou que l'on sert grillée, avec l'apéritif. **2.** adj. inv. *Couleur pistache, vert pistache.* – Lat. d'orig. gr. *pistacium*; ital. *pistaccio*.

pistachier [pistaʃje] n. m. Térébinthacée des régions tropicales (*Pistacia vera*) dont le fruit est la pistache. *Le lentisque et le térébinthe sont des pistachiers.* – De *pistache*.

pistage [pistaʒ] n. m. Action de pister. – De *pister*.

pistard, arde [pistaʀ, aʀd] n. m. Cycliste sur piste (par oppos. à *routier*). – De *piste*.

piste [pist] n. f. **1.** Trace laissée par un homme ou un animal là où il a marché. *Suivre la piste d'un animal.* **2.** Fig. Voie qui conduit à une personne, à une chose que l'on recherche; élément, indice qui permet sa découverte. *Malfaiteur qui brouille les pistes. Être sur la piste d'une découverte.* **3.** Terrain aménagé pour y disputer des courses (de chevaux, de voitures, d'athlètes, etc.). *Piste d'un stade.* – Chaque bande tracée sur laquelle court un concurrent. **4.** Emplacement souvent circulaire servant de scène dans un cirque, d'espace pour danser dans une boîte de nuit, etc. **5.** Chemin réservé (aux cavaliers, aux cyclistes, aux skieurs, etc.). *Piste cyclable.* ▷ Partie d'un terrain d'aviation réservée au décollage et à l'atterrissage des avions. ▷ Voie d'accès aux pompes à essence d'une station-service. **6.** Route de terre, dans des régions arides, étendues ou peu développées. *Piste tracée à travers brousse.* **7.** TECH Ligne continue d'un support magnétique, sur laquelle sont enregistrés des signaux. *Bande magnétique à deux pistes.* – Par ext. *Magnétophone quatre pistes*, qui utilise des bandes à quatre pistes. ▷ *Piste sonore* : partie de la bande d'un film affectée à l'enregistrement et à la reproduction du son. – Ital. *pista*, var. de *pesta*, de *pestare*, « broyer », bas lat. *pistare*, class. *pinsare*.

pister [piste] v. tr. [1] Suivre la piste de; suivre, filer. *Policier qui piste un suspect.* – De *piste*.

pisteur, euse [pistœʀ, øz] n. **1.** Chasseur qui piste le gibier, qui le suit à la trace. **2.** Personne chargée de la surveillance, de l'entretien et de la signalisation des pistes de ski. – De *pister*.

pistil [pistil] n. m. BOT Organe reproducteur femelle de la fleur de diverses angiospermes. (Occupant le centre de la fleur, le pistil est formé de *carpelles*; ceux-ci, constitués d'un *ovaire*, d'un *style* et d'un *stigmate*, ont la forme d'un pilon.) Syn. gynécée. – Du lat. *pistillus*, « pilon », par analogie de forme.

pistillaire [pistilɛʀ] adj. BOT Du pistil. – De *pistil*.

pistolage [pistɔlaʒ] n. m. Action de peindre au pistolet; son résultat. – De *pistolet*.

pistole [pistɔl] n. f. Anc. Monnaie d'or dont la valeur variait selon les pays (Italie, Espagne). – Emploi transféré de l'anc. *pistole*, « arquebuse à rouet », sans doute par anal. de forme; all. *Pistole*; tchèque *pichtal*; ital. *pistola*.

pistolero [pistɔleʀo] n. m. Partisan, franc-tireur. – Mot esp., « tueur au pistolet ».

pistolet [pistɔlɛ] n. m. **1.** Arme à feu individuelle à canon court, qui se tient à la main. *Tir au pistolet. Pistolets automatiques à chargeur (browning, lüger, etc.).* **2.** Instrument ou jouet similaire. *Pistolet de starter*, qui tire des cartouches à blanc pour donner le départ d'une course. – *Pistolet à eau.* ▷ Instrument servant à planter des clous, des rivets, etc. ▷ Pulvérisateur de peinture. *Peindre au pistolet.* **3.** Planchette à bords découpés qui permet de tracer, en suivant ses contours, toutes sortes de courbes. 4. Rég. Petit pain au lait. 5. Embout métallique d'un tuyau de distribution de carburant que l'on peut introduire dans l'orifice d'un réservoir. 6. Fam. Urinal. 7. Fig. Individu bizarre. *Un drôle de pistolet.* – De *pistole.*

pistolet-mitrailleur [pistɔlemitʀajœʀ] n. m. Arme à feu individuelle automatique, à tir par rafales. Syn. mitraillette. *Des pistolets-mitrailleurs.* (Abrév. : P.-M.) – De *pistolet,* et *mitrailleur.*

piston [pistɔ̃] n. m. 1. Pièce cylindrique qui coulisse dans le cylindre d'un moteur, dans le corps d'une pompe, et qui sert à produire un mouvement sous l'effet de la pression d'un fluide ou à comprimer un fluide sous l'effet d'un travail mécanique. 2. MUS Dispositif qui, sur certains instruments à vent, règle le passage de l'air (et donc la hauteur des notes). *Cornet à pistons.* 3. Fig., fam. Recommandation, protection dont bénéficie une personne pour se faire attribuer une place, un avantage, etc. *Il a eu cette place par piston.* 4. Arg. (des écoles) École centrale des arts et manufactures. ▷ Élève de cette école; élève préparant cette école. *Les X et les pistons.* – Ital. *pistone,* de *pestare* (V. piste).

pistonner [pistɔne] v. tr. [1] Fam. Appuyer, recommander (qqn). – De *piston.*

pistou [pistu] n. m. Rég. (Provence) Pâte obtenue après pilage de diverses plantes aromatiques (basilic, notam.) et que l'on utilise pour parfumer la soupe ou une sauce. – Mot provenç. (Marseille, Nice), de *pestar, pistar,* « broyer, piler », lat. *pestare.*

pitance [pitɑ̃s] n. f. 1. Vx Portion donnée à chaque repas dans les communautés religieuses. 2. Péjor. ou litt. Nourriture. *Une maigre pitance.* – De *pitié.*

pitch [pitʃ] n. m. SPORT Au golf, balle qui reste à l'endroit où elle est tombée. – Angl., *to pitch,* « ficher, enfoncer ».

pitchoun, e [pitʃun] n. Dial. Petit, petite (pour un enfant). *Qu'il est mignon le pitchoun!* – Mot provençal.

pitchpin [pitʃpɛ̃] n. m. Variété de pin américain (*Pinus australis*) dont le bois, jaune à veines rouges, est utilisé en menuiserie; ce bois. – Angl. *pitch pine,* « pin à résine ».

pite [pit] n. f. Agave du Mexique; matière textile tirée des fibres de cette plante. – Esp. *pita,* mot péruvien.

piteusement [pitøzmɑ̃] adv. D'une manière piteuse. – De *piteux.*

piteux, euse [pitø, øz] adj. 1. Vieilli Digne de pitié. 2. Mod. Qui inspire une pitié mêlée de mépris par sa médiocrité ou son aspect misérable. *Il est dans un piteux état.* – Du bas lat. *pietosus,* de *pietas,* « piétié, affection, sympathie ».

pithéc(o)-, -pithèque. Éléments, du gr. *pithêkos,* « singe ».

pithécanthrope [pitekɑ̃tʀɔp] n. m. PREHIST Hominien fossile (*Homo erectus*) dont le premier fut découvert à Java en 1891. (Des formes voisines ont été trouvées en Chine et en Afrique du N.) – Du lat. scientif. *Pithecanthropus (erectus),* de *pithec-,* et *-anthrope.*

pithiatique [pitjatik] adj. PSYCHIAT Se dit des troubles fonctionnels, à composante hystérique, que l'on peut reproduire ou faire disparaître par suggestion. – Du gr. *peithein,* « persuader », et *iatikos,* « qui guérit ».

pithiatisme [pitjatism] n. m. PSYCHIAT Ensemble des troubles de nature pithiatique. – Du gr. *peithein,* « persuader », et *iatos,* « guérissable ».

pithiviers [pitivje] n. m. CUIS Gâteau feuilleté à la pâte d'amande. – Du n. de *Pithiviers,* ch.-l. d'arr. dans le Loiret.

pitié [pitje] n. f. 1. Sentiment de sympathie qu'inspire le spectacle des souffrances d'autrui. *Inspirer la pitié, faire pitié.* ▷ *Par pitié! :* de grâce! Je vous en prie! 2. Sentiment de dédain, de mépris. – *Par ext.* Ce qui inspire un tel sentiment. *Quelle pitié! :* quelle chose, quel spectacle dérisoire! – Du lat. *pietas,* « piété, affection, sympathie »; souv. confondu avec *piété* en a. fr.

piton [pitɔ̃] n. m. I. 1. Clou ou vis dont la tête a la forme d'un anneau ou d'un crochet. 2. Pointe, généralement isolée, d'une montagne élevée. *Piton rocheux.* II. (Canada) Fam. Bouton, touche d'un appareil. – D'un rad. roman *pitt-,* « pointe », à rapprocher de *pikk(are),* « piquer ».

pitonnage [pitɔnaʒ] n. m. En alpinisme, action de pitonner. – De *pitonner.*

pitonner [pitɔne] v. intr. [1] 1. En alpinisme, poser des pitons. 2. (Canada) Fam. Appuyer sur les touches d'un appareil pour le faire fonctionner. ▷ Zapper. – De *piton.*

pitoyable [pitwajabl] adj. 1. Vieilli Naturellement enclin à la pitié. 2. Digne de pitié. *Sa situation est pitoyable.* 3. Piteux, lamentable. – De *pitié.*

pitoyablement [pitwajabləmɑ̃] adv. D'une manière pitoyable, lamentable. – De *pitoyable.*

pitre [pitʀ] n. m. Bouffon. – *Faire le pitre :* faire le clown, faire des facéties. – Mot franc-comtois, var. dial. de *piètre.*

pitrerie [pitʀəʀi] n. f. Action de pitre; facétie. *Les pitreries d'un clown.* ▷ Plaisanterie d'un clown. *Je ne veux pas de pitreries en classe.* – De *pitre.*

pittoresque [pitɔʀɛsk] adj. et n. m. I. adj. 1. Digne d'être peint; qui frappe par sa beauté originale. *Un site pittoresque.* 2. Qui dépeint les choses de manière imagée, frappante. *Style pittoresque.* II. n. m. Ce qui est pittoresque, caractère pittoresque de qqch. *Le pittoresque de cette ville.* – Ital. *pittoresco,* de *pittore,* « peintre ».

pittoresquement [pitɔʀɛskəmɑ̃] adv. Litt. D'une manière pittoresque. – De *pittoresque.*

pittosporum [pitospɔʀɔm] n. m. BOT Arbuste tropical à fleurs odorantes. – Lat. bot. *pittosporum,* du gr. *pitta,* « poix », et *spora,* « spore ».

pituitaire [pitɥitɛʀ] adj. 1. ANAT *Muqueuse pituitaire,* qui tapisse les fosses nasales. 2. MED Vx *La glande pituitaire :* l'hypophyse. – De *pituite.*

pituite [pitɥit] n. f. MED Humeur que certains malades (alcooliques, notam.) rendent le matin à jeun. – Lat. *pituita,* « mucus, humeur ».

pityriasis [pitiʀjazis] n. m. MED Dermatose caractérisée par une fine desquamation et parfois par une pigmentation particulière de la peau. – Gr. *pituriasis,* de *pituron,* « son » (de blé).

più [pju] adv. MUS (Placé devant une indication de mouvement.) Plus. *Più forte.* – Mot ital.

pivert [pivɛʀ] n. m. Pic à plumage vert et jaune, à tête rouge. Syn. pic-vert. – De *pic,* et *vert.*

pivoine [pivwan] n. f. Plante bulbeuse ou arbustive (genre *Paeonia,* fam. renonculacées) cultivée pour ses grosses fleurs odorantes; la fleur de cette plante. – Loc. fig. *Être rouge comme une pivoine,* très rouge. – Lat. *pæonia,* gr. *paiônia.*

pivot [pivo] n. m. 1. Extrémité inférieure d'un arbre vertical tournant. *Pivot d'un tour de potier. Support d'un pivot* (V. crapaudine). ▷ Axe fixe autour duquel peut tourner une pièce mobile. *Pivot d'une aiguille de boussole.* 2. Support d'une dent artificielle enfoncé dans la racine. 3. BOT Racine principale d'une plante, qui s'enfonce verticalement dans le sol. 4. MILIT Point autour duquel une troupe effectue une conversion. 5. Fig. Ce qui sert d'appui, de base. ▷ Principe fondamental. *L'égalité devant la loi, pivot de la démocratie.* ▷ Personne sur qui repose une organisation, une institution. – P.-ê. du prélatin **puja*, « pointe ».

pivotant, ante [pivɔtɑ̃, ɑ̃t] adj. **1.** Qui pivote, qui peut pivoter. *Porte pivotante.* **2.** BOT *Plante pivotante*, qui développe un pivot. – Ppr. de *pivoter.*

pivotement [pivɔtmɑ̃] n. m. Fait de pivoter; mouvement de ce qui pivote. – De *pivoter.*

pivoter [pivɔte] v. intr. [1] **1.** Tourner sur un pivot ou comme sur un pivot. **2.** BOT Développer un pivot. *Les chênes pivotent.* **3.** MILIT Exécuter une conversion. – De *pivot.*

pixel [piksɛl] n. m. TECH Plus petit élément constitutif d'une image (photographie, image de télévision, télécopie). – Mot angl., contract. phonétique de *picture element*, « élément d'image ».

pizza [pidza] n. f. Mets italien fait de pâte à pain façonnée en galette plate et garnie de tomates, d'olives, d'anchois, de fromage, etc. – Mot ital.

pizzaiolo [pidzajɔlo] n. m. Cuisinier spécialiste des pizzas. – De *pizza.*

pizzeria [pidzeʀija] n. f. Restaurant italien où l'on mange principalement des pizzas. *Des pizzerias.* – Mot ital., du préc.

pizzicato [pidzikato] n. m. MUS Manière de produire le son sur les instruments à archet, en pinçant les cordes. *Des pizzicatos* ou *des pizzicati.* – Mot ital., propr. « pincé ».

P.J. n. f. Fam. Sigle de *police* judiciaire.*

pK [peka] n. m. CHIM Constante caractérisant la force d'un électrolyte à une température donnée. – De *K*, notant la constante d'ionisation des électrolytes; sur pH.

Pl PHYS Symbole du poiseuille.

PL/1 [peɛlœ̃] n. m. INFORM Langage de programmation utilisé pour le calcul scientifique et la gestion. – Abrév. de *Programming language number 1.*

plaçable [plasabl] adj. Qui peut être placé, raconté. *Cette expression est difficilement plaçable dans la conversation.* – De *placer.*

placage [plakaʒ] n. m. **I. 1.** Action de plaquer; opération qui consiste à recouvrir un matériau ordinaire d'une plaque, d'une couche d'un matériau de plus grande valeur. *Placage de l'argent sur le cuivre par cuisson et laminage.* **2.** Matériau avec lequel on plaque. ▷ *Spécial.* Mince feuille de bois, généralement précieux, avec laquelle on recouvre des bois de moindre valeur. *Placage de palissandre, de bois de rose. Placage déroulé, tranché.* **II.** SPORT (Au rugby.) V. plaquage. – De *plaquer.*

placard [plakaʀ] n. m. **I.** Renfoncement dans un mur, fermé par une porte et servant d'espace de rangement. *Placard formant penderie.* ▷ *Par ext.* Vaste armoire. – Fig. (Langage des entreprises et des médias.) Emploi peu intéressant bien que correctement rémunéré d'un salarié (cadre supérieur notam.) auquel on retire tout pouvoir sans pour autant le licencier. *Un placard doré.* **II. 1.** Écrit ou imprimé affiché pour informer le public de qqch. ▷ *Placard publicitaire :* annonce publicitaire occupant un espace relativement important, dans un journal. **2.** IMPRIM Épreuve imprimée d'un seul côté et sans pagination. ▷ (Plur.) Premières épreuves (d'un texte). **3.** MED Plaque cutanée. *Placard eczémateux.* – De *plaquer.*

placardage [plakaʀdaʒ] n. m. Action de placarder. – De *placarder.*

placarder [plakaʀde] v. tr. [1] **1.** Afficher. *Placardez cet avis à chaque carrefour.* **2.** Couvrir de placards (sens II, 1). *Placarder un mur.* **3.** IMPRIM Imprimer en placard. – De *placard* (sens II).

place [plas] n. f. **A. 1.** Dans une ville, une agglomération, espace découvert, lieu public, qui est le plus souvent entouré de bâtiments et où aboutissent plusieurs rues. *La place de la Concorde, à Paris. Place publique.* – Fig. *Crier qqch sur la place publique*, le faire savoir à tout le monde (cf. *crier qqch sur les toits**). **2.** *Place forte* ou, ellipt., *place :* forteresse; ville protégée par des ouvrages de défense. *Assiéger, prendre une place forte. Le général commandant la place.* ▷ Loc. fig. *Être dans la place :* avoir réussi à s'introduire dans un groupe, un milieu fermé. *Avoir des amis, des complicités dans la place.* **3.** COMM, FIN Ville où se font les opérations boursières, bancaires ou commerciales; corps des négociants, banquiers, etc., d'une ville. *La place de Paris. Il est bien connu sur la place.* ▷ *Chèque sur place* ou *sur rayon*, qui dépend du même établissement de la Banque de France (par oppos. à *hors place* ou *hors rayon*). ▷ *Faire la place :* aller chez les commerçants leur proposer une marchandise. **4.** Vx *Place* (de voiture, de fiacre) : lieu où stationnent des voitures de louage. ▷ *Voiture de place*, de louage. **B. I. 1.** Partie d'espace, endroit. *De place en place s'élevaient quelques ruines.* Syn. lieu. **2.** *Spécial.* Lieu où l'on se trouve. ▷ Loc. *En place. Ne pas rester, ne pas tenir en place :* être sans cesse en mouvement, être très agité. ▷ *Sur place :* sur les lieux mêmes de l'événement. *En cinq minutes, les pompiers étaient sur place.* – n. m. *Faire du sur-place* ou *du surplace :* ne pas se déplacer; en cyclisme, se tenir en équilibre, immobile, prêt à démarrer dans une course de vitesse. **3.** Portion d'espace déterminée, position qu'une chose occupe, peut ou doit occuper. *Ranger chaque chose à sa place.* ▷ Lieu pouvant servir au stationnement d'un véhicule. *Il a trouvé une place juste devant la maison.* ▷ *En place :* à sa place, en ordre. *Tout est en place*, prêt à fonctionner. ▷ Espace où l'on peut mettre une chose. *Gagner de la place.* **4.** Portion d'espace déterminée, position (notam. siège), qu'une personne occupe, peut ou doit occuper. *S'asseoir à sa place.* – *Faire place à qqn :* s'effacer pour le laisser passer. – Vieilli *Faites place! Place!* ▷ *Spécial.* Emplacement, siège, dans un véhicule, un moyen de transport, une salle de spectacle, etc. *Places debout et places assises. Réserver, céder sa place.* ▷ *Par ext.* Droit d'occuper une telle place; le titre qui confère ce droit. *Avoir des places gratuites pour un spectacle.* **II.** (Fig. et abstrait.) **1.** Appartenance à un ensemble (conçu comme spatial). *La place de l'homme dans la nature.* ▷ Fait d'être présent dans les pensées, les sentiments, etc., de qqn (en parlant d'une personne). *Il a toujours une place dans mon cœur.* **2.** Situation, condition dans laquelle se trouve une personne. *Il ne donnerait, ne céderait sa place pour rien au monde.* – *À la place de qqn*, dans sa situation. *Se mettre à la place de qqn*, s'imaginer soi-même dans la situation où il est. ▷ Spécial. *La place de qqn*, la position, la condition qui lui convient ou qu'il se doit de respecter. *Remettre qqn à sa place*, le rappeler aux convenances, aux égards qu'il doit. **3.** Rang, position dans une hiérarchie. ▷ Rang obtenu dans un classement. *Terminer une course en bonne place.* **4.** Situation, emploi. *Une place de dactylo. Perdre sa place.* ▷ *Être en place :* avoir une situation qui confère l'autorité, force la considération. *Les gens en place*, haut placés, bien placés. **5.** Loc. *À la place (de) :* au lieu de, en remplacement de. ▷ *Faire place à :* être remplacé, suivi par. – Lat. pop. **plattea*, class. *platea*, « place publique ».

placé, ée [plase] adj. **1.** Qui est dans telle position, dans telle situation. *Personnage haut placé. Être bien, mal placé pour faire qqch*, être en situation, ou non, de le faire. *Vous êtes mal placé pour lui faire des reproches.* **2.** TURF Se dit d'un cheval qui se classe dans les deux premiers (s'il y a de quatre à sept partants) ou dans les trois premiers (s'il y a plus de sept partants). – Pp. de *placer* 1.

placebo ou **placébo** [plasebo] n. m. MED Préparation ne contenant aucune substance active, que l'on substitue à un médicament pour évaluer la part du facteur psychique dans l'action de celui-ci, ou destinée à agir par suggestion. – Mot lat., «je plairai».

placement [plasmɑ̃] n. m. **1.** Action de placer de l'argent; l'argent ainsi placé. – *Fonds commun de placement* : fonds placés en copropriété (valeurs mobilières, placement à court terme ou à vue). **2.** Action de procurer une place, un emploi. *Bureau de placement.* – De *placer* 1.

placenta [plasɛ̃ta] n. m. **1.** PHYSIOL Masse charnue d'apparence spongieuse, richement vascularisée, formée par l'imbrication étroite des villosités du chorion (membrane entourant le fœtus) et de la muqueuse utérine, et qui assure chez les mammifères supérieurs (dits *mammifères placentaires*) les échanges entre l'organisme du fœtus et celui de la mère, pendant la gestation. **2.** BOT Partie de la paroi des carpelles où s'insèrent les ovules. – Du lat., *placenta,* «gâteau».

placentaire [plasɛ̃tɛʀ] adj. et n. m. **1.** Didac. adj. Relatif au placenta. **2.** ZOOL n. m. pl. Sous-classe de mammifères possédant un placenta (tous les mammifères à l'exclusion des monotrèmes* et des marsupiaux*). Syn. euthériens. – Sing. *Un placentaire.* – De *placenta.*

placentation [plasɛ̃tasjɔ̃] n. f. **1.** PHYSIOL. Formation du placenta. **2.** BOT Disposition des placentas dans les carpelles ou l'ovaire. – De *placenta.*

1. placer [plase] v. [12] **A.** v. tr. **I.** (Concret) Mettre (qqch ou qqn) à une certaine place. **1.** Assigner une certaine place à (qqn). *Placer les convives autour de la table.* **2.** Mettre (qqch) à une certaine place, à un certain endroit, et, spécial., d'une certaine façon. *Placer sa main sur l'épaule de qqn.* – *Placer des fleurs sur une table.* **II.** (Abstrait) **1.** Mettre (qqn) dans une certaine situation. *Placer qqn devant le fait accompli,* le mettre dans telle situation sans qu'il ait pu choisir ou décider quoi que ce soit. ▷ Procurer une place, un emploi à (qqn). *Placer qqn comme apprenti.* **2.** Assigner une place, un rang à (qqch). *Placer le courage au-dessus des autres qualités.* **3.** Situer (dans le temps ou dans l'espace). *Il a placé son roman au XVIIIe siècle.* **4.** *Placer bien, mal son amitié, sa confiance,* la donner à des gens qui en sont dignes, indignes. – *Placer en qqn tous ses espoirs.* **5.** Introduire (dans le cours d'un récit, d'une conversation). *Placer une anecdote, un bon mot.* **6.** Trouver preneur pour (une marchandise); vendre, écouler pour le compte d'autrui. *Placer des billets de tombola.* **7.** Prêter (de l'argent) à intérêt; employer (un capital) pour lui conserver sa valeur ou en tirer un bénéfice. *Placer ses économies à la caisse d'épargne.* **B.** v. pron. **1.** (Personnes) Prendre une place. *Placez-vous où vous voulez.* ▷ Prendre un emploi (d'employé de maison). *Il s'est placé comme valet de chambre.* ▷ (Abstrait) Se mettre (dans un état, une position). *Se placer sur un terrain favorable pour négocier.* **2.** (Choses) Se mettre à une place. *Le couteau se place à droite de l'assiette.* ▷ COMM Se vendre. *Un produit qui se place facilement.* – De *place.*

2. placer [plasɛʀ] n. m. Gîte métallifère (d'or, notam.) dû à l'entraînement de métaux par les eaux de ruissellement. – Mot esp.

placet [plasɛ] n. m. **1.** Vx ou HIST Demande écrite présentée à un souverain, à un ministre pour obtenir une grâce, une faveur, etc. **2.** DR Acte rédigé par l'avocat du demandeur et déposé au greffe du tribunal pour faire mettre l'affaire au rôle. – Mot lat. signif. «il plaît, il est jugé bon».

placette [plasɛt] n. f. Petite place publique. – Dimin. de *place.*

placeur, euse [plasœʀ, øz] n. **1.** Personne qui s'occupe de placer, de conduire à leur place, les spectateurs d'une salle de spectacle (au fém., on emploie plutôt *ouvreuse*). **2.** Personne qui, dans une cérémonie, est chargée d'indiquer à chacun la place qu'il doit occuper. **3.** FIN *Placeur* ou, en appos., *organisme placeur :* établissement qui intervient dans le placement de valeurs immobilières. – De *placer* 1.

placide [plasid] adj. Tranquille, paisible (personnes). ▷ Calme et bonhomme. *Une physionomie placide.* – Lat. *placidus,* de *placere,* «plaire», avec infl. de *pax,* «paix».

placidement [plasidmɑ̃] adv. D'une manière placide, paisiblement, calmement. – De *placide.*

placidité [plasidite] n. f. Caractère placide. – Lat. *placiditas.*

placier, ère [plasje, ɛʀ] n. COMM **1.** Personne qui loue les places sur les marchés après les avoir elle-même prises à ferme. **2.** Personne qui fait la place, qui s'occupe de vendre pour le compte d'une maison de commerce. *Voyageur représentant placier* (V.R.P.). – De *place,* ou *placer* 1.

placodermes [plakɔdɛʀm] n. m. pl. PALEONT Sous-classe de poissons cartilagineux à la tête recouverte de plaques osseuses. *Les placodermes vécurent du silurien au permien.* – Sing. *Un placoderme.* – Du gr. *plax, plakos,* «plaque», et *derma,* «peau».

placoplâtre [plakoplɑtʀ] n. m. CONSTR Matériau se présentant sous forme de plaques de plâtre. – Nom déposé; de *placo-,* du gr. *plax, plakos,* «plaque», et *plâtre.*

placoter [plakɔte] v. intr. [1] (Canada) Fam. Bavarder. – Orig. dial.

plafond [plafɔ̃] n. m. **I. 1.** Surface horizontale formant intérieurement la partie supérieure d'une pièce, d'un lieu couvert. *Plafond en plâtre, en stuc. Plafond à caissons. Faux plafond,* en matériau léger, ménagé sous un plafond en maçonnerie pour isoler une pièce, rendre ses proportions plus harmonieuses, etc. ▷ *Le plafond d'une galerie de mine,* sa paroi supérieure. ▷ Loc. fig., fam. *Avoir une araignée au* (ou *dans le*) *plafond :* être fou. **2.** BX-A Peinture décorant un plafond. *Le plafond de Chagall, à l'Opéra de Paris.* **3.** METEO *Plafond nuageux* ou absol., *plafond :* couche nuageuse constituant la limite de visibilité à partir du sol. **II. 1.** Limite supérieure que l'on ne peut ou que l'on ne doit pas dépasser. *Plafond de vitesse, de température.* ▷ En appos. *Prix plafond :* prix maximum. **2.** AVIAT Limite supérieure d'altitude que peut atteindre un aéronef. **3.** FIN Limite légale de la quantité d'émission d'un billet de banque. ▷ FIN Limite des dépenses autorisées par la loi de finances*. *Plafond des charges budgétaires.* **4.** JEU Au bridge, partie de la marque où sont inscrits les points ne comptant pas pour les manches. ▷ (En appos.) *Bridge plafond,* dans lequel sont marqués seulement les points fixés par l'annonce (par oppos. à *bridge contrat*). – De *plat* 1, et *fond.*

plafonnage [plafɔnaʒ] n. m. CONSTR Opération, travail qui consiste à plafonner, à pourvoir d'un plafond. – De *plafonner.*

plafonnant, ante [plafɔnɑ̃, ɑ̃t] adj. **1.** Qui plafonne. **2.** Se dit d'une peinture faite pour orner un plafond. – Ppr. de *plafonner.*

plafonnement [plafɔnmɑ̃] n. m. Action de plafonner, de limiter. *Le plafonnement des salaires.* – De *plafonner.*

plafonner [plafɔne] v. [1] **I.** v. tr. **1.** CONSTR Pourvoir d'un plafond. *Plafonner une salle de spectacle avec un matériau isolant.* **2.** Assigner une limite à. *Plafonner les prix, les bénéfices.* – Pp. adj. *Salaire plafonné :* fraction maximale d'un salaire soumise aux cotisations de la Sécurité sociale. **II.** v. intr. **1.** Atteindre une limite maximale. *Les exportations plafonnent.* **2.** AVIAT Atteindre son plafond, en parlant d'un aéronef. – De *plafond.*

plafonneur [plafɔnœʀ] n. m. CONSTR Ouvrier spécialiste de la réalisation et de l'ornementation des plafonds en plâtre. – De *plafonner.*

plafonnier [plafɔnje] n. m. Appareil d'éclairage électrique fixé au plafond. – De *plafond.*

plagal, ale, aux [plagal, o] adj. MUS *Mode plagal :* mode du plain-chant où la quinte est à l'aigu et la quarte au grave. – *Cadence plagale,* qui consiste à passer, à la fin d'un morceau, de l'accord parfait de sous-dominante à l'accord parfait de tonique. – Du lat. ecclés. *plaga,* du gr. *plagios,* « oblique ».

plage [plaʒ] n. f. **1.** Partie basse d'une côte, couverte de sable ou de galets, où se brisent les vagues. ▷ *Par ext.* Station balnéaire. *Deauville, Trouville, Cabourg, plages de la Manche.* **2.** *Par ext.* Partie plate et sableuse de la rive d'un cours d'eau ou d'un lac, où l'on peut se baigner. **3.** MAR Partie dégagée du pont, à l'avant ou à l'arrière d'un navire. *Plage avant, arrière.* **4.** *Plage d'un disque :* ensemble de spires gravées sur une même face et correspondant à une partie ininterrompue d'enregistrement. **5.** *Plage arrière* (d'une automobile) : tablette horizontale entre la vitre et la banquette arrière. **6.** Espace de temps (dans un planning, un programme, etc.). **7.** Fig. Ensemble de valeurs comprises entre deux limites. ▷ Ensemble d'éventualités, de possibilités. – Ital. *piaggia,* « côte, coteau, plage, lieu en pente », du gr. *plagios,* « oblique ».

plagiaire [plaʒjɛʀ] n. Personne qui s'approprie les idées d'autrui, qui copie ses œuvres. – Du lat. *plagiarius,* « celui qui vole les esclaves d'autrui »; rac. gr. *plagios,* « oblique, fourbe ».

plagiat [plaʒja] n. m. Action de plagier; copie, imitation réalisée par un plagiaire. – De *plagiaire.*

plagier [plaʒje] v. tr. [2] S'approprier les idées de (qqn); copier (les œuvres de qqn). – De *plagiaire.*

plagioclase [plaʒjɔklaz] n. m. PETROG Feldspath contenant du calcium, du sodium, mais pas de potassium. – Du gr. *plagios,* « oblique », et *klasis,* « cassure ».

plagiste [plaʒist] n. Exploitant d'une plage payante. ▷ Concessionnaire ou employé qui, sur une plage, loue des cabines de bain, des parasols, vend des rafraîchissements, etc. – De *plage.*

plaid [plɛd] n. m. **1.** Anc. Couverture de laine à carreaux que les montagnards écossais portaient en guise de manteau. **2.** Mod. Couverture de voyage écossaise. – Mot angl., de l'écoss. *plaide,* mot gaélique, « couverture ».

plaidable [plɛdabl] adj. DR Qui peut être plaidé avec quelque chance de succès. *Cette cause n'est pas plaidable.* – De *plaider.*

plaidant, ante [plɛdɑ̃, ɑ̃t] adj. DR Qui plaide. *Les parties plaidantes.* – Ppr. de *plaider.*

plaider [plɛde] v. [1] **I.** v. intr. **1.** Porter une affaire devant les tribunaux. *Nous plaiderons si cela est nécessaire. Plaider contre qqn.* **2.** Défendre oralement une cause devant les juges. *Cet avocat plaide pour, contre un tel.* ▷ Par ext. *Plaider en faveur de qqn,* prendre sa défense, tenter de le justifier, de l'excuser. **II.** v. tr. **1.** Défendre en justice. *Plaider une cause, une affaire.* **2.** Invoquer dans un plaidoyer. *L'avocat plaidera la démence de son client.* ▷ Loc. fig. *Plaider le faux pour savoir le vrai :* soutenir ce que l'on sait être faux pour tenter d'obtenir de qqn la vérité. – De l'a. fr. *plaid,* « convention, accord », puis « audience de justice », du lat. *placitum,* pp. de *placere,* « plaire ».

plaideur, euse [plɛdœʀ, øz] n. **1.** Personne qui plaide, qui est en procès. **2.** Personne procédurière, qui aime à plaider. *« Les Plaideurs », comédie de Racine (1668).* – De *plaider.*

plaidoirie [plɛdwaʀi] n. f. DR **1.** Action de plaider; plaidoyer. *La plaidoirie des avocats a pris trois séances.* ▷ Par ext. *Il a fait paraître une vibrante plaidoirie en faveur de la protection de la nature.* **2.** Art de plaider. – De l'anc. v. *plaidoyer,* « plaider ».

plaidoyer [plɛdwaje] n. m. **1.** Discours prononcé à l'audience par un avocat pour défendre une cause. **2.** *Par ext.* Exposé oral ou écrit en faveur d'un système, d'une idée. – Empl. subst. de l'anc. v. *plaidoyer,* « plaider ».

plaie [plɛ] n. f. **1.** Ouverture des parties molles du corps produite par un agent mécanique externe ou une cause pathologique, avec ou sans perte de substance. *Rapprocher les lèvres d'une plaie.* ▷ Loc. fig. *Ne rêver que plaies et bosses :* être très batailleur. **2.** Fig. Déchirement, blessure. *Les plaies du cœur.* ▷ Loc. fig. *Mettre le doigt sur la plaie :* indiquer avec précision la cause gênante du mal. – *Retourner le couteau, le fer dans la plaie :* faire souffrir qqn en évoquant avec insistance un souvenir, un sujet qui lui est pénible. ▷ (Prov.) *Plaie d'argent n'est pas mortelle :* une perte pécuniaire peut se réparer. **3.** Vx Fléau. *Les sept plaies d'Égypte* (Bible). ▷ Mod. Chose, personne dangereuse, nuisible ou pénible. – Lat. *plaga,* « blessure, coup ».

plaignant, ante [plɛɲɑ̃, ɑ̃t] n. DR Personne qui dépose une plainte en justice. ▷ adj. *La partie plaignante.* – Ppr. de *(se) plaindre.*

plain, plaine [plɛ̃, plɛn] adj. et n. m. **1.** adj. Vx Plat, uni. ▷ Mod. Loc. adv. *De plain-pied :* sur le même plan. *Pièces situées de plain-pied.* – Fig. *Se sentir de plain-pied avec qqn.* **2.** n. m. MAR Le plus haut niveau de la marée. *Aller, se mettre au plain,* s'échouer à marée haute. – Lat. *planus.*

plain-chant [plɛ̃ʃɑ̃] n. m. MUS Musique liturgique vocale, monodique, en langue latine, de l'Église catholique. *Des plains-chants.* – De *plain,* et *chant.*

plaindre [plɛ̃dʀ] **I.** v. tr. [54] **1.** Témoigner de la compassion à (qqn). *Plaindre un malheureux.* **2.** Dial. Donner à regret; n'utiliser qu'avec parcimonie, lésiner sur. **II.** v. pron. **1.** Manifester sa souffrance, sa douleur. *Se plaindre d'une douleur au côté.* **2.** Témoigner son mécontentement (au sujet de qqn, de qqch). *Se plaindre de son sort.* – Lat. *plangere,* « frapper (sa poitrine), se lamenter ».

plaine [plɛn] n. f. **1.** Grande étendue de terre plate et unie. *La plaine de la Beauce.* **2.** HIST *La Plaine :* les membres modérés de l'Assemblée, sous la Convention. – Fém. subst. de *plain.*

plain-pied (de). V. plain.

plainte [plɛ̃t] n. f. **1.** Gémissement, cri de souffrance. *Les plaintes d'un blessé.* **2.** Récrimination, expression de mécontentement. **3.** DR Dénonciation, par la victime, d'une infraction pénale. *Porter plainte contre qqn.* – De *(se) plaindre.*

plaintif, ive [plɛ̃tif, iv] adj. Qui a l'accent de la plainte. *Chant plaintif.* – De *plainte.*

plaintivement [plɛ̃tivmɑ̃] adv. D'un ton plaintif. – De *plaintif.*

plaire [plɛʀ] v. [59] **A.** v. tr. indir. **I. 1.** (Personnes) *Plaire à qqn,* exercer sur lui un certain attrait, lui procurer de l'agrément. *On ne peut pas plaire à tout le monde. Décidément, vous me plaisez !* – (S. comp.) *Plaire* (aux autres). *Il plaît :* tout le monde le trouve charmant, agréable, etc. *Le désir, le besoin de plaire.* ▷ *Spécial.* Inspirer l'amour. *Homme qui plaît à une femme.* ▷ (Par antiphrase.) Fam. *Il commence à me plaire, celui-là !,* à m'ennuyer sérieusement. **2.** (Choses) Être agréable à, convenir à. *Le film documentaire m'a beaucoup plu.* – (S. comp.) *Ça plaît :* c'est la mode. **II.** (Impersonnel) **1.** *Il... plaît. S'il me plaît, si ça me plaît d'y renoncer, j'y renoncerai :* si je veux y renoncer... **2.** *S'il vous (te) plaît :* formule de politesse employée pour une demande, un conseil, un ordre. *Quelle heure est-il, s'il te plaît ? Silence ! s'il vous plaît.* (Abrév. : S.V.P.) ▷ Fam. Pour attirer l'attention sur ce qu'on vient de dire. *Il y avait du monde, et du* *beau monde, s'il vous plaît.* **3.** Vieilli ou rég. *Plaît-il ?* : formule pour faire répéter ce que l'on a mal entendu. **4.** (Au subj.) Litt. *Plaise, plût à Dieu, au ciel que...* (suivi du subj.) : formule marquant le souhait ou le regret de qqch. *Plût au ciel qu'il fût encore vivant.* ▷ Vieilli *À Dieu ne plaise que...* : pourvu que cela n'arrive pas. **B.** v. pron. **1.** (Réfl.) Être content, satisfait de soi-même. **2.** (Récipr.) *Jean et Marie se sont plu* (l'un à l'autre) *tout de suite.* **3.** Se trouver bien (dans un lieu, une situation, une compagnie, etc.). *Elles se sont plu dans ce village.* ▷ (Animaux, végétaux.) *Plante qui se plaît dans les lieux humides,* qui y prospère, qui y pousse bien. **4.** *Se plaire à* : trouver du plaisir, de l'agrément à (une chose). *Se plaire à l'effort. Elles se sont plu à nous taquiner.* – Lat. *placere*; l'inf. *plaire* a remplacé l'anc. inf. *plaisir,* d'ap. *faire,* ou d'ap. le futur *je plairai.*

plaisamment [plɛzamɑ̃] adv. **1.** D'une manière plaisante, agréable. *Un appartement plaisamment arrangé.* **2.** Litt. D'une manière risible, comique. *Il était assez plaisamment accoutré.* – De *plaisant.*

plaisance [plɛzɑ̃s] n. f. Vx Agrément, plaisir. ▷ Loc. adj. Mod. *De plaisance* : destiné à l'agrément, à l'exclusion de toute fonction utilitaire. *Maison de plaisance. La navigation de plaisance* ou *la plaisance* : la navigation pratiquée pour le plaisir par des amateurs. – De *plaisant.*

plaisancier, ère [plɛzɑ̃sje, ɛʀ] n. Personne qui pratique la navigation de plaisance. – De *plaisance.*

plaisant, ante [plɛzɑ̃, ɑ̃t] adj. et n. m. **I.** adj. **1.** Qui plaît, agréable. *Un endroit plaisant.* **2.** Qui plaît en faisant rire, amusant. *Une histoire assez plaisante.* **II.** n. m. **1.** Ce qui est plaisant. *Le plaisant de* (ou *dans*) *cette affaire,* le côté plaisant. **2.** Vieilli Celui qui cherche à faire rire. *Faire le plaisant.* ▷ Mod. *Mauvais plaisant* : personne qui fait des plaisanteries de mauvais goût. – Ppr. de *plaire.*

plaisanter [plɛzɑ̃te] v. [1] **I.** v. intr. **1.** Dire (ou, quelquefois, faire) des choses destinées à faire rire, à amuser. *Il aime bien plaisanter. Plaisanter sur qqch.* **2.** Dire ou faire qqch sans vouloir se faire prendre au sérieux, par jeu. *Il a fait cela pour plaisanter.* – *Ne pas plaisanter avec...* : être intraitable, intransigeant quant à... **II.** v. tr. *Plaisanter qqn,* le railler légèrement, le taquiner. – De *plaisant.*

plaisanterie [plɛzɑ̃tʀi] n. f. **1.** Propos destiné à faire rire, à amuser. *Plaisanterie fine.* **2.** Propos ou acte destinés à se moquer; raillerie. *Être en butte aux plaisanteries de ses collègues.* – (Au sing.) *Il ne comprend pas la plaisanterie* : il s'offense chaque fois qu'on le plaisante. **3.** Chose, parole ridicule, risible tant elle est ou paraît peu sérieuse. *Être prêt dès demain ? C'est une plaisanterie !* ▷ Chose dérisoire, très facile. *Ce problème est une aimable plaisanterie.* **4.** Action, fait de plaisanter. *Faire, dire une chose par plaisanterie.* – De *plaisant.*

plaisantin [plɛzɑ̃tɛ̃] n. m. **1.** Celui qui fait des plaisanteries déplacées. **2.** Celui dont les propos, les actes, manquent de sérieux; farceur. ▷ Personne sur qui on ne peut compter. *C'est un plaisantin, on ne peut pas lui faire confiance.* – De *plaisant.*

plaisir [plɛziʀ] n. m. **A. I. 1.** État affectif lié à la satisfaction d'un désir, d'un besoin, d'une inclination; sensation, sentiment agréable. *Le plaisir et la douleur.* – PHILO *Morales du plaisir* : cf. épicurisme, hédonisme. ▷ (Lié à l'exercice d'une fonction ou d'une faculté particulière.) *Plaisir physique, sexuel; plaisir intellectuel, esthétique.* – *Le plaisir de* : le plaisir causé par (qqch). *Le plaisir des sens. Plaisir d'offrir. Prendre, avoir plaisir à une chose, à faire une chose. Faire plaisir à qqn,* lui être agréable. *Nous ferez-vous le plaisir de déjeuner avec nous ?* – *Spécial.* (Formule d'insistance polie ou menaçante.) *Faites-moi le plaisir d'accepter. Faites-moi le plaisir de vous taire.* ▷ *Le plaisir de qqn,* celui qu'il éprouve. *Prendre son plaisir où on le trouve.* ▷ *Un plaisir, des plaisirs* : émotion agréable; joie, satisfaction. *Accordez-lui ce petit plaisir.* **2.** Spécial. *Le plaisir* : le plaisir des sens; plus partic., le plaisir sexuel. **3.** Distraction agréable. ▷ Loc. *Partie de plaisir. Ce n'est pas une partie de plaisir* : ce n'est pas agréable. ▷ (Sens affaibli, partic., dans des formules polies.) *Se faire un plaisir de* : faire (qqch) bien volontiers. *J'ai le plaisir de vous annoncer, de vous faire part de...* ▷ *Avec plaisir. « Voulez-vous venir ? – Avec plaisir, avec grand plaisir. »* – Loc. adv. *Par plaisir, pour le plaisir, pour son plaisir* : sans autre raison que l'agrément que l'on en tire; par simple divertissement. *L'argent ne l'intéresse pas, il peint par plaisir.* ▷ Iron. *Je vous (lui, etc.) souhaite bien du plaisir* : se dit à qqn (ou de qqn) qui va avoir à faire qqch de difficile ou de peu agréable. **II.** *Par ext.* (Souvent au pl.) Objet ou action qui cause du plaisir. **1.** Ce qui procure du plaisir; divertissement, distraction. **2.** *Spécial.* Plaisirs sensuels. *Vie de plaisirs.* **B. 1.** Ce qui est la volonté de qqn, ce qu'il lui plaît de faire. *Tel est notre (bon) plaisir* : formule par laquelle le roi marquait sa volonté dans les édits. – *Le bon plaisir de qqn,* sa volonté arbitraire. **2.** Loc. adv. *À plaisir* : comme par caprice; sans motif, sans raison valable. *Se tourmenter à plaisir.* ▷ *Il a inventé, menti, etc., à plaisir* : comme il lui a plu, autant qu'il lui a plu. – Anc. inf. du v. *plaire.*

1. plan [plɑ̃] n. m. **1.** Surface plane. *Plan vertical, horizontal. Plan d'eau* : étendue d'eau calme et unie. – *Plan incliné,* en pente. *Accès en plan incliné.* ▷ *Plan de travail* : dans une cuisine, surface plane horizontale qui sert à diverses opérations. **2.** GEOM Dans la géométrie euclidienne, surface telle que toute droite qui y a deux de ses points y est entièrement contenue. *Plans sécants, tangents, perpendiculaires.* – TECH *Plan de tir* : plan vertical qui passe par la ligne de tir. **3.** Chacune des parties d'une image définie par son éloignement (réel ou figuré en perspective) de l'œil. *Premier plan, arrière-plan.* ▷ *Spécial.* Au théâtre, partie de la scène matérialisée par un plan vertical (rideau, décor, toile de fond). **4.** Fig. Importance relative (de qqn ou de qqch). *Personnage de premier, de tout premier plan,* d'une importance primordiale. *Mettre deux choses sur le même plan,* sur un pied d'égalité; leur accorder la même importance. ▷ Loc. *Sur le plan* (+ adj.), *sur le plan de* (+ subst.) : du point de vue (de). **5.** PHOTO, CINE Image, prise de vue définie par l'éloignement de l'objectif par rapport à la scène représentée, par le cadrage. *Gros plan* : prise de vue rapprochée. **6.** *Par ext.* CINE Suite d'images enregistrée par la caméra en une seule fois. – *Plan séquence* : longue séquence en un plan unique. – Subst. de l'adj. *plan.*

2. plan [plɑ̃] n. m. **A. 1.** Représentation graphique (d'une ville, d'un bâtiment, d'une construction, etc.) en projection horizontale. *Lever, dresser, tracer un plan.* ▷ *Par ext.* Représentation graphique (d'une machine, d'un appareil), le plus souvent en projection orthogonale. **2.** Cour. Carte à grande échelle (d'une ville, d'un lieu, etc.). *Plan de Paris. Plan du métro.* **B. I.** Fig. **1.** Disposition des différentes parties d'un ouvrage littéraire, considérée à titre de projet de composition d'un texte à rédiger ou, après coup, dans un travail d'analyse du texte. *Plan d'un roman, d'une dissertation, d'un article.* **2.** COMM *Plan comptable* : ensemble des règles édictées pour la présentation des bilans, des comptabilités. **II. 1.** Ensemble ordonné de dispositions arrêtées en vue de l'exécution d'un projet. *Arrêter, exécuter un plan d'action.* – ECON *Plan de redressement* (de l'économie). ▷ *Par ext.* Projet supposant une suite d'opérations. *Faire des plans pour l'avenir.* **2.** *Spécial.* ECON Ensemble des directives plus ou moins impératives décidées par les pouvoirs publics, concernant les orientations, les objectifs et les moyens d'une politique économique sur plusieurs années. *Le Plan* : le plan économique d'une nation. *Les objectifs du Plan.* **III.** Loc. fam. *En plan.* **1.** *Laisser qqn en plan,* sur place, sans s'en occuper davantage. **2.** *Rester en plan,* en suspens. – Var. de *plant* (déverbal de *planter*); sens étendu, « assiette d'un édifice », avec infl. de *plain, plan,* devenu « dessin directeur ».

3. plan, ane [plɑ̃, an] adj. **1.** (En parlant d'une surface.) Qui ne présente aucune inégalité de niveau, aucune aspérité, aucune courbure; plat et uni. *Surface parfaitement plane.* **2.** *Géométrie plane,* qui étudie les figures contenues dans le plan (par oppos. à *géométrie dans l'espace*). ▷ GEOM *Angle plan, courbe plane,* inscrits dans un plan. – Lat. *planus.*

planage [planaʒ] n. m. TECH Action de planer, d'aplanir; son résultat. – De *planer* 1.

planaire [planɛʀ] n. f. ZOOL Petit ver plat des eaux douces (genre *Planaria*), au grand pouvoir de régénération. – Lat. mod. *planarius,* de *planus,* « plat, uni, égal ».

planant, ante [planɑ̃, ɑ̃t] adj. Fam. Qui fait planer (sens 3). *Musique planante.* – Ppr. de *planer.*

planche [plɑ̃ʃ] n. f. **I. 1.** Pièce de bois plate, nettement plus longue que large et relativement peu épaisse. ▷ SPORT *Planche à voile :* planche munie d'une voile sur mât articulé, d'une dérive et d'un aileron, qui permettent de la diriger sur l'eau dans toutes les directions. – *Planche à roulettes :* planche dont une face est pourvue de roulettes, qui permet de se déplacer et d'exécuter des figures; sport pratiqué avec une telle planche. ▷ *Planche à repasser,* sur laquelle on repasse le linge. ▷ *Planche à dessin :* plateau de bois parfaitement plan sur lequel on fixe les feuilles de papier à dessin. ▷ *Planche à pain,* sur laquelle on coupe le pain. ▷ Loc. fig. *Avoir du pain sur la planche :* V. pain. – (Se dit d'une femme.) *C'est une planche, une planche à pain :* elle est maigre, plate. – *Planche de salut :* dernière ressource, ultime recours. – Fam. *Planche pourrie :* personne en qui on ne peut avoir confiance. **2.** *Faire la planche :* en natation, se laisser flotter sur le dos. **3.** MAR Pièce de bois, passerelle jetée entre le pont d'un navire et le quai. – *Jours de planche :* temps accordé à un navire pour effectuer le chargement ou le déchargement de son fret. **4.** n. f. pl. *Les planches :* la scène, au théâtre. *Monter sur les planches :* se faire comédien; faire du théâtre. *Brûler les planches :* jouer avec un talent exceptionnel. **5.** IMPRIM Plaque de métal ou de bois préparée pour la gravure, pour la reproduction par impression. ▷ *Par ext.* Estampe tirée sur une planche gravée. – Feuille contenant les illustrations, jointe à un ouvrage. *Planches hors texte en couleur.* **II.** Petit espace de terre cultivée, de forme allongée, dans un jardin. *Une planche de salades.* – Du bas lat. *planca,* fém. subst. du class. *plancus,* « aux pieds plats », du gr. *phalanx.*

planchéiage [plɑ̃ʃejaʒ] n. m. TECH Action de planchéier. – De *planchéier.*

planchéier [plɑ̃ʃeje] v. tr. [2] TECH Revêtir de planches. ▷ Pourvoir (une pièce) d'un plancher. – De *planche.*

1. plancher [plɑ̃ʃe] n. m. **1.** TECH Séparation horizontale entre deux étages. **2.** Cour. Partie supérieure d'un plancher, constituant le sol d'un appartement; ce sol, recouvert d'un assemblage de menuiserie plus grossier qu'un parquet. ▷ *Par ext.* Paroi inférieure de la caisse d'un véhicule, d'un ascenseur, etc. **3.** Loc. fig., fam. *Le plancher des vaches :* la terre ferme (par oppos. à la *mer,* aux *airs*). ▷ Fam. *Débarrasser le plancher :* sortir, déguerpir. **4.** Fig. Niveau, seuil minimal (par oppos. à *plafond*). *Plancher des cotisations.* – De *planche.*

2. plancher [plɑ̃ʃe] v. intr. [1] Arg. (des écoles) Subir une interrogation au tableau. ▷ Cour., fam. Faire un exposé. – *Par ext.* Travailler. *Plancher sur un devoir.* – De *planche.*

planchette [plɑ̃ʃɛt] n. f. **1.** Petite planche. *Planchette servant de support.* **2.** TECH Tablette munie d'une alidade, qui sert à lever les plans. – Dimin. de *planche.*

planchiste [plɑ̃ʃist] n. Personne qui fait de la planche à voile. – De *planche.*

plan-concave [plɑ̃kɔ̃kav] adj. OPT Qui a une face plane et une face concave. *Des lentilles plan-concaves.* – De l'adj. *plan,* et *concave.*

plan-convexe [plɑ̃kɔ̃vɛks] adj. OPT Qui a une face plane et une face convexe. *Des lentilles plan-convexes.* – De l'adj. *plan,* et *convexe.*

plancton [plɑ̃ktɔ̃] n. m. Ensemble des êtres vivants, pour la plupart microscopiques ou de très petite taille, que les eaux marines et les eaux douces entraînent dans leurs mouvements (à la différence du *necton* et du *benthos*). *Le plancton constitue la principale nourriture de nombreux animaux marins. Plancton végétal, ou phytoplancton* (diatomées, sargasses, etc.). *Plancton animal, ou zooplancton* (radiolaires, méduses, œufs de poissons, larves de crustacés, etc.). – All. *Plankton,* du gr. *plagkton,* neutre de *plagktos,* « errant ».

planctonique [plɑ̃ktɔnik] adj. Didac. Du plancton. *Animaux et végétaux planctoniques.* – De *plancton.*

plane [plan] n. f. TECH Outil pour le travail du bois, destiné à être manié des deux mains, constitué par une lame tranchante portant une poignée à chaque extrémité. – Réfect., d'ap. le v. *planer* 1, de l'a. fr. *plaine,* bas lat. *plana.*

plané [plane] adj. m. et n. m. *Vol plané :* vol d'un oiseau, d'un avion qui plane. – n. m. *Un plané.* ▷ Fig., fam. *Faire un vol plané :* faire une chute spectaculaire, tomber de haut avec fracas. *Il a fait un vol plané jusqu'au bas de l'escalier.* – Pp. de *planer* 2.

planéité [planeite] n. f. Didac. Qualité de ce qui est plan. De l'adj. *plan.*

1. planer [plane] v. tr. [1] TECH Rendre plan. *Planer une tôle.* ▷ Débarrasser de ses irrégularités, de ses aspérités; rendre plat, uni. – Bas lat. *planare,* de *planus,* « plan, plat ».

2. planer [plane] v. intr. [1] **1.** En parlant d'un oiseau, se soutenir en l'air sur ses ailes étendues, sans paraître les remuer. ▷ Voler avec le moteur arrêté ou au ralenti, en parlant d'un avion; voler, en parlant d'un avion sans moteur (ou *planeur*). ▷ Être en suspension dans l'air. **2.** Fig. *Planer au-dessus de :* considérer dans l'ensemble, sans s'arrêter aux détails; survoler, dominer. *Planer au-dessus des contingences.* ▷ (S. comp.) Fam. N'avoir pas le sens des réalités; être distrait. **3.** Fam. Se sentir particulièrement bien; éprouver une sensation de détachement et de sérénité euphorique (en partic., sous l'effet d'une drogue). **4.** (Sujet n. de chose.) *Planer sur :* peser comme une menace sur. – Du lat. *planus,* « plan ».

planétaire [planetɛʀ] adj. et n. m. **1.** adj. Relatif aux planètes. *Système planétaire.* **2.** Relatif à la Terre, mondial. *Une guerre planétaire.* **3.** n. m. TECH Pignon conique porté par chaque demi-arbre d'un différentiel. – De *planète.*

planétarisation [planetaʀizasjɔ̃] n. f. Rare Extension d'un phénomène à l'échelle de notre planète. – De *planétaire.*

planétariser [planetaʀize] v. tr. [1] Mettre à l'échelle de la planète. – Pp. adj. *Phénomène planétarisé.* – De *planétaire.*

planétarium [planetaʀjɔm] n. m. Salle de démonstration cosmographique comportant un plafond en coupole qui figure la voûte céleste, sur lequel sont projetés des points lumineux représentant les astres (étoiles, planètes, etc.) et leurs mouvements. *Des planétariums.* – De *planète;* sur *aquarium.*

planète [planɛt] n. f. **1.** Corps céleste dépourvu de lumière propre, de volume assez important (à la différence des *astéroïdes*), décrivant autour du Soleil une orbite elliptique de faible excentricité (à la différence des *comètes*) dont le plan diffère peu, en général, de celui de l'orbite terrestre. ▷ *Par ext.* Tout corps céleste analogue gravitant autour d'une étoile autre que le Soleil. **2.** Vx Astre qui ressemble à une étoile mais qui se déplace de jour en jour de manière notable sur la voûte céleste (par oppos. à *étoile fixe.*) *Les Anciens comptaient sept planètes : la Lune, le Soleil, Mercure, Vénus, Mars, Jupiter et Saturne.* ▷ Mod., ASTROL Chacune des sept planètes des Anciens, supposées exercer une influence sur la destinée humaine. «*Le même cours des planètes règle nos jours et nos nuits*» *(Corneille).* – Bas lat. *planeta*, du gr. *planêtês*, «errant».

ENCYCL Les planètes du système solaire sont, par ordre de distance croissante à partir du Soleil : Mercure, Vénus, la Terre, Mars (planètes terrestres), Jupiter, Saturne, Uranus, Neptune et Pluton (planètes joviennes). Entre l'orbite de Mars et celle de Jupiter circulent plusieurs milliers d'astéroïdes. Les planètes obéissent aux lois de Kepler. Elles décrivent en particulier des ellipses dont le Soleil occupe l'un des foyers.

planétoïde [planetɔid] n. m. ASTRO **1.** Objet théorique grossi par accrétion de la matière primitive, dont la taille va du mètre au kilomètre. **2.** Vx Syn. de *petite planète, astéroïde.* – De *planète*, et *-oïde.*

planétologie [planetɔlɔʒi] n. f. ASTRO Branche de l'astronomie consacrée à l'étude des planètes (physique des atmosphères planétaires, relief des planètes telluriques, structure interne), et plus généralement de tous les corps du système solaire (V. astronomie). – De *planète*, et *-logie.*

1. planeur, euse [planœʀ, øz] n. TECH **1.** n. m. Ouvrier qui plane les métaux. **2.** n. f. Machine à planer. – De *planer* 1.

2. planeur [planœʀ] n. m. Avion à voilure fixe, sans moteur, à bord duquel on pratique le vol à voile. – De *planer* 2.

planèze [planɛz] n. f. GEOL Plateau de basalte volcanique délimité par des vallées rayonnantes. – Mot dial., du rad. lat. *planus*, «plat».

planifiable [planifjabl] adj. Qui peut être planifié. *Secteur de l'économie planifiable.* – De *planifier.*

planificateur, trice [planifikatœʀ, tʀis] n. et adj. Personne qui planifie, s'occupe de planification. – adj. *Une action planificatrice.* – De *planifier.*

planification [planifikasjɔ̃] n. f. ECON Organisation des moyens et des objectifs d'une politique économique pendant un nombre d'années à venir. *La notion de planification est apparue après 1917 en U.R.S.S.* – De *planifier.*

planifier [planifje] v. tr. [2] Organiser, prévoir selon un plan. *Planifier le développement d'une entreprise.* – De *plan* 2, et *-fier.*

planigramme [planigʀam] n. m. Syn. off. recommandé de *planning.* – De *plan*, et *(organi)gramme.*

planimètre [planimɛtʀ] n. m. TECH Instrument servant à mesurer l'aire d'une surface plane en suivant son contour. – Du lat. *planus*, «plan, plat», et *-mètre.*

planimétrie [planimetʀi] n. f. **1.** TRAV PUBL Représentation d'un terrain, d'une route par sa projection horizontale. **2.** GEOM Partie de la géométrie consacrée aux surfaces planes. – Du lat. *planus*, «plan, plat», et *-métrie.*

planimétrique [planimetʀik] adj. Didac. Qui a rapport à la planimétrie. – De *planimétrie.*

planisme [planism] n. m. **1.** ECON Doctrine ou ensemble des techniques des partisans ou des spécialistes de la planification. **2.** *Planisme familial* : V. planning. – De *plan* 2.

planisphère [planisfɛʀ] n. m. Carte sur laquelle est représentée en entier la sphère terrestre ou céleste en projection plane. – Du lat. *planus*, «plan, plat», et *sphère.*

planiste [planist] n. ECON Économiste partisan ou spécialiste de la planification. – De *plan* 2.

plan(-)masse [plɑ̃mas] n. m. ARCHI Syn. de *plan de masse**. – De *plan*, et *masse.*

planning [planiŋ] n. m. (Anglicisme) **1.** Programme qui décompose le travail à accomplir en tâches élémentaires et qui définit l'échelonnement de celles-ci dans le temps. ▷ Représentation graphique de ce programme. Syn. (off. recommandé) programme. **2.** *Planning familial* : organisation du contrôle volontaire des naissances. Syn. (off. recommandé) planisme familial. – Mot angl., de *to plan*, «prévoir».

planoir [planwaʀ] n. m. TECH Outil d'orfèvre, petit ciseau à bout aplati servant à planer les parties que l'on ne peut atteindre avec le marteau. – De *planer* 1.

planorbe [planɔʀb] n. f. ZOOL Mollusque gastéropode pulmoné d'eau douce (genre *Planorbis*), à coquille enroulée dans un plan (à la différence de la *limnée*). – Du lat. *planus*, «plan», et *orbis*, «boule».

plan-plan [plɑ̃plɑ̃] adv. et adj. Fam., rég. **1.** adv. Doucement, tranquillement. *Tu fais ça plan-plan, sans forcer.* **2.** adj. Tranquille, exempt de complications, de difficultés. *Un petit boulot plan-plan.* – Redoublement de l'anc. provenç. *plan*, du lat. *planus*, «plan».

planque [plɑ̃k] n. f. **1.** Fam. Cachette, lieu où l'on met à l'abri des regards qqch, qqn. **2.** Fam. Poste agréable, peu exposé; place où le travail est peu fatigant. – Déverbal de *planquer.*

planqué [plɑ̃ke] n. m. Celui qui, dans l'armée, est affecté à un poste peu exposé, peu pénible. – Pp. subst. de *planquer.*

planquer [plɑ̃ke] v. tr. [1] Pop. Cacher, dissimuler pour mettre à l'abri. *Planquer le magot.* – *Planquer qqn.* ▷ v. pron. *Il se planque pour être tranquille.* – Var. de *planter*, d'ap. *plaquer* (sens 6).

plansichter [plɑ̃siʃtɛʀ] n. m. TECH Blutoir mécanique à tamis superposés. – All. *Plan*, «plan», et *Sichter*, «blutoir».

plant [plɑ̃] n. m. **1.** Jeune plante issue d'un semis et destinée à être transplantée. *Acheter des plants de salade* ou, collect., *du plant de salade.* **2.** Ensemble des plantes de même espèce élevées sur une même parcelle de terrain; cette parcelle. – Déverbal de *planter.*

plantage [plɑ̃taʒ] n. m. Fam. Fait de se planter. – De *planter.*

plantaginacées [plɑ̃taʒinase] n. f. pl. BOT Famille de dicotylédones gamopétales superovariées. – Sing. *Une plantaginacée.* – Du lat. *plantago*, «plantain».

1. plantain [plɑ̃tɛ̃] n. m. **1.** Plante herbacée (genre *Plantago*, fam. plantaginacées) à feuilles en forme de rosette, à fleurs en épis ou en capitules, dont les graines constituent une nourriture de choix pour les oiseaux de volière. **2.** *Plantain d'eau* : plante monocotylédone aquatique fréquente dans les zones humides (fam. alismacées). – Lat. *plantago.*

2. plantain [plɑ̃tɛ] n. m. Variété de bananier dont les fruits se consomment cuits. – (En appos.) *Banane plantain.* – P.-ê. de l'esp. *platano*, «bananier».

plantaire [plɑ̃tɛʀ] adj. Qui appartient à la plante du pied. *Voûte plantaire. Verrue plantaire.* – Lat. *plantaris.*

plantation [plɑ̃tasjɔ̃] n. f. **I. 1.** Action de planter ou de repiquer des plantes. *Faire des plantations dans un parc.* **2.** Ensemble des végétaux dont un terrain est planté. **3.** Terrain planté. ▷ *Spécial.* Terrain planté de végétaux d'une même espèce. **4.** Exploitation agricole (champs et bâtiments) pratiquant la monoculture de végétaux de grande taille, dans les pays tropicaux. *Plantation de canne à sucre, d'hévéas.* **II.** Manière dont est plantée la chevelure sur le crâne; limite de la chevelure. *Une plantation drue de cheveux noirs.* – Lat. *plantatio.*

1. plante [plɑ̃t] n. f. *Plante du pied* : face inférieure du pied. – Lat. *planta.*

2. plante [plɑ̃t] n. f. **1.** Tout végétal. *Les plantes et les animaux de la Terre.* ▷ *Spécial.* Végétal supérieur. *Plantes alimentaires, potagères, fourragères. – Plantes industrielles, textiles, tinctoriales, aromatiques, médicinales.* **2.** Fig. Personne, chose dont la vie, le développement rappellent ceux d'une plante. *Une belle plante* : une personne saine et bien faite (se dit en général d'une jeune fille, d'une jeune femme). *Plante de serre* : personne fragile dont on s'occupe avec beaucoup de soins, d'attention. – Lat. *planta,* «plant», p.-ê. de *plantare,* «planter».

planté, ée [plɑ̃te] adj. **I.** (Personnes) **1.** *Bien planté* : bien bâti, bien fait. *Un jeune homme bien planté.* **2.** Debout et immobile. *Ne reste pas planté là comme un piquet!* **II.** Posé, disposé d'une certaine manière (en parlant de certaines parties du corps). *Un cou bien planté sur les épaules.* – Pp. de *planter.*

planter [plɑ̃te] v. [1] **I.** v. tr. **1.** Mettre en terre (une plante) pour qu'elle prenne racine et croisse. *Planter un arbre.* **2.** Mettre (des graines, des tubercules, etc.) en terre. *Planter des tulipes, des haricots.* **3.** Ensemencer, garnir (une terre de végétaux). **4.** Enfoncer, ficher (dans le sol, dans un matériau résistant). *Planter un poteau. Planter des clous dans un mur.* **5.** Fixer, placer droit. *Planter un drapeau au sommet d'un édifice.* **6.** Appliquer avec force, brusquement. *Planter un baiser sur la joue de qqn.* **7.** Fam. *Planter là* : abandonner brusquement. **II.** v. pron. **1.** (Passif) *Les arbres se plantent en automne.* ▷ *Le couteau s'est planté à deux centimètres de son pied.* **2.** *Se planter quelque part,* s'y placer et y rester sans bouger. *Venir se planter devant qqn.* **3.** Fam. Avoir un accident (véhicules). *Il s'est planté dans le décor.* ▷ Se tromper. *Il s'est planté dans ses calculs.* – Échouer. *Je me suis planté à mon examen.* – Lat. *plantare,* «enfoncer avec la *plante* (du pied)», et, spécial., «enfoncer un végétal».

planteur, euse [plɑ̃tœʀ, øz] n. **I. 1.** Rare Personne qui plante des arbres, des végétaux. **2.** Exploitant d'une plantation (sens I, 4). **II.** n. f. AGRIC Machine servant à planter les tubercules (les pommes de terre, en partic.). – De *planter.*

plantigrade [plɑ̃tigʀad] adj. et n. m. ZOOL **1.** adj. Qui marche sur la plante des pieds. **2.** n. m. Mammifère qui pose toute la surface du pied sur le sol (par oppos. à *digitigrade*). – De *plante* 1, et lat. *gradi,* «marcher».

plantoir [plɑ̃twaʀ] n. m. AGRIC Outil conique servant à faire des trous dans le sol pour y repiquer des plants ou y semer des graines. – De *planter.*

planton [plɑ̃tɔ̃] n. m. **1.** Soldat affecté auprès d'un officier, d'un bureau, pour porter les plis, assurer les liaisons utiles. ▷ Service assuré par le planton. *Être de planton.* **2.** Fig., fam. *Faire le planton, rester de planton* : attendre qqn debout pendant un long moment. – De *planter.*

plantule [plɑ̃tyl] n. f. BOT Embryon végétal qui commence à se développer. – Bas lat. *plantula,* «petite plante».

plantureusement [plɑ̃tyʀøzmɑ̃] adv. Vx De manière plantureuse; abondamment. – De *plantureux.*

plantureux, euse [plɑ̃tyʀø, øz] adj. **1.** Copieux, abondant (en parlant de la nourriture). *Un dîner plantureux.* **2.** *Une femme plantureuse,* grande et bien en chair. **3.** Rare Très fertile. *Un pays plantureux.* – De l'a. fr. *plenté* (écrit *planté*), du lat. *plenitas,* «abondance», de *plenus,* «plein».

plaquage [plakaʒ] n. m. **1.** SPORT Au rugby, action de plaquer un adversaire. **2.** Fam. Action de plaquer (sens 6), d'abandonner (qqn, qqch). – De *plaquer.*

plaque [plak] n. f. **1.** Morceau, de faible épaisseur, d'une matière rigide (métal, bois, verre, etc.). **2.** *Spécial.* Plaque (sens 1) portant une inscription. *Plaque minéralogique,* portant le numéro d'immatriculation d'un véhicule. ▷ Insigne de certaines fonctions. *Plaque de garde champêtre, de commissionnaire.* – Insigne porté par les dignitaires de différents ordres. *La plaque de grand officier de la Légion d'honneur.* **3.** ELECTRON Anode d'un tube électronique. **4.** PHOTO *Plaque sensible* : plaque (à l'orig., en verre, auj. en matière souple) recouverte d'une couche sensible à la lumière. *Appareil à plaques.* **5.** CH de F *Plaque tournante* : plaque métallique circulaire de grand diamètre, mobile sur pivot et portant des rails, qui permet de diriger les locomotives ou les wagons sur l'une ou l'autre des voies qui convergent vers elle; fig. lieu par lequel passent des personnes venues de pays divers pour se rendre ailleurs, par où circulent des marchandises; fig. institution, personne par qui passent des informations, des documents, etc. **6.** GEOL Élément rigide formé de croûte et de manteau supérieur, constituant, avec d'autres éléments semblables, l'enveloppe externe de la Terre. V. encycl. **7.** Tache, lésion superficielle à contour imprécis apparaissant sur la peau ou les muqueuses. *Plaque muqueuse* : lésion syphilitique secondaire qui apparaît à la surface de la peau ou des muqueuses, au voisinage d'un orifice naturel. *Sclérose* en plaques.* ▷ *Plaque dentaire* : dépôt à la surface des dents, constitué notam. de débris alimentaires et bactériens, qui joue un rôle dans la formation des caries. **8.** JEU Grand jeton rectangulaire. **9.** Loc. fam. *Être à côté de la plaque* : être à côté du sujet, se fourvoyer. – De *plaquer.*

ENCYCL **Géol.** – Selon la théorie de la *tectonique des plaques,* conçue dans les années 1960, l'enveloppe externe de la Terre est constituée d'une mosaïque de plaques rigides, animées de mouvements relatifs. Ces plaques, épaisses d'une centaine de kilomètres, sont formées de lithosphère, c'est-à-dire de croûte océanique (basalte) ou continentale (granite) et de manteau supérieur. Elles se déplacent sur une zone plastique, partiellement fondue, l'asthénosphère, ce qui explique les déplacements relatifs des continents. Les plaques se renouvellent perpétuellement, car les dorsales océaniques sont le lieu d'énormes épanchements volcaniques. Cet apport de matière (accrétion) provoque l'accroissement et la migration latérale des plaques, symétriquement par rapport à l'axe de la dorsale. À l'autre extrémité, une plaque se détruit en plongeant dans le manteau sous la plaque voisine (subduction). Les zones de subduction, matérialisées par des fosses océaniques, sont le siège d'une forte sismicité et d'une intense activité volcanique. C'est également dans ces zones, où deux plaques adjacentes s'affrontent, que se forment les chaînes de montagnes.

plaqué [plake] n. m. **1.** Métal commun recouvert d'une mince couche de métal précieux. *Bracelet en plaqué or. Montre en plaqué.* **2.** Bois recouvert de placage (sens 2). *C'est du massif ou du plaqué?*– Pp. subst. de *plaquer.*

plaquemine [plakmin] n. f. Rare Fruit du plaqueminier. Syn. kaki. – De l'algonkin (langue* amérindienne) *piakimin.*

plaqueminier [plakminje] n. m. BOT Arbre des régions chaudes à bois très dur (genre *Diospyros,* fam. ébénacées) dont les espèces indiennes et ceylanaises fournissent une variété d'ébène. *Le plaqueminier du Japon a pour fruit le kaki.* – De *plaquemine.*

plaquer [plake] v. tr. [1] **1.** Appliquer (une plaque, une feuille mince) sur une surface. *Plaquer de l'acajou sur du chêne.* **2.** Recouvrir (un objet) d'une couche (de métal précieux). *Plaquer un briquet d'argent.* ▷ Pp. adj. *Plaqué or.* Fig. Artificiel, qui semble surajouté. *Un sourire plaqué,* faux. **3.** Aplatir, maintenir contre (qqch). *Plaquer une mèche de cheveux sur son front.* **4.** MUS *Plaquer un accord* : frapper simultanément sur le clavier les notes qui le composent (par oppos. à *arpéger*). **5.** *Plaquer qqn contre, sur qqch,* l'y projeter et l'y maintenir avec force. *Le souffle de l'explosion l'a plaqué au sol.* ▷ v. pron. *Se plaquer à, contre un arbre.* ▷ SPORT Au rugby, saisir aux jambes (un adversaire) dans sa course et l'envoyer à terre. **6.** Fam. Quitter, abandonner. *Il a plaqué sa femme.* – Du moy. néerl. *placken,* « rapiécer ».

plaquette [plakɛt] n. f. **1.** Petite plaque. *Plaquette de chocolat.* **2.** Mince volume. *Une plaquette de poésie.* **3.** BIOL Élément figuré du sang, dépourvu de noyau, qui joue un rôle important dans la coagulation du sang et l'hémostase primaire. Syn. thrombocyte. – Dimin. de *plaque.*

plaqueur, euse [plakœʀ, øz] n. TECH Bijoutier spécialiste du plaqué. ▷ Ébéniste spécialiste du placage. – De *plaquer.*

plas-, -plasie. Éléments, du gr. *plasis,* « action de modeler ». V. -plaste.

plasma [plasma] n. m. **1.** BIOL Partie liquide du sang, au sein de laquelle les éléments figurés (hématies, leucocytes, plaquettes) sont en suspension. **2.** PHYS Gaz porté à haute température, formé d'un ensemble d'électrons négatifs et d'ions positifs en équilibre avec des molécules ou des atomes non ionisés dont le nombre est d'autant plus faible que la température est plus élevée. – Mot gr., « chose façonnée », de *plassein,* « façonner ».

plasmagène [plasmaʒɛn] adj. **1.** BIOL Qualifie une structure cytoplasmique douée de continuité génétique. ▷ n. m. *Un plasmagène.* **2.** PHYS *Gaz plasmagène,* qui sert à produire un plasma. – De *plasma,* et *-gène.*

plasmalemme [plasmalɛm] n. m. BIOL Syn. de *membrane plasmique** (ou *cytoplasmique*). – De *plasma,* et gr. *lêmma,* « accroissement ».

plasmaphérèse [plasmafeʀɛz] n. f. MED Technique qui consiste à faire passer par dérivation le sang d'un malade dans un appareil où s'effectue un échange de plasma. – De *plasma,* et gr. *aphairesis,* « action d'enlever ».

plasmatique [plasmatik] adj. BIOL Qui se rapporte au plasma sanguin. – De *plasma.*

-plasme, plasmo-. Éléments, du gr. *plasma,* « chose façonnée », ou du fr. *plasma* (sens 1).

plasmide [plasmid] n. f. BIOL Unité d'A.D.N. indépendante du chromosome, dans une bactérie. – De *cytoplasme,* et *-ide.*

plasmine [plasmin] n. f. BIOCHIM Enzyme plasmatique capable de dégrader la fibrine et le fibrinogène. – De *plasma.*

plasmifier [plasmifje] v. tr. [2] PHYS Transformer un gaz en plasma. – De *plasma.*

plasmique [plasmik] adj. BIOL *Membrane plasmique* ou *cytoplasmique :* membrane lipoprotéique qui limite toutes les cellules. Syn. plasmalemme. – De *plasma.*

plasmo-. V. -plasme.

plasmochimie [plasmoʃimi] n. f. CHIM Étude des propriétés et des applications chimiques des plasmas. – De *plasmo-,* et *chimie.*

plasmocyte [plasmosit] n. m. BIOL Cellule conjonctive pathologique, d'un diamètre de 15 à 20 µm, à noyau excentrique. – De *plasmo-,* et *-cyte.*

plasmocytose [plasmositoz] n. f. MED Prolifération des plasmocytes dans la moelle osseuse ou le sang. – De *plasmocyte.*

plasmode [plasmod] n. m. BIOL Masse cytoplasmique renfermant, sous une seule membrane cellulaire, de nombreux noyaux. – De *(cyto)plasme,* et gr. *eidos,* « forme ».

plasmodium [plasmodjom] n. m. MED Hématozoaire agent du paludisme. – Lat. sav.

plasmolyse [plasmoliz] n. f. BIOL Perte d'eau, par osmose, d'une cellule placée dans un milieu hypertonique. – De *plasmo-,* et *-lyse.*

plasmopara [plasmopaʀa] n. m. BOT Champignon oomycète dont une espèce (*Plasmopara viticola*) est l'agent du mildiou de la vigne. – De *plasmo-,* et *para(site).*

-plaste, -plastie. Éléments, du gr. *plassein,* « modeler ».

plaste [plast] n. m. BOT Organite cellulaire caractéristique de tous les végétaux autres que les champignons. – Du gr. *plassein,* « façonner ».

plastic [plastik] n. m. Explosif ayant la consistance du mastic. – Mot angl., de *plastic explosive.*

plasticage ou **plastiquage** [plastikaʒ] n. m. Action de plastiquer. – De *plastiquer.*

plasticien, enne [plastisjɛ̃, ɛn] n. **1.** Didac. Artiste qui se consacre aux recherches sur la plastique. **2.** TECH Ouvrier spécialisé dans le travail des matières plastiques. **3.** CHIR Médecin spécialiste de la chirurgie plastique*. – De *plastique.*

plasticité [plastisite] n. f. **1.** Aptitude d'une matière à prendre différentes formes. *Plasticité de l'argile.* ▷ Bx-A *Plasticité d'un sujet,* son caractère sculptural. **2.** Fig. Souplesse morale. *Plasticité du caractère.* – De *plastique.*

-plastie. V. -plaste.

plastie [plasti] n. f. CHIR Opération destinée à rétablir un organe dans son fonctionnement ou sa morphologie. – Du gr. *plassein,* « façonner ».

plastifiant, ante [plastifjɑ̃, ɑ̃t] adj. et n. m. TECH Se dit d'une substance que l'on introduit dans un mélange pour augmenter sa plasticité et sa résistance à l'humidité et aux agents chimiques. ▷ n. m. *Un plastifiant.* – Ppr. de *plastifier.*

plastification [plastifikasjɔ̃] n. f. TECH Action de plastifier. – De *plastifier.*

plastifier [plastifje] v. tr. [2] **1.** Rendre plastique par l'utilisation d'un plastifiant. **2.** Recouvrir d'une feuille ou d'un enduit en matière plastique. – Pp. adj. *Cahier à couverture plastifiée.* – De *plastique,* et *-fier.*

plastiquage. V. plasticage.

plastique [plastik] adj. et n. **A. I.** adj. **1.** Qui a rapport aux formes matérielles et à leur harmonie. ▷ *Chirurgie plastique :* partie de la chirurgie ayant pour but la réparation ou la correction fonctionnelle ou esthétique de certaines malformations, de certaines lésions post-traumatiques. **2.** Qui concerne l'art, les techniques de la forme. *Arts plastiques,* qui ont pour but de reproduire, d'élaborer des formes (modelage, peinture, sculpture, etc.). **3.** De forme harmonieuse. *Pose plastique.* **II.** n. f. **1.** Ensemble des formes (d'une statue, d'un corps) considérées du point de vue de leur harmonie. *La plastique d'une danseuse.* **2.** Art de donner forme à une substance ; intelligence de la forme. *La plastique grecque.* **B.** adj. et n. m. **1.** Qui peut être modelé, qui est malléable. ▷ *Argile plastique,* utilisée en céramique. **2.** *Matière plastique* ou, n. m., *le, du plastique :* produit constitué de substances organiques de grande masse molaire (macromolécules) auxquelles on a ajouté des composés (plastifiants, charges, stabilisants) destinés à améliorer leurs caractéristiques. *Lunettes, sac en plastique.* – Lat. *plasticus,* gr. *plastikos,* « relatif au modelage » ; sens A, II, 1, lat. *plastica,* n. f.

ENCYCL On distingue : **1.** Les matières plastiques *naturelles* (ex. : la corne, l'écaille, la gélatine). **2.** Les matières plastiques *artificielles,* obtenues à partir de produits naturels (ex. : la nitrocellulose, la cellophane). **3.** Les matières plastiques *synthétiques,* fabriquées à partir des dérivés du pétrole (pétroléochimie) ou du charbon (carbochimie) : a) Les *matières thermoplastiques* (plastomères) sont constituées de macromolécules linéaires obtenues par polymérisation ou polycondensation (polyacryliques, polyamides, polystyrènes, polythènes, polychlorure de vinyle, polyuréthanes, téflon, etc.); b) Les *matières thermodurcissables* ont une structure tridimensionnelle (polyesters, résines époxydes, silicones, etc.). Les matières plastiques résistent aux chocs, même à basse température; elles permettent de réaliser les formes les plus diverses; elles résistent aux rayonnements U.V. et ne se corrodent pas.

plastiquement [plastikmɑ̃] adv. Du point de vue de la plastique. – De *plastique.*

plastiquer [plastike] v. tr. [1] Faire sauter avec une, des charges de plastic. – De *plastic.*

plastiqueur, euse [plastikœʀ, øz] n. Auteur d'un plasticage. – De *plastiquer.*

plastoc [plastɔk] n. m. Fam. (Souvent péjor.) Abrév. de plastique. *Un cartable en plastoc.*

plastron [plastʀɔ̃] n. m. **1.** Anc. Partie de la cuirasse protégeant la poitrine. ▷ SPORT En escrime, pièce de cuir matelassée qui protège la poitrine. **2.** Pièce d'étoffe, fixe ou non, appliquée sur le devant d'un corsage ou d'une chemise d'homme. – Ital. *piastrone,* « haubert ».

plastronner [plastʀɔne] v. [1] **1.** v. tr. TECH Garnir d'un plastron : protéger avec un plastron. **2.** v. intr. Cour. Bomber la poitrine. ▷ Fig. Prendre des airs avantageux; triompher sans modestie. – De *plastron.*

plasturgie [plastyʀʒi] n. f. TECH Technologie des matières plastiques. – De *plastique,* et gr. *ergon,* « ouvrage, travail ».

plasturgiste [plastyʀʒist] n. Professionnel(le) de la plasturgie. – De *plasturgie.*

1. plat, plate [pla, plat] adj. et n. m. **A.** adj. **I. 1.** Se dit d'une surface plane, unie et en partic. horizontale. *Terrain plat. Bateau à fond plat. Pays plat,* qui a peu de relief. – Spécial. *Le plat pays :* la Flandre. **2.** À fond plat (sens 1); peu profond. *Assiette plate* (par oppos. à *creuse*). **3.** Qui n'est pas saillant. *Pommettes plates. Cheveux plats,* ni frisés ni bouclés. *Avoir la poitrine plate,* et par ext. *être plate* (en parlant d'une femme). ▷ GEOM *Angle plat,* de 180°. **4.** Qui a peu d'épaisseur. *Poissons plats* (sole, limande, etc.). – *Sa bourse est plate,* vide. – Qui a peu de hauteur. *Talons plats* (par oppos. à *hauts*), et, par ext., *souliers plats.* **5.** Loc. adv. *À plat :* horizontalement, sur la partie la plus large. *Ranger des livres, des disques, à plat.* ▷ *Pneu à plat,* entièrement dégonflé. ▷ *À plat ventre :* couché sur le ventre, la face tournée vers le sol. – Fig. *Être à plat ventre devant qqn,* lui être servilement dévoué. ▷ Loc. fig. *Mettre à plat :* considérer dans toutes ses implications (un problème). – Fam. *Être à plat,* épuisé. **II. 1.** Sans qualités marquantes; sans caractère, sans personnalité. *Style plat.* **2.** Fade, insipide. *Un vin plat.* ▷ *Eau plate,* non gazeuse. **3.** Servile, obséquieux. *Être plat devant ses supérieurs.* **B.** n. m. Ce qui est plat. **1.** Partie plate de qqch. *Le plat de la main* (par oppos. au *dos*). *Le plat d'une lame* (par oppos. au *tranchant*). ▷ Loc. *Faire du plat à qqn,* le flatter servilement. – *Faire du plat à une femme,* la courtiser ostensiblement. **2.** En reliure, chacune des deux faces de la couverture d'un livre relié ou, par ext., broché. *Les plats et le dos d'un volume.* **3.** TECH Produit sidérurgique fini de faible épaisseur. – Lat. pop. **plattus,* gr. *platus,* « large, étendu ».

2. plat [pla] n. m. **1.** Pièce de vaisselle plus grande que l'assiette, dans laquelle on sert les mets. *Plat à poisson.* ▷ *Œufs au plat, sur le plat,* que l'on casse sur un récipient métallique plat et que l'on fait cuire sans les brouiller. ▷ Loc. fig. *Mettre les petits plats dans les grands :* recevoir à grands frais pour faire honneur à ses invités. – Fam. *Mettre les pieds dans le plat :* commettre une maladresse; ne pas ménager son auditoire, entrer dans le vif du sujet au risque de heurter les bienséances. **2.** Mets contenu dans un plat. *Un plat de frites, de moules.* **3.** Mets d'un menu. *Plat de viande.* ▷ *Plat garni :* constitué de viande (ou de poisson) servie avec des légumes. ▷ *Plat du jour :* mets confectionné pour le jour même et différent chaque jour, dans un restaurant. ▷ *Plat de résistance :* plat principal d'un repas. **4.** Fig., fam. *Faire (tout) un plat d'une chose,* lui donner une importance qu'elle n'a pas. **5.** *Plat à barbe :* bassin creux, ovale et échancré, utilisé autref. par les barbiers. – De *plat* 1.

platane [platan] n. m. **1.** Arbre de grande taille (genre *Platanus*) dont l'écorce blanc verdâtre se détache par larges plaques, à fleurs unisexuées groupées en capitules globuleux. *Place ombragée de platanes.* **2.** *Faux platane :* syn. de *sycomore.* – Lat. *platanus,* gr. *platanos.*

plat-bord [plabɔʀ] n. m. MAR Surface horizontale qui termine le bordé d'un navire à sa partie supérieure. *Des plats-bords.* – De *plat,* et *bord.*

plate [plat] n. f. **1.** ARCHEOL Chacune des plaques qui composaient une armure. **2.** Petite embarcation à fond plat. – Subst. fém. de *plat, plate.*

plateau [plato] n. m. **I. 1.** Plaque, tablette en matériau rigide destinée à servir de support. – *Plateaux d'une balance,* où l'on pose les poids et la marchandise à peser. *Plateau d'un pèse-bébé.* **2.** Grand plat de bois, de métal, de porcelaine, etc., pour présenter le café, le thé, l'apéritif, etc. **3.** *Plateau d'un électrophone :* plaque rotative circulaire sur laquelle on pose les disques. **4.** TECH Disque d'un frein, d'un embrayage. ▷ Roue dentée d'un pédalier de bicyclette. ▷ Élément mobile qui reçoit la pièce à usiner, sur une machine-outil. ▷ CH de F Syn. de *plate-forme* (sens I, 3). **5.** *Le plateau d'un théâtre :* la scène. *Le plateau d'un studio de cinéma, de télévision :* l'espace où sont plantés les décors et où les acteurs évoluent. ▷ Ensemble du personnel, du matériel et des installations nécessaires à la prise de vues en studio ou à la représentation sur scène. *Frais de plateau.* **II. 1.** Grande surface plane située en altitude. *Haut plateau des Andes.* **2.** *Plateau continental :* haut-fond qui borde un continent. **3.** BIOL Bordure striée des cellules épithéliales. – De *plat;* d'abord *platel,* « écuelle ».

plate-bande [platbɑ̃d] n. f. **1.** ARCHI Moulure plate et large. ▷ Architrave ou linteau qui forment une bande horizontale sans ornements. **2.** Bande de terre, entourant un carré de jardin, plantée de fleurs, d'arbustes, etc. ▷ Fig., fam. *Marcher sur les plates-bandes de qqn,* empiéter sur ses droits, sur son domaine. *Des plates-bandes.* – De *plat,* et *bande.*

1. platée [plate] n. f. TECH Massif de fondation d'un bâtiment. – Lat. *platea,* gr. *plateia.*

2. platée [plate] n. f. Contenu d'un plat (avec une idée d'abondance massive). *Une platée de haricots.* – De *plat.*

plate-forme [platfɔʀm] n. f. **I. 1.** Surface plane horizontale, généralement surélevée et soutenue par de la maçonnerie. *Des plates-formes.* – Couverture d'un bâtiment sans combles, en forme de terrasse. ▷ TRAV PUBL Surface préparée pour établir une route, une voie ferrée. **2.** TECH Surface plate équipée de différents matériels. *Plate-forme de forage,* servant au forage de puits de pétrole en mer. **3.** CH de F Wagon plat sans ridelles pour le transport des marchandises. **4.** Partie non close d'un véhicule public où les voyageurs se tiennent debout. *Plate-forme d'un autobus.* **5.** MILIT Emplacement aménagé pour recevoir du matériel et des hommes. *Une plate-forme de tir.* **II.** GEOGR Plateau. *Plate-forme structurale :* surface d'une couche dure dégagée par l'érosion. **III.** Programme, ensemble d'analyses et de revendications qui servent de point de départ à une politique commune. *Plate-forme électorale d'un parti.* ▷ Document où est consigné un tel programme. – De *plat*, et *forme*; sens III, angl. *platform*, du fr.

platelage [platlaʒ] n. m. CONSTR Plancher de charpente. – De l'a. fr. *platel*, «plateau».

plate-longe [platlɔ̃ʒ] n. f. **1.** Longe servant à maintenir les chevaux difficiles lorsqu'on les ferre. **2.** Pièce de harnais placée sur la croupe des chevaux attelés pour les empêcher de ruer. *Des plates-longes.* – De *plat*, et *longe*.

platement [platmɑ̃] adv. D'une manière plate (sens A, II). *Écrire platement. S'excuser platement.* – De l'adj. *plat*.

plateresque [platʀɛsk] adj. BX-A *Style plateresque* : style architectural et décoratif de la première Renaissance espagnole, qui combine avec exubérance certains éléments du répertoire ornemental italien et diverses formes gothiques et orientales. – Esp. *plateresco*, de *plata*, «argent».

plathelminthes [platɛlmɛ̃t] n. m. pl. ZOOL Embranchement de vers dont le corps aplati est muni d'un tube digestif en cul-de-sac, dépourvu d'anus (douves, ténias, etc.). – Sing. *Un plathelminthe.* – Du gr. *platus*, «large», et *helmins*, *helminthos*, «ver».

platinage [platinaʒ] n. m. TECH Action de platiner; son résultat. – De *platiner*.

1. platine [platin] n. f. TECH Pièce plate, support plat. **1.** Plaque sur laquelle est fixé le mécanisme de percussion, dans les armes à feu anciennes. **2.** Plaque métallique qui donne passage à la clef, dans une serrure. **3.** Plaque qui soutient le mécanisme d'un mouvement d'horlogerie. *Platine d'une montre.* **4.** Ensemble constitué par le plateau et les organes moteurs d'un électrophone. **5.** Plateau d'un microscope, sur lequel on place la préparation à examiner. **6.** Partie de la presse typographique qui foule sur le tympan. – De *plat* 1.

2. platine [platin] n. m. et adj. inv. **1.** n. m. Élément métallique de numéro atomique Z = 78, de masse atomique 195,09 (symbole Pt). – Métal (Pt) précieux très ductile, de densité 21,4, qui fond à 1 770 °C et bout à 3 800 °C. *Le platine est, avec l'or, le plus précieux des métaux.* **2.** adj. inv. De la couleur du platine. *Cheveux teints en blond platine.* V. platiné. – Esp. *platina*, de *plata*, «argent».

platiné, ée [platine] adj. **1.** AUTO *Vis platinée* : pastille de contact d'un système d'allumage. **2.** Qui rappelle la couleur du platine, d'un blond très pâle. *Cheveux platinés.* – Par ext. *Une blonde platinée*, aux cheveux blond platine. – Pp. de *platiner*.

platiner [platine] v. tr. [1] **1.** TECH Recouvrir de platine. **2.** Donner la teinte du platine à. – De *platine* 2.

platinifère [platinifɛʀ] adj. MINER Qui contient du platine. *Roche platinifère.* – De *platine* 2, et *-fère*.

platinite [platinit] n. m. METALL Alliage de fer et de nickel dont le coefficient de dilatation est très voisin de celui du platine et du verre. – De *platine* 2.

platinoïde [platinɔid] n. m. **1.** CHIM Nom générique des éléments dont les propriétés sont analogues à celles du platine (iridium, osmium, palladium, rhodium et ruthénium), et qui lui sont associés dans les gisements. – *Les platinoïdes* : ces éléments, avec le platine lui-même. **2.** TECH Alliage de maillechort et de tungstène, succédané industriel du platine. – De *platine*, et *-oïde*.

platitude [platityd] n. f. **1.** Défaut de ce qui est plat, sans originalité; acte, propos plat. *Dire des platitudes.* **2.** Vieilli Caractère d'un individu plat, obséquieux. – Acte, comportement servile. *Faire des platitudes.* **3.** Rare Absence de saveur, de caractère; fadeur (en parlant d'un vin). – De l'adj. *plat*.

platonicien, enne [platɔnisjɛ̃, ɛn] adj. et n. Relatif à la philosophie de Platon; qui s'inspire du platonisme. ▷ Subst. Disciple de Platon; adepte du platonisme. – Du lat. *platonicus*, «de Platon».

platonique [platɔnik] adj. **1.** PHILO Vx Relatif à la pensée de Platon, partic. à l'idéalisme platonicien. **2.** Mod. Purement idéal. *Amour platonique*, exempt de toute relation charnelle. ▷ Sans résultat pratique, sans efficacité. *Démarche purement platonique.* – De *Platon*; par le lat. *platonicus*.

platoniquement [platɔnikmɑ̃] adv. De manière platonique. *Aimer une femme platoniquement.* – De *platonique*.

platonisme [platɔnism] n. m. **1.** PHILO Doctrine de Platon et de ses disciples. **2.** Caractère de l'amour platonique. – Du n. de *Platon* (v. 428-348 ou 347 av. J.-C.), philosophe grec.

plâtrage [plɑtʀaʒ] n. m. **1.** Action, façon de plâtrer. **2.** Rare Ouvrage fait de plâtre. – De *plâtrer*.

plâtras [plɑtʀa] n. m. Débris de plâtre ouvré. – De *plâtre*.

plâtre [plɑtʀ] n. m. **1.** Gypse, sulfate de calcium. *Une carrière de plâtre.* **2.** Matériau de construction provenant de la calcination du gypse; poudre blanche qui, mélangée à de l'eau, forme une pâte plastique qui se solidifie rapidement. *Gâcher du plâtre*, le mélanger à de l'eau. ▷ Fig. *Battre qqn comme plâtre*, très fort. **3.** *Les plâtres* : les ouvrages mettant en œuvre du plâtre (enduits intérieurs, plafonds, etc.). *Essuyer les plâtres* : habiter le premier une maison nouvellement bâtie; fig. subir le premier les désavantages d'une situation nouvelle, d'une découverte qui n'est pas encore au point, etc. **4.** *Un plâtre* : un ouvrage moulé en plâtre. *Les plâtres d'une frise.* **5.** MED Appareil de contention, formé de bandelettes plâtrées, utilisé pour le traitement de nombreuses fractures. **6.** Fam. Fromage fermenté, spécial., camembert, qui n'est pas fait (et dont la consistance évoque le plâtre sec). – De *emplâtre*, par analogie d'aspect.

plâtrer [plɑtʀe] v. tr. [1] **1.** Couvrir, enduire de plâtre. **2.** AGRIC *Plâtrer une prairie*, l'amender en y répandant du plâtre. **3.** VITIC *Plâtrer du vin*, le clarifier à l'aide de plâtre. **4.** Mettre (un membre fracturé) dans un plâtre. *Plâtrer un bras.* **5.** v. pron. Fig., fam. *Se plâtrer le visage* : se farder avec excès. – De *plâtre*.

plâtrerie [plɑtʀəʀi] n. f. **1.** Travail du plâtrier. **2.** Usine où l'on prépare le plâtre. Syn. plâtrière. – De *plâtre*.

plâtreux, euse [plɑtʀø, øz] adj. **1.** Qui contient du plâtre (sens 1). **2.** Recouvert de plâtre. **3.** Qui a la couleur blafarde du plâtre. *Teint plâtreux.* ▷ Qui rappelle la consistance du plâtre. *Fromage plâtreux.* – De *plâtre*.

plâtrier, ère [plɑtʀije, ɛʀ] n. Personne qui travaille le plâtre ou qui vend du plâtre. ▷ *Spécial.* Ouvrier spécialisé dans l'exécution des plâtres (sens 3). (Rare au fém.)– De *plâtre*.

plâtrière [plɑtʀijɛʀ] n. f. **1.** Carrière de gypse. **2.** Four où l'on cuit le plâtre. ▷ Syn. de *plâtrerie* (sens 2). – De *plâtre*.

platy-. Élément, du gr. *platus*, «large».

platycerium [platiseʀjɔm] n. m. BOT Fougère tropicale ornementale. – De *platy-*, et du gr. *keras*, «corne».

platyr(r)hiniens [platiʀinjɛ̃] n. m. pl. ZOOL Sous-ordre de singes du Nouveau Monde vivant dans les forêts et caractérisés par leurs narines écartées et une longue queue souvent préhensile (sakis, sapajous, hurleurs, ouistitis, etc.). – Sing. *Un platyr(r)hinien.* – De *platy-*, et gr. *rhis*, *rhinos*, «nez».

plausibilité [plozibilite] n. f. Didac. Caractère de ce qui est plausible. – De *plausible*.

plausible [plozibl] adj. Qui peut être considéré comme vrai, que l'on peut admettre. *Une explication plausible.* – Lat. *plausibilis*, « digne d'être applaudi ».

plausiblement [plozibləmɑ̃] adv. Didac. D'une manière plausible. – De *plausible.*

play-back [plɛbak] n. m. inv. (Anglicisme) AUDIOV Technique qui consiste, à faire jouer ou chanter un acteur, un chanteur, etc., en synchronisme avec un enregistrement de sa voix effectué préalablement. *Chanter en play-back.* Syn. (officiellement recommandé) présonorisation. – Mot angl., de *to play back*, « rejouer ».

play-boy [plɛbɔj] n. m. (Anglicisme) Jeune homme au physique séduisant, connu pour sa vie facile et ses succès féminins. *Des play-boys.* – Mot amér.

plèbe [plɛb] n. f. **1.** ANTIQ À Rome, la classe populaire (par oppos. à *patriciat*). **2.** Vieilli, péjor. Bas peuple. – Lat. *plebs.*

plébéien, enne [plebejɛ̃, ɛn] n. et adj. **1.** ANTIQ ROM Homme, femme de la plèbe (par oppos. à *patricien*). ▷ adj. *Magistrat plébéien.* **2.** Litt. Homme, femme du peuple. ▷ adj. (Souvent péjor.) *Des mœurs plébéiennes.* – Lat. *plebeius.*

plébiscitaire [plebisitɛʀ] adj. POLIT Relatif au plébiscite. – De *plébiscite.*

plébiscite [plebisit] n. m. **1.** ANTIQ ROM Loi votée par l'assemblée de la plèbe. **2.** Vote direct du peuple, par lequel il est appelé à un choix ou à une approbation. (La notion inclut le référendum*.) – Lat. *plebiscitum*, propr. « décision du peuple ».

plébisciter [plebisite] v. tr. [1] Élire, approuver par un plébiscite ; élire, approuver à une très forte majorité. *Se faire plébisciter.* – De *plébiscite.*

plectre [plɛktʀ] n. m. MUS **1.** ANTIQ Petite baguette de bois, d'ivoire, qui servait à toucher les cordes de la lyre. **2.** Mod. Médiator. – Lat. *plectrum*, gr. *plêktron*, de *plêssein*, « frapper ».

-plégie. Élément, du gr. *plêssein*, « frapper ».

pléiade [plejad] n. f. **1.** *Les Pléiades* : dans la myth. gr., les sept filles d'Atlas et de Pléioné. Désespérées du sort que Zeus avait réservé à leur père, elles se donnèrent la mort et furent métamorphosées en étoiles. **2.** ASTRO *Les Pléiades* : groupe de sept étoiles dans la constellation du Taureau. **3.** LITTER *La Pléiade* : groupe de sept poètes grecs d'Alexandrie (IIIe s. av. J.-C.), Alexandre l'Étolien, Philiscos de Corcyre, Sosithée d'Alexandrie, Sosiphanes de Syracuse, Dionysiades ou Æantides de Tarse, Homère de Byzance et Lycophron de Chalcis. - Groupe de sept poètes français de la Renaissance qui réunissait autour de Ronsard et de J. du Bellay, J. Peletier, puis, à sa mort, Dorat, J.A. de Baïf, Pontus de Tyard, É. Jodelle, R. Belleau. **4.** Groupe de personnes illustres ou remarquables. *Une pléiade de vedettes.* – Du lat. *Pleiades*, n. de la myth. gr, les « Pléiades », filles d'Atlas métamorphosées en étoiles.

plein, pleine [plɛ̃, plɛn] adj., adv., prép. et n. m. **A.** adj. **I. 1.** Qui contient tout ce qu'il lui est possible de contenir (par oppos. à *vide*). *Un verre plein, presque plein, à moitié plein.* - (Personnes) Pop. *Être plein*, ivre. ▷ (Avant le nom.) *Une pleine bassine d'eau.* - (Précédé de *à.*) *Puiser à pleines mains.* **2.** Qui contient toutes les personnes qu'il lui est possible de contenir. *Le stade était plein, plein à craquer. Plein comme un œuf*.* **3.** (Temps) *Une journée bien pleine*, bien remplie. **4.** (Sens faible.) *Plein de* : rempli de ; qui contient une grande quantité de, qui a beaucoup de. *La place était pleine de gens. Une chemise pleine de taches*, couverte de taches. - (Abstrait) *Une entreprise pleine de risques.* **5.** Qui porte des petits, en parlant d'une femelle animale. *Cette vache est pleine.* **6.** (Abstrait) « *Mieux vaut une tête bien faite que bien pleine* » (de connaissances) *(Montaigne). Avoir le cœur plein* : être rempli de tristesse. ▷ *Être plein de qqch, de qqn*, en être entièrement occupé. *Être plein de son sujet.* - *Être plein de soi* : être infatué de sa personne. **II. 1.** Dont la matière occupe la masse entière (par oppos. à *creux*). *Brique pleine.* ▷ *Par ext.* (Personnes) *Formes pleines*, rondes, replètes. **2.** *Un son plein*, riche, nourri. **III. 1.** Qui est complet, entier ; qui est à son maximum. *La lune est pleine, c'est la pleine lune*, sa face visible apparaît éclairée tout entière. *La mer est pleine* : la marée est haute. - *Un jour plein* : vingt-quatre heures. ▷ Loc. adj. *À plein temps* : dont la durée égale celle de la journée légale de travail. *Travail à plein temps.* - n. m. *Un plein temps* ou *un plein-temps. Des pleins-temps.* ▷ *Un salarié à plein temps*, dont la durée de travail est un plein temps. ▷ Loc. adv. *Travailler à plein temps.* **2.** Total, entier. *Être en pleine possession de ses moyens.* **3.** Loc. adv. *À plein* : entièrement, totalement. *Argument, objection qui porte à plein.* **IV.** *En plein(e)* (+ subst.) **1.** Au milieu (d'un espace, d'une durée). *Perdu en plein désert. En pleine mer* : au large. *En plein air* : dehors. *En plein été* : au milieu de l'été, au plus fort de l'été. ▷ Au point, au moment le plus fort (d'un phénomène, d'un état). *Tué en pleine gloire.* **2.** (Renforçant une localisation.) *Façade exposée en plein sud* ou, ellipt., *plein sud*, exactement au sud. ▷ Loc. adv. Fam. *En plein sur, en plein dans* : juste, exactement. *En plein dans le mille.* **B.** prép. ou adv. **1.** prép. Autant qu'il se peut, beaucoup. *Il y avait de l'eau plein la bouteille.* ▷ Loc. prép. *Plein de* : beaucoup. *Il y a plein de gens.* **2.** adv. Fam. Beaucoup. *Je l'aime tout plein. Il a plein, tout plein d'argent.* **C.** n. m. **1.** Endroit, volume plein. *Les pleins et les vides.* **2.** Partie grasse d'un caractère calligraphié (par oppos. à *délié*). **3.** *Le plein (de)* : l'état de ce qui est plein. *Le plein de la mer* : la marée haute. ▷ *La mer bat son plein*, elle bat le rivage, la marée étant haute. - Fig. *Battre son plein* : être à son plus haut degré d'intensité. *La fête bat son plein.* **4.** *Faire le plein* : emplir complètement le réservoir d'une voiture avec du carburant. - Fig. *Faire le plein de voix dans une campagne électorale.* – Lat. *plenus.*

pleinement [plɛnmɑ̃] adv. D'une manière pleine, entière ; totalement. *Être pleinement satisfait.* – De *plein.*

plein-emploi [plɛnɑ̃plwa] ou **plein emploi** n. m. sing. ECON Situation où toute la main-d'œuvre d'un pays peut trouver un emploi. – De *plein*, et *emploi.*

plein-jeu [plɛ̃ʒø] n. m. **1.** Registre de l'orgue. **2.** Mélange de jeux à l'orgue. *Des pleins-jeux.* – De *plein*, et *jeu.*

plein-temps. V. plein (sens A, III, 1).

plein-vent [plɛ̃vɑ̃] n. m. Arbre fruitier qui croît en plein vent. *Des pleins-vents.* – De *plein*, et *vent.*

pléistocène [pleistɔsɛn] n. m. GEOL Étage le plus ancien du quaternaire*. ▷ adj. Relatif à cette période. – Du gr. *pleistos*, « beaucoup », et *kainos*, « nouveau ».

plénier, ère [plenje, ɛʀ] adj. **1.** *Réunion, assemblée plénière*, à laquelle tous les membres d'un corps sont convoqués. **2.** THEOL *Indulgence plénière* : remise totale des peines attachées aux péchés. – Bas lat. *plenarius*, de *plenus*, « plein ».

plénipotentiaire [plenipɔtɑ̃sjɛʀ] n. m. Agent diplomatique investi des pleins pouvoirs, en vue d'une mission particulière. ▷ adj. *Ministre plénipotentiaire*, de rang immédiatement inférieur à celui d'ambassadeur. – Du lat. *plenus*, et *potentia*, « pouvoir, puissance ».

plénitude [plenityd] n. f. **1.** Vx État de ce qui est plein. **2.** État de ce qui est complet ; totalité, intégrité. *Conserver la plénitude de ses moyens.* ▷ Litt. Richesse, ampleur. *Plénitude d'un son.* – Lat. *plenitudo*, de *plenus*, « plein ».

plénum [plenɔm] ou **plenum** [plenɔm] n. m. POLIT Réunion plénière (d'une assemblée, d'un comité, etc.). *Le plénum du comité central du parti communiste.* – Angl. *plenum*, du lat. *plenus*, « plein ».

pléonasme [pleɔnasm] n. m. LING Emploi de mots ou d'expressions superflus, mais destinés à renforcer l'idée (ex. *je l'ai vu de mes yeux*), ou qui ne font qu'ajouter, par une répétition fautive, à ce qui vient d'être exprimé (ex. *descendre en bas*). – Gr. *pleonasmos*, «excès, exagération»; signif. d'abord «mot augmenté d'une lettre ou d'une syllabe».

pléonastique [pleɔnastik] adj. Didac. Qui constitue un pléonasme. – De *pléonasme*.

plésiosaure [plezjɔzɔʀ] n. m. PALEONT Grand reptile marin fossile du secondaire (genre *Plesiosaurus*), atteignant 10 m de long. – Lat. mod. *plesiosaurus*, du gr. *plêsios*, «voisin», et *-saure*.

pléthore [pletɔʀ] n. f. **1.** MED ANC Surabondance d'une substance organique (partic. du sang). **2.** Abondance excessive. *Il y a pléthore de postulants à cet emploi.* – Gr. *plêthôrê*, «plénitude».

pléthorique [pletɔʀik] adj. **1.** MED ANC Relatif à la pléthore. – Affecté de pléthore. ▷ Subst. *Un(e) pléthorique.* **2.** Surabondant. *Un personnel pléthorique*, en nombre excessif. – De *pléthore*.

pleur(o)-. Élément, du gr. *pleuron*, «côté».

pleur [plœʀ] n. m. **1.** Vx Lamentation. – Mod., plaisant Larme. *Il a versé un pleur.* **2.** (Plur.) Litt. *Essuyer, sécher ses pleurs*, ses larmes. *« Vois ce visage en pleurs » (Racine).* ▷ Fig. Suintement de sève. *Les pleurs de la vigne.* – Déverbal de *pleurer*.

pleurage [plœʀaʒ] n. m. ELECTROACOUST Déformation d'un son enregistré, due à l'irrégularité de la vitesse de défilement du support, soit à l'enregistrement, soit à la lecture. – De *pleurer*.

pleural, ale, aux [plœʀal, o] adj. ANAT Relatif à la plèvre. – Du gr. *pleura*, «côté, flanc».

pleurant, ante [plœʀɑ̃, ɑ̃t] adj. et n. m. Vx Qui pleure. ▷ n. m. BX-A Statue funéraire dans l'attitude de la désolation. – Ppr. de *pleurer*.

pleurard, arde [plœʀaʀ, aʀd] adj. et n. Fam. Qui pleure, se plaint souvent et sans motif sérieux. ▷ Par ext. *Un ton pleurard.* – De *pleurer*.

pleurer [plœʀe] v. [1] **I.** v. intr. **1.** Verser des larmes. *Pleurer de joie, de honte.* – *Pleurer de rire*, à force de rire. ▷ Loc. fig. *N'avoir plus que les yeux pour pleurer* : avoir tout perdu. ▷ *Pleurer sur qqn, qqch*, en déplorer l'infortune, la perte, etc. **2.** Fig. Se plaindre; demander qqch avec une insistance plaintive. *Pleurer auprès de qqn pour obtenir une faveur.* – Pop. *Pleurer après une augmentation.* **II.** v. tr. **1.** *Pleurer qqn*, s'affliger de sa perte. ▷ Déplorer; regretter avec affliction. *Pleurer la mort d'un ami.* – *Pleurer ses belles années.* **2.** *Pleurer des larmes*, les laisser couler (dans des loc. telles que *pleurer des larmes amères, des larmes de sang*, etc.). **3.** Fam. (Surtout en tournure négative.) Employer, accorder à regret; ménager. *Il ne pleure pas son argent, ses efforts.* – Lat. *plorare*, «crier, se lamenter, pleurer».

pleurésie [plœʀezi] n. f. Inflammation aiguë ou chronique de la plèvre, avec ou sans épanchement. – Lat. médiév. *pleuresis*, gr. *pleuritis*.

pleurétique [plœʀetik] adj. et n. MED **1.** Relatif à la pleurésie. – *Souffle pleurétique*, caractéristique d'un épanchement pleural. **2.** Atteint de pleurésie. ▷ Subst. *Un, une pleurétique.* – Lat. médiév. *pleureticus*, gr. *pleuritikos*.

pleureur, euse [plœʀœʀ, øz] adj. **1.** Vieilli Qui pleure facilement, qui a l'habitude de pleurer. **2.** Se dit de certains arbres dont les branches retombent. *Frêne, saule pleureur.* – De *pleurer*.

pleureuse [plœʀøz] n. f. Femme payée pour assister à des funérailles et pleurer le défunt, dans certaines sociétés, certaines civilisations. – De *pleurer*.

pleurite [plœʀit] n. f. Pleurésie sèche. – Lat. méd. *pleuritis*, mot gr.

pleurnichage [plœʀniʃaʒ], **pleurnichement** [plœʀniʃmɑ̃] n. m. ou **pleurnicherie** [plœʀniʃʀi] n. f. Fam. Action de pleurnicher. – De *pleurnicher*.

pleurnicher [plœʀniʃe] v. intr. [1] Fam. Pleurer ou feindre de pleurer sans raison; prendre un ton larmoyant. – De *pleurer*, *-nicher* viendrait d'une forme rég. signif. «morve».

pleurnicheur, euse [plœʀniʃœʀ, øz] ou **pleurnichard, arde** [plœʀniʃaʀ, aʀd] adj. et n. Qui pleurniche sans cesse. *Un enfant pleurnichard.* – Subst. *Un pleurnichard.* ▷ Par ext. *Ton pleurnicheur*, geignard. – De *pleurnicher*.

pleuro-. V. pleur(o)-.

pleuronectes [plœʀɔnɛkt] ou **pleuronectidés** [plœʀɔnɛktide] n. m. pl. ZOOL Genre (pleuronectes) et famille (pleuronectidés) de poissons plats comportant notam. la plie et le carrelet. – De *pleuro-*, et gr. *nêktos*, «nageant».

pleuronectiformes [plœʀɔnɛktifɔʀm] n. m. pl. ICHTYOL Ordre de poissons téléostéens au corps très aplati, caractérisés par une face ventrale et une face dorsale de colorations différentes (plie, limande, sole, etc.). Syn. poissons plats. – Sing. *Un pleuronectiforme.* – De *pleuronectes*, et *-forme*.

pleuropneumonie [plœʀɔpnømɔni] n. f. MED Pneumonie accompagnée d'une pleurésie. – De *pleuro-*, et *pneumonie*.

pleurote [plœʀɔt] n. m. Champignon (agaric) parasite (genre *Pleurotus*) des troncs d'arbres, dont certaines espèces sont comestibles, auj. cultivé. – De *pleuro-*, et gr. *oûs, ôtos*, «oreille».

pleutre [pløtʀ] n. m. et adj. Litt. Homme sans courage. ▷ adj. *Attitude pleutre.* Syn. lâche, poltron. – Flam. *pleute*, «chiffon», employé au fig. comme terme d'injure.

pleutrerie [pløtʀəʀi] n. f. Litt. Poltronnerie, lâcheté. – De *pleutre*.

pleuvasser [pløvase] ou **pleuvoter** [pløvɔte] v. impers. [1] Pleuvoir légèrement, à petites gouttes. – Formes dial. de *pleuv(oir)*.

pleuviner [pløvine] ou **pluviner** [plyvine] v. impers. [1] Pleuvoir à fines gouttes, bruiner. – De *pleuvoir*.

pleuvoir [pløvwaʀ] v. impers. [39] Tomber, en parlant de la pluie. *Il pleut à verse, à seaux*, abondamment. – Fam. *Il pleut des cordes, des hallebardes*, abondamment, à grosses gouttes. ▷ v. pers. intr. Tomber en grande quantité. *Les obus pleuvent.* – Fig. *Les punitions pleuvent.* – Bas lat. *plovere*, class. *pluere*.

pleuvoter. V. pleuvasser.

plèvre [plɛvʀ] n. f. ANAT Membrane séreuse enveloppant les poumons et constituée de deux feuillets, le feuillet viscéral, appliqué sur les poumons, et le feuillet pariétal, qui tapisse les côtes, le médiastin et le diaphragme. – Du gr. *pleura*, «côté».

plexiglas [plɛksiglas] n. m. Matière plastique transparente et flexible. – Nom déposé; du lat. *plectere*, «plier», et angl. *glass*, «verre».

plexus [plɛksys] n. m. ANAT Entrelacement de filets nerveux ou de vaisseaux qui s'anastomosent. *Plexus solaire* : centre neurovégétatif de l'abdomen, situé entre l'estomac et la colonne vertébrale. – Mot lat., «entrelacement», de *plectere*, «tresser».

pleyon [plɛjɔ̃] ou **plion** [plijɔ̃] n. m. **1.** Brin d'osier qui sert de lien. **2.** Perche de bois flexible. – De *plier*.

1. pli [pli] n. m. **1.** Rabat d'une matière souple sur elle-même, formant une double épaisseur. *Jupe à plis.* **2.**

Marque qui reste à l'endroit où une chose a été pliée. *Pli d'un pantalon.* ▷ *Faux pli,* ou *pli :* pli fait à une étoffe là où il ne devrait pas y en avoir. – Fig., fam. *Ça ne fait pas un pli :* cela ne peut manquer de se produire, d'arriver. ▷ Fig. *Prendre un pli :* contracter une habitude. *Il a pris un mauvais pli.* **3.** Chacune des ondulations que fait une étoffe, une draperie. *Les plis d'un rideau.* ▷ *Le pli d'une étoffe :* la manière dont cette étoffe forme naturellement des plis. **4.** GEOL Chacune des articulations que forment une ou plusieurs couches de terrain sous l'action d'une poussée tangentielle et dont l'ensemble constitue un plissement*. *Pli convexe* (anticlinal), concave (synclinal). **5.** *Mise en plis :* opération qui consiste à donner une forme aux cheveux mouillés et à les sécher à chaud pour qu'ils la conservent. **6.** Bourrelet ou ride de la peau. *Les plis du front.* ▷ Marque sur la peau à la pliure d'une articulation ; creux d'une telle pliure. *Le pli du bras.* **7.** Enveloppe (faite de papier replié) d'une lettre. *Envoyer plusieurs lettres sous le même pli.* ▷ *Par ext.* Lettre. *J'ai reçu votre pli.* **8.** Levée, aux cartes. *Faire deux plis.* – De *plier ;* d'abord *ploi,* déverbal de *ployer.*

2. pli [pli] n. m. Chacun des feuillets d'un contreplaqué. – De l'angl. *ply,* « couche ».

pliable [plijabl] adj. Aisé à plier. – De *plier.*

pliage [plijaʒ] n. m. Action de plier ; manière dont une chose est pliée. – De *plier.*

pliant, ante [plijɑ̃, ɑ̃t] adj. et n. m. **1.** adj. Se dit d'objets spécialement conçus pour pouvoir être pliés en cas de besoin. *Lit pliant.* **2.** n. m. Petit siège de toile pliant, sans bras ni dossier. – Ppr. de *plier.*

plie [pli] n. f. Poisson plat, dit aussi *carrelet.* – Du bas lat. *platessa,* « poisson plat ».

plié [plije] n. m. CHOREGR Mouvement de danse qui s'exécute en pliant les genoux. – Pp. subst. de *plier.*

plier [plije] v. [2] **A.** v. tr. **I. 1.** Mettre en double, une ou plusieurs fois, en rabattant sur lui-même (un objet fait d'une matière souple). *Plier une couverture.* – Fam. *Plier ses affaires,* les ranger. ▷ Fig. *Plier bagage :* fuir, s'en aller en emportant ses affaires. **2.** Rabattre les unes sur les autres (les parties articulées d'un objet) ; fermer (cet objet). *Plier les panneaux d'un paravent. Plier un éventail.* ▷ Accomplir une flexion (d'une articulation). *Plier le bras, les genoux.* **3.** Ployer, courber (une chose flexible). *Plier une branche.* **II.** Assujettir. *Plier qqn à sa volonté.* ▷ v. pron. *Se plier à :* céder, se soumettre à. *Se plier aux exigences de la situation.* **B.** v. intr. **1.** Se courber, ployer. « *L'arbre tient bon, le roseau plie* » *(La Fontaine).* **2.** (Personnes) Céder, se soumettre. *Il ne pliera pas devant des menaces.* – Var. de *ployer,* lat. *plicare.*

plieur, euse [plijœʀ, øz] n. **1.** Ouvrier, ouvrière chargé(e) du pliage. *Plieuse de parachutes.* **2.** n. f. Machine à plier le papier. – De *plier.*

plinthe [plɛ̃t] n. f. **1.** ARCHI Moulure carrée servant de base à une colonne, une statue. **2.** CONSTR Bande (de menuiserie, de plastique, etc.) posée le long des murs ou des cloisons pour masquer le raccord avec le plancher. – Lat. *plinthus,* du gr. *plinthos,* « brique ».

pliocène [pliɔsɛn] n. m. GEOL Dernier étage du tertiaire, entre le miocène et le pléistocène, qui a duré env. 10 millions d'années. ▷ adj. De cette période. *Terrain pliocène.* – Angl. *pliocene,* du gr. *pleiôn,* « plus », et *kainos,* « récent ».

plioir [plijwaʀ] n. m. **1.** Instrument servant à plier. **2.** Planchette échancrée sur laquelle on enroule les lignes de pêche. – De *plier.*

plion. V. pleyon.

plissage [plisaʒ] n. m. Action de plisser (une matière souple). – De *plisser.*

plissé, ée [plise] adj. et n. m. Qui comporte des plis ; qui a été marqué de plis. ▷ n. m. Aspect des plis de ce qu'on a plissé. *Une jupe au plissé parfait.* – Pp. de *plisser.*

plissement [plismɑ̃] n. m. **1.** Action de plisser. *Un plissement d'yeux.* **2.** GEOL Déformation de l'écorce terrestre qui donne naissance à un système de plis* ; ce système lui-même. *Le plissement alpin.* – De *plisser.*

plisser [plise] v. [1] **I.** v. tr. **1.** Orner de plis (une étoffe, du papier, etc.). *Plisser une jupe.* **2.** Marquer de plis en contractant certains muscles. *Plisser le front.* **II.** v. intr. Faire des faux plis. – De *pli* 1.

plisseur, euse [plisœʀ, øz] n. **1.** Personne chargée du plissage des étoffes. **2.** n. f. Machine à plisser les étoffes. – De *plisser.*

plissure [plisyʀ] n. f. Rare Arrangement de plis. – De *plisser.*

pliure [plijyʀ] n. f. **1.** Action de plier des feuilles de papier (pour le brochage, la reliure, etc.). **2.** Endroit où se forme un pli ; marque du pli. – De *plier.*

ploc ! [plɔk] interj. Onomatopée du bruit d'une chute dans l'eau.

plocéidés [plɔseide] n. m. pl. ORNITH Famille d'oiseaux passériformes qui bâtissent des nids en boule (moineaux, tisserins, bengalis, etc.). – Sing. *Un plocéidé.* – Du gr. *plokê,* « tressage, tissage ».

ploiement [plwamɑ̃] n. m. Action, fait de ployer ; son résultat. – De *ployer.*

plomb [plɔ̃] n. m. **1.** Élément métallique de numéro atomique Z = 82 et de masse atomique 207,19 (symbole Pb). – Métal (Pb) d'un gris bleuâtre, de densité 11,34, qui fond à 327,5 °C et bout à 1 740 °C, utilisé pour la fabrication de couvertures d'édifices, conduites d'eau et de gaz, accumulateurs électriques, plombs de chasse, etc., et pour la protection contre les rayonnements X et γ qu'il absorbe. ▷ *De plomb, en plomb :* très lourd (au propre et au fig.). *Jambes de plomb. Soleil de plomb.* – Loc. *N'avoir pas de plomb dans la tête, dans la cervelle :* être léger, étourdi. ▷ *Mine de plomb :* V. mine 1, sens III. **2.** Chacun des petits grains de plomb qui constituent le chargement d'une cartouche de chasse. – (Collectif) *Du gros plomb* (chevrotine), *du petit plomb.* – Fig. *Avoir du plomb dans l'aile :* être en mauvaise posture, en mauvais état. **3.** *Un plomb :* chacun des petits morceaux de plomb qui lestent une ligne de pêche. ▷ COUT Chacune des petites pastilles qu'on coud dans l'ourlet d'un vêtement, d'un rideau, etc., pour qu'il tombe bien droit. ▷ *Fil à plomb :* V. fil (sens I, 2). – Loc. adv. *À plomb :* verticalement, perpendiculairement. **4.** Sceau en plomb. *Les plombs d'un compteur à gaz.* **5.** TECH Chacune des baguettes de plomb qui maintiennent les pièces d'un vitrail. **6.** Coupe-circuit en alliage fusible (le plus souvent à base de plomb). *Un court-circuit a fait sauter les plombs.* **7.** IMPRIM *Le plomb :* l'ensemble des caractères qui forment une composition typographique. – Lat. *plumbum.*

plombage [plɔ̃baʒ] n. m. **1.** Action de plomber, de garnir de plomb. **2.** Action de plomber (une dent). ▷ *Par ext.* Alliage, amalgame qui plombe une dent. *Perdre un plombage.* **3.** Action de sceller au moyen d'un plomb (sens 4). – De *plomber.*

plombaginacées [plɔ̃baʒinase] ou **plombaginées** [plɔ̃baʒine] n. f. pl. BOT Famille et ordre de plantes dicotylédones gamopétales voisines des primulacées, dont la plupart des espèces croissent dans les terrains salés. – Sing. *Une plombaginacée* ou *une plombaginée.* – Du n. de genre d'une de ces plantes, le *plombago,* du lat. *plumbago,* « plomb », dont la racine laisse une trace comparable à celle d'une mine de plomb.

plombagine [plɔ̃baʒin] n. f. TECH Vx Mine de plomb. Syn. mod. graphite. – Lat. *plumbago, plumbaginis,* de *plumbum,* « plomb ».

plombe [plɔ̃b] n. f. Arg. Heure (seulement après un nombre). *Trois plombes du mat'* (du matin). – De *plomber,* au sens arg. de « sonner ».

plombé, ée [plɔ̃be] adj. **1.** Garni de plomb. **2.** Obturé par un plombage. *Dent plombée.* **3.** Scellé par un plomb (sens 4). **4.** Qui a la couleur grisâtre du plomb. *Teint plombé,* livide. – Pp. de *plomber.*

plombée [plɔ̃be] n. f. **1.** ARCHEOL Masse garnie de plomb, employée comme arme au Moyen Âge. **2.** PECHE Cordage garni de plomb qui sert à lester les filets. – Pp. fém. subst. de *plomber.*

plomber [plɔ̃be] **I.** v. tr. [**1**] **1.** Garnir de plomb. *Plomber une ligne, un filet.* **2.** Arg. Toucher d'un coup de feu. *J'ai plombé le flic du barrage.* **3.** *Plomber une dent,* en obturer les cavités pathologiques avec un alliage, un amalgame. **4.** Sceller avec un plomb (sens 4). *Plomber un colis sous douane.* **5.** Vérifier à l'aide du fil à plomb la verticalité de. *Plomber un mur.* **II.** v. pron. Prendre la couleur du plomb. *Le ciel se plombe.* – De *plomb.*

plomberie [plɔ̃bʀi] n. f. **I. 1.** Industrie de la fabrication des objets de plomb. **2.** Atelier où l'on coule, où l'on travaille le plomb. **II. 1.** Métier du plombier (pose des canalisations domestiques d'eau et de gaz, des installations sanitaires, des couvertures de plomb ou de zinc). **2.** Ensemble de ces canalisations domestiques. **3.** Atelier d'un plombier. – De *plomb.*

plombeur [plɔ̃bœʀ] n. m. AGRIC Syn. de *rouleau* sens 2. – De *plomber.*

plombier [plɔ̃bje] n. m. Ouvrier ou entrepreneur en plomberie. ▷ Spécial. *Plombier-couvreur,* qui pose des couvertures en plomb ou en zinc (*plombier-zingueur*). – De *plomb.*

plombières [plɔ̃bjɛʀ] n. f. Dessert glacé aux fruits confits. – De *Plombières-les-Bains* (Vosges).

plombifère [plɔ̃bifɛʀ] adj. Didac. Qui contient du plomb. *Minerai plombifère.* – De *plomb,* et *-fère.*

plomb-tétraéthyle [plɔ̃tetʀaetil] n. m. CHIM Dérivé organométallique du plomb, que l'on ajoute au carburant pour empêcher sa détonation dans un moteur à explosion. – De *plomb, tétra-,* et *éthyle.*

plombure [plɔ̃byʀ] n. f. TECH Carcasse d'un vitrail, faite de baguettes de plomb. – De *plomb.*

plonge [plɔ̃ʒ] n. f. *Faire la plonge :* laver la vaisselle, dans un restaurant, une communauté. – Déverbal de *plonger.*

plongeant, ante [plɔ̃ʒɑ̃, ɑ̃t] adj. Dirigé de haut en bas. *Tir plongeant.* – Ppr. de *plonger.*

plongée [plɔ̃ʒe] n. f. **1.** Action de s'enfoncer dans l'eau et d'y demeurer un certain temps. *La plongée d'un scaphandrier. Sous-marin en plongée.* **2.** CINE Prise de vues effectuée en dirigeant la caméra vers le bas (par oppos. à *contre-plongée*). **3.** MILIT Talus d'une fortification, incliné vers l'extérieur. – Pp. fém. subst. de *plonger.*

plongement [plɔ̃ʒmɑ̃] n. m. Rare Action de plonger qqch dans un liquide. – De *plonger.*

plongeoir [plɔ̃ʒwaʀ] n. m. Tremplin ou plate-forme, utilisé pour faire des plongeons. – De *plonger.*

1. plongeon [plɔ̃ʒɔ̃] n. m. **1.** Saut dans l'eau la tête la première, accompli d'une certaine hauteur, souvent avec élan. ▷ Loc. fig., fam. *Faire le plongeon :* subir un revers financier important. **2.** Action de plonger (sens II, 3) vers la terre. *Plongeon d'un gardien de but.* – De *plonger.*

2. plongeon [plɔ̃ʒɔ̃] n. m. ORNITH Oiseau aquatique (genre *Gavia*) des régions septentrionales, long de 60 à 80 cm, aux pattes palmées. *Les plongeons constituent l'ordre des colymbiformes.* – Du bas lat. *plumbio, plumbionis,* de *plumbum,* « plomb » (l'oiseau s'enfonçant dans l'eau comme du plomb).

plonger [plɔ̃ʒe] v. [**13**] **I.** v. tr. **1.** Enfoncer dans un liquide. *Plonger du linge dans l'eau.* **2.** Faire pénétrer profondément et d'un seul coup (dans qqch). *Plonger un poignard dans la poitrine de qqn.* **3.** Jeter dans telle situation, dans tel état. *Cette nouvelle l'a plongé dans le désespoir.* ▷ *Être plongé dans :* avoir l'esprit entièrement occupé par. *Être plongé dans ses rêveries, dans la lecture.* **II.** v. intr. **1.** S'immerger en faisant un plongeon ou une plongée. **2.** Suivre une direction de haut en bas. *D'ici, la vue plonge sur la vallée.* **3.** Fig. Se jeter à terre avec un mouvement analogue à celui du plongeur qui se jette dans l'eau. *Gardien de but qui plonge pour attraper le ballon.* **III.** v. pron. **1.** Immerger son corps en laissant dépasser la tête. *Se plonger dans l'eau.* **2.** Fig. Se livrer tout entier (à une occupation). *Se plonger dans son travail.* – Du lat. pop. **plumbicare,* « garnir (des filets) de plomb », de *plumbum,* « plomb ».

plongeur, euse [plɔ̃ʒœʀ, øz] n. **1.** Personne qui plonge, qui fait des plongeons. ▷ Personne qui effectue des plongées. *Plongeur sous-marin.* **2.** n. m. Oiseau qui plonge pour se nourrir. – (En appos.) *Oiseaux plongeurs.* **3.** Celui, celle qui fait la plonge, dans un restaurant. – De *plonger.*

plot [plo] n. m. ELECTR Petite pièce métallique servant à établir un contact. – Du lat. *plautus,* « plat et large ».

plouc [pluk] n. Fam., péjor. Paysan ; personne fruste. ▷ adj. (inv. en genre) *Ce qu'il (elle) peut être plouc !*– Apocope des noms de communes bretonnes en *plouc* et *ploug,* de *plou,* « paroisse ».

plouf ! [pluf] interj. et n. m. Onomatopée imitant le bruit d'un objet qui tombe dans l'eau. – n. m. Ce bruit. *La chute de l'objet a fait un énorme plouf.*

ploutocrate [plutɔkʀat] n. m. Didac. Homme puissant du fait de ses richesses. – De *ploutocratie.*

ploutocratie [plutɔkʀasi] n. f. Didac. Gouvernement par les riches. – Gr. *ploutokratia,* de *ploutos,* « richesse », et *kratos,* « puissance, pouvoir ».

ploutocratique [plutɔkʀatik] adj. Didac. Relatif à la ploutocratie. – De *ploutocratie.*

ployable [plwajabl] adj. Rare Qui peut être ployé facilement. – De *ployer.*

ployage [plwajaʒ] n. m. TECH Action de ployer, opération qui consiste à ployer ; son résultat. – De *ployer.*

ployer [plwaje] v. [**23**] **1.** v. tr. Litt. Courber (qqch). *Ployer une branche.* – *Ployer les genoux,* les plier. ▷ Fig. *Ployer le dos, l'échine :* se soumettre, céder. **2.** v. intr. Fléchir sous un poids, une pression. *Poutre qui ploie.* ▷ Fig. *Ployer sous la tâche.* – Lat. *plicare,* « plier ».

pluché. V. peluché.

plucher. V. pelucher.

pluches [plyʃ] n. f. pl. Fam. Épluchage des pommes de terre, des légumes. *Corvée de pluches.* – De *éplucher.*

plucheux. V. pelucheux.

pluie [plɥi] n. f. **1.** Eau qui tombe en gouttes des nuages. *Pluie d'orage. La saison des pluies.* ▷ Loc. fig. *Parler de la pluie et du beau temps,* de choses insignifiantes. – *Faire la pluie et le beau temps :* être influent, avoir de vastes possibilités d'action grâce à son influence, sa position. – ECOL *Pluies acides,* qui ont subi une diminution de leur pH par suite de la dispersion dans l'atmosphère de composés acides dus à la pollution industrielle et automobile. **2.** Ce qui semble tomber du ciel comme la pluie. *Pluie de cendres.* ▷ Fig., litt. *Une pluie de maux.* – Lat. pop. **ploia,* altér. du class. *pluvia,* d'ap. **plovere,* « pleuvoir ».

plumage [plymaʒ] n. m. **1.** Ensemble des plumes d'un oiseau. **2.** Action de plumer (un oiseau). – Sens 1 : de *plume*; sens 2 : de *plumer*.

plumard [plymaʀ] n. m. Pop. Lit. – De *plume*.

plumasserie [plymasʀi] n. f. TECH Industrie, commerce de la plume. – De *plumassier*.

plumassier, ère [plymasje, ɛʀ] n. et adj. TECH Personne qui prépare les plumes, qui fabrique ou vend des garnitures de plumes. ▷ adj. *Industrie plumassière*. – Du moyen fr. *plumas*, «touffe de plumes (sur les casques)».

plumbicon [plœbikɔ̃] n. m. ELECTRON Tube analyseur d'images dérivé du vidicon, utilisé dans les caméras de télévision en couleurs. – Nom déposé, du lat. *plumbum*, «plomb», et gr. *eikôn*, «image».

1. plume [plym] n. f. **1.** Production caractéristique de l'épiderme des oiseaux, phanère* composé d'un tuyau transparent (le *calamus*) implanté dans la peau et prolongé par un axe effilé (le *rachis*) sur lequel s'insèrent de très fines lamelles (les *barbes*), réunies les unes aux autres en un plan par de petits crochets cornés (les *barbules*). *Plumes des ailes, ou rémiges. Plumes du corps, ou tectrices. Plumes de la queue, ou rectrices.* ▷ *Plume d'oie*, qui, convenablement taillée, servait autref. à écrire. ▷ Loc. fig., fam. *Laisser* des plumes. Voler dans les plumes de (à) qqn*, l'attaquer, le corriger. **2.** Petite pièce métallique fendue dont le bec sert à écrire et à dessiner. *Changer la plume d'un stylo. Mettre une plume dans un porte-plume.* ▷ Loc. fig. *Avoir la plume facile* : écrire volontiers ou facilement. *Vivre de sa plume* : faire profession d'écrivain. **3.** ZOOL Coquille interne du calmar. **4.** SPORT *Catégorie des poids plume* : catégorie de boxeurs pesant entre 55,34 et 57,15 kg (professionnels). – Lat. *pluma*.

2. plume [plym] n. m. Pop. Abrév. de *plumard*.

plumeau [plymo] n. m. Petite balayette garnie de plumes que l'on utilise pour l'époussetage. – De *plume* 1.

plumer [plyme] v. tr. [1] **1.** Dépouiller (un oiseau) de ses plumes. *Plumer un poulet.* **2.** Fig., fam. *Plumer qqn*, le voler, lui faire perdre son argent (en le trompant, au jeu). – De *plume* 1.

plumet [plymɛ] n. m. Bouquet de plumes garnissant certaines coiffures militaires ou servant d'ornement. – De *plume* 1.

plumetis [plymti] n. m. Étoffe légère brodée de petits pois en relief. – De l'a. fr. *plumete*, «petite plume».

plumeux, euse [plymø, øz] adj. Dont l'aspect évoque la plume. *Les grands roseaux plumeux.* – Lat. *plumosus*.

plumier [plymje] n. m. Boîte allongée dans laquelle on range les plumes, les crayons, etc. – De *plume* 1.

plumitif [plymitif] n. m. **1.** DR Registre sur lequel sont consignés les sommaires des arrêts et des sentences d'une audience. **2.** Fam. Commis aux écritures. ▷ Mauvais écrivain. – Altér. de *plumetif*, de *plumeter*, «écrire, noter».

plum-pudding [plumpudiŋ] n. m. V. pudding. *Des plum-puddings.* – Mot angl., de *plum*, «raisin sec», et *pudding*.

plumule [plymyl] n. f. **1.** BOT Première feuille des graminées, lors de la germination. **2.** Didac. Fine plume du duvet. – Lat. *plumula*, «petite plume».

plupart (la) [laplypaʀ] n. f. **1.** *La plupart de* (suivi d'un nom plur.) : le plus grand nombre, la majorité de. *La plupart des gens en sont persuadés.* ▷ Absol. *La plupart étaient déçus.* **2.** Loc. adv. *Pour la plupart* : quant au plus grand nombre. *Ces fruits sont pourris pour la plupart.* – *La plupart du temps* : le plus souvent, ordinairement. – De *plus*, et *part* 2.

plural, ale, aux [plyʀal, o] adj. Didac. Qui renferme plusieurs unités. ▷ *Vote plural*, dans lequel certains votants disposent de plusieurs voix. – Lat. *pluralis*.

pluralisation [plyʀalizasjɔ̃] n. f. Action de pluraliser; fait de se pluraliser. *Ce pays, autrefois à parti unique, a vu une pluralisation des partis.* – De *pluralisr*.

pluraliser [plyʀalize] v. tr. [1] Rendre multiple. ▷ v. pron. Devenir multiple. – Du lat. *pluralis*.

pluralisme [plyʀalism] n. m. **1.** PHILO Doctrine d'après laquelle les êtres qui composent le monde sont multiples, individuels, indépendants et irréductibles à une substance unique. **2.** Tout système fondé sur une pluralité d'éléments. **3.** POLIT Système où sont reconnus les divers organismes représentant les courants d'opinion. – Du lat. *pluralis*, «composé de plusieurs».

pluraliste [plyʀalist] adj. **1.** Qui se rapporte au pluralisme (sens 1). **2.** Qui relève d'un pluralisme, qui a rapport à un pluralisme (sens 2). – De *pluralisme*.

pluralité [plyʀalite] n. f. Fait d'exister à plusieurs, de n'être pas unique. *La pluralité des tendances politiques.* ▷ *Expression grammaticale de la pluralité par le pluriel.* – Lat. *pluralitas*.

pluri-. Élément, du lat. *plures*, «plusieurs».

pluriannuel, elle [plyʀianɥɛl] adj. Qui s'étend, qui porte sur plusieurs années. *Programme pluriannuel.* ▷ BOT Qui vit plusieurs années. Syn. vivace.

pluricellulaire [plyʀiselylɛʀ] adj. et n. m. BIOL Constitué de plusieurs cellules, en parlant d'un organisme vivant. Ant. unicellulaire. ▷ n. m. *Un pluricellulaire.* (V. métazoaire.)

pluricentrisme [plyʀisɑ̃tʀism] n. m. POLIT Doctrine qui préconise l'existence de plusieurs centres de direction (au sein d'un parti, d'un organisme). – Caractéristique d'une telle organisation.

pluridimensionnel, elle [plyʀidimɑ̃sjɔnɛl] adj. Qui a plusieurs dimensions. Ant. unidimensionnel.

pluridisciplinaire [plyʀidisiplinɛʀ] adj. Didac. Qui réunit, porte sur plusieurs disciplines, plusieurs sciences (on dit aussi *interdisciplinaire*).

pluridisciplinarité [plyʀidisiplinaʀite] n. f. Didac. Caractère de ce qui est pluridisciplinaire. – De *pluridisciplinaire*.

pluriel, elle [plyʀjɛl] n. m. (et adj.) **1.** n. m. Catégorie grammaticale caractérisée par des marques morphologiques déterminées, portant sur certains mots (noms et pronoms, verbes, adjectifs), en général lorsqu'ils correspondent à une pluralité nombrable. *En français, les noms et les adjectifs prennent le plus souvent un «s» au pluriel.* – *Pluriel de majesté, de modestie (nous* employé pour *je).* **2.** adj. Rare Qui indique le pluriel. *Marques plurielles* (s, x, etc.). – De l'a. fr. *plurier*, lat. *pluralis*.

plurifonctionnel, elle [plyʀifɔ̃ksjɔnɛl] adj. Qui a plusieurs fonctions.

plurilatéral, ale, aux [plyʀilateʀal, o] adj. DR, POLIT Qui concerne, engage plusieurs parties. – De *pluri-*, et *latéral*.

plurilingue [plyʀilɛ̃g] adj. et n. Didac. Se dit d'une personne ou d'une communauté qui utilise plusieurs langues. – De *pluri-*, et *-lingue*, d'après *(bi)lingue*.

plurinational, ale, aux [plyʀinasjɔnal, o] adj. Qui concerne, qui engage plusieurs pays.

plurinucléé, éee [plyʀinyklee] adj. BIOL Qui est pourvu de plusieurs noyaux.

pluripartisme [plyʀipaʀtism] n. m. POLIT Existence simultanée de plusieurs partis. – De *pluri-*, *parti*, et *-isme*.

plurivalence [plyʀivalɑ̃s] n. f. Didac. Caractère plurivalent. – De *plurivalent.*

plurivalent, ente [plyʀivalɑ̃, ɑ̃t] adj. **1.** CHIM Vieilli Qui a plusieurs valences. Syn. polyvalent. **2.** LOG Se dit des logiques qui admettent plus de deux valeurs de vérité. – De *pluri-*, d'après *polyvalent.*

plurivoque [plyʀivɔk] adj. Didac. Qui a plusieurs valeurs. – Polysémique. Ant. univoque. – De *pluri-*, d'après *(uni)voque.*

plus [ply, plys ou plyz] adv., n. m. et conj. **A.** adv. **I. 1.** Comparatif de supériorité. (En règle générale, se prononce [ply] devant consonne, [plyz] devant voyelle ou *h* muet, [plys] ou [ply] en finale.) *Il est plus vieux que moi. Aller plus loin. Pas un mot de plus.* – *Plus... plus, plus... moins* (indiquant une variation proportionnelle, dans le même sens ou en sens contraire, de deux termes que l'on compare). *Plus je le connais, plus je l'apprécie.* ▷ Loc. adv. Fam. *De plus* [dəply; dəplys] : par surcroît. *Il est paresseux et, de plus, menteur.* Syn. en outre, qui plus est. – *De plus en plus* : en augmentant peu à peu. – *D'autant plus que* (établissant un rapport de degré entre deux membres d'une proposition). *Il est d'autant plus à craindre qu'il est puissant.* – *Plus ou moins* : un peu plus ou un peu moins (que ce qui est énoncé); d'une manière indéfinie, incertaine, indécise. *Des vêtements plus ou moins propres.* – *Ni plus ni moins* : exactement. *C'est une trahison, ni plus ni moins.* – *Tant et plus* : beaucoup; abondamment. – *Sans plus* [sɑ̃ply; sɑ̃plys] : et seulement cela. *Il a été aimable sans plus.* – *Non plus* [nɔ̃ply] (remplaçant *aussi*, en tournure négative). *Vous n'en voulez pas? Moi non plus.* **2.** Superlatif relatif de supériorité. *La plus belle de toutes.* – *Au plus* [oply; oplys] : au maximum. *Il a 30 ans au plus.* Syn. tout au plus. ▷ *Des plus* : extrêmement. *Un homme des plus loyal.* **II.** adv. de négation. *Ne... plus* ([nə... ply] devant consonne ou en finale, [nə... plyz] devant voyelle ou *h* muet) indique la cessation d'une action, d'un état, l'absence de qqch que l'on avait auparavant. *N'y pense plus. Il n'est plus malade. Je n'en ai plus.* ▷ *Sans plus* : sans... davantage. *Partons sans plus attendre* [sɑ̃plyzatɑ̃dʀ]. **B.** n. m. **1.** *Le plus* [ləply; ləplys] : le maximum. *Le plus que je puisse faire.* **2.** Signe de l'addition (+). *Un plus.* **3.** *Un plus* : un élément supplémentaire qui constitue une amélioration, un progrès. **C.** conj. Et, en additionnant. *4 plus 2* [plysdø] *égale 6. 2 plus 11* [plysɔ̃z]. – *Il a mangé sa part plus* [plys] *la mienne.* – Mot lat., «une plus grande quantité».

plusieurs [plyzjœʀ] adj. (Indiquant un nombre indéfini, généralement peu important.) *Il faudra plusieurs semaines.* ▷ (En emploi nominal, avec la prép. «de» et un complément.) *Plusieurs d'entre eux.* – (Indéterminé) *Se mettre à plusieurs pour...* – Lat. pop. **plusiores*, de *pluriores*; class. *plures*, «plus nombreux».

plus-que-parfait [plyskəpaʀfɛ] n. m. GRAM Temps de l'indicatif et du subjonctif marquant le passé par rapport à un temps déjà passé. (Ex. *J'avais prévu qu'il échouerait.*) (N.B. Le plus-que-parfait du subjonctif peut être employé avec la valeur d'un conditionnel passé. Ex. *Qui l'eût cru?*)– Du lat. gram. *plus quam perfectum.*

plus-value [plyvaly] n. f. **1.** Augmentation de la valeur d'un bien qui n'a pas subi de transformation matérielle. *Les plus-values mobilières.* **2.** Excédent de recettes par rapport aux prévisions. **3.** Majoration du prix de certains travaux par rapport au devis initial. **4.** Dans le marxisme, différence, constituant la rémunération du capitaliste, entre le salaire payé au travailleur pour acheter sa force de travail et ce que cette force de travail rapporte. – De *plus*, et a. fr. *value*, «prix».

plutonien, enne [plytɔnjɛ̃, ɛn] adj. Didac. **1.** Qui a rapport au dieu Pluton, au culte qui lui était rendu. *Mythes plutoniens.* **2.** Qui a rapport à la planète Pluton. *L'orbite plutonienne.* – De *Pluton*, dieu des morts chez les Romains.

plutonigène [plytɔniʒɛn] adj. PHYS NUCL *Réacteur plutonigène*, destiné à la production de plutonium. – De *plutonium*, et *-gène.*

plutonique [plytɔnik] adj. GEOL Se dit de roches magmatiques* à structure grenue, qui se sont formées en profondeur, comme le granit. – De *Pluton*, dieu des morts chez les Romains.

plutonisme [plytɔnism] n. m. GEOL Anc. Théorie, en vogue à la fin du XVIIIe s., qui attribuait à l'action du «feu central» la formation des roches et la constitution de la croûte terrestre. – De *Pluton*, dieu des morts chez les Romains.

plutonium [plytɔnjɔm] n. m. CHIM Élément radioactif artificiel appartenant à la famille des actinides, de nombre atomique Z = 94 et de masse atomique 239 (symbole Pu). – Du n. de la planète *Pluton.*

plutôt [plyto] adv. **I. 1.** De préférence. *Adressez-vous plutôt à ce guichet* (qu'à un autre). *Partons, plutôt que de perdre notre temps.* **2.** Plus exactement, plus précisément. *Il est économe plutôt qu'avare.* **3.** Assez, passablement. *Il est plutôt maigre.* ▷ Fam. (Par euph.) Très. *Il est plutôt embêtant.* **II.** Vx Plus tôt. *Il n'eut pas plutôt dit cela qu'il s'en repentit.* – De *plus*, et *tôt.*

pluvial, ale, aux [plyvjal, o] adj. GEOGR De la pluie, qui a rapport à la pluie. *Les eaux pluviales.* – *Régime pluvial* : régime d'un cours d'eau qui est alimenté principalement par les pluies. – Lat. *pluvialis.*

pluvian [plyvjɑ̃] n. m. Oiseau charadriiforme (genre *Pluvianus*) de la vallée du Nil. – Du lat. *pluvia*, «pluie», d'ap. *pluvier.*

pluvier [plyvje] n. m. Oiseau charadriiforme (genre *Charadrius*), qui constitue un gibier très estimé. *Le pluvier doré et le pluvier argenté hivernent en Europe.* – Lat. pop. **plovarius*, de **plovere*, «pleuvoir», parce que le pluvier arrive en Europe avec la saison des pluies; refait sur *pluvia.*

pluvieux, euse [plyvjø, øz] adj. Caractérisé par l'abondance des pluies. *Saison, région pluvieuse.* – Lat. *pluviosus*, de *pluvia*, «pluie».

pluviner. V. pleuviner.

pluvio-. Élément, du lat. *pluvia*, «pluie».

pluviomètre [plyvjɔmɛtʀ] n. m. Instrument servant à mesurer la quantité d'eau de pluie tombée dans un lieu donné. – De *pluvio-*, et *-mètre.*

pluviométrie [plyvjɔmetʀi] n. f. Mesure de la quantité d'eau de pluie tombée. – De *pluvio-*, et *-métrie.*

pluviométrique [plyvjɔmetʀik] adj. Relatif à la pluviométrie. – De *pluviomètre.*

pluvio-nival, ale, aux [plyvjonival, o] adj. GEOGR Qualifie les cours d'eau alimentés par les pluies et par les neiges fondantes. – De *pluvio-*, et *nival.*

pluviôse [plyvjoz] n. m. HIST Cinquième mois du calendrier républicain (du 20/22 janvier au 18/20 février). – Du lat. *pluviosus*,«pluvieux».

pluviosité [plyvjɔzite] n. f. Quantité de pluie tombée dans une région pendant un temps déterminé. – De *pluvieux.*

Pm CHIM Symbole du prométhium.

p.m. [piɛm] Abrév. (anglaise) de la loc. lat. *post meridiem*, «après midi».

P.-M. [peɛm] n. MILIT **1.** n. m. Abrév. de *pistolet-mitrailleur.* **2.** n. f. Abrév. de *préparation militaire.*

P.M.E. n. f. Sigle de *petites et moyennes entreprises.*

P.M.I. n. f. **1.** Sigle de *petites et moyennes industries.* **2.** Sigle de *protection maternelle et infantile.*

P.M.U. n. m. Sigle de *pari mutuel urbain.*

P.N.B. n. m. Sigle de *produit* national brut.*

pneu [pnø] n. m. **1.** Bandage pneumatique d'une roue, constitué d'une carcasse en textile et fils d'acier recouverte de caoutchouc, qui le plus souvent enveloppe et protège une chambre à air. *Changer un pneu.* **2.** TELECOM Anc. Abrèv. de *pneumatique.* – Abrèv. de *pneumatique.*

pneum(o)-. Élément, du gr. *pneumôn,* « poumon ».

pneumallergène [pnømalɛʀʒɛn] n. m. MED Allergène qui provoque une réaction allergique respiratoire. – De *pneum-,* et *allergène.*

pneumat(o)-. Élément, du gr. *pneuma, pneumatos,* « souffle ».

pneumatique [pnømatik] adj. et n. **I.** adj. **1.** Relatif à l'air ou aux corps gazeux. ▷ *Machine pneumatique :* appareil de laboratoire servant à faire le vide. **2.** Qui fonctionne à l'air comprimé. *Horloge pneumatique. Marteau pneumatique.* ▷ TELECOM Anc. *Tube pneumatique,* propulsé par air comprimé dans des canalisations souterraines, et permettant d'acheminer la correspondance urgente vers un bureau distributeur. **3.** Rempli, gonflé d'air. *Canot, matelas pneumatique.* **II.** n. m. Vieilli Bandage pneumatique d'une roue. (V. pneu). – Vx Missive acheminée par tube pneumatique. (Abrév. : pneu). **III.** n. f. PHYS Vx Partie de la physique qui traite des propriétés de l'air et des gaz. – Lat. *pneumaticus,* gr. *pneumatikos,* rac. *pneuma,* « souffle ».

pneumato-. V. pneumat(o)-.

pneumatophore [pnømatofɔʀ] n. m. BOT Excroissance des racines particulière aux arbres de la mangrove, qui émerge de l'eau et assure la respiration des parties noyées. – De *pneumato-,* et *-phore.*

pneumectomie [pnømɛktɔmi] ou **pneumonectomie** [pnømonɛktɔmi] n. f. CHIR Excision partielle ou ablation d'un poumon. – De *pneum-,* et *-ectomie.*

pneumo-. V. pneum(o)-.

pneumoconiose [pnømokɔnjoz] n. f. MED Affection chronique des poumons et des bronches liée à l'inhalation répétée de poussières minérales, métalliques ou organiques. *Pneumoconiose des mineurs, ou anthracose. Pneumoconioses des travailleurs de la silice* (silicose), *de l'amiante* (asbestose), *du fer* (sidérose), *du coton* (byssinose), etc. – De *pneumo-,* gr. *konis,* « poussière », et *-ose* 2.

pneumocoque [pnømokɔk] n. m. MED Bacille groupé par paires *(diplocoque)* ou en courtes chaînettes, agent de la pneumonie et de quelques autres infections (méningites et péritonites, notam.). – De *pneumo-,* et gr. *kokkos,* « graine, pépin ».

pneumocystose [pnømɔsistoz] n. f. MED Maladie pulmonaire due à un parasite, rare dans la population normale, fréquente chez les sujets immunodéprimés. – De *pneumo-, -cyste,* et *-ose* 2.

pneumogastrique [pnømogastʀik] adj. et n. m. ANAT *Nerf pneumogastrique* ou *nerf vague,* ou, n. m., *pneumogastrique :* chacun des deux nerfs sensitifs et moteurs, de la dixième paire crânienne, qui se ramifient vers le larynx, le pharynx, le cœur, l'estomac, les intestins et le foie, et qui constituent la voie principale du système nerveux parasympathique. – De *pneumo-,* et *gastrique.*

pneumographie [pnømogʀafi] n. f. MED Enregistrement des mouvements respiratoires. – De *pneumo-,* et *-graphie.*

pneumologie [pnømolɔʒi] n. f. MED Étude du poumon et de ses maladies. – De *pneumo-,* et *-logie.*

pneumologue [pnømɔlɔg] n. MED Spécialiste de pneumologie. – De *pneumologie.*

pneumonectomie. V. pneumectomie.

pneumonie [pnømɔni] n. f. Inflammation aiguë du poumon causée par le pneumocoque. ▷ Inflammation du poumon, en général. – Gr. *pneumonia,* de *pneumôn,* « poumon ».

pneumonique [pnømɔnik] adj. et n. MED **1.** Relatif à la pneumonie. **2.** Qui est atteint de pneumonie. ▷ Subst. *Un(e) pneumonique.* – Gr. *pneumonikos.*

pneumopathie [pnømɔpati] n. f. MED Nom générique des affections pulmonaires. – De *pneumo-,* et *-pathie.*

pneumopéritoine [pnømopeʀitwan] n. m. MED Épanchement gazeux dans la cavité péritonéale. – Introduction de gaz dans cette cavité, pour un examen radiologique ou dans un but thérapeutique. – De *pneumo-,* et *péritoine.*

pneumophtisiologie [pnømoftizjɔlɔʒi] n. f. Didac. Branche de la médecine consacrée à la tuberculose pulmonaire. – De *pneumo-,* et *-phtisiologie.*

pneumothorax [pnømotɔʀaks] n. m. MED **1.** Épanchement d'air dans la cavité pleurale. **2.** *Pneumothorax thérapeutique :* insufflation d'air dans la cavité pleurale, méthode auj. à peu près abandonnée. – De *pneumo-,* et *thorax.*

p.o. Abrév. de *par ordre.*

Po 1. CHIM Symbole du polonium. **2.** PHYS Symbole de la poise.

pochade [pɔʃad] n. f. **1.** BX-A Peinture exécutée en quelques coups de pinceau. **2.** *Par ext.* Œuvre littéraire sans grande portée, légère et rapidement écrite. – De *pocher.*

pochage [pɔʃaʒ] n. m. CUIS Action de pocher; son résultat. – De *pocher.*

pochard, arde [pɔʃaʀd, aʀd] n. Fam. Ivrogne, ivrognesse. – De *poche* (sens I, 2).

pocharder (se) [pɔʃaʀde] v. pron. [1] Fam. S'enivrer. – De *pochard.*

poche [pɔʃ] n. f. **I. 1.** Partie d'un vêtement (petit sac cousu ou pièce rapportée), destinée à contenir ce que l'on veut porter sur soi. – Par anal. *Poches latérales d'un sac de voyage.* ▷ *Argent de poche,* réservé aux menues dépenses personnelles. ▷ Loc. adj. *De poche :* suffisamment petit pour tenir dans la poche. *Livre de poche* (fam., n. m., *un poche*). *Couteau, mouchoir de poche.* – *Par ext.* Très petit par rapport aux choses de même espèce. *Sous-marin de poche.* ▷ Loc. fig., fam. *Connaître comme sa poche,* parfaitement. – *De sa poche :* avec son argent personnel. *Payer, en être de sa poche.* – *Mettre qqn dans sa poche,* se jouer de lui, le circonvenir. – *N'avoir pas sa langue dans sa poche :* s'exprimer avec aisance et vivacité, avoir de la repartie. – *N'avoir pas les yeux dans sa poche :* être très observateur. – *C'est dans la poche :* c'est une affaire considérée comme acquise. **2.** Sac. *Poche de papier, de plastique.* **3.** Filet en forme de poche. **4.** METALL *Poche de coulée :* récipient servant au transport du métal en fusion. **II. 1.** Cavité, creux où une substance s'est accumulée. *Poche d'eau,* dans une mine. *Poche de gaz naturel. Poche de pus d'un abcès.* **2.** MED *Poche des eaux :* saillie que forment les membranes de l'œuf à l'orifice du col utérin, lors de l'accouchement, sous la poussée du liquide amniotique. – ZOOL *Poche marsupiale :* V. marsupial. **III.** Renflement que fait un vêtement, un tissu déformé, distendu. *Pantalon défraîchi qui fait des poches aux genoux.* ▷ Par anal. *Avoir des poches sous les yeux.* – Frq. **pokka,* « sac ».

poché, ée [pɔʃe] adj. **1.** Fam. *Œil poché,* meurtri, tuméfié. **2.** Qu'on a fait pocher. *Œuf poché. Sole pochée.* – Pp. de *pocher.*

pocher [pɔʃe] v. [1] **A.** v. tr. **I. 1.** CUIS *Pocher des œufs,* les faire cuire sans leur coquille dans un liquide bouillant. ▷ Faire cuire dans un liquide très chaud.

Pocher un poisson, un fruit. **2.** Fam. *Pocher l'œil à qqn,* lui donner un coup qui occasionne une meurtrissure, une contusion autour de l'œil. **II.** PEINT Dessiner en quelques coups de pinceau, comme pour exécuter une pochade. **B.** v. intr. Faire une poche, en parlant d'un vêtement. *Cette robe poche dans le dos.* – De *poche.*

pochetée [pɔʃte] n. f. Pop., vx Imbécile, empoté. – De *poche*; d'abord «contenu d'une poche».

pochette [pɔʃɛt] n. f. **1.** Petite poche. *Pochette d'un gilet :* gousset. **2.** *Par ext.* Petit mouchoir fin qui orne la poche de poitrine d'un veston d'homme. **3.** Enveloppe, sachet. *Pochette de disque.* – *Pochette-surprise,* contenant des friandises et de menus objets, et que l'on achète sans en connaître le contenu. *Des pochettes-surprises.* **4.** Très petit violon, que les maîtres à danser pouvaient porter dans une poche de leur habit. – Dimin. de *poche.*

pocheuse [pɔʃøz] n. f. CUIS Ustensile servant à pocher les œufs. – De *pocher.*

pochoir [pɔʃwaʀ] n. m. Plaque découpée selon les contours d'un ornement, d'un caractère, etc., et permettant de reproduire celui-ci en frottant avec une brosse, un pinceau imprégné de couleur, les parties ajourées. – De *pocher.*

pochon [pɔʃɔ̃] n. m. Rég. Sac en papier. – De *poche.*

pochothèque [pɔʃotɛk] n. f. Librairie ou rayon d'une librairie spécialisés dans la vente des livres au format de poche. – De *poche,* et *-thèque,* d'apr. *bibliothèque.*

pochouse. V. pauchouse.

poco [pɔko] adv. MUS Un peu. *Poco presto.* ▷ Loc. adv. *Poco a poco :* peu à peu. – Mot ital., «peu».

podagre [pɔdagʀ] adj. et n. Vx Goutteux. ▷ Subst. *Un(e) podagre.* – Lat. *podager,* gr. *podagros,* de *podagra,* «piège qui saisit par le pied, goutte».

podaire [pɔdɛʀ] n. f. GEOM *Podaire d'une courbe ou d'une surface relative à un point :* ensemble des projections orthogonales de ce point sur les tangentes à la courbe, sur les plans tangents à la surface. – Du gr. *pous, podos,* «pied».

-pode, podo-. Éléments, du gr. *pous, podos,* «pied».

podestat [pɔdɛsta] n. m. HIST Premier magistrat de certaines villes d'Italie et de Provence au Moyen Âge. – Ital. *podestà,* du lat. *potestas,* «pouvoir, puissance».

podium [pɔdjɔm] n. m. **1.** ANTIQ ROM Mur qui entourait l'arène d'un amphithéâtre, d'un cirque; partie élargie de ce mur, formant une tribune où prenaient place les spectateurs de marque. **2.** ARCHEOL Muret à hauteur d'appui; soubassement destiné à servir d'étagère. **3.** Cour. Estrade sur laquelle les sportifs vainqueurs d'une épreuve sont présentés au public et reçoivent leur prix. *Monter sur des podiums.* – Mot lat., du gr.

podo-. V. -pode.

podologie [pɔdɔlɔʒi] n. f. MED Étude du pied et de ses maladies. – Du gr. *pous, podos,* «pied», et *-logie.*

podologue [pɔdɔlɔg] n. Spécialiste de la podologie. – Du gr. *pous, podos,* «pied», et *-logue.*

podomètre [pɔdɔmɛtʀ] ou **pédomètre** [pedɔmɛtʀ] n. m. Appareil qui enregistre le nombre de pas d'un piéton. Syn. odomètre, hodomètre. – De *podo-,* et *-mètre.*

podzol [pɔdzɔl] n. m. GEOL Sol formé sur une roche mère siliceuse couverte d'une végétation acidifiante (résineux, bruyères, etc.). – Mot russe, de *pod,*«sous», et *zola,* «cendre».

podzolique [pɔdzɔlik] adj. GEOL Relatif au podzol. – De *podzol.*

podzolisation [pɔdzɔlizasjɔ̃] n. f. GEOL Transformation d'un sol en podzol. – De *podzol.*

pœcile [pesil] n. m. ANTIQ GR Portique orné de peintures. – Gr. *Poikilê,* n. pr., «le Pœcile», galerie couverte de peintures, à Athènes, puis à Sparte et à Olympie.

pœcilotherme. V. poïkilotherme.

1. poêle [pwal] n. m. Drap noir (blanc, pour un enfant) dont on couvre le cercueil pendant un enterrement. *Les cordons du poêle,* qui sont aux quatre coins et que tiennent les amis, les proches du défunt. – Dér. du lat. *pallium,* «manteau, tenture, couverture».

2. poêle [pwal] n. m. **1.** Appareil de chauffage à foyer clos. *Poêle à bois, à mazout.* **2.** Vx Chambre chauffée. – Du lat. *pensiles (balneæ),* «étuves suspendues»; par l'a. fr. *poille.*

3. poêle [pwal] n. f. Ustensile de cuisine en métal, peu profond, muni d'un long manche, utilisé en partic. pour les fritures. ▷ Fig., fam. *Tenir la queue de la poêle :* avoir la direction d'une affaire. – Du lat. *patella,* «petit plat», et empr. à l'esp. *paella.*

poêlée [pwale] n. f. Contenu d'une poêle. – De *poêle* 3.

poêler [pwale] v. tr. [1] Cuire, passer à la poêle. – Pp. adj. *Viande poêlée.* – De *poêle* 3.

poêlon [pwalɔ̃] n. m. Casserole, en terre ou en métal, épaisse, à manche creux, utilisée pour une cuisson lente. – De *poêle* 3.

poème [pɔɛm] n. m. **1.** Ouvrage en vers, de forme fixe (quatrain, sonnet, rondeau, ballade, etc.) ou libre. *«Poèmes antiques et modernes», d'Alfred de Vigny.* ▷ *Poème en prose :* texte dont le style et l'inspiration relèvent de la poésie, mais qui n'est pas versifié. ▷ MUS *Poème symphonique :* composition orchestrale de forme libre, illustrant un sujet poétique. *«L'Apprenti sorcier», poème symphonique de Paul Dukas inspiré par une ballade de Goethe.* **2.** Litt. Ce qui présente un caractère poétique (sens I, 2); ce que l'on compare à un poème. *L'enfance, ce long poème.* **3.** Loc. fam. *C'est tout un poème,* qqn, qqch d'un pittoresque hors du commun. – Lat. *poema,* du gr. *poiêma,* de *poieîn,* «créer».

poésie [pɔezi] n. f. **1.** Forme d'expression littéraire caractérisée par une utilisation harmonieuse des sons et des rythmes du langage (notam. dans le vers) et par une grande richesse d'images. *Poésie lyrique, épique.* **2.** Manière particulière dont un poète, une école pratique cet art; ensemble des œuvres où cette manière apparaît. *La poésie de V. Hugo. La poésie classique.* **3.** Poème. *Un choix de poésies.* **4.** Caractère poétique (sens I, 2). – Lat. *poesis,* gr. *poiêzis,* «création».

poète [pɔɛt] n. m. et adj. **1.** Écrivain qui s'adonne à la poésie. *Les poètes courtois, symbolistes.* ▷ adj. *Une femme poète.* **2.** Personne qui, même si elle n'écrit pas, a une vision poétique des choses. *«Les poètes de sept ans», poème d'A. Rimbaud.* **3.** Personne qui manque de réalisme. *C'est un poète,* un rêveur. – Lat. *poeta,* gr. *poiêtês.*

poétesse [pɔetɛs] n. f. Femme poète. – De *poète.*

poétique [pɔetik] adj. et n. f. **I.** adj. **1.** Qui a rapport à la poésie, qui lui appartient. *Expression, style poétique.* **2.** Qui suscite une émotion esthétique du même ordre que celle qu'inspire la poésie. *Paysage poétique.* **II.** n. f. **1.** Ensemble de préceptes, de règles pratiques concernant la poésie. *Écrire une poétique.* **2.** Conception de la poésie. *La poétique de Mallarmé.* – Lat. *poeticus,* du gr. *poiêtikos.*

poétiquement [pɔetikmɑ̃] adv. D'une manière poétique. – De *poétique.*

poétisation [pɔetizasjɔ̃] n. f. Action de poétiser; son résultat. – De *poétiser.*

poétiser [pɔetize] v. tr. [1] Rendre poétique, idéaliser. *Poétiser la réalité.* – De *poète.*

pogne [pɔɲ] n. f. Pop. Main. – Var. rég. de *poigne.*

pognon [pɔɲɔ̃] n. m. Pop. Argent. – De l'anc. v. *poigner*, « empoigner ».

pogo [pɔgɔ] n. m. Danse qui consiste à sauter dans tous les sens, pratiquée surtout lors de concerts.

pogonophores [pɔgɔnɔfɔʀ] n. m. pl. ZOOL Embranchement d'invertébrés marins vermiformes qui vivent en eau profonde dans des tubes de chitine qu'ils sécrètent. – Sing. *Un pogonophore.* – Du gr. *pôgôn, pôgônos*, « barbe », et *-phore.*

pogrom ou **pogrome** [pogʀom] n. m. Émeute antisémite (d'abord dans la Russie tsariste) souvent accompagnée de pillages et de massacres. ▷ *Par ext.* Toute émeute raciste. – Mot russe, de *po-*, « entièrement », et *gromit'*, « détruire ».

poids [pwɑ] n. m. **I. 1.** Force qui s'exerce sur un corps soumis à l'attraction terrestre et qui le rend pesant; mesure de cette force. ▷ *Poids brut* : poids d'une marchandise y compris les déchets, l'emballage, etc. (par oppos. à *poids net*). – *Poids vif* : poids d'un animal de boucherie vivant. – *Poids mort* : poids propre d'une machine, qui en réduit le travail utile; fig. personne ou chose inutile qui entrave une action. – PHYS *Poids volumique* (anc. *spécifique*) : poids de l'unité de volume d'un corps homogène. **2.** SPORT Catégorie dans laquelle on classe les boxeurs, les lutteurs, les haltérophiles, etc., selon leur poids. *Poids mouche**, *coq**, *plume**, *légers**, *mi-moyens**, *moyens**, *mi-lourds**, *lourds**. – Par ext. *Un poids moyen* : un boxeur classé dans cette catégorie. ▷ Loc. fig. *Ne pas faire le poids :* ne pas avoir les aptitudes, les qualités requises. **3.** Masse de métal marquée servant à peser. *Assortiment de poids en laiton.* ▷ Loc. fig. *Avoir deux poids, deux mesures* : se montrer partial. **4.** Masse pesante. *Horloge ancienne à poids.* ▷ SPORT Masse métallique d'un poids défini, destinée à être lancée ou soulevée. *Lancer le poids. Poids et haltères.* **5.** *Poids lourd :* véhicule automobile lourd destiné au transport. **II.** (Emplois figurés.) **1.** Ce qui accable, oppresse. *Le poids des années, des soucis. Avoir un poids sur la conscience.* **2.** Importance, force (de qqch ou de qqn). *Le poids d'une déclaration. Un homme de poids.* – Du lat. *pensum*, « ce qui est pesé »; a. fr. *peis, pois*, écrit *poids* par infl. du lat. *pondus.*

poignant, ante [pwaɲɑ̃, ɑ̃t] adj. Qui cause une impression vive et pénible; qui étreint le cœur. *Douleur poignante.* – Fig. *Récit poignant*, très émouvant. – De *poindre*, au sens anc. de « piquer ».

poignard [pwaɲaʀ] n. m. Arme de main, couteau à lame courte et large, à l'extrémité pointue. ▷ Fig. *Coup de poignard dans le dos* : attaque lâche ou traîtresse. – Réfection de l'a. fr. *poignal*, « que l'on tient à la main », du lat. pop. **pugnalis*, de *pugnus*, « poing ».

poignarder [pwaɲaʀde] v. tr. [1] **1.** Frapper, tuer avec un poignard. **2.** Fig. Causer une vive douleur morale à (qqn). – De *poignard.*

poigne [pwaɲ] n. f. **1.** Force du poignet, de la main. *Avoir une bonne poigne.* **2.** Fig. Autorité, énergie (pour se faire obéir, pour sévir). *Avoir de la poigne. Un homme à poigne.* – De *poing.*

poignée [pwaɲe] n. f. **I. 1.** Quantité que peut contenir la main fermée. *Une poignée de blé.* ▷ *À* (ou *par*) *poignées :* à pleines mains, en grande quantité. **2.** Fig. Petit nombre (de personnes). *Une poignée de fidèles.* **3.** *Poignée de main* : geste de salutation ou d'accord qui consiste à serrer dans sa main la main de qqn. *Ils ont échangé une poignée de main.* **II.** Partie d'un objet destinée à être tenue dans la main fermée. *Poignée d'une valise.* ▷ Pièce de tissu ou ustensile permettant de saisir un objet chaud. – De *poing.*

poignet [pwaɲɛ] n. m. **1.** Articulation de l'avant-bras avec la main. ▷ *À la force du poignet :* à la force des bras; fig. à force d'énergie, de travail personnel. **2.** Extrémité de la manche d'un vêtement, qui couvre le poignet. – De *poing.*

poïkilotherme [pɔikilɔtɛʀm] ou **pœcilotherme** [pesilɔtɛʀm] adj. et n. m. ZOOL Dont la température corporelle varie avec celle du milieu ambiant, en parlant de certains vertébrés (poissons, amphibiens et reptiles), dits aussi à *sang froid.* Ant. homéotherme. ▷ n. m. *Un (les) poïkilotherme(s)* ou *pœcilotherme(s).* – Du gr. *poikilos*, « variable », et *-therme.*

poil [pwal] n. m. **1.** Production filamenteuse de la peau des mammifères. *Poil noir, gris. Poil de chèvre.* **2.** *Le poil* : l'ensemble des poils, le pelage. *Chien à poil ras. Gibier à poil.* ▷ La peau et les poils de certains animaux. *Col en poil de lapin.* **3.** (Chez l'homme.) Cette production, à l'exception des cheveux. *Poil des bras.* – *Avoir du poil au menton*, de la barbe. – Loc. fig., fam. *Brave à trois, à quatre poils :* homme très brave. – Loc. fam. *N'avoir pas un poil de sec* : être trempé de pluie, de sueur. **4.** Loc. diverses. *De tout poil* ou *de tous poils :* de toute nature, de toute espèce, en parlant de personnes. *Gens de lettres, artistes et intellectuels de tout poil.* – Fam. *Un poil* : un peu. *À un poil près :* à peu de chose près. – *Avoir un poil dans la main :* être très paresseux. – *Être de bon, de mauvais poil*, de bonne, de mauvaise humeur. – *Reprendre du poil de la bête* : retrouver ses forces, son ardeur, etc. – Pop. *Tomber sur le poil de qqn*, lui tomber dessus, le malmener en actes ou en paroles. – Fam. *À poil :* tout nu. – Pop. *Au poil* : très bon, parfait. – Pop. *Au poil, au quart de poil :* parfaitement. *Tu arrives au poil*, au bon moment. **5.** *Par anal.* Chacun des filaments très fins dont certaines plantes, ou certaines parties des plantes, sont couvertes. *Les poils des orties. Poils absorbants des racines.* **6.** Partie velue de certaines étoffes. *Le poil d'un velours.* – Lat. *pilus.*

ENCYCL Le poil des mammifères naît d'une invagination de l'épiderme, le *follicule pileux*, auquel sont souvent associées une glande sébacée et une glande sudoripare. Sur le follicule s'insère le muscle horripilateur. Le poil est constitué de trois couches cellulaires concentriques fortement kératinisées (la cuticule, le cortex et la moelle). On distingue : les *poils laineux* (bourre, duvet, laine), les *poils de couverture* (jarres, crins, etc.), les *vibrisses* et les *piquants* des échidnés, des hérissons, etc.

poilant, ante [pwalɑ̃, ɑ̃t] adj. Fam. Drôle. *Une histoire poilante.* – Ppr. de *(se) poiler.*

poiler (se) [pwale] v. pron. [1] Fam. Rire. – P.-ê. du rég. *éboeler*, « éventrer », d'ap. *poil.*

poilu, ue [pwaly] adj. et n. m. **1.** adj. Couvert de poils abondants. Syn. velu. **2.** n. m. Fam. Surnom du combattant français de la guerre de 1914-1918. – A. fr. *pelu*, refait d'ap. *poil.*

poinçon [pwɛ̃sɔ̃] n. m. **1.** Outil de métal, tige à extrémité pointue, conique ou cylindrique, qui sert à percer, découper, emboutir. **2.** Instrument dont une extrémité, gravée, sert à marquer les objets en métal précieux ou soumis à un contrôle; marque produite par cet instrument. *Poinçons de titre et de garantie.* **3.** Modèle original qui sert à fabriquer la matrice d'une monnaie, d'une médaille, ou d'un caractère d'imprimerie. **4.** CONSTR Pièce verticale d'une ferme*, sur laquelle viennent s'assembler les arbalétriers, et qui soutient l'entrait. – Du lat. *punctio, punctionis*, « piqûre ».

poinçonnage [pwɛ̃sɔnaʒ] ou **poinçonnement** [pwɛ̃sɔnmɑ̃] n. m. Action de poinçonner; son résultat. – De *poinçonner.*

poinçonner [pwɛ̃sɔne] v. tr. [1] **1.** Marquer au poinçon. *Poinçonner un bijou.* **2.** Percer, découper avec un poinçon, une poinçonneuse. *Poinçonner une tôle.* **3.** Perforer, oblitérer (un billet de train, etc.). – De *poinçon.*

poinçonneur, euse [pwɛ̃sɔnœʀ, øz] n. **I. 1.** Personne qui poinçonne les tôles. **2.** n. f. Machine à poinçonner les tôles. **II.** **1.** Personne qui poinçonne les billets de train, etc. **2.** n. f. Machine à poinçonner les billets. *Poinçonneuse automatique.* – De *poinçonner.*

poindre [pwɛ̃dʀ] v. [56] **I.** v. tr. **1.** Vx Piquer, blesser. **2.** Litt. Meurtrir, blesser moralement. *Un regret le poignait.* **II.** v. intr. Commencer à paraître. *Le jour point.* – Lat. *pungere,* «piquer».

poing [pwɛ̃] n. m. Main fermée. *Fermer, serrer le poing :* fermer la main, la tenir serrée. ▷ Loc. *Faire le coup de poing :* se battre à coups de poing. – Fig. *Dormir à poings fermés,* profondément. – Fig. *Être pieds et poings liés :* être dans l'impossibilité d'agir, être réduit à l'impuissance. – Lat. *pugnus.*

poinsettia [pwɛ̃setja] n. m. BOT Plante buissonnante (fam. euphorbiacées) originaire du Mexique, à feuilles alternes et aux bractées terminales diversement colorées, appelée cour. *étoile de Noël.* – Du n. du botaniste amér. J.R. *Poinsett.*

1. point [pwɛ̃] n. m. **I.** **1.** Signe de ponctuation (.) marquant la fin d'une phrase. *Point final. Points de suspension* (...). *Point-virgule* (;). *Deux points* (:). ▷ Par ext. *Point d'interrogation* (?), *d'exclamation* (!). **2.** Petite marque ronde placée au-dessus du i et du j minuscules. ▷ Loc. fig., fam. *Mettre les points sur les i :* préciser une chose, l'expliquer de manière à lever toute ambiguïté. **3.** MUS Signe qui, placé après une figure de note ou un silence, prolonge cette note ou ce silence de la moitié de sa durée initiale. ▷ *Point d'orgue :* signe (𝄐) suspendant la mesure et indiquant un repos plus ou moins prolongé sur une note ou un silence. **4.** Corps matériel, objet, dont on ne distingue pas les contours en raison de sa petitesse ou de l'éloignement. *Le bateau n'était plus qu'un point à l'horizon.* ▷ *Point noir :* comédon*. **5.** Très petite quantité, parcelle (de certaines matières). *Fixer une photo avec un point de colle.* **6.** IMPRIM *Point Didot* ou, absol., *point :* unité de mesure des caractères d'imprimerie, équivalant à 0,3759 mm. **II.** **1.** Endroit fixe, déterminé. *Point de départ, d'arrivée.* ▷ *Point d'appui :* point sur lequel une chose est appuyée. *Point d'appui d'un levier.* – MILIT Place, base sur laquelle s'appuie une armée, une flotte; élément de base d'un dispositif de défense. – *Point chaud,* où ont lieu des combats, des événements particulièrement intenses. – *Point d'eau :* endroit où l'on trouve de l'eau (source, puits, mare, etc.). – *Point de non-retour*.* – *Point mort :* V. mort. – *Point de repère :* V. repère. – *Point de mire :* V. mire. **2.** GEST, COMM *Point de commande :* niveau de stock indiquant la nécessité de le réapprovisionner. **3.** GEOM Lieu sans étendue, défini conventionnellement comme la plus petite portion d'espace qu'il soit possible de concevoir. **4.** Lieu sans étendue, considéré quant aux caractéristiques, aux propriétés qui permettent de le situer. ▷ ASTRO *Points équinoxiaux :* points d'intersection de l'écliptique avec l'équateur. – *Point vernal* ou *point* γ *:* V. gamma. – *Points solsticiaux :* points où le Soleil atteint sa plus grande déclinaison boréale et australe. ▷ Cour. *Points cardinaux :* V. cardinal. ▷ PHYS *Point événement :* tout phénomène physique ponctuel caractérisé par ses coordonnées d'espace et de temps. **5.** *Mettre au point un instrument d'optique,* le régler de manière que l'image se forme au point voulu et soit ainsi parfaitement nette. ▷ Par ext. *Mettre au point une machine, une mécanique, etc.,* la régler, la mettre en état de fonctionner. – Fig. *Mettre au point un plan d'action.* – Loc. adj. *Au point. Projet bien au point,* entièrement élaboré, prêt à être mis en application. **6.** MAR Position d'un navire en mer. *Faire le point :* déterminer la position du navire; fig. examiner la situation dans laquelle on se trouve. **III.** (En loc.) Moment précis, instant. ▷ *Sur le point de :* au moment de. – *Être sur le point de partir :* s'apprêter à partir immédiatement. ▷ *À point, à point nommé :* au bon moment, à propos. *Vous arrivez à point.* **IV.** **1.** Question, difficulté particulière. *Éclaircir un point d'histoire. Le point capital d'une affaire. Le point sensible.* **2.** Division d'un discours, d'un ouvrage. *Ce sera le dernier point de mon exposé.* ▷ *De point en point :* exactement, sans rien omettre. ▷ *De tout point, en tout point :* absolument, parfaitement. *Un ouvrage en tout point remarquable.* **3.** Degré, période dans le cours d'une évolution. *Nous en sommes toujours au même point.* ▷ Loc. adv. *À point :* au degré ou dans l'état qui convient. *Viande cuite à point,* moyennement cuite (ni «saignante» ni «bien cuite»). **4.** Degré dans une hiérarchie, une progression. *Être au plus haut point de la célébrité.* **5.** PHYS *Point critique :* point correspondant à la température et à la pression critiques d'un fluide. – *Point fixe :* température de changement d'état d'un corps pur pour une pression donnée. *Point de fusion, de liquéfaction.* – *Point triple,* correspondant à l'équilibre des trois phases (solide, liquide, gazeuse) d'un même corps pur. – *Point de rosée*.* **V.** **1.** Unité de notation d'un travail scolaire, d'une épreuve d'examen ou de concours. **2.** Unité qui permet de comptabiliser les avantages de chacun des adversaires ou des concurrents, dans un jeu, une compétition sportive. *Marquer un point. Partie en mille points.* – SPORT *Vainqueur aux points :* à la boxe, vainqueur d'après le décompte des points effectué par les juges (par oppos. à *par k.-o., par abandon,* etc.). ▷ *Rendre des points à qqn,* lui accorder un avantage qui compense son infériorité. **3.** Permis* à points. **4.** Unité de calcul, dans un barème. *Points de retraite.* **VI.** Ce qui point (V. poindre), pique. **1.** Chacune des piqûres faites dans une étoffe, dans du cuir, etc., avec une aiguille enfilée. *Coudre à points serrés.* – *Points de suture*.* ▷ Façon donnée à ces piqûres, manière de coudre. *Point d'ourlet, de surjet, de croix.* – *Par ext.* Façon donnée aux mailles d'un tricot, manière de tricoter. *Point à l'endroit, à l'envers.* **2.** Douleur poignante, aiguë et bien localisée. *Point de côté. Avoir un point dans le dos.* **3.** *Point du jour :* moment où le jour point, se lève. – Lat. *punctum,* de *pungere,* «piquer».

2. point [pwɛ̃] adv. Vx, litt. ou rég. **1.** (Avec *ne.*) Deuxième élément de la négation. *On ne l'aime point.* **2.** (Sans *ne.*) *Ici, point de luxe.* – *Point du tout :* nullement. – De *point* 1, au sens de «petite parcelle de».

pointage [pwɛ̃taʒ] n. m. **1.** Action de pointer. ▷ *Spécial.* Action de pointer (une arme, une pièce). *Pointage d'un canon.* **2.** Marque en vue d'un contrôle. ▷ Ce contrôle lui-même. – *Spécial.* Contrôle des entrées et des sorties du personnel d'une entreprise à l'aide d'une horloge pointeuse. – De *pointer* 1.

point de vue [pwɛ̃dvy] n. m. **1.** Lieu où l'on doit se placer pour bien voir qqch. *Vous aurez un meilleur point de vue sur la vallée du haut du donjon.* ▷ Paysage vu d'un endroit déterminé. *Un joli point de vue.* **2.** Fig. Aspect sous lequel on envisage une question. *Le point de vue politique.* ▷ Loc. prép. *Au* (ou *du*) *point de vue de :* relativement à. *Du point de vue de la moralité, il est irréprochable. Au point de vue philosophique.* – (Tournure critiquée.) Suivi d'un substantif, sans *de. Du point de vue finances, ça s'arrange.* **3.** Manière de voir. *Exposer son point de vue.* – De *point* 1, *de,* et *vue.*

pointe [pwɛ̃t] n. f. **I.** **1.** Bout piquant, aigu. *La pointe d'une aiguille, d'un couteau, d'une épée.* **2.** Extrémité effilée d'un objet. *Pointe d'asperge.* ▷ *Pointe du pied :* partie opposée au talon. – Fig. *Marcher sur la pointe des pieds,* sans faire de bruit. **3.** CHOREGR Chausson à semelle courte et étroite dont le bout est renforcé par du plâtre. – *Faire des pointes :* se tenir, évoluer sur l'extrémité des orteils avec des pointes. **4.** Langue de terre qui avance dans la mer; cap. *La pointe du Raz.* ▷ Fig. Ce qui est le plus en avant, le plus exposé. *Être à la pointe du combat.* – *De pointe :* d'avant-garde. *Techniques de pointe.* **5.** Fig. Très petite quantité. *Une pointe d'ail, de vinaigre.* – Touche légère. *Une pointe d'ironie.* **6.** Loc. adv. *En pointe :* en forme de pointe. *Tailler une baguette en pointe.* **II.** **1.** Objet pointu, piquant. *Grille de clôture surmontée* *de pointes.* ▷ SPORT *Chaussures à pointes*, utilisées par les coureurs à pied pour mieux accrocher le sol. – Ellipt. *Mettre des pointes*, des chaussures à pointes. **2.** Clou, avec ou sans tête, de grosseur égale de bout en bout. **3.** TECH Instrument acéré utilisé pour graver, pour tailler, etc. *Pointe à tracer. Pointe de diamant des vitriers.* ▷ *Pointe sèche* : stylet d'acier servant à graver sur cuivre ou sur zinc. – *Par ext.* Procédé de gravure dans lequel on utilise cet outil. – *Une pointe-sèche* : une gravure dessinée à la pointe sèche. *Des pointes-sèches.* **4.** Triangle d'étoffe. – Petit châle triangulaire. **5.** MED *Pointes de feu* : petites brûlures faites avec un cautère en pointe. **6.** Fig. Trait mordant, sarcasme. *Lancer des pointes.* Syn. flèche, pique. **III. 1.** Vx ou litt. Action de poindre. *La pointe du jour.* **2.** Action d'aller en avant (dans les loc. *faire, pousser une pointe*). *Détachement, patrouille qui pousse une pointe de reconnaissance.* **3.** *Par ext.* Accélération momentanée. *Pointe de vitesse. Faire des pointes à 200 à l'heure.* ▷ *Vitesse de pointe*, maximale. – *Par anal.* Moment de plus grande intensité d'un phénomène, d'une activité. *Pointe de consommation du gaz, de l'électricité. Éviter de circuler en ville pendant les heures de pointe.* – Bas lat. *puncta*, de *pungere*, «piquer».

1. pointeau [pwɛ̃to] n. m. TECH **1.** Outil en acier trempé, tige terminée par une pointe conique, sur laquelle on frappe avec un marteau. *Marquer d'un coup de pointeau le centre d'un trou à percer.* **2.** Tige munie d'une pointe qui, en appuyant sur l'épaulement d'une canalisation, permet de régler le débit d'un fluide. *Pointeau d'un carburateur.* – De *pointe*.

2. pointeau [pwɛ̃to] n. m. Employé chargé de vérifier les heures de présence du personnel dans une usine. Syn. pointeur. – De *pointer* 1.

1. pointer [pwɛ̃te] v. [1] **I.** v. tr. **1.** Marquer d'un point, d'un signe (les mots, les noms d'une liste) en vue de contrôler, de compter, etc. – *Par ext.* Contrôler. *Pointer les entrées et les sorties.* ▷ v. intr. *Ouvrier qui pointe à l'entrée de l'usine*, qui se soumet au pointage. **2.** MUS Faire suivre (une note, un silence) d'un point qui en augmente de moitié la valeur temporelle. – Pp. adj. *Blanche, croche pointée.* **3.** Diriger vers un point, un but; braquer. *Pointer un canon. Pointer l'index vers qqn.* **4.** Au jeu de boules, lancer la boule le plus près possible du but en la faisant rouler (par oppos. à *tirer*). **II.** v. pron. Pop. Arriver. *Il s'est pointé en retard.* – De *point* 1.

2. pointer [pwɛ̃te] v. [1] **I.** v. tr. **1.** Vx Frapper avec la pointe d'une arme. **2.** TECH Former, façonner la pointe de. *Pointer des aiguilles.* **3.** Dresser en pointe. *Chien qui pointe les oreilles.* **II.** v. intr. **1.** Dresser sa pointe. *Pic qui pointe vers le ciel.* **2.** (Pour *poindre*.) Commencer à paraître, à pousser. *Les bourgeons pointent au printemps.* ▷ Fig. *Son génie pointa de bonne heure.* – De *pointe*.

3. pointer [pwɛ̃tɛʀ] n. m. Chien d'arrêt de race anglaise. – Mot angl.

pointeur, euse [pwɛ̃tœʀ, øz] n. **1.** Personne qui effectue un pointage, un contrôle. ▷ adj. *Horloge pointeuse* ou, n. f., *une pointeuse.* **2.** n. m. Artilleur qui pointe le canon. **3.** Aux boules, joueur qui pointe (par oppos. à *tireur*). – De *pointer* 1.

pointillage [pwɛ̃tijaʒ] n. m. Action de pointiller; résultat de cette action. – De *pointiller*.

pointillé [pwɛ̃tije] n. m. **1.** Ligne formée d'une suite de petits points, de petits trous. *Découper suivant le pointillé. En pointillé.* **2.** Dessin exécuté à l'aide de points. *Figures au pointillé.* – Pp. subst. de *pointiller*.

pointiller [pwɛ̃tije] v. [1] **1.** v. tr. Marquer de points. **2.** v. intr. Bx-A Dessiner, peindre, graver par points. – De *point* 1.

pointilleux, euse [pwɛ̃tijø, øz] adj. Qui se montre exigeant jusque dans les moindres détails. *Il est très pointilleux sur l'exactitude.* Syn. minutieux, vétilleux. – Ital. *puntiglioso*.

pointillisme [pwɛ̃tijism] n. m. PEINT Technique picturale qui consiste à juxtaposer des touches très petites, des points de couleurs pures (V. aussi divisionnisme). *Le pointillisme a surtout été utilisé par les néo-impressionnistes.* – De *pointiller*.

pointilliste [pwɛ̃tijist] n. et adj. PEINT Peintre adepte du pointillisme. ▷ adj. *L'école pointilliste.* – De *pointiller*.

pointu, ue [pwɛ̃ty] adj. **1.** Qui se termine en pointe, qui présente une, des pointes aiguës. *Bâton pointu. Grille pointue.* **2.** (Son, voix.) Qui se développe surtout dans les aigus. ▷ Fig., fam. *Accent pointu* : accent parisien, pour les Méridionaux. **3.** Fig. *Esprit, caractère pointu*, qui cherche à subtiliser sur tout, pointilleux à l'excès. – Très raffiné, très subtil. *Raisonnement pointu.* ▷ Très spécialisé. *Formation pointue.* – De *pointe*.

pointure [pwɛ̃tyʀ] n. f. Nombre qui indique la taille d'une paire de chaussures ou de gants, d'un chapeau, etc. – Du lat. *punctura*, «piqure», p.-ê. parce qu'on piquait l'empeigne sur une forme.

point-virgule [pwɛ̃viʀgyl] n. m. Signe de ponctuation (;) qui indique une pause plus marquée que la virgule et s'emploie pour séparer deux énoncés distincts. *Des points-virgules.* – De *point*, et *virgule*.

poire [pwaʀ] n. f. (et adj.) **1.** Fruit comestible du poirier, de forme oblongue, à la chair parfumée. ▷ Loc. fig. *Entre la poire et le fromage* : à la fin du repas, lorsque l'atmosphère est détendue. – *Garder une poire pour la soif* : se réserver des ressources, des moyens pour les besoins à venir. – *Couper la poire en deux* : se faire des concessions mutuelles pour régler un différend. **2.** Objet en forme de poire. *Poire en caoutchouc pour les lavements, les injections.* ▷ Interrupteur placé à l'extrémité d'un fil électrique. **3.** Pop. Tête, figure. *Il a reçu le coup en pleine poire.* **4.** Fam. Personne naïve, qui se laisse abuser, exploiter. *Quelle bonne poire!* ▷ adj. *Tu es trop poire.* – Lat. pop. *pira*, n. f.; plur. du lat. class. *pirum*, «poire».

poiré [pwaʀe] n. m. Boisson provenant de la fermentation du jus de poire. – De *poire*.

poireau [pwaʀo] n. m. Plante potagère (*Allium porrum*, même genre que l'ail, fam. liliacées) à bulbe blanc et à longues feuilles vertes. *Manger le blanc* (le bulbe*) et le vert* (les feuilles*) du poireau.* ▷ Loc. fig., fam. *Faire le poireau* : attendre longtemps. – Altér. de l'a. fr. *porreau*, par attraction de *poire*; lat. *porrum*.

poireauter ou **poiroter** [pwaʀɔte] v. intr. [1] Fam. Faire le poireau, attendre. – De *(faire le) poireau*.

poirée [pwaʀe] n. f. Plante potagère (*Beta vulgaris*) dont on consomme les larges pétioles blancs et les feuilles. Syn. bette. – A. fr. *porrée*, de *por*, «poireau».

poirier [pwaʀje] n. m. Arbre fruitier (genre *Pirus*, fam. rosacées) originaire de la zone tempérée d'Europe et d'Asie, à feuilles ovales simples et à fleurs blanches, qui produit la poire. ▷ Bois de cet arbre, rougeâtre, utilisé en lutherie et en ébénisterie. ▷ *Faire le poirier*, se tenir en équilibre, la tête et les mains appuyées sur le sol. – A. fr. *perier*, refait d'ap. *poire*.

poiroter. V. poireauter.

pois [pwa] n. m. **1.** Plante potagère (genre *Pisum*, fam. papilionacées) dont les gousses et les graines fournissent un légume apprécié. ▷ Plur. *Pois* ou, cour., *petits pois* : graines de cette plante. ▷ *Pois mange-tout*, dont on consomme la gousse entière. ▷ *Pois cassés* : pois secs écossés et séparés en deux, qui se mangent en purée. ▷ *Pois chiche (Cicer arietinum)* : plante voisine du pois, cultivée dans les régions méditerranéennes; graine comestible de cette plante. **2.** *Pois de senteur* : plante ornementale (*Lathyrus odoratus*) cultivée pour ses fleurs odorantes, de couleurs variées. Syn. gesse odorante. **3.** Petit disque d'une couleur ou d'une texture différente de celle du fond, sur un tissu, un papier, etc. *Foulard à pois.* – Lat. *pisum.*

poiscaille [pwaskaj] n. f. Pop. Poisson. – A. fr. *pescaille*, «poisson séché».

poise [pwaz] n. f. PHYS Ancienne unité de viscosité, de symbole Po, valant 0,1 poiseuille. – Abrév. de *poiseuille.*

poiseuille [pwazœj] n. m. PHYS Unité de viscosité du système international, de symbole Pl (1 poiseuille = 1 pascal-seconde). – Du n. de phys. fr. J.-L.M. *Poiseuille* (1799-1869).

poison [pwazɔ̃] n. m. **1.** Toute substance qui, introduite dans un organisme vivant, peut le tuer ou altérer ses fonctions vitales. **2.** Fig. Substance préjudiciable à la santé. *L'alcool est un poison.* ▷ Aliment, boisson de goût désagréable. ▷ Litt. Ce qui corrompt ou exerce une influence pernicieuse. **3.** n. Fam. Personne méchante, acariâtre. *Quelle poison!* ▷ Personne très agaçante, insupportable. **4.** Fig. Activité, tâche ennuyeuse. *Quel poison ces paperasses!*– Du lat. *potio, potionis*, «breuvage médicinal, breuvage empoisonné, philtre».

poissard, arde [pwasaʀ, aʀd] n. et adj. **1.** n. f. Femme de la halle; femme aux manières et au langage hardis, grossiers. ▷ (Par attract. de *poisson.*) Vieilli Marchande de poisson. **2.** adj. Litt., vx Qui utilise ou imite le langage des femmes de la halle, du bas peuple. *Le style poissard.* ▷ n. m. Vx *Le poissard* : le genre poissard. – De *poix*, avec infl. de *poisson.*

poisse [pwas] n. f. Pop. **1.** Vx Misère, dénuement. **2.** Malchance, déveine. *Porter la poisse.* – Déverbal de *poisser.*

poisser [pwase] v. tr. [1] **1.** Enduire de poix. *Poisser du fil.* **2.** Salir avec une substance gluante. *La confiture lui poissait les mains.* **3.** Pop. Prendre, arrêter (un malfaiteur, un voleur, etc.). – De *poix.*

poisseux, euse [pwasø, øz] adj. Collant, gluant comme la poix. – De *poix.*

poisson [pwasɔ̃] n. m. **1.** Vertébré aquatique à branchies, possédant des nageoires. (V. encycl.) *Poissons d'eau douce, poissons de mer.* – (Collectif) *Du poisson. Préférer le poisson à la viande.* ▷ *Poisson de mai* : alose. *Poisson-chat* : silure. *Poisson-clown* : amphiprion. *Poisson-épée* : espadon. *Poisson-lune* : môle. *Poisson rouge* : cyprin doré. *Poisson scie*. Poisson volant* : exocet. ▷ *Petit poisson d'argent* : lépisme (insecte). **2.** Loc. fig. *Être comme un poisson dans l'eau* : être parfaitement à l'aise dans telle ou telle situation. – *Finir en queue de poisson* : avoir une fin qui ne constitue pas un aboutissement véritable. – *Faire une queue*-de-poisson.* ▷ *Poisson d'avril* : attrape, mystification que l'on fait le 1er avril. **3.** ASTRO *Les Poissons* : constellation zodiacale de l'hémisphère boréal. ▷ ASTROL Signe du zodiaque* (19 fév. - 20 mars). – Ellipt. *Il est poissons.* – A. fr. *peis, pois*, lat. *piscis.*

ENCYCL Les poissons sont les premiers vertébrés et ils ont donné naissance aux premiers tétrapodes terrestres (V. crossoptérygiens). On distingue radicalement les *poissons cartilagineux*, ou *chondrichthyens* (requins, raies), et les *poissons osseux*, ou *ostéichthyens*, dont les téléostéens constituent la quasi-totalité. Parmi les fossiles, les *placodermes* (cartilagineux) constituent le groupe le plus important.

poissonnerie [pwasɔnʀi] n. f. Magasin où l'on vend du poisson. ▷ Commerce du poisson et des animaux vivant en eau douce ou dans la mer (coquillages, crustacés, etc.). – De *poisson.*

poissonneux, euse [pwasɔnø, øz] adj. Qui abonde en poisson. *Une rivière poissonneuse.* – De *poisson.*

poissonnier, ère [pwasɔnje, ɛʀ] n. Commerçant qui vend du poisson. – De *poisson.*

poissonnière [pwasɔnjɛʀ] n. f. Plat de forme allongée servant à faire cuire le poisson. – De *poisson.*

poitevin, ine [pwatvɛ̃, in] adj. et n. **1.** adj. De Poitiers, du Poitou. *Région poitevine. Race poitevine.* ▷ Subst. *Les Poitevins. Un(e) Poitevin(e).* **2.** n. m. *Le poitevin* : dialecte d'oc parlé autrefois dans le Poitou. – De *Poitou.*, rég. fr. correspondant aux dép. des Deux-Sèvres, de la Vendée et de la Vienne.

poitrail [pwatʀaj] n. m. **1.** Anc. Harnachement fixé sur la poitrine du cheval. **2.** Partie antérieure du corps des équidés, entre les épaules et la base du cou. **3.** TECH Pièce de bois ou de fer formant linteau au-dessus d'une grande baie. – A. fr. *peitral*, «partie du harnais passant sur la poitrine», du lat. *pectorale*, «cuirasse».

poitrinaire [pwatʀinɛʀ] adj. et n. Vieilli Tuberculeux. – De *poitrine.*

poitrine [pwatʀin] n. f. **1.** Partie du tronc qui contient les poumons et le cœur. *Gonfler la poitrine.* – *Voix de poitrine* : voix au son plein (par oppos. à *voix de tête*). **2.** Devant du thorax. **3.** Partie antérieure des côtes d'un animal de boucherie, avec la chair qui y adhère. **4.** Seins de la femme. – Lat. pop. **pectorina*, class. *pectus, pectoris.*

poivrade [pwavʀad] n. f. **1.** Sauce au poivre, déglacée au vin et au vinaigre. **2.** *Artichaut poivrade*, qui, très petit, se consomme cru, à la croque au sel. – De *poivre.*

poivre [pwavʀ] n. m. **1.** Fruit du poivrier; épice de saveur piquante faite de ce fruit séché. *Poivre en grains. Moulin à poivre.* – *Poivre noir* (ou *gris*), formé des graines et de leur enveloppe. – *Poivre blanc*, dont les grains sont décortiqués. *Poivre vert*, qui n'est pas arrivé à maturité. ▷ Fig. *Cheveux poivre et sel*, grisonnants. **2.** Nom courant de diverses plantes dont les graines, utilisées comme épices, ont un goût proche de celui du poivre. *Poivre de Cayenne.* – Lat. *piper.*

poivré, ée [pwavʀe] adj. **1.** Assaisonné avec du poivre. ▷ Par ext. *Parfum poivré.* **2.** Fig., pop. D'un prix excessif. **3.** Fig. Licencieux, égrillard. *Une histoire poivrée.* – Pp. de *poivrer.*

poivrer [pwavʀe] **1.** v. tr. [1] Assaisonner avec du poivre. **2.** v. pron. Fam. S'enivrer. – De *poivre.*

poivrier [pwavʀije] n. m. **1.** Arbrisseau grimpant (genre *Piper*, fam. pipéracées) originaire de l'Inde, cultivé dans toutes les régions tropicales, et qui donne le poivre. **2.** Petit récipient où l'on met le poivre, ou qui sert à moudre le poivre. Syn. poivrière. – De *poivre.*

poivrière [pwavʀijɛʀ] n. f. **1.** Boîte où l'on met les épices. ▷ *Spécial.* Ustensile de table pour le poivre, à bouchon perforé. Syn. poivrier. **2.** Plantation de poivriers. **3.** ARCHI Guérite à toit conique située en surplomb à l'angle d'un bastion. *Tour en poivrière*, surmontée d'une toiture en forme de cône. – De *poivre.*

poivron [pwavʀɔ̃] n. m. Fruit du piment doux, vert, jaune ou rouge, qui se consomme cru ou cuit. – De *poivre.*

poivrot, ote [pwavʀo, ɔt] n. Pop. Ivrogne. – De *poivre*, au sens arg. de «eau-de-vie (qui pique)».

poix [pwa] n. f. Matière résineuse ou bitumineuse provenant d'une distillation, de consistance visqueuse. – Lat. *pix, picis.*

poker [pɔkɛʀ] n. m. **1.** Jeu de cartes d'origine américaine. ▷ Réunion de quatre cartes de même valeur, à ce jeu. *Poker de rois.* Syn. carré. ▷ Partie de poker. ▷ Loc fig. *Coup de poker* : action audacieuse où entre une large part de bluff. **2.** *Poker d'as* : jeu de dés inspiré du poker dans lequel on utilise cinq dés spéciaux dont les faces portent, au lieu des points habituels, des figures de cartes. – Mot amér., p.-ê. du flam. *pokken* (cf. *poquer*); sens 2, corrupt. de l'angl. *poker dice* (*dice*, pl. de *die*, «dé à jouer»).

polack, polak. V. polaque (sens 2).

polacre [pɔlakʀ] n. f. MAR ANC Navire à voiles carrées de la Méditerranée.

polaire [pɔlɛʀ] adj. et n. f. **1.** Relatif aux pôles, qui est près des pôles. *Régions, terres polaires.* ▷ *L'étoile polaire* ou, n. f., *la Polaire* : l'étoile de la Petite Ourse qui indique le pôle Nord. **2.** Qui caractérise les régions voisines des pôles. *Glaces polaires.* – Par ext. *Un froid polaire,* glacial. **3.** GEOM Relatif aux pôles d'une sphère, d'un cercle. *Coordonnées polaires.* ▷ n. f. *Polaire d'un point P par rapport à un cercle* : droite qui relie les points de contact des deux tangentes menées par P au cercle. **4.** n. f. AVIAT *Polaire d'une aile* : courbe qui représente la portance en fonction de la traînée pour une incidence donnée. **5.** CHIM *Liaison polaire* : syn. de *liaison par électrovalence.* – *Molécule polaire,* dont les barycentres des charges électriques positives et négatives sont distincts. – *Solvant polaire,* dont les molécules sont polaires. (Les composés ioniques sont solubles dans les solvants polaires, comme l'eau.) **6.** ELECTR Relatif aux pôles d'un aimant, d'un circuit électrique. – Lat. médiév. *polaris,* de *polus,* « pôle ».

polaque [pɔlak] n. m. **1.** HIST Cavalier polonais, mercenaire enrôlé dans les armées françaises au XVIIIe s. **2.** Pop., péjor. Polonais. (Dans ce sens, s'écrit aussi *polak* ou *polack.*)– Polonais *polak,* « polonais ».

polar [pɔlaʀ] n. m. Fam. Roman, film policier. – De *(roman) policier,* et suff. arg.

polarimètre [pɔlaʀimɛtʀ] n. m. PHYS Appareil servant à mesurer la polarisation rotatoire d'un corps. – Du gr. *polein,* « tourner », et *-mètre.*

polarimétrie [pɔlaʀimetʀi] n. f. PHYS Mesure la rotation du plan de polarisation. – Du gr. *polein,* « tourner », et *-métrie.*

polarisable [pɔlaʀizabl] adj. Qui peut être polarisé. – De *polariser.*

polarisant, ante [pɔlaʀizɑ̃, ɑ̃t] ou **polarisateur, trice** [pɔlaʀizatœʀ, tʀis] adj. PHYS Qui provoque la polarisation. – Ppr. de *polariser.*

polarisation [pɔlaʀizasjɔ̃] n. f. **1.** PHYS Phénomène par lequel les vibrations lumineuses s'orientent dans un plan. (V. encycl.) **2.** ELECTR Phénomène dû à une accumulation d'ions, à un dégagement d'hydrogène ou à la formation d'une pellicule résistante sur les électrodes d'une pile et qui se traduit par une augmentation de la résistance interne et une diminution du courant débité. **3.** Fig. Action de polariser; fait de se polariser (sens 2). – De *polariser.*

ENCYCL **Phys.** – Toute lumière réfléchie est partiellement ou totalement polarisée, c.-à-d. que les vecteurs qui représentent la vibration des rayons lumineux sont contenus dans un plan, appelé *plan de polarisation,* perpendiculaire à la direction de propagation. Diverses substances ont la propriété de ne transmettre les vibrations que dans un plan de polarisation déterminé; cette propriété est utilisée dans les polaroïds.

polariscope [pɔlaʀiskɔp] n. m. PHYS Appareil servant à mesurer le degré de polarisation d'un faisceau lumineux. – Du gr. *polein,* « tourner », et *-scope.*

polarisé, ée [pɔlaʀize] adj. ELECTR, PHYS Qui a subi la polarisation. *Pile polarisée.* – Pp. de *polariser.*

polariser [pɔlaʀize] v. tr. [1] **1.** ELECTR Provoquer la polarisation (d'un appareil, d'un dispositif). – v. pron. *Pile qui se polarise,* qui subit la polarisation. ▷ PHYS Donner la propriété de polarisation (aux rayons lumineux). **2.** Fig. Orienter vers soi, attirer à soi. *Cette personnalité fascinante polarisait l'intérêt de toute l'assemblée.* ▷ v. pron. Fam. Se fixer, se concentrer. *L'attention se polarisa sur cet événement.* – Du gr. *polein,* « tourner », d'ap. *polaire.*

polariseur [pɔlaʀizœʀ] n. m. PHYS Appareil qui polarise la lumière. – De *polariser.*

polarité [pɔlaʀite] n. f. MATH, PHYS État d'un corps, d'un système dans lequel on peut distinguer deux pôles opposés. ▷ PHYS Propriété des aiguilles aimantées de s'orienter selon le méridien magnétique. ▷ BIOL Caractère d'un organite cellulaire, d'une cellule, d'un organe, structurés selon une direction privilégiée de l'espace permettant de distinguer deux pôles d'organisation. – De *polaire.*

polarographie [pɔlaʀɔgʀafi] n. f. CHIM Méthode permettant de déterminer la nature et la concentration d'une substance par utilisation des courbes intensité-tension d'électrolyse de sa solution. – De *polar(isation),* et *-graphie.*

polaroïd [pɔlaʀɔid] n. m. PHYS Polariseur constitué d'une lame transparente. ▷ Cour. Appareil photographique à développement instantané. – Nom déposé; de l'angl. *to polarize,* « polariser », du fr. *polariser,* et suff. *-oïd* (cf. *oïde*).

polatouche [pɔlatuʃ] n. m. Écureuil gris de Russie possédant entre les membres antérieurs et postérieurs une membrane qui lui permet de planer sur de courtes distances. Syn. écureuil volant. – Russe *polatouka.*

polder [pɔldɛʀ] n. m. GEOGR Terre située en dessous du niveau de la mer, endiguée et asséchée de manière à permettre sa mise en valeur. *Les polders hollandais.* – Mot néerl.

poldérisation [pɔldeʀizasjɔ̃] n. f. GEOGR Action de poldériser; son résultat. – De *poldériser.*

poldériser [pɔldeʀize] v. tr. [1] GEOGR Transformer en polder. – De *polder.*

-pole, -polite. Éléments, du gr. *polis,* « ville ».

pôle [pol] n. m. **1.** ASTRO Chacun des points où l'axe imaginaire de rotation de la Terre rencontre la sphère céleste. *Pôle boréal, austral.* ▷ *Pôles de l'écliptique* : points où une perpendiculaire au plan de l'écliptique coupe la sphère céleste. **2.** GEOGR et cour. Chacune des extrémités de l'axe de rotation de la Terre sur elle-même. *Pôle Nord, pôle Sud.* ▷ Région de la Terre située près d'un pôle et limitée par le cercle polaire. *Calotte glaciaire du pôle boréal.* **3.** Fig. *Les deux pôles* : les deux extrêmes. **4.** Fig. Point qui attire l'attention, l'intérêt. *Pôle d'attraction.* **5.** GEOM Point qui sert à définir des coordonnées polaires. **6.** ELECTR Chacune des bornes d'un circuit électrique. *Pôles d'une pile.* ▷ *Pôles d'une barre aimantée,* ses extrémités qui s'orientent, l'une vers le pôle Nord (magnétique), l'autre vers le pôle Sud de la Terre lorsqu'on laisse la barre pivoter librement. **7.** GEOGR *Pôles magnétiques* : points du globe où l'inclinaison magnétique est de 90°. – Lat. *polus,* gr. *polos,* de *polein,* « tourner ».

polémarque [pɔlemaʀk] n. m. ANTIQ GR Officier, magistrat responsable du commandement de l'armée. ▷ adj. *Archonte polémarque.* – Gr. *polemarkhos,* de *polemos,* « guerre », et *arkhein,* « commander ».

polémique [pɔlemik] adj. et n. f. **1.** adj. Qui appartient à la dispute, à la polémique; qui incite à la dispute, à la discussion par son ton agressif. **2.** n. f. Querelle, débat par écrit. – Gr. *polemikos,* « relatif à la guerre ».

polémiquer [pɔlemike] v. intr. [1] Engager une polémique; faire de la polémique. – De *polémique.*

polémiste [pɔlemist] n. Personne (spécial. journaliste) qui a l'habitude de la polémique, qui aime polémiquer. – De *polémique.*

polémologie [pɔlemɔlɔʒi] n. f. Didac. Étude scientifique de la guerre considérée comme phénomène social (formes, causes, conséquences, etc.). – Mot créé par G. Bouthoul (1896-1980); du gr. *polemos,* « guerre », et *-logie.*

polenta [pɔlɛnta] n. f. **1.** Bouillie de farine de maïs, en Italie. **2.** Bouillie de farine de châtaignes, en Corse. – Mot ital., du lat. *polenta*, «farine d'orge».

pole position [polpozisjɔ̃] n. f. SPORT Dans une course automobile, meilleure place sur la grille de départ accordée au véhicule qui a réalisé les meilleurs temps aux essais. *Des pole positions.* Syn. (off. recommandé) position de tête. – Mot angl.

1. poli, ie [pɔli] adj. **1.** Vx Civilisé, raffiné. **2.** Qui respecte les règles de la politesse. *Un homme poli.* **3.** Qui exprime la politesse. *Un ton poli.* – De *polir* au sens fig., avec infl. du lat. *politus*, «cultivé, raffiné».

2. poli, ie [pɔli] adj. et n. m. **1.** adj. Lisse et luisant. *Galets polis.* **2.** n. m. Lustre, éclat (d'une chose que l'on a polie). *Donner du poli à un meuble.* – Pp. de *polir*.

1. police [pɔlis] n. f. **1.** Vx Administration, gouvernement (de la cité). **2.** Maintien de l'ordre public et de la sécurité des citoyens dans un groupe social. ▷ DR *Peine de police* : contravention. *Tribunal de police*, qui juge les contraventions. ▷ *Salle de police*, où l'on consigne les soldats ayant commis des fautes légères, dans l'armée. **3.** Administration, ensemble des agents de la force publique chargés du maintien de l'ordre et de la répression des infractions. *Agent, officier de police. Police judiciaire (P.J.)* : service de police chargé de «constater les infractions à la loi pénale, [d']en rassembler les preuves et [d']en rechercher les auteurs» (Code de procédure pénale). **4.** *Par ext.* Organisme privé chargé d'une mission de surveillance. *Police intérieure d'un grand magasin.* – Lat. *politia*, gr. *politeia*, «gouvernement, participation aux affaires publiques», de *polis*, «cité».

2. police [pɔlis] n. f. **1.** DR Document fixant les conditions générales d'un contrat d'assurance. **2.** IMPRIM Liste de tous les caractères d'imprimerie qui constituent un assortiment. ▷ Ensemble de ces caractères. – Ital. *polizza*; du gr. byzantin *apodeixis*, «preuve».

policé, ée [pɔlise] adj. Litt. Dont les mœurs sont adoucies; civilisé. – Pp. de *policer*.

policeman [pɔlisman], plur. **policemen** [pɔlismɛn] n. m. Agent de police, en Grande-Bretagne, aux États-Unis. – Mot angl.

policer [pɔlise] v. tr. [12] Litt. Civiliser, adoucir les mœurs (d'un pays). – De *police* 1.

polichinelle [pɔliʃinɛl] n. m. **1.** (Avec une majuscule.) Personnage balourd des farces italiennes. **2.** (Avec une majuscule.) Personnage bossu, aux vêtements grotesques, du théâtre de marionnettes. - *Secret de Polichinelle* : chose que l'on croit secrète mais qui est connue de tous. ▷ (Avec une minuscule.) Jouet, marionnette qui représente Polichinelle. *Offrir un polichinelle à un enfant.* - Vulg. *Avoir un polichinelle dans le tiroir* : être enceinte. **3.** (Avec une minuscule.) Fig. Personnage ridicule, grotesque; personne sans caractère, aux opinions changeantes. *Mener une vie de polichinelle*, une vie déréglée. – Napolitain *Polecenella*, personnage des farces napolitaines, ital. *Pulcinella*.

policier, ère [pɔlisje, ɛʀ] adj. et n. m. **I.** adj. **1.** Relatif à la police (1, sens 2); qui appartient à la police. ▷ *État policier*, où la police est l'outil principal du pouvoir. **2.** *Roman, pièce, film policiers*, qui mettent en scène principalement des personnages de policiers, de détectives, en lutte contre des gangsters ou des criminels. ▷ n. m. Fam. *Un policier* : un roman, un film policier. **II.** n. m. Personne qui appartient à la police. ▷ Membre d'une police privée. – De *police* 1.

ENCYCL **Litt.** - On attribue la paternité du roman policier à Edgar Poe. En France, on peut citer parmi ceux qui assurèrent le succès du genre : É. Gaboriau (princ. héros : Lecoq), G. Leroux (Rouletabille et Chéri-Bibi), M. Leblanc (Arsène Lupin); en Angleterre, Conan Doyle (Sherlock Holmes). Après 1918, le genre est illustré par deux Anglaises : Agatha Christie (Hercule Poirot) et Dorothy Sayers, et par deux Américains : E. Queen et J. Dickson Carr. Aujourd'hui, on tend à délaisser l'énigme au profit d'une peinture âpre, tragique, violente de la société. Citons, parmi d'autres, les Anglo-Saxons : Peter Cheyney, J. Hadley Chase, Carter Brown, Chester Himes, D. Hammett, R. Chandler, H. MacCoy, P. Highsmith; les Belges : S.A. Steeman et G. Simenon; les Français : Boileau-Narcejac, F. Dard, S. Japrisot, J.-P. Manchette, G. de Villiers. Le roman d'espionnage est largement représenté : I. Fleming, J. Le Carré notam.

policlinique [pɔliklinik] n. f. Établissement où les malades reçoivent des soins, mais ne sont pas hospitalisés, et où l'on dispense un enseignement médical. (Ne pas confondre avec *polyclinique*.) – Du gr. *polis*, «ville», et *clinique*.

poliment [pɔlimɑ̃] adv. D'une manière polie. – De *poli*.

polio [pɔljo] n. Abrév. de *poliomyélite*, ou de *poliomyélitique*.

poliomyélite [pɔljɔmjelit] n. f. Maladie infectieuse aiguë, due à un virus neurotrope qui, lésant les cornes antérieures motrices de la moelle, provoque des paralysies locales parfois mortelles et des atrophies musculaires souvent irréversibles. (Abrév. : polio). – Du gr. *polios*, «gris», et *muelos*, «moelle».

poliomyélitique [pɔljɔmjelitik] adj. Qui a rapport à la poliomyélite; atteint de poliomyélite. ▷ Subst. *Un(e) poliomyélitique.* Abrév. *Un(e) polio.* – De *poliomyélite*.

poliorcétique [pɔljɔʀsetik] adj. et n. f. ANTIQ Relatif à l'art de faire le siège d'une ville. ▷ n. f. Art de faire le siège d'une ville. – Gr. *poliorkêtikos*.

polir [pɔliʀ] v. tr. [3] **1.** Rendre lisse et luisant à force de frotter. *Polir le marbre.* ▷ v. pron. *Bois qui s'est poli avec le temps, l'usage.* - Fig. S'adoucir, s'affiner. **2.** Fig., litt. Éduquer, former aux bons usages. *Polir l'esprit, le caractère.* **3.** Litt. Corriger avec soin, parfaire (un discours, un écrit, etc.). – Lat. *polire*.

polissable [pɔlisabl] adj. Qui est susceptible d'être poli. – De *polir*.

polissage [pɔlisaʒ] n. m. Opération qui consiste à donner un poli, un brillant poussé. *Polissage du verre.* – De *polir*.

polisseur, euse [pɔlisœʀ, øz] n. Ouvrier, ouvrière qui polit les glaces, les métaux, etc. – De *polir*.

polissoir [pɔliswaʀ] n. m. Instrument, machine servant à polir. – De *polir*.

polissoire [pɔliswaʀ] n. f. **1.** Brosse douce pour faire briller les chaussures. **2.** Atelier de polissage. – De *polir*.

polisson, onne [pɔlisɔ̃, ɔn] n. et adj. **1.** Vx Gamin malpropre, vagabond. **2.** Fam. Enfant dissipé, espiègle. ▷ adj. *Un écolier polisson.* **3.** Personne portée à la licence, libertin. ▷ adj. Égrillard, licencieux. *Chanson polissonne.* – De l'anc. arg. *polir*, «vendre».

polissonner [pɔlisɔne] v. intr. [1] Se comporter en polisson (sens 2 et 3). – De *polisson*.

polissonnerie [pɔlisɔnʀi] n. f. **1.** Vieilli Acte, propos polisson (sens 3). **2.** Parole, tour d'un enfant polisson. – De *polisson*.

poliste [pɔlist] n. f. ou m. ENTOM Guêpe (genre *Polistes*) qui vit en colonies d'une cinquantaine d'individus dans des nids fixés aux arbres. – Gr. *polistês*, «bâtisseur de ville».

-polite. V. -pole.

politesse [pɔlitɛs] n. f. **1.** Vx Raffinement, délicatesse. *La politesse des mœurs.* **2.** Ensemble des règles, des usages qui déterminent le comportement dans un groupe social, et qu'il convient de respecter. ▷ Observance de ces règles. *La politesse orientale. Manquer de politesse.* **3.** Acte, comportement conforme à ces usages. *Échanger des politesses.* – Ital. *politezza.*

politicaillerie [pɔlitikajʀi] n. f. Fam., péjor. Basse politique. – De *politique,* et suff. péjor. *-aillerie.*

politicard, arde [pɔlitikaʀ, aʀd] n. m. et adj. Fam., péjor. Politicien douteux. ▷ adj. *Une magouille politicarde.* – De *politic(ien),* et *-ard.*

politicien, enne [pɔlitisjɛ̃, ɛn] n. et adj. Personne qui s'occupe de politique. *Un jeune politicien plein d'avenir.* – (Souvent péjor.) *Des spéculations de politiciens.* ▷ adj. *Arguments politiciens.* – Péjor. *La politique politicienne.* – Angl. *politician,* de *politics,* du fr. *politique.*

politique [pɔlitik] adj. et n. **I.** adj. **1.** Relatif au gouvernement d'un État. *Institutions politiques.* ▷ Relatif aux relations mutuelles des divers États. *Frontières politiques.* **2.** Qui a rapport aux affaires publiques d'un État. *Homme politique. Milieu, monde politique.* **3.** Relatif à une manière de gouverner, à une théorie de l'organisation d'un État. *Parti politique. Doctrines, opinions politiques.* **4.** Qui montre une prudence calculée. *Une conduite très politique.* **II.** n. f. **1.** Science ou art de gouverner un État; conduite des affaires publiques. *Traité de politique. Faire de la politique.* **2.** Ensemble des affaires publiques d'un État, des événements les concernant et des luttes des partis. **3.** Manière de gouverner. *Politique sage, prévoyante. Politique de gauche, de droite.* – *Par ext.* Manière de mener une affaire. *Adopter une politique et s'y tenir.* **4.** Fig. Conduite calculée pour atteindre un but précis. *Il s'est incliné par pure politique.* **III.** n. m. **1.** Personne qui s'applique à la connaissance des affaires publiques, du gouvernement des États. *Talleyrand fut un grand politique.* **2.** (Rare au fém.) Fig. Personne habile, avisée. *Un fin politique.* **3.** HIST *Parti des politiques* : regroupement après la Saint-Barthélemy (1572), autour de François d'Alençon, des catholiques modérés, donc hostiles aux ligueurs. – Lat. *politicus,* du gr. *politikos,* « de la cité ».

politique-fiction [pɔlitikfiksjɔ̃] n. f. Fiction reposant sur l'évolution imaginaire d'une situation politique actuelle. *Un roman de politique-fiction.* – De *politique,* et *fiction.*

politiquement [pɔlitikmɑ̃] adv. **1.** Du point de vue politique. **2.** Fig. D'une manière fine, adroite. *Agir politiquement.* – De *politique.*

politiquer [pɔlitike] v. intr. [1] Vx, fam. Discourir sur les affaires publiques. – De *politique.*

politisation [pɔlitizasjɔ̃] n. f. Action de politiser; résultat de cette action. – De *politiser.*

politiser [pɔlitize] v. tr. [1] **1.** Donner un caractère politique à. **2.** Donner une conscience politique à. – Pp. adj. *Jeunesse politisée.* – De *politique.*

politologie [pɔlitɔlɔʒi] n. f. Didac. Observation, étude des faits politiques. – Mots all.; du gr. *polis,* « ville », et *-logie.*

politologue [pɔlitɔlɔg] n. Didac. Spécialiste de politologie. – De *politologie.*

poljé [pɔlje] n. m. GEOL Vaste dépression karstique, dont le fond, tapissé d'argile de décalcification, est souvent bordé d'escarpements. – Mot slave, « plaine ».

polka [pɔlka] n. f. Ancienne danse, d'origine polonaise, à deux temps, d'un rythme vif et enlevé. – Air sur lequel elle se dansait. – Mot polonais.

pollakiurie [pɔlakiyʀi] n. f. MED Fréquence exagérée de mictions peu abondantes. (Ne pas confondre avec *polyurie.*) – Du gr. *pollakis,* « souvent », et *oureîn,* « uriner ».

pollen [pɔlɛn] n. m. Poussière colorée, le plus souvent jaune, élaborée dans l'anthère des végétaux phanérogames et dont les grains renferment les noyaux mâles fécondants. – Lat. bot., du class. *pollen,* « farine, poussière fine ».

pollicitation [pɔl(l)isitasjɔ̃] n. f. DR Offre de contracter qui n'a pas encore été acceptée. – Lat. jur. *pollicitatio,* de *polliceri,* « offrir, promettre ».

pollinie [pɔl(l)ini] n. f. BOT Masse de pollen compacte qui se forme dans les anthères de certaines orchidées. – De *pollen.*

pollinifère [pɔl(l)inifɛʀ] adj. Qui porte du pollen. – Du lat. *pollen, polinis,* et *-fère.*

pollinique [pɔl(l)inik] adj. BOT Relatif au pollen. – De *pollen.*

pollinisation [pɔl(l)inizasjɔ̃] n. f. BOT Transport du pollen depuis l'étamine jusqu'au stigmate de l'ovaire. – De *pollen.*

polluant, ante [pɔlɥɑ̃, ɑ̃t] adj. et n. m. Qui pollue. *Civilisation polluante.* – n. m. *Un polluant.* – Ppr. de *polluer.*

polluer [pɔlɥe] v. tr. [1] **1.** Vx Souiller, profaner. *Polluer un temple.* **2.** Souiller, rendre malsain ou impropre à la vie. *Fumées qui polluent l'atmosphère.* – Lat. *polluere,* « souiller, profaner ».

pollueur, euse [pɔlɥœʀ, øz] adj. et n. Responsable de pollution (personne, industrie, groupe). *Les industries pollueuses tombent sous le coup de la loi.* ▷ Subst. *Les pollueurs encourent des amendes.* – De *polluer.*

pollution [pɔlysjɔ̃] n. f. **1.** Vx Profanation. **2.** Souillure, infection contribuant à la dégradation d'un milieu vivant. *Pollution atmosphérique. Pollution des eaux. Pollution radioactive,* résultant de l'explosion des bombes thermonucléaires et des rejets des centrales nucléaires (déchets radioactifs, partic.). ▷ *Par ext.* Nuisance de nature diverse (bruit, notam.). – Lat. ecclés. *pollutio.*

polo [pɔlo] n. m. **1.** SPORT Jeu opposant deux équipes de cavaliers, qui, chacun, à l'aide d'un long maillet, essaient de pousser une boule de bois dans le camp adverse. *Les Anglais pratiquèrent, les premiers, le polo dans l'empire des Indes.* **2.** Chemise en tricot à col rabattu. – Mot angl., d'une langue du Cachemire.

polochon [pɔlɔʃɔ̃] n. m. Fam. Traversin. *Bataille de polochons.* – P.-ê. du néerl. *poluwe.*

polonais, aise [pɔlɔnɛ, ɛz] adj. et n. **1.** De Pologne, État d'Europe orient. sur la Baltique. ▷ Subst. *Un(e) Polonais(e).* **2.** n. m. *Le polonais* : la langue slave parlée en Pologne.

polonaise [pɔlɔnɛz] n. f. **1.** Danse nationale de Pologne. – Air à trois temps sur lequel on exécute cette danse. *Les polonaises de Chopin.* **2.** CUIS Gâteau meringué, fourré de crème et de fruits confits et arrosé de kirsch. – De *polonais.*

polonium [pɔlɔnjɔm] n. m. CHIM Élément radioactif de numéro atomique Z = 84 et de masse atomique 210 (symbole Po). *Le polonium a été découvert en 1898 par Pierre et Marie Curie.* – De *Pologne,* pays d'orig. de Marie Curie.

poltron, onne [pɔltʀɔ̃, ɔn] adj. et n. Qui manque de courage. Syn. lâche, peureux, couard. – Subst. *Un(e) poltron(ne).* – Ital. *poltrone,* « poulain » empl. au sens fig.

poltronnerie [pɔltʀɔnʀi] n. f. Manque de courage, lâcheté. – De *poltron.*

poly-. Élément, du gr. *polus,* « nombreux ».

polyacétal [pɔliasetal] n. m. CHIM Résine thermoplastique dérivée du phénol. – De *poly-,* et *acétal.*

polyacide [pɔliasid] n. m. CHIM Corps possédant plusieurs fonctions acide. – De *poly-,* et *acide.*

polyacrylique [pɔliakʀilik] adj. CHIM *Résine polyacrylique* : résine thermoplastique obtenue à partir du nitrile acrylique ou de l'acide acrylique (orlon, crylor, plexiglas, par ex.). – De *poly-*, et *acrylique*.

polyaddition [pɔliadisjɔ̃] n. f. CHIM Polymérisation par additions successives d'une même molécule, notam. pour l'obtention de certaines matières plastiques. – De *poly-*, et *addition*.

polyalcool [pɔlialkɔl] ou **polyol** [pɔljɔl] n. m. CHIM Corps possédant plusieurs fonctions alcool. – De *poly-*, et *alcool*.

polyamide [pɔliamid] n. m. CHIM Polymère obtenu par condensation de polyacides et de polyamines ou par polycondensation d'acides aminés (ex. : nylon). – De *poly-*, et *amide*.

polyamine [pɔliamin] n. f. CHIM Corps possédant plusieurs fonctions amine. – De *poly-*, et *amine*.

polyandre [pɔliɑ̃dʀ] adj. **1.** Qui a plusieurs époux. **2.** BOT Se dit d'une plante qui a plusieurs étamines. – Gr. *poluandros*.

polyandrie [pɔliɑ̃dʀi] n. f. **1.** Situation d'une femme mariée à plusieurs hommes. **2.** BOT Caractère d'un végétal polyandre. – De *poly-*, et *gr. anêr, andros*, « homme mâle ».

polyarthrite [pɔliaʀtʀit] n. f. MED Inflammation portant simultanément sur plusieurs articulations. – De *poly-*, et *arthrite*.

polyatomique [pɔliatɔmik] adj. CHIM Dont la molécule comprend plusieurs atomes. *Corps polyatomique*. – De *poly-*, et *atomique*.

polybutadiène [pɔlibytadjɛn] n. m. CHIM Polymère obtenu par polymérisation du butadiène. – De *poly-*, et *butadiène*.

polycarpique [pɔlikaʀpik] adj. BOT *Plante polycarpique*, dont les fleurs possèdent de nombreux carpelles libres. ▷ n. m. pl. Syn. de *ranales*. – De *poly-*, et gr. *karpos*, « fruit ».

polycéphale [pɔlisefal] adj. Didac. Qui a plusieurs têtes. *Dragon polycéphale*. – Gr. *polukephalos*.

polychètes [pɔlikɛt] n. f. ou m. pl. ZOOL Classe de vers annélides au corps couvert de poils, qui vivent dans la mer ou les eaux saumâtres. – Sing. *Un(e) polychète*. – De *poly-*, et gr. *khaitê*, « chevelure ».

polychroïsme [pɔlikʀɔism] n. m. OPT Propriété que possèdent certains cristaux d'apparaître diversement colorés lorsqu'on les examine à travers un analyseur que l'on fait tourner, et qui est due au phénomène de polarisation de la lumière. – De *poly-*, et gr. *khroa*, « teinte ».

polychrome [pɔlikʀom] adj. Peint de plusieurs couleurs. *Statue polychrome*. – Gr. *polukhrômos*.

polychromie [pɔlikʀomi] n. f. **1.** État d'un objet polychrome. *La polychromie des bas-reliefs égyptiens*. **2.** Peinture polychrome. – De *polychrome*.

polyclinique [pɔliklinik] n. f. Clinique où l'on soigne diverses sortes de maladies. (Ne pas confondre avec *policlinique*.)– De *poly-*, et *clinique*.

polycondensation [pɔlikɔ̃dɑ̃sasjɔ̃] n. f. CHIM Succession de réactions de condensation donnant naissance à une macromolécule. V. encycl. plastique. – De *poly-*, et *condensation*.

polycopie [pɔlikɔpi] n. f. **1.** Reproduction d'un document par décalque sur une pâte à la gélatine, ou au moyen d'un stencil. **2.** Chacun des exemplaires ainsi reproduits. – De *poly-*, et *copie*.

polycopié, ée [pɔlikɔpje] adj. et n. m. Reproduit par polycopie. *Tract polycopié*. ▷ n. m. Document polycopié. – *Spécial*. Cours polycopié. – Pp. de *polycopier*.

polycopier [pɔlikɔpje] v. tr. [2] Reproduire par polycopie. *Machine à polycopier*. – De *polycopie*.

polycristal [pɔlikʀistal] n. m. CHIM Solide formé de plusieurs cristaux. – De *poly-*, et *cristal*.

polycristallin, ine [pɔlikʀistalɛ̃, in] adj. CHIM Formé de plusieurs cristaux. Ant. monocristallin. – De *poly-*, et *cristallin*.

polyculture [pɔlikyltyʀ] n. f. Pratique simultanée de plusieurs cultures dans une même exploitation agricole. *Région de polyculture*. Ant. monoculture. – De *poly-*, et *culture*.

polycyclique [pɔlisiklik] adj. **1.** CHIM *Composé polycyclique*, dont la formule développée contient plusieurs noyaux. **2.** ELECTR Qui concerne plusieurs phénomènes périodiques de fréquences différentes. – De *poly-*, et *cyclique*.

polydactyle [pɔlidaktil] adj. Didac. Qui a des doigts en surnombre. *Main polydactyle*. – De *poly-*, et gr. *daktulos*, « doigt ».

polydactylie [pɔlidaktili] n. f. Didac. Fait d'être polydactyle. – De *polydactyle*.

polydipsie [pɔlidipsi] n. f. MED Soif excessive. Syn. anadipsie. – De *poly-*, et gr. *dipsa*, « soif ».

polyèdre [pɔljɛdʀ] n. m. et adj. GEOM Solide dont les faces sont des polygones. – *Polyèdre régulier*, dont les faces sont des polygones réguliers égaux. – *Polyèdre convexe*, dont l'une quelconque des faces, prolongée indéfiniment, laisse toute la figure du même côté. ▷ adj. *Angle polyèdre* (ou *angle solide*) : figure formée, dans un polyèdre, par les faces et les arêtes qui ont un sommet commun. – Gr. *poluedros*.

polyembryonie [pɔliɑ̃bʀiɔni] n. f. BIOL Formation de plusieurs embryons à partir d'un même œuf. – De *poly-*, et *embryon*.

polyester [pɔliɛstɛʀ] n. m. Polymère obtenu par condensation de polyacides et de polyalcools. – De *poly-*, et *ester*.

polyestérification [pɔliɛsteʀifikasjɔ̃] n. f. CHIM Nom générique des réactions qui produisent des polyesters. – De *polyester*.

polyéthylène [pɔlietilɛn] n. m. Matière plastique obtenue par polymérisation de l'éthylène, utilisée notam. pour fabriquer des récipients souples, des tuyaux et des feuilles pour l'emballage.

polygala [pɔligala] ou **polygale** [pɔligal] n. m. BOT Plante dicotylédone, herbacée ou arbustive, à fleurs zygomorphes. – Mot lat., du gr. *polugalon*, de *polus*, « nombreux », et *gala*, « lait ».

polygame [pɔligam] adj. et n. **1.** Qui a plusieurs conjoints. ▷ Subst. *Un(e) polygame*. **2.** BOT Qui porte des fleurs hermaphrodites et des fleurs unisexuées. – Gr. *polugamos*, de *polus*, « nombreux », et *gamos*, « mariage, union ».

polygamie [pɔligami] n. f. **1.** État d'une personne polygame. **2.** BOT Qualité d'une plante polygame. – Bas lat. *polygamia*, du gr. *polugamos*.

polygamique [pɔligamik] adj. Qui a rapport à la polygamie ; où la polygamie est pratiquée. *Société polygamique*. – De *polygamie*.

polygénisme [pɔliʒenism] n. m. ANTHROP Théorie selon laquelle les différentes races humaines actuelles dériveraient de races distinctes à l'origine. – De *poly-*, et gr. *gennân*, « engendrer ».

polygéniste [pɔliʒenist] n. Didac. Partisan du polygénisme. – De *polygénisme*.

polyglobulie [pɔliglɔbyli] n. f. MED Augmentation du nombre des globules rouges. – De *poly-*, et *globule*.

polyglotte [pɔliglɔt] adj. et n. **1.** Écrit en plusieurs langues. *Dictionnaire polyglotte.* **2.** Qui connaît plusieurs langues. *Un traducteur polyglotte.* ▷ Subst. *Un(e) polyglotte.* – Gr. *poluglôttos,* de *polus* « nombreux », et *glôtta,* « langue ».

polygonacées [pɔligɔnase] n. f. pl. BOT Famille de plantes monocotylédones souvent herbacées, à petites fleurs peu visibles et à feuilles engainantes, dont les principaux genres sont les renouées (*Polygonum*), les sarrasins (*Fagopyrum*), les oseilles (*Rumex*), les rhubarbes (*Rheum*). - Sing. *Une polygonacée.* – Du gr. *polugonaton,* de *gonu, gonatos,* « genou », par allusion aux nodosités de ces plantes.

polygonal, ale, aux [pɔligɔnal, o] adj. **1.** En forme de polygone. **2.** Dont la base est un polygone. *Prisme polygonal.* – De *polygone.*

polygonation [pɔligɔnasjɔ̃] n. f. TECH Opération de topographie qui consiste à assimiler le contour d'un terrain à un polygone. – De *polygone.*

polygone [pɔligon] n. m. **1.** Figure plane limitée par des segments de droite. *Polygone régulier,* dont les angles et les côtés sont égaux. *Polygone convexe, concave,* dont l'un quelconque des côtés, prolongé indéfiniment, laisse, ou non, toute la figure du même côté. **2.** PHYS *Polygone de forces :* construction géométrique qui permet de faire la somme des vecteurs qui représentent un système de forces. **3.** MILIT Figure qui délimite la forme d'une place de guerre. - Lieu où les artilleurs s'exercent au tir. – Lat. *polygonum,* du gr. *polugônos,* propr. « qui a plusieurs angles ».

polygraphe [pɔligʀaf] n. (Souvent péjor.) Didac. Auteur qui écrit sur des sujets et dans des genres variés sans en être un spécialiste. – Gr. *polugraphos.*

polyholoside [pɔliɔlɔsid] n. m. BIOCHIM Syn. de *polyoside.*

polymère [pɔlimɛʀ] adj. et n. m. CHIM Se dit d'un composé provenant de la polymérisation des molécules d'un même composé, appelé *monomère.* – De *poly-,* et *-mère.*

polymérie [pɔlimeʀi] n. f. **1.** CHIM Propriété de deux corps possédant la même composition centésimale, mais dont l'un a une masse moléculaire 2, 3..., n fois plus grande que celle de l'autre corps. **2.** BIOL Intervention de plusieurs gènes dans la détermination d'un caractère héréditaire. – De *polymère.*

polymérisation [pɔlimeʀizasjɔ̃] n. f. CHIM Réaction chimique consistant en l'union de molécules d'un même composé (monomères) en une seule molécule plus grosse (macromolécule). – De *polymère.*

ENCYCL La polymérisation proprement dite donne une macromolécule contenant un nombre entier de fois les monomères. La *polycondensation* fournit, en plus des macromolécules, des produits d'élimination. La *polyaddition* s'effectue par additions successives d'une même molécule à une molécule initiatrice. La *copolymérisation* est une polymérisation effectuée à partir de plusieurs monomères distincts.

polymériser [pɔlimeʀize] v. tr. [1] CHIM Effectuer la polymérisation de. – De *polymère.*

polymétallique [pɔlimetalik] adj. Qui comporte, contient plusieurs métaux. *Nodules polymétalliques* (V. nodule).

polyméthacrylate [pɔlimetakʀilat] n. m. CHIM *Polyméthacrylate de méthyle :* macromolécule obtenue par polymérisation du méthacrylate de méthyle et utilisée comme substitut du verre (fenêtres, murs antibruit). – De *poly-,* et *méthacryl(ique).*

polymorphe [pɔlimɔʀf] adj. **1.** CHIM Qui se présente sous plusieurs formes cristallines dont les propriétés physiques sont différentes. **2.** Qui peut prendre plusieurs formes. – De *poly-,* et *-morphe.*

polymorphisme [pɔlimɔʀfism] n. m. **1.** Didac. Caractère de ce qui est polymorphe. **2.** CHIM Caractère des corps polymorphes. **3.** BIOL Caractéristique d'un organisme qui peut se présenter sous diverses formes sans changer de nature. **4.** MED Diversité des symptômes (d'une même maladie). – De *polymorphe.*

polynésien, enne [pɔlinezjɛ̃, ɛn] adj. et n. **1.** adj. De Polynésie, ensemble des îles du Pacifique situées à l'E. de l'Australie, de la Micronésie à la Mélanésie. ▷ Subst. *Un(e) Polynésien(ne).* **2.** n. m. LING Ensemble des langues austronésiennes parlées en Polynésie.

polynévrite [pɔlinevʀit] n. f. MED Affection d'origine infectieuse ou toxique qui touche de façon bilatérale et symétrique plusieurs nerfs périphériques, et qui provoque des troubles moteurs et sensitifs.

polynôme [pɔlinom] n. m. MATH Somme de monômes. – De *poly-,* et *-nôme.*

polynucléaire [pɔlinykleɛʀ] adj. BIOL *Cellule polynucléaire :* cellule qui comporte plusieurs noyaux. ▷ n. m. MED Cellule sanguine de la lignée blanche, dite *cellule leucocytaire.* – De *poly-,* et *nucléaire.*

polynucléotide [pɔlinykleɔtid] n. m. BIOCHIM Composé constitué d'un grand nombre de nucléotides associés par des liaisons phosphate (A.R.N., A.D.N.). – De *poly-,* et *nucléotide.*

polyol. V. polyalcool.

polyoléfine [pɔliɔlefin] n. f. TECH Résine thermoplastique obtenue par polymérisation des oléfines. – De *poly(mérisation),* et *oléfine.*

polyoside [pɔliɔsid] n. m. BIOCHIM Composé constitué par la polycondensation d'une grande quantité de molécules d'oses (amidon, cellulose, etc.). Syn. polyholoside, polysaccharide.

polype [pɔlip] n. m. **1.** ZOOL Forme fixée des cnidaires (par oppos. à la forme libre ou *méduse*); individu qui présente cette forme. **2.** MED Excroissance de la muqueuse des cavités naturelles. *Généralement bénins, les polypes peuvent se transformer en cancers.* – Lat. *polypus,* gr. *polupous,* « à plusieurs pieds ».

ENCYCL **Zool.** - Le polype a la forme d'un sac dont la paroi est constituée de deux couches de cellules; il comprend un seul orifice, situé à la partie supérieure et entouré de tentacules pourvus de cellules urticantes (*cnidoblastes*). Il se reproduit par bourgeonnement et par voie sexuée, avec formation ou non de la forme méduse.

polypeptide [pɔlipɛptid] n. m. BIOCHIM Molécule résultant de la condensation de plusieurs acides aminés, identiques ou non. – De *poly-,* et *peptide.*

polypeptidique [pɔlipɛptidik] adj. BIOCHIM Relatif aux polypeptides. – De *polypeptide.*

polypétale [pɔlipetal] adj. BOT *Fleur polypétale,* à pétales distincts. V. aussi dialypétale.

polypeux, euse [pɔlipø, øz] adj. MED De la nature du polype. – De *polype.*

polyphasé, ée [pɔlifaze] adj. ELECTR Constitué par plusieurs grandeurs sinusoïdales de même nature, de même fréquence et déphasées les unes par rapport aux autres. *Courant polyphasé.* ▷ Par ext. *Réseau polyphasé,* alimenté en courant polyphasé. – De *poly-,* et *phase.*

polyphonie [pɔlifɔni] n. f. MUS Ensemble de voix, d'instruments, ordonnés suivant le principe du contrepoint. - Chant à plusieurs voix. *Les polyphonies des XVe et XVIe s.* – Gr. *poluphônia.*

polyphonique [pɔlifɔnik] adj. MUS Qui crée une polyphonie. – De *polyphonie.*

polyphoniste [pɔlifɔnist] n. MUS Musicien pratiquant la polyphonie. – De *polyphonie.*

polypier [pɔlipje] n. m. ZOOL Squelette corné ou calcaire des anthozoaires. – De *polype.*

polyplacophores [pɔliplakɔfɔʀ] n. m. pl. ZOOL Classe de mollusques marins primitifs. – Sing. *Un polyplacophore.* – De *poly-*, gr. *plakos,* «plaque», et *-phore.*

polyploïde [pɔliplɔid] adj. BIOL *Cellule polyploïde,* dont les noyaux contiennent plusieurs fois le nombre normal de chromosomes. – De *poly-*, d'apr. *diploïde.*

polyploïdie [pɔliplɔidi] n. f. BIOL Caractéristique d'une cellule polyploïde. – De *polyploïde.*

polypnée [pɔlipne] n. f. MED Fréquence respiratoire anormalement rapide. – De *poly-*, et gr. *pnein,* «respirer».

polypode [pɔlipɔd] n. m. BOT Fougère aux longues frondes profondément découpées, dont le rhizome se développe au-dessus du sol. – Lat. *polypodium,* gr. *polupodion.*

polypodiacées [pɔlipɔdjase] n. f. pl. BOT Importante famille de fougères à laquelle appartiennent presque toutes les fougères des pays tempérés. – Sing. *Une polypodiacée.* – De *polypode.*

polypore [pɔlipɔʀ] n. m. BOT Champignon basidiomycète coriace, dont l'hyménium est formé de petits tubes. *Les polypores parasitent les arbres en infiltrant leur mycélium dans les blessures du tronc.* – Gr. *poluporos,* «qui a de nombreuses ouvertures».

polypose [pɔlipoz] n. f. MED Multiplication de polypes sur la muqueuse du côlon. – De *polype,* et *-ose* 2.

polyprène [pɔlipʀɛn] n. m. CHIM Macromolécule constituant le caoutchouc naturel. – De *poly-*, et *(iso)prène.*

polyptère [pɔliptɛʀ] n. m. ICHTYOL Poisson actinoptérygien des eaux douces d'Afrique centrale, à la nageoire dorsale très longue et divisée. – Gr. *polupteros,* «aux nombreuses ailes».

polyptyque [pɔliptik] n. m. Bx-A Peinture exécutée sur plusieurs panneaux qui se rabattent ou restent fixes. – Lat. *polyptycha,* «registres, polyptyques», du gr. *ptux, ptukhos,* «pli, tablette».

polysaccharide [pɔlisakaʀid] n. m. BIOCHIM Syn. de *polyoside.*

polysémie [pɔlisemi] n. f. LING Pluralité de sens d'un mot, d'une phrase. (Ex. : le mot *griffe,* qui désigne à la fois l'ongle pointu d'un animal et l'empreinte imitant une signature.) – De *poly-*, et gr. *sêmainein,* «signifier».

polysémique [pɔlisemik] adj. LING Qui a trait à la polysémie. – Qui présente une pluralité de sens. *Mot polysémique.* – De *polysémie.*

polystyle [pɔlistil] adj. ARCHI Dont les colonnes sont nombreuses. *Temple polystyle.* – Gr. *polustulos.*

polystyrène [pɔlistiʀɛn] n. m. CHIM Matière plastique synthétique obtenue par polymérisation du styrène.

polysulfure [pɔlisylfyʀ] n. m. CHIM Sulfure dont la molécule contient plus d'atomes de soufre que celle des composés normaux.

polysyllabe [pɔlisil(l)ab] adj. (et n. m.) ou **polysyllabique** [pɔlisil(l)abik] adj. GRAM Qui a plusieurs syllabes. *Mot polysyllabe* (ou *polysyllabique*). – n. m. *Un polysyllabe.* – Gr. *polusullabos.*

polysynodie [pɔlisinɔdi] n. f. HIST Système de gouvernement pratiqué en France, sous la Régence, entre 1715 et 1718, après que le Régent eut remplacé les secrétaires d'État par des conseils. – De *poly-*, et gr. *sunodos,* «assemblée».

polysynthétique [pɔlisɛ̃tetik] adj. LING *Langue polysynthétique,* où les formes liées dominent et dans laquelle on ne peut distinguer le mot de la phrase (esquimau, par ex.). – De *poly-*, et *synthétique.*

polytechnicien, enne [pɔlitɛknisjɛ̃, ɛn] n. Élève ou ancien élève de Polytechnique. – De *polytechnique.*

polytechnique [pɔlitɛknik] adj. (et n. f.) **1.** VX Qui embrasse, qui concerne plusieurs arts ou plusieurs sciences. **2.** *École polytechnique* ou, n. f., *Polytechnique* : établissement militaire d'enseignement supérieur qui forme des ingénieurs des corps de l'État et des officiers des armes spécialisées. (En arg. des écoles, l'*X, Pipo.*)

polythéisme [pɔliteism] n. m. Religion qui admet l'existence de plusieurs dieux. *Le polythéisme grec.* – Du gr. *polutheos,* de *theos,* «dieu».

polythéiste [pɔliteist] adj. et n. Relatif au polythéisme. *Doctrine polythéiste.* ▷ Subst. Adepte d'un polythéisme. – De *polythéisme.*

polythène. V. polyéthylène.

polytonal, ale, als [pɔlitɔnal] adj. MUS Qui a rapport à la polytonalité; caractérisé par la polytonalité.

polytonalité [pɔlitɔnalite] n. f. MUS Indépendance complète des différentes parties d'une polyphonie au point de vue tonal. *Darius Milhaud fut un ardent propagandiste de la polytonalité.*

polytransfusé, ée [pɔlitʀɑ̃sfuze] adj. et n. MED Se dit d'une personne qui a reçu plusieurs transfusions de sang provenant de donneurs multiples.

polytraumatisé, ée [pɔlitʀomatize] adj. et n. MED Qui a subi plusieurs traumatismes, plusieurs lésions graves au cours d'un même accident. ▷ Subst. *Les polytraumatisés nécessitent des soins intensifs.*

polytric [pɔlitʀik] n. m. BOT Mousse commune (genre *Polytrichum*) à tige dressée, d'une dizaine de cm de hauteur. – Lat. bot. *polytrichum,* du gr. *thrix, trikhos,* «cheveu».

polyuréthane [pɔliyʀetan] ou **polyuréthanne** [pɔliyʀetan] n. m. CHIM, TECH Matière plastique servant à fabriquer des produits à structure cellulaire de très faible densité.

polyurie [pɔliyʀi] n. f. MED Émission excessive d'urine. (Ne pas confondre avec *pollakiurie.*)– De *poly-*, et *-urie.*

polyurique [pɔliyʀik] adj. et n. MED **1.** Qui a rapport à la polyurie. **2.** Qui souffre de polyurie. – De *polyurie.*

polyvalence [pɔlivalɑ̃s] n. f. Nature de ce qui est polyvalent. – De *polyvalent.*

polyvalent, ente [pɔlivalɑ̃, ɑ̃t] adj. (et n. m.) **1.** (Choses) Qui peut servir à plusieurs usages. **2.** (Personnes) Doué de capacités diverses, de talents variés. – FIN *Inspecteur polyvalent* : fonctionnaire doté d'attributions multiples, en partic. de la vérification, chez les commerçants, de l'exactitude des déclarations fiscales intéressant plusieurs administrations. ▷ n. m. *Un polyvalent.* **3.** CHIM Dont la valence est supérieure à 1. – De *poly-*, et lat. *valens,* ppr. de *valere,* «valoir».

polyvinyle [pɔlivinil] n. m. CHIM Composé obtenu par polymérisation des composés vinyliques de formule générale $CH_2=CHX$, dans laquelle X peut représenter un groupe quelconque (chlore, acétyle, acide, ester, etc.). – De *poly-*, et *vinyle.*

polyvinylique [pɔlivinilik] adj. et n. m. CHIM Se dit d'une matière thermoplastique résultant de la polymérisation d'un composé vinylique. – n. m. *Un polyvinylique.* – De *polyvinyle.*

pomélo ou **pomelo** [pɔmelo] n. m. **1.** Arbre (fam. des *citrus*). **2.** Fruit de cet arbre, agrume à chair rose ressemblant au pamplemousse mais au goût moins amer. – Amér. *pomelo,* du lat. *pomum melo,* «pomme melon».

poméranien, enne [pɔmeʀanjɛ̃, ɛn] adj. De Poméranie, rég. de Pologne sur la Baltique. ▷ Subst. *Un(e) Poméranien(ne).*

pomerium ou **pomœrium** [pɔmeʀjɔm] n. m. ANTIQ ROM Espace sacré autour des villes, où il était défendu de construire ou de cultiver. – Mot lat., de *post,* «après», et *murus,* «mur».

pommade [pɔmad] n. f. **1.** Vieilli Cosmétique parfumé. ▷ Loc. fig. *Passer de la pommade à qqn,* le flatter. **2.** Préparation médicamenteuse, pâte obtenue en mélangeant un excipient gras et une substance active, que l'on utilise en onctions locales. – Ital. *pomata,* «onguent aux pommes», de *pomo,* «fruit».

pommader [pɔmade] v. tr. [1] Enduire de pommade. – De *pommade.*

pommard [pɔmaʀ] n. m. Vin de Bourgogne de la région de Pommard – De *Pommard,* comm. de la Côte-d'Or.

pomme [pɔm] n. f. **I. 1.** Fruit comestible du pommier, à la chair croquante et parfumée, à la peau fine et coriace, colorée, selon les variétés, de diverses nuances de rouge, de vert, de jaune ou de gris-brun. *Pomme douce* ou *pomme à couteau,* à pulpe sucrée, qui se mange crue. *Pomme à cidre,* dont le jus fermenté fournit cette boisson. *Tarte aux pommes.* – CUIS *Pommes en l'air* (par oppos. à *pommes de terre*). ▷ Loc. fig., fam. *Tomber dans les pommes :* s'évanouir. *Aux pommes :* très bien, très soigné. – *Haut comme trois pommes :* tout petit (généralement, en parlant d'un enfant). ▷ Par ext., fam. *Ma (ta, sa,* etc.) *pomme :* moi (toi, lui, etc.). *Les ennuis, c'est pour ma pomme.* **2.** *Pomme d'Adam :* saillie du cartilage thyroïde, à la partie antérieure du cou de l'homme. **3.** CUIS *Ellipt.* Pomme de terre. **4.** Nom cour. du fruit de divers végétaux. *Pomme d'amour :* tomate. ▷ *Pomme de pin :* cône de pin, constitué d'écailles lignifiées entre lesquelles sont insérées les graines. **II. 1.** Boule compacte formée par les feuilles intérieures du chou, de certaines salades. **2.** Ornement en forme de pomme, de boule. **3.** *Pomme de douche :* pièce perforée de multiples trous, qui s'adapte à la tuyauterie d'alimentation d'une douche et qui disperse l'eau en pluie. – *Pomme d'arrosoir :* tête perforée du tuyau d'un arrosoir. – Lat. *poma,* pl. neutre de *pomum,* «fruit».

pommé, ée [pɔme] adj. Rond et compact comme une pomme, en parlant d'un chou, d'une salade. *Laitue pommée.* – Pp. de *pommer.*

pommeau [pɔmo] n. m. **1.** Boule servant de poignée à une canne. **2.** Pièce arrondie à l'extrémité de la poignée d'un sabre, d'une épée. ▷ Extrémité renflée du fût des pistolets anciens. **3.** Éminence arrondie au milieu de la partie antérieure de l'arçon d'une selle. – De l'a. fr. *pom,* masc. de *pomme.*

pomme de terre [pɔmdətɛʀ] n. f. **1.** Tubercule comestible de la morelle tubéreuse. *Pommes de terre cuites à l'eau, frites.* Syn. fam. patate. ▷ (Ellipt.) *Bifteck pommes sautées* (cf. pomme, sens I, 3). **2.** Plante annuelle (*Solanum tuberosum,* fam. solanacées) herbacée, à fleurs blanches, dont la partie souterraine de la tige développe des tubercules (*pommes de terre,* sens 1) très riches en amidon. – «Fruit de terre», trad. de *malum terræ.*

pommelé, ée [pɔmle] adj. **1.** *Cheval pommelé,* dont la robe, à fond blanc, est couverte de taches grises arrondies. **2.** *Ciel pommelé,* couvert de petits nuages arrondis blancs ou grisés. – De *pomme.*

pommeler (se) [pɔmle] v. pron. [19] **1.** Devenir pommelé (ciel). **2.** Rare Pommer (choux, salades). – De *pommelé.*

pommelle [pɔmɛl] n. f. TECH Plaque perforée placée à l'ouverture d'un tuyau d'évacuation pour éviter l'obstruction de la canalisation par les détritus. – De *pomme.*

pommer [pɔme] v. intr. [1] En parlant des choux, des salades, devenir pommé, se former en boule. – De *pomme.*

pommeraie [pɔmʀɛ] n. f. Terrain planté de pommiers. – De *pommier.*

pommet(t)é, ée [pɔmte] adj. HERALD Terminé par des pommettes (sens 2). *Croix pommettée.* – De *pommette.*

pommette [pɔmɛt] n. f. **1.** Partie saillante de la joue, au-dessous de l'angle externe de l'œil, due au relief de l'os malaire. **2.** HERALD Ornement en forme de petite pomme, de petite boule. **3.** Plaque arrondie garnissant la crosse d'un pistolet. – Dimin. de *pomme.*

pommier [pɔmje] n. m. **1.** Arbre (*Pirus malus,* fam. rosacées) aux feuilles ovales dentées, aux fleurs blanches plus ou moins rosées, qui produit la pomme. – *Pommier du Japon, de Chine :* variétés exotiques cultivées comme plantes d'ornement. **2.** Bois de cet arbre, au grain très fin, utilisé en ébénisterie. – De *pomme.*

pomœrium. V. pomerium.

pompadour [pɔ̃paduʀ] adj. inv. Se dit du style rococo mis à la mode par Mme de Pompadour. ▷ n. m. *Le pompadour,* ce style. – Du n. de la marquise de *Pompadour,* favorite de Louis XV.

pompage [pɔ̃paʒ] n. m. **1.** Action de pomper. **2.** PHYS *Pompage optique :* technique permettant de créer des populations d'ions, d'atomes et de molécules différentes de celles qui correspondent à l'équilibre thermique. – De *pomper.*

pompant, ante [pɔ̃pɑ̃, ɑ̃t] adj. Fam. Fatigant. – Ppr. de *pomper.*

1. pompe [pɔ̃p] n. f. **1.** Cérémonial somptueux. *La pompe des triomphes romains.* – Loc. *En grande pompe :* en grande cérémonie. **2.** Plur. *Pompes funèbres :* service chargé des cérémonies funéraires, des enterrements. **3.** Péjor. Emphase, solennité affectée. **4.** RELIG *Renoncer au monde et à ses pompes,* à ses vains plaisirs. *Renoncer à Satan, à ses pompes et à ses œuvres.* – Lat. *pompa,* gr. *pompê,* «procession solennelle».

2. pompe [pɔ̃p] n. f. **1.** Machine mettant un fluide en mouvement, soit pour l'extraire de son gisement naturel ou d'un récipient, soit pour le faire circuler dans une canalisation. *Pompe à eau, à essence. Pompe à incendie.* – *Pompe à chaleur :* syn. de *thermopompe.* **2.** *Serrure à pompe :* serrure de sûreté dans laquelle la clé doit repousser des ressorts avant de faire jouer le pêne. **3.** Pop. Chaussure. ▷ Loc. fig., fam. *Être à côté de ses pompes :* dire n'importe quoi, faire les choses n'importe comment. – *Coup de pompe :* sensation soudaine d'épuisement, de grande fatigue (cf. *coup de barre*). **4.** Fam. Exercice de flexion des bras, en station allongée face au sol. *Faire des pompes.* – Néerlandais *pompe ;* angl. *pump.*

1. pompéien, enne [pɔ̃pejɛ̃, ɛn] adj. et n. HIST Qui se rapporte au général romain Pompée. ▷ Subst. Partisan de Pompée. – Du n. de Cneius *Pompeius* Magnus, «Pompée» (106-48 av. J.-C.).

2. pompéien, enne [pɔ̃pejɛ̃, ɛn] adj. et n. ANTIQ De la v. antique de Pompéi. ▷ Subst. *Un(e) Pompéien(ne).* – De *Pompéi,* v. antique de Campanie (à 25 km au S.-E. de Naples) fondée au VIe s. av. J.-C.

pomper [pɔ̃pe] v. tr. [1] **1.** Puiser, aspirer ou refouler avec une pompe. *Pomper l'eau d'un puits.* **2.** Aspirer (un liquide) par une voie naturelle. *Mouche qui pompe une goutte de jus de viande.* ▷ Fam. Boire (du vin, de l'alcool). **3.** Absorber (un liquide). *L'éponge pompe l'eau répandue.* ▷ Fig. Attirer à soi, s'emparer de. *Pomper les économies de qqn.* **4.** Loc. fig., fam. *Être pompé,* épuisé. ▷ *Il nous pompe l'air :* il nous fatigue, il nous ennuie. **5.** Arg. (des écoles) Copier. – De *pompe* 2.

pompette [pɔ̃pɛt] adj. Fam. Légèrement ivre. – De *pompette*, « pompon, ornement », sous l'infl. de *pomper* (sens 2).

pompeusement [pɔ̃pøzmɑ̃] adv. **1.** Vx Avec splendeur et solennité. *« Ma mère Jézabel (...) pompeusement parée... » (Racine).* **2.** Péjor. Avec emphase. *Discourir pompeusement.* – De *pompeux.*

pompeux, euse [pɔ̃pø, øz] adj. **1.** Vx Fastueux. **2.** Péjor. Emphatique, d'une solennité quelque peu ridicule. – Lat. *pomposus*, de *pompa.* V. pompe 1.

1. pompier [pɔ̃pje] n. m. Homme faisant partie d'un corps organisé pour combattre les incendies et les sinistres. – De *pompe* 2.

2. pompier [pɔ̃pje] adj. et n. m. Péjor. Conventionnel et emphatique. *Un discours pompier.* ▷ Bx-A Qui traite avec recherche et réalisme des sujets conventionnels. *Un peintre pompier* ou, n. m., *un pompier. Le style pompier* ou, n. m., *le pompier.* – De *pompe* 1 ou de *pompier,* par allusion aux casques dont les peintres néo-classiques coiffaient les guerriers antiques et que moquaient les élèves des beaux-arts dans leur chanson *« Un casque de pompier/Ça fait presque un guerrier ».*

pompiérisme [pɔ̃pjeʀism] n. m. Péjor. Style conventionnel et emphatique des artistes pompiers. – De *pompier* 2.

pompile [pɔ̃pil] n. m. ENTOM Hyménoptère porte-aiguillon, à l'abdomen rayé de noir, commun en Europe. – Lat. *pompilus,* « poisson proche du thon ».

pompiste [pɔ̃pist] n. Personne qui distribue l'essence aux automobilistes, dans une station-service. – De *pompe* 2.

pompon [pɔ̃pɔ̃] n. m. **1.** Houppe ronde de brins de laine, de soie, etc., qui sert d'ornement. *Pompon rouge des bonnets de marin.* ▷ (En appos.) *Rose pompon :* variété de roses à petites fleurs globuleuses. **2.** Loc. fig., fam. *Avoir, tenir le pompon :* l'emporter sur les autres (souvent iron.). – *C'est le pompon ! :* c'est le comble ! ▷ Vieilli *Avoir son pompon :* être un peu ivre. – D'un rad. expressif *pomp-,* ou du rad. lat. *puppa,* « sein ».

pomponner [pɔ̃pɔne] v. tr. [1] Parer avec beaucoup de soin. ▷ v. pron. *Elle se pomponne devant la glace.* – De *pompon.*

ponant [pɔnɑ̃] n. m. **1.** Vx Occident, couchant. *Le levant et le ponant.* ▷ *Le Ponant :* l'océan Atlantique. *La flotte du Ponant,* qui croisait dans l'Atlantique. **2.** Rég. (Côte de la Méditerranée.) Vent d'ouest. – Anc. provenç. *ponen,* du lat. pop. **(sol) ponens,* « (soleil) couchant ».

ponçage [pɔ̃saʒ] n. m. Action, manière de poncer. – De *poncer.*

ponce [pɔ̃s] n. f. **1.** Roche poreuse très légère, d'origine volcanique, appelée plus cour. *pierre ponce.* **2.** TECH Petit sachet de toile rempli d'une poudre colorante qui sert à poncer (sens 2) un dessin. – Bas lat. *pomex, pomicis,* lat. class. *pumex.*

1. ponceau [pɔ̃so] n. m. et adj. inv. **1.** n. m. Rég. Coquelicot. **2.** adj. inv. De la couleur rouge vif du coquelicot. *Des robes ponceau.* – De l'a. fr. *pouncel,* « paon ».

2. ponceau [pɔ̃so] n. m. Petit pont à une seule arche. – Du lat. pop. **ponticellus,* lat. class. *ponticulus.*

poncer [pɔ̃se] v. tr. [12] **1.** Décaper, polir au moyen de la pierre ponce, et, par ext., d'un abrasif quelconque. *Poncer un parquet.* **2.** TECH Reproduire au poncif. *Poncer un dessin.* – De *ponce.*

ponceur, euse [pɔ̃sœʀ, øz] n. **1.** n. Ouvrier, ouvrière qui opère le ponçage. **2.** n. f. Machine à poncer. – De *poncer.*

ponceux, euse [pɔ̃sø, øz] adj. MINER Qui est de la nature de la ponce. – De *ponce.*

poncho [pɔ̃ʃo] n. m. Manteau fait d'une couverture percée au centre pour y passer la tête, en usage en Amérique latine chez les gauchos, les paysans. – Mot esp. d'Amérique du S.

poncif [pɔ̃sif] n. m. **1.** TECH Dessin dont le contour est piqué de multiples trous et que l'on peut reproduire en l'appliquant sur une surface quelconque et en y passant une ponce (sens 2). **2.** Fig. Idée conventionnelle, rebattue ; lieu commun, cliché. – De *poncer.*

ponction [pɔ̃ksjɔ̃] n. f. **1.** MED, CHIR Prélèvement d'un liquide dans une cavité du corps, opéré au moyen d'une aiguille creuse, d'un trocart. **2.** Fig. Prélèvement (d'argent, notam.). – Lat. *punctio,* « piqûre », de *pungere,* « piquer ».

ponctionner [pɔ̃ksjɔne] v. tr. [1] MED, CHIR Opérer la ponction de, une ponction dans. ▷ Fig., fam. *Il m'a ponctionné toutes mes économies.* – De *ponction.*

ponctualité [pɔ̃ktɥalite] n. f. Exactitude à faire les choses en temps voulu. *Remplir ses obligations avec ponctualité.* – (En parlant de choses.) *La ponctualité d'un paiement.* ▷ *Spécial.* Habitude, fait d'être à l'heure. – De *ponctuel.*

ponctuation [pɔ̃ktɥasjɔ̃] n. f. **1.** Système de signes graphiques permettant de séparer les phrases d'un texte, d'indiquer certains rapports syntaxiques à l'intérieur de celles-ci et de noter divers faits d'intonation. *Signes de ponctuation :* point, virgule, point-virgule, guillemets, etc. **2.** Utilisation de ces signes ; action, manière de ponctuer. – De *ponctuer.*

ponctuel, elle [pɔ̃ktɥɛl] adj. **1.** Exact, régulier, qui fait à point nommé ce qu'il doit faire. **2.** OPT Qui se présente comme un point. *Source lumineuse ponctuelle.* **3.** Fig. Qui porte sur un point, une partie seulement, et non sur l'ensemble. – Lat. médiév. *punctualis,* de *punctum,* « point ».

ponctuellement [pɔ̃ktɥɛlmɑ̃] adv. Avec ponctualité. – De *ponctuel.*

ponctuer [pɔ̃ktɥe] v. tr. [1] **1.** Marquer de signes de ponctuation (un texte). ▷ (S. comp.) *Il ne sait pas ponctuer.* **2.** Accompagner, souligner (ses paroles) de gestes, de bruits. *Il ponctuait son discours de coups de poing sur la table.* – Lat. médiév. *punctuare,* de *punctum,* « point ».

pondaison [pɔ̃dezɔ̃] n. f. Rare Époque de la ponte des oiseaux. – De *pondre.*

pondérable [pɔ̃deʀabl] adj. Didac. Dont le poids peut être déterminé. – Lat. *ponderabilis,* de *ponderare,* « peser ».

pondéral, ale, aux [pɔ̃deʀal, o] adj. Relatif au poids. *Analyse pondérale.* – Du bas lat. *ponderale,* « balance publique », de *pondus, ponderis,* « poids ».

pondérateur, trice [pɔ̃deʀatœʀ, tʀis] adj. **1.** Qui a une influence modératrice, qui atténue, tempère. *Élément pondérateur.* **2.** MATH, STATIS Qui pondère. *Coefficient pondérateur.* – De *pondérer.*

pondération [pɔ̃deʀasjɔ̃] n. f. **1.** Action, fait de pondérer ; son résultat. **2.** Fig. Calme, équilibre, modération. **3.** MATH, STATIS Opération qui consiste à pondérer (une variable). – Du lat. *ponderatio,* « pesée ».

pondéré, ée [pɔ̃deʀe] adj. **1.** Qui fait preuve de pondération. **2.** MATH, STATIS Qui a subi une pondération (en parlant d'une variable). – ECON *Indice pondéré.* – Pp. de *pondérer.*

pondérer [pɔ̃deʀe] v. tr. [14] **1.** Équilibrer (des forces, des tendances). Syn. modérer, tempérer. **2.** MATH, STATIS Affecter (une variable) d'un coefficient qui modifie son incidence sur un résultat. – ECON *Pondérer un indice de prix.* – Lat. *ponderare,* « peser ».

pondéreux, euse [pɔ̃deʀø, øz] adj. Se dit d'une matière très pesante. ▷ n. m. *Les pondéreux.* – Lat. *ponderosus.*

pondeur, euse [pɔ̃dœʀ, øz] n. et adj. **1.** n. f. Femelle d'oiseau qui pond. ▷ adj. *Poule pondeuse.* **2.** Subst. Fig., fam. souvent péjor. *Un pondeur de romans.* – De *pondre.*

pondoir [pɔ̃dwaʀ] n. m. TECH Nid, panier, case, dispositif industriel où pondent les poules. – De *pondre.*

pondre [pɔ̃dʀ] v. tr. [6] **1.** Expulser, donner (un, des œufs), en parlant des femelles des animaux ovipares. ▷ Absol. *Cette poule pond tous les jours.* **2.** Fig., fam. Mettre au monde (un enfant). *Elle l'a pondu, son marmot?* **3.** Fig., fam. Produire (un texte écrit). *Pondre une lettre* (V. accoucher sens I, 2). – Du lat. *ponere,* «poser, déposer».

poney [pɔnɛ] n. m. Cheval de petite taille (moins de 1,47 m au garrot), de trait ou de selle. – Angl. *pony,* p.-ê de l'a. fr. *poulenet,* «petit poulain».

pongé(e) [pɔ̃ʒe] n. m. Étoffe légère, faite de laine et de bourre de soie. – Angl. *pongee,* p.-ê. du chinois *pun-ki, pun-gi,* «métier à tisser», ou de l'angl. *sponge,* «éponge».

pongidés [pɔ̃ʒide] n. m. pl. ZOOL Famille de grands singes dépourvus de queue, aux membres supérieurs plus longs que les membres inférieurs, aux pieds préhensiles, qui comprend notam. le gorille, le chimpanzé et l'orang-outan. – Sing. *Un pongidé.* – De *pongo,* mot de l'Angola, «grand singe» (d'Afrique : chimpanzé ou gorille).

pongiste [pɔ̃ʒist] n. SPORT Joueur, joueuse de ping-pong. – De *ping-pong.*

pont [pɔ̃] n. m. **1.** Ouvrage d'art, construction permettant de franchir un obstacle encaissé, un cours d'eau, un bras de mer, etc. ▷ Par anal. *Faire le pont* : se renverser en arrière jusqu'à ce que les mains touchent terre, les pieds restant à plat sur le sol. ▷ *Pantalon à pont,* comportant sur le devant un large pan rectangulaire boutonné. **2.** Fig. Ce qui sert de lien entre deux choses. ▷ Loc. fig. *Couper les ponts avec qqn,* rompre toute relation avec lui. – *Faire le pont* : ne pas travailler entre deux jours fériés. **3.** *Ponts et Chaussées* : service public qui s'occupe de la construction et de l'entretien des ponts, des routes, des voies navigables et des installations portuaires. **4.** Par anal. *Pont aérien* : va-et-vient d'avions destiné à établir une liaison d'urgence pour ravitailler un lieu isolé, apporter une aide, fournir du matériel, etc. **5.** MILIT *Tête de pont* : position conquise sur une rive ou une côte ennemie qui servira de point de départ à des opérations ultérieures. **6.** TECH *Pont roulant* : engin de manutention constitué par un portique roulant sur deux rails et par un chariot, mobile le long de ce portique, muni d'un treuil de levage. **7.** AUTO Ensemble des organes mécaniques servant à transmettre le mouvement du moteur aux roues d'un véhicule. ▷ *Pont de graissage* ou *pont,* utilisé pour soulever les automobiles afin de les graisser, de les réparer. **8.** CHIM Configuration de structure constituée par un atome ou une chaîne atomique non ramifiée reliant deux atomes d'une molécule liés par ailleurs. ▷ *Pont hydrogène* : liaison due aux forces électrostatiques qui s'exercent entre le dipôle électrique formé par un atome d'hydrogène lié à un atome très électronégatif (oxygène, azote), et un atome électronégatif appartenant à la même molécule *(pont hydrogène intramoléculaire* ou *chélation)* ou à une autre *(pont hydrogène intermoléculaire).* ▷ *Pont peroxo* : V. peroxo-. **9.** ELECTR Dispositif à quatre éléments de circuits, dont l'une des diagonales est occupée par une source de courant, et l'autre par un appareil de mesure. **10.** MUS Passage de transition entre deux thèmes. **11.** Ensemble de bordages horizontaux qui couvrent le creux de la coque d'un navire ou qui divisent celle-ci en étages appelés *entreponts.* – Lat. *pons, pontis.*

pontage [pɔ̃taʒ] n. m. **1.** Action de construire un pont. **2.** CHIR Dérivation pratiquée sur une artère obstruée, par greffe d'un morceau de veine ou d'artère. **3.** Didac. Réunion d'éléments par un pont (sens 8 et 9). – De *ponter.*

1. ponte [pɔ̃t] n. f. **1.** Action de pondre. ▷ Ensemble des œufs pondus en une seule fois. **2.** PHYSIOL *Ponte ovulaire* : ovulation. – Anc. pp. fém. subst. de *pondre.*

2. ponte [pɔ̃t] n. m. **1.** Personne qui joue contre le banquier, dans les jeux de hasard. **2.** Fam. Personnage important, influent. *Un ponte de la finance.* – Déverbal de *ponter* 2.

ponté, ée [pɔ̃te] adj. **1.** MAR Dont le creux de la coque est recouvert par un ou plusieurs ponts, en parlant d'une embarcation. *Canot ponté.* **2.** CHIM Se dit d'une molécule qui comporte un ou plusieurs ponts (sens 8). – De *ponter* 1.

pontée [pɔ̃te] n. f. MAR Ensemble des marchandises transportées sur le pont supérieur d'un navire. – De *pont.*

1. ponter [pɔ̃te] v. tr. [1] **1.** MAR Munir d'un pont. *Ponter un bateau.* **2.** Réaliser un pontage (sens 2 et 3). – De *pont.*

2. ponter [pɔ̃te] v. intr. [1] Aux jeux de hasard, jouer contre le banquier. – De *pont, ponte,* anc. pp. de *pondre,* «poser», du lat. *ponere,* «mettre au jeu».

pontet [pɔ̃tɛ] n. m. TECH Demi-cercle d'acier qui protège la détente d'un fusil, d'un pistolet, etc. – Dimin. de *pont.*

pontier [pɔ̃tje] n. m. TECH Celui qui manœuvre, conduit un pont roulant. Syn. pontonnier. – De *pont.*

pontife [pɔ̃tif] n. m. **1.** ANTIQ ROM Gardien de la religion. *Grand pontife* : chef de la religion qui présidait le collège des pontifes. **2.** Haut dignitaire de l'Église catholique. *Le souverain pontife* : le pape. **3.** Fig., fam. Personne gonflée de son importance, qui se prend très au sérieux. – Lat. *pontifex.*

pontifiant, ante [pɔ̃tifjɑ̃, ɑ̃t] adj. Qui pontifie. – Ppr. de *pontifier.*

pontifical, ale, aux [pɔ̃tifikal, o] adj. et n. m. **I.** adj. **1.** Qui appartient à la dignité de pape, d'évêque. **2.** Qui a rapport au pape. *Gardes pontificaux.* – HIST *États pontificaux* : partie de l'Italie placée sous l'autorité temporelle des papes de 756 à 1870. **II.** n. m. LITURG CATHOL Livre contenant le rituel observé par le pape et les évêques au cours des cérémonies pontificales et épiscopales. – Lat. *pontificalis.*

pontificat [pɔ̃tifika] n. m. **1.** ANTIQ Dignité de grand pontife, chez les anciens Romains. **2.** Dignité de pape. ▷ Temps pendant lequel un pape occupe le Saint-Siège. – Lat. *pontificatus.*

pontifier [pɔ̃tifje] v. intr. [2] **1.** RELIG CATHOL Rare Officier en qualité de pontife. **2.** Fig., fam. Faire le pontife (sens 3); discourir de manière solennelle et emphatique. – De *pontife.*

pontil [pɔ̃til] n. m. TECH **1.** Petite glace arrondie qui sert à étendre l'émeri sur la glace que l'on polit. **2.** Masse de verre à demi fondue, utilisée pour fixer un objet de verre en cours de fabrication sur une barre de fer; cette barre de fer elle-même. – De *pont.*

pont-l'évêque [pɔ̃levɛk] n. m. inv. Fromage de lait de vache à pâte molle, fabriqué dans la région de Pont-l'Évêque. – De *Pont-l'Évêque,* ch.-l. de cant. du Calvados, arr. de Lisieux.

pont-levis [pɔ̃ləvi] n. m. Pont mobile qui, dans un château fort ou un ouvrage fortifié entouré de fossés, permet le passage lorsqu'il est abaissé et ferme la porte d'accès lorsqu'il est levé. *Des ponts-levis.* – De *pont,* et de l'anc. adj. *levis,* «qui se lève».

ponton [pɔ̃tɔ̃] n. m. **1.** Plate-forme flottante reliée à la terre, servant à divers usages, et notam. à l'amarrage des bateaux, dans un port. *Les pontons d'une marina.* **2.** MAR Navire désaffecté transformé en dépôt de matériel, en caserne, en prison, etc., dans un port. **3.** TECH Barre de fer articulée permettant de cuber les tas de pierres cassées pour l'empierrement des routes. – Lat. *ponto, pontonis,* « bateau de transport », de *pons, pontis.*

pontonnier [pɔ̃tɔnje] n. m. **1.** MILIT Soldat du génie chargé de la mise en œuvre et de l'entretien des ponts mobiles. **2.** TECH Pontier. – De *ponton.*

pool [pul] n. m. **1.** Vieilli Groupement provisoire de producteurs dont les bénéfices vont à une caisse commune. ▷ Groupement provisoire entre des agents économiques ou des nations, qui a pour but de maîtriser le prix ou la quantité d'un bien sur le marché. *Pool charbon-acier,* ou *Communauté européenne du charbon et de l'acier (C.E.C.A.) :* V. encycl. communauté. **2.** *Pool de dactylos :* groupe de dactylos travaillant pour un même service, dans une entreprise. **3.** BIOL *Pool génétique :* ensemble des caractères génétiques propres à une population. – Mot angl., empr. du fr. *poule* 2.

pop [pɔp] n. f. et adj. inv. Abrév. de *pop music.* – adj. inv. Relatif à la pop music. *Des disques pop.*

pop'art ou **pop art** [pɔpaʀ(t)] n. m. Bx-A (Anglicisme) Mouvement artistique contemporain, mode de création plastique recourant largement aux objets les plus quotidiens ainsi qu'aux procédés graphiques de la publicité et de la mode. (Né en Angleterre entre 1954 et 1957, le pop'art s'imposa à partir de 1959 aux É.-U. ; princ. représentants : Roy Lichtenstein, Andy Warhol, Tom Wesselmann, James Rosenquist, Claes Oldenburg.)– Mot angl., abrév. de *popular art.*

pop-corn [pɔpkɔʀn] n. m. inv. Friandise faite de grains de maïs soufflés à chaud, sucrés ou salés. – Mot amér., de *popped corn,* « maïs éclaté ».

pope [pɔp] n. m. Prêtre de l'Église orthodoxe. – Du gr. ecclés. *pappos,* propr. « grand-père » en gr. class., et russe *pop.*

popeline [pɔplin] n. f. **1.** Étoffe à chaîne de soie et trame de laine. **2.** Tissu léger, de soie ou de coton, dont la texture rappelle celle de la popeline proprement dite. – Angl. *poplin,* du franç. *papeline* (p.-ê. ital. *papalina,* de *papalino,* adj., « papal », l'étoffe ayant d'abord été fabriquée dans la ville papale d'Avignon).

poplité, ée [pɔplite] adj. ANAT Du jarret. *Creux poplité :* région postérieure du genou. – Du lat. *poples, poplitis,* « jarret ».

pop music [pɔpmyzik] n. f. (Anglicisme) Musique d'origine anglo-américaine issue pour l'essentiel du rock and roll et enrichie par des apports très divers (jazz, folk, blues, musique savante contemporaine, musique indienne, etc.) (Abrév. : pop). – Mot anglo-américain, abrév. de *popular music.*

popote [pɔpɔt] n. f. et adj. inv. Fam. **I.** n. f. **1.** Cuisine. *Faire la popote.* **2.** Groupe de militaires qui prennent leur repas en commun. **II.** adj. inv. Excessivement attaché à son foyer, à son ménage ; casanier et terre à terre. – Onomat., « soupe », ou mot vosgien, « bouillie ».

popotin [pɔpɔtɛ̃] n. m. Fam. Fesses, derrière (d'une personne). – Redoubl. de *pot* (sens 4).

populace [pɔpylas] n. f. Péjor. Classes populaires pauvres ; le peuple lui-même. – Ital. *populaccio,* péjor. de *popolo.*

populacier, ère [pɔpylasje, ɛʀ] adj. Litt. Propre à la populace. – De *populace.*

populage [pɔpylaʒ] n. m. Plante herbacée (*Caltha palustris,* fam. renonculacées) des lieux humides, à grosses fleurs jaune doré. Syn. cour. souci d'eau. – Lat. bot. *populago,* de *populus,* « peuplier ».

populaire [pɔpylɛʀ] adj. **1.** Qui fait partie du peuple. *Les classes populaires.* **2.** Constitué, organisé par le peuple. *Gouvernement populaire. Front* populaire.* – *Démocratie* populaire.* **3.** Propre au peuple ; destiné au peuple. **4.** Qui se concilie l'affection du peuple, qui est connu et aimé du peuple. *Henri IV fut un roi populaire.* – Lat. *popularis.*

populairement [pɔpylɛʀmɑ̃] adv. De manière populaire. ▷ Dans le langage populaire. *L'hôpital, appelé populairement l' « hosto ».* – De *populaire.*

popularisation [pɔpylaʀizasjɔ̃] n. f. Action d'être popularisé, de se populariser. – De *populariser.*

populariser [pɔpylaʀize] v. tr. [1] **1.** Rendre populaire, célèbre. **2.** Faire connaître au plus grand nombre. *Les médias ont popularisé la notion d'écologie.* – Pp. adj. *Des principes d'éducation popularisés.* – De *populaire.*

popularité [pɔpylaʀite] n. f. Fait d'être populaire, de plaire au plus grand nombre. – Lat. *popularitas.*

population [pɔpylasjɔ̃] n. f. **1.** Ensemble des habitants d'un pays, d'une ville, etc. *Recenser la population.* ▷ Par anal. *La population d'une ruche.* **2.** Ensemble des membres d'une classe, d'une catégorie sociale particulière. *Population rurale, scolaire.* – *Population active :* ensemble des personnes exerçant habituellement une activité professionnelle. **3.** BIOL Ensemble des individus d'une même espèce animale ou végétale, vivant dans une même région. **4.** STATIS Ensemble d'objets, d'unités sur lesquels portent des observations, ou donnant lieu à un classement statistique. – Bas lat. *populatio,* de *populus,* « peuple ».

populationnisme [pɔpylasjɔnism] n. m. ECON Théorie des populationnistes. – De *population.*

populationniste [pɔpylasjɔnist] adj. et n. ECON Se dit d'une personne favorable à l'accroissement de la population. – De *population.*

populeux, euse [pɔpylø, øz] adj. Où la population est nombreuse. *Faubourg populeux.* – Bas lat. *populosus.*

populisme [pɔpylism] n. m. **1.** HIST Idéologie et mouvement politique russes de la fin du XIXe s., sorte de socialisme fondé sur la transformation des communautés agraires traditionnelles. **2.** POLIT Nom donné à l'idéologie de certains mouvements politiques se référant au peuple mais rejetant la notion de lutte des classes (notam. en Amérique latine depuis le début du XXe s.). **3.** LITTER École littéraire, créée en 1929, qui prônait la description de la vie du petit peuple. ▷ *Par ext.* Courant pictural ou cinématographique qui s'attache à la représentation de la vie des petites gens. – Du lat. *populus,* « peuple ».

populiste [pɔpylist] adj. et n. Qui a rapport au populisme. *Roman, écrivain populiste.* ▷ Subst. Partisan du populisme. – De *populisme.*

populo [pɔpylo] n. m. Pop. **1.** *Le populo :* le peuple, les petites gens. *Ces coins-là, c'est pas pour le populo.* **2.** Foule, multitude. – De *populaire,* sur le modèle de *proprio.*

poquer [pɔke] v. intr. [1] Au jeu de boules, jeter sa boule en l'air, de telle manière qu'elle retombe sans rouler. – Du flam. *pokken,* « frapper ».

poquet [pɔkɛ] n. m. AGRIC Trou dans lequel on dépose plusieurs semences. – De *poquer* ou de *poque,* forme picarde de *poche.*

porc [pɔʀ] n. m. **1.** Mammifère domestique omnivore (*Sus scrofa domesticus,* type de la fam. des suidés) au corps trapu couvert de soies, à la tête allongée terminée par un solide groin fouisseur, élevé pour sa chair et secondairement pour son cuir. ▷ *Porc sauvage :* sanglier. **2.** Viande de cet animal. ▷ Cuir de porc. **3.** Fig., fam. Homme malpropre ou grossier. ▷ Homme grossièrement libidineux. – Lat. *porcus.*

porcelaine [pɔʀsəlɛn] n. f. **I.** ZOOL Mollusque gastéropode (genre *Cypræa*), assez commun dans les mers chaudes, dont la coquille vernissée est parsemée de taches colorées. **II.** (Par anal. d'aspect.) **1.** Produit céramique non coloré, fin et translucide, à pâte non poreuse, recouvert d'un enduit vitrifié. *Vase, tasses de porcelaine.* **2.** Objet de porcelaine. *Une porcelaine de Sèvres.* – Ital. *porcellana,* «sorte de coquillage», de *porcella,* «jeune truie», par comparaison entre la forme du coquillage et la vulve d'une truie.

porcelainier, ère [pɔʀsəlenje, ɛʀ] adj. et n. **1.** adj. Relatif à la porcelaine. **2.** n. Celui, celle qui fabrique ou qui vend de la porcelaine. – De *porcelaine.*

porcelet [pɔʀsəlɛ] n. m. Jeune porc. – Dimin. de l'a. fr. *porcel,* «pourceau».

porc-épic [pɔʀkepik] n. m. Mammifère rongeur dont le corps est couvert de longs piquants. *Des porcs-épics.* – D'ap. *piquer,* de l'a. fr. *porc espi,* anc. provenç. *porc espin,* ital. *porcospino,* «porc-épine».

porchaison [pɔʀʃɛzɔ̃] n. f. VEN Époque (vers octobre) à laquelle le sanglier est gras et bon à chasser. – De *porc.*

porche [pɔʀʃ] n. m. **1.** Avant-corps d'un édifice, donnant accès à la porte d'entrée. *Le porche d'une église.* **2.** Vestibule d'un palais, d'un hôtel. **3.** Embrasure d'une porte cochère. – Du lat. *porticus.*

porcher, ère [pɔʀʃe, ɛʀ] n. Personne qui garde ou qui soigne les porcs. – Du bas lat. *porcarius,* de *porca,* «truie».

porcherie [pɔʀʃəʀi] n. f. **1.** Bâtiment dans lequel on loge, on élève les porcs. **2.** Fig. Lieu très sale. – De *porcher.*

porcin, ine [pɔʀsɛ̃, in] adj. et n. m. **I.** adj. **1.** Qui a rapport au porc. *La race porcine.* **2.** Dont l'apparence évoque celle du porc. *Visage porcin.* **II.** n. m. *Les porcins :* les porcs domestiques; *par ext.* les suidés. – Lat. *porcinus.*

pore [pɔʀ] n. m. **1.** Chacun des orifices microscopiques, à la surface de la peau, où débouchent les canaux des glandes sudoripares. – Fig. *Suer la vanité, la peur par tous les pores,* en manifester tous les signes. ▷ Par ext. BOT *Pores d'une feuille :* stomates*. **2.** Chacune des très petites cavités que présentent certaines matières minérales. *Les pores de la pierre ponce, de la terre cuite.* – Lat. *porus,* gr. *poros,* «passage».

poreux, euse [pɔʀø, øz] adj. Qui a des pores, qui est perforé de très nombreux petits trous. *Roche poreuse.* – De *pore.*

porion [pɔʀjɔ̃] n. m. Contremaître, dans une mine de houille. – Mot picard.

porno [pɔʀno] adj. et n. m. Fam. **1.** adj. Pornographique. **2.** n. m. Pornographie. – *Spécial.* Cinéma pornographique. – Film pornographique. *Aller voir un porno.* – Abrév. de *pornographique.*

pornographe [pɔʀnɔgʀaf] n. et adj. Auteur, artiste spécialisé dans les œuvres obscènes. ▷ adj. Qui produit des œuvres, des objets pornographiques. *Éditeur pornographe.* – Du gr. *pornê,* «prostituée», et de *-graphe.*

pornographie [pɔʀnɔgʀafi] n. f. Production de livres, de films, etc. d'une obscénité à caractère sexuel; caractère obscène de ceux-ci. – De *pornographe.*

pornographique [pɔʀnɔgʀafik] adj. Qui a rapport à la pornographie. (Abrév. fam. : porno). – De *pornographie.*

porosité [pɔʀozite] n. f. État d'un corps poreux. *La porosité d'une poterie.* – De *poreux.*

porphyre [pɔʀfiʀ] n. m. Roche d'origine volcanique, très dure, formée d'une pâte feldspathique vitreuse présentant de grosses inclusions cristallines. *Porphyre rouge, vert, bleu, noir.* – Ital. *porfiro,* lat. *porphyrites,* du gr. *porphuritês (lithos),* «(pierre) pourpre».

porphyrie [pɔʀfiʀi] n. f. MED Maladie héréditaire due à un trouble du métabolisme des porphyrines. – Du gr. *porphura,* «pourpre».

porphyrine [pɔʀfiʀin] n. f. BIOL Pigment de structure polycyclique jouant un rôle important dans les phénomènes respiratoires. *Porphyrines ferrugineuses :* hème et hématine. – Du gr. *porphura,* «pourpre».

porphyrique [pɔʀfiʀik] adj. MINER Qualifie une roche magmatique contenant quelques gros cristaux visibles à l'œil nu. – De *porphyre.*

porphyrogénète [pɔʀfiʀɔʒenɛt] adj. ANTIQ Se disait des enfants des empereurs d'Orient nés pendant le règne de leur père. *Constantin VII Porphyrogénète.* – Gr. *porphurogenêtos,* «né dans la pourpre» (les impératrices de Byzance accouchaient dans la «Chambre de la Pourpre»).

porphyroïde [pɔʀfiʀɔid] adj. MINER *Granite porphyroïde,* contenant de grands cristaux de feldspath. – De *porphyr(e),* et *-oïde.*

porrection [pɔʀɛksjɔ̃] n. f. LITURG CATHOL Acte par lequel l'évêque présente à un ordinand les objets attachés à l'exercice de son ministère. – Lat. *porrectio,* de *porrigere,* «tendre».

porridge [pɔʀidʒ] n. m. Bouillie de flocons d'avoine. – Mot anglais, corrupt. du français *potage.*

1. port [pɔʀ] n. m. **1.** Abri naturel ou artificiel aménagé pour recevoir les navires, charger ou décharger leur cargaison, assurer leur entretien, etc. *Port de guerre, de commerce, de pêche, de plaisance. Port d'attache :* port où un navire est immatriculé; fig. lieu où l'on retourne régulièrement, auquel on est affectivement attaché. ▷ Loc. fig. *Arriver à bon port :* arriver à destination sans accident. **2.** Ville bâtie auprès, autour d'un port. *Le Havre est un port important.* **3.** Col, dans les Pyrénées. *Le port d'Envalira.* – Lat. *portus.*

2. port [pɔʀ] n. m. (Anglicisme) INFORM Interface électronique entre une unité centrale et des périphériques, servant à entrer ou à sortir des données. – Mot angl.

3. port [pɔʀ] n. m. **1.** Action, fait de porter sur soi. *Le port d'un uniforme. Port d'arme.* **2.** Façon de se tenir, maintien. *Un port altier.* **3.** Allure générale d'une plante, d'un arbre. *Le port majestueux du cèdre.* **4.** Prix du transport d'un colis, d'une lettre. *Port dû,* qui sera payé par le destinataire. *Port payé,* réglé par l'expéditeur. **5.** MAR *Port en lourd :* poids maximal total qu'un navire peut embarquer. – Déverbal de *porter* 1.

portable [pɔʀtabl] adj. et n. m. **1.** Que l'on peut porter. **2.** DR Se dit d'une rente qui doit être acquittée dans le lieu désigné par une convention ou par une décision de justice (par oppos. à *quérable*). **3.** n. m. INFORM Micro-ordinateur facile à transporter. – adj. *Un ordinateur portable.* – De *porter* 1.

portage [pɔʀtaʒ] n. m. **1.** Transport d'une charge à dos d'homme. ▷ *Spécial.* (Usité surtout au Canada français.) Action de transporter une embarcation par terre pour éviter une chute, un rapide. **2.** (Canada) Endroit, généralement un cours d'eau, où l'on doit transporter une embarcation, des marchandises. ▷ *Par ext.* Sentier à travers un bois qui sert pour ce transport. **3.** MAR Partie d'un espar, d'un cordage, etc., qui est soumise à un frottement. *Fourrer une aussière au portage.* – De *porter* 1.

portail [pɔʀtaj] n. m. Entrée principale d'un édifice, d'un parc, etc., souvent à caractère monumental. ▷ Porte monumentale d'un édifice religieux. *Portail gothique.* – De *porte* 1; a. fr. *portal,* «grand panneau de bois qui sert de porte».

portal, ale, aux [pɔʀtal, o] adj. ANAT Relatif à la veine porte (V. porte 2). – De *porte* 2.

portance [pɔʀtɑ̃s] n. f. **1.** AERON Composante verticale de la poussée de l'air sur une aile d'avion. **2.** MINES Force à laquelle peut résister un élément de soutènement. **3.** TRAV PUBL Capacité d'un terrain à supporter des charges. – De *porter* 1.

portant, ante [pɔʀtɑ̃, ɑ̃t] adj. et n. m. **I.** adj. **1.** Qui porte, dont le rôle est de porter, de soutenir. *Mur portant.* **2.** *Bien, mal portant* : en bonne, en mauvaise santé. ▷ Subst. *Les bien, les mal portants.* **3.** Loc. adv. *À bout portant* : V. bout. **4.** MAR *Allures portantes,* celles qui sont comprises entre le vent arrière et le vent de travers. **II.** n. m. **1.** Anse d'une malle, d'un coffre, etc. **2.** THEAT Châssis vertical fixe qui soutient les décors mobiles, les appareils d'éclairage. – Ppr. de *porter* 1.

portatif, ive [pɔʀtatif, iv] adj. Conçu pour pouvoir être transporté facilement. *Téléviseur portatif.* – De *porter* 1.

porte-. Élément, du verbe *porter.*

1. porte [pɔʀt] n. f. **I. 1.** Ouverture pratiquée dans un mur, une clôture quelconque, et qui permet d'entrer dans un lieu fermé ou d'en sortir. – Loc. fig. *Défendre, consigner sa porte* : refuser de recevoir quiconque. – *Mettre* (fam. *flanquer, foutre*) *qqn à la porte,* le chasser, le renvoyer. **2.** Panneau mobile qui ferme une porte (sens 1), une baie. *Porte en bois, en fer forgé. Porte à deux battants.* **3.** Battant, vantail (fermant une ouverture autre qu'une baie). *Porte de voiture, de réfrigérateur.* **4.** HIST *La Sublime Porte, la Porte* : le gouvernement des anciens sultans turcs; la Turquie elle-même. **II. 1.** Ouverture pratiquée dans l'enceinte d'une ville fortifiée. **2.** Emplacement d'une porte de l'ancienne enceinte, dans une ville moderne; quartier qui l'environne. *Il habite à Paris, porte d'Orléans.* **III.** SPORT Chacun des couples de piquets qui délimitent, pour le skieur, le passage à emprunter, sur une piste de slalom. – Lat. *porta.*

2. porte [pɔʀt] adj. ANAT *Veine porte,* qui amène au foie le sang provenant des organes digestifs. – De *porte* 1, «veine qui joue le rôle de porte, d'orifice».

porté, ée [pɔʀte] adj. et n. m. **I.** adj. **1.** *Être porté à* : avoir tendance à. *Être porté à médire. Être porté au pessimisme.* ▷ *Être porté sur* : avoir un goût prononcé pour. *Il est porté sur la bonne chère.* **2.** PEINT *Ombre portée,* projetée par un corps sur une surface; représentation picturale d'une telle ombre. **II.** n. m. CHOREGR Mouvement au cours duquel le danseur maintient sa partenaire au-dessus du sol. – Pp. de *porter* 1.

porte-aéronefs [pɔʀtaeʀɔnɛf] n. m. inv. MAR Bâtiment de guerre aménagé pour transporter des aéronefs et leur permettre de décoller et d'atterrir.

porte-à-faux [pɔʀtafo] n. m. inv. et loc. adj. CONSTR Partie d'un ouvrage qui n'est pas d'aplomb, qui est mal assurée, en position instable. ▷ Loc. adj. *En porte à faux* : en position instable; fig. dans une situation mal assurée.

porte-affiche(s) [pɔʀtafiʃ] n. m. Cadre, généralement grillagé, dans lequel on placarde des affiches. *Des porte-affiches.*

porte-aiguille [pɔʀtegɥij] n. m. inv. CHIR Petite pince d'acier qui sert à tenir les aiguilles à sutures.

porte-aiguilles [pɔʀtegɥij] n. m. inv. Étui servant à ranger des aiguilles à coudre.

porte-aiguillon [pɔʀtegɥijɔ̃] n. m. et adj. ENTOM Hyménoptère dont la femelle est munie d'une tarière transformée en aiguillon. *Des porte-aiguillons.* ▷ adj. *Les hyménoptères porte-aiguillon(s) (abeilles, guêpes, fourmis, etc.) forment le sous-ordre des aculéates.*

porte-amarre [pɔʀtamaʀ] n. m. MAR Appareil qui permet de lancer une amarre. *Des porte-amarres.* ▷ (En appos.) *Fusil porte-amarre.*

porte-à-porte [pɔʀtapɔʀt] n. m. inv. Méthode de vente qui consiste à proposer des produits, des services à des particuliers à leur domicile. *Faire du porte-à-porte.*

porte-avions [pɔʀtavjɔ̃] n. m. inv. MAR Bâtiment de guerre spécialement aménagé pour transporter des avions de combat ou de reconnaissance et leur permettre de décoller et d'atterrir.

porte-bagages [pɔʀt(ə)bagaʒ] n. m. inv. **1.** Filet, grillage, casier, etc., destiné à recevoir les bagages, dans un véhicule de transports en commun. **2.** Petit panneau, le plus souvent à claire-voie, sur lequel on peut assujettir des paquets, des colis, sur une bicyclette, une motocyclette, une voiture de sport, etc.

porte-balais [pɔʀt(ə)balɛ] n. m. inv. TECH Dispositif servant à maintenir les balais d'une machine électrique dans une position convenable. – De *porte-,* et *balai.*

porte-bannière [pɔʀt(ə)banjɛʀ] n. Personne qui porte une bannière. *Des porte-bannière(s).*

porte-barges [pɔʀtəbaʀʒ] n. m. inv. MAR Navire conçu pour transporter des barges, des chalands. *Les porte-barges limitent les ruptures de charge.*

porte-bébé [pɔʀt(ə)bebe] n. m. Couffin, panier, siège ou sac (porté sur le dos ou la poitrine) qui sert à transporter un bébé. *Des porte-bébé(s).*

porte-billets [pɔʀt(ə)bijɛ] n. m. inv. Portefeuille où l'on range exclusivement les billets de banque.

porte-bonheur [pɔʀt(ə)bɔnœʀ] n. m. inv. Objet qui est censé porter chance. – (En appos.) *Un bracelet porte-bonheur.*

porte-bouquet [pɔʀt(ə)bukɛ] n. m. Très petit vase à fleurs destiné à être accroché. *Des porte-bouquet(s).*

porte-bouteilles [pɔʀt(ə)butɛj] n. m. inv. **1.** Casier destiné à ranger des bouteilles horizontalement. **2.** Panier à cases pour le transport des bouteilles. **3.** Égouttoir à bouteilles.

porte-cartes [pɔʀtəkaʀt] n. m. inv. **1.** Petit étui, comportant quelquefois plusieurs pochettes, destiné à protéger les papiers que l'on a habituellement sur soi (documents d'identité, cartes de crédit, titres de transport, etc.). **2.** Étui destiné au rangement de cartes géographiques, routières, etc.

porte-cigares [pɔʀt(ə)sigaʀ] n. m. inv. Étui, boîte à cigares.

porte-cigarettes [pɔʀt(ə)sigaʀɛt] n. m. inv. Étui, boîte à cigarettes.

porte-chéquier [pɔʀtʃekje] n. m. Couverture souple destinée à protéger un chéquier. *Des porte-chéquier(s).*

porte-clés ou **porte-clefs** [pɔʀtəkle] n. m. inv. **1.** Vieilli Gardien de prison qui porte les clés. **2.** Anneau ou étui pour porter des clés.

porte-conteneurs [pɔʀt(ə)kɔ̃tənœʀ] n. m. inv. MAR Navire aménagé pour le transport des conteneurs.

porte-couteau [pɔʀt(ə)kuto] n. m. Ustensile de table, petit support destiné à empêcher la lame du couteau de salir la nappe. *Des porte-couteau(x).*

porte-cravates [pɔʀtkʀavat] n. m. inv. Support destiné au rangement des cravates.

porte-crayon [pɔʀt(ə)kʀɛjɔ̃] n. m. Petit tube métallique dans lequel on insère, pour l'utiliser, un bout de crayon, un fusain, etc. *Des porte-crayon(s).*

porte-croix [pɔʀtəkʀwa] n. m. inv. RELIG CATHOL Personne qui porte la croix dans une procession ou devant le pape, un légat, un archevêque.

porte-documents [pɔʀt(ə)dɔkymɑ̃] n. m. inv. Serviette plate qui sert à porter des papiers, des documents; cartable sans soufflets.

porte-drapeau [pɔʀt(ə)dʀapo] n. m. **1.** Celui qui porte le drapeau d'un régiment. **2.** Fig. Chef de file et propagandiste actif d'un mouvement, d'une organisation. *Des porte-drapeau(x).*

portée [pɔʀte] n. f. **I. 1.** Distance à laquelle une arme, une pièce d'artillerie peut lancer un projectile. *La portée d'un canon.* **2.** Distance à laquelle on peut voir, se faire entendre, toucher qqch. *Restez à portée de voix.* ▷ *À (la) portée (de), hors de (la) portée (de)* : qui peut, qui ne peut pas être atteint (par). **3.** Distance entre les points d'appui d'une pièce qui n'est soutenue que par quelques-unes de ses parties. *Portée d'un pont, d'un arc.* **4.** (Abstrait) *À la portée, hors de portée* : accessible, inaccessible; *spécial.* accessible, inaccessible à la compréhension. *Être, se mettre à la portée de qqn,* à son niveau d'intelligence, de culture, de compréhension. **5.** Fig. Importance des conséquences (d'une idée, d'un fait). *Invention d'une portée incalculable.* **II. 1.** Ensemble des petits qu'une femelle mammifère met bas à chaque gestation. **2.** MAR Vx *Portée en lourd* : capacité de charge d'un navire. **III.** MUS Ensemble des cinq lignes horizontales, équidistantes et parallèles utilisées pour noter la musique. – Pp. fém. subst. de *porter* 1.

porte-enseigne [pɔʀtɑ̃sɛɲ] n. m. Vx Porte-drapeau. *Des porte-enseigne(s).*

porte-étendard [pɔʀtetɑ̃daʀ] n. m. Officier qui porte l'étendard d'un régiment de cavalerie. ▷ Pièce de cuir attachée à la selle, où s'appuie le bout de la hampe de l'étendard. *Des porte-étendard(s).*

portefaix [pɔʀtəfɛ] n. m. inv. Anc. Homme de peine qui portait des fardeaux; débardeur.

porte-fanion [pɔʀt(ə)fanjɔ̃] n. m. Militaire qui porte le fanion d'un officier général. *Des porte-fanion(s).*

porte-fenêtre [pɔʀt(ə)fənɛtʀ] n. f. Grande porte vitrée qui donne accès à une terrasse de plain-pied, à un balcon, etc. *Des portes-fenêtres.*

portefeuille [pɔʀtəfœj] n. m. **I.** Étui, enveloppe en cuir, en matière plastique, etc., comportant généralement plusieurs poches, et destiné à contenir les papiers et l'argent que l'on porte sur soi. **II. 1.** Vx Serviette pour le rangement des papiers, des documents. **2.** Fonction de direction d'un département ministériel. *Obtenir le portefeuille de l'Éducation nationale. Ministre sans portefeuille* ou *ministre d'État,* qui n'est pas à la tête d'un département. **3.** Ensemble de valeurs mobilières et d'effets de commerce appartenant à une personne morale ou physique. *Portefeuille d'actions.* – De *porte-*, et *feuille* (de papier).

porte-fort [pɔʀtəfɔʀ] n. m. inv. DR Engagement pris par une personne qu'un tiers accomplira tel acte juridique ou telle prestation; personne qui prend cet engagement.

porte-greffe(s) [pɔʀtəgʀɛf] n. m. ARBOR Sujet sur lequel on fixe un ou des greffons. *Des porte-greffes.*

porte-hélicoptères [pɔʀtelikɔptɛʀ] n. m. inv. Navire de guerre spécialement aménagé pour le transport, le décollage et l'atterrissage des hélicoptères. – De *porte-*, et *hélicoptère,* d'ap. *porte-avions.*

porte-jarretelles [pɔʀt(ə)ʒaʀtɛl] n. m. inv. Sous-vêtement féminin, ceinture à laquelle sont fixées les jarretelles.

porte-lame [pɔʀtəlam] n. m. TECH Support de lame (d'une moissonneuse ou d'une faucheuse, d'une machine-outil). *Des porte-lame(s).*

porte-lunettes [pɔʀtlynɛt] n. m. inv. Support destiné au rangement des lunettes.

porte-malheur [pɔʀt(ə)malœʀ] n. m. inv. Personne ou chose qui est censée porter malheur.

portemanteau [pɔʀt(ə)mɑ̃to] n. m. **1.** Applique murale ou support sur pied portant des crochets, des patères, pour suspendre les vêtements. *Des portemanteaux.* **2.** MAR Potence placée sur le pont supérieur d'un navire qui sert à hisser ou à mettre à l'eau les embarcations.

portement [pɔʀtəmɑ̃] n. m. Seulement dans la loc. *portement de croix* : tableau, sculpture qui représente le Christ chargé de la croix. – De *porter* 1.

porte-mine ou **portemine** [pɔʀtəmin] n. m. Petit tube en forme de crayon, à l'intérieur duquel on place une mine et qui sert à écrire, à dessiner. *Des porte-mine(s)* ou *des portemines.*

porte-monnaie [pɔʀt(ə)mɔnɛ] n. m. inv. Petite pochette, petit sac en cuir, en matière plastique, etc., pour les pièces de monnaie.

porte-mors [pɔʀtəmɔʀ] n. m. inv. TECH Partie latérale de la bride qui soutient le mors.

porte-musc [pɔʀtəmysk] n. m. inv. ZOOL Petit cervidé (*Moschus moschiferus*) d'Asie orientale dont les canines supérieures sont transformées en défenses et dont le mâle possède une poche à musc près de l'ombilic.

porte-objet [pɔʀtɔbʒɛ] n. m. TECH Platine d'un microscope. ▷ Lame sur laquelle on place un objet à examiner au microscope. – (En appos.) *Lame porte-objet.* – *Des porte-objet(s).*

porte-outil [pɔʀtuti] n. m. TECH Support de l'outil d'une machine-outil. *Des porte-outil(s).*

porte-parapluies [pɔʀt(ə)paʀaplɥi] n. m. inv. Petit meuble, ustensile qui sert à ranger les parapluies, les cannes.

porte-parole [pɔʀt(ə)paʀɔl] n. m. inv. Personne qui parle au nom d'une autre, d'un groupe, etc. *Le porte-parole du gouvernement a fait la déclaration suivante...*

porte-plume [pɔʀtəplym] n. m. inv. Instrument au bout duquel on fixe une plume à écrire. – De *porte-*, et *plume* (à écrire).

1. porter [pɔʀte] v. [1] **I.** v. tr. **1.** Soutenir, maintenir, soulever (un poids). *Porter un fardeau.* ▷ Fig. *Porter tout le poids, toute la responsabilité de qqch,* en être seul chargé. **2.** Avoir en soi, dans sa matrice (un enfant, un petit), en parlant de la femme, des femelles des mammifères. *Femme qui porte un enfant dans son sein.* – Absol. *La chienne porte neuf semaines.* ▷ Produire (des graines, des fruits), en parlant de plantes. *Vigne qui porte de belles grappes.* **3.** Prendre avec soi et mettre en un lieu déterminé. *Porter ses chaussures chez le cordonnier.* **4.** Inscrire, enregistrer, coucher par écrit. *Vous porterez sur ce registre les noms des absents.* **5.** Avoir sur soi. *Porter un manteau. Porter la barbe.* ▷ Par méton. *Porter les armes, la robe, la soutane* : être militaire, magistrat, ecclésiastique. **6.** Avoir, garder (une trace, une marque). *Billet de loterie qui porte tel numéro.* ▷ Avoir pour patronyme, pour surnom. *Le nom que je porte.* **7.** Tenir de telle ou telle façon (le corps, une partie du corps). *Porter la tête haute.* **8.** Faire aller (qqch) vers. *Porter des aliments à sa bouche.* ▷ *Porter la main sur qqn, porter un coup à qqn,* le frapper. – (Au sens moral.) *La mort de sa femme lui a porté un rude coup.* ▷ En loc. *Porter un sentiment à qqn,* éprouver à son égard ce sentiment. – *Porter secours à qqn,* le secourir. – *Porter bonheur, malheur* : apporter la chance, la malchance. – *Porter préjudice à qqn,* lui nuire. – *Porter témoignage* : apporter, fournir (personnes), constituer (choses) un témoignage. – *Porter un jugement,* l'émettre, l'exprimer. **9.** *Porter à* : inciter, entraîner à. *Ses déboires l'ont porté à se méfier.* **10.** Amener, pousser à un degré d'intensité supérieur; élever à une quantité plus grande. *Porter un métal au rouge cerise. Cette mort porte à vingt-huit le nombre des victimes.* ▷ Élever professionnellement, socialement. *Porter qqn aux plus hautes fonc-*

tions. **II.** v. tr. indir. **1.** *Porter sur :* avoir pour point d'appui, pour support, pour fondement. *Tout l'édifice porte sur ces colonnes.* ⊳ *Porter à faux :* ne pas reposer directement sur son support, ou n'avoir pas le centre de gravité à la verticale du point d'appui, en parlant d'une partie de construction, d'un objet quelconque. – *Remarque qui porte sur un point important,* qui a pour objet un point important. – Fam. *Porter sur les nerfs de qqn,* l'irriter, l'exaspérer. **2.** *Porter contre :* aller heurter, entrer rudement en contact avec. *Sa tête a porté contre le pare-brise.* **III.** v. intr. Avoir une portée, en parlant d'une arme à feu, d'une pièce d'artillerie. *Les mortiers ne portent pas jusqu'ici.* – Fig. *Sa critique a porté,* elle a atteint son but. ⊳ *Une voix qui porte :* une voix que l'on entend de loin. **IV.** v. pron. **1.** Aller, se diriger. *Son cheval s'est porté brusquement sur la droite.* ⊳ Fig. *L'intérêt se portait tout d'un coup sur lui.* **2.** Se laisser aller, en venir (à). *Se porter à des excès.* **3.** Se présenter en tant que. *Se porter candidat à une élection.* **4.** Être habituellement porté (vêtements). *Les robes se portent plus longues cet hiver.* **5.** *Se porter bien, mal :* être en bonne, en mauvaise santé. – Lat. *portare.*

2. porter [pɔʀtɛʀ] n. m. Bière anglaise brune et forte. – Mot angl., de *porter's ale,* « bière de portefaix ».

porte-revue [pɔʀtʀəvy] n. m. Rangement léger destiné aux revues en cours de lecture.

porte-savon [pɔʀtsavɔ̃] n. m. Petit ustensile, petit récipient disposé près d'un lavabo, d'une baignoire, etc., pour recevoir le savon. *Des porte-savon(s).*

porte-serviettes [pɔʀtsɛʀvjɛt] n. m. inv. Support muni de tringles destiné à recevoir des serviettes de toilette.

porteur, euse [pɔʀtœʀ, øz] n. et adj. **I.** n. **1.** Personne dont le métier est de porter des fardeaux. ⊳ *Spécial.* Celui qui porte les bagages, dans une gare. **2.** n. m. Personne chargée de remettre une lettre. **3.** n. m. FIN Possesseur (d'un titre). *Porteur d'une action.* ⊳ Cour. *Billet, chèque au porteur,* qui peut être encaissé par toute personne qui le détient, qui n'est pas nominatif. **4.** n. m. *Porteur de... :* personne qui détient, porte sur soi. *Porteur d'une fausse carte d'identité.* – MED *Porteur de germes* ou *porteur sain :* personne dont l'organisme contient des germes pathogènes, mais qui ne présente pas les signes cliniques de la maladie correspondante. **II.** adj. **1.** *Gros porteur :* se dit d'un avion, d'un camion de grande capacité. ⊳ n. m. *Un gros porteur.* **2.** Qui porte. *Essieux porteurs et essieux moteurs d'une locomotive.* **3.** RADIOELECTR *Onde porteuse,* employée pour la transmission d'un signal. **4.** ECON Qui offre des débouchés. *Marché porteur.* **5.** *Mère porteuse :* femme qui, après transfert d'embryon, porte un enfant à la place d'une autre femme. – De *porter* 1.

porte-vent [pɔʀtəvɑ̃] n. m. inv. MUS Tuyau qui, dans les orgues, conduit l'air des soufflets jusqu'au sommier.

porte-voix [pɔʀtəvwɑ] n. m. inv. Instrument portatif destiné à faire entendre la voix à grande distance, constitué d'un grand pavillon tronconique dont l'extrémité la plus étroite enserre la bouche; appareil électrique affectant la même forme et destiné au même usage.

portfolio [pɔʀtfɔljo] n. m. TECH Support rigide, assemblage de feuillets mobiles ou non, servant à la présentation de photographies, d'estampes, etc. – De l'ital. *portafogli.*

portier, ère [pɔʀtje, ɛʀ] n. **1.** Vx Concierge. **2.** n. m. Employé qui garde l'entrée de certains établissements publics (hôtels, notam.). **3.** Personne qui garde la porte d'un couvent. – (En appos.) *La sœur portière.* **4.** n. m. *Portier électronique :* système électronique qui permet l'ouverture automatique d'une porte. – Bas lat. *portarius,* de *porta,* « porte ».

1. portière [pɔʀtjɛʀ] adj. f. ELEV Se dit d'une femelle en âge de porter des petits. *Vache portière.* – De *porter* 1.

2. portière [pɔʀtjɛʀ] n. f. **1.** Tenture destinée à masquer une porte. **2.** Porte d'automobile, de voiture de chemin de fer. **3.** V. portier, sens 3. – De *porte* 1.

portillon [pɔʀtijɔ̃] n. m. Porte à battant généralement bas, qui ferme un passage public. *Portillon d'un passage à niveau.* – Dimin. de *porte* 1.

portion [pɔʀsjɔ̃] n. f. **1.** Partie d'un tout divisé. *Une portion de droite. La portion enneigée de l'autoroute.* **2.** Ce qui revient à chacun dans un partage. *Portion d'héritage.* **3.** Quantité d'un mets destinée à un convive, dans un repas. *Servir des portions copieuses.* – Lat. *portio.*

portionnaire [pɔʀsjɔnɛʀ] n. DR Personne qui a droit à une portion d'héritage. – De *portion.*

portique [pɔʀtik] n. m. **1.** Galerie à l'air libre dont le plafond est soutenu par des colonnes, des arcades. ⊳ PHILO ANC *Le Portique :* la philosophie stoïcienne (qui était enseignée sous un portique, le pœcile, à Athènes). **2.** Support constitué de deux éléments verticaux reliés à leur sommet par un élément horizontal. *Portique de gymnastique,* auquel sont accrochés des agrès. *Portique de levage,* roulant sur des rails et comportant un chariot mobile auquel est accroché un palan. – Lat. *porticus.*

portland [pɔʀtlɑ̃d] n. m. CONSTR Ciment hydraulique obtenu autrefois par la calcination des calcaires silicoalumineux de la presqu'île de Portland et fabriqué auj. avec un mélange d'argile et de carbonate de calcium (*portland artificiel*). – De *Portland,* péninsule du sud de l'Angleterre.

porto [pɔʀto] n. m. Vin liquoreux, rouge ou blanc, produit à partir de raisin récolté dans le nord du Portugal. – De *Porto,* v. et port du Portugal.

portoricain, aine [pɔʀtɔʀikɛ̃, ɛn] adj. et n. De Porto Rico, la plus orientale des Grandes Antilles. ⊳ Subst. *Un(e) Portoricain(e).*

portrait [pɔʀtʀɛ] n. m. **1.** Représentation d'une personne par le dessin, la peinture, la photographie. – *Spécial.* Représentation de son visage. *Portrait en pied,* représentant le corps et le visage. ⊳ Loc. fig. *Être le portrait de qqn,* lui ressembler beaucoup. **2.** Pop. Figure, visage. *Il s'est fait esquinter le portrait.* **3.** *Par anal.* Description d'une personne. *On m'a fait de lui un portrait peu flatteur.* ⊳ Description d'une chose. *La situation dont vous venez de brosser le portrait.* – Pp. de l'anc. v. *portraire,* « dessiner »; d'abord *portret, pourtrait.*

portraitiste [pɔʀtʀɛtist] n. Artiste spécialisé dans le portrait. – De *portrait.*

portrait-robot [pɔʀtʀɛʀɔbo] n. m. Portrait d'un individu recherché par la police, réalisé d'après les indications fournies par les témoins. *Des portraits-robots.* – De *portrait,* et *robot.*

portraiturer [pɔʀtʀɛtyʀe] v. tr. [1] Litt. Faire le portrait de qqn. ⊳ Fig. Décrire (qqn). – De *portrait.*

port-salut [pɔʀsaly] n. m. inv. Fromage à pâte ferme, de couleur jaunâtre, fabriqué avec du lait de vache. – Nom déposé; de *Port-du-Salut,* nom de l'abb. d'Entrammes (Mayenne) où ce fromage fut d'abord fabriqué.

portuaire [pɔʀtɥɛʀ] adj. Qui a rapport à un port; propre aux ports. *Installations portuaires.* – De *port* 1.

portugais, aise [pɔʀtygɛ, ɛz] adj. et n. **I. 1.** adj. Du Portugal, État d'Europe méridionale. ⊳ Subst. *Un(e) Portugais(e).* **2.** n. m. *Le portugais :* la langue romane parlée au Portugal et au Brésil et dans quelques pays d'Afrique (Angola, Mozambique, notam.). **II. 1.** adj. *Huître portugaise* ou, n. f., *une portugaise :* huître du genre *Gryphaea,* unisexuée et ovipare, aux valves inégales. ⊳ *Par comparaison.* n. f. Pop. Oreille (Surtout dans la loc. *avoir les por-*

tugaises ensablées : avoir les oreilles bouchées, mal entendre.) **2.** MAR *Amarrage à la* (ou *en*) *portugaise* ou, n. f., *une portugaise* : amarrage de deux cordages constitué de nombreux tours d'un mince filin. – Du moyen fr. *portingallais.*

portulan [pɔʀtylɑ̃] n. m. MAR Anc. Carte marine des premiers navigateurs (XIIIe-XVIe s.) indiquant principalement la position des ports sur les côtes. ▷ Livre, guide à l'usage des pilotes côtiers. – De l'ital. *portolano,* « pilote », de *porto,* « port ».

portune [pɔʀtyn] n. m. ZOOL Crabe dont une espèce (*Portunus puber*) est commune sur les côtes de l'Atlantique et de la Manche. Syn. étrille. – Lat. zool. *portunus,* lat. *Portunus,* « dieu des ports ».

P.O.S. n. m. Sigle pour *plan d'occupation des sols*.*

posada [pɔsada] n. f. Vx Auberge espagnole. – Mot esp.

pose [poz] n. f. **1.** Action de poser; mise en place, montage. *Pose d'un lavabo.* **2.** Attitude que prend un modèle devant un peintre, un sculpteur, un photographe. *Prendre la pose.* ▷ Attitude, maintien du corps. *Une pose gracieuse, indolente.* **3.** Fig. Attitude affectée. *Prendre des poses. Il y a de la pose dans sa manière de s'exprimer.* **4.** PHOTO Exposition à la lumière de la surface sensible; durée de cette exposition. *Temps de pose.* – *Absol.* Exposition de quelque durée (par oppos. à *instantané*). – Déverbal de *poser.*

posé, ée [poze] adj. **1.** Sérieux, calme, pondéré. *Une jeune fille très posée.* **2.** PHOTO Exposé à la lumière. *Cliché trop posé.* **3.** MUS *Une voix posée* : V. poser, sens I, 7. – Pp. de *poser.*

posément [pozemɑ̃] adv. D'une façon posée, calmement, tranquillement. – De *posé.*

posemètre [pozmɛtʀ] n. m. PHOTO Appareil servant à déterminer le meilleur temps de pose pour une photographie. – De *pose-,* et *-mètre.*

poser [poze] v. [1] **I.** v. tr. **1.** Placer, mettre. *Poser un vase sur un meuble.* – (S. comp. de lieu.) Cesser de porter, déposer. *Il posa ses valises.* **2.** Disposer, installer, fixer à l'endroit approprié. *Poser un câble téléphonique.* **3.** Coucher sur le papier, disposer par écrit. *Poser une multiplication.* **4.** Fig. Établir. *Poser en principe. Posons comme hypothèse que...* **5.** *Poser une question,* la formuler, demander qqch. ▷ *Poser un problème à qqn,* être pour lui une cause d'ennui, de désagrément; faire difficulté. *Votre absence risque de nous poser un problème.* **6.** (Sujet n. de chose.) Contribuer à établir la réputation de (qqn), lui conférer importance et prestige. *Le succès de son roman a posé ce jeune auteur.* – Fam. *Des relations comme ça, ça vous pose un homme!* **7.** MUS *Poser sa voix,* bien la contrôler, la faire sonner juste et avec un volume égal dans toutes les tonalités. **8.** Abandonner, déposer. *Poser les armes* : capituler. **II.** v. intr. **1.** Rare Être appuyé, porter (sur qqch). *Cette poutre pose sur le mur.* Syn. (cour.) reposer. **2.** Prendre la pose devant un peintre, un sculpteur, un photographe, etc. ▷ Fam., vieilli *Faire poser qqn,* le faire attendre ou l'amuser de vaines promesses. **3.** Fig., péjor. Étudier ses attitudes, ses gestes, chercher à faire de l'effet. *Poser pour la galerie.* ▷ Fam. *Poser à* : tenter de se faire passer pour, jouer les. *Poser au génie méconnu.* **III.** v. pron. **1.** (Personnes) Se placer, se mettre quelque part. *Il s'est posé sur une chaise et il n'en a plus bougé.* ▷ Loc. fam. *Se poser là* : avoir dans son genre une importance qui n'est pas négligeable, tenir sa place (presque toujours iron.). *Comme imbécile, il se pose là!* **2.** Toucher terre ou se percher, en parlant d'un oiseau. *Moineau qui se pose sur une branche.* ▷ Atterrir, en parlant d'un aéronef. **3.** Requérir une réponse, une solution, en parlant d'une question, d'un problème. *Le problème ne se pose plus.* **4.** *Se poser comme* : s'affirmer en tant que. *Il s'est posé comme un homme conscient de ses devoirs.* ▷ *Se poser en* : se présenter comme, s'ériger en. *Se poser en arbitre des élégances.* – Du lat. pop. **pausare,* « s'arrêter ».

poseur, euse [pozœʀ, øz] n. et adj. **1.** n. Personne qui pose, qui met en place (certains matériaux, certains objets). *Poseur de carreaux.* **2.** n. et adj. Fig. Se dit d'une personne qui adopte une attitude affectée et prétentieuse. – De *poser.*

posidonie [pozidɔni] n. f. BOT Plante aquatique à longues feuilles, à fleurs verdâtres, qui constitue des herbiers sous-marins. – Lat. bot. *posidonia,* du gr. *poseidônios,* « de Poséidon », dieu de la mer.

1. positif, ive [pozitif, iv] adj. (et n. m.) **I. 1.** Qui exprime une affirmation (par oppos. à *négatif*). *Sa réponse a été positive.* ▷ GRAM *Degré positif de l'adverbe, de l'adjectif,* exprimant une qualité, sans idée de comparaison. – n. m. *Le positif, le comparatif et le superlatif.* **2.** MATH Supérieur à zéro. *Nombres positifs et nombres négatifs. Fonction positive. Strictement positif* : supérieur à zéro et non nul. **3.** PHYS *Électricité positive,* acquise par le verre lorsqu'on le frotte avec une étoffe (appelée autrefois *électricité vitreuse,* par oppos. à *électricité résineuse* – dite auj. *négative* – dont se charge la résine frottée avec une fourrure). *Un corps acquiert une charge positive lorsqu'il perd des électrons.* – Par ext. *La borne positive d'un générateur.* ▷ CHIM *Ion positif* ou *cation*.* **4.** Qui se traduit par des effets que l'on peut constater; sensible, manifeste. ▷ MED *Réaction positive,* qui a lieu. *Cuti-réaction positive. Un examen bactériologique positif,* qui décèle la présence du microbe recherché. **5.** PHOTO *Épreuve positive* ou, cour., n. m., *un positif* : épreuve définitive tirée à partir d'un négatif et sur laquelle les valeurs apparaissent comme dans la réalité (blanc rendu par du blanc, noir rendu par du noir, à l'inverse du négatif). **II. 1.** Certain, constant, assuré. *C'est un fait positif, constaté par plusieurs témoins.* **2.** Qui comporte des éléments constructifs; qui peut amener une évolution favorable, un progrès. *Cet échange de vues a été positif à bien des égards.* ▷ n. m. *Le positif* : ce qui est avantageux, favorable, ce dont on peut espérer tirer profit. *Tout n'a pas été inintéressant dans cette expérience, il y a eu aussi du positif.* **III. 1.** Didac. Fondé sur l'expérience. *Connaissance intuitive et connaissance positive. Sciences positives,* fondées sur l'observation des faits et sur l'expérimentation. ▷ PHILO *Philosophie positive* : positivisme. **2.** (Personnes) Qui ne tient pour assuré que ce qui a été dûment vérifié, prouvé; qui a pour habitude de chercher la cause des faits inexpliqués plutôt dans l'ordre du naturel que dans celui du surnaturel. *Un esprit positif.* – Par ext. *Le XXe siècle, époque positive.* ▷ PHILO *État positif* ou *scientifique,* succédant, selon Auguste Comte, à l'*état théologique* et à l'*état métaphysique.* **3.** (Personnes) Qui fait preuve de réalisme, de sens pratique. *Cessons de rêver, soyons positifs.* ▷ Qui est porté à considérer les choses surtout du point de vue du profit, pécuniaire ou autre, que l'on peut en tirer. *Un homme positif et calculateur.* **IV.** Didac. Qui résulte d'une institution, qui a été établi, fondé. (Surtout dans l'expression *droit positif* : ensemble des règles juridiques qui régissent une société donnée à une époque déterminée, par oppos. à *droit naturel.*) – Lat. *positivus,* de *ponere,* « poser ».

2. positif [pozitif] n. m. **1.** Anc. Petit orgue transportable conçu pour être posé à terre ou sur un support quelconque. **2.** *Par ext.* Ensemble des jeux* d'un grand orgue qui sont placés dans le dos de l'organiste. ▷ Clavier qui commande ces jeux. – De *poser* I, 1.

position [pozisjɔ̃] n. f. **I. 1.** Situation en un lieu; endroit où (qqn, qqch) se trouve. *Position d'une ville au débouché d'une vallée.* ▷ Spécial. *Déterminer sa position sur la sphère terrestre en calculant la latitude et la longitude. Position d'un navire, d'un avion.* ▷ *Feux de position,* qui indiquent dans l'obscurité le gabarit d'un véhicule automobile. **2.** Emplacement, zone de terrain qu'un corps de troupes a pour mission de défendre. *Bombarder les positions ennemies. Troupe qui prend position sur une crête.* ▷ Fig. *Prendre position* : faire connaître clairement son attitude, son opinion, dans une controverse, une polémique, un conflit. – *Rester sur ses positions* : refuser toute concession. **3.** Attitude, posture; maintien du corps ou de l'une de ses parties. *Se mettre dans une position commode pour travailler.* ▷ CHOREGR Chacune des cinq manières de poser les pieds ou de tenir les bras définies par les règles de la danse académique. ▷ MUS Façon de placer les mains, les doigts, dans le jeu sur un instrument à cordes. ▷ SPORT En escrime, manière de placer la main qui tient l'arme, soit en supination (les ongles dessus), soit en pronation (les ongles dessous). **4.** Ensemble des circonstances dans lesquelles on se trouve, situation. *Être dans une position difficile, critique.* – Vieilli ou rég. *Elle est dans une position intéressante* : elle est enceinte. – *Elle n'est pas en position de vous aider,* elle n'est pas en mesure de le faire, n'en a pas la possibilité (étant donné les circonstances). ▷ Situation administrative d'un fonctionnaire ou d'un militaire. *Officier en position d'activité, de disponibilité.* **5.** État de fortune; condition sociale. *Leur position les oblige à avoir un certain train de vie.* ▷ Poste que l'on occupe, fonction que l'on remplit. *Il occupe une position très en vue.* **6.** Place dans un ordre, une série, un rang. *Ce concurrent occupe pour l'instant la première position.* – SPORT *Position de tête* ou *position de pointe* : V. pole position. ▷ MUS Place relative des notes qui forment un accord. **7.** Situation débitrice ou créditrice d'un compte bancaire. *Demander sa position.* **II.** Fait ou façon de poser (un problème, une question, un principe, etc.). *Cette position du problème est la seule correcte.* – Lat. *positio,* de *ponere,* «poser».

positionnement [pozisjɔnmɑ̃] n. m. **1.** TECH Opération qui consiste à positionner (une pièce). **2.** COMPTA Mise à jour (d'un compte bancaire). **3.** MILIT Détermination de la position (d'un objectif). – De *positionner.*

positionner [pozisjɔne] v. tr. [1] **1.** TECH Amener automatiquement (une pièce, un dispositif) à la position voulue. **2.** COMPTA Mettre à jour (un compte) en passant en écritures les sommes dont il doit être débité ou crédité. **3.** MILIT Déterminer exactement la position de (un objectif). **4.** COMM Définir les caractéristiques, la place sur le marché et la clientèle de (un produit). – De *position.*

positionneur [pɔzisjɔnœʀ] n. m. TECH Instrument ou dispositif permettant de positionner et de maintenir une pièce. – De *positionner.*

positivement [pozitivmɑ̃] adv. D'une manière positive. **1.** D'une manière sûre, certaine. *J'en suis positivement persuadé.* ▷ Véritablement, tout à fait. *Son insistance devenait positivement choquante.* **2.** Avec de l'électricité positive. *Corps chargé positivement.* – De *positif* 1.

positiver [pɔzitive] v. tr. [1] (Emploi critiqué.) Rendre positif. – De *positif.*

positivisme [pozitivism] n. m. PHILO **1.** Système philosophique d'Auguste Comte (1798-1857). **2.** *Par ext.* Toute doctrine pour laquelle la vérification des connaissances par l'expérience est l'unique critère de vérité. – De *positif* 1.

ENCYCL Le positivisme d'Auguste Comte repose sur deux affirmations essentielles : nous ne pouvons pas atteindre les choses en elles-mêmes; c'est sur les phénomènes que nous pouvons porter des jugements certains ayant une valeur universelle.

positiviste [pozitivist] adj. et n. **1.** Relatif au positivisme. **2.** Partisan du positivisme. ▷ Subst. *Littré, Stuart Mill furent des positivistes.* – De *positivisme.*

positivité [pozitivite] n. f. Caractère de ce qui est positif. – De *positif.*

positon [pɔzitɔ̃] ou **positron** [pɔzitʀɔ̃] n. m. PHYS NUCL Électron positif, antiparticule de l'électron. – De *positif* 1, d'ap. *électron.*

posologie [pɔzɔlɔʒi] n. f. PHARM Quantité totale d'un médicament à administrer à un malade, en une ou plusieurs fois, estimée d'après son âge, son sexe, sa constitution, son état. – Du gr. *poson,* «combien», et *-logie.*

possédant, ante [pɔsedɑ̃, ɑ̃t] n. et adj. Personne qui possède des biens (le plus souvent au plur.). *Les possédants* : les nantis, ceux qui détiennent les richesses, les capitaux. ▷ adj. *La classe possédante.* – Ppr. de *posséder.*

possédé, ée [pɔsede] adj. et n. Habité, subjugué par une puissance diabolique. *Possédé du démon.* – Fig. *Il est possédé par le démon du jeu.* ▷ Subst. *Un(e) possédé(e). Se démener comme un possédé,* violemment. – Pp. de *posséder.*

posséder [pɔsede] v. tr. [14] **1.** Avoir en sa possession ou à sa disposition, détenir. *Posséder des terres. Posséder une charge.* – Avoir le bénéfice de, jouir de. *Posséder le secret du succès.* ▷ *Posséder une femme,* avoir avec elle des relations sexuelles. ▷ Pop. *Posséder qqn,* le tromper, le duper. Syn. avoir, rouler. **2.** (Personnes.) Avoir (une qualité). *Il possède une grande habileté manuelle.* ▷ (Choses.) Être doué de, avoir *(une propriété). Cette plante possède des vertus sédatives.* **3.** Connaître à fond, savoir parfaitement. *Il possède bien l'anglais.* Syn. maîtriser, dominer. **4.** Dominer, subjuguer, égarer (qqn), en parlant d'une passion, d'une émotion. *La passion du jeu le possède.* ▷ v. pron. Vx ou litt. *Se posséder* : être maître de soi, se dominer (fréquemment en tournure négative). *La fureur l'égarait, il ne se possédait plus.* **5.** S'emparer de l'être, de l'âme de qqn, en parlant d'une puissance diabolique. *Un démon le possède.* – Lat. *possidere.*

possesseur [pɔsɛsœʀ] n. m. Personne qui possède (qqch). *Rendre un bien à son possesseur légitime.* – Lat. *possessor.*

possessif, ive [pɔsɛsif, iv] adj. (et n. m.) **1.** GRAM Qui indique la possession, l'appartenance. *Adjectif, pronom possessif.* ▷ n. m. *Un possessif.* **2.** PSYCHO Qui a, dans le domaine affectif, des sentiments de possession, d'autorité, de propriété envers les autres. – Lat. *possessivus.*

possession [pɔsɛsjɔ̃] n. f. **I. 1.** Fait de détenir (qqch); faculté de disposer, de jouir (de qqch). *Possession d'un bien, d'une charge.* ▷ DR Jouissance de fait d'un bien corporel non fondée sur un titre de propriété. *La possession n'est pas la propriété. En fait de meubles, possession vaut titre.* ▷ (Sens abstrait.) *Être en possession de tous ses moyens, de toutes ses facultés,* les maîtriser. **2.** RELIG État d'une personne possédée par une puissance diabolique. **3.** PSYCHIAT *Délire de possession* : trouble hallucinatoire qui donne au sujet la sensation d'être habité par une autre personne, un animal, un démon. **II. 1.** Chose possédée. ▷ *Spécial.* Domaine, terres. **2.** Territoire colonial. – Lat. *possessio.*

possessionnel, elle [pɔsɛsjɔnɛl] adj. DR Qui marque la possession. – De *possession.*

possessivité [pɔsɛsivite] n. f. PSYCHO Fait d'être possessif; comportement d'une personne possessive. – De *possessif.*

possessoire [pɔsɛswaʀ] adj. DR Relatif à la possession. *Actions possessoires.* – Lat. *possessorius,* de *possidere,* «posséder».

possibilité [pɔsibilite] n. f. **1.** Caractère de ce qui est possible. **2.** Chose possible. *Évaluer différentes possibilités.* **3.** Ressource, moyen dont on dispose. *Cela dépasse ses possibilités.* – Lat. imp. *possibilitas.*

possible [pɔsibl] adj. et n. m. **I.** adj. **1.** Qui peut être, qui peut exister; qui peut se faire. *Il est possible de le réaliser.* ▷ (Avec ellipse du verbe.) *Si possible* : si c'est possible, si cela peut se faire. – (Marquant la surprise.) *Il est là? Pas possible!* ▷ (Impliquant une idée de limite, supérieure ou inférieure.) *On lui a fait tous les* *compliments possibles*, tout ce qu'on peut imaginer en fait de compliments. – *Le plus, le moins possible. Prenez le moins possible de risques (possible* reste invariable); *le moins de risques possible(s)* (*possible* reste au sing. ou prend le pluriel selon que l'on considère qu'il se rapporte à un *il* sous-entendu ou au nom). ▷ (Marquant l'éventualité.) *Les chutes de neige, toujours possibles en cette saison...* Ellipt. Fam. *« Vous viendrez ? – Possible ! » – Il est possible que* (+ subj.) : il se peut que. *Ellipt.* Fam. *Possible que* : peut-être que. **2.** Fam. Passable, acceptable. *Il fait un mari tout à fait possible.* **II.** n. m. Ce qui est possible. *Le possible et l'impossible.* ▷ Loc. adv. *Au possible* : extrêmement. – Lat. imp. *possibilis*, de *posse*, « pouvoir ».

post-. Élément, du lat. *post*, « après ».

postage [pɔstaʒ] n. m. Action de poster, d'expédier (le courrier). – De *poster* 1.

postal, ale, aux [pɔstal, o] adj. De la poste ; qui a rapport à la poste. *Service postal.* ▷ *Carte postale* : carte dont le recto porte une image, photographique ou autre, et dont le verso est destiné à la correspondance. – De *poste* 1.

postclassique [pɔstklasik] adj. Qui succède à l'époque classique.

postcombustion [pɔstkɔ̃bystjɔ̃] n. f. TECH Deuxième combustion provoquée par l'injection de carburant dans la tuyère d'un moteur à réaction et qui permet d'accroître la poussée de celui-ci.

postcommunion [pɔstkɔmynjɔ̃] n. f. LITURG CATHOL Anc. Oraison récitée par le prêtre après la communion.

postcure [pɔstkyʀ] n. f. MED Séjour de convalescence sous surveillance médicale, permettant de consolider la guérison d'un malade.

postdater [pɔstdate] v. tr. [1] Dater d'une date postérieure à la date réelle. *Postdater un acte, un chèque.*

1. poste [pɔst] n. f. **1.** Anc. Relais de chevaux placé de distance en distance le long des grandes routes pour le transport des voyageurs et du courrier. – *Par ext.* Distance entre deux relais. *Courir trois postes sur le même cheval.* ▷ Vx ou litt. *Courir la poste* : aller très vite ; fig. faire très vite ce que l'on fait. **2.** *La Poste* : administration publique chargée d'acheminer le courrier, devenue en 1991 exploitation autonome de droit public. ▷ Fig., fam. *Passer comme une lettre à la poste*, très facilement. **3.** Bureau de l'administration postale ouvert au public. *Aller à la poste.* ▷ *Poste restante* : service permettant le retrait du courrier à un bureau de poste au lieu de le recevoir à domicile. *Écrire poste restante.* – Ital. *posta*, de *porre*, « poser », du lat. *ponere*.

2. poste [pɔst] n. m. **I.** Fonction à laquelle on est nommé ; lieu où on l'exerce. *Obtenir, occuper un poste dans l'Administration.* **II. 1.** Lieu où un soldat, une unité reçoit l'ordre de se trouver en vue d'une opération militaire. *Abandon de poste. Poste de commandement* (abrév. : P.C.), où se trouve un chef, un état-major, pendant le combat. *Être à son poste.* – Fig., fam. *Fidèle au poste* : qui ne manque pas à ses obligations. ▷ Ensemble des soldats qui occupent un poste. *Relever un poste.* ▷ *Poste de police* : corps de garde à l'entrée d'une caserne, d'un camp militaire. **2.** *Poste de police* ou, absol., *poste* : corps de garde où des agents de police assurent une permanence. **III.** Emplacement réservé à un usage déterminé. **1.** Endroit où sont rassemblés différents appareils concourant à remplir une même fonction. *Poste d'aiguillage. Poste de pilotage d'un avion. Poste d'essence.* **2.** TECH *Poste de travail* : emplacement où est effectuée une tâche entrant dans une séquence d'opérations. – Durée du travail à un tel emplacement. *Ouvriers qui se relaient par postes de huit heures.* **3.** MAR *Poste à quai d'un navire* : emplacement le long d'un quai où ce navire peut s'amarrer. ▷ *Poste d'équipage* : partie d'un navire où loge l'équipage. **4.** COMPTA Chapitre d'un budget. *Affecter de nouveaux crédits à un poste.* **IV. 1.** Appareil de radio, de télévision. *Poste émetteur. Allumer le poste.* **2.** Chacun des appareils, chacune des lignes que compte une installation téléphonique intérieure. – Ital. *posto*, masculin de *posta* V. poste 1.

posté, ée [pɔste] adj. et n. *Travail posté*, organisé avec des équipes qui se succèdent sans interruption au même poste. – n. *Un(e) posté(e)* : une personne qui assure un travail posté. – De *poste* 2.

1. poster [pɔste] v. tr. [1] Mettre à la poste. *Poster le courrier.* – De *poste* 1.

2. poster [pɔste] v. tr. [1] **1.** Assigner un poste à (un soldat, une unité). *Poster des troupes à l'entrée d'un village.* **2.** Placer (qqn) à un endroit où il pourra accomplir une action déterminée. *Poster des espions.* ▷ v. pron. *Se poster à un endroit.* – De *poste* 2.

3. poster [pɔstɛʀ] n. m. (Anglicisme) Affiche décorative généralement destinée à un usage non publicitaire. – Mot anglo-amér., « affiche ».

postérieur, eure [pɔsteʀjœʀ] [ɑ] adj. et n. m. **I.** adj. **1.** Qui suit, qui vient après dans le temps. *Ce testament est postérieur à son mariage.* **2.** Qui est derrière. *Partie postérieure du corps.* **3.** PHON Se dit d'une voyelle prononcée avec la langue massée à l'arrière de la cavité buccale. *Le « a » postérieur de « pâte »* (noté [ɑ] en alphabet phonétique). Ant. antérieur. Syn. vélaire. **II.** n. m. Fam. Derrière (d'une personne). – Lat. *posterior*, comparatif de *posterus*, « qui vient après ».

postérieurement [pɔsteʀjœʀmɑ̃] adv. Après, plus tard. – De *postérieur.*

postériorité [pɔsteʀjɔʀite] n. f. État, caractère de ce qui est postérieur. – De *postérieur.*

postérité [pɔsteʀite] n. f. **1.** Suite des descendants d'une même origine. *L'innombrable postérité d'Adam.* **2.** Ensemble des générations futures. *Transmettre son nom à la postérité.* – Lat. *posteritas.*

postface [pɔstfas] n. f. Commentaire placé à la fin d'un ouvrage. – De *post-*, et *face*, d'ap. *préface.*

postglaciaire [pɔstglasjɛʀ] adj. et n. m. **1.** adj. GEOL Qui suit une glaciation. *Période postglaciaire.* **2.** n. m. Période qui suit la dernière glaciation quaternaire. – De *post-*, et *glaciaire.*

posthume [pɔstym] adj. **1.** Né après la mort de son père. *Enfant posthume.* **2.** Publié après la mort de son auteur. *Ouvrage posthume.* – Qui se produit après la mort. *Gloire posthume.* – Bas lat. *posthumus*, class. *postumus*,« dernier ».

posthypophyse [pɔstipɔfiz] n. f. ANAT Lobe postérieur de l'hypophyse.

1. postiche [pɔstiʃ] adj. et n. m. **I.** adj. **1.** Fait et ajouté après coup. *Ornements postiches.* **2.** Factice. *Des cheveux postiches.* ▷ Faux, artificiel. – Fig. *Des sentiments postiches.* **II.** n. m. Faux cheveux (perruque, mèche). *Porter un postiche.* – Ital. *posticcio*, autre forme d' *apposticcio* ou *appoticio*, rac. lat. *apponere*, « apposer ».

2. postiche [pɔstiʃ] n. f. Boniment de camelot. *Faire la postiche* : rassembler les badauds pour leur vendre qqch ; *par ext.*, faire l'article, bonimenter. – Ital. *posteggia*, « boniment ».

1. posticheur [pɔstiʃœʀ] n. m. Personne qui fabrique ou vend des postiches. – De *postiche* 1 (sens 2).

2. posticheur [pɔstiʃœʀ] n. m. Fam. Bonimenteur. – De *postiche* 2.

postier, ère [pɔstje, ɛʀ] n. Personne employée à la Poste. – De *poste* 1.

postillon [pɔstijɔ̃] n. m. **1.** Anc. Conducteur d'une voiture de poste (V. poste 1, sens 1). ▷ Homme qui montait sur un des chevaux de devant d'un attelage à quatre ou six chevaux. 2. Fam. Gouttelette de salive projetée en parlant. – Ital. *postiglione*, de *posta*, « poste ».

postillonner [pɔstijɔne] v. intr. [1] Fam. Projeter des postillons (sens 2). – Du préc.; signif. d'abord « courir la poste ».

postimpressionnisme [pɔstɛ̃pʀesjɔnism] n. m. Courant pictural issu de l'impressionnisme.

postimpressionniste [pɔstɛ̃pʀesjɔnist] adj. et n. Relatif au postimpressionnisme. – Subst. Peintre appartenant à ce courant. – De *postimpressionnisme*.

postindustriel, elle [pɔstɛ̃dystʀiɛl] adj. Didac. Qui succède à l'ère industrielle. *Période postindustrielle*.

postmodernisme [pɔstmɔdɛʀnism] n. m. Bx-A Mouvement de la fin du XXe s., né d'abord en architecture, caractérisé par une forme de classicisme, en réaction contre l'avant-gardisme. – De *post-*, et *modernisme*.

postmoderniste [pɔstmɔdɛʀnist] adj. et n. Qui relève du postmodernisme. – Subst. *Un postmoderniste*.

post mortem [pɔstmɔʀtɛm] loc. (Personnes) Après la mort. – Loc. lat.

postnatal, ale, als [pɔstnatal] adj. Didac. Qui suit immédiatement la naissance.

postopératoire [pɔstɔpeʀatwaʀ] adj. MED Qui suit une opération chirurgicale. *Surveillance postopératoire*.

post-partum [pɔstpaʀtɔm] n. m. inv. MED Période qui suit immédiatement un accouchement. – De *post-*, et lat. *partum*, « accouchement ».

postposer [pɔstpoze] v. tr. [1] GRAM Placer (un mot) après un autre. – Pp. adj. *Adjectif qualificatif postposé*, placé après le nom auquel il se rapporte.

postposition [pɔstpozisjɔ̃] n. f. 1. LING Morphème venant après le syntagme nominal qu'il régit. 2. GRAM Position d'un mot placé après un autre, contrairement à l'ordre habituel.

postromantique [pɔstʀɔmɑ̃tik] adj. De la période qui a immédiatement suivi le romantisme.

post-scriptum [pɔstskʀiptɔm] n. m. inv. Ce que l'on ajoute à une lettre après la signature. (Abrév. : P.-S.). – Loc. lat., « écrit après ».

postsonorisation [pɔstsɔnɔʀizasjɔ̃] n. f. Sonorisation d'un film après son tournage (bruitage, réfection de sons, etc.).

postsonoriser [pɔstsɔnɔʀize] v. tr. [1] Effectuer la postsonorisation de.

postsynchronisation [pɔstsɛ̃kʀɔnizasjɔ̃] n. f. Technique qui consiste à réenregistrer en studio les dialogues d'un film, en accord avec l'image.

postsynchroniser [pɔstsɛ̃kʀɔnize] v. tr. [1] Effectuer une postsynchronisation.

postulant, ante [pɔstylɑ̃, ɑ̃t] n. 1. Personne qui postule un emploi. 2. Personne qui sollicite son admission dans une communauté religieuse. – Ppr. subst. de *postuler*.

postulat [pɔstyla] n. m. LOG, MATH Proposition que l'on demande d'admettre comme vraie sans démonstration (V. axiome). *Le postulat d'Euclide*. – Lat. *postulatum*, « demande ».

postuler [pɔstyle] v. [1] I. v. tr. 1. Se porter candidat à, solliciter (un poste, un emploi). *Postuler une charge*. 2. MATH, LOG Poser comme postulat. ▷ Par ext., cour. Poser comme point de départ d'un raisonnement; supposer au préalable. *Vous postulez l'existence d'une vie dans l'au-delà*. II. v. intr. Être chargé d'une affaire en justice, occuper* pour une partie, en parlant d'un avocat. *Maître Untel postule pour mon adversaire*. – Lat. *postulare*, « demander ».

postural, ale, aux [pɔstyʀal, o] adj. Didac. Relatif à la posture, au maintien du corps. *Sensibilité posturale*, qui renseigne sur les attitudes, les positions du corps. – De *posture*.

posture [pɔstyʀ] n. f. 1. Position, attitude du corps. ▷ *Spécial*. Position inhabituelle. *Les postures du yoga*. 2. Fig. (Surtout en loc.) Situation. *Se trouver en mauvaise posture*, dans une situation fâcheuse. – Ital. *postura*, du lat. *ponere*, « poser, placer ».

pot [po] n. m. 1. Récipient à usage domestique, en général destiné à contenir des denrées alimentaires, des produits liquides ou peu consistants. *Pot de terre, de verre, de matière plastique, de métal*. – Fig. *La lutte du pot de terre contre le pot de fer*, du faible contre le puissant (allus. à une fable de La Fontaine). ▷ *Pot à...* : pot destiné à contenir (telle chose). *Pot à eau*, muni d'une anse pour verser. *Pot à lait* (ou, vx, *pot au lait*). – *Pot à tabac* : pot dans lequel on conserve le tabac; fig. personne courte et ronde. ▷ *Pot de...* : pot qui contient effectivement (telle chose). *Un pot de yaourt*. – *Pot de fleurs*, contenant (ou destiné à contenir) de la terre, et où l'on cultive des plantes (fleuries ou non). ▷ Loc. *Être sourd comme un pot*, complètement sourd. – *Payer les pots cassés* : supporter les frais des dommages qui ont été causés. – *Découvrir le pot au rose* (ou *aux roses*), le secret d'une affaire. ▷ *Pot de chambre* : récipient utilisé pour uriner et déféquer. 2. Vx Marmite. *Mettre la poule au pot*. Mod. *Poule au pot* : poule bouillie. – Loc. mod., fam. *Recevoir à la fortune du pot*, en toute simplicité, sans se mettre en frais. – *Tourner autour du pot* : user de circonlocutions, ne pas aborder franchement le sujet dont on désire parler. 3. Contenu d'un pot. *Manger un pot de confiture*. ▷ Fam. Rafraîchissement, boisson. *On va prendre un pot? Réunion autour d'un pot* : cocktail pour fêter un événement. *Être invité à un pot. Le pot de fin d'année*. 4. Pop. Derrière d'une personne. *Manie-toi le pot* : dépêche-toi. ▷ Chance. *J'ai vraiment eu du pot*. 5. Totalité des enjeux misés par les joueurs, à certains jeux d'argent (poker, notam.). 6. *Pot d'échappement* : tube à chicanes adapté au tuyau d'échappement d'un moteur à combustion interne pour détendre progressivement les gaz brûlés et réduire le bruit des explosions. ▷ *Pot catalytique* : dispositif placé avant le pot d'échappement, destiné à filtrer les gaz polluants. 7. MAR *Pot au noir* : zone des calmes* équatoriaux. – Lat. pop. **pottus*, *potus*, orig. préceltique.

potable [pɔtabl] adj. 1. Que l'on peut boire sans danger pour la santé. *Eau potable*. 2. Fam. Passable, ni très bon ni franchement mauvais. *Un film potable*. – Lat. *potabilis*, de *potare*, « boire », d'abord terme d'alchimie.

potache [pɔtaʃ] n. m. Fam., vieilli Élève d'un collège, d'un lycée. – P.-ê. de *pot-à-chien*, « chapeau de soie porté dans les collèges », puis « cancre, élève ».

potage [pɔtaʒ] n. m. 1. Bouillon dans lequel ont cuit des aliments solides (légumes, viande, etc.) que l'on a hachés menu et passés (ce qui le distingue de la soupe). – *Par ext*. Début du dîner (où l'on sert le potage). *Il est arrivé au potage*. 2. Loc. Vieilli ou litt. *Pour tout potage* : comme seul moyen de subsistance; en tout et pour tout. – De *pot*; signif. d'abord « aliments cuits au pot ».

potager, ère [pɔtaʒe, ɛʀ] adj. et n. m. 1. adj. Se dit des plantes utilisées comme légumes. *Herbes, racines potagères*. 2. n. m. Jardin (ou partie de jardin) réservé à la culture des légumes. ▷ adj. *Jardin potager*. 3. n. m. Rég. (Sud-Ouest) Grand fourneau en terre ou en briques couvertes de carreaux de céramique, à plusieurs foyers alimentés au charbon de bois pour la cuisson des aliments. – De *potage*; signif. d'abord « légumes pour le pot ».

potamo-. Élément, du gr. *potamos*, « fleuve ».

potamochère [pɔtamɔʃɛʀ] n. m. ZOOL Porc sauvage d'Afrique, au pelage roux vif (genre *Potamochœrus,* fam. suidés), qui vit dans les marécages. – De *potamo-,* et gr. *khoîros,* « petit cochon ».

potamot [pɔtamo] n. m. BOT Plante monocotylédone aquatique hermaphrodite (genre *Potamogéton,* fam. potamogétonacées), aux fleurs groupées en épis, dont les feuilles ovales flottent sur les eaux calmes. – De *potamo-.*

1. **potard** [pɔtaʀ] n. m. Fam. et vieilli Pharmacien. – De *pot.*

2. **potard** [pɔtaʀ] n. m. Arg. Bouton, manette. *Tourner, monter le potard.* – De *potentiomètre.*

potasse [pɔtas] n. f. **1.** *Potasse caustique* ou *potasse* : hydroxyde de potassium, de formule KOH, produit basique de couleur blanche, très caustique, soluble dans l'eau et utilisé dans la préparation des savons noirs. **2.** AGRIC Mélange de sels de potassium utilisé comme engrais. – Néerl. *potasch,* all. *Potasche,* « cendre du pot », qui désignait l'alcali non volatil.

potasser [pɔtase] v. tr. [1] Fam. Étudier un sujet, une matière en l'approfondissant. *Potasser un examen, un sujet difficile.* – P.-ê. de *pot,* au sens de « cuisiner », dial. ; ou d'une altér. de *potache,* par calembour avec *potasse* (allusion à l'effervescence dans certaines réactions chimiques sur des sels de potassium).

potassique [pɔtasik] adj. CHIM Qui renferme de la potasse, du potassium. – De *potasse.*

potassium [pɔtasjɔm] n. m. Élément alcalin de numéro atomique Z = 19, de masse atomique 39,102 (symbole K, de son anc. nom all. *Kallium*). – *Datation au potassium-argon* : V. datation. – Métal (K) de densité 0,86, qui fond à 63,5 °C et bout à 760 °C. (L'ion K^+, très répandu dans la nature sous forme de sels, est indispensable à l'organisme.) – Mot angl. ; lat. mod., de *potass,* « potasse ».

pot-au-feu [pɔtofø] n. m. inv. et adj. inv. **1.** n. m. inv. Plat de viande de bœuf bouillie dans l'eau avec des légumes (navets, carottes, poireaux, oignons, etc.). ▷ Morceau de bœuf avec lequel on prépare ce plat. ▷ Marmite qui sert à le faire cuire. **2.** adj. inv. *Être pot-au-feu* : être terre à terre et casanier. – De *(avoir, mettre le) pot au feu.*

pot-bouille [pobuj] n. f. Vx, fam. Menu ordinaire du ménage. *Des pots-bouilles.* – De *pot,* et *bouille.*

pot-de-vin [podvɛ̃] n. m. Somme d'argent que qqn donne en sous-main à la personne qui lui permet d'enlever un marché, de conclure une affaire. *Des pots-de-vin.* – De *pot, de,* et *vin.*

pote [pɔt] n. m. Fam. Camarade, ami. – Abrév. de *poteau* (sens II).

poteau [pɔto] n. m. **I. 1.** Longue pièce en matériau solide (bois, métal, ciment, etc.), d'assez forte section, fichée verticalement en terre. *Poteau télégraphique.* – *Poteau indicateur,* qui porte une inscription donnant une information géographique. ▷ Spécial. *Poteau d'exécution,* auquel est attaché le condamné que l'on fusille. – *Untel au poteau !* (cri pour conspuer qqn). ▷ *Poteau de départ, d'arrivée,* marquant le point de départ, d'arrivée d'une course. *Coiffer au, sur le poteau* : dépasser au moment de franchir la ligne d'arrivée. **2.** CONSTR Élément porteur d'une structure. – Pièce de charpente posée verticalement. **II.** Fam., vieilli Ami sûr, bon camarade. Syn. pote. – A. fr. *post, postel,* lat. *postis,* « jambage, poteau ».

potée [pɔte] n. f. **1.** Rare Contenu d'un pot. **2.** Plat de viande bouillie avec des légumes, à quoi on ajoute souvent des salaisons. *Potée au chou et au lard.* **3.** TECH *Potée d'étain* : mélange d'oxydes de plomb et d'étain employé pour le polissage des métaux et dans la fabrication des émaux. ▷ *Potée d'émeri* : poudre d'émeri, abrasive. ▷ *Absol.* Mélange à base de terre servant à faire les moules de fonderie. – De *pot.*

potelé, ée [pɔtle] adj. Dodu, dont les formes sont rebondies. *Bras potelé.* – De l'a. fr. *pote,* « patte », puis « gros », probabl. du lat. pop. **pauta.*

potence [pɔtɑ̃s] n. f. **1.** Assemblage de pièces en équerre, servant de support. *Lanterne suspendue à une potence.* **2.** Instrument servant au supplice de la pendaison. ▷ Le supplice lui-même. – *Gibier de potence* : personne qui mériterait la potence, individu patibulaire. – Du lat. *potentia,* « puissance », lat. médiév., « béquille, appui ».

potencé, ée [pɔtɑ̃se] adj. HERALD *Croix potencée* : croix dont l'extrémité des branches se termine en T. – De *potence.*

potentat [pɔtɑ̃ta] n. m. **1.** Personne qui dirige un grand État avec le pouvoir absolu. **2.** Fig. Homme qui exerce un pouvoir absolu. – Du lat. *potens,* « puissant », par le bas lat. *potentatus,* « pouvoir souverain ».

potentialisation [pɔtɑ̃sjalizasjɔ̃] n. f. PHARM Action de potentialiser un médicament. – De *potentialiser.*

potentialiser [pɔtɑ̃sjalize] v. tr. [1] PHARM Accroître l'action d'un médicament grâce à une autre substance qui lui permet de développer tous ses effets. – De *potentiel.*

potentialité [pɔtɑ̃sjalite] n. f. **1.** Caractère de ce qui est potentiel ou virtuel. **2.** Chacun des développements qui sont à l'état potentiel. *L'évolution réalise seulement certaines des potentialités phylogénétiques.* – De *potentiel.*

potentiel, elle [pɔtɑ̃sjɛl] adj. et n. m. **I.** adj. **1.** PHILO Qui existe en puissance (par oppos. à *actuel*). **2.** GRAM Qui indique, exprime la possibilité. ▷ *Le mode potentiel* ou, n. m., *le potentiel* : l'expression de l'éventualité d'un fait futur considéré comme hypothétique. **3.** PHYS *Énergie potentielle* : énergie d'un système matériel susceptible de fournir de l'énergie cinétique ou du travail. **II.** n. m. **1.** Ensemble des ressources dont dispose une collectivité ; capacité de travail, de production, d'action. *Potentiel industriel d'une nation.* **2.** PHYS, ELECTR *Potentiel électrique en un point* : énergie mise en jeu pour transporter dans le vide une charge unitaire de l'infini à ce point. ▷ *Différence de potentiel entre deux points d'un circuit* (abrév. : d.d.p.) : quotient de la puissance absorbée entre ces points et de l'intensité du courant. *L'unité de d.d.p. est le volt.* – Lat. scolast. *potentialis,* de *potens,* « puissant ».

potentiellement [pɔtɑ̃sjɛlmɑ̃] adv. D'une façon potentielle, en puissance. – De *potentiel.*

potentille [pɔtɑ̃tij] n. f. BOT Plante ornementale (genre *Potentilla,* fam. rosacées), voisine du fraisier, à feuilles composées, à fleurs pâles. – Du lat. bot. *potentilla,* dimin. de *potentia,* au sens médicinal de « efficacité ».

potentiomètre [pɔtɑ̃sjɔmɛtʀ] n. m. **1.** ELECTR Appareil servant à mesurer les différences de potentiel. **2.** Résistance réglable qui permet de faire varier la valeur d'une tension. – De *potentiel,* et *-mètre.*

poterie [pɔtʀi] n. f. **1.** Fabrication d'objets en terre cuite ; objet ainsi fabriqué. *Poteries égyptiennes.* ▷ Spécial. CONSTR Élément de canalisation en terre cuite. **2.** TECH Ensemble des récipients, d'usage ménager, faits d'une seule pièce, en métal. *Poterie d'étain.* – De *pot.*

poterne [pɔtɛʀn] n. f. Porte dérobée percée dans la muraille d'une fortification. – Altér. de l'a. fr. *posterle,* bas lat. *posterula,* « porte de derrière », de *posterus,* « qui est après ».

potestatif, ive [pɔtestatif, iv] adj. DR Qui dépend de la volonté d'une des parties contractantes. *Condition potestative.* – Bas lat. *potestativus,* du class. *potestas,* « puissance ».

potiche [pɔtiʃ] n. f. **1.** Grand vase de porcelaine de Chine ou du Japon. **2.** Fig. Personne qui joue un rôle de pure représentation, qui ne dispose d'aucun pouvoir réel. – De *pot*; signif. d'abord « pot à saindoux ».

potier, ère [pɔtje, ɛʀ] n. Personne qui fabrique ou vend des poteries (sens 1). – De *pot.*

potimaron [pɔtimaʀɔ̃] n. m. Légume (famille des cucurbitacées) également utilisé dans l'industrie cosmétique. – De *poti(ron),* et *mar(r)on.*

potin [pɔtɛ̃] n. m. **1.** Fam. (Surtout au plur.) Commérage, cancan. **2.** Pop. (Surtout au sing.) Grand bruit, tapage. – De *pot,* d'abord « alliage »; dial. « chaufferette (autour de laquelle on bavarde) ».

potiner [pɔtine] v. intr. [1] Fam. Faire des potins, des commérages. – De *potin.*

potinier, ère [pɔtinje, ɛʀ] adj. et n. Vieilli Qui se plaît à potiner, à colporter les potins. – De *potin.*

potion [posjɔ̃] n. f. Médicament liquide destiné à être bu. – Lat. *potio,* « boisson ».

potiron [pɔtiʀɔ̃] n. m. Plante potagère (*Cucurbita maxima,* fam. des cucurbitacées), variété de courge, cultivée pour son énorme fruit à la peau et à la chair jaune orangé; ce fruit. – P.-ê. du syriaque *pâturtâ,* « morille ».

potlatch [pɔtlatʃ] n. m. ETHNOL Fête rituelle observée d'abord dans certaines tribus indiennes de la côte ouest des É.-U., au cours de laquelle il est procédé à des échanges de cadeaux. – Par ext. *Système du potlatch* : tout système ritualisé d'échange de biens dans lequel le fait de recevoir un don entraîne l'obligation de faire au donateur un don au moins équivalent. – Mot angl., d'une langue indienne d'Amérique.

potomanie [pɔtɔmani] n. f. MED Trouble qui consiste en un besoin de boire permanent. – Du gr. *potos,* « action de boire, boisson », et *-manie.*

potomètre [pɔtɔmɛtʀ] n. m. TECH Appareil permettant de mesurer la quantité d'eau absorbée par une plante. – Du gr. *potos,* « boisson », et *-mètre.*

pot-pourri [popuʀi] n. m. **I.** Vx Ragoût composé de diverses sortes de viandes et de légumes. **II. 1.** Vieilli Mélange confus de choses hétéroclites. ▷ Ouvrage littéraire composé de différents morceaux assemblés sans ordre, sans liaison. **2.** Mod. Morceau de musique légère composé de plusieurs airs connus. *Des pots-pourris.* – De *pot,* et *pourri.*

potron-minet [pɔtʀɔ̃minɛ] (vieilli ou plaisant) ou **potron-jaquet** [pɔtʀɔ̃ʒakɛ] (vx) n. m. Surtout dans les loc. *dès (le) potron-minet, dès (le) potron-jacquet* : dès l'aube; de très bonne heure. – De l'a. fr. *poitron, poistron,* « derrière, cul », du lat. *posterio,* et *minet,* « chat » ou *jaquet,* « petit Jacques (nom de l'écureuil) ».

potto(c)k [pɔtɔk] n. m. Cheval de petite taille, à longue queue et à robe généralement noire, originaire des Pyrénées occidentales. – Mot basque.

pou, poux [pu] n. m. **1.** Insecte (genre *Pediculus*), parasite externe de l'homme et de divers animaux. (V. encycl. ci-après.) ▷ Loc. fig., fam. *Chercher des poux dans la tête de qqn,* lui chercher chicane à propos de rien. **2.** *Pou de San José* : cochenille (*Aspidiotus perniciosus*) qui attaque les arbres fruitiers. – Du lat. pop. **peduculus,* class. *pediculus*; par le pl. *pous, pouz,* des anc. formes *peoil, pouil.*

ENCYCL Les poux constituent deux ordres. **1.** Les *mallophages,* à appareil buccal broyeur, se nourrissent de débris organiques (corne, poils, cellules desquamées, etc.); de petite taille (1,4 mm maximum), ils parasitent surtout les oiseaux. **2.** Les *anoploures,* à appareil buccal piqueur, se nourrissent de sang en piquant les mammifères hôtes; trois espèces parasitent l'homme : le *pou de tête* et le *pou de corps* (genre *Pediculus*), dont les œufs, ou *lentes,* se collent aux cheveux et aux poils, et le *pou du pubis* (genre *Phtirius*), vulgairement appelé *morpion.*

pouah! [pwa] interj. Fam. (Exprime le dégoût.) *Pouah! quelle infection!* – Onomat.

poubelle [pubɛl] n. f. Récipient à couvercle destiné à recevoir les ordures ménagères. – De *Poubelle* (1831-1907), nom du préfet de la Seine qui imposa l'usage de ce récipient.

pouce [pus] n. m. **1.** Le plus court et le plus puissant des doigts de la main, opposable aux autres. **2.** *Par ext.* Gros orteil. **3.** Loc. fig. *Manger sur le pouce,* sans s'asseoir, à la hâte. – *Donner un coup de pouce* : intervenir discrètement pour faire aboutir une affaire, avantager qqn, etc. – Fam. *Se tourner, se rouler les pouces* : ne rien faire, rester oisif. – *Mettre les pouces* : se rendre, céder après une résistance plus ou moins longue. ▷ *Pouce!* : interj. (accompagnée du geste de lever le pouce) employée par les enfants pour faire momentanément cesser un jeu, une partie en cours. **4.** Ancienne mesure de longueur équivalant au douzième du pied (soit 27 mm). ▷ (Au Canada français, partic., pour traduire l'angl. *inch.*) Mesure de longueur anglo-saxonne (25,4 mm). ▷ Loc. (Au sens de très petite quantité.) *Ne pas perdre un pouce de sa taille* : se tenir très droit. *Ne pas bouger d'un pouce* : rester immobile. – Lat. *pollex, pollicis.*

pouce-pied [puspje] n. m. inv. Rég. Anatife (crustacé marin). – Altér. de *pousse,* d'ap. *pouce,* et *pied.*

poucettes [pusɛt] n. f. plur. Anc. Anneau double qui servait à attacher ensemble les pouces d'un prisonnier (l'équivalent des menottes actuelles). – De *pouce.*

poucier [pusje] n. m. **1.** Doigtier pour le pouce. **2.** Pièce d'un loquet sur laquelle on appuie le pouce pour lever la clenche. – De *pouce.*

pou-de-soie, poult-de-soie ou **pout-de-soie** [pudswa] n. m. Étoffe de soie mate à gros grain. *Des poux-, poults-* ou *pouts-de-soie.* – De *pou(lt),* p.-ê. du lat. *puls,* « bouillie », et *soie.*

pouding. V. pudding.

poudingue [pudɛ̃g] n. m. PETROG Conglomérat de galets et de graviers noyés dans un ciment naturel de composition variable. – Francisation de l'angl. *pudding-stone,* « pierre-pudding ».

poudrage [pudʀaʒ] n. m. TECH, AGRIC Action de poudrer. *Poudrage des vignes.* – De *poudrer.*

poudre [pudʀ] n. f. **1.** Substance solide réduite en petits grains, en petits corpuscules, par pilage, broyage, etc. *Du sucre en poudre. Poudre d'or.* ▷ Péjor. *Poudre de perlimpinpin* : remède de charlatan. **2.** Explosif pulvérulent non brisant. – Loc. *Rumeur, nouvelle qui se répand comme une traînée de poudre,* très vite. *Il n'a pas inventé la poudre* : il n'est pas très malin. *Ça sent la poudre* : un conflit menace. *Mettre le feu aux poudres* : déclencher un conflit, une manifestation de violence, une catastrophe. *Faire parler la poudre* : employer les armes à feu, faire la guerre. – HIST *Conspiration des poudres* (1603-1605) : machination de catholiques anglais, qui projetaient de faire sauter Jacques Ier et le Parlement. ▷ ADMIN Explosif assimilé administrativement et fiscalement à une poudre. *Service des Poudres.* **3.** Substance pulvérulente colorée et parfumée utilisée pour le maquillage féminin (autref. *poudre de riz*). **4.** Vx Poussière, fines particules de boue séchée. *« Ce grand escogriffe... qui remplit de poudre tout mon ménage » (Molière).* ▷ Loc. mod. *Jeter de la poudre aux yeux* : chercher à éblouir par un éclat trompeur, à en faire accroire. – Lat. *pulvis, pulveris,* « poussière »; d'abord *puldre.*

poudrer [pudʀe] v. tr. [1] Couvrir de poudre (sens 3). *Poudrer ses joues.* ▷ v. pron. *Se poudrer avec une houppette.* – De *poudre.*

1. poudrerie [pudʀəʀi] n. f. Fabrique de poudre, d'explosifs. – De *poudre*.

2. poudrerie [pudʀəʀi] n. f. (Canada) Neige fine et sèche que le vent soulève et fait tourbillonner. – De *poudrer*.

poudrette [pudʀɛt] n. f. AGRIC Engrais constitué de matières fécales desséchées et pulvérisées. – Dimin. de *poudre*.

poudreuse [pudʀøz] n. f. **1.** AGRIC Appareil qui sert à répandre sur les plantes des poudres insecticides, fongicides, etc. **2.** Sucrier à couvercle perforé, pour le sucre en poudre. **3.** Meuble servant à la toilette féminine. – De *poudrer*.

poudreux, euse [pudʀø, øz] adj. (et n. f.) **1.** Qui a l'aspect d'une poudre. *Neige poudreuse* ou, n. f., *poudreuse*. **2.** Vieilli ou litt. Couvert de poudre (au sens 4), de poussière. *Chemin poudreux*. – De *poudre*.

poudrier [pudʀije] n. m. **1.** Cour. Petit boîtier plat qui renferme de la poudre pour le maquillage (et, le plus souvent, une houppe et un miroir). **2.** TECH Fabricant de poudre, d'explosifs. – De *poudre;* signif. d'abord «boîte pour la poudre à sécher l'encre».

poudrière [pudʀijɛʀ] n. f. **1.** Magasin, entrepôt où l'on garde de la poudre ou des explosifs. **2.** Fig. Endroit, région où des troubles larvés peuvent dégénérer au moindre incident en conflagration générale. – De *poudre*.

poudroiement [pudʀwamɑ̃] n. m. Fait de poudroyer; aspect de ce qui poudroie. – De *poudroyer*.

poudroyer [pudʀwaje] v. intr. [**23**] **1.** Produire de la poussière; s'élever en poussière. *La terre sèche du chemin poudroyait sous nos pieds.* **2.** Avoir l'apparence d'une poudre brillant sous un éclairage vif. **3.** Rendre visibles les poussières en suspension dans l'atmosphère, en parlant de la lumière, des rayons solaires, etc. *«Je ne vois rien que le soleil qui poudroie et l'herbe qui verdoie» (Perrault).* – De *poudre;* d'abord *pouldroyer*, «couvrir de poussière, saupoudrer».

pouf [puf] interj. et n. m. **1.** interj. (Évoquant le bruit sourd d'une chute.) *Et pouf! il est tombé.* **2.** n. m. Gros coussin qui sert de siège. – Onomatopée.

pouffement [pufmɑ̃] n. m. Éclat de rire bref et étouffé. – De *pouffer*.

pouffer [pufe] v. intr. [**1**] *Pouffer de rire* ou (s. comp.) *pouffer :* éclater de rire involontairement et comme en étouffant son rire. – De *pouf*.

pouffiasse [pufjas] n. f. Vulg. **1.** Prostituée. **2.** Inj. Femme grosse et vulgaire. – De *pouf*.

pouillard [pujaʀ] n. m. CHASSE Jeune perdreau. ▷ Jeune faisan. – De l'a. fr. *pouil*, «coq», bas lat. *pullius*.

pouillé [puje] n. m. HIST État des biens et des bénéfices ecclésiastiques d'une abbaye, d'une province, etc., sous l'Ancien Régime. – A. fr. *pouille, pueille*, «registre de comptes», du plur. lat. *polyptycha*, même sens.

pouillerie [pujʀi] n. f. Fam. Extrême pauvreté. ▷ Apparence miséreuse, sordide, d'une saleté repoussante. ▷ Lieu sale et pouilleux. – De *pouil*, forme anc. de *pou*.

pouilles [puj] n. f. pl. Vx Reproches bruyants, injures. ▷ Loc. mod. Litt. *Chanter pouilles à qqn*, l'injurier. – De l'anc. v. *pouiller*, «injurier».

pouilleux, euse [pujø, øz] adj. (et n.) **I. 1.** Qui a des poux; couvert de poux. **2.** Fam. (Personnes) Miséreux. – Subst. *Un pouilleux, une pouilleuse.* ▷ (Choses) Sordide, misérable. *Un faubourg pouilleux.* **II.** GEOGR *Champagne pouilleuse :* partie aride et nue de la Champagne. – De *pouil*, forme anc. de *pou*.

pouillot [pujo] n. m. Petit oiseau passériforme (genre *Phylloscopus*), insectivore, au plumage terne. – De l'a. fr. *pouil*, «coq», bas lat. *pullius;* d'abord *poillot*, «petit d'un oiseau».

pouilly [puji] n. m. **1.** Vin blanc sec de Pouilly-sur-Loire (Nièvre). *Pouilly fumé.* **2.** Vin blanc sec de Solutré-Pouilly et de Fuissé (Saône-et-Loire). *Pouilly-fuissé.*

poujadisme [puʒadism] n. m. Mouvement de défense des petits commerçants qui se constitua en un parti politique de droite, le groupe Union et Fraternité Françaises (11,41 % des voix aux élections législatives de 1956). ▷ *Par ext.* (Avec une intention polémique.) Attitude revendicatrice étroitement corporatiste associée à un refus de l'évolution économique et sociale; conservatisme petit-bourgeois. – Du n. de Pierre *Poujade* (né en 1920), fondateur de ce mouvement.

poujadiste [puʒadist] adj. Qui a rapport au poujadisme. ▷ Subst. Partisan du poujadisme. – De *poujadisme*.

poulailler [pulaje] n. m. **1.** Abri pour les poules, enclos où on les élève. **2.** Fam. Galerie supérieure d'un théâtre, où les places sont bon marché. – De *poule* 1.

poulain [pulɛ̃] n. m. **1.** Petit du cheval, mâle ou femelle, de moins de dix-huit mois (V. pouliche). **2.** (Par comparaison) Jeune talent, jeune espoir, par rapport à l'aîné, à la personnalité, au groupe, etc., qui l'encourage et qui patronne ses débuts. *Poulain d'un directeur sportif.* **3.** TECH Rampe constituée de deux longues pièces parallèles (madriers, etc.) réunies par des entretoises, servant à la manutention des grosses charges. – Du bas lat. *pullamen*, de *pullus*, «petit d'un animal».

poulaine [pulɛn] n. f. **1.** Anc. *Souliers à la poulaine :* chaussures des XIVe et XVe s., à bout long et relevé. **2.** MAR Anc. *Par anal. de forme.* Plate-forme de l'éperon des anciens navires en bois, où se trouvaient les latrines de l'équipage. ▷ Vx ou plaisant, fam. *Gabier de poulaine :* matelot incapable, marin d'eau douce; bon à rien. ▷ Par ext. *Les poulaines :* les cabinets (situés dans la poulaine des anc. navires). – Fém. de l'anc. adj. *poulain*, «polonais».

poularde [pulaʀd] n. f. Jeune poule engraissée pour la table. – De *poule* 1.

poulbot [pulbo] n. m. Enfant pauvre et gouailleur de Montmartre. – Du n. du dessinateur français Fr. *Poulbot* (1879-1946) dont les dessins popularisèrent ces enfants.

1. poule [pul] n. f. **I. 1.** Femelle du coq domestique, oiseau de basse-cour au plumage diversement coloré selon les races, aux ailes atrophiées à peu près inaptes au vol, à la tête ornée d'une crête rouge, que l'on élève pour sa chair et pour ses œufs. *La poule glousse, caquète,* chante, pousse son cri. ▷ Loc. fig. *Mère poule :* mère qui entoure ses enfants de trop d'attentions. *Une poule mouillée :* une personne timorée, pusillanime. – *Tuer la poule aux œufs d'or :* tarir la source des bénéfices en voulant les réaliser trop vite (allus. à une fable de La Fontaine). – *Quand les poules auront des dents*, jamais. – *Avoir la chair* de poule.* **2.** Fam. (Terme d'affection.) *Ma poule :* ma petite, ma mignonne. **3.** Pop., vieilli Jeune fille, jeune femme. *Une jolie petite poule.* – *Sa poule :* sa bonne amie, sa maîtresse. ▷ Vieilli, péjor. Femme entretenue, demi-mondaine. Syn. cocotte. **II. 1.** *Poule faisane :* femelle du faisan. **2.** *Poule d'eau :* oiseau aquatique ralliforme, au plumage noirâtre, commun sur les eaux douces calmes d'Europe. – Lat. *pulla*, fém. de *pullus*, «poulet».

2. poule [pul] n. f. **1.** SPORT Épreuve dans laquelle chacun des concurrents rencontre successivement chacun de ses adversaires. *Poule à l'épée, au pistolet.* ▷ Groupe d'équipes, de concurrents, destinés à se rencontrer au cours des éliminatoires d'un championnat. **2.** JEU Total des mises. *Gagner la poule.* **3.** TURF *Poule d'essai :* épreuve dans laquelle les jeunes chevaux de trois ans courent pour la première fois. – P.-ê. de *poule* 1, par allusion au pondoir où plusieurs poules viennent déposer leurs œufs ; ou angl. *pool*, « mare », par métaphore.

poulet, ette [pulɛ, ɛt] n. **1.** Jeune coq, jeune poule. ▷ n. m. *Spécial.* Cette volaille cuite, accommodée pour la table. *Poulet basquaise.* **2.** Fam. *Mon poulet, ma poulette :* terme d'affection. **3.** n. m. Pop. Policier. **4.** n. m. Vx ou plaisant Billet galant. – De *poule* 1.

pouliche [puliʃ] n. f. Jeune jument de plus de dix-huit mois et de moins de trois ans (V. aussi poulain). – Mot normanno-picard ; du lat. *pullinum*, de *pullus*, « petit d'un animal ».

poulie [puli] n. f. Roue tournant autour d'un axe et destinée à transmettre un mouvement, un effort, au moyen d'un lien flexible (cordage, bande de cuir ou de toile, chaîne, etc.) appliqué contre sa jante. *Poulie à gorge.* ▷ Ensemble constitué par un rouet ou *réa* (la poulie proprement dite), son axe et sa chape (ou *caisse*). – Gr. tardif **polidion*, de *polos*, « pivot ».

pouliner [puline] v. intr. [1] Mettre bas, en parlant d'une jument. – Du lat. *pullinum* (V. pouliche).

poulinière [pulinjɛʀ] adj. f. *Jument poulinière*, destinée à la reproduction. ▷ n. f. *Une poulinière.* – Du lat. *pullinum* (V. pouliche).

1. pouliot [puljo] n. m. Menthe (*Mentha pulegium*) utilisée en infusion comme stimulant et antispasmodique. – Lat. *puleium* ; a. fr. *poliol*, *puliol*, *puliel*.

2. pouliot [puljo] n. m. TECH Petit treuil fixé à l'arrière d'une charrette ou d'un camion et servant à tendre le cordage qui maintient le chargement. – De *poulie*.

poulot, otte [pulo, ɔt] n. Fam. (Appellation affectueuse s'adressant à un enfant.) *Ça va, mon gros poulot ?* – Dimin. de *poule* 1.

poulpe [pulp] n. m. Syn. de *pieuvre*. – Du lat. *polypus*, « polype du nez, polype de mer ».

pouls [pu] n. m. PHYSIOL Battement d'un vaisseau (partic., d'une artère), causé par le passage périodique, au rythme des contractions cardiaques, du flux sanguin. *Pouls lent, faible, rapide.* ▷ Point du corps où ce battement est perceptible ; spécial., point d'affleurement de l'artère radiale, à la face interne du poignet. *Prendre le pouls*, compter ses battements. – Fig. *Tâter le pouls de qqn*, chercher à connaître son état d'esprit, ses intentions. – Lat. *pulsus (venarum)*, « battement (des veines) ».

poult-de-soie. V. pou-de-soie.

poumon [pumɔ̃] n. m. **1.** Chacun des deux organes thoraciques qui assurent les échanges respiratoires chez l'homme et les animaux respirant l'oxygène de l'air (mammifères, oiseaux, reptiles, amphibiens adultes, poissons dipneustes, etc.). – *Respirer, crier à pleins poumons*, très fort. **2.** *Poumon d'acier :* appareil qui permet d'entretenir artificiellement la respiration d'un sujet en cas de paralysie de la cage thoracique. – Lat. *pulmo, pulmonis ;* d'abord *pulmun*.

ENCYCL **Anat.** – Les poumons des vertébrés sont des masses spongieuses, élastiques, enveloppées dans une membrane séreuse, la plèvre. Le poumon droit, un peu plus important, comprend trois lobes ; le poumon gauche en comprend deux. Les poumons sont ventilés par les bronches et leurs ramifications, qui constituent l'arbre bronchique ; c'est au niveau des alvéoles pulmonaires, où aboutissent les bronchioles, que se font les échanges gazeux respiratoires.

poupard, arde [pupaʀ, aʀd] n. m. et adj. **I.** n. m. **1.** Vieilli Bébé joufflu et potelé. **2.** Poupée figurant un bébé, baigneur. **II.** adj. Rare Qui évoque un poupard (sens 1) ; replet, bien en chair. – De *poupée*.

poupe [pup] n. f. Partie arrière d'un navire (par oppos. à *proue*, partie avant). ▷ Fig. *Avoir le vent en poupe :* être favorisé par les circonstances, prospérer, réussir. – Provenç. *poppa*, du lat. *puppis*.

poupée [pupe] n. f. **I. 1.** Figurine représentant un être humain (de sexe féminin, le plus souvent). ▷ Jouet traditionnel des petites filles constitué d'une telle figurine. **2.** Fig. Jeune femme, jeune fille qui évoque une poupée par une grâce mièvre et affectée, une mise trop soignée, etc. ▷ Pop. Jeune femme, jeune fille fraîche et jolie. *Mignonne, la poupée !* **3.** Mannequin de modiste, de tailleur. **4.** Fam. Pansement entourant un doigt. **II.** TECH Chacun des deux organes qui, sur un tour, maintiennent la pièce à usiner. *Poupée mobile, poupée fixe.* – Lat. pop. **puppa*, du class. *pupa*, « petite fille ».

poupin, ine [pupɛ̃, in] adj. Dont la rondeur évoque une poupée (visage). *Physionomie poupine.* – Du lat. pop. **puppa* (V. poupée).

poupon [pupɔ̃] n. m. Bébé, très jeune enfant. (Le mot comporte une nuance affective.) ▷ Poupée figurant un bébé. *Un poupon en celluloïd.* Syn. poupard. – De *poupée*.

pouponner [pupɔne] v. [1] **1.** v. tr. Dorloter, cajoler (un petit enfant). **2.** v. intr. S'occuper d'un bébé, d'un très jeune enfant (ou de plusieurs). – De *poupon*.

pouponnière [pupɔnjɛʀ] n. f. Établissement, lieu où l'on garde les bébés, les enfants en bas âge ; crèche. – De *poupon*.

pour-. Élément, du lat. *pro*, « devant », à valeur intensive.

pour [puʀ] prép. (et n. m.) **I.** (Devant un nom, un pronom.) **1.** En direction de, à destination de. *Partir pour Rome.* **2.** (Marquant une durée, le terme d'une durée.) *Il est là pour trois jours. Travail à faire pour le lendemain.* **3.** À l'intention de, en faveur de, dans l'intérêt de. *Travailler pour un laboratoire. Livre pour les enfants*, destiné aux enfants. ▷ Envers, à l'égard de. *Être bon pour les animaux.* ▷ (Marquant le but.) *Travailler pour la gloire.* ▷ *Être pour... :* être favorable à, être partisan de... *Qui n'est pas pour moi est contre moi.* – Ellipt. Fam. *Tout le monde est pour.* **4.** En remplacement de, à la place de, au nom de. *Il signe pour le directeur.* – (Devant une signature.) *Pour le secrétaire général, par ordre, X.* ▷ En échange de. *Je l'ai eu pour dix francs.* ▷ En guise de. *N'avoir pour toute arme qu'un bâton.* ▷ (Suivi d'un adj.) *Il fut laissé pour mort*, comme s'il était mort. *Il se donne pour savant*, il fait croire qu'il l'est. **5.** Quant à, en ce qui concerne (qqn). *Pour moi, je crois qu'il a tort*, en ce qui me concerne, à mon avis. ▷ Quant à, en ce qui concerne (qqch). *Pour l'argent, on s'arrangera plus tard.* **6.** Eu égard à, par rapport à. *Il est grand pour son âge.* **7.** (Marquant la conséquence.) *Il s'est trompé, pour son malheur.* **8.** À cause de. *Puni pour ses crimes.* – Loc. *Pour un oui ou pour un non :* sous n'importe quel prétexte, à tout propos. **II.** *Pour* (+ inf.), *pour que* (+ subj.). **1.** (Marquant le but.) *Il lit pour s'instruire. Je vous le dis pour que vous y pensiez.* ▷ *Pour que... ne pas. Il s'enferme pour qu'on ne le dérange pas.* (Fam. : *pour ne pas, pour pas qu'on le dérange.*) **2.** (Introduisant une subordonnée de conséquence.) *Il est trop tard pour que j'y aille. Tu es assez grand pour prendre cette décision tout seul.* **3.** Litt. (Marquant l'opposition, la concession.) *« Pour grands que soient les rois, ils sont ce que nous sommes » (Corneille).* **4.** *Être pour* (+ inf.) : être sur le point de. *Nous étions pour nous mettre à table quand vous avez sonné.* **III.** n. m. *Le pour :* ce qui plaide en faveur de qqch, les arguments favorables (surtout dans la loc. *le pour et le contre*). – Du lat. class. *pro*, « devant, en faveur de », par le lat. pop. *por*.

pourboire [puʀbwaʀ] n. m. Gratification qu'un client laisse au personnel, dans un café, un restaurant, une salle de spectacle, etc. ; petite somme d'argent offerte en remerciement d'un service. – De *pour*, et *boire*.

pourceau [puʀso] n. m. **1.** Vx ou litt. Porc. **2.** *Par métaph.* Homme sale et glouton. – Litt. *Un pourceau d'Épicure :* un voluptueux, un homme adonné aux plaisirs des sens. – Du lat. *porcellus*, dimin. de *porcus*, « porc » ; d'abord *porcel*, *purcel*.

pourcentage [puʀsɑ̃taʒ] n. m. **1.** Rapport d'une quantité à une autre divisée en cent unités. *Le quart des bénéfices, soit, en pourcentage, vingt-cinq pour cent.* **2.** Taux d'un intérêt ou d'une commission; somme perçue ou à percevoir à titre d'intérêt ou de commission. *Il a un pourcentage sur les ventes.* – De *pour,* et *cent.*

pourchasser [puʀʃase] v. tr. [1] Poursuivre sans relâche, avec opiniâtreté, ténacité. – De l'anc. v. *porchacier,* «chercher à obtenir».

pour-compte ou **pourcompte** [puʀkɔ̃t] n. m. inv. COMM Acte par lequel on s'engage à vendre pour le compte de l'expéditeur une marchandise qu'on a reçue de lui. – De *pour-,* et *compte*; cf. *laissé-pour-compte.*

pourfendeur, euse [puʀfɑ̃dœʀ, øz] n. m. (Souvent iron.) Celui qui pourfend. *Redresseurs de torts et pourfendeurs d'injustices.* – De *pourfendre.*

pourfendre [puʀfɑ̃dʀ] v. tr. [6] **1.** Vx Fendre de haut en bas d'un coup de sabre. **2.** Fig., plaisant Faire subir une défaite écrasante à. *Nos joueurs ont pourfendu l'équipe adverse.* – De *pour-,* et *fendre.*

pourlèche. V. perlèche.

pourlécher [puʀleʃe] v. tr. [14] Vx Lécher tout autour. ▷ v. pron. Mod. dans la loc. *se pourlécher les babines* : se passer la langue sur les lèvres; fig. se délecter à la pensée d'une bonne chose à manger (*par ext.,* à la pensée d'un plaisir quelconque). – De *pour-,* et *lécher.*

pourparler [puʀpaʀle] n. m. (Rare au sing.) Conférence, discussion visant à régler une affaire; négociation. *Être, entrer en pourparlers.* – De l'anc. v. *pourparler,* «tramer, comploter, discuter», de *pour-,* et *parler.*

pourpier [puʀpje] n. m. Plante herbacée (*Portulaca oleracea*) aux tiges couchées rougeâtres, aux fleurs vivement colorées, aux feuilles épaisses, dont une espèce est cultivée comme légume, d'autres espèces étant ornementales. – Altér. de l'a. fr. *poulpié,* du lat. pop. *pulli pes,* «pied de poulet».

pourpoint [puʀpwɛ̃] n. m. Ancien vêtement masculin (XIIIe-XVIIe s.) qui couvrait le corps du cou à la ceinture. – De l'anc. v. *pourpoindre,* de *pour,* et *poindre,* «piquer».

pourpre [puʀpʀ] n. et adj. **A.** n. **I.** n. f. **1.** Matière colorante d'un rouge foncé que les Anciens tiraient notam. d'un mollusque. **2.** Étoffe teinte avec cette matière colorant en rouge foncé, chez les Anciens, marque d'une dignité, d'un rang social élevé. *Toge, manteau de pourpre.* ▷ Fig. Dignité impériale. *Revêtir la pourpre* : se faire proclamer empereur. ▷ *La pourpre romaine, la pourpre cardinalice,* ou, absol., *la pourpre* : la dignité de cardinal. **3.** Fig. et litt. Couleur rouge. *La pourpre du sang.* **II.** n. m. **1.** Rouge foncé tirant sur le violet. ▷ Litt. Rougeur. *Le pourpre de la colère.* **2.** HERALD Couleur rouge tirant sur le violet, représentée en gravure par des hachures diagonales de senestre à dextre. **3.** PHYSIOL *Pourpre rétinien* : pigment photosensible des bâtonnets rétiniens, qui permet la vision nocturne. **4.** Mollusque gastéropode (genre *Purpura*) dont les Anciens tiraient certaines de leurs pourpres. **B.** adj. De couleur pourpre. *Des étoffes pourpres.* – Lat. *purpura,* gr. *porphura.*

pourpré, ée [puʀpʀe] adj. Litt. Teinté à la pourpre; de couleur pourpre. *Nuages pourprés dans le soleil couchant.* – De *pourpre.*

pourprin, ine [puʀpʀɛ̃, in] adj. et n. m. **1.** adj. Vx Purpurin. **2.** n. m. Couleur pourpre de certaines fleurs. – De *pourpre.*

pourquoi [puʀkwa] adv., conj. et n. m. inv. **I.** adv. et conj. **1.** Pour quelle cause, quel motif. *Il part sans dire pourquoi. Voici pourquoi je ne veux pas le voir.* – Loc. conj. *C'est pourquoi. Il est malade, c'est pourquoi il n'est pas venu,* c'est pour cette raison que... – (Dans l'interrogation directe ou indirecte.) *Pourquoi acceptez-vous? Vous feriez cela? – Pourquoi pas?* ou *Pourquoi non? Je lui demanderai pourquoi il ne veut pas y aller.* – (Suivi de l'infinitif.) *Pourquoi se fâcher?* **2.** Vieilli ou litt. Pour lequel, pour laquelle (souvent confondu avec *pour quoi*). *C'est une des raisons pourquoi je suis parti.* **II.** n. m. inv. **1.** Cause, raison. *Savoir le pourquoi d'une affaire.* **2.** Question, interrogation sur les raisons de qqch. *Je vais répondre à tous vos pourquoi.* – De *pour,* et *quoi.*

pourri, ie [puʀi] adj. et n. **I.** adj. **1.** Altéré, attaqué par la décomposition. **2.** Fig. Très humide, en parlant du temps, de la saison, etc. *Un été pourri.* **3.** Fig., fam. Gâté, corrompu. *Un homme moralement pourri.* ▷ Fig., fam. *Pourri de* : plein de. *Il est pourri de bonnes idées, ce garçon.* **II.** n. **1.** n. m. Ce qui est pourri. *Une odeur de pourri.* **2.** n. Pop. et inj. Individu corrompu, méprisable. – Pp. de *pourrir.*

pourridié [puʀidje] n. m. BOT Maladie cryptogamique des végétaux, qui cause leur pourriture. *L'un des pourridiés est dû à l'armillaire, champignon basidiomycète.* – Mot provençal, de *pourrir.*

pourrir [puʀiʀ] v. [3] **I.** v. intr. **1.** Tomber en décomposition, en putréfaction. *Laisser des fruits pourrir.* ▷ Fig. Se détériorer. *Laisser pourrir une situation.* **2.** Fig. et fam. Demeurer longtemps (en un lieu). *Pourrir en prison.* ▷ Demeurer dans une situation dégradante. *Pourrir dans la misère.* Syn. croupir, moisir. **II.** v. tr. **1.** Attaquer en provoquant la décomposition de. *L'eau pourrit le bois.* **2.** Fig. Corrompre, gâter. *Ils pourrissent le petit.* – Lat. pop. **putrire,* class. *putrescere.*

pourrissage [puʀisaʒ] n. m. TECH Action d'exposer les pâtes céramiques à l'humidité pour favoriser leur homogénéisation. – De *pourrir.*

pourrissant, ante [puʀisɑ̃, ɑ̃t] adj. Qui est en train de pourrir. – Ppr. de *pourrir.*

pourrissement [puʀismɑ̃] n. m. Dégradation, détérioration. *Le pourrissement d'une situation.* – De *pourrir.*

pourrissoir [puʀiswaʀ] n. m. Litt. Lieu où pourrit qqch. ▷ Fig. *Les prisons, ces pourrissoirs.* – De *pourrir.*

pourriture [puʀityʀ] n. f. **1.** État de ce qui est pourri. *Tomber en pourriture.* Syn. décomposition. **2.** Partie pourrie. *Ôter la pourriture d'une pomme.* **3.** Fig. Décadence morale, corruption. *Sombrer dans la pourriture.* **4.** Pop. et inj. Ignoble individu. **5.** BOT Maladie des végétaux due à des bactéries *(pourriture du tabac)* ou à des champignons (*pourriture noble* du raisin, qui améliore certains vins; *pourriture sèche* de la pomme de terre). – De *pourrir.*

pour-soi [puʀswa] n. m. inv. PHILO Être humain, en tant que sujet conscient (par oppos. à *en-soi,* à *être*). – De *pour,* et *soi.*

poursuite [puʀsɥit] n. f. **1.** Action de poursuivre, de courir après (qqch, qqn). *Chien ardent à la poursuite du gibier.* ▷ Fig. Fait de chercher avec opiniâtreté à obtenir (qqch). *Poursuite des honneurs.* **2.** SPORT Course cycliste sur vélodrome où deux coureurs (ou équipes) prennent le départ en deux points opposés de la piste, le vainqueur étant celui qui rejoint l'autre ou qui s'en est le plus rapproché en un temps fixé. – (En appos.) *Course poursuite.* **3.** (Souvent plur.) DR Action en justice engagée contre qqn pour faire valoir un droit, obtenir réparation d'un préjudice ou punition d'une infraction. *Poursuites du ministère public.* **4.** TECH Contrôle et surveillance, au moyen d'instruments, d'un mobile (d'un engin spatial, en partic.) et de sa trajectoire. – De *poursuivre.*

poursuiteur [puʀsɥitœʀ] n. m. SPORT Cycliste spécialisé dans la poursuite. – De *poursuite.*

poursuivant, ante [puʀsɥivɑ̃, ɑ̃t] n. (et adj.) **1.** Personne qui poursuit qqn. *Distancer ses poursuivants.* **2.** DR Personne qui exerce des poursuites. ▷ adj. *Créancier poursuivant.* – Ppr. de *poursuivre.*

poursuivre [puʀsɥivʀ] v. tr. [62] **I. 1.** Suivre rapidement pour atteindre. *Animal qui poursuit sa proie.* **2.**

Tenter d'obtenir. *Poursuivre des honneurs.* **3.** Fig. Rechercher sans cesse en importunant, ne pas laisser en paix. *Poursuivre une femme de ses assiduités.* ▷ (Sujet n. de chose.) *Le remords le poursuit.* Syn. tourmenter, harceler. **4.** DR Intenter une action en justice contre (qqn). *Poursuivre qqn devant les tribunaux.* **II.** Continuer (ce qu'on a commencé). *Poursuivre ses études.* – (S. compl.) Continuer un récit, un exposé. *Laissez-moi poursuivre!* ▷ v. pron. (au sens réfléchi). Être poursuivi. – Du lat. *prosequi*, même sens; d'ap. *pour-*, et *suivre*.

pourtant [purtɑ̃] adv. (Indiquant l'opposition entre deux choses liées, ou entre deux aspects d'une même chose.) *Il avait travaillé, pourtant il a échoué.* Syn. néanmoins, cependant. – De *pour*, et *tant*.

pourtour [purtur] n. m. Ligne, partie qui fait le tour d'un objet, d'une surface. *Arbres plantés sur le pourtour d'un terrain.* Syn. tour, contour. – De *pour-*, et *tour*.

pourvoi [purvwa] n. m. DR Acte par lequel on demande à une autorité supérieure la réformation ou l'annulation d'une décision judiciaire. – Déverbal de *pourvoir*.

pourvoir [purvwar] v. [40] **I.** v. tr. indir. Fournir ce qui est nécessaire. *Il pourvoit à tous nos besoins.* ▷ *Pourvoir à un emploi* : faire cesser sa vacance. Syn. subvenir. **II.** v. tr. dir. **1.** Munir, équiper. *Pourvoir une place de vivres.* ▷ v. pron. *Se pourvoir de mazout pour l'hiver.* **2.** Mettre (qqn) en possession de. *Pourvoir qqn d'une charge.* ▷ Doter. *La nature l'a pourvue de mille grâces.* **3.** Établir par un emploi, un mariage. *Pourvoir ses enfants.* – (Surtout au pp.) Munir du nécessaire, mettre à l'abri du besoin. *Des gens pourvus.* Syn. nantir. **III.** v. pron. DR Intenter une action judiciaire devant une juridiction supérieure. *Se pourvoir en cassation.* – Du lat. *providere*, d'ap. *pour-*, et *voir*; par l'a. fr. *soi porveoir de*, « examiner », puis « prévoir ».

pourvoyeur, euse [purvwajœr, øz] n. **1.** *Pourvoyeur de* : personne qui fournit, procure (qqch). *Pourvoyeur de drogue.* **2.** n. m. MILIT Canonnier qui apporte les munitions; soldat qui alimente en cartouches le tireur d'une arme automatique. – De *pourvoir*.

pourvu que [purvykə] loc. conj. **1.** À condition que. *Tu peux rester, pourvu que tu te taises.* **2.** (Exprimant un souhait.) *Pourvu qu'il fasse beau!* – Pp. de *pourvoir*, « étant donné, assuré », et conj. *que*.

poussage [pusaʒ] n. m. TECH Procédé de navigation fluviale par convoi de barges poussées au moyen d'un bateau spécial (pousseur*). – De *pousser*.

poussah [pusa] n. m. **1.** Figurine grotesque montée sur une boule et lestée de façon à revenir toujours dans la position verticale. *Des poussahs.* **2.** Fig., fam. Homme gros et gras. – Chinois *pou-sa*, « idole bouddhique assise les jambes croisées ».

pousse [pus] n. f. **1.** Fait de pousser, de croître. *La pousse des cheveux.* **2.** BOT Partie jeune d'un végétal formée par un bourgeon au cours d'une période de végétation. **3.** MED VET Dyspnée du cheval, caractérisée par un soubresaut de la cage thoracique en fin d'inspiration. **4.** TECH Altération du vin, due à une seconde fermentation. – Déverbal de *pousser*.

pousse-au-crime [pusokrim] n. m. inv. Fam. (arg. vieilli) Alcool fort et de mauvaise qualité. – Mauvais vin. – De *pousser, au*, et *crime*.

pousse-café [puskafe] n. m. inv. Fam. Petit verre d'alcool que l'on prend après le café; cet alcool lui-même. – De *pousser*, et *café*.

poussée [puse] n. f. **1.** Action de pousser; son résultat. **2.** Pression exercée par une force qui pousse. ▷ ARCHI Effort horizontal exercé par une voûte sur ses supports et tendant à écarter ceux-ci. ▷ PHYS Pression qu'un corps pesant exerce sur un autre corps. – Résultante des forces exercées par un fluide sur un objet immergé. **3.** Fig. Manifestation subite. *Une poussée d'imagination.* ▷ Accès. *Une poussée de fièvre.* – Pp. fém. subst. de *pousser*.

pousse-pousse [puspus] n. m. inv. Voiture légère à deux roues, à une place, tirée ou poussée par un homme, en Extrême-Orient. – De *pousser*.

pousser [puse] v. [1] **I.** v. tr. **1.** Peser sur, peser contre, pour déplacer, pour faire avancer. *Pousser un meuble. Pousser une brouette.* – Fam. Écarter, mettre de côté. *Pousse tes affaires, elles me gênent.* ▷ v. pron. *Pousse-toi!* **2.** Imprimer un mouvement à (qqch, qqn) en le pressant vivement ou en le heurtant. *Il n'est pas tombé tout seul, qqn l'a poussé.* **3.** Fig. Faire avancer, engager, soutenir (qqn) dans une entreprise, une carrière. *Son père l'a poussé dans ses études.* **4.** Étendre, porter plus loin. *Pousser ses conquêtes jusqu'à la mer.* ▷ Fig. *Pousser la plaisanterie trop loin.* – (S. compl.) Pop. Exagérer. *Faut pas pousser!* **5.** Mettre, amener (qqn) dans un certain état, une certaine situation. *Pousser qqn à bout.* **6.** Inciter à, faire agir. *Qu'est-ce qui vous a poussé à écrire ce livre? C'est la haine qui l'a poussé.* **7.** Proférer, exhaler (un cri, un soupir, etc.). *Il a poussé un grand cri.* ▷ Pop. *Pousser une chanson, en pousser une* : chanter une chanson. **8.** Produire, faire sortir de soi (en parlant d'un être vivant, d'un organisme). *L'arbre a poussé des nouvelles feuilles. Bébé qui pousse ses dents.* **II.** v. intr. **1.** Peser, exercer une poussée. *Masse de terre qui pousse sur un mur de soutènement.* **2.** Faire effort pour expulser de son corps les fèces, ou lors de l'accouchement le fœtus. **3.** Croître, se développer. *Les feuilles poussent déjà.* – Fig. *Cet enfant pousse vite.* **4.** *Pousser plus loin, jusqu'à...* : continuer son chemin, aller jusqu'à... *Ils poussèrent jusqu'à la ville.* – Lat. *pulsare*.

poussette [pusɛt] n. f. **1.** JEU Tricherie consistant à déplacer subrepticement une carte ou une mise sur le tableau gagnant alors que le résultat est connu. **2.** SPORT Fam. Action de pousser un coureur cycliste, pour l'aider dans une côte. **3.** Petite voiture d'enfant. ▷ Petit châssis à roulettes servant à transporter de menues charges. – De *pousser*.

pousseur [pusœr] n. m. **1.** TECH Bateau à étrave carrée, spécialement construit pour pousser des barges sur les canaux, les rivières. **2.** En astronautique, propulseur auxiliaire (syn. recommandé de booster*). – De *pousser*.

poussier [pusje] n. m. Poussière de charbon. – *Coup de poussier* : explosion due à l'inflammation de poussières de charbon en suspension dans l'air, survenant dans une houillère. (On dit aussi *coup de poussière*.) ▷ Débris pulvérulents d'une matière quelconque. – Forme masc. de *poussière*.

poussière [pusjɛr] n. f. **I. 1.** Terre réduite en poudre très fine; mélange de matières pulvérulentes entraîné par l'air en mouvement et qui se dépose sur les objets. – Fig. *Mordre la poussière* : être jeté à terre dans un combat; fig. subir un échec, une défaite. ▷ Grain de poussière. *Avoir une poussière dans l'œil.* – Loc. fig., fam. *Et des poussières...* : et une quantité, une somme négligeable. *Trois millions et des poussières.* **2.** Matière réduite en particules fines et légères. *Poussière d'or. Poussière de charbon* (V. poussier). **II.** Emplois fig. **1.** Restes mortels, cendres. *« Nous y trouverons leur poussière... » (Marseillaise).* **2.** Ce qui est en nombre infini, comme les grains de poussière. *La Voie lactée est une poussière d'étoiles.* – De l'a. fr. *pous*, du lat. pop. **pulvus*, class. *pulvis*.

poussiéreux, euse [pusjerø, øz] adj. **1.** Couvert de poussière. *Meubles poussiéreux.* **2.** Qui a l'aspect, la couleur de la poussière. – De *poussière*.

poussif, ive [pusif, iv] adj. et n. **1.** MED VET Qui a la pousse*, en parlant d'un cheval. **2.** Fig. Qui manque de souffle, qui perd facilement haleine. *L'abus du tabac rend poussif.* ▷ *Par ext.* Qui manque d'inspiration. – De *pousser*.

poussin [pusɛ̃] n. m. **1.** Poulet qui vient d'éclore. *Une poule et ses poussins.* ▷ *Par ext.* Oiseau nouvellement éclos. *Les poussins de l'aigle,* ou *aiglons.* **2.** Fam. (Terme d'affection adressé à un enfant.) *Alors, poussin ?* ▷ SPORT Catégorie des enfants de moins de onze ans. ▷ Arg. (des écoles) Élève de première année de l'École de l'Air. – Lat. pop. **pullicinus,* bas lat. *pullicenus,* de *pullus,* « poulet ».

poussinière [pusinjɛʀ] n. f. **1.** Cage où l'on enferme les poussins. **2.** Éleveuse artificielle. – De *poussin.*

poussivement [pusivmɑ̃] adv. D'une manière poussive. – De *poussif.*

poussoir [puswaʀ] n. m. Bouton que l'on presse pour déclencher le fonctionnement d'un mécanisme. – De *pousser.*

poutargue [putaʀg] ou **boutargue** [butaʀg] n. f. Œufs de mulet salés, pressés et présentés dans un boyau en forme de saucisse plate. – Altér. de *boutargue,* provenç. *boutargo,* de l'ar. *bitārih,* « caviar », à rapprocher du gr. *tarichos,* « salaison ».

pout-de-soie. V. pou-de-soie.

poutine [putin] n. f. (Canada) Frites garnies de fromage et recouvertes d'une sauce.

poutrage [putʀaʒ] n. m. ou **poutraison** [putʀɛzɔ̃] n. f. TECH Assemblage de poutres ; disposition des poutres d'une charpente. – De *poutre.*

poutre [putʀ] n. f. **1.** Grosse pièce de bois équarrie destinée à la construction. *Poutre en chêne, en châtaignier.* ▷ *Par ext.* Élément de charpente allongé et de forte section (quelle qu'en soit la matière). *Poutre en acier.* **2.** SPORT Appareil de gymnastique constitué par une barre de bois de 10 cm de large et 5 m de long, reposant sur deux supports à une hauteur variable. – Métaph. de l'a. fr. *poustre,* « pouliche » ; du lat. pop. **pullitra,* même sens, du class. *pullus,* « petit d'un animal ».

poutrelle [putʀɛl] n. f. Petite poutre. – Pièce d'acier réunissant les pièces principales d'une charpente métallique. – Dimin. de *poutre.*

pouture [putyʀ] n. f. AGRIC Nourriture, à base de farineux, donnée aux bovins lorsqu'ils sont à l'étable. – Du lat. *puls, pultis,* « bouillie de céréales » ; par l'a. fr. *pou,* « bouillie, légume ».

1. pouvoir [puvwaʀ] v. auxil. de mode et v. tr. [49] **I.** v. auxil. de mode (régissant l'inf.). **1.** Avoir la faculté, la possibilité de. *La voiture est en panne, ils ne peuvent pas partir.* ▷ (Avec ellipse de l'inf. comp., ou celui-ci remplacé par le pronom *le.*) *Quand on veut, on peut. Comprenez si vous (le) pouvez.* ▷ *N'en pouvoir plus :* être à bout de forces. **2.** Avoir le droit, l'autorisation de. *Puis-je m'asseoir ? Vous pouvez disposer.* ▷ Être en droit de. *On peut dire qu'il a de la chance.* ▷ Avoir le front, l'audace, etc., de. *Comment pouvez-vous dire une chose pareille ?* **3.** Litt. (Au subj., exprimant un souhait.) *« Puissé-je de mes yeux y voir tomber la foudre » (Corneille).* **4.** (Exprimant une éventualité, une possibilité.) *Il peut avoir eu un empêchement.* ▷ (Renforçant une interrogation.) *Où peut-il bien se cacher ?* **5.** Impers. *Il peut* (+ inf.) : il est possible que. *Il peut pleuvoir.* – *Il pouvait être minuit :* il était vraisemblablement, peut-être, minuit. ▷ v. pron. *Il se peut que :* il est possible que. *Il se peut que j'aie besoin de vous. Il peut se faire que :* il peut arriver que. – Loc. *Autant que faire se peut :* autant qu'il est possible. **II.** v. tr. Avoir l'autorité, la puissance de faire (qqch). *Je ne peux rien pour vous.* ▷ *N'y pouvoir rien, n'en pouvoir mais :* n'être pas responsable de qqch, être impuissant. – Lat. pop. *potere,* réfection du class. *posse,* d'ap. les formes conjuguées en *pot-* ; par l'a. fr. *poeir, pooir, povoir.*

2. pouvoir [puvwaʀ] n. m. **1.** Faculté de pouvoir (V. 1 pouvoir), puissance, possibilité. *Avoir du pouvoir, un grand pouvoir.* – ECON *Pouvoir d'achat :* quantité de biens ou services que l'on peut se procurer avec une somme d'argent déterminée. **2.** DR Capacité légale de faire une chose. *Pouvoir de tester.* ▷ Droit, faculté d'agir pour un autre, en vertu du mandat qu'on a reçu. *Fondé de pouvoir(s) d'une société.* – Acte par lequel on donne pouvoir d'agir, procuration. *Pouvoir par-devant notaire.* **3.** Empire, ascendant exercé sur une personne. *Exercer un pouvoir sur qqn.* **4.** (Avec un qualificatif.) Aptitude, propriété d'un corps, d'une substance. *Pouvoir blanchissant d'une lessive.* ▷ PHYS *Pouvoir calorifique, rotatoire d'une substance.* **5.** Autorité. *Pouvoir législatif, exécutif, judiciaire.* ▷ *Les pouvoirs publics :* les autorités constituées. **6.** *Absol.* Autorité souveraine, direction, gouvernement d'un État. *Être au pouvoir.* – De *pouvoir* 1.

pouzzolane [pu(d)zɔlan] n. f. PETROG Cendre volcanique claire et friable qui forme avec la chaux grasse un bon mortier hydraulique. – Ital. *pozzolana,* de *Pozzuoli,* « Pouzzoles », ville d'Italie (sur le golfe de Naples) près de laquelle cette roche est abondante.

p.p.c.m. MATH Abrév. de *plus petit commun multiple.*

Pr CHIM Symbole du praséodyme.

practice [pʀaktis] n. m. (Anglicisme) SPORT Terrain d'entraînement, au golf. – Mot angl., « pratique ».

præsidium [pʀezidjɔm] ou **présidium** [pʀezidjɔm] n. m. Comité directeur d'une institution, dont il exerce collégialement les pouvoirs. *Præsidium du Soviet suprême.* – Mot russe, du lat.

pragmatique [pʀagmatik] adj. (et n. f.) **I. 1.** Qui considère la valeur pratique, concrète des choses, réaliste. *Il est très pragmatique.* ▷ Susceptible de recevoir une application pratique, adapté à la réalité. *Des idées pragmatiques.* **2.** PHILO Relatif au pragmatisme. **II.** HIST *Pragmatique sanction :* édit promulgué par un souverain pour statuer de manière définitive sur une question fondamentale. ▷ n. f. *La pragmatique de Charles III d'Espagne.* – De *pragmatique (sanction),* calque du lat. jur. *pragmatica sanctio,* du gr. *pragmatikos,* « relatif à l'action », de *pragma,* « action ».

pragmatisme [pʀagmatism] n. m. PHILO **1.** Doctrine qui considère l'utilité pratique d'une idée comme le critère de sa vérité. **2.** Doctrine selon laquelle l'idée d'un objet n'est autre que la somme des idées de tous les effets imaginables, pouvant avoir un intérêt pratique, que nous attribuons à cet objet. **3.** Attitude d'une personne pragmatique. – Angl. *pragmatism,* d'ap. all. *Pragmatismus,* du gr. *pragmatikos,* « relatif à l'action ».

pragmatiste [pʀagmatist] adj. et n. PHILO **1.** adj. Relatif au pragmatisme. **2.** n. Partisan du pragmatisme. – De *pragmatisme.*

pragois ou **praguois, oise** [pʀagwa, waz] adj. et n. De Prague, ville tchèque. ▷ Subst. *Un(e) Pragois(e)* ou *Praguois(e).*

praire [pʀɛʀ] n. f. Mollusque lamellibranche comestible (*Venus verrucosa*) des sables littoraux, à coquille bivalve striée. – Mot provenç., sens initial « prêtre ».

prairial [pʀɛʀjal] n. m. HIST Neuvième mois du calendrier républicain (du 20/21 mai au 18/19 juin). – De *prairie.*

ENCYCL *Loi du 22 prairial an II* (10 juin 1794) : loi préparée à l'initiative de Robespierre qui inaugura la grande Terreur. – *Journée du 1er prairial an III* (20 mai 1795) : insurrection jacobine contre la Convention thermidorienne ; les insurgés massacrèrent le député Féraud ; leur échec, effectif le 3 prairial, fut suivi d'une violente répression. – *Journée du 30 prairial an VII* (18 juin 1799) : coup d'État mené par les Conseils et fomenté par Sieyès.

prairie [pʀeʀi] n. f. Terrain couvert d'herbes propres à la pâture et à la production de fourrage. – De *pré.*

prâkrit [pʀɑkʀi] n. m. LING Langue commune de l'Inde ancienne, apparentée au sanskrit. *Le pâli, langue des écritures bouddhiques, est un prâkrit. Les prâkrits.* – Sanskrit *prâkr(i)ta*, «dénué d'apprêt, vulgaire».

pralin [pʀalɛ̃] n. m. **1.** CUIS Préparation à base de pralines. **2.** AGRIC Bouillie fertilisante faite de terre et d'engrais. – De *praliner.*

pralinage [pʀalinaʒ] n. m. **1.** Action de praliner, de préparer des pralines. **2.** ARBOR Trempage des racines, de l'extrémité des boutures dans du pralin avant la plantation. – De *praliner.*

praline [pʀalin] n. f. Friandise faite d'une amande enrobée de sucre bouillant. – Du nom du duc de *Plessis-Praslin* dont un cuisinier créa cette friandise.

praliné, ée [pʀaline] adj. Garni de pralines pilées. ▷ n. m. Gâteau, bonbon praliné. – Pp. de *praliner.*

praliner [pʀaline] v. tr. [1] **1.** CUIS Préparer avec du pralin. ▷ Fourrer ou saupoudrer de pralines pilées. **2.** ARBOR Traiter, préparer par pralinage. *Praliner une bouture.* – De *praline.*

prame [pʀam] n. f. MAR **1.** Anc. Bâtiment à fond plat, à rames et à voiles, qui servait autref. à la défense des côtes. **2.** Mod. Petite embarcation à fond plat. *Manœuvrer une prame à la godille.* – Néerl. *praam.*

prandial, ale, aux [pʀɑ̃djal, o] adj. MED Relatif aux repas. – Du lat. *prandium*, «déjeuner».

prao [pʀao] n. m. **1.** Voilier monocoque de Malaisie et de Java, long d'une quinzaine de mètres. **2.** Pirogue à balancier simple ou double de Malaisie et de Java. ▷ Voilier de plaisance à balancier simple, dont la construction s'inspire du prao (sens 2) malais. – Mot ital., du malais.

prase [pʀaz] n. m. **1.** MINER Quartz vert. **2.** Cristal de roche teinté, utilisé en joaillerie. – Lat. *prasius*, du gr. *prasinos*, «de la couleur verte du poireau», de *prason*, «poireau».

praséodyme [pʀazeɔdim] n. m. CHIM Élément appartenant à la famille des lanthanides, de numéro atomique Z = 59, de masse atomique 140,91 (symbole Pr). – Métal (Pr) jaune clair, qui fond à 931 °C et bout à 3 512 °C. – Du gr. *prasinos*, «d'un vert de poireau», à cause de la couleur des sels en solution, et *didumos*, «double».

praticabilité [pʀatikabilite] n. f. Rare État, caractère de ce qui est praticable. – De *praticable.*

praticable [pʀatikabl] adj. et n. m. **1.** Que l'on peut pratiquer, mettre à exécution; qui peut être mis en usage. *Opération praticable.* **2.** Où l'on peut passer. *Gué praticable.* **3.** THEAT *Porte, fenêtre praticable* : porte, fenêtre réelle (et non pas peinte ou figurée) d'un décor. ▷ n. m. Élément du décor où des acteurs peuvent se tenir, évoluer. – AUDIOV Plate-forme mobile supportant des projecteurs, des caméras et le personnel qui les utilise. – De *pratiquer.*

praticien, enne [pʀatisjɛ̃, ɛn] n. (et adj.) **1.** Personne qui connaît la pratique de son art, qui y a acquis du savoir-faire. **2.** Membre en exercice d'une profession médicale. ▷ Médecin qui donne des soins, exerce la médecine auprès des malades (et non dans un laboratoire ou dans un service de recherche). – adj. *Médecine praticienne.* – De *pratique* 1.

pratiquant, ante [pʀatikɑ̃, ɑ̃t] adj. et n. Qui observe les pratiques (d'une religion). *Catholique, israélite pratiquant.* – Absol. *Il est très pratiquant.* ▷ Subst. *Un(e) pratiquant(e).* – Ppr. de *pratiquer.*

1. pratique [pʀatik] n. f. **1.** Activité tendant à une fin concrète (par oppos. à *théorie*). *Savoir tiré de la pratique. Mettre une idée en pratique*, la mettre à exécution, la réaliser. – *En pratique* : en réalité, en fait. ▷ Application des règles et des principes d'un art, d'une science, d'une technique. *La pratique de l'architecture.* **2.** Fait de pratiquer une activité, de s'y adonner habituellement, régulièrement. *La pratique d'un sport.* ▷ Expérience, habitude que cet exercice régulier permet d'acquérir. *Avoir la pratique des affaires.* – Ensemble de procédés, de tours de main; savoir-faire. *Pratique difficile à acquérir.* **3.** Observance d'une règle de conduite, d'un ensemble de prescriptions morales ou philosophiques. *La pratique religieuse.* ▷ (Plur.) Actes extérieurs de soumission aux règles liturgiques; actes de piété. *La foi et les pratiques.* **4.** Usage, coutume. *C'est la pratique du pays.* **5.** Vx ou litt. Commerce, fréquentation habituelle (de qqn). *La pratique des hommes l'a rendu amer.* **6.** Vieilli *La pratique* : la clientèle. ▷ *Une pratique* : un client. **7.** MAR *Libre pratique* : liberté de débarquer accordée à l'équipage d'un navire par les services de santé d'un port. – Lat. *practice*, gr. *praktikos.*

2. pratique [pʀatik] adj. **1.** Qui a trait à l'action, à la réalisation concrète (par oppos. à *théorique*, à *spéculatif*). *Quelles sont les conséquences pratiques de cette hypothèse ?* ▷ *Travaux pratiques* : exercices d'application, par oppos. aux cours théoriques. (Abrév. cour. : T.P.) **2.** Qui vise à l'utile. *Le point de vue qui me guidait était essentiellement pratique.* ▷ Qui a le sens des réalités, qui sait s'y adapter, en tirer profit. *Un esprit, un homme pratique.* **3.** Commode, bien adapté à sa fonction. *Un petit système très pratique.* – Bas lat. *practicus*, gr. *praktikos.*

pratiquement [pʀatikmɑ̃] adv. **1.** Dans la pratique; en fait. *Pratiquement, ce projet est irréalisable.* **2.** (Emploi critiqué.) À peu près; presque. *Il est pratiquement ruiné.* – De *pratique* 2.

pratiquer [pʀatike] v. tr. [1] **I. 1.** Mettre en pratique, mettre à exécution. *Pratiquer une méthode rigoureuse.* **2.** S'adonner, se livrer habituellement à (une activité, une occupation); exercer (un métier). **3.** Accomplir fidèlement les actes commandés par (une religion). *Pratiquer un culte.* ▷ Absol. *Il est encore croyant mais ne pratique plus.* **4.** Exécuter (une opération concrète, matérielle). *Pratiquer une intervention chirurgicale.* ▷ Réaliser, exécuter (qqch). *Avec la pointe du couteau, vous pratiquez un petit trou.* ▷ Ouvrir, frayer (un passage, un chemin). *Pratiquer un sentier dans un taillis.* **5.** Vx ou litt. Fréquenter (une personne; un lieu). *Je le connais bien pour l'avoir beaucoup pratiqué.* **II.** v. pron. (passif) Être en usage, à la mode. – De *pratique* 1.

praxie [pʀaksi] n. f. MED Coordination normale des mouvements. Ant. apraxie. – Du gr. *praxis*, «mouvement».

praxique [pʀaksik] adj. PHILO Relatif à la praxis, à l'action. – De *praxis.*

praxis [pʀaksis] n. f. PHILO Dans la terminologie marxiste, ensemble des activités humaines susceptibles de transformer le milieu naturel ou de modifier les rapports sociaux. – Mot all., du lat. mod.; gr. *praxis*, «action».

pré-. Élément, du lat. *præ*, «en avant, devant».

pré [pʀe] n. m. **1.** Petite prairie, terrain où l'on récolte du fourrage ou qui sert au pâturage. **2.** Anc., fig. *Aller sur le pré* : se battre en duel. – Du lat. *pratum.*

préadamisme [pʀeadamism] n. m. RELIG Doctrine du XVIIe s. selon laquelle Adam ne serait pas le premier homme créé, mais seulement l'ancêtre du peuple juif. – De *préadamite.*

préadamite [pʀeadamit] adj. (et n.) RELIG **1.** Qui a précédé la naissance d'Adam. **2.** Relatif au préadamisme. ▷ Subst. Adepte du préadamisme. – De *pré-*, et *Adam*, n. du premier homme, dans la Bible.

préadolescent, ente [pʀeadɔlesɑ̃, ɑ̃t] n. Garçon ou fille qui va entrer dans l'adolescence.

préalable [pʀealabl] adj. et n. m. **1.** Qui a lieu, qui se dit ou se fait d'abord. *Avertissement préalable.* **2.** Qui doit être examiné, réglé, réalisé avant autre chose. *Condition préalable à un accord. Parlementaire qui pose la question préalable,* qui demande à l'assemblée de se prononcer sur l'opportunité d'une délibération. ▷ n. m. *Un préalable :* ce qui est mis comme condition à la conclusion d'un accord, à l'ouverture de négociations, etc. *Poser un préalable.* **3.** Loc. adv. *Au préalable :* préalablement, auparavant. – De *pré-,* et *allable,* anc. adj., de *aller.*

préalablement [pʀealabləmɑ̃] adv. Auparavant, avant toute chose. – De *préalable.*

préalpin, ine [pʀealpɛ̃, in] adj. GEOGR Des Préalpes. *Relief préalpin.* – De *Préalpes,* n. des massifs montagneux bordant à l'ouest les Alpes proprement dites.

préambule [pʀeɑ̃byl] n. m. **1.** Avant-propos, introduction, exorde. ▷ DR Partie préliminaire dans laquelle le législateur expose les motifs et l'objet d'un texte de loi. **2.** Fig. Ce qui précède qqch et l'annonce. *Cet incident fut le préambule du conflit.* – Lat. *præambulus,* de *præambulare,* « marcher devant ».

préamplificateur [pʀeɑ̃plifikatœʀ] n. m. ELECTRON Amplificateur de tension dont les signaux de sortie sont amplifiés par un amplificateur de puissance. (Abrév. cour. : préampli).

Pré-AO [pʀeaɔ] n. f. INFORM Technique de présentation de données, utilisant couleurs, trucages électroniques, etc., et faisant appel à la micro-informatique. – Acronyme pour *présentation assistée par ordinateur.*

préau [pʀeo] n. m. **1.** Cour d'un cloître, d'une prison, d'un hôpital. **2.** Partie couverte d'une cour d'école. – Dimin. de *pré* 1.

préavis [pʀeavi] n. m. Avis, notification préalable. *Préavis de grève.* ▷ *Spécial.* Notification préalable que l'employeur ou le salarié, prenant l'initiative d'une dénonciation du contrat de travail, doit adresser à l'autre partie.

prébende [pʀebɑ̃d] n. f. **1.** DR CANON Revenu attaché à certains titres ecclésiastiques (canonicat, notam.). ▷ Titre qui assure ce revenu. **2.** Fig., litt. (Souvent péjor.) Revenu tiré d'une charge lucrative. *De grasses prébendes.* – Lat. ecclés. *præbenda,* « ce qui doit être fourni », de *præbere,* « fournir ».

prébendé, ée [pʀebɑ̃de] adj. et n. m. RELIG CATHOL Qui jouit d'une prébende. – De *prébende.*

prébendier [pʀebɑ̃dje] n. m. **1.** RELIG CATHOL Titulaire d'une prébende. **2.** Fig., litt., péjor. Personne qui tire profit d'une charge lucrative. – De *prébende.*

précaire [pʀekɛʀ] adj. **1.** DR Sujet à révocation. *Possession à titre précaire.* – Par ext. *Détenteur précaire.* **2.** Qui est incertain, sans base assurée. *Santé, situation précaire.* – Lat. jur. *precarius,* « obtenu par prière ».

précairement [pʀekɛʀmɑ̃] adv. D'une manière précaire. – De *précaire.*

précambrien, enne [pʀekɑ̃bʀijɛ̃, ɛn] adj. et n. m. GEOL **1.** adj. Qui précède le cambrien. **2.** n. m. Ensemble des terrains antérieurs au cambrien (on y distingue deux étages : l'archéen et l'algonkien). Syn. antécambrien.

précancer [pʀekɑ̃sɛʀ] n. m. MED Étape décisive de la transformation d'une tuméfaction bénigne en cancer. *Nævi et polypes évolués sont des précancers.*

précancéreux, euse [pʀekɑ̃seʀø, øz] adj. Susceptible de devenir cancéreux. *Une dermatose précancéreuse.*

précarisation [pʀekaʀizasjɔ̃] n. f. Action de précariser; son résultat. – De *précarité.*

précariser [pʀekaʀize] v. tr. [1] Rendre précaire. – De *précarité.*

précarité [pʀekaʀite] n. f. Caractère, état de ce qui est précaire. – De *précaire.*

précatif, ive [pʀekatif, iv] adj. et n. m. Didac. Sous forme de prière; exprimant une prière. – *Mode précatif* ou, n. m., *le précatif :* mode qui exprime la prière, dans certaines langues. – Bas lat. *precativus,* de *precatum,* pp. de *precari,* « prier, supplier ».

précaution [pʀekosjɔ̃] n. f. **1.** Disposition prise par prévoyance, pour éviter un inconvénient, un risque. *Prenez des provisions, par précaution.* ▷ *Précautions oratoires :* ménagements que l'on prend pour se concilier la bienveillance de l'auditoire. **2.** Circonspection, prudence. *Marcher avec précaution.* – Lat. *præcautio,* de *præcavere,* « prendre garde ».

précautionner [pʀekosjɔne] v. tr. [1] Vx Prémunir, mettre en garde (contre qqn ou qqch). ▷ v. pron. Vx ou litt. *Se précautionner contre :* prendre ses précautions en prévision de, se prémunir contre. – De *précaution.*

précautionneusement [pʀekosjɔnøzmɑ̃] adv. Avec précaution. – De *précautionneux.*

précautionneux, euse [pʀekosjɔnø, øz] adj. **1.** Qui agit avec précaution; prévoyant et circonspect. **2.** Qui dénote la précaution. *Geste précautionneux.* – De *précaution.*

précédemment [pʀesedamɑ̃] adv. Auparavant, antérieurement. – De *précédent.*

précédent, ente [pʀesedɑ̃, ɑ̃t] adj. et n. **1.** Qui précède. *Le chapitre précédent.* – Subst. *Le (la) précédent(e).* **2.** n. m. Fait, événement, qui peut servir d'exemple ou être invoqué comme autorité dans des circonstances analogues. *Cette décision créera un précédent.* ▷ *Sans précédent :* qui n'a pas son pareil dans le passé; extraordinaire. – Lat. *præcedens,* ppr. de *præcedere.*

précéder [pʀesede] v. tr. [14] **1.** Se produire avant (dans le temps); être placé avant, devant (par le rang dans une série ou par la place dans l'espace). *Des averses ont précédé les crues. Vous le précédez au classement général.* ▷ (Personnes) Arriver avant (qqn). **2.** Aller, marcher devant. *Le tambour-major précédait le défilé.* ▷ Fig. *Son père l'a précédé à la tête de la société.* – Lat. *præcedere,* « marcher devant ».

préceinte [pʀesɛ̃t] n. f. MAR Renfort longitudinal de la muraille d'un navire, constitué de bordages plus épais que les autres. – De *pré-,* et lat. *cingere,* « ceindre ».

précellence [pʀeselɑ̃s] n. f. Litt. Excellence, supériorité, primauté. – Du lat. *præcellere,* « exceller ».

précepte [pʀesɛpt] n. m. Formule énonçant une règle, un principe d'action; cette règle, ce principe. *Les préceptes de la morale.* ▷ *Spécial.* Commandement religieux. *Les préceptes du Décalogue.* – Lat. *præceptum.*

précepteur, trice [pʀesɛptœʀ, tʀis] n. Personne chargée de l'éducation et de l'instruction d'un enfant qui ne fréquente pas un établissement d'enseignement; professeur, maître particulier. – Lat. *præceptor,* « maître qui enseigne ».

préceptoral, ale, aux [pʀesɛptɔʀal, o] adj. Qui se rapporte aux précepteurs. – Du lat. *præceptor.*

préceptorat [pʀesɛptɔʀa] n. m. Fonction de précepteur; durée de cette fonction. – De *précepteur.*

précession [pʀesesjɔ̃] n. f. **1.** MECA Mouvement autour d'une position moyenne, selon les génératrices d'un cône, de l'axe de rotation d'un solide. *Précession d'un gyroscope.* **2.** ASTRO Mouvement de rotation de l'axe terrestre qui décrit en un peu moins de 26 000 ans un cône dont le sommet est le centre de la Terre et dont l'axe est perpendiculaire au plan de l'écliptique. *Précession des équinoxes :* lent déplacement, dans le sens rétrograde, du point gamma (point vernal) sur le cercle écliptique, dû à la précession terrestre. – Du lat. tardif *præcessio*, « action de précéder ».

préchambre [pʀeʃɑ̃bʀ] n. f. TECH Cavité supérieure des cylindres d'un moteur Diesel, destinée à améliorer la pulvérisation du combustible.

préchauffage [pʀeʃofaʒ] n. m. TECH Chauffage préalable, destiné à faciliter certaines opérations techniques. *Préchauffage d'une matière à mouler.*

préchauffer [pʀeʃofe] v. tr. [1] **1.** TECH Pratiquer un préchauffage. **2.** CUIS *Préchauffer un four*, le faire chauffer un certain temps avant d'y introduire le mets à cuire.

prêche [pʀɛʃ] n. m. **1.** Sermon prononcé par un ministre du culte protestant. – *Par ext.* Sermon prononcé par un prêtre catholique. **2.** Fam. Discours moralisateur, monotone et ennuyeux. – Déverbal de *prêcher.*

prêcher [pʀeʃe] v. [1] **I.** v. tr. **1.** Enseigner (la parole divine). *Prêcher l'Évangile.* ▷ Par ext. *Prêcher qqn*, lui donner cet enseignement. (Rare, sauf dans la loc. fig. *prêcher un converti* : chercher à convaincre celui qui est déjà convaincu.) **2.** Engager, exhorter à (une qualité, une vertu). *Prêcher la patience, la modération.* **II.** v. intr. **1.** Faire un, des sermons. *Prêcher en chaire.* **2.** Loc. fig. *Prêcher d'exemple, par l'exemple* : être le premier à pratiquer ce que l'on conseille aux autres. – *Prêcher pour sa paroisse, son saint* : parler pour son intérêt. – *Prêcher dans le désert* : faire des recommandations qui ne sont pas écoutées, pas suivies (allusion à l'évangile de Matthieu, III, 3, identifiant Jean Baptiste à la « voix qui chasse dans le désert » d'Isaïe). **3.** Moraliser; faire des remontrances; discourir de façon ennuyeuse. *Il prêche à tout propos.* – Lat. ecclés. *prædicare*, « annoncer, publier ».

prêcheur, euse [pʀɛʃœʀ, øz] n. (et adj.) **1.** Vx Prédicateur. ▷ Mod. *Les frères prêcheurs* : les dominicains. **2.** Péjor. Personne qui moralise, sermonne. *Quel prêcheur !* ▷ adj. *Elle est un peu prêcheuse.* – De *prêcher.*

prêchi-prêcha [pʀɛʃipʀɛʃa] n. m. inv. Fam. Verbiage moralisateur. – De *prêcher.*

précieusement [pʀesjøzmɑ̃] adv. **1.** Avec grand soin, comme l'on fait d'une chose de prix. *Garder précieusement un objet.* **2.** Vx Avec préciosité. *Parler précieusement.* – De *précieux.*

précieux, euse [pʀesjø, øz] adj. et n. f. **I.** adj. **1.** Qui est de grand prix. *Métaux précieux.* **2.** Qui est d'une haute importance, d'une grande utilité. *Perdre un temps précieux.* **II.** **1.** n. f. HIST et LITTER *Les précieuses* : les femmes du monde qui, dans la première moitié du XVIIe s., en réaction contre les mœurs du temps qu'elles jugeaient vulgaires, cherchaient à se distinguer par la délicatesse des manières, l'élégance subtile de l'expression, le raffinement des sentiments. *Les précieuses de l'hôtel de Rambouillet.* – Par ext. *Une précieuse* : une imitatrice ridicule des précieuses. **2.** adj. Qui a rapport à la préciosité. *Les salons précieux. Langage, style précieux.* ▷ Recherché ou affecté. – Lat. *pretiosus*, de *pretium*, « prix ».

préciosité [pʀesjɔzite] n. f. **1.** HIST et LITTER Ensemble des caractères propres au mouvement précieux du XVIIe s., à l'esprit, aux manières qu'il inspirait. **2.** Recherche ou affectation dans le langage, les manières. – Du bas lat. *pretiositas*, « grande valeur ».

précipice [pʀesipis] n. m. Anfractuosité profonde du sol, aux bords escarpés; ravin, gouffre. ▷ Fig. *Courir au précipice* : aller au-devant d'un désastre, d'un malheur. – Lat. *præcipitium.*

précipitamment [pʀesipitamɑ̃] adv. Avec précipitation. – De *précipiter.*

précipitation [pʀesipitasjɔ̃] n. f. **I.** **1.** Grande hâte. *S'enfuir avec précipitation.* **2.** Excès de hâte. *Maladresse commise par précipitation.* **II.** **1.** CHIM Passage à l'état solide du ou de l'un des solutés d'une solution. **2.** (Surtout au plur.) METEO *Précipitations (atmosphériques)* : le brouillard, la pluie, la neige, la grêle. – Lat. *præcipitatio.*

précipité, ée [pʀesipite] adj. et n. m. **1.** adj. Rapide, accéléré. *Rythme précipité.* ▷ Qui se fait avec une trop grande hâte, dans la précipitation. *Jugement trop précipité.* **2.** n. m. CHIM Substance solide qui se forme dans une solution par précipitation d'un, du soluté. *Précipité de chlorure d'argent.* – Pp. de *précipiter.*

précipiter [pʀesipite] v. [1] **I.** v. tr. **1.** Jeter d'un lieu élevé ou dans un lieu bas, profond. *Précipiter qqn d'un balcon.* ▷ Fig., litt. *Ces sombres événements nous précipitèrent dans le malheur.* **2.** Pousser violemment. *Une bourrade m'a précipité contre le mur.* **3.** Hâter, accélérer. *Précipiter ses pas.* **4.** CHIM Provoquer la précipitation. *Réactif qui précipite un soluté.* ▷ v. intr. Se former par précipitation. **II.** v. pron. **1.** *Se précipiter (de)* : se jeter de haut en bas. *Se précipiter d'une falaise.* **2.** Se jeter, s'élancer. *Se précipiter sur son adversaire.* **3.** Prendre un cours accéléré. *Les événements se précipitent.* – Lat. *præcipitare*, de *præceps, præcipitis*, « qui tombe la tête *(caput)* en avant *(præ)* ».

préciput [pʀesipyt] n. m. DR Avantage que le testateur ou la loi accorde à l'un des héritiers, partic. au conjoint survivant; droit de prélever, avant tout partage, une partie de l'actif commun. – Lat. jurid. *præcipuum*, de *præcipuus*, « pris en premier »; attract. de *caput*, « capital ».

préciputaire [pʀesipytɛʀ] adj. DR Relatif au préciput. – De *préciput.*

précis, ise [pʀesi, iz] adj. et n. m. **I.** adj. **1.** Qui ne donne lieu à aucune incertitude. *Des indications précises.* ▷ Nettement défini, déterminé. *Donner un rendez-vous en un lieu précis.* **2.** Qui procède avec exactitude, sûreté. *Un homme précis.* ▷ Par ext. *Des gestes précis.* **3.** Exact, juste. *Mesure précise.* **II.** n. m. Livre d'enseignement contenant l'essentiel d'une matière. – Du lat. *præcisus*, pp. de *præcidere*, « couper ras, retrancher ».

précisément [pʀesizemɑ̃] adv. **1.** Avec précision, exactement. **2.** Justement. *On a fait précisément ce qu'il fallait éviter.* ▷ (Pour affirmer, confirmer.) *En est-il capable ? – Précisément.* ▷ *Par euph.* Pas tellement, pas du tout. *Ce n'est pas précisément gai.* – De *précis.*

préciser [pʀesize] v. tr. [1] Déterminer, exprimer, proposer, de façon précise ou plus précise. *Préciser une date. Préciser sa pensée.* ▷ v. pron. *La menace se précise*, prend tournure, se confirme. – De *précis.*

précision [pʀesizjɔ̃] n. f. **1.** Caractère de ce qui est précis, qui ne donne pas lieu à équivoque. *Précision d'un mot.* **2.** Exactitude, justesse, sûreté dans l'exécution. *Précision d'un trait, d'un geste.* **3.** Caractère de ce qui est calculé, déterminé, exécuté, etc., de façon précise, exacte. *Précision d'une mesure.* ▷ *Balance, montre*, etc., *de précision*, dont l'incertitude instrumentale est très faible. **4.** (Surtout au plur.) Donnée, explication précise. – Du lat. *præcisio*, « action de couper ».

précité, ée [pʀesite] adj. Didac. Cité précédemment.

préclassique [pʀeklasik] adj. ART, LITTER Qui précède l'époque classique.

précoce [pʀekɔs] adj. **1.** Qui se développe, qui arrive à maturité avant la saison. *Fruit précoce.* ▷ (Espèces végétales.) Qui donne des produits précoces. *Haricots, fraises précoces* (ou, subst., *des précoces*). ▷ (Animaux) Dont la croissance est rapide. **2.** Fig. Qui se manifeste plus tôt qu'il n'est habituel. *Talent précoce.* ▷ *Enfant précoce*, développé avant l'âge, physiquement ou mentalement. **3.** Qui survient, qui se produit de bonne heure; prématuré. *Printemps précoce.* – Lat. *præcox, præcocis.*

précocement [pʀekɔsmɑ̃] adv. D'une manière précoce. – De *précoce.*

précocité [pʀekɔsite] n. f. **1.** Caractère de ce qui est précoce. **2.** Caractère d'une personne précoce. – De *précoce.*

précolombien, enne [pʀekɔlɔ̃bjɛ̃, ɛn] adj. Didac. Qui, en Amérique, a précédé l'arrivée de Ch. Colomb (1492). *Les civilisations précolombiennes.* – De *pré-*, et du n. de Christophe *Colomb* (v. 1450-1506).
ENCYCL **Hist.** – Malgré des recherches scientifiquement menées depuis la fin du XIXe s., on n'a pu identifier avec exactitude les peuples qui ont précédé les princ. civilisations précolombiennes reconnues à ce jour, à savoir : olmèque (1200 av. J.-C. - 600 ap. J.-C.), maya préclassique (v. 1500 av. J.-C. - 300 ap. J.-C.), de Teotihuacán (300 av. J.-C. - 1000 ap. J.-C.), zapotèque (650 av. J.-C. - 1521 ap. J.-C.), mixtèque (300 - 1521 ap. J.-C.), totonaque (400 - 1300 ap. J.-C.), toltèque (856 - 1250 ap. J.-C.), maya classique et postclassique (320 - 1697 ap. J.-C.), aztèque (1325 - 1521 ap. J.-C.), mochica (300 - 900 ap. J.-C.).

précombustion [pʀekɔ̃bystjɔ̃] n. f. TECH Phase du cycle d'un moteur Diesel qui précède immédiatement l'inflammation du combustible.

précompte [pʀekɔ̃t] n. m. **1.** COMM, COMPTA Calcul préalable de sommes à déduire. **2.** DR, COMPTA Retenue opérée sur une rémunération. – Déverbal de *précompter.*

précompter [pʀekɔ̃te] v. tr. [1] **1.** COMM, COMPTA Compter par avance (les sommes à déduire dans un règlement). **2.** DR, COMPTA Prélever sur un salaire, un revenu, une somme pour la reverser à un organisme.

préconception [pʀekɔ̃sɛpsjɔ̃] n. f. Rare Idée que l'on se fait par avance de qqch., préjugé.

préconçu, ue [pʀekɔ̃sy] adj. Conçu, imaginé d'avance. *Combinaison préconçue.* ▷ Péjor. *Idée, opinion préconçue,* adoptée avant tout examen ou toute expérience ; préjugé.

préconisateur, trice [pʀekɔnizatœʀ, tʀis] adj. et n. Qui préconise ; qui recommande. – De *préconiser.*

préconisation [pʀekɔnizasjɔ̃] n. f. **1.** DR CANON, HIST Acceptation en consistoire de la nomination d'un évêque par l'autorité civile. **2.** Fait de préconiser, de recommander vivement. – De *préconiser.*

préconiser [pʀekɔnize] v. tr. [1] **1.** DR CANON, HIST Instituer par préconisation. *Préconiser un évêque.* **2.** Vx Vanter (qqn ou qqch). ▷ Mod. Recommander vivement, conseiller d'adopter, de prendre (qqch). *Préconiser une solution, un remède, un produit.* – Bas lat. *præconizare,* « publier », de *præco, præconis,* « crieur public ».

préconscient, ente [pʀekɔ̃sjɑ̃, ɑ̃t] n. m. (et adj.) PSYCHAN Se dit d'un processus mental qui pourrait devenir conscient.

précontraint, ainte [pʀekɔ̃tʀɛ̃, ɛ̃t] adj. et n. m. TECH Qui a subi une précontrainte. *Béton précontraint.* ▷ n. m. *Ouvrage en précontraint.*

précontrainte [pʀekɔ̃tʀɛ̃t] n. f. TECH Technique consistant à créer artificiellement dans le béton des contraintes de compression supérieures aux contraintes de traction auxquelles celui-ci sera soumis, afin d'accroître sa résistance. – De *pré-*, et *contrainte* (sens 6).

précordial, ale, aux [pʀekɔʀdjal, o] adj. ANAT Qui est situé dans le thorax en avant du cœur ; qui a son siège dans cette région. – Lat. *præcordia,* « diaphragme ».

précuit, cuite [pʀekɥi, kɥit] adj. Se dit d'aliments qui ont subi une cuisson préalable à leur conditionnement.

précurseur [pʀekyʀsœʀ] n. m. et adj. m. **1.** n. m. Celui qui vient avant un autre pour annoncer sa venue. – *Le Précurseur* (du Christ) : saint Jean-Baptiste. ▷ Personne dont l'action, l'œuvre, les idées ont ouvert la voie à une autre personne, à un mouvement, etc. **2.** n. m. BIOCHIM Composé qui précède un autre dans une suite de réactions. **3.** adj. m. Qui précède et annonce ; avant-coureur. *Les signes précurseurs d'un orage, d'une catastrophe.* – Lat. *præcursor,* « éclaireur », de *præcurrere,* « courir en avant ».

prédateur, trice [pʀedatœʀ, tʀis] n. m. et adj. **1.** ZOOL Animal qui vit de proies. *Les prédateurs d'une espèce* : les animaux qui font leur proie des individus de cette espèce. ▷ adj. *Fourmis prédatrices.* **2.** BOT Plante qui croît aux dépens d'une autre. **3.** Didac. Homme qui se nourrit des produits de la chasse, de la pêche et de la cueillette. – Lat. *prædator,* de *præda,* « proie ».

prédation [pʀedasjɔ̃] n. f. Didac. Façon dont les prédateurs assurent leur subsistance. – De *prédateur.*

prédécéder [pʀedesede] v. intr. [16] DR Mourir avant (qqn d'autre).

prédécesseur [pʀedesesœʀ] n. m. Personne qui a précédé qqn dans un emploi, une dignité, etc. ▷ n. m. pl. Ceux qui ont vécu avant (qqn), les générations antérieures. – Bas lat. *prædecessor,* de *præ-*, « devant », et lat. class. *decedere,* « s'éloigner ».

prédécoupé, ée [pʀedekupe] adj. Qui a été découpé avant l'achat. *Poulet prédécoupé. Planches prédécoupées.*

prédélinquance [pʀedelɛ̃kɑ̃s] n. f. État d'un jeune que sa situation et son entourage social mettent en danger de devenir délinquant.

prédélinquant, ante [pʀedelɛ̃kɑ̃, ɑ̃t] n. Jeune en situation de prédélinquance.

prédelle [pʀedɛl] n. f. BX-A Soubassement d'un retable, habituellement divisé en petits compartiments où est figurée une suite de sujets. – Ital. *predella.*

prédestination [pʀedestinasjɔ̃] n. f. **1.** THEOL Dans certains systèmes théologiques, volonté de Dieu qui, par un décret éternel, destinerait chacune de ses créatures à être sauvée ou damnée, sans considération de sa foi ni de ses œuvres (V. encycl. calvinisme et encycl. jansénisme). **2.** Litt. Détermination apparemment fatale des événements. – Bas lat. *prædestinatio.*

prédestiné, ée [pʀedɛstine] adj. (et n.) **1.** THEOL Que Dieu a destiné de toute éternité au salut ou (rare) à la damnation. ▷ Subst. *Les prédestinés.* **2.** Qui semble destiné par avance (à qqch). *Un nom, un lieu prédestiné.* – Pp. de *prédestiner.*

prédestiner [pʀedɛstine] v. tr. [1] **1.** THEOL Destiner de toute éternité à la damnation ou au salut. **2.** *Par ext.* Destiner par avance à (qqch, à un avenir particulier). – Lat. ecclés. *prædestinare.*

prédéterminant, ante [pʀedetɛʀminɑ̃, ɑ̃t] adj. Qui prédétermine.– De *prédéterminer.*

prédétermination [pʀedetɛʀminasjɔ̃] n. f. **1.** PHILO « Détermination d'un fait ou d'un acte par des causes ou des raisons antérieures au moment même qui précède le plus immédiatement ce fait ou cet acte » (Lalande). **2.** THEOL Action par laquelle Dieu meut et détermine la volonté humaine. – De *prédéterminer.*

prédéterminer [pʀedetɛʀmine] v. tr. [1] **1.** Déterminer d'avance ; produire, faire exister par une détermination antérieure. **2.** THEOL En parlant de Dieu, déterminer par avance (la volonté de l'homme) sans pour cela porter atteinte à sa liberté. – Lat. ecclés. *prædeterminare.*

prédéterminisme [pʀedetɛʀminism] n. m. PHILO Système dans lequel le déroulement des événements est considéré comme résultant de la détermination antérieure de Dieu. – All. *Praedeterminism* (V. prédéterminer).

prédicable [pʀedikabl] adj. LOG Qui peut être appliqué (à un sujet). – Lat. *prædicabilis,* de *prædicare,* « proclamer, déclarer ».

prédicant [pʀedikɑ̃] n. m. et adj. **1.** n. m. Vieilli Prédicateur protestant. **2.** adj. Litt. Austère, moralisateur. – Lat. *prædicans*, de *prædicare*, « prêcher ».

prédicat [pʀedika] n. m. **I.** LOG **1.** Second terme d'une énonciation dans laquelle on peut distinguer ce dont on parle (sujet) et ce qu'on en affirme ou nie. ▷ Attribut, affirmé ou nié, d'un sujet. **2.** Mod. Fonction propositionnelle, expression qui contient une ou plusieurs variables et qui est vraie ou fausse selon la valeur qu'on attribue à celles-ci, ou selon les quantificateurs qui les lient. *Calcul des prédicats.* **II.** LING Ce qui, dans un énoncé, est dit de l'objet dont on parle (sujet). Ex. *Jean* (sujet) *travaille* (prédicat). – *L'homme* (sujet) *est mortel* (prédicat). – Lat. *prædicatum.*

prédicateur [pʀedikatœʀ] n. m. Celui qui prêche. *Bossuet, Bourdaloue furent d'éloquents prédicateurs. Les prédicateurs de l'islam.* ▷ Celui qui enseigne, propage (une doctrine). – Lat. *prædicator*, de *prædicare*, « prêcher ».

prédicatif, ive [pʀedikatif, iv] adj. LOG, LING Relatif au prédicat; qui est formé d'un prédicat. *Syntagme prédicatif.* – *Phrase prédicative*, réduite au prédicat. (Ex. *Terre !*) – Bas lat. *prædicativus*, « qui affirme », de *prædicare.*

prédication [pʀedikasjɔ̃] n. f. Action de prêcher; ministère du prédicateur. ▷ Litt. Discours d'un prédicateur. – Lat. ecclés. *prædicatio*, de *prædicare*, « prêcher ».

prédictif, ive [pʀediktif, iv] adj. MED *Médecine prédictive*, qui cherche à établir le risque d'apparition d'une maladie en étudiant les facteurs d'exposition à un agent toxique, l'hérédité du sujet et les anomalies de son métabolisme. – *Test prédictif.* – De l'angl. *predictive.*

prédiction [pʀediksjɔ̃] n. f. **1.** Déclaration de ce qui doit arriver, fondée sur la divination, sur un procédé occulte quelconque; prophétie. *Les prédictions des astrologues, des voyantes.* **2.** Déclaration de ce qui doit arriver, fondée sur le raisonnement, l'induction scientifique. *La prédiction du temps par les services de la Météorologie nationale.* **3.** Ce qui a été prédit. – Lat. *prædictio.*

prédigéré, ée [pʀediʒeʀe] adj. MED *Aliment prédigéré*, soumis à une digestion artificielle avant son ingestion. – De *pré-*, et pp. de *digérer.*

prédilection [pʀedilɛksjɔ̃] n. f. Préférence d'affection, d'amitié, de goût. *Avoir une prédilection marquée pour qqch, pour qqn.* ▷ *De prédilection :* pour lequel on a une préférence.

prédire [pʀediʀ] v. tr. [65] **1.** Prophétiser, annoncer (ce qui doit arriver) par divination. *Prédire l'avenir.* **2.** Annoncer (ce qui doit arriver) par conjecture, raisonnement, ou d'après des observations scientifiques. *Prédire une éclipse.* – De *pré-*, et *dire*, d'ap. le lat. *prædicere.*

prédisposer [pʀedispoze] v. tr. [1] *Prédisposer à :* mettre dans une situation ou dans des dispositions favorables, propices, pour; préparer à.

prédisposition [pʀedispozisjɔ̃] n. f. Disposition marquée, aptitude à (être, faire, devenir qqn, qqch). – De *prédisposer.*

prédominance [pʀedɔminɑ̃s] n. f. Fait de prédominer; caractère prédominant de qqch. – De *prédominant.*

prédominant, ante [pʀedɔminɑ̃, ɑ̃t] adj. Qui prédomine. – Ppr. de *prédominer.*

prédominer [pʀedɔmine] v. intr. [1] L'emporter, être le plus important ou le plus fréquent. *C'est l'ambition qui prédomine en lui.*

préélectoral ou **pré-électoral, ale, aux** [pʀeelɛktɔʀal, o] adj. Qui précède des élections. *Une période préélectorale.*

préemballé, ée [pʀeɑ̃bale] adj. Se dit d'aliments présentés à la vente sous emballage.

prééminence [pʀeeminɑ̃s] n. f. **1.** Supériorité de droit, de dignité, de rang. **2.** Avantage, supériorité absolue. – Bas lat. *præminentia.*

prééminent, ente [pʀeeminɑ̃, ɑ̃t] adj. Qui a la prééminence; qui est au-dessus des choses du même genre. – Bas lat. *præminens.*

préemption [pʀeɑ̃psjɔ̃] n. f. DR *Droit de préemption :* droit reconnu légalement ou contractuellement à une personne physique ou morale d'acquérir, avant toute autre et à prix égal, l'objet mis en vente. – De *pré-*, et lat. *emptio*, « achat ».

préencollé, ée [pʀeɑ̃kɔle] adj. Encollé à l'avance; prêt à coller. – De *pré-*, et pp. de *encoller.*

préenregistré, ée [pʀeɑ̃ʀəʒistʀe] adj. Enregistré à l'avance. *Cassette préenregistrée. Émission préenregistrée*, qui n'est pas transmise en direct.

préétablir [pʀeetabliʀ] v. tr. [3] Établir, fixer par avance. – Surtout au pp. adj. *Programme préétabli.* ▷ PHILO *Harmonie préétablie :* selon Leibniz, accord établi par Dieu entre les substances créées, partic. entre l'âme et le corps.

préexcellence [pʀeekselɑ̃s] n. f. Litt. Qualité de ce qui a la supériorité sur tout, perfection absolue.

préexistant, ante [pʀeegzistɑ̃, ɑ̃t] adj. Qui existe avant. – Ppr. de *préexister.*

préexistence [pʀeegzistɑ̃s] n. f. Existence antérieure.

préexister [pʀeegziste] v. tr. indir. [1] Exister avant. *Préexister à qqch.* – Lat. scolast. *præexistere.*

préfabrication [pʀefabʀikasjɔ̃] n. f. TECH Action de préfabriquer.

préfabriqué, ée [pʀefabʀike] adj. et n. m. **1.** Se dit d'un élément de construction fabriqué, usiné avant un montage en dehors de l'atelier ou de l'usine; formé uniquement d'éléments préfabriqués. *Maison préfabriquée.* ▷ n. m. *Du préfabriqué.* **2.** Fig. Artificiel, sans spontanéité. – Pp. de *préfabriquer.*

préfabriquer [pʀefabʀike] v. tr. [1] TECH Fabriquer en atelier, en usine (des éléments à assembler) en vue d'un montage plus rapide sur le chantier.

préface [pʀefas] n. f. **1.** Texte de présentation placé en tête d'un livre. **2.** LITURG CATHOL Partie de la messe qui précède le canon. – Lat. *præfatio*, de *præfari*, « dire d'abord ».

préfacer [pʀefase] v. tr. [12] Présenter par une préface; écrire la préface de (un livre). – De *préface.*

préfacier [pʀefasje] n. m. Auteur d'une préface. ▷ Écrivain qui écrit des préfaces. – De *préface.*

préfectoral, ale, aux [pʀefɛktɔʀal, o] adj. (et n. f.) Qui a rapport au préfet. *L'administration préfectorale.* – n. f. Fam. *La préfectorale.* ▷ Qui émane du préfet. *Arrêté préfectoral.* – De *préfet*, d'ap. le lat. *præfectus.*

préfecture [pʀefɛktyʀ] n. f. **1.** ANTIQ ROM Charge de préfet. ▷ Province administrée par un préfet. *La préfecture d'Illyrie.* **2.** Mod. Charge, fonctions d'un préfet; durée de ces fonctions. ▷ Étendue de territoire administrée par un préfet. ▷ Ville où réside un préfet. ▷ Bâtiment, ensemble des bureaux où sont installés les services préfectoraux. **3.** *Préfecture maritime :* chef-lieu d'une région maritime; locaux où réside le préfet maritime, où se trouvent ses bureaux. ▷ *Préfecture de police :* ensemble des services de police, à Paris; bâtiments, bureaux où ils sont installés. – Lat. *præfectura.*

préférable [pʀefeʀabl] adj. Qui mérite d'être préféré; qui est plus indiqué. – De *préférer.*

préférablement [pʀefeʀabləmɑ̃] adv. Litt. De préférence. *Choisir une robe préférablement à une autre.* – De *préférable.*

préféré, ée [pʀefeʀe] adj. (et n.) Que l'on préfère. *C'est mon plat préféré.* ▷ Subst. *La cadette est la préférée de son père.* – Pp. de *préférer.*

préférence [pʀefeʀɑ̃s] n. f. **1.** Fait de préférer, sentiment d'une personne qui préfère une personne, une chose à une autre. ▷ Loc. adv. *De préférence* : plutôt. *Partez le matin de préférence.* **2.** Marque particulière d'affection, d'honneur; avantage accordé à qqn. *Accorder ses préférences à qqn.* – De *préférer.*

préférentiel, elle [pʀefeʀɑ̃sjɛl] adj. Qui crée une préférence, un avantage, au profit d'une personne, d'un pays, etc. *Tarif préférentiel.* ▷ DR *Vote préférentiel* : vote au scrutin de liste dans lequel l'électeur peut choisir l'ordre des candidats, et avantager celui ou ceux qu'il place en tête de liste. – De *préférence.*

préférentiellement [pʀefeʀɑ̃sjɛlmɑ̃] adv. De manière préférentielle. – De *préférentiel.*

préférer [pʀefeʀe] v. tr. [14] Aimer mieux. *Nous préférons partir. Préférer (qqch, qqn) à (qqch, qqn d'autre)* : se déterminer en faveur d'une personne ou d'une chose plutôt qu'en faveur d'une autre; marquer une inclination particulière à l'endroit de qqch, de qqn. ▷ Litt. *Préférer mourir à trahir.* ▷ (S. comp.) *Si tu préfères, nous resterons ici.* – Lat. *præferre*, «porter en avant».

préfet [pʀefɛ] n. m. **1.** ANTIQ ROM Haut magistrat. ▷ *Spécial.* Administrateur placé à la tête d'une province de l'Empire. *Le préfet des Gaules.* **2.** RELIG *Préfet apostolique* : prêtre responsable d'un territoire en voie d'organisation, dans un pays de mission. **3.** *Préfet de discipline, préfet des études* : personnes responsables de la discipline, de la surveillance des études, dans un établissement d'enseignement privé. **4.** En France, grade du haut fonctionnaire qui représente le gouvernement dans le département qu'il administre. *Pouvoirs de police du préfet. Préfet de région* : préfet du chef-lieu d'une région, chargé de coordonner l'action des différentes administrations de cette région, notam. en matière de développement économique et d'aménagement du territoire. *Préfet de police* : haut fonctionnaire à qui est confiée la direction de la police à Paris. ▷ *Préfet maritime* : amiral placé à la tête d'une région maritime. – Lat. *præfectus*, «préposé», de *præ-*, et *facere*, «faire».

préfète [pʀefɛt] n. f. **1.** Femme d'un préfet. **2.** Femme préfet. – Fém. de *préfet.*

préfiguration [pʀefigyʀasjɔ̃] n. f. Fait de préfigurer; ce qui préfigure qqch. – Lat. *præfiguratio.*

préfigurer [pʀefigyʀe] v. tr. [1] Figurer, être d'avance la représentation de (qqch à venir). – Lat. *præfigurare.*

préfinancement [pʀefinɑ̃smɑ̃] n. m. FIN Ouverture de crédits permettant à une entreprise de réaliser un projet ou de procéder à un investissement et de couvrir une partie des premières dépenses.

préfinancer [pʀefinɑ̃se] v. tr. [1] FIN Assurer le préfinancement de.

préfix, ixe [pʀefiks] adj. DR ANC Qui est déterminé à l'avance. *Temps préfix.* – Lat. *præfixus.*

préfixal, ale, aux [pʀefiksal, o] adj. LING D'un, des préfixes; qui a rapport aux préfixes. – De *préfixe.*

préfixation [pʀefiksasjɔ̃] n. f. LING Adjonction d'un préfixe; composition de mots nouveaux à l'aide de préfixes. – De *préfixer.*

préfixe [pʀefiks] n. m. Morphème de la catégorie des affixes qui précède le radical et en modifie le sens. *Préfixe inséparable (in dans incompréhensible). Préfixe séparable*, qui constitue par ailleurs des mots autonomes (ex. *avant* dans *avant-garde, entre* dans *entremets*). – Du lat. *præ*, «devant», et *fixus*, «fixé».

préfixer [pʀefikse] v. tr. [1] **I.** LING **1.** Joindre (un morphème) comme préfixe. – Surtout au pp. adj. *Élément préfixé.* **2.** Adjoindre un préfixe à (un radical). **II.** DR Fixer par avance (un terme, un délai). – De *préfixe.*

préfixion [pʀefiksjɔ̃] n. f. DR Action de préfixer (un délai); délai préfixé. – De *préfix.*

préfloraison [pʀeflɔʀɛzɔ̃] n. f. BOT Agencement des diverses pièces florales, en partic. du périanthe, dans les boutons floraux.

préfoliation [pʀefɔljasjɔ̃] n. f. BOT Disposition des feuilles dans le bourgeon.

préformage [pʀefɔʀmaʒ] n. m. TECH Opération de mise au galbe des vêtements en tissu synthétique par application à chaud sur une forme pleine. – De *préformer.*

préformation [pʀefɔʀmasjɔ̃] n. f. Formation préalable. ▷ HIST *Théorie de la préformation*, en vogue aux XVIIe et XVIIIe s., qui soutenait que les diverses parties de l'organisme sont déjà formées dans le germe.

préformer [pʀefɔʀme] v. tr. [1] Former au préalable.

préglaciaire [pʀeglasjɛʀ] adj. GEOL Qui est antérieur à une période glaciaire (et, spécial., à la période glaciaire quaternaire).

prégnance [pʀɛgnɑ̃s; pʀeɲɑ̃s] n. f. **1.** Litt. Qualité de ce qui est prégnant. **2.** PSYCHO *Loi de prégnance* : dans la théorie de la forme, «prédominance d'une forme privilégiée, plus stable et plus fréquente parmi toutes les autres possibles» (Cuvillier). – De *prégnant.*

prégnane [pʀeɲan] n. m. et adj. BIOCHIM Structure carbonée, dite aussi *noyau prégnane*, qui donne naissance aux hormones stéroïdes du placenta et du corps jaune, à la corticostérone, à l'aldostérone, etc.

prégnant, ante [pʀɛgnɑ̃; pʀeɲɑ̃, ɑ̃t] adj. **1.** Expressif, riche de sens. **2.** PSYCHO *Structure prégnante*, qui prédomine, s'impose avec force à l'esprit. – Lat. *prægnans.*

préhellénique [pʀeɛllenik] adj. HIST Relatif aux civilisations qui se développèrent en mer Égée avant l'invasion dorienne (XIIe s. av. J.-C.).

préhenseur [pʀeɑ̃sœʀ] adj. m. Didac. Qui sert à la préhension. *Organe préhenseur.* – Du lat. *prehendere*, «saisir».

préhensile [pʀeɑ̃sil] adj. Didac. Qui a la faculté de saisir. *Les pieds préhensiles des singes.* – Du lat. *prehendere*, «saisir».

préhension [pʀeɑ̃sjɔ̃] n. f. **1.** Action de prendre, de saisir. *Les mains, organes de préhension.* **2.** DR *Droit de préhension*, de réquisition. – Lat. *prehensio*, de *prehendere*, «saisir».

préhilbertien, enne [pʀeilbɛʀtjɛ̃, ɛn] adj. MATH *Espace préhilbertien* : espace vectoriel euclidien, nommé aussi *espace hilbertien.* – De David *Hilbert*, mathématicien all. (1862-1943).

préhistoire [pʀeistwaʀ] n. f. Période de la vie de l'humanité depuis l'apparition d'*Homo sapiens* (quaternaire) jusqu'à l'apparition du travail des métaux (caractérisant la *protohistoire*). ▷ Branche du savoir, science qui étudie cette période.

ENCYCL La préhistoire se fonde sur l'étude des vestiges mis au jour par la fouille archéologique. Elle se propose d'établir une chronologie et une classification des types humains et une typologie des industries. Au paléolithique inférieur, la notion d'habitat doit être prise dans le sens de «sol d'occupation», composé d'un lit de galets apprêtés, mêlés de galets aménagés (Éthiopie). Ensuite, l'intensité du froid de la période würmienne a poussé l'homme à rechercher l'accueil des grottes ou des abris sous roche; toutefois, les hommes du paléolithique moyen, les Néandertaliens, ont utilisé des campements temporaires de plein air. Au paléolithique supérieur, *Homo sapiens* occupe souvent les mêmes sites que les Néandertaliens. Les structures d'habitat sont bien individualisées : cabane, tente, hutte, construites au niveau du sol ou demi-souterraines, pavées de galets ou non. Les plus anc. industries lithiques se rencontrent en Afrique. Le gisement d'Olduvai (Tanzanie) a livré, notam., une industrie à galets aménagés. L'usage du feu est bien antérieur : les premiers hominiens qui «connurent» le feu appartenaient à l'espèce *Homo erectus* (sinanthropes, pithécanthropes, etc.). L'acheuléen, stade terminal du paléolithique inférieur, possède une industrie variée à bifaces, mais une industrie à éclats est toujours présente. En Europe occidentale, le moustérien typique se reconnaît par la présence de nombreux racloirs, de pointes et de quelques bifaces. L'homme du paléolithique supérieur a conçu et réalisé des œuvres d'art. Les gravures, pariétales ou mobilières, et les sculptures (au solutréen) ont été réalisées au burin de silex. La matière colorante des peintures est toujours à base de terres naturelles. L'apogée se situe au magdalénien ancien et moyen avec les grandes fresques polychromes, notam. à Lascaux (Dordogne) et à Altamira (Espagne). Au néolithique*, l'agriculture et l'élevage font leur apparition. À la fin du néolithique, des monuments funéraires gigantesques, les *mégalithes*, sont élevés un peu partout en Europe occidentale.

préhistorien, enne [pReistɔRjɛ̃, ɛn] n. Spécialiste de la préhistoire.

préhistorique [pReistɔRik] adj. **1.** Antérieur aux temps historiques, c.-à-d à l'apparition de l'écriture ou du travail des métaux. *Hommes préhistoriques.* **2.** Qui a rapport à la préhistoire, à son étude. *Revue des études préhistoriques.* **3.** Fam., plaisant Archaïque, démodé.

préhominiens [pReɔminjɛ̃] n. m. pl. PALEONT Sous-famille d'hominiens fossiles dont on ignore s'ils étaient capables de fabriquer des outils. – Sing. *Un préhominien.*

préinscription [pReɛ̃skRipsjɔ̃] n. f. Inscription à titre provisoire, en attendant de remplir les conditions nécessaires à une inscription définitive.

préjudice [pReʒydis] n. m. Tort, dommage. *Causer un préjudice, porter préjudice à qqn,* lui faire subir un dommage. ▷ *Au préjudice de qqn,* contre son intérêt, à son détriment. ▷ *Sans préjudice de :* sans faire tort à, sans renoncer à. – Du lat. *præjudicium,* «jugement anticipé», de *præjudicare,* «préjuger».

préjudiciable [pReʒydisjabl] adj. Nuisible, qui peut causer un préjudice. – Bas lat. *præjudiciabilis.*

préjudiciaux [pReʒydisjo] adj. m. pl. DR *Frais préjudiciaux,* dont un justiciable doit s'acquitter avant l'exercice d'une voie de recours. – Bas lat. *præjudicialis.*

préjudiciel, elle [pReʒydisjɛl] adj. DR *Question préjudicielle :* question soulevée devant une juridiction incompétente pour en connaître, et relevant de la compétence exclusive d'une autre instance qui doit la trancher préalablement. – Bas lat. *præjudicialis.*

préjugé [pReʒyʒe] n. m. **1.** Élément qui permet de porter, provisoirement, un jugement. *Préjugé en faveur, en défaveur de qqn.* **2.** Opinion, idée préconçue, adoptée sans examen. – Pp. subst. de *préjuger.*

préjuger [pReʒyʒe] v. tr. dir. et indir. [**13**] **1.** *Préjuger qqch* ou, plus cour., *préjuger de qqch :* juger sans examen, donner prématurément une opinion sur qqch. *Préjuger (d') une question.* **2.** Conjecturer. – Lat. *præjudicare.*

prélart [pRelaR] n. m. MAR, TECH Grosse bâche goudronnée dont on recouvre les objets que l'on veut mettre à l'abri sur un navire, un camion, etc.

prélasser (se) [pRelase] v. pron. [**1**] **1.** Vx Prendre un air de dignité, de nonchalance hautaine. **2.** Se délasser en adoptant une pose alanguie, nonchalante; profiter avec délectation d'un moment de tranquillité, d'oisiveté. *Se prélasser sur un divan.* – De *prélat,* p.-ê. d'ap. *lasser.*

prélat [pRela] n. m. Dignitaire ecclésiastique qui a reçu la prélature. – Du lat. médiév. *prælatus,* «porté en avant, préféré».

prélatin, ine [pRelatɛ̃, in] adj. Didac. Antérieur à l'époque, à la civilisation latine, à la langue latine.

prélature [pRelatyR] n. f. RELIG CATHOL **1.** Dignité conférée par le pape à titre honorifique, ou attachée à certaines fonctions ecclésiastiques (abbatiale et épiscopale, notam.). **2.** Ensemble des prélats, corps des prélats. – De *prélat.*

prélavage [pRelavaʒ] n. m. Lavage préliminaire (du linge ou de la vaisselle), à la machine.

prèle, prêle ou **presle** [pRɛl] n. f. Plante des lieux humides, à rhizome traçant, à longues tiges creuses partant des verticilles de feuilles filiformes. *La prèle est utilisée en pharmacie pour ses propriétés diurétiques.* – Du lat. pop. **asperella,* de *asper,* «âpre», la tige noueuse de cette plante ayant servi à récurer.

prélegs [pRelɛg] n. m. DR Legs particulier qui doit être pris sur la masse de l'héritage avant tout partage.

prélèvement [pRelɛvmɑ̃] n. m. **1.** Action de prélever. ▷ CHIR Opération par laquelle on prélève (un morceau d'un tissu, un organe, un liquide organique). *Prélèvement sanguin.* **2.** Ce qui est prélevé. – *Prélèvement automatique sur un compte bancaire :* règlement d'une facture, d'une échéance directement sur le compte du débiteur. – *Prélèvements obligatoires :* ensemble des impôts et des cotisations sociales obligatoires. – ECON *Prélèvement agricole :* dans le cadre de la C.É.E., perception d'une redevance sur les produits agricoles provenant des pays tiers. – De *prélever.*

prélever [pRelve] v. tr. [**16**] Soustraire d'un ensemble, ôter d'une masse formant un tout. *Prélever des échantillons de minerai.* – Prendre (une certaine portion sur un total). *Prélever un pourcentage sur les bénéfices.* ▷ *Spécial.* Ôter (un morceau d'un tissu, un organe, etc.), ponctionner (un liquide organique) en vue d'une analyse ou d'un traitement. – Bas lat. *prælevare.*

préliminaire [pReliminɛR] n. m. et adj. **1.** n. m. *Les préliminaires :* l'ensemble des actes, des discussions qui précèdent un traité de paix. ▷ Ce qui précède et prépare qqch d'important; débuts, prélude. **2.** adj. Qui précède, prépare la chose principale.– Bas lat. *præliminaris.*

préliminairement [pReliminɛRmɑ̃] adv. Rare Préalablement. – De *préliminaire.*

prélogique [pRelɔʒik] adj. **1.** PSYCHO *Stade prélogique,* pendant lequel l'esprit de l'enfant n'observe pas encore les règles logiques de causalité. **2.** ANTHROP Vieilli Se disait des stades de civilisation humaine où les concepts abstraits de la logique n'étaient pas encore apparus. *Mentalité prélogique.*

prélude [pRelyd] n. m. **1.** MUS Introduction musicale précédant un morceau, partic. une fugue. *Un prélude de Bach.* ▷ Composition libre, constituant un morceau autonome, écrite pour un instrument ou pour l'orchestre. *Les préludes pour piano de Chopin.* **2.** Fig. Ce qui précède, annonce ou prépare un fait, un événement. – Du lat. *præludere* (V. préluder).

préluder [pRelyde] v. [**1**] **I.** v. intr. MUS Exécuter quelques accords préalables dans le ton de ce que l'on va jouer ou chanter. **II.** v. tr. indir. *Préluder à.* **1.** (Personnes) Se préparer à (une chose) en en faisant une autre plus facile. *Athlète qui prélude à une course par un échauffement.* **2.** (Choses) Annoncer en précédant. *Des* *escarmouches préludèrent à la bataille.* – Lat. *præludere*, « se préparer à jouer ».

prématuré, ée [prematyre] adj. et n. **1.** Qui arrive plus tôt que normalement. *Accouchement prématuré.* ▷ *Enfant prématuré* : enfant né vivant avant la 37e semaine de gestation. – Subst. *Un(e) prématuré(e).* **2.** Qu'il n'est pas encore temps de commencer, d'engager; qui a été commencé, engagé trop tôt. *Une entreprise prématurée.* – Du lat. *præmaturus*, « mûr avant ».

prématurément [prematyremɑ̃] adv. Avant le temps convenable ou normal. – De *prématuré.*

prématurité [prematyrite] n. f. MED État d'un enfant prématuré.

prémédication [premedikasjɔ̃] n. f. MED Administration de médicaments avant une anesthésie ou certains examens douloureux.

préméditation [premeditasjɔ̃] n. f. Dessein réfléchi qui a précédé l'exécution d'une action. *Le meurtre avec préméditation est qualifié d'assassinat.* – Lat. *præmeditatio.*

préméditer [premedite] v. tr. [1] Mûrir (un projet) avant de le mettre à exécution; calculer, combiner à l'avance. – Lat. *præmeditari.*

prémenstruel, elle [premɑ̃stryɛl] adj. MED Qui précède les règles (sens III).

prémices [premis] n. f. pl. **1.** ANTIQ Premiers produits de la terre, premiers petits du troupeau, dont on faisait l'offrande à la divinité. **2.** *Par ext.*, litt. Début, commencement. – Lat. *primitiæ*, de *primus*, « premier ».

premier, ère [prəmje, ɛr] adj. et n. **I.** adj. Qui précède tous les autres. **1.** (Dans le temps.) *Adam fut le premier homme. Enfant qui fait ses premiers pas.* **2.** (Dans l'espace.) *Le premier plan de cette photo est flou. La première porte à droite.* **3.** (Dans un ordre numérique.) *La première page d'un livre. Le premier jour de l'année.* **4.** (Par ordre de mérite, de valeur, d'importance, de qualité, etc.) *Un esprit de premier ordre. Morceau de premier choix. Le premier orateur de son temps. Wagon de première classe.* – (Joint à un titre, pour indiquer la supériorité du rang.) *Premier président. Premier ministre.* ▷ *Premier rôle* : rôle principal d'une pièce de théâtre, d'un film. **5.** Qui forme la base, le rudiment de qqch. *Des objets de première nécessité. Il n'a pas la première notion de cette science.* ▷ Qui est nécessaire avant tout, qui doit être fait, accompli, etc., avant toute autre chose; primordial, principal. *La charité, première des vertus chrétiennes.* **6.** (Souvent après le nom.) Qui est dans son état original, primitif. *Recouvrer sa santé première.* **7.** PHILO Qui est la cause finale des autres réalités, qui contient en soi leur raison d'être. *Principe premier. Cause première.* ▷ Qui s'impose à l'esprit comme évident, et qui sert de point de départ au raisonnement, à la déduction. *Notion première. Vérité première.* ▷ LOG Se dit d'un terme qui n'est pas défini au moyen d'autres termes, d'une proposition qui n'est pas déduite d'autres propositions. ▷ *Nombre premier* : V. nombre. **II.** n. **1.** Personne qui précède toutes les autres. *Il est le premier de sa classe.* ▷ *Le premier venu* : la première personne qui se présente. – *Par ext.* N'importe qui. **2.** (Avec une valeur adverbiale.) D'abord, en avant. *Arriver, passer le premier. Plonger la tête la première.* **3.** *Jeune premier* (et, moins cour., n. f., *jeune première*) : comédien(ne) qui joue un premier rôle d'amoureux (d'amoureuse). **III.** n. m. **1.** Premier étage. *Habiter au premier.* **2.** Premier jour (du mois). *Nous sommes aujourd'hui le premier.* ▷ *Le premier de l'an.* **3.** Loc. adv. *En premier* : d'abord. – Dans la première catégorie d'un grade, d'une charge. *Le commandant en premier et le commandant en second d'un navire.* **IV.** n. f. **1.** Première classe, dans un moyen de transport (train, bateau, avion, partic.). *Voyager en première.* **2.** Classe du second cycle de l'enseignement secondaire qui précède la terminale. ▷ *Première supérieure* : classe de préparation à l'École normale supérieure (lettres). **3.** SPORT Première ascension d'une cime vierge. *Tenter une première, une première hivernale.* **4.** Première représentation d'une pièce, d'un spectacle. *Être invité à une première.* **5.** Première vitesse d'un véhicule. *Enclencher la première.* **6.** Couturière à qui est confiée la direction d'un atelier, dans une maison de couture. **7.** Pop. *De première* : de première qualité; excellent, supérieur. – Lat. *primarius*, « du premier rang », de *primus*, « premier ».

premièrement [prəmjɛrmɑ̃] adv. En premier lieu, d'abord. – De *premier.*

premier-né [prəmjene], **première-née** [prəmjɛrne] adj. et n. Se dit du premier enfant d'une famille. *Des premiers-nés. Des premières-nées.*

prémilitaire [premilitɛr] adj. Qui précède le service militaire. *Formation prémilitaire.*

prémisse [premis] n. f. **1.** LOG Chacune des deux premières propositions (majeure et mineure) d'un syllogisme, dont on tire la conclusion. **2.** *Par ext.* Argument, proposition dont découle une conclusion; fondement d'un raisonnement. – Fait considéré dans les conséquences qu'il entraîne. – Du lat. *præmissa (sententia)*, « (proposition) mise en avant ».

prémolaire [premɔlɛr] n. f. Chacune des huit dents implantées par paires entre les canines et les molaires.

prémonition [premɔnisjɔ̃] n. f. Avertissement que, dans certaines circonstances, notre psychisme serait susceptible de nous donner (au sujet d'un événement sur le point de se produire). Syn. pressentiment. – De *pré-*, et lat. *monere*, « avertir ».

prémonitoire [premɔnitwar] adj. **1.** Relatif à la prémonition; qui est de la nature de la prémonition. *Rêve prémonitoire.* **2.** MED Se dit de signes qui précèdent parfois l'éclosion d'une maladie infectieuse. – De *pré-*, et lat. *monere*, « avertir », d'ap. *prémonition.*

prémontage [premɔ̃taʒ] n. m. Montage préalable.

prémontré, ée [premɔ̃tre] n. Membre de l'un des deux ordres (chanoines réguliers et chanoinesses de Prémontré ou de saint Augustin) fondés en 1120 par saint Norbert à Prémontré. – De *Prémontré*, com. de l'Aisne où fut fondée la maison mère de l'ordre.

prémunir [premynir] v. tr. [3] Prendre des précautions pour garantir de. *Prémunir des arbres fruitiers contre la gelée en les paillant.* ▷ v. pron. *Se prémunir contre la disette.* – Lat. *præmunire*, « protéger ».

prémunition [premynisjɔ̃] n. f. Action de prémunir, de se prémunir. – Lat. *præmunitio.*

prenable [prənabl] adj. Qui peut être pris (ville, place forte, etc.). – De *prendre.*

prenant, ante [prənɑ̃, ɑ̃t] adj. **1.** Vx Qui commence. *Carême prenant.* **2.** Qui prend, qui est susceptible de prendre. ▷ DR *Partie prenante*, qui reçoit de l'argent. **3.** Préhensile. *Queue prenante des singes américains, des kinkajous, etc.* **4.** Fig. Qui saisit l'esprit, qui captive. *Une intrigue très prenante.* – Ppr. de *prendre.*

prénatal, ale, als ou **aux** [prenatal, o] adj. Qui précède la naissance.

prendre [prɑ̃dr] v. [52] **A.** v. tr. **I.** Saisir, s'emparer de. **1.** Saisir avec la main. *Il prit l'objet qu'on lui tendait.* – Par ext. *Il la prit dans ses bras.* **2.** S'emparer de. *On a pris son portefeuille.* ▷ Se rendre maître de. *Prendre une ville.* ▷ Posséder sexuellement. **3.** Emporter avec soi, sur soi. *Prendre son parapluie. Je n'ai pas pris assez d'argent.* **4.** Tirer, enlever, soustraire (qqch). *Prendre de l'eau à la rivière.* **5.** Attraper. *Prendre un papillon. Prendre des poissons à la ligne.* – Fig. *Se laisser prendre au piège.* Prov. *Tel est pris qui croyait prendre.* ▷ Arrêter (qqn). *Prendre un cambrioleur.* – Loc. prov. *Pas vu, pas pris* : se dit de qqn qui a fait un mauvais coup sans être inquiété. **6.** Surprendre. *Prendre qqn la main dans le sac. Ah! Je vous y prends! Prendre qqn au dépourvu.* **7.** Aller chercher et emmener avec soi. *Je passerai vous prendre vers sept heures.* ▷ Emmener; se charger, s'occuper de (qqn). *Prendre des passagers, des clients, des élèves.* – Fig. *Prendre qqn sous sa protection.* **8.** Se charger de (qqch). *Prendre une affaire en main.* ▷ *Prendre sur soi de* : prendre l'initiative de. – Absol. *Prendre sur soi* : se maîtriser, se contrôler. **9.** Demander, exiger. *On m'a pris très cher pour cette réparation. Ce travail prend du temps.* **10.** Manger, boire, ingérer. *Je n'ai rien pris de la journée. Prendre un repas.* – (Choses) Se pénétrer de. *Ses souliers prennent l'eau.* **11.** (Sujet n. de chose.) Saisir, s'emparer de (qqn). *Une forte envie de rire l'a pris.* **II.** Fig. Saisir par l'esprit. **1.** Aborder (qqn), avoir telle ou telle attitude à son égard. *Cette mère ne sait pas prendre son enfant.* **2.** Accepter, recevoir. *Prendre les choses comme elles viennent. Prendre mal la plaisanterie.* **3.** *Prendre pour* : considérer comme. *Prendre qqn pour un imbécile. Prendre une personne, une chose pour une autre* : se tromper sur son identité, sa nature. **III.** Obtenir, se procurer. **1.** Se procurer (en achetant, en louant, en réservant, etc.). *Prendre un billet d'avion.* ▷ Engager (qqn). *Prendre un domestique.* ▷ *Prendre femme* : se marier. **2.** Se faire donner. *Prendre des leçons. Prendre des ordres.* **3.** Recueillir. *Prendre des notes, des mesures. Prendre des nouvelles de qqn.* ▷ Mesurer. *Prendre la température, la hauteur du soleil.* **4.** Contracter, attraper. *Prendre un rhume. Prendre froid.* **IV.** Adopter. **1.** Adopter (certains moyens). *Prendre des mesures efficaces.* ▷ Faire usage de. *Prendre des précautions.* **2.** Utiliser (un moyen de transport). *Prendre le train, l'avion.* **3.** Choisir, emprunter (un chemin). *Prenez la première rue à droite.* – Absol. *Prenez à droite.* **4.** Acquérir (un certain aspect). *Ouvrage qui prend tournure. Projet qui prend forme.* ▷ (Personnes) *Prendre du poids, de l'âge.* **5.** Éprouver (tel sentiment, telle impression). *Prendre intérêt, plaisir à faire qqch.* **B.** v. intr. **1.** Devenir consistant; faire sa prise. *Ciment qui prend en quelques heures.* **2.** S'allumer, s'embraser. *Le feu a pris tout seul.* **3.** Prendre racine, en parlant de végétaux. *Cette bouture a bien pris.* **4.** Produire un effet, une réaction. *Vaccin qui ne prend pas.* – Fig. Réussir. *Le canular a pris.* **C.** v. pron. **1.** (Passif) Être absorbé. *Ce remède se prend à jeun.* **2.** Se figer, geler. *L'huile se prend. La mer se prend.* **3.** (Récipr.) S'attraper, se saisir. ▷ Fig. *Se prendre aux cheveux* : se quereller. **4.** *S'en prendre à (qqn)*, l'attaquer, le provoquer, lui attribuer quelque faute. **5.** *Se prendre à* (+ inf.) : se mettre à. *Se prendre à rire.* **6.** *S'y prendre bien, mal* : faire preuve d'adresse, de maladresse dans ce que l'on fait. – Lat. *prehendere.*

preneur, euse [pʀənœʀ, øz] n. et adj. **I.** n. **1.** Rare Personne qui prend, qui a coutume de prendre (qqch). *Un preneur de médicaments.* **2.** TECH *Preneur de son* : opérateur de prise de son. **3.** Personne qui prend, qui achète; acquéreur. *Trouver preneur.* ▷ DR Personne qui prend une maison à loyer, une terre à ferme, etc. *Le bailleur et le preneur.* **II.** adj. Qui sert à prendre. *Benne preneuse.* – De *prendre.*

prénom [pʀenɔ̃] n. m. Nom particulier joint au patronyme, par lequel on distingue les membres d'une même famille. – Lat. *prænomen.*

1. prénommé, ée [pʀenɔme] adj. et n. DR Nommé précédemment. Syn. susnommé. – De *pré-*, et *nommer.*

2. prénommé, ée [pʀenɔme] n. et adj. Personne qui a tel prénom. *Le prénommé Jean.* – De *prénommer.*

prénommer [pʀenɔme] **1.** v. tr. [1] Donner (tel prénom) à (un enfant). **2.** v. pron. Avoir tel prénom. – De *prénom.*

prénotion [pʀenɔsjɔ̃] n. f. **1.** PHILO Chez les épicuriens et les stoïciens, connaissance naturelle et spontanée du général, tirée de l'expérience antérieurement à toute réflexion. **2.** Notion formée avant l'étude scientifique des faits. – Lat. *prænotio.*

prénuptial, ale, aux [pʀenypsjal, o] adj. Antérieur au mariage. *Visite médicale prénuptiale.*

préoccupant, ante [pʀeɔkypɑ̃, ɑ̃t] adj. Qui cause de la préoccupation, de l'inquiétude. – Ppr. de *préoccuper.*

préoccupation [pʀeɔkypasjɔ̃] n. f. **1.** Souci, inquiétude. *C'est pour lui un sujet de préoccupation.* **2.** Disposition d'un esprit occupé par un projet à réaliser, une question à résoudre. – De *préoccuper.*

préoccuper [pʀeɔkype] **I.** v. tr. [1] **1.** Inquiéter. *Sa santé me préoccupe.* **2.** Occuper fortement l'esprit de (qqn). *Cette affaire le préoccupe.* **II.** v. pron. *Se préoccuper de* : se soucier de, porter toute son attention à. – Lat. *præoccupare*, «occuper avant un autre».

préœdipien, enne [pʀeedipjɛ̃; pʀeødipjɛ̃, ɛn] adj. PSYCHAN Relatif à la période antérieure à l'œdipe*.

préolympique [pʀeɔlɛ̃pik] adj. Qui se rapporte à la préparation des jeux Olympiques.

préopératoire [pʀeɔpeʀatwaʀ] adj. CHIR Qui précède une intervention chirurgicale. *Traitement préopératoire.*

prépalatal, ale, aux [pʀepalatal, o] adj. PHON Phonème qui s'articule en avant du palais. *Le* [ʃ] «ch» *et le* [ʒ] «j» *sont des consonnes prépalatales.*

préparateur, trice [pʀepaʀatœʀ, tʀis] n. **1.** Personne qui assiste matériellement un chercheur scientifique, un professeur de sciences. **2.** *Préparateur, préparatrice en pharmacie* : employé(e) qui, dans une pharmacie, est chargé(e) de faire des préparations, des analyses, etc. – De *préparer.*

préparatif [pʀepaʀatif] n. m. (Presque toujours au plur.) Dispositions qu'on prend pour préparer une action. – De *préparer.*

préparation [pʀepaʀasjɔ̃] n. f. **1.** Action de préparer (qqch). *Préparation d'un repas. Ouvrage en cours de préparation.* **2.** Manière de préparer certaines choses pour les garder, les conserver. *La préparation des viandes fumées.* **3.** Opération consistant à préparer les objets qui doivent servir à une observation, à une expérience. – Objet ainsi préparé. *Préparation chimique. Préparation microscopique.* **4.** Action de préparer qqn, de se préparer. *Préparation à un examen.* ▷ *Préparation militaire* (*p. m.*) : enseignement militaire dispensé avant l'appel sous les drapeaux. – Lat. *præparatio.*

préparatoire [pʀepaʀatwaʀ] adj. (et n. f.) Qui prépare. *Cours préparatoire* : première année de l'enseignement primaire. *Classes préparatoires aux grandes écoles* ou, n. f. pl., *préparatoires* (en arg. des écoles : *prépa*). ▷ DR *Jugement préparatoire* : décision qui, sans préjuger le fond du procès, ordonne certaines mesures (enquêtes, nomination d'un expert). – Bas lat. *præparatorius.*

préparer [pʀepaʀe] v. [1] **I.** v. tr. **1.** Apprêter, disposer; mettre (une chose) dans l'état qui convient à l'usage envisagé. *Préparer une chambre pour ses invités.* ▷ Constituer, former en rassemblant divers éléments. *Préparer un repas.* **2.** Combiner par avance. *Préparer ses vacances. Il avait soigneusement préparé son coup.* **3.** Ménager, réserver pour l'avenir. *Cela nous prépare de grands malheurs.* **4.** Mettre (qqn) en mesure de supporter ou de faire qqch. *Son éducation ne l'avait pas préparée à une si dure existence. Préparer un élève à un examen.* ▷ Mettre (qqn) dans un certain état d'esprit. *Nous dûmes la préparer à la sinistre nouvelle.* **II.** v. pron. **1.** Se mettre en état de faire. *Se préparer pour sortir.* – *Se préparer à la guerre.* ▷ Être sur le point de. *Je me préparais à vous le dire.* **2.** Être imminent. *Un orage se prépare.* – Lat. *præparare.*

préphanérogames [pʀefaneʀɔgam] n. f. pl. BOT Groupe de végétaux gymnospermes, actuels et fossiles, chez lesquels la transformation des ovules en graines s'opère indépendamment de la fécondation (ex : cycas, ginkgo). – Sing. *Une préphanérogame.*

prépondérance [prepɔ̃deʀɑ̃s] n. f. Supériorité de ce qui est prépondérant. – De *prépondérant.*

prépondérant, ante [prepɔ̃deʀɑ̃, ɑ̃t] adj. Qui domine par le poids, l'autorité, le prestige. *Influence prépondérante.* ▷ *Voix prépondérante,* qui l'emporte en cas de désaccord ou de partage des voix. – Lat. *præponderans,* de *præponderare,* «peser plus, l'emporter».

préposé, ée [prepoze] n. Personne (fonctionnaire, employé, etc.) chargée d'un service particulier. – Spécial. *Préposé(e) à la distribution du courrier* ou, absol., *un(e) préposé(e).* – Pp. subst. de *préposer.*

préposer [prepoze] v. tr. [1] *Préposer qqn à un poste, une fonction,* les lui confier, l'en charger. ▷ (Plus cour. au passif) *Il est préposé à la distribution des billets.* – D'ap. *poser,* du lat. *præponere.*

prépositif, ive [prepozitif, iv] adj. GRAM Relatif à la préposition; de la nature de la préposition. ▷ *Locution prépositive,* qui équivaut à une préposition (ex. *à l'égard de, aux environs de*). – Bas lat. *præpositivus,* «qui est devant».

préposition [prepozisjɔ̃] GRAM Mot invariable reliant un élément de la phrase à un autre élément ou à la phrase elle-même, et marquant la nature du rapport qui les unit. *Les mots «à, de, avec, dans, contre» sont des prépositions.* – Lat. gram. *præpositio.*

prépositionnel, elle [prepozisjɔnɛl] adj. Relatif à une préposition; introduit par une préposition. – De *préposition.*

prépuce [prepys] n. m. Repli cutané qui recouvre le gland de la verge. – Lat. *præputium.*

préraphaélique [preʀafaelik] adj. BX-A Qui évoque la manière des prédécesseurs de Raphaël ou des préraphaélites. – De *préraphaélite.*

préraphaélisme [preʀafaelism] n. m. Bx-A Doctrine esthétique des peintres anglais qui, dans la seconde moitié du XIXe s., placèrent l'idéal de leur art dans l'imitation des peintres italiens antérieurs à Raphaël (1483-1520). – Angl. *Pre-Raphaelism.*

préraphaélite [preʀafaelit] n. m. et adj. Bx-A **1.** Peintre adepte du préraphaélisme. – adj. *Peintres préraphaélites.* **2.** Peintre antérieur à l'époque classique. – Angl. *Pre-Raphaelite*; de *pré-,* et *Raphaël* (1483-1520), peintre et architecte italien.

prérasage [preʀazaʒ] n. m. *Produit de prérasage* : astringent destiné à nettoyer et à préparer la peau avant le rasage.

préréglage [preʀeglaʒ] n. m. TECH Réglage, par le constructeur, d'un poste de radio ou de télévision sur des longueurs d'ondes données, qu'on obtient en appuyant sur une touche.

préréglé, ée [preʀegle] adj. TECH Se dit d'un poste de radio ou de télévision qui a subi un préréglage.

prérentrée [preʀɑ̃tʀe] n. f. Rentrée des enseignants dans les établissements scolaires, précédant la rentrée des élèves.

préretraite [preʀətʀɛt] n. f. Retraite anticipée. – Allocation perçue par une personne partie en retraite avant l'âge légal.

prérévolutionnaire [preʀevɔlysjɔnɛʀ] adj. Se dit de ce qui précède ou annonce une révolution.

prérogative [preʀɔgativ] n. f. Avantage, privilège attaché à une fonction. – *Par ext.* Faculté, avantage dont certaines personnes jouissent exclusivement. *La raison est une des prérogatives de l'homme.* – Du lat. jurid. *prærogativa,* «(centurie) qui vote la première».

préroman, ane [preʀɔmɑ̃, an] adj. HIST, ARCHI, Bx-A Se dit de la production de la période qui a précédé l'art roman, entre la fin de l'Empire d'Occident (Ve s.) et le début du XIe s.

préromantique [preʀɔmɑ̃tik] adj. LITTER Qui précède le romantisme, la période romantique. *J.-J. Rousseau, Mme de Staël, Chateaubriand, écrivains préromantiques.*

préromantisme [preʀɔmɑ̃tism] n. m. LITTER Période pendant laquelle les grandes tendances du romantisme commencèrent à se faire jour dans la littérature.

près [prɛ] adv., prép. et n. m. **A.** adv. **1.** Non loin, à une courte distance. *La ville est tout près.* **2.** Loc. adv. *De près* : d'une courte distance. *Mettez-vous là pour voir de plus près. Serrer qqn de près.* – Fig. *Surveiller qqn de près,* attentivement. *Il n'y regardera pas de si près. Cette affaire le touche de près,* elle est pour lui d'une grande importance, d'un grand intérêt. ▷ (Dans le temps.) *Les détonations se suivaient de très près,* à des intervalles très courts. **B.** prép. **I.** Vx ou ADMIN Auprès de. *Expert près les tribunaux.* **II.** Loc. prép. **1.** *Près de.* (Marquant la proximité dans l'espace.) *Venez près de moi.* – Fig. *Rien n'est plus près de l'amour que la haine.* ▷ (Marquant la proximité dans le temps.) *Il est près de midi.* – *Être près de* (+ inf.) : être sur le point de. ▷ (Marquant l'approximation dans une évaluation.) Presque, environ. *Ils sont près d'un millier.* **2.** *À... près* (Indiquant le degré de précision d'une évaluation.) *À un millimètre près.* ▷ *À cela près, à (qqch) près* : excepté cela. ▷ *À beaucoup près* : de beaucoup; avec un écart, une différence considérable. ▷ *À peu près* : environ. – Presque. *Il est à peu près guéri.* – n. m. V. à-peu-près. ▷ *À peu de chose près* : avec une petite différence; presque. *Cela coûte trois mille francs, à peu de chose près.* ▷ MAR *Naviguer au plus près du vent,* aussi près que possible du vent debout, tout en continuant à faire route. – Ellipt. *Naviguer au plus près, au près; au près bon plein,* en gardant les voiles bien pleines, bien gonflées. ▷ n. m. *Les allures du près.* – Du bas lat. *presse,* «en serrant» ou *pressus,* pp. de *premere,* «presser, serrer».

présage [prezaʒ] n. m. **1.** Signe heureux ou malheureux par lequel on pense pouvoir juger de l'avenir. *Heureux, mauvais présage.* **2.** Conjecture que l'on tire de ce signe. – *Par ext.* Conjecture que l'on tire d'un fait quelconque. – Lat. *præsagium,* de *præ,* «devant, en avant», et *sagire,* «sentir finement».

présager [prezaʒe] v. tr. [13] **1.** Indiquer, annoncer une chose à venir. *Ceci ne présage rien de bon.* Syn. augurer. **2.** Conjecturer ce qui doit arriver dans l'avenir. Syn. prévoir. – De *présage.*

présalaire [presalɛʀ] n. m. Allocation d'études, salaire aux étudiants, revendiqué par certains groupements politiques ou syndicaux.

pré-salé [presale] n. m. *Mouton de pré-salé* ou, ellipt., *pré-salé* : mouton qui a pâturé l'herbe imprégnée de sel, de prairies voisines de la mer *(prés salés). Des prés-salés.* ▷ Viande d'un tel animal.

présanctifié, ée [presɑ̃ktifje] adj. et n. LITURG CATHOL Consacré d'avance. ▷ Subst. *Messe des présanctifiés* : messe du vendredi saint, au cours de laquelle le célébrant consommait les saintes espèces (dites *pains présanctifiés*) consacrées la veille.

presbyte [prɛsbit] adj. et n. Atteint de presbytie. – Du gr. *presbutês,* «vieillard».

presbytéral, ale, aux [prɛsbiteʀal, o] adj. RELIG Relatif aux prêtres, à la prêtrise. ▷ *Maison presbytérale* : presbytère. ▷ DR CANON *Conseil* presbytéral.* – Lat. ecclés. médiév. *presbyteralis.*

presbytère [prɛsbitɛʀ] n. m. Maison, habitation du curé, du pasteur, dans une paroisse. – Lat. ecclés. *presbyterium,* de *presbyter,* «prêtre».

presbytérianisme [prɛsbiteʀjanism] n. m. RELIG Doctrine (directement issue du calvinisme) et Église des presbytériens, partisans d'un *presbyterium* (corps mixte) unissant ecclésiastiques et laïcs dans la direction des affaires religieuses. – Angl. *presbyterianism*, de *presbyterian*, « presbytérien ».

presbytérien, enne [pʀɛsbiteʀjɛ̃, ɛn] adj. et n. RELIG Du presbytérianisme; qui a rapport au presbytérianisme. ▷ Subst. *Les presbytériens.* – Angl. *presbyterian*, du lat. ecclés. *presbyter*, « prêtre ».

presbytie [pʀɛsbisi] n. f. MED Trouble de la vision, difficulté à voir de près due à une diminution, avec l'âge, du pouvoir d'accommodation de l'œil. – De *presbyte*.

prescience [pʀesjɑ̃s] n. f. Connaissance d'événements à venir, du futur. ▷ THEOL *Prescience divine* : connaissance infaillible que Dieu possède des événements futurs. – Lat. ecclés. *præscientia*.

prescient, ente [pʀesjɑ̃, ɑ̃t] adj. Qui possède la prescience. – Lat. *præsciens*, ppr. de *præscire*, « savoir d'avance ».

préscolaire [pʀeskɔlɛʀ] adj. Qui précède la scolarité obligatoire.

prescripteur, trice [pʀɛskʀiptœʀ, tʀis] n. Personne qui prescrit. ▷ COMM Personne qui exerce une influence déterminante sur le choix d'un produit par le consommateur. – De *prescrire*.

prescriptible [pʀɛskʀiptibl] adj. DR Qui peut être prescrit. – De *prescrire*.

prescription [pʀɛskʀipsjɔ̃] n. f. **1.** Ce qui est prescrit, commandé; ordre; précepte. *Suivre les prescriptions d'un supérieur hiérarchique. Les prescriptions de la morale.* ▷ *Spécial.* Recommandation, instruction relative à la santé; ordonnance. *Se conformer aux prescriptions du médecin.* **2.** DR Délai au terme duquel on ne peut plus, soit contester la propriété d'un possesseur (*prescription acquisitive* ou *usucapion*), soit poursuivre l'exécution d'une obligation ou la répression d'une infraction (*prescription extinctive*). – Lat. *præscriptio*.

prescrire [pʀɛskʀiʀ] v. tr. [67] **1.** Commander, ordonner (qqch); enjoindre expressément de (faire qqch). *Prescrire le silence. Prescrire de se taire.* ▷ *Spécial.* Préconiser (un traitement, un régime, etc.). **2.** (Sujet n. de chose.) Ordonner, exiger. *L'honneur prescrivait qu'on se battît en duel pour laver une offense.* **3.** DR Acquérir (qqch), se libérer de (une obligation) par prescription. ▷ v. pron. (Passif) S'éteindre par prescription. – Lat. *præscribere*, « écrire en tête ».

préséance [pʀeseɑ̃s] n. f. Supériorité, priorité selon l'usage, l'étiquette.

présélecteur [pʀeselɛktœʀ] n. m. TECH Mécanisme de présélection.

présélection [pʀeselɛksjɔ̃] n. f. **1.** Première sélection. **2.** TECH Sélection d'un mode de fonctionnement, d'un circuit, etc., opérée au préalable.

présélectionner [pʀeselɛksjɔne] v. tr. [1] Faire une présélection.

présence [pʀezɑ̃s] n. f. **1.** Fait d'être dans un lieu déterminé. *La présence d'un inconnu intimide cet enfant.* **2.** THEOL *Présence réelle*, celle du Christ dans l'Eucharistie. **3.** (En parlant d'un acteur de théâtre partic.) Personnalité, tempérament. *Avoir de la présence.* **4.** *Présence d'esprit* : vivacité, à-propos. **5.** Influence exercée par un pays dans une partie du monde; rôle politique, culturel, etc., qu'il y joue. ▷ Autorité, influence exercée par un penseur. *Présence de Pascal.* **6.** Loc. adv. *En présence* : face à face, en vue. *Deux armées en présence.* ▷ Loc. prép. *En présence de* : devant, en face de. – Lat. *præsentia*.

1. présent, ente [pʀezɑ̃, ɑ̃t] adj. et n. **I.** adj. **1.** Qui est dans le lieu dont on parle (par oppos. à *absent*). *Étiez-vous présent à la réunion d'hier?* **2.** Dont l'esprit est en éveil; vigilant, attentif. *Il est présent à tout.* **3.** Dont il est question en ce moment. *La présente lettre* ou, n. f., *la présente.* **4.** Qui existe actuellement (par oppos. à *passé* et *futur*). *Dans la minute présente.* **II.** n. m. **1.** Partie du temps qui est en train de passer actuellement (par oppos. à *passé* et *futur*). *Vivre dans le présent, sans penser au passé ni à l'avenir.* **2.** GRAM Temps situant ce qui est énoncé au moment de l'énonciation. – Ensemble des formes verbales exprimant ce temps. *Conjuguer un verbe au présent de l'indicatif, du subjonctif, du conditionnel.* **III.** Loc. adv. *À présent* : maintenant, actuellement, en ce moment. – Lat. *præsens, præsentis*, ppr. de *præesse*, « être en avant ».

2. présent [pʀezɑ̃] n. m. Don, cadeau. ▷ Loc. *Faire présent de (qqch).* – De *présenter*.

présentable [pʀezɑ̃tabl] adj. (Choses) Qui a bon aspect. ▷ (Personnes) Qui peut se présenter, se montrer en public; qui a de bonnes manières. – De *présenter*.

présentateur, trice [pʀezɑ̃tatœʀ, tʀis] n. **1.** Personne qui propose une marchandise, un appareil, etc., à la vente en en détaillant les caractéristiques; démonstrateur. *Présentateur au Salon des arts ménagers.* **2.** Personne qui présente un spectacle, une émission de radio ou de télévision, etc. **3.** COMM Celui qui présente un effet de commerce. – De *présenter*.

présentatif [pʀezɑ̃tatif] n. m. LING Terme, expression qui met en relief une unité linguistique renvoyant à une personne ou à une chose. *Dans « c'est toi qui va être content, Pierre rentre demain », « c'est... qui » est un présentatif.* – De *présenter*.

présentation [pʀezɑ̃tasjɔ̃] n. f. **1.** Action de présenter, de se présenter; fait d'être présenté. **2.** Manière d'exposer à la vue. *Une bonne présentation de la marchandise attire les clients.* **3.** Action de faire voir, de donner en spectacle. *Présentation de modèles de haute couture.* **4.** Maintien, manières; aspect physique. *On exige pour cet emploi une excellente présentation.* **5.** Action de présenter une personne à une autre. *Faire les présentations.* **6.** MED Manière dont le fœtus s'engage au niveau du détroit supérieur du bassin, lors de l'accouchement. *Présentation par le siège.* **7.** RELIG CATHOL *Fête de la Présentation de Jésus au Temple*, célébrée le 2 février. *Fête de la Présentation de la Vierge*, célébrée le 21 novembre. – De *présenter*.

présentement [pʀezɑ̃tmɑ̃] adv. Vieilli En ce moment. – De *présent* 1.

présenter [pʀezɑ̃te] **I.** v. tr. [1] **1.** Disposer (qqch) à l'intention de qqn et l'inviter à en user; mettre (qqch) sous les yeux de qqn. *Présenter une chaise à une personne âgée. Le maître d'hôtel va vous présenter le menu. Présenter des lettres de créance*, les remettre au chef d'État près duquel on est accrédité. ▷ *Présenter les armes* : exécuter un mouvement spécial de maniement d'armes pour rendre les honneurs. **2.** *Présenter une personne à une autre*, l'introduire auprès d'elle; la lui faire connaître par son nom. **3.** Montrer. *Présenter un choix de bijoux. La troisième chaîne de télévision présente un film de ce metteur en scène.* ▷ Offrir au regard (telle apparence, tel aspect); avoir (tel caractère, telle particularité). *La vallée présente un aspect riant.* **4.** Formuler, exprimer, adresser. *Présenter ses excuses, sa défense, une demande.* **5.** (Dans quelques emplois.) Proposer. *Présenter qqn pour un travail, une place.* **6.** Exposer, faire connaître ou faire paraître sous tel ou tel jour. *Hier vous avez présenté les faits différemment.* **II.** v. pron. **1.** Paraître devant qqn, se montrer. *Un inconnu se présenta, et proposa de débarrasser la ville du fléau.* **2.** Énoncer son nom, dire qui l'on est à une personne que l'on voit pour la première fois. **3.** (Dans quelques emplois.) Se proposer. *Se présenter pour un poste. Se présenter à un examen*, en subir les épreuves. *Se présenter aux élections*, faire acte de candidature. **4.** (Sujet n. de chose.) Apparaître, survenir.

Quand l'occasion s'en présentera. Affaire qui se présente bien, dont le succès s'annonce probable. – Lat. imp. *præsentare,* « rendre présent, offrir ».

présentification [pʀesɑ̃tifikasjɔ̃] n. f. PHILO Fait d'être présent dans la conscience, dans la représentation mentale. *La présentification d'un fait marquant dans notre esprit.* – De *présent* 1.

présentoir [pʀezɑ̃twaʀ] n. m. Support destiné à mettre en valeur les produits exposés dans un magasin. – De *présenter.*

présérie [pʀeseʀi] n. f. TECH Première série fabriquée après la mise au point du prototype et avant le lancement définitif de la fabrication.

préservateur, trice [pʀezɛʀvatœʀ, tʀis] adj. et n. m. **1.** adj. Qui préserve. **2.** n. m. Agent chimique qui préserve une denrée périssable de la décomposition, de la putréfaction. – De *préserver.*

préservatif, ive [pʀezɛʀvatif, iv] adj. et n. m. **1.** adj. Qui préserve. **2.** n. m. Capuchon en caoutchouc très fin, destiné à être adapté au pénis avant un rapport sexuel, pour servir de contraceptif ou pour garantir des maladies sexuellement transmissibles. Syn. condom. – De *préserver.*

préservation [pʀezɛʀvasjɔ̃] n. f. Action de préserver ; son résultat. – De *préserver.*

préserver [pʀezɛʀve] v. tr. [1] Garantir (de qqch de nuisible). *Préserver une espèce animale de la disparition.* ▷ v. pron. *Se préserver du froid.* – Lat. *præservare,* « observer auparavant ».

préside [pʀezid] n. m. HIST Place forte espagnole, servant de lieu de déportation. *Les présides d'Afrique.* – Esp. *presidio,* du lat. *præsidium,* « protection ».

présidence [pʀezidɑ̃s] n. f. **1.** Fonction, dignité de président. *La présidence de la République, la présidence d'un club sportif.* **2.** Temps pendant lequel qqn exerce la fonction de président. **3.** Résidence habitée par un président. ▷ Ensemble des services administratifs, des bureaux placés sous l'autorité directe d'un président. – De *président.*

président [pʀezidɑ̃] n. m. **1.** Personne qui préside une assemblée, qui dirige ses débats. *Nommer un président de séance.* ▷ *Premier président :* magistrat qui dirige une cour. **2.** Personne, généralement élue, qui dirige, administre. *Président-directeur général d'une société.* ▷ POLIT Chef de l'État, dans une république. – *Président du Conseil :* chef du gouvernement, sous la IIIe et la IVe République. – Lat. *præsidens.*

présidente [pʀezidɑ̃t] n. f. **1.** Femme qui préside (une assemblée, une réunion, etc.). **2.** Vx Femme d'un président. – Fém. de *président.*

présidentiable [pʀezidɑ̃sjabl] adj. et n. Susceptible d'accéder à la fonction de président. – De *président(iel),* et *-able.*

présidentialisation [pʀezidɑ̃sjalizasjɔ̃] n. f. Tendance à accroître les pouvoirs du président de la République ; son résultat. *La présidentialisation d'un régime.* – De *présidentialiser.*

présidentialiser [pʀezidɑ̃sjalize] v. tr. [1] Favoriser la présidentialisation de. ▷ v. pron. Être concentré entre les mains du président de la République. – De *président.*

présidentialisme [pʀezidɑ̃sjalism] n. m. POLIT Système, régime présidentiel. – De *présidentiel.*

présidentiel, elle [pʀezidɑ̃sjɛl] adj. (et n. f. pl.) Du (d'un) président ; d'une (de la) présidence. *Allocution présidentielle.* – POLIT *Régime présidentiel,* dans lequel le président de la République et, d'une manière générale, l'exécutif disposent de pouvoirs prépondérants (par oppos. à *régime parlementaire*). ▷ n. f. pl. *Ellipt.* Les élections présidentielles. – De *président.*

présider [pʀezide] **1.** v. tr. [1] Diriger (une assemblée, ses débats). *Qui présidait le Sénat à cette époque ?* **2.** v. tr. indir. *Présider à :* veiller sur, diriger. *Présider aux destinées du pays.* ▷ Fig. *La plus franche cordialité présidait à ce banquet.* – Lat. *præsidere,* de *præ,* « avant, devant », et *sedere,* « s'asseoir ».

présidial, ale, aux [pʀezidjal, o] n. m. et adj. HIST Tribunal chargé des affaires civiles et criminelles d'importance secondaire, de 1552 à 1791. ▷ adj. *Sentence présidiale.* – Lat. *præsidialis,* de *præses, præsidis,* « gouverneur de province ».

présidialité [pʀezidjalite] n. f. HIST Juridiction d'un présidial. – De *présidial.*

présidium. V. præsidium.

présignalisation [pʀesiɲalizasjɔ̃] n. f. AUTO Signalisation préalable permettant aux véhicules de réduire progressivement leur vitesse.

presle. V. prèle.

présocratique [pʀesɔkʀatik] adj. et n. m. Se dit des philosophes grecs qui ont précédé Socrate (Empédocle, Héraclite, Parménide, etc.). ▷ n. m. *Fragments originaux des présocratiques.*

présomptif, ive [pʀezɔ̃ptif, iv] adj. DR *Héritier présomptif, héritière présomptive :* personne appelée à hériter un jour de qqn, ou à lui succéder. – Bas lat. *præsumptivus,* de *præsumere,* « présumer ».

présomption [pʀezɔ̃psjɔ̃] n. f. **1.** Conjecture, opinion fondée sur des indices et non sur des preuves. *Il y a seulement présomption de culpabilité.* **2.** Opinion trop avantageuse que qqn a de lui-même ; prétention, suffisance. – Lat. *præsumptio,* de *præsumere,* « présumer ».

présomptueusement [pʀezɔ̃ptɥøzmɑ̃] adv. Avec présomption. – De *présomptueux.*

présomptueux, euse [pʀezɔ̃ptɥø, øz] adj. et n. Qui a de lui-même une opinion trop avantageuse, qui se surestime ; prétentieux, suffisant. ▷ Subst. *C'est un petit présomptueux.* – Bas lat. *præsumptuosus.*

présonorisation [pʀesɔnɔʀizasjɔ̃] n. f. Syn. (off. recommandé) de *play-back.*

présonoriser [pʀesɔnɔʀize] v. tr. [1] Faire la présonorisation de. – De *présonorisation.*

presque [pʀɛsk] adv. Pas tout à fait. *Il a veillé presque toute la nuit.* (N.B. En principe l'*e* ne s'élide que dans le nom composé *presqu'île. Ils sont arrivés presque ensemble.*) – De *près,* et *que.*

presqu'île [pʀɛskil] n. f. Promontoire relié au continent par une étroite bande de terre. *La presqu'île d'Hyères.* – De *presque,* et *île.*

pressage [pʀesaʒ] n. m. Action de presser. ▷ TECH Fabrication à l'aide d'une presse. *Pressage de disques.* – De *presser.*

pressant, ante [pʀesɑ̃, ɑ̃t] adj. **1.** Insistant. *Recommandation pressante.* **2.** Urgent. *Des soins pressants. Un besoin pressant.* – Ppr. de *presser.*

press book [pʀɛsbuk] n. m. (Anglicisme) Dossier concernant une personne, un événement, constitué par des coupures de presse. Syn. (off. recommandé) album de presse. – De l'angl. *press,* « presse » et *book,* « livre ».

presse-. Élément, du v. *presser.*

presse [pʀɛs] n. f. **1.** Dispositif, machine destinée à comprimer ou à déformer des objets, des pièces ou à y laisser une empreinte. *Presse hydraulique. Presse à cintrer, à estamper, à emboutir.* **2.** Machine à imprimer. *Presse à bras. Mettre un ouvrage sous presse,* commencer à l'imprimer. **3.** Ensemble des journaux. *La presse d'information. Liberté de la presse. Agence de presse,* qui transmet les nouvelles aux journaux. ▷ Loc. *Avoir bonne, mauvaise* *presse* : recevoir dans la presse un écho favorable, défavorable; fig. jouir d'une bonne, d'une mauvaise réputation. **4.** Vieilli Foule dense. *Fendre la presse.* **5.** Nécessité de hâter le travail par suite de l'abondance de la besogne. *Engager du personnel temporaire dans un moment de presse.* – Déverbal de *presser.*

pressé, ée [pʀese] adj. et n. m. **1.** Que l'on a comprimé, pressé. *Citron pressé.* **2.** Contraint de se hâter. *Faites vite, je suis pressé.* **3.** Urgent. *Affaire pressée.* ▷ n. m. *Aller au plus pressé* : s'occuper d'abord de ce qui est le plus urgent. – Pp. de *presser.*

presse-bouton [pʀesbutɔ̃] adj. inv. Entièrement automatisé. ▷ *Guerre presse-bouton*, qui oppose des adversaires disposant d'armements très perfectionnés (fusées, missiles, etc.).

presse-citron [pʀɛssitʀɔ̃] n. m. inv. Ustensile servant à extraire par pression le jus des agrumes.

pressée [pʀese] n. f. AGRIC Masse de fruits dont on extrait le jus en une fois. – Pp. fém. subst. de *presser.*

presse-étoupe [pʀɛsetup] n. m. inv. TECH Dispositif assurant l'étanchéité d'une ouverture que traverse un axe ou un câble. *Presse-étoupe de l'arbre d'hélice d'un bateau.*

presse-fruits [pʀɛsfʀɥi] n. m. inv. Ustensile pour presser les fruits et en extraire le jus.

pressentiment [pʀesɑ̃timɑ̃] n. m. Sentiment instinctif d'un événement à venir. Syn. prémonition. – De *pressentir.*

pressentir [pʀesɑ̃tiʀ] v. tr. [30] **1.** Prévoir confusément. *Pressentir sa fin.* **2.** Sonder les dispositions, les sentiments de. *Pressentir qqn. On l'a pressenti pour ce poste* : on l'a sondé pour savoir s'il serait prêt à l'occuper. – Lat. *præsentire*, de *sentire*, «sentir», et *præ*, «avant».

presse-papiers [pʀɛspapje] n. m. inv. Objet de poids qu'on pose sur des papiers pour qu'ils ne se dispersent pas.

presse-purée [pʀɛspyʀe] n. m. inv. Ustensile servant à faire des purées de légumes.

presser [pʀese] v. [1] **I.** v. tr. **1.** Serrer avec plus ou moins de force, comprimer (qqch) pour en faire sortir du liquide. *Presser une éponge, un citron.* **2.** Soumettre à l'action d'une presse, d'un pressoir, etc.; fabriquer au moyen d'une presse. *Presser des raisins. Presser un disque.* **3.** Appuyer sur. *Presser le bouton de la sonnette.* **4.** Poursuivre sans relâche. *Presser l'ennemi en déroute.* **5.** Hâter, précipiter. *Presser son départ.* ▷ Faire se hâter (qqn). *Qu'est-ce qui vous presse tant?* **6.** Tourmenter. *La faim le presse.* **7.** *Presser qqn de*, l'engager vivement à. *On me presse de conclure.* **II.** v. intr. Être urgent. *Dépêchez-vous, ça presse.* ▷ *Le temps presse* : il y a urgence. **III.** v. pron. **1.** Se serrer. *La foule se presse devant la porte.* **2.** Se hâter. *Se presser de faire qqch.* – Lat. pop. *pressare*, de *pressum*, supin de *premere*, même sens.

presse-raquette [pʀɛsʀakɛt] n. m. inv. Dispositif servant à maintenir la forme d'une raquette de tennis pendant les périodes où elle n'est pas utilisée.

presseur, euse [pʀesœʀ, øz] adj. et n. **1.** adj. Qui sert à exercer une pression. *Plateau, rouleau presseur.* **2.** n. Ouvrier, ouvrière qui fait marcher une presse. – De *presser.*

pressier [pʀesje] n. m. IMPRIM Ouvrier en charge d'une presse à bras. – De *presse.*

pressing [pʀesiŋ] n. m. (Anglicisme) **1.** Repassage des vêtements au moyen de presses chauffantes à vapeur. – Teinturerie. *Porter un complet au pressing.* **2.** SPORT Pression exercée sans relâche sur l'adversaire, dans les sports collectifs. – Mot angl. de *to press*, «presser».

pression [pʀesjɔ̃] n. f. **1.** Action de presser; force exercée par ce qui presse. *Subir la pression de la foule.* ▷ PHYS Action exercée par une force qui presse sur une surface donnée; mesure de cette force. *L'unité de mesure de la pression est le pascal.* – *Pression atmosphérique*, exercée par l'air atmosphérique. *Les zones où la pression est plus élevée que la moyenne correspondent à des anticyclones et, inversement, celles où elle est plus faible à des dépressions.* – *Sous pression* : à une pression supérieure à la pression atmosphérique. *Gaz sous pression.* – *Machine à vapeur sous pression*, qui est prête à fonctionner, la pression de la vapeur étant suffisante. – Fig. (En parlant d'une personne.) *Être sous pression* : être prêt à agir, à partir, etc.; être tendu nerveusement. *Cette longue attente l'avait mis sous pression.* ▷ *Pression artérielle* : pression du sang sur les parois des artères. *La pression artérielle maximale correspond à la systole, la pression minimale à la diastole.* (Des risques d'hypertension apparaissent au-delà de 16 cm de pression maximale et 9,5 cm de pression minimale.) **2.** Influence plus ou moins contraignante qui s'exerce sur qqn, tentative insistante de le persuader. *On a fait pression sur lui.* – Lat. *pressio*, de *premere.*

pressoir [pʀeswaʀ] n. m. **1.** Presse utilisée pour exprimer le jus ou l'huile de certains fruits. **2.** Bâtiment, lieu où se trouve le pressoir. – Bas lat. *pressorium*, de *premere*, «presser».

pressurage [pʀesyʀaʒ] n. m. TECH Opération qui consiste à pressurer (une substance, des fruits). – De *pressurer*; d'abord «droit féodal».

pressurer [pʀesyʀe] v. tr. [1] **1.** TECH Écraser au moyen du pressoir. *Pressurer des olives.* **2.** Fig. Accabler par de continuelles extorsions d'argent. – De *pressoir*; d'abord *pressoirer.*

pressureur, euse [pʀesyʀœʀ, øz] n. **1.** TECH Ouvrier, ouvrière qui utilise un pressoir. **2.** Fig. Personne qui pressure autrui. – De *pressurer.*

pressurisation [pʀesyʀizasjɔ̃] n. f. TECH Action de pressuriser; son résultat. – De *pressuriser.*

pressuriser [pʀesyʀize] v. tr. [1] TECH Maintenir (une enceinte, une installation, etc.) à la pression atmosphérique normale. – Pp. adj. *Cabine d'avion pressurisée.* – Angl. *to pressurize*, de *pressure*, «pression».

prestance [pʀestɑ̃s] n. f. Maintien imposant, plein d'élégance. – Lat. *præstantia*, «supériorité».

prestant [pʀestɑ̃] n. m. MUS Jeu d'orgue de quatre pieds, l'un des jeux principaux, sur lequel s'accordent tous les autres. – De l'ital. *prestante*, «excellent».

prestataire [pʀestatɛʀ] n. m. Personne qui fournit ou qui est soumise à une prestation. ▷ ECON *Prestataire de services* : entreprise ou personne qui fournit une prestation dans le secteur des services (sens III, 3). – De *prestation.*

prestation [pʀestasjɔ̃] n. f. **1.** Action de prêter (serment). *Prestation de serment d'un magistrat.* **2.** HIST *Prestation en nature* : corvée à laquelle étaient soumis les villageois pour l'entretien des chemins vicinaux, au XIXe s. **3.** Allocation versée par un organisme officiel. *Prestations de la Sécurité sociale.* **4.** Fig. (Emploi critiqué.) Spectacle que donne un artiste, un sportif lorsqu'il se produit en public. – Lat. jur. *præstatio*, de *præstare*, «fournir».

preste [pʀɛst] adj. Prompt et agile; vif dans ses déplacements, ses mouvements. – Ital. *presto*, «prompt», du bas lat. *præstus*, «prêt à».

prestement [pʀɛstəmɑ̃] adv. Vivement, promptement. – De *preste.*

prestesse [pʀɛstɛs] n. f. Litt. Vivacité, agilité, promptitude. – Ital. *prestezza.*

prestidigitateur, trice [pʀɛstidiʒitatœʀ, tʀis] n. Artiste qui fait des tours de prestidigitation; illusionniste. – De *preste,* et du lat. *digitus,* «doigt».

prestidigitation [pʀɛstidiʒitasjɔ̃] n. f. Art de produire des illusions au moyen de trucages, de manipulations d'objets que l'on fait apparaître ou disparaître; ces tours eux-mêmes. – De *prestidigitateur.*

prestige [pʀɛstiʒ] n. m. **1.** Vx Illusion, prodige. **2.** Séduction, attrait qui frappe l'imagination et qui inspire la considération, l'admiration. *Le prestige de la culture. Être sensible au prestige de l'uniforme.* – Lat. *præstigium,* «artifice, illusion».

prestigieux, euse [pʀɛstiʒjø, øz] adj. **1.** Vx Prodigieux. **2.** Qui a du prestige. *Un artiste prestigieux.* – Bas lat. *præstigiosus.*

prestissimo [pʀɛstisimo] adv. MUS Très rapidement. – n. m. *Des prestissimo(s).* – Mot ital., superl. de *presto.*

presto [pʀɛsto] adv. **1.** MUS Rapidement. – n. m. *Des presto(s).* **2.** Fam. Vite. *Illico presto, subito presto.* – Mot ital.

présumable [pʀezymabl] adj. Que l'on peut présumer. – De *présumer.*

présumé, ée [pʀezyme] adj. Cru par supposition, censé, réputé. *Rendement présumé d'une machine.* – Pp. de *présumer.*

présumer [pʀezyme] v. [1] **I.** v. tr. dir. **1.** Regarder comme. *La loi présume innocent l'accusé tant qu'il n'est pas déclaré coupable.* **2.** Juger par conjecture, croire, supposer. *Je présume qu'il a raison.* **II.** v. tr. indir. *Présumer de* : avoir une opinion trop avantageuse de. *Présumer de ses forces.* – Lat. *præsumere,* «prendre d'avance», fig. «conjecturer».

présupposé, ée [pʀesypoze] adj. Supposé préalablement. ▷ n. m. *Votre raisonnement est fondé sur des présupposés inexacts.* – Pp. de *présupposer.*

présupposer [pʀesypoze] v. tr. [1] **1.** Supposer préalablement. *Vous présupposez l'innocence de l'accusé.* **2.** Nécessiter préalablement ou logiquement. *L'étude de la physiologie présuppose celle de l'anatomie.*

présupposition [pʀesypozisjɔ̃] n. f. Supposition préalable. – De *présupposer.*

présure [pʀezyʀ] n. f. Matière sécrétée par la caillette des jeunes ruminants, contenant une enzyme qui fait cailler le lait; cette enzyme. – Du lat. pop. *pre(n)sura,* de *prendere,* «prendre».

présurer [pʀezyʀe] v. tr. [1] TECH *Présurer du lait,* le faire cailler avec de la présure. – De *présure.*

1. prêt [pʀɛ] n. m. **1.** Action de prêter. ▷ DR et cour. Contrat par lequel une chose est prêtée. *Un prêt à long terme. Prêt-relais* : prêt à court terme accordé dans l'attente d'un crédit à plus long terme. **2.** Chose prêtée. *Rembourser un prêt.* – Déverbal de *prêter.*

2. prêt, prête [pʀɛ, pʀɛt] adj. Disposé, préparé. *Le dîner est prêt. Il est prêt à partir. Elle est prête à tout pour réussir.* – Du lat. pop. *præstus,* class. *præsto,* adv., «à portée de main».

prêtable [pʀɛtabl] adj. Qui peut être prêté. – De *prêter.*

pretantaine. V. prétentaine.

prêt-à-porter [pʀɛtapɔʀte] n. m. Les vêtements de confection (par oppos. aux vêtements *sur mesure*). *Des prêts-à-porter.* – De *prêt, à,* et *porter.*

prêté, ée [pʀete] adj. et n. m. **1.** adj. Qui a fait l'objet d'un prêt. *Un objet prêté.* **2.** n. m. (En loc.) *C'est un prêté (pour un) rendu,* se dit de justes représailles. – Pp. de *prêter.*

prétendant, ante [pʀetɑ̃dɑ̃, ɑ̃t] n. **1.** Personne qui prétend, qui aspire à (qqch). **2.** Personne qui prétend avoir des droits à un trône. **3.** n. m. Homme qui espère épouser une femme. *Les prétendants de Pénélope.* – Ppr. subst. de *prétendre.*

prétendre [pʀetɑ̃dʀ] v. [6] **I.** v. tr. **1.** Demander, revendiquer de. *Il prétend commander ici.* **2.** Affirmer, soutenir (qqch de contestable). *Il prétend que j'ai menti.* **II.** v. tr. indir. *Prétendre à* : aspirer à (ce à quoi l'on estime avoir droit). *Il prétend aux honneurs.* **III.** v. pron. Se donner, se faire passer pour. *Il se prétend malade.* – Du lat. *prætendere,* «tendre en avant, présenter».

prétendu, ue [pʀetɑ̃dy] adj. Que l'on prétend tel; douteux, faux. – Pp. de *prétendre.*

prétendument [pʀetɑ̃dymɑ̃] adv. Faussement, à tort. – De *prétendu.*

prête-nom [pʀɛtnɔ̃] n. m. Celui dont le nom apparaît dans un acte où le véritable contractant ne veut pas faire figurer le sien. *Des prête-noms.* – De *prêter,* et *nom.*

prétentaine [pʀetɑ̃tɛn] ou **pretantaine** [pʀətɑ̃tɛn] n. ff. (En loc.) *Courir la prétentaine* : vagabonder; multiplier les aventures galantes. – P.-ê. norm. *pertintaille* (V. prétintaille), et *-taine* (d'après les refrains *tontaine, dondaine*).

prétentiard, arde [pʀetɑ̃sjaʀ, aʀd] adj. et n. Fam., péjor. Syn. de *prétentieux.*

prétentieusement [pʀetɑ̃sjøzmɑ̃] adv. D'une façon prétentieuse. – De *prétentieux.*

prétentieux, euse [pʀetɑ̃sjø, øz] adj. et n. Qui a une trop haute opinion de soi-même; présomptueux, vaniteux. *Un parvenu prétentieux.* – Subst. *Quel prétentieux celui-là!* ▷ Plein de prétention; qui dénote la prétention. *Allure, ton prétentieux.* – De *prétention.*

prétention [pʀetɑ̃sjɔ̃] n. f. **1.** Droit que l'on a, ou que l'on croit avoir, d'aspirer à une chose; exigence. *Rabattre de ses prétentions.* ▷ Visée, espérance. *Sa prétention à l'élégance est vraiment ridicule.* **2.** Fait d'être prétentieux; présomption, suffisance. – Du lat. *prætentus,* pp. de *prætendere,* «mettre en avant».

prêter [pʀete] v. [1] **I.** v. tr. dir. **1.** Remettre (une chose) à (qqn) à condition qu'il la rende; mettre provisoirement à la disposition de (qqn). *Il lui a prêté sa bicyclette.* ▷ Loc. *Prêter aide, secours à qqn,* lui porter assistance. *Prêter main-forte à qqn,* l'aider. *Prêter l'oreille* : écouter. *Prêter attention* : être attentif. *Prêter sa voix, sa plume à qqn,* parler, écrire pour lui. *Prêter serment* : faire serment (devant un tribunal, en partic.). **2.** Attribuer (qqch d'abstrait). *Il lui prête des qualités qu'il n'a pas.* **II.** v. tr. indir. Donner prise, donner matière à. *Prêter à la critique, à la censure, à des interprétations malignes. Son attitude prête à rire.* **III.** v. intr. S'étendre aisément. *Cuir qui prête.* **IV.** v. pron. *Se prêter à.* **1.** Accepter, consentir à. *Prêtez-vous à cet accord.* **2.** Aller bien, convenir à. – Lat. *præstare,* «mettre à la disposition», bas lat. «fournir sous forme de prêt».

prétérit [pʀeteʀit] n. m. GRAM Forme verbale qui exprime le passé. *Le prétérit en anglais correspond au passé simple et à l'imparfait en français.* – Lat. *præteritum,* de *præterire,* «laisser en arrière, passer».

prétérition [pʀeteʀisjɔ̃] n. f. RHET Figure qui consiste à dire qqch en déclarant que l'on se gardera de le dire (ex. *inutile de vous dire que... Je n'ai pas besoin de vous présenter monsieur Untel*). – Bas lat. *præteritio,* «omission», de *præterire.*

préteur [pʀetœʀ] n. m. ANTIQ ROM Magistrat dont le rang venait immédiatement après celui de consul. – Lat. *prætor.*

prêteur, euse [pʀɛtœʀ, øz] n. et adj. Personne qui prête de l'argent à intérêt. *Un prêteur sur gages.* ▷ Adj. *«La fourmi n'est pas prêteuse» (La Fontaine).* – De *prêter.*

1. prétexte [pʀetɛkst] n. m. Raison alléguée pour cacher le véritable motif d'un dessein, d'une action. ▷ Loc. prép. *Sous prétexte de :* en donnant comme prétexte, comme motif. – Lat. *prætextus.*

2. prétexte [pʀetɛkst] adj. et n. f. ANTIQ ROM *Toge prétexte* ou, n. f., *la prétexte :* toge blanche bordée de pourpre portée par les enfants de moins de seize ans et les magistrats supérieurs. – Du lat. *prætexta (toga),* «(toge) bordée (de pourpre)», de *prætexere,* «border».

prétexter [pʀetɛkste] v. tr. [1] Donner comme prétexte. – De *prétexte* 1.

pretintaille [pʀetɛ̃taj] n. f. Anc. Ornement en découpure que les femmes mettaient sur leurs robes, au XVIIIe s. ▷ Fig., vx Futilité. – Du norm. *pertintaille,* «collier de cheval à grelots».

pretium doloris [pʀesjɔmdɔlɔʀis] n. m. DR Dommages et intérêts accordés par les tribunaux à titre de réparation de la douleur physique ou morale. – Loc. lat., «prix de la douleur».

prétoire [pʀetwaʀ] n. m. **1.** ANTIQ ROM Tente que le général occupait dans un camp. ▷ Tribunal du préteur. ▷ Camp de la garde prétorienne. **2.** Mod. Salle d'audience d'un tribunal. – Lat. *prætorium.*

prétorial, ale, aux [pʀetɔʀjal, o] adj. Qui concerne le prétoire. *Palais prétorial.* – De *prétoire.*

prétorien, enne [pʀetɔʀjɛ̃, ɛn] adj. et n. m. **1.** ANTIQ ROM adj. Relatif au préteur. *Garde prétorienne :* garde personnelle des empereurs romains, par ext. d'un dictateur. ▷ n. m. Soldat de la garde prétorienne. **2.** n. m. Fig., péjor. Soldat partisan de la dictature. – Lat. *prætorianus.*

prétraité, ée [pʀetʀete] adj. Qui a subi un premier traitement. *Bois prétraité. Riz prétraité.*

prêtre [pʀɛtʀ] n. m. **1.** Celui qui exerce un ministère sacré, qui préside aux cérémonies d'un culte. ▷ *Grand prêtre* (ou *grand-prêtre*) : chef de la caste sacerdotale chez les Hébreux. **2.** Celui qui a reçu le deuxième ordre majeur catholique. *Être ordonné prêtre.* – *Prêtre libre,* non attaché à une paroisse. – *Prêtre habitué,* attaché à une paroisse, sans titre canonique. – *Prêtre ouvrier,* auj. *prêtre au travail :* prêtre qui partage intégralement la vie des travailleurs. – Du lat. chrétien *presbyter,* «prêtre», de *presbus,* «âgé»; empr. au gr. *presbuteros,* «ancien».

prêtresse [pʀɛtʀɛs] n. f. Femme, jeune fille célébrant le culte d'une divinité (dans les religions païennes). – Fém. de *prêtre.*

prêtrise [pʀɛtʀiz] n. f. Dignité de prêtre. ▷ *Spécial.* Deuxième ordre majeur de la religion catholique. – De *prêtre.*

préture [pʀetyʀ] n. f. ANTIQ ROM **1.** Charge de préteur. **2.** Durée de cette charge. – Lat. *prætura.*

preuve [pʀœv] n. f. **1.** Information, raisonnement destiné à établir la vérité (d'une proposition, d'un fait). *Donner des preuves rigoureuses de ce qu'on avance. Faire la preuve d'une opération,* en vérifier le résultat par une autre opération. *Preuve par neuf :* V. neuf. – Loc. fam. *À preuve que... :* la preuve en est que... ▷ DR Démonstration dans les formes requises de l'existence d'un fait ou d'un acte juridique. *Être acquitté faute de preuves. Jusqu'à preuve du contraire :* en attendant qu'on démontre le contraire. ▷ Fam. *La preuve... Il ne se sent pas bien; la preuve, il n'a pas mangé depuis hier.* **2.** Marque, signe. *Chez lui, la colère est une preuve de fatigue.* **3.** *Faire preuve de :* montrer. *Faire preuve d'indifférence.* – *Faire ses preuves :* montrer ses capacités. – Déverbal de *prouver.*

preux [pʀø] n. m. HIST Chevalier. – adj. m. Brave et vaillant. *Un preux chevalier.* – Du bas lat. *prode,* «utile», de *prodesse,* «être utile».

prévalence [pʀevalɑ̃s] n. f. MED Nombre de cas d'une maladie ou d'un événement (accident, suicide, etc.) pour une population, à un moment ou pour une période donnés. – De l'angl. *prevalence,* «fréquence», lat. *prævalentia.*

prévaloir [pʀevalwaʀ] **1.** v. intr. [45] Litt. (Choses) Être supérieur, meilleur; l'emporter. *Sa solution a prévalu sur les autres.* **2.** v. pron. (Personnes) Faire valoir (qqch). – Tirer vanité. *Se prévaloir de ses relations.* – Lat. *prævalere.*

prévaricateur, trice [pʀevaʀikatœʀ, tʀis] adj. et n. DR ou litt. Qui prévarique. *Ministre prévaricateur.* – Lat. *prævaricator.*

prévarication [pʀevaʀikasjɔ̃] n. f. DR ou litt. Fait de prévariquer. *Accuser un fonctionnaire de prévarication,* de détournement de fonds. – Lat. *prævaricatio.*

prévariquer [pʀevaʀike] v. intr. [1] DR Rare Manquer par mauvaise foi, par intérêt, aux devoirs de sa charge. – Lat. jurid. *prævaricari,* «s'écarter de la ligne droite, entrer en collusion avec la partie adverse».

prévenance [pʀevnɑ̃s] n. f. Fait de prévenir les désirs de qqn. *Il est plein de prévenances pour sa famille.* Syn. attention, délicatesse. – De *prévenant.*

prévenant, ante [pʀevnɑ̃, ɑ̃t] adj. Qui prévient les désirs des autres. *Il est très prévenant avec elle.* – Ppr. de *prévenir* 2.

1. prévenir [pʀevniʀ] v. tr. [36] (Le comp. désigne une personne.) **1.** Informer par avance, avertir. *Préviens-nous de ton arrivée.* **2.** Informer (d'un fait), alerter. *En cas d'accident, prévenir le gardien.* **3.** (Surtout au pp.) *Prévenu en faveur de, contre (qqn, qqch) :* qui a une opinion favorable, défavorable sur (qqn, qqch). – Absol. *Des juges prévenus.* – Lat. *prævenire,* «prendre les devants».

2. prévenir [pʀevniʀ] v. tr. [36] (Le comp. désigne une chose.) **1.** Prendre des précautions pour empêcher. *Prévenir une attaque ennemie. Prévenir une objection,* y répondre par avance. ▷ (S. comp.) Prov. *Mieux vaut prévenir que guérir.* **2.** *Prévenir les désirs, les souhaits de qqn,* les satisfaire avant qu'ils n'aient été exprimés. – V. prévenir 1.

préventif, ive [pʀevɑ̃tif, iv] adj. **1.** Qui a pour but de prévenir (sens 2), d'empêcher. **2.** *Détention préventive :* incarcération avant un jugement. Syn. prévention (sens 3). – Du lat. *præventum,* pp. de *prævenire,* «prendre les devants».

prévention [pʀevɑ̃sjɔ̃] n. f. **1.** Ensemble de mesures, organisation, destinées à prévenir certains risques. *Prévention routière.* **2.** Opinion favorable ou (plus souvent) défavorable avant examen. *Avoir des préventions contre qqn.* **3.** DR Temps passé en prison avant un jugement. – Bas lat. *præventio,* «action de devancer».

préventivement [pʀevɑ̃tivmɑ̃] adv. À titre préventif. *Se garantir préventivement contre un risque.* – De *préventif.*

préventorium [pʀevɑ̃tɔʀjɔm] n. m. Établissement où l'on traite les personnes atteintes de primo-infection tuberculeuse et les convalescents relevant de certaines maladies. *Des préventoriums.* – Du lat. *præventus,* d'ap. *sanatorium.*

prévenu, ue [pʀevny] n. DR Personne qui comparaît devant un tribunal pour répondre d'un délit. – Pp. de *prévenir.*

prévisibilité [pʀevizibilite] n. f. Caractère de ce qui est prévisible. – De *prévisible.*

prévisible [pʀevizibl] adj. Qui peut être prévu. *Son échec était prévisible.* – De *prévoir,* d'ap. *visible.*

prévision [pʀevizjɔ̃] n. f. **1.** Action de prévoir. *Lancer un projet sans prévision de ses conséquences.* ▷ *En prévision de :* en prévoyant, parce que l'on prévoit. **2.** Ce qui est prévu. *Prévisions météorologiques.* – Bas lat. *prævisio.*

prévisionnel, elle [pʀevizjɔnɛl] adj. Didac. Fait par prévision. *Budget prévisionnel.* – De *prévision.*

prévisionniste [pʀevizjɔnist] n. ECON Spécialiste de la prévision, notam. économique. – De *prévision.*

prévoir [pʀevwaʀ] v. tr. [42] **1.** Se représenter à l'avance (une chose probable). *Qui pouvait prévoir ce qui se passerait après les élections ?* **2.** Envisager. *Il prévoit de rentrer le 15 août.* – Prendre des dispositions pour. *Les juristes n'ont pas prévu cette éventualité.* – Organiser à l'avance. *L'organisateur avait tout prévu lui-même.* ▷ Pp. adj. *Les conséquences prévues.* – Fam. *Tout s'est déroulé comme prévu.* – Lat. *prævidere,* francisé d'ap. *voir.*

prévôt [pʀevo] n. m. **1.** Anc. Titre de certains magistrats. *Prévôt des marchands.* **2.** Mod. Officier de gendarmerie exerçant un commandement dans une prévôté. **3.** *Prévôt d'armes :* aide d'un maître d'armes (escrimeur). – Du lat. *præpositus,* « chef, officier, préposé ».

prévôté [pʀevote] n. f. **1.** Anc. Juridiction de prévôt ; territoire où elle s'exerçait. **2.** Mod. Formation de gendarmerie qui joue le rôle de police militaire (notam. en temps de guerre) dans la zone des armées et en territoire étranger occupé. – De *prévôt.*

prévoyance [pʀevwajɑ̃s] n. f. Qualité de celui qui prévoit. – De l'a. fr. *pourvoyance,* d'ap. *prévoir.*

prévoyant, ante [pʀevwajɑ̃, ɑ̃t] adj. Qui fait preuve de prévoyance. – Ppr. de *prévoir.*

priapisme [pʀiapism] n. m. MED Érection prolongée et douloureuse qui est souvent le symptôme d'une maladie. – Gr. *priapismos* ; lat. méd. *priapismus,* de *Priapos,* « Priape », dieu de la Fécondité.

prie-Dieu [pʀidjø] n. m. inv. Siège bas sur lequel on s'agenouille pour prier et dont le dossier forme accoudoir. – De *prier,* et *Dieu.*

prier [pʀije] v. tr. [2] **1.** S'adresser à (Dieu, une divinité, un être surnaturel) par des pensées exprimées ou non, pour l'adorer, lui demander une grâce, etc. *Prier Dieu, les saints, la Vierge Marie, Allah.* – Absol. *Je prie pour que tu réussisses.* ▷ v. intr. *Une femme priait dans la chapelle.* – *Prier pour qqn :* en faveur de qqn. **2.** Supplier vivement (qqn). *Elle m'a prié de tout faire pour retrouver son fils.* ▷ *Se faire prier :* n'accepter de faire qqch qu'après de longues sollicitations. *Il ne se fera pas prier :* il acceptera volontiers. **3.** (Formules de politesse.) *Je vous prie de bien vouloir passer à mon domicile. Approchez-vous, je vous prie,* s'il vous plaît. – « *Merci, vous êtes gentil.* – *Je vous en prie* », c'est tout naturel. **4.** Ordonner. *Il le pria de se taire. Cessez, je vous prie.* **5.** Vieilli Inviter. *Prier qqn à déjeuner.* – Du lat. class. *precari,* bas lat. *precare.*

prière [pʀijɛʀ] n. f. **1.** Fait de prier Dieu, une divinité. *Faire une prière à Vénus.* **2.** Texte convenu que l'on récite pour prier. *Réciter ses prières.* **3.** Litt. Demande faite instamment. *Il est resté sourd à leurs prières.* ▷ *Prière de :* vous êtes prié de. *Prière de ne pas fumer.* – Du lat. médiév. *precaria,* fém. de *precarius,* « donné par complaisance ».

prieur, eure [pʀijœʀ] n. Religieux, religieuse qui dirige certains monastères. – Du lat. *prior,* « premier de deux, supérieur », spécialisé en lat. ecclés.

prieuré [pʀijœʀe] n. m. **1.** Communauté religieuse dirigée par un prieur ou une prieure. **2.** Maison d'un prieur. – De *prieur.*

prima donna [pʀimadɔna] n. f. Principale cantatrice d'un opéra. – Plur. inv. *Des prima donna* ou, plur. ital., *des prime donne* [primedɔne] – Mots ital., « première dame ».

primage [pʀimaʒ] n. m. TECH Entraînement de fines gouttelettes d'eau par la vapeur d'une chaudière. – Mot angl., de *to prime,* « amorcer ».

primaire [pʀimɛʀ] adj. et n. **1.** Qui vient en premier, au commencement, à la base. *Couleur primaire :* V. encycl. couleur. ▷ *Une élection primaire* ou, n. f., *une primaire :* dans certains États des États-Unis, préélection destinée à désigner des candidats aux élections proprement dites. **2.** Du premier degré. *École primaire,* entre l'école maternelle et la sixième. ▷ n. m. *Les enfants du primaire.* **3.** Simpliste, un peu borné. *Anticonformisme primaire.* ▷ n. m. *Un primaire :* un individu aux réactions immédiates et impulsives. **4.** GEOL *Ère primaire* ou, n. m., *le primaire :* la plus ancienne des ères géologiques (approximativement de – 600 millions d'années à – 230 millions d'années), au cours de laquelle se sont formés les terrains sédimentaires contenant les plus anciens fossiles connus. (Six périodes : *cambrien, ordovicien, silurien, dévonien, carbonifère* et *permien.*) **5.** ELECTR *Circuit primaire* ou, n. m., *un primaire :* dans un transformateur, circuit, alimenté par le générateur, qui cède sa puissance au second circuit *secondaire* alimentant le récepteur. **6.** TECH *Circuit primaire,* qui relie la chaufferie aux sous-stations de chauffage. **7.** ECON *Secteur primaire* ou, n. m., *le primaire :* ensemble des activités qui produisent des matières premières (agriculture, pêche, extraction de minerais, etc.). – Lat. *primarius,* « du premier rang ».

primal, ale [pʀimal] adj. PSYCHO *Cri primal* ou *thérapie primale :* nom donné à une technique psychothérapeutique née en 1967, qui consiste à faire revivre au malade des scènes dites primales où il a ressenti un sentiment de frustration de ses besoins réels qui serait à l'origine de ses troubles névrotiques. – De *prime* 1.

primarité [pʀimaʀite] n. f. Didac. Caractère de ce qui est primaire. ▷ PSYCHO Caractéristique de certains sujets chez lesquels l'effet des représentations est immédiat et sans retentissement ultérieur. – De *primaire.*

1. primat [pʀima] n. m. PHILO Supériorité. Syn. primauté. *Le primat de la volonté.* – Mot all., du lat. *primatus,* « premier rang, prééminence ».

2. primat [pʀima] n. m. RELIG **1.** Anc. Prélat ayant autorité sur plusieurs archevêques. **2.** Mod. Titre honorifique donné à certains archevêques. – Lat. imp. *primas, primatis,* « qui est au premier rang », de *primus,* « premier ».

primate [pʀimat] n. m. **1.** ZOOL n. m. pl. *Les primates :* ordre de mammifères placentaires dont les extrémités des membres portent cinq doigts, terminés par des ongles. – Sing. *Un primate.* **2.** Fam. Homme grossier. – Du lat. imp. *primas, primatis,* « qui est au premier rang ».
ENCYCL Les primates sont les animaux les plus évolués : leur cerveau comporte de nombreuses circonvolutions. Les primates se divisent en deux sous-ordres : les *prosimiens* (lémuriens, tarsiens, toupayes et loris) et les *anthropoïdes* (singes et hominiens).

primatie [pʀimasi] n. f. **1.** RELIG Dignité de primat. **2.** Étendue de territoire relevant d'un primat. – De *primat.*

primature [pʀimatyʀ] n. f. Fam. Ensemble des services du Premier ministre.– Du lat. *primas, primatis,* « qui est au premier rang ».

primauté [pʀimote] n. f. Prééminence, premier rang. *La primauté du débat électoral sur les autres nouvelles.* – *La primauté du pape,* son autorité suprême. – Du lat. *primus,* « premier ».

1. prime [pʀim] adj. et n. f. **I.** adj. **1.** Loc. *De prime abord :* à première vue. – *La prime jeunesse :* le plus jeune âge. **2.** Se dit d'une lettre affectée d'un signe en forme d'accent supérieur droit. *A'* (A prime). **II.** n. f. **1.** LITURG CATHOL Première des heures canoniales (6 heures). **2.** SPORT En escrime, l'une des positions de l'épée. – Du lat. *primus,* « premier ».

2. prime [prim] n. f. **1.** Cadeau offert à un acheteur. ▷ Fig. *En prime :* en plus. **2.** Somme accordée à titre d'encouragement ou d'indemnité. ▷ Fig. Encouragement. *Cette mesure fiscale est une prime à la spéculation.* **3.** Somme due par l'assuré à sa compagnie d'assurances. *Prime d'assurance.* **4.** *Prime d'émission :* somme qu'un souscripteur d'actions doit payer en plus du nominal quand il achète des actions nouvellement émises. ▷ *Prime de remboursement :* différence entre la valeur de remboursement d'une obligation et sa valeur de souscription. **5.** Loc. *Faire prime :* être très recherché, très estimé. – Empr. à l'angl. *premium,* du lat. *præmium,* «prix, récompense».

1. primer [prime] v. tr. [1] Litt. Être plus important. *L'intérêt de ce travail prime sa rémunération.* ▷ (S. comp.) *Chez lui, la sensibilité prime.* – De *prime* 1.

2. primer [prime] v. tr. [1] Accorder une prime, une récompense à. – (Surtout au passif et au pp.) *Ce taureau a été primé au concours agricole. Un concours primé.* – De *prime* 2.

primerose [primroz] n. f. Syn. de *rose trémière.* – De *prime* 1, et *rose.*

primesautier, ère [primsotje, ɛr] adj. Litt. Qui agit de son premier mouvement, sans réflexion préalable. *Un esprit primesautier.* Syn. spontané. – Réfection de l'a. fr. *prinsaltier, prinsautier;* d'après l'anc. loc. *prime-saut,* «d'un bond», d'où *primesaut,* «action spontanée».

prime time [primtajm] n. m. (Anglicisme) À la télévision, tranche horaire de grande écoute du début de soirée. – Mot angl.

primeur [primœr] n. f. Vx ou en loc. Caractère de ce qui est nouveau. *Avoir la primeur de* (qqch) : être le premier à recevoir (qqch). ▷ *Vin (de) primeur :* vin de l'année élaboré rapidement et devant être bu jeune. – De *prime* 1.

primeuriste [primœrist] n. AGRIC ou COMM Producteur ou grossiste de primeurs. – De *primeurs.*

primeurs [primœr] n. f. pl. Fruits et légumes vendus avant la saison normale. – De *primeur.*

primevère [primvɛr] n. f. Plante herbacée (genre *Primula,* fam. primulacées) à floraison précoce, dont les feuilles ovales ont un pétiole court et dont les fleurs, de couleurs variées, sont groupées en ombelle. (*Primula officinalis* est le coucou.) – Empl. fig. de l'a. fr. *primevoire,* «printemps», du lat. pop. *prima vera,* class. *primum ver,* «premières manifestations du printemps».

primipare [primipar] adj. et n. f. Qui accouche ou qui met bas pour la première fois (par oppos. à *multipare* et à *nullipare*). – Lat. *primipara,* de *parere,* «enfanter».

primitif, ive [primitif, iv] adj. et n. **I.** adj. **1.** Qui est le plus ancien, le premier, le plus près de l'origine. *État primitif d'un instrument, d'un appareil. Église primitive. L'homme primitif,* tel qu'il apparut à l'origine. **2.** OPT *Couleurs primitives :* les sept couleurs du spectre de la lumière. **3.** GRAM *Temps primitifs d'un verbe :* formes du verbe dont on peut dériver toutes les autres. **4.** MATH *Fonction primitive* ou, n. f., *la primitive d'une fonction f(x) :* fonction F(x) dont la fonction f(x) est la dérivée. *La primitive d'une fonction n'est définie qu'à une constante près.* **5.** ANTHROP Se dit des sociétés, des peuples qui ne connaissent pas l'écriture et ne pratiquent ni culture ni élevage. *Système économique primitif.* ▷ Subst. Vieilli *Les primitifs d'Amazonie.* **6.** Peu élaboré, fruste. Syn. rudimentaire. *Outil primitif.* **II.** n. m. Bx-A Artiste (peintre surtout) de la période qui a précédé immédiatement la Renaissance. *Primitifs italiens.* – Lat. *primitivus,* «qui naît le premier», de *primus.*

primitivement [primitivmɑ̃] adv. À l'origine. – De *primitif* 1.

primitivisme [primitivism] n. m. **1.** ANTHROP État, caractère d'une société primitive. **2.** Bx-A Manière, style artistique s'inspirant directement des primitifs. – De *primitif.*

primo [primo] adv. En premier lieu, premièrement. – Mot lat., «d'abord», de *primus,* «premier».

primogéniture [primoʒenityr] n. f. DR Priorité de naissance ouvrant droit à certaines prérogatives. *Succession par ordre de primogéniture.* – Du lat. *primogenitus,* «premier-né».

primo-infection [primoɛ̃fɛksjɔ̃] n. f. MED Première infection par un microorganisme (bacille de Koch, notam.). *Des primo-infections.* – De *primo,* et *infection.*

primordial, ale, aux [primɔrdjal, o] adj. Capital, essentiel. *La lumière joue un rôle primordial dans la croissance des plantes.* – Lat. *primordialis,* de *primordium,* «commencement».

primulacées [primylase] n. f. pl. BOT Famille de plantes herbacées dicotylédones gamopétales, comprenant la primevère, le cyclamen, le mouron, etc. – Sing. *Une primulacée.* – Du lat. sc. *primula,* «primevère», de *primulus,* «qui commence», dimin. de *primus.*

prince [prɛ̃s] n. m. **1.** Souverain ou membre d'une famille souveraine. *Le prince Édouard d'Angleterre.* – Loc. (hist.) *Le fait du prince :* acte arbitraire du gouvernement. ▷ *Prince du sang :* membre de la proche famille royale. – *Prince consort* (V. ce mot). **2.** Haut titre de noblesse. *Ney, prince de la Moskova.* **3.** Loc. fig. *Le prince des ténèbres :* le diable. *Vivre en prince,* richement. – Fig. *Être bon prince :* se montrer généreux. – Du lat. *princeps,* «premier», puis «chef, empereur».

prince-de-galles [prɛ̃sdəgal] n. m. inv. Tissu fabriqué selon les mêmes principes que les tissus écossais, mais avec des fils aux teintes peu nombreuses et discrètes. ▷ (En appos.) *Un costume prince-de-galles.* – De *prince de Galles,* titre du fils aîné du roi d'Angleterre.

princeps [prɛ̃sɛps] adj. Didac. Se dit de l'édition originale d'un ouvrage. *Édition princeps.* – Mot lat., «premier».

princesse [prɛ̃sɛs] n. f. **1.** Fille ou femme d'un prince. **2.** Rare Souveraine d'un pays. **3.** Loc fig. et fam. *Aux frais de la princesse :* tous frais payés par l'État, par une société, etc. – *Prendre des airs de princesse, faire la (sa) princesse :* prendre de grands airs, être dédaigneuse. – Fém. de *prince.*

princier, ère [prɛ̃sje, ɛr] adj. **1.** Litt. De prince, de princesse. *Décision princière.* **2.** Digne d'un prince, somptueux. *Goûts princiers.* – De *prince.*

princièrement [prɛ̃sjɛrmɑ̃] adv. De façon princière. – De *princier.*

1. principal, ale, aux [prɛ̃sipal, o] adj. et n. **I.** adj. **1.** Qui est le plus important, le plus grand, le premier, etc., parmi d'autres. *Le principal témoin. La raison principale de son départ.* ▷ n. m. Ce qui est le plus important. *Le principal, c'est que vous veniez.* **2.** GRAM *Proposition principale* ou n. f., *une principale :* proposition qui ne dépend d'aucune autre et dont dépendent des subordonnées. **3.** PHYS *Axe principal :* axe de révolution d'un système optique centré. ▷ *Axes principaux d'inertie :* axes de l'ellipsoïde d'inertie en un point d'un solide. **II.** n. m. **1.** Vx Le capital d'une dette. **2.** DR Ce qui constitue l'objet essentiel d'une action en justice. **3.** FIN Montant originaire d'un impôt, avant le calcul des décimes et des centimes additionnels. **4.** MUS Un des jeux de l'orgue. – Lat. *principalis,* «principal, du prince», de *princeps.*

2. principal, ale [prɛ̃sipal] n. **1.** Vieilli Celui qui dirige un collège. Syn. mod. directeur, directrice. **2.** n. m. Chef des clercs dans une étude de notaire. – De *principal* 1.

principalement [prɛ̃sipalmɑ̃] adv. Particulièrement, surtout. – De *principal* 1.

principauté [pʀɛ̃sipote] n. f. **1.** Petit État gouverné par un prince. **2.** THEOL *Principautés* : premier chœur de la troisième hiérarchie des anges. – De prince, d'ap. l'a. fr. *principaltie*, «puissance».

principe [pʀɛ̃sip] n. m. **I. 1.** Origine, cause première. *Vouloir remonter au principe des choses.* **2.** Loi générale, non démontrée, mais vérifiée expérimentalement. *Le principe de Carnot, en thermodynamique.* – Proposition, donnée fondamentale sur laquelle on établit un système. **3.** Fondement théorique du fonctionnement d'une chose. *Principe de la machine à vapeur. Reposer sur un principe simple.* **4.** (Plur.) Premiers rudiments (d'un art, d'une science). *Les principes de la géométrie.* **II. 1.** Règle de conduite. *Principe de morale. Il a pour principe de ne rien demander à personne. Partir du principe que... Faire qqch pour le principe,* pour se conformer à ses principes, indépendamment du résultat. **2.** (Plur.) Convictions morales. *Être fidèle à ses principes. Avoir des principes* : observer scrupuleusement les règles de conduite qu'on s'est fixées. ▷ Fig. *Être à cheval* sur les principes.* **III.** Loc. *En principe* : théoriquement. – *Par principe* : en vertu d'une décision a priori. – Lat. *principium*, «commencement, origine».

printanier, ère [pʀɛ̃tanje, ɛʀ] adj. **1.** Relatif au printemps. *Le renouveau printanier. Fleurs, feuilles printanières.* **2.** Qui convient au printemps, clair, gai. *Robe printanière.* – De *printemps.*

printanisation [pʀɛ̃tanizasjɔ̃] n. f. AGRIC Syn. rare de *vernalisation.* – De *printemps.*

printemps [pʀɛ̃tɑ̃] n. m. **1.** Première des quatre saisons, entre l'hiver et l'été, du 21 mars au 21 juin environ dans l'hémisphère Nord. **2.** Fig., litt. *Au printemps de la vie* : dans la jeunesse. **3.** Fig., litt., vieilli Année. *Elle entrait dans son seizième* ou, par plaisant., *dans son soixante-dixième printemps.* – Du lat. *primus tempus*, «premier temps».

prion [pʀijɔ̃] n. f. BIOL Particule protéique infectieuse minuscule impliquée dans plusieurs maladies neurologiques et dont la nature fait l'objet de recherches. – De *pr(otéine)*, d'après *virion.*

priori (a). V. a priori.

prioritaire [pʀijɔʀitɛʀ] adj. Qui a la priorité. *Message prioritaire.* ▷ Subst. *Les prioritaires doivent être munis d'une carte.* – De *priorité.*

prioritairement [pʀijɔʀitɛʀmɑ̃] adv. En priorité. – De *prioritaire.*

priorité [pʀijɔʀite] n. f. **1.** Importance qu'on donne à une chose, au point de la faire passer en premier. *La priorité sera accordée aux questions diplomatiques.* ▷ Loc. *En priorité, par priorité* : en premier lieu. **2.** Droit de passer avant les autres. *Les mutilés ont la priorité sur les autres voyageurs.* – *Spécial.* (dans la circulation automobile). *Respecter la priorité à droite.* – Lat. scolast. *prioritas.*

pris, prise [pʀi, pʀiz] adj. **1.** Attrapé, saisi. *Pas vu, pas pris. Être pris par surprise.* – Atteint. *Pris de fièvre. Pris de boisson* : ivre. **2.** Qui a épaissi, s'est figé. *Lait pris,* caillé. ▷ Gelé. *La rivière est prise.* **3.** Qui est retenu par ses occupations. *Être pris toute la journée.* – (Choses) Occupé. *Place prise.* **4.** Loc. Vieilli *Avoir la taille bien prise* : être mince et svelte. – Pp. de *prendre.*

prise [pʀiz] n. f. **1.** Action de prendre, de s'emparer de (qqch). *Prise d'une forteresse.* – Fig. *Prise de bec* : dispute, querelle. – *Par ext.* Ce dont on s'est emparé. *Une bonne prise.* **2.** (Abstrait) Action de prendre, de commencer à avoir. *Prise de conscience, de possession, de contact.* **3.** Moyen de prendre. *On n'a pas prise, il n'y a pas de prise* (pour saisir, se retenir, etc.). *Prise de judo.* – Loc. fig. *Avoir prise sur qqn,* avoir un moyen d'agir sur lui. *Donner prise à* : s'exposer à. – *Être aux prises avec* : lutter contre. **4.** TECH Durcissement. *Ciment à prise rapide.* **5.** (Dispositifs) AUTO *Prise directe* : dispositif permettant d'accoupler directement l'arbre moteur et l'arbre récepteur. – ELECTR *Prise de terre* : organe ou conducteur qui relie une installation à la terre. *Prise (de courant)* : dispositif permettant de prélever le courant sur un conducteur fixe pour alimenter une installation mobile. – *Prise d'eau* : robinet, système permettant de prendre de l'eau. **6.** AUDIOV *Prise de vue(s)* : action de filmer. *Une prise* : une séquence filmée en une fois. – *Prise de son* : action d'enregistrer le son. **7.** *Prise de sang* : prélèvement sanguin. **8.** *Prise d'habit, de voile* : cérémonie pendant laquelle un religieux ou une religieuse prend l'habit de son ordre. – *Prise d'armes* : parade, revue (où des soldats «prennent les armes»). **9.** *Prise en charge* : fait de prendre la responsabilité (de qqn ou de qqch); (dans un taxi) taxe forfaitaire minimale apparaissant au départ au compteur; (pour la Sécurité sociale) acceptation préalable d'une dépense de santé. **10.** Pincée (de tabac) à priser. – Pp. fém. subst. de *prendre.*

prisée [pʀize] n. f. Vx ou DR Estimation des objets vendus aux enchères. – Pp. fém. subst. de *priser* 2.

1. priser [pʀize] v. tr. [1] Aspirer (du tabac) par le nez. – De *prise* (sens 10).

2. priser [pʀize] v. tr. [1] Litt. Estimer. *Priser une œuvre.* – Pp. adj. Cour. *Artiste très prisé.* – Du bas lat. *pretiare*, «estimer», de *pretium*, «prix».

priseur, euse [pʀizœʀ, øz] n. Personne qui prise du tabac. – De *priser.*

prismatique [pʀismatik] adj. **1.** GEOM En forme de prisme. **2.** TECH Muni de prismes. *Jumelle prismatique.* – De *prisme.*

prisme [pʀism] n. m. **1.** GEOM Solide engendré par la translation rectiligne d'un polygone. *Prisme droit,* dont les arêtes latérales sont perpendiculaires aux bases. *Le volume d'un prisme est égal au produit de l'aire d'une section droite par la longueur des arêtes latérales.* **2.** PHYS Corps transparent présentant deux faces planes ayant une arête commune. *Les propriétés dispersives du prisme sont utilisées dans les spectroscopes et les spectrographes.* **3.** Loc. fig. *Voir à travers un prisme* : voir une réalité déformée. – Gr. *prisma, prismatos,* propr. «chose sciée», de *prizein*, «scier».

prison [pʀizɔ̃] n. f. **1.** Emprisonnement. *Être condamné à trois mois de prison avec sursis.* **2.** Lieu de détention où sont enfermés les prévenus, les condamnés. ▷ Loc. fam. *Aimable, gai comme une porte de prison* : désagréable, triste. **3.** *Par métaph.* Ce qui enferme, retient. *La prison de ses rêves.* – Du lat. pop. *prensio, prensionis,* class. *prehensio, prehensionis,* de *prehendere*, «prendre».

prisonnier, ère [pʀizɔnje, ɛʀ] n. et adj. **I.** n. Personne détenue en prison. *Prisonnier de droit commun. Prisonnier politique. Prisonnier sur parole,* laissé sans surveillance à condition de ne pas sortir d'un lieu. *Prisonnier de guerre,* capturé lors d'une guerre. **II.** adj. **1.** Enfermé, privé de liberté. **2.** Fig. *Prisonnier de...* : aliéné par. *Être prisonnier de ses promesses.* – De *prison.*

privat-docent [pʀivatdɔsɛnt] n. m. Didac. En Allemagne, Autriche et Suisse, professeur enseignant à titre privé dans les universités. *Des privat-docents.* – Mot all. calqué sur l'ital. *libero docente*, «enseignant libre».

privatif, ive [pʀivatif, iv] adj. **1.** GRAM Qui marque la privation, la suppression. *Dans «injuste», «in-» est un préfixe privatif.* **2.** DR Qui enlève la jouissance d'un droit. *Peine privative de liberté.* **3.** Dont on jouit sans être propriétaire. *Jardin privatif.* – Lat. *privativus*, de *privare*, «priver».

privation [pʀivasjɔ̃] n. f. **1.** Perte, suppression. *La privation des droits civiques.* **2.** (Plur.) Besoins non satisfaits; absence de choses souhaitées ou utiles. *S'imposer des pri-*

vations : se priver volontairement de certaines choses. – Lat. *privatio*, de *privare*, « priver ».

privatisation [pʀivatizasjɔ̃] n. f. ECON Action de privatiser. – De *privatiser*.

privatiser [pʀivatize] v. tr. [1] ECON Transférer une entreprise du secteur public au secteur privé. – De *privé* (sens 4).

privauté [pʀivote] n. f. (Surtout au plur.) Familiarité indiscrète, inconvenant, spécial. d'un homme à l'égard d'une femme. – De *privé*, d'ap. *royauté*.

privé, ée [pʀive] adj. et n. m. **1.** Réservé, non ouvert au public. *Propriété privée. Projection privée.* **2.** Personnel. *Vie privée.* ▷ Loc. adv. *En privé* : en dehors de la vie professionnelle, des fonctions officielles. **3.** En simple particulier, sans charge publique. *Déclaration faite à titre privé* (par oppos. à *officiellement*). **4.** Où l'État n'intervient pas. *Secteur privé* (par oppos. à *secteur public*). ▷ n. m. *Travailler dans le privé*, dans le secteur privé. **5.** *Un détective privé* ou, n. m., fam., *un privé* : un détective chargé d'enquêtes policières privées. – Lat. *privatus*.

priver [pʀive] **I.** v. tr. [1] Enlever à qqn ce qu'il a, ne pas lui donner ce qu'il espère. *Priver un enfant de dessert. Un avantage dont il a été privé.* **II.** v. pron. **1.** Se refuser un avantage, un plaisir. *Il se prive du nécessaire.* **2.** S'abstenir de. *Il ne se prive pas de critiquer le patron.* **3.** *Absol.* Se refuser des choses agréables ou nécessaires, faire des sacrifices. *Il se prive pour élever ses six enfants.* – Lat. *privare*, « écarter de, dépouiller, priver ».

privilège [pʀivilɛʒ] n. m. **1.** Droit exceptionnel ou exclusif, accordé à un individu ou à une collectivité, de faire qqch, de jouir d'un avantage. *Les privilèges seigneuriaux de l'Ancien Régime.* ▷ DR Droit reconnu à un créancier d'être payé avant les autres. **2.** Acte contenant la concession d'un privilège. **3.** Caractère, qualité unique. *La raison est le privilège de l'être humain.* **4.** Prérogative. *Posséder le privilège d'un grand nom.* – Lat. jur. *privilegium*, « loi concernant un particulier ».

privilégié, ée [pʀivileʒje] adj. et n. Qui bénéficie de privilèges (au propre et au fig.). *Les classes privilégiées. Une créance privilégiée.* – Subst. *Un(e) privilégié(e).* – Pp. de *privilégier*.

privilégier [pʀivileʒje] v. tr. [2] Accorder un privilège, un avantage à (qqn). ▷ Donner la primauté, la plus grande importance à (qqch). – De *privilège*.

prix [pʀi] n. m. **I. 1.** Valeur de qqch exprimée en monnaie. *Prix élevé. Acheter, vendre à bas prix, au juste prix, au prix fort. Dernier prix*, le plus bas dans un marchandage. *Faire un prix d'ami* : consentir un prix de faveur. *Hors de prix* : très cher. *Sans prix* : inestimable. – *Mettre à prix* : mettre en vente. *Mettre à prix la tête de qqn*, offrir une récompense pour sa capture. **2.** Valeur. *Je mets son estime au plus haut prix.* ▷ *Prix de revient* : coût de production d'un bien ou d'un service. **II.** Récompense, dans une compétition; distinction. *Prix Nobel.* ▷ *Par méton.* Personne qui a emporté un prix. *Le premier prix du Conservatoire est entré à la Comédie-Française.* – Ouvrage qui a obtenu un prix. *Lire le dernier prix Fémina.* – Compétition qui donne lieu à un prix. *Grand prix automobile.* **III.** Loc. prép., fig. *Au prix de* : moyennant. *Gagner au prix d'efforts inouïs.* – En comparaison de. *Ce service n'est rien au prix de celui qu'il m'a déjà rendu.* – *À tout prix* : coûte que coûte. – Du lat. *pretium*.

pro-. Élément, du gr. ou du lat. *pro*, « en avant; à la place de; en faveur de », entrant dans la composition de nombreux mots (ex. *proposer; prophétie*). *Pro-*, devant un adjectif, sert à former des composés, avec le sens de « partisan de » (ex. *prochinois*).

pro [pʀo] n. et adj. Fam. Abrév. de *professionnel*. *Des joueurs pros.*

proarthropodes [pʀoaʀtʀopɔd] n. m. pl. ZOOL Sous-embranchement d'arthropodes comprenant uniquement les trilobites fossiles. – Sing. *Un proarthropode.* – De *pro-*, et *arthropode*.

probabiliser [pʀɔbabilize] v. tr. [1] Rendre probable. – De *probable*.

probabilisme [pʀɔbabilism] n. m. PHILO Doctrine selon laquelle il est impossible d'arriver à la certitude et qui recommande de s'en tenir à ce qui est le plus probable. – Du lat. *probabilis*, « probable ».

probabiliste [pʀɔbabilist] n. et adj. **1.** PHILO Partisan du probabilisme. – adj. Qui concerne le probabilisme. **2.** MATH Spécialiste du calcul des probabilités. – adj. Relatif aux probabilités. – De *probabilisme*.

probabilité [pʀɔbabilite] n. f. **1.** Caractère de ce qui est probable, vraisemblable. **2.** MATH Nombre positif et inférieur à 1 qui caractérise l'apparition escomptée d'un événement. *La probabilité d'un événement impossible est égale à 0.* ▷ *Calcul des probabilités* : science dont le but est de déterminer la vraisemblance d'un événement. – Lat. *probabilitas*.

probable [pʀɔbabl] adj., n. m. et adv. **1.** Qui a une apparence de vérité, semble plutôt vrai que faux. *Il est probable qu'il se soit suicidé.* **2.** Dont il est raisonnable de supposer l'existence dans l'avenir, le présent ou le passé; qui a (ou a eu) des chances de se produire. ▷ n. m. Ce qui est probable. *Le probable et le certain.* ▷ adv. Fam. Sans doute. *Tu crois qu'il va venir ? – Probable.* – Lat. *probabilis*, de *probare*, « prouver ».

probablement [pʀɔbabləmɑ̃] adv. Vraisemblablement. *Il viendra probablement.* – De *probable*.

probant, ante [pʀɔbɑ̃, ɑ̃t] adj. Concluant. *Expérience probante. Ce n'est pas très probant.* – Lat. *probans*, ppr. de *probare*, « prouver ».

probation [pʀɔbasjɔ̃] n. f. **1.** Temps d'épreuve imposé à celui qui veut entrer dans un ordre religieux, et, par ext., dans un groupe fermé, une société secrète, etc. **2.** DR Mise à l'épreuve (d'un délinquant). – Lat. *probatio*, de *probare*, « prouver ».

probatique [pʀɔbatik] adj. f. ANTIQ *Piscine probatique* : à Jérusalem, réservoir où on lavait les animaux destinés aux sacrifices. – Gr. *probatikos*, « relatif au bétail », par le lat.

probatoire [pʀɔbatwaʀ] adj. Destiné à constater la capacité de qqn. *Examen probatoire.* – Lat. *probatorius*, de *probare* « prouver ».

probe [pʀɔb] adj. Litt. Qui a de la probité. – Lat. *probus*.

probité [pʀɔbite] n. f. Droiture, intégrité, honnêteté scrupuleuse. – Lat. *probitas*.

problématique [pʀɔblematik] adj. et n. f. **I.** adj. **1.** Douteux. *Ce résultat est problématique.* **2.** PHILO Chez Kant, qualifie un jugement exprimant une simple probabilité. **II.** n. f. Didac. Ensemble des problèmes concernant un sujet. ▷ Manière méthodique de poser les problèmes. – Bas lat. *problematicus*.

problématiquement [pʀɔblematikmɑ̃] adv. Didac. D'une façon problématique. – De *problématique*.

problématisation [pʀɔblematizasjɔ̃] n. f. Action de faire entrer (qqch) dans une problématique; son résultat. – De *problématique*, et *-isation*.

problème [pʀɔblɛm] n. m. **1.** Question à résoudre, d'après un ensemble de données, dans une science. *Problème de géométrie, de physique théorique. Solution d'un problème.* – Exercice scolaire consistant à résoudre un problème. *Elle n'a pas fini ses problèmes.* **2.** Difficulté; situation compliquée. *Problème des minorités ethniques. Poser un problème; faire problème* : faire difficulté. – Loc. fam. *(Il n'y a) pas de problème !* : c'est facile, évident. *C'est* *votre problème* : cela vous concerne. – Lat. *problema*, du gr.

proboscidiens [prɔbɔsidjɛ̃] n. m. pl. ZOOL Ordre de mammifères ongulés à trompe, comprenant les éléphants. – Sing. *Un proboscidien*. – De l'archaïsme hérald. *proboscide*, « trompe (d'éléphant) ».

procaryote [prokarjɔt] adj. et n. m. pl. BIOL, BOT Dont le noyau cellulaire est dépourvu de membrane et ne comporte qu'un chromosome. ▷ n. m. pl. *Les algues bleues et les bactéries constituent le groupe des procaryotes*. Ant. eucaryote. – De *pro-*, et gr. *karuon*, « noyau ».

procédé [prɔsede] n. m. **I. 1.** Méthode d'exécution. *Procédé de fabrication*. – Péjor. Technique devenue systématique (en art, etc.). *Son habileté tourne au procédé*. **2.** Manière d'agir. *Des procédés inadmissibles*. – Loc. *Échange de bons procédés*, de services réciproques. **II.** Rondelle de cuir collée à la pointe d'une queue de billard. – Pp. subst. de *procéder*.

procéder [prɔsede] v. [14] **I.** v. intr. **1.** *Procéder de* : provenir de. *Procéder d'une tendance, d'une école*. **2.** Agir. *Procéder avec méthode*. **II.** v. tr. indir. *Procéder à* : exécuter en se conformant à des règles techniques, juridiques. *Procéder aux formalités nécessaires*. – Lat. *procedere*, « aller en avant ».

procédural, ale, aux [prɔsedyral, o] adj. DR Relatif à la procédure. – De *procédure*.

procédure [prɔsedyr] n. f. **1.** Ensemble de règles qu'il faut appliquer strictement, de formalités auxquelles il faut se soumettre, dans une situation déterminée. *Procédure d'atterrissage*. **2.** DR Manière de procéder en justice; ensemble des règles suivant lesquelles un procès est instruit. – Partie du droit qui étudie les formalités judiciaires. *Code de procédure pénale*. – De *procéder*.

procédurier, ère [prɔsedyrje, ɛr] adj. et n. Péjor. **1.** Qui aime les procès, les querelles juridiques. Syn. chicanier. ▷ Subst. Personne qui aime la procédure. **2.** Qui multiplie les formalités. *Méthode procédurière*. – De *procédure*.

procellariiformes [prɔselariifɔrm] n. m. pl. ORNITH Ordre d'oiseaux carinates, marins, palmipèdes (albatros, pétrel). – Sing. *Un procellariiforme*. – Du lat. *procella*, « oiseau des tempêtes, pétrels ».

procès [prɔsɛ] n. m. **I. 1.** Instance devant un tribunal sur un différend entre deux ou plusieurs parties. *Procès civil, criminel. Le procès de Jeanne d'Arc. Intenter un procès*. – Fig. *Faire le procès de* : accuser. – *Faire un procès d'intention à qqn*, le juger en fonction des intentions qu'on lui a prêtées ou que ses actes ont laissé apparaître. **2.** Loc. *Sans autre forme de procès* : sans préambule, sans se soucier des formes. **II.** Didac. Processus. – LING Action, état correspondant à la signification du verbe. **III.** ANAT *Procès ciliaire**. – Lat. *processus*, « progression, progrès » de *procedere*, « aller en avant, s'avancer ».

processeur [prɔsesœr] n. m. INFORM **1.** Organe destiné, dans un ordinateur ou une autre machine, à interpréter et exécuter des instructions. **2.** *Par anal.* Ensemble du programme permettant d'exécuter des programmes écrits dans un langage donné. – Mot amér., *processor*.

procession [prɔsesjɔ̃] n. f. **1.** Cortège religieux, marche solennelle accompagnée de chants et de prières. *Les processions de Lourdes*. **2.** Défilé. *Une procession de manifestants*. – Fig. Longue file, succession. *Une procession de voitures*. – Lat. *processio*, « action de s'avancer », de *procedere*, « s'avancer ».

processionnaire [prɔsesjɔnɛr] adj. et n. f. ZOOL Se dit des chenilles de divers papillons qui se déplacent en file régulière. – n. f. *Processionnaires du pin, du chêne*. – De *procession*.

processionnal, aux [prɔsesjɔnal, o] n. m. RELIG CATHOL Livre d'église où sont notées les prières des processions. – De *procession*.

processionnel, elle [prɔsesjɔnɛl] adj. **1.** LITURG Relatif aux processions. **2.** Litt. Qui tient de la procession. – De *procession*.

processionnellement [prɔsesjɔnɛlmɑ̃] adv. Litt. En procession. – De *processionnel*.

processus [prɔsesys] n. m. Didac. **1.** Développement temporel de phénomènes marquant chacun une étape. *Le processus d'érosion des falaises. Des processus pathologiques*. **2.** ANAT Prolongement, procès (sens III). – Lat. *processus*, « progression ».

procès-verbal, aux [prɔsɛvɛrbal, o] n. m. **1.** Acte par lequel une autorité compétente constate un fait comportant des conséquences juridiques. *Des procès-verbaux*. **2.** Compte rendu écrit des travaux d'une assemblée. (Abrév. fam. : P.-V.)– De *procès*, et *verbal*.

prochain, aine [prɔʃɛ̃, ɛn] adj. et n. m. **I.** adj. **1.** Qui est près d'arriver, qui est à une courte distance (temporelle ou spatiale). *Le mois prochain. Le prochain village*. – *À la prochaine fois!* ou, fam., *À la prochaine!* : au revoir. **2.** PHILO *Cause prochaine*, immédiate. *Genre prochain*, dans la hiérarchie des concepts, celui dont dépend le plus immédiatement une espèce donnée. *Définition par genre prochain*. **II.** n. m. Être humain considéré dans ses rapports moraux avec autrui. *Tu aimeras ton prochain comme toi-même, dit l'Évangile*. – Du lat. pop. *propeanus*, du lat. class. *prope*, « près de ».

prochainement [prɔʃɛnmɑ̃] adv. Bientôt. – De *prochain*.

proche [prɔʃ] adj., n. et adv. **I.** adj. **1.** Voisin. *La proche banlieue. Sa maison est toute proche*. **2.** Qui est près d'arriver. *Sa dernière heure est proche*. **3.** Qui a une relation étroite avec. *Proche parent*. ▷ n. m. pl. Parenté. *Très aimé de ses proches*. – Sing. (Rare) *Un(e) proche*. **II.** adv. **1.** Loc. *De proche en proche* : graduellement. **2.** Vx Près. *Il demeure ici proche*. – De *prochain*.

proche-oriental, ale, aux [prɔʃɔrjɑ̃tal, o] adj. Qui concerne le Proche-Orient, ensemble des États riverains de la Méditerranée orientale. – De *proche*, et *orient*.

prochinois, oise [prɔʃinwa, waz] adj. et n. Qui est partisan du régime communiste de la Chine, notam. de celui de Mao Zedong.

prochordés. V. procordés.

proclamateur, trice [prɔklamatœr, tris] n. Litt. Personne qui proclame. – De *proclamer*.

proclamation [prɔklamasjɔ̃] n. f. **1.** Action de proclamer. **2.** Écrit, discours contenant ce qu'on proclame. *Afficher une proclamation*. – Bas lat. *proclamatio*, « cris violents, action de réclamer ».

proclamer [prɔklame] v. tr. [1] **1.** Annoncer avec solennité. *Proclamer sa foi*. **2.** Reconnaître publiquement. *Être proclamé vainqueur. Proclamer la république*. – Lat. *proclamare*, « crier fortement, réclamer », de *clamare*, « crier ».

proclitique [prɔklitik] adj. et n. m. GRAM Dans certaines langues, mot monosyllabique inaccentué qui forme une unité sur le plan de l'accent avec le mot suivant. *En français l'article est proclitique*. – n. m. *Un proclitique*. – De *pro-*, et *(en)clitique*.

proconsul [prɔkɔ̃syl] n. m. **1.** ANTIQ ROM Consul sortant de charge qui recevait une prolongation de ses pouvoirs pour poursuivre une guerre ou gouverner une province. **2.** Litt. Personne exerçant un pouvoir absolu sur un territoire. *Certains commissaires de la Convention ont été qualifiés de proconsuls*. – Mot lat.

proconsulaire [pʀɔkɔ̃sylɛʀ] adj. ANTIQ ROM Qui concerne le proconsul, émane de lui. – Lat. *proconsularis.*

proconsulat [pʀɔkɔ̃syla] n. m. ANTIQ ROM **1.** Dignité de proconsul. **2.** Durée des fonctions de proconsul. – Lat. *proconsulatus.*

procordés ou **prochordés** [pʀɔkɔʀde] n. m. pl. ZOOL Groupe systématique réunissant les *céphalocordés* (*amphioxus*) et les *tuniciers,* dont la corde dorsale est primitive ou absente. *Les procordés, invertébrés, appartiennent au phylum des cordés, vertébrés.* – Sing. *Un procordé* ou *un prochordé.* – De *pro-,* et *corde.*

procrastination [pʀɔkʀastinasjɔ̃] n. f. Litt. Tendance à remettre au lendemain. – Lat. *procrastinatio,* «délai», de *pro-,* et *crastinus,* «du lendemain».

procréateur, trice [pʀɔkʀeatœʀ, tʀis] adj. **1.** Qui procrée. **2.** MED *Procréation médicale assistée (P.M.A.)* : ensemble des techniques permettant la procréation dans certains cas où elle n'est pas possible naturellement. – Lat. *procreator,* du pp. de *procreare,* «procréer».

procréation [pʀɔkʀeasjɔ̃] n. f. Action de procréer. – Lat. *procreatio.*

procréatique [pʀɔkʀeatik] n. f. Ensemble des techniques de procréation assistée. – De *procréation,* sur *(informa)tique.*

procréer [pʀɔkʀee] v. tr. [1] Litt. Engendrer (un être humain). – Lat. *procreare,* de *creare,* «créer».

proct(o)-. Élément, du gr. *prôktos,* «anus».

proctologie [pʀɔktɔlɔʒi] n. f. MED Partie de la médecine consacrée à la pathologie du rectum et de l'anus. – De *procto-,* et *-logie.*

proctologue [pʀɔktɔlɔg] n. MED Médecin spécialiste de proctologie. – De *proctologie.*

procurateur [pʀɔkyʀatœʀ] n. m. **1.** ANTIQ ROM Magistrat romain chargé de l'administration d'une province qui avait conservé un souverain (au moins nominalement). *Au temps du Christ, Ponce Pilate était procurateur de Judée.* **2.** HIST Au Moyen Âge, haut magistrat de Venise et de Gênes. – Lat. *procurator,* «administrateur» du rad. de *curare,* «prendre soin de...».

procuratie [pʀɔkyʀasi] n. f. HIST À Venise, charge, dignité de procurateur. ▷ n. f. pl. *Les procuraties* : le palais des procurateurs. – De *procurateur.*

procuration [pʀɔkyʀasjɔ̃] n. f. **1.** DR Pouvoir donné à qqn d'agir au nom de son mandant. **2.** Acte sous seing privé ou notarié, par lequel est conféré ce pouvoir. – Lat. *procuratio.*

procuratoire [pʀɔkyʀatwaʀ] adj. DR Relatif à une procuration. – Bas lat. *procuratorius.*

procuratrice [pʀɔkyʀatʀis] n. f. DR Vx Celle qui a pouvoir d'agir pour autrui (V. procureur, sens 1). – Fém. de *procurateur.*

procure [pʀɔkyʀ] n. f. **1.** Office du procureur dans une communauté religieuse. **2.** Bureau, local du procureur. – Déverbal de *procurer.*

procurer [pʀɔkyʀe] v. tr. [1] **1.** (Sujet nom de personne.) Faire avoir, fournir (qqch à qqn). *Il lui a procuré un emploi.* ▷ v. pron. *Se procurer des fonds.* **2.** (Sujet nom de chose.) Être la cause de. *Cela peut vous procurer certain profit.* – Lat. *procurare,* «s'occuper de».

procureur [pʀɔkyʀœʀ] n. m. **1.** DR Vx Celui qui a pouvoir d'agir pour autrui (au fém., on emploie *procuratrice*). **2.** Anc. nom des avoués et des avocats. ▷ *Procureur de la République* : magistrat qui dirige le parquet dans un tribunal de grande instance. – *Procureur général* : chef du parquet de la Cour de cassation, de la Cour des comptes ou d'une cour d'appel. **3.** Religieux chargé des intérêts temporels d'une maison, d'un ordre religieux. – De *procurer.*

procyonidés [pʀɔsjɔnide] n. m. pl. ZOOL Famille de mammifères carnivores fissipèdes, généralement plantigrades et omnivores (ratons laveurs, coatis, kinkajous, pandas). – Sing. *Un procyonidé.* – De *procyon,* nom scientif. du raton laveur.

prodigalité [pʀɔdigalite] n. f. Litt. **1.** Caractère, attitude d'une personne prodigue. **2.** (Surtout au plur.) Dépenses exagérées. *Chercher à éblouir par ses prodigalités.* – Bas lat. *prodigalitas,* du class. *prodigus,* «prodigue».

prodige [pʀɔdiʒ] n. m. **1.** Phénomène surprenant qu'on ne peut expliquer et auquel on accorde un caractère surnaturel. – *Qui tient du prodige* : prodigieux. **2.** Action, personne qui se signale par son caractère extraordinaire. *Les prodiges de la médecine. Un petit prodige* : un enfant très doué. ▷ (En appos.) *Un enfant prodige.* – Lat. *prodigium.*

prodigieusement [pʀɔdiʒjøzmɑ̃] adv. D'une façon prodigieuse. – De *prodigieux.*

prodigieux, euse [pʀɔdiʒjø, øz] adj. Extraordinaire, considérable et à peine croyable. – Lat. *prodigiosus.*

prodigue [pʀɔdig] adj. et n. Litt. **1.** Qui fait des dépenses disproportionnées, par rapport à ses moyens. *Être prodigue de son bien.* – Subst. DR *Les prodigues.* ▷ *Enfant, fils prodigue,* dont on fête le retour à la maison paternelle après une longue absence (par allus. à une parabole de l'Évangile). **2.** Fig. *Prodigue de* : qui donne, fournit abondamment (qqch). *Être prodigue de paroles, de promesses* : parler, promettre beaucoup. – Lat. *prodigus.*

prodiguer [pʀɔdige] v. tr. [1] **1.** Dépenser sans mesure. *Prodiguer sa fortune.* **2.** Donner à profusion. *Prodiguer des conseils.* – De *prodigue.*

pro domo [pʀodɔmo] loc. adv. et adj. inv. *Plaider pro domo,* sa propre cause. *Plaidoyer pro domo.* – Mots lat., «pour sa maison», d'ap. le titre d'un discours de Cicéron.

prodrome [pʀɔdʀom] n. m. **1.** Litt. Signe précurseur d'un événement. **2.** MED Ensemble de symptômes qui marquent le début d'une maladie. – Lat. *prodromus,* du gr. *prodromos,* propr. «celui qui court devant».

prodromique [pʀɔdʀɔmik] adj. MED Qui a rapport aux prodromes d'une maladie. – De *prodrome.*

producteur, trice [pʀɔdyktœʀ, tʀis] n. et adj. **1.** Personne, société, pays qui produit des biens ou rend des services. ▷ adj. *Pays producteur de coton.* **2.** SPECT Personne, organisme qui finance une œuvre de l'industrie du spectacle. V. produire (sens I, 3). – De *produire,* d'ap. le lat. *productum,* pp. de *producere,* «mener en avant, faire avancer».

productibilité [pʀɔdyktibilite] n. f. Quantité maximale d'énergie que peut produire une centrale électrique dans des conditions optimales. – De *productible.*

productible [pʀɔdyktibl] adj. Susceptible d'être produit. – De *produire,* d'ap. le lat. *productum* (V. producteur).

productif, ive [pʀɔdyktif, iv] adj. Qui produit une richesse, un profit; qui rapporte beaucoup. *Activité productive. Terre productive.* – De *produire,* d'ap. le lat. *productum* (V. producteur).

production [pʀɔdyksjɔ̃] n. f. **1.** Action de produire des biens; les biens produits. *Production agricole, industrielle.* **2.** Œuvre littéraire ou artistique. *Le peintre expose ses productions dans une galerie.* **3.** Action de produire un film, une émission; le film, l'émission. *Des productions franco-italiennes.* **4.** Fait, pour un phénomène, de se produire. *Obtenir la production d'une réaction chimique.* **5.** DR, ADMIN Action de présenter une pièce. *Production d'un* *passeport.* – De *produire,* d'ap. le lat. *productum* (V. producteur).

productique [pʀodyktik] n. f. Ensemble des techniques qui concourent à l'automatisation de la production dans les usines. – De *production,* d'après *informatique.*

productiviste [pʀɔdyktivist] adj. Relatif au productivisme. – De *productivisme.*

productivité [pʀɔdyktivite] n. f. **1.** Capacité de produire, de rapporter plus ou moins. **2.** Rapport entre la quantité de biens produits et les facteurs nécessaires pour cette production (énergie, travail, matière première, capital, etc.). – De *productif.*

produire [pʀɔdɥiʀ] **I.** v. tr. [69] **1.** Donner l'existence à (un bien, une richesse) par un processus naturel ou par un travail. *Terre qui produit du blé. Produire des objets manufacturés.* – Absol. *Ces arbres commencent à produire.* **2.** Créer (une œuvre). *Cet écrivain a produit de nombreux romans.* **3.** SPECT Assurer l'organisation matérielle et le financement (d'un film, d'une émission de télévision, de radio, d'une pièce de théâtre, d'un disque, etc.) de façon à en permettre la réalisation. **4.** Rapporter, donner (un profit). *Capital qui produit des intérêts.* **5.** Causer, déterminer. *Produire des effets, des résultats inattendus.* **6.** Montrer, présenter (un document). *Produire des pièces justificatives.* ▷ *Produire des témoins,* les faire entendre en justice. **II.** v. pron. **1.** Avoir lieu. *Ce phénomène se produit fréquemment.* **2.** Se présenter dans un spectacle. *Chanteur qui se produit dans tel cabaret.* – Adapt., d'ap. « conduire », du lat. *producere,* « mener en avant, faire avancer ».

produit [pʀɔdɥi] n. m. **1.** Ce que rapporte une charge, une terre, une activité, etc. *Le produit d'une opération commerciale.* – *Produit brut,* dont on n'a pas déduit les frais. – *Produit net :* bénéfice réel. – *Produit intérieur brut (P.I.B.) :* somme des valeurs ajoutées réalisées sur le sol national, additionnée de la T.V.A. et des droits de douane grevant les produits. – *Produit national brut (P.N.B.) :* agrégat formé par le produit intérieur brut auquel s'ajoutent les services rendus par les administrations publiques, les organismes financiers et domestiques, ainsi que le solde des échanges extérieurs de services. **2.** Ce qui se crée par un processus naturel ou grâce au travail de l'homme. *Les produits de la terre. Produit animal, chimique, végétal, volcanique.* ▷ *Spécial.* Substance. *Un produit crémeux.* – MED *Produit de contraste*.* ▷ ECON Bien ou service résultant d'une production et destiné à satisfaire un besoin. *Les produits de première nécessité.* – *Produits de base,* n'ayant pas subi de transformation industrielle. *Produits finis,* industriels, prêts à l'emploi. *Produits intermédiaires*.* **3.** Fig. Résultat de qqch ; ce que qqch a créé, engendré. *Un pur produit de son imagination.* **4.** MATH Résultat d'une multiplication. ▷ *Produit scalaire :* V. scalaire. ▷ *Produit vectoriel :* V. encycl. vecteur. ▷ *Produit cartésien de deux ensembles A et B* ou *produit de A et B :* ensemble associant à tout élément a de A un (et un seul) élément b de B ; ensemble dont les éléments sont les couples (a, b). – Pp. subst. de *produire.*

proéminence [pʀɔeminɑ̃s] n. f. Litt. **1.** État de ce qui est proéminent. **2.** Ce qui est proéminent. – De *proéminent.*

proéminent, ente [pʀɔeminɑ̃, ɑ̃t] adj. Qui fait saillie sur ce qui l'environne. *Nez proéminent. Ornement proéminent sur une façade.* – Bas lat. *proeminens,* ppr. de *proeminere,* « être saillant ».

prof [pʀɔf] n. Fam. Abrév. de *professeur. C'est ma prof de français. Des profs de lycée.*

profanateur, trice [pʀɔfanatœʀ, tʀis] n. Litt. Personne qui profane qqch. ▷ adj. *Main profanatrice.* – Lat. ecclés. *profanator.*

profanation [pʀɔfanasjɔ̃] n. f. Action de profaner. – Lat. ecclés. *profanatio.*

profane [pʀɔfan] adj. et n. **1.** Qui n'a pas un caractère religieux, sacré. ▷ n. m. *Opposition du profane et du sacré.* ▷ Subst. Personne qui n'est pas initiée à une religion à mystères. **2.** (Personnes) Qui ignore tout d'un art, d'une science. ▷ Subst. *C'est un(e) profane.* – Lat. *profanus,* propr. « en avant du temple ».

profaner [pʀɔfane] v. tr. [1] **1.** RELIG Violer le caractère sacré de. *Profaner un autel.* **2.** Fig. Faire un mauvais usage de (qqch de respectable, de précieux). *Profaner la beauté.* – Lat. *profanare.*

profasciste [pʀofaʃist] adj. et n. Partisan du fascisme.

proférer [pʀɔfeʀe] v. tr. [14] Prononcer, dire à haute voix. – Spécial. *Proférer des injures, des blasphèmes, des menaces.* – Lat. *proferre,* « porter en avant ».

profès, esse [pʀɔfɛs] adj. et n. RELIG CATHOL Qui s'est engagé dans un ordre religieux par des vœux solennels. – Du lat. *professus,* pp. de *profiteri,* « déclaré ouvertement ».

professer [pʀɔfese] v. tr. [1] **1.** Litt. Déclarer, manifester ouvertement (une conviction, un sentiment). *Professer une admiration exagérée pour... Professer la religion chrétienne.* **2.** Vieilli Enseigner publiquement. *Professer la chimie.* – Absol. *Il professe à l'Université.* – De *profession.*

professeur [pʀɔfesœʀ] n. m. Personne dont le métier est d'enseigner une science, un art, notam. dans l'institution pédagogique. *Professeur de physique. Sa fille est professeur de lycée.* – *Spécial.* Dans l'Université, personne qui, titulaire ou non d'une chaire, possède le titre le plus élevé parmi les enseignants. *De maître de conférences, il est devenu professeur.* – Lat. *professor,* du pp. de *profiteri,* « enseigner en public ».

profession [pʀɔfesjɔ̃] n. f. **I. 1.** (Dans des expressions.) *Faire profession d'une opinion, d'une religion,* les professer. – *Profession de foi :* déclaration publique de ses convictions religieuses ; dans la religion catholique, anc. communion* solennelle ; *par ext.* déclaration de principes, notam. en matière politique, sociale. **2.** RELIG Acte par lequel une personne s'engage par les vœux de religion. **II. 1.** Activité rémunératrice exercée habituellement par qqn. *Profession : commerçant. Profession libérale.* **2.** Corps constitué par tous ceux qui pratiquent le même métier. **3.** Loc. *De profession :* de son métier. *Il est artiste de profession.* – Fig. Qui se comporte habituellement comme tel. *Menteur de profession.* – Lat. *professio, professionis,* « déclaration », puis « métier ».

professionnalisation [pʀɔfɛsjɔnalizasjɔ̃] n. f. Action de rendre une activité professionnelle. – De *professionnaliser.*

professionnaliser [pʀɔfɛsjɔnalize] v. tr. [1] **1.** Rendre une activité professionnelle. **2.** v. pron. Devenir professionnel. – De *professionnel.*

professionnalisme [pʀɔfesjɔnalism] n. m. Caractère professionnel (d'un travail, d'une réalisation). – Statut de professionnel (par oppos. à *amateurisme*). – De *professionnel,* d'ap. l'angl. *professionalism.*

professionnel, elle [pʀɔfesjɔnɛl] adj. et n. **1.** adj. Qui a rapport à une profession. *Obligations professionnelles.* **2.** n. Personne qui pratique une activité comme métier (par oppos. à *amateur*). – Spécial. *Professionnels du sport.* – *Travail de professionnel* dont la qualité témoigne du savoir-faire de son auteur. (Abrév. fam. : pro). ▷ adj. *Musicien professionnel.* – De *profession.*

professionnellement [pʀɔfesjɔnɛlmɑ̃] adv. D'une façon professionnelle ; en ce qui concerne la profession. – De *professionnel.*

professoral, ale, aux [pʀɔfesɔʀal, o] adj. Relatif ou propre aux professeurs. – Du lat. *professor,* «professeur».

professorat [pʀɔfesɔʀa] n. m. Métier de professeur. – Du lat. *professor,* «professeur».

profil [pʀɔfil] n. m. **1.** Contour d'un visage vu de côté. Un joli profil. ▷ BX-A *Profil perdu,* qui présente de côté l'arrière de la tête, le visage étant caché aux trois quarts. **2.** Forme ou représentation d'une chose vue de côté, dont le contour caractéristique est mis en valeur. *Le profil d'un monument, d'une ligne de collines.* – Loc. *De profil :* par le côté et de manière à dégager les contours. ▷ *Spécial.* ARCHI Section perpendiculaire d'un bâtiment. *Le profil d'une forteresse.* – TECH Coupe verticale. *Profil en long d'une route,* coupe verticale effectuée le long de son axe. *Profil en travers d'une route,* coupe verticale effectuée perpendiculairement à son axe. – GEOGR, GEOL Coupe selon un axe. *Profil d'un terrain.* **3.** PSYCHO *Profil psychologique :* courbe donnant la «physionomie mentale» d'un sujet, dont les éléments sont les résultats de divers tests. – *Par ext.,* cour. Ensemble des caractéristiques psychologiques et professionnelles d'un individu. *Un profil de commercial.* – De l'a. fr. *porfiler,* «border»; *porfil,* «bordure»; ital. *profilo,* déverbal de *profilare,* «dessiner de profil».

profilage [pʀɔfilaʒ] n. m. **1.** TECH Action de donner un profil à une route, à un objet. **2.** Profil aérodynamique (ou hydrodynamique) d'un véhicule. – De *profiler.*

profilé, ée [pʀɔfile] adj. et n. m. Auquel on a donné un certain profil. ▷ n. m. TECH Pièce laminée de section uniforme. – Pp. de *profiler.*

profiler [pʀɔfile] **I.** v. tr. [1] **1.** TECH Représenter en profil. *Profiler un entablement.* **2.** Faire paraître en profil. *La tour profile sa silhouette sur le ciel.* **3.** TECH Donner un contour déterminé à (un objet). **II.** v. pron. Se dessiner avec un contour net. *Un navire se profile à l'horizon, à contre-jour.* – De *profil,* ou empr. de l'ital. *profilare,* «dessiner de profil».

profit [pʀɔfi] n. m. **1.** Gain, bénéfice. *Profits illicites.* ▷ FIN *Compte de pertes et profits :* document comptable sur lequel on reporte le résultat d'exploitation, les opérations déficitaires ou bénéficiaires exceptionnelles (moins-values ou plus-values, par ex.), et l'impôt sur les bénéfices. **2.** ECON Pour une entreprise, bénéfice correspondant à la différence entre le prix de vente et le prix de revient tous frais payés. **3.** Avantage matériel ou moral que l'on retire de (qqch). *Il a tiré profit de mes conseils.* – *Mettre qqch à profit,* l'utiliser au mieux. – *Faire du profit :* être d'un usage économique. – *Faire son profit de qqch,* en tirer un avantage. – *Au profit de :* pour procurer des avantages à. – Du lat. *profectus,* de *proficere,* «progresser, augmenter, être utile».

profitable [pʀɔfitabl] adj. Qui offre un avantage, matériel ou moral. – De *profiter.*

profitablement [pʀɔfitabləmɑ̃] adv. D'une manière profitable. – De *profitable.*

profiter [pʀɔfite] v. [1] **I.** v. tr. indir. **1.** Tirer profit, avantage (de qqch). – *Profiter de qqch pour :* prendre prétexte pour. **2.** Donner du profit, être utile (à). *Cette expérience lui a profité.* **II.** v. intr. Fam. **1.** Croître, se fortifier. *Son bétail a bien profité.* **2.** Faire du profit. – De *profit.*

profiterole [pʀɔfitʀɔl] n. f. **1.** Chou (sens 3) fourré de crème salée, pour accompagner un gibier, une viande. **2.** n. f. pl. Choux garnis de glace à la vanille, nappés d'une sauce chaude au chocolat. – Dimin. de *profit,* «petit profit», puis «pâte cuite sous la cendre».

profiteur, euse [pʀɔfitœʀ, øz] n. Péjor. Personne qui tire profit de tout, de façon peu scrupuleuse. – De *profiter.*

profond, onde [pʀɔfɔ̃, ɔ̃d] adj., n. m. et adv. **I.** adj. **1.** Dont le fond est éloigné de la surface, de l'ouverture, du bord. *Puits, étang profond.* ▷ *Par anal.* Qui évoque la profondeur. *Nuit profonde,* très obscure. *Sommeil profond,* intense. **2.** Qui est situé très bas par rapport à la surface. *Les zones profondes de la mer.* **3.** Qui pénètre, s'enfonce très avant. *Racine profonde.* **4.** *Voix profonde,* grave. **5.** Fig. Caché au fond de l'être, au fond des choses. *Les intentions profondes de qqn. Le sens profond d'un symbole.* **6.** Qui ne s'arrête pas aux apparences. *Esprit profond.* ▷ Par ext. *Pensées profondes.* **7.** Très grand, très intense. *Profond chagrin.* **II.** n. m. *Le plus profond :* la partie la plus profonde. *Au plus profond d'une mine.* – Fig. *Le plus profond de l'être.* **III.** adv. *Il a creusé profond.* – Réfection de l'a. fr. *parfont,* d'ap. le lat. *profundus,* de *fundus,* «fond».

profondément [pʀɔfɔ̃demɑ̃] adv. **1.** De façon profonde. *Profondément enterré.* – *Saluer profondément,* très bas. **2.** Fig. À un haut degré. *Profondément reconnaissant.* – De *profond.*

profondeur [pʀɔfɔ̃dœʀ] n. f. **1.** Étendue d'une chose considérée à partir de la surface, de l'ouverture, du bord jusqu'au fond. *La profondeur d'une tranchée.* ▷ PHOTO, CINE *Profondeur de champ :* distance minimale et maximale à laquelle doit se trouver l'objet photographié pour que son image soit nette. **2.** (Plur.) Endroit profond. ▷ Fig. *Les profondeurs de l'âme.* – Vieilli *Psychologie des profondeurs :* psychanalyse. **3.** Qualité de celui qui approfondit les choses. *Écrivain qui manque de profondeur.* – Par ext. *Profondeur des vues (de qqn).* **4.** Caractère de ce que l'on ressent profondément. *La profondeur de son attachement.* – De *profond.*

pro forma [pʀofɔʀma] loc. adj. inv. COMPTA *Facture pro forma :* facture non exigible établie à titre indicatif avant la livraison ou l'exécution d'une commande. – Mots lat., «pour la forme».

profus, use [pʀɔfy, yz] adj. Vx, litt. Abondant. *Une générosité profuse.* – Lat. *profusus.*

profusément [pʀɔfyzemɑ̃] adj. Vx, litt. Avec profusion, en abondance. – De *profus.*

profusion [pʀɔfyzjɔ̃] n. f. Abondance extrême (de choses). *Une profusion de compliments.* ▷ Loc. adv. *À profusion :* en grande quantité. – Lat. *profusio,* de *profundere,* «répandre».

progéniture [pʀɔʒenityʀ] n. f. **1.** Litt. Ensemble des enfants qu'un homme a engendrés ou ensemble des petits d'un animal. **2.** Fam., plaisant *Admirer sa progéniture,* ses enfants. – Du lat. *genitura.*

progestatif, ive [pʀɔʒestatif, iv] adj. et n. m. BIOCHIM Se dit de toute substance qui possède la même action que la progestérone. – De *pro-,* et lat. *gestare,* «porter».

progestérone [pʀɔʒesteʀɔn] n. f. BIOCHIM Hormone sexuelle femelle sécrétée par le corps jaune de l'ovaire après l'ovulation et par le placenta pendant la grossesse. *La progestérone prépare la muqueuse utérine à la nidation de l'œuf fécondé et en favorise le développement.* – De *pro-,* lat. *gestare,* «porter», et *(horm)one.*

progiciel [pʀɔʒisjɛl] n. m. INFORM Ensemble complet de programmes conçus pour différents utilisateurs et destinés à un même type d'applications ou de fonctions. Syn. (off. déconseillé) package. – De *pro(gramme),* et *(lo)giciel.*

proglottis [pʀɔglɔtis] n. m. ZOOL Chacun des segments du corps des cestodes. – Lat. savant, du gr. *glôttis,* «languette» à cause de sa forme.

prognathe [pʀɔgnat] adj. et n. Se dit d'un être humain dont les mâchoires sont proéminentes. – De *pro-,* et gr. *gnathos,* «mâchoire».

prognathisme [pʀɔgnatism] n. m. Didac. Proéminence d'une ou des deux mâchoires. – De *prognathe.*

programmable [pʀɔgʀamabl] adj. INFORM Que l'on peut programmer et traiter par ordinateur. – De *programmer.*

programmateur, trice [pʀɔgʀamatœʀ, tʀis] n. **1.** Personne chargée d'établir un programme de radio, de télévision, etc. **2.** n. m. TECH Dispositif commandant les opérations qui composent le programme de fonctionnement d'un appareil. – De *programmer.*

programmation [pʀɔgʀamasjɔ̃] n. f. **1.** Action de programmer (des films, des émissions). **2.** INFORM Établissement d'un programme. ▷ *Langage de programmation,* utilisé pour la programmation d'un traitement de l'information. V. informatique. – De *programme.*

programmatique [pʀɔgʀamatik] adj. Didac. Qui constitue un programme. *Textes programmatiques d'une organisation.* – De *programme.*

programme [pʀɔgʀam] n. m. **1.** Texte indiquant ce qui est prévu pour une représentation, une fête; liste des émissions, des films, etc., à venir. – Ensemble des spectacles, des émissions ainsi prévues. *Le programme d'un concert.* – Par ext. *Quel est ton programme pour les vacances?* **2.** Ensemble des matières et des sujets sur lesquels doit porter un enseignement ou un examen, un concours. **3.** POLIT Exposé des vues d'un parti, d'un candidat. *Programme électoral.* **4.** Ensemble des actions, des opérations que l'on prévoit de faire selon un ordre et des modalités déterminés. *Programme de production.* – Syn.(off. déconseillé) planning. **5.** INFORM Suite d'instructions, rédigées dans un langage particulier (Fortran, Cobol, Basic, etc.) et utilisées par l'ordinateur pour effectuer un traitement déterminé. (L'ensemble des programmes et de leur traitement est appelé *logiciel.*)– Gr. *programma,* «ce qui est écrit à l'avance».

programmé, ée [pʀɔgʀame] adj. **1.** *Enseignement programmé :* méthode d'enseignement comportant un programme divisé en séquences brèves dont l'élève dirige lui-même le déroulement en fonction de son rythme d'assimilation. **2.** Muni d'un programmateur. *Machine à coudre programmée.* – Pp. de *programmer.*

programmer [pʀɔgʀame] v. tr. [1] **1.** Mettre (un film, une émission) dans un programme. **2.** INFORM Organiser (des données) selon un programme. **3.** Cour. Prévoir. *Programmer l'achat d'une voiture.* – De *programme.*

programmeur, euse [pʀɔgʀamœʀ, øz] n. INFORM Spécialiste de la programmation. – De *programme.*

progrès [pʀɔgʀɛ] n. m. **1.** Avance d'une troupe sur le terrain, au cours d'une opération, d'une campagne. *Arrêter les progrès de l'ennemi.* ▷ Extension dans l'espace. *Les progrès d'un feu de forêt.* Syn. progression. **2.** Fait d'aller plus avant, de s'accroître, de devenir meilleur. *Le progrès social.* – *Faire des progrès :* acquérir des connaissances ou des aptitudes nouvelles. **3.** *Absol.* Évolution de la société dans le sens d'une amélioration. *Douter du progrès.* – Lat. *progressus,* «marche en avant».

progresser [pʀɔgʀese] v. intr. [1] **1.** Avancer, se rapprocher d'un objectif. *Les troupes ont progressé.* **2.** Aller plus avant, s'étendre, s'amplifier, faire des progrès. *Industrie qui progresse. Cet enfant ne progresse pas. Maladie qui progresse,* qui s'aggrave. – De *progrès.*

progressif, ive [pʀɔgʀesif, iv] adj. **1.** Qui va en augmentant selon une progression. *Impôt progressif.* Ant. dégressif. **2.** Qui se fait graduellement, de manière continue. *Évolution progressive.* ▷ *Verre progressif :* verre correcteur de la vision ayant un double foyer avec passage graduel de l'un à l'autre. ▷ GRAM *Forme progressive d'un verbe,* qui indique que l'action exprimée est en train de s'accomplir (ex., en anglais : he *is coming*). – Du lat. *progressus,* pp. de *progredi,* «avancer».

progression [pʀɔgʀesjɔ̃] n. f. **1.** Action d'avancer, de progresser (sens 1). *La progression de l'ennemi.* **2.** Fait de se développer. *La progression de la criminalité.* **3.** MATH *Progression arithmétique :* suite de nombres tels que chacun d'eux s'obtient en ajoutant au précédent un nombre constant, appelé *raison de la progression. La suite 1, 4, 7, 10,... est une progression arithmétique de raison 3.* ▷ *Progression géométrique :* suite de nombres tels que chacun d'eux s'obtient en multipliant le précédent par un nombre constant. *La suite 1, 3, 9, 27,... est une progression géométrique de raison 3.* – Lat. *progressio,* «progrès, accroissement».

progressisme [pʀɔgʀesism] n. m. Doctrine, conviction progressiste. – De *progressiste.*

progressiste [pʀɔgʀesist] adj. et n. Qui professe des opinions politiques avancées; partisan de réformes, souvent radicales, connues comme génératrices d'un progrès politique, social ou économique. Ant. conservateur. ▷ Subst. *Les progressistes.* – De *progrès.*

progressivement [pʀɔgʀesivmɑ̃] adv. D'une manière progressive. – De *progressif.*

progressivité [pʀɔgʀesivite] n. f. Caractère de ce qui est progressif. – De *progressif.*

prohibé, ée [pʀɔibe] adj. Défendu, interdit légalement. *Armes prohibées,* dont le port, l'usage est interdit. – DR *Degré prohibé :* degré de parenté proche qui interdit le mariage. – Pp. de *prohiber.*

prohiber [pʀɔibe] v. tr. [1] DR Défendre, interdire par voie légale. *Prohiber l'importation d'une marchandise.* – Lat. *prohibere,* «tenir à distance».

prohibitif, ive [pʀɔibitif, iv] adj. DR Qui prohibe. ▷ ECON *Droits prohibitifs :* taxes de douane si élevées qu'elles équivalent à la prohibition d'importation ou d'exportation d'une marchandise. ▷ Cour. *Prix prohibitif,* exorbitant. – De *prohiber.*

prohibition [pʀɔibisjɔ̃] n. f. **1.** Action de prohiber (qqch). *La prohibition de l'inceste.* **2.** ECON Interdiction légale d'importer ou d'exporter (un produit). ▷ *Absol.* Interdiction des boissons alcoolisées aux É.-U., de 1919 à 1933. – Lat. *prohibitio.*

prohibitionnisme [pʀɔibisjɔnism] n. m. **1.** ECON Système préconisant l'application de droits de douane prohibitifs. **2.** Aux É.-U., système des partisans de la prohibition de l'alcool. – De *prohibition.*

prohibitionniste [pʀɔibisjɔnist] n. et adj. Adepte du prohibitionnisme. – De *prohibition.*

proie [pʀwɑ] n. f. **1.** Être vivant dont un animal s'empare pour en faire sa nourriture. – *Oiseau de proie,* qui se nourrit d'animaux vivants. **2.** Fig. Personne, chose dont on s'empare ou dont on cause la perte, la ruine. *Ces trésors furent la proie du vainqueur.* **3.** Fig., litt. *Être en proie à,* tourmenté par. – Lat. *præda.*

projecteur [pʀɔʒɛktœʀ] n. m. **1.** Appareil qui envoie au loin un puissant faisceau de rayons lumineux. *Projecteurs de scène.* ▷ Fig. Ce qui dirige l'attention sur (qqch, qqn). *Les images des enfants du Bangladesh ont été un projecteur sur la faim dans le monde.* **2.** Appareil permettant de projeter des diapositives, des films. – Du lat. *projectus,* de *projicere,* «jeter en avant».

projectif, ive [pʀɔʒɛktif, iv] adj. **1.** GEOM *Propriétés projectives,* qui se conservent lors de la projection d'une figure. **2.** PSYCHO *Test projectif,* dans lequel le sujet est amené à extérioriser sa personnalité, son affectivité, ses tendances (interprétation de dessins, par ex.). – Du lat. *projectus,* de *projicere,* «jeter en avant».

projectile [pʀɔʒɛktil] n. m. **1.** Corps projeté en direction d'une cible, d'un objectif avec la main ou avec une arme. **2.** Toute chose lancée avec force. ▷ PHYS NUCL Particule utilisée pour produire une réaction nucléaire. – De *projection.*

projection [pʀɔʒɛksjɔ̃] n. f. **1.** Action de projeter un corps, une matière. *Projection de sable.* ▷ *Projections d'un volcan,* les matières qu'il projette au cours d'une éruption. **2.** Action de former une image sur une surface, un écran. *La projection d'une ombre.* - Spécial. *Projection de photos, d'un film. La projection dure 1 h 30.* **3.** GEOM Transformation par laquelle on fait correspondre à tout point d'une surface donnée un point d'une autre surface. - Point obtenu par cette transformation. - Ensemble des points obtenus par projection d'une figure. *La projection d'un cercle sur un plan non parallèle à celui du cercle est une ellipse.* ▷ GEOGR, ASTRO *Projection cartographique* : représentation sur une surface plane des figures tracées sur une sphère, selon divers modes, notam. par *projection orthogonale**. **4.** PSYCHAN Processus inconscient par lequel un sujet attribue à une autre personne des qualités, des tendances, des sentiments qu'il refuse ou méconnaît en lui-même. ▷ PSYCHO Manifestation de la personnalité de qqn dans ses réactions. – Lat. *projectio.*

projectionniste [pʀɔʒɛksjɔnist] n. Personne dont le métier est de projeter des films. – De *projection.*

projectivement [pʀɔʒɛktivmɑ̃] adv. Par une projection mentale. – De *projectif.*

projet [pʀɔʒɛ] n. m. **1.** Ce qu'on se propose de faire. *Concevoir, exécuter un projet.* **2.** Première rédaction, première étude. *Projet de loi* : texte de loi élaboré par le gouvernement et soumis à l'approbation du pouvoir législatif. - *Projet d'un édifice, d'une machine,* etc., ensemble d'indications concernant sa réalisation avec dessins et devis. – Déverbal de *projeter.*

projeter [pʀɔʒte] v. tr. [20] **1.** Lancer avec violence. *Projeter de la boue. Projeter une balle.* - *Il fut projeté sur la chaussée par l'explosion.* **2.** Émettre (une lumière); produire (une image) sur une surface. *Projeter une ombre. Projeter un film.* ▷ v. pron. *L'ombre se projetait au plafond.* **3.** GEOM Représenter (un corps) par sa projection sur un plan. **4.** PSYCHAN Prêter, attribuer à autrui (son propre état affectif). *Projeter son angoisse sur qqn.* - Absol. *Il projette.* **5.** Former le projet de. *Projeter un achat.* – De l'a. fr. *porjeter,* « jeter dehors, à terre ».

projeteur [pʀɔʒtœʀ] n. m. TECH Dessinateur, technicien qui établit des projets. – De *projeter.*

prolabé, ée [pʀɔlabe] adj. MED Qualifie un organe déplacé de haut en bas. V. prolapsus. – De *pro-,* et lat. *labi,* « tomber ».

prolactine [pʀɔlaktin] n. f. BIOCHIM Hormone sécrétée par le lobe antérieur de l'hypophyse et dont le rôle principal est de déclencher la lactation. – De *pro-,* et lat. *lactus,* « lait ».

prolamine [pʀɔlamin] n. f. BIOCHIM Protéine végétale contenue dans diverses graines (blé, riz, orge, maïs). – De *pro(téine),* et *amine.*

prolapsus [pʀɔlapsys] n. m. MED Déplacement pathologique d'un organe vers le bas. ▷ *Prolapsus génital* : ptôse de l'utérus vers la vulve. – Mot lat., de *labi,* « tomber ».

prolégomènes [pʀɔlegɔmɛn] n. m. pl. Didac. **1.** Longue introduction au début d'un livre. **2.** Notions préliminaires à l'étude d'une science. – Gr. *prolegomena.*

prolepse [pʀɔlɛps] n. f. RHET Figure de rhétorique consistant à prévoir une objection et à la réfuter par avance. – Lat. *prolepsis,* d'orig. gr., « anticipation ».

prolétaire [pʀɔletɛʀ] n. m. et adj. **1.** ANTIQ ROM Citoyen pauvre, exempt d'impôts, qui ne contribuait à la puissance de la République que par les enfants qu'il lui donnait. **2.** Vx Personne qui fait partie de la classe la plus pauvre de la société. **3.** Mod. Personne qui ne vit que du produit d'une activité salariée manuelle et dont le niveau de vie est en général bas (par oppos. à *capitaliste*). ▷ adj. *Masses prolétaires.* (Abrév. fam. : prolo). – Lat. *proletarius,* « qui ne compte que par sa descendance », de *proles,* « lignée, descendance ».

prolétariat [pʀɔletaʀja] n. m. **1.** Vx Condition du prolétaire. **2.** Classe sociale que constituent les prolétaires (par oppos. à *bourgeoisie*). – De *prolétaire.*

prolétarien, enne [pʀɔletaʀjɛ̃, ɛn] adj. Qui concerne les prolétaires. – De *prolétaire.*

prolétarisation [pʀɔletaʀizasjɔ̃] n. f. Fait d'être prolétarisé, de se prolétariser. – De *prolétariser.*

prolétariser [pʀɔletaʀize] v. tr. [1] Réduire à l'état de prolétaire. ▷ v. pron. Devenir prolétaire. – De *prolétaire.*

proliférant, ante [pʀɔlifeʀɑ̃, ɑ̃t] adj. Qui prolifère. – Ppr. de *proliférer.*

prolifération [pʀɔlifeʀasjɔ̃] n. f. **1.** BIOL Multiplication, normale ou pathologique, d'une cellule, d'une bactérie, d'un tissu, d'un organisme. **2.** BOT Formation d'un bouton à fleur sur une partie de la plante qui n'en porte pas habituellement. **3.** Fig., souvent péjor. Multiplication excessive et rapide. – De *prolifère.*

prolifère [pʀɔlifɛʀ] adj. BOT Se dit d'une partie d'un végétal qui donne naissance à un organe (feuille, fleur) qu'elle ne porte pas habituellement. – Du lat. *proles,* « descendance », et *-fère.*

proliférer [pʀɔlifeʀe] v. intr. [14] **1.** Engendrer, se reproduire, se multiplier. *Cellules qui prolifèrent. Race qui prolifère.* **2.** Fig. Se multiplier rapidement, exister en grand nombre. – De *prolifère.*

prolifique [pʀɔlifik] adj. **1.** BIOL Qui a la possibilité d'engendrer. **2.** Qui se multiplie, se reproduit rapidement. *Espèces prolifiques.* **3.** Fig. Qui produit, crée en abondance. *Écrivain prolifique.* – Du lat. *proles,* « lignée, descendance », et *facere,* « faire ».

proligère [pʀɔliʒɛʀ] adj. BIOL Qui contient des germes. – Du lat. *proles,* « descendance », et *gerere,* « porter ».

proline [pʀɔlin] n. f. BIOCHIM Acide aminé qui contribue à la formation des sucres. – All. *Prolin,* dû aux biochimistes E. Fischer et E. Abderhalden (1901).

prolixe [pʀɔliks] adj. Litt. Qui emploie ou contient un trop grand nombre de mots. *Orateur, style prolixe.* Syn. verbeux. – Du lat. *prolixus,* « allongé ».

prolixement [pʀɔliksəmɑ̃] adv. Litt. D'une façon prolixe. – De *prolixe.*

prolixité [pʀɔliksite] n. f. Caractère de ce qui est prolixe, d'une personne prolixe. – Du bas lat. *prolixitas,* « longueur, étendue ».

prolo [pʀɔlo] n. Fam., souvent péjor. Abrév. de *prolétaire. Des prolos.*

prologue [pʀɔlɔg] n. m. **1.** Première partie d'une œuvre littéraire ou dramatique servant à situer les personnages et l'action de l'œuvre. *Prologues du théâtre antique.* Ant. épilogue. **2.** MUS Petit morceau lyrique, sorte d'introduction au premier acte de certains opéras. **3.** Préface, introduction, avant-propos. *Le prologue de l'Évangile selon saint Jean.* - Fig. *Ce meeting est le prologue de la campagne électorale.* Syn. prélude. – Lat. *prologus,* gr. *prologos,* de *logos,* « discours ».

prolongateur [pʀɔlɔ̃gatœʀ] n. m. **1.** TECH Cordon servant à relier une prise de courant et un appareil qui en est trop éloigné. Syn. rallonge. **2.** *Prolongateur de bronzage.* – De *prolongation.*

prolongation [pʀɔlɔ̃gasjɔ̃] n. f. **1.** Action de prolonger (dans le temps). **2.** Temps ajouté à une durée déjà fixée. *Une prolongation de congé.* - SPORT Temps ajouté à la fin d'un match pour permettre à deux équipes à égalité de se départager. *Jouer les prolongations.* – Bas lat. *prolungatio.*

prolonge [pʀɔlɔ̃ʒ] n. f. **1.** MILIT Véhicule servant à transporter des munitions ou du matériel. *Prolonge d'artillerie.* **2.** CH de F Cordage servant à arrimer les marchandises sur un wagon, ou à assurer certaines manœuvres. – Déverbal de *prolonger.*

prolongé, ée [pʀɔlɔ̃ʒe] adj. Accru en longueur. *Une rue prolongée. Un deuil prolongé.* – Pp. de *prolonger.*

prolongeable [pʀɔlɔ̃ʒabl] adj. Qui peut se prolonger. – De *prolonger.*

prolongement [pʀɔlɔ̃ʒmɑ̃] n. m. **1.** Action de prolonger (dans l'espace), accroissement en longueur. *Le prolongement d'une voie ferrée.* Syn. extension. **2.** Ce qui prolonge. *Dans le prolongement de :* dans la direction qui prolonge (qqch). – MATH Structure d'un ensemble induite à partir de la structure d'une partie de cet ensemble. **3.** Fig. Suite, extension. *La guerre fut le prolongement de ce différend.* – De *prolonger.*

prolonger [pʀɔlɔ̃ʒe] v. tr. [**13**] Étendre, continuer, faire aller plus loin. **1.** (Dans l'espace.) *Prolonger une avenue.* – Constituer un prolongement. *L'appentis qui prolonge la maison.* ▷ v. pron. *Le jardin se prolonge jusqu'à la rue.* **2.** (Dans le temps.) Faire durer plus longtemps. *Prolonger ses vacances.* ▷ v. pron. *La discussion s'est prolongée fort tard.* – Fig. (Personnes) Se perpétuer. *Se prolonger dans ses enfants, dans son œuvre.* – Bas lat. *prolongare,* d'ap. *allonger.*

promégaloblaste [pʀɔmegalɔblast] n. m. BIOL Grande cellule à rayon arrondi, cellule souche de la série mégalocytaire, issue directement de l'hémocytoblaste, et qui donne naissance au mégaloblaste. – De *pro-,* et *mégaloblaste.*

promenade [pʀɔmnad] n. f. **1.** Action de se promener. *Faire une petite promenade digestive.* **2.** Voie, allée où l'on se promène. *La promenade des Anglais, à Nice.* – De *promener.*

promener [pʀɔmne] **I.** v. tr. [**16**] **1.** Conduire, faire aller, faire sortir (un être animé) pour le distraire ou lui faire prendre de l'exercice. *Promener un enfant, un animal.* **2.** Transporter, traîner avec soi (qqch). *Il a promené toute la journée cette lourde valise.* ▷ Fig. *Il promène toujours un air blasé.* **3.** Fig. Faire passer, déplacer doucement çà et là. *Promener les yeux, le regard sur quelqu'un.* **II.** v. pron. **1.** Aller (à pied, en voiture, etc.) pour se distraire ou pour prendre de l'exercice. *Promenons-nous dans les bois.* ▷ Fig., litt. (Choses) *Le ruisseau se promène à travers les prairies.* – Fam. Circuler. *Ce document s'est promené dans deux ou trois services, par erreur.* **2.** Fam. (Avec ellipse du pron. réfléchi.) *Envoyer promener qqn,* le renvoyer, le rejeter avec impatience. – Abandonner, renoncer à. *Il a tout envoyé promener.* – De l'a. v. *pourmener,* même sens.

promeneur, euse [pʀɔmnœʀ, øz] n. Personne qui se promène. – De *promener.*

promenoir [pʀɔm(ə)nwaʀ] n. m. **1.** Lieu couvert destiné à la promenade. **2.** Partie d'un théâtre où les spectateurs se tiennent debout. – De *promener.*

promesse [pʀɔmɛs] n. f. **1.** Action de promettre, engagement écrit ou verbal de faire, de donner qqch. ▷ DR Engagement de contracter une obligation, d'accomplir un acte. *Promesse de vente, d'achat.* **2.** Fig. Espérance que l'on conçoit au sujet de qqch ou de qqn. *Jeune poète plein de promesses.* – Lat. *promissa,* pp. pl. neutre de *promittere,* « promettre ».

prométhéen, enne [pʀɔmeteɛ̃, ɛn] adj. Relatif à Prométhée. *Le mythe prométhéen est lié à la création de l'homme et à l'apparition de la civilisation.* ▷ Litt. Dont le goût est à l'action ; qui a foi dans l'homme. – Du nom de *Prométhée,* personnage mythologique qui déroba le feu aux dieux pour le donner aux hommes.

prométhium [pʀɔmetjɔm] n. m. CHIM Élément radioactif artificiel appartenant à la famille des lanthanides, de numéro atomique Z = 61, de masse atomique 145 (symbole Pm). – De *Prométhée,* personnage mythologique (V. prométhéen).

prometteur, euse [pʀɔmɛtœʀ, øz] n. et adj. **1.** n. Rare Personne qui promet à la légère ou sans intention de tenir ses promesses. **2.** adj. Plein de promesses. *Un avenir prometteur.* – De *promettre.*

promettre [pʀɔmɛtʀ] v. [**60**] **I.** v. tr. **1.** S'engager à l'égard de qqn à (faire qqch). *Il m'a promis de venir.* ▷ S'engager à donner (qqch). *Promettre un jouet à un enfant.* **2.** Assurer. *Je vous promets que vous ne le regretterez pas.* ▷ Annoncer comme sûr, prédire. *La météo avait promis du soleil.* **3.** Laisser espérer. *Ce ciel nous promet du beau temps.* ▷ *Absol.* Donner de grands espoirs pour le futur. *Un jeune homme qui promet.* **II.** v. pron. **1.** (Récipr.) S'engager dans une promesse mutuelle. *Ils se sont promis de s'épouser.* **2.** (Réfl. indir.) Prendre une résolution. *Je me suis promis de ne plus le voir.* **3.** Espérer, faire le ferme projet de. *Je m'étais promis un jour de vacances.* – Lat. *promittere,* d'ap. *mettre.*

promis, ise [pʀɔmi, iz] adj. et n. **I.** adj. **1.** Dont on a fait la promesse. ▷ Prov. *Chose promise, chose due :* il faut faire ce qu'on a promis. – RELIG *Terre promise,* la terre de Canaan que Yahvé avait promise au peuple hébreu ; fig. pays très fertile ; *par ext.* ce qu'on cherche à atteindre. **2.** *Promis à :* destiné à. **II.** n. Vx ou rég. Fiancé, fiancée. *C'est sa promise.* – Pp. de *promettre.*

promiscuité [pʀɔmiskɥite] n. f. **1.** Voisinage fâcheux qui gêne ou empêche l'intimité. **2.** Assemblage ; mélange fâcheux de personnes très différentes. – Du lat. *promiscuus,* « mêlé », de *miscere,* « mélanger ».

promontoire [pʀɔmɔ̃twaʀ] n. m. Pointe de terre élevée qui s'avance dans la mer ou au-dessus d'une plaine. – Lat. *promuntorium.*

promoteur, trice [pʀɔmɔtœʀ, tʀis] n. **1.** Personne qui donne la première impulsion (à qqch). *Luther fut un des promoteurs de la Réforme.* **2.** Homme d'affaires qui fait construire des immeubles en vue de les vendre ou de les louer. **3.** DR CAN *Promoteur de la foi :* juge qui, dans la procédure de béatification ou de canonisation, tient le rôle d'accusateur. (On l'appelle « l'avocat du diable ».) **4.** CHIM Substance servant à améliorer l'activité d'un catalyseur. – Bas lat. *promotor,* du class. *promovere,* « pousser en avant, promouvoir ».

promotion [pʀɔmɔsjɔ̃] n. f. **1.** Action par laquelle on élève à la fois plusieurs personnes à un même grade, à une même dignité. *Faire des promotions dans la Légion d'honneur.* – Admission simultanée de candidats à une grande école ; ensemble des candidats admis (abrév. fam. : promo). *Camarades de promotion.* **2.** Nomination d'une ou de plusieurs personnes à un emploi supérieur. *Bénéficier d'une promotion.* Syn. avancement. **3.** *Promotion immobilière :* action de faire construire des immeubles en vue de les vendre ou de les louer. – *Promotion des ventes :* ensemble des techniques utilisées pour améliorer et développer les ventes. – *Article en promotion,* dont le prix de vente constitue une incitation particulière à l'achat. – Bas lat. *promotio,* de *promovere,* « pousser en avant, promouvoir ».

promotionnel, elle [pʀɔmɔsjɔnɛl] adj. Destiné à améliorer les ventes. *Prix promotionnels.* – De *promotion.*

promouvoir [pʀɔmuvwaʀ] v. tr. [**43**] **1.** Élever à une dignité, à un grade supérieur. *Promouvoir un colonel au grade de général.* **2.** Favoriser l'expansion, le développement de. *Promouvoir des réalisations sociales.* **3.** COMM Inciter par promotion à l'achat de (qqch). *Promouvoir un nouveau produit.* – Du lat. *promovere,* « pousser en avant, faire avancer », d'ap. *mouvoir.*

prompt, prompte [pʀɔ̃, pʀɔ̃t ou pʀɔ̃pt] adj. **1.** Qui s'effectue rapidement, sans tarder. *Le prompt rétablissement d'un malade.* **2.** Qui montre de la rapidité, de la vivacité dans son comportement, ses réactions. *Avoir l'esprit prompt.* – Par ext. *Avoir l'humeur, la main, la repartie prompte.* Syn. rapide. – Lat. *promptus,* « prêt, disposé à », de *promere,* « tirer, faire sortir ».

promptement [pʀɔ̃tmɑ̃ ; pʀɔ̃ptəmɑ̃] adv. En peu de temps, sans tarder. – De *prompt.*

prompteur [pʀɔ̃ptœʀ] n. m. Appareil sur lequel défile le texte à dire par le présentateur de télévision qui est face à la caméra. Syn. téléprompteur. – Angl. *prompter,* « souffleur de théâtre », de *to prompt,* « souffler ».

promptitude [pʀɔ̃tityd ; pʀɔ̃ptityd] n. f. **1.** Rapidité. *La promptitude de son retour m'a surpris.* **2.** Vivacité. – Bas lat. *promptitudo.*

promu, ue [pʀɔmy] adj. Élevé à une dignité, un grade. *Caporaux promus.* – Pp. de *promouvoir.*

promulgateur, trice [pʀɔmylgatœʀ, tʀis] n. et adj. Didac. Personne qui promulgue (une loi). – adj. *L'instance promulgatrice.* – De *promulgation.*

promulgation [pʀɔmylgasjɔ̃] n. f. Action de promulguer. ▷ DR *Promulgation d'une loi :* publication officielle et solennelle d'une loi. – Lat. *promulgatio.*

promulguer [pʀɔmylge] v. tr. [1] Publier (une loi) dans les formes requises pour (la) rendre exécutoire. – Lat. *promulgare.*

pronaos [pʀɔnaɔs] n. m. ARCHI Portique qui, dans les temples grecs et les églises orientales anciennes, précède le naos (ou cella). – Mot gr.

pronateur, trice [pʀɔnatœʀ, tʀis] adj. et n. m. ANAT Se dit des muscles de l'avant-bras qui servent aux mouvements de pronation. – n. m. *Les pronateurs.* – Bas lat. *pronator,* de *pronus,* « penché en avant ».

pronation [pʀɔnasjɔ̃] n. f. PHYSIOL Mouvement du poignet par lequel la main, tournée vers le haut, accomplit une rotation interne de 180°. Ant. supination. – Bas lat. *pronatio,* de *pronus,* « penché en avant ».

prône [pʀon] n. m. RELIG CATHOL Instruction chrétienne que le prêtre faisait en chaire à la messe dominicale. (Le concile Vatican II lui a préféré le terme d'*homélie.*) ▷ Vx ou litt. Discours long et ennuyeux, de ton moralisateur. – Du lat. pop. **protinum,* du lat. *protirum,* gr. *prothura,* « couloir allant de la porte d'entrée à la porte intérieure »; d'abord *prosne,* « grille séparant le chœur de la nef ».

prôner [pʀone] v. tr. [1] Vanter, louer, recommander (qqch) comme étant ce qu'il y a de meilleur. *Prôner un remède nouveau, une théorie, des idées.* Syn. préconiser. Ant. décrier, dénigrer. – De *prône.*

prôneur, euse [pʀonœʀ, øz] n. Litt. Personne qui loue avec excès. – De *prôner.*

pronom [pʀɔnɔ̃] n. m. GRAM Mot qui, en général, représente un nom *(« Est-ce que Pierre vient ? – Oui, il vient »),* un adjectif *(« Est-il discret ? – Oui, il l'est »),* ou une proposition *(« Vas-tu lire ce livre ? – Je suis en train de le faire »),* exprimés avant ou après lui dans le contexte. – Dans l'emploi dit *absolu* du pronom, celui-ci ne représente aucun élément contextuel et il s'agit d'un élément nominal. *Tout est fait. Rien n'est dit. Qui va là ?* (On distingue les pronoms *personnels, possessifs, démonstratifs, relatifs, interrogatifs* et *indéfinis.*)– Lat. *pronomen,* de *pro-,* « à la place de », et *nomen,* « nom ».

pronominal, ale, aux [pʀɔnɔminal, o] adj. **1.** Relatif au pronom, de la nature du pronom. *Adjectifs pronominaux,* qui peuvent avoir fonction de pronoms (démonstratifs, interrogatifs et possessifs). *Adverbes pronominaux : en* et *y.* **2.** Qui comporte un pronom. *Verbe pronominal,* qui se conjugue avec deux pronoms de la même personne, l'un sujet, l'autre régime et qui, aux formes composées, demande l'auxiliaire *être.* – *Verbes essentiellement pronominaux :* verbes qui ne s'emploient qu'à la forme pronominale *(s'abstenir).* ▷ *Verbes accidentellement pronominaux :* verbes transitifs qui peuvent être ou non pronominaux. *Ils peuvent être réfléchis* (il se regarde), *réciproques* (ils se battent), *neutres* (le soleil se lève), *à sens passif* (ce vin se boit frais). – Bas lat. *pronominalis,* du class. *pronomen,* « pronom ».

pronominalement [pʀɔnɔminalmɑ̃] adv. **1.** En fonction de pronom. *Adverbe employé pronominalement.* **2.** Comme verbe pronominal. – De *pronominal.*

pronominalisation [pʀɔnɔminalizasjɔ̃] n. f. LING Transformation par laquelle on substitue un pronom à un syntagme nominal. ▷ Transformation en phrase à verbe pronominal (*Paul aime Marie et Marie aime Paul* devient : *Marie et Paul s'aiment*). – De *pronominal.*

pronominaliser [pʀɔnɔminalize] v. tr. [1] LING Effectuer la pronominalisation de. – De *pronominal.*

prononçable [pʀɔnɔ̃sabl] adj. Qui peut se prononcer. Ant. imprononçable. – De *prononcer.*

prononcé, ée [pʀɔnɔ̃se] adj. et n. m. **1.** Déclaré, rendu. *Le divorce n'est pas encore prononcé.* ▷ n. m. Énoncé d'un jugement. **2.** Marqué. *Un visage aux traits prononcés. Une aversion prononcée.* – Pp. de *prononcer.*

prononcer [pʀɔnɔ̃se] v. [12] **I.** v. tr. **1.** Articuler les sons qui composent les mots, les formes signifiantes d'une langue. *Un mot, une phrase difficile à prononcer.* **2.** Dire, énoncer. *Il n'a pas prononcé un mot depuis son arrivée.* – Réciter, dire. *Prononcer un discours.* **3.** Déclarer en vertu de son autorité. *Prononcer un arrêt. Prononcer un divorce.* **4.** BX-A Bien marquer. *Ce sculpteur prononce trop les muscles de ses figures.* **II.** v. intr. Décider, statuer. *La loi a prononcé.* **III.** v. pron. **1.** Être prononcé, articulé. *Ce mot s'écrit comme il se prononce.* **2.** Se dessiner nettement, être accentué. *Un mieux se prononce dans l'état du malade.* **3.** Prendre une décision explicite, formuler son avis, son intention. *Il est trop tôt pour se prononcer.* – Lat. *pronuntiare.*

prononciation [pʀɔnɔ̃sjasjɔ̃] n. f. **1.** DR Action de prononcer (un jugement). **2.** Manière de prononcer, d'articuler les sons d'une langue. *Bonne, mauvaise prononciation. Un défaut de prononciation.* – Manière dont un ensemble de sons transcrits doit être prononcé. *Indiquer la prononciation des mots en orthographe phonétique.* – Lat. *pronuntiatio.*

pronostic [pʀɔnɔstik] n. m. Estimation, conjecture sur ce qui doit arriver. *Faire, établir des pronostics. Écouter les pronostics des courses à la radio.* ▷ MED Prévision du cours et des effets d'une maladie. *Le pronostic se fonde principalement sur le diagnostic.* – Bas lat. *prognosticus,* gr. *prognôstika,* de *progignôskein,* « connaître à l'avance ».

pronostique [pʀɔnɔstik] adj. MED Relatif au pronostic. *Signes pronostiques.* – De *pronostic.*

pronostiquer [pʀɔnɔstike] v. tr. [1] **1.** Faire un pronostic. *Il avait pronostiqué la victoire de cette jument dans le Grand Prix.* **2.** Litt. Laisser prévoir, annoncer. *Ce ton menaçant pronostiquait le pire.* – De *pronostic.*

pronostiqueur, euse [pʀɔnɔstikœʀ, øz] n. **1.** Personne qui pronostique, iron. qui se mêle de pronostiquer. **2.** Journaliste chargé d'établir des pronostics sportifs (notam. hippiques). – De *pronostiquer.*

pronunciamiento [pʀɔnunsjamjɛnto] n. m. En Espagne et en Amérique du Sud, action insurrectionnelle organisée par l'armée. (V. putsch.) – Proclamation, manifeste qui précède cette action. *Des pronunciamientos.* – Mot esp., « déclaration ».

prop-. CHIM Préfixe utilisé pour former les noms des composés dont le squelette est constitué par trois atomes de carbone.

propadiène [pʀɔpadjɛn] n. m. CHIM Syn. de *allène.* – De *prop-,* et *diène.*

propagande [pʀɔpagɑ̃d] n. f. **1.** Activité tendant à propager, à répandre des idées, des opinions, et surtout à rallier des partisans à une idée, à une cause. *Faire de la propagande.* **2.** *La Propagande* : nom usuel de la congrégation de la Propagation de la foi. – Du lat. *propagare,* «propager», d'abord dans l'expression *congregatio de propaganda fide,* «congrégation pour propager la paix».

propagandisme [pʀɔpagɑ̃dism] n. m. Tendance à faire de la propagande. – De *propagande.*

propagandiste [pʀɔpagɑ̃dist] n. et adj. Personne qui fait de la propagande. ▷ adj. *Une entreprise propagandiste.* – De *propagande.*

propagateur, trice [pʀɔpagatœʀ, tʀis] n. Celui, celle qui propage. – De *propager.*

propagation [pʀɔpagasjɔ̃] n. f. **1.** Multiplication par reproduction (en parlant d'êtres vivants). *La propagation de l'espèce.* **2.** Action de se propager, de répandre. *La propagation des flammes.* – Fig. *La propagation des idées.* – RELIG CATHOL *Congrégation pour la Propagation de la foi* : congrégation romaine fondée en 1622 dans le but d'évangéliser les territoires non européens dits «pays de mission». **3.** Fait de se propager; extension, progression. *La propagation d'une maladie.* – PHYS Déplacement dans l'espace d'un phénomène vibratoire. – Lat. *propagatio.*

propager [pʀɔpaʒe] v. tr. **[13] 1.** Multiplier, reproduire par voie de génération. *Propager une espèce.* ▷ v. pron. *Races qui se propagent rapidement.* **2.** Répandre, faire connaître. Syn. diffuser. ▷ v. pron. Se répandre, gagner. *Le feu s'est propagé jusqu'aux immeubles voisins.* **3.** PHYS Assurer la transmission de, conduire. *L'air propage les vibrations acoustiques.* ▷ v. pron. Se déplacer. *Le son se propage dans l'air à la vitesse de 340 m/s.* – Lat. *propagare,* «reproduire par provignement».

propagule [pʀɔpagyl] n. f. BOT Fragment de l'appareil végétatif d'une plante (quels que soient sa taille et son niveau d'organisation), apte à redonner une nouvelle plante identique à la plante souche. – Lat. mod. *propagulum,* du class. *propago,* «bouture», de *propagare,* «reproduire par provignement».

propane [pʀɔpan] n. m. CHIM Hydrocarbure saturé de formule CH_3–CH_2–CH_3, gaz incolore se liquéfiant à –44 °C, utilisé comme combustible. – De *(acide) prop(ionique).*

propané, ée [pʀɔpane] adj. TECH Qui contient du propane. ▷ *Air propané* : mélange d'air et de propane utilisé comme combustible. – De *propane.*

propanier [pʀɔpanje] n. m. MAR Navire spécialement aménagé pour le transport du propane. – De *propane.*

propanol [pʀɔpanɔl] n. m. CHIM Alcool propylique*, utilisé en pharmacie, dans l'industrie des vernis, comme antigel et comme solvant. – De *propane,* et *(alco)ol.*

proparoxyton [pʀɔpaʀɔksitɔ̃] n. m. LING Mot dont l'accent tonique porte sur l'antépénultième syllabe. – De *pro-,* et *paroxyton.*

propédeutique [pʀɔpedøtik] n. f. **1.** Enseignement préparatoire à un enseignement plus complet. **2.** (De 1948 à 1966.) Classe préparatoire obligatoire pour les bacheliers candidats à une licence. – All. *Propädeutik,* du gr. *paideuein,* «enseigner».

propène [pʀɔpɛn] n. m. CHIM Syn. off. recommandé de *propylène.* – Angl. *propene*; de *prop-,* et *-ène.*

propension [pʀɔpɑ̃sjɔ̃] n. f. Tendance naturelle. *Propension à mentir, au mensonge.* Syn. disposition, inclination. – Lat. *propensio,* de *propendere,* «pencher».

propergol [pʀɔpɛʀgɔl] n. m. TECH Ergol ou mélange d'ergols assurant la propulsion des moteurs-fusées. – Mot all., a remplacé *énergol,* nom déposé; de *pro-p(ulsion),* et *ergol.*

ENCYCL Un propergol est constitué d'une substance ou d'un ensemble de substances contenant un comburant et un combustible. Les propergols liquides comprennent les *monergols* (un seul ergol, comme l'eau oxygénée, l'hydrazine ou le nitrométhane) et les *diergols* (un ergol carburant, comme l'oxygène liquide, et un ergol combustible, comme le kérosène ou l'hydrogène liquide). Les propergols solides, également nommés *poudres,* se présentent sous la forme de blocs aux formes variées. Les *lithergols* sont des propergols hybrides, constitués d'un ergol solide et d'un ergol liquide.

propharmacien, enne [pʀɔfaʀmasjɛ̃, ɛn] n. ADMIN Médecin autorisé à délivrer des médicaments lorsqu'il n'existe pas de pharmacie proche de son lieu d'exercice. – De *pro-,* et *pharmacien.*

prophase [pʀɔfɑz] n. f. BIOL Première phase de la mitose et de la méiose, caractérisée par l'individualisation des chromosomes, par leur clivage longitudinal (sauf au niveau du centromère) et par la disparition de l'enveloppe nucléaire. – De *pro-,* et *phase.*

prophète, prophétesse [pʀɔfɛt, pʀɔfetɛs] n. **1.** Chez les Hébreux, personne qui, inspirée par Dieu, annonçait au peuple des croyants une vérité cachée, des récompenses ou des châtiments divins. ▷ *Le Prophète-roi* : David. – *Le Prophète* : pour les musulmans, Mahomet. **2.** Personne qui annonce l'avenir, ce qui doit arriver. *Vous avez été bon prophète.* ▷ *Prophète de malheur* : personne qui annonce des choses désagréables. ▷ Prov. *Nul n'est prophète en son pays* : on a moins de succès parmi les siens qu'ailleurs. – Lat. ecclés. *propheta,* gr. *prophêtês,* «interprète d'un dieu».

ENCYCL La Bible distingue quatre *grands prophètes* : Isaïe, Jérémie, Ézéchiel, Daniel, et douze *petits prophètes* : Osée, Joël, Amos, Abdias, Michée, Jonas, Nahum, Habacuc, Sophonie, Aggée, Zacharie, Malachie; chacun d'eux a donné son nom à un livre de la Bible.

prophétie [pʀɔfesi] n. f. **1.** Révélation des choses cachées, par inspiration divine. **2.** *Par ext.* Toute prédiction. – Lat. ecclés. *prophetia,* gr. *prophêteia.*

prophétique [pʀɔfetik] adj. **1.** Qui appartient au prophète. *Don, inspiration prophétique.* **2.** Qui tient de la prophétie; qui annonce l'avenir; dont les prévisions se sont réalisées. *Rêve, parole prophétique.* Syn. prémonitoire. – Lat. ecclés. *propheticus,* gr. *prophêtikos.*

prophétiser [pʀɔfetize] v. tr. [1] **1.** Annoncer l'avenir par inspiration surnaturelle. **2.** Prédire, dire d'avance ce qui doit arriver. ▷ Absol. *Nul besoin de prophétiser!* – Lat. ecclés. *prophetizare,* gr. *prophêtizein.*

prophylactique [pʀɔfilaktik] adj. MED Relatif à la prophylaxie. *La vaccination est une mesure prophylactique.* – Gr. *prophilaktikos,* de *prophulassein,* «veiller sur».

prophylaxie [pʀɔfilaksi] n. f. MED Partie de la médecine qui a pour objet de prévenir l'apparition et le développement des maladies. – Ensemble des mesures prises à cette fin. – De *prophylactique.*

propice [pʀɔpis] adj. **1.** (En parlant des dieux.) Favorable, bien disposé (à l'égard de qqn). Par ext. *Un vent propice.* **2.** (Choses) Bien adapté, qui convient bien. *L'heure était propice aux confidences.* ▷ Opportun. *Arriver au moment propice.* – Lat. *propitius.*

propiolique [pʀɔpjɔlik] adj. CHIM Se dit de certains composés acétyléniques à trois atomes de carbone. – De *pro-,* gr. *piôn* «gras», *-ol,* et *-ique.*

propionate [pʀɔpjɔnat] n. m. CHIM Sel ou ester de l'acide propionique contenu dans les essences végétales utilisées en parfumerie (essence de jasmin, de bergamote, etc.). – De *pro-,* du gr. *piôn,* «gras», et *-ate.*

propionique [pʀɔpjɔnik] adj. CHIM *Acide propionique* : acide saturé de formule CH_3 –CH_2–COOH, produit de fermentation bactérienne du glycérol et de l'alanine. – De *pro-*, gr. *piôn*, « gras », et *-ique*.

propitiation [pʀɔpisjasjɔ̃] n. f. RELIG *Sacrifice de propitiation*, offert à Dieu pour le rendre propice. – Lat. ecclés. *propitiatio*, de *propitius*, « propice ».

propitiatoire [pʀɔpisjatwaʀ] n. m. et adj. **1.** n. m. HIST Plaque d'or qui recouvrait l'Arche* d'alliance. **2.** adj. Litt. Qui a la vertu de rendre propice. *Sacrifice propitiatoire.* – Lat. ecclés. *propitiatorius*, de *propitius*, « propice ».

propolis [pʀɔpɔlis] n. f. SC NAT Substance résineuse récoltée par les abeilles, notam. sur les bourgeons, et qu'elles utilisent pour boucher les fissures de la ruche, fixer les rayons, etc. – Mot lat., du gr. *propolis*, propr. « entrée d'une ville ».

proportion [pʀɔpɔʀsjɔ̃] n. f. **1.** Rapport de grandeur entre les différentes parties d'un tout. – (Plur.) Ensemble des dimensions qui caractérisent un tout, considérées les unes par rapport aux autres. *Les proportions du Parthénon.* **2.** *Par ext.* (Souvent au plur.) Dimensions. – Fig. *Ramener les faits à leurs justes proportions.* **3.** Rapport constant entre deux ou plusieurs grandeurs. ▷ MATH Égalité de deux rapports (ex. : $\frac{a}{b}=\frac{c}{d}$). **4.** Rapport quantitatif, pourcentage. – Loc. adv. *À proportion* : proportionnellement. ▷ Loc. prép. *À proportion de* : par rapport à, eu égard à. – Loc. adv. *En proportion* : dans un rapport constant. Syn. proportionnellement. ▷ Loc. prép. *En proportion de :* selon, suivant. ▷ *Hors de proportion (avec) :* sans rapport (avec), démesuré. – *Toutes proportions gardées* : en tenant compte de la valeur relative, de la différence entre. **5.** Quantité relative (lorsqu'il y a plusieurs éléments). – Lat. *proportio*, « rapport ».

proportionnable [pʀɔpɔʀsjɔnabl] adj. Qui peut être proportionné. – De *proportionner.*

proportionnalisme [pʀɔpɔʀsjɔnalism] n. m. POLIT Doctrine des partisans de la représentation proportionnelle. – De (représentation) *proportionnelle.*

proportionnaliste [pʀɔpɔʀsjɔnalist] n. et adj. POLIT Partisan de la représentation proportionnelle. – De (représentation) *proportionnelle.*

proportionnalité [pʀɔpɔʀsjɔnalite] n. f. **1.** Caractère des choses, des grandeurs proportionnelles entre elles. **2.** Juste répartition. *Proportionnalité de l'impôt.* – Bas lat. *proportionalitas*, de *proportionalis*, « proportionnel ».

proportionné, ée [pʀɔpɔʀsjɔne] adj. **1.** Qui est dans un rapport convenable avec. *L'amende est proportionnée au délit.* **2.** Dont les proportions sont respectées. – Pp. de *proportionner.*

proportionnel, elle [pʀɔpɔʀsjɔnɛl] adj. et n. f. Qualifie une grandeur, une quantité liée à une autre par un rapport déterminé (proportion). ▷ MATH *Grandeurs directement proportionnelles :* se dit de deux grandeurs dont le rapport reste constant. *Grandeurs inversement proportionnelles*, dont le produit reste constant. ▷ *Représentation proportionnelle :* système électoral accordant aux divers partis une représentation proportionnelle aux suffrages obtenus. – n. f. *Voter à la proportionnelle.* – Bas lat. *proportionalis*, du class. *proportio*, « rapport ».

ENCYCL **Math.** – L'égalité $\frac{a}{b}=\frac{c}{d}$ est une proportion. Le produit des extrêmes a et d est égal au produit des moyens b et c : ad = bc. Lorsque trois de ces nombres sont connus (par ex. : a, b et c) et qu'on recherche le quatrième (en l'occurrence d), nommé *la quatrième proportionnelle*, on résout l'équation ad = bc avec : $d=\frac{bc}{a}$. – La *moyenne proportionnelle* (ou *géométrique*) de deux nombres b et c est égale à la racine carrée de leur produit ; elle provient de la proportion $\frac{x}{b}=\frac{c}{x}$, où $x^2=bc$, et $x=\sqrt{bc}$.

proportionnellement [pʀɔpɔʀsjɔnɛlmɑ̃] adv. En proportion. *Proportionnellement à.* – De *proportionnel.*

proportionner [pʀɔpɔʀsjɔne] v. tr. [1] Établir un juste rapport, une juste proportion entre (une chose et une autre). – Bas lat. *proportionare*, du class. *proportio*, « proportion ».

propos [pʀɔpo] n. m. **1.** Ce que l'on se propose ; intention, dessein. *Mon propos n'est pas de vous condamner.* ▷ Loc. prép. *Dans le propos de :* afin de, pour, dans l'intention de. ▷ *Ferme propos* : résolution bien arrêtée. ▷ Loc. adv. *De propos délibéré :* à dessein, intentionnellement. **2.** Loc. prép. *À propos de* : au sujet de. *Je veux vous voir à propos de votre fils.* – Loc. adv. *À tout propos :* à chaque instant, à chaque occasion. – Absol. *À propos :* à ce sujet, et, par ext., tant que j'y pense. *À propos, comment va-t-il ?* – À point nommé, opportunément. *Arriver à propos, fort à propos.* ▷ *Mal à propos, hors de propos :* d'une façon inopportune, sans raison. *Vous étiez là bien mal à propos.* – Loc. adj. Opportun, convenable. *Il n'a pas jugé à propos de nous le dire. Des liaisons mal à propos. Tout cela est hors de propos.* ▷ n. m. *À-propos :* opportunité ; présence d'esprit. *Avoir de l'à-propos. Manquer d'à-propos.* **3.** n. m. pl. Suite de paroles, discours que l'on tient dans une conversation. *Tenir des propos désobligeants.* – Déverbal de *proposer*, d'ap. lat. *propositum*, « plan, dessein ».

proposable [pʀɔpozabl] adj. Qui peut être proposé. – De *proposer.*

proposer [pʀɔpoze] v. [1] **I.** v. tr. **1.** Mettre en avant, énoncer (qqch) pour qu'on en délibère ; soumettre à l'avis d'autrui. *Proposer un plan d'action. Proposer une loi.* – Suggérer. *Je propose de partir* (ou *qu'on parte*) *avant la nuit.* **2.** Soumettre la candidature de (qqn) ; présenter, recommander, désigner (qqn) comme apte à. *Proposer qqn pour la Légion d'honneur.* **3.** Offrir, présenter, mettre à la disposition de. *Proposer son aide, ses services.* – Présenter une offre. *Il a proposé de vous accompagner.* **4.** Donner à traiter. – Pp. adj. *Les sujets proposés cette année au baccalauréat.* **5.** Offrir (une certaine somme) pour acquérir (qqch). *On m'a proposé mille francs de ce tableau.* **II.** v. intr. Vx Former un dessein. ▷ Prov. *L'homme propose et Dieu dispose.* **III.** v. pron. **1.** Offrir ses services. *Elle s'est spontanément proposée pour vous aider.* **2.** Avoir comme but. *Se proposer de partir.* – Du lat. *proponere*, « poser devant », d'ap. *poser.*

proposition [pʀɔpozisjɔ̃] n. f. **1.** Action de proposer un projet, une offre ; chose proposée. *Proposition de mariage. C'est une proposition honnête.* Syn. offre. *Proposition de loi :* texte d'une nouvelle loi élaboré par un parlementaire (ou un groupe de parlementaires) et soumis à l'approbation du pouvoir législatif. **2.** Énonciation d'un jugement, affirmation. *Soutenir une proposition.* – MATH Énonciation d'une égalité, d'un théorème, etc. ; ses termes. ▷ LOG Contenu d'une phrase. – Prédicat. *Calcul des propositions.* ▷ GRAM Mot ou groupe de mots, généralement ordonnés autour d'un verbe, constituant une unité syntaxique, et correspondant soit à une phrase simple (*proposition indépendante*), soit à un élément de phrase complexe (*proposition principale* ou *proposition subordonnée*). **3.** MUS Exposition des sujets et des contre-sujets d'une fugue. – Lat. *propositio.*

1. propre [pʀɔpʀ] adj. et n. m. **A.** adj. **I.** (Après le nom.) **1.** Qui appartient exclusivement ou particulièrement à (qqn, qqch) ; qui caractérise (qqn, qqch). *La poésie de Verlaine a son charme propre. Facultés propres à l'homme.* Syn. particulier. ▷ *Sens propre :* sens littéral, non modifié d'un terme (par oppos. à *sens figuré*). ▷ LING *Nom propre :* nom désignant un objet unique, notamment une personne, un lieu, une entité individuelle (ex. : Jean, la France). *Les noms propres s'écrivent avec une majuscule.* **2.** Qui convient, correspond parfaitement. *Employer le terme propre. – Une eau propre à la consommation.* Syn. approprié, adéquat. Ant. impropre. **3.** (Personnes) Vieilli Apte à, capable de. *Il n'est guère propre à cette place, à ce poste.* – Loc. mod. *Propre à rien.* ▷ Subst. *Un propre-à-rien* : un incapable. *Des propres-à-rien.* **II.** (Après le possessif.) Sert à marquer avec plus de force, d'emphase, le rapport de possession, ou à lever une ambiguïté. *Ce sont ses propres termes.* **B.** n. m. **I.** *Le propre de...* Qualité, caractère particulier qui appartient à un sujet et le distingue. *Penser, parler est le propre de l'homme.* **II.** (Plur.) DR Biens d'un conjoint qui ne tombent pas dans la communauté. **III.** LITURG CATHOL *Le propre de la messe* : les textes qui sont dits spécifiquement à l'occasion de la fête du jour (par oppos. à *ordinaire*). **IV.** Loc. adv. **1.** *En propre* : en propriété exclusive. *Ce qu'elle possède en propre.* **2.** *Au propre* : au sens propre. *Au propre comme au figuré.* – Lat. *proprius.*

2. propre [pʀɔpʀ] adj. et n. m. **I.** adj. **1.** Net, immaculé, sans taches ni souillures. *Avoir les mains propres. Enfiler des vêtements propres.* **2.** Net, soigné, bien ordonné (choses, actions). *Un jardin propre. Un travail propre.* **3.** (Personnes) Qui a des habitudes de propreté. ▷ (En parlant d'un enfant.) Qui contrôle ses fonctions naturelles. *Il ira à l'école quand il sera propre.* **4.** Fig. De moralité incontestable. *Des gens propres en affaires. Une intrigue pas très propre.* Syn. honnête. Ant. douteux. **II.** n. m. **1.** Ce qui est propre. *Du linge qui sent le propre.* ▷ Par antiphrase. *C'est du propre!* : se dit d'une affaire mal conduite ou malhonnête. **2.** Copie définitive. *Les brouillons et le propre. Recopier au propre.* – Lat. *proprius.*

1. proprement [pʀɔpʀəmɑ̃] adv. **1.** Précisément, exactement. ▷ Loc. adv. *A proprement parler* : pour parler en termes exacts, littéralement. ▷ *Proprement dit* : au sens étroit, restreint; au sens propre. *Le domaine de la philosophie proprement dite.* **2.** De la belle manière, comme il faut. *Il l'a proprement remis en place.* – De *propre* 1.

2. proprement [pʀɔpʀəmɑ̃] adv. **1.** D'une manière propre. *Travailler proprement.* **2.** D'une manière honnête, correcte, régulière. *Il s'est conduit très proprement.* – De *propre* 2.

propret, ette [pʀɔpʀɛ, ɛt] adj. Fam, souvent iron. Coquet, simple et propre. – Dimin. de *propre* 2.

propreté [pʀɔpʀəte] n. f. **1.** Caractère, état de ce qui est propre, exempt de saleté. *Draps d'une propreté douteuse. La propreté d'une maison. Un air de propreté.* ▷ Qualité d'une personne propre. *Femme de ménage d'une grande propreté.* **2.** Fig. *Propreté (morale)* : qualité de ce qui est honnête, correct, régulier, conforme à la morale. – De *propre* 2.

propréteur [pʀɔpʀetœʀ] n. m. ANTIQ ROM Magistrat (le plus souvent, un ancien préteur) chargé du gouvernement d'une province. – Lat. *propraetor.*

propréture [pʀɔpʀetyʀ] n. f. ANTIQ ROM Dignité, charge de propréteur; durée de cette charge. – De *propréteur.*

propriétaire [pʀɔpʀijetɛʀ] n. et adj. **1.** Personne à qui une chose appartient en propriété. *Le propriétaire de cette voiture est prié de se faire connaître.* ▷ adj. *Être propriétaire de sa maison.* **2.** Personne qui possède un bien-fonds. *Un riche propriétaire.* **3.** Personne à qui appartient un immeuble loué à des locataires. (Abrév. fam. : proprio). – Bas lat. *proprietarius,* de *proprietas,* « propriété ».

propriété [pʀɔpʀijete] n. f. **I. 1.** Droit de jouir ou de disposer d'une chose que l'on possède en propre de la manière la plus absolue, pourvu qu'on n'en fasse pas un usage prohibé par les lois et règlements. *Titre de propriété. Propriété foncière, mobilière.* ▷ *Propriété littéraire et artistique* : ensemble des droits moraux et pécuniaires d'un écrivain ou d'un artiste sur son œuvre. ▷ *Propriété commerciale* : droit pour un commerçant locataire au renouvellement du bail. ▷ *Propriété industrielle* : ensemble des droits concernant les créations (brevets, modèles, etc.) et les signes distinctifs (marques, nom commercial, etc.). **2.** Chose qui fait l'objet du droit de propriété. **3.** Bien-fonds possédé par qqn; domaine. *Une propriété de 50 hectares. Propriété de famille.* **II. 1.** Caractère, qualité propre à qqch. *Les propriétés physiques des corps.* **2.** Exactitude (d'un terme employé). Ant. impropriété. – Lat. jur. *proprietas,* de *proprius,* « propre ».

proprio [pʀɔpʀio] n. Fam. Abrév. de *propriétaire. Des proprios.*

proprioceptif, ive [pʀɔpʀijosɛptif, iv] adj. PHYSIOL *Sensibilité proprioceptive* : sensibilité nerveuse à divers stimuli (pression, tension, etc.) affectant les muscles, les tendons, les os et les articulations. – De *propre,* et de *(ré)ceptif* ou *(per)ceptif.*

proprio motu. V. motu proprio.

propulser [pʀɔpylse] v. tr. [1] **1.** Faire mouvoir, faire avancer. *Le moteur qui propulse une fusée.* **2.** Fig., fam. Projeter, pousser en avant. ▷ v. pron. Fam. Avancer. – De *propulsion.*

propulseur [pʀɔpylsœʀ] n. m. **1.** TECH Dispositif produisant une force qui pousse un mobile vers l'avant (hélice, réacteur, etc.). ▷ adj. *Engin propulseur* : V. encycl. moteur. – Gaz contenu dans une bombe d'aérosol servant à pousser vers l'extérieur le produit qu'elle contient. **2.** PREHIST Instrument en bois de cervidé, os ou bois, destiné à aider au lancement d'une arme de jet. – De *propulsion.*

propulsif, ive [pʀɔpylsif, iv] adj. TECH Qui exerce une propulsion, partic. en agissant par l'arrière (par oppos. à *tractif*). *Hélice propulsive.* – De *propulsion.*

propulsion [pʀɔpylsjɔ̃] n. f. **1.** Action de pousser en avant. *La propulsion du sang dans les veines.* **2.** Mouvement qui projette en avant. *Propulsion à réaction. Système de propulsion pour déodorant inoffensif pour l'environnement.* – Du lat. *propulsus,* pp. de *propellere,* « pousser devant soi ».

propyle [pʀɔpyl] n. m. CHIM Radical univalent CH_3–CH_2–CH_2, dérivé de l'alcool propylique. – Angl. *propyl.*

propylée [pʀɔpile] n. m. ANTIQ GR **1.** Porte monumentale d'un temple. **2.** (Plur.) Construction à colonnes érigée pour former l'entrée principale de l'enceinte d'un sanctuaire, d'une citadelle. – Absol. *Les Propylées,* de l'acropole d'Athènes. – Gr. *propulaion,* propr. « ce qui est devant la porte ».

propylène [pʀɔpilɛn] n. m. CHIM Hydrocarbure éthylénique de formule CH_3–CH=CH_2, dérivé du propane et servant à la fabrication de matières plastiques. Syn. (off. recommandé) propène. – De *propane,* d'ap. *éthyle* et suff. *-ène,* indicatif des carbures d'hydrogène.

propylique [pʀɔpilik] adj. CHIM *Alcool propylique* : CH_3–CH_2–CH_2OH ou propanol*. – De *propyle.*

prorata [pʀɔʀata] n. m. inv. **1.** Vx Quote-part. *Distribuer les prorata.* ▷ *Compte-prorata* : partage des frais communs entre les différentes parties prenantes. **2.** Loc. adv. et prép. *Au prorata (de)* : proportionnellement (à). *Partager les bénéfices au prorata des mises.* – Du lat. *pro rata (parte),* « selon la part calculée ».

prorogatif, ive [pʀɔʀɔgatif, iv] adj. Qui proroge. *Décret prorogatif.* – Lat. *prorogativus.*

prorogation [pʀɔʀɔgasjɔ̃] n. f. **1.** Délai, prolongation. **2.** POLIT Acte par lequel le pouvoir exécutif proroge les Chambres. – Lat. *prorogatio;* sens 2, angl. *prorogation.*

proroger [pRɔRɔʒe] v. tr. [13] **1.** Prolonger le temps, le délai qui avait été accordé, fixé pour. *Proroger un traité, une loi. Proroger une échéance.* **2.** POLIT Suspendre (les séances des chambres parlementaires) et en remettre la continuation à une date ultérieure. – Sens 1, lat. *prorogare;* sens 2, angl. *to prorogue,* sur l'a. v. *proroguer.*

prosaïque [pRɔzaik] adj. **1.** Qui tient trop de la prose. *Vers prosaïque.* **2.** Fig., mod. Exempt de poésie, d'élévation d'esprit, terre à terre. *Des occupations très prosaïques.* Syn. commun, ordinaire. – Bas lat. *prosaicus,* «écrit en prose», de *prosa,* «prose».

prosaïquement [pRɔzaikmɑ̃] adv. D'une façon prosaïque. – De *prosaïque.*

prosaïsme [pRɔzaism] n. m. Didac. Défaut de ce qui est prosaïque. ▷ Fig. *Le prosaïsme du quotidien.* Ant. poésie. – De *prosaïque.*

prosateur [pRozatœR] n. m. Auteur qui écrit en prose. – Ital. *prosatore.*

proscenium [pRɔsenjɔm] n. m. **1.** ANTIQ Scène, plateforme sur laquelle se tenaient les acteurs; le devant de cette scène. **2.** Mod. Avant-scène. *Des prosceniums.* – Mot lat.; gr. *proskênion,* «avant-scène».

proscripteur [pRɔskRiptœR] n. m. Didac. Celui qui proscrit. – Lat. *proscriptor.*

proscription [pRɔskRipsjɔ̃] n. f. **1.** ANTIQ ROM Action de proscrire (sens 1). *Les proscriptions sanglantes de Sylla.* ▷ Cour. Mesure prise pour interdire à un citoyen, généralement pour des raisons politiques, de continuer à résider dans sa patrie. **2.** Fig. Action de rejeter, de condamner. – Lat. *proscriptio.*

proscrire [pRɔskRiR] v. tr. [67] **1.** ANTIQ ROM Condamner à mort, à l'exil, sans forme judiciaire, en publiant par voie d'affiche le nom des condamnés. **2.** Bannir, exclure, chasser d'un pays, d'une société, d'une communauté. ▷ Fig. Rejeter. *Les tournures les plus archaïques sont à proscrire.* **3.** Interdire, défendre formellement. *La prohibition avait proscrit les boissons alcoolisées.* – Du lat. *proscribere,* «porter sur une liste de proscription», d'ap. *écrire.*

proscrit, ite [pRɔskRi, it] adj. et n. Frappé de proscription. – Pp. de *proscrire.*

prose [pRoz] n. f. **1.** Forme du discours écrit qui n'est pas soumise aux règles de la poésie formelle; tout discours oral spontané. *Écrire en prose.* ▷ *Poème en prose, prose poétique :* écrit d'inspiration lyrique, poétique, qui n'est pas soumis aux règles de la versification. ▷ Fig. *Faire de la prose sans le savoir :* faire, réussir qqch par hasard et sans dessein (allus. à une scène du *Bourgeois gentilhomme* de Molière). **2.** Manière d'écrire; littérature. *Bonne, mauvaise prose.* ▷ Fam. Lettre, écrit. *J'ai reçu votre prose.* **3.** LITURG Hymne latine, rimée et fortement rythmée, chantée avant l'Évangile à la messe de Pâques, de Pentecôte, du Saint-Sacrement, aux offices funèbres. – Lat. *prosa,* de *prosa (oratio),* «discours qui va en droite ligne».

prosélyte [pRɔzelit] n. m. **1.** ANTIQ Chez les Juifs de l'époque hellénistique et du début de l'ère chrétienne, païen converti au judaïsme et ayant été circoncis. **2.** *Par anal.* Personne nouvellement convertie à une religion. **3.** *Par ext.* Fig. Partisan gagné depuis peu à un mouvement, à une doctrine; nouvel adepte. – Bas lat. ecclés. *proselytus,* gr. *prosêlutos,* propr. «nouveau venu dans un pays».

prosélytisme [pRɔzelitism] n. m. Zèle déployé pour faire des prosélytes, de nouveaux adeptes. – De *prosélyte.*

prosimiens [pRɔsimjɛ̃] n. m. pl. ZOOL Syn. de *lémuriens.* – Sing. *Un prosimien.* – De *pro-,* et *simien.*

prosobranches [pRɔzɔbRɑ̃ʃ] n. m. pl. ZOOL Sous-classe de mollusques gastéropodes caractérisés par des branchies situées en avant du cœur (ormeau, patelle, murex). – Sing. *Un prosobranche.* – Du gr. *prosô,* «en avant», et de *branches,* «branchies».

prosodie [pRɔzɔdi] n. f. **1.** Didac. Étude des règles relatives à la métrique et, partic., étude de la durée, de la hauteur et de l'intensité des sons. **2.** LING Partie de la phonologie qui étudie les faits phoniques qui échappent à l'analyse en phonèmes et traits distinctifs, tels que le ton, l'intonation, l'accent et la durée. **3.** MUS *Prosodie musicale :* règles concernant l'application de la musique à des paroles ou inversement. – Du gr. *prosôdia,* «élément servant à accentuer le langage».

prosodique [pRɔzɔdik] adj. Didac. Qui appartient à la prosodie. ▷ LING *Trait prosodique :* trait phonique affectant un segment autre que le phonème. – De *prosodie.*

prosopopée [pRɔzɔpɔpe] n. f. RHET Figure qui consiste à faire agir et parler un mort, un animal, une chose personnifiée. – Lat. *prosopopeia,* mot gr. de *prosôpon,* «personne».

1. prospect [pRɔspɛ] n. m. **1.** Vx Vue étendue d'un site à partir d'un point donné. **2.** Distance minimale entre deux bâtiments autorisée par la voirie. – Lat. *prospectus,* «vue, perspective».

2. prospect [pRɔspɛ(kt)] n. m. COMM Client potentiel d'une entreprise. – Mot angl.

prospecter [pRɔspɛkte] v. tr. [1] **1.** Parcourir et étudier un terrain en vue d'y découvrir des gisements, des richesses exploitables. **2.** COMM Étudier, parcourir (une ville, une région) pour rechercher une clientèle. **3.** Fig. Parcourir et examiner minutieusement. *J'ai prospecté les fichiers.* – Angl. *to prospect.*

prospecteur, trice [pRɔspɛktœR, tRis] n. **1.** Personne qui prospecte une région, un terrain. *Prospecteurs d'uranium.* **2.** Fig. et litt. Personne qui cherche à découvrir, qui explore. *Un prospecteur d'idées.* – Angl. *prospector.*

prospecteur-placier [pRɔspɛktœRplasje] n. m. Fonctionnaire chargé de rechercher des emplois disponibles pour les proposer aux demandeurs d'emploi. *Des prospecteurs-placiers.* – De *prospecteur,* et *placier.*

prospectif, ive [pRɔspɛktif, iv] adj. Qui concerne le futur, tel qu'on peut l'imaginer à partir de données et de tendances actuelles. *Recherches prospectives.* – De *prospect* 1.

prospection [pRɔspɛksjɔ̃] n. f. **1.** Recherche systématique entreprise pour découvrir des richesses naturelles. *Prospection pétrolière.* ▷ Par ext. *Prospection commerciale.* **2.** Fig. Action de prospecter (sens 3). – De *prospecter,* d'après l'angl.

prospective [pRɔspɛktiv] n. f. Ensemble des recherches qui ont pour objet l'évolution des sociétés dans un avenir prévisible. – De *prospectif.*

prospectus [pRɔspɛktys] n. m. **1.** Vieilli Brochure informative qui paraît avant la publication d'un ouvrage, d'une collection. **2.** Feuille volante, brochure publicitaire, distribuée pour annoncer au public une vente, un spectacle, vanter un produit, etc. – Mot lat., «vue, aspect», de *prospicere,* «regarder au loin, en avant».

prospère [pRɔspɛR] adj. Qui est dans un état, une situation de succès, de réussite. *Une entreprise prospère.* – Vieilli (Personnes) *Un financier, un industriel prospère.* – Lat. *prosperus,* «qui répond aux espérances».

prospérer [pRɔspeRe] v. intr. [14] **1.** Connaître un sort favorable, avoir des succès, se développer. *Ses affaires prospèrent.* **2.** Croître en abondance, proliférer. *L'olivier prospère en Italie.* – Lat. *prosperare.*

prospérité [pRɔspeRite] n. f. État prospère, situation de succès (d'une personne, d'une entreprise). ▷ *Spécial.* État de grande abondance, de richesse. *Une ère de prospérité et d'expansion.* – Lat. *prosperitas.*

prostaglandine [pʀɔstaglɑ̃din] n. f. BIOCHIM Substance dérivée d'un acide spécifique (dit *prostanoïque*), isolée primitivement dans la prostate, mais présente dans de nombreux tissus. *Les prostaglandines jouent un rôle dans la régulation hormonale, l'agrégation des plaquettes sanguines, les contractions musculaires de l'utérus et dans le fonctionnement du système sympathique.* – De *prosta(te)*, *gland(e)*, et *-ine*.

prostate [pʀɔstat] n. f. ANAT Glande de l'appareil génital masculin, endocrine et exocrine, située sous la vessie, autour de la partie initiale de l'urètre, et qui sécrète un liquide constituant l'un des éléments du sperme. – Gr. *prostatês*, «qui se tient en avant».

prostatectomie [pʀɔstatɛktɔmi] n. f. CHIR Ablation de la prostate, le plus souvent en cas d'adénome. – De *prostate*, et *-ectomie*.

prostatique [pʀɔstatik] adj. et n. m. **1.** adj. ANAT Relatif à la prostate. **2.** n. m. MED Sujet atteint d'une affection de la prostate. – De *prostate*.

prostatite [pʀɔstatit] n. f. MED Inflammation de la prostate. – De *prostate*, et *-ite* 1.

prosternation [pʀɔstɛʀnasjɔ̃] n. f. Litt. Action de se prosterner. ▷ Fig. Action d'humilité, abaissement. – De *prosterner*.

prosternement [pʀɔstɛʀnəmɑ̃] n. m. **1.** Posture de celui qui est prosterné; fait de se prosterner. **2.** Fig., litt. Abaissement. – De *prosterner*.

prosterner [pʀɔstɛʀne] **1.** v. tr. [1] Litt. Abaisser jusqu'à terre (son corps, une partie du corps) en signe de respect ou d'adoration. **2.** v. pron. Cour. S'incliner, s'abaisser très bas en signe d'adoration, de respect profond. ▷ Par métaph. *Se prosterner devant qqn*, s'humilier à l'excès devant lui. – Lat. *prosternere*, «étendre, jeter à terre».

prosthèse [pʀɔstɛz] n. f. LING Adjonction d'un élément à l'initiale d'un mot, sans changement de sens. ▷ La lettre, la syllabe ainsi ajoutée. (Ex. : le *e* de *espérer* ajouté au lat. *sperare*; le *l* de *lierre* pour *l'ierre*. – Lat. *prosthesis*, mot gr.

prosthétique [pʀɔstetik] adj. **1.** LING Relatif à la prosthèse; qui forme une prosthèse. *Voyelle prosthétique.* **2.** BIOCHIM *Groupement prosthétique* : groupement chimique constitutif d'une molécule d'hétéroprotéine et renfermant son radical actif. – De *prosthèse*.

prostitué, ée [pʀɔstitɥe] n. **1.** n. f. Femme qui se prostitue. Syn. grossier putain. **2.** n. m. *Par ext.* Homme qui se livre à la prostitution. – Pp. subst. de *prostituer*.

prostituer [pʀɔstitɥe] v. tr. [1] **1.** Inciter, livrer (qqn) au commerce charnel pour de l'argent, par intérêt. ▷ v. pron. *Jeune femme, jeune homme qui se prostitue.* **2.** Litt. Avilir par intérêt. *Prostituer son talent.* ▷ v. pron. *Artiste qui se prostitue*, qui crée ce qui convient à ceux dont il sert les intérêts. Syn. se vendre. – Lat. *prostituere*, «exposer en public», au fig. «déshonorer», de *pro-*, «en avant», et *statuere*, «placer».

prostitution [pʀɔstitysjɔ̃] n. f. **1.** Action de prostituer (qqn), de se prostituer; fait de prêter son corps aux désirs sexuels d'autrui contre rémunération. ▷ Fait social constitué par l'existence des prostitué(e)s. *La misère favorise l'extension de la prostitution.* **2.** Action de prostituer (sens 2); avilissement intéressé. – Lat. *prostitutio*, de *prostituere*. V. prostituer.

prostomium [pʀɔstɔmjɔm] n. m. ZOOL Région antérieure du corps des annélides contenant la bouche. – Lat. savant, de *pro-*, «en avant», et gr. *stoma*, «bouche».

prostration [pʀɔstʀasjɔ̃] n. f. **1.** LITURG Posture qui consiste à s'étendre sur le sol, face contre terre. **2.** MED Affaiblissement extrême des forces musculaires qui accompagne certaines maladies aiguës. ▷ Cour. Abattement profond. – Lat. *prostratio*, de *prostratus*, pp. de *prosternere*, «étendre, jeter à terre».

prostré, ée [pʀɔstʀe] adj. MED et cour. En proie à un abattement profond. – Lat. *prostratus* (V. prostration).

prostyle [pʀɔstil] adj. et n. m. ARCHI Qui présente une rangée de colonnes sur la façade antérieure. *Temple prostyle.* ▷ n. m. Vestibule, portique formé par ces colonnes. – Lat. *prostylos*, mot gr., de *pro-*, «devant», et *stulos*, «colonne».

prot(o)-. Élément, du gr. *prôtos*, «premier, qui vient en premier».

protactinium [pʀotaktinjɔm] n. m. CHIM Élément radioactif appartenant à la famille des actinides, de numéro atomique Z = 91, de masse atomique 231 (symbole Pa). – De *prot(o)-*, et *actinium*.

protagoniste [pʀɔtagɔnist] n. m. **1.** LITTER Acteur qui tenait le premier rôle dans une tragédie grecque. **2.** Fig. et cour. Personne qui a le premier rôle, ou un des premiers rôles, dans une affaire, une entreprise, un récit. – Gr. *prôtagônistês*, de *prôtos*, «premier», et *agônizesthai*, «combattre, concourir».

protamine [pʀɔtamin] n. f. BIOCHIM Substance polypeptidique de masse molaire élevée, l'un des constituants des nucléoprotéides. – De *prot(éine)*, et *amine*.

protandrie. V. protérandrie.

protase [pʀɔtɑz] n. f. **1.** LITTER Vx Partie d'une pièce de théâtre qui constitue l'exposition. **2.** LING Proposition qui, dans une phrase, en amorce une autre, dite *apodose**. – Bas lat. gram. *protasis*, du gr.

prote [pʀɔt] n. m. Contremaître d'un atelier typographique. *Le prote et les correcteurs.* – Du gr. *prôtos*, «premier».

protéagineux, euse [pʀɔteaʒinø, øz] adj. et n. m. Didac. Se dit d'une plante riche en protéines (pois, lentilles, soja, etc.). – De *protéine*, sur *oléagineux*.

protecteur, trice [pʀɔtɛktœʀ, tʀis] n. et adj. **I.** n. **1.** Personne qui protège (qqn, qqch). *Il se pose en protecteur du faible et de l'opprimé.* – *Par euph.* ou plaisant Homme qui entretient une femme; homme qui vit des revenus d'une prostituée. ▷ Institution, chose qui protège. **2.** HIST *Protecteur* ou *lord-protecteur* : titre du régent, en Angleterre et en Écosse, du XVe au XVIIe s. **II.** adj. **1.** Qui protège. ▷ ECON *Système protecteur.* V. protectionnisme. **2.** Qui marque une certaine condescendance. *Prendre un air protecteur.* – Bas lat. *protector*.

protection [pʀɔtɛksjɔ̃] n. f. **1.** Action de protéger, de se protéger; son résultat. *Bénéficier de la protection d'un haut personnage.* – (Choses) *La protection d'un appareil par un blindage.* **2.** Dispositif, institution qui protège. *Protection civile*, qui vise à protéger les populations civiles en cas de guerre ou de catastrophe nationale. **3.** Personne ou chose qui protège. *Une protection efficace.* – Bas lat. *protectio*.

protectionnisme [pʀɔtɛksjɔnism] n. m. ECON Ensemble des mesures (contingentements, droits de douane, etc.) visant à limiter ou à interdire l'entrée des produits étrangers afin de protéger les intérêts économiques nationaux; doctrine économique prônant l'emploi de ces mesures. Ant. libre-échange. – De *protection*.

protectionniste [pʀɔtɛksjɔnist] adj. ECON Relatif au protectionnisme. *Un système protectionniste.* ▷ Subst. Partisan du protectionnisme. – De *protectionnisme*.

protectorat [pʀɔtɛktɔʀa] n. m. **1.** Institution établie par un traité international créant une dépendance limitée de l'État protégé à l'égard de l'État protecteur. ▷ L'État dépendant. *La Tunisie a été un protectorat français.* **2.** HIST Régime politique de la Grande-Bretagne à l'époque où Cromwell, puis son fils furent protecteurs (1653-1659). – De *protecteur.*

protée [pʀɔte] n. m. **1.** Litt. Homme qui change continuellement d'apparence ou d'attitude. **2.** ZOOL *Protée* ou *protée anguillard (Proteus anguinus)* : amphibien urodèle cavernicole, à peau dépourvue de pigment, aux membres minuscules et aux yeux atrophiés, qui, adulte, conserve sa forme larvaire. *Le protée possède des branchies externes et des poumons.* – De *Prôteus,* «Protée», dieu gr. de la mer; lat. *Proteus.*

protégé, ée [pʀɔteʒe] adj. et n. **1.** adj. Qui est à l'abri, que l'on a protégé. *Passage protégé.* **2.** n. Personne que l'on protège, à qui l'on apporte son appui. – Pp. de *protéger.*

protège-cahier [pʀɔtɛʒkaje] n. m. Couverture souple et amovible pour protéger la couverture d'un cahier d'écolier. *Des protège-cahiers.* – De *protéger,* et *cahier.*

protège-dents [pʀɔtɛʒdɑ̃] n. m. inv. Appareil que les boxeurs, les rugbymen portent dans la bouche pour protéger leurs dents. – De *protéger,* et *dent.*

protéger [pʀɔteʒe] v. tr. [15] **1.** Assister, prêter secours à (qqn) de manière à garantir sa sécurité (physique ou morale). **2.** Préserver, garantir l'existence de (qqch). *Protéger la liberté du culte.* **3.** Mettre à l'abri, préserver (d'un inconvénient). *Protéger son visage du soleil. - Crème qui protège la peau.* ▷ v. pron. *Se protéger la peau à l'aide d'une crème.* **4.** Favoriser, encourager le développement de (une activité). *Protéger les arts.* **5.** Accorder son soutien, son aide matérielle à (qqn). **6.** ECON Encourager le développement économique de (un secteur, un produit) par des mesures protectionnistes. *Protéger l'horlogerie française.* – Lat. *protegere,* littéralement «couvrir devant».

protège-slip [pʀɔtɛʒslip] n. m. Accessoire d'hygiène féminine jetable, constitué d'une mince couche absorbante adhésive, destinée à protéger le slip. *Des protège-slips.* – De *protéger,* et *slip.*

protège-tibia [pʀɔtɛʒtibja] n. m. Dispositif rembourré qui protège le tibia des joueurs de rugby, de football, etc. *Des protège-tibias.* – De *protéger,* et *tibia.*

protéide [pʀɔteid] n. f. BIOL Tout polymère protéique; spécial., l'holoprotéine. V. encycl. protéine. – Angl. *proteid;* formé sur *protéine,* par substitution de suff.

protéiforme [pʀɔteifɔʀm] adj. Litt. Qui change à chaque instant de forme, se manifeste sous des aspects variés. *Des opinions protéiformes.* – De *protée,* et *-forme.*

protéine [pʀɔtein] n. f. BIOCHIM et cour. Polymère composé d'acides aminés, de masse moléculaire élevée. – De *prot(o)-,* et suff. *-ine.*

ENCYCL Les protéines sont présentes dans tous les tissus de l'organisme sous forme de protéines de structure et d'enzymes; l'hémoglobine, la myoglobine, la fibrine sont aussi des protéines. Leur synthèse *(protéosynthèse)* s'effectue dans les cellules (notam. du foie et des muscles) au niveau des ribosomes; leur structure est déterminée par le code génétique inscrit dans l'A.D.N. et transmis par l'A.R.N. messager. Les protéines peuvent être formées uniquement d'acides aminés *(holoprotéines)* ou contenir d'autres composés, glucidiques ou lipidiques *(protéines conjuguées* ou *hétéroprotéines).*

protéinémie [pʀɔteinemi] n. f. BIOL Taux de protéines dans le sang. – De *protéine,* et *-émie.*

protéinurie [pʀɔteinyʀi] n. f. BIOL Présence de protéines dans les urines. – De *protéine,* et *-urie.*

protéique [pʀɔteik] adj. BIOCHIM Qui se rapporte aux protéines, aux protéides. ▷ Relatif aux protides. *Substance protéique.* – De *protéine.*

protèle [pʀɔtɛl] n. m. ZOOL Mammifère carnivore (*Proteles cristatus*) des steppes et des savanes d'Afrique du S., voisin de l'hyène rayée, appelé aussi *loup fouisseur.* – Du gr. *pro,* «avant, devant», et *teléeis,* «accompli, parfait».

protéolyse [pʀɔteɔliz] n. f. BIOCHIM Hydrolyse des protéines permettant leur dégradation et libérant leurs éléments constitutifs. – De *protéine,* et *-lyse.*

protéolytique [pʀɔteɔlitik] adj. BIOCHIM Qui hydrolyse et dédouble les protéines. – De *protéolyse.*

protéosynthèse [pʀɔteɔsɛ̃tɛz] n. f. BIOCHIM Synthèse des protéines par l'organisme. – De *protéine,* et *synthèse.*

protérandrie [pʀɔteʀɑ̃dʀi] ou **protandrie** [pʀɔtɑ̃dʀi] n. f. BIOL État d'un être vivant hermaphrodite dont les éléments mâles sont mûrs avant les éléments femelles. – Du gr. *proter(os),* «antérieur», et de *andros,* «mâle».

protérogyne, protérogynie. V. protogyne, protogynie

protestable [pʀɔtɛstabl] adj. DR Susceptible d'être protesté. *Traite protestable.* – De *protester.*

protestant, ante [pʀɔtɛstɑ̃, ɑ̃t] n. et adj. Personne qui appartient à l'une des Églises réformées*. ▷ adj. *Culte protestant.* – Ppr. de *protester.*

protestantisme [pʀɔtɛstɑ̃tism] n. m. Doctrine et culte de la religion réformée. ▷ Ensemble des Églises protestantes, des protestants. – De *protestant.*

ENCYCL Le protestantisme réduit l'orthodoxie à quelques thèmes fondamentaux : le salut par la foi en Jésus-Christ, et non par les œuvres, ni par la médiation de la Vierge et des saints; la prépondérance de l'Écriture (lieu privilégié de la parole de Dieu) sur les prescriptions de la hiérarchie et, par conséquent, la participation de tous les fidèles, inspirés par l'Esprit-Saint, à l'interprétation des Écritures (facilitée par leur diffusion grâce à l'imprimerie et par leur trad. en langue vulgaire). Il en résulte une simplification du *culte* (puisque le salut vient de la foi seule, les sacrements n'en étant plus qu'un symbole) et de l'*organisation ecclésiale* (puisque l'ensemble des fidèles constitue le sacerdoce universel, la hiérarchie devient un simple ministère au service de la communauté).

protestataire [pʀɔtɛstatɛʀ] adj. et n. **1.** adj. Qui fait entendre une protestation. ▷ Subst. *Les protestataires.* **2.** n. m. pl. HIST *Les (députés) protestataires* : les députés qui, dès février 1871, protestèrent contre l'annexion de l'Alsace-Lorraine à l'Allemagne. - Les députés d'Alsace-Lorraine élus au Reichstag qui ne cessèrent d'émettre la même protestation. – De *protester.*

protestation [pʀɔtɛstasjɔ̃] n. f. **1.** Vx Promesse, assurance positive. *Des protestations d'amitié.* **2.** Action de protester; paroles par lesquelles on proteste; spécial., déclaration en forme par laquelle on s'élève contre qqch. *Paroles, gestes, cris de protestation. Signer une protestation.* **3.** DR Action de dresser un protêt. – Bas lat. *protestatio.*

protester [pʀɔtɛste] v. [1] **I.** v. tr. **1.** Vx Attester avec force et solennité. *Protester sa fidélité. Protester sa foi.* **2.** DR *Protester un effet, un billet,* faire dresser un protêt contre cet effet, ce billet. **II.** v. tr. indir. *Protester de* : affirmer avec force, publiquement. *Protester de son innocence, de sa bonne foi.* **III.** v. intr. S'élever avec force (contre qqch), déclarer avec une certaine solennité son refus, son opposition. *Protester contre une atteinte aux libertés.* – Lat. *protestari,* «affirmer, déclarer hautement».

protêt [pʀɔtɛ] n. m. DR COMM Acte dressé par un huissier à la demande du porteur d'un effet de commerce, constatant le refus de payer en totalité ou en partie un effet échu ou un chèque. – Déverbal de *protester.*

proteus [pʀɔteys] n. m. MICROB Bactérie intestinale qui provoque des infections essentiellement urinaires. – Lat. sav., de *Proteus* (V. protée).

prothalle [pʀɔtal] n. m. BOT Chez les fougères, petite plaque de cellules chlorophylliennes issue de la germination d'une spore et sur une face de laquelle se développent les organes reproducteurs. – De *pro-*, et *thalle*.

prothèse [pʀɔtɛz] n. f. Remplacement ou consolidation d'un membre, d'une partie de membre ou d'un organe par un appareillage approprié; cet appareillage. *Prothèse orthopédique, dentaire, auditive.* – Du gr. *prosthêsis*, «addition de, application sur».

prothésiste [pʀɔtezist] n. Fabricant de prothèses. ▷ *Spécial.* Fabricant de prothèses dentaires. – De *prothèse*.

prothétique [pʀɔtetik] adj. Didac. Qui a rapport à la prothèse. – De *prothèse*.

prothoracique [pʀɔtɔʀasik] adj. Du prothorax. – De *prothorax*.

prothorax [pʀɔtɔʀaks] n. m. ZOOL Premier segment thoracique des insectes. Syn. corselet. – De *pro-*, et *thorax*.

prothrombine [pʀɔtʀɔ̃bin] n. f. BIOL Globuline, facteur de la coagulation sanguine. – De *pro-*, et *thrombine*.

protide [pʀɔtid] n. m. BIOCHIM Composé organique azoté. *Les protides englobent les peptides et les protéides.* – De *protéide*, avec changement de suff.

protidique [pʀɔtidik] adj. BIOCHIM Qui contient des protides; relatif aux protides. *Métabolisme protidique.* – De *protide*.

protistes [pʀɔtist] n. m. pl. BIOL Ensemble des organismes unicellulaires, végétaux (algues unicellulaires chlorophylliennes) et animaux (protozoaires). – Sing. *L'amibe est un protiste.* – Mot all., du gr. *prôtistos*, «le premier de tous», superl. de *prôtos*, «premier».

protium [pʀɔtjɔm] n. m. Nom parfois donné à l'hydrogène léger (V. encycl. hydrogène). – Du gr. *prôtos*, «premier».

proto-. V. prot(o)-.

protobranches [pʀɔtobʀɑ̃ʃ] n. m. pl. ZOOL Sous-classe de mollusques lamellibranches aux branchies plumeuses. – Sing. *Un protobranche.* – De *proto-*, et *branchie*.

protococcales [pʀɔtɔkɔkal] n. f. pl. BOT Ordre d'algues unicellulaires (genre type *Protococcus*) qui colorent en vert les troncs d'arbres humides, les rochers et les murs. – Sing. *Une protococcale.* – De *proto-*, et du lat. *coccum*, «grain».

protocolaire [pʀɔtɔkɔlɛʀ] adj. Conforme aux règles du protocole. – *Par ext.* D'une politesse élaborée. *Des manières très protocolaires.* – De *protocole*.

protocole [pʀɔtɔkɔl] n. m. **1.** HIST Formulaire contenant les modèles des actes publics, à l'usage des officiers ministériels. **2.** Ensemble des usages qui régissent les cérémonies et les relations officielles. Syn. étiquette. ▷ Service chargé de faire observer le cérémonial officiel. *Chef du protocole.* **3.** Procès-verbal de déclarations d'une conférence internationale. **4.** Didac. Énoncé des règles de déroulement d'une expérience scientifique. – Empr. au lat. *protocollum*, du gr. *prôtokollon*, «ce qui est collé en premier», de *kollân*, «coller».

protoétoile [pʀɔtoetwal] ou **proto-étoile** n. f. ASTRO Étoile en cours de formation. *Des protoétoiles* ou *des proto-étoiles.* – De *proto-*, et *étoile*.

protogine [pʀɔtɔʒin] n. m. ou f. PETROG Granite verdâtre de texture grossièrement schisteuse, dans lequel les micas se sont transformés en chlorite. – Du gr. *prôtos*, «premier», et *gi(g)nesthai*, «naître».

protogyne [pʀɔtɔʒin] ou **protérogyne** [pʀɔteʀɔʒin] adj. BIOL Se dit des organismes hermaphrodites dont les gamètes femelles sont développés avant les gamètes mâles. – De *proto-*, et gr. *gunê*, «femme, femelle».

protogynie [pʀɔtɔʒini] ou **protérogynie** [pʀɔteʀɔʒini] n. f. BIOL État d'un organisme protogyne. Ant. protérandrie. – De *protogyne*.

protohistoire [pʀɔtoistwaʀ] n. f. Didac. Période intermédiaire entre la préhistoire et l'histoire. – De *proto-*, et *histoire*.

ENCYCL En Europe occidentale, la protohistoire ou âge des métaux (âge du bronze, puis âge du fer) s'étend sur les deux derniers millénaires av. J.-C.; c'est l'histoire des premières civilisations qui utilisèrent le métal sans avoir encore de tradition écrite.

protohistorique [pʀɔtoistɔʀik] adj. Didac. De la protohistoire. – De *protohistoire*.

protolyse [pʀɔtɔliz] n. f. CHIM Réaction chimique consistant en un échange de protons entre deux corps. – De *proto(n)*, et *-lyse*.

proto-malais, aise [pʀɔtɔmalɛ, ɛz] adj. et n. Se dit des premiers occupants des terres où se trouvent les Malais (ou Deutéro-Malais) et qui, contrairement à ceux-ci, n'ont subi l'influence ni de l'Inde ni de l'Islam. ▷ Subst. *Les Proto-Malais.*

proton [pʀɔtɔ̃] n. m. PHYS NUCL Particule constitutive du noyau de l'atome, dont la charge, positive, est égale à celle de l'électron (de charge négative) et dont la masse est 1 840 fois supérieure à celle de l'électron (V. encycl. noyau et particule). – Mot angl., du gr. *prôton*, neutre de *prôtos*, «premier».

protonéma [pʀɔtɔnema] n. m. BOT Chez les mousses, ensemble des filaments produits par la germination d'une spore qui donnent naissance à de nouveaux pieds. – De *proto-*, et gr. *nêma*, «fil, filament».

protonique [pʀɔtɔnik] adj. PHYS NUCL Du (des) proton(s); qui concerne ou utilise des protons. – De *proton*.

protonotaire [pʀɔtɔnɔtɛʀ] n. m. RELIG CATHOL *Protonotaire apostolique :* le premier des notaires du Vatican, autref. chargé d'écrire les Actes des martyrs, auj. titulaire d'une simple dignité honorifique. – Lat. ecclés. *protonotarius*, du gr. *prôtos*, «premier», et *notarius*, «secrétaire».

protonthérapie [pʀɔtɔ̃teʀapi] n. f. MED Radiothérapie utilisant l'action des protons. – De *proton*, et *thérapie*.

protophyte [pʀɔtɔfit] n. m. BOT Algue unicellulaire (protiste). – De *proto-*, et *-phyte*.

protoplanète [pʀɔtoplanɛt] n. f. ASTRO Planète en cours de formation. – De *proto-*, et *planète*.

protoplasma [pʀɔtɔplasma] ou **protoplasme** [pʀɔtɔplasm] n. m. BIOL Syn. de *cytoplasme*. – All. *Protoplasma*, du gr. *prôtos*, «premier, primitif», et *plasma*, «chose façonnée».

protoplasmique [pʀɔtɔplasmik] adj. BIOL Qui se rapporte au protoplasme. – De *protoplasma*.

protoptère [pʀɔtɔptɛʀ] n. m. ZOOL Poisson dipneuste d'Afrique tropicale. – De *proto-*, et *-ptère*, à cause de ses nageoires en «ailes rudimentaires».

protothériens [pʀɔtoteʀjɛ̃] n. m. pl. ZOOL Sous-classe de mammifères primitifs, ovipares, ne comprenant auj. que les monotrèmes (ornithorynque). – Sing. *Un protothérien.* – De *proto-*, et gr. *thêr*, «bête sauvage».

prototype [pʀɔtɔtip] n. m. **1.** Didac. Original, modèle. *Le prototype d'une statue grecque connue par les copies romaines.* **2.** Premier exemplaire d'un produit industriel, essayé et mis au point avant la fabrication en série. *Prototype d'avion.* – Lat. *prototypus*, du gr. *prôtotupos*, «qui est le premier».

protoxyde [pʀɔtɔksid] n. m. CHIM **1.** Vieilli Oxyde le moins oxygéné d'un élément. **2.** Mod. *Protoxyde d'azote :* oxyde azoteux (N_2O). – De *prot(o)-*, et *oxyde*.

protozoaire [pʀɔtɔzɔɛʀ] n. m. ZOOL Animal unicellulaire. – De *proto-*, et gr. *zoarion*, «petit animal».

ENCYCL Les protozoaires sont des cellules très différenciées, remplissant les nombreuses fonctions nécessaires à la vie et comportant des organites complexes : vacuoles pulsatiles, cils, flagelles, etc. ; elles sont donc fort différentes de celles qui constituent les tissus des métazoaires. On distingue cinq sous-embranchements : les rhizoflagellés (flagellés et rhizopodes, lesquels comprennent les foraminifères); les actinopodes (radiolaires, notam.); les sporozoaires (coccidies, notam.); les cnidosporidies; les infusoires (ciliés, notam.).

protractile [pʀɔtʀaktil] adj. ZOOL Qui peut être étiré vers l'avant. *La langue protractile de la grenouille.* – De *pro-*, et lat. *tractus*, de *trahere*, « tirer ».

protubérance [pʀɔtybeʀɑ̃s] n. f. **1.** Saillie. *Le vieux mur présentait des enfoncements et des protubérances.* **2.** ANAT Éminence, saillie d'un organe. *Protubérance cérébrale* ou *annulaire* : saillie du tronc cérébral située au-dessus du bulbe. **3.** ASTRO Dans la couronne solaire, condensation de plasma maintenue à une grande distance de la photosphère par le champ magnétique du Soleil. – De *protubérant.*

protubérant, ante [pʀɔtybeʀɑ̃, ɑ̃t] adj. Qui fait saillie. *Une bosse protubérante.* – Bas lat. *protuberans*, ppr. de *protuberare*, de *tuber*, « excroissance, tumeur ».

protuteur, trice [pʀɔtytœʀ, tʀis] n. DR Personne qui, sans avoir été nommée tuteur, est chargée de gérer les biens, les affaires d'un mineur. – De *pro-*, et *tuteur.*

prou [pʀu] adv. Ne s'emploie que dans la loc. adv. *peu ou prou*, plus ou moins. – A. fr. *proud*, « beaucoup », de *prou, preu*, « profit »; lat. pop. *prode*, du class. *prodesse*, « être utile ».

proudhonien, enne [pʀudɔnjɛ̃, ɛn] adj. et n. Didac. **1.** adj. Qui a rapport à Proudhon, à ses théories socialistes. **2.** n. Partisan des théories de Proudhon. – Du n. du philosophe fr. P.J. *Proudhon* (1809-1865).

proue [pʀu] n. f. Avant d'un navire. *Figures de proue sculptées des anciens navires. La proue et la poupe.* – Ital. dial. *proa, prua*, du lat. *prora.*

prouesse [pʀuɛs] n. f. **1.** Vx ou litt. Acte de valeur, de courage accompli par un preux. **2.** Iron. Exploit. *Il n'a qu'une heure de retard, quelle prouesse !* – De *preux.*

proustien, enne [pʀustjɛ̃, ɛn] adj. Propre à M. Proust, à son œuvre. – Qui rappelle l'œuvre, le style de cet auteur. – Du n. de l'écrivain fr. Marcel *Proust* (1871-1922).

prouvable [pʀuvabl] adj. Qui peut être prouvé. *C'est prouvable.* – De *prouver.*

prouver [pʀuve] v. [1] **I.** v. tr. **1.** Établir la vérité, la réalité de (qqch) par le raisonnement, ou par des pièces à conviction faisant preuve. **2.** (Sujet n. de chose.) Constituer une preuve de; indiquer avec certitude. *Cet exposé prouve une bonne connaissance du sujet.* **II.** v. pron. (Pass.) Être prouvé. *Les choses de la foi, du sentiment ne se prouvent pas.* – (Réfléchi) Exprimer (à soi-même). *Il a voulu se prouver, se prouver à lui-même qu'il était capable d'agir seul.* – (Réciproque) *Ils se sont prouvé l'un à l'autre qu'ils avaient tort tous les deux.* – Du lat. *probare*, « éprouver »; d'abord *prover*, « établir la vérité de ».

provenance [pʀɔvnɑ̃s] n. f. Origine, source. *Marchandise de provenance étrangère.* – Du ppr. de *provenir.*

provençal, ale, aux [pʀɔvɑ̃sal, o] adj. et n. **1.** adj. De la Provence et des régions avoisinantes. *Accent provençal.* ▷ Loc. adv. *À la provençale* : à la manière provençale. *Morue à la provençale* ou (en appos.) *morue provençale.* **2.** n. Natif ou habitant de la Provence. *Un(e) Provençal(e).* ▷ n. m. Ensemble des parlers occitans de la Provence et des régions voisines. – *Par ext.* L'occitan. – De *Provence*, région du sud de la France.

provende [pʀɔvɑ̃d] n. f. **1.** Vx Vivres, provisions de bouche. **2.** Préparation nutritive, pour certains animaux d'élevage. – Lat. *præbenda*, « prébende », avec influence du préf. *pro-*.

provenir [pʀɔvniʀ] v. intr. [36] (Sujet n. de chose.) **1.** Venir (d'un lieu). *Ces oranges proviennent d'Espagne.* **2.** Avoir son origine, sa cause initiale dans... *Je me demande d'où provient son hostilité à ce projet.* – Lat. *provenire*, « naître ».

proverbe [pʀɔvɛʀb] n. m. **1.** Formule figée, en général métaphorique, exprimant une vérité d'expérience, un conseil, et connue de tout un groupe social. *Un proverbe chinois, arabe. Vers de La Fontaine passé en proverbe.* **2.** Petite comédie qui développe le contenu d'un proverbe. **3.** *Livre des Proverbes* : livre de l'Ancien Testament attribué à Salomon. – Lat. *proverbium.*

proverbial, ale, aux [pʀɔvɛʀbjal, o] adj. **1.** Qui tient du proverbe. *Locution, phrase proverbiale.* **2.** Célèbre; digne d'être cité en modèle. *Sa générosité était proverbiale.* – Lat. impér. *proverbialis*, du class. *proverbium*, « proverbe ».

proverbialement [pʀɔvɛʀbjalmɑ̃] adv. D'une manière proverbiale. – De *proverbial.*

providence [pʀɔvidɑ̃s] n. f. **1.** RELIG (Avec une majuscule.) Volonté divine, considérée comme la sagesse qui gouverne le monde. *Les desseins impénétrables de la Providence.* **2.** Fig. Personne qui aide, secourt comme par miracle. – Par ext. *Ce refuge est une providence pour les randonneurs.* – (En appos.) *État providence.* – Lat. *Providentia*, même sens, de *providere*, « pourvoir ».

providentialisme [pʀɔvidɑ̃sjalism] n. m. Didac. Doctrine philosophique qui explique la nature et la marche du monde par l'intervention de la Providence. – De *providentiel.*

providentiel, elle [pʀɔvidɑ̃sjɛl] adj. **1.** RELIG Dû à la Providence. **2.** Cour. Dû à un hasard remarquablement heureux. *Rencontre, aide providentielle.* – De *providence.*

providentiellement [pʀɔvidɑ̃sjɛlmɑ̃] adv. D'une manière providentielle. – De *providentiel.*

provignage [pʀɔviɲaʒ] ou **provignement** [pʀɔviɲəmɑ̃] n. m. AGRIC Marcottage de la vigne. – De *provigner.*

provigner [pʀɔviɲe] v. tr. [1] AGRIC Replanter un rejet (tige) de vigne. – De *provin.*

provin [pʀɔvɛ̃] n. m. AGRIC Rejet de cep de vigne que l'on a replanté par marcottage. – Du lat. *propaginem*, accus. de *propago*, « marcotte, provin ».

province [pʀɔvɛ̃s] n. f. (et adj. inv.) **I. 1.** ANTIQ ROM Pays conquis par Rome, hors de l'Italie, et gouverné selon les lois romaines. *Le gouverneur d'une province.* **2.** Division administrative ou traditionnelle d'un État. ▷ État fédéré, au Canada. *La province d'Ontario, de Québec.* **3.** Région, partie d'un pays. *C'est sa province d'origine.* **4.** DR CANON *Province ecclésiastique* : ensemble de diocèses dépendant d'un même archevêque. *Province religieuse* : dans certains ordres religieux, ensemble de maisons placées territorialement sous l'autorité d'un même supérieur. *La province de France, d'Espagne.* **II.** Absol. *La province* : l'ensemble du pays (par oppos. à *la capitale*). ▷ adj. inv. Fam. Marqué par ses origines provinciales. *Ses parents sont restés très province.* – Lat. *provincia*, de *vincere*, « vaincre ».

1. provincial, ale, aux [pʀɔvɛ̃sjal, o] adj. et n. **1.** Qui concerne une province, une région. *Une coutume provinciale. Faire revivre les parlers provinciaux.* **2.** De la province (considérée par oppos. à la capitale). *Préférer la vie provinciale à l'agitation parisienne.* ▷ Subst. Personne qui habite la province. – Lat. *provincialis.*

2. provincial [pʀɔvɛ̃sjal] n. m. DR CANON Supérieur d'un ordre religieux exerçant son autorité sur une province (sens I, 4). – De *provincial* 1.

provincialat [pʀɔvɛsjala] n. m. DR CANON **1.** Dignité de provincial. **2.** Durée de cette fonction. – De *provincial* 2.

provincialisme [pʀɔvɛ̃sjalism] n. m. Locution, mot, emploi appartenant à l'usage linguistique d'une province. – De *provincial* 1.

provincialité [pʀɔvɛ̃sjalite] n. f. Caractère propre à un(e) provincial(e). – De *provincial*.

provirus [pʀɔviʀys] n. m. BIOL Virus intégré au chromosome d'une cellule hôte, qui se comporte et se transmet comme un gène.

proviseur [pʀɔvizœʀ] n. m. Fonctionnaire chargé de l'administration et de la direction d'un lycée. – Lat. *provisor*, «celui qui pourvoit», de *providere*.

provision [pʀɔvizjɔ̃] n. f. **1.** Réserve de choses nécessaires ou utiles pour la subsistance. *Provision de charbon. Faire des provisions, faire provision de qqch*, en acquérir en abondance. **2.** (Plur.) Vivres. *Placard à provisions.* – Nourriture et produits nécessaires à la vie quotidienne, qu'on achète régulièrement. *Faire les provisions.* **3.** DR Ce qu'on alloue préalablement à l'une des parties, en attendant le jugement définitif. *Provision alimentaire.* ▷ *Par provision* : en attendant la sentence définitive. **4.** COMPTA Somme représentant (sur un bilan) des charges incertaines. **5.** FIN Somme réunie pour servir d'acompte ou pour assurer le paiement d'un titre bancaire. V. approvisionner. – Lat. *provisio*, de *providere*, «pourvoir».

provisionnel, elle [pʀɔvizjɔnɛl] adj. DR Qui se fait en attendant un règlement. *Partage provisionnel. Tiers provisionnel* : V. tiers. – De *provision*.

provisionner [pʀɔvizjɔne] v. tr. [1] Créditer (un compte bancaire) d'une provision suffisante pour des opérations projetées. – Pp. adj. *Compte provisionné.* – De *provision*.

provisoire [pʀɔvizwaʀ] adj. et n. m. **1.** DR Se dit d'une décision judiciaire prise avant un jugement définitif. *Détention provisoire* : incarcération d'un inculpé avant son passage en justice. **2.** Cour. Qui se fait en attendant qqch d'autre; qui remplit momentanément un rôle, une fonction. *Gouvernement provisoire.* ▷ n. m. Ce qui est censé ne pas durer. *Il arrive que le provisoire dure.* – Du lat. *provisus*, pp. de *providere*, «pourvoir».

provisoirement [pʀɔvizwaʀmɑ̃] adv. En attendant. *Vous pouvez utiliser provisoirement ma voiture.* – De *provisoire*.

provisorat [pʀɔvizɔʀa] n. m. Fonction de proviseur; durée de cette fonction. – De *proviseur*.

provitamine [pʀɔvitamin] n. f. BIOCHIM Précurseur d'une vitamine. – De *pro-*, et *vitamine*.

provo [pʀɔvo] n. m. Jeune contestataire, aux Pays-Bas (vers 1965-1970). – Mot néerl., de *provocation*.

provocant, ante [pʀɔvɔkɑ̃, ɑ̃t] adj. **1.** Qui peut provoquer des sentiments violents, agressifs. **2.** Excitant. *Une femme provocante.* – Du ppr. de *provoquer*.

provocateur, trice [pʀɔvɔkatœʀ, tʀis] adj. et n. Qui incite à la violence, aux troubles, au conflit. *Agent provocateur* ou, n. m., *un provocateur* : personne chargée de provoquer des troubles, qui donneront à une autorité des raisons d'intervenir. – Lat. *provocator*.

provocation [pʀɔvɔkasjɔ̃] n. f. **1.** Action de provoquer (sens 1 et 2) qqn; situation où une personne en provoque une ou plusieurs autres. *Provocation à la violence, à la révolte.* – Absol. *C'est de la provocation!* **2.** DR Incitation à commettre (qqch d'illégal). – Lat. *provocatio*.

provoquer [pʀɔvɔke] v. tr. [1] **1.** *Provoquer (qqn) à*, l'inciter, le pousser à qqch en le stimulant par un sentiment d'amour-propre, de défi, en développant son agressivité. *Provoquer qqn à l'action, à agir, à la violence, à se battre.* **2.** *Provoquer qqn*, le défier, l'inciter à se battre contre soi. – *Spécial.* Chercher à susciter le désir sensuel, aguicher. ▷ v. pron. Se défier mutuellement. **3.** *Provoquer qqch*, en être la cause, l'origine. *Un court-circuit a provoqué l'incendie.* Syn. causer. – Lat. *provocare*, propr. «appeler *(vocare)* dehors».

proxène [pʀɔksɛn] n. m. ANTIQ GR Magistrat chargé par la cité d'accueillir et de protéger les étrangers. – Gr. *proxenos*, de *xenos*, «étranger».

proxénète [pʀɔksenɛt] n. **1.** Vx Courtier. **2.** n. m. Personne qui vit de la prostitution d'autrui. Syn. souteneur; pop. maquereau. – Lat. *proxeneta*, «courtier», gr. *proxenêtês*, «médiateur», de *xenos*, «hôte, étranger».

proxénétisme [pʀɔksenetism] n. m. Délit qui consiste à tirer profit de la prostitution d'autrui. – De *proxénète*.

proximal, ale, aux [pʀɔksimal, o] adj. ANAT Qui est situé le plus près d'un centre, d'un axe. – Mot angl., du lat. *proximus*, «très près».

proximité [pʀɔksimite] n. f. **1.** Caractère de ce qui est proche, dans l'espace ou dans le temps. *La proximité d'une ville, d'un fait.* **2.** Loc. adv. *À proximité* : près. ▷ Loc. prép. *À proximité de* : près de. – Lat. *proximitas*, de *proximus*, «très près».

prude [pʀyd] adj. et n. f. **1.** Vx D'une vertu sévère, intransigeante. **2.** Qui affecte ou pratique une vertu, une pudeur extrême, en matière de mœurs. *Une vieille demoiselle très prude.* ▷ n. f. *Une prude faussement effarouchée.* – De *preux*, d'ap. *prudent*; a. fr. *prode femme*, fém. de *prodom*, «prud'homme».

prudemment [pʀydamɑ̃] adv. Avec prudence. *Il conduit très prudemment.* – De *prudent*.

prudence [pʀydɑ̃s] n. f. **1.** Attitude qui fait apercevoir les dangers, prévoir les conséquences fâcheuses d'un acte et pousse à les éviter; refus de courir des risques inutiles. – Prov. *Prudence est mère de sûreté.* **2.** (Surtout au plur.) Litt. Acte de prudence. *Des prudences inutiles.* – Lat. *prudentia*.

prudent, ente [pʀydɑ̃, ɑ̃t] adj. **1.** (Personnes) Qui a de la prudence, en général ou dans une circonstance précise. *Un alpiniste prudent.* **2.** (Choses) Déterminé par la prudence. *Reposez-vous une semaine, c'est plus prudent.* – Lat. *prudens*.

pruderie [pʀydʀi] n. f. Affectation de vertu, de pudeur. – De *prude*.

prud'homal, ale, aux [pʀydɔmal, o] adj. DR Du conseil des prud'hommes. – De *prud'homme*.

prud'homie [pʀydɔmi] n. f. DR Juridiction des prud'hommes. – De *prud'homme*.

prud'homme [pʀydɔm] n. m. DR *Conseil de prud'hommes* : juridiction compétente pour juger les différends entre employeurs et employés. *Aller aux, devant les prud'hommes*, devant ce conseil. – De *preux*, et *homme*; var. anc. *prodome, preud(h)omme*.

prudhommesque [pʀydɔmɛsk] adj. Litt. À la fois banal, niais et prétentieux. – Du n. de J. *Prudhomme*, personnage de caricature.

pruine [pʀɥin] n. f. BOT Couche poudreuse, blanchâtre, de nature cireuse, qui recouvre divers organes végétaux (prunes, feuilles de choux). – Lat. *pruina*, «gelée blanche».

prune [pʀyn] n. f. et adj. inv. **1.** n. f. Fruit du prunier, sphérique, ou un peu allongé, de petite taille, sucré et juteux. *Variétés de prunes* : mirabelle, quetsche, reine-claude, etc. *De l'eau-de-vie de prune* ou, ellipt., *de la prune.* ▷ Loc. fam. *Pour des prunes* : pour rien. **2.** adj. inv. Couleur violet sombre tirant sur le rouge. – Lat. pop. *pruna,* plur. neutre du class. *prunum.*

pruneau [pʀyno] n. m. **1.** Prune séchée au soleil ou à l'étuve pour être conservée. *Pruneaux d'Agen.* **2.** Pop. Balle de fusil, de revolver. – De *prune.*

prunelaie [pʀynlɛ] n. f. Lieu planté de pruniers. – De *prunier.*

1. prunelle [pʀynɛl] n. f. **1.** Petit fruit noir, très âpre, du prunellier. **2.** Eau-de-vie faite avec ces fruits. – Dimin. de *prune.*

2. prunelle [pʀynɛl] n. f. **1.** Pupille de l'œil. *La frayeur dilatait ses prunelles.* ▷ Loc. *Tenir à qqch, à qqn comme à la prunelle de ses yeux,* y tenir énormément, les considérer comme très précieux. **2.** Fam. Œil, iris. ▷ Loc. *Jouer de la prunelle* : faire des œillades. – De *prunelle* 1, par anal. de forme et de couleur.

prunellier [pʀynelje] n. m. Prunier sauvage, épineux, commun dans les haies, qui produit les prunelles. – De *prunelle* 1.

prunier [pʀynje] n. m. Arbre ou arbuste (genre *Prunus,* fam. rosacées) qui produit les prunes. *Le prunier domestique (Prunus domestica) dérive du prunellier.* ▷ Loc. fam. *Secouer (qqn) comme un prunier,* avec force. – De *prune.*

prunus [pʀynys] n. m. BOT **1.** Nom scientifique de la famille des pruniers (abricotiers, pêchers, cerisiers). **2.** Prunier d'ornement. – Lat. scientif. mod.

prurigineux, euse [pʀyʀiʒinø, øz] adj. MED Qui provoque le prurit (sens 1). – Bas lat. *pruriginosus,* du class. *prurigo,* «démangeaison».

prurigo [pʀyʀigo] n. m. MED Dermatose se manifestant par des lésions papuleuses érythémateuses. – Mot lat., «démangeaison».

prurit [pʀyʀit] n. m. **1.** MED Sensation de démangeaison provoquée par une lésion locale, ou symptomatique d'une maladie. **2.** Fig., péjor. Désir violent, irrésistible. *Un prurit de succès, de gloire.* – Lat. *pruritus,* n. m., de *prurire,* «démanger».

prussiate [pʀysjat] n. m. CHIM Syn. anc. de *cyanure.* – De *Prussia,* «Prusse», à cause du *bleu* de Prusse.*

prussien, enne [pʀysjɛ̃, ɛn] adj. et n. De Prusse; *par ext.,* d'Allemagne (entre 1870 et 1914). – Loc. adv. et adj. *À la prussienne* : avec une discipline stricte. – De *Prusse,* anc. État d'Allemagne.

prussique [pʀysik] adj. m. CHIM Vx *Acide prussique* : acide cyanhydrique. – De *(bleu de) Prusse.*

prytane [pʀitan] n. m. ANTIQ GR Premier magistrat dans certaines cités grecques. – À Athènes, chacun des cinquante délégués choisis chaque année pour diriger successivement les travaux du Conseil des Cinq-Cents. – Gr. *prutanis,* «chef, maître».

prytanée [pʀitane] n. m. **1.** ANTIQ GR Édifice public où étaient logés les prytanes. **2.** Mod. Établissement d'enseignement réservé aux fils de militaires. *Le Prytanée militaire de La Flèche.* – Gr *prutaneîon.*

P.S. n. m. Sigle de *parti socialiste.*

P.-S. Abrév. de *post-scriptum.*

psallette [psalɛt] n. f. **1.** MUS, RELIG École où l'on apprenait à chanter aux enfants de chœur. **2.** Les jeunes chanteurs de la maîtrise d'une église. – Du gr. *psalleîn,* «jouer d'un instrument à cordes».

psalliote [psaljɔt] n. m. ou f. BOT Syn. de *agaric.* – Du gr. *psalis,* «voûte, cintre».

psalmiste [psalmist] n. m. RELIG Auteur de psaumes. – *Le Psalmiste* : le roi David. – Bas lat. *psalmista,* de *psalmus,* «psaume».

psalmodie [psalmɔdi] n. f. **1.** MUS, RELIG Manière de chanter les psaumes sans inflexion. **2.** Litt. Déclamation monotone. – Lat. chrét. *psalmodia,* gr. *psalmôdia,* de *psalmos,* «action de faire vibrer», et *ôdê,* «chant».

psalmodier [psalmɔdje] v. [2] **1.** v. intr. MUS, RELIG Chanter les psaumes sans inflexion. **2.** v. tr. Réciter (qqch) sans inflexion. *Psalmodier des prières, des formules magiques.* **3.** v. tr. et intr. Parler, dire, énoncer de manière monotone. *Psalmodier des plaintes.* – De *psalmodie.*

psaltérion [psalteʀjɔ̃] n. m. MUS Instrument à cordes pincées en usage chez les anciens Grecs et dans l'Europe du Moyen Âge. – Lat. *psalterium,* gr. *psaltêrion.*

psaume [psom] n. m. **1.** RELIG Chacun des chants sacrés du peuple hébreu qui constituent l'un des livres de l'Ancien Testament *(livre des Psaumes)* et jouent un rôle important dans les cérémonies du culte juif et les liturgies de toutes les confessions chrétiennes. **2.** MUS Pièce vocale composée sur le texte d'un psaume. – Lat. ecclés. *psalmus,* gr. *psalmos,* «action de faire vibrer».

psautier [psotje] n. m. RELIG **1.** Ensemble des psaumes bibliques. **2.** Livre qui les renferme. – Lat. *psalterium,* «psaltérion», puis «psautier».

pschent [pskɛnt] n. m. ANTIQ Coiffure des pharaons, symbole de leur souveraineté sur la Haute et la Basse-Égypte. – Égyptien démotique *Skhent,* précédé de l'article *P.*

pseud(o)-. Élément, du gr. *pseudês,* «menteur», impliquant une idée de fausseté, d'approximation, d'apparence trompeuse.

pseudarthrose [psødaʀtʀoz] n. f. MED Fausse articulation qui se forme au niveau d'une fracture dont la consolidation spontanée est impossible. – De *pseud-,* et *arthrose.*

pseudocœlomates [psødoselomat] n. m. pl. ZOOL Métazoaires (rotifères, nématorhynques, némathelminthes, échinodermes) à cavité générale plus primitive que le cœlome des cœlomates. – Sing. *Un pseudocœlomate.* – De *pseudo-,* et *cœlomates.*

pseudo-membrane [psødomɑ̃bʀan] n. f. MED Exsudat pathologique formé de fibrine coagulée et affectant l'aspect d'une membrane, qui se forme à la surface des muqueuses ou des séreuses lors de certaines inflammations. *Des pseudo-membranes.* – De *pseudo-,* et *membrane.*

pseudo-membraneux, euse [psødomɑ̃bʀanø, øz] adj. MED *Angine pseudo-membraneuse,* d'origine diphtérique, caractérisée par des exsudats ayant l'aspect de membranes dans le larynx et le pharynx. – De *pseudo-membrane.*

pseudonyme [psødɔnim] n. m. Faux nom d'une personne qui veut dissimuler sa véritable identité. ▷ *Spécial.* Nom d'emprunt choisi par un artiste, un écrivain, pour signer ses œuvres. *Stendhal, pseudonyme d'Henri Beyle.* – Du gr. *pseudônumos,* adj., «qui porte ou se donne un faux nom».

pseudopode [psødopɔd] n. m. BIOL Prolongement rétractile du cytoplasme, qu'émettent les protozoaires (paramécies, amibes, etc.) et certaines cellules (leucocytes) pour se nourrir et se déplacer. – De *pseudo-,* et *-pode.*

pseudosuchiens [psødɔsykjɛ̃] n. m. pl. PALEONT Reptiles fossiles du trias, ancêtres des oiseaux. – Sing. *Un pseudosuchien.* – De *pseudo-,* et gr. *soukhos,* «crocodile».

psi [psi] [ps]n. m. Vingt-troisième lettre de l'alphabet grec (Ψ, ψ), qui sert à noter le son [ps]. ▷ PHYS Symbole

(Ψ), servant à désigner une phase ou une fonction d'onde en mécanique quantique. ▷ PHYS NUCL Particule de la famille des mésons. – Mot gr.

psilophytales [psilɔfital] ou **psilophytinées** [psilɔfitine] n. f. pl. BOT, PALEONT Cryptogames vasculaires fossiles du dévonien, qui comptent parmi les premières plantes terrestres connues. – Sing. *Une psilophytale* ou *une psilophytinée.* – Du gr. *psilos,* «dégarni, nu», et *phuton,* «plante».

psitt! [psit] ou **pst!** [pst] interj. Fam. Petit sifflement destiné à attirer l'attention de quelqu'un. *Psitt! Venez voir!* – Onomat.

psittacidés [psitaside] n. m. pl. ORNITH Unique famille des psittaciformes (perroquets, perruches). – Sing. *Un psittacidé.* – Du lat. *psittakus,* gr. *psittakos,* «perroquet».

psittaciformes [psitasifɔʀm] n. m. pl. ORNITH Ordre d'oiseaux grimpeurs à bec crochu, absents du continent européen, comprenant de petites espèces cour. nommées *perruches,* et des plus grandes, appelées cour. *perroquets.* – Sing. *Un psittaciforme.* – Du lat. *psittakus* «perroquet», et *-forme.*

psittacisme [psitasism] n. m. PSYCHO Répétition mécanique par un sujet, de mots et de phrases qu'il ne comprend pas. – Du lat. *psittacus,* gr. *psittakos,* «perroquet».

psittacose [psitakoz] n. f. MED Maladie infectieuse des perroquets, transmissible à l'homme, chez qui elle peut provoquer notam. des troubles broncho-pulmonaires. V. ornithose. – Du gr. *psittakos,* «perroquet», et suff. *-ose* 2.

psoas [psɔas] n. m. ANAT Chacun des deux muscles unissant la partie antérieure des vertèbres lombaires au petit trochanter. – Gr. *psoa,* «lombes».

psoque [psɔk] n. m. ZOOL Insecte néoptère de petite taille (de 1 à 10 mm), vivant sous les feuilles des arbres ou dans les maisons, muni de pièces buccales broyeuses et, chez certaines espèces, d'ailes membraneuses. (Appelés aussi «poux de livres» ou «poux des poussières», les psoques forment, avec les poux des animaux, le super-ordre des *psocoptéroïdes.*) – Du gr. *psôkhein,* «gratter, broyer».

psoriasis [psɔʀjazis] n. m. MED Dermatose squameuse à évolution chronique, qui affecte principalement les genoux, les coudes et le cuir chevelu. – Gr. méd. *psôriasis, de psôra,* «pustule».

psych(o)-. Élément, du gr. *psukhê,* «âme sensitive».

psychanalyse [psikanaliz] n. f. **1.** Méthode thérapeutique fondée sur l'analyse des processus psychiques profonds élaborée par Freud. – *Par ext.* Ensemble des théories de Freud et de ses continuateurs. *Les découvertes de la psychanalyse.* **2.** Étude, analyse, interprétation (d'un texte, d'un thème, etc.) inspirée par les théories psychanalytiques. *«La Psychanalyse du feu», de G. Bachelard (1937).* – All. *Psychoanalyse*; de *psycho-,* et *analyse.*

ENCYCL Élaborée à partir de 1885 par S. Freud, la psychanalyse est une méthode de cure de certains troubles psychiques (névroses essentiellement), fondée sur l'investigation des processus mentaux inconscients d'un sujet qui, au fur et à mesure qu'il avancera dans l'analyse, prendra conscience de l'origine de ses troubles et de la façon dont ceux-ci s'articulent en lui. Ainsi, il pourra affronter (avec un moi fortifié) le conflit dont il a souffert, et ce après avoir revécu son drame personnel avec ou en la présence (non neutre) de l'analyste (phénomène de *transfert*). La cure psychanalytique (mieux nommée *analyse*) consiste en une série d'«entrevues» entre l'analyste et l'analysé (souvent nommé *analysant*). Elle peut s'étendre sur plusieurs années, à un rythme hebdomadaire variable. Freud n'a pas inventé la notion d'inconscient, mais il en a entrepris l'exploration, s'attachant à cerner la façon dont celui-ci est structuré. L'équilibre d'un adulte est, selon Freud, intimement lié à un drame infantile : le complexe d'Œdipe*. L'universalité de ce complexe, admise par beaucoup, est controversée par d'autres. À partir de 1902, divers médecins et chercheurs rejoignirent Freud, et des sociétés de psychanalyse se fondèrent en Europe occidentale et aux États-Unis. Dès 1910, des dissidences se manifestèrent, qui persistent encore aujourd'hui.

psychanalyser [psikanalize] v. tr. [1] **1.** Traiter par la psychanalyse. *Se faire psychanalyser.* **2.** Interpréter par la psychanalyse. *Psychanalyser les textes littéraires.* – De *psychanalyse.*

psychanalyste [psikanalist] n. Personne qui exerce la psychanalyse. Syn. analyste. – Spécialiste de la psychanalyse. – De *psychanalyse.*

psychanalytique [psikanalitik] adj. Relatif à la psychanalyse, propre à elle. – De *psychanalyse.*

psychasthénie [psikasteni] n. f. PSYCHOPATHOL Névrose caractérisée principalement par l'aboulie, l'obsession, le doute, le sentiment d'imperfection, les appréhensions irraisonnées. – De *psych-,* et *asthénie.*

psychasthénique [psikastenik] adj. et n. PSYCHO PATHOL Qui a rapport à la psychasthénie; atteint de psychasthénie. ▷ Subst. *Un(e) psychasthénique.* – De *psychasthénie.*

1. psyché [psiʃe] n. f. Grand miroir mobile monté sur châssis et que l'on incline à volonté autour d'un axe horizontal pour se regarder en pied. – Du n. de *Psyché,* jeune fille de la myth. grecque.

2. psyché [psiʃe] ou **psychè** [psiʃɛ] n. f. PHILO *La psyché :* l'ensemble des phénomènes psychiques qui constituent l'individualité. – Gr. *psukhê,* «âme».

psychédélique [psikedelik] adj. PSYCHIAT Se dit des effets produits par l'absorption de drogues hallucinogènes et de l'état psychique que cette absorption provoque. – Angl. *psychedelic,* du gr. *psukê,* «âme», et *dêlos,* «visible, manifeste», propr. «qui manifeste la psyché».

psychédélisme [psikedelism] n. m. **1.** PSYCHIAT État provoqué par certaines drogues hallucinogènes. **2.** Cour. Ensemble des manifestations évoquant l'état psychédélique. – De *psychédélique.*

psychiatre [psikjatʀ] n. Médecin spécialiste des maladies mentales. – De *psych-,* et *-iatre.*

psychiatrie [psikjatʀi] n. f. Partie de la médecine qui concerne l'étude et le traitement des maladies mentales, des troubles psychiques. – De *psychiatre.*

psychiatrique [psikjatʀik] adj. Relatif à la psychiatrie. *Hôpital psychiatrique.* – De *psychiatrie.*

psychiatriser [psikjatʀize] v. tr. [1] Didac. Faire entrer dans le cadre de la psychiatrie; interpréter, traiter selon les méthodes psychiatriques. *Psychiatriser un cas qui ne le justifie pas.* – De *psychiatrie.*

psychique [psiʃik] adj. **1.** Qui concerne l'âme, l'esprit, la pensée en tant que principe qui régit la nature humaine et son activité. *L'activité psychique.* **2.** *Abusiv.* Métapsychique ou parapsychique. – Gr. *psukhikos.*

psychisme [psiʃism] n. m. Vie psychique. – *Par ext.* (ou *abusiv.*) Ensemble particulier de faits psychiques. *Le psychisme animal.* – De *psychique.*

psycho-. V. psych(o)-.

psycho [psiko] n. f. Abrév. de *psychologie.*

psychoanaleptique [psikoanalɛptik] adj. PHARM Qui stimule l'activité psychique. ▷ n. m. *Les psychotoniques (amphétamines) et les antidépresseurs sont des psychoanaleptiques.* – De *psycho-,* et *analeptique.*

psychochirurgie [psikoʃiʀyʀʒi] n. f. Didac. Thérapeutique des troubles mentaux par intervention chirurgicale sur le cerveau. – De *psycho-*, et *chirurgie*.

psychocritique [psikokʀitik] n. f. et adj. LITTER Méthode d'étude des textes littéraires inspirée de la psychanalyse. ▷ adj. *Méthode psychocritique*. – De *psycho-*, et *critique*.

psychodramatique [psikodʀamatik] adj. PSYCHO Relatif au psychodrame. – De *psychodrame*.

psychodrame [psikodʀam] n. m. PSYCHO Scène théâtrale improvisée, organisée dans un but thérapeutique, sous la direction de thérapeutes, à travers laquelle peuvent s'exprimer les conflits propres à chacun des participants. – Méthode de psychothérapie de groupe qui s'appuie sur les bases d'un tel jeu théâtral. ▷ Fig. Situation conflictuelle au sein d'un groupe s'exprimant de manière spectaculaire. – De *psycho-*, et *drame*; emprunté à l'angl.

psychodysleptique [psikodislɛptik] adj. et n. m. MED Qui perturbe l'activité mentale. *Propriétés hallucinogènes des substances psychodysleptiques (mescaline, L.S.D., etc.)*. ▷ n. m. *Certains psychodysleptiques sont aussi des psychoanaleptiques (cocaïne, par ex.)*. – De *psycho-*, *dys-* et gr. *leptos*, «faible».

psychogène [psikɔʒɛn] adj. MED 1. Générateur de troubles psychiques. 2. Symptomatique de troubles névrotiques ou psychotiques. – De *psycho-*, et *-gène*.

psycholeptique [psikɔlɛptik] adj. (et n. m.) PHARM Se dit des substances qui réduisent l'activité mentale, abaissent la vigilance et diminuent les réactions émotives. – De *psycho-*, et gr. *leptos*, «faible» (au sens propre «mince»).

psycholinguistique [psikolɛ̃gɥistik] n. f. et adj. Didac. Étude des comportements linguistiques (processus de production et de compréhension des énoncés, de l'acquisition du langage, etc.) dans leurs aspects psychologiques. ▷ adj. *Études psycholinguistiques*. – De *psycho-*, et *linguistique*.

psychologie [psikɔlɔʒi] n. f. 1. Étude scientifique des faits psychiques (processus mentaux, perception, mémoire, etc.). (Abrév. cour. : psycho). 2. Cour. Connaissance empirique des sentiments d'autrui; aptitude particulière à pénétrer les mobiles de la conduite d'autrui. *Manquer de psychologie*. 3. Analyse des sentiments, des états de conscience. *La très fine psychologie de Racine dans «Phèdre»*. 4. Mentalité, état d'esprit. *Une psychologie très fruste*. – Lat. savant *psychologica*.

ENCYCL En découvrant, en 1897, le réflexe conditionné, le physiologiste russe Pavlov montra qu'on pouvait étudier scientifiquement sur l'animal l'équivalent d'une fonction psychologique : la formation d'une habitude. Peu après, l'Américain Watson élaborait le béhaviorisme*, faisant de la psychologie «l'étude des comportements objectivement observables des êtres humains». Dans le même temps naissait la théorie de la forme (en all. *Gestalttheorie*), qui affirme qu'il n'existe pas de sensation isolée; la plus simple n'est perçue que si elle se détache sur un certain fond (point noir sur la page blanche, par ex.). Tout comportement est une réaction d'ensemble à des «formes» (ou structures), susceptibles de transposition. Auj., la psychologie est à la recherche de modèles théoriques complexes rendant compte de tous les faits et de toutes les lois connues et possédant une valeur explicative, mais elle hésite encore entre des modèles structuralistes et des modèles génétiques. Pour le Suisse Piaget, les étapes de l'intelligence chez l'enfant, par ex., mettent en œuvre des structures souples, douées d'autorégulation à la manière des mécanismes biologiques et dont chacune appelle la suivante. – **Psychologie différentielle.** Due à l'Allemand Stern (1900), elle porte sur les différences individuelles (dans les aptitudes humaines) et non plus sur le comportement global. En 1905, le Français Binet, en élaborant la première échelle métrique de mesure de l'intelligence, donna naissance à la méthode des tests mentaux. En 1926, l'Anglais Spearman créa l'*analyse factorielle* : la réussite à un test est due non pas à l'intelligence générale mais à l'action simultanée de ce facteur général et d'un facteur spécifique. L'Américain Thurstone contesta l'importance encore accordée au facteur général et aboutit à une conception non hiérarchisée des «aptitudes mentales» (1938-1945); auj., les «facteurs» de Thurstone sont à la base d'innombrables tests d'orientation. – **Psychologie sociale.** Elle se situe entre la psychologie générale et la sociologie des institutions. Issue des travaux de Tarde, elle fut fondée, notam., par Moreno. Son domaine comprend l'étude des petits groupes, des interactions entre l'individu et les groupes dont il fait partie, et de l'influence exercée par les groupes sociaux sur la perception, la mémoire, l'invention, la motivation, etc. La psychologie sociale utilise les méthodes de la sociologie (sondages d'opinion, échelles d'attitudes, interviews) et de la psychologie (tests, notam.). En outre, elle a créé les techniques sociométriques, le psychodrame, le sociodrame, la dynamique de groupe, et les notions d'attitude, de modèle de conduite, de statut et de rôle.

psychologique [psikɔlɔʒik] adj. 1. Qui a rapport à la psychologie. *Méthodes psychologiques*. ▷ *Roman psychologique*, qui s'attache essentiellement à l'étude des sentiments, des caractères. 2. Qui concerne les faits psychiques que la psychologie étudie. *Problèmes psychologiques*. – De *psychologie*.

psychologiquement [psikɔlɔʒikmɑ̃] adv. Du point de vue de la psychologie. – De *psychologique*.

psychologisme [psikɔlɔʒism] n. m. Didac. Tendance à faire prévaloir le point de vue psychologique dans l'étude des faits individuels et sociaux. – De *psychologie*.

psychologue [psikɔlɔg] n. (et adj.) 1. Spécialiste en psychologie. – Personne qui exerce l'un des métiers issus de la psychologie appliquée ou thérapeutique. 2. Personne qui fait preuve d'une certaine connaissance empirique des sentiments d'autrui. *C'est un fin psychologue*. ▷ adj. *Il n'est pas très psychologue*. – De *psychologie*.

psychométricien, enne [psikometʀisjɛ̃, ɛn] n. Didac. Spécialiste de psychométrie. – De *psychométrie*.

psychométrie [psikometʀi] n. f. PSYCHO Mesure, étude quantitative (durée, fréquence, etc.) des phénomènes psychiques. – De *psycho-*, et *-métrie*.

psychométrique [psikometʀik] adj. PSYCHO Relatif à la psychométrie. *Tests psychométriques*. – De *psychométrie*.

psychomoteur, trice [psikomɔtœʀ, tʀis] adj. PHYSIOL Qui a trait à la fois aux fonctions psychiques et motrices. *Troubles psychomoteurs*. – De *psycho-*, et *moteur*.

psychomotricité [psikomɔtʀisite] n. f. Ensemble des fonctions motrices et psychiques normalement en synergie après maturation et éducation. – De *psycho-*, et *motricité*.

psychopathe [psikɔpat] n. 1. MED Malade mental. 2. Personne atteinte de psychopathie (sens 2). – De *psycho-*, et *-pathe*.

psychopathie [psikɔpati] n. f. 1. MED Vx Maladie mentale. 2. Affection mentale caractérisée notam. par l'instabilité, l'impulsivité, la tendance au «passage à l'acte». – De *psycho-*, et *-pathie*.

psychopathique [psikɔpatik] adj. MED Vieilli Relatif à la psychopathie. – De *psychopathie*.

psychopathologie [psikopatɔlɔʒi] n. f. Didac. Étude des troubles mentaux. – De *psycho-*, et *pathologie*.

psychopédagogie [psikopedagɔʒi] n. f. Didac. Psychologie appliquée à la pédagogie. – De *psycho-*, et *pédagogie.*

psychopédagogique [psikopedagɔʒik] adj. Didac. Qui concerne la psychopédagogie. – De *psychopédagogie.*

psychopédagogue [psikopedagɔg] n. Didac. Psychologue spécialiste de la psychopédagogie. – De *psychopédagogie.*

psychopharmacologie [psikofaʀmakɔlɔʒi] n. f. Didac. Science qui étudie le pouvoir, les effets des psychotropes et les modes d'action thérapeutiques qui en découlent. – De *psycho-*, et *pharmacologie.*

psychophysiologie [psikofizjɔlɔʒi] n. f. Didac. Science qui étudie les rapports entre le psychisme et l'activité physiologique. – De *psycho-*, et *physiologie.*

psychophysiologique [psikofizjɔlɔʒik] adj. Didac. Qui a rapport à la psychophysiologie ou aux phénomènes qu'elle étudie. – De *psychophysiologie.*

psychopompe [psikopɔ̃p] adj. MYTH Conducteur des âmes des morts (épithète appliquée à Hermès, Apollon, Charon, Orphée, etc.). – Gr. *psukhopompos.*

psychoprophylactique [psikopʀɔfilaktik] adj. MED Qui se rapporte à la psychoprophylaxie. *Méthode d'accouchement psychoprophylactique.* – De *psycho-*, et *prophylactique.*

psychoprophylaxie [psikopʀɔfilaksi] n. f. MED Prévention de certains troubles ou préparation à une épreuve par une méthode psychologique. – De *psycho-*, et *prophylaxie.*

psychorigide [psikoʀiʒid] adj. PSYCHO Qui fait preuve de psychorigidité. – De *psycho-*, et *rigide.*

psychorigidité [psikoʀiʒidite] n. f. PSYCHO Rigidité, manque d'adaptabilité intellectuelle et psychologique. – De *psycho-*, et *rigidité.*

psychose [psikoz] n. f. **1.** PSYCHIAT, PSYCHAN Maladie mentale que le sujet est incapable de reconnaître comme telle (contrairement à la névrose) et caractérisée par la perte du contact avec le réel et une altération plus ou moins grave de la personnalité. *La paranoïa et la schizophrénie sont des psychoses. Psychose maniaco-dépressive.* **2.** Cour. Obsession, angoisse collective. – De *psycho-*, d'ap. *névrose.*

psychosensoriel, elle [psikosɑ̃sɔʀjɛl] adj. PSYCHO Qui a trait à la fois aux fonctions psychiques et sensorielles. *Troubles psychosensoriels.* – De *psycho-*, et *sensoriel.*

psycho-sensori-moteur [psikosɑ̃sɔʀimɔtœʀ] adj. PSYCHO Se dit de troubles qui ont trait à la fois aux facultés psychiques (attention, mémoire, etc.), aux organes sensoriels (toucher, ouïe, etc.) et à la motricité. *Des troubles de la vue psycho-sensori-moteurs.* – De *psycho-*, *sensori(el)*, et *moteur.*

psychosocial, ale, aux [psikosɔsjal, o] adj. Didac. Relatif à la psychologie de l'individu dans ses rapports avec la vie sociale. – De *psycho-*, et *social.*

psychosociologie [psikosɔsjɔlɔʒi] n. f. Didac. Étude des rapports entre faits sociaux et faits psychiques. Syn. psychologie* sociale. – De *psycho-*, et *sociologie.*

psychosociologique [psikosɔsjɔlɔʒik] adj. Didac. Relatif à la psychosociologie. – De *psychosociologie.*

psychosociologue [psikosɔsjɔlɔg] n. Didac. Spécialiste de psychosociologie. – De *psychosociologie.*

psychosomaticien, enne [psikosɔmatisjɛ̃, ɛn] n. Didac. Spécialiste de psychosomatique. – De *psychosomatique.*

psychosomatique [psikosɔmatik] adj. et n. f. Se dit des troubles physiques (organiques et fonctionnels) d'origine psychique. ▷ Par ext. *Médecine psychosomatique,* qui traite les affections psychosomatiques. – n. f. *La psychosomatique.* – De *psycho-*, et *somatique.*

psychostimulant, ante [psikostimylɑ̃, ɑ̃t] adj. et n. m. MED Qui stimule l'activité psychique. ▷ n. m. *Administrer un psychostimulant.* – De *psycho-*, et *stimulant.*

psychotechnicien, enne [psikotɛknisjɛ̃, ɛn] n. Didac. Spécialiste de la psychotechnique. – De *psychotechnique.*

psychotechnique [psikotɛknik] n. f. et adj. Didac. Discipline régissant l'application aux problèmes humains (organisation du travail, sélection du personnel, etc.) des données de la psychologie expérimentale et de la psychophysiologie. ▷ adj. *Tests psychotechniques.* – De *psycho-*, et *technique.*

psychothérapeute [psikoteʀapøt] n. Personne qui pratique la psychothérapie. – De *psycho-*, et *thérapeute.*

psychothérapie [psikoteʀapi] n. f. Toute thérapie par des moyens psychologiques. *Psychothérapie analytique,* fondée sur la psychanalyse. *Psychothérapie de groupe* : psychodrame, etc. – De *psycho-*, et *thérapie.*

psychothérapique [psikoteʀapik] adj. Didac. De la psychothérapie. – De *psychothérapie.*

psychotique [psikɔtik] adj. et n. PSYCHIAT Relatif aux psychoses. – Atteint de psychose. ▷ Subst. *Un(e) psychotique.* – De *psychose.*

psychotonique [psikotɔnik] adj. et n. m. PHARM Se dit de substances qui stimulent l'activité psychique. ▷ n. m. *Un psychotonique.* – De *psycho-*, et *tonique.*

psychotrope [psikotʀɔp] adj. et n. m. PHARM Se dit de toute substance qui agit sur le psychisme : psychoanaleptiques et psychotoniques (stimulants), psycholeptiques (tranquillisants), psychodysleptiques (hallucinogènes, etc.). – n. m. *Un psychotrope.* – De *psycho-*, et *-trope.*

psychromètre [psikʀɔmɛtʀ] n. m. TECH Instrument servant à mesurer le degré hygrométrique de l'air. V. hygromètre. – Du gr. *psukhros,* «froid», et *-mètre.*

psylle [psil] n. m. Litt. Charmeur de serpents, en Orient. – Du lat. *Psylli,* gr. *Psulloi,* peuple de la Cyrénaïque, anc. contrée du nord de l'Afrique, qui forme auj. la partie orient. de la Libye.

Pt CHIM Symbole du platine.

ptér(o)-, -ptère. Éléments, du gr. *pteron,* «plume d'aile, aile», et (archi.) «aile, colonnade».

ptéranodon [pteʀanɔdɔ̃] n. m. PALEONT Reptile volant au rostre édenté, fossile du secondaire (crétacé). *Le ptéranodon fut le plus grand des ptérosauriens* (9 m d'envergure). – De *ptér-*, et gr. *anodous, anodontos,* «édenté».

ptéridophytes [pteʀidɔfit] n. m. pl. BOT Embranchement de végétaux vasculaires comprenant les lycopodes, les sélaginelles, les prêles, les fougères, etc. Syn. cryptogames* vasculaires. – Sing. *Un ptéridophyte.* – Gr. *pteris, pteridos,* «fougère», et *-phyte.*

ptéridospermales [pteʀidospɛʀmal] ou **ptéridospermées** [pteʀidospɛʀme] n. f. pl. PALEONT Ordre de végétaux fossiles des terrains primaires, dont le feuillage était semblable à celui des fougères actuelles, mais qui portaient des ovules au lieu de sporanges. – Sing. *Une ptéridospermale* ou *une ptéridospermée.* – De *ptérido(phyte),* et *sperma(tophyte).*

ptéro-. V. ptér(o)-.

ptérodactyle [pteʀɔdaktil] adj. et n. m. **1.** adj. ZOOL Qui a les doigts reliés par une membrane. **2.** n. m. PALEONT Ptérosaurien (genre *Pterodactylus*) à rostre denté, dépourvu de queue, du jurassique. – De *ptéro-*, et *-dactyle.*

ptéropodes [pteʀɔpɔd] n. m. pl. ZOOL Ordre de mollusques gastéropodes opisthobranches dont le pied présente deux expansions latérales utilisées pour nager. – Sing. *Un ptéropode.* – De *ptéro-*, et *-pode.*

ptérosauriens [pteʀɔsoʀjɛ̃] n. m. pl. PALEONT Ordre de reptiles fossiles du jurassique et du crétacé adaptés au vol grâce à une membrane alaire tendue entre le quatrième doigt de la main et le corps. (Leurs mâchoires formaient un rostre pourvu ou non de dents; leur vol était vraisemblablement lourd et embarrassé; les princ. furent les ptérodactyles.) – Sing. *Un ptérosaurien.* – De *ptéro-*, et *saurien.*

ptérygoïde [pteʀigɔid] adj. ANAT *Apophyse ptérygoïde :* apophyse osseuse attenante à la grande aile et à la face inférieure du sphénoïde. – Du gr. *pterugoeidês*, «en forme d'aile».

ptérygoïdien [pteʀigɔidjɛ̃] adj. et n. m. ANAT De l'apophyse ptérygoïde. ▷ *Muscles ptérygoïdiens* ou, n. m., *les ptérygoïdiens :* muscles masticateurs qui permettent les déplacements latéraux du maxillaire inférieur. – De *ptérygoïde.*

ptérygotes [pteʀigɔt] n. m. pl. ENTOM Sous-classe d'insectes comprenant tous les insectes ailés (la quasi-totalité des espèces), par oppos. aux *aptérygotes.* – Sing. *Un ptérygote.* – Du gr. *pterugôtos*, «muni d'ailes».

ptolémaïque [ptɔlemaik] adj. Didac. Relatif à Ptolémée 1er Sôter (vers 360-283 av. J.-C.), souverain d'origine macédonienne, et à sa dynastie qui régna sur l'Égypte de 305 à 30 av. J.-C. – Relatif à la civilisation hellénistique de cette période, en Égypte. – Bas lat. *ptolemaïcus*, de *Ptolemæus*, gr. *Ptolemaios*, «Ptolémée», n. de plusieurs souverains d'Égypte.

ptoléméen, enne [ptɔlemeɛ̃, ɛn] ou **ptoloméen, enne** [ptɔlɔmeɛ̃, ɛn] adj. Didac. Relatif à l'astronome grec Ptolémée, à son système. – *Par ext.* Relatif à la cosmogonie qui a précédé les théories de Copernic (XVIe s.). – Du n. de *Ptolémée* ou *Ptolomée* de Thébaïde (v. 90 - v. 168 ap. J.-C.).

ptomaïne [ptɔmain] n. f. BIOCHIM Alcaloïde toxique produit par la putréfaction des matières animales. – Ital. *ptomaina*; du gr. *ptôma*, «cadavre».

ptôse ou **ptose** [ptoz] n. f. MED Descente d'un organe, due au relâchement de ses moyens de fixation. – Du gr. *ptôsis*, «chute».

ptosis [ptɔzis] n. m. MED Abaissement permanent, d'origine paralytique ou congénitale, de la paupière supérieure. – Mot gr., «chute».

ptyaline [ptialin] n. f. BIOCHIM Amylase salivaire qui joue un rôle dans la digestion de l'amidon. – Du gr. *ptualon*, «salive».

ptyalisme [ptialism] n. m. MED Sécrétion salivaire excessive. – Gr. *ptualismos*, de *ptuein*, «cracher».

Pu CHIM Symbole du plutonium.

puant, ante [pyɑ̃, ɑ̃t] adj. et n. m. **1.** Qui sent mauvais. ▷ VEN *Les bêtes puantes* ou, n. m. pl., *les puants :* les animaux des bois qui dégagent une odeur forte et repoussante (fouines, putois, renards, etc.). **2.** Fig. Odieux par son impudence, sa vanité. – Ppr. de *puer.*

puanteur [pyɑ̃tœʀ] n. f. Odeur infecte, fétide. – De *puant.*

1. pub [pœb] n. m. En G.-B., établissement public où l'on consomme des boissons alcoolisées. ▷ *Par ext.* En France, bar, café, etc., dont le cadre évoque les pubs anglais. – Mot angl., abrév. de *public house*, «auberge».

2. pub [pyb] n. f. Fam. Abrév. de *publicité.*

pubalgie [pybalʒi] n. f. MED Douleur dans la région pubienne, le plus souvent d'origine musculaire ou tendineuse. – De *pubis*, et *-algie.*

pubère [pybɛʀ] adj. et n. Qui a atteint l'âge de la puberté. – Lat. *puber.*

pubertaire [pybɛʀtɛʀ] adj. Didac. De la puberté. – De *puberté.*

puberté [pybɛʀte] n. f. Ensemble des modifications morphologiques, physiologiques et psychologiques qui se produisent chez l'être humain au moment du passage de l'enfance à l'adolescence; cette période de la vie, marquée par l'apparition de certains caractères sexuels secondaires et par l'acquisition de la capacité de procréer. – Lat. *pubertas.*

pubescence [pybɛsɑ̃s] n. f. BOT État, caractère d'une plante ou d'un organe pubescent. – De *pubescent.*

pubescent, ente [pybɛsɑ̃, ɑ̃t] adj. BOT Se dit d'un organe, d'une plante, couverts de petits poils ou d'un fin duvet. – Lat. *pubescens*, de *pubescere*, «se couvrir de poils».

pubien, enne [pybjɛ̃, ɛn] adj. ANAT Du pubis. – De *pubis.*

pubis [pybis] n. m. **1.** ANAT Pièce osseuse formant la partie antérieure de l'os iliaque. **2.** Région inférieure du bas-ventre, qui se couvre de poils à la puberté. – Mot lat., var. de *pubes.*

publi-. Élément tiré de *publicité.*

publiable [pyblijabl] adj. Qui peut être publié; qui est digne de l'être. *Ce roman est à peine publiable.* – De *publier.*

public, ique [pyblik] adj. et n. m. **I.** adj. **1.** Qui appartient au peuple, à la nation, à l'État; qui les concerne. *Le Trésor public :* les caisses de l'État. *Les services publics :* l'Administration. *Édifice, monument public. Ministère de la Santé publique.* **2.** Commun, à l'usage de tous. *Voie publique.* **3.** Manifeste, connu de tous. *Bruit public. De notoriété publique.* **4.** Où tout le monde est admis. *Audience publique.* **II.** n. m. **1.** Ensemble des gens. *L'intérêt du public.* – *Entrée interdite au public*, aux personnes non habilitées. **2.** Personnes réunies pour assister à un spectacle. *Le public applaudit l'entrée du comédien.* ▷ *Par ext.* Ensemble des gens qui s'intéressent à la vie artistique ou intellectuelle. *Le grand public. Un public de connaisseurs. Ce chanteur a son public*, ses fidèles. **3.** Loc. adv. *En public :* en présence du public, à la vue d'un certain nombre de personnes. – Lat. *publicus.*

publicain [pyblikɛ̃] n. m. **1.** ANTIQ ROM Fermier des revenus publics. **2.** Vx Collecteur d'impôts. – Lat. *publicanus.*

publication [pyblikasjɔ̃] n. f. **1.** Action par laquelle qqch est rendu public. ▷ DR Promulgation. *Publication d'une loi.* **2.** Parution, sortie (d'un texte, d'un livre). *Date de publication d'un livre.* – *Publication assistée par ordinateur (P.A.O.) :* édition réalisée en utilisant des techniques informatiques. **3.** Ouvrage publié (ponctuellement ou périodiquement). – De *publier.*

publiciste [pyblisist] n. **1.** Vx Spécialiste du droit public. **2.** Vx Écrivain politique. ▷ Vx Journaliste. **3.** *Abusiv.* Publicitaire. – De *public.*

publicitaire [pyblisitɛʀ] adj. et n. **1.** Qui a un caractère de publicité, qui sert à la publicité (sens 2). *Message publicitaire à la radio.* **2.** Qui s'occupe de publicité. *Agence publicitaire.* ▷ Subst. *Un(e) publicitaire.* – De *publicité.*

publicitairement [pyblisitɛʀmɑ̃] adv. D'un point de vue publicitaire; à titre publicitaire. – De *publicitaire.*

publicité [pyblisite] n. f. **1.** Caractère de ce qui est public. *La publicité des débats parlementaires.* **2.** Art de faire connaître un produit, une entreprise, etc., afin d'inciter les consommateurs à acheter ce produit, à utiliser les services de cette entreprise, etc.; ensemble des moyens employés à cet effet. *Campagne de publicité.* ▷ *Une (des) publicité(s)* : annonce(s), affiche(s), film(s) publicitaire(s). – *Publicité mensongère. Publicité comparative,* dans laquelle des produits, cités nommément, sont comparés au profit d'un seul. (Abrév. fam. : pub). – De *public.*

public-relations [pœblikʀilɛʃəns] n. **1.** n. f. pl. (Anglicisme) Relations publiques. **2.** *Par ext.* Personne qui s'occupe professionnellement de relations publiques. *Un (une) public-relations.* – Mots angl.

publier [pyblije] v. tr. [2] **1.** Rendre public. *Publier des bans.* **2.** Faire paraître (un écrit). *Publier un livre.* – Lat. *publicare.*

publipostage [pyblipɔstaʒ] n. m. COMM Prospection, démarchage, publicité ou vente par voie postale. (Terme off. recommandé pour *mailing.*)– De *publi-,* et *postage.*

publiquement [pyblikmɑ̃] adv. En public, de manière publique. – De *public.*

publireportage [pybliʀəpɔʀtaʒ] n. m. Publicité présentée sous la forme d'un reportage. – De *publicité,* et *reportage.*

publivore [pyblivɔʀ] n. Plaisant Amateur éclairé d'annonces publicitaires sous toutes leurs formes. *Jacques peut citer quarante slogans sans se tromper; c'est un vrai publivore.* – De *publicité,* d'apr. *carnivore.*

puccinia [pyksinja] n. m. ou **puccinie** [pyksini] n. f. BOT Champignon basidiomycète (ordre des urédinales), parasite provoquant la rouille de divers végétaux. – Du nom de T. *Puccini,* savant ital.

puce [pys] n. f. (et adj. inv.) **I. 1.** Insecte constituant l'ordre des siphonaptères, dépourvu d'ailes, brun, sauteur, parasite des êtres humains et de certains mammifères. *Les puces sont des vecteurs de gènes pathogènes.* ▷ Fig., fam. Personne de petite taille. **2.** *Puce d'eau* : daphnie. ▷ *Puce de mer* : talitre. **3.** Loc. fig., fam. *Mettre la puce à l'oreille* : inspirer des inquiétudes, de la méfiance. – *Secouer les puces à qqn,* le réprimander. **4.** *Marché aux puces* ou, ellipt., *les puces* : marché de brocante et d'objets d'occasion divers. **5.** adj. inv. Brun-rouge foncé. *Des rideaux puce.* **II.** INFORM Plaquette de silicium, dont la surface peut être inférieure au millimètre carré, et sur laquelle est gravé un microprocesseur. – Lat. *pulex, pulicis;* d'abord *pulce.*

puceau [pyso] n. m. et adj. m. Fam. Garçon vierge. ▷ adj. *Il est encore puceau.* – De *pucelle;* d'abord *pucel.*

pucelage [pyslaʒ] n. m. Fam. Virginité. *Perdre son pucelage.* – De *pucelle.*

pucelle [pysɛl] n. f. et adj. f. **1.** Vx ou plaisant Jeune fille. *La pucelle d'Orléans* : Jeanne d'Arc. **2.** Fam. Fille vierge. ▷ adj. *Elle est pucelle.* – Du lat. pop. *pullicella,* dimin. de *pullus,* « petit d'un animal »; d'abord *pulcella.*

puceron [pysʀɔ̃] n. m. Insecte homoptère, formant le sous-ordre des aphidiens, qui vit sur les plantes dont il suce la sève. – De *puce.*

pucier [pysje] n. m. Arg. Lit. – De *puce.*

pudding ou **pouding** [pudiŋ] n. m. Gâteau anglais à base de farine, d'œufs, de graisse de bœuf, de raisins secs, etc., le plus souvent parfumé au rhum. (On dit aussi *plum-pudding.*) – Mot angl.

puddlage [pydlaʒ] n. m. METALL Ancien procédé d'affinage consistant à décarburer la fonte dans un four à réverbère à l'aide de scories oxydantes, pour obtenir l'acier. – De *puddler.*

puddler [pydle] v. tr. [1] METALL Affiner la fonte par puddlage. – Angl. *to puddle,* « brasser ».

puddleur [pydlœʀ] n. m. METALL Ouvrier travaillant au puddlage. – De *puddler.*

pudeur [pydœʀ] n. f. **1.** Tendance à éprouver de la gêne, de la honte devant ce qui touche à la sexualité. ▷ DR *Outrage public à la pudeur* : délit qui consiste à se livrer, volontairement ou non, à une exhibition impudique. – *Attentat à la pudeur* : acte puni de peines criminelles, qui consiste en un viol ou une tentative de viol ou en un acte impudique tenté ou exécuté sur la personne d'autrui. **2.** Retenue, réserve. *La pudeur de sentiment.* ▷ Délicatesse. *Il a eu la pudeur de ne pas mentionner ce triste événement.* – Lat. *pudor.*

pudibond, onde [pydibɔ̃, ɔ̃d] adj. Exagérément pudique, ou d'une pudeur affectée. – Lat. *pudibundus,* « honteux ».

pudibonderie [pydibɔ̃dʀi] n. f. Pudeur excessive; affectation de pudeur. – De *pudibond.*

pudicité [pydisite] n. f. Rare Pudeur. – De *pudique.*

pudique [pydik] adj. **1.** Plein de pudeur (sens 1). **2.** Discret, réservé. – Lat. *pudicus,* de *pudere,* « avoir honte ».

pudiquement [pydikmɑ̃] adj. D'une manière pudique. – De *pudique.*

puer [pɥe] v. [1] **1.** v. tr. Exhaler une odeur désagréable de. *Puer le vin.* **2.** v. intr. Sentir mauvais. – Lat. pop. *putire,* class. *putere;* a. fr. *puir.*

puéricultrice [pɥeʀikyltʀis] n. f. Infirmière diplômée, spécialiste en puériculture. – De *puériculture.*

puériculture [pɥeʀikyltyʀ] n. f. Ensemble des méthodes propres à assurer le développement de l'enfant, de sa naissance à sa troisième ou quatrième année. – Du lat. *puer,* « enfant », et de *-culture.*

puéril, ile [pɥeʀil] adj. **1.** Vx Qui concerne l'enfance. **2.** Enfantin, qui ne convient pas à un adulte. *Discussion puérile.* – Lat. *puerilis.*

puérilement [pɥeʀilmɑ̃] adv. D'une manière puérile. – De *puéril.*

puérilisme [pɥeʀilism] n. m. PSYCHO État pathologique caractérisé par la régression de l'esprit d'un adulte au niveau de la mentalité enfantine. – De *puéril.*

puérilité [pɥeʀilite] n. f. Caractère de ce qui est puéril, futile. – Lat. *puerilitas.*

puerpéral, ale, aux [pɥɛʀpeʀal, o] adj. MED Relatif aux femmes en couches ou à l'accouchement et à ses suites immédiates. – *Fièvre puerpérale* : infection à point de départ utérin, consécutive à un accouchement. – Du lat. *puerpera,* « accouchée »; de *puer,* « enfant », et *parere,* « enfanter ».

puffin [pyfɛ̃] n. m. ORNITH Oiseau marin migrateur (genres *Puffinus* et voisins, ordre des procellariiformes) aux longues ailes, voisin du pétrel. – Mot angl.

pugilat [pyʒila] n. m. **1.** ANTIQ Sport comparable à la boxe, mais dans lequel les combattants portaient au poing un gantelet garni de fer ou de plomb (ceste). **2.** Cour. Rixe à coups de poing. – Lat. *pugilatus,* du rad. *pugnus,* « poing ».

pugiliste [pyʒilist] n. m. **1.** ANTIQ Athlète spécialisé dans le pugilat. **2.** Litt. Boxeur. – Lat. *pugil,* a. fr. *pugile.*

pugilistique [pyʒilistik] adj. Litt. Relatif au pugilat antique ou à la boxe. – De *pugiliste.*

pugnace [pygnas] adj. Litt. Qui aime la lutte; combatif. – Lat. *pugnax, pugnacis.*

pugnacité [pygnasite] n. f. Litt. Goût de la lutte, combativité. – Lat. *pugnacitas.*

puîné, ée [pɥine] adj. et n. Vieilli Cadet. – De *puis,* et *né.*

puis [pɥi] adv. **1.** Ensuite, après. *Il dit quelques mots, puis se tut.* **2.** *Et puis* : d'ailleurs, en outre, en plus. *Il l'avait bien mérité... Et puis on ne lui a pas fait bien mal.* –

Fam. *Et puis après ? Et puis quoi ?* : et ensuite, quelle importance ? Et alors ? *Si je perds, je n'aurai plus rien ! Et puis après ?* **3.** Plus loin. *Voici un marronnier, puis un bouleau.* – Du lat. pop. **postius*, « après », class. *post* ou *postea*.

puisage [pɥizaʒ] n. m. Rare ou TECH Action de puiser. – De *puiser*.

puisard [pɥizaʀ] n. m. TECH **1.** Excavation pratiquée dans le sol pour évacuer les eaux de pluie. Syn. puits perdu. **2.** Fosse pratiquée dans une chaufferie pour recueillir les eaux de vidange avant de les rejeter à l'égout. – De *puits*.

puisatier [pɥizatje] n. m. Entrepreneur, ouvrier qui creuse ou qui répare les puits. – De *puits*.

puiser [pɥize] v. tr. [1] **1.** Prendre (une portion d'un liquide) au moyen d'un récipient que l'on plonge dans ce liquide. *Puiser de l'eau dans une mare.* ▷ Par anal. *Puiser dans sa bourse* (de l'argent). **2.** Fig. Prendre. *Il a puisé ces renseignements dans les meilleurs ouvrages. Puiser aux sources* : consulter les originaux. – De *puits*.

puisque [pɥisk] conj. de subordination. Du moment que, étant donné que. *Puisqu'il pleut, je reste ici.* (La voyelle *e* de *puisque* ne s'élide que devant *il, elle, on, en, un, une*.) – De *puis*, et *que*.

puissamment [pɥisamɑ̃] adv. **1.** Avec de grands moyens. *Région puissamment défendue.* **2.** Avec une grande autorité, une grande efficacité. *Agir puissamment.* **3.** Fam. Extrêmement. *Puissamment riche.* – De *puissant*.

puissance [pɥisɑ̃s] n. f. **I. 1.** Pouvoir d'exercer une autorité, d'avoir une grande influence. *La puissance royale. Toute-puissance* : puissance absolue. **2.** Pouvoir, autorité (dans la société, etc.). *Asseoir sa puissance sur l'argent.* **3.** Caractère de ce qui exerce une grande influence, de ce qui produit des effets notables. *La puissance de l'habitude.* **4.** PHYS Travail fourni par unité de temps. *La puissance s'exprime en watts.* – ELECTR Produit de la tension d'un courant électrique (volts) par son intensité (ampères), qui s'exprime en watts. **5.** Pouvoir d'action (d'un appareil, d'un mécanisme). *Puissance d'un instrument d'optique*, exprimée en dioptries. ▷ *Puissance d'un moteur*, exprimée en watts ou en chevaux. ▷ *Puissance administrative* ou *fiscale d'un véhicule automobile*, établie d'après sa cylindrée pour le calcul de la taxe sur les véhicules automobiles, et qui s'exprime en chevaux fiscaux. **6.** MATH *Puissance n d'un nombre*, ce nombre multiplié n fois par lui-même. **7.** MINES Épaisseur d'une veine de minerai. **II. 1.** PHILO Potentialité, virtualité. **2.** Loc. adj. *En puissance* : potentiel, virtuel. **3.** THEOL *Puissances* : troisième chœur de la deuxième hiérarchie des anges. **III.** *Une (des) puissance(s).* **1.** État souverain. *Les grandes puissances* : les États les plus riches, les plus influents, etc. **2.** Ensemble d'individus, d'entreprises, etc., jouissant d'une grande influence sociale ou politique. *Les puissances d'argent.* – Litt. *Les puissances des ténèbres* : les démons. – De *puissant*.

puissant, ante [pɥisɑ̃, ɑ̃t] adj. et n. m. **1.** Qui est capable de produire de grands effets. *Un remède puissant.* **2.** Qui peut développer une grande énergie. *Moteur puissant.* **3.** Très robuste, doté d'une grande force physique. *Athlète puissant. Musculature puissante.* **4.** Qui a une grande intensité. *Lumière puissante. Voix puissante* : voix forte et soutenue. **5.** Qui a une grande autorité, un grand pouvoir, de grands moyens. *Un roi puissant.* ▷ n. m. *Les puissants et les faibles.* – Anc. ppr. du v. *pouvoir*.

puits [pɥi] n. m. **1.** Profonde excavation creusée dans le sol pour recueillir les eaux d'infiltration. *Tirer de l'eau au puits.* ▷ *Puits artésien* : V. artésien. ▷ *Puits perdu* : puisard. ▷ Fig. *Puits de science, d'érudition* : personne très savante, très érudite. – Prov. *La vérité est au fond d'un puits*, elle est difficile à découvrir. **2.** Excavation pratiquée dans le sol, ouvrage destiné à l'exploitation d'un gisement. *Puits de pétrole.* – *Puits de mine*, qui donne accès aux galeries d'exploitation proprement dites. **3.** CONSTR *Puits de fondation* : fouille dans laquelle on coule du béton, destinée à asseoir les fondations d'un ouvrage. **4.** *Puits d'amour* : gâteau creux garni de crème pâtissière. – Lat. *puteus*, avec infl. du frq. **putti*.

pulicaire [pylikɛʀ] n. f. BOT Plante herbacée (fam. composées), aux fleurs jaunes, qui pousse dans les endroits humides. – Du lat. *pulicaria (herba)*, propr. « (herbe) aux puces ».

pullman [pulman] n. m. Vieilli Voiture de chemin de fer luxueusement aménagée. *Des pullmans.* – Mot anglo-amér., du nom de l'ingénieur amér. G. *Pullman* (1831-1897).

pullorose [pyl(l)ɔʀoz] n. f. MED VETER Maladie bactérienne (*salmonellose*) des poussins, contagieuse et mortelle. – Du lat. scientif. *(bacterium) pullorum*, « (bactérie) des poulets », et *-ose* 2.

pull-over [pylɔvɛʀ] n. m. Tricot qu'on met en l'enfilant par la tête ; chandail. *Des pulls-overs.* (Abrév. cour. : pull.) – Mot angl., propr. « tirer par-dessus ».

pullulement [pylylmɑ̃] n. m. ou vx **pullulation** [pylylasjɔ̃] n. f. Fait de pulluler. – De *pulluler*.

pulluler [pylyle] v. intr. [1] **1.** Se multiplier rapidement et abondamment. **2.** Péjor. Être en abondance, foisonner. *Les mauvais romans pullulent.* – Lat. *pullulare*, de *pullus*, « (animal ou plante) tout petit ».

1. pulmonaire [pylmɔnɛʀ] adj. Qui concerne le poumon, ses vaisseaux. *Artère pulmonaire.* ▷ Qui affecte le poumon. *Embolie pulmonaire.* – Lat. *pulmonarius*.

2. pulmonaire [pylmɔnɛʀ] n. f. BOT Plante herbacée (fam. borraginacées), aux feuilles allongées, aux fleurs bleues. – Du bas lat. *pulmonaria (radicula)*, propr. « (racine) bonne pour le poumon ».

pulmonés [pylmɔne] n. m. pl. ZOOL Sous-classe de mollusques gastéropodes respirant par un poumon (escargot, limace, etc.). – Sing. *Un pulmoné. On distingue les pulmonés terrestres, dont les yeux sont situés au sommet de tentacules et les pulmonés aquatiques, dont les yeux sont à la base des tentacules.* – Lat. zool. *pulmonata*, de *pulmo*, « poumon ».

pulpaire [pylpɛʀ] adj. Didac. Relatif à la pulpe dentaire ; de la pulpe dentaire. – De *pulpe*.

pulpe [pylp] n. f. **1.** Tissu charnu du certains fruits. *La pulpe d'une orange.* **2.** *Pulpe des doigts* : extrémité charnue des doigts. – *Pulpe dentaire* : tissu conjonctif qui remplit la cavité dentaire. – Lat. *pulpa*.

pulpeux, euse [pylpø, øz] adj. Qui contient de la pulpe ; qui a la nature, la consistance, l'aspect de la pulpe. – Fig. *Des lèvres pulpeuses.* ▷ Fig., fam. Se dit d'une femme aux formes sensuelles. *Une blonde pulpeuse.* – De *pulpe*.

pulpite [pylpit] n. f. MED Inflammation de la pulpe dentaire. – De *pulpe*, et *-ite*.

pulque [pulke] n. m. Boisson mexicaine obtenue en faisant fermenter du suc d'agave. – Mot indien du Mexique ; par l'esp.

pulsar [pylsaʀ] n. m. ASTRO Étoile à neutrons fortement magnétisée et en rotation rapide, dont l'émission se caractérise par une série d'impulsions régulièrement espacées dans le temps. – *Pulsar milliseconde* : pulsar ultra-rapide. – Mot angl., de *puls(ating) (st)ar*, « étoile vibrante ».

pulsatif, ive [pylsatif, iv] adj. **1.** Relatif à la pulsation. **2.** MED Se dit d'une douleur provoquée par la pulsation des artères dans une partie enflammée. – Du lat. *pulsare*, « pousser, heurter ».

pulsatile [pylsatil] adj. Didac. Qui est animé de pulsations. – Du lat. *pulsare,* « pousser, heurter ».

pulsation [pylsasjɔ̃] n. f. **1.** Battement du cœur, des artères. *Rythme des pulsations.* **2.** PHYS Vitesse angulaire (symbole ω) du mouvement circulaire uniforme par lequel on représente une grandeur sinusoïdale. ($\omega = \frac{2\pi}{T}$ où T représentant la période de ce mouvement.) – Lat. *pulsatio,* « choc ».

pulsé [pylse] adj. m. TECH Se dit de l'air que l'on envoie, que l'on fait circuler au moyen d'un dispositif spécial. *Chauffage à air pulsé.* – Pp. de *pulser.*

pulser [pylse] v. tr. [1] TECH Envoyer par pression. *Pulser de l'air.* – Lat. *pulsare,* « pousser ».

pulsion [pylsjɔ̃] n. f. PSYCHAN Manifestation de l'inconscient qui pousse un individu à agir pour réduire un état de tension. *Pulsions sexuelles. Pulsion de vie :* V. éros. *Pulsion de mort :* V. thanatos. – De *impulsion* ou du lat. *pulsio,* « action de repousser », du pp. de *pellere,* « remuer, pousser ».

pulsionnel, elle [pylsjɔnɛl] adj. PSYCHAN Relatif aux pulsions. – De *pulsion.*

pulsoréacteur [pylsoʀeaktœʀ] n. m. TECH Moteur à réaction fonctionnant par combustion discontinue. – Du lat. *pulsus,* pp. de *pellere,* « pousser », et de *réacteur.*

pultacé, ée [pyltase] adj. MED Qui a l'aspect, la consistance d'une bouillie. – Du lat. *puls, pultis,* « bouillie de farine ».

pulvérin [pylveʀɛ̃] n. m. TECH Poudre à canon très fine qui servait à amorcer les armes à feu et qu'on emploie auj. pour les pièces d'artifice. – Ital. *polverino,* « poudre noire », du lat. *pulvis, pulveris,* « poussière ».

pulvérisable [pylveʀizabl] adj. Que l'on peut pulvériser. – De *pulvériser.*

pulvérisateur [pylveʀizatœʀ] n. m. Instrument utilisé pour projeter une poudre ou de fines gouttelettes de liquide. – De *pulvériser.*

pulvérisation [pylveʀizasjɔ̃] n. f. **1.** TECH Action de pulvériser un solide. **2.** Cour. Action de projeter une poudre, de pulvériser un liquide. *Pulvérisation d'un insecticide.* – De *pulvériser.*

pulvériser [pylveʀize] v. tr. [1] **1.** Réduire en poudre, en très petits fragments. *Pulvériser du sucre.* **2.** Projeter (un liquide) en fines gouttelettes. *Pulvériser un parfum.* **3.** Fig. Détruire, anéantir. – Fam. *Pulvériser un record,* le battre de beaucoup. – Bas lat. *pulverizare,* de *pulvis, pulveris,* « poudre ».

pulvériseur [pylveʀizœʀ] n. m. AGRIC Machine agricole destinée à ameublir superficiellement la terre en brisant les mottes. – De *pulvériser.*

pulvérulence [pylveʀylɑ̃s] n. f. État de ce qui est pulvérulent. – De *pulvérulent.*

pulvérulent, ente [pylveʀylɑ̃, ɑ̃t] adj. Qui se présente sous forme de poudre, ou qui peut se réduire facilement en poudre. – Lat. *pulverulentus,* « couvert de poussière ».

puma [pyma] n. m. Félin américain (*Felis concolor*) au pelage beige uni, qui chasse la nuit. *Le puma est menacé d'extinction.* Syn. couguar. – Mot esp. empr. au quechua.

puna [pyna] n. f. GEOGR Haute plaine semi-aride, où ne poussent que de maigres touffes de graminées, dans les Andes, chaîne montagneuse d'Amérique du Sud. – Mot esp. empr. au quechua.

punaise [pynɛz] n. f. **1.** Petit insecte hétéroptère (*Cimex lectularius,* la punaise des lits) au corps roux et aplati, parasite de l'homme qu'il pique pour se nourrir de son sang. *La punaise transmet le typhus.* ▷ Fam., péjor. *Punaise de sacristie :* bigote. ▷ Pop., rég. *Punaise!* Exclamation de surprise, de dépit. **2.** ENTOM Nom cour. de tous les insectes hétéroptères. **3.** Petit clou à large tête plate et à pointe fine et courte qui se fixe sans marteau, par simple pression. – De l'anc. adj. *punais,* du lat. pop. **putinasius,* « qui pue du nez ».

punaiser [pyneze] v. tr. [1] Fam. Fixer au moyen de punaises (sens 3). *Punaiser une affiche sur le mur.* – De *punaise.*

1. punch [pɔ̃ʃ] n. m. Boisson alcoolisée faite de rhum mêlé de divers ingrédients (à l'origine : thé, citron, sucre et cannelle). *Des punchs.* – Mot angl., de l'hindi *pânch,* « cinq » (à cause des cinq ingrédients qui le composent).

2. punch [pœnʃ] n. m. **1.** Grande puissance de frappe, pour un boxeur. *Il a du punch.* **2.** Fig., fam. Énergie, vitalité. – Mot angl., « coup », du lat. *punctio,* « piqûre ».

puncheur [pœnʃœʀ] n. m. SPORT Boxeur qui a du punch, qui frappe fort. ▷ Fig., fam. *C'est un puncheur :* il est dynamique, plein d'énergie. – De *punch* 2.

punching-ball [pœnʃiŋbol] n. m. Ballon fixé par des liens élastiques, dans lequel les boxeurs frappent pour s'entraîner. *Des punching-balls.* – Mot angl. de *punching,* « en frappant », et *ball,* « ballon ».

puni, ie [pyni] adj. et n. Qui est frappé d'une punition. – Pp. de *punir.*

punique [pynik] adj. et n. HIST Qui a rapport, qui est propre aux Carthaginois. *Les guerres puniques.* ▷ n. m. *Le punique :* la langue punique. – Lat. *punicus,* de *Poeni,* « les Carthaginois ».

ENCYCL Les guerres puniques opposèrent pendant plus d'un siècle Carthage à Rome pour la domination de la Méditerranée occid. La victoire finale de Rome ouvrit la voie à la constitution d'un puissant Empire romain. À l'issue de la *première guerre punique* (264-241 av. J.-C.), les Carthaginois durent céder la Sicile et ne purent s'opposer à la conquête romaine de la Corse et de la Sardaigne (238-237 av. J.-C.). La *deuxième guerre punique* (218-201 av. J.-C.) débuta avec la prise par Hannibal de la v. ibérique de Sagonte, alliée de Rome. Elle fut marquée par les brillantes campagnes d'Hannibal qui fut défait par Scipion en 202 av. J.-C. Carthage dut payer une indemnité considérable et céda l'Espagne aux Romains. La *troisième guerre punique* (149-146 av. J.-C.) fut déclenchée à la suite de la violente campagne menée contre Carthage par Caton l'Ancien qui affirmait sans cesse que Carthage devait être détruite, sous prétexte que les Carthaginois avaient attaqué Masinissa, l'allié de Rome. Carthage résista deux ans aux légions de Scipion Émilien, avant que ses murs fussent rasés et ses habitants massacrés (146 av. J.-C.).

punir [pyniʀ] v. tr. [3] **1.** Infliger un châtiment à (qqn). *Punir un criminel, un enfant désobéissant.* – *Punir qqn d'une peine,* la lui infliger. *Punir qqn de prison.* ▷ v. pron. *Il agit comme s'il voulait se punir de quelque chose.* **2.** (Passif) *Être puni de :* éprouver un désagrément qui résulte de. *Il a été puni de ses mensonges, de sa lâcheté.* – *Être puni par où l'on a péché :* voir la faute que l'on a commise se retourner contre soi-même. **3.** Sanctionner (une faute) par une peine. *Punir un crime.* – Lat. *punire.*

punissable [pynisabl] adj. Qui mérite punition. – De *punir.*

punisseur, euse [pynisœʀ, øz] adj. et n. Rare Qui punit. – De *punir.*

punitif, ive [pynitif, iv] adj. Dont le but est de punir. *Expédition punitive.* – De *punir.*

punition [pynisjɔ̃] n. f. **1.** Action de punir. *La punition des péchés.* **2.** Châtiment infligé pour une faute relativement légère. *Donner une punition à un élève.* **3.** Mal que l'on éprouve à cause d'une faute, d'un défaut, etc.

Cette indigestion est la punition de sa gourmandise. – Lat. *punitio.*

punk [pœk] n. et adj. Se dit d'un mouvement social, culturel et musical né en Grande-Bretagne, vers 1975, en réaction contre la société et contre l'évolution alors prise par la pop-music. ▷ Subst. *Un(e) punk. Les punks affichent des dehors volontairement rebutants et provocants.* ▷ adj. *Des chanteurs punk(s).* – Arg. amér., «pouilleux, voyou».

puntarelle [pɔ̃taʀɛl] n. f. TECH Petit morceau de corail dont on fait des colliers, des bracelets. – Dimin. d'orig. gasconne, du lat. *puncta,* «pointe».

puntillero [puntijeʀo] n. m. En tauromachie, celui qui est chargé d'achever le taureau estoqué. – Mot esp., de *puntilla,* «poignard».

pupazzo [pupadzo] n. m. Marionnette italienne à gaine. *Des pupazzi.* – Mot ital., dimin. de *pupa,* «poupée».

pupe [pyp] n. f. ZOOL Nymphe des insectes diptères, en forme de tonnelet. – Lat. zool. *pupa,* class. «poupée».

1. pupillaire [pypil(l)ɛʀ] adj. DR Qui a rapport ou appartient au pupille. – Lat. *pupillaris.*

2. pupillaire [pypil(l)ɛʀ] adj. PHYSIOL Relatif à la pupille. *Réflexe pupillaire.* – De *pupille* 2.

pupillarité [pypillaʀite] n. f. DR Situation de pupille; temps pendant lequel un enfant est pupille. – De *pupillaire* 1.

1. pupille [pypil] n. **1.** Personne mineure qui est sous l'autorité d'un tuteur. **2.** Enfant orphelin, abandonné ou nécessiteux, dont l'entretien et l'éducation sont assurés par une collectivité. *Pupilles de l'État* (anc. *de l'Assistance publique*). *Pupilles de la Nation :* orphelins de guerre. – Lat. *pupillus,* dimin. de *pupus,* «petit garçon».

2. pupille [pypij] n. f. Orifice circulaire au centre de l'iris de l'œil. *L'ouverture de la pupille varie en fonction de l'intensité des rayons lumineux.* – Lat. *pupilla.*

pupinisation [pypinizasjɔ̃] n. f. TELECOM Introduction, dans un circuit téléphonique, de bobines d'induction régulièrement espacées, permettant d'éviter l'affaiblissement des signaux avec la distance. – Du n. du physicien amér. M. I. *Pupin* (1858-1935).

pupipare [pypipaʀ] adj. ZOOL Qualifie les insectes diptères, dont les femelles, au lieu de pondre des œufs, donnent naissance à des pupes. – De *pupe,* et *-pare.*

pupitre [pypitʀ] n. m. **1.** Petit meuble dont la partie supérieure est en plan incliné et qui sert à écrire, à poser des livres, des partitions de musique. *Pupitre d'écolier, de musicien.* **2.** TECH Tableau sur lequel sont regroupés les organes de commande, de contrôle, etc., d'une machine électronique, notam. d'un système informatique. *Pupitre d'un ordinateur.* – Lat. *pulpitum,* «estrade».

pupitreur, euse [pypitʀœʀ, øz] n. INFORM Personne chargée de la commande et de la surveillance du fonctionnement d'un ordinateur. – De *pupitre.*

pur, pure [pyʀ] adj. et n. **I.** adj. **1.** Qui n'est pas mélangé à autre chose, qui n'est pas altéré par un élément étranger. *Vin pur. Pur jus de fruits. Or pur.* – *Ciel pur,* sans aucun nuage. ▷ CHIM *Corps pur,* constitué de molécules identiques et caractérisé par la constance de ses caractères physiques. **2.** Fig. Exempt de toute souillure morale. *Une jeune fille pure. Une conscience pure.* **3.** *Par ext.* Qui ne comporte pas d'imperfections, de fioritures. *Style, langage pur. Meuble d'une ligne très pure.* **4.** Envisagé sous un angle théorique, abstrait. *Mathématiques pures* (par oppos. à *mathématiques appliquées*). **5.** Qui est bien tel (et non autre). *Faire souffrir qqn par pure cruauté.* ▷ *Pur et simple :* sans restriction, sans réserve. *Une interdiction pure et simple.* ▷ *Pur et dur :* qui suit une ligne de pensée avec une grande rigueur. *Un communiste pur et dur. Un mouvement pur et dur.* **II.** n. Personne qui, ayant embrassé une doctrine politique, religieuse, dans son intégralité, n'accepte aucune compromission. – Lat. *purus.*

pureau [pyʀo] n. m. CONSTR Partie d'une tuile ou d'une ardoise non recouverte par la tuile ou l'ardoise supérieure. – De l'ancien v. *purer,* «nettoyer».

purée [pyʀe] n. f. **1.** Préparation de légumes cuits dans l'eau et écrasés. *Purée de pois cassés.* – Absol. *De la purée* (de pommes de terre). ▷ Fig., fam. *Purée de pois :* brouillard très épais. **2.** Fig., pop. Misère, situation fâcheuse. *Être dans la purée.* – De l'a. v. *purer,* «purifier, cribler, passer»; bas lat. *purare.*

purement [pyʀmɑ̃] adv. Uniquement, exclusivement. *À des fins purement humanitaires.* – *Purement et simplement :* sans réserve et sans condition. *Se soumettre purement et simplement.* – De *pur.*

pureté [pyʀte] n. f. **1.** Qualité de ce qui est pur, sans mélange. *Pureté de l'eau.* ▷ CHIM État d'un corps ne contenant pas de substances étrangères. ▷ *Pureté d'un diamant :* état d'un diamant sans défaut, sans altération. **2.** Fig. Qualité de qqn, de qqch qui est pur sur un plan moral. *Pureté des intentions.* ▷ *Par ext.* État de ce qui est sobre, dépourvu de fioritures ou d'imperfections. *Pureté des formes.* – A. fr. *purté,* «pureté morale», lat. *puritas,* de *purus,* «pur».

purgatif, ive [pyʀgatif, iv] adj. et n. m. Se dit d'une substance, d'un médicament qui purge. – Bas lat. *purgativus.*

purgation [pyʀgasjɔ̃] n. f. Vx Action de purger; son résultat. ▷ *Par ext.* Médicament purgatif. – Lat. *purgatio.*

purgatoire [pyʀgatwaʀ] n. m. RELIG CATHOL Lieu ou état de souffrance temporaire dans lequel les âmes des justes achèvent l'expiation de leurs fautes avant d'être admises au Paradis. ▷ Fig. *Faire son purgatoire en ce monde,* y souffrir beaucoup. *Un purgatoire :* un temps d'épreuve, une période difficile. – Lat. ecclés. *purgatorius,* propr. «qui purifie».

purge [pyʀʒ] n. f. **1.** Syn. de *purgation.* **2.** Action d'évacuer d'une canalisation ou d'un récipient un fluide différent de celui qui doit normalement s'y trouver (air dans le cas d'un chauffage à eau chaude, eau de condensation dans le cas d'un chauffage à la vapeur). *Robinet de purge.* **3.** DR Formalités tendant à affranchir un immeuble des hypothèques qui le grèvent. **4.** Épuration politique. – Déverbal de *purger.*

purger [pyʀʒe] v. tr. [13] **1.** Provoquer l'évacuation des selles de (qqn) au moyen d'un purgatif. *Purger un enfant malade.* **2.** TECH Purifier (une substance). *Purger un métal.* **3.** Effectuer la purge de (une canalisation, un appareil). **4.** Débarrasser (une société) d'individus indésirables. *Purger la ville d'une bande de malfaiteurs.* **5.** *Purger une peine :* subir la peine à laquelle on est condamné. **6.** DR *Purger les hypothèques :* libérer un bien des hypothèques qui le grèvent. – Lat. *purgare.*

purgeur [pyʀʒœʀ] n. m. Dispositif servant à la purge d'un récipient, d'une canalisation. – De *purger.*

purifiant, ante [pyʀifjɑ̃, ɑ̃t] adj. Qui purifie. – Ppr. de *purifier.*

purificateur, trice [pyʀifikatœʀ, tʀis] adj. et n. m. **1.** adj. Qui purifie, qui a la vertu de purifier. *Jeûne purificateur.* **2.** n. m. Appareil servant à purifier (un milieu). – De *purifier.*

purification [pyʀifikasjɔ̃] n. f. Action de purifier; son résultat. *La purification de l'air.* ▷ Fig. *La purification du corps imposée par certaines religions est le symbole de la purification de l'âme.* ▷ LITURG CATHOL Moment de la messe où le célébrant essuie le calice avec le purificatoire. – Lat. *purificatio.*

purificatoire [pyʀifikatwaʀ] n. m. et adj. **1.** n. m. LITURG CATHOL Linge avec lequel le prêtre essuie le calice après la communion. **2.** adj. Litt. Purificateur. *Sacrifice purificatoire.* – Lat. ecclés. *purificatorius.*

purifier [pyʀifje] v. tr. [2] **1.** Débarrasser des éléments étrangers, de ce qui altère. *Purifier l'eau. Purifier l'haleine.* **2.** Laver d'une souillure par des cérémonies religieuses. *Purifier un temple.* **3.** Rendre pur moralement. *La pénitence purifie le pécheur.* – Lat. *purificare.*

purin [pyʀɛ̃] n. m. Liquide s'égouttant du fumier, composé d'urine, d'eau et des produits de décomposition de la litière et des matières fécales animales. *Le purin est un excellent engrais.* – Mot dial., de l'a. fr. *purer,* « passer, égoutter ».

purine [pyʀin] n. f. BIOCHIM Base azotée dont certains dérivés entrent dans la composition des acides nucléiques. – All. *Purin,* dér. sav. du rad. du lat. *purus,* « pur », de *urique,* et *-ine.*

purique [pyʀik] adj. BIOCHIM *Bases puriques :* dérivés de la purine, importants constituants des acides nucléiques et des nucléotides. *Les deux principales bases puriques sont la guanine et l'adénine.* – De *purine.*

purisme [pyʀism] n. m. **1.** Respect scrupuleux, excessif, de la correction du langage. **2.** Bx-A Mouvement plastique néo-cubiste fondé par A. Ozenfant et Le Corbusier en 1918. **3.** Respect scrupuleux d'un idéal, d'une doctrine. – De *puriste.*

puriste [pyʀist] n. et adj. Personne qui s'attache avec excès à la correction, à la pureté du langage; qui respecte scrupuleusement les principes propres à un idéal, une doctrine. ▷ adj. *Théoricien, propos puristes.* – De *pur.*

puritain, aine [pyʀitɛ̃, ɛn] n. et adj. **I.** n. **1.** HIST, RELIG Membre d'une secte de presbytériens rigoristes qui se constitua en Angleterre, à l'imitation de l'Église d'Écosse, sous les règnes d'Élisabeth Ire et des deux premiers Stuarts. *Persécutés par les Stuarts, les puritains émigrèrent en grand nombre en Amérique.* **2.** Personne qui affecte une grande austérité, un respect sévère et intransigeant des principes moraux. **II.** adj. **1.** Propre aux puritains (sens 1). **2.** Austère, imprégné de puritanisme. – Angl. *puritan,* de *purity,* « pureté », bas lat. *puritas.*

puritanisme [pyʀitanism] n. m. **1.** RELIG Doctrine des puritains. **2.** Rigorisme dans la morale, dans les mœurs. – Angl. *puritanism.*

purot [pyʀo] n. m. AGRIC Fosse dans laquelle s'écoule le purin. – De *purin.*

purotin [pyʀɔtɛ̃] n. m. Pop., vieilli Celui qui est dans la purée, qui est sans ressources. – De *purée.*

purpura [pyʀpyʀa] n. m. MED Épanchement de sang au niveau de la peau ou des muqueuses réalisant un piqueté hémorragique (pétéchies) ou une ecchymose. – Mot lat., « pourpre ».

purpurin, ine [pyʀpyʀɛ̃, in] adj. Litt. D'une couleur voisine du pourpre. – Réfection de *pourprin,* d'ap. lat. *purpura,* « pourpre ».

purpurine [pyʀpyʀin] n. f. CHIM Un des principes colorants contenus dans la garance. – Du lat. *purpura,* « pourpre ».

pur-sang [pyʀsɑ̃] n. m. inv. Cheval de course inscrit au stud-book et issu d'une race créée au XVIIIe s. par le croisement d'étalons arabes avec des juments anglaises. – De *pur,* et *sang.*

purulence [pyʀylɑ̃s] n. f. MED État caractérisé par la présence de pus. – Lat. ecclés. *purulentia,* du lat. *purulentus,* « purulent ».

purulent, ente [pyʀylɑ̃, ɑ̃t] adj. Qui a la nature ou l'aspect du pus; qui produit du pus. *Kyste, psoriasis purulent.* – Lat. *purulentus.*

pus [py] n. m. Exsudat pathologique, liquide, opaque, généralement jaunâtre, tenant en suspension des leucocytes altérés, des débris cellulaires et nécrotiques, et contenant ou non des germes. – Lat. *pus, puris.*

puseyisme [pyzejism] n. m. RELIG Doctrine de Pusey et de Newman, qui tenta de renouveler la spiritualité de l'Église anglicane en rétablissant certains dogmes dans leur forme catholique (donc antérieure à la Réforme) et en introduisant dans la liturgie des rites proches des rites catholiques. – Angl. *puseyism,* du n. du théologien angl. E. *Pusey* (1800-1882).

puseyiste [pyzejist] n. et adj. RELIG Partisan du puseyisme. – De *puseyisme.*

push-pull [puʃpul] adj. inv. et n. m. inv. (Anglicisme) ELECTR *Montage push-pull :* montage électronique constitué de deux étages amplificateurs de même puissance recevant simultanément des tensions en opposition de phase, et destiné à réduire le taux de distorsion. – n. m. *Un push-pull.* – Mot angl., de *to push,* « pousser », et de *to pull,* « tirer ».

pusillanime [pyzi(l)lanim] adj. Litt. Qui manque de courage, de caractère; qui fuit les responsabilités. – Bas lat. *pusillanimus,* du class. *pusillus,* « tout petit », et *animus,* « âme, courage ».

pusil(l)animité [pyzillanimite] n. f. Litt. Caractère, comportement d'une personne pusillanime. – Bas lat. *pusillanimitas.*

pustule [pystyl] n. f. **1.** Lésion cutanée, soulèvement circonscrit de l'épiderme contenant du pus. **2.** Petite éminence sur la tige ou les feuilles d'une plante. ▷ Petite protubérance de la peau de certains animaux. *Les pustules du crapaud.* – Lat. *pustula,* de *pus, puris,* « pus ».

pustulé, ée [pystyle] adj. Didac. Qui porte des pustules. – De *pustule.*

pustuleux, euse [pystylø, øz] adj. Caractérisé par la présence de pustules; qui a la forme d'une pustule. – Lat. *pustulosus.*

puszta [pusta] n. f. GEOGR Partie de la plaine hongroise (E. et S. -E. du pays), autrefois inculte. – Mot hongrois, « désert ».

putain [pytɛ̃] n. f. et adj. **1.** Vulg. Prostituée. ▷ Inj. Femme de mœurs faciles. **2.** Pop. *Putain de* (+ subst.) : pour maudire, vouer à l'exécration. *C'est ce putain de truc qui se coince!* ▷ *Putain! :* exclam. marquant la surprise, l'indignation. **3.** adj. Fig., fam. Complaisant, prêt à n'importe quelle concession. *Il est un peu putain.* – Cas régime de l'a. fr. *pute,* fém. subst. de l'anc. adj. *put,* « puant, vil ».

putasser [pytase] v. intr. [1] Vulg. **1.** Faire la putain. **2.** Fréquenter les prostituées. – De *pute.*

putassier, ère [pytasje, ɛʀ] adj. Vulg. **1.** Qui concerne les prostituées; propre aux prostituées. **2.** Fig. Qui cherche à plaire à tout prix; facile et démagogique. *Une éloquence putassière.* – De *putasser.*

putatif, ive [pytatif, iv] adj. DR Qui juridiquement est réputé être ce qu'il n'est pas en réalité. *Mariage putatif :* mariage nul, mais contracté de bonne foi et dont les effets antérieurement produits subsistent jusqu'à son annulation. – Lat. ecclés. *putativus,* de *putare,* « estimer, supposer ».

pute [pyt] n. f. Vulg. Variante de putain. – Fém. subst. de l'anc. adj. *put* (V. putain).

putier ou **putiet** [pytje] n. m. Rég. Merisier à grappes (*Prunus padus*), ornemental. – De l'a. fr. *put,* « mauvais, puant ».

putois [pytwa] n. m. **1.** Mammifère carnivore *(Mustela putorius* ou *Putorius putorius,* fam. mustélidés), long d'une cinquantaine de centimètres, au pelage brun tacheté de blanc sur la face, à l'odeur désagréable. ▷ Loc. fig., fam. *Crier comme un putois,* très fort. ▷ Fourrure du putois. *Col en putois.* **2.** TECH Brosse à poils courts et doux servant à étendre les couleurs sur la porcelaine. – De l'a. fr. *put,* « puant ».

putréfaction [pytʀefaksjɔ̃] n. f. Décomposition des organismes privés de vie sous l'influence d'agents microbiens. – Bas lat. *putrefactio.*

putréfiable [pytʀefjabl] adj. Qui peut se putréfier. – De *putréfier.*

putréfié, ée [pytʀefje] adj. Qui est en état de putréfaction. – Pp. de *putréfier.*

putréfier [pytʀefje] v. tr. [2] Corrompre, faire pourrir. ▷ v. pron. Tomber en putréfaction, pourrir. – Lat. *putrefacere,* de *putris,* « pourri », de *pus, puris,* « pus ».

putrescence [pytʀesɑ̃s] n. f. Rare État d'un corps en voie de putréfaction. – De *putrescent.*

putrescent, ente [pytʀesɑ̃, ɑ̃t] adj. Rare Qui est en cours de putréfaction. – Lat. *putrescens,* ppr. de *putrescere,* « se putréfier ».

putrescibilité [pytʀesibilite] n. f. Caractère de ce qui est putrescible. – De *putrescible.*

putrescible [pytʀesibl] adj. Qui peut se putréfier. – Bas lat. *putrescibilis.*

putrescine [pytʀesin] n. f. BIOCHIM Diamine du groupe des ptomaïnes, résultant de la putréfaction de la viande. – De *putresc(ent),* et *-ine.*

putride [pytʀid] adj. **1.** En putréfaction. **2.** Relatif au travail de la putréfaction ; produit par la putréfaction. *Exhalaisons putrides.* ▷ Litt., fig. Corrupteur, qui pourrit l'esprit, les mœurs. *Écrits putrides.* – Lat. *putridus,* de *putris* (V. putréfier).

putridité [pytʀidite] n. f. Litt. Caractère de ce qui est putride. – De *putride.*

putsch [putʃ] n. m. POLIT Coup de force, soulèvement effectué par un groupe armé, généralement peu important, en vue d'une prise de pouvoir devant mener à un changement de régime. *Des putsch* ou *des putschs.* – Mot all. d'orig. expressive, propr. « échauffourée ».

putschiste [putʃist] n. et adj. POLIT Personne qui prend part à un putsch ; personne qui prend parti en faveur d'un putsch. ▷ adj. *Menées putschistes.* – De *putsch.*

putt [pœt] n. m. Coup de golf joué sur le green avec le putter. – Mot angl.

putter [pœtœʀ] n. m. Club de golf servant à diriger la balle vers le trou lorsqu'on l'a amenée sur le green. – Mot angl.

putto, plur. **putti** [pytto, pytti] n. m. BX-A Petit amour peint ou sculpté. – Mot ital.

1. puy [pɥi] n. m. Montagne volcanique, dans le centre de la France. *La chaîne des puys. Le puy de Dôme.* – Du lat. *podium,* « socle, tertre ».

2. puy [pɥi] n. m. LITTER Au Moyen Âge, société littéraire placée sous le patronage de la Vierge. *Le puy d'Amiens, de Rouen.* – P.-ê. de *puy* 1, au sens de « estrade », ou de la v. du *Puy* (Haute-Loire), où existait une société analogue depuis très longtemps.

puzzle [pœzl] n. m. Jeu de patience formé de petites pièces à contours irréguliers que l'on doit assembler pour former une image. ▷ Fig. *L'Autriche-Hongrie était un puzzle de nations slaves et germaniques,* un État formé de communautés très différentes, difficiles à unir. – Mot angl., de *to puzzle,* « embarrasser ».

p.-v. [peve] n. m. Abrév. de *procès-verbal.* ▷ Fam. *Attraper un p.-v.,* une contravention.

P.V.C. [pevese] n. m. TECH Polychlorure de vinyle, matière plastique très répandue. *Emballage en P.V.C.* – Sigle de l'angl. *PolyVinylChloride.*

pycnogonides [piknɔgɔnid] n. m. pl. ZOOL Classe d'arthropodes chélicérates au corps très réduit supporté par de longues pattes grêles. – Sing. *Un pycnogonide.* – Du gr. *puknos,* « épais », et *gônia,* « angle ».

pycnomètre [piknɔmɛtʀ] n. m. PHYS Récipient servant à mesurer la densité des solides et des liquides. – Du gr. *puknos,* « dense », et de *-mètre.*

pycnose [piknoz] n. f. BIOL Altération du noyau de la cellule consistant en une condensation de la chromatine. – Du gr. *puknôsis,* « condensation ».

pyélite [pjelit] n. f. MED Inflammation de la muqueuse du bassinet et des calices du rein. – Du gr. *puelos,* « cavité, bassin », et *-ite.*

pyélonéphrite [pjelɔnefʀit] n. f. MED Atteinte inflammatoire et infectieuse du parenchyme rénal et des voies excrétrices urinaires hautes. – Du gr. *puelos,* « cavité, bassin », et de *néphrite.*

pygargue [pigaʀg] n. m. ORNITH Grand aigle (genre *Haliætus*) à queue de couleur claire, qui vit près des côtes et des grands lacs et se nourrit d'oiseaux et de poissons. Syn. cour. orfraie, aigle de mer. – Lat. *pygargos,* mot gr., propr. « à derrière blanc ».

-pyge, -pygie. Éléments, du gr. *pugê,* « fesse ».

pygmée [pigme] n. m. (et adj.) **I.** (Avec une majuscule.) **1.** Individu de très petite taille appartenant à une ethnie africaine vivant dans la forêt équatoriale. ▷ adj. *La musique pygmée.* **2.** ANTIQ Individu appartenant à un peuple de nains, semi-légendaire, de la région des sources du Nil. **II.** (Avec une minuscule.) **1.** Vx Homme de très petite taille. **2.** Fig. Personnage très médiocre, sans valeur. – Lat. *pygmæus,* du gr. *pugmaios,* propr. « haut d'une coudée », de *pugmê,* « poing ».

pyjama [piʒama] n. m. **1.** Vêtement de nuit ou d'intérieur composé d'une veste et d'un pantalon amples. **2.** Pantalon ample, de toile légère, porté par les femmes en Inde. – Angl. *pyjamas,* de l'hindoustani (langue parlée dans le nord de l'Inde) *pâê-jama,* propr. « vêtement de jambes ».

pylône [pilon] n. m. **1.** ANTIQ Portail colossal d'un temple égyptien, flanqué de deux piliers massifs en forme de pyramides tronquées. **2.** ARCHI Chacun des piliers quadrangulaires de grande dimension qui ornent l'entrée d'un pont, d'une avenue, etc. **3.** Construction, le plus souvent en charpente métallique ou en béton armé, qui sert de support à des câbles aériens, à une antenne de radio, etc. – Gr. *pulôn,* « porche, vestibule », de *pulê,* « porte ».

pylore [pilɔʀ] n. m. ANAT Orifice intérieur de l'estomac faisant communiquer celui-ci avec le duodénum. – Lat. méd. *pylorus,* gr. *pulôros,* propr. « portier ».

pylorique [pilɔʀik] adj. ANAT Du pylore. – De *pylore.*

pyo-. Élément, du gr. *puo-,* de *puon,* « pus ».

pyocyanique [pjɔsjanik] adj. BIOL *Bacille pyocyanique :* bacille Gram négatif, dont la culture a une odeur particulière, germe redoutable du fait de sa résistance à de nombreux antibiotiques. – De *pyo-, cyano-,* et *-ique.*

pyodermite [pjɔdɛʀmit] n. f. MED Lésion suppurante de la peau. – De *pyo-, derme,* et *-ite.*

pyogène [pjɔʒɛn] adj. MED Se dit des germes qui entraînent une suppuration. – De *pyo-,* et *-gène.*

pyorrhée [pjɔʀe] n. f. MED Écoulement de pus. *Pyorrhée dentaire.* – Gr. *puorroia.*

pyr(o)-. Élément, du gr. *pûr, puros,* «feu». ▷ CHIM Préfixe indiquant une décomposition sous l'action de la chaleur.

pyrale [piʀal] n. f. ENTOM Papillon nuisible, aux vives couleurs. *Pyrale de la vigne,* dont la chenille ronge les feuilles de cette plante. – Du lat. *pyralis*; mot d'orig. gr., «insecte vivant dans le feu».

pyralène [piʀalɛn] n. m. TECH Huile synthétique utilisée comme isolant dans les industries électriques et électroniques, et qui, sous l'effet de la chaleur, dégage de la dioxine. – Nom déposé; de *pyr-,* suff. *-al* qui indique la fonction aldéhyde de la molécule, et *-ène.*

pyramidal, ale, aux [piʀamidal, o] adj. **1.** En forme de pyramide. **2.** ANAT *Cellules pyramidales :* cellules nerveuses de l'écorce cérébrale. – *Faisceaux pyramidaux :* groupements de fibres motrices contenues dans la substance blanche de la moelle épinière. – *Os pyramidal :* os de la première rangée du carpe. **3.** Vx Étonnant, formidable. – Bas lat. *pyramidalis.*

pyramide [piʀamid] n. f. **1.** ANTIQ Monument à quatre faces triangulaires et à base quadrangulaire qui servait de tombeau aux pharaons d'Égypte. – *Par ext.* Tout monument ayant cette forme. *La pyramide du Louvre.* **2.** Dans les civilisations précolombiennes d'Amérique centrale et d'Amérique du Sud, grand monument de forme pyramidale, surmonté d'un temple. **3.** GEOM Solide qui a pour base un polygone et pour faces latérales des triangles dont les sommets se réunissent en un même point. **4.** Entassement en forme de pyramide. *Pyramide de fruits.* ▷ *Pyramide des âges :* représentation graphique de la répartition par classes d'âge d'une population donnée. **5.** ANAT *Pyramide de Malpighi :* petit faisceau conique de tubes urinifères situé dans le rein. – Lat. d'orig. gr. *pyramis, pyramidis.*
ENCYCL **Archi.** – Lieu de sépulture abritant les sarcophages de la famille royale, la pyramide égyptienne était érigée à l'intérieur d'un ensemble architectural composé d'une enceinte, de plusieurs monuments et de temples funéraires annexes. Elle est surtout caractéristique de l'Ancien Empire (IIIe-VIe dynastie, 2780-2380 av. J.-C.). C'est à Gizeh, à 8 km du Caire, que se dressent les trois pyramides les plus célèbres : celle du roi Chéops (ou Grande Pyramide, une des Sept Merveilles du monde; elle a auj. 138 m de haut, 227 m de côté), puis celles de Chéphren et de Mykérinos. Mais c'est à Saqqarah que l'on trouve la plus anc., la pyramide à degrés du roi Djoser (IIIe dynastie). En Amérique centrale et Amérique du Sud (Mexique, Honduras, Guatemala, Pérou), de nombr. peuples précolombiens ont également édifié des pyramides : civilisation dite de Teotihuacán (pyramides du Soleil et de la Lune, près de Mexico), toltèque (grande pyramide de Tula), maya (pyramides de Palenque, Uxmal, Chichén-Itzá, Tikal, etc.), pré-inca (pyramides jumelles de Moche, côte du Pérou septentrional).

pyramidion [piʀamidjɔ̃] n. m. ARCHEOL Petite pyramide quadrangulaire qui surmonte un obélisque. – De *pyramide.*

pyranne [piʀan] n. m. BIOCHIM Composé carboné dont le cycle, hexagonal, comporte un atome d'oxygène. – Du rad. chim. *pyr-.*

pyrannose [piʀanoz] n. m. BIOCHIM Sucre dont la molécule contient un cycle pyranne. – De *pyranne,* et *-ose* 1.

pyrène [piʀɛn] n. m. CHIM Hydrocarbure cyclique $C_{16}H_{10}$ contenu dans les goudrons de houille. – Comp. sav. du rad. chim. *pyr-,* et *-ène.*

pyrénéen, éenne [piʀeneɛ̃, eɛn] adj. et n. Des Pyrénées, chaîne de montagnes qui sépare l'Espagne de la France. ▷ Subst. *Un(e) Pyrénéen(ne).*

pyrénomycètes [piʀenɔmisɛt] n. m. pl. BOT Groupe de champignons ascomycètes caractérisés par des fructifications closes, responsables de nombr. maladies des végétaux supérieurs. – Sing. *Un pyrénomycète.* – Du gr. *purên, purênos,* «noyau», et de *-mycète.*

pyrèthre [piʀɛtʀ] n. m. BOT Plante (fam. composées), dont diverses espèces donnent une poudre insecticide obtenue par broyage des capitules. – Lat. d'orig. gr. *pyrethrum.*

pyrétique [piʀetik] adj. MED Qui a rapport à la fièvre ou qui la détermine. – Du gr. *puretos,* «fièvre».

pyrex [piʀɛks] n. m. Verre résistant aux chocs thermiques et aux agents chimiques. – Nom déposé; de *pyr-.*

pyridine [piʀidin] n. f. CHIM Composé hétérocyclique aromatique de formule C_5H_5N contenu dans divers goudrons (houille, schistes) et dans le produit de décomposition de certaines substances naturelles (nicotine). – De *pyr-, d,* et *-ine.*

pyridoxine [piʀidɔksin] n. f. MED Vitamine B6. – Du rad. chim. *pyrid-* (V. pyrimidine), *ox-,* et *-ine.*

pyrimidine [piʀimidin] n. f. BIOCHIM Noyau azoté de formule brute $C_4H_4N_2$, dont dérivent les bases pyrimidiques. – Du rad. chim. *pyr-, i, (a)mid(e),* et *-ine.*

pyrimidique [piʀimidik] adj. BIOCHIM *Bases pyrimidiques :* bases azotées, importants constituants des acides nucléiques et des nucléotides (les deux principales sont la cytosine et l'uracile). – De *pyrimide.*

pyrite [piʀit] n. f. MINER Sulfure de fer (FeS_2) naturel qui cristallise en cubes jaunes et s'oxyde facilement à l'air. ▷ *Pyrite cuivreuse :* chalcopyrite, minerai de cuivre. – Gr. *puritês.*

pyro-. V. pyr(o)-.

pyroélectricité [piʀoelɛktʀisite] n. f. PHYS Apparition de charges électriques sur les faces opposées de certains cristaux sous l'effet de la chaleur. – De *pyro-,* et *électricité.*

pyroélectrique [piʀoelɛktʀik] adj. Relatif à la pyroélectricité. – De *pyro-,* et *électrique.*

pyrogallol [piʀogalɔl] n. m. CHIM Dérivé du benzène utilisé comme révélateur en photographie, et souvent improprement dénommé *acide pyrogallique.* – De *pyro-, gallique,* et *-ol* (de alcool).

pyrogénation [piʀoʒenasjɔ̃] n. f. CHIM Réaction chimique obtenue en soumettant un corps à une température élevée. *Pyrogénation de la houille.* – De *pyro-,* et *(oxy)génation.*

pyrogène [piʀoʒɛn] adj. MED Qui provoque de la fièvre. – De *pyro-,* et *-gène.*

pyrographe [piʀogʀaf] n. m. TECH Instrument à pointe chauffante utilisé par les pyrograveurs. – De *pyro-,* et *-graphe.*

pyrograver [piʀogʀave] v. tr. [1] TECH Exécuter (un motif, un dessin) en pyrogravure; décorer par le procédé de la pyrogravure. – De *pyro-,* et *graver.*

pyrograveur, euse [piʀogʀavœʀ, øz] n. TECH Personne qui fait de la pyrogravure. – De *pyrogravure.*

pyrogravure [piʀogʀavyʀ] n. f. Procédé de décoration qui consiste à dessiner au moyen d'une pointe métallique chauffée sur un objet de bois, de cuir, etc.; gravure ainsi obtenue. – De *pyro-,* et *gravure.*

pyroligneux [piʀoliɲø] adj. CHIM *Acide pyroligneux :* acide acétique obtenu par pyrogénation du bois. – De *pyro-,* et *ligneux.*

pyrolyse [piʀoliz] n. f. CHIM Décomposition chimique provoquée par la chaleur. *Pyrolyse des toxines animales.* – *Four à pyrolyse :* four autonettoyant dans lequel les graisses sont réduites à l'état de cendres lors d'une opération, en dehors de la cuisson, où la température s'élève à 500 °C. – De *pyro-*, et *-lyse.*

pyromane [piʀɔman] n. Personne atteinte de pyromanie. – De *pyromanie.*

pyromanie [piʀɔmani] n. f. Didac. Impulsion pathologique qui pousse à allumer des incendies. – De *pyro-*, et *-manie.*

pyromètre [piʀɔmɛtʀ] n. m. TECH Appareil servant à la mesure des hautes températures. – De *pyro-*, et *-mètre.*

pyrométrie [piʀɔmetʀi] n. f. TECH Mesure des hautes températures. – De *pyro-*, et *-métrie.*

pyrométrique [piʀɔmetʀik] adj. TECH Relatif à la pyrométrie. *Canne pyrométrique.* – De *pyrométrie.*

pyrosis [piʀozis] n. m. MED Sensation de brûlure remontant de l'estomac à la gorge, accompagnée de renvoi d'un liquide acide. – Mot gr., « inflammation ».

pyrotechnicien, enne [piʀɔtɛknisjɛ̃, ɛn] n. Rare Spécialiste de la pyrotechnie. – De *pyrotechnique.*

pyrotechnie [piʀɔtɛkni] n. f. TECH Technique de la fabrication et de la mise en œuvre des pièces d'artifice et des mélanges fusants. – De *pyro-*, et *-technie.*

pyrotechnique [piʀɔtɛknik] adj. TECH Relatif à la pyrotechnie. ▷ *Composition pyrotechnique* : composition utilisée pour charger des pièces d'artifice ou des dispositifs fumigènes, incendiaires ou éclairants. – De *pyrotechnie.*

pyroxène [piʀɔksɛn] n. m. MINER Minéral constitutif des roches basaltiques et métamorphiques. *Les pyroxènes forment une importante famille de silicates.* – De *pyro-*, et gr. *xenos*, « étranger », c.-à-d. « étranger au feu, non igné ».

pyroxyle [piʀɔksil] n. m. CHIM Vieilli Coton-poudre. – De *pyro-*, et gr. *xulon*, « bois ».

pyroxylé, ée [piʀɔksile] adj. CHIM Qualifie une poudre sans fumée à base de nitrocellulose. – De *pyroxyle.*

pyrrhique [piʀik] n. f. ANTIQ GR Danse des Spartiates et des Crétois exécutée par des guerriers en armes. – Lat. d'orig. gr. *pyrrhicha*, du n. de *Purrikhos*, inventeur présumé de cette danse.

pyrrhocoris [piʀɔkɔʀis] ou **pyrrhocore** [piʀɔkɔʀ] n. m. ENTOM Punaise rouge tachetée de noir qui vit au pied des arbres, des vieux murs. – Du gr. *purrhos*, « rouge, roux », et *koris*, « punaise ».

pyrrhonien, enne [piʀɔnjɛ̃, ɛn] adj. et n. PHILO Qui appartient à l'école de Pyrrhon. ▷ Subst. Adepte de la doctrine de Pyrrhon. – Du n. du philosophe gr. *Pyrrhon* (v. 365 – 275 av. J.-C.) qui, jugeant la vérité inaccessible, prônait l'abstention de tout jugement.

pyrrhonisme [piʀɔnism] n. m. PHILO Doctrine de Pyrrhon. ▷ *Par ext.* Scepticisme radical. – Du n. de *Pyrrhon* (V. pyrrhonien).

pyrrol(e) [piʀɔl] n. m. BIOCHIM Composé hétérocyclique azoté, dont dérivent un certain nombre de pigments (hémoglobine, notam.), dits *pigments pyrroliques.* – Du gr. *purrhos*, « rouge, roux », et *-ol*, de *alcool.*

pyrrolique [piʀɔlik] adj. BIOCHIM Qui concerne les pyrrols. – De *pyrrol.*

pyruvique [piʀyvik] adj. BIOCHIM *Acide pyruvique* : acide cétonique, de formule CH_3–CO–COOH, produit lors de la dégradation des sucres et susceptible de se transformer, à l'abri de l'air, en acide lactique. – De *pyr*, et du lat. *uva*, « raisin ».

pythagoricien, enne [pitagɔʀisjɛ̃ ɛn] adj. et n. PHILO Relatif à la doctrine et à l'école de Pythagore (V. pytagorisme). ▷ Subst. Disciple de Pythagore. – De *pythagorique.*

pythagorique [pitagɔʀik] adj. PHILO Vx Pythagoricien. – Lat. *pythagoricus*, du n. du philosophe et mathématicien gr. *Puthagoras*, « Pythagore ». (VIe s. av. J.-C.).

pythagorisme [pitagɔʀism] n. m. PHILO Doctrine de Pythagore, philosophe et mathématicien grec qui enseignait que « les nombres sont les éléments de toutes choses » et que « le monde entier n'est qu'harmonie et arithmétique ». – De *pythagorique.*

pythie [piti] n. f. **1.** ANTIQ GR *La Pythie* : prêtresse d'Apollon, qui rendait les oracles à Delphes. **2.** Litt. Devineresse. – Lat. *pythia*, gr. *puthia*, de *Puthô*, anc. nom de Delphes et de sa région.

pythien, enne [pitjɛ̃, ɛn] adj. Didac. De Delphes. – Du lat. *Pytho*, gr. *Puthô* (V. pythie).

pythique [pitik] adj. (et n. f.) ANTIQ GR Qui se rapporte à la Pythie ou à Apollon Pythien, dieu de Delphes. – *Jeux pythiques* : jeux célébrés tous les quatre ans à Delphes en l'honneur d'Apollon et rappelant sa victoire sur le serpent Python. ▷ n. f. *Les Pythiques* : recueil d'odes triomphales de Pindare en l'honneur des vainqueurs de ces jeux. – Lat. *pythicus*, « de Delphes » (V. pythien).

python [pitɔ̃] n. m. Serpent non venimeux (genres *Python, Morelia, Diasis*, etc.) des régions chaudes d'Afrique, d'Asie et d'Australie, qui vit dans les forêts et tue ses proies en les étouffant grâce à ses puissants anneaux. (Le *python royal* atteint 2 m de long ; le *python réticulé*, 9 m ; le *python-tigre*, ou *python-molure*, 10 m.) – Du lat. *Python*, gr. *Puthôn*, n. d'un serpent myth. tué par Apollon.

pythonisse [pitɔnis] n. f. **1.** ANTIQ GR Femme qui annonçait l'avenir. **2.** Plaisant Voyante. – Lat. ecclés. *pythonissa*, du gr. *puthôn, puthônos*, « prophète inspiré par Apollon pythien ».

pyurie [pjyʀi] n. f. MED Présence de pus dans les urines. – De *pyo-*, et *-urie.*

pyxide [piksid] n. f. **1.** BOT Capsule dont la partie supérieure s'ouvre à la manière d'un couvercle. *Pyxides du mouron rouge.* **2.** LITURG Anc. Boîte dans laquelle on conservait les hosties consacrées. ▷ Mod. Petite boîte ronde qui sert à porter la communion aux malades. – Lat. d'orig. gr. *pyxis, pyxidis*, « coffret, capsule ».

pz PHYS Symbole de la pièze.

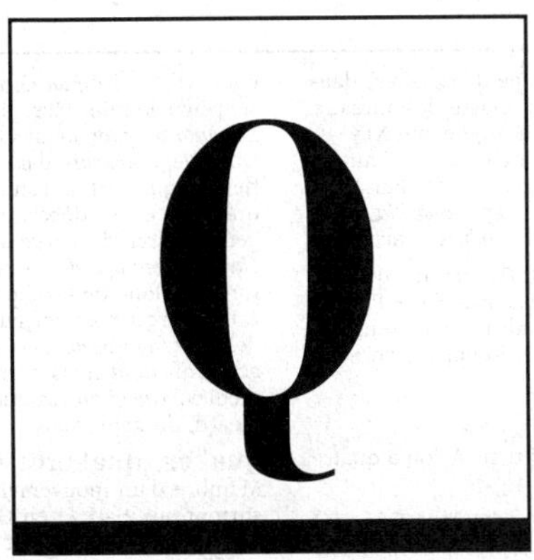

q [ky] n. m. **1.** Dix-septième lettre (q, Q) et treizième consonne de l'alphabet, employée seule en fin de mot (ex. *coq* [kɔk]) ou, dans le groupe *qu*, notant les sons [k] (ex. *quatre*), [kw] (ex. *équateur*) ou [kɥ] (ex. *équidistant*). **2.** MATH Q : symbole du corps des nombres rationnels. ▷ PHYS Q : symbole de quantité d'électricité ou de chaleur, de puissance réactive, de facteur de surtension. – q : symbole de charge électrique.

qat, kath ou **kat** [kat] n. m. BOT Arbuste d'Afrique orient. (*Catha edulis*) dont les feuilles contiennent une substance hallucinogène. – Du lat. bot. *catha*.

qatari, ie [kataʀi] adj. et n. Du Qatar, État d'Arabie sur le golfe Persique. ▷ Subst. *Un(e) Qatari*.

Q.C.M. n. m. Sigle pour *questionnaire* à choix multiple*.

Q.G. Abrév. de *quartier général*.

Q.H.S. n. m. Sigle pour *quartier* de haute sécurité*.

Q.I. Abrév. de *quotient intellectuel*.

qibla [kibla] n. f. RELIG Direction de la Mecque vers laquelle les musulmans se tournent pour prier. – Mot arabe.

quadr-, quadri-, quadru-. Élément d'orig. lat., même rac. que *quattuor*, « quatre ».

quadragénaire [kwadʀaʒenɛʀ] adj. et n. Se dit d'une personne qui a entre quarante et cinquante ans. – Lat. *quadragenarius*.

quadragésimal, ale, aux [kwadʀaʒezimal, o] adj. LITURG CATHOL Qui appartient au carême. *Jeûne quadragésimal*. – Lat. ecclés. *quadragesimalis*.

quadragésime [kwadʀaʒezim] n. f. **1.** Vx Carême (qui dure quarante jours). **2.** RELIG CATHOL *Dimanche de la Quadragésime*, ou *Quadragésime* : premier dimanche du carême. – Lat. ecclés. *quadragesima*, « carême ».

quadrangle [kwadʀɑ̃gl] n. m. GEOM Figure formée par quatre points. – Du bas lat. *quadrangulus*, « qui a quatre angles ».

quadrangulaire [kwadʀɑ̃gylɛʀ] adj. Qui a quatre angles (et quatre côtés). ▷ Dont la section est un quadrilatère. *Pylône quadrangulaire*. – Bas lat. *quadrangularis*.

quadrant [kadʀɑ̃] n. m. GEOM Quart de la circonférence, correspondant à un arc de 90 degrés. – Lat. *quadrans*, « quart ».

quadratique [kwadʀatik] adj. **1.** MATH Qui est du second degré. *La sphère, l'ellipsoïde, l'hyperboloïde, le paraboloïde sont des quadriques*. ▷ *Moyenne quadratique de deux nombres* : V. moyenne. **2.** MINER *Système quadratique* ou *tétragonal* : système de la cristallographie auquel appartiennent les cristaux caractérisés par les éléments de symétrie du prisme droit à base carrée. – Du lat. *quadratus*, « carré ».

quadrature [kwadʀatyʀ] n. f. **1.** GEOM Réduction d'une figure quelconque à un carré de surface égale. (La *quadrature du cercle*, qui consiste à construire au moyen de la règle et du compas le côté d'un carré dont la surface serait égale à celle d'un cercle donné, est impossible à cause de la transcendance du nombre π.) ▷ Fig., cour. *C'est la quadrature du cercle* : c'est un problème insoluble. **2.** MATH Calcul d'une intégrale définie quelconque. **3.** ASTRO Position de deux astres dont les directions à partir de la Terre forment un angle de 90 degrés. *La Lune est en quadrature au premier et au dernier quartier*. **4.** PHYS Caractère de deux phénomènes périodiques présentant un déphasage de 90 degrés (soit π/2). – Bas lat. *quadratura*.

quadrette [kadʀɛt] n. f. Équipe de quatre joueurs, au jeu de boules. – Provenç. *quadretto*, du rad. *quadr-*.

quadri-. V. quadr-.

quadriceps [kwadʀisɛps] n. m. ANAT Muscle de la face antérieure de la cuisse, formé en haut de quatre faisceaux musculaires. – Mot lat., « à quatre têtes ».

quadrichromie [kwadʀikʀomi] n. f. TECH Procédé de reproduction des couleurs utilisant la superposition des trois couleurs primaires (jaune, magenta [rouge], cyan [bleu]) et du noir ou d'une teinte foncée neutre. – De *quadri-*, et *-chromie*.

quadriennal, ale, aux [kwadʀijɛnal, o] adj. Qui dure quatre ans. ▷ Qui se renouvelle tous les quatre ans. *Assolement quadriennal*. – Du lat. *quadriennium*, « espace de quatre ans ».

quadrige [kadʀiʒ; kwadʀiʒ] n. m. ANTIQ Char à deux roues, attelé de quatre chevaux de front. – Lat. *quadrigæ*.

quadrijumeaux [kwadʀiʒymo] adj. m. pl. ANAT *Tubercules quadrijumeaux* : petites masses nerveuses situées un peu en avant du bulbe, relais pour les voies optiques et auditives. – De *quadri-*, et *jumeau*.

quadrilatère [kwadʀilatɛʀ] n. m. Polygone à quatre côtés. – Bas lat. *quadrilaterus*, de *quadrus*, « carré », et *latus, lateris*, « côté ».

quadrillage [kadʀijaʒ] n. m. **1.** Réseau de droites perpendiculaires qui s'entrecroisent en formant des carrés ou des rectangles (sur du papier, une étoffe, etc.) **2.** Subdivision topologique d'une zone, d'une région, en petits secteurs indépendants d'un point de vue statistique, stratégique, politique, etc. – De *quadriller*.

quadrille [kadʀij] n. **1.** n. f. Troupe de cavaliers dans un carrousel, de toréros dans une course de taureaux. **2.** n. m. Ancienne danse, très en vogue au XIXe s., constituée d'une suite de figures exécutée par quatre couples de danseurs; air sur lequel elle se dansait. ▷ Groupe formé par ces couples. – Esp. *cuadrilla*, «réunion de quatre personnes», du lat. *quadrus*, «carré».

quadriller [kadʀije] v. tr. [1] **1.** Tracer un quadrillage sur (sens 1). *Quadriller une feuille blanche.* – Pp. adj. *Du papier quadrillé.* **2.** Opérer le quadrillage de (sens 2 et 3). – De *quadrille*, autref. «point en losange»; de l'esp. *cuadrillo*, du lat. *quadrus*, «carré».

quadrillion. V. quatrillion.

quadrimoteur [k(w)adʀimɔtœʀ] n. m. Avion à quatre moteurs. – De *quadri-*, et *moteur*.

quadripartite [k(w)adʀipaʀtit] adj. Didac. Où sont impliquées quatre parties. *Accord quadripartite.* – Lat. *quadripartitus*.

quadriphonie [kwadʀifɔni] n. f. Procédé d'enregistrement et de restitution des sons utilisant quatre canaux. Syn. tétraphonie. – De *quadri-*, et *-phonie*.

quadriphonique [kwadʀifɔnik] adj. Relatif à la quadriphonie. – De *quadriphonie*.

quadripolaire [k(w)adʀipɔlɛʀ] adj. Didac. Qui possède quatre pôles. – De *quadri-*, et *polaire*.

quadripôle [k(w)adʀipol] n. m. ELECTR Dispositif comportant quatre pôles, deux pour l'entrée et deux pour la sortie. – De *quadri-*, et *pôle*.

quadrique [kwadʀik] adj. et n. f. GEOM Se dit d'une surface définie par une équation du second degré. ▷ n. f. Cette surface. – Du latin *quadrus*, «carré».

quadriréacteur [kwadʀiʀeaktœʀ] n. m. Avion à quatre réacteurs. – De *quadri-*, et *réacteur*.

quadrirème [k(w)adʀiʀɛm] n. f. ANTIQ Galère à quatre rangs de rames. – Lat. *quadriremis*.

quadrisyllabe [k(w)adʀisillab] n. m. Didac. Mot ou vers qui comporte quatre syllabes. – Bas lat. *quadrisyllabus*.

quadrisyllabique [k(w)adʀisillabik] adj. Didac. De quatre syllabes. – De *quadrisyllabe*.

quadrivium [kwadʀivjɔm] n. m. HIST Au Moyen Âge, division de l'enseignement des arts libéraux qui comprenait les arts à caractère mathématique (arithmétique, géométrie, musique et astronomie). *Le trivium et le quadrivium.* – Mot bas lat., «carrefour» en lat. class.

quadru-. V. quadr-.

quadrumane [k(w)adʀyman] adj. et n. m. ZOOL Dont chacun des quatre membres se termine par une main. ▷ n. m. *Le singe est un quadrumane.* – Bas lat. *quadrumanus*.

quadrupède [k(w)adʀypɛd] adj. et n. m. Se dit d'un mammifère qui a quatre pattes. *Animal quadrupède.* ▷ n. m. *Un quadrupède.* – Lat. *quadrupes, quadrupedis*.

quadruple [k(w)adʀypl] adj. et n. m. Qui vaut quatre fois (la quantité dont on parle). ▷ n. m. *Ses revenus représentent le quadruple des miens.* – Lat. *quadruplex*.

quadrupler [k(w)adʀyple] v. [1] **1.** v. tr. Multiplier par quatre. *Quadrupler une allocation.* **2.** v. intr. Se multiplier par quatre. *Ses revenus ont quadruplé.* – Bas lat. *quadruplare*.

quadruplés, ées [k(w)adʀyple] ou **quadruplets, ettes** [k(w)adʀyple, ɛt] n. pl. Les quatre enfants nés au cours d'un même accouchement. – Pp. subst. de *quadrupler*.

quai [kɛ] n. m. **1.** Ouvrage de maçonnerie élevé le long d'un cours d'eau pour l'empêcher de déborder, pour retenir ses berges. ▷ Voie publique sur les berges d'un cours d'eau. *Le quai Conti.* ▷ *Le quai d'Orsay*, à Paris, où se trouve le ministère des Affaires étrangères. – Spécial. *Le Quai d'Orsay* ou, absol., fam. *le Quai* : ce ministère. **2.** Ouvrage construit dans un port ou sur la rive d'un fleuve, qui sert à l'amarrage des navires, à l'embarquement et au débarquement des passagers, au chargement et au déchargement des cargaisons. *Les quais du Havre. Bateau à quai*, rangé le long d'un quai. **3.** Plateforme le long de la voie ferrée, qui, dans une gare, sert à l'embarquement et au débarquement des passagers, des marchandises. *Quai n° 5. Ticket de quai*, qui donne accès au quai mais non aux voitures. – D'après le lat. médiév. *caiagium*, calque de *quayage*, mot normanno-picard, du gaul. *caio*.

quaker, quakeresse [kwɛkœʀ, kwɛkəʀɛs] n. RELIG Membre d'un mouvement religieux protestant répandu surtout aux É.-U. et en G.-B., ne reconnaissant ni sacerdoce ni sacrements et opposé à toute guerre. *Les quakers furent les premiers objecteurs de conscience.* – Mot angl., «trembleur; celui qui tremble à la parole de Dieu».

quakerisme [kwɛkəʀism] n. m. RELIG Doctrine des quakers. – Angl. *quakerism*.

qualifiable [kalifjabl] adj. **1.** Qui peut être qualifié. (Surtout en phrases nég.) *Sa conduite n'est pas qualifiable.* **2.** Qui peut recevoir une qualification (pour participer à une compétition). – De *qualifier*.

qualifiant, ante [kalifjɑ̃, ɑ̃t] adj. Qui donne une qualification (sens 2). – Ppr. de *qualifier*.

qualificatif, ive [kalifikatif, iv] adj. et n. m. **1.** adj. GRAM Qui sert à exprimer une qualité. *Adjectif qualificatif.* **2.** n. m. Mot qui sert à qualifier (qqn, qqch). *Des qualificatifs injurieux.* – De *qualifier*.

qualification [kalifikasjɔ̃] n. f. **1.** Attribution d'une qualité, d'un titre, d'une appellation, d'un nom. ▷ DR Détermination de la nature du fait incriminé, des textes et des tribunaux qui le répriment. **2.** Ensemble de ce qui constitue le niveau de capacité, de formation, reconnu à un ouvrier, à un employé. *Qualifications requises pour occuper tel emploi.* **3.** SPORT Fait d'être qualifié ou de se qualifier pour une épreuve sportive. *Obtenir sa qualification en finale.* – Lat. scolast. *qualificatio*.

qualifié, ée [kalifje] adj. **1.** Qui a les qualités requises (pour). *Vous n'êtes pas qualifié pour juger de cela.* ▷ SPORT Qui a obtenu sa qualification pour une épreuve sportive. **2.** *Ouvrier qualifié* (par oppos. à *ouvrier spécialisé*) : dénomination usuelle de l'*ouvrier professionnel*, ouvrier qui a fait l'apprentissage complet d'un métier, généralement sanctionné par un C.A.P. **3.** DR Se dit d'un acte qui constitue normalement un délit, mais qui, en raison de circonstances aggravantes définies par la loi (effraction, abus de confiance, etc.), est passible d'une peine criminelle. *Vol qualifié.* – Pp. de *qualifier*.

qualifier [kalifje] v. tr. [2] **1.** Caractériser (une chose, une personne) en la désignant de telle manière. *Une conduite qu'on ne saurait qualifier.* – (Avec un attribut.) *Qualifier qqn d'imposteur.* ▷ Exprimer la qualité de. *L'adjectif qualifie le nom.* **2.** Conférer un titre, une qualité, une qualification à (qqn). *Son expérience le qualifie plus que tout autre pour mener à bien cette mission.* **3.** SPORT Donner une qualification. ▷ v. pron. SPORT Être admis à participer à une compétition après avoir subi avec succès les épreuves éliminatoires. *Il s'est qualifié pour les demi-finales.* – Du lat. scolast. *qualificare*.

qualitatif, ive [kalitatif, iv] adj. (et n. m.) Qui a rapport à la qualité, à la nature des choses (par oppos. à *quantitatif*). ▷ n. m. *Le qualitatif et le quantitatif.* ▷ CHIM *Analyse qualitative*, qui s'attache à déterminer la nature des éléments d'un composé ou d'un mélange. – Bas lat. *qualitativus*.

qualitativement [kalitativmɑ̃] adv. Au point de vue qualitatif. – De *qualitatif.*

qualité [kalite] n. f. **1.** Manière d'être, bonne ou mauvaise, état caractéristique d'une chose. *Produit de bonne, de mauvaise qualité.* ▷ *Absol.* Bonne qualité. *Les qualités de son style. Voyez la qualité de nos produits!* ▷ *Cercle de qualité* : cellule qui, dans une entreprise, a pour fonction de maintenir la notion de qualité comme atout primordial. **2.** Ce qui fait la valeur de qqn; aptitude, disposition heureuse. *Un garçon plein de qualités.* **3.** PHILO Propriété sensible et non mesurable qui détermine la nature d'un objet (par oppos. à *quantité*). *Les qualités constitutives d'un objet.* **4.** (Personnes) Vx *Personne de qualité,* noble. ▷ Condition sociale, civile, juridique (telle qu'un acte juridique peut avoir à la formuler pour désigner une personne). *Décliner ses nom, prénom et qualité.* – (Donnant certains droits, certains devoirs.) *Qualité de citoyen, de tuteur.* – DR *Avoir qualité pour agir.* – Loc. prép. *En qualité de* : à titre de. ▷ DR *Les qualités* : l'acte d'avoué qui précise les données d'un procès (nom et qualité des parties, énoncé des faits, etc.), reproduit en tête d'un jugement. – Lat. philo. *qualitas,* de *qualis* (interrog.) «quel», formé par Cicéron sur le modèle du gr. *poiotês,* de *poios,* «quel».

quand [kɑ̃] ([kɑ̃t] devant une voyelle.) conj. et adv. **I.** conj. **1.** (Exprime une relation de correspondance temporelle.) Lorsque, au moment où, toutes les fois que. *Je partirai quand il viendra. Quand il criait, nous avions peur.* ▷ Fam. (Précédé d'une préposition.) *Des souvenirs de quand j'étais jeune. Voici une pomme pour quand tu auras faim.* **2.** (Suivi du conditionnel.) Indique une relation d'opposition entre deux propositions. *Quand vous l'auriez voulu, vous ne l'auriez pas pu.* – Loc. *Quand bien même* : même si. *Quand bien même il le voudrait.* **3.** Loc. *Quand même* : malgré tout. *Il l'a fait quand même.* ▷ (Interj. pour marquer l'indignation, l'admiration.) Fam. Tout de même. *Quand même il exagère! C'est beau, quand même!* **II.** adv. interrog. (concernant le temps) *Quand viendra-t-il?* – Fam. *Quand est-ce qu'il vient?* – (Tournures critiquées.) *Il vient quand? Vous le voulez pour quand?* ▷ (En interrogation indirecte.) *Je ne me souviens plus quand c'était.* – Lat. *quando.*

quanta. V. quantum.

quant à [kɑ̃ta] loc. prép. Pour ce qui est de, en ce qui concerne. *Quant à lui, il pourra choisir ce qu'il voudra.* – Lat. *quantum ad.*

quant-à-soi [kɑ̃taswa] n. m. inv. Réserve plus ou moins affectée. *Rester sur son quant-à-soi* : garder ses distances. – De *quant, à,* et *soi.*

quantième [kɑ̃tjɛm] adj. et n. **1.** adj. interrog. Vx *Le quantième, la quantième* : lequel, laquelle, dans l'ordre numérique. Syn. pop. (fautif) combientième. **2.** n. m. Rare Chiffre qui désigne chaque jour du mois. *Préciser le quantième où une échéance mensuelle vient à tomber.* – De l'a. fr. *quant,* «combien nombreux», lat. *quantus,* «combien grand».

quantifiable [kɑ̃tifjabl] adj. Que l'on peut quantifier. – De *quantifier.*

quantificateur [kɑ̃tifikatœʀ] n. m. LOG, MATH Opérateur qui lie une ou plusieurs variables à une quantité; symbole désignant un tel opérateur. *Quantificateur universel* (∀ = «quel que soit...» ou «pour tout...»). *Quantificateur existentiel* (∃ = «il existe au moins un»). – De *quantifier.*

quantification [kɑ̃tifikasjɔ̃] n. f. **1.** LOG Action d'attribuer une certaine quantité à un terme. – *Quantification du prédicat* (Hamilton), qui consiste à attribuer au prédicat une extension indépendante de la qualité de la proposition. **2.** PHYS Fragmentation d'une grandeur physique en quantités discontinues ou quanta. – Mot angl.

quantifié, ée [kɑ̃tifje] adj. PHYS Se dit d'une grandeur qui ne peut varier que par multiples d'un quantum. – Pp. de *quantifier.*

quantifier [kɑ̃tifje] v. tr. [2] **1.** Cour. Déterminer la quantité de, chiffrer. **2.** LOG Faire la quantification de. – Angl. *to quantify,* du lat. médiév. *quantificare.*

quantique [k(w)ɑ̃tik] adj. PHYS Relatif aux quanta; qui repose sur la théorie des quanta. *Mécanique quantique* : V. mécanique, quantum et onde. ▷ *Nombres quantiques* : ensemble de quatre nombres définissant complètement l'état de chaque électron d'un atome. ▷ *Case quantique* : représentation schématique d'une orbitale atomique associée à trois nombres quantiques *l, m, n.* – De *quantum.*

quantitatif, ive [kɑ̃titatif, iv] adj. (et n. m.) Qui a rapport à la quantité (par oppos. à *qualitatif*). *Changement quantitatif mais non qualitatif.* ▷ n. m. *Le quantitatif et le qualitatif.* ▷ CHIM *Analyse quantitative,* qui permet de déterminer les masses et volumes respectifs de corps mélangés ou combinés. – De *quantité.*

quantitativement [kɑ̃titativmɑ̃] adv. Du point de vue quantitatif. – De *quantitatif.*

quantité [kɑ̃tite] n. f. **1.** Collection de choses, portion de matière, considérées du point de vue de la mesure, du nombre d'unités qu'elles représentent. *Une grande, une petite quantité d'assiettes, de pain, d'argent.* ▷ *En quantité* : en grande quantité. – *Une (des) quantité(s) de* : une multitude, un grand nombre, une abondance de. *Il y avait une quantité de réponses possibles.* ▷ CHIM *Quantité de matière* : quantité d'atomes, de molécules, d'ions, etc. (L'unité SI de mesure est la mole*.) **2.** Propriété de la grandeur mesurable; ce qui est susceptible d'être mesuré. – PHYS *Quantité de mouvement* : grandeur vectorielle caractéristique de l'état de mouvement d'un corps. *Quantité de mouvement d'une particule* : en mécanique newtonienne (non relativiste), produit de sa masse par sa vitesse. **3.** VERSIF Durée relative d'une syllabe. ▷ PHON Durée relative d'énonciation d'un phonème. (Elle permet le classement des voyelles en longues et brèves.) **4.** LOG Extension des termes d'une proposition, de la proposition elle-même. – Lat. *quantitas.*

quanton [kwɑ̃tɔ̃] n. m. PHYS NUCL Objet relevant de la mécanique quantique. – De *quantum.*

quantum [k(w)ɑ̃tɔm], plur. **quanta** [k(w)ɑ̃ta] n. m. **1.** Quantité déterminée. *Le quantum des dommages, de l'amende, etc., sera fixé par jugement.* **2.** PHYS Plus petite quantité d'une grandeur physique susceptible d'être échangée. *Théorie des quanta.* – Mot lat., «combien».

ENCYCL **Phys.** – La théorie des quanta fut établie en 1900 par Planck. Elle a permis d'expliquer l'effet photoélectrique : lorsqu'un photon (alors nommé «quantum de lumière») frappe l'atome d'un métal, il chasse un électron si son quantum d'énergie, et donc sa fréquence, est supérieur à une certaine valeur. La théorie des quanta a conduit Bohr à proposer un modèle de l'atome dans lequel les électrons périphériques occupent des niveaux d'énergie correspondant à des valeurs déterminées; lorsqu'un électron passe d'une orbite à une autre, c.-à-d. d'un niveau d'énergie à un autre, il émet un rayonnement. À la suite de Louis de Broglie, qui effectua la synthèse entre la théorie corpusculaire et la théorie vibratoire de la lumière (mécanique ondulatoire), Heisenberg jeta les bases de la mécanique quantique, qui bouleversa la représentation du monde microscopique en rejetant l'image de particules se déplaçant sur des trajectoires bien déterminées. La mécanique quantique a permis l'essor de la physique nucléaire.

quarantaine [kaʀɑ̃tɛn] n. f. **1.** Nombre d'environ quarante. *Une quarantaine de jours.* **2.** Âge de quarante ans, de quarante ans environ. *Le cap de la quaran-*

taine. Il a la quarantaine. **3.** Isolement de durée variable (jadis quarante jours), imposé à un navire (ou aux personnes, aux animaux, aux marchandises qu'il transporte) provenant d'un pays où sévissent certaines maladies contagieuses. ▷ Par ext. *Mettre qqn en quarantaine,* le mettre à l'écart d'un groupe en refusant de lui parler, d'avoir des rapports avec lui. *Élève mis en quarantaine par ses camarades.* **4.** BOT Crucifère ornementale (*Mathiola annua*), variété de giroflée, dite aussi *giroflée quarantaine.* – De *quarante.*

quarante [kaʀɑ̃t] adj. inv. et n. m. inv. **I.** adj. num. inv. **1.** (Cardinal) Quatre fois dix (40). *Texte de quarante pages.* **2.** (Ordinal) Quarantième. *Page quarante.* **II.** n. m. inv. **1.** Le nombre quarante. *Trente et dix font quarante.* ▷ Chiffres représentant le nombre quarante (40). ▷ Numéro quarante. *Habiter au quarante de la rue.* **2.** *Les Quarante* : les 40 membres de l'Académie française. – Bas lat. *quaranta,* class. *quadraginta.*

quarante-huitard, arde [kaʀɑ̃tɥitaʀ, aʀd] adj. et n. Fam. Qui a rapport aux révolutionnaires de 1848. ▷ Subst. *Les quarante-huitards.* – De *(révolution de dix-huit cent) quarante-huit.*

quarantenaire [kaʀɑ̃tnɛʀ] adj. **1.** Qui dure quarante ans. **2.** Relatif à la quarantaine sanitaire. *Mesures quarantenaires.* – De *quarantaine.*

quarantième [kaʀɑ̃tjɛm] adj. et n. **I.** adj. num. ord. Dont le rang est marqué par le nombre 40. *C'est sa quarantième traversée.* **II.** n. **1.** Personne, chose qui occupe la quarantième place. *Le quarantième au classement général.* – *Les quarantièmes rugissants* (pour traduire l'angl. *roaring forties*) : les quarantièmes degrés de latitude sud, où le gros temps sévit presque en permanence. **2.** n. m. Chaque partie d'un tout divisé en quarante parties égales. *Trois quarantièmes.* – De *quarante.*

quarderonner [kaʀdəʀɔne] v. tr. [1] TECH Tailler en quart-de-rond (l'angle d'une solive, d'une pierre, etc.). – De *quart-de-rond.*

quark [kwaʀk] n. m. PHYS NUCL Constituant des hadrons. – Mot emprunté à l'écrivain irlandais James Joyce (1882-1941) dans *Finnegans Wake* («three more quarks for Mr. Mark»).

ENCYCL Un modèle, développé à partir de 1961 par Gell-Mann, explique les propriétés de tous les hadrons (particules* subissant l'interaction* forte) en considérant que celles-ci sont des assemblages d'entités plus élémentaires, baptisées quarks : les mésons sont constitués de deux quarks (un quark et un antiquark); les baryons sont constitués de trois quarks. La théorie fait intervenir six quarks différents dont les charges électriques peuvent prendre les valeurs 2e/3 ou −e/3, e désignant la charge élémentaire. Très fortement liés entre eux, les quarks restent confinés à l'intérieur des hadrons. V. gluon, couleur, étrangeté, charme, beauté.

1. quart, quarte [kaʀ, kaʀt] adj. Vx Quatrième. *Le Quart Livre* (Rabelais). ▷ MED Anc. *Fièvre quarte* : fièvre paludéenne caractérisée par deux accès en quatre jours, l'un au début, l'autre à la fin de la période. – Lat. *quartum.*

2. quart [kaʀ] n. m. **1.** Chaque partie d'un tout divisé en quatre parties égales. – MUS *Quart de ton. Quart de soupir* : figure marquant un silence dont la durée est celle d'une double croche. – *Un quart d'heure* : quinze minutes. *Midi et quart, midi un quart* (12 h 15), *midi moins le quart, midi moins un quart* (11 h 45). – *Par ext.* Moment. *Passer un mauvais quart d'heure,* un moment très désagréable. *Le dernier quart d'heure* : le moment décisif. **2.** Quatrième partie d'une mesure, d'un poids, d'une quantité. *Un quart de beurre* (125 g, l'unité étant la livre). *Un quart de vin* (25 cl). – *Les trois quarts du temps* : le plus souvent, presque toujours. *Les trois quarts du temps, il reste sans rien faire.* – *Aux trois quarts* : en grande partie. – *De trois quarts* : le sujet présentant les trois quarts de son visage (intermédiaire entre *de face** et *de profil**). ▷ Gobelet à anse d'environ un quart de litre, dont on se sert pour boire (à l'armée, en camping). **3.** SPORT *Quart de finale* : épreuve éliminatoire dont les vainqueurs disputeront les demi-finales. **4.** MAR et cour. Période pendant laquelle une partie de l'équipage, à son tour, est de service. *Prendre son quart. Être de quart. Officier de quart.* ▷ Intervalle entre deux aires de vent, valant 11° 15'. – Distance angulaire de 11° 15'. *Navire en vue à deux quarts sur l'arrière du travers.* – Lat. *quartus.*

quartation [kaʀtasjɔ̃] n. f. Syn. de *inquart.* – De *quart* 2.

quartaut [kaʀto] n. m. **1.** Ancienne mesure de capacité valant 72 pintes (env. 70 l). **2.** Rég. Petit fût de contenance variable (de 57 à 137 l). – De *quart.*

quart-de-rond [kaʀdəʀɔ̃] n. m. TECH Moulure (en architecture ou en menuiserie) ayant le profil d'un quart de cercle. *Des quarts-de-rond.* – De *quart* 2, *de,* et *rond.*

quarte [kaʀt] n. f. **1.** Ancienne mesure de capacité valant 2 pintes. **2.** MUS Quatrième degré de la gamme diatonique (ex. : fa dans la gamme d'ut). ▷ *Intervalle de quarte* ou, absol., *quarte* : intervalle de quatre degrés conjoints. **3.** SPORT En escrime, la quatrième position classique des engagements et parades. – Sens 1 et 3 : de *quart;* sens 2 : de l'ital. *quarta.*

quarté [kaʀte] n. m. Pari mutuel portant sur quatre chevaux. – De *quart* 2, d'ap. *tiercé.*

1. quarteron [kaʀtəʀɔ̃] n. m. **1.** Vx Quart d'un cent. **2.** TECH Réunion de vingt-cinq feuilles d'or ou d'argent battu. **3.** Fig. (Souvent péjor.) Petit nombre, poignée (de personnes). *Un quarteron d'officiers révoltés.* – De *quartier.*

2. quarteron, onne [kaʀtəʀɔ̃, ɔn] n. Personne née d'un mulâtre et d'une Blanche ou d'un Blanc et d'une mulâtresse. – Esp. *cuarterón,* de *cuarto,* «quart».

1. quartet [kwaʀtɛ] n. m. PHYS NUCL Ensemble de deux neutrons et de deux protons constituant la particule α. – De *quart* 2.

2. quartet [kaʀtɛ] n. m. INFORM Demi-octet, groupe de quatre bits. – Mot angl.

quartette [kwaʀtɛt] n. m. Formation de jazz rassemblant quatre musiciens. – Ital. *quartetto;* angl. *quartet.*

quartidi [kwaʀtidi] n. m. HIST Quatrième jour de la décade, dans le calendrier républicain. – Du lat. *quartus,* «quatrième», et *dies,* «jour».

quartier [kaʀtje] n. m. **I.** Quart **1.** Portion constituant le quart environ d'une chose, d'un ensemble. *Un quartier de pomme.* – En boucherie, *les quatre quartiers* : les parties antérieure et postérieure d'un animal divisées chacune en deux parties symétriques. *Le cinquième quartier* : les abats et les issues. ▷ Portion; morceau. *Quartier de fromage. Un quartier de viande* : un gros morceau. **2.** Pièce de cuir qui, dans un soulier, emboîte le talon. **3.** *Les quartiers de la Lune* : chacune de ses quatre phases. **4.** HERALD Chacune des quatre parties de l'écu écartelé. ▷ Degré d'ascendance noble. *Avoir quatre quartiers de noblesse.* **II.** **1.** Division administrative d'une ville. *Commissariat de quartier.* **2.** Cour. Partie d'une ville qui présente certains caractères distinctifs. *Un quartier très commerçant.* – *Par ext.* Ensemble des habitants d'un quartier. *Tout le quartier est au courant.* – *Médecin de quartier,* dont la clientèle est constituée pour l'essentiel d'habitants de son quartier. **3.** MILIT (Plur.) Cantonnement d'un corps de troupe. *Quartiers d'hiver, d'été.* ▷ *Quartier général (Q.G.)* : lieu où est établi l'état-major de commandement d'une unité. ▷ Caserne. – Loc. *Avoir quartier libre* : avoir la liberté de sortir de la caserne; ne plus être en service. **4.** Dans une prison, partie réservée à une catégorie de détenus. *Quartier de haute sécurité (Q.H.S.), quartier de sécurité renforcée (Q.S.R.),* qui étaient réservés aux prisonniers considérés comme dangereux. **5.** Loc. *Faire quartier :* accorder la vie sauve. *À l'assaut! Et pas de quartier!* – De *quart* 2.

quartier-maître [kaʀtjemɛtʀ] n. m. MAR Grade compris entre celui de matelot et celui de second maître (correspondant au grade de caporal dans les armées de terre et de l'air). *Des quartiers-maîtres.* – All. *Quartiermeister,* «maître de quartier».

quartile [kaʀtil] n. m. MATH Chacune des trois valeurs qui partagent une distribution statistique en quatre groupes de même effectif; chacun de ces quatre groupes. – Du lat. *quartus,* «quatrième».

quartique [k(w)aʀtik] n. f. GEOM Courbe dont l'équation est du quatrième degré (lemniscate, par ex.). – Du lat. *quartus,* «quatrième».

quart-monde [kaʀmɔ̃d] n. m. Ensemble des classes les plus défavorisées de la population, dans un pays donné. ▷ Ensemble des pays les plus pauvres. – De *quart,* et *monde.*

quarto [kwaʀto] adv. Quatrièmement. (Après *primo, secundo, tertio.*) – Mot lat.

quartz [kwaʀts] n. m. Variété très répandue de silice cristallisée. – All. *Quarz.*

ENCYCL Le quartz est un constituant de nombr. roches (granite, sable, grès). Il se caractérise par sa dureté (l'acier ne le raie pas) et, lorsqu'il est pur, par sa limpidité (cristal de roche). Lorsqu'il contient des impuretés, il est violet (améthyste), jaune (citrine), noir (quartz fumé), orangé ou rose et on l'utilise en bijouterie. Cristallisé, il donne des prismes à 6 faces terminés par des pyramides. Les propriétés piézoélectriques du cristal de quartz sont utilisées pour produire des ultrasons, pour stabiliser des émetteurs radio et également en horlogerie.

quartzeux, euse [kwaʀtsø, øz] adj. MINER De la nature du quartz. – De *quartz.*

quartzifère [kwaʀtsifɛʀ] adj. MINER Qui contient du quartz. *Roches quartzifères.* – De *quartz,* et *-fère.*

quartzique [kwaʀtsik] adj. MINER De la nature du quartz. – De *quartz.*

quartzite [kwaʀtsit] n. m. MINER Grès à ciment siliceux dans lequel les grains de quartz, indissociables, ne sont plus discernables. – De *quartz.*

quasar [kazaʀ] n. m. ASTRO Astre extragalactique parmi les plus lumineux de l'Univers. – Mot anglo-amér., abrév. de *quas(i) (stell)ar (radiosource).*

ENCYCL Découverts au début des années 1960 en raison de leurs émissions d'ondes radioélectriques, les quasars sont des objets célestes tellement lumineux qu'il est possible de les observer très loin dans l'espace, donc très loin dans le temps. Les plus éloignés observés (plus de 12 milliards d'années de lumière) sont les témoins d'un passé très reculé de l'Univers. La seule source d'énergie propre à expliquer leurs extraordinaires propriétés (un quasar rayonne de 100 à 1 000 fois plus d'énergie qu'une galaxie dans un volume de 10 à 20 fois plus petit) est l'énergie gravitationnelle d'un trou* noir dont la masse serait de l'ordre d'un milliard de masses solaires.

1. quasi [kazi] n. m. En boucherie, morceau très apprécié du haut de la cuisse du veau. – Orig. incert., p.-ê. turc *kasï.*

2. quasi [kazi] adv. Presque, en quelque sorte; pour ainsi dire. **1.** Devant un adj. *Elle est quasi folle.* **2.** Devant un nom, formant un mot composé, avec un trait d'union. *C'est un quasi-fou. Un quasi-délit. Quasi-certitude.* – Mot lat.

quasi-contrat [kazikɔ̃tʀa] n. m. DR **1.** Acte licite et volontaire qui, sans qu'il y ait eu convention, oblige son auteur envers une autre personne et quelquefois réciproquement (gestion d'affaires, paiement de l'indu, enrichissement sans cause). **2.** Convention entre l'Admin. et un entrepreneur en vue d'encourager une production présentant un intérêt pour l'économie nationale. *Des quasi-contrats.* – De *quasi* 2, et *contrat.*

quasi-délit [kazideli] n. m. DR Acte illicite commis sans intention de nuire, donnant lieu à une action en réparation. *Des quasi-délits.* – De *quasi* 2, et *délit.*

quasiment [kazimɑ̃] adv. Fam. Quasi. *Résultats quasiment nuls.* – De *quasi* 2.

Quasimodo [kazimɔdo] n. f. Rare *La Quasimodo* ou, cour., *le dimanche de Quasimodo :* le premier dimanche qui suit Pâques. – Mots lat., *quasi modo,* ouvrant l'introït de la messe de ce dimanche.

quasi-monnaie [kazimɔnɛ] n. f. FIN Ensemble des actifs financiers gérés par les banques et le Trésor rapidement transformables en moyens de paiement. *Des quasi-monnaies.* – De *quasi,* et *monnaie.*

quasi-particule [kazipaʀtikyl] n. f. PHYS NUCL Élément se comportant comme une particule. *Les phonons sont des quasi-particules.* – De *quasi* 2, et *particule.*

quassia [kwasja] ou **quassier** [kwasje] n. m. BOT Arbuste d'Amérique tropicale (*Quassia amara,* fam. simarubacées) dont le bois était utilisé en médecine pour la préparation d'un breuvage tonique. – Lat. bot. *quassia,* de *Coissi,* n. d'un Guyanais qui aurait découvert les vertus de cet arbre.

quassine [kwasin] n. f. MED ANC Principe amer, extrait du bois de *Quassia amara.* – De *quassia.*

quater [kwatɛʀ] adv. Se dit d'un numéro qu'on répète pour la quatrième fois. *10, 10 bis, 10 ter, 10 quater.* – Mot lat.

quaternaire [kwatɛʀnɛʀ] adj. et n. m. **1.** Composé de quatre éléments. CHIM Composé quaternaire, contenant quatre éléments différents. **2.** GEOL *L'ère quaternaire,* ou n. m., *le Quaternaire :* l'ère géologique la plus récente (elle comprend l'époque contemporaine) et la plus brève, marquée par l'apparition de l'homme. ▷ De l'ère quaternaire. *Faune quaternaire.* – Lat. *quaternarius,* de *quaterni,* «quatre à la fois».

ENCYCL Le début du Quaternaire, fixé arbitrairement à l'apparition de l'homme, a sans cesse reculé dans le temps, avec la découverte d'hommes fossiles de plus en plus anciens. On le situe actuellement à environ moins 4 millions d'années. Deux grands phénomènes caractérisent le Quaternaire : les glaciations et les transgressions marines. Quatre glaciations (Günz, Mindel, Riss, Würm) ont déterminé la faune et la flore quaternaires. La plupart des espèces vivantes du Tertiaire disparurent lors de la première glaciation et seules subsistèrent les espèces adaptées aux climats froids (rhinocéros laineux, par ex.); les espèces tropicales furent repoussées vers le sud; elles remontèrent vers le nord à chaque période interglaciaire, mais furent arrêtées par la Méditerranée, ce qui explique la pauvreté de la faune et de la flore européennes. Le Quaternaire est divisé en deux parties extrêmement inégales : **1.** le Pléistocène, qui s'achève (arbitrairement) à la fin du Paléolithique et occupe donc la quasi-totalité du Quaternaire. **2.** l'Holocène, qui se prolonge jusqu'à nos jours et ne compte que quelques milliers d'années.

quaterne [kwatɛʀn] n. m. Anc. À la loterie, série de quatre numéros pris ensemble et sortis au même tirage. – Mod. Au loto, ensemble de quatre numéros d'une même ligne horizontale. – Ital. *quaterno;* lat. *quaterni,* «quatre chaque fois».

quaternion [kwatɛʀnjɔ̃] n. m. MATH Quantité complexe (imaginée par Hamilton [1805-1865]), constituée par quatre unités (dont l'une forme la partie scalaire et les trois autres la partie vectorielle) et généralisant la notion traditionnelle de nombre complexe. – Bas lat. *quaternio*, « groupe de quatre ».

quatorze [katɔʀz] adj. inv. et n. m. inv. **I.** adj. num. inv. **1.** (Cardinal) Dix plus quatre (14). *Quatorze cents* (ou mille quatre cents). **2.** (Ordinal) Quatorzième. *Louis XIV.* – Ellipt. *Le quatorze août.* **II.** n. m. inv. Le nombre quatorze. *Treize et un font quatorze.* ▷ Chiffres représentant le nombre quatorze (14). ▷ Numéro quatorze. *Habiter au quatorze de telle rue.* ▷ *Le quatorze* : le quatorzième jour du mois. – Du lat. *quatt(u)ordecim.*

quatorzième [katɔʀzjɛm] adj. et n. **I.** adj. num. ord. Dont le rang est marqué par le nombre 14. *Dans sa quatorzième année. Le quatorzième siècle.* **II.** n. **1.** Personne, chose qui occupe la quatorzième place. *Être la quatorzième à un concours.* **2.** n. m. Chaque partie d'un tout divisé en quatorze parties égales. *Un quatorzième de la somme.* – De *quatorze.*

quatorzièmement [katɔʀzjɛmmɑ̃] adv. En quatorzième lieu. – De *quatorzième.*

quatrain [katʀɛ̃] n. m. Poème ou strophe de quatre vers. – De *quatre.*

quatre [katʀ] adj. num. inv. et n. m. inv. **I.** adj. num. inv. **1.** (Cardinal) Trois plus un (4). *Les quatre éléments. Un trèfle à quatre feuilles.* ▷ Loc. *Monter un escalier quatre à quatre* (en enjambant plusieurs marches à la fois), précipitamment. – Par exag. *Comme quatre* (personnes). *Manger comme quatre.* ▷ Fig. *Ne pas y aller par quatre chemins* : aller droit au but. – *Dire à qqn ses quatre vérités,* lui dire, avec une franchise brutale, les choses désobligeantes que l'on pense de lui. – Fam. *Entre quat'z'yeux* : face à face, sans témoin. ▷ Loc. fig., fam. *Couper les cheveux en quatre* : faire des raisonnements exagérément subtils. – *Se mettre en quatre* : s'employer de tout son pouvoir à rendre service. **2.** (Ordinal) Quatrième. *Henri IV.* – Ellipt. *Le quatre juin.* **II.** n. m. inv. **1.** Le nombre quatre. – Loc. *Aussi vrai que deux et deux font quatre.* ▷ Chiffre représentant le nombre quatre (4). ▷ Numéro quatre. *Habiter au quatre.* ▷ *Le quatre* : le quatrième jour du mois. **2.** Carte, face de dé ou côté de domino portant quatre marques. *Le quatre de trèfle.* **3.** SPORT Embarcation manœuvrée par quatre rameurs. – Lat. *quatt(u)or.*

quatre-cent-vingt-et-un [katsɑ̃vɛ̃teœ̃] ou, cour., **quatre-vingt-et-un** [katvɛ̃teœ̃] n. m. inv. Jeu de dés, proche du zanzibar, où la meilleure combinaison des trois dés avec lesquels on joue est composée d'un quatre, d'un deux et d'un as. – De *quatre, cent, vingt* et *un.*

quatre-de-chiffre [katʀədəʃifʀ] n. m. inv. CHASSE Piège rudimentaire formé d'une pierre en équilibre instable sur trois morceaux de bois disposés en forme de quatre. – De *quatre, de,* et *chiffre.*

quatre-épices [katʀepis] n. m. inv. Nigelle dont les graines fournissent un condiment rappelant le poivre, le girofle, le gingembre et la muscade. ▷ CUIS Mélange de ces quatre condiments utilisé comme assaisonnement. – De *quatre,* et *épice.*

quatre-feuilles [katʀəfœj] n. m. inv. ARCHI Ornement à quatre lobes de forme ronde ou lancéolée, très fréquent dans l'architecture gothique. – De *quatre,* et *feuille.*

quatre-heures [katʀœʀ] n. m. inv. Fam. Goûter (2). – De *quatre,* et *heure.*

quatre-huit [katʀəɥit] n. m. inv. MUS Mesure à quatre temps qui a la croche pour unité. – De *quatre,* et *huit.*

quatre-mâts [katʀəmɑ] n. m. inv. Voilier à quatre mâts. – De *quatre,* et *mât.*

quatre-quarts [kat(ʀə)kaʀ] n. m. inv. Gâteau dans la composition duquel il entre un poids égal de beurre, de farine, de sucre et d'œufs. – De *quatre,* et *quart.*

1. quatre-quatre [katʀkatʀ] n. m. inv. MUS Mesure dont la valeur est égale à quatre noires. – De *quatre.*

2. quatre-quatre [katʀkatʀ] n. m. inv. et adj. inv. Véhicule tout-terrain à quatre roues motrices. (On écrit le plus souvent 4 x 4.) ▷ adj. inv. *Un véhicule quatre-quatre.* – De *quatre.*

quatre-saisons [kat(ʀə)sɛzɔ̃] n. f. inv. **1.** Variété de petites fraises que l'on trouve presque toute l'année. **2.** *Marchand(e) des quatre-saisons* : marchand(e) qui vend sur une voiture à bras, dans la rue, des légumes de saison. – De *quatre,* et *saison.*

quatre-vingt(s) [katʀəvɛ̃] adj. et n. m. **I.** adj. num. **1.** (Cardinal – Prend un s quand il n'est suivi d'aucun autre adj. num.) Huit fois dix (80). *Quatre-vingts millions. Quatre-vingt mille. Quatre-vingt-quatre.* **2.** (Ordinal inv.) Quatre-vingtième. *Page quatre-vingt.* **II.** n. m. Le nombre quatre-vingts. *Soixante et vingt font quatre-vingts.* ▷ Chiffres représentant le nombre quatre-vingts (80). ▷ Numéro quatre-vingt. *Habiter au quatre-vingt de telle rue.* – De *quatre,* et *vingt,* d'une anc. numération.

quatre-vingt-dix [katʀəvɛ̃dis] adj. inv. et n. m. inv. **I.** adj. num. inv. **1.** (Cardinal) Neuf fois dix (90). **2.** (Ordinal) Quatre-vingt-dixième. *Page quatre-vingt-dix.* **II.** n. m. inv. Le nombre quatre-vingt-dix. ▷ Chiffres représentant le nombre quatre-vingt-dix (90). ▷ Numéro quatre-vingt-dix. *Aller jusqu'au quatre-vingt-dix de la rue.* – De *quatre, vingt,* et *dix.*

quatre-vingt-dixième [katʀəvɛ̃dizjɛm] adj. et n. **I.** adj. num. ord. Dont le rang est marqué par le nombre 90. *Être dans sa quatre-vingt-dixième année.* **II.** n. **1.** Personne, chose qui occupe la quatre-vingt-dixième place. *Être la quatre-vingt-dixième dans une file d'attente.* **2.** n. m. Chaque partie d'un tout divisé en quatre-vingt-dix parties égales. *Trois quatre-vingt-dixièmes.* – De *quatre-vingt-dix.*

quatre-vingt-et-un. V. quatre-cent-vingt-et-un.

quatre-vingtième [katʀəvɛ̃tjɛm] adj. et n. **I.** adj. num. ord. Dont le rang est marqué par le nombre 80. *Être quatre-vingtième.* **II.** n. **1.** Personne, chose qui occupe la quatre-vingtième place. *Le quatre-vingtième au classement général.* **2.** n. m. Chaque partie d'un tout divisé en quatre-vingts parties égales. *Deux quatre-vingtièmes.* – De *quatre-vingt.*

quatrième [katʀijɛm] adj. num. et n. **1.** adj. num. Ordinal de quatre. ▷ Subst. *Le quatrième* (étage). *Chercher un quatrième* (joueur) *pour faire un bridge.* **2.** n. f. Troisième classe du cycle de l'enseignement secondaire (la quatrième année avant la première, classe qui précède la terminale). ▷ JEU Série de quatre cartes qui se suivent, dans une même couleur. – De *quatre.*

quatrièmement [katʀijɛmmɑ̃] adv. En quatrième lieu. – De *quatrième.*

quatrillion [katʀiljɔ̃] ou **quadrillion** [kadʀiljɔ̃] n. m. Un million de trillions (10^{24}). – De *quatre,* et *(m)illion.*

quattrocento [kwatʀɔtʃento] n. m. Quinzième siècle italien ; période de l'histoire de l'art italien correspondant à cette époque. *Les peintres du quattrocento.* – Mot ital., « quatre cents », c.-à-d. années 1400 et suivantes.

quatuor [kwatɥɔʀ] n. m. **1.** MUS Morceau de musique vocale ou instrumentale à quatre parties. *Quatuor à cordes* : œuvre écrite pour deux violons, un alto et un violoncelle. ▷ Formation composée de quatre musiciens. **2.** Fam. Groupe de quatre personnes. – Mot lat., var. de *quattuor,* « quatre ».

1. que [kə], **qu'** [k] (devant une voyelle ou un *h* muet.) pron. **I.** pron. relatif désignant une personne ou une chose, et pouvant avoir les fonctions de : **1.** Complément d'objet direct. *L'homme que vous avez vu. Le livre qu'elle vous donne.* ▷ (Reprenant le pron. démonstratif *ce.*) *Je retire ce que j'ai dit.* **2.** Complément circonstanciel de temps. *L'hiver qu'il a gelé si fort.* – Complément circonstanciel de manière. *De la façon que j'ai vécu.* **3.** Attribut. *L'homme qu'il est devenu. Insensé que je suis!* **4.** Sujet (dans certaines locutions figées). *Advienne que pourra!* **II.** pron. interrog. désignant une chose et pouvant avoir les fonctions de : **1.** Complément d'objet direct. *Que mangeons-nous? Qu'allez-vous faire?* ▷ (Dans l'interrog. indirecte.) *Je ne sais que te dire.* **2.** Attribut. *Que devenez-vous?* **3.** Sujet (devant quelques verbes impersonnels). *Que se passe-t-il?* **4.** Dans les loc. *qu'est-ce que...?, qu'est-ce qui...? Qu'est-ce que vous voulez? Qu'est-ce qui se passe?* – Exclam. Fam. *Qu'est-ce qu'on va prendre!* – Lat. *quem,* accusatif de *qui.*

2. que [kə], **qu'** [k] (devant une voyelle ou un *h* muet.) conj. **1.** (Introduisant une subordonnée complétive.) *Je dis qu'il fait beau. Nous voulons que vous veniez.* **2.** (Introduisant une proposition circonstancielle.) *Il était à peine sorti que le chahut recommençait.* **3.** (Après le verbe être, introduisant une proposition attribut.) *L'ennui est que nous ne savons pas ce qu'il faut faire.* **4.** (Formant avec un autre élément une locution conjonctive.) *Afin que, après que, de manière que, malgré que,* etc. **5.** (Coordonné à une première conjonction, pour éviter la répétition de celle-ci.) *Avant que tu partes et qu'il ne soit trop tard.* ▷ (Répété, avec la valeur de *soit que.*) *Qu'on me loue ou qu'on me blâme, je le ferai quand même.* **6.** (Employé comme corrélatif de *tel, quel, même, autre.*) *Un orage tel qu'il fallut s'abriter. Quelle que soit ton impatience.* ▷ (Employé comme corrélatif d'un comparatif, d'un adv. de comparaison.) *Ses cheveux sont plus blonds que les miens.* **7.** (En tournure négative, avec le sens restrictif de *si ce n'est, seulement.*) *Je n'ai plus que quelques francs.* – (Avec une valeur d'insistance.) *On ne les connaît que trop!* **8.** (Introduisant une proposition indépendante dans laquelle le subjonctif exprime un ordre, un souhait, un désir, etc.) *Qu'il se taise!* **9.** (Renforçant l'affirmation ou la négation). *Oh! Que oui! Oh! Que non!* – Lat. médiév. *que,* forme affaiblie de *qui,* simplification de *quia,* employé en bas lat. au sens de *quod,* « le fait que ; que ».

3. que [kə], **qu'** [k] (devant une voyelle ou un *h* muet.) adv. **1.** Interrog. *Que lui sert maintenant sa fortune?* : à quoi...? ▷ Loc. adv. *Que ne le disiez-vous?* : pourquoi...? **2.** Exclam. *Qu'il est laid!* – Lat. *quid.*

québécisme [kebesism] n. m. LING Mot, expression ou tournure propre au français du Québec. – De *Québec,* et *-isme.*

québécois, oise [kebekwa, waz] adj. et n. **1.** adj. De la v. de Québec ou de la province de Québec. ▷ Subst. *Un(e) Québécois(e).* **2.** n. m. Français en usage au Québec. – De *Québec.*

quebracho [kebʀatʃo] n. m. BOT Arbre d'Amérique (genre *Quebracho,* fam. apocynacées), à l'écorce fébrifuge et riche en tanin. – Mot esp. d'orig. brésilienne.

quechua [ketʃwa] ou **quichua** [kitʃwa] n. m. et adj. Langue amérindienne parlée dans l'Empire inca et toujours en usage au Pérou et en Bolivie. ▷ adj. (inv. en genre) *Tribu quechua.* – Mot indien d'Amérique du Sud.

quel, quelle [kɛl] adj. **I.** adj. interrog. S'emploie pour interroger sur la nature, l'identité, la qualité, la quantité ou le quantième. **1.** Dans l'interrog. directe. ▷ (Épithète) *Quel temps fait-il?* ▷ (Attribut) *Quel est ce livre dont vous parlez?* **2.** Dans l'interrog. indirecte. ▷ (Épithète) *Je ne sais quelle mouche le pique.* ▷ (Attribut) *Je me demande quelle sera sa réaction.* **3.** Avec une valeur exclam. ▷ (Épithète) *Quel malheur!* – Iron. *Quelle idée!* ▷ (Attribut) *Quelle fut notre déception...!* **II.** adj. indéf. composé. *Quel que, quelle que* (Toujours en fonction d'attribut et construit avec le subj., marquant une supposition ou une concession.) *Quelles que soient vos intentions, je veux les ignorer.* – Lat. *qualis.*

quelconque [kɛlkɔ̃k] adj. **1.** adj. indéf. Quel qu'il soit, n'importe lequel. *Prendre un prétexte quelconque.* **2.** adj. qualificatif. Ordinaire, commun, de qualité médiocre. *C'est quelconque. Une personne très quelconque.* – Francisation sur *quel,* du lat. *qualiscumque.*

quelque [kɛlk] adj. et adv. **I.** adj. indéf. **1.** Exprime le nombre ou la quantité d'une manière indéterminée. ▷ (Sing.) Un certain. *Cette affaire présente quelque difficulté.* – *Quelque temps.* ▷ (Plur.) Un certain nombre de. *Quelques écrivains ont traité ce sujet.* – Un petit nombre de. *Quelques arpents de terre.* **2.** *Quelque... que* : quel (quelle) que soit le (la)... que (marquant une concession, une supposition). *Quelques efforts que vous fassiez, vous ne réussirez pas.* **II.** adv. **1.** (Exprimant une quantité ou un degré de qualité indéterminé.) Un peu, un peu de. *Il possède quelque argent.* **2.** (Devant un adj. num.) Environ. *Ils étaient quelque deux cents hommes.* **3.** (Modifiant un adj. ou un adv.) Si, pour. *Quelque grands qu'ils soient.* **4.** Loc. adv. *Quelque... que* : à quelque point que, à quelque degré que. *Quelque riche qu'il soit.* – De *quel,* et *que* 1.

quelque chose. V. chose.

quelquefois [kɛlkəfwa] adv. **1.** Un certain nombre de fois, de temps en temps. *Il m'est arrivé quelquefois d'y aller.* Syn. parfois. **2.** Fam. Au cas où, par hasard. *Si quelquefois vous le voyez, prévenez-le.* – De *quelque,* et *fois.*

quelque part. V. part 2.

quelqu'un, une [kɛlkœ̃, yn], **quelques-uns, -unes** [kɛlkəzœ̃, yn] pron. indéf. **I.** Sing. **1.** Une personne quelconque, indéterminée. *Quelqu'un est venu.* Syn. on. – (Avec un adj. ou suivi d'une relative.) Une personne. *C'est quelqu'un de très aimable. Quelqu'un qui vous connaît.* **2.** *Absol.* Un personnage important. *Cet homme, c'est quelqu'un. Se prendre pour quelqu'un.* **II.** Plur. **1.** Plusieurs personnes ou plusieurs choses (parmi d'autres). *On lui a fait de nombreuses critiques, dont quelques-unes étaient fondées.* **2.** *Absol.* Plusieurs personnes (indéterminées) ; un petit nombre de personnes. *Quelques-uns ont soutenu qu'Homère n'avait pas existé.* – De *quelque,* et *un.*

quémander [kemɑ̃de] v. tr. [1] Demander, solliciter humblement et avec insistance. *Quémander de l'aide, de l'argent.* – De l'a. fr. *caïmand, caymant, quémand,* « mendiant », probabl. en rapport avec *mander,* et p.-ê. *écaille,* au sens de « morceau de pain ».

quémandeur, euse [kemɑ̃dœʀ, øz] adj. Qui quémande. ▷ Subst. *Un quémandeur, une quémandeuse.* – De *quémander.*

qu'en-dira-t-on [kɑ̃diʀatɔ̃] n. m. inv. Bruits qui courent sur qqn, sur sa conduite ; opinion des gens. *Se moquer du qu'en-dira-t-on.* – Substantivation de la question *qu'en dira-t-on?*

quenelle [kənɛl] n. f. CUIS Rouleau de viande ou de poisson finement haché avec de la mie de pain ou de la semoule et de l'œuf. *Quenelles de brochet.* – De l'all. *Knödel,* « boulette », par l'alsacien.

quenotte [kənɔt] n. f. Fam. Petite dent d'un enfant. – Mot normand, de l'a. fr. *canne, kenne, quenne,* « dent, joue », frq. **kinni,* « mâchoire ».

quenouille [kənuj] n. f. **1.** Anc. Petit bâton que l'on garnissait de la matière textile destinée à être filée. ▷ Fig., vx et litt. *Tomber en quenouille* : tomber en la possession d'une femme ; *par ext.* perdre sa force, sa valeur. **2.** ARBOR Arbre (généralement, arbre fruitier) auquel des tailles successives ont donné la forme effilée d'une quenouille garnie. – Lat. médiév. *conucula,* var. de *colucula,* dimin. du lat. class. *colus.*

quéquette [kekɛt] n. f. Fam. Pénis (dans le langage enfantin). – Formation enfantine.

quérable [keʀabl] adj. DR Que le créancier doit aller chercher au domicile du débiteur (par oppos. à *portable*). *Rente, créance quérable*. – De *quérir*.

quercitrin [kɛʀsitʀɛ̃] n. m. ou **quercitrine** [kɛʀsitʀin] n. f. TECH Colorant jaune extrait du quercitron. – De *quercitron*.

quercitron [kɛʀsitʀɔ̃] n. m. BOT Chêne vert d'Amérique du N. (*Quercus tinctoria*) dont l'écorce renferme un colorant jaune. – Du lat. *quercus*, « chêne », et *citron*.

querelle [kəʀɛl] n. f. **1.** Vx Plainte en justice. ▷ *Par ext.*, vx Parti du plaignant. – Loc., mod. *Épouser la querelle de qqn*, prendre son parti dans un litige. **2.** Contestation, différend amenant un échange de mots violents. *Chercher querelle à qqn*, le provoquer. – *Querelle d'Allemand* : querelle sans motif. ▷ Controverse, différend intellectuel. *La querelle des Anciens et des Modernes* : V. ancien. – Lat. *querela* (ou *querella*), « plainte » et spécial. « plainte en justice », de *queri*, « se plaindre ».

quereller [kəʀele] **I.** v. tr. [1] **1.** Attaquer verbalement (qqn). **2.** Réprimander, faire des reproches à (qqn). **II.** v. pron. Avoir une querelle, une dispute. *Les deux frères se sont encore querellés*. Syn. se disputer, (fam.) se chamailler. – De *querelle*.

querelleur, euse [kəʀɛlœʀ, øz] adj. et n. Qui a tendance à se quereller, à chercher querelle. Ant. conciliant. – De *quereller*.

quérir [keʀiʀ] v. tr. [35] Vx ou litt. Chercher, avec l'intention de ramener, de rapporter. (Ne s'emploie qu'à l'inf., après les verbes *aller, venir, envoyer, faire*.) *Qu'on l'aille quérir*. – Réfection de l'a. fr. *querre*, du lat. *quærere*, « chercher, demander ».

quérulence [keʀylɑ̃s] n. f. PSYCHIAT Tendance pathologique à se plaindre d'injustices dont on se croit victime. – Du lat. *querela* (ou *querella*), « plainte ».

questeur [kɛstœʀ] n. m. **1.** ANTIQ ROM *Questeur urbain* ou, absol., *questeur* : magistrat d'abord chargé de la recherche des criminels puis, à partir du IIIe s. av. J.-C., de la gestion des deniers publics. – *Questeur militaire* : magistrat intendant d'un consul aux armées. **2.** Mod. Membre d'une assemblée parlementaire responsable de son administration, de sa police intérieure et de son budget. – Lat. *quæstor*.

question [kɛstjɔ̃] n. f. **1.** Interrogation adressée à qqn pour obtenir un renseignement. *Poser des questions. Question indiscrète*. ▷ *Questions orales*, posées à un ministre en séance par un parlementaire sur un point précis, en dehors d'un débat. *Questions écrites*, posées par écrit à un ministre par un parlementaire, insérées au Journal officiel et auxquelles il est répondu par la même voie. ▷ *Question de confiance* : V. confiance. ▷ Interrogation adressée à un candidat par un examinateur. *Question difficile*. ▷ *Question fermée, ouverte* : dans un questionnaire, question à laquelle la réponse est suggérée (question fermée) ou non (question ouverte). **2.** Sujet, point, problème qui donne lieu à réflexion, à discussion. *Nous avons longuement parlé de cette question*. – *Il est, il n'est pas question de* : il est, il n'est pas envisagé, envisageable de. ▷ *Chose, personne en question*, celle dont on parle, celle qui est en cause. – *Être en question* : faire l'objet d'une discussion, être en cause. *Mettre, remettre en question*. **3.** *Question de* : affaire, matière où (telle chose) est en jeu. *C'est une question de temps, d'argent. Question de goût*. **4.** HIST Torture appliquée autrefois pour arracher des aveux. *Soumettre à la question*. – Lat. *quæstio*.

questionnaire [kɛstjɔnɛʀ] n. m. Série de questions servant de base à une enquête, à un test; formulaire où elles sont écrites. *Remplir un questionnaire*. – De *question*.

questionnement [kɛstjɔnmɑ̃] n. m. Didac. **1.** Fait de susciter la réflexion. *Le questionnement de la recherche en génétique*. **2.** Action de poser un ensemble de questions; l'ensemble de ces questions. – De *questionner*.

questionner [kɛstjɔne] v. tr. [1] **1.** HIST Soumettre (un accusé ou un condamné) à la question (sens 4). **2.** Interroger (qqn); poser une (des) question(s). ▷ v. pron. Réfléchir; (réciproque) se poser des questions. – De *question*.

questionneur, euse [kɛstjɔnœʀ, øz] n. et adj. Personne qui pose sans cesse des questions. ▷ adj. *Il est bien questionneur*. – De *questionner*.

questure [kɛstyʀ] n. f. **1.** ANTIQ ROM Dignité, charge de questeur. – Durée de la charge de questeur. **2.** Mod. Bureau des questeurs d'une assemblée parlementaire. – Lat. *quæstura*.

1. quête [kɛt] n. f. **1.** Vx ou litt. Action d'aller chercher; recherche. *La quête du Saint-Graal*. ▷ Loc. cour. *En quête de* : à la recherche de. *Se mettre en quête de qqch, de qqn*. – VEN Recherche du gibier. **2.** Action de recueillir des aumônes pour des œuvres, collecte; *par méton.* produit, argent ainsi recueilli. *Faire la quête dans la rue*. – Du lat. pop. **quæsita*, fém. du pp. de *quærere*, « chercher ».

2. quête [kɛt] n. f. MAR Angle que forme l'étambot avec la quille. – Inclinaison vers l'arrière (d'un mât). – Forme normande de *chette*, anc. var. dial. de *cheeite*, « chute ».

quêter [kete] v. tr. [1] **1.** VEN Chercher (le gibier). – Absol. *Ce chien quête bien*. **2.** *Absol.* Faire la quête. *Les enfants des écoles quêteront en faveur des handicapés*. **3.** Fig. Rechercher, solliciter, souvent avec insistance. *Quêter des louanges*. – De *quête* 1.

quêteur, euse [ketœʀ, øz] n. **1.** Personne qui fait la quête. ▷ adj. *Frère quêteur*, dans un ordre mendiant, celui qui est chargé de recueillir les aumônes pour le couvent. **2.** Fig. Personne qui demande, sollicite (qqch). *Quêteur d'affection*. – De *quête*.

quetsche [kwɛtʃ] n. f. **1.** Prune de forme allongée, à peau et chair violacées. *Confiture de quetsches*. **2.** Eau-de-vie de quetsches. – Mot alsacien, de l'all. *Zwetsche*.

quetzal [kɛtzal] n. m. **1.** ORNITH Oiseau trogoniforme d'Amérique centrale (genre *Pharomacrus*), aux très longues plumes d'un vert éclatant. *Le quetzal est l'emblème du Guatemala*. **2.** Unité monétaire du Guatemala. – Mot aztèque.

queue [kø] n. f. **I. 1.** Organe postérieur, plus ou moins long et flexible, prolongement de la colonne vertébrale de nombreux mammifères. *Queue d'un chien, d'un chat. Queue préhensile des singes du Nouveau Monde*. **2.** Ensemble des plumes du croupion, chez les oiseaux. **3.** Extrémité postérieure du corps de certains animaux, de forme allongée ou effilée. *Queue d'un lézard, d'un poisson*. ▷ Fig. *Finir en queue de poisson*, d'une manière décevante, sans résultat appréciable. ▷ Loc. adv. *À la queue leu leu* : V. leu. **4.** Vulg. Pénis. **II.** *Par anal.* Prolongement ou partie postérieure de certains objets. **1.** Traîne (d'un manteau, d'une robe); longs pans (d'un vêtement). *Habit à queue*. **2.** Tige par laquelle certains organes végétaux tiennent à la plante; pétiole ou pédoncule. *La queue d'une rose, d'une pomme*. **3.** Partie allongée qui sert à saisir certains objets. *La queue d'une casserole*. **4.** Grosse mèche de cheveux noués derrière la tête (V. queue-de-cheval). **5.** Partie d'une lettre que l'on trace sous la ligne d'écriture. *La queue d'un g, d'un p*. ▷ MUS *La queue d'une note* : le trait qui tient au corps de la note, perpendiculaire aux lignes de la portée. **6.** Empennage (d'un avion). *Les ailerons de queue*. **7.** Traînée lumineuse (d'une comète). **8.** *Piano à queue* : V. piano. **III.** Fig. **1.** Bout, extrémité, fin (de qqch). *La queue d'une longue phrase. La queue d'un orage*. – PHYS *Queue d'une onde de choc* : partie de l'onde où l'amplitude décroît. ▷ *Spécial.*

Dernière partie, derniers rangs d'un groupe. *La queue d'un cortège. Être à la queue, en queue.* – *La queue d'une classe* : les élèves les plus médiocres, les derniers. ▷ *De queue* : qui est situé en bout, à la fin. *Wagon de queue.* – Loc. *Sans queue ni tête* : qui semble n'avoir ni début ni fin, incohérent. **2.** File de personnes alignées les unes derrière les autres; file d'attente. *Faire la queue. Prendre la queue.* **IV.** Au billard, bâton garni d'un procédé (sens II) et dont on se sert pour propulser les billes. *Fausse queue,* quand la queue glisse involontairement sur la bille sans la percuter. – Du lat. *coda,* var. de *cauda.*

queue-d'aronde [kødaʀɔ̃d] n. f. TECH Tenon en forme de trapèze isocèle, s'encastrant dans une entaille de même profil. *Assemblage à queues-d'aronde.* – De *queue, d',* et *aronde,* anc. nom de l'hirondelle.

queue-de-cheval [kødʃəval] n. f. **1.** Coiffure dans laquelle les cheveux, tirés vers l'arrière et noués haut sur la tête, retombent sur la nuque. **2.** ANAT Faisceau de cordons nerveux formé autour de l'extrémité inférieure de la moelle par les racines des trois derniers nerfs lombaires et celles des nerfs sacrés et coccygiens. *Des queues-de-cheval.* – De *queue, de,* et *cheval.*

queue-de-cochon [kødkɔʃɔ̃] n. f. TECH **1.** Tarière se terminant en vrille. **2.** En ferronnerie, pointe en vrille d'une grille. *Des queues-de-cochon.* – De *queue, de,* et *cochon.*

queue-de-morue [kødmɔʀy] n. f. **1.** TECH Large pinceau plat. **2.** Syn. de *queue-de-pie. Des queues-de-morue.* – De *queue, de,* et *morue.*

queue-de-pie [kødpi] n. f. Fam. Habit de cérémonie à longues basques étroites. Syn. frac, queue-de-morue (sens 2). *Des queues-de-pie.* – De *queue, de,* et *pie.*

queue-de-poisson [kødpwasɔ̃] n. f. Manœuvre dangereuse d'un automobiliste qui se rabat trop vite devant le véhicule qu'il vient de doubler. *Des queues-de-poisson.* – De *queue, de,* et *poisson.*

queue-de-rat [kødʀɑ] n. f. TECH Lime de section circulaire, longue et fine. *Des queues-de-rat.* – De *queue, de,* et *rat.*

queue-de-renard [kødʀənaʀ] n. f. **1.** Nom cour. des amarantes. **2.** TECH Ciseau à deux biseaux servant à percer. *Des queues-de-renard.* – De *queue, de,* et *renard.*

queusot [køzo] n. m. TECH Tube en verre qui sert à faire le vide dans les ampoules électriques et éventuellement à les remplir d'un gaz inerte. – Dimin. de *queue.*

queuter [køte] v. intr. [1] Au billard, faute qui consiste à pousser la bille au lieu de la frapper. – De *queue* (sens IV).

queux [kø] n. m. Vx ou plaisant Cuisinier; mod. s'emploie seulement dans la loc. *maître queux.* – Lat. *coquus.*

qui [ki] pron. **I.** pron. relatif. **1.** (En fonction de sujet, désignant une personne ou une chose.) ▷ (Précédé de son antécédent.) *L'homme qui travaille. Les enfants qui jouent. Tout ce qui me plaît. C'est moi qui ai parlé.* ▷ (Séparé de son antécédent.) *La pluie tombait, qui inondait les champs.* ▷ (Sans antécédent exprimé.) Celui qui, celle qui, ceux qui, celles qui, ce qui. *Qui m'aime me suive. Qui plus est* : en outre. **2.** (En fonction de complément, précédé d'une préposition, lorsque l'antécédent est un nom de personne ou d'être personnifié.) *L'homme à qui je parle, pour qui je plaide.* ▷ (Sans antécédent exprimé.) *« À qui venge son père, il n'est rien impossible » (Corneille).* – *Comme qui...* (suivi de l'indic. ou du conditionnel). *Comme qui dirait* : pour ainsi dire. – *À qui...* (exprime la rivalité). *C'est à qui tirera le plus fort.* – Loc. *À qui mieux mieux* *. **II.** pron. relat. indéf. **1.** *Qui que* : quelque personne que. *Qui que vous soyez. Je le soutiendrai contre qui que ce soit.* **2.** (Répété, en apposition à un pluriel.) Ceux-ci..., ceux-là; les uns..., les autres. *Ils cherchèrent, qui d'un côté, qui d'un autre.* **III.** pron. interrog. Désigne généralement une personne, dans l'interrogation directe et indirecte, rarement une chose. Il peut être : Sujet. *Qui est là ?* – Attribut. *Qui êtes-vous ?* – Complément. *Dites-moi qui vous voyez. Chez qui irez-vous ?* ▷ Il est, dans la langue parlée, souvent remplacé par les périphrases : *Qui est-ce qui* (sujet). *Qui est-ce qui vient ?* – *Qui est-ce que* (objet direct et attribut). *Qui est-ce que je vois ?* – *À, pour, de,* etc. *qui est-ce que* (compléments). *À qui est-ce que je m'adresse ?* – Mot lat.

quia (à) [akɥija; akwija] loc. adv. Vx ou litt. *Mettre qqn à quia,* le réduire à ne pouvoir répondre. – Du lat. *quia,* « parce que », l'explication par la cause étant considérée, par les Scolastiques, comme inférieure à la connaissance d'après l'essence.

quiche [kiʃ] n. f. Plat lorrain fait d'une pâte à tarte garnie d'un mélange de crème, d'œufs et de lardons. – Alsacien *Küchen,* « gâteau », all. *Kuchen.*

quichenotte ou **kichenotte** [kiʃnɔt] n. f. Rég. Coiffure traditionnelle à large bord des femmes de Saintonge et de Vendée. – Mot dial. (Saintonge); p.-ê. de l'angl. *kiss not,* « ne (m')embrasse pas ».

quichua. V. quechua.

quiconque [kikɔ̃k] pron. **1.** pron. rel. Qui que ce soit, toute personne qui. *Quiconque l'a vu peut le raconter.* **2.** pron. indéf. Personne, n'importe qui. *Ne le dites à quiconque. Il est aussi capable que quiconque.* – De *qui... qu'onques,* « qui... jamais », plus tard rapproché du lat. *quicumque.*

quidam [kidam] n. m. Fam. ou plaisant Personne dont on ignore ou dont on veut taire le nom; un certain individu, quelqu'un. *Un quidam l'aborde et lui demande l'heure.* – Mot lat., « un certain, qqn ».

quiddité [kɥidite] n. f. PHILO Ce qui fait qu'une chose est ce qu'elle est; essence de cette chose, en tant qu'elle est exprimée dans sa définition. – Lat. scolast. *quidditas,* de *quid,* « quoi ».

quiet, quiète [kjɛ, kjɛt] adj. Litt. Tranquille, calme, paisible. *Une vie quiète. Une atmosphère quiète et feutrée.* – Lat. *quietus.*

quiétisme [kjetism] n. m. RELIG Doctrine mystique du théologien espagnol M. de Molinos (1628-1696), selon laquelle la perfection chrétienne consiste dans un état de contemplation passive et d'absorption en Dieu (*quiétude*). – Lat. ecclés. *quietismus,* de *quies, quietis,* « repos, quiétude ».

quiétiste [kjetist] adj. et n. **1.** adj. Relatif au quiétisme. **2.** n. Partisan du quiétisme. – De *quiétisme.*

quiétude [kjetyd] n. f. **1.** Tranquillité d'âme, calme, repos. Ant. inquiétude. – Par ext. Litt. *La quiétude d'un lieu.* **2.** THEOL État de contemplation passive, d'absorption en Dieu. – Lat. ecclés. *quietudo.*

quignon [kiɲɔ̃] n. m. Fam. Gros morceau, bout (de pain). – Altér. de l'a. fr. **coignon,* de *coin.*

quillard [kijaʀ] n. m. MAR Voilier muni d'une quille (par oppos. à *dériveur*). – De *quille* 2.

1. quille [kij] n. f. **1.** Chacun des neuf éléments du *jeu de quilles*; pièce oblongue en bois tourné (et souvent, auj., en matière moulée) que l'on doit abattre avec une boule lancée d'une certaine distance. *Jouer aux quilles.* ▷ Loc. fig. *Arriver comme un chien dans un jeu de quilles,* mal à propos. **2.** Bouteille de forme mince et allongée. **3.** Pop. Jambe. **4.** Arg. (des militaires) Libération, fin du service militaire. *Vivement la quille !* – De l'anc. haut all. *Kegil,* all. mod. *Kegel.*

2. quille [kij] n. f. MAR Pièce longitudinale, allant de l'étrave à l'étambot et formant la partie inférieure de la charpente de la coque d'un navire. – De l'anc. norois *kilir,* plur. de *kjollr.*

quillon [kijɔ̃] n. m. **1.** Chacune des deux branches qui partent de la garde d'une épée. **2.** TECH Petite tige, à l'extrémité du canon d'un fusil, qui permet de former les faisceaux. – De *quille* 1.

quinaire [kinɛʀ] adj. et n. m. **I.** Rare adj. MATH **1.** Divisible par 5. *25 est un nombre quinaire.* **2.** Qui a pour base le nombre 5. *Système de numération quinaire.* **II.** n. m. ANTIQ Pièce d'argent romaine qui valait cinq as. – Lat. *quinarius.*

quinaud, aude [kino, od] adj. Vx Déconfit, penaud. *Il n'a pas eu le dessus et s'est trouvé tout quinaud.* – Du moyen fr. *quin,* «singe».

quincaillerie [kɛ̃kajʀi] n. f. **1.** Industrie et commerce des articles en métal (ustensiles de ménage, clous, serrurerie pour les bâtiments, etc.); ces articles eux-mêmes. **2.** Magasin où l'on vend de la quincaillerie. **3.** Ramassis d'objets de peu de valeur. ▷ Fam., péjor. Bijoux de pacotille; médailles, décorations (avec une idée d'abondance ostentatoire). *Elle en porte, de la quincaillerie!* – De *quincaille,* terme vieilli de l'a. fr. *clincaille,* de l'anc. v. *clinquer,* «faire du bruit».

quincaillier, ère [kɛ̃kaje, ɛʀ] n. Personne qui vend ou qui fabrique de la quincaillerie. – De *quincaille* (V. quincaillerie).

quinconce [kɛ̃kɔ̃s] n. m. **1.** Loc. adv. *En quinconce* : se dit d'un groupe de cinq objets dont quatre sont disposés à chaque angle d'un quadrilatère et le cinquième au milieu. *Disposition en quinconce.* **2.** n. m. Plantation d'arbres disposés en quinconce. - Promenade dont les arbres sont plantés en quinconce. *L'esplanade des Quinconces à Bordeaux.* – Lat. *quincunx, quincuncis.*

quindécemvir [k(w)ɛ̃desɛmviʀ] ou **quindécimvir** [k(w)ɛ̃desimviʀ] n. m. ANTIQ ROM Chacun des magistrats (quinze à l'origine) chargés de la garde des livres sibyllins. – Lat. *quindecimviri,* «les quinze hommes».

quine [kin] n. m. Au loto, série de cinq numéros cochés sur la même ligne horizontale. – Du lat. *quinas,* accus. fém. plur. de *quini,* «cinq par cinq, cinq chacun».

quinine [kinin] n. f. Alcaloïde extrait de l'écorce du quinquina, utilisé dans le traitement du paludisme. – De *quinquina.*

quinoa [kinɔa] n. m. BOT Céréale d'Amérique centrale (*Chenopodium quinoa,* fam. chénopodiacées), proche du sarrasin. – Mot quechua.

quinoléine [kinɔlein] n. f. CHIM Composé extrait du goudron de houille ou produit par synthèse, qui entre dans la composition de nombreux médicaments synthétiques. – De *quinine,* et du lat. *oleum,* «huile».

quinoléique [kinɔleik] adj. CHIM Se dit des dérivés de la quinoléine. – De *quinoléine.*

quinone [kinɔn] n. f. CHIM Composé benzénique dans lequel deux atomes d'hydrogène du noyau sont remplacés par deux atomes d'oxygène. – De *quinine.*

quinqu(a)-. Élément, du lat. *quinque,* «cinq».

quinquagénaire [kɛ̃kaʒenɛʀ] adj. et n. Qui a entre cinquante et soixante ans. ▷ Subst. *Un(e) quinquagénaire.* – Lat. *quinquagenarius.*

quinquagésime [kɛ̃kaʒezim] n. f. RELIG CATHOL Vx *Dimanche de la Quinquagésime* ou *Quinquagésime* : dimanche qui précède le premier dimanche de carême, cinquantième jour avant Pâques. – Du lat. *quinquagesimus,* «cinquantième».

quinquennal, ale, aux [kɛ̃kenal, o] adj. Qui dure cinq ans, qui s'étend sur cinq ans. *Plan quinquennal.* – Qui se reproduit tous les cinq ans. *Fêtes quinquennales,* dans la Rome antique. – Lat. *quinquennalis.*

quinquennat [kɛ̃kena] n. m. Durée d'une fonction, d'un mandat, d'un plan de cinq ans. – De *quinquennal.*

quinquet [kɛ̃kɛ] n. m. **1.** Ancienne lampe à huile à double courant d'air, alimentée par un réservoir placé plus haut que la mèche. **2.** Pop. Œil. *Allumer ses quinquets* : ouvrir l'œil, regarder attentivement. – Du nom du pharmacien A. *Quinquet* (1745-1803), qui fabriqua cette lampe.

quinquina [kɛ̃kina] n. m. **1.** Écorce fébrifuge, tonique et astringente, au goût amer, fournie par de nombreux arbres du genre *Cinchona.* **2.** Arbre originaire d'Amérique du S. (genre *Cinchona,* fam. rubiacées), auj. cultivé en Inde et en Indonésie, qui fournit la quinine. **3.** Vin apéritif au quinquina. – Esp. *quinaquina,* mot quechua.

quint-. Élément, du lat. *quintus,* «cinquième».

quintaine [kɛ̃tɛn] n. f. HIST Poteau fiché en terre, au-dessus duquel était adapté un mannequin pivotant tenant un bâton, et qui servait de cible aux cavaliers s'exerçant au maniement de la lance; le mannequin lui-même, qui assenait un coup dans le dos du cavalier qui ne le frappait pas au centre. – Du lat. *quintana (via),* «cinquième (rue)» du camp romain.

quintal, aux [kɛ̃tal, o] n. m. METROL Anc. Unité de masse qui valait cent kilogrammes. – Lat. médiév. *quintale,* de l'ar. *qintar,* «poids de cent», d'orig. gréco-lat.

1. quinte [kɛ̃t] n. f. **1.** MUS Cinquième degré de la gamme diatonique (ex. : sol dans la gamme d'ut). ▷ *Intervalle de quinte* ou, absol., *quinte* : intervalle de cinq degrés. **2.** JEU Série de cinq cartes qui se suivent dans la même couleur. **3.** SPORT En escrime, la cinquième position classique des engagements et parades. – Fém. subst. de l'a. fr. *quint,* «cinquième», lat. *quintus.*

2. quinte [kɛ̃t] n. f. Accès (de toux). – De *quinte* 1, (toux paraissant revenir toutes les cinq heures).

quintefeuille [kɛ̃tfœj] n. **1.** n. f. BOT Potentille rampante. **2.** n. m. ARCHI Ornement d'architecture à cinq lobes. – Du lat. *quinquefolium,* avec infl. de *quint(e),* «cinquième» en a. fr.

quintessence [kɛ̃tesɑ̃s] n. f. **1.** PHILO Anc. Éther, cinquième élément (par rapport aux quatre éléments des Anciens : la terre, l'eau, l'air et le feu). **2.** En alchimie, principe essentiel d'une substance. ▷ *Spécial.* Substance volatile obtenue par distillations répétées. **3.** Fig. Ce qui constitue l'essentiel d'une chose; ce qu'il y a en elle de plus raffiné, de plus précieux. *La quintessence d'un art.* – Du lat. scolast. *quinta essentia,* trad. du gr. *pemptê ousia,* «cinquième essence».

quintessencié, ée [kɛ̃tesɑ̃sje] adj. Litt. Trop subtil, raffiné à l'excès. *Sentiment quintessencié.* – Pp. de *quintessencier.*

quintessencier [kɛ̃tesɑ̃sje] v. intr. [2] Litt. Raffiner au plus haut degré (surtout au passif). – De *quintessence.*

quintette [k(ɥ)ɛ̃tɛt] n. m. **1.** Morceau de musique pour cinq instruments ou cinq parties concertantes. *Quintette à vent,* pour flûte, clarinette, cor, basson et hautbois. **2.** Petite formation comprenant cinq musiciens ou cinq chanteurs. *Quintette vocal.* – Mot ital., *quintetto,* dimin. de *quinto,* «cinquième».

1. quinteux, euse [kɛ̃tø, øz] adj. Vieilli Lunatique, fantasque, capricieux. – De *quinte* 2.

2. quinteux, euse [kɛ̃tø, øz] adj. Qui se manifeste par quintes. *Une toux quinteuse.* – De *quinte* (vx), «accès soudain de mauvaise humeur».

quintillion [k(ɥ)ɛ̃tiljɔ̃] n. m. Un million de quadrillions (10^{30}). – Du rad. lat. de *quintus,* «cinquième», et de *(m)illion.*

quinto [kwinto; kwɛ̃to] adv. Cinquièmement. (Après *quarto.*) – Mot lat.

quintolet [kɛ̃tɔlɛ] n. m. MUS Groupe de cinq notes constituant une unité et dont la valeur équivaut à quatre ou six notes de la même espèce. – Du lat. *quintus,* d'apr. *triolet.*

quintoyer [kɛ̃twaje] v. intr. [**23**] MUS Émettre, au lieu d'une note, la quinte supérieure de cette note, en parlant d'un instrument à vent. *La clarinette a souvent tendance à quintoyer.* – De *quinte* 1.

quintuple [kɛ̃typl] adj. et n. m. Cinq fois plus grand. *Nombre quintuple d'un autre.* ▷ n. m. *20 est le quintuple de 4.* – Lat. *quintuplex.*

quintupler [kɛ̃typle] v. [**1**] **1.** v. tr. Multiplier par cinq. *Quintupler une somme.* **2.** v. intr. Être multiplié par cinq. *Le prix de la matière première a quintuplé en vingt ans.* – De *quintuple.*

quintuplés, ées [kɛ̃typle] n. pl. Les cinq enfants nés au cours d'un même accouchement. – Pp. subst. de *quintupler.*

quinzaine [kɛ̃zɛn] n. f. **1.** Ensemble de quinze éléments. *Deux quinzaines de clous.* ▷ Quinze environ. *Une quinzaine de spectateurs.* **2.** Absol. *Une quinzaine* : deux semaines. *Je vous donne une quinzaine pour vous décider.* – De *quinze.*

quinze [kɛ̃z] adj. inv. et n. m. inv. **I.** adj. num. inv. **1.** (Cardinal) Dix plus cinq (15). *Quinze francs. Quinze ans.* - *Quinze jours* : deux semaines. **2.** (Ordinal) Quinzième. *Chapitre quinze.* - Ellipt. *Le quinze août.* **II.** n. m. inv. **1.** Le nombre quinze. *Neuf et six font quinze.* ▷ Chiffres représentant le nombre quinze (15). *Un quinze mal écrit.* ▷ Numéro quinze. *Jouer le quinze.* ▷ *Le quinze* : Le quinzième jour du mois. **2.** SPORT Équipe de rugby (composée de quinze joueurs). *Le quinze de France.* – Du lat. *quindecim.*

quinzième [kɛ̃zjɛm] adj. et n. **I.** adj. num. ord. Dont le rang est marqué par le nombre 15. *La quinzième ville de France. Le quinzième siècle italien* : le quattrocento. **II.** n. **1.** Personne, chose qui occupe la quinzième place. *Arriver la quinzième.* **2.** n. m. Chaque partie d'un tout divisé en quinze parties égales. *Le quinzième du salaire.* – De *quinze.*

quinzièmement [kɛ̃zjɛmmɑ̃] adv. En quinzième lieu. – De *quinzième.*

quipo [kipo] ou **quipu** [kipy ; kipu] n. m. HIST Assemblage de cordes de laine dont les couleurs, les combinaisons et les nœuds étaient utilisés par les populations précolombiennes pour calculer et pour transmettre des messages. – Mot quechua, « nœud ».

quiproquo [kipʀɔko] n. m. Méprise qui fait prendre une chose pour une autre, malentendu. – De la loc. du lat. médiév. *quid pro quo,* « (prendre) un quoi pour un ce que », désignant spécial. une erreur en pharmacie.

quirite [kɥiʀit] n. m. ANTIQ ROM Citoyen romain qui résidait à Rome (par oppos. à celui qui était aux armées). – Lat. *quiris, quiritis.*

quiscale [kɥiskal] n. m. ZOOL Oiseau passériforme d'Amérique centrale (genre *Quiscalus*) au plumage noir à reflets rouges, qui ressemble à un corbeau. – Lat. zool. *quiscalus*; probabl. mot d'une langue indienne d'Amérique.

quittance [kitɑ̃s] n. f. Document par lequel un créancier atteste qu'un débiteur s'est acquitté de sa dette. *Quittance de loyer.* – De *quitter,* « tenir quitte ».

quittancer [kitɑ̃se] v. tr. [**12**] DR, COMPTA Donner quittance de (une dette, une obligation). – De *quittance.*

quitte [kit] adj. **1.** Libéré (d'une obligation juridique, pécuniaire ou d'une dette morale). *Être quitte d'une dette. Estimez-vous quitte.* ▷ *En être quitte pour* : n'avoir eu à supporter comme inconvénient que. *En être quitte pour la peur.* - Loc. adv. *Quitte à* (+ inf.) : au risque de. *Restons ici, quitte (ou quittes) à le regretter demain.* **2.** *Jouer (à) quitte ou double* : jouer une dernière partie où la perte d'un des joueurs sera acquittée s'il gagne et doublée s'il perd ; fig. risquer tout. – Du lat. médiév. *quitus,* altér. du lat. class. *quietus,* « tranquille ».

quitter [kite] v. tr. [**1**] **I.** Vx **1.** Exempter, tenir quitte. **2.** Céder, délaisser. *Je vous quitte la place* : je me retire. **II. 1.** Se retirer de, abandonner (un lieu). *Il a quitté son domicile. Il quitte Paris définitivement.* **2.** Sortir, s'éloigner de (un lieu). *Il vient de quitter l'hôpital. Quitter la table.* **3.** Cesser (une activité, un métier), y renoncer. *Il a quitté l'enseignement.* **4.** Ôter (un vêtement). *Quitter son manteau.* **III.** S'éloigner, se séparer de (qqn). *Son mari l'a quittée.* - Loc. *Ne pas quitter des yeux (qqn* ou *qqch)* : surveiller attentivement, avoir les yeux fixés sur... - v. pron. (Récipr.) *Ils se sont quittés fâchés.* ▷ (Sujet n. de chose.) *Ton portrait ne me quitte jamais.* – Lat. médiév. *quitare,* de *quitus* (V. quitte).

quitus [kitys] n. m. DR Acte en vertu duquel la gestion d'un responsable d'une affaire est reconnue exacte et régulière. *Donner quitus à quelqu'un. Des quitus.* – Lat. médiév., « quitte ».

qui-vive [kiviv] n. m. inv. *Être sur le qui-vive,* sur ses gardes. - *Qui vive ?* V. vive ! – Probabl. de la loc. *homme qui vive,* « qui que ce soit, quelqu'un ».

quiz [kwiz] n. m. (Anglicisme) Jeu qui consiste à répondre à une série de questions. *Un quiz télévisé.* – Mot angl., « jeu-concours ».

quôc-ngu [kɥɔkɲy] n. m. LING Système de translittération en caractères latins de la langue vietnamienne. – Mots vietnamiens, « langue nationale ».

quoi [kwa] pron. **A.** pron. relatif. **I. 1.** (Avec antécédent.) *Ce à quoi je pense. « Le bonheur après quoi* [après lequel] *je soupire » (Molière).* **2.** (Sans antécédent.) *De quoi* (+ inf.) : ce qui est nécessaire ou suffisant pour. *Il a de quoi vivre.* - Fam. *Un homme qui a de quoi,* qui a de l'argent. ▷ *Il n'y a pas de quoi* : il n'y a pas de raison pour. *Il n'y a pas de quoi en faire un drame.* - Ellipt. *Merci beaucoup ! - Il n'y a pas de quoi.* **3.** (Reprenant ce qui vient d'être dit.) *Venez très vite, sans quoi il sera trop tard,* sans cela... **II.** pron. indéfini. ▷ Loc. concessive. *Quoi que* : quelque chose que. *Quoi qu'il arrive. Quoi qu'il en soit.* ▷ *Quoi que ce soit* : quelque chose que ce soit. *Si vous avez besoin de quoi que ce soit, dites-le-moi.* **B.** pron. interrog. **I.** (Dans l'interrog. dir.) Quelle chose ? *« Alors Valentin a entrepris de lire. Mais quoi ? » (Queneau). Quoi donc ? À quoi penses-tu ?* **II.** Emplois elliptiques. (Servant à demander un complément d'information.) *Qu'est-ce que tu veux dire ? - Rien. - Quoi, rien ?* ▷ *Ou quoi ?* : ou est-ce autre chose ? *Il est stupide ou quoi ?* **III.** (Dans l'interrog. indir.) *Je sais de quoi il s'agit. Je ne comprends pas à quoi vous faites allusion.* **IV.** (Employé comme interj., marquant la surprise, l'impatience ou l'indignation.) *« Quoi ! vous la soutenez ? » (Molière).* ▷ Fam. (Marquant la fin d'une phrase, soulignant une conclusion, etc.) *Décide-toi, quoi, choisis !* **V.** Enfin. ▷ Pop. *De quoi ?* ou *de quoi !* (Marquant la menace, le mécontentement ou le défi.) *De quoi ! il n'est pas content ?* – Du lat. *quid.*

quoique [kwakə] conj. (Le *e* s'élide devant *il, elle, on, un* et *une.*) **1.** (Suivi du subj., exprimant l'opposition, la concession.) *Quoiqu'il soit malade, il travaille durement.* ▷ (Avec ellipse du v. être.) *Quoique pauvre, il est généreux.* (Cf. aussi bien que, encore que, malgré que.) **2.** Fam. (Suivi de l'indic. ou du conditionnel, introduisant une opposition, une objection faite a posteriori ; emploi critiqué.) *Prenez cette chaise, quoique vous serez mieux dans ce fauteuil.* – De *quoi,* et *que.*

quolibet [kɔlibɛ] n. m. Plaisanterie malveillante, propos railleur, ironique adressé à qqn. – Du lat. scolast. *disputationes, quæstiones de quolibet,* « débats, questions sur n'importe quel sujet ».

quorum [k(w)ɔʀɔm] n. m. Nombre minimum de membres qui doivent être représentés dans une assemblée pour que celle-ci puisse valablement délibérer et prendre une décision. *Des quorums.* – Mot lat., « desquels », génitif plur. de *qui,* au sens partitif ; par l'anglais.

quota [k(w)ɔta] n. m. Pourcentage, contingent fixé. *Quota d'importation. Des quotas.* – Abrév. du lat. *quota pars,* « quote-part » ; par l'angl.

quote-part [kɔtpaʀ] n. f. Part que chacun doit payer ou recevoir dans la répartition d'une somme. *Des quotes-parts.* – Lat. *quota pars.*

quotidien, enne [kɔtidjɛ̃, ɛn] adj. et n. m. **1.** Qui a lieu chaque jour ; de chaque jour. *Trajet quotidien.* ▷ n. m. *Le quotidien :* la vie de tous les jours, les menus événements de la vie courante. **2.** Qui paraît chaque jour. *Journal quotidien.* ▷ n. m. *Un quotidien du matin.* – Lat. *quotidianus.*

quotidiennement [kɔtidjɛnmɑ̃] adv. Tous les jours. – De *quotidien.*

quotidienneté [kɔtidjɛnte] n. f. Litt. ou didac. Caractère de ce qui est quotidien, de ce qui se fait chaque jour. – De *quotidien.*

quotient [kɔsjɑ̃] n. m. **1.** MATH Résultat de la division d'un nombre par un autre. **2.** FIN *Quotient familial,* obtenu en divisant le revenu imposable en un certain nombre de parts fixées d'après la situation et les charges de famille du contribuable. ▷ POLIT *Quotient électoral,* obtenu en divisant le nombre des suffrages exprimés par celui des sièges à pourvoir dans une circonscription et permettant ainsi une répartition des sièges dans le cadre d'un système électoral proportionnel. **3.** PSYCHO *Quotient intellectuel (Q.I.) :* indice, déterminé par des tests de niveau intellectuel, servant à évaluer l'âge mental d'un sujet (en fonction de la tranche d'âge à laquelle il appartient) ou ses capacités intellectuelles. **4.** PHYSIOL *Quotient respiratoire* : V. respiratoire. – Lat. *quotie(n)s,* « combien de fois, autant de fois que ».

quotité [kɔtite] n. f. DR Montant d'une quote-part. *Quotité disponible :* partie du patrimoine dont on peut disposer librement par donation ou testament malgré la présence d'héritiers réservataires. ▷ FIN *Impôt de quotité,* dans lequel la somme à payer par chaque contribuable est déterminée d'avance suivant son avoir (par oppos. aux impôts de *répartition*). – Du lat. *quotus,* d'après *quantité.*

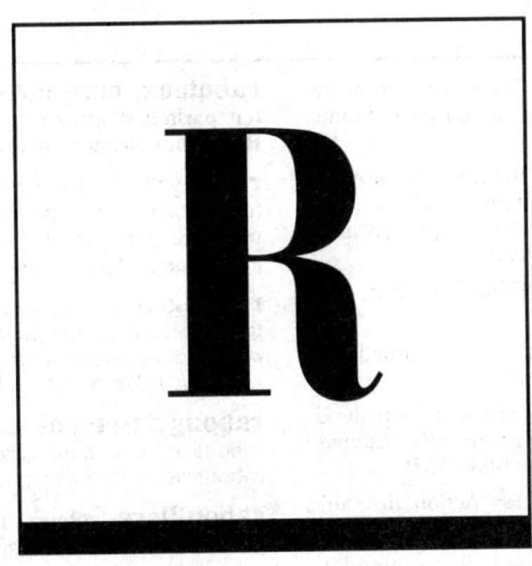

r [ɛʀ] n. m. **1.** Dix-huitième lettre (r, R) et quatorzième consonne de l'alphabet, appelée parfois liquide, notant la constrictive uvulaire [ʀ], dit *r* grasseyé ou parisien (ex. *rare* [ʀɑʀ]et, dans certaines régions, la vibrante sonore apicale, dite *r* roulé. **2.** MATH R : symbole du corps des nombres réels. ▷ PHYS R : symbole de la résistance électrique. ▷ ℝ : symbole de la réluctance magnétique. ▷ R : symbole de la constante molaire des gaz parfaits (R = 8,3145 J par kelvin et par mole). ▷ R : symbole du röntgen.

r-, re-, ré-. Élément, du lat. *re,* indiquant un mouvement en arrière, exprimant la répétition *(redire),* le renforcement *(revivifier, renfoncement),* le retour en arrière ou à un état antérieur *(revenir, revisser).*

ra ou **rra** [ʀa ; ʀɑ] n. m. inv. MUS Roulement bref des baguettes sur le tambour. – Onomat.

Ra CHIM Symbole du radium.

rab [ʀab] n. m. Fam. Abrév. de *rabiot.* – Loc. *En rab :* en plus.

rabâchage [ʀabaʃaʒ] n. m. Fait de rabâcher ; redites fastidieuses. – De *rabâcher.*

rabâcher [ʀabaʃe] v. tr. [1] Répéter sans cesse, d'une manière inutile ou fastidieuse. *Il rabâche toujours les mêmes histoires.* ▷ Absol. *Passer son temps à rabâcher.* – Var. de l'a. fr. *raba(s)ter,* « ramener sur sa base ».

rabâcheur, euse [ʀabaʃœʀ, øz] n. et adj. Personne qui rabâche. ▷ *En vieillissant, il devient rabâcheur.* – De *rabâcher.*

rabais [ʀabɛ] n. m. Diminution du prix, de la valeur primitive d'une chose. *Vendre au rabais,* à moindre prix. – De *rabaisser.*

rabaissement [ʀabɛsmɑ̃] n. m. Rare Action de rabaisser, de déprécier. *Rabaissement des monnaies.* – De *rabaisser.*

rabaisser [ʀabese] v. [1] **I.** v. tr. **1.** Mettre plus bas, placer au-dessous (surtout au fig.). *Rabaisser l'orgueil de qqn.* **2.** Diminuer, déprécier. *Rabaisser le taux de l'escompte.* **II.** v. pron. S'humilier, s'avilir. – De *r-,* et *abaisser.*

raban [ʀabɑ̃] n. m. MAR Cordage, tresse servant à amarrer, à saisir. *Raban de ferlage.* – Germ. *rabant.*

rabane [ʀaban] n. f. Tissu en fibres de raphia. – Malgache *rebana.*

rabat [ʀaba] n. m. **1.** CHASSE Action de rabattre (le gibier). *La chasse au rabat.* Syn. rabattage. **2.** Anc. Large col qui se rabattait sur la poitrine. ▷ Mod. Morceau d'étoffe, cravate portée par les magistrats, certains ecclésiastiques et les professeurs d'université en robe. **3.** Partie (d'un vêtement, d'un objet en matière souple) qui peut se rabattre sur une autre. *Sac à rabat.* – Déverbal de *rabattre.*

rabat-joie [ʀabaʒwa] n. inv. et adj. inv. **1.** Vx Sujet de chagrin qui trouble la joie. **2.** Personne qui par son humeur chagrine, maussade, trouble la joie d'autrui. – adj. *Qu'ils sont rabat-joie !* – De *rabattre,* et *joie.*

rabattage [ʀabataʒ] n. m. **1.** CHASSE Syn. de *rabat.* **2.** ARBOR Action de rabattre (un arbre). – De *rabattre.*

rabattement [ʀabatmɑ̃] n. m. **1.** Action de rabattre. **2.** DR *Rabattement de défaut :* annulation d'un jugement rendu par défaut. **3.** GEOM Rotation par laquelle on applique un plan sur l'un des plans de projection, en géométrie descriptive. – De *rabattre.*

rabatteur, euse [ʀabatœʀ, øz] n. **1.** Personne qui rabat le gibier. ▷ Fig. Personne chargée de trouver des clients à un vendeur, d'amener des adhérents à un groupement, etc. **2.** n. f. Partie d'une moissonneuse servant à rabattre les tiges des céréales vers la lame. – De *rabattre.*

rabattre [ʀabatʀ] v. tr. [61] **I. 1.** Rabaisser, faire descendre (ce qui s'élève). *Le vent rabattait la fumée dans la cheminée.* ▷ Fig. Abaisser, rabaisser. *Rabattre l'orgueil de qqn.* **2.** Rabaisser, appliquer (une chose) sur une autre par un mouvement de haut en bas. *Rabattez la tablette.* ▷ v. pron. *Col qui se rabat.* **3.** Aplatir. *Rabattre ses cheveux en arrière. Rabattre les coutures d'un habit.* **4.** Replier, refermer. *Rabattre les volets. Rabattre un couvercle.* **II. 1.** Obliger à prendre une certaine direction. *Un cordon de policiers rabattait la foule vers la sortie.* – *Rabattre le gibier,* le débusquer pour le faire venir là où les chasseurs l'attendent. ▷ v. pron. Changer de direction par un brusque mouvement latéral. *La voiture s'est rabattue vers le trottoir.* **2.** v. pron. Fig. *Se rabattre sur :* en venir, faute de mieux, à choisir, à accepter (qqch, qqn). *La viande manquant, il s'est rabattu sur le poisson.* **III. 1.** Diminuer, retrancher (une partie du prix demandé). *C'est le juste prix et je n'en rabattrai pas un centime.* ▷ Fig., fam. *En rabattre :* diminuer ses prétentions, ses exigences. *Après ce nouvel échec il en a beaucoup rabattu.* **2.** ARBOR *Rabattre un arbre,* tailler jusqu'à la naissance de ses branches, pour favoriser de nouvelles pousses. – De *r-,* et *abattre.*

rabbin [ʀabɛ̃] n. m. RELIG **1.** *Rabbin :* chef spirituel d'une communauté juive ; ministre du culte israélite. ▷ *Grand rabbin :* chef d'un consistoire israélite. *Le grand rabbin de France.* **2.** *Rabbin* ou *rabbi :* docteur de la Loi juive dans l'ancienne Palestine. – Lat. médiév. *rabbinus,* araméen *rabbîn,* plur. de *rabb,* « maître ».

rabbinat [ʀabina] n. m. RELIG **1.** Dignité, fonction de rabbin. **2.** Ensemble des rabbins, dans un pays donné. *Le rabbinat d'Israël.* – De *rabbin.*

rabbinique [ʀabinik] adj. RELIG Relatif aux rabbins. *École rabbinique,* qui forme des rabbins. ▷ *Hébreu rabbinique :* hébreu mêlé d'araméen et d'arabe qu'écrivaient les rabbins du Moyen Âge. – De *rabbin.*

rabbinisme [ʀabinism] n. m. RELIG Enseignement, doctrine des rabbins. – De *rabbin.*

rabbiniste [ʀabinist] n. RELIG Personne qui étudie la littérature rabbinique. – De *rabbinisme.*

rabelaisien, enne [ʀablɛzjɛ̃, ɛn] adj. Qui rappelle la verve truculente de Rabelais. *Plaisanterie rabelaisienne.* – Du n. de l'écrivain fr. F. *Rabelais* (1494-1553).

rabibochage [ʀabibɔʃaʒ] n. m. Fam. Action de rabibocher, fait de se rabibocher. – De *rabibocher.*

rabibocher [ʀabibɔʃe] v. tr. [1] Fam. **1.** Raccommoder, réparer sommairement. **2.** Fig. Réconcilier. ▷ v. pron. *Ils se sont rabibochés.* – Mot dial., p.-ê. d'un rad. onomat. *bib-.* Cf. bibelot.

rabiot [ʀabjo] n. m. Fam. **1.** Ensemble des vivres, des boissons, etc., restant après une distribution à des soldats. **2.** Temps supplémentaire de service pour un soldat. ▷ Ce qui est donné, fait ou imposé de surplus. *Faire du rabiot :* fournir un supplément de travail. ▷ Fig., fam. *Un petit rabiot de vacances.* (Abrév. : rab). – Probabl. du dial. *rabes,* var. *raves,* « œufs de poisson, menu fretin », du lat. *rapum,* « rave ».

rabioter [ʀabjɔte] v. [1] Fam. **1.** v. intr. Faire de petits profits supplémentaires. **2.** v. tr. S'approprier indûment et par surcroît. *Il est parvenu à rabioter quelques cigarettes.* – De *rabiot.*

rabique [ʀabik] adj. MED Relatif à la rage; qui est causé par la rage ou la provoque. – Du lat. *rabies,* « rage ».

1. râble [ʀɑbl] n. m. TECH Râteau à long manche servant à remuer la braise dans un four, à agiter des bains de teinture, etc. – Lat. *rutabulum,* « fourgon, spatule ».

2. râble [ʀɑbl] n. m. Partie du lièvre, du lapin allant du bas des côtes à la naissance de la queue. ▷ Fam. Reins, bas du dos chez l'homme. *Il m'est tombé sur le râble :* il m'a attaqué, agressé (physiquement ou verbalement). – P.-ê. de *râble* 1.

râblé, ée [ʀɑble] adj. Qui a le râble épais. *Lièvre bien râblé.* ▷ (Personnes) Qui a une forte carrure; trapu et musclé. *Garçon râblé.* – De *râble* 2.

râblure [ʀɑblyʀ] n. f. MAR Rainure triangulaire pratiquée dans la quille, l'étrave et l'étambot des navires en bois et qui sert à loger la rive inférieure de la première virure. – De *râble* 2, par métaph. (les bordages étant comparés aux côtes).

rabonnir [ʀabɔniʀ] v. [3] **1.** v. tr. Rendre meilleur. **2.** v. intr. Devenir meilleur (en parlant d'un vin, d'un fruit ou d'une terre). – De *re-,* et *abonnir.*

rabot [ʀabo] n. m. Outil de menuisier formé d'un fût à l'intérieur duquel se trouvent un fer, un contre-fer et un coin de blocage, pour parfaire le dressage des pièces de bois. ▷ TECH Nom de divers outils servant à aplanir, polir, égaliser. – De *rabotte,* dial., « lapin »; moy. néerl. *robbe.*

rabotage [ʀabɔtaʒ] n. m. Action de raboter; son résultat. – De *raboter.*

raboter [ʀabɔte] v. tr. [1] **1.** Rendre uni, aplanir au rabot. **2.** TECH Usiner au moyen d'une raboteuse. – De *rabot.*

raboteur [ʀabɔtœʀ] n. m. Ouvrier qui rabote (les parquets). – De *raboter.*

raboteuse [ʀabɔtøz] n. f. TECH Machine-outil servant à raboter le bois, le métal. – Forme fém. de *raboteur.*

raboteux, euse [ʀabɔtø, øz] adj. **1.** Noueux, inégal (en parlant d'une surface). *Planche raboteuse.* **2.** Fig., litt. Rude, sans élégance ni fluidité. *Style raboteux.* – De *rabot.*

rabougri, ie [ʀabugʀi] adj. **1.** Mal venu, malingre (en parlant d'une plante). *Arbres rabougris.* **2.** Chétif, malingre (en parlant d'une personne). *Un petit homme tout rabougri.* Syn. ratatiné. – Pp. de *rabougrir.*

rabougrir [ʀabugʀiʀ] v. tr. [3] Rare Arrêter ou ralentir la croissance de (une plante). ▷ v. pron. *Sous le soleil, les plantes se rabougrissent peu à peu.* – Fig. *L'âge venant, il se rabougrit.* – De *bougre,* « chétif, petit ».

rabougrissement [ʀabugʀismɑ̃] n. m. Fait de se rabougrir; état d'un végétal rabougri, d'une personne rabougrie. – De *rabougrir.*

rabouillère [ʀabujɛʀ] n. f. Dial. Terrier d'un lapin de garenne. – Du rad. de *rabotte,* dial., « lapin ».

rabouilleur, euse [ʀabujœʀ, øz] n. Vx ou dial. Personne qui « rabouille » l'eau, c.-à-d. qui la trouble avec une branche pour prendre plus facilement les poissons et les écrevisses. *« La Rabouilleuse », roman de Balzac (1842).* – Du rég. *rabouiller,* du lat. *bullare,* « bouillonner ».

rabouter [ʀabute] v. tr. [1] Assembler bout à bout. *Rabouter deux cordages au moyen d'une épissure.* – De *r-,* et *abouter.*

rabrouer [ʀabʀue] v. tr. [1] Traiter avec brusquerie; accueillir ou repousser durement. – De *r-,* et moy. fr. *brouer,* « gronder, écumer », de l'a. fr. *breu,* « écume ».

racage [ʀakaʒ] n. m. MAR Collier de boules de bois liant une vergue au mât le long duquel elle doit glisser. – De l'anc. normand *rakki.*

racaille [ʀakaj] n. f. Foule méprisable. ▷ Rebut de la population. – Du normand **rasquer,* lat. pop. **rasicare,* « racler, gratter », class. *radere.*

raccommodable [ʀakɔmɔdabl] adj. Qui peut être raccommodé. – De *raccommoder.*

raccommodage [ʀakɔmɔdaʒ] n. m. Action de raccommoder; son résultat. *Raccommodage des chaussettes.* – De *raccommoder.*

raccommodement [ʀakɔmɔdmɑ̃] n. m. Fam. Réconciliation. – De *raccommoder.*

raccommoder [ʀakɔmɔde] v. tr. [1] **1.** Vieilli Réparer, remettre en bon état. *Raccommoder un meuble.* **2.** Mod. Réparer en cousant, ravauder (un vêtement, du linge). *Raccommoder une chemise.* Syn. repriser. **3.** Fam. Réconcilier. ▷ v. pron. *Ils se sont raccommodés.* – De *r-,* et *accommoder.*

raccommodeur, euse [ʀakɔmɔdœʀ, øz] n. Personne qui raccommode (surtout dans la loc. *raccommodeur de faïences et de porcelaines).* – De *raccommoder.*

raccompagner [ʀakɔ̃paɲe] v. tr. [1] Accompagner, reconduire (qqn qui rentre chez lui). – De *r-,* et *accompagner.*

raccord [ʀakɔʀ] n. m. **1.** Liaison que l'on établit entre deux parties contiguës d'un ouvrage qui offrent quelque inégalité, quelque différence. *Faire un raccord de peinture.* **2.** TECH Pièce ou ensemble de pièces qui servent à assembler deux tuyauteries, deux canalisations. **3.** CINE Liaison entre deux plans, entre deux séquences. – Déverbal de *raccorder.*

raccordement [ʀakɔʀdəmɑ̃] n. m. **1.** Action de raccorder. **2.** Jonction (de deux conduits, de deux voies ferrées, etc.). – De *raccorder.*

raccorder [ʀakɔʀde] v. tr. [1] **1.** Relier (deux choses séparées). *Raccorder deux galeries par une rotonde.* ▷ Constituer un raccord entre (deux choses séparées). *Cette rotonde raccorde les deux galeries.* **2.** Mettre en communication avec un réseau, un point de distribution. *Raccorder une installation électrique, un poste téléphonique.* ▷ v. pron. Être raccordé, rattaché. *Ce fil se raccorde à l'ensemble du circuit électrique.* – De *r-*, et *accorder.*

raccourci [ʀakuʀsi] n. m. **1.** Abrégé, résumé. *Un raccourci des faits.* ▷ Loc. adv. *En raccourci* : en abrégé. **2.** PEINT Réduction opérée par le peintre sur une figure ou la partie d'une figure vue en perspective. *Les raccourcis de Michel-Ange.* **3.** Traverse, chemin plus court que le chemin principal. *Prendre un raccourci à travers champs.* – De *raccourcir.*

raccourcir [ʀakuʀsiʀ] v. [3] **1.** v. tr. Rendre plus court. *Raccourcir une jupe.* **2.** v. intr. Devenir plus court. *Les jours raccourcissent.* – De *r-*, et *accourcir.*

raccourcissement [ʀakuʀsismɑ̃] n. m. Action, fait de raccourcir; son résultat. – De *raccourcir.*

raccoutumer (se). V. réaccoutumer (se).

raccroc [ʀakʀo] n. m. Vx Au billard, coup de chance. ▷ Loc. adv. Mod. *Par raccroc* : par hasard, par chance. *Gagner par raccroc.* – Déverbal de *raccrocher.*

raccrochage [ʀakʀɔʃaʒ] n. m. Action de raccrocher. ▷ *Spécial.* Racolage. – De *raccrocher.*

raccrochement [ʀakʀɔʃmɑ̃] n. m. Action de se raccrocher (à qqn et, au fig., à qqch). – De *raccrocher.*

raccrocher [ʀakʀɔʃe] v. [1] **I.** v. tr. **1.** Accrocher de nouveau (ce qui était décroché). *Raccrocher un tableau.* ▷ Spécial. *Raccrocher le combiné d'un appareil téléphonique.* – S. comp. *Raccrochez!* **2.** Rattraper (ce qui semblait perdu). *Raccrocher une affaire.* **3.** Arrêter au passage. *Bonimenteur qui raccroche les badauds.* – *Spécial.* Racoler. **4.** Fam. Cesser définitivement d'exercer une activité. *Ce boxeur a raccroché il y a peu de temps.* **II.** v. pron. Se retenir, se cramponner à (qqch pouvant servir d'appui). ▷ Fig. *Se raccrocher à des prétextes.* – De *r-*, et *accrocher.*

raccrocheur, euse [ʀakʀɔʃœʀ,øz] adj. Qui cherche à attirer l'attention. *Une affiche raccrocheuse.* – De *raccrocher.*

race [ʀas] n. f. **1.** Vx ou litt. Ensemble des membres d'une grande lignée, les ascendants d'une famille de haute origine, d'un grand peuple. *La race de Clovis.* ▷ Loc. adj. *Fin de race* : décadent. **2.** Fam. (souvent péjor.) Catégorie de personnes qui ont un même comportement, des inclinations semblables ou exercent une même activité. *La race des pédants.* **3.** Division de l'espèce humaine, fondée sur certains caractères héréditaires, physiques (couleur de la peau, forme du crâne, etc.) et physiologiques (groupes sanguins, notam.). *Les races* (ou *grand-races*) *blanche, jaune, noire.* ▷ *Par ext.* Groupe naturel d'hommes qui présentent des caractères physiques et culturels semblables provenant de traditions et d'un passé communs. **4.** BIOL Subdivision de l'espèce zoologique, constituée par des individus ayant des caractères héréditaires communs. *Les différentes races bovines* (charolaise, normande, etc.). ▷ Loc. adj. *De race* : de race pure, non métissée. *Un cheval de race.* ▷ (Personnes) *Avoir de la race* : être racé (sens 2). – Ital. *razza,* «sorte, espèce», lat. *ratio,* «ordre des choses, catégorie, espèce», en moy. lat., «descendance».

racé, ée [ʀase] adj. **1.** Qui est de race, a les qualités propres à un animal de race. *Un chien racé.* **2.** (Personnes) Qui a une distinction, une élégance, une finesse naturelles. *Un homme racé.* – De *race.*

racémeux, euse [ʀasemø, øz] adj. Se dit de végétaux dont les fruits ou les fleurs sont disposés en grappes. – Lat. *racemosus,* «en grappes», de *racemus,* «grappe de raisins».

racémique [ʀasemik] adj. CHIM Se dit d'une substance, obtenue par association d'un isomère dextrogyre et d'un isomère lévogyre, qui ne dévie pas le plan de polarisation de la lumière. *Acide tartrique racémique.* – Du lat. *racemus,* «grappe (de raisins)».

racer [ʀesœʀ] n. m. (Anglicisme) SPORT Yacht ou canot à moteur destiné à la course. – Mot angl., propr. «coureur».

rachat [ʀaʃa] n. m. **1.** Action de racheter. – DR *Vendre avec faculté de rachat.* (V. réméré.) **2.** Action de se libérer (d'une obligation) par le versement d'une somme. *Rachat de servitude.* **3.** Action de faire libérer (un prisonnier, un esclave) en payant une rançon. **4.** Fait de se racheter. ▷ RELIG Rédemption. – De *racheter.*

rachetable [ʀaʃtabl] adj. Qui peut être racheté (au propre et au fig.). – De *racheter.*

racheter [ʀaʃte] v. tr. [18] **1.** Acheter de nouveau. *Il n'y a plus de pain, il faudra en racheter.* **2.** Rentrer, par achat, en possession de (ce qu'on avait vendu). **3.** Acheter d'occasion à un particulier. *Racheter sa voiture à qqn.* **4.** Se libérer de (une obligation) moyennant le versement d'une somme. *Racheter une rente.* **5.** Faire libérer (qqn) en payant une rançon. *Racheter un esclave, un prisonnier.* **6.** RELIG Sauver par la rédemption. *Le Christ racheta les hommes.* **7.** Obtenir le pardon de (ses fautes, ses péchés). *Racheter ses fautes par la pénitence.* ▷ v. pron. Se réhabiliter; faire oublier ses fautes. *Se racheter aux yeux de qqn.* **8.** Compenser, faire oublier. *Son courage d'aujourd'hui rachète ses lâchetés passées.* – De *r-*, et *acheter.*

rachianesthésie [ʀaʃianestezi] n. f. MED Méthode d'anesthésie partielle consistant à injecter dans le canal rachidien (le plus souvent au niveau des vertèbres lombaires) une substance qui provoque l'anesthésie des régions innervées par les nerfs sous-jacents. – Par abrév. *Faire une rachi.* – De *rachis,* et *anesthésie.*

rachidien, enne [ʀaʃidjɛ̃, ɛn] adj. ANAT Qui a rapport ou qui appartient à la colonne vertébrale. *Canal rachidien* : canal formé par les trous vertébraux et qui contient la moelle épinière. *Nerfs rachidiens,* qui naissent de la moelle épinière (31 paires chez l'homme). – De *rachis.*

rachis [ʀaʃi] n. m. **1.** ANAT Colonne vertébrale, épine dorsale. **2.** SC NAT Axe central de divers organes (de la fronde des fougères, de l'épi des graminées, de la plume des oiseaux). – Gr. *rakhis.*

rachitique [ʀaʃitik] adj. Qui est atteint de rachitisme. – Subst. *Un(e) rachitique.* ▷ *Par ext.* Maigre, anormalement peu développé. *Quelques buissons rachitiques.* – Du lat. méd. *rachitis,* de *rachis.*

rachitisme [ʀaʃitism] n. m. MED Maladie de la croissance affectant le squelette, due à un défaut de minéralisation osseuse (trouble du métabolisme du phosphore et du calcium) par carence en vitamine D. – Lat. méd. *rachitis,* de *rachis.*

racial, ale, aux [ʀasjal, o] adj. Relatif à la race (sens 3). *Ségrégation raciale.* – De *race.*

racinage [ʀasinaʒ] n. m. TECH Dessin imitant les veines du bois sur le cuir d'une reliure. – De *raciner.*

racinal, aux [ʀasinal, o] n. m. TECH Grosse pièce de charpente qui en supporte d'autres. – Madrier qui réunit les têtes de pieux, dans un pilotis. – De *racine.*

racine [ʀasin] n. f. **1.** Partie des végétaux (à l'exception des thallophytes et des mousses) qui les fixe au sol et par où ils puisent les matières (eau et sels minéraux) nécessaires à leur nutrition. ▷ Loc. fig. *Prendre racine* : rester trop longtemps en un endroit, ne pas vouloir se retirer. **2.** Fig. Lien, attache solide qui fonde la stabilité de qqch. *Tradition qui a de profondes racines.* ▷ Cause profonde, principe. *L'égoïsme est à la racine de bien des maux. Prendre le mal à la racine* : s'attaquer résolument aux causes du mal. **3.** *Par anal.* Partie par laquelle est implanté un organe. *Racine des ongles, des cheveux, des poils.* – *Racine d'une dent* : partie de la dent implantée dans un alvéole. *Dent à deux, à trois racines.* – ANAT *Racine nerveuse* : chacune des deux branches d'un nerf rachidien à l'émergence de la moelle. **4.** Fig. MATH *Racine carrée d'un nombre A* : nombre, noté $\sqrt{A}$, dont le carré est égal au nombre A. *Racine cubique d'un nombre A* : nombre, noté $\sqrt[3]{A}$, dont le cube est égal au nombre A. *Racine $n^{ième}$ d'un nombre A,* nombre noté $\sqrt[n]{A}$: nombre B tel que $B^n = A$. ▷ *Racine d'une équation* : valeur de l'inconnue qui satisfait à l'équation. **5.** LING Élément irréductible, commun à tous les mots d'une même famille et qui constitue un support de signification. – Bas lat. *radicina,* de *radix, radicis.*

raciner [rasine] v. tr. [1] TECH Orner d'un racinage. – De *racine.*

racinien, enne [rasinjɛ̃, ɛn] adj. Propre à l'œuvre de Jean Racine. *L'harmonie du vers racinien.* – Digne de cet auteur. – Du n. de l'auteur dramatique français J. *Racine* (1639-1699).

racisme [rasism] n. m. **1.** Théorie fondée sur l'idée de la supériorité de certaines «races» sur les autres; doctrine qui en résulte, prônant notam. la ségrégation entre «races inférieures» et «races supérieures». ▷ Cour. Ensemble des comportements fondés, consciemment ou non, sur cette théorie, sur cette doctrine. *La lutte contre le racisme.* **2.** *Par ext.* Hostilité contre un groupe, une catégorie de personnes. *Le racisme anti-jeunes.* – De *race.*

raciste [rasist] adj. et n. Inspiré par le racisme, propre au racisme. *Mesure raciste. Propos, arguments racistes.* ▷ Subst. *Un(e) raciste.* – De *racisme.*

rack [rak] n. m. (Anglicisme) Élément de rangement pour matériel électroacoustique (platine, ampli, tuner, etc.), aux dimensions normalisées. – Mot angl., «râtelier».

racket [rakɛt] n. m. (Américanisme) Activité organisée de malfaiteurs qui pratiquent l'extorsion de fonds par intimidation, terreur ou chantage. – Organisation de tels malfaiteurs. – Mot amér.

racketter [rakete] v. tr. [1] Pratiquer le racket; soumettre à un racket. – De *racket.*

racketteur ou **racketter** [rakɛtœr] n. m. Malfaiteur pratiquant le racket. – De *racket.*

raclage [raklaʒ] n. m. Action de racler (pour égaliser, pour nettoyer). *Le raclage des peaux.* – De *racler.*

raclée [rakle] n. f. Fam. Volée de coups. ▷ Fig. Écrasante défaite. – Pp. fém. subst. de *racler.*

raclement [ra(ɑ)kləmɑ̃] n. m. Action de racler; bruit qui en résulte. *Un raclement de gorge.* – De *racler.*

racler [rakle] v. tr. [1] **1.** Frotter en grattant pour nettoyer, pour égaliser (une surface). *Racler le fond d'une casserole.* ▷ v. pron. *Se racler le fond de la gorge,* la débarrasser de ses mucosités par un mouvement expiratoire approprié. **2.** Frotter rudement et bruyamment. *Roue de vélo décentrée qui racle le garde-boue.* – Fig. Produire une sensation d'âpreté, en parlant d'une boisson. *Un vin qui racle le gosier.* **3.** *Racler du violon,* en jouer maladroitement, sans délicatesse. – Par ext. *Racler un air.* – Anc. provenç. *rasclar,* lat. pop. **ras(i)culare,* class. *rasus,* pp. passif de *radere,* «racler, raser».

raclette [raklɛt] n. f. **1.** Petit outil servant à racler. **2.** Fondue faite avec un quartier de fromage qu'on expose à une flamme et dont on racle la surface au fur et à mesure qu'elle fond; le fromage avec lequel on fait cette fondue. – Dimin. de l'a. fr. *racle,* de *racler.*

racleur, euse [raklœr, øz] n. **1.** TECH Ouvrier, ouvrière, chargé du raclage (des peaux, notam.). **2.** Péjor. Personne qui joue maladroitement d'un instrument à cordes. – De *racler.*

racloir [raklwar] n. m. Instrument pour racler. – De *racler.*

raclure [raklyr] n. f. **1.** Petite parcelle qu'on enlève d'un corps en le raclant. *Raclures d'ivoire.* **2.** (Plur.) Déchets. – De *racler.*

racolage [rakɔlaʒ] n. m. **1.** Action de racoler. – Anc. *Le racolage des soldats.* ▷ Mod., péjor. *Le racolage publicitaire.* **2.** (En parlant d'une personne qui se livre à la prostitution.) *Le racolage sur la voie publique est puni par la loi.* – De *racoler.*

racoler [rakɔle] v. tr. [1] **1.** Anc. Enrôler par ruse ou par force (des hommes) pour le service militaire. **2.** Recruter par des moyens plus ou moins honnêtes. *Politicien véreux qui racole ses partisans n'importe où.* **3.** (Avec ou s. comp.) Solliciter un client, en parlant d'un(e) prostitué(e). – De *r-,* et *accoler.*

racoleur, euse [rakɔlœr, øz] n. et adj. **1.** n. m. Anc. Celui qui était chargé de racoler des soldats. **2.** n. Péjor. Personne qui racole pour un parti, qui fait de la publicité pour un produit, etc. – adj. *Une affiche racoleuse.* **3.** n. f. Vieilli Prostituée. – De *racoler.*

racontable [rakɔ̃tabl] adj. Qui peut être raconté. – *Par ext.* Qui ne choque pas. *Une histoire à peine racontable.* – De *raconter.*

racontar [rakɔ̃tar] n. m. (Souvent au plur.) Nouvelle peu sérieuse; médisance, commérage sur le compte de qqn. *Ce ne sont que des racontars.* Syn. ragot. – De *raconter.*

raconter [rakɔ̃te] v. tr. [1] **1.** Faire le récit de (choses vraies ou imaginaires). *Raconter une histoire.* **2.** Litt. Dépeindre. *Ces monuments qui racontent la gloire de l'Empire.* Syn. rapporter. – *Raconter qqn* : raconter la vie de la personne en question. ▷ v. pron. Raconter sa propre vie, sa propre histoire. **3.** Dire à la légère ou avec mauvaise foi. *Qu'est-ce que tu racontes ?* – De *r-,* et a. fr. *aconter,* de *conter.*

raconteur, euse [rakɔ̃tœr, øz] n. Rare Personne qui raconte, qui aime raconter. – De *raconter.*

racornir [rakɔrnir] v. tr. [3] **1.** Rendre dur et coriace, donner la consistance de la corne à. *La chaleur a racorni le cuir de ces souliers.* ▷ v. pron. Devenir dur et coriace en se ratatinant. *La viande s'est racornie à la cuisson.* **2.** Fig. Endurcir, faire perdre son ouverture d'esprit à. *L'âge et les épreuves ont achevé de la racornir.* ▷ v. pron. *Son cœur s'est racorni.* – De *re-,* et *corne.*

racornissement [rakɔrnismɑ̃] n. m. Fait de se racornir; état de ce qui est racorni. – De *racornir.*

1. rad [rad] n. m. PHYS NUCL Anc. unité d'irradiation (symbole rd) correspondant à l'absorption de 0,01 J/kg. (V. gray). – De *rad(iation).*

2. rad Symbole du radian.

radar [radar] n. m. Dispositif émetteur-récepteur d'ondes électromagnétiques qui permet de déterminer la direction et la distance d'un objet faisant obstacle à la propagation de celles-ci (phénomène d' *écho*). *Utilisation du radar pour le repérage et le guidage des navires, des avions, des missiles, etc.* ▷ (En appos.) *Écran radar. Écho radar.* – Mot angl., abrév. de *RAdio Detecting And Ranging,* «détection et télémétrie par radioélectricité».

radariste [radarist] n. Spécialiste assurant le fonctionnement et la maintenance des radars. – De *radar.*

rade [rad] n. f. Vaste bassin naturel comportant une libre issue vers la mer, où les navires peuvent trouver de bons mouillages. *La rade de Brest.* ▷ Loc. fam. *Laisser, rester en rade* : abandonner, être abandonné. – Anc. angl. *rad* (angl. mod. *road,* «route»).

radeau [ʀado] n. m. **1.** Assemblage de pièces de bois liées ensemble de manière à former une plate-forme flottante et pouvant servir d'embarcation de fortune. *Le Radeau (des naufragés) de la Méduse, tableau de Géricault (1819).* ▷ Par anal. (de fonction). *Radeau de sauvetage* : petite embarcation pneumatique insubmersible qui se gonfle automatiquement et que l'on utilise en cas de naufrage. **2.** Train de bois sur une rivière. – Anc. provenç. *radel*, lat. *ratis*.

rader [ʀade] v. tr. [1] TECH Entailler un bloc de pierre au ciseau, en dessus et en dessous, pour le diviser. – De l'a. fr. *radoire*, « règle pour mesurer à ras », lat. pop. **rasitoria*, de *radere*, « raser ».

radiaire [ʀadjɛʀladj. Didac. Qui forme des rayons autour d'un axe. – Du lat. *radius*, « rayon ».

1. radial, ale, aux [ʀadjal, o] adj. ANAT Qui a rapport au radius. *Nerf radial* : nerf sensitif et moteur de l'avant-bras et de la main. – De *radius*.

2. radial, ale, aux [ʀadjal, o] adj. **1.** TECH Relatif au rayon. - Disposé suivant un rayon. **2.** URBAN *Voie radiale* ou, n. f., *une radiale* : voie qui joint (comme le rayon d'un cercle) le centre d'une ville à une voie périphérique. – Du lat. *radius*, « rayon ».

radian [ʀadjɑ̃] n. m. GEOM Unité de mesure d'angle (symbole rad) du système SI, correspondant à l'angle au centre qui intercepte un arc de cercle de longueur égale à celle du rayon (1 rad = 57,296 ° = 63,662 grades; 180 ° = 200 grades = π rad; un tour complet correspond à 2 π rad). – Du lat. *radius*, « rayon », par l'angl.

radiance [ʀadjɑ̃s] n. f. PHYS Vieilli. Quotient du flux lumineux que rayonne une surface par son aire. (On dit auj. *émittance*.) – De *radiant*.

radiant, ante [ʀadjɑ̃, ɑ̃t] adj. (et n. m.) **1.** Qui émet un rayonnement, se propage par radiation. *Chaleur radiante.* **2.** ASTRO *Point radiant* ou, n. m., *un, le radiant* : point du ciel d'où semblent issus les groupes d'étoiles filantes. – Lat. *radians*, « rayonnant ».

radiateur [ʀadjatœʀ] n. m. **1.** Corps de chauffe transmettant au milieu environnant la chaleur qu'il reçoit d'un fluide lui-même chauffé par une chaudière ou une résistance électrique (radiateur à circulation d'huile). **2.** Appareil de chauffage alimenté par le gaz ou l'électricité. **3.** *Par anal. de forme.* TECH Organe de refroidissement de certains moteurs à explosion, où l'eau échauffée par le moteur se refroidit en passant dans des tubes qui offrent une grande surface de déperdition et sont, en outre, rafraîchis par un ventilateur. – Du lat. *radiari*, « rayonner », de *radius*.

radiatif, ive [ʀadjatif, iv] adj. PHYS Qui concerne les radiations. – De *radiation*.

1. radiation [ʀadjasjɔ̃] n. f. **1.** Vieilli Émission de lumière. **2.** Mod. PHYS Ébranlement oscillatoire électromagnétique (flux de photons). - Plus généralement, flux de particules. V. rayonnement (sens 2). **3.** PALEONT Fait, pour une espèce vivante, de prendre possession d'un milieu. *La radiation des mammifères qui se répandirent dans les habitats devenus libres après l'extinction des dinosauriens.* Syn. rayonnement. – Lat. *radiatio*, « rayonnement ».

2. radiation [ʀadjasjɔ̃] n. f. Action de radier d'une liste, d'un compte, d'un corps, etc. *La radiation d'une inscription hypothécaire.* – Du lat. médiév. *radiare*, latinisation de *rayer* par fausse étym.

radical, ale, aux [ʀadikal, o] adj. et n. m. **I.** adj. **1.** BOT Relatif aux racines, qui naît des racines. *Pédoncules radicaux.* **2.** Qui tient au principe fondamental, à la nature d'une chose, d'un être. *C'est le vice radical de cette théorie.* ▷ Résolu, intransigeant, entier. *Un attachement radical.* - POLIT *Whig radical* (en Angleterre, au XVIIIe s.), résolument attaché au libéralisme. - *Parti radical* (en France) : V. encycl. radicalisme. **3.** Cour. Qui touche, concerne les fondements mêmes de ce que l'on veut modifier. *Réforme radicale.* **4.** Qui est d'une efficacité certaine. *Traitement radical. Moyens radicaux.* **5.** GEOM *Axe radical de deux cercles*, droite perpendiculaire à la droite reliant les centres de ces cercles, lieu géométrique des points ayant la même puissance par rapport à ces deux cercles. **II.** n. m. **1.** LING Forme d'un mot dépouillé des désinences qui constituent sa flexion, sa déclinaison, sa conjugaison, etc. **2.** CHIM Groupement d'atomes susceptibles d'être séparés en bloc d'une molécule et d'entrer dans la composition d'une autre molécule de structure différente. *Le radical hydroxyle -OH se rencontre dans la molécule d'eau (H-OH), dans les alcools (R-OH), dans les phénols, etc.* - *Radical libre* : radical de durée de vie très brève, qui peut s'observer à l'état non combiné. **3.** MATH Symbole $\sqrt{\ }$ qui sert à noter l'extraction de la racine*. **4.** POLIT Membre d'un groupe qui montre une attitude résolue, au sein d'une assemblée, d'un parti, d'un courant. - *Spécial.* Républicain qui, sous la monarchie de Juillet, manifestait son attachement « radical » aux principes de 1789; par la suite, adepte du radicalisme, membre du parti radical. – Bas lat. *radicalis*, de *radix, radicis*, « racine ».

radicalaire [ʀadikalɛʀ] adj. Qui se rapporte à un radical chimique. – De *radical*.

radicalement [ʀadikalmɑ̃] adv. Dans son principe même, d'une manière radicale. *C'est radicalement différent.* – De *radical*.

radicalisation [ʀadikalizasjɔ̃] n. f. Fait de se radicaliser. *La radicalisation d'un mouvement politique.* – De *radicaliser*.

radicaliser [ʀadikalize] v. tr. [1] Rendre plus radical; durcir (une position). ▷ v. pron. *Le mouvement se radicalise.* – De *radical* (sens II, 4).

radicalisme [ʀadikalism] n. m. **1.** POLIT Doctrine, engagement politique des radicaux (sens II, 4) et des radicaux socialistes. **2.** Attitude intellectuelle qui consiste à reprendre les questions à partir du commencement, sans tenir compte de l'acquis. – De *radical*.

ENCYCL **Hist.** - Le terme *radicalisme*, qui apparut à la fin du XVIIIe s. en Angleterre pour désigner la tendance « dure » au sein des whigs puis des libéraux, ne se répandit en France que sous la monarchie de Juillet (1830-1848). Sous Napoléon III, un nouveau radicalisme se développa, dont le programme de Gambetta, lors de l'élection de Belleville de 1869, fut la prem. manifestation officielle. Aux débuts de la IIIe Rép., le radicalisme fut tout-puissant mais ne se constitua pas en un véritable parti. Le radicalisme caractérisa d'abord un état d'esprit anticlérical, confiant dans le suffrage universel, dans le progrès des sciences et des idées (notam. grâce à l'école laïque), n'ayant, dans le domaine social, que des positions théoriques avec un attachement à la propriété privée. Le *parti républicain radical et radical-socialiste* fut fondé en 1901; de 1902 à 1914, ses ténors (Combes, Clemenceau, Caillaux) gouvernèrent le pays. Divisé après 1918, occupant le centre de l'éventail politique, le parti dirigea en 1924, avec Herriot, le Cartel des gauches. En 1936, il décida de s'associer aux socialistes et aux communistes dans la majorité qui soutenait le Front populaire, puis s'allia, en 1938-1940, aux modérés. Divisé en 1940, il échoua aux élections de 1945 et perdit ses membres de gauche, mais joua un rôle import. d'arbitre sous la IVe Rép.; E. Faure, puis P. Mendès France tentèrent de rajeunir ce parti vieillissant avant de le quitter successivement tous deux. Généralement opposé à la majorité gaulliste sous la Ve Rép., le parti radical continua de perdre son électorat. En 1971, il se divisa en deux fractions : l'une, centriste et réformatrice, conserva l'appellation de parti radical et forme auj. l'une des composantes de l'U.D.F., l'autre, sous le nom de Mouvement des radicaux de gauche, a rejoint la majorité favorable à F. Mitterrand.

radical-socialisme [ʀadikalsɔsjalism] n. m. POLIT Doctrine, tendance d'extrême gauche au sein du radicalisme, dans les débuts de la IIIe République. (Par la suite, les termes *radicalisme* et *radical-socialisme* furent utilisés l'un pour l'autre.) – De *radical*, et *socialisme*.

radical-socialiste [ʀadikalsɔsjalist] adj. et n. Du radical-socialisme. – Subst. *Les radicaux-socialistes.* – De *radical*, et *socialiste*.

radicant, ante [ʀadikɑ̃, ɑ̃t] adj. BOT Se dit de plantes dont les tiges émettent des racines en différents points de leur longueur (racines adventives). *Le fraisier est une plante radicante.* – Du lat. *radicari*, « émettre des racines ».

radicelle [ʀadisɛl] n. f. BOT Racine secondaire, filament produit par la ramification de la racine principale. *L'ensemble des radicelles constitue le chevelu.* – Var. sav. de *radicule*.

radiculaire [ʀadikylɛʀ] adj. **1.** BOT Qui appartient ou qui se rapporte à la racine ou à la radicule. **2.** MED Qui concerne la racine des nerfs rachidiens ou crâniens, ou la racine des dents. – Du lat. *radicula*, « radicule ».

radicule [ʀadikyl] n. f. BOT Partie inférieure de l'axe de l'embryon qui, en se développant, deviendra la racine. – Lat. *radicula*, dimin. de *radix, radicis*, « racine ».

radié, ée [ʀadje] adj. et n. f. **1.** adj. Disposé en rayons. *Capitule radié des pâquerettes.* **2.** n. f. pl. BOT Ensemble de composées au capitule radié (marguerites, chrysanthèmes, etc.). – Sing. *Une radiée.* – Lat. *radiatus*.

1. radier [ʀadje] n. m. CONSTR Ouvrage de maçonnerie ou dalle de béton armé destiné à répartir une charge sur le sol. – Probabl. du rad. de *radeau*.

2. radier [ʀadje] v. tr. [2] Rayer d'une liste, d'un compte, d'un registre. *Être radié des listes électorales.* – *Spécial.* Exclure (qqn) d'un corps, rayer son nom de la liste des inscrits, le plus souvent par mesure disciplinaire. *Radier un avocat du barreau.* – De *radiation* 2.

radiesthésie [ʀadjɛstezi] n. f. Faculté qu'auraient certaines personnes d'être sensibles aux radiations qu'émettraient différents corps; ensemble des procédés de détection des objets cachés, fondés sur cette faculté. – Du rad. de *radiation*, et *-esthésie*.

radiesthésiste [ʀadjɛstezist] n. Personne qui pratique la radiesthésie. *Instruments des radiesthésistes* (baguette de sourcier, pendule, etc.). – De *radiesthésie*.

radieusement [ʀadjøzmɑ̃] adv. D'une manière radieuse. – De *radieux*.

radieux, euse [ʀadjø, øz] adj. **1.** Qui émet des rayons lumineux d'un vif éclat. *Soleil radieux.* ▷ Fig. Éclatant. *Une beauté radieuse.* **2.** Particulièrement lumineux, ensoleillé. *Une journée radieuse.* **3.** (Personnes) Rayonnant de joie, de bonheur. *Elle arriva radieuse.* – Par ext. *Avoir un air, un visage radieux.* – Lat. *radiosus*, de *radius*, « rayon ».

radin, ine [ʀadɛ̃, in] n. et adj. Fam. Avare. ▷ adj. *Elle est radine* ou, cour., *radin.* – Arg. *radin*, « gousset, tiroir-caisse », var. de l'arg. *radeau*, « comptoir ».

radiner [ʀadine] v. intr. [1] Pop. Arriver, venir. *Il radine dans deux minutes.* ▷ v. pron. *Allez, radine-toi!* – Probabl. de l'a. fr. *rade*, « rapide, vite », du lat. *rapidus*.

radinerie [ʀadinʀi] n. f. Fam. Avarice. – De *radin*.

1. radio-. Élément, tiré du rad. lat. *radius*, « rayon », ou de *radiation*.

2. radio-. Élément, tiré de *radio* 1.

1. radio [ʀadjo] n. Abrév. de certains composés de *radio* : *radiodiffusion, radiographie, radiotélégraphiste, radionavigateur, radiotéléphonie.* V. ces mots.

2. radio [ʀadjo] n. f. **1.** Station émettrice d'émissions radiophoniques. *Radio périphérique*, dont l'émetteur est situé hors du territoire français. *Radio libre* : radio locale privée. *Radio pirate*, qui diffuse illégalement ses émissions. **2.** Récepteur de radiodiffusion. – Abrév. de *radiophonie* ou de *radiodiffusion*.

radioactif, ive [ʀadjoaktif, iv] adj. Doué de radioactivité. – De *radio-* 1, et *actif*.

radioactivité [ʀadjoaktivite] n. f. Émission, par certains éléments, de rayonnements divers, résultant de réactions nucléaires. – De *radio-* 1, et *activité*.

ENCYCL **Phys.** – Un élément radioactif est caractérisé par sa *période* (temps pendant lequel la moitié de ses noyaux s'est désintégrée) et par son *activité* (nombre de désintégrations par unité de temps), laquelle s'exprime en *curies* (symbole Ci); 1 Ci = $3{,}7.10^{10}$ désintégrations par seconde; c'est l'activité d'un gramme de radium. La mesure de l'activité d'un corps radioactif permet de déduire le temps depuis lequel ce corps se désintègre et, en partic., de procéder à la *datation* d'échantillons, à condition que la période du radioélément retenu ne soit pas trop courte par rapport à l'âge à déterminer. Ainsi, le *carbone 14*, dont la période est de 5 600 ans, permet de mesurer des âges allant jusqu'à 50 000 ans et le *potassium 40* jusqu'à 80 millions d'années. Les corps radioactifs agissent sur l'organisme par irradiation (action des rayonnements) ou par contamination (inhalation, ingestion ou contamination externe). Ils provoquent des ionisations entraînant des modifications biochimiques plus ou moins graves. La dose de rayonnements reçus est exprimée en *röntgens* ou en *rems* (des lésions apparaissent en général au-delà de 50 rems). L'effet destructeur des irradiations sur les organismes vivants est mis à profit lors du traitement de certaines tumeurs (radiothérapie), pour stériliser les denrées alimentaires (lait, viande, etc.) et pour créer, par mutation, de nouvelles espèces (horticulture, agronomie).

radioalignement [ʀadjoaliɲmɑ̃] n. m. AVIAT, MAR Dispositif de matérialisation d'un axe de navigation, comportant deux radiophares qui émettent sur la même fréquence des signaux complémentaires. – De *radio-* 2, et *alignement*.

radioaltimètre [ʀadjoaltimɛtʀ] n. m. AVIAT Appareil servant à mesurer, au moyen d'ondes radioélectriques, la distance d'un avion par rapport au sol. – De *radio-* 2, et *altimètre*.

radioamateur [ʀadjoamatœʀ] n. m. Particulier autorisé à émettre et à recevoir de manière non professionnelle, sur certaines fréquences, des émissions radiophoniques. – De *radio*, et *amateur*.

radioastronome [ʀadjoastʀɔnɔm] n. Spécialiste de radioastronomie. – De *radioastronomie*.

radioastronomie [ʀadjoastʀɔnɔmi] n. f. ASTRO Branche de l'astronomie consacrée à l'étude des ondes radioélectriques émises par les astres. – De *radio-* 2, et *astronomie*.

radiobalisage [ʀadjobalizaʒ] n. m. AVIAT Signalisation par radiobalises. – De *radio-* 2, et *balisage*.

radiobalise [ʀadjobaliz] n. f. MAR, AVIAT Balise formée d'un poste radioémetteur permettant aux avions et aux navires de repérer un point fixe connu, par radiogoniométrie. – De *radio-* 2, et *balise*.

radiobiologie [ʀadjobjɔlɔʒi] n. f. BIOL Science qui étudie l'action des radiations (X, α, β, γ, ultraviolettes, etc.) sur les êtres vivants. – De *radio-* 1, et *biologie*.

radiocassette [ʀadjokasɛt] n. f. Appareil combinant un récepteur de radio et un lecteur (ou un lecteur-enregistreur) de cassettes. – De *radio*, et *cassette*.

radiochimie [ʀadjoʃimi] n. f. CHIM Branche de la chimie qui étudie les phénomènes liés à la radioactivité. – De *radio-* 1, et *chimie*.

radiocommande [ʀadjokɔmɑ̃d] n. f. TECH Commande à distance au moyen d'ondes radioélectriques. – De *radio-* 2, et *commande.*

radiocommunication [ʀadjokɔmynikasjɔ̃] n. f. TECH Communication par ondes radioélectriques. – De *radio-* 2, et *communication.*

radiocompas [ʀadjokɔ̃pa] n. m. AVIAT, MAR Radiogoniomètre, souvent automatique, permettant de guider l'avion, ou le navire, par rapport aux directions de faisceaux radioélectriques émis par les radiophares. – De *radio-* 2, et *compas.*

radioconducteur [ʀadjokɔ̃dyktœʀ] n. m. TELECOM Syn. de *cohéreur.* – De *radio-* 2, et *conducteur.*

radioconductivité [ʀadjokɔ̃dyktivite] n. f. PHYS Conductivité due à l'ionisation acquise sous l'effet des ondes électromagnétiques. – De *radio-* 2, et *conductivité.*

radiocristallographie [ʀadjokʀistallɔgʀafi] n. f. PHYS Branche de la cristallographie qui a pour objet l'étude de la diffraction des rayons X, des électrons et des neutrons dans les structures cristallines. – De *radio-* 1, et *cristallographie.*

radiodermite [ʀadjodɛʀmit] n. f. MED Lésion cutanée due à une irradiation par les rayons X. – De *radio-* 1, et *dermite.*

radiodiagnostic [ʀadjodjagnɔstik] n. m. MED Diagnostic reposant sur l'examen d'images radiologiques. – De *radio-* 1, et *diagnostic.*

radiodiffuser [ʀadjodifyze] v. tr. [1] Diffuser au moyen d'ondes électromagnétiques. – Pp. adj. *Discours radiodiffusé.* – De *radio-* 2, et *diffuser.*

radiodiffusion [ʀadjodifyzjɔ̃] n. f. Mise en ondes, transmission de programmes sonores (musique, reportages, etc.) au moyen d'ondes électromagnétiques. – Ensemble des procédés utilisés à cet effet. (V. encycl. radioélectricité.) ▷ *Poste de radiodiffusion* ou *poste (de) radio* ou, n. f., *radio* : récepteur. – De *radio-* 2, et *diffusion.*

radiodistribution [ʀadjodistʀibysjɔ̃] n. f. Distribution de programmes radiodiffusés par câbles. – De *radio,* et *distribution.*

radioélectricien, enne [ʀadjoelɛktʀisjɛ̃, ɛn] n. Physicien(ne) spécialiste de radioélectricité. – De *radioélectrique,* d'ap. *électricien.*

radioélectricité [ʀadjoelɛktʀisite] n. f. ELECTR Partie de l'électricité consacrée à la transmission de signaux par des ondes électromagnétiques. – De *radio-* 2, et *électricité.*

ENCYCL La radioélectricité constitue un domaine qui recouvre la production, la transmission et la réception des ondes électromagnétiques dont la fréquence est comprise entre 3 000 hertz (3 kHz) et 300 milliards de hertz (300 GHz ou gigahertz), donc de longueur d'onde comprise entre 100 km et 0,1 cm. Ces ondes sont appelées ondes *hertziennes* ou ondes *radioélectriques* et, suivant leur longueur, on les classe en : ondes kilométriques, dont la longueur d'onde est comprise entre 1 000 m et 10 000 m, soit de 300 kHz à 30 kHz ; ondes hectométriques, de 100 m à 1 000 m, soit de 3 MHz à 300 kHz ; ondes décamétriques, de 10 m à 100 m, soit de 30 MHz à 3 MHz ; ondes métriques, de 1 m à 10 m, soit de 300 MHz à 30 MHz ; ondes centimétriques et millimétriques, de 0,1 cm à 10 cm, soit de 300 GHz à 3 GHz. Les ondes radioélectriques sont produites naturellement ; ainsi, les astres émettent en permanence des ondes radioélectriques. Elles peuvent être produites artificiellement en faisant passer un courant alternatif de fréquence suffisamment grande dans un circuit électrique appelé *antenne.* La puissance rayonnée par une antenne est d'autant plus grande que la fréquence et l'intensité du courant sont grandes. Les ondes radioélectriques se propagent directement, par réflexion sur le sol ou sur les hautes couches de l'atmosphère (ionosphère), ou par diffraction sur les obstacles rencontrés. La détection des ondes radioélectriques s'effectue au moyen d'une antenne qui recueille les signaux émis, grâce au phénomène d'induction électrique (création d'un courant dans le circuit électrique constitué par l'antenne). Les signaux sont alors amplifiés en utilisant le phénomène de résonance. La transmission d'informations par les ondes radioélectriques s'effectue au moyen d'une *onde porteuse* de haute fréquence dont on module l'amplitude, la fréquence ou la phase en fonction des signaux de basse fréquence représentant les informations à transmettre. Les applications de la radioélectricité sont très nombreuses : radiodiffusion, télévision, radionavigation, radioguidage, radar, télécommunications, etc.

radioélectrique [ʀadjoelɛktʀik] adj. ELECTR Relatif à la radioélectricité. – De *radio-* 2, et *électrique.*

radioélément [ʀadjoelemɑ̃] n. m. PHYS NUCL Élément radioactif. Syn. radio-isotope. – De *radio-* 1, et *élément.*

radiofréquence [ʀadjofʀekɑ̃s] n. f. TELECOM Fréquence d'une onde radioélectrique. – De *radio-* 2, et *fréquence.*

radiogalaxie [ʀadjogalaksi] n. f. ASTRO Galaxie connue surtout par les ondes radioélectriques qu'elle émet. – De *radio-* 2, et *galaxie.*

radiogoniomètre [ʀadjogɔnjomɛtʀ] n. m. TECH Appareil récepteur d'ondes hertziennes permettant de déterminer avec précision le gisement (sens 2) d'un émetteur. (On dit aussi *goniomètre* ou, par abrév. cour. *gonio.*) – De *radio-* 2, et *goniomètre.*

radiogoniométrie [ʀadjogɔnjometʀi] n. f. TECH Ensemble des procédés utilisés pour déterminer la position d'émetteurs d'ondes radioélectriques. – De *radiogoniomètre.*

radiogramme [ʀadjogʀam] n. m. Message transmis par radiotélégraphie. – Contract. de *radiotélégramme.*

radiographie [ʀadjogʀafi] n. f. Ensemble des procédés qui permettent d'obtenir sur une surface sensible l'image d'un objet exposé aux rayons X. (Abrév. fam. : radio). ▷ Cliché radiographique. *Une radiographie de l'estomac.* – Contract. de *radiophotographie.*

ENCYCL **Méd.** – On distingue : les radiographies simples, consistant à prendre des clichés sous des incidences variables (face, profil, etc.); les radiographies utilisant des moyens de contraste (air, produits iodés, baryte) pour visualiser le tube digestif, les voies urinaires et biliaires, les vaisseaux, diverses cavités de l'organisme. Quant à la tomographie, elle permet d'isoler un plan de l'organisme, rendu net, alors que les autres restent flous. Depuis 1975, le *scanographe* ou *tomodensitomètre* permet de mesurer au moyen de cellules photoélectriques l'absorption des rayons X par l'organe observé, les informations recueillies étant traitées par ordinateur et restituées sur un écran de visualisation.

radiographier [ʀadjogʀafje] v. tr. [2] Photographier au moyen de rayons X. – De *radiographie.*

radiographique [ʀadjogʀafik] adj. Relatif à la radiographie ; obtenu par radiographie. – De *radiographie.*

radioguidage [ʀadjogidaʒ] n. m. Guidage à distance d'un avion, d'un navire, d'un engin, etc., au moyen d'ondes radioélectriques. – De *radio-* 2, et *guidage.*

radioguider [ʀadjogide] v. tr. [1] Diriger par radioguidage. – De *radio-* 2, et *guider.*

radio-immunologie [ʀadjoimynɔlɔʒi] n. f. BIOL Ensemble des techniques permettant d'établir un dosage ou un diagnostic à l'aide de méthodes immunologiques en utilisant un isotope comme réactif. – De *radio-* 2, et *immunologie.*

radio-indicateur [ʀadjoɛ̃dikatœʀ] n. m. TECH Syn. de *traceur * radioactif. Des radio-indicateurs.* – De *radio-* 1, et *indicateur.*

radio-isotope [ʀadjoizotɔp] n. m. PHYS NUCL Isotope radioactif d'un élément. *Des radio-isotopes.* Syn. radioélément. – De *radio-* 1, et *isotope.*

radiolaires [ʀadjɔlɛʀ] n. m. pl. ZOOL Classe de protozoaires actinopodes marins à squelette siliceux. - Sing. *Un radiolaire.* – Lat. zool. *radiolaria,* de *radiolus,* dimin. de *radius,* « rayon ».

radiolarite [ʀadjolaʀit] n. f. PETROG Roche constituée de squelettes de radiolaires (jaspe, lydienne, etc.). – De *radiolaires.*

radiologie [ʀadjolɔʒi] n. f. Partie de la médecine qui utilise les rayonnements à des fins diagnostiques (radiographie, radiodiagnostic) ou thérapeutiques (radiothérapie). – De *radio-* 1, et *-logie.*

radiologique [ʀadiolɔʒik] adj. Relatif à la radiologie. – De *radiologie.*

radiologue [ʀadjolɔg] ou **radiologiste** [ʀadjolɔʒist] n. Médecin spécialiste de radiologie. – De *radiologie.*

radiolyse [ʀadjoliz] n. f. CHIM, PHYS Lyse (d'une substance chimique) par rayonnements ionisants. – De *radio-* 1, et *lyse.*

radiométallographie [ʀadjometalɔgʀafi] n. f. METALL Étude de la structure des métaux et des alliages au moyen des rayons X ou des rayons γ, permettant notam. le contrôle non destructif des pièces métalliques, des soudures, etc. – De *radio-* 1, et *métallographie.*

radiomètre [ʀadjomɛtʀ] n. m. PHYS Appareil servant à mesurer l'énergie des rayonnements. – Angl. *radiometer.*

radiométrie [ʀadjometʀi] n. f. PHYS Mesure de l'intensité des rayonnements, en partic. des rayons X et γ. – De *radio-* 1, et *-métrie.*

radionavigant [ʀadjonavigɑ̃] ou **radionavigateur** [ʀadjonavigatœʀ] n. m. MAR, AVIAT Membre de l'équipage chargé du service des appareils de radiocommunication à bord d'un navire, d'un aéronef. (Abrév. fam. : radio). – De *radio-* 2, et *navigateur.*

radionavigation [ʀadjonavigasjɔ̃] n. f. MAR, AVIAT Mode de navigation dans lequel la position est déterminée au moyen d'appareils radioélectriques. – De *radio-* 2, et *navigation.*

radionécrose [ʀadjonekʀoz] n. f. MED Nécrose (d'un tissu) due aux rayons X ou à des corps radioactifs. – De *radio-* 1, et *nécrose.*

radionucléide [ʀadjonykleid] ou **radionuclide** [ʀadjonyklid] n. m. PHYS NUCL Nucléide radioactif. (Il est conseillé d'employer *radionucléide* plutôt que *radionuclide,* mot angl.) Cf. noyau. – De *radio-* 1, et *nucléide.*

radiopathologie [ʀadjopatɔlɔʒi] n. f. MED Discipline médicale étudiant et traitant les troubles dus aux irradiations. – De *radio-* 1, et *pathologie.*

radiophare [ʀadjofaʀ] n. m. TELECOM Émetteur d'ondes radioélectriques permettant aux navires et aux aéronefs de déterminer leur position par radiogoniométrie. – De *radio-* 2, et *phare.*

radiophonie [ʀadjofɔni] n. f. TELECOM Transmission des sons au moyen d'ondes radioélectriques (radiodiffusion, radiotéléphonie). – De *radio-* 2, et *phonie.*

radiophonique [ʀadjofɔnik] adj. Relatif à la radiophonie et à la radiodiffusion. *Émissions radiophoniques.* – De *radiophonie.*

radiophotographie [ʀadjofɔtogʀafi] n. f. Photographie d'une image obtenue sur écran de radioscopie. – De *radio-* 1, et *photographie.*

radioprotection [ʀadjopʀɔtɛksjɔ̃] n. f. TECH Ensemble des procédés et des appareils servant à protéger l'homme contre la radioactivité. – De *radio-* 1, et *protection.*

radiorécepteur [ʀadjoʀesɛptœʀ] n. m. TECH Récepteur de radiodiffusion. – De *radio-* 2, et *récepteur.*

radioreportage [ʀadjoʀəpɔʀtaʒ] n. m. Reportage radiodiffusé. – De *radio-* 2, et *reportage.*

radioreporter [ʀadjoʀəpɔʀtɛʀ] n. m. Journaliste spécialisé dans les radioreportages. – De *radio-* 2, et *reporter.*

radiorésistance [ʀadjoʀezistɑ̃s] n. f. MED Résistance d'un tissu vivant à l'action des rayons ionisants auxquels il devient insensible ou peu sensible. – De *radio-* 1, et *résistance.*

radioréveil [ʀadjoʀevɛj] n. m. Appareil combinant dans un même boîtier un récepteur radio et un réveil. – De *radio,* et *réveil.*

radioscopie [ʀadjoskɔpi] n. f. Observation de l'image formée sur un écran fluorescent par un corps traversé par les rayons X. – De *radio-* 1, et *-scopie.*

radioscopique [ʀadjoskɔpik] adj. Relatif à la radioscopie. – De *radioscopie.*

radiosensibilisateur, trice [ʀadjosɑ̃sibilizatœʀ, tʀis] n. m. et adj. MED Substance diminuant la résistance naturelle des cellules aux rayons ionisants. *Les radiosensibilisateurs sont utilisés en cancérologie pour augmenter l'efficacité de certaines radiothérapies.* - adj. *Un produit radiosensibilisateur.* – De *radio-* 1, et *sensibilisateur.*

radiosensibilité [ʀadjosɑ̃sibilite] n. f. Sensibilité des tissus vivants aux rayons ionisants. – De *radio-* 1, et *sensibilité.*

radiosondage [ʀadjosɔ̃daʒ] n. m. **1.** AVIAT Détermination de la hauteur à laquelle se trouve un avion, au moyen d'un altimètre-radar. **2.** METEO Mesure météorologique effectuée en altitude au moyen d'une radiosonde. – De *radio-* 2, et *sondage.*

radiosonde [ʀadjosɔ̃d] n. f. METEO Appareil attaché à un ballon-sonde, qui transmet au sol, au moyen d'ondes radioélectriques, les résultats des mesures qu'il effectue en altitude. – De *radio-* 2, et *sonde.*

radiosource [ʀadjosuʀs] n. f. ASTRO Objet céleste connu par les ondes radioélectriques qu'il émet de façon permanente. V. rayonnement. – De *radio-* 2, et *source.*

radio-taxi [ʀadjotaksi] n. m. Taxi équipé d'un émetteur-récepteur radioélectrique lui permettant de communiquer avec un standard qui lui transmet les appels de clients. *Des radio-taxis.* – De *radio-* 2, et *taxi.*

radiotechnicien, enne [ʀadjotɛknisjɛ̃, ɛn] n. Spécialiste de la radiotechnique. – De *radio-* 2, et *technicien.*

radiotechnique [ʀadjotɛknik] n. f. Ensemble des techniques relatives à la radioélectricité et à ses applications. ▷ adj. Relatif à ces techniques. – De *radio-* 2, et *technique.*

radiotélégramme [ʀadjotelegʀam] n. m. TELECOM Télégramme transmis par ondes radioélectriques. Syn. radiogramme. – De *radio-* 2, et *télégramme.*

radiotélégraphie [ʀadjotelegʀafi] n. f. TELECOM Procédé de transmission par ondes radioélectriques de messages traduits en signaux conventionnels (morse, par ex.); télégraphie sans fil. – De *radio-* 2, et *télégraphie.*

radiotélégraphique [ʀadjotelegʀafik] adj. Relatif à la radiotélégraphie. – De *radiotélégraphie.*

radiotélégraphiste [ʀadjotelegʀafist] n. Opérateur de radiotélégraphie. (Abrév. fam. : radio). – De *radiotélégraphie.*

radiotéléphone [ʀadjotelefɔn] n. m. Téléphone sans fil utilisant des ondes radio. – De *radio-* 2, et *téléphone.*

radiotéléphonie [ʀadjotelefɔni] n. f. TELECOM Procédé de transmission des sons par ondes radioélectriques ; téléphonie sans fil. (Abrév. fam. : radio). – De *radio-* 2, et *téléphonie.*

radiotéléphonique [ʀadjotelefɔnik] adj. Qui se rapporte à la radiotéléphonie. – De *radiotéléphonie.*

radiotéléphoniste [ʀadjotelefɔnist] n. m. Opérateur de radiotéléphonie. – De *radiotéléphonie.*

radiotélescope [ʀadjoteleskɔp] n. m. ASTRO Appareil servant à capter les ondes radioélectriques émises par les astres. *Les radiotélescopes sont groupés en réseau d'interférométrie, de manière à augmenter le pouvoir séparateur.* – De *radio-* 2, et *télescope.*

radiotélévisé, ée [ʀadjotelevize] adj. AUDIOV Diffusé par radio et télévision. *Émission radiotélévisée.* – De *radio(diffusé),* et *télévisé.*

radiotélévision [ʀadjotelevizjɔ̃] n. f. AUDIOV Ensemble des procédés de diffusion des sons (radiodiffusion) et des images (télévision) au moyen d'ondes radioélectriques. – De *radio(diffusion),* et *télévision.*

radiothérapeute [ʀadjoteʀapøt] n. MED Spécialiste de radiothérapie. – De *radio-* 1, et *thérapeuthe.*

radiothérapie [ʀadjoteʀapi] n. f. MED Traitement par des radiations ionisantes. – De *radio-* 1, et *thérapie.*
ENCYCL On distingue : la radiothérapie *externe* (irradiation à distance à l'aide d'une bombe au cobalt, d'un bêtatron ou d'un rayonnement X) ; la radiothérapie *de contact* (mise en place d'une source radioactive au contact de la tumeur) ; la radiothérapie *par injection d'un isotope,* cet isotope ayant une affinité particulière avec la tumeur à traiter.

radiothérapique [ʀadjoteʀapik] adj. MED Relatif à la radiothérapie. – De *radiothérapie.*

radis [ʀadi] n. m. **1.** Plante potagère (genre *Raphanus,* fam. crucifères) cultivée pour sa racine comestible. ▷ Cette racine, de saveur piquante, que l'on consomme crue. *Les radis roses.* **2.** Syn. de *sou, argent.* - Surtout dans la loc. fam. *ne pas (plus) avoir un radis.* – Ital. *radice,* « racine », du lat. *radix, radicis.*

radium [ʀadjɔm] n. m. Élément alcalino-terreux radioactif de numéro atomique Z = 88, de masse atomique 226,025 (symbole Ra). - Métal (Ra) qui fond à 700 °C et bout à 1 140 °C. – De *radio(actif),* et suff. *-ium* des métaux.
ENCYCL Très rare dans la nature, le radium est extrait des minerais d'uranium et de thorium. Depuis le développement de l'industrie atomique, le radium est un sous-produit de la préparation de l'uranium.

radiumthérapie [ʀadjɔmteʀapi] n. f. MED Traitement des tumeurs par le radium. – De *radium,* et *-thérapie.*

radius [ʀadjys] n. m. ANAT Le plus court des deux os de l'avant-bras, situé à la partie externe de celui-ci, qui s'articule avec l'humérus en haut et avec le carpe en bas, et qui est relié au cubitus par ses deux extrémités, supérieure et inférieure. *Le radius tourne autour du cubitus. Des radius.* – Mot lat., « rayon », par comparaison avec un rayon de roue.

radjah. V. rajah.

radôme [ʀadom] n. m. Vaste dôme en matière synthétique abritant une antenne de radar. – Mot angl., de *ra(dar),* et *dome,* « dôme ».

radon [ʀadɔ̃] n. m. CHIM Élément radioactif de numéro atomique Z = 86, de masse atomique 222 (symbole Rn). - Gaz rare (Rn) qui se liquéfie à - 61,8 °C et se solidifie à - 71 °C. – Rad. de *radium.*

radotage [ʀadɔtaʒ] n. m. Action de radoter. - Propos tenus par une personne qui radote. – De *radoter.*

radoter [ʀadɔte] v. [1] **1.** v. intr. Tenir des propos qui dénotent un affaiblissement de l'esprit. *Ce vieillard radote.* **2.** v. tr. Rabâcher. – De *re-,* et rad. germ. *dot,* par le moyen néerl. *doten,* « rêver, tomber en enfance ».

radoteur, euse [ʀadɔtœʀ, øz] n. et adj. Se dit d'une personne qui radote. *Un vieux radoteur.* – De *radoter.*

radoub [ʀadu ; ʀadub] n. m. MAR Réparation, entretien de la coque d'un navire. *Bassin de radoub,* destiné aux réparations des coques de navire. – Déverbal de *radouber.*

radouber [ʀadube] v. tr. [1] MAR Réparer ou nettoyer (la coque d'un navire). ▷ PECHE *Radouber un filet,* le raccommoder. – De *r-,* et *adouber,* au sens anc. de *« arranger ».*

radoucir [ʀadusiʀ] v. tr. [3] **1.** Rendre plus doux. *La pluie a radouci le temps.* ▷ v. pron. *Le temps s'est radouci.* **2.** Fig. Rendre moins rude, apaiser. *Ce petit présent a radouci son humeur.* ▷ v. pron. *Son ton s'est radouci.* – De *r-,* et *adoucir.*

radoucissement [ʀadusismɑ̃] n. m. Fait de se radoucir. – De *radoucir.*

radsoc [ʀadsɔk] n. et adj. Fam. Abrév. de *radical-socialiste.*

radula [ʀadyla] n. f. ZOOL Lame cornée râpeuse située sur le plancher buccal des mollusques gastéropodes et céphalopodes. – Mot lat., « racloir », de *radere,* « raser ».

rafale [ʀafal] n. f. **1.** Coup de vent soudain et violent mais qui dure peu ; brusque augmentation de la vitesse du vent. *Vent qui souffle par rafales.* Syn. bourrasque. **2.** Suite de coups tirés à brefs intervalles pendant un temps assez court, par une batterie d'artillerie, une arme automatique, etc. *Rafale de mitraillette. Tir par rafales.* – De *r-,* et *affaler,* « être porté sur la côte et couché par le vent », avec infl. de l'ital. *raffica.*

raffermir [ʀafɛʀmiʀ] v. tr. [3] **1.** Rendre plus ferme, plus dur. *Le soleil a raffermi les chemins. Le sport raffermit la musculature.* **2.** Fig. Remettre dans un état plus stable, plus assuré. *Raffermir sa santé, son autorité.* ▷ v. pron. *Le crédit public se raffermira.* Syn. consolider, fortifier. – De *r-,* et *affermir.*

raffermissement [ʀafɛʀmismɑ̃] n. m. Action de se raffermir ; son résultat. – De *raffermir.*

raffinage [ʀafinaʒ] n. m. Opération qui consiste à raffiner (un produit). *Raffinage du pétrole.* – De *raffiner.*

raffiné, ée [ʀafine] adj. **1.** Qui a été soumis à un raffinage. *Sucre raffiné.* **2.** Fig. D'une grande délicatesse ; fin, subtil. *Personne raffinée. Goûts raffinés.* Ant. fruste, grossier. – Pp. de *raffiner.*

raffinement [ʀafinmɑ̃] n. m. État, qualité de ce qui est raffiné ; extrême délicatesse, subtilité. *S'exprimer avec raffinement. Le raffinement d'un décor.* ▷ *Par exag.* Recherche excessive. *Raffinement dans la cruauté.* – De *raffiner.*

raffiner [ʀafine] v. [1] **I.** v. tr. **1.** Soumettre (une matière brute) à une suite d'opérations ayant pour but de l'épurer ou de la transformer en un produit utilisable. *Raffiner du sucre, du pétrole, du papier.* **2.** Fig. (Personnes) Rendre plus fin, plus délicat. *Raffiner ses manières.* ▷ v. pron. Devenir moins fruste. **II.** v. intr. Mettre un soin exagéré à accomplir une tâche ; rechercher une subtilité excessive. *Ne raffinez pas tant, cela n'en vaut pas la peine.* Syn. fignoler. – De *r-,* et *affiner.*

raffinerie [ʀafinʀi] n. f. Lieu où l'on raffine (certains produits). *Raffinerie de sucre, de pétrole.* – De *raffiner.*

raffineur, euse [ʀafinœʀ, øz] n. Personne qui dirige une raffinerie ou qui y travaille. – De *raffiner.*

raffle. V. rafle 2.

rafflésiacées [ʀaflezjase] n. f. pl. BOT Famille de dicotylédones apétales (genre type *Rafflesia*), plantes parasites, surtout tropicales (Indonésie), aux fleurs gigantesques. (Leur calice pétaloïde peut atteindre 1 m de diamètre et peser 5 kg; leur appareil végétatif est très réduit.) - Sing. *Une rafflésiacée.* – De *rafflesia*, du nom de sir Thomas Stanford *Raffles*, gouverneur de Sumatra, qui découvrit cette plante.

raffoler [ʀafɔle] v. tr. indir. [1] *Raffoler de :* aimer à la folie, avoir une prédilection très marquée pour (qqch, qqn). *Il raffole d'opéra.* – De *r-*, et *affoler.*

raffut [ʀafy] n. m. Fam. Tapage, vacarme. *Faire du raffut.* – Du dial. *raffuter*, «rosser, battre, gronder», probabl. de *fuster*, «battre à coups de bâton».

raffûter [ʀafyte] v. tr. Affûter de nouveau. *Raffûter un couteau.* – De *r-*, et *affûter.*

rafiot [ʀafjo] n. m. **1.** MAR, VX Petit navire de la Méditerranée, marchant à la voile et à l'aviron. **2.** *Par ext.*, fam. Mauvais bateau. *Un vieux rafiot.* – P.-ê. du rad. germ. *rapt-*, *raft*, angl. *raft*, «radeau».

rafistolage [ʀafistɔlaʒ] n. m. Fam. Action de rafistoler; son résultat. – De *rafistoler.*

rafistoler [ʀafistɔle] v. tr. [1] Fam. Remettre grossièrement en état, réparer sans grand soin ou avec des moyens de fortune. *J'ai rafistolé la portière avec du fil de fer.* – De *r-*, et *afistoler*, «tromper», puis «arranger», de l'ital. *fistola*, «flûte», lat. *fistula*, «tuyau».

1. rafle [ʀafl] n. f. **1.** Action de rafler, de tout emporter. *Les enfants ont fait une rafle dans le placard à gâteaux.* **2.** Arrestation en masse faite à l'improviste par la police. *Il a été pris dans une rafle et il a passé la nuit au poste.* – All. *Raffel*, rad. *raffen*, «emporter vivement».

2. rafle [ʀafl] ou **raffle** n. f. BOT, VITIC Ensemble formé par l'axe central et les pédoncules des fruits d'une grappe de raisin, de groseille, etc. Syn. râpe. – P.-ê. var. de *râpe* 2, d'ap. *rafle* 1 («grains raflés»).

rafler [ʀafle] v. tr. [1] Fam. Prendre, enlever promptement (tout ce que l'on trouve). *Les voleurs ont tout raflé.* – De *rafle* 1.

rafraîchir [ʀafʀeʃiʀ] v. [3] **I.** v. tr. **1.** Rendre frais, donner de la fraîcheur à. *Rafraîchir du vin.* **2.** Diminuer la température (du corps); calmer la soif de (qqn). *Buvez, cela vous rafraîchira.* - Absol. *Les boissons acidulées rafraîchissent.* ▷ v. pron. *Se rafraîchir avec un verre d'eau glacée.* Ant. échauffer, réchauffer. **3.** Remettre en état, redonner de la fraîcheur à (ce qui était défraîchi). *Rafraîchir un mur.* - Pp. adj. *Un tableau rafraîchi.* ▷ Fig., fam. *Rafraîchir la mémoire à qqn*, lui rappeler ce qu'il a ou ce qu'il prétend avoir oublié. ▷ INFORM Régénérer l'image affichée sur un écran. - Pp. adj. *Écran rafraîchi quinze fois par seconde.* **II.** v. intr. Devenir plus frais. *Mettez les fruits à rafraîchir.* ▷ Pp. adj. *Eau rafraîchie.* ▷ v. pron. *Le temps s'est rafraîchi.* – Var. de *refraîchir*, de *re-*, et a. fr. *freschir*, «reposer, restaurer».

rafraîchissant, ante [ʀafʀeʃisɑ̃, ɑ̃t] adj. **1.** Qui diminue la chaleur de (l'atmosphère, du corps, etc.). *Brise rafraîchissante.* ▷ Qui désaltère. *Boisson rafraîchissante.* **2.** Fig. Qui donne une impression de fraîcheur, de jeunesse. *Des rires clairs, rafraîchissants.* – Ppr. de *rafraîchir.*

rafraîchissement [ʀafʀeʃismɑ̃] n. m. **1.** Fait de rafraîchir, de se rafraîchir. *Rafraîchissement de la température.* - Fig. *Ce mur a besoin d'un sérieux rafraîchissement, d'une remise en état.* **2.** Boisson fraîche. *Prendre un rafraîchissement.* ▷ (Plur.) Boissons fraîches, fruits frais, etc., que l'on sert dans les fêtes, les réunions. **3.** INFORM Réaffichage total de l'écran. – De *rafraîchir* (sens 2); calque de l'angl. *refreshments.*

raft [ʀaft] n. m. (Anglicisme) SPORT Bateau léger, en caoutchouc armé, conçu pour la descente des torrents. – Mot angl., «radeau».

rafting [ʀaftiŋ] n. m. (Anglicisme) SPORT Sport consistant à descendre les torrents en raft. – De l'angl. *raft*, «radeau».

rāga [ʀaga] n. m. inv. MUS Pièce mélodique de la musique indienne répondant à une structure établie dans les gammes ascendante et descendante. *Chaque rāga possède son propre motif et traduit un climat correspondant aux différentes saisons et aux différents moments de la journée.* – Mot sanskrit, «prière».

ragaillardir [ʀagajaʀdiʀ] v. tr. [3] Redonner des forces, de la gaieté, de l'entrain à (qqn). *Cette nouvelle l'a ragaillardi.* Syn. revigorer. – De *r-*, et a. fr. *agaillardir*, de *gaillard.*

rage [ʀaʒ] n. f. **I.** Maladie virale épidémique qui affecte certains mammifères (chien, chat, renard, etc.), lesquels la transmettent à l'homme (par morsure, en général). *Pasteur essaya pour la première fois son vaccin contre la rage en 1885 sur un jeune berger alsacien mordu par un chien enragé.* **II.** **1.** Colère, dépit portés au plus haut degré. *Être en rage contre qqn.* Syn. fureur. **2.** Passion portée à l'excès, penchant outré. *La rage d'écrire.* Syn. fureur, manie. ▷ Volonté farouche et passionnée, résolution inflexible. *La rage de vaincre, de survivre.* **3.** Loc. *Faire rage :* se manifester avec une grande intensité, une grande violence; être à son paroxysme. *L'incendie faisait rage.* **4.** *Rage de dents :* très violent mal de dents. – Lat. pop. **rabia*, class. *rabies*, «rage, fureur».

rageant, ante [ʀaʒɑ̃, ɑ̃t] adj. Qui fait rager, enrager. Syn. irritant, exaspérant. – Ppr. de *rager.*

rager [ʀaʒe] v. intr. [13] Éprouver un violent dépit. Syn. enrager. – De *rage.*

rageur, euse [ʀaʒœʀ, øz] adj. **1.** Porté à des colères violentes. *Enfant rageur.* **2.** Qui traduit la colère, la rage. *Geste rageur.* – De *rager.*

rageusement [ʀaʒøzmɑ̃] adv. Avec rage, fureur. – De *rageur.*

raglan [ʀaglɑ̃] n. m. et adj. inv. **I.** n. m. **1.** Manteau d'homme à pèlerine mis à la mode pendant la guerre de Crimée (1854-1855). **2.** Pardessus ample à manches raglan. **II.** adj. inv. *Manches raglan*, dont l'épaulement remonte jusqu'au col par des coutures en biais. *Veste raglan*, à manches raglan. – Du nom de Lord *Raglan* (1788-1855), chef de l'armée anglaise en Crimée.

ragondin [ʀagɔ̃dɛ̃] n. m. **1.** Gros rongeur amphibie (*Myocastor coypus*), originaire d'Amérique du S., élevé en Europe pour sa fourrure. **2.** Fourrure de cet animal. *Veste en ragondin.* (S'écrit parfois aussi *rat gondin.*)

1. ragot, ote [ʀago, ɔt] adj. et n. **I.** adj. **1.** *Cheval ragot, jument ragote*, de taille ramassée et d'encolure très courte. **2.** Vx (Personnes) De petite taille, court et gros. ▷ Subst. *Un(e) ragot(e).* **II.** n. m. VEN Sanglier mâle de deux à trois ans. – Du rad. expr. *rag-*, cf. bas lat. *ragire*, «crier, grogner, braire».

2. ragot [ʀago] n. m. Fam. (Souvent au plur.) Commérage plus ou moins malveillant, cancan. – De *ragoter*, «grogner comme un sanglier», de *ragot* 1.

ragougnasse [ʀaguɲas] n. f. Fam. Plat mal préparé et peu appétissant. - Mauvaise cuisine. – De *ragoût*, avec suff. péjor.

ragoût [ʀagu] n. m. **1.** Vx Assaisonnement. **2.** CUIS Plat de viande (ou de poisson) et de légumes, coupés en morceaux et cuits dans une sauce abondante. *Ragoût de mouton.* – De l'a. fr. *ragoûter*, «réveiller l'appétit, le goût».

ragoûtant, ante [ʀagutɑ̃, ɑ̃t] adj. (Le plus souvent en tournure négative.) **1.** Qui excite l'appétit. *Mets peu* *ragoûtant.* **2.** Fig. Engageant, qui plaît. *Aspect peu ragoûtant.* – De l'a. fr. *ragoûter.* Cf. ragoût.

ragréer [ʀagʀee] v. tr. [1] ARCHI Mettre la dernière main à une construction pour en corriger les petits défauts. ▷ Ravaler. *Ragréer une façade.* – De *r-*, et a. fr. *agréer*, « équiper ».

ragtime [ʀagtajm] n. m. MUS Style de musique pour piano qui naquit aux États-Unis à la fin du XIXe s. et qui fut l'une des sources du jazz. *Le ragtime, contrairement au jazz, ne comportait pas d'improvisation.* – Mot amér., de *rag*, « chiffon, lambeau », et *time*, « temps ».

raguer [ʀage] v. intr. [1] MAR S'user, s'endommager par frottement. *Écoute qui rague contre une filière.* – Néerl. *ragen*, « brosser ».

rahat-loukoum [ʀaatlukum], **loukoum** [lukum] ou **lokoum** [lɔkum] n. m. Confiserie orientale faite d'une pâte sucrée et parfumée. *Manger des rahat-loukoums (des loukoums).* – Mots arabes, « repos de la gorge ».

rai ou (rare) **rais** [ʀɛ] n. m. Vx ou litt. Rayon (de lumière). – Lat. *radius.*

raï [ʀaj] n. m. MUS Musique populaire arabe, algérienne notam., qui, en modifiant les rythmes et en accentuant les mélodies, utilise des thèmes traditionnels avec une orchestration occidentale moderne, et dont les paroles des morceaux chantés évoquent la vie quotidienne. – Mot ar., « opinion ».

raid [ʀɛd] n. m. **1.** Rapide opération de reconnaissance ou d'attaque menée par des éléments très mobiles en territoire inconnu ou ennemi. *Raid de parachutistes, de blindés.* ▷ Mission de bombardement aérien visant un objectif lointain. **2.** AVIAT Vol d'endurance. *Raid Paris-Tōkyō.* **3.** SPORT Épreuve de vitesse, de résistance et d'endurance sur une longue distance. *Raid à skis.* – Mot angl., var. écossaise de l'anc. angl. *rad*, « route » (*road* en angl. mod.).

raide [ʀɛd], (vx ou litt) **roide** [ʀwad] adj. et adv. **I.** adj. **1.** Tendu; dépourvu d'élasticité, de souplesse. *Cette amarre n'est pas assez raide.* ▷ *Corde raide* : corde très tendue sur laquelle évoluent les funambules. – Fig. *Être, danser sur la corde raide* : être dans une situation dangereuse, difficile. **2.** Qui ne se plie pas, qui reste droit ou plat. *Des cheveux raides.* ▷ (Personnes; corps ou parties du corps.) *Se tenir raide comme un piquet. Des membres, des doigts raides de froid.* **3.** Qui manque de grâce, de souplesse. *Démarche, gestes raides.* – Fig. *Style raide.* **4.** Qui manque de souplesse (de caractère). *Attitude, caractère raide.* Syn. dur, rigide. **5.** Abrupt. *Pente raide.* Ant. doux. **6.** Fig., fam. Difficile à admettre. *Ça alors! C'est un peu raide!* **7.** Pop. *Être raide* : ne plus avoir d'argent, être totalement démuni; être ivre ou sous l'effet d'une drogue. **II.** adv. **1.** En pente raide. *Escalier qui monte raide.* **2.** Subitement. *Tomber raide mort. Tomber raide.* – Fém. de l'anc. adj. *roit*, lat. *rigidus*, de *rigere*, « avoir durci ».

raider [ʀɛdɛʀ] n. m. (Anglicisme) ECON Personne physique ou morale qui, par le biais de transactions financières, prend le contrôle d'une entreprise, parfois dans le seul but d'en tirer profit lors d'une revente. Syn. (off. recommandé) attaquant. – Mot angl.

raideur [ʀɛdœʀ] n. f. **1.** Caractère, état de ce qui est raide, rigide. *Raideur d'une planche.* **2.** Manque de souplesse, de grâce. *Marcher avec raideur.* **3.** Fig. Sévérité, rigidité. *Raideur d'un caractère.* ▷ Froideur. *Répondre avec raideur.* **4.** Forte inclinaison (d'une pente). *La raideur d'un escalier.* – De *raide.*

raidillon [ʀɛdijɔ̃] n. m. Petite pente raide; court sentier escaladant une pente raide. – De *raide.*

raidir [ʀɛdiʀ] v. [3] **I.** v. tr. Rendre raide; tendre. *Raidir le bras. Raidir un cordage.* **II.** v. intr. Devenir raide. *Le linge humide raidit au gel.* **III.** v. pron. **1.** Devenir raide. *Ses membres se raidissaient.* **2.** Fig. Tenir ferme, résister avec opiniâtreté. *Se raidir contre la douleur.* ▷ Se tendre, devenir moins amical. *Leurs relations se sont raidies.* – De *raide.*

raidissement [ʀɛdismɑ̃] n. m. Fait de raidir, de se raidir; état de ce qui est raidi. – De *raidir.*

raidisseur [ʀɛdisœʀ] n. m. TECH Appareil servant à raidir (un câble, une charpente, une tôle, etc.). – De *raidir.*

1. raie [ʀɛ] n. f. **1.** Trait, ligne. *Faire, tracer une raie sur une feuille.* ▷ Bande ou ligne formant un motif décoratif. *Étoffe à raies noires.* ▷ PHYS *Raie spectrale* : fine bande claire ou sombre que l'on observe sur un spectre et qui correspond à une augmentation de luminosité *(raie d'émission)* ou à une diminution de luminosité *(raie d'absorption)* à une fréquence donnée. **2.** Ligne de séparation entre deux masses de cheveux, laissant apparaître le cuir chevelu. *Raie au milieu, sur le côté.* **3.** AGRIC Entre-deux des sillons; sillon. – Bas lat. d'orig. gaul. *riga.*

2. raie [ʀɛ] n. f. Poisson cartilagineux aux fentes branchiales ventrales, et dont les fortes nageoires antérieures sont développées en ailerons et soudées à la tête. *Les raies ont en général un corps aplati en losange.* – Lat. *raia.*

raifort [ʀɛfɔʀ] n. m. Plante potagère (*Cochlearia armoracia*, fam. crucifères) cultivée pour sa racine à saveur piquante. ▷ Cette racine, employée en médecine pour ses propriétés antiscorbutiques. ▷ *Abusiv.* Radis noir d'hiver. – De *raiz fort*, « racine forte », du lat. *radix*, « racine ».

rail [ʀaj] n. m. **1.** Chacune des bandes d'acier profilé fixées les unes à la suite des autres, en deux lignes parallèles, sur des traverses, et qui constituent une voie ferrée. **2.** *Par anal.* Profilé métallique le long duquel une pièce mobile peut glisser. *Rail d'une tringle à rideau.* ▷ *Rail de sécurité* : bordure métallique le long d'une route, d'une autoroute. Syn. glissière. **3.** *Le rail* : le transport ferroviaire. – Mot angl., de l'a. fr. *raille*, *reille*, « barre »; lat. *regula*, « règle, barre ».

railler [ʀɑje] v. [1] **1.** v. tr. Tourner en dérision. *Railler qqn de ridicule.* Syn. moquer, charrier (pop.). **2.** v. intr. Vieilli Badiner, ne pas parler sérieusement. *Je ne raille point.* Syn. plaisanter. **3.** v. pron. Se moquer. *Se railler de tout.* – Anc. provenç. *ralhar*, « plaisanter », lat. pop. **ragulare*, du bas lat. *ragere*, « braire ».

raillerie [ʀɑjʀi] n. f. **1.** Action de railler; habitude de railler. **2.** Propos railleur, moquerie. – De *railler.*

railleur, euse [ʀɑjœʀ, øz] adj. **1.** Qui raille, qui aime à railler. ▷ Subst. *Les railleurs et les sceptiques.* **2.** Qui exprime la raillerie. *Ton railleur.* Syn. ironique, narquois. – De *railler.*

rail-route ou **railroute** [ʀajʀut] n. m. TRANSP *Transport rail-route* : syn. de *ferroutage.* – De *rail*, et *route.*

rainer [ʀene] v. tr. [1] TECH Creuser d'une ou de plusieurs rainures. Syn. rainurer. – A. fr. *roisner*, de *roisne*, var. anc. de *rouanne*; refait d'ap. *rainure.*

1. rainette [ʀenɛt] n. f. Petite grenouille arboricole dont l'extrémité des doigts porte des pelotes adhésives. – Dimin. de l'a. fr. *raine*, « grenouille », du lat. *rana.*

2. rainette [ʀenɛt] n. f. Syn. de *rénette.* – De *rainer.*

rainurage [ʀenyʀaʒ] n. m. TECH Action de rainurer; son résultat. – De *rainurer.*

rainure [ʀenyʀ] n. f. Fente ou entaille longue et étroite de section régulière. *Couvercle qui coulisse dans deux rainures.* – De l'a. fr. *roisner* (cf. rainer).

rainurer [ʀenyʀe] v. tr. [1] TECH Syn. de *rainer.* – De *rainure.*

raiponce [ʀepɔ̃s] n. f. Nom cour. de diverses campanulacées du genre *Phyteuma.* ▷ *Spécial.* Campanule (*Campanula rapunculus*) dont les racines et les feuilles se consomment en salade. – Ital. *raponzo,* du lat. *rapa,* «rave».

raire [ʀɛʀ] [78] ou **réer** [ʀee] [1] v. intr. VEN Pousser son cri, en parlant du cerf, du chevreuil. Syn. bramer. – Bas lat. *ragere* (cf. railler).

rais. V. rai.

raïs [ʀais] n. m. (en ar. *ra'īs*) Chef arabe, leader. ▷ Spécial. *Le raïs :* le président égyptien. – Mot ar. d'Égypte, «tête, chef» (cf. ras 2).

raisin [ʀɛzɛ̃] n. m. **I. 1.** Fruit de la vigne. *Raisin blanc, noir. Raisin de table. Raisins secs.* **2.** *Raisin d'ours :* fruit de la busserole (*Arctostaphylos uva-ursi,* fam. éricacées). **3.** *Raisin de mer :* paquet d'œufs de céphalopodes (seiche, notam.). **II.** Format de papier (50 × 65 cm) ainsi nommé à cause de la marque en grappe de raisin qu'il portait autref. en filigrane. – Lat. pop. **racimus,* class. *racemus,* «grappe, raisin».

raisiné [ʀɛzine] n. m. **1.** Confiture liquide à base de jus de raisin et de divers fruits. **2.** Arg., vieilli Sang. – De *raisin.*

raison [ʀɛzɔ̃] n. f. **I. 1.** Faculté propre à l'homme de connaître et de juger. *Cultiver sa raison.* ▷ Ensemble des facultés intellectuelles. *Perdre la raison.* Syn. esprit, intelligence. **2.** Faculté de distinguer le vrai du faux, le bien du mal, et de régler ainsi sa conduite. *«La parfaite raison fuit toute extrémité» (Molière). Âge de raison.* ▷ Ce qui est sage, raisonnable. *Se rendre à la raison. Entendre, parler raison.* – *Plus que de raison :* plus qu'il n'est raisonnable. – *Se faire une raison :* accepter, se résigner. ▷ Ce qui est le fait d'un raisonnement (par oppos. à *sentiment,* à *instinct,* etc.). *Mariage de raison.* ▷ Ce qui est juste et vrai (par oppos. à *tort*). *Avoir raison. À tort ou à raison.* ▷ Vx (Sauf en loc.) Ce qui est de droit, de justice. *Rendre raison à qqn. Demander, faire raison d'un affront.* ▷ *Avoir raison de qqn,* triompher, avoir l'avantage sur lui. ▷ *Comme de raison :* comme il est juste. **II. 1.** Sujet, cause, motif. *Pour quelles raisons n'est-il pas venu? «Le cœur a ses raisons que la raison ne connaît point» (Pascal).* ▷ Litt. *Rendre raison de qqch,* l'expliquer, l'expliciter. ▷ *Raison de plus, à plus forte raison :* par un motif d'autant plus fort. ▷ *La raison d'État :* l'ensemble des considérations qui font primer l'intérêt supérieur de l'État sur l'équité à l'égard des individus. **2.** Argument. *Il s'est enfin rendu à nos raisons.* **3.** MATH Rapport de deux quantités. *Raison directe :* rapport de deux quantités dont l'une varie proportionnellement à l'autre. *Raison inverse :* rapport de deux quantités dont l'une varie de manière inversement proportionnelle à l'autre. ▷ *Raison d'une progression arithmétique (ou géométrique) :* nombre constant auquel on ajoute (ou par lequel on multiplie) un terme de la progression pour obtenir le terme suivant. **4.** Loc. prép. *À raison de :* à proportion de. *Payer à raison de cent francs l'heure.* ▷ *En raison de :* à cause de, en considération de. *En raison des circonstances.* **III. 1.** Vx Compte. *Livre de raison.* **2.** DR et cour. *Raison sociale :* désignation d'une société, liste des noms des associés, rangés dans un ordre déterminé. – Lat. *rationem,* accus. de *ratio,* «calcul, compte», par ext. «faculté de calculer, de raisonner», pour traduire le gr. *logos,* «raison, langage».

raisonnable [ʀɛzɔnabl] adj. **1.** Doué de raison. *L'homme est un être raisonnable.* Syn. intelligent, pensant. **2.** Qui pense selon la raison, le bon sens; qui agit d'une manière réfléchie et mesurée. *Vous êtes trop raisonnable pour prendre un tel risque.* ▷ (Choses) Conforme à la raison, à la sagesse, à l'équité. Syn. sensé, sage. Ant. déraisonnable. **3.** Qui n'est pas excessif; modéré, convenable. *Prix raisonnable. Jouir d'un revenu raisonnable.* – De *raison.*

raisonnablement [ʀɛzɔnabləmɑ̃] adv. **1.** Avec bon sens, raison. *Se conduire, parler raisonnablement.* **2.** D'une manière modérée; suffisamment. *Maison raisonnablement grande.* Ant. exagérément. – De *raisonnable.*

raisonné, ée [ʀɛzɔne] adj. **1.** Qui s'appuie sur le raisonnement; fondé sur des preuves, des raisons. *Projet raisonné.* **2.** Qui rend raison des règles d'un art, d'une science; qui explique et illustre. *Grammaire raisonnée. Catalogue raisonné.* – Pp. de *raisonner.*

raisonnement [ʀɛzɔnmɑ̃] n. m. **1.** Opération discursive de la pensée qui consiste à enchaîner des idées ou des jugements selon des principes déterminés et à en tirer une conclusion. *Force, justesse de raisonnement.* **2.** Suite des arguments employés quand on raisonne; enchaînement de raisons préparant une conclusion. – De *raison.*

raisonner [ʀɛzɔne] v. [1] **I.** v. intr. **1.** Se servir de sa raison pour juger, démontrer; conduire un raisonnement. *Raisonner juste, faux.* **2.** Répliquer, alléguer des raisons, des excuses. *Cessez de raisonner et reconnaissez honnêtement votre erreur.* **II.** v. tr. **1.** Soumettre au raisonnement. *Raisonner ses actions.* ▷ Contrôler par le raisonnement, la raison. *Raisonner sa peur.* ▷ v. pron. (passif). *Les sentiments ne se raisonnent pas.* **2.** Chercher à amener (qqn) à la raison. *J'ai tenté de le raisonner et de le calmer.* ▷ v. pron. (réfléchi). *Se raisonner en face du danger.* – De *raison.*

raisonneur, euse [ʀɛzɔnœʀ, øz] n. **1.** Personne qui raisonne. *Un bon raisonneur.* ▷ adj. *Esprit raisonneur.* **2.** Péjor. Personne qui réplique, allègue des excuses, discute les ordres. *«Tu fais le raisonneur» (Molière).* ▷ adj. *Enfant raisonneur.* – De *raisonner.*

rajah, raja [ʀaʒa] ou **radjah** [ʀadʒa] n. m. inv. Souverain d'une principauté, en Inde. (Fém. *rani.*) V. aussi maharadjah. – Hindi *raja,* sanskrit *rājā,* «roi», par le portug.

rajeunir [ʀaʒœniʀ] v. [3] **I.** v. tr. **1.** Faire redevenir plus jeune; rendre la jeunesse à (qqn). ▷ Fig. Donner un air de fraîcheur, de nouveauté à. *Rajeunir une maison en la ravalant.* **2.** Faire paraître plus jeune. *Cette coiffure la rajeunit.* **3.** Attribuer à (qqn) un âge moindre que son âge véritable. *Vous me rajeunissez!* ▷ v. pron. Se dire, se faire paraître plus jeune qu'on n'est. **II.** v. intr. Redevenir jeune, reprendre un air de jeunesse. *Il a rajeuni depuis son mariage.* – Fig. *Au printemps, la nature rajeunit.* – De *re-,* et *jeune.*

rajeunissant, ante [ʀaʒœnisɑ̃, ɑ̃t] adj. Qui a la propriété de rajeunir. – Ppr. de *rajeunir.*

rajeunissement [ʀaʒœnismɑ̃] n. m. **1.** Action de rajeunir, de donner une vigueur nouvelle. **2.** État de ce qui est, de ce qui paraît rajeuni. – De *rajeunir.*

rajiformes [ʀaʒifɔʀm] n. m. pl. ZOOL Sous-ordre de sélaciens comprenant les raies, par oppos. aux squaliformes (requins). – Sing. *Un rajiforme.* – Lat. *raia,* «raie», et *-forme.*

rajout [ʀaʒu] n. m. Ce qui est rajouté. *Édifice médiéval qui comporte des rajouts de la Renaissance.* – Déverbal de *rajouter.*

rajouter [ʀaʒute] v. tr. [1] Ajouter de nouveau; ajouter encore, par surcroît. *Rajoutez un peu d'eau à ce thé, il est trop fort.* ▷ Fam. *En rajouter :* exagérer. *Je ne crois pas que tout soit vrai, il a dû en rajouter.*

rajustement [ʀaʒystəmɑ̃] ou **réajustement** [ʀeaʒystəmɑ̃] n. m. Fait de rajuster (sens 2). *Le réajustement des pensions.* – De *rajuster,* ou *réajuster.*

rajuster [ʀaʒyste] ou **réajuster** [ʀeaʒyste] v. tr. [1] **1.** Ajuster de nouveau; remettre en bon ordre. *Rajuster son chapeau, sa toilette.* ▷ v. pron. Remettre ses vêtements en ordre. **2.** Remettre à son juste niveau. *Rajuster les salaires, les prix.*

raki [raki] n. m. Eau-de-vie parfumée à l'anis des pays du Proche-Orient. – Turc *râqi*, mot ar.

râlant, ante [ʀalɑ̃, ɑ̃t] adj. Fam. Qui fait râler. *C'est râlant :* cela fait râler, c'est exaspérant. – Ppr. de *râler.*

1. râle [ʀal] n. m. ORNITH Oiseau ralliforme (fam. rallidés) au plumage terne, au corps comprimé latéralement, aux fortes pattes munies de doigts parfois très longs et dont les diverses espèces, peu douées pour le vol, sont adaptées aux conditions de vie des lieux humides et marécageux. *Râle d'eau (Rallus aquaticus). Râle des genêts (Crex crex).* – Du lat. *rasclare,* «racler», à cause du cri de cet oiseau.

2. râle [ʀal] n. m. **1.** MED Bruit anormal perçu à l'auscultation, indiquant une lésion broncho-pulmonaire. *Râle bronchique.* **2.** Respiration bruyante de certains moribonds. ▷ Plainte rauque et inarticulée. – De *râler.*

ralenti [ʀalɑ̃ti] n. m. **1.** Bas régime d'un moteur à combustion interne. *Ralenti bien réglé.* – Fig. *Travailler au ralenti.* **2.** CINE Procédé de prise de vues consistant à tourner à une vitesse supérieure à 24 images par seconde, cadence standard du défilement des images utilisée pour la projection, ce qui permet de faire paraître les mouvements plus lents qu'ils ne le sont dans la réalité. – Pp. subst. de *ralentir.*

ralentir [ʀalɑ̃tiʀ] v. [3] **1.** v. tr. Rendre plus lent. *Ralentir sa course. Ralentir la circulation.* ▷ Modérer, diminuer. *Ralentir son ardeur.* – PHYS NUCL *Ralentir une réaction nucléaire.* V. ralentisseur. **2.** v. intr. Réduire sa vitesse. *Le train ralentit avant d'entrer en gare.* ▷ (Personnes) Ralentir la vitesse de son véhicule. *Chauffeur, ralentissez!* **3.** v. pron. Devenir plus lent. *Mouvement qui se ralentit.* – De *r-,* et anc. v. *alentir,* «rendre lent».

ralentissement [ʀalɑ̃tismɑ̃] n. m. **1.** Fait de ralentir, diminution de la vitesse. *Ralentissement d'une cadence.* **2.** Diminution d'activité. *Le ralentissement des exportations.* – De *ralentir.*

ralentisseur [ʀalɑ̃tisœʀ] n. m. **1.** AUTO Dispositif auxiliaire de freinage destiné à empêcher un véhicule de prendre une vitesse excessive, notam. dans les descentes. *Ralentisseur électrique d'un poids lourd.* **2.** PHYS NUCL Substance qui, dans un réacteur nucléaire, ralentit les neutrons émis lors d'une réaction de fission. – De *ralentir.*

râler [ʀale] v. intr. [1] **1.** Faire entendre un râle (2, sens 2). *Blessé qui râle.* **2.** Fam. Se plaindre avec humeur, protester, récriminer. *Dépêchons-nous, sinon elle va encore râler.* – Même rad. que *racler.*

râleur, euse [ʀalœʀ, øz] n. et adj. Fam. Personne qui a l'habitude de râler, de se plaindre à tout propos. – adj. *Un voisin râleur.* – Dér. de *râler.*

ralingue [ʀalɛ̃g] n. f. MAR Cordage cousu le long des bords d'une voile pour la renforcer. ▷ *Voile en ralingue,* qui faseye, qui bat dans le vent. – P.-ê. du néerl. *ralijk,* dér. de *élingue,* «corde».

ralinguer [ʀalɛ̃ge] v. [1] **1.** v. tr. MAR *Ralinguer une voile,* la munir d'une ralingue. **2.** v. intr. Être en ralingue, faseyer. *Laisser le foc ralinguer.* – De *ralingue.*

rallidés [ʀalide] n. m. pl. ORNITH Famille d'oiseaux dont le râle est le type et qui comprend notam. les poules d'eau et les foulques. - Sing. *Un rallidé.* – De *râle* 1.

ralliement [ʀalimɑ̃] n. m. **1.** Action de rallier, fait de se rallier, rassemblement. *Le ralliement des troupes. Un signe de ralliement.* ▷ *Point de ralliement :* endroit indiqué par avance aux troupes pour se rallier. - *Par ext.* Lieu de rassemblement. **2.** Fait de se rallier (à un parti, une opinion). ▷ *Spécial.* HIST Mouvement par lequel un certain nombre de monarchistes français se rallièrent au régime républicain, à la fin du XIXe s. – De *rallier.*

rallier [ʀalje] v. [2] **I.** v. tr. **1.** Rassembler (des personnes dispersées, des fuyards). **2.** Gagner à un parti, à une opinion, une cause. *Rallier des dissidents.* **3.** Rejoindre. *Le navire dut rallier le port de toute urgence.* **II.** v. pron. **1.** Se rassembler. *Les soldats se sont ralliés.* **2.** Rejoindre (un parti); adhérer (à une opinion). *Se rallier à une cause.*

ralliformes [ʀalifɔʀm] n. m. pl. ORNITH Ordre très diversifié d'oiseaux carinates. – Sing. *Un ralliforme.* – Du lat. scientif. mod. *rallus,* «râle», et *-forme.*

rallonge [ʀalɔ̃ʒ] n. f. **1.** Ce qui sert à rallonger. *Ajouter une rallonge à un fil électrique.* Syn. prolongateur. ▷ *Spécial.* Abattant ou planche à coulisse fixée au plateau d'une table et qui permet d'augmenter la longueur de celle-ci. **2.** TECH Pièce métallique horizontale qui sert au soutènement du toit, dans une mine. **3.** Fam. Supplément de temps, d'argent, etc. – Déverbal de *rallonger.*

rallonger [ʀalɔ̃ʒe] v. [13] **1.** v. tr. Rendre plus long. *Rallonger un pantalon. Rallonger un délai.* **2.** v. intr. Devenir plus long. *Les jours rallongent.*

rallumer [ʀalyme] v. tr. [1] **1.** Allumer de nouveau. *Rallumer un projecteur.* ▷ v. pron. *L'incendie risque de se rallumer.* **2.** Donner une nouvelle activité à. *Rallumer la sédition.* ▷ v. pron. *Les passions se rallument.*

rallye [ʀali] n. m. **1.** Épreuve sportive, compétition dans laquelle les concurrents, parfois partis de points différents, doivent rallier un point déterminé après un certain nombre d'étapes. *Rallye pédestre, équestre, automobile.* **2.** Série de réunions mondaines destinées à mettre en présence jeunes gens et jeunes filles. – De l'angl. *to rally,* «rassembler».

-rama. V. -orama.

ramadan [ʀamadɑ̃] n. m. Neuvième mois de l'année lunaire musulmane, pendant lequel le jeûne est prescrit du lever au coucher du soleil. ▷ Ensemble des prescriptions religieuses qui concernent ce mois. *Faire le ramadan.* – Ar. *ramadān.*

ramage [ʀamaʒ] n. m. **1.** (Plur.) Dessins de branchages, de rameaux. *Étoffe, papier à ramages.* **2.** Litt., vieilli Chant des oiseaux. – De l'a. fr. *raim, ram,* «rameau», lat. *ramus.*

ramager [ʀamaʒe] v. [13] **1.** v. intr. Faire entendre son ramage (oiseaux). **2.** v. tr. Couvrir de ramages. *Ramager du velours.* – De *ramage.*

ramapithèque [ʀamapitɛk] n. m. PALEONT Singe anthropomorphe fossile de la fin du miocène de l'Inde, généralement considéré comme un ancêtre probable des australopithèques. – De *Rhāma,* divinité de l'Inde, et *-pithèque.*

ramassage [ʀamasaʒ] n. m. Action de ramasser; son résultat. - *Ramassage scolaire :* transport quotidien, par autocar, des élèves habitant loin des établissements scolaires dans les régions rurales. – De *ramasser.*

ramassé, ée [ʀamase] adj. **1.** Épais, trapu. *Une stature ramassée.* **2.** Blotti, pelotonné, recroquevillé. **3.** Qui dit beaucoup en peu de mots, concis. *Un style ramassé.* – Pp. de *ramasser.*

ramasse-miettes [ʀamasmjɛt] n. m. inv. Instrument servant à ramasser les miettes sur une table après un repas. – De *ramasser,* et *miette.*

ramasser [ʀamase] v. tr. [1] **I. 1.** Prendre à terre. *Ramasser des châtaignes, du bois mort.* ▷ (Objet n. de personne.) *Ramasser un ivrogne, un blessé.* **2.** Fig., fam. Attraper. *Ramasser un rhume, une gifle.* ▷ Pop. *Ramasser une pelle, une bûche :* faire une chute. **II. 1.** Réunir en un amas, en une masse. *Ramasser ses cheveux en chignon.* ▷ v. pron. Ramasser son propre corps, se mettre en boule. *Se ramasser avant de sauter.* **2.** Rassembler (ce qui est épars); réunir (des personnes dispersées). *Ramasser des soldats en déroute.* **3.** Collecter, réunir, recueillir. *Ramasser des dons.* **4.** Fam. S'assurer de la personne de (qqn), l'arrêter. *Il s'est fait ramasser par une ronde de police.*

ramasseur, euse [ramasœr, øz] n. **1.** Personne qui ramasse. *Les ramasseurs de châtaignes, de champignons. Les ramasseurs de balles,* au tennis. **2.** Personne qui assure un ramassage, une collecte. *Ramasseur de lait d'une coopérative agricole.* – De *ramasser.*

ramasseuse-presse [ramasøzprɛs] n. f. AGRIC Machine destinée à mettre en bottes la paille ou le foin sur le champ même.

ramassis [ramasi] n. m. Ensemble de choses disparates et sans valeur, de personnes peu estimables. *Un ramassis de vieux bibelots. Un ramassis d'escrocs.* – De *ramasser.*

rambarde [rɑ̃baʀd] n. f. Garde-fou, balustrade, parapet. – Ital. *rambata,* de l'anc. lombard *rammon,* « enfoncer ».

ramboutan [rɑ̃butɑ̃] n. m. Variété de litchi dont la peau comporte des excroissances en filaments. – Mot malais, *rambutan.*

ramdam [ramdam] n. m. Pop. Tapage, vacarme. *Faire du ramdam.* – De *ramadan,* à cause du bruit qui accompagne chaque soir la rupture du jeûne.

1. rame [ram] n. f. Branche plantée en terre pour servir d'appui à une plante grimpante (pois, haricots, etc.). – Du lat. *ramus,* « branche »; a. fr. *raim.*

2. rame [ram] n. f. **1.** Ensemble de vingt mains de papier, soit cinq cents feuilles. **2.** TRANSP File de wagons attelés. *Rame de métro.* **3.** TECH Assemblage de deux ou trois tiges de forage. – Esp. *resma,* de l'ar. *rizma,* « ballot, rame de papier ».

3. rame [ram] n. f. Longue pièce de bois élargie en pelle à l'une de ses extrémités qui sert à propulser une embarcation. Syn. aviron. ▷ Fam. *Ne pas en fiche une rame :* ne rien faire. – Lat. *remus,* d'ap. *ramer.*

ramé [rame] adj. m. VEN *Cerf ramé,* dont le bois a commencé à pousser. – De l'a. fr. *rame,* « bois du cerf ».

rameau [ramo] n. m. **1.** Petite branche d'arbre, d'arbuste. ▷ LITURG *Dimanche des Rameaux* ou *(les) Rameaux :* dernier dimanche avant Pâques, qui commémore l'entrée du Christ à Jérusalem où il fut accueilli par une foule qui agitait des palmes. **2.** ANAT Subdivision (d'un nerf, d'un vaisseau). **3.** Subdivision, dans la représentation en arbre d'un système. *Rameau d'un arbre généalogique.* ▷ *Par ext.* Chose que représente cette subdivision. *Un rameau éloigné de la maison impériale.* – Cas régime de l'a. fr. *ramel,* lat. pop. *ramellus,* dimin. de *ramus,* « branche ».

ramée [rame] n. f. **1.** Litt. Ensemble des branches d'un arbre, couvertes de leurs feuilles. *Danser sous la ramée.* **2.** Vx Branches coupées avec leurs feuilles. *« Un pauvre bûcheron, tout couvert de ramée » (La Fontaine).* – De l'a. fr. *ram,* du lat. *ramus,* « branche ».

ramender [ramɑ̃de] v. tr. [1] TECH **1.** Redorer. *Ramender un cadre.* **2.** Réparer (un filet de pêche).

ramener [ramne] **I.** v. tr. [16] **1.** Amener de nouveau. *Il était déjà venu avec elle et il l'a ramenée.* **2.** Faire revenir (une personne, un animal) en un lieu d'où il était parti. *Ramener qqn chez lui. Ramener les bœufs à l'étable.* – (Sujet n. de chose.) *La nécessité l'a ramené ici.* ▷ Fig. *Ramener le débat à son point de départ. Ramener qqn à la raison.* **3.** Réduire. *Ramener l'inflation à un taux inférieur.* **4.** Faire régner de nouveau, rétablir. *Mesures destinées à ramener l'ordre.* **5.** Amener ou apporter au retour d'un déplacement. *Les bateaux des colons ramenaient des épices et des esclaves.* **6.** Replacer dans sa position initiale. *Ramener une couverture sur ses jambes.* **II.** v. pron. **1.** *Se ramener à :* se réduire à. *La difficulté se ramène à un manque de temps.* **2.** Pop. Arriver, venir. *Voilà l'autre qui se ramène.*

ramequin [ramkɛ̃] n. m. **1.** Pâtisserie au fromage. **2.** Petit récipient allant au four. – Néerl. *rammeken,* dimin. de *ram;* cf. all. *Rahm,* « crème ».

1. ramer [rame] v. tr. [1] AGRIC Soutenir par une, des rames (des plantes grimpantes). – Pp. adj. *Pois ramés.* – De *rame* 1.

2. ramer [rame] v. intr. [1] **1.** Manœuvrer les rames pour faire avancer une embarcation. **2.** Fam., fig. Travailler, faire des efforts pour surmonter des obstacles. – Lat. pop. **remare,* de *remus,* « rame ».

ramette [ramɛt] n. f. TECH Rame de papier de petit format. – Dimin. de *rame* 2 (sens 1).

rameur, euse [ramœr, øz] n. Personne qui rame. *Canot à huit rameurs.* – De *ramer* 2.

rameuter [ramøte] v. tr. [1] **1.** Ameuter de nouveau; regrouper en causant une émotion. *Rameuter la population.* **2.** VEN Regrouper en meute. *Rameuter les chiens.*

rameux, euse [ramø, øz] adj. Qui a de nombreux rameaux. *Tige rameuse.* – Lat. *ramosus,* de *ramus,* « branche ».

rami [rami] n. m. Jeu de cartes qui consiste à rassembler dans sa main des figures telles que séquences, carrés, etc. – Angl. *rummy,* de l'adj. *rummy,* « bizarre, drôle ».

ramie [rami] n. f. Plante textile (genre *Boehmeria,* fam. urticacées), appelée aussi *ortie de Chine,* cultivée en Extrême-Orient et aux É.-U. pour ses longues fibres très résistantes. – Malais *rami,* ou *ramieh.*

ramier [ramje] n. m. et adj. m. Grand pigeon des champs, au plumage gris et rose, qui porte une tache blanche sur chaque aile et une tache hachurée de chaque côté du cou (*Columba palumbus*). ▷ adj. m. *Pigeon ramier.* – De l'anc. adj. *ramier,* « touffu », de l'anc. f. *raim,* du lat. *ramus,* « branche ».

ramification [ramifikasjɔ̃] n. f. **1.** Division d'un végétal en rameaux; chacune de ces subdivisions, chacun de ces rameaux. *Ramification alterne du tilleul.* ▷ Par anal. *Ramifications d'un nerf, d'un vaisseau.* **2.** Subdivision (d'une science, etc.). *Les ramifications de la zoologie.* **3.** Subdivision (dans une organisation). *Ramification d'une société secrète.* – Lat. scolast. *ramificatio.*

ramifié, ée [ramifje] adj. Qui comporte des ramifications. ▷ CHIM *Chaîne ramifiée :* structure d'une molécule organique dans laquelle un des atomes de carbone est lié à 3 ou 4 atomes de carbone voisins. – Pp. de *ramifier.*

ramifier (se) [ramifje] v. pron. [2] Se subdiviser en plusieurs rameaux. *Branche, nerf qui se ramifie.* – Lat. scolast. *ramificare.*

ramille [ramij] n. f. **1.** (Collectif) Menue ramée, petites branches coupées avec leurs feuilles. **2.** (Surtout plur.) *Les ramilles :* les plus petites et dernières divisions des rameaux. – Dimin. de l'a. fr. *raim,* du lat. *ramus,* « branche ».

ramingue [ramɛ̃g] adj. EQUIT Se dit d'un cheval qui se défend contre l'éperon. – Ital. *ramingo,* de *ramo,* « rameau » (mot d'abord appliqué au faucon qui vole de branche en branche).

ramolli, ie [ramɔli] adj. (et n.) **1.** Devenu mou. **2.** Fam. (Personnes) Sans énergie, sans réaction. ▷ Devenu faible d'esprit, gâteux. ▷ Subst. *Un vieux ramolli.* – Pp. subst. de *ramollir.*

ramollir [ramɔliʀ] v. tr. [3] **1.** Amollir, rendre plus mou. *Ramollir de la cire.* ▷ v. pron. Devenir plus mou. *Matière qui se ramollit à la chaleur.* **2.** Fig. Affaiblir, rendre moins énergique. *L'oisiveté ramollit la volonté.*

ramollissant, ante [ramɔlisɑ̃, ɑ̃t] adj. MED Syn. vieilli de *émollient.* – Ppr. de *ramollir.*

ramollissement [ʀamɔlismɑ̃] n. m. Fait de se ramollir; état de ce qui est ramolli. ▷ MED *Ramollissement cérébral* : lésion du parenchyme cérébral due à un défaut d'apport sanguin par embolie ou thrombose. – De *ramollir.*

ramollo [ʀamɔlo] adj. (inv. en genre) Fam. Ramolli (sens 2). *Être tout ramollo.* – Forme plais. de *ramolli.*

ramonage [ʀamɔnaʒ] n. m. Action de ramoner; son résultat. – De *ramoner.*

ramoner [ʀamɔne] v. tr. [1] **1.** Nettoyer (une cheminée, son conduit), en ôter la suie. **2.** ALPIN Faire l'escalade d'une «cheminée», d'un passage étroit entre deux parois très rapprochées. – De l'a. fr. *ramon,* «balai de branchage», de *raim,* lat. *ramus,* «branche».

ramoneur [ʀamɔnœʀ] n. m. Celui dont le métier est de ramoner les cheminées. – De *ramoner.*

rampant, ante [ʀɑ̃pɑ̃, ɑ̃t] adj. (et n. m.) **1.** Qui rampe. *Animal rampant. Tige rampante.* ▷ n. m. Arg. (des aviateurs) *Les rampants* : le personnel au sol, qui ne vole pas (mécaniciens, etc.). **2.** Obséquieux, servile. *Courtisan rampant.* **3.** ARCHI Incliné, en pente. ▷ n. m. Partie disposée en pente. *Les rampants d'un pignon.* – Ppr. de *ramper.*

rampe [ʀɑ̃p] n. f. **1.** Plan incliné destiné à permettre le passage entre deux niveaux, deux plans horizontaux. *Rampe d'accès à une autoroute.* ▷ Portion de route, de voie ferrée, etc., fortement inclinée. *Les poids lourds peinaient dans la rampe.* ▷ *Rampe de lancement* : dispositif assurant le support, le maintien et le guidage d'un engin à réaction, d'une fusée, au moment de son lancement. **2.** Balustrade ou barre, à hauteur d'appui, suivant un escalier. **3.** Rangée de lumières au bord d'une scène de théâtre. *Les feux de la rampe.* – De *ramper,* «grimper».

rampeau [ʀɑ̃po] n. m. JEU Second coup, dans une partie qui n'en compte que deux. ▷ *Faire rampeau* : faire coup nul, en gagnant un nombre de points égal à celui de l'adversaire. – Probabl. altér. de *rappel.*

rampement [ʀɑ̃pmɑ̃] n. m. Rare Reptation. – De *ramper.*

ramper [ʀɑ̃pe] v. intr. [1] **1.** Progresser par ondulations ou par contractions et décontractions successives du corps ou de certaines de ses parties, en parlant des animaux dépourvus de membres. *Limace, couleuvre qui rampe.* **2.** (Personnes) Progresser en s'aplatissant à terre, ventre contre le sol. *Soldat qui rampe vers une tranchée.* **3.** Croître en s'étalant, sur un support ou à terre, en parlant d'une plante. *Le lierre rampe.* **4.** Fig. (Choses) Se déplacer lentement au ras du sol. *Un épais brouillard rampait près de la rivière.* ▷ (Personnes) S'abaisser, s'humilier. *Ramper devant les puissants.* – Rad. germ. *(h)ramp,* «chose crochue»; frq. *(h)rampon,* «grimper avec des griffes».

rampon(n)eau [ʀɑ̃pɔno] n. m. Pop. Coup, bourrade. *Recevoir un ramponneau.* – Du nom d'un cabaretier du XVIIIe s., *J. Ramponeau,* populaire par sa jovialité et sa corpulence.

ramure [ʀamyʀ] n. f. Ensemble des branches, des ramifications. *La ramure d'un arbre.* ▷ Bois (d'un cervidé). *La ramure d'un cerf.* – De *rame* 1.

ranales [ʀanal] n. f. pl. BOT Ordre de dicotylédones dont les pièces florales, bien différenciées, sont disposées en spirale (magnoliacées ligneuses et renonculacées herbacées). Syn. polycarpiques. – Sing. *Une ranale.* – Du lat. *rana,* «grenouille».

ranatre [ʀanatʀ] n. f. ENTOM Punaise d'eau, insecte au corps allongé, terminé par un long siphon respiratoire, dont certaines espèces sont venimeuses. – Du lat. *rana,* «grenouille».

rancard ou **rencard** [ʀɑ̃kaʀ] n. m. **1.** Pop. Rendez-vous. *Filer un rancard.* **2.** Arg. Renseignement. – P.-ê. infl. de *rendez-vous,* ou de *rencontre.*

rancarder ou **rencarder** [ʀɑ̃kaʀde] v. tr. [1] Pop. **1.** Donner un rendez-vous à. **2.** Renseigner. ▷ v. pron. Se renseigner. – De *rancard.*

rancart [ʀɑ̃kaʀ] n. m. Loc. fam. *Mettre au rancart* : au rebut. – Altér. de *récarter,* «écarter (les cartes)», ou de *carre,* «coin».

rance [ʀɑ̃s] adj. et n. m. Qui a pris en vieillissant une saveur âcre et une odeur forte, en parlant des denrées grasses. *Beurre, lard rance.* ▷ n. m. *Un goût de rance.* – Lat. *rancidus.*

ranch, ranchs ou **ranches** [ʀɑ̃tʃ] n. m. Aux É.-U., exploitation agricole, dans la Prairie (à l'E. des Rocheuses et à l'O. des Grands Lacs). – Mot anglo-amér., «hutte de pionnier», de l'esp. *rancho,* «cabane, cantine, repas en commun».

rancher [ʀɑ̃tʃœʀ] n. m. (Anglicisme) Fermier qui travaille dans un ranch. – Mot amér.

ranci, ie [ʀɑ̃si] adj. Devenu rance. ▷ n. m. *Beurre qui a un goût de ranci.* – Pp. subst. de *rancir.*

rancio [ʀɑ̃sjo] n. m. Vin de liqueur qui s'est velouté en vieillissant. *Les rancios de Banyuls.* – Mot esp., du lat. *rancidus,* «rance».

rancir [ʀɑ̃siʀ] v. intr. [3] Devenir rance. *L'huile a ranci.* – De *rance.*

rancissement [ʀɑ̃sismɑ̃] n. m. Fait de devenir rance. – De *rancir.*

rancissure [ʀɑ̃sisyʀ] n. f. État de ce qui a ranci; ce qui est rance. – De *rancir.*

rancœur [ʀɑ̃kœʀ] n. f. Amertume tenace due à une injustice, une déception, etc. – Bas lat. *rancor, rancoris,* «rancissure», lat. ecclés. «rancune».

rançon [ʀɑ̃sɔ̃] n. f. **1.** Somme d'argent que l'on donne en échange de la liberté d'une personne captive. **2.** Fig. *La rançon de* : la contrepartie pénible (d'une chose agréable). *Les contraintes de la vie mondaine sont la rançon de la célébrité.* – A. fr. *raençon,* du lat. *redemptio, redemptionis,* «rachat».

rançonner [ʀɑ̃sɔne] v. tr. [1] **1.** Vieilli Ne relâcher que moyennant une certaine somme. *Les corsaires rançonnaient les navires marchands.* **2.** *Par ext.* Extorquer de l'argent à (qqn) sous la menace. ▷ Par exag. *Hôtelier qui rançonne le client,* qui présente des notes trop élevées. – De *rançon.*

rançonneur, euse [ʀɑ̃sɔnœʀ, øz] n. Personne qui rançonne. – De *rançonner.*

rancune [ʀɑ̃kyn] n. f. Ressentiment profond, accompagné du désir de se venger, que l'on garde d'une offense. *Garder rancune à qqn.* ▷ *Sans rancune!* : oublions nos querelles! – Altér. de l'a. fr. *rancure,* lat. pop. **rancura,* crois. de *rancor,* «rancissure, rancœur», et *cura,* «souci».

rancuneux, euse [ʀɑ̃kynø, øz] adj. Litt., vieilli Qui éprouve de la rancune. – De *rancune.*

rancunier, ère [ʀɑ̃kynje, ɛʀ] adj. et n. Qui éprouve facilement de la rancune. *Un adversaire rancunier.* ▷ Subst. *Un rancunier, une rancunière.* – De *rancune.*

rand [ʀɑ̃d] n. m. Unité monétaire de la République sud-africaine.

randomisation [ʀɑ̃domizasjɔ̃] n. f. STATIS Action de randomiser. *Construire un échantillon par randomisation.* – De l'angl. *randomization,* de *at random,* «au hasard».

randomiser [ʀɑ̃domize] v. tr. [1] STATIS Valider un résultat par l'étude comparative du résultat obtenu à partir d'un échantillon dont les éléments sont tirés au hasard. – Même origine que *randomisation*.

randonnée [ʀɑ̃dɔne] n. f. Longue marche ininterrompue, grande promenade. *Randonnée pédestre, équestre.* – De l'anc. v. *randonner,* «courir vite», de *randon,* «rapidité, impétuosité», frq. **rant,* «course».

randonneur, euse [ʀɑ̃dɔnœʀ, øz] n. Personne qui fait une randonnée, ou qui s'adonne régulièrement à la randonnée. – De *randonnée.*

rang [ʀɑ̃] n. m. **I. 1.** Série (de personnes, de choses identiques) disposée en ligne. *Élèves qui se mettent en rangs.* ▷ Série de sièges placés côte à côte. *Les premiers rangs d'une salle de spectacle.* ▷ Ligne de mailles dans un tricot. *Diminuer tous les deux rangs.* **2.** Suite de soldats placés côte à côte. *Rompre les rangs ennemis.* ▷ *Le rang* : les hommes de troupe d'une armée. *Officier sorti du rang,* qui n'est pas passé par une grande école militaire. **3.** Loc. *Les rangs des* : le groupe, l'ensemble des. *Venir grossir les rangs des chômeurs.* ▷ *Être sur les rangs,* en compétition avec d'autres. **II. 1.** Place occupée dans une série. *Être classé par rang d'ancienneté, de taille.* **2.** Position dans une hiérarchie, une échelle de valeurs. *Être reçu à un concours dans un bon rang.* **3.** Loc. *Être au rang de* : compter parmi les. *Prendre rang parmi* : se mettre au nombre de. – All. *Ring,* frq. **hring,* «cercle, anneau».

rangé, ée [ʀɑ̃ʒe] adj. **1.** Mis en rang. - Loc. *Bataille rangée,* livrée par des troupes rangées. **2.** *Une personne rangée,* dont la conduite est sage et exempte de tout excès, qui mène une existence tranquille, sans aventure. - Par ext. *Une vie rangée.* – Pp. de *ranger.*

rangée [ʀɑ̃ʒe] n. f. Suite de choses ou de personnes placées côte à côte sur une même ligne. *Une rangée de sièges, d'arbres. Une rangée de soldats.* – Pp. fém. subst. de *ranger.*

rangement [ʀɑ̃ʒmɑ̃] n. m. **1.** Action de ranger. **2.** Disposition de ce qui est rangé. *Des rangements bien conçus.* – De *ranger.*

1. ranger [ʀɑ̃ʒe] **I.** v. tr. [13] **1.** Mettre en rangs ou en files. *Ranger des soldats en ordre de bataille.* **2.** Disposer en bon ordre. *Ranger ses papiers, la vaisselle.* **3.** Mettre de l'ordre dans. *Ranger sa chambre, un tiroir.* **4.** Classer, faire figurer parmi. *Ranger un poète parmi les classiques.* **5.** Mettre de côté; garer. *Ranger un camion le long du trottoir.* **II.** v. pron. **1.** Se mettre en rangs. *Les soldats se rangent par quatre.* **2.** S'écarter pour laisser le passage. *Les voitures se rangeaient pour laisser passer l'ambulance.* **3.** Se rassembler, se rallier. *Cette organisation s'est rangée sous l'autorité de notre fédération.* **4.** (Personnes) Devenir rangé (sens 2). *En vieillissant, il commence à se ranger.* – De *rang.*

2. ranger [ʀɑ̃dʒœʀ], plur. **rangers** [ʀɑ̃dʒœʀs] n. m. **1.** Soldat d'un corps d'élite de l'armée de terre américaine (notam. de la police montée). **2.** Brodequin muni d'une guêtre de cuir utilisé dans l'armée. – Mot amér., de *to range,* «errer, parcourir».

rani. V. rajah.

ranidés [ʀanide] n. m. pl. ZOOL Famille d'amphibiens anoures dont le type est la grenouille (genre *Rana*). - Sing. *Un ranidé.* – Du lat. *rana,* «grenouille».

ranimation [ʀanimasjɔ̃] n. f. Syn. de *réanimation.* – De *ranimer.*

ranimer [ʀanime] v. tr. [1] **1.** Faire revenir à la conscience. *Ranimer un électrocuté.* Syn. réanimer. ▷ v. pron. Reprendre conscience. **2.** Redonner de la vivacité à. *Ranimer un feu. Ranimer l'ardeur de ses troupes.* ▷ v. pron. *La conversation s'est ranimée à son arrivée.* – De *r-,* et *animer.*

rantanplan. V. rataplan.

ranz [ʀɑ̃s] n. m. *Le ranz des vaches* : air populaire des bergers suisses. – Mot all., «rang».

raout [ʀaut] n. m. Vieilli Réunion mondaine. – Angl. *rout,* de l'a. fr. *route,* «compagnie».

rap [ʀap] n. m. (Anglicisme) Style de musique syncopée, de style funky, dont les textes, parlés, sont scandés. – Mot angl., «tape».

rapace [ʀapas] adj. et n. **I.** adj. **1.** Ardent à poursuivre sa proie (en parlant d'un oiseau). *L'aigle rapace.* **2.** Fig. Avide de gain, cupide. *Usurier rapace.* **II.** n. m. pl. Ancien ordre d'oiseaux carnivores divisé auj. en falconiformes (diurnes) et strigiformes (nocturnes). ▷ Sing. *Un rapace.* – Lat. *rapax, rapacis,* «qui s'empare de, ravisseur», de *rapere,* «saisir, ravir».

rapacité [ʀapasite] n. f. **1.** Avidité d'un animal qui se jette sur sa proie. **2.** Fig. Avidité, cupidité. – Lat. *rapacitas.*

râpage [ʀɑpaʒ] n. m. Action de râper. – De *râper.*

rapatrié, ée [ʀapatʀije] adj. et n. Ramené dans sa patrie. ▷ Qui a rejoint la métropole, en parlant d'anciens coloniaux. ▷ Subst. *Les rapatriés d'Algérie.* – Pp. de *rapatrier.*

rapatriement [ʀapatʀimɑ̃] n. m. Action de rapatrier; son résultat. – De *rapatrier.*

rapatrier [ʀapatʀije] v. tr. [2] Faire revenir (qqn) dans son pays, dans sa patrie. *Rapatrier des exilés.* ▷ Par ext. *Rapatrier des œuvres d'art.* – De *re-,* et *patrie.*

1. râpe [ʀɑp] n. f. **1.** Lime à grosses aspérités utilisée dans le travail des matières tendres. *Râpe à bois.* **2.** Ustensile de cuisine servant à réduire certaines substances en poudre ou en fragments. *Râpe à fromage.* – Germ. **raspôn,* «rafler», haut all., «gratter».

2. râpe [ʀɑp] n. f. VITIC Syn. de *rafle* 2. – Du germ. **raspôn,* par le lat. *raspa,* «grappe de raisin».

1. râpé, ée [ʀɑpe] adj. et n. m. **I.** adj. **1.** Usé jusqu'à la corde, en parlant d'une étoffe, d'un vêtement. **2.** Fam. *C'est râpé* : il ne faut pas y compter. **II.** n. m. Fromage (partic., gruyère) passé à la râpe. *Du râpé.* – Pp. de *râper* (avec infl. probable de *raté* pour le sens 2).

2. râpé [ʀɑpe] n. m. Boisson obtenue en mettant des grappes ou du marc de raisin dans un tonneau qu'on remplit d'eau. – De *râpe* 2.

râper [ʀɑpe] v. tr. [1] **1.** Réduire en poudre, en fragments avec une râpe. *Râper du fromage.* **2.** User la surface d'un corps avec une râpe. *Râper du bois.* ▷ Fig. *Alcool qui râpe le gosier.* **3.** User jusqu'à la corde (un tissu). – De *râpe* 1.

râperie [ʀɑpʀi] n. f. TECH Atelier où l'on opère le râpage (des betteraves à sucre, du bois destiné à la pâte à papier, etc.). – De *râper.*

rapetassage [ʀapətasaʒ] n. m. Fam. Action de rapetasser. – De *rapetasser.*

rapetasser [ʀap(ə)tase] v. tr. [1] Fam. Raccommoder grossièrement. – Du provenç. *petassar,* de *petas,* «pièce pour rapiécer», lat. *pittacium,* «pièce sur un vêtement ou une chaussure», du gr. *pittakion.*

rapetissement [ʀap(ə)tismɑ̃] n. m. Action de rapetisser, fait de se rapetisser; son résultat. – De *rapetisser.*

rapetisser [ʀap(ə)tise] v. [1] **I.** v. tr. **1.** Rendre plus petit; faire paraître plus petit. *L'éloignement rapetissait les objets.* ▷ v. pron. Devenir plus petit. *Se rapetisser par usure.* **2.** Fig. Diminuer la valeur, le mérite de (qqn, qqch). *Cette mesquinerie le rapetisse.* **II.** v. intr. Devenir plus petit, plus court. *Dès le mois d'août, les jours rapetissent.* – De *r-,* et anc. v. *apetisser,* «*diminuer*».

râpeux, euse [ʀɑpø, øz] adj. **1.** Rugueux comme une râpe. *La langue des chats est râpeuse.* **2.** Fig. Âpre au goût, à l'oreille. *Cidre râpeux. Voix râpeuse.* – De *râpe* 1.

raphaélique [ʀafaelik] adj. De Raphaël. – Qui évoque l'art de Raphaël. – Du n. du peintre ital. *Raphaël* (1483-1520).

raphé [ʀafe] n. m. ANAT Ligne saillante sur la peau, correspondant à l'entrecroisement de fibres musculaires. *Raphé médian du périnée.* – Gr. *raphê*, « suture ».

raphia [ʀafja] n. m. Palmier d'Afrique et de Madagascar, dont on tire une fibre souple et résistante. – Cette fibre, qu'on emploie comme lien ou pour faire des tissus (rabane), des objets de vannerie, etc. *Natte en raphia.* – Mot malgache.

rapiat, ate [ʀapja, at] adj. et n. Fam. Pingre, cupide. *Elle est drôlement rapiat* (ou, moins cour., *rapiate).* ▷ Subst. *Un vieux rapiat.* – De *râper*, au sens de « amasser de petites choses ».

rapide [ʀapid] adj. et n. **I.** adj. **1.** Qui va très vite; qui peut aller très vite. *Voiture puissante et rapide.* **2.** Qui se fait, se produit à une vitesse ou avec une fréquence élevée. *Course rapide. Pouls rapide.* **3.** D'une grande promptitude dans le mouvement, l'action, l'intelligence, etc. *Être rapide en affaires.* ▷ Subst. Personne qui comprend, qui agit vite. **4.** Qui permet d'aller, d'agir, etc., rapidement. *Itinéraire rapide.* ▷ *Descente rapide*, à forte déclivité. **5.** TECH *Acier rapide* : acier spécial, très dur, utilisé pour l'usinage des métaux. ▷ PHOTO *Pellicule rapide*, dont la sensibilité élevée permet un temps de pose bref. **II.** n. m. **1.** Portion du cours d'une rivière, d'un fleuve, où le courant devient rapide et tourbillonnant. **2.** Train rapide, qui ne s'arrête que dans les villes importantes. – Lat. *rapidus*, « qui entraîne, qui emporte », de *rapere*, « entraîner violemment ».

rapidement [ʀapidmɑ̃] adv. D'une manière rapide. – De *rapide.*

rapidité [ʀapidite] n. f. Grande vitesse, célérité, promptitude. – Lat. *rapiditas.*

rapiéçage [ʀapjesaʒ] ou **rapiècement** [ʀapjɛsmɑ̃] n. m. Action de rapiécer; son résultat. – De *rapiécer.*

rapiécer [ʀapjese] v. tr. [**14**] Raccommoder en posant une, des pièces. – De *re-*, et *pièce.*

rapière [ʀapjɛʀ] n. f. Anc. Épée de duel longue et effilée, conçue pour frapper d'estoc, en usage du XVe au XVIIe s. – De *râper.*

rapin [ʀapɛ̃] n. m. Fam., vx Apprenti, dans un atelier de peinture. ▷ *Par ext.* Péjor. Peintre.

rapine [ʀapin] n. f. Litt. **1.** Action de ravir par violence. ▷ Larcin, pillage; concussion. *Les rapines d'un maraudeur, d'un intendant.* **2.** Ce qui est pris par rapine. *Vivre de rapines.* – Lat. *rapina*, de *rapere*, « prendre ».

rapiner [ʀapine] v. tr. et intr. [**1**] Vieilli Prendre par rapine. – De *rapine.*

rapinerie [ʀapinʀi] n. f. Vieilli Acte de rapine. – De *rapine.*

raplapla [ʀaplapla] adj. inv. Fam. Sans force, très fatigué. *Se sentir tout raplapla.* – De *raplati*, pp. de *raplatir*, ou renforcement plaisant de *à plat.*

raplatir [ʀaplatiʀ] v. tr. [**3**] Aplatir de nouveau ou davantage. ▷ Pp. adj. Fam. Sans force, sans ressort (en parlant d'une personne). – De *r-*, et *aplatir.*

rappareiller [ʀapaʀeje] v. tr. [**1**] Rare Réassortir. *Rappareiller les verres d'un service.*

rappariement [ʀapaʀimɑ̃] n. m. Rare Action de rapparier; son résultat. – De *rapparier.*

rapparier [ʀapaʀje] v. tr. [**2**] Rare Joindre une chose à une autre pareille, pour reformer une paire. *Rapparier des bas.* ▷ Spécial. *Rapparier un bœuf de labour. Rapparier des pigeons.*

rappel [ʀapɛl] n. m. **1.** Action de rappeler, de faire revenir. *Rappel d'un ambassadeur.* ▷ MILIT Batterie de tambour ou sonnerie de clairon pour avertir les troupes de se rassembler. – Fig. *Battre le rappel* : réunir les personnes, toutes les ressources nécessaires. ▷ Applaudissements prolongés invitant un artiste à revenir saluer le public. ▷ DR *Lettres de rappel* : V. récréance. **2.** Fig. *Rappel à...* : action de ramener qqn à... *Rappel à l'ordre* : avertissement à un membre d'une assemblée qui s'est écarté du règlement, des convenances. – *Rappel au bon sens.* **3.** Évocation, remise en mémoire; répétition. *Rappel d'un souvenir, d'une date.* ▷ *Vaccination de rappel* ou, ellipt., *rappel* : nouvelle administration de vaccin destinée à prolonger l'immunité conférée par une vaccination antérieure. **4.** Paiement rétroactif d'une portion d'appointements restée en suspens. *Toucher un rappel.* **5.** MAR Mouvement d'un navire qui revient à sa position d'équilibre après un coup de roulis. ▷ Position de l'équipage d'un dériveur, qui porte son poids au vent pour limiter la gîte. *Se mettre au rappel.* **6.** Manœuvre de descente utilisée en alpinisme et en spéléologie, qui consiste à se servir d'une corde double, accrochée au point haut sur un piton et récupérée ensuite par traction sur l'un des brins. **7.** TECH *De rappel* : qui ramène à la position de départ ou d'équilibre. *Ressort, vis de rappel.* – Déverbal de *rappeler.*

rappelé, ée [ʀaple] adj. et n. Appelé de nouveau sous les drapeaux. ▷ n. m. *Un rappelé.* – Pp. de *rappeler.*

rappeler [ʀaple] v. [**19**] **I.** v. tr. **1.** Appeler de nouveau (partic., par téléphone). *Je vous rappellerai ce soir.* **2.** Appeler pour faire revenir. *Rappeler qqn qui sort. Rappeler sous les drapeaux.* **3.** Fig. *Rappeler à* : ramener à. *Rappeler qqn à la vie*, le ranimer. – *Rappeler à l'ordre, à la décence* (V. rappel, sens 2). **4.** Remettre en mémoire. *Rappeler une promesse à qqn.* – (Formule de politesse.) *Rappelez-moi au bon souvenir de...* ▷ Faire penser, par ressemblance ou par analogie, à. *Ce récit m'en rappelle un autre.* **II.** v. pron. Conserver ou retrouver le souvenir de. *Se rappeler un fait. Il se rappelle être venu; il se le rappelle.* ▷ (Réfl.) *Se rappeler à qqn*, à son souvenir.

rappliquer [ʀaplike] v. [**1**] **1.** v. tr. Appliquer de nouveau. **2.** v. intr. Pop. Revenir, arriver. *Il a rappliqué chez moi.*

rappointis [ʀapwɛ̃ti] n. m. TECH Pointe à large tête enfoncée dans un bois pour retenir l'enduit, le plâtre. – De *re-*, et *pointe.*

rapport [ʀapɔʀ] n. m. **I. 1.** Action de rapporter, d'ajouter; son résultat. – Fig., fam. *Pièce de rapport*, rapportée*. **2.** DR Action par laquelle une somme, un bien reçus par avance sont restitués à la succession, pour être comptés au partage. **3.** Revenu, produit. *Vigne d'un bon rapport. Maison de rapport*, dont le propriétaire tire des revenus locatifs. **II.** Compte rendu ou exposé; témoignage, récit. *Rapport financier. Faire un faux rapport.* ▷ MILIT Réunion d'une unité militaire pour la communication de l'ordre du jour, des décisions disciplinaires, etc. *Rassemblement au rapport.* **III. 1.** Relation constatée ou établie entre deux ou plusieurs choses. *Faire le rapport entre deux incidents.* **2.** Conformité, convenance; accord. *Il y a un rapport parfait entre les parties de cet édifice.* **3.** MATH Comparaison de deux grandeurs. *Rapport de deux nombres*, leur quotient. **4.** Loc. prép. *Par rapport à* : relativement à, en fonction de. *Juger par rapport à son intérêt.* – Par comparaison avec. *Une taille petite par rapport à la moyenne.* ▷ Pop. *Rapport à* : à cause de. *Il est furieux, rapport à son échec.* ▷ Fam. *Sous le rapport de* : quant à, du point de vue de. *Méthode au point sous le rapport de la rentabilité.* – Loc. adv. *Jeune homme bien sous tous (les) rapports*, à tous égards. **IV.** Relation entre des personnes, des groupes, des États. *Mettre, se mettre en rapport avec qqn.* – (Surtout plur.) *Rapports sociaux.* ▷ (Plur.) *Rapports sexuels.* – Absol. *Avoir des rapports.* – De *rapporter.*

rapportable [rapɔrtabl] adj. Rare Qui peut ou qui doit être rapporté à. ▷ DR *Créance rapportable*, annulable. – De *rapporter*.

rapportage [rapɔrtaʒ] n. m. Fam. (langage des écoliers) Délation, mouchardage. – De *rapporter*.

rapporté, ée [rapɔrte] adj. Se dit d'un élément façonné, ajouté à un ensemble par assemblage. *Poche rapportée*. – Fig., fam. *Pièce rapportée* : membre par alliance d'une famille. *Les brus et les gendres sont des pièces rapportées*. – Pp. de *rapporter*.

rapporter [rapɔrte] v. [1] **A.** v. tr. **I. 1.** Apporter de nouveau. *Rapporter un texte après correction*. – Apporter (une chose) au lieu où elle était, la rendre à son propriétaire. *Je vous rapporte vos livres*. **2.** Apporter en revenant d'un lieu. *Rapporter un masque d'Afrique*. ▷ Spécial. *Chien qui rapporte le gibier abattu*. **3.** Ajouter, surajouter (pour compléter, améliorer, orner, etc.). *Rapporter un rabat*. **4.** DR Restituer à la masse d'une succession (ce qu'on a reçu d'avance). **5.** GEOM Tracer sur le papier (une figure semblable à une autre). *Rapporter un angle* : V. rapporteur. **6.** Donner un revenu, un profit; produire. *Commerce qui rapporte beaucoup d'argent*. – Absol. *Ces plantations ne rapportent pas*. **7.** DR Abroger, annuler. *Rapporter un arrêté*. **II. 1.** Faire le compte rendu, le récit de. *Rapporter un fait. Rapporter des paroles*, les redire, les citer. **2.** Répéter par indiscrétion, légèreté ou malice. *Méfiez-vous de lui, il rapporte tout*. ▷ Absol., fam. (langage des écoliers). Se livrer à des dénonciations, moucharder. **III.** *Rapporter... à*. **1.** Faire remonter, rattacher (un fait, une chose) à (un, une) autre par un lien logique. *Rapporter l'effet à la cause*. **2.** Comparer. *Rapporter l'effort fourni au résultat obtenu*. **B.** v. pron. **1.** Avoir rapport, se rattacher à. *Cette question se rapporte au débat*. – GRAM *L'attribut se rapporte à un nom ou à un pronom*. **2.** *S'en rapporter à qqn*, lui faire confiance pour décider, agir. *Je m'en rapporte à votre goût*.

rapporteur, euse [rapɔrtœr, øz] n. et adj. **1.** Personne qui rapporte (sens II, 2). Syn. fam. mouchard. ▷ adj. *Il est rapporteur*. **2.** n. m. Personne chargée du compte rendu ou de l'exposé d'un procès, d'une affaire, d'un projet de loi, etc. *Le rapporteur du budget à l'Assemblée nationale*. **3.** n. m. GEOM Demi-cercle gradué, qui sert à mesurer ou à rapporter les angles. – De *rapporter*.

rapprendre. V. réapprendre.

rapprêter [rapRete] v. tr. [1] TECH Donner un nouvel apprêt à (une étoffe).

rapproché, ée [rapRɔʃe] adj. **1.** Voisin, proche. *Leurs maisons sont assez rapprochées*. **2.** Qui n'est pas éloigné dans le temps. *Réunions rapprochées*. – Pp. de *rapprocher*.

rapprochement [rapRɔʃmɑ̃] n. m. **1.** Action de rapprocher, fait de se rapprocher; son résultat. *Rapprochement de pièces disjointes*. **2.** Établissement de relations plus étroites. *Rapprochement de deux États*. **3.** Action de rapprocher pour comparer, confronter; son résultat. – De *rapprocher*.

rapprocher [rapRɔʃe] v. [1] **I.** v. tr. **1.** Mettre plus près. *Rapprocher sa chaise de l'âtre*. ▷ Fig. *Les jumelles rapprochent les objets*, les font paraître plus proches. **2.** Rendre plus proche dans le temps. *Chaque heure nous rapproche du terme*. **3.** Disposer à l'entente, à l'union, etc.; réconcilier. *Les épreuves subies ensemble les ont rapprochés*. **4.** Mettre en parallèle, confronter pour mettre en évidence les similitudes ou les différences. *Rapprocher des faits, des récits*. **II.** v. pron. **1.** Venir plus près, arriver à proximité. *Se rapprocher de la ville*. **2.** Devenir plus proche. *L'échéance se rapproche*. ▷ Fig. *Se rapprocher de qqn*, entretenir avec lui des rapports plus étroits. **3.** *Se rapprocher de* : être plus ou moins comparable, conforme à. *Ce portrait se rapproche assez du modèle*.

rapprovisionnement, rapprovisionner. V. réapprovisionnement, réapprovisionner.

rapsode, rapsodie et **rapsodique.** V. rhapsode, rhapsodie et rhapsodique.

rapt [Rapt] n. m. **1.** Enlèvement (d'une personne). *Rapt en vue d'obtenir une rançon*. **2.** PHYS NUCL Réaction nucléaire dans laquelle le projectile enlève un des nucléons du noyau cible. – Lat. *raptus*, de *rapere*, «enlever».

raptus [Raptys] n. m. PSYCHIAT Impulsion violente et soudaine qui peut pousser un malade à un acte violent envers lui-même ou autrui. – Mot lat., «enlèvement», de *rapere*, «enlever».

râpure [RɑpyR] n. f. Ce qu'on enlève avec une râpe (1, sens 1). – De *râpe* 1.

raquer [Rake] v. tr. et intr. [1] Pop. Payer. – Du dial. *raquer*, «cracher».

raquette [Rakɛt] n. f. **1.** Instrument qui sert à renvoyer la balle ou le volant, au tennis, au badminton, au ping-pong, etc. *Raquettes de tennis, de badminton, de squash*, formées d'un cadre ovale garni d'un réseau de cordes en boyau ou en nylon et muni d'un manche. *Raquette de ping-pong*, constituée d'une petite plaque de bois munie d'un manche court et recouverte de matière élastique sur ses deux faces. ▷ Par méton. Joueur de tennis, de ping-pong. *Une bonne raquette*. **2.** Large semelle dont la forme rappelle celle d'une raquette (sens 1), et que l'on adapte aux chaussures pour marcher sur la neige sans s'y enfoncer. **3.** BOT Chacune des parties qui forment la tige aplatie du nopal. – *Par ext.* Cette plante. – Lat. médiév. *rasceta*, p.-ê. de l'ar. *rāha(t)*, «paume de la main».

raquetteur, euse [Rakɛtœr, øz] n. (Canada) Personne qui utilise des raquettes (sens 2). – De *raquette*.

rare [RɑR] adj. **1.** Qui n'est pas commun, qui n'existe qu'en petit nombre. *Perles rares*. ▷ Peu nombreux. *Des visiteurs rares*. ▷ CHIM *Gaz* rares, terres* rares*. **2.** Qui n'est pas fréquent. *Incident rare*. ▷ Fam. (En parlant d'une personne.) *Il devient, il se fait rare* : on le voit moins souvent, très peu. **3.** (Surtout avant le nom.) Exceptionnel, remarquable. *Une rare intelligence*. **4.** Peu dense, clairsemé. *Végétation, barbe rare*. – Lat. *rarus*.

raréfaction [Rarefaksjɔ̃] n. f. Action de raréfier, fait de se raréfier; son résultat. ▷ *Spécial.* Diminution dans l'offre d'une denrée. – Lat. médiév. *rarefactio*.

raréfiable [Rɑrefjabl] adj. Susceptible de se raréfier, d'être raréfié. – De *raréfier*.

raréfier [Rɑrefje] v. tr. [2] **1.** PHYS Diminuer la densité, la pression de. ▷ v. pron. Perdre en densité, en pression. *Gaz qui se raréfie*. **2.** Rendre rare. *Une chasse trop intensive a raréfié l'espèce*. ▷ v. pron. Devenir rare ou plus rare. *Les baleines se raréfient*. – Lat. *rarefieri*, passif de *rarefacere*.

rarement [Rɑrmɑ̃] adv. Peu souvent. – De *rare*.

rarescent, ente [Rɑresɑ̃, ɑ̃t] adj. Didac. Qui se raréfie. – Lat. *rarescens*, ppr. de *rarescere*, «se raréfier».

rareté [Rɑrte] n. f. **I.** Caractère de ce qui est rare. **1.** Caractère de ce qui est peu commun, peu abondant. *La rareté des choses fait leur valeur*. **2.** Caractère de ce qui est peu fréquent. *Rareté d'un événement*. **II.** Chose rare, précieuse ou curieuse. *Les raretés d'une collection*. – Lat. *raritas*.

rarissime [Rɑrisim] adj. Très rare. *Phénomène rarissime*. – Ital. *rarissimo*, lat. *rarissimus*, de *rarus*, «rare».

1. ras [Rɑs] n. m. En Éthiopie, titre de la plus haute dignité après celle de négus*. – Mot amharique, de l'ar. (cf. raïs), «tête, chef».

2. ras, rase [ʀɑ, ʀɑz] adj. **1.** Dont les poils, les brins, etc., sont coupés au plus court. *Une barbe rase. Un tissu ras.* ▷ adv. *Couper ras.* **2.** Qui est naturellement court, peu élevé. *Végétation rase.* **3.** (En loc.) *En rase campagne* : dans une campagne plate, unie ; en terrain découvert. ▷ *Table rase* : V. table. ▷ Loc. prép. *À ras de, au ras de* : presque au niveau de. *Au ras de l'eau.* ▷ *À ras bord* : jusqu'au bord. **4.** (Emploi adverbial.) Fam. *En avoir ras le bol* : en avoir assez, être excédé, dégoûté. – Lat. *rasus*, de *radere*, « raser ».

3. ras [ʀas] n. m. MAR Radeau servant aux réparations d'un navire près de la flottaison. – Lat. *ratis*, « radeau ».

rasade [ʀɑzad] n. f. Contenu d'un verre plein à ras bord. *Rasade de vin.* – De *ras* 2.

rasage [ʀɑzaʒ] n. m. **1.** Action de raser (surtout la barbe). **2.** TECH Opération consistant à égaliser tous les poils des peaux, des étoffes, etc. – De *raser*.

rasant, ante [ʀɑzɑ̃, ɑ̃t] adj. **1.** Qui rase, qui effleure. *Tir rasant.* ▷ Au ras du sol. *Fortifications rasantes.* **2.** Fam. Qui rase, qui ennuie. *Un discours pompeux et rasant.* – Ppr. de *raser*.

rascasse [ʀaskas] n. f. Scorpène, poisson à la tête globuleuse hérissée de piquants, commun en Méditerranée. – Provenç. *rascasso*, de *rasco*, « teigne ».

rase-mottes [ʀɑzmɔt] n. m. inv. Vol au ras du sol. *Avion qui fait du rase-mottes.* – De *raser*, et *motte*.

raser [ʀɑze] v. tr. [1] **1.** Couper au plus près de la peau. *Raser la laine des moutons. Raser les cheveux de qqn.* ▷ Couper très court les poils, les cheveux de. *Raser la tête de qqn.* ▷ Faire la barbe à (qqn). – v. pron. *Se raser avant de sortir.* **2.** Abattre (un édifice) à ras de terre. *Raser des fortifications.* **3.** Passer très près de, effleurer. *La balle lui a rasé l'oreille.* **4.** Fam. Ennuyer, fatiguer. *Conférencier qui rase ses auditeurs.* ▷ v. pron. *Je me suis rasé toute la soirée.* – Lat. pop. **rasare*, class. *radere*, « tondre, raser la barbe ».

rasette [ʀɑzɛt] n. f. AGRIC Petit soc d'une charrue, fixé en avant du coutre et destiné à couper les mauvaises herbes. – De *raser*.

raseur, euse [ʀɑzœʀ, øz] n. **1.** n. m. TECH Ouvrier qui rase les étoffes. – Ouvrier chargé du rasage des peaux. **2.** n. Fam. Personne ennuyeuse. *Quel raseur!* – De *raser*.

rash [ʀaʃ] n. m. MED Éruption fugace observée parfois pendant la période d'invasion de certaines maladies (variole, varicelle) et au cours de maladies fébriles non éruptives. – Mot angl.

rasibus [ʀɑzibys] adv. Pop. À ras. *La balle lui a frôlé le crâne rasibus.* – De *ras* 2, avec imitation plaisante d'une forme latine.

raskol [ʀaskɔl] n. m. HIST Schisme de l'Égl. russe provoqué, au XVIIe s., par les réformes liturgiques du patriarche Nikon (1605-1681). – Mot russe, « schisme ».

ras-le-bol [ʀalbɔl] n. m. inv. Fig., fam. Lassitude, saturation. – De *ras* 2, *le*, et *bol*.

rasoir [ʀɑzwaʀ] n. m. (et adj. inv.) **1.** Instrument qui sert à raser le visage, à faire la barbe. **2.** Fig., fam. Personne ennuyeuse. ▷ adj. inv. *Ce qu'elle peut être rasoir! Un bouquin rasoir.* – Lat. pop. *rasorium*, de *radere*, « raser ».

raspoutitsa [ʀasputitsa] n. f. GEOGR Dégel du sol, qui entraîne la formation d'une couche de boue gluante rendant les chemins impraticables, en Russie. – Mot russe, propr. « chemin rompu ».

rassasier [ʀasazje] v. tr. [2] **1.** Nourrir à satiété, apaiser complètement la faim de. *Rassasier qqn.* – v. pron. *Il s'est rassasié.* **2.** Fig. *Rassasier, repaître* ses yeux d'un spectacle*, le regarder avec avidité sans se lasser. – *Être rassasié de qqch*, en avoir à satiété, en être repu. ▷ v. pron. *Elle ne se rassasie pas de le voir et de l'entendre.* – De *r-*, et a. fr. *assasier*, lat. médiév. *assatiare*, class. *satiare*, de *satis*, « assez ».

rassemblement [ʀasɑ̃bləmɑ̃] n. m. **1.** Action de rassembler (des choses éparses, des personnes dispersées) ; fait de se rassembler. ▷ *Spécial.* Action de rassembler des soldats ; fait, pour ceux-ci, de se rassembler. – Sonnerie qui commande cette manœuvre. **2.** Groupe de personnes assemblées, attroupement. *Disperser les rassemblements.* **3.** Union de personnes rassemblées par un dessein commun. ▷ Groupement politique rassemblant des tendances diverses. – De *rassembler*.

rassembler [ʀasɑ̃ble] v. tr. [1] **1.** Réunir, regrouper. *Rassembler ses troupes.* ▷ v. pron. *Nous nous rassemblerons à tel endroit.* **2.** Mettre ensemble (des choses). *Rassemblez vos affaires, nous partons.* ▷ (Abstrait) *Rassembler tout son courage.* **3.** TECH Assembler de nouveau. *Rassembler une charpente démontée.* **4.** EQUIT *Rassembler un cheval*, agir simultanément des mains et des jambes de manière qu'il ait le devant plus libre pour l'exécution des mouvements.

rassembleur, euse [ʀasɑ̃blœʀ, øz] n. Personne qui rassemble, réunit. *Il s'est posé en rassembleur de son parti.* – De *rassembler*.

rasseoir [ʀaswaʀ] v. tr. [41] **1.** Asseoir de nouveau. *Rasseoir un enfant sur sa chaise.* ▷ v. pron. *Ils se sont rassis.* **2.** Remettre en place. *Rasseoir une statue.*

rasséréner [ʀaseʀene] v. tr. [14] Litt. Faire redevenir serein, calme. *Cette nouvelle l'a rasséréné.* ▷ v. pron. *Elle s'est rassérénée après ta visite.* – De *re-*, et *serein*.

rassir [ʀasiʀ] v. intr. [3] Devenir rassis. – De *rassis*.

rassis, ise [ʀasi, iz] adj. **1.** *Pain rassis*, qui n'est plus frais, sans être encore dur. *Une baguette rassise* (ou, fam., *rassie*). **2.** Fig. Calme, posé, réfléchi. *Un esprit rassis.* – Pp. de *rasseoir*.

rassortiment, rassortir. V. réassortiment, réassortir.

rassurant, ante [ʀasyʀɑ̃, ɑ̃t] adj. Propre à rassurer ; qui rassure. *Un avis rassurant.* – Ppr. de *rassurer*.

rassurer [ʀasyʀe] v. tr. [1] Redonner l'assurance, la tranquillité, la confiance à. *Vos raisons me rassurent.* ▷ v. pron. Reprendre confiance. *Rassurez-vous, c'est sans danger.* – De *r-*, et *assurer*.

rasta [ʀasta] ou **rastafari** [ʀastafaʀi] n. et adj. inv. en genre. Adepte d'un mouvement mystique et culturel d'origine jamaïcaine. *Les rastas croient qu'ils forment une des tribus perdues d'Israël et que l'ancien empereur d'Éthiopie est le rédempteur divin du peuple noir, dispersé par la traite des esclaves.* ▷ adj. inv. en genre. *Le reggae est une manifestation culturelle rasta.* – De l'amharique *ras*, « chef », et de *Tafari* Makkonen, couronné empereur d'Éthiopie en 1930 sous le nom de Haïlé Sélassié Ier et détrôné en 1974.

rastaquouère [ʀastakwɛʀ] n. m. Fam., péjor. Étranger qui fait étalage d'un luxe exagéré et suspect. ▷ *Par ext.* Aventurier, individu louche. – Esp. d'Amérique *rastracuero*, « traîne-cuir », désignant les parvenus, p.-ê. par allus. aux jambières de cuir des gauchos.

rat [ʀa] n. m. (et adj. inv.) **1.** Rongeur (fam. muridés) au pelage sombre, à la queue écailleuse, très prolifique, qui vit le plus souvent en commensal de l'homme. *Le rat d'égout ou surmulot joue un rôle dans la transmission de certaines maladies.* – Loc. *Être fait comme un rat* : être pris, attrapé (comme un rat dans un piège) ; être dans une situation fâcheuse et sans issue. **2.** *Rat araignée* : musaraigne. *Rat des bois* : mulot. *Rat des champs* : campagnol. *Rat musqué* : ondatra. ▷ *Rat à crête* (genre *Lophiomys*) : rat d'Afrique orientale, long d'une quarantaine de centimètres, qui porte une crinière dorsale. **3.** (Personnes comparées à des rats.) *Rat de bibliothèque* : personne qui fréquente assidûment les bibliothèques, qui y passe sa vie. – *Rat d'hôtel* : voleur qui opère dans les chambres d'hôtel. – *Petit rat de l'Opéra* : jeune élève de la classe de danse de l'Opéra. ▷ (Objets) *Rat de cave* : mince bougie enroulée sur elle-même, que l'on tient à la main. – *Queue*-de-rat.* **4.** Pop. Personne avare. *Un vieux rat.* ▷ adj. inv. *Elle est drôlement rat!* – P.-ê. de l'all. *ratt-*, onomatopée du bruit du rat qui grignote, ou dérivé roman du lat. *radere*, «ronger».

ENCYCL Il existe de très nombreuses espèces de rats (ou muridés), répandues dans le monde entier et adaptées à tous les milieux. Les rats de l'Ancien Monde sont les mammifères les plus féconds et les plus capables de s'adapter à toutes les conditions de vie sur la Terre; leur vie communautaire est très développée. Le rat noir *(Rattus rattus)*, long de 22 cm au maximum, muni d'une queue plus longue que le corps et de grandes oreilles, excellent grimpeur, habite les greniers et les granges d'Europe. Le rat d'égout, ou surmulot *(Rattus norvegicus)*, à queue plus courte que le corps (28 cm de long, environ) et aux oreilles courtes, originaire des steppes asiatiques, a envahi toute l'Europe au XVIIIe s.; il s'adapte à tous les milieux. De grandes campagnes de dératisation sont menées contre les surmulots, car ils jouent un rôle important dans la transmission des maladies; les puces qui les parasitent peuvent transmettre la peste.

rata [ʀata] n. m. (et f.) Argot (des militaires) Ragoût de pommes de terre et de haricots. ▷ Fam. Plat peu appétissant. ▷ Plat, quel qu'il soit (parfois au fém. dans ce sens). *Fameux ton rata!* – Abrév. de *ratatouille.*

ratafia [ʀatafja] n. m. Liqueur à base d'eau-de-vie sucrée et de jus de fruits. – P.-ê. du créole des Antilles françaises.

ratage [ʀataʒ] n. m. Fait de rater; échec. Syn. fam. fiasco. – De *rater.*

rataplan! [ʀataplɑ̃] ou **rantanplan!** [ʀɑ̃tɑ̃plɑ̃] Onomatopée exprimant le bruit du tambour. *Plan, plan, rataplan!*

ratatiné, ée [ʀatatine] adj. **1.** Rapetissé, déformé par l'âge, par le vieillissement; ridé, flétri. *Vieillard ratatiné. Pomme ratatinée.* **2.** Fig., fam. Brisé, démoli, hors d'usage. – Pp. de *ratatiner.*

ratatiner [ʀatatine] v. tr. [1] **1.** Raccourcir, resserrer en déformant, en plissant. *Le phylloxéra a complètement ratatiné les feuilles de la vigne.* ▷ v. pron. *Cuir moulé qui se ratatine en séchant.* **2.** Pop. Exterminer, massacrer, démolir. *Ils vont se faire ratatiner!*

ratatouille [ʀatatuj] n. f. **1.** Fam., vx Ragoût peu appétissant. **2.** Plat provençal fait d'aubergines, de tomates, de courgettes, de poivrons, d'oignons, etc., cuits dans l'huile d'olive. **3.** Fig., fam. Raclée. – De *tatouiller*, et *ratouiller*, formes expressives de *touiller.*

1. rate [ʀat] n. f. Femelle du rat. (On écrit aussi *ratte.*) – Fém. de *rat.*

2. rate [ʀat] n. f. ANAT Organe lymphoïde fortement vascularisé, de consistance molle et spongieuse, situé dans la partie gauche de la cavité péritonéale, sous le diaphragme. *La rate a un rôle hématopoïétique et immunitaire.* ▷ Loc. fig., fam. *Se dilater la rate* : rire fort et longtemps. – Néerl. *râte*, «rayon de miel», par anal. de forme.

raté, ée [ʀate] n. **I.** n. m. **1.** Fait de rater, pour une arme à feu; coup qui ne part pas. *Raté d'un fusil.* **2.** (Souvent plur.) Bruit produit par un moteur à explosion dont l'allumage est défectueux. ▷ Fig. Petite difficulté, incident. *Les ratés du plan de redressement économique.* **II.** n. Personne qui n'a pas réussi dans sa carrière, qui a échoué dans ses entreprises. *C'est un raté, un aigri.* – Pp. subst. de *rater.*

râteau [ʀɑto] n. m. Instrument constitué de dents de fer ou de bois fixées à une traverse munie d'un long manche, qui sert à ramasser les feuilles, les brindilles, à égaliser la terre fraîchement sarclée, etc. ▷ Instrument de forme analogue, plaquette munie d'un manche avec laquelle le croupier ramasse les mises, à une table de jeu. – A. fr. *ra(s)tel*, lat. *rastellum*, dimin. de *rastrum.*

ratel [ʀatɛl] n. m. ZOOL Mammifère carnivore mustélidé d'Afrique et d'Asie du Sud *(Mellivora)*, long d'une soixantaine de centimètres, à dos blanc et à ventre noir, très friand de miel. – De *rat.*

râtelage [ʀɑtlaʒ] n. m. AGRIC Action de râteler. – De *râteler.*

râtelée [ʀɑtle] n. f. AGRIC Quantité que l'on peut ramasser en un seul coup de râteau. – Pp. fém. subst. de *râteler.*

râteler [ʀɑtle] v. tr. [19] AGRIC Rassembler au moyen d'un râteau. *Râteler des avoines.* – De *ratel*, anc. forme de *râteau.*

râteleur, euse [ʀɑtlœʀ, øz] n. **1.** Celui, celle qui râtelle. **2.** n. f. Machine à dents qui ramasse le foin. – De *râteler.*

râtelier [ʀɑtəlje] n. m. **1.** Claie fixée au mur d'une écurie, d'une étable, à la hauteur de la tête des bêtes, et destinée à recevoir le fourrage. ▷ Loc. fam. *Manger à plusieurs* (ou *à tous les*) *râteliers* : tirer profit de plusieurs sources, même si elles représentent des intérêts contradictoires; servir des partis opposés. **2.** Support destiné au rangement vertical d'objets oblongs. *Râtelier d'armes, de pipes, d'outils.* **3.** Fam. Dentier. – De *râteau*, par anal. de forme.

rater [ʀate] v. [1] **I.** v. intr. **1.** Ne pas partir, en parlant d'une arme à feu. **2.** Échouer. *L'affaire a raté.* – *Ça n'a pas raté* : cela n'a pas manqué de se produire. **II.** v. tr. **1.** Ne pas atteindre, ne pas toucher (le but, la cible). *La balle l'a raté de peu.* ▷ Fam. *À la prochaine occasion, je ne te raterai pas*, je ne manquerai pas de te faire subir ce que tu mérites. **2.** Manquer. *Rater un train, un rendez-vous.* **3.** Ne pas réussir, ne pas mener à terme. *Rater un plat.* – De l'anc. loc. *prendre un rat*, en parlant d'une arme à feu qui ne part pas et, fig., «manquer son coup».

ratiboiser [ʀatibwaze] v. tr. [1] Fam. Rafler (au jeu) et, par ext., prendre frauduleusement. – Pp. *Le voilà ratiboisé*, perdu, ruiné. – De *ratisser*, et a. fr. dial. *emboiser*, «tromper», d'orig. germ.

ratichon [ʀatiʃɔ̃] n. m. Pop., péjor. Prêtre. – De *rat*, par anal. de couleur.

raticide [ʀatisid] n. m. Produit pour la destruction des rats. – De *rat*, et suff. *-cide.*

ratier [ʀatje] n. m. Chien dressé à chasser les rats. ▷ adj. m. *Chien ratier.* – De *rat.*

ratière [ʀatjɛʀ] n. f. **1.** Piège à rat. **2.** TECH Mécanisme de commande des lames d'un métier à tisser. – De *rat.*

ratification [ʀatifikasjɔ̃] n. f. **1.** Action de ratifier. – Confirmation dans la forme requise. *Donner sa ratification.* **2.** Document qui atteste une telle confirmation. – Lat. médiév. *ratificatio.*

ratifier [ʀatifje] v. tr. [2] Approuver, confirmer dans la forme requise (ce qui a été fait ou promis). *Ratifier un contrat, un traité.* – Lat. médiév. *ratificare*, de *ratum facere*, «rendre valable».

ratinage [ʀatinaʒ] n. m. TECH Frisure que l'on donne à certains draps (peluches, ratines). – De *ratine.*

ratine [ʀatin] n. f. Drap dont le poil tiré au dehors et frisé forme de petits grains. – De l'anc. v. *raster*, «racler, raturer», du lat. pop. *rasitoria*, de *radere*, «raser».

ratiner [ʀatine] v. tr. [1] TECH Soumettre (un drap, une étoffe) à l'opération du ratinage. – De *ratine.*

rating [ʀatiŋ ; ʀetiŋ] n. m. (Anglicisme) MAR Indice qui permet de répartir les voiliers en différentes classes et de déterminer le handicap de chaque concurrent dans une course. – Mot angl., « évaluation ».

ratio [ʀasjo] n. m. STATIS, FIN Rapport entre deux grandeurs. – Mot lat., « calcul, méthode, raison » ; par l'angl.

ratiocination [ʀasjɔsinasjɔ̃] n. f. Litt. Fait de ratiociner ; long raisonnement oiseux. – Du lat. *ratiocinatio,* « calcul, raisonnement ».

ratiociner [ʀasjɔsine] v. intr. [1] Litt. Faire des raisonnements oiseux et interminables. – Du lat. *ratiocinari,* « calculer, raisonner ».

ratiocineur, euse [ʀasjɔsinœʀ, øz] n. et adj. Litt. Personne qui a l'habitude de ratiociner. – adj. *Un vieillard ratiocineur.* – De *ratiociner.*

ration [ʀasjɔ̃] n. f. **1.** Quantité journalière (de vivres, de boissons) distribuée aux soldats, aux marins. *Ration de pain, de vin.* **2.** Quantité journalière (d'aliments) nécessaire à une personne ou à un animal. *Ration de foin.* ▷ *Ration alimentaire :* quantité et nature des aliments nécessaires à une personne pendant 24 heures. *La ration alimentaire varie suivant l'âge et le mode de vie du sujet.* **3.** Fig. Part, quantité, dose considérée comme normale ou comme suffisante. *J'ai eu ma ration d'ennuis, aujourd'hui !* – Du lat. *ratio,* « compte, évaluation ».

rationalisation [ʀasjɔnalizasjɔ̃] n. f. **1.** Action de rationaliser ; son résultat. **2.** Organisation selon des principes rationnels d'une entreprise industrielle ou commerciale, d'une activité économique, etc. – De *rationaliser.*

rationaliser [ʀasjɔnalize] v. tr. [1] **1.** Rendre rationnel, conforme à la raison. ▷ *Spécial.* Tenter de comprendre, d'expliquer ou de justifier d'une manière rationnelle, logique (ce qui, par nature, semble échapper à une telle tentative). *Rationaliser le rêve, la poésie.* **2.** Soumettre à la rationalisation (sens 2). *Rationaliser la production.* – Du lat. *rationalis,* « rationnel ».

rationalisme [ʀasjɔnalism] n. m. **1.** PHILO Doctrine selon laquelle tout ce qui existe ayant sa raison d'être, il n'est rien qui, en théorie, ne soit intelligible. **2.** PHILO Doctrine selon laquelle toute connaissance certaine est issue de principes a priori, universels et nécessaires (par oppos. à *empirisme*). *Le rationalisme cartésien.* **3.** Toute doctrine tendant à attribuer à la raison une valeur éminente. ▷ *Spécial.* (Par oppos. à *mysticisme,* à *spiritualisme,* etc.) Attitude, conviction de ceux qui rejettent toute explication métaphysique du monde. **4.** THEOL Doctrine selon laquelle les dogmes de la foi ne doivent être reçus qu'après avoir été examinés à la lumière de la raison (par oppos. à *fidéisme*). **5.** BX-A Doctrine esthétique née au début du XXe s. par réaction contre le modern style et qui subordonnait la beauté des formes à l'adéquation de l'objet ou de l'édifice à sa fonction. – Du lat. *rationalis,* « fondé sur la raison ».

rationaliste [ʀasjɔnalist] adj. et n. **1.** Qui se rapporte au rationalisme. **2.** Partisan du rationalisme. ▷ Subst. *Un(e) rationaliste.* – De *rationalisme.*

rationalité [ʀasjɔnalite] n. f. Caractère de ce qui est rationnel. – Du lat. *rationalis,* « rationnel ».

rationnaire [ʀasjɔnɛʀ] n. ADMIN Personne qui a droit à une ration, qui reçoit une ration. – De *ration.*

rationnel, elle [ʀasjɔnɛl] adj. **I. 1.** Fondé sur la raison. *Connaissance rationnelle.* **2.** Conforme à la raison, au sens commun. *Un choix rationnel.* ▷ Mod. Bien conçu et pratique. *Des rangements rationnels.* **II.** MATH *Nombre rationnel* ou *fractionnaire,* qui peut s'exprimer sous la forme d'un rapport de deux entiers. *Le corps Q des nombres rationnels.* V. nombre. – Lat. *rationalis.*

rationnellement [ʀasjɔnɛlmɑ̃] adv. De façon rationnelle. – De *rationnel.*

rationnement [ʀasjɔnmɑ̃] n. m. Action de rationner ; son résultat. *Cartes de rationnement.* – De *rationner.*

rationner [ʀasjɔne] v. tr. [1] **1.** Distribuer par rations limitées, contingenter (une denrée, un produit). *Rationner le sucre, l'essence.* **2.** Mettre à la ration, restreindre la quantité d'aliments de (qqn). ▷ v. pron. *Il se rationne autant que possible.* – De *ration.*

ratissage [ʀatisaʒ] n. m. **1.** Action de ratisser (avec un râteau). **2.** Action de ratisser (au cours d'une opération militaire ou de police). – De *ratisser.*

ratisser [ʀatise] v. tr. [1] **1.** Nettoyer, égaliser avec un râteau. *Ratisser une allée.* ▷ Enlever à l'aide d'un râteau. *Ratisser les feuilles mortes.* **2.** Explorer minutieusement (une zone) à l'aide d'éléments très rapprochés, au cours d'une opération militaire ou de police. *Les gendarmes ont ratissé la région.* **3.** Fig., fam. Soutirer tout son argent à qqn, le ruiner (en partic., au jeu). *Se faire ratisser au poker.* Syn. fam. ratiboiser. – De l'anc. v. *rater,* « râteler », d'ap. *rateau.*

ratites [ʀatit] n. m. pl. ORNITH Sous-classe d'oiseaux coureurs aux ailes réduites et au sternum dépourvu de bréchet (autruche, émeu, nandou, kiwi). – Sing. *Un ratite.* – Du lat. *ratis,* « radeau », à cause de la forme plate de leur sternum.

1. raton [ʀatɔ̃] n. m. **1.** Petit du rat. **2.** Mammifère carnivore d'Amérique (genre *Procyon,* fam. procyonidés), bon grimpeur et excellent nageur. *Raton laveur (Procyon lotor). Raton crabier (Procyon cancrivorus).* **3.** Péjor., inj. et raciste Nord-Africain. – De *rat.*

2. raton [ʀatɔ̃] n. m. CUIS Tartelette au fromage blanc. – P.-ê. de l'anc. v. **raster,* « racler ».

raton(n)ade [ʀatɔnad] n. f. Agression, violences racistes exercées par des Européens contre des Nord-Africains. – *Par ext.* Agression raciste. – De *raton* 1, sens 3.

rattachement [ʀataʃmɑ̃] n. m. Action de rattacher, fait de se rattacher ; état de ce qui est rattaché. *Le rattachement du comté de Nice à la France. Rattachement d'un enfant au foyer fiscal.* – De *rattacher.*

rattacher [ʀataʃe] v. tr. [1] **1.** Attacher de nouveau. **2.** *Rattacher... à :* relier, établir un lien entre (des choses, des personnes). *Traité qui a rattaché une province à la France.* ▷ (Avec une idée de dépendance, de hiérarchie.) *Rattacher une question secondaire à un problème général.* – v. pron. (Passif) *Espèce animale qui se rattache à un genre.*

ratte. V. rate 1.

rattrapage [ʀatʀapaʒ] n. m. Action de rattraper ; action de se rattraper. *Cours de rattrapage,* destinés aux élèves qui ont pris du retard par rapport à la scolarité normale. – De *rattraper.*

rattraper [ʀatʀape] v. [1] **I.** v. tr. **1.** Reprendre, attraper de nouveau. *Rattraper un prisonnier.* **2.** Rejoindre (qqn, qqch qui a pris de l'avance). *Partez, je vous rattraperai.* **3.** Fig. Regagner, recouvrer (le temps ou l'argent perdu). ▷ Pallier, compenser (les inconvénients d'un retard, d'une erreur). *Rattraper une situation désespérée.* **II.** v. pron. **1.** Se retenir. *Se rattraper à une branche.* **2.** Regagner l'argent que l'on a perdu au jeu. *Si je perds, j'espère que je me rattraperai vite.* **3.** Regagner le temps perdu ; profiter de ce dont on a longtemps été privé. *Elle n'avait jamais beaucoup voyagé, mais maintenant elle se rattrape.*

raturage [ʀatyʀaʒ] n. m. Action de raturer ; son résultat. – De *raturer.*

rature [ʀatyʀ] n. f. Trait dont on barre un ou plusieurs mots pour les annuler, effectuer une correction. – Probl. lat. pop. **raditura,* de *radere,* « racler ».

raturer [ʀatyʀe] v. tr. [1] Corriger ou annuler par des ratures. *Raturer une phrase.* – De *rature.*

raucité [ʀosite] n. f. Rare Caractère d'un son, d'une voix rauque. – Lat. *raucitas.*

rauque [ʀok] adj. Rude, âpre et comme enroué (en parlant d'un son, d'une voix). *Cris rauques.* – Lat. *raucus.*

rauwolfia [ʀovɔlfja] n. f. BOT Plante tropicale (genre *Rauwolfia,* fam. apocynacées) dont on extrait la réserpine, utilisée comme calmant et pour lutter contre l'hypertension. – De *Rauwolf,* botaniste all.

ravage [ʀavaʒ] n. m. (Le plus souvent au plur.) **1.** Dégâts du fait de l'homme causés avec violence et rapidité sur une grande étendue de pays. *L'ennemi a fait de grands ravages dans cette région.* **2.** Dommages causés par les fléaux de la nature. *Les ravages causés par un séisme.* ▷ Sing. *Nuée de sauterelles qui fait du ravage dans les récoltes.* **3.** Désordres physiques, grave altération de la santé. *Les ravages de la drogue.* ▷ Fig., fam. *Faire des ravages :* susciter de nombreuses passions amoureuses. – De *ravir,* au sens littéral de « piller ».

ravagé, ée [ʀavaʒe] adj. **1.** Qui a subi des ravages. *Région ravagée par un séisme.* **2.** Marqué, flétri (par l'âge, la maladie, les excès, etc.). *Visage ravagé par l'alcool.* **3.** Fam. Fou, inconscient. *Vous êtes complètement ravagé !* – Pp. de *ravager.*

ravager [ʀavaʒe] v. tr. [13] Dévaster, détériorer gravement. *Les sangliers ont ravagé le champ.* ▷ Fig. *La douleur l'a ravagé.* – De *ravage.*

ravageur, euse [ʀavaʒœʀ, øz] adj. (et n.) Qui ravage. – De *ravager.*

ravalement [ʀavalmɑ̃] n. m. **1.** Vieilli Action de ravaler (qqn), avilissement. **2.** TECH Nettoyage, restauration des parements extérieurs d'un immeuble. ▷ Finition du parement d'une façade. **3.** AGRIC Sectionnement des branches d'un arbre à une petite distance du tronc. – De *ravaler.*

ravaler [ʀavale] v. tr. [1] **I. 1.** Avaler de nouveau. *Ravaler sa salive.* **2.** *Par ext.,* fig. Retenir, taire (ce qu'on est sur le point de laisser paraître, d'exprimer). *Ravaler son indignation.* **II. 1.** Vx Faire descendre à nouveau. **2.** Fig. Déprécier, rabaisser. *Ravaler qqn, ses mérites.* ▷ v. pron. *Se ravaler au niveau de la bête.* **3.** Faire le ravalement de (un bâtiment, une façade). **4.** AGRIC Faire le ravalement d'un arbre. – Sens I, de *r-,* et *avaler;* sens II, de *r-,* et a. fr. *avaler,* « descendre », rac. *val.*

ravaleur [ʀavalœʀ] n. m. Ouvrier (maçon, plâtrier, peintre, etc.) qui travaille à un ravalement. – De *ravaler.*

ravaudage [ʀavodaʒ] n. m. **1.** Action de ravauder; son résultat. **2.** Fig. Réparation, travail grossièrement fait. – De *ravauder.*

ravauder [ʀavode] v. tr. [1] **1.** Raccommoder à l'aiguille (des vêtements usagés). **2.** Fig. Réparer, rectifier superficiellement, grossièrement. *Ravauder un texte.* – De l'a. fr. *ravaut,* « sottise », var. de *raval,* « dépréciation ».

ravaudeur, euse [ʀavodœʀ, øz] n. Personne qui ravaude. – De *ravauder.*

rave [ʀav] n. f. **1.** Plante potagère à racine comestible. *Le navet, le rutabaga sont des raves.* – (En appos.) *Céleri-rave.* **2.** Crucifère dont on consomme les racines. – (En appos.) *Chou-rave (Brassica rapa rapa).* – A. fr. *rabe,* lat. *rapum.*

ravenala [ʀavenala] n. m. BOT Plante tropicale (fam. musacées) voisine du bananier, dont une espèce (*Ravenala madagascariensis*) est appelée *arbre du voyageur* à cause de l'eau de pluie qui s'accumule à la base de ses feuilles. – Mot malgache.

ravenelle [ʀavnɛl] n. f. **1.** Nom cour. de la moutarde sauvage. **2.** Giroflée jaune *(Sinapis cheiranthus).* – De l'a. fr. *rafne, ravene,* « radis », du lat. *raphanus,* « radis noir ».

ravi, ie [ʀavi] adj. Qui éprouve, qui manifeste un grand contentement. ▷ n. m. Rég. *Le ravi :* le santon des crèches provençales à l'expression extatique. – Pp. de *ravir.*

ravier [ʀavje] n. m. Petit plat, généralement oblong, où l'on sert les hors-d'œuvre. – De l'a. fr. *rave,* du lat. *raphanus,* « radis ».

ravière [ʀavjɛʀ] n. f. AGRIC Champ planté de raves. – De *rave.*

ravigotant, ante [ʀavigɔtɑ̃, ɑ̃t] adj. Fam. Qui ravigote. – De *ravigoter.*

ravigote [ʀavigɔt] n. f. Vinaigrette mêlée d'œufs durs pilés et relevée d'échalotes. ▷ (En appos.) *Sauce ravigote.* – Déverbal de *ravigoter.*

ravigoter [ʀavigɔte] v. tr. [1] Fam. Redonner de la vigueur, de la force à (une personne, une bête affaiblie). – Altér. probabl. de l'anc. v. *ravigorer,* « réconforter ».

ravilir [ʀaviliʀ] v. tr. [3] Rare Rendre vil, rabaisser.

ravin [ʀavɛ̃] n. m. **1.** Lit creusé par les eaux de ruissellement. **2.** Vallée encaissée aux versants abrupts. ▷ Chemin au fond d'un ravin. – Déverbal de *raviner.*

ravine [ʀavin] n. f. **1.** Vieilli Torrent. **2.** Lit creusé par un ruisseau, un torrent; petit ravin. – Du lat. *rapina,* « action d'entraîner, d'emporter ».

ravinement [ʀavinmɑ̃] n. m. Action de raviner; son résultat. – De *raviner.*

raviner [ʀavine] v. tr. [1] **1.** Creuser (le sol) de ravines. **2.** Fig. Creuser (le visage) de rides, de marques. **3.** Pp. adj. *Une région ravinée.* – Fig. *Une figure ravinée.* – De *ravine.*

ravioli [ʀavjɔli] n. m. Petit carré de pâte alimentaire farci d'un hachis de viande ou de légumes. *Manger des ravioli(s).* – Mot ital., du lat. *rapum,* « rave ».

ravir [ʀaviʀ] v. tr. [3] **I.** Litt. Enlever de force; emporter avec violence ou par ruse. *Ravir une femme. Ravir le bien d'autrui.* ▷ Par ext. *La mort lui a ravi ses proches.* **II. 1.** THEOL Transporter au ciel. ▷ Fig. (S'emploie surtout à la forme passive.) Transporter hors de soi dans la contemplation. *Être ravi en extase.* **2.** Charmer le cœur, l'esprit de (qqn); transporter d'admiration. *Cette musique m'a ravie.* ▷ Loc. adv. *À ravir :* très bien, admirablement. *Elle chante à ravir.* – Lat. pop. **rapire,* class. *rapere,* « saisir ».

raviser (se) [ʀavize] v. pron. [11] Changer d'avis.

ravissant, ante [ʀavisɑ̃, ɑ̃t] adj. Qui charme, qui est plein d'agréments. *La campagne alentour est ravissante.* – *Une femme ravissante,* très jolie. – Ppr. de *ravir.*

ravissement [ʀavismɑ̃] n. m. **1.** Vx Action de ravir, enlèvement. Syn. rapt. **2.** THEOL Fait d'être transporté au ciel. ▷ État d'une âme ravie en extase. **3.** Mouvement de l'esprit, du cœur d'une personne qui est ravie, transportée de joie, d'admiration, etc. – De *ravir.*

ravisseur, euse [ʀavisœʀ, øz] n. (et adj.) **1.** Vx Voleur. **2.** Personne qui commet un rapt. *Les ravisseurs ont fait connaître leurs exigences.* ▷ adj. Rare *Loup ravisseur.* – De *ravir.*

ravitaillement [ʀavitajmɑ̃] n. m. **1.** Action de ravitailler; fait de se ravitailler. **2.** Fam. Action de se procurer les aliments nécessaires à la consommation d'un ménage, d'une famille. ▷ Denrées ainsi obtenues. – De *ravitailler.*

ravitailler [ʀavitaje] v. tr. [1] **1.** Faire parvenir des vivres, des munitions à. *Ravitailler une armée.* ▷ *Par ext.* Fournir en vivres (le plus souvent, une communauté). **2.** Alimenter en carburant. *Ravitailler un avion en vol.* – De *r-,* et de l'anc. v. *avitailler,* « pourvoir de nourriture ».

ravitailleur [ʀavitajœʀ] n. m. et adj. m. **1.** Celui qui a la charge du ravitaillement. **2.** MAR, AVIAT Navire, avion spécialement équipé pour ravitailler (sens 2) les bâtiments en mer, les avions en vol. ▷ adj. m. *Bâtiment ravitailleur.* – De *ravitailler.*

ravivage [ʀavivaʒ] n. m. **1.** Action de redonner à une couleur un éclat plus vif. **2.** TECH Décapage (d'un objet à dorer ou à souder). – De *raviver.*

raviver [ʀavive] v. tr. [1] **1.** Rendre plus vif. *Raviver le feu.* ▷ *Raviver les couleurs,* leur rendre leur premier éclat. **2.** TECH Décaper (un objet à dorer ou à souder). **3.** CHIR *Raviver une plaie,* l'exciser pour accélérer la cicatrisation. **4.** Fig. Ranimer, faire revivre. *Raviver une douleur. Raviver un souvenir.*

ravoir [ʀavwaʀ] v. tr. (Ne s'emploie qu'à l'inf.) **1.** Avoir de nouveau, recouvrer. *Ravoir son bien.* **2.** Fam. Redonner à (un objet) son aspect initial, son éclat. *Je suis arrivé à ravoir les cuivres.*

rayage [ʀɛjaʒ] ou, vx, **rayement** [ʀɛjmɑ̃] n. m. Action de rayer; son résultat. ▷ TECH Opération par laquelle on raie l'intérieur du canon d'une arme à feu. – De *rayer.*

rayé, ée [ʀɛje] adj. **1.** Couvert, décoré de rayures. *Étoffe rayée.* **2.** Raturé. **3.** Qui porte des cannelures, en parlant d'une arme, de son canon. *Fusil rayé.* **4.** Qui porte des raies, des éraflures. *Miroir rayé.* – Pp. de *rayer.*

rayer [ʀɛje] v. tr. [21] **1.** Faire des raies sur. *Rayer une feuille de papier.* ▷ Faire une, des éraflures sur (une surface). *Rayer un disque.* ▷ TECH Creuser (l'intérieur d'une arme à feu) de rayures*. **2.** Barrer d'un trait (un mot, une phrase, etc.). ▷ Fig. Supprimer, exclure (qqch, qqn d'un ensemble). *Il a été rayé de la liste des bénéficiaires.* – De *raie* 1.

rayère [ʀɛjɛʀ] n. f. ARCHI Jour oblong pratiqué verticalement dans le mur d'une tour. – De l'a. fr. *raier,* «émettre des rayons lumineux», lat. *radiare.*

ray-grass [ʀɛgʀɑs] n. m. inv. (Anglicisme) Ivraie vivace (*Lolium perenne*). ▷ *Par ext.* Ivraie dont diverses variétés sont utilisées pour les gazons. – Mot angl., de *ray,* «ivraie», et *grass,* «herbe».

1. rayon [ʀɛjɔ̃] n. m. **I. 1.** Émanation de lumière; ligne droite selon laquelle celle-ci se propage. *Un rayon de soleil. Rayons lumineux. Rayon vert :* bref éclat de couleur verte observable parfois au lever ou au coucher du soleil et qui est dû à l'absorption des rayons solaires par l'atmosphère. ▷ Fig. Ce qui répand la lumière, la joie, etc. *Un rayon d'espérance.* **2.** PHYS Trajectoire que parcourent les particules émises par une source. *Dans un milieu homogène, les rayons sont des lignes droites.* ▷ Cour. *Rayons :* rayonnement. *Rayons α, β, γ. Rayons X.* (V. encycl. rayonnement.) – *Rayons cosmiques :* rayonnement parcourant le milieu interstellaire, constitué de particules de très hautes énergies (75 % de protons, 20 % de noyaux atomiques et 5 % d'autres particules telles qu'électrons, photons et neutrons). ▷ ELECTR *Rayon électronique* ou *cathodique :* faisceau d'électrons. **II. 1.** Chacune des pièces oblongues qui unissent le moyeu d'une roue à sa jante. ▷ Chacun des éléments qui divergent à partir d'un centre commun. – BOT *Rayons médullaires :* lames de tissu reliant l'écorce à la moelle, dans la tige des dicotylédones. **2.** GEOM Segment de droite reliant le centre d'un cercle ou d'une sphère à un point quelconque de sa circonférence, de sa surface. ▷ Loc. cour. *Dans un rayon de dix kilomètres :* à dix kilomètres à la ronde. **3.** AVIAT, MAR *Rayon d'action :* éloignement maximal d'un aéronef ou d'un navire de son point de ravitaillement. ▷ Fig. Zone d'action, d'influence. – De *rai,* lat. *radius.*

2. rayon [ʀɛjɔ̃] n. m. AGRIC Petit sillon. *Semer en rayons.* – De *raie* 1.

3. rayon [ʀɛjɔ̃] n. m. **1.** Gâteau de cire fait par les abeilles pour emmagasiner le miel, le pollen, ou pour loger le couvain. **2.** Planche, tablette horizontale servant au rangement; étagère. *Les rayons d'une bibliothèque.* **3.** Secteur d'un grand magasin où l'on vend des marchandises de même nature. *Le rayon de l'outillage, de la parfumerie.* ▷ Fig., fam. *C'est son rayon :* c'est un domaine qui le concerne, qu'il connaît bien. – Loc. fig., fam. *En connaître un rayon :* bien connaître (la question), être très compétent (en la matière). – De l'a. fr. *ree,* «rayon de miel», frq. **hrâta*; cf. néerl. *rata,* «miel vierge».

1. rayonnage [ʀɛjɔnaʒ] n. m. AGRIC Opération qui consiste à tracer des rayons sur un sol. – De *rayon* 2.

2. rayonnage [ʀɛjɔnaʒ] n. m. Ensemble de rayons, d'étagères. *Le rayonnage d'une bibliothèque.* – De *rayon* 3 (sens 2).

rayonnant, ante [ʀɛjɔnɑ̃, ɑ̃t] adj. **1.** Disposé selon des rayons. *Motifs décoratifs rayonnants.* ▷ ARCHI *Gothique rayonnant,* caractérisé par une abondante décoration à motifs circulaires (*rosaces rayonnantes*) et qui s'imposa à partir de la seconde moitié du XIIIe s. **2.** Qui émet des rayons. *Soleil rayonnant.* ▷ Fig. Éclatant, resplendissant. *Un visage rayonnant de santé, de bonheur.* – Ppr. de *rayonner.*

rayonne [ʀɛjɔn] n. f. Fibre textile artificielle à base de cellulose. ▷ Étoffe de rayonne. – Nom déposé; angloamér. *rayon,* du fr., à cause du brillant.

rayonné, ée [ʀɛjɔne] adj. Disposé en rayons; orné de rayons. ▷ BIOL *Symétrie rayonnée,* dans laquelle les organes sont placés comme les rayons d'une roue, symétriquement par rapport à un axe. *Symétrie rayonnée de l'oursin, de l'étoile de mer.* – Pp. de *rayonner.*

rayonnement [ʀɛjɔnmɑ̃] n. m. **1.** Fait de rayonner; éclat de ce qui rayonne. *Le rayonnement du soleil.* **2.** PHYS et cour. Propagation d'énergie sous forme de particules *(rayonnement corpusculaire)* ou de vibrations *(rayonnement thermique, acoustique, électromagnétique). Rayonnement cosmique :* V. rayon 1. **3.** PALEONT Syn. de *radiation.* **4.** Fig. Éclat; influence bienfaisante. *Rayonnement d'une idée, d'une culture.* – De *rayonner.*

ENCYCL **Phys.** – Les propriétés d'un rayonnement électromagnétique dépendent grandement de la longueur d'onde de celui-ci; aussi donne-t-on traditionnellement un nom particulier à chaque domaine du spectre électromagnétique. Au-delà d'une longueur d'onde de 0,3 mm (énergie inférieure à 0,04 eV), ce sont les ondes hertziennes; de 0,3 mm à 0,8 µm (1,5 eV), les rayons infrarouges. Le rayonnement lumineux visible occupe un domaine très étroit, de 0,8 µm à 0,4 µm (3 eV). En deçà de 0,4 µm et jusqu'à 10^{-8} m (100 eV), ce sont les rayons ultraviolets. De 10^{-8} m à 2.10^{-11} m, on a les rayons X. Les rayons X sont absorbés par les éléments de numéro atomique élevé; cette propriété permet de les utiliser pour examiner des organes internes (radiographie) ou pour détecter les défauts de pièces métalliques (radiométallographie). La forte énergie des rayons X leur permet de détruire des tumeurs (radiothérapie); leur faible longueur d'onde entraîne leur diffraction par les cristaux. Les rayons gamma (γ) sont des ondes électromagnétiques de longueurs d'onde inférieures à 2.10^{-11} m. Encore plus pénétrants que les rayons X, les rayons γ ne sont arrêtés que par de fortes épaisseurs de béton ou de plomb. Le rayonnement thermique, forme particulière de rayonnement électromagnétique, résulte de l'agitation thermique des particules qui constituent la matière.

rayonner [ʀɛjɔne] v. intr. [1] **1.** Émettre des rayons lumineux, de l'énergie. *Astre qui rayonne.* **2.** Fig. Répandre son éclat, faire sentir au loin son action. *Un esprit qui rayonne.* **3.** Laisser paraître une satisfaction, un bonheur intense. *Rayonner de joie.* **4.** Partir d'un même point dans des directions diverses. *Rayonner autour de Paris.* – De *rayon* 1.

rayure [ʀɛjyʀ] n. f. **1.** Vx Manière dont une chose est rayée. **2.** Chacune des lignes, des bandes étroites qui contrastent avec un fond de couleur différente. *Les rayures du zèbre.* **3.** Trace, éraflure laissée sur une surface par un corps pointu ou coupant. **4.** Chacune des cannelures hélicoïdales pratiquées à l'intérieur du canon d'une arme à feu ou d'une pièce d'artillerie pour imprimer au projectile un mouvement de rotation qui le stabilise sur sa trajectoire et augmente sa précision. – De *rayer.*

raz [ʀɑ] n. m. **1.** MAR Courant marin violent, dans un passage resserré. ▷ (Dans des noms propres.) Passage resserré, détroit où règnent des courants violents. *Le raz de Sein, le raz Blanchard.* **2.** *Raz de marée* : très haute vague d'origine sismique ou volcanique qui pénètre dans les terres. ▷ Fig. Bouleversement important. *Le raz de marée révolutionnaire balaya l'Ancien Régime.* – Breton *raz,* de l'a. scand. *râs,* «courant d'eau».

razzia [ʀazja] n. f. **1.** Attaque lancée par des pillards pour enlever les troupeaux, les récoltes, etc. **2.** Fam. Fait de tout rafler, de tout emporter. *Faire une razzia sur le marché.* – Mot ar., «préjudice, dommage».

razzier [ʀazje] v. tr. [2] **1.** Exécuter une razzia contre. **2.** Piller, voler lors d'une razzia. – De *razzia.*

Rb CHIM Symbole du rubidium.

rd PHYS NUCL Symbole du rad.

re-, ré-. V. r-.

Re CHIM Symbole du rhénium.

ré [ʀe] n. m. Deuxième degré de la gamme d'ut. ▷ Signe figurant cette note. – Première syllabe du lat. *resonare* dans l'hymne à saint Jean Baptiste (XIe s.).

réa [ʀea] n. m. MAR, TECH Roue à gorge d'une poulie. – De **rouat,* altér. dial. de *rouet.*

réabonnement [ʀeabɔnmɑ̃] n. m. Action de réabonner, de se réabonner. – De *réabonner.*

réabonner [ʀeabɔne] v. tr. [1] Abonner de nouveau. ▷ v. pron. Renouveler son abonnement.

réabsorber [ʀeapsɔʀbe] v. tr. [1] Absorber de nouveau.

réabsorption [ʀeapsɔʀpsjɔ̃] n. f. Action, fait d'absorber de nouveau; son résultat.

réac [ʀeak] adj. et n. Fam. Abrév. de *réactionnaire.*

r(é)accoutumer (se) [ʀ(e)akutyme] v. pron. [11] S'accoutumer à ce dont on était désaccoutumé; reprendre une habitude qu'on avait perdue.

réactance [ʀeaktɑ̃s] n. f. ELECTR Impédance d'un dipôle ne contenant que des inductances et des condensateurs. *La réactance d'un condensateur est négative; celle d'une inductance, positive.* – De *réact(ion),* d'ap. *(impéd)-ance.*

réacteur [ʀeaktœʀ, tʀis] n. m. **1.** Moteur à réaction. *Réacteur d'avion.* **2.** TECH Appareil dans lequel s'effectue une réaction. *Réacteur catalytique.* ▷ *Réacteur nucléaire* : appareil qui produit de l'énergie à partir des réactions de fission nucléaire. Syn. pile atomique. – De *réaction.*

ENCYCL Un réacteur nucléaire se compose d'un cœur, dans lequel sont placés des éléments combustibles (uranium naturel ou enrichi, plutonium), et de dispositifs de réglage et de sécurité (servant à contrôler la réaction en chaîne et à arrêter la réaction en cas d'incident). Le tout est entouré d'une épaisse enceinte étanche qui arrête les rayonnements émis. Il existe 2 types de réacteurs : à neutrons rapides (V. encycl. surrégénérateur); à neutrons thermiques. Ce dernier type, le plus répandu, possède un modérateur, constitué d'éléments à noyaux légers (hydrogène, par ex.), dont le rôle est de ralentir les neutrons émis lors de la fission. L'énergie dégagée lors de la fission est extraite du cœur du réacteur par un fluide caloporteur (eau, gaz carbonique, hélium, métal liquide tel que sodium ou potassium). Le choix conjugué du combustible, du modérateur et du fluide caloporteur définit une filière, c.-à-d. un ensemble de caractéristiques spécifiques à un type de réacteur. Les princ. filières sont les suivantes : uranium naturel - graphite - gaz carbonique; uranium légèrement enrichi - eau lourde ou graphite - gaz carbonique; uranium enrichi - eau légère (à la fois modérateur et caloporteur), qui comporte deux variantes : réacteur à eau bouillante (B.W.R., abrév. de l'angl. «boiling water reactor»), où l'eau peut être portée à ébullition; réacteur à eau sous pression (P.W.R., abrév. de l'angl. «pressurized water reactor»), où l'eau, portée à une température d'environ 300 °C, est maintenue sous une pression suffisante (140 bars) pour éviter sa vaporisation. L'énergie calorifique transportée par le fluide caloporteur est cédée à un circuit eau-vapeur à l'intérieur d'échangeurs de chaleur; la température y est plus basse que dans les chaudières classiques, sauf dans les réacteurs à haute température du type uranium-graphite-hélium. La vapeur produite alimente les groupes turbo-alternateurs qui transforment l'énergie mécanique en énergie électrique. L'ensemble constitué par un réacteur nucléaire et ses installations de production de vapeur et d'électricité est appelé centrale nucléaire. Les réacteurs nucléaires sont également utilisés pour la propulsion des navires. Leurs sous-produits (isotopes radioactifs artificiels) servent en radiochimie et en radiobiologie.

réactif, ive [ʀeaktif, iv] adj. et n. m. **1.** adj. Qui réagit, qui fait réagir. **2.** n. m. CHIM Substance que l'on utilise pour déterminer la nature d'un corps en observant la réaction qu'elle produit avec celui-ci. – De *réaction,* d'ap. *actif.*

réaction [ʀeaksjɔ̃] n. f. **I. 1.** Action contraire à une action précédente et provoquée par celle-ci. ▷ Comportement, acte d'une personne en réponse à un événement, à une action. **2.** POLIT Attitude, courant de pensée opposé aux innovations, aux changements sociaux et favorable au maintien ou au rétablissement des institutions héritées du passé. ▷ Ensemble des forces politiques réactionnaires. **II. 1.** PHYS Force qui résulte de l'action mécanique exercée par un corps sur un autre corps qui agit en retour. *Principe d'action et de réaction. Propulsion par réaction* (V. encycl.). – Cour. *Avion à réaction.* **2.** CHIM Réarrangement à l'échelle moléculaire d'un ensemble de corps réagissant («système initial»), qui conduit à un nouvel ensemble de corps, ou *produits de la réaction* («système final»). *Réaction en chaîne.* V. chaîne. *Réaction nucléaire,* mettant en jeu les constituants du noyau de l'atome (cf. noyau). **III.** Processus qui se déclenche dans un organisme vivant en réponse à un stimulus, à une modification du milieu, à une perturbation de l'équilibre physiologique, à une agression, etc. *Le frisson est une réaction au froid.* ▷ PHYSIOL *Réaction auditive.* ▷ PSYCHO et cour. *Réaction affective.* – Lat. scolast. *reactio,* de *actio,* «action».

ENCYCL **Phys.** – La propulsion par réaction obéit au principe physique d'action et de réaction, c.-à-d. d'égalité de l'action et de la réaction, donc au principe de la conservation de la quantité de mouvement : lorsque deux corps A et B exercent l'un sur l'autre une action mécanique, la force qui représente l'action de A sur B est égale et de sens opposé à celle (réaction) de B sur A. Si un mobile de masse M expulse un fluide, ce principe s'applique au système. En nommant q le débit de matière et V la vitesse d'éjection, l'accélération c communiquée au mobile sera telle que $Mc - qV = f$, où f est la somme des forces qui s'exercent sur la fusée. La force $F = qV$, appelée *poussée,* s'exprime en décanewtons (daN). La *poussée spécifique* est égale au rapport entre la poussée et la masse du propulseur; elle s'exprime en daN/kg. La *consommation spécifique* est égale au rapport du débit de carburant par la poussée; elle s'exprime en kg/h.daN. La propulsion par réaction

présente un intérêt considérable dans le domaine des transports aériens, dans celui du lancement et du pilotage des engins spatiaux et dans le domaine militaire. V. engin et moteur-fusée.
Chim. – Une *réaction chimique* est la transformation d'une espèce chimique en une autre. Elle se caractérise par un échange d'atomes, de molécules, d'ions ou d'électrons, avec, dans le cas de réactions photochimiques, émission ou absorption de photons. Pour qu'une réaction chimique puisse se produire, il faut que les liaisons entre les atomes des molécules qui doivent se former soient plus stables que celles des molécules de départ. Sur le plan énergétique, la possibilité d'une réaction se mesure par son *enthalpie libre*, qui varie avec la température et la pression. A température et pression constantes, si son enthalpie libre est négative, la réaction s'effectue spontanément; si elle est positive, il faut fournir de l'énergie pour que la réaction se produise. Au cours d'une réaction, il peut y avoir dégageme nt de chaleur (réaction *exothermique*) ou, au contraire, absorption de chaleur (réaction *endothermique*). Certaines réactions sont totales : tous les réactifs utilisés disparaissent pour donner les nouveaux composés, à condition que les premiers soient en proportion *stœchiométrique*; c'est le cas des réactions de combustion. En revanche, de nombreuses réactions correspondent à un équilibre : les composés formés se décomposent à leur tour, pour donner à nouveau les produits initiaux; un tel équilibre peut toutefois être déplacé dans un sens ou dans l'autre par une augmentation de température ou de pression. La vitesse d'une réaction peut être modifiée en agissant sur divers facteurs ou en utilisant des catalyseurs. Certaines réactions chimiques présentent une grande importance. Les réactions d' *oxydoréduction* se caractérisent par un échange d'électrons entre les corps en présence. Les réactions *acide-base* mettent en jeu des protons H^+. D'autres réactions aboutissent à la formation de complexes. En chimie organique, les hydrocarbures saturés donnent lieu à des réactions de *substitution*; les carbures insaturés, à des réactions d' *addition*. Les réactions de *polymérisation*, extrêmement importantes, permettent la formation de macromolécules constituant les matières plastiques.

réactionnaire [ʀeaksjɔnɛʀ] adj. et n. Péjor. Propre à la réaction, favorable à la réaction; ultra conservateur. ▷ Subst. *Les réactionnaires.* (Abrév. fam. : réac.) – De *réaction.*

réactionnel, elle [ʀeaksjɔnɛl] adj. **1.** CHIM Qui a rapport à une réaction. **2.** MED Relatif à une réaction organique. **3.** PSYCHO, PSYCHAN Qui se produit en réaction à une situation mal assumée. - Se dit d'un trouble apparaissant à la suite d'un choc affectif traumatisant. – De *réaction.*

réactivation [ʀeaktivasjɔ̃] n. f. Action de réactiver. ▷ MED Réapparition provoquée, en vue d'un diagnostic, d'un symptôme disparu. – De *réactiver.*

réactiver [ʀeaktive] v. tr. [1] Activer de nouveau.

réactivité [ʀeaktivite] n. f. **1.** CHIM Aptitude d'un corps à réagir. **2.** MED Manière dont un sujet réagit à une injection immunisante. ▷ PSYCHO et PHYSIOL Capacité d'un sujet à réagir aux stimulations externes. – De *réactif.*

réactualisation [ʀeaktɥalizasjɔ̃] n. f. Action de réactualiser; son résultat.

réactualiser [ʀeaktɥalize] v. tr. [1] Remettre à jour. *Réactualiser un dictionnaire.*

réadaptation [ʀeadaptasjɔ̃] n. f. Adaptation nouvelle (à des conditions disparues qui redeviennent actuelles, à de nouvelles conditions). *Réadaptation sociale, professionnelle.*

réadapter [ʀeadapte] v. tr. [1] Adapter de nouveau. - Spécial. *Réadapter qqn à la vie active après un accident.* ▷ v. pron. *Se réadapter à un nouveau milieu.*

réadmettre [ʀeadmɛtʀ] v. tr. [60] Admettre de nouveau.

réadmission [ʀeadmisjɔ̃] n. f. Nouvelle admission.

ready-made [ʀedimɛd] n. m. BX-A Œuvre d'art constituée par un (des) objet(s) choisi(s) par un artiste, modifié(s) ou non. *Le créateur du ready-made est Marcel Duchamp.* – Mot angl., prop. « tout fait ».

réaffirmer [ʀeafiʀme] v. tr. [1] Affirmer de nouveau, avec plus de fermeté.

réagir [ʀeaʒiʀ] v. intr. [3] **I. 1.** PHYS Exercer une action en sens contraire (en parlant d'un corps qui agit sur un autre dont il a éprouvé l'action). *Un corps élastique réagit sur le corps qui le choque.* **2.** MED Avoir une (des) réaction(s) (en parlant du corps, des organes). **3.** PHYSIOL Répondre à un stimulus. **4.** Fig. *Réagir sur* : exercer une action en retour sur. *L'homme agit sur son environnement et son environnement réagit sur lui.* **5.** Fig. *Réagir à* : manifester une réaction face à, agir en réponse à (un événement, une stimulation, etc.). *Réagir violemment à des insultes, à une provocation.* ▷ (S. comp.) *Il a très bien réagi.* **6.** Fig. *Réagir contre* : s'opposer, résister par une action contraire à. *Réagir contre une influence.* ▷ (S. comp.) Faire un effort pour résister, pour lutter. *Ne vous découragez pas, réagissez!* **II.** CHIM Entrer en réaction, en parlant d'espèces chimiques. – De *ré-*, et *agir.*

réajustement, réajuster. V. rajustement, rajuster.

1. réal, aux [ʀeal, o] n. m. ou **réale** [ʀeal] n. f. Ancienne monnaie d'argent espagnole qui valait le quart de la peseta. – Esp. *real*, propr. « royal ».

2. réal, ale, aux [ʀeal, o] adj. et n. f. HIST *La galère réale* : la principale galère, réservée au roi ou à l'amiral. ▷ n. f. *La réale.* – Esp. *real*, propr. « royal ».

réalésage [ʀealezaʒ] n. m. TECH Opération qui consiste à réaléser. – De *réaléser.*

réaléser [ʀealeze] v. tr. [14] TECH Aléser de nouveau. *Réaléser un cylindre.* – De *ré-*, et *aléser.*

réalgar [ʀealgaʀ] n. m. MINER Sulfure naturel d'arsenic, de couleur rouge, le principal minerai d'arsenic. – Altér. de l'ar. *rehj-al-ghar*, « poudre de cave, mort-aux-rats ».

réalisable [ʀealizabl] adj. **1.** Qui peut se réaliser, être réalisé. **2.** Que l'on peut convertir en espèces. *Valeurs réalisables.* – De *réaliser.*

réalisateur, trice [ʀealizatœʀ, tʀis] adj. et n. **1.** adj. Qui réalise, qui a des aptitudes pour réaliser. *Une intelligence plus réalisatrice que théoricienne.* ▷ Subst. *Un réalisateur, une réalisatrice.* **2.** n. Personne qui dirige la préparation et le tournage, ou l'enregistrement, d'un film, d'une émission de radio ou de télévision. – De *réaliser.*

réalisation [ʀealizasjɔ̃] n. f. **1.** Action de réaliser; son résultat. **2.** Chose réalisée; ce qui s'est réalisé. **3.** Conversion d'un bien en espèces. **4.** MUS Notation ou exécution complète des accords d'une base chiffrée. **5.** Mise en scène d'un film ou d'une émission télévisée; mise en ondes d'une émission radiodiffusée. – De *réaliser.*

réaliser [ʀealize] v. [1] **I.** v. tr. **1.** Rendre réel et effectif, faire exister (qqch). *Réaliser un projet.* **2.** Effectuer, accomplir. *Réaliser des prouesses.* ▷ *Réaliser un film*, en assurer la réalisation. **3.** Convertir en espèces. *Réaliser une propriété, des actions.* ▷ Fam. *Réaliser des bénéfices*, en faire. **4.** (Calque de l'angl. *to realize*; emploi critiqué.) Comprendre, saisir, se représenter clairement. *As-tu réalisé ce que tu viens de dire, ce que tu as fait?* **5.** PHILO Donner un caractère de réalité à (une abstraction). **6.** MUS Compléter les accords indiqués par une base chiffrée. **II.** v. pron. **1.** Devenir effectif, réel. *Espérances qui se réalisent.* **2.** (Personnes) Rendre réel ce qui en soi-même n'était que virtuel; s'accomplir en tant qu'individu. *Il a choisi une carrière où il se réalise pleinement.* – De *réel*, d'ap. le lat. *realis*.

réalisme [ʀealism] n. m. **1.** PHILO Doctrine platonicienne selon laquelle les apparences sensibles et les êtres individuels ne sont que le reflet des véritables réalités, les Idées. (V. idéalisme.) ▷ Doctrine médiévale d'après laquelle les universaux (notions générales) sont réels, ont une existence propre (par oppos. à *conceptualisme*, à *nominalisme*). *Le réalisme de saint Thomas.* ▷ Doctrine selon laquelle le monde extérieur a une existence indépendante du sujet qui le perçoit (par oppos. à *idéalisme*). **2.** LITTER, BX-A Attachement à représenter le monde, les hommes tels qu'ils sont, et non tels que peuvent les concevoir ou les styliser l'imagination et l'intelligence de l'auteur ou de l'artiste. **3.** Cour. Aptitude à tenir compte de la réalité, à apprécier les données d'une situation avant de prendre une décision, d'agir. *Faire preuve de réalisme.* – De *réel*, d'ap. le lat. *realis*.

ENCYCL Le terme de *réaliste* s'appliqua de façon courante aux écrivains qui, à partir de 1850, réagirent contre le sentimentalisme romantique en s'inspirant des méthodes de la science pour s'en tenir rigoureusement à l'étude et à la description des faits. La théorie de cette école prit corps avec Champfleury (*le Réalisme*, 1857), mais, à vrai dire, il y eut autant de réalismes que de réalistes : Flaubert, A. Daudet, Maupassant, les frères Goncourt, Zola (cf. naturalisme). Parmi les peintres que l'on a qualifiés de réalistes, il faut citer Courbet, Daumier et Millet. – Le *réalisme socialiste* fit de l'art un instrument de propagande au service des conceptions du pouvoir socialiste, notam. en U.R.S.S. Il visa à la transformation de l'art « bourgeois » en « une culture prolétarienne par son contenu, nationale par sa forme » (Staline). Son princ. théoricien fut Jdanov. – Le *nouveau réalisme* est une tendance d'inspiration néo-dadaïste (Duchamp, Schwitters) de l'art contemp., apparue après la formation en 1960, par le critique P. Restany, d'un groupe dit des « nouveaux réalistes » ayant pour princ. représentants Arman, César, Klein, Tinguely.

réaliste [ʀealist] adj. et n. **1.** Didac. Qui a rapport au réalisme ; partisan du réalisme en art, en littérature, en philosophie. ▷ Subst. *Les réalistes.* **2.** Qui fait preuve de réalisme (sens 3). – De *réel*, lat. *realis*.

réalité [ʀealite] n. f. **1.** PHILO et cour. Caractère de ce qui a une existence réelle, de ce qui existe comme chose (et non seulement comme idée, illusion, apparence). *La réalité du monde physique.* **2.** Chose réelle. *Rêve qui devient réalité.* **3.** Chacun des faits, des événements qui constituent la trame de notre existence. *Les dures réalités de la vie.* **4.** Loc. adv. *En réalité* : effectivement, réellement. – Bas lat. *realitas*.

realpolitik [ʀealpɔlitik] n. f. POLIT Politique qui tient compte avant tout des possibilités concrètes. – Mot all., de *real*, « réaliste », et *Politik*, par l'angl.

réaménagement [ʀeamenaʒmɑ̃] n. m. Action de réaménager ; son résultat.

réaménager [ʀeamenaʒe] v. tr. [13] Aménager de nouveau, sur de nouvelles bases.

réanimateur, trice [ʀeanimatœʀ, tʀis] n. Médecin spécialiste de la réanimation. – De *réanimation*.

réanimation [ʀeanimasjɔ̃] n. f. Ensemble des techniques médicales employées pour remédier à la défaillance d'une ou de plusieurs des grandes fonctions vitales (respiration et circulation, notam.). *Techniques de réanimation* : respiration assistée, entraînement cardiaque, épuration extrarénale, etc.

réanimer [ʀeanime] v. tr. [1] Procéder à la réanimation de, faire revenir à la vie par la réanimation.

réapparaître [ʀeapaʀɛtʀ] v. intr. [73] Apparaître de nouveau.

réapparition [ʀeapaʀisjɔ̃] n. f. Nouvelle apparition.

r(é)apprendre [ʀ(e)apʀɑ̃dʀ] v. tr. [52] Apprendre de nouveau.

r(é)approvisionnement [ʀ(e)apʀɔvizjɔnmɑ̃] n. m. Nouvel approvisionnement.

r(é)approvisionner [ʀ(e)apʀɔvizjɔne] v. tr. [1] Approvisionner de nouveau. ▷ v. pron. *Il est temps de se réapprovisionner.*

réargenter [ʀeaʀʒɑ̃te] v. tr. [1] Argenter de nouveau. *Faire réargenter un service ancien.*

réarmement [ʀeaʀməmɑ̃] n. m. Action de réarmer. ▷ Rénovation et accroissement de la puissance militaire d'un pays. – De *réarmer*.

réarmer [ʀeaʀme] v. [1] **1.** v. tr. Armer de nouveau. **2.** v. intr. S'armer de nouveau. *Ce pays réarme.*

réarrangement [ʀeaʀɑ̃ʒmɑ̃] n. m. Action d'arranger de nouveau, d'une autre manière. ▷ CHIM Migration de radicaux ou d'atomes à l'intérieur d'une molécule. – De *réarranger*.

réarranger [ʀeaʀɑ̃ʒe] v. tr. [1] Procéder au réarrangement de.

réassignation [ʀeasiɲasjɔ̃] n. f. DR Seconde assignation devant un juge. – De *réassigner*.

réassigner [ʀeasiɲe] v. tr. [1] **1.** DR Assigner une seconde fois. **2.** Assigner de nouveau. *La mission que la nation vient de nous réassigner.*

réassort [ʀeasɔʀ] n. m. Abrév. de *réassortiment*.

r(é)assortiment [ʀ(e)asɔʀtimɑ̃] n. m. Action de réassortir ; son résultat. – De *réassortir*, ou de *rassortir*.

r(é)assortir [ʀ(e)asɔʀtiʀ] v. tr. [3] Assortir de nouveau ; compléter (un assortiment) en remplaçant les éléments manquants. *Réassortir un service de table.*

réassurance [ʀeasyʀɑ̃s] n. f. DR Assurance par laquelle un assureur se fait garantir par une autre compagnie pour se couvrir d'une partie des risques. – De *réassurer*.

réassurer [ʀeasyʀe] v. tr. [1] DR Garantir par une réassurance. ▷ v. pron. *Compagnie qui se réassure.*

rebaptiser [ʀəbatize] v. tr. [1] **1.** Conférer une seconde fois le baptême à (qqn). **2.** Donner un nouveau nom à (qqch). *Rebaptiser un navire.*

rébarbatif, ive [ʀebaʀbatif, iv] adj. Qui rebute par son aspect peu avenant. *Visage rébarbatif.* ▷ Fig. *Texte rébarbatif*, d'une lecture difficile et ennuyeuse. – De l'a. v. *rebarber*, « faire face, tenir tête », propr. « barbe contre barbe ».

rebâtir [ʀəbɑtiʀ] v. tr. [3] Bâtir de nouveau (ce qui a été détruit).

rebattement [ʀəbatmɑ̃] n. m. HERALD Répétition des pièces ou des partitions de l'écu. – De *rebattre*.

rebattre [ʀəbatʀ] v. tr. [61] **1.** TECH Battre de nouveau. *Rebattre l'acier après un recuit.* **2.** Loc. *Rebattre les oreilles à qqn d'une chose*, le lasser en lui répétant cette chose à toute occasion.

rebattu, ue [ʀəbaty] adj. Qui a perdu tout intérêt à force d'être répété. *Idée, phrase rebattue.* ▷ Loc. *Avoir les oreilles rebattues d'une chose*, être las d'en entendre parler. – Pp. de *rebattre*.

rebec [ʀəbɛk] n. m. MUS Instrument médiéval à trois cordes et à archet. – Altér. d'ap. *bec*, de l'a. fr. *rebebe*, ar. *rabāb*, « violon à deux cordes ».

rebelle [ʀəbɛl] adj. et n. **1.** Qui refuse de se soumettre à une autorité, se révolte contre elle. *Factions rebelles.* ▷ Subst. *Un(e) rebelle.* **2.** *Rebelle à* : qui résiste, refuse de se plier à. *Esprit rebelle à toute logique.* ▷ (Choses) *Maladie* *rebelle,* qui résiste à tous les traitements. – *Mèches rebelles,* difficiles à coiffer. – Du lat. *rebellis,* « qui recommence la guerre », de *bellum,* « guerre ».

rebeller (se) [ʀəbɛle] v. pron. [11] Devenir rebelle, se soulever (contre une autorité). ▷ Fig. Se plaindre, protester. – Du lat. *rebellare,* « reprendre les armes », de *bellare,* « faire la guerre ».

rébellion [ʀebɛljɔ̃] n. f. Révolte, résistance ouverte aux ordres de l'autorité. ▷ Ensemble des rebelles. *L'étranger arme la rébellion.* – Lat. *rebellio.*

rebiffer (se) [ʀ(ə)bife] v. pron. [11] Fam. Regimber, refuser vivement une contrainte ou une brimade, y résister en rendant la pareille. *Il a voulu la gifler, mais elle s'est rebiffée.*

rebiquer [ʀəbike] v. intr. [1] Fam. Se redresser, se retrousser en formant un angle. *Épi dans les cheveux qui rebique.* – De *re-,* et *bique* au sens dial. de « corne ».

reblochon [ʀəblɔʃɔ̃] n. m. Fromage savoyard à pâte grasse, de saveur douce. – Mot savoyard, de *reblocher,* « faire qqch pour la seconde fois, traire de nouveau une vache », du v. dial. *blocher, blossi,* « pincer », du lat. pop. **blottiare.*

reboisement [ʀəbwazmɑ̃] n. m. Action de reboiser; son résultat. – De *reboiser.*

reboiser [ʀəbwaze] v. tr. [1] Planter d'arbres (un terrain déboisé).

rebond [ʀəbɔ̃] n. m. Fait de rebondir; mouvement d'un corps qui rebondit. – Déverbal de *rebondir.*

rebondi, ie [ʀəbɔ̃di] adj. Rond et charnu. *Des joues bien rebondies.* – Pp. de *rebondir.*

rebondir [ʀəbɔ̃diʀ] v. intr. [3] **1.** Faire un ou plusieurs bonds après avoir heurté un autre corps. *La balle rebondit.* **2.** Fig. Connaître un, des rebondissements. *L'affaire Untel rebondit.*

rebondissement [ʀəbɔ̃dismɑ̃] n. m. **1.** Rare Rebond. **2.** Fig. Reprise d'une évolution, après un temps d'arrêt; épisode nouveau et inattendu. *Les rebondissements de la conversation.* – De *rebondir.*

rebord [ʀəbɔʀ] n. m. Bord en saillie. *Le rebord d'une fenêtre.* – Déverbal de *reborder.*

reborder [ʀəbɔʀde] v. tr. [1] **1.** Mettre un nouveau bord à. *Reborder une jupe.* **2.** Border une seconde fois. *Reborder une couverture, un enfant dans son lit.*

rebot [ʀəbo] n. m. Rég. Pelote basque dans laquelle l'engagement se fait à la main. – Déverbal de l'a. v. *reboter, rebouter,* « repousser ».

reboucher [ʀəbuʃe] v. tr. [1] **1.** Boucher de nouveau. *Reboucher une bouteille.* **2.** Boucher, obturer, combler. *Reboucher des fentes avec de l'enduit.*

rebours [ʀ(ə)buʀ] n. m. **1.** Litt. Contrepied, contraire. *C'est tout le rebours de ce que vous dites.* **2.** Loc. adv. *À rebours :* en sens contraire, au contraire de ce qu'il faut. *Comprendre à rebours. Caresser un chat à rebours,* à rebrousse-poil. – *Compte à rebours.* V. compte (sens I, 7). **3.** Loc. prép. *À* ou *au rebours de :* contrairement à. – Du bas lat. *reburrus,* « qui a les cheveux rebroussés ».

rebouter [ʀəbute] v. tr. [1] Remettre en place par des procédés empiriques (un membre foulé, luxé, démis, etc.).

rebouteur [ʀəbutœʀ] ou **rebouteux, euse** [ʀəbutø, øz] n. Fam. Personne qui fait métier de rebouter. – De *rebouter.*

reboutonner [ʀəbutɔne] v. tr. [1] Boutonner de nouveau. ▷ v. pron. Reboutonner ses vêtements.

rebroder [ʀəbʀɔde] v. tr. [1] TECH Broder sur une première broderie. – Pp. adj. *Une blouse rebrodée de fils d'argent.*

rebroussement [ʀəbʀusmɑ̃] n. m. Action de rebrousser; état de ce qui est rebroussé. ▷ GEOM *Point de rebroussement :* point d'une courbe où s'arrêtent brusquement deux branches de cette courbe tangentes entre elles. – De *rebrousser.*

rebrousse-poil (à) [aʀ(ə)bʀuspwal] loc. adv. **1.** À l'opposé du sens dans lequel le(s) poil(s) se couche(nt) naturellement. *Caresser un chat à rebrousse-poil. Brosser un manteau à rebrousse-poil.* **2.** Fig., fam. À contresens, avec maladresse. *Prendre qqn à rebrousse-poil.* – De *rebrousser,* et *poil.*

rebrousser [ʀəbʀuse] v. tr. [1] **1.** Relever (les poils, les cheveux) dans un sens contraire à la direction naturelle, à contre-poil. *Le vent rebroussait sa crinière.* **2.** *Rebrousser chemin :* retourner dans le sens opposé, faire demi-tour. – De *rebours.*

rebuffade [ʀəbyfad] n. f. Mauvais accueil, refus accompagné de paroles dures. *Essuyer, recevoir une rebuffade.* – Ital. *rabuffo,* de *rabbuffare,* « houspiller », rad. onomat. *buff-* exprimant le dédain.

rébus [ʀebys] n. m. **1.** Suite de lettres, de mots, de dessins, représentant par homophonie le mot ou la phrase que l'on veut faire deviner. *Déchiffrer un rébus.* **2.** Fig. Écriture difficile à lire; chose malaisée à comprendre, énigme. – Mot latin, ablatif de *res,* « chose », propr. « par les choses »; de la formule lat. *de rebus quæ geruntur,* « au sujet des choses qui se passent », nom donné aux libelles composés par des clercs de Picardie pendant le carnaval, dont les dessins étaient énigmatiques.

rebut [ʀəby] n. m. **1.** Ce qu'on a rejeté, ce dont on n'a pas voulu. *On entassait là les rebuts.* ▷ *Mettre au rebut :* mettre à l'écart comme sans valeur, rejeter. ▷ Loc. adj. *De rebut :* qui a été mis au rebut, sans valeur, inutile. *Marchandises de rebut.* **2.** Fig. Ce qu'il y a de plus mauvais, de plus vil. *Le rebut d'une société.* – Déverbal de *rebuter.*

rebutant, ante [ʀəbytɑ̃, ɑ̃t] adj. Qui rebute, déplaît. *Travail rebutant.* Ant. attrayant, séduisant. – Ppr. de *rebuter.*

rebuter [ʀəbyte] v. tr. [1] **1.** Vieilli ou litt. Rejeter, repousser avec dureté. *Rebuter un solliciteur.* **2.** Décourager, dégoûter par des obstacles. *L'effort le rebute.* ▷ v. pron. Se décourager. *Se rebuter devant les difficultés.* **3.** Décourager toute sympathie, déplaire, choquer. *Sa mine renfrognée a rebuté tout le monde.* – De *re-,* et *but,* propr. « repousser, écarter du but ».

recacheter [ʀəkaʃte] v. tr. [20] Cacheter de nouveau.

recalcification [ʀəkalsifikasjɔ̃] n. f. MED Augmentation de la fixation du calcium dans les tissus qui en ont perdu. *Obtenir une recalcification après un séjour prolongé en apesanteur.*

recalcifier [ʀəkalsifje] v. tr. [2] MED Produire une recalcification.

récalcitrant, ante [ʀekalsitʀɑ̃, ɑ̃t] adj. et n. **1.** Qui résiste avec opiniâtreté à toute espèce de contrainte. *Esprit récalcitrant.* ▷ Subst. *Mater les récalcitrants.* **2.** (Choses) Qui semble s'entêter à ne pas fonctionner. *S'efforcer de faire démarrer un moteur récalcitrant.* – Du lat. *recalcitrare,* « regimber », de *calcitrare,* « piétiner », de *calx, calcis,* « talon ».

recaler [ʀəkale] v. tr. [1] **1.** Caler de nouveau. **2.** Fam. Refuser à un examen. *Se faire recaler au permis de conduire.* – De *re-,* et *caler* 1.

récapitulatif, ive [ʀekapitylatif, iv] adj. Qui sert à récapituler. *Tableau récapitulatif.* ▷ n. m. Texte, état qui récapitule. – De *récapituler.*

récapitulation [ʀekapitylasjɔ̃] n. f. Répétition sommaire, résumé. – Lat. *recapitulatio.*

récapituler [ʀekapityle] v. tr. [1] Résumer, reprendre sommairement. *Récapituler les points d'un discours.* – Lat. *recapitulare,* de *capitulum,* « chapitre ».

recarder [ʀəkaʀde] v. tr. [1] Carder de nouveau. *Recarder un matelas.*

recaser [ʀəkaze] v. tr. [1] Fam. Caser, établir de nouveau, dans une nouvelle situation. ▷ v. pron. *Il a perdu son emploi et cherche à se recaser.*

recauser [ʀəkoze] v. intr. [1] Causer de nouveau. *Nous en recauserons.* – De *re-,* et *causer* 2.

recaver (se) [ʀəkave] v. pron. [1] **1.** Au poker, remettre en jeu une nouvelle cave (V. cave) lorsqu'on est décavé. **2.** Pop. Se refaire (aux jeux d'argent). – De *re-,* et *caver* 2.

recéder [ʀəsede] v. tr. [14] **1.** Céder à qqn ce qu'il avait cédé auparavant. Syn. rétrocéder. **2.** Revendre (une chose achetée pour soi-même). *Recédez-moi ce tableau.*

recel [ʀəsɛl] n. m. Action de receler. *Recel de malfaiteur.* – Déverbal de *receler.*

receler [ʀəsle] [17] ou **recéler** [ʀəsele] [14] ou v. tr. **1.** Détenir et cacher (qqch, ou, en droit, qqn) illégalement. *Receler des bijoux volés.* **2.** Contenir, renfermer. *L'épave du galion recèle un trésor.* – De *re-,* et *celer.*

receleur, euse [ʀəs(e)lœʀ, øz] n. Personne coupable de recel. – De *receler.*

récemment [ʀesamɑ̃] adv. Depuis peu, à une époque récente. *Je l'ai rencontré récemment.* Syn. dernièrement. – De *récent.*

recensement [ʀəsɑ̃smɑ̃] n. m. Opération consistant à dénombrer des individus (habitants d'une ville, d'un État, jeunes gens en âge d'effectuer leur service national, etc.). ▷ Inventaire des biens susceptibles d'être requis en temps de guerre. – De *recenser.*

recenser [ʀəsɑ̃se] v. tr. [1] Effectuer le recensement de. *Recenser la population.* – Lat. *recensere,* « passer en revue », de *censere,* « évaluer ».

recenseur [ʀəsɑ̃sœʀ] n. m. Personne qui recense; agent employé au recensement. – De *recenser.*

recension [ʀəsɑ̃sjɔ̃] n. f. **1.** Vérification du texte d'une édition d'après les manuscrits. **2.** Présentation critique et détaillée d'un ouvrage dans un journal, une revue. – Lat. *recensio.*

récent, ente [ʀesɑ̃, ɑ̃t] adj. Qui s'est produit, qui existe depuis peu de temps. Ant. ancien. – Lat. *recens, recentis.*

recentrage [ʀəsɑ̃tʀaʒ] n. m. Action de recentrer. ▷ POLIT Action de se resituer vers le centre; résultat de cette action. *Opérer un recentrage.*

recentrer [ʀəsɑ̃tʀe] **1.** v. tr. [1] Opérer un nouveau centrage. ▷ Fig. *Recentrer une action,* l'adapter à de nouveaux objectifs. **2.** v. pron. POLIT *Ce parti s'est recentré en vue des élections.*

recépage [ʀəsepaʒ] ou **recepage** [ʀəsəpaʒ] n. m. **1.** AGRIC Opération qui consiste à tailler une vigne jusqu'au pied, à étêter ou à couper près du sol un jeune arbre, pour obtenir des rejets drus et vigoureux. **2.** TRAV PUBL Opération qui consiste à couper à la hauteur convenable des pieux ou des pilotis insuffisamment enfoncés. – De *receper,* ou *recéper.*

recéper [ʀəsepe] [16] ou **receper** [ʀəsəpe] [19] v. tr. **1.** AGRIC Soumettre (une vigne, un arbre) au recépage. **2.** TRAV PUBL Égaliser (des pieux, des pilotis) par recépage. – De *re-,* et *cep.*

récépissé [ʀesepise] n. m. Écrit attestant qu'on a reçu des documents, de l'argent, des objets, etc. Syn. reçu. – Lat. *recepisse,* de *recipere,* « recevoir », dans la loc. *cognosco me recepisse,* « je reconnais avoir reçu ».

réceptacle [ʀesɛptakl] n. m. **1.** Ce qui reçoit, ce qui est destiné à recevoir des choses de provenances diverses. *Ce terrain est le réceptacle des immondices de la ville.* **2.** BOT Extrémité plus ou moins renflée du pédoncule de la fleur sur laquelle sont insérées les pièces florales. – Lat. *receptaculum,* de *receptare,* « retirer, reprendre, recevoir », fréquent. de *recipere* (V. recevoir).

récepteur, trice [ʀesɛptœʀ, tʀis] n. m. et adj. **1.** Qui reçoit, dont la fonction est de recevoir. **2.** n. m. LING Destinataire du message linguistique (par oppos. à *émetteur*). **3.** n. m. TECH Appareil qui reçoit de l'énergie électrique et la transforme en énergie calorifique, chimique, mécanique, etc. (par oppos. à *générateur*). ▷ TECH et cour. Appareil utilisé pour la réception des ondes radioélectriques (par oppos. à *émetteur*). *Récepteur de radio, de télévision,* etc. – adj. *Poste récepteur.* **4.** n. m. PHYSIOL Toute structure, tout organe susceptible de recevoir des stimuli et de les transmettre sous forme d'influx nerveux ou de message chimiquement codé. *Récepteurs sensoriels.* ▷ BIOL Glycoprotéine, présente sur la surface des membranes cellulaires, réagissant spécifiquement aux médiateurs* (hormones*, cytokines*, etc.) qui circulent dans le milieu extérieur. - adj. *Site récepteur d'une enzyme.* – Lat. *receptor,* de *receptare* (V. préc.).

réceptif, ive [ʀesɛptif, iv] adj. **1.** Susceptible de recevoir des impressions. ▷ *Réceptif à :* sensible à. *Être réceptif au charme d'un paysage.* **2.** BIOL, MED Susceptible de contracter une infection, une maladie. – Du lat. *receptus,* de *receptare* (V. réceptacle).

réception [ʀesɛpsjɔ̃] n. f. **1.** Action, fait de recevoir (qqch). *Accuser réception d'une lettre.* - Loc. nom. *Accusé de réception :* billet attestant qu'une chose a été reçue. ▷ Action, fait, manière de recevoir (un signal, des ondes, etc.). *L'émetteur est trop loin pour une bonne réception.* **2.** Action, manière de recevoir (qqn). *Faire une réception chaleureuse à qqn.* Syn. accueil. **3.** Service d'accueil pour les clients d'un hôtel ou d'une entreprise, les usagers d'un service public, etc. *Adressez-vous à la réception.* **4.** Action de recevoir des invités, des visites. *Jour de réception.* ▷ Réunion mondaine. *Organiser, donner une réception.* **5.** Action de recevoir, fait d'être reçu, admis dans une compagnie, dans une charge. *Discours de réception d'un académicien.* **6.** COMM *Réception de travaux :* acte par lequel le client accepte la livraison d'un ouvrage, d'une installation, etc., après avoir contrôlé sa conformité aux spécifications de la commande. *Prononcer la réception* (V. recette I, 4). **7.** SPORT Action de recevoir le ballon. ▷ En athlétisme, action, manière de se recevoir au sol (après un saut). – Lat. *receptio,* de *receptare* (V. réceptacle).

réceptionnaire [ʀesɛpsjɔnɛʀ] n. et adj. Personne qui reçoit une marchandise; personne chargée de recevoir les marchandises. ▷ adj. *Agent réceptionnaire.* – De *réception.*

réceptionner [ʀesɛpsjɔne] v. tr. [1] COMM, TECH Accepter (une livraison) après vérification de la conformité à la commande passée et au cahier des charges. – De *réception.*

réceptionniste [ʀesɛpsjɔnist] n. Employé chargé de la réception des clients (en partic. dans un hôtel). – De *réception.*

réceptivité [ʀesɛptivite] n. f. **1.** Fait d'être réceptif; caractère de ce qui est réceptif; aptitude à recevoir des impressions. ▷ Aptitude à recevoir et à assimiler les idées d'autrui, et à s'en imprégner. **2.** MED Disposition à contracter (certaines maladies). – De *réceptif.*

récessif, ive [ʀesesif, iv] adj. BIOL *Gène récessif :* gène qui ne fait apparaître le caractère qui lui est lié que si celui-ci existe sur les deux chromosomes appariés hérités des parents. *Caractère récessif :* caractère héréditaire lié à un gène récessif. – De *récession.*

récession [resesjɔ̃] n. f. **1.** Action, fait de se retirer. ▷ ASTRO *Récession* (ou *fuite*) *des galaxies* : éloignement progressif des galaxies les unes par rapport aux autres, à une vitesse proportionnelle à leur distance. **2.** Fig. Ralentissement de l'activité économique d'un pays. *Période de récession.* – Lat. *recessio*; de *recedere*, «s'en aller».

récessivité [resesivite] n. f. BIOL Caractère récessif. – De *récessif.*

recette [rəsɛt] n. f. **I. 1.** Ce qui est reçu, perçu en argent, en effets de commerce. *Commerçant qui compte sa recette.* ▷ *Faire recette* : rapporter de l'argent; *par ext.*, avoir du succès. *Un film qui fait recette.* **2.** Action de recevoir, de recouvrer ce qui est dû. *Garçon de recette d'une banque.* **3.** Bureau où l'on perçoit les taxes. *Recette générale, particulière.* **4.** Vérification de la conformité d'un matériel livré aux spécifications de la commande. **II. 1.** Mode de préparation d'un mets; ensemble des indications qui permettent de le confectionner (liste des ingrédients, temps de cuisson, etc.). *Recette d'un gâteau. Livre de recettes.* ▷ Formule d'une préparation médicamenteuse. **2.** Fig. Moyen, procédé pour réussir qqch. *Une recette pour faire rapidement fortune.* **III.** TECH Dans les mines, partie du carreau où sont reçus les produits extraits. – Du lat. *recepta*, «chose reçue», de *receptare*, fréquent. de *recipere*, «recevoir».

recevabilité [rəsəvabilite] n. f. DR Qualité de ce qui est recevable. *La recevabilité d'un pourvoi.* – De *recevable.*

recevable [rəsəvabl] adj. **1.** Qui peut être reçu. Syn. acceptable, admissible. **2.** DR Se dit d'une demande qui réunit les conditions légales permettant à la justice, à l'Administration de l'accueillir. – De *recevoir.*

receveur, euse [rəsəvœr, øz] n. **1.** Personne chargée de recouvrer ou de gérer une recette (sens I, 3). ▷ *Spécial.* Fonctionnaire recevant les deniers publics. *Receveur des postes, receveur municipal.* **2.** Employé chargé, dans les transports en commun, de percevoir le montant des places. *Receveur d'autobus.* **3.** MED Personne qui reçoit du sang, un fragment de tissu ou un organe, dans une transfusion, une greffe, une transplantation (par oppos. à *donneur*). ▷ *Receveur universel* : personne du groupe sanguin AB, susceptible de recevoir du sang de tous les groupes sanguins. – De *recevoir.*

recevoir [rəsəvwar] v. [5] **I.** v. tr. **1.** Se voir donner, envoyer, adresser (qqch). ▷ (Concret) *Recevoir un legs, un cadeau. Recevoir du courrier.* ▷ (Abstrait) *Recevoir des ordres, des conseils, des compliments.* – (Sujet n. de chose.) *Ce passage peut recevoir plusieurs interprétations.* **2.** Prendre sur soi, subir. ▷ (Concret) *Recevoir des coups, une averse.* ▷ (Abstrait) *Recevoir un affront.* **3.** Laisser entrer; recueillir. *Cette pièce reçoit le soleil du matin. La mer reçoit l'eau des fleuves.* **4.** Accueillir; faire un certain accueil à. *Il nous a bien reçus.* ▷ (Objet n. de chose.) *Comment a-t-il reçu votre proposition?* **5.** Accueillir chez soi. *Recevoir des amis.* – Absol. *Ils ne reçoivent jamais.* ▷ Accueillir pour une entrevue. *Le directeur vous recevra dans un instant.* **6.** Admettre à un examen. *Recevoir un candidat.* ▷ Admettre (qqn) dans une société, l'installer dans une charge avec un certain cérémonial. *Recevoir le nouvel élu à l'Académie française.* **7.** Agréer, admettre. *Recevoir une pièce de théâtre.* ▷ Admettre, accepter comme vrai, reconnaître. *Idées toutes faites que l'on reçoit sans examen,* ou *idées reçues.* **8.** RADIOELECTR Capter (des ondes). *Ce poste ne reçoit pas les ondes courtes. Je vous reçois mal.* **II.** v. pron. SPORT Retomber d'une certaine manière (après un saut). *Se recevoir sur les mains.* – Du lat. *recipere*, de *re-*, «en arrière, en retour, de nouveau», et *capere*, «prendre».

réchampir [reʃɑ̃pir] ou **rechampir** [rəʃɑ̃pir] v. tr. [3] TECH Détacher (un ornement) d'un fond, en soulignant les contours par un contraste de couleurs, au moyen de moulures, etc. – De *ré-*, et *champ*, au sens de «fond sur lequel se détache qqch».

réchampissage [reʃɑ̃pisaʒ] ou **rechampissage** [rəʃɑ̃pisaʒ] n. m. TECH Action de réchampir; ouvrage réchampi. – De *rechampir.*

1. rechange [rəʃɑ̃ʒ] n. m. DR COMM Opération par laquelle le porteur d'une lettre de change protestée émet une nouvelle lettre pour se faire rembourser.

2. rechange [rəʃɑ̃ʒ] n. m. **1.** Remplacement d'objets par des objets semblables que l'on tient en réserve (surtout dans la loc. adj. *de rechange*). *Linge de rechange.* – Fig. *Trouver une solution de rechange.* **2.** *Par ext.* Objet (et partic. vêtement) de rechange. *Emporter le rechange d'une pièce difficile à trouver. Elle n'a pas pris beaucoup de rechange en linge.* – Déverbal de *rechanger.*

rechanger [rəʃɑ̃ʒe] v. tr. [13] Changer de nouveau.

rechanter [rəʃɑ̃te] v. tr. [1] Chanter de nouveau.

rechapage [rəʃapaʒ] n. m. Action de rechaper; son résultat. – De *rechaper.*

rechaper [rəʃape] v. tr. [1] Appliquer une nouvelle couche de gomme sur (un pneumatique usé). – De *re-*, et *chape.*

réchappé, ée [reʃape] n. Litt. Rescapé. *Les réchappés d'une catastrophe.* – Pp. de *réchapper.*

réchapper [reʃape] v. intr. [1] Se tirer d'un grand péril. *Il a réchappé de l'accident. Il en a* (ou *il en est*) *réchappé.*

recharge [rəʃarʒ] n. f. **1.** Action de recharger. *Mettre une batterie en recharge.* **2.** Seconde charge d'explosif ajoutée à la première dans une arme, une mine, etc. – *Par ext.* Ce qui sert à recharger. *Recharge de briquet à gaz.* – Déverbal de *recharger.*

rechargeable [rəʃarʒabl] adj. Qui peut être rechargé. *Stylo rechargeable.* – De *recharger.*

rechargement [rəʃarʒəmɑ̃] n. m. Action de recharger. – De *recharger.*

recharger [rəʃarʒe] v. tr. [13] **1.** Charger de nouveau. *Recharger des wagonnets.* **2.** Garnir d'une nouvelle charge. *Recharger une arme après avoir tiré.* – *Recharger une batterie d'accumulateurs.* **3.** TECH Ajouter de la matière à (une pièce usée), notam. par soudage. ▷ Ajouter des pierres sur (une route, le ballast d'une voie ferrée).

réchaud [reʃo] n. m. Petit fourneau, généralement portatif, destiné à chauffer ou à réchauffer diverses choses, partic. les aliments. *Réchaud à gaz, électrique.* – A. fr. **réchauf*, déverbal de *réchauffer*, refait d'ap. *chaud.*

réchauffage [reʃofaʒ] n. m. Action de réchauffer; son résultat. – De *réchauffer.*

réchauffé, ée [reʃofe] adj. et n. m. **1.** Qui a été réchauffé. *Un dîner réchauffé.* **2.** Fig., péjor. Vieux et trop connu. *Histoires réchauffées.* ▷ n. m. *C'est du réchauffé.* – Pp. de *réchauffer.*

réchauffement [reʃofmɑ̃] n. m. Fait de se réchauffer. *Réchauffement du temps.* – De *réchauffer.*

réchauffer [reʃofe] v. tr. [1] **1.** Chauffer (ce qui était froid ou refroidi). *Réchauffer le dîner.* **2.** Fig. Ranimer, rendre plus chaleureux, plus vivant. *Plaisanteries qui réchauffent l'atmosphère.* **3.** Redonner de la chaleur au corps de (qqn). *Une tasse de thé vous réchauffera.* ▷ v. pron. *Il court pour se réchauffer.* ▷ Fig. Réconforter. *Des paroles qui réchauffent le cœur.*

réchauffeur [reʃofœr] n. m. TECH Appareil servant à réchauffer (un fluide, une matière). *Réchauffeur de fuel.* – De *réchauffer.*

rechaussement [rəʃosmɑ̃] n. m. AGRIC Action de rechausser. – De *rechausser.*

rechausser [rəʃose] v. tr. [1] **1.** Chausser de nouveau. *Rechausser ses skis.* ▷ v. pron. Remettre ses chaussures. *Rechaussez-vous.* **2.** Donner, procurer de nouvelles chaussures à (qqn). *Le bottier m'a rechaussé à neuf.* ▷ *Par ext.* Ferrer (un cheval qui a perdu un fer). – Remplacer les pneus usés de (une voiture, un camion, etc.) par des pneus neufs. **3.** AGRIC Remettre de la terre au pied de (un végétal). *Rechausser un arbre.* ▷ CONSTR Reprendre en sous-œuvre, consolider le pied de (un ouvrage). *Rechausser un mur.*

rêche [ʀɛʃ] adj. **1.** Rare Âpre au goût. *Pomme rêche.* **2.** Rude au toucher. *Peau rêche.* **3.** Fig. De caractère difficile, peu aimable. *Personne rêche.* Syn. revêche. – Frq. **rubisk*, «rude, âpre».

recherche [ʀəʃɛʀʃ] n. f. **1.** Action de rechercher pour trouver, découvrir. *Partir, se mettre, se lancer à la recherche de qqn, de qqch.* **2.** (Au plur.) Travaux scientifiques, d'érudition. *Recherches sur le cancer.* – (Au sing.) Ensemble de ces travaux, visant à faire progresser la connaissance. *Recherche scientifique* – Absol. *Faire de la recherche.* **3.** Action de faire un effort pour obtenir qqch, atteindre un but. *Recherche de la vérité.* **4.** Soin, raffinement. *Recherche dans le style, dans la toilette.* – Déverbal de *rechercher.*

recherché, ée [ʀəʃɛʀʃe] adj. **1.** Que l'on recherche, que l'on cherche à obtenir; peu commun. *Des meubles très recherchés.* ▷ (Personnes) Que l'on cherche à fréquenter. *Des gens très recherchés.* Syn. prisé. **2.** Qui témoigne d'un souci de recherche, de raffinement. *Élégance recherchée.* – Pp. de *rechercher.*

recherche-développement [ʀəʃɛʀʃdevlɔpmɑ̃] n. f. sing. ECON Processus qui va de la conception à la réalisation d'un nouveau produit. (Abrév. : R. et D.).

rechercher [ʀəʃɛʀʃe] v. tr. [1] **1.** Chercher de nouveau. *J'ai dû aller rechercher des informations.* **2.** Chercher avec soin pour trouver, découvrir. *Rechercher la cause d'un phénomène.* ▷ (Objet n. de personne.) *La police recherche le coupable.* **3.** Tâcher d'obtenir, d'atteindre. *Rechercher les honneurs. Rechercher la perfection.*

recherchiste [ʀəʃɛʀʃist] n. (Canada) Personne spécialisée dans la recherche de la documentation nécessaire pour la réalisation d'une émission de radio, de télévision, ou d'une œuvre imprimée quelconque. – De *recherche.*

rechigner [ʀəʃiɲe] v. [1] **1.** v. intr. Manifester sa mauvaise humeur, sa répugnance par un air maussade et de sourdes protestations. *Qu'avez-vous encore à rechigner?* Syn. grogner, (fam.) râler. **2.** v. tr. indir. Témoigner de la répugnance, de la mauvaise volonté pour. *Rechigner au travail.* Syn. renâcler. – De *re-*, et frq. **kînan*, «tordre la bouche».

rechute [ʀəʃyt] n. f. **1.** Nouvelle évolution d'une maladie qui semblait en voie de guérison. **2.** RELIG Fait de retomber dans le péché. – De l'anc. v. *rechoir*, «retomber», d'après *chute.*

rechuter [ʀəʃyte] v. intr. [1] Tomber malade de nouveau, faire une rechute. – De *rechute.*

récidivant, ante [ʀesidivɑ̃, ɑ̃t] adj. MED Qui récidive. *Un symptôme récidivant.* – Ppr. de *récidiver.*

récidive [ʀesidiv] n. f. **1.** MED Réapparition d'une maladie après sa guérison complète, réelle ou apparente. **2.** DR Fait de commettre une nouvelle infraction après une condamnation définitive pour une infraction précédente; cette nouvelle infraction elle-même. **3.** Action de refaire la même faute. – Lat. médiév. *recidiva*, class. *recidivus*, «qui retombe, qui revient».

récidiver [ʀesidive] v. intr. [1] **1.** MED Réapparaître, en parlant d'une maladie qui semblait complètement guérie. **2.** DR Commettre une récidive. **3.** Refaire la même faute. – Lat. médiév. *recidivare*, de *recidiva* (V. récidive).

récidiviste [ʀesidivist] n. Personne qui commet un crime, un délit avec récidive. – De *récidive.*

récif [ʀesif] n. m. Rocher ou ensemble de rochers à fleur d'eau dans la mer. ▷ GEOGR *Récif frangeant, récif-barrière.* V. encycl. – Esp. *arrecife*, de l'ar. *rassīf*, «chaussée, levée, digue».

ENCYCL Les récifs coralliens résultent de l'accumulation d'algues calcaires, d'huîtres, de coraux, etc. On distingue trois formes : le *récif-barrière*, situé à une certaine distance du rivage; le *récif frangeant*, fixé au littoral; l'*atoll.*

récipiendaire [ʀesipjɑ̃dɛʀ] n. **1.** Personne que l'on reçoit dans un corps, dans une compagnie, avec un certain cérémonial. *Discours d'un récipiendaire à l'Académie française.* **2.** Personne qui reçoit un diplôme universitaire. – Du lat. *recipiendus*, «qui doit être reçu».

récipient [ʀesipjɑ̃] n. m. Tout ustensile destiné à contenir une substance quelconque. – Lat. *recipiens*, ppr. de *recipere*, «recevoir».

réciprocité [ʀesipʀɔsite] n. f. État, caractère de ce qui est réciproque – Bas lat. *reciprocitas.*

réciproque [ʀesipʀɔk] adj. et n. f. **I.** adj. **1.** Que deux personnes, deux choses ont l'une pour l'autre, exercent l'une sur l'autre. *Amour réciproque. Influence réciproque.* Syn. mutuel. **2.** GRAM *Verbes réciproques* : verbes pronominaux indiquant que l'action est réalisée simultanément par deux sujets au moins, chacun d'eux étant à la fois agent et objet de cette action. (Ex. : Ils se battent.) **3.** LOG *Propositions réciproques*, où le sujet de l'une peut devenir l'attribut de l'autre, et vice versa. (Ex. : L'homme est un animal raisonnable et Un animal raisonnable est un homme.) **4.** MATH *Application réciproque* (ou *inverse*) *d'une application f d'un ensemble A dans un ensemble B* : application, notée f^{-1}, de l'ensemble B dans l'ensemble A. ▷ *Propositions* ou *théorèmes réciproques*, tels que l'hypothèse de l'un est la conclusion de l'autre. **II.** n. f. **1.** LOG Proposition réciproque. **2.** *Rendre la réciproque*, la pareille. – Lat. *reciprocus*, «qui revient au point de départ».

réciproquement [ʀesipʀɔkmɑ̃] adv. **1.** Mutuellement. *Se respecter réciproquement.* **2.** Loc. adv. *Et réciproquement* (annonçant ou sous-entendant la réciproque d'une proposition). *J'ai mis l'armoire à la place du lit et réciproquement*, le lit à la place de l'armoire. – De *réciproque.*

récit [ʀesi] n. m. **1.** Narration orale ou écrite de faits réels ou imaginaires. *Récit d'aventures. Récit historique.* **2.** LITTER Relation d'événements qui ne sont pas représentés sur la scène, dans le théâtre classique. **3.** MUS Vx Récitatif. ▷ Un des claviers de l'orgue. – Déverbal de *réciter.*

récital, als [ʀesital] n. m. Audition publique donnée par un artiste qui chante seul ou joue seul d'un instrument. *Récital de violon.* – Par ext. *Récital de danse. Récital poétique.* – Angl. *recital*, de *to recite*, empr. du fr. *réciter.*

récitant, ante [ʀesitɑ̃, ɑ̃t] adj. et n. **1.** adj. MUS Se dit de la voix ou de l'instrument qui exécute seul la partie narrative d'une œuvre. ▷ Subst. Celui, celle qui chante un récitatif. **2.** n. Dans une pièce de théâtre, un film, etc., personne qui dit un texte permettant de comprendre l'action. – Ppr. de *réciter.*

récitatif [ʀesitatif] n. m. MUS Dans la musique dramatique, déclamation notée, «manière de chant qui approche beaucoup de la parole» (J.-J. Rousseau). – De *réciter.*

récitation [ʀesitasjɔ̃] n. f. **1.** Action de réciter. **2.** Texte littéraire, poème qu'un écolier doit apprendre par cœur. – Lat. *recitatio*, «lecture publique».

réciter [ʀesite] v. tr. [1] **1.** Prononcer à haute voix (ce qu'on connaît par cœur). *Réciter une leçon, un dis-*

cours. **2.** MUS Chanter (un récitatif). – Lat. *recitare,* « lire à haute voix ».

réclamant, ante [ʀeklamɑ̃, ɑ̃t] n. DR Celui, celle qui réclame qqch. – Ppr. de *réclamer.*

réclamation [ʀeklamasjɔ̃] n. f. Action de réclamer pour faire respecter un droit. *Bureau des réclamations.* – Lat. *reclamatio,* « approbation, réclamation manifestée par des cris ».

réclame [ʀeklam] n. **I.** n. m. En fauconnerie, cri, signe destiné à faire revenir un oiseau. **II.** n. f. **1.** Petit article de journal où l'on vante les qualités d'un produit dans un dessein commercial. **2.** Publicité commerciale. *Faire de la réclame.* ▷ *Marchandises en réclame,* vendues à prix réduit pour attirer les clients. – (En appos.) *Vente réclame.* – Sens I : de l'a. fr. *reclaim,* « appel »; sens II : déverbal de *réclamer.*

réclamer [ʀeklame] v. [1] **I.** v. tr. **1.** Demander de façon pressante (qqn, qqch dont on a besoin). *Malade qui réclame de l'eau.* **2.** Fig. (Sujet n. de chose.) Nécessiter. *Son état réclame des précautions.* **3.** Demander avec force (ce à quoi l'on a droit). *Réclamer la récompense promise.* **II.** v. intr. Litt. Protester, s'élever contre une injustice. *Réclamer en faveur d'un innocent.* **III.** v. pron. *Se réclamer de qqn, de qqch,* s'appuyer sur sa notoriété, son prestige, s'en prévaloir, s'y référer. *Se réclamer d'une tradition séculaire.* – Lat. *reclamare,* « protester hautement ».

reclassement [ʀəklasmɑ̃] n. m. Action de reclasser (qqch, qqn). – De *reclasser.*

reclasser [ʀəklase] v. tr. [1] **1.** Classer de nouveau ou d'une manière différente. **2.** Affecter (qqn qui ne peut plus exercer son emploi) à un poste ou dans un secteur différent. **3.** Réajuster le traitement de (une catégorie de fonctionnaires).

reclus, use [ʀəkly, yz] adj. et n. Qui vit enfermé, isolé du monde. *Moine reclus.* ▷ Subst. *Un(e) reclus(e).* – Pp. de l'anc. v. *reclure,* du lat. *recludere,* « ouvrir » en lat. class., puis « enfermer » en lat. imp.

réclusion [ʀeklyzjɔ̃] n. f. **1.** Litt. État d'une personne recluse. **2.** DR Peine afflictive et infamante, privative de liberté, comportant l'obligation de travailler. *En France, la réclusion criminelle à perpétuité a été substituée à la peine de mort depuis 1981.* – De l'anc. v. *reclure,* sur le modèle du lat. *reclusio,* « ouverture » (V. reclus).

réclusionnaire [ʀeklyzjɔnɛʀ] n. DR Condamné à la réclusion. – De *réclusion.*

récognitif [ʀekɔgnitif] adj. m. DR Se dit d'un acte par lequel on reconnaît ou rectifie une obligation ou un droit en se référant à un acte antérieur. – Du lat. *recognitus,* pp. de *recognoscere,* « reconnaître ».

recognition [ʀəkɔgnisjɔ̃] n. f. PHILO Action de reconnaître qqn, qqch par la mémoire. – Lat. *recognitio,* « revue, inspection ».

recoiffer [ʀəkwafe] v. [1] **I.** v. tr. **1.** Coiffer de nouveau. **2.** Remettre un chapeau à (qqn). **II.** v. pron. **1.** Arranger de nouveau ses cheveux. **2.** Remettre son chapeau.

recoin [ʀəkwɛ̃] n. m. Coin bien caché. *Dissimuler qqch dans un recoin.* ▷ Fig. *Les recoins du cœur, de l'esprit.*

récolement [ʀekɔlmɑ̃] n. m. Action de récoler. ▷ DR *Récolement d'un inventaire,* vérification des effets qu'il contient. – De *récoler.*

récoler [ʀekɔle] v. tr. [1] **1.** Didac. Vérifier d'après un inventaire. *Récoler les manuscrits d'une bibliothèque. Récoler les objets saisis* : vérifier, avant la vente, la présence de tous les objets saisis. **2.** DR *Récoler des témoins,* leur lire les dépositions qu'ils ont faites pour s'assurer qu'ils les maintiennent. – Lat. *recolere,* « passer en revue ».

recollage [ʀəkɔlaʒ] n. m. Action de recoller. – De *recoller.*

récollection [ʀekɔlɛksjɔ̃] n. f. RELIG Action de se recueillir; retraite spirituelle. – Lat. médiév. *recollectio,* du pp. de *recolligere,* « recueillir ».

recollement [ʀəkɔlmɑ̃] n. m. Fait de se recoller. – De *recoller.*

recoller [ʀəkɔle] v. [1] **1.** v. tr. Coller de nouveau; réparer (un objet cassé) avec de la colle. **2.** v. intr. SPORT Se trouver à nouveau dans le peloton après avoir été distancé.

récollet [ʀekɔlɛ] n. m. RELIG CATHOL Religieux appartenant à la branche réformée des augustins ou à l'une des branches réformées des franciscains. – Lat. médiév. *recollectus,* du pp. de *recolligere,* « recueillir ».

récoltable [ʀekɔltabl] adj. Que l'on peut récolter. – De *récolter.*

récoltant, ante [ʀekɔltɑ̃, ɑ̃t] adj. et n. Qui fait lui-même sa récolte. *Propriétaire récoltant.* – Ppr. de *récolter.*

récolte [ʀekɔlt] n. f. **1.** Action de recueillir des produits végétaux; les produits recueillis. *Récolte des betteraves, des fruits.* **2.** Fig. Ce qu'on rassemble au prix d'un certain effort. *Récolte de renseignements.* – Ital. *ricolta,* de *ricogliere,* « ramasser, recueillir », lat. *recolligere.*

récolter [ʀekɔlte] v. tr. [1] **1.** Faire une récolte de. *Récolter des céréales.* ▷ Prov. *Qui sème le vent récolte la tempête.* **2.** Fig. Recueillir, obtenir. *Récolter des mauvaises notes.* – De *récolte.*

récolteur, euse [ʀekɔltœʀ, øz] n. Personne qui effectue une récolte (sens 1). – De *récolter.*

recombinaison [ʀəkɔ̃binɛzɔ̃] n. f. **1.** CHIM Formation d'une entité chimique à partir de fragments qui résultent de la dissociation antérieure de cette entité. **2.** GENET Processus par lequel, à une génération donnée, les gènes se combinent entre eux d'une façon différente de celle de la génération précédente.

recombinant, ante [ʀəkɔ̃binɑ̃, ɑ̃t] n. GENET Individu ou cellule ayant subi une recombinaison. – De *recombinaison.*

recombiner [ʀəkɔ̃bine] v. tr. [1] **1.** GENET Pratiquer une recombinaison. **2.** v. pron. CHIM *Molécule dont les éléments se recombinent.*

recommandable [ʀəkɔmɑ̃dabl] adj. Digne d'être recommandé, estimé. *Individu peu recommandable.* – De *recommander.*

recommandation [ʀəkɔmɑ̃dasjɔ̃] n. f. **1.** Conseil sur lequel on insiste. *Faire des recommandations à un enfant.* **2.** Action de recommander qqn. *Lettre de recommandation.* **3.** Formalité par laquelle on recommande (sens I, 5) une lettre, un colis. – De *recommander.*

recommandé, ée [ʀəkɔmɑ̃de] adj. et n. *Lettres, colis recommandés,* auxquels s'applique la recommandation postale. ▷ Subst. *Envoi en recommandé.* V. recommander (sens I, 5). – Pp. de *recommander.*

recommander [ʀəkɔmɑ̃de] v. [1] **I.** v. tr. **1.** Indiquer, conseiller (qqch) à qqn, dans son intérêt. *Recommander un film. Recommander la prudence à un automobiliste.* **2.** *Recommander de* (+ inf.) : faire savoir à qqn (ce qu'on attend de lui) en insistant pour qu'il se conforme à cette demande. *Elle lui a recommandé de veiller sur son frère.* **3.** Demander à une personne d'être favorable à (qqn). *Un candidat que M. Untel me recommande.* ▷ *Recommander son âme à Dieu,* implorer sa pitié au moment de mourir. **4.** Par méton. (Sujet n. de chose.) Rendre digne de considération. *Son talent le recommande.* **5.** *Recommander une lettre, un colis,* s'assurer, en payant une taxe, qu'ils seront remis en main propre au destinataire. **II.** v.

pron. **1.** *Se recommander à* : demander aide, protection à. *Se recommander à Dieu.* **2.** *Se recommander de qqn,* invoquer son appui. **3.** Se faire estimer. *Ce restaurant se recommande par ses spécialités régionales.* – De *re-,* et *commander.*

recommencement [ʀəkɔmɑ̃smɑ̃] n. m. Fait de recommencer. – De *recommencer.*

recommencer [ʀəkɔmɑ̃se] v. tr. [12] Commencer de nouveau après une interruption; refaire (ce qu'on a déjà fait). *Recommencer un devoir.* ▷ v. tr. indir. (suivi d'un infinitif). *Recommencer à travailler.* ▷ v. intr. *Les cours vont bientôt recommencer.* – Fam. *Recommencer de plus belle,* avec plus d'ardeur, de violence.

récompense [ʀekɔ̃pɑ̃s] n. f. **1.** Ce qu'on donne à qqn pour un service rendu, un mérite particulier. *Mériter, distribuer des récompenses.* ▷ Iron. *Il aura la récompense de sa méchanceté.* **2.** DR Indemnité due, en cas de liquidation de communauté légale, par un des époux à la communauté (s'il a enrichi son propre patrimoine aux dépens de celle-ci), ou par la communauté à l'un des époux (si ses biens propres ont servi à augmenter la masse commune). – Déverbal de *récompenser.*

récompenser [ʀekɔ̃pɑ̃se] v. tr. [1] Donner une récompense à (qqn). *Récompenser qqn d'une bonne action.* – Par ext. *Récompenser le mérite.* – Lat. *recompensare,* de *compensare,* « compenser ».

recomposer [ʀəkɔ̃poze] v. tr. [1] **1.** Reconstituer (ce qui a été décomposé, séparé en divers éléments). **2.** TYPO Composer de nouveau (un texte).

recomposition [ʀəkɔ̃pozisjɔ̃] n. f. Action de recomposer; son résultat. – De *recomposer.*

recompter [ʀəkɔ̃te] v. tr. [1] Compter de nouveau. *Recompter une somme.*

réconciliateur, trice [ʀekɔ̃siljatœʀ, tʀis] n. et adj. Qui réconcilie. – Lat. *reconciliator.*

réconciliation [ʀekɔ̃siljasjɔ̃] n. f. **1.** Action de réconcilier, de se réconcilier. **2.** LITURG CATHOL Cérémonie au cours de laquelle un apostat, un clerc suspens, un édifice sacré est réconcilié. ▷ *Sacrement de la réconciliation,* par lequel le prêtre, au nom de Dieu, absout les péchés confessés par le pénitent. (Appelé auparavant *sacrement de pénitence.*) – Lat. *reconciliatio.*

réconcilier [ʀekɔ̃silje] v. tr. [2] **1.** Remettre d'accord (des personnes brouillées). *Réconcilier des ennemis.* – Fig. *Son professeur l'a réconcilié avec les mathématiques.* ▷ v. pron. (Réfl.) *Il s'est réconcilié avec lui.* – (Récipr.) *Ils se sont réconciliés.* **2.** LITURG CATHOL Consacrer de nouveau (une église qui a été profanée). – Réadmettre dans l'Église (un apostat, un clerc suspens). **3.** Fig. Faire s'accorder entre elles (des choses apparemment opposées). *Réconcilier la politique et la morale.* – Lat. *reconciliare,* « remettre en état, rétablir, réconcilier », de *conciliare,* « unir ».

reconductible [ʀəkɔ̃dyktibl] adj. Qui peut être renouvelé ou prorogé. – De *reconduire,* d'après *reconduction.*

reconduction [ʀəkɔ̃dyksjɔ̃] n. f. Action de reconduire (sens 2), de renouveler. *Reconduction d'un forfait.* ▷ DR Renouvellement d'un contrat. *Tacite reconduction* : fait, pour un contrat, d'être reconduit systématiquement si le bailleur ne s'y oppose pas. – Lat. *reconductio,* du lat. jurid. *reconducere.*

reconduire [ʀəkɔ̃dɥiʀ] v. tr. [69] **1.** Accompagner (qqn qui s'en va). *Reconduire des amis jusqu'à la porte.* **2.** Renouveler, proroger. *Reconduire un contrat.* – Par ext. *Reconduire qqn dans ses fonctions.* **3.** Conduire (I, sens 4) de nouveau.

réconfort [ʀekɔ̃fɔʀ] n. m. Ce qui réconforte moralement. *Trouver du réconfort dans une lecture.* – Déverbal de *réconforter.*

réconfortant, ante [ʀekɔ̃fɔʀtɑ̃, ɑ̃t] adj. Qui réconforte physiquement ou moralement. – Ppr. de *réconforter.*

réconforter [ʀekɔ̃fɔʀte] v. [1] **I.** v. tr. **1.** Rendre des forces physiques à (qqn). *Ce bain chaud m'a réconforté.* **2.** Redonner de la force morale, du courage à (une personne éprouvée). *Réconforter des proches par des témoignages d'amitié.* **II.** v. pron. Reprendre des forces, du courage.

reconnaissable [ʀəkɔnɛsabl] adj. Que l'on peut reconnaître. – De *reconnaître.*

reconnaissance [ʀəkɔnɛsɑ̃s] n. f. **I. 1.** Action de reconnaître qqn, qqch; fait de se reconnaître mutuellement. **2.** Aveu, confession. *La reconnaissance de ses erreurs.* **3.** Fait d'admettre pour tel ou de reconnaître la légitimité de. *La reconnaissance d'un gouvernement.* ▷ DR *Reconnaissance d'un enfant* : fait de le reconnaître officiellement pour sien. ▷ Acte écrit par lequel on reconnaît une obligation. *Signer une reconnaissance de dette.* **4.** Action de reconnaître un lieu. ▷ MILIT Opération par laquelle on cherche à déterminer la nature d'un terrain, la position, le nombre des ennemis, etc. *Envoyer des avions en reconnaissance.* **II.** Sentiment qui porte à témoigner qu'on se souvient d'un bienfait reçu. Syn. gratitude. – De *reconnaître.*

reconnaissant, ante [ʀəkɔnɛsɑ̃, ɑ̃t] adj. Qui éprouve, qui manifeste de la reconnaissance. – Ppr. de *reconnaître.*

reconnaître [ʀəkɔnɛtʀ] v. [73] **I.** v. tr. **1.** Percevoir (qqn, qqch) comme déjà connu, identifier. *Elle ne l'a pas reconnu tellement il a changé. Je reconnais cette odeur.* ▷ *Reconnaître (qqch, qqn) à* : identifier (qqch, qqn) grâce à (un détail, un trait). *Sur ce tableau, on reconnaît Napoléon à son chapeau.* **2.** Admettre comme vrai, comme certain. *Je reconnais ses mérites.* **3.** Avouer, confesser (qqch). *Reconnaître ses fautes.* **4.** Admettre, tenir (qqn) pour tel. *Reconnaître qqn pour roi.* ▷ *Reconnaître un enfant* : déclarer officiellement qu'on est le père ou la mère d'un enfant naturel. ▷ *Reconnaître un gouvernement,* admettre sa légitimité. **5.** Examiner (un lieu) pour le connaître; essayer de déterminer l'emplacement de (qqch). *Reconnaître les lieux. Reconnaître une position ennemie.* **II.** v. pron. **1.** Retrouver son image dans qqch. *Se reconnaître sur une photographie.* – Fig. *Ce grand-père se reconnaît dans son petit-fils.* **2.** Se retrouver, s'orienter. *Je n'arrive pas à me reconnaître dans ces nouveaux quartiers.* **3.** S'avouer comme tel. *Se reconnaître coupable.* – Lat. *recognoscere,* « reconnaître, inspecter, réviser ».

reconquérir [ʀəkɔ̃keʀiʀ] v. tr. [35] Conquérir de nouveau. *Reconquérir une place forte.* ▷ Fig. *Reconquérir l'estime de qqn.*

reconquête [ʀəkɔ̃kɛt] n. f. Action de reconquérir. – De *reconquérir.*

reconsidérer [ʀəkɔ̃sideʀe] v. tr. [14] Réexaminer pour réviser la décision précédemment adoptée. *Reconsidérer une question.*

reconstituant, ante [ʀəkɔ̃stitɥɑ̃, ɑ̃t] adj. et n. m. Se dit d'un aliment, d'un médicament qui redonne des forces. – Ppr. de *reconstituer.*

reconstituer [ʀəkɔ̃stitɥe] v. tr. [1] **1.** Constituer, créer de nouveau. *Reconstituer une association dissoute.* **2.** Redonner à (une chose dont il ne reste que des éléments épars, fragmentaires) sa forme primitive. *Reconstituer un vase grec.* **3.** Représenter (un fait, un événement) tel qu'il s'est produit. *Reconstituer une scène historique. Reconstituer un crime,* sur les lieux mêmes où il a été commis, au cours d'une enquête de police.

reconstitution [ʀəkɔ̃stitysjɔ̃] n. f. Action de reconstituer; son résultat. – De *reconstituer,* d'ap. *constitution.*

reconstruction [ʀəkɔ̃stʀyksjɔ̃] n. f. Action de reconstruire; son résultat. – De *reconstruire,* d'ap. *construction.*

reconstruire [ʀəkɔ̃stʀɥiʀ] v. tr. [69] Construire de nouveau (ce qui a été détruit). *Reconstruire un édifice.*

reconvention [ʀəkɔ̃vɑ̃sjɔ̃] n. f. DR Demande que formule le défendeur contre le demandeur, devant le même juge. – Lat. médiév. *reconventio.*

reconventionnel, elle [ʀəkɔ̃vɑ̃sjɔnɛl] adj. DR Qui constitue une reconvention. *Demande reconventionnelle.* – De *reconvention.*

reconventionnellement [ʀəkɔ̃vɑ̃sjɔnɛlmɑ̃] adv. DR D'une manière reconventionnelle. – De *reconventionnel.*

reconversion [ʀəkɔ̃vɛʀsjɔ̃] n. f. ECON Adaptation de l'économie d'un pays, d'une région, à de nouvelles conditions financières, politiques, économiques. – *Par ext.* Changement radical de la nature des activités d'une entreprise par suite de l'évolution du marché. – Changement de métier d'un travailleur (souvent en raison de la suppression du type d'emploi pour lequel il était qualifié). – De *reconvertir.*

reconvertir [ʀəkɔ̃vɛʀtiʀ] v. [3] **1.** v. tr. ECON Pratiquer, assurer la reconversion de (qqch, qqn). **2.** v. pron. Changer de métier.

recopier [ʀəkɔpje] v. tr. [2] Copier (un texte). *Recopier des citations dans un cahier. Recopier un brouillon,* le mettre au propre.

record [ʀəkɔʀ] n. m. **1.** SPORT Exploit sportif surpassant tout ce qui a été fait jusqu'alors. *Record de vitesse, de hauteur.* **2.** *Par ext.* Fait surpassant tout ce qu'on avait vu dans le genre. *Record d'affluence.* – Fig. Il bat tous les records d'avarice. ▷ (En appos.) Jamais atteint ou enregistré auparavant. *Température record.* – Mot angl., de *to record,* «rappeler, enregistrer», de l'anc. v. *recorder,* «répéter pour apprendre par cœur, lat. *recordari,* «se souvenir».

recordage [ʀəkɔʀdaʒ] n. m. Action de recorder; son résultat. – De *recorder.*

recorder [ʀəkɔʀde] v. tr. [1] **1.** Attacher de nouveau avec une corde. **2.** Munir de nouvelles cordes. *Recorder une raquette.*

recordman, men [ʀəkɔʀdman, mɛn] n. m. et **recordwoman, women** [ʀəkɔʀdwuman, wumɛn] n. f. SPORT Personne qui détient un record. – Faux anglicisme, de *record,* et *man,* «homme» ou *woman,* «femme».

recors [ʀəkɔʀ] n. m. Anc. Personne qui accompagnait un huissier pour lui servir de témoin ou lui prêter main-forte dans certains cas. – De l'anc. v. *recorder* (V. record).

recoucher [ʀəkuʃe] v. tr. [1] Coucher de nouveau. ▷ v. pron. Se remettre au lit.

recoudre [ʀəkudʀ] v. tr. [76] Coudre (une étoffe décousue ou déchirée). – CHIR Coudre (une plaie).

recoupage [ʀəkupaʒ] n. m. TECH Action de recouper (sens I, 1, 2 et II); son résultat. *Recoupage des vins.* – De *recouper.*

recoupe [ʀəkup] n. f. **1.** AGRIC Seconde coupe de foin sur une prairie dans la même année. **2.** Morceau qui tombe quand on taille, quand on coupe qqch. Syn. chute. **3.** Farine de seconde mouture, de qualité inférieure. **4.** Eau-de-vie faite d'alcool étendu d'eau. – Déverbal de *recouper.*

recoupement [ʀəkupmɑ̃] n. m. **1.** CONSTR Retraite donnée à chaque assise de pierres pour consolider un bâtiment. **2.** TECH Levé d'un point par l'intersection de lignes qui se coupent en ce point. **3.** Fig. Coïncidence de renseignements venus de sources différentes. – Vérification d'un fait, d'une information par confrontation de données provenant d'autres sources. – De *recouper.*

recouper [ʀəkupe] v. [1] **I.** v. tr. **1.** Couper de nouveau. **2.** TECH Ajouter divers vins au produit d'un premier coupage. **3.** Fig. Vérifier par recoupement. *Recouper des témoignages.* ▷ v. pron. *Tous les faits se recoupent.* Syn. coïncider. **II.** v. intr. JEU Couper une seconde fois les cartes.

recourbement [ʀəkuʀbəmɑ̃] n. m. Rare Action de se recourber, fait d'être recourbé. – De *recourber.*

recourber [ʀəkuʀbe] v. tr. [1] **1.** Courber une nouvelle fois. **2.** Courber à son extrémité. *Recourber un fer.* ▷ v. pron. *Cils qui se recourbent.*

recourbure [ʀəkuʀbyʀ] n. f. **1.** Rare Partie recourbée. **2.** État d'une chose recourbée. – De *recourber.*

recourir [ʀəkuʀiʀ] v. [26] **I.** v. intr. **1.** Courir de nouveau. **2.** Retourner en courant. **II.** v. tr. indir. *Recourir à.* **1.** Demander aide, assistance à (qqn). *Recourir au médecin de famille.* **2.** User de, employer (un moyen, un procédé). *Recourir à certains expédients.*

recours [ʀəkuʀ] n. m. **1.** Action de recourir, de faire appel (à qqn, à qqch). *Avoir recours à la justice.* **2.** Ce à quoi l'on recourt. *C'est notre unique recours.* Syn. ressource. **3.** DR Action qu'on a contre qqn pour être indemnisé ou garanti. *Voies de recours.* – Démarche auprès d'une juridiction, par laquelle on demande la rétractation, la réformation ou la cassation d'une décision de justice. *Recours en cassation.* ▷ *Recours en grâce :* demande adressée au chef de l'État pour obtenir la remise ou la commutation d'une peine infligée par un jugement. V. pourvoi. – Lat. jur. *recursum,* «retour en arrière», pp. de *recurrere,* «revenir (en courant)».

recouvrable [ʀəkuvʀabl] adj. FIN Qu'on peut recouvrer. *Impôt recouvrable.* – De *recouvrer.*

recouvrage [ʀəkuvʀaʒ] n. m. TECH Opération qui consiste à recouvrir. *Recouvrage d'un parapluie.* – De *recouvrir.*

1. recouvrement [ʀəkuvʀəmɑ̃] n. m. **1.** Litt. Action de recouvrer ce qui était perdu. **2.** FIN Perception de sommes dues. *Le recouvrement des impôts.* – De *recouvrer.*

2. recouvrement [ʀəkuvʀəmɑ̃] n. m. **1.** Rare Recouvrage. **2.** Fait de se recouvrir. *Recouvrement des ardoises d'un toit.* ▷ MATH *Recouvrement des parties P d'un ensemble E :* famille de parties de E dont la réunion contient P. ▷ GEOL Couche géologique venue recouvrir une autre plus récente. **3.** Toute partie qui en recouvre une autre. *Recouvrement d'une pierre, d'une tuile.* – De *recouvrir.*

recouvrer [ʀəkuvʀe] v. tr. [1] **1.** Litt. Rentrer en possession de. *Recouvrer la vue.* Syn. récupérer, retrouver. **2.** Recevoir en paiement (une somme due). *Recouvrer des créances.* – Du lat. *recuperare,* «récupérer».

recouvrir [ʀəkuvʀiʀ] v. tr. [32] **1.** Couvrir de nouveau. *Recouvrir un toit.* – (Objet n. de personne.) *Recouvrir un malade qui s'est découvert en dormant.* **2.** Couvrir complètement. *La mer recouvre une grande partie du globe.* ▷ Couvrir en enveloppant. *Recouvrir un meuble avec une housse.* **3.** Fig. Masquer, cacher. *Ses allures nonchalantes recouvrent une volonté inflexible.* **4.** Inclure, comprendre; s'appliquer à; coïncider avec. *Votre exposé recouvre en partie ce que j'allais dire.* ▷ v. pron. *Tuiles qui se recouvrent correctement.*

recracher [ʀəkʀaʃe] v. [1] **1.** v. tr. Rejeter par la bouche ce qu'on ne veut ou ne peut pas avaler. **2.** v. intr. Cracher de nouveau.

récré [ʀekʀe] n. f. Fam. Abrév. de *récréation.*

récréance [ʀekʀeɑ̃s] n. f. **1.** DR CANON Anc. Jouissance provisionnelle d'un bénéfice en litige. **2.** DR *Lettres de récréance* ou *de rappel,* qu'un gouvernement envoie à un ambassadeur qu'il rappelle pour que celui-ci les présente au gouvernement auprès duquel il était accrédité. – De l'a. v. *recroire*, «rendre, remettre».

récréatif, ive [ʀekʀeatif, iv] adj. Qui récrée, divertit. *Lectures récréatives.* – De *récréer.*

recréation [ʀəkʀeasjɔ̃] n. f. Action de recréer; son résultat.

récréation [ʀekʀeasjɔ̃] n. f. **1.** Diversion au travail, délassement, détente. **2.** Temps accordé à des élèves pour se délasser entre les heures de classe. *Cour de récréation.* (Abrév. fam. : récré). – Lat. *recreatio,* de *recreare* (V. récréer).

recréer [ʀəkʀee] v. tr. [1] Créer de nouveau. – Reconstituer; reconstruire mentalement.

récréer [ʀekʀee] v. tr. [1] Litt. Divertir, détendre, délasser. ▷ v. pron. *Il se récrée d'un rien.* – Lat. *recreare,* «ranimer, réparer, se remettre, se ressaisir».

recrépir [ʀəkʀepiʀ] v. tr. [3] Crépir de nouveau. *Recrépir un vieux mur.*

recrépissage [ʀəkʀepisaʒ] n. m. Action de recrépir; son résultat. – De *recrépir.*

récrier (se) [ʀekʀije] v. pron. [2] Pousser une vive exclamation sous l'effet de l'étonnement, de la surprise, de l'indignation, etc. *Se récrier d'admiration.* – De *r-,* et *(s')écrier.*

récriminateur, trice [ʀekʀiminatœʀ, tʀis] adj. et n. Qui récrimine, qui est porté à récriminer. – De *récriminer.*

récrimination [ʀekʀiminasjɔ̃] n. f. (Le plus souvent au plur.) Plaintes, protestations acerbes et amères, revendication. – Lat. médiév. *recriminatio.*

récriminatoire [ʀekʀiminatwaʀ] adj. Qui a le caractère d'une récrimination, contient une récrimination. *Discours récriminatoire.* – De *récriminer.*

récriminer [ʀekʀimine] v. intr. [1] Se plaindre, protester, critiquer amèrement. – Lat. médiév. *recriminari,* de *crimen,* «accusation».

ré(é)crire [ʀe(e)kʀiʀ] v. tr. [67] **1.** Écrire de nouveau. *Récrire une ligne.* **2.** Rédiger à nouveau, en modifiant. *Récrire un chapitre.* **3.** *Récrire à qqn,* lui écrire une nouvelle lettre ou lui écrire en retour.

ré(é)criture [ʀe(e)kʀityʀ] n. f. Action de réécrire un texte pour en améliorer le style ou le condenser. Syn. rewriting (anglicisme).

recroqueviller [ʀəkʀɔkvije] v. tr. [1] Replier, tordre en desséchant. *La sécheresse a recroquevillé les feuilles.* Syn. ratatiner, racornir. ▷ v. pron. (Choses) *Des feuilles qui se recroquevillent au soleil.* – (Personnes) Se ramasser sur soi-même. *Se recroqueviller pour avoir moins froid.* Syn. se pelotonner. – De l'anc. v. *recoquiller,* avec infl. de *croc,* et de l'a. fr. *ville,* «vis».

recru, ue [ʀəkʀy] adj. Litt. Épuisé, harassé. *Être recru de fatigue.* – Pp. de l'a. v. *recroire,* «se rendre», bas lat. *se recredere,* «se remettre à la merci».

recrû [ʀəkʀy] n. m. SYLVIC **1.** Ce qui a poussé après une coupe. **2.** Pousse annuelle d'un taillis, d'un bois. – De *recroître.*

recrudescence [ʀəkʀydesɑ̃s] n. f. **1.** MED Exacerbation des signes d'une maladie après une rémission passagère. **2.** *Par anal.* Retour avec accroissement. *Recrudescence de froid.* ▷ Augmentation, développement, intensification. *Recrudescence du banditisme.* – Du lat. *recrudescere,* «devenir plus violent, plus saignant (blessure)», de *crudus,* «saignant».

recrudescent, ente [ʀəkʀydesɑ̃, ɑ̃t] adj. Qui est en recrudescence, qui reprend de l'intensité. – De *recrudescence.*

recrue [ʀəkʀy] n. f. **1.** Soldat nouvellement incorporé. **2.** Nouveau membre d'une société, d'un groupement. *Faire de nombreuses recrues.* – Pp. fém. subst. de l'anc. v. *recroître,* «augmenter».

recrutement [ʀəkʀytmɑ̃] n. m. Action de recruter. *Service du recrutement de l'armée.* – De *recruter.*

recruter [ʀəkʀyte] v. [1] **I.** v. tr. **1.** Appeler, engager (des recrues). *Recruter une troupe.* **2.** Chercher à engager, engager (du personnel). *Recruter des fonctionnaires.* ▷ Absol. *L'Administration recrute par concours.* ▷ Par ext. *Communauté, association qui recrute des adeptes, des adhérents.* **II.** v. pron. Être recruté. *Corps qui se recrute par concours.* – *Se recruter dans, parmi* : provenir de. *Les membres de ce parti se recrutent parmi les mécontents.* – De *recrue.*

recruteur [ʀəkʀytœʀ] n. m. Personne qui recrute (des soldats, des partisans, du personnel, etc.). ▷ (En appos.) *Sergent recruteur.* – De *recruter.*

rect(i)-. Élément, du lat. *rectus,* «droit».

recta [ʀɛkta] adv. Fam. Ponctuellement, exactement. *Payer recta.* – Adv. lat. «tout droit».

rectal, ale, aux [ʀɛktal, o] adj. ANAT, MED Relatif au rectum. – De *rectum.*

rectangle [ʀɛktɑ̃gl] adj. et n. m. **1.** adj. GEOM Qui possède au moins un angle droit. *Triangle rectangle. Quadrilatère rectangle.* ▷ *Parallélépipède rectangle* : parallélépipède droit dont les bases sont des rectangles. **2.** n. m. Quadrilatère rectangle. – Figure possédant quatre angles droits et quatre côtés égaux deux à deux. – Lat. médiév. *rectangulus,* de *rectus,* «droit», et *angulus,* «angle».

rectangulaire [ʀɛktɑ̃gylɛʀ] adj. **1.** En forme de rectangle. **2.** Qui forme un angle droit. *Droites rectangulaires.* Syn. perpendiculaire. – De *rectangle.*

recteur [ʀɛktœʀ] n. m. **1.** Anc. Chef d'une université. – Mod. Fonctionnaire responsable d'une académie (sens 3). **2.** Anc. Supérieur d'un collège de jésuites. **3.** RELIG CATHOL Supérieur de certaines maisons religieuses. – Prêtre à qui l'évêque confie la charge d'églises de pèlerinage non paroissiales. – Curé d'une paroisse rurale, en Bretagne. – Lat. *rector,* «celui qui gouverne», du pp. de *regere,* «diriger».

rectifiable [ʀɛktifjabl] adj. Qui peut être rectifié. – De *rectifier.*

rectificateur, trice [ʀɛktifikatœʀ, tʀis] n. et adj. **1.** Personne qui rectifie. ▷ Adj. *Manœuvre rectificatrice.* **2.** n. m. CHIM Appareil servant à rectifier les liquides. – De *rectifier.*

rectificatif, ive [ʀɛktifikatif, iv] adj. et n. m. Qui sert à rectifier (une erreur). *Lettre rectificative.* ▷ n. m. Mention, note rectificative. *Rectificatif à la loi de finances.* – De *rectifier.*

rectification [ʀɛktifikasjɔ̃] n. f. **1.** Action de rectifier, de corriger ce qui est inexact. *Rectification d'une erreur.* – *Spécial.* Insertion dans un journal d'un article modifiant le sens d'un article précédemment paru; mise au point. *Envoyer une rectification.* ▷ TECH Opération qui consiste à rectifier une pièce, en partic. une pièce métallique. **2.** Action de rendre droit. ▷ GEOM *Rectification d'un arc de courbe* : opération qui consiste à déterminer la longueur de cet arc. **3.** CHIM Opération qui consiste à rectifier un liquide; nouvelle distillation. – Bas lat. *rectificatio.*

rectifier [ʀɛktifje] v. tr. [2] **1.** Rendre droit. ▷ GEOM *Rectifier une courbe,* opérer sa rectification. **2.** Rendre correct, exact. *Rectifier une procédure. Rectifier une erreur,* la corriger, la faire disparaître. ▷ TECH Mettre (une pièce) à ses dimensions exactes; corriger ses imperfections, lui donner le dernier fini. **3.** *Par ext.* Modifier en améliorant. *Rectifier sa conduite.* **4.** CHIM Distiller à nouveau pour rendre plus pur. *Rectifier de l'alcool.* **5.** Pop. Tuer, assassiner. *Se faire rectifier.* – Bas lat. *rectificare*, «redresser», du class. *rectus*, «droit».

rectifieur, euse [ʀɛktifjœʀ, øz] n. TECH **1.** n. f. Machine-outil utilisée en métallurgie pour rectifier les pièces en fin d'usinage. **2.** Ouvrier qui rectifie les pièces mécaniques ou qui conduit une rectifieuse. – De *rectifier.*

rectiligne [ʀɛktiliɲ] adj. **1.** En ligne droite. *Mouvement rectiligne.* **2.** GEOM Composé de lignes droites, limité par des lignes droites. *Figure rectiligne.* – Bas lat. *rectilineus*, de *rectus*, «droit», et *linea*, «ligne».

rectilinéaire [ʀɛktilineɛʀ] adj. PHOTO *Objectif rectilinéaire*, qui ne déforme pas l'image sur les bords. – De *rect(i)-*, et *linéaire.*

rection [ʀɛksjɔ̃] n. f. LING Fait de régir ou d'entraîner la présence d'une catégorie grammaticale déterminée. *Rection d'un complément d'objet direct par un verbe transitif. Rection du subjonctif par* quel que *dans «quel que soit le cas».* – Lat. *rectio*, de *regere*, «diriger, gouverner».

rectite [ʀɛktit] n. f. MED Inflammation du rectum. – De *rectum*, et *-ite* 1.

rectitude [ʀɛktityd] n. f. **1.** Qualité de ce qui est droit. *Rectitude d'une ligne.* **2.** Qualité de ce qui est juste, conforme à la raison. *Rectitude du jugement.* Syn. exactitude, rigueur. ⊳ *Absol.* Honnêteté, rigueur morale. – Lat. *rectitudo*, de *rectus*, «droit».

recto [ʀɛkto] n. m. Première page d'un feuillet (par oppos. à *verso*, l'envers). ⊳ Loc. adv. *Recto verso* : au recto et au verso. *Écrire recto verso.* – De la loc. lat. *folio recto*, «sur le feuillet qui est à l'endroit».

recto-colite ou **rectocolite** [ʀɛktokɔlit] n. f. MED Inflammation du rectum et du côlon. *Des recto-colites.* – De *rectum*, et *colite.*

rectoral, ale, aux [ʀɛktɔʀal, o] adj. Du recteur, qui émane du recteur ou de ses services. – De *recteur.*

rectorat [ʀɛktɔʀa] n. m. **1.** Charge, dignité de recteur d'académie. - Durée de cette charge. **2.** Lieu où le recteur exerce ses fonctions. – De *recteur.*

rectoscope [ʀɛktoskɔp] n. m. MED Endoscope pour l'examen du rectum. – De *rectum*, et *-scope.*

rectoscopie [ʀɛktoskɔpi] n. f. MED Examen du rectum au rectoscope. – De *rectum*, et *-scopie.*

rectrice [ʀɛktʀis] adj. et n. f. ORNITH *Plume* ou *penne rectrice* : chacune des grandes plumes de la queue des oiseaux, servant à diriger le vol. ⊳ n. f. *Une rectrice.* – Lat. *rectrix, rectricis*, «directrice».

rectum [ʀɛktɔm] n. m. ANAT Segment terminal du gros intestin, qui fait suite au côlon sigmoïde et aboutit à l'orifice anal. – Lat. méd. pour *rectum intestinum*, «intestin droit».

reçu [ʀəsy] n. m. Écrit par lequel on reconnaît avoir reçu une somme d'argent, un objet. Syn. acquit, quittance, récépissé. – Pp. subst. de *recevoir.*

recueil [ʀəkœj] n. m. Volume réunissant des écrits de provenances diverses. *Recueil de morceaux choisis.* – Déverbal de *recueillir.*

recueillement [ʀəkœjmɑ̃] n. m. Fait de se recueillir ; état d'esprit d'une personne recueillie. – De *recueillir.*

recueilli, ie [ʀəkœji] adj. Qui se recueille, qui est en état de recueillement. *La foule recueillie des fidèles.* - *Par ext.* Qui marque le recueillement. *Air recueilli.* – Pp. de *recueillir.*

recueillir [ʀəkœjiʀ] v. [27] **I.** v. tr. **1.** Rassembler (des choses dispersées, éparses). *Recueillir des poèmes dans une anthologie.* **2.** Amasser, collecter en vue d'une utilisation future. *Recueillir des dons en nature pour une œuvre.* **3.** Recevoir, collecter (un fluide). *Godets pour recueillir la résine des pins.* **4.** Remporter, obtenir. *Cette proposition a recueilli un tiers des suffrages.* **5.** DR Recevoir par héritage. *Recueillir une succession.* **6.** Recevoir chez soi, héberger (une personne dans le besoin, dans le malheur). *Recueillir un orphelin.* **II.** v. pron. **1.** RELIG Détacher son esprit de toute pensée profane, se livrer à de pieuses méditations. **2.** Faire retour sur soi-même, méditer. – Lat. *recolligere.*

recuire [ʀəkɥiʀ] **1.** v. tr. [69] Cuire une deuxième fois. *Recuire un poulet.* ⊳ METALL Soumettre au recuit. **2.** v. intr. Subir une deuxième cuisson. *J'ai mis les légumes à recuire.*

recuit [ʀəkɥi] n. m. METALL Traitement thermique destiné à rendre son homogénéité à un métal dont les caractéristiques ont été modifiées par une action mécanique ou thermique (écrouissage, trempe, etc.). – Pp. de *recuire.*

recul [ʀəkyl] n. m. **1.** Mouvement de ce qui recule. ⊳ Spécial. *Recul d'une arme à feu, d'une pièce d'artillerie*, au départ du coup. **2.** Fig. Régression, diminution. *Le recul de la tuberculose.* **3.** Éloignement dans l'espace ou dans le temps. *Prendre du recul pour regarder une toile. Vous manquez de recul pour juger ces événements.* – Déverbal de *reculer.*

reculade [ʀəkylad] n. f. **1.** Rare Action de reculer, d'aller en arrière. **2.** Cour., fig., péjor. Dérobade de qqn qui s'était trop avancé. – De *reculer.*

reculé, ée [ʀəkyle] adj. **1.** Lointain, difficile d'accès. *Un quartier reculé.* **2.** Éloigné dans le temps. *À des époques reculées.* – Pp. de *reculer.*

reculée [ʀəkyle] n. f. GEOGR et rég. (Jura) Vallée à parois abruptes, terminée par un cirque d'où sort une source vauclusienne. – Pp. fém. subst. de *reculer.*

reculer [ʀəkyle] v. [1] **I.** v. intr. **1.** Aller en arrière. *La police recule sous la poussée de la foule.* ⊳ Fig. (Choses) Perdre en importance, régresser. *Maladie, idée qui recule.* **2.** (Personnes) Hésiter ou renoncer à agir. *Reculer devant un obstacle imprévu.* - *Ne reculer devant rien* : ne se laisser arrêter par aucune difficulté ; n'avoir aucun scrupule. ⊳ *Reculer pour mieux sauter* : temporiser inutilement, remettre à plus tard une décision de toute façon inévitable. **II.** v. tr. **1.** Tirer ou pousser en arrière. *Reculer un peu sa chaise.* ⊳ v. pron. Se déplacer en arrière. *Reculez-vous un peu.* **2.** Repousser, déplacer en éloignant. *Reculer les frontières d'un État.* **3.** Retarder, différer. *On ne peut plus reculer la date du départ.* – De *re-*, et *cul.*

reculons (à) [aʀ(ə)kylɔ̃] loc. adv. En reculant. *Aller, marcher à reculons.* – De *reculer.*

reculotter [ʀəkylɔte] v. tr. [1] Remettre la culotte, le pantalon de. ⊳ v. pron. *Se reculotter derrière un buisson.*

récupérable [ʀekypeʀabl] adj. Qui peut être récupéré. – De *récupérer.*

récupérateur [ʀekypeʀatœʀ] n. m. TECH Tout appareil permettant de récupérer des matières ou de l'énergie. *Récupérateur de chaleur d'un haut fourneau.* ⊳ ARTILL Organe d'une arme automatique ou d'une pièce d'artillerie, qui emmagasine la force de recul au départ du coup et la restitue en ramenant la culasse mobile ou le canon en position de tir. – De *récupérer.*

récupération [ʀekypeʀasjɔ̃] n. f. Action de récupérer ; son résultat. – Lat. *recuperatio.*

récupérer [ʀekypeʀe] v. [14] **I.** v. tr. **1.** Recouvrer, rentrer en possession de (ce dont on avait perdu la jouissance, ce qu'on avait perdu, etc.). *Récupérer des marchandises volées.* ⊳ Fam. (Objet n. de personne.) *Elle passe récupérer sa fille chez la nourrice*, elle va l'y chercher. **2.** Recueillir (ce qui pourrait être mis au rebut, perdu ou détruit) pour l'utiliser. *Récupérer des* *chiffons, de la ferraille, des vieux papiers.* ▷ Réinsérer (une personne) dans la vie professionnelle, sociale. *Récupérer des délinquants.* **3.** *Récupérer des heures :* compenser par des heures de travail des arrêts (dus à des périodes chômées, des intempéries, etc.). **4.** POLIT Détourner à son profit (un mouvement de remise en cause des valeurs établies) en le dénaturant et en lui ôtant tout caractère subversif. *Le pouvoir a récupéré la contestation.* – Par ext. *Militant qui se fait récupérer.* **II.** v. intr. Recouvrer ses forces, la santé. *Il n'a pas vraiment récupéré depuis sa maladie.* – Lat. *recuperare.*

récurage [ʀekyʀaʒ] n. m. Action de récurer. – De *récurer.*

récurer [ʀekyʀe] v. tr. [**1**] Nettoyer en frottant. *Récurer la poêle.* – De *r-*, et *écurer.*

récurrence [ʀekyʀɑ̃s] n. f. **1.** Litt. Répétition, retour périodique; caractère de ce qui se répète. *Récurrence des sons dans le rythme.* **2.** MATH, LOG *Raisonnement par récurrence,* qui consiste à étendre à tous les termes d'une série une relation vérifiée pour les deux premiers termes. – De *récurrent.*

récurrent, ente [ʀekyʀɑ̃, ɑ̃t] adj. **1.** ANAT Qui revient en arrière vers son point de départ. *Nerf récurrent.* **2.** MED *Fièvre récurrente,* dont les accès reviennent par intermittence, alternant avec des périodes sans fièvre. **3.** MATH *Suite récurrente,* dont chaque terme est une fonction d'un nombre déterminé de termes précédents. – *Par ext.* Qui a trait à la répétition. *Caractère récurrent de certains rêves.* – Lat. *recurrens,* «qui revient en arrière», ppr. de *recurrere,* «courir en arrière», de *currere,* «courir».

récursif, ive [ʀekyʀsif, iv] adj. **1.** LING Qui peut être répété un nombre infini de fois. *Règles récursives de la grammaire générative.* **2.** LOG *Fonction récursive,* qu'on peut définir à l'aide d'une classe de fonctions élémentaires. – Angl. *recursive,* du lat. *recursus,* pp. de *recurrere,* «courir en arrière».

récursivité [ʀekyʀsivite] n. f. Didac. Caractère de ce qui est récursif. – De *récursif.*

récusable [ʀekyzabl] adj. Que l'on peut récuser. Ant. irrécusable. – De *récuser.*

récusation [ʀekyzasjɔ̃] n. f. DR Action de récuser (sens I, 1); son résultat. – Lat. *recusatio.*

récuser [ʀekyze] v. [**1**] **I.** v. tr. **1.** DR Refuser d'accepter en tant que juré, expert, témoin. *L'avocat de la défense a récusé deux des jurés.* **2.** Contester, n'accorder aucune valeur à. *Récuser l'autorité d'un historien.* **II.** v. pron. Refuser de prendre une responsabilité, d'émettre un avis. – Lat. *recusare.*

recyclable [ʀəsiklabl] adj. Qui peut être recyclé. – De *recycler.*

recyclage [ʀəsiklaʒ] n. m. **1.** TECH Réintroduction dans un cycle d'opérations complexes. *Recyclage de l'air dans des locaux climatisés.* **2.** Enseignement dispensé à des personnes engagées dans la vie active, pour mettre à jour leurs connaissances professionnelles. – De *recycler.*

recycler [ʀəsikle] v. tr. [**1**] Soumettre à un recyclage (qqch, qqn). – Pp. adj. *Papier recyclé. Personnel recyclé.* ▷ v. pron. (Personnes) Suivre un enseignement de recyclage. – De *re-*, et *cycle.*

rédacteur, trice [ʀedaktœʀ, tʀis] n. **1.** Personne dont la profession est de rédiger des textes. *Rédacteur d'une revue.* ▷ *Rédacteur en chef :* journaliste responsable de la coordination de tout ou partie d'une rédaction (sens 3). **2.** Personne qui a écrit un texte. *Le rédacteur de ce chapitre est un savant renommé.* **3.** Fonctionnaire chargé de rédiger des pièces d'administration. *Rédacteur d'un ministère.* – Du lat. *redactus,* pp. de *redigere,* «ramener».

rédaction [ʀedaksjɔ̃] n. f. **1.** Action, manière de rédiger. *Rédaction d'un traité.* **2.** Devoir scolaire composé sur un sujet donné; narration, composition française. **3.** Ensemble des rédacteurs d'un journal, d'un périodique. – Lieu où ils travaillent. – Du bas lat. *redactio,* «réduction», du pp. de *redigere,* «ramener, réduire à».

rédactionnel, elle [ʀedaksjɔnɛl] adj. Qui a rapport à la rédaction. – De *rédaction.*

redan ou **redent** [ʀədɑ̃] n. m. **I.** ARCHI **1.** Ressaut que présente un mur construit sur un terrain en pente. **2.** Ouvrage de fortification constitué de deux murs formant un angle saillant. **3.** Suite d'ornements sculptés formant des dents. **4.** *Toiture à redents,* constituée d'une succession de combles à pentes inégales, disposées en dents de scie et dont certaines sont généralement vitrées. Syn. (off. déconseillé) shed. **II.** MAR Décrochement dans une carène de bateau ou d'hydravion. – De *re-*, et *dent.*

reddition [ʀɛdisjɔ̃] n. f. Fait de se rendre; capitulation. *La reddition d'une forteresse.* – Lat. imp. *redditio,* de *reddere,* «rendre».

redécoupage [ʀədekupaʒ] n. m. *Redécoupage électoral :* opération qui consiste à diviser une rég. administrative en nouvelles circonscriptions électorales.

redécouvrir [ʀədekuvʀiʀ] v. tr. [**32**] Découvrir de nouveau.

redéfinir [ʀədefiniʀ] v. tr. [**3**] Définir de nouveau. *Redéfinir les grandes lignes d'un plan.*

redéfinition [ʀədefinisjɔ̃] n. f. Action de définir de nouveau. *Redéfinition des objectifs économiques.* – De *redéfinir,* d'après *définition.*

redemander [ʀəd(ə)mɑ̃de] v. tr. [**1**] **1.** Demander de nouveau. **2.** Réclamer (ce que l'on a donné ou prêté).

rédempteur, trice [ʀedɑ̃ptœʀ, tʀis] adj. et n. m. RELIG **1.** adj. Qui rachète les péchés. *Supplice rédempteur.* **2.** n. m. *Le Rédempteur :* Jésus-Christ, dont la mort a, pour les chrétiens, racheté le genre humain. – Lat. ecclés. *redemptor,* de *redimere,* «racheter».

rédemption [ʀedɑ̃psjɔ̃] n. f. RELIG Rachat des péchés. – Spécial. *La Rédemption :* le rachat du genre humain par la mort du Christ. *Le mystère de la Rédemption.* – Lat. ecclés. *redemptio,* de *redemptum,* supin de *redimere,* «racheter».

rédemptoriste, istine [ʀedɑ̃ptɔʀist, istin] n. Membre d'une des congrégations du Très-Saint-Rédempteur, fondées par saint Alphonse-Marie de Liguori en 1732. – Du lat. ecclés. *Redemptor,* «le Rédempteur».

redent. V. redan.

redéploiement [ʀədeplwamɑ̃] n. m. **1.** MILIT Action de faire prendre (aux troupes) un nouveau dispositif de combat. **2.** ECON *Redéploiement industriel :* ensemble de mesures destinées à favoriser les industries les plus performantes, notam. les plus concurrentielles sur le plan international.

redéployer [ʀədeplwaje] v. tr. [**23**] Opérer le redéploiement de.

redescendre [ʀədɛsɑ̃dʀ] v. [**6**] **1.** v. intr. Descendre une nouvelle fois. *Redescendre au rez-de-chaussée. Redescendre à un rang inférieur.* **2.** v. tr. Descendre de nouveau. *Redescendre un escalier.*

redevable [ʀədəvabl] adj. **1.** Qui doit de l'argent (à qqn). *Il m'est redevable de trois mille francs.* – Subst. Personne assujettie à une redevance. *Les redevables de l'impôt sur les grandes fortunes.* **2.** Qui a une obligation envers qqn. *Je vous suis redevable de ce service.*

redevance [ʀədəvɑ̃s ;] n. f. Somme versée à échéances déterminées en contrepartie d'un avantage, d'un service, d'une concession. *Redevance télévisuelle.* – De *re-*, et *devoir.*

redevenir [ʀədəvniʀ; ʀədvəniʀ] v. intr. [**36**] Devenir de nouveau, recommencer à être ce qu'on était auparavant.

rédhibition [ʀedibisjɔ̃] n. f. DR Annulation par l'acheteur de la vente d'une marchandise entachée de vice rédhibitoire. – Lat. jur. *redhibitio*.

rédhibitoire [ʀedibitwaʀ] adj. **1.** DR *Vice rédhibitoire :* défaut caché de la chose vendue, qui peut constituer un motif d'annulation de la vente. **2.** Cour. Qui constitue un empêchement absolu, une gêne irrémédiable. *Il est d'une bêtise rédhibitoire*. – Lat. jur. *redhibitorius*, de *redhibere*, «(faire) reprendre une chose vendue».

rediffuser [ʀədifyze] v. tr. [**1**] Diffuser une nouvelle fois (sur les ondes radiophoniques, à la télévision, etc.).

rediffusion [ʀədifyzjɔ̃] n. f. Action de rediffuser. ▷ Information, émission, enregistrement rediffusé.

rédiger [ʀediʒe] v. tr. [**13**] Coucher sur le papier dans la forme prescrite; exprimer par écrit. *Rédiger un procès-verbal, un mémoire, un devoir de français. Rédiger avec facilité*. – Du lat. *redigere*, «ramener, réduire à».

rédimer [ʀedime] v. tr. [**1**] RELIG Racheter. *Rédimer les péchés des hommes*. – Lat. *redimere*.

redingote [ʀədɛ̃gɔt] n. f. **1.** Anc. Veste d'homme à longues basques. **2.** Mod. Manteau de femme cintré à la taille. – De l'angl. *riding-coat*, «manteau *(coat)* pour aller à cheval *(to ride)* ».

rédintégration [ʀedɛ̃tegʀasjɔ̃] n. f. PSYCHO Phénomène par lequel un souvenir fait resurgir, lors de sa remémoration, la totalité d'un état de conscience ancien. – Mot angl., lat. *redintegratio*, «renouvellement, rétablissement».

redire [ʀədiʀ] v. tr. [**65**] **1.** Répéter; dire plusieurs fois. *Il m'a encore redit de venir le voir*. **2.** Répéter (ce qu'on a appris de qqn). *Redire un secret*. **3.** Loc. *Trouver, avoir à redire :* critiquer, avoir des objections à faire.

redistribuer [ʀədistʀibɥe] v. tr. [**1**] Distribuer une seconde fois ou selon une répartition différente. *Redistribuer des terres*.

redistribution [ʀədistʀibysjɔ̃] n. f. Action de redistribuer; son résultat. Fait d'être redistribué, réparti d'une manière différente. *Redistribution des revenus*. – De *redistribuer*.

redite [ʀədit] n. f. Répétition inutile dans un texte, un discours. *Élaguez les redites*. – Pp. fém. subst. de *redire*.

redondance [ʀədɔ̃dɑ̃s] n. f. **1.** Caractère superflu de certains développements, de certaines répétitions dans le discours. *Redondance de l'expression*. ▷ Répétition, redite. *Texte plein de redondances*. **2.** INFORM Augmentation du nombre des symboles d'un message sans accroissement de la quantité d'information. *La redondance est un moyen de contrôle de la transmission d'informations*. – Lat. *redundantia*, de *redundare*, «abonder, déborder».

redondant, ante [ʀədɔ̃dɑ̃, ɑ̃t] adj. **1.** Superflu. *Épithète redondante*. – Qui comporte des redondances. *Style redondant*. **2.** INFORM Qui emploie plus de symboles que nécessaire pour la transmission d'une information. – Lat. imp. *redundans*, «abondant, superflu».

redonner [ʀədɔne] v. [**1**] **I.** v. tr. **1.** Donner de nouveau. *Redonnez-moi le livre que vous m'aviez prêté*. **2.** Rendre ce qui a été perdu, restituer. *Redonner de l'éclat à un tableau. Redonner du courage*. ▷ (Sujet nom de chose.) *Médicament qui redonne de l'appétit*. **II.** v. intr. *Redonner dans :* s'abandonner de nouveau à. *Redonner dans un travers*.

redorer [ʀədɔʀe] v. tr. [**1**] Dorer de nouveau. *Redorer une grille ancienne*. ▷ Loc. fig. *Redorer son blason :* épouser une riche roturière, en parlant d'un noble; *par ext.*, mod. se refaire une fortune, une réputation.

redoublant, ante [ʀədublɑ̃, ɑ̃t] n. Élève qui redouble une classe. – Ppr. de *redoubler*.

redoublé, ée [ʀəduble] adj. **1.** Répété. *Rime redoublée*. **2.** Répété de plus en plus vite ou de plus en plus fort. *Frapper à coups redoublés*. – Pp. de *redoubler*.

redoublement [ʀədubləmɑ̃] n. m. **1.** Action de redoubler; son résultat. **2.** Répétition dans un mot. *«Dada», «lolo», «bébête» présentent un redoublement de syllabe*. **3.** Action d'augmenter, d'accroître. *Redoublement de prudence*. **4.** Fait de redoubler une classe. – De *redoubler*.

redoubler [ʀəduble] v. [**1**] **I.** v. tr. **1.** Doubler, répéter. *Redoubler une consonne pour produire une allitération*. **2.** Renouveler avec insistance. *Redoubler ses prières*. ▷ Raviver en augmentant. *La nuit redoublait ses terreurs*. **3.** *Redoubler une classe*, la recommencer, y passer une nouvelle année scolaire. **II.** v. tr. indir. *Redoubler de :* agir avec encore plus de. *Redoubler de vigilance*. **III.** v. intr. **1.** Devenir encore plus fort. *Ma crainte redouble*. **2.** Passer dans la même classe une nouvelle année scolaire. *Élève qui redouble*.

redoutable [ʀədutabl] adj. Qui est à redouter, qui inspire la crainte. *Un mal redoutable*. – De *redouter*.

redoutablement [ʀədutabləmɑ̃] adv. De manière redoutable; terriblement, très. *Il est redoutablement stupide*. – De *redoutable*.

redoute [ʀədut] n. f. **1.** Anc. Ouvrage de fortification isolé. **2.** Vx Lieu public pour le jeu, la danse, la fête. ▷ Fête publique, bal. – Altér., d'ap. *redouter*, de l'ital. *ridotto*, «réduit, retraite, abri», du lat. *reducere*, «ramener, réduire à».

redouter [ʀədute] v. tr. [**1**] Avoir peur de, craindre. *Redouter qqch, qqn. Il redoute qu'elle parle*. ▷ v. tr. ind. *Il redoute d'arriver en retard*. – De *re-*, et *douter*, au sens anc. de «craindre».

redoux [ʀədu] n. m. Radoucissement de la température après une période de froid. – Mot dial. de la Bourgogne, de *re-*, et *doux*.

redox [ʀedɔks] adj. inv. CHIM *Couple redox*, constitué par les formes oxydée et réduite du même élément. *Potentiel redox*, qui caractérise le pouvoir oxydant d'un couple redox. – De *réd(ucteur)*, et *ox(ydant)*.

redresse (à la) [alaʀ(ə)dʀɛs] loc. adj. Arg. Énergique; qui sait se faire respecter en usant de la force physique. *Un mec à la redresse*. – Déverbal de *redresser*.

redressement [ʀədʀɛsmɑ̃] n. m. **1.** Action de redresser ou de se redresser; son résultat. *Redressement d'un châssis faussé*. **2.** Rétablissement de la prospérité, restauration de l'économie et des finances d'un pays. *Plan de redressement*. **3.** ELECTR Transformation d'un courant alternatif en courant continu. **4.** Rare Réparation d'un tort. **5.** *Redressement judiciaire :* décision judiciaire instituant une période probatoire pendant laquelle est mise en observation une société (ou un commerçant, ou un artisan) en cessation de paiement. **6.** Rectification d'un compte erroné. *Redressement fiscal :* rectification de l'imposition fiscale à la suite d'une déclaration erronée. **7.** Anc. *Maison de redressement :* établissement où étaient détenus certains mineurs délinquants. – De *redresser*.

redresser [ʀədʀese] v. [**1**] **I.** v. tr. **1.** Remettre dans une position verticale. *Redresser un arbre, une statue*. **2.** Rendre une forme droite à. *Redresser un axe tordu*. ▷ (S. comp.) Remettre les roues d'un véhicule parallèles à la route. *Il a redressé à temps à la sortie du virage*. **3.** Fig. Remettre en bon ordre. *Redresser l'économie d'un pays*. ▷ Vieilli Corriger. *Redresser son jugement*. **4.** ELECTR *Redresser un courant :* transformer un courant alternatif (dont le sens s'inverse périodiquement) en courant continu (de sens constant). **II.** v. pron. **1.** Se remettre debout. *Il s'est redressé tout seul après sa chute*. ▷ Se remettre droit. *Il s'est penché en avant, puis il s'est redressé*. **2.** Fig. Retrouver sa puissance, sa prospérité. *Le pays a eu du mal à se redresser après la crise.*

redresseur [RədRɛsœR] n. m. et adj. **1.** *Redresseur de torts* : personne qui prétend faire régner la justice autour d'elle. **2.** ELECTR Appareil servant à redresser un courant alternatif. *Les redresseurs à tube électronique sont aujourd'hui remplacés par les redresseurs à semi-conducteurs.* ▷ adj. *Appareil redresseur.* – De *redresser.*

réductase [Redyktaz] n. f. BIOCHIM Enzyme qui catalyse l'oxydoréduction. – De *réduct(ion),* et *-ase.*

réducteur, trice [RedyktœR, tRis] adj. et n. m. **I.** adj. **1.** Qui réduit; qui simplifie abusivement. *Un point de vue réducteur.* **2.** CHIM Susceptible de céder des électrons. *L'hydrogène, le carbone, l'oxyde de carbone sont réducteurs.* Ant. oxydant. ▷ n. m. *Un réducteur* : un corps réducteur. **II.** n. m. **1.** TECH Appareil permettant de réduire les dessins. **2.** TECH Dispositif servant à réduire la vitesse de rotation d'un axe. **3.** ETHNOL *Les réducteurs de têtes* : les membres de certaines tribus (notam. Indiens jivaros) ayant pour coutume de couper la tête de leurs ennemis vaincus, dont ils diminuaient le volume en la vidant partiellement de son contenu et qu'ils desséchaient par des méthodes traditionnelles, de manière à pouvoir la conserver comme témoignage de leur victoire. – Lat. *reductor,* de *reducere,* «ramener, réduire à».

réductibilité [Redyktibilite] n. f. Caractère de ce qui est réductible. – De *réductible.*

réductible [Redyktibl] adj. Qui peut être réduit. **1.** Qui peut être ramené à une forme plus simple. *Fraction réductible.* **2.** CHIM Qui peut subir une réduction. **3.** Qui peut être traité par une réduction (sens 3). *Fracture réductible.* – De *réduire,* d'ap. le lat. *reductum,* de *reducere,* «ramener, réduire à».

1. réduction [Redyksjɔ̃] n. f. Action de réduire; son résultat. **1.** Action de rendre plus petit. *Réduction d'une photographie.* ▷ Diminution de tarif. *Avoir une réduction sur les chemins de fer.* **2.** Fait de ramener une chose complexe à une autre plus simple. *Réduction de fractions au même dénominateur.* **3.** MED Opération par laquelle on remet en place les os luxés ou fracturés, les organes déplacés. *Réduction d'une hernie.* **4.** CHIM Réaction inverse de l'oxydation, au cours de laquelle un *corps réducteur* cède des électrons à un *corps oxydant.* V. oxydoréduction. **5.** BIOL *Réduction chromatique* : phase essentielle de la méiose, au cours de laquelle le génome diploïde se divise en deux cellules haploïdes, ou gamètes, aptes à la fécondation. – Lat. *reductio,* «action de ramener», de *reducere,* «amener, réduire à».

2. réduction [Redyksjɔ̃] n. f. HIST Village chrétien d'Indiens guaranis, créé au Paraguay au XVIe s. par les jésuites missionnaires et organisé en communauté autonome. – Esp. *reducción,* de *reducir,* «adoucir, civiliser».

réductionnisme [Redyksjɔnism] n. m. PHILO Tendance à réduire ce qui est complexe à ses composants, considérés comme des éléments plus simples et fondamentaux. – De *réduction.*

réductionniste [Redyksjɔnist] adj. et n. Qui a rapport au réductionnisme. ▷ Subst. Partisan du réductionnisme. – De *réductionnisme.*

réduire [RedɥiR] v. [71] **A.** v. tr. **I. 1.** Restreindre, diminuer, rendre plus petit. *Réduire la longueur d'un vêtement. Réduire ses dépenses.* ▷ Reproduire avec des dimensions plus petites et les mêmes proportions. *Réduire un dessin, un document photographique.* **2.** *Réduire... en* : transformer (une substance) par broyage, trituration, pulvérisation, etc. *Réduire le blé en farine. Réduire en poudre, en bouillie.* **3.** *Réduire... à* : amener... à (une forme plus simple). *Réduire une fraction à sa plus simple expression.* ▷ Identifier (qqch d'apparemment complexe) à (qqch de plus simple). *Vous avez tort de réduire ce conflit à une simple question de personnes.* ▷ *Réduire à rien, à néant* : anéantir. **4.** MED *Réduire une luxation, une hernie,* etc. : remettre à leur place des os luxés, des organes qui font hernie, etc. **5.** CHIM Effectuer la réduction de (un composé). **6.** CUIS Rendre plus concentré par une longue cuisson. *Réduire une sauce.* ▷ v. intr. *Coulis qui réduit à petit feu.* **II. 1.** *Réduire en, à* : amener par la contrainte à (tel état); obliger à. *Réduire un peuple en esclavage. Réduire au silence, à la mendicité.* **2.** Soumettre, mater. *Réduire la résistance, l'opposition.* **B.** v. pron. **1.** *Se réduire à* : se limiter à, consister seulement en. *Nos divergences se réduisent en fait à peu de chose.* **2.** Absol. *Se réduire* : limiter son train de vie, ses dépenses. – Francisation, d'ap. *conduire,* du lat. *reducere,* «ramener, réduire à», de *ducere,* «conduire».

1. réduit, ite [Redɥi, it] adj. et n. m. **I.** adj. **1.** Qui a subi une réduction, en dimension, en nombre, etc. *Modèle réduit. Tarif réduit. Rouler à vitesse réduite.* **2.** MATH Qualifie une courbe ou une loi dont l'expression a été simplifiée par un changement de variable. **3.** PHYS *Masse réduite de deux points de masse* m_1 *et* m_2, masse égale au rapport du produit $m_1.m_2$ de ces masses et de leur somme $m_1 + m_2$. – *Pression réduite d'un gaz* : rapport de la pression de ce gaz et de sa pression critique. (On définit de même la *température réduite,* le *volume réduit.*) **II.** n. m. Sève de l'érable à sucre épaissie par évaporation, n'ayant pas atteint le degré de concentration en sucre du sirop*. – Pp. de *réduire.*

2. réduit [Redɥi] n. m. **1.** Petit local ne recevant en général pas la lumière du jour. *Réduit utilisé comme cellier.* **2.** Recoin dans une pièce. **3.** FORTIF Anc. Petit ouvrage à l'intérieur d'un autre, pouvant servir d'abri. – Lat. pop. **reductum,* «lieu retiré», du pp. de *reducere,* «réduire à».

réduplicatif, ive [Redyplikatif, iv] adj. Didac. Propre à exprimer ou qui exprime le redoublement. *«Ré-» est un préfixe réduplicatif.* ▷ Subst. *«Rééditer» est le réduplicatif de «éditer».* – De *réduplication.*

réduplication [Redyplikasjɔ̃] n. f. LING Répétition d'un mot. – Du bas lat. *reduplicatio,* de *reduplicare,* «redoubler», de *duplus,* «double».

réduve [Redyv] n. m. Punaise *(Reduvius personatus)* au corps allongé, au rostre court et saillant, qui se nourrit d'insectes et dont les déjections peuvent provoquer chez l'homme une trypanosomiase. – Du lat. zool. *reduvius,* de *reduviæ,* «débris, dépouilles».

rééchelonnement [Reeʃlɔnmɑ̃] n. m. ECON Action de rééchelonner; son résultat. – De *ré-,* et *échelonner.*

rééchelonner [Reeʃlɔne] v. tr. [1] ECON Établir un nouveau calendrier de paiement en allongeant la durée d'un remboursement.

réécrire. V. récrire.

réécriture [ReekRityR] n. f. Action de réécrire un texte pour en améliorer le style ou le condenser. Syn. rewriting (anglicisme).

réédification [Reedifikasjɔ̃] n. f. Litt. Action de réédifier; son résultat. *La réédification d'un empire.* – De *réédifier.*

réédifier [Reedifje] v. tr. [2] Litt. Édifier à nouveau (ce qui avait été détruit, ce qui s'était écroulé, au propre et au fig.).

rééditer [Reedite] v. tr. [1] **1.** Éditer de nouveau. *Rééditer un ouvrage.* **2.** Fig. Répéter, refaire. *Rééditer un exploit.*

réédition [Reedisjɔ̃] n. f. **1.** Action de rééditer. – Édition nouvelle. **2.** Fig., fam. Répétition (d'une situation, d'une action).

rééducation [Reedykasjɔ̃] n. f. **1.** Traitement visant à faire recouvrer l'usage d'une fonction lésée à la suite d'un accident, ou d'une maladie. *Rééducation motrice.* **2.**

Nouvelle éducation (sociale, morale, idéologique). ▷ Ensemble des mesures judiciaires prises à l'égard de l'enfance délinquante ou en danger, sur le plan social.

rééduquer [reedyke] v. tr. [1] Procéder à la rééducation de.

réel, elle [reɛl] adj. et n. m. **I.** adj. **1.** DR Qui concerne les choses (par oppos. à *personnel*). *Un droit réel.* **2.** PHILO Qui existe effectivement, et pas seulement à l'état d'idée ou de mot. – THEOL *Dogme de la Présence réelle* : dogme de l'Église catholique qui affirme la présence substantielle et effective du Christ dans l'Eucharistie. ▷ MATH *Nombre réel* (par oppos. à *imaginaire*). V. nombre. **3.** Qui existe, ou a existé en réalité (par oppos. à *fictif, imaginaire, mythique*). *Personnage réel.* – *Faits réels,* authentiques. ▷ PHYS *Gaz réel,* dont les molécules exercent les unes sur les autres des actions non négligeables (par oppos. à *gaz parfait*). **4.** Véritable, sensible. *Des améliorations réelles,* notables. **II.** n. m. *Le réel* : ce qui est réel, le monde des réalités; les choses, les faits qui existent effectivement. *L'imaginaire et le réel.* – Lat. médiév. *realis,* «relatif à la chose», de *res,* «chose».

réélection [reelɛksjɔ̃] n. f. Action de réélire; fait d'être réélu.

rééligibilité [reeliʒibilite] n. f. Aptitude légale à être réélu.

rééligible [reeliʒibl] adj. Qui est légalement apte à être réélu.

réélire [reeliʀ] v. tr. [66] Élire de nouveau, reconduire dans une fonction par élection. *Réélire un député.* – Pp. adj. *Les députés réélus.*

réellement [reɛlmɑ̃] adv. **1.** En réalité, effectivement. *Cela a eu lieu réellement.* **2.** Vraiment. *C'est réellement incroyable!* – De *réel.*

r(é)emballage [ʀ(e)ɑ̃balaʒ] n. m. Action de remballer; nouvel emballage. – De *remballer.*

r(é)emballer [ʀ(e)ɑ̃bale] v. tr. [1] Emballer de nouveau (ce qu'on a déballé). ▷ Fig., fam. *Remballez vos boniments,* gardez-les pour vous, dispensez-m'en.

r(é)embarquement [ʀ(e)ɑ̃baʀkəmɑ̃] n. m. Action de rembarquer, de se rembarquer. – De *rembarquer.*

r(é)embarquer [ʀ(e)ɑ̃baʀke] v. [1] **1.** v. tr. Embarquer de nouveau. **2.** v. intr. S'embarquer de nouveau. *Il a rembarqué.* ▷ v. pron. *Il s'est rembarqué.*

réémetteur [reemetœʀ] n. m. Émetteur de faible puissance servant à retransmettre des signaux provenant d'un émetteur principal.

r(é)emploi [ʀ(e)ɑ̃plwa] n. m. **1.** (La forme *réemploi* tend à devenir plus fréquente.) Fait d'employer ou d'être employé de nouveau. *Réemploi du personnel d'une entreprise en liquidation.* **2.** Nouvel emploi des fonds provenant de la vente d'un bien propre. – Déverbal de *réemployer,* ou *remployer.*

r(é)employer [ʀ(e)ɑ̃plwaje] v. tr. [23] Employer de nouveau.

r(é)emprunter [ʀ(e)ɑ̃pʀœ̃(ɛ̃)te] v. tr. [1] Emprunter de nouveau.

réenfiler. V. renfiler.

réengagement, réengager. V. rengagement, rengager.

réensemencement [reɑ̃smɑ̃smɑ̃] n. m. Action de réensemencer. – De *réensemencer.*

réensemencer [reɑ̃smɑ̃se] v. tr. [12] Ensemencer de nouveau (lorsqu'un premier ensemencement n'a rien produit).

rééquilibrage [reekilibʀaʒ] n. m. Fait de retrouver ou de redonner un équilibre. – De *rééquilibrer.*

rééquilibrer [reekilibʀe] v. tr. [1] Redonner un équilibre à (ce qui est déséquilibré); donner un nouvel équilibre à. *Rééquilibrer les forces politiques.*

réer. V. raire.

réescompte [reɛskɔ̃t] n. m. FIN Escompte consenti à un établissement bancaire par un autre établissement bancaire (généralement la Banque de France), sur des effets de commerce déjà escomptés par le premier.

réescompter [reɛskɔ̃te] v. tr. [1] FIN Opérer le réescompte de.

réessayer. V. ressayer.

réévaluation [reevalɥasjɔ̃] n. f. FIN **1.** Évaluation sur de nouvelles bases. *Réévaluation des bilans.* **2.** *Par ext.* ECON Augmentation du taux de change officiel d'une monnaie par rapport aux devises étrangères (par oppos. à *dévaluation*). *La réévaluation du mark.*

réévaluer [reevalɥe] v. tr. [1] Procéder à la réévaluation de.

réexamen [reegzamɛ̃] n. m. Fait de réexaminer. – De *réexaminer.*

réexaminer [reegzamine] v. tr. [1] Examiner de nouveau. *Réexaminer un malade.* – *Spécial.* Reconsidérer. *Ils vont réexaminer la situation, le problème,* etc.

réexpédier [reɛkspedje] v. tr. [2] Expédier vers une nouvelle destination. *Réexpédier du courrier.* – *Spécial.* Retourner (un courrier, des marchandises) à l'expéditeur.

réexpédition [reɛkspedisjɔ̃] n. f. Action de réexpédier. – De *réexpédier.*

réexportation [reɛkspɔʀtasjɔ̃] n. f. Action de réexporter. – De *réexporter.*

réexporter [reɛkspɔʀte] v. tr. [1] Exporter vers un pays des marchandises qu'on avait précédemment importées d'un autre.

réfaction [ʀefaksjɔ̃] n. f. **1.** DR COMM Réduction sur les prix des marchandises, à la livraison, quand toutes les conditions convenues ne sont pas réunies. **2.** FISC Diminution d'une base imposable. – Var. de *réfection.*

refaire [ʀəfɛʀ] v. [9] **I.** v. tr. **1.** Faire de nouveau (ce qu'on a déjà fait, ou ce qui a déjà été fait). *Refaire un voyage.* ▷ (En apportant de profondes modifications.) *Refaire sa vie.* **2.** Remettre en état, réparer. *Après cette tempête, on a dû refaire le toit.* ▷ Fig. *Refaire ses forces.* **3.** Fam. Duper, attraper. *Ils l'ont refait sur la qualité de la marchandise.* **II.** v. pron. **1.** Rétablir sa fortune après des pertes au jeu. **2.** Se rétablir du point de vue de la santé. *Il se refait lentement grâce au bon air.* **3.** (En tournure négative.) Changer complètement son caractère, ses habitudes. *À mon âge, on ne se refait pas.*

réfection [ʀefɛksjɔ̃] n. f. **1.** Action de refaire, de remettre en état. *Travaux de réfection.* **2.** Repas, dans une communauté religieuse. – Lat. *refectio,* «réparation, réconfort», du pp. de *reficere,* «refaire, réparer».

réfectoire [ʀefɛktwaʀ] n. m. Lieu où les membres d'une communauté (couvent, hospice, école, etc.) prennent ensemble leurs repas. – Lat. ecclés. *refectorium,* du bas lat. *refectorius,* «qui refait, restaure».

refend (de) [dəʀəfɑ̃] loc. adj. *Bois de refend,* scié en long. – *Mur de refend* : mur de soutien formant séparation intérieure dans un bâtiment. – Déverbal de *refendre.*

refendre [ʀəfɑ̃dʀ] v. tr. [6] TECH Fendre ou scier en long. *Refendre des bûches. Scie à refendre.*

référé [ʀefeʀe] n. m. DR Procédure rapide ayant pour but de faire juger provisoirement et avec célérité une affaire urgente. *Ordonnance de référé* : décision rendue selon une telle procédure. – Pp. subst. de *référer.*

référence [ʀefeʀɑ̃s] n. f. **I. 1.** Action de se référer à qqch; ce à quoi l'on se réfère pour situer une chose par rapport à une autre, pour fonder l'argument que l'on avance. *Indemnité fixée par référence à tel indice.* **2.** Action de se référer à qqch ou à qqn (dans un texte, dans son discours), ou d'y renvoyer le lecteur, l'auditeur, etc. *Références aux grands classiques.* – *Ouvrage de référence,* auquel on se reporte habituellement (dictionnaire, encyclopédie, etc.). ⊳ Indication précise des ouvrages, des passages, etc., auxquels on renvoie le lecteur, dans un texte. *Références en bas de page.* **3.** ADMIN, COMM Indication, portée en tête d'une lettre, qui désigne l'affaire, le dossier, etc., concernés par la correspondance, et que le destinataire est prié de rappeler dans sa réponse. – Chiffre, numéro d'un code, qui correspond à un article précis, sur un bon de commande, un catalogue, etc. **4.** (Plur.) Témoignages de personnes pouvant renseigner sur qqn (qui fait une demande d'emploi, une proposition commerciale, etc.). *Sérieuses références exigées. Références morales, bancaires.* **II.** LING Fonction par laquelle un signe linguistique renvoie au référent. – De *référer.*

référencement [ʀefeʀɑ̃smɑ̃] n. m. COMM Action de référencer. – De *référencer.*

référencer [ʀefeʀɑ̃se] v. tr. [**12**] **1.** Indiquer la référence de. – Pp. adj. *Citations référencées.* **2.** COMM *Référencer un produit, en grande surface,* l'inscrire dans la liste des produits en vente. – De *référence.*

référendaire [ʀefeʀɑ̃dɛʀ] adj. **1.** Relatif à un référendum. **2.** *Conseiller référendaire à la Cour des comptes* ou, n. m., *un référendaire :* magistrat de la Cour des comptes chargé de vérifier la comptabilité publique, hiérarchiquement au-dessus de l'auditeur. – Du bas lat. *referendarius,* du class. *referendus,* «qui doit être rapporté», de *referre,* «rapporter».

référendum ou **referendum** [ʀefeʀɑ̃dɔm; ʀefeʀɛ̃dɔm] n. m. **1.** Vote direct par lequel les citoyens se prononcent sur une proposition de mesure législative ou constitutionnelle émanant du pouvoir exécutif. *Des référendums.* **2.** *Par ext.* Consultation qui s'adresse à tous les membres d'un groupe. *Journal qui organise un référendum auprès de ses lecteurs.* **3.** Demande de nouvelles instructions, qu'un agent diplomatique fait à son gouvernement. – De l'expr. lat. *ad referendum,* propr. «pour rapporter», de *referre,* «rapporter».

référent [ʀefeʀɑ̃] n. m. LING Objet réel (appartenant à la réalité extralinguistique) ou imaginaire (constitué comme objet seulement dans l'univers du discours), que désigne un signe linguistique. *«Basset» et «caniche» n'ont pas le même référent; «cabot» et «toutou» ont le même référent* (l'animal «chien») *mais pas le même sens* (le signifié «chien» avec une connotation péjorative dans un cas, affectueuse dans l'autre). *Référent imaginaire* (par ex., celui de *licorne*). – De *référence.*

référentiel, elle [ʀefeʀɑ̃sjɛl] adj. et n. m. **1.** adj. LING Qui se rapporte à la référence. *Fonction référentielle du langage.* **2.** n. m. PHYS Système de repérage qui permet de situer un événement dans l'espace et le temps. – De *référence.*

référer [ʀefeʀe] v. [**14**] **I.** v. tr. indir. **1.** DR *En référer à :* faire rapport à. *Recueillir un témoignage et en référer au juge d'instruction.* **2.** Cour. *En référer à :* en appeler à. *En référer à un juge, un supérieur.* **3.** LING (En parlant d'un signe linguistique.) *Référer à :* renvoyer à (l'objet qui constitue son référent). **II.** v. pron. **1.** S'en rapporter à (qqn ou qqch) pour fonder ou appuyer ce que l'on avance. *Je me réfère à vos propres arguments. Se référer à un ouvrage.* **2.** Se rapporter, renvoyer à. *Article qui se réfère à une controverse récente.* – Lat. *referre,* «rapporter».

refermer [ʀəfɛʀme] v. tr. [**1**] Fermer (ce qu'on avait ouvert, ou ce qui s'était ouvert). *Refermer la fenêtre.* ⊳ v. pron. Se fermer après s'être ouvert. *Plaie qui se referme.*

refiler [ʀəfile] v. tr. [**1**] Pop. Donner (une chose dont on veut se débarrasser) à qqn, en profitant de son ignorance ou de son inattention. *On lui a refilé une fausse pièce.* ⊳ Donner (une chose qui n'a plus de valeur). *Il m'a refilé son vieux vélo.* – Plaisant *Il m'a refilé son rhume.*

réfléchi, ie [ʀefleʃi] adj. **I. 1.** PHYS Renvoyé. *Rayon réfléchi.* **2.** GRAM *Verbe pronominal réfléchi* (par oppos. à *réciproque*), exprimant une action réalisée par le sujet sur lui-même (ex. : je me regarde). – *Pronom réfléchi :* pronom personnel qui représente, en tant que complément, la personne qui est le sujet du verbe et sert à la formation des verbes pronominaux réfléchis (ex. : il *se* lave; je *me* suis fâché avec eux). **II. 1.** Fait ou dit avec réflexion. *Des propositions réfléchies.* **2.** Qui agit avec réflexion. *Un homme réfléchi.* **3.** PSYCHO (Par oppos. à *spontané.*) Dont l'activité comporte une maîtrise volontaire de ses processus. *L'exercice de la pensée réfléchie.* – Pp. de *réfléchir.*

réfléchir [ʀefleʃiʀ] v. [**3**] **1.** v. tr. Renvoyer par réflexion dans une nouvelle direction. *Miroir qui réfléchit une image.* ⊳ v. pron. Être renvoyé. *Son image se réfléchissait sur l'eau.* **2.** v. intr. User de réflexion, penser mûrement. *Réfléchir avant de parler.* ⊳ v. tr. indir. *Réfléchir à un problème.* – *Réfléchir que :* s'aviser, à la réflexion, que. – Lat. *reflectere,* «recourber, reporter», refait d'ap. *fléchir.*

réfléchissant, ante [ʀefleʃisɑ̃, ɑ̃t] adj. Qui réfléchit (une onde, partic. la lumière). *Surface réfléchissante. Pouvoir réfléchissant d'une surface.* – Ppr. de *réfléchir.*

réflecteur [ʀeflɛktœʀ] n. m. et adj. m. Appareil (miroir, prisme, etc.) destiné à réfléchir des rayonnements (lumineux, radioélectriques, etc.). ⊳ adj. m. *Miroir réflecteur.* – De *réfléchir,* d'ap. le lat. *reflectere,* «recourber, reporter».

réflectif, ive [ʀeflɛktif, iv] adj. **1.** PHILO Qui concerne la réflexion (sens II). **2.** PHYSIOL Qui se rapporte aux réflexes. – De *réfléchir,* d'ap. le lat. *reflectere,* «recourber, reporter».

réflectivité [ʀeflɛktivite] n. f. PHYSIOL Aptitude d'une partie du corps à réagir par réflexe à un stimulus. – De *réflectif.*

réflectorisé, ée [ʀeflɛktɔʀize] adj. Muni d'un dispositif réfléchissant la lumière. *Les panneaux de signalisation routière sont presque tous réflectorisés.* – De *réflecteur.*

reflet [ʀəflɛ] n. m. **1.** Lumière renvoyée par la surface d'un corps. *Le reflet d'un rayon de soleil sur l'étang. Les reflets du satin.* **2.** Image réfléchie. *Le reflet des peupliers dans l'eau.* ⊳ Fig. Reproduction affaiblie. *La beauté de la ville actuelle n'est qu'un pâle reflet de sa splendeur passée.* – Ital. *riflesso,* du bas lat. *reflexus,* pp. de *reflectere,* «recourber, reporter».

refléter [ʀəflete] v. tr. [**14**] **1.** Renvoyer de manière affaiblie la lumière, l'image de. *La vitre reflétait son visage.* ⊳ v. pron. *Le bleu du ciel se reflète dans la mer.* **2.** Fig. Indiquer, traduire, exprimer. *Ses lectures reflètent ses préoccupations actuelles.* ⊳ v. pron. *La joie se reflétait sur son visage.* – De *reflet.*

refleurir [ʀəflœʀiʀ] v. [**3**] **I.** v. intr. **1.** Fleurir de nouveau. *Les lilas refleurissent.* – Fig. *L'espoir refleurit.* **2.** Redevenir florissant. *Le commerce refleurit.* **II.** v. tr. Garnir de nouveau de fleurs. *Refleurir une tombe.*

refleurissement [ʀəflœʀismɑ̃] n. m. Litt. Fait de refleurir, pour une plante. – De *refleurir.*

reflex [ʀeflɛks] adj. inv. et n. m. PHOTO *Appareil reflex :* appareil photographique dont le viseur présente à l'opérateur, grâce à un dispositif à miroir, une image cadrée exactement comme celle qui va se former sur la surface sensible. – n. m. *Un reflex.* – Mot angl.

réflexe [ʀeflɛks] adj. et n. m. **I.** adj. OPT Produit par réflexion (sens I). *Image réflexe.* **II.** adj. et n. m. PHYSIOL **1.** adj. *Arc réflexe* : trajet suivi par l'influx nerveux, du lieu d'excitation d'un organe récepteur (terminaison nerveuse) à celui de la réaction d'un organe effecteur, en passant par un centre nerveux. ▷ Cour. *Mouvement, acte réflexe,* automatique. **2.** n. m. Réaction (motrice, sécrétoire, etc.) immédiate, involontaire et prévisible d'un organe effecteur à un stimulus donné. ▷ Cour. Réaction immédiate et prompte pour répondre à une situation imprévue. *Il a eu le réflexe de se jeter de côté pour éviter la voiture.* – Fig. *Réflexe patriotique.* – Lat. *reflexus,* pp. de *reflectere,* « recourber, reporter ».

ENCYCL Les *réflexes innés* (ou *naturels*) sont inhérents à la constitution de l'organisme et répondent à un excitant *(stimulus)* qui agit sur les centres nerveux en mettant en jeu des liaisons nerveuses préexistantes. Cet excitant détermine soit une réponse motrice ou sécrétoire élémentaire (par ex., salivation produite par l'excitation des muqueuses gastriques par des aliments), soit une réponse qui fait intervenir des processus plus complexes, propres à déterminer automatiquement tel comportement « instinctif ». Les centres nerveux inférieurs (moelle, bulbe, cervelet) interviennent dans les réflexes naturels; leurs arcs réflexes sont localisés (niveau médullaire, notam.). Les *réflexes conditionnés* mettent en jeu des circuits nerveux beaucoup plus complexes, qui passent tous par l'écorce cérébrale. Ils reposent sur la propriété du système nerveux d'acquérir, par association, de nouvelles liaisons nerveuses. Lorsque la coïncidence entre un stimulus naturel et un stimulus artificiel a été suffisamment répétée, une nouvelle liaison nerveuse est acquise; c'est le cas du chien qui salive à la seule *vue* d'un aliment : l'*image* de cet aliment, associée à sa consommation, est devenue un excitant efficace. Au-delà des réflexes conditionnés provoqués en laboratoire chez les animaux par simple dressage perfectionnant l'instinct, le conditionnement au contact du milieu, l'*apprentissage,* conduit à l'acquisition des réflexes conditionnés complexes qui jouent un très grand rôle dans la vie quotidienne de l'homme (par ex., réactions automatiques, sans intervention de la pensée réfléchie, dans la conduite automobile).

réflexibilité [ʀeflɛksibilite] n. f. PHYS Propriété de ce qui est réflexible. – Angl. *reflexibility,* du lat. sav. *reflexibilis.*

réflexible [ʀeflɛksibl] adj. PHYS Qui peut être réfléchi. – Angl. *reflexible,* du lat. *reflexum,* de *reflectere,* « recourber, reporter ».

réflexif, ive [ʀeflɛksif, iv] adj. **1.** PHILO Dont le fondement consiste en une réflexion, en un retour de la conscience sur soi. *Psychologie, analyse réflexive.* **2.** MATH *Relation réflexive,* dans laquelle tout élément est en relation avec lui-même. **3.** LING Transformation réflexive : V. réflexivisation. – Du lat. sav. *reflexivus,* de *reflectere,* « recourber, reporter ».

réflexion [ʀeflɛksjɔ̃] n. f. **I.** Changement de direction d'une onde (lumineuse, acoustique, radioélectrique) causé par un obstacle. ▷ PHYS *Lois de la réflexion, énoncées par Descartes.* (« Le rayon réfléchi est dans le plan du rayon incident et de la normale à la surface de réflexion au point d'incidence. – L'angle de réflexion est égal à l'angle d'incidence. ») **II. 1.** Didac. Retour opéré par la pensée sur elle-même en vue d'une conscience plus nette et d'une maîtrise plus grande de ses processus. *L'homme est capable de réflexion.* **2.** Cour. Action de la pensée qui considère attentivement une idée, un sujet, un problème. ▷ Pensée exprimée, résultant de cette action. *Des réflexions d'une grande profondeur.* **3.** *Par ext.* Remarque, critique désobligeante. *Il lui a fait une, des réflexions.* – Bas lat. *reflexio,* « action de retourner ».

réflexivement [ʀeflɛksivmɑ̃] adv. **1.** D'une manière réflexive. **2.** Au moyen de la réflexion. – De *réflexif* et *réflexion.*

réflexivisation [ʀeflɛksivizasjɔ̃] n. f. LING Transformation qui, à un nom complément identique au sujet, substitue un pronom personnel. (Ex. : *Louis peigne Louis* devient *Louis se peigne.*) – De *réflexif.*

réflexivité [ʀeflɛksivite] n. f. MATH Caractère d'une relation réflexive. – De *réflexif.*

refluer [ʀəflɥe] v. intr. [1] **1.** Se mettre à couler en sens inverse. *Les eaux refluent.* **2.** Fig. (En parlant d'un flot de personnes, d'une foule.) Être refoulé, retourner vers son point de départ; reculer. *Les gendarmes firent refluer la foule.* – Lat. *refluere,* « couler en arrière ».

reflux [ʀəfly] n. m. **1.** Mouvement de la mer se retirant du rivage, à marée descendante, après le flux; jusant. ▷ Fig. *Flux et reflux* : va-et-vient. *Un flux et reflux de sentiments divers.* **2.** Mouvement de ce qui reflue (foule, flot de personnes, etc.).

refondre [ʀəfɔ̃dʀ] v. tr. [6] **1.** Fondre de nouveau (un métal). ▷ *Spécial.* Fondre (une pièce de métal) une nouvelle fois pour la reformer. *Refondre une médaille.* **2.** Fig. Refaire complètement (un ouvrage) en conservant la même matière, les mêmes éléments. *Nouvelle édition entièrement refondue.*

refonte [ʀəfɔ̃t] n. f. Action de refondre. *Refonte des monnaies.* – Fig. *La refonte d'un ouvrage,* sa réfection. – De *refondre,* d'ap. *fonte.*

réformable [ʀefɔʀmabl] adj. Qui peut ou doit être réformé. – De *réformer.*

reformage [ʀəfɔʀmaʒ] n. m. TECH Procédé thermique ou catalytique de traitement des fractions légères du pétrole, qui permet d'extraire les essences à forts indices d'octane ou à teneur élevée en hydrocarbures aromatiques. (Mot off. recommandé pour remplacer *reforming*). – De *reformer.*

réformateur, trice [ʀefɔʀmatœʀ, tʀis] n. et adj. **1.** n. Personne qui réforme, ou qui veut réformer. – RELIG *Les réformateurs* : Luther, Calvin et les autres fondateurs de l'Église réformée. **2.** adj. Qui réforme. *Une initiative réformatrice.* – Lat. *reformator.*

réformation [ʀefɔʀmasjɔ̃] n. f. **1.** Action de réformer; son résultat. *La réformation du calendrier sous la Révolution.* ▷ RELIG *La Réformation* : la Réforme. **2.** DR *Réformation d'un jugement* : modification par voie d'appel des dispositions d'un jugement. – Lat. *reformatio.*

réforme [ʀefɔʀm] n. f. **I.** Correction apportée en vue d'une amélioration. **1.** RELIG Rétablissement dans sa forme primitive de la règle qui s'était relâchée, dans un ordre religieux. ▷ HIST *La Réforme* : le mouvement religieux dont naquit le protestantisme (V. encycl.). **2.** Changement apporté à une institution en vue de l'améliorer. *Réforme fiscale, agraire.* **II.** MILIT **1.** Mise hors de service du matériel périmé. **2.** Libération d'un soldat des obligations militaires après qu'il a été reconnu physiquement inapte au service; situation de ce soldat. – Déverbal de *réformer.*

ENCYCL **Hist.** – La Réforme, qu'avaient plus ou moins lointainement annoncée les vaudois, Wyclif ou Jan Hus, a déterminé, au XVIe s., une partie de la chrétienté à se détacher de l'Église romaine et à rejeter à la fois ses dogmes et l'autorité du pape. À l'origine, les réformateurs, Luther surtout (le premier d'entre eux), n'envisagent pas de créer des Églises indépendantes : ils espéraient que l'Église accepterait de rétablir un christianisme semblable à celui des origines et, par conséquent, débarrassé de toutes les adjonctions qui, au cours des siècles, l'avaient altéré. La rupture fut consommée avec l'excommunication de Luther (1520) et sa mise au ban de l'Empire (1521). Le luthéranisme se répandit en Allemagne, malgré l'opposition de Charles Quint; il prévalut au Brandebourg, en Hesse, en Saxe, au Wurtemberg et dans la plupart des villes libres. Les luthériens présentèrent leur Confession de foi (rédigée par Melanchthon et Camerarius) à la diète d'Augsbourg en 1530 *(Confession d'Augsbourg)*; ensuite, le principe selon lequel chaque prince pouvait imposer sa religion à ses sujets fut admis à la paix d'Augsbourg (1555). Du vivant de Luther, sa doctrine s'était également répandue dans les pays scandinaves et dans les prov. baltes. Parallèlement à la Réforme prêchée par Luther, mais d'une façon indépendante, un mouvement analogue prit naissance en Suisse sous l'impulsion d'Ulrich Zwingli. Ce dernier mourut prématurément, et le Français Jean Calvin fixa les principes de ce mouvement de réforme distinct du luthéranisme. Le calvinisme (V. ce nom) se répandit en France malgré l'opposition de François Ier et d'Henri II. À la fin du règne de ce dernier, quelque deux mille églises avaient été organisées; un synode clandestin, convoqué à Paris en 1559, adopta une Confession de foi rédigée en grande partie par Calvin. On appelle ce document *Confession de La Rochelle* parce qu'il fut confirmé ultérieurement au synode de La Rochelle (1570). La fin du XVIe s. fut marquée par des guerres dites de Religion, dont l'épisode le plus tragique fut le massacre de la Saint-Barthélemy (24 août 1572). En 1598, par l'édit de Nantes, Henri IV accordait aux protestants le droit de célébrer leur culte. Mais cet édit fut révoqué en 1685 par Louis XIV et ce n'est qu'un siècle plus tard, avec la promulgation de l'édit de Tolérance (1787) et les Articles organiques de 1801, que l'existence des Églises réformées put être officiellement consacrée. La Réforme calviniste se répandit assez largement en Europe, partic. en Hongrie, aux Pays-Bas, au Palatinat et en Écosse, souvent malgré l'opposition des autorités constituées. Une troisième famille protestante vit le jour en Grande-Bretagne sous le règne d'Henri VIII, qui détacha l'Église d'Angleterre de Rome et la soumit au roi en faisant proclamer par le Parlement l'*Acte de suprématie* (1534). Commençant à prendre sa forme définitive sous Édouard VI, successeur d'Henri VIII, l'anglicanisme (V. anglican) fut maintenu par Élisabeth Ire après une brève tentative de réaction cathol. due à la reine Marie Tudor. Depuis l'Angleterre, la Réforme (partic. sous son aspect puritain) se répandit jusque dans le Nouveau Monde (V. baptisme, méthodisme, quaker).

réformé, ée [ʀefɔʀme] adj. et n. **1.** RELIG Né de la Réforme. *Religion réformée :* le protestantisme, appelé au XVIIe s. par les catholiques *religion prétendue réformée* (abrév. : R.P.R.). – *Églises réformées,* qui adhèrent aux doctrines du protestantisme, et plus partic. au calvinisme. ▷ Subst. Adepte de la religion réformée. **2.** MILIT Reconnu inapte, ou impropre au service. *Matériel réformé.* – *Soldat réformé.* ▷ n. m. *Un réformé.* – Pp. de *réformer.*

reformer [ʀəfɔʀme] v. tr. [1] Former de nouveau, refaire (ce qui était défait). *Reformez les rangs!* ▷ v. pron. Se former de nouveau, se reconstituer. *Abcès qui se reforme.* – De *re-,* et *former.*

réformer [ʀefɔʀme] v. tr. [1] **1.** Vieilli ou litt. Corriger pour ramener à la vertu (une personne, les mœurs, etc.). *Il faudra réformer votre conduite.* ▷ v. pron. *Il vous faut maintenant vous réformer.* **2.** Rétablir dans la forme primitive (la discipline, la règle qui s'était relâchée, corrompue). *Réformer le culte en revenant à l'observance stricte d'un rite.* **3.** Établir dans une forme différente et meilleure (ce qui est institué). *Réformer les lois, la Constitution.* **4.** Corriger en supprimant (ce qui est nuisible). *Réformer les abus.* **5.** MILIT Retirer du service (ce qui est impropre ou l'est devenu). *Réformer du matériel périmé.* – (Objet n. de personne.) *Réformer un appelé reconnu inapte.* – Lat. *reformare.*

reforming. V. reformage.

réformisme [ʀefɔʀmism] n. m. Tendance favorable aux réformes. ▷ *Spécial.* Doctrine politique de ceux qui sont partisans non d'une révolution mais d'une transformation progressive de la société par la voie légale en faisant aboutir des réformes allant dans le sens de ce qu'ils estiment être une plus grande justice sociale. – De *réformiste.*

réformiste [ʀefɔʀmist] n. et adj. Partisan des réformes. ▷ Spécial. (Par oppos. à *révolutionnaire.*) Partisan du réformisme. – Repris à l'angl. *reformist.*

refouillement [ʀəfujmɑ̃] n. m. TECH, SCULP Action de refouiller; évidement pratiqué dans une pierre, une charpente. – De *refouiller.*

refouiller [ʀəfuje] v. tr. [1] **1.** Fouiller de nouveau. **2.** TECH, SCULP Évider, creuser. *Refouiller une pierre.*

refoulé, ée [ʀəfule] adj. et n. **1.** adj. Fam. et cour. Se dit d'une personne qui réprime l'expression de sa sexualité. *Il est complètement refoulé.* ▷ Subst. *Un(e) refoulé(e).* **2.** n. m. PSYCHAN *Le refoulé :* ce qui a été rejeté, maintenu dans l'inconscient. *Le «retour du refoulé» s'exprime dans les actes manqués (oublis, lapsus, etc.).* – adj. *Pulsions, conflits refoulés.* – Pp. de *refouler.*

refoulement [ʀəfulmɑ̃] n. m. **1.** Action de refouler, de faire reculer, refluer. **2.** PSYCHO Action de s'interdire d'exprimer un désir, un sentiment qu'on porte en soi profondément, ou de leur refuser l'accès à la conscience. ▷ PSYCHAN Processus inconscient par lequel le moi s'efforce de repousser et de maintenir dans l'inconscient des représentations (pensées, images, souvenirs) dont l'émergence au niveau du conscient est incompatible avec les exigences (morales, sociales, etc.) qui constituent l'*idéal du moi.* – De *refouler.*

refouler [ʀəfule] v. tr. [1] **1.** TECH *Refouler une pièce de métal,* en élargir à chaud la section, en la comprimant. **2.** Faire reculer. *Refouler un train.* – Repousser (un fluide). *Pompe refoulante.* ▷ (S. comp.) *Cheminée qui refoule,* qui aspire incomplètement la fumée. **3.** Faire reculer, refluer (des personnes). *Refouler les envahisseurs.* **4.** Fig. Faire rentrer en soi (l'expression d'un sentiment, d'un désir). *Refouler ses larmes, sa colère.* **5.** PSYCHAN Rejeter dans son inconscient. *Refouler ses désirs incestueux.* – De *re-,* et *fouler.*

réfractaire [ʀefʀaktɛʀ] adj. et n. m. **1.** Qui refuse de se soumettre, d'obéir. *Être réfractaire à toute hiérarchie.* ▷ HIST *Prêtre réfractaire* ou, n. m., *un réfractaire :* prêtre qui, sous la Révolution, avait refusé de prêter serment à la Constitution civile du clergé (1790). ▷ n. m. Celui qui refuse de se soumettre à l'appel de la loi du recrutement. (Le terme officiel *insoumis* tend à remplacer *réfractaire* dans l'usage cour.) ▷ HIST Celui qui refusait d'effectuer le service du travail obligatoire en Allemagne, pendant l'Occupation. **2.** *Par ext.* Qui est inaccessible, insensible (à qqch). *Il est réfractaire aux conseils qu'on lui prodigue.* **3.** Qui résiste à de très hautes températures. *Brique réfractaire.* – Lat. *refractarius,* «querelleur, rebelle», du pp. de *refringere,* «briser».

réfracter [ʀefʀakte] v. tr. [1] PHYS Produire la réfraction de. *Les prismes réfractent la lumière.* – Pp. adj. *Rayon réfracté.* – Angl. *to refract,* du lat. *refractus,* pp. de *refringere,* «briser».

réfracteur, trice [ʀefʀaktœʀ, tʀis] adj. Didac. Qui a un pouvoir de réfraction. – De *réfracter.*

réfraction [ʀefʀaksjɔ̃] n. f. PHYS Déviation d'un rayon lumineux qui passe d'un milieu transparent à un autre. *Indice* de réfraction.* – Bas lat. *refractio,* de *refringere,* «briser».

ENCYCL **Phys.** – La réfraction est régie par les lois de Descartes : le rayon réfracté se trouve dans le plan d'incidence défini par le rayon incident et la droite perpendiculaire à la surface de réfraction au point d'incidence. L'angle *i* d'incidence et l'angle *r* de réfraction sont reliés par la formule $n_1 \sin i = n_2 \sin r$, n_1 étant l'indice absolu du milieu où se propage le rayon incident, et n_2 celui dans lequel il est réfracté. L'indice absolu d'une substance est égal au rapport entre la vitesse de la lumière dans le vide et la vitesse de la lumière dans cette substance. Il varie avec la longueur d'onde de la lumière. C'est la raison pour laquelle la lumière se décompose en traversant un prisme.

réfractomètre [ʀefʀaktɔmɛtʀ] n. m. PHYS Appareil servant à mesurer les indices de réfraction. – De *réfract(ion),* et *-mètre.*

réfractométrie [ʀefʀaktɔmetʀi] n. f. PHYS Ensemble des techniques de mesure des indices de réfraction. – De *réfract(ion),* et *-métrie.*

refrain [ʀəfʀɛ̃] n. m. **1.** Reprise de quelques mots ou de quelques vers à la fin de chaque couplet d'une chanson. *Refrain d'une ballade.* **2.** Fig. Paroles qui reviennent sans cesse. – Altér. de l'a. fr. *refrait,* «mélodie», d'ap. l'anc. v. *refraindre* «briser», lat. *frangere, refringere* (le refrain «brisant» la chanson).

réfrangibilité [ʀefʀɑ̃ʒibilite] n. f. PHYS Propriété de ce qui est réfrangible. – Angl. *refrangibility* (cf. réfrangible).

réfrangible [ʀefʀɑ̃ʒibl] adj. PHYS Susceptible d'être réfracté. – Angl. *refrangible,* du lat. *pop. *refrangere,* pour *refringere,* «briser, se réfracter», de *frangere,* «briser».

refrènement [ʀəfʀɛnmɑ̃] ou **réfrènement** [ʀefʀɛnmɑ̃] n. m. Vx ou litt. Action de refréner. – De *refréner.*

refréner [ʀəfʀene] ou **réfréner** [ʀefʀene] v. tr. [14] Réprimer, mettre un frein à. *Refréner son ardeur, ses passions, son impatience.* – Lat. *refrenare,* «retenir par un frein *(frenum)* ».

réfrigérant, ante [ʀefʀiʒeʀɑ̃, ɑ̃t] adj. **1.** Qui sert à réfrigérer, à produire du froid. *Produit, mélange réfrigérant.* **2.** Fig., fam. Qui refroidit, qui glace. *Un accueil réfrigérant.* – De *réfrigérer.*

réfrigérateur [ʀefʀiʒeʀatœʀ] n. m. Appareil muni d'un organe producteur de froid et destiné à conserver (sans les congeler) des denrées périssables. – De *réfrigérer.*

réfrigération [ʀefʀiʒeʀasjɔ̃] n. f. Abaissement de la température par des moyens artificiels. Cf. encycl. froid. – Lat. *refrigeratio,* «rafraîchissement, fraîcheur».

réfrigérer [ʀefʀiʒeʀe] v. tr. [14] Refroidir par réfrigération. ▷ Pp. adj. Fig., fam. *Être réfrigéré :* avoir très froid ; fig. être mal à l'aise. – Lat. *refrigerare,* «refroidir», de *re-* et *frigus, frigoris,* «froid».

réfringence [ʀefʀɛ̃ʒɑ̃s] n. f. PHYS Propriété de réfracter la lumière. – De *réfringent.*

réfringent, ente [ʀefʀɛ̃ʒɑ̃, ɑ̃t] adj. PHYS Qui a la propriété de réfracter les rayons lumineux, les ondes électromagnétiques. *Milieu, corps réfringent.* – Lat. *refringens,* ppr. de *refringere,* «briser, se réfracter».

refroidir [ʀəfʀwadiʀ] v. [3] **I.** v. tr. **1.** Rendre froid, plus froid ; abaisser la température de (qqch). **2.** Fig. *Refroidir qqn,* diminuer son ardeur, le décourager. *Leur méchanceté l'a refroidi.* – Par ext. *Refroidir l'enthousiasme de qqn.* **3.** Pop. Assassiner. *Ils l'ont refroidi.* **II.** v. intr. Devenir froid ou moins chaud. *Laisser refroidir sa soupe.* **III.** v. pron. **1.** Devenir plus frais, plus froid. *Le temps s'est refroidi.* **2.** (Personnes) Attraper froid, prendre un refroidissement. **3.** Fig. *Leurs relations se sont refroidies.* – De *re-,* et *froid.*

refroidissement [ʀəfʀwadismɑ̃] n. m. **1.** Abaissement de la température. **2.** Indisposition causée par une baisse subite de la température ambiante. *Prendre un refroidissement.* **3.** Fig. Diminution de l'enthousiasme, de la chaleur (dans les relations, les sentiments). – De *refroidir.*

refroidisseur [ʀəfʀwadisœʀ] n. m. et adj. Appareil servant à refroidir, à empêcher un échauffement excessif. ▷ adj. *Système refroidisseur.* – De *refroidir.*

refuge [ʀəfyʒ] n. m. **1.** Asile, lieu où l'on se retire pour être en sûreté. *Chercher refuge chez qqn.* ▷ Fig. *Chercher un refuge dans le travail.* – (En appos.) *Valeurs refuges :* valeurs sûres. **2.** Abri destiné aux excursionnistes, aux alpinistes, en montagne. **3.** Emplacement délimité, au milieu d'une voie très large où la circulation est intense, qui permet aux passants de traverser en deux temps. – Lat. *refugium,* de *refugere,* «s'enfuir, chercher refuge».

réfugié, ée [ʀefyʒje] adj. et n. Se dit d'une personne qui a dû quitter son pays d'origine pour fuir un danger (guerre, invasion, persécutions politiques, catastrophes naturelles, etc.). ▷ Subst. *Un(e) réfugié(e) politique,* à qui l'on a accordé l'asile politique. – Pp. de *réfugier.*

réfugier (se) [ʀefyʒje] v. pron. [2] Se retirer (en un lieu) pour se mettre à l'abri, pour assurer sa sécurité. ▷ Fig. *Se réfugier dans la rêverie.* – De *refuge.*

refus [ʀəfy] n. m. **1.** Action, fait de refuser. *Opposer un refus à qqn.* – Loc. pop. *C'est pas de refus :* avec plaisir, volontiers. **2.** EQUIT Désobéissance d'un cheval devant l'obstacle. **3.** Ce qui reste, ce qui ne passe pas dans un tamis. ▷ *Spécial.* Dans une pâture, les herbes que les animaux refusent de manger. – Déverbal de *refuser.*

refuser [ʀəfyze] v. [1] **I.** v. tr. **1.** Ne pas accepter (ce qui est offert). *Refuser un cadeau, une invitation.* **2.** Ne pas accepter (ce qui est présenté). *Éditeur qui refuse un manuscrit.* ▷ *Refuser le combat,* ne pas accepter de l'engager. – EQUIT *Cheval qui refuse l'obstacle* ou (s. comp.) *qui refuse,* qui se dérobe devant l'obstacle. **3.** Ne pas accorder (ce qui est demandé). *Refuser une autorisation à qqn.* ▷ *Refuser de* (+ inf.) *:* ne pas consentir à. *Refuser d'obéir.* **4.** Ne pas consentir à reconnaître (une qualité). *On lui refuse toute compétence en la matière.* **5.** Ne pas recevoir (qqn) à un examen. *Refuser un candidat.* ▷ Ne pas laisser entrer (des personnes). *On refuse du monde chaque soir.* **II.** v. pron. **1.** (Passif) Être refusé, devoir être refusé. *Une telle offre ne se refuse pas.* **2.** (Réfléchi) Se priver de (le plus souvent en emploi négatif). *Il ne se refuse rien !* **3.** *Se refuser à :* ne pas accepter de. *Se refuser à travailler dans ces conditions.* **4.** *Femme qui se refuse à un homme,* qui n'accepte pas de se donner à lui. **III.** v. intr. **1.** TECH *Pieu qui refuse,* qui, ayant rencontré un obstacle, ne peut plus être enfoncé davantage. **2.** MAR *Le vent refuse,* il tourne en se rapprochant de l'avant du navire. Ant. donner. – Lat. pop. **refusare,* croisement du class. *recusare,* «refuser», avec *refutare,* «repousser».

réfutable [ʀefytabl] adj. Qu'on peut réfuter. Ant. irréfutable. – De *réfuter.*

réfutation [ʀefytasjɔ̃] n. f. **1.** Action de réfuter ; discours, raisonnement par lequel on réfute. ▷ Fig. Démenti qui s'impose comme une évidence, sans qu'on l'exprime. *Sa conduite est la réfutation sans appel des calomnies portées contre lui.* **2.** RHET Partie du discours où l'on réfute les objections exprimées. – Lat. *refutatio.*

réfuter [ʀefyte] v. tr. [1] Rejeter (ce qui est affirmé par qqn) en en démontrant la fausseté. *Réfuter un argument, un raisonnement, une thèse.* ▷ Par ext. *Réfuter un auteur.* – Lat. *refutare,* «repousser».

refuznik [ʀəfyznik] n. En U.R.S.S., personne qui, désireuse d'émigrer en Israël, s'en est vu refuser l'autorisation de la part des autorités. – Mot d'argot russe, de l'angl. *to refuse,* et du suff. russe *-nik* indiquant une appartenance.

reg [ʀɛg] n. m. GEOGR Désert rocheux formé par la déflation. – Mot ar.

regagner [ʀəgaɲe] v. tr. [1] **1.** Gagner de nouveau (ce qu'on avait perdu). *Regagner le temps perdu.* **2.** Revenir, retourner à (un endroit). *Regagner son domicile.*

regain [ʀəgɛ̃] n. m. **1.** Herbe qui repousse dans une prairie après la première fauchaison. **2.** Fig. *Regain de... :* retour de (ce qui paraissait perdu, fini). *Un regain de jeunesse, d'activité.* – De *re-*, et a. fr. *gain,* du frq. **waida,* « prairie ».

régal, als [ʀegal] n. m. **1.** Vx Festin qu'on offrait à qqn. **2.** Mets délicieux. *Ce dessert est un régal, un vrai régal.* **3.** Fig. Grand plaisir causé par qqch. *C'était un régal de les voir.* – De l'a. fr. *gale,* « réjouissance », avec influence probable de *rigoler* « se divertir ».

régalade [ʀegalad] n. f. Surtout dans la loc. *boire à la régalade :* boire en renversant la tête et en faisant couler la boisson dans la bouche sans que le récipient touche les lèvres. – P.-ê. du mot rég. *galade* et *galet,* « gosier » (lat. *galla), boire au galet,* d'ap. *régaler.*

régalage [ʀegalaʒ] ou **régalement** [ʀegalmɑ̃] n. m. TECH Opération qui consiste à égaliser, aplanir un terrain. – De *régaler* 2.

1. régale [ʀegal] n. f. HIST Droit qu'avaient, sous l'Ancien Régime, les rois de France de jouir des revenus des évêchés vacants *(régale temporelle)* et de nommer, pendant cette vacance, les titulaires des bénéfices ecclésiastiques *(régale spirituelle).* – Du lat. médiév. *regalia (jura),* « (droits) royaux », du class. *regalis,* « royal ».

2. régale [ʀegal] n. m. MUS Anc. Instrument à vent, à anches battantes et à réservoir d'air, sorte de petit orgue. ▷ Mod. L'un des jeux de l'orgue, à anches, appelé aussi « voix humaine ». – P.-ê. du lat. *regalis,* « royal ».

3. régale [ʀegal] adj. f. CHIM *Eau régale :* mélange de deux parties d'acide nitrique et d'une partie d'acide chlorhydrique, capable de dissoudre l'or (le « roi des métaux »). – Fém. de l'anc. adj. *régal,* « de roi », lat. *regalis.*

1. régaler [ʀegale] v. [1] **I.** v. tr. **1.** Vx Donner un régal, offrir qqch d'agréable à (qqn). **2.** Mod. Offrir un bon repas à (qqn). – Fam. (S. comp.) Offrir, payer à boire ou à manger. *Servez-vous, c'est moi qui régale.* **II.** v. pron. Prendre un grand plaisir à déguster un mets, un repas, etc., délicieux. ▷ Fig. *Le spectacle était d'une grande drôlerie; nous nous sommes régalés.* – De *régal.*

2. régaler [ʀegale] v. tr. [1] TECH Aplanir, niveler (un terrain). – De *r-*, et *égaler.*

régalien, enne [ʀegaljɛ̃, ɛn] adj. **1.** HIST Qui est propre à la royauté, au roi. *Droits régaliens.* **2.** *Par ext.* Qui est du ressort de l'État, du chef de l'État. – Du lat. *regalis,* « royal ».

regard [ʀəgaʀ] n. m. **1.** Action de regarder, de porter sa vue, son attention sur. *Porter son regard sur qqch.* ▷ Coup d'œil. *Jeter un regard sur qqch.* **2.** Expression des yeux de qqn. *Un regard franc, intelligent.* **3.** Fig. Action, manière d'observer, d'examiner. *Cet auteur porte un regard critique sur les mœurs de son temps.* **4.** *Droits de regard :* possibilité d'exercer une surveillance, un contrôle. **5.** Loc. prép. *Au regard de :* par rapport à. *Au regard de la justice.* **6.** Loc. adv. *En regard :* vis-à-vis. *Texte original avec la traduction en regard.* **7.** Ouverture pratiquée pour permettre la visite et le nettoyage d'un conduit (canalisation, égout, etc.), la surveillance des cuissons à l'intérieur d'un four, etc. – Déverbal de *regarder.*

regardant, ante [ʀ(ə)gaʀdɑ̃, ɑ̃t] adj. Qui regarde trop à la dépense; parcimonieux. – *Par ext.* (Surtout en tournure nég.) Attentif, rigoureux. *Il n'était pas très regardant sur leurs agissements.* – Ppr. de *regarder.*

regarder [ʀəgaʀde] v. [1] **I.** v. tr. **1.** Porter les yeux, la vue sur (qqch ou qqn) en s'appliquant à voir, en faisant preuve d'une certaine attention. *Regarder l'horizon.* – (Suivi d'un inf.) *Nous l'avons regardé partir.* ▷ Loc. *Regarder qqn de travers,* avec mépris ou hostilité. – *Regarder les choses en face,* objectivement, sans chercher à s'abuser. **2.** Fig. Considérer. *Regarder les choses d'un bon œil,* favorablement. **3.** (Sujet n. de chose.) Concerner, avoir rapport à. *Cela ne regarde que moi, cela me regarde.* **4.** (Choses) Fig. Être tourné vers. *Maison qui regarde la mer.* **II.** v. tr. indir. *Regarder à :* considérer avec attention, en faisant attention. *Regarder à la dépense :* hésiter à dépenser, être regardant. – *Y regarder à deux fois :* se méfier, prendre toutes précautions utiles (avant d'agir). *Y regarder de près :* examiner les choses soigneusement (avant de juger, de se décider). **III.** v. pron. **1.** (Réfléchi) Regarder sa propre image. *Se regarder dans un miroir.* **2.** (Réciproque) *Se regarder dans les yeux.* ▷ (Choses) Être vis-à-vis. *Maisons qui se regardent.* **3.** (Passif) Être regardé; devoir être regardé (de telle manière). *Retournez-le, ce tableau se regarde dans l'autre sens.* – De *re-*, et *garder,* « veiller, prendre garde à ».

regarnir [ʀəgaʀniʀ] v. tr. [3] Garnir de nouveau.

régate [ʀegat] n. f. **1.** Course de bateaux, à la voile ou à l'aviron. **2.** Vieilli Cravate rappelant celle que portaient les marins, formée d'un nœud d'où tombent verticalement deux pans superposés (c'est celle qu'on porte le plus habituellement aujourd'hui et qu'on appelle simplement *cravate*). – Vénitien *regata,* « course de gondoles », propr. « défi », de *regatar,* « rivaliser ».

régater [ʀegate] v. intr. [1] Disputer une régate. – De *régate.*

régatier [ʀegatje] n. m. Personne qui participe à une régate. – De *régate.*

regel [ʀəʒɛl] n. m. Gel survenant après un dégel. ▷ PHYS *Phénomène de regel,* par lequel la glace, après avoir subi un début de fusion sous l'effet d'une pression, se reforme aussitôt que cette pression cesse. – Déverbal de *regeler.*

regeler [ʀəʒle; ʀʒəle] v. tr. et impers. [17] Geler de nouveau. ▷ v. impers. *Il regèle.*

régence [ʀeʒɑ̃s] n. f. **I. 1.** Direction d'un État par un régent. *Conseil de régence.* ▷ Dignité, fonction de régent; durée de cette fonction. ▷ HIST *La Régence :* la régence de Philippe d'Orléans pendant la minorité de Louis XV (1715-1723). **2.** (En appos.) Qui appartient à l'époque de la Régence. *Style Régence.* **II.** HIST Nom donné, sous l'Ancien Régime, à chacune des entités territoriales, sous suzeraineté turque, de l'Afrique du Nord. *On nommait « Régences barbaresques » les trois régences de Tripoli, de Tunis et d'Alger.* – De *régent.*

régénérateur, trice [ʀeʒeneʀatœʀ, tʀis] adj. et n. m. **1.** adj. Qui régénère. *Principe régénérateur de l'épiderme.* **2.** n. m. TECH Appareil servant à régénérer un catalyseur. ▷ AGRIC Appareil employé pour labourer superficiellement les prairies. – De *régénérer.*

régénératif, ive [ʀeʒeneʀatif, iv] adj. BIOL Qui participe à une régénération, qui régénère. – De *régénération.*

régénération [ʀeʒeneʀasjɔ̃] n. f. **1.** BIOL Reconstitution naturelle d'un tissu ou d'un organe qui avait été détruit. **2.** Fig., litt. Renouvellement moral, renaissance de ce qui était dégénéré. **3.** CHIM Opération qui consiste à régénérer un catalyseur. – Lat. *regeneratio.*

régénérer [ʀeʒeneʀe] v. tr. [14] **1.** RELIG Faire renaître spirituellement. *Le baptême régénère.* **2.** BIOL Reconstituer (ce qui est détruit). ▷ v. pron. *Tissus détruits qui se régénèrent.* **3.** Renouveler moralement (ce qui est dégénéré). *Régénérer les mœurs.* **4.** CHIM Réactiver (un catalyseur). – Lat. ecclés. *regenerare,* « faire renaître », du class. *generare,* « engendrer, produire ».

régent, ente [ʀeʒɑ̃, ɑ̃t] n. **1.** Celui, celle qui gouverne l'État pendant la minorité ou l'absence du roi, du souverain. ▷ HIST *Le Régent* : Philippe d'Orléans, régent de France de 1715 à 1723. **2.** Vx Professeur dans un collège. **3.** Anc. Administrateur. *Régent de la Banque de France* : membre du conseil général de la Banque de France (de 1806 à 1936). – Lat. *regens*, ppr. de *regere*, «diriger».

régenter [ʀeʒɑ̃te] v. tr. [1] **1.** Vx Diriger (une classe). ▷ Fig., vieilli Enseigner (qqn) au moyen de préceptes. **2.** Mod. Diriger, ordonner en exerçant une autorité excessive ou abusive. – De *régent*.

reggae [ʀege] n. m. et adj. MUS Style de musique à structure binaire avec décalage du temps fort, spécifique aux Noirs jamaïquains. – Mot angl. de la Jamaïque.

régicide [ʀeʒisid] n. et adj. **1.** Assassin d'un roi. *Le régicide Ravaillac.* – HIST Se dit de ceux qui condamnèrent à mort Charles Ier en Angleterre, Louis XVI en France. ▷ Adj. *Des menées régicides.* **2.** n. m. Assassinat (ou condamnation à mort) d'un roi. – Lat. scolast. *regicida*, du class. *rex, regis*, «roi», et *cædes*, «meurtre»; par anal. avec *homicide*.

régie [ʀeʒi] n. f. **1.** DR Gestion d'une entreprise d'intérêt public par des fonctionnaires de l'État ou d'une collectivité publique. *Régie simple* ou *directe*, dont le service est assuré par des fonctionnaires (P.T.T., par ex.). *Régie intéressée*, dont le service est assuré par une entreprise privée sous le contrôle de l'Administration. **2.** Par ext. (Dans les noms de certaines entreprises nationalisées.) *La Régie Renault. La Régie autonome des transports parisiens (R.A.T.P.).* **3.** HIST Système de perception directe des impôts par les fonctionnaires royaux (par oppos. au système de la ferme). **4.** Direction du personnel et du matériel d'un théâtre, d'une production de cinéma, de télévision. ▷ AUDIOV Local à partir duquel le réalisateur dirige les prises de vues et de son lorsqu'elles sont effectuées en studio. – Pp. fém. subst. de *régir*.

regimbement [ʀəʒɛ̃bmɑ̃] n. m. Litt. Fait de regimber, de se regimber. – De *regimber*.

regimber [ʀəʒɛ̃be] v. intr. [1] **1.** Refuser d'avancer, en ruant. *Cheval qui regimbe.* **2.** Fig. Résister en refusant d'obéir. *Regimber contre un ordre.* ▷ v. pron. Résister, se révolter. – A. fr. *regiber*, «ruer», de *giber*, «lutter avec les pieds».

regimbeur, euse [ʀəʒɛ̃bœʀ, øz] n. et adj. Rare Se dit d'une personne, d'un animal, qui regimbe. – De *regimber*.

1. régime [ʀeʒim] n. m. **I. 1.** Ordre, constitution, forme d'un État; manière de le gouverner. *Régime monarchique, féodal*, etc. – HIST *L'Ancien Régime* : le régime monarchique qui précède la Révolution. *Sous l'Ancien Régime* : avant 1789. – *Régime libéral, dictatorial, fasciste.* **2.** Ensemble de dispositions réglementaires ou légales qui régissent certaines institutions; organisation de ces institutions. *Régime des hôpitaux. Régimes matrimoniaux.* ▷ Ensemble des dispositions qui régissent certaines choses. *Régime des vins et spiritueux.* – *Régime d'imposition* : mode de calcul de l'impôt. **3.** Règle à suivre dans la manière de vivre (du point de vue de la santé). *Régime d'entraînement sportif.* ▷ (Plus cour.) *Régime alimentaire* ou, absol., *régime* : usage raisonné de la nourriture, en accord avec les règles de la diététique appliquées aux besoins particuliers d'un individu, pour corriger certains troubles ou éviter qu'ils ne se produisent. *Régime sans sel. Régime sec*, dans lequel les boissons alcoolisées sont proscrites. **II.** Manière dont se produisent certains phénomènes. **1.** PHYS Manière dont se produit l'écoulement d'un fluide. *Régime laminaire, turbulent.* **2.** Vitesse de rotation d'un moteur. *Marche d'un moteur à bas régime* (au ralenti), *à plein régime* (au maximum de sa puissance). **3.** GEOGR Mode d'évolution de certains processus hydrologiques et météorologiques cycliques, au cours d'une année. *Régime des vents, des pluies.* **III.** LING Mot régi par un autre, dans la phrase. *Régime direct, indirect.* (En appos.) *Cas régime* : (en ancien français) forme que prend un nom, un pronom ou un qualificatif lorsqu'il est régi par un autre mot. – Du lat. *regimen*, «action de diriger», de *regere*, «diriger».

2. régime [ʀeʒim] n. m. Grosse grappe que forment les fruits des bananiers et des palmiers-dattiers. *Régime de bananes.* – Mot des Antilles, p.-ê. esp. *racimo*, propr. «grappe», lat. *racemus*, d'ap. *régime* 1.

régiment [ʀeʒimɑ̃] n. m. **1.** Corps militaire composé de plusieurs bataillons, escadrons ou groupes et que commande un colonel. *Régiment d'artillerie (R.A.), d'infanterie (R.I.)*, etc. – *Régiment étranger*, de la Légion étrangère. ▷ Ensemble des soldats d'un régiment. **2.** Fam. *Partir au régiment* : rejoindre l'armée pour y être incorporé. ▷ Pop., vieilli *Faire son régiment*, son service militaire. **3.** Fig. Multitude. *Un régiment de créanciers.* – Du lat. *regimentum*, «action de diriger».

régimentaire [ʀeʒimɑ̃tɛʀ] adj. Relatif à un régiment. – De *régiment*.

région [ʀeʒjɔ̃] n. f. **1.** Grande étendue de pays, possédant des caractéristiques (notam. géographiques et humaines) qui en font l'unité. *Les régions polaires.* **2.** Étendue de pays autour d'une ville, d'un point géographique remarquable. *Avoir une maison dans la région de Cassis. Le Vésuve et sa région.* **3.** Division territoriale administrative française englobant plusieurs départements. *Régions militaires* (chacune commandée par un officier général). *La France est divisée en 22 Régions.* ▷ Division territoriale administrative de divers pays dont la Chine, le Royaume-Uni, le Mali. **4.** Partie déterminée du corps. *Région pectorale, lombaire.* **5.** Fig., litt. Degré, point où l'on s'élève (en parlant de la philosophie, des sciences, etc.). *Les régions supérieures du savoir.* – Lat. *regio*, «direction; frontière, contrée», de *regere*, «diriger».

régional, ale, aux [ʀeʒjɔnal, o] adj. Relatif à une région, ou (sens 3) Région. *Cuisine, coutumes, parlers régionaux. Un conseil régional.* – De *région*.

régionalisation [ʀeʒjɔnalizasjɔ̃] n. f. Décentralisation (du pouvoir politique, économique, administratif) au profit des Régions. – De *régionaliser*.

régionaliser [ʀeʒjɔnalize] v. tr. [1] **1.** Décentraliser au profit des Régions. **2.** Fixer par Région. *Régionaliser un programme d'investissement.* – De *régional*.

régionalisme [ʀeʒjɔnalism] n. m. **1.** Système politique ou administratif, tendant à assurer une certaine autonomie aux régions. *Régionalisme et séparatisme.* **2.** Attention particulière portée à la description des mœurs, des paysages, d'une région déterminée, dans une œuvre littéraire. *Le régionalisme de G. Sand.* **3.** Locution, mot, tour propre à une région. – De *régional*.

régionaliste [ʀeʒjɔnalist] adj. et n. **1.** Favorable au régionalisme (sens 1). *Politique régionaliste.* ▷ Subst. *Les régionalistes, les autonomistes et les séparatistes.* **2.** *Écrivain régionaliste*, dont l'œuvre est empreinte de régionalisme (sens 2). – De *régionalisme*.

régir [ʀeʒiʀ] v. tr. [3] **1.** Vx Diriger, administrer. *Régir une propriété.* **2.** Déterminer, régler (en parlant d'une loi, d'une règle, etc.). *La loi régit les rapports entre les hommes.* – *La loi qui régit tel phénomène physique.* ▷ GRAM Imposer (une catégorie grammaticale à un autre mot). *La locution conjonctive «bien que» régit le subjonctif.* – Lat. *regere*, «diriger».

régisseur, euse [ʀeʒisœʀ, øz] n. **1.** Personne qui régit, qui gère. **2.** HIST Personne qui est à la tête d'une régie (sens 1). *Régisseur des poudres.* **3.** *Régisseur d'un théâtre*, qui a la charge de l'organisation matérielle des spectacles. – De *régir*.

registre [ʀəʒistʀ] n. m. **I. 1.** Livre public ou privé sur lequel on consigne les actes, les affaires de chaque jour. *Les registres de l'état civil.* ▷ *Registre du commerce* : répertoire officiel des commerçants, des sociétés civiles et commerciales et des G.I.E. **2.** INFORM Mémoire qui sert à stocker une information élémentaire (résultat d'un calcul, instruction en cours d'exécution, etc.). **II. 1.** MUS Mécanisme qui commande chacun des jeux d'orgue. **2.** Chacune des parties (grave, médiane, aiguë) de l'échelle totale des sons qu'un instrument peut émettre sans changer son timbre. - Étendue totale de l'échelle vocale d'un chanteur. **3.** Fig. Tonalité propre, caractéristique d'une œuvre, d'un discours. *D'un livre à l'autre, il a changé de registre.* **4.** TECH Pièce coulissante ou pivotante qui masque une ouverture pour régler un débit. – Bas lat. *regesta*, du pp. de *regerere*, « reporter, transcrire »; a. fr. *regest(r)e*, sous l'infl. de *épistre, épître*.

réglable [ʀeglabl] adj. Qu'on peut régler. *Briquet à flamme réglable.* – De *régler.*

réglage [ʀeglaʒ] n. m. Opération par laquelle on règle un appareil, un mécanisme; manière dont un mécanisme est réglé. – De *régler.*

règle [ʀɛgl] n. f. **I.** Instrument allongé qui sert à tracer des lignes droites. *Règle graduée.* ▷ Par anal. *Règle à calcul* : instrument servant à effectuer certains calculs (multiplication, division, extraction de racines, etc.), constitué de deux réglettes à graduation logarithmique, coulissant l'une sur l'autre. **II.** Fig. **1.** Principe qui doit servir de ligne directrice à la conduite; prescription ou ensemble de prescriptions qui portent sur la conduite à tenir dans un cas déterminé. *Les règles de la morale, de la politesse.* ▷ *La règle, les règles du jeu* : l'ensemble des conventions propres à un jeu, à un sport. **2.** Loc. *Selon les règles, dans les règles, dans les règles de l'art* : comme il se doit. - *Pour la bonne règle* : pour que la règle soit bien respectée; pour la forme. - *En règle générale* : d'une manière générale, habituellement. ▷ *En règle* : conforme à l'usage qui règle les modalités d'une pratique; conforme à la tradition du genre. *Un duel en règle.* - Conforme aux prescriptions légales. *Papiers en règle.* **3.** Ensemble des préceptes disciplinaires qui régissent la vie des membres d'un ordre religieux. *La règle de saint Benoît.* **4.** ARITH Formule, opération qui permet d'effectuer certains calculs. *Règle de trois* : V. trois. ▷ Vx *Les quatre règles* : l'addition, la soustraction, la multiplication, la division. **III.** Plur. Cour. Écoulement menstruel. *Avoir ses règles. Règles douloureuses* (dysménorrhée). Syn. menstruation, menstrues. – Lat. *regula.*

réglé, ée [ʀegle] adj. **1.** GEOM Engendré par le déplacement d'une droite. *Surface réglée d'un cylindre, d'un cône.* **2.** adj. f. Se dit d'une jeune fille pubère, qui a ses règles (sens III). – Pp. de *régler.*

règlement [ʀɛgləmɑ̃] n. m. **I. 1.** Vx Fait de régler, de soumettre à une discipline. **2.** DR Acte législatif, posant une règle générale, qui émane d'une autre autorité que le Parlement (du pouvoir exécutif, notam.). *Règlement de police.* **3.** Ensemble de prescriptions que doivent observer les membres d'une société, d'un groupe, d'une assemblée, etc. *Règlement intérieur d'une entreprise.* ▷ Texte écrit qui contient le règlement. *Afficher le règlement.* **II. 1.** Action de régler une affaire. *Le règlement d'un litige.* **2.** Action de régler un compte. *Règlement d'une dette.* ▷ Fig. *Règlement de comptes* : action de vider une querelle avec violence. **3.** DR *Règlement judiciaire* : procédure judiciaire concernant un débiteur (commerçant, société, association) en état de cessation de paiement, quand sa situation permet d'envisager le rétablissement de son entreprise. – De *régler.*

réglementaire [ʀegləmɑ̃tɛʀ] adj. **1.** Relatif à un règlement. *Dispositions réglementaires.* **2.** Fixé par règlement; conforme au règlement. *Tenue réglementaire.* – De *règlement.*

réglementairement [ʀegləmɑ̃tɛʀmɑ̃] adv. De manière réglementaire; selon le règlement. – De *réglementaire.*

réglementation [ʀegləmɑ̃tasjɔ̃] n. f. **1.** Action de réglementer. *La réglementation du stationnement.* **2.** Ensemble de mesures légales, de règlements. *Étudier la réglementation de la vente à crédit.* – De *réglementer.*

réglementer [ʀegləmɑ̃te] v. tr. [1] Soumettre à des règlements. *Réglementer les importations.* – De *règlement.*

régler [ʀegle] v. tr. [14] **I.** Couvrir de lignes droites parallèles. *Régler du papier à musique,* y tracer des portées. - Pp. adj. Se dit d'un papier où sont tracées des lignes parallèles pour faciliter l'écriture. - Loc. *Réglé comme du papier à musique*.* **II. 1.** Litt. Diriger ou modérer suivant des règles. *Régler sa conduite.* ▷ *Régler sa conduite sur qqn,* le prendre pour modèle. - v. pron. *Se régler sur qqn.* **2.** Fixer, déterminer, arrêter d'une manière précise ou définitive. *Régler l'ordre d'une cérémonie.* **3.** *Régler une chose,* la terminer, la résoudre définitivement. *Régler ses affaires.* ▷ v. pron. *Leur différend s'est réglé à l'amiable.* **4.** *Régler un compte,* l'arrêter, payer ce que l'on doit. ▷ Pop., fig. *Régler son compte à qqn,* lui administrer une correction ou le tuer, par vengeance. **5.** *Par ext.* Payer (une dette, un fournisseur). *Régler sa note de restaurant. Régler l'épicier.* ▷ Absol. *Régler en espèces, par chèque.* **6.** Mettre au point (un mécanisme, un appareil), amener (un phénomène) à se produire convenablement, aux conditions voulues. *Régler sa montre,* la mettre à l'heure. *Régler le ralenti d'un moteur. Régler un téléviseur.* – De *règle.*

réglette [ʀeglɛt] n. f. Petite règle. – Dimin. de *règle.*

régleur, euse [ʀeglœʀ, øz] n. Ouvrier, ouvrière spécialisés dans le réglage de machines. – De *régler.*

réglisse [ʀeglis] n. **1.** n. f. Plante dicotylédone (fam. papilionacées) dont on utilise la racine (rhizome) pour ses propriétés médicinales. *Réglisse officinale.* **2.** n. m. (ou, plus rare, n. f.) Racine de cette plante *(bois de réglisse)*; suc qu'on en extrait. *Mâcher du (bois de) réglisse. Pâtes pectorales au réglisse.* – Du gr. *glukurrhiza,* propr. « racine douce », par le bas lat. *liquiritia,* a. fr. *ricolice,* p.-ê. altér. sous l'infl. de *règle.*

réglo [ʀeglo] adj. inv. Fam. Correct, régulier, loyal *Rien à craindre, en affaires il est réglo.* – De *réglementaire* (vocabulaire milit.).

réglure [ʀeglyʀ] n. f. TECH Opération par laquelle on règle du papier; manière dont le papier est réglé. *Réglure fine, espacée.* – De *régler.*

régnant, ante [ʀeɲɑ̃, ɑ̃t] adj. **1.** Qui règne, qui exerce le pouvoir souverain. *Prince régnant.* **2.** Fig., litt. Dominant, qui a cours. *L'opinion régnante.* – Ppr. de *régner.*

règne [ʀɛɲ] n. m. **I. 1.** Gouvernement d'un prince souverain; durée de ce gouvernement. *Le règne de Louis XIV. Sous le règne de François Ier.* ▷ Par ext. *Le règne de tel ministre, de tel chef d'État.* **2.** Pouvoir absolu, domination, influence prédominante (d'une personne, d'un groupe, d'une chose). *Le règne de la justice et de la liberté.* **II.** Chacune des grandes divisions que l'on distinguait autrefois dans la nature. *Règne végétal, animal.* – Lat. *regnum,* « autorité royale, royaume ».

régner [ʀeɲe] v. intr. [14] **1.** Exercer le pouvoir souverain, monarchique. *Louis XIV régna soixante-douze ans.* ▷ *Par ext.* Exercer un pouvoir. - Fig. *Régner sur un cœur.* **2.** (Choses) Exister plus ou moins durablement; avoir cours, prédominer. *Le mauvais temps qui règne actuellement sur le pays.* – Lat. *regnare.*

regonfler [ʀəgɔ̃fle] v. [1] **1.** v. tr. Gonfler de nouveau (ce qui est dégonflé). *Regonfler un ballon.* ▷ Fig., fam. *Regonfler qqn, lui regonfler le moral,* lui redonner courage. **2.** v. intr. Se gonfler de nouveau, en parlant des eaux. *La rivière a regonflé à cause des pluies.*

regorgement [ʀəgɔʀʒəmɑ̃] n. m. Rare Épanchement d'un liquide qui déborde. – De *regorger.*

regorger [ʀəgɔʀʒe] v. [13] **1.** v. intr. Déborder, s'épancher hors de ses limites normales. *Liquide qui regorge par un trop-plein.* **2.** v. tr. indir. *Regorger de... :* avoir en grande abondance. *Ville qui regorge de trésors architecturaux.* – De *re-*, et *gorge.*

regrattage [ʀəgʀataʒ] n. m. Opération qui consiste à regratter un bâtiment. – De *regratter.*

regratter [ʀəgʀate] v. tr. [1] Gratter de nouveau, racler la pierre d'un bâtiment pour le nettoyer. *Regratter une muraille.*

régresser [ʀegʀese] v. intr. [1] Subir une régression. – PSYCHO *Sujet qui régresse.* ▷ Diminuer, reculer. *Les crimes de sang régressent.* – De *régression,* d'ap. *progresser.*

régressif, ive [ʀegʀesif, iv] adj. **1.** Qui revient en arrière. ▷ PHILO *Raisonnement, analyse régressive,* qui remonte des faits aux causes, des conséquences aux principes. **2.** BIOL, PSYCHO Qui constitue une régression, qui procède d'une régression. *Forme régressive. Évolution régressive.* **3.** GEOGR *Érosion régressive* (du lit d'un fleuve), qui érode de l'aval vers l'amont. – De *régression,* d'ap. *progressif.*

régression [ʀegʀesjɔ̃] n. f. **1.** Retour à un état antérieur. ▷ BIOL Évolution d'un tissu, d'un organe, d'une espèce, etc., qui aboutit à des formes assimilables à un état de développement antérieur (formes moins différenciées, notam.). ▷ PSYCHO, PSYCHAN Retour du sujet à un stade antérieur de son développement (affectif, libidinal, linguistique, etc.), caractéristique des difficultés qu'il éprouve à résoudre certains conflits psychiques. *Fixation et régression.* **2.** *Par ext.* Recul, diminution en force, en intensité ou en nombre. *Les symptômes sont en régression.* **3.** GEOL *Régression marine :* recul de la mer qui abandonne les terres qu'elle avait occupées. – Lat. *regressio,* du pp. de *regredi,* «revenir».

regret [ʀəgʀɛ] n. m. **1.** Peine, chagrin causé par la perte de qqch ou de qqn. *Avoir le regret du pays natal.* **2.** Mécontentement, chagrin d'avoir ou de ne pas avoir fait une chose. *Être rongé de regrets.* **3.** Contrariété, déplaisir causé par le fait qu'un désir, un souhait, un projet ne se soit pas réalisé. *Le regret d'avoir échoué.* ▷ Loc. adv. *À regret :* malgré soi, contre son désir. – Déverbal de *regretter.*

regrettable [ʀəgʀɛtabl] adj. Qu'on regrette; déplorable, fâcheux. *Un incident regrettable.* – De *regretter.*

regrettablement [ʀəgʀɛtabləmɑ̃] adv. D'une manière regrettable. – De *regrettable.*

regretter [ʀəgʀete] v. tr. [1] **1.** Éprouver de la peine, du chagrin, au souvenir de (ce qui n'est plus, ce que l'on n'a plus). *Regretter sa jeunesse.* ▷ *Regretter qqn* (une personne défunte ou durablement absente). – Pp. adj. *Notre regretté ami :* notre ami défunt. **2.** Éprouver du mécontentement, de la contrariété (d'avoir ou de ne pas avoir fait qqch). *Il regrette amèrement de ne pas l'avoir dit plus tôt.* ▷ *Regretter ses erreurs, ses péchés,* les désavouer, s'en repentir. **3.** Être mécontent de (ce qui s'oppose à la réalisation d'un désir, d'un souhait, d'un projet). *Regretter la présence de qqn. Regretter que qqn soit présent.* **4.** Montrer son mécontentement (d'une action dont on est responsable). *Je regrette de vous avoir causé tout ce mal.* ▷ (Formule de politesse.) *Je regrette, mais... :* excusez-moi, mais... – P.-ê. de l'anc. scand. *grâta* «pleurer».

regroupement [ʀəgʀupmɑ̃] n. m. Action de regrouper, de se regrouper; son résultat. – De *regrouper.*

regrouper [ʀəgʀupe] v. tr. [1] Rassembler en un même lieu ou à une même fin (ce qui était dispersé). ▷ v. pron. *La foule s'est regroupée rapidement.*

régularisation [ʀegylaʀizasjɔ̃] n. f. Action de régulariser; son résultat. – De *régulariser.*

régulariser [ʀegylaʀize] v. tr. [1] **1.** Rendre régulier, conforme aux lois; donner une forme légale à. *Régulariser sa situation.* – FIN *Régulariser un compte.* **2.** Rendre régulier (ce qui était inégal, inconstant). *Régulariser un mouvement. Régulariser une rivière.* – Du lat. imp. *regularis,* «qui sert de règle».

régularité [ʀegylaʀite] n. f. **1.** Caractère de ce qui est régulier, uniforme, constant. *La régularité d'un pas.* **2.** État d'une chose présentant une certaine symétrie, des proportions justes et harmonieuses. *La régularité des traits d'un visage.* **3.** Conformité aux règles. *La régularité d'une procédure, d'une élection.* – Du lat. imp. *regularis,* «qui sert de règle».

régulateur, trice [ʀegylatœʀ, tʀis] adj. et n. **I.** adj. Qui règle, qui régularise. *Action régulatrice d'un thermostat.* ▷ BIOL *Gène régulateur,* qui régularise l'activité d'un autre gène par une action inhibitrice. **II.** n. **1.** n. m. TECH Dispositif qui maintient constante la température, la pression, la vitesse, l'intensité électrique, etc. **2.** n. m. AGRIC Dispositif qui, sur une charrue, sert à régler la position des socs. **3.** n. m. HORL Horloge servant à régler montres et pendules. **4.** Personne qui assure la régulation du trafic. – Du bas lat. *regulare,* «régler».

régulation [ʀegylasjɔ̃] n. f. **1.** Action de régler, de régulariser un mouvement, un débit. *La régulation du trafic sur le réseau routier.* **2.** Action de régler un mécanisme complexe. *Régulation des compas d'un navire.* **3.** Maintien de l'équilibre d'un système complexe et structuré, assurant son fonctionnement correct. *Régulation et autorégulation d'un système, en cybernétique.* ▷ BIOL *Régulation thermique.* **4.** *Régulation des naissances.* V. contraception. – De *régulateur.*

régule [ʀegyl] n. m. TECH Alliage de plomb ou d'étain et d'antimoine, utilisé comme métal antifriction. – Lat. des alchimistes *regulus,* propr. «petit roi».

réguler [ʀegyle] v. tr. [1] Assurer la régulation de (un mouvement, un système). – Bas lat. *regulare,* «régler».

régulier, ère [ʀegylje, ɛʀ] adj. (et n. m.) **I. 1.** Qui ne s'écarte pas des règles, de la norme. *Procédure régulière. Verbes réguliers,* dont la conjugaison ne présente pas d'exception aux règles générales. ▷ Légal, réglementaire. *«Légalement le coup est régulier» (M. Pagnol).* – Fam. (Personnes) Loyal, probe, sincère. *Il n'a pas été très régulier avec moi.* Syn. franc-jeu; (pop.) réglo. **2.** (Par oppos. à *séculier.*) Qui concerne les ordres religieux (soumis à la *règle*), qui leur est propre. *Clergé régulier.* **3.** *Troupes régulières,* qui constituent la force armée officielle d'un État (par oppos. à *partisans, francs-tireurs, supplétifs,* etc.). ▷ n. m. *Un régulier :* un soldat de l'armée régulière. **4.** Conforme aux préceptes de la morale sociale (en parlant de la vie, des mœurs d'une personne). *Conduite régulière.* **II. 1.** Dont la vitesse, le rythme ou l'intensité ne varie pas. *Mouvement régulier. Respiration régulière.* **2.** Qui se reproduit à des intervalles égaux, périodique. *Examens médicaux réguliers.* ▷ Qui se produit de manière habituelle, constante; qui est assuré à jour ou à heure fixe. *Service régulier d'autobus.* **3.** (Personnes) Exact, ponctuel. *Être régulier dans ses habitudes.* **III. 1.** Qui présente une certaine symétrie; harmonieux dans ses formes, bien proportionné. *Ville bâtie sur un plan régulier. Visage, traits réguliers.* **2.** MATH *Polygone régulier,* dont tous les côtés, tous les angles sont égaux. *Polyèdre régulier,* dont toutes les faces sont des polygones réguliers égaux. **3.** BOT *Fleur régulière,* pourvue d'un axe de symétrie (par oppos. à *fleur irrégulière,* pourvue d'un plan de symétrie). Syn. actinomorphe. Ant. zygomorphe. – Lat. imp. *regularis,* «qui sert de règle», de *regula,* «règle».

régulière [ʀegyljɛʀ] n. f. Pop. Épouse; maîtresse en titre. *Je l'ai croisé avec sa régulière.* – Fém. subst. de *régulier.*

régulièrement [ʀegyljɛʀmɑ̃] adv. De manière régulière; uniformément; normalement. – De *régulier.*

régurgitation [ʀegyʀʒitasjɔ̃] n. f. Retour dans la bouche, sans effort de vomissement, d'aliments non digérés contenus dans l'estomac ou l'œsophage. – De *régurgiter.*

régurgiter [ʀegyʀʒite] v. tr. [1] Rendre par régurgitation. – De *ré-*, et du lat. *gurges, gurgitis,* «gouffre».

réhabilitation [ʀeabilitasjɔ̃] n. f. Action de réhabiliter; son résultat. – De *réhabiliter.*

réhabiliter [ʀeabilite] v. tr. [1] **1.** Rétablir dans ses droits (une personne déchue par suite d'une condamnation). **2.** Faire recouvrer l'estime d'autrui à. *Cette action l'a réhabilité aux yeux de tous.* ▷ v. pron. *Je désire me réhabiliter à vos yeux.* **3.** Remettre en état (un immeuble, un quartier).

rehaussement [ʀəosmɑ̃] n. m. **1.** Action de rehausser. *Le rehaussement d'une maison.* **2.** FISC Syn. de *redressement.* – De *réhausser.*

rehausser [ʀəose] v. tr. [1] **1.** Hausser davantage. *Rehausser une muraille.* **2.** Faire valoir, mettre en relief. *Les ombres rehaussent l'éclat des couleurs.*

rehaut [ʀəo] n. m. PEINT Touche de couleur ou hachure claire ou brillante qui sert à faire ressortir des figures, des ornements, etc. – Déverbal de *rehausser.*

réhoboam [ʀeɔbɔam] n. m. Grande bouteille de champagne dont la contenance est égale à six fois celle de la bouteille ordinaire, soit 4,5 litres.

réhydratation [ʀeidʀatasjɔ̃] n. f. Administration thérapeutique d'eau dans un organisme qui en manque.

réhydrater [ʀeidʀate] v. tr. [1] Pratiquer une réhydratation.

réification [ʀeifikasjɔ̃] n. f. PHILO Action, fait de réifier. – De *réifier.*

réifier [ʀeifje] v. tr. [2] PHILO Transformer en chose; constituer en une chose extérieure et autonome (ce qui provient de sa subjectivité). Syn. chosifier. – Du lat. *res,* «chose», et de *-fier.*

réimperméabiliser [ʀeɛ̃pɛʀmeabilize] v. tr. [1] Imperméabiliser de nouveau.

réimplantation [ʀeɛ̃plɑ̃tasjɔ̃] n. f. CHIR **1.** Opération consistant à remettre en place un organe sectionné. *La réimplantation d'un doigt.* – Implantation chez le receveur d'un organe prélevé sur un donneur. *Réimplantation cardiaque.* **2.** Remise en place d'une dent dans son alvéole.

réimplanter [ʀeɛ̃plɑ̃te] v. tr. [1] CHIR Pratiquer une réimplantation.

réimpression [ʀeɛ̃pʀesjɔ̃] n. f. Nouvelle impression (d'un livre).

réimprimer [ʀeɛ̃pʀime] v. tr. [1] Imprimer de nouveau.

rein [ʀɛ̃] n. m. **1.** Plur. *Les reins :* les lombes, la partie inférieure du dos. *Avoir mal aux reins.* – Loc. fig. *Avoir les reins solides :* être assez puissant, assez prospère pour pouvoir surmonter d'éventuelles difficultés. *Affaire, industriel qui a les reins solides. Casser les reins à qqn,* briser sa carrière. ▷ Litt. Ceinture, taille. *Se ceindre les reins d'un pagne.* **2.** (Sing.) Chacun des deux organes qui élaborent l'urine. ▷ *Rein artificiel :* appareil qui se branche en dérivation sur la circulation sanguine d'un malade atteint d'insuffisance rénale majeure et qui assure l'épuration et l'équilibrage ionique du sang (V. dialyse). **3.** ARCHI *Reins d'une voûte :* partie comprise entre la portée et le sommet. – Lat. *renes,* «reins, lombes».
ENCYCL **Physiol.** – La totalité de la masse sanguine traversant le rein en quatre ou cinq minutes, 1 700 litres de sang passent chaque jour par l'appareil rénal, qui en effectue l'épuration. Les reins maintiennent l'équilibre du milieu intérieur en épurant le sang des substances toxiques et en compensant les «entrées» dans le milieu intérieur par des «sorties» (sécrétion d'urine). En outre, le rein participe au contrôle de la pression artérielle par la sécrétion de rénine.

réincarnation [ʀeɛ̃kaʀnasjɔ̃] n. f. Nouvelle incarnation (d'une âme) dans un corps différent. V. métempsycose. – De *se réincarner.*

réincarner (se) [ʀeɛ̃kaʀne] v. pron. [11] S'incarner de nouveau.

réincorporer [ʀeɛ̃kɔʀpɔʀe] v. tr. [1] Incorporer de nouveau.

reine [ʀɛn] n. f. **1.** Épouse d'un roi. ▷ *Reine mère :* mère du souverain régnant. **2.** Souveraine d'un royaume. *La reine d'Angleterre.* – *Un port de reine,* majestueux. **3.** Femme qui l'emporte sur toutes les autres dans une circonstance particulière. *Elle était la reine de la fête.* – *Reine de beauté* (cf. miss). ▷ (Choses) Ce qui occupe la première place, qui prévaut sur tout le reste. *La valse, reine des danses. La reine des nuits :* la Lune. – Vieilli ou plaisant *La petite reine :* la bicyclette. **4.** Celle des pièces du jeu d'échecs qui a la marche la plus étendue (on dit mieux *dame :* V. ce mot). **5.** Femelle pondeuse, chez les insectes sociaux (abeilles, guêpes, termites, fourmis). – Lat. *regina.*

reine-claude [ʀɛnklod] n. f. Prune ronde et verte, à la chair délicate et parfumée, très estimée. *Des reines-claudes.* – Abrév. de *prune de la reine Claude* (1499-1524, femme de François Ier).

reine-des-prés [ʀɛndepʀe] n. f. Nom cour. de la spirée ulmaire. *Des reines-des-prés.*

reine-marguerite [ʀɛnmaʀgəʀit] n. f. Plante proche de la marguerite, originaire de Chine (*Callistephus sinensis,* fam. composées), cultivée pour ses fleurs, qui présentent des formes et des coloris très divers selon les variétés. *Des reines-marguerites.*

reinette [ʀenɛt] n. f. Pomme à couteau d'automne ou d'hiver, très parfumée, à peau grisâtre ou tachetée. *Reine des reinettes, reinette du Mans, reinette du Canada,* etc. – Dimin. de *reine.*

réinscription [ʀeɛ̃skʀipsjɔ̃] n. f. Nouvelle inscription. – De *réinscrire.*

réinscrire [ʀeɛ̃skʀiʀ] v. tr. [67] Inscrire de nouveau. ▷ v. pron. *Se réinscrire à la faculté.*

réinsérer [ʀeɛ̃seʀe] v. tr. [14] Insérer de nouveau. ▷ Assurer une nouvelle insertion sociale à. *Réinsérer un accidenté du travail.*

réinsertion [ʀeɛ̃sɛʀsjɔ̃] n. f. Action de réinsérer (partic., socialement); son résultat. *La réinsertion des handicapés.* – De *réinsérer,* d'ap. *insertion.*

réintégration [ʀeɛ̃tegʀasjɔ̃] n. f. Action de réintégrer; son résultat. – De *réintégrer.*

réintégrer [ʀeɛ̃tegʀe] v. tr. [14] **1.** DR Rétablir (qqn) dans la possession de ce dont il avait été dépouillé. *Réintégrer qqn dans une fonction.* **2.** Rentrer dans. *Réintégrer son domicile.* – Lat. médiév. *reintegrare,* du class. *redintegrare,* «rétablir, remettre en état», de *integer,* «intact».

réintroduire [ʀeɛ̃tʀɔdɥiʀ] v. tr. [69] Introduire de nouveau.

réinventer [ʀeɛ̃vɑ̃te] v. tr. [1] Inventer de nouveau (une chose oubliée, disparue). – Inventer à nouveau (en donnant un caractère de nouveauté).

réitératif, ive [ReiteRatif, iv] adj. Didac. Qui réitère ; qui est réitéré. – De *réitérer.*

réitération [ReiteRasjɔ̃] n. f. Action de réitérer ; fait d'être réitéré. – De *réitérer.*

réitérer [ReiteRe] v. tr. [14] Répéter, recommencer. *Réitérer une démarche.* – Pp. adj. *Une demande réitérée.* – Bas lat. *reiterare,* de *iterare,* de *iterum* « derechef ».

reître [RɛtR] n. m. **1.** Anc. Cavalier mercenaire allemand, au service de la France au XVIe s. **2.** Litt. Soudard ; homme brutal et grossier. – All. *Reiter,* « cavalier ».

rejaillir [Rəʒajir] v. intr. [3] **1.** (Liquides) Jaillir avec force ; jaillir de tous les côtés. *L'eau rejaillit.* **2.** Fig. Retomber. *Le scandale a rejailli sur ses proches.*

rejaillissement [Rəʒajismɑ̃] n. m. Fait de rejaillir, mouvement de ce qui rejaillit. ▷ Fig. *Le rejaillissement du succès, de la honte.* – De *rejaillir.*

rejet [Rəʒɛ] n. m. **I. 1.** Action de rejeter ; fait d'être rejeté. *Rejet des eaux usées. Rejet d'un pourvoi en cassation.* **2.** Membre de phrase étroitement lié, pour le sens, à un vers, mais placé au début du vers suivant. (Ex. : *« Et lorsque je la vis au seuil de sa maison / S'enfuir... » Musset.*) **3.** MED Ensemble des réactions immunitaires qui aboutissent à l'élimination d'un greffon par l'organisme du sujet receveur. **II.** Nouvelle pousse d'une plante. ▷ *Spécial.* Pousse émise par une souche. – Déverbal de *rejeter.*

rejeter [Rəʒte] v. tr. [20] **I. 1.** Jeter en retour ; jeter dans le sens opposé. *Rejeter une balle.* **2.** Jeter (qqch) là où on l'a pris, à l'endroit d'où on l'a tiré. *Rejeter un poisson à la rivière, à la mer.* **3.** Fig. Faire supporter par qqn d'autre (la responsabilité d'une faute, les torts, etc.). *Il rejette la faute sur son associé.* **4.** Restituer, rendre en jetant hors de soi. *La mer a rejeté les débris du naufrage.* ▷ (Personnes) Laisser échapper de son corps, évacuer, vomir. *Il a rejeté tout son repas.* **II. 1.** Mettre dans un autre endroit ; renvoyer, repousser. *Rejeter un paragraphe à la fin d'un chapitre.* ▷ v. pron. *Se rejeter en arrière :* reculer brusquement. **2.** Refuser ; ne pas agréer ; ne pas admettre. *Rejeter des offres, une candidature, un dogme.* ▷ Éliminer. *Rejeter toutes les pièces qui présentent un défaut.* **3.** Écarter, chasser, exclure (qqn). *On l'avait rejeté de partout.* – Lat. *rejectare.*

rejeton [Rəʒtɔ̃] n. m. **1.** Nouveau jet que pousse une plante, un arbre, par le pied ou par la souche. **2.** Plaisant Enfant, fils. *Comment va ton rejeton ?* – De *rejeter,* au sens anc. de « pousser de nouveau ».

rejoindre [Rəʒwɛ̃dR] v. tr. [56] **1.** Aller retrouver (des gens dont on était séparé, un groupe). *Rejoindre un groupe d'amis à la campagne.* ▷ v. pron. Se retrouver. *Les deux cordées doivent se rejoindre au pied du glacier.* **2.** Rattraper (qqn). *Ses concurrents l'ont rejoint dans la ligne droite.* **3.** (Choses) Se réunir à. *Le sentier rejoint la grand-route un peu plus loin.* ▷ v. pron. *Rues qui se rejoignent.* **4.** Avoir des points communs avec. *Vos affirmations rejoignent les siennes.* – De *re-,* et *joindre.*

rejointoyer [Rəʒwɛ̃twaje] v. tr. [23] CONSTR Jointoyer de nouveau (une maçonnerie dégradée).

rejouer [Rəʒwe] v. [1] **1.** v. intr. Jouer de nouveau, se remettre à jouer. **2.** v. tr. Jouer une nouvelle fois. *Rejouer un air.*

réjouir [Reʒwir] **1.** v. tr. [3] Apporter de la joie, faire plaisir à. *Vos succès nous réjouissent.* ▷ Amuser. *Réjouir une assemblée par ses plaisanteries.* **2.** v. pron. Être content. *Je me réjouis à la pensée de te revoir bientôt.* – De *r-,* et a. fr. *esjoïr,* « rendre joyeux ».

réjouissance [Reʒwisɑ̃s] n. f. Joie collective. *Illuminer les rues en signe de réjouissance.* ▷ (Plur.) Fête publique. *Réjouissances officielles du 14 Juillet.* – De *réjouir.*

réjouissant, ante [Reʒwisɑ̃, ɑ̃t] adj. Qui réjouit, qui amuse. *Une anecdote bien réjouissante.* – Ppr. de *réjouir.*

relâche [Rəlɑʃ] n. **1.** n. m. ou f. Interruption d'un travail ; pause, détente. ▷ Loc. adv. *Sans relâche :* sans interruption. **2.** n. f. MAR Port d'escale. ▷ Escale. *Faire relâche.* **3.** n. m. ou f. Suspension momentanée des représentations, dans un théâtre, une salle de spectacle. – Déverbal de *relâcher.*

relâché, ée [Rəlɑʃe] adj. Qui manque de rigueur. *Morale relâchée.* – Pp. de *relâcher.*

relâchement [Rəlɑʃmɑ̃] n. m. **1.** État de ce qui est relâché, moins tendu. **2.** Fig. Diminution d'ardeur, d'activité, de zèle. *Le relâchement dans le travail.* – De *relâcher.*

relâcher [Rəlɑʃe] v. [1] **I.** v. tr. **1.** Diminuer la tension de ; desserrer, détendre. *Relâcher un ressort, des entraves, une courroie.* – Spécial. *Relâcher les intestins, le ventre :* stimuler l'évacuation intestinale. ▷ Fig. *Relâcher son esprit, son attention.* – *Relâcher la discipline,* la rendre moins rigoureuse. **2.** Libérer, élargir. *Relâcher un prisonnier.* **II.** v. pron. **1.** Devenir moins tendu, moins serré. *Étreinte qui se relâche.* **2.** Perdre de sa rigueur, de sa fermeté. *Son zèle s'est un peu relâché.* **III.** v. intr. Faire escale, en parlant d'un navire. – Du lat. *relaxare,* même sens.

relais [Rəlɛ] n. m. **1.** VEN Chiens de chasse à courre destinés à remplacer ceux qui sont fatigués. **2.** Anc. Chevaux postés en un lieu déterminé pour remplacer ceux qui sont fatigués ; le lieu même où ces chevaux sont postés. **3.** TECH Dispositif destiné à recevoir des signaux radioélectriques et à les émettre à nouveau, éventuellement en les amplifiant. *Relais hertzien.* ▷ Dispositif permettant la commutation à distance d'un circuit électrique. **4.** SPORT *Course de relais* ou *relais,* opposant plusieurs équipes de coureurs ou de nageurs qui se succèdent. ▷ Fig. *Prendre le relais de qqn,* le relayer, lui succéder dans son activité, dans sa tâche. ▷ Fig. *Servir de relais,* d'intermédiaire. – De *relayer,* altéré d'après l'anc. v. *relaisser,* « quitter, abandonner ».

relance [Rəlɑ̃s] n. f. **1.** Nouvel élan donné à qqch. *Relance de l'économie.* ▷ JEU Action de relancer. **2.** Action de relancer (sens 3). ▷ Note de rappel. – Mise en recouvrement. – Déverbal de *relancer.*

relancer [Rəlɑ̃se] v. [12] **I.** v. tr. **1.** Lancer de nouveau ou en sens inverse. *Relancer le ballon.* **2.** VEN Faire repartir (une bête qui se repose). *Relancer le cerf.* **3.** Solliciter avec insistance (qqn), le presser pour en obtenir qqch. *Relancer un débiteur.* **4.** Donner un nouvel élan, une nouvelle vigueur à. *Relancer l'économie d'un pays.* **II.** v. intr. JEU Risquer un enjeu supérieur à celui de l'adversaire.

relaps, apse [Rəlaps] adj. et n. RELIG Qui est de nouveau tombé dans l'hérésie, après l'avoir abjurée. ▷ Subst. *Un(e) relaps(e).* – Lat. ecclés. *relapsus,* du pp. de *relabi,* « retomber », de *labi,* « tomber ».

relater [Rəlate] v. tr. [1] Raconter de façon détaillée, rapporter. *Les journaux ont relaté les faits.* – Du lat. *relatus,* supin de *referre,* « rapporter ».

relatif, ive [Rəlatif, iv] adj. **1.** Qui implique une relation, un rapport ; qui est de la nature de la relation. *Positions relatives de deux armées,* position de chacune d'elles par rapport à l'autre. ▷ MUS Se dit de deux gammes qui possèdent les mêmes altérations constitutives, mais qui ont une tonique différente, et dont l'une est majeure et l'autre mineure (ex. : *do* majeur et *la* mineur). ▷ MATH *Nombre relatif :* tout nombre entier (positif ou négatif). V. nombre. **2.** Qui n'a pas de valeur en soi, mais seulement par rapport à autre chose. *La notion de vérité est toute relative.* **3.** Moyen, incomplet, insuffisant. *Jouir d'une tranquillité très relative.* **4.** *Relatif à :* qui a rapport à. *Les lois relatives au divorce.* **5.** GRAM Se dit des mots qui mettent en relation le nom ou le pronom qu'ils représentent et une proposition (dite *pro-*

position relative). Pronoms, adjectifs relatifs. – Lat. *relativus,* de *relatum,* supin de *referre,* « rapporter ».

relation [ʀəlasjɔ̃] n. f. **I.** Fait de relater; narration, récit. *Témoin qui fait une relation fidèle des événements.* **II. 1.** Rapport (entre des choses). *Relation de cause à effet.* **2.** Rapport (entre des personnes). *Relations amicales, amoureuses, mondaines.* **3.** Personne avec qui on est en relation. *Une simple relation de travail.* ▷ Absol. *Avoir des relations :* connaître des gens influents, haut placés. ▷ Loc. *Être, se mettre en relation(s).* **4.** Rapport (entre groupes organisés, pays, etc.). *Relations internationales.* ▷ *Relations publiques :* ensemble des moyens mis en œuvre par des organismes publics ou privés pour établir un climat favorable au sein de leur personnel et avec l'extérieur, afin d'informer le public de leurs activités et de favoriser leur rayonnement. **5.** BIOL *Fonctions de relation :* fonctions par lesquelles est assuré le contact entre un être vivant et son milieu. **6.** MATH Liaison déterminée entre des ensembles ou des éléments de ces ensembles. *Relation d'appartenance,* par laquelle un élément appartient à un ensemble. *Relation d'équivalence. Relation binaire,* qui porte sur des couples d'éléments d'un même ensemble. **7.** PHYS *Relation de De Broglie :* à toute particule de quantité* de mouvement p est associée une onde monochromatique de longueur d'onde l = h/p (h : constante de Planck). – Lat. *relatio,* « récit, narration ».

relationnel, elle [ʀəlɑsjɔnɛl] adj. Didac. Qui concerne la relation. *Calcul relationnel.* – De *relation.*

relativement [ʀəlativmɑ̃] adv. **1.** De manière relative, non absolue. **2.** Par comparaison. ▷ *Relativement à :* à l'égard de, en ce qui concerne. – De *relatif.*

relativisation [ʀəlativizasjɔ̃] n. f. Didac. Action de relativiser; fait de relativiser. – De *relativiser.*

relativiser [ʀəlativize] v. tr. [1] Rendre relatif; considérer par rapport à d'autres choses comparables. – De *relatif.*

relativisme [ʀəlativism] n. m. PHILO **1.** Doctrine selon laquelle la connaissance humaine ne peut être que relative. *Le système de Kant est un relativisme subjectif.* **2.** Doctrine selon laquelle les notions de bien et de mal sont fonction des circonstances et n'ont donc rien d'absolu. – De *relatif.*

relativiste [ʀəlativist] adj. et n. **1.** PHILO Qui adhère au relativisme, le professe. ▷ Subst. *Les relativistes.* **2.** PHYS Qui a rapport à la théorie de la relativité. *Mécanique relativiste :* V. encycl. mécanique. – De *relativisme.*

relativité [ʀəlativite] n. f. **1.** Caractère de ce qui est relatif. *Relativité de la connaissance.* **2.** PHYS *Théorie de la relativité :* V. ci-après. – De *relatif.*

ENCYCL **Phys.** – La *théorie de la relativité* repose sur une analyse critique des notions d'espace et de temps. Einstein remit en question les notions de temps absolu et d'espace universel, et partic. la notion de simultanéité de deux événements se produisant en des lieux différents : deux signaux pourront être simultanés pour un observateur placé dans un repère R sans l'être pour un observateur placé dans un repère R' en mouvement par rapport à R. Einstein proposa en 1905 les postulats de la *relativité restreinte.* **1.** Des repères animés les uns par rapport aux autres de mouvements rectilignes uniformes sont équivalents; il n'est pas possible de distinguer parmi eux un repère privilégié qui serait *absolu.* De tels repères sont dits *galiléens.* Les lois physiques ont même formulation mathématique dans tous ces repères. **2.** La lumière se propage dans le vide de façon isotrope, et sa vitesse c est la même quel que soit le repère dans lequel on la mesure. La formule d'Einstein $E_0 = mc^2$ montre qu'une particule au repos possède une énergie considérable du fait même de sa masse; c'est cette énergie qui peut être libérée au cours des réactions nucléaires. La *relativité générale,* qui constitue une extension de la théorie précédente aux repères non galiléens, postule que les forces d'inertie sont assimilables aux forces gravitationnelles. La masse gravitationnelle (masse pesante) est égale à la masse inerte. L'*espace-temps,* qui comprend les trois dimensions d'espace plus une quatrième dimension, le temps, est courbé au voisinage d'une masse et le mouvement d'une particule au voisinage de cette masse s'effectue en suivant le plus court chemin dans cet espace-temps.

relax, axe ou **relaxe** [ʀəlaks] adj., adv., n. et interj. (Anglicisme) Fam. **1.** adj. Détendu. *Une petite soirée relax(e).* **2.** adv. De façon détendue. *Vas-y relax, ça marchera bien.* **3.** n. m. ou f. Repos, relaxation. **4.** interj. *Relax! :* du calme! – Du lat. *relaxare,* « relâcher, détendre », par l'angl. *to relax.*

relaxant, ante [ʀəlaksɑ̃, ɑ̃t] adj. et n. m. Qui procure de la détente, du bien-être. *Bain, massage relaxants.* – n. m. *Un relaxant musculaire.* – Ppr. de *relaxer.*

relaxation [ʀəlaksasjɔ̃] n. f. **1.** MED Relâchement d'une tension musculaire destiné à provoquer une détente psychique. ▷ Cour. Détente, délassement. **2.** PHYS Retour d'un système vers un de ses états d'équilibre. *Temps de relaxation,* durée caractéristique de cette évolution. **3.** ELECTR *Oscillations de relaxation,* fournies par un système qui reçoit en permanence de l'énergie et qui évolue entre un état où son énergie potentielle est minimale et un état où cette énergie est maximale. – Lat. *relaxatio,* « détente, repos ».

relaxe [ʀəlaks] n. f. DR Décision judiciaire par laquelle l'action contre un prévenu est abandonnée. – Déverbal de *relaxer.*

1. relaxer [ʀəlakse] v. tr. [1] DR Remettre en liberté (un prévenu reconnu non coupable). – Lat. *relaxare,* « relâcher, détendre ».

2. relaxer [ʀəlakse] v. tr. [1] MED Mettre en état de relaxation. ▷ v. pron. Se reposer, se détendre. – Angl. *to relax.*

relayer [ʀəlɛje] v. tr. [21] **1.** Remplacer dans un travail, une tâche. *L'équipe de nuit relaie l'équipe de jour.* ▷ v. pron. *Deux équipes se relaient.* **2.** TELECOM Retransmettre (l'émission d'un émetteur principal) en utilisant un relais hertzien, un satellite de télécommunications. – De *re-,* et a. fr. *laier,* « laisser (les chiens) ».

relayeur, euse [ʀəlɛjœʀ, øz] n. SPORT Participant à une course de relais. – Spécialiste de la course de relais. – De *relayer.*

releasing factor [ʀiliziŋfaktɔʀ] n. m. (Anglicisme) PHYSIOL Hormone sécrétée par l'hypothalamus et qui stimule la production hormonale de l'hypophyse. *Des releasing factors.* – Mot angl., « facteur déclencheur ».

relecture [ʀəlɛktyʀ] n. f. Action de relire; nouvelle lecture. – De *re-,* et *lecture,* d'après *relire.*

relégation [ʀəlegasjɔ̃] n. f. **1.** DR Anc. Peine de détention perpétuelle (hors de la métropole, à l'origine), remplacée en 1970 par la tutelle légale. **2.** SPORT Rétrogradation. *Relégation d'une équipe de football en seconde division.* – De *reléguer.*

reléguer [ʀəlege] v. tr. [14] **1.** DR Anc. Condamner à la relégation. **2.** Mettre (qqch dont on ne fait plus cas) à l'écart. *On a relégué ce tableau dans l'antichambre.* ▷ Fig. Envoyer dans un lieu retiré; confiner dans une situation, un emploi peu importants. *Reléguer qqn au second plan.* – Lat. *relegare,* « bannir ».

relent [ʀəlɑ̃] n. m. Mauvaise odeur. *Relents de friture.* ▷ Fig. Trace; apparence qui permet de supposer l'existence de qqch. *Il y a dans ce récit un relent de mauvaise foi.* – De l'anc. adj. *relent, relente,* « qui a un goût écœurant », et du lat. *lentus,* « tenace, humide ».

relevable [ʀəlvabl] adj. Qu'on peut relever. *Panneau relevable.* – De *relever.*

relevage [Rəlvaʒ] n. m. TECH Action de relever; son résultat. – De *relever.*

relevailles [Rəlvɑj] n. f. pl. RELIG CATHOL Anc. Cérémonie de bénédiction, à l'église, d'une femme relevée de couches. ▷ Vieilli ou rég. Fait de relever de couches. – De *relever.*

relève [Rəlɛv] n. f. Remplacement d'une personne, d'un groupe, dans une occupation, une tâche. *Prendre la relève.* ▷ Personne(s) de relève. *La relève est au complet.* – Déverbal de *relever.*

relevé, ée [Rəlve; Rləve] adj. et n. m. **I.** adj. **1.** Disposé, ramené vers le haut. *Sourcils relevés.* **2.** Fig. Élevé, au-dessus du commun. *Propos relevés. Une société relevée,* choisie. **II.** n. m. État, liste. *Relevé des sommes dues. Relevé d'identité bancaire (RIB).* – *Relevé de compte :* document envoyé périodiquement par une banque à son client, faisant apparaître les mouvements et la situation de son compte. ▷ *Relevé d'un plan :* ensemble des cotes nécessaires à l'établissement d'un plan. – Pp. de *relever.*

relèvement [Rəlɛvmɑ̃] n. m. **1.** Action de relever, de remettre debout ou vertical. *Relèvement d'un mât.* ▷ Fig. *Relèvement d'un pays.* **2.** Action de relever, d'augmenter; hausse, majoration. – *Relèvement des loyers.* **3.** MAR Détermination de la position d'un point; azimut dans lequel se trouve un objet. *Compas de relèvement.* **4.** GEOM Mouvement inverse du rabattement*. – De *relever.*

relever [Rəlve; Rləve] v. [16] **I.** v. tr. **1.** Remettre debout (qqn); remettre dans sa position naturelle, remettre à la verticale (qqch). *Elle était tombée, je l'ai relevée. Relever un siège.* ▷ *Relever un mur en ruine,* le reconstruire. – Fig. *Relever l'économie d'un pays.* **2.** Ramasser. *Relever des copies d'examen.* – Fig. *Relever le gant :* accepter un défi. **3.** Noter, constater, signaler en bien ou en mal. *Relever une erreur.* ▷ Inscrire, copier. *Relever les noms des absents. Relever un plan.* – Par ext. *Relever un compteur,* les chiffres qu'il indique. ▷ MAR Déterminer l'azimut de. *Relever un amer :* V. amer 2. **4.** Mettre ou remettre en position haute; hausser. *Relever une manette. Relever la tête,* la redresser; fig. retrouver son courage ou sa fierté. – *Relever ses jupes, ses manches,* les retrousser. ▷ Fig. *Relever les salaires,* les augmenter. **5.** Donner plus de relief, plus d'éclat à. *Fards qui relèvent un teint pâle.* ▷ CUIS Donner un goût plus prononcé, plus piquant à, en ajoutant un assaisonnement, des épices. *Relever une sauce avec du piment.* **6.** Remplacer (une personne, un groupe) dans une occupation; relayer. *Relever une sentinelle.* **7.** Libérer (d'une obligation). *Relever un religieux de ses vœux.* ▷ *Relever qqn de ses fonctions,* le révoquer. **II.** v. intr. **1.** *Relever de :* ne plus être tenu alité par, se rétablir de. *Relever de maladie, de couches.* **2.** Dépendre de; être du ressort, du domaine de. *Cette affaire relève de la justice.* **III.** v. pron. **1.** Se remettre debout. *Aider qqn à se relever.* – Fig. *Se relever de ses ruines.* ▷ Sortir de nouveau du lit. *Se relever plusieurs fois dans la nuit.* **2.** (Choses) Se redresser, remonter. *Chapeau dont les bords se relèvent.*

releveur, euse [Rəlvœr; Rləvœr, øz] adj. et n. **I.** adj. Qui relève. *Chaîne releveuse :* dans les mines, chaîne sans fin à laquelle sont accrochées les berlines. ▷ ANAT *Muscle releveur* ou, n. m., *le releveur,* qui relève (une partie du corps). **II.** n. **1.** n. m. TECH Tout instrument qui sert à relever. – MAR Engin, navire utilisé pour relever, renflouer les objets immergés. *Releveur de mines.* **2.** Personne qui relève, collecte ou fait des relevés. *Releveur de compteurs.* – De *relever.*

relief [Rəljɛf] n. m. **1.** Saillie que présente une surface. *Reliefs d'une paroi rocheuse. Caractères en relief de l'écriture Braille.* **2.** BX-A Ouvrages de sculpture dont le sujet ou certains éléments font plus ou moins saillie sur un fond plan. V. bas-relief, haut-relief. **3.** Ensemble des inégalités de la surface du sol. *Relief terrestre. Un relief tourmenté.* **4.** Aspect d'une image organisée en plans et restituant l'impression de la profondeur, de la perspective; cette impression elle-même. *Peinture qui a du relief. La sensation du relief.* ▷ Par anal. *Relief acoustique, sonore :* perception auditive de l'espace. **5.** Fig. Caractère marqué, accentué que prend une chose par opposition ou par contraste avec une autre. *La modestie donne du relief au mérite.* – *Mettre en relief :* mettre en évidence, accentuer. – De l'ital. *relievo,* de *rilevare,* de *ri-,* et *levare* «lever».

reliefs [Rəljɛf] n. m. pl. Restes d'une table servie. *Des reliefs de volaille.* – De *relever,* «enlever, relever», d'ap. l'anc. forme tonique (*je relief,* etc.).

relier [Rəlje] v. tr. [2] **1.** Assembler (notam. par couture) les feuillets d'un livre, et les munir d'une couverture. – Pp. adj. *Volume relié* (par oppos. à *volume broché*). **2.** Rattacher, joindre. *Corde qui relie deux alpinistes.* ▷ Fig. Établir un lien, un rapport entre. *Relier des faits, des idées.* **3.** Faire communiquer. *Pont qui relie deux berges.* – De *re-,* et *lier.*

relieur, euse [Rəljœr, øz] n. Personne qui fait métier de relier les livres. – De *relier.*

religieusement [Rəliʒjøzmɑ̃] adv. **1.** Conformément à sa religion; selon les rites religieux. *Se marier religieusement.* **2.** Avec une exactitude scrupuleuse. *Préserver religieusement un secret.* **3.** Avec recueillement. *Écouter religieusement.* – De *religieux.*

religieux, euse [Rəliʒjø, øz] adj. et n. **I.** adj. **1.** Relatif à la religion, propre à une religion. *La pensée religieuse. Une cérémonie religieuse.* ▷ Conforme aux règles d'une religion. *Mener une vie religieuse.* **2.** Pieux, croyant. *Esprit religieux.* **3.** Qui a rapport aux ordres réguliers. *Congrégation religieuse.* **4.** Fig. Qui tient de la vénération, du respect qui se manifestent dans les pratiques de la religion. *Un soin religieux.* – *Un silence religieux,* respectueux et recueilli. **II.** n. Personne qui s'est engagée par des vœux à suivre une certaine règle approuvée par l'Église. *Un religieux cistercien.* ▷ Par ext. *Religieux bouddhistes.* **III.** n. f. Pâtisserie faite de deux boules de pâte à choux de tailles différentes superposées, fourrées de crème pâtissière, au café ou au chocolat. – Lat. *religiosus.*

religion [Rəliʒjɔ̃] n. f. **1.** Ensemble de croyances ou de dogmes et de pratiques cultuelles qui constituent les rapports de l'homme avec la puissance divine (monothéisme) ou les puissances surnaturelles (polythéisme, panthéisme). *Religion chrétienne, musulmane, shintoïste.* **2.** Foi, piété, croyance. *Avoir de la religion.* **3.** État des personnes engagées par des vœux au service de Dieu, de leur Église. *Entrer en religion.* **4.** *Par anal.* Sentiment de vénération profonde pour qqch, foi en un idéal. *Avoir la religion du progrès.* **5.** Loc. fig. *Éclairer la religion de qqn,* lui apprendre ce qu'il ignorait sur une affaire. ▷ *Ma religion est faite :* je sais à quoi m'en tenir. – Lat. *religio,* «attention scrupuleuse, vénération», de *relegere,* «recueillir, rassembler».

religiosité [Rəliʒjozite] n. f. Disposition religieuse, liée ou non à une religion particulière. *La religiosité est plutôt de l'ordre de la sensibilité que de la foi.* – Du lat. *religiosus,* «religieux».

reliquaire [Rəlikɛr] n. m. Boîte, coffret où l'on conserve des reliques (sens 1). – De *relique.*

reliquat [Rəlika] n. m. Ce qui reste dû après l'arrêté d'un compte. – Lat. *reliqua* «ce qui reste (à payer)».

relique [Rəlik] n. f. **1.** RELIG Ce qui reste du corps d'un saint; objet qui lui a appartenu ou qui a servi à son martyre. – *Garder comme une relique,* avec vénération, très soigneusement. **2.** Fig. Objet auquel on est particulièrement attaché par le souvenir. **3.** BIOL Espèce vivante appartenant à un groupe ancien, animal ou végétal, dont les autres représentants ont disparu. *La limule est une relique.* Syn. fossile vivant. – Lat. *reliquiæ,* «restes».

relire [RəliR] v. tr. [66] 1. Lire de nouveau. 2. Lire (ce qu'on a écrit) pour le corriger au besoin. ▷ v. pron. *Se relire sur épreuves.*

reliure [RəljyR] n. f. 1. Art, métier du relieur. 2. Manière dont un livre est relié; couverture rigide d'un livre. – De *relier.*

relogement [Rəlɔʒmɑ̃] n. m. Action de reloger; fait d'être relogé. – De *reloger.*

reloger [Rəlɔʒe] v. tr. [13] Procurer un nouveau logement à (qqn).

relouer [Rəlwe] v. tr. [1] Louer de nouveau. – De *re-*, et *louer* 1.

réluctance [Relyktɑ̃s] n. f. ELECTR Aptitude d'un circuit à s'opposer à la pénétration d'un flux magnétique. Ant. perméance. *La réluctance s'exprime en henrys à la puissance moins un (H^{-1}) et la perméance en henrys.* – Du lat. *reluctare*, « résister ».

reluire [RəlɥiR] v. intr. [69] Luire en réfléchissant la lumière, briller. *Parquet qui reluit.* – Du lat. *relucere.*

reluisant, ante [Rəlɥizɑ̃, ɑ̃t] adj. 1. Qui reluit. *Chrome reluisant. – Visage reluisant de sueur,* que la sueur fait reluire. 2. Fig. (En tournure négative.) *Ce n'est pas très reluisant :* c'est médiocre, mauvais. – Ppr. de *reluire.*

reluquer [Rəlyke] v. tr. [1] Fam. Lorgner avec curiosité ou convoitise. *Reluquer une femme.* ▷ Fig. Avoir des vues sur. *Reluquer un héritage.* – De *re-*, et moyen fr. *luquer*, « loucher »; mot picard empr. au wallon *rilouki*, moy. néerl. *loeken* (cf. angl. *to look*, « regarder »).

rem [Rɛm] n. m. PHYS, BIOL Unité, valant 10^{-2} sieverts, qui sert à mesurer la quantité de rayonnement ionisant absorbée par l'organisme. – Sigle de l'angl. *Röntgen Equivalent Man*, « équivalent-homme de Röntgen ».

remâcher [Rəmɑʃe] v. tr. [1] 1. Mâcher de nouveau. 2. Fig. Repasser dans son esprit, ressasser. *Remâcher son dépit.*

remaillage, remailler. V. remmaillage, remmailler.

remake [Rimɛk] n. m. (Anglicisme) Version nouvelle d'un film ancien. ▷ *Par ext.* Reprise d'un sujet, d'un thème déjà traité. – Mot angl., de *to remake*, « refaire ».

rémanence [Remanɑ̃s] n. f. PHYS Persistance d'un phénomène (lumineux, magnétique, etc.) après la disparition de la cause qui l'a provoqué. ▷ PHYSIOL, PSYCHO Propriété de certaines sensations de subsister après que l'excitation a disparu. *Rémanence des images visuelles.* – De *rémanent.*

rémanent, ente [Remanɑ̃, ɑ̃t] adj. Qui présente le phénomène de rémanence. ▷ PHYS *Aimantation rémanente.* ▷ PHYSIOL, PSYCHO *Image rémanente.* – Lat. *remaneus*, de *remanere*, « demeurer, durer ».

remaniement [Rəmanimɑ̃] n. m. Action de remanier; son résultat. – De *remanier.*

remanier [Rəmanje] v. tr. [2] Retoucher, modifier par un nouveau travail. *Remanier un roman. – Remanier un ministère,* en changer la composition.

remaquiller [Rəmakije] v. tr. [1] Maquiller de nouveau. ▷ v. pron. *Se remaquiller à la hâte.*

remarcher [RəmaRʃe] v. intr. [1] 1. Marcher de nouveau (après une maladie, etc.). 2. (Choses) Fonctionner de nouveau (après une panne, etc.).

remariage [RəmaRjaʒ] n. m. Nouveau mariage.

remarier [RəmaRje] v. tr. [2] Marier à nouveau. ▷ v. pron. *Il pense à se remarier.*

remarquable [RəmaRkabl] adj. Digne d'être remarqué, par sa singularité ou sa qualité. *Un événement, un homme remarquable.* ▷ MATH *Identités remarquables :* V. encycl. identité. – De *remarquer.*

remarquablement [RəmaRkabləmɑ̃] adv. De manière remarquable. – De *remarquable.*

remarque [RəmaRk] n. f. 1. Action de remarquer, de noter. *Fait digne de remarque.* 2. Observation orale ou écrite. *Remarque pertinente.* 3. BX-A Petite gravure dans la marge d'une estampe. – Déverbal de *remarquer.*

remarqué, ée [RəmaRke] adj. Qui attire l'attention, qui fait l'objet de commentaires. *Une intervention très remarquée.* – Pp. de *remarquer.*

remarquer [RəmaRke] v. tr. [1] I. Rare Marquer de nouveau. *Remarquer du bétail.* II. 1. Faire attention à, constater, noter. *Remarquer le moindre défaut.* ▷ v. pron. (Passif) *Ces taches se remarquent.* 2. *Remarquer que :* dire, sous forme de remarque, que; constater que. *L'un des convives remarqua qu'on était treize à table.* 3. Distinguer parmi des personnes ou des choses. *Remarquer un visage dans la foule.* ▷ *Se faire remarquer :* attirer l'attention; péjor. manquer de tenue.

remballage, remballer. V. r(é)emballage, r(é)emballer.

rembarquement, rembarquer. V. r(é)embarquement, r(é)embarquer.

rembarrer [Rɑ̃baRe] v. tr. [1] Fam. Repousser vivement (qqn) par des paroles rudes ou désobligeantes. – De *r-*, et *embarrer*, « enfoncer ».

remblai [Rɑ̃blɛ] n. m. 1. Action de remblayer. *Niveler par remblai.* 2. Masse de matériaux rapportés pour élever un terrain, combler un creux; ouvrage fait de matériaux rapportés. *Remblai de voie ferrée.* – Déverbal de *remblayer.*

remblaiement [Rɑ̃blɛmɑ̃] n. m. GEOL Colmatage alluvial. – De *remblayer.*

remblaver [Rɑ̃blave] v. tr. [1] AGRIC Emblaver de nouveau. – De *r-*, et *emblaver.*

remblayage [Rɑ̃blɛjaʒ] n. m. Action de remblayer; son résultat. ▷ Matériaux servant à remblayer. – De *remblayer.*

remblayer [Rɑ̃bleje] v. tr. [21] Apporter des matériaux pour hausser ou combler. *Remblayer une chaussée.* – De *r-*, et a. fr. *emblayer* « ensemencer de blé ».

remblayeuse [Rɑ̃blɛjøz] n. f. TECH Engin de terrassement pour les travaux de remblai. – De *remblayer.*

rembobiner [Rɑ̃bɔbine] v. tr. [1] Embobiner de nouveau; bobiner de nouveau.

remboîtage [Rɑ̃bwataʒ] n. m. TECH Opération qui consiste à remettre un livre réparé dans son ancienne couverture ou dans une nouvelle. – De *remboîter.*

remboîtement [Rɑ̃bwatmɑ̃] n. m. Action de remboîter; son résultat. – De *remboîter.*

remboîter [Rɑ̃bwate] v. tr. [1] 1. Remettre en place (ce qui est déboîté). 2. TECH Procéder au remboîtage de (un livre).

rembourrage [Rɑ̃buRaʒ] n. m. Action de rembourrer; matière servant à rembourrer. – De *rembourrer.*

rembourrer [Rɑ̃buRe] v. tr. [1] Garnir de bourre, de crin, etc. *Rembourrer un matelas.*

rembourrure [Rɑ̃buRyR] n. f. TECH Matière servant à rembourrer. – De *rembourrer.*

remboursable [Rɑ̃buRsabl] adj. Qui peut ou doit être remboursé. – De *rembourser.*

remboursement [Rɑ̃buRsəmɑ̃] n. m. Action de rembourser; son résultat. – *Envoi contre remboursement,* contre paiement à la livraison. – De *rembourser.*

rembourser [Rɑ̃buRse] v. tr. [1] Rendre à (qqn) (l'argent qu'il a déboursé ou avancé). *Rembourser un* *emprunt. Rembourser qqn de ses frais.* ▷ v. pron. Rentrer dans ses débours. – De *r-*, *em-*, et *bourse* 1.

rembrunir (se) [ʀɑ̃bʀyniʀ] v. pron. [3] Prendre un air sombre, soucieux. *Il s'est rembruni.* ▷ Pp. adj. *Une mine rembrunie.* – De *r-*, *em-*, et *brun*, au sens anc. de « sombre ».

rembrunissement [ʀɑ̃bʀynismɑ̃] n. m. Action de se rembrunir. – De *rembrunir.*

rembucher [ʀɑ̃byʃe] v. tr. [1] VEN Faire rentrer (la bête) dans le bois. ▷ v. pron. *Cerf qui se rembuche.* – De *r-*, et anc. v. *embucher*, même sens.

remède [ʀəmɛd] n. m. **1.** Substance, moyen employés pour combattre une maladie. *Remède préventif.* Syn. (plus cour.) médicament. *Remède de bonne femme*, de tradition populaire. **2.** Fig. Tout ce qui sert à prévenir, apaiser, faire cesser un mal quelconque. *Le travail, remède à* (ou *contre*) *l'ennui.* – Lat. *remedium.*

remédiable [ʀəmedjabl] adj. Rare À quoi l'on peut remédier. – Lat. *remediabilis*, « guérissable ».

remédier [ʀəmedje] v. tr. indir. [2] *Remédier à :* porter remède à. *Remédier à des malaises.* ▷ Fig. *Remédier à une défaillance.* – Lat. *remediare*, « guérir ».

remembrement [ʀəmɑ̃bʀəmɑ̃] n. m. Opération consistant à regrouper, par échanges ou redistribution, des propriétés rurales morcelées, pour en faire des domaines facilement exploitables. – De *re-*, et *membre*, d'apr. *démembrement.*

remembrer [ʀəmɑ̃bʀe] v. tr. [1] Opérer le remembrement de. – De *remembrement*, d'apr. *démembrer.*

remémoration [ʀəmemɔʀasjɔ̃] n. f. Action de remémorer, de se remémorer. – Bas lat. *rememoratio*, « commémoration ».

remémorer [ʀəmemɔʀe] v. tr. [1] Litt. Remettre en mémoire. *Je lui ai remémoré sa promesse.* ▷ v. pron. *Se remémorer une date.* – Bas lat. *rememorari*, de *re-*, et *memorare*, « rappeler ».

remerciement [ʀəmɛʀsimɑ̃] n. m. Action de remercier; témoignage de gratitude. *Paroles de remerciements.* ▷ *Par euph.* Action de congédier. *Lettre de remerciement.* – De *remercier.*

remercier [ʀəmɛʀsje] v. tr. [2] **1.** Exprimer sa gratitude à (qqn), lui dire merci. *Remercier qqn de* (ou *pour*) *son hospitalité.* ▷ (Pour exprimer un refus poli.) *Servez-vous. – Je vous remercie, je n'en veux plus.* **2.** *Par euph.* Congédier. *Remercier un de ses employés.* – De *re-*, et anc. v. *mercier*, même sens, de *merci.*

réméré [ʀemeʀe] n. m. DR *Clause de réméré :* clause d'une vente permettant au vendeur de racheter la chose vendue, dans un certain délai, au prix de vente, augmenté des frais de l'acquisition. – Du lat. médiév. *reemere*, lat. class. *redimere*, « racheter ».

remettre [ʀəmɛtʀ] v. [60] **A.** v. tr. **I. 1.** Mettre (une chose) à l'endroit où elle était auparavant. *Remettre un livre à sa place.* ▷ Fig. *Remettre qqn à sa place*, le rappeler aux convenances; le rabrouer. **2.** Rétablir dans sa position ou dans son état antérieur. *Remettre en ordre. Remettre en état :* réparer, restaurer. ▷ *Remettre en marche :* rétablir dans son fonctionnement. ▷ Rétablir la santé, les forces de (qqn). *Cette cure l'a remis.* **3.** Mettre de nouveau (un vêtement). *Remettre son manteau.* **4.** Mettre de nouveau, en plus. *Remettre de l'eau dans un vase.* **5.** Fig. *Remettre une chose en mémoire à qqn*, la lui rappeler. ▷ *Remettre qqn*, le reconnaître. *Je vous remets bien.* **6.** Pop. *Remettre ça :* recommencer. **II. 1.** *Remettre à :* mettre en la possession de, livrer; confier. *Remettre une lettre à son destinataire.* **2.** Faire grâce de (une obligation). *Remettre une dette à qqn.* ▷ Pardonner, absoudre. *Remettre les péchés.* **3.** Ajourner, différer. *Remettre une tâche au lendemain.* **B.** v. pron. **1.** Se mettre de nouveau. *Se remettre en route.* **2.** *Se remettre à :* recommencer à. *Se remettre à boire.* **3.** Recouvrer la santé; rétablir sa situation. *Se remettre d'une maladie.* ▷ Retrouver son calme, ses esprits. *Se remettre d'une émotion, d'une grande frayeur.* – Absol. *Remettez-vous.* **4.** *S'en remettre à qqn, à son avis, etc.*, lui faire confiance, se reposer sur lui. – Lat. *remittere*, « renvoyer, laisser ».

remeubler [ʀəmœble] v. tr. [1] Meubler de nouveau; garnir de nouveaux meubles. ▷ v. pron. Remeubler sa maison, son logement.

rémige [ʀemiʒ] n. f. ORNITH Chacune des grandes plumes rigides des ailes des oiseaux. – Du lat. *remex, remigis*, « rameur »; d'abord adj. *plumes rémiges.*

remilitarisation [ʀəmilitaʀizasjɔ̃] n. f. Action de remilitariser. – De *remilitariser.*

remilitariser [ʀəmilitaʀize] v. tr. [1] Militariser de nouveau.

réminiscence [ʀeminisɑ̃s] n. f. **1.** PSYCHO Rappel à la mémoire d'un souvenir qui n'est pas reconnu comme tel. **2.** Emprunt plus ou moins conscient fait par l'auteur d'une œuvre artistique ou littéraire à d'autres créateurs. *Poésie pleine de réminiscences mallarméennes.* **3.** Souvenir vague et confus. *Réminiscences lointaines de la première enfance.* – Bas lat. *reminiscentia*, du class. *reminisci*, « se souvenir ».

remisage [ʀəmizaʒ] n. m. Action de remiser, de mettre à l'abri. – De *remiser.*

remise [ʀəmiz] n. f. **I. 1.** Action de remettre dans le lieu ou dans l'état d'origine. *Remise en place d'un tableau. Remise à neuf d'un vêtement.* **2.** Action de donner, de livrer qqch à qqn. *Remise d'un mandat.* **3.** Réduction, diminution. *Consentir une remise à ses clients.* – *Condamné qui obtient une remise de peine.* ▷ Commission, ristourne. **II.** Local destiné à abriter des voitures; garage. ▷ *Par ext.* Local, débarras où l'on range des instruments, des outils, etc. – Pp. fém. subst. de *remettre.*

remiser [ʀəmize] v. tr. [1] **1.** Placer sous une remise. *Remiser une voiture.* **2.** Ranger pour quelque temps. *J'ai remisé les skis au grenier.* **3.** v. pron. CHASSE Se mettre à couvert (en parlant du gibier). *La perdrix s'est remisée dans les maïs.* – De *remise.*

remisier [ʀəmizje] n. m. FIN Professionnel qui, en Bourse, moyennant une remise, apporte à un agent de change des ordres d'achat et de vente. – De *remise.*

rémission [ʀemisjɔ̃] n. f. **1.** Pardon (des péchés). ▷ Grâce, remise de peine. – *Sans rémission :* sans qu'on puisse espérer une quelconque grâce; fig. sans délai. **2.** Diminution, atténuation temporaire (d'une maladie, de ses symptômes). – Lat. ecclés. *remissio*, de *remittere*, « remettre ».

rémittence [ʀemitɑ̃s] n. f. MED Caractère rémittent (d'une affection). ▷ Rémission. – De *rémittent.*

rémittent, ente [ʀemitɑ̃, ɑ̃t] adj. MED Qui présente des rémissions. *Fièvre rémittente.* – Lat. *remittens*, de *remittere*, « remettre ».

rémiz [ʀemiz] n. m. ORNITH Oiseau passériforme (genres *Remiz, Anthoscopus*, etc.) voisin de la mésange, qui construit des nids suspendus. – Probabl. du polonais *remiz*, « oiseau romain ».

remmaillage [ʀɑ̃majaʒ] ou **remaillage** [ʀəmajaʒ] n. m. **1.** Action de remmailler; son résultat. **2.** Montage des pieds de bas, des coutures des tricots, dans la couture industrielle. – De *remmailler*, ou *remailler.*

remmailler [ʀɑ̃maje] ou **remailler** [ʀəmaje] v. tr. [1] Relever, réparer les mailles usées ou rompues (d'un tricot, d'un filet). *Remmailler des bas.*

remmener [ʀɑ̃m(ə)ne] v. tr. [16] Emmener (qqn ou qqch qui a été amené).

remnographie [ʀɛmnɔgʀafi] n. f. MED Examen utilisant la résonance* magnétique nucléaire. – De *ré(sonance) m(agnétique) n(ucléaire),* et *-graphie.*

remodelage [ʀəmɔdlaʒ] n. m. Action de remodeler; son résultat.

remodeler [ʀəmɔdle] v. tr. [17] **1.** Donner une nouvelle forme à (qqch) en le refaçonnant. **2.** Modifier plus ou moins profondément. *Remodeler un secteur de l'économie par des réformes de structure.*

remontage [ʀəmɔ̃taʒ] n. m. **1.** Action de remonter un ressort, un mécanisme. *Remontage des pendules.* **2.** Action de remonter ce qui a été démonté. *Démontage et remontage de l'appareil.* – De *remonter;* signif. d'abord «remontée d'un fleuve par un bateau».

remontant, ante [ʀ(ə)mɔ̃tɑ̃, ɑ̃t] adj. et n. m. **1.** HORTIC Se dit de plantes qui redonnent des fleurs ou des fruits à l'arrière-saison. *Rosier remontant.* **2.** Qui remonte, qui redonne des forces. ▷ n. m. Boisson, médicament qui remonte. *Prendre un remontant.* – Ppr. de *remonter.*

remonte [ʀəmɔ̃t] n. f. **1.** Action de remonter un cours d'eau. ▷ *Spécial.* Action de remonter une rivière au moment du frai, en parlant des poissons. **2.** Vx Fourniture de chevaux pour l'armée. – Déverbal de *remonter.*

remontée [ʀəmɔ̃te] n. f. **1.** Action, fait de remonter. *Remontée d'une rivière à la nage.* **2.** *Remontée mécanique :* dispositif qui permet de remonter des skieurs en haut d'une pente. – Pp. fém. subst. de *remonter.*

remonte-pente [ʀəmɔ̃tpɑ̃t] n. m. Dispositif comportant un câble mobile muni de perches, qui permet à des skieurs de gravir une pente enneigée sans quitter leurs skis. *Des remonte-pentes.* Syn. téléski. – De *remonter,* et *pente.*

remonter [ʀəmɔ̃te] v. [1] **I.** v. intr. **1.** (Personnes) Monter de nouveau. *Remonter à son appartement. Remonter à (sur sa) bicyclette.* **2.** (Choses) S'élever de nouveau. *Le soleil remonte sur l'horizon. La rue descend un peu, puis remonte jusqu'au carrefour.* ▷ (Abstrait) *Remonter dans l'estime de qqn.* **3.** (Choses) S'accroître de nouveau. *La valeur de nos actions remonte.* **4.** Aller vers la source d'un cours d'eau. – Fig. Aller vers l'origine. *Remonter jusqu'au début d'une affaire.* ▷ MAR Aller contre le vent; louvoyer. *Bateau qui remonte bien.* **5.** (Choses) Avoir son origine. *La Sainte-Chapelle remonte à Saint Louis.* ▷ *Remonter au déluge :* être très ancien. **II.** v. tr. **1.** Monter de nouveau. *Remonter l'escalier.* **2.** Aller contre le cours de. *Remonter une rivière en canoë. – Machines à remonter le temps des romans d'anticipation.* **3.** Porter de nouveau à un niveau supérieur. *Remonter du vin de la cave.* **4.** Mettre plus haut. *Remonter une étagère dans un meuble.* **5.** Retendre le ressort de. *Remonter une montre.* **6.** Remettre ensemble les pièces de (ce qui était démonté). *Démonter puis remonter un poste de radio.* **7.** Redonner de la vigueur, de la vivacité, de l'énergie à. *On lui a donné un cordial qui l'a remonté.* ▷ v. pron. *Se remonter rapidement.* **8.** Pourvoir à nouveau des choses nécessaires. *Remonter à neuf sa garde-robe.* – De *re-,* et *monter.*

remonteur [ʀəmɔ̃tœʀ] n. m. TECH Ouvrier qui procède au montage de certains appareils. – De *remonter.*

remontoir [ʀəmɔ̃twaʀ] n. m. Organe qui permet de remonter (sens II, 5) un ressort, un mécanisme. – De *remonter.*

remontrance [ʀəmɔ̃tʀɑ̃s] n. f. **1.** (Surtout au plur.) Observations, reproches. *Faire des remontrances à un enfant.* **2.** HIST Sous l'Ancien Régime, discours adressé au roi par les parlements et autres cours souveraines, et dans lequel étaient exposés les inconvénients d'un édit. – De *remontrer.*

remontrant [ʀəmɔ̃tʀɑ̃] n. m. RELIG Syn. de *arminien.* – De *remontrer,* à cause de remontrances que firent les arminiens contre le synode de Dordrecht (1618) qui les avait condamnés.

remontrer [ʀəmɔ̃tʀe] v. tr. [1] **1.** Montrer de nouveau. **2.** Vieilli Exprimer à qqn qu'il a eu ou aurait tort de faire qqch. *On lui remontra la folie de sa conduite.* ▷ Mod. *En remontrer à qqn,* se montrer supérieur à lui; lui faire la leçon. *Il en remontrerait à un professionnel.* – De *re-,* et *montrer;* d'abord *se remonstrer,* «se signaler avec éclat».

rémora [ʀemɔʀa] n. m. ICHTYOL Poisson (*Echeneis naucrates*) des mers chaudes, long d'une soixantaine de centimètres, possédant sur la tête une ventouse qui lui permet de se faire transporter par d'autres poissons, par des cétacés, des tortues, etc. (V. pilote II, sens 2). – Du lat. *remora,* «retardement», de *remorari,* «arrêter, retarder», parce que les Anciens croyaient que ce poisson pouvait arrêter le navire auquel il s'attachait.

remords [ʀəmɔʀ] n. m. Malaise moral dû au sentiment d'avoir mal agi. *Avoir des remords, du remords.* – De l'anc. v. *remordre,* «faire souffrir par des reproches».

remorquable [ʀəmɔʀkabl] adj. Qui peut être remorqué. – De *remorquer.*

remorquage [ʀəmɔʀkaʒ] n. m. Action de remorquer. *Entreprise de touage et de remorquage.* – De *remorquer.*

remorque [ʀəmɔʀk] n. f. **1.** Câble qui sert au remorquage. **2.** Véhicule sans moteur tiré par un autre. *Remorque d'un camion.* **3.** Loc. *Prendre en remorque :* remorquer. ▷ Fig. *Être à la remorque de qqn,* se laisser diriger, mener par lui. – Déverbal de *remorquer.*

remorquer [ʀəmɔʀke] v. tr. [1] **1.** Traîner derrière soi au moyen d'une remorque. *Remorquer un navire.* **2.** Fig., fam. Traîner à sa suite. *Remorquer toute une cour de parasites.* – Bas lat. *remulcare,* de *remulcum,* «corde de halage»; ital. *remorchiare.*

remorqueur [ʀəmɔʀkœʀ] n. m. Navire qui en remorque un autre. ▷ Navire spécialement construit pour le remorquage. *Remorqueur de haute mer.* – De *remorquer.*

rémoulade [ʀemulad] n. f. Sauce piquante à base de mayonnaise additionnée de moutarde (et, éventuellement, de fines herbes hachées et de citron), que l'on sert avec des légumes froids ou de la viande froide. ▷ (En appos.) *Céleri rémoulade,* accommodé avec cette sauce. – P.-ê. du picard *rémola, ramolas,* «radis noir», avec suff. *-ade,* d'ap. *salade.*

rémouleur [ʀemulœʀ] n. m. Ouvrier, artisan qui aiguise les couteaux, les outils tranchants ou pointus. Syn. repasseur. – De l'anc. v. *rémoudre,* de *ré-,* et *moudre,* «aiguiser sur la meule».

remous [ʀəmu] n. m. **1.** Tourbillon dû à un obstacle qui s'oppose à l'écoulement d'un fluide. *Remous du sillage d'un bateau.* **2.** Fig. Agitation confuse. *Remous de la foule.* ▷ Trouble. *Remous des passions.* – Anc. provenç. *remou.*

rempaillage [ʀɑ̃pajaʒ] n. m. Opération qui consiste à rempailler un siège; son résultat. – De *rempailler.*

rempailler [ʀɑ̃paje] v. tr. [1] Garnir (un siège) d'une nouvelle paille. *Rempailler des chaises.*

rempailleur, euse [ʀɑ̃pajœʀ, øz] n. Personne qui fait métier de rempailler les sièges. – De *rempailler.*

rempart [ʀɑ̃paʀ] n. m. **1.** Muraille entourant et protégeant une place fortifiée. **2.** Fig. Ce qui sert de défense. *Faire (un) rempart de son corps à qqn.* – De *r-,* et *emparer.*

rempiétement ou **rempiètement** [ʀɑ̃pjɛtmɑ̃] n. m. CONSTR Opération qui consiste à rempiéter (une construction). – De *rempiéter.*

rempiéter [ʀɑ̃pjete] v. tr. [14] **1.** CONSTR Reprendre en sous-œuvre (un mur, un édifice; leurs fondations). **2.**

Refaire le pied de. *Rempiéter un bas.* – De *r-*, *em-*, et *pied.*

rempilé [ʀɑ̃pile] adj. et n. m. Arg. (des militaires) Rengagé. *Un sergent rempilé.* – n. m. *Un rempilé.* – Pp. de *rempiler.*

rempiler [ʀɑ̃pile] v. [1] **1.** v. tr. Empiler de nouveau. *Rempiler des assiettes.* **2.** v. intr. Arg. (des militaires) Signer un nouvel engagement. – De *r-*, et *empiler.*

remplaçable [ʀɑ̃plasabl] adj. Qui peut être remplacé. – De *remplacer.*

remplaçant, ante [ʀɑ̃plasɑ̃, ɑ̃t] n. Personne qui en remplace une autre dans ses fonctions. – Ppr. subst. de *remplacer.*

remplacement [ʀɑ̃plasmɑ̃] n. m. Action, fait de remplacer qqch ou qqn ; son résultat. *Vous assurerez le remplacement de M. Untel.* – De *remplacer.*

remplacer [ʀɑ̃plase] v. tr. [12] **I. 1.** Mettre (qqn, qqch) à la place de (qqn, qqch d'autre). *Remplacer du mobilier démodé.* **2.** Prendre la place de, succéder à. *Il a remplacé son père à la tête de la firme.* **3.** Prendre momentanément la place de, faire provisoirement fonction de ; tenir lieu de. *Je le remplace pendant son congé.* **II.** v. pron. (Récipr.) *Ils se sont toujours remplacés pendant les vacances.* – (Passif) *Un objet qui ne se remplace pas.* – De *r-*, et anc. v. *emplacer*, « mettre en place ».

remplage [ʀɑ̃plaʒ] n. m. **1.** CONSTR Blocage de moellons, ou de briques et de mortier, dont on remplit l'intervalle entre les deux parements d'un mur de pierre. **2.** ARCHI Armature de pierre dans la baie d'une fenêtre gothique. – De *remplir.*

rempli [ʀɑ̃pli] n. m. COUT Pli que l'on fait à une étoffe pour la rétrécir ou la raccourcir sans la couper. – De *remplier*, « faire un rempli », de *r-*, *em-*, et *pli.*

remplir [ʀɑ̃pliʀ] v. tr. [3] **I. 1.** Emplir de nouveau. **2.** Rendre plein (un récipient, un espace, un temps vide). *Remplir un verre à ras bord. Il a rempli quinze pages sur ce sujet. Bien remplir ses journées.* ▷ v. pron. (Passif) *Le fossé s'est rempli d'eau.* **3.** Occuper entièrement. *Ses projets d'avenir remplissent son esprit.* ▷ *Remplir de (un sentiment) :* rendre qqn pénétré de. *Cette nouvelle l'a rempli de joie, de terreur.* **4.** Compléter. *Remplir une fiche d'inscription.* **II. 1.** Accomplir, exécuter. *Remplir une tâche, son devoir.* **2.** Occuper, exercer. *Remplir un emploi, une charge.* **3.** Satisfaire à. *Remplir une condition.* – De *r-*, et *emplir.*

remplissage [ʀɑ̃plisaʒ] n. m. **1.** Action de remplir ; son résultat. *Remplissage d'un bassin.* **2.** Péjor. Passage qui n'exprime rien d'important et qui sert seulement à donner une certaine longueur à un texte. – De *remplir.*

remploi, remployer. V. r(é)emploi, r(é)employer.

remplumer (se) [ʀɑ̃plyme] v. pron. [11] **1.** Se couvrir de plumes nouvelles, en parlant des oiseaux. **2.** Fam. Reprendre du poids. *Convalescent qui se remplume.* **3.** Fig., fam. Rétablir sa situation financière. – De *r-*, et *emplumer.*

rempocher [ʀɑ̃pɔʃe] v. tr. [1] Remettre dans sa poche.

remporter [ʀɑ̃pɔʀte] v. tr. [1] **1.** Repartir avec ce qu'on avait apporté. **2.** Gagner ; obtenir. *Remporter la victoire.*

rempoter [ʀɑ̃pɔte] v. tr. [1] Changer (une plante) de pot, la mettre dans un pot plus grand. – De *r-*, et *empoter.*

remprunter. V. r(é)emprunter.

remuant, ante [ʀəmɥɑ̃, ɑ̃t] adj. Qui s'agite sans cesse. *Un enfant très remuant.* – Ppr. de *remuer.*

remue-ménage [ʀəmymenaʒ] n. m. inv. Bruit accompagnant une agitation désordonnée. *Faire du remue-ménage.* ▷ Trouble, agitation due à des changements subits. – De *remuer*, « transporter », et *ménage.*

remuement [ʀ(ə)mymɑ̃] n. m. Action de remuer ; mouvement de ce qui remue. – De *remuer.*

remuer [ʀəmɥe] v. [1] **I.** v. tr. **1.** Faire changer de place. *Remuer des meubles.* **2.** Faire bouger (une partie du corps). *Remuer la main, la tête.* **3.** Mouvoir, mélanger les parties constitutives, les éléments de. *Remuer un mélange. Remuer la salade.* ▷ *Remuer ciel et terre :* employer toutes sortes de moyens. ▷ *Remuer de l'argent à la pelle :* faire beaucoup d'affaires. **4.** Fig. Émouvoir. *L'orateur a remué l'auditoire.* **II.** v. intr. **1.** Bouger. *Reste tranquille, cesse de remuer.* **2.** Être travaillé par l'agitation sociale, politique. *Les provinces remuaient.* **III.** v. pron. **1.** Bouger, se mouvoir. *Il ne peut plus se remuer.* **2.** Fam. Se donner de la peine, agir pour faire aboutir qqch. *Se remuer pour arriver à son but.* – De *re-*, et *muer.*

remugle [ʀəmygl] n. m. Litt. Odeur de renfermé. – De *re-*, et de l'anc. nordique *mygla*, « moisissure ».

rémunérateur, trice [ʀemyneʀatœʀ, tʀis] adj. Qui procure de l'argent. *Travail rémunérateur.* – Lat. ecclés. *remunerator*, de *remunerare*, « rémunérer ».

rémunération [ʀemyneʀasjɔ̃] n. f. Paiement, rétribution. *Rémunération d'un service.* – Lat. *remuneratio.*

rémunératoire [ʀemyneʀatwaʀ] adj. DR Qui a un caractère de récompense. – De *rémunérer.*

rémunérer [ʀemyneʀe] v. tr. [14] Payer, rétribuer. *Rémunérer un travail.* – Lat. *remunerare*, rac. *munus, muneris*, « cadeau, présent ».

renâcler [ʀənɑkle] v. intr. [1] **1.** Renifler de colère, avec bruit, en parlant d'un animal. **2.** Témoigner de la répugnance, rechigner. *Renâcler à une démarche.* – Altér., par croisement avec *renifler*, de l'anc. v. *renaquer*, de *re-*, et a. fr. *naquer*, « flairer », du lat. *nasicare*, rac. *nasus*, « nez ».

renaissance [ʀənɛsɑ̃s] n. f. **I. 1.** Nouvelle naissance. *La réincarnation, ou renaissance sur terre d'individus défunts.* ▷ THEOL *La renaissance de l'homme en Jésus-Christ*, sa régénération spirituelle. **2.** Nouvel essor, renouveau. *La renaissance de la pensée philosophique.* **II.** HIST *La Renaissance :* période de transformation et de renouvellement socioculturel des États de l'Europe occid. qui s'étend de la fin du Moyen Âge au déb. du XVIIe s. (V. encycl.) ▷ (En appos.) *Mobilier Renaissance*, de cette époque. ▷ *Par anal.* Période de renouveau d'une civilisation. *La renaissance carolingienne.* – De *renaître*, d'ap. *naissance.*

ENCYCL **Hist.** – *La Renaissance*, née dans les cités-États d'Italie, prit des formes diverses : empruntant aux Italiens les principes du droit romain, les moyens autoritaires de gouvernement, le faste de la vie de cour, le goût de la fête et des œuvres d'art, chaque peuple adapta ces principes à son génie propre, à ses traditions. L'apparition de la notion d'État reste la caractéristique essentielle de la Renaissance, dont les autres traits princ. sont : l'accroissement démographique, l'essor des tech. (développement de l'imprim.) et des échanges, l'urbanisation, la naissance d'une bourgeoisie d'affaires, l'éclat culturel. En ce qui concerne la culture, la Renaissance présente deux aspects fondamentaux : l'un, intellectuel, le néo-platonisme, intègre le culte du Beau à la pensée chrétienne ; l'autre, plastique, se caractérise par l'abandon définitif de l'esthétique byzantine et par l'instauration du modelé et du réalisme. Si la Rome de Jules II et de Léon X est bien le centre à partir duquel, sous l'impulsion de Bramante, da Sangallo et Peruzzi, s'élabore l'architecture nouvelle, les conceptions romaines (inspirées de l'Antiquité) trouvent bientôt leurs applications à Florence (Vasari), Venise (I. Sansovino), Mantoue (J. Romain), Gênes (G. Alessi). Avec Palladio et ses disciples, l'archi. ital., v. 1550, atteint à une perfection classique qui, au cours des XVIIe et XVIIIe s., servira de modèle à l'Europe entière. Dans les domaines de la peinture et de la sculpture, les noms de Léonard de

Vinci, Raphaël et Michel-Ange sont souvent associés pour qualifier l'art de la Renaissance à son apogée. Les prem. années de l'activité de Léonard de Vinci (né en 1452) le rattachent pourtant à la fin du Quattrocento (siècle de I. della Quercia, Brunelleschi, L. Ghiberti, Donatello, Fra Angelico, Uccello, L. Della Robbia, Masaccio, Alberti, Piero della Francesca, Mantegna, Verrocchio, Bellini, Botticelli), traditionnellement regardé, il est vrai, comme la prem. période de la Renaissance. Au XVIe s., la peint. ital. s'épanouit non seulement à Milan et à Rome, mais aussi à Parme (le Corrège) et surtout à Venise (Carpaccio, Giorgione, Titien, le Tintoret, Véronèse). En France, la Renaissance, un peu plus tardive, fut une conséquence des guerres d'Italie et brilla de son plus vif éclat sous le règne de François Ier (décoration de Fontainebleau par Maître Rosso et Primatice, fondation du Collège de France et de l'Imprimerie nationale, etc.). Elle incarne des temps où l'humanisme et la Réforme se confondent souvent; elle représente aussi l'époque de Marguerite de Navarre, de Rabelais, de Clément Marot, de Ronsard et du groupe de la Pléiade, de La Boétie et de Montaigne. Ses plus grands artistes sont : les architectes P. Delorme, P. Lescot, J. Bullant; les sculpteurs P. Bontemps, J. Goujon, G. Pilon; les peintres J. Cousin, J. et F. Clouet, A. Caron; le céramiste B. Palissy.

renaissant, ante [rənɛsɑ̃, ɑ̃t] adj. **1.** Qui renaît, qui se renouvelle. *Besoins toujours renaissants.* **2.** Qui appartient à la Renaissance. *La sculpture renaissante.* – Ppr. de *renaître.*

renaître [rənɛtr] v. intr. [74] **1.** Naître de nouveau; revivre. *Le phénix renaît de ses cendres.* – *Renaître à* : retrouver (tel état). *Renaître à la vie* : recouvrer la santé, la joie de vivre, après avoir été durement éprouvé, physiquement ou moralement. *Renaître au bonheur.* ▷ THEOL Recouvrer l'état de grâce perdu. **2.** Croître de nouveau, repousser. *Feuillages qui renaissent au printemps.* **3.** Reparaître, se montrer de nouveau. *Le jour renaît.*

rénal, ale, aux [renal, o] adj. ANAT, MED Qui a rapport, qui appartient aux reins. *Insuffisance rénale.* – Bas lat. *renalis,* du class. *rên,* «rein».

renard [rənar] n. m. **1.** Mammifère carnivore (fam. canidés) à la fourrure épaisse, le plus souvent rousse, au museau pointu, à la queue longue et touffue, répandu dans le monde entier. **2.** Fourrure faite avec la peau de cet animal. *Veste de renard.* **3.** Fig. Homme rusé. *Un vieux renard.* **4.** TECH Fente, trou par lequel fuit l'eau d'un réservoir. – *Renart,* n. pr., du frq. *Reginhart,* donné à l'animal dans le *Roman de Renart* (fin XIIe, début XIIIe s.); a éliminé *goupil.*

ENCYCL Les vrais renards appartiennent tous au genre *Vulpes*; les autres canidés qui portent le nom cour. de *renard* (genres *Alopex, Urocyon, Cerdocyon,* etc.) ont seulement l'aspect extérieur des *Vulpes.* Le renard commun d'Europe *(Vulpes vulpes)* est le canidé sauvage le plus connu.

renarde [rənard] n. f. Femelle du renard. – Fém. de *renard.*

renardeau [rənardo] n. m. Jeune renard. – Dimin. de *renard.*

renardière [rənardjɛr] n. f. Tanière du renard. – De *renard.*

renauder [rənode] v. intr. [1] Pop., vieilli Se plaindre avec mauvaise humeur, maugréer. – P.-ê. de *Renaud,* comme l'anc. v. *arnauder* «chercher noise», du prénom *Arnaud;* ou dér. de *renard,* d'ap. le cri de l'animal, par la loc. anc. *parler renaud,* «parlez du nez», *regnaut* étant le cri du renard.

rencaissage [rɑ̃kɛsaʒ] n. m. HORTIC Action de rencaisser une plante. – De *rencaisser.*

rencaissement [rɑ̃kɛsmɑ̃] n. m. FIN Action de rencaisser une somme. – De *rencaisser.*

rencaisser [rɑ̃kese] v. tr. [1] **1.** FIN Remettre (une somme) dans une caisse. **2.** HORTIC Mettre (une plante) dans une nouvelle caisse. *Rencaisser des palmiers.*

rencard. V. rancard.

rencarder. V. rancarder.

rencart. V. rancart.

renchérir [rɑ̃ʃerir] v. [3] **I.** v. tr. Rendre plus cher. *Renchérir des denrées.* **II.** v. intr. **1.** Augmenter de prix. *L'essence a renchéri.* **2.** Fig. *Renchérir sur qqn,* en dire ou en faire encore plus que lui. *Renchérir sur qqch,* aller au-delà. *Il a renchéri sur les louanges déjà prodiguées.* – De *r-,* et *enchérir,* qu'il tend à remplacer.

renchérissement [rɑ̃ʃerismɑ̃] n. m. Hausse de prix. *Le renchérissement des matières premières.* – De *renchérir.*

renchérisseur, euse [rɑ̃ʃerisœr, øz] n. Personne qui renchérit, qui poursuit l'enchère. – De *renchérir.*

rencogner [rɑ̃kɔɲe] Fam. **1.** v. tr. [1] Pousser, serrer (qqn) dans un coin. **2.** v. pron. Se cacher dans un coin. – De *r-, en,* et *cogner.*

rencontre [rɑ̃kɔ̃tr] n. **I.** n. f. **1.** Fait de se rencontrer, pour des personnes. *Ma rencontre avec lui.* ▷ *Aller à la rencontre de qqn,* au-devant de lui. **2.** Combat entre deux corps de troupes peu importants. – Duel. ▷ Compétition sportive. **3.** (Choses) Fait de se toucher ou de se heurter. *La rencontre de deux routes. La rencontre des deux trains n'a provoqué que des dégâts matériels.* **II.** n. m. HERALD Tête d'animal se présentant de face. – Déverbal de *rencontrer.*

rencontrer [rɑ̃kɔ̃tre] **I.** v. tr. [1] **1.** Se trouver en présence de (qqn avec qui on fait connaissance ou qu'on connaît déjà), de façon fortuite ou non. *Rencontrer un ami par hasard. Chercher à rencontrer qqn.* – Par ext. *Rencontrer les yeux de qqn.* ▷ SPORT *Rencontrer un adversaire dans une compétition.* **2.** Trouver (qqch) ou se heurter à (qqch), par hasard. *Une plante qu'on rencontre rarement. Le navire a rencontré un écueil.* ▷ Fig. *Rencontrer de la méfiance.* **II.** v. pron. **1.** (Personnes) Se trouver en présence l'une de l'autre. *Nous nous sommes déjà rencontrés.* **2.** Fig. Avoir les mêmes pensées sur le même sujet. – Loc. *Les grands esprits se rencontrent.* **3.** (Choses) Se toucher, se heurter. *Les deux véhicules se sont rencontrés dans un virage.* **4.** (Passif) Exister, se trouver. *Cela peut se rencontrer.* – De *r-,* et de l'anc. v. *encontrer,* «venir en face», de *encontre.*

rendement [rɑ̃dmɑ̃] n. m. **1.** Produit proportionnel que donne qqch. *Rendement d'une affaire,* rapport entre les capitaux qui y sont engagés et ce qu'elle rapporte. ▷ AGRIC Ce que produit une surface déterminée de terrain. *Rendement du blé à l'hectare.* ▷ PHYS Rapport entre l'énergie utile restituée par un appareil ou une machine et l'énergie absorbée. *Un rendement est toujours inférieur à 1 par suite de la dégradation de l'énergie en chaleur.* ▷ CHIM *Rendement d'une réaction* : rapport entre le nombre de moles réellement obtenues et le nombre de moles correspondant à la réaction totale. **2.** Rapport entre le temps que qqn passe à faire un travail, l'effort qu'il fournit et le résultat obtenu. *Cet ouvrier a un bon rendement.* – De *rendre.*

rendez-vous [rɑ̃devu] n. m. inv. **1.** Rencontre ménagée à l'avance entre plusieurs personnes et par elles-mêmes. *Recevoir sur rendez-vous.* **2.** Lieu où l'on est convenu de se rencontrer. – Lieu où des personnes se retrouvent habituellement. *Ce café est le rendez-vous des joueurs d'échecs.* – De *se rendre* à l'impér.

rendormir [rɑ̃dɔrmir] v. tr. [30] Faire dormir de nouveau. *Rendormir un bébé.* ▷ v. pron. S'endormir à nouveau.

rendosser [Rãdɔse] v. tr. [1] Remettre sur son dos (un vêtement). *Rendosser l'uniforme.*

rendre [Rãdʀ] v. [6] **A.** v. tr. **I. 1.** Remettre, restituer à son possesseur. *Rendre ce qu'on a emprunté. - Rendre la monnaie.* **2.** Remettre à la disposition de qqn (ce qu'il a offert, cédé). *Rendre un présent. Rendre un article qui ne convient pas.* - Loc. fig. *Rendre sa parole à qqn,* le dégager d'une promesse. **3.** Redonner à qqn (ce qu'il avait perdu). *Le grand air lui a rendu des forces. Rendre l'espoir à qqn.* **4.** Donner en contrepartie. *Rendre une invitation.* **5.** S'acquitter de (certains devoirs). *Rendre les honneurs funèbres. Rendre justice à qqn,* reconnaître son droit, sa valeur. **6.** *Rendre les armes :* capituler. **7.** Rejeter. *Rendre tout ce qu'on a mangé. - Absol.* Vomir. ▷ Fig. *Rendre l'âme, le dernier soupir :* mourir. **8.** Produire, donner. *Instrument qui rend un son harmonieux.* ▷ *Absol.* Avoir un certain rendement. *Ce champ rend bien.* - Loc. fam. *Cela n'a pas rendu :* cela n'a pas eu le résultat escompté. **II.** Faire devenir. *Le chagrin l'a rendu fou.* **III. 1.** Exprimer, représenter par le moyen du langage, de l'art. *Chercher les mots exacts pour rendre sa pensée. Rendre le velouté d'une pêche dans une nature morte.* **2.** Traduire. *Expression idiomatique impossible à rendre en français.* **B.** v. pron. **1.** Aller, se diriger vers. *Se rendre à son travail. - Se rendre à l'appel de qqn,* y répondre. **2.** Céder, se soumettre. *Se rendre à la raison, à l'évidence.* **3.** S'avouer vaincu. *La garnison assiégée s'est rendue.* **4.** Devenir de son propre fait. *Se rendre odieux, ridicule.* - Lat. pop. **rendere*, lat. class. *reddere,* avec infl. de *prendre.*

rendu, ue [Rãdy] adj. et n. m. **I.** adj. **1.** Vieilli Exténué. *L'attelage était rendu.* **2.** Arrivé. *Vous voilà rendus.* **II.** n. m. **1.** loc. *Un prêté pour un rendu :* un mauvais tour que l'on joue à qqn pour lui rendre la pareille. **2.** Représentation exacte de la réalité dans une œuvre d'art. *Le rendu d'une chevelure.* - Pp. de *rendre.*

rendzine [Rãdzin] n. f. PEDOL Sol carbonaté, calcique, alcalin, peu épais, qui renferme des cailloux calcaires et possède une structure grenue. - Mot polonais.

rêne [Rɛn] n. f. Courroie fixée au mors d'un cheval et par laquelle on le conduit. ▷ (Plur.) Fig. *Tenir les rênes de l'État, d'une affaire,* en avoir la direction. - Du lat. pop. **retina,* du class. *retinere,* «retenir».

renégat, ate [Rənega, at] n. **1.** Celui, celle qui a renié sa religion. **2.** Personne qui a abjuré ses opinions, trahi son parti ou sa patrie, etc. - Anc. provenç. *renegat,* «apostat»; ital. *rinnegato,* de *rinnegare,* «renier».

rénette [Renɛt] ou **rainette** [Rɛnɛt] n. f. TECH **1.** Instrument utilisé pour couper la corne du sabot des chevaux. **2.** Instrument utilisé pour tracer des lignes sur le bois, le cuir. - De *roisne,* anc. forme de *rouanne.*

renfermé, ée [Rãfɛrme] adj. et n. m. **1.** adj. Qui n'est pas ouvert, qui n'est pas communicatif. *Enfant renfermé.* **2.** n. m. Mauvaise odeur d'un local non aéré. *Pièce qui sent le renfermé.* - Pp. de *renfermer.*

renfermer [Rãfɛrme] v. [1] **I.** v. tr. **1.** Enfermer de nouveau. **2.** Contenir, comprendre en soi. *Sa bibliothèque renferme des livres rares.* ▷ Fig. *Ce texte renferme des idées intéressantes.* **II.** v. pron. *Se renfermer en soi-même :* ne pas extérioriser ses sentiments.

r(é)enfiler [R(e)ãfile] v. tr. [1] Enfiler de nouveau.

renflé, ée [Rãfle] adj. Dont le diamètre est plus grand à certains endroits. *Colonne renflée,* plus grosse dans sa partie médiane. - Pp. de *renfler.*

renflement [Rãfləmã] n. m. **1.** État de ce qui est renflé. **2.** Partie renflée. - De *renfler.*

renfler [Rãfle] v. tr. [1] Augmenter le volume de (qqch) en lui donnant une forme arrondie. *Rondeurs qui renflent les vêtements.* ▷ v. pron. *Bourgeon qui se renfle.*

renflouage [Rãfluaʒ] ou **renflouement** [Rãflumã] n. m. **1.** Action de renflouer (un navire). **2.** Fait de rétablir une situation financière. - De *renflouer.*

renflouer [Rãflue] v. tr. [1] **1.** Remettre à flot (un navire échoué, coulé). **2.** Fig. Procurer des fonds à (qqn, une entreprise), pour rétablir sa situation financière. - De *r-, en,* et *flouée,* var. normande de *flot,* «marée».

renfoncé, ée [Rãfɔ̃se] adj. Profondément enfoncé. *Yeux renfoncés.* - Pp. de *renfoncer.*

renfoncement [Rãfɔ̃smã] n. m. Partie d'une construction qui est en retrait. - De *renfoncer.*

renfoncer [Rãfɔ̃se] v. tr. [12] Enfoncer de nouveau ou plus avant. *Renfoncer un bouchon.*

renforçateur [Rãfɔrsatœr] n. m. PHOTO Bain servant au renforcement. - De *renforcer.*

renforcement [Rãfɔrsəmã] n. m. Action de renforcer; son résultat. ▷ PHOTO Opération corrective destinée à augmenter les contrastes d'une image. - De *renforcer.*

renforcer [Rãfɔrse] v. tr. [12] **1.** Accroître la force, le nombre de (un groupe). *Renforcer une troupe.* **2.** Rendre plus solide, plus résistant. *Renforcer un mur.* **3.** Donner plus d'intensité, plus de force à (qqch). *Renforcer un éclairage, un effet.* ▷ Fig. *Cela renforce mes convictions.* **4.** v. pron. Devenir plus fort. - De *r-,* et de l'anc. v. *enforcier,* «prendre de la force».

renfort [Rãfɔr] n. m. **1.** Effectifs, matériel qui viennent renforcer un groupe et, spécial., une armée. *Réclamer du (des) renfort(s).* ▷ *De renfort,* qui renforce. *Des armes de renfort.* **2.** TECH Pièce servant à augmenter la solidité d'une autre. ▷ Partie du canon où l'épaisseur est la plus importante. **3.** loc. prép. *À grand renfort de :* en se servant d'une grande quantité de. - De *renforcer.*

renfrogné, ée [Rãfrɔɲe] adj. Qui laisse voir de la mauvaise humeur. *Visage renfrogné.* - Pp. de *renfrogner.*

renfrogner (se) [Rãfrɔɲe] v. pron. [11] Prendre une expression de mécontentement. - De *re-,* et anc. v. *frogner,* «froncer le nez», gaul. **frogna,* «nez».

rengagé [Rãgaʒe] adj. et n. m. Se dit d'un militaire qui s'est rengagé. Syn. fam. rempilé. - Pp. de *rengager.*

r(é)engagement [R(e)ãgaʒmã] n. m. Action de rengager, de se rengager. - De *rengager,* ou *réengager.*

r(é)engager [R(e)ãgaʒe] v. [1] **1.** v. tr. Engager de nouveau. **2.** v. pron. *Se rengager* ou, v. intr., *rengager :* renouveler son engagement dans l'armée. Syn. fam. rempiler.

rengaine [Rãgɛn] n. f. **1.** Banalité répétée de façon lassante. **2.** Chanson qu'on entend sans cesse. *Rengaine à la mode.* - Déverbal de *rengainer.*

rengainer [Rãgɛne] v. tr. [1] **1.** Remettre dans la gaine, dans le fourreau. *Rengainer une épée.* **2.** Fig., fam. Ne pas dire, ne pas achever (ce qu'on avait envie de dire). *Rengainer un compliment.*

rengorger (se) [Rãgɔrʒe] v. pron. [13] **1.** (Oiseaux) Faire ressortir sa gorge en rejetant la tête en arrière. *Paon qui se rengorge.* **2.** Fig. Prendre des airs importants, avantageux. - De *r-, en-,* et *gorge.*

rengraisser [Rãgrɛse] v. intr. [1] Redevenir gros.

rengrénement [Rãgrɛnmã] n. m. TECH Action de rengréner. - De *rengréner.*

1. rengréner [Rãgrene] v. tr. [14] TECH Remplir de nouveau (une trémie de grain). - De *r-,* et *engrener* 1.

2. rengréner [Rãgrene] v. tr. [16] Engrener de nouveau entre les dents d'une roue. - De *r-,* et *engrener* 2.

reni [Rəni] n. m. Vx. Fait de renier. - Déverbal de *renier.*

reniement [ʀənimɑ̃] n. m. Action de renier. – De *renier.*

renier [ʀənje] v. [2] **I.** v. tr. **1.** Nier, en dépit de la vérité, qu'on connaît qqn. *Saint Pierre a renié Jésus.* **2.** Refuser de reconnaître (qqn, qqch) comme sien. *Renier ses amis. Renier ses origines.* **3.** Abandonner, abjurer (qqch). *Renier sa religion, ses opinions.* **II.** v. pron. Désavouer ses opinions, ses choix antérieurs. – Du lat. pop. **renegare*, du class. *negare*, «nier».

reniflard [ʀəniflaʀ] n. m. TECH Conduit qui met en communication avec l'atmosphère le carter d'huile d'un moteur. – De *renifler.*

reniflement [ʀənifləmɑ̃] n. m. Action de renifler. – De *renifler.*

renifler [ʀənifle] v. [1] **I.** v. intr. Aspirer par le nez avec bruit. *Enfant enrhumé qui renifle.* **II.** v. tr. **1.** Aspirer par le nez. *Renifler une prise de tabac.* **2.** Fig., fam. Pressentir, flairer. *Renifler un mauvais coup.* – De *re-*, et anc. v. *nifler*; all. *niffeln*, «flairer».

réniforme [ʀenifɔʀm] adj. Didac. En forme de rein, de haricot. – Du latin *ren, renis*, «rein», et de *forme.*

rénine [ʀenin] n. f. BIOCHIM Substance protéique sécrétée par le rein et qui provoque indirectement l'hypertension artérielle. – Du lat. *ren, renis*, «rein», et *-ine.*

rénitence [ʀenitɑ̃s] n. f. MED État de ce qui est rénitent. – De *rénitent.*

rénitent, ente [ʀenitɑ̃, ɑ̃t] adj. MED Qui, à la palpation, offre une certaine résistance élastique. – Lat. *renitens*, ppr. de *reniti*, «résister».

renne [ʀɛn] n. m. Cervidé (genre *Rangifer*) des régions arctiques, aux andouillers aplatis, à la robe grisâtre. – All. *Reen*, du scand.

renom [ʀənɔ̃] n. m. Opinion (généralement favorable) répandue sur qqn, qqch. *Un restaurant de grand renom.* – Déverbal de *renommer.*

renommé, ée [ʀənɔme] adj. Qui a un renom étendu. *Vin renommé.* – Pp. de *renommer.*

renommée [ʀənɔme] n. f. Renom. *La renommée d'un écrivain.* – Pp. fém. subst. de *renommer.*

renommer [ʀənɔme] v. tr. [1] Vx, litt. Célébrer; citer souvent et de façon élogieuse.

renonce [ʀənɔ̃s] n. f. JEU Aux cartes, absence d'une couleur. – Déverbal de *renoncer.*

renoncement [ʀənɔ̃smɑ̃] n. m. Action de renoncer. *Renoncement à un droit. Renoncement aux plaisirs.* – *Absol.* Détachement. *Mener une vie de renoncement.* – De *renoncer.*

renoncer [ʀənɔ̃se] v. tr. indir. [12] *Renoncer à* : abandonner (un bien, un pouvoir, une prétention, un droit). *Renoncer à la couronne, à une succession.* – Abandonner (une action entreprise, une habitude, une pratique). *Il ne renonce pas à ce projet.* ▷ Absol. *Trop difficile! Je renonce!* ▷ *Renoncer aux biens, aux plaisirs de ce monde*, s'en détacher volontairement. – Du lat. jur. *renuntiare*, «annoncer en réponse».

renonciataire [ʀənɔ̃sjatɛʀ] n. DR Celui, celle en faveur de qui on renonce à qqch (par oppos. à *renonciateur*). – De *renoncer.*

renonciateur, trice [ʀənɔ̃sjatœʀ, tʀis] n. DR Celui, celle qui renonce à qqch en faveur de qqn. – De *renoncer.*

renonciation [ʀənɔ̃sjasjɔ̃] n. f. **1.** Vx ou litt. Action de renoncer à qqch. **2.** DR Action de renoncer à un droit. – Acte par lequel on renonce à un droit. *Signer une renonciation.* – Lat. *renuntiatio.*

renonculacées [ʀənɔ̃kylase] n. f. pl. BOT Famille importante de ranales, le plus souvent herbacées, dont de nombreuses espèces sont ornementales. – Sing. *Une renonculacée.* – De *renoncule.*

renoncule [ʀənɔ̃kyl] n. f. Plante herbacée (fam. renonculacées) dont l'espèce la plus commune est le *bouton-d'or* (*Ranunculus acris*), aux fleurs jaune d'or. ▷ *Renoncule aquatique* ou *grenouillette (Ranunculus aquatilis)*, aux fleurs blanches, qui flotte à la surface des eaux calmes. – Lat. *ranunculus*, «petite grenouille», nom donné à la renoncule aquatique.

renouée [ʀənwe] n. f. Plante herbacée (fam. polygonacées) à feuilles aux bords non découpés et à fleurs verdâtres. *Le blé noir, ou sarrasin, est une renouée.* – Pp. fém. subst. de *renouer.*

renouement [ʀənumɑ̃] n. m. Vieilli Action de renouer. – De *renouer.*

renouer [ʀənwe] v. [1] **I.** v. tr. **1.** Nouer (une chose dénouée). *Renouer une ficelle.* – Fig. *Renouer une amitié.* **2.** Reprendre (ce qui a été interrompu). *Renouer la conversation.* **II.** v. tr. indir. *Renouer avec* : entrer de nouveau en relation avec (qqn). *Renouer avec de vieux amis.*

renouveau [ʀənuvo] n. m. **1.** Litt. Printemps, saison nouvelle. **2.** Caractère nouveau (de qqch); renaissance. *Le renouveau du romantisme.* ▷ *Renouveau charismatique**. – Déverbal de *renouveler*, d'après *nouveau.*

renouvelable [ʀənuvlabl] adj. Qui peut être renouvelé. – De *renouveler.*

renouvelant, ante [ʀənuvlɑ̃, ɑ̃t] n. RELIG CATHOL Celui, celle qui renouvelait sa profession de foi, un an après sa communion solennelle. – Ppr. subst. de *renouveler.*

renouveler [ʀənuvle] v. [19] **I.** v. tr. **1.** Rendre nouveau en remplaçant qqch par qqch de semblable, ou des personnes par d'autres. *Renouveler l'armement. Renouveler une équipe.* **2.** Donner un caractère nouveau à (qqch). *Renouveler son style.* **3.** Faire de nouveau. *Renouveler une erreur, une proposition.* **4.** Rendre valable, reconduire pour une nouvelle période. *Renouveler un bail, un abonnement.* **5.** Litt. Ranimer, raviver (qqch). *Renouveler l'ardeur des combattants.* **II.** v. pron. **1.** Être renouvelé, remplacé. *Les techniques se renouvellent.* **2.** Changer fréquemment de style, d'inspiration, en matière artistique ou littéraire. *Cinéaste qui se renouvelle souvent.* **3.** Se reproduire, se répéter. *Fait qui se renouvelle.* – De *re-*, et de l'anc. fr. *noveler*, de *novel*, «nouveau».

renouvellement [ʀənuvɛlmɑ̃] n. m. **1.** Remplacement (de choses, de personnes). *Le renouvellement d'un stock. Le renouvellement du corps enseignant.* **2.** Action de donner un caractère nouveau à qqch. *Le renouvellement d'un genre littéraire.* **3.** Action de renouveler, de reconduire. *Renouvellement d'un contrat.* – De *renouveler.*

rénovateur, trice [ʀenɔvatœʀ, tʀis] n. et adj. Qui rénove. – Bas lat. *renovator*, du class. *renovare*, «rénover».

rénovation [ʀenɔvasjɔ̃] n. f. **1.** Action de rénover, de transformer en mettant à jour. *Rénovation des méthodes pédagogiques.* **2.** Action de remettre à neuf (qqch). *Rénovation d'un quartier.* – Lat. *renovatio.*

rénover [ʀenɔve] v. tr. [1] **1.** Donner une forme nouvelle à (qqch). *Rénover les structures administratives.* **2.** Remettre à neuf. *Rénover un immeuble.* – Lat. *renovare.*

renseignement [ʀɑ̃sɛɲmɑ̃] n. m. **1.** Ce qu'on fait connaître à qqn en le renseignant. *Donner des renseignements.* **2.** *Spécial.* Information d'intérêt national, dans les domaines militaire, économique, politique. – MILIT *Service de renseignements (S.R.)*, chargé de la recherche des renseignements nécessaires à la stratégie. – De *renseigner.*

renseigner [Rɑ̃seɲe] **1.** v. tr. [1] Fournir à (qqn) des indications, des précisions (sur qqn, qqch). *Renseigner un collaborateur sur une affaire.* ▷ Pp. adj. *Des personnes bien renseignées.* **2.** v. pron. Prendre des renseignements. *Se renseigner sur qqn.* – De *r-*, et *enseigner*; signif. d'abord « mentionner dans un compte », puis « enseigner de nouveau ».

rentabilisation [Rɑ̃tabilizasjɔ̃] n. f. Fait de rentabiliser ou de devenir rentable. – De *rentabiliser.*

rentabiliser [Rɑ̃tabilize] v. tr. [1] Assurer la bonne rentabilité de (une opération, une entreprise). – De *rentable.*

rentabilité [Rɑ̃tabilite] n. f. Caractère de ce qui est rentable. *Rentabilité d'un placement. Rentabilité économique.* – De *rentable.*

rentable [Rɑ̃tabl] adj. Qui produit une rente, un bénéfice. – *Par ext.* Qui rapporte. *Une affaire rentable.* – De *rente.*

rente [Rɑ̃t] n. f. **1.** Revenu régulier que l'on tire d'un bien, d'un capital. *Vivre de ses rentes.* ▷ Fig. *Rente de situation* : avantage dû au seul fait d'occuper une situation stratégique ou privilégiée. **2.** Paiement annuel résultant soit d'un titre de créance, soit d'un contrat, soit d'un jugement. – *Rente d'une terre,* son revenu naturel, considéré indépendamment du revenu provenant du travail. – *Rente viagère* : pension payable à qqn sa vie durant. **3.** Emprunt de l'État qui donne droit à un intérêt contre remise de coupons. *Rente perpétuelle. Rente amortissable.* – Du lat. pop. *rendita,* pp. fém. du lat. pop. *rendere,* « rendre », du class. *reddere.*

rentier, ère [Rɑ̃tje, ɛR] n. Celui, celle qui a des rentes, qui vit de ses rentes. – De *rente.*

rentoilage [Rɑ̃twalaʒ] n. m. Action de rentoiler; son résultat. – De *rentoiler.*

rentoiler [Rɑ̃twale] v. tr. [1] *Rentoiler un tableau,* coller sa toile peinte ou la couche de peinture sur une toile neuve.

rentoileur, euse [Rɑ̃twalœR, øz] n. Spécialiste qui fait du rentoilage. – De *rentoiler.*

rentrant, ante [Rɑ̃tRɑ̃, ɑ̃t] adj. GEOM *Angle rentrant,* dont le sommet est tourné vers l'intérieur d'une figure. Ant. saillant. – Ppr. de *rentrer.*

rentré, ée [Rɑ̃tRe] adj. et n. m. **1.** adj. Que l'on ne peut ou que l'on ne veut extérioriser. *Colère rentrée.* **2.** n. m. COUT Repli du tissu maintenu vers l'intérieur par une couture. – Pp. de *rentrer.*

rentrée [Rɑ̃tRe] n. f. **1.** Action de rentrer dans un lieu. *La rentrée des travailleurs dans l'usine.* **2.** Reprise des activités, des travaux après les vacances; époque où elle a lieu. *La rentrée des tribunaux. La rentrée des classes* ou, absol., *la rentrée. La rentrée d'un acteur,* sa réapparition sur scène après une absence. **3.** Action de mettre dans un lieu fermé ou couvert ce qui était dehors (produits agricoles, notam.). *Rentrée des foins, de la récolte.* **4.** Somme que l'on recouvre. *Compter sur des rentrées régulières.* – Pp. fém. subst. de *rentrer.*

rentrer [Rɑ̃tRe] v. [1] **I.** v. intr. **1.** Entrer, revenir dans un lieu après en être sorti. *Rentrer dans sa cachette. Rentrer du travail.* – Absol. Revenir chez soi. *Quand rentre-t-il ?* **2.** Reprendre ses fonctions. *Les écoles rentrent aujourd'hui.* **3.** (En loc.) Fig. Entrer de nouveau en possession de. *Rentrer dans ses droits. Rentrer en grâce* : être pardonné. *Rentrer dans ses frais,* en être remboursé, en avoir la compensation. – *Les choses sont rentrées dans l'ordre,* elles ont retrouvé leur cours normal. ▷ *Rentrer en soi-même* : réfléchir, méditer sur soi-même. **4.** Être compris (dans qqch). *Cela rentre dans vos attributions.* **5.** Être reçu, perçu (argent). *Les loyers rentrent mal.* **6.** Pénétrer, s'emboîter. *La valise ne rentre pas dans le coffre.* **7.** Fam. (Emploi critiqué.) Entrer violemment en contact avec qqn, entrer en collision avec qqch. *La voiture est rentrée dans un camion.* Syn. emboutir. **8.** *Abusiv.* et cour. Entrer. *Rentrer dans une boutique.* **II.** v. tr. **1.** Amener, transporter à l'intérieur, mettre à l'abri. *Rentrer ses moutons, du bois.* **2.** Ne pas extérioriser (un sentiment). *Rentrer sa haine.*

renversant, ante [Rɑ̃vɛRsɑ̃, ɑ̃t] adj. Qui stupéfie. *Une nouvelle renversante.* – Ppr. de *renverser.*

renverse [Rɑ̃vɛRs] n. f. **1.** MAR Changement de direction de 180° du courant ou (plus rare) du vent. **2.** Loc. adv. *À la renverse* : sur le dos (empl. surtout dans la loc. *tomber à la renverse*). – Déverbal de *renverser.*

renversé, ée [Rɑ̃vɛRse] adj. **1.** Inversé par rapport à la position habituelle. *Cette lentille donne une image renversée.* ▷ CUIS *Crème renversée* : crème cuite, à base d'œufs et de lait, assez ferme et que l'on démoule en la renversant sur un plat. ▷ Loc. fig. *C'est le monde renversé* : cela va contre l'ordre habituel, contre le bon sens. **2.** Qui est tombé. *Une statue renversée.* – Pp. de *renverser.*

renversement [Rɑ̃vɛRsəmɑ̃] n. m. **1.** Action de renverser de haut en bas. ▷ TECH *Appareil à renversement,* qui fonctionne quand on le renverse (bombe, extincteur). **2.** Fig. Chute, destruction. *Le renversement de la royauté.* **3.** Changement de direction de 180°. *Renversement de la marée, du courant.* **4.** Inversion d'un ordre. *Renversement des termes d'une proposition.* ▷ MUS Interversion des rapports qu'on a établis entre les sons. *Renversement des intervalles, des accords.* **5.** Fig. Changement total dans le sens inverse. *Renversement des alliances, des opinions.* – De *renverser.*

renverser [Rɑ̃vɛRse] v. tr. [1] **1.** Retourner (qqch) de façon que ce qui était en haut soit en bas. *Renverser un moule pour démouler un gâteau.* – *Renverser la tête,* la rejeter en arrière. **2.** Jeter à terre, faire tomber (qqn, qqch). *Il s'est fait renverser par une voiture.* – (Liquides) Répandre. *Renverser de l'eau.* ▷ Fig., fam. *Cela me renverse,* me stupéfie. **3.** Fig. Provoquer la chute, la destruction de (qqch). *Renverser un régime.* – *Renverser un ministère,* le mettre en minorité pour l'obliger à démissionner (cf. motion de censure). **4.** Mettre ou faire aller en sens inverse. *Renverser les termes d'un rapport. Renverser la vapeur,* la faire agir sur l'autre face du piston pour changer le sens de la marche d'une machine à vapeur; fig. changer totalement sa façon d'agir. – De *r-*, et a. fr. *enverser,* de *envers,* « à la renverse ».

renvoi [Rɑ̃vwa] n. m. **1.** Action de renvoyer; son résultat. *Renvoi de la balle. Renvoi de l'ascenseur.* ▷ Retour à l'envoyeur. *Renvoi d'un colis.* **2.** Licenciement, exclusion. *Je lui ai signifié son renvoi.* **3.** Transmission d'une demande, d'une proposition à une autorité compétente. ▷ DR Fait de renvoyer une partie, un procès, devant un juge déterminé. **4.** Marque renvoyant le lecteur à des notes, à d'autres passages du texte. ▷ MUS Signe qui indique une reprise. **5.** Remise, ajournement. *Renvoi à huitaine.* **6.** Éructation. **7.** TECH *Renvoi d'angle* : organe qui transmet un mouvement en en changeant la direction. – Déverbal de *renvoyer;* a. fr. *faire renvoy,* « avoir recours ».

renvoyer [Rɑ̃vwaje] v. tr. [24] **1.** Faire retourner (qqn) au lieu d'où il est parti. *Renvoyer un malade à l'hôpital.* **2.** Mettre (qqn) dans l'obligation de quitter un lieu, une situation. *Renvoyer des visiteurs indésirables. Renvoyer un employé.* ▷ DR *Renvoyer un accusé,* le décharger de l'accusation portée contre lui. **3.** Faire reporter à qqn (ce qu'il avait envoyé, prêté, perdu). *Renvoyer un objet oublié.* **4.** Lancer (qqch) en retour. *Renvoyer une balle.* – Loc. fig., fam. *Renvoyer l'ascenseur* : rendre un service pour un service rendu. **5.** Réfléchir (des ondes lumineuses, sonores). *L'écho renvoie les sons.* **6.** Adresser (qqn, qqch) à la personne, à l'endroit qui convient. *Être renvoyé au service compétent. Renvoyer une affaire à telle commission.* **7.** Remettre à plus tard. *Renvoyer l'examen d'une affaire au lendemain.* – De *r-*, et *envoyer.*

réoccupation [reɔkypasjɔ̃] n. f. Action de réoccuper. – De *réoccuper.*

réoccuper [reɔkype] v. tr. [1] Occuper de nouveau.

réopérer [reɔpeʀe] v. tr. [14] Opérer de nouveau.

réorchestration [reɔʀkɛstʀaʃjɔ̃] n. f. MUS Nouvelle orchestration. – De *réorchestrer.*

réorchestrer [reɔʀkɛstʀe] v. tr. [1] MUS Concevoir une orchestration différente pour une même pièce.

réorganisation [reɔʀganizasjɔ̃] n. f. Action d'organiser de nouveau; son résultat. – De *réorganiser.*

réorganiser [reɔʀganize] v. tr. [1] Organiser de nouveau ou d'une autre manière.

réorientation [reɔʀjɑ̃tasjɔ̃] n. f. Action de réorienter.

réorienter [reɔʀjɑ̃te] v. tr. [1] Donner une nouvelle orientation à.

réouverture [ʀeuvɛʀtyʀ] n. f. **1.** Action de rouvrir un établissement qui a été fermé. *Réouverture d'un café.* **2.** DR Mesure par laquelle on rouvre des débats qui avaient été clos.

repaire [ʀəpɛʀ] n. m. Lieu où se réfugient des animaux sauvages. ▷ Fig. *Repaire de brigands.* – Déverbal de *repairer.*

repairer [ʀəpeʀe] v. intr. [1] VEN Être au repaire, au gîte. – A. fr. *repairier*; du bas lat. *repatriare*, « rentrer chez soi », de *patria*, « patrie ».

repaître [ʀəpɛtʀ] **1.** v. tr. [73] Litt. Rassasier. *Repaître ses yeux d'un spectacle,* le regarder avec avidité jusqu'à s'en rassasier. **2.** v. pron. Litt. Se nourrir, se rassasier. *Tigre qui se repaît de la chair d'une proie.* ▷ Fig. *Se repaître de commérages.*

répandre [ʀepɑ̃dʀ] v. [6] **I.** v. tr. **1.** Verser, laisser tomber (qqch qui s'étale, se disperse). *Répandre un liquide, des graviers.* – *Répandre des larmes* : pleurer. *Répandre son sang* : être blessé. **2.** Envoyer au loin (qqch qui émane de soi). *Répandre de la chaleur, une odeur.* **3.** Distribuer généreusement. *Répandre ses bienfaits.* **4.** Faire naître (un sentiment) chez de nombreuses personnes. *Répandre la gaieté.* **5.** Faire connaître à un vaste public. *Répandre une nouvelle, une doctrine.* **II.** v. pron. **1.** S'écouler en s'étalant. *Café qui se répand sur la nappe.* **2.** Être émis et s'étendre (lumière, odeur, chaleur, etc.). **3.** (Personnes) Se disperser en occupant un lieu. *Les invités se répandent dans le jardin.* **4.** Se propager. *Idée, mode qui se répand.* **5.** *Se répandre en paroles, en invectives, en compliments,* etc. : parler, invectiver, complimenter longuement.

répandu, ue [ʀepɑ̃dy] adj. **1.** Communément admis, pratiqué. *Opinion, coutume répandue.* **2.** Abondant. *Ce mollusque est très répandu sur le littoral atlantique.* **3.** Litt. *Des gens répandus dans le monde,* qui le fréquentent assidûment, qui y ont de nombreuses relations. – Pp. de *répandre.*

réparable [ʀepaʀabl] adj. Qu'on peut réparer. – De *réparer.*

reparaître [ʀəpaʀɛtʀ] v. intr. [73] Paraître de nouveau.

réparateur, trice [ʀepaʀatœʀ, tʀis] n. (et adj.) **1.** Personne qui répare ce qui est endommagé. ▷ adj. Qui répare, compense. *Geste réparateur.* Qui redonne des forces. *Sommeil réparateur.* **2.** RELIG CATHOL *Religieuse réparatrice* : religieuse appartenant à la congrégation des franciscaines réparatrices de Jésus-hostie ou à une des deux congrégations de réparatrices du Sacré-Cœur. – Lat. tardif. *reparator,* de *reparare,* « réparer ».

réparation [ʀepaʀasjɔ̃] n. f. **1.** Action de réparer une chose matérielle; travail qu'il faut faire pour la réparer. *Route en réparation. Les réparations de la toiture coûteront cher.* ▷ Fig. *Réparation des forces.* **2.** Action de réparer un tort, une erreur, etc. ▷ DR *Réparations civiles* : dommages-intérêts que peut obtenir une personne qui a subi un préjudice du fait de qqn. ▷ SPORT *Surface de réparation* : au football, surface rectangulaire délimitée autour des buts, à l'intérieur de laquelle toute faute commise par un défenseur contre un attaquant est sanctionnée par un *coup de pied de réparation* (V. penalty). – Bas lat. *reparatio,* du class. *reparare,* « réparer ».

réparer [ʀepaʀe] v. tr. [1] **1.** Remettre (qqch) en bon état, en état de fonctionnement. *Réparer un toit, une machine.* ▷ Fig. *Réparer ses forces,* les rétablir. **2.** Faire disparaître par une réparation. *Réparer un accroc.* **3.** Compenser les effets de (une faute, un dommage). *Réparer une maladresse.* – Lat. *reparare.*

reparler [ʀəpaʀle] v. tr. indir. [1] **1.** Parler de nouveau (de qqch, de qqn). *Nous en reparlerons.* ▷ v. intr. *Il reparle enfin.* **2.** Adresser de nouveau la parole (à qqn) après une brouille.

répartement [ʀepaʀtəmɑ̃] n. m. FISC Répartition de l'impôt entre les collectivités. – De *répartir.*

repartie [ʀepaʀti] n. f. Vive réplique. *Avoir l'esprit de repartie.* – Déverbal de *repartir* 1.

1. repartir [ʀepaʀtiʀ] v. tr. [30] Vx, litt. (Sauf aux temps composés.) Répliquer, répondre vivement. *Il lui a reparti aussitôt ceci.* ▷ v. intr. (En incise.) *Il n'en est pas question, repartit l'individu.* – De *re-,* et *partir* 1.

2. repartir [ʀəpaʀtiʀ] v. intr. [30] **1.** Partir de nouveau. **2.** Retourner à l'endroit d'où l'on vient. *Il repart chez lui.* – De *re-,* et *partir* 2.

répartir [ʀepaʀtiʀ] v. [3] **I.** v. tr. **1.** Distribuer les parts de (qqch qu'on a partagé suivant certaines règles). *Répartir des biens.* **2.** Mettre dans divers endroits. *Répartir des objets dans une vitrine.* **3.** *Par ext.* Échelonner. *Répartir un plan sur deux ans.* **4.** Classer. *Répartir les races dans une espèce.* **II.** v. pron. (Pass.) Être réparti. *Les charges doivent se répartir équitablement.* – (Récipr.) *Se répartir les tâches.* – De *re-,* et *partir,* « partager », *ré-* pour éviter la confusion avec *repartir.*

répartiteur [ʀepaʀtitœʀ] n. m. (et adj. m.) **1.** Litt. Personne qui fait une répartition. **2.** Celui qui assure la répartition de certains impôts. ▷ adj. m. *Commissaire répartiteur.* **3.** TELECOM Dispositif où aboutissent des lignes téléphoniques principales qu'il répartit entre les utilisateurs. – De *répartir.*

répartition [ʀepaʀtisjɔ̃] n. f. **1.** Partage, division, distribution. *Répartition du travail.* ▷ Manière dont une chose est répartie. *La répartition inégale des fortunes.* ▷ *Impôt de répartition* : impôt fixé d'année en année et réparti de degré en degré entre les départements, les arrondissements, les communes et les contribuables. **2.** Action de répartir, de se répartir dans l'espace; son résultat. *Répartition géographique d'une espèce animale.* **3.** Classement. **4.** MATH *Fonction de répartition* : fonction qui donne la probabilité pour qu'une variable aléatoire soit inférieure à une valeur donnée. – De *répartir.*

reparution [ʀəpaʀysjɔ̃] n. f. Fait de reparaître.

repas [ʀəpɑ] n. m. Nourriture que l'on prend chaque jour à des heures régulières. *Faire trois repas par jour.* – De l'a. fr. *past,* « pâtée, pâture », d'ap. *repaître.*

repassage [ʀəpasaʒ] n. m. **1.** Action d'aiguiser un couteau, des ciseaux. **2.** Action de repasser du linge. – De *repasser.*

repasser [ʀəpase] v. [1] **I.** v. intr. Passer de nouveau. *Je repasserai chez vous.* **II.** v. tr. **1.** Traverser de nouveau. *Repasser le fleuve.* **2.** Faire passer de nouveau (qqch). *Repasser le plat aux convives. Repasser un disque.* **3.** Revenir sur (qqch qu'on a étudié, appris). *Repasser sa leçon.* **4.** Aiguiser (des couteaux, des ciseaux) sur une meule. **5.** Défroisser (du linge, un vêtement) en passant dessus un fer chaud.

repasseur [ʀəpasœʀ] n. m. Ouvrier qui aiguise les lames. Syn. rémouleur. – De *repasser.*

repasseuse [ʀəpasøz] n. f. **1.** Celle dont le métier est de repasser du linge. **2.** Machine à repasser le linge, composée de cylindres chauffés. – De *repasser.*

repavage [ʀəpavaʒ] ou **repavement** [ʀəpavmɑ̃] n. m. Action de remplacer le pavage. – De *repaver.*

repaver [ʀəpave] v. tr. [1] Paver de nouveau.

repêchage [ʀəpɛʃaʒ] n. m. **1.** Action de sortir de l'eau. **2.** Fig. *Repêchage d'un candidat* : fait de repêcher un candidat. *Épreuve de repêchage* : épreuve supplémentaire qui peut permettre à un candidat éliminé d'être reçu à un examen. . – De *repêcher.*

repêcher [ʀəpɛʃe] v. tr. [1] **1.** Retirer de l'eau (ce qui y est tombé). **2.** Fig., fam. *Repêcher un candidat à un examen,* l'admettre bien qu'il n'ait pas obtenu la moyenne requise. – De *re-*, et *pêcher* 1.

repeindre [ʀəpɛ̃dʀ] v. tr. [55] Peindre de nouveau.

repeint [ʀəpɛ̃] n. m. BX-A Partie d'un tableau qui a été couverte d'une nouvelle couche de peinture, pour le modifier ou le restaurer. – Pp. subst. de *repeindre.*

repenser [ʀəpɑ̃se] v. [1] **1.** v. intr. Penser, réfléchir de nouveau (à qqch). **2.** v. tr. Revenir sur le fond, la conception même de (qqch). *Repenser un article.* – De *re-*, et du v. *penser.*

repentance [ʀəpɑ̃tɑ̃s] n. f. Litt. Repentir (2, sens 1). – De *(se) repentir.*

repentant, ante [ʀəpɑ̃tɑ̃, ɑ̃t] adj. Qui se repent de ses fautes. – Ppr. de *(se) repentir.*

repenti, ie [ʀəpɑ̃ti] adj. et n. Qui s'est repenti (d'une, de ses fautes). ▷ Subst. *Un(e) repenti(e).* – Pp. de *(se) repentir.*

1. repentir (se) [ʀəpɑ̃tiʀ] v. pron. [30] **1.** Éprouver un regret sincère (du mal qu'on a fait). *Se repentir de ses fautes.* **2.** Regretter (ce qu'on a fait) à cause de ses conséquences fâcheuses. *Je me repens de lui avoir prêté de l'argent.* – Bas lat. *repœnitere,* du lat. *pænitere,* «mécontenter», altéré en *pœnitire,* à cause de *pœna,* «peine».

2. repentir [ʀəpɑ̃tiʀ] n. m. **1.** Sentiment de celui qui se repent d'une faute. *Le repentir du pécheur.* **2.** PEINT Correction effectuée par l'artiste sur le tableau qu'il est en train de peindre. – Emploi subst. du verbe *(se) repentir.*

repérable [ʀəpeʀabl] adj. Qu'il est possible de repérer. ▷ PHYS *Grandeur repérable et non mesurable,* dont on peut définir l'égalité ou l'inégalité, mais sur laquelle on ne peut effectuer d'opération mathématique (la température, par ex.). – De *repérer.*

repérage [ʀəpeʀaʒ] n. m. **1.** Action de repérer. **2.** ARTS GRAPH Indication, par des signes, de l'endroit où des dessins en feuillets séparés doivent s'ajuster. **3.** IMPRIM Action de faire coïncider, grâce à des signes portés sur la feuille, les diverses plages colorées dont la superposition permet d'obtenir un document en couleurs. **4.** CINE Reconnaissance des lieux précédant un tournage en décors naturels. – De *repérer.*

répercussion [ʀepɛʀkysjɔ̃] n. f. **1.** Fait, pour un son, de se répercuter. **2.** Fig. Suite, contrecoup. *Les répercussions d'un échec.* – Du lat. *repercussio,* «réflexion de la lumière».

répercuter [ʀepɛʀkyte] v. [1] **I.** v. tr. **1.** Renvoyer (un son). *Cri qui est répercuté par l'écho.* **2.** Fig. Faire payer (une charge) à d'autres. *Répercuter l'augmentation de l'impôt sur une catégorie de contribuables.* – Transférer (une charge) sur (qqch). *Répercuter l'augmentation des salaires sur les prix.* **3.** Fig., fam. Transmettre d'une personne à une autre. *Répercuter des directives.* **II.** v. pron. **1.** Être répercuté (son). **2.** Fig. Agir par contrecoup (sur qqch). *Le renchérissement des matières premières s'est répercuté sur les prix des produits finis.* – Lat. *repercutere.*

reperdre [ʀəpɛʀdʀ] v. tr. [6] **1.** Perdre de nouveau. **2.** Perdre ce qu'on vient de gagner.

repère [ʀəpɛʀ] n. m. **1.** Marque faite sur une pièce, qui permet de l'ajuster avec précision ou de la remettre exactement à la même place. ▷ Signe indiquant un alignement, une distance, un niveau. **2.** *Point de repère* : ce qui sert à se retrouver, à situer qqch dans l'espace, dans le temps, dans un ordre. **3.** MATH, PHYS Ensemble d'axes par rapport auxquels on définit la position d'un point par ses coordonnées. – De *repaire,* d'ap. le lat. *reperire,* «trouver».

repérer [ʀəpeʀe] v. [16] **I.** v. tr. **1.** Marquer, indiquer au moyen d'un repère. *Repérer une hauteur.* **2.** Déterminer avec précision la position de (qqch). *Repérer un avion à l'aide de radars.* **3.** Fam. Découvrir, remarquer (qqch, qqn). *Repérer un individu bizarre.* ▷ *Se faire repérer* : attirer fâcheusement l'attention sur soi. **II.** v. pron. Fam. Se situer (dans l'espace ou le temps) grâce à des points de repère. – De *repère.*

répertoire [ʀepɛʀtwaʀ] n. m. **1.** Inventaire, recueil où les matières sont rangées dans un ordre qui permet de les retrouver facilement. *Consigner des adresses sur un répertoire.* **2.** Recueil. *Répertoire de droit.* **3.** Liste des pièces qui sont jouées habituellement dans un théâtre déterminé. ▷ *Par ext.* Ensemble des pièces qui forment une catégorie. *Le répertoire classique.* **4.** Ensemble des œuvres qu'un comédien, un chanteur, etc., interprète. ▷ Fig., plaisant *Il a un répertoire d'injures très étendu.* – Lat. *repertorium,* de *reperire,* «trouver».

répertorier [ʀepɛʀtɔʀje] v. tr. [2] Porter sur un répertoire. – De *répertoire.*

répéter [ʀepete] v. [16] **I.** v. tr. **1.** Dire (ce qu'on a déjà dit ou ce qu'un autre a dit). *Répéter inlassablement la même chose.* **2.** Refaire, recommencer (qqch). *Répéter une expérience.* **3.** Dire ou faire plusieurs fois (qqch) pour mieux le savoir. *Répéter une leçon.* ▷ *Absol.* Participer à, faire une répétition (sens 3). **4.** Reproduire (qqch) à certains intervalles dans l'espace ou dans le temps. *Répéter un motif sculpté. Répéter des signaux.* **II.** v. pron. **1.** Redire les mêmes choses inutilement. *Romancier qui se répète.* **2.** Être répété, reproduit. *Le même vers se répète à chaque strophe.* **3.** Se produire à plusieurs reprises. *Phénomène qui se répète.* – Lat. *repetere,* «chercher à atteindre, reprendre».

répéteur [ʀepetœʀ] n. m. TELECOM Dispositif amplificateur servant à retransmettre les signaux qu'il reçoit. – De *répéter.*

répétiteur, trice [ʀepetitœʀ, tʀis] n. **1.** Vieilli Celui, celle qui donne des explications complémentaires aux élèves et surveille leur travail. **2.** n. m. TECH Appareil qui reproduit les indications d'un autre appareil. – Lat. *repetitor.*

répétitif, ive [ʀepetitif, iv] adj. Qui se répète. *Travail répétitif.* – De *répétition.*

répétition [ʀepetisjɔ̃] n. f. **1.** Retour du même mot, de la même idée. *Texte plein de répétitions.* **2.** Action de faire plusieurs fois la même chose. *La répétition des mêmes actes.* ▷ *Armes à répétition,* qui permettent de tirer plusieurs coups en ne les chargeant qu'une seule fois. **3.** Action de jouer, sans public, une pièce, une partition, etc., pour mettre au point son interprétation. *Répétition d'un ballet.* ▷ *Répétition générale* : V. général (1, sens 3). **4.** Vieilli Leçon complémentaire donnée à un, des élèves. **5.** Reproduction de qqch. *Répétition des mêmes ornements.* **6.** DR Action en justice par laquelle on réclame le remboursement de ce qu'on a payé. *Répétition de l'indu.* – Lat. *repetitio.*

répétitivité [ʀepetitivite] n. f. Didac. Caractère de ce qui est répétitif. – De *répétitif.*

repeuplement [ʀəpœpləmɑ̃] n. m. Action, fait de repeupler. – De *repeupler.*

repeupler [ʀəpœple] v. tr. [1] Peupler de nouveaux habitants. *Repeupler une région.* ▷ v. pron. *Le village s'est repeuplé.* ▷ Regarnir d'animaux. *Repeupler un parc.* ▷ ARBOR Regarnir de végétation. *Repeupler une forêt.*

repiquage [ʀəpikaʒ] n. m. Action de repiquer; son résultat. – De *repiquer.*

repiquer [ʀəpike] v. tr. [1] **1.** Transplanter (un jeune plant issu d'un semis). *Repiquer des salades.* **2.** COUT Piquer de nouveau. **3.** PHOTO Retoucher. **4.** Enregistrer sur un nouveau support. *Repiquer un disque sur une bande magnétique.* **5.** Fig., pop. Attraper, surprendre une nouvelle fois. *Si je vous repique à rôder par ici...*

répit [ʀepi] n. m. Arrêt de qqch de pénible; détente, repos. *S'accorder un moment de répit.* – *Sans répit* : sans arrêt, sans relâche. – Lat. *respectum,* «regard en arrière» puis «délai, répit».

replacement [ʀəplasmɑ̃] n. m. Action de replacer; son résultat. – De *replacer.*

replacer [ʀəplase] v. tr. [12] **1.** Remettre en place ou placer ailleurs (qqch). **2.** Fournir un nouvel emploi à (qqn).

replanter [ʀəplɑ̃te] v. tr. [1] Planter de nouveau.

replat [ʀəpla] n. m. GEOGR Terrasse en épaulement au flanc d'un versant. – De *re-,* et *plat* 1.

replâtrage [ʀəplɑtʀaʒ] n. m. **1.** Réparation faite avec du plâtre. **2.** Fig., fam. Réparation sommaire; arrangement de fortune. ▷ Réconciliation précaire. – De *replâtrer.*

replâtrer [ʀəplɑtʀe] v. tr. [1] **1.** Plâtrer de nouveau. **2.** Fig., fam. Arranger sommairement, grossièrement.

replet, ète [ʀəplɛ, ɛt] adj. Gras, dodu. – Lat. *repletus,* «rempli».

réplétif, ive [ʀepletif, iv] adj. MED Qui sert à remplir. *Injection réplétive.* – Du lat. *repletus,* «rempli».

réplétion [ʀeplesjɔ̃] n. f. Didac. État d'un organe (spécial., de l'estomac) rempli. – Bas lat. *repletio,* «action de remplir».

repli [ʀəpli] n. m. **I. 1.** Rebord plié. **2.** Ondulation. *Détachement posté derrière un repli de terrain.* **3.** Fig. Ce qui est caché, secret. *Les plis et les replis de l'âme humaine.* **4.** MILIT Recul sur des positions moins avancées effectué sur ordre. *Repli stratégique.* **II.** Fait de se replier sur soi-même. – Déverbal de *replier.*

repliable [ʀəplijabl] adj. Qui peut être replié. *Un manche repliable.* – De *replier.*

réplication [ʀeplikasjɔ̃] n. f. BIOCHIM Mécanisme par lequel une molécule d'acide nucléique est synthétisée dans le noyau cellulaire par copie d'une molécule préexistante. – Angl. *replication,* du lat. *replicatio,* «répétition».

repliement [ʀəplimɑ̃] n. m. **1.** Action de replier. **2.** Fait de se replier sur soi-même. – De *replier.*

replier [ʀəplije] v. [2] **I.** v. tr. **1.** Plier (ce qui avait été déplié, déployé). *Replier ses ailes.* **2.** Faire opérer un mouvement de repli à. *Replier des troupes.* ▷ v. pron. *Armée qui se replie.* **II.** v. pron. *Se replier sur soi-même* : rentrer en soi-même, se fermer.

réplique [ʀeplik] n. f. **I. 1.** Réponse, repartie. *Avoir la réplique facile.* **2.** Ce qu'un acteur répond à un autre. *Lancer sa réplique.* **II.** Copie, double. *Réplique en bronze d'une statue en pierre.* – Déverbal de *répliquer.*

répliquer [ʀeplike] v. tr. [1] **1.** Répondre. **2.** Répondre vivement, dans une conversation, une discussion. ▷ *Absol.* Protester contre un ordre, répondre vivement à une observation. *Enfant qui réplique.* – Lat. *replicare,* «replier, plier en arrière», fig. «renvoyer».

reploiement [ʀəplwamɑ̃] n. m. Litt. Action de reployer; son résultat. – De *reployer.*

replonger [ʀəplɔ̃ʒe] v. tr. [13] Plonger de nouveau. *Replonger une pièce à nettoyer dans du décapant.* – Fig. Mettre de nouveau dans telle situation, tel état. *Cette nouvelle les a replongés dans l'inquiétude.* ▷ v. intr. *Il a replongé du haut d'un rocher.* ▷ v. pron. Fig. Se laisser accaparer de nouveau (par une activité). *Se replonger dans la lecture du journal.*

reployer [ʀəplwaje] v. tr. [23] Litt. Replier.

repolir [ʀəpɔliʀ] v. tr. [3] Polir de nouveau.

repolissage [ʀəpɔlisaʒ] n. m. Action de repolir. – De *repolir.*

répondant, ante [ʀepɔ̃dɑ̃, ɑ̃t] n. **1.** Caution, garant. *Il a accepté d'être mon répondant.* ▷ Loc. fam. *Avoir du répondant,* de l'argent en réserve. **2.** LITURG CATHOL Vx Personne qui répond la messe. – Ppr. subst. de *répondre.*

répondeur, euse [ʀepɔ̃dœʀ, øz] adj. et n. m. **1.** adj. Rare Qui répond vivement aux remontrances. **2.** n. m. *Répondeur téléphonique* : appareil automatique qui, en réponse à un appel téléphonique, fait entendre un message préalablement enregistré sur bande magnétique. *Répondeur-enregistreur* : répondeur téléphonique qui peut enregistrer le message du correspondant. *Des répondeurs-enregistreurs.* – De *répondre.*

répondre [ʀepɔ̃dʀ] v. tr. dir. et indir. [6] **1.** Faire réponse à ce qui a été dit, demandé. *On vous appelle, répondez vite. Répondre par écrit. Répondre une sottise.* **2.** LITURG CATHOL *Répondre la messe* : faire à l'officiant les réponses liturgiques. **3.** *Répondre à* : correspondre à. *La seconde partie du livre ne répond pas à la première.* **4.** Donner en retour. *Répondre à l'affection des siens.* **5.** *Répondre de, pour qqn,* lui servir de garant, de caution. **6.** Réagir à l'action des commandes (véhicules, machines, mécanismes, etc.). *L'avion répond bien. Les freins ne répondaient plus.* **7.** Fam. *Je vous en réponds* : je vous l'assure, je vous le garantis. – Lat. *respondere,* d'abord «s'engager en retour».

répons [ʀepɔ̃] n. m. LITURG CATHOL Chant dont les paroles sont extraites des Écritures et qui est exécuté tour à tour par une voix et par le chœur. – Lat. ecclés. *responsum,* pp. neutre de *respondere,* «répondre».

réponse [ʀepɔ̃s] n. f. **1.** Ce qui est dit en retour à la personne qui a posé une question, qui s'est adressée à vous. *Donner une réponse. Je n'ai pas obtenu de réponse. Avoir réponse à tout* : ne jamais être à bout d'arguments, savoir affronter toutes sortes de difficultés. **2.** Lettre écrite pour répondre. **3.** Solution, explication. *Réponse à un problème.* **4.** PHYSIOL Réaction à un stimulus. – BIOL *Réponse immunitaire* : ensemble des manifestations de défense de l'organisme envers toute agression (microbienne, notam.). **5.** *Droit de réponse* : droit appartenant à toute personne mise en cause dans un périodique d'obtenir l'insertion dans celui-ci d'une réponse rectificative. – Lat. *responsum.*

repopulation [ʀəpɔpylasjɔ̃] n. f. Vx Repeuplement. ▷ Mod. Retour à l'accroissement de la population après une période de déficit démographique. – De *re-,* et *population.*

report [ʀəpɔʀ] n. m. **1.** FIN Opération qui consiste à reporter à la liquidation suivante l'exécution d'une opération à terme. **2.** Renvoi à plus tard. **3.** Action de reporter (qqch) d'un document sur un autre, de transcrire ailleurs. ▷ POLIT *Le report des voix* : le transfert des voix électorales d'un candidat sur un autre (notam. au second tour d'une élection). – Déverbal de *reporter* 1.

reportage [ʀəpɔʀtaʒ] n. m. **1.** Article ou suite d'articles écrits par un journaliste à partir d'informations recueillies sur place. – Par ext. *Reportage radiodiffusé, filmé, télévisé.* **2.** Métier de reporter. – De *reporter* 2.

1. reporter [ʀəpɔʀte] v. [1] **A.** v. tr. **I. 1.** Porter (une chose) là où elle se trouvait auparavant. **2.** Transporter par la pensée à une époque antérieure. *Ce récit nous reporte à la fin du Moyen Âge.* ▷ v. pron. *Se reporter à son enfance.* **II.** Placer dans un autre lieu. **1.** Transcrire ailleurs. *Reportez le total en haut de la colonne suivante.* **2.** FIN Procéder au report de. *Reporter des titres.* **3.** Renvoyer à une date ultérieure, différer. *Reporter une nomination.* **4.** *Reporter (sur qqch, qqn)* : faire un report. *Au second tour, les électeurs ont reporté leurs voix sur un autre candidat. Elle a reporté toute son affection sur cet enfant.* **B.** v. pron. Se référer. *Se reporter à la préface.*

2. reporter [ʀəpɔʀtɛʀ] (Anglicisme) n. m. Journaliste qui fait des reportages. *Reporter-cameraman* : V. reporteur. – Mot angl., du v. *to report*, «relater», d'orig. fr.

reporteur [ʀəpɔʀtœʀ] n. m. **1.** FIN Celui qui procède à un report. **2.** *Reporteur d'images* : journaliste qui effectue des reportages filmés ou télévisés (terme off. recommandé pour remplacer *reporter-cameraman*). – De *reporter* 1.

repos [ʀəpo] n. m. **1.** Immobilité. *Ne pas demeurer en repos un instant.* **2.** Fait de se reposer, de se délasser. *Prendre du repos.* ▷ *Par euph.* Mort. *Le champ du repos* : le cimetière. *Le repos éternel* : la béatitude des bienheureux. **3.** Congé; interruption du travail. *C'est mon jour de repos.* **4.** MILIT Position du soldat qui abandonne le garde-à-vous. *Garde à vous!... Repos!* **5.** VERSIF Césure dans un vers. – Déverbal de *reposer* 1.

reposant, ante [ʀəpozɑ̃, ɑ̃t] adj. Qui repose, délasse. – Ppr. de *reposer* 1.

repose [ʀəpoz] n. f. TECH Action de remettre en place (ce qui avait été enlevé auparavant).

reposé, ée [ʀəpoze] adj. Qui a pris du repos; qui n'est plus fatigué. ▷ Fig. *À tête reposée* : en prenant le temps de réfléchir au calme. – Pp. de *reposer* 1.

reposée [ʀəpoze] n. f. CHASSE Lieu où une bête se repose. – Pp. fém. subst. de *reposer* 1.

repose-pied(s) [ʀəpozpje] n. m. Support, sur une motocyclette, pour le pied. *Des repose-pieds.* – De *reposer* 1, et *pied.*

1. reposer [ʀəpoze] v. [1] **I.** v. tr. **1.** Appuyer. *Reposer sa tête sur un oreiller.* **2.** Dissiper la fatigue, la tension de; délasser. *Activité qui repose l'esprit.* **II.** v. intr. **1.** Litt. Dormir. *Chut! il repose.* **2.** Être étendu ou enterré (en parlant d'un mort). *Ici repose...* **3.** Se décanter, en parlant des liquides. *Cette eau est trouble, il faut la laisser reposer un moment.* **4.** *Reposer sur* : être fondé sur. *Cet édifice repose sur le roc.* – Fig. *Un raisonnement qui ne repose sur rien.* **III.** v. pron. **1.** Se délasser en cessant toute activité fatigante ou pénible. **2.** *Se reposer sur qqn*, lui faire confiance. *Se reposer sur qqn du soin d'une affaire*, s'en remettre à lui pour la conduite de cette affaire, lui en laisser la responsabilité. – Bas lat. *repausare*, du class. *pausa*, «cessation».

2. reposer [ʀəpoze] v. tr. [1] **1.** Poser de nouveau (ce qu'on avait enlevé). *Reposer une vitre.* **2.** Poser de nouveau (ce qu'on avait soulevé). *Reposer un verre sur la table.* **3.** Poser de nouveau (une question).

repose-tête [ʀəpoztɛt] n. m. inv. Partie supérieure du dossier d'un siège destinée à servir d'appui pour la tête. Syn. appui-tête. – De *reposer* 1, et *tête.*

reposoir [ʀəpozwaʀ] n. m. **1.** LITURG CATHOL Autel élevé sur le parcours d'une procession, destiné à recevoir le saint sacrement. **2.** Dans un hôpital, local où est exposé le corps d'un défunt. – De *reposer* 1.

repoudrer [ʀəpudʀe] v. tr. [1] Poudrer de nouveau. ▷ v. pron. Remettre de la poudre sur son visage.

repoussage [ʀəpusaʒ] n. m. TECH Façonnage à froid, à l'aide d'un marteau et d'un outil d'emboutissage, de pièces métalliques minces ou de cuir pour obtenir un relief ou des ornements. – De *repousser* 1.

repoussant, ante [ʀəpusɑ̃, ɑ̃t] adj. Qui inspire de l'aversion, du dégoût. *Odeur repoussante.* – Ppr. de *repousser* 1.

repousse [ʀəpus] n. f. Nouvelle pousse. – Déverbal de *repousser* 2.

repoussé, ée [ʀəpuse] adj. et n. m. Façonné par repoussage. *Cuir repoussé.* ▷ n. m. Métal ou cuir décoré par repoussage. – Pp. de *repousser* 1.

1. repousser [ʀəpuse] v. tr. [1] **1.** Faire reculer, pousser en arrière (qqn). *Repousser l'ennemi.* **2.** Pousser (qqch) en arrière ou loin de soi. *Repousser des objets gênants du revers de la main.* **3.** TECH Travailler (le métal, le cuir) par repoussage. **4.** Ne pas agréer, rejeter. *Repousser une demande. Repousser les tentations*, ne pas y céder. **5.** Remettre à plus tard. *Repousser un délai de livraison.* De *re-*, «en arrière», et *pousser.*

2. repousser [ʀəpuse] v. [1] **1.** v. intr. Pousser de nouveau. *Herbe qui repousse après la fenaison.* **2.** v. tr. Rare Produire de nouveau, en parlant de végétaux. *Racine qui repousse des drageons.* – De *re-*, «de nouveau», et *pousser.*

repoussoir [ʀəpuswaʀ] n. m. **1.** TECH Petit ciseau utilisé dans le travail du repoussage. **2.** PEINT Élément très coloré ou ombré placé au premier plan d'un tableau pour faire paraître par contraste les autres éléments plus éloignés. ▷ Fig. Chose ou personne qui en fait valoir une autre par contraste. – Personne laide. *Cette fille est un vrai repoussoir.* – De *repousser* 1.

répréhensible [ʀepʀeɑ̃sibl] adj. Digne de blâme. – Bas lat. *reprehensibilis*, de *reprehendere*, «blâmer».

reprendre [ʀəpʀɑ̃dʀ] v. [52] **I.** v. intr. **1.** Se remettre à pousser. *Cet arbre reprend bien.* **2.** Recommencer. *Le froid a repris.* **II.** v. tr. **1.** Prendre de nouveau. *Reprendre une ville. Reprendre un fugitif.* ▷ Fam. *On ne m'y reprendra plus* : je ne me laisserai plus tromper. ▷ Retrouver. *Reprendre haleine. Reprendre courage.* **2.** Prendre (ce qu'on avait donné), retirer. *Reprendre sa parole* : se délier d'une promesse. **3.** Continuer (qqch), après une interruption. *Reprendre son travail.* **4.** Redire, répéter. *Reprendre un refrain en chœur.* ▷ Revenir sur. *Reprenons l'histoire au début.* **5.** Améliorer par un nouveau travail; réparer, raccommoder. *Reprendre les détails d'un projet. Reprendre un mur en sous-œuvre.* **6.** *Reprendre qqn*, attirer son attention sur une erreur qu'il a faite, le corriger. **III.** v. pron. **1.** Se corriger, rectifier ce que l'on a dit. **2.** Retrouver ses esprits. – Lat. *reprehendere*, ou de *re-*, et *prendre.*

repreneur, euse [ʀəpʀənœʀ, øz] n. ECON Personne qui prend le contrôle (d'une entreprise en difficulté).

représailles [ʀəpʀezaj] n. f. pl. **1.** Mesure qu'un État prend à l'égard d'un autre État pour riposter à ce que celui-ci lui aurait infligé en premier. **2.** Vengeance. *Les témoins se taisent par peur des représailles.* ▷ Sing. Rare *Esprit de représaille et de revanche.* – Lat. médiév. *represalia.*

représentable [ʀəpʀezɑ̃tabl] adj. Qui peut être représenté. – De *représenter.*

représentant, ante [ʀəpʀezɑ̃tɑ̃, ɑ̃t] n. **1.** Personne qui représente qqn, qui peut agir en son nom. ▷

Personne désignée par un groupe pour agir en son nom. *Le représentant du syndicat.* ▷ Personne qui représente des électeurs dans une assemblée parlementaire. **2.** Personne qui représente un État auprès d'un autre. **3.** Type, modèle. *Elle est la parfaite représentante de l'élégance parisienne.* **4.** Personne qui voyage et fait des affaires pour une maison de commerce. *Représentant de commerce. Voyageur représentant placier.* – Ppr. subst. de *représenter.*

représentatif, ive [ʀəpʀezɑ̃tatif, iv] adj. **1.** Qui représente (qqch). **2.** Qui a rapport à la représentation des électeurs par des personnes élues. *Gouvernement représentatif.* **3.** PSYCHO Qui a rapport à la représentation mentale. **4.** Qui représente bien les choses ou les personnes de même sorte, de même catégorie; caractéristique. *Il est très représentatif de son époque, de sa classe sociale.* – De *représenter.*

représentation [ʀəpʀezɑ̃tasjɔ̃] n. f. **1.** Fait de représenter (qqch) par une image, un signe, un symbole. *La représentation, à l'intention des touristes, des monuments par des pictogrammes est d'usage récent.* ▷ Fig. *Une représentation idéaliste de l'histoire.* **2.** Image, signe, symbole qui représente. *Cette peinture est la représentation d'une tempête.* **3.** Image fournie à la conscience par les sens, la mémoire. **4.** Action de représenter une pièce de théâtre. *Être invité à la centième représentation d'une pièce.* **5.** Vieilli Reproche, observation, remontrance que l'on fait avec égards, avec mesure. **6.** Train de vie imposé par une position sociale élevée. *Frais de représentation.* **7.** DR Fait de tenir la place de qqn, de parler en son nom. **8.** Pouvoir législatif exercé par les représentants élus. *La représentation nationale.* **9.** Métier de représentant de commerce. **10.** Fait de représenter un État à l'étranger. – Lat. *repræsentatio,* «action de mettre sous les yeux».

représentativité [ʀəpʀezɑ̃tativite] n. f. Caractère représentatif. *Représentativité d'une organisation syndicale.* – De *représentatif.*

représenter [ʀəpʀezɑ̃te] v. [1] **I.** v. tr. **1.** Présenter de nouveau. **2.** Faire venir à l'esprit, évoquer le souvenir de (qqch, qqn). *Son imagination lui représente ce triste événement.* **3.** Rendre présent à la vue par des images. *La scène représente une forêt.* **4.** Jouer (une pièce) en public. *La troupe représentera une tragédie de Racine.* **5.** Exprimer par la parole. **6.** Personnifier, symboliser. *Cet auteur représente bien l'esprit de son époque.* **7.** Équivaloir à. *Cette dépense représente pour eux des sacrifices importants.* **8.** Tenir la place de (une ou plusieurs personnes) pour exercer ou défendre un droit. *Ce député représente telle circonscription. Le préfet s'est fait représenter par son secrétaire général.* **9.** Être représentant de commerce de (une ou plusieurs marques). *Représenter une gamme de produits.* **II.** v. pron. **1.** Se présenter de nouveau. *Le député sortant se représentera devant les électeurs.* **2.** *Se représenter qqch,* se l'imaginer. – Lat. *repræsentare,* «rendre présent», de *præsens,* «présent».

répresseur [ʀepʀesœʀ] n. m. et adj. BIOCHIM Substance qui régule l'activité génétique en empêchant soit la transcription de l'A.D.N. en A.R.N., soit la synthèse des protéines au niveau des ribosomes. – De *répression.*

répressible [ʀepʀesibl] adj. Qui peut être réprimé. – De *répression.*

répressif, ive [ʀepʀesif, iv] adj. Qui réprime. *Loi répressive. De répressive, la société moderne tend à devenir permissive.* – Du rad. de *répression.*

répression [ʀepʀesjɔ̃] n. f. **1.** Action de réprimer. *Répression des crimes.* **2.** PSYCHO Inhibition volontaire d'une motivation ou d'une conduite consciente. – Lat. médiév. *repressio,* de *reprimere,* «réprimer».

réprimande [ʀepʀimɑ̃d] n. f. Blâme, admonestation. – Du lat. *reprimanda (culpa),* «faute qui doit être réprimée».

réprimander [ʀepʀimɑ̃de] v. tr. [1] Blâmer, admonester. – De *réprimande.*

réprimer [ʀepʀime] v. tr. [1] **1.** Arrêter l'action, l'effet de (qqch). *Réprimer une sédition.* **2.** Dominer. *Réprimer ses passions.* **3.** Empêcher (qqch de nuisible) de se développer. *Réprimer les injustices.* – Lat. *reprimere,* de *re-,* et *premere,* «presser».

reprint [ʀəpʀint] n. m. (Anglicisme) EDITION Reproduction, en fac-similé, par un quelconque procédé d'impression, d'un ouvrage épuisé. – Mot angl., «réimpression».

reprisage [ʀəpʀizaʒ] n. m. Raccommodage au moyen de reprises. – De *repriser.*

repris de justice [ʀəpʀidʒystis] n. m. inv. Homme qui a subi une ou plusieurs condamnations pénales. – De *reprendre,* «corriger», *de,* et *justice.*

reprise [ʀəpʀiz] n. f. **1.** Action de prendre de nouveau. *Reprise d'une place forte.* **2.** Continuation (de ce qui a été interrompu). *Reprise des combats. Reprise d'une pièce de théâtre,* que l'on rejoue après une interruption. *À deux, à trois, à plusieurs, à maintes reprises* : deux, trois, plusieurs, de nombreuses fois. ▷ Regain d'activité dans les affaires financières, économiques. *La reprise économique s'amorce.* **3.** MUS Fragment d'un morceau que l'on doit rejouer. ▷ Signe qui indique le début d'un tel fragment. **4.** Réfection d'une construction ou de l'une de ses parties. *Reprise d'un mur en sous-œuvre.* **5.** Réparation à l'aiguille d'une étoffe trouée, avec reconstitution des fils de trame et de chaîne. *Faire une reprise à un drap.* **6.** EQUIT Leçon. ▷ Partie d'une leçon d'équitation ou de dressage. ▷ *Par méton.* Ensemble des cavaliers qui y participent, des figures effectuées. **7.** Chacune des parties d'un combat de boxe (syn. round), d'un assaut d'escrime. **8.** Accélération rapide dans la rotation d'un moteur, permettant d'obtenir un accroissement de puissance important dans un temps relativement bref. *Voiture qui a de bonnes reprises.* **9.** Ensemble des objets mobiliers, des aménagements rétrocédés par le locataire sortant au locataire entrant. ▷ Somme payée pour une telle rétrocession. **10.** Fait de reprendre (sens I, 1). *La reprise d'une bouture.* – Pp. fém. subst. de *reprendre.*

repriser [ʀəpʀize] v. tr. [1] Faire une, des reprises (sens 5) à. – De *reprise.*

réprobateur, trice [ʀepʀɔbatœʀ, tʀis] adj. Qui exprime la réprobation. – De *réprobation.*

réprobation [ʀepʀɔbasjɔ̃] n. f. Action, fait de réprouver. **1.** THEOL Damnation d'un pécheur par Dieu. **2.** Blâme sévère. *Encourir la réprobation d'un supérieur.* ▷ Vive désapprobation. – Lat. *reprobatio,* de *reprobare,* «réprouver».

reprochable [ʀəpʀɔʃabl] adj. **1.** Rare Qui mérite des reproches. **2.** DR Récusable, en parlant d'un témoin. – De *reprocher.*

reproche [ʀəpʀɔʃ] n. m. **1.** Blâme, remontrance adressés à qqn sur sa conduite. *Il m'a fait des reproches amers.* – *Sans reproche(s)* : à qui l'on ne peut rien reprocher, parfait. **2.** DR *Reproche d'un témoin,* sa récusation. – Déverbal de *reprocher.*

reprocher [ʀəpʀɔʃe] v. tr. [1] **1.** *Reprocher à quelqu'un une attitude, une parole, une action,* lui en faire grief, l'en blâmer. ▷ v. pron. (Réfl.) *Je me reproche mon ingratitude.* – (Récipr.) *Ils se reprochent mutuellement leurs mensonges.* **2.** DR *Reprocher des témoins,* les récuser. – Du lat. pop. *repropiare,* «rapprocher, mettre devant les yeux», et, par ext., «remontrer»; d'abord *reprochier,* «rappeler une chose désagréable».

reproducteur, trice [ʀəpʀɔdyktœʀ, tʀis] adj. et n. **I.** **1.** adj. Qui reproduit. **2.** n. m. Animal destiné à la reproduction. **II.** n. f. TECH Machine électromécanique qui effectue la duplication de cartes perforées. – De *reproduction.*

reproductibilité [ʀəpʀɔdyktibilite] n. f. Faculté d'être reproduit; caractère de ce qui peut être reproduit. – De *reproductible.*

reproductible [ʀəpʀɔdyktibl] adj. Qui peut être reproduit. – Du rad. de *reproduction.*

reproductif, ive [ʀəpʀɔdyktif, iv] adj. Qui a rapport à la reproduction. – De *reproduction.*

reproduction [ʀəpʀɔdyksjɔ̃] n. f. **1.** Processus par lequel un être vivant produit d'autres êtres semblables à lui-même par la génération. **2.** Action de reproduire, d'imiter. *Reproduction photographique.* ▷ Résultat de cette action; imitation, copie, réplique. *Une reproduction de « la Joconde ».* – De *reproduire,* d'ap. *production.*
ENCYCL **Biol.** – La *reproduction asexuée* chez les végétaux s'effectue à partir d'un seul individu, soit par fragmentation naturelle ou accidentelle, soit par bourgeonnement, essaimage. Elle aboutit à la production de plusieurs individus rigoureusement semblables génétiquement à l'individu initial. Ce mode de reproduction est répandu chez les bactéries, les végétaux, les invertébrés inférieurs, et n'existe chez les animaux supérieurs que dans quelques rares cas. Dans la *reproduction sexuée,* répandue chez de nombreux végétaux et chez la plupart des animaux, il y a fusion (fécondation) des équipements génétiques de deux cellules et association des gènes portés par des individus différents.

reproduire [ʀəpʀɔdɥiʀ] v. [69] **I.** v. tr. **1.** Répéter, copier, représenter exactement. *Reproduire un paysage dans un tableau.* ▷ Imiter (qqn, son comportement). *Reproduire les tics d'une célébrité.* **2.** Créer une réplique de (ouvrage). *Gravure qui reproduit un tableau de maître.* **3.** Être la réplique de. *Maquette qui reproduit une ville en petit.* **II.** v. pron. **1.** Se perpétuer par la génération. *Cette espèce se reproduit rapidement.* **2.** Se produire de nouveau. *Les mêmes événements se sont reproduits.*

reprographie [ʀəpʀɔgʀafi] n. f. TECH Ensemble des techniques de reproduction des documents écrits. – De *repro(duction),* et *-graphie.*

réprouvé, ée [ʀepʀuve] n. **1.** Personne rejetée par la société. *Les exclus, les réprouvés.* **2.** THEOL Pécheur exclu par Dieu du nombre des élus. – Pp. de *réprouver.*

réprouver [ʀepʀuve] v. tr. [1] **1.** Rejeter, blâmer, condamner (qqch). *Réprouver une action vile.* **2.** THEOL Exclure du nombre des élus. – Lat. *reprobare,* « rejeter, condamner », de *re,* indiquant un mouvement en arrière, et *probare* « approuver ».

reps [ʀɛps] n. m. Tissu d'ameublement de soie, de laine ou de coton à côtes perpendiculaires aux lisières.

reptation [ʀɛptasjɔ̃] n. f. Action de ramper. ▷ Mode de locomotion des animaux rampants. – Lat. *reptatio.*

reptile [ʀɛptil] n. m. **1.** ZOOL n. m. pl. Classe de vertébrés tétrapodes, vraisemblablement issue des amphibiens et à l'origine des oiseaux et des mammifères. ▷ Sing. *Un reptile.* **2.** *Spécial.,* cour. Serpent. – Lat. ecclés. *reptile,* neutre de *reptilis,* « rampant ».
ENCYCL Le corps des reptiles est couvert d'écailles épidermiques. Les reptiles sont pour la plupart terrestres, mais on compte bon nombre d'espèces aquatiques; ils abondent surtout dans les régions chaudes. Le membre, de type tétrapode, s'est transformé en aile ou en nageoire chez diverses lignées fossiles; les serpents et les lézards apodes ont « perdu » leurs membres. Les glandes salivaires des serpents sont souvent devenues des glandes à venin. La plupart des reptiles sont carnivores; quelques tortues et lézards sont herbivores. Les reptiles sont, dans leur immense majorité, ovipares : quelques-uns sont ovovivipares (vipères) ou vivipares (certains lézards). Ils vivent en général longtemps (cent ans, voire le double, pour les tortues). Leur mue constitue un phénomène caractéristique. Les grands serpents (pythons, boas, anacondas) atteignent au moins 10 m. Parmi les varans, le dragon de Komodo peut mesurer 3,50 m et peser 200 kg; la tortue-luth, 2,50 m et 550 kg. Les reptiles fossiles furent beaucoup plus grands (jusqu'à 30 m). On considère que les reptiles dérivent des amphibiens stégocéphales. Les plus anciens datent du carbonifère. Deux lignées de reptiles ont une importance partic. : celle des reptiles mammaliens, qui conduit aux mammifères, et celle des dinosaures avipelviens, dont certains sont les ancêtres de l'archéoptéryx, et donc des oiseaux. La vaste classe des reptiles comprend donc surtout des groupes disparus; elle est divisée en deux sous-classes. La première groupe des espèces archaïques dont seuls subsistent les chéloniens (tortues). La seconde comprend notam. : l'ordre des reptiles mammaliens; l'ordre qui comprend le sphénodon; l'ordre des squamates, divisé en 2 sous-ordres, les sauriens (lézards) et les ophidiens (serpents); l'ordre des crocodiles; l'ordre des reptiles volants; les ordres qui englobent les divers dinosaures; les ordres qui correspondent aux lignées marines (plésiosaures, ichtyosaures).

reptilien, enne [ʀɛptiljɛ̃, ɛn] adj. ZOOL Qui se rapporte aux reptiles. – De *reptile.*

repu, ue [ʀəpy] adj. Qui a satisfait son appétit, rassasié. ▷ Fig. *Être repu de plaisirs.* – Pp. de *repaître;* d'abord *repeu de,* « garni de ».

républicain, aine [ʀepyblikɛ̃, ɛn] adj. et n. **I.** adj. **1.** De la république. *Calendrier* républicain.* **2.** Favorable à la république. *Esprit laïc et républicain.* ▷ Subst. *Un(e) républicain(e).* **II.** n. m. Oiseau passériforme (genre *Philetairus*) d'Afrique tropicale qui construit de grands nids communautaires. **III.** *Parti républicain,* nom adopté en 1977 par le groupe des *républicains indépendants.* Il est auj. l'une des composantes de l'U.D.F. – *Le Parti républicain :* un des deux grands partis politiques des États-Unis, avec le Parti démocrate, plus conservateur que ce dernier. – De *république.*

républicanisme [ʀepyblikanism] n. m. Vieilli Opinion des partisans de la république. – De *républicain.*

république [ʀepyblik] n. f. **1.** Vx La chose publique. – ANTIQ Cité; État. *La République de Platon. La République romaine.* **2.** État gouverné par des représentants élus pour un temps et responsables devant la nation (par oppos. à *monarchie*). *Ce pays est une république.* ▷ Forme de gouvernement, régime d'un tel pays. *Etre en république.* – HIST *La République française.* V. encycl. **3.** Fig. *La république des lettres :* les gens de lettres. – Lat. *res publica,* « chose publique ».
ENCYCL **Hist.** – La république est le régime politique proclamé cinq fois en France. La Ire République, établie le 21 sept. 1792 après l'abolition de la royauté, s'acheva le 18 mai 1804 (28 floréal an XII) avec la proclamation du Premier Empire; elle vit se succéder la Convention, le Directoire et le Consulat. La IIe République, issue de la révolution de 1848, dura du 25 fév. 1848 au 2 déc. 1852, date de la proclamation du Second Empire. La IIIe République, proclamée par un gouvernement de défense nationale le 4 sept. 1870 et définitivement instituée en 1875, s'acheva le 10 juil. 1940 quand le maréchal Pétain créa l'État français; elle eut 14 présidents. La IVe République, constituée le 3 juin 1944, prit d'abord la forme d'un Gouvernement provisoire de la République française et fit adopter sa Constitution par le référendum du 13 oct. 1946. La crise écon. et polit. ainsi que les événements d'Algérie (notam. ceux de mai 1958) précipitèrent sa chute (effective le 4 oct. 1958). Elle eut 2 présidents : Vincent Auriol (1947-1954) et René Coty (1954-1959). La Ve République, dont la Constitution fut approuvée par référendum la 28 sept. 1958, fut présidée par le général de Gaulle (élu le 21 déc. 1958, entré en fonction le 8 janv. 1959, réélu le 19 déc. 1965, démissionnaire le 28 avr. 1969), puis par Georges Pompidou (élu le 15 juin 1969, mort le 2 avr.

1974), Valéry Giscard d'Estaing (élu le 19 mai 1974) et François Mitterrand (élu le 10 mai 1981 et réélu le 8 mai 1988).

répudiation [ʀepydjasjɔ̃] n. f. **1.** Action de répudier (son épouse). **2.** DR Renonciation (à un droit). **3.** Rejet, abandon (d'un sentiment, d'une idée, etc.). – Lat. *repudiatio.*

répudier [ʀepydje] v. tr. [2] **1.** Dans certains pays ou à certaines époques, renvoyer (son épouse) selon les formes légales. *Tibère répudia sa femme Vipsania Agrippina.* **2.** DR Renoncer à. *Répudier une succession.* **3.** Rejeter, abandonner (une opinion, un sentiment, etc.). *Répudier une croyance.* – Lat. *repudiare*; a. fr. *répuier,* «repousser».

répugnance [ʀepyɲɑ̃s] n. f. **1.** Aversion, dégoût. *Avoir de la répugnance pour (qqch). Avoir de la répugnance à se montrer servile.* **2.** Hésitation, embarras, manque d'empressement. – Lat. *repugnantia.*

répugnant, ante [ʀepyɲɑ̃, ɑ̃t] adj. Qui inspire le dégoût, la répugnance. *Une saleté répugnante.* ▷ (Sens moral.) *Il s'est conduit de manière répugnante.* – Ppr. de *répugner.*

répugner [ʀepyɲe] v. tr. [1] Dégoûter. *Son aspect me répugnait fort.* ▷ *Répugner à* : éprouver de la répugnance pour. *Répugner à la violence.* ▷ (Suivi d'un inf.) *Répugner à mentir.* – Du lat. *repugnare,* «lutter contre, être en contradiction avec».

répulsif, ive [ʀepylsif, iv] adj. **1.** Qui provoque de la répulsion. **2.** PHYS Qui provoque une répulsion (sens 2). – Du lat. *repulsus,* pp. de *repellere,* «repousser».

répulsion [ʀepylsjɔ̃] n. f. **1.** Aversion, dégoût, répugnance instinctive. **2.** PHYS Action réciproque de deux systèmes qui tendent à s'éloigner l'un de l'autre. *Répulsion des pôles de même signe de deux aimants.* – Lat. tardif *repulsio,* de *repellere,* «repousser»; signif. d'abord «action de repousser l'ennemi».

réputation [ʀepytasjɔ̃] n. f. **1.** Opinion commune sur qqch, sur qqn. *Bonne, mauvaise réputation.* **2.** *Absol.* Bonne opinion, considération dont jouit qqn. *Tenir à sa réputation.* **3.** Estime, renom. *Œuvre de grande réputation.* – Lat. *reputatio,* littéralement «compte, évaluation».

réputé, ée [ʀepyte] adj. Qui jouit d'un grand renom. *Médecin réputé. Région réputée pour ses vins.* – Pp. de *réputer.*

réputer [ʀepyte] v. tr. [1] Rare (Suivi d'un adj.) Présumer, tenir pour. *On le répute fort riche.* ▷ Cour. *Être réputé* (+ adj.) : passer pour, être considéré comme. *Elle est réputée fort compétente.* – Lat. *reputare,* «compter, évaluer».

requérable [ʀəkeʀabl] adj. DR Qu'il faut requérir en personne. *Créance requérable.* – De *requérir.*

requérant, ante [ʀəkeʀɑ̃, ɑ̃t] adj. et n. DR Qui requiert, qui demande en justice. – Ppr. de *requérir.*

requérir [ʀəkeʀiʀ] v. tr. [35] **1.** Mander, demander, réclamer. *Requérir la force armée,* en faire la réquisition légale. **2.** DR Demander (qqch) en justice. *Requérir des dommages-intérêts.* ▷ *Absol.* Prononcer un réquisitoire. **3.** Exiger. *Cela requiert tous vos soins.* – D'ap. *quérir*; bas lat. *requærere,* lat. *requirere*; a. fr. *requerre,* «prier qqn».

requête [ʀəkɛt] n. f. **1.** Demande, prière. **2.** DR Demande écrite adressée à un magistrat pour obtenir rapidement une décision provisoire, dans les cas d'urgence et où il n'y a pas de contradicteur. ▷ Mémoire rédigé par un avocat pour introduire un recours devant la Cour de cassation ou le Conseil d'État. ▷ *Maître des requêtes* : titre de certains membres du Conseil d'État. ▷ *Requête civile* : voie de recours extraordinaire par laquelle une partie qui se prétend lésée demande aux juges de réformer leur décision. **3.** Loc. prép. *À, sur la requête de* : à la demande de. – De l'a. fr. *requerre* (V. requérir).

requiem [ʀekwijɛm; ʀekɥijɛm] n. m. inv. **1.** LITURG CATHOL Prière, chant pour le repos des morts. *Messe de requiem.* **2.** Morceau de musique composé pour la messe des morts. *Le «Requiem» de Mozart, de Berlioz, de Fauré, de Verdi.* – Premier mot lat. de la prière *«Requiem æternam dona eis Domine»,* «Seigneur, donne-leur le repos éternel».

requin [ʀəkɛ̃] n. m. **1.** Poisson cartilagineux sélacien, au corps fuselé, au museau pointu, dont certaines espèces sont dangereuses pour l'homme. **2.** Fig. Personne cupide, dure en affaires. *Les requins de la finance.* – P.-ê. du normanno-picard *rechin,* «grincheux», de *réchigner,* l'animal «montrant les dents».

ENCYCL Les requins ou squales constituent avec les raies l'ordre des sélaciens. Leur museau comporte 5 fentes branchiales latérales. Certaines espèces ne dépassent pas un mètre. Puissants et rapides, ils peuvent s'attaquer à l'homme, notam. le requin blanc *(Carcharodon carcharias),* long de 9 m, qui vit dans toutes les mers tropicales, subtropicales et tempérées, ainsi que *Carcharhinus glaucus,* le requin bleu de Méditerranée. Les requins géants sont inoffensifs pour l'homme : le *requin-baleine (Rhincodon typus)* des mers tropicales, long de 18 m, se nourrit de plancton, de petits poissons, de céphalopodes; le *requin pèlerin (Cetorhinus maximus),* le plus grand requin des mers européennes (14 m; 6 tonnes), ne se nourrit que de petits crustacés, d'œufs et larves de poissons.

requinquer [ʀəkɛ̃ke] v. tr. [1] Fam. Redonner de l'énergie, de la vitalité à (qqn). *Ce séjour à la mer l'a requinqué.* ▷ v. pron. Reprendre des forces. – Pour *reclinquer,* «redonner du clinquant», de *re-,* et *clinquer, clincher,* du lat. *clinicare,* «faire pencher, incliner».

requis, ise [ʀəki, iz] adj. et n. m. **1.** adj. Demandé, exigé. *Posséder les diplômes requis.* **2.** n. m. *Requis civil* ou *requis* : personne requise par l'autorité civile pour effectuer un travail déterminé. ▷ HIST *Requis du Service du travail obligatoire (S.T.O.)* : sous l'occupation allemande, homme contraint d'aller travailler en Allemagne (1943-1944). – Pp. de *requérir.*

réquisition [ʀekizisjɔ̃] n. f. **1.** DR Action de requérir. ▷ Demande incidente présentée en cours d'audience pour obtenir la convocation d'un individu ou la présentation d'une pièce. **2.** Fait, pour une autorité civile ou militaire, d'imposer à une personne, ou à une collectivité, une prestation de services ou la remise de certains biens. – *Réquisition de la force armée,* faite par une autorité civile en vue de maintenir l'ordre ou de rétablir le fonctionnement d'un service public. – Lat. *requisitio,* de *requirere* «requérir».

réquisitionner [ʀekizisjɔne] v. tr. [1] Se faire remettre (qqch), requérir les services de (qqn) par voie de réquisition légale. *Réquisitionner des véhicules, des ouvriers.* – Plaisant *Il m'a réquisitionné pour l'aider à déménager.* – De *réquisition.*

réquisitoire [ʀekizitwaʀ] n. m. **1.** DR Acte de réquisition écrit établi par le magistrat qui remplit auprès d'un tribunal les fonctions de ministère public. ▷ Discours prononcé à l'audience par le ministère public. **2.** Fig. Thèse développée contre qqn, qqch. *Ce livre est un réquisitoire contre la guerre.* – Du lat. *requisitus,* pp. de *requirere,* «requérir».

réquisitorial, ale, aux [ʀekizitɔʀjal, o] adj. DR Qui tient du réquisitoire. – De *réquisitoire.*

rescapé, ée [ʀɛskape] adj. et n. Qui est sorti vivant d'une situation dangereuse, d'un accident. *Les rescapés d'un tremblement de terre.* – Forme rég. (du Hainaut) pour *réchappé,* mot entendu sur les lieux de la catastrophe minière de Courrières (1906) et diffusé par la presse.

rescindable [rəsɛ̃dabl] adj. DR Qui peut être rescindé. – De *rescinder.*

rescindant, ante [rəsɛ̃dɑ̃, ɑ̃t] adj. et n. DR Qui entraîne la rescision. ▷ n. m. Demande tendant à faire annuler un acte, un jugement. – Ppr. de *rescinder.*

rescinder [rəsɛ̃de] v. tr. [1] DR Annuler. *Rescinder un contrat.* – Lat. jur. *rescindere,* «annuler», rac. *scindere,* «couper».

rescision [rɛsizjɔ̃] n. f. DR Action de rescinder. – Bas lat. *rescissio,* de *rescindere,* «annuler».

rescisoire [rɛsizwaʀ] adj. et n. m. DR Qui donne lieu à la rescision. ▷ n. m. Objet principal pour lequel on s'est pourvu contre un acte ou un jugement, et restant à juger une fois l'acte ou le jugement annulé. – Lat. *rescissorius,* de *rescissio* (V. rescision).

rescousse (à la) [alaʀɛskus] loc. adv. *Aller, appeler à la rescousse,* au secours. – D'ap. l'anc. v. *rescourre,* «délivrer qqn», de *escourre,* «recouvrer», lat. *excutere,* «faire sortir ou tomber en secouant».

rescrit [ʀɛskʀi] n. m. **1.** ANTIQ En droit romain, réponse écrite faite par l'empereur à ceux (magistrats, gouverneurs de province, etc.) qui lui soumettaient un cas particulier à résoudre. **2.** Ordonnance d'un souverain. *Rescrit impérial.* **3.** Réponse du pape à une requête ou à une consultation (sous forme de bulle, bref ou lettre). – Lat. *rescriptum,* rac. *scribere,* «écrire».

réseau [ʀezo] n. m. **1.** Entrelacement de fils, de lignes, etc. *Un réseau de fils de fer barbelés, de vaisseaux sanguins.* – Fig. *Un réseau d'intrigues.* **2.** Fond de certaines dentelles. **3.** Ensemble de voies, de canalisations, de conducteurs reliés les uns aux autres. *Réseau routier. Réseau de voies ferrées. Réseau électrique, téléphonique.* ▷ INFORM *Réseau d'ordinateurs* : ensemble d'ordinateurs connectés entre eux et reliés à des terminaux. – *Réseau local,* permettant la communication dans une zone géographique limitée. – *Ordinateur à réseau neuronal* : ordinateur dont la structure imite l'organisation des neurones du cerveau. **4.** PHYS *Réseau cristallin* : arrangement dans l'espace des entités élémentaires (ions, molécules, atomes) qui constituent les corps cristallisés. (14 formes de réseaux cristallins permettent de décrire les composés à l'état solide ordonné.) – *Défaut de réseau* : manquement à l'ordre parfait d'un réseau cristallin. ▷ *Réseau optique* : ensemble de fentes parallèles équidistantes et très voisines servant à diffracter un faisceau lumineux en produisant des interférences, utilisé en analyse spectrale. **5.** Ensemble de personnes, d'organismes, d'établissements, etc., qui concourent au même but, qui sont en relation pour agir ensemble. *Réseau de courtage. Réseau de distribution. Réseau de succursales. Réseau de stations météorologiques. Réseau de résistance.* – De *rets* ou, par substitution de suff., de l'a. fr. *reseuil,* lat. *retiolum,* «petit filet», dimin. de *retis;* d'abord *resel,* «filet pour prendre certains animaux».

résection [ʀesɛksjɔ̃] n. f. CHIR Opération qui consiste à enlever un fragment ou la totalité d'un organe ou d'un tissu. – Lat. *resectio,* «taille de la vigne».

réséda [ʀezeda] n. m. Plante dicotylédone dialypétale (genre *Reseda*) aux petites fleurs très parfumées, blanches ou jaunes, groupées en inflorescence dense. *Le réséda des teinturiers (Reseda luteola) fournit un colorant jaune.* – Lat. *reseda,* de *resedare,* «calmer», en raison des propriétés médicinales qu'on attribuait à cette plante.

réséquer [ʀeseke] v. tr. [14] CHIR Opérer la résection de. – Lat. *resecare,* «enlever en coupant».

réserpine [ʀezɛʀpin] n. f. PHARM Alcaloïde extrait d'une plante tropicale, la rauwolfia, utilisé dans le traitement de l'hypertension artérielle et de certains troubles nerveux pour ses propriétés sédatives. – Du lat. sav. *Ra(uwolfia) serp(ent)ina.*

réservataire [ʀezɛʀvatɛʀ] adj. et n. m. DR *Héritier réservataire,* qui a droit à la réserve légale (V. réserve, sens I, 4). – n. m. *Un réservataire.* – Du lat. *reservatus,* pp. de *reservare,* «réserver».

réservation [ʀezɛʀvasjɔ̃] n. f. Action de réserver (une place dans le train, l'avion, une chambre à l'hôtel, etc.). – Angl. *reservation.*

réserve [ʀezɛʀv] n. f. **I. 1.** Quantité de choses accumulées pour être utilisées en cas de besoin. *Réserves de nourriture, de médicaments.* ▷ Loc. adv. *En réserve* : à part, de côté. ▷ FIN *Réserves monétaires* : ensemble des avoirs d'un pays, en or et en devises. ▷ PHYSIOL Ensemble des substances nutritives stockées dans les tissus animaux et végétaux. *Réserves lipidiques (graisses), glucidiques (sucre, amidon), protéiques (gluten, etc.).* **2.** Quantité de richesses minérales que l'on peut tirer de la terre. *Réserves pétrolières.* **3.** Ensemble des citoyens mobilisables en cas de besoin pour renforcer l'armée active. ▷ (Plur.) Forces disponibles que le commandement peut engager à tout moment dans la bataille. **4.** DR Part d'un patrimoine réservée par la loi à certains héritiers, dits réservataires. (On dit aussi *réserve héréditaire, réserve légale.*) ▷ *Réserve légale* : fonds que toute société doit constituer au moyen de prélèvements sur les bénéfices. **II. 1.** Endroit, local où sont stockées des marchandises. *La réserve d'un magasin.* **2.** ARBOR Étendue de forêt où on laisse les arbres croître en futaie. **3.** *Réserve de pêche, de chasse* : portion d'un cours d'eau, d'un terrain, réservée au repeuplement. **4.** *Réserve naturelle* : territoire où les plantes et les animaux sont protégés par des mesures spéciales. ▷ Territoire assigné aux indigènes, dans certains pays. *Les réserves d'Indiens d'Amérique du Nord.* **III. 1.** DR Clause que l'on ajoute pour éviter qu'un texte soit interprété dans un sens que l'on ne souhaite pas. *Les réserves d'un contrat.* **2.** Restriction nuançant un jugement, ou réfutant par avance une appréciation hâtive de la situation. *Les médecins émettent de très sérieuses réserves sur l'état de santé du blessé.* ▷ Loc. adj. et adv. *Sans réserve* : sans restriction. *Une adhésion sans réserve. Affirmer sans réserve.* ▷ Loc. adv. *Sous toutes réserves* : sans préjuger de ce qui peut survenir, sans garantie. **IV.** Discrétion, retenue, circonspection. *Garder une prudente réserve.* – Déverbal de *réserver.*

réservé, ée [ʀezɛʀve] adj. **I. 1.** Destiné exclusivement (à qqn, qqch). *Emplacement réservé aux voitures officielles.* – *Chasse réservée,* où seuls les ayants droit peuvent chasser. **2.** Retenu à l'avance. *Place réservée.* **3.** DR CANON *Cas réservés* : péchés d'une gravité telle que seul le pape ou l'évêque peut les absoudre. **II.** Qui montre de la réserve (sens IV). *Une jeune personne très réservée.* – Pp. de *réserver.*

réserver [ʀezɛʀve] v. [1] **I.** v. tr. **1.** Mettre (qqch) de côté dans l'attente d'une meilleure occasion pour l'utiliser, ou à l'intention de qqn. *Réserver de l'argent pour les vacances. Nous vous avons réservé votre part. Réserver son jugement,* le suspendre jusqu'à plus ample informé. **2.** Retenir à l'avance (une place, une chambre, etc.). **3.** Destiner (qqch) à une personne en particulier, à l'exclusion de toute autre. *Je vous ai réservé cette tâche.* **4.** Destiner. *Ce voyage me réservait bien des déceptions.* **II.** v. pron. **1.** Mettre de côté pour soi. *Se réserver les meilleurs morceaux.* **2.** *Se réserver* (+ inf.) : attendre le moment opportun pour (faire qqch). *Je me réserve d'intervenir ultérieurement.* – Lat. *reservare.*

réserviste [ʀezɛʀvist] n. m. Celui qui fait partie de la réserve (sens I, 3) de l'armée. – De *réserve.*

réservoir [ʀezɛʀvwaʀ] n. m. Cavité, bassin, récipient dans lequel un liquide ou un gaz est accumulé ou gardé en réserve. *Réservoir d'un barrage. Réservoir d'essence d'un véhicule.* – De *réserver.*

résidant, ante [ʀezidɑ̃, ɑ̃t] adj. et n. Qui réside, demeure. ▷ *Membres résidants d'une association*, qui habitent la localité où cette association a son siège (par oppos. aux *membres correspondants*). – Subst. *Les résidants*. – Lat. *residens*, ppr. de *residere*.

résidence [ʀezidɑ̃s] n. f. **1.** Fait de résider dans un lieu ; ce lieu. *Avoir sa résidence à Paris*. ▷ DR Lieu où l'on réside de fait (par oppos. à *domicile*, lieu où l'on réside de droit). ▷ *Résidence secondaire*, lieu d'habitation fixe mais où l'on ne demeure que pendant les vacances, les week-ends (par oppos. à *résidence principale*). ▷ *Résidence forcée* : lieu de séjour imposé à qqn par mesure administrative. **2.** Séjour obligé d'un fonctionnaire, d'un ecclésiastique, dans le lieu où il exerce ses fonctions. **3.** Fonction ou lieu d'habitation d'un résident (sens 2). **4.** Bâtiment d'habitation confortable, plus ou moins luxueux. – Lat. médiév. *residentia*, du class. *residere*.

résident, ente [ʀezidɑ̃, ɑ̃t] n. **1.** Titre de certains agents diplomatiques. **2.** Anc. *Résident général* : haut fonctionnaire placé par une nation auprès du chef d'un État soumis au protectorat de cette nation. **3.** Personne qui réside ailleurs que dans son pays d'origine. – Lat. *residens*, ppr. de *residere*.

résidentiel, elle [ʀezidɑ̃sjɛl] adj. Se dit des zones urbaines où dominent les immeubles et maisons d'habitation et, en partic., les habitations cossues. *Quartiers résidentiels. Banlieue résidentielle*. – De *résidence*.

résider [ʀezide] v. intr. [1] **1.** ADMIN Demeurer, habiter (dans tel endroit). *Résider en province*. **2.** Fig. Se trouver, exister (dans qqn, qqch). *Là réside la difficulté*. – Lat. *residere*.

résidu [ʀezidy] n. m. Ce qui reste. ▷ Déchet, détritus. *Résidus industriels*. ▷ CHIM Ce qui reste d'une substance soumise à une opération physique ou chimique. *Résidus de combustion*. ▷ LOG *Méthode des résidus*, qui consiste à retrancher d'un phénomène les effets auxquels on peut assigner des causes connues et à examiner le reste pour tenter d'en découvrir l'explication. – Lat. *residuum*.

résiduaire [ʀezidɥɛʀ] adj. Didac. Résiduel. – De *résidu*.

résiduel, elle [ʀezidɥɛl] adj. Qui constitue un résidu. ▷ GEOGR *Relief résiduel*, qui n'a pas subi d'érosion. – De *résidu*.

résignataire [ʀeziɲatɛʀ] n. m. DR Celui en faveur de qui est résigné un office, un bénéfice. – De *résigner*.

résignation [ʀeziɲasjɔ̃] n. f. **1.** DR Abandon (d'une charge, d'un bénéfice), en partic., en faveur d'une personne désignée. **2.** État d'esprit d'une personne qui se résigne. *Supporter ses souffrances avec résignation*. – Lat. médiév. *resignatio*, de *resignare* (V. résigner).

résigné, ée [ʀeziɲe] adj. (et n.) Se dit d'une personne qui accepte (qqch) sans révolte. – Pp. de *résigner*.

résigner [ʀeziɲe] **1.** v. tr. [1] DR Abandonner volontairement (une charge, un bénéfice). **2.** v. pron. *Se résigner à* : accepter, se soumettre sans révolte à. *Se résigner à son sort*. – Lat. *resignare*, « décacheter », « annuler » en lat. médiév., de *signum*, « sceau ».

résiliable [ʀeziljabl] adj. DR Que l'on peut résilier. – De *résilier*.

résiliation [ʀeziljasjɔ̃] n. f. DR Action de résilier ; son résultat. – De *résilier*.

résilience [ʀeziljɑ̃s] n. f. METALL Résistance d'un métal aux chocs. – Angl. *resilience*.

résilient, ente [ʀeziljɑ̃, ɑ̃t] adj. METALL Qui offre une certaine résilience. – Angl. *resilient*, du lat. *resiliens*.

résilier [ʀezilje] v. tr. [2] DR Mettre fin à (un acte, un contrat) par la volonté des parties ou à la suite d'un événement fortuit (décès, par ex.). *Résilier un bail*. – Lat. *resilire*, « sauter en arrière », et, fig., « se rétracter » ; d'abord *résilir de*, « se dédire ».

résille [ʀezij] n. f. **1.** Filet qui sert à envelopper les cheveux. ▷ *Bas-résille*, à mailles peu serrées. **2.** TECH Armature en plomb d'un vitrail. – De *réseau*, d'ap. l'esp. *redecilla*.

résine [ʀezin] n. f. **1.** Substance complexe, visqueuse et odorante, sécrétée par divers végétaux (conifères, térébinthacées). **2.** GEOL, PALEONT Substance végétale fossile riche en carbone, provenant probablement d'une oxygénation d'hydrocarbures. *L'ambre est une résine*. **3.** CHIM Toute substance organique de masse molaire élevée servant de point de départ à la fabrication d'une matière plastique. **4.** TECH *Résine échangeuse d'ions* : V. échangeur (sens 3). – Lat. *resina*.

résiné [ʀezine] adj. m. et n. m. Se dit d'un vin qui contient de la résine. *Le vin résiné grec*. ▷ n. m. *Boire du résiné*. – De *résine*.

résiner [ʀezine] v. tr. [1] TECH **1.** Extraire la résine de (un arbre). **2.** Enduire de résine. – De *résine*.

résineux, euse [ʀezinø, øz] adj. et n. m. **1.** Qui contient, qui produit de la résine. ▷ n. m. pl. Cour. *Les résineux* : les conifères, riches en résine. – Sing. *Le pin est un résineux*. **2.** De la nature de la résine, qui rappelle la résine. *Odeur résineuse*. – Lat. *resinosus*.

résinier, ère [ʀezinje, ɛʀ] n. et adj. **1.** n. Ouvrier, ouvrière qui pratique les saignées dans les pins et recueille la résine. – Dans les Landes, propriétaire de bois de pins. **2.** adj. Qui a rapport à la résine. *Industrie résinière*. – De *résine*.

résinifère [ʀezinifɛʀ] adj. Didac. Qui produit de la résine. – De *résine*, et *-fère*.

résipiscence [ʀesipisɑ̃s] n. f. RELIG Pour les chrétiens, reconnaissance de sa faute suivie d'amendement. *Venir à résipiscence*. – Lat. ecclés. *resipiscentia*, de *resipiscere*, « revenir à la raison », rac. *sapere*, « avoir de l'intelligence ».

résistance [ʀezistɑ̃s] n. f. **I. 1.** Action ou propriété d'un corps qui résiste à une action. *Résistance d'un métal à la déformation. Résistance d'un tiroir qu'on veut ouvrir*. ▷ PHYS Force qui s'oppose à un mouvement. *Résistance de frottement. Résistance de l'air*. **2.** ELECTR Grandeur (exprimée en ohms) qui traduit la plus ou moins grande aptitude d'un corps à s'opposer au passage d'un courant électrique. ▷ Conducteur qui résiste au passage du courant, utilisé notam. pour produire de la chaleur. (V. résistor.) **3.** TECH *Résistance des matériaux* : discipline technologique qui a pour objet l'étude des dimensions optimales des éléments de construction pour que ceux-ci résistent aux diverses contraintes sans déformation permanente (c.-à-d. sans dépasser le domaine des déformations élastiques), aux efforts auxquels ils seront soumis (traction, compression, flexion, cisaillement). **4.** *Plat de résistance* : plat principal d'un repas. **5.** Aptitude à supporter la fatigue, les privations, etc. **6.** Action de résister à une attaque. *Opposer une résistance farouche à l'ennemi*. **7.** Fait de ne pas céder à la volonté de qqn. *Résistance à un ordre*. **II.** HIST *La Résistance* : nom donné à l'action clandestine menée en France et dans divers pays d'Europe par des organisations et des réseaux dont le but était de s'opposer à l'occupation allemande durant la Seconde Guerre mondiale et parvenir à la libération des territoires. – De *résister*.

résistant, ante [ʀezistɑ̃, ɑ̃t] adj. et n. **I.** adj. **1.** (Choses) Qui résiste, qui présente une certaine résistance. *Matière résistante*. **2.** (Personnes) Qui résiste à la fatigue, à la maladie, etc. *Il est très résistant*. **II.** n. Personne ayant pris part à la Résistance. – Ppr. de *résister*.

résister [ʀeziste] v. tr. indir. [1] *Résister à*. **1.** (Sujet n. de chose.) Ne pas céder, ne pas se détériorer sous l'action de. *Matériaux qui résistent aux chocs, aux acides*. ▷ (Abstrait) *Leur amitié a résisté aux années*. **2.** (Sujet n. de personne.) Avoir les forces nécessaires pour supporter (ce qui affaiblit). *Résister à la maladie.* **3.** Se défendre contre, s'opposer par la force à. *Les assiégés résistent aux assauts. Résister à l'occupant.* – Absol. *Pendant la Seconde Guerre mondiale, ceux qui résistaient risquaient leur vie.* **4.** Ne pas se plier à la volonté de (qqn). *Personne n'ose lui résister.* – Par ext. *Résister aux affectueuses sollicitations de ses proches.* **5.** Tenir ferme contre (ce qui porte vers qqn, qqch). *Résister à une impulsion.* – Lat. *resistere,* rac. *sistere,* « s'arrêter ».

résistivité [ʀezistivite] n. f. ELECTR Résistance spécifique d'un conducteur. – Angl. *resistivity,* de *resistive,* « résistant ».

résistor [ʀezistɔʀ] n. m. ELECTR Dipôle qui obéit à la loi d'Ohm. Syn. résistance. (Ce terme permet de distinguer le conducteur nommé *résistance* de sa propriété mesurable, également nommée *résistance.*). – De *résistance,* d'ap. *transistor.*

résolu, ue [ʀezɔly] adj. **1.** Qui ne se laisse pas détourner d'une décision prise; déterminé, hardi. **2.** À quoi on a donné une solution. *Problème résolu.* – Pp. de *résoudre.*

résoluble [ʀezɔlybl] adj. **1.** Didac., Vx Qu'il est possible de résoudre. *Problème aisément résoluble.* Syn. soluble. **2.** Que l'on peut décomposer et exprimer sous la forme de ses éléments constitutifs. **3.** DR Qui peut être annulé. – Bas lat. *resolubilis,* de *resolvere,* « résoudre ».

résolument [ʀezɔlymɑ̃] adv. Avec résolution, détermination; hardiment, courageusement. – De *résolu.*

résolutif, ive [ʀezɔlytif, iv] adj. MED Se dit des médicaments qui font disparaître les inflammations et déterminent la résolution des engorgements. – Du lat. *resolutum,* de *resolvere,* « résoudre ».

résolution [ʀezɔlysjɔ̃] n. f. **1.** Fait, pour un corps, de se résoudre. *Résolution de la glace en eau.* **2.** MED Disparition sans suppuration d'une inflammation ou d'un engorgement. ▷ *Résolution musculaire :* diminution ou disparition des contractions musculaires que l'on observe dans l'anesthésie ou la paralysie. **3.** DR Annulation d'un contrat pour inexécution des conditions. **4.** PHYS *Pouvoir de résolution d'un instrument d'optique,* distance minimale (réelle ou angulaire) entre deux points qui apparaissent distincts lorsqu'on les observe à l'aide de cet instrument. **5.** Action, fait de résoudre un problème. ▷ MATH *Résolution d'une équation,* détermination de la valeur de ses inconnues. **6.** Décision fermement arrêtée. *Sa résolution est inébranlable.* ▷ POLIT Proposition retenue par une assemblée. **7.** Litt. Qualité d'une personne résolue. *Manquer de résolution.* – Lat. *resolutio,* de *resolvere,* « résoudre ».

résolutoire [ʀezɔlytwaʀ] adj. DR Qui a pour effet de résoudre (sens I, 4) un acte. *Convention, clause résolutoire.* – Bas lat. *resolutorius,* de *resolutum,* supin de *resolvere.*

résonance [ʀezɔnɑ̃s] n. f. **1.** Propriété qu'ont certains objets, certains lieux, de résonner; modification du son qu'ils provoquent. *Résonance d'une église. Résonances produites par la vibration des cordes d'un instrument.* ▷ *Caisse de résonance :* enceinte close où se produisent des phénomènes de résonance. **2.** PHYS Accroissement de l'amplitude d'une vibration lorsque la période des vibrations imposées devient égale à la période propre du système. ▷ PHYS NUCL *Résonance nucléaire :* phénomène de résonance à l'intérieur du noyau, dû aux transitions entre niveaux d'énergie. ▷ PHYS, MED et CHIM *Résonance magnétique nucléaire (R.M.N.) :* technique utilisée notam. en imagerie médicale *(imagerie par résonance magnétique : I.R.M.),* qui repose sur l'étude de la résonance nucléaire observée lorsqu'on applique une fréquence de radiation électromagnétique et une intensité de champ magnétique données. ▷ CHIM Phénomène présenté par des composés qui réagissent comme s'ils possédaient plusieurs structures atomiques, dû à une variation de la répartition des électrons de liaison. – Lat. *resonantia,* « écho ».

résonateur [ʀezɔnatœʀ] n. m. et adj. PHYS Appareil qui entre en vibration sous l'influence d'oscillations dont la période correspond à celle de sa résonance. – adj. *Tube résonateur.* – De *résonner.*

réson(n)ant, ante [ʀezɔnɑ̃, ɑ̃t] adj. Qui résonne; qui est le siège d'un phénomène de résonance. – Ppr. de *résonner.*

résonner [ʀezɔne] v. intr. [1] **1.** Réfléchir le son en le renforçant ou en le prolongeant. *Local qui résonne.* **2.** Rendre un son vibrant. *Faire résonner un tambour.* **3.** Être renforcé ou prolongé (son). *Les voix résonnaient dans la salle vide.* – Lat. *resonare.*

résorber [ʀezɔʀbe] v. [1] **I.** v. tr. **1.** MED Opérer la résorption de (une tumeur, un épanchement, etc.). **2.** Fig. Faire disparaître peu à peu (ce qui gêne, ce qui est en excès). *Résorber l'excédent de la production.* **II.** v. pron. Disparaître par résorption (produit organique). ▷ Fig. *Sa colère a fini par se résorber.* – Lat. *resorbere,* « avaler de nouveau ».

résorcine [ʀezɔʀsin] n. f. ou **résorcinol** [ʀezɔʀsinɔl] n. m. CHIM Dérivé du benzène utilisé dans l'industrie chimique (colles, colorants) et pharmaceutique (antiseptiques). – De *rés(ine),* et *orcine;* de *orcinx,* nom sav. de l'*orseille.*

résorption [ʀezɔʀpsjɔ̃] n. f. **1.** MED Disparition plus ou moins totale d'un tissu dégénéré, d'un produit pathologique ou d'un corps étranger, qui est détruit et assimilé par les tissus voisins. **2.** Fig. Action de faire disparaître peu à peu; son résultat. *Résorption d'un déficit.* – Du lat. *resorbere,* « avaler de nouveau ».

résoudre [ʀezudʀ] v. [75] **I.** v. tr. **1.** Donner une solution à. *Résoudre un problème, un conflit.* ▷ MATH *Résoudre une équation,* en déterminer les inconnues. – Pp. adj. *Une équation résolue.* **2.** Dissocier en ses éléments, faire passer d'un état à un autre. *Le froid condense les nuages et les résout en pluie.* **3.** MED Faire disparaître peu à peu (une tumeur, une inflammation). **4.** DR Annuler (un contrat, un bail, etc.). **5.** Décider (un acte). *On résolut la destruction du quartier insalubre.* – *Résoudre de* (+ inf.) *Il résolut d'attendre.* **II.** v. pron. **1.** Être décomposé, transformé en. **2.** *Se résoudre à* (+ inf.) : se déterminer, se décider à. *Se résoudre à partir.* – Du lat. *resolvere,* d'apr. l'a. fr. *soudre,* « payer ».

respect [ʀɛspɛ] n. m. **1.** Considération que l'on a pour qqn et que l'on manifeste par une attitude déférente envers lui. *Manquer de respect à qqn.* ▷ Loc. *Sauf votre respect,* se dit quand on veut exprimer qqch qui pourrait choquer. **2.** Souci de ne pas porter atteinte à qqch. *Le respect des lois, de la vie.* **3.** *Respect humain :* crainte du jugement d'autrui. **4.** *Tenir qqn en respect,* le contenir, le tenir à distance en lui inspirant de la crainte. **5.** Plur. (Formule de politesse.) *Je vous présente mes respects.* – Du lat. *respectus,* « regard en arrière »; fig. « considération »; de *respicere,* « regarder en arrière, prendre en considération ».

respectabilité [ʀɛspɛktabilite] n. f. Caractère respectable de qqn, de qqch. – De *respectable.*

respectable [ʀɛspɛktabl] adj. **1.** Qui mérite du respect. *Famille respectable.* **2.** Assez important pour être pris en considération (quantité, grandeur). *Avoir un nombre respectable de décorations.* – De *respecter.*

respecter [ʀɛspɛkte] v. [1] **I.** v. tr. **1.** Éprouver du respect pour (qqn). *Respecter un maître à penser.* **2.** Observer (une prescription, une interdiction, un ensemble d'usages ou de règles). *Respecter la loi, les règlements.* ▷ Ne pas porter atteinte à (qqch). *Respecter la* *propriété.* **II.** v. pron. Avoir une conduite en rapport avec sa condition; se conduire de manière à garder l'estime de soi. *Agir en homme du monde qui se respecte.* – (Récipr.) *Ils se respectent l'un l'autre, gage d'entente.* – De *respect.*

respectif, ive [ʀɛspɛktif, iv] adj. Qui concerne chaque chose, chaque personne en particulier. *Les chances respectives de deux adversaires.* – Lat. scolast. *respectivus,* de *respectus,* « respect ».

respectivement [ʀɛspɛktivmɑ̃] adv. Chacun en ce qui le concerne. *Leurs deux fils ont respectivement quinze et vingt ans.* – De *respectif.*

respectueusement [ʀɛspɛktɥøzmɑ̃] adv. Avec respect. – De *respectueux.*

respirable [ʀɛspiʀabl] adj. Que l'on peut respirer. – Bas lat. *respirabilis,* de *respirare,* « respirer ».

respirateur [ʀɛspiʀatœʀ] n. m. MED Appareil destiné à assurer la ventilation pulmonaire d'un sujet. – De *respirer.*

respiration [ʀɛspiʀasjɔ̃] n. f. **1.** Action de respirer. ▷ MED *Respiration artificielle :* ensemble des méthodes permettant d'assurer la ventilation pulmonaire en cas de défaillance de celle-ci (insufflations, bouche-à-bouche*, procédés manuels produisant le mouvement thoracique, etc.). Syn. ventilation artificielle. – *Respiration assistée :* aide respiratoire apportée par l'anesthésiste à une personne sous anesthésie générale et qui consiste à presser sur le sac respiratoire en suivant le rythme du sujet. – *Respiration contrôlée :* substitution à la respiration naturelle, chez un sujet sous anesthésie, d'un rythme artificiel commandé par l'anesthésiste. **2.** Fonction qui préside aux échanges gazeux entre un être vivant et le milieu extérieur, et qui assure l'oxydation des substances organiques. – Lat. *respiratio.*

ENCYCL Toute cellule aérobie, c.-à-d. toute bactérie, tout protiste aérobie, toute cellule végétale, toute cellule animale, respire : ses mitochondries absorbent de l'oxygène, qui oxyde les diverses substances cellulaires (lipides, glucides, protéines); le dioxyde de carbone (CO^2) ainsi produit est alors rejeté. L'énergie dégagée par les réactions d'oxydation est utilisée par la cellule pour entretenir son existence, grossir, se diviser, etc. Chez les organismes rudimentaires (protistes, vers, etc.), l'oxygène (de l'air ou de l'eau) atteint toutes les cellules par simple diffusion à travers la membrane cellulaire et, s'il y a lieu, les tissus. Chez les organismes doués d'une taille et d'une activité métabolique importantes, les appareils respiratoires peuvent être de 3 types : **1.** les branchies, qui servent à puiser l'oxygène dissous dans l'eau (poissons, têtards, etc.); **2.** les poumons, qui puisent l'oxygène gazeux de l'atmosphère (poissons dipneustes, amphibiens adultes, reptiles, oiseaux, mammifères); **3.** les trachées, longs tubes ramifiés dans tout le corps des insectes et des myriapodes. Chez les plantes, le carbone est fixé et l'oxygène est rejeté (V. photosynthèse). Chez les animaux munis de poumons, donc chez l'homme, la respiration est caractérisée par deux temps : l'*inspiration,* active (durant laquelle l'air pénètre dans les voies respiratoires), est produite par une contraction du diaphragme et des muscles intercostaux qui dilate la cage thoracique et par suite les poumons; l'*expiration,* passive (où l'air est expulsé), est due à l'élasticité de la cage thoracique et des poumons. Les échanges gazeux se font au niveau des alvéoles pulmonaires entre l'air inspiré et le sang veineux : c'est le phénomène de l'*hématose,* par lequel l'oxygène, qui a diffusé à travers la paroi des alvéoles, parvient au sang, où il se combine, pour la plus grande partie, à l'hémoglobine pour former l'oxyhémoglobine; le sang oxygéné, rouge vif, parvenu aux tissus, leur abandonne son oxygène et se charge à nouveau de gaz carbonique.

respiratoire [ʀɛspiʀatwaʀ] adj. De la respiration; qui sert à la respiration. *Voies respiratoires. Mouvements respiratoires.* ▷ *Quotient respiratoire :* rapport entre la quantité de gaz carbonique produite et la quantité d'oxygène absorbée pendant la respiration. – Bas lat. *respiratorius.*

respirer [ʀɛspiʀe] v. [1] **I.** v. intr. **1.** Absorber de l'oxygène et rejeter du gaz carbonique (êtres vivants). ▷ Spécial. *Ce blessé respire encore,* est encore en vie. **2.** Fig. Avoir un moment de répit, éprouver une impression de calme, de tranquillité. *Laissez-moi respirer.* **II.** v. tr. **1.** Aspirer par les organes respiratoires. *Respirer un air vicié, un parfum.* **2.** Fig. Donner tous les signes extérieurs de. *Respirer l'honnêteté.* – Lat. *respirare,* de *spirare,* « souffler ».

resplendir [ʀɛsplɑ̃diʀ] v. intr. [3] Briller avec beaucoup d'éclat. *Astres qui resplendissent.* ▷ Fig. *Il resplendit de bonheur.* – Lat. *resplendere.*

resplendissant, ante [ʀɛsplɑ̃disɑ̃, ɑ̃t] adj. Qui resplendit. *Soleil resplendissant.* – *Beauté resplendissante.* – Ppr. de *resplendir.*

resplendissement [ʀɛsplɑ̃dismɑ̃] n. m. Litt. État de ce qui resplendit. – De *resplendir.*

responsabilisation [ʀɛspɔ̃sabilizasjɔ̃] n. f. Fait de responsabiliser; fait d'être responsabilisé. – De *responsabiliser.*

responsabiliser [ʀɛspɔ̃sabilize] v. tr. [1] Rendre responsable, habituer à assumer des responsabilités. *Responsabiliser tous les participants.* – De *responsable.*

responsabilité [ʀɛspɔ̃sabilite] n. f. Fait d'être responsable. *La responsabilité suppose la possibilité d'agir en connaissance de cause.* – *Fuir les responsabilités.* ▷ Par ext. *Avoir un poste de responsabilité,* où l'on est amené à prendre des décisions importantes. ▷ DR *Responsabilité civile :* obligation de réparer les dommages que l'on a causés à autrui de son propre fait ou de celui de personnes, d'animaux, de choses dont on est responsable. – *Responsabilité pénale :* obligation de subir la peine prévue pour l'infraction dont on est l'auteur ou le complice. ▷ *Responsabilité ministérielle :* dans un régime parlementaire, obligation faite à l'ensemble des ministres, au gouvernement, de démissionner quand le Parlement lui retire sa confiance. – De *responsable.*

responsable [ʀɛspɔ̃sabl] adj. et n. **1.** Qui est tenu de répondre de ses actes ou, dans certains cas, de ceux d'autrui. *Être responsable devant la loi, devant sa conscience.* **2.** Qui est la cause de. *La conduite en état d'ivresse est responsable de nombreux accidents.* **3.** Qui a le pouvoir de prendre des décisions dans un groupe organisé. ▷ Subst. *Demander à voir un responsable.* – Du lat. *responsus,* pp. de *respondere,* « répondre ».

resquille [ʀɛskij] n. f. ou **resquillage** [ʀɛskijaʒ] n. m. Action de resquiller. – De *resquiller.*

resquiller [ʀɛskije] v. tr. et intr. [1] Profiter, par son adresse, de qqch, sans y avoir droit, sans le payer. – Provenç. *resquilia,* « glisser », du rad. germ. *kegil,* « quille ».

resquilleur, euse [ʀɛskijœʀ, øz] n. et adj. Qui resquille. – De *resquiller.*

ressac [ʀəsak] n. m. Retour des vagues sur elles-mêmes après avoir frappé un obstacle ou le rivage. – Esp. *resaca,* du lat. *saccus,* « sac ».

ressaigner [ʀəseɲe] v. intr. [1] Saigner de nouveau.

ressaisir [ʀəseziʀ] **1.** v. tr. [3] Saisir de nouveau, reprendre. *La passion du jeu l'a ressaisi.* **2.** v. pron. Reprendre possession de soi-même. *L'émotion passée, il s'est ressaisi.*

ressasser [ʀəsase] v. tr. [1] **1.** Revenir sans cesse en esprit sur. *Ressasser de vieilles rancunes.* **2.** Répéter à satiété. *Ressasser les mêmes histoires.* – De *re-,* et *sasser,* de *sas,* « tamis »; d'abord propr. « repasser au sas ».

ressasseur, euse [ʀəsasœʀ, øz] n. Personne qui ressasse, qui répète toujours les mêmes choses. – De *ressasser.*

ressaut [ʀəso] n. m. Saillie que fait une partie horizontale d'une construction par rapport à un plan vertical. *Le ressaut d'une corniche.* – Par ext. *Alpiniste qui se repose sur le ressaut d'une paroi rocheuse.* – De l'anc. v. *ressaillir,* ou de *re-,* et du lat. *saltare,* «sauter».

ressauter [ʀəsote] v. tr. et intr. [1] Sauter de nouveau.

r(é)essayer [ʀ(e)eseje] v. tr. [21] Essayer de nouveau.

ressemblance [ʀəsɑ̃blɑ̃s] n. f. Fait de ressembler (à qqn, qqch), ou de se ressembler. *Association d'idées par ressemblance.* – De *ressembler.*

ressemblant, ante [ʀəsɑ̃blɑ̃, ɑ̃t] adj. Qui ressemble à un modèle. – Ppr. de *ressembler.*

ressembler [ʀəsɑ̃ble] **1.** v. tr. indir. [1] Avoir avec (qqn, qqch) des traits communs (nature, aspect). *Votre fils vous ressemble. Portrait qui ressemble au modèle.* – Loc. *Cela ne vous ressemble pas* : cela n'est pas conforme à votre caractère. **2.** v. pron. Présenter une ressemblance mutuelle. *Elles se ressemblent.* ▷ Prov. *Les jours se suivent et ne se ressemblent pas* : à une situation en succède une autre. – *Qui se ressemble s'assemble* : ce sont leurs ressemblances qui rapprochent les individus.

ressemelage [ʀəsəmlaʒ] n. m. Action de ressemeler; son résultat. – De *ressemeler.*

ressemeler [ʀəsəmle] v. tr. [19] Mettre de nouvelles semelles à (des chaussures). – De *re-,* et *semelle.*

ressemer [ʀəsəme] **1.** v. tr. [16] Semer de nouveau. **2.** v. pron. Donner naissance à de nouveaux plants par ses graines, sans intervention de l'homme (végétaux).

ressentiment [ʀəsɑ̃timɑ̃] n. m. Souvenir que l'on garde d'offenses, de torts que l'on n'a pas pardonnés. Syn. rancœur. – De *ressentir.*

ressentir [ʀəsɑ̃tiʀ] **1.** v. tr. [30] Éprouver (une sensation physique, un état affectif, un sentiment). *Ressentir une vive douleur. Ressentir de l'affection pour qqn.* **2.** v. pron. *Se ressentir de* : subir les effets, les conséquences de. *Il se ressent encore de sa maladie.*

resserre [ʀəsɛʀ] n. f. Endroit où l'on range des outils, du bois, etc.; remise. – Déverbal de *resserrer.*

resserrement [ʀəsɛʀmɑ̃] n. m. Action de resserrer, fait de se resserrer; son résultat. – De *resserrer.*

resserrer [ʀəseʀe] v. [1] **I.** v. tr. **1.** Serrer davantage (ce qui est desserré). *Resserrer un nœud, des écrous.* ▷ Fig. *Resserrer les liens de l'amitié.* **2.** Réduire les dimensions de (qqch). *Le froid resserre les pores.* ▷ Fig. *Resserrer l'action d'une tragédie.* **II.** v. pron. Devenir plus serré, plus étroit. *Filet qui se resserre. Le défilé se resserre à cet endroit.*

resservir [ʀəsɛʀviʀ] v. [30] **1.** v. intr. Servir de nouveau. *Cette robe pourra resservir.* **2.** v. tr. Servir (qqch) une nouvelle fois. *Resservir un plat.* ▷ v. pron. *Il s'est resservi abondamment.*

1. ressort [ʀəsɔʀ] n. m. **1.** Pièce élastique qui tend à reprendre sa forme initiale dès que cesse l'effort qui s'exerce sur elle. *Ressort à boudin*.* ▷ *Faire ressort* : manifester des propriétés semblables à celles d'un ressort. **2.** Fig. Activité, force, énergie; cause motrice. *L'intérêt est un puissant ressort.* ▷ (Personnes) *Manquer de ressort,* d'énergie, de vitalité. – Déverbal de *ressortir* 1.

2. ressort [ʀəsɔʀ] n. m. DR **1.** Étendue d'une juridiction. *Le ressort d'une cour d'appel.* **2.** Limite de compétence d'un corps judiciaire. *Affaire du ressort de tel tribunal.* ▷ Cour. *Cela n'est pas de mon ressort,* n'est pas de ma compétence. **3.** *Juger en dernier ressort,* sans appel possible. ▷ Cour. *En dernier ressort* : en définitive, en fin de compte. – Déverbal de *ressortir* 2.

1. ressortir [ʀəsɔʀtiʀ] v. [30] **I.** v. intr. **1.** Sortir peu de temps après être entré. **2.** (Choses) Se distinguer nettement par contraste. *Ce tableau ressortirait mieux sur un fond clair.* – *Faire ressortir qqch,* le mettre en relief, en évidence. **3.** v. impers. *Il ressort de tout cela que* : si l'on examine tout cela, il apparaît que. **II.** v. tr. Sortir de nouveau. *J'ai ressorti mon vieux manteau.* ▷ Fam., fig. Répéter. *Il nous ressort toujours les mêmes histoires.* – De *re-,* et *sortir;* d'abord *resortir,* «rebondir, reculer».

2. ressortir [ʀəsɔʀtiʀ] v. tr. indir. [3] *Ressortir à.* **1.** DR Être du ressort de (une juridiction). *Cette affaire ressortit au juge de paix.* **2.** Fig. Relever de. *Cette question ressortit à la philosophie.* – De *ressortir* 1.

ressortissant, ante [ʀəsɔʀtisɑ̃, ɑ̃t] adj. et n. **1.** adj. DR Qui ressortit à une juridiction. **2.** n. Personne qui ressortit à la législation d'un pays, du fait de sa nationalité. – Ppr. de *ressortir* 2.

ressouder [ʀəsude] v. tr. [1] Souder de nouveau.

ressource [ʀəsuʀs] n. f. **I. 1.** Moyen employé pour se tirer d'embarras. *N'avoir d'autre ressource que la fuite.* **2.** (Plur.) Moyens pécuniaires. *Être sans ressources,* dans la misère. ▷ Richesses, produits naturels, biens, moyens matériels dont dispose un pays. *Ressources minières.* – Fig. *Ressources humaines.* ▷ *Service des ressources humaines,* qui assure, en ce qui concerne le personnel d'une entreprise, outre la fonction d'un service du personnel (gestion administrative des salaires, des vacances, etc.), les relations internes, le recrutement, la gestion des carrières, les prévisions. **3.** Plur. Fig. Moyens d'action, réserves de forces, d'habileté, etc. *Les ressources du courage.* – Sing. Fam. *Avoir de la ressource* : n'être pas à bout de forces, d'expédients. **II.** AVIAT Manœuvre de redressement d'un avion, mettant fin à un piqué. – De l'anc. v. *resourdre,* «rejaillir», et fig. «se rétablir», lat. *resurgere.*

ressourcer (se) [ʀəsuʀse] v. pron. [12] Revenir à ses racines; faire un retour aux sources (sens 2). – De *source.*

ressouvenir (se) [ʀəsuvniʀ] v. pron. [36] Litt. Se souvenir de nouveau.

ressuage [ʀəsɥaʒ] n. m. **1.** TECH Fait de ressuer. **2.** METALL Opération qui consiste à faire ressuer un métal. – De *ressuer.*

ressuer [ʀəsɥe] v. intr. [1] **1.** TECH Rendre son humidité. *Crépi qui ressue.* **2.** METALL *Faire ressuer un métal,* en extraire les substances hétérogènes par fusion partielle.

ressui [ʀesɥi] n. m. VEN Lieu où le gibier se retire pour se sécher après la pluie ou après la rosée du matin. – Déverbal de *ressuyer.*

ressurgir. V. resurgir.

ressusciter [ʀesysite] v. [1] **I.** v. intr. **1.** Revenir de la mort à la vie. **2.** Fig. Renaître, se ranimer. – Guérir d'une maladie grave. **II.** v. tr. **1.** Ramener de la mort à la vie. **2.** Fig. Faire revivre. *Ressusciter une coutume.* – Lat. *resuscitare,* «ranimer».

ressuyage [ʀesɥijaʒ] n. m. **1.** Action de ressuyer; son résultat. **2.** AGRIC Action d'enlever la terre restée sur les légumes après leur arrachage. – De *ressuyer.*

ressuyer [ʀesɥije] v. tr. [22] Rare Essuyer de nouveau. ▷ Vx Sécher. *Ressuyer la pierre à chaux.*

restant, ante [ʀɛstɑ̃, ɑ̃t] adj. et n. m. **1.** adj. Qui reste. *L'argent restant.* ▷ *Poste restante* : V. poste 1. **2.** n. m. Reste. *Prenez le restant.* – Ppr. de *rester.*

restaurant [ʀɛstɔʀɑ̃] n. m. Établissement public où l'on sert des repas moyennant paiement. (Abrév. Fam. : restau ou resto). – Ppr. subst. de *restaurer* 2; d'abord «boisson réconfortante» en provençal.

1. restaurateur, trice [ʀɛstɔʀatœʀ, tʀis] n. et adj. **1.** n. Spécialiste en restauration d'objets, de pièces anciennes. *Restaurateur de vitraux.* **2.** adj. *Chirurgie restauratrice :* chirurgie plastique pratiquée en cas de lésion ou de malformation. – Lat. *restaurator,* de *restaurare,* « fortifier ».

2. restaurateur, trice [RɛstɔRatœR, tRis] n. Personne qui tient un restaurant. – De *restaurer* 2.

1. restauration [RɛstɔRasjɔ̃] n. f. **1.** Action de réparer, de restaurer ; son résultat. *Restauration d'un édifice.* ▷ Fig. *La restauration des finances publiques.* **2.** Rétablissement d'une ancienne dynastie sur le trône. – Absol. HIST *La Restauration :* le régime qui succéda au Premier Empire et qui fut marqué par le rétablissement des Bourbons (Louis XVIII puis Charles X). *La première Restauration (avril 1814-mars 1815), interrompue par l'épisode des Cent-Jours durant lesquels Napoléon reprit le pouvoir, fut suivie par la seconde Restauration (juillet 1815-juillet 1830).* – Lat. *restauratio,* « renouvellement ».

2. restauration [RɛstɔRasjɔ̃] n. f. Métier de restaurateur (2) ; ce secteur d'activités. ▷ *Restauration rapide :* syn. officiellement recommandé de *fast food.* – De *restaurer* 2.

1. restaurer [RɛstɔRe] v. tr. [1] Réparer, remettre en son état premier. *Restaurer un monument.* ▷ Fig. Rétablir. *Restaurer une coutume.* – Lat. *restaurare,* « rebâtir, réparer, refaire » ; d'abord *restaurar,* « guérir ».

2. restaurer [RɛstɔRe] **1.** v. tr. [1] *Restaurer qqn,* lui rendre ses forces, lui donner à manger. **2.** v. pron. Rétablir ses forces en mangeant. – Lat. *restaurare,* « rebâtir, réparer, refaire ».

reste [Rɛst] n. m. **I. 1.** Ce qui demeure d'un tout (relativement à la partie retranchée, considérée, etc.). *Payer le reste d'une dette.* – Fig. *Ne pas demander son reste :* s'en tenir là, ne pas insister. ▷ *Le reste du temps :* tous les autres moments. *Il travaille beaucoup ; le reste du temps, il dort.* **2.** *Absol.* Ce qu'il y a encore à faire, à dire. *Nous lirons le reste demain.* ▷ Ce qu'il y a en outre. *Inutile de préciser, vous imaginez le reste.* – (Après une énumération.) *Et (tout) le reste :* et cætera. **3.** *Être en reste :* demeurer débiteur (le plus souvent au fig.). *Pour ne pas être en reste, les autres se sont joints au chœur.* **4.** Loc. adv. *De reste :* plus qu'il n'est nécessaire. ▷ *Au reste, du reste :* au surplus, d'ailleurs. **II. 1.** (Surtout plur.) Ce qui subsiste d'un tout détruit, perdu, consommé, etc. *Les restes d'un naufrage. Les restes d'un repas.* – Plaisant *Avoir de beaux restes :* avoir gardé des traces de sa beauté passée (surtout en parlant d'une femme). ▷ *Les restes de qqn,* son cadavre, ses ossements. ▷ Ce qui a été dédaigné. *N'avoir que les restes.* ▷ Petite quantité. *Un reste de chaleur, de vertu.* **2.** MATH Différence de deux nombres, dans une soustraction. ▷ Ce qui demeure du dividende, et qui est inférieur au diviseur. – Déverbal de *rester.*

rester [Rɛste] v. intr. [1] **I. 1.** Continuer d'être (à tel endroit ; dans tel état). *Rester chez soi. Rester calme.* – *Restez (à) dîner.* – Fam. *Il risque d'y rester,* d'y laisser la vie. **2.** Persister, durer. *Cette œuvre restera.* **3.** *En rester à :* s'arrêter à, s'en tenir à. *Restons-en là.* **4.** *Rester sur une impression,* ne pas vouloir ou ne pas pouvoir l'oublier. ▷ *Rester, être resté sur sa faim :* n'avoir pas mangé à sa faim ; fig. ne pas voir ses aspirations, ses désirs pleinement satisfaits. **5.** (Choses) *Rester à qqn,* continuer d'être sien, lui demeurer attaché. *Ce surnom lui est resté.* **II. 1.** Subsister (par rapport à d'autres éléments qui ne sont plus ou qui ont disparu). *Ruines qui restent d'un édifice. Voyons ce qui reste à faire. Ceux qui s'en vont et ceux qui restent :* allus. aux morts par rapport aux vivants. – Ellipt. *Reste à savoir si...* **2.** *Il reste que* (+ indic.) : il est néanmoins vrai que. – Lat. *restare.*

restituable [Rɛstitɥabl] adj. Que l'on doit restituer. *Prêt restituable à la demande du créancier.* – De *restituer.*

restituer [Rɛstitɥe] v. tr. [1] **1.** Rendre (ce qui est possédé indûment). *Restituer des terres.* **2.** Rétablir dans son état premier. *Restituer un texte.* **3.** Rendre, libérer (ce qui a été accumulé, absorbé). *Les accumulateurs restituent l'énergie électrique qu'ils ont emmagasinée.* ▷ Reproduire un son enregistré. – Lat. *restituere.*

restitution [Rɛstitysjɔ̃] n. f. Action de restituer. **1.** Action de rendre ce que l'on détient indûment (ou ce qui, de droit, revient à qqn d'autre). *Restitution d'une somme.* **2.** Action par laquelle on remet une chose dans son état primitif ; son résultat. *Restitution d'une fresque.* – Lat. *restitutio.*

restoroute [RɛstoRut] n. m. Restaurant situé sur une autoroute ou sur une route à grande circulation. – Nom déposé ; de *restau(rant),* et *route.*

restreindre [RɛstRɛ̃dR] **1.** v. tr. [55] Réduire, limiter. *Restreindre un droit.* **2.** v. pron. Devenir moins étendu. *Le nombre des choix s'est restreint.* ▷ *Absol.* Réduire ses dépenses. *Être amené à se restreindre.* – Lat. *restringere,* « resserrer ».

restrictif, ive [RɛstRiktif, iv] adj. Qui restreint. *Clause restrictive.* – Du lat. *restrictus,* de *restringere,* « resserrer ».

restriction [RɛstRiksjɔ̃] n. f. **1.** Action de restreindre. **2.** Condition qui restreint. ▷ *Faire des restrictions :* émettre des réserves, des critiques. ▷ *Sans restriction :* entièrement, sans condition. ▷ *Restriction mentale :* réserve faite à part soi d'une partie de ce qu'on pense, pour tromper l'interlocuteur. **3.** (Plur.) Mesures destinées à limiter la consommation ; rationnement. *Restrictions imposées en temps de guerre.* – Lat. *restrictio,* de *restringere,* « resserrer ».

restructuration [RəstRyktyRasjɔ̃] n. f. Action de restructurer ; son résultat. – De *restructurer.*

restructurer [RəstRyktyRe] v. tr. [1] Donner une nouvelle structure à ; réorganiser. ▷ v. pron. *Cette association s'est restructurée.* – De *re-,* et *structurer.*

resucée [Rəsyse] n. f. **1.** Pop. Quantité supplémentaire (de boisson). *Vous prendrez bien une petite resucée ?* **2.** Fig., fam. Reprise, répétition sans intérêt. *On a tiré de la pièce d'Untel une médiocre resucée cinématographique.* – De *resucer,* « sucer de nouveau ».

résultant, ante [Rezyltɑ̃, ɑ̃t] adj. et n. f. **I.** adj. Qui résulte. *Force résultante.* **II.** n. f. **1.** PHYS *Résultante dynamique :* somme (représentée par un vecteur unique) des forces appliquées sur un objet, sur un point. – *Résultante cinétique :* somme des quantités de mouvement. **2.** Cour. Effet découlant de plusieurs causes convergentes ; résultat. – Ppr. de *résulter.*

résultat [Rezylta] n. m. **1.** Ce qui résulte (d'une action, d'un fait). *Le résultat d'une enquête.* ▷ MATH *Résultat d'une opération :* produit, quotient, reste, somme. **2.** Succès ou échec à un examen, un concours, une compétition, etc. *Proclamation des résultats.* **3.** Plur. COMPTA Bénéfices ou pertes, dans l'exploitation d'une entreprise. – Lat. *resultatum,* pp. de *resultare,* « résulter ».

résulter [Rezylte] v. intr. [1] S'ensuivre ; être l'effet, la conséquence de ; découler de. ▷ *Cette conclusion résulte de vos propres déclarations.* ▷ v. impers. *Il résulte de ce débat que...* – Lat. *resultare,* « rebondir » ; « retentir », puis « résulter » en lat. scolast. ; de *re-,* et *saltare,* « sauter ».

résumé [Rezyme] n. m. **1.** Présentation succincte. *Le résumé d'une conférence.* **2.** Précis, abrégé. *Un résumé de chimie.* **3.** loc. adv. *En résumé :* pour récapituler brièvement, en bref. – Pp. subst. de *résumer.*

résumer [Rezyme] v. [1] **I.** v. tr. Exprimer en moins de mots, de manière plus brève. *Résumer un exposé trop long.* ▷ Fig. Être l'image en petit de, présenter en raccourci. *Cette anecdote résume le personnage.* **II.** v. pron. **1.** Reprendre brièvement ce que l'on a dit, écrit. **2.** (Pass.) Être résumé. *Cela se résume en une phrase.* – Lat. *resumere,* « reprendre ».

résurgence [ʀezyʀʒɑ̃s] n. f. GEOL Eaux résurgentes. ▷ Fig. Réapparition. *Résurgence d'une mode.* – De *résurgent.*

résurgent, ente [ʀezyʀʒɑ̃, ɑ̃t] adj. GEOL Se dit des eaux d'infiltration qui, après un trajet souterrain, resurgissent en surface. – Lat. *resurgens,* de *resurgere,* «rejaillir»; signif. d'abord «ressuscité».

resurgir ou **ressurgir** [ʀəsyʀʒiʀ] v. intr. [3] Surgir de nouveau. – De *re-,* et *surgir.*

résurrection [ʀezyʀɛksjɔ̃] n. f. **1.** Retour de la mort à la vie. *La résurrection de Lazare.* ▷ *Absol.* (Avec une majuscule.) *La Résurrection,* celle du Christ; la fête qui la célèbre. **2.** Œuvre d'art représentant la résurrection du Christ. **3.** Fig. Réapparition; nouvel essor. *Résurrection d'un art ancien.* – Lat. ecclés. *resurrectio,* de *resurgere,* «se relever».

retable [ʀətabl] n. m. Panneau vertical (placé derrière un autel), le plus souvent peint et richement orné. ▷ Décoration, tableau qui orne cette partie. – De *re-,* «en arrière», et *table.*

rétablir [ʀetabliʀ] v. [3] **I.** v. tr. **1.** Établir de nouveau. *Rétablir la paix. Rétablir qqn dans ses fonctions.* ▷ Remettre en fonctionnement. *Rétablir le téléphone.* **2.** Remettre (qqch) en bon état. *Rétablir ses finances.* ▷ *Rétablir les faits,* en rectifier une version inexacte. **3.** Redonner la santé à (qqn). *Cette thérapeutique l'a rétabli.* **II.** v. pron. **1.** Revenir à son état premier. *Le pouls se rétablit.* **2.** Recouvrer la santé. **3.** Faire un rétablissement (sens 3). *Se rétablir sur les avant-bras.*

rétablissement [ʀetablismɑ̃] n. m. **1.** Action de rétablir; son résultat. **2.** Retour à la santé. **3.** Mouvement qui consiste, lorsqu'on est suspendu par les mains, à se hisser après traction sur les bras tendus. – De *rétablir.*

retaille [ʀətaj] n. f. TECH Partie qu'on retranche d'une chose en la façonnant. – Déverbal de *retailler.*

retailler [ʀətaje] v. tr. [1] Tailler de nouveau. *Retailler un arbre.*

rétamage [ʀetamaʒ] n. m. Action de rétamer; son résultat. – De *rétamer.*

rétamer [ʀetame] v. tr. [1] **1.** Étamer de nouveau. **2.** Fam. Battre (au jeu, dans une compétition). *Se faire rétamer.* ▷ *Être rétamé,* épuisé. – De *r-,* et *étamer.*

rétameur [ʀetamœʀ] n. m. Ouvrier qui rétame. – De *rétamer.*

retapage [ʀətapaʒ] n. m. Fam. Action de retaper; son résultat. – De *retaper.*

retape [ʀətap] n. f. Pop. **1.** *Prostituée qui fait la retape,* qui racole. **2.** Fig. *Faire la retape :* faire une publicité ou une propagande outrancière; essayer de recruter des adhérents, etc. – Déverbal de *retaper;* signif. d'abord «action de racoler pour voler».

retaper [ʀətape] v. tr. [1] **1.** Redonner sa forme (notam. en tapant) à. *Retaper un lit.* **2.** Fam. Remettre sommairement en état; rendre l'aspect du neuf à. *Retaper une vieille ferme.* **3.** Fam. Rétablir les forces, la santé de. *Vacances qui retapent.* ▷ v. pron. *Il s'est bien retapé.*

retard [ʀətaʀ] n. m. **1.** Fait d'arriver, de se produire, après le moment fixé; temps écoulé entre le moment où qqch ou qqn aurait dû arriver et le moment où il arrive réellement. *Être en retard. Un retard d'une heure. Le train a du retard.* **2.** Différence de temps (et, par ext., de distance) qui résulte d'une lenteur relative. *Être en retard sur qqn* (dans une action). *Combler son retard.* ▷ TECH *Le retard d'une pendule,* le mécanisme qui sert à régler son mouvement. **3.** Action de retarder, de différer. *Se décider après bien des retards et des atermoiements.* ▷ Loc. adv. *Sans retard :* sans délai, rapidement. ▷ MED Prolongation de l'action d'un médicament par adjonction de produits qui en diffèrent l'élimination. – (En appos.) *Insuline retard.* ▷ MUS Prolongation d'une note d'un accord sur l'accord suivant. ▷ TECH Fait de fonctionner avec un certain décalage dans le temps. *Retard à l'admission, à l'échappement* (dans un moteur). **4.** Fig. État de celui qui est moins avancé, par rapport aux autres ou par rapport à la normale, dans son savoir, son développement, etc. *Ce pays a un siècle de retard.* – Déverbal de *retarder.*

retardataire [ʀətaʀdatɛʀ] adj. et n. **1.** Qui arrive en retard. *Des élèves retardataires.* ▷ Subst. *Les retardataires.* **2.** Qui a du retard (sens 4). *Mœurs retardataires.* – De *retarder.*

retardateur, trice [ʀətaʀdatœʀ, tʀis] adj. et n. m. Qui retarde, qui provoque un ralentissement. *Forces de frottement retardatrices.* – MILIT *Action retardatrice,* destinée à ralentir la progression de l'ennemi. ▷ n. m. CHIM Corps qui ralentit une réaction. – De *retarder.*

retardé, ée [ʀətaʀde] adj. (et n.) *Enfant retardé,* qui est en retard dans ses études, dont le développement physique ou intellectuel est en retard. – Subst. *Un(e) retardé(e).* – Pp. de *retarder.*

retardement [ʀətaʀdəmɑ̃] n. m. **1.** Vieilli Action de retarder. **2.** Loc. adj. *À retardement :* se dit d'un mécanisme dont l'action est différée au moyen d'un compteur ou d'une horloge intégrés. *Obus à retardement.* ▷ Loc. adv. Après coup. *Réagir à retardement.* – De *retarder.*

retarder [ʀətaʀde] v. [1] **I.** v. tr. **1.** Mettre en retard. ▷ v. pron. *Ne l'attends pas, tu vas te retarder.* ▷ *Retarder une montre,* lui faire indiquer une heure moins avancée que celle qu'elle indique. **2.** Différer. *Retarder son départ.* **II.** v. intr. **1.** Aller trop lentement, indiquer une heure déjà passée, en parlant d'une montre, d'une pendule, etc. *Ce réveil retarde.* – Par ext., fam. *Je retarde de dix minutes. «Elle, malade? – Mais tu retardes, elle est guérie depuis deux mois.»* **2.** *Retarder sur son temps, son époque,* etc. : manifester des idées, des attitudes dépassées, rétrogrades. – Lat. *retardare,* rac. *tardus,*«lent».

reteindre [ʀətɛ̃dʀ] v. tr. [55] Teindre de nouveau ou d'une couleur différente.

retendoir [ʀətɑ̃dwaʀ] n. m. TECH Clé utilisée par les facteurs de pianos pour régler la tension des cordes. – De *retendre.*

retendre [ʀətɑ̃dʀ] v. tr. [6] Tendre de nouveau, tendre (ce qui s'est détendu). *Retendre les haubans d'une tente.*

retenir [ʀətəniʀ] v. [36] **I.** v. tr. **1.** Garder (ce qui est à autrui). *Retenir des marchandises en gage.* ▷ Prélever, déduire d'une somme. *Retenir une cotisation.* **2.** Garder dans sa mémoire. *Retenir sa leçon.* – Fam., iron. *Je vous retiens! :* je ne risque pas d'oublier la façon dont vous avez agi. ▷ ARITH *Retenir un chiffre (dans une opération),* le réserver pour l'ajouter aux chiffres de la colonne suivante, vers la gauche. **3.** Réserver. *Retenir une place d'avion.* **4.** DR Garder (un chef d'accusation, etc.). *Le délit de vol a été retenu contre lui.* ▷ Cour. Considérer favorablement; agréer. *Retenir une candidature.* **II.** v. tr. **1.** Faire demeurer en un lieu. *Retenir qqn à dîner. La fièvre le retient alité.* **2.** Maintenir en place, contenir. *Barrage qui retient l'eau.* – Fig. *Retenir l'attention.* **3.** Empêcher d'agir ou de se manifester. *La prudence l'a retenu. Retenir ses larmes.* **4.** Saisir, maintenir pour empêcher d'aller, de tomber, etc. *Retenir qqn au bord d'une pente.* **III.** v. pron. **1.** Saisir qqch pour ne pas tomber, se rattraper. *Se retenir à une branche.* **2.** S'empêcher de, réprimer l'envie de (faire qqch). *Se retenir de rire.* ▷ *Absol.* Différer de satisfaire un besoin naturel. – De *re-,* et *tenir;* lat. *retinere.*

rétention [ʀetɑ̃sjɔ̃] n. f. **1.** Action de retenir, de conserver. ▷ DR *Droit de rétention,* qui autorise un créancier à retenir un bien reçu en gage jusqu'au paiement complet de ce qui lui est dû. **2.** MED Accumulation (d'une substance destinée à être évacuée). *Rétention d'urine.* **3.** GEOGR Immobilisation (glaciaire, nivale, etc.) de l'eau des précipitations. – Lat. *retentio.*

retentir [ʀətɑ̃tiʀ] v. intr. [3] **I. 1.** Faire entendre un son puissant, éclatant. *Les trompettes retentirent.* ▷ (En parlant du son lui-même.) *Le coup de tonnerre a retenti dans toute la vallée.* **2.** *Retentir de :* être rempli par (un son, un bruit). *La maison retentissait de coups de marteaux.* **II.** *Retentir sur :* avoir un retentissement, des répercussions sur. *La fatigue retentit sur le caractère.* – De *re-*, et a. fr. *tentir;* lat. pop. **tinnitire*, class. *tinnire*, « résonner ».

retentissant, ante [ʀətɑ̃tisɑ̃, ɑ̃t] adj. **1.** Qui retentit; sonore, éclatant. *Voix retentissante.* **2.** Qui a un grand retentissement, dont on parle beaucoup. *Échec retentissant.* – Ppr. de *retentir.*

retentissement [ʀətɑ̃tismɑ̃] n. m. **1.** Litt. Fait de retentir; bruit, son renvoyé avec éclat. **2.** Fig. Contrecoup, répercussion. *Cette réussite eut un profond retentissement sur sa vie.* **3.** Fig. Fait de se répandre avec beaucoup de bruit auprès d'un public nombreux. *Retentissement d'une nouvelle.* – De *retentir.*

retenue [ʀət(ə)ny] n. f. **I.** Fait de retenir, de garder. *Retenue de marchandises par la douane.* – Prélèvement qu'un employeur fait sur la rémunération d'un employé pour répondre à certaines obligations légales ou conventionnelles. – FISC *Retenue à la source :* prélèvement fiscal sur un revenu, avant paiement de celui-ci. ▷ ARITH Chiffre qu'on retient (sens I, 2), dans une opération. **II. 1.** Fait de retenir (de l'eau); masse d'eau que l'on retient. *Lac de retenue d'un barrage.* **2.** MAR Cordage servant à retenir. *Retenue de bôme.* **3.** Punition scolaire consistant à garder en classe un élève après les heures de cours ou un jour de congé. **III.** Attitude, qualité d'une personne discrète, réservée. – Pp. fém. subst. de *retenir;* d'abord « action de retenir prisonnier ».

retercer [12] ou **reterser** [1] [ʀətɛʀse] v. tr. AGRIC Labourer une quatrième fois (une vigne notam.) – De *re-*, et *tercer, terser.*

rétiaire [ʀetjɛʀ] n. m. ANTIQ ROM Gladiateur armé d'un trident, d'un poignard et d'un filet avec lequel il devait prendre son adversaire (un mirmillon, le plus souvent). – Lat. *retiarius*, de *rete*, « filet ».

réticence [ʀetisɑ̃s] n. f. **1.** Omission volontaire d'une chose qu'on devrait dire; cette chose même. ▷ RHET Figure consistant à interrompre sa phrase, en laissant entendre ce qui n'est pas dit. **2.** Attitude de réserve, de désapprobation, manifestée par le refus de donner un accord, de s'engager nettement. – Lat. *reticentia*, « silence obstiné », de *reticere*, rac. *tacere*, « taire ».

réticent, ente [ʀetisɑ̃, ɑ̃t] adj. **1.** Qui use de réticences (sens 1). *Témoignage réticent.* **2.** Qui manifeste de la réticence (sens 2). *Être réticent à l'égard d'un projet.* – De *réticence.*

réticulaire [ʀetikylɛʀ] adj. Didac. En forme de réseau. *Tissu réticulaire.* – Du lat. *reticulum*, « réseau ».

réticulation [ʀetikylasjɔ̃] n. f. **1.** Didac. État d'une surface réticulée. **2.** CHIM Formation de liaisons transversales entre des chaînes macromoléculaires linéaires, entraînant des modifications profondes des propriétés de ces macromolécules. – De *réticule.*

réticule [ʀetikyl] n. m. **1.** OPT Système de fils croisés servant à définir l'axe de visée d'un instrument d'optique. **2.** ANTIQ Filet pour les cheveux. **3.** Mod. Petit sac de femme. – Lat. *reticulum*, dimin. de *rete* « filet ».

réticulé, ée [ʀetikyle] adj. **1.** Qui figure un réseau; qui comporte un réseau (notam. de nervures). *Feuille réticulée.* **2.** *Porcelaine réticulée*, dont l'enveloppe extérieure est découpée à jour. **3.** ANAT *Substance réticulée :* réseau dense de fibres nerveuses situé dans la partie centrale du tronc cérébral, sur toute sa hauteur, et jouant un rôle important dans la coordination et la synthèse de nombreuses fonctions. **4.** ARCHI Se dit d'un type de maçonnerie à petits moellons carrés ou rectangulaires régulièrement disposés, caractéristique de l'architecture romaine. – De *réticule.*

réticuline [ʀetikylin] n. f. BIOCHIM Protéine qui entre dans la composition des fibres élastiques du tissu conjonctif. – De *réticulum.*

réticulo-endothélial, ale, aux [ʀetikyloɑ̃doteljal, o] adj. BIOL *Système réticulo-endothélial :* Ensemble de cellules disséminées dans l'organisme, aptes à la phagocytose et jouant un rôle de défense prépondérant. ▷ *Tissu réticulo-endothélial :* tissu qui constitue la trame de nombreux organes (foie, rate, ganglions lymphatiques, glandes endocrines, etc.). – De *réticulé*, et *endothélium.*

réticulosarcome [ʀetikylosaʀkom] n. m. MED Tumeur maligne développée aux dépens du tissu réticulo-endothélial. – De *réticulaire*, et *sarcome.*

réticulum [ʀetikylɔm] n. m. ANAT Réseau fibreux ou vasculaire. ▷ BIOL *Réticulum endoplasmique :* prolongement réticulé de la membrane nucléaire dans le cytoplasme, qui enserre les ribosomes. Syn. ergastoplasme. – Mot lat., « réseau, résille ».

rétif, ive [ʀetif, iv] adj. **1.** Se dit d'une monture qui refuse d'obéir. *Cheval, mulet rétif.* **2.** Fig. Difficile à conduire, à persuader. *Caractère, enfant rétif.* – Lat. pop. *restivus*, de *restare*, « rester, résister ».

rétine [ʀetin] n. f. Membrane du fond de l'œil, tapissant la choroïde et sensible à la lumière. (Elle est composée d'une couche épithéliale interne et d'une couche cellulaire externe qui enserre les cellules nerveuses sensorielles : cônes et bâtonnets, dont les prolongements constituent le nerf optique.) – Lat. médiév. *retina*, de *rete*, « filet, réseau ».

rétinien, enne [ʀetinjɛ̃, ɛn] adj. De la rétine; qui a rapport à la rétine. *Pourpre* rétinien.* – De *rétine.*

rétinite [ʀetinit] n. f. MED Inflammation de la rétine. – De *rétine*, et *-ite* 1.

rétique. V. rhétique.

retirage [ʀətiʀaʒ] n. m. Nouveau tirage d'un livre, d'une gravure, etc.. – De *retirer.*

retiration [ʀətiʀasjɔ̃] n. f. IMPRIM Opération consistant à imprimer le verso d'une feuille. – *Presse à retiration*, qui imprime en une seule opération les deux faces d'une feuille. – De *retirer.*

retiré, ée [ʀətiʀe] adj. **1.** Situé à l'écart, peu fréquenté (lieux). *Petite bourgade retirée.* **2.** (Personnes) Qui vit loin du monde. *Vivre retiré de la société.* – Par ext. *Mener une vie retirée.* ▷ Qui a abandonné ses occupations professionnelles. *Être retiré des affaires. Un banquier retiré.* – Pp. de *retirer.*

retirement [ʀətiʀmɑ̃] n. m. Rare **1.** Action de retirer, fait de se retirer; retrait. **2.** Raccourcissement, contraction. *Retirement d'un tendon.* – De *retirer.*

retirer [ʀətiʀe] v. tr. [1] **I. 1.** Tirer en arrière (ce qu'on avait poussé, porté en avant). *Retirer sa main.* **2.** Ne pas maintenir (ce qu'on avait dit, formulé). *Je retire ce que j'ai dit. Retirer une plainte.* **3.** *Retirer qqch à qqn*, reprendre (ce qu'on lui avait donné, accordé; l'en priver). *On lui a retiré son permis de conduire. Retirer sa confiance, son amitié.* **4.** Faire sortir, tirer (une chose, une personne) du lieu où elle se trouvait. *Retirer un seau du puits. Il a retiré son fils de cet internat.* ▷ Se faire remettre, prendre. *Retirer de l'argent à la banque.* **5.** Enlever, ôter (un vêtement). *Retirer son manteau, ses chaussures.* **6.** Extraire. *L'huile que l'on retire de certaines graines.* ▷ Recueillir, obtenir. *Qu'avez-vous retiré de cette expérience ?* – *Spécial.* Recueillir (un profit). *Il a retiré un* *gros bénéfice de l'opération.* **II.** Tirer de nouveau. **1.** (Avec une arme.) *L'archer retira une flèche.* **2.** Faire un retirage. *L'ouvrage est épuisé, l'éditeur va en faire retirer dix mille exemplaires.* **3.** Effectuer une nouvelle traction. *Retirer sur la corde.* **III.** v. pron. **1.** Partir, prendre congé. *Il est temps que je me retire.* – (Avec un comp. de lieu.) *Se retirer dans sa chambre.* **2.** Abandonner une place, une position ; reculer, s'éloigner. *Se retirer en lieu sûr. Se retirer loin du monde.* **3.** *Se retirer de* : quitter (une activité, une profession). *Se retirer d'un jeu. Se retirer du barreau.* ▷ *Absol.* Prendre sa retraite. *Il s'est retiré fortune faite.* **4.** Rentrer dans son lit, en parlant d'un cours d'eau. *La rivière se retire.* ▷ Refluer. *Aux grandes marées, la mer se retire à plusieurs kilomètres.* **5.** Vieilli Rétrécir. *Cette toile se retire au blanchissage.*

rétiveté [ʀetivte] ou **rétivité** [ʀetivite] n. f. Rare Caractère d'une monture rétive, d'une personne rétive. – De *rétif.*

retombe [ʀətɔ̃b] n. f. **1.** ARCHI Retombée. **2.** ADMIN *Feuilles de retombe* : feuilles supplémentaires d'un état, où le vérificateur consigne ses observations. – Déverbal de *retomber.*

retombée [ʀətɔ̃be] n. f. **1.** ARCHI Naissance d'une voûte, d'une arcade. **2.** (Plur.) Ce qui retombe. ▷ PHYS NUCL *Retombées radioactives* : retour dans les basses couches de l'atmosphère et à la surface du globe des substances radioactives libérées à haute altitude lors d'une explosion nucléaire. **3.** Fig. (Le plus souvent au plur.) Conséquences, effets à plus ou moins long terme d'un événement, d'une situation, d'une recherche, d'une découverte. *Les retombées médicales de la recherche spatiale.* – Pp. fém. subst. de *retomber.*

retomber [ʀətɔ̃be] v. intr. [1] **I.** Tomber de nouveau. **1.** Faire une nouvelle chute. *Tomber, se relever et retomber encore.* **2.** Fig. *Retomber dans* : retourner dans (une certaine position), revenir à (la situation antérieure). *Tout était rentré dans l'ordre, sa vie retomba dans la monotonie.* – (Personnes) *Retomber dans les mêmes défauts.* ▷ (Avec un attribut.) *Retomber malade.* **3.** Fig., fam. *Retomber sur* : rencontrer, trouver par hasard, une nouvelle fois. *Tu ne retomberas plus sur une aussi bonne occasion.* **II.** Tomber d'une certaine hauteur. **1.** Atteindre le sol après avoir accompli une certaine trajectoire ou après un saut, un rebond. *La balle est retombée dans le jardin voisin.* – (Êtres animés.) Se recevoir lors d'une chute, d'un saut. *Chat qui retombe sur ses pattes.* ▷ Fig. (Personnes) *Savoir retomber sur ses pattes* : être habile à se tirer sans dommage de situations fâcheuses. **2.** Tomber après s'être élevé. *La fusée est retombée par suite d'une panne de réacteurs.* – Fig. *Après une légère hausse, le cours de l'or est retombé.* ▷ Fig. Mollir, devenir moins intense, moins soutenu. *L'enthousiasme est retombé.* **3.** S'abaisser, s'abattre en restant maintenu par le haut ; se déployer verticalement. *Le store retomba avec fracas.* ▷ (Sans idée de mouvement.) Pendre, s'étendre de haut en bas. *La tenture retombe en plis gracieux.* **4.** Fig. *Retomber sur* : peser sur, incomber à (qqn). *Toute la responsabilité retombera sur vous.*

retondre [ʀətɔ̃dʀ] v. tr. [6] Tondre de nouveau.

retordage [ʀətɔʀdaʒ] ou **retordement** [ʀətɔʀdəmɑ̃] n. m. TECH Opération qui consiste à retordre des fils ; son résultat. – De *retordre.*

retordeur, euse [ʀətɔʀdœʀ, øz] n. TECH Personne qui effectue l'opération du retordage. – De *retordre.*

retordre [ʀətɔʀdʀ] v. tr. [6] **1.** Tordre de nouveau. **2.** TECH Tordre ensemble (des fils). *Retordre des fils de lin, du lin.* ▷ Fig. *Donner du fil à retordre à qqn,* lui causer des difficultés, des soucis, lui résister. – Du lat. *retorquere,* même évolution que *tordre.*

rétorquer [ʀetɔʀke] v. tr. [1] **1.** Vx ou litt. Retourner contre son adversaire (les arguments mêmes dont il s'est servi). *Je pourrais rétorquer l'accusation contre vous.* **2.** Répondre, répliquer. *Il lui a rétorqué que ce n'était pas son affaire.* – Lat. *retorquere,* propr. « retordre ».

retors, orse [ʀətɔʀ, ɔʀs] adj. et n. m. **1.** TECH Qui a été retordu. *Fil retors* ou, n. m., *du retors.* **2.** Fig. Rusé, artificieux. *Personnage retors.* – Anc. pp. de *retordre.*

rétorsion [ʀetɔʀsjɔ̃] n. f. **1.** Vx ou litt. Action de rétorquer ; emploi que l'on fait, contre son adversaire, des arguments dont il s'est servi. *Argument sujet à rétorsion.* **2.** DR INTERN Acte de représailles* d'un État à l'égard d'un autre. ▷ Cour. *Mesures de rétorsion,* de représailles. – Du lat. médiév. *retorsio,* de *retorquere.*

retouche [ʀətuʃ] n. f. **1.** Dernière façon donnée à une œuvre pour en corriger les défauts. ▷ Partie retouchée. *On voit les retouches dans ce tableau.* **2.** Rectification apportée à un vêtement.

retoucher [ʀətuʃe] v. tr. [1] Corriger, modifier par des retouches. *Retoucher une photo, un vêtement.*

retoucheur, euse [ʀətuʃœʀ, øz] n. Personne qui effectue des retouches (partic. en photographie, en couture). – De *retoucher.*

retour [ʀətuʀ] n. m. **I. 1.** Action de retourner, de revenir à son point de départ. *Billet d'aller et retour.* ▷ Loc. *Être sur le retour* : commencer à vieillir. – *Retour d'âge* : ménopause. **2.** Arrivée au lieu d'où l'on était parti. *Je vous écrirai à mon retour, dès mon retour.* ▷ *Être de retour* : être revenu. **3.** Fait de revenir à un état, un stade antérieur. *Retour au calme, à la normale.* **4.** Réapparition d'une chose qui revient périodiquement. *Retour du printemps. Retour d'un motif musical.* ▷ PHILO *Doctrine du retour éternel* : doctrine stoïcienne (reprise par Nietzsche) selon laquelle l'histoire du monde est l'histoire du retour cyclique des mêmes êtres, des mêmes événements (V. palingénésie). **5.** Action de repartir en arrière, d'aller dans le sens inverse de celui qui avait été amorcé. *Retour en arrière.* – AUDIOV *Retour en arrière* (off. recommandé pour *flash-back**). ▷ *Retour sur soi-même* : réflexion sur soi-même, sur sa propre conduite, sa propre vie. ▷ MILIT *Retour offensif* : mouvement par lequel on attaque l'ennemi devant lequel on se retirait. ▷ TECH Mouvement brutal en sens inverse du sens normal. *Retour de manivelle* : mouvement brutal d'une manivelle en sens inverse du sens normal ; fig., fam. revirement brutal et fâcheux d'une situation. *Retour de flamme* : épanchement subit et fortuit de la flamme à l'extérieur d'un foyer ou, dans un moteur à explosion, remontée brutale de la flamme vers le carburant ; fig. brusque retournement d'une action contre son auteur, ou regain d'activité, de vigueur. **6.** Fig. Changement brusque, revirement. *Un retour de fortune.* **7.** Action de retourner, de renvoyer (qqch à qqn). *Retour d'un colis à l'envoyeur.* ▷ Livres invendus que le libraire retourne à l'éditeur. ▷ COMM *Retour d'un effet,* renvoi au tireur d'un effet impayé à l'échéance. **8.** *En retour (de)* : en échange, en contrepartie (de). *Combien donnerez-vous en retour?* **II.** TECH **1.** ARCHI Coude formé par une partie de construction qui fait saillie en avant d'une autre. **2.** MAR Partie d'une manœuvre, d'un cordage sur laquelle on exerce l'effort de traction. – De *retourner.*

retournage [ʀətuʀnaʒ] n. m. Action de retourner (un vêtement). *Retournage d'un manteau.* – De *retourner.*

retourne [ʀətuʀn] n. f. **1.** JEU Carte que l'on retourne et qui décide de l'atout. **2.** IMPRIM Dans un journal, suite, imprimée sur l'une des pages intérieures, d'un article dont le début figure en première page. – Déverbal de *retourner.*

retournement [ʀətuʀnəmɑ̃] n. m. **1.** Action de retourner (qqch, qqn) ; son résultat. *Le retournement d'une dalle. Effectuer un retournement sur le dos.* **2.** Fig. Revirement, volte-face. *Retournement de l'opinion.* ▷ Changement complet, radical, dans une situation. *Les* *retournements de l'intrigue, dans un vaudeville.* – De *retourner.*

retourner [ʀətuʀne] v. [1] **I.** v. tr. **1.** Faire tourner (une chose) sur elle-même de manière à mettre en avant la partie qui était en arrière, ou à mettre au-dessus la partie qui était au-dessous; mettre à l'envers. *Retourner une crêpe. Retourner un matelas. Retourner une carte à jouer,* en faire voir la figure. *Retourner un vêtement,* le rénover en tournant vers l'extérieur sa face intérieure. ▷ Fig., fam. *Retourner sa veste :* changer radicalement d'opinion, de camp (par désaffection ou par opportunisme). – *Retourner qqn,* le faire changer d'avis. *On le retourne comme un gant,* très facilement. ▷ *Retourner le sol, la terre,* les travailler de manière à exposer à l'air une couche profonde. ▷ Fam. Mettre en désordre, sens dessus dessous. *Il a retourné toute la bibliothèque pour trouver ce livre.* **2.** Tourner plusieurs fois, dans divers sens. *Il tournait et retournait l'objet entre ses mains sans en comprendre l'utilité.* – Loc. fig. *Retourner le fer, le couteau dans la plaie :* raviver une souffrance morale en évoquant sa cause, les circonstances qui l'ont fait naître. ▷ Fig. Examiner sous tous les angles. *Retourner un problème dans sa tête.* **3.** Fig., fam. Troubler, émouvoir fortement. *La nouvelle l'a retourné.* – Pp. adj. *J'en étais toute retournée.* Syn. bouleverser. **4.** Diriger dans le sens opposé. *Son forfait accompli, l'assassin a retourné l'arme contre lui-même.* ▷ Renvoyer. *Retourner une lettre à son expéditeur. Retourner un compliment.* **II.** v. intr. **1.** Aller de nouveau (dans un lieu où l'on a déjà été). *Retourner dans son village natal.* **2.** Revenir, rentrer (du lieu où l'on est allé). *Retourner chez soi.* **3.** *Retourner à :* revenir, être rendu à (qqn). *Ces biens retourneront à leur légitime possesseur.* – Reprendre, retrouver (un état antérieur, initial); revenir vers. *Animal domestique qui retourne à l'état sauvage. Retourner à ses premières amours.* **III.** v. pron. **1.** Se tourner d'un autre côté. *Il s'est retourné pour ne pas avoir à nous saluer.* ▷ Tourner la tête, le regard en arrière. *Partir sans se retourner.* **2.** Changer de position. *Se retourner dans son lit.* **3.** Fig. Adopter une autre manière d'agir, changer les dispositions qu'on avait prises. *Il saura bien se retourner. Laisse-lui le temps de se retourner.* **4.** *S'en retourner :* repartir (vers le lieu d'où l'on vient), revenir. *S'en retourner chez soi.* **5.** *Se retourner contre :* s'opposer à, s'attaquer à, devenir défavorable à (après avoir été favorable). *Se retourner contre ses alliés. Ses arguments se sont retournés contre lui.* **IV.** v. impers. *De quoi il retourne :* de quoi il s'agit, de quoi il est question. *J'ignore de quoi il retourne.*

retracer [ʀətʀase] v. tr. [12] **1.** Tracer de nouveau (ce qui s'est effacé). *Retracer la ligne médiane d'une route.* **2.** Fig. Raconter, décrire des événements passés. *Retracer les exploits d'un héros.* – De *re-,* et *tracer*; d'abord « rechercher la trace de ».

rétractable [ʀetʀaktabl] adj. Que l'on peut rétracter. – De *rétracter* 1.

rétractation [ʀetʀaktasjɔ̃] n. f. Action de rétracter (1), de se rétracter; propos, écrit par lequel qqn se rétracte. Syn. désaveu, reniement. – Lat. *retractatio.*

1. rétracter [ʀetʀakte] v. tr. [1] Nier, désavouer (une chose qu'on avait dite ou écrite). *Rétracter des aveux.* ▷ v. pron. Déclarer faux ce qu'on avait affirmé précédemment. *Témoin qui se rétracte.* – Lat. *retractare,* « retirer »

2. rétracter [ʀetʀakte] v. tr. [1] Retirer, faire rentrer en dedans, raccourcir par traction. *Le chat rétracte ses griffes pour faire patte de velours.* ▷ v. pron. Se contracter. *Muscle qui se rétracte.* – Du lat. *retractum,* supin de *retrahere,* « tirer en arrière ».

rétractif, ive [ʀetʀaktif, iv] adj. Didac. Qui produit une rétraction. – Du bas lat. **retractivus.*

rétractile [ʀetʀaktil] adj. Qui peut se rétracter. *Griffes rétractiles des félins.* – Du lat. *retractus.*

rétractilité [ʀetʀaktilite] n. f. Didac. Caractère rétractile (de qqch). – De *rétractile.*

rétraction [ʀetʀaksjɔ̃] n. f. Raccourcissement par contraction. *Rétraction d'un tendon, d'un tissu.* – Lat. *retractio,* de *retrahere,* « tirer en arrière ».

retraduire [ʀətʀadɥiʀ] v. tr. [69] **1.** Traduire de nouveau. **2.** Traduire (un texte qui est lui-même une traduction).

1. retrait, aite [ʀətʀɛ, ɛt] adj. **1.** AGRIC Se dit d'une céréale dont les grains ont mûri sans se remplir et en se recroquevillant. *Blé retrait.* **2.** TECH *Bois retrait :* bois coupé dont les fibres ont raccourci en séchant. – Pp. de l'anc. v. *retraire,* « se retirer ».

2. retrait [ʀətʀɛ] n. m. **1.** Action de se retirer, de s'éloigner. *Le retrait des troupes.* **2.** Action de reprendre, de retirer. *Retrait d'un dépôt. Retrait d'un projet de loi.* **3.** DR Action de reprendre un bien aliéné. *Exercer un retrait successoral.* **4.** Loc. adv. *En retrait :* en arrière d'un alignement. *Construction en retrait.* – Fig. *Rester en retrait :* ne pas se mettre en avant, rester discret. **5.** TECH Contraction d'un matériau qui fait sa prise, qui sèche ou qui se refroidit. *Retrait du béton, du bois, du métal moulé.* – Pp. subst. de l'anc. v. *retraire,* « se retirer ».

retraitant, ante [ʀətʀɛtɑ̃, ɑ̃t] n. RELIG Personne qui fait une retraite. – De *retraite* 1.

1. retraite [ʀətʀɛt] n. f. **A.** Fait de se retirer. **I.** Mouvement de repli en bon ordre effectué par des troupes qui ne peuvent tenir une position. *Battre en retraite,* en parlant des troupes qui se replient; fig. abandonner, céder à un adversaire. **II. 1.** Isolement, repos. *Son talent s'est mûri dans la retraite.* **2.** Période d'éloignement de la vie active, consacrée à la méditation religieuse, au recueillement, à la prière. **3.** Situation d'une personne qui n'exerce plus de profession et qui touche une pension. *Être à la retraite. Prendre sa retraite.* ▷ Cette pension elle-même. *Cotisations qui donnent droit à une retraite.* **B.** Lieu où l'on se retire, où l'on se réfugie. *Une paisible retraite.* **C.** ARCHI Diminution d'épaisseur d'un mur à partir du pied. – Pp. fém. subst. de l'anc. v. *retraire,* « se retirer ».

2. retraite [ʀətʀɛt] n. f. FIN Nouvelle traite émise par le porteur d'une traite impayée sur le tireur ou sur l'un des endosseurs. – De *re-,* et *traite.*

retraité, ée [ʀətʀete] adj. et n. Qui est à la retraite (sens II, 3). *Militaire retraité.* ▷ Subst. *Un(e) retraité(e).* – Pp. de l'anc. v. *retraiter,* « mettre à la retraite ».

retraitement [ʀətʀɛtmɑ̃] n. m. Action de retraiter. ▷ PHYS NUCL *Retraitement du combustible :* traitement du combustible nucléaire après son utilisation dans un réacteur pour en extraire les matériaux utiles (fissiles, notam.) qu'il contient encore.

retraiter [ʀətʀete] v. tr. [1] TECH Effectuer un nouveau traitement. ▷ PHYS NUCL Effectuer un retraitement.

retranchement [ʀətʀɑ̃ʃmɑ̃] n. m. **1.** Action de retrancher, de supprimer. *Faire des retranchements dans un texte.* **2.** Obstacle naturel ou artificiel utilisé pour se mettre à couvert, pour se protéger des attaques ennemies et y résister. ▷ Fig. *Forcer, pousser qqn dans ses derniers retranchements,* réfuter ses ultimes arguments, le mettre à quia*. – De *retrancher.*

retrancher [ʀətʀɑ̃ʃe] v. tr. [1] **I. 1.** Enlever, supprimer (une partie) d'un tout. *Retrancher les redites d'un texte.* **2.** Soustraire (une partie) d'une quantité. *De douze retrancher huit. Retrancher du salaire brut le montant des cotisations.* Syn. déduire, défalquer. **3.** Fig. Exclure. *Retrancher qqn du nombre des participants.* ▷ v. pron. *Se retrancher volontairement de la société.* **II. 1.** Vx Protéger par un retranchement, par des fortifications. – Pp. adj. Mod. *Camp retranché.* **2.** v. pron. Se mettre à l'abri. *Se retrancher derrière un mur.* – Fig. *Se retrancher dans un* *mutisme absolu.* – De l'a. fr. *retrenchier,* « tailler de nouveau ».

retranscription [ʀətʀɑ̃skʀipsjɔ̃] n. f. Nouvelle transcription.

retranscrire [ʀətʀɑ̃skʀiʀ] v. tr. [**67**] Transcrire de nouveau.

retransmettre [ʀətʀɑ̃smɛtʀ] v. tr. [**60**] **1.** Transmettre de nouveau. **2.** Transmettre par relais (une émission de radio, de télévision); diffuser avec ou sans enregistrement préalable. *Retransmettre un match de rugby.*

retransmission [ʀətʀɑ̃smisjɔ̃] n. f. Action de retransmettre (une émission de radio, de télévision); l'émission retransmise. – De *retransmettre.*

retravailler [ʀətʀavaje] v. [**1**] **1.** v. intr. Travailler de nouveau. *Maintenant qu'elle a élevé ses enfants, elle désire retravailler.* **2.** v. tr. Travailler de nouveau, reprendre pour améliorer. *Retravailler un discours.*

retraverser [ʀətʀavɛʀse] v. tr. [**1**] Traverser de nouveau; traverser en sens inverse.

rétréci, ie [ʀetʀesi] adj. **1.** Devenu, rendu plus étroit. *Chaussée rétrécie.* **2.** Fig. Étroit, borné. *Vues rétrécies.* – Pp. de *rétrécir.*

rétrécir [ʀetʀesiʀ] v. [**3**] **1.** v. tr. Rendre plus étroit. *Rétrécir un vêtement.* ▷ Fig. *Rétrécir un champ d'action.* **2.** v. intr. Devenir plus etroit, plus petit, plus court; diminuer dans ses proportions. *Cette toile rétrécit au lavage.* **3.** v. pron. Devenir plus étroit, de plus en plus étroit. *La galerie se rétrécit en un boyau étroit.* – Fig. *En vieillissant son univers se rétrécit.* – De *r-,* et anc. v. *étrécir,* « rendre plus étroit ».

rétrécissement [ʀetʀesismɑ̃] n. m. **1.** Action de rétrécir; fait de se rétrécir. *Rétrécissement de la chaussée.* **2.** MED Diminution permanente du calibre d'un canal, d'un vaisseau, d'un orifice. *Rétrécissement mitral, aortique, urétéral.* – De *rétrécir.*

rétreindre [ʀetʀɛ̃dʀ] v. tr. [**55**] TECH Réduire par martelage la surface ou le diamètre de (une pièce, un tube). – Forme de *restreindre.*

rétreint [ʀetʀɛ̃] n. m. ou **rétreinte** [ʀetʀɛ̃t] n. f. TECH Opération par laquelle on rétreint. – Pp. subst. de *rétreindre.*

retrempe [ʀətʀɑ̃p] n. f. TECH Nouvelle trempe d'un métal, d'un alliage. – Déverbal de *retremper.*

retremper [ʀətʀɑ̃pe] v. [**1**] **I.** v. tr. Tremper de nouveau. **1.** Plonger de nouveau dans un liquide. *Retremper une étoffe dans un bain de teinture.* **2.** TECH Faire subir de nouveau le traitement de la trempe. *Retremper de l'acier pour le rendre plus résistant.* ▷ Fig. Endurcir. *Cette épreuve lui aura retrempé le caractère.* **II.** v. pron. Se tremper de nouveau. *Se retremper dans l'eau.* ▷ Fig. *Se retremper dans une ambiance de travail.*

rétribuer [ʀetʀibɥe] v. tr. [**1**] **1.** Payer (un travail, un service). *Notre société rétribuera votre collaboration.* **2.** *Rétribuer qqn* : le payer, lui verser un salaire. Syn. rémunérer. – Lat. *retribuere,* « attribuer en retour ».

rétribution [ʀetʀibysjɔ̃] n. f. **1.** Salaire reçu pour un travail, un service rendu. **2.** RELIG Récompense accordée aux justes, punition infligée aux maudits. – Bas lat. *retributio,* de *retribuere,* « attribuer en retour ».

retriever [ʀetʀivœʀ] n. m. Chien de chasse dressé pour rapporter le gibier. – Mot angl., de *to retrieve,* « rapporter ».

rétro-. Élément, du lat. *retro,* « en arrière ».

1. rétro [ʀetʀo] n. m. et adj. inv. **1.** n. m. Au billard, coup consistant à frapper la boule par-dessous pour qu'elle revienne en arrière après avoir touché la boule visée. *Faire un rétro.* **2.** adj. inv. Qui fait référence au sens esthétique, aux modes d'un passé récent (Libération, entre-deux-guerres, Belle Époque, etc.). *Style rétro. Chanson rétro.* ▷ n. m. *La vogue du rétro.* – Abrév. de *rétrograde.*

2. rétro [ʀetʀo] n. m. Fam. Abréviation de *rétroviseur.*

rétroactif, ive [ʀetʀoaktif, iv] adj. **1.** Qui est considéré par convention comme étant entré en vigueur avant la date de sa publication, de sa promulgation. *Une loi avec effet rétroactif.* **2.** Qui exerce une action sur ce qui est situé antérieurement dans l'enchaînement des causes et des effets. – Du lat. *retroactus,* pp. de *retroagere,* « ramener en arrière ».

rétroaction [ʀetʀoaksjɔ̃] n. f. **1.** Effet rétroactif. **2.** Syn. (officiellement recommandé) de *feed-back.* TECH Action exercée, après une perturbation, sur les valeurs d'entrée d'un système cybernétique par les valeurs de sortie, et qui rétablit les valeurs initiales. ▷ BIOCHIM Action en retour exercée par un mécanisme biochimique sur lui-même et qui assure son autorégulation. – Du lat. *retroactus,* pp. de *retroagere,* d'ap. *action.*

rétroactivement [ʀetʀoaktivmɑ̃] adv. D'une manière rétroactive. – De *rétroactif.*

rétroactivité [ʀetʀoaktivite] n. f. Caractère rétroactif. *La rétroactivité d'une loi.* – De *rétroactif.*

rétroagir [ʀetʀoaʒiʀ] v. intr. [**3**] Produire un effet rétroactif. – Du lat. *retroagere,* d'ap. *agir.*

rétrocéder [ʀetʀɔsede] v. [**14**] **I.** v. tr. **1.** DR Rendre (à qqn ce qu'il avait précédemment cédé). *Rétrocéder un droit.* **2.** Céder, vendre (à qqn une chose que l'on a achetée pour soi-même.) ▷ Céder (à qqn tout ou partie d'une recette). *Rétrocéder des honoraires.* **II.** v. intr. MED Disparaître, en parlant d'une affection. – Lat. médiév. *retrocedere,* « reculer ».

rétrocession [ʀetʀɔsɛsjɔ̃] n. f. **1.** DR Acte par lequel on rétrocède qqch à qqn. **2.** MED Régression d'un processus pathologique. *Rétrocession d'un exanthème.* – Bas lat. *retrocessio,* de *retrocedere,* « reculer ».

rétrofléchi, ie [ʀetʀofleʃi] adj. BOT, MED Qui fléchit, qui se courbe en arrière. – De *rétro-,* et *fléchi,* pp. de *fléchir.*

rétroflexe [ʀetʀɔflɛks] adj. LING Se dit d'un phonème articulé avec la pointe de la langue repliée vers l'arrière. – Lat. *retroflexum,* pp. de *retroflectere,* « plier en arrière ».

rétroflexion [ʀetʀɔflɛksjɔ̃] n. f. MED Flexion en arrière de la partie supérieure d'un organe. *Rétroflexion de l'utérus.* – De *retro-,* et *flexion.*

rétrofusée [ʀetʀofyze] n. f. ESP Moteur-fusée dont la poussée s'exerce dans le sens inverse du déplacement d'un engin et qui sert à ralentir celui-ci. – De *rétro-,* et *fusée.*

rétrogradation [ʀetʀogʀadasjɔ̃] n. f. **1.** ASTRO Phase du mouvement apparent d'une planète qui, après avoir décrit un mouvement d'ouest en est, se déplace dans le sens inverse. **2.** Litt. Action de rétrograder. Syn. cour. recul, régression. **3.** Mesure disciplinaire consistant à faire redescendre qqn à un échelon inférieur de la hiérarchie. *Rétrogradation d'un fonctionnaire, d'un militaire.* – Bas lat. *retrogradatio,* de *retrogradare,* « rétrograder ».

rétrograde [ʀetʀogʀad] adj. **1.** Qui va en arrière, qui s'effectue vers l'arrière. *Marche rétrograde.* ▷ ASTRO *Sens rétrograde* : sens de rotation inverse du sens trigonométrique. *La rotation de Vénus sur elle-même s'effectue dans le sens rétrograde* (c.-à-d. dans le sens des aiguilles d'une montre). **2.** Fig. Qui fait preuve d'un attachement excessif au passé, qui s'oppose à toute innovation, à tout progrès. *Politique rétrograde. Idées rétrogrades.* Syn. conservateur. Ant. novateur. – Lat. *retrogradus,* de *gradi,* « marcher ».

rétrograder [ʀetʀogʀade] v. [1] I. v. intr. 1. ASTRO Avoir un mouvement de rétrogradation. 2. Revenir, retourner en arrière. 3. Fig. Retourner à un stade antérieur, perdre ce qu'on a acquis. *Il avait fait des progrès, mais maintenant il rétrograde.* Syn. régresser. 4. AUTO Passer à une vitesse inférieure. *Rétrograder de troisième en deuxième pour ralentir.* II. v. tr. Frapper de rétrogradation. *Rétrograder un militaire.* – Lat. *retrogradare*, de *gradi*, « marcher ».

rétrogression [ʀetʀogʀesjɔ̃] n. f. Rare Mouvement en arrière. Syn. recul. – De *rétro-*, et du lat. *gressus*, « marche », d'ap. *progression*.

rétropédalage [ʀetʀopedalaʒ] n. m. Action de pédaler en arrière. *Frein de bicyclette à rétropédalage.* – De *rétro-*, et *pédalage*.

rétroprojecteur [ʀetʀopʀɔʒɛktœʀ] n. m. AUDIOV Projecteur permettant la reproduction, sur un écran situé derrière l'opérateur, d'un texte ou d'une image. – De *rétro-*, et *projecteur*.

rétropropulsion [ʀetʀopʀɔpylsjɔ̃] n. f. ESP Freinage par une, des rétrofusées. – De *rétro-*, et *propulsion*.

rétrospectif, ive [ʀetʀɔspɛktif, iv] adj. et n. f. 1. Qui est tourné vers le passé, qui concerne le passé. *Documentaire rétrospectif.* 2. *Exposition rétrospective*, qui réunit les œuvres d'un artiste, d'une école, d'une époque. ⊳ n. f. *Rétrospective cinématographique.* - Par ext. *Rétrospective des événements de l'année.* 3. Se dit d'un sentiment éprouvé dans le présent à l'égard d'un fait passé. *Peur rétrospective.* – De *rétro-*, et du lat. *spectare*, « regarder ».

rétrospection [ʀetʀɔspɛksjɔ̃] n. f. Regard en arrière, vers le passé. – De *rétrospectif.*

rétrospectivement [ʀetʀɔspɛktivmɑ̃] adv. D'une manière rétrospective; après coup. *L'évocation de ce souvenir le met rétrospectivement en fureur.* – De *rétrospectif.*

retroussé, ée [ʀətʀuse] adj. Replié vers le haut. *Manches retroussées.* ⊳ *Nez retroussé*, au bout relevé. – Pp. de *retrousser.*

retroussement [ʀətʀusmɑ̃] n. m. Action de retrousser, de se retrousser; son résultat. – De *retrousser.*

retrousser [ʀətʀuse] v. tr. [1] Replier, ramener vers le haut. *Retrousser sa jupe.* - *Retrousser ses manches*, les replier sur ses bras; fig. se mettre au travail. ⊳ v. pron. Se relever vers l'extérieur. *Le pan de son manteau s'est retroussé.* - Vieilli Relever sa jupe. *Se retrousser jusqu'aux genoux.* – De *re-*, et *trousser.*

retroussis [ʀətʀusi] n. m. Partie retroussée (d'une pièce d'habillement, en partic.); revers. *Bottes à retroussis.* – De *retrousser.*

retrouvailles [ʀətʀuvaj] n. f. pl. Fam. Fait, pour des personnes, de se retrouver après une séparation. *Fêter des retrouvailles.* – De *retrouver.*

retrouver [ʀətʀuve] v. [1] I. v. tr. 1. Trouver, découvrir de nouveau. *Retrouver une formule, un théorème.* 2. Rencontrer de nouveau. *C'est une idée qu'on retrouve dans son deuxième livre.* 3. Trouver (ce qui était perdu, ce que l'on cherchait). *Retrouver son portefeuille. On a retrouvé des traces de son passage ici.* - (Abstrait) *Retrouver du travail. Aidez-moi à retrouver son nom.* ⊳ Fig. Avoir de nouveau. *Retrouver son sourire, ses forces.* 4. Être à nouveau en présence de (qqn, qqch). *Elle avait hâte de retrouver ses amis.* ⊳ Rejoindre. *Venez nous retrouver quand vous aurez terminé.* 5. Découvrir, trouver (dans un certain état, une certaine situation). *Il a retrouvé son appartement dévasté.* ⊳ Revoir sous un certain aspect. *Il avait laissé un enfant, il retrouva un homme.* - Reconnaître. *Avec ce sourire, je te retrouve.* II. v. pron. 1. Être à nouveau réunis, se revoir. *Nous nous retrouverons un jour.* 2. Retrouver son chemin, s'orienter. *Après bien des détours, j'ai fini par me retrouver.* - Fig. *Ses comptes sont dans un tel désordre qu'il ne peut s'y retrouver.* ⊳ Fam. *S'y retrouver*, rentrer dans ses frais; faire un bénéfice. 3. Litt. Rentrer en soi-même pour remettre ses idées en place. *Il avait besoin de réfléchir, de se retrouver.* 4. Être, se trouver de nouveau (dans un endroit, une situation). *Se retrouver au même point qu'avant.* ⊳ Être, se trouver malgré soi ou subitement (dans un endroit, une situation). *Il se retrouva dehors avant d'avoir pu dire un mot.*

rétroversion [ʀetʀovɛʀsjɔ̃] n. f. MED Renversement pathologique vers l'arrière. *Rétroversion de l'utérus.* – De *rétro-*, et du lat. *vertere*, « tourner ».

rétrovirus [ʀetʀoviʀys] n. m. BIOL Nom générique des virus dont l'A.R.N. peut se transcrire en A.D.N. et qui sont capables de s'intégrer dans le génome d'une cellule. *Les virus oncogènes sont tous des rétrovirus.* – De *rétro-*, et *virus.*

rétroviseur [ʀetʀovizœʀ] n. m. Miroir qui permet au conducteur d'un véhicule de voir la route derrière lui sans avoir à se retourner. (Abrév. fam. : rétro). – De *rétro-*, et *viseur.*

rets [ʀɛ] n. m. 1. Vx Filet, réseau de cordes pour prendre des fauves, des oiseaux, des poissons. 2. Fig., litt. Piège. *Prendre qqn dans ses rets.* – Lat. *retis*, var. de *rete*; d'abord *rei, raiz, reis.*

réunification [ʀeynifikasjɔ̃] n. f. Action de réunifier; résultat de cette action. – De *réunifier.*

réunifier [ʀeynifje] v. tr. [2] Restaurer l'unité de. *Réunifier un pays, un parti politique.*

réunion [ʀeynjɔ̃] n. f. 1. Action de réunir des parties qui avaient été séparées. ⊳ Fig. Réconciliation. 2. Action de joindre une chose à une autre. Syn. adjonction, rattachement. 3. Action de rassembler divers éléments. ⊳ MATH *Réunion de deux ensembles A et B* : ensemble E, noté A ∪ B (« A union B »), dont chaque élément appartient à l'un au moins des deux ensembles A et B. 4. Groupement, assemblée de personnes. *La réunion se tiendra à la mairie. Organiser une réunion.* ⊳ Temps pendant lequel se tient une assemblée. *La réunion se prolongea fort tard.* – De *réunir*, d'ap. *union.*

réunionite [ʀeynjɔnit] n. f. Fam., iron. ou plaisant Manie d'organiser des réunions souvent inutiles. – De *réunion.*

réunionnais, aise [ʀeynjɔnɛ, ɛz] adj. De la Réunion, île de l'océan Indien. ⊳ Subst. *Un(e) Réunionnais(e).*

réunir [ʀeyniʀ] v. [3] I. v. tr. 1. Unir de nouveau, rapprocher (ce qui était séparé). *Réunir par un nœud les deux extrémités d'un fil rompu.* ⊳ Fig. Réconcilier. *Travailler à réunir les esprits.* 2. Unir, former un lien entre (des choses). *La galerie réunit les deux ailes du château.* - (Objet n. de personne.) *La passion pour leur métier les a réunis.* 3. Rassembler, grouper (plusieurs choses) pour former un tout. *Réunir plusieurs corps d'armée en un seul.* ⊳ Joindre (un élément) à une totalité. *Louis XIV réunit la Franche-Comté à la Couronne en 1678.* 4. Rassembler, regrouper (ce qui était dispersé, épars). *Réunir des preuves.* 5. Rassembler (plusieurs personnes) en un même lieu. *Réunir sa famille, ses amis.* ⊳ *Spécial.* Convoquer (un corps, un groupe) à une assemblée. *Réunir le conseil d'administration.* 6. Comporter, avoir (plusieurs choses) en soi. *Il réunit toutes les qualités requises pour ce poste.* II. v. pron. 1. Se rejoindre. *Routes qui se réunissent près d'un village.* 2. Se rassembler, tenir une assemblée. *Ils se réunissent une fois par semaine.*

réunissage [ʀeynisaʒ] n. m. TECH Assemblage des fils dans les filatures. – De *réunir.*

réussi, ie [ʀeysi] adj. 1. Exécuté, accompli (de telle manière). *Ce n'est qu'à demi réussi.* 2. Bien exécuté, bien fait; qui a du succès, qui reçoit un accueil favorable. *La sauce est réussie. Soirée réussie.* – Pp. de *réussir.*

réussir [ReysiR] v. [3] **I.** v. intr. **1.** *Réussir bien, mal :* avoir une issue favorable, défavorable (choses); obtenir ou non le résultat recherché, avoir du succès ou non dans ce qu'on entreprend (personnes). **2.** (Sans adv.) Avoir une issue satisfaisante, heureuse (choses). *Expérience qui réussit.* ▷ Obtenir le résultat recherché; avoir du succès dans ce que l'on entreprend, voir ses efforts aboutir (personnes). *Il a réussi à la première tentative. Réussir à un examen.* - (S. comp.) Avoir du succès dans sa carrière, dans ses affaires. *C'est un homme qui a réussi.* ▷ *Réussir à* (+ inf.) : parvenir à. *Vous ne réussirez pas à me convaincre.* **3.** *Réussir à qqn,* lui valoir des succès, lui être favorable. *Son aplomb lui a toujours réussi.* **II.** v. tr. Mener à bien, faire avec succès. *Il réussit tout ce qu'il entreprend. Réussir un plat.* – Ital. *riuscire,* propr. «ressortir», de *uscire,* «sortir».

réussite [Reysit] n. f. **1.** Heureuse issue; résultat favorable. *Réussite d'un projet. Fêter sa réussite à un examen.* ▷ Fait de réussir, d'avoir réussi dans la vie. *Réussite sociale. Les signes extérieurs de la réussite.* **2.** Jeu solitaire consistant à combiner ou à retourner des cartes suivant certaines règles, utilisé parfois comme procédé de divination. – Ital. *riuscita,* de *riuscire,* «réussir».

réutilisable [Reytilizabl] adj. Que l'on peut réutiliser. – De *réutiliser.*

réutiliser [Reytilize] v. tr. [1] Utiliser de nouveau.

revaloir [Rəvalwar] v. tr. [45] *Revaloir qqch à qqn,* lui rendre la pareille, en bien ou en mal. *Je vous revaudrai cela.*

revalorisation [Rəvalɔrizasjɔ̃] n. f. Action de revaloriser; son résultat. – De *revaloriser.*

revaloriser [Rəvalɔrize] v. tr. [1] Rendre sa valeur, donner une valeur plus grande à. *Revaloriser une monnaie.* - FIG. *Revaloriser le travail manuel.*

revanchard, arde [Rəvɑ̃ʃaR, aRd] adj. et n. Qui nourrit un désir outrancier de revanche (et partic., de revanche militaire). ▷ Subst. *Les revanchards.* – De *revanche.*

revanche [Rəvɑ̃ʃ] n. f. **1.** Fait de rendre le mal qu'on a reçu, de reprendre un avantage perdu. *Prendre sa revanche. Il a eu une belle revanche.* **2.** Nouvelle partie, nouveau match, etc., permettant au perdant de tenter de nouveau sa chance. ▷ Loc. *À charge de revanche :* sous condition de rendre la pareille. **3.** Loc. adv. *En revanche :* en compensation, en contrepartie; *par ext.* à l'inverse. – De l'anc. v. *revancher,* de *re-,* et var. anc. de *venger.*

revanchisme [Rəvɑ̃ʃism] n. m. POLIT Esprit de revanche. – De *revanche.*

revascularisation [Rəvaskylarizasjɔ̃] n. f. CHIR Action de revasculariser; son résultat. – De *revasculariser.*

revasculariser [Rəvaskylarize] v. tr. [1] CHIR Rétablir la circulation dans (un organe insuffisamment irrigué). – De *re-,* et *vascularisé.*

rêvasser [REvase] v. intr. [1] S'abandonner à de vagues rêveries. – De *rêver.*

rêvasserie [REvasRi] n. f. Action de rêvasser; rêverie inconsistante. – De *rêvasser.*

rêvasseur, euse [REvasœR, øz] adj. et n. Qui rêvasse. – De *rêvasser.*

rêve [REv] n. m. **1.** Combinaison d'images, de représentations résultant de l'activité psychique pendant le sommeil. *Faire un rêve.* ▷ *Le rêve :* cette activité psychique elle-même. **2.** Production idéale ou chimérique de l'imagination. *Poursuivre, caresser un rêve.* ▷ *De rêve :* qui semble relever du rêve; qui est aussi beau, aussi parfait qu'on peut le rêver. *Une créature de rêve.* - *C'est la maison de ses rêves.* – Déverbal de *rêver.*

rêvé, ée [REve] adj. **1.** Imaginé, souhaité. **2.** Idéal, parfait. *C'est le coin rêvé pour pêcher le brochet.* – Pp. de *rêver.*

revêche [RəvEʃ] adj. Rébarbatif, rude, d'un abord difficile. *Personne, ton revêche.* – P.-ê. du frq. **hreubisk,* «âpre, rude».

réveil [RevEj] n. m. **I. 1.** Passage du sommeil à l'état de veille. ▷ MILIT Batterie de tambour, sonnerie de clairon qui annonce l'heure du lever. *Battre, sonner le réveil.* **2.** Fig. Retour à l'activité. *Le réveil de la nature au printemps.* **3.** Fig. Fin d'une illusion; retour à la réalité. *Tous ses rêves se sont écroulés : le réveil a été rude.* **II.** Abrév. de *réveille-matin.* – Déverbal de *réveiller.*

réveille-matin [RevEjmatɛ̃] n. m. inv. **1.** Petite pendule de chevet dont la sonnerie se déclenche à une heure réglée à l'avance. (On dit plus cour. *réveil.*) **2.** Nom cour. d'une euphorbe appelée aussi *herbe aux verrues,* très commune dans les jardins. – De *réveiller,* et *matin.*

réveiller [RevE(e)je] v. tr. [1] **1.** Tirer (qqn) du sommeil. ▷ v. pron. Sortir du sommeil. **2.** Fig. Tirer de sa torpeur, de son inaction; ranimer, faire renaître. *Réveiller des souvenirs.* ▷ v. pron. *L'économie du pays se réveille.* – De *re-* (à valeur de renforcement), et *éveiller.*

réveillon [RevEjɔ̃] n. m. Souper de fête des nuits de Noël et du nouvel an; la fête elle-même. – De *réveiller.*

réveillonner [RevEjɔne] v. intr. [1] Faire un réveillon. – De *réveillon.*

révélateur, trice [RevelatœR, tRis] adj. et n. m. **1.** adj. Qui révèle. *Signe, lapsus révélateur.* **2.** n. m. PHOTO Composition chimique qui rend visible l'image latente. – Bas lat. ecclés. *revelator,* de *revelare,* «révéler».

révélation [Revelasjɔ̃] n. f. **1.** Action de révéler (sens 1); ce qui est révélé. *Faire des révélations.* **2.** Manifestation de Dieu, d'une volonté surnaturelle, faisant connaître aux hommes des vérités inaccessibles à leur simple raison; ces vérités. ▷ THEOL *La révélation divine* ou, absol., *la Révélation.* **3.** Expérience intérieure au cours de laquelle on éprouve des sensations, des sentiments jusqu'alors ignorés ou qui permet de prendre subitement conscience de qqch. *Cette rencontre a été pour moi une révélation.* ▷ Découverte soudaine de qqch qu'on avait jusque-là méconnu ou ignoré. *Avoir la révélation de l'opéra.* **4.** Personne que l'on découvre, dont le talent, les dons se révèlent subitement. *Ce joueur a été la révélation du match.* – Bas lat. ecclés. *revelatio,* de *revelare,* «révéler».

révéler [Revele] v. [14] **I.** v. tr. **1.** Faire connaître (ce qui était inconnu ou secret). *Révéler ses intentions, un complot.* **2.** Faire connaître par une inspiration surnaturelle. *Les mystères que le Christ a révélés.* **3.** (Choses) Laisser apparaître, montrer, témoigner de. *Ce tableau révèle toute la maîtrise du peintre.* **4.** PHOTO Faire apparaître (l'image latente) sur une plaque, un film, etc. **II.** v. pron. Apparaître, devenir connu, manifeste. *La vérité se révèle petit à petit.* ▷ *Cet homme s'est peu à peu révélé,* a montré ses qualités. - (Avec un attribut.) *Cela s'est révélé exact.* – Lat. *revelare,* «découvrir», de *velum,* «voile».

revenant, ante [Rəv(ə)nɑ̃, ɑ̃t] n. **1.** n. m. Esprit d'un mort qu'on suppose revenir de l'autre monde. **2.** n. *Par exag.* Fam. Personne qui revient après une longue absence. – Ppr. subst. de *revenir.*

revendeur, euse [Rəvɑ̃dœR, øz] n. Personne qui achète pour revendre. – De *revendre.*

revendicateur, trice [Rəvɑ̃dikatœR, tRis] adj. et n. Qui revendique. – De *revendication.*

revendicatif, ive [Rəvɑ̃dikatif, iv] adj. Qui exprime une, des revendications. *Exposé revendicatif.* – De *revendication.*

revendication [ʀəvɑ̃dikasjɔ̃] n. f. Action de revendiquer; ce qu'on revendique (partic. en matière politique, sociale). – Du lat. *rei vindicatio*, de *res, rei*, « chose », et *vindicatio*, de *vindicare*, « revendiquer en justice ».

revendiquer [ʀəvɑ̃dike] v. tr. [1] **1.** Réclamer (ce que l'on considère comme son droit, son bien, son dû). *Revendiquer une succession.* **2.** Fig. S'imputer pleinement, assumer. *Revendiquer une responsabilité.* – De *re-*, et de l'anc. v. *vendiquer*, du lat. *vindicare* « réclamer en justice ».

revendre [ʀəvɑ̃dʀ] v. tr. [6] **1.** Vendre ce qu'on a acheté; vendre de nouveau. **2.** *Avoir de qqch à revendre*, en avoir en abondance. – Fig. *Il a de l'optimisme à revendre.*

revenez-y [ʀəvnezi] n. m. inv. Fam. Regain, nouvel élan. *Un revenez-y de tendresse.* ▷ Chose qui, par le plaisir qu'elle procure, donne envie d'y revenir. *Un goût de revenez-y.* – De *revenir*, à l'impér., et *y* 2.

revenir [ʀəv(ə)niʀ] v. intr. [36] **I. 1.** Venir de nouveau. *Il est revenu trois jours plus tard.* **2.** Retourner (au lieu d'où l'on est parti). *Revenir au pays.* – Litt. *S'en revenir.* **3.** *Revenir sur ses pas* : rebrousser chemin. ▷ Fig. *Revenir sur une chose*, y prêter de nouveau attention, intérêt; en reparler. *Il n'y a pas à revenir là-dessus, à y revenir.* – *Revenir sur une décision*, la reconsidérer, l'annuler. *Revenir sur sa promesse*, s'en dédire. **4.** (Choses) Retourner au point de départ; apparaître, se produire de nouveau. *Le questionnaire est revenu sans avoir été rempli. Le soleil revient.* **II.** *Revenir à.* **1.** Reprendre (ce qu'on a quitté). *Revenir à ses habitudes.* – *N'y revenez pas* : ne recommencez pas; n'insistez pas. **2.** Être rapporté à. ▷ v. impers. *Il m'est revenu certains propos.* **3.** *Revenir à soi* : sortir d'un évanouissement. **4.** (D'un état, d'une faculté, etc.) Être recouvré par (qqn). *L'appétit lui est revenu.* **5.** Se présenter de nouveau à l'esprit de (qqn). *Cela me revient* : je m'en ressouviens. **6.** Échoir, être dévolu à. *Cette part lui revient.* ▷ v. impers. *C'est à vous qu'il revient de trancher.* **7.** Équivaloir à. *Cela revient à dire que vous l'approuvez.* – *Cela revient au même* : le résultat est le même. **8.** Coûter. *Cela me revient cher.* **9.** Fam. Inspirer confiance à. *Sa tête ne me revient pas.* **III.** *Revenir de.* **1.** Rentrer. *Revenir de voyage.* – Litt. *S'en revenir de guerre.* **2.** Quitter (tel état). *Revenir d'une maladie*, en guérir. *Revenir de loin* : avoir échappé à un grand péril. ▷ *Je n'en reviens pas* : je suis stupéfait. ▷ *Revenir d'une erreur, d'une illusion*, s'en débarrasser, s'en affranchir. – *Il est revenu de tout* : il est blasé. **IV.** CUIS *Faire revenir un aliment*, le faire cuire superficiellement, dans une matière grasse, le faire dorer.

revente [ʀəvɑ̃t] n. f. Action de revendre; son résultat. – De *revendre*, d'après *vente*.

revenu [ʀəv(ə)ny] n. m. **1.** Ce que perçoit une personne physique ou morale au titre de son activité (salaire, etc.) ou de ses biens (rentes, loyers, etc.). *Impôt sur le revenu*, qui frappe les revenus annuels des contribuables. – *Revenu minimum d'insertion (R.M.I.)* : allocation accordée à certaines personnes démunies et s'engageant à participer à des actions ou des activités d'insertion professionnelle, pour leur assurer un revenu minimum (fixé par décret). – *Revenu national* : ensemble des revenus annuels en rapport avec la production nationale des biens et des services. ▷ *Revenus publics, de l'État* : ce que l'État retire des contributions ou de ses biens. **2.** METALL Action de réchauffer l'acier après la trempe, suivie d'un refroidissement lent, destinée à augmenter sa résistance aux chocs. – Pp. subst. de *revenir*.

revenue [ʀəv(ə)ny] n. f. SYLVIC Jeune bois qui repousse sur une coupe de taillis. – Pp. fém. subst. de *revenir*.

rêver [ʀeve] v. [1] **I.** v. intr. **1.** Faire un, des rêves. *J'ai rêvé toute la nuit.* **2.** Laisser aller son imagination; s'abandonner à des idées vagues et chimériques. *Il reste là des heures, à rêver.* – *On croit rêver* : on n'arrive pas à le croire; il y a de quoi être stupéfait, indigné. **II.** v. tr. indir. **1.** *Rêver de (qqn, qqch)* : voir en rêve (qqn, qqch). *J'ai rêvé de vous.* ▷ *Rêver de qqch* : penser souvent à (qqch que l'on désire faire, accomplir, posséder). *Il rêve de voyages.* – *Rêver de* (+ inf.). *Je rêve d'y parvenir.* **2.** *Rêver à (qqch)* : songer à, méditer sur (qqch). *À quoi rêvez-vous?* **III.** v. tr. **1.** (Avec un comp. indéterminé.) Concevoir, imaginer, au cours du rêve; voir en rêve. *J'ai rêvé cela il y a longtemps.* ▷ *Rêver que. Rêver qu'on vole.* **2.** Se représenter en rêvant (sens I, 2), imaginer de manière plus ou moins chimérique. *Rêver l'aventure sans oser la vivre.* ▷ (Sans article.) Souhaiter vivement, désirer (une chose dont la pensée occupe plus ou moins exclusivement l'esprit). *Rêver fortune.* – Loc. *Ne rêver que plaies et bosses* : être belliqueux, batailleur. – Probabl. de *r-*, et d'un anc. v. *esver*, gallo-roman *esvo*, « vagabond », lat. pop. **exvagus*, de *vagus*, « vagabond ».

réverbération [ʀevɛʀbeʀasjɔ̃] n. f. **1.** Réflexion de la lumière, de la chaleur, du son. *La réverbération du soleil sur la neige.* **2.** Persistance du son dans une salle par réflexion sur les parois. – De *réverbérer*.

réverbère [ʀevɛʀbɛʀ] n. m. **1.** Miroir réflecteur. *Four à réverbère*, dont la voûte réfléchit le rayonnement thermique sur les matières à traiter. **2.** Appareil d'éclairage de la voie publique. – Déverbal de *réverbérer*.

réverbérer [ʀevɛʀbeʀe] v. tr. [14] Renvoyer, réfléchir (la lumière, la chaleur). ▷ v. pron. *Le soleil se réverbère sur les vitres.* – Lat. *reverberare*, « repousser ».

reverchon [ʀəvɛʀʃɔ̃] n. f. Variété précoce de bigarreau.

reverdir [ʀəvɛʀdiʀ] v. tr. [3] **1.** Rendre sa couleur verte, sa verdure à. *Le printemps reverdit les arbres.* ▷ v. intr. Redevenir vert. *Les bois reverdissent.* **2.** TECH Tremper les peaux avant le tannage.

reverdissage [ʀəvɛʀdisaʒ] n. m. TECH Action de reverdir les peaux. – De *reverdir*.

reverdissement [ʀəvɛʀdismɑ̃] n. m. Fait de reverdir (végétation). – De *reverdir*.

révérence [ʀeveʀɑ̃s] n. f. **1.** Respect profond. ▷ Fam. *Révérence parler* : sauf votre respect. **2.** Salut respectueux qu'on fait en fléchissant plus ou moins les genoux. ▷ *Tirer sa révérence à qqn*, le saluer en le quittant; fam. s'en aller brusquement, de façon désinvolte. – Lat. *reverentia*.

révérenciel, elle [ʀeveʀɑ̃sjɛl] adj. Vx Inspiré par la révérence (sens 1). ▷ Mod., litt. et DR *Crainte révérencielle* : tendance, chez les adolescents, à l'obéissance peureuse à l'égard de leurs parents ou d'une personne, empêchant le libre choix. – De *révérence*.

révérencieusement [ʀeveʀɑ̃sjøzmɑ̃] adv. Litt. D'une manière révérencieuse. – De *révérencieux*.

révérencieux, euse [ʀeveʀɑ̃sjø, øz] adj. Litt. Qui manifeste de la révérence (sens 1). *Un hôte, un ton révérencieux.* – De *révérence*.

révérend, ende [ʀeveʀɑ̃, ɑ̃d] adj. et n. **1.** *Le (mon) Révérend Père, la (ma) Révérende Mère* : titres d'honneur donnés par les catholiques à un religieux ou à une religieuse. ▷ Subst. Plaisant *Le (mon) révérend.* **2.** n. m. Titre donné par les anglicans aux pasteurs de la plupart des églises réformées. *Le révérend Smith, pasteur à X...* – Lat. *reverendus*, « qui doit être révéré, vénérable ».

révérendissime [ʀeveʀɑ̃disim] adj. RELIG CATHOL Épithète honorifique réservée aux abbés mitrés*, aux abbesses et aux supérieurs généraux de certains ordres religieux masculins et féminins. *Le (mon) révérendissime père.* – Bas lat. ecclés. *reverendissimus*.

révérer [ʀeveʀe] v. tr. [14] Honorer, traiter avec révérence. – Lat. *revereri*.

rêverie [ʀɛvʀi] n. f. **1.** État de l'esprit qui s'abandonne à des évocations, des pensées vagues ; ces évocations, ces pensées. **2.** Idée vaine, chimérique. – De *rêver.*

revers [ʀəvɛʀ] n. m. **1.** Côté opposé au côté principal ou au côté le plus apparent ; envers. *Le revers de la main :* le côté opposé à la paume, le dos. ▷ *Prendre à revers,* par le flanc ou par-derrière. **2.** Côté d'une monnaie, d'une médaille opposé à celui qui porte la figure principale. *L'avers et le revers.* ▷ Fig. *Le revers de la médaille :* le mauvais côté d'une chose. **3.** Partie d'un vêtement repliée en dehors. *Les revers d'un pantalon. Bottes à revers.* **4.** Coup porté avec le revers de la main. ▷ Au tennis, renvoi de la balle avec la raquette tenue dos de la main en avant. **5.** Fig. *Revers de fortune* ou *revers :* échec, vicissitude fâcheuse survenant après une période de succès ou de prospérité. – Du lat. *reversus,* pp. de *revertere,* « retourner ».

réversal, ale, aux [ʀevɛʀsal, o] adj. *Lettres réversales* ou, n. f. pl., *des réversales :* en diplomatie, lettres par lesquelles on fait une concession en retour d'une autre. – Du lat. *reversus,* pp. de *revertere,* « retourner ».

reversement [ʀəvɛʀsəmɑ̃] n. m. FIN Action de reverser (sens 3). – De *reverser.*

reverser [ʀəvɛʀse] v. tr. [1] **1.** Verser de nouveau. *Reverser à boire à qqn.* **2.** Remettre dans un récipient (un liquide). **3.** FIN Reporter. *Reverser une somme sur un compte.*

reversi ou **reversis** [ʀəvɛʀsi] n. m. Jeu de cartes où gagne celui qui fait le moins de levées. – Altér., d'ap. *revers,* de l'ital. *rovescino,* de *rovescio,* « à rebours ».

réversibilité [ʀevɛʀsibilite] n. f. Caractère de ce qui est réversible. – De *réversible.*

réversible [ʀevɛʀsibl] adj. **1.** DR Se dit d'un bien qui peut ou doit, en certains cas, retourner au propriétaire qui en a disposé, ou d'une pension dont un autre peut profiter après la mort du titulaire. **2.** Qui peut s'effectuer en sens inverse. ▷ CHIM *Réaction réversible,* dans laquelle les corps formés réagissent les uns sur les autres pour redonner en partie les substances initiales. ▷ PHYS *Transformation réversible :* transformation idéale, infiniment lente, constituée par une succession d'états d'équilibre, et qui peut se produire en sens inverse. **3.** Se dit d'un tissu, d'un vêtement utilisable à l'envers comme à l'endroit. – Du lat. *reversus,* pp. de *revertere,* « retourner ».

réversion [ʀevɛʀsjɔ̃] n. f. **1.** DR *Droit de réversion,* selon lequel les biens qu'une personne a donnés à une autre reviennent au donateur si le bénéficiaire meurt sans enfants. ▷ *Pension de réversion,* versée, après la mort d'une personne bénéficiaire d'une pension, à son conjoint survivant ou à un tiers nommément désigné. **2.** BIOL Retour au phénotype primitif après deux mutations. – Lat. *reversio,* « action de faire demi-tour, réapparition ».

reversoir [ʀəvɛʀswaʀ] n. m. TECH Syn. de *déversoir.* – De *reverser.*

revêtement [ʀəvɛtmɑ̃] n. m. TECH Ce dont on recouvre une chose pour l'orner, la protéger, la consolider, etc. *Revêtement d'un mur, d'une chaussée.* – De *revêtir.*

revêtir [ʀəvetiʀ] v. tr. [33] **I. 1.** Mettre à (qqn) un vêtement particulier (habit d'apparat, uniforme, etc.). *On l'avait revêtu d'un manteau de cérémonie.* ▷ v. pron. *Se revêtir d'un habit.* **2.** Fig. Investir. *Revêtir qqn d'un pouvoir.* **3.** Garnir d'un revêtement. *Revêtir une piste de bitume.* **4.** Pourvoir (un acte, etc.) d'une marque de validité. *Revêtir d'un visa, d'une signature.* **II. 1.** Mettre sur soi (un vêtement particulier). *Revêtir l'uniforme.* **2.** Fig. Prendre tel aspect, telle forme. *Revêtir un caractère politique.*

rêveur, euse [ʀɛvœʀ, øz] adj. et n. **1.** Qui est porté à la rêverie ; qui dénote un esprit porté à la rêverie. *Des yeux rêveurs.* ▷ Subst. *C'est un rêveur,* une personne qui n'a pas le sens des réalités. **2.** *Cela me laisse rêveur,* perplexe. – De *rêver.*

rêveusement [ʀɛvøzmɑ̃] adv. D'une manière rêveuse. – De *rêveur.*

revif [ʀəvif] n. m. **1.** MAR Période entre la morte-eau et la vive-eau, pendant laquelle l'amplitude de la marée va croissant. **2.** Litt. Regain. *Un revif de jeunesse.* – De *re-,* et *vif.*

revigorer [ʀəvigɔʀe] v. tr. [1] Redonner de la vigueur à. – De *re-,* et du lat. *vigor,* « vigueur ».

revirement [ʀəviʀmɑ̃] n. m. Changement brusque et complet. *Revirement d'opinion.* – De l'anc. v. *revirer,* de *re-,* et *virer.*

révisable [ʀevizabl] adj. Qui peut être révisé. – De *réviser.*

réviser [ʀevize] v. tr. [1] **1.** Examiner de nouveau pour corriger, modifier, mettre au point. *Réviser une loi. Réviser son jugement.* **2.** Vérifier le bon fonctionnement de, remettre en bon état, en état de marche. *Réviser une machine.* **3.** Relire pour se remettre en mémoire. *Réviser ses leçons.* – Absol. *Mon examen a lieu dans un mois, je dois réviser.* – Lat. *revisere,* « revenir voir ».

réviseur, euse [ʀevizœʀ, øz] n. Personne qui révise (partic. des épreuves typographiques). – De *réviser.*

révision [ʀevizjɔ̃] n. f. **1.** Action de réviser ; son résultat. *Révision de la constitution. Révision d'un moteur. Faire ses révisions en vue d'un concours.* ▷ DR Nouvel examen et éventuellement annulation, par une juridiction supérieure, de la décision d'une autre juridiction. *Révision d'un procès.* **2.** MILIT *Conseil de révision :* conseil chargé, jusqu'en 1970, d'examiner l'aptitude des conscrits au service militaire. – Bas lat. *revisio.*

révisionnel, elle [ʀevizjɔnɛl] adj. Didac. Relatif à une révision. *Procédure révisionnelle.* – De *révision.*

révisionnisme [ʀevizjɔnism] n. m. **1.** POLIT Position de ceux qui remettent en cause les bases fondamentales d'une doctrine (partic. du marxisme). **2.** Position de ceux qui remettent en cause une loi, un jugement. **3.** Position de ceux qui nient les atrocités commises dans les camps de concentration nazis pendant la Seconde Guerre mondiale, notam. l'existence et le fonctionnement des chambres à gaz. – De *révision,* d'ap. le russe.

révisionniste [ʀevizjɔnist] n. et adj. POLIT **1.** Partisan d'une révision (en partic. constitutionnelle). **2.** Partisan du révisionnisme. ▷ adj. *Thèses révisionnistes.* – De *révision.*

revitalisant, ante [ʀəvitalizɑ̃, ɑ̃t] adj. Qui revitalise. *Lotion revitalisante.* – Ppr. de *revitaliser.*

revitalisation [ʀəvitalizasjɔ̃] n. f. Action de revitaliser ; son résultat. – De *revitaliser.*

revitaliser [ʀəvitalize] v. tr. [1] Redonner de la vitalité à. *Revitaliser la peau.* ▷ Fig. *Revitaliser une région.* – De *re-,* et *vital,* d'ap. l'angl. *to revitalize,* « rendre sa vitalité à ».

revival [ʀəvival ; ʀivajvœl] n. m. (Anglicisme) **1.** RELIG. Mouvement protestant de réveil à la foi ; assemblée fondée sur un tel mouvement. **2.** Reviviscence (d'un style, d'un mouvement, etc.). – Mot angl.

revivification [ʀəvivifikasjɔ̃] n. f. Litt. Action de revivifier ; son résultat. – De *revivifier.*

revivifier [ʀəvivifje] v. tr. [1] Litt. Vivifier de nouveau. ▷ v. pron. *Se revivifier au grand air.*

reviviscence [ʀəvivisɑ̃s] n. f. **1.** Litt. Fait de reprendre vie. **2.** BIOL Propriété que présentent certains animaux inférieurs et certains végétaux de reprendre vie après avoir été desséchés, lorsqu'ils se trouvent en présence d'eau. – Bas lat. *reviviscentia*, du class. *reviviscere*, « revenir à la vie ».

reviviscent, ente [ʀəvivisɑ̃, ɑ̃t] adj. **1.** LITT Capable de revivre. **2.** BIOL Doué de reviviscence. – Lat. *reviviscens*, ppr. de *reviviscere*, « revivre, revenir à la vie ».

revivre [ʀəvivʀ] v. [63] **I.** v. intr. **1.** Revenir à la vie; ressusciter. ▷ *Revivre dans qqn*, se continuer en lui. **2.** Recouvrer sa santé, sa vigueur; retrouver l'espérance, la joie. *Se sentir revivre.* **3.** (Choses) Renaître, se renouveler. *Croyances qui revivent.* **4.** *Faire revivre une chose*, la remettre en usage, en honneur. ▷ *Faire revivre un personnage*, le représenter à l'imagination, lui redonner vie par l'art. **II.** v. tr. Vivre, éprouver de nouveau. *Revivre une angoisse. Revivre son passé.* – Du lat. *revivere*.

révocabilité [ʀevɔkabilite] n. f. DR Caractère de ce qui est révocable. – De *révocable*.

révocable [ʀevɔkabl] adj. DR et COUR. Qui peut être révoqué. – Lat. *revocabilis*, de *revocare*, « rappeler ».

révocation [ʀevɔkasjɔ̃] n. f. Action de révoquer; son résultat. ▷ Destitution. *Révocation d'un magistrat.* – HIST *Révocation de l'édit de Nantes.* – Lat. *revocatio*, « rappel ».

révocatoire [ʀevɔkatwaʀ] adj. DR Qui révoque. *Décision révocatoire.* – Bas lat. *revocatorius*, « destiné à rappeler ».

revoici [ʀəvwasi], **revoilà** [ʀəvwala] prép. FAM. Voici, voilà de nouveau.

revoir [ʀəvwaʀ] v. tr. [46] **I. 1.** Voir de nouveau. *Revoir un parent.* ▷ v. pron. *Nous nous sommes revus hier.* ▷ Loc. *Au revoir* : formule de politesse pour prendre congé de qqn que l'on pense revoir. – n. m. *Ce n'est pas un adieu, c'est un au revoir.* **2.** Revenir, retourner dans (un lieu). *Revoir son pays, son village.* **3.** Voir de nouveau en esprit, se représenter par la mémoire. *Je le revois enfant.* **II.** Examiner de nouveau, réviser. *Ce texte est à revoir. Revoir un programme d'examen.*

1. revoler [ʀəvɔle] v. intr. [1] **1.** Voler de nouveau. *Le petit oiseau revole.* **2.** Revenir en volant. ▷ FIG. Revenir rapidement. – De *re-*, et *voler* 1.

2. revoler [ʀəvɔle] v. tr. [1] Dérober de nouveau. – De *re-*, et *voler 2*.

révoltant, ante [ʀevɔltɑ̃, ɑ̃t] adj. Qui révolte, indigne. – Ppr. de *révolter*.

révolte [ʀevɔlt] n. f. **1.** Soulèvement contre l'autorité établie. **2.** Opposition violente à une contrainte; refus indigné de ce qui est éprouvé comme intolérable. *Un sentiment de révolte.* – Déverbal de *révolter*.

révolté, ée [ʀevɔlte] adj. et n. Qui est en révolte; qui est rempli d'indignation. – Pp. de *révolter*.

révolter [ʀevɔlte] v. [1] **I.** v. tr. **1.** RARE Porter à la révolte. **2.** Indigner, choquer vivement. *Propos qui révoltent.* **II.** v. pron. **1.** Se soulever (contre une autorité); refuser de plier (devant qqn, qqch). *Se révolter contre ses chefs.* **2.** S'indigner. *Je me suis révolté devant cette injustice.* – De l'ital. *rivoltare*, « échanger, retourner », de *rivolgere*, lat. *revolvere*, « rouler en arrière, dérouler ».

révolu, ue [ʀevɔly] adj. **1.** Achevé, accompli. *Avoir trente ans révolus.* **2.** Qui n'est plus, qui est vraiment passé. *Un passé révolu.* – Du lat. *revolutus*, pp. de *revolvere*, « rouler en arrière, dérouler ».

révolution [ʀevɔlysjɔ̃] n. f. **I. 1.** Mouvement d'un mobile (partic. d'un astre) accomplissant une courbe fermée; durée de ce mouvement. *La révolution de la Terre autour du Soleil.* **2.** GEOM Mouvement d'un corps autour de son axe. *Axe de révolution d'une surface* : axe autour duquel une ligne (dite *génératrice*) de forme invariable engendre, par rotation, une surface (dite *de révolution*). *Axe de révolution d'un solide* : axe autour duquel une surface de forme invariable engendre, par rotation, un solide (dit *de révolution*). *Cône, cylindre*, etc., *de révolution.* ▷ COUR. Tour complet (d'une chose tournant autour d'un axe). **II. 1.** Évolution, changement importants (dans l'ordre moral, social, etc.). *Révolution scientifique.* – *Révolution industrielle* : transformation économique profonde, intervenue dans les pays capitalistes à partir du XVIIIe s., liée à l'industrialisation et au développement de la production et des communications. ▷ *Spécial.* Bouleversement d'un régime politique et social, le plus souvent consécutif à une action violente. *La Révolution française* ou, absol., *la Révolution* : V. encycl. ci-après. – *Révolution de 1830* : V. encycl. juillet (cf. *Journées de juillet 1830*). – *Révolution de 1848* : mouvement révolutionnaire qui débuta à Paris par les journées de février (22, 23 et 24 fév. 1848) et se prolongea jusqu'au 26 juin 1848; le roi Louis-Philippe abdiqua et la IIe République fut proclamée. ▷ *Révolution d'Octobre* : V. encycl. octobre. ▷ *Révolution culturelle* : nom donné à la lutte idéologique (*grande révolution culturelle prolétarienne*) amorcée en Chine en 1966 par Mao Zedong et qui se prolongea jusqu'en 1969. ▷ *Par ext.* Les événements, les actions qui aboutissent ou tendent à aboutir à ce bouleversement. *Révolution qui éclate.* **2.** FAM. Agitation, effervescence. *Tout l'immeuble était en révolution.* – Bas lat. *revolutio*.

ENCYCL *La Révolution de 1789* comprend l'ensemble des mouvements révolutionnaires qui se succédèrent en France de 1789 à 1799 pour abolir les structures de l'Ancien Régime. Aux causes économiques et sociales (déficit du budget, injustice du système fiscal, crise économique) devaient s'ajouter des facteurs politiques (absolutisme, indécision du roi, attachement de la noblesse et du clergé à leurs privilèges) aggravés eux-mêmes par les complications de l'appareil administratif et judiciaire. Cette révolution se déroula en plusieurs étapes. Lors des états généraux (réunis le 5 mai 1789), le tiers état imposa le principe de la souveraineté de la nation, révolution politique capitale que la prise de la Bastille (14 juil. 1789) couronna de façon symbolique. *L'Assemblée nationale constituante* (9 juil. 1789 – 30 sept. 1791) décida l'abolition des privilèges (dans la nuit du 4 août 1789) et la Constitution civile du clergé (12 juil. 1790), tout en travaillant à l'élaboration de la Constitution de 1791, dont les principes apparaissent dans la *Déclaration des droits de l'homme et du citoyen* (26 août 1789). Louis XVI, qui avait été ramené de Versailles aux Tuileries, tenta de fuir à l'étranger (20-21 juin 1791), où la contre-révolution s'était organisée. *L'Assemblée législative* (1er oct. 1791 – 20 sept. 1792) essaya d'établir une monarchie constitutionnelle mais, dépassée par un mouvement républicain issu des couches populaires, elle fut contrainte de voter la déposition du roi (insurrection du 10 août 1792). Le 20 avril 1792, elle avait déclaré la guerre à l'Autriche. La *Convention* (21 sept. 1792 – 26 oct. 1795) proclama la république (22 sept. 1792) et vota la mort du roi, qui fut décapité le 21 janv. 1793. Tandis que la situation extérieure et intérieure (coalition européenne, révolte de Vendée, crise monétaire et sociale) s'aggravait, le parti Montagnard triomphait à l'Assemblée (arrestation des Girondins en juin 1793) et instaurait la Terreur. Robespierre domina le Comité de salut public avant d'être renversé (9 thermidor an II : 27 juil. 1794). Le *Directoire* (26 oct. 1795 – 9 nov. 1799), menacé, d'une part, par les révolutionnaires (les Jacobins) et, d'autre part, par les royalistes (coup de force du 13 vendémiaire an IV : 5 oct. 1795), tenta de mettre en place une république bourgeoise. Incapable de triompher (notam. de ses embarras financiers), il fut renversé par un coup d'État, mené par le général Bonaparte (18 et 19 brumaire an VIII : 9 et 10 nov. 1799), qui imposera une constitution lui octroyant les pleins pouvoirs (Constitution de l'an VIII).

révolutionnaire [ʀevɔlysjɔnɛʀ] adj. et n. **I.** adj. **1.** Relatif à une révolution (sens II, 1); qui en est issu. *Assemblée révolutionnaire.* **2.** Qui favorise ou apporte des changements radicaux dans un domaine quelconque. *Méthode éducative révolutionnaire.* **II.** n. Partisan, instigateur, acteur d'une révolution. – De *révolution.*

révolutionnairement [ʀevɔlysjɔnɛʀmɑ̃] adv. Par des moyens révolutionnaires. – De *révolutionnaire.*

révolutionner [ʀevɔlysjɔne] v. tr. [1] **1.** Agiter, troubler vivement. *Révolutionner les esprits.* **2.** Transformer profondément. *Révolutionner une science.* – De *révolution.*

revolver [ʀevɔlvɛʀ] n. m. **1.** Arme de poing à répétition, dont le magasin est un barillet tournant. **2.** TECH Mécanisme tournant porteur de divers outils ou accessoires, dans certains appareils. *Microscope à revolver.* – (En appos.) *Tour revolver.* – Mot anglo-amér. *revolver,* de *to revolve,* « tourner ».

révolvériser [ʀevɔlveʀize] v. tr. [1] Fam. Tuer, blesser avec un revolver. – De *revolver.*

révoquer [ʀevɔke] v. tr. [1] **I. 1.** Destituer d'une fonction. *Révoquer un préfet.* **2.** DR Annuler. *Révoquer un arrêt.* **II.** Litt. *Révoquer en doute :* mettre en doute. – Lat. *revocare,* « rappeler, faire revenir ».

revoyure (à la) [alaʀəvwajyʀ] loc. adv. Pop. Au revoir. – De *revoir.*

revue [ʀəvy] n. f. **I. 1.** Examen détaillé, élément par élément. *Faire la revue de ses livres.* ▷ *Revue de presse :* lecture de la presse du jour ou de la semaine, permettant d'embrasser l'ensemble des points de vue, des opinions sur l'actualité; compte rendu, composé en général d'extraits d'articles, proposant la synthèse d'une telle lecture. **2.** Inspection des troupes ou du matériel, dans l'armée. *Revue de détail :* examen des détails de tenue, d'équipement, etc. ▷ *Spécial.* Inspection en grande cérémonie, par un officier général ou par une personnalité, de troupes formant la haie ou défilant. *La revue du 11 Novembre. Passer des troupes en revue.* – Loc. fig. *Passer en revue :* examiner dans le détail, point par point. *Passer en revue les clauses d'un contrat.* **II.** Publication périodique consacrée le plus souvent (mais non nécessairement) à un domaine particulier. *Revue scientifique. Revue d'art et de littérature.* **III. 1.** Spectacle (pièce, suite de sketches, etc.) comique ou satirique sur des sujets d'actualité. *Revue de chansonniers.* **2.** Spectacle de variétés. *Revue de music-hall.* **IV.** Fam. *Nous sommes de revue :* nous devons nous revoir, nous rencontrer encore. – Pp. fém. subst. de *revoir.*

revuiste [ʀəvɥist] n. m. Auteur de revues (sens III). – De *revue.*

révulsé, ée [ʀevylse] adj. Retourné, bouleversé. *Des yeux révulsés.* – Pp. de *révulser.*

révulser [ʀevylse] v. tr. [1] **1.** MED Produire une révulsion. **2.** Retourner, bouleverser (le visage, les yeux). ▷ v. pron. *Traits qui se révulsent.* – Du lat. *revulsus,* pp. de *revellere,* « arracher ».

révulsif, ive [ʀevylsif, iv] adj. et n. m. MED Qui produit une révulsion. ▷ n. m. Produit révulsif. *Un révulsif puissant.* – Du lat. *revulsum,* supin de *revellere,* « arracher ».

révulsion [ʀevylsjɔ̃] n. f. MED Afflux sanguin que l'on provoque (par cautère, ventouse, etc.) dans une partie de l'organisme pour faire cesser une inflammation ou une congestion voisine. – Lat. *revulsio,* « action d'arracher ».

1. rewriter [ʀəʀajte] v. tr. [1] (Anglicisme) Récrire (un texte destiné à la publication). – Francisation de l'angl. *to rewrite.*

2. rewriter [ʀəʀajtœʀ] n. m. (Anglicisme) Personne qui rewrite, qui récrit. – Mot angl., de *to rewrite,* « réécrire ».

rewriting [ʀəʀajtiŋ] n. m. (Anglicisme) Action de récrire (un texte destiné à la publication). – Mot angl., ppr. subst. de *to rewrite,* « récrire ».

rexisme [ʀɛksism] n. m. HIST Mouvement de caractère fasciste fondé en Belgique en 1935 par l'avocat Léon Degrelle. *Le rexisme œuvra, après 1940, pour la collaboration avec l'Allemagne et la création d'une légion antibolchevique, dite « légion wallonne »; il fut interdit en 1945.* – Du lat. ecclés. *Christus Rex,* « Christ roi ».

rez-de-chaussée [ʀedʃose] n. m. inv. Partie d'une habitation dont le plancher est au niveau du sol. – De *rez,* var. de *ras* (adj.), *de,* et *chaussée.*

rez-de-jardin [ʀedʒaʀdɛ̃] n. m. inv. Partie d'une construction dont le sol est de plain-pied avec un jardin. – De *rez-de-(chaussée),* et *jardin.*

rH [ɛʀaʃ] n. m. BIOCHIM Indice représentant quantitativement la valeur du pouvoir réducteur ou oxydant d'un milieu. – De *r(éduction),* et *H,* symb. de l'hydrogène.

Rh BIOL Abrév. de *facteur rhésus* (ou *rhésus**).

Rh CHIM Symbole du rhodium.

rhabdomancie [ʀabdɔmɑ̃si] n. f. Didac. Recherche de nappes d'eau, de gisements de métaux, etc., au moyen d'une baguette. V. radiesthésie. – Du gr. *rhabdos,* « baguette », et de *mancie.*

rhabdomancien, enne [ʀabdɔmɑ̃sjɛ̃, ɛn] n. Personne qui pratique la rhabdomancie. – De *rhabdomancie.*

rhabillage [ʀabijaʒ] n. m. **1.** TECH Réparation, remise en état. ▷ *Spécial.* Réparation d'horlogerie. **2.** Action de rhabiller, de se rhabiller. – De *rhabiller.*

rhabiller [ʀabije] v. tr. [1] **1.** TECH Réparer, remettre en état. *Rhabiller une montre, une meule.* **2.** Habiller de nouveau. *Rhabiller un enfant.* ▷ v. pron. *Il se dépêche de se rhabiller.* – Loc. fam. *Il peut aller se rhabiller :* il ne fait pas l'affaire, il n'est pas à la hauteur.

rhamnacées [ʀamnase] n. f. pl. Famille de dicotylédones dialypétales, arbres ou arbustes souvent épineux, à petites fleurs peu visibles (nerprun, jujubier, etc.). – Sing. *Une rhamnacée.* – Du lat. *rhamnus,* gr. *rhamnos,* n. scientif. du nerprun.

r(h)apsode [ʀapsɔd] n. m. ANTIQ GR Chanteur qui allait de ville en ville en récitant des extraits de poèmes épiques (notam. de poèmes homériques). – Gr. *rhapsôdos,* propr. « qui ajuste des chants », de *rhaptein,* « coudre », et *ôdê,* « chant ».

r(h)apsodie [ʀapsɔdi] n. f. **1.** ANTIQ GR Suite d'extraits de poèmes épiques que récitaient les rhapsodes. **2.** Mod. Composition musicale de forme libre, d'inspiration souvent populaire. – Gr. *rhapsôdia,* « récitation d'un poème ». V. rhapsode.

r(h)apsodique [ʀapsɔdik] adj. De la rhapsodie (sens 2). – De *rhapsodie.*

rhème [ʀɛm] n. m. LING Syn. de *commentaire.* – Gr. *rhêma,* « mot, parole ».

rhénan, ane [ʀenɑ̃, an] adj. Du Rhin, qui a rapport au Rhin, à la Rhénanie. *Massif schisteux rhénan :* V. schisteux. *École mystique rhénane.* – Lat. *rhenanus,* de *Rhenus,* « le Rhin ».

rhénium [ʀenjɔm] n. m. CHIM Métal rare de densité élevée, blanc brillant, dont les propriétés sont voisines de celles du manganèse; élément de numéro atomique Z = 75, de masse atomique 186,2 (symbole Re). – Métal (Re) rare, de densité 21,02, qui fond à 3 180 °C et bout vers 5 630 °C. – All. *Rhenium*, formation savante, de *Rhenus*, n. lat. du Rhin.

rhéo-. Élément, du gr. *rheô, rhein*, « couler ».

rhéobase [ʀeɔbaz] n. f. PHYSIOL Intensité minimale de courant électrique continu nécessaire pour obtenir une réponse d'une structure organique excitable. (V. chronaxie.) – De *rhéo-*, et *base*.

rhéologie [ʀeɔlɔʒi] n. f. PHYS Branche de la mécanique qui étudie les rapports entre la viscosité, la plasticité et l'élasticité de la matière, et les comportements de celle-ci sous l'influence des pressions (phénomènes d'écoulement, réactions aux contraintes, etc.). – Angl. *rheology*.

rhéomètre [ʀeɔmɛtʀ] n. m. TECH Appareil qui mesure la vitesse d'écoulement des fluides. – De *rhéo-*, et *-mètre*.

rhéostat [ʀeɔsta] n. m. Appareil dont on peut faire varier la résistance et qui, intercalé dans un circuit électrique, permet de régler l'intensité du courant. – Angl. *rheostat*.

rhéostatique [ʀeɔstatik] adj. Relatif au rhéostat. – De *rhéostat*.

rhésus [ʀezys] n. m. **1.** ZOOL Macaque de l'Inde et de la Chine du S., au pelage gris-roux, qui vit en troupes nombreuses. (Ce singe, qui servit de sujet d'expériences dans des recherches sur le sang humain, a donné son nom au *facteur rhésus*.) **2.** MED *Facteur rhésus*, ou, absol., *rhésus* : agglutinogène existant dans les hématies de 85 % des sangs humains *(rhésus positif)* et créant une incompatibilité sanguine envers ceux qui en sont dépourvus *(rhésus négatif)*. – Du lat. *Rhesus*, gr. *Rhêsos*, n. d'un roi légendaire de Thrace.

rhéteur [ʀetœʀ] n. m. **1.** ANTIQ Maître de rhétorique. **2.** LITTER Orateur ou écrivain qui use d'une vaine rhétorique ; phraseur. – Lat. *rhetor*, gr. *rhêtôr*, « orateur ».

rhétique ou **rétique** [ʀetik] adj. et n. m. De la Rhétie, qui a rapport à la Rhétie, anc. contrée de la Gaule cisalpine (E. de la Suisse, Tyrol, N. de la Lombardie). ▷ n. m. LING Rhéto-roman. – Lat. *rhæticus*, de *Rhætia*, « Rhétie ».

rhétoricien, enne [ʀetɔʀisjɛ̃, ɛn] n. **1.** Spécialiste de rhétorique. **2.** Anc. Élève de la classe de rhétorique. – De *rhétorique*.

rhétorique [ʀetɔʀik] n. f. **1.** Art de bien parler ; ensemble des procédés qu'un orateur emploie pour persuader, convaincre. *Figures de rhétorique* (V. figure). ▷ *Classe de rhétorique* ou, absol., *rhétorique* : ancien nom de la classe de première des lycées. **2.** Péjor. Pompe, emphase. – Lat. *rhetorica*, du gr. *rhêtorikê*, de *rhêtôr*, « orateur ».

rhétoriqueur [ʀetɔʀikœʀ] n. m. LITTER *Grands rhétoriqueurs* : nom que se donnaient, à la fin du XVᵉ et au déb. du XVIᵉ s., les poètes des cours de France, de Bourgogne, de Bretagne et de Flandre, qui attachaient une grande importance aux artifices de style et aux raffinements de la versification. – De *rhétorique*.

rhéto-roman, ane [ʀetoʀɔmɑ̃, an] adj. et n. m. LING Se dit des parlers romans de la Suisse orient., du Tyrol et du Frioul. ▷ n. m. *Le rhéto-roman*. – De *rhétique*, et *roman*.

rhexistasie [ʀeksistazi] n. f. GEOL Période au cours de laquelle, la végétation étant détruite, une érosion intense décape les sols et enrichit les mers en dépôts détritiques. Ant. biostasie. – Du gr. *rhêxis*, « cassage », et *stasis*, « stabilité ».

rhin(o)- Élément, du gr. *rhis, rhinos*, « nez ».

rhinanthe [ʀinɑ̃t] n. m. BOT Plante à fleurs jaunes (genre *Rhinanthus*, fam. scrofulariacées), semi-parasite des racines de divers végétaux, dont une variété est cour. appelée *crête-de-coq*. – Lat. *rhinanthus*, propr. « fleur en forme de nez », du gr. *rhis, rhinos*, « nez », et *anthos*, « fleur ».

rhinencéphale [ʀinɑ̃sefal] n. m. ANAT Partie la plus ancienne, d'un point de vue phylogénétique, du cortex cérébral, dont le rôle est important dans la régulation des comportements émotionnels et instinctifs, et dans les processus de mémorisation. – De *rhin-*, et *encéphale*.

rhingrave [ʀɛ̃gʀav] n. **1.** n. m. HIST Titre de dignité de certains princes de l'Empire dont les domaines étaient situés sur les bords du Rhin. **2.** n. f. Haut-de-chausse fort ample, à la mode au XVIIᵉ s. – All. *Rheingraf*, « seigneur du Rhin ».

rhinite [ʀinit] n. f. MED Inflammation de la muqueuse nasale. – De *rhin-*, et *-ite* 1.

rhino-. V. rhin(o)-.

rhinocéros [ʀinɔseʀɔs] n. m. Grand mammifère périssodactyle herbivore d'Asie et d'Afrique, aux formes massives et trapues, à la peau très épaisse et peu poilue, qui porte une ou deux cornes à l'extrémité du museau. – Lat. *rhinoceros*, gr. *rhinokerôs*, de *rhis, rhinos*, « nez », et *keras*, « corne ».

rhinolophe [ʀinolɔf] n. m. ZOOL Chauve-souris très commune en Europe, appelée cour. *fer-à-cheval* à cause de la membrane semi-circulaire qu'elle porte à la base du nez. – De *rhino-*, et du gr. *lophos*, « crête ».

rhinopharyngite [ʀinofaʀɛ̃ʒit] n. f. MED Inflammation de la muqueuse du rhinopharynx. – De *rhinopharynx*.

rhinopharynx [ʀinofaʀɛ̃ks] n. m. ANAT Partie haute du pharynx, en arrière des fosses nasales. – De *rhino-*, et *pharynx*.

rhinoplastie [ʀinoplasti] n. f. CHIR Remodelage fonctionnel ou esthétique du nez. – De *rhino-*, et *-plastie*.

rhinoscopie [ʀinoskɔpi] n. f. MED Examen des fosses nasales, par les narines avec un spéculum (*rhinoscopie antérieure*), ou à l'aide d'un miroir placé derrière le voile du palais (*rhinoscopie postérieure*). – De *rhino-*, et *-scopie*.

rhipidistiens [ʀipidistjɛ̃] n. m. pl. PALEONT Sous-ordre de poissons crossoptérygiens dont les nageoires ressemblaient à des pattes et qui vécurent en eau douce du dévonien au permien. (Ils donnèrent naissance aux stégocéphales.) – Sing. *Un rhipidistien*. – Du gr. *rhipidion*, « petit soufflet », ces amphibies étant probablement munis de petites structures pulmonées.

rhizo-, -rhize. Éléments, du gr. *rhiza*, « racine ».

rhizobium [ʀizobjɔm] n. m. BIOL Bactérie symbiotique qui se développe dans les racines de certains végétaux supérieurs, notam. dans celles des légumineuses. – Lat. sav., de *rhizo-*, et du gr. *bios*, « vie ».

rhizoctone [ʀizoktɔn] n. m. ou **rhizoctonie** [ʀizoktɔni] n. f. BOT Champignon dépourvu de spores, saprophyte ou parasite des racines de nombreux végétaux supérieurs (betterave, luzerne, etc.). – De *rhizo-*, et du gr. *kteinein*, « tuer ».

rhizoflagellés [ʀizoflaʒɛlle] n. m. pl. ZOOL Sous-embranchement de protozoaires comprenant les rhizopodes et les flagellés. – Sing. *Un rhizoflagellé*. – De *rhizo(podes)*, et *flagellés*.

rhizome [ʀizom] n. m. Tige souterraine de certaines plantes (fougères, iris, etc.), dont la face inférieure donne naissance à des racines adventives, et dont la face supérieure émet des bourgeons qui se transforment en tiges aériennes. – Gr. *rhizôma*, « touffe de racines ».

rhizophage [ʀizɔfaʒ] adj. ZOOL Qui se nourrit de racines. – Gr. *rhizophagos*.

rhizopodes [ʀizɔpɔd] n. m. pl. ZOOL Super-classe de protozoaires caractérisés par leur aptitude à émettre des pseudopodes locomoteurs et préhensiles (amibes, radiolaires et foraminifères). - Sing. *Un rhizopode.* – De *rhizo-*, et *-pode.*

rhizostome [ʀizɔstɔm] n. m. ZOOL Méduse géante (genre *Rhizostoma*) dépourvue de tentacules périphériques. – De *rhizo-*, et gr. *stoma,* «bouche».

rhô [ʀo] n. m. **1.** Lettre grecque (Ρ, ρ), correspondant au *r* de l'alphabet latin. **2.** PHYS NUCL Particule de la famille des mésons. – Mot gr.

rhod(o)-. Élément, du gr. *rhodon,* «rose» (la fleur) ou *rhodeos,* «rose» (la couleur).

rhodamine [ʀɔdamin] n. f. CHIM Matière colorante, d'un rouge vif fluorescent. – De *rhod-*, et *-amine.*

rhodanien, enne [ʀɔdanjɛ̃, ɛn] adj. Du Rhône; qui a rapport au Rhône, à sa région. - *Le couloir rhodanien :* fossé emprunté par le Rhône entre le Massif central et les Préalpes. – Du lat. *Rhodanus,* «Rhône».

rhodésien, enne [ʀɔdeʒjɛ̃, ɛn] n. Anc. De la Rhodésie (auj. le Zimbabwe, État d'Afrique australe).

rhodite [ʀɔdit] n. m. ZOOL Cynips (insecte) agent du bédégar* du rosier. – Du gr. *rhodon,* «rose».

rhodium [ʀɔdjɔm] n. m. Élément métallique de numéro atomique Z = 45, de masse atomique 102,9 (symbole Rh). - Métal (Rh) rare, de densité 12,4, qui fond vers 1 970 °C et bout vers 3 730 °C, résistant à l'action des acides. *Le rhodium est surtout utilisé sous forme d'alliages avec d'autres métaux.* – De *rhod-* (à cause de la couleur rose de ses dérivés).

rhodo-. V. rhod(o)-.

rhododendron [ʀɔdɔdɛ̃dʀɔ̃] n. m. Plante arbustive des montagnes (genre *Rhododendron,* fam. éricacées) à feuillage persistant, dont de nombreuses espèces sont cultivées pour l'ornement. – Lat. *rhododendron,* mot gr. de *rhodon,* «rose», et *dendron,* «arbre».

rhodoïd [ʀɔdɔid] n. m. Matière plastique à base d'acétate de cellulose. – Nom déposé; du lat. *Rhod(anus),* «Rhône», et de *(cellul)oïd.*

rhodonite [ʀɔdɔnit] n. f. MINER Silicate de manganèse. – Du gr. *rhodon,* «rose» (la couleur), et *-ite* 3.

rhodophycées [ʀɔdɔfise] n. f. pl. BOT Important groupe d'algues, marines pour la plupart, cour. appelées «algues rouges» à cause des plastes violacés qui les colorent. - Sing. *Une rhodophycée.* – De *rhodo-*, et gr. *phûkos,* «algue».

rhomb(o)-. Élément, du gr. *rhombos,* «toupie, losange».

rhombe [ʀɔ̃b] n. m. (et adj.) **1.** Vx Losange. ▷ adj. *Cristal rhombe.* **2.** MUS Instrument de musique primitif, dont l'usage est lié aux cérémonies rituelles (en Océanie, en Afrique noire, chez les Indiens d'Amérique du Sud), formé d'une pièce de bois que l'on fait ronfler dans l'air en lui imprimant un mouvement de rotation rapide au moyen d'une cordelette. – Lat. *rhombus,* «objet de forme circulaire ou losangée, ou tournant, rouet de magicien», du gr. *rhombos.*

rhombencéphale [ʀɔ̃bɑ̃sefal] n. m. ANAT Partie postérieure de l'encéphale des vertébrés. – De *rhomb-*, et *encéphale.*

rhombique [ʀɔ̃bik] adj. Qui a la forme d'un losange. – De *rhombe.*

rhombo-. V. rhomb(o)-.

rhomboèdre [ʀɔ̃bɔɛdʀ] n. m. GEOM Parallélépipède dont les faces sont des losanges. ▷ MINER Cristal à six faces en forme de losanges égaux. – De *rhombo-*, et *-èdre.*

rhomboédrique [ʀɔ̃boedʀik] adj. Qui a rapport au rhomboèdre, qui en a la forme. ▷ MINER *Système rhomboédrique,* l'un des sept systèmes cristallins, dans lequel la maille primitive est un rhomboèdre. – De *rhomboèdre.*

rhomboïdal, ale, aux [ʀɔ̃bɔidal, o] adj. Qui a la forme d'un losange ou d'un rhomboèdre. – De *rhomboïde.*

rhomboïde [ʀɔ̃bɔid] n. m. et adj. **1.** Vx Parallélogramme. **2.** ANAT Muscle dorsal, élévateur de l'omoplate, en forme de losange. ▷ adj. *Muscle rhomboïde.* – De *rhomb-*, et *-oïde.*

rhônalpin, ine [ʀonalpɛ̃, in] adj. De la Région Rhône-Alpes (S.-E. de la France).

rhotacisme [ʀɔtasism] n. m. **1.** MED Défaut de prononciation caractérisé par la difficulté ou l'impossibilité de prononcer les *r.* **2.** LING Substitution de la consonne *r* à une autre consonne. – De *rhô,* sur le modèle de *iotacisme.*

rhovyl [ʀɔvil] n. m. Tissu synthétique fait de chlorure de polyvinyle. – Nom déposé; du lat. *Rho(danus),* «Rhône», et de *v(in)yl.*

rhubarbe [ʀybaʀb] n. f. Plante potagère (*Rheum rhabarbarum,* fam. polygonacées) aux fleurs groupées en panicules, aux larges feuilles vertes, dont les épais pétioles charnus se consomment cuits et sucrés (tarte, compote, confiture). – Bas lat. *rheubarbarum,* propr. «racine barbare».

rhum [ʀɔm] n. m. Eau-de-vie obtenue par fermentation alcoolique et distillation des produits extraits de la canne à sucre (jus, sirops ou mélasses). – Angl. *rum,* abrév. de *rumbullion,* «grand tumulte», par allus. aux effets de cette boisson.

rhumatisant, ante [ʀymatisɑ̃, ɑ̃t] adj. et n. Atteint de rhumatisme. - Subst. *Un(e) rhumatisant(e).* – De *rhumatisme.*

rhumatismal, ale, aux [ʀymatismal, o] adj. De la nature du rhumatisme; causé par les rhumatismes. – De *rhumatisme.*

rhumatisme [ʀymatism] n. m. Affection douloureuse, aiguë ou chronique, se manifestant essentiellement au niveau des articulations. ▷ *Rhumatisme articulaire aigu :* polyarthrite aiguë fébrile déclenchée, souvent dès l'enfance, par une infection streptococcique, et dont la gravité tient au risque de complications cardiaques. – Emprunté au lat. *rheumatismus,* gr. *rheumatismos* «écoulement d'humeurs», de *rhein,* «couler».

rhumatoïde [ʀymatɔid] adj. MED Qui a des caractères rhumatismaux; proche d'une affection rhumatismale. – De *rhumat(isme),* et *-oïde.*

rhumatologie [ʀymatɔlɔʒi] n. f. Partie de la médecine qui traite des rhumatismes et, en général, des affections articulaires. – De *rhumatisme,* et *-logie.*

rhumatologique [ʀymatɔlɔʒik] adj. MED Qui concerne la rhumatologie. – De *rhumatologie.*

rhumatologue [ʀymatɔlɔg] n. Médecin spécialiste en rhumatologie. – De *rhumatologie.*

r(h)umb [ʀɔ̃b] n. m. MAR Intervalle angulaire entre chacune des trente-deux aires de vent de la rose (V. rose, sens II, 4). – Du lat. *rhombus* (V. rhombe); angl. *rhumb,* esp. *rumbo.*

rhume [ʀym] n. m. Inflammation aiguë des muqueuses des voies respiratoires. ▷ *Rhume de cerveau* ou, absol., *rhume :* inflammation aiguë de la muqueuse des fosses nasales. Syn. coryza. ▷ *Rhume des foins*.* – Bas lat. *rheuma,* mot gr., «écoulement d'humeur».

rhumerie [ʀɔmʀi] n. f. **1.** Distillerie de rhum. **2.** Lieu public où l'on sert surtout du rhum et des boissons à base de rhum. – De *rhum.*

rhynch(o)-, rhynqu(o)-, -rhynque. Éléments, du gr. *rhugkhos,* « groin, bec ».

rhynchite ou **rynchite** [ʀɛ̃kit] n. m. AGRIC Charançon nuisible aux arbres fruitiers (genre *Rhynchites*) ou à la vigne (genre*Byctiscus*). – De *r(h)ynche-,* et *-ie.*

rhynchocéphales [ʀɛ̃kɔsefal] n. m. pl. PALEONT, ZOOL Ordre de reptiles apparu au trias et qui n'est plus représenté auj. que par le sphénodon. – Sing. *Un rhynchocéphale.* – De *rhyncho-,* et *-céphale.*

rhynchonelle [ʀɛ̃kɔnɛl] n. f. ZOOL Brachiopode (genre *Rhynchonella*), très abondant au primaire et au secondaire, et dont quelques espèces subsistent dans les mers polaires. – De *rhyncho-,* et dimin. *-elle.*

rhyolite [ʀijɔlit] n. f. PETROG Lave granitique à inclusions de quartz. – Du gr. *rhuô,* de *rhein,* « couler », et *-lite.*

rhythm and blues [ʀitmɛ̃ndbluʒ] n. m. MUS Musique de danse des Noirs américains, sorte de blues* orchestré et recourant à l'amplification électrique. – Expression anglo-américaine.

rhytidome [ʀitidom] n. m. BOT Ensemble des tissus périphériques morts d'un arbre, constituant la partie de l'écorce qui s'exfolie. – Du gr. *rhutidôsis,* « contraction puissante des rides, rugosités ».

rhytine [ʀitin] n. f. ZOOL Grand sirénien nommé cour. *vache de mer,* qui vivait en troupeaux sur les côtes et les îles de Sibérie orientale, et dont l'espèce s'est éteinte au XVIIIe s. – Du gr. *rhutis,* « ride ».

rhyton [ʀitɔ̃] n. m. ANTIQ GR Coupe à boire en forme de corne (à l'orig., corne de bœuf véritable). – Gr. *rhuton,* de *rhein,* « couler ».

ria [ʀja] n. f. Vallée fluviale envahie par la mer. *Les rias de la côte bretonne.* V. aber. – Mot esp., « baie ».

rial [ʀjal] n. m. Unité monétaire d'Oman et de l'Iran. *Des rials.* –

riant, riante [ʀijɑ̃, ʀijɑ̃t] adj. **1.** Qui montre de la joie, de la gaieté. *Air, visage riant.* **2.** Qui invite à la gaieté. *Paysage riant.* ▷ Plaisant, engageant. *Perspective riante.* – Ppr. de *rire.*

RIB [ʀib] n. m. Acronyme pour *relevé d'identité bancaire.*

ribambelle [ʀibɑ̃bɛl] n. f. Longue suite de personnes (et, spécial., d'enfants) ou de choses. – P.-ê. croisement de *riban,* forme dial. de « ruban », et rad. expressif *bamb-,* évoquant le balancement.

ribaud, aude [ʀibo, od] adj. et n. f. Vx Luxurieux, débauché. ▷ n. f. Vieilli, plaisant Femme de mœurs légères; prostituée. – De l'a. fr. *riber,* « se livrer à la débauche », de l'anc. haut all. *riban,* « frotter, être en chaleur ».

ribaudequin [ʀibodkɛ̃] n. m. Anc. Machine de guerre médiévale, à l'origine grosse arbalète, puis rangée de pièces d'artillerie de petit calibre montées sur deux roues. – Anc. néerl. *ribaude-kijn,* dimin. de l'a. fr. *ribaude,* « canon ».

riblon [ʀiblɔ̃] n. m. METALL Déchet de fer ou d'acier utilisé comme produit d'addition dans les fours* Martin. – Du rad. germ. *riban,* « frotter ».

ribo-. Élément, du rad. de *ribose.*

riboflavine [ʀiboflavin] n. f. BIOCHIM Vitamine B_2, composé hydrosoluble de couleur jaune appartenant à la classe des flavines et agissant comme coenzyme dans de nombreuses réactions de déshydrogénation. – De *ribo-,* et *flavine.*

ribonucléase [ʀibonykleaz] n. f. BIOCHIM Enzyme du groupe des phosphatases qui hydrolyse l'acide ribonucléique. – De *ribo-,* et *nucléase.*

ribonucléique [ʀibonykleik] adj. BIOCHIM *Acide ribonucléique* (sigle : A.R.N.) : acide nucléique assurant la synthèse des protéines à l'intérieur des cellules vivantes, conformément à un programme porté par l'A.D.N.*. ▷ MICROB *Virus à A.R.N.,* qui contient une molécule porteuse des gènes du virus. – De *ribo-,* et *nucléique.*

ENCYCL On décrit quatre familles principales d'A.R.N. : les A.R.N. prémessagers, les A.R.N. messagers, les A.R.N. de transfert et les A.R.N. ribosomiques. Dans la cellule, l'A.R.N. est localisé dans le noyau, dans les mitochondries, dans le cytoplasme et dans les ribosomes.

ribose [ʀiboz] n. f. BIOCHIM Sucre (pentose) qui, combiné avec des bases azotées (puriques ou pyrimidiques) forme les acides ribonucléiques. – De l'anc. mot *arabinose,* « sorte de sucre », de *(gomme) arabique.*

ribosome [ʀibɔzom] n. m. BIOL Organelle cellulaire, particule approximativement sphérique, de très petite taille, qui décode les séquences d'A.R.N. messager et assemble les acides aminés en chaînes protéiques. – De *ribo-,* et *-some.*

ribote [ʀibɔt] n. f. Vx ou plaisant Excès de table ou de boisson. Loc. *Faire ribote.* – *Être en ribote* : être ivre. – De l'anc. v. *riboter,* altér. de *ribauder,* de *ribaud.*

ribouis [ʀibwi] n. m. Pop., vx Vieux soulier; soulier. – De l'arg. *rebouiser,* « rajuster ».

ribouldingue [ʀibuldɛ̃g] n. f. Pop. *Faire la ribouldingue :* faire la fête, la noce. – De l'anc. v. *ribouldinguer,* « faire la noce », crois. de l'anc. v. *ribouler,* « vagabonder », et de *dinguer.*

ribozyme [ʀibozim] n. f. BIOL Enzyme qui, dans certaines conditions, active et contrôle la réplication de l'A.R.N. – De *ribo-,* et *(en)zyme.*

ricanement [ʀikanmɑ̃] n. m. Action de ricaner. – De *ricaner.*

ricaner [ʀikane] v. intr. [1] Rire à demi, avec une intention moqueuse ou méprisante. ▷ Rire sottement, sans raison. – De l'a. fr. *recaner,* « braire », frq. **kinni,* « mâchoire », refait d'apr. *rire.*

ricaneur, euse [ʀikanœʀ, øz] n. Personne qui ricane. ▷ adj. *Un air ricaneur.* – De *ricaner.*

riccie [ʀitʃi] n. f. BOT Hépatique à thalle des terrains humides. – Du n. de P.F.R. *Ricci,* botaniste ital.

ricercare [ʀitʃɛʀkaʀ(e)] n. m. MUS Pièce instrumentale libre pour orgue, clavecin ou luth. *Des ricercari.* – Mot ital., « rechercher ».

richard, arde [ʀiʃaʀ, aʀd] n. Fam., péjor. Personne riche. – De *riche.*

riche [ʀiʃ] adj. et n. **I.** adj. **1.** Qui a de l'argent, des biens en abondance. *Il est très riche.* ▷ Par ext. *Faire un riche mariage :* épouser une personne riche. **2.** Somptueux, de grand prix. *Un riche ameublement.* **3.** *Riche en, riche de :* qui possède, renferme en abondance (telle chose). *Une bibliothèque riche en incunables. Un récit riche d'anecdotes.* **4.** Abondant, plantureux. *De riches moissons. Un sol riche,* fécond, fertile. – Fam. *Une riche idée* : une excellente idée. *Une riche nature* : une personne pleine de vitalité. **II.** n. **1.** *Un riche* : un homme riche (fém., *une riche,* rare). *Les riches et les pauvres.* **2.** *Un nouveau riche :* un homme récemment enrichi, qui montre sa fortune avec ostentation et manque de goût. – Frq. **rîki,* « puissant ».

richelieu [ʀiʃəljø] n. m. Chaussure de ville, basse, à lacets. *Des richelieu, richelieus* ou *richelieux.* – De *Richelieu,* n. propre.

richement [ʀiʃmɑ̃] adv. **1.** Avec richesse, luxueusement. *Maison richement meublée.* **2.** Avec munificence, libéralité. *Doter richement ses filles.* – De *riche.*

richesse [ʀiʃɛs] n. f. **I. 1.** Possession en abondance d'argent ou de biens, opulence; situation, état d'une personne riche. **2.** Caractère de ce qui est riche (sens I, 4). *Richesse d'un gisement. Richesse de l'imagination.* ▷ *Richesse en* : abondance en. *Richesse en métal d'un minerai.* **3.** Magnificence, somptuosité. *La richesse d'une parure.* **II. 1.** Plur. *Les richesses* : les biens matériels, l'argent. *Aimer les richesses.* ▷ Choses précieuses (avec une idée de grand nombre). *Les richesses d'un musée.* **2.** (Souvent plur.) Ressources. *Richesses minières. Le tourisme est la seule richesse du pays.* – De *riche.*

richi. V. rishi.

richissime [ʀiʃisim] adj. Extrêmement riche. – Superl. de *riche.*

ricin [ʀisɛ̃] n. m. BOT Plante herbacée de très grande taille (genre *Ricinus,* fam. euphorbiacées) à feuilles palmées, à fleurs en grappes, originaire d'Asie. ▷ *Huile de ricin,* tirée des graines (toxiques avant traitement) de cette plante, utilisée comme purgatif et, parfois, dans l'industrie, comme lubrifiant. – Lat. *ricinus.*

rickettsie [ʀikɛtsi] n. f. MICROB Micro-organisme intermédiaire entre les bactéries et les virus, de très petite taille (1 μm), parasite des animaux et de l'homme. – Du n. de H.T. *Ricketts* (1871-1910), biologiste amér.

rickettsiose [ʀikɛtsjoz] n. f. MED Maladie causée par des rickettsies. (Ex. : typhus exanthématique, fièvre pourprée des montagnes Rocheuses.) – De *rickettsie.*

ricocher [ʀikɔʃe] v. intr. [1] Faire ricochet, rebondir. – De *ricochet.*

ricochet [ʀikɔʃɛ] n. m. Rebond d'un objet plat lancé obliquement sur la surface de l'eau, ou d'un projectile rebondissant sur une surface dure. ▷ Loc. fig. *Par ricochet* : indirectement, par contrecoup. – De l'anc. *chanson du Ricochet,* où le mot *coq* revient constamment.

ric-rac [ʀikʀak] loc. adv. Fam. Avec une exactitude rigoureuse (souvent avec une idée de parcimonie). *C'est compté ric-rac.* ▷ Tout juste, de justesse. *Il est passé ric-rac.* – Onomat.

rictus [ʀiktys] n. m. **1.** MED Contraction spasmodique des muscles du visage. *Rictus du tétanos.* **2.** Cour. Contraction des lèvres produisant un sourire forcé et grimaçant. *Rictus sarcastique.* – Mot lat., «ouverture de la bouche», de *ringi,* «grogner en montrant les dents».

ride [ʀid] n. f. **1.** Sillon, pli qui se forme sur la peau, et partic. sur la peau du visage et du cou, généralement par l'effet de l'âge. – Par anal. *Les rides d'une pomme.* **2.** Ondulation, strie. *Le vent forme des rides sur le sable des déserts.* – Déverbal de *rider.*

rideau [ʀido] n. m. **1.** Pièce d'étoffe destinée à intercepter la lumière, à masquer qqch ou à décorer. *Poser des rideaux aux fenêtres. Tringle, anneaux de rideau.* ▷ Loc. fig. *Tirer le rideau sur une chose,* ne plus s'en occuper, ne plus en parler. – Fam. *Rideau !* : c'est fini, il n'en est plus question. **2.** Toile peinte, draperie que l'on tire ou que l'on abaisse pour dissimuler la scène ou l'écran aux spectateurs, dans une salle de spectacle. **3.** *Rideau de fer* : fermeture métallique d'une devanture de magasin. ▷ Rideau métallique permettant de séparer la scène d'un théâtre de la salle, en cas d'incendie. ▷ Fig. HIST Frontière qui séparait les États socialistes d'Europe de l'Est et les États d'Europe occidentale. (L'expression est due à W. Churchill qui, en 1946, désigna ainsi la coupure entre les zones d'influence soviétique en Europe et les zones d'influence des démocraties occidentales.) **4.** Assemblage mobile de lames métalliques fermant le devant d'une cheminée. Syn. tablier. **5.** Ce qui forme écran; ce qui masque, dissimule. *Un rideau d'arbres, de verdure.* – De *rider,* «plisser», le *rideau* formant des plis.

ridée [ʀide] n. f. CHASSE Filet pour prendre les alouettes. – Pp. fém. subst. de *rider,* au sens anc. de «tordre».

ridelle [ʀidɛl] n. f. Chacun des deux côtés d'une charrette, d'un camion, etc., servant à maintenir le chargement. – Du moyen haut all. *reidel,* «rondin».

rider [ʀide] v. tr. [1] **1.** Faire, causer des rides à. *L'âge a ridé ses joues.* ▷ v. pron. Devenir ridé. *Son visage s'est ridé.* **2.** Creuser de rides (sens 2), dessiner des ondulations sur. *Le vent ride la surface de l'eau.* **3.** MAR Raidir (une manœuvre* dormante). *Rider un hauban.* – De l'anc. haut all. *rîdan,* «tordre».

1. ridicule [ʀidikyl] adj. et n. m. **I.** adj. **1.** Digne de risée, de moquerie. *Chapeau ridicule. Vous êtes ridicule.* **2.** Très petit, insignifiant. *Je l'ai eu pour une somme ridicule.* **II.** n. m. **1.** Ce qui est ridicule, ce qui excite le rire, la moquerie. *Se couvrir de ridicule. Tourner en ridicule,* en dérision. ▷ Caractère de ce qui est ridicule, aspect ridicule. *Elle ne mesure pas le ridicule de sa situation.* **2.** Comportement, défaut ridicule, qui prête à rire. *Humoriste qui moque les ridicules de ses contemporains.* – Lat. *ridiculus,* «plaisant, ridicule», de *ridere,* «rire».

2. ridicule [ʀidikyl] n. m. Vx Syn. de *réticule.* – Altération de *réticule.*

ridiculement [ʀidikylmɑ̃] adv. **1.** D'une manière ridicule. *Elle se conduit ridiculement.* **2.** Dans des proportions ridicules. *Un prix ridiculement bas.* – De *ridicule* 1.

ridiculiser [ʀidikylize] v. tr. [1] Rendre ridicule, tourner en ridicule. ▷ v. pron. (Réfl.) *Taisez-vous, vous vous ridiculisez.* – De *ridicule.*

ridoir [ʀidwaʀ] n. m. MAR Dispositif intercalé entre une manœuvre dormante et son point d'ancrage et permettant d'en régler la tension. *Ridoir hydraulique, à vis.* – De *rider.*

ridule [ʀidyl] n. f. Petite ride. – De *ride.*

riel [ʀiɛl] n. m. Unité monétaire du Cambodge. – Mot cambodgien.

rien [ʀjɛ̃] pron. indéf., n. et adv. **A.** pron. indéf. nominal. **I.** (Sens positif.) Quelque chose, quoi que ce soit. **1.** (Dans une phrase interrogative.) *Y a-t-il rien de si beau qu'un coucher de soleil?* **2.** (Après une principale à sens négatif.) *Il est impossible de rien faire.* ▷ (Après *avant, avant que, sans, sans que, trop,* etc.) *Il est parti sans rien dire.* **II.** (Sens négatif, quelquefois renforcé par *du tout.*) **1.** (En corrélation avec l'adv. de négation *ne.*) Nulle chose, néant. *Il ne fait rien du tout. Cela ne fait rien, ne sert à rien. Il ne me gêne en rien.* ▷ Fam. *Ce n'est pas rien* : c'est important, difficile, pénible. *Un tel travail, ce n'est pas rien!* ▷ Loc. adv. *Comme si de rien n'était* : comme s'il ne s'était rien passé; en feignant l'inattention ou l'indifférence. *Il a continué son chemin comme si de rien n'était.* ▷ *Rien que...* : seulement. *Je demande mon dû, et rien que mon dû.* – Fam., iron. *Trois millions, rien que ça!* ▷ Loc. *Rien moins que.* Vieilli (Sens négatif.) Tout plutôt que. *«Ma comédie n'est rien moins que ce qu'on veut qu'elle soit» (Molière).* Mod. (Sens positif.) Bel et bien. *Il ne voulait rien moins qu'assassiner son rival.* ▷ *Rien de moins que* (sens positif) : réellement, bel et bien. *Il n'est rien de moins qu'un escroc.* **2.** Employé sans négation. ▷ (En tournure elliptique.) Nulle chose. *Je veux tout ou rien.* – En réponse à une question. *Que fait-il? – Rien. À quoi pensez-vous? – À rien.* ▷ Chose, quantité, valeur, utilité nulle ou négligeable. *Travailler pour rien. Se contenter de rien. C'est trois fois rien.* ▷ *De rien, de rien du tout* : insignifiant, sans valeur. *Une petite erreur de rien du tout.* – Péjor. (Personnes) *De rien* : de peu d'importance; méprisable. *Un homme de rien. Une fille de rien,* dépravée. **B.** n. m. **1.** Peu de chose. *Un rien le fâche.* ▷ *Un rien de* : très peu de, un soupçon de. *Ajoutez un rien de sel. En un rien de temps.* ▷ Loc. adv. *Un rien* : légèrement. *C'est un rien trop cuit.* **2.** Chose sans importance, sans valeur. *S'amuser à des riens.* **C.** n. *Un, une moins que rien; un, une rien du tout* : une personne sans importance, sans valeur, sans vertu. **D.** adv. Pop. (Par antiphrase.) Très. *C'est rien moche!* – Du lat. *rem,* accus. de *res,* «chose».

riesling [ʀisliŋ] n. m. Cépage blanc cultivé surtout en Alsace et en Rhénanie. ▷ Vin blanc sec issu de ce cépage. – Mot all.

rieur, rieuse [ʀijœʀ, ʀijøz] n. et adj. **I.** n. Personne qui rit. ▷ Loc. *Mettre les rieurs de son côté* : faire rire aux dépens de son contradicteur, dans une discussion, un débat. **II.** adj. **1.** Qui aime à rire, à s'amuser. *Une fille très rieuse.* **2.** Qui dénote la gaieté. *Une voix, une expression rieuse.* **3.** *Mouette rieuse* : mouette blanche (*Larus ridibundus*), au bec et aux pattes rouges, commune en Europe, et dont le cri évoque un éclat de rire. – De *rire.*

rifain, aine [ʀifɛ̃, ɛn] adj. (et n.) Du Rif, chaîne côtière du Maroc septentrional.

riffe ou **rif** [ʀif] n. m. Arg. **1.** Vx Feu. *«Le riffe du rabouin» (V. Hugo)* : le feu du diable. **2.** Vieilli Guerre, front. *Monter au rif.* ▷ Bagarre. – Arg. ital. *ruffo,* «feu», lat. *rufus,* «rouge, roux».

rififi [ʀififi] n. m. Arg. Dispute violente tournant à la bagarre, règlement de comptes. *Il va y avoir du rififi.* – De *riffe* (sens 2).

1. riflard [ʀiflaʀ] n. m. **1.** Laine la plus longue et la plus avantageuse d'une toison. **2.** TECH Grand rabot servant à dégrossir, à fer légèrement convexe. ▷ Couteau de plâtrier à lame triangulaire. ▷ Grosse lime à métaux, employée pour dégrossir. – De *rifler.*

2. riflard [ʀiflaʀ] n. m. Pop., vieilli Parapluie. – Du nom d'un personnage de *la Petite Ville* (1801), comédie de L. B. Picard.

rifle [ʀifl] n. m. Carabine de petit calibre, à canon long, utilisée pour le tir de précision à courte et moyenne distances. – *Carabine 22 long rifle* : carabine d'un calibre 22/100 de pouce, employée pour le sport et la chasse. – Mot angl., de *to rifle,* «faire des rainures», empr. au fr. *rifler.*

rifler [ʀifle] v. tr. [1] TECH Aplanir avec un riflard ou un rifloir. – De l'anc. haut all. *riffilôn,* «déchirer en frottant».

rifloir [ʀiflwaʀ] n. m. TECH Râpe, lime aux extrémités recourbées, que l'on tient par le milieu. – De *rifler.*

rift [ʀift] n. m. GEOGR Grand fossé d'effondrement le long d'une fracture de l'écorce terrestre. – Abrév. de l'angl. *rift valley,* «fossé d'effondrement».

rigaudon [ʀigodɔ̃] ou **rigodon** [ʀigɔdɔ̃] n. m. Danse gaie et animée, à la mode aux XVIIe et XVIIIe s.; air à deux temps sur lequel on la dansait. – P.-ê. de l'anc. v. *gaudir,* «se réjouir», du lat. *gaudere.*

rigide [ʀiʒid] adj. **1.** D'une sévérité, d'une austérité inflexible. *Moraliste rigide.* **2.** Raide, peu flexible. *Une barre rigide. Papier rigide.* – Fig. Qui manque de souplesse. *Système trop rigide.* – Lat. *rigidus.*

rigidement [ʀiʒidmɑ̃] adv. Avec rigidité. – De *rigide.*

rigidifier [ʀiʒidifje] v. tr. [1] TECH Rendre rigide. – De *rigide,* et *-fier.*

rigidité [ʀiʒidite] n. f. **1.** Caractère de ce qui est rigide; grande sévérité, grande austérité. *Rigidité d'une morale, d'une religion.* **2.** Caractère de ce qui est rigide, raide. *Rigidité d'un barreau métallique.* – Lat. *rigiditas.*

rigodon. V. rigaudon.

rigolade [ʀigɔlad] n. f. Fam. **1.** Partie de plaisir, moment d'amusement, de joie. *Quelle rigolade!* **2.** Plaisanterie. *Prendre qqch à la rigolade.* ▷ Chose qui ne peut être prise au sérieux; chose sans gravité, sans importance. *C'est une vraie rigolade, ce projet.* – De *rigoler.*

rigolage [ʀigɔlaʒ] n. m. TECH Action de creuser des rigoles (pour l'écoulement des eaux, pour planter). – De *rigole.*

rigolard, arde [ʀigɔlaʀ, aʀd] adj. Fam. Qui rigole; qui exprime la gaieté ou la moquerie. *Un gars rigolard. Un ton rigolard.* – De *rigoler.*

rigole [ʀigɔl] n. f. **1.** Petit fossé étroit pratiqué dans la terre, rainure creusée dans la pierre pour l'écoulement des eaux. **2.** Filet d'eau de ruissellement. **3.** AGRIC Petite tranchée destinée à recevoir des plants. ▷ CONSTR Tranchée étroite servant aux fondations d'un ouvrage. – Du moyen néerl. *regel,* «ligne droite», lat. *regula,* «règle».

rigoler [ʀigɔle] v. intr. [1] Fam. **1.** Rire, se divertir. *On a bien rigolé.* **2.** Plaisanter. *Je ne rigole pas, c'est sérieux!*

rigolo, ote [ʀigɔlo, ɔt] adj. et n. Fam. **I.** adj. **1.** Qui fait rigoler, amusant. *Une histoire rigolote.* **2.** Inattendu, surprenant. *C'est rigolo de vous retrouver ici.* Syn. drôle. **II.** n. **1.** Personne qui sait faire rire; amuseur, boute-en-train. **2.** Péjor. Personne peu sérieuse en qui on ne peut avoir confiance. *Vous n'êtes qu'un rigolo, un petit rigolo.* – De *rigoler.*

rigorisme [ʀigɔʀism] n. m. Sévérité, austérité extrême en matière de religion ou de morale. – De *rigoriste.*

rigoriste [ʀigɔʀist] n. et adj. Personne qui fait preuve de rigorisme. ▷ adj. *Morale rigoriste.* – De *rigueur.*

rigoureusement [ʀiguʀøzmɑ̃] adv. **1.** Avec rigueur, sévérité. *Punir rigoureusement.* Syn. durement. **2.** De façon stricte, formelle. *C'est rigoureusement défendu.* ▷ De façon incontestable. *Rigoureusement vrai.* Syn. absolument. **3.** Avec une grande précision. *Une longueur rigoureusement mesurée.* – De *rigoureux.*

rigoureux, euse [ʀiguʀø, øz] adj. **1.** Rude, âpre, dur à supporter. *Hiver rigoureux.* **2.** Sévère, draconien. *Un arrêt rigoureux.* ▷ (Personnes) Qu'on ne saurait fléchir; rigide, inflexible. *Juges rigoureux.* **3.** D'une grande précision, d'une grande rigueur (sens 3). *Démonstration rigoureuse. Soyez plus rigoureux dans vos raisonnements.* ▷ Strict. *Application rigoureuse des règles.* – De *rigueur.*

rigueur [ʀigœʀ] n. f. **1.** Sévérité, austérité. *Traiter ses enfants avec trop de rigueur.* – (Choses) Dureté, âpreté. *La rigueur d'un climat.* ▷ Loc. *Tenir rigueur à qqn de qqch,* lui en vouloir, lui en garder rancune. **2.** Litt. (Souvent au plur.) Acte de sévérité. *Les rigueurs d'un tyran.* – *Les rigueurs de la vie carcérale.* **3.** Grande exactitude, grande fermeté dans la démarche logique. *Rigueur d'un raisonnement.* ▷ Sûreté, précision. *Son style manque de rigueur.* **4.** Loc. *À la rigueur* : au pis aller, à tout prendre. ▷ *De rigueur* : exigé, rigoureusement nécessaire; imposé par les usages, les règlements. *Précautions de rigueur.* – Lat. *rigor,* «raideur, sévérité».

rikiki. V. riquiqui.

rillettes [ʀijɛt] n. f. pl. Charcuterie faite de viande de porc ou d'oie, découpée et cuite longuement dans sa graisse. *Rillettes du Mans, de Tours.* – Dimin. de l'a. fr. *rille,* «longue barde de lard», var. dial. de *reille,* «planchette»; lat. *regula.*

rillons [ʀijɔ̃] n. m. pl. Rég. **1.** Cubes de viande de porc cuits dans la graisse. **2.** Résidus de viande de porc ou d'oie dont on a fait fondre la graisse. V. grattons. – Mot dial. de l'Ouest. (V. rillettes.)

rilsan [ʀilsɑ̃] n. m. **1.** Matière plastique polyamide obtenue à partir de l'huile de ricin. **2.** Fibre textile légère, résistante et infroissable faite avec cette matière. – Nom déposé.

rimailler [ʀimaje] v. intr. [1] Vieilli Faire de mauvaises rimes, de mauvais vers. – De *rimer.*

rimailleur, euse [ʀimajœʀ, øz] n. Vieilli Personne qui rimaille, mauvais poète. – De *rimailler.*

rimaye [ʀimaj] n. f. GEOMORPH Crevasse qui sépare un glacier de son névé. – Mot savoyard, du lat. *rima,* «fente, crevasse».

rimbaldien, enne [ʀɛ̃baldjɛ̃, ɛn] adj. et n. **1.** adj. De Arthur Rimbaud. *La poésie rimbaldienne.* – À la manière de Rimbaud. *Ce texte a un côté rimbaldien.* **2.** n. Admirateur ou spécialiste de l'œuvre de Rimbaud. – Du n. du poète français A. *Rimbaud* (1854-1891).

rime [ʀim] n. f. **1.** Retour des mêmes sons à la fin de deux périodes rythmiques ou de deux vers. *Rimes pauvres,* où l'identité porte seulement sur la voyelle accentuée *(passé/chanté). Rimes riches,* où l'identité porte à la fois sur la voyelle accentuée, sur la consonne qui la suit et sur celle qui la précède *(cheval/rival). Rimes féminines, rimes masculines,* terminées ou non par un *e* muet. ▷ *Rime pour l'œil :* identité graphique, sans homophonie *(aimer/amer).* **2.** Loc. *Sans rime ni raison :* d'une manière absurde, inexplicable, dénuée de sens. – P.-ê. du frq. *rîm,* «rang».

rimer [ʀime] v. [1] **I.** v. intr. **1.** Constituer une rime. *Ces deux mots ne riment pas.* ▷ Fig. *Cela ne rime à rien :* cela est dépourvu de sens, de raison. **2.** Employer des rimes, faire des vers. **II.** v. tr. Mettre en vers. *Rimer un conte.* – De *rime.*

rimeur, euse [ʀimœʀ, øz] n. Poète médiocre qui se borne à aligner des rimes. – De *rimer.*

rimmel [ʀimɛl] n. m. Fard à cils. – Nom déposé.

rinçage [ʀɛ̃saʒ] n. m. Action de rincer; son résultat. ▷ *Spécial.* Fait de rincer les cheveux avec un produit laissant des reflets; *par ext.,* ce produit. – De *rincer.*

rinceau [ʀɛ̃so] n. m. ARCHI Ornement peint ou sculpté, figurant des branchages, des rameaux stylisés, disposés en enroulement. – Du lat. pop. **ramuscellus,* bas lat. *ramusculus,* dimin. de *ramus,* «branche», par l'a. fr. *rainsel,* «rameau».

rince-bouche [ʀɛ̃sbuʃ] n. m. inv. Anc. Récipient rempli d'eau tiède aromatisée, que l'on utilisait pour se rincer la bouche à la fin des repas. – De *rincer,* et *bouche.*

rince-bouteilles [ʀɛ̃sbutɛj] n. m. inv. Machine à rincer les bouteilles. – De *rincer,* et *bouteille.*

rince-doigts [ʀɛ̃sdwa] n. m. inv. Petit récipient rempli d'eau tiède, qui sert à se rincer les doigts au cours ou à la fin d'un repas. – De *rincer,* et *doigt.*

rincée [ʀɛ̃se] n. f. **1.** Pop., vieilli Volée de coups. ▷ Fig. Défaite. **2.** Fam. Averse. *Quelle rincée!* – Pp. fém. subst. de *rincer.*

rincer [ʀɛ̃se] v. tr. [12] **1.** Nettoyer, laver à l'eau. *Rincer des bouteilles.* **2.** Passer à l'eau claire pour éliminer un produit de lavage. *Rincer du linge.* ▷ Fig., fam. *Se faire rincer :* se faire tremper par la pluie. ▷ v. pron. Fig., pop. *Se rincer l'œil :* regarder avec plaisir un spectacle (généralement osé). ▷ Pop. *Se rincer le gosier, la dalle :* boire. **3.** Pop. Offrir à boire. *C'est moi qui rince.* **4.** Pop. Dépouiller (au jeu); ruiner. *Il s'est fait rincer au baccara.* – De l'anc. v. *recincier,* lat. pop. **recentiare,* «rafraîchir», de *recens,* «frais».

rincette [ʀɛ̃sɛt] n. f. Fam. Eau-de-vie qu'on boit dans la même tasse que celle dans laquelle on a bu son café. – De *rincer* (pour *rincer* la tasse).

rinceur, euse [ʀɛ̃sœʀ, øz] n. **1.** Personne qui rince (la vaisselle). **2.** n. f. Rince-bouteilles. – De *rincer.*

rinçure [ʀɛ̃syʀ] n. f. **1.** Eau qui a servi à rincer. **2.** Fam. Vin très étendu d'eau. ▷ *Par ext.* Mauvais vin. – De *rincer.*

rinforzando [ʀinfɔʀdzando] adv. MUS En renforçant (indique le passage du *piano* au *forte*). – Mot ital., de *rinforzare,* «renforcer».

ring [ʀiŋ] n. m. Estrade entourée de trois rangs de cordes, sur laquelle se disputent les combats de boxe et de catch. – Mot angl., propr. «anneau, cercle».

1. ringard [ʀɛ̃gaʀ] n. m. TECH Longue barre métallique servant à remuer une matière en fusion. – De l'all. dial. *Rengel,* «rondin»; wallon *ringuèle,* «levier».

2. ringard, arde [ʀɛ̃gaʀ, aʀd] n. m. et adj. **1.** SPECT Arg. Vieil acteur sans talent. ▷ Acteur sans talent, quel que soit son âge. **2.** Fam., cour. Personne médiocre, sans capacités. ▷ adj. *Un photographe ringard.* – (Choses) Démodé, de mauvaise qualité. *Une publicité ringarde.* – P.-ê. n. propre.

ringarder [ʀɛ̃gaʀde] v. tr. [1] TECH Remuer avec le ringard (une matière en fusion). – De *ringard* 1.

rio [ʀjo] n. m. Cours d'eau. – Mot esp.

ripage [ʀipaʒ] n. m. **I.** TECH **1.** Polissage, grattage à la ripe. **2.** Action de riper, de déplacer (qqch) par glissement. **II.** Fait de riper. ▷ MAR *Ripage d'une caisse mal amarrée.* – De *riper.*

ripaille [ʀipaj] n. f. Fam. Bonne chère, débauche de table. *De joyeuses ripailles. Faire ripaille.* – De *riper,* «gratter», au fig.

ripailler [ʀipaje] v. intr. [1] Faire ripaille. – De *ripaille.*

ripaton [ʀipatɔ̃] n. m. Pop. Pied. – De l'arg. *ripatonner,* «ressemeler, réparer», sans doute de *patte.*

ripe [ʀip] n. f. TECH Outil de sculpteur et de tailleur de pierre constitué d'une tige recourbée en S dont les deux extrémités, aplaties et affûtées, servent à gratter et à polir. – Déverbal de *riper.*

riper [ʀipe] v. [1] **I.** v. tr. **1.** TECH Polir, gratter avec une ripe. **2.** Déplacer (un fardeau) en le faisant glisser sur le sol ou sur son support. *Riper une charge à la main.* **II.** v. intr. **1.** MAR Glisser en frottant avec force (notam. en parlant d'un cordage, d'une chaîne). ▷ Se déplacer sous l'action du roulis (en parlant d'un objet lourd, dans une cargaison). **2.** Cour. Glisser en frottant, déraper. *L'échelle a ripé.* **3.** Pop. Partir. – Moy. néerl. *rippen,* «tirailler».

ripolin [ʀipɔlɛ̃] n. m. Peinture laquée, très brillante, à l'origine à base d'huile de lin. – Nom déposé; du n. de *Riep,* l'inventeur, et *-ol.*

ripoliner [ʀipɔline] v. tr. [1] Peindre au ripolin. – De *ripolin.*

riposte [ʀipɔst] n. f. **1.** Réponse vive, prompte repartie à une attaque verbale, à une raillerie. **2.** SPORT En escrime, attaque portée immédiatement après une parade. **3.** Contre-attaque. – Ital. *riposta,* pp. de *rispondere,* «répondre», lat. *respondere.*

riposter [ʀipɔste] v. intr. [1] **1.** Répondre avec vivacité à un contradicteur, un railleur. **2.** SPORT Porter une riposte, en escrime. **3.** Contre-attaquer. *Riposter à coups de poing.* – De *riposte.*

ripou, oux [ʀipu] adj. m. et n. m. Arg. (Spécial. en parlant de policiers.) Corrompu (sens 3); pourri (sens II, 2). *«Les Ripoux»,* film de Claude Zidi. – *Pourri* en verlan.

ripper [ʀipœʀ] (Anglicisme) ou **rippeur** [ʀipœʀ] n. m. TRAV PUBL Machine servant à défoncer (sens 3). Syn. défonceuse. – Mot angl., de *to rip,* «coucher, arracher».

ripple-mark [ʀipəlmaʀk] n. f. (Anglicisme) GEOGR Ride formée par la mer sur le sable des fonds littoraux. *Des ripple-marks.* – Mot angl., de *ripple,* «clapotis», et *mark,* «marque».

ripuaire [ʀipɥɛʀ] adj. HIST Propre ou relatif aux tribus franques qui stationnaient au Ve s. autour de Cologne et jusqu'à la haute Moselle. – Bas lat. *ripuarius*, de *ripa*, « rive ».

riquiqui ou **rikiki** [ʀikiki] adj. inv. Fam. Très petit, mesquin. *Un bouquet bien riquiqui.* – Rad. *ric, rik*, onomat. désignant ce qui est petit, médiocre.

1. rire [ʀiʀ] v. [68] **I.** v. intr. **1.** Marquer la gaieté qu'on éprouve par un mouvement de la bouche et des muscles du visage, accompagné d'expirations saccadées plus ou moins sonores. *Rire aux éclats. Rire jaune *. Rire sous cape *.* **2.** Se divertir, se réjouir. *Aimer à rire.* – Prov. *Plus on est de fous, plus on rit.* **3.** Badiner, railler; ne pas parler, ne pas agir sérieusement. *Vous voulez rire ? C'était pour rire* (langage enfantin ou pop. : *pour de rire*). **4.** *Rire de :* se moquer de. *Les gens rient de lui.* **II.** v. pron. *Se rire de.* **1.** Vieilli, litt. Se moquer de (qqn). **2.** Mod. Venir facilement à bout de, triompher aisément de (ce qui s'oppose à l'action). *Se rire des obstacles, des difficultés.* – Du lat. *ridere.*

2. rire [ʀiʀ] n. m. Action de rire. *Éclater, pouffer de rire. Rire énorme, homérique*.* – Loc. *Fou rire :* rire incoercible, incontrôlable. – Emploi subst. de *rire* 1.

1. ris [ʀi] n. m. Vx Rire. *Les ris d'un enfant.* – Lat. *risus.*

2. ris [ʀi] n. m. MAR Chacune des bandes horizontales d'une voile (en général au nombre de deux ou trois), que l'on peut serrer sur la bôme pour les soustraire à l'action du vent. *Prendre un, deux ris. Larguer les ris.* – P.-ê. plur. de l'anc. scand. *rif*, « dispositif pour raccourcir ».

3. ris [ʀi] n. m. (Souvent au plur.) *Ris de veau, d'agneau,* thymus (comestible) de ces animaux.

risberme [ʀisbɛʀm] n. f. TECH Talus ménagé à la base d'une jetée, des piles d'un pont, etc. pour protéger les fondations de l'action de l'eau. – Néerl. *rijsberme*, de *rijs*, « branchages », et *berme*, « digue ».

1. risée [ʀize] n. f. Moquerie collective aux dépens de qqn (seulement dans quelques loc.). *Attirer la risée publique. Être la risée de :* être un objet de moquerie pour. *Il est la risée du village.* – De *ris* 1.

2. risée [ʀize] n. f. MAR Augmentation passagère de la force du vent. – De *ris* 2.

risette [ʀizɛt] n. f. **1.** Sourire d'un enfant. *Une jolie risette de bébé. Fais risette!* **2.** Sourire plus ou moins franc de politesse, d'amabilité. *Je n'ai aucune envie de lui faire des risettes et des courbettes.* – Dimin. de *ris* 1.

rishi ou **richi** [ʀiʃi] n. m. inv. RELIG Sage, saint, dans l'hindouisme. – Mot sanskrit.

risible [ʀizibl] adj. **1.** Vx Propre à faire rire. **2.** Mod., péjor. Digne de moquerie. *Cette prétention est tout à fait risible.* – Bas lat. *risibilis*, « capable de rire, de faire rire ».

risiblement [ʀizibləmɑ̃] adv. D'une manière risible. – De *risible.*

risorius [ʀizɔʀjys] n. m. ANAT Muscle de la commissure des lèvres contribuant à l'expression du rire. – Adj. lat. « riant ».

risotto [ʀizɔto] n. m. Plat italien à base de riz légèrement coloré par une cuisson dans une matière grasse. *Des risottos.* – Mot ital., de *riso*, « riz ».

risque [ʀisk] n. m. **1.** Danger dont on peut jusqu'à un certain point mesurer l'éventualité, que l'on peut plus ou moins prévoir. *Cette mission comporte de gros risques. Courir, prendre un risque,* s'y exposer. ▷ Loc. *À ses risques et périls :* en prenant sur soi tous les risques, en les assumant totalement. – *Au risque de :* en s'exposant au danger de. *Je refuse, au risque de paraître ridicule.* **2.** Perte, préjudice éventuels garantis par une compagnie d'assurances moyennant le paiement d'une prime. *Assurance tous risques.* – Ital. *risco*, du lat. pop. **resecum*, « ce qui coupe ».

risqué, ée [ʀiske] adj. Qui comporte des risques, hasardeux. *Entreprise risquée.* ▷ Osé, trop libre. *Plaisanteries risquées.* – Pp. de *risquer.*

risquer [ʀiske] v. [1] **I.** v. tr. **1.** Mettre en danger. *Risquer sa vie, son honneur, sa fortune.* – Prov. *Qui ne risque rien n'a rien.* – Loc. *Risquer le tout pour le tout :* jouer son va-tout. ▷ Exposer (au risque d'être vu, blessé, etc.). *Il risqua une main dans l'étroite ouverture.* **2.** Essayer, sans être assuré du résultat. *On peut risquer l'aventure. Risquer le coup.* ▷ Émettre (une parole, une opinion) en courant le risque d'être désapprouvé, mal compris, etc. *Risquer une plaisanterie, un avis.* **3.** S'exposer à (un danger, une peine). *Il risque la mort, une forte amende.* ▷ *Risquer de* (+ inf.) : courir le risque de. *Risquer de perdre son emploi.* – *Par ext.* Avoir une chance de. *Cette opération risque de réussir.* **II.** v. pron. Se hasarder. *Se risquer dans une affaire.* – De *risque.*

risque-tout [ʀiskətu] n. et adj. inv. Personne audacieuse, qu'aucun danger n'arrête. – De *risquer*, et *tout.*

riss [ʀis] n. m. GEOL Importante glaciation du quaternaire, intermédiaire entre le mindel et le würm. – De *Riss*, n. d'une rivière d'All.

1. rissole [ʀisɔl] n. f. Petit morceau de pâte feuilletée, fourré d'un hachis de viande ou de poisson, et frit. – Du lat. pop. **russeola*, de *russeolus*, « rougeâtre ».

2. rissole [ʀisɔl] n. f. TECH Rég. Filet à mailles serrées utilisé pour prendre les petits poissons, en Méditerranée. – Provenç. *ris(s)olo*, du lat. imp. *retiolum*, « petit filet », de *rete*, « filet ».

rissoler [ʀisɔle] v. [1] **1.** v. tr. Cuire, rôtir (un aliment) de façon à lui donner une couleur dorée. *Rissoler des côtelettes.* **2.** v. intr. *Mettre des oignons à rissoler.* – De *rissole* 1.

ristourne [ʀistuʀn] n. f. **1.** Remise faite par un courtier, un commerçant, à un client. ▷ Bonification ou commission plus ou moins licite. **2.** Part de bénéfice qui, dans une coopérative de consommation ou dans une société d'assurance mutuelle, revient aux acheteurs ou aux associés en fin d'exercice. – Ital. *ristorno.*

ristourner [ʀistuʀne] v. tr. [1] Accorder comme ristourne. *Je vous ristournerai dix pour cent de cette somme.* – De *ristourne.*

rital, ale, als [ʀital] n. Pop., péjor. Italien. – Altération de [zital], de *(le)s Ital(iens).*

ritardando [ʀitaʀdɑ̃do] adv. MUS En retardant l'arrivée du thème (indication du mouvement). – Mot ital.

rite [ʀit] n. m. **1.** Ensemble des cérémonies en usage dans une religion. *Rites protestants.* ▷ Ensemble des règles qui régissent la pratique d'un culte particulier. *Rites des Églises chrétiennes d'Orient unies à Rome.* **2.** Détail des prescriptions en vigueur pour le déroulement d'un acte cultuel; l'acte cultuel lui-même. *Le rite du baptême.* – Par anal. *Les rites maçonniques.* ▷ Pratique à caractère sacré (symbolique ou magique). **3.** SOCIOL Pratique sociale habituelle, coutume. *Le rite du sapin de Noël.* ▷ Usage auquel la force de l'habitude a fait prendre la valeur d'un rite (sens 2). *Après le dîner, il fume un cigare, c'est un rite.* – Lat. *ritus.*

ritournelle [ʀituʀnɛl] n. f. **1.** Courte phrase instrumentale jouée à la fin de chacun des couplets d'une chanson. ▷ Chanson à refrain; refrain. **2.** Fig. Propos rabâché, rebattu. – Ital. *ritornello*, de *ritorno*, « retour ».

ritualisation [ʀitɥalizasjɔ̃] n. f. Didac. Action de ritualiser. – De *ritualiser.*

ritualiser [ʀitɥalize] v. tr. [1] Organiser (qqch) à la manière d'un rite. ▷ v. pron. Devenir rituel. – De *rituel.*

ritualisme [ʀitɥalism] n. m. **1.** RELIG Mouvement religieux, né en Grande-Bretagne au XIXe s., qui tendait à restaurer, au sein de l'Église anglicane, certains des rites catholiques romains. **2.** Attachement étroit aux rites, formalisme religieux. – De *rituel.*

ritualiste [ʀitɥalist] adj. et n. **1.** RELIG Qui a rapport au ritualisme (sens 1). ▷ Subst. Partisan du ritualisme. **2.** Attaché au respect des rites. – De *rituel.*

rituel, elle [ʀitɥɛl] adj. et n. m. **I.** adj. **1.** Qui a valeur de rite, qui constitue un rite. *Prières rituelles.* ▷ Fig. *Les jurés apprécièrent « en leur âme et conscience », selon la formule rituelle.* **2.** Habituel, coutumier et aussi précis qu'un rite. *C'était l'heure de sa promenade rituelle.* **II.** n. m. **1.** Livre liturgique de l'Église catholique, qui contient le détail des rites, des cérémonies et des prières qui les accompagnent. **2.** Ensemble des rites. *Le rituel du vaudou.* – Du lat. *rituales (libri),* « livres traitant des rites », de *ritus,* « rite ».

rituellement [ʀitɥɛlmɑ̃] adv. D'une manière rituelle; selon un rite. – De *rituel.*

rivage [ʀivaʒ] n. m. **1.** Bande de terre qui limite une étendue d'eau, et plus partic. d'eau marine. (N.B. On emploie plutôt le mot *rive* à propos d'une étendue d'eau douce.) **2.** DR Partie du littoral soumise à l'action des marées. – De *rive.*

rival, ale, aux [ʀival, o] n. et adj. **I.** n. **1.** Personne qui prétend au même but, au même succès qu'un ou plusieurs autres concurrents. *Supplanter ses rivaux. Un rival dangereux.* ▷ *Spécial.* Personne qui dispute à qqn l'amour de qqn d'autre. **2.** (Avec une négation.) Personne susceptible de faire aussi bien qu'une autre. *Il n'a pas de rival.* ▷ (Choses) *Ce vin est sans rival pour accompagner le gibier.* **II.** adj. Concurrent. *Nations, entreprises rivales.* – Lat. *rivalis,* métaph. de *rivales,* « riverains » (qui tirent leur eau du même cours d'eau), de *rivus,* « ruisseau ».

rivaliser [ʀivalize] v. intr. [1] *Rivaliser avec qqn,* s'efforcer de l'égaler, de le surpasser. *Rivaliser d'adresse, d'esprit.* – De *rival.*

rivalité [ʀivalite] n. f. Fait de rivaliser; situation de deux ou de plusieurs personnes rivales. *Rivalité politique, amoureuse.* – Par anal. *Rivalité entre deux villages.* – Lat. *rivalitas.*

rive [ʀiv] n. f. **I. 1.** Bord d'un cours d'eau, d'un lac. *La rive droite, gauche d'un fleuve* (en regardant vers l'aval). *La rive méridionale du Léman.* **2.** POET Bord de mer. *Les rives de la mer Noire.* **II.** TECH Bord rectiligne d'une pièce de bois, de métal. ▷ *Rive d'un four* : bord d'un four, près de la gueule. – Du lat. *ripa.*

rivelaine [ʀivlɛn] n. f. TECH Pic de mineur à deux pointes. – D'un rad. néerl. *riven,* par le wallon.

river [ʀive] v. tr. [1] **1.** Assujettir (un rivet, une pièce métallique oblongue) par matage*. ▷ *River un clou,* en rabattre la pointe sur l'objet traversé. – Fig. *River son clou à qqn,* le faire taire par un argument irréfutable. **2.** Fixer, assembler au moyen de rivets. *River des tôles.* Syn. riveter. ▷ Fig. Immobiliser. *La maladie l'a rivé au lit.* – De *rive,* « bord ».

riverain, aine [ʀivʀɛ̃, ɛn] n. et adj. Personne qui possède ou qui habite une propriété située le long d'un cours d'eau, d'un lac, etc. – Par ext. *Les riverains d'une rue.* ▷ adj. *Propriétés riveraines.* – De *rivière.*

riveraineté [ʀivʀɛnte] n. f. DR Ensemble des droits reconnus aux propriétaires riverains d'un cours d'eau non navigable, sur son lit, ses eaux et leur utilisation. – De *riverain.*

rivet [ʀivɛ] n. m. Courte tige cylindrique en métal dont une extrémité est renflée en une tête tronconique ou hémisphérique et dont l'extrémité opposée est destinée à être matée sur la pièce à assembler. ▷ *Rivet tubulaire,* en deux parties, l'une mâle, l'autre femelle. – De *river.*

rivetage [ʀivtaʒ] n. m. TECH **1.** Action de riveter; son résultat. **2.** Ensemble des rivets qui maintiennent des pièces assemblées. *Rivetage en cuivre.* – De *riveter.*

riveter [ʀivte] v. tr. [20] TECH Fixer au moyen de rivets. – De *rivet.*

riveteuse [ʀivtøz] n. f. TECH Machine à riveter, à river. Syn. riveuse. – De *riveter.*

riveur, euse [ʀivœʀ, øz] n. TECH **1.** n. Ouvrier, ouvrière qui rive, qui pose des rivets. **2.** n. f. Syn. de *riveteuse.* – De *river.*

rivière [ʀivjɛʀ] n. f. **I. 1.** Cours d'eau de moyenne importance. ▷ *Spécial.* Cours d'eau qui se jette dans un autre cours d'eau (à la différence du *fleuve*). **2.** SPORT Pièce d'eau constituant un obstacle sur le parcours d'un steeple. **3.** Par anal. *Rivière de...* : grande quantité fluide de (matière qui coule, s'épanche). *Rivière de lave.* **II.** *Rivière de diamants* : collier de diamants montés en chatons. – Du lat. pop. **riparia,* « région proche d'un cours d'eau », de *ripa,* « rive ».

rivoir [ʀivwaʀ] n. m. TECH **1.** Marteau utilisé pour river. **2.** Machine à river. (On dit et on écrit aussi *rivoire,* n. f.) – De *river.*

rivure [ʀivyʀ] n. f. TECH **1.** Assemblage réalisé au moyen de rivets. **2.** Partie du rivet aplatie après rivetage. – De *river.*

rixdale [ʀiksdal] n. f. HIST Ancienne monnaie d'argent qui avait cours dans différents pays d'Europe orientale et septentrionale. – Néerl. *rijksdaaler,* propr. « thaler du royaume ».

rixe [ʀiks] n. f. Querelle violente accompagnée de coups. *Rixe au couteau.* – Lat. *rixa.*

riyal [ʀjal] n. m. Unité monétaire de l'Arabie Saoudite, du Qatar et du Yémen.

riz [ʀi] n. m. **1.** Graminée céréalière (genre *Oryza*) des régions chaudes. **2.** Grain (caryopse*) comestible de cette plante. *Riz blanchi* (décortiqué), *complet* (avec son enveloppe). – *Riz sauvage* : V. zizanie (sens 2). – *Poudre de riz* : V. poudre. – Ital. *riso,* du lat. *oryza,* mot gr. d'orig. orient.

ENCYCL Le riz est une céréale très nutritive à cause de sa richesse en glucides (75 %). Il existe plusieurs riz, mais l'espèce la plus importante économiquement est le riz blanc d'Asie (*Oryza sativa*). La culture du riz à grain rouge (*Oryza glaberrima*) est uniquement africaine. Le riz blanc, originaire de l'Inde, est une graminée annuelle herbacée, atteignant 1 m de haut, dont les longues feuilles glabres et les fleurs sont groupées en panicules. Le caryopse du riz, quand il est encore entouré des glumelles, est le *riz paddy* ou complet; décortiqué et poli pour la consommation, il perd ainsi des matières azotées et sa vitamine B, contenues dans les enveloppes et couches externes.

rizerie [ʀizʀi] n. f. TECH Usine de traitement du riz. – De *riz.*

rizicole [ʀizikɔl] adj. Où l'on cultive le riz. *Région rizicole.* – De *riz,* et *-cole.*

riziculteur, trice [ʀizikyltœʀ, tʀis] n. Cultivateur de riz. – De *riziculture.*

riziculture [ʀizikyltyʀ] n. f. Culture du riz. – De *riz,* et *culture.*

rizière [ʀizjɛʀ] n. f. Terrain inondable où l'on cultive le riz; plantation de riz. – De *riz.*

riz-pain-sel [ʀipɛ̃sɛl] n. m. inv. Arg. (des militaires), vieilli Militaire du service de l'intendance. – De *riz, pain,* et *sel.*

R.M.N. Sigle pour *résonance* magnétique nucléaire.*

Rn CHIM Symbole du radon.

R.N.A. ou **RNA** n. m. BIOCHIM. Sigle de l'angl. *ribonucleic acid,* souvent employé pour A.R.N.*

R.N.I.S. n. m. TELECOM Service, proposé par l'administration française des télécommunications sous la marque Numéris, qui permet de faire transiter des informations codées numériquement sur des lignes téléphoniques. – Sigle de *réseau numérique à intégration de services.*

roast-beef. V. rosbif.

1. rob [ʀɔb] n. m. PHARM Suc de fruit épaissi par évaporation jusqu'à consistance de miel. – De l'ar. *robub* ou *robob,* d'orig. persane.

2. rob [ʀɔb] ou **robre** [ʀɔbʀ] n. m. Au whist et au bridge, chacune des parties (en deux ou trois manches) jouées avec un partenaire différent de la table. – De l'angl. *rubber.*

robage [ʀɔbaʒ] ou **robelage** [ʀɔblaʒ] n. m. TECH Action de rober. – De *rober.*

robe [ʀɔb] n. f. **I.** Vêtement féminin avec ou sans manches, comportant un corsage et une jupe d'un seul tenant. **II. 1.** Vêtement long et ample, enveloppant le corps jusqu'aux pieds, porté par les hommes chez les Anciens, et auj. en Orient. **2.** Long vêtement porté par les juges et les avocats dans l'exercice de leurs fonctions, par les professeurs d'université dans les cérémonies officielles, et par certains ecclésiastiques. ▷ Anc. *La robe* : la magistrature, sous l'Ancien Régime. *Noblesse de robe.* **3.** *Robe de chambre* : vêtement d'intérieur à manches, long et ample. ▷ *Pommes de terre en robe de chambre,* cuites avec leur peau. (On dit aussi *en robe des champs.*) **III. 1.** Pelage de certains animaux (cheval et bœuf, notam.). **2.** Enveloppe de certains légumes, de certains fruits. *La robe d'un oignon.* **3.** Feuille de tabac constituant l'enveloppe extérieure d'un cigare. **4.** Couleur (d'un vin; d'un cheval). – Du germ. **rauba,* « butin » (V. dérober, d'où « vêtement dont on a dépouillé qqn ».

robelage. V. robage.

rober [ʀɔbe] v. tr. [1] TECH **1.** *Rober la garance*,* écorcer sa racine. **2.** Envelopper (un cigare) de sa robe. – De *robe.*

roberts [ʀɔbɛʀ] n. m. pl. Pop. Seins. – Du n. d'une anc. marque de biberons.

robin [ʀɔbɛ̃] n. m. Vx, péjor. Homme de robe, magistrat. – De *robe.*

robinet [ʀɔbinɛ] n. m. Dispositif qui permet de régler ou de suspendre l'écoulement d'un fluide dans une canalisation, hors d'un réservoir, etc. *Robinet d'eau, de gaz. Robinet d'incendie.* – Ellipt. *Tourner le robinet,* la clef du robinet. ▷ Fig., fam. *Un robinet d'eau tiède* : une personne très bavarde qui dit des choses sans intérêt. – Dimin. du moyen fr. *robin,* « fontaine », de *Robin* (nom donné au mouton, au Moyen Âge), les premiers robinets affectant souvent la forme d'une tête de mouton.

robinetier [ʀɔbinɛtje] n. m. Fabricant ou marchand de robinets. – De *robinet.*

robinetterie [ʀɔbinɛtʀi] n. f. **1.** Industrie, commerce des robinets. ▷ Usine où l'on fabrique des robinets. **2.** Ensemble des robinets d'un appareillage, d'une installation. – De *robinet.*

robinier [ʀɔbinje] n. m. BOT Arbre (*Robinia pseudoacacia,* fam. papilionacées) originaire d'Amérique du N., aux rameaux épineux, aux feuilles pennées, aux fleurs blanches odorantes disposées en grappes. (Appelé à tort acacia.) – Lat. mod. *robinia,* du n. de J. *Robin* (1550-1629), botaniste fr.

robinson [ʀɔbɛ̃sɔ̃] n. m. Personne qui vit dans la nature, en solitaire. – De *Robinson* Crusoé, héros d'un roman de Daniel Defoe (v. 1660-1731).

roboratif, ive [ʀɔbɔʀatif, iv] adj. MED Anc. ou Litt. Fortifiant. – De l'anc. v. *reborer,* du lat. *roborare,* « fortifier ».

robot [ʀɔbo] n. m. **1.** Machine à l'aspect humain, capable de se mouvoir, de parler et d'agir. **2.** Machine automatique dotée d'une mémoire et d'un programme, capable de se substituer à l'homme pour effectuer certains travaux. *Robot ménager.* **3.** *Par métaph.* Personne agissant comme un automate. **4.** *Portrait-robot* : V. ce mot. – Du tchèque *robota,* « travail forcé », pour désigner des « ouvriers artificiels », dans une pièce de K. Čapek (1890-1938).

robotique [ʀɔbɔtik] n. f. TECH Étude et mise au point des machines automatiques qui peuvent remplacer ou prolonger les fonctions de l'homme. – De *robot.*

robotisation [ʀɔbɔtizasjɔ̃] n. f. Action de robotiser; son résultat. – De *robotiser.*

robotiser [ʀɔbɔtize] v. tr. [1] **1.** TECH Équiper de robots, automatiser. *Robotiser une chaîne de montage.* **2.** *Par métaph.* Transformer (un être humain) en robot; faire perdre certains caractères propres aux humains au profit de comportements mécaniques. – De *robot.*

robre. V. rob 2.

robusta [ʀɔbysta] n. m. **1.** Variété de caféier originaire du Gabon, cultivé en Afrique et en Asie. **2.** Graine de ce caféier. *Le robusta contient plus de caféine que l'arabica.* – Mot lat., fém. de *robustus,* « robuste ».

robuste [ʀɔbyst] adj. Fort, solide, résistant. *Un homme robuste. Un mécanisme robuste.* ▷ Fig. *Une robuste confiance en soi.* – Lat. *robustus,* « de chêne, vigoureux », de *robur,* « chêne, force ».

robustement [ʀɔbystəmɑ̃] adv. D'une manière robuste. *Un garçon robustement bâti.* – De *robuste.*

robustesse [ʀɔbystɛs] n. f. Qualité de ce qui est robuste. – De *robuste.*

1. roc [ʀɔk] n. m. Masse de pierre très dure qui fait corps avec le sol; matière rocheuse. ▷ *Par métaph.* Symbole de solidité. *Cet homme est un roc. Bâtir sur le roc* : faire œuvre solide, durable. – Forme masc. de *roche.*

2. roc. V. rock 1.

rocade [ʀɔkad] n. f. **1.** MILIT Voie de communication parallèle à la ligne de feu. **2.** Voie routière de dérivation, qui évite le centre d'une ville(par oppos. à *pénétrante*). – Dérivé de *roquer.*

rocaillage [ʀɔkajaʒ] n. m. TECH Travail, décoration, revêtement en rocaille (I, sens 2). – De *rocaille.*

rocaille [ʀɔkaj] n. et adj. inv. **I.** n. f. **1.** Étendue jonchée de pierres, de cailloux; pierraille. **2.** *Par ext.* Ouvrage fait de pierres cimentées ou brutes, incrustées de coquillages, de cailloux. *Grotte en rocaille.* **II.** adj. inv. *Style rocaille* ou, n. m., *le rocaille* : style décoratif aux formes imitées des coquillages, des plantes, des rochers, en vogue sous Louis XV. *Meuble rocaille.* – De *roc* 1.

rocailleux, euse [ʀɔkajø, øz] adj. **1.** Pierreux, caillouteux. **2.** Fig. Dur, heurté. *Style rocailleux. Voix rocailleuse, rauque.* – De *rocaille.*

rocambole [ʀɔkɑ̃bɔl] n. f. Ail doux (*Allium schorodoprasum*), appelé aussi *échalote d'Espagne.* – All. *Rockenbolle,* de *Rocken,* « quenouille », et *Bolle,* « bulbe ».

rocambolesque [ʀɔkɑ̃bɔlɛsk] adj. Extravagant, plein de péripéties qui paraissent invraisemblables. *Une aventure rocambolesque.* – De *Rocambole,* personnage de romans-feuilletons de Ponson du Terrail (1829-1871).

rochage [ʀɔʃaʒ] n. m. **1.** TECH Action de rocher (2, sens I). **2.** METALL Formation d'excroissances et d'aspérités à la surface de certains métaux (argent, platine, etc.) en cours de solidification, due au dégagement des gaz préalablement dissous. – De *rocher* 2.

rochassier [rɔʃasje] n. m. SPORT Vieilli Alpiniste spécialiste des escalades, des courses dans le rocher. – De l'anc. dauphinois *rochaz*, « rocher ».

roche n. f. **1.** Bloc ou masse de pierre dure. *Eau de roche*, qui sourd d'une roche, très limpide. – Fig. *Clair comme de l'eau de roche* : facile à comprendre, évident. ▷ *La roche* : la pierre, le roc. **2.** GEOL Toute matière minérale d'origine terrestre. – *Roche(-)mère* : partie inférieure du sol minéral; site de formation d'hydrocarbures. – Lat. pop. **rocca*.

ENCYCL Les roches peuvent être classées selon des critères plus ou moins arbitraires : roches liquides (pétrole, etc.), meubles (sable, faluns, etc.), tendres (craie, etc.), dures (granite, grès, etc.); ou d'après leur composition : roches calcaires, siliceuses, carbonées, etc.; leur origine : roches sédimentaires, volcaniques (ou éruptives), métamorphiques, etc. L'étude des roches constitue la *pétrographie*, ou *pétrologie*, que l'on doit distinguer de la minéralogie* qui étudie les minéraux constituant les roches.

1. rocher [rɔʃe] n. m. **I.** Masse de pierre, ordinairement élevée, escarpée. ▷ *Le rocher* : la pierre, le roc. **II. 1.** ANAT Pièce osseuse qui forme la partie interne de l'os temporal. **2.** Pâtisserie ou confiserie qui a l'aspect d'un rocher. *Rocher à la noix de coco, au chocolat.* – De *roche*.

2. rocher [rɔʃe] v. [1] **I.** v. tr. TECH Recouvrir de borax (des pièces métalliques) avant de les souder ou de les braser. **II.** v. intr. **1.** METALL Se couvrir d'excroissances au cours du rochage. **2.** TECH Mousser, en parlant de la bière qui fermente. – De *roche*.

1. rochet [rɔʃɛ] n. m. Surplis des évêques, des abbés, des chanoines. – Du frq. *hrokk*, « habit ».

2. rochet [rɔʃɛ] n. m. **1.** TEXT Bobine où l'on enroule les fils de soie. **2.** MECA *Roue à rochet* : roue dentée munie d'un cliquet, qui ne peut tourner que dans un sens. – Du germ. *rukka*, « quenouille ».

rocheux, euse [rɔʃø, øz] adj. Couvert, formé de roches, de rochers. – De *roche*.

rochier [rɔʃje] ou **rouquier** [rukje] n. m. Nom cour. de plusieurs poissons téléostéens des zones rocheuses. – De *roche*.

1. rock ou **roc** [rɔk] n. m. Oiseau fabuleux et gigantesque des contes orientaux. – Ar. *rokh*.

2. rock [rɔk] n. m. et adj. inv. Abrév. cour. de *rock and roll*. ▷ adj. *Le style rock*.

rock and roll [rɔkɛnrɔl] n. m. (Mot anglais.) Musique populaire née aux États-Unis v. 1955, participant à la fois du rhythm and blues et de la musique folklorique anglo-américaine, et caractérisée par un large recours à l'amplification électrique, une accentuation vigoureuse, soulignée par la batterie, des deuxième et quatrième temps de la mesure, et la recherche de timbres inhabituels et violemment expressifs. ▷ Danse à quatre temps sur cette musique. – Mot angl., de *to rock*, « balancer » et *to roll*, « rouler, tourner ».

rocker ou **rockeur, euse** [rɔkœr, øz] n. **1.** Chanteur, musicien de rock and roll. **2.** Amateur de rock and roll, dont le style de vie, les vêtements s'apparentent à ceux des musiciens de rock and roll. – Mot angl., de *rock*, abrév. de *rock and roll*.

rocking-chair [rɔkiŋ(t)ʃɛr] n. m. Fauteuil à bascule. *Des rocking-chairs.* – Mot angl., de *to rock*, « balancer », et *chair*, « chaise ».

rococo [rɔkoko] adj. inv. et n. m. **1.** Se dit d'un style rocaille très surchargé, en vogue au XVIIIe s. *Vase rococo.* ▷ n. m. *Le rococo* : ce style. **2.** *Par ext.* Passé de mode et un peu ridicule. *Chapeaux rococo.* – Formation plaisante, d'ap. *rocaille*.

rocou [rɔku] n. m. Colorant d'un rouge orangé tiré de la gelée enveloppant les graines du rocouyer. – Altér. de *urucū*, mot tupi.

rocouer [rɔkue] v. tr. [1] TECH Teindre avec du rocou. – De *rocou*.

rocouyer [rɔkuje] n. m. BOT Arbuste d'Amérique du Sud (genre *Bixa*) dont les graines fournissent le rocou. – De *rocou*.

rocquer. V. roquer.

rodage [rɔdaʒ] n. m. **1.** TECH Action de roder (une pièce). *Rodage de soupape.* **2.** Fait de faire fonctionner (une machine, un moteur neufs, etc.), à vitesse réduite, pour permettre un ajustage progressif, par polissage mutuel, des pièces mobiles en contact; temps nécessaire pour que cet ajustage se fasse. *Voiture en rodage.* **3.** Fig. Adaptation progressive. *Un service en période de rodage.* – De *roder*.

rôdailler [rodaje] v. intr. [1] Fam. Rôder, vagabonder, traîner. – De *rôder*.

rodéo [rɔdeo] n. m. **1.** Fête donnée à l'occasion du marquage du bétail, aux É.-U., et au cours de laquelle les cow-boys rivalisent dans des jeux, notam. celui qui consiste à maîtriser une bête (cheval ou taureau) non domestiquée; ce jeu lui-même. **2.** Fam. Poursuite, séance tumultueuse. – Amér. *rodeo*, de l'esp. *rodeo*, « encerclement, emplacement où l'on marque le bétail ».

roder [rɔde] v. tr. [1] **1.** TECH User par frottement (une pièce) pour qu'elle s'adapte parfaitement à une autre. *Roder le bouchon en verre d'un flacon contre le goulot. Poudre à roder.* **2.** Procéder au rodage de (un moteur, une automobile, une machine). **3.** Fig. Adapter progressivement à sa fonction; mettre au point. *Roder une organisation.* ▷ v. pron. (Personnes) *Il a besoin de se roder.* – Lat. *rodere*, « ronger, user ».

rôder [rode] v. intr. [1] **1.** Aller et venir çà et là, avec des intentions suspectes. **2.** Errer, marcher sans but. – Anc. provenç. *rodar*, du lat. *rotare*, « faire tourner ».

rôdeur, euse [rodœr, øz] n. et adj. **1.** Péjor. Individu suspect qui rôde à la recherche d'un mauvais coup. **2.** Rare Personne qui rôde, flâneur. ▷ adj. Par anal. (Animaux) *Bêtes rôdeuses.* – De *rôder*.

rodoir [rɔdwar] n. m. TECH Outil servant à roder (sens 1). – De *roder*.

rodomont [rɔdɔmɔ̃] n. m. et adj. Litt., vieilli Fanfaron, faux brave. – De *Rodomonte*, personnage de l'Arioste (1474-1533).

rodomontade [rɔdɔmɔ̃tad] n. f. Litt. (Surtout au plur.) Fanfaronnade. – De *rodomont*.

roentgen, roentgenthérapie. V. röntgen, röntgenthérapie.

rogations [rɔgasjɔ̃] n. f. pl. RELIG CATHOL Prières publiques accompagnées de processions, pendant les trois jours qui précèdent immédiatement l'Ascension, destinées à attirer la bénédiction divine sur le bétail, les récoltes, les travaux des champs. – Lat. ecclés. *rogationes*, plur. de *rogatio*, « demande, prière ».

rogatoire [rɔgatwar] adj. DR Relatif à une demande. *Commission rogatoire* : délégation judiciaire donnée par un juge d'instruction ou un tribunal à un autre pour l'accomplissement d'un acte d'instruction ou de procédure qu'il ne peut accomplir lui-même. (En matière pénale, la commission rogatoire est donnée à un officier de police judiciaire par le juge d'instruction ou la juridiction de jugement.) – Du lat. *rogatus*, pp. de *rogare*, « demander ».

rogatoirement [rɔgatwarmɑ̃] adv. Par voie rogatoire. – De *rogatoire*.

rogaton [ʀɔgatɔ̃] n. m. **1.** Vx, fam. Objet de rebut. *De vieux rogatons.* **2.** Mod., fam. (Surtout au plur.) Restes de nourriture. *Finir des rogatons.* – Du lat. médiév. *rogatum,* « demande », de *rogare,* « demander ».

rognage [ʀɔɲaʒ] n. m. TECH Action de rogner; son résultat. – De *rogner* 1.

1. rogne [ʀɔɲ] n. f. TECH Coupe au massicot d'un livre imprimé. ▷ Ligne selon laquelle le papier est coupé. – Déverbal de *rogner* 1.

2. rogne [ʀɔɲ] n. f. Fam. Mauvaise humeur, colère. *Être en rogne.* – Déverbal de *rogner* 2.

1. rogner [ʀɔɲe] v. tr. [1] **1.** Couper sur les bords. *Rogner les pages d'un livre au massicot.* **2.** Fig. Retrancher une petite partie de (qqch). *Ces dépenses imprévues ont rogné mes économies.* ▷ Fig. *Rogner les ailes, les ongles à qqn,* diminuer son pouvoir, son autorité, sa liberté. – Du lat. pop. **rotundiare,* « couper en rond », de *rotundus,* « rond ».

2. rogner [ʀɔɲe] v. intr. [1] Fam. Être en rogne. – Orig. onomat.

rogneur, euse [ʀɔɲœʀ, øz] n. TECH Personne dont le travail consiste à rogner (le papier, etc.). – De *rogner* 1.

rognon [ʀɔɲɔ̃] n. m. **1.** Rein comestible de certains animaux. *Rognon de veau, de porc. Rognons au madère.* **2.** MINER Concrétion rocheuse plus ou moins régulière, sans angle vif, incluse originellement dans une roche de nature différente. *Rognons de silex.* – Du lat. pop. *renio,* class. *renes,* « reins ».

rognonner [ʀɔɲɔne] v. intr. [1] Fam. Grommeler, bougonner. – De *rogner* 2.

rognure [ʀɔɲyʀ] n. f. **1.** Ce que l'on retranche en rognant, déchet restant après un rognage. *Rognures d'ongles.* **2.** Reste plus ou moins répugnant. *Quelques rognures de viande.* – De *rogner* 1.

rogomme [ʀɔgɔm] n. m. Vx, pop. Liqueur forte, eau-de-vie. ▷ Fam. *Voix de rogomme,* enrouée par l'abus d'alcool.

1. rogue [ʀɔg] adj. Rude et hautain, arrogant, plein de morgue. *Un petit homme rogue.* – Par méton. *Une voix rogue.* – P.-ê. anc. scand. *hrókr,* « arrogant ».

2. rogue [ʀɔg] n. f. **1.** PECHE Œufs de poissons salés utilisés comme appât pour la pêche des sardines. **2.** Œufs de poisson en général. – Breton *rog,* d'un rad. germ. *hrogn.*

rogué, ée [ʀɔge] adj. PECHE Qui porte des œufs, en parlant d'une femelle de poisson. *Hareng rogué* (par oppos. à *hareng laité,* mâle, qui a de la *laitance*). – De *rogue* 2.

rohart [ʀɔaʀ] n. m. TECH Ivoire tiré des défenses de morse ou des dents d'hippopotame. – De l'anc. scand. *hrosshvalr.*

roi [ʀwa] n. m. **1.** Chef d'État qui exerce, généralement à vie, le pouvoir souverain, en vertu d'un droit héréditaire ou, plus rarement, électif. *Roi absolu. Roi constitutionnel. Le roi des Belges. Le roi d'Angleterre.* – HIST *Le Roi des rois :* le roi des Perses; le souverain d'Éthiopie. *Roi des Romains :* titre que portait avant son couronnement le successeur élu d'un empereur du Saint Empire romain germanique. *Le Roi Très Chrétien :* le roi de France (aux XVIIe et XVIIIe s.). *Les Rois Catholiques :* Ferdinand II d'Aragon et Isabelle Ire de Castille. *Le Roi-Soleil :* Louis XIV. ▷ Loc. *Être heureux comme un roi,* très heureux. – *Un morceau de roi :* un mets délicieux; *par ext.,* fam. une très belle femme. – *Travailler pour le roi de Prusse,* sans profit. – *Le roi n'est pas son cousin :* il (elle) se prend pour un personnage extraordinaire. ▷ *Les Rois mages :* V. mage. *La fête des Rois :* l'Épiphanie. *Tirer les rois :* se réunir pour manger la galette* contenant la fève, le jour de l'Épiphanie. ▷ (En appos.) *Bleu roi,* très vif, outremer. **2.** Celui qui est le premier de son espèce; celui qui règne, domine. *Le roi des animaux :* le lion. *Le chêne, roi de la forêt. L'homme est le roi de la création.* – Fam. *Le roi des imbéciles.* ▷ Celui qui s'est assuré la prépondérance dans un secteur industriel. *Le roi de l'étain, du pétrole.* **3.** Principale pièce du jeu d'échecs, qui peut se mouvoir d'une case à la fois dans tous les sens. *Échec* au roi.* ▷ Chacune des quatre cartes figurant un roi, dans un jeu. – Du lat. *rex, regis.*

roide. V. raide.

roie [ʀwa] n. f. PECHE Grand filet pour la pêche aux harengs et aux poissons allant par banc. – A. fr. *rei,* du lat. *rete,* « filet ».

roitelet [ʀwatlɛ] n. m. **1.** Péjor. ou plaisant Petit roi, roi d'un très petit État. **2.** Oiseau passériforme insectivore (genre *Regulus*), de très petite taille (10 cm env.), au plumage olivâtre égayé d'une calotte jaune ou orange, hôte habituel des forêts de conifères. – De l'a. fr. *roitel,* dimin. de *roi.*

rôle [ʀol] n. m. **I. 1.** DR Feuillet sur lequel sont transcrits recto et verso certains actes juridiques (actes notariés, expéditions de jugements, cahiers des charges, etc.). **2.** DR ADMIN Registre officiel portant la liste des contribuables d'une commune et le montant de leurs impôts respectifs. ▷ DR MAR *Rôle d'équipage :* liste officielle des membres de l'équipage d'un navire. ▷ DR Liste, établie selon l'ordre chronologique, des causes qui doivent être plaidées devant un tribunal. ▷ Loc. fig. *À tour de rôle :* l'un après l'autre, chacun à son tour. **II. 1.** Ensemble des répliques qui doivent être prononcées par le même acteur, dans une œuvre dramatique. *Bien savoir son rôle.* ▷ Personnage joué par l'acteur. *Jouer le rôle d'Harpagon dans « l'Avare » de Molière.* **2.** Ensemble des conduites qui constituent l'apparence sociale de qqn, image qu'une personne veut donner d'elle-même et qui ne correspond pas à sa véritable personnalité. *Il est comique, dans son rôle de grand séducteur.* ▷ Loc. *Avoir le beau rôle,* la tâche facile (où l'on peut se montrer à son avantage). **3.** Fonction, emploi. *Le rôle social du médecin.* ▷ (Choses) *Le rôle du cœur dans la circulation sanguine.* ▷ PSYCHO *Jeu de rôles :* technique de groupe, dérivée du psychodrame, visant à l'analyse du comportement interindividuel en fonction des rôles sociaux. ▷ Action, influence exercée. *Les femmes ont joué un grand rôle dans sa vie.* – Du lat. médiév. *rotulus,* « parchemin roulé », du class. *rota,* « roue ».

roller [ʀɔlœʀ] n. m. (Anglicisme) Chaussure de sport montante munie de roulettes. ▷ *Par ext.* Personne qui patine avec des rollers. – Mot angl.

rollier [ʀɔlje] n. m. ORNITH Oiseau carinate de l'Ancien Monde dont l'espèce européenne *(Coracias garrulus)* a un plumage bleu-vert, une grosse tête et un fort bec. – De l'all. *Roller,* par l'angl.

rollmops [ʀɔlmɔps] n. m. Petit hareng roulé conservé dans du vin blanc. – Mot all., de *rollen,* « enrouler ».

rom [ʀɔm] n. inv. et adj. inv. *Les Rom :* un des trois grands groupes tsiganes. ▷ adj. inv. Qui concerne les Rom.

romain, aine [ʀɔmɛ̃, ɛn] adj. et n. **I.** adj. **1.** Relatif à l'ancienne Rome. *L'Empire romain.* ▷ *Chiffres romains (I, V, X, L, C, D, M) et chiffres arabes (1, 5, 10, 50, 100, 500, 1 000).* **2.** Relatif à la Rome moderne. **3.** Relatif à Rome, en tant que siège de la papauté et capitale spirituelle de l'Église catholique. *Église catholique, apostolique et romaine.* **4.** *Caractère romain :* caractère d'imprimerie dont les jambages, parallèles entre eux, sont perpendiculaires à la ligne (par oppos. à *italique*). **II.** n. **1.** Citoyen, sujet de la Rome antique, de l'Empire romain. *Le temps des Romains.* ▷ Fig. *Travail de Romain :* travail gigantesque et de longue haleine. **2.** Habitant de la Rome moderne. *Un(e) Romain(e).* **3.** n. m. Écriture en caractères romains. *Le romain remplaça le gothique.* – Lat. *romanus.*

1. romaine [ʀɔmɛn] n. f. (et adj. f.) Balance composée d'un fléau aux bras inégaux, dont le plus court comporte un crochet auquel on suspend l'objet à peser, et dont le plus long, gradué, est muni d'une masse pesante mobile que l'on déplace jusqu'à ce que la position d'équilibre soit atteinte. – adj. f. *Balance romaine.* – Ar. *rūmmânāh,* « peson »; par l'anc. provenç. ou par l'esp. *romana.*

2. romaine [ʀɔmɛn] n. f. Laitue à feuilles allongées et croquantes (appelée aussi *chicon*). *Romaine verte d'hiver.* ▷ Loc. fam. *Être bon comme la romaine :* vieilli, être d'une trop grande bonté; mod. être dans la position de victime toute désignée. – De *(laitue) romaine,* importée d'Italie.

1. roman, ane [ʀɔmɑ̃, an] n. m. et adj. **I.** n. m. LING *Le roman :* la langue populaire issue du latin, parlée en France avant l'ancien français (c.-à-d. av. le IXe s.). ▷ adj. Vieilli *La langue romane :* le roman (à distinguer de : *une langue romane.* V. ci-après). **II.** adj. **1.** *Langues romanes :* langues issues du latin populaire parlé dans la *Romania* (ensemble des pays romanisés). *Le français, le romanche, l'occitan, le catalan, l'italien, l'espagnol, le portugais, le roumain sont des langues romanes.* ▷ Qui a rapport aux langues romanes. *Linguistique romane.* **2.** BX-A Se dit de la forme d'art et, partic., d'art architectural, répandue dans les pays d'Europe occidentale aux XIe et XIIe s., avant l'apparition du gothique. *Architecture romane.* ▷ n. m. *Le roman :* l'art, le style roman. **3.** LITTER *École romane :* école littéraire néoclassique fondée vers 1891 et dont les représentants les plus notables furent J. Moréas et Ch. Maurras. – Du lat. pop. **romanice,* « à la façon des Romains », du class. *romanus,* « romain ».

ENCYCL **Bx-A.** – Le style roman caractérise avant tout une archi. religieuse dont les formes s'élaborent de façons diverses dans toute l'Europe au moment où, vers l'an mille, la chrétienté occid. connaît une ère nouvelle de prospérité. À la nef couverte en charpente de bois apparente, typique de l'archi. carolingienne, se substitue peu à peu la voûte de pierre. La formation des éléments stylistiques, liée à certains progrès tech. (arc-doubleau), se précise dans le courant du XIe s. Caractères généraux de l'égl. romane : plan en croix latine (nef rectangulaire coupée aux deux tiers par un transept), nef flanquée de bas-côtés ou nefs latérales, chœur souvent entouré d'un déambulatoire, crypte aménagée sous le chœur, abside pourvue d'absidioles parallèles ou rayonnantes, petites fenêtres dépourvues de meneaux. Quelques-unes des égl. romanes les plus célèbres possèdent un narthex. L'art expressif et décoratif des sculpteurs romans est aussi une sorte d'enseignement en images. Plat, c.-à-d. sans perspective, le décor mural polychrome s'inspire des miniatures.

2. roman [ʀɔmɑ̃] n. m. **1.** LITTER Récit médiéval en vers ou en prose, écrit en langue populaire (en *roman,* et non en latin). *Le Roman de Renart.* **2.** Récit de fiction en prose, relativement long (à la différence de la nouvelle), qui présente comme réels des personnages dont il décrit les aventures, le milieu social, la psychologie. *Les romans de Balzac. Roman policier. Roman de cape* et d'épée. Roman à l'eau de rose,* d'une sentimentalité un peu fade. – *Roman-fleuve :* V. fleuve. – *Roman-feuilleton :* V. feuilleton. ▷ *Nouveau roman :* terme générique désignant les recherches sur l'écriture romanesque menées, à partir des années 50, par certains écrivains (N. Sarraute, A. Robbe-Grillet, M. Butor, Cl. Simon, R. Pinget, etc.). L'action essentielle de ce mouvement a été de pratiquer une remise en question du récit linéaire traditionnel, déjà amorcée par Flaubert, Proust, Joyce, Virginia Woolf. Il manifesta à la suite de ces écrivains, fort dissemblables, l'ambition de rendre compte des nouveaux rapports des hommes au monde. ▷ (En tant que genre littéraire.) *Réussir également dans l'essai et dans le roman.* **3.** Fig. Suite d'aventures extraordinaires. *Sa vie est un vrai roman.* **4.** Histoire inventée, mensonge. *Tout ce qu'il vous raconte n'est que du roman.* Syn. fable, fiction. – De *roman* 1; a. fr. *romanz,* « langue commune ».

romance [ʀɔmɑ̃s] n. **I.** n. m. LITTER Poème espagnol en vers de huit syllabes. **II.** n. f. **1.** LITTER Composition poétique de forme très simple sur un sujet sentimental, destinée à être chantée, en vogue à la fin du XVIIIe et au début du XIXe s. ▷ Air sur lequel on la chantait. **2.** Mod. Chanson sentimentale. – Mot esp., du provenç. *romans,* de *roman* 1.

romancer [ʀɔmɑ̃se] v. tr. [12] Traiter, présenter comme un roman, en ajoutant des détails imaginés. – Pp. adj. *Biographie romancée.* – De *roman* 2.

romancero [ʀɔmɑ̃seʀo] n. m. LITTER Recueil de romances espagnols d'inspiration épique. *Le romancero du Cid.* – Mot esp.

romanche [ʀɔmɑ̃ʃ] n. m. LING Parler d'origine romane en usage dans les Grisons, devenu, en 1938, la quatrième langue off. de la Suisse. – Du lat. *romanice.* V. roman 1.

romancier, ère [ʀɔmɑ̃sje, ɛʀ] n. Auteur de romans. – De *roman* 2.

romand, ande [ʀɔmɑ̃, ɑ̃d] adj. et n. Se dit de la partie francophone de la Suisse, et de ses habitants. – n. m. *Le romand :* le dialecte franco-provençal parlé en Suisse. – Même mot que *roman* 1, *d* par anal. avec *allemand.*

romanée [ʀɔmane] n. m. Vin rouge de Bourgogne très estimé. – Du nom de *Vosne-Romanée* (com. de la Côte-d'Or, arr. de Beaune).

romanesque [ʀɔmanɛsk] adj. et n. m. **1.** Qui tient du roman, merveilleux comme les aventures racontées dans un roman. *Une histoire très romanesque.* ▷ n. m. *Cela a mis un peu de romanesque dans sa vie.* **2.** (Personnes) Qui a tendance à concevoir la vie comme un roman; imaginatif, rêveur. *Une jeune fille romanesque.* **3.** Litt. Qui a rapport au roman, au genre littéraire qu'il constitue, qui est propre à ce genre. *Technique romanesque.* – De *roman* 2.

romani [ʀɔmani] n. Romanichel, gitan. ▷ n. m. LING Langue parlée par les Rom.

romanichel, elle [ʀɔmaniʃɛl] n. **1.** Vieilli Tsigane, bohémien nomade. **2.** *Par ext.* Péjor. Vagabond. – Var. de *romani,* mot tzigane d'Allemagne, de *rom,* « tzigane ».

romanisant, ante [ʀɔmanizɑ̃, ɑ̃t] adj. (et n.) **1.** RELIG Qui a tendance à se rapprocher des rites de l'Église romaine, en parlant d'un autre culte chrétien. *Église orientale romanisante.* **2.** LING Qui s'occupe de linguistique romane. *Philologue romanisant.* ▷ Subst. *Un(e) romanisant(e).* – Ppr. de *romaniser.*

romanisation [ʀɔmanizasjɔ̃] n. f. **1.** Action de romaniser (sens II, 1). *La romanisation de la Gaule.* **2.** Fait de romaniser (une graphie). – De *romaniser.*

romaniser [ʀɔmanize] v. [1] **I.** v. intr. RELIG Être fidèle à la foi de l'Église catholique romaine. **II.** v. tr. **1.** HIST Faire adopter la civilisation, la langue romaines à. **2.** Transcrire en caractères latins. *Romaniser un texte chinois.* – Du lat. *romanus,* « romain ».

1. romaniste [ʀɔmanist] n. **I.** RELIG Partisan de l'Église de Rome, du pape. **II. 1.** DR Juriste spécialiste du droit romain. **2.** n. m. BX-A Peintre flamand du XVIe s. inspiré par l'art italien de son temps. – De *romain.*

2. romaniste [ʀɔmanist] n. LING Philologue, linguiste spécialisé dans l'étude des langues romanes. – De *roman* 1.

romano [ʀɔmano] n. Péjor. Romanichel. – De *romanichel.*

roman-photo [ʀɔmɑ̃foto] n. m. Histoire romanesque racontée sous la forme d'une suite de photographies, comportant le plus souvent un dialogue intégré à l'image dans des bulles*. *Des romans-photos.*

romantique [ʀɔmɑ̃tik] adj. et n. **I.** Vx Romanesque. **II. 1.** ART Qui a rapport au romantisme, qui lui est propre. *Période romantique. Littérature romantique. Les poètes, les peintres romantiques.* ▷ n. m. *Les romantiques du XIXe s.* **2.** Qui évoque les thèmes du romantisme. *Site romantique.* **3.** Cour. (Personnes) Qui a un caractère sentimental et passionné. *Jeune fille romantique.* – Angl. *romantic,* de *romance,* « roman » (jusqu'à l'emploi de *novel*).

romantisme [ʀɔmɑ̃tism] n. m. **1.** Ensemble de mouvements artistiques et littéraires qui s'épanouirent en Europe au XIXe s. sur la base d'un rejet du rationalisme et du classicisme. ▷ Forme de sensibilité esthétique particulièrement cultivée par les romantiques, telle qu'elle peut s'exprimer chez les auteurs d'autres époques. *Le romantisme de Mme de Sévigné.* **2.** Sensibilité, esprit, caractère romantique. – De *romantique.*

ENCYCL Le romantisme ne voit le jour qu'au terme d'une lente gestation d'un demi-siècle, avant de se développer en Europe dans la première moitié du XIXe s. Les précurseurs, ou « préromantiques », apparaissent en Angleterre avec Young (*les Nuits,* poème) et Samuel Richardson (*Clarisse Harlowe,* roman) et en Écosse avec Macpherson (traduction prétendue d'Ossian) et Robert Burns (poésies en dialecte). En Allemagne, le mouvement du *Sturm und Drang* (Schiller, et surtout Goethe, dont le *Werther* sera lu dans l'Europe entière) est largement suivi. En France, au siècle des Lumières, Diderot et surtout Rousseau (*la Nouvelle Héloïse,* 1761) participent déjà de la sensibilité romantique, qui s'affirmera après la Révolution avec Nodier, Senancour, Chateaubriand, Mme de Staël *(De l'Allemagne).* Où qu'il soit apparu, le romantisme se caractérise par le libre cours donné à l'imagination et à la sensibilité individuelles, qui le plus souvent traduisent un désir d'évasion et de rêve. En réaction contre le classicisme français, rationnel et impersonnel, qui avait marqué toute l'Europe, l'Allemagne et l'Angleterre retournent à leurs sources poétiques nationales. À travers les constantes du romantisme européen (réveil de la poésie lyrique, rupture avec les règles et les modèles, retour à la nature, recherche de la beauté dans ses aspects originaux et particuliers), chaque nation entend laisser éclater son génie propre. Le romantisme anglais s'incarne essentiellement dans les romans historiques de Walter Scott et dans l'œuvre poétique de Wordsworth et Coleridge, puis de Keats, Byron et Shelley. Très marquée par la philosophie (Schelling, Fichte), la poésie romantique allemande (les frères Schlegel, Novalis, Tieck, Hölderlin, Heine) ne doit pas faire oublier le théâtre (Kleist, Werner) et surtout les contes et récits en prose (les frères Grimm, Jean-Paul Richter, Hoffmann). En France, le romantisme, préfiguré par Chateaubriand, n'apparaît qu'en 1820, avec la publication des *Méditations* de Lamartine, que suivront les premiers poèmes de Vigny et de Hugo, puis de Musset et de Gautier. Dans la patrie du classicisme, il prend la forme d'une véritable révolution littéraire. Groupés en cénacles, les écrivains romantiques lutteront pendant dix ans pour faire prévaloir leur conception de la littérature (préface de *Cromwell,* par Hugo, 1827). En 1830, la bataille d'*Hernani* leur apporte une victoire éclatante : « Le romantisme, c'est le libéralisme en littérature », proclame Hugo dans la préface d' *Hernani.* Dès lors, le mouvement romantique, dépassant le cadre de la sensibilité individuelle, prend un caractère plus social, et une « littérature d'opposition » voit le jour; en Italie, les romantiques (A. Manzoni, S. Pellico) sont des patriotes libéraux, acteurs du *Risorgimento.* En dehors de la poésie lyrique, il s'épanouit dans le théâtre (A. Dumas), le roman (George Sand, Stendhal, Mérimée, Balzac), l'histoire (Michelet, A. Thierry). Puissante figure, Victor Hugo, poète, dramaturge, romancier, sera le seul à prolonger le romantisme jusqu'à la fin du siècle. Dès 1843 (échec des *Burgraves* de Hugo), le mouvement perd de sa vigueur initiale et certains de ses traits (mission sociale du poète, goût de la vérité, etc.) annoncent déjà l'évolution de la littérature et de l'art vers le réalisme. Plus. peintres français, dont les conceptions s'opposaient à un néo-classicisme étroit issu de David, sont considérés comme les maîtres de l'art romantique : Gros, Géricault, Delacroix, Blake. Constable et Turner introduisent dans l'école anglaise un certain romantisme visionnaire. Les romantiques de l'école allemande sont dominés par C. Friedrich. Si l'on excepte Berlioz, Liszt et Chopin, le romantisme musical est princ. le fait des grands compositeurs allemands et autrichiens : Beethoven (en partie), Weber, Schubert, Schumann et Brahms.

romarin [ʀɔmaʀɛ̃] n. m. Arbrisseau odorant des garrigues (*Rosmarinus officinalis,* fam. labiées), aux petites fleurs bleues, aux feuilles longues et étroites employées comme condiment et en infusion. – Lat. *rosmarinus,* propr. « rosée de mer ».

rombière [ʀɔ̃bjɛʀ] n. f. Pop. Femme d'un certain âge prétentieuse et ennuyeuse. – P.-ê. du rad. *rom-,* de *grommeler,* et du lorrain *romber,* « bougonner ».

rompre [ʀɔ̃pʀ] v. **[53] I.** v. tr. **1.** Briser, casser, faire céder. *Rompre le pain. Le fleuve a rompu les digues.* – Fig. *Applaudir à tout rompre,* avec transport. ▷ v. pron. *Les amarres se sont rompues.* **2.** Faire cesser, mettre fin à. *Rompre un enchantement.* ▷ Annuler. *Rompre un marché. Rompre des fiançailles.* ▷ Cesser de respecter (un engagement). *Rompre ses vœux, un contrat.* **3.** Défaire, déranger, troubler dans son ordre ou sa régularité. *Rompre la monotonie, le silence. Rompre le rythme.* ▷ *Rompre les rangs :* se disperser, en parlant d'une troupe rangée en ordre serré. **4.** *Rompre qqn à,* lui donner par la répétition, l'habitude, une aisance parfaite en matière de. *Rompre qqn au maniement des armes.* **II.** v. intr. **1.** Vieilli Se casser, se briser, céder. *La passerelle a rompu sous le poids.* ▷ v. pron. *La digue s'est rompue.* **2.** Renoncer à l'amitié, aux relations qu'on avait (avec qqn). *Elle a rompu avec son ami. Ils ont rompu.* ▷ *Rompre avec une habitude, une pratique,* y renoncer. – Lat. *rumpere.*

rompu, ue [ʀɔ̃py] adj. et n. m. **I.** adj. **1.** Cassé, brisé. *Des liens rompus.* ▷ Loc. fig. *Parler à bâtons rompus.* V. bâton. – *Être rompu de fatigue* ou, absol., *être rompu,* extrêmement fatigué. **2.** *Rompu à :* parfaitement exercé à. **II.** n. m. FIN Fraction d'une valeur mobilière. – Pp. de *rompre.*

romsteck ou **rumsteck** [ʀɔmstɛk] n. m. Morceau du bœuf pris dans le haut de la culotte. – Mot angl., de *rump,* « croupe », et *steak,* « tranche ».

ronce [ʀɔ̃s] n. f. **1.** Plante ligneuse (genre *Rubus,* fam. rosacées), épineuse, aux longues tiges emmêlées, aux feuilles composées de folioles dentées et aux fleurs blanches ou roses, que l'on trouve à l'état sauvage dans les bois, les haies, les terrains incultes. – *Le fruit de la ronce est la mûre.* ▷ TECH *Ronce artificielle :* fil de fer barbelé. **2.** Irrégularité dans le veinage de certains bois (orme et noyer, notam.). ▷ Bois même qui présente une telle irrégularité, recherché en ébénisterie pour son effet décoratif. – Du lat. *rumex, rumicis,* « dard ».

ronceraie [ʀɔ̃sʀɛ] n. f. Endroit où prolifèrent les ronces; fourré de ronces. – De *ronce.*

ronceux, euse [ʀɔ̃sø, øz] adj. **1.** Plein de ronces (sens 1). *Chemin ronceux.* **2.** Qui présente des ronces (sens 2). *Bois ronceux.* – De *ronce.*

ronchon, onne [ʀɔ̃ʃɔ̃, ɔn] ou **ronchonneur, euse** [ʀɔ̃ʃɔnœʀ, øz] adj. et n. Fam. Qui ronchonne sans cesse. –

Subst. *C'est une ronchon, une ronchonneuse.* – De *ronchonner.*

ronchonnement [Rɔ̃ʃɔnmɑ̃] n. m. Fam. Paroles, grommellement d'une personne qui ronchonne. – De *ronchonner.*

ronchonner [Rɔ̃ʃɔne] v. [1] **1.** v. intr. Fam. Manifester de la mauvaise humeur en maugréant, en grognant. **2.** v. tr. indir. *Ronchonner après qqn.* – Du lat. *roncare,* « ronfler ».

roncier [Rɔ̃sje] n. m. ou **roncière** [Rɔ̃sjɛR] n. f. Buisson de ronces. – De *ronce.*

rond, ronde [Rɔ̃, Rɔ̃d] adj. et n. m. **I.** adj. **1.** De forme circulaire, sphérique ou cylindrique. *Table ronde. Tube rond.* **2.** De forme courbe, arrondie. *Sommet rond.* ▷ *Homme rond,* petit et gros. **3.** *Chiffre rond,* qui ne comporte pas de décimales; qui se termine par un ou plusieurs zéros. *Neuf cent quatre-vingt-dix-sept, disons mille en chiffres ronds. Compte rond.* **4.** Fig. Sans détours, franc. *Être rond en affaires.* **5.** Fig., fam. Ivre. *Il est complètement rond.* **6.** adv. *Tourner rond :* fonctionner régulièrement, sans à-coups, normalement. *Le moteur tourne rond.* ▷ (Personnes) Fam. *Ne pas tourner rond :* aller mal, être déséquilibré. **II.** n. m. **1.** Figure circulaire. *Tracer un rond.* ▷ Loc. adv. *En rond :* en cercle. *Danser en rond.* **2.** Objet de forme circulaire, cylindrique. *Rond de serviette :* anneau dans lequel on roule une serviette de table. ▷ CONSTR *Rond à béton :* fer rond torsadé servant à réaliser les armatures des ouvrages en béton armé. ▷ Pop. Sou. *Ça coûte trois ronds.* – *Par ext.* Argent. *N'avoir pas le rond.* ▷ Loc. fig., fam. *Rester comme deux ronds de flan :* rester ébahi, stupéfait. *En baver des ronds de chapeau :* être soumis à rude traitement. ▷ *Spécial.* Tranche ronde. *Rond de saucisson.* Syn. rondelle. **3.** ANAT Nom de certains muscles. *Grand rond et petit rond de l'épaule.* **4.** BOT *Rond de sorcière :* tache circulaire dans un pré, un bois, due au mycélium de champignons dont les carpophores apparaissent à la périphérie. **5.** CHOREGR *Rond de jambe :* mouvement en demi-cercle d'une jambe, l'autre reposant à terre. ▷ Fig. *Faire des ronds de jambe,* des amabilités affectées. – Lat. pop. *retundus,* class. *rotundus,* « qui a la forme d'une roue », de *rota,* « roue »; par l'a. fr. *roont.*

rondache [Rɔ̃daʃ] n. f. HIST Bouclier circulaire des fantassins en usage aux XVe et XVIe s. – Ital. *rondaccio,* du fr. *rond.*

rond-de-cuir [Rɔ̃dkɥiR] n. m. Fam., péjor. Employé de bureau. (Par allus. au coussin de cuir qui garnissait les sièges de bureau.) *Des ronds-de-cuir.* – De *rond, de,* et *cuir.*

ronde [Rɔ̃d] n. f. **1.** Danse dans laquelle plusieurs personnes forment un cercle et tournent en se tenant par la main; chanson que l'on chante en dansant une ronde. **2.** MILIT Inspection effectuée autour d'une place, et, par ext., dans un camp, une ville, etc., pour s'assurer que tout est en ordre et que les consignes sont respectées. *Officier qui fait sa ronde.* – *Chemin de ronde :* chemin ménagé au sommet des remparts d'une forteresse, d'une place, pour les rondes. ▷ Visite de sécurité, de surveillance, effectuée selon un circuit. ▷ Personne, groupe qui fait une ronde. *La ronde passe.* **3.** MUS Figure de note ronde, sans queue, qui vaut deux blanches. **4.** Famille de caractères manuscrits à jambages arrondis. *Titres en ronde.* **5.** loc. adv. *À la ronde :* alentour. *Être visible d'une lieue à la ronde.* ▷ Tour à tour, pour des personnes placées en cercle. *Boire à la ronde.* – De *rond* (sens I, 1).

rondeau [Rɔ̃do] n. m. **I. 1.** TECH Disque de bois, de métal, etc., servant de support dans divers métiers. **2.** Rouleau de bois pour aplanir la terre ensemencée. **II.** LITTER Poème de forme fixe en vogue au Moyen Âge, généralement sur deux rimes et composé de sept à quinze vers dont certains sont répétés. ▷ Genre poétique et musical où alternent un refrain et des couplets divers. – De *rond* (sens 2); d'abord *rondel.*

ronde-bosse [Rɔ̃dbɔs] n. f. Sculpture en plein relief, qui représente le sujet sous ses trois dimensions (par oppos. à *bas-relief* et *haut-relief*). *Des rondes-bosses.* ▷ Loc. (Sans trait d'union.) *En ronde bosse.* – De *rond* (sens I, 1), et *bosse.*

rondel [Rɔ̃dɛl] n. m. Vx Rondeau (sens II). – De *rond;* anc. forme de *rondeau.*

rondelet, ette [Rɔ̃dlɛ, ɛt] adj. Qui a un peu d'embonpoint; grassouillet. *Homme rondelet.* ▷ *Une somme rondelette,* assez importante. – Dimin. de *rond.*

rondelle [Rɔ̃dɛl] n. f. **1.** Petite pièce circulaire peu épaisse, petit disque. *Rondelle de feutre, de caoutchouc.* ▷ *Spécial.* Petit disque percé que l'on intercale, sur un boulon, entre l'écrou et la pièce à serrer pour répartir régulièrement la pression. **2.** TECH Ciseau arrondi de sculpteur. **3.** Petite tranche ronde. *Concombre coupé en rondelles.* – De *rond.*

rondement [Rɔ̃dmɑ̃] adv. **1.** Avec vivacité, décision. *Mener rondement une affaire.* **2.** Franchement, sans façon. *Répondre rondement.* – De *rond;* signif. d'abord « circulairement ».

rondeur [Rɔ̃dœR] n. f. **1.** Caractère de ce qui est rond, forme ronde (de qqch). *Rondeur d'un fruit.* **2.** Chose, forme ronde; partie ronde (spécial., partie du corps). *Rondeurs féminines.* **3.** Fig. Franchise sans façon; bonhomie. *Parler avec rondeur.* – De *rond.*

rondier. V. ronier.

rondin [Rɔ̃dɛ̃] n. m. **1.** Morceau de bois cylindrique, non refendu. **2.** Tronc (partic., tronc de sapin) utilisé en construction, dans les travaux de soutènement, etc. *Abri, cabane en rondins.* – De *rond.*

rondo ou **rondeau** [Rɔ̃do] n. m. Pièce musicale, vocale ou, le plus souvent, instrumentale, caractérisée par l'alternance d'un refrain et de plusieurs couplets. *Un rondo de Mozart.* – Ital. *rondo,* du franc. *rondeau* (sens II).

rondouillard, arde [Rɔ̃dujaR, aRd] adj. Fam. Qui a de l'embonpoint; grassouillet. – Dimin. de *rond;* d'abord arg. d'atelier : « dessinateur maladroit qui procède par masse ronde ».

rond-point [Rɔ̃pwɛ̃] n. m. Place circulaire où aboutissent plusieurs avenues, plusieurs voies. *Des ronds-points.* – De *rond,* et *point,* au sens de « emplacement ».

ronéo [Rɔneo] n. f. Machine à reproduire les textes ou les dessins au moyen de stencils. *Des ronéo(s).* – Nom déposé.

ronéoter [Rɔneɔte] ou **ronéotyper** [Rɔneɔtipe] v. tr. [1] Reproduire à la ronéo. – De *ronéo.*

ronflant, ante [Rɔ̃flɑ̃, ɑ̃t] adj. **1.** Qui produit un bruit sourd et continu. *Poêle ronflant.* – MED *Râle ronflant.* **2.** Fig. Emphatique; enflé et grandiloquent. *Phrases ronflantes.* – Ppr. de *ronfler.*

ronflement [Rɔ̃fləmɑ̃] n. m. **1.** Bruit produit par une personne qui ronfle. **2.** Bruit d'une chose qui ronfle. – De *ronfler.*

ronfler [Rɔ̃fle] v. intr. [1] **1.** Faire un bruit particulier de la gorge et du nez en respirant pendant le sommeil. ▷ Fam. Dormir. **2.** Faire un bruit sourd et continu. *Feu qui ronfle.* – De l'a. fr. *ronchier,* même sens, du bas lat. *roncare,* d'ap. *souffler.*

ronfleur, euse [Rɔ̃flœR, øz] n. **1.** Personne qui ronfle, qui a l'habitude de ronfler. **2.** n. m. ELECTR Dispositif avertisseur électromagnétique, à lame vibrante, qui produit un ronflement, une sonnerie sourde. – De *ronfler.*

rongement [Rɔ̃ʒmɑ̃] n. m. Rare Action de ronger; son résultat. – De *ronger.*

ronger [ʀɔ̃ʒe] v. tr. [13] **1.** Entamer, user peu à peu à petits coups de dents. *Chien qui ronge un os.* – v. pron. *Se ronger les ongles.* ▷ *Par anal.* Entamer, attaquer, percer, en parlant des vers, des insectes. *Larves qui rongent le bois.* **2.** Détruire par une action lente, progressive ; corroder, miner. *La rouille ronge le fer.* ▷ Fig. *Le chagrin le ronge.* – v. pron. Pop. *Se ronger les sangs* ou, ellipt., *se ronger* : se faire beaucoup de souci. – Du lat. *rumigare,* « ruminer », croisé avec le v. *ro(u)gier,* dial., du lat. pop *rodicare,* « ronger » ; a. fr. *rungier.*

rongeur, euse [ʀɔ̃ʒœʀ, øz] adj. et n. m. **1.** adj. Qui ronge. *Animal rongeur. Un tourment rongeur.* **2.** n. m. pl. ZOOL Ordre de mammifères (V. encycl. ci-après). – Sing. *Un rongeur.* – De *ronger.*

ENCYCL **Zool.** – Les rongeurs se caractérisent par une paire d'incisives à croissance continue et par un espace libre (barre) à chaque maxillaire entre les incisives et les molaires ; en effet, ils n'ont ni canines ni prémolaires. Les lagomorphes (lapins, par ex.) forment un ordre à part car ils possèdent deux incisives à chaque demi-maxillaire supérieur. La taille des rongeurs varie de celle du rat (12 cm) à celle du cabiai (1 m) ; il existe une ou plusieurs espèces adaptées à chaque milieu (forêt, rivière, désert, ville, etc.). Leur grand nombre (ils comptent autant d'espèces que tous les autres ordres de mammifères placentaires réunis), leur cosmopolitisme expliquent leur importance et les nuisances dont ils sont la cause : ravages des récoltes, des réserves alimentaires ; parasites (puces, poux, moustiques, etc.) qui peuvent être les vecteurs de graves maladies (peste, typhus, etc.). Les écureuils, marmottes, castors, loirs, rats, souris, porcs-épics, sont les rongeurs les plus connus.

ronier [ʀɔnje], **rônier** [ʀonje] ou **rondier** [ʀɔ̃dje] n. m. BOT Palmier (*Borassus flabelliformis*) d'Afrique occidentale et de l'Inde, qui fournit du bois de construction et un vin de palme. – De *rond,* à cause des feuilles, arrondies en éventail.

ronron [ʀɔ̃ʀɔ̃] n. m. **1.** Fam. Bruit, bourdonnement continu, sourd et régulier. *Le ronron d'une machine.* ▷ Fig. Routine monotone. *Le ronron de la vie quotidienne.* **2.** Petit grondement régulier par lequel le chat manifeste son contentement. – Onomat.

ronronnement [ʀɔ̃ʀɔnmɑ̃] n. m. Ronron. – De *ronronner.*

ronronner [ʀɔ̃ʀɔne] v. intr. [1] **1.** Produire un bourdonnement sourd et régulier. *Moteur qui ronronne.* **2.** Faire des ronrons, en parlant du chat. – De *ronron.*

röntgen ou **roentgen** [ʀœntgɛn] n. m. PHYS NUCL Dose de rayonnement ionisant telle que la charge de tous les ions (d'un même signe) produits dans l'air, lorsque les électrons et les positons libérés par les photons incidents de façon uniforme dans une masse d'air égale à 1 kg sont complètement arrêtés dans l'air, est égale en valeur absolue à $2{,}58.10^{-4}$ coulombs. (Symbole R : 1 R = $2{,}58.10^{-4}$ C/kg.) – Du n. de W.C. *Röntgen* (1845-1923), physicien allemand qui découvrit les rayons X en 1895.

röntgenthérapie ou **roentgenthérapie** [ʀœntgɛnteʀapi] n. f. MED Traitement par les rayons X. – De *röntgen,* et *thérapie.*

roof. V. rouf.

rookerie. V. roquerie.

roque [ʀɔk] n. m. JEU Aux échecs, coup qui consiste à roquer. – Déverbal de *roquer.*

roquefort [ʀɔkfɔʀ] n. m. Fromage de lait de brebis, ensemencé d'une moisissure spéciale, fabriqué à Roquefort-sur-Soulzon, com. de l'Aveyron.

roquer ou **rocquer** [ʀɔke] v. intr. [1] JEU **1.** Aux échecs, mettre, en un seul coup, l'une de ses tours auprès du roi, et faire passer ce dernier de l'autre côté de la tour. **2.** Au croquet, pousser à la fois la boule d'un adversaire et sa propre boule après avoir amené celle-ci à toucher la première. – De *roc,* anc. nom de la tour au jeu d'échecs ; arabo-persan *rokh,* littéral. « éléphant monté par des archers ».

roquerie [ʀɔkʀi] ou **rookerie** [ʀukʀi] n. f. Didac. Rassemblement de corbeaux freux et, par ext., d'oiseaux de mer. – Angl. *rookery,* dér. de *rook,* « freux ».

roquet [ʀɔkɛ] n. m. Petit chien hargneux. ▷ Fig. Personne hargneuse, mais peu redoutable. – Du v. dial. *roquer,* « craquer, croquer, heurter ».

1. roquette [ʀɔkɛt] n. f. BOT Plante crucifère (*Eruca sativa*) à fleurs blanches ou jaunâtres veinées de brun ou de violet, dont les feuilles se mangent en salade. – Anc. ital. *rochetta,* de *ruca* ; lat. *eruca.*

2. roquette [ʀɔkɛt] n. f. Projectile autopropulsé, utilisé notam. comme arme antichar. – Francisation de l'angl. *rocket,* du germ. *rukka,* « quenouille ».

rorqual [ʀɔʀkal] n. m. Syn. de *baleinoptère.* – De l'anc. norv. *raudh-hwalr,* de *raudh,* « rouge », et *hwalr,* « baleine ».

rosace [ʀozas] n. f. **1.** Figure circulaire composée d'éléments radiaux équidistants. *Rosace à sept branches.* ▷ ARCHI Ornement, moulure ainsi composés. *Rosaces de plafond.* **2.** Rose (1 sens II, 1). *Les rosaces gothiques.* **3.** Ornement circulaire qui sert à masquer la tête d'un clou, d'une vis. – De *rose* 1, d'ap. lat. *rosaceus.*

rosacé, ée [ʀozase] adj. et n. f. **1.** adj. Semblable à la rose. **2.** n. f. pl. BOT Famille de plantes dicotylédones dialypétales, comprenant 3 500 espèces. – Sing. *Une rosacée.* **3.** MED *Acné rosacée* ou, n. f., *la rosacée* : couperose*. – Du lat. *rosaceus,* « de rose ».

rosaire [ʀozɛʀ] n. m. RELIG CATHOL Grand chapelet comportant quinze dizaines de petits grains (correspondant aux Ave) dont chacune est précédée d'un grain plus gros (correspondant à un Pater). ▷ Récitation de ce chapelet. *Dire son rosaire.* – Du lat. médiév. *rosarium,* « guirlande de roses dont on couronnait la Vierge », du class. *rosarius,* « de rose ».

rosalbin [ʀozalbɛ̃] n. m. ZOOL Cacatoès d'Australie (*Cacatua roseicapilla*), gris et rose. – Du lat. mod., *rosalbus,* de *rosa,* « rose », et *albus,* « blanc ».

rosales [ʀozal] n. f. pl. BOT Ordre de plantes comprenant notam. les rosacées, les crassulacées et les saxifragacées. – Sing. *Une rosale.* – De *rose* 1.

rosaniline [ʀozanilin] n. f. CHIM Base organique obtenue en oxydant un mélange de toluidine et d'aniline, et dont les dérivés constituent des colorants (fuchsine, vert de méthyle, etc.). – De *rose* 2, et *aniline.*

rosat [ʀoza] adj. inv. Se dit d'une préparation où il entre des roses. *Miel rosat.* – Calque du lat. *rosatum (oleum).*

rosâtre [ʀozɑtʀ] adj. D'un rose indécis ou sale. – De *rose* 2.

rosbif ou **roast-beef** [ʀɔzbif] n. m. **1.** Morceau de bœuf à rôtir (ou rôti), généralement coupé dans l'aloyau, bardé et ficelé en un cylindre plus ou moins régulier. **2.** Pop., plaisant *Les rosbifs* : les Anglais. – Angl. *roast-beef,* de *to roast,* « rôtir », et *beef,* « bœuf » ; d'abord *ros de bif.*

1. rose [ʀoz] n. f. **I. 1.** Fleur du rosier. *Rose thé,* d'un ocre pâle. ▷ *Eau de rose* : essence de roses étendue d'eau. – Fig. *À l'eau de rose* : d'une sentimentalité mièvre et convenue. *Un roman à l'eau de rose.* ▷ Loc. *Être frais comme une rose* : avoir le teint frais et vermeil. ▷ Fam. *Ne pas sentir la rose* : sentir mauvais. ▷ *Envoyer qqn sur les roses,* l'envoyer promener, le rembarrer. **2.** Nom de diverses fleurs. *Rose d'Inde* : tagète*. – *Rose de Jéricho* (*Anastatica hierochuntina*) : crucifère reviviscente des régions sablonneuses du Moyen-Orient. – *Rose de Noël :* ellébore noir. – *Rose trémière**. **II.** *Par anal.* **1.** Grande baie circulaire, ornée de vitraux, des églises et des cathédrales gothiques. **2.** Diamant taillé en facettes, à culasse plane. **3.** *Rose des sables :* concrétion siliceuse formée de lamelles régulièrement disposées, évoquant les pétales d'une rose, que l'on trouve dans les déserts sableux. **4.** *Rose des vents :* étoile représentée sur les compas, les cartes marines, etc., dont les trente-deux branches (dites *aires de vent*) donnent les points cardinaux et intermédiaires, divisant la circonférence en trente-deux rhumbs de 11° 15' chacun. **5.** *Bois de rose :* bois précieux de plusieurs arbres d'Amérique du Sud, palissandre d'un jaune doré veiné de rose, utilisé en ébénisterie et en marqueterie. – Lat. *rosa.*

2. rose [ROZ] adj. et n. m. **I.** adj. **1.** De la couleur, entre rouge et blanc, de la rose commune. *Des robes roses.* **2.** Fig. *Ce n'est pas rose :* ce n'est pas réjouissant. **II.** n. m. **1.** *Le rose :* la couleur rose. **2.** Fig. *Voir la vie en rose, voir tout en rose :* être très optimiste. – De *rose* 1.

rosé, ée [ROZE] adj. Teinté de rose ou de rouge clair. *Vin rosé.* ▷ n. m. *Du rosé :* du vin rosé, vin de couleur rouge clair, obtenu par macération légère de jus de raisin noir. – De *rose* 2.

roseau [ROZO] n. m. Plante à long chaume (fam. graminées) croissant au bord des eaux. *Roseau à balais (Phragmites communis). Roseau des étangs ou massette.* – De l'a. fr. *raus, ros,* germ. **raus*; var. *roisel.*

rose-croix [ROZKRWA] n. inv. **1.** n. f. *La Rose-Croix :* la confrérie mystique qui se constitua en Allemagne au déb. du XVIIe s. et dont la philosophie occulte se fonde sur une interprétation du christianisme inspirée par les doctrines théosophiques et alchimiques. ▷ n. m. *Un rose-croix :* un membre de cette confrérie. **2.** n. m. Dans la franc-maçonnerie, titre du titulaire d'un grade supérieur à celui de maître. – Trad. de l'all. *Rosenkreutz.*

rosé-des-prés [ROZEDEPRE] n. m. Nom cour. de la psalliote à lames roses, appelée aussi *agaric champêtre,* champignon comestible. *Des rosés-des-prés.* – De *rosé, de(s),* et *pré(s).*

rosée [ROZE] n. f. Condensation de la vapeur d'eau des couches inférieures de l'atmosphère en gouttelettes, au contact des corps froids exposés à l'air; ces gouttelettes. *La rosée matinale.* ▷ PHYS *Point de rosée :* température à laquelle une vapeur se condense. – Du lat. pop. *rosata,* class. *ros, roris.*

roselet [ROZLɛ] n. m. Hermine portant sa fourrure d'été; cette fourrure, d'un jaune tirant sur le roux. – Dimin. de *rose* 2.

roselier, ère [ROZəlje, ɛR] adj. et n. f. **1.** adj. Qui produit des roseaux; où croissent des roseaux. *Marais roselier.* **2.** n. f. Lieu où croissent des roseaux. – De *roseau.*

roséole [ROZeɔl] n. f. MED Éruption cutanée de petites macules rose pâle, que l'on observe dans certaines maladies infectieuses (fièvre typhoïde, typhus, syphilis) et lors de certaines intoxications. – De *rose* 2, d'ap. *rougeole.*

roser [ROZE] v. tr. [1] Donner une teinte rose à. *Le grand air avait rosé ses joues.* Syn. rosir. – De *rose* 2.

roseraie [ROZRE] n. f. Terrain, jardin planté de rosiers. – De *rosier.*

rosette [ROZɛt] n. f. **1.** Ornement en forme de petite rose. **2.** Nœud à deux boucles qui se défait lorsqu'on tire sur l'un des deux bouts libres. **3.** Insigne d'officier dignitaire de divers ordres civils ou militaires français, que l'on porte à la boutonnière. *Rosette de la Légion d'honneur, de l'ordre du Mérite.* – Absol. *La rosette,* celle de la Légion d'honneur. **4.** BOT Ensemble des feuilles, étalées au ras du sol, chez certaines plantes. *La rosette du pissenlit.* **5.** Rég. Gros saucisson sec. *Rosette de Lyon.* – Dimin. de *rose* 1; d'abord « petite rose ».

roseur [ROZŒR] n. f. Rare Couleur de ce qui est rose, rosé. – De *rose* 2.

rosicrucien, enne [ROZikRYsjɛ̃, ɛn] adj. De la Rose-Croix. ▷ n. m. Membre de la Rose-Croix. – De *rose-croix.*

rosier [ROZje] n. m. Arbrisseau épineux (genre *Rosa,* fam. rosacées), sauvage ou ornemental, dont il existe de très nombreuses variétés, aux fleurs (*roses*) odoriférantes. – De *rose* 1.

rosière [ROZjɛR] n. f. **1.** Anc. Jeune lauréate d'un prix de vertu (couronnée solennellement d'une guirlande de roses, à l'orig.). **2.** *Par ext.,* fam., plaisant. et vieilli Jeune fille pure et candide. – De *rose* 1.

rosiériste [ROZjeRist] n. Horticulteur spécialisé dans la culture des rosiers, des roses. – De *rosier.*

rosir [ROZiR] v. [3] **1.** v. intr. Prendre une teinte rose. *Son visage a rosi de plaisir.* **2.** v. tr. Rendre rose. *Le soleil couchant rosissait les nuages.* Syn. roser. – De *rose* 2.

rossard, arde [RɔSaR, aRd] n. et adj. Fam. **1.** Vieilli Paresseux, fainéant. **2.** Personne dure, médisante ou caustique. ▷ adj. *Elle est drôlement rossarde.* – De *rosse.*

rosse [Rɔs] n. f. et adj. Fam. **1.** Vieilli Mauvais cheval. *Vieille rosse.* **2.** Fig. Personne sévère, dure, jusqu'à la méchanceté. *Quelle rosse!* ▷ adj. Mordant, caustique. *Ce que vous êtes rosse! Une plaisanterie rosse.* – All. *Ross,* « cheval, coursier »; d'abord *ros,* masc.

rossée [Rɔse] n. f. Fam. Volée de coups. – Pp. fém. subst. de *rosser.*

rosser [Rɔse] v. tr. [1] Fam. Battre (qqn) violemment. *Il a rossé son frère.* – De l'a. fr. *roissier,* lat. pop. **rustiare,* de **rustia,* « gaule, branche », lat. class. *rustum,* avec infl. de *rosse.*

rosserie [RɔsRi] n. f. **1.** Méchanceté voulue. **2.** Propos, acte rosse. *Dire, faire des rosseries.* Syn. pop. vacherie. – De *rosse.*

rossignol [Rɔsiɲɔl] n. m. **1.** Oiseau passériforme (genre *Luscinia,* fam. turdidés), au plumage brun clair, au chant particulièrement mélodieux et puissant. *Le rossignol, répandu dans toute l'Europe, hiverne en Afrique.* ▷ Fig. *Voix de rossignol,* très pure. **2.** Instrument coudé pour forcer les serrures, passe-partout. **3.** Fam. Objet démodé; marchandise invendable. *Brader des rossignols.* – Anc. provenç. *rossinhol,* du lat. pop. **lusciniolus,* dimin. du class. *luscinia, r* par dissimilation du *l* initial.

rossinante [Rɔsinɑ̃t] n. f. Vx ou litt. Rosse, mauvais cheval. – Altér., d'ap. *rosse,* de l'esp. *Rocinante,* nom du cheval de Don Quichotte.

1. rossolis [Rɔsɔli] n. m. BOT Syn. de *droséra.* – Du lat. médiév. *ros solis,* « rosée du soleil ».

2. rossolis [Rɔsɔli] n. m. Anc. Liqueur obtenue par macération, dans l'eau-de-vie, de roses et de fleurs d'oranger. – Ital. *rosoli,* d'orig. incon., devenu *rosolio,* et compris comme « huile *(oleo)* de rose *(rosa)* ».

rostral, ale, aux [RɔstRal, o] adj. ANTIQ ROM Orné d'éperons de navires. *Colonne rostrale,* qui célébrait une victoire navale. – De *rostre.*

-rostre. Élément, du lat. *rostrum,* « éperon, bec ».

rostre [RɔstR] n. m. **1.** ANTIQ ROM Éperon qui armait la proue des navires de guerre. ▷ *Les Rostres :* tribune aux harangues à laquelle étaient fixés, en guise de trophées, les éperons enlevés aux navires ennemis. ▷ ARCHI Ornement en forme d'éperon. **2.** ZOOL Appendice plus ou moins rigide et effilé de divers animaux. *Le rostre en forme d'épée de l'espadon.* ▷ Partie de la carapace de certains crustacés qui fait saillie entre les yeux. ▷ Ensemble des pièces buccales, allongées en stylet, de certains insectes. – Épée de l'espadon. – Lat. *rostrum*, «bec, éperon».

1. rot [ʀo] n. m. Pop. Émission plus ou moins bruyante, par la bouche, de gaz stomacaux. – Du lat. *ructus* (cf. éructer), altéré en bas lat. en *ruptus*, de *rumpere*, «rompre».

2. rot [ʀɔt] n. m. AGRIC Maladie cryptogamique de certaines plantes. *Rot brun des pommes, des poires*, provoqué par la monilia. *Rot gris* : mildiou (vigne). – Mot angl., «pourriture».

rôt [ʀo] n. m. Vx ou litt. Rôti. – Déverbal de *rôtir*.

rotacé, ée [ʀɔtase] adj. BOT En forme de roue. *Corolle rotacée*. – Du lat. *rota*, «roue».

rotang [ʀɔtɑ̃g] n. m. BOT Palmier (genre *Calamus*) d'Asie qui fournit le rotin. – Mot de Malaisie.

rotangle. V. rotengle.

rotary [ʀɔtaʀi] n. m. TECH **1.** Appareil de forage par rotation. **2.** Système téléphonique de commutation automatique. – Mot angl.; du lat. *rotare*, «tourner», de *rota*, «roue».

rotateur, trice [ʀɔtatœʀ, tʀis] adj. Qui fait tourner. *Muscles rotateurs*. – Bas lat. *rotator*, du class. *rotare*, «tourner».

rotatif, ive [ʀɔtatif, iv] adj. **1.** Qui agit en tournant. – TECH *Moteur à piston rotatif* : moteur à explosion, constitué principalement d'un rotor triangulaire tournant à l'intérieur d'une chambre, et entraînant l'arbre moteur sans embiellage. **2.** Qui correspond à une rotation. *Mouvement rotatif*. – De *rotation*.

rotation [ʀɔtasjɔ̃] n. f. **1.** Mouvement d'un corps qui tourne autour d'un axe. *Rotation d'un astre sur lui-même*. ▷ Cour. Mouvement de ce qui pivote. *Rotation du buste*. **2.** GEOM Transformation ponctuelle qui, à un point M, associe un point M' situé sur un cercle de centre O et de rayon OM, l'angle orienté MOM' restant constant. (Dans le plan, O est le *centre de rotation*; dans l'espace, le plan contenant le cercle de centre O et de rayon OM est perpendiculaire en O à l'axe de rotation.) *La rotation conserve les longueurs, les angles et les orientations*. **3.** Série de permutations dans laquelle chacun des éléments d'un ensemble prend successivement toutes les places occupées précédemment par les autres éléments. *La rotation des équipes permet aux ouvriers de se familiariser avec tous les postes de travail*. ▷ Renouvellement; roulement. *Rotation du stock, du capital*. – *Rotation de la main-d'œuvre* ou *du personnel* ou *des effectifs* : renouvellement du personnel (d'une entreprise) dû aux départs volontaires. **4.** Succession, alternance cyclique d'opérations. ▷ AGRIC Alternance ou succession méthodique des cultures sur un même sol. – Lat. *rotatio*.

rotationnel [ʀɔtasjɔnɛl] n. m. MATH Champ de vecteurs qui opère une dérivation d'une fonction vectorielle. – De *rotation*.

rotative [ʀɔtativ] n. f. TECH Presse à formes cylindriques utilisée en partic. pour l'impression des journaux et périodiques. (Abrév. fam. : roto). – De *rotatif*.

rotativiste [ʀɔtativist] n. m. TECH Spécialiste de la conduite d'une rotative. – De *rotative*.

rotatoire [ʀɔtatwaʀ] adj. Qui tourne, qui décrit un cercle. *Mouvement rotatoire*. ▷ PHYS *Pouvoir rotatoire* : pouvoir d'un corps de faire tourner le plan de polarisation de la lumière. – De *rotation*.

1. rote [ʀɔt] n. f. MUS Instrument du Moyen Âge, à cordes pincées. – Germanique *hrotta*.

2. rote [ʀɔt] n. f. RELIG CATHOL Tribunal ecclésiastique établi à Rome, qui s'occupe notam. d'instruire les demandes d'annulation de mariage. – Lat. ecclés. *rota*, «roue», par allusion à l'examen successif d'une cause par les sections de ce tribunal.

rotengle ou **rotangle** [ʀɔtɑ̃gl] n. m. ZOOL Poisson d'eau douce (*Scardinius erythrophtalmus*, fam. cyprinidés), aux nageoires rouge vif, proche parent du gardon blanc. Syn. gardon rouge. – All. *Rotengel*, «œil (*Engel*) rouge (*rot*)».

roténone [ʀɔtenɔn] n. f. PHARM Substance insecticide extraite de la racine de certaines légumineuses tropicales. – Angl. *rotenone*, du jap. *roten*, nom de la plante d'où ce produit fut d'abord extrait (1902).

roter [ʀɔte] v. intr. [1] Pop. Faire un, des rots. – Du lat. *ructare*.

rôti, ie [ʀoti] adj. et n. **I.** adj. Cuit à feu vif ou au four. *Poulet rôti*. **II.** n. **1.** n. m. Pièce de viande rôtie, et partic. morceau de viande bardé et ficelé, destiné à être rôti. *Rôti de bœuf, de porc*. **2.** n. f. Tranche de pain grillé. – Pp. de *rôtir*.

rotifères [ʀɔtifɛʀ] n. m. pl. ZOOL Embranchement de métazoaires acœlomates microscopiques, en général d'eau douce, pourvus à leur extrémité antérieure d'un organe cilié, le plus souvent en forme de couronne (organe rotateur). – Sing. *Un rotifère*. – Du lat. *rota*, «roue», et *-fère*.

1. rotin [ʀɔtɛ̃] n. m. Tige du rotang, utilisée dans la fabrication de meubles légers, et dont l'écorce, découpée en lanières, sert au cannage des sièges. – De *rotang*, par le hollandais.

2. rotin [ʀɔtɛ̃] n. m. Arg. Sou (uniquement en tournure négative). *Je n'ai plus un rotin*.

rôtir [ʀotiʀ] v. [3] **I.** v. tr. Faire cuire (une viande) sans sauce, à feu vif ou au four. *Rôtir un gigot, un poulet à la broche*. **II.** v. intr. **1.** Cuire à feu vif ou au four. *Mettre un rosbif à rôtir*. **2.** Fig., fam. Subir une chaleur très vive. *Ne restez pas si près du feu, vous allez rôtir*. ▷ v. pron. *Se rôtir au soleil*. – P.-ê. du frq. *raustjan*.

rôtissage [ʀotisaʒ] n. m. Action de rôtir (une viande); son résultat. – De *rôtir*.

rôtisserie [ʀotisʀi] n. f. **1.** Boutique où l'on vend des viandes rôties. **2.** Restaurant où les viandes sont rôties à la broche ou au gril devant le client. – De *rôtisseur*.

rôtisseur, euse [ʀotisœʀ, øz] n. Commerçant, restaurateur qui tient une rôtisserie. – De *rôtir*.

rôtissoire [ʀotiswaʀ] n. f. Ustensile servant à rôtir la viande à la broche. ▷ Appareil électrique permettant la cuisson à la broche ou au gril. – De *rôtir*.

roto n. f. Fam. Abrév. de *rotative*.

rotonde [ʀɔtɔ̃d] n. f. **1.** Édifice de forme circulaire. – *Spécial*. Pavillon circulaire à dôme et à colonnes. **2.** CH de F Édifice équipé, en son centre, d'une plaque tournante, pour le remisage des locomotives. – Ital. *Rotonda*, n. de l'anc. Panthéon, à Rome, du lat. *rotunda*, fém. de *rotundus*, «rond».

rotondité [ʀɔtɔ̃dite] n. f. **1.** Caractère de ce qui est rond, sphérique. *Rotondité de la Terre*. **2.** Fam. (Le plus souv. au plur.) Formes rondes d'une personne corpulente. Syn. rondeur. – Lat. *rotunditas*.

rotor [ʀɔtɔʀ] n. m. **1.** ELECTR Partie tournante des machines électriques (par oppos. à *stator*, partie fixe). **2.** TECH Partie mobile d'une turbine. **3.** AVIAT Voilure tournante. *Le rotor d'un hélicoptère*. – Contract. du lat. *rotator*, «celui qui fait tourner».

rotrouenge [ʀɔtʀuɑ̃ʒ] ou **rotruenge** [ʀɔtʀyɑ̃ʒ] n. f. LITTER Pièce de poésie lyrique des XIIe et XIIIe s., composée de strophes et se terminant par un refrain. – De l'anc. fr. *retrover*, «répéter», ou de *retro*, adv. indiquant le retour du refrain.

rotule [ʀɔtyl] n. f. **1.** Petit os plat et mobile situé à la partie antérieure du genou. – Loc. fig. *Être sur les rotules*, accablé de fatigue. **2.** TECH Articulation formée d'une pièce sphérique tournant dans un logement, permettant la rotation dans toutes les directions des deux pièces qu'elle relie. – Lat. *rotula*, dimin. de *rota*, « roue ».

rotulien, enne [ʀɔtyljɛ̃, ɛn] adj. ANAT, PHYSIOL Qui a rapport à la rotule. *Réflexe rotulien* : réflexe provoqué par la percussion du tendon rotulien. – De *rotule*.

roture [ʀɔtyʀ] n. f. **1.** État d'une personne ou d'un héritage qui n'est pas noble. **2.** Collect. *La roture* : les roturiers. – Du lat. *ruptura*, « rupture », en lat. pop. « terre défrichée (rompue) », par ext. « redevance due au seigneur pour une terre à défricher », d'où « propriété non noble ».

roturier, ère [ʀɔtyʀje, ɛʀ] adj. et n. Qui ne fait pas partie de la noblesse. *Anoblir un roturier.* – Par ext. *Terre roturière.* ▷ Subst. *Les roturiers.* – De *roture*.

rouage [ʀwaʒ] n. m. **1.** Chacune des pièces circulaires tournantes (roues dentées, pignons, etc.) d'un mécanisme. *Les rouages d'une pendule.* **2.** Fig. Chacun des éléments nécessaires au fonctionnement d'un ensemble organisé. *Les rouages d'une administration.* – De *roue*.

rouan, anne [ʀwɑ̃, an] adj. (et n.) Didac. *Cheval rouan, jument rouane*, aubère*, avec la crinière et la queue noire. – Subst. *Un(e) rouan(ne)* – Esp. *roano*, du lat. *ravidus*, « gris jaunâtre ».

roubignoles [ʀubiɲɔl] n. f. pl. Grossier Testicules. – Provenç. *roubignoli*, « testicules », de *robin*, surnom du bélier.

roublard, arde [ʀublaʀ, aʀd] adj. et n. Fam. Rusé et peu scrupuleux dans la défense de ses intérêts. – Subst. *Un roublard.* – P.-ê. de l'arg. *roublion*, « feu », de l'ital. *robbio*, « rouge ».

roublardise [ʀublaʀdiz] n. f. Fam. Caractère, action d'un roublard. – De *roublard*.

rouble [ʀubl] n. m. Unité monétaire de la Russie, puis de l'Union soviétique et auj. de certains pays de la C.É.I. – Mot russe.

rouchi [ʀuʃi] n. m. Dialecte picard parlé dans la région de Valenciennes. – Mot picard.

roucoulade [ʀukulad] n. f. Action de roucouler. – De *roucouler*.

roucoulant, ante [ʀukulɑ̃, ɑ̃t] adj. **1.** Qui roucoule. *Pigeon roucoulant.* **2.** Fig. *Amoureux roucoulants.* **3.** Qui ressemble à un roucoulement d'oiseau. *Une voie roucoulante.* – Ppr. de *roucouler*.

roucoulement [ʀukulmɑ̃] n. m. **1.** Cri plaintif et caressant du pigeon et de la tourterelle. **2.** Fig. Paroles tendres et langoureuses. – De *roucouler*.

roucouler [ʀukule] v. intr. [1] **1.** Faire entendre son cri, en parlant du pigeon, de la tourterelle. **2.** Fig. Tenir des propos tendres. *Jeunes mariés qui roucoulent.* ▷ v. tr. *Roucouler des mots doux.* – Onomat., ou du lat. *raucus*, « enroué ».

roue [ʀu] n. f. **1.** Pièce rigide, de forme circulaire, qui tourne autour d'un axe perpendiculaire à son plan de symétrie et qui permet la sustentation d'un véhicule ou l'entraînement d'un organe mécanique. *Les roues d'une automobile. Roue de gouvernail d'un navire*, qui commande le gouvernail. ▷ *Roue libre* : dispositif permettant de suspendre l'action de l'organe moteur sur la roue menée, qui peut ainsi tourner librement. *Roue libre d'une bicyclette. Descendre une côte en roue libre*, sans pédaler. ▷ ADMIN et cour. *Deux-roues*.* ▷ Loc. fig. *Être la cinquième roue du carrosse* : être inutile. – *Pousser à la roue* : aider qqn à réussir ce qu'il entreprend. – *Mettre des bâtons* dans les roues.* **2.** Tambour en forme de roue contenant des numéros, ou grand disque monté sur pivot d'une loterie. ▷ *Grande roue* : attraction foraine en forme de roue dressée. – Fig. *La roue de la Fortune*, allégorie des vicissitudes humaines. **3.** *Faire la roue* : en parlant du paon, du dindon, déployer sa queue en éventail; fig. en parlant d'une personne, se pavaner; en athlétisme, effectuer un tour complet sur soi-même latéralement, en prenant appui sur les mains puis sur les pieds. **4.** *Supplice de la roue*, qui consistait à briser les membres et les reins d'un condamné attaché à une roue sur laquelle on le laissait mourir. – De l'a. fr. *rode*; lat. *rota*.

roué, ée [ʀwe] adj. et n. **I.** adj. Qui a subi le supplice de la roue. ▷ Fig. *Roué de coups* : battu violemment. **II.** n. et adj. **1.** HIST *Les Roués* : les compagnons de débauche de Philippe d'Orléans (jugés dignes du supplice de la roue). **2.** Personne rusée qui ne s'embarrasse pas de scrupules. ▷ adj. *Méfiez-vous, elle est rouée.* – Pp. de *rouer*.

rouelle [ʀwɛl] n. f. **I.** CUIS **1.** Tranche coupée dans un fruit ou un légume rond, rondelle. **2.** Partie de la cuisse de veau coupée en travers. – Par anal. *Rouelle de porc.* **II.** HIST Au Moyen Âge, signe distinctif (insigne rond de tissu jaune notam.) imposé aux Juifs. – Du bas lat. *rotella*, dimin. du class. *rota*, « roue ».

rouer [ʀwe] v. tr. [1] Faire subir à (qqn) le supplice de la roue. ▷ Fig. *Rouer qqn de coups*, lui donner des coups nombreux et violents. – De *roue*.

rouerie [ʀuʀi] n. f. Attitude, acte d'une personne rouée (sens II, 2). – De *roué*.

rouet [ʀwɛ] n. m. **1.** Machine à filer comportant une roue actionnée par une pédale. **2.** Anc. Petite roue d'acier d'une arquebuse, qui mettait le feu à l'amorce en frottant contre un silex. – Dimin. de *roue*.

rouf ou **roof** [ʀuf] n. m. MAR Superstructure élevée sur le pont supérieur d'un navire et n'occupant pas toute la largeur de celui-ci. – Néerl. *roef*.

rouflaquette [ʀuflakɛt] n. f. Fam. **1.** Mèche de cheveux recourbée en accroche-cœur sur la tempe. **2.** Favori, patte* de lapin. – P.-ê. argotisme tiré du dialectal *roufle*, « gifle », par synonymie avec *baffe*, « gifle » et « favori ».

rouge [ʀuʒ] adj., adv. et n. **I.** adj. **1.** De la couleur du sang, du coquelicot. *Foulard rouge. Drapeau rouge*, des partis révolutionnaires. **2.** Favorable aux partis qui ont pour emblème le drapeau rouge; qui professe des opinions politiques d'extrême gauche. ▷ *L'armée Rouge* : l'armée soviétique. – Subst. *Les rouges* : les révolutionnaires, les communistes. *C'est un rouge.* **3.** Qui a le visage coloré par un afflux de sang. *Être rouge de colère.* **4.** Qui a pris la couleur du feu par élévation de température. *Fer rouge.* **5.** D'un roux très vif, en parlant des cheveux ou du pelage d'un animal. **II.** adv. **1.** *Se fâcher tout rouge* : devenir rouge de colère. – *Voir rouge* : entrer dans une violente colère. **2.** *Voter rouge* : voter pour les communistes, pour l'extrême gauche. **III.** n. m. **1.** Couleur rouge. *Le rouge correspond aux plus grandes longueurs d'onde du spectre visible. Le rouge mélangé au jaune donne de l'orangé.* **2.** Substance colorante rouge. *Rouges organiques.* **3.** Fard rouge pour le maquillage. *Rouge à lèvres, à joues.* **4.** Fam. Vin rouge. *Un petit coup de rouge. Gros rouge* : vin rouge ordinaire. **5.** Coloration rouge du visage, due à la honte, à la colère, etc. *Le rouge lui est monté au front.* **6.** Couleur du métal porté à incandescence. *Fer chauffé au rouge.* – Du lat. *rubeus*, « rougeâtre, roux », de *ruber*, « rouge ».

rougeâtre [ʀuʒatʀ] adj. Qui tire sur le rouge. – De *rouge*.

rougeaud, aude [ʀuʒo, od] adj. (et n.) Qui a le visage haut en couleur; rubicond. – Subst. *Un petit rougeaud.* – De *rouge*.

rouge-gorge [ʀuʒgɔʀʒ] n. m. Petit oiseau passériforme (*Erithacus rubecula*, fam. turdidés), commun dans toute l'Europe et caractérisé par la couleur rouge sombre de sa gorge et de sa poitrine. *Des rouges-gorges.* – De *rouge*, et *gorge*.

rougeoiement [ruʒwamɑ̃] n. m. Fait de rougeoyer. – De *rougeoyer.*

rougeole [ruʒɔl] n. f. **1.** Maladie virale aiguë, endémique et épidémique, très contagieuse, immunisante. *Généralement bénigne en Europe, la rougeole demeure la principale cause de mortalité infantile en Afrique noire.* **2.** BOT Plante hémiparasite. *Rougeole du seigle.* – Altér. de l'anc. fr. *rougeule,* d'ap. le lat. pop. **rubeola,* fém. subst. de *rubeolus,* dimin. de *rubeus,* « rouge ».

rougeoleux, euse [ruʒɔlø, øz] adj. et n. Atteint de la rougeole; relatif à la rougeole. – De *rougeole.*

rougeoyant, ante [ruʒwajɑ̃, ɑ̃t] adj. Qui rougeoie. – Ppr. de *rougeoyer.*

rougeoyer [ruʒwaje] v. intr. [23] Se colorer de diverses nuances de rouge, avoir des reflets rouges et changeants. *Ciel qui rougeoie au soleil couchant.* – De *rouge.*

rouge-queue [ruʒkø] n. m. Petit oiseau passériforme (genre *Phœnicurus,* fam. turdidés) à la queue roussâtre. *Rouge-queue à front blanc* ou *rossignol des murailles. Rouge-queue noir. Des rouges-queues.* – De *rouge,* et *queue.*

rouget [ruʒɛ] n. m. **1.** Nom cour. de divers poissons comestibles de couleur rose à rouge vif, notam. du *rouget grondin* et des *rougets barbet, surmulet* et *doré* (tous trois du genre *Mullus*), qui vivent en Méditerranée et dans l'Atlantique N. **2.** MED VET Maladie infectieuse du porc, très contagieuse et transmissible à l'homme. – Dimin. de *rouge.*

rougeur [ruʒœr] n. f. **1.** Teinte rouge, rougeâtre. *La rougeur de certaines terres.* **2.** Coloration rouge du visage, provoquée par une émotion. *La rougeur de la honte.* **3.** Tache rouge qui apparaît sur la peau. – De *rouge.*

rougi, ie [ruʒi] adj. Qui a pris une teinte rouge. ▷ *Eau rougie,* additionnée de vin. – Pp. de *rougir.*

rougir [ruʒir] v. [3] **I.** v. tr. Donner une couleur rouge à. *Les veilles ont rougi ses yeux.* **II.** v. intr. **1.** Devenir rouge. *Les cerises commencent à rougir.* ▷ (Personnes) *Rougir de confusion.* **2.** Avoir honte, être confus. *Vous devriez rougir de vos mensonges.* – De *rouge.*

rougissant, ante [ruʒisɑ̃, ɑ̃t] adj. Qui devient rouge. *Fruits rougissants.* – *Personne rougissante,* qui rougit d'émotion. – Ppr. de *rougir.*

rougissement [ruʒismɑ̃] n. m. Fait de rougir. – De *rougir.*

rouille [ruj] n. f. et adj. inv. **I.** n. f. **1.** Substance pulvérulente brun orangé, constituée principalement d'hydroxyde ferrique, dont se couvrent le fer et l'acier corrodés par l'humidité. **2.** Nom cour. de nombreuses maladies cryptogamiques de végétaux supérieurs. **3.** CUIS Aïoli additionné de piment rouge que l'on sert avec la bouillabaisse et la soupe de poisson. **II.** adj. inv. De la couleur de la rouille. *Des vêtements rouille.* – Lat. pop. **robicula,* class. *robigo, robiginis,* de *robus,* « roux ».

rouillé, ée [ruje] adj. **1.** Attaqué, rongé par la rouille. *Clé rouillée.* **2.** (Végétaux) Atteint de la maladie de la rouille. **3.** Fig. Qui a perdu une partie de ses capacités par manque d'exercice. *Jambes rouillées. Mémoire rouillée.* – Pp. de *rouiller.*

rouiller [ruje] v. [1] **1.** v. tr. Rendre rouillé. *L'eau rouille le fer.* ▷ Fig. *L'inactivité rouille le corps et l'esprit.* **2.** v. intr. Devenir rouillé. ▷ v. pron. *Le fer se rouille facilement.* – De *rouille.*

rouillure [rujyr] n. f. **1.** Effet de la rouille sur un métal. **2.** Effet de la rouille (sens 2) sur une plante. – De *rouiller.*

rouir [rwir] v. [3] **1.** v. tr. TECH Faire tremper dans l'eau (du lin, du chanvre) afin que les fibres textiles se séparent de la partie ligneuse. **2.** v. intr. Être soumis au rouissage. *Ce lin rouit mal.* – Du frq. **rotjan.*

rouissage [rwisaʒ] n. m. TECH Opération consistant à rouir du lin, du chanvre. – De *rouir.*

rouissoir [rwiswar] n. m. TECH Endroit où se fait le rouissage. – De *rouir.*

roulade [rulad] n. f. **1.** MUS Ornementation mélodique, suite de notes légères et rapides chantées sur une seule syllabe. *Faire des roulades.* **2.** CUIS Tranche de viande roulée et farcie. **3.** Mouvement de qqn qui roule sur lui-même. ▷ SPORT En gymnastique, culbute. – De *rouler.*

roulage [rulaʒ] n. m. **1.** DR Fait de rouler, pour un véhicule. *Police de roulage* : réglementation de la circulation des véhicules. **2.** Transport des marchandises par véhicules automobiles (anc. : hippomobiles). *Société de roulage. Manutention par roulage,* dans laquelle les véhicules qui ont assuré le transport par route d'une marchandise embarquent à bord du navire qui doit en assurer ensuite le transport par mer. *La manutention par roulage permet d'éviter les ruptures de charge.* **3.** TECH En papeterie, déformation d'une feuille ayant tendance à s'enrouler en forme de cylindre. **4.** MINES Transport du minerai par berlines. **5.** AGRIC Opération qui consiste à passer le rouleau sur un champ labouré pour briser les mottes ou pour tasser la couche superficielle après l'ensemencement. – De *rouler.*

roulant, ante [rulɑ̃, ɑ̃t] adj. et n. **1.** Qui peut rouler; monté sur roues, sur roulettes. *Table roulante.* ▷ CH de F *Le matériel roulant* : les locomotives, les voitures et les wagons. – Par ext. *Personnel roulant,* qui effectue son service à bord d'un train ou d'un véhicule de transports en commun. – Subst. *Les roulants.* ▷ MILIT *Cuisine roulante* ou, n. f., *la roulante* : cuisine ambulante employée par les armées en campagne. **2.** Se dit d'un engin de manutention ou de transport des personnes sur de courtes distances dont le mouvement se fait par roulement sur des galets ou des rouleaux. *Pont, tapis roulant. Trottoir, escalier roulant.* **3.** *Feu roulant* : tir continu d'armes à feu. ▷ Fig. *Un feu roulant de questions.* – Ppr. de *rouler.*

roule [rul] n. m. TECH Cylindre de bois que l'on glisse sous un corps pour le déplacer. – Du bas lat. *rotulus,* « cylindre ».

roulé, ée [rule] adj. (et n. m.) **1.** Dont on a fait un rouleau. *Couverture roulée.* – *Épaule roulée* : en boucherie, épaule désossée et parée en forme de rouleau. ▷ n. m. En pâtisserie, gâteau dont la pâte est enroulée sur elle-même. *Roulé au chocolat.* **2.** Fam. *Fille bien roulée,* bien faite. **3.** PHON *R roulé* ou *apical,* prononcé avec la pointe (apex) de la langue, par oppos. au *r grasseyé* ou *vélaire,* prononcé du fond de la gorge (*r* dit *parisien*). – Pp. de *rouler.*

rouleau [rulo] n. m. **1.** Morceau d'une matière souple enroulé sur lui-même et formant un cylindre. *Rouleau de papier.* ▷ Fig. *Être au bout de son (du) rouleau (de parchemin)* : n'avoir plus rien à écrire, à dire; *par ext.,* ne plus avoir de ressources (physiques, financières, etc.). ▷ (Par anal. de forme.) *Rouleau de pâte à modeler. Rouleau de pièces de monnaie* : pile de pièces entourée d'un papier. **2.** Cylindre en matière dure (bois, métal, etc.) destiné à presser, à aplatir. *Rouleau à pâtisserie.* – AGRIC Instrument utilisé pour aplanir un terrain, écraser les mottes de terre. Syn. plombeur. ▷ *Rouleau compresseur* : engin de travaux publics utilisé pour aplanir les revêtements des voies. **3.** *Rouleau de peintre* : ustensile constitué d'un cylindre de matière absorbante pivotant librement sur un axe emmanché, utilisé dans la peinture en bâtiment pour la mise en couleur des grandes surfaces. **4.** Bigoudi constitué par un cylindre. ▷ Masse de cheveux enroulés en cylindre, derrière la tête (coiffure féminine). **5.** Lame qui brise près d'une plage, et qui a la forme d'un rouleau (sens 1). **6.** SPORT Technique de saut en hauteur consistant à faire tourner le corps au-dessus de la barre dans une position proche de l'horizontale. *Rouleau ventral, dorsal.* – De *rôle*, et de *rouler.*

roulé-boulé [rulebule] n. m. SPORT Technique de réception au sol employée notam. par les parachutistes, consistant à se ramasser sur soi-même et à se laisser rouler à terre comme une boule. *Des roulés-boulés.* – De *rouler*, et *bouler.*

roulement [rulmɑ̃] n. m. **1.** Mouvement de ce qui roule. **2.** TECH Organe servant à réduire les frottements entre des pièces dont l'une est en rotation, constitué de deux bagues entre lesquelles tournent des billes, des rouleaux ou des aiguilles. *Roulement à billes.* **3.** Bruit sourd et continu produit par qqch qui roule. *Le roulement du train couvrait sa voix.* ▷ Par anal. *Roulement du tonnerre, de tambour.* **4.** *Roulement d'yeux :* mouvement des yeux qui tournent dans leurs orbites. **5.** FIN *Fonds* de roulement.* **6.** Succession, alternance de personnes qui se remplacent pour effectuer certains travaux, certaines tâches. – De *rouler.*

rouler [rule] v. [1] **I.** v. tr. **1.** Pousser (une chose) en la faisant tourner sur elle-même. *Rouler un tonneau.* ▷ Loc. fig., fam. *Rouler sa bosse :* mener une existence vagabonde. **2.** Déplacer (un objet comportant une, des roues). *Rouler une brouette.* – Par ext. *Rouler un invalide dans son fauteuil.* **3.** Enrouler (qqch), en faire un rouleau ou une boule. *Rouler une couverture.* – *Rouler une cigarette,* la confectionner en façonnant en rouleau une pincée de tabac enveloppée de papier mince. **4.** *Rouler les épaules, les hanches,* les balancer en marchant. (N.B. On emploie aussi la construction intr. : *rouler des épaules, des hanches.*) – *Rouler les yeux,* les diriger d'un côté à un autre en un mouvement circulaire. ▷ Loc. fig., fam. *Rouler les mécaniques :* faire étalage de sa force physique, faire le fier-à-bras. – *Se rouler les pouces* ou, pop., *se les rouler :* ne rien faire. **5.** Aplanir au rouleau. *Rouler la pâte.* **6.** Fig. Envisager sous tous les angles, examiner en tournant et en retournant dans son esprit. *Rouler des projets, des pensées dans sa tête.* **7.** Fam. Duper (qqn). *Se faire rouler.* **8.** *Rouler les r,* les prononcer en faisant vibrer la pointe de la langue contre le palais. **9.** AGRIC Pratiquer le roulage*. **10.** BOT Provoquer la roulure*. **II.** v. intr. **1.** Avancer, se déplacer en tournant sur soi-même, en parlant d'un objet de forme ronde. – Prov. *Pierre qui roule n'amasse pas mousse :* V. mousse. **2.** Avancer sur des roues. *Train qui roule à grande vitesse.* – Par ext. *Nous avons roulé toute la nuit.* ▷ Loc. fig. *Rouler sur l'or :* être très riche. – Fam. *Ça roule :* tout va bien. **3.** IMPRIM Commencer le tirage après que toutes les vérifications ont été faites. **4.** MAR Être balancé par le roulis. *Navire qui tangue et qui roule.* **5.** Circuler rapidement (argent). *Fonds qui roulent.* **6.** Errer sans se fixer. *Passer sa vie à rouler.* **7.** Faire entendre un son sourd et prolongé. *« Comme un bruit de foule qui tonne et qui roule » (V. Hugo).* **8.** Porter sur tel ou tel sujet, en parlant de la conversation. *La discussion roulait sur un problème important.* **III.** v. pron. **1.** Se tourner de côté et d'autre, étant couché. *Se rouler dans l'herbe.* – Par exag. *Se rouler par terre (de rire).* **2.** *Se rouler dans* (qqch qui couvre le corps), s'en envelopper. *Se rouler dans son manteau pour dormir.* **3.** Ramasser le corps sur lui-même, se mettre en boule. *Le hérisson se roule sur lui-même lorsqu'il est effrayé.* – De l'a. fr. *rouelle*, « roue », confondu avec les dérivés du lat. **rotulare* (anc. provenç. *rollat*).

roulette [rulɛt] n. f. **1.** Chacune des petites roues qui permettent de faire rouler l'objet auquel elles sont fixées. *Fauteuil à roulettes.* ▷ Fig., fam. *Cela marche comme sur des roulettes,* sans aucune difficulté. **2.** Instrument de relieur, de cordonnier, de pâtissier, etc., muni d'une petite roue dentée et qui sert à faire des marques, des empreintes, à découper, etc. ▷ Fam. Fraise de dentiste. (V. fraise 4.) **3.** Jeu de hasard dans lequel une petite boule, lancée dans un plateau tournant comportant trente-sept cases numérotées (de 0 à 36) rouges ou noires, désigne, en retombant, le numéro, la parité (pair ou impair), la couleur (rouge ou noir) et la série (*manque* de un à dix-huit, *passe* de dix-neuf à trente-six) qui déterminent les pertes et les gains des joueurs. – *Roulette russe :* duel (ou jeu suicidaire) dans lequel on tire une fois ou plus sur l'adversaire (ou sur soi-même) avec un revolver dont on fait tourner le barillet chargé d'une seule balle qui vient (ou non) se placer à l'entrée du canon. **4.** GEOM Nom anc. de la cycloïde. – De l'a. fr. *rouelle*, « roue », d'abord *ruelette*, « petite roue ».

rouleur, euse [rulœr, øz] n. **1.** n. m. Vx Ouvrier qui roule des tonneaux, transporte des charges à la brouette. **2.** n. Ouvrier, ouvrière qui va travailler d'atelier en atelier. **3.** n. SPORT Cycliste endurant et rapide dont les qualités se révèlent surtout dans les courses de plat (par oppos. à *grimpeur*). **4.** Pop. Personne (homme, le plus souvent) qui roule des épaules, qui fait volontiers étalage de sa force physique ; fier-à-bras, fanfaron. – De *rouler.*

roulier [rulje] n. m. **1.** Anc. Voiturier chargé du transport des marchandises. **2.** MAR Navire spécialement aménagé pour la manutention par roulage. – De *rouler.*

roulis [ruli] n. m. Oscillation d'un navire d'un bord sur l'autre sous l'effet de la houle. *Roulis et tangage.* ▷ Oscillation comparable d'un avion ou d'un véhicule routier. *Mouvements de roulis et de lacet.* – De *rouler.*

roulotte [rulɔt] n. f. **1.** Voiture servant de logement aux forains, aux nomades. **2.** Fam. *Vol à la roulotte :* vol d'objets dans des véhicules. – De *rouler.*

roulotté [rulɔte] n. m. COUT Ourlet constitué d'un rouleau très fin. – Réfection, d'après *roulotter*, de l'anc. forme *rouleauté*, de *rouleau.*

roulotter [rulɔte] v. tr. [1] COUT Faire un roulotté. – De *rouler.*

roulure [rulyr] n. f. **1.** BOT Maladie des arbres qui provoque la séparation et l'enroulement des couches ligneuses. **2.** Grossier, injur. Femme de mauvaise vie, prostituée. – De *rouler.*

roumain, aine [rumɛ̃, ɛn] adj. et n. **1.** adj. De la Roumanie, État du S.-E. de l'Europe. ▷ Subst. *Un(e) Roumain(e).* **2.** n. m. *Le roumain :* la langue romane parlée en Roumanie. – D'après *romain.*

roumi [rumi] n. Chrétien, Européen, pour les musulmans. – Ar. *rūmī*, « byzantin », altér. de *romain*, l'empire byzantin étant l'empire *romain* d'Orient, par ext. « chrétien européen ».

round [rund ; rawnd] n. m. (Anglicisme) SPORT À la boxe, reprise lors d'un combat. – Mot angl.

roupettes [rupɛt] n. f. pl. Grossier Testicules. – Du got. *raupa*, « chiffons, guenilles ».

1. roupie [rupi] n. f. Unité monétaire de l'Inde, du Sri Lanka, de l'île Maurice, du Népal, des îles Maldives, des Seychelles et du Pākistān. – Portug. *rupia*, de l'hindoustani *rūpīya*, « argent ».

2. roupie [rupi] n. f. Vx Humeur qui coule du nez par gouttes. ▷ Mod., fam. *Roupie de sansonnet :* chose sans importance, sans intérêt. *Ses romans, c'est de la roupie de sansonnet.* – P.-ê. var. dial. de l'a. fr. *reupie*, « crachat ».

roupiller [rupije] v. intr. [1] Pop. Dormir. – P.-ê. onomat. ; ou de l'esp. *ropilla*, « robe, manteau » dont on s'enveloppait pour dormir.

roupillon [rupijɔ̃] n. m. Pop. Petit somme. *Piquer un roupillon.* – De *roupiller.*

rouquier. V. rochier.

rouquin, ine [rukɛ̃, in] adj. et n. **1.** adj. Fam. Qui a les cheveux roux. ▷ Subst. *Un(e) rouquin(e).* **2.** n. m. Pop. Vin rouge. *Un coup de rouquin.* – Altér. arg. de *rouge* ou *roux.*

rouscailler [ʀuskaje] v. intr. [1] Pop. Réclamer, protester bruyamment. – Des anc. v. *rousser,* « gronder », et **cailler,* « bavarder ».

rouspétance [ʀuspetɑ̃s] n. f. Fam. Protestation de qqn qui rouspète. – De *rouspéter.*

rouspéter [ʀuspete] v. intr. [14] Fam. Protester avec vigueur, réclamer. – P.-ê. de l'anc. v. *rousser* (cf. rouscailler), et *péter,* au sens de « faire du pétard ».

rouspéteur, euse [ʀuspetœʀ, øz] n. (et adj.) Fam. Personne qui rouspète fréquemment, grincheux. – De *rouspéter.*

roussâtre [ʀusɑtʀ] adj. Qui tire sur le roux. – De *roux,* et *-âtre.*

rousse [ʀus] n. f. Arg., vx *La rousse :* la police. – De *roux,* « traître, méchant », en moyen fr., au fig.

rousserolle [ʀusʀɔl] n. f. Petit oiseau passériforme (genre *Acrocephalus*), proche parent des fauvettes, au plumage beige, qui vit généralement dans les roseaux. – Du germ. *rusk,* « jonc ».

roussette [ʀusɛt] n. f. **1.** Grande chauve-souris frugivore ou insectivore d'Afrique et d'Asie (genres *Eidolon, Roussetus, Pteropus,* etc.). **2.** Petit requin à peau tachetée, appelé aussi *chien de mer,* commun dans les mers d'Europe. – Fém. subst. de l'anc. adj. *rousset,* de *roux.*

rousseur [ʀusœʀ] n. f. Couleur rousse. ⊳ *Tache de rousseur :* petite tache pigmentaire brun clair, fréquente sur la peau du visage des blonds et des roux. Syn. éphélide. – De *roux.*

roussi, ie [ʀusi] adj. et n. m. **1.** adj. Devenu roux. *Linge roussi par un fer trop chaud.* **2.** n. m. Odeur de ce qui a commencé à brûler. *Ça sent le roussi!* – Fig., fam. *Sentir le roussi,* se dit d'une situation, d'une affaire qui risquent de se gâter, de mal tourner. – Pp. subst. de *roussir.*

roussin [ʀusɛ̃] n. m. Vx Cheval entier un peu épais, employé autref. à la guerre. ⊳ Par plaisant. *Roussin d'Arcadie :* âne. – A. fr. *roncin,* « cheval de charge », infl. par *roux;* bas lat. **runcinus.*

roussir [ʀusiʀ] v. [3] **1.** v. tr. Rendre roux (spécial. en brûlant superficiellement). *Roussir un mouchoir en le repassant.* **2.** v. intr. Devenir roux. *Les feuillages roussissent en automne.* – De *roux.*

roussissement [ʀusismɑ̃] n. m. ou **roussissure** [ʀusisyʀ] n. f. Action, fait de roussir. – De *roussir.*

rouste [ʀust] n. f. Pop. Volée de coups, correction. *Prendre une rouste.* – P.-ê. de *rosser.*

routage [ʀutaʒ] n. m. Groupage en liasses, et par destination, d'imprimés, de journaux, etc., en vue de leur acheminement. – De *router.*

routard, arde [ʀutaʀ, aʀd] n. Fam. Voyageur (en général jeune) qui prend la route à pied ou en autostop. – *Par ext.* Personne jeune qui voyage à peu de frais. – De *route,* et *-ard.*

route [ʀut] n. f. **1.** Voie terrestre carrossable d'une certaine importance. *Route nationale, départementale.* ⊳ Absol. *La route :* l'ensemble des routes; l'ensemble des moyens de transport qui utilisent les routes. *Code de la route. Le rail et la route.* **2.** Direction à prendre pour aller quelque part, itinéraire. *Perdre sa route. Les grandes routes maritimes.* – *Faire fausse route :* aller dans la mauvaise direction, se fourvoyer; fig. se tromper, faire erreur. ⊳ Direction suivie par un navire ou un aéronef. *Faire valoir la route :* corriger le cap mesuré de la déclinaison et de la déviation. **3.** Parcours, chemin, voyage. *Fleuve qui reçoit six affluents sur sa route. Bonne route! Faire la route à pied.* – *Faire route :* marcher; voyager. ⊳ *Par métaph.* Voie. *Nos routes se sont croisées :* nos destins se sont croisés. *La route est toute tracée :* on ne peut douter de la conduite à suivre. **4.** *Mettre en route :* faire démarrer (un moteur, une machine, etc.). *Mettre les rotatives en route.* ⊳ Par ext. *Mettre une affaire en route.* – Lat. médiév. *rupta,* ellipse de *via rupta,* « route revêtue de pierre concassée », du lat. class. *rumpere viam,* « ouvrir une voie, un passage ».

router [ʀute] v. tr. [1] Faire le routage de. *Router des prospectus.* – De *route.*

routeur [ʀutœʀ] n. m. **1.** TECH Professionnel du routage. **2.** MAR, AVIAT Personne qui route (un navire, un avion). **3.** SPORT Dans une course à la voile, personne qui indique au skipper la meilleure route (le plus souvent à partir de la terre). – De *router.*

1. routier [ʀutje] n. m. **1.** HIST *Les routiers :* les soldats pillards, organisés en grandes compagnies, qui désolèrent la France du Moyen Âge. **2.** Mod. *Un vieux routier :* un homme qui a beaucoup d'expérience (souvent avec une idée de finesse retorse). – De l'a. fr. *route,* « bande de soldats », pp. fém. subst. de *rout,* « rompu », anc. pp. de *rompre.* V. route.

2. routier, ère [ʀutje, ɛʀ] adj. et n. **I.** adj. Qui a rapport aux routes, à la route. *Trafic routier. Carte routière.* **II.** n. **1.** n. m. Chauffeur de poids lourds qui effectue de longs trajets. ⊳ Restaurant bon marché placé sur un axe de circulation et fréquenté par des routiers. **2.** n. SPORT Cycliste spécialisé dans les épreuves sur route (par oppos. à *pistard*). **3.** n. m. Scout âgé de plus de seize ans. **4.** n. f. Automobile conçue principalement pour faire de longs parcours sur route (et non pour circuler en ville). – De *route;* d'abord *rotier,* « qui vole sur les routes ».

routine [ʀutin] n. f. **1.** Habitude d'agir et de penser toujours de la même manière. *Être esclave de la routine.* **2.** *Par ext.* Action(s) quotidienne(s), accomplie(s) machinalement et avec une certaine monotonie. **3.** loc. adj. *De routine :* ordinaire, habituel. *Enquête de routine.* – De *route.*

routinier, ère [ʀutinje, ɛʀ] adj. (et n.) **1.** Qui agit par routine, par habitude; qui marque de la répugnance à tout changement, toute nouveauté. ⊳ Subst. *C'est un routinier et un timoré.* **2.** Qui se fait par routine. *Travail routinier.* – De *routine.*

rouverin ou **rouverain** [ʀuvʀɛ̃] adj. m. TECH *Fer rouverin :* fer cassant, difficile à travailler. – Altér. de l'a. fr. *rovelent,* « rougeâtre », lat. *rubellus.*

rouvieux [ʀuvjø] n. et adj. MED VET **1.** n. m. Gale du chien, du cheval. **2.** adj. Atteint de cette gale. – Norm. *rouvieu,* masc. de l'anc. dial. *rougeule,* « rougeole ».

rouvre [ʀuvʀ] n. m. Chêne courant en France (*Quercus robur*) dont il existe deux sous-espèces, l'une aux glands pédonculés, l'autre aux glands sessiles. – (En appos.) *Chêne rouvre.* – Du lat. pop. **robor,* class. *robur.*

rouvrir [ʀuvʀiʀ] v. [32] **1.** v. tr. Ouvrir de nouveau. *Rouvrir une valise.* – Fig. *Rouvrir une discussion.* **2.** v. intr. Être de nouveau ouvert. *L'école rouvre demain.* – De *r-,* et *ouvrir.*

roux, rousse [ʀu, ʀus] adj. et n. **1.** D'une couleur entre le jaune orangé et le rouge. *Vache rousse.* – (En parlant de la chevelure, des poils de qqn.) *Tignasse rousse.* ⊳ n. m. *Le roux :* la couleur rousse. *Cheveux d'un roux sombre.* **2.** Qui a les cheveux roux. *Une fille rousse.* ⊳ Subst. Personne rousse. *Un roux, une rousse.* **3.** *Beurre roux,* fondu et cuit jusqu'à devenir roux. ⊳ n. m. CUIS Préparation faite avec de la farine et du beurre roussis sur le feu, que l'on utilise pour lier une sauce. – Lat. *russus.*

rowing [ʀɔwiŋ] n. m. (Anglicisme) Vieilli Sport de l'aviron. – Mot angl., de *to row,* « ramer ».

royal, ale, aux [ʀwajal, o] adj. et n. f. **I.** adj. **1.** Qui appartient, qui a rapport à un roi. *Palais royal. Autorité, famille royale.* **2.** Qui est digne d'un roi. *Magnificence royale. Un accueil royal.* **3.** Qualifie certaines races ou variétés d'animaux, de végétaux, remarquables par leur beauté, leur taille. *Tigre royal.* **II.** n. f. **1.** Touffe de poils sous la lèvre inférieure (plus longue que la mouche). **2.** Fam. *La Royale :* la marine de guerre française (par oppos. à la *marine marchande*). **3.** CUIS *Lièvre à la royale,* désossé, bourré d'une farce à base de foie gras et de truffes, et préparé au vin. – Lat. *regalis.*

royalement [ʀwajalmɑ̃] adv. **1.** De façon royale. *On l'a reçu royalement.* **2.** Fam. *Je m'en moque royalement,* complètement. – De *royal.*

royalisme [ʀwajalism] n. m. Attachement à la royauté, à la monarchie. – De *royal.*

royaliste [ʀwajalist] adj. et n. Partisan du roi, de la royauté. ▷ Loc. fig. *Être plus royaliste que le roi :* prendre à cœur les intérêts de qqn plus qu'il ne le fait lui-même. ▷ Subst. *Un(e) royaliste.* – De *royal.*

royalty, plur. **royalties** [ʀulɔti, iz] n. f. (sing. rare) (Anglicisme) Redevance payée à un inventeur, un auteur, un éditeur, un propriétaire de gisement de pétrole, etc. (Syn. off. recommandé : *redevance.*) – Mot angl., « royauté », d'où « impôt payé au roi », et « droit payé au propriétaire d'une mine ».

royaume [ʀwajom] n. m. État gouverné par un roi. ▷ *Le royaume de Dieu :* le paradis. – De l'a. fr. *reiame,* lat. *regimen,* « direction, gouvernement », par croisement avec *royal.*

royauté [ʀwajote] n. f. **1.** Dignité de roi. *Renoncer à la royauté.* **2.** Régime monarchique. *Le déclin de la royauté.* – De *royal.*

rra. V. ra.

-rragie ou, VX, **-rrhagie.** Élément, du gr. *-rragia,* d'apr. *erragên,* de *rhêgnumi,* « briser », au pass. « jaillir ».

-rr(h)ée. Élément, du gr. *-rroia,* de *rhein,* « couler ».

ru [ʀy] n. m. Vx ou rég. Petit ruisseau. – Du lat. *rivus.*

Ru CHIM Symbole du ruthénium.

ruade [ʀyad] n. f. Action de ruer, mouvement d'une bête qui rue. *Lancer une ruade.* – De *ruer.*

ruban [ʀybɑ̃] n. m. **1.** Bandelette de tissu, mince et étroite. *Abat-jour orné d'un ruban de soie.* **2.** Petit morceau de tissu que l'on porte à la boutonnière comme insigne de décoration. *Le ruban rouge de la Légion d'honneur.* **3.** Bande étroite (de métal, de tissu, etc.). *Ruban d'une machine à écrire. Scie à ruban. Ruban d'arpenteur.* – Du moyen néerl. *ringhband,* « collier ».

rubanerie [ʀybanʀi] n. f. Industrie, commerce des rubans. – De *rubanier.*

rubanier, ère [ʀybanje, ɛʀ] n. et adj. **1.** n. Fabricant, marchand de rubans. **2.** adj. Qui a rapport à la fabrication des rubans. *Industrie rubanière.* – De *ruban.*

rubato [ʀubato] adj. MUS *Tempo rubato,* très libre, sans pulsion rythmique marquée. ▷ Adv. *Jouer rubato.* ▷ Subst. *Un rubato.* – Mot ital., propr. « dérobé, volé ».

rubéfaction [ʀybefaksjɔ̃] n. f. MED Rougissement de la peau, congestion provoquée dans un but thérapeutique (par frictions, révulsifs, sinapismes, etc.). – De *rubéfier.*

rubéfiant, ante [ʀybefjɑ̃, ɑ̃t] adj. MED Qui produit la rubéfaction. ▷ n. m. *Un rubéfiant.* – Ppr. de *rubéfier.*

rubéfier [ʀybefje] v. tr. [2] MED Provoquer la rubéfaction de. – Du lat. *rubeus,* « rouge », et *-fier.*

rubellite [ʀybɛl(l)it] n. f. MINER Variété de tour-maline souvent rouge. – Du lat. *rubellus,* « rouge », et *-ite* 3.

rubéole [ʀybeɔl] n. f. Maladie infectieuse, épidémique et contagieuse, due à un virus, fréquente chez l'enfant. *La rubéole de la femme enceinte peut provoquer des malformations fœtales.* – Du lat. *rubeus,* « rouge », sur le modèle de *rougeole, roséole.*

rubescent, ente [ʀybɛsɑ̃, ɑ̃t] adj. Didac. Qui devient rouge. *Les feuilles rubescentes d'automne.* – Lat. *rubescens, rubescentis.*

rubiacées [ʀybjase] n. f. pl. BOT Famille de plantes dicotylédones gamopétales aux feuilles opposées et munies de stipules, et dont le gynécée possède deux carpelles. *La garance, le gaillet, le caféier, le quinquina sont des rubiacées.* – Sing. *Une rubiacée.* – Du lat. *rubia,* « garance ».

rubican [ʀybikɑ̃] adj. m. Didac. *Cheval rubican,* à robe noire, baie ou alezane semée de poils blancs. – De l'esp. *rabicano,* « à queue grise ».

rubicond, onde [ʀybikɔ̃, ɔ̃d] adj. Très rouge de teint. *Visage rubicond.* – Lat. *rubicundus,* de *rubeus,* « rouge ».

rubidium [ʀybidjɔm] n. m. CHIM Élément métallique de numéro atomique Z = 37, de masse atomique 85,47, de densité 1,53, fusible à 39 °C (symbole Rb). – Métal (Rb) blanc brillant, de densité 1,53, qui fond à 39 °C et bout à 688 °C. *Très réducteur, le rubidium se rapproche du potassium.* – Du lat. *rubidus,* « rouge brun », à cause des raies rouges de son spectre.

rubigineux, euse [ʀybiʒinø, øz] adj. Didac. **1.** Couvert de rouille. **2.** Qui a la couleur de la rouille. – Lat. *rubiginosus,* de *robigo, robiginis,* « rouille ».

rubis [ʀybi] n. m. **1.** Pierre précieuse rouge, variété de corindon coloré par l'oxyde de chrome. – Bijou fait avec cette pierre. **2.** Pierre rouge semi-précieuse. *Le rubis de Bohême est un grenat.* **3.** HORL Monture de pivot en pierre dure, dans un rouage de montre, d'horlogerie. **4.** Loc. fig. *Payer rubis sur l'ongle :* payer comptant tout ce qu'on doit. – Lat. médiév. *rubinus,* du lat. *rubeus,* « rouge »; d'abord *rubi,* le plur. *rubis* s'est généralisé.

rubrique [ʀybʀik] n. f. Ensemble d'articles publiés régulièrement par un périodique, traitant d'un même domaine. *La rubrique des faits divers, la rubrique diplomatique.* ▷ *Sous telle rubrique :* sous tel titre, dans telle catégorie. *Vous trouverez les bottes à la rubrique « vêtements » du catalogue.* – Du lat. *rubrica,* « terre rouge, ocre », puis « titre en rouge des lois ».

ruche [ʀyʃ] n. f. **1.** Habitation des abeilles, naturelle ou construite par l'homme. *Ruche en paille, en bois.* ▷ Ensemble formé par une habitation et une colonie d'abeilles. *Ruche orpheline,* qui n'a plus de reine. *Ruche bourdonneuse,* dont le couvain ne comporte que des œufs de mâles. **2.** Fig. Lieu où règne une activité intense. *Les jours de marché, la ville est une ruche.* **3.** Bande plissée de tulle, de dentelle, etc., qui sert de garniture à une collerette, un bonnet, etc. – Du bas lat. *rusca,* « écorce », les prem. ruches ayant été faites en écorce.

ruché [ʀyʃe] n. m. COUT Étoffe plissée en ruche (sens 3). – Pp. subst. de *rucher* 1.

ruchée [ʀyʃe] n. f. Population d'une ruche. – De *ruche.*

1. rucher [ʀyʃe] v. tr. [1] COUT Plisser en ruche (sens 3). – De *ruche.*

2. rucher [ʀyʃe] n. m. Ensemble des ruches d'une même exploitation. – De *ruche.*

rudbeckie [ʀydbeki] n. f. BOT Plante ornementale (fam. composées) originaire d'Amérique du N., cultivée pour ses grands capitules jaune et brun. – De *Rudbeck,* n. d'un botaniste suédois (1630-1702).

rude [ʀyd] adj. **I.** (Choses) **1.** Dont le contact est dur, désagréable. *Barbe, étoffe rude.* ▷ *Esprit rude.* V. esprit (sens III). **2.** Difficile à supporter, pénible. *Hiver rude.*

Une rude épreuve. Métier rude. **3.** Dur, sévère. *Une règle bien rude.* **II.** (Personnes) **1.** Fruste, mal dégrossi. *Un homme rude.* **2.** Endurci par des conditions d'existence difficiles. *Un rude montagnard.* **3.** Sévère et brutal. *Il est très rude avec ses enfants.* – *Par ext.* Fam. Considérable, très grand. *Une rude chance.* **4.** (Toujours avant le nom.) Redoutable. *Un rude jouteur.* – Lat. *rudis,* « brut, inculte, grossier ».

rudement [ʀydmɑ̃] adv. **1.** De façon rude. *Être rudement traité.* **2.** Fam. Beaucoup, très. *J'ai rudement faim. Elle est rudement belle.* – De *rude.*

rudenté, ée [ʀydɑ̃te] adj. ARCHI Orné de rudentures. *Pilastre rudenté.* – Du lat. *rudens, rudentis,* « cordage ».

rudenture [ʀydɑ̃tyʀ] n. f. ARCHI Ornement en forme de câble ou de baguette, au bas des cannelures d'une colonne, d'un pilastre. – De *rudenté.*

rudéral, ale, aux [ʀydeʀal, o] adj. BOT Qui pousse dans les décombres (à cause de leur richesse en azote). *L'ortie est une plante rudérale.* – Du lat. *rudus, ruderis,* « décombres ».

rudération [ʀydeʀasjɔ̃] n. f. TECH Pavage en cailloux ou en petites pierres. – Lat. *ruderatio.*

rudesse [ʀydɛs] n. f. **1.** Caractère de ce qui est rude. *Rudesse d'une matière.* **2.** Caractère d'une personne rude ; brutalité, dureté. *La rudesse de ses manières.* – De *rude.*

rudiment [ʀydimɑ̃] n. m. **1.** (Plur.) Premières notions d'une science, d'un art. *Les rudiments de la chimie.* **2.** BIOL Forme ébauchée ou atrophiée d'un organe. *Rudiment d'aile.* – Lat. *rudimentum,* « apprentissage, premier élément ».

rudimentaire [ʀydimɑ̃tɛʀ] adj. **1.** Peu développé. *Savoir rudimentaire.* ▷ Sommaire. *Confort rudimentaire.* **2.** BIOL À l'état de rudiment (sens 2). *Organe rudimentaire.* – De *rudiment.*

rudistes [ʀydist] n. m. pl. PALEONT Sous-ordre de mollusques lamellibranches fossiles (jurassique et crétacé). - Sing. *Un rudiste.* – De *rude,* à cause des aspérités de leurs coquilles.

rudoiement [ʀydwamɑ̃] n. m. Litt. Action de rudoyer. – De *rudoyer.*

rudoyer [ʀydwaje] v. tr. [**23**] Traiter rudement. – De *rude.*

1. rue [ʀy] n. f. **1.** Voie bordée de maisons, dans une agglomération. ▷ *Être à la rue :* être sans domicile ; être dans la misère. - *L'homme de la rue :* le citoyen ordinaire. **2.** Par méton. *La rue :* les habitants d'une rue. *Toute la rue était aux balcons.* **3.** *La rue :* lieu de manifestations, d'émeutes ; *par ext.,* ces mouvements eux-mêmes. *La rue alors imposait sa loi.* **4.** Espace, passage en couloir. ▷ THEAT Espace entre deux coulisses. – Du lat. *ruga,* « ride », et, par métaph., « chemin ».

2. rue [ʀy] n. f. BOT Plante herbacée (genre *Ruta,* fam. rutacées), vivace, à fleurs jaunes, malodorante, dont certaines variétés sont officinales. – Du lat. *ruta.*

ruée [ʀɥe] n. f. Action de se ruer ; fait de se précipiter en nombre vers un même lieu. *La ruée des vacanciers vers les stations balnéaires.* – Pp. fém. subst. de *ruer.*

ruelle [ʀyɛl] n. f. **1.** Petite rue étroite. **2.** Espace laissé entre un lit et un mur ou entre deux lits. ▷ LITTER Aux XVIe et XVIIe s., chambre à coucher, alcôve où l'on tenait salon. *Les ruelles des précieuses.* – Dimin. de *rue* 1.

ruer [ʀye] v. [**1**] **1.** v. intr. Lancer en l'air avec force les pieds de derrière (en parlant d'un cheval, d'un âne, etc.). ▷ Loc. fig. (Personnes) *Ruer dans les brancards :* se rebeller. **2.** v. pron. Se lancer vivement, impétueusement. *Se ruer sur qqn, à l'attaque, vers la sortie.* – Du bas lat. *rutare,* intensif de *ruere,* « pousser ».

rufian ou **ruffian** [ʀyfjɑ̃] n. m. **1.** Vx Entremetteur, souteneur. **2.** Mod., litt. Homme audacieux et sans scrupule, qui vit d'expédients. – Ital. *ruffiano,* du rad. germ. *hruf,* « croûte », pour qualifier, par métaph., la rudesse, la grossièreté.

rugby [ʀygbi] n. m. Sport qui oppose deux équipes de quinze joueurs et qui consiste à porter un ballon ovale, joué à la main ou au pied, derrière la ligne de but adverse (essai), ou à le faire passer d'un coup de pied entre les poteaux de but, au-dessus de la barre transversale (transformation, drop-goal et pénalité). – Mot angl., de *Rugby,* n. d'une école où ce jeu fut conçu.

rugbyman [ʀygbiman], plur. **rugbymen** [ʀygbimɛn] (Faux anglicisme) n. m. Joueur de rugby. – De *rugby,* et angl. *man,* « homme ».

rugine [ʀyʒin] n. f. CHIR Instrument formé d'une plaque d'acier aux bords taillés en biseau, qui sert à racler les os. – Bas lat. *rugina,* class. *runcina,* « rabot ».

ruginer [ʀyʒine] v. tr. [**1**] CHIR Racler (un os) avec la rugine. – De *rugine.*

rugir [ʀyʒiʀ] v. [**3**] **I.** v. intr. **1.** Pousser un rugissement (sens 1). ▷ Fig. *La tempête rugit.* **2.** Hurler, vociférer. *Rugir de colère.* **II.** v. tr. Dire en criant, en menaçant. *Rugir des imprécations, des insultes.* – Lat. *rugire.*

rugissant, ante [ʀyʒisɑ̃, ɑ̃t] adj. Qui rugit. – Ppr. de *rugir.*

rugissement [ʀyʒismɑ̃] n. m. **1.** Cri du lion et, par ext., de bêtes féroces. ▷ Fig. *Le rugissement des flots.* **2.** Cri, hurlement d'une personne. *Des rugissements de fureur.* – De *rugir.*

rugosité [ʀygɔzite] n. f. **1.** Petite aspérité sur une surface. **2.** Caractère d'une surface rugueuse. – De *rugueux.*

rugueux, euse [ʀygø, øz] adj. Qui est rude au toucher ; qui présente des rugosités. – Lat. *rugosus,* de *ruga,* « ridé ».

ruiler [ʀɥile] v. tr. [**1**] CONSTR Combler au mortier (l'intervalle entre un mur et un toit). – Du lat. *regula,* « règle » ; d'abord « régler du papier », « gâcher le mortier ».

ruine [ʀɥin] n. f. **1.** (Surtout au plur.) Débris d'une ville, d'un édifice détruits. *Les ruines de Carthage.* **2.** Dégradation, écroulement d'un édifice. *Château qui menace ruine, qui tombe en ruine.* **3.** Fig. Effondrement, destruction. *La ruine d'un État.* - *Être la ruine de :* être la cause même de l'effondrement, de la destruction, de la perte de. *Cette faute sera la ruine de son crédit.* **4.** Perte des biens, de la fortune. *Ruine d'un banquier, d'une entreprise.* **5.** Personne dans un état de grande dégradation physique ou morale. *Cet homme n'est plus qu'une ruine.* – Lat. *ruina,* de *ruere,* « tomber, s'écrouler ».

ruine-de-Rome [ʀɥindəʀɔm] n. f. BOT Syn. de *cymbalaire. Des ruines-de-Rome.* – De *ruine, de,* et *Rome.*

ruiner [ʀɥine] v. tr. [**1**] **1.** Litt. Ravager, détruire. *L'averse a ruiné la moisson.* **2.** Fig. Causer la ruine (sens 3) de. *Ruiner une carrière.* - v. pron. *Il se ruine la santé.* ▷ Infirmer, réduire à rien. *Ruiner une hypothèse.* **3.** Faire perdre sa fortune à (qqn). *Le krach l'a ruiné.* ▷ v. pron. *Il s'est ruiné par amour du jeu.* - Dépenser trop. *Il se ruine en voyages.* – De *ruine.*

ruineusement [ʀɥinøzmɑ̃] adv. De façon ruineuse, coûteuse. – De *ruineux.*

ruineux, euse [ʀɥinø, øz] adj. Qui cause la ruine, qui entraîne à des dépenses excessives. *Plaisirs ruineux.* – Du lat. *ruinosus,* « qui menace ruine ».

ruiniforme [ʀɥinifɔʀm] adj. GEOL Se dit des roches ou des reliefs auxquels l'érosion a donné un aspect de ruine. – De *ruine,* et *-forme.*

ruiniste [ʀɥinist] n. BX-A Peintre de ruines. *Hubert Robert est un ruiniste.* – adj. *Peintre ruiniste.* – De *ruine.*

ruinure [ʀɥinyʀ] n. f. TECH Entaille faite sur le côté d'une solive pour donner prise à la maçonnerie. – Var. de l'a. fr. *royneure,* «rainure».

ruisseau [ʀɥiso] n. m. **1.** Petit cours d'eau. **2.** *Ruisseau de :* flot de liquide qui coule, s'épanche. *Des ruisseaux de larmes.* **3.** Eau qui coule au milieu d'une rue ou le long des trottoirs; caniveau où elle coule. ▷ Fig. Origine misérable, situation avilissante. *Tirer qqn du ruisseau.* – Du lat. pop. **rivuscellus,* dimin. de *rivus*; var. anc. *ruissel.*

ruisselant, ante [ʀɥislɑ̃, ɑ̃t] adj. Qui ruisselle. *Manteau ruisselant de pluie.* – Ppr. de *ruisseler.*

ruisseler [ʀɥisle] v. intr. [19] **1.** Couler en filets d'eau. *Larmes qui ruissellent.* **2.** *Ruisseler de :* avoir sur soi (un liquide qui coule, ruisselle). *Ruisseler de sueur.* ▷ Fig. *Ruisseler de lumières.* – De *ruissel,* var. anc. de *ruisseau.*

ruisselet [ʀɥislɛ] n. m. Petit ruisseau. – Dimin. de *ruissel,* var. anc. de *ruisseau.*

ruissellement [ʀɥisɛlmɑ̃] n. m. **1.** Fait de ruisseler. ▷ Fig. *Un ruissellement de lumière.* **2.** GEOL Écoulement des eaux pluviales sur une pente. *Ruissellement en nappe. Eaux de ruissellement.* – De *ruisseler.*

rumb. V. rhumb.

rumba [ʀumba] n. f. Danse d'origine afro-cubaine; air sur lequel on la danse. – Mot esp. des Antilles.

rumen [ʀymɛn] n. m. ZOOL Premier estomac des ruminants, appelé aussi *panse.* – Mot bas latin.

rumeur [ʀymœʀ] n. f. **1.** Bruit confus de voix. *Rumeur d'un auditoire.* ▷ *Par anal.* Bruit sourd, lointain. *La rumeur de la mer.* **2.** Bruit, nouvelle qui court dans le public. *Ce n'est encore qu'une rumeur. Nouvelle répandue par la rumeur publique.* **3.** Murmure de mécontentement. *Rumeurs diverses dans la salle.* – Lat. *rumor, rumoris,* «bruit qui court».

ruminant, ante [ʀyminɑ̃, ɑ̃t] adj. et n. m. **1.** adj. Qui rumine. *Mammifère ruminant.* **2.** n. m. pl. ZOOL Sous-ordre de mammifères artiodactyles (bovidés, camélidés, cervidés, etc.) pourvus d'un appareil digestif propre à la rumination. - Sing. *Un ruminant.* – Ppr. de *ruminer.*

rumination [ʀyminasjɔ̃] n. f. **1.** Chez les ruminants, action de ramener les aliments, après une première déglutition, de la panse dans la bouche pour les mâcher de nouveau. **2.** Fig. Fait de ressasser. – Lat. *ruminatio.*

ruminer [ʀymine] v. tr. [1] **1.** Opérer la rumination. **2.** Fig. Penser et repenser à (qqch), ressasser. *Ruminer un dessein.* – Lat. *ruminare,* de *rumen,* «rumen».

rumsteck. V. romsteck.

runabout [ʀœnəbawt] n. m. (Anglicisme) Canot de course ou de plaisance à moteur intérieur. – Mot angl., propr. «vagabond», de *to run,* «courir», et *about,* «çà et là».

rune [ʀyn] n. f. Didac. Caractère des anciens alphabets germaniques et scandinaves. – Mot norv.; suéd. *runa*; got. *runa,* «secret, écriture secrète».

runique [ʀynik] adj. **1.** Didac. Relatif aux runes; écrit en runes. **2.** Propre aux peuples qui utilisaient les runes. *Écriture runique.* – De *rune.*

ruolz [ʀyɔlts; ʀɥɔls] n. m. TECH Alliage blanc, composé de cuivre, de nickel et d'argent. – Du n. du comte de *Ruolz* (1808-1887), chimiste français.

rupestre [ʀypɛstʀ] adj. **1.** BOT Qui croît sur les rochers. *Plante rupestre.* **2.** Exécuté sur ou dans des rochers. *Tombe rupestre.* ▷ *Peintures rupestres :* peintures sur les parois des cavernes. *Peintures rupestres d'Altamira.* – Lat. mod. *rupestris,* du lat. class. *rupes,* «rocher».

rupiah [ʀypja] n. f. Unité monétaire de l'Indonésie. – Mot indonésien, «roupie».

rupicole [ʀypikɔl] n. m. ORNITH Oiseau passériforme (genre *Rupicola*), au plumage orange vif, appelé aussi *coq de roche.* – Du lat. *rupes,* «rocher», et *-cole.*

rupin, ine [ʀypɛ̃, in] adj. et n. (Rare au fém.) Pop. Riche. - *C'est drôlement rupin,* luxueux. – De l'arg. *rupe, ripe,* «dame», p.-ê. du moyen fr. *ripe,* «gale», de *riper,* «gratter», moyen néerl. *rippen.*

rupiner [ʀypine] v. intr. [1] Arg. (des écoles) Briller, réussir. *Rupiner à l'oral.* ▷ v. tr. Travailler beaucoup, potasser (un sujet). – De *rupin.*

rupteur [ʀyptœʀ] n. m. ELECTR Appareil d'ouverture et de fermeture du circuit primaire dans une bobine d'induction (utilisé notam. pour produire l'étincelle aux bougies d'un moteur). – Du lat. *ruptor,* «celui qui rompt», de *rumpere,* «rompre».

rupture [ʀyptyʀ] n. f. **1.** Action de rompre, fait de se rompre; son résultat. *Rupture d'une branche, d'un câble.* ▷ MED Déchirure subite d'un vaisseau, d'un organe. *Rupture d'anévrisme.* **2.** Cessation, changement brusque. *Rupture d'équilibre, de rythme.* - *En rupture de stock :* les marchandises d'un stock étant devenues insuffisantes pour satisfaire les commandes. - *Rupture de pente :* modification brutale de la pente d'un terrain. - *Rupture de charge :* transbordement de marchandises d'un véhicule à un autre. ▷ Fait de rompre, d'annuler (un engagement, un projet, etc.). *Rupture de contrat.* **3.** Séparation de personnes qui étaient liées. – Lat. imp. *ruptura,* de *rumpere,* «rompre».

rural, ale, aux [ʀyʀal, o] adj. et n. Relatif à la campagne, aux personnes qui l'habitent. *Vie rurale. Monde rural.* ▷ Subst. (Surtout au plur.) Habitant de la campagne. *Les ruraux.* – Lat. tardif *ruralis,* de *rus, ruris,* «campagne».

rurbain, aine [ʀyʀbɛ̃, ɛn] adj. SOCIOL Influencé à la fois par la vie rurale et par la vie urbaine. – De *rural,* et *urbain.*

rurbanisation [ʀyʀbanizasjɔ̃] n. f. SOCIOL Phénomène de peuplement des villages proches des villes par des personnes travaillant dans celles-ci. – De *rural,* et *urbanisation.*

ruse [ʀyz] n. f. **1.** Artifice, moyen habile dont on se sert pour tromper. *Ruse de guerre :* stratagème pour tromper l'ennemi. **2.** Habileté à tromper, à feindre, à agir de façon artificieuse. *Vaincre par la ruse.* – De l'a. v. *reüser,* «repousser, faire reculer», du lat. *recusare.*

rusé, ée [ʀyze] adj. et n. **1.** Qui a de la ruse. ▷ Subst. *C'est une rusée.* **2.** Qui dénote la ruse. *Air rusé.* – De *ruse.*

ruser [ʀyze] v. intr. [1] Agir avec ruse; employer des ruses. – A. fr. *reüser*; du lat. *recusare,* «refuser», puis «repousser». V. ruse.

rush, plur. **rushes** [ʀœʃ] n. m. (Anglicisme) **I. 1.** SPORT Ruée d'un groupe de joueurs; effort final d'un concurrent. **2.** Ruée, afflux. *Le rush des vacanciers.* **II.** CINE, AUDIOV (Surtout au plur.) Prises de vue avant montage. Syn. (off. recommandé) épreuve de tournage. – Mot angl. «ruée».

russe [ʀys] adj. et n. **1.** De l'ancien Empire russe ou de la Russie. ▷ Subst. Sujet de l'ancien Empire russe ou citoyen de la Russie. - Anc. *Abusiv.* Citoyen soviétique. ▷ *Les Russes blancs :* les Russes hostiles à la révolution, qui combattirent celle-ci (1917-1922) ou qui émigrèrent. ▷ n. m. *Le russe :* la langue slave parlée en Russie et qui fut la langue officielle de l'U.R.S.S. **2.** *Montagnes russes :* V. montagne. - *Roulette* russe.* - *Salade* russe.* – De *Russie.*

russien, enne [ʀysjɛ̃, ɛn] adj. et n. Vx Russe, originaire de Russie. *Grand-russien :* russe proprement dit.

Petit-russien : d'Ukraine. *Blanc-russien* : de Biélorussie. – De *Russie*.

russification [ʀysifikasjɔ̃] n. f. Action de russifier, fait de se russifier ; son résultat. – De *russifier*.

russifier [ʀysifje] v. tr. [2] Faire adopter les mœurs, les institutions, la langue russes à. – De *russe*, et *-fier*.

russophile [ʀysɔfil] adj. et n. Rare Qui aime les Russes, la Russie. – De *russe*, et *-phile*.

russophone [ʀysɔfɔn] adj. et n. Dont le russe est la langue ; qui parle russe. – De *russe*, et *-phone*.

russule [ʀysyl] n. f. BOT Agaric au chapeau jaune-vert, rouge ou brun violacé, dont plusieurs espèces sont comestibles mais peu agréables au goût, tandis que d'autres sont toxiques. – Lat. bot. *russula*, du class. *russulus*, « rougeâtre ».

rustaud, aude [ʀysto, od] adj. et n. Vieilli Qui manque de délicatesse, d'usages ; balourd, mal dégrossi. – Subst. *Quel rustaud !* – De *rustre*.

rustauderie [ʀystodʀi] n. f. Rare Manière d'être ou d'agir d'un rustaud. – De *rustaud*.

rusticage [ʀystikaʒ] n. m. TECH Action, opération qui consiste à rustiquer une pierre, un mur ; son résultat. ▷ Mortier clair servant à rustiquer les murs. – De *rustiquer*.

rusticité [ʀystisite] n. f. **1.** Simplicité ou grossièreté rustique (1, sens 1). **2.** Caractère d'une plante, d'un animal rustique (1, sens 4). – Lat. *rusticitas*, de *rusticus*, « rustique ».

rustine [ʀystin] n. f. Rondelle adhésive de caoutchouc qui sert à réparer les chambres à air. – Nom déposé ; de *Rustin*, nom d'un industriel.

1. rustique [ʀystik] adj. et n. m. **1.** Litt. De la campagne ; des gens de la campagne. *Vie rustique*. ▷ D'une simplicité rude. *Manières rustiques*. **2.** AMEUB D'un style provincial traditionnel, ou imité de ce style. *Meuble rustique*. ▷ n. m. *Aimer le rustique*. **3.** ARCHI Qui est fait de pierres brutes, naturelles ou imitées, et ornées de saillies. *Colonne rustique. L'ordre rustique* ou, n. m., *le rustique*. **4.** Qui s'adapte à toutes les conditions climatiques. *Plante, animal rustique*. – Lat. *rusticus*, de *rus, ruris*, « campagne ».

2. rustique [ʀystik] n. m. TECH Outil de tailleur de pierre, marteau à deux tranchants crénelés. – De *rustiquer*.

rustiquer [ʀystike] v. tr. [1] TECH **1.** Donner par la taille un aspect brut à (une pierre). **2.** Donner par façonnage ou par un crépi grossier un aspect brut à (un mur). – De *rustique* 1.

rustre [ʀystʀ] n. m. et adj. Homme grossier, qui manque d'éducation. – adj. Discourtois, marqué de rudesse. *Des manières rustres*. – Adapt. du lat. *rusticus*, « rustique ».

rut [ʀyt] n. m. État physiologique des animaux, partic. des mammifères, qui les pousse à l'accouplement. ▷ Fig., fam. Excitation sexuelle (en parlant des humains). – Du lat. *rugitus*, « rugissement ».

rutabaga [ʀytabaga] n. m. Variété de navet à racine tubéreuse comestible. – Du suéd. *rotabaggar*, « chou-rave ».

rutacées [ʀytase] n. f. pl. BOT Famille de plantes dicotylédones dialypétales, qui comprend notam. les agrumes et les rues. – Sing. *Une rutacée*. – Du lat. *ruta*, « rue (plante) ».

ruthénium [ʀytenjɔm] n. m. CHIM Élément métallique de numéro atomique Z = 44, de masse atomique 101,07 (symbole Ru). – Métal (Ru) blanc, de densité 12,2, qui fond vers 2 500 °C et bout vers 3 900 °C. – Du lat. médiév. *Ruthenia*, « Ruthénie » (Ukraine subcarpatique) où fut découvert ce métal.

rutilance [ʀytilɑ̃s] n. f. ou **rutilement** [ʀytilmɑ̃] n. m. Litt. État, éclat de ce qui est rutilant. – De *rutilant*.

rutilant, ante [ʀytilɑ̃, ɑ̃t] adj. **1.** D'un rouge ardent. **2.** Qui brille d'un vif éclat. – Lat. *rutilans*, de *rutilare*, « teindre en rouge » et aussi « briller », de *rutilus*, « d'un rouge ardent ».

rutile [ʀytil] n. m. MINER Oxyde naturel de titane (TiO_2). – Du lat. *rutilus*, « rouge ardent ».

rutilement. V. rutilance.

rutiler [ʀytile] v. intr. [1] Être rutilant ; briller d'un vif éclat. – Lat. *rutilare*. V. rutilant.

rwandais, aise [ʀuɑ̃dɛ, ɛz] adj. et n. Du Rwanda, État d'Afrique centrale. ▷ Subst. *Un(e) Rwandais(e)*.

rydberg [ʀidbɛʀg] n. m. PHYS NUCL Unité d'énergie (symbole Ry) égale à l'énergie d'ionisation de l'atome d'hydrogène telle qu'elle est calculée dans le cadre du modèle de Bohr (soit 13,6 électronvolts). – Du n. de J.R. *Rydberg*, physicien suédois (1854-1919).

rynchite. V. rhynchite.

rythme [ʀitm] n. m. **1.** Distribution constante, retour périodique des temps forts et des temps faibles (sons, syllabes, césures, etc.) dans une phrase musicale, un vers, une période oratoire, etc. **2.** *Par anal.* Distribution des éléments constitutifs d'une œuvre picturale, architecturale, etc. *Le rythme des volumes*. **3.** Alternance régulière. *Le rythme des saisons*. ▷ Mouvement périodique ou cadencé. *Rythme cardiaque*. ▷ Allure d'un mouvement, d'une action, d'un processus quelconque. *Vivre au rythme de son temps*. – Lat. *r(h)ythmus*, gr. *rhuthmos*.

rythmé, ée [ʀitme] adj. Qui a un rythme. – De *rythme*.

rythmer [ʀitme] v. tr. [1] **1.** Donner un rythme à. *Rythmer un air*. **2.** Soumettre à un rythme ; marquer le rythme de. *Rythmer du pied une chanson*. – De *rythmé*.

rythmicien, enne [ʀitmisjɛ̃, ɛn] n. **1.** Didac. Spécialiste de la rythmique grecque ou latine. **2.** Poète habile dans l'utilisation des rythmes. **3.** Musicien spécialisé dans les instruments rythmiques. – De *rythmique*.

rythmique [ʀitmik] adj. et n. f. **I.** adj. **1.** Relatif au rythme. *Harmonie rythmique*. **2.** Qui est soumis à un rythme, qui se fait selon un rythme. *Mouvements rythmiques. Danse rythmique* ou, n. f., *la rythmique*. ▷ *Versification rythmique*, fondée sur la distribution des accents toniques (et non sur le nombre ou la durée des syllabes). **3.** Qui donne le rythme. *Section rythmique*. **II.** n. f. **1.** Vx Loi des rythmes en musique. **2.** Didac. Science des rythmes en prose ou en poésie (partic. dans les vers grecs ou latins). – Bas lat. *rhythmicus*, gr. *rhutmikos*.

rythmiquement [ʀitmikmɑ̃] adv. Avec rythme, en cadence. – De *rythmique*.

s [ɛs] n. m. **1.** Dix-neuvième lettre (s, S) et quinzième consonne de l'alphabet, appelée sifflante, notant [z] devant une voyelle (ex. *des idées* [dezide]), muette comme marque du plur., en finale de certains mots (ex. *ras* [ʀɑ]) et des formes verbales. *Un s euphonique.* **2.** Par anal. *Route en S* en lacet. **3.** S. : abrév. de *sud.* ▷ s : symbole de la seconde. ▷ PHYS S : symbole du siemens. ▷ CHIM S : symbole du soufre.

sa, adj. poss. V. son (1).

1. S.A. Sigle pour l'expr. all. *Sturm Abteilung,* «section d'assaut». Formation paramilitaire nazie, créée en 1921 par Hitler en Bavière et étendue à tout le Reich en 1931. Elle aida à la prise du pouvoir par Hitler. Mais celui-ci, inquiet de la puissance des S.A. (3 millions d'hommes en 1933), décida d'éliminer leurs chefs (nuit des longs couteaux, 30 juin 1934), et réduisit leur rôle.

2. S.A. Sigle de *société anonyme*.*

sabayon [sabajɔ̃] n. m. Crème à base de vin, d'œufs, de sucre et d'aromates. – Ital. *zabaione.*

sabbat [saba] n. m. **1.** RELIG *Sabbat* ou *shabbat :* repos que la loi de Moïse prescrit aux juifs d'observer le samedi, septième jour de la semaine, consacré au culte divin. **2.** Assemblée nocturne de sorciers et de sorcières, dans les croyances médiévales. **3.** Fig. Désordre bruyant. – Lat. ecclés. *sabbatum,* de l'hébreu *schabbat,* «repos», par le gr. *sabbaton.*

sabbathien, enne [sabatjɛ̃, ɛn] n. HIST Membre d'une secte chrétienne fondée par Sabbathius au XIVe s., qui célébrait la Pâque le même jour que les juifs. – Du n. de *Sabbathius.*

sabbatique [sabatik] adj. **1.** Relatif au sabbat (sens 1). **2.** ANTIQ *Année sabbatique,* qui revenait tous les sept ans et pendant laquelle les juifs, conformément à la loi mosaïque, laissaient les terres en jachère et ne devaient pas exiger les créances. – Mod. Année de congé d'études ou de recherche, accordée dans certains pays aux universitaires ou à des cadres d'entreprise. – De *sabbat.*

1. sabéen, enne [sabeɛ̃, ɛn] n. et adj. ANTIQ Du pays de Saba. – De *Saba,* royaume de l'Antiquité au S.-O. de l'Arabie (Yémen).

2. sabéen, enne [sabeɛ̃, ɛn] n. et adj. RELIG **1.** Membre d'une secte judéo-chrétienne (probabl. celle des mandéens, cf. mandéisme,) mentionnée dans le Coran. **2.** Membre d'une secte d'adorateurs des astres de Harran, en Turquie (disparue au XIe s.). – De l'araméen *ç'ba,* «baptiser», rattaché à l'hébreu *çaba,* «armée (du ciel)».

sabéisme [sabeism] n. m. Religion des sabéens (1 et 2). – De *sabéen.*

sabelle [sabɛl] n. f. ZOOL Annélide polychète sédentaire marin (genre *Sabella*), qui vit dans un tube d'où sort un panache de branchies. – Lat. zool. *sabella,* p.-ê. du class. *sabulum,* «sable».

sabellianisme [sabeljanism] n. m. RELIG Doctrine de Sabellius selon laquelle la Trinité forme une seule personne se manifestant sous trois aspects. – Du n. de *Sabellius,* hérésiarque chrétien (IIIe s.).

sabellique [sabelik] n. m. LING Groupe de parlers italiques localisés à l'E. du Latium, dont le sabin faisait partie et qui ont été éliminés par le latin. – Du lat. *Sabelli,* nom des montagnards de l'Apennin.

sabin, ine [sabɛ̃, in] adj. et n. **1.** adj. ANTIQ ROM D'un peuple d'Italie centrale, qui vivait dans une région voisine de Rome. ▷ Subst. *L'enlèvement des Sabines.* **2.** n. m. *Le sabin :* la langue du sabellique parlée par les Sabins. – Lat. *sabinus.*

sabine [sabin] n. f. Genévrier de l'Europe méridionale (*Juniperus sabina*) dont les feuilles ont des propriétés médicinales. – Lat. *sabina (herba),* «herbe des Sabins».

sabir [sabiʀ] n. m. **1.** Mélange d'arabe, d'espagnol, de français, d'italien, parlé autref. en Afrique du Nord et dans le Levant par des groupes de langues maternelles différentes. **2.** LING Langue mixte, généralement à usage commercial, parlée par des communautés voisines de langues différentes. **3.** *Par ext.,* péjor. Langue formée d'éléments hétéroclites; charabia. – De l'esp. *saber,* «savoir».

sablage [sablaʒ] n. m. Action de sabler (sens 1 et 3); son résultat. – De *sabler.*

1. sable [sɑbl] n. m. et adj. inv. **I.** n. m. **1.** Roche détritique meuble composée de petits grains de nature et d'origine variables. *Sables siliceux, calcaires, coquilliers. Les lapilli sont des sables non détritiques. Sables mouvants :* sable humide, sans consistance, où le pied enfonce avec risque d'enlisement; sable sec que les vents déplacent dans les régions désertiques. **2.** Loc. fig. *Bâtir sur le sable :* entreprendre qqch sur des bases très fragiles. ▷ Fam. *Être sur le sable :* être sans argent, ruiné, ou sans emploi. ▷ *Être bâti à chaux et à sable :* être d'une grande résistance, d'une santé à toute épreuve. **II.** adj. inv. Couleur de sable, beige clair. *Des vestes sable.* – Adapt., d'ap. *sablon,* du lat. *sabulum.*

2. sable [sɑbl] n. m. HERALD Couleur noire, représentée en gravure par des hachures verticales et horizontales croisées. – Lat. médiév. *sabellum,* polonais *sabol,* ou russe *sobol,* «zibeline».

sablé, ée [sable] adj. et n. m. **1.** adj. *Pâte sablée :* pâte friable, à forte proportion de beurre. **2.** n. m. Petit gâteau sec à pâte sablée. – De *Sablé-sur-Sarthe,* ville d'origine de ce gâteau.

sabler [sable] v. tr. [1] **1.** Couvrir de sable. *Sabler une allée.* **2.** TECH Couler dans un moule de sable. ▷ Fig., vx Boire d'un trait. – Mod. *Sabler le champagne* : boire du champagne pour fêter un événement. **3.** TECH Décaper, dépolir, etc., à l'aide d'un jet de sable, d'une sableuse. – De *sable* 1.

sablerie [sabləʀi] n. f. TECH Partie d'une fonderie où l'on fait les moules de sable. – De *sable* 1.

sableur, euse [sablœʀ, øz] n. **I.** n. m. **1.** Ouvrier qui prépare les moules en sable dans une fonderie. **2.** Ouvrier qui travaille à la sableuse. **II.** n. f. Machine qui projette un jet de sable fin sur des corps durs pour les décaper, les dépolir, etc. – De *sabler.*

sableux, euse [sablø, øz] adj. De la nature du sable; qui contient du sable. *Terrain sableux.* – De *sable* 1.

sablier [sablije] n. m. Appareil composé de deux ampoules dont l'une contient du sable qui s'écoule dans l'autre par un étroit conduit, utilisé pour la mesure du temps. – De *sable* 1.

sablière [sablijɛʀ] n. f. (et adj. f.) **I.** TECH Longue poutre horizontale, sur laquelle s'appuient les autres pièces d'une charpente. ▷ adj. f. *Panne* sablière.* **II. 1.** Carrière de sable. **2.** CH de F Réservoir à sable (utilisé contre le patinage des roues motrices). – De *sable* 1.

sablon [sablɔ̃] n. m. Sable très fin. – Lat. *sabulo, sabulonis,* de *sabulum,* « sable ».

sablonner [sablɔne] v. tr. [1] **1.** Récurer avec du sablon. **2.** TECH Répandre, avant soudure, du sable fin sur (du fer chaud). – De *sablon.*

sablonneux, euse [sablɔnø, øz] adj. Où le sable abonde. – De *sablon.*

sablonnière [sablɔnjɛʀ] n. f. Lieu d'où l'on extrait le sable, le sablon. – De *sablon.*

sabord [sabɔʀ] n. m. MAR Ouverture quadrangulaire dans la muraille d'un navire pour donner passage à la volée d'un canon. – *Sabord de charge,* pour embarquer des marchandises, etc. – *Sabord de décharge,* pour l'évacuation de l'eau embarquée sur le pont. ▷ Fam. *Mille sabords!* : juron prêté aux marins. – P.-ê. de *bord.*

sabordage [sabɔʀdaʒ] ou, rare, **sabordement** [sabɔʀdəmɑ̃] n. m. Action de (se) saborder. – De *saborder.*

saborder [sabɔʀde] v. tr. [1] **1.** *Saborder un navire,* percer des voies d'eau sous la flottaison pour le couler. ▷ v. pron. Couler son propre navire (pour qu'il ne tombe pas aux mains de l'ennemi). **2.** Fig. Mettre volontairement fin à l'existence (économique, politique, etc.) de. *Saborder son entreprise.* ▷ v. pron. *Régime qui se saborde.* – De *sabord.*

sabot [sabo] n. m. **1.** Chaussure de bois (faite en une seule pièce ou constituée d'une semelle de bois et d'un dessus en une autre matière). – Loc. fig. *Je le vois venir avec ses gros sabots* : je devine facilement ses intentions. **2.** Enveloppe cornée de la dernière phalange des doigts, chez les ongulés. **3.** TECH Garniture d'ornement ou de protection, en bois ou en métal, à l'extrémité d'un pied de meuble, d'un pieu, etc. ▷ *Sabot de Denver* : grosse pince utilisée par les services de police pour bloquer l'une des roues d'un véhicule en stationnement illicite. ▷ *Sabot de frein* : pièce mobile qui vient s'appliquer contre le bandage d'une roue pour la freiner. **4.** Anc. Toupie d'enfant qu'on faisait tourner en la fouettant. – Vx *Le sabot dort,* tourne sur place tout en semblant immobile. – Fig. *Dormir comme un sabot,* profondément. **5.** (En appos.) *Baignoire sabot* : petite baignoire courte dans laquelle l'on se tient assis. **6.** Fam. Mauvais outil, instrument, véhicule, etc. ▷ *Travailler comme un sabot,* très mal. **7.** BOT *Sabot de Vénus* ou *sabot de la Vierge* : nom vulg. de l'orchidée *cypripedium.* – Probabl. de *savate,* et de l'a. fr. *bot,* « objet massif, mal dégrossi »; ou (sens 4) de l'a. fr. *çabot,* « toupie ».

sabotage [sabɔtaʒ] n. m. **1.** TECH Action de saboter (un pieu, une traverse, etc.). **2.** Action de saboter (un travail). **3.** Acte visant à détériorer ou détruire une machine, une installation, à désorganiser un service, etc. ▷ Par anal. *Sabotage d'un plan de paix.* – De *saboter.*

saboter [sabɔte] v. tr. [1] **1.** TECH Garnir d'un sabot. *Saboter un pilotis.* ▷ CH de F Entailler (les traverses d'une voie ferrée) à l'emplacement des coussinets qui recevront les rails. **2.** Faire vite et mal. *Saboter un travail.* **3.** Procéder au sabotage (sens 3) de. *Saboter une machine.* ▷ Fig. *Saboter une négociation.* – De *sabot.*

saboterie [sabɔtʀi] n. f. Fabrique de sabots. – De *sabot.*

saboteur, euse [sabɔtœʀ, øz] n. Personne qui sabote un travail. ▷ Auteur d'un sabotage (sens 3). – De *saboter.*

sabotier, ère [sabɔtje, ɛʀ] n. Personne qui fabrique ou qui vend des sabots (sens 1). – De *sabot.*

sabra [sabʀa] n. Citoyen israélien né en Israël. – Du judéo-arabe *barbari,* « figue de Barbarie », transcrit en deux syllabes hébraïques, *sa* et *bra.*

sabrage [sabʀaʒ] n. m. TECH Opération consistant à débarrasser de ses impuretés la laine des toisons. – De *sabrer.*

sabre [sɑbʀ] n. m. **1.** Arme blanche à lame droite ou recourbée, tranchante d'un seul côté. ▷ Loc. *Traîneur de sabre* : militaire qui fanfaronne. – Fam., péjor. *Le sabre et le goupillon*.* **2.** TECH Tringle qui sert à nettoyer la toison des ovins. ▷ Instrument pour tondre les haies. ▷ Fam. Rasoir à main, à longue lame. – Hongr. *szábIya*; all. *Sabel,* var. de *Säbel.*

sabrer [sɑbʀe] v. tr. [1] **1.** Frapper à coups de sabre. **2.** Fig. Marquer, rayer vigoureusement. *Sabrer une page.* ▷ Biffer, amputer largement (un texte). *Sabrer un article.* ▷ Fam. *Sabrer qqn,* le congédier; le refuser à un examen, à un poste. ▷ Fam. *Sabrer un travail,* le faire vite et mal. **3.** TECH Nettoyer par sabrage. – De *sabre.*

sabretache [sabʀətaʃ] n. f. Anc. Sac plat que les cavaliers portaient à côté du sabre. – All. *Säbeltasche,* « poche de sabre ».

sabreur [sɑbʀœʀ] n. m. **1.** Militaire ou escrimeur qui se sert du sabre. **2.** Fam. Celui qui sabre le travail. – De *sabrer.*

sabreuse [sɑbʀøz] n. f. TECH Machine utilisée pour le sabrage. – De *sabrer.*

saburral, ale, aux [sabyʀal, o] adj. MED *Langue saburrale,* recouverte d'un enduit blanc jaunâtre. *Langue d'aspect saburral.* Syn. cour. langue chargée. – De l'anc. mot *saburre,* « lest, résidu gastrique », du lat. *saburra,* « lest », en parlant de l'estomac; de *sabulum,* « sable ».

1. sac [sak] n. m. **I. 1.** Poche en toile, en papier, en cuir, etc., ouverte seulement par le haut. *Sac à blé* : sac destiné à contenir du blé. *Sac de blé,* contenant du blé. ▷ *Course en sac,* où les concurrents, enfermés dans un sac jusqu'au cou ou jusqu'à la taille, doivent avancer en sautant. – Fig. *Homme de sac et de corde* : canaille, scélérat. ▷ *Sac à malice(s)* : sac d'où les escamoteurs tirent les objets de leurs tours. – Fig. *Avoir plus d'un tour dans son sac* : être fertile en expédients. **2.** Loc. fig. *Mettre dans le même sac* : confondre dans la même appréciation, dans la même réprobation. ▷ *Prendre qqn la main dans le sac,* en flagrant délit. ▷ Fam. *Sac à vin* : ivrogne. *Sac de nœuds, d'embrouilles* : affaire inextricable. **II. 1.** Nom de divers objets en matière souple, servant de contenant. *Sac de voyage, à provisions. Sac poubelle.* – *Sac à dos* : sac de voyage que l'on porte sur le dos, maintenu par deux bretelles. – *Sac à main :* sac de femme, servant à contenir les papiers, les fards, etc. – *Sac à ouvrage,* où l'on range les travaux de couture, de tricot, etc., en cours. ▷ *Sac de couchage :* sac en toile ou en matériau isolant, dans lequel on se glisse pour dormir, utilisé par les campeurs, les alpinistes, etc. **2.** Vx Dossier contenant les pièces d'un procès. ▷ Loc. fig., fam. *L'affaire est dans le sac,* le succès en est assuré. – *Vider son sac :* dire tout ce qu'on pense, ce qu'on a sur le cœur, ce qu'on tenait caché. **III. 1.** Contenu d'un sac. *Gâcher un sac de plâtre.* **2.** Pop. Somme de mille anciens francs (dix francs actuels). *J'en ai eu pour cent sacs!* **IV.** ANAT Cavité, enveloppe organique. *Sac lacrymal, herniaire.* ▷ BOT *Sac embryonnaire :* partie de l'ovule des angiospermes qui contient le gamète femelle. ▷ ZOOL *Sacs aériens :* réservoirs d'air qui prolongent les bronches d'un oiseau. – Lat. *saccus,* gr. *sakkos,* d'orig. sémitique, «sac, étoffe grossière».

2. sac [sak] n. m. Pillage. *Le sac d'une ville. Mettre à sac un magasin,* le piller. – Ital. *sacco,* dans l'expr. *mettere a sacco;* de l'all. *Sakman,* «pillard, brigand», de *Sak,* «sac».

saccade [sakad] n. f. **1.** Secousse brusque donnée aux rênes d'un cheval. **2.** Mouvement brusque et irrégulier. *Avancer, parler par saccades.* – De *saquer,* «tirer», forme dial. de l'a. fr. *sachier;* esp. *sacar,* «retirer de».

saccadé, ée [sakade] adj. Qui va, qui est fait par saccades. *Marche saccadée.* ▷ Fig. *Débit saccadé.* – Pp. de *saccader.*

saccader [sakade] v. tr. [1] **1.** EQUIT Donner des saccades à un cheval. **2.** Rendre saccadé. *Émotion qui saccade la voix.* – De *saccade.*

saccage [sakaʒ] n. m. Pillage, dévastation; bouleversement. – Déverbal de *saccager.*

saccager [sakaʒe] v. tr. **1.** Mettre à sac; dévaster. *Saccager un pays.* **2.** Bouleverser. *Saccager un appartement.* – Ital. *saccheggiare,* de *sacco.* (Cf. sac 2).

saccageur, euse [sakaʒœʀ, øz] n. et adj. Se dit d'une personne qui saccage. – De *saccager.*

sacchar(i)-, sacchar(o)-. Éléments, du lat. *saccharum,* du gr. *sakkharos,* «sucre».

saccharase [sakaʀɑz] n. f. BIOCHIM Syn. de *invertase.* – De *sacchar-,* et *(diast)ase.*

saccharate [sakaʀat] n. m. CHIM Sel de l'acide saccharique. – De *sacchar-,* et *-ate.*

saccharifère [sakaʀifɛʀ] adj. Didac. Qui produit, renferme du sucre. – De *sacchari-,* et *-fère.*

saccharification [sakaʀifikasjɔ̃] n. f. BIOCHIM Transformation des substances amylacées ou cellulosiques en sucres simples. – De *saccharifier.*

saccharifier [sakaʀifje] v. tr. [2] BIOCHIM Transformer en sucre. – De *sacchari-,* et *-fier.*

saccharimètre [sakaʀimɛtʀ] n. m. CHIM Appareil servant à doser ou à déterminer la concentration en sucre d'une solution. – De *sacchari-,* et *-mètre.*

saccharimétrie [sakaʀimetʀi] n. f. CHIM Ensemble des procédés qui permettent de déterminer la quantité et la nature des sucres contenus dans une solution. ▷ MED Dosage du sucre contenu dans un liquide organique (partic. l'urine). – De *sacchari-,* et *-métrie.*

saccharimétrique [sakaʀimetʀik] adj. Relatif à la teneur en sucre d'une solution. – De *saccharimétrie.*

saccharin, ine [sakaʀɛ̃, in] adj. Didac. De la nature du sucre; relatif au sucre, à sa fabrication. – De *sacchar-,* et *-in.*

saccharine [sakaʀin] n. f. CHIM et cour. Substance blanche (imide sulfobenzoïque) utilisée comme succédané du sucre. – De *saccharin.*

sacchariné, ée [sakaʀine] adj. Cour. Édulcoré à la saccharine. – De *saccharine.*

saccharique [sakaʀik] adj. CHIM *Acide saccharique,* obtenu par action de l'acide nitrique sur le saccharose, le glucose, le lactose et l'amidon. – De *sacchar-,* et *-ique.*

saccharo-. V. sacchar(i)-.

saccharoïde [sakaʀɔid] adj. Didac. Qui a l'aspect du sucre. *Gypse saccharoïde.* – De *sacchar-,* et *-oïde.*

saccharolé [sakaʀɔle] n. m. PHARM Médicament à base de sucre. – De *saccharol* (vx), «sucre employé comme excipient», de *sacchar-,* et *-ol.*

saccharomyces [sakaʀɔmisɛs] n. m. pl. BOT Nom scientifique des levures qui décomposent les sucres. – Sing. *Un saccharomyces.* – De *saccharo-,* et gr. *mukê,* «champignon».

saccharomycétales [sakaʀɔmisetal] n. m. pl. BOT Groupe de champignons ascomycètes dont le saccharomyces est le genre type. – Sing. *Un saccharomycétale.* – De *saccharomyces.*

saccharose [sakaʀoz] n. m. BIOCHIM Sucre alimentaire, constitué de glucose et de fructose. – De *sacchar-,* et *-ose* 1.

saccharure [sakaʀyʀ] n. m. PHARM Saccharolé solide. – De *sacchar-,* et *-ure.*

saccule [sakyl] n. m. ANAT Vésicule de l'oreille interne, à la partie inférieure du vestibule. – Du lat. *sacculus,* «petit sac».

sacculine [sakylin] n. f. ZOOL Crustacé cirripède (*Sacculina carcini*) parasite du crabe, qui prend, après fixation, l'aspect d'un sac appendu à l'abdomen de l'hôte, dans le corps duquel il développe ses filaments nourriciers. – Du lat. *sacculus,* «petit sac».

sacerdoce [sasɛʀdɔs] n. m. **1.** Dignité et fonction du ministre d'un culte. **2.** Fig. Toute fonction qui requiert haute conscience et abnégation. – Lat. *sacerdotium,* de *sacerdos, sacerdotis,* «prêtre», de *sacer,* «sacré».

sacerdotal, ale, aux [sasɛʀdɔtal, o] adj. Propre au sacerdoce, au prêtre. *Habits sacerdotaux.* – Lat. *sacerdotalis.*

sachée [saʃe] n. f. Rare Contenu d'un sac. – De *sac* 1.

sachem [saʃɛm] n. m. Vieillard faisant partie du conseil de la tribu, chez les Indiens d'Amérique du Nord. – Mot iroquois.

sachet [saʃɛ] n. m. Petit sac. *Sachet de thé, de lavande.* – De *sac* 1.

sacoche [sakɔʃ] n. f. Sac de cuir, de toile, etc., muni d'une poignée, d'une bandoulière, d'attaches, etc. *Sacoche d'écolier, d'encaisseur. Sacoche de bicyclette.* – Ital. *saccoccia,* de *sacco,* «sac».

sacolève [sakɔlɛv] n. m. ou **sacoléva** [sakɔleva] n. f. MAR Voilier utilisé par les Grecs et les Turcs pour la pêche des éponges. – Gr. mod. *sagolaiphea,* du gr. anc. *sakos* ou *sakkos,* «étoffe grossière», et *laiphos* ou *laiphê,* «voile de vaisseau».

sacome [sakom] n. m. ARCHI Moulure en saillie. – Ital. *sacoma,* du gr.

sacquer ou **saquer** [sake] v. tr. [1] **1.** Fam. Congédier, renvoyer. ▷ Refuser (à un examen). *Sacquer un candidat.* **2.** Arg. (des écoles) Punir sévèrement. ▷ *Absol.* Se montrer très sévère. *Professeur qui sacque.* – Terme de compagnonnage, «rendre son sac à...», de *sac* 1.

sacral, ale, aux [sakʀal, o] adj. Que l'on a revêtu d'un caractère sacré; devenu sacré. – Lat. médiév. *sacralis.*

1. sacralisation [sakʀalizasjɔ̃] n. f. Fait de sacraliser, de rendre sacré; son résultat. – De *sacraliser.*

2. sacralisation [sakʀalizasjɔ̃] n. f. MED Anomalie caractérisée par la soudure de la cinquième vertèbre lombaire et du sacrum. – Angl. *sacralization*, de *sacral*, « relatif au sacrum ».

sacraliser [sakʀalize] v. tr. [1] Rendre sacré. – De *sacral*.

sacralité [sakʀalite] n. f. Didac. Caractère de ce qui est sacralisé. – De *sacral*.

sacramentaire [sakʀamɑ̃tɛʀ] n. m. et adj. **I.** n. m. **1.** Vx Livre contenant les prières que le prêtre récitait quand il célébrait la messe et administrait les sacrements. **2.** HIST Nom donné au XVIe s. par les luthériens aux protestants qui niaient la présence réelle du corps du Christ dans l'eucharistie. **II.** adj. Relatif aux sacrements. *Théologie sacramentaire.* – Sens I, 1, lat. ecclés. *sacramentarium*; sens I, 2 et II, lat. ecclés. *sacramentarius*.

sacramental, aux [sakʀamɑ̃tal, o] n. m. LITURG CATHOL Rite sacré auquel sont attachés des effets particuliers d'ordre spirituel. – Lat. *sacramentalis*.

sacramentel, elle [sakʀamɑ̃tɛl] adj. **1.** THEOL Qui appartient à un sacrement. *Onction sacramentelle.* **2.** Fig. Qui a un caractère solennel, rituel. *Prononcer les paroles sacramentelles pour conclure une affaire.* – A remplacé l'anc. adj. *sacramental*.

1. sacre [sakʀ] n. m. **1.** Cérémonie religieuse par laquelle un souverain reçoit le caractère sacré lié à sa fonction. *Le sacre de Napoléon.* **2.** Cérémonie religieuse par laquelle un prêtre reçoit la plénitude du sacerdoce et devient évêque. **3.** Fig. Consécration solennelle. *Cet écrivain reçut le sacre du prix Nobel.* – Déverbal de *sacrer*.

2. sacre [sakʀ] n. m. Faucon (*Falco cherrug*) d'Europe et d'Asie centrale, employé autrefois pour la chasse. – Ar. *çaqr*.

1. sacré, ée [sakʀe] adj. et n. m. **I.** adj. **1.** Qui concerne la religion, le culte d'un dieu ou de Dieu (par oppos. à *profane*). *Musique sacrée. Livres sacrés.* ▷ *Le Sacré Collège* : l'ensemble des cardinaux de l'Église romaine. ▷ *Feu sacré*, qui brûlait sur les autels ou dans le temple de Vesta. – Fig. *Avoir le feu sacré* : V. feu 2 (sens I, 1). ▷ Consacré par une cérémonie religieuse. *Vases sacrés.* **2.** Qui appelle un respect absolu; digne de vénération. *Devoir sacré.* **3.** Pop. (Devant le nom.) Maudit, exécré. *Je ne peux pas ouvrir cette sacrée porte. Sacré nom d'une pipe !* – (Renforçant le subst. qualifié.) *Il a eu une sacrée chance*, une chance peu commune. **II.** n. m. Ce qui est sacré. *Le sacré et le profane.* – Pp. de *sacrer*, pour trad. l'adj. lat. *sacer*.

2. sacré, ée [sakʀe] adj. ANAT Relatif au sacrum. *Vertèbres sacrées.* – De *sacrum*.

sacrebleu ! [sakʀəblø] interj. Juron, euph. pour *sacredieu*. – De *sacré* 1, et altér. de *Dieu*, par euph.

Sacré-Cœur [sakʀekœʀ] n. m. RELIG CATHOL Le cœur de Jésus-Christ, symbole de l'amour divin pour les hommes. – De *sacré* (sens 1), et *cœur*.

sacredieu ! [sakʀədjø] interj. Juron blasphématoire. – De *sacré*, et *Dieu*.

sacrement [sakʀəmɑ̃] n. m. Dans les religions catholique romaine et orthodoxe, signe concret et efficace de la grâce, institué par le Christ pour sanctifier les hommes. *Administrer les sacrements.* – *Le saint sacrement* : l'eucharistie. – *Mourir muni des sacrements de l'Église*, après avoir reçu le sacrement des malades. – *Sacrement de pénitence**, appelé sacrement de réconciliation depuis Vatican II. – Lat. *sacramentum*, « serment », puis « objet ou acte sacré » en lat. ecclés.
ENCYCL Dans l'Église catholique, il existe sept sacrements : le baptême, la confirmation, l'eucharistie, la pénitence, le sacrement des malades (dit, av. 1963, extrême-onction), l'ordre et le mariage. Les Églises réformées, dans leur majorité, n'ont retenu que deux sacrements : le baptême et l'eucharistie, auxquels elles n'attribuent pas les mêmes effets que les catholiques et les orthodoxes.

sacrément [sakʀemɑ̃] adv. Fam. Extrêmement, diablement. – De *sacré* 1.

1. sacrer [sakʀe] v. tr. [1] **1.** Conférer, par une cérémonie religieuse, un caractère sacré à (un souverain). *Sacrer un roi.* **2.** (Avec un attribut.) Déclarer solennellement tel. *Elle fut sacrée meilleure actrice de sa génération.* – Lat. *sacrare*, « consacrer à une divinité ».

2. sacrer [sakʀe] v. intr. [1] Vieilli, fam. Prononcer des jurons, des imprécations. Syn. jurer. – De *sacré* 1, sens I, 3.

sacret [sakʀɛ] n. m. Sacre mâle. – De *sacre* 2.

sacrificateur, trice [sakʀifikatœʀ, tʀis] n. ANTIQ Prêtre, prêtresse qui offrait les sacrifices. ▷ *Grand sacrificateur* : grand prêtre des Hébreux. – Lat. *sacrificator*.

sacrificatoire [sakʀifikatwaʀ] adj. Vx ou Didac. Relatif à un sacrifice. – Du lat. *sacrificator*, « sacrificateur ».

sacrifice [sakʀifis] n. m. **1.** Oblation, faite à une divinité, d'une victime ou d'autres présents. *Immoler un taureau en sacrifice à Zeus. Sacrifice humain.* ▷ RELIG CATHOL *Le Saint Sacrifice* : la messe (qui renouvelle, sur l'autel, le sacrifice de Jésus sur la croix). **2.** Fig. Renoncement, privation que l'on s'impose ou que l'on accepte par nécessité. *Sacrifice que les circonstances exigent. Faire le sacrifice de sa vie.* ▷ Privation matérielle. *Les études de leurs enfants leur ont imposé de grands sacrifices.* – Lat. *sacrificium*, de *sacrificare*, « sacrifier ».

sacrificiel, elle [sakʀifisjɛl] adj. Qui relève d'un sacrifice religieux. *Acte sacrificiel.* – De *sacrifice*.

sacrifier [sakʀifje] v. [2] **I.** v. tr. **1.** Offrir, immoler en sacrifice à une divinité. *Sacrifier un agneau.* **2.** Fig. Renoncer à, abandonner, négliger (au profit d'une personne, d'une chose). *Il sacrifie sa famille à son travail.* **3.** (Sans comp. d'attribution.) Abandonner, détruire par nécessité et à regret. *On a dû sacrifier quelques répliques pour raccourcir la pièce.* ▷ *Sacrifier des marchandises*, les céder à bas prix. **II.** v. tr. indir. *Sacrifier à (qqch)*, s'y conformer. *Sacrifier à la mode.* **III.** v. pron. **1.** S'offrir en sacrifice. *Le Christ s'est sacrifié pour sauver les hommes.* **2.** Fig. Consentir à des privations; se dévouer sans réserve. *Se sacrifier pour ses enfants.* – Lat. *sacrificare*, de *sacrum facere*, « faire un acte sacré ».

sacrilège [sakʀilɛʒ] n. m. et adj. **I.** n. m. **1.** Profanation impie de ce qui est sacré. **2.** Outrage à une personne, à une chose particulièrement digne de respect. *Abattre cet arbre centenaire serait un sacrilège.* Syn. outrage, profanation. **II.** adj. **1.** Qui a le caractère du sacrilège. *Action, pensée sacrilège.* **2.** Qui commet, a commis un sacrilège. *Main sacrilège.* ▷ n. m. Personne coupable de sacrilège. Syn. profanateur. – Sens I, lat. *sacrilegium*, « vol d'objets sacrés, profanation »; sens II, lat. *sacrilegus*, « profanateur ».

sacripant [sakʀipɑ̃] n. m. Fam. Mauvais sujet. Syn. vaurien, chenapan. – Ital. *Sacripante*, nom d'un faux brave de l'*Orlando innamorato* de Boiardo (v. 1441-1494).

sacristain [sakʀistɛ̃] n. m. **1.** Personne qui a la charge de la sacristie d'une église. **2.** Gâteau de pâte feuilletée en forme de rouleau. – A. fr. *secrestain*, lat. ecclés. *sacristanus*.

sacristaine [sakʀistɛn] ou **sacristine** [sakʀistin] n. f. Religieuse (ou auj., surtout laïque) chargée de la sacristie d'un couvent, d'une église. – De *sacristain*.

sacristi ! [sakʀisti] interj. Syn. de *sapristi !* – Altér. euph. de *sacré*.

sacristie [sakʀisti] n. f. Salle, attenante à une église, où l'on range les vases sacrés et les ornements sacerdotaux. ▷ Fig., fam. *Punaise de sacristie* : bigote. – Lat. ecclés. *sacristia.*

sacristine. V. sacristaine.

sacro-saint, -sainte ou **sacrosaint, sacrosainte** [sakʀɔsɛ̃, sɛ̃t] adj. Qui fait l'objet d'un respect absolu. *À Rome, les tribuns étaient sacro-saints. Le sacro-saint nom de Jésus.* ▷ Iron. *On ne pouvait échapper à la sacro-sainte promenade dominicale.* Syn. inviolable, intouchable. – Lat. *sacrosanctus,* de *sacer,* « sacré », et *sanctus,* « saint ».

sacrum [sakʀɔm] n. m. ANAT Os symétrique et triangulaire constitué par cinq vertèbres soudées (dites *sacrées*) situées au bas de la colonne vertébrale. *Le sacrum s'articule avec les os iliaques. Des sacrums.* – Lat. *os sacrum,* « os sacré » (parce qu'il était offert aux dieux dans les sacrifices d'animaux).

sadducéen, enne ou **saducéen, enne** [sadyseɛ̃, ɛn] n. ANTIQ Membre d'une secte juive issue des classes riches et de la haute hiérarchie sacerdotale, qui affirmait la primauté de la Torah sur toute tradition orale et niait la résurrection des morts. – P.-ê. de *Zadok,* nom d'un grand prêtre qui aurait fondé cette secte.

sādhu [sadu] n. m. En Inde, ascète qui fait vœu de pauvreté et de célibat, peut vivre en ermite, errer seul ou faire partie d'un ordre religieux. *Les sādhus se comptent par millions.* – Mot sanskrit, « bon ».

sadique [sadik] adj. et n. Qui témoigne, qui fait preuve de sadisme. *Joie sadique.* – (Personnes) *Bourreau sadique.* ▷ Subst. *Un, une sadique.* – De *sadisme.*

sadique-anal, ale, aux [sadikanal, o] adj. PSYCHAN *Stade sadique-anal* ou, *stade anal* : deuxième phase de l'évolution libidinale (entre 2 et 5 ans), où l'enfant fait l'apprentissage et tire satisfaction de la maîtrise anale. – De *sadique,* et *anal.*

sadiquement [sadikmɑ̃] adv. D'une manière sadique. – De *sadique.*

sadisme [sadism] n. m. **1.** PSYCHIAT Perversion sexuelle dans laquelle la satisfaction dépend de la souffrance physique ou morale infligée à autrui. **2.** Cour. Goût, complaisance à faire ou à voir souffrir autrui. *Il savait que la question la gênait, mais il insista avec sadisme.* Syn. cruauté. – Du nom du marquis de *Sade* (1740-1814).

sadomasochisme [sadomazɔʃism] n. m. PSYCHIAT Association de sadisme et de masochisme chez le même individu. – De *sadique,* et *masochisme.*

sadomasochiste [sadomazɔʃist] adj. et n. PSYCHIAT Qui est à la fois sadique et masochiste. – De *sadomasochisme.*

saducéen. V. sadducéen.

safari [safaʀi] n. m. Expédition de chasse aux grands fauves en Afrique. ▷ *Safari-photo* : excursion au cours de laquelle on photographie les bêtes sauvages. *Des safaris-photos.* – Mot swahili, « bon voyage », de l'ar. *safora,* « voyager ».

1. safran [safʀɑ̃] n. m. (et adj. inv.) **1.** Nom cour. du crocus (*Crocus sativus,* fam. iridacées). ▷ *Safran des prés, safran bâtard,* nom cour. du colchique d'automne. **2.** Poudre confectionnée avec les stigmates floraux du crocus séchés et réduits en poudre, utilisée comme condiment et comme colorant. *Poulet au safran.* ▷ adj. inv. De la couleur jaune orangé du safran. *Étoffe safran.* – Lat. médiév. *safranum,* de l'arabo-persan *za'farān.*

2. safran [safʀɑ̃] n. m. MAR Pièce plate qui constitue la partie essentielle du gouvernail. – Ar. *za'frān.*

safrané, ée [safʀane] adj. **1.** De couleur safran, jaune orangé. *Teint safrané.* **2.** Assaisonné ou coloré avec du safran. – De *safran* 1.

safranière [safʀanjɛʀ] n. f. Rare Plantation de safran. – De *safran* 1.

safre [safʀ] n. m. CHIM Oxyde bleu de cobalt; verre coloré avec cet oxyde, qui imite le saphir. Syn. smalt. – P.-ê. var. de *saphir.*

saga [saga] n. f. **1.** Conte ou légende du Moyen Âge scandinave. *Saga norvégienne, islandaise.* ▷ Longue histoire évoquant les sagas scandinaves. **2.** *Par ext.* Cycle romanesque. – Anc. nord. *saga,* « dit, conte »; cf. all. *Sagen,* angl. *to say,* « dire ».

sagace [sagas] adj. Doué de sagacité. *Esprit sagace.* Syn. clairvoyant, perspicace, subtil. Ant. obtus. – Lat. *sagax, sagacis,* « qui a l'odorat subtil; qui a de la sagacité ».

sagacité [sagasite] n. f. Pénétration, finesse, vivacité d'esprit. Syn. perspicacité. – Lat. *sagacitas.*

sagaie [sagɛ] n. f. Javelot dont une extrémité est munie d'un fer de lance ou d'une arête de poisson, utilisé par divers peuples primitifs. – Esp. *azagaia,* de l'ar. *az-zaghāya,* d'orig. berbère.

sagard [sagaʀ] n. m. Rég. Ouvrier qui débite le bois en planches, dans les scieries des Vosges. – Mot vosgien, de l'all. *Säger,* « scieur ».

sage [saʒ] adj. et n. m. **I.** adj. **1.** Modéré, prudent, raisonnable. *Les années l'ont rendu sage. De sages conseils.* **2.** Rangé dans sa conduite, dans ses mœurs. *Un jeune homme sage.* **3.** Tranquille, obéissant, qui ne fait pas de sottises, en parlant d'un enfant. *Tu vas être bien sage. Il est sage comme une image.* **4.** (Choses) Qui est dans excès. *Une mode sage.* **II.** n. m. **1.** Vx ou litt. Savant, philosophe. **2.** Mod. Celui qui évite de se tourmenter pour ce qui n'en vaut pas la peine, celui que son art de vivre met à l'abri des passions, des inquiétudes, de l'agitation. *Un vieux sage.* **3.** *Les sages* : nom donné à certains experts chargés d'étudier une question politique, économique ou déontologique et de proposer des solutions. *Comité des sages.* – P.-ê. lat. pop. *sapius, *sabius,* du class. *sapidus,* « qui a du goût », puis « vertueux ».

sage-femme [saʒfam] n. f. Celle dont la profession est d'accoucher les femmes. *Des sages-femmes.*

sagement [saʒmɑ̃] adv. D'une manière sage, prudente. *Parler sagement. Reste sagement où tu es!* – De *sage.*

sagesse [saʒɛs] n. f. **1.** Modération, prudence, circonspection. *Il a eu assez de sagesse pour ne pas se fâcher.* ▷ *La sagesse des nations* : les proverbes, les dictons populaires. **2.** Conduite du sage (sens II, 1). ▷ Conduite de l'homme qui allie modération et connaissance. **3.** Réserve dans la conduite, dans les mœurs. *Une jeune fille d'une sagesse exemplaire.* **4.** Tranquillité, docilité. *La sagesse de cet enfant est remarquable.* – De *sage.*

sagittaire [saʒitɛʀ] n. **1.** n. m. ASTRO *Le Sagittaire* : constellation zodiacale de l'hémisphère austral. ▷ ASTROL Signe du zodiaque* (23 nov. -21 décembre). – Ellipt. *Il est sagittaire.* **2.** n. f. BOT Plante monocotylédone aquatique (genre *Sagittaria,* fam. alismatacées) aux feuilles allongées. Syn. flèche d'eau. – Lat. *sagittarius,* de *sagitta,* « flèche ».

sagittal, ale, aux [saʒital, o] adj. Didac. **1.** En forme de flèche; orienté comme une flèche. **2.** MATH *Schéma sagittal,* constitué de flèches qui figurent des relations. **3.** PHYS *Focale sagittale* : l'une des focales de Sturm (V. focal, sens II, 2). **4.** ANAT Médian et orienté dans le sens antéro-postérieur. *Coupe sagittale. Suture sagittale,* qui réunit les pariétaux du crâne. *Plan sagittal* : plan vertical de symétrie. – Du lat. *sagitta,* « flèche ».

sagitté, ée [saʒite] adj. Didac Qui est en forme de fer de flèche. – Lat. *sagittatus.*

sagou [sagu] n. m. Fécule alimentaire extraite de la moelle de certains palmiers. – Mot malais, par le portug.

sagouin, ouine [sagwɛ̃, win] n. 1. n. m. Vx Petit singe d'Amérique du Sud. 2. n. Fam. Personne, enfant malpropre ou sans soin. *Travailler comme un sagouin.* – Inj. *Espèce de sagouin!* – Du portug. *sagui(m),* var. *sagui,* du tupi *sahy.*

saharien, enne [saaʀjɛ̃, ɛn] adj. et n. 1. Du Sahara, désert d'Afrique septentrionale. *Tribus sahariennes.* ▷ Subst. Habitant du Sahara. *Les Sahariens.* 2. Digne du Sahara. *Chaleur saharienne,* torride. 3. n. f. Veste de toile légère, à manches courtes et à grandes poches plaquées. – De *Sahara.*

sahel [saɛl] n. m. 1. Région côtière formée de collines sableuses, en Afrique du Nord. ▷ Absol. *Le Sahel :* le Sahel algérien. 2. Région des steppes de la bordure S. du Sahara, caractérisée par une courte saison des pluies. – De l'ar. *sāhil,* « rivage ».

sahélien, enne [saeljɛ̃, ɛn] adj. et n. 1. Du Sahel. ▷ Subst. Habitant du Sahel. *Les Sahéliens.* 2. n. m. Formation géologique entre le miocène et le pliocène. – De *Sahel.*

sahib [saib] n. m. En Inde, titre de respect à l'adresse d'un homme. – Mot indien, de l'arabe *sāhib,* « possesseur de, maître de, ami ».

sahraoui, ie [saʀawi] adj. et n. Du Sahara occidental. *Le peuple sahraoui.* ▷ Subst. Habitant, le plus souvent nomade, du Sahara occidental. – Mot arabe.

saï [sai] n. m. Petit singe d'Amérique du Sud du genre sajou. – Mot tupi.

saie [sɛ] n. f. ANTIQ Manteau court des soldats romains et gaulois. – Lat. *sagum.*

saïga [saiga] n. m. ZOOL Antilope d'Asie occidentale et d'Europe orientale, au pelage beige clair, au très long museau, aux cornes en lyre. – Mot russe.

saignant, ante [sɛɲɑ̃, ɑ̃t] adj. 1. Qui saigne. *Blessure saignante.* 2. Fig. Dur, féroce, impitoyable. *Des reproches saignants.* 3. *Viande saignante,* très peu cuite. – Ppr. de *saigner.*

saignée [sɛɲe] n. f. 1. Opération ayant pour objet d'extraire des vaisseaux une certaine quantité de sang. 2. Pli formé par le bras et l'avant-bras, où se pratique la saignée. 3. Fig. Prélèvement abondant. *Saignée fiscale.* ▷ Grande perte d'hommes. *L'effroyable saignée de la guerre de 1914-1918.* 4. TECH Rigole, tranchée pratiquée pour établir un drainage, une irrigation. ▷ Longue entaille. *Saignée dans un mur pour le passage de canalisations.* – Pp. fém. subst. de *saigner.*

saignement [sɛɲmɑ̃] n. m. Épanchement de sang. *Saignement de nez.* ▷ *Temps de saignement :* temps nécessaire à l'arrêt du saignement, avant coagulation. – De *saigner.*

saigner [sɛɲe] v. [1] I. v. intr. 1. Perdre du sang. *Saigner du nez. Blessure qui saigne beaucoup.* 2. Fig., litt. *Le cœur lui saigne :* il éprouve une grande douleur morale. II. v. tr. 1. Tirer du sang à (qqn) en ouvrant une veine. *Saigner un malade.* 2. Vider (un animal) de son sang pour le tuer. *Saigner un porc.* 3. Pratiquer une saignée dans (un arbre) pour en recueillir la résine ou le latex. *Saigner un pin, un hévéa.* 4. Fig. Épuiser en soutirant toutes les ressources. *La guerre a saigné ce pays. Saigner à blanc*.* ▷ v. pron. *Il s'est saigné aux quatre veines pour élever ses enfants,* il a fait pour cela tous les sacrifices possibles. – Lat. *sanguinare,* de *sanguis,* « sang ».

saigneur, euse [sɛɲœʀ, øz] n. TECH Rare Personne qui saigne les animaux de boucherie, ou pratique des saignées dans les arbres. *Un saigneur de cochons. Un saigneur de caoutchouc.* – De *saigner.*

saignoir [sɛɲwaʀ] n. m. TECH Couteau à saigner les bêtes. – De *saigner.*

saillant, ante [sajɑ̃, ɑ̃t] adj. et n. m. 1. Qui avance, qui fait saillie. *Corniche saillante.* – GEOM *Angle saillant,* dont le sommet est tourné vers l'extérieur de la figure. Ant. rentrant. ▷ n. m. Partie qui fait saillie. 2. Fig. Qui appelle l'attention, marquant. *Des faits saillants.* – Ppr. de *saillir.*

saillie [saji] n. f. 1. Partie (d'un édifice) qui avance par rapport à une autre dans le plan vertical. *Saillies d'une façade. Balcon qui forme saillie.* 2. Action de saillir une femelle. 3. Vx, litt. Trait d'esprit brillant et imprévu. – Pp. fém. subst. de *saillir.*

saillir [sajiʀ] v. [28] 1. v. intr. Être en saillie, former un relief. *Les veines de son front saillaient à chaque effort.* 2. v. tr. Couvrir la femelle, en parlant de certains animaux. – Lat. *salire,* « sauter, bondir, couvrir une femelle ».

saïmiri [saimiʀi] n. m. ZOOL Petit singe arboricole d'Amérique du S. à longue queue non préhensile. – Portug. du Brésil *saimirim,* du tupi *sahy,* « singe », et *miri,* « petit ».

sain, saine [sɛ̃, sɛn] adj. 1. (Êtres animés.) En bonne santé physique, d'une constitution robuste. *Un enfant sain.* – *Revenir sain et sauf,* en bonne santé, sans avoir subi de dommage physique. ▷ (Choses) Qui n'est pas abîmé, gâté. *Fruit sain.* – Solide. *Roche saine.* 2. Qui a une bonne santé mentale. *Un homme sain de corps et d'esprit.* ▷ Juste, sensé, conforme à la raison. *Jugement sain.* 3. Favorable à la santé. *Une alimentation saine et équilibrée.* 4. MAR Exempt de danger, d'écueil. *Une côte saine.* 5. Qui ne comporte pas de faiblesse, de vices cachés. *Une affaire saine.* – Lat. *sanus.*

sainbois [sɛ̃bwa] n. m. Syn. de *garou* 2. – De *sain,* et *bois.*

saindoux [sɛ̃du] n. m. Graisse de porc fondue. – De l'a. fr. *saïm,* puis *sain,* « graisse » (lat. pop. *sagimen,* class. *sagina,* « pâture ; embonpoint »), et *doux.*

sainement [sɛnmɑ̃] adv. D'une manière saine (sur le plan physique, intellectuel, moral). *Se nourrir sainement. Apprécier sainement un problème.* – De *sain.*

sainfoin [sɛ̃fwɛ̃] n. m. Plante herbacée (*Onobrychis sativa,* fam. papilionacées) dont une espèce est cultivée comme fourrage. – De *sain,* et *foin.*

saint, sainte [sɛ̃, sɛ̃t] adj. et n. I. 1. adj. THEOL En parlant de Dieu, parfait, pur. *La sainte Trinité.* 2. n. Personne qui, ayant porté à un degré exemplaire la pratique héroïque de toutes les vertus chrétiennes, a été reconnue par l'Église, après sa mort, comme digne d'un culte (culte de dulie*) et donc canonisée*. (La canonisation n'est pas vécue de la même manière dans les Églises d'Orient; les Églises réformées n'encouragent pas le culte des saints.) ▷ Loc. *Les saints de glace :* période de l'année souvent accompagnée d'un abaissement de la température, qui correspond à la Saint-Mamert, la Saint-Pancrace et la Saint-Servais (11, 12 et 13 mai). ▷ Prov. *Il vaut mieux s'adresser à Dieu qu'à ses saints,* au supérieur qu'à ses subalternes. – Loc. *Ne pas savoir à quel saint se vouer :* ne pas savoir à quel moyen recourir (pour résoudre un problème). ▷ *Par méton.* Représentation, statue d'un saint. *Des saints de bois polychrome.* ▷ adj. Devant le nom d'un(e) saint(e). *Les saints Innocents. La Sainte Vierge.* – Loc. *La Saint-..., la Sainte-... :* [mention suivie du nom d'un(e) saint(e)] le jour où l'on fête ce(tte) saint(e). 3. n. Personne qui mène une vie exemplaire. *Votre mère était une sainte.* 4. n. m. *Le saint des saints :* la partie la plus sacrée du Temple de Salomon, où se trouvait l'Arche d'alliance ; fig. lieu secret, impénétrable. II. adj. 1. Qui mène une vie conforme aux lois de l'Église, de la religion. *Un saint homme.* 2. Qui appartient à la religion, consacré. *La sainte table, les saintes huiles. Être enterré en terre sainte,* dans un lieu bénit. – *Le Saint-Père :* le pape. – *La Terre sainte :* la Palestine. *Les Lieux saints*, où vécut le Christ. – *Le lundi (mardi, etc.) saint* : chacun des jours de la *semaine sainte*, qui précède Pâques. **3.** Fam. *Toute la sainte journée* : tout le jour, sans arrêt. **4.** Inspiré par la piété, le sentiment religieux. *Il a fait là œuvre sainte.* **5.** Qui a un caractère vénérable, qui ne peut être transgressé. *Au nom de la sainte liberté.* – Du lat. *sanctus*, «consacré, vénéré».

saint-bernard [sɛ̃bɛʀnaʀ] n. m. inv. Chien alpestre de grande taille, à tête massive, au poil long, blanc taché de roux, dressé pour le sauvetage des personnes perdues en montagne. ▷ Fig. *C'est un vrai saint-bernard*, une personne qui porte secours aux autres. – D'ap. *Grand-Saint-Bernard*, n. d'un col des Alpes près duquel se trouvait un hospice fondé au Xe s. par saint Bernard de Menthon et dont les moines élevaient des chiens pour porter secours aux voyageurs égarés.

saint-cyrien [sɛ̃siʀjɛ̃] n. m. Élève ou ancien élève de l'École militaire de Saint-Cyr (arg. des écoles : cyrard). *Des saint-cyriens.* – De *Saint-Cyr*, auj. com. des Yvelines, où l'école avait été installée à l'origine.

sainte-barbe [sɛ̃tbaʀb] n. f. MAR Soute à poudre des anciens navires à voiles. *Des saintes-barbes.* – De *sainte Barbe*, patronne des artilleurs.

saintement [sɛ̃tmɑ̃] adv. D'une manière sainte. – De *saint.*

saint-émilion [sɛ̃temiljɔ̃] n. m. inv. Vin rouge récolté dans la région de Saint-Émilion. – Nom d'une commune de Gironde, arrondissement de Libourne.

sainte nitouche [sɛ̃tnituʃ] n. f. Fam. Personne qui affecte des airs d'innocence ou de pruderie. *Une petite sainte nitouche. Des saintes nitouches.* – De *saint*, et *n'y touche (pas).*

sainteté [sɛ̃tte] n. f. **1.** Qualité d'une personne ou d'une chose sainte. *Sainteté d'un lieu.* ▷ *En odeur de sainteté* : V. odeur. **2.** *Sa Sainteté* : titre donné au pape et à quelques hauts dignitaires dans certaines Églises d'Orient. – Réfection de l'a. fr. *sainté*, d'ap. le lat. *sanctitas.*

saint-florentin [sɛ̃flɔʀɑ̃tɛ̃] n. m. inv. Fromage de lait de vache à pâte molle. – Nom d'une v. de l'Yonne.

saint-frusquin [sɛ̃fʀyskɛ̃] n. m. inv. Fam. Effets et bagages. *Arriver avec son saint-frusquin.* ▷ (À la fin d'une énumération.)... *et tout le saint-frusquin* : ... et tout le reste. – De *saint*, et arg. *frusquin*, «habit» (p.-ê. de l'a. fr. *frisque*, «alerte, vif»).

saint-germain [sɛ̃ʒɛʀmɛ̃] n. m. inv. Grosse poire fondante et sucrée. – Abrév. de *poire de Saint-Germain* (du n. d'une local. de la Sarthe).

saint-glinglin (à la) [alasɛ̃glɛ̃glɛ̃] loc. adv. Fam. Dans un avenir lointain; jamais. – Probabl. altér. de *seing* (lat. *signum*, «signal», puis «sonnerie de cloche», d'où «cloche»), et du dial. *glinguer*, «sonner» (all. *klingen*).

saint-honoré [sɛ̃tɔnɔʀe] n. m. inv. Gâteau garni de crème chantilly et formé d'une couronne de pâte garnie de petits choux. – De *saint Honoré*, patron des boulangers.

saint-marcellin [sɛ̃maʀsəlɛ̃] n. m. inv. Petit fromage de vache rond, à pâte molle, fabriqué dans le Dauphiné. – Nom d'une v. de l'Isère.

saint-nectaire [sɛ̃nɛktɛʀ] n. m. inv. Fromage d'Auvergne au lait de vache à pâte pressée et chauffée. – Nom d'une v. d'Auvergne.

saintpaulia [sɛ̃polja] n. m. Petite plante herbacée d'Afrique orientale aux feuilles charnues disposées en rosette et aux fleurs colorées réunies en cyme. Syn. violette du Cap. – Du n. de W. von *Saint Paul*, qui découvrit cette plante.

saint-paulin [sɛ̃polɛ̃] n. m. inv. Fromage de vache à pâte ferme non cuite et à croûte lavée. – N. de lieu.

saint-père [sɛ̃pɛʀ] n. m. *Le Saint-Père* : le pape. – De *saint* et *père.*

saint-pierre [sɛ̃pjɛʀ] n. m. inv. Poisson des mers tempérées de forme aplatie, à la chair estimée, qui porte sur chaque flanc une tache noire (trace, selon la légende, des doigts de saint Pierre, qui tira de la bouche de ce poisson le statère destiné au cens). Syn. zée. – Abrév. de *poisson Saint-Pierre.*

Saint-Sépulcre. V. sépulcre.

Saint-Siège. V. siège (sens III, 1).

saint-simonien, enne [sɛ̃simɔnjɛ̃, ɛn] n. et adj. Partisan des idées de Claude de Saint-Simon. *Les saint-simoniens.* ▷ adj. Qui a rapport à Saint-Simon ou à sa doctrine. *L'école saint-simonienne.* – Du nom de *Saint-Simon* (1760-1825), philosophe et économiste fr.

saint-simonisme [sɛ̃simɔnism] n. m. Doctrine de Claude de Saint-Simon et de ses disciples. – Du nom de *Saint-Simon* (V. saint-simonien).

saisi, ie [sezi] adj. et n. m. DR Qui fait l'objet d'une saisie. *Tiers saisi* : personne entre les mains de qui est saisi un bien appartenant à autrui. ▷ n. m. *Le saisi* : personne qui fait l'objet d'une saisie (sens 1). – Pp. de *saisir.*

saisie [sɛzi] n. f. **1.** DR Acte par lequel un créancier, pour sûreté de sa créance, frappe d'indisponibilité, dans les formes légales, les biens de son débiteur. *Saisie mobilière* ou *saisie-exécution. Des saisies-exécutions.* – *Saisie-brandon* : saisie des «fruits pendant par racines» (c.-à-d. des récoltes sur pied) pratiquée par le créancier de celui qui a droit à la récolte. *Des saisies-brandons.* – *Saisie-gagerie* : saisie des meubles, effets et fruits (dans les lieux ou sur les terres louées) effectuée avant jugement, pour garantie. *Des saisies-gageries.* – *Saisie-arrêt*, pratiquée par un créancier sur les sommes, meubles ou effets dus par un tiers à son débiteur, le créancier devant être payé sur ces sommes ou sur le prix de vente des meubles. *Des saisies-arrêts.* **2.** INFORM *Saisie de données* : enregistrement de données par un ordinateur en vue de leur traitement. – Pp. fém. subst. de *saisir.*

1. saisine [sɛzin] n. f. DR **1.** Formalité par laquelle une juridiction se trouve saisie, est amenée à connaître d'une affaire. **2.** Prise de possession des biens d'un défunt dévolue de plein droit à son héritier. – De *saisir.*

2. saisine [sɛzin] n. f. MAR Cordage utilisé pour amarrer un objet, sur un navire. – De *saisir.*

saisir [sɛziʀ] v. [3] **I.** v. tr. **1.** Prendre, attraper vivement. *Saisir à bras le corps, aux épaules.* **2.** Mettre immédiatement à profit. *Saisir l'occasion, le moment.* ▷ *Saisir un prétexte*, s'en servir. **3.** Prendre, attraper (un objet). *Saisir une bassine par les anses.* **4.** Comprendre, sentir. *Il saisit tout de suite le ridicule de sa situation.* **5.** Litt. (Choses) S'emparer de (qqn). *La fièvre l'a saisi hier soir.* ▷ (En parlant d'un sentiment, d'une émotion.) *L'effroi le saisit. Être saisi d'admiration.* **6.** Exposer peu de temps (un aliment) à un feu vif. *Saisir une viande.* **7.** DR Opérer la saisie de. *Saisir des meubles.* **8.** DR *Saisir un tribunal d'une affaire*, la porter devant ce tribunal. **9.** INFORM Effectuer une saisie (sens 2). **II.** v. pron. *Se saisir de* : s'emparer, se rendre maître de. *Troupes qui se saisissent d'une place.* – Bas lat. *sacire*, «prendre possession».

saisissable [sɛzisabl] adj. **1.** Qui peut être saisi, perçu. **2.** DR Qui peut faire l'objet d'une saisie. – De *saisir.*

saisissant, ante [sɛzisɑ̃, ɑ̃t] adj. et n. m. **1.** Qui fait une vive impression, qui saisit (sens 5). *Un tableau saisissant.* **2.** DR Qui pratique une saisie. ▷ n. m. *Le saisissant.* – Ppr. de *saisir.*

saisissement [sezismɑ̃] n. m. Émotion soudaine causée par une impression vive. *Il s'évanouit de saisissement.* – De *saisir.*

saison [sɛzɔ̃] n. f. **1.** Période de l'année caractérisée par la constance de certaines conditions climatiques et par l'état de la végétation. *La belle (la mauvaise) saison* : l'époque de l'année où le temps est chaud, ensoleillé (froid, pluvieux). *L'arrière-saison* : l'automne, le début de l'hiver. *Morte-saison**. ▷ *La saison de* : la saison pendant laquelle on trouve en abondance (tel produit naturel, telle denrée), ou pendant laquelle on peut se livrer à (telle activité liée au rythme de la nature). *La saison des fraises, des melons, des huîtres. La saison de la chasse.* – *Fruits de saison,* propres à la saison où l'on se trouve. – *Marchand(e) des quatre-saisons* : V. quatre-saisons. **2.** Chacune des quatre grandes divisions de l'année, dont deux commencent aux solstices* et deux aux équinoxes*. *L'alternance des saisons est due aux diverses positions qu'occupe la Terre au cours de sa révolution annuelle autour du Soleil. Les quatre saisons* (hiver, printemps, été, automne). **3.** Période de l'année où une activité bat son plein. *La saison sportive.* – *Absol.* Période d'affluence des vacanciers, saison touristique. *Il est moniteur de ski pendant la saison. Saison d'hiver et saison d'été. Haute (basse) saison* : période pendant laquelle l'affluence est la plus grande (faible). ▷ Séjour dans une station thermale. *Faire une saison à Vichy.* **4.** Loc. *Être de saison* : être approprié aux circonstances, venir à propos. ▷ *Hors de saison* : mal à propos, déplacé. – Probabl. lat. *satio, sationis,* « semailles », d'où « saison des semailles ».

ENCYCL **Météo.** – Dans les pays tropicaux, il n'y a que deux saisons : la saison sèche et la saison des pluies. En se rapprochant de l'équateur, on voit apparaître deux périodes de sécheresse inégales, séparées par deux périodes pluvieuses, plus ou moins rapprochées. Les régions polaires ne connaissent pas de saisons intermédiaires : l'été et l'hiver s'y succèdent brutalement.

saisonnalité [sɛzɔnalite] n. f. COMM Aspect saisonnier (d'une vente). *La saisonnalité d'un produit.* – De *saison.*

saisonnier, ère [sɛzɔnje, ɛʀ] adj. et n. m. **1.** Qui est lié à l'alternance des saisons ; qui caractérise une saison. **2.** Qui ne dure que l'espace d'une saison. ▷ n. m. *Un saisonnier* : un ouvrier qui fait du travail saisonnier. – De *saison.*

sajou [saʒu] n. m. Petit singe des forêts vierges d'Amérique du S., à longue queue préhensile, au pelage brun avec une calotte sombre (*capuce*). *Des sajous.* Syn. sapajou, capucin. – Mot tupi.

saké [sake] n. m. Boisson alcoolisée japonaise, obtenue par fermentation du riz. – Mot jap.

saki [saki] n. m. ZOOL Petit singe (genre *Pithecia,* fam. cébidés) d'Amérique du Sud à grande queue et à longs poils gris. – Tupi *çahy, sahy,* « singe ».

sakieh [sakje] n. f. Noria égyptienne dont la roue est mue par des bœufs qui tournent en manège. – Ar. *saqiya,* rad. *saga,* « irriguer ».

salace [salas] adj. Qui recherche, d'une manière excessive ou déplaisante, les rapprochements sexuels. *Un homme salace.* Syn. lubrique. ▷ Par ext. *Plaisanteries salaces,* grivoises, licencieuses. – Lat. *salax, salacis,* « lubrique », de *salire,* « saillir ».

salacité [salasite] n. f. Litt. Fait d'être salace, lubricité. – Lat. *salacitas.*

1. salade [salad] n. f. **1.** Mets composé de feuilles d'herbes potagères crues, assaisonnées de vinaigrette. *Remuer, fatiguer la salade.* **2.** Plante potagère entrant dans la composition de ce mets (laitue, endive, pissenlit, mâche, etc.). ▷ (Avec un compl. de n. ou un adj.) Mets froid composé de légumes crus ou cuits, de viande, de crustacés, de poissons, assaisonnés d'une vinaigrette. *Salade de tomates, de pommes de terre, de riz au thon. Salade niçoise,* à base de légumes crus, assaisonnée d'huile d'olive, sans vinaigre. ▷ *Salade russe* : macédoine de légumes cuits (petits pois, haricots, carottes et pommes de terre en très petits morceaux, etc.) assaisonnée à la mayonnaise. ▷ *Salade de fruits* : mélange de fruits coupés en morceaux, servis avec du sirop. **3.** Fig., fam. Situation confuse et compliquée. *Quelle salade !* Syn. brouillamini. **4.** Fig., fam. Hâblerie, discours mensonger. *Raconter des salades.* Syn. baratin, boniment. – Provenç. *salada,* « mets salé », rad. *sal,* « sel ».

2. salade [salad] n. f. HIST Casque de cavalerie porté du XVe au XVIIe s. – Ital. *celata,* rad. lat. *cælum,* « ciel, coupole », à cause de sa forme ronde.

saladier [saladje] n. m. Récipient dans lequel on sert la salade. ▷ Son contenu. *Un saladier de pissenlits.* – De *salade* 1.

salage [salaʒ] n. m. **1.** Action de saler ; son résultat. *Le salage du jambon.* **2.** Action de répandre du sel sur une chaussée pour faire fondre la neige ou le verglas. – De *saler.*

salaire [salɛʀ] n. m. **1.** Rémunération d'un travail payée régulièrement par l'employeur à l'employé dans le cadre d'un contrat de travail. Syn. appointements, traitement. *Bulletin de salaire. Salaire de base* : salaire théorique sur lequel sont calculées les prestations familiales. *Salaire brut* : salaire calculé avant déduction des cotisations sociales du salarié. *Salaire net* : salaire perçu par le salarié après déduction de ses cotisations. *Salaire minimum interprofessionnel de croissance (SMIC)* : salaire plancher au-dessous duquel aucun salarié ne peut être rémunéré et qui varie en fonction de l'évolution des prix et du développement économique. *Salaire nominal* : salaire tel qu'il est exprimé en monnaie courante sur la feuille de paye. *Salaire réel* : quantité de biens et de services que le salarié peut acheter avec son salaire nominal. **2.** Fig. Récompense ou punition méritée pour une action. *Recevoir le salaire de ses crimes.* – Prov. *Toute peine mérite salaire.* – Lat. *salarium,* rad. *sal,* « sel », à l'orig. « ration de sel » (indemnité du soldat).

salaison [salɛzɔ̃] n. f. **1.** Action de saler (des aliments) pour les conserver. *La salaison du porc.* **2.** Aliment conservé par le sel. *Les marins d'autrefois se nourrissaient de salaisons.* – De *saler.*

salaisonnerie [salɛzɔnʀi] n. f. Industrie de la salaison de viande. – De *salaison.*

salamalecs [salamalɛk] n. m. pl. Fam. Politesses exagérées. *Faire des salamalecs.* – De l'ar. *salām alaïk,* « paix sur toi ».

salamandre [salamɑ̃dʀ] n. f. **1.** Petit amphibien urodèle (genre princ. *Salamandra*) terrestre, vivipare, dont la peau noire marbrée de jaune sécrète une humeur corrosive et auquel une ancienne croyance prêtait la faculté de vivre dans le feu. **2.** Appareil de chauffage à feu continu qui se place dans une cheminée. – Lat. *salamandra.*

salami [salami] n. m. Gros saucisson sec provenant d'Italie, fait de porc haché fin. – Plur. de l'ital. *salame,* « viande salée ».

salangane [salɑ̃gan] n. f. Martinet des côtes de l'Extrême-Orient, à longues ailes et à courte queue, dont les nids, faits de salive et d'algues, sont consommés dans la cuisine chinoise sous le nom de « nids d'hirondelles ». – De *salamga,* mot des Philippines.

salant [salɑ̃] adj. m. et n. m. **1.** adj. m. Qui produit, qui contient du sel. *Marais salant* : bassin peu profond, situé en bord de mer, où l'on recueille le sel, après évaporation de l'eau. (V. saline.) **2.** n. m. Terrain proche de la mer où apparaissent des efflorescences salines. – Ppr. de *saler.*

salarial, ale, aux [salaʀjal, o] adj. Relatif au salaire. ▷ *Masse salariale* : montant des salaires versés dans une entreprise, dans un pays, etc. – De *salaire*.

salariat [salaʀja] n. m. **1.** Condition du salarié. **2.** Mode de rémunération du travail par le salaire. **3.** Ensemble des salariés. *Le salariat et le patronat.* – De *salarié*.

salarié, ée [salaʀje] adj. et n. Qui est rémunéré par un salaire. *Travailleur, emploi salarié.* ▷ Subst. Personne qui reçoit un salaire. – Pp. de *salarier*.

salarier [salaʀje] v. tr. [2] **1.** Rétribuer par un salaire. **2.** Donner le statut de salarié à (qqn). – De *salaire*.

salaud [salo] n. m. (et adj.) Pop., inj. Homme moralement méprisable. *C'est un beau salaud. Une bande de salauds.* – (Non injur.) *Tu en as de la chance, mon salaud!* ▷ adj. Qui se conduit mal. *Il a été salaud avec nous. C'est salaud d'agir comme ça!* V. salope, salopard. – De *sale*.

sale [sal] adj. **1.** Qui est malpropre, dont la pureté est visiblement altérée par une substance étrangère. *De l'eau sale.* ▷ *Une couleur sale*, peu franche, ternie. ▷ (Personnes) Mal lavé, crasseux. **2.** Qui peut avoir des conséquences fâcheuses; mauvais, désagréable ou dangereux. *Une sale affaire. Faire un sale travail.* – *Sale temps* : mauvais temps. ▷ Pop. *Faire une sale tête, une sale gueule* : avoir l'air contrarié. **3.** Fam. (Avant le nom.) (Personnes) Méprisable, détestable. *Un sale type.* – (Sens atténué.) *Mais où sont passés ces sales gosses?* – Frq. *salo*, «trouble, terne, sale».

1. salé [sale] n. m. Viande de porc salée. *Autrefois, les paysans ne connaissaient guère d'autre viande que le salé.* ▷ *Petit salé* : morceau de porc légèrement salé destiné à être bouilli. *Petit salé aux lentilles.* – Pp. subst. de *saler*.

2. salé, ée [sale] adj. **1.** Qui contient du sel; qui est assaisonné avec du sel. **2.** Fig. Licencieux, grivois. *Plaisanterie salée.* **3.** Fig., fam. Exagéré, excessif; dont le montant est trop élevé (prix). *Addition salée.* – Pp. de *saler*.

salement [salmɑ̃] adv. **1.** D'une manière sale. *Manger salement.* **2.** Pop. Grandement, beaucoup, très. *Il a été salement déçu.* Syn. rudement. – De *sale*.

saler [sale] v. tr. [1] **1.** Assaisonner avec du sel. *Saler une sauce.* – Imprégner de sel, pour conserver. *Saler le cochon.* **2.** Fig., fam. Punir sévèrement. *Il s'est fait saler!* – De *sel*, lat. *sal*.

saleron [salʀɔ̃] n. m. Godet d'une salière. ▷ Petite salière individuelle. – Dimin. de *salière*.

salers [salɛʀs] n. m. Fromage de Cantal fabriqué de façon artisanale dans la région de Salers. – Du nom de la ville de *Salers* (Cantal).

salésien, enne [salezjɛ̃, ɛn] adj. et n. RELIG CATHOL Qui se rapporte à saint François de Sales. ▷ n. Prêtre de la congrégation de Saint-François-de-Sales ou religieuse de la congrégation des Filles de Marie-Auxiliatrice (fondées par saint Jean Bosco en 1859 et 1872). – Du nom de saint François de *Sales* (1567-1622).

saleté [salte] n. f. **I. 1.** État de ce qui est sale. *Les rues sont d'une saleté répugnante.* **2.** Chose sale. *Balayer les saletés.* Syn. crasse, ordure. **II.** Fig. **1.** Obscénité. *Raconter des saletés.* **2.** Action basse, méprisable, malhonnête. *Il m'a fait une saleté.* Syn. fam. crasse. **3.** Fam. Objet sans valeur, laid ou déplaisant. *Pourquoi collectionne-t-il ces saletés dans son appartement?* – De *sale*.

saleur, euse [salœʀ, øz] n. **1.** Personne dont le métier consiste à faire des salaisons. ▷ n. m. Marin-pêcheur qui sale le poisson, à bord d'un bateau de pêche. **2.** n. f. Véhicule utilisé pour le salage des chaussées. – De *saler*.

salicacées [salikase] n. f. pl. BOT Famille de plantes du groupe des amentiflores, à fleurs en chatons, comprenant les peupliers (*Populus*) et les saules (*Salix*). – Sing. *Une salicacée.* – Du lat. *salix, salicis*, «saule».

salicaire [salikɛʀ] n. f. BOT Plante herbacée (*Lythrum salicaria*) à tige anguleuse et à fleurs rouges, dont une variété, la *salicaire commune*, abonde au bord des eaux et dans les lieux humides. – Lat. bot. *salicaria*, de *salix, salicis*, «saule».

salicole [salikɔl] adj. Didac. Qui a trait à l'extraction et à la production du sel. – Du lat. *sal, salis*, «sel», et suff. *-cole*.

salicorne [salikɔʀn] n. f. Plante (genre *Salicornia*, fam. chénopodiacées) des zones littorales, aux feuilles réduites à des écailles, aux fleurs en épis serrés, qui pousse sur les vases salées. – Altér., d'ap. *corne*, de *salicor*, de l'ar. *salcoran*.

salicylate [salisilat] n. m. CHIM, PHARM Sel ou ester de l'acide salicylique. *Salicylate de sodium, pour le traitement des rhumatismes. Salicylate de phényl* : syn. de *salol*. – De *salicylique*, et *-ate*.

salicylique [salisilik] adj. CHIM *Acide salicylique* : acide phénol utilisé comme antithermique, antiseptique et antirhumatismal. (L'un de ses esters, l'*acide acétyl-salicylique*, est l'aspirine.) – Du lat. *salix, salicis*, «saule».

salien, enne [saljɛ̃, ɛn] adj. HIST Propre ou relatif aux Saliens, populations franques établies au IVe s. apr. J.-C. dans ce qui est auj. la rég. de l'Overijssel aux Pays-Bas.

salière [saljɛʀ] n. f. **1.** Petit récipient destiné à contenir du sel. **2.** Fig. Dépression arrondie au-dessus de l'œil du cheval. ▷ Fam. Enfoncement en arrière de chaque clavicule, chez les personnes maigres. – De *sel*, lat. *sal*.

salifère [salifɛʀ] adj. GEOL, BOT Qui contient du sel. *Argile salifère. Plante salifère.* – Du lat. *sal, salis*, «sel», et *-fère*.

salifiable [salifjabl] adj. CHIM Qui peut être salifié. *Base salifiable.* – De *salifier*.

salification [salifikasjɔ̃] n. f. CHIM Formation d'un sel par réaction d'un acide sur la base correspondante. – De *salifier*.

salifier [salifje] v. tr. [2] CHIM Transformer en sel par la réaction d'un acide sur une base. – Du lat. *sal, salis*, «sel», et *facere*, «faire».

saligaud, aude [saligo, od] n. (Le fém. est très rare.) Pop. **1.** Personne malpropre. *Ces saligauds ont tout cochonné!* ▷ Plaisant *Petit saligaud!* **2.** Fig. Personne ignoble, moralement répugnante. Syn. salaud. – De *Saligot*, n. pr. et surnom en wallon et en picard; probabl. du frq. **salik*, «sale», et suff. péjor. *-ot*.

salin, ine [salɛ̃, in] adj. et n. m. **1.** adj. Qui contient du sel; qui est formé de sel. *Solution saline. Roches salines*, qui contiennent du sel gemme, du gypse, des sels de potassium. **2.** n. m. Marais salant. – Sens 1, lat. *salinus*; sens 2, lat. *salinum*.

saline [salin] n. f. Entreprise industrielle de production de sel (gemme ou marin). ▷ Cour. Marais salant. – Lat. *salinæ*.

salinier, ère [salinje, ɛʀ] adj. et n. **1.** adj. Qui concerne la production de sel. *L'extraction salinière*, de sel. **2.** n. Personne qui pratique l'extraction du sel. Syn. saunier, paludier. – De *saline*.

salinité [salinite] n. f. Proportion de sel en solution. *Salinité de l'eau de mer.* – De *salin*.

salique [salik] adj. HIST Relatif aux Francs Saliens*. *Terres saliques. Loi salique.* – Lat. médiév. *salicus*, de *Salii*, nom des Saliens.

ENCYCL Les terres saliques étaient les domaines distribués aux Francs à mesure qu'ils s'établissaient en Gaule. La loi salique fut rédigée à l'époque de Clovis. Un de ses articles excluait les femmes de la succession à la terre salique; il fut invoqué pour justifier l'accession au trône de Philippe VI de Valois (1328) et fut considéré comme loi fondamentale de la monarchie française.

salir [saliʀ] v. tr. [3] **1.** Rendre sale ; souiller, maculer. *Salir son tablier.* **2.** Fig. *Salir la réputation, la mémoire de qqn,* y porter atteinte en la diffamant, en la flétrissant. ▷ Avilir. – v. pron. *Il s'est sali dans ce scandale.* – De *sale.*

salissant, ante [salisɑ̃, ɑ̃t] adj. **1.** Qui salit. *Matières salissantes. Travail salissant.* **2.** Qui se salit facilement. *Le blanc est une couleur salissante.* **3.** AGRIC *Plantes salissantes,* dont la culture favorise la pousse des mauvaises herbes (les céréales, par ex.). – Ppr. de *salir.*

salissure [salisyʀ] n. f. Ordure, souillure qui rend sale. – De *salir.*

salivaire [salivɛʀ] adj. ANAT Qui a rapport à la salive. *Sécrétion salivaire.* – *Les trois glandes salivaires* (sublinguale, sous-maxillaire, parotide). – Du lat. *salivarius,* « qui ressemble à la salive », de *saliva,* « salive ».

salivant, ante [salivɑ̃, ɑ̃t] adj. Qui provoque la salivation. – Ppr. de *saliver.*

salivation [salivasjɔ̃] n. f. Production de salive. – Bas lat. *salivatio.*

salive [saliv] n. f. Liquide sécrété par les glandes salivaires et contenant plusieurs enzymes actives dans la digestion, qui humecte toute la bouche. ▷ Fig., fam. *Dépenser beaucoup de salive* : parler beaucoup et inutilement. – *Perdre sa salive* : parler en vain. – Lat. *saliva.*

saliver [salive] v. intr. [1] Sécréter de la salive. – Lat. *salivare.*

salle [sal] n. f. **1.** Anc. Vaste pièce de réception d'un château, d'une grande demeure. **2.** (Qualifié) Pièce d'un appartement, d'une maison, destinée à un usage particulier. *Salle à manger. Salle de bains. Salle de séjour* : pièce principale d'un appartement, d'une maison. **3.** Local affecté à un usage particulier, dans un établissement ouvert au public. *Salle de lecture d'une bibliothèque. Salle d'attente d'une gare.* ▷ (Dans un hôpital.) *Salle commune. Salle d'opération, de pansements.* **4.** Spécial. *Salle de spectacle. Les salles obscures* : les cinémas. ▷ Par méton. *La salle d'un théâtre,* le public. « *La salle frissonna de complicité et d'enthousiasme ; les applaudissements crépitèrent* » *(Sartre).* – Du frq. **sal,* all. *Saal.*

salmigondis [salmigɔ̃di] n. m. **1.** Vx Ragoût fait avec des restes réchauffés de plusieurs viandes. **2.** Mélange de choses disparates ; propos incohérents. – Moyen fr. *salmine,* « plat de poissons », du rad. *sal,* « sel », et a. fr. *condir,* lat. *condire,* « assaisonner ».

salmis [salmi] n. m. Ragoût de pièces de gibier ou de volaille préalablement cuites aux deux tiers à la broche, mijoté avec une sauce au vin, dite *sauce salmis. Salmis de perdreaux.* – Abrév. de *salmigondis.*

salmonelle [salmɔnɛl] n. f., ou **salmonella** [salmɔnɛlla] n. f. inv. MED Bacille (genre *Salmonella*), agent des salmonelloses. – Du n. du médecin amér. D.E. *Salmon* (1850-1914).

salmonellose [salmɔnɛloz] n. f. MED Infection due à une salmonella (fièvre typhoïde, intoxication, etc.). – De *salmonelle,* et *-ose* 2.

salmoniculteur [salmɔnikyltœʀ] n. m. Pisciculteur spécialisé dans l'élevage des salmonidés. – D'après *salmoniculture.*

salmoniculture [salmɔnikyltyʀ] n. f. TECH Pisciculture des salmonidés (truites, notam.). – De *salmoni(dés),* et *-culture.*

salmonidés [salmɔnide] n. m. pl. ICHTYOL Famille de poissons téléostéens marins et fluviaux au corps oblong, caractérisés par une nageoire dorsale à rayons squelettiques mous, suivie d'une seconde plus petite (saumons, truites, ombles, etc.). – Sing. *Un salmonidé.* – Du lat. *salmo, salmonis,* « saumon ».

saloir [salwaʀ] n. m. Récipient dans lequel on met à saler les denrées, et en partic. les viandes. – De *saler.*

salol [salɔl] n. m. CHIM **1.** Tout dérivé de l'acide salicylique dont la fonction acide est estérifiée par un phénol. **2.** Ester de formule $HO-C_6H_4COO-C_6H_5$. Syn. salicylate de phényle. *Le salol est notam. employé pour ses propriétés antiseptiques.* – Contract. de *salicylphénol,* de *salicyl(ique),* et *phénol.*

salon [salɔ̃] n. m. **1.** Pièce de réception d'un appartement, d'une maison privée. **2.** *Par ext.* Maison où l'on reçoit régulièrement des gens en vue, des personnes de la société cultivée, des artistes, etc. ; les gens qui s'y réunissent, la société mondaine. *Tenir salon. Fréquenter les salons. Les salons littéraires du XVII*[e] *et du XVIII*[e] *s.* **3.** Local où l'on reçoit la clientèle, dans certains commerces. *Salon de coiffure.* – *Salon de thé* : pâtisserie où l'on sert des consommations. **4.** (Avec une majuscule.) Exposition périodique d'œuvres d'art (les premières eurent lieu au *Salon carré* du Louvre, au XVIIe s.), et, par ext., de produits de l'industrie. *Le Salon d'automne, le Salon de mai.* – *Le Salon de l'automobile. Le Salon nautique.* – Ital. *salone,* augmentatif de *sala,* « salle ».

salonnard, arde [salɔnaʀ, aʀd] n. Péjor. Habitué des salons mondains ; personne qui ne doit ses succès qu'à ses relations mondaines. – De *salon.*

salonnier, ère [salɔnje, ɛʀ] adj. Relatif aux salons mondains, à leur esprit. – De *salon.*

saloon [salun] n. m. Bar du Far West américain. – Mot amér.

salop [salo] n. m. Vx Syn. de *salaud.* – D'après *salope.*

salopard [salɔpaʀ] n. m. Pop. Salaud. – De *salop.*

salope [salɔp] n. f. (et adj. f.) Grossier et inj. **1.** Femme que sa conduite dévergondée fait tenir pour méprisable. **2.** (Sans coloration sexuelle ; correspond aux emplois de *salaud.*) Femme malfaisante, méprisable. ▷ (En parlant d'un homme ; adressé à un homme.) Individu infâme, abject. ▷ adj. f. *Qu'elle est salope !* – Probabl. de *sale,* et *hoppe,* forme dial. de « huppe », oiseau connu pour sa saleté.

saloper [salɔpe] v. tr. [1] Fam. Effectuer sans soin (un travail). *Saloper le boulot.* ▷ Salir, gâter. *Il a salopé l'entrée avec ses bottes boueuses.* – De *salope.*

saloperie [salɔpʀi] n. f. Fam. **1.** Grande malpropreté. **2.** Discours, propos orduriers. *Dire une, des saloperies.* **3.** Mauvais procédé, vilenie (à l'égard de qqn). *Il m'a fait une belle saloperie.* **4.** Objet, marchandise de mauvaise qualité. – De *salope.*

salopette [salɔpɛt] n. f. Vêtement de travail qui se porte par-dessus les autres vêtements pour les protéger. ▷ Vêtement composé d'un pantalon prolongé d'un plastron à bretelles. – De *salope.*

salpêtrage [salpɛtʀaʒ] n. m. Action de salpêtrer. – Formation du salpêtre. – De *salpêtrer.*

salpêtre [salpɛtʀ] n. m. **1.** Nom cour. de certains nitrates, spécial. du nitrate de potassium (KNO_3). **2.** Efflorescences de nitrates (princ. de nitrate de potassium), qui se forment sur les murs humides. – Lat. médiév. *salpetræ,* propr. « sel de pierre ».

salpêtrer [salpɛtʀe] v. tr. [1] **1.** Couvrir d'efflorescences de salpêtre. – Pp. adj. *Murs salpêtrés.* **2.** Répandre du salpêtre sur (un terrain). *Salpêtrer un chemin,* pour durcir la terre et la rendre imperméable. – De *salpêtre.*

salpêtreux, euse [salpɛtʀø, øz] adj. Rare Couvert de salpêtre. *Mur salpêtreux.* – De *salpêtre.*

salpêtrière [salpɛtʀijɛʀ] n. f. Vx Fabrique de salpêtre, utilisé pour préparer la poudre à canon. – De *salpêtre.*

salpicon [salpikɔ̃] n. m. CUIS Préparation (viande coupée en petits dés, champignons, truffes, etc.) garnissant un vol-au-vent ou une timbale, ou servie comme accompagnement d'une viande. – Mot esp., de *sal*, « sel ».

salping(o)-. Élément, du grec. *salpigx*, « trompe », servant à former des mots du vocabulaire médical concernant les trompes de Fallope ou les trompes d'Eustache.

salpingite [salpɛ̃ʒit] n. f. MED Inflammation aiguë ou chronique de l'une ou des deux trompes utérines (trompes de Fallope). ▷ Inflammation de la trompe d'Eustache. – De *salping-*, et *-ite* 1.

salsa [salsa] n. f. MUS Genre et courant musical latino-américain, parfois appelé afro-cubain, qui mêle des orchestrations proches du jazz à des rythmes d'origine africaine. – Mot esp. (de Cuba et Porto Rico), « sauce ».

salsepareille [sals(ə)parɛj] n. f. Arbrisseau épineux à tiges volubiles (*Smilax aspera*, fam. liliacées), dont les racines ont des propriétés dépuratives. – Esp. *zarzaparrilla*, de *zarza*, « ronce » (ar. *scharac*), et *parrilla*, p.-ê. dimin. de *parra*, « treille ».

salsifis [salsifi] n. m. **1.** Plante potagère (genre *Tragopogon*, fam. composées) dont une espèce (*salsifis blanc*) est cultivée pour ses racines comestibles; ces racines. **2.** *Salsifis noir* : scorsonère. – Ital. *salsifica*, d'orig. incert.

salsolacées [salsɔlase] n. f. pl. BOT Groupe de dicotylédones parmi lesquelles certains auteurs distinguent la famille des chénopodiacées et quelques familles de moindre importance (nyctaginacées, amarantacées, etc.), et que d'autres auteurs identifient avec les chénopodiacées. – Sing. *Une salsolacée.* – Du lat. bot. *salsola*, « soude ».

saltation [saltasjɔ̃] n. f. **1.** ANTIQ ROM Art des mouvements du corps (danse, pantomime, etc.). **2.** Didac Déplacement par sauts successifs des particules charriées par un fluide en mouvement. – Lat. *saltatio*, de *saltare*, « danser ».

saltatoire [saltatwaʀ] adj. Didac. Qui sert au saut. *Appareil saltatoire de la puce.* – Lat. *saltatorius*, « de danse ».

saltimbanque [saltɛ̃bɑ̃k] n. m. Jongleur, bateleur qui fait des tours d'adresse, des acrobaties en public. – Ital. *saltimbanco*, propr. « (celui qui) saute sur l'estrade ».

saltique [saltik] n. f. ENTOM Araignée qui se déplace par bonds. *Certaines saltiques sont communes dans les marécages d'Europe.* – Lat. sav. *salticus*, « dansant », de *saltus*, « saut ».

salto [saltɔ] n. m. SPORT Saut périlleux, en gymnastique, en patinage. – Mot ital., « saut ».

salubre [salybʀ] adj. Qui est favorable à la santé. *Air, climat salubre.* – Lat. *salubris*.

salubrité [salybʀite] n. f. Qualité de ce qui est salubre. ▷ Spécial. *Mesures de salubrité publique*, prises dans l'intérêt de l'hygiène publique. – Lat. *salubritas*.

saluer [salɥe] v. tr. [1] **1.** Donner une marque extérieure de civilité, de respect, à (qqn que l'on rencontre, que l'on aborde ou que l'on quitte). ▷ *Ne manquez pas de saluer votre mère pour moi*, de lui présenter mes hommages, mes respects. – Absol. *Comédien qui salue à la fin d'une représentation.* **2.** Rendre hommage à (qqch) par des marques extérieures réglées par l'usage. *Saluer le drapeau.* **3.** Accueillir par des manifestations (de joie, de mépris, etc.). *Saluer l'arrivée d'une personne par des applaudissements, par des quolibets.* **4.** Fig. *Saluer qqn comme...*, lui rendre hommage en reconnaissant en lui (une personne estimable, glorieuse, etc.). *Saluer qqn comme un bienfaiteur.* – Lat. *salutare*.

salure [salyʀ] n. f. Didac. Caractère de ce qui est salé. – Taux de sel contenu dans un corps. V. salinité. – De *saler*.

1. salut [saly] n. m. **1.** Action de saluer; geste ou parole de civilité, de respect, qu'on adresse à une personne que l'on salue. *Faire, rendre un salut. Salut de la main. Les acteurs se sont fait siffler au salut.* **2.** Fam. (Formule exclamative d'accueil ou d'adieu.) *Salut! Ça va? Allez! Salut! Il faut que je rentre.* **3.** Cérémonie par laquelle on salue (qqch). *Le salut au drapeau.* ▷ RELIG CATHOL Office en l'honneur du saint sacrement. – Lat. *salus, salutis*, « santé, salut, action de saluer ».

2. salut [saly] n. m. **1.** Fait d'échapper à un danger, de se sauver ou d'être sauvé. *Ne devoir son salut qu'à la fuite. Planche de salut* : ultime moyen qui permet de se sauver. ▷ *Comité de salut public* : V. comité. **2.** Félicité éternelle, fait d'échapper à la damnation. *Prier pour le salut de l'âme d'un défunt.* ▷ *Armée du Salut* : association religieuse internationale, d'origine méthodiste, qui s'attache à la prédication de l'Évangile dans les rues et prête secours aux indigents. – Lat. *salus, salutis* (cf. salut 1).

salutaire [salytɛʀ] adj. Qui exerce une action bénéfique; bienfaisant, profitable. *Remède salutaire. Avis, conseils salutaires.* – Lat. *salutaris*, de *salus, salutis*.

salutairement [salytɛʀmɑ̃] adv. Litt. D'une manière salutaire. – De *salutaire*.

salutation [salytasjɔ̃] n. f. **1.** RELIG CATHOL *Salutation angélique* : prière à la Vierge, dont le texte est constitué par les paroles de l'ange Gabriel : *Ave, Maria...*, « Je vous salue, Marie... ». V. Annonciation. **2.** Action de saluer avec des marques ostentatoires de respect, d'empressement, etc. **3.** Plur. (Formule de politesse pour terminer une lettre.) *Salutations distinguées.* – Lat. *salutatio*.

salutiste [salytist] n. et adj. Celui, celle qui fait partie de l'Armée du Salut. ▷ adj. De l'Armée du Salut. *Un défilé salutiste.* – De *salut*.

salvateur, trice [salvatœʀ, tʀis] adj. Litt. Qui sauve. – Lat. ecclés. *salvator, salvatrix*.

salve [salv] n. f. **1.** Décharge simultanée de plusieurs armes à feu. *Salve d'artillerie. Feu de salve.* ▷ Par anal. *Une salve d'applaudissements.* **2.** PHYS NUCL Apparition brusque de paires d'ions dans une chambre d'ionisation. ▷ Multiplication brutale du nombre des neutrons dans un réacteur, due à une divergence mal maîtrisée. – Probabl. du lat. *salve*, « salut » (coup de canon pour saluer).

samare [samaʀ] n. f. BOT Akène ailé (semence de l'orme, du frêne, de l'érable, etc.). – Du lat. *samara*, ou *samera*, « graine d'orme ».

samaritain, aine [samaʀitɛ̃, ɛn] adj. et n. HIST, RELIG De Samarie, anc. ville et région de Palestine. ▷ Subst. *Les Samaritains* : nom donné après 721 av.J.-C. (fin du royaume d'Israël) à la population du district de Samarie, composée d'Israélites et de colons importés par les Assyriens, et dont la religion ne se référait qu'au Pentateuque. ▷ *Le bon Samaritain* : personnage généreux d'une parabole de l'Évangile selon saint Luc (X, 29-37). – Loc. fig. (Souvent iron.) *Faire le bon Samaritain* : secourir autrui. – De *Samarie*.

samarium [samaʀjɔm] n. m. CHIM Élément appartenant à la famille des lanthanides, de numéro atomique Z = 62, de masse atomique 150,35 (symbole : Sm). – Métal (Sm) de densité 7,5, qui fond vers 1 080 °C et bout vers 1 790 °C. – Métal découvert dans la *samarskite* (minerai), du nom du chimiste russe V. E. *Samarski*.

samba [sɑ̃mba] n. f. Danse populaire brésilienne sur un rythme à deux temps. – Mot brésilien.

samedi [samdi] n. m. Sixième jour de la semaine, qui suit le vendredi. – *Samedi saint*, veille du jour de Pâques. – Lat. pop. **sambati dies*, de *sambatum*, var. de *sabbatum*, « sabbat ».

samizdat [samizdat] n. m. Édition et diffusion clandestines, en U.R.S.S. et dans ses satellites, de textes censurés ; ces textes. – Mot russe, « auto-édition », de *sam*, « auto- », d'ap. *gosizdat*, « édition d'État ».

samossa [samosa] n. m. CUIS Mets indien constitué d'un petit morceau de pâte triangulaire fourré et frit.

samouraï ou **samurai** [samuʀaj] n. m. Membre de la classe des guerriers au service d'un seigneur (daïmyo), dans le Japon féodal (jusqu'en 1868). – Mot jap., propr. « serviteur ».

samovar [samɔvaʀ] n. m. Ustensile destiné à la préparation du thé, utilisé à l'origine en Russie, composé d'un réchaud à charbon de bois et d'une petite chaudière à robinet. – Mot russe, « qui bout *(varit)* par soi-même *(samo)* ».

samoyède [samɔjɛd] adj. et n. Relatif aux Samoyèdes, tribus d'origine mongole qui habitent la toundra sibérienne ; des Samoyèdes. *Les traditions samoyèdes.* – *Chien samoyède* : chien de traîneau, blanc, à fourrure épaisse. ▷ n. m. LING *Le samoyède* : groupe de langues de la famille finno-ougrienne parlées par les Samoyèdes. – Mot russe.

sampan [sɑ̃pɑ̃] ou vieilli **sampang** [sɑ̃pɑ̃] n. m. Bateau non ponté, à fond plat, des côtes chinoises et japonaises, d'une taille allant de celle de la simple embarcation à celle du navire de charge, marchant à l'aviron ou à la voile, et comportant en général en son centre un abri en bambou tressé soutenu par des arceaux. – Mot chinois, propr. « trois bords ».

sampi [sɑ̃pi] n. m. Lettre numérale grecque valant 900. – Caractère figurant à la fois un *san*, nom dorien du *sigma* (σ), et un *pi* (π).

sampot [sɑ̃po] n. m. Pièce d'étoffe drapée enveloppant la taille et les cuisses, portée au Cambodge, au Laos, en Thaïlande.

SAMU [samy] n. m. Service hospitalier assurant les premiers soins d'urgence et le transfert dans un centre hospitalier. – Acronyme pour *Service d'aide médicale d'urgence.*

samurai. V. samouraï.

sana [sana] n. m. Fam. Sanatorium. *Des sanas.* – Abrév. de *sanatorium.*

sanatorium [sanatɔʀjɔm] n. m. Établissement de cure destiné au traitement de la tuberculose. *Des sanatoriums.* (Abrév. : sana). – Mot angl., du bas lat. *sanatorius*, « propre à guérir ».

san-benito [sɑ̃benito] n. m. inv. HIST Casaque jaune dont étaient revêtus ceux que l'Inquisition avait condamnés au bûcher. – Mot esp., « saint Benoît », ce vêtement rappelant celui des bénédictins.

sancerre [sɑ̃sɛʀ] n. m. Vin blanc, rosé ou rouge de la région de Sancerre. – Du n. de *Sancerre*, ch.-l. de cant. du Cher.

sanctifiant, ante [sɑ̃ktifjɑ̃, ɑ̃t] adj. RELIG Qui sanctifie. *Grâce sanctifiante.* – Ppr. de *sanctifier.*

sanctificateur, trice [sɑ̃ktifikatœʀ, tʀis] n. et adj. RELIG Personne qui sanctifie. *Le Sanctificateur* : l'Esprit-Saint. ▷ adj. *Action sanctificatrice*, sanctifiante. – Lat. ecclés. *sanctificator*, de *sanctificare*, « sanctifier ».

sanctification [sɑ̃ktifikasjɔ̃] n. f. RELIG ou litt. Action de sanctifier ; son résultat. – Lat. ecclés. *sanctificatio*, de *sanctificare*, « sanctifier ».

sanctifier [sɑ̃ktifje] v. tr. [2] **1.** RELIG Rendre saint. *La grâce qui sanctifie les âmes.* **2.** RELIG Honorer comme saint, comme il se doit pour ce qui est saint. *« Que ton nom soit sanctifié. »* (Phrase du *Notre Père.*) ▷ Célébrer comme le veut l'Église. *Sanctifier le dimanche.* **3.** Litt. Considérer, révérer comme saint. – Lat. ecclés. *sanctificare*, de *sanctus*, « saint ».

sanction [sɑ̃ksjɔ̃] n. f. **1.** DR Acte par lequel le chef de l'exécutif donne à une loi l'approbation qui la rend exécutoire. **2.** Approbation, ratification. *Sanction de l'emploi d'un mot par l'usage.* **3.** Conséquence naturelle. *Ses difficultés actuelles sont la sanction de son imprévoyance.* **4.** DR Peine ou récompense qu'une loi porte pour assurer son exécution. *Sanction pénale.* **5.** Mesure répressive prise par une autorité. *Prononcer des sanctions sévères.* – Lat. *sanctio*, de *sancire*, « prescrire ».

sanctionner [sɑ̃ksjɔne] v. tr. [1] **1.** Confirmer par une sanction. *Sanctionner un décret.* – Pp. adj. *Emploi d'une expression sanctionné par l'usage.* **2.** (Emploi critiqué.) Réprimer, punir par des sanctions. *Sanctionner une faute.* – De *sanction.*

sanctuaire [sɑ̃ktɥɛʀ] n. m. **1.** Endroit le plus saint d'un temple, d'une église. – Dans le temple juif, le saint des saints. **2.** *Par ext.* Édifice sacré ; endroit où l'on célèbre un culte. *Sanctuaires bouddhiques.* **3.** Fig. et litt. Lieu secret, intime. **4.** Fig. Lieu d'élection, haut lieu. *Un des sanctuaires de l'élégance.* **5.** MILIT Territoire rendu inaccessible aux coups de l'ennemi (par dissuasion nucléaire, protection d'un État ami). – Lat. ecclés. *sanctuarium*, de *sanctus*, « saint ».

sanctus [sɑ̃ktus] n. m. LITURG CATHOL Chant latin qui commence par les mots *Sanctus, sanctus, sanctus Dominus* (« Saint, saint, saint est le Seigneur »). – Partie de la messe dite en latin, au cours de laquelle on chantait cet hymne. – Musique composée sur les paroles de cet hymne. – Mot lat., « saint ».

sandale [sɑ̃dal] n. f. Chaussure légère formée d'une simple semelle qui s'attache au pied par des lanières. – Lat. *sandalium*, gr. *sandalion.*

sandalette [sɑ̃dalɛt] n. f. Sandale légère à empeigne basse. – Dimin. de *sandale.*

sandaraque [sɑ̃daʀak] n. f. Didac. Résine jaune pâle, extraite d'une variété de thuya et entrant dans la préparation de certains vernis. – Du lat. *sandaraca*, gr. *sandarakê*, « réalgar » ; d'abord *landarache.*

sanderling [sɑ̃dɛʀliŋ] n. m. ZOOL Bécasseau de l'Arctique (*Calidris alba*), long d'une vingtaine de cm, qui hiverne dans les régions australes. – Mot angl., de *sand*, « sable ».

sandiniste [sɑ̃dinist] n. et adj. Membre du mouvement nicaraguayen se réclamant de César Sandino, patriote qui dirigea au Nicaragua la guérilla contre les troupes américaines d'occupation, lesquelles organisèrent son assassinat. ▷ adj. *Le mouvement sandiniste.* – Du nom de César *Sandino* (1895-1934).

sandjak [sɑ̃dʒak] n. m. Anc. subdivision territoriale, en Turquie. – Mot turc, propr. « bannière » ; d'abord *sensaque, sangiac, sanjak.*

sandow [sɑ̃do] n. m. Cordon élastique constitué de plusieurs fils de caoutchouc juxtaposés sous une gaine textile et qui sert notam. à fixer des colis sur un support (galerie de toit, porte-bagages). – Nom déposé ; n. pr. d'un athlète.

sandre [sɑ̃dʀ] n. m. ou f. Poisson d'eau douce (genre *Sander*), voisin de la perche, que l'on rencontre de l'Est de la France jusqu'en Europe centrale. – All. *Zander*, mot d'orig. néerl. ; d'ap. lat. zool. *sandra.*

sandwich, plur. **ichs** ou **iches** [sɑ̃dwi(t)ʃ] n. m. **1.** Mets constitué par deux tranches de pain entre lesquelles on a placé des aliments froids. *Sandwich au saucisson, au pâté.* **2.** TECH Matériau composite constitué d'une âme épaisse et légère prise entre deux plaques minces et résistantes. *Sandwich polyester.* **3.** Loc. adv. Fam. *En sandwich* : comprimé, coincé entre deux objets, deux personnes. *Voiture prise en sandwich entre deux autres.* – Mot angl., tiré du nom du comte de *Sandwich*, dont le *cuisinier inventa ce mets pour lui épargner de quitter sa table de jeu.*

sang [sɑ̃] n. m. **1.** PHYSIOL et cour. Liquide rouge, visqueux, qui circule dans tout l'organisme par un système de vaisseaux et y remplit de multiples fonctions essentielles (nutritive, respiratoire, excrétoire, immunisante, etc.). *Sang artériel, veineux. Transfusion de sang. Maladies du sang.* ▷ ZOOL Vieilli *Animaux à sang chaud* ou, mod., *homéothermes*; animaux à sang froid* ou, mod., *poïkilothermes*.* **2.** MED Anc. Humeur qui commande le comportement, les passions. **3.** Loc. cour. et fam. *Coup de sang :* congestion, apoplexie; *par exag.* accès de violente colère. – *Mordre, fouetter, pincer jusqu'au sang,* au point de faire saigner. – Fig. *Suer sang et eau :* se donner beaucoup de peine; faire de gros efforts. **4.** Loc. fig. *Avoir le sang chaud :* être fougueux, ardent, prompt à la colère. – *De sang froid :* sans qu'interviennent passion ni colère. – *Avoir du sang dans les veines :* être courageux, prompt à l'action. *Avoir du sang de navet :* être sans vigueur, lâche. – *Fouetter le sang :* stimuler, exciter. – *Spectacle qui glace le sang,* qui laisse interdit d'épouvante. – *Se faire du mauvais sang, un sang d'encre;* plur., fam. *se ronger, se tourner les sangs :* être dans l'inquiétude, dans l'angoisse. – *Mon (ton, son) sang n'a fait qu'un tour :* j'ai été saisi. – *Il a ça dans le sang,* c'est, pour lui, un instinct, une qualité innée. ▷ Spécial. *Verser, répandre, faire couler le sang :* commettre une (des) action(s) meurtrière(s). – *Verser son sang pour la patrie,* donner sa vie pour elle. – *Laver un outrage dans le sang :* se venger en tuant ou en blessant grièvement. – *Mettre un pays à feu et à sang,* y perpétrer toutes sortes de crimes. – *Avoir les mains tachées, couvertes de sang :* avoir la responsabilité de nombreux crimes. ▷ RELIG *Le Précieux Sang :* le sang du Christ, versé pour les hommes. **5.** (Le sang, porteur des caractères héréditaires.) Race, famille. *Être du même sang. Liens du sang.* – *Cheval de sang, de pur sang :* pur-sang. – Lat. *sanguen* (neutre), variante de *sanguis.*

ENCYCL Le sang, rouge chez l'homme et les vertébrés, diversement coloré chez les autres animaux, circule dans un système de vaisseaux et se distribue à tous les organes. L'homme en possède 4 à 5 l, soit 7 à 9 % du poids du corps. Le sang est composé de *plasma* et d'*éléments figurés* (en suspension dans le plasma). **I.** Le plasma est la partie liquide du sang (env. 55 % du volume total). Il contient : **1.** des éléments nutritifs : sels minéraux, protéines (albumine et globulines), lipides, glucose; **2.** des substances issues du catabolisme : urée, acide urique; **3.** la prothrombine et le fibrinogène; **4.** des enzymes et des hormones. **II.** Les éléments figurés se divisent en 3 grands groupes : les hématies, dites aussi érythrocytes ou globules rouges (4,5 à 5 millions par mm^3 de sang); les leucocytes, ou globules blancs; les thrombocytes, ou plaquettes. Les leucocytes (5 000 à 8 000 par mm^3 de sang) se répartissent en 2 grands groupes, suivant la forme de leur noyau : les mononucléaires et les polynucléaires. Les mononucléaires comprennent notam. les lymphocytes qui ont une importante fonction immunologique. Les thrombocytes, ou plaquettes (150 000 à 400 000 par mm^3 de sang) sont des facteurs d'hémostase. La moelle osseuse produit la plupart des éléments sanguins. Les hématies de tout individu sont porteuses d'antigènes héréditaires. Chaque individu a, dans ses hématies, soit des antigènes A, soit des antigènes B, soit à la fois des antigènes A et B, soit aucun antigène. En outre, il possède dans son plasma un anticorps (dit agglutinine) qui détruit les antigènes qu'il ne possède pas. Toutes ces données définissent le système ABO. Les hématies contiennent de nombr. antigènes autres que les antigènes A ou B, de sorte que d'autres systèmes que le système ABO existent, notam. le système Rhésus*. Les leucocytes et plaquettes sont porteurs de mêmes facteurs de groupe que les hématies; en outre, ils sont porteurs des antigènes tissulaires, déterminants pour le choix des donneurs de greffons dans le cas de greffes.

sang-de-dragon [sɑ̃dədʀagɔ̃] ou **sang-dragon** [sɑ̃dʀagɔ̃] n. m. inv. **1.** Résine rouge foncé, extraite du dragonnier, servant à la coloration des vernis. **2.** BOT Rég. Plante herbacée (*Rumex sanguineus,* fam. polygonacées), variété de patience aux tiges et aux nervures rouge sang. – De *sang,* à cause de la couleur, et *dragon,* « dragonnier ».

sang-froid [sɑ̃fʀwa] n. m. inv. Maîtrise de soi, calme, présence d'esprit dans les moments critiques. *Perdre son sang-froid. Faire preuve de sang-froid.* ▷ Loc. adv. *De sang-froid :* froidement, en pleine conscience de ce que l'on fait. *Crime commis de sang-froid.*

sanglant, ante [sɑ̃glɑ̃, ɑ̃t] adj. **1.** Couvert, souillé de sang. *Linge sanglant.* **2.** Qui fait couler beaucoup de sang. *Combat sanglant.* – *Une mort sanglante,* violente, avec effusion de sang. **3.** Fig. Outrageux, très offensant. *Reproches sanglants.* **4.** Litt. Couleur de sang. *Un rouge sanglant.* – Du lat. *sanguilentus,* du class. *sanguinolentus,* « sanguinolent ».

sangle [sɑ̃gl] n. f. **1.** Bande plate et large (de cuir, de tissu, etc.) qui sert à ceindre, à serrer. *Les sangles d'une selle.* ▷ *Spécial.* Bande de toile forte qui forme le fond d'un siège, d'un lit. **2.** Par anal. *Sangle abdominale :* ensemble des muscles de la paroi abdominale. **3.** ALPIN Corniche étroite au flanc d'une paroi. – Lat. *cingula,* de *cingere,* « ceindre ».

sangler [sɑ̃gle] v. tr. [1] **1.** *Sangler un cheval, un animal de monte :* serrer la sangle passant sous son ventre, et destinée à maintenir la selle. **2.** Serrer comme avec une sangle. ▷ v. pron. *Les élégantes de la Belle Époque se sanglaient dans des corsets.* – Pp. adj. *Officier sanglé dans son uniforme.* – De *sangle.*

sanglier [sɑ̃glije] n. m. Porc sauvage (genre *Sus,* fam. suidés), au corps massif couvert de soies épaisses, aux canines très développées et dont la tête, ou hure, terminée par un groin, est armée, surtout chez les vieux mâles, de défenses recourbées. *Le sanglier déterre les racines et tubercules dont il se nourrit.* ▷ Viande de cet animal. – Lat. *singularis (porcus),* « (porc) qui vit seul ».

sanglot [sɑ̃glo] n. m. Spasme respiratoire bruyant d'une personne qui pleure. – Lat. pop. **singluttus,* d'apr. *gluttire,* « avaler », du lat. class. *singultus,* « hoquet ».

sangloter [sɑ̃glɔte] v. intr. [1] Pleurer avec des sanglots. – Lat. pop. **singluttare,* lat. class. **singultare.*

sang-mêlé [sɑ̃mele] n. inv. Vieilli Personne issue du croisement de races différentes; métis. – De *sang,* et *mêler.*

sangria [sɑ̃gʀija] n. f. Boisson d'origine espagnole faite de vin rouge sucré dans lequel ont macéré des morceaux d'oranges et d'autres fruits. – Mot esp., de *sangre,* « sang ».

sangsue [sɑ̃sy] n. f. **1.** Vers annelé (classe des hirudinées) des eaux stagnantes, qui se fixe par sa ventouse buccale à la peau des animaux dont il suce le sang. **2.** Fig. Personne qui soutire abusivement de l'argent à autrui; parasite. **3.** Fam. Personne ennuyeuse dont on ne peut se défaire. ▷ *Spécial.* Femme très accapareuse. – Lat. *sanguisuga,* de *sanguis,* « sang », et *sugare,* « sucer ».

sanguin, ine [sɑ̃gɛ̃, in] adj. et n. m. **1.** Qui a rapport au sang. *Vaisseau sanguin.* **2.** Qui a la couleur du sang. ▷ *Orange sanguine*.* **3.** *Visage sanguin,* rouge et d'aspect congestionné. – *Tempérament sanguin :* un des quatre tempéraments distingués par l'ancienne médecine des humeurs, caractérisé notam. par la rougeur du visage et la tendance à l'emportement, à la colère. ▷ n. m. *Un sanguin.* – Lat. *sanguineus.*

1. sanguinaire [sɑ̃ginɛʀ] adj. Litt. Qui se plaît à répandre le sang; cruel. *Guerrier sanguinaire.* – Par ext. *Exploits sanguinaires.* – Lat. *sanguinarius.*

2. sanguinaire [sɑ̃ginɛʀ] n. f. BOT Herbe vivace (genre *Sanguinaria*, fam. papavéracées), commune en Amérique du N., dont le latex rouge sang était utilisé par les Indiens pour se teindre la peau. – Du lat. *sanguinaria (herba)*.

sanguine [sɑ̃gin] n. f. **1.** Variété d'hématite rouge. **2.** Crayon rouge foncé fait avec ce minéral. ▷ Dessin exécuté avec ce crayon. *Les sanguines de Fragonard.* **3.** Orange d'une variété à pulpe rouge. *Une livre de sanguines.* – Fém. subst. de *sanguin*.

sanguinolent, ente [sɑ̃ginɔlɑ̃, ɑ̃t] adj. Mêlé de sang, coloré par le sang. ▷ D'une couleur qui évoque le sang. – Lat. *sanguinolentus*.

sanhédrin [sanedʀɛ̃] n. m. HIST Tribunal civil et religieux des Juifs de la Palestine antique, formé de prêtres, de notables et de docteurs de la Loi. ▷ *Grand sanhédrin* : tribunal suprême, à Jérusalem. – Mot araméen employé dans les Évangiles, du gr. *synedrion*, « assemblée, conseil ».

sanicle [sanikl] ou **sanicule** [sanikyl] n. f. BOT Plante herbacée (*Sanicula europæa*, fam. ombellifères) aux inflorescences irrégulières blanc rosé et aux feuilles en rosette. – Lat. bot. *sanicula*, de *sanus*, « sain », à cause des vertus médicinales de la racine.

sanie [sani] n. f. MED Vx et litt. Matière purulente, sanguinolente et fétide qui s'écoule des plaies infectées, des ulcères non soignés. – Lat. *sanies*.

sanieux, euse [sanjø, øz] adj. MED Vx et litt. Qui laisse écouler de la sanie ; qui est de la nature de la sanie. – Lat. *saniosus*.

sanitaire [sanitɛʀ] adj. et n. m. pl. **1.** Qui a rapport à la santé et, partic., à la santé publique et à l'hygiène. *Mesures sanitaires. Cordon* sanitaire.* **2.** *Installation sanitaire*, qui alimente un bâtiment en eau et évacue les eaux usées. – *Appareil sanitaire*, relié à une telle installation. ▷ n. m. pl. Local équipé d'appareils sanitaires. – Du lat. *sanitas, sanitatis*, « santé ».

sans [sɑ̃] **I.** prép. **1.** (Marquant l'absence, la privation, l'exclusion.) *Il est parti sans argent. Du pain sans sel. Une audace sans égale.* **2.** (Marquant une supposition.) *Sans lui, j'étais mort.* (Marquant une supposition négative.) *Sans lui, je n'aurais pu réussir.* **3.** (En loc. adv. ou adj. de forme négative.) *Sans cesse* : toujours. *Sans doute* : probablement. *Non sans* : avec. *Non sans difficultés.* **4.** (Avec un inf. et servant à écarter une circonstance.) *Souffrir sans se plaindre. Vous n'êtes pas sans savoir que* : vous savez que. **II.** (Valeur adverbiale.) Fam. *Tu peux te débrouiller sans.* **III.** Loc. conj. *Sans que* (+ subj.). *Partez sans qu'on vous voie*, de telle manière qu'on ne vous voie pas. *Il ne viendra pas sans qu'on l'en prie*, si on ne l'en prie pas. – Du lat. *sine*, avec *-s* adverbial.

sans-abri [sɑ̃zabʀi] n. inv. Personne qui n'a plus de maison, plus d'endroit pour se loger. *Les bombardements ont fait cinq mille sans-abri.* – De *sans*, et *abri*.

sans-cœur [sɑ̃kœʀ] adj. inv. et n. inv. Fam. Dur, insensible, sans pitié. *Vous êtes sans-cœur.* ▷ Subst. inv. *Un(e) sans-cœur.* – De *sans*, et *cœur*.

sanscrit, sanscritisme et **sanscritiste.** V. sanskrit, sanskritisme et sanskritiste.

sans-culotte [sɑ̃kylɔt] n. m. et adj. inv. HIST *Les sans-culottes* : les partisans de la Révolution française de 1789, qui portaient, au lieu de la culotte aristocratique, le pantalon des hommes du peuple. – *Spécial.* Les plus avancés des révolutionnaires, par oppos. aux bourgeois du tiers. ▷ adj. inv. *« La Carmagnole », chanson sans-culotte.* – De *sans*, et *culotte*.

sans-emploi [sɑ̃zɑ̃plwa] n. inv. Syn. de *chômeur*. – De *sans*, et *emploi*.

sansevieria [sɑ̃sevjeʀja] ou **sansevière** [sɑ̃səvjɛʀ] n. f. BOT Plante monocotylédone (fam. amaryllidacées) des régions tropicales, aux longues feuilles rigides bordées de blanc, dont une espèce (*Sanseviera cylindrica*) fournit des fibres textiles. – Du nom du prince de *Sansevieria*.

sans-façon [sɑ̃fasɔ̃] n. m. inv. Manière d'agir sans cérémonie, simplicité. *Une hospitalité d'un charmant sans-façon.* ▷ Péjor. Désinvolture, sans-gêne. *Il est d'un sans-façon invraisemblable.* – De *sans*, et *façon*.

sans-faute [sɑ̃fot] n. m. inv. SPORT Épreuve accomplie sans erreur. – Fig. *Son parcours politique est un sans-faute.* – De *sans*, et *faute*.

sans-filiste [sɑ̃filist] n. m. Opérateur (professionnel ou amateur) de radiotélégraphie. *Des sans-filistes.* – De (*télégraphie*) *sans fil* (T.S.F.).

sans-gêne [sɑ̃ʒɛn] n. inv. et adj. inv. **1.** n. m. inv. Habitude d'agir sans s'imposer aucune gêne, de s'affranchir des formes habituelles de la politesse ; désinvolture inconvenante. **2.** n. inv. Personne qui agit sans s'imposer de gêne, sans se préoccuper des autres. *Un(e) sans-gêne.* ▷ adj. inv. *Être sans-gêne.* – Par ext. *Des façons sans-gêne.* – De *sans*, et *gêne*.

sanskrit [sɑ̃skʀi, it] ou **sanscrit, ite** n. m. et adj. **1.** n. m. Ancienne langue de l'Inde, de la famille indo-européenne, qui cessa d'être parlée aux approches de l'ère chrétienne, mais qui continue d'être utilisée en tant que langue littéraire et langue sacrée de la religion brahmanique. **2.** adj. Qui a rapport à cette langue. *Alphabet sanskrit.* – Sanskrit *samskr(i)ta*, « parfait ».

sanskritisme ou **sanscritisme** [sɑ̃skʀitism] n. m. Didac. Ensemble des disciplines qui étudient le sanskrit. – De *sanskrit*.

sanskritiste ou **sanscritiste** [sɑ̃skʀitist] n. Didac. Spécialiste du sanskrit. – De *sanskrit*.

sans-le-sou [sɑ̃lsu] n. inv. Fam. Personne qui n'a pas d'argent. – De *sans, le*, et *sou*.

sans-logis [sɑ̃lɔʒi] n. inv. (Surtout au plur.) Personne sans domicile fixe ; personne logée dans un lieu qui n'est pas destiné à cet usage. – De *sans*, et *logis*.

sansonnet [sɑ̃sɔnɛ] n. m. Étourneau commun. – Dimin. de *Samson*, n. pr.

sans-parti [sɑ̃paʀti] n. inv. Personne qui n'est inscrite à aucun parti politique. – De *sans*, et *parti*.

sans-souci [sɑ̃susi] adj. inv. et n. inv. Vieilli Qui est léger, insouciant. – Du nom d'une célèbre troupe de bouffons du XVe s., les *Enfants Sans-Souci* ; de *sans*, et *souci*.

santal, als [sɑ̃tal] n. m. **1.** Petit arbre d'Asie tropicale (*Santalum album*), parasite des racines d'autres végétaux, cultivé pour son bois (bois de santal), à l'odeur douce et pénétrante. ▷ Ce bois, de couleur blanche ou jaune, utilisé en ébénisterie, en marqueterie et pour fabriquer des parfums. ▷ Essence qui en est extraite. **2.** *Santal rouge* : papilionacée qui fournit une matière colorante rouge. – Lat. médiév. *sandalum*, ar. *sāndal* ; du sanskrit *candana*.

santaline [sɑ̃talin] n. f. TECH Matière colorante du santal rouge. – De *santal*.

santé [sɑ̃te] n. f. **1.** État de l'être vivant, et, partic., de l'être humain, chez lequel le fonctionnement de tous les organes est harmonieux et régulier ; bon état physiologique. *Visage qui respire la santé. Être plein de santé et de vigueur.* – *Boire à la santé de qqn*, boire en formant des vœux pour sa santé ; boire en son honneur. *À votre santé !* ▷ Équilibre mental, fonctionnement harmonieux du psychisme. – *Maison de santé* : établissement médical privé où l'on soigne les maladies nerveuses et mentales. **2.** État de l'organisme, fonctionnement habituel du corps. *Avoir bonne, mauvaise santé.* – Fam. *Avoir une petite santé* : être de constitution délicate, fragile. **3.** (En loc.) *Service de santé* : service des armées chargé de l'hygiène et de la santé des troupes, des soins aux malades et aux blessés. ▷ *Service de santé maritime*, chargé de s'assurer de l'état sanitaire des navires entrant au port. – Ellipt. *La santé.* ▷ *Ministère de la Santé*, chargé de tout ce qui concerne la santé et l'hygiène de la population. ▷ *Officier de santé*, qui (jusqu'en 1892) pouvait exercer la médecine en France sans avoir le diplôme de docteur en médecine. – Lat. *sanitas, sanitatis.*

santiag [sɑ̃tjag] n. f. Botte courte de style américain, décorée de piqûres, à talon oblique et à bout resserré. – P.-ê. du n. de la v. de *Santiago.*

santoline [sɑ̃tɔlin] n. f. BOT Arbrisseau méditerranéen (*Santolino chamæcyparissus*, fam. composées) aux fleurs jaunes et aux feuilles dentelées. – Var. de *santonine.*

santon [sɑ̃tɔ̃] n. m. Chacune des figurines de terre cuite qui ornent la crèche de Noël, en Provence. – Du provenç. *santoun*, « petit saint », de *sant*, « saint ».

santonine [sɑ̃tɔnin] n. f. Principe actif du *semen-contra*, utilisé autrefois comme purgatif et vermifuge. – Lat. *santonica (herba)*, « herbe de *Saintonge* ».

sanve [sɑ̃v] n. f. Rég. Moutarde des champs ou *sénevé sauvage* (*Sinapis arvensis*). – Du lat. *sinapi, senapis*, mot gr., « moutarde ».

saoudien, enne [saudjɛ̃, ɛn] adj. et n. D'Arabie Saoudite ; qui a rapport à ce pays. ▷ Subst. *Un(e) Saoudien(ne).* – De *Arabie Saoudite*, du n. de Abd al-Aziz ibn *Sa'ūd* (1887-1953), fondateur de l'État.

saoul, saouler. V. soûl, soûler.

sapajou [sapaʒu] n. m. **1.** Syn. de *sajou.* **2.** Fig., fam. Homme très laid. – Mot tupi.

1. sape [sap] n. f. **1.** Tranchée creusée pour se rapprocher d'un ennemi. ▷ Boyau, galerie creusée sous une construction, une fortification, pour la faire écrouler. **2.** Action de saper. *Faire un travail de sape.* – Fig. Menée, intrigue souterraine. – Déverbal de *saper* 1.

2. sape [sap] n. f. Pop. *Les sapes* : les vêtements. *La sape* : les vêtements pris dans leur ensemble. *Au supermarché, toute la sape est au premier étage.* – De *saper* 2.

1. saper [sape] v. tr. [1] **1.** Détruire les fondements de (une construction) pour la faire tomber. *Saper une muraille.* – Par ext. *La mer sape les falaises.* **2.** Fig. Travailler à détruire (une chose) en l'attaquant dans ses principes, miner. *Saper les fondements de la civilisation. Saper le moral de qqn.* – Ital. *zappare*, de *zappa*, « hoyau, pioche », bas lat. *sappa.*

2. saper (se) [sape] v. pron. [1] Pop. S'habiller. – Pp. adj. *Type bien sapé.*

saperde [sapɛʀd] n. f. ENTOM Insecte coléoptère longicorne parasite du saule, du tremble et du peuplier. – Lat. *saperda*, d'orig. gr., « poisson salé ».

saperlotte ! [sapɛʀlɔt], **saperlipopette !** [sapɛʀlipɔpɛt] interj. Vieilli Jurons familiers. – Altér. de *sacrelotte*, de *sacré (nom de Dieu).*

sapeur [sapœʀ] n. m. Soldat du génie employé à la sape. ▷ *Fumer comme un sapeur* : fumer beaucoup. – De *saper* 1.

sapeur-pompier [sapœʀpɔ̃pje] n. m. Pompier. *Des sapeurs-pompiers.* – De *sapeur*, et *pompier.*

saphène [safɛn] n. f. et adj. ANAT Chacune des deux veines qui collectent le sang des veines superficielles du membre inférieur. *Grande et petite saphènes.* ▷ adj. *Veine saphène. Nerf saphène péronier et nerf saphène tibial* : subdivisions de deuxième ordre du nerf sciatique. – Ar. *sāfin*, p.-ê. du gr. *saphênês*, « apparent ».

saphique [safik] adj. **1.** Qui appartient à Sappho, à sa poésie. *Vers saphique* : vers grec ou latin composé de trois trochées, deux iambes et une syllabe, qu'aurait inventé Sappho. **2.** Relatif au saphisme. *Mœurs saphiques.* – Lat. *sapphicus*, gr. *sapphikos*, de *Sappho* (vers 620-580 av. J.-C.), poétesse grecque qui tenait une école féminine de poésie et de musique à Lesbos.

saphir [safiʀ] n. m. **1.** Pierre précieuse, variété de corindon, de couleur bleu transparent. **2.** Petite pointe de saphir ou d'une autre matière dure, qui constitue l'élément principal d'une tête de lecture d'électrophone. – Bas lat. *sapphirus*, gr. *sappheiros*, orig. sémitique.

saphisme [safism] n. m. Litt. Homosexualité féminine. – De *Sappho.* (V. saphique).

sapide [sapid] adj. Didac. Qui a de la saveur. Ant. insipide. – Lat. *sapidus.*

sapidité [sapidite] n. f. Didac. Qualité de ce qui est sapide. – De *sapide.*

sapience [sapjɑ̃s] n. f. Vx Sagesse et science. – Lat. *sapientia*, de *sapiens*, « sage ».

sapiential, ale, aux [sapjɛ̃sjal, o] adj. et n. m. pl. *Les livres sapientiaux* ou, n. m. pl., *les sapientiaux* : les livres de la Bible (Ancien Testament) qui renferment surtout des maximes morales : les Proverbes, le Livre de Job, l'Ecclésiaste, l'Ecclésiastique, la Sagesse. (On y joint les Psaumes et le Cantique des cantiques.) – Lat. médiév. *sapientialis*, de *sapientia*, « sapience ».

sapin [sapɛ̃] n. m. **1.** Résineux du genre *Abies*, caractérisé par ses cônes dressés sur les branches et par ses feuilles persistantes en aiguilles insérées isolément, marquées à leur face inférieure de deux lignes blanches longitudinales. *Le sapin vrai, le plus répandu en Europe est le sapin des Vosges (Abies alba).* ▷ Cour. et *abusiv.* Tout conifère à aiguilles (épicéa, mélèze, etc.). **2.** Bois de cet arbre. *Charpente en sapin.* ▷ Loc. fam. *Sentir le sapin* (c.-à-d. le bois dont on fait les cercueils) : n'avoir plus longtemps à vivre. **3.** Anc., fam. Fiacre. – Lat. *sappinus*, gaul. **sappus*, croisé avec *pinus*, « pin ».

sapindacées [sapɛ̃dase] n. f. pl. BOT Famille de dicotylédones (ordre des térébinthales) comprenant des arbres, des arbustes et des lianes. (Ex. : savonnier, litchi.) – Sing. *Une sapindacée.* – Du lat. bot. *sapindus*, « savonnier », de *sapo*, « savon », et *indus*, « indien ».

sapine [sapin] n. f. **1.** Planche, solive en sapin. **2.** Rég. Baquet en sapin. **3.** TECH Charpente verticale (autref. en bois) munie à son sommet d'un engin de levage. – De *sapin.*

sapinette [sapinɛt] n. f. Nom cour. donné à certains pins d'Amérique du N. et à l'épicéa. – De *sapin.*

sapinière [sapinjɛʀ] n. f. Lieu planté de sapins, bois de sapins. – De *sapin.*

sapon-. Élément, du lat. *sapo, saponis*, « savon ».

saponacé, ée [sapɔnase] adj. Didac. Qui a les caractères du savon. – De *sapon-*, et suff. *-acé.*

saponaire [sapɔnɛʀ] n. f. BOT Plante (genre *Saponaria*, fam. caryophyllacées) à fleurs roses contenant de la saponine. – Lat. bot. *saponaria* ; a. fr. *erbe savoniere.*

saponifiable [sapɔnifjabl] adj. Qui peut être saponifié. – De *saponifier.*

saponification [sapɔnifikasjɔ̃] n. f. CHIM, TECH **1.** Conversion d'un ester en alcool et en sel de l'acide correspondant sous l'action d'une base (la soude, le plus souvent), réaction utilisée dans la fabrication des savons. **2.** Réaction qui donne un sel minéral à partir d'une base et d'un autre corps. – De *saponifier.*

saponifier [sapɔnifje] v. tr. [2] CHIM, TECH Transformer (un ester) en sel de l'acide correspondant. ▷ *Spécial.* Transformer (un corps gras) en savon. – De *sapon -*, d'ap. les v. en *-fier.*

saponine [sapɔnin] n. f. CHIM Nom générique de diverses substances, à l'origine extraites de la saponaire, qui ont la propriété de faire mousser l'eau. (Les saponines entrent dans la composition des lessives, des shampooings, etc.) – De *sapon-*, et suff. *-ine.*

sapotacées [sapɔtase] n. f. pl. BOT Famille de dicotylédones, gamopétales tropicaux, comportant des arbres et des arbustes riches en produits de sécrétion variés (chiclé, gutta-percha, etc.). – Sing. *Une sapotacée.* – De *sapote.*

sapote [sapɔt] ou **sapotille** [sapɔtij] n. f. Fruit du sapotier. – De l'aztèque *tzapotl;* esp. *zapote, zapotillo* (dimin.)

sapotier [sapɔtje] ou **sapotillier** [sapɔtilje] n. m. Arbre des Antilles (*Achras sapota,* fam. sapotacées), au fruit (sapote) comestible, dont on tire le chiclé. – De *sapote.*

sapristi ! [sapʀisti] interj. Fam. Juron exprimant l'irritation, l'étonnement. – Corrupt. de *sacristi.*

sapro-. Élément, du gr. *sapros,* « pourri, putride ».

saprophage [sapʀɔfaʒ] adj. et n. m. ZOOL Qui se nourrit de matières organiques en décomposition. ▷ n. m. *Un saprophage.* – De *sapro-,* et *-phage.*

saprophyte [sapʀɔfit] adj. et n. m. **1.** BIOL Se dit d'un être vivant qui tire des matières organiques en décomposition les substances qui lui sont nécessaires. *Bactérie, champignon saprophyte.* ▷ n. m. *Le bolet est un saprophyte.* **2.** MED Se dit de tout microbe qui vit dans l'organisme sans être pathogène. – De *sapro-,* et *-phyte.*

saquer. V. sacquer.

sarabande [saʀabɑ̃d] n. f. **1.** Danse populaire espagnole à trois temps, en grande vogue du XVIe s. au XVIIIe s. – Danse française postérieure, plus lente et grave, proche du menuet. ▷ Air de ces danses ; composition musicale dans le caractère de ces danses. **2.** Fig. Agitation vive, bruyante. *Faire la sarabande.* – Esp. *zarabanda.*

sarancolin. V. sarrancolin.

sarbacane [saʀbakan] n. f. Tuyau à l'aide duquel on lance, par la force du souffle, des projectiles légers. – Esp. *zebratana, zarbatana,* transmis par l'arabe *zārābātānāh,* pour *zābātānāh,* mot d'orig. malaise.

sarcasme [saʀkasm] n. m. Raillerie acerbe, insultante ; trait mordant d'ironie. – Lat. *sarcasmus,* gr. *sarkasmos,* de *sarkazein,* « mordre la chair » *(sarx, sarkos).*

sarcastique [saʀkastik] adj. Qui tient du sarcasme. *Ton sarcastique.* ▷ Qui use volontiers du sarcasme. *Polémiste sarcastique.* – Gr. *sarkastikos.*

sarcastiquement [saʀkastikmɑ̃] adv. D'une façon sarcastique. – De *sarcastique.*

sarcelle [saʀsɛl] n. f. Petit canard sauvage, au vol très rapide, dont deux espèces sont répandues en France : la sarcelle d'hiver (*Anas crecca*), très petite, et la sarcelle d'été (*Anas querquedula*). – Du lat. pop. *cercedula,* class. *querquedula,* d'orig. gr.

sarcine [saʀsin] n. f. MICROB Bactérie saprophyte (genre *Sarcina*), qui forme des colonies cubiques, agent de la gangrène pulmonaire. – Lat. *sarcina,* « paquet, fardeau ».

sarclage [saʀklaʒ] n. m. Opération qui consiste à sarcler ; son résultat. – De *sarcler.*

sarcler [saʀkle] v. tr. [1] Arracher (les mauvaises herbes) au moyen d'un outil. *Sarcler le chiendent.* ▷ Débarrasser (un terrain, une culture) des mauvaises herbes. *Sarcler des plates-bandes. Sarcler les laitues.* – Pp. *Plante sarclée,* qui exige une terre tenue constamment meuble et propre par des sarclages. – Bas lat. *sarculare* ; de *sarculum,* « houe ».

sarclette [saklɛt] n. f. Petit sarcloir. – De *sarcler.*

sarcloir [saʀklwaʀ] n. m. Outil servant à sarcler, houe à deux dents. – De *sarcler.*

sarco-. Élément, du gr. *sarx, sarkos,* « chair ».

sarcoïde [saʀkɔid] n. f. MED Petite tumeur cutanée rappelant les nodules sarcomateux ou tuberculeux, mais de nature bénigne. – De *sarco(me),* et *-oïde.*

sarcomateux, euse [saʀkɔmatø, øz] adj. MED De la nature du sarcome. – De *sarcome.*

sarcome [saʀkom] n. m. MED Tumeur maligne qui se développe aux dépens du tissu conjonctif. – Lat. *sarcoma,* mot gr.

sarcophage [saʀkɔfaʒ] n. **I.** n. m. **1.** Cercueil de pierre. ▷ *Par ext.* Cercueil de bois, à forme humaine, des momies égyptiennes. **2.** Représentation du cercueil, dans une cérémonie funèbre ou sur un monument funéraire. **II.** n. f. ENTOM Mouche grise de la viande. – Lat. *sarcophagus,* du gr. *sarkophagos,* « qui mange, détruit les chairs ».

sarcophile [saʀkɔfil] n. m. ZOOL Marsupial carnivore de Tasmanie, dit cour. *diable de Tasmanie,* qui ressemble à un ourson. – De *sarco-,* et *-phile.*

sarcoplasma [saʀkɔplasma] ou **sarcoplasme** [saʀkɔplasm] n. m. BIOL Cytoplasme qui entoure les fibrilles des fibres musculaires. – De *sarco-,* et *plasma.*

sarcopte [saʀkɔpt] n. m. ENTOM Acarien (genre *Sarcoptes*) parasite de l'homme et de divers mammifères, dont la femelle creuse des galeries sous la peau et y dépose ses œufs, occasionnant la gale. – De *sarco-,* et du gr. *koptein,* « couper ».

sardane [saʀdan] n. f. Danse catalane dans laquelle les danseurs se tiennent par la main et forment un cercle ; air sur lequel on la danse. – Mot catalan.

sarde [saʀd] adj. et n. **1.** adj. De la Sardaigne. ▷ Subst. *Un(e) Sarde.* **2.** n. m. *Le sarde* : l'ensemble des parlers romans en usage en Sardaigne. – Du lat. *Sardus,* gr. *Sardô,* « Sardaigne », île de la Méditerranée occidentale.

sardine [saʀdin] n. f. **1.** Poisson clupéiforme pélagique des eaux tempérées, long d'une vingtaine de centimètres, au ventre argenté, au dos bleu-vert, qui se déplace par bancs et qui fait l'objet d'une pêche intensive. *Sardine d'Europe (Sardina pilchardus),* ou *pilchard. Sardines fraîches. Sardines à l'huile, en boîte.* **2.** Fam. Galon de sous-officier. **3.** Piquet de tente. – Lat. *sardina,* gr. *sardênê, sardinê,* « (poisson) de Sardaigne ».

sardinelle [saʀdinɛl] n. f. Sardine de petite taille. – Dimin. de *sardine.*

sardinerie [saʀdinʀi] n. f. Usine où l'on met les sardines en boîtes. – De *sardine.*

sardinier, ère [saʀdinje, ɛʀ] adj. et n. **I.** adj. Qui a rapport à la pêche à la sardine, à l'industrie alimentaire qui s'y rattache. *Industrie sardinière. Navire sardinier.* **II.** n. **1.** n. m. Pêcheur de sardines. ▷ Bateau armé pour la pêche à la sardine. **2.** Personne employée dans une sardinerie. – De *sardine.*

sardoine [saʀdwan] n. f. Variété de calcédoine rouge-brun. – Lat. *sardonyx,* mot gr., « onyx de Sardaigne ».

sardonique [saʀdɔnik] adj. **1.** MED *Rictus sardonique,* dû à un spasme des muscles de la face et qui fait croire à un rire forcé et grimaçant. **2.** *Rire, ricanement sardonique,* méchant, sarcastique. – Gr. *sardanios,* ou *sardonios* ; orig. incert., rattaché à *herba sardonia,* « renoncule de Sardaigne », dont l'ingestion provoque une intoxication se manifestant par un rictus.

sargasse [saʀgas] n. f. Algue brune (genre *Sargassum*), fixée ou libre, à thalle coriace. – Portug. *sargaço,* du lat. *salicaceus,* de *salix,* « saule ».

sari [saʀi] n. m. Costume féminin de l'Inde, fait d'une longue pièce d'étoffe drapée. – Mot hindi.

sarigue [sarig] n. f. Mammifère de la famille des marsupiaux, dont l'opossum est l'espèce la plus connue. – Mot portug., du tupi *sarigé.*

sarisse [saris] n. f. ANTIQ GR Très longue pique des soldats de la phalange macédonienne. – Lat. *sarissa,* mot gr.

S.A.R.L. n. f. Sigle de *société à responsabilité limitée.*

sarment [sarmɑ̃] n. m. **1.** Branche de vigne de l'année. **2.** *Par ext.* Toute tige ou branche ligneuse et grimpante. – Lat. *sarmentum.*

sarmenteux, euse [sarmɑ̃tø, øz] adj. **1.** *Vigne sarmenteuse,* dont les sarments sont abondants. **2.** BOT *Plante sarmenteuse,* à tige longue, flexible et grimpante comme un sarment. – Lat. *sarmentosus.*

sarong [sarɔ̃g] n. m. Pagne long et étroit porté par les Malais. – Mot malais.

saros [saros] n. m. ASTRO Période de 223 lunaisons (18 ans et 11 jours), dite aussi *période chaldéenne,* au bout de laquelle les 43 éclipses de Soleil et les 43 éclipses de Lune se reproduisent dans le même ordre. – Lat. scientif., d'orig. assyro-babylonienne.

saroual, als [sarwal] ou **séroual, als** [serwal] n. m. Pantalon de toile, très large et à entrejambe bas, porté dans certaines régions du Maghreb. – Ar. *sirwal.*

sarracenia [sarasenja] n. m. ou **sarracénie** [saraseni] n. f. BOT Plante dite carnivore (genre *Sarracenia*) des marécages d'Amérique du N., dont les feuilles disposées en rosettes sont des pièges à insectes. – Mot créé par le botaniste Tournefort (1656-1708), du nom de *Sarrasin,* médecin français installé au Canada, qui lui avait envoyé cette plante.

sarrancolin ou **sarancolin** [sarɑ̃kɔlɛ̃] ou **sérancolin** [serɑ̃kɔlɛ̃] n. m. Marbre des Pyrénées, à fond gris veiné de rouge et de rose, parfois jaune. – De *Sarrancolin,* com. des Htes-Pyrénées.

1. sarrasin, ine [sarazɛ̃, in] n. et adj. *Les Sarrasins :* nom donné par les écrivains du Moyen Âge aux musulmans d'Afrique, d'Espagne et d'Orient. ▷ adj. Des Sarrasins, qui a rapport aux Sarrasins. ▷ *Architecture sarrasine,* caractérisée par l'arc brisé en fer à cheval. ▷ *Tuiles sarrasines :* larges tuiles utilisées en Provence. – Bas lat. *Saraceni,* n. d'un peuple de l'Arabie, ar. *charqiyīn,* pl., « orientaux ».

2. sarrasin [sarazɛ̃] n. m. Céréale (fam. polygonacées) appelée aussi *blé noir,* aux feuilles en forme de fer de lance, dont les graines sont riches en amidon et qui peut pousser sur des sols très pauvres. ▷ Farine faite avec les graines du sarrasin. *Galette de sarrasin.* – De *blé sarrasin,* à cause de la couleur noire du grain, par comparaison avec le teint des Maures, appelés aussi *Sarrasins.*

sarrasine [sarazin] n. f. ARCHEOL Herse qui pouvait être abaissée en arrière du pont-levis d'un château fort. – De *herse sarrasine.*

sarrau [saro] n. m. Blouse courte et ample portée pardessus les vêtements. *Les sarraus noirs des écoliers d'autrefois.* – Moyen haut all. *sarrok,* vêtement militaire.

sarrette [sarɛt] n. f. BOT Syn. de *serratule.* – Du lat. *serra,* « scie ».

sarriette [sarjɛt] n. f. Plante herbacée (*Satureia hortensis,* fam. labiées), aux feuilles très odorantes, utilisées comme condiment. – Dimin. de l'a. fr. *sarriee,* lat. *satureia.*

sarrois, oise [sarwa, waz] adj. et n. De la Sarre, région d'Allemagne. ▷ Subst. Habitant ou personne originaire de la Sarre. *Un(e) Sarrois(e).*

sarrussophone [sarysɔfɔn] n. m. MUS Instrument de musique à vent de la famille des cuivres, à anche double, dont le timbre rappelle celui du saxophone. – De *Sarrus,* musicien militaire à qui fut dédié l'instrument, et *-phone.*

sartrien, enne [sartrijɛ̃, ɛn] adj. Relatif à l'œuvre et à la pensée de J.-P. Sartre. – Du nom de J.-P. *Sartre* (1905-1980), philosophe français.

sas [sɑs] n. m. **1.** Tamis formé d'un tissu tendu sur un cadre de bois. **2.** Bassin compris entre les deux portes d'une écluse (sur un canal ou à l'entrée d'un port, d'un bassin de marée). **3.** Compartiment étanche qui permet de passer d'une enceinte close, où doivent être maintenues certaines conditions physiques (de pression, notam.), au milieu extérieur, et inversement. *Sas d'un sous-marin, d'un engin spatial, d'un local climatisé, pressurisé.* – Du lat. médiév. *setacium,* class. *seta,* « soie de porc, crin de cheval ».

sassafras [sasafra] n. m. BOT Arbre d'Amérique du N. (genre *Sassafras,* fam. lauracées) dont les feuilles et les racines, riches en substances aromatiques, sont utilisées respectivement comme condiment et en parfumerie. – Esp. *sasafras,* d'une langue indienne d'Amérique du S.

sassanide [sasanid] adj. et n. HIST De la dynastie perse (IIIe-VIIe s.) qui créa l'empire sassanide. ▷ Subst. *Les Sassanides :* les rois sassanides. – Lat. médiév. *sassanidæ,* de *Sāsān,* ancêtre éponyme de la dynastie.

sassement [sasmɑ̃] n. m. TECH Action de sasser (aux sens 1 et 2). – De *sasser.*

sasser [sase] v. tr. [1] **1.** TECH Passer au sas ou au sasseur, tamiser. **2.** MAR Faire passer (un bateau) d'un bief, ou d'un bassin, à un autre par un sas. – De *sas.*

sasseur, euse [sasœr, øz] n. TECH **1.** Ouvrier, ouvrière qui sasse. **2.** n. m. Instrument destiné à séparer par criblage différents produits grâce à l'action d'un courant d'air. – De *sasser.*

satané, ée [satane] adj. Fam. (Devant un nom.) Sacré, maudit. *C'est encore une de vos satanées inventions !* – De *Satan,* hébreu *shātān,* « l'adversaire », devenu, dans le Nouveau Testament, l'ange apostat, l'esprit du mal.

satanique [satanik] adj. **1.** Qui a rapport à Satan, inspiré par Satan. *Culte satanique.* **2.** Digne de Satan, diabolique. *Orgueil satanique.* – De *Satan.*

satanisme [satanism] n. m. **1.** Culte rendu à Satan. **2.** Esprit, caractère satanique. – De *satanique.*

satellisation [satellizasjɔ̃] n. f. **1.** ESP Mise sur orbite d'un engin. **2.** POLIT Fait de satelliser, de rendre dépendant ; sujétion. – De *satelliser.*

satelliser [satellize] v. tr. [1] **1.** ESP Mettre sur orbite autour d'un corps céleste, transformer en satellite. *Satelliser un engin spatial.* **2.** Transformer en satellite (sens II, 2), rendre dépendant, assujettir. *Métropole régionale qui satellise les villes voisines.* – De *satellite.*

satellitaire [satelliter] adj. ESP Relatif aux satellites. – Effectué, obtenu par satellite. *Des mesures satellitaires.* – De *satellite.*

satellite [satellit] n. m. **I. 1.** Astre qui gravite autour d'une planète. *La Lune est le satellite de la Terre. Les satellites de Mars, de Jupiter, de Saturne.* ▷ *Satellite artificiel* ou *satellite :* engin mis en orbite par l'homme autour de la Terre ou d'une autre planète, ou autour d'un satellite naturel. *Satellite géosynchrone,* dont la période de révolution est égale à celle de la rotation de la Terre. *Satellite géostationnaire :* satellite géosynchrone qui décrit une orbite circulaire dans le plan équatorial et qui paraît immobile à un observateur terrestre. *Satellite héliosynchrone,* dont le plan de l'orbite fait un angle sensiblement constant avec la droite Terre-Soleil et qui passe à une latitude donnée sensiblement à la même heure locale. **2.** MECA Chacun des pignons coniques fixés sur la couronne d'un différentiel d'automobile et sur lesquels s'engrènent les planétaires*. **3.** ANAT (En appos.) *Veine satellite d'une artère,* qui suit le même trajet que celle-ci. **II. 1.** Vx Homme de main, spadassin à gages. **2.** Personne, ville, nation qui est sous la dépendance d'une autre, plus puissante qu'elle. *Petit pays devenu le satellite d'une grande puissance.* – (En appos.) *État satellite.* – Lat. *satelles, satellitis,* « garde du corps, compagnon ».

satī [sati] n. **1.** n. f. inv. HIST Veuve qui, en Inde, suivait son mari dans la mort en montant sur le bûcher funéraire. **2.** n. m. inv. Ce rite (aboli en 1829). – Mot hindi, fém. de *sat,* « sage », par l'angl.

satiété [sasjete] n. f. État d'une personne complètement rassasiée. *Manger, boire à satiété, jusqu'à satiété.* ▷ Dégoût qui suit l'usage immodéré de qqch. *La satiété des plaisirs. Il en avait à satiété.* ▷ *Répéter une chose à satiété* : jusqu'à fatiguer son interlocuteur. – Lat. *satietas,* rac. *satis,* « assez ».

satin [satɛ̃] n. m. Étoffe de soie fine, douce et lustrée. – Par comparaison *Peau de satin,* très douce. ▷ Étoffe offrant l'aspect du satin. *Satin de laine.* – Ar. *Zāy tunī,* propr. « de la ville de Zāyntun » (nom ar. de la ville de Chine d'où il fut importé).

satinage [satinaʒ] n. m. TECH Opération qui consiste à satiner le papier, le tissu, etc. – De *satiner.*

satiné, ée [satine] adj. et n. m. Qui a le poli, le brillant du satin; lustré, glacé. *Papier satiné.* – Fig. *Peau satinée,* douce comme le satin. ▷ n. m. *Le satiné de ce tissu.* – De *satin.*

satiner [satine] v. tr. [1] Donner l'aspect lustré du satin à (une étoffe, un papier). – De *satin.*

satinette [satinɛt] n. f. Étoffe (coton, ou coton et soie) qui imite le satin. – Dimin. de *satin.*

satire [satiʀ] n. f. **1.** LITTER Ouvrage généralement en vers, dans lequel l'auteur moque les ridicules de ses contemporains ou censure leurs vices. *Satires d'Horace, de Juvénal, de Boileau.* **2.** Mod. Pamphlet, écrit ou discours piquant qui raille qqn, qqch. ▷ Critique railleuse. *Une amusante satire des milieux littéraires parisiens.* – Lat. *satira,*propr. « macédoine, mélange ».

satirique [satiʀik] adj. **1.** Qui appartient à la satire, qui constitue une satire. *Poète satirique. Écrits satiriques.* **2.** Porté à la satire, à la raillerie caustique. *Esprit satirique.* – De *satire.*

satiriquement [satiʀikmɑ̃] adv. D'une manière satirique. – De *satirique.*

satiriser [satiʀize] v. tr. [1] Rare. Railler par la satire. – De *satire.*

satiriste [satiʀist] n. Auteur d'une satire, de satires. – Écrivain, orateur, polémiste qui recourt volontiers à des traits de satire. – De *satire.*

satisfaction [satisfaksjɔ̃] n. f. **1.** État d'esprit de qqn dont les besoins, les désirs, les souhaits sont satisfaits; contentement, plaisir. *Ce succès lui a procuré une profonde satisfaction. À la satisfaction générale,* de tous. – *Une satisfaction* : une occasion d'être satisfait, un plaisir. *Cela n'a pas été une mince satisfaction.* ▷ Loc. *Donner satisfaction à* : être un sujet de contentement pour. *Cet élève donne satisfaction à ses professeurs.* **2.** Action par laquelle qqn obtient réparation d'une offense qui lui a été faite. ▷ THEOL Pénitence sacramentelle, peine imposée par le confesseur en réparation des péchés commis. **3.** Fait d'accorder à qqn ce qu'il demande. *Je n'ai pu lui donner satisfaction.* – Lat. *satisfactio,* « disculpation » et « réparation juridique ».

satisfaire [satisfɛʀ] v. tr. [10] **I.** v. tr. dir. **1.** Contenter, donner un sujet de contentement à. *On ne peut satisfaire tout le monde. Satisfaire des créanciers,* leur payer leur dû. ▷ (Sujet n. de chose.) *Cette solution nous satisfait,* nous convient. **2.** Contenter (un besoin); assouvir (un désir). *Satisfaire sa soif. Satisfaire un besoin naturel.* ▷ v. pron. Contenter ses désirs, le désir qu'on a de qqch. – *Spécial.* Assouvir un désir sexuel. **II.** v. tr. indir. *Satisfaire à* : faire ce qui est exigé par (qqch). *Satisfaire à son devoir, à ses obligations.* ▷ (Sujet n. de chose.) *La livraison ne satisfait pas aux clauses du contrat.* – Lat. *satisfacere,* « s'acquitter de, donner satisfaction », de *satis,* « assez », et *facere,* « faire ».

satisfaisant, ante [satisfəzɑ̃, ɑ̃t] adj. Qui satisfait; qui est correct, acceptable. *Réponse satisfaisante.* – Ppr. de *satisfaire.*

satisfait, aite [satisfɛ, ɛt] adj. Dont les désirs sont comblés; content. *Il est satisfait. Être satisfait de son sort.* ▷ Assouvi. *Besoin, désir satisfait.* – Pp. de *satisfaire.*

satisfecit [satisfesit] n. m. inv. Vx Billet par lequel un maître témoigne qu'il est satisfait d'un élève. ▷ Mod., litt. Témoignage de satisfaction. *Décerner un satisfecit.* – Mot lat., « il a satisfait ».

satrape [satʀap] n. m. **1.** ANTIQ Gouverneur d'une satrapie. **2.** Fig., litt. Homme puissant et despotique vivant dans les plaisirs et le faste. – Lat. *satrapes,* mot gr. emprunté à l'anc. perse.

satrapie [satʀapi] n. f. ANTIQ Chacune des divisions administratives de l'Empire perse (dont le nombre varia entre 20 et 35), gouvernée par un satrape. – Lat. *satrapia,* gr. *satrapeia,* de *satrapes* (V. satrape).

saturabilité [satyʀabilite] n. f. CHIM Caractère de ce qui est saturable. – De *saturable.*

saturable [satyʀabl] adj. CHIM Que l'on peut saturer. – De *saturer.*

saturant, ante [satyʀɑ̃, ɑ̃t] adj. Propre à saturer. ▷ PHYS *Vapeur saturante* : vapeur d'un liquide en équilibre avec ce liquide. *La tension de vapeur saturante d'un corps est la valeur maximale de la pression de la vapeur de ce corps, en équilibre avec sa phase liquide, à une température donnée.* – Ppr. de *saturer.*

saturateur [satyʀatœʀ] n. m. Récipient contenant de l'eau, placé contre un appareil de chauffage, pour humidifier l'atmosphère. – Bas lat. *saturator,* « celui qui rassasie ».

saturation [satyʀasjɔ̃] n. f. **1.** CHIM Action de saturer; état d'un corps saturé. **2.** Fig. État de celui qui (ou de ce qui) ne peut recevoir davantage de qqch. *La saturation du marché.* **3.** ELECTR État correspondant à la valeur maximale que peut atteindre une grandeur (tension, intensité, etc.). ▷ *Saturation magnétique* : état d'une substance ferromagnétique dont l'intensité d'aimantation n'augmente plus avec celle du champ magnétique. – Bas lat. *saturatio,* « rassasiement ».

saturé, ée [satyʀe] adj. **1.** CHIM Se dit d'une substance arrivée à saturation. *Solution saturée.* ▷ *Hydrocarbure saturé,* dont les atomes de carbone ne peuvent plus fixer d'autres atomes d'hydrogène et qui ne peut être modifié que par substitution ou décomposition. *Le méthane est un hydrocarbure saturé.* **2.** *Saturé de* : qui ne saurait recevoir davantage de. *Terre saturée d'eau.* – Fig. *Le public est saturé d'annonces publicitaires.* – Pp. de *saturer.*

saturer [satyʀe] v. tr. [1] **1.** CHIM *Saturer un liquide* : dissoudre un corps dans ce liquide jusqu'au degré de concentration maximale. ▷ *Saturer un corps* (dont les atomes sont liés par une liaison multiple) : fixer des éléments sur ce corps de telle sorte que ses atomes se trouvent liés par une liaison simple. *On sature l'éthylène* $H_2C{=}CH_2$ *en fixant un atome d'hydrogène sur chacun des deux atomes de carbone, pour obtenir l'éthane* $H_3C{-}CH_3$. **2.** Fig. Rassasier jusqu'au dégoût. *Saturer qqn de poésie.* – Lat. *saturare,* de *satur,* « rassasié », de *satis,* « assez ».

saturnales [satyʀnal] n. f. pl. **1.** ANTIQ ROM Fêtes célébrées à Rome pour commémorer l'âge d'or où Saturne régnait sur le Latium, au cours desquelles les esclaves prenaient la place de leurs maîtres. **2.** Fig., litt. Fête, temps où règne la licence, le désordre. – Lat. *saturnalia*.

saturne [satyʀn] n. m. Plomb en alchimie. – Lat. *Saturnus*, nom d'un dieu et d'une planète, parce que le plomb était considéré par les alchimistes comme le métal froid, de même que Saturne était la planète froide.

saturnien, enne [satyʀnjɛ̃, ɛn] adj. **1.** Relatif au dieu Saturne. ▷ Relatif à la planète Saturne. **2.** Fig., litt. Sombre et mélancolique. *«Poèmes Saturniens», de Verlaine.* – De *Saturne*, la planète.

saturnin, ine [satyʀnɛ̃, in] adj. MED Qui concerne le plomb, est produit par le plomb. – De *saturne*.

saturnisme [satyʀnism] n. m. MED Intoxication aiguë ou chronique par le plomb ou par ses dérivés. – De *saturne*.

satyre [satiʀ] n. m. **1.** MYTH GR Demi-dieu champêtre de la suite de Dionysos, figuré avec des cornes, des oreilles pointues et des jambes de bouc. **2.** Fig., fam. Homme lubrique attiré notam. par les très jeunes filles; exhibitionniste, voyeur. **3.** ENTOM Papillon diurne aux grandes ailes brun-noir. **4.** BOT Syn. cour. de *phallus*. – Lat. *satyrus*, gr. *saturos*.

satyriasis [satiʀjazis] n. m. Didac. Exacerbation pathologique du désir sexuel chez l'homme. – Lat. méd. *satyriasis*, mot grec.

satyrique [satiʀik] adj. **1.** MYTH GR Qui a rapport aux satyres. ▷ ANTIQ *Danse satyrique* : danse licencieuse. **2.** *Drame satyrique* : pièce tragi-comique du théâtre grec antique. (N.B. À distinguer de *satirique*.) – Lat. *satyricus*, gr. *saturikos*.

sauce [sos] n. f. **1.** Assaisonnement liquide ou semi-liquide accompagnant certains mets. *Sauce à la menthe. Sauce hollandaise*, faite avec des jaunes d'œufs, du beurre et du citron ou du vinaigre. *Sauce mousseline* : sauce hollandaise additionnée de crème fouettée. ▷ Fig., fam. *La sauce fait passer le poisson, le merlan* : l'accessoire vaut mieux que le principal et le rend acceptable. – *Mettre qqn à toutes les sauces*, l'employer à des tâches très diverses. – *À quelle sauce serai-je mangé?* : quel sera mon sort (de toute manière fâcheux)? **2.** Fam. Pluie abondante. **3.** TECH Crayon très tendre, pour l'estompe. **4.** TECH Liquide qui contient un métal précieux en solution. – Lat. pop. *salsa*, «chose salée»; lat. class. *salsus*, «salé».

saucé, ée [sose] adj. **1.** TECH Se dit d'une ancienne pièce de cuivre recouverte d'une mince couche d'argent. **2.** Fam. Trempé par la pluie. – Pp. de *saucer*.

saucée [sose] n. f. Fam. Averse. – Pp. fém. subst. de *saucer*.

saucer [sose] v. tr. [12] **1.** Rendre net de sauce en se servant de pain que l'on mange. *Saucer son assiette.* **2.** Fig., fam. *Se faire saucer* : se faire mouiller copieusement par la pluie. – De *sauce*.

saucier [sosje] n. m. CUIS Cuisinier spécialisé dans la préparation des sauces. – De *sauce*.

saucière [sosjɛʀ] n. f. **1.** Récipient à bec utilisé pour servir les sauces. **2.** Appareil électroménager servant à faire les sauces. – De *sauce*.

sauciflard [sosiflaʀ] n. m. Fam. Saucisson. – Déform. de *saucisson*.

saucisse [sosis] n. f. **1.** Charcuterie faite d'un boyau rempli de viande hachée et assaisonnée, qui se mange généralement chaude. – Fig., fam. *Ne pas attacher son chien avec des saucisses* : être très regardant à la dépense. **2.** *Par anal.* Ballon captif de forme allongée, servant à l'observation. – Du lat. pop. **salsicia*, du class. *salsicius*, de *salsus*, «salé».

saucisson [sosisɔ̃] n. m. Grosse saucisse, crue (séchée ou fumée) ou cuite, fortement assaisonnée, qui se mange froide. *Des rondelles de saucisson.* ▷ Fig., fam. *Être ficelé comme un saucisson*, attaché avec des liens très serrés ou habillé n'importe comment. – Ital *salsicionne*, de *salsiccia*, «saucisse», du lat. (V. saucisse).

saucissonné, ée [sosisɔne] adj. **1.** Ficelé comme un saucisson. **2.** Fam. À l'étroit dans ses vêtements. – De *saucisson*.

saucissonner [sosisɔne] v. intr. [1] Fam. **1.** Se restaurer sommairement avec du saucisson, des plats froids, des sandwichs. **2.** Découper en tranches. *Le film était saucissonné par de la publicité.* – De *saucisson*.

sauf, sauve [sof, sov] adj. et prép. **I.** adj. Hors de péril. *Sain et sauf. Avoir la vie sauve.* ▷ Fig. *L'honneur est sauf*, est demeuré intact. **II.** prép. **1.** Sans aller à l'encontre de. *Sauf le respect que je vous dois.* **2.** Hormis, excepté. *J'ai lu tous ces livres, sauf un.* **3.** (Introduisant une restriction.) *Attendez-le, sauf contrordre. Sauf erreur ou omission.* ▷ Loc. conj. *Sauf que* (+ indicatif) : en écartant le fait que. – Du lat. *salvus*, «bien portant, intact».

sauf-conduit [sofkɔ̃dɥi] n. m. Pièce délivrée par l'autorité compétente, permettant d'aller ou de séjourner quelque part sans être inquiété. *Des sauf-conduits.* – De *sauf*, et *conduit*.

sauge [soʒ] n. f. Plante (genre *Salvia*, fam. labiées) des régions chaudes ou tempérées, aux propriétés médicinales et aromatiques. – Du lat. *salvia*, de *salvus*, «sauf», à cause des propriétés médicinales de cette plante.

saugrenu, ue [sogʀəny] adj. D'une bizarrerie, d'une absurdité déroutante et un peu ridicule. *Une idée saugrenue.* – A. fr. *saugreneux*, *de sau*, forme de *sel*, et *grain*, refait d'ap. *grenu*.

saulaie [solɛ] ou **saussaie** [sosɛ] n. f. Lieu planté de saules. – De *saule*, ou de l'a. fr. *saus*, «saule».

saule [sol] n. m. Arbre ou arbuste (genre *Salix*, fam. salicacées) aux feuilles généralement allongées et aux fleurs en chatons, qui croît dans les lieux humides. *Saule blanc. Saule pleureur* : arbre ornemental à la ramure tombante. – Frq. **salha*; a éliminé l'a. fr. *saus*, du lat. *salix*, *salicis*.

saulée [sole] n. f. Rég. Rangée de saules. – De *saule*.

saumâtre [somɑtʀ] adj. Qui a le goût salé de l'eau de mer. *Eau saumâtre.* ▷ Loc. fig., fam. *La trouver saumâtre* : trouver que qqch est difficilement acceptable. – Du lat. pop. **salmaster*, class. *salmacidus*.

saumon [somɔ̃] n. m. et adj. inv. **1.** Poisson (genre *Salmo*, fam. salmonidés) à la chair rose orange très estimée, qui commence sa croissance en rivière, et la poursuit en mer, avant de revenir frayer sur son lieu de naissance. ▷ adj. inv. De la couleur de la chair du saumon. *Étoffe saumon.* **2.** TECH Masse de métal brute de fonderie, lingot (de métal non précieux). – Lat. *salmo*, *salmonis*.

saumoné, ée [somɔne] adj. Se dit de poissons dont la chair est rose comme celle du saumon. *Truite saumonée.* – De *saumon*.

saumoneau [somɔno] n. m. Rare Petit saumon. – Dimin. de *saumon*.

saumurage [somyʀaʒ] n. m. Action de saumurer des aliments. – De *saumure*.

saumure [somyʀ] n. f. **1.** Solution salée utilisée pour conserver des aliments. *Poisson en saumure.* **2.** Toute solution saline concentrée. – Bas lat. **salmuria*, du lat. class. *sal*, *salis*, «sel», et *muria*, «saumure».

saumuré, ée [somyʀe] adj. Qui a séjourné dans la saumure. – De *saumure*.

saumurer [somyʀe] v. tr. [1] Mettre (une denrée) dans la saumure. – De *saumure*.

sauna [sona] n. m. Établissement où l'on prend des bains de vapeur sèche à la manière finlandaise. – Pièce où l'on prend ces bains. – Ce bain lui-même. – Mot finnois.

saunage [sonaʒ] n. m., ou **saunaison** [sonɛzɔ̃] n. f. **1.** TECH Extraction du sel marin dans un marais salant. **2.** Vx Vente du sel marin. ▷ HIST *Faux saunage* : saunage frauduleux (le saunage étant un monopole royal sous l'Ancien Régime). – De *sauner*.

sauner [sone] v. intr. [1] TECH Produire du sel (marais salant). – Lat. pop. **salinare*.

saunier, ère [sonje, ɛʀ] n. **1.** Ouvrier travaillant à l'extraction du sel. Syn. salinier, paludier. **2.** Vx Marchand de sel. ▷ HIST *Faux saunier* : celui qui se livrait au faux saunage*. – Du lat. pop. **salinarius*, «relatif aux salines».

saupiquet [sopikɛ] n. m. CUIS Sauce ou ragoût à la saveur piquante. – D'un anc. v. **saupiquer*, de *sau*, forme atone de *sel*, et *piquer*.

saupoudrage [sopudʀaʒ] n. m. Action de saupoudrer. – De *saupoudrer*.

saupoudrer [sopudʀe] v. tr. [1] **1.** Recouvrir (qqch) d'une matière réduite en poudre. *Saupoudrer des beignets de sucre.* **2.** Fig. Parsemer. *Saupoudrer un discours de citations.* – De *sau*, forme atone de *sel*, et *poudrer*.

saupoudreur, euse [sopudʀœʀ, øz] adj. et n. f. **1.** adj. Servant à saupoudrer. *Bouchon saupoudreur.* **2.** n. f. Flacon muni d'un couvercle percé de trous, qui sert à saupoudrer. – De *saupoudrer*.

saur [sɔʀ] adj. m. Salé et fumé (en parlant d'un poisson). *Hareng saur.* – Moyen néerl. *soor*, «séché».

-saure, -saurien. Éléments, du gr. *sauros* ou *saura*, «lézard».

saurer [sɔʀe] v. tr. [1] TECH Faire sécher à la fumée. *Saurer un jambon.* – De *saur*.

saurien, enne [sɔʀjɛ̃, ɛn] adj. et n. m. ZOOL **1.** adj. Qui a rapport au lézard. **2.** n. m. pl. Sous-ordre de reptiles squamates comprenant les lézards. – Sing. *Un saurien.* – Du gr. *sauros* ou *saura*,«lézard».

saurin [sɔʀɛ̃] n. m. TECH Hareng saur laité. – De *saur*.

sauripelviens [sɔʀipɛlvjɛ̃] n. m. pl. PALEONT Ordre de reptiles dinosauriens fossiles caractérisés par un bassin de type reptilien. *Apparus au trias, les premiers sauripelviens étaient petits alors que les derniers, qui s'éteignirent au crétacé, étaient énormes (tyrannosaure, diplodocus).* – Sing. *Un sauripelvien.* – De *sauri(en)*, et *pelvien*.

saurir [sɔʀiʀ] v. tr. [3] Syn. de *saurer*. – De *saur*.

sauris [sɔʀi] n. m. TECH Saumure de harengs. – De *saurir*.

saurissage [sɔʀisaʒ] n. m. TECH Action de saurer. – De *saurir*.

saurisserie [sɔʀisʀi] n. f. TECH Lieu où l'on procède au saurissage. – De *saurir*.

saurisseur, euse [sɔʀisœʀ, øz] n. TECH Celui qui est chargé du saurissage. – De *saurir*.

sauropsidés [sɔʀɔpside] n. m. pl. ZOOL Vaste groupe de vertébrés tétrapodes, comprenant les reptiles et les oiseaux. – Sing. *Un sauropsidé.* – De *saur(ien)*, et du gr. *ops, opsis*, «vue, aspect».

saussaie. V. saulaie.

saut [so] n. m. **1.** Mouvement brusque d'extension par lequel le corps se projette en haut, en avant, etc., en quittant le sol. *Saut en longueur, saut à la perche.* – *Saut périlleux*, au cours duquel le corps fait un tour complet sur lui-même, en l'air. ▷ Loc. *Au saut du lit* : au sortir du lit. – Fig. *Faire un saut quelque part*, y passer rapidement. **2.** Fait de se laisser tomber d'un endroit élevé. *Saut d'un parachutiste.* ▷ Loc. fig. *Faire le saut* : se déterminer à une action risquée. **3.** Fig. Mouvement brusque et discontinu. *Sa pensée procède par sauts.* **4.** Chute d'eau sur le cours d'une rivière. *Le saut du Rhin.* **5.** INFORM Syn. de *branchement*. – Lat. *saltus*, du pp. de *salire*, «sauter».

saut-de-lit [sodli] n. m. Peignoir féminin léger. *Des sauts-de-lit.* – De *saut*, *de*, et *lit*.

saut-de-loup [sodlu] n. m. Fossé creusé à l'extrémité d'une allée, d'un jardin, pour en empêcher l'accès. *Des sauts-de-loup.* – De *saut*, *de*, et *loup*.

saut-de-mouton [sodmutɔ̃] n. m. TECH Ouvrage qui permet d'éviter le croisement à niveau de plusieurs routes ou de plusieurs voies ferrées. *Des sauts-de-mouton.* – De *saut*, *de*, et *mouton*.

saute [sot] n. f. Changement subit. *Saute de vent, de courant électrique. Saute d'humeur.* – Déverbal de *sauter*.

sauté, ée [sote] adj. et n. m. CUIS **1.** adj. Cuit à feu vif dans une petite quantité de matière grasse. *Des rognons sautés.* **2.** n. m. Viande sautée. *Un sauté de lapin.* – Pp. de *sauter*.

saute-mouton [sotmutɔ̃] n. m. inv. Jeu de groupe dans lequel on saute successivement par-dessus tous ses partenaires penchés en avant, en appuyant les mains sur leur dos. *Jouer à saute-mouton.* – De *sauter*, et *mouton*.

sauter [sote] v. [1] **I.** v. intr. **1.** Faire un saut, des sauts. *Sauter par-dessus un mur. Sauter à pieds joints.* – *Sauter à bas de son lit*, en sortir vivement. ▷ Fig., fam. *Sauter au plafond* : avoir un accès de colère; être très surpris. **2.** Se jeter dans le vide. *Il a sauté du pont dans la rivière.* **3.** S'élancer (sur qqn, qqch). *Le chien lui a sauté à la gorge. Sauter au cou de qqn* : V. cou. ▷ Fig. *Sauter aux yeux* : être manifeste, évident. **4.** Passer sans transition (d'une chose à une autre). *Sauter à la page 3.* – Fig. *Sauter d'une idée à une autre. Sauter du coq à l'âne*, d'un sujet à un autre. **5.** Être envoyé brusquement en l'air. *Faire sauter un bouchon.* ▷ Fig. *Faire sauter qqn*, lui faire perdre son poste. **6.** Exploser, voler en éclats. *La poudrière a sauté.* – *Faire sauter la cervelle à qqn*, lui briser la tête d'un coup de feu. ▷ *Faire sauter les plombs*, les faire fondre, causer un court-circuit. ▷ Fam. *Et que ça saute!* : et que cela se fasse vite! **7.** CUIS *Faire sauter de la viande, des légumes*, les faire revenir à feu vif, avec un corps gras. **II.** v. tr. **1.** Franchir en s'élevant au-dessus du sol. *Sauter une barrière.* ▷ Loc. fig. *Sauter le pas* : prendre une décision, après avoir longtemps hésité. **2.** Omettre, passer. *Sauter une ligne en recopiant.* – *Sauter une classe* : être admis dans la classe supérieure (d'une école, etc.) sans passer par la classe intermédiaire. **3.** Pop. *On la saute* : on a faim. **4.** Vulg. Posséder sexuellement. *Sauter une fille.* – Du lat. *saltare*, «sautiller, danser», de *saltum*, supin de *salire*, «sauter».

sautereau [sotʀo] n. m. TECH Petite lame de bois que la touche d'un clavecin fait sauter pour faire vibrer la corde. – De *sauter*.

sauterelle [sotʀɛl] n. f. **1.** Insecte orthoptère aux longues antennes qui se déplace en sautant à l'aide de ses longues pattes postérieures. *La grande sauterelle verte est très courante en France.* – *Sauterelle à antennes courtes* : syn. de *criquet*. **2.** Fig., fam. Femme, fille maigre et dégingandée. **3.** TECH Fausse équerre dont les branches sont mobiles. ▷ Transporteur muni d'une courroie inclinée qui sert au chargement ou au déchargement de marchandises. – De *sauter*.

sauterie [sotʀi] n. f. Vieilli ou plaisant Petite soirée dansante entre intimes. – De *sauter*.

sauternes [sotɛʀn] n. m. Vin blanc liquoreux de la région de Sauternes. – Du n. de *Sauternes*, com. de la Gironde.

saute-ruisseau [sotʀɥiso] n. m. inv. Litt., vx Jeune clerc et, *par ext.*, jeune garçon chargé de faire des courses. – De *sauter*, et *ruisseau*.

sauteur, euse [sotœʀ, øz] n. et adj. **I.** n. **1.** Athlète qui pratique le saut. **2.** n. m. Cheval dressé à sauter. **3.** Fig., fam. Personne qui prend ses engagements à la légère, en qui on ne peut avoir confiance. **II.** adj. **1.** Se dit des animaux qui se déplacent par sauts. **2.** TECH *Scie sauteuse* ou, n. f., *sauteuse* : scie à moteur, à lame étroite, spécial. utilisée pour le découpage des planches ou des panneaux de bois. – De *sauter*.

sauteuse [sotøz] n. f. CUIS Casserole large et plate utilisée pour faire sauter les aliments. – De *sauteur*.

sautillant, ante [sotijɑ̃, ɑ̃t] adj. Qui sautille. ▷ Fig. *Style sautillant*, formé de phrases courtes et décousues. – Ppr. de *sautiller*.

sautillement [sotijmɑ̃] n. m. Action de sautiller. – De *sautiller*.

sautiller [sotije] v. intr. [1] Effectuer des petits sauts, sur place ou en progressant. – Dimin. de *sauter*.

sautoir [sotwaʀ] n. m. **I. 1.** Long collier ou longue chaîne que l'on passe autour du cou. *Porter un ordre en sautoir*, en porter le cordon à la manière d'un collier. **2.** HERALD Pièce honorable formée de la combinaison de la barre et de la bande. ▷ *Objets placés en sautoir*, de façon à former une croix de Saint-André. **II.** Endroit où les athlètes s'exercent au saut. – De *sauter*.

sauvage [sovaʒ] adj. et n. **I. 1.** (Animaux) Qui vit dans la nature, loin des hommes; qui n'est pas domestiqué. *Les bêtes sauvages de la jungle. Un canard sauvage.* **2.** (Plantes) Qui croît naturellement, sans intervention humaine. *Pommier sauvage.* **3.** GENET Se dit de la souche, du caractère, du gène pris conventionnellement comme référence pour une étude. Ant. mutant. **4.** Inculte, inhabité et peu accueillant. *Des montagnes sauvages.* **5.** (Emploi critiqué.) Qui se fait indépendamment de toute organisation officielle, sans plan, spontanément. *Grève sauvage.* **II. 1.** Vieilli ou péjor. Qui vit en dehors de la civilisation. *Des tribus sauvages.* ▷ Subst. *Les sauvages.* **2.** (Canada) Vieilli Relatif aux autochtones d'amérique. Syn. indien. ▷ adj. cour. Traîne sauvage : V. tabagane. **3.** Qui évite les contacts humains, recherche la solitude. *Cet enfant est très sauvage.* Ant. sociable. ▷ Subst. *Vivre en sauvage.* **4.** Très rude, brutal, féroce. *Une cruauté sauvage.* ▷ Subst. *Agir en sauvage.* – Du bas lat. *salvaticus*, altér. du lat. class. *silvaticus*, de *silva*, «forêt».

sauvagement [sovaʒmɑ̃] adv. D'une manière sauvage, cruelle. *Massacrer sauvagement des otages.* – De *sauvage*.

sauvageon, onne [sovaʒɔ̃, ɔn] n. **1.** n. m. ARBOR Jeune arbre provenant d'une graine et non greffé. **2.** n. Enfant au caractère sauvage ou qui vit à l'état sauvage. – De *sauvage*.

sauvagerie [sovaʒʀi] n. f. Caractère sauvage (sens II, 2 et 3) (de qqn, de qqch). *La sauvagerie d'un misanthrope. La sauvagerie d'un crime.* – De *sauvage*.

sauvagesse [sovaʒɛs] n. f. Vx Femme d'une peuplade sauvage. – *Par ext.* Litt. Femme peu civilisée. – De *sauvage*.

sauvagin, ine [sovaʒɛ̃, in] adj. et n. m. VEN Se dit du goût, de l'odeur propre à quelques oiseaux aquatiques. ▷ n. m. *Cette viande sent le sauvagin.* – De *sauvage*.

sauvagine [sovaʒin] n. f. (Sing. collectif.) **1.** CHASSE Oiseaux dont la chair a le goût sauvagin (oiseaux aquatiques). **2.** TECH Pelleteries non apprêtées provenant des petits animaux sauvages (écureuils, renards, etc.); ces animaux. *Foire à la sauvagine.* – De *sauvage*.

sauvegarde [sovgaʀd] n. f. **I. 1.** Protection accordée par une autorité. *Se placer sous la sauvegarde des autorités consulaires.* **2.** Ce qui assure une protection; ce qui sert de garantie, de défense contre un danger. ▷ DR *Sauvegarde de justice* : régime permettant de protéger des personnes temporairement atteintes dans leurs capacités mentales ou physiques des conséquences d'actes qu'elles ont passés ou d'engagements qu'elles ont contractés. **II.** MAR Chaîne ou cordage frappé (fixé) sur un objet qui risque de se détacher ou d'être enlevé par la mer. – De *sauve*, fém. de *sauf*, et *garde* 1.

sauvegarder [sovgaʀde] v. tr. [1] **1.** Assurer la sauvegarde de, défendre, protéger. *Sauvegarder les institutions.* **2.** INFORM. Syn. de *sauver*. – De *sauvegarde*.

sauve-qui-peut [sovkipø] n. m. inv. Panique générale où chacun essaie de se sauver comme il le peut. – De *sauver*, *qui*, et *pouvoir*, propr. «que se sauve celui qui le peut».

sauver [sove] v. [1] **I.** v. tr. **1.** Tirer (qqn) du péril, mettre (qqn) hors de danger. **2.** Préserver (qqch) de la destruction. *La ville a été sauvée.* – Fig., fam. *Sauver les meubles* : sauvegarder le minimum. – Fig. *Sauver les apparences* : faire en sorte que personne ne puisse soupçonner que qqch de fâcheux s'est produit. ▷ INFORM Enregistrer. **3.** RELIG Procurer le salut à (qqn). *Dieu a envoyé son fils pour sauver tous les hommes.* **II.** v. pron. **1.** S'enfuir devant un danger. **2.** Fam. S'en aller rapidement. *Il faut que je me sauve.* **3.** Fam. Déborder en bouillant. *Le lait se sauve.* – Lat. ecclés. *salvare*, de *salvus*, «sauf».

sauvetage [sovtaʒ] n. m. **1.** Action de secourir (qqn, qqch) sur l'eau. *Sauvetage en mer. Canot de sauvetage. Gilet, bouée de sauvetage.* **2.** Action de sauver (qqn) d'un danger. – De *sauver*, par l'intermédiaire de *sauveté*.

sauveté [sovte] n. f. HIST FEOD Au Moyen Âge, bourgade franche, jouissant d'une immunité, fondée à l'initiative d'un monastère, dans le midi de la France. – De *sauf*.

sauveteur [sovtœʀ] n. m. Personne qui participe à un sauvetage. – Du rad. de *sauvetage*.

sauvette (à la) [alasovɛt] loc. adv. **1.** *Vente à la sauvette* : vente sur la voie publique, sans autorisation. **2.** Fig., fam. Avec précipitation, en cachette. *Contrat signé à la sauvette.* – De *(se) sauver*.

sauveur [sovœʀ] n. m. et adj. **1.** Personne qui sauve, libérateur. *Le sauveur de la patrie.* ▷ adj. *Le geste sauveur* (au fém. : *salvatrice*). **2.** *Le Sauveur* : Jésus-Christ. – Du bas lat. *salvator*.

sauvignon [soviɲɔ̃] n. m. Cépage blanc du centre et du sud-ouest de la France. ▷ Vin de ce cépage.

savamment [savamɑ̃] adv. **1.** En faisant montre d'une grande érudition. *Discourir savamment.* **2.** Habilement, dans les règles de l'art. *Il fait cela savamment.* – De *savant*.

savane [savan] n. f. **1.** Plaine herbeuse, aux arbres rares, des régions tropicales. ▷ *Savane arborée*, qui comprend également des arbres et des arbustes isolés. **2.** Au Canada, terrain marécageux. – Esp. *sabana*, d'une langue d'Haïti.

savant, ante [savɑ̃, ɑ̃t] adj. et n. **I.** adj. **1.** (Personnes) Qui sait beaucoup de choses, qui possède une grande érudition. **2.** (En fonction d'épithète.) Dressé à faire des tours (animaux). *Chien savant.* **3.** (Choses) Qui suppose des connaissances que tout le monde n'a pas, difficile. *Un raisonnement savant.* ▷ Habile, bien calculé. *Une manœuvre savante.* **4.** *Société savante*, qui regroupe des savants. **II.** n. **1.** Vx Personne qui possède de grandes connaissances. **2.** n. m. Mod. Personne qui a une notoriété scientifique. – Anc. ppr. de *savoir*.

savarin [savaʀɛ̃] n. m. CUIS Grand baba en forme de couronne, imbibé de sirop à la liqueur et servi avec des fruits confits ou de la crème. – Du n. du gastronome et écrivain fr. J. A. *Brillat-Savarin* (1755-1826).

savart [savaʀ] n. m. PHYS Unité d'intervalle tonal égale à 1 000 fois le logarithme décimal du rapport des fréquences de deux sons (1 octave = 301 savarts). – Du n. du phys. fr. F. *Savart* (1791-1841).

savate [savat] n. f. **1.** Vieille pantoufle, vieille chaussure très usée. ▷ Fam. *Traîner la savate* : vivre misérablement. **2.** Fam. Personne maladroite. *Il joue du violon comme une savate. Quelle savate !* **3.** Méthode de combat comportant des coups de pied, en vogue au déb. du XIXᵉ s., et qui a donné naissance à la boxe française. – P.-ê. métaphore sur le n. du *crapaud*, donné à des objets grossiers (V. sabot).

savetier [savtje] n. m. Vx Raccommodeur de souliers, cordonnier. – De *savate*.

saveur [savœʀ] n. f. **1.** Impression que produit un corps sur l'organe du goût. *Saveur salée, amère, sucrée, piquante.* **2.** Fig. Qualité de ce qui est agréable, plaisant à l'esprit. *Ironie pleine de saveur.* – Lat. *sapor, saporis*, de *sapere*, « avoir du goût ».

1. savoir [savwaʀ] v. tr. [47] **I. 1.** Connaître, être informé de. *Tu sais la nouvelle ? C'est tout ce que nous savons d'elle.* ▷ (Avec une subordonnée.) *On ne savait pas qui était son père. J'ai su par hasard que vous étiez là aujourd'hui. Reste à savoir s'il en a vraiment envie.* ▷ v. pron. (Passif) *Tout finit par se savoir*, par être su, connu. **2.** Avoir présent dans la mémoire. *Il sait sa leçon par cœur.* **3.** Avoir une bonne connaissance de. *Ils savent tous le grec. Elle croit tout savoir.* ▷ (S. comp.) *Si jeunesse savait.* **4.** (Avec un inf.) Être capable de. *Elle ne saura jamais danser. Un ami qui sait écouter.* ▷ (Au conditionnel, et avec une nég.) Pouvoir. *On ne saurait tout prévoir.* **5.** Avoir conscience de. *Il ne savait plus ce qu'il faisait.* **II.** Loc. *À savoir* ou *savoir* : c'est-à-dire. ▷ *Que je sache* : pour autant que je puisse en juger. *Personne n'est venu, que je sache.* ▷ *Savoir si* : on peut se demander si. *Il est parti, savoir s'il arrivera !* ▷ (Renforçant une affirmation.) *Je crois qu'il est sincère, tu sais.* ▷ *Ne rien vouloir savoir* : se refuser à faire qqch. *J'ai essayé de l'emmener, mais il n'a rien voulu savoir.* ▷ *Il est sorti avec je ne sais qui, pour je ne sais combien de temps.* – *Un je ne sais quoi* : qqch d'indéfinissable. *Un je ne sais quoi qui séduit.* – Du lat. *sapere*, « avoir du goût, du jugement, comprendre, savoir ».

2. savoir [savwaʀ] n. m. Ensemble des connaissances acquises par l'apprentissage ou l'expérience. *Un homme d'un grand savoir.* – Empl. subst. de *savoir* 1.

savoir-faire [savwaʀfɛʀ] n. m. inv. Habileté à mettre en œuvre son expérience et ses connaissances ; compétence, adresse.

savoir-vivre [savwaʀvivʀ] n. m. inv. Connaissance des règles de politesse, des usages à respecter en société ; bonne éducation.

savoisien, enne. V. savoyard, arde.

savon [savɔ̃] n. m. **1.** Produit obtenu par action d'un agent alcalin sur des corps gras naturels, employé pour le blanchissage et le nettoyage. *Savon de ménage* (ou *de Marseille*), fabriqué par action d'un corps gras sur de la lessive de soude, en présence de chlorure de sodium. *Savon de toilette*, auquel on incorpore des parfums, de la lanoline, etc. – *Un savon*, un morceau, un pain de ce produit. ▷ CHIM Nom générique des sels d'acides gras. **2.** Fam., fig. Semonce, réprimande. *Passer un savon à qqn.* – Lat. *sapo, saponis*, mot d'orig. germ.

savonnage [savɔnaʒ] n. m. Action de savonner. – De *savonner*.

savonner [savɔne] v. tr. [1] **1.** Laver au savon. *Savonner du linge.* – v. pron. *Il est difficile de se savonner le dos.* **2.** Fig., fam. *Il s'est fait savonner*, réprimander. – De *savon*.

savonnerie [savɔnʀi] n. f. Usine où l'on fabrique du savon. ▷ HIST *La Savonnerie* : manufacture royale de tapisserie, créée en 1604 puis transférée en 1627 dans une anc. savonnerie de Chaillot. – De *savon*.

savonnette [savɔnɛt] n. f. Petit savon pour la toilette. – Dimin. de *savon*.

savonneux, euse [savɔnø, øz] adj. **1.** Qui contient du savon dissous. *Eau savonneuse.* **2.** Qui tient du savon ; qui rappelle le savon par sa mollesse, son onctuosité, etc. ▷ Fig. *Pente savonneuse* : pente glissante, mauvaise pente. – De *savon*.

savonnier, ère [savɔnje, ɛʀ] n. m. et adj. **1.** Ouvrier ou industriel qui fabrique du savon. ▷ adj. Qui concerne le savon. *L'industrie savonnière marseillaise.* **2.** Arbre des régions tropicales (genre *Sapindus*, fam. sapindacées), dont les fruits et le bois sont riches en saponine. – De *savon*.

savourer [savuʀe] v. tr. [1] **1.** Déguster, absorber lentement pour mieux goûter. *Savourer un vin, un mets.* **2.** Fig. Jouir de (qqch) avec lenteur, s'en délecter. *Savourer une vengeance.* – De *saveur*.

savoureusement [savuʀøzmɑ̃] adv. Rare De façon savoureuse. *Une sauce savoureusement mitonnée.* – De *savoureux*.

savoureux, euse [savuʀø, øz] adj. **1.** Qui a une saveur, un goût agréable. **2.** Fig. Qui stimule agréablement l'intérêt. *Un récit savoureux.* – Du bas lat. *saporosus*, du lat. class. *sapor*, « saveur ».

savoyard, arde [savwajaʀ, aʀd] ou, rare, **savoisien, enne** [savwazjɛ̃, ɛn] adj. et n. De la Savoie, rég. de France. *La sylviculture savoyarde.* ▷ Subst. *Un(e) Savoyard(e).*

saxatile [saksatil] adj. BOT Syn. de *saxicole*. – Lat. *saxatilis*, de *saxum*, « roc ».

saxe [saks] n. m. Porcelaine de Saxe. *Un service de saxe.* ▷ Objet fait de cette porcelaine (bibelot, statuette, etc.). *De jolis saxes.* – De *Saxe*, n. d'une rég. d'Allemagne.

saxhorn [saksɔʀn] n. m. MUS Instrument à vent de la famille des cuivres, à embouchure et à pistons. – Du n. de l'inventeur belge A. *Sax* (1814-1894), et de l'all. *Horn*, « cor ».

saxi-. Élément, du lat. *saxum*, « rocher, pierre ».

saxicole [saksikɔl] adj. BOT Se dit d'une plante qui croît sur les rochers. – De *saxi-*, et *-cole*.

saxifragacées [saksifʀagase] n. f. pl. BOT Fam. de dicotylédones dialypétales des climats tempérés ou froids, proches des crassulacées, comprenant des plantes arbustives ou herbacées, aux fleurs régulières, dont le fruit est une capsule ou une baie (saxifrage, hortensia, seringa, etc.). – Sing. *Une saxifragacée.* – De *saxifrage*.

saxifrage [saksifʀaʒ] n. f. BOT Plante herbacée (genre *Saxifraga*), dont certaines espèces (*désespoir des peintres*) sont ornementales. – Lat. *saxifraga*, propr. « qui brise les rochers ».

saxo [sakso] n. m. Abréviation de *saxophone, saxophoniste*.

saxon, onne [saksɔ̃, ɔn] adj. et n. **I. 1.** adj. Des Saxons, peuple germanique établi v. le IIᵉ s. à l'embouchure de l'Elbe et dont la branche frisonne s'implanta au Vᵉ s. dans le S. de l'Angleterre. *Les royaumes saxons.* ▷ Subst. *Les Saxons.* **2.** n. m. *Le vieux saxon* : la forme la plus archaïque du bas allemand. **II.** adj. De la Saxe, région d'allemagne. *Le climat saxon.* ▷ Subst. *Un(e) Saxon(ne).* – Bas lat. *Saxo, Saxonis*.

saxophone [saksɔfɔn] n. m. Instrument de musique à vent en cuivre, à clefs et à anche simple, pourvu d'un bec identique à celui d'une clarinette. (Abrév. : saxo). – De *Sax* (V. *saxhorn*), et *-phone*.

saxophoniste [saksɔfɔnist] n. Personne qui joue du saxophone. (Abrév. : saxo). – De *saxophone*.

saynète [sɛnɛt] n. f. **1.** LITTER Petite pièce bouffonne du théâtre espagnol. **2.** Vieilli Sketch. – Esp. *sainete*, propr. «morceau de graisse qu'on donne aux faucons quand ils reviennent», d'où «assaisonnement», rattaché à *scène*.

sayon [sɛjɔ̃] n. m. ANTIQ Casaque portée par les soldats gaulois et romains. – Esp. *sayón*, de *saya*, «manteau», lat. *sagum*.

Sb CHIM Symbole de l'antimoine (en lat. *stibium*).

sbire [sbiʀ] n. m. Péjor., litt. Policier. ▷ Homme de main. – Bas lat. *burrus*, *birrus*, gr. *purros*, «roux»; par l'ital. *sbirro*, *birro*, «agent de police», à cause de la couleur de l'uniforme, ou de la valeur péjor. de *roux*.

Sc CHIM Symbole du scandium.

scabieuse [skabjøz] n. f. BOT Plante herbacée (genre *Scabiosa*, fam. dipsacacées) à fleurs violettes, roses ou blanches, groupées en capitules. – Lat. méd. *scabiosa*, du lat. *scabiosus*, «galeux», cette plante passant pour guérir la gale.

scabieux, euse [skabjø, øz] adj. MED Relatif à la gale; qui a l'aspect des lésions occasionnées par la gale. – Lat. *scabiosus*, «rugueux, galeux».

scabreux, euse [skabʀø, øz] adj. **1.** Qui comporte des risques, des difficultés. *Entreprise scabreuse. Problème scabreux.* **2.** Qui choque la décence. *Plaisanterie scabreuse.* – Bas lat. *scabrosus*, lat. *scaber*, «rude, raboteux».

scaferlati [skafɛʀlati] n. m. Tabac haché en lanières minces pour la cigarette ou la pipe.

1. scalaire [skalɛʀ] n. m. ICHTYOL Poisson dont le corps très aplati, souvent rayé de noir, affecte la forme d'un disque flottant verticalement. – Lat. *scalaris*, «d'escalier», de *scalæ*, *scalarum*, «escalier».

2. scalaire [skalɛʀ] adj. MATH *Grandeur scalaire*, dont la mesure s'exprime par un nombre seul (par oppos. aux *grandeurs vectorielles* qui comportent en plus une direction et un sens). ▷ *Produit scalaire de deux vecteurs* $\overrightarrow{V_1}$ (de composantes x_1, y_1, z_1) et $\overrightarrow{V_2}$ (de composantes x_2, y_2, z_2) : nombre noté $\overrightarrow{V_1}.\overrightarrow{V_2}$, égal à $x_1.x_2 + y_1.y_2 + z_1.z_2$. (Dans le plan, le produit scalaire de deux vecteurs est égal au produit de leur module par le cosinus de l'angle qu'ils forment : $\overrightarrow{V_1}.\overrightarrow{V_2} = |V_1|\,|V_2|.\cos\alpha$.) – Du lat. *scalaris*, par l'angl. *scalar*.

scalde [skald] n. m. LITTER Ancien poète scandinave. *Les poésies des scaldes, d'abord transmises oralement, furent recueillies par écrit et forment l'Edda et les Sagas.* – Scand. *skald*, «poète».

scaldien, enne [skaldjɛ̃, ɛn] adj. De l'Escaut et de sa région.

scalène [skalɛn] adj. et n. m. **1.** adj. GEOM *Triangle scalène*, dont les trois côtés sont inégaux. **2.** n. m. ANAT Chacun des trois muscles de la région située sous la clavicule, qui servent à l'inspiration. – Lat. *scalenus*, gr. *skalênos*, «boiteux», d'où «inégal, impair».

scalp [skalp] n. m. **1.** Action de scalper. ▷ Chevelure d'un ennemi conservée comme trophée. **2.** MED Arrachement traumatique d'une surface plus ou moins grande du cuir chevelu. – Mot angl.

scalpel [skalpɛl] n. m. Bistouri à lame fixe utilisé pour la dissection. – Du lat. *scapellum*, de *scalprum*, rac. *scalpere*, «graver, tailler».

scalper [skalpe] v. tr. [1] **1.** Découper circulairement la peau du crâne de (qqn) et l'arracher ensuite avec sa chevelure. *Les Peaux-Rouges scalpaient leurs ennemis.* **2.** Arracher accidentellement la peau du crâne. – Angl. *to scalp*, de *scalp*, «calotte crânienne».

scampi [skɑ̃pi] n. m. pl. Grosses crevettes (*Nephrops norvegicus*) servies frites à la mode italienne. – Mot ital., d'abord dial. vénitien, du gr. *hippocampos*, «cheval marin».

scandale [skɑ̃dal] n. m. **1.** RELIG Occasion de tomber dans le péché, donnée par de mauvais exemples, des discours corrupteurs. *Malheur à celui par qui le scandale arrive.* **2.** Effet que suscite un acte, un événement qui choque les habitudes, la morale. *Ses paroles ont fait scandale. Une telle injustice risque de causer un grand scandale.* ▷ Indignation causée par un tel acte. *Au grand scandale de ses auditeurs.* **3.** Événement, fait révoltant. *C'est un scandale !* **4.** Affaire malhonnête qui arrive à la connaissance du public. *Le scandale des pots-de-vin.* **5.** Bruit, désordre. *Faire du scandale. Scandale sur la voie publique.* – Lat. ecclés. *scandalum*, du bas lat.; du gr. *skandalon*, «obstacle, pierre d'achoppement».

scandaleusement [skɑ̃daløzmɑ̃] adv. D'une manière scandaleuse. – De *scandaleux*.

scandaleux, euse [skɑ̃dalø, øz] adj. **1.** Qui crée du scandale. *Une affaire scandaleuse.* **2.** Très choquant. *Une désinvolture scandaleuse.* – Bas lat. *scandalosus*, de *scandalum* (V. scandale).

scandaliser [skɑ̃dalize] v. tr. [1] Provoquer le scandale; sembler scandaleux à. *Sa conduite a scandalisé tout le monde.* ▷ v. pron. S'indigner. – Bas lat. ecclés. *scandalizare*, de *scandalum* (V. scandale).

scander [skɑ̃de] v. tr. [1] **1.** *Scander un vers*, en marquer les mètres. **2.** Prononcer en appuyant sur les mots, les syllabes. *Scander des slogans.* – Lat. *scandere*, propr. «escalader».

scandinave [skɑ̃dinav] adj. et n. **1.** De la Scandinavie, rég. d'Europe du N. ▷ Subst. *Les Scandinaves.* **2.** *Langues scandinaves* : langues germaniques parlées en Scandinavie. **3.** *Alpes scandinaves* : chaîne de montagnes qui se formèrent au début du tertiaire, grâce à une nouvelle surrection (surtout sensible en Norvège) de la chaîne calédonienne. – Du lat. *Scandinavia*, *Scadinavia*, ou *Scandia*, «Scandinavie», d'un anc. germanique *skadinanja*.

scandium [skɑ̃djɔm] n. m. CHIM Élément métallique de numéro atomique Z = 21, de masse atomique 44,95 (symbole Sc). – Métal (Sc) gris de densité 3, qui fond à 1 540 °C et bout à 2 830 °C. – D'ap. le lat. *Scandia*, «Scandinavie».

1. scanner [skanɛʀ] n. m. (Anglicisme) **1.** TECH Appareil de sélection utilisé en photogravure et en informatique, qui analyse par rayon lumineux, point par point, le document à reproduire. **2.** MED Syn. (off. déconseillé) de *scanographe* et de *tomodensitomètre*. – Mot angl., de *to scan*, «examiner».

2. scanner [skane] v. tr. [1] INFORM Numériser (une image). – De l'angl. *to scan*, «examiner».

scannérisé, ée [skaneʀize] adj. Numérisé. *Image scannérisée.* Syn. scanné. – De *scanner*.

scanographe [skanɔgʀaf] n. m. MED Appareil de radiographie par rayons X permettant d'obtenir des séries de tomographies* traitées par ordinateur. Syn. tomodensitomètre. – De *scanner*, et *-graphe*.

scanographie [skanɔgʀafi] n. f. Technique, application du scanographe. – De *scanner*, et *-graphie*.

scansion [skɑ̃sjɔ̃] n. f. Didac. Action ou manière de scander un vers. – Lat. *scansio*.

scaphandre [skafɑ̃dʀ] n. m. Équipement isolant individuel des plongeurs subaquatiques, des astronautes, etc. – Du gr. *skaphê*, « barque », et *anêr, andros*, « homme »; propr. « homme-barque ».

scaphandrier [skafɑ̃dʀije] n. m. Plongeur équipé d'un scaphandre. – De *scaphandre*.

scaphite [skafit] n. m. PALEONT Ammonite du crétacé, à spire déroulée. – Du gr. *skaphê*, « barque ».

scaphoïde [skafɔid] adj. et n. m. ANAT En forme de nacelle. *Os scaphoïde* ou, n. m., *le scaphoïde* : petit os de la rangée supérieure des os du carpe et de la rangée antérieure des os du tarse. – Gr. *skaphoeidês*, « en forme de barque ».

scaphopode [skafɔpɔd] n. m. ZOOL Mollusque marin ovipare, à pied allongé, à coquille en forme de cornet, tel que les dentales, vivant dans le sable ou la vase. – Du gr. *scaphê*, « barque », en raison de la forme de sa coquille, et *-pode*.

scapulaire [skapylɛʀ] n. m. et adj. **I.** n. m. **1.** Vêtement porté par certains religieux, fait d'une pièce d'étoffe qui tombe, depuis les épaules, devant et derrière. **2.** RELIG CATHOL Objet de dévotion composé de deux petits morceaux d'étoffe bénis, réunis par des rubans qui s'attachent autour du cou. **3.** CHIR Large bande de toile passée sur les épaules pour soutenir un bandage. **II.** adj. ANAT De l'épaule. *Artère scapulaire. Ceinture scapulaire* : squelette de l'épaule. – Du lat. *scapulæ*, « épaules ».

scapulo-huméral, ale, aux [skapylɔymeʀal, o] adj. ANAT Qui concerne l'omoplate et l'humérus. – Du rad. de *scapulaire*, et *huméral*.

scarabée [skaʀabe] n. m. **1.** Insecte coléoptère aux élytres colorés à reflets métalliques. **2.** Pierre égyptienne sacrée, gravée en forme de scarabée. – Lat. *scarabæus*, du gr. *karabos*.

scarabéidés [skaʀabeide] n. m. pl. ENTOM Famille de coléoptères lamellicornes comprenant plus de vingt mille espèces (scarabées, bousiers, hannetons, cétoines, etc.). (Les larves sont des vers blancs; les adultes sont phytophages – et souvent très nuisibles – ou coprophages.) – Sing. *Un scarabéidé*. – De *scarabée*, et suff. *-idés*.

scare [skaʀ] n. m. ZOOL Poisson téléostéen des récifs coralliens, aux couleurs vives appelé aussi *perroquet de mer*. – Lat. *scarus*, gr. *skaros*, propr. « bondissant ».

scarieux, euse [skaʀjø, øz] adj. BOT Se dit d'un organe mince, sec et semi-transparent. – Lat. sav. *scariosus*, du lat. médiév. *scaria*, « bouton, lèpre », du gr. *eskhara*, « croûte ».

scarifiage [skaʀifjaʒ] n. m. AGRIC Action de scarifier. – De *scarifier*.

scarificateur [skaʀifikatœʀ] n. m. **1.** MED Appareil permettant de faire une scarification. **2.** AGRIC Cadre muni de dents monté à l'arrière d'un tracteur pour scarifier le sol. – De *scarifier*.

scarification [skaʀifikasjɔ̃] n. f. **1.** MED Incision non sanglante de l'épiderme, pratiquée notam. pour une vaccination. ▷ Dans certains groupes ethniques, marquage rituel symbolisant l'appartenance au groupe, obtenu en introduisant un pigment ou une substance irritante dans une ou plusieurs incisions. **2.** ARBOR Incision sur l'écorce d'un arbre, destinée à arrêter la circulation de la sève au voisinage des fruits. – Lat. *scarificatio*.

scarifier [skaʀifje] v. tr. [2] **1.** MED Pratiquer une scarification sur. **2.** AGRIC Labourer légèrement au scarificateur. **3.** ARBOR Faire une incision sur (l'écorce d'un arbre). – Bas lat. *scarificare*, du gr. *skariphos*, « stylet ».

scarlatine [skaʀlatin] n. f. et adj. f. Maladie infectieuse avec fièvre et éruption érythémateuse. ▷ adj. f. *Fièvre scarlatine*. – Du lat. médiév. *scarlatum*. Cf. écarlate.

scarlatiniforme [skaʀlatinifɔʀm] adj. MED Qui ressemble à la scarlatine. – De *scarlatine*, et *-forme*.

scarole [skaʀɔl] ou **escarole** [ɛskaʀɔl] n. f. Chicorée d'automne et d'hiver aux longues feuilles peu dentées que l'on mange en salade. – Ital. *scariola*, bas lat. *escariola*, « endive », du class. *escarius*, « qui est bon à manger », de *esca*, « nourriture ».

scat [skat] n. m. MUS Style de jazz vocal dans lequel une partie au moins des paroles est remplacée par des onomatopées. *Louis Armstrong, Ella Fitzgerald, grands virtuoses du scat*. – Mot amér., onomatopée.

scato-. Élément, du gr. *skatos*, génitif de *skôr*, « excrément ».

scatologie [skatɔlɔʒi] n. f. Propos, écrits portant sur les excréments. – Caractère de tels propos, de tels écrits. – De *scato-*, et *-logie*.

scatologique [skatɔlɔʒik] adj. De la nature de la scatologie. – De *scatologie*.

scatophile [skatɔfil] adj. SC NAT Qui vit, qui pousse sur les excréments. – De *scato-*, et *-phile*.

sceau [so] n. m. **1.** Cachet gravé en creux dont on fait des empreintes avec de la cire sur des actes pour les rendre authentiques ou les clore de façon inviolable. ▷ *Le garde des Sceaux* : le ministre de la Justice, en France. **2.** Empreinte faite avec un sceau. *Apposer son sceau*. **3.** Fig. Caractère inviolable. *Confier sous le sceau du secret*. **4.** Fig. Marque, signe. *Le sceau du génie*. – Du lat. pop. **sigellum*, class. *sigillum*, de *signum*, « marque, signe, empreinte »; la lettre *c* ajoutée pour le distinguer de *seau*.

sceau-de-Salomon [sod(ə)salɔmɔ̃] n. m. Plante des bois (*Polygonatum vulgare*, fam. liliacées), aux fleurs blanc verdâtre, dont le rhizome porte des empreintes semblables à un sceau. *Des sceaux-de-Salomon*. – De *sceau*, et *Salomon*, n. propre.

scélérat, ate [seleʀa, at] adj. et n. **1.** Vieilli Coupable ou capable de crimes, d'actions malhonnêtes. ▷ Subst. *Un scélérat*. **2.** Litt. Infâme. ▷ HIST *Lois scélérates* : nom donné par dénigrement aux lois répressives votées en 1894 contre les menées anarchistes. – Lat. *sceleratus*, « criminel », rac. *scelus, sceleris*, « crime ».

scélératesse [seleʀatɛs] n. f. Vx ou litt. Façon d'agir d'un scélérat; acte scélérat. – De *scélérat*.

scellage [sɛlaʒ] n. m. TECH Action de sceller. – De *sceller*.

scellé [sele] n. m. (Cour. au plur.) DR Bande d'étoffe ou de papier fixée à ses extrémités par de la cire empreinte d'un sceau officiel, apposée par autorité de justice sur les ouvertures d'un meuble ou d'un local pour assurer la conservation de ce qu'il renferme. *Mettre, apposer les scellés*. – Pp. subst. de *sceller*.

scellement [sɛlmɑ̃] n. m. CONSTR **1.** Action de sceller; résultat de cette action. **2.** Extrémité scellée dans la maçonnerie d'une pièce de bois, de métal, etc. – De *sceller*.

sceller [sele] v. tr. [1] **1.** Appliquer un sceau sur (qqch). *Sceller une lettre*. **2.** Apposer les scellés sur. *Sceller un coffre*. **3.** Fermer hermétiquement. *Sceller une bouteille*. **4.** CONSTR Fixer l'extrémité d'une pièce dans un mur avec du plâtre, du ciment. **5.** Fig. Confirmer, ratifier comme avec un sceau. *Sceller une alliance*. – Du lat. pop. **sigellare*, de *sigillare*, « empreindre, sceller », du class. *sigillum* (V. sceau).

scénario [senaʀjo] n. m. **1.** Canevas d'une pièce de théâtre. *Des scénarios* ou, vieilli, *des scenarii*. ▷ Par ext. *Scénario d'un roman*. **2.** Description détaillée des différentes scènes d'un film; sujet, intrigue d'un film. *Adapter un scénario original.* ▷ Histoire d'une bande dessinée, d'un logiciel de jeu. **3.** Fig. Déroulement préétabli, concerté, de qqch; plan d'action. *L'enlèvement a été perpétré selon un scénario soigneusement mis au point.* – Ital. *scenario,* propr. «décor», de *scena,* «scène», mot lat.

scénariste [senaʀist] n. Auteur de scénarios pour le cinéma, la télévision, une bande dessinée, un logiciel de jeu. – De *scénario.*

scène [sɛn] n. f. **1.** Partie du théâtre où jouent les acteurs. *Il entre en scène au deuxième acte. Mettre en scène une pièce,* en régler la représentation (jeu des acteurs, effets sonores et de lumière, décor, etc.). **2.** *La scène :* le théâtre. *Cet acteur est passé de la scène à l'écran.* **3.** Lieu où se passe l'action. *La scène est à Paris.* ▷ Décor. *La scène représente le palais d'Auguste.* **4.** Chacune des parties d'un acte dans une pièce de théâtre. *Les pièces sont divisées en actes et les actes en scènes.* **5.** Action, événement offrant qqch de remarquable, d'émouvant, de drôle, etc. *Être témoin d'une scène attendrissante.* **6.** Querelle. *Scène de ménage. Faire une scène à qqn.* – Lat. *scæna,* gr. *skênê,* «cabane, tréteau, scène».

scénique [senik] adj. **1.** Adapté aux exigences du théâtre. *Lieu scénique.* **2.** Qui a rapport à la scène, au théâtre. *Art scénique.* – Lat. *scænicus,* gr. *skênikos.*

scéniquement [senikmɑ̃] adv. D'un point de vue scénique, théâtral. – De *scénique.*

scénographie [senɔgʀafi] n. f. **1.** Technique des aménagements intérieurs des théâtres, et partic. de la scène. **2.** Art de représenter en perspective (les sites, les édifices). – Lat. *scenographia,* gr. *skênographia.*

scénologie [senɔlɔʒi] n. f. Didac. Science de la mise en scène. – De *scène,* et *-logie.*

scepticisme [sɛptisism] n. m. **1.** PHILO Doctrine philosophique qui conteste à l'esprit la possibilité d'atteindre avec certitude à la connaissance et érige le doute en système. *Le scepticisme a été représenté dans l'Antiquité par Pyrrhon.* **2.** Incrédulité, doute. *Ses paroles ont été accueillies avec scepticisme.* – De *sceptique.*

sceptique [sɛptik] adj. et n. **1.** PHILO Qui professe le scepticisme; qui se rapporte à cette doctrine. **2.** Incrédule, non croyant. **3.** Non convaincu. *Je reste sceptique quant à l'aboutissement du projet.* – Gr. *skeptikos,* propr. «observateur», de *skeptesthai,* «observer».

sceptiquement [sɛptikmɑ̃] adv. D'une manière sceptique. – De *sceptique.*

sceptre [sɛptʀ] n. m. **1.** Bâton de commandement, symbole de l'autorité monarchique. **2.** Fig. Pouvoir souverain. *Un sceptre de fer :* une autorité despotique. **3.** Fig. Supériorité, prééminence en quelque domaine. *Tenir bien haut le sceptre de...* – Lat. *sceptrum,* gr. *skêptron.*

schabraque. V. chabraque.

schah, shah ou **chah** [ʃa] n. m. Titre des souverains d'Iran. – Mot persan, «roi, empereur».

schako. V. shako.

schappe [ʃap] n. f. ou m. TECH Fils obtenus par filature des déchets de soie. – Mot germ., dial. de Suisse.

schapska. V. chapska.

scheidage [ʃedaʒ] n. m. TECH Triage à la main du minerai. – De l'all. *scheiden,* «séparer».

scheikh. V. cheik.

schelem. V. chelem.

schéma [ʃema] n. m. **1.** Représentation simplifiée d'un objet, destinée à expliquer sa structure, à faire comprendre son fonctionnement. *Schéma d'un moteur, de la circulation sanguine.* ▷ Dessin, diagramme représentant un ensemble de relations. *Schéma de l'organisation d'une entreprise, ou organigramme.* – *Schéma directeur,* fixant le développement de l'urbanisation d'une région. **2.** Plan sommaire (d'un ouvrage de l'esprit). **3.** DR CANON Proposition soumise à un concile. – Lat. *schema,* gr. *skhêma,* «manière d'être, figure».

schématique [ʃematik] adj. **1.** Qui constitue un schéma, une représentation simplifiée. *Coupe schématique de l'œil.* **2.** Péjor. Sommaire, rudimentaire, sans nuance. *Conceptions trop schématiques.* – De *schéma.*

schématiquement [ʃematikmɑ̃] adv. **1.** D'une manière schématique. **2.** Sommairement. – De *schématique.*

schématisation [ʃematizasjɔ̃] n. f. Action, fait de schématiser; son résultat. – De *schématiser.*

schématiser [ʃematize] v. tr. [1] **1.** PHILO Considérer (les objets) comme des schèmes. **2.** Représenter d'une manière schématique. – De *schème, schéma.*

schématisme [ʃematism] n. m. **1.** PHILO Usage des schèmes, chez Kant. **2.** Caractère schématique. – Péjor. Simplification excessive. – Lat. *schematismus,* du gr. *skhêmatismos,* de *skhêma,* «manière d'être, figure».

schème [ʃɛm] n. m. **1.** PHILO Chez Kant, représentation qui assure un rôle d'intermédiaire entre les catégories de l'entendement et les phénomènes sensibles. *Le schème pur de la quantité est le nombre.* **2.** Didac. Disposition, forme, structure. – Lat. *schema,* *schematis,* «figure».

scherzando [skɛʀdzɑ̃ndo] adv. MUS Avec légèreté et gaieté (indication de mouvement). – Mot ital., propr. «en badinant».

scherzo [skɛʀdzo] n. m. et adv. MUS Morceau de caractère vif, léger, amusant. ▷ adv. Dans le mouvement du scherzo. – Mot ital., propr. «badinage».

schibboleth [ʃibɔlɛt] n. m. Rare Test, épreuve décisive. – Mot hébreu, «épi», d'après le récit biblique selon lequel les gens de Galaad reconnaissaient ceux d'Éphraïm en fuite à leur façon de prononcer ce mot.

schiedam [skidam] n. m. Eau-de-vie de Belgique et des Pays-Bas, parfumée au genièvre. – De *Schiedam,* v. de Hollande.

schilling [ʃiliŋ] n. m. Unité monétaire de l'Autriche. – Mot all., du moyen néerl. *schellinc,* même rac. que l'angl. *shilling.*

schismatique [ʃismatik] adj. et n. Qui fait schisme; qui se rallie à un schisme. *Secte schismatique.* – Subst. *Les schismatiques.* – De *schisme.*

schisme [ʃism] n. m. **1.** Séparation amenant la rupture de l'unité des fidèles, dans une religion. **2.** Division, scission dans un mouvement, un groupe, un parti. – Lat. ecclés. *schisma,* gr. *skhisma,* «séparation», de *skhizein,* «fendre».

ENCYCL **Relig. cathol.** – Les princ. schismes de l'histoire de l'Église catholique sont : celui des donatistes, au IVe s.; le schisme d'Orient, au XIe s., provoqué par les désaccords qui opposaient, dès le IVe s., le clergé byzantin au clergé romain; le grand schisme d'Occident, qui divisa l'Église de 1378 à 1417, donna lieu à l'élection de papes siégeant simultanément à Rome et à Avignon. Ce schisme se termina, lors du concile de Constance (1414-1418), avec la reconnaissance de Martin V comme seul pape (1417).

schiste [ʃist] n. m. Roche sédimentaire de structure feuilletée, provenant de la transformation des argiles par déshydratation et action de pressions orientées. *Schiste vert. Schiste à grenats, micacé, schiste bitumineux*.* – Du lat. *schistus (lapis),* propr. «pierre séparée», du gr. *skhistos,* «qu'on peut fendre» (V. aussi schisme).

schisteux, euse [ʃistø, øz] adj. MINER De la nature du schiste. *Roche schisteuse.* – *Massif schisteux rhénan,* région de plissements hercyniens d'Allemagne, prolongeant l'Ardenne. – De *schiste.*

schistoïde [ʃistɔid] adj. MINER Qui a la structure feuilletée du schiste. – De *schiste,* et *-oïde.*

schistosoma [ʃistozoma] n. m. Syn. de *bilharzie.* – Du gr. *skhistos,* «fendu».

schizo-. Élément, du gr. *skhizein,* «fendre».

schizogamie [skizogami] n. f. BIOL Mode de reproduction asexuée par division de l'organisme. – De *schizo-,* et *-gamie.*

schizoïde [skizɔid] adj. et n. PSYCHIAT Qui est atteint de schizoïdie. – De *schiz(ophrène),* et *-oïde.*

schizoïdie [skizɔidi] n. f. PSYCHIAT Constitution mentale prédisposant à la schizophrénie, caractérisée notam. par le repli sur soi-même. – De *schizoïde.*

schizophrène [skizɔfʀɛn] n. et adj. Malade atteint de schizophrénie. – adj. *Comportement schizophrène.* – De *schizophrénie.*

schizophrénie [skizɔfʀeni] n. f. PSYCHIAT Psychose caractérisée par une dissociation des différentes fonctions psychiques et mentales, accompagnée d'une perte de contact avec la réalité et d'un repli sur soi (autisme). – Mot all., de *schizo-,* et du gr. *phrên, phrenos,* «esprit».

schizophrénique [skizɔfʀenik] adj. Relatif à la schizophrénie. – De *schizophrénie.*

schlague [ʃlag] n. f. Punition corporelle (coups de baguette) en usage dans les anciennes armées allemandes. ▷ Fig. *Mener, conduire à la schlague,* d'une manière autoritaire et brutale. – All. *Schlag,* «coup».

schlamm [ʃlam] n. m. MINES Poudre fine, produit du concassage d'un minerai. – Mot all., propr. «boue».

1. schlass ou **schlasse** [ʃlɑs] adj. inv. Pop. Ivre. *Il est complètement schlass.* – All. *schlass,* «très fatigué».

2. schlass [ʃlɑs] n. m. Pop. Couteau. – Angl. *slasher,* «arme blanche».

schlinguer. V. chelinguer.

schlittage [ʃlitaʒ] n. m. TECH Transport du bois avec une schlitte. – De *schlitte.*

schlitte [ʃlit] n. f. TECH Traîneau employé dans les Vosges pour descendre le bois abattu des hauteurs dans les vallées. – Mot vosgien, all. *Schlitten,* «traîneau».

schlitter [ʃlite] v. tr. [1] TECH Faire descendre (du bois) au moyen de la schlitte. – De *schlitte.*

schlitteur [ʃlitœʀ] n. m. TECH Ouvrier qui manœuvre la schlitte. – De *schlitte.*

schnaps [ʃnaps] n. m. Eau-de-vie de pomme de terre ou de grain fabriquée dans les pays germaniques. ▷ Fam. Eau-de-vie. – Mot all., de *schnappen,* «happer, aspirer».

schnauzer [ʃnawzɛʀ] n. m. Chien à poil dru, proche du griffon. – Mot suisse all., de l'all. *Schnauz,* «moustache».

schnock ou **chnoque** [ʃnɔk] adj. inv. et n. m. **1.** adj. inv. Fam. Imbécile, un peu fou. **2.** n. m. Pop. *Un vieux schnock :* un vieillard.

schnorchel ou **schnorkel** [ʃnɔʀkɛl] n. m. MAR Dispositif permettant à un sous-marin en plongée périscopique de rester en communication avec l'atmosphère et d'utiliser ses diesels pour assurer sa propulsion et recharger ses batteries, utilisé pour la première fois sur les sous-marins allemands en 1943-1944. – Mot all., «renifleur».

schnouf ou **chnouf** [ʃnuf] n. f. Arg. vieilli Cocaïne en poudre (drogue). – *Par ext.* Drogue, en général. – De l'all. *Schnupf (tabak),* «tabac à priser».

scholie, scholiaste. V. scolie, scoliaste.

schooner [skunœʀ; ʃunœʀ] n. m. MAR Vieilli Goélette. – Mot néerl.

schorre [ʃɔʀ] n. m. GEOMORPH Partie haute de la zone vaseuse d'un estuaire et du littoral proche, où croissent des plantes halophiles. *Le schorre constitue le début de la formation des polders.* Syn. slikke. – Mot flamand, du néerl. *schor,* «alluvion».

schrapnel. V. shrapnel.

schupo [ʃupo] n. m. Vieilli Agent de police allemand. *Des schupos.* – Mot all., abrév. de *Schutzpolizei,* «police de protection».

schuss [ʃus] n. m. et adv. SPORT Au ski, descente en trace directe suivant la ligne de la plus grande pente. ▷ adv. *Descendre schuss.* – D'ap. l'all. *Schussfahrt,* «descente à ski en ligne droite».

sciage [sjaʒ] n. m. Opération, travail consistant à scier. *Sciage du bois, de la pierre, du métal.* – De *scier.*

scialytique [sjalitik] n. m. et adj. Didac. Appareil d'éclairage muni d'un réflecteur à miroirs éliminant les ombres portées, utilisé dans les salles de chirurgie. ▷ adj. *Lampe scialytique.* – Nom déposé, d'ap. le gr. *skia,* «ombre», et *luein,* «délier, dissoudre».

sciatique [sjatik] adj. et n. **1.** adj. ANAT De la hanche, qui a rapport à la hanche. *Petite et grande échancrures sciatiques de l'os iliaque.* ▷ *Nerf grand sciatique* ou, n. m., *le sciatique :* nerf sensitivo-moteur, branche terminale du plexus sacré, qui innerve le bassin, la fesse et la face postérieure de la cuisse, où il se divise en *sciatiques poplités,* externe et interne, qui innervent la jambe et le pied. **2.** n. f. MED Affection douloureuse due à l'irritation du nerf sciatique ou de ses racines. – Lat. *sciaticus,* «qui souffre de sciatique», du gr. *iskhiadikos,* de *iskhion,* «hanche».

scie [si] n. f. **I. 1.** Instrument composé d'un manche et d'une lame d'acier munie de dents et dont on se sert pour diviser, couper les matières dures. *Scie égoïne*. Scie circulaire. Scie à métaux.* ▷ MUS *Scie musicale :* instrument de musique burlesque affectant la forme d'une scie égoïne dont on met la lame en vibration au moyen d'un archet. **2.** Fig., fam. Chose dont la monotonie fatigue; personne ennuyeuse. ▷ Chanson, refrain dont la répétition fatigue; rengaine. **II.** ZOOL Poisson sélacien (raie ou requin) au museau prolongé par un long rostre aplati hérissé de chaque côté de dents pointues et tranchantes. ▷ (En appos.) *Poisson scie :* raie au corps allongé (genre *Pristis*), dont une espèce est méditerranéenne. – Déverbal de *scier.*

sciemment [sjamɑ̃] adv. En sachant ce que l'on fait; de propos délibéré, volontairement. *Commettre une faute sciemment.* – De l'anc. adj. *sciiens,* «instruit», lat. *sciens, scientis,* ppr. de *scire,* «savoir».

science [sjɑ̃s] n. f. **I. 1.** Vx ou dans certaines loc. figées. Connaissance que l'on a d'une chose. *La science du bien et du mal.* ▷ *Avoir la science infuse :* savoir les choses par une inspiration surnaturelle; plaisant prétendre tout connaître sans avoir étudié. **2.** Savoir, ensemble de connaissances que l'on acquiert par l'étude, l'expérience, l'observation, etc. *Cet homme est un puits* de science.* **3.** Savoir-faire, compétence, habileté. *La science d'un peintre.* **II. 1.** Branche du savoir; ensemble, système de connaissances sur une matière déterminée. *Les sciences occultes*. Les sciences naturelles,* qui étudient la nature et ses lois. **2.** Corps de connaissances constituées, articulées par déduction logique et susceptibles d'être vérifiées par l'expérience. *Les mathématiques, la physique sont des sciences.* ▷ Absol. *Les sciences :* les sciences fondées essentiellement sur le calcul et l'observation (mathématiques, physique, chimie, etc.). **3.** *La science :* l'activité humaine tendant à la découverte des lois qui régissent les phénomènes; l'ensemble des sciences (sens II, 2). – Lat. *scientia*, «connaissance», de *scire*, «savoir».

science-fiction [sjɑ̃sfiksjɔ̃] n. f. (Anglicisme) Genre romanesque qui cherche à décrire une réalité à venir, à partir des données scientifiques du présent ou en extrapolant à partir de celles-ci. *Jules Verne est considéré comme l'initiateur de la science-fiction française. Récit de science-fiction, ou d'anticipation.* – Par ext. *Film de science-fiction.* (Abrév. fam. : S.F.) – De *science*, et *fiction*, d'ap. l'angl. *science fiction*, «fiction scientifique».

sciène [sjɛn] n. f. ICHTYOL Grand poisson perciforme de l'Atlantique (*Sciæna aquila*), comestible, prédateur des sardines et des maquereaux. Syn. maigre. – Lat. *sciæna*, gr. *siaina*.

scientificité [sjɑ̃tifisite] n. f. Caractère de ce qui est scientifique. *Scientificité d'une approche.* – De *scientifique*.

scientifique [sjɑ̃tifik] adj. et n. **I.** adj. **1.** Qui concerne la science ou les sciences. *Recherches scientifiques.* **2.** Conforme aux procédés rigoureux, aux méthodes précises des sciences. *Observation scientifique.* **II.** n. Personne qui étudie les sciences; spécialiste d'une science. *Les littéraires et les scientifiques.* – Bas lat. *scientificus*.

scientifiquement [sjɑ̃tifikmɑ̃] adv. D'une manière scientifique. *Théorie scientifiquement démontrée.* – De *scientifique*.

scientisme [sjɑ̃tism] n. m. Attitude intellectuelle, tendance de ceux qui pensent trouver dans la science la solution des problèmes philosophiques. – De *scientiste*.

scientiste [sjɑ̃tist] adj. et n. Qui relève du scientisme; qui adhère au scientisme. *Idéologie scientiste.* ▷ Subst. *Un scientiste convaincu.* – Du lat. *scientia*, «connaissance».

scier [sje] v. tr. [2] **1.** Fendre, couper avec une scie. **2.** Fig., fam. Fatiguer, ennuyer. *Elle me scie avec ses lamentations.* **3.** Fig., pop. Surprendre, étonner fortement. *Cette histoire m'a scié.* – Du lat. *secare*, «couper».

scierie [siʀi] n. f. Usine où l'on scie le bois à la machine. – De *scier*.

scieur [sjœʀ] n. m. Anc. *Scieur de long* : ouvrier qui débitait des troncs d'arbres, de grandes pièces de bois, etc., dans le sens de la longueur. – De *scier*.

scille [sil] n. f. BOT Plante liliacée (genre *Scilla*) aux fleurs bleues, violettes ou jaunes, dont certaines espèces possèdent des propriétés tonicardiaques et diurétiques. – Lat. *scilla*, gr. *skilla*.

scinder [sɛ̃de] v. tr. [1] Couper, diviser, fractionner (une chose abstraite, un groupe). ▷ v. pron. *Ce parti s'est scindé en deux.* – Lat. *scindere*, «fendre, diviser».

scinque [sɛ̃k] n. m. ZOOL Reptile saurien (genres *Scincus* et voisins) vivant dans les régions sableuses désertiques. – Lat. *scincus*, gr. *skigkos*.

scintigramme [sɛ̃tigʀam] n. m. MED Document obtenu au moyen d'un scintigraphe. – De *scinti(llation)*, et *-gramme*.

scintigraphe [sɛ̃tigʀaf] n. m. MED Appareil servant à explorer l'organisme par scintigraphie. – De *scinti(llation)*, et *-graphe*.

scintigraphie [sɛ̃tigʀafi] n. f. MED Procédé de diagnostic consistant à suivre le cheminement dans l'organisme d'un isotope radioactif émetteur de rayons gamma. Syn. gammagraphie. – De *scinti(llation)*, et *-graphie*.

scintillant, ante [sɛ̃tijɑ̃, ɑ̃t] adj. **1.** Qui scintille. *Étoile scintillante.* **2.** Fig., litt. Pétillant, brillant. *Conversation scintillante.* – Ppr. de *scintiller*.

scintillation [sɛ̃tijasjɔ̃; sɛ̃tillasjɔ̃] n. f. **1.** Variation de l'éclat apparent des étoiles, due à la réfraction de la lumière à travers des couches d'air inégalement réfringentes. ▷ *Par anal.* ASTRO *Scintillation interplanétaire* : fluctuations rapides du flux d'ondes radio reçu de sources quasi ponctuelles (pulsars, en partic.), dues au caractère non homogène du vent* solaire. **2.** PHYS Luminescence de faible durée. **3.** Variation rapide d'éclat, vibration lumineuse. Syn. scintillement. – Lat. *scintillatio*, «éblouissement».

scintillement [sɛ̃tijmɑ̃] n. m. **1.** Fait de scintiller; éclat de ce qui scintille. **2.** ELECTR Effet parasite provoqué par une variation de la vitesse de défilement d'une bande magnétique. – Scintillation, vibration de l'image d'un écran de télévision. – De *scintiller*.

scintiller [sɛ̃tije] v. intr. [1] **1.** Briller d'un éclat irrégulier et tremblotant. *Les étoiles scintillent.* **2.** Briller en jetant des éclats comparables à des étincelles. *Ce diamant scintille.* Syn. étinceler. – Lat. *scintillare*, de *scintilla*, «étincelle».

scion [sjɔ̃] n. m. **1.** Jeune rameau mince et flexible. ▷ ARBOR Très jeune arbre greffé dont le greffon n'est pas encore ramifié. **2.** PECHE Brin très fin qui termine une canne à pêche. – Du frq. **kith*, «rejeton», et suff. dimin. *-on*.

sciotte [sjɔt] n. f. TECH Scie servant à tailler la pierre ou le marbre. – Dimin. de *scie*.

scirpe [siʀp] n. m. BOT Plante herbacée (genre *Scirpus*, fam. cypéracées) des terrains marécageux, dont une espèce, cour. nommée *jonc des tonneliers*, est utilisée en vannerie. – Lat. *scirpus*, «jonc».

scissile [sisil] adj. Didac. Qui peut être fendu, séparé en lamelles. *L'ardoise est scissile.* Syn. fissile. – Bas lat. *scissilis*, «qui se partage en lames», du pp. de *scindere*, «fendre».

scission [sisjɔ̃] n. f. **1.** Action, fait de se scinder (en parlant de groupes). *Une scission s'est produite dans le parti.* Syn. division, schisme. **2.** BIOL, PHYS Séparation, division, fission. – Lat. *scissio*, de *scindere*, «fendre, diviser».

scissionnisme [sisjɔnism] n. m. POLIT Tendance scissionniste. – De *scission*.

scissionniste [sisjɔnist] adj. et n. Didac. Qui fait, qui provoque une scission dans un groupe. ▷ Subst. *Des scissionnistes.* Syn. dissident. – De *scission*.

scissipare [sisipaʀ] adj. BIOL Qui se reproduit par scissiparité. – Du lat. *scissum*, de *scindere*, «diviser», et *-pare*.

scissiparité [sisipaʀite] n. f. BIOL Mode de reproduction asexuée (des protozoaires, notam.) par division en deux. – De *scissipare*.

scissure [sisyʀ] n. f. ANAT Sillon à la surface de certains organes (poumons, hémisphères cérébraux). – Lat. *scissura*, de *scindere*, «fendre, diviser».

sciure [sjyʀ] n. f. Poussière résultant du travail de la scie. *Sciure de bois, de marbre.* – *Absol.* Sciure de bois. – De *scier*.

sciuridés [sjyʀide] n. m. pl. ZOOL Famille de mammifères rongeurs dont le type est l'écureuil (genre *Sciurus*). – Sing. *Un sciuridé.* – Du lat. *sciurus*, gr. *skiouros*, «écureuil».

sclér(o)-. Élément, du gr. *sklêros*, «dur».

scléral, ale, aux [skleʀal, o] adj. ANAT Relatif à la sclérotique. – Du rad. de *sclérotique*.

sclérenchyme [skleʀɑ̃ʃim] n. m. BOT Tissu végétal formé de cellules aux parois fortement lignifiées. – De *sclér-*, et *(par)enchyme*.

scléreux, euse [skleʀø, øz] adj. MED Atteint de sclérose. – Du gr. *sklêros*, «dur».

sclérification [skleʀifikasjɔ̃] n. f. Durcissement des parois cellulaires, d'un organe, etc., par dépôt de sels minéraux, de lignine, etc. – De *sclér-*, sur le modèle de *(oss)ification.*

sclérifié, ée [skleʀifje] adj. BOT Qui a subi une sclérification. – De *sclérification.*

sclérodermie [skleʀodɛʀmi] n. f. MED Affection cutanée caractérisée par une induration profonde de la peau, parfois accompagnée de lésions viscérales. – De *scléro-*, et *-dermie.*

scléroprotéine [skleʀopʀɔtein] n. f. BIOCHIM Protéine du tissu conjonctif et des os. – De *scléro-*, et *protéine.*

sclérosant, ante [skleʀozɑ̃, ɑ̃t] adj. Qui sclérose. ▷ Fig. *Une activité sclérosante.* – Ppr. de *scléroser.*

sclérose [skleʀoz] n. f. **1.** MED Durcissement pathologique d'un organe ou d'un tissu, dû à une hypertrophie du tissu conjonctif accompagnée d'une formation abondante de collagène. *Sclérose des artères,* ou *artériosclérose.* – *Sclérose en plaques* : maladie caractérisée par des lésions disséminées dans tout le système nerveux central et intéressant surtout la substance blanche, dont la myéline se dégrade progressivement. – *Sclérose latérale amyotrophique* : maladie liée à des lésions de la moelle et caractérisée par des phénomènes de paralysie spasmodique et une atrophie musculaire progressive. **2.** Fig. État d'un esprit, d'une institution, etc., sclérosés. *Sclérose des mentalités. Sclérose d'une administration.* – Du gr. *sklêrôsis,* « durcissement », de *sklêros,* « dur ».

sclérosé, ée [skleʀose] adj. **1.** MED Atteint de sclérose. **2.** Fig. Qui a perdu ses facultés d'adaptation, de développement, d'évolution. *Esprit sclérosé par la routine.* – Pp. de *scléroser.*

scléroser [skleʀose] v. tr. [1] **1.** MED Durcir artificiellement. *Scléroser une varice.* ▷ v. pron. Être progressivement atteint de sclérose (sens 1). *Artères qui se sclérosent.* **2.** Fig. Faire cesser l'évolution de. ▷ v. pron. Cesser d'évoluer, se figer. *Une société qui se sclérose.* – De *sclérose.*

sclérotique [skleʀotik] n. f. ANAT Membrane fibreuse blanche qui forme l'enveloppe externe du globe oculaire. – Lat. médiév. *sclerotica,* du gr. *sklêrotês,* « dureté », de *sklêros,* « dur ».

scolaire [skɔlɛʀ] adj. et n. m. **I.** adj. **1.** Relatif à l'école, aux écoles. *Livres scolaires. Âge scolaire* : âge légal à partir duquel un enfant doit fréquenter l'école (6 ans, en France). *Année scolaire* : période qui s'étend de la rentrée à la fin des classes. **2.** Péjor. Qui évoque un devoir d'écolier ; laborieux et conventionnel. *Un discours très scolaire.* **II.** n. m. *Les scolaires* : les enfants et adolescents d'âge scolaire. – Bas lat. *scholaris,* de *schola,* « école ».

scolarisable [skɔlaʀizabl] adj. Qui peut être scolarisé. – De *scolariser.*

scolarisation [skɔlaʀizasjɔ̃] n. f. Action, fait de scolariser. – De *scolariser.*

scolariser [skɔlaʀize] v. tr. [1] **1.** Pourvoir d'établissements scolaires. *Scolariser un pays.* **2.** Mettre, envoyer à l'école. – Pp. adj. *Les enfants scolarisés.* – De *scolaire.*

scolarité [skɔlaʀite] n. f. **1.** Fait de fréquenter l'école. *En France, la scolarité est obligatoire de 6 à 16 ans.* **2.** Études suivies dans une école ; durée de ces études. *Prolonger la scolarité.* – Lat. médiév. *scholaritas,* de *schola,* « école ».

scolasticat [skɔlastika] n. m. RELIG CATHOL Maison dépendant d'un couvent, où les jeunes religieux complètent leurs études après le noviciat. ▷ Durée de ces études. – De *scolastique.*

scolastique [skɔlastik] n. et adj. **I.** n. **1.** n. f. Enseignement de la philosophie et de la théologie donné dans les universités médiévales. **2.** n. m. Théologien, philosophe scolastique. **3.** n. m. RELIG CATHOL Étudiant d'un scolasticat. **II.** adj. **1.** Qui a rapport à la scolastique. *Théologie, philosophie scolastique.* **2.** Péjor. Qui évoque le formalisme étroit, le verbalisme et le traditionalisme de la scolastique décadente. – Lat. *scholasticus,* gr. *skholastikos,* « qui concerne l'école », de *skholê,* « école ».
ENCYCL **Philo.** – L'enseignement de la philosophie et de la théologie dispensé entre le IXe et le XVIIe s., et inspiré de la philosophie d'Aristote (surtout à partir du XIIe s.), utilisait la méthode de la logique formelle et du syllogisme (en raison de l'importance qu'il fallait donner à la mémoire à une époque où le livre, encore manuscrit, était rare). Les plus grands scolastiques furent Scot Érigène, saint Anselme, Abélard, saint Albert le Grand, saint Thomas d'Aquin, Duns Scot, Guillaume d'Occam et Raymond Lulle. Étroitement liée à la théologie chrétienne, la scolastique chercha un accord entre la raison et la révélation telle que celle-ci est rapportée dans les Écritures et commentée par les Pères de l'Église.

scolex [skɔlɛks] n. m. ZOOL Segment antérieur des vers cestodes (ténias, etc.) à partir duquel bourgeonnent les anneaux. Syn. cour. tête. – Du gr. *skôlêx,* « ver, larve ».

scoliaste ou **scholiaste** [skɔljast] n. m. Didac. Auteur de scolies (sens 1). – De *scolie.*

scolie ou **scholie** [skɔli] n. Didac. **1.** n. f. Note philologique ou critique pour servir à l'explication d'un auteur ancien. **2.** n. m. Note, remarque ayant trait à une proposition ou à un théorème précédemment énoncés. – Du gr. *skholion,* « explication », de *skholê,* « école ».

scoliose [skɔljoz] n. f. MED Déviation latérale de la colonne vertébrale. – Du gr. *skoliôsis,* « action de rendre oblique », de *skolios,* « tourné de côté ».

scoliotique [skɔljotik] adj. (et n.) MED Qui a rapport à la scoliose ; qui est atteint de scoliose. – De *scoliose.*

1. scolopendre [skɔlɔpɑ̃dʀ] n. f. BOT Fougère de grande taille (genre *Scolopendrium*) aux frondes entières, commune sur les vieux murs, sur les rochers humides et ombragés. – Lat. *scolopendrium,* gr. *skolopendrion.*

2. scolopendre [skɔlɔpɑ̃dʀ] n. f. ENTOM Mille-pattes carnassier (genre *Scolopendra,* possédant 21 paires de pattes) à la morsure venimeuse, courant dans le midi de la France et dans les régions tropicales. – Lat. *scolopendra,* mot gr.

scolyte [skɔlit] n. m. ENTOM Insecte coléoptère xylophage cosmopolite (genre *Scolytes*), qui creuse des galeries entre le bois et l'écorce des arbres. – Lat. scientif. *scolytus,* p.-ê. du gr. *skôlêx,* « ver ».

scombridés [skɔ̃bʀide] n. m. pl. ICHTYOL Famille de poissons perciformes dont le maquereau est le type. – Sing. *Un scombridé.* – Du lat. *scomber,* gr. *skombros,* « maquereau ».

sconce, scons, sconse, skons, skunks, skuns [skɔ̃s] n. m. Fourrure de la moufette. – Plur. de l'angl. *skunk,* « moufette », de l'algonkin *segankw.*

scoop [skup] n. m. (Anglicisme) Information donnée en exclusivité par un journal, une agence de presse, etc. Syn. (off. recommandé) exclusivité. – Mot angl.

scooter [skutœʀ] n. m. Motocycle léger à moteur arrière, à roues de petit diamètre, que son cadre permet de conduire assis et non à califourchon. – Mot anglo-amér., du v. angl. *to scoot,* « aller à vive allure ».

scootériste [skuteʀist] n. Personne qui conduit un scooter. – De *scooter.*

-scope, -scopie, -scopique. Éléments, du gr. *-skopos* et *-skopia,* de *skopein,* « regarder, observer ».

scopolamine [skɔpɔlamin] n. f. CHIM Alcaloïde tiré des solanacées, aux propriétés antispasmodiques. – De *Scopoli,* naturaliste ital. du XVIIIe s., et *amine.*

scorbut [skɔʀbyt] n. m. MED Maladie provoquée par une carence en vitamine C (anémie, hémorragies, troubles gastro-intestinaux, déchaussement des dents, cachexie). – De l'anc. scand. *skyr-bjūgr*, propr. « œdème provenant d'un abus de lait caillé », refait sur le lat. méd. *scorbutus*.

scorbutique [skɔʀbytik] adj. et n. MED Qui a rapport au scorbut ; qui est atteint du scorbut. – De *scorbut*.

score [skɔʀ] n. m. (Anglicisme) **1.** Décompte des points marqués par chacun des adversaires ou chacune des équipes au cours d'une partie, d'un match. Syn. marque. ▷ Par anal. *Score électoral.* **2.** PSYCHO Résultat chiffré d'un test. – Mot angl., « décompte ».

scoriacé, ée [skɔʀjase] adj. Didac. Qui a le caractère, l'apparence des scories. *Matières scoriacées.* – De *scorie*.

scorie [skɔʀi] n. f. (Surtout au plur.) **1.** Résidu solide résultant de la combustion de certaines matières, de la fusion des minerais, de l'affinage de métaux, etc. *Scories de déphosphoration*, produites lors de la déphosphoration de la fonte et qui constituent un engrais phosphaté. **2.** GEOL *Scories volcaniques :* projections ou produits de surface des coulées de lave, dont l'aspect rappelle les scories industrielles. **3.** Fig. Partie à éliminer, déchet. – Du lat. *scoria*, gr. *skôria*, « écume du fer ».

scorpène [skɔʀpɛn] n. f. ICHTYOL Rascasse. – Lat. *scorpæna*, gr. *skorpaina*, « scorpion de mer », de *skorpios*, « scorpion ».

scorpénidés [skɔʀpenide] n. m. pl. ICHTYOL Famille de poissons téléostéens perciformes à grosse tête, pourvus d'épines venimeuses (poissons-scorpions, rascasses, sébastes, etc.). - Sing. *Un scorpénidé.* – De *scorpène*, et *-idés*.

scorpion [skɔʀpjɔ̃] n. m. **1.** Arachnide constituant l'ordre des scorpionides, dont l'abdomen est terminé par un aiguillon venimeux recourbé et dont (pour certaines espèces) la piqûre peut être mortelle. **2.** *Scorpion d'eau :* V. nèpe. **3.** ASTRO *Le Scorpion :* constellation zodiacale de l'hémisphère austral. ▷ ASTROL Signe du zodiaque* (24 oct. - 22 nov.). - Ellipt. *Il est scorpion.* – Lat. *scorpio*, gr. *skorpios*.

scorpionides [skɔʀpjɔnid] n. m. pl. ZOOL Ordre d'arthropodes arachnides comprenant les scorpions. - Sing. *Un scorpionide.* – De *scorpion*, et *-ide*.

scorsonère [skɔʀsɔnɛʀ] n. f. BOT Plante (fam. composées) à fleurs jaunes, dont plusieurs espèces aux racines comestibles sont cultivées sous le nom de *salsifis noirs*. – Ital. *scorzonera*, de *scorzone*, « serpent venimeux » dont on soignait la morsure avec cette plante.

1. scotch, scotches [skɔtʃ] n. m. Whisky écossais. – Mot angl., « écossais ».

2. scotch [skɔtʃ] n. m. Ruban adhésif de la marque de ce nom. ▷ Cour. et *abusiv.* Tout ruban adhésif. – Nom déposé par une firme américaine, de l'angl. *to scotch*, « arrêter ».

scotcher [skɔtʃe] v. tr. [1] Fixer avec du ruban adhésif. – De *scotch* 2.

scotch-terrier. V. scottish-terrier.

scotie [skɔti] n. f. ARCHI Moulure concave placée à la base d'une colonne, entre les tores. – Lat. *scotia*, mot gr., de *skotos*, « ténèbres ».

scotome [skɔtom] n. m. MED Lacune dans le champ visuel, due à l'absence de perception dans une zone localisée de la rétine. – Gr. *skotôma*, « obscurcissement ».

scotomisation [skɔtɔmizasjɔ̃] n. f. PSYCHAN Acte inconscient par lequel le sujet élimine du champ de sa conscience une réalité affectivement pénible. – De *scotome*.

scotomiser [skɔtɔmize] v. tr. [1] PSYCHAN Éliminer une réalité du champ de sa conscience. – De *scotomisation*.

scottish [skɔtiʃ] n. f. Vx Danse voisine de la polka, sur un rythme à quatre temps. – Mot angl., « écossais ».

scottish-terrier [skɔtiʃtɛʀje] ou **scotch-terrier** [skɔtʃtɛʀje] n. m. Terrier d'Écosse, au poil dru et rude. *Des scottish-terriers* ou *des scotch-terriers.* – De l'angl. *scottish* ou *scotch*, « écossais », et *terrier*.

scoumoune [skumun] n. f. Arg. Malchance. *Ce type a la scoumoune.* – De l'ital. *scomunica*, de *scomunicare*, du lat. *excommunicare*, « excommunier ».

scoured [skuʀɛd] adj. et n. m. (Anglicisme) TECH *Laine scoured*, lavée sur le dos du mouton avant la tonte. ▷ n. m. *Du scoured.* – Mot angl., pp. subst. de *to scour*, « nettoyer, dégraisser ».

scout, e [skut] n. et adj. **I.** n. Garçon ou fille, adolescent(e) qui adhère à un mouvement de scoutisme. **II.** adj. **1.** Qui a rapport aux scouts, au scoutisme. *Insignes scouts.* **2.** Péjor. Naïvement idéaliste. *Il est un peu scout.* – De l'angl. *boy-scout*.

scoutisme [skutism] n. m. Mouvement éducatif, fondé en 1909 par lord Baden-Powell, qui se propose de développer « le caractère, la santé, le savoir-faire, l'idée de service et la moralité » chez les enfants et les jeunes gens des deux sexes, notam. par la vie en commun et les activités de plein air. – De *scout*.

scrabble [skʀab(ə)l] n. m. Jeu de société consistant à former des mots sur une grille, à l'aide de jetons portant une lettre. – Nom déposé ; mot angl., de *to scrabble*, « griffonner ».

scramasaxe [skʀamasaks] n. m. ARCHEOL Grand poignard de guerre des Francs. – Frq. **scramsachs*, de *sachs*, « couteau ».

scraper [skʀapœʀ] n. m. (Anglicisme) TRAV PUBL Syn. de *décapeuse*. – Mot angl., de *to scrap*, « gratter ».

scratch [skʀatʃ] adj. inv. et n. m. (Anglicisme) SPORT **1.** Vieilli *Course scratch*, dans laquelle tous les concurrents partent d'une même ligne, sans handicap. *Des courses scratch* ou, n. m., *des scratches.* **2.** *Classement scratch :* classement au meilleur temps, toutes catégories confondues. – Mot angl., « rail, ligne de départ ».

scriban [skʀibɑ̃] ou **scribain** [skʀibɛ̃] n. m. AMEUB Sorte de secrétaire dont le pupitre peut être escamotable, et parfois surmonté d'un corps de bibliothèque ou d'armoire. – Du lat. *scribere*, « écrire ».

scribe [skʀib] n. m. **1.** ANTIQ Lettré qui avait la charge de rédiger ou de copier les actes publics, les textes liturgiques, etc. **2.** ANTIQ Docteur qui enseignait et interprétait la loi de Moïse. **3.** Mod., péjor. Employé aux écritures, copiste. – Lat. *scriba*, « greffier », de *scribere*, « écrire ».

scribouillard, arde [skʀibujaʀ, aʀd] n. Fam., péjor. Employé(e) aux écritures. – De *scribe*, d'ap. *gribouiller*, et suff. péjor. *-ard*.

1. script [skʀipt] n. m. FIN Écrit à l'usage d'un créancier, d'un obligataire, mentionnant la fraction d'une dette qu'une collectivité emprunteuse ne peut honorer à échéance. – Angl. *scrip*, abrév. de *subscription receipt*, « reçu de prêt ».

2. script [skʀipt] n. m. Type d'écriture manuscrite proche des caractères d'imprimerie. *Écrire en script.* - (En appos.) *Écriture script.* – Angl. *script*, du lat. *scriptum*, « écrit »

3. script [skʀipt] n. m. (Anglicisme) AUDIOV Scénario écrit comportant le plan de découpage et les dialogues. – Mot angl., propr. « écrit ». (V. script 2.)

scripte [skʀipt] n. f. AUDIOV Assistante du réalisateur chargée de noter tous les détails des prises de vues afin d'assurer la continuité des plans. ▷ n. m. Rare *Un scripte.* – Francisation (off. recommandée) de l'angl. *script(-girl).*

scriptes [skʀipt] n. f. pl. IMPRIM Caractères typographiques imitant l'écriture manuscrite. – De *script* 2.

scripteur [skʀiptœʀ] n. m. **1.** RELIG CATHOL Officier de la Chancellerie pontificale qui écrit les bulles. **2.** Didac. Personne qui écrit, qui a écrit un texte (opposé à *lecteur,* et aussi à *locuteur*). – Lat. *scriptor,* « celui qui écrit ».

scripturaire [skʀiptyʀɛʀ] adj. Didac. **1.** Relatif aux Écritures sacrées. **2.** Relatif à l'écriture. – Du lat. *scriptura,* « écriture ».

scriptural, ale, aux [skʀiptyʀal, o] adj. FIN *Monnaie scripturale* : tout moyen de paiement fondé sur des écritures comptables (comptes en banque, effets de commerce, etc.). – Du lat. *scriptura,* « écriture ».

scrofulaire [skʀɔfylɛʀ] n. f. BOT Plante médicinale herbacée (genre *Scrofularia,* fam. scrofulariacées) dont une espèce, la *scrofulaire noueuse,* était appelée *herbe aux écrouelles.* – Lat. médiév. *scrofularia,* de *scrofulæ,* « scrofules », que cette plante passait pour guérir.

scrofulariacées [skʀɔfylaʀjase] n. f. pl. BOT Famille de dicotylédones gamopétales superovariées, voisine des solanacées, à fleur zygomorphe et à fruit capsulaire (scrofulaires, digitales, linaires, etc.). – Sing. *Une scrofulariacée.* – De *scrofulaire.*

scrofule [skʀɔfyl] n. f. Vx MED Écrouelles. – *Par ext.* Toute lésion chronique (cutanée, ganglionnaire, osseuse, etc.) évoluant vers la fistulisation (et la plupart du temps d'origine tuberculeuse ou syphilitique). – Bas lat. *scrofulæ,* de *scrofa,* « truie ».

scrofuleux, euse [skʀɔfylø, øz] adj. et n. Vx MED Qui a rapport à la scrofule ; qui est atteint de scrofule. – De *scrofule.*

scrogneugneu ! [skʀɔɲøɲø] interj. et n. m. Exclamation qu'on met dans la bouche des vieux militaires. – n. m. Vieil homme maussade et grognon. – Altér. de *sacré nom de Dieu.*

scrotal, ale, aux [skʀɔtal, o] adj. ANAT Relatif au scrotum. – De *scrotum.*

scrotum [skʀɔtɔm] n. m. ANAT Enveloppe cutanée des testicules. – Mot lat.

scrub [skʀœb] n. m. (Anglicisme) GEOGR Brousse épineuse, en Australie. – Mot angl., var. de *shrub,* « arbrisseau ».

scrubber [skʀœbœʀ] n. m. (Anglicisme) TECH Tour de lavage, colonne creuse comportant un dispositif de pulvérisation d'eau, dans laquelle on fait circuler un gaz pour le débarrasser des poussières en suspension. – Mot angl., de *to scrub,* « récurer ».

1. scrupule [skʀypyl] n. m. Anc. Poids valant un vingt-quatrième de l'once (env. 1,14 g). – Lat. *scrupulum,* même fam. que *scrupulus.* V. scrupule 2.

2. scrupule [skʀypyl] n. m. **1.** Trouble de conscience, doute, hésitation d'ordre moral. *Se faire (un) scrupule de qqch. Avoir des scrupules.* **2.** Souci extrême du devoir, grande délicatesse morale. ▷ Exigence, souci (de rigueur intellectuelle). *Un scrupule d'objectivité.* – Lat. *scrupulus,* « petit caillou », et, au fig. « embarras, scrupule », de *scrupus,* « pierre pointue ».

scrupuleusement [skʀypyløzmɑ̃] adv. D'une manière scrupuleuse. – De *scrupuleux.*

scrupuleux, euse [skʀypylø, øz] adj. **1.** Sujet à avoir des scrupules. **2.** D'une grande minutie, d'une grande exactitude. *Une recherche scrupuleuse.* – De *scrupule,* d'ap. lat. *scrupulosus.*

scrutateur, trice [skʀytatœʀ, tʀis] adj. et n. **1.** adj. Qui scrute. *Regard scrutateur.* **2.** n. Personne chargée du dépouillement, de la vérification d'un scrutin. – Lat. *scrutator,* de *scrutari,* « fouiller ».

scruter [skʀyte] v. tr. [1] Examiner très attentivement, en cherchant à découvrir ce qui se discerne mal, ce qui est caché. *Scruter l'horizon.* – Fig. *Scruter les tréfonds de sa conscience.* – Lat. *scrutari,* « fouiller ».

scrutin [skʀytɛ̃] n. m. **1.** Vote émis au moyen de bulletins (de boules, etc.) que l'on dépose dans une urne, d'où on les tire ensuite pour les compter. **2.** Opération par laquelle sont désignés des représentants élus. *Ouverture du scrutin.* ▷ (Qualifié) Mode de scrutin. *Scrutin uninominal,* dans lequel on désigne un seul candidat (par oppos. à *scrutin de liste*). – *Scrutin majoritaire,* dans lequel le candidat qui recueille le plus grand nombre de suffrages est élu (V. majorité, sens 3). – *Scrutin proportionnel,* dans lequel les sièges à pourvoir dans chaque circonscription sont attribués à chacun des partis proportionnellement au nombre de suffrages qu'il a réunis. – *Scrutin d'arrondissement :* V. arrondissement. – Du lat. *scrutinium,* « action de fouiller, de scruter », de *scrutari,* « fouiller ».

Scud [skyd] n. m. MILIT Missile sol-sol utilisé notam. pendant la guerre du Golfe. *Des Scuds à ogive chimique.*

scull [skœl] n. m. (Anglicisme) SPORT Embarcation de compétition pour un rameur tenant un aviron dans chaque main. – Mot angl., du suédois *skal.*

sculpter [skylte] v. tr. [1] **1.** Tailler dans une matière dure (une figure, un ornement). **2.** Travailler, façonner (une matière dure) pour obtenir une figure, un ornement. *Sculpter le bois, la pierre.* ▷ (S. comp.) Pratiquer la sculpture. *Il sculpte mieux qu'il ne peint.* – Lat. *sculpere.*

sculpteur [skyltœʀ] n. m. Artiste qui pratique la sculpture. ▷ (En appos.) *Femme sculpteur.* – Bas lat. *sculptor.*

sculptural, ale, aux [skyltyʀal, o] adj. **1.** BX-A Qui a rapport à la sculpture ; qui constitue une sculpture. *Ornement sculptural.* **2.** Qui évoque une sculpture par sa beauté plastique. *Corps aux formes sculpturales.* – De *sculpture.*

sculpture [skyltyʀ] n. f. **1.** Art de sculpter. *Les chefs-d'œuvre de la sculpture grecque.* **2.** Ouvrage d'un sculpteur ; pièce sculptée. *Une sculpture de Rodin.* – Lat. *sculptura.*

scutellaire [skytɛlɛʀ] n. f. BOT Plante herbacée (genre *Scutellaria,* fam. labiées) aux fleurs roses, pourpres ou bleues, des lieux humides. – Du lat. *scutella,* « petite coupe, plateau ».

scutum [skytɔm] n. m. **1.** ANTIQ Long bouclier rectangulaire et bombé, en bois recouvert de cuir, des légionnaires romains. **2.** ZOOL Pièce dorsale du thorax des insectes. *Des scuta* ou *des scutums.* – Mot lat., « bouclier ».

scyllare [silaʀ] n. m. ZOOL Crustacé décapode macroure (genre *Scyllarus*), aux antennes en forme de plaques, nommé cour. *cigale de mer.* – Gr. *skullaros,* « sorte de crabe ».

scyphoméduses [sifɔmedyz] n. f. pl. ZOOL Syn. de *acalèphes.* – Sing. *Une scyphoméduse.* – Du gr. *skuphos,* « coupe », et *méduse.*

scythe [sit] ou **scythique** [sitik] adj. Relatif aux Scythes, peuple indo-européen apparenté aux branches iranienne et slave ; relatif à la Scythie. *L'art scythe.* – Lat. *Scytha,* gr. *Skuthês.*

S.D.N. Sigle de *Société* des Nations.*

se [sə] pron. pers. Forme atone du pron. pers. réfl. de la 3e pers. des deux genres et des deux nombres, toujours employé comme comp. d'un v. tr. dir. ou indir. et toujours placé avant le verbe ; s'élide en *s'* devant une voyelle ou un *h* muet. **1.** (Comp. d'objet d'un v. pron.

réfl.) *Il se couche tôt. – Elle se laisse aller.* ▷ (Comp. indir.) *Il se fait du mal. Elle s'accorde une heure de repos.* ▷ (Employé avec la valeur d'un possessif devant un nom désignant une partie du corps, une fonction, etc.) *Il se gratte le dos* : il gratte son dos. *Il se fatigue la vue* : il fatigue sa vue. **2.** (Comp. dir. d'un v. pron. récipr.) *Ils se battent.* ▷ (Comp. indir.) *Ils se sont dit des injures.* **3.** (Avec un v. pron. de sens passif.) *Ça ne s'était encore jamais vu. Ce produit se vend bien.* **4.** (Avec un v. essentiellement pronominal.) *Il s'abstient. Elle se repent.* ▷ (Avec un v. pron. impers.) *Il s'en est fallu de peu. Il se pourrait que...* – Lat. *se*, en position atone.

Se CHIM Symbole du sélénium.

S.E. Abrév. de *Son Excellence.*

sea-line [silajn] n. m. (Anglicisme) TECH Canalisation sous-marine servant à charger ou à décharger des pétroliers ancrés dans une rade. *Des sea-lines.* – Mot angl., de *sea*, « mer », et *(pipe)-line.*

séance [seɑ̃s] n. f. **1.** Vx Fait de prendre place dans une assemblée, un conseil, d'y siéger. **2.** Réunion des membres d'un conseil, d'une assemblée qui siège pour mener à bien ses travaux; durée d'une telle réunion. *Salle des séances. Ouvrir, lever la séance. Tenir séance.* ▷ Loc. adv. *Séance tenante* : pendant que la séance se tient, au cours de la séance; fig. immédiatement, sans délai. *Qu'il vienne séance tenante!* **3.** Temps que l'on passe à une activité déterminée avec une ou plusieurs personnes. *Séance de pose chez un peintre.* **4.** Représentation d'un spectacle (à un horaire et d'une durée déterminés). *Séance de cinéma.* – De *séant*, ppr. de *seoir*, « fait d'être assis ».

1. séant [seɑ̃] n. m. **1.** Litt. *Se mettre sur son séant* : passer de la position allongée à la position assise. **2.** Fam., plaisant Derrière de l'homme. *Posez donc votre séant sur ce fauteuil.* – Ppr. subst. de *seoir.*

2. séant, ante [seɑ̃, ɑ̃t] adj. Litt. Qui sied, qui est convenable. – Ppr. de *seoir.*

seau [so] n. m. Récipient tronconique ou cylindrique muni d'une anse, qui sert à puiser, à recueillir ou à transporter les liquides et certaines matières concassées ou pulvérulentes. – *Seau à champagne*, servant à garder les bouteilles de champagne (ou d'autres vins) au frais, dans de la glace pilée. ▷ Contenu d'un seau. – *Spécial.* Petit seau dont se servent les enfants pour jouer avec du sable. *Une pelle et un seau.* – Par exag. *Il pleut à seaux* : très fort, à verse. – Du lat. pop. **sitellus*, class. *sitella*, var. de *situla.*

sébacé, ée [sebase] adj. Qui a rapport au sébum; de la nature du sébum. *Matière sébacée.* – *Glandes sébacées*, annexées à la base des poils et qui sécrètent le sébum. – Lat. *sebaceus*, de *sebum*, « suif ».

sébaste [sebast] n. m. ZOOL Poisson perciforme (fam. scorpénidés) des mers froides et tempérées.

sébile [sebil] n. f. Petit récipient rond et creux. *Sébile de bureau* (pour mettre des trombones, des élastiques, etc.). – Loc. *Tendre la sébile* : mendier. – P.-ê. de l'ar. *sabīl*, « aumône ».

sebk(h)a [sɛbka] n. f. GEOGR Lac salé temporaire, en Afrique du Nord. – Ar. *sabha.*

séborrhée [sebɔʀe] n. f. MED Augmentation pathologique de la sécrétion des glandes sébacées. – De *sébum*, « suif », et *-rrhée.*

séborrhéique [sebɔʀeik] adj. Relatif à la séborrhée; de la nature de la séborrhée. – De *séborrhée.*

sébum [sebɔm] n. m. PHYSIOL Substance grasse sécrétée par les glandes sébacées, qui protège et lubrifie la peau. – Lat. *sebum*, « suif ».

sec, sèche [sɛk, sɛʃ] adj., n. m. et adv. **A.** adj. **I. 1.** Qui est peu ou qui n'est pas humide; aride. *Terrain sec. La saison sèche a succédé à la saison des pluies.* **2.** Dont on a laissé l'eau s'évaporer, qui a séché. *Fossé sec.* ▷ *Légumes, fruits secs* (par oppos. à *verts, frais*). *Raisins secs.* ▷ MAR *Cale sèche* : bassin pour le carénage des bateaux. **3.** Qui n'est plus imprégné de liquide, qui n'a pas son humidité naturelle. *Toux sèche*, sans mucosité. *Des yeux secs*, sans larmes. – *Avoir la gorge sèche* : avoir soif. ▷ *Mur de pierres sèches*, assemblées sans mortier. ▷ PHYS *Vapeur sèche*, dont la température est supérieure au point de rosée*. ▷ *Nourrice sèche*, qui n'allaite pas le nourrisson qu'elle soigne. **II. 1.** (Personnes) Maigre, nerveux, peu charnu. *Un homme sec.* – Fam. *Être sec comme un coup de trique.* **2.** Fig. Peu sensible; dépourvu de chaleur humaine, de bienveillance. *Un cœur sec.* **3.** Sans moelleux, sans douceur. *Des contours secs.* ▷ *Un coup sec*, bref et percutant. ▷ *Ton sec*, sans aménité. *Réplique sèche.* ▷ *Un vin sec*, très peu sucré. **4.** Dénué de charme, de grâce, d'agrément. *Style sec. Morale sèche et rebutante.* **5.** Que rien n'accompagne, qui n'est pas suivi d'autre chose. *Pain sec.* – *Boire un alcool sec*, sans eau. – *Régime sec*, sans boisson alcoolique. – *Perte sèche*, sans aucune compensation. ▷ *Partie en cinq secs*, en une seule manche de cinq points, à l'écarté (jeu de cartes). – Loc. adv. Fig. *En cinq sec* : brièvement, rapidement. **6.** Fig., fam. *Rester sec* : ne pas pouvoir répondre à une question. **B.** n. m. **1.** Ce qui est sec, sans humidité. *La sensation du sec et du mouillé. À conserver au sec*, à l'abri de l'humidité. ▷ Loc. adv. *À sec* : sans eau. *Mettre un étang à sec.* – *Nettoyage à sec*, à l'aide de solvants très volatils. ▷ Fig., fam. Sans ressources. *Être à sec. Avoir la bourse à sec.* **2.** MAR *Naviguer à sec de toile*, sans aucune voile (par vent très fort). **C.** adv. **1.** *Boire sec*, sans ajouter d'eau à son vin. ▷ Fig. *Il boit sec*, beaucoup. **2.** Avec rudesse, brièvement. *Répondre sec, parler sec à qqn.* **3.** Loc. adv. Fam. *Aussi sec* : sans attendre un instant, immédiatement. *Il lui a répondu aussi sec!* – Lat. *siccus, sicca.*

sécable [sekabl] adj. Qui peut être coupé, divisé. – Bas lat. *secabilis*, de *secare*, « couper ».

SECAM [sekam] n. m. Procédé français de télévision en couleurs mis au point par Henri de France. – (En appos.) *Procédé SECAM.* – Acronyme pour *séquentiel à mémoire.*

sécant, ante [sekɑ̃, ɑ̃t] adj. et n. f. **1.** adj. GEOM Qui coupe une courbe ou une surface. *Plan sécant.* ▷ n. f. *Une sécante* : une droite sécante. **2.** n. f. MATH *La sécante* : l'inverse du cosinus d'un angle ($\sec\theta = \frac{1}{\cos\theta}$). – Latin *secans*, ppr. de *secare*, « couper ».

sécateur [sekatœʀ] n. m. Outil de jardinier, gros ciseaux à ressort, dont une seule branche est tranchante. – Du lat. *secare*, « couper ».

sécession [sesesjɔ̃] n. f. Fait pour une population, une région, de se séparer de la collectivité nationale pour former une entité politique autonome. *L'ancienne province orientale du Pākistān est devenue par sécession l'État du Bangladesh.* – HIST *Guerre de Sécession* : guerre civile (1861-1865) au cours de laquelle s'affrontèrent les États du N. des États-Unis, partisans de l'abolition de l'esclavage, et ceux du S., dont l'écon. reposait sur la main-d'œuvre constituée par les esclaves noirs, et qui se solda par la victoire des nordistes sur les sudistes. – Lat. *secessio*, de *secedere*, « se retirer ».

sécessionniste [sesesjɔnist] adj. et n. Qui a fait sécession; qui est partisan de la sécession. ▷ Subst. *Les sécessionnistes.* – De *sécession.*

séchage [seʃaʒ] n. m. Action de sécher, fait de sécher; opération consistant à réduire par évaporation la quantité d'eau, de liquide que contient une matière. *Séchage d'une peinture.* – De *sécher.*

1. sèche [sɛʃ] n. f. MAR Écueil à fleur d'eau à marée basse. – Fém. subst. de *sec.*

2. sèche [sɛʃ] n. f. Fam. Cigarette. – P.-ê. du fém. de *sec.*

sèche-cheveux [sɛʃʃəvø] n. m. inv. Appareil électrique produisant un courant d'air chaud ou appareil à infrarouge, qui sert à sécher les cheveux après un shampooing. Syn. séchoir. – De *sécher,* et *cheveux.*

sèche-linge [sɛʃlɛ̃ʒ] n. m. inv. Appareil muni d'un dispositif de ventilation d'air chaud, pour sécher le linge. – De *sécher,* et *linge.*

sèche-mains [sɛʃmɛ̃] n. m. inv. Appareil à air chaud pulsé, installé dans un lieu public, destiné à sécher les mains après lavage. – De *sécher,* et *main.*

sèchement [sɛʃmɑ̃] adv. **1.** D'une manière sèche; avec force et brièveté. *Taper sèchement.* **2.** Avec dureté, froideur. *Répondre sèchement.* **3.** D'une manière dépourvue de charme, de grâce. *Écrire sèchement.* – De *sèche,* fém. de *sec.*

sécher [seʃe] v. [**14**] **I.** v. tr. **1.** Rendre sec. *Le soleil aura vite séché vos vêtements.* **2.** Éliminer (un liquide) par absorption ou évaporation. *Sécher l'encre avec un buvard.* **3.** Arg. (des écoles) *Sécher un cours,* ne pas y assister volontairement. **II.** v. intr. **1.** Devenir sec. *Les arbres sèchent sur pied.***2.** Arg. (des écoles) Ne pas savoir répondre. *Il a séché en géométrie.* – Du lat. *siccare,* de *siccus,* «sec».

sécheresse [seʃʀɛs] n. f. **1.** État, caractère de ce qui est sec. ▷ *Spécial.* Temps très sec; absence ou insuffisance des précipitations. *Année de sécheresse.* **2.** Fig. Défaut de sensibilité, froideur, dureté. *Sécheresse de cœur.* **3.** Caractère de ce qui manque de grâce, de charme, d'agrément. *Sécheresse d'exécution d'une œuvre musicale.* – De *sécher.*

sécherie [seʃʀi] n. f. Lieu où l'on fait sécher des matières humides. ▷ *Spécial.* Lieu où l'on fait sécher le poisson. – De *sécher.*

sécheur [seʃœʀ] n. m. ou **sécheuse** [seʃøz] n. f. Appareil, machine, dispositif pour le séchage. – De *sécher.*

séchoir [seʃwaʀ] n. m. **1.** Lieu où s'opère le séchage des matières humides. *Séchoir à bois.* **2.** Dispositif à tringles ou à fils sur lequel on dispose ce que l'on veut faire sécher. *Séchoir à linge.* **3.** Appareil pour le séchage. ▷ *Spécial.* Sèche-cheveux. – De *sécher.*

second, onde [s(ə)gɔ̃, ɔ̃d] adj. et n. **A.** adj. **1.** Qui vient après le premier (dans une succession ou une hiérarchie de deux). *La seconde partie d'un spectacle. Un hôtel de seconde catégorie.* ▷ Loc. adv. *En second :* après ce qui est le plus important. *Venir en second. Officier en second.* **2.** Autre, nouveau. *C'est un second César.* ▷ *Don de seconde vue :* faculté qu'auraient certaines personnes de percevoir par l'esprit, par l'intuition, les choses qui échappent à la vue. **3.** *État second :* état anormal et passager de qqn qui agit sans avoir conscience de ce qu'il fait et n'en conserve aucun souvenir. **B.** n. **I.** Personne, chose qui vient après la première. *Le second de la rangée. Elle est la seconde de la liste.* **II.** n. m. **1.** Second étage d'une maison. **2.** Adjoint, collaborateur immédiat. *C'est son fidèle second. Un brillant second.* ▷ Officier de marine qui, dans la hiérarchie du bord, vient immédiatement après le commandant, et qui est chargé le cas échéant de le suppléer. **III.** n. f. **1.** Classe d'un lycée, d'un collège, qui précède la première. *Le programme de seconde.* **2.** Seconde classe, dans les transports en commun. *Billet de seconde.* **3.** Seconde vitesse d'une automobile. *Passer en seconde.* **4.** SPORT En escrime, position de la main du tireur, les ongles dessous et la lame dirigée vers la ligne du dehors. **5.** MUS Intervalle de deux degrés. *Seconde mineure* (par ex. de *ut* à *ré* bémol). *Seconde majeure (ut-ré). Seconde augmentée* (*ut-ré* dièse). – Lat. *secundus,* «suivant», de *sequi,* «suivre».

secondaire [s(ə)gɔ̃dɛʀ] adj. et n. **1.** Qui passe en second, qui n'est pas de première importance. *Question secondaire.* **2.** Qui vient après un autre (dans le temps ou dans un enchaînement logique). *L'enseignement secondaire* ou, n. m., *le secondaire :* l'enseignement du second degré (de la 6e à la terminale). ▷ GEOL, PALEONT *L'ère secondaire* ou, n. m., *le secondaire :* l'ère qui succède au primaire et s'étend approximativement de moins 230 millions à moins 75 millions d'années, caractérisée par l'apparition des reptiles, qui acquièrent des formes géantes (tyrannosaure, diplodocus, etc.), et des premiers mammifères; chez les végétaux, par l'apogée des gymnospermes et l'apparition des angiospermes; par la formation de l'océan Atlantique et de l'océan Indien (trois périodes : trias, jurassique et crétacé). ▷ PSYCHO Se dit en caractérologie des sujets chez lesquels les réactions affectives ne s'expriment pas de manière immédiate, mais exercent une action profonde et durable. – Subst. *Un, une secondaire.* ▷ MED Qualifie la deuxième période de certaines maladies. *Syphilis secondaire.* ▷ BOT *Tissus ou formations secondaires :* bois, liber, liège des dicotylédones et des gymnospermes. ▷ CHIM Se dit d'un atome de carbone ou d'azote relié à deux autres atomes de carbone et, par ext., d'une fonction portée par un tel atome. *Amine secondaire.* ▷ ELECTR *Un circuit secondaire* ou, n. m., *un secondaire :* V. primaire. ▷ ECON *Le secteur secondaire :* le secteur des activités de transformation des matières premières; l'industrie et les activités qui s'y rattachent. – Lat. *secundarius,* «de second rang».

secondairement [s(ə)gɔ̃dɛʀmɑ̃] adv. D'une manière secondaire. – De *secondaire.*

seconde [s(ə)gɔ̃d] n. f. **1.** Soixantième partie de la minute; unité fondamentale de temps (de symbole s), égale à la 86 400e partie du jour solaire moyen et définie légalement comme «la durée de 9 192 631 770 périodes de la radiation correspondant à la transition entre les deux niveaux hyperfins de l'état fondamental de l'atome de césium 133». ▷ *Par ext.* Laps de temps très court. *Je reviens dans une seconde.* **2.** GEOM Soixantième partie de la minute d'angle, 3 600e partie du degré (symbole :"). – Du lat. *minutum secundum,* propr. «partie menue résultant d'une seconde division de l'heure ou du degré».

secondement [s(ə)gɔ̃dmɑ̃] adv. En second lieu. Syn. deuxièmement. – De *second.*

seconder [s(ə)gɔ̃de] v. tr. [**1**] **1.** Aider (qqn) dans ses activités, son travail; être son collaborateur, son second. **2.** Favoriser, servir. *Leur négligence a secondé nos desseins.* – De *second.*

secouement [s(ə)kumɑ̃] n. m. Rare Action de secouer. – De *secouer.*

secouer [s(ə)kwe] v. [**1**] **I.** v. tr. **1.** Remuer, agiter fortement. *Secouer un arbre, un vêtement.* – *Secouer la tête :* faire un mouvement de tête pour exprimer le refus, le doute. ▷ Fig., fam. *Secouer qqn, secouer les puces à qqn,* le réprimander ou le presser de sortir de son inertie. **2.** Éliminer par des mouvements vifs. *Secouer la poussière.* ▷ Loc. fig. *Secouer le joug :* s'affranchir d'une domination. **3.** Fig. Ébranler physiquement ou moralement. *Cet accident l'a secoué.* **II.** v. pron. Fam. Réagir (contre la fatigue, l'abattement, la paresse). *Secouez-vous donc un peu!* – De l'a. fr. *sequeurre,* lat. *succutere,* «agiter par dessous».

secoueur [s(ə)kwœʀ] n. m. TECH Élément d'une batteuse qui secoue la paille pour la débarrasser des grains qu'elle pourrait entraîner. – De *secouer.*

secourable [s(ə)kuʀabl] adj. Qui porte volontiers secours à autrui. – De *secourir.*

secourir [s(ə)kuʀiʀ] v. tr. [**26**] Aider, assister (une personne dans une situation critique ou dans le besoin). *Secourir qqn qui se noie. Secourir des sinistrés.* – Lat. *succurrere,* de *sub,* «sous, vers», et *currere,* «courir»; adapt. d'ap. *courir,* de l'a. fr. *succurre.*

secourisme [s(ə)kuʀism] n. m. Assistance de premier secours aux blessés, aux accidentés, aux malades, etc. – Ensemble de connaissances qu'une telle assistance exige. *Prendre des cours de secourisme.* – De *secouriste.*

secouriste [s(ə)kuʀist] n. **1.** Membre d'une société de secours aux blessés. **2.** Personne qui pratique le secourisme. *Secouriste diplômé.* – De *secours.*

secours [s(ə)kuʀ] n. m. **1.** Aide, assistance (à qqn dans le besoin, en danger). *Porter secours à qqn. Au secours! :* cri pour appeler à l'aide. **2.** Ce qui sert à secourir. – *Spécial.* Somme d'argent allouée en cas de besoin urgent. ▷ *Sociétés de secours mutuel :* associations de prévoyance libres. **3.** (Le plus souvent au plur.) Soins qui doivent être donnés rapidement à un blessé, à un malade. *Porter les premiers secours aux victimes d'un accident. Poste de secours,* équipé de tout ce qui est nécessaire pour donner les premiers soins. **4.** MILIT Renfort. *Colonne de secours.* **5.** Loc. adj. *De secours :* qui sert en cas d'insuffisance ou de défaillance de la chose en service. *Roue, frein de secours. Porte de secours* ou *sortie de secours,* qui permet d'évacuer rapidement une salle en cas d'incendie. – Lat. pop. *succursum,* de *succurrere,* «secourir».

secousse [s(ə)kus] n. f. **1.** Mouvement qui secoue. – *Secousse tellurique :* tremblement de terre. Syn. séisme. **2.** Fig. Émotion très vive, choc émotif. *Il n'est pas remis de cette secousse.* – De l'anc. v. *secourre,* «secouer».

1. secret, ète [səkʀɛ, ɛt] adj. (et n. f.) **1.** Qui n'est pas ou qui ne doit pas être connu d'autrui, du grand nombre. *Dossiers secrets.* ▷ *Services secrets. Agent secret.* ▷ Vieilli *La police secrète* ou, n. f., fam. *la secrète :* les policiers en civil de la Sûreté nationale et de la Préfecture de police. **2.** Dissimulé au regard, dérobé, en parlant d'un lieu, de certains objets. *Escalier, tiroir secret.* **3.** Qui n'apparaît pas, qui ne révèle pas son existence par des signes manifestes; invisible, caché. *Les sentiments secrets de qqn.* **4.** (Personnes) Qui ne parle pas de soi, qui ne se livre pas facilement. *Un garçon très secret.* – Lat. *secretus,* «séparé, secret», de *secernere,* «écarter».

2. secret [s(ə)kʀɛ] n. m. **1.** Ce que l'on ne doit dire à personne, ce qui doit rester secret, caché. *Confier, garder, révéler un secret.* – *Secret de Polichinelle :* V. ce nom. – *Secret d'État :* chose qui doit être tenue secrète dans l'intérêt de l'État. – *Être dans le secret :* être au courant d'une chose confidentielle. **2.** Discrétion absolue, silence sur une chose dont on a été informé. *Je vous demande le secret. Le secret de la confession. Secret professionnel :* obligation pour un avocat, un médecin, de ne pas révéler les secrets (sens 1) dont il se trouve dépositaire par suite de l'exercice de sa profession. **3.** Moyen, procédé connu seulement d'une personne ou de quelques-unes. *Secret de fabrication.* ▷ Fig. Moyen particulier en vue d'un résultat. *Le secret de la réussite.* **4.** Ce qu'il y a de caché, de mystérieux dans qqch. *Dans le secret de son cœur. Avoir, trouver le secret de qqch,* l'explication. **5.** *Au secret :* en un lieu où il est impossible de communiquer avec quiconque. *Mise au secret d'un prisonnier.* **6.** (Dans la loc. adj. *à secret.*) Mécanisme dont le fonctionnement n'est connu que de quelques personnes. *Serrure à secret.* **7.** Loc. adv. *En secret :* sans témoin, secrètement. – Lat. *secretum,* neutre de *secretus,* «séparé, secret».

secrétaire [s(ə)kʀetɛʀ] n. **I. 1.** Personne dont l'emploi consiste à écrire ou à rédiger pour qqn. ▷ *Spécial.* Employé(e) dont le travail consiste à rédiger et à classer le courrier de qqn, à prendre ses communications téléphoniques, à noter ses rendez-vous, etc. *Secrétaire de direction. Secrétaire bilingue.* **2.** Personne chargée de certains travaux de rédaction ou de certaines tâches administratives. ▷ *Secrétaire de séance :* membre du bureau d'une assemblée chargé de rédiger les comptes rendus des séances. ▷ *Secrétaire d'ambassade :* agent du corps diplomatique. ▷ *Secrétaire général :* personne chargée de l'organisation générale du travail dans l'Administration ou dans une grande entreprise privée. ▷ *Premier secrétaire, secrétaire général d'un parti politique, d'un syndicat,* personne qui est à la tête des instances supérieures de ces organisations. ▷ *Secrétaire de mairie :* personne qui a la responsabilité de certains travaux administratifs, dans une mairie. ▷ *Secrétaire de rédaction :* personne qui seconde le rédacteur en chef d'un journal, d'une revue, en ce qui concerne la technique, la mise en page, la fabrication. **3.** *Secrétaire d'État :* en France, membre du gouvernement placé sous l'autorité d'un ministre et qui a la charge d'un département ministériel. – Aux É.-U. et au Vatican, ministre des Affaires étrangères. **II.** n. m. Meuble à tiroirs pour le rangement des papiers, comportant un panneau abattant qui sert de table à écrire. **III.** n. m. ZOOL Serpentaire (oiseau). – Lat. *secretarium,* «lieu retiré», de *secretus,* «séparé, secret».

secrétairerie [səkʀetɛʀʀi] n. f. RELIG CATHOL Ensemble des services dirigés par le cardinal secrétaire d'État du Vatican. – De *secrétaire.*

secrétariat [s(ə)kʀetaʀja] n. m. **1.** Poste, fonction de secrétaire. *Secrétariat général d'une société.* ▷ Temps durant lequel qqn exerce cette fonction. **2.** Bureau, service où travaillent des secrétaires, dans une entreprise; ensemble des secrétaires. *Le chef du secrétariat.* **3.** Travail, métier de secrétaire. *Apprendre le secrétariat et la comptabilité.* – De *secrétaire.*

secrète [səkʀɛt] n. f. LITURG CATHOL Nom donné naguère à l'oraison que le prêtre disait à la fin de l'offertoire. – P.-ê. du lat. *secretio,* «séparation», parce que cette prière était récitée sur les offrandes à consacrer, séparées des offrandes à bénir.

secrètement [səkʀɛtmɑ̃] adv. D'une manière secrète. – De *secret* 1.

sécréter [sekʀete] v. tr. [14] Produire par sécrétion. *Les glandes qui sécrètent la salive.* ▷ Fig. *Son discours sécrète l'ennui.* – Du rad. de *sécrétion.*

sécréteur, trice [sekʀetœʀ, tʀis] adj. PHYSIOL Qui produit une sécrétion. *Cellules sécrétrices.* – De *sécréter.*

sécrétine [sekʀetin] n. f. BIOCHIM Hormone polypeptidique sécrétée par le duodénum et le jéjunum, et qui stimule la sécrétion exocrine du pancréas. – De *sécréter.*

sécrétion [sekʀesjɔ̃] n. f. **1.** PHYSIOL Phénomène par lequel certains tissus peuvent produire une substance qui est déversée dans le sang *(sécrétion endocrine)* ou évacuée par un canal excréteur *(sécrétion exocrine).* ▷ BOT *Sécrétion du latex, de la résine.* **2.** Substance ainsi produite (hormone, suc, sébum, sérosité, etc.). ▷ BOT *Les sécrétions végétales.* – Lat. *secretio,* «séparation, dissolution».

sécrétoire [sekʀetwaʀ] adj. PHYSIOL Qui a rapport à la sécrétion. – Du rad. de *sécrétion.*

sectaire [sɛktɛʀ] n. et adj. Personne qui fait preuve d'intolérance en matière de philosophie, de politique, de religion. ▷ adj. *Esprit sectaire.* – De *secte.*

sectarisme [sɛktaʀism] n. m. Attitude d'une personne ou d'un groupe sectaire. – De *sectaire.*

sectateur, trice [sɛktatœʀ, tʀis] n. **1.** Litt. ou didac. Adepte d'une secte. **2.** Vieilli Personne qui adhère à une doctrine philosophique ou religieuse. – Lat. *sectator.*

secte [sɛkt] n. f. **1.** Groupe de personnes, notam. d'hérétiques, qui, à l'intérieur d'une religion, professent les mêmes opinions particulières. *La secte des anabaptistes.* ▷ Mod. Groupe idéologique et mystique dont les membres vivent en communauté, sous l'influence d'un guide spirituel. **2.** Péjor. Ensemble de personnes étroitement attachées à une doctrine. – Lat. *secta,* de *sequi,* «suivre».

secteur [sɛktœʀ] n. m. **1.** GEOM Portion de plan comprise entre un arc de cercle et les deux rayons qui le délimitent. ▷ *Secteur sphérique* : solide engendré par la rotation d'un secteur de cercle autour de l'un de ses rayons. **2.** MILIT Partie du front de bataille ou d'un territoire, occupée par une unité. ▷ *Secteur postal* : point du front, désigné par un numéro conventionnel, où est adressée la correspondance destinée à une unité donnée. **3.** Fam. Endroit, lieu quelconque. *Il n'y a personne dans le secteur,* dans les environs, dans le coin. **4.** Subdivision d'une zone urbaine, d'une région. ▷ *Spécial.* Subdivision du réseau de distribution de l'électricité. *Panne de secteur.* – Par ext. *Le secteur* : ce réseau. *Appareil qui marche sur piles et sur le secteur.* **5.** Ensemble d'activités économiques de même nature. *Secteur primaire*, secondaire*, tertiaire*. Secteur public* : ensemble des entreprises qui dépendent de l'État (par oppos. à *secteur privé*). – Lat. *sector,* «coupeur», puis terme de géom., de *secare,* «couper».

section [sɛksjɔ̃] n. f. **I. 1.** Surface que présente une chose à l'endroit où elle est coupée transversalement. *Section ronde d'une balle. Section franche, nette, irrégulière.* ▷ Cette surface considérée d'un point de vue théorique (sans qu'il y ait effectivement coupure). *Câble de deux centimètres carrés de section.* **2.** Représentation théorique, selon un plan transversal, d'un objet, d'une machine, d'un édifice ; coupe. **3.** GEOM Lieu de l'espace où deux lignes, deux surfaces se coupent. *La section de deux plans est une droite. Section droite d'un prisme, d'un cylindre,* section perpendiculaire aux arêtes de ce prisme, aux génératrices de ce cylindre. **4.** PHYS NUCL *Section efficace* : grandeur (exprimée en barns) homogène à une surface, qui mesure la probabilité de capture, de diffusion, etc., des particules d'un rayonnement par les noyaux des atomes d'une cible. **II. 1.** Division, dans une administration, une organisation. *La section du contentieux au Conseil d'État. Section syndicale d'entreprise. Section technique de l'enseignement secondaire. Section de vote* : division d'une circonscription électorale. **2.** MILIT Subdivision d'une compagnie, d'une batterie, comprenant trente ou quarante hommes. **3.** Portion d'une voie de communication ; division du parcours de certains véhicules de transport en commun. *Section d'autoroute. Les sections d'une ligne d'autobus.* **4.** Subdivision d'un ouvrage. *Livre en trois sections.* **5.** MUS *Section rythmique d'un orchestre de jazz* : ensemble des instruments qui assurent le soutien rythmique de l'orchestre ; *spécial.* le groupe formé par le piano, la basse et la batterie. – Lat. *sectio,* de *secare,* «couper, diviser».

sectionnement [sɛksjɔnmɑ̃] n. m. Action de sectionner ; résultat de cette action. – De *sectionner.*

sectionner [sɛksjɔne] v. tr. [1] **1.** Couper net, trancher. *Un éclat de verre a sectionné la veine.* **2.** Diviser en sections. *Sectionner un service administratif.* – De *section.*

sectionneur [sɛksjɔnœʀ] n. m. ELECTR Appareil servant à isoler une ou plusieurs sections d'une ligne électrique. – De *sectionner.*

sectoriel, elle [sɛktɔʀjɛl] adj. Didac Qui concerne plus particulièrement un ou plusieurs secteurs (dans le domaine économique, notam.). *Chômage sectoriel.* – De *secteur.*

sectorisation [sɛktɔʀizasjɔ̃] n. f. ADMIN, ECON Division, organisation en secteurs. – De *secteur.*

sectoriser [sɛktɔʀize] v. tr. [1] ADMIN, ECON Répartir, diviser en secteurs. – De *sectorisation.*

séculaire [sekylɛʀ] adj. **1.** Qui a lieu une fois par siècle. *Les jeux séculaires de la Rome antique.* ▷ *Année séculaire,* qui termine un siècle. **2.** Qui existe depuis un siècle. *Un chêne deux fois séculaire.* ▷ Qui existe depuis plusieurs siècles ; très ancien. *Tradition séculaire.* – Lat. *sæcularis,* de *sæculum,* «siècle».

séculairement [sekylɛʀmɑ̃] adv. Litt. Depuis des siècles ; de toute antiquité. – De *séculaire.*

sécularisation [sekylaʀizasjɔ̃] n. f. Action, fait de séculariser ; son résultat. *La sécularisation des biens du clergé par la Constituante.* – De *séculariser.*

séculariser [sekylaʀize] v. tr. [1] RELIG **1.** Faire passer de l'état régulier à l'état séculier. *Séculariser un religieux.* **2.** Faire passer du domaine ecclésiastique au domaine laïc. *Séculariser l'enseignement.* – De *séculier,* d'ap. le lat. relig. *sæcularis,* «du siècle, séculier».

sécularité [sekylaʀite] n. f. RELIG État du clergé séculier. – Du lat. relig. *sæcularis,* «séculier».

séculier, ère [sekylje, ɛʀ] adj. et n. m. **1.** HIST Qui appartenait au siècle, au monde laïque, et non à l'Église. *Les autorités séculières. Juridictions séculières et tribunaux d'Église. Bras séculier* : autorité temporelle. **2.** Se dit des ecclésiastiques qui ne sont pas soumis (comme les *réguliers*) à la règle d'un ordre religieux. *Le clergé séculier.* ▷ n. m. *Un séculier.* – Lat. relig. *sæcularis,* «du siècle, profane», de *sæculum,* «siècle».

séculièrement [sekyljɛʀmɑ̃] adv. D'une manière séculière. – De *séculier.*

secundo [səgɔ̃do] adv. Secondement, en second lieu (abrév. : 2°). – Mot lat.

sécurisant, ante [sekyʀizɑ̃, ɑ̃t] adj. Qui sécurise. – Ppr. de *sécuriser.*

sécuriser [sekyʀize] v. tr. [1] Donner un sentiment de sécurité à (qqn), apaiser, rassurer. – Du rad. de *sécurité.*

sécuritaire [sekyʀitɛʀ] adj. (Canada) Qui offre des garanties de sécurité, d'absence relative de danger pour un usager. *Des pneux sécuritaires.* – De *sécurité.*

sécurité [sekyʀite] n. f. **1.** Tranquillité d'esprit de celui qui pense qu'aucun danger n'est à craindre. *Avoir un sentiment de sécurité.* **2.** Situation dans laquelle aucun danger n'est à redouter. *Assurer la sécurité des personnes et des biens, la sécurité publique.* ▷ *Compagnies républicaines de sécurité (C.R.S.)* : formations mobiles relevant du ministère de l'Intérieur et chargées du maintien de l'ordre. – *Sécurité routière* : ensemble des mesures visant à assurer la sécurité des usagers de la route. – *Conseil de sécurité de l'O.N.U.* (Organisation des Nations unies). **3.** *Sécurité sociale* : organisation officielle visant à assurer la sécurité matérielle des travailleurs et de leur famille en cas de maladie, d'accident du travail, de maternité, etc., et à leur garantir une retraite. (Abrév. fam. : sécu). **4.** TECH Organe qui empêche de manœuvrer la détente d'une arme à feu. **5.** Loc. adj. *De sécurité* : qui assure la sécurité, qui protège contre un risque. *Dispositif de sécurité.* – Lat. *securitas,* de *securus,* «sûr» ; doublet sav. de *sûreté.*

sedan [sədɑ̃] n. m. Drap fin fabriqué à l'origine à Sedan. – De *Sedan,* v. des Ardennes.

sédatif, ive [sedatif, iv] adj. et n. m. MED Qui modère l'activité fonctionnelle d'un organe ou d'un système. ▷ n. m. *Un sédatif* : un remède sédatif, un calmant. – Lat. médiév. *sedativus,* du class. *sedatum,* de *sedare,* «calmer».

sédation [sedasjɔ̃] n. f. MED Action de calmer ; effet produit par un sédatif. – Lat. *sedatio.*

sédentaire [sedɑ̃tɛʀ] adj. (et n.) **1.** Qui sort rarement de chez soi. ▷ Subst. *Un(e) sédentaire.* **2.** Fixe, attaché à un lieu. *Peuples sédentaires.* Ant. nomade. **3.** Qui se passe, s'exerce dans un même lieu. *Emploi sédentaire.* – Lat. *sedentarius,* de *sedere,* «être assis».

sédentairement [sedɑ̃tɛʀmɑ̃] adv. D'une façon sédentaire. – De *sédentaire.*

sédentarisation [sedɑ̃taʀizasjɔ̃] n. f. Fait de rendre sédentaire ; fait de devenir sédentaire. – De *sédentariser.*

sédentariser [sedɑ̃taʀize] v. tr. [1] Rendre sédentaire, fixer. ▷ v. pron. *Population qui se sédentarise.* – De *sédentaire.*

sédentarité [sedɑ̃taʀite] n. f. **1.** État d'une population sédentaire (par oppos. à *nomadisme*). **2.** État de celui, de ce qui est sédentaire. – De *sédentaire.*

sedia gestatoria [sedjaʒɛstatɔʀja] n. f. LITURG CATHOL Chaise à porteurs dont le pape fait usage dans certaines cérémonies. – Mots ital., «chaise à porteurs».

sédiment [sedimɑ̃] n. m. **1.** Didac. Dépôt formé par la précipitation de substances en suspension dans un liquide. *Sédiment des urines.* **2.** GEOL Dépôt abandonné par les eaux, les glaces ou le vent. *Sédiments argileux, calcaires. Sédiments lacustres, glaciaires, marins.* – Lat. *sedimentum*, «dépôt», de *sedere*, «être assis, séjourner».

sédimentaire [sedimɑ̃tɛʀ] adj. GEOL Qui a le caractère d'un sédiment; qui est produit par un sédiment. ▷ *Roche sédimentaire*, qui provient d'un sédiment et n'a subi que des transformations peu importantes (à la différence des roches métamorphiques). – De *sédiment.*

sédimentation [sedimɑ̃tasjɔ̃] n. f. GEOL Formation d'un sédiment, des sédiments. ▷ MED *Sédimentation globulaire* : dépôt des cellules du sang rendu incoagulable et laissé au repos dans un tube à essais. *La vitesse de sédimentation des hématies est accrue en cas d'infection ou d'inflammation.* – De *sédiment.*

sédimentologie [sedimɑ̃tɔlɔʒi] n. f. GEOL Branche de la géologie qui étudie les roches sédimentaires, les sédiments et leur mode de formation. – De *sédiment*, et *-logie.*

séditieusement [sedisjøzmɑ̃] adv. Rare D'une manière séditieuse. – De *séditieux.*

séditieux, euse [sedisjø, øz] adj. et n. **1.** Qui participe ou qui est prêt à participer à une sédition. *Des groupes séditieux.* ▷ Subst. *Un, des séditieux.* **2.** Qui a le caractère de la sédition, qui incite à la sédition. *Écrit séditieux.* – Lat. *seditiosus.*

sédition [sedisjɔ̃] n. f. Révolte, soulèvement prémédités contre l'autorité établie. *Les meneurs d'une sédition.* – Lat. *seditio.*

séducteur, trice [sedyktœʀ, tʀis] n. et adj. **1.** Personne qui a de nombreux succès galants. **2.** Personne qui sait plaire, charmer. ▷ adj. Qui plaît, séduisant. *Un discours séducteur.* – *L'esprit séducteur* : le diable. – Lat. ecclés. *seductor*, de *seducere* (V. séduire).

séduction [sedyksjɔ̃] n. f. **1.** Action de séduire. **2.** Attrait puissant qui se dégage de qqn, de qqch. *Pouvoir de séduction. La séduction des plaisirs.* – Lat. *seductio.*

séduire [sedɥiʀ] v. tr. [69] **1.** Litt. ou plaisant (Souvent avec connotation d'abus.) En parlant d'un homme, amener (une femme) à lui accorder ses faveurs hors mariage. – Pp. adj. *Femme séduite et abandonnée.* ▷ Mod. (Sans connotation défavorable.) Plaire à (qqn) et obtenir amour ou faveurs. **2.** Conquérir l'admiration, l'estime, la confiance de (qqn). *Ce chanteur américain a séduit le public parisien.* ▷ Convaincre par le charme, la persuasion, le savoir-faire, fût-ce en créant l'illusion. *L'escroc avait réussi à séduire plusieurs hommes d'affaires.* **3.** Captiver, charmer. *La beauté de ce petit village nous a séduits.* – Du lat. *seducere*, «emmener à l'écart».

séduisant, ante [sedɥizɑ̃, ɑ̃t] adj. Qui séduit, qui attire, qui plaît. *Une femme séduisante. Un projet séduisant.* – Ppr. de *séduire.*

sédum [sedɔm] n. m. BOT Syn. de *orpin.* – Mot lat., «joubarbe».

séfarade, ades [sefaʀad] ou **sefardi, dim** [sefaʀdi, dim] n. et adj. **I.** n. **1.** HIST Au Moyen Âge, Juif vivant en Espagne ou au Portugal. **2.** Mod. Juif descendant des Juifs d'Espagne expulsés de ce pays en 1492 par les Rois Catholiques. (La plupart d'entre eux s'établirent sur le pourtour méditerranéen.) *Les séfarades et les ashkénazes* (Juifs d'Europe centrale et septentrionale). **II.** adj. Des séfarades. – De l'hébreu *Sepharad*, «Espagne», d'abord n. d'un site d'une colonie d'exilés (IXe s. av. J.-C.) de Jérusalem, identifié comme étant Sardis (Sardes), cap. de la Lydie.

ségala [segala] n. m. AGRIC Terre ensemencée en seigle. – Mot dial. mérid., du rad. de *seigle.*

segment [sɛgmɑ̃] n. m. **1.** GEOM Portion, partie. – *Segment de droite* : portion de droite comprise entre deux points. – *Segment de cercle* : surface comprise entre un arc de cercle et sa corde. – *Segment sphérique* : volume compris entre la surface d'une sphère et un plan sécant ou deux plans parallèles coupant cette sphère. ▷ MATH Ensemble des éléments d'un ensemble ordonné qui sont compris dans un intervalle. **2.** ZOOL Chacun des articles* du corps des annélides et des arthropodes. **3.** TECH Bague d'étanchéité, sur un piston. – *Segment de frein* : pièce en forme de croissant comportant une garniture rivée qui s'applique contre le tambour du frein. – Lat. *segmentum*, de *secare*, «couper».

segmentaire [sɛgmɑ̃tɛʀ] adj. Formé de segments; relatif à un segment. – De *segment.*

segmentation [sɛgmɑ̃tasjɔ̃] n. f. **1.** Action de segmenter, fait de se segmenter; son résultat. **2.** BIOL Ensemble des premières divisions cellulaires que subit l'œuf fécondé. **3.** COMM Action de déterminer des groupes homogènes de clients selon des comportements d'achat. – De *segmenter.*

segmenter [sɛgmɑ̃te] v. tr. [1] **1.** Diviser en segments. Syn. fractionner. ▷ v. pron. *Une cellule qui se segmente.* **2.** COMM Établir une segmentation (sens 3). – De *segment.*

ségrais [segʀɛ] n. m. SYLVIC Bois séparé des grands bois, qu'on exploite à part. – Du lat. *secretum*, «lieu secret».

ségrégatif, ive [segʀegatif, iv] adj. Qui tend à établir une ségrégation. *Mesures ségrégatives.* – De *ségrégation.*

ségrégation [segʀegasjɔ̃] n. f. **1.** Action de mettre à part, de séparer d'un tout, d'une masse. **2.** *Ségrégation raciale* : discrimination organisée, réglementée, entre les groupes raciaux (notam. entre Noirs et Blancs), dans certains pays (V. apartheid). ▷ *Par ext.* Discrimination de droit ou de fait entre les individus ou entre les collectivités qui composent un groupe humain, fondée sur des critères autres que raciaux (âge, sexe, niveau de fortune, mœurs, religion, etc.). **3.** METALL Séparation, au sein d'un alliage en cours de solidification, des parties de compositions chimiques différentes. – Lat. *segregatio*, de *segregare*, propr. «séparer du troupeau».

ségrégationnisme [segʀegasjɔnism] n. m. Système politique de ceux qui sont favorables à la ségrégation raciale. – De *ségrégation.*

ségrégationniste [segʀegasjɔnist] n. et adj. **1.** n. Partisan du ségrégationnisme. **2.** adj. Qui a rapport à la ségrégation raciale. *Théories ségrégationnistes.* – De *ségrégation.*

séguedille [segədij] n. f. Danse espagnole sur un rythme rapide à trois temps; air sur lequel on la danse. – Esp. *seguidilla*, de *seguida*, «suite».

seguia [segja] n. f. Canal d'irrigation, en Afrique du Nord. – Mot ar., var de *sakièh**.

1. seiche [sɛʃ] n. f. Mollusque céphalopode marin (genre *Sepia*) comestible, au corps bordé d'une nageoire continue, qui, lorsqu'il est menacé, rejette par l'entonnoir de sa poche ventrale une encre noire qui camoufle sa fuite (V. sépia). – Du lat. *sepia*, gr. *sêpia.*

2. seiche [sɛʃ] n. f. GEOGR Variation subite du niveau de certains lacs, souvent causée par une modification locale de la pression atmosphérique. – De *sèche* 1.

séide [seid] n. m. Fanatique qui obéit aveuglément à un chef. – Francisation de l'ar. *Zayd*, personnage de *Mahomet*, tragédie de Voltaire.

seigle [sɛgl] n. m. Céréale (*Secale cereale*, fam. graminées) panifiable, aux épis barbus, très résistante au froid, poussant sur les terrains pauvres et arides. *Variétés céréalières et fourragères du seigle. Maladies du seigle : ergot*, rouille, charbon.* – Lat. *secale* ou anc. provenç. *segle*.

seigneur [sɛɲœʀ] n. m. **1.** FEOD Possesseur d'un fief, d'une terre. **2.** Titre honorifique donné autref. à des personnes de haut rang. **3.** (Avec une majuscule.) *Le Seigneur* : Dieu. - *Notre Seigneur* : Jésus-Christ. *Le jour du Seigneur* : le dimanche. **4.** Celui qui détient la puissance, l'autorité (surtout dans l'expr. *seigneur et maître*). ▷ Fam., plaisant *Mon seigneur et maître* : mon mari. – Du lat. *senior, senioris*, « aîné ».

seigneuriage [sɛɲœʀjaʒ] n. m. FEOD Droit d'un seigneur. ▷ *Spécial.* Droit de battre monnaie. – De *seigneur*, d'ap. l'anc. franç. *seignorage*.

seigneurial, ale, aux [sɛɲœʀjal, o] adj. FEOD D'un seigneur; qui relevait d'un seigneur. *Domaine seigneurial.* – De *seigneur*.

seigneurie [sɛɲœʀi] n. f. **1.** FEOD Autorité du seigneur sur sa terre et sur les personnes qui relevaient de lui. **2.** Terre seigneuriale. **3.** Titre honorifique donné autref. aux pairs de France et auj. aux membres de la Chambre des lords de Grande-Bretagne. *Votre Seigneurie.* – De *seigneur*.

seille [sɛj] n. f. Rég. Seau tronconique en bois, muni d'oreilles dans lesquelles on passe une corde ou un bâton pour le transport. ▷ Grand récipient en bois ou en toile. – Du lat. *situla*, « seau ».

seillon [sɛjɔ̃] n. m. Rég. Petit baquet de bois. – De *seille*.

seime [sɛm] n. f. MED VET Fente verticale pathologique affectant le sabot du cheval. – De l'anc. provenç. *sem*, « incomplet, imparfait », du bas lat. *semus*, de *semis*, « moitié ».

sein [sɛ̃] n. m. **1.** Chacune des deux mamelles de la femme, qui renferment les glandes mammaires. ▷ Vx Poitrine (de la femme). - Mod. *Nourrir un enfant au sein.* **2.** Litt. Partie antérieure de la poitrine humaine, où sont les mamelles. *Presser sur son sein.* **3.** Litt. Ventre de la femme, en tant qu'il contient les organes de la gestation. *Porter un enfant dans son sein.* **4.** Fig., litt. Partie intérieure, centrale. *Le sein de la terre.* - *Le sein de l'Église* : la communion des fidèles, dans le catholicisme. ▷ Loc. prép. *Au sein de* : à l'intérieur de, au milieu de, dans. – Du lat. *sinus*, « pli, courbe », d'où « pli de la toge en travers de la poitrine », et fig. « poitrine ».

seine. V. senne.

seing [sɛ̃] n. m. DR Signature qui rend un acte valable. - *Seing privé* : signature d'un acte qui n'a pas été reçu par un officier public. *Acte sous seing privé* (par oppos. à *acte authentique*). - *Blanc-seing* : V. ce mot. – Du lat. *signum*, « signe, marque ».

séism(o)-. Anc. forme de sism(o)-*.

séismal, séismicité, séismique, séismographe, séismologie. V. sismal, sismicité, sismique, sismographe, sismologie.

séisme [seism] n. m. Didac. Secousse ou série de secousses plus ou moins brutales qui ébranlent le sol; tremblement de terre. V. épicentre et hypocentre. – Gr. *seismos*, du v. *seiein*, « secouer ».

seize [sɛz] adj. et n. m. inv. **I.** adj. num. **1.** adj. num. cardinal. Dix plus six (16). **2.** adj. num. ordinal. (Dans quelques empl.) Seizième. *Chapitre seize.* **II.** n. m. inv. Le nombre, le numéro seize. ▷ *Le seize du mois* : le seizième jour du mois. – Du lat. *sedecim*, de *sex*, « six », et *decem*, « dix ».

seizième [sɛzjɛm] adj. et n. **I.** adj. num. ord. Dont le rang est marqué par le nombre 16. *La seizième fois. Le seizième arrondissement* ou, ellipt., *le seizième. Le seizième siècle* ou, ellipt., *le seizième.* **II.** n. **1.** Personne, chose qui occupe la seizième place. *La seizième de la liste.* **2.** n. m. Chaque partie d'un tout divisé en seize parties égales. *Un seizième du total.* – De *seize*.

seizièmement [sɛzjɛmmɑ̃] adv. En seizième lieu. – De *seizième*.

séjour [seʒuʀ] n. m. **1.** Fait de séjourner, de résider plus ou moins longtemps dans un lieu. *Permis de séjour* : autorisation écrite officielle de séjourner dans un pays pour une période déterminée. ▷ Temps pendant lequel on séjourne dans un lieu. *Un long séjour à la campagne.* **2.** *Salle de séjour* : V. salle. **3.** Lieu où l'on séjourne. *Séjour champêtre.* – De *séjourner*.

séjourner [seʒuʀne] v. intr. [1] Demeurer quelque temps dans un lieu. *Séjourner à l'hôtel.* ▷ (Choses) *Ornières où l'eau séjourne.* – Du lat. pop. **subdiurnare*, bas lat. *diurnare*, « vivre longtemps, durer », de *diurnus*, « de jour ».

sel [sɛl] n. m. **I.** Cour. **1.** Substance cristallisée, blanche, d'origine marine ou terrestre *(sel gemme)* constituée de chlorure de sodium, de saveur piquante, utilisée pour assaisonner ou conserver les aliments. *Sel fin. Gros sel.* - *Bœuf gros sel* : bœuf bouilli servi avec du gros sel. *Sel fin ou sel de table.* - *Sel de céleri* : sel fin additionné de céleri en poudre. **2.** Fig. Ce qu'il y a de piquant ou de spirituel dans une situation, un propos, un récit, etc. *Le sel d'une anecdote.* **II. 1.** Vx Tout corps cristallin soluble dans l'eau. ▷ Loc. mod. *Sel ammoniac* : chlorure d'ammonium. *Sel d'Angleterre* ou *de magnésie* : sulfate de magnésium. *Sel de Glauber* : sulfate de sodium. *Sel de Vichy* : bicarbonate de sodium. - *Sels de bain* : cristaux parfumés qu'on dissout dans l'eau du bain. ▷ Absol. (Plur.) Sels volatils (carbonate d'ammonium, en partic.) qu'on donnait à respirer à une personne évanouie pour la ranimer. *Respirer des sels.* **2.** CHIM Composé provenant du remplacement d'un ou de plusieurs atomes d'hydrogène d'un acide par un ou plusieurs atomes d'un métal. – Lat. *sal*.

sélaciens [selasjɛ̃] n. m. pl. ICHTYOL Ordre de poissons cartilagineux, comprenant les requins (sous-ordre des squaliformes, aux fentes branchiales latérales) et les raies (sous-ordre des rajiformes, aux fentes branchiales ventrales). - Sing. *Un sélacien.* – Du gr. *selakhos*, « poisson cartilagineux ».

sélaginelle [selaʒinɛl] n. f. BOT Plante cryptogame vasculaire, à l'aspect de mousse, proche des lycopodes par son organisation. – Du lat. *selago, selaginis*, « plante inconnue ».

select [selɛkt] (inv. en genre) ou **sélect, ecte** adj. Choisi, distingué. *Des soirées selects ou sélectes.* – Angl. *select*, « choisi », du lat. *selectus*.

sélecter [selɛkte] v. tr. [1] TECH Opérer la sélection de. – De *sélection*, ou de l'angl. *to select*.

sélecteur, trice [selɛktœʀ, tʀis] adj. et n. m. **1.** adj. Qui sélectionne ou qui sélecte. **2.** n. m. TECH Dispositif de sélection. ▷ Commutateur à plusieurs directions. ▷ MECA Pédale de changement de vitesse d'une motocyclette. - Levier de changement de vitesse, sur une voiture à embrayage automatique. – De *sélection*.

sélectif, ive [selɛktif, iv] adj. **1.** Qui opère une sélection, un choix. *Examen, classement sélectif.* **2.** TELECOM Se dit d'un récepteur qui opère une séparation satisfaisante des ondes de fréquences voisines. – De *sélection* ou de l'angl. *selective*.

sélection [selɛksjɔ̃] n. f. **I. 1.** Choix entre des personnes ou des choses, en fonction de critères déterminés. *Faire une sélection entre des projets.* – SPORT *Épreuve de sélection.* ▷ Ensemble des personnes ou des choses ainsi retenues. – SPORT *Sélection régionale, nationale.* **2.** TECH Action de sélecter; son résultat. **II. 1.** Choix des types reproducteurs pour la perpétuation d'une espèce animale ou végétale. *Sélection des juments poulinières et des étalons.* **2.** BIOL *Sélection naturelle* : dans le darwinisme, survivance d'une espèce animale ou végétale par ses individus les plus aptes à subsister et à se reproduire. – Lat. *selectio*; sens II, 1, repris de l'angl. *selection.*

sélectionné, ée [selɛksjɔne] adj. et n. **1.** adj. Qui a subi une sélection. ▷ *Par ext.* De bonne qualité. *Fruits sélectionnés.* **2.** n. Sportif, ou sportive, choisi parmi d'autres pour participer à une compétition, à un match dans lesquels il représentera son club, son pays. – Pp. de *sélectionner.*

sélectionner [selɛksjɔne] v. tr. [1] Choisir par sélection. *Sélectionner des plantes. Sélectionner des athlètes.* – De *sélection.*

sélectionneur, euse [selɛksjɔnœʀ, øz] n. Personne qui procède à une sélection. ▷ *Spécial.* Personne qui sélectionne des sportifs en vue d'une compétition. – De *sélectionner.*

sélectivement [selɛktivmɑ̃] adv. De façon sélective. – De *sélectif.*

sélectivité [selɛktivite] n. f. Fait d'être sélectif; propriété de ce qui est sélectif. ▷ TELECOM Propriété de n'amplifier que le signal correspondant à une onde de fréquence donnée. – De *sélectif.*

séléniate [selenjat] n. m. CHIM Sel de l'acide sélénique. – De *séléni(um),* et *-ate.*

sélénien, enne [selenjɛ̃, ɛn] adj. et n. Syn. de *sélénite* (1, sens 2). – Dér. savant du gr. *Sélênê,* « Lune ».

sélénieux [selenjø] adj. m. CHIM Se dit de l'acide H_2SeO_3 et de l'anhydride correspondant. – De *sélénium.*

sélénique [selenik] adj. m. Se dit de l'acide H_2SeO_4 et de l'anhydride correspondant. – De *sélénium.*

1. sélénite [selenit] n. et adj. **1.** n. Anc. Habitant supposé de la Lune. **2.** adj. Relatif à la Lune. Syn. sélénien. – Du gr. *Sélênê,* « Lune ».

2. sélénite [selenit] n. m. CHIM Sel de l'acide sélénieux. – De *sélénium.*

séléniteux, euse [selenitø, øz] adj. CHIM Vx Qui contient du sulfate de calcium. – De *sélénite,* anc. nom du gypse.

sélénium [selenjɔm] n. m. CHIM Élément de numéro atomique Z = 34, de masse atomique 78,96 (symbole Se). – Corps simple (Se) dont la variété grise fond à 217 °C et bout à 685 °C, et dont la variété métallique possède deux propriétés intéressantes : sa photoconductivité et son pouvoir photoélectrique. – Du gr. *Sélênê,* « Lune », à cause de sa ressemblance avec le tellure, tiré de *tellus,* nom lat. de la Terre dont la Lune est le satellite.

séléniure [selenjyʀ] n. m. CHIM Composé du sélénium avec un autre corps simple. *Séléniure de cadmium.* – De *sélénium.*

séléno-. Élément, du gr. *Selênê,* « Lune ».

sélénodonte [selenɔdɔ̃t] adj. ZOOL Se dit des molaires des ruminants dont les surfaces arrondies sont en forme de croissant. ▷ Par ext. *Les artiodactyles sélénodontes* : les ruminants. – De *sélén(o)-,* et du gr. *odous, odontos,* « dent ».

sélénographie [selenɔgʀafi] n. f. ASTRO Description de la Lune. – De *séléno-,* et *-graphie.*

sélénographique [selenɔgʀafik] adj. ASTRO Relatif à la sélénographie. – De *sélénographie.*

sélénologie [selenɔlɔʒi] n. f. ASTRO Étude de la Lune. – De *séléno-,* et *-logie.*

sélénologue [selenɔlɔg] n. Didac. Personne spécialisée en sélénologie. – De *séléno-,* et *-logue.*

self-. Élément, de l'angl. *self,* « soi-même ».

self [sɛlf] n. f. ELECTR Syn. (off. déconseillé) de *inductance.* – Abrév. de *self-inductance.*

self-control [sɛlfkɔ̃tʀol] n. m. (Anglicisme) Maîtrise de soi. *Garder son self-control. Des self-controls.* – Mot angl.

self-défense [sɛlfdefɑ̃s] n. f. (Anglicisme) Méthode de défense qui n'utilise que la force et l'habileté sans recours aux armes. *Des self-défenses.* Syn. autodéfense. – Angl. *self-defence.*

self-government [sɛlfgɔvəʀnmənt] n. m. Système britannique de gouvernement qui consiste à laisser à un territoire une grande autonomie en matière de politique intérieure et locale. *Le self-government fut une politique autrefois appliquée aux dominions.* – Mot angl., « gouvernement par soi-même ».

self-inductance [sɛlfɛ̃dyktɑ̃s] n. f. (Anglicisme) ELECTR Syn. (officiellement déconseillé) de *inductance. Des self-inductances.* (Abrév. : self). – *De self-,* et *inductance.*

self-induction [sɛlfɛ̃dyksjɔ̃] n. f. Syn. (off. déconseillé) de *auto-induction. Des self-inductions.* – De *self-,* et *induction.*

self-made man [sɛlfmɛdman], plur. **self-made men** [sɛlfmɛdmɛn] n. m. (Anglicisme) Homme qui ne doit qu'à lui-même sa situation sociale. – Mot angl., « homme *(man)* qui s'est fait *(made)* lui-même *(self)* ».

self-service [sɛlfsɛʀvis] n. m. (Américanisme) Libre-service. *Des self-services.* – (En appos.) *Un magasin self-service.* ▷ Ellipt. *Un self* : un restaurant self-service. *Des selfs.* – Mot angl.

selle [sɛl] n. f. **I. 1.** Petit siège, fait le plus souvent de cuir, que l'on sangle sur le dos d'une bête de somme (en partic. d'un cheval) pour la monter commodément. *Cheval de selle,* dressé pour être monté. ▷ Fig. *Être bien en selle* : être affermi dans son poste. – *Se remettre en selle* : rétablir ses affaires. **2.** Siège d'une bicyclette, d'une motocyclette, d'un scooter. **3.** *Selle d'agneau, de chevreuil* : morceau de viande pris entre le gigot et la première côte. **II.** Trépied à plateau pivotant des sculpteurs, sur lequel on place le matériau à travailler. **III. 1.** Vx Chaise percée, garde-robe. ▷ Loc. mod. *Aller à la selle,* aux cabinets. **2.** Plur. *Les selles* : les matières fécales. – Lat. *sella,* « siège », en lat. pop. « selle de cheval ».

seller [sele] v. tr. [1] Munir (une monture) d'une selle. – De *selle.*

sellerie [sɛlʀi] n. f. **1.** Art, industrie, commerce du sellier; ensemble des ouvrages du sellier. **2.** Ensemble des selles et des harnais; lieu où on les range. – De *selle.*

sellette [selɛt] n. f. **1.** Petit siège sur lequel devait s'asseoir l'accusé qu'on interrogeait. ▷ Fig. *Être sur la sellette* : être interrogé; être la personne en cause (en bien ou en mal). *Mettre qqn sur la sellette,* le harceler de questions. **2.** Petite selle de sculpteur. ▷ Table étroite et haute sur laquelle on pose une plante, une statue, etc. **3.** Pièce de harnais supportant les courroies qui portent les brancards. **4.** TECH Petit siège, suspendu à une corde à nœuds, des ouvriers du bâtiment. **5.** TECH *Sellette d'attelage* : pièce de l'attelage d'un semi-remorque, solidaire du tracteur. – Dimin. de *selle.*

sellier [selje] n. m. Celui qui fabrique ou qui vend des selles, des harnais, des coussins et des garnitures pour voitures, etc. ▷ Loc. *Façon sellier* : en maroquinerie, façonnage qui comporte des piqûres à la main. – De *selle.*

selon [sɘlɔ̃] prép. **1.** Suivant, conformément à. *Agir selon l'usage.* – *Déplacement selon une courbe.* ▷ En proportion de. *Vivre selon ses moyens.* **2.** D'après; au jugement, au dire de. *Selon la formule. Selon cet auteur.* – *Selon moi :* à mon avis. ▷ À en croire, à se fonder sur. *Selon toute vraisemblance.* ▷ *Évangile selon saint Marc,* de saint Marc. **3.** Relativement à. *Selon les cas.* ▷ Loc. conj. *Selon que* (+ind.) : eu égard au fait que. *« Selon que vous serez puissant ou misérable... » (La Fontaine).* ▷ Fam. *C'est selon :* cela dépend (ou dépendra) des circonstances. *« Viendrez-vous ? – C'est selon. »* – P.-ê. du lat. pop. **sublongum,* « le long de ».

selve [sɛlv] ou **selva** [sɛlva] n. f. GEOGR Forêt vierge équatoriale (partic., forêt amazonienne). – Portug. *selva,* lat. *silva.*

S. Ém. Abrév. graphique de *Son Éminence.*

semailles [sɘmɑj] n. f. pl. **1.** Action de semer. *Hâter les semailles.* **2.** Graines semées. *Semailles germées.* **3.** Époque où l'on sème. *Aux semailles d'automne.* – Dériv. de *semer* ou du lat. *seminalia,* plur. neutre de *seminalis,* de *semen,* « semence ».

semaine [s(ɘ)mɛn] n. f. **1.** Période de sept jours décomptée du dimanche (ou du lundi) au samedi (ou au dimanche). – *La semaine sainte,* celle qui précède Pâques. **2.** Cette période, envisagée relativement au temps du travail, aux jours ouvrables. *Semaine de quarante heures. Semaine anglaise :* semaine de travail qui, selon l'usage d'abord anglais, s'arrête le samedi à midi ou le vendredi soir. – *En semaine :* un jour de la semaine (sens 2), un jour ouvrable. **3.** Période de sept jours consécutifs. *Le transport prendra une semaine.* ▷ Loc. Vx *Prêter à la petite semaine,* à très court terme et à taux usuraire. – Mod. *À la petite semaine,* en improvisant; au moyen d'expédients. *Vivre à la petite semaine.* ▷ *Être de semaine :* assurer des fonctions exercées à tour de rôle, pendant une semaine. *Adjudant de semaine.* **4.** Rémunération d'un travail payé à la semaine. *Toucher sa semaine.* – Du lat. ecclés. *septimana,* fém. de *septimanus,* « relatif au nombre sept », de *septem,* « sept ».

semainier, ère [sɘmɛnje, ɛʀ] n. **I.** Personne qui assure un service déterminé pendant une semaine dans une communauté. **II.** n. m. **1.** Agenda de bureau. **2.** Commode à sept tiroirs. **3.** Bracelet à sept anneaux. Syn. bracelet-semaine. – De *semaine.*

sémantème [semɑ̃tɛm] n. m. LING Élément de mot porteur du contenu sémantique, par oppos. à *morphème* et à *phonème.* (Ex. : *bord,* dans *border).* – De *sémantique.*

sémanticien, enne [semɑ̃tisjɛ̃, ɛn] n. Didac. Spécialiste de la sémantique. – De *sémantique.*

sémantique [semɑ̃tik] n. f. et adj. LING **1.** n. f. Étude du langage du point de vue du sens (polysémie, synonymie, changements de sens, relations unissant les unités signifiantes, etc.). *Sémantique structurale, générative. Sémantique des énoncés.* **2.** adj. Relatif à la sémantique ou au sens. ▷ *Phrase sémantique,* qui a un sens (par oppos. à *asémantique).* – Gr. *sêmantikos,* « qui signifie », de *sêmainein,* « signifier ».

sémaphore [semafɔʀ] n. m. **1.** Poste d'observation du trafic maritime établi sur la côte et à partir duquel il est possible de communiquer par signaux optiques avec les navires. **2.** CH de F Mât équipé d'un bras mobile, qui indique si une voie est libre ou non. – Du gr. *sêma,* « signe », et *-phore.*

sémaphorique [semafɔʀik] adj. TECH Relatif au sémaphore. – De *sémaphore.*

sémasiologie [semazjɔlɔʒi] n. f. LING Science qui étudie les significations en partant des mots (à l'inverse de l'*onomasiologie).* – Gr. *sêmasia,* « signification », et *-logie;* mot all.

semblable [sɑ̃blabl] adj. et n. **I.** adj. **1.** De même apparence, de même nature. *Cas semblables. Être semblable à son frère.* **2.** (Avant le nom.) Tel, pareil. *Pourquoi tenir de semblables propos ?* **3.** GEOM *Figures semblables,* dont les angles sont égaux deux à deux et dont les côtés homologues sont proportionnels. **II.** n. Personne, chose comparable. *Il n'a pas son semblable.* ▷ Être humain, considéré par rapport aux autres. *Secourir ses semblables.* – De *sembler.*

semblablement [sɑ̃blablɘmɑ̃] adv. Pareillement. – De *semblable.*

semblant [sɑ̃blɑ̃] n. m. **1.** Apparence. *Un semblant de vérité.* – *Faux-semblant :* apparence trompeuse. **2.** Loc. *Faire semblant de :* feindre de. – Ellipt. *Il fait semblant.* – *Ne faire semblant de rien :* feindre l'indifférence. – Ppr. subst. de *sembler.*

sembler [sɑ̃ble] **I.** v. intr. [1] Avoir l'air, paraître; donner l'impression de. *Ce fruit semble mûr. L'air semble frémir.* **II.** v. impers. **1.** (Avec un attribut.) *Il me semble vain d'espérer.* ▷ *Si bon lui semble, comme bon vous semblera :* s'il lui plaît, comme il vous plaira. **2.** *Il semble que :* il apparaît que, on dirait que. *Il semble que vous avez raison.* – (Avec le subj., s'il y a doute, ou dans les phrases nég. ou interrog.) *Il semble que le pari soit perdu.* – Ellipt. *Il peine, semble-t-il.* **3.** *Il me (te, etc.) semble que :* je (tu, etc.) crois que. – (Avec l'inf.) *Il me semble le voir.* – (En incise.) *Ce me semble, me semble-t-il :* à mon avis. **4.** Loc. Litt. *Que vous en semble ? :* qu'en pensez-vous ? – *Que vous semble de cette affaire ?* – Du bas lat. *similare,* « ressembler », de *similis,* « semblable ».

sème [sɛm] n. m. LING Trait sémantique constituant l'unité minimale de signification. (Par ex. : « humain », « jeune » et « mâle », dans le mot *garçon.)* – De *sémantique,* d'ap. *phonème, morphème,* etc.

séméio-. V. sémio-.

semelle [s(ɘ)mɛl] n. f. **1.** Pièce constituant le dessous de la chaussure. – Fam. *C'est de la semelle,* se dit d'une viande coriace. ▷ Pièce découpée à la forme du pied que l'on met à l'intérieur de la chaussure. *Semelle de feutre protégeant du froid.* ▷ Dessous du pied d'un bas, d'une chaussette. – *Par anal.* Dessous d'un ski. **2.** Vx En escrime, longueur du pied. – Loc. *Ne pas reculer d'une semelle :* tenir ferme en place; fig. être ferme sur sa décision. *Ne pas quitter qqn d'une semelle,* le suivre partout. *Battre* la semelle.* **3.** TECH Pièce plate qui répartit sur le sol les efforts transmis par une pièce pesante, une machine, une construction. – P.-ê. du lat. *lamella,* « petite lame ».

semence [s(ɘ)mɑ̃s] n. f. **1.** Organe ou partie d'organe végétal qui se sème (graines, noyaux, pépins, etc.). **2.** *Par anal.* Liquide séminal, sperme. **3.** *Semence de diamants, de perles :* ensemble de très petits diamants, de très petites perles. **4.** TECH Clou à tête large et à tige courte. *Semence de tapissier,* à pointe pyramidale. – Bas lat. *sementia,* du class. *sementis,* « semailles, semence ».

semencier [sɘmɑ̃sje] n. m. Entreprise qui produit et commercialise des semences. – De *semence.*

semen-contra [semɛnkɔ̃tʀa] n. m. inv. PHARM Médicament constitué des capitules d'une armoise (*Artemisia maritima*), riche en santonine et employé comme vermifuge. – Mots lat., propr. « semence contre » (les vers).

semer [s(ɘ)me] v. tr. [16] **1.** Épandre (des semences) sur une terre préparée; mettre en terre (des semences). *Semer du blé.* ▷ Rare Ensemencer (une terre). *Semer un champ.* **2.** Litt. Jeter, répandre çà et là. *Semer les rues de fleurs.* ▷ Fam. Laisser tomber (de petits objets) sans s'en rendre compte. *Alors, tu sèmes tes sous !* ▷ Fig. Répandre, propager. *Semer la discorde.* **3.** Fam. *Semer qqn,* s'en débarrasser en lui faussant compagnie, en le devançant. – Lat. *seminare.*

semestre [s(ə)mɛstʀ] n. m. **1.** Période de six mois consécutifs. **2.** Rente, traitement qui se paie tous les six mois. *Recevoir son semestre.* – Lat. *semestris*, adj.

semestriel, elle [səmɛstʀijɛl] adj. Qui se fait, qui a lieu, qui paraît chaque semestre. *Revue semestrielle.* – De *semestre.*

semestriellement [səmɛstʀijɛlmɑ̃] adv. Tous les six mois. – De *semestriel.*

semeur, euse [s(ə)mœʀ, øz] n. **1.** Personne qui sème. ▷ Fig. *Semeur, semeuse de zizanie.* **2.** n. f. Machine agricole servant à semer. – De *semer.*

semi-. Préfixe, du lat. *semi*, « à demi », employé surtout au sens de « en partie, presque ».

semi-argenté, ée [s(ə)miaʀʒɑ̃te] adj. TECH Se dit du verre recouvert d'une mince couche d'argent, dont le facteur de réflexion est voisin de 0,5. – De *semi-*, et *argenté.*

semi-aride [s(ə)miaʀid] adj. GEOGR Qui n'est pas complètement aride. (Se dit des zones situées en bordure des déserts.) *Des régions semi-arides.*

semi-automatique [səmiɔtɔmatik] adj. Qui n'est pas entièrement automatique. *Des systèmes semi-automatiques. Arme semi-automatique*, dont le chargement est automatique, mais qui requiert l'intervention du tireur pour le départ de chaque coup.

semi-auxiliaire [səmioksiljɛʀ] adj. et n. m. GRAM Se dit traditionnellement d'un verbe qui joue un rôle d'auxiliaire devant un infinitif (ex. : aller dans « je vais partir »). *Des semi- auxiliaires.*

semi-balistique [səmibalistik] adj. MILIT *Engin semi-balistique*, dont la trajectoire combine le vol balistique et le vol plané. – De *semi-*, et *balistique.*

semi-chenillé, ée [səmiʃ(ə)nije] adj. TECH *Véhicule semi-chenillé*, muni de chenilles à l'arrière et de roues directrices à l'avant. V. half-track.

semi-circulaire [səmisiʀkylɛʀ] adj. Qui a la forme d'un demi-cercle. ▷ ANAT *Canaux semi-circulaires* : V. canal.

semiconducteur ou **semi-conducteur, trice** [səmikɔ̃dyktœʀ, tʀis] adj. et n. m. ELECTR Se dit d'un matériau solide dont la résistivité, intermédiaire entre celle des métaux et celle des isolants, varie sous l'influence de facteurs tels que la température, l'éclairement, le champ électrique, etc. *Les principaux semi-conducteurs sont le germanium, le silicium et le sélénium.*

semi-consonne [səmikɔ̃sɔn] n. f. Syn. de *semi-voyelle. Des semi-consonnes.*

semi-fini, ie [səmifini] adj. TECH Se dit d'un produit qui a subi une transformation mais doit en subir d'autres avant d'être livré sur le marché. *Des produits semi-finis.* Syn. semi-ouvré.

semi-grossiste [səmigʀosist] n. Commerçant qui vend en demi-gros. *Des semi-grossistes.*

semi-liberté [səmilibɛʀte] n. f. DR Régime pénitentiaire permettant à un condamné d'exercer une activité professionnelle hors de la prison.

sémillant, ante [semijɑ̃, ɑ̃t] adj. Pétulant; plein de vivacité, de gaieté, d'entrain. *Esprit sémillant.* – Dér. probable de *semer*, « lancer la semence », d'où « s'agiter ».

sémillon [semijɔ̃] n. m. VITIC Cépage blanc du Bordelais donnant des vins liquoreux. – Mot rég. du Midi, dimin. de l'a. fr. *seme*, « semence »; lat. *semen.*

semi-logarithmique [səmilɔgaʀitmik] adj. MATH Se dit d'un diagramme dont l'un des axes a une échelle arithmétique et l'autre une échelle logarithmique.

semi-lunaire [səmilynɛʀ] adj. et n. m. Qui est en forme de demi-lune. ▷ n. m. *Le semi-lunaire* : l'un des os de la deuxième rangée du carpe.

semi-métal, aux [səmimetal, o] n. m. CHIM Élément de transition entre les métaux et les non-métaux (silicium, germanium, polonium, etc.). *Des semi-métaux.* Syn. métalloïde.

séminaire [seminɛʀ] n. m. **1.** *Grand séminaire* : établissement religieux où sont formés les jeunes gens qui se destinent à l'état ecclésiastique. – *Petit séminaire* : école religieuse d'enseignement secondaire fréquentée par des garçons qui ne deviendront pas nécessairement des ecclésiastiques. **2.** Groupe d'études animé et dirigé par un professeur ou un assistant, et au sein duquel chaque étudiant mène un travail de recherche personnel, dans l'enseignement supérieur. ▷ Groupe de spécialistes réunis pour étudier certaines questions particulières touchant leur spécialité. *Séminaire d'ingénieurs.* – Lat. chrétien *seminarium*, propr. « pépinière », de *semen*, « semence ».

séminal, ale, aux [seminal, o] adj. **1.** BOT Vieilli Qui a rapport à la semence, à la graine. **2.** BIOL Qui a rapport au sperme. *Vésicules séminales* : vésicules (au nombre de deux) placées au-dessus de la prostate et où le sperme est emmagasiné. – Lat. *seminalis.*

séminariste [seminaʀist] n. m. Élève d'un séminaire (sens 1). – De *séminaire.*

séminifère [seminifɛʀ] adj. BIOL Qui conduit ou porte le sperme. *Tubes séminifères* : fins canaux constitutifs du tissu testiculaire, où se forment les spermatozoïdes. – Du lat. *semen, seminis*, « semence », et *-fère.*

semi-nomade [səminɔmad] adj. et n. ANTHROP Qui pratique le semi-nomadisme. ▷ Subst. *Des semi-nomades.*

semi-nomadisme [səminɔmadism] n. m. ANTHROP Genre de vie qui combine élevage nomade et agriculture, pratiqué en particulier en bordure des déserts.

sémio- ou **séméio-.** Élément, du gr. *sêmeion*, « signe ».

semi-occlusif, ive [səmiɔklysif, iv] adj. et n. f. PHON Se dit d'un son qui résulte d'une articulation complexe, combinant une occlusive* et une fricative*. (Ex. : le [tʃ] de l'esp. *mucho.*) ▷ n. f. *Des semi-occlusives.*

sémiologie [semjɔlɔʒi] n. f. **1.** MED Partie de la médecine consacrée à l'étude des signes des maladies. **2.** LING Science qui étudie les signes et les systèmes de signes au sein de la vie sociale (langues naturelles, codes, systèmes de signaux ou de symboles, etc.). – De *sémio-*, et *-logie.*

ENCYCL F. de Saussure, qui introduisit le terme de « sémiologie » dans la linguistique moderne, donne comme exemples de tels systèmes de signes les rites symboliques, l'alphabet des sourds-muets, les formules de politesse, les signaux militaires et la langue elle-même. En ce sens, la linguistique est la branche privilégiée de la sémiologie car la langue est le plus important de ces systèmes. Des linguistes tels que Jakobson, Hjelmslev, Benveniste ont tenté de déterminer la place que le langage occupe au sein des autres systèmes de signes. Des sémiologues comme R. Barthes ou des ethnologues comme Cl. Lévi-Strauss ont étudié des manifestations et des structures sociales (mythes, systèmes de parenté, modes, coutumes culinaires) fonctionnant comme un langage.

sémiologique [semjɔlɔʒik] adj. Didac. Qui a rapport à la sémiologie. – De *sémiologie.*

sémiologue [semjɔlɔg] n. Didac. Spécialiste de sémiologie. – De *sémiologie.*

sémioticien, enne [semjɔtisjɛ̃, ɛn] n. Didac. Spécialiste de sémiotique. – De *sémiotique.*

sémiotique [semjɔtik] n. f. et adj. Didac. **1.** n. f. Théorie générale des signes* et des systèmes de significations linguistiques et non linguistiques. *La sémiotique picturale n'est pas une analyse des discours sur la peinture mais des structures formelles et sémantiques d'une œuvre peinte.* **2.** n. f. Système signifiant. *La sémiotique d'un texte.* **3.** adj. Qui a rapport à la sémiotique. *Analyse sémiotique.* – Angl. *semiotics*, du gr. *sêmeiôtikê*, de *sêmeion*, « signe ».

semi-ouvré, ée [səmiuvʀe] adj. TECH Syn. de *semi-fini. Des produits semi-ouvrés.*

semi-perméable [səmipɛʀmeabl] adj. PHYS, BIOL *Membrane, cloison semi-perméable*, qui, séparant deux solutions d'un même solvant, laisse diffuser le solvant mais arrête le soluté. (V. osmose.) *La membrane des cellules vivantes est semi-perméable.*

semi-précieuse [səmipʀesjøz] adj. f. *Pierre semi-précieuse* : pierre fine. *Des gemmes semi-précieuses.*

semi-produit [səmipʀɔdɥi] n. m. TECH Matière première ayant subi une première transformation. *Des semi-produits.*

sémique [semik] adj. LING Relatif aux sèmes. *Analyse sémique.* – De *sème*.

semi-remorque [s(ə)miʀ(ə)mɔʀk] n. **1.** n. f. Remorque pour le transport routier, dont l'avant, dépourvu de roues, vient reposer sur la sellette d'attelage d'un tracteur. **2.** n. m. Ensemble constitué par la semi-remorque et son tracteur. *Des semi-remorques.*

semis [s(ə)mi] n. m. **I. 1.** Action de semer. **2.** Plant venant de graines qui ont été semées. *Repiquer des semis.* **3.** Terrain où poussent ces plants. **II.** Fig. Ornement fait d'un motif de petite dimension répété de façon régulière. – De *semer*.

sémite [semit] adj. et n. **1.** Qui appartient à un des peuples originaires d'Asie occidentale, que la tradition fait descendre de Sem, fils de Noé, et qui parlent les langues dites *sémitiques*. **2.** *Abusiv.* Juif. – Du nom de *Sem*.

sémitique [semitik] adj. *Langues sémitiques* : langues d'Asie occidentale et d'Afrique du Nord, caractérisées notam. par des racines renfermant pour la plupart trois consonnes (« racines trilittères ») et par la prise en charge par les voyelles des éléments de signification accessoires du mot. (Ex : en ar., la racine *ktb* exprime la notion d'écriture, *kātib* signifie « écrivain », *kitāb*, « livre », etc.) *Groupe sémitique oriental* (akkadien), *occidental du Nord* (araméen, cananéen, phénicien, hébreu), *occidental du Sud* (arabe, amharique et langues éthiopiennes). – De *Sem*. V. sémite.

sémitisme [semitism] n. m. **1.** Didac. Caractères propres aux Sémites (civilisation, langues, etc.). **2.** *Abusiv.* Caractères et influence attribués aux Juifs par l'idéologie antisémite. – De *sémite*.

semi-voyelle [səmivwajɛl] n. f. LING Phonème intermédiaire entre la consonne et la voyelle. *Le* [j] *de* [pje] *(pied), le* [ɥ] *de* [tɥe] *(tuer), le* [w] *de* [fwɛ] *(fouet) sont des semi-voyelles.* Syn. semi-consonne.

semnopithèque [sɛmnɔpitɛk] n. m. ZOOL Singe cercopithèque asiatique, à la face et aux extrémités des membres noirs, qui vit en bande dans les arbres et qui se nourrit de fruits et de pousses. (L'espèce principale est l'entelle.) – Du gr. *semnos*, « majestueux », et *-pithèque*.

semoir [səmwaʀ] n. m. Machine agricole destinée à semer les graines. ▷ Par anal. *Semoir à engrais.* – De *semer*; d'abord « sac où le semeur place son grain ».

semonce [s(ə)mɔ̃s] n. f. **1.** Avertissement mêlé de reproches, réprimande. *Une verte semonce.* **2.** MAR *Coup de semonce* : coup tiré à blanc, ou réel, pour ordonner à un navire d'arborer ses couleurs, et éventuellement de stopper. – Pp. fém. subst. de l'a. fr. *somondre*, lat. *submonere*, « avertir en secret ».

semoncer [səmɔ̃se] v. tr. [**12**] **1.** Rare Réprimander. **2.** MAR Faire une semonce à un navire. – De *semonce*.

semoule [s(ə)mul] n. f. Farine granulée obtenue par broyage grossier du blé dur. – Par ext. *Semoule de riz, de maïs.* ▷ (En appos.) *Sucre semoule* : sucre en poudre à gros grains. – Ital. *semola*, lat. *simila*, « fleur de farine ».

semoulerie [s(ə)mulʀi] n. f. TECH. Usine où l'on fabrique de la semoule; cette fabrication. – De *semoule*.

semper virens [sɛ̃pɛʀviʀɛ̃s] adj. inv. ou **sempervirent, ente** [sɛ̃pɛʀviʀɑ̃, ɑ̃t], adj. Se dit des plantes à feuillage persistant ou des forêts composées de telles plantes. – Mots lat., « toujours vert ».

sempiternel, elle [sɑ̃pitɛʀnɛl] adj. Continuel, perpétuel (avec une idée de répétition lassante). *De sempiternelles remontrances.* – Lat. *sempiternus*, « qui dure toujours », de *semper*, « toujours », et *æternus*, « éternel ».

sempiternellement [sɑ̃pitɛʀnɛlmɑ̃] adv. Perpétuellement, sans cesse. – De *sempiternel*.

sen [sɛn] n. m. inv. Unité monétaire divisionnaire de plusieurs pays d'Extrême-Orient, notam. du Japon. – Mot jap.

sénat [sena] n. m. **1.** HIST Nom donné aux assemblées politiques les plus importantes, chez divers peuples, à diverses époques. *Le sénat de la Rome antique avait, sous la république, un pouvoir souverain. Le sénat d'Athènes, de Sparte. Le sénat de Venise.* ▷ (Avec une majuscule.) En France, sous le Consulat, le Premier et le Second Empire, conseil dont le rôle principal était de veiller au respect de la Constitution. **2.** (Avec une majuscule.) Une des deux assemblées délibérantes de certaines nations (France, É.-U., Italie, etc.). **3.** Édifice où siège cette assemblée. *Les portes du Sénat.* – Lat. *senatus*, de *senex*, « vieillard ».

ENCYCL En France, le Sénat a essentiellement un pouvoir législatif (l'Assemblée nationale conservant, seule, la possibilité de mettre en cause la responsabilité du gouv. et ayant le dernier mot dans l'élaboration de la loi). Il est formé de 320 membres élus au suffrage universel indirect pour neuf ans (sauf pour les 6 représentants des Français établis à l'étranger) et renouvelable par tiers tous les trois ans.

sénateur [senatœʀ] n. m. Membre d'un sénat. ▷ Loc. fam. *Train de sénateur* : démarche lente et solennelle. – Lat. *senator*.

sénatorerie [senatɔʀʀi] n. f. HIST Dotation accordée à un sénateur français sous le Consulat et le Premier Empire. – De *sénateur*.

sénatorial, ale, aux [senatɔʀjal, o] adj. De sénateur; relatif aux sénateurs. ▷ HIST *Ordre sénatorial* : classe assujettie au cens, dans laquelle se recrutaient les sénateurs de la Rome antique, à l'époque impériale. – Du lat. *senatorius*, « de sénateur ».

sénatus-consulte [senatyskɔ̃sylt] n. m. HIST Décision du sénat, dans la Rome antique. ▷ Acte voté par le Sénat et ayant la valeur d'une loi sous le Consulat, le Premier et le Second Empire. *Des sénatus-consultes.* – Lat. *senatus consultum*, « décision du sénat ».

sendériste [sɑ̃deʀist] n. Membre du mouvement péruvien « Sentier lumineux », né dans le département misérable d'Ayacucho, prônant l'encerclement des villes par les campagnes, et dont l'action armée (notam. sabotages, dynamitages, exécutions sommaires) a débuté en 1980. – De l'esp. *sendero (luminoso)*, « Sentier lumineux ».

séné [sene] n. m. **1.** Nom cour. de divers arbrisseaux d'Afrique tropicale (genre *Cassia*, fam. césalpiniacées) aux feuilles pennées et dont le fruit est en forme de gousse. **2.** Pulpe des gousses de ces arbrisseaux, aux propriétés laxatives. ▷ Loc. fig. Litt. *Passez-moi la rhubarbe, je vous passerai le séné* : rendez-moi service, je vous le revaudrai. – Lat. médiév. *sene,* ar. *senâ.*

sénéchal, aux [seneʃal, o] n. m. HIST **1.** Officier de cour présentant les plats au roi. ▷ Officier chargé de gouverner la maison d'un prince. **2.** À l'époque franque et sous les premiers Capétiens, le premier des officiers royaux (fonction supprimée en 1191). **3.** Titre donné à des officiers royaux possédant des attributions judiciaires et financières, au S. de la Loire et correspondant au bailli pour les régions du N. – Frq.***siniskalk,* propr. «serviteur le plus âgé».

sénéchaussée [seneʃose] n. f. HIST **1.** Étendue de la juridiction d'un sénéchal. **2.** Lieu où se tenait le tribunal d'un sénéchal; ce tribunal lui-même. – De *sénéchal.*

séneçon [sɛnsɔ̃] n. m. BOT Plante adventive (genre *Senecio,* fam. composées), commune en Europe. (Certaines espèces sont des mauvaises herbes que l'on trouve princ. dans les champs et les jardins; plusieurs espèces africaines sont arborescentes; d'autres, tel *Senecio cineraria,* la cinéraire, sont ornementales.) – Du lat. *senecio,* dimin. de *senex,* «vieux, vieillard» à cause des poils blancs de la plante au printemps.

sénégalais, aise [senegalɛ, ɛz] adj. et n. Du Sénégal. ▷ Subst. *Un(e) Sénégalais(e).* – De *Sénégal,* mot indigène, nom d'un pays et d'un fleuve d'Afrique occidentale.

sénescence [senɛsɑ̃s] n. f. Vieillissement. ▷ *Par ext.* Affaiblissement des capacités d'un individu, provoqué par le vieillissement. – Du lat. *senescere,* «vieillir».

sénescent, ente [senɛsɑ̃, ɑ̃t] adj. Qui présente les caractères de la sénescence. – Lat. *senescens,* ppr. de *senescere,* «vieillir».

senestre [sənɛstʀ] ou **sénestre** [senɛstʀ] n. f. et adj. **1.** n. f. Vx Main gauche. ▷ *Par extens.* Côté gauche. **2.** adj. HERALD *Le côté senestre* : le côté gauche de l'écu (c.-à-d. le côté droit pour l'observateur). **3.** adj. ZOOL Se dit d'une coquille de mollusque qui présente un enroulement vers la gauche. *Coquille sénestre.* – Lat. *sinister.*

sénestrochère [senɛstʀɔʃɛʀ] ou **senestrochère** [sənɛstʀɔʃɛʀ] n. m. HERALD Bras gauche représenté sur l'écu. – De *senestre,* et gr. *kheir,* «main».

sénevé [senve] n. m. Moutarde des champs (*Sinapis arvensis,* fam. crucifères); graine de cette plante. – Du lat. *sinapi,* mot gr.

sénile [senil] adj. Qui est dû à la vieillesse ou qui s'y rapporte. *Démence sénile.* – Lat. *senilis,* de *senex,* «vieux, vieillard».

sénilité [senilite] n. f. État d'une personne âgée ou prématurément vieillie, dont les fonctions organiques sont diminuées. – De *sénile.*

senior [senjɔʀ] n. et adj. inv. en genre SPORT Sportif adulte de la catégorie intermédiaire entre celle des juniors et celle des vétérans. – adj. *Catégorie senior.* – Angl. *senior,* mot lat., «plus âgé».

senne ou **seine** [sɛn] n. f. PECHE Long filet que l'on traîne sur les fonds sableux en eau peu profonde. – Du lat. *sagena,* mot gr.

señorita [seɲɔʀita] n. m. (Mot esp.) Petit cigare. – Mot esp., «demoiselle».

1. sens [sɑ̃s] n. m. **I. 1.** Faculté d'éprouver des sensations d'un certain ordre (visuelles, auditives, tactiles, olfactives, gustatives) et, en conséquence, de percevoir les réalités matérielles. *Les organes des sens.* – *Le sixième sens* : l'intuition. – Fig. *Cela tombe sous le sens* : c'est évident. ▷ RELIG *Peine du sens* : peine du feu, pour les damnés (par oppos. à *peine du dam*). **2.** Plur. *Les plaisirs des sens* : les plaisirs liés aux sensations physiques, spécial. dans le sens du plaisir sexuel. ▷ *L'éveil des sens,* de la sexualité. **3.** *Le sens de.* Connaissance spontanée, intuitive. *Avoir le sens des nuances, de l'hospitalité, du commerce.* – *Sens pratique* : habileté à résoudre les problèmes de la vie quotidienne. **4.** *Bon sens* : capacité de bien juger. *Un homme de bon sens.* **5.** Manière de juger, de voir les choses. *Abonder dans le sens de qqn.* *À mon sens* : à mon avis. ▷ *Sens commun* : ensemble des jugements communs à tous les hommes. *Cela choque le sens commun.* **II. 1.** Idée, concept représenté par un signe ou un ensemble de signes. *Sens d'une phrase, d'un geste. Sens propre, sens figuré d'un mot. Mot à double sens.* **2.** Caractère intelligible de qqch, permettant de justifier son existence. *S'interroger sur le sens de la vie.* – Lat. *sensus.*

2. sens [sɑ̃s] n. m. **1.** Orientation donnée à une chose. *Disposer une couverture dans le sens de la longueur.* ▷ Loc. *Sens* [sɑ̃] *dessus dessous* : de manière que ce qui devrait être dessus se trouve dessous; *par ext.,* dans un grand désordre. – *Sens* [sɑ̃] *devant derrière* : de façon que ce qui devrait être devant se trouve derrière. **2.** Axe suivant lequel on exerce une action sur une chose, et qui est défini par rapport à un ou à plusieurs éléments de cette chose. *Couper du tissu dans le sens des fils.* **3.** Orientation d'un déplacement. *Nager dans le sens du courant. Le sens de la marche d'un train.* – *(Voie à) sens unique* : voie sur laquelle la circulation n'est autorisée que dans un seul sens. – *Panneau de sens interdit.* ▷ MATH Orientation d'un vecteur le long de son support. – *Sens direct* ou *sens trigonométrique* : sens inverse de celui des aiguilles d'une montre. ▷ Fig. *Toutes ces recherches vont dans le même sens. Le sens de l'histoire.* – Du germ. *sinno,* «direction», avec infl. de *sens* 1.

sensation [sɑ̃sasjɔ̃] n. f. **1.** Phénomène psychique élémentaire provoqué par une excitation physiologique. *Les sensations peuvent être externes (tactiles, thermiques, visuelles, etc.) ou internes (faim, fatigue, vertige, etc.).* **2.** Émotion. *Ce concert nous a procuré des sensations inoubliables.* ▷ *Faire sensation* : produire une vive impression sur le public, dans une assemblée, etc. ▷ *Événement à sensation,* sensationnel (sens 1). – Bas lat. *sensatio,* «fait de comprendre», de *sentire,* «percevoir, sentir».

sensationnalisme [sɑ̃sasjɔnalism] n. m. Recherche systématique du sensationnel. *Le sensationnalisme caractéristique d'une certaine presse.* – De *sensationnel.*

sensationnel, elle [sɑ̃sasjɔnɛl] adj. **1.** Qui produit une forte impression. *Un article sensationnel.* **2.** Fam. Extraordinaire, remarquable. *Un type sensationnel.* (Abrév. fam., vieilli : sensass ou sensas.) – De *sensation.*

sensé, ée [sɑ̃se] adj. Qui a du bon sens ou qui dénote le bon sens. *Un homme, un discours sensé.* – Du lat. *sensatus.*

sensément [sɑ̃semɑ̃] adv. Vx D'une manière sensée. – De *sensé.*

senseur [sɑ̃sœʀ] n. m. (Anglicisme) **1.** ESP Système d'optoélectronique permettant de déterminer l'orientation d'un satellite par rapport à la Terre, à un astre, à un autre satellite. **2.** Dispositif de détection inclus dans une arme. – Angl. *sensor.*

sensibilisateur, trice [sɑ̃sibilizatœʀ, tʀis] adj. et n. m. **1.** BIOL Se dit d'une substance qui peut provoquer une sensibilisation de l'organisme, qui se manifeste par une allergie ou une réaction d'hypersensibilité lors d'une nouvelle administration. **2.** PHOTO Qui sensibilise, peut sensibiliser (une émulsion, une plaque). ▷ n. m. *Sensibilisateur chromatique* : substance utilisée pour rendre une émulsion sensible à certaines couleurs. **3.** Qui sensibilise (qqn). *Une campagne publicitaire sensibilisatrice.* – De *sensibilisation.*

sensibilisation [sɑ̃sibilizasjɔ̃] n. f. **1.** BIOL Mécanisme immunologique de réponse de l'organisme mis en présence d'un antigène ou d'une substance sensibilisatrice. *Les réactions allergiques et anaphylactiques, ainsi que les défenses immunitaires, sont les manifestations cliniques d'une sensibilisation.* **2.** PHOTO Opération qui consiste à sensibiliser (une émulsion, une plaque). **3.** Fig. Action de sensibiliser qqn. – De *sensible.*

sensibiliser [sɑ̃sibilize] v. tr. [1] **1.** BIOL Produire la sensibilisation de l'organisme. **2.** PHOTO Rendre sensible (une plaque, une émulsion). **3.** Fig. *Sensibiliser qqn à une chose,* la lui rendre sensible, la lui faire percevoir, comprendre. *Sensibiliser l'opinion publique au sort des minorités.* – De *sensible.*

sensibilité [sɑ̃sibilite] n. f. **1.** Caractère d'un être sensible physiquement. *Sensibilité à la douleur.* ▷ *Spécial.* PHYSIOL Ensemble des fonctions sensorielles. **2.** Propriété d'un élément anatomique qui peut être excité par des stimuli. *Sensibilité d'un tissu organique.* **3.** Caractère d'une personne sensible, au point de vue affectif, esthétique, moral. *Avoir peu, beaucoup de sensibilité.* **4.** Propriété d'un instrument, d'une chose sensible. *Sensibilité d'une balance.* ▷ PHOTO *Sensibilité d'une émulsion photographique :* la plus ou moins grande rapidité avec laquelle une image peut être enregistrée par cette émulsion. ▷ PHYS Rapport entre la variation de la grandeur de sortie d'un appareil et la variation correspondante de la grandeur d'entrée. *Sensibilité d'une cellule photoélectrique.* – Bas lat. *sensibilitas.*

sensible [sɑ̃sibl] adj. (et n.) **1.** Qui éprouve des sensations. *L'homme et les animaux sont des êtres sensibles.* ▷ *Sensible à :* qui est susceptible d'éprouver (telle sensation). **2.** Qui a la propriété de réagir à certains stimuli (tissus, organes vivants). *L'œil est sensible à la lumière.* ▷ Absol. *Avoir l'oreille sensible.* **3.** Qui devient facilement douloureux. *Point sensible.* **4.** Qui ressent vivement certaines émotions, certaines impressions morales, esthétiques. *Être sensible à la misère, à la beauté, aux compliments.* ▷ Absol. *Une personne sensible* (à toutes les impressions). – Subst. *Un(e) sensible.* – *Un cœur sensible,* compatissant. **5.** Qui réagit à de faibles variations (instruments, appareils). *Balance sensible au milligramme,* qui peut mesurer des variations de masse de 1 mg. ▷ PHOTO *Plaque, papier, émulsion sensible,* qui peut enregistrer une image photographique. **6.** MUS *Note sensible* ou, n. f., *la sensible :* 7ᵉ degré de la gamme, note placée à un demi-ton au-dessous de la tonique. **7.** PHILO Qui peut être perçu par les sens (par oppos. à *intelligible*). *Le monde sensible.* **8.** Perceptible, appréciable, notable. *Faire des progrès sensibles.* – Lat. *sensibilis,* «qui peut être senti».

sensiblement [sɑ̃sibləmɑ̃] adv. **1.** De façon perceptible, appréciable. *La ville s'est sensiblement agrandie.* **2.** À peu de chose près. *Ils sont sensiblement du même âge.* – De *sensible.*

sensiblerie [sɑ̃sibləʀi] n. f. Sensibilité puérile, outrée. – De *sensible.*

sensitif, ive [sɑ̃sitif, iv] adj. et n. **1.** PHYSIOL Qui a rapport aux sensations, qui les transmet. *Nerfs sensitifs.* **2.** Sensible aux moindres impressions. ▷ Subst. *C'est une sensitive.* – Lat. médiév. *sensitivus.*

sensitive [sɑ̃sitiv] n. f. Arbre (*Mimosa pudica,* fam. légumineuses) originaire du Brésil, dont les feuilles composées se replient au moindre contact. – Abrév. de *herbe sensitive,* de *sensitif.*

sensitivo-moteur, trice [sɑ̃sitivomɔtœʀ, tʀis] adj. PHYSIOL Qui concerne à la fois la sensibilité et la motricité. *Les nerfs sensitivo-moteurs.* – De *sensitif,* et *moteur.*

sensitomètre [sɑ̃sitɔmɛtʀ] n. m. PHOTO Appareil servant à impressionner un cliché avec lequel on mesure la sensibilité d'une émulsion photographique. – Du rad. de *sensible,* et *-mètre.*

sensitométrie [sɑ̃sitɔmetʀi] n. f. PHOTO Étude de la sensibilité d'une émulsion photographique. – De *sensitomètre.*

sensitométrique [sɑ̃sitɔmetʀik] adj. PHOTO Relatif à la sensitométrie. *Courbe sensitométrique.* – De *sensitométrie.*

sensoriel, elle [sɑ̃sɔʀjɛl] adj. Relatif aux sens, aux organes des sens. *Nerfs sensoriels.* – Du bas lat. *sensorium,* «organe d'un sens».

sensori-moteur, trice [sɑ̃sɔʀimɔtœʀ, tʀis] adj. PSYCHO, PHYSIOL Qui concerne à la fois la sensibilité, la sensation et la motricité. *Des troubles sensori-moteurs.* – De *sensoriel,* et *moteur.*

sensualisme [sɑ̃sɥalism] n. m. PHILO Doctrine selon laquelle toute connaissance dérive de la sensation. *Le sensualisme de Condillac.* – Du lat. *sensualis,* «des sens».

sensualiste [sɑ̃sɥalist] n. et adj. PHILO **1.** n. Celui, celle qui professe le sensualisme. **2.** adj. Qui se rapporte au sensualisme. *Doctrine sensualiste.* – De *sensualisme.*

sensualité [sɑ̃sɥalite] n. f. Caractère, inclination d'une personne sensuelle. – Bas lat. *sensualitas.*

sensuel, elle [sɑ̃sɥɛl] adj. (et n.) **1.** Qui a rapport aux sens (1, sens I, 2). *Une jouissance toute sensuelle.* **2.** Se dit de personnes attachées aux plaisirs des sens (et notam. aux plaisirs sexuels). ▷ Subst. *C'est un(e) sensuel(le).* **3.** Qui donne ou exprime une émotion de caractère charnel. *Une voix sensuelle.* – Bas lat. *sensualis,* «sensible, relatif aux sens».

sente [sɑ̃t] n. f. Litt. Sentier. – Du lat. *semita.*

sentence [sɑ̃tɑ̃s] n. f. **1.** Décision de justice, jugement rendu par une autorité compétente. *Prononcer une sentence de mort. Sentence arbitrale.* **2.** Vieilli Formule énonçant généralement une règle de morale, d'une façon plus ou moins solennelle. *Parler par sentences.* – Lat. *sententia.*

sentencieusement [sɑ̃tɑ̃sjøzmɑ̃] adv. Litt. D'une façon sentencieuse. – De *sentencieux.*

sentencieux, euse [sɑ̃tɑ̃sjø, øz] adj. **1.** Péjor. Qui s'exprime fréquemment par sentences (sens 2). *Il est pédant et sentencieux.* – Par ext. *Un ton sentencieux,* d'une gravité affectée. **2.** Vx Qui contient des sentences, est exprimé sous forme de sentence. – Lat. *sententiosus,* «rempli d'idées, de pensées».

senteur [sɑ̃tœʀ] n. f. Litt. Odeur, parfum. *Des senteurs de fleurs.* – De *sentir.*

senti, ie [sɑ̃ti] adj. **1.** Qui dénote sensibilité et authenticité. *Une œuvre bien sentie.* **2.** Qui est exprimé avec force et conviction. *Des remarques bien senties.* – Pp. de *sentir.*

sentier [sɑ̃tje] n. m. Chemin étroit. ▷ Fig., litt. *Les sentiers de la vertu.* – Du rad. de *sente.*

sentiment [sɑ̃timɑ̃] n. m. **1.** Tendance affective relativement durable, liée à des émotions, des représentations, des sensations; état qui en résulte. ▷ *Absol.* Ensemble des phénomènes affectifs. – Fam. *Faire du sentiment :* manifester une sentimentalité hors de propos. *Tu ne m'auras pas au sentiment,* par des démonstrations sentimentales. **2.** État affectif d'origine morale. *Avoir le sentiment de l'honneur.* ▷ Plur. (Dans des formules de politesse.) *Veuillez agréer l'expression de mes sentiments distingués.* **3.** Dispositions altruistes. *Ne pas s'embarrasser de sentiments dans les affaires.* **4.** Conscience, connaissance intuitive. *Avoir le sentiment de son infériorité. J'ai le sentiment d'être observé, que je suis observé.* **5.** Litt. Faculté d'apprécier (qqch). *Avoir le sentiment de la nature.* **6.** Litt. Opinion, avis. *Quel est votre sentiment sur sa conduite?* – De *sentir.*

sentimental, ale, aux [sɑ̃timɑ̃tal, o] adj. et n. **1.** Relatif à la vie affective, et spécial. à l'amour. *L'atta-*

chement sentimental à son pays. La vie sentimentale de qqn. **2.** Qui est empreint d'une tendance à l'émotion facile, un peu mièvre. *Une chanson sentimentale.* **3.** Se dit d'une personne dont la sensibilité est romanesque, vive et souvent un peu naïve. – Subst. *Un(e) sentimental(e).* – Mot angl., dérivé de *sentiment.*

sentimentalement [sɑ̃timɑ̃talmɑ̃] adv. D'une manière sentimentale. – De *sentimental.*

sentimentalisme [sɑ̃timɑ̃talism] n. m. Tendance à manifester une sentimentalité excessive dans sa conduite. – De *sentimental.*

sentimentalité [sɑ̃timɑ̃talite] n. f. Fait d'être sentimental (personnes); caractère de ce qui est sentimental. – De *sentimental.*

sentine [sɑ̃tin] n. f. **1.** MAR ANC Partie basse de la cale d'un navire, où s'amassaient les eaux. **2.** Litt. Endroit malpropre. – Lat. *sentina.*

sentinelle [sɑ̃tinɛl] n. f. Soldat armé qui fait le guet, qui assure la garde d'un camp, d'une caserne, etc. ▷ *Être en sentinelle :* accomplir la mission d'une sentinelle; guetter, épier. – Ital. *sentinella,* de *sentire,* «percevoir, entendre, sentir».

sentir [sɑ̃tiʀ] v. [**30**] **A.** v. tr. **I. 1.** Percevoir par le moyen des sens (ne se dit pas pour la vue, ni pour l'ouïe; s'empl. spécial. pour le toucher et l'odorat). *Sentir une douleur. En tâtant ici, vous sentirez une bosse. On sentait l'odeur des foins.* ▷ Fig., fam. *Ne pas pouvoir sentir qqn,* ne pas pouvoir le supporter, ressentir de l'aversion à son égard. **2.** Respirer volontairement l'odeur de. *Sentez cette rose!* **3.** Exhaler, répandre une odeur de. *Cela sent le brûlé.* ▷ v. intr. *Cela sent bon.* – *Absol.* Sentir mauvais. *Qu'est-ce qui sent comme ça?* – Fig., fam. *Cela sent mauvais :* se dit d'une affaire qui prend mauvaise tournure. **4.** Fig. Révéler, trahir. *Ces pages sentent l'effort.* **II.** Fig. **1.** Être conscient de, se rendre compte de. *Sentir le ridicule d'une situation.* ▷ *Faire sentir qqch à qqn,* lui en faire prendre conscience. – (Choses) *Se faire sentir :* se manifester. **2.** Être sensible (du point de vue esthétique) à (qqch). *Sentir les beautés d'un poème.* **3.** Percevoir intuitivement. *Je sens que tu te trompes à son égard.* **4.** Être affecté par (qqch ou qqn); éprouver, ressentir. *Elle a senti son absence ce soir-là. J'ai senti le pouvoir de cet homme.* **B.** v. pron. **1.** (Suivi d'un attribut.) Avoir conscience d'être. *Se sentir soulagé. Je ne me sens pas bien.* – (Suivi d'un inf.) *Elle se sentit défaillir.* – *Ne pas se sentir de joie :* être envahi, égaré par une joie extrême. **2.** Se rendre compte qu'on a (telle disposition intérieure). *Vous sentez-vous le courage de continuer?* **3.** Fam. (Récipr.) *Ils ne peuvent pas se sentir :* ils ont de l'aversion l'un pour l'autre. **4.** (Choses) Être senti, perçu. *Une force morale qui se sent.* – Lat. *sentire.*

seoir [swaʀ] v. intr. [**41**] Litt. Aller bien (à), être convenable (pour). *Cette robe vous sied.* ▷ v. impers. *Il ne vous sied guère de me faire des remarques.* – Du lat. *sedere,* au sens de «être fixé» (dans l'esprit).

séoudien. V. saoudien.

sep ou **cep** [sɛp] n. m. Partie de la charrue qui porte le soc. – Lat. *cippus,* «pieu».

sépale [sepal] n. m. BOT Chacune des pièces du calice d'une fleur. *Généralement verts, les sépales peuvent être colorés* (lis, tulipe). – Lat. bot. *sepalum,* du gr. *skepê,* «enveloppe».

sépaloïde [sepalɔid] adj. BOT Qui ressemble à un sépale. *Pétale sépaloïde.* – De *sépale,* et *-oïde.*

séparable [sepaʀabl] adj. Qui peut être séparé. ▷ LING *Particule séparable,* qui, dans une phrase, peut être détachée du mot dont elle fait partie (en allemand, par ex.). – Lat. *separabilis.*

séparateur, trice [sepaʀatœʀ, tʀis] adj. et n. m. **1.** adj. Qui a la propriété de séparer. ▷ PHYS *Pouvoir séparateur d'un instrument d'optique,* sa capacité à donner des images séparées de points ou d'objets rapprochés. **2.** n. m. TECH Appareil servant à séparer des éléments d'un mélange hétérogène. *Séparateur magnétique.* ▷ Cloison isolante placée entre les plaques d'un accumulateur. – Lat. *separator.*

séparation [sepaʀasjɔ̃] n. f. **1.** Action de séparer, de se séparer; son résultat. *Séparation des pouvoirs :* principe constitutionnel en vertu duquel les pouvoirs législatif, exécutif et judiciaire sont séparés. ▷ DR *Séparation de biens :* régime matrimonial dans lequel chacun des époux gère ses propres biens. – *Séparation de corps :* état résultant d'une décision de justice, dans lequel se trouvent deux époux qui, tout en restant mariés et soumis aux autres obligations du mariage, vivent séparément. ▷ PHYS NUCL *Séparation isotopique :* V. encycl. isotope. **2.** Chose qui sépare un espace, un objet d'un autre. ▷ Fig. Délimitation. *La séparation commune entre bien et mal.* – Lat. *separatio.*

séparatisme [sepaʀatism] n. m. Opinion de ceux qui souhaitent une sécession politique entre leur région, leur province, et l'État dont celle-ci fait partie. – De *séparatiste.*

séparatiste [sepaʀatist] n. et adj. Partisan du séparatisme. – adj. *Une volonté séparatiste.* – Angl. *separatist.*

séparé, ée [sepaʀe] adj. **1.** Différent, distinct. *Chambres séparées.* **2.** Se dit de personnes qui ne vivent plus ensemble. *Époux séparés.* – Pp. de *séparer.*

séparément [sepaʀemɑ̃] adv. À part l'un de l'autre, isolément. *On les a interrogés séparément.* – De *séparé.*

séparer [sepaʀe] v. [**1**] **I.** v. tr. **1.** Faire en sorte que cesse de former un tout (ce qui est joint ou mêlé). *Séparer le minerai de sa gangue. Séparer les différentes substances d'un mélange.* ▷ Fig. *Séparer les propositions à retenir de celles qui sont à rejeter.* **2.** Faire en sorte que cessent d'être ensemble (des personnes, des êtres vivants). *Séparer les membres d'une même famille.* – *Séparer deux adversaires,* les empêcher de se battre en les éloignant l'un de l'autre. ▷ Fig. *Un malentendu a séparé les deux amis.* **3.** Diviser (un espace) en plusieurs parties. *Cet appartement a été séparé en deux.* **4.** (Sujet n. de chose.) Former une séparation entre (deux choses, deux êtres vivants). *Le mur qui sépare ces deux maisons.* ▷ Fig. *La raison sépare l'homme de l'animal. Tout sépare ces deux personnes,* elles sont totalement différentes. **II.** v. pron. **1.** Devenir séparé. *Nos chemins se séparent ici.* **2.** Se quitter. *Nous devons nous séparer.* **3.** S'éloigner de; ne plus vivre avec. *Se séparer à regret de ses amis. Il s'est séparé de sa femme.* – Lat. *separare.*

sépia [sepja] n. f. **1.** ZOOL Matière colorante brunâtre sécrétée par la seiche pour se dérober à la vue de ses prédateurs. Syn. encre. **2.** Liquide colorant brun foncé dans la composition duquel entrait cette matière (remplacée auj. par d'autres colorants). **3.** Dessin, lavis exécuté avec la sépia. – Ital. *seppia,* lat. *sepia,* «seiche, encre».

sépiolite [sepjɔlit] n. f. MINER Écume de mer. – All. *Sepiolith,* du gr. *sêpion,* «os de seiche».

seps [sɛps] n. m. ZOOL Reptile saurien méditerranéen (genre *Chalcides*) ovovivipare, au corps fusiforme (une vingtaine de centimètres) et aux pattes réduites. – Mot lat. d'orig. gr.

sept [sɛt] adj. inv. et n. m. inv. **I.** adj. num. inv. **1.** (Cardinal) Six plus un (7). *Les sept péchés capitaux.* **2.** (Ordinal) Septième. *Page sept.* – Ellipt. *Le sept décembre.* **II.** n. m. inv. **1.** Le nombre sept. ▷ Chiffre représentant le nombre sept (7). *Tracer un sept.* ▷ Numéro sept. *Habiter au sept.* ▷ *Le sept :* le septième jour du mois. *Nous sommes le sept.* **2.** JEU Carte portant sept marques. *Le sept de cœur.* **3.** POLIT *Groupe des Sept :* groupe des sept pays les plus industrialisés du monde (Allemagne, Canada, État-Unis, France, Grande-Bretagne, Italie, Japon) qui se réunissent régulièrement pour traiter des problèmes économiques mondiaux. (Abrév. cour. : G7). – Lat. *septem.*

septain [sɛptɛ̃] n. m. Poème ou strophe de sept vers. – De *sept.*

septante [sɛptɑ̃t] adj. num. cardinal. (et n.) Vx ou dial. (Suisse, Belgique.) Soixante-dix. ▷ n. m. pl. RELIG *Les Septante* : les soixante-douze ou soixante-dix docteurs juifs qui traduisirent l'Ancien Testament en grec. *La version des Septante aurait été réalisée à Alexandrie au IIIe ou au IIe s. av. J.-C. sur l'ordre de Ptolémée II.* – Lat. pop. **septanta,* du class. *septuaginta,* « soixante-dix ».

septantième [sɛptɑ̃tjɛm] adj. num. ordin. Vx ou dial. Soixante-dixième. – De *septante.*

septembral, ale, aux [sɛptɑ̃bʀal, o] adj. Rare De septembre. – Plaisant *« La purée septembrale » (Rabelais)* : le vin. – De *septembre.*

septembre [sɛptɑ̃bʀ] n. m. Neuvième mois de l'année, comprenant trente jours. ▷ HIST *Massacres de Septembre* : massacres des prisonniers des prisons de Paris en septembre 1792, par des révolutionnaires fanatiques. – Lat. *september* (septième mois de l'année romaine).

septembrisades [sɛptɑ̃bʀizad] n. f. pl. HIST Massacres de Septembre*. – De *septembriser.*

septembriser [sɛptɑ̃bʀize] v. tr. [1] Tuer en masse. – De *massacres de Septembre**; mot formé en 1793 pour condamner les massacres de 1792.

septembriseur [sɛptɑ̃bʀizœʀ] n. m. HIST Chacun de ceux qui prirent part aux massacres de Septembre*. – De *septembriser.*

septemvir [sɛptɛmviʀ] n. m. ANTIQ ROM Magistrat qui appartenait à un collège de sept membres. – Mot latin, de *septem,* « sept », et *vir,* « homme ».

septennal, ale, aux [sɛptenal, o] adj. Qui dure sept ans; qui se produit tous les sept ans. – Bas lat. *septennalis.*

septennalité [sɛptenalite] n. f. Rare Caractère de ce qui est septennal. – De *septennal.*

septennat [sɛptena] n. m. Durée de sept ans d'une fonction. ▷ *Spécial.* Mandat septennal du président de la République française. – De *septennal.*

septentrion [sɛptɑ̃tʀijɔ̃] n. m. Litt., vieilli *Le septentrion* : le nord. – Lat. *septentrio, septentrionis*; propr. « les sept bœufs de labour », et aussi « l'Ourse polaire, le vent du nord ».

septentrional, ale, aux [sɛptɑ̃tʀijɔnal, o] adj. Didac. Du nord; qui est situé au nord. *Les peuples septentrionaux.* – Lat. *septentrionalis.*

septicémie [sɛptisemi] n. f. MED Infection générale grave causée par la dissémination dans le sang de germes pathogènes à partir d'un foyer primitif (abcès, anthrax, etc.). – De *septique,* et *-émie.*

septicémique [sɛptisemik] adj. MED Relatif à la septicémie. – De *septicémie.*

septicité [sɛptisite] n. f. Didac. Caractère de ce qui est septique, infectieux. – De *septique.*

septidi [sɛptidi] n. m. HIST Septième jour de la décade, dans le calendrier républicain. – Du lat. *septimus,* « septième », et *dies,* « jour ».

septième [sɛtjɛm] adj. et n. **I.** adj. num. ord. Dont le rang est marqué par le nombre 7. *Le septième jour. Habiter au septième étage* ou, ellipt., *au septième.* ▷ *Le septième art* : le cinéma. ▷ Fig. *Être au septième ciel* : être dans le ravissement. **II.** n. **1.** Personne, chose qui occupe la septième place. **2.** n. f. Classe qui précède la sixième, deuxième année du cours moyen de l'enseignement primaire. **3.** n. m. Chaque partie d'un tout divisé en sept parties égales. **4.** n. f. MUS Intervalle de sept degrés. – Septième degré de la gamme diatonique. – De *sept.*

septièmement [sɛtjɛmmɑ̃] adv. En septième lieu. – De *septième.*

septime [sɛptim] n. f. SPORT En escrime, position de la main du tireur, les ongles dessus et la lame dirigée vers la ligne du dessous. – Lat. *septimus,* « septième ».

septimo [sɛptimo] adv. Rare Septièmement. – Mot latin.

septique [sɛptik] adj. **1.** MED Qui provoque ou peut provoquer l'infection. ▷ Contaminé ou provoqué par des germes pathogènes. *Instrument, inflammation septique.* **2.** *Fosse septique* : fosse d'aisances dans laquelle les matières organiques se décomposent par fermentation. – Lat. *septicus,* gr. *sêptikos,* de *sêpein,* « pourrir ».

septmoncel [sɛtmɔ̃sɛl] n. m. Fromage du Jura à moisissures internes, fait avec un mélange de lait de vache et de lait de chèvre. – Nom d'une com. du Jura.

septuagénaire [sɛptɥaʒenɛʀ] adj. et n. Qui a entre soixante-dix et quatre-vingts ans. – Subst. *Un(e) septuagénaire.* – Bas lat. *septuagenarius.*

septuagésime [sɛptɥaʒezim] n. f. LITURG Premier des trois dimanches précédant le carême. – Lat. ecclés. *septuagesima (dies),* « soixante-dixième (jour avant Pâques) ».

septum [sɛptɔm] n. m. ANAT, SC NAT Cloison qui sépare deux cavités, deux parties d'un organe. *Septum nasal.* – Mot lat., « cloison ».

septuor [sɛptɥɔʀ] n. m. MUS Composition pour sept voix ou sept instruments. ▷ Ensemble vocal ou instrumental de sept exécutants. – De *sept,* d'ap. *quatuor.*

septuple [sɛptypl] adj. Qui vaut sept fois autant. *Valeur septuple.* ▷ n. m. *Mise qui rapporte le septuple.* – Bas lat. *septuplus.*

septupler [sɛptyple] v. [1] **1.** v. tr. Didac. Rendre sept fois plus grand. *Septupler son revenu.* **2.** v. intr. Devenir septuple. *Les prix ont septuplé.* – De *septuple.*

sépulcral, ale, aux [sepylkʀal, o] adj. **1.** Vx Relatif, propre au sépulcre. **2.** Fig. Qui fait penser au tombeau, à la mort. *Voix sépulcrale,* caverneuse. – Lat. *sepulcralis.*

sépulcre [sepylkʀ] n. m. Litt. Tombeau. ▷ *Le Saint-Sépulcre* : le tombeau du Christ à Jérusalem. – Les constructions érigées à Jérusalem sur cette tombe et celles proches du lieu où il fut crucifié. – Lat. *sepulcrum.*

sépulture [sepyltyʀ] n. f. **1.** Vx ou litt. Inhumation. *Être privé de sépulture,* enterré non religieusement. **2.** Lieu où l'on enterre un mort; monument funéraire. – Lat. *sepultura.*

séquelle [sekɛl] n. f. **1.** Péjor., vx Suite de gens attachés aux intérêts de qqn, d'un parti. **2.** (Surtout au plur.) MED Manifestation pathologique qui persiste après une maladie, un accident, etc. ▷ Fig. Suites fâcheuses d'un état, d'un événement, etc. *Les séquelles de la crise économique.* – Sens 1, lat. *sequel(l)a,* « conséquence », de *sequi,* « suivre »; sens 2, angl. *sequel,* lat. méd. *sequela.*

séquençage [sekɑ̃saʒ] n. m. BIOL Décryptage des diverses séquences moléculaires constituant un gène. – De *séquence.*

séquence [sekɑ̃s] n. f. **1.** LITURG CATHOL Chant rythmé qui suit le verset de l'alléluia ou le trait dans certaines messes solennelles. **2.** JEU Suite d'au moins trois cartes de même couleur. – Au poker, suite de cinq cartes de couleur quelconque. **3.** LING Suite ordonnée d'éléments. **4.** CINE, AUDIOV Suite de plans constituant une des divisions du récit cinématographique. **5.** INFORM Suite de phases d'un automatisme séquentiel. **6.** Didac. Suite d'opérations, d'éléments ordonnés ou enchaînés. – Bas lat. *sequentia.*

séquencer v. tr. [12] Didac. Disposer en séquences. – De *séquence.*

séquenceur [sekɑ̃sœʀ] n. m. INFORM Organe de commande d'un automatisme séquentiel. – De *séquence.*

séquentiel, elle [sekɑ̃sjɛl] adj. Relatif à une séquence (sens 6). ▷ INFORM Qui commande une suite ordonnée d'opérations. ▷ *Accès séquentiel* : mode d'accès qui nécessite l'exploration préalable d'une suite d'informations (par oppos. à *accès direct*). – De *séquence.*

séquestration [sekɛstʀasjɔ̃] n. f. Action de séquestrer; son résultat. ▷ *Spécial.* DR Délit ou crime consistant, pour un particulier, à tenir une personne séquestrée arbitrairement. – Lat. jurid. *sequestratio.*

séquestre [sekɛstʀ] n. m. **1.** DR Remise d'une chose litigieuse en main tierce jusqu'au règlement de la contestation. *Séquestre conventionnel, judiciaire. Mettre, placer un bien sous séquestre.* ▷ Acte par lequel un État en guerre s'empare des biens ennemis situés sur son territoire. **2.** Rare Dépositaire des biens mis en séquestre. **3.** CHIR Portion d'os nécrosée détachée du reste de l'os. – Lat. *sequestrum,* «dépôt»; sens 2, lat. *sequester,* adj., «médiateur».

séquestrer [sekɛstʀe] v. tr. [1] **1.** DR Mettre sous séquestre. **2.** Cour. Tenir (qqn) enfermé. ▷ *Spécial.* Tenir (qqn) enfermé arbitrairement et illégalement. – Lat. *sequestrare.*

sequin [səkɛ̃] n. m. Ancienne monnaie d'or de Venise qui avait cours en Italie et dans le Levant. – Ital. vénitien *zecchino,* ar. *sikki,* «pièce de monnaie».

séquoia [sekɔja] n. m. Conifère de Californie d'une taille élevée (jusqu'à 140 m). (*Sequoia gigantea* et *Sequoia sempervirens* sont les survivants du genre *Sequoia,* prospère au secondaire et au tertiaire et dont certains individus pouvaient vivre 30-40 siècles.) Syn. wellingtonia. – Lat. bot. *sequoia,* du chef indien *See-Quayah,* ou *Sequoyah* (1760-1843), inventeur d'une écriture syllabique notant la langue indienne cherokee.

sérac [seʀak] n. m. GEOL Bloc ou amas de blocs de glace dû à la fragmentation d'un glacier aux ruptures de pente. – Du savoyard et suisse romand *serai, serat,* «fromage blanc compact», du lat. *serum,* «petit-lait».

sérail [seʀaj] n. m. **1.** Palais du sultan à Istanbul (*le Sérail*), d'un gouverneur de province, dans la Turquie ottomane. – Ensemble des services administratifs, politiques, militaires, du sultan, d'un gouverneur. ▷ Fig. *Avoir été nourri dans le sérail* : avoir une longue expérience (d'un milieu, d'une organisation, etc.); allusion au vers de Racine, dans «*Bajazet*» : «*Nourri dans le sérail, j'en connais les détours*». **2.** *Abusiv.* Vx Harem; ensemble des femmes d'un harem. – Ital. *serraglio,* turco-persan *sarâi,* «palais».

sérançage [seʀɑ̃saʒ] n. m. TECH Action de sérancer. – De *sérancer.*

sérancer [seʀɑ̃se] v. tr. [12] TECH Peigner le lin, le chanvre. – De *séran,* «peigne».

sérancolin [seʀɑ̃kɔlɛ̃] n. m. Syn. de *sarrancolin.*

serapeum, plur. **serapea** [seʀapeɔm, serapea] ou **sérapéum,** plur. **sérapéums** [seʀapeɔm] n. m. ARCHEOL En Égypte, nécropole des taureaux Apis, devenus Osiris à leur mort. – Temple de Sérapis. – Mot lat., du gr. *serapeion.*

séraphin [seʀafɛ̃] n. m. Ange décrit par Isaïe avec trois paires d'ailes. – THEOL *Séraphins* : premier chœur de la première hiérarchie des anges. – Lat. ecclés. *seraphim,* plur. du mot hébreu *sārāf,* «serpent ardent» ou «serpent volant», n. donné aux êtres à six ailes qui se tiennent devant le trône de Dieu.

séraphique [seʀafik] adj. **1.** THEOL Relatif aux séraphins. ▷ *Le Docteur séraphique* : saint Bonaventure (qui appartenait à l'ordre franciscain, dit *ordre séraphique* par allusion à une vision d'un séraphin crucifié qu'eut François d'Assise, son fondateur, peu avant sa mort). **2.** Fig. Angélique, éthéré. *Grâce séraphique.* – Lat. ecclés. *seraphicus,* de *seraphim* (V. séraphin).

serbe [sɛʀb] adj. et n. **1.** adj. De Serbie. ▷ Subst. *Un(e) Serbe.* **2.** n. m. *Le serbe* : la variante du serbo-croate parlée en Serbie. – De *Servie,* anc. nom. de la Serbie; serbe *srb.*

serbo-croate [sɛʀbokʀɔat] adj. et n. **1.** adj. Relatif à la Serbie et à la Croatie. **2.** n. m. Langue slave parlée en Serbie, en Croatie, en Bosnie-Herzégovine et dans le Monténégro. *Le serbo-croate s'écrit soit en alphabet cyrillique (Serbie, Monténégro), soit en alphabet latin (Croatie, Bosnie-Herzégovine).* – De *serbe,* et *croate.*

serdāb [sɛʀdab] n. m. ARCHEOL Petite salle où étaient placées les statues du mort, dans les tombes égyptiennes. – Du persan *sard-āb,* «eau fraîche», par ext. «salle souterraine».

serdeau [sɛʀdo] n. m. Anc. Officier de bouche à la cour des rois de France. – Altér. de *sert d'eau,* «celui qui sert de l'eau».

1. serein, eine [səʀɛ̃, ɛn] adj. **1.** (Conditions atmosphériques.) Pur et calme. *Ciel serein. Nuit sereine.* **2.** Fig. Exempt de trouble, d'inquiétude. *Des jours sereins. Un esprit serein.* – *Un jugement serein,* non entaché de passion, de partialité. – Lat. *serenus.*

2. serein [səʀɛ̃] n. m. Litt. Humidité ou fraîcheur qui tombe par temps clair, les soirs d'été. – Lat. *serenus,* avec infl. de *serum,* «heure tardive».

sereinement [səʀɛnmɑ̃] adv. D'une manière sereine (sens 2). – De *serein* 1.

sérénade [seʀenad] n. f. **1.** Concert de voix ou d'instruments donné la nuit sous les fenêtres de qqn. **2.** Composition instrumentale ou vocale en plusieurs mouvements. **3.** Fam. Charivari. **4.** Fig., fam. Reproches. *Il recommence sa sérénade!* – Ital. *serenata,* d'abord «nuit sereine», du lat. *serenus,* «serein».

sérénissime [seʀenisim] adj. Titre honorifique donné à certains princes. *Altesse sérénissime.* ▷ HIST *La Sérénissime République* : nom donné à la rép. de Venise au XVe s. – Ital. *serenissimo,* «très serein», superl. de *sereno,* «serein».

sérénité [seʀenite] n. f. **1.** État serein (d'une personne, de son apparence, etc.). *Sérénité du visage.* ▷ Caractère d'un jugement serein, impartial. **2.** Litt. État du temps (d'un ciel, etc.) serein. – Lat. *serenitas.*

séreux, euse [seʀø, øz] adj. et n. f. MED Qui a les caractères de la sérosité, du sérum. ▷ *Membrane séreuse* ou, n. f., *une séreuse* : membrane qui tapisse les cavités closes de l'organisme (plèvre, péricarde, etc.). – Du lat. *serum,* «petit-lait, liquide séreux».

serf, serve [sɛʀ(f), sɛʀv] n. et adj. **1.** n. FEOD Personne attachée à une terre et vivant dans la dépendance d'un seigneur. **2.** adj. Relatif aux serfs, à leur état. *Condition serve.* ▷ Fig., litt. Sans indépendance; servile. *Des esprits serfs.* – Lat. *servus,* «esclave».

serfouette [sɛʀfwɛt] n. f. AGRIC Petite pioche dont le fer comporte une lame et une fourche ou une houe. – De *serfouir.*

serfouir [sɛʀfwiʀ] v. tr. [3] AGRIC Ameublir, gratter superficiellement (le sol) à la serfouette. – Du lat. pop. **circumfodire,* class. *circumfodere,* «creuser autour».

serfouissage [sɛʀfwisaʒ] n. m. AGRIC Action de serfouir. – De *serfouir.*

serge [sɛʀʒ] n. f. Tissu de laine sec et serré à armure de sergé. – Du lat. pop. **sarica,* du lat. class. *serica,* plur. neutre de *sericum,* «étoffes de soie».

sergé [sɛʀʒe] n. m. TEXT Une des armures fondamentales utilisées dans le tissage, qui forme des côtes obliques. – *Armure* (en appos.) *sergé* ou (adj.) *sergée.* – De *serge.*

sergent [sɛʀʒɑ̃] n. m. **1.** Anc. Huissier de justice. ▷ Vieilli *Sergent de ville :* agent de police. **2.** Sous-officier du grade le plus bas dans certaines armes (infanterie, génie, aviation, etc.). – *Sergent-chef, sergent-major :* sous-officiers des deux grades intermédiaires entre ceux de sergent et d'adjudant. *Des sergents-chefs, des sergents-majors.* ▷ HIST *Les quatre sergents de La Rochelle :* les sergents Bories, Goubin, Pommier et Raoulx cantonnés à La Rochelle, arrêtés et décapités à Paris en 1822 pour avoir entretenu des relations avec les carbonari. **3.** TECH Serre-joint de menuisier. – Du lat. *serviens, servientis,* ppr. de *servire,* «être au service de».

sergette [sɛʀʒɛt] n. f. Serge légère. – De *serge.*

sérici-. Élément, du lat. *sericus,* «de soie», gr. *sêrikos,* de *Sêres,* «les Sères», nom donné dans l'antiquité gréco-latine à un peuple de Chine.

séricicole [seʀisikɔl] adj. TECH Relatif à la sériciculture. *Industrie séricicole.* – De *sérici-,* et *-cole.*

sériciculteur [seʀisikyltœʀ] n. m. TECH Personne qui s'occupe de sériciculture. – De *sériciculture.*

sériciculture [seʀisikyltyʀ] n. f. TECH Élevage des vers à soie; production de la soie. – De *sérici-,* et *culture.*

séricigène [seʀisiʒɛn] adj. Didac. Qui produit la soie. *Glandes séricigènes du bombyx du mûrier.* – De *sérici-,* et *-gène.*

séricite [seʀisit] n. f. MINER Variété de mica blanc (silicate d'aluminium et de potassium), d'aspect soyeux. – De *séric(i)-,* et *-ite* 3.

série [seʀi] n. f. **1.** MATH Suite de termes se succédant ou se déduisant les uns des autres suivant une loi. ▷ CHIM Ensemble de composés ayant des propriétés communes et une même formule générale. – *Série cyclique :* ensemble des composés organiques qui comportent au moins un cycle dans leur molécule. ▷ PHYS *Série spectrale :* ensemble de raies correspondant aux transitions entre deux niveaux d'énergie d'un atome. **2.** Cour. Suite, succession (de choses analogues et constituant un ensemble). *Une série de portraits, de lois, de dates.* ▷ *Série noire :* suite de malheurs, de revers, etc. ▷ *Série de prix :* document administratif ou intraprofessionnel fixant les tarifs unitaires des services et utilisé, notamment, dans l'établissement des devis. ▷ MUS Base de la musique atonale dodécaphonique, qui se compose d'une suite des douze demi-tons de la gamme chromatique. **3.** Catégorie; groupe correspondant à une division ou à une sélection, dans un classement. *Élèves de la série A.* ▷ SPORT Chaque groupe de concurrents, dans une épreuve qualificative; l'épreuve elle-même. *Séries éliminatoires.* **4.** ELECTR *En série :* se dit d'un montage de conducteurs ou d'appareils qui, placés bout à bout, sont traversés par le même courant (par oppos. à *en parallèle*). **5.** *Fabrication en série :* fabrication normalisée et en grand nombre d'un produit. *La fabrication en série réduit le prix de revient unitaire.* ▷ *Hors série :* en dehors de la fabrication normalisée; fig. hors du commun, exceptionnel. – Lat. *series.*
ENCYCL **Math.** – Soit une suite $x_1, x_2,..., x_n,...$ La série correspondant à cette suite a pour termes $U_1 = x_1$, $U_2 = x_1 + x_2$,..., $U_n = x_1 + x_2 + ... + x_n$. Si U_n admet une limite lorsque n augmente indéfiniment, la série est dite *convergente*; elle est dite *divergente* dans le cas inverse.

sériel, elle [seʀjɛl] adj. Relatif à une série; constitué en série(s). *Un classement sériel.* ▷ MUS *Musique sérielle,* fondée sur l'utilisation de séries. V. dodécaphonisme. – De *série.*

sérier [seʀje] v. tr. [2] Classer par séries; classer pour examiner tour à tour. *Sérier les difficultés.* – De *série.*

sérieusement [seʀjøzmɑ̃] adv. **1.** De manière sérieuse, appliquée. *Travailler sérieusement.* **2.** Sans plaisanter. *Parler sérieusement.* **3.** Gravement. *Être sérieusement blessé.* **4.** Réellement, vraiment, très. *Il en a sérieusement besoin.* – De *sérieux.*

sérieux, euse [seʀjø, øz] adj. et n. m. **I.** adj. **1.** Se dit d'une personne (ou d'une attitude, d'un travail, etc.) réfléchie, conséquente, appliquée. *Un employé, un auditoire sérieux.* **2.** À qui (ou à quoi) l'on peut se fier. *Un associé sérieux. Une proposition sérieuse.* **3.** Qui ne manifeste pas de gaieté; grave. – Fam. *Sérieux comme un pape :* très sérieux. **4.** Rangé dans sa conduite, dans ses mœurs. *Jeune fille sérieuse.* **5.** (Choses) Important, digne de considération. *C'est une affaire sérieuse.* ▷ Considérable (en valeur ou en quantité). *Il a fait de sérieux progrès.* – *Des raisons sérieuses,* valables, fondées. ▷ Qui peut avoir des suites fâcheuses. *Un incident sérieux.* ▷ Qui n'est pas destiné à amuser, à distraire. *Musique sérieuse.* **II.** n. m. **1.** État, attitude d'une personne qui ne rit ni ne plaisante. *Conserver, tenir son sérieux.* **2.** Qualité d'une personne réfléchie, appliquée. *Faire preuve de sérieux.* **3.** Caractère d'une chose digne de considération, de crédit, ou faite avec soin. *Le sérieux d'une offre, d'un travail.* **4.** Loc. adv. *Au sérieux. Prendre qqch au sérieux,* y attacher de l'importance, y croire. – *Prendre qqn au sérieux,* attacher de l'importance à ce qu'il dit ou à ce qu'il fait, avoir pour lui de la considération. – *Se prendre au sérieux :* attacher une importance excessive à sa propre personne, à ses actions, etc. – Lat. médiév. *seriosus,* class. *serius.*

sérigraphie [seʀigʀafi] n. f. TECH Procédé d'impression fondé sur le principe du pochoir et utilisant des écrans de soie dont les mailles ne laissent passer la couleur qu'aux endroits conservés nus. ▷ Image, épreuve obtenue par ce procédé. – De *séri(ci)-,* et *-graphie.*

serin [s(ə)ʀɛ̃] n. m. **1.** Petit oiseau passériforme (genre *Serinus* ou *Carduelis,* fam. fringillidés) dont une espèce, le serin des Canaries (V. canari), possède un plumage jaune vif. ▷ (En appos.) *Jaune serin :* jaune vif. **2.** Fam. Niais, nigaud. *Quel serin!* – P.-ê. du gallo-roman *cerinus,* «jaune».

serine [s(ə)ʀin] n. f. Femelle du serin. – De *serin.*

1. sérine [seʀin] n. f. Syn. (contesté) de *sérum-albumine.* – De *sér(um),* et *(album)ine.*

2. sérine [seʀin] n. f. BIOCHIM Acide aminé possédant une fonction alcool, présent dans les protéines. – De *séricine,* «matière gélatineuse tirée de la soie brute».

seriner [s(ə)ʀine] v. tr. [1] **1.** Vx Instruire (un serin, un oiseau), lui apprendre à chanter au moyen de la serinette. **2.** Fig. Faire apprendre (une chose) en la répétant. *Seriner une leçon à un enfant.* – De *serin.*

serinette [s(ə)ʀinɛt] n. f. Vx Petit orgue mécanique pour apprendre des airs aux oiseaux. – De *serin.*

seringa(t) [s(ə)ʀɛ̃ga] n. m. Arbrisseau (genre *Philadelphus,* fam. saxifragacées) cultivé pour ses fleurs blanches odorantes. – Lat. *syringa,* d'orig. gr., de *syrinx, syringis,* «roseau».

seringage [s(ə)ʀɛ̃gaʒ] n. m. AGRIC Action de seringuer (sens 2). – De *seringuer.*

seringue [s(ə)ʀɛ̃g] n. f. **1.** Petite pompe servant à injecter des liquides dans l'organisme, ou à en extraire, à en prélever. **2.** Instrument de jardinier, petite pompe destinée aux arrosages légers et aux projections d'insecticide. **3.** Arg. Arme automatique à tir rapide. – Du bas lat. *syringa,* de *syrinx, syringis,* «roseau, flûte de roseau».

seringuer [s(ə)ʀɛ̃ge] v. tr. [1] **1.** Injecter avec une seringue. **2.** AGRIC Arroser des plantes avec une seringue (sens 2). **3.** Arg. Tirer sur (qqn) avec une arme à feu, mitrailler. – De *seringue.*

seringuero [seʀing(w)eʀo] n. m. Au Brésil, récolteur du latex des hévéas. – Mot portug., de *seringa*, nom portug. de certains hévéas.

sérique [seʀik] adj. MED Qui a rapport à un sérum, au sérum. – De *sérum*.

serment [sɛʀmɑ̃] n. m. **1.** Attestation, en prenant comme témoin Dieu ou ce que l'on considère comme sacré, de la vérité d'une affirmation, de la sincérité d'une promesse. *Prêter serment. Témoigner sous la foi du serment.* – *Serment professionnel*, celui par lequel on jure de remplir strictement les fonctions dont on est investi. *Serment d'Hippocrate* : serment énonçant les principes de la déontologie médicale prononcé par tout médecin avant de pouvoir exercer. **2.** Promesse formelle. *Serment d'amour, de fidélité.* – Fam. *Serment d'ivrogne*, qui n'est jamais tenu. – Du lat. *sacramentum*, de *sacrare*, «consacrer, rendre sacré».

sermon [sɛʀmɔ̃] n. m. **1.** Discours prononcé en chaire pour instruire et exhorter les fidèles. *Les sermons de Bossuet.* **2.** Péjor. Discours ennuyeux et moralisateur; remontrance. – Lat. *sermo, sermonis*.

sermonnaire [sɛʀmɔnɛʀ] n. m. **1.** Auteur de sermons. **2.** Recueil de sermons. – De *sermon*.

sermonner [sɛʀmɔne] v. tr. [1] Adresser un sermon (sens 2), des remontrances à. *Sermonner un enfant.* – De *sermon*.

sermonneur, euse [sɛʀmɔnœʀ, øz] n. Personne qui sermonne, qui a tendance à sermonner. ▷ adj. *Il est sermonneur.* – De *sermonner*.

séro-. Élément, de *sérum*.

sérodiagnostic [seʀodjagnɔstik] n. m. MED Méthode de diagnostic fondée sur la mise en évidence d'anticorps spécifiques dans le sérum du sujet. – De *séro-*, et *diagnostic*.

sérologie [seʀɔlɔʒi] n. f. BIOL Étude des sérums, de leurs propriétés (notam. immunologiques). – De *séro-*, et *-logie*.

sérologique [seʀɔlɔʒik] adj. BIOL Relatif à la sérologie. – De *sérologie*.

séronégatif, ive [seʀonegatif, iv] adj. Chez qui le sérodiagnostic donne un résultat négatif. – *Spécial.* Présentant un test sérologique négatif concernant le sida. – De *séro-*, et *négatif*.

séropositif, ive [seʀopozitif, iv] adj. et n. Chez qui le sérodiagnostic donne un résultat positif. – *Spécial.* Présentant un test sérologique positif concernant le sida. – De *séro-*, et *positif*.

séropositivité [seʀopozitivite] n. f. Caractère séropositif. – *Spécial.* Caractère séropositif en ce qui concerne le diagnostic du sida. – De *séropositif*.

séroprévalence [seʀopʀevalɑ̃s] n. f. Didac. Nombre d'individus séropositifs à un moment donné pour un microbe et une population donnés. – De *séro-*, et de l'a. fr. *prévalent*, du lat. *praevalere*, «avoir le dessus, l'emporter».

sérosité [seʀozite] n. f. PHYSIOL Liquide analogue au sérum sanguin, qui se forme dans les séreuses; liquide des hydropisies, des œdèmes, des phlyctènes, etc. – Du rad. de *séreux*.

sérothérapie [seʀoteʀapi] n. f. MED Emploi thérapeutique d'un sérum provenant d'un sujet (humain ou animal) immunisé. *Sérothérapie antitétanique.* – De *séro-*, et *thérapie*.

sérothérapique [seʀoteʀapik] adj. MED Relatif à la sérothérapie. – De *sérothérapie*.

sérotonine [seʀotɔnin] n. f. BIOCHIM Neurotransmetteur de la douleur à l'action vaso-constrictrice intense, sécrété par les fibres nerveuses et, lors de la formation du caillot sanguin, par les plaquettes. – Mot angl. *serotonin*; de *séro-*, *ton(ique)*, et *-ine*.

séroual. V. saroual.

sérovaccination [seʀovaksinasjɔ̃] n. f. MED Immunisation par l'action associée d'un sérum et d'un vaccin. – De *séro-*, et *vaccination*.

serpe [sɛʀp] n. f. Outil tranchant à large lame recourbée, utilisé pour tailler les arbres, fendre du bois, etc. ▷ Fig. *Visage taillé à la serpe, à coups de serpe*, aux traits anguleux. – Lat. pop. **sarpa*, de *sarpere*, «tailler».

serpent [sɛʀpɑ̃] n. m. **1.** Reptile au corps allongé, dépourvu de membres, et qui se déplace par reptation. *Serpent à lunettes* : naja. *Serpent à sonnette(s)* : crotale. *Serpent d'eau* : couleuvre aquatique. *Serpent de verre* (saurien) : orvet. ▷ Fig. *Réchauffer un serpent dans son sein* : favoriser les débuts dans la vie d'une personne qui plus tard nuira à son bienfaiteur. ▷ *Serpent de mer* : monstre marin hypothétique dont les apparitions, signalées par des témoins plus ou moins dignes de foi, fournissent périodiquement des sujets d'articles à sensation. ▷ *Le Serpent* : le démon tentateur, dans les Écritures. **2.** Fig. Personne perfide, mauvaise. ▷ *Une langue de serpent* : une personne médisante. **3.** MUS Ancien instrument à vent, en forme de S. **4.** ECON, FIN *Serpent monétaire européen* : système qui fixe la fluctuation autorisée des cours du change de monnaies liées entre elles sans intervention obligatoire des banques centrales. – Lat. *serpens, serpentis*, propr. «rampant».

serpentaire [sɛʀpɑ̃tɛʀ] n. **1.** n. f. Nom de diverses plantes, notam. d'une aracée *(Arum dracunculus)*. **2.** n. m. ORNITH Oiseau falconiforme huppé d'Afrique tropicale (genre *Sagittarius*), haut sur pattes, qui se nourrit de serpents. Syn. secrétaire. – Sens 1, lat. *serpentaria, serpentarius*, dér. de *serpens*, «rampant»; sens 2, lat. scientif. *serpentarius*.

serpenteau [sɛʀpɑ̃to] n. m. **1.** Jeune serpent. **2.** Fusée d'artifice à mouvement sinueux. – Dimin. de *serpent*.

serpentement [sɛʀpɑ̃tmɑ̃] n. m. Rare Action, fait de serpenter. – De *serpenter*.

serpenter [sɛʀpɑ̃te] v. intr. [1] Former des ondulations, des sinuosités. *Chemin qui serpente.* – De *serpent*.

serpentin, ine [sɛʀpɑ̃tɛ̃, in] adj. et n. m. **I.** adj. **1.** Qui tient du serpent par sa forme, son mouvement. *Ligne, danse serpentine.* **2.** Marqué de taches comme la peau de serpent. *Marbre serpentin* : ophite. **II.** n. m. **1.** Tuyauterie sinueuse ou en hélice (dans les appareils de chauffage, de distillation, etc.). **2.** Petit rouleau étroit de papier de couleur vive, qui se déroule quand on le lance. *Serpentins et confettis.* – Lat. *serpentinus*, «de serpent».

serpentine [sɛʀpɑ̃tin] n. f. MINER Silicate de magnésium hydraté, de couleur verte, présent dans les roches métamorphiques. – De *serpentin*, adj.

serpette [sɛʀpɛt] n. f. Petite serpe. – Dimin. de *serpe*.

serpigineux, euse [sɛʀpiʒinø, øz] adj. MED Se dit des affections cutanées qui se déplacent de façon sinueuse, guérissant en un point et s'étendant sur un autre. – Du moyen fr. *serpigine*, du lat. pop. **serpigo*, bas lat. *serpedo*, «dartre, érysipèle».

serpillière [sɛʀpijɛʀ] n. f. **1.** Grosse toile servant à emballer des marchandises. **2.** Torchon fait de cette toile, utilisé pour laver les sols. – Probabl. de *charpie*.

serpolet [sɛʀpɔlɛ] n. m. Thym sauvage (*Thymus serpyllum*). – Dimin. de l'anc. provenç. *serpol*, lat. *serpullum* ou *serpyllum*.

serpule [sɛʀpyl] n. f. ZOOL Ver annélide polychète marin (genre *Serpula*) vivant dans un tube calcaire qu'il sécrète. – Lat. zool. *serpula*, «petit serpent» en lat. class.

serrage [seʀaʒ] n. m. Action de serrer; son résultat. *Le serrage des freins.* – De *serrer.*

serran [seʀɑ̃] n. m. ICHTYOL Poisson marin (genre *Serranus*) carnivore, très vorace, appelé aussi *perche de mer.* – Mot dial., du lat. *serra,* propr. «scie».

serrate [seʀat] adj. Didac. Se dit d'une monnaie à bord dentelé. – Lat. *serratus,* «en dents de scie».

serratule [seʀatyl] n. f. BOT Plante annuelle (fam. composées) à feuilles finement dentées, dont une espèce (*Serratula tinctoria*) fournit un colorant jaune. – Lat. *serratula,* propr. «petite scie».

1. serre [sɛʀ] n. f. **1.** Abri clos à parois translucides (en verre ou en plastique) destiné à protéger les végétaux du froid. *Les serres chaudes abritent les plantes tropicales et équatoriales.* ▷ METEO *Effet de serre :* phénomène de réchauffement dû à l'action de l'atmosphère (comparée à celle de la vitre d'une serre) qui laisse passer certaines radiations solaires jusqu'à la Terre, tandis qu'elle en absorbe d'autres venues de cette dernière et qu'elle lui renvoie. **2.** (Plur.) Griffes puissantes des rapaces. **3.** TECH Action de serrer, de presser du raisin ou d'autres fruits. *Première serre.* **4.** MAR Pièce longitudinale de la charpente d'un navire, perpendiculaire aux couples. – Déverbal de *serrer.*

2. serre [sɛʀ] n. f. GEOGR Colline étroite et allongée, dans le midi de la France. – Mot prélatin, avec influence du lat. *serra,* «scie»; même fam. que l'esp. *sierra,* «montagne».

serré, ée [seʀe] adj. et adv. **I.** adj. **1.** Dont les éléments sont étroitement rapprochés. *Un gazon dru et serré. Cheval serré du devant, du derrière,* dont les membres antérieurs, postérieurs, sont trop rapprochés. ▷ CINE, AUDIOV *Montage serré,* comportant des plans très courts. **2.** Fig. Qui dénote la rigueur, la vigilance. *Raisonnement serré. Jeu serré,* qui laisse peu de prise à l'adversaire. **3.** Fig. Gêné par des difficultés financières. ▷ Fam. Qui n'aime pas dépenser son argent, qui est peu généreux. **4.** *Café serré,* fait avec beaucoup de poudre de café et peu d'eau. **II.** adv. En serrant les éléments. *Tricoter serré.* ▷ Fig. Avec vigilance. *Jouer serré.* – Pp. de *serrer.*

serre-câble [sɛʀkɑbl] n. m. Dispositif servant à relier deux câbles bout à bout par serrage. *Des serre-câbles.* – De *serrer* et *câble.*

serre-file [sɛʀfil] n. m. **1.** MILIT Officier ou sous-officier qui, placé à l'arrière d'une troupe, surveille la marche de celle-ci. *Des serre-files.* **2.** MAR Dernier bâtiment d'une ligne de file ou d'un convoi. – De *serrer,* et *file.*

serre-fils [sɛʀfil] n. m. inv. ELECTR Raccord servant à connecter deux fils par serrage. – De *serrer,* et *fil.*

serre-frein(s) [sɛʀfʀɛ̃] n. m. inv. CH de F Employé chargé de la manœuvre des freins d'un convoi autres que ceux commandés de la locomotive. – De *serrer,* et *frein.*

serre-joint(s) [sɛʀʒwɛ̃] n. m. inv. TECH Instrument utilisé pour assurer le serrage d'un joint pendant le temps de prise de la colle. – De *serrer,* et *joint.*

serre-livres [sɛʀlivʀ] n. m. inv. Chacun des deux objets lourds et d'assise solide entre lesquels on dispose des livres debout. – De *serrer,* et *livre.*

serrement [sɛʀmɑ̃] n. m. **1.** Action de serrer. *Serrement de main :* poignée de main. ▷ Fig. *Serrement de cœur :* sensation pénible provoquée par l'angoisse, la tristesse. **2.** Dans une mine, barrage étanche destiné à empêcher l'envahissement des galeries par les eaux. – De *serrer.*

serrer [seʀe] v. [1] **I.** v. tr. **1.** Tenir, entourer en exerçant une pression. *Serrer qqn, qqch contre soi. Serrer la main de qqn,* pour le saluer, pour prendre congé. ▷ Fig. *Cela serre le cœur,* excite la compassion, le chagrin. *L'émotion lui serrait la gorge,* l'oppressait, l'empêchait de parler. **2.** (Sujet nom de chose.) Gainer très, trop étroitement. *Col qui serre le cou.* **3.** Rendre très étroit (un lien, un nœud). *Serrer la ficelle autour d'un paquet.* **4.** Appliquer fortement (une chose) contre une autre en tournant, en pressant. *Serrer un écrou, un frein.* – Loc. fig., fam. *Serrer la vis à qqn,* se montrer rigoureux, sévère à son égard. **5.** Rapprocher (des personnes, des choses espacées). *Serrer les rangs.* – *Serrer les dents :* crisper les mâchoires; fig. rassembler son énergie pour résister à qqch de pénible. **6.** (En parlant d'un véhicule.) Longer de très près. *Serrer le trottoir.* – Absol. *Serrer à droite.* – MAR *Navire qui serre la terre. Serrer le vent :* naviguer au plus près du vent. ▷ *Serrer qqn de près,* le suivre à faible distance. **7.** Vieilli ou rég. Mettre à couvert, en sûreté. *Serrer son argent dans une cachette.* ▷ (Canada) Ranger, remiser. *Serrer la vaisselle, ses skis.* **II.** v. pron. **1.** Entourer une partie de son corps en la comprimant. *Se serrer la taille.* – Fam., fig. *Se serrer la ceinture :* réduire sa consommation de nourriture; *par ext.* restreindre ses dépenses. **2.** Se rapprocher les uns des autres. *Serrez-vous pour nous faire un peu de place.* ▷ *Se serrer contre qqn.* – Lat. pop. **serrare,* altér. du bas lat. *serare,* du class. *sera,* «barre, verrou».

serre-tête [sɛʀtɛt] n. m. inv. Bandeau rigide qui retient la chevelure. – De *serrer,* et *tête.*

serriste [seʀist] n. TECH Agriculteur, horticulteur spécialisé dans la culture en serres. – De *serre* 1 (sens 1).

serrure [seʀyʀ] n. f. Dispositif mécanique fixe qui permet de bloquer une porte, un panneau pivotant ou coulissant, un tiroir, etc., en position fermée au moyen d'une clé. *Faire jouer le pêne* d'une serrure dans la gâche*.* – De *serrer,* «fermer».

serrurerie [seʀyʀʀi] n. f. **1.** Cour. Art, métier du serrurier. **2.** TECH Confection d'ouvrages en fer pour le bâtiment (grilles, balcons, rampes d'escaliers, ferrures d'huisseries, etc.). – De *serrure.*

serrurier [seʀyʀje] n. m. Celui qui fabrique, pose, vend des serrures et des ouvrages en fer. – De *serrure.*

sertão [sɛʀtao] n. m. GEOGR Au Brésil, zone semi-aride où l'on pratique l'élevage extensif. *Un sertão.* ▷ Spécial. *Le Sertão,* celui du Nordeste. – Mot portug. du Brésil.

serte [sɛʀt] n. f. TECH Sertissage (des pierres précieuses). – Déverbal de *sertir.*

sertir [sɛʀtiʀ] v. tr. [3] **1.** Enchâsser (une pierre) dans un chaton. **2.** TECH Fixer, assujettir (une pièce métallique) par pliage à froid. – *Sertir une cartouche :* refouler son extrémité en formant un bourrelet sur la rondelle de carton qui maintient les plombs. – Du lat. pop. **sartire,* class. *sarcire,* «réparer».

sertissage [sɛʀtisaʒ] n. m. Action de sertir; son résultat. – De *sertir.*

sertisseur, euse [sɛʀtisœʀ, øz] n. **1.** Personne dont le métier est de sertir. **2.** n. m. Appareil à sertir les cartouches. – De *sertir.*

sertissure [sɛʀtisyʀ] n. f. TECH **1.** Manière dont une pierre précieuse est sertie. **2.** Partie du chaton dans laquelle la pierre précieuse est sertie. – De *sertir.*

sérum [seʀɔm] n. m. **1.** Vx Partie aqueuse du lait, se séparant de celui-ci par coagulation. **2.** *Sérum sanguin* ou, absol., *sérum :* partie liquide du sang, plasma débarrassé de la fibrine et de certains agents de la coagulation. ▷ *Sérum thérapeutique :* sérum prélevé sur un animal immunisé ou sur un sujet convalescent ou récemment vacciné et que l'on injecte par voie sous-cutanée ou intramusculaire, à titre préventif ou curatif contre une maladie infectieuse ou contre les effets d'une substance toxique ou d'un venin. *Sérum antidiphtérique, antitétanique.* **3.** *Sérum physiologique :* solution à

9 ‰ de chlorure de sodium, isotonique au plasma sanguin, administrée notam. en cas de déperdition saline avec déshydratation. **4.** *Sérum de vérité* : composé barbiturique employé en narco-analyse pour obtenir l'abaissement de la vigilance d'un sujet, dans un but d'investigation non thérapeutique. – Lat. *serum*, « petit-lait, liquide séreux ».

sérum-albumine [seʀɔmalbymin] n. f. BIOL Protéine du sérum, qui joue un rôle important dans le transport de certaines substances (bilirubine, hématine, etc.). *Des sérum-albumines.* – Angl. *serum albumin.*

sérum-globuline [seʀɔmglɔbylin] n. f. Protéine sérique du groupe des globulines. *Des sérum-globulines.* – Angl. *serum globulin.*

servage [sɛʀvaʒ] n. m. **1.** HIST État de serf. *Le servage dans la société féodale.* **2.** Fig. Servitude morale ; entrave à la liberté de penser, d'agir. – De *serf.*

serval, als [sɛʀval] n. m. ZOOL Petit mammifère félidé africain (*Felis serval*), haut d'une cinquantaine de centimètres au garrot, recherché pour son pelage moucheté. – Portug. *cerval*, « cervier », de *cervo*, « cerf ».

servant [sɛʀvɑ̃] adj. m. et n. m. **I.** adj. m. **1.** RELIG CATHOL *Frère servant* : frère convers qui sert les moines. **2.** *Cavalier, chevalier servant* : compagnon empressé et galant d'une femme. **3.** *Fonds servant* : fonds supportant une servitude (par oppos. à *fonds dominant*). **II.** n. m. **1.** RELIG CATHOL Clerc ou laïque qui sert une messe basse. **2.** MILIT Artilleur chargé d'approvisionner une pièce pendant le tir. **3.** SPORT Celui qui sert la balle. Syn. serveur. – Ppr. de *servir.*

servante [sɛʀvɑ̃t] n. f. **1.** Vieilli Employée de maison, domestique. **2.** Vieilli Table utilisée comme desserte. **3.** TECH Support réglable utilisé pour soutenir les pièces longues dont on travaille une extrémité sur l'établi. *Servante de menuisier, de serrurier.* – Ppr. fém. subst. de *servir.*

serve. V. serf.

serveur, euse [sɛʀvœʀ, øz] n. **1.** Personne qui sert les repas ou les consommations, dans un restaurant, un café, etc. **2.** SPORT Personne qui sert la balle. Syn. servant. **3.** n. m. INFORM Organisme exploitant un système informatique permettant à un demandeur la consultation et l'utilisation directes d'une ou plusieurs banques de données. – De *servir.*

serviabilité [sɛʀvjabilite] n. f. Qualité d'une personne serviable. – De *serviable.*

serviable [sɛʀvjabl] adj. Qui rend volontiers service ; obligeant. – De *servir.*

service [sɛʀvis] n. m. **I. 1.** Fonction, travail des gens de maison, du personnel hôtelier. *Entrer au service de qqn.* ▷ Manière dont ce travail est effectué. *Restaurant où le service est irréprochable.* – Gratification laissée par le client pour ce travail ; pourboire. *Service compris.* ▷ *Escalier de service*, affecté aux employés de maison, aux fournisseurs, etc. ▷ (Formule de civilité.) *Je suis à votre service*, à votre disposition. **2.** (Dans *en service, hors service*.) Marche, fonctionnement, activité. *Mettre une machine en service. Ascenseur hors service.* **II.** Fait de servir en vertu d'une obligation morale. *Être au service de son pays.* ▷ *Service religieux* : célébration de l'office divin. ▷ *Service militaire* ou *service national* : temps pendant lequel un citoyen doit remplir ses obligations militaires. ▷ *Service d'ordre* : ensemble des personnes préposées au maintien de l'ordre. **III. 1.** Fait de s'acquitter de ses obligations envers un employeur. *Avoir vingt ans de service dans une entreprise. Prendre son service à 8 heures. Être de service* : être tenu d'exercer ses fonctions à un moment précis ; être en train de les exercer. *Être en service commandé* : accomplir une tâche qui découle de ses fonctions. ▷ (Plur.) Travail rémunéré. *Être satisfait des services de qqn.* – *États de services* : relevé des postes occupés par un fonctionnaire, un militaire. **2.** Division administrative de l'État, d'une organisation publique ou privée, correspondant à une branche d'activité. *Le service de la Sûreté.* – MILIT *Le service du matériel, de santé (de l'armée).* – *Le service de cardiologie d'un hôpital. Service commercial d'une entreprise.* ▷ *Service public* : organisme ayant une fonction d'intérêt public (postes, transports, etc.) ; cette fonction. **3.** n. m. pl. ECON Avantages ou satisfactions, à titre onéreux ou gratuit, fournis par les entreprises ou par l'État ; activités économiques qui ne produisent pas directement des biens concrets. *Société de services. Prestataire* de services.* ▷ *Service de la dette* : ensemble des charges liées à l'exécution des obligations contractées (remboursement et amortissement des emprunts, paiement des intérêts, etc.). **IV.** Ce qu'on fait bénévolement pour être utile à qqn. *Rendre (un) service.* ▷ Fig. *Ses jambes lui refusent tout service* : il ne peut plus marcher. **V. 1.** Envoi, fourniture. *Faire le service gratuit d'un journal à qqn.* – *Service de presse* : distribution gratuite d'exemplaires d'un ouvrage aux critiques, aux journalistes ; ces exemplaires. **2.** *Service après-vente* : ensemble des opérations nécessitées par la pose, l'entretien, la réparation d'une machine, d'un appareil, qui sont assurées par le vendeur. **3.** SPORT Action de servir* la balle. **VI. 1.** Chacune des séries de repas servies dans un wagon-restaurant, une cantine, etc. *Premier, deuxième service.* **2.** Assortiment de vaisselle, de linge de table. *Service de porcelaine.* – Du lat. *servitium*, « esclavage ».

serviette [sɛʀvjɛt] n. f. **1.** Linge qu'on utilise à table ou pour la toilette. ▷ *Serviette hygiénique*, utilisée comme protection périodique*. **2.** Sac rectangulaire à rabat dans lequel on transporte des livres, des documents, etc. – De *servir.*

serviette-éponge [sɛʀvjɛtepɔ̃ʒ] n. f. Serviette de toilette en tissu-éponge. *Des serviettes-éponges.* – De *serviette*, et *éponge.*

servile [sɛʀvil] adj. **1.** Qui appartient à l'état d'esclave, de serf. *Tâches serviles.* ▷ HIST Qui concerne les serfs, le servage. *Les guerres serviles, révoltes d'esclaves armés et organisés, secouèrent le monde romain à trois reprises : v.134-132, v.104-101 et en 73-71 av. J.-C. ; la dernière révolte fut menée par Spartacus et écrasée par Crassus et Pompée.* **2.** Fig. Qui s'abaisse de façon dégradante devant ceux dont il dépend. *Il est servile.* – Par ext. *Complaisance servile.* **3.** Qui ne prend pas assez de liberté à l'égard d'un modèle. *Traducteur servile.* – Lat. *servilis*, de *servus*, « esclave ».

servilement [sɛʀvilmɑ̃] adv. D'une manière servile (sens 2 et 3). – De *servile.*

servilité [sɛʀvilite] n. f. Fait d'être servile (personnes) ; caractère de ce qui est servile (sens 2 et 3). – De *servile.*

servir [sɛʀviʀ] v. [30] **I.** v. tr. dir. **1.** Remplir les fonctions d'employé de maison auprès de (qqn). *Le vieux valet de chambre avait servi le duc pendant trente ans.* **2.** S'acquitter de devoirs, d'obligations envers. *Servir le roi. Servir l'État.* ▷ *Absol.* Combattre, être militaire. *Il avait servi sous Turenne.* **3.** Apporter son aide, son appui à (qqn, qqch). *Servir son prochain. Servir la cause de la paix.* – Fig. *Les circonstances l'ont bien servi*, aidé. **4.** *Servir la messe* : assister le prêtre durant la messe. **5.** Fournir (un client). *Ce boucher nous sert bien.* **6.** Présenter ou donner (un mets, une boisson à un convive). *Servir un plat. Servir à boire à qqn.* **7.** Mettre (certaines choses) à la disposition de qqn. *Servir des cartes*, en distribuer aux joueurs. – SPORT *Servir la balle* ou, absol., *servir*, la mettre en jeu. – *Servir une rente*, la payer régulièrement. **8.** Mettre (une pièce d'artillerie, une arme à tir rapide) en état de fonctionner. *Servir une pièce d'artillerie*, l'alimenter en munitions. **9.** VEN Tuer (un cerf, un daim, un chevreuil, un sanglier aux abois). *Servir le cerf à la dague.* **II.** v. tr. indir. **1.** (Sujet n. de chose.) *Servir à* : être destiné à (un usage) ; être utile, bon à (qqch, pour qqn).

Cela ne sert à rien. ▷ Impers. (suivi de la prép. *de* et de l'inf.) *À quoi sert(-il) de continuer ?* Litt. *Que sert(-il) de... ?* **2.** *Servir à qqn de :* tenir lieu, faire office de. *Il m'a servi de professeur. Cela lui sert de prétexte.* **III.** v. pron. **1.** (Personnes) Prendre soi-même ce dont on a besoin ou envie, à table, chez un hôte, un commerçant. *Si vous voulez qqch, servez-vous. Elle se sert chez vous :* elle se fournit chez vous. **2.** Faire usage de, utiliser. *Se servir d'un outil. Se servir de qqn pour arriver à ses fins.* **3.** (Choses) Être servi habituellement. *Ce plat se sert avec une garniture.* – Lat. *servire,* « être esclave, être soumis ou dévoué à ».

serviteur [sɛʀvitœʀ] n. m. **1.** Vieilli Celui qui est au service de qqn ; domestique. ▷ Litt. *Serviteur de... :* celui qui sert (qqn, qqch envers qui ou envers quoi il a des obligations). *Serviteur de l'État.* **2.** *Votre très humble serviteur :* anc. formule de politesse. ▷ Mod., plaisant *Votre serviteur :* moi qui vous parle. – Bas lat. *servitor.*

servitude [sɛʀvityd] n. f. **1.** HIST État du serf ; esclavage. ▷ Mod. État d'une personne ou d'un peuple privés de leur indépendance. *Réduire un pays en servitude.* **2.** Entrave à la liberté d'action ; contrainte, assujettissement. *Tout métier comporte ses servitudes.* **3.** DR Charge imposée sur une propriété (*fonds servant*), pour l'usage et l'utilité d'une autre (*fonds dominant*) qui n'appartient pas au même propriétaire. **4.** MAR *Bâtiment de servitude,* qui assure les services d'un port, d'une rade, d'un arsenal. – Bas lat. *servitudo.*

servo-. Élément, du lat. *servus,* « esclave », impliquant une idée d'asservissement (V. ce mot, sens 3).

servocommande [sɛʀvokɔmɑ̃d] n. f. TECH Dispositif qui amplifie un effort et le transmet à un organe pour en commander le fonctionnement. – De *servo-,* et *commande.*

servodirection [sɛʀvodiʀɛksjɔ̃] n. f. AUTO Servocommande qui actionne les organes de direction d'un véhicule (constituant ainsi une direction assistée). – De *servo-,* et *direction.*

servofrein [sɛʀvofʀɛ̃] n. m. AUTO Servocommande agissant sur les organes de freinage. – De *servo-,* et *frein.*

servomécanisme [sɛʀvomekanism] n. m. TECH Dispositif qui réalise automatiquement un asservissement. *Un servomécanisme a pour fonction de régler automatiquement une grandeur quelconque (position, vitesse de rotation, pression, température, etc.) après affichage d'une valeur de consigne.* – De *servo-,* et *mécanisme.*

servomoteur [sɛʀvomɔtœʀ] n. m. TECH Moteur servant au réglage d'un organe dans un servomécanisme. – De *servo-,* et *moteur.*

servovalve [sɛʀvovalv] n. f. TECH Soupape, vanne actionnée par un servomoteur. – De *servo-,* et *valve.*

ses. V. son (1).

sésame [sezam] n. m. **1.** Plante dicotylédone gamopétale (*Sesamum indicum*) originaire de l'Inde et cultivée également en Afrique pour ses graines dont on extrait une huile alimentaire. **2.** Fig., litt. Ce qui permet d'atteindre un but, comme par enchantement. *Votre lettre a servi de sésame.* – Lat. *sesamum,* gr. *sêsamon ;* sens 2, par allusion à la formule magique *Sésame, ouvre-toi,* du conte « Ali Baba et les quarante voleurs », dans « les Mille et Une Nuits ».

sésamoïde [sezamɔid] adj. ANAT *Os sésamoïdes :* petits os du carpe et du tarse. – Gr. *sêsamoeidês,* « qui ressemble au (grain de) sésame ».

sesbania [sɛsbanja] ou **sesbanie** [sɛsbani] n. f. BOT Arbuste indien (*Sesbania cannabina,* fam. papilionacées) dont les tiges produisent une filasse utilisée pour fabriquer du papier à cigarette. – Arabo-persan *sisabân.*

sesquioxyde [sɛskɥiɔksid] n. m. CHIM Anc. Oxyde qui contient une fois et demie l'oxygène contenu dans le protoxyde, pour une même quantité de l'élément oxydé (ex. Fe_2O_3 sesquioxyde de fer). – Du lat. *sesqui,* « un demi en plus », et de *oxyde.*

sessile [sesil] adj. BOT Qui s'insère sur un organe sans être porté par un pédoncule. *Fleur, feuille sessile.* – Du lat. *sessilis,* « sur quoi on peut s'asseoir », de *sedere,* « être assis ».

session [sɛsjɔ̃] n. f. **1.** Temps pendant lequel siège un corps délibérant, un tribunal, etc. *Session parlementaire. Session de printemps.* **2.** Temps pendant lequel siège un jury d'examen. *Session d'octobre.* – Du lat. *sessio,* « fait d'être assis ».

sesterce [sɛstɛʀs] n. m. ANTIQ ROM Monnaie romaine frappée en argent (sous la république), puis en laiton (sous l'empire), dont la valeur était de deux as et demi. – Lat. *sestertius.*

set [sɛt] n. m. (Anglicisme) **1.** Manche d'une partie de tennis, de tennis de table, de volley-ball. **2.** *Set de table :* service de table constitué par un assortiment de napperons que l'on place sous les assiettes pour protéger la nappe ou la remplacer. ▷ *Abusiv.* Chacun de ces napperons. – Mot angl., « ensemble, suite, etc. ».

sétacé, ée [setase] adj. SC NAT Qui a la forme, l'aspect d'une soie de porc. – Du lat. *sæta,* « soie, poil ».

séteau. V. céteau.

setier [sətje] n. m. Ancienne mesure de capacité pour les grains et les liquides, de valeur très variable selon les régions (entre 150 et 300 l). – Du lat. *sextarius,* « sixième partie ».

séton [setɔ̃] n. m. **1.** MED Anc. Mèche de linge ou de coton ou faisceau de crins que l'on passait sous la peau par deux ouvertures, pour entretenir un exutoire* ; cet exutoire lui-même. **2.** *Blessure en séton :* blessure superficielle faite par une arme blanche ou un projectile qui ont cheminé sous les chairs en faisant deux orifices. – Lat. médiév. *seto,* anc. provenç. *sedon,* de *seda,* lat. *sæta,* « soie ».

setter [setɛʀ] n. m. Grand chien d'arrêt à longs poils doux et ondulés. *Setter irlandais,* à la robe acajou brillant. – Mot angl., de *to set,* « s'arrêter ».

seuil [sœj] n. m. **1.** Partie inférieure de l'ouverture d'une porte, généralement constituée par une dalle de pierre ou une pièce de bois. **2.** Entrée d'une maison ; emplacement devant la porte, à proximité immédiate de celle-ci. *Prendre le soleil sur le seuil.* ▷ Fig., litt. *Le seuil de :* le début, le commencement de. *Le seuil de la vie. Au seuil de la vieillesse, il s'assagit.* **3.** GEOGR Élévation d'un fond marin ou fluvial ; exhaussement de terrain séparant deux régions d'altitudes comparables. *Le seuil du Poitou.* **4.** Valeur à partir de laquelle un phénomène produit (ou, plus rarement, cesse de produire) un effet. ▷ PHYS NUCL *Seuil d'énergie d'une particule :* énergie minimale nécessaire pour que cette particule déclenche la réaction nucléaire. ▷ PHYSIOL Valeur minimale en deçà de laquelle un stimulus ne produit pas d'effet. *Seuil d'audibilité.* **5.** Niveau au-delà duquel la situation est critique. – ECON *Seuil de rentabilité :* niveau de production à partir duquel la vente permet de couvrir les frais. – Du lat. *solea,* « sandale », et « plancher » en bas latin ; d'abord *sueil.*

seul, seule [sœl] adj. et n. **A.** adj. **I.** (Attribut ou épithète placé après le nom ; souvent renforcé par *tout.*) **1.** Qui est momentanément sans compagnie. *Se promener seul, tout seul. Ils restèrent tous (les) trois seuls après le départ des invités.* ▷ *Seul à seul :* en tête à tête. (Inv. dans l'usage anc. Mod. *Il parle seul à seule avec sa femme.*) **2.** Qui est généralement isolé, qui vit sans amis. *Il vivait seul dans une maison en dehors du village. C'est un garçon très seul. Il est seul au monde :* il n'a pas de famille. **II.** (Épithète placée avant le nom.) Un, unique. *Le seul bien* *qui lui reste. Une seule raison nous pousse à agir.* **III.** (Avec une valeur d'adverbe.) **1.** Seulement. - (En appos.) *Spectacle que seuls les enfants apprécient. La seule annonce de sa venue a soulevé l'enthousiasme.* **2.** *Tout seul* : facilement. *Cela va tout seul.* **B.** n. *Un seul, une seule* : une personne unique. *Le pouvoir d'un seul.* - *Le seul, la seule* : la seule personne. – Lat. *solus.*

seulement [sœlmɑ̃] adv. **1.** Sans rien de plus; et pas davantage. *Ils sont seulement trois dans le secret. Je vous demande seulement de partir.* ▷ (Avec un complément de temps.) *Il arrive seulement dans huit jours*, pas avant huit jours. *Il vient seulement de partir* : il vient tout juste de partir. **2.** *Pas seulement* : pas même. *Sans seulement* : sans même. *Il est parti sans seulement dire au revoir. Si seulement...* : si au moins... *Si seulement il faisait un effort!* **3.** (Introduisant une proposition.) À la seule condition que. *Venez quand vous voudrez, seulement prévenez-moi.* – De *seul.*

sève [sɛv] n. f. **1.** Liquide nourricier des végétaux. *Sève brute* : solution aqueuse, diluée, de sels minéraux absorbés par les racines et dont l'ascension s'effectue dans le bois primaire, qui apporte aux feuilles, fleurs, etc., les substances minérales nécessaires à leur croissance. *Sève élaborée* : solution concentrée et visqueuse riche en sucres, en acides aminés et en diverses substances plus ou moins complexes, synthétisés dans les feuilles, à partir de la sève brute et apportés à toute la plante par le liber. **2.** Fig. Force, vigueur, énergie. *La sève de la jeunesse.* – Du lat. *sapa*, «vin cuit, réduit».

sévère [sevɛʀ] adj. **1.** Qui ne tolère pas les fautes, les erreurs; dépourvu d'indulgence. *Un maître, un juge sévère.* **2.** Qui exprime la dureté, la rigueur. *Ton, air sévère.* **3.** (Choses) Dur, rigoureux. *Punition sévère.* ▷ Strict. *Des mesures sévères.* **4.** Litt. Sans ornements; régulier et sobre. *Un style sévère. Une femme d'une beauté sévère.* **5.** (Emploi critiqué.) Important, grave. *L'armée a subi des pertes sévères.* – Lat. *severus.*

sévèrement [sevɛʀmɑ̃] adv. **1.** D'une manière sévère, rigoureuse. *Punir sévèrement un enfant.* **2.** Gravement. *Les malheurs l'ont sévèrement éprouvé.* – De *sévère.*

sévérité [seveʀite] n. f. **1.** (Personnes) Fait d'être sévère; caractère de ce qui est sévère. *La sévérité d'un juge, d'une sentence.* **2.** Litt. Austérité de l'aspect, des formes. *Sévérité d'une architecture.* – Lat. *severitas.*

sévices [sevis] n. m. pl. Violences corporelles, mauvais traitements, exercés contre une personne sur laquelle on a autorité ou qu'on a sous sa garde. – Lat. *sævitia.*

sévir [seviʀ] v. intr. [3] **1.** Se comporter durement. Punir, réprimer avec rigueur. *Sévir contre un abus.* **2.** (Choses) Causer de gros dégâts. *La tempête sévit depuis trois jours sur nos côtes.* ▷ *Par ext.* Exercer (de façon durable) une action néfaste, pénible. *Le charlatanisme sévit toujours.* - Plaisant *Ce professeur sévit toujours.* – Lat. *sævire.*

sevrage [səvʀaʒ] n. m. **1.** Remplacement progressif de l'allaitement par une alimentation plus variée. **2.** *Par ext.* Action de priver un toxicomane de drogue, dans une cure de désintoxication. – De *sevrer.*

sevrer [səvʀe] v. tr. [16] **1.** Procéder au sevrage de (un enfant, un petit animal, un toxicomane). **2.** Litt. Priver de (un plaisir). – Du bas lat. *seperare*, class. *separare*, «séparer».

sèvres [sɛvʀ] n. m. Porcelaine fabriquée à la manufacture nationale de Sèvres. *Un vieux sèvres.* – Du n. de *Sèvres*, ch.-l. de cant. des Hauts-de-Seine.

sévrienne [sevʀijɛn] n. f. Élève ou ancienne élève de l'École normale supérieure de jeunes filles. – De *Sèvres*, où cette école était autref. installée. (Elle est auj. à Paris.)

sexagénaire [sɛksaʒenɛʀ] adj. et n. Qui a entre soixante et soixante-dix ans. - Subst. *Un(e) sexagénaire.* – Lat. *sexagenarius.*

sexagésime [sɛgzaʒezim] n. f. RELIG CATHOL Dimanche qui précède de deux semaines le premier dimanche du carême, environ soixante jours avant Pâques. – Lat. *sexagesima*, «soixantième».

sex-appeal [sɛksapil] n. m. (Anglicisme) Attrait sexuel qu'exerce une personne (se dit surtout à propos d'une femme). – Mot anglo-amér., «attrait du sexe».

sexe [sɛks] n. m. **1.** Ensemble des caractéristiques physiques qui permettent de différencier le mâle de la femelle, l'homme de la femme. *Enfant du sexe féminin.* ▷ *Sexe gonadique* : caractère sexuel primaire déterminé par la nature des gonades dont le sujet est porteur (testicules chez l'homme, ovaires chez la femme). *Sexe chromosomique* : caractère sexuel primaire déterminé par les chromosomes sexuels de l'individu. **2.** Ensemble des individus (êtres humains ou animaux) du même sexe. *Le sexe mâle.* ▷ *Le sexe fort* : les hommes. *Le sexe faible, le beau sexe* : les femmes. **3.** Sexualité. *Les problèmes du sexe.* **4.** Organes génitaux externes. – Lat. *sexus*, rad. *sectus*, «séparation, distinction».

sexisme [sɛksism] n. m. Attitude de discrimination fondée sur le sexe, s'exerçant presque toujours à l'encontre des femmes. – De *sexe*, d'ap. *racisme.*

sexiste [sɛksist] adj. et n. Qui fait preuve de sexisme. ▷ Subst. *Un sexiste.* – De *sexisme.*

sexologie [sɛksɔlɔʒi] n. f. Étude scientifique des problèmes physiologiques et psychologiques relatifs à la sexualité humaine. – De *sexe*, et *-logie.*

sexologue [sɛksɔlɔg] n. Spécialiste de la sexologie. – De *sexologie.*

sex-ratio [sɛksʀasjo] n. m. (Anglicisme) STATIS Rapport entre le nombre des naissances de garçons et de filles. – Mot angl., de *sex*, «sexe», et *ratio*, «pourcentage».

sex-shop [sɛksʃɔp] n. m. Magasin spécialisé dans la vente de publications et d'objets pornographiques. *Des sex-shops.* – Mot angl., de *sex*, «sexe», et *shop*, «boutique».

sextant [sɛkstɑ̃] n. m. ASTRO, MAR Instrument utilisé pour mesurer des distances angulaires et des hauteurs d'astres au-dessus de l'horizon, et qui comporte un limbe de soixante degrés (un sixième de circonférence). – Du lat. scientif. *sextans, sextantis*, «le sixième».

sexte [sɛkst] n. f. LITURG CATHOL Heure canoniale qui se récite à la sixième heure du jour (vers midi). – Du lat. *sexta (hora)*, «sixième (heure)».

sextidi [sɛkstidi] n. m. HIST Sixième jour de la décade dans le calendrier républicain. – Du lat. *sextus*, «sixième», et *dies*, «jour».

sexto [sɛksto] adv. Rare En sixième lieu, sixièmement (après *primo, secundo*, etc.). – Mot lat.

sextolet [sɛkstɔlɛ] n. m. MUS Groupe de six notes jouées deux fois plus rapidement qu'un triolet. – Du lat. *sex*, «six», d'ap. *triolet.*

sextuor [sɛkstɥɔʀ] n. m. MUS Morceau écrit pour six voix ou pour six instruments. - Ensemble instrumental ou vocal formé de six interprètes. – Du lat. *sex*, «six», d'ap. *quatuor.*

sextuple [sɛkstypl] adj. et n. m. Qui vaut six fois autant. ▷ n. m. *Le sextuple.* – Bas lat. *sextuplus.*

sextupler [sɛkstyple] v. [1] **1.** v. tr. Multiplier par six. **2.** v. intr. Être multiplié par six. – De *sextuple.*

sexualité [sɛksɥalite] n. f. Ensemble des caractères physiques, physiologiques et psychologiques qui différencient l'individu mâle de l'individu femelle. ▷ Ten-

dances particulières qui en résultent; ensemble des comportements liés à l'instinct sexuel. – De *sexuel.*
ENCYCL **Psychan.** – Selon Freud, la sexualité ne désigne pas seulement les activités et le plaisir qui dépendent du fonctionnement de l'appareil génital, mais aussi un mode de satisfaction non directement lié à la génitalité et qui s'exprime dès l'enfance. La sexualité infantile évolue en plusieurs étapes : le stade oral (1re année), la zone érogène étant la bouche; le stade sadique-anal (2e et 3e années), où la zone érogène est l'anus; le stade phallique (4e et 5e années), où la zone érogène est le pénis, ou le clitoris, le plaisir pouvant être provoqué par la masturbation; la fin de ce stade (lié à la prise de conscience non ambiguë de la différenciation des sexes) coïncide avec la liquidation du complexe d'Œdipe. De l'âge de 6 ans à la puberté se déroule une période de latence, les pulsions sexuelles diminuant d'intensité, l'énergie se tournant vers des sentiments sociaux et moraux. À la puberté, le stade génital proprement dit s'exprime.

sexué, ée [sɛksɥe] adj. BIOL **1.** Pourvu d'organes sexuels. *Les animaux supérieurs sont sexués.* **2.** *Reproduction sexuée,* dans laquelle il y a conjonction des deux sexes. – De *sexe.*

sexuel, elle [sɛksɥɛl] adj. **1.** BIOL Qui se rapporte au sexe ou qui est déterminé par lui. ▷ *Caractères sexuels :* ensemble des caractères (morphologie, couleur, comportement, etc.) qui différencient les animaux mâles des femelles. V. dimorphisme. **2.** (Pour les êtres humains.) Qui se rapporte au sexe, à l'accouplement. *Rapports sexuels. Acte sexuel :* accouplement. – Bas lat. *sexualis.*

sexuellement [sɛksɥɛlmɑ̃] adv. D'un point de vue sexuel. – De *sexuel.*

sexy [sɛksi] adj. inv. Fam. Qui a du sex-appeal; désirable et piquante, en parlant d'une femme. – Par ext. *Un chemisier très sexy.* – Mot fam. anglo-américain, de *sex,* « sexe ».

seyant, ante [sɛjɑ̃, ɑ̃t] adj. Qui va bien à qqn, qui flatte son apparence. *Une coiffure seyante.* – Var. mod. de *séant,* de *seoir,* d'ap. les formes de l'imparf. *seyait.*

seychellois, oise [seʃɛlwa, waz] adj. et n. Des Seychelles, État de l'océan Indien. ▷ Subst. *Un(e) Seychellois(e).*

sézigue [sezig] pron. pers. Pop. Soi, lui (cf. mézigue, tézigue). *Il a encore fait des blagues, sézigue ?* – De *ses,* et *zig.*

sforzando [sfɔʀdzɑ̃ndo] adv. MUS En passant assez rapidement de piano à forte. *Jouez ce passage sforzando.* – Mot ital., de *sforzare,* de *forza,* « force ».

sfumato [sfumato] n. m. BX-A Modelé estompé, vaporeux. – Mot ital., « brumeux ».

S.G.D.G. Sigle de *sans garantie du gouvernement.* (V. garantie.)

sgraffite [zgʀafit] n. m. BX-A Ancienne technique de décoration murale consistant à appliquer sur un fond sombre un enduit clair qu'on hachure. – Ital. *sgraffito,* « égratigné ».

shafi'isme ou **chafi'isme** [ʃafism] n. m. Un des quatre rites orthodoxes de l'islam. – De *shafi'ite.*

shafi'ite ou **chafi'ite** [ʃafiit] adj. RELIG *École shafi'ite :* école d'interprétation de l'islam sunnite, fondée sur les enseignements du théologien Abu Abdallah Muhammad ibn Idris Al-Shafi'i, qui tenta de faire la synthèse entre la volonté divine et les raisonnements humains. *L'école shafi'ite tient une grande place en Afrique orientale, en Indonésie et dans certaines régions d'Arabie.* – De *Al-Shafi'i,* théologien et juriste musulman (767-820).

shah. V. schah.

shake-hand [ʃɛkɛnd] n. m. Plaisant Poignée de main. *Des shake-hand(s).* – Substantivation de la loc. angl. *to shake hands,* « (se) serrer la main », de *to shake,* « secouer », et *hand,* « main »; en angl. correct *(a) handshake,* « (une) poignée de main ».

shaker [ʃekœʀ] n. m. Récipient métallique dans lequel on agite pour les mélanger les ingrédients d'un cocktail. – Mot angl, de *to shake,* « secouer ».

shakespearien, enne [ʃekspiʀjɛ̃, ɛn] adj. De Shakespeare; qui rappelle les passions tumultueuses et tragiques peintes par Shakespeare. – De William *Shakespeare* (1564-1616), auteur dramatique angl.

shako ou **schako** [ʃako] n. m. Coiffure militaire rigide, à visière, de forme tronconique. *Shako de saint-cyrien.* – Hongrois *csákó.*

shampooiner ou **shampouiner** [ʃɑ̃pwine] v. tr. [1] Faire un shampooing à. – De *shampooing.*

shampooineur, euse ou **shampouineur, euse** [ʃɑ̃pwinœʀ, øz] n. **1.** Employé(e) d'un salon de coiffure qui fait surtout les shampooings. **2.** n. f. Appareil servant à nettoyer les sols, en partic. les moquettes. – De *shampooiner.*

shampooing ou **shampoing** [ʃɑ̃pwɛ̃] n. m. **1.** Lavage des cheveux. **2.** *Par méton.* Produit utilisé pour ce lavage. – Mot angl., propr. « massage », de *to shampoo,* « masser »; hindi *châmpo.*

shantung ou **chantoung** [ʃɑ̃tuŋ] n. m. Tissu de soie léger d'aspect irrégulier. – De *Chantoung (Shandong),* province de Chine.

shari'ah. V. chari'a.

shed [ʃɛd] n. m. (Anglicisme) Syn. (off. déconseillé) de *toiture à redans* (V. redan). – Mot angl., propr. « hangar ».

shekel [ʃekɛl] n. m. Unité monétaire de l'État d'Israël. – Mot hébreu.

shérif [ʃeʀif] n. m. **1.** En G.-B., premier magistrat d'un comté, chargé de la police, du recouvrement des impôts et des amendes, de l'exécution des jugements, etc. **2.** Aux É.-U., chef de la police d'un comté. – Angl. *sherrif,* de *shire,* « comté ».

sherpa [ʃɛʀpa] n. m. Porteur, guide de montagne, dans l'Himalaya. – Mot du Népal, nom d'une population pastorale transhumante.

sherry [ʃeʀi] n. m. Xérès. – Mot angl., transcription de *Jerez,* n. de la v. d'Espagne, dans la prov. de Cadix, où ce vin est produit.

shetland [ʃɛtlɑ̃d] n. m. Laine d'Écosse. *Pull en shetland* ou, par méton., *un shetland.* – Du n. des îles *Shetland,* au nord de l'Écosse.

shilling [ʃiliŋ] n. m. Unité monétaire de divers pays (Ouganda, Kenya, Somalie, Tanzanie). ▷ *Spécial.* Anc. division de la livre sterling, correspondant à un vingtième de cette unité. – Mot angl.

shimmy [ʃimi] n. m. **1.** Anc. Danse d'origine américaine, en vogue vers 1920, qui s'exécutait en sautillant et en secouant les épaules et les hanches. ▷ Air sur lequel on l'exécutait. *Des shimmies.* **2.** TECH Vibration ou flottement dans le train avant d'une automobile, dus le plus souvent à un mauvais équilibrage dynamique des roues. – Mot arg. amér., altér. du fr. *chemise.*

shintō [ʃinto] ou **shintoïsme** [ʃintoism] n. m. Didac. Religion officielle du Japon jusqu'en 1945, fondée essentiellement sur le culte des ancêtres (ancêtres de la race, de la lignée impériale, de la famille) et sur la vénération des forces de la nature. *Le shintō est toujours pratiqué dans de nombreuses sectes.* – Mot jap., « voie des dieux ».

shintoïste [ʃintɔist] adj. et n. Didac. Du shintō. *Culte shintoïste.* ▷ Subst. *Un(e) shintoïste.* – De *shintō.*

shipchandler [ʃipʃɑ̃dlœʀ] n. m. (Anglicisme) MAR Commerçant qui tient un magasin de fournitures pour la marine. – Mot angl., de *ship*, «bateau», et *chandler*, «fournisseur».

shirting [ʃœʀtiŋ] n. m. (Anglicisme) Toile de coton utilisée dans la fabrication des chemises et de la lingerie. – Mot angl., de *shirt*, «chemise».

shivaïsme. V. sivaïsme.

shōgun ou **shogoun** [ʃɔgun] n. m. HIST Nom donné aux chefs militaires qui, sous l'autorité nominale de l'empereur, détinrent au Japon le pouvoir effectif de 1192 à 1868. *Des shōgun* ou *des shogouns*. – Mot jap.

shōgunal ou **shogounal, ale, aux** [ʃɔgunal, o] adj. HIST Qui se rapporte à un shōgun, au shōgunat. *Les dynasties shōgunales* ou *shogounales*. – De *shōgun*.

shōgunat ou **shogounat** [ʃɔguna] n. m. HIST **1.** Pouvoir, dignité d'un shōgun; temps pendant lequel il exerçait ce pouvoir. **2.** Temps pendant lequel les shōgun ont exercé le pouvoir au Japon. – De *shōgun*.

shoot [ʃut] n. m. (Anglicisme) **1.** Au football, coup de pied sec et puissant donné dans le ballon pour dégager ou pour marquer. Syn. tir. **2.** Fam. Injection de drogue. – Mot angl., de *to shoot*, «lancer, tirer».

shooter [ʃute] v. [1] **1.** v. intr. Faire un shoot, au football. Syn. tirer. **2.** v. pron. Arg. *Se shooter* : s'injecter des stupéfiants. – De *shoot*.

shopping [ʃɔpiŋ] n. m. (Anglicisme) *Faire du shopping* : courir les magasins. – Mot angl.

short [ʃɔʀt] n. m. Culotte courte portée pour faire du sport, en vacances, etc. – Angl. *shorts*, de *short*, «court».

show [ʃo] n. m. (Anglicisme) Spectacle de variétés. – Mot angl., «spectacle, exposition publique».

show-business [ʃobiznɛs] ou fam. **showbiz** [ʃobiz] n. m. inv. (Anglicisme) Syn. de *industrie* du spectacle*. – De l'angl. *show*, «spectacle», et *business*, «affaires».

shrapnel(l) [ʃʀapnɛl] n. m. Obus portant une charge de balles, qu'il projette en explosant. – Du n. de l'inventeur angl. H. *Shrapnel*.

shunt [ʃœ̃t] n. m. (Anglicisme) **1.** ELECTR Résistance placée en dérivation entre les bornes d'une portion de circuit afin de réduire le courant. **2.** MED Communication pathologique entre deux cavités cardiaques ou deux vaisseaux dont l'un contient du sang veineux et l'autre du sang artériel. – Mot angl., de *to shunt*, «dériver».

shuntage [ʃœ̃taʒ] n. m. ELECTR Action de shunter un circuit; son résultat. – De *shunter*.

shunter [ʃœ̃te] v. tr. [1] ELECTR Munir d'un shunt. – De *shunt*.

1. si [si] conj. et n. m. inv. (*Si* s'élide en *s'* devant *il*, *ils*.) **I.** conj. (Introduisant une proposition subordonnée conditionnelle.) **1.** (Suivi de l'indicatif présent ou passé, avec une principale à l'indicatif ou à l'impératif, pour indiquer le caractère réalisable de la condition.) *Si le prix des fraises baisse, j'en achèterai. Si tu veux la paix, prépare la guerre.* **2.** (Suivi de l'imparfait de l'indicatif, avec une principale au conditionnel présent, pour indiquer le caractère irréalisé dans le présent ou irréalisable dans l'avenir de la condition.) *Si j'étais en vacances, j'irais me baigner.* **3.** (Suivi du plus-que-parfait de l'indicatif, avec une principale au conditionnel passé, pour indiquer l'irréalité de la condition dans le passé.) *Si la nuit avait été plus claire, on l'aurait vu s'enfuir.* **4.** (Dans une phrase exclamative.) *Et s'il t'arrive un accident!* (sous-entendu *: que se passera-t-il ?*). – Fam. Combien, comme. *Vous pensez s'ils étaient contents!* **II.** conj. (Introduisant une proposition non conditionnelle.) **1.** Chaque fois que. *Si le matin je reçois une lettre, je suis de bonne humeur pour la journée.* **2.** Bien que. *Si mes dépenses ne changent pas, mes ressources, elles, diminuent.* **3.** (En corrélation avec *c'est que*.) *S'il n'est pas chez lui, c'est qu'il est au cinéma.* **4.** (Introduisant une proposition complétive ou une interrogative indirecte.) *Excusez-moi si je vous dérange. Je verrai si ce que tu dis est vrai.* **III.** (En loc.) **1.** *Si tant est que* (+ subj.) : en admettant que. *Il s'en repentira, si tant est qu'il soit le responsable.* **2.** Loc. conj. *Si ce n'est que* : sauf que. *Il vous ressemble, si ce n'est qu'il est beaucoup plus grand.* **3.** *Si ce n'est* : excepté. *Il ne reste rien, si ce n'est quelques charpentes carbonisées.* **IV.** n. m. inv. Supposition. *Assez de si et de mais.* – Lat. *si*.

2. si [si] adv. **I.** adv. d'affirmation (en réponse à une phrase négative). *Il n'était pas là hier. – Si, je l'ai vu. Ça ne t'intéresse pas? – Si!* **II.** adv. d'intensité. **1.** Tellement. *C'est si triste!* **2.** (Avec une proposition consécutive.) *Elle était si impatiente qu'elle ne tenait plus en place.* ▷ Loc. conj. *Si bien que* : de sorte que. **III.** adv. de comparaison. Aussi. *Je n'avais jamais rien vu de si beau.* **IV.** Loc. conj. *Si... que* (pour introduire une proposition concessive). *Si petit qu'il soit.* – Du lat. *sic*, «ainsi».

3. si [si] adv. m. inv. Septième note de la gamme d'*ut*; signe qui la représente. – Des initiales de *Sancte Iohannes*, dans l'hymne à saint Jean Baptiste (XIe s.).

Si CHIM Symbole du silicium.

SI Sigle de *Système* international d'unités*.

sial [sjal] n. m. GEOL Vieilli Écorce terrestre, riche en silicate d'aluminium. – De *si(licium)*, et *al(uminium)*.

sialorrhée [sjalɔʀe] n. f. MED Exagération de la sécrétion salivaire. – Du gr. *sialon*, «salive», et *-rrhée*.

siamois, oise [sjamwa, waz] adj. et n. **1.** Du Siam. **2.** *Chat siamois* ou, n. m., *un siamois* : chat svelte, aux yeux bleus et au pelage beige et brun. **3.** *Frères siamois, sœurs siamoises* : jumeaux, jumelles qui naissent attachés l'un à l'autre par une partie du corps. – De *Siam*, anc. n. de la Thaïlande.

sibérien, enne [sibeʀjɛ̃, ɛn] adj. et n. De Sibérie, région de Russie. – Fig. *Froid sibérien* : très grand froid. ▷ Subst. *Un(e) Sibérien(ne)*.

sibilant, ante [sibilɑ̃, ɑ̃t] adj. MED *Râles sibilants* : râles bronchiques sifflants entendus à l'auscultation lors d'une crise d'asthme. – Lat. *sibilans, sibilantis*, ppr. de *sibilare*, «siffler».

sibylle [sibil] n. f. ANTIQ Femme qui passait pour avoir reçu d'Apollon le don de prédire l'avenir. – Lat. d'orig. gr., *Sibylla*, une des dix femmes qui, dans la mythologie, avaient le don de prophétie.

sibyllin, ine [sibilɛ̃, in] adj. **1.** D'une sibylle. *Oracles sibyllins.* **2.** Litt. ou plaisant Obscur comme les prophéties des sibylles. *Il s'est exprimé en termes sibyllins.* ▷ ANTIQ ROM *Livres sibyllins* : recueil d'oracles attribués à la sibylle de Cumes. – Lat. *sibyllinus*, de *Sibylla* (V. sinylle).

sic [sik] adv. Se met entre parenthèses à la suite d'un passage ou d'un mot pour indiquer qu'il a été cité textuellement, quelles que soient les erreurs ou les bizarreries qu'il contient. – Mot lat., «ainsi».

sicaire [sikɛʀ] n. m. Vx ou litt. Assassin à gages. – Lat. *sicarius*, de *sica*, «poignard».

sicav [sikav] n. f. inv. FIN Société ayant pour objet de gérer collectivement un portefeuille de valeurs mobilières et dont le capital varie suivant les souscriptions et les retraits des actionnaires. – Acronyme pour *société d'investissement à capital variable*.

siccatif, ive [sikatif, iv] adj. **1.** TECH Se dit d'une substance qui facilite le séchage d'une peinture en accélérant l'oxydation à l'air de son médium (2, sens 2). ▷ n. m. *Un siccatif.* **2.** CHIM *Huile siccative*, qui se polymérise rapidement à l'air et, par suite, durcit très vite. – Bas lat. *siccativus*, de *siccare*, «sécher».

siccité [siksite] n. f. Didac. État de ce qui est sec. – Lat. *siccitas*, de *siccus*, « sec ».

sicilien, enne [sisiljɛ̃, ɛn] adj. et n. **1.** adj. De Sicile. ▷ Subst. *Un(e) Sicilien(ne).* **2.** n. f. Danse de caractère pastoral, sur une mesure à six-huit, en vogue au XVIIIe s.; air sur lequel elle se dansait. – Lat. médiév. *sicilianus*, de *Sicilia*, « Sicile », île ital. de la Méditerranée.

sicle [sikl] n. m. METR ANC Unité de poids (6 grammes) et monnaie d'argent des Hébreux de l'Antiquité. V. shekel. – Lat. ecclés. *siclus*, du gr. *siklos*, de l'hébreu *cheqel*.

sida [sida] n. m. MED Syndrome constitué par une ou plusieurs maladies révélant un déficit immunitaire de l'organisme, qui est dû à un agent viral transmissible. – Acronyme pour *syndrome d'immunodéficience acquise*. ENCYCL L'agent viral du sida (H.I.V.) entraîne un effondrement des défenses immunitaires qui rend l'organisme incapable de se défendre contre les infections. Il est transmissible soit au cours de rapports sexuels par les personnes qui en sont porteuses (d'où l'intérêt de l'emploi des préservatifs), soit par voie sanguine : lors d'une transfusion si le sang transfusé en contient (en France, la recherche d'anticorps révélant sa présence est auj. systématique), ou du fait de l'usage d'une seringue infectée (les toxicomanes sont donc particulièrement exposés).

side-car [sajdkaʀ; sidkaʀ] n. m. (Anglicisme) Petite nacelle munie d'une roue, qui se fixe sur le côté d'une motocyclette; ensemble formé par la motocyclette et la nacelle. *Des side-cars.* – Mot angl., de *side*, « côté », et *car*, « voiture ».

sidéen, enne [sideɛ̃, ɛn] adj. et n. Atteint du sida. ▷ Subst. *Un(e) sidéen(ne).* – De *sida*.

1. sidér(o)-. Élément, du lat. *sidus, sideris*, « astre ».

2. sidér(o)-. Élément, du gr. *sidêros*, « fer ».

sidéral, ale, aux [sideʀal, o] adj. Didac. ou litt. Qui a rapport aux astres; des astres. ▷ ASTRO *Révolution sidérale d'une planète* : mouvement de cette planète entre ses deux passages consécutifs au point vernal, supposé fixe; durée de ce mouvement. ▷ *Année* sidérale. Jour* sidéral.* – Lat. *sideralis*.

sidérant, ante [sideʀɑ̃, ɑ̃t] adj. Fam. Stupéfiant. – Ppr. de *sidérer*.

sidération [sideʀasjɔ̃] n. f. MED Anéantissement subit des fonctions vitales, avec arrêt respiratoire et état de mort apparente, produit par certains chocs et attribué jadis aux influences astrales. – Lat. *sideratio*, « action funeste des astres ».

sidérer [sideʀe] v. tr. [14] Fam. Stupéfier, étonner fortement. *Votre conduite me sidère.* – Du lat. *siderari*, « subir l'influence funeste des astres ».

sidérite [sideʀit] n. f. MINER Carbonate naturel de fer ($FeCO_3$). Syn. sidérose. – Lat. *sideritis*, du gr., « pierre de fer ».

sidéro-. V. sidér(o)-.

sidérolit(h)ique [sideʀɔlitik] adj. GEOL Se dit de terrains tertiaires riches en minerai de fer. – De *sidéro-* 2, et *-lithique*.

sidérose [sideʀoz] n. f. **1.** MED Pneumoconiose due à l'inhalation prolongée de poussières de fer. **2.** MINER Syn. de *sidérite*. – De *sidér-* 2, et *-ose* 2.

sidérostat [sideʀɔsta] n. m. ASTRO Appareil à miroir qui annule le mouvement apparent d'un astre en renvoyant dans une direction déterminée et constante les rayons lumineux qui en émanent, et qui permet l'observation de cet astre avec un instrument à poste fixe. – De *sidéro-* 1, d'ap. *héliostat*.

sidéroxylon [sideʀɔksilɔ̃] n. m. BOT Arbre tropical (fam. sapotacées) au bois très dur, appelé *bois de fer*. – De *sidéro-* 2, et du gr. *xulon*, « bois ».

sidérurgie [sideʀyʀʒi] n. f. Métallurgie du fer et de ses alliages (production de la fonte en haut fourneau, affinage et transformation de l'acier). – Du gr. *sidêrourgos*, « forgeron ».

sidérurgique [sideʀyʀʒik] adj. Relatif à la sidérurgie. – De *sidérurgie*.

sidérurgiste [sideʀyʀʒist] n. Métallurgiste spécialisé dans la sidérurgie. *Les sidérurgistes lorrains.* – De *sidérurgie*.

siècle [sjɛkl] n. m. **1.** Durée de cent ans. *Il a vécu plus d'un siècle.* **2.** Durée de cent ans comptée à partir d'un moment arbitrairement choisi. *Le IIIe siècle après Jésus-Christ.* **3.** Période historique de plusieurs dizaines d'années marquée par tel événement, tel personnage. *Le siècle des Lumières. Le siècle de Louis XIV.* **4.** Très longue période. *Pendant des siècles, la civilisation a progressé très lentement.* ▷ Fam. *Il y a des siècles que je ne suis venu ici !* **5.** RELIG La vie dans le monde (séculière), par oppos. à la vie religieuse (régulière). *Vivre dans le siècle.* – Du lat. *sæculum*, « génération, race, époque, durée de cent ans ».

sied. V. seoir.

siège [sjɛʒ] n. m. **I. 1.** Meuble fait pour s'asseoir. *Offrir un siège. Prenez un siège* : asseyez-vous. – Partie de ce meuble sur laquelle on s'assied. **2.** Place occupée dans une assemblée d'élus. – Fonction de celui qui occupe cette place. *Être candidat à un siège vacant. Notre parti a gagné trois sièges aux dernières élections.* **II.** Partie du corps de l'homme sur laquelle il s'assied. *Bain de siège.* ▷ OBSTETR *Présentation du fœtus par le siège*, par les fesses, lors d'un accouchement. **III. 1.** Lieu où réside une autorité. *Siège d'un tribunal. Siège d'un parti. Siège social d'une société*, son domicile légal. – Place où s'assoit le juge pour rendre la justice. *Magistrat du siège* (par oppos. à *magistrat du parquet*) : V. magistrat. ▷ RELIG Dignité de pontife, d'évêque. *Siège pontifical. Siège épiscopal. Le Saint-Siège* : la cour de Rome, la papauté, et, par ext., l'administration du siège pontifical. **2.** Fig. Endroit d'où part, où se fait sentir (un phénomène). *Le siège d'une douleur.* **IV.** Opération militaire qui consiste à installer des troupes devant ou autour d'une place forte pour la prendre. *Faire le siège d'une ville. Lever le siège.* ▷ *État de siège* : régime exceptionnel sous lequel la responsabilité du maintien de l'ordre passe à l'autorité militaire. – Du lat. pop. **sedicum*, de **sedicare*, de *sedere*, « être assis ».

siéger [sjeʒe] v. intr. [15] **1.** (Assemblées) Tenir séance. *Le Parlement siège jusqu'au 14.* **2.** (Personnes) Avoir un siège (dans une assemblée). *Quelques femmes siègent à l'Assemblée.* **3.** *Siéger à, dans* : avoir pour lieu de réunion, de séance. **4.** Se produire, se situer, se localiser. *La douleur siège à cet endroit.* – De *siège*.

siemens [simɛns; sjemɛns] n. m. PHYS Unité de conductance électrique du système SI, inverse de l'ohm (symbole S). – Du n. de l'ingénieur all. W. von *Siemens* (1816-1892).

sien, sienne [sjɛ̃, sjɛn] adj. poss., pron. poss. de la 3e pers. du sing. et n. **1.** adj. Litt. Qui est à lui, à elle. *Un sien cousin. Il faisait siennes les opinions de son père.* **2.** pron. Celui, celle qui lui appartient. *Tu vois cette maison blanche ? C'est la sienne.* **3.** n. *Y mettre du sien* : faire des efforts. ▷ Fam. *Il a encore fait des siennes*, des erreurs, des sottises. ▷ Plur. *Les siens* : les membres de sa famille, ses amis. – De l'accusatif lat. *suum*; a. fr. *suon*.

sierra [sjeʀ(ʀ)a] n. f. Chaîne de montagnes, dans les pays de langue espagnole. *« L'âpre arête des sierras » (Verlaine).* – Mot esp., d'un mot prélatin, avec infl. du lat. *serra*, « scie ».

sierra-léonais, aise [sjɛʀaleɔnɛ, ɛz] adj. et n. De Sierra Leone, État d'Afrique. ▷ Subst. *Un(e) Sierra-Léonais(e).*

sieste [sjɛst] n. f. Repos que l'on prend après le repas de midi. – Esp. *siesta,* du lat. *sexta (hora),* «sixième (heure), midi».

sieur [sjœʀ] n. m. Vx ou DR Monsieur. *Le sieur X contre la dame Y.* ▷ Mod., péjor. ou plaisant *Le sieur Untel n'a pas daigné s'excuser.* – Anc. cas régime de *sire.*

sievert [sivɛʀt] n. m. Unité SI (symb. Sv) équivalant à 100 rems. *Des sieverts.* – Du n. de R. *Sievert* (1896-1966), physicien suédois.

sifflant, ante [siflɑ̃, ɑ̃t] adj. (et n. f.) Qui produit un sifflement ou qui est accompagné d'un sifflement. – PHON *Consonne sifflante* ou, n. f., *une sifflante* : consonne fricative caractérisée par un sifflement ([s, z]). – Ppr. de *siffler.*

sifflement [sifləmɑ̃] n. m. **1.** Son produit par qqn ou par qqch qui siffle. **2.** Son aigu analogue à un sifflement (sens 1). *Le sifflement d'une balle.* – De *siffler.*

siffler [sifle] v. [1] **I.** v. intr. Produire un son aigu, en chassant l'air par une ouverture étroite (dents, lèvres, ou à l'aide d'un sifflet, d'un appeau, etc.). ▷ Par anal. *Le vent siffle.* **II.** v. tr. **1.** Moduler (un air) en sifflant. *Siffler une rengaine.* **2.** *Siffler qqn, un animal,* l'appeler en sifflant. ▷ Conspuer, huer (qqn) par des coups de sifflet, par des sifflets. *Siffler un acteur.* **3.** Indiquer par un coup de sifflet. *L'arbitre a sifflé la fin du match.* **4.** Fam. Avaler d'un trait. *Siffler un verre.* – Bas lat. *sifilare,* class. *sibilare.*

sifflet [siflɛ] n. m. **1.** Petit instrument formé d'un étroit canal terminé par une embouchure taillée en biseau, avec lequel on siffle. *Sifflet d'agent de police.* – *Le sifflet d'une locomotive.* – *Coup de sifflet* : son bref produit avec un sifflet. **2.** Par anal. *Taillé en sifflet,* en biseau. **3.** Marque de désapprobation faite en sifflant. *Acteur accueilli par des sifflets.* **4.** Pop. Gosier. – Fam. *Couper le sifflet à qqn,* l'interloquer, le mettre hors d'état de répondre. – De *siffler.*

siffleur, euse [siflœʀ, øz] adj. et n. **1.** adj. Qui siffle. *Les oiseaux siffleurs.* **2.** n. Personne qui siffle (un spectacle, etc.). – De *siffler.*

sifflotement [siflɔtmɑ̃] n. m. Action de siffloter; le son qui en résulte. – De *siffloter.*

siffloter [siflɔte] v. intr. [1] Siffler doucement ou distraitement. ▷ v. tr. *Siffloter un air.* – De *siffler.*

sifilet [sifilɛ] n. m. Paradisier (genre *Parotia*) de Nouvelle-Guinée, dont le mâle porte sur la tête six longues plumes fines, élargies à leur extrémité. – De *six,* et *filet.*

sigillaire [siʒil(l)ɛʀ] adj. et n. f. **1.** adj. Relatif aux sceaux, à l'étude des sceaux. ▷ Muni, marqué, d'un sceau. **2.** n. f. PALEONT Arbre fossile du carbonifère (genre *Sigillaria,* ordre des lycopodiales), dont le tronc porte des marques régulières (insertions foliaires) rappelant la forme des sceaux. – Lat. bot. *sigillaria,* du class. *sigillum,* «cachet, sceau».

sigillé, ée [siʒil(l)e] adj. Didac. Marqué d'un sceau. – *Vases sigillés,* décorés de marques et de poinçons. – Du lat. *sigillatus,* «orné de figurines, ciselé».

sigillographie [siʒil(l)ɔgʀafi] n. f. Didac. Science de la description et de l'interprétation des sceaux. – Du lat. *sigillum,* «cachet, sceau», et *-graphie.*

sigillographique [siʒil(l)ɔgʀafik] adj. Didac. Relatif à la sigillographie. *Études sigillographiques.* – De *sigillographie.*

sigisbée [siʒisbe] n. m. Vx ou plaisant Chevalier servant. – Ital. *cicisbeo.*

siglaison [siglɛzɔ̃] n. f. Didac. Formation d'un sigle. – De *sigle.*

sigle [sigl] n. m. Ensemble de lettres initiales servant d'abréviation (par ex. *O.N.U.,* pour *Organisation des Nations unies*). – Lat. jur. *sigla,* «signes abréviatifs».

sigma [sigma] n. m. **1.** Dix-huitième lettre de l'alphabet grec (Σ, σ, ς), correspondant à notre *s.* **2.** PHYS NUCL Particule de la famille des hypérons. – Mot grec.

sigmoïde [sigmɔid] adj. (et n. m.) ANAT Qui a la forme d'un sigma majuscule (Σ). *Côlon sigmoïde* ou, n. m., *le sigmoïde* : portion ilio-pelvienne du côlon, en amont du rectum. – Gr. *sigmoeidês.*

signal, aux [siɲal, o] n. m. **1.** Signe convenu utilisé pour servir d'avertissement, pour provoquer un certain comportement. *Au signal, tout le monde se leva.* – *Donner le signal de* : déclencher. ▷ *Par ext.* Fait qui annonce une chose ou la détermine, qui marque le début d'un processus. *La prise de la Bastille fut le signal de la Révolution.* **2.** PSYCHO Signe qui sert d'avertissement et déclenche une conduite. *Le chien qui accourt quand il entend le bruit des pas de son maître réagit à un signal.* **3.** Signe conventionnel qui sert à transmettre une information. *Signal optique, sonore. Pavillons de signaux d'un navire. Apprendre les signaux du code de la route.* ▷ TECH Forme physique d'une information véhiculée dans un système; cette information. *Signaux perturbés par le bruit.* – Réfection, d'ap. *signe,* de l'a. fr. *seignal,* du lat. pop. *signale,* neutre subst. de *signalis.*

signalé, ée [siɲale] adj. Litt. (Dans certaines expressions seulement; toujours avant le nom.) Remarquable. *Un signalé service.* – Francisation de l'ital. *segnalato,* pp. de *segnalare,* «rendre illustre».

signalement [siɲalmɑ̃] n. m. Description des caractères physiques d'une personne, établie pour la faire reconnaître. *Donner le signalement d'un malfaiteur.* – De *signaler.*

signaler [siɲale] v. [1] **I.** v. tr. **1.** Annoncer par un signal, par des signaux. *Sonnerie qui signale l'arrivée du train.* **2.** Appeler l'attention sur, faire remarquer. *On m'a signalé cette particularité. La critique signala le jeune romancier à l'attention du public.* **3.** Mentionner, désigner. *Les références de cette citation sont signalées en bas de page.* **II.** v. pron. Se faire remarquer (en bien ou en mal) par sa conduite, ses actions. *Se signaler par son courage.* – De *signal.*

signalétique [siɲaletik] adj. Qui donne un signalement. ▷ *Bulletin signalétique,* qui indique des références bibliographiques, documentaires. – De *signaler.*

signalisation [siɲalizasjɔ̃] n. f. **1.** Action d'utiliser un, des signaux. **2.** Ensemble des signaux par lesquels la circulation est réglée sur les routes, les voies ferrées, aux abords des ports, etc.; leur disposition. *Signalisation ferroviaire, routière.* – De *signaliser.*

signaliser [siɲalize] v. tr. [1] Pourvoir (une voie de communication) d'une signalisation. – De *signal,* d'après l'angl. *to signalize.*

signataire [siɲatɛʀ] n. Personne qui a signé. *Les signataires d'une pétition.* – De *signer,* d'ap. *signature.*

signature [siɲatyʀ] n. f. **1.** Nom d'une personne, écrit de sa main sous une forme qui lui est particulière et constante, servant à affirmer la sincérité d'un écrit, l'authenticité d'un acte, d'une œuvre, etc., à en assumer la responsabilité. *Apposer sa signature en bas de page.* ▷ *Par méton.* Auteur. *Les plus grandes signatures de la littérature.* **2.** Action de signer. *La signature d'un traité. La signature du courrier.* **3.** IMPRIM Lettre ou numéro apposé sur chacune des feuilles d'un ouvrage, facilitant leur groupement en vue du brochage. – De *signer.*

signe [siɲ] n. m. **1.** Chose qui est l'indice d'une autre, qui la rappelle ou qui l'annonce. *La fièvre est souvent le* *signe d'une infection. C'est bon signe, c'est mauvais signe :* c'est de bon, de mauvais augure. – *Ne pas donner signe de vie :* sembler mort; *par ext.,* ne donner aucune nouvelle. ▷ *Signes extérieurs de richesse de qqn,* ses biens visibles tels que propriétés, automobiles, yachts, etc. **2.** Ce qui permet de reconnaître une chose ou une personne, de la distinguer d'une autre. *Signes caractéristiques, particuliers.* **3.** Geste, démonstration qui permet de faire connaître qqch à qqn. *Signes de dénégation.* – Par ext. *Faire signe à qqn,* prendre contact avec lui. **4.** Tout objet ou phénomène qui symbolise autre chose que lui-même. *Signes verbaux et non verbaux.* ▷ *Spécial.* Ce qui est utilisé conventionnellement pour représenter, noter, indiquer. *Signes de ponctuation* (virgule, point, tiret, etc.). ▷ MATH Symbole servant à indiquer : une égalité (=); une addition (+); une soustraction ou un nombre négatif (–); une multiplication (×); une division (÷); une inégalité (< ou >); etc. **5.** LING Entité linguistique formée par l'association du signifié* et du signifiant*. *La langue est un système de signes.* **6.** ASTROL *Les signes du zodiaque :* les douze divisions du zodiaque. ▷ Fig. *Sous le signe de :* sous les auspices, avec la marque de. *Une réunion placée sous le signe de la bonne humeur.* – Latin *signum.*

signer [siɲe] v. [1] **I.** v. tr. **1.** Revêtir de sa signature. *Signer une lettre, un contrat.* ▷ (Sans comp.) *Veuillez signer ici.* **2.** TECH Marquer (une pièce d'orfèvrerie) au poinçon, pour indiquer le titre légal. **3.** Attester, reconnaître la paternité de (une œuvre) en y apposant sa signature, son nom. *Signer un tableau. Signer un roman.* – Fig. *Signer une action.* **II.** v. pron. Faire le signe de la croix. – Lat. *signare,* d'ap. *signe.*

signet [siɲɛ] n. m. Petit ruban fixé au dos d'un livre, qui sert à marquer la page où l'on a interrompu sa lecture. – Dimin. de *signe.*

signifiant, ante [siɲifjɑ̃, ɑ̃t] adj. et n. m. **1.** adj. Qui est chargé de sens. *Système signifiant.* **2.** n. m. LING Manifestation matérielle du signe (symbole graphique, image acoustique), par oppos. au *signifié* dont elle est le support. (Chez Saussure, le signifiant n'est que l'image acoustique, considérée comme l'« empreinte psychologique » du son et non son aspect purement physique.) – Ppr. de *signifier.*

significatif, ive [siɲifikatif, iv] adj. **1.** Qui exprime nettement, précisément; révélateur. *Il a fait un choix très significatif de son caractère.* **2.** MATH *Chiffres significatifs,* qui ont une valeur absolue, indépendante de leur position dans le nombre (à la différence du zéro). – Bas lat. *significativus.*

signification [siɲifikasjɔ̃] n. f. **1.** Ce que signifie une chose. *Je ne saisis pas la signification de son geste.* Ce que signifie un signe, un mot. *Chercher la signification d'un mot dans le dictionnaire. La signification d'un symbole.* **2.** LING Relation nécessaire qu'entretiennent le signifiant et le signifié. ▷ GRAM *Degrés de signification des adjectifs et des adverbes :* le positif, le comparatif et le superlatif. **3.** DR Notification (d'un acte, d'un jugement) à qqn, par les voies légales. – Lat. *significatio.*

signifié [siɲifje] n. m. LING Contenu du signe, manifesté concrètement par le signifiant. – Pp. subst. de *signifier.*

signifier [siɲifje] v. tr. [2] **1.** Être le signe de (qqch). *L'expression de son visage signifiait sa déception.* **2.** *Par ext.* Équivaloir à, devoir être considéré comme étant. *La liberté ne signifie pas l'anarchie.* **3.** (Mots, signes.) Avoir pour sens, vouloir dire. *Le mot latin « puer » signifie « garçon » en français.* **4.** Notifier (qqch à qqn) de manière expresse ou par voie de droit. *Signifier son congé à qqn.* – DR *Signifier son inculpation à qqn.* – Lat. *significare.*

sikh, sikhe [sik] n. (et adj.) Adepte du sikhisme. – Du sanskrit *çishya,* « disciple ».

ENCYCL La doctrine des sikhs s'inspire à la fois du brahmanisme et de l'islam. Remarquables soldats, ils s'illustrèrent dans des guerres contre l'islam (de 1738 à 1780) et des campagnes contre les Anglais (de 1845 à 1849). Auj., ils sont plus de 20 millions, dont 17 en Inde : leurs signes distinctifs sont le port du turban, de la barbe et de la chevelure entières, d'un bracelet d'acier et d'un couteau. Les aspirations à l'indépendance des sikhs les plus radicaux entraînent des affrontements avec les autorités de l'Union indienne. Le massacre, en 1984, par l'armée indienne, d'une secte extrémiste sikhe retranchée dans le temple sacré d'Amritsar provoqua l'attentat meurtrier qui mit fin à la vie d'Indira Gandhi.

sikhisme [sikism] n. m. Secte religieuse indienne fondée par Nānak et florissante surtout au Pendjab, où se trouve Amritsar, sa cité sainte. – De *sikh.*

sil [sil] n. m. ANTIQ Terre ocreuse dont les Anciens faisaient des poteries rouges ou jaunes. – Mot latin.

silane [silan] n. m. CHIM Nom générique des composés formés de silicium et d'hydrogène. – De *sil(icium),* et suff. d'*alcane.*

silence [silɑ̃s] n. m. **1.** Fait de se taire, de s'abstenir de parler. *Garder le silence. Silence!* **2.** Fait de ne pas parler d'une chose, de ne rien dire, de ne rien divulguer. *La conspiration du silence. Passer qqch sous silence,* ne pas en parler. **3.** Absence de bruit. *Le silence de la nuit.* **4.** MUS Interruption du son d'une durée déterminée; signe qui indique, dans la notation musicale, cette interruption et sa durée (pause, demi-pause, soupir, demi-soupir, etc.). – Lat. *silentium.*

silencieusement [silɑ̃sjøzmɑ̃] adv. D'une manière silencieuse. – De *silencieux.*

silencieux, euse [silɑ̃sjø, øz] adj. et n. m. **I.** adj. **1.** Où l'on n'entend aucun bruit. *Un endroit très silencieux.* **2.** Qui a lieu, qui se fait sans bruit; qui fonctionne sans bruit. *Moteur silencieux.* **3.** Qui garde le silence, qui s'abstient de parler. *Rester silencieux.* ▷ Qui ne parle guère, qui est peu communicatif. *Un garçon calme et silencieux.* Syn. (litt.) taciturne. **II.** n. m. TECH Dispositif adapté à l'échappement d'un moteur à explosion, pour le rendre moins bruyant. ▷ Dispositif que l'on adapte au canon d'une arme à feu pour étouffer le bruit de la détonation. – Lat. *silentiosus.*

silène [silɛn] n. m. BOT Plante herbacée (fam. caryophyllacées) dont une espèce, le *silène à bouquet* (*Silena armeria*), est cultivée pour ses fleurs pourpres ou roses. – De *Silène,* n. d'un demi-dieu mythol. qu'on représentait avec un ventre gonflé, comme le calice de cette fleur.

silex [silɛks] n. m. Roche siliceuse très dure constituée de calcédoine presque pure, qui se casse en formant des arêtes tranchantes et qui, frappée contre une roche riche en fer ou contre un morceau d'acier, produit des étincelles. *Le silex forme des rognons disposés en lit, dans certaines roches calcaires.* – Mot lat.

silhouette [silwɛt] n. f. **1.** Dessin représentant un profil tracé d'après l'ombre que projette un objet, un visage. ▷ *Par ext.* Toute forme sombre se profilant sur un fond clair. *La silhouette des montagnes à l'horizon.* **2.** Aspect général que la corpulence et le maintien donnent au corps. *Une silhouette élégante.* – De É. de *Silhouette* (1709-1767), homme polit. fr., ministre des Finances, dont les mesures fiscales impopulaires furent brocardées par le port d'habits étriqués, dits *à la silhouette.*

silhouetter [silwete] v. tr. [1] Dessiner la silhouette de. ▷ v. pron. Se profiler. – De *silhouette.*

silicate [silikat] n. m. MINER, CHIM Minéral dont la structure élémentaire est un tétraèdre occupé, au centre, par un atome de silicium et, à chaque sommet, par un atome d'oxygène. *Les silicates sont les minéraux les plus nombreux sur la Terre.* – De *silice.*

silice [silis] n. f. MINER, CHIM Dioxyde de silicium (SiO_2). *Sous sa forme impure de sables, la silice entre dans la composition des verres à vitre.* – Du lat. *silex, silicis.*

siliceux, euse [silisø, øz] adj. MINER, CHIM Qui est formé de silice ou qui en contient. *Roche siliceuse.* – De *silice.*

silicico-, silico-. CHIM Éléments, du rad. de *silice,* servant à marquer la présence de silicium dans un composé.

silicicole [silisikɔl] adj. BOT Se dit des plantes qui poussent particulièrement bien sur les terrains siliceux (châtaignier, bruyère, prêle, etc.). – De *silice,* et *-cole.*

silicique [silisik] adj. CHIM Vieilli Se dit de l'anhydride SiO_2 (silice) et de certains de ses dérivés. – De *silice.*

silicium [silisjɔm] n. m. CHIM Élément non métallique de numéro atomique Z = 14, de masse atomique 28,086 (symbole Si). *Le silicium est, après l'oxygène, l'élément le plus abondant de la lithosphère.* – Corps simple (Si), de densité 2,33, qui fond vers 1 420 °C et bout vers 2 700 °C. – De *silice.*

siliciure [silisjyʀ] n. m. CHIM Combinaison de silicium avec un métal. – De *silicium.*

silico-. V. silicico.

silicone [silikɔn] n. f. CHIM Matière plastique dont les molécules contiennent des atomes de silicium et d'oxygène. *L'industrie utilise les silicones comme hydrofuges, isolants électriques, composants de peintures et de vernis, etc.* – De *silicium.*

silicose [silikoz] n. f. MED Maladie professionnelle due à l'inhalation prolongée de poussières de silice, qui détermine des lésions pulmonaires irréversibles. – De *silice,* et *-ose* 2.

silicosé, ée [silikoze] adj. MED Qui est atteint de silicose. *Poumons silicosés.* – De *silicose.*

silicotique [silikɔtik] adj. et n. MED Relatif à la silicose; atteint de silicose. *Un mineur silicotique.* ▷ Subst. *Un(e) silicotique.* – De *silicose.*

silicule [silikyl] n. f. BOT Silique courte. – Lat. *silicula.*

silionne [siljɔn] n. f. CHIM Fibre de verre, très utilisée dans le domaine des composites, dont les fils, continus, sont étirés et réunis en mèches non torsadées. – De *sili(ce),* et *(ray)onne.*

silique [silik] n. f. BOT Fruit sec, spécifique des crucifères, qui s'ouvre à maturité et dont les graines sont séparées par une fausse cloison. – Lat. *siliqua.*

sillage [sijaʒ] n. m. Trace qu'un navire en marche laisse derrière lui à la surface de l'eau. – Loc. fig. *Marcher dans le sillage de qqn,* suivre sa trace, son exemple. – Du rad. de *sillon.*

sillet [sijɛ] n. m. MUS Petit morceau de bois ou d'ivoire fixé sur le haut du manche de certains instruments, et qui maintient les cordes éloignées de la touche. – De l'ital. *ciglietto,* dimin. de *ciglio,* lat. *cilium,* «cil».

sillon [sijɔ̃] n. m. **1.** Longue tranchée que le soc de la charrue fait dans la terre qu'on laboure. ▷ (Au plur.) Litt. Les campagnes, les champs cultivés. *«Qu'un sang impur abreuve nos sillons» (la Marseillaise).* **2.** Rainure. – ANAT Rainure que présente la surface de certains organes. *Sillon labial.* ▷ TECH Rainure en forme de spirale, gravée à la surface d'un disque, et dont les irrégularités sont constituées par les informations enregistrées. – Probabl. d'un rad. gaul. **selj,* a. fr. *silier,* «rejeter de la terre», lat. pop. *seliare.*

sillonner [sijɔne] v. tr. [1] **1.** Rare Creuser, labourer en faisant des sillons. – (Surtout au pp.) *Champs régulièrement sillonnés.* **2.** (Surtout au pp.) Marquer d'un (de plusieurs) sillon(s). – Litt. *Visage sillonné de rides.* **3.** *Par ext.* Traverser en tous sens. *Un réseau d'autoroutes sillonne le pays.* ▷ Parcourir en tous sens. *Des patrouilles de police sillonnent la région.* – De *sillon.*

silo [silo] n. m. **1.** Réservoir servant à conserver des produits agricoles. **2.** MILIT Construction souterraine servant au stockage et au lancement des missiles stratégiques. – Lat. d'orig. gr. *sirus*; esp. *silo,* et anc. provençal *sil.*

silotage [silɔtaʒ] n. m. TECH Ensilage. – De *silo.*

silphe [silf] n. m. ZOOL Insecte coléoptère des régions froides et tempérées, proche du nécrophore et dont certaines espèces phytophages sont nuisibles. – Gr. *silphê.*

silure [silyʀ] n. m. ICHTYOL Poisson de mer et d'eau douce (genre *Silurus*), à peau nue, dont la tête porte de longs barbillons. *Le poisson-chat est un silure.* – Lat. d'orig. gr. *silurus.*

silurien, enne [silyʀjɛ̃, ɛn] adj. et n. m. GEOL *Période silurienne* ou, n. m., *le silurien* : troisième période de l'ère primaire (après l'ordovicien), caractérisée par l'apogée des trilobites et l'apparition des premiers vertébrés (poissons cuirassés). ▷ De cette période; qui a rapport à cette période. – Sur l'angl. *Silurian,* du lat. *Silures,* n. d'une anc. peuplade d'Angleterre, où ce terrain fut découvert (rég. du Shropshire).

silves [silv] n. f. pl. LITTER Recueil de petits poèmes légers, en latin, sur des sujets divers. – Du lat. *silvæ,* propr. «forêts», titre de recueils, notam. les *Silves* de Stace.

sima [sima] n. m. GEOL Vieilli Zone située sous le sial*, caractérisée par la présence de silicium et de magnésium. – De *si(lice),* et *ma(gnésium).*

simagrée [simagʀe] n. f. (Surtout au plur.) Manières affectées, minauderies. Syn. chichis, manières.

simarre [simaʀ] n. f. Anc. Robe ample, d'homme ou de femme, portée aux XVe et XVIe s. – Soutane d'intérieur. – Ital. *zimarra.*

simaruba [simaʀyba] n. m. BOT Arbre de l'Amérique tropicale, dont l'écorce a des propriétés médicinales. – Mot guyanais.

simarubacées [simaʀybase] n. f. pl. BOT Famille de plantes dicotylédones dialypétales arborescentes, comprenant notam. le simaruba, le quassia et l'ailante. – Sing. *Une simarubacée.* – De *simaruba.*

simien, enne [simjɛ̃, ɛn] adj. et n. m. pl. Qui concerne le singe, qui appartient au singe. ▷ ZOOL n. m. pl. *Les simiens* : sous-ordre de mammifères primates comprenant les singes. – Sing. *Un simien.* – Du lat. *simius,* «singe».

simiesque [simjɛsk] adj. Qui rappelle le singe. *Une agilité simiesque.* – Du lat. *simius,* «singe».

simil(i)-. Élément, du lat. *similis,* «semblable», exprimant l'idée d'imitation.

similaire [similɛʀ] adj. À peu près de même nature; analogue. – Du latin *similis,* «semblable».

similarité [similaʀite] n. f. Caractère des choses similaires; ressemblance. – De *similaire.*

simili [simili] n. **1.** n. m. Imitation (d'une matière). *Ce n'est pas de l'argent, c'est du simili.* **2.** n. f. Abrév. de *similigravure.* – De *simili-.*

similigravure [similigʀavyʀ] n. f. TECH Procédé de photogravure qui permet de reproduire une image à modelé continu en la transformant en un réseau d'éléments géométriques (points ou lignes) très fins, au moyen de trames intercalées dans l'appareil photographique entre l'objectif et la surface sensible. – Cliché ainsi obtenu. (Abrév. : simili). – De *simili-,* et *gravure.*

similitude [similityd] n. f. **1.** Rapport qui unit des choses semblables; analogie. **2.** GEOM Caractère de deux figures semblables. *Similitude de deux triangles.* – Lat. *similitudo.*

simoniaque [simɔnjak] adj. et n. Didac. Se dit d'une personne coupable de simonie. – adj. Entaché de simonie. – Lat. ecclés. *simoniacus.*

simonie [simɔni] n. f. RELIG Convention illicite par laquelle on donne ou reçoit une rétribution pécuniaire ou une récompense temporelle en échange de valeurs spirituelles ou saintes (sacrements, dignités ecclésiastiques, etc.). – Lat. ecclés. *simonia,* de *Simon le Magicien,* qui voulut acheter les apôtres Pierre et Paul.

simoun [simun] n. m. Vent violent, brûlant et sec, qui souffle sur les régions désertiques du Moyen-Orient et du Sahara. – Ar. *samūn.*

simple [sɛ̃pl] adj. et n. **A.** (Choses) **I. 1.** PHILO Qui n'est pas composé et qui ne peut donc pas être analysé. **2.** Qui n'est pas composé de parties et qui est donc indivisible. ▷ CHIM *Corps simple,* dont la molécule est composée d'atomes identiques. **3.** Qui n'est pas composé d'éléments divers. *Temps simple d'un verbe,* qui se conjugue sans auxiliaire (par oppos. à *composé*). *Passé simple.* ▷ Qui n'est pas double ou multiple. *Nœud simple.* – BOT *Fleur simple,* dont la corolle n'a qu'un seul rang de pétales. ▷ n. m., dans la loc. *du simple au double.* ▷ SPORT *Match simple* ou, n. m., *un simple :* partie de tennis qui n'oppose que deux adversaires (par oppos. à *double*). **4.** (Avant le nom.) Qui est seulement cela, sans rien de plus. *Une simple lettre vous suffira pour l'obtenir. Un simple employé de bureau.* **II.** Qui comporte un nombre restreint d'éléments. *Une opération simple.* **III.** Qui n'est pas compliqué. **1.** Qui est facile à comprendre, à employer, à exécuter. *C'est un appareil très simple.* – Fam. *Simple comme bonjour :* extrêmement simple. **2.** Qui est dénué d'ornements, de fioritures, qui est sans luxe. *Une maison toute simple.* **B.** (Personnes) **1.** Qui agit sans vanité, sans affectation, sans ostentation. *Il est resté très simple.* **2.** Litt. Qui est d'une droiture et d'une honnêteté naturelles, candides. ▷ Qui est naïf, crédule, qui se laisse facilement abuser. – *Simple d'esprit,* dont l'intelligence n'est pas normalement développée. ▷ Subst. *Un(e) simple d'esprit.* **C.** n. m. *Les simples :* les plantes médicinales. *Soigner par les simples.* – Lat. *simplex, simplicis.*

simplement [sɛ̃pləmɑ̃] adv. **1.** D'une manière simple, sans ostentation, sans affectation. **2.** Seulement. *C'est simplement un problème d'argent.* ▷ Loc. *Purement* et simplement.* – De *simple.*

simplet, ette [sɛ̃plɛ, ɛt] adj. Fam. Qui est d'une simplicité niaise. – Dimin. de *simple.*

simplexe [sɛ̃plɛks] n. m. MATH Ensemble formé par les parties d'un ensemble. – *Méthode du simplexe,* utilisée en recherche opérationnelle. – De *simple.*

simplicité [sɛ̃plisite] n. f. **1.** Caractère d'une chose simple, facile à comprendre, à exécuter. ▷ Caractère d'une chose dépourvue d'éléments superflus. *La simplicité de sa tenue.* **2.** Qualité d'une personne simple, sans affectation. – Lat. *simplicitas.*

simplifiable [sɛ̃plifjabl] adj. Qui peut être simplifié. – De *simplifier.*

simplificateur, trice [sɛ̃plifikatœʀ, tʀis] adj. Qui simplifie. *Méthode simplificatrice.* – De *simplifier.*

simplification [sɛ̃plifikasjɔ̃] n. f. Action de simplifier; son résultat. – De *simplifier.*

simplifier [sɛ̃plifje] v. tr. [2] Rendre plus simple; faciliter. *Appareil qui simplifie les tâches ménagères.* ▷ Absol. *Il simplifie à tort.* – MATH *Simplifier une fraction :* diviser ses deux termes par le même nombre entier. ▷ v. pron. *Avec le temps, nos rapports se sont simplifiés.* – Lat. médiév. *simplificare.*

simplisme [sɛ̃plism] n. m. Caractère d'une personne, d'un raisonnement, d'un argument simplistes. – De *simpliste.*

simpliste [sɛ̃plist] adj. et n. Qui simplifie à l'excès les choses, qui ne voit pas ou ne représente pas le réel dans sa complexité. *Pensées simplistes.* – Subst. *Un(e) simpliste.* – De *simple.*

simulacre [simylakʀ] n. m. **1.** Vx Idole, image. **2.** Apparence qui se donne pour une réalité. – *Spécial.* Illusion, apparence dérisoire. *Un simulacre de bonheur. Un simulacre de justice.* **3.** Objet qui imite un autre objet. **4.** Action simulée. *Un simulacre de combat.* – Lat. *simulacrum.*

simulateur, trice [simylatœʀ, tʀis] n. **1.** Personne qui simule. ▷ *Spécial.* Personne qui simule la maladie ou la folie. **2.** n. m. TECH Appareil, installation qui permet de reproduire très exactement les conditions de fonctionnement d'un système (dispositif, machine, etc.) et qui peut servir à l'instruction du personnel débutant ou à certaines études de fonctionnement. *Simulateur de vol, de tir.* – Lat. *simulator.*

simulation [simylasjɔ̃] n. f. **1.** Action de simuler. *Simulation d'une maladie.* **2.** TECH Reproduction expérimentale des conditions réelles dans lesquelles devra se produire une opération complexe. ▷ Représentation d'un objet par un modèle analogue plus facile à étudier. *Les modèles réduits de machines sont des simulations.* **3.** Didac. *Modèle de simulation* ou, par abrév., *simulation :* représentation mathématique d'un certain nombre d'éléments pouvant intervenir sur un système, afin d'étudier les conséquences de la variation de certains de ces éléments. *L'informatique a largement accru l'utilisation des modèles de simulation en physique nucléaire, gestion, etc.* **4.** PHYS Établissement d'un modèle mathématique destiné à l'étude d'un système. – Lat. *simulatio.*

simuler [simyle] v. tr. [1] **1.** Feindre, faire paraître comme réelle (une chose qui ne l'est pas). *Simuler la folie.* **2.** TECH Procéder à la simulation de. *Simuler un vol spatial.* – Lat. *simulare.*

simulie [simyli] n. f. ENTOM Insecte diptère (genre *Melusina*), moustique dont la femelle seule est piqueuse et peut infliger des piqûres parfois mortelles pour le bétail. *Certaines simulies sont les vecteurs de l'onchocercose.* – Lat. zool. *simulia,* p.-ê. du rad. de *simulare.*

simultané, ée [simyltane] adj. Qui se produit en même temps, dans le même temps. *Mouvements simultanés des bras et des jambes.* – Lat. médiév. *simultaneus,* du class. *simul,* « en même temps, ensemble ».

simultanéisme [simyltaneism] n. m. LITTER Procédé narratif qui consiste à présenter sans transition les événements vécus simultanément en des lieux différents par les personnages du récit. *Le simultanéisme de Dos Passos.* – De *simultané.*

simultanéité [simyltaneite] n. f. Caractère de ce qui est simultané; existence simultanée de plusieurs choses. – De *simultané.*

simultanément [simyltanemɑ̃] adv. En même temps. – De *simultané.*

sin [sin] TRIGO Abrév. de *sinus.*

sin(o)-. Élément, du lat. médiév. *Sina,* « Chine ».

sinanthrope [sinɑ̃tʀɔp] n. m. PREHIST Fossile hominien de l'espèce *Homo erectus,* appelé aussi *homme de Pékin.* – De *sin-,* et *-anthrope.*

ENCYCL Dans le site de Zhoukoudian (Chou-kou-tien), à 40 km de Pékin, ont été découverts entre 1921 et 1939 les ossements d'individus (dits sinanthropes) présentant de nombr. ressemblances avec les squelettes des pithécanthropes. Le sinanthrope possédait un outillage lithique et connaissait l'usage du feu. Il aurait vécu il y a env. 500 000 ans.

sinapisé, ée [sinapize] adj. Qui contient de la farine de moutarde. *Cataplasme sinapisé.* – Lat. méd. *sinapizatus*, du gr. *sinapi*, « moutarde ».

sinapisme [sinapism] n. m. Médication externe à base de farine de moutarde, appliquée sous forme de cataplasme et destinée à produire une révulsion. – *Par ext.* Ce cataplasme. – Lat. d'orig. gr. *sinapismus*.

sincère [sɛ̃sɛʀ] adj. **1.** Qui exprime ses véritables pensées, ses véritables sentiments (sans les déguiser). ▷ Qui est réellement pensé ou senti. *Sentiments, paroles sincères.* **2.** Non altéré, non truqué. *Document sincère.* – Du lat. *sincerus*, « pur, intact ».

sincèrement [sɛ̃sɛʀmɑ̃] adv. D'une manière sincère. *Être sincèrement désolé.* – De *sincère*.

sincérité [sɛ̃seʀite] n. f. **1.** Qualité d'une personne ou d'une chose sincère. **2.** Caractère de ce qui n'est pas altéré, truqué. *La sincérité d'une élection.* – Du lat. *sinceritas*, « pureté, intégrité ».

sincipital, ale, aux [sɛ̃sipital, o] adj. ANAT Du sinciput. – De *sinciput*.

sinciput [sɛ̃sipyt] n. m. ANAT Partie supérieure de la voûte crânienne. – Mot lat.

sinécure [sinekyʀ] n. f. Place qui procure des ressources, une rémunération sans exiger beaucoup de travail. ▷ Fam. *Ce n'est pas une sinécure* : ce n'est pas une affaire de tout repos. – Angl. *sinecure*, du lat. *sine cura*, abrév. de *beneficium sine cura animarum*, « bénéfice ecclésiastique ne comportant pas de ministère proprement pastoral ».

sine die [sinedje] loc. adv. DR, ADMIN Sans fixer de date pour la reprise d'une discussion, pour une prochaine réunion. *Renvoyer un débat sine die.* – Mots lat., « sans jour (fixé) ».

sine qua non [sinekwanɔn] loc. adv. *Condition sine qua non*, obligatoire, indispensable. – Mots du lat. des écoles, littéral. « (condition) sans laquelle non ».

singalette [sɛ̃galɛt] n. f. Mousseline de coton employée pour préparer la gaze apprêtée et la gaze hydrophile. – De *Saint-Gall*, ville suisse, important centre de fabrication de mousseline.

singe [sɛ̃ʒ] n. m. **1.** Mammifère primate anthropoïde à la face glabre, aux pieds et aux mains préhensiles, muni d'un cerveau développé. ▷ *Spécial.* Mâle de l'espèce (par oppos. à *guenon*). **2.** Loc. *Laid, malin, adroit comme un singe.* – *Faire le singe* : faire des singeries*. – *Payer en monnaie de singe*, en paroles creuses, en contrepartie sans valeur (comme les montreurs de singes qui s'acquittaient en faisant faire des tours à leur animal). **3.** Celui qui imite les gestes, les mimiques, les attitudes, les actions d'un autre. **4.** Pop. *Le singe* : le patron. **5.** Pop. Bœuf de conserve (corned-beef). – Du lat. *simius*.

ENCYCL Les singes, ou simiens, se divisent en deux groupes : les *platyrhiniens* ou *singes du Nouveau Monde* (tamarins, etc.) et les *catarhiniens* ou *singes de l'Ancien Monde* (cercopithèques, pongidés, etc.). Les premiers singes apparurent à l'oligocène. Les singes actuels de l'Ancien Monde, de même que les hommes, résultent de l'évolution de rameaux parallèles issus de singes primitifs de l'Ancien Monde.

singer [sɛ̃ʒe] v. tr. [13] **1.** Imiter, contrefaire maladroitement. *Enfant qui veut singer les grandes personnes.* ▷ Contrefaire (qqn) avec malice, pour se moquer de lui. **2.** Affecter, feindre (une attitude, un sentiment). *Singer la vertu.* – De *singe*.

singerie [sɛ̃ʒʀi] n. f. **1.** Grimace, tour de malice. *Faire des singeries.* ▷ *Par ext.* (Plur.) Simagrées. **2.** Cage des singes, dans une ménagerie. *La singerie d'un zoo.* – De *singe*.

single [singœl, sɛ̃gl] n. m. (Anglicisme) Cabine, compartiment occupés par une seule personne. ▷ adj. *Chambre single.* Syn. (off. recommandé) individuel. – Mot angl., « seul, unique ».

singleton [sɛ̃glətɔ̃] n. m. **1.** JEU Au whist, au bridge, carte se trouvant seule de sa couleur dans la main d'un joueur. **2.** MATH Ensemble qui ne comprend qu'un seul élément. – Mot angl., de *single*, « seul ».

singulariser [sɛ̃gylaʀize] v. tr. [1] Rendre singulier, extraordinaire. ▷ v. pron. Se faire remarquer par quelque chose d'extraordinaire. – De *singulier*, d'ap. le lat. *singularis*.

singularité [sɛ̃gylaʀite] n. f. **1.** Fait d'être singulier, unique, irremplaçable. *La singularité de chaque être humain.* **2.** Ce qui rend une chose singulière ; chose, manière singulière. *C'est une des singularités de son caractère.* – Lat. *singularitas*.

singulet [sɛ̃gylɛ] n. m. ELECTRON Électron unique pouvant réaliser une liaison chimique entre deux atomes. – Dérivé scientif. du lat. *singulus*, d'après *octet*.

singulier, ère [sɛ̃gylje, ɛʀ] adj. et n. m. **I. 1.** Qui est individuel. *Combat singulier*, qui oppose un seul adversaire à un seul autre. **2.** Qui se rapporte à une seule chose ou à une seule personne. ▷ n. m. *Le singulier* : catégorie grammaticale qui exprime l'unité. *Le singulier et le pluriel.* **II.** Qui se distingue des autres ; étonnant, extraordinaire. *Un personnage singulier.* – Lat. *singularis*, « seul, unique, isolé ».

singulièrement [sɛ̃gyljɛʀmɑ̃] adv. **1.** Particulièrement, principalement. *Ils se sont tous révoltés, lui singulièrement.* **2.** Beaucoup, extrêmement. *Il est singulièrement déçu.* **3.** D'une manière singulière, bizarre. – De *singulier*.

sinigrine [siniɡʀin] n. f. ou **sinigroside** [siniɡʀɔzid] n. m. CHIM Principe actif de la farine de moutarde. – Du rad. du gr. *sinapi*, « moutarde ».

sinisant, ante [sinizɑ̃, ɑ̃t] n. et adj. **1.** n. Syn. de *sinologue*. **2.** n. et adj. Se dit d'une personne qui a appris le chinois. – Ppr. de *siniser*.

sinisation [sinizasjɔ̃] n. f. Didac. Action de siniser, fait de se siniser ; son résultat. – De *siniser*.

siniser [sinize] v. tr. [1] Didac. Rendre chinois. **1.** Faire adopter la civilisation, la langue, les mœurs chinoises à (une population). ▷ v. pron. *Population qui se sinise.* **2.** Adapter à la culture, aux modes de pensée chinois. – Du lat. médiév. *Sina*, « Chine ».

1. sinistre [sinistʀ] adj. **1.** Qui fait craindre quelque malheur. *Un sinistre présage.* **2.** Qui par son aspect fait peser un sentiment d'effroi ou d'accablement. *L'ombre sinistre des grands bois.* – (Sens affaibli.) Triste ; qui fait naître l'ennui. *Cette soirée était sinistre.* **3.** Méchant, pernicieux. *Un sinistre individu.* – Du lat. *sinister*, « qui est à gauche » (côté néfaste, chez les Romains).

2. sinistre [sinistʀ] n. m. **1.** Catastrophe qui cause des pertes considérables. **2.** DR Tout fait qui entraîne une indemnisation. *Règlement d'un sinistre.* – Ital. *sinistro*, « malheur », même orig. que *sinistre* 1.

sinistré, ée [sinistʀe] adj. et n. Qui a subi un sinistre. *Région sinistrée.* ▷ Subst. Personne qui a eu à souffrir d'un sinistre. – De *sinistre* 2.

sinistrement [sinistʀəmɑ̃] adv. D'une manière sinistre. – De *sinistre* 1.

sinistrose [sinistʀoz] n. f. **1.** MED Syndrome psychique observé chez certains malades ou accidentés, qui consiste en une revendication excessive d'indemnisation pour un état morbide et des séquelles exagérément grossis. **2.** Cour., fam. Pessimisme excessif. – De *sinistre* 1.

sino-. V. sin(o)-.

sinologie [sinɔlɔʒi] n. f. Didac. Étude de la langue, de la culture et de l'histoire de la Chine. – De *sino-*, et *-logie*.

sinologue [sinɔlɔg] n. Didac. Spécialiste de sinologie. – De *sino-*, et *logue.*

sinon [sinɔ̃] conj. **1.** Autrement, sans quoi. *Ce document doit être certifié, sinon il n'est pas valable.* **2.** (Exprimant une exception, une restriction.) Si ce n'est. *Il ne s'intéresse à rien sinon à la musique.* ▷ Loc. conj. *Sinon que :* si ce n'est que. **3.** (Marquant une concession ou une restriction.) *Faites-le, sinon aujourd'hui, du moins demain.* **4.** (Pour surenchérir sur une affirmation.) Et même. *Cela m'est indifférent, sinon désagréable.* – De *si* 1, et *non.*

sinople [sinɔpl] n. m. HERALD Couleur verte représentée en gravure par des hachures diagonales de senestre à dextre. – Du lat. *sinopis,* gr. *sinôpis,* «terre rouge de *Sinope* » (auj. *Sinop,* en Turquie).

sinoque [sinɔk] adj. et n. Fam. Fou. – P.-ê. rég. *sinoc,* n. m., «bille à jouer», cf. *bille,* au sens de «tête».

sino-tibétain, aine [sinotibetɛ̃, ɛn] adj. LING *Langues sino-tibétaines :* ensemble des langues tibéto-birmanes, chinoises et thaïes. – De *sino-,* et *tibétain.*

sinuer [sinɥe] v. intr. [1] Faire des sinuosités. – Du lat. *sinuare,* «courber».

sinueux, euse [sinɥø, øz] adj. **1.** Qui forme des courbes nombreuses. *Sentier sinueux.* **2.** Fig. Qui procède par détours, de façon indirecte; tortueux. *Une approche sinueuse.* – Lat. *sinuosus,* de *sinus,* «courbure».

sinuosité [sinɥozite] n. f. **1.** Chacune des courbes d'une ligne sinueuse. *Les sinuosités d'une rivière.* **2.** Caractère sinueux. *La sinuosité d'un contour.* ▷ Fig. *La sinuosité d'une pensée.* – De *sinueux.*

1. sinus [sinys] n. m. ANAT **1.** Cavité irrégulière à l'intérieur de certains os (os du crâne et de la face, en partic.). *Sinus frontal, maxillaire, sphénoïdal.* **2.** Partie dilatée de certains vaisseaux. *Sinus carotidien.* – Mot lat., «courbe».

2. sinus [sinys] n. m. TRIGO Ordonnée de l'extrémité d'un arc porté sur le cercle trigonométrique. – *Sinus d'un angle aigu d'un triangle rectangle,* rapport entre le côté opposé à cet angle et l'hypoténuse. (Abrév. : sin). – Lat. médiév. *sinus,* modification par confusion avec *sinus* 1, de l'ar. *djayb,* «demi-corde de l'arc double», propr. «pli ou ouverture d'un vêtement».

sinusite [sinyzit] n. f. Atteinte inflammatoire ou infectieuse des muqueuses des sinus de la face. – De *sinus* 1, et *-ite* 1.

sinusoïdal, ale, aux [sinyzɔidal, o] adj. GEOM Relatif à la sinusoïde. ▷ PHYS *Mouvement sinusoïdal :* mouvement d'un point matériel dont l'élongation est une fonction sinusoïdale du temps. – De *sinusoïde.*

sinusoïde [sinyzɔid] n. f. GEOM Courbe qui traduit les variations de la fonction $y = \sin x$ et, d'une manière générale, celles des fonctions $y = a \sin (\omega t + \varphi)$ et $y = a \cos (\omega t + \varphi)$. – De *sinus* 2, et *-oïde.*

sionisme n. m. HIST Mouvement, doctrine qui visait à la restauration d'un État juif indépendant en Palestine, et qui fut à l'origine de la fondation de l'État d'Israël. ▷ *Par ext.* Idéologie des partisans de l'État d'Israël. – De *Sion,* n. d'une colline de Jérusalem.

ENCYCL Associé à l'idée d'avènement messianique, le retour du peuple juif en Palestine est le fondement du sionisme. Des bases solides lui furent données par T. Herzl, qui organisa à Bâle le premier congrès sioniste (1897). Il rencontra de nombr. oppositions au sein même des Juifs de la Diaspora mais fut l'espoir des communautés persécutées d'Europe orientale. La déclaration Balfour (1917) admit la création en Palestine d'un *Foyer juif,* dont le développement suscita de grandes difficultés et des luttes armées entre Juifs, Arabes et Anglais. La création officielle de l'État d'Israël date de mai 1948.

sioniste [sjɔnist] adj. et n. **1.** adj. Relatif au sionisme. **2.** n. Partisan du sionisme. – De *sionisme.*

sioux [sju] n. (et adj. inv.) Membre d'une ethnie indienne d'Amérique du N. *Après l'arrivée des colons, les Sioux furent contraints d'émigrer vers l'Ouest; ils vivent aujourd'hui dans des réserves.* ▷ n. m. LING *Le sioux :* la famille de langues parlées par les Sioux. ▷ Loc. fam. *Des ruses de Sioux,* particulièrement astucieuses. – Appellation donnée aux Sioux par les Chippewa (tribu indienne du groupe algonquin).

siphoïde [sifɔid] adj. TECH Qui a la forme d'un siphon. – De *siph(on),* et *-oïde.*

siphomycètes [sifɔmisɛt] n. m. pl. BOT Ensemble des champignons dont le mycélium est formé de tubes continus. – Sing. *Un siphomycète.* – De *siphon,* et *-mycète.*

siphon [sifɔ̃] n. m. **1.** Tube recourbé permettant de faire passer par gravité un liquide d'un niveau donné à un niveau inférieur en l'élevant d'abord au-dessus du niveau le plus haut. *Amorçage d'un siphon.* **2.** Dispositif (tube recourbé en S, partic.) intercalé entre un appareil sanitaire et son tuyau de vidange pour empêcher la remontée des mauvaises odeurs. **3.** TECH Conduite, ou ensemble de conduites, permettant de faire passer des eaux d'alimentation ou d'évacuation sous un cours d'eau. **4.** En spéléologie, galerie ou boyau inondé. **5.** Bouteille à paroi épaisse, munie d'un bouchon mécanique à levier et contenant de l'eau sous pression, gazéifiée par du gaz carbonique. **6.** ZOOL Canal qui traverse les cloisons et fait communiquer entre elles les diverses loges de certaines coquilles. – Tube prolongeant les orifices d'entrée et de sortie de l'eau respiratoire, chez certains lamellibranches fouisseurs. ▷ BOT Cellule en forme de tube allongé, constitutive du thalle de divers champignons et algues. – Lat. *sipho, siphonis;* gr. *siphôn.*

siphonaptères [sifɔnaptɛʀ] n. m. pl. ENTOM Ordre d'insectes dépourvus d'ailes, dont les nombr. espèces sont appelées cour. puces. – Sing. *Un siphonaptère.* Syn. aphaniptères. – De *siphon* (à cause de leur trompe), et *aptère.*

siphonné, ée [sifɔne] adj. Fam. Un peu fou. – Propr. «vidé de son esprit», pp. de *siphonner.*

siphonner [sifɔne] v. tr. [1] Transvaser (un liquide) au moyen d'un siphon. – De *siphon.*

siphonophores [sifɔnɔfɔʀ] n. m. pl. ZOOL Classe de cnidaires hydrozoaires qui forment, en haute mer, des colonies où les individus (polypes ou méduses) restent attachés les uns aux autres. – Sing. *Un siphonophore.* – De *siphon,* et *-phore.*

sir [sœʀ] n. m. Titre honorifique donné en Grande-Bretagne, qui précède le prénom et le nom de famille. – Mot angl., du fr. *sire.*

sirdār [siʀdaʀ] n. m. HIST Titre porté par l'officier général britannique qui commandait les troupes du khédive en Égypte. – Persan *serdar,* de *ser,* «tête», et *dar,* «qui possède».

sire [siʀ] n. m. **1.** HIST Titre donné d'abord à certains seigneurs féodaux et, plus tard, à de simples roturiers. ▷ Loc. mod. *Un triste sire :* un individu peu digne de confiance ou de considération. **2.** Titre que l'on donne à un souverain lorsqu'on s'adresse à lui. – Du lat. *senior,* propr. «plus vieux».

sirène [siʀɛn] n. f. **I. 1.** ANTIQ GR Être mythique ayant un buste de femme et un corps de poisson ou d'oiseau dont le chant mélodieux attirait les navigateurs sur les écueils. **2.** Fig., litt. Femme très séduisante, au charme dangereux. **II.** Appareil de signalisation sonore utilisé notam. pour alerter les populations (lors d'un bombardement ou d'une catastrophe) ou pour signaler sa présence (navires, voitures de police). – Bas lat. *sirena*, class. *siren*, gr. *seirên*.

siréniens [sirenjɛ̃] n. m. pl. ZOOL Ordre de mammifères placentaires aquatiques proches des ongulés. *Les siréniens, herbivores, vivent dans les eaux marines côtières et les fleuves où la végétation aquatique est abondante.* – Sing. *Le lamentin est un sirénien.* – De *sirène*, les anciens marins ayant cru identifier leur silhouette aperçue de loin à celle d'une sirène.

sirex [sirɛks] n. m. ENTOM Insecte hyménoptère au dimorphisme sexuel très marqué, dont la femelle perfore l'écorce des conifères pour y pondre. – Mot lat. scientif.

sirocco [siroko] n. m. Vent du sud-est, chaud et sec, chargé de poussière, qui vient des déserts africains et souffle en Algérie, en Tunisie, en Sicile. – Ital. *scirocco*, p.-ê. de l'ar. *charquī*, «(vent) oriental».

sirop [siro] n. m. Solution concentrée de sucre additionnée ou non de substances aromatiques ou médicamenteuses. *Sirop de citron. Sirop pectoral.* – Lat. médiév. *syrupus, sirupus*, de l'ar. *charāb*, propr. «boisson».

siroter [sirote] v. tr. [1] Fam. Boire à petites gorgées, en prenant son temps. ▷ v. intr. Fam. Boire. *Dès onze heures, elle sirote.* – De *sirop*.

sirtaki [sirtaki] n. m. Danse populaire grecque. – Mot grec.

sirupeux, euse [sirypø, øz] adj. Qui a le caractère, la consistance du sirop. ▷ Fig., péjor. D'une douceur mièvre. *Musique sirupeuse.* – De *sirop*.

sirventès [sirvɛ̃tɛs] ou **sirvente** [sirvɑ̃t] n. m. LITTER Au Moyen Âge, poème de circonstance, souvent satirique, en langue d'oc. – Du provençal *sirvent*, «serviteur».

sis, sise [si, siz] adj. DR ou litt. Situé. *Un domaine sis dans telle commune.* – Pp. de *seoir*.

sisal, als [sizal] n. m. Agave (*Agave sisalana*, fam. amaryllidacées) cultivé notam. au Yucatán (Mexique) et en Afrique, dont les feuilles donnent une fibre textile très résistante. ▷ Cette fibre elle-même. – De *Sisal*, port du Yucatán.

sism(o)-. Élément, du gr. *seismos*, «secousse, tremblement».

sismicité [sismisite] ou vieilli **séismicité** [seismisite] n. f. GEOL Fréquence et intensité des séismes dans une région donnée. – De *sismique*, ou de *séismique*.

sismique [sismik] ou vieilli **séismique** [seismik] adj. Qui a rapport aux séismes. – De *sism(o)-*, ou de *séisme*.

sismogramme [sismɔgram] n. m. Enregistrement graphique donné par le sismographe. – De *sismo-*, et *-gramme*.

sismographe [sismɔgraf] n. m. Appareil enregistrant la fréquence et l'amplitude des mouvements sismiques en un point donné du globe. – De *sismo-*, et *-graphe*.

sismologie [sismɔlɔʒi] n. f. Partie de la géologie qui étudie les séismes. – De *sismo-*, ou de *séisme*, et *-logie*.

sister-ship [sistœrʃip] n. m. (Anglicisme) Navire construit exactement sur le même modèle qu'un autre. *Des sister-ships.* Syn. (off. recommandé) navire-jumeau. – Mot angl., de *sister*, «sœur», et *ship*, «navire».

sistre [sistr] n. m. ANTIQ Instrument de musique des anciens Égyptiens, composé d'un manche et d'un cadre métallique supportant des tiges mobiles, qui produisait un son perçant lorsqu'on l'agitait. – Lat. *sistrum*, gr. *seîstron*, de *seîein*, «agiter».

sisymbre [sizɛ̃br] BOT n. m. Plante herbacée (fam. crucifères) aux fleurs jaunes et aux feuilles profondément découpées. – Lat. *sisymbrium*, gr. *sisumbrion*.

sitar [sitar] n. m. Instrument de musique à cordes pincées, long manche et caisse de résonance hémisphérique originaire du N. de l'Inde. – Mot hindi.

sitcom [sitkɔm] n. f. Style de comédies produites en série pour la télévision et présentant des scènes de la vie quotidienne. – Acronyme pour l'angl. *situation comedy*.

site [sit] n. m. **1.** Lieu, tel qu'il s'offre aux yeux de l'observateur; paysage, envisagé quant à sa beauté. *Majesté d'un site. Site classé.* **2.** Configuration, envisagée du point de vue pratique, économique, du lieu où est édifiée une ville. ▷ ARCHEOL Lieu où se trouvent des vestiges. ▷ TRANSP *Site propre* (dans la loc. adv. et adj. *en site propre*) : partie réservée à la circulation des véhicules d'un moyen de transport déterminé. *Ligne de tramway en site propre.* **3.** BIOL Partie d'un gène séparable des éléments voisins et susceptible, en cas de modification de sa structure moléculaire, de produire une mutation de l'organisme. **4.** ARTILL, TECH *Angle de site*, formé par l'horizontale et la direction visée. – Lat. *situs*, «situation, emplacement».

sit-in [sitin] n. m. inv. (Anglicisme) Manifestation non violente dans laquelle les participants occupent un endroit public en s'asseyant par terre. – Mot angl., de *to sit in*, «s'installer».

sitôt [sito] adv. **I. 1.** Vx Aussi promptement. *«Quoi donc, elle devait périr sitôt!» (Bossuet).* ▷ Mod., litt. *Sitôt... sitôt. Sitôt dit, sitôt fait.* Syn. cour. aussitôt. **2.** Loc. adv. *Pas de sitôt* ou *pas de si tôt* : pas avant longtemps. *On ne le reverra pas de sitôt.* **II. 1.** Loc. conj. *Sitôt que* (+ indic.) : dès que. *Prévenez-moi sitôt que vous serez prêt.* **2.** (Employé comme préposition.) Fam. *Sitôt mon arrivée je lui téléphonerai.* – De *si*, et *tôt*.

sittelle [sitɛl] n. f. ORNITH Oiseau passériforme grimpeur (genre *Sitta*), qui niche dans des trous d'arbres. – Du lat. scientif. *sitta*, du gr. *sittê*, «oiseau analogue au pic, pivert».

situ. V. in situ.

situation [sitɥasjɔ̃] n. f. **1.** Position, emplacement (se dit surtout en parlant d'une ville, d'une maison, d'un terrain). **2.** Ensemble des conditions dans lesquelles se trouve qqn à un moment donné. *Être dans une situation difficile. Situation pécuniaire, familiale.* ▷ Loc. adv. *En situation* : dans des circonstances réelles et concrètes, et non dans l'abstrait. *La vraie psychologie est celle qui étudie l'homme en situation.* ▷ *Être en situation de* (+ inf.) : pouvoir. *Je ne suis pas en situation de vous aider.* **3.** Emploi qui confère, le plus souvent, une position sociale assez élevée. *Avoir une belle situation.* **4.** État des affaires; conjoncture. *La situation économique, politique.* **5.** FIN Tableau indiquant l'actif et le passif d'une entreprise à une date donnée. **6.** Moment important de l'action, dans une œuvre littéraire. *Les situations dramatiques d'une pièce de théâtre.* – De *situer*.

situationnisme [sitɥasjɔnism] n. m. Mouvement de contestation philosophique, esthétique et politique, créé en 1957, se voulant l'héritier du marxisme et du surréalisme, qui affirme que l'idéologie capitaliste se réalise dans un spectacle auquel participent toutes les institutions et tous les rôles sociaux. – De *situationniste*.

situationniste [sitɥasjɔnist] adj. et n. Du situationnisme. – Subst. Partisan du situationnisme. – De *situation*.

situer [sitɥe] v. tr. [1] **1.** (Surtout au pp.) Placer dans un certain endroit ou d'une certaine manière. *La maison située près de la rivière.* **2.** Déterminer par la pensée la place de (qqch, qqn), dans l'espace, dans le temps, dans un ensemble organisé. *Où situez-vous cette ville? Situer un événement dans le temps.* ▷ v. pron. *Ce roman se situe à Paris. Se situer politiquement.* – Lat. médiév. *situare*, du class. *situs*, «situation».

sivaïsme ou **shivaïsme** [ʃivaism] n. m. RELIG Ensemble des doctrines, courants spirituels et sectes hindouistes dans lesquels le dieu Siva (ou Çiva) est l'Être suprême. – De *Siva* ou *Shiva*, dieu hindou.

six [sis] ([si] devant un mot commençant par une consonne ; [siz] devant une voyelle ou un *h* muet.) adj. inv. et n. m. inv. **I.** adj. num. inv. **1.** (Cardinal) Cinq plus un (6). *Un vers de six pieds.* ▷ SPORT *Les Six Jours :* course cycliste sur piste se disputant par relais de deux coureurs durant six jours. **2.** (Ordinal) Sixième. *Charles VI.* – Ellipt. *Le six mai.* **II.** n. m. inv. **1.** Le nombre six. ▷ Chiffre représentant le nombre six (6). *Tracer un six.* ▷ Numéro six. *Il s'est garé devant le six (de la rue).* ▷ *Le six :* le sixième jour du mois. **2.** Carte, face de dé ou côté de domino portant six marques. *Le six de cœur.* **3.** POLIT *Les Six, l'Europe des Six :* les six premiers pays membres du Marché commun, avant 1973. – Lat. *sex.*

sixain. V. sizain.

six-huit [sisɥit] n. m. inv. MUS *Mesure à six-huit* (6/8) : mesure ternaire à deux temps ayant la noire pointée (ou trois croches) pour unité de temps. – De *six*, et *huit.*

sixième [sizjɛm] adj. et n. **I.** adj. num. ord. Dont le rang est marqué par le nombre 6. *Le sixième jour. Habiter au sixième étage* ou, ellipt., *au sixième. Le sixième arrondissement* ou, ellipt., *le sixième.* **II.** n. **1.** Personne, chose qui occupe la sixième place. *La sixième du palmarès.* **2.** n. f. Première classe du premier cycle de l'enseignement secondaire. *Entrer en sixième.* **3.** n. m. Chaque partie d'un tout divisé en six parties égales. *Le sixième d'une somme.* – De *six.*

sixièmement [sizjɛmmɑ̃] adv. En sixième lieu. – De *sixième.*

six-quatre-deux (à la) [alasiskatdø] loc. adv. Fam. À la hâte, sans soin. Syn. à la va-vite. – De *six*, *quatre*, et *deux.*

sixte [sikst] n. f. **1.** MUS Intervalle de six degrés. – Sixième degré d'une gamme diatonique. **2.** SPORT En escrime, parade avec la lame dirigée vers la ligne du dessus. – Du lat. *sextus*, d'ap. *six.*

sizain ou rare **sixain** [sizɛ̃] n. m. **1.** LITTER Strophe de six vers construite sur deux ou trois rimes. **2.** JEU Paquet de six jeux de cartes. – De *six.*

sizerin [sizʀɛ̃] n. m. Petit oiseau (genre *Carduelis*, fam. fringillidés) voisin de la linotte. – Du flamand *sijsje*, « serin ».

skaï [skaj] n. m. Matière synthétique imitant le cuir. – Nom déposé.

skate-board [skɛtbɔʀd] n. m. (Anglicisme) Syn. (off. déconseillé) de *planche à roulettes. Des skate-boards.* ▷ Sport, jeu qui consiste à faire des évolutions sur une planche à roulettes. – Mot angl., de *to skate*, « patiner », et *board*, « planche ».

sketch [skɛtʃ] n. m. Petite scène, généralement gaie, jouée au théâtre, dans un music-hall, etc. *Des sketch(e)s.* – *Film à sketches*, composé de courtes œuvres différentes, d'un ou de plusieurs auteurs. – Mot angl., propr. « esquisse ».

ski [ski] n. m. **1.** Long patin de bois, de fibre de verre, etc., à l'extrémité antérieure (*spatule*) relevée, utilisé pour glisser sur la neige. *Aller à skis.* **2.** Locomotion à skis ; sport pratiqué sur skis. *Faire du ski.* – *Ski de fond*, pratiqué sur de longues distances et sur des terrains de faible dénivellation. – *Ski alpin*, pratiqué sur des pistes aménagées, en pente raide. *Les disciplines de ski alpin sont : la descente, le slalom spécial, le slalom géant.* ▷ *Ski nautique :* sport nautique qui se pratique sur un ou deux skis. – Mot norvég..

skiable [skjabl] adj. Où l'on peut skier. *Pente, neige skiable.* – De *skier.*

skiascopie [skjaskɔpi] n. f. MED Examen de l'ombre portée par la pupille sur la rétine, qui permet de déterminer le degré de réfraction de l'œil. – Du gr. *skia*, « ombre », et de *-scopie.*

skier [skje] v. intr. [2] Aller à skis, pratiquer le ski. – De *ski.*

skieur, euse [skjœʀ, øz] n. Personne qui va à skis, qui pratique le ski. – De *ski.*

skif(f) [skif] n. m. Bateau de course, long et très étroit, pour un seul rameur. – Mot angl., empr. au fr. *esquif*, lombard **skif.*

skinhead ou **skin-head** [skinɛd] n. (Anglicisme) Marginal adhérant à des thèses extrémistes (de droite le plus souvent), volontiers agressif, xénophobe, se distinguant par le crâne rasé et une tenue évoquant l'uniforme militaire. *Des skinheads ou des skin-heads.* (Abrév. : skin). – Mot angl., de *skin*, « peau », et *head*, « tête ».

skipper [skipœʀ] n. m. (Anglicisme) **1.** Chef de bord d'un yacht. **2.** Barreur d'un bateau à voile de régate. – Mot angl.

skons, skunks, skuns. V. sconce.

skye-terrier [skajtɛʀje] n. m. (Anglicisme) Chien terrier à longs poils. *Des skye-terriers.* – Mot angl., du nom de l'île de *Skye* (archipel des Hébrides), et *terrier.*

slalom [slalɔm] n. m. **1.** SPORT Descente à skis sur un parcours sinueux jalonné de piquets (qui figurent des *portes*). – *Slalom géant*, sur un parcours relativement long. – *Slalom spécial*, sur un parcours plus court, avec des portes plus rapprochées, et couru en deux manches. **2.** *Par anal.* Parcours sinueux entre des obstacles. – Mot norvég.

slalomer [slalɔme] v. intr. [1] Faire un slalom (surtout au sens 2). – De *slalom.*

slalomeur, euse [slalɔmœʀ, øz] n. Skieur, skieuse qui pratique le slalom. – De *slalom.*

slang [slɑ̃g] n. m. Argot anglais. – Mot angl.

slave [slav] adj. et n. Qui appartient aux peuples de même famille linguistique habitant l'Europe centrale et orientale. ▷ *Langues slaves :* langues indo-européennes parlées dans l'est et une partie du centre de l'Europe (slavon, bulgare, croate, polonais, russe, serbe, slovaque, slovène, tchèque, etc.). – Lat. médiév. *Sclavus, Slavus.*

slavisant, ante [slavizɑ̃, ɑ̃t] n. et adj. Didac. **1.** n. Linguiste spécialiste des langues slaves. **2.** adj. Dont certains traits ou caractères sont slaves, propres aux cultures slaves. – De *slave.*

slaviser [slavize] v. tr. [1] Didac. Rendre slave (par la langue, les mœurs). – De *slave.*

slaviste [slavist] n. Didac. Spécialiste des civilisations, des langues slaves. – De *slave.*

slavistique [slavistik] n. f. Didac. Science des langues slaves. – De *slaviste.*

slavon [slavɔ̃] n. m. LING Chacune des langues liturgiques nationales des Slaves orthodoxes, dérivées du vieux slave. *Le slavon russe. Le slavon bulgare. Le slavon serbe.* – De *Slavonie*, anc. rég. de Yougoslavie, auj. en Croatie.

sleeping [slipiŋ] ou **sleeping-car** [slipiŋkaʀ] n. m. (Anglicisme) Vieilli Wagon-lit. *Des sleepings ou des sleeping-cars.* – Mot angl., du ppr. de *to sleep*, « dormir », et de *car*, « voiture ».

slikke [slik] n. f. GEOMORPH Vase maritime déposée aux niveaux inférieur et moyen de la zone de balancement des marées ; partie du littoral où elle se dépose (par oppos. au *schorre*). – Néerl. *slijk*, « limon ».

1. slip [slip] n. m. MAR Plan incliné destiné à tirer au sec des navires de faible tonnage. – Mot angl., de *to slip*, «glisser».

2. slip [slip] n. m. Culotte très courte et ajustée servant de sous-vêtement ou de culotte de bain. – Mot angl., «combinaison de femme», de *to slip*, «glisser».

slogan [slɔgɑ̃] n. m. Formule brève et frappante utilisée dans la publicité, la propagande politique, etc. – Mot écossais, «cri de guerre d'un clan», du gaélique *sluagh*, «troupe», et *gairm*, «cri».

sloop [slup] n. m. MAR Bateau à voiles à un mât ne gréant qu'un foc à l'avant (à la différence du cotre, qui grée foc et trinquette). – Néerl. *sloep* (même rac. que *chaloupe*).

sloughi [slugi] n. m. Lévrier d'Afrique à poil ras. – Ar. d'Afrique du N. *slugi*.

slovaque [slɔvak] adj. et n. **1.** adj. De Slovaquie. ▷ Subst. *Les Slovaques.* **2.** n. m. *Le slovaque* : la langue slave parlée en Slovaquie.

slovène [slɔvɛn] adj. et n. **1.** adj. De Slovénie. ▷ Subst. *Les Slovènes.* **2.** n. m. *Le slovène* : la langue slave des Slovènes, apparentée au serbo-croate.

slow [slo] n. m. Danse à pas glissés, sur une musique lente à deux ou quatre temps; cette musique. – Mot angl., «lent».

Sm CHIM Symbole du samarium.

smala(h) [smala] n. f. **1.** Ensemble des tentes abritant les personnes (famille, serviteurs, équipages) qui suivent un chef arabe dans ses déplacements. **2.** Fam. Famille, suite nombreuse. – Mot arabe.

smalt [smalt] n. m. MINER Silicate bleu de cobalt. ▷ TECH Verre coloré en bleu par l'oxyde de cobalt. – Ital. *smalto*, propr. «émail».

smaltine [smaltin] n. f. MINER Arséniure naturel de cobalt. – De *smalt*, et *-ine*.

smaragdin, ine [smaʀagdɛ̃, in] adj. Litt. D'un vert émeraude. – Du lat. *smaragdus*, du gr. *smaragdos*, «émeraude».

smaragdite [smaʀagdit] n. f. MINER Hornblende vert émeraude. – De *smaragdin*.

smart [smaʀt] adj. inv. (Anglicisme) Fam., vieilli Élégant, chic. – Mot angl.

smash [smaʃ] n. m. (Anglicisme) Au tennis, au ping-pong, au volley-ball, coup violent qui rabat au sol une balle haute. *Des smashes.* – Mot angl., de *to smash*, «écraser, briser».

smasher [smaʃe] v. intr. [1] Faire un smash. – De *smash*.

S.M.E. Sigle de *système* monétaire européen*.

smectique [smɛktik] adj. **1.** PETROG *Argile smectique* : terre à foulon utilisée pour dégraisser la laine. **2.** PHYS, CHIM Se dit d'un des états mésomorphes* de certains cristaux liquides. – Gr. *smêktikos*, rac. *smêgma*, «savon».

SMIC [smik] n. m. Salaire* minimum que doit percevoir un travailleur, aux termes de la loi. Il remplace depuis 1970 le salaire minimum interprofessionnel garanti (SMIG). – Acronyme pour *salaire minimum interprofessionnel de croissance*.

smicard, arde [smikaʀ, aʀd] n. Fam. Travailleur payé au SMIC. – De *SMIC*.

smille [smij] n. f. CONSTR Marteau à deux pointes des tailleurs de pierre. – P.-ê. lat. *smila*, gr. *smilê*, «ciseau».

smiller [smije] v. tr. [1] Piquer, tailler du moellon, du grès, à la smille pour le dégrossir (opération du *smillage*). – De *smille*.

smithsonite [smitsɔnit] n. f. MINER Carbonate naturel de zinc. – Du nom du chimiste anglais J. *Smithson* (1765-1829), qui avait analysé ce corps en 1803.

smocks [smɔk] n. m. pl. COUT Ornements constitués de fronces à plusieurs rangs rebrodées sur l'endroit. – Mot angl.

smog [smɔg] n. m. Brouillard épais et mêlé aux pollutions atmosphériques, caractéristique des régions industrielles de l'Angleterre. – Mot angl., croisement de *sm(oke)*, «fumée», et *(f)og*, «brouillard».

smoking [smɔkiŋ] n. m. (Faux anglicisme.) Costume d'homme habillé comportant une veste à revers de soie et un pantalon garni sur chaque jambe d'une bande de même tissu. (Abrév. fam. : smok). – De l'angl. *smoking-jacket*, «veste d'intérieur», propr. «pour fumer».

Sn CHIM Symbole de l'étain.

snack-bar [snakbaʀ] ou **snack** [snak] n. m. (Anglicisme) Café-restaurant où l'on sert rapidement des repas à toute heure. *Des snack-bars* ou *snacks*. – Mot amér., de *snack*, «repas léger et hâtif».

sniff [snif] n. m. (Américanisme) Arg. Prise (de drogue). *Un sniff de coke.* – De l'angl. *to sniff*, «renifler».

sniffer [snife] v. tr. et v. intr. [1] Arg. Priser (une drogue). – De *sniff*.

sniper [snajpœʀ] n. m. (Anglicisme) Franc-tireur. – Mot angl.

snob [snɔb] n. et adj. Personne qui affecte les manières, le mode de vie et le parler d'un milieu qui lui semble plus distingué, plus original ou plus à la mode que le sien, qu'elle prend comme modèle de distinction et qu'elle imite sans discernement. ▷ adj. *Elle est un peu snob. Ils sont snobs.* – Mot angl., «cordonnier»; en arg. de l'université de Cambridge, «toute personne qui n'est pas de l'université».

snober [snɔbe] v. tr. [1] Traiter de haut, avec mépris (comme le ferait un snob). *Snober qqn.* – De *snob*.

snobinard, arde [snɔbinaʀ, aʀd] n. et adj. Fam., péjor. Un peu snob. – De *snob*, et *-ard*.

snobisme [snɔbism] n. m. Fait d'être snob; attitude d'une personne snob. – Angl. *snobism*; de *snob*.

snow-boot [snobut] n. m. (Faux anglicisme) Vieilli Chaussure de caoutchouc portée par-dessus les souliers pour les protéger de la neige. *Des snow-boots.* – De l'angl. *snow*, «neige», et *boot*, «botte, bottine».

sobre [sɔbʀ] adj. **1.** Tempérant dans le boire et le manger. – Par ext. *Une vie sobre.* ▷ *Spécial.* Qui consomme peu d'alcool, ou qui n'en consomme pas. **2.** Litt. Qui fait preuve de discrétion, de retenue. *Être sobre en paroles.* **3.** Qui ne comporte pas de fioritures; dépouillé. *Style sobre.* – Lat. *sobrius*.

sobrement [sɔbʀəmɑ̃] adv. **1.** Avec sobriété. *User sobrement de la boisson.* **2.** Avec retenue, discrétion. – De *sobre*.

sobriété [sɔbʀijete] n. f. **1.** Fait d'être sobre; frugalité, tempérance. **2.** Retenue, réserve, modération. *Un discours d'une grande sobriété.* ▷ Dépouillement, absence d'ornementation. *La sobriété de l'art cistercien.* – Lat. *sobrietas*.

sobriquet [sɔbʀikɛ] n. m. Surnom familier, donné souvent par dérision.

soc [sɔk] n. m. Fer triangulaire d'une charrue, qui creuse le sillon. – Du gaul. **succos*.

soccer [sɔkœʀ] n. m. (Canada) Football. *Joueur de soccer. Inscrire son enfant au soccer pour l'été.* – Mot. angl., de *football association*, d'après le groupe *-soc-* du deuxième mot.

sociabilité [sɔsjabilite] n. f. **1.** Aptitude à vivre en société. **2.** Fait d'être sociable, caractère d'une personne sociable. – De *sociable.*

sociable [sɔsjabl] adj. **1.** Qui est fait pour vivre avec ses semblables. *L'homme est naturellement sociable.* **2.** Qui aime à fréquenter autrui, à vivre en société; ouvert et accommodant. *Être sociable. Avoir un caractère sociable.* – Lat. *sociabilis,* de *sociare,* «associer».

social, ale, aux [sɔsjal, o] adj. (et n. m.) **I.** Qui a rapport à la société. **1.** Qui concerne la vie en société, qui la caractérise. *Vie sociale. Morale sociale.* ▷ n. m. *Le naturel et le social.* ▷ *Sciences sociales,* qui étudient les structures et le fonctionnement des groupes humains, leurs relations, leurs activités (sociologie, psychologie sociale, droit, économie, histoire, géographie humaine, etc.). **2.** Qui vit en société. *L'homme, animal social. Insectes sociaux (fourmis, abeilles, termites, etc.) et insectes solitaires.* **3.** Qui concerne l'organisation de la société. *Changement social.* ▷ *Spécial.* Qui concerne l'organisation de la société en ensembles plus ou moins hiérarchisés. *Couches, classes sociales.* **4.** Relatif au monde du travail, aux conditions de vie des travailleurs, des citoyens. *Conflits sociaux. Sécurité* sociale.* ▷ n. m. *Le social :* les questions sociales. **II.** Qui a rapport à une société commerciale. *Raison sociale. Capital social.* – Lat. *socialis,* «fait pour la société».

social-démocrate [sɔsjaldemɔkʀat] adj. et n. POLIT Partisan de la social-démocratie. *Les partis sociaux-démocrates.* (Au fém. *social* est invariable.) *Les formations social-démocrates.* ▷ Subst. *Un(e) social-démocrate. Les sociaux-démocrates.* – All. *sozial-demokrat.*

social-démocratie [sɔsjaldemɔkʀasi] n. f. POLIT Dans certains pays (Allemagne et pays scandinaves, notam.), doctrine des socialistes appartenant à l'Internationale socialiste. *Les social-démocraties.* – De *social-démocrate.*

socialement [sɔsjalmɑ̃] adv. Relativement à la société; du point de vue de l'organisation de la société. – De *social.*

socialisant, ante [sɔsjalizɑ̃, ɑ̃t] adj. Qui a des sympathies, des tendances socialistes. – Ppr. de *socialiser.*

socialisation [sɔsjalizasjɔ̃] n. f. **1.** Didac. Ensemble des processus par lesquels l'individu s'intègre pendant l'enfance à la société; apprentissage de la vie de groupe par l'enfant. **2.** Appropriation des moyens de production et d'échange par la collectivité. – De *socialiser.*

socialiser [sɔsjalize] v. tr. [1] **1.** Didac. Rassembler (des individus) en un groupe socialement organisé, développer les relations sociales entre eux. ▷ Opérer la socialisation (sens 1) de (un individu). **2.** Réaliser la socialisation (sens 2) de (un bien, un moyen de production). – De *social.*

socialisme [sɔsjalism] n. m. **1.** Doctrine économique et politique qui préconise la disparition de la propriété privée des moyens de production et l'appropriation de ceux-ci par la collectivité. ▷ Système, organisation sociale et politique qui tend à l'application de cette doctrine. **2.** Dans la théorie marxiste, période qui succède à la destruction du capitalisme et qui précède l'instauration du communisme et la disparition de l'État. **3.** Ensemble des doctrines, des partis de la gauche non marxiste. *Socialisme réformiste. Socialisme radical.* – De *social.*

ENCYCL Engels, théoricien, avec Marx, du communisme, stade suprême du socialisme, distingue deux formes : le socialisme utopique et le socialisme scientifique. Au premier se rattachent toutes les tentatives philosophiques, sociales ou économiques d'organisation de la société sur des bases égalitaires. Les prédécesseurs sont nombreux : Platon, More, Morelly, Rousseau, Diderot, Mably, Fichte, Owen, Saint-Simon, Fourier, Babeuf, Cabet, Blanqui. Le socialisme scientifique ou révolutionnaire, élaboré par Marx et Engels, parachevé par Lénine, Rosa Luxemburg, Gramsci, Trotski, Mao Zedong, découle d'une analyse précise du capitalisme international. Le mouvement socialiste se développe dans la seconde moitié du XIXe s. au sein d'un prolétariat urbain né de la grande industrie. Mais, en s'affirmant davantage, le socialisme se diversifie. Apparaissent, en effet, des modèles distincts, les uns qualifiés de communistes (U.R.S.S., Chine, par ex.), les autres de socialistes (modèle suédois, nombreux pays du tiers monde). L'appellation *parti communiste* a été adoptée après la révolution russe de 1917 par les fractions révolutionnaires des partis socialistes pour bien se démarquer; ces fractions affirmaient leur attachement à la jeune U.R.S.S.

socialiste [sɔsjalist] adj. et n. **1.** Qui concerne le socialisme. **2.** Qui est favorable au socialisme, qui cherche à instaurer le socialisme. *Le modèle socialiste. En France, le parti socialiste est né au congrès d'Épinay-sur-Seine, en 1971.* ▷ Subst. Membre d'un parti socialiste; partisan du socialisme. – De *social.*

social-révolutionnaire [sɔsjalʀevɔlysjɔnɛʀ] adj. et n. *Parti social-révolutionnaire :* parti russe au programme socialiste (1900-1924). ▷ Subst. *Un social-révolutionnaire. Des sociaux-révolutionnaires.* – De *social,* et *révolutionnaire.*

sociétaire [sɔsjetɛʀ] adj. et n. Qui fait partie de certaines sociétés ou associations. – Spécial. *Les sociétaires de la Comédie-Française.* – De *société.*

sociétariat [sɔsjetaʀja] n. m. Didac. Qualité de sociétaire. – De *sociétaire.*

société [sɔsjete] n. f. **A. 1.** Vx Commerce que les hommes entretiennent entre eux. ▷ Vieilli ou litt. Commerce, relations habituelles que l'on a avec qqn. *Trouver plaisir à la société de qqn.* **2.** DR *Contrat de société :* «Contrat par lequel deux ou plusieurs personnes conviennent de mettre quelque chose en commun dans la vue de partager le bénéfice qui pourra en résulter» (Code civil). **B. I.** État des êtres qui vivent en groupe organisé. *La vie en société.* ▷ Ensemble d'individus unis au sein d'un même groupe par des institutions, une culture, etc. *La société industrielle.* **II.** Ensemble d'individus unis par des goûts, une activité, des intérêts communs. **1.** Réunion de personnes qui s'assemblent pour le plaisir, la conversation, le jeu. *Une brillante société.* **2.** Ensemble des classes sociales favorisées. *Faire ses débuts dans la société.* – *La haute société.* **III. 1.** Groupe organisé de personnes unies dans un dessein déterminé. *La Société des gens de lettres. Société protectrice des animaux.* ▷ HIST *La Société des Nations (S.D.N.) :* organisme international créé en 1919 par le traité de Versailles (sur l'initiative du président des États-Unis Wilson et dont le siège fut fixé à Genève); son objectif était de garantir la paix et la sécurité internationales ainsi que de développer la coopération entre les nations, dans tous les domaines; elle transmit sa mission à l'Organisation des Nations unies en 1946 et disparut légalement le 31 juillet 1947. **2.** DR Personne morale issue d'un *contrat de société* groupant des personnes qui sont convenues de mettre certains éléments en commun dans l'intention de partager des bénéfices ou d'atteindre un but commun. – Lat. *societas,* «association», de *socius,* «compagnon, allié».

ENCYCL **Dr.** – Il faut distinguer les sociétés commerciales et les sociétés civiles. *Les sociétés commerciales* se divisent en sociétés de personnes ou d'intérêts (société en nom collectif, société en commandite simple) et sociétés de capitaux ou par actions (la forme la plus répandue est la société anonyme*). *La société à responsabilité limitée (S.A.R.L.)* est intermédiaire entre les sociétés de personnes et les sociétés de capitaux. *Les sociétés civiles* visent un objet civil. Leur caractéristique essentielle est la responsabilité par part civile et non solidaire des associés aux dettes, et l'imputation fiscale des bénéfices à la personne de chaque associé. Un certain nombre d'autres sociétés existent : les sociétés nationalisées, par ex., ou des sociétés adaptées à des fins particulières (V. sicav).

socinianisme [sɔsinjanism] n. m. RELIG Doctrine de Socin et de ses partisans, qui rejette les dogmes de la divinité de Jésus-Christ et de la Trinité. – Du n. fr. du réformateur siennois Lelio *Sozzini*, en fr. *Socin* (1525-1562).

socio-. Élément, du rad. de *social, société.*

socioculturel, elle [sɔsjokyltyʀɛl] adj. Qui concerne à la fois une société ou un groupe social et la culture qui lui est propre. ▷ SOCIOL *Action socioculturelle* : utilisation de moyens culturels pour transformer une situation sociale. – De *socio-*, et *culturel.*

sociodrame [sɔsjodʀam] n. m. PSYCHO Psychodrame concernant un groupe. – Mot angl., de *socio-*, et *drame.*

socio-économique [sɔsjoekɔnɔmik] adj. Qui concerne à la fois le domaine social et le domaine économique, ou leurs relations. *Les questions socio-économiques.* – De *socio-*, et *économique.*

socio-éducatif, ive [sɔsjoedykatif, iv] adj. Qui concerne les phénomènes sociaux en relation avec l'enseignement. *Des mesures socio-éducatives.* – De *socio-*, et *éducatif.*

sociogramme [sɔsjogʀam] n. m. PSYCHO, SOCIOL Schéma qui vise à représenter les relations interindividuelles au sein d'un groupe, ou les relations entre plusieurs groupes au sein d'une institution. – De *socio-*, et *gramme.*

sociolinguiste [sɔsjolɛ̃gɥist] n. Didac. Spécialiste de sociolinguistique. – De *sociolinguistique.*

sociolinguistique [sɔsjolɛ̃gɥistik] n. f. (et adj.) Didac. Partie de la linguistique ayant pour objet l'étude du langage et de la langue sous leur aspect socioculturel. – De *socio-*, et *linguistique*, d'ap. l'angl.

sociologie [sɔsjolɔʒi] n. f. Science humaine qui a pour objet l'étude des phénomènes sociaux. *Sociologie générale. Sociologie du langage.* ▷ *Sociologie animale* : étude de la vie sociale chez les animaux. – De *socio-*, et *-logie* (mot créé par A. Comte en 1830).

sociologique [sɔsjolɔʒik] adj. Relatif à la sociologie; qui concerne les phénomènes étudiés par la sociologie. – De *sociologie.*

sociologiquement [sɔsjolɔʒikmɑ̃] adv. Du point de vue de la sociologie. – De *sociologique.*

sociologisme [sɔsjolɔʒism] n. m. PHILO Doctrine selon laquelle la sociologie suffit à rendre compte de la totalité des faits sociaux indépendamment de toute autre science (biologie, psychologie, etc.). – De *sociologie.*

sociologue [sɔsjolɔg] n. Spécialiste de sociologie. – De *sociologie.*

sociométrie [sɔsjometʀi] n. f. Didac Ensemble des méthodes d'évaluation quantitative des relations entre individus au sein des groupes. – De *socio-*, et *-métrie.*

socioprofessionnel, elle [sɔsjopʀɔfɛsjɔnɛl] adj. Se dit de catégories sociales définies par l'appartenance à une profession, à un secteur économique. *Organisations socioprofessionnelles* (syndicats, chambres des métiers, etc.). – De *socio-*, et *professionnel.*

socle [sɔkl] n. m. **1.** Base (soubassement, massif, pierre taillée) sur laquelle repose un édifice, une colonne, une statue, etc. **2.** GEOL, GEOGR Ensemble de terrains granitiques ou schisteux anciens, souvent recouverts de sédiments, qui forment le soubassement des continents. *Socle hercynien.* – Ital. *zoccolo*, lat. *socculus*, dimin. de *soccus*, «socque».

socque [sɔk] n. m. **1.** ANTIQ ROM Chaussure basse des acteurs comiques. ▷ *Par méton.* Litt., vieilli *Le socque* : la comédie, le genre comique (par oppos. au *cothurne*, symbolisant la tragédie). **2.** Chaussure à semelle de bois, galoche. – Lat. *soccus.*

socquette [sɔkɛt] n. f. Chaussette très courte. – Nom déposé; de l'angl. *sock* ou du lat. *soccus*, «socque», et dimin. fr. *-ette*, comme dans *chaussette.*

socratique [sɔkʀatik] adj. Qui appartient à Socrate; qui évoque Socrate. *Pensée socratique.* ▷ Par euph. Vx ou litt. *Mœurs socratiques* : pédérastie. – Du n. du philosophe grec *Socrate* (v. 470-399 av. J.-C.).

soda [sɔda] n. m. Boisson gazeuse ordinairement aromatisée aux fruits. *Soda à l'orange.* – (En appos.) *Whisky soda* : whisky à l'eau gazeuse. – Abrév. de l'angl. *soda-water*; cf. a. fr. *soda*, «soude».

sodé, ée [sɔde] adj. CHIM Qui contient de la soude ou du sodium. – De *sodium.*

sodique [sɔdik] adj. Qui a rapport à la soude ou au sodium. ▷ Qui contient du sodium. – De *sodium.*

sodium [sɔdjɔm] n. m. CHIM Métal à l'éclat blanc, malléable et mou, très abondant dans la nature sous forme de chlorure. Élément alcalin de numéro atomique Z = 11, de masse atomique 22,99 (symbole Na, de son nom anc. *natrium*). – Métal (Na) qui fond à 97,8 °C et bout à 880 °C. (L'ion Na^+ est très employé : soude, eau de Javel, chlorure de sodium, etc. Il joue un rôle biochimique important.) *Hydroxyde de sodium* (soude caustique). *Bicarbonate de sodium* (sel de Vichy). *Borate de sodium* (borax). *On trouve le sodium dissous dans la mer, sous forme de chlorure de sodium, ou à l'état solide dans le sel gemme.* – Du lat. *soda*, «soude»; par l'angl.

sodoku [sɔdɔky] n. m. MED Maladie infectieuse due à un spirille et transmise par la morsure du rat; elle se manifeste par des accès de fièvre et une inflammation de la plaie suivie d'une éruption de plaques rouges. *Le sodoku est répandu en Extrême-Orient.* – Du jap. *so*, «rat», et *doku*, «poison».

sodomie [sɔdɔmi] n. f. Pratique du coït anal. – Bas lat. ecclés. *sodomia*, de *Sodoma*, *Sodome*, ville de l'anc. Palestine célèbre pour les mœurs dissolues de ses habitants.

sodomiser [sɔdɔmize] v. tr. [1] Se livrer à la sodomie sur (qqn). – De *sodomie.*

sodomite [sɔdɔmit] n. m. Celui qui pratique la sodomie. – De *sodomie.*

sœur [sœʀ] n. f. **1.** Celle qui est née de même père et de même mère qu'une autre personne, ou de l'un des deux seulement. *Sœur germaine*, née du même père et de la même mère. *Sœur consanguine* : demi-sœur née du même père. *Sœur utérine* : demi-sœur née de la même mère. ▷ Loc. pop. *Et ta sœur!* (pour enjoindre à qqn de se mêler de ce qui le regarde ou de mettre fin à ses vantardises). **2.** *Sœur de lait* : celle qui a eu la même nourrice qu'une autre personne. **3.** Titre donné aux religieuses dans certains ordres. – Fam. *Bonne sœur* : religieuse. **4.** (Désignant des personnes de sexe féminin se trouvant dans la même situation, les mêmes conditions que la personne considérée.) *Ses sœurs d'infortune.* ▷ Terme d'affection. *Mon amie, ma sœur.* **5.** (Désignant des choses qui ont beaucoup de points communs.) *La poésie et la musique sont sœurs.* ▷ *Âme sœur* : se dit d'une personne qui semble prédestinée à s'entendre avec une autre personne dans une relation quasi fraternelle. – Lat. *soror.*

sœurette [sœʀɛt] n. f. (Terme d'affection.) Petite sœur. – Dimin. de *sœur.*

sofa [sɔfa] n. m. **1.** Anc. Estrade élevée couverte de tapis et de coussins, en Orient. **2.** Lit de repos à trois appuis pouvant être utilisé comme siège. – Ar. *soffah*, «estrade, banquette».

soffioni [sɔfjɔni] n. m. pl. GEOL Jets de vapeur d'eau qui sortent du sol (en Toscane, notam.) à des températures qui peuvent atteindre 150 °C. – Mot ital., « grands souffles ».

soffite [sɔfit] n. m. ARCHI **1.** Dessous d'un larmier, d'un linteau, etc. **2.** Plafond orné de compartiments, de caissons, de rosaces. – Ital. *soffitto*, lat. pop. **suffictus*, class. *suffixus*, de *suffigere*, « fixer par-dessous, suspendre ».

soft [sɔft] adj. (Anglicisme) Doux. ▷ *Porno soft* : film pornographique dans lequel les actes sexuels sont seulement simulés. ▷ *Par ext.* Édulcoré, atténué (par oppos. à *hard*). *Hier il était agressif, aujourd'hui il fait dans le genre soft.* – Mot angl.

software [sɔftwɛʀ] n. m. (Américanisme) INFORM Logiciel* (par oppos. à *hardware**). – Mot amér., arg. des ingénieurs, de *soft*, « doux, mou », et *ware*, qui désigne des articles fabriqués.

soi [swa] pron. pers. et n. m. **A.** pron. pers. réfl. des deux genres et des deux nombres, pouvant se rapporter à des personnes ou à des choses. **I.** (Personnes) **1.** Litt. (Employé à la place de *lui, elle, eux, elles*, pour renvoyer à un sujet déterminé.) *Il n'était plus maître de soi.* ▷ Cour. (Pour éviter une ambiguïté.) *Elle laissa sa fille s'occuper de soi.* **2.** Cour. (Renvoyant à un sujet indéterminé.) ▷ (En fonction d'attribut.) *N'être plus soi. Rester soi, soi-même* : avoir une attitude, un comportement en accord avec sa personnalité, ne pas forcer son caractère. ▷ (En fonction de complément d'objet direct, avec *ne... que*.) *Au fond, chacun n'aime que soi.* ▷ (En fonction de complément prépositionnel.) *Chacun travaille pour soi. À part soi* : dans son for intérieur. *Chez soi* : dans sa propre demeure. *À sept heures, tout le monde rentre chez soi. Sur soi* : sur sa personne. *Avoir ses papiers sur soi.* – Loc. *Prendre qqch sur soi*, en assumer la responsabilité. *Prendre sur soi* : vaincre sa répugnance, sa crainte, ses hésitations, etc. **II.** (Choses) **1.** (Complément prépositionnel.) *Le bateau laissait après soi un sillage blanc.* ▷ Loc. *Cela va de soi* : c'est tout naturel. **2.** *En soi* : de par sa nature ; à s'en tenir à la chose elle-même. *Ce n'est pas tant la faute en soi qui est blâmable que l'inconscience de son auteur.* – PHILO *La chose en soi* : la chose telle qu'elle est dans sa réalité dernière, le noumène (par oppos. au *phénomène*). ▷ n. m. *L'en-soi* et le pour-soi*.* **III.** *Soi-même* (forme renforcée de *soi*). **1.** (Renforçant *se*, dans la forme pron.) *Se louer soi-même.* **2.** En personne. *Prendre une décision soi-même.* **B.** n. m. **1.** *Le soi* : la personnalité de chacun, le moi de tout être humain. *Analyser le soi par l'introspection.* **2.** PSYCHAN (Utilisé par certains traducteurs de Freud pour rendre l'all. *[das] Es*.) Syn. de *ça**. – Du lat. *se* en position accentuée (cf. se).

soi-disant [swadizɑ̃] adj. inv. **1.** Qui se dit tel ou telle. *Des soi-disant savants.* – *Par ext.* Prétendu (emploi critique). *« Un soi-disant contre-poison » (Hugo).* **2.** Loc. adv. Prétendument. *Il venait tous les jours, soi-disant pour la distraire.* ▷ Loc. conj. Pop. *Il était en retard, soi-disant qu'il avait manqué son train*, parce que, prétendait-il... – De *soi*, et ppr. de *dire*.

1. soie [swa] n. f. **I. 1.** ZOOL Substance protéique fibreuse sécrétée et filée par divers arthropodes, notam. par les araignées, et par les chenilles de certains papillons. **2.** Cour. Fibre textile souple et brillante obtenue à partir du cocon du bombyx du mûrier ou *ver à soie*. *Fil, étoffe de soie.* – Tissu de soie. *Robe de soie.* ▷ *Soie sauvage*, produite par les chenilles de bombyx autres que le bombyx du mûrier. *Soie végétale*, fabriquée avec les soies (sens II, 2) d'une plante du Proche-Orient. **3.** Par anal. *Papier de soie* : papier mince, translucide et brillant. ▷ HIST *Route de la soie* : voie commerciale qui réunissait la Chine (productrice de soie) et l'Occident, passant notam. par le Turkestan chinois et le nord de la Perse. (Suivie par les caravaniers du IIᵉ s. av. J.-C. jusqu'au IXᵉ s. de notre ère, elle joua un rôle important dans la diffusion des croyances, des idées, de la culture.) **II. 1.** Poil long et rude de certains mammifères (porc, sanglier). **2.** BOT Poil raide et isolé, au sommet des feuilles ou des enveloppes florales de certaines graminées. – Du lat. *seta*, var. de *sæta*.

2. soie [swa] n. f. TECH Partie du fer d'une épée, d'un couteau, d'une lime, etc., qui entre dans la poignée, dans le manche. – Orig. incert.

soierie [swaʀi] n. f. **1.** Étoffe de soie. **2.** Industrie, commerce de la soie. – De *soie* 1.

soif [swaf] n. f. **1.** Désir de boire, sensation de sécheresse de la bouche et des muqueuses liée à un besoin de l'organisme en eau. *Étancher sa soif.* – Fam. *Jusqu'à plus soif* : à satiété. ▷ Loc. fig., fam. *Garder une poire pour la soif* : avoir qqch en réserve, en cas de besoin. **2.** Fig. Désir avide. *La soif des honneurs.* – Du lat. *sitis*, p.-ê. d'ap. des mots du type *noif*, cas régime de *nois*, « neige ».

soiffard, arde [swafaʀ, aʀd] adj. et n. Pop. Qui a toujours soif, qui a toujours envie de boire (de l'alcool). – De *soif*.

soignant, ante [swaɲɑ̃, ɑ̃t] adj. et n. m. Se dit d'une personne qui fait profession de soigner, de donner des soins. *Personnel soignant.* – Subst. *Les soignants d'un hôpital.* – Ppr. de *soigner*.

soigner [swaɲe] v. [1] **I.** v. tr. **1.** Exécuter (qqch) avec soin, application ; accorder un soin particulier à. *Soigner son style.* Syn. fam. fignoler, lécher. **2.** Prendre soin de, s'occuper de (qqn, qqch). *Soigner un enfant. Soigner des fleurs.* **3.** Administrer des soins médicaux à, traiter. *Soigner un malade, une maladie.* **II.** v. pron. **1.** Prendre soin de sa propre personne, de son apparence physique ou de son bien-être. **2.** Suivre un traitement médical. **3.** (Passif) *Une maladie qui se soigne*, qui peut être soignée et guérie. – Du bas lat. *soniare*, frq. **sunnjôn*, « s'occuper de ».

soigneur [swaɲœʀ] n. m. SPORT Personne qui soigne, masse un athlète, un sportif (boxeur, partic.) – De *soigner*.

soigneusement [swaɲøzmɑ̃] adv. Avec soin. – De *soigneux*.

soigneux, euse [swaɲø, øz] adj. **1.** Qui apporte soin et attention à ce qu'il fait ; qui est propre et ordonné. *Ouvrier, écolier soigneux.* – *Soigneux de* : qui prend soin de. *Soigneux de sa personne, de sa santé.* **2.** Fait avec soin, précision. *Recherches soigneuses.* – De *soigner*.

soin [swɛ̃] n. m. **1.** Attention, application que l'on met à faire qqch. *Travailler avec soin.* ▷ *Prendre, avoir soin de* (+ inf.) : être attentif à, bien veiller à. *Prenez soin de fermer la porte à clé.* ▷ *Prendre, avoir soin de (qqch, qqn)* : veiller à la conservation, à la réussite de (qqch), au bien-être de (qqn). *Prenez soin de votre santé. Prendre soin d'un enfant.* **2.** (Dans des expr. telles que *laisser, confier le soin de...*) Charge, devoir de s'occuper (de qqch ou de qqn), ou d'accomplir quelque action. *Il lui a laissé le soin de ses affaires. Je vous confie le soin de leur parler.* **3.** (Au plur., dans quelques loc.) Actions par lesquelles on prend soin (de qqch, de qqn). – Vieilli *Les soins du ménage.* – Mod. *Être aux petits soins pour qqn*, avoir pour lui des attentions délicates. *Aux bons soins de*, formule qu'on inscrit sur l'enveloppe d'une lettre pour que la personne mentionnée la fasse parvenir au destinataire. **4.** (Plur.) Actions, moyens hygiéniques ou thérapeutiques visant à l'entretien du corps et de la santé, ou au rétablissement de celle-ci. *Soins corporels. Prodiguer des soins à un malade.* – De *soigner* ; d'abord *soign*.

soir [swaʀ] n. m. **1.** Dernières heures du jour ; tombée de la nuit. *Les fleurs s'ouvrent le matin pour se fermer le soir.* ▷ Par métaph., litt. *Le soir de la vie* : la vieillesse. **2.** Moment de la journée qui va de midi à minuit (par oppos. à *matin*). ▷ Moment de la journée entre la fin de l'après-midi (vers cinq ou six heures) et minuit. *Cours du soir. Hier soir.* – Du lat. *sero*, « tard », de *serus*, « tardif ».

soirée [swaʀe] n. f. **1.** Espace de temps compris entre le déclin du jour et le moment où l'on se couche. *Il passe ses soirées à lire.* **2.** Assemblée, réunion qui a lieu le soir. *Donner une soirée. Soirée dansante.* ▷ *Tenue de soirée* : tenue habillée, de cérémonie. **3.** Séance de spectacle donnée le soir. *La pièce sera jouée en matinée et en soirée.* – De *soir.*

soit [swa] conj. et adv. **I.** conj. **1.** À savoir, c'est-à-dire. *Trois objets à dix francs, soit trente francs.* **2.** (Marquant une supposition, une hypothèse.) *Soit un triangle rectangle. Soit* (parfois *soient*) *deux droites parallèles.* **3.** *Soit... soit* (Marquant l'alternative.) *Soit l'un, soit l'autre.* ▷ Loc. conj. *Soit que... soit que* (+ subj.) *Il s'abstint de venir, soit qu'il eût peur, soit qu'il se désintéressât de l'affaire.* **II.** *Soit* [swat] adv. d'affirmation (Pour marquer que l'on fait une concession.) Bien, admettons. *Vous partez ? Soit, mais soyez prudents.* – 3e pers. du sing. du prés. du subj. du v. *être.*

soit-communiqué [swakɔmynike] n. m. inv. DR *Ordonnance de soit-communiqué,* par laquelle un juge d'instruction communique au parquet le dossier relatif à une infraction pénale. – De *soit,* subj. du v. *être,* et pp. de *communiquer.*

soixantaine [swasɑ̃tɛn] n. f. **1.** Nombre de soixante ou environ. *Une soixantaine de kilomètres.* **2.** *Absol.* Âge de soixante ans. *Atteindre la soixantaine.* – De *soixante.*

soixante [swasɑ̃t] adj. inv. et n. m. inv. **I.** adj. num. inv. **1.** (Cardinal) Six fois dix (60). **2.** (Ordinal) Soixantième. *Page soixante.* **II.** n. m. inv. Le nombre soixante. ▷ Chiffres représentant le nombre soixante (60). ▷ Numéro soixante. – Du lat. *sexaginta.*

soixante-dix [swasɑ̃tdis] adj. inv. et n. m. inv. **I.** adj. num. inv. **1.** (Cardinal) Sept fois dix (70). Syn. (vx ou rég.) septante. **2.** (Ordinal) Soixante-dixième. *Page soixante-dix.* **II.** n. m. inv. Le nombre soixante-dix. ▷ Chiffres représentant le nombre soixante-dix (70). ▷ Numéro soixante-dix. – De *soixante,* et *dix.*

soixante-dixième [swasɑ̃tdizjɛm] adj. et n. **I.** adj. num. ord. Dont le rang est marqué par le nombre 70. *Le soixante-dixième anniversaire.* **II.** n. **1.** Personne, chose qui occupe la soixante-dixième place. **2.** n. m. Chaque partie d'un tout divisé en soixante-dix parties égales. *Un soixante-dixième de la récolte.* – De *soixante-dix.*

soixante-huitard, arde [swasɑ̃tɥitaʀ, aʀd] adj. et n. Fam. Qui a participé aux événements de mai 1968. – Subst. *Des soixante-huitards à cheveux blancs.* ▷ *Par ext.* (parfois péjor.) Qui partage les idéaux de mai 1968 ; qui évoque ces idéaux. *Une mentalité soixante-huitarde.* – De mil neuf cent *soixante-huit,* d'après *quarante-huitard.*

soixantième [swasɑ̃tjɛm] adj. et n. **I.** adj. num. ord. Dont le rang est marqué par le nombre 60. *La soixantième page.* **II.** n. **1.** Personne, chose qui occupe la soixantième place. **2.** n. m. Chaque partie d'un tout divisé en soixante parties égales. *Recevoir le soixantième d'un héritage. Deux soixantièmes de part.* – De *soixante.*

soja [sɔʒa] ou **soya** [sɔja] n. m. Plante grimpante (genre *Glycine,* fam. papilionacées) originaire des régions chaudes d'Extrême-Orient, dont la graine est une fève oléagineuse. *Huile de soja. Les germes de soja sont très utilisés dans la cuisine chinoise.* – Mandchou *soya.*

1. sol [sɔl] n. m. Forme anc. de sou. – Du bas lat. *solidus,* « pièce d'or, ducat ».

2. sol [sɔl] n. m. **1.** Surface sur laquelle on se tient, on marche, on bâtit, etc. *Coucher sur le sol, à même le sol. Revêtements de sol. Gymnastique au sol.* ▷ (Considéré en tant qu'étendue d'un territoire, d'un pays déterminé.) *Le sol natal.* – *Plan d'occupation des sols* (abrév. : P.O.S.) : document d'urbanisme déterminant les conditions et servitudes relatives à l'utilisation des sols. – (En tant qu'objet susceptible d'appropriation.) *Posséder le sol et les murs.* **2.** Terrain considéré quant à sa nature ou à ses qualités productives. *Sol argileux. Sol fertile.* **3.** GEOL Couche superficielle, meuble, d'épaisseur variable, résultant de l'altération des roches superficielles (roches mères) par divers processus et de l'accumulation des produits d'altération. *Étude des sols* (V. pédologie). – Lat. *solum.*

3. sol [sɔl] n. m. inv. MUS Cinquième degré de la gamme d'*ut.* – Signe par lequel on représente cette note. – Première syllabe de *solve,* dans l'hymne à saint Jean-Baptiste.

4. sol [sɔl] n. m. CHIM Solution colloïdale dépourvue de rigidité (à la différence des *gels*), constituée d'une phase discontinue ou dispersée (les micelles*) et d'un liquide disperseur. – Abrév. de *solution.*

solaire [sɔlɛʀ] adj. **1.** Relatif au Soleil. *Système solaire* : V. encycl. ci-après. *Jour, heure solaire* : V. jour, heure. **2.** Qui est dû au Soleil, à ses rayonnements. *Chaleur, lumière, énergie solaire.* ▷ Qui utilise la lumière, la chaleur du soleil. *Cadran solaire. Four, cuisinière, batterie solaire.* **3.** Qui protège du soleil. *Crème solaire.* **4.** ANAT *Plexus solaire* : plexus nerveux situé au creux de l'estomac. ▷ MED *Syndrome solaire* : syndrome douloureux traduisant une irritation du plexus solaire. – Lat. *solaris,* de *sol, solis,* « soleil ».

ENCYCL **Astro.** – Le système solaire est constitue par le Soleil, l'ensemble des planètes (avec leurs satellites), les astéroïdes, les comètes, ainsi que par les météorites, poussières et gaz interplanétaires. Il est parcouru par des courants de particules formant le *vent solaire.* On pense que le système solaire s'étend jusqu'au nuage de Oort, vaste réservoir hypothétique de noyaux de comètes, situé à plus de 100 000 UA (1,5 année de lumière) du Soleil et d'où se détacheraient les comètes, sous l'effet des perturbations induites par les étoiles les plus proches. Le système solaire, dont l'origine remonte à 4,7 milliards d'années, s'est sans doute formé par condensation d'une nébuleuse discoïdale ; cette théorie rappelle celle de la nébuleuse primitive due à Laplace.

solanacées [sɔlanase] ou **solanées** [sɔlane] n. f. pl. BOT Grande famille de plantes dicotylédones gamopétales (genre type *Solanum*), des régions tempérées et tropicales. *De nombr. espèces de solanacées sont alimentaires (tomate, aubergine, pomme de terre, etc.); d'autres, ornementales (pétunia) ou industrielles (tabac).* – Sing. *Une solanacée* ou *une solanée.* – Du lat. *solanum,* « morelle ».

solarigraphe [sɔlaʀigʀaf] n. m. TECH Appareil servant à mesurer le rayonnement solaire. – Du lat. *solaris,* « solaire », et de *-graphe.*

solarisation [sɔlaʀizasjɔ̃] n. f. PHOTO Insolation d'une surface sensible en cours de développement, que l'on utilise pour obtenir certains effets spéciaux. – De *solariser.*

solariser [sɔlaʀize] v. tr. [1] PHOTO Soumettre à la solarisation. – De *solaris,* « solaire ».

solarium [sɔlaʀjɔm] n. m. **1.** ANTIQ ROM Terrasse surmontant certaines maisons. **2.** Établissement d'héliothérapie. **3.** Lieu où l'on prend des bains de soleil. *Des solariums.* – Mot lat., « lieu exposé au soleil ».

soldanelle [sɔldanɛl] n. f. BOT **1.** Plante herbacée montagnarde (genre *Soldanella,* fam. primulacées) à fleurs violettes. **2.** Rég. Liseron à fleurs roses (*Convolvulus soldanella*) commun sur les sables et les rochers littoraux. – Du provenç. *soldana,* p.-ê. de l'ital. *soldo,* « sou », en raison de la forme des feuilles.

soldat [sɔlda] n. m. **1.** Tout homme qui sert dans une armée ; militaire. *Soldat de métier. Soldat appelé, engagé.* ▷ *Soldat inconnu* : soldat français non identifié, mort au front pendant la Première Guerre mondiale, dont la tombe, sous l'Arc de triomphe de l'Étoile (depuis janv. 1921), constitue le symbole du sacrifice à la patrie. **2.** *Spécial.* Militaire non gradé des armées de terre et de l'air; homme de troupe. *Soldats et officiers. Soldat Untel.* **3.** Fig. ou litt. *Soldat de :* celui qui se bat pour (une cause, un idéal). *Soldats de la foi.* – Ital. *soldato,* de *soldare,* «payer une solde».

soldate [sɔldat] n. f. Rare Femme soldat. – Fém. de *soldat.*

soldatesque [sɔldatɛsk] adj. et n. f. **1.** adj. Péjor. Propre aux soldats. *Des manières soldatesques.* **2.** n. f. (Sens collectif.) Péjor. Soldats brutaux et indisciplinés. *Les excès de la soldatesque.* – Esp. *soldadesco.*

1. solde [sɔld] n. f. **1.** Rémunération versée aux militaires et à certains fonctionnaires civils assimilés. *Toucher, dépenser sa solde.* **2.** Loc. fig. Péjor. *Être à la solde de :* être payé et dirigé par. *Des provocateurs à la solde de l'étranger.* – De l'ital. *soldo,* «sou».

2. solde [sɔld] n. m. **1.** COMPTA Différence entre le débit et le crédit d'un compte. *Solde débiteur, créditeur.* ▷ COMM Somme restant à payer pour s'acquitter d'un compte; paiement de cette somme. *Pour solde de tout compte.* ▷ FISC *Solde de l'impôt.* **2.** COMM *Solde de marchandises :* marchandises invendues ou défraîchies que l'on écoule au rabais. *Vendre en solde.* - (Plur.) Articles vendus au rabais. – Déverbal de *solder* 2.

1. solder [sɔlde] v. tr. [1] Vx, péjor. Payer (qqn) en échange de certains services. *Solder des hommes de main.* – De *solde* 1.

2. solder [sɔlde] v. tr. [1] **1.** COMPTA Arrêter, clore (un compte) en en établissant le bilan. ▷ v. pron. Fig. (Au passif.) Avoir pour conclusion, résultat final. *La campagne se solda par un échec.* **2.** Acquitter entièrement (un compte) en payant ce qui reste dû. **3.** Vendre en solde. *Solder des fins de série.* Syn. brader. – Ital. *saldare,* «arrêter un compte», avec influence de *solde* 1, et de *souder.*

solderie [sɔldəʀi] n. f. Magasin spécialisé dans la vente de marchandises soldées. – De *solde.*

soldeur, euse [sɔldœʀ, øz] n. Personne qui fait commerce d'articles en solde. – De *solde* 2.

1. sole [sɔl] n. f. **I.** Partie cornée concave formant le dessous du sabot des ongulés. **II. 1.** CONSTR Pièce de bois d'une charpente, posée à plat et servant d'appui. **2.** Partie horizontale d'un four, destinée à recevoir les produits à traiter, à cuire. – Lat. pop. **sola,* du class. *solea,* par attract. de *solum,* «sol».

2. sole [sɔl] n. f. Poisson téléostéen (genre *Solea,* fam. des pleuronectidés), de forme aplatie et oblongue, à la chair très estimée. – De *sole* 1 (sens 1).

3. sole [sɔl] n. f. AGRIC Partie d'un domaine cultivé soumise à l'assolement. – De *sole* 1.

soléaire [sɔleɛʀ] adj. ANAT *Muscle soléaire :* muscle de la partie postérieure de la jambe, extenseur du pied. ▷ n. m. *Le soléaire.* – Bas lat. *solearis,* «en forme de sandale», du class. *solea,* «sole, sandale».

solécisme [sɔlesism] n. m. GRAM Faute de syntaxe (ex. : *l'affaire que je m'occupe* pour *dont je m'occupe*). *Solécismes et barbarismes.* – Lat. *solœcismus,* gr. *soloikismos,* «façon de parler incorrecte», de *Soloi,* «Soles», v. de Cilicie (région de la Turquie d'Asie) dont les colons athéniens parlaient un grec très incorrect.

soleil n. m. **1.** *Le Soleil :* l'astre qui produit la lumière du jour. *La distance de la Terre au Soleil.* ▷ Par ext. *Un soleil :* un astre rayonnant d'une lumière propre, au centre d'un système. **2.** Le disque lumineux du Soleil, l'aspect de cet astre pour un observateur terrestre. *Le soleil se lève à l'est et se couche à l'ouest. Le soleil de minuit :* le Soleil, visible à l'horizon vers minuit, dans les régions polaires. **3.** Rayonnement, chaleur, lumière du Soleil. *Il fait soleil, du soleil. Se protéger du soleil. S'exposer au soleil.* - *Coup de soleil :* brûlure causée par les rayons du soleil. ▷ Loc. *Avoir du bien au soleil :* posséder des terres, des propriétés. - *Une place au soleil :* une place en vue, une bonne situation. - *Il n'y a rien de nouveau sous le soleil,* dans le monde, dans la vie quotidienne; tout est un perpétuel recommencement. - *Le soleil luit, brille pour tout le monde :* il est des avantages dont tout le monde peut jouir. **4.** Cercle entouré de rayons divergents, représentant le soleil. *Le soleil, emblème de Louis XIV.* **5.** Grande fleur à pétales jaune d'or, appelée aussi *hélianthe.* Syn. tournesol. **6.** SPORT Grand tour exécuté le corps droit et les bras tendus, à la barre fixe. **7.** Pièce d'artifice tournante. – Du lat. pop. **soliculus,* class. *sol, solis.*

ENCYCL **Astro.** - Le Soleil, situé dans le plan galactique, à environ 28 000 années de lumière du centre galactique, participe au mouvement de rotation de la Galaxie (au niveau du Soleil, une révolution complète dure environ 250 millions d'années). Par rapport à l'ensemble des étoiles proches, le Soleil est animé d'un mouvement propre de 20 km/s qui l'entraîne vers un point (*l'apex*) situé dans la constellation d'Hercule. Le Soleil est une boule de gaz (masse $1{,}989.10^{30}$ kg) dont la période de rotation est plus petite à l'équateur (25 jours) qu'aux pôles (37 jours). La plus profonde couche visible est la *photosphère* (épaisseur 300 km, rayon 696 000 km, température moyenne 5 770 K). Au-delà, on rencontre la *chromosphère* (épaisseur 8 000 km) puis la *couronne,* chauffée à environ un million de K, qui s'étend à plus de 10 rayons solaires de la photosphère. Les taches solaires sont les manifestations les plus connues de l'activité du Soleil; leur nombre et leur situation à la surface du Soleil varient suivant un cycle d'une durée moyenne de 11 ans. La puissance rayonnée par le Soleil ($3{,}83.10^{26}$ W) provient de la réaction thermonucléaire de fusion de 4 atomes d'hydrogène pour former un atome d'hélium suivant le cycle proton-proton (V. étoile), qui se déroule au cœur du Soleil, où la température atteint 15 millions de K.

solen [sɔlɛn] n. m. ZOOL Mollusque lamellibranche comestible (genre *Solen*), à coquille très allongée, vivant enfoui verticalement dans le sable des plages. Syn. cour. couteau (sens 4). – Mot lat., du gr. *sôlên,* «canal, conduit, tuyau».

solennel, elle [sɔlanɛl] adj. **1.** Célébré par des cérémonies publiques. *Fête solennelle.* - *Par ext.* Qui se fait avec beaucoup d'apparat, de cérémonie. *Audience solennelle. Faire une entrée solennelle.* **2.** Accompagné de formalités ou de cérémonies publiques qui lui confèrent une grande importance. *Contrat solennel. Vœu solennel.* **3.** Empreint de gravité. *Instant solennel. Paroles solennelles.* - Péjor. D'une gravité outrée. *Prendre un ton, des airs solennels.* – Lat. relig. *solennis,* class. *sollemnis,* «qui n'a lieu qu'une fois l'an», de *sollus,* «entier, unique», et *annus,* «an».

solennellement [sɔlanɛlmɑ̃] adv. De manière solennelle. – De *solennel.*

solenniser [sɔlanize] v. tr. [1] Rendre solennel. – Bas lat. *sollemnizare.*

solennité [sɔlanite] n. f. **1.** Fête solennelle. **2.** (Surtout au plur.) Formalités qui rendent un acte solennel (sens 2). **3.** Caractère solennel, gravité. *Il fut reçu avec solennité.* - Péjor. Pompe, emphase, gravité outrée. *Parler avec solennité.* – Lat. imp. *sollemnitas.*

solénodonte [sɔlenɔdɔ̃t] n. m. ZOOL Mammifère insectivore des Antilles (genre *Solenodon*) en voie de disparition (détruit par les mangoustes), au museau allongé en forme de trompe. – Du gr. *sôlên,* «canal», et *odous, odontos,* «dent».

solénoïde [sɔlenɔid] n. m. ELECTR Bobine formée par un conducteur enroulé autour d'un cylindre, et qui produit un champ magnétique lorsqu'elle est parcourue par un courant. *Les solénoïdes ont les mêmes propriétés que les aimants.* – Du gr. *sôlên*, « étui, tuyau », et *-oïde*.

soleret [sɔlʀɛ] n. m. HIST Partie articulée de l'armure, qui protégeait la face antérieure du pied. – De l'a. fr. *soller*, « soulier ».

solfatare [sɔlfataʀ] n. f. GEOL Terrain volcanique d'où sortent des fumerolles sulfureuses chaudes. *Les solfatares de Pouzzoles, en Italie.* – De l'ital. *Solfatara*, n. d'un volcan éteint près de Pouzolles, de *solfo*, « soufre ».

solfège [sɔlfɛʒ] n. m. **1.** Discipline concernant la notation de la musique. **2.** Étude des premiers éléments de la théorie musicale. ▷ Manuel servant à cette étude; recueil de morceaux de musique vocale à solfier. – Ital. *solfeggio*, du v. *solfeggiare*, « solfier », du lat. médiév. *solfa*, « gamme », de *sol* 3, et *fa*.

solfier [sɔlfje] v. tr. [2] Chanter (un morceau de musique) en nommant les notes. *Solfier un cantique.* ▷ v. intr. *Solfier quotidiennement.* – Du lat. médiév. *solfa*, « gamme », de *sol* 3, et *fa*.

solidage [sɔlidaʒ] n. f. ou **solidago** [sɔlidago] n. m. BOT Plante herbacée (fam. composées), aux capitules jaunes groupés en longues grappes dressées, et dont le type est la *verge d'or* (*Solidago virga aurea*). – Lat. *solidago*.

solidaire [sɔlidɛʀ] adj. **1.** DR Qui implique pour chacun la responsabilité totale d'un engagement commun. *Obligation, acte solidaires.* – (Personnes) Qui est lié par un acte solidaire. **2.** Se dit de personnes liées entre elles par une dépendance mutuelle d'intérêts. **3.** Se dit de choses qui dépendent les unes des autres, qui vont ensemble. ▷ TECH Qui est fixé à un autre organe. *Le guidon est solidaire de la fourche, dans une bicyclette.* Ant. indépendant. – Du lat. jur. *in solidum*, « pour le tout ».

solidairement [sɔlidɛʀmɑ̃] adv. D'une manière solidaire. – De *solidaire*.

solidariser [sɔlidaʀize] **1.** v. tr. [1] Rendre solidaire. **2.** v. pron. *Se solidariser avec qqn :* se déclarer solidaire de qqn. – Se déclarer mutuellement solidaires. – De *solidaire*.

solidarité [sɔlidaʀite] n. f. **1.** DR Nature de ce qui est solidaire; engagement solidaire. – Situation de débiteurs, de créanciers solidaires. **2.** Sentiment de responsabilité mutuelle entre plusieurs personnes, plusieurs groupes; lien fraternel qui oblige tous les êtres humains les uns envers les autres. *Agir par solidarité.* – De *solidaire*.

solide [sɔlid] adj. et n. m. **I. 1.** adj. Qui présente une consistance ferme, qui n'est pas fluide. *Aliments solides et aliments liquides.* ▷ PHYS Se dit d'un corps dont les atomes ou les molécules occupent des positions moyennes invariantes. *Corps solide. États solide, liquide et gazeux de la matière.* **2.** n. m. *Un solide :* un corps solide. *Physique des solides.* – GEOM Figure indéformable à trois dimensions, limitée par une surface fermée. *Le cône, la pyramide sont des solides.* **II.** adj. **1.** Qui résiste à l'effort, aux chocs, à l'usure. *Un matériau très solide.* **2.** (Personnes) Vigoureux, robuste. *Un solide gaillard.* – Loc. fig., fam. *Solide au poste :* présent à son poste, à son travail, malgré les circonstances, l'âge, le mauvais temps, etc. ▷ Stable, ferme. *Être solide sur ses jambes.* **3.** Positif, durable; sur quoi l'on peut compter. *Une solide amitié. Une fortune solide.* **4.** Stable, sérieux, rationnel. *Un esprit plus solide que brillant.* **5.** Fam. Considérable, fort. *Il s'est fait flanquer une solide correction.* – Lat. *solidus*, « massif ».

solidement [sɔlidmɑ̃] adv. De façon solide. – De *solide*.

solidification [sɔlidifikasjɔ̃] n. f. Action de solidifier, fait de se solidifier. ▷ PHYS Passage d'un corps de l'état liquide à l'état solide. Ant. fusion. – De *solidifier*.

solidifier [sɔlidifje] v. tr. [2] Rendre solide (ce qui était gazeux, liquide). ▷ v. pron. Passer de l'état liquide à l'état solide. – De *solide*, et *-fier*.

solidité [sɔlidite] n. f. **1.** Rare État d'un corps solide (sens I, 1). **2.** Qualité de ce qui est solide, résistant. *Éprouver la solidité d'un cordage.* – Fig. *La solidité d'une amitié.* **3.** Fig. Qualité de ce qui repose sur des bases sérieuses et bien assises. *La solidité d'un raisonnement.* – Lat. *soliditas*.

solifluxion [sɔliflyksjɔ̃] n. f. GEOL Glissement en masse du sol superficiel le long d'une pente. *Solifluxion d'un sol gorgé d'eau sous l'action du gel et du dégel.* – Angl. *solifluction*, du lat. *solum*, « sol », et *fluctio*, « écoulement ».

soliloque [sɔlilɔk] n. m. Discours qu'une personne se tient à elle-même. Syn. monologue. – Bas lat. *soliloquium*, de *solus*, « seul », et *loqui*, « parler ».

soliloquer [sɔlilɔke] v. intr. [1] Parler tout seul, se parler à soi-même. – De *soliloque*.

solin [sɔlɛ̃] n. m. CONSTR Garnissage en plâtre ou en mortier destiné à combler un espace vide, à raccorder deux surfaces, à assurer l'étanchéité d'un joint. – De *sole* 1 (sens II).

solipède [sɔlipɛd] adj. ZOOL Dont les membres se terminent par un seul doigt muni d'un sabot (par oppos. à *fissipède*). ▷ n. m. pl. Syn. ancien de *équidés*. – Du lat. *solidipes*, de *solidus*, « compact », et *pes, pedis*, « pied », contracté sous l'infl. de *solus*, « unique ».

solipsisme [sɔlipsism] n. m. PHILO Idéalisme poussé à l'extrême, le sujet pensant ne reconnaissant d'autre réalité que lui-même. – Du lat. *solus*, « seul », *ipse*, « même », et *-isme*.

soliste [sɔlist] n. et adj. Instrumentiste, chanteur (chanteuse) qui exécute un solo, ou à qui est habituellement confiée l'exécution de morceaux comportant des solos. ▷ adj. *Violoniste soliste.* – Ital. *solista*, de *solo*.

solitaire [sɔlitɛʀ] adj. et n. **A.** adj. **1.** Qui est seul; qui aime vivre seul. – Par ext. *Humeur solitaire.* ▷ ZOOL Qui vit seul (par oppos. à *social*). *Guêpes solitaires et guêpes sociales.* – Cour. *Ver solitaire :* ténia*. **2.** Que l'on fait seul, qui a lieu dans la solitude. *Une randonnée solitaire. Une course autour du monde en solitaire.* – Loc. Vieilli *Plaisir solitaire :* masturbation. **3.** Isolé et peu fréquenté. *Un manoir solitaire.* **B.** n. **I. 1.** Personne qui reste volontairement à l'écart du monde. **2.** Religieux qui vit dans la solitude. **II.** n. m. **1.** VEN Vieux sanglier mâle sorti de la compagnie. **2.** Diamant monté seul. **3.** Jeu de combinaisons auquel on joue seul, avec un plateau percé de trous, sur lequel on déplace des fiches ou des billes selon des règles précises. – Lat. *solitarius*.

solitairement [sɔlitɛʀmɑ̃] adv. D'une manière solitaire. – De *solitaire*.

solitude [sɔlityd] n. f. **1.** Fait d'être solitaire, état d'une personne solitaire. *Rechercher, supporter la solitude.* **2.** Sentiment d'être seul moralement. *Éprouver douloureusement sa solitude dans la foule.* **3.** Litt. Lieu désert. *Les solitudes infinies de ces pays.* ▷ Caractère d'un lieu solitaire. *La solitude de la lande.* – Lat. *solitudo*.

solive [sɔliv] n. f. Pièce de charpente horizontale sur laquelle sont posées les lambourdes d'un plancher. – De *sole* 1 (sens II).

soliveau [sɔlivo] n. m. Petite solive. – Dimin. de *solive*.

sollicitation [sɔlisitasjɔ̃] n. f. Action de solliciter qqn. *Céder aux sollicitations pressantes de ses amis.* – Lat. *sollicitatio*, du pp. de *sollicitare* (V. solliciter).

solliciter [sɔlisite] v. tr. [1] **1.** Prier instamment (qqn) en vue d'obtenir qqch. *Démarcheur qui sollicite des* *clients à domicile.* – Pp. *Un homme très sollicité.* ▷ Prier d'accorder (qqch) dans les formes établies par l'usage. *Solliciter une audience auprès du ministre.* **2.** Attirer (l'attention, la curiosité, l'intérêt, etc.). *Spectacle qui sollicite le regard. Des tentations multiples le sollicitaient.* – Lat. *sollicitare,* propr. « remuer totalement », de *sollus,* « tout », et *ciere,* « mouvoir ».

solliciteur, euse [sɔllisitœʀ, øz] n. Personne qui sollicite un emploi, une faveur. – De *solliciter.*

sollicitude [sɔlisityd] n. f. Prévenance que l'on a pour qqn, ensemble des égards, des soins attentifs dont on l'entoure. *La sollicitude maternelle.* ▷ Témoignage de cette prévenance, de ces soins. – Lat. *sollicitudo.*

solo [sɔlo] n. m. **1.** MUS Morceau ou passage exécuté par un seul musicien (chanteur ou instrumentiste), avec ou sans accompagnement. *Des solos* ou, rare, *des soli.* – *Jouer en solo,* seul. – (En appos.) Qui joue sans accompagnement. *Violon solo.* **2.** *Par anal.* Partie de ballet dansée par un seul artiste. – Mot ital., « seul », lat. *solus.*

solognot, ote [sɔlɔɲo, ɔt] adj. De la Sologne, région du Bassin parisien.

sol-sol [sɔlsɔl] adj. inv. MILIT *Missile sol-sol,* tiré du sol vers un objectif terrestre. – De *sol* 2.

solstice [sɔlstis] n. m. Époque de l'année à laquelle la hauteur du Soleil au-dessus du plan équatorial (déclinaison), dans son mouvement apparent sur l'écliptique, est maximale (solstice d'été, vers le 21 juin dans l'hémisphère Nord) ou minimale (solstice d'hiver, vers le 21 décembre dans l'hémisphère Nord). – Lat. *solstitium,* de *sol,* « soleil », et *stare,* « s'arrêter ».

solsticial, ale, aux [sɔlstisjal, o] adj. Relatif aux solstices. – Lat. *solstitialis.*

solubilisation [sɔlybilizasjɔ̃] n. f. Action de solubiliser. – De *solubiliser.*

solubiliser [sɔlybilize] v. tr. [1] Rendre soluble (une substance). – De *soluble.*

solubilité [sɔlybilite] n. f. Propriété de ce qui est soluble. – De *soluble.*

soluble [sɔlybl] adj. **1.** Qui peut se dissoudre dans un liquide, un solvant. **2.** Qui peut être résolu. *Ce problème n'est pas soluble.* Ant. insoluble. – Bas lat. *solubilis,* de *solvere,* « délier, dissoudre ».

soluté [sɔlyte] n. m. **1.** PHARM Liquide contenant un médicament dissous. **2.** CHIM Corps dissous dans un solvant. – Du lat. *solutum,* pp. de *solvere,* « dissoudre ».

solution [sɔlysjɔ̃] n. f. **I. 1.** Résultat d'une réflexion, permettant de résoudre un problème, de venir à bout d'une difficulté. *Apporter une solution à un problème technique.* ▷ MATH *Solution d'une équation,* être mathématique (nombre, par ex.) pour lequel cette équation est vérifiée. **2.** Dénouement, conclusion, issue. *S'acheminer vers la solution d'un conflit.* ▷ HIST *La solution finale :* le plan d'extermination des Juifs et des Tsiganes par les nazis. **II.** CHIM **1.** Processus par lequel un corps se dissout dans un liquide. **2.** Mélange homogène de deux ou plusieurs corps. *Solution liquide* ou, absol. (plus cour.), *solution. Solution solide :* mélange homogène en phase solide. – Cour. Liquide contenant un corps dissous. **III.** *Solution de continuité :* séparation, rupture de la continuité entre des choses qui sont habituellement jointes; scission, division dans ce qui forme habituellement un tout continu. – Lat. *solutio,* de *solvere,* « dissoudre ».

solutionner [sɔlysjɔne] v. tr. [1] (Mot critiqué.) Apporter une solution à, résoudre (une difficulté). – De *solution.*

solutréen, enne [sɔlytʀeɛ̃, ɛn] adj. et n. m. PREHIST De la période du paléolithique supérieur au cours de laquelle les techniques de taille de la pierre atteignirent leur plus grande perfection. ▷ n. m. *Le solutréen.* – Du n. du site préhistorique de *Solutré,* en Saône-et-Loire.

solvabilité [sɔlvabilite] n. f. État d'une personne solvable. – De *solvable.*

solvable [sɔlvabl] adj. Qui a de quoi payer ce qu'il doit. *Débiteur solvable.* – Du lat. *solvere,* « délier, payer ».

solvant [sɔlvɑ̃] n. m. Substance, en général liquide, dans laquelle d'autres substances peuvent être dissoutes. Syn. dissolvant. ▷ Celui des composants d'une solution dans lequel l'autre ou les autres composants (solutés) sont dissous. – Du lat. *solvere,* « dissoudre ».

solvatation [sɔlvatasjɔ̃] n. f. CHIM Association des molécules du solvant et du soluté, dans une solution. – De *solvant.*

solvolyse [sɔlvɔliz] n. f. CHIM Réaction chimique qui se produit entre un soluté et un solvant polaire et au terme de laquelle on obtient un composé d'addition, résultant de la rupture d'une ou plusieurs liaisons de la molécule du solvant. – De *solv(ant),* et *(hydr)olyse.*

soma [sɔma] n. m. BIOL Ensemble des cellules non reproductrices d'un organisme (par oppos. à *germen*). – Gr. *sôma,* « corps ».

somali, ie [sɔmali] ou **somalien, enne** [sɔmaljɛ̃, ɛn] adj. et n. **1.** De Somalie, État d'Afrique orientale. ▷ Subst. *Un(e) Somali(e)* ou *un(e) Somalien(ne).* **2.** n. m. *Le somali :* la langue parlée par les Somalis, en Somalie.

somation [sɔmasjɔ̃] n. f. BIOL Variation du soma d'un organisme, mise en évidence ou provoquée par les modifications de l'environnement et n'atteignant pas le germen (et par conséquent non héréditaire, à la différence de la mutation). – De *soma.*

somatique [sɔmatik] adj. **1.** MED, PSYCHO Qui concerne le corps, n'appartient qu'au corps (par oppos. à *psychique*). **2.** BIOL Relatif au soma (par oppos. à *germinal, germinatif*). – Gr. *sômatikos.*

somatisation [sɔmatizasjɔ̃] n. f. MED, PSYCHO Fait de somatiser. – De *somatiser.*

somatiser [sɔmatize] v. tr. [1] MED, PSYCHO et cour. Convertir (des troubles psychiques) en symptômes somatiques, en parlant du sujet atteint de ces troubles. *Somatiser une angoisse.* ▷ (Absol.) *Il somatise depuis son enfance.* – De *somatique.*

somato-, -some. Éléments, du gr. *sôma, sômatos,* « corps ».

somatostatine [sɔmatostatin] n. f. BIOCHIM Hormone, constituée d'un polypeptide, sécrétée par l'hypothalamus, et probablement aussi par le pancréas, qui, notam., inhibe la sécrétion de somatotrophine. – De *somato(troph)ine, -stat,* et *-ine.*

somatotrope [sɔmatotʀɔp] adj. BIOCHIM *Hormone somatotrope :* somatotrophine. – De *somato-,* et *-trope.*

somatotrophine [sɔmatotʀɔfin] n. f. BIOCHIM Hormone sécrétée par le lobe antérieur de l'hypophyse, qui joue un rôle important dans le mécanisme de la croissance (appelée également *hormone de croissance*). – De *somato-,* et du gr. *trophê,* « nourriture ».

sombre [sɔ̃bʀ] adj. **I. 1.** Où il y a peu de lumière. *Une pièce sombre.* Syn. obscur. – *Il fait sombre.* ▷ *Coupe sombre :* V. coupe. **2.** Tirant sur le noir (en parlant d'une couleur). *Un tissu sombre. Un vert sombre.* Syn. foncé. **II.** Fig. **1.** Qui manifeste de la tristesse, de l'inquiétude. *Personne, humeur sombre.* **2.** (Choses) Marqué par le malheur, l'inquiétude, le désespoir. *Une sombre journée.* **3.** Fam. Qui n'a pas été tiré au clair, en parlant d'une affaire louche, criminelle. *Un sombre drame.* **4.** Fam. (Pour renforcer un terme péjor.) *Sombre crétin !* – Du bas lat. *subumbrare,* « faire de l'ombre », de *umbra,* « ombre ».

sombrer [sɔ̃bʀe] v. intr. [1] **1.** S'engloutir, couler, en parlant d'un navire. *Sombrer corps et biens.* **2.** Fig. Disparaître, se perdre. *Sombrer dans le désespoir.* – De l'anc. v. *soussoubrer,* de l'esp. *zozobrar,* ou du portug. *sossobrar,* « se renverser ».

sombrero [sɔ̃bʀeʀo] n. m. Chapeau à larges bords porté dans certains pays hispaniques. – Mot esp., de *sombra,* « ombre ».

-some. V. somato-.

somesthésie [sɔmɛstezi] n. f. Didac. Domaine relatif à l'ensemble des sensibilités cutanées et internes (non sensorielles). – Du gr. *sôma,* « corps », et *-esthésie.*

sommable [sɔm(m)abl] adj. MATH Dont on peut calculer la somme. – De *sommer* 1.

sommaire [sɔmmɛʀ] adj. et n. m. **I.** adj. **1.** Abrégé, peu développé. *Exposé sommaire.* **2.** Réduit à l'essentiel. *Toilette sommaire.* ▷ Trop simplifié; simpliste. *Vues sommaires.* **3.** Expéditif, rapide; sans formalités, sans jugement. *Exécution sommaire.* ▷ DR *Procédure sommaire,* plus simple qu'à l'ordinaire. **II.** n. m. Résumé d'un livre, d'un chapitre. – Lat. *summarium,* rac. *summa,* « somme ».

sommairement [sɔmmɛʀmɑ̃] adv. D'une façon sommaire. – De *sommaire.*

1. sommation [sɔmmasjɔ̃] n. f. **1.** MATH Opération consistant à calculer la somme de plusieurs quantités. ▷ Calcul de la valeur d'une intégrale définie. **2.** PHYSIOL Phénomène par lequel deux stimulations isolément non efficaces le deviennent lorsqu'elles sont associées. – De *sommer* 1.

2. sommation [sɔmmasjɔ̃] n. f. **1.** Action de sommer (2). ▷ MILIT Appel réglementaire d'une sentinelle enjoignant de s'arrêter et de se faire connaître (« Halte! »; « Halte ou je tire! »). – *Spécial.* Chacune des trois injonctions réglementaires précédant une charge de policiers pour disperser les participants d'un rassemblement illicite sur la voie publique. **2.** DR Acte écrit contenant une sommation faite par voie de justice. *La sommation peut être faite sans titre exécutoire* (à la différence du *commandement*). – De *sommer* 2.

1. somme [sɔm] n. f. **1.** MATH Résultat d'une addition. ▷ *Somme d'une famille d'ensembles :* réunion de ces ensembles. ▷ *Signe somme :* signe utilisé pour représenter une somme de termes (Σ) ou l'intégrale d'une fonction (∫). **2.** *Somme d'argent* ou absol., *somme :* quantité d'argent. *Une somme de trois cents francs. Dépenser de grosses sommes.* **3.** Ensemble de choses considérées globalement. *La somme de nos efforts.* ▷ Loc. adv. *En somme, somme toute :* en conclusion, en résumé, tout compte fait. **4.** Ouvrage rassemblant et résumant tout ce qu'on connaît sur un sujet. *La « Somme théologique » de saint Thomas d'Aquin.* – Lat. *summa,* de *summus,* « qui est le plus haut ».

2. somme [sɔm] n. f. *Bête de somme :* animal (cheval, âne, bœuf, etc.) employé à porter des fardeaux (par oppos. à *bête de trait*). – Loc. fig. *Travailler comme une bête de somme,* très durement. – Du bas lat. *sagma,* devenu *sauma,* « bât, charge ».

3. somme [sɔm] n. m. *Faire un somme, un petit somme :* dormir un moment. – Lat. *somnus.*

sommeil [sɔmɛj] n. m. **1.** Suspension périodique et naturelle de la vie consciente, correspondant à un besoin de l'organisme. *Avoir le sommeil léger :* se réveiller au moindre bruit. *Un sommeil de plomb,* très profond. – Fig., litt. *Le dernier sommeil, le sommeil éternel :* la mort. ▷ PSYCHO, PHYSIOL *Sommeil paradoxal :* phase du sommeil pendant laquelle apparaissent les rêves. – MED *Maladie du sommeil :* trypanosomiase*. – *Cure de sommeil :* méthode de traitement de certaines affections psychiques qui consiste à procurer au patient un sommeil artificiel de 15 à 18 heures par jour. **2.** Besoin de dormir. *Avoir sommeil.* **3.** Fig. État provisoire d'inactivité, d'inertie. *Le sommeil hivernal de la nature.* ▷ Loc. adj. et adv. *En sommeil :* en état d'inactivité, de latence ou d'activité réduite. – Du bas lat. *somniculus,* de *somnus,* « sommeil ».

sommeiller [sɔmeje] v. intr. [1] **1.** Dormir d'un sommeil léger. **2.** Fig. Exister de manière potentielle, latente, sans se manifester. *Les désirs qui sommeillent en chacun de nous.* – De *sommeil.*

sommeilleux, euse [sɔmɛjø, øz] adj. et n. **1.** Litt. Somnolent. **2.** MED Atteint de la maladie du sommeil. ▷ Subst. *Un sommeilleux.* – De *sommeil.*

sommelier, ère [sɔməlje, ɛʀ] n. **1.** Anc. Personne qui avait la charge de la table et des provisions de bouche dans une grande maison. **2.** Mod. Personne chargée du service des vins et des liqueurs, et de l'approvisionnement de la cave, dans un restaurant. – Anc. provenç. *saumalier,* de *saumada,* « charge d'une bête de somme », du bas lat. *sagmarius,* « bête de somme ».

sommellerie [sɔmɛlʀi] n. f. **1.** Charge de sommelier. **2.** Lieu où le sommelier garde les boissons dont il a la charge. – De *sommelier.*

1. sommer [sɔmme] v. tr. [1] MATH Calculer la somme de (plusieurs quantités). – De *somme* 1.

2. sommer [sɔmme] v. tr. [1] Intimer à (qqn), dans les formes établies, l'ordre de faire qqch. *Sommer qqn de quitter les lieux.* – Du lat. médiév. *summare,* de *summa,* « résumé, conclusion ».

sommet [sɔmmɛ] n. m. **I. 1.** Partie la plus élevée de certaines choses. *Le sommet d'une montagne, d'un mur.* ▷ Fig. Plus haut degré. *Le sommet de la gloire, de la perfection.* **2.** *Une conférence au sommet* ou, ellipt., *un sommet :* une conférence à laquelle ne participent que des chefs d'État ou de gouvernement. **II.** GEOM *Sommet d'un angle,* point où se coupent ses deux côtés. ▷ *Sommet d'un triangle, d'un polyèdre,* sommet d'un des angles de cette figure. – De l'a. fr. *som,* lat. *summum;* de *summus,* « qui est le plus élevé ».

sommier [sɔmje] n. m. **I.** Partie d'un lit sur laquelle repose le matelas. **II. 1.** ARCHI Pierre qui reçoit la retombée d'une voûte ou d'un arc. **2.** CONSTR Pièce de charpente servant de linteau. **3.** Partie de l'orgue qui reçoit l'air venant des soufflets. **III.** Gros registre. ▷ *Sommiers judiciaires,* tenus par la police et sur lesquels sont portées toutes les condamnations prononcées. – Du bas lat. *sagmarius,* « bête de somme ».

sommité [sɔmmite] n. f. **1.** Didac. Extrémité d'une tige, d'une branche, d'une plante dressée. **2.** Fig. Personne qui se distingue particulièrement par sa position, son talent, son savoir. *Les sommités de la science, de la littérature.* – Bas lat. *sommitas, summitas,* de *summus,* « le plus haut ».

somnambule [sɔmnɑ̃byl] n. (et adj.) **1.** Personne qui effectue de manière automatique, pendant son sommeil, certains mouvements accomplis ordinairement à l'état de veille (marche notam.). – adj. *Il est somnambule.* **2.** Personne qui, une fois plongée dans le sommeil hypnotique, peut agir ou parler. – Du lat. *somnus,* « sommeil », et *ambulare,* « marcher ».

somnambulique [sɔmnɑ̃bylik] adj. Qui a rapport au somnambulisme. – De *somnambule.*

somnambulisme [sɔmnɑ̃bylism] n. m. Fait d'être somnambule; état d'une personne somnambule. – De *somnambule.*

somnifère [sɔmnifɛʀ] adj. et n. m. Didac. Qui provoque le sommeil. *Le pavot est somnifère.* ▷ n. m. Cour. Produit destiné à provoquer le sommeil. *Prendre un somnifère.* – Lat. *somnifer,* de *somnus,* « sommeil », et *ferre,* « porter ».

somnolence [sɔmnɔlɑ̃s] n. f. **1.** État intermédiaire entre le sommeil et la veille. ▷ Disposition à l'assoupissement, au sommeil. **2.** Fig. Mollesse, engourdissement. – Bas lat. *somnolentia.*

somnolent, ente [sɔmnɔlɑ̃, ɑ̃t] adj. **1.** Engourdi de sommeil, qui dort à moitié. **2.** Fig. Engourdi, sans énergie, peu actif. *Vie somnolente. Volonté somnolente.* – Lat. imp. *somnolentus,* de *somnus,* « sommeil ».

somnoler [sɔmnɔle] v. intr. [1] **1.** Dormir peu profondément, être assoupi. **2.** Fig. Être somnolent (sens 2). – De *somnolent.*

somptuaire [sɔ̃ptɥɛʀ] adj. Didac. ou Vx Relatif à la dépense. - Spécial. *Loi, règlement, impôt somptuaire,* qui a pour objet de réglementer ou de restreindre les dépenses, de taxer le luxe. ▷ Mod. (Emploi pléonastique critiqué, sous l'influence de *somptueux.*) *Des dépenses somptuaires :* des prodigalités, des dépenses excessives. – Lat. *sumptuarius,* « qui concerne la dépense », de *sumptus,* « dépense ».

somptueusement [sɔ̃ptɥøzmɑ̃] adv. D'une manière somptueuse; avec somptuosité. *Traiter somptueusement ses hôtes.* – De *somptueux.*

somptueux, euse [sɔ̃ptɥø, øz] adj. Dont le luxe, la magnificence ont nécessité de grandes dépenses. *Des présents somptueux.* ▷ *Par ext.* Superbe. – Lat. *sumptuosus,* de *sumptus,* « dépense », du pp. de *sumere,* « s'approprier ».

somptuosité [sɔ̃ptɥɔzite] n. f. Litt. Caractère de ce qui est somptueux; magnificence, luxe coûteux. – Bas lat. *sumptuositas.*

1. son, [sɔ̃], **sa,** [sa], **ses** [se] adj. poss. de la 3e pers. du sing. (Rem. *Son* remplace *sa* devant un n. ou un adj. fém. commençant par une voyelle ou un *h* muet : *son avarice, son habileté.*) De lui, d'elle, de soi. **I. 1.** (Personnes) *Son livre. Sa barbe. Son chapeau. Son bon caractère.* ▷ (Devant certains titres.) *Sa Majesté. Son Éminence.* **2.** (Choses) *La maison et son jardin. Le soleil darde ses rayons.* **3.** (Se rapportant à un pron. indéf.) *À chacun sa vérité. Comme on fait son lit, on se couche.* ▷ (Se rapportant à un sujet sous-entendu.) *Aimer son prochain comme soi-même.* **II. 1.** (Marquant l'appartenance à un groupe, à un ensemble.) *Il a rejoint son régiment.* ▷ (Marquant un rapport de parenté.) *Son père. Sa fille.* **2.** (Marquant l'habitude, la répétition.) *Prendre son dessert avec son café. Enfant qui fait sa colère.* – Forme atone des adj. lat. *suus, sua, suos, suas.*

2. son [sɔ̃] n. m. Sensation auditive engendrée par une vibration acoustique; cette vibration elle-même. *Son grave, aigu, rauque, flûté.* ▷ *Son pur,* produit par une vibration acoustique sinusoïdale (par oppos. à *son complexe**). - *Ingénieur du son,* qui s'occupe de l'enregistrement du son et de sa reproduction. ▷ *Spécial.* Émission de voix utilisée pour communiquer, son du langage. *Classement, étude des sons par la phonétique.* - *Un spectacle son et lumière ou un son et lumière :* évocation de scènes historiques sur le lieu de leur déroulement au moyen de jeux de lumière et de la diffusion d'un texte dramatique. ▷ *Son musical,* d'une hauteur déterminée dans l'échelle tonale. – A. fr. *suen,* lat. *sonus.*
ENCYCL La vitesse de propagation du son varie suivant les milieux : 331 m/s dans l'air à 0 °C (vitesse, dite *vitesse du son,* qui sert de référence en aérodynamique); 1 435 m/s dans l'eau à 8 °C; 5 000 m/s dans l'acier. Un son, en tant que phénomène physiologique, est caractérisé par son *intensité* (exprimée en décibels), par sa *hauteur* (directement liée à sa fréquence) et par son *timbre,* qui dépend du nombre, de la hauteur et de l'intensité de ses harmoniques*.

3. son [sɔ̃] n. m. Déchet de la mouture du blé, des céréales, formé par les enveloppes des graines. ▷ Fig. *Taches de son :* taches de rousseur, éphélides. – A. fr. *seon,* « rebut », du lat. *secundus,* « qui suit, secondaire ».

sonal [sɔnal] n. m. Syn. (off. recommandé) de *jingle.* – De *son.*

sonar [sɔnaʀ] n. m. MAR Appareil émetteur et récepteur d'ondes ultrasonores, utilisé pour la détection des objets immergés. – Mot angl., contract. de *So(und) Na(vigation) R(anging).*

sonate [sɔnat] n. f. MUS **1.** Pièce de musique instrumentale comportant trois ou quatre mouvements et écrite pour un ou deux instruments, quelquefois trois. **2.** *Forme sonate :* exposition, développement et nouvelle exposition d'un thème, dans la sonate classique. – Ital. *sonata,* de *sonare,* « jouer d'un instrument, résonner ».

sonatine [sɔnatin] n. f. Petite sonate, en général d'exécution facile. – Ital. *sonatina,* dimin. de *sonata,* « sonate ».

sondage [sɔ̃daʒ] n. m. **1.** Action de sonder; son résultat. ▷ TECH Opération qui consiste à forer le sol pour déterminer la nature, l'épaisseur et la pente des couches qui le constituent, ou pour rechercher des nappes d'eau, de pétrole, etc. **2.** Fig. Enquête, investigation discrète pour obtenir des renseignements. *Pratiquer un sondage dans les milieux politiques.* ▷ *Enquête par sondage,* ou *sondage d'opinion :* enquête menée auprès d'un certain nombre de personnes considérées comme représentatives d'un ensemble social donné (consommateurs, usagers, électeurs, etc.) en vue de déterminer leur opinion ou d'obtenir des renseignements statistiques sur une question définie. – De *sonder.*

sonde [sɔ̃d] n. f. **1.** Instrument constitué d'une masse pesante attachée au bout d'une ligne, servant à mesurer la profondeur de l'eau et à déterminer la nature du fond. ▷ Mesure de la profondeur obtenue par sondage. **2.** CHIR Instrument tubulaire cylindrique et allongé, présentant ou non un canal central, destiné à pénétrer dans un conduit naturel ou pathologique, à des fins diagnostiques ou thérapeutiques (introduction ou évacuation de liquide ou de gaz). *Sondes vésicale, œsophagienne, urétérale.* **3.** TECH Appareil servant à forer le sol. **4.** Instrument servant à prélever un échantillon d'un produit pour en vérifier la qualité. *Sonde à fromage.* **5.** ESP *Sonde spatiale :* véhicule spatial non habité, utilisé pour pratiquer de brèves incursions au-delà de l'atmosphère *(fusée-sonde)* ou des missions d'exploration du système solaire *(sonde planétaire)* qui durent parfois plusieurs dizaines d'années. ▷ METEO *Sonde aérienne :* ballon*-sonde. – De l'anc. nordique *sund,* « mer, détroit », dans *sundgyrd,* « perche à sonder ».

sonder [sɔ̃de] v. tr. [1] **1.** TECH et cour. Explorer, reconnaître au moyen d'une sonde; pratiquer le sondage de. *Sonder une mer, une rivière.* - *Sonder un terrain.* ▷ Par métaph. *Sonder le terrain :* examiner avec soin (une affaire) avant de s'engager. **2.** Explorer avec une sonde l'intérieur, la masse de. *Sonder un mur.* ▷ CHIR Introduire une sonde dans. *Sonder une plaie.* - Par ext. *Sonder un malade.* **3.** Fig. Chercher à pénétrer, à reconnaître. *Sonder du regard la profondeur d'un ravin.* - *Sonder le cœur, les intentions de qqn, sonder qqn,* chercher à pénétrer, à deviner ses intentions, son état d'esprit. ▷ Faire un sondage d'opinion. - Pp. adj. *La population sondée s'est montrée favorable au projet.* – De *sonde.*

sondeur, euse [sɔ̃dœʀ, øz] n. **I.** Personne qui effectue des sondages. **II.** TECH **1.** n. m. Appareil servant à déterminer la profondeur de l'eau et la nature du fond. *Sondeur à ultrasons.* **2.** n. f. Appareil utilisé pour les forages à faible profondeur. – De *sonder.*

songe [sɔ̃ʒ] n. m. **1.** Litt. Rêve, association d'idées et d'images qui se forment pendant le sommeil. - *En songe :* en rêve, pendant le sommeil. **2.** Litt. Chimère, illusion; produit de l'imagination pendant l'état de veille. *« La vie est un songe » (Calderón).* – Du lat. *somnium,* « rêve, chimère ».

songe-creux [sɔ̃ʒkʀø] n. m. inv. Personne qui nourrit son esprit de projets chimériques, de songes vains. – De *songer*, et *creux*.

songer [sɔ̃ʒe] v. tr. indir. [13] **I.** Vx ou litt. Rêver, faire un songe. *J'ai songé que je volais.* ▷ (S. comp.) Se livrer à la rêverie, laisser aller son imagination. **II. 1.** *Songer à :* penser à; envisager de. *Il faut songer au départ, à partir.* ▷ Avoir l'intention de. *Il songe à se marier.* **2.** (Suivi d'une interrog. indir. ou d'une complétive.) Considérer, faire attention au fait que. *Songez qu'il y va de votre vie.* **3.** *Songer à :* se préoccuper de, faire attention à. *Songez à lui, ne l'abandonnez pas.* - *Songer à l'avenir.* **4.** *Songer à :* évoquer par la pensée. *Songer au passé, à ceux qui ont disparu.* – Du lat. *somniare*.

songerie [sɔ̃ʒʀi] n. f. Rêverie; état d'une personne qui songe. – De *songer*.

songeur, euse [sɔ̃ʒœʀ, øz] n. et adj. **1.** n. Litt. Personne qui songe, qui se livre à la rêverie. **2.** adj. Absorbé dans une rêverie, pensif. *Vous semblez songeuse.* – De *songer*.

sonique [sɔnik] adj. Relatif au son. ▷ PHYS Relatif aux phénomènes qui se produisent aux vitesses voisines de celle du son. – De *son* 2.

sonnaille [sɔnaj] n. f. Clochette attachée au cou des bêtes lorsqu'elles paissent ou voyagent. ▷ (Surtout au plur.) Son produit par une sonnaille, par des cloches. – De *sonner*, et *-aille*.

1. sonnailler [sɔnaje] n. m. Animal qui, dans un troupeau, marche en tête avec la sonnaille. – De *sonnaille*.

2. sonnailler [sɔnaje] v. intr. [1] Rare Sonner, tinter, de façon désordonnée, désagréable. – Dimin. de *sonner*.

sonnant, ante [sɔnɑ̃, ɑ̃t] adj. Qui sonne. **1.** Qui rend un son clair et distinct. *Métal sonnant.* ▷ *Espèces sonnantes :* monnaie d'or et d'argent, ou, cour., argent liquide. *Espèces* sonnantes et trébuchantes.* **2.** Qui annonce les heures en sonnant. *Horloge sonnante, réveil sonnant.* ▷ *À midi sonnant :* à midi exactement, quand midi est en train de sonner. – Ppr. de *sonner*.

sonné, ée [sɔne] adj. **1.** Annoncé par le son d'une cloche, d'une sonnerie. *Messe sonnée.* - Spécial. *Il est minuit sonné,* minuit passé. ▷ Fig., fam. *Il a la cinquantaine bien sonnée :* il a largement dépassé cinquante ans. **2.** Fam. Abruti, assommé par les coups. *Boxeur sonné.* **3.** Fig., fam. Fou. – Pp. de *sonner*.

sonner [sɔne] v. [1] **A.** v. intr. **I. 1.** Rendre un son, retentir sous l'effet d'un choc. *Cristal qui sonne.* ▷ *Spécial.* (En parlant d'une cloche ou d'un instrument à percussion apparenté, d'un appareil muni d'un timbre.) *Les cloches sonnaient à toute volée. Le réveil a sonné.* **2.** Émettre un son, en parlant de certains instruments de cuivre à embouchure. *Clairon qui sonne.* **3.** Être annoncé par une sonnerie. *Huit heures ont sonné. Les matines sonnent.* ▷ Fig. *Sa dernière heure a sonné,* est arrivée. **II.** Être articulé, prononcé clairement. *Faire sonner la consonne finale dans un mot.* ▷ *Mot qui sonne bien, mal,* qui est harmonieux, agréable à l'oreille, ou non. ▷ Fig. *Sonner faux :* donner une impression de fausseté, sembler incrédible. *Récit, promesses qui sonnent faux.* **III.** Actionner une sonnette, une sonnerie (spécial. pour se faire ouvrir, appeler ou prévenir). *Le facteur a sonné. Entrez sans sonner.* **B.** v. tr. **1.** Faire rendre un, des sons à un instrument, une cloche. *Sonner le cor. Sonner les cloches*.* ▷ v. tr. indir. *Sonner de la trompette.* **2.** Annoncer, indiquer par le son d'un instrument, d'une sonnerie. *Sonner la diane, la charge. L'horloge sonne minuit.* **3.** Appeler (qqn) avec une sonnette. *Sonner la femme de chambre.* ▷ Pop. *On ne vous a pas sonné :* on ne vous a pas appelé, on ne vous a pas demandé votre avis. **4.** Fam. Assommer, abrutir *La nouvelle de cette catastrophe l'a sonné.* – Lat. *sonare*, de *sonus*, « son ».

sonnerie [sɔnʀi] n. f. **1.** Son produit par des cloches ou par un timbre. *Sonnerie d'un carillon.* **2.** Air joué par un instrument de cuivre à embouchure. *Une sonnerie de trompe, de clairon.* **3.** *Par méton.* Ensemble des cloches d'une église, des pièces qui permettent à une horloge, à un réveil, etc., de sonner. *Réparer la sonnerie d'une pendulette, d'un téléphone.* **4.** Appareil d'appel ou d'alarme actionné par l'électricité. – De *sonner*.

sonnet [sɔnɛ] n. m. LITTER Pièce de quatorze vers de même mesure, en deux quatrains à rimes embrassées et deux tercets. *Les sonnets de Ronsard, de Hérédia.* – Ital. *sonetto*, de l'a. fr. *sonet*, « chansonnette ».

sonnette [sɔnɛt] n. f. **1.** Clochette dont on se sert pour avertir, pour appeler. *Tirer sur le cordon de la sonnette.* ▷ Sonnerie (sens 4) que l'on peut déclencher à distance; son émis par cette sonnerie. **2.** *Serpent à sonnette(s) :* crotale. **3.** TECH Engin constitué d'un mouton (sens 5) qui descend entre des glissières. *Sonnette à enfoncer les pieux.* – De *sonner*.

sonneur [sɔnœʀ] n. m. Celui qui sonne les cloches. ▷ Celui qui sonne de la trompe, du cor. – De *sonner*.

sono-. Élément, du lat. *sonus*, « son ».

sono [sɔno] n. f. Fam. Abrév. de *sonorisation* (sens 2).

sonomètre [sɔnɔmɛtʀ] n. m. TECH **1.** Anc. Appareil à cordes vibrantes servant à l'étude des sons. **2.** Appareil utilisé pour la mesure des niveaux d'intensité acoustique des bruits (machines, avions, etc.). – De *son-*, et *-mètre*.

sonore [sɔnɔʀ] adj. **1.** Qui est susceptible de produire un, des sons; qui produit un son. *Les corps sonores.* **2.** Dont le son est puissant, éclatant. *Une voix sonore.* ▷ PHON *Phonème sonore,* dont l'émission s'accompagne d'une vibration des cordes vocales. *Les consonnes sonores* ou, n. f., *les sonores* (par oppos. aux *sourdes*) : [b, v, d, z, g, ʒ], en français. **3.** Qui résonne, où le son retentit. *Couloir sonore.* **4.** Didac. Qui a rapport au son. *Ondes sonores.* ▷ CINE et cour. *Film sonore,* dont les images sont accompagnées de sons (dialogues, bruits, musique) (par oppos. à *film muet*). – Lat. *sonorus*, de *sonare*, « résonner ».

sonorisation [sɔnɔʀizasjɔ̃] n. f. **1.** Action de sonoriser (un lieu); son résultat. **2.** Ensemble des appareils utilisés pour sonoriser un lieu (salle de spectacle, etc.). (Abrév. fam. : sono). **3.** *Sonorisation d'un film :* opération consistant à reporter l'enregistrement du son sur la bande portant les images. **4.** PHON Acquisition du trait de sonorité par un phonème. – De *sonoriser*.

sonoriser [sɔnɔʀize] v. tr. [1] **1.** Équiper (une salle de spectacle, un lieu quelconque) de tous les appareils nécessaires à l'amplification et à la diffusion du son (micros, amplificateurs, haut-parleurs, etc.). *Sonoriser une salle de concert, un champ de foire.* **2.** Effectuer la sonorisation de (un film). **3.** PHON Rendre sonore (une consonne sourde). – De *sonore*.

sonorité [sɔnɔʀite] n. f. **1.** Caractère de ce qui est sonore (sens 1). **2.** Propriété qu'ont certains lieux de répercuter les sons. *La sonorité d'une nef de cathédrale.* **3.** Qualité du son (d'un instrument de musique, d'un appareil électroacoustique). *Sonorité d'un violon, d'un synthétiseur.* ▷ (Plur.) Sons d'une voix. *Un timbre aux sonorités rauques.* **4.** PHON Trait phonétique dû à la vibration des cordes vocales lors de l'émission des phonèmes sonores. – Bas lat. *sonoritas*.

sonothèque [sɔnɔtɛk] n. f. Lieu où sont conservés des enregistrements de bruits, de fonds sonores divers. – De *sono-*, et *-thèque*.

sophisme [sɔfism] n. m. LOG Paralogisme. ▷ Raisonnement valide en apparence, mais dont un des éléments est fautif et, généralement, fait avec l'intention de tromper. – Lat. *sophisma*, mot gr.

sophiste [sɔfist] n. **1.** n. m. ANTIQ GR Maître de philosophie rétribué, qui enseignait l'art de l'éloquence et les moyens de défendre n'importe quelle thèse par le raisonnement ou des artifices rhétoriques. **2.** n. Personne qui use de sophismes. – Lat. *sophista*, gr. *sophistês*.

sophistication [sɔfistikasjɔ̃] n. f. **1.** Vieilli Action de sophistiquer, de falsifier. **2.** Caractère de ce qui est sophistiqué (sens II). – Sens 1, de *sophistiquer*; sens 2, anglo-amér. *sophistication*, de *to sophisticate*, « sophistiquer ».

sophistique [sɔfistik] adj. et n. f. **1.** adj. Didac. Qui est de la nature du sophisme; captieux, spécieux. *Arguments sophistiques.* ▷ Qui est porté au sophisme. *Un esprit sophistique.* **2.** n. f. PHILO Mouvement de pensée représenté par les sophistes grecs; art des sophistes. – Lat. imp. *sophisticus*.

sophistiqué, ée [sɔfistike] adj. **I.** Vx Altéré, frelaté. *Vin sophistiqué.* **II. 1.** Extrêmement recherché, qui laisse peu de place au naturel (notam. en parlant de l'apparence physique et du comportement). Maquillage très sophistiqué. Public mondain et sophistiqué. **2.** Extrêmement perfectionné; qui fait appel à des techniques de pointe. *Matériel sophistiqué.* – Fig. *Raisonnement sophistiqué*, très élaboré, complexe ou compliqué. – Sens I, pp. de *sophistiquer*; sens II, calque de l'anglo-amér. *sophisticated*.

sophistiquer [sɔfistike] v. tr. [1] **I.** Vx Frelater, falsifier (une substance). *Sophistiquer une liqueur.* **II. 1.** Soigner à l'extrême (qqch), rendre sophistiqué (sens II, 1). *Sophistiquer sa coiffure.* **2.** Perfectionner par des techniques de pointe, rendre sophistiqué (sens II, 2). – Sens I, du bas lat. *sophisticari*, « déployer une fausse habileté »; sens II, calque de l'anglo-amér. *to sophisticate*.

sophora [sɔfɔʀa] n. m. BOT Grand arbre (*Sophora japonica*, fam. papilionacées) originaire d'Asie. – Mot du lat. scientif., ar. *sophera*.

sophrologie [sɔfʀɔlɔʒi] n. f. MED Étude des changements d'états de conscience de l'homme obtenus par des moyens psychologiques, et de leurs possibilités d'application thérapeutique (relaxation, hypnose, etc.). – Du gr. *sôs*, « harmonie », *phrên*, « esprit », et de *-logie*.

sophrologue [sɔfʀɔlɔg] n. Spécialiste de la sophrologie. – De *sophrologie*.

soporifique [sɔpɔʀifik] adj. et n. m. **1.** Qui fait naître le sommeil. ▷ n. m. Substance dont l'absorption entraîne le sommeil. **2.** Fig., fam. Ennuyeux à faire dormir. *Discours soporifique.* – Du lat. *sopor, soporis*, « sommeil profond ».

soprane. V. soprano.

sopraniste [sɔpʀanist] n. m. MUS Chanteur adulte qui a une voix de soprano. – De *soprano*.

soprano [sɔpʀano] ou **soprane** [sɔpʀan] n. **1.** n. m. La plus haute des voix (voix de femme ou de jeune garçon). ▷ n. m. et f. Chanteur, chanteuse qui a cette voix. *Un(e) soprano. Des sopranos.* **2.** n. m. (En appos., pour caractériser celui des instruments d'une famille qui a la tessiture la plus élevée.) *Saxophone soprano.* – Ellipt. *Jouer du soprano.* – Mot ital., littéralement « qui est au-dessus ».

sorbe [sɔʀb] n. m. Fruit du sorbier, baie rouge orangé en forme de petite poire. Syn. corme. – Lat. *sorbum*.

sorbet [sɔʀbɛ] n. m. **1.** Anc. Boisson glacée à base de sucre et de jus de fruits battus avec du lait et des œufs. **2.** Mod. Glace aux fruits, confectionnée sans crème. – Ital. *sorbetto*, du turc *chorbet*, ar. *charbāt*, « boisson, sirop ».

sorbetière [sɔʀbətjɛʀ] n. f. Récipient, appareil pour préparer les glaces, les sorbets. – De *sorbet*.

sorbier [sɔʀbje] n. m. Arbre (genre *Sorbus*, fam. rosacées) aux feuilles composées. *Sorbier domestique* ou *cormier (Sorbus domestica)*, cultivé pour ses fruits comestibles et son bois très dur. – *Sorbier des oiseleurs (Sorbus aucuparia)*, ornemental. – De *sorbe*.

sorbitol [sɔʀbitɔl] n. m. PHARM Polyalcool préparé industriellement à partir de glucose, employé comme édulcorant et également comme stimulant de l'excrétion biliaire. – De *sorb(ier)* (dont on l'extrayait), *-ite* 2, et *-ol*.

sorbonnard, arde [sɔʀbɔnaʀ, aʀd] n. et adj. Fam., péjor. ou plaisant Enseignant ou étudiant de la Sorbonne. ▷ adj. *Esprit sorbonnard.* – De la *Sorbonne*, établissement public d'enseignement supérieur, situé à Paris au Quartier latin.

sorcellerie [sɔʀsɛlʀi] n. f. Pratiques occultes des sorciers; résultat de ces pratiques. ▷ Par exag. *C'est de la sorcellerie* : c'est prodigieux, inexplicable. – A. fr. *sorcerie*; de *sorcier*.

sorcier, ère [sɔʀsje, ɛʀ] n. (et adj.) **1.** Personne qui est réputée avoir pactisé avec les puissances occultes afin d'agir sur les êtres et les choses au moyen de charmes et de maléfices. ▷ *Rond* de sorcière.* ▷ Fig. *Apprenti* sorcier.* ▷ Loc. fig. *Chasse aux sorcières* : poursuite systématique, par un régime politique, de ses opposants, s'accompagnant de vexations ou de persécutions plus ou moins graves. (S'est dit en partic. à propos de la politique anticommuniste pratiquée aux É.-U., à l'époque de la guerre de Corée, sous l'impulsion du sénateur MacCarthy, par allusion aux femmes condamnées au bûcher, comme sorcières, dans l'Angleterre et l'Amérique puritaines du XVIIe s.) ▷ *Vieille sorcière* : vieille femme à l'air méchant. **2.** adj. m. Fam. *Ce n'est pas sorcier* : ce n'est pas compliqué. – Du lat. pop. **sortiarius*, « diseur de sorts », du lat. *sors, sortis*, « sort, oracle ».

sordide [sɔʀdid] adj. **1.** Dont la saleté dénote une grande pauvreté. *Quartier sordide.* **2.** Fig. Méprisable, ignoble. *Des calculs sordides. Un crime sordide.* – Lat. *sordidus*, de *sordes*, « saleté, ordure, bassesse ».

sordidement [sɔʀdidmɑ̃] adv. D'une manière sordide. – De *sordide*.

sordidité [sɔʀdidite] n. f. Litt. Caractère de ce qui est sordide. – De *sordide*.

sore [sɔʀ] n. m. BOT Chacun des amas de sporanges de la face inférieure des frondes de fougères. – Du gr. *sôros*, « tas ».

sorgho ou **sorgo** [sɔʀgo] n. m. Graminée originaire de l'Inde, dite aussi *gros mil*, abondamment cultivée dans les pays chauds pour ses grains et comme fourrage. *Le sorgho commun est appelé aussi millet à balais, parce que ses panicules servaient à faire des balais.* – Ital. *sorgo*, probabl. du lat. *syricus*, « de Syrie ».

soricidés [sɔʀiside] n. m. pl. ZOOL Famille de petits mammifères insectivores, comprenant notam. les musaraignes. – Sing. *Un soricidé.* – Du lat. *sorex, soricis*, « souris ».

sorite [sɔʀit] n. m. LOG Raisonnement consistant en une suite de propositions liées de telle sorte que l'attribut de chacune d'elles soit aussi le sujet de la suivante, et que la conclusion ait pour sujet le sujet de la première, et pour attribut l'attribut de l'avant-dernière. *A est B, B est C, C est D, D est E,..., Y est Z, donc A est Z.* – Du gr. *sôreitês*, propr. « formé par accumulation », de *sôros*, « tas ».

sornette [sɔʀnɛt] n. f. Fam. (Surtout au plur.) Propos frivole, bagatelle, bêtise. – Peut-être du moyen fr. *sorne*, « raillerie », de l'anc. provenç. *sorn*, « sombre ».

sororal, ale, aux [sɔʀɔʀal, o] adj. Didac. De la sœur, des sœurs. *Héritage sororal.* – Du lat. *soror*, « sœur ».

sororat [sɔʀɔʀa] n. m. ETHNOL Système social qui oblige le mari veuf à prendre pour épouse la sœur de sa femme. Cf. aussi lévirat. – Du lat. *soror*, « sœur ».

sororité [sɔʀɔʀite] n. f. Rare Lien, solidarité entre femmes. – Du lat. *soror,* « sœur », d'après *fraternité.*

sort [sɔʀ] n. m. **1.** Hasard, destin. *Les caprices du sort.* **2.** Effet du hasard, de la rencontre fortuite des événements bons ou mauvais; situation d'une personne, destinée. *Il est satisfait de son sort.* ▷ Loc. *Faire un sort à une chose,* lui assigner une destination; *par ext.,* faire valoir cette chose, la mettre en valeur ou en faire usage. – Fam., plaisant *Faire un sort à un pâté,* le manger. **3.** Décision soumise au hasard. *Tirer au sort :* faire désigner par le hasard. – *Le sort en est jeté :* la décision est prise irrévocablement. **4.** Maléfice. *Jeter un sort à qqn.* – Lat. *sors, sortis.*

sortable [sɔʀtabl] adj. Fam. Que l'on peut sortir, montrer en public. *Cette robe n'est plus sortable.* ▷ Avec qui l'on peut sortir, qui est bien élevé. *Vous n'êtes vraiment pas sortable.* – De *sortir.*

sortant, ante [sɔʀtɑ̃, ɑ̃t] adj. (et n.) **1.** Qui sort d'un lieu. ▷ Subst. *Les entrants et les sortants.* **2.** Tiré par hasard. *Numéro sortant.* **3.** Dont le mandat vient d'expirer, en parlant d'un membre d'une assemblée. *Député sortant.* – Ppr. de *sortir.*

sorte [sɔʀt] n. f. **1.** Espèce, genre. *Diverses sortes d'animaux.* **2.** Ensemble des traits caractéristiques qui distinguent une chose; manière d'être. *Cette sorte d'affaires.* ▷ Loc. adv. *De la sorte :* de cette manière. **3.** *Une sorte de...,* se dit d'une chose qu'on ne peut caractériser que par rapport à une autre à laquelle elle ressemble, sans toutefois lui être absolument semblable. *Une sorte de casquette qui tient du béret et du képi.* **4.** Loc. *Toutes sortes de :* beaucoup de. – *En quelque sorte :* presque, pour ainsi dire. – *Faire en sorte que* (+ subj.), *faire en sorte de* (+ inf.) : agir de manière à. ▷ *De sorte que* ou vieilli *en sorte que :* de telle façon que. *De (telle) sorte que :* si bien que. – Du lat. *sors, sortis,* « sort », puis « manière ».

sortie [sɔʀti] n. f. **I. 1.** Action de sortir. *C'est sa première sortie depuis sa maladie.* ▷ *Spécial.* Action de quitter la scène. *Régler la sortie d'un acteur. Fausse sortie,* suivie d'un retour immédiat. ▷ Action de quitter son domicile pour se distraire. **2.** Moment où l'on sort. *La sortie des spectacles.* **3.** Porte, issue. *Cette maison a plusieurs sorties.* **4.** Transport de marchandises hors d'un pays. **5.** INFORM Donnée qui sort de l'ordinateur après traitement. *États de sortie fournis par une imprimante.* **6.** Somme dépensée. *Les entrées et les sorties.* **7.** Attaque faite pour sortir d'une place investie. *Les assiégés tentèrent une sortie.* ▷ AVIAT Envol d'un appareil, d'une escadrille, etc., pour une mission de guerre. *Cette unité a effectué cent sorties.* **8.** Fig. Brusque emportement contre qqn. *Faire une sortie.* ▷ Incongruité, parole déplacée que qqn laisse échapper en public. **9.** Fait d'être rendu public, publié, mis en vente. *Sortie d'un film.* **II.** Vieilli *Sortie de bal :* manteau mis sur une robe de bal. – *Sortie de bain :* peignoir. – Pp. fém. subst. de *sortir.*

sortilège [sɔʀtilɛʒ] n. m. Maléfice; action magique. – Lat. médiév. *sortilegium,* du lat. *sortilegus,* « qui lit le sort, devin », de *sors, sortis,* « sort ».

1. sortir [sɔʀtiʀ] v. [30] **I.** v. intr. **1.** Passer du dedans au dehors. *Sortir de chez soi.* **2.** Commencer à paraître, pousser. *Il lui est sorti une dent. Les bourgeons sortent.* **3.** Dépasser à l'extérieur. *Le rocher sort de l'eau.* **4.** S'échapper, s'exhaler. *La fumée sort de la cheminée.* **5.** Aller hors de chez soi pour se distraire, se promener. *Il sort tous les soirs.* **6.** Paraître, être publié, mis en vente, présenté au public. *Ce film sort le mois prochain.* **7.** Être désigné par le hasard, dans un tirage au sort, dans un jeu. *C'est le neuf qui sort.* **8.** Cesser d'être dans (tel état, telle situation). *Sortir de la misère. Sortir de maladie.* ▷ Fam. *Je sors d'en prendre :* je viens d'en faire la désagréable expérience. **9.** Être issu de. *Sortir d'une famille paysanne. Sortir du rang.* **10.** Être le produit de, avoir pour provenance. *Complet qui sort de chez le bon faiseur.* **II.** v. tr. **1.** Conduire dehors (qqn). *Sortir des enfants.* ▷ Fam. Emmener (qqn) quelque part pour le distraire. **2.** Mettre dehors. *Sortir un cheval de l'écurie.* **3.** Tirer. *Sortir qqn d'un mauvais pas.* **4.** Publier, mettre en vente, faire paraître, rendre public. *Sortir un roman, un film.* **5.** Fam. Dire. *Il en sort de bonnes.* **III.** v. pron. *Se sortir de :* se tirer de. *Comment se sortir de ce mauvais pas ?* – P.-ê. de *sortir* 3 ou du lat. pop. **surctus,* lat. class. *surectus,* de *surgere,* « jaillir ».

2. sortir [sɔʀtiʀ] n. m. Fig. Surtout employé dans la loc. *au sortir de :* au moment où l'on sort de, à l'issue de. *Au sortir de l'hiver.* – Subst. de *sortir* 1.

3. sortir [sɔʀtiʀ] v. tr. [3] DR Obtenir. – Du lat. *sortiri,* « tirer au sort ».

S.O.S. [ɛsoɛs] n. m. Signal de détresse radiotélégraphique consistant en l'émission continue de trois points (lettre S, en morse) suivis de trois traits (lettre O). *Capter un S.O.S.* ▷ *Par ext.* Tout signal de détresse, tout appel à l'aide. *Ses yeux lançaient des S.O.S.* – Lettres choisies pour la simplicité du signal (l'étym. anc. : initiales des mots anglais *Save Our Souls,* « sauvez nos âmes [Seigneur] », est fantaisiste).

sosie [sɔzi] n. m. Personne qui ressemble parfaitement à une autre. *Avoir un sosie.* – De *Sosie,* nom de l'esclave d'Amphitryon dont Mercure prend l'aspect, dans l'« Amphitryon » (1669) de Molière.

sostenuto [sɔstenuto] adv. MUS En jouant de façon soutenue. – Mot ital., « soutenu »

sot, sotte [so, sɔt] adj. et n. **1.** (Personnes) Qui est sans intelligence ni jugement. ▷ Subst. *« Un sot savant est sot plus qu'un sot ignorant » (Molière).* **2.** (Choses) Qui dénote la sottise. *Une sotte idée.* **3.** n. m. LITTER Bouffon, personnage de sotie.

sotch [sɔtʃ] n. m. GEOMORPH Dépression fermée du relief karstique, dans les Causses. *Des sotchs.* Syn. doline. – Mot dial. du rad. prélatin **tsotto-,* « trou, fosse ».

sotériologie [sɔteʀjɔlɔʒi] n. f. Didac. Doctrine du salut de l'homme par un rédempteur. – Du gr. *sôtêrion,* « salut », et *-logie.*

sotie ou **sottie** [sɔti] [sɔti] n. f. LITTER Farce satirique, aux XIVe et XVe s. – De *sot.*

sot-l'y-laisse [solilɛs] n. m. inv. Morceau d'une saveur délicate, au-dessus du croupion des volailles. – De *(le) sot l'y laisse.*

sottement [sɔtmɑ̃] adv. D'une manière sotte. – De *sot.*

sottie. V. sotie.

sottise [sɔtiz] n. f. **1.** Manque d'intelligence et de jugement. ▷ Action, parole qui dénote la sottise. *Dire des sottises.* **2.** Action déraisonnable d'un enfant, bêtise. *Quelle sottise a-t-il encore inventée ?* **3.** Rég. Mot injurieux. *Dire des sottises à qqn.* – De *sot.*

sottisier [sɔtizje] n. m. Recueil de bévues d'auteurs célèbres, de sottises relevées dans la presse, les devoirs d'élèves, etc. – De *sottise.*

sou [su] n. m. **1.** Anc. Monnaie qui valait le vingtième de la livre. **2.** Anc. Pièce de cinq centimes créée sous la Révolution française. **3.** Loc. *Appareil, machine à sous :* jeu de hasard où l'on gagne des pièces de monnaie. – *N'avoir pas le sou, pas un sou vaillant; être sans le sou :* ne pas avoir d'argent; être dans le besoin. – *D'un sou, de quat(re) sous :* sans valeur. *« Ce bijou d'un sou » (Verlaine).* – *Propre comme un sou neuf :* très propre. – *Sou à sou, sou par sou :* par très petites sommes. ▷ Plur. Fam. *Des sous :* de l'argent. – Fam. *Être près de ses sous,* avare. – *C'est une affaire de gros sous,* dans laquelle ce sont les questions d'argent, d'intérêts qui sont en jeu. – Du bas lat. *soldus,* « pièce d'or », de *solidus,* « massif ».

souahéli. V. swahili.

soubassement [subasmɑ̃] n. m. **1.** Partie inférieure d'un édifice, reposant sur les fondations. **2.** GEOL Socle sur lequel reposent des couches de terrain. – De *sous*, et *bas* 1.

soubresaut [subʀəso] n. m. **1.** Mouvement brusque et inopiné. *Les soubresauts d'une carriole.* **2.** Mouvement spasmodique, tressaillement. *Ses jambes étaient agitées de soubresauts.* – Provenç. *sobresaut*, de *sobre*, « par-dessus », et *saut.*

soubrette [subʀɛt] n. f. **1.** LITTER Servante de comédie. **2.** Vx ou plaisant Femme de chambre avenante et délurée. – Provenç. *soubreto*, de *soubret*, « affecté »; de l'anc. provenç. *sobrar*, « être de trop », du lat. *superare.*

soubreveste [subʀəvɛst] n. f. Anc. Vêtement militaire sans manches qui se portait par-dessus les autres vêtements. – Anc. provenç. *sobravesta*, ital. *sopravesta*, propr. « vêtement de dessus ».

souche [suʃ] n. f. **1.** Partie d'un arbre (bas du tronc et racines) qui reste en terre après l'abattage. ▷ Loc. *Demeurer, dormir, rester comme une souche*, tout à fait immobile. **2.** Personne dont descend une famille. *Faire souche* : être le premier d'une suite de descendants. ▷ Par ext. *Les crossoptérygiens constituent la souche commune des vertébrés tétrapodes.* – *Cellule souche*, d'où sont issues par multiplication d'autres cellules. **3.** CONSTR Massif de maçonnerie ou de béton qui traverse une toiture et qui contient les conduits de fumée. **4.** Partie d'un carnet, d'un registre, qui reste quand on en a détaché les feuilles, et qui permet d'éventuels contrôles. – Gaul. **tsukka*; cf. all. *Stock*, « bâton ».

1. souchet [suʃɛ] n. m. BOT Plante herbacée des lieux humides (fam. cypéracées). – De *souche*, à cause des rhizomes de la plante.

2. souchet [suʃɛ] n. m. Canard européen (*Anas clypeata*) à la tête verte et au large bec. – P.-ê. de *souche*, d'après l'aspect du bec.

souchette [suʃɛt] n. f. Sorte de collybie comestible poussant sur les souches. – Dimin. de *souche.*

souchong [suʃɔ̃g] n. m. Thé noir de Chine. – Du chin. *siao-chung*, par l'angl.

1. souci [susi] n. m. **1.** Préoccupation, contrariété. *Vivre sans souci au jour le jour.* **2.** Ce qui contrarie, préoccupe. ▷ Loc. *C'est le cadet, le dernier, le moindre de mes soucis* : cela me laisse indifférent, je ne m'en occupe pas. – Déverbal de *soucier.*

2. souci [susi] n. m. Plante herbacée ornementale (fam. composées) aux fleurs jaunes ou orange. – *Souci d'eau* : populage*. – Altér. d'ap. *souci* 1, de l'a. fr. *soussie*, « tournesol », bas lat. *solsequia*, propr. « qui suit le soleil ».

3. souci [susi] n. m. Rare Papillon diurne aux ailes orangé et noir. – De *souci* 2, par anal. de couleur.

soucier [susje] v. tr. [2] Vx Préoccuper. *Cela le soucie.* ▷ v. pron *Se soucier de* : se préoccuper de. *Ne vous souciez de rien.* – Du lat. *sollicitare*. V. solliciter.

soucieusement [susjøzmɑ̃] adv. D'une manière soucieuse. – De *soucieux.*

soucieux, euse [susjø, øz] adj. **1.** Inquiet, préoccupé. **2.** *Soucieux de* : qui prend intérêt, qui fait attention à. *Être soucieux de sa santé.* – De *soucier.*

soucoupe [sukup] n. f. **1.** Petite assiette qui se place sous une tasse. Syn. sous-tasse. **2.** *Soucoupe volante* : objet volant non identifié (ovni*) en forme de disque. – Sens 1, de l'ital. *sottocoppa*, d'ap. *sous*, et *coupe*; sens 2, calque de l'amér. *flying saucer.*

soudable [sudabl] adj. Qui peut être soudé. – De *souder.*

soudage [sudaʒ] n. m. Action de souder; son résultat. *Soudage oxyacétylénique*, effectué au moyen d'un chalumeau alimenté en oxygène et en acétylène (température de 3 100 °C). *Soudage à l'arc*, dans lequel la chaleur est obtenue par un arc électrique qui s'établit entre l'électrode de soudage et la pièce à souder (température pouvant dépasser 6 000 °C). *Soudage par résistance*, qui consiste à faire passer un courant de grande intensité entre les pièces à souder (très utilisé dans l'industrie). – De *souder.*

soudain, aine [sudɛ̃, ɛn] adj. et adv. **1.** adj. Subit, brusque. *Départ soudain.* **2.** adv. Tout à coup. *Soudain il s'écria...* – Du bas lat. *subitanus*, class. *subitaneus*, de *subitus* (V. subit).

soudainement [sudɛnmɑ̃] adv. Subitement, tout d'un coup. – De *soudain.*

soudaineté [sudɛnte] n. f. Caractère de ce qui est soudain, brusque. – De *soudain.*

soudan [sudɑ̃] n. m. HIST Lieutenant général d'un calife. ▷ Sultan (s'appliquait surtout au souverain égyptien). – De l'ar. *soltān.*

soudanais, aise [sudanɛ, ɛz] adj. et n. **1.** De l'État africain du Soudan. ▷ Subst. *Un(e) Soudanais(e).* **2.** De la zone climatique qui va du Sénégal au Soudan. *Le climat soudanais.* **3.** LING *Langues soudanaises* ou, n. m., *le soudanais* : famille de langues africaines parlées de l'Éthiopie au Tchad et du sud de l'Égypte à l'Ouganda et à la Tanzanie. – De l'ar. *sudān*, « (les) Noirs », de *aswad*, « noir ».

soudant, ante [sudɑ̃, ɑ̃t] adj. METALL *Blanc soudant* : blanc éclatant du fer suffisamment chauffé pour pouvoir être soudé. – Ppr. de *souder.*

soudard [sudaʀ] n. m. **1.** HIST Mercenaire. **2.** Péjor. Soldat grossier et brutal. – De l'a. fr. *soudoier*, « homme d'armes », de *soute*, « solde ».

soude [sud] n. f. **I.** Plante (fam. chénopodiacées) des terrains côtiers dont on tirait autref. le carbonate de sodium. Syn. kali. **II. 1.** CHIM Hydroxyde de sodium, de formule NaOH, base très forte et caustique, utilisée notam. dans la fabrication de la pâte à papier et en savonnerie. **2.** PHARM Sodium. *Bicarbonate de soude.* **3.** *Cristaux de soude* : carbonate de sodium cristallisé utilisé notam. pour le nettoyage et la désinfection des sanitaires. – Lat. médiév. *soda*, ar. *suwwād*, « soude » (sens I).

souder [sude] v. tr. [1] **1.** Joindre à chaud (des pièces de métal, de matière fusible) de manière à former un tout solidaire. *Fer à souder* : outil constitué d'une masse métallique fixée à une tige emmanchée, que l'on chauffe pour faire fondre l'alliage utilisé pour la soudure. *Lampe* à souder.* **2.** Unir étroitement, joindre, agréger. ▷ v. pron. Fig. *Groupe qui se soude*, dont les membres deviennent solidaires. – Du lat. *solidare*, « affermir », de *solidus*, « dense, massif ».

soudeur, euse [sudœʀ, øz] n. **1.** n. Personne qui soude; ouvrier qualifié spécialiste du soudage. **2.** n. f. TECH Machine à souder. – De *souder.*

soudier, ère [sudje, ɛʀ] n. TECH **1.** n. f. Usine où l'on fabrique de la soude. **2.** n. m. Ouvrier employé dans une soudière. – De *soude.*

soudoyer [sudwaje] v. tr. [23] S'assurer le secours, la complaisance de (qqn) à prix d'argent (le plus souvent avec une intention malhonnête). *Soudoyer des témoins.* – De *solde* 1.

soudure [sudyʀ] n. f. **1.** Composition métallique utilisée pour souder. *Soudure à l'étain, à l'argent.* **2.** Soudage. ▷ Manière dont des pièces sont soudées; partie soudée. **3.** Union, adhérence étroite de deux éléments voisins. *Soudure des os du crâne.* **4.** Fig. *Faire la soudure* : assurer l'approvisionnement entre deux récoltes, deux livraisons, etc.; *par ext.* faire la transition entre (deux périodes, deux personnes, etc.). – De *souder.*

soue [su] n. f. Étable à porcs. – Anc. mot dial.; du bas lat. *sutis.*

soufflage [suflaʒ] n. m. Opération par laquelle on souffle le verre. – De *souffler.*

soufflant, ante [suflɑ̃, ɑ̃t] adj. et n. **I.** adj. **1.** Qui sert à souffler. *Machine soufflante. Bombe soufflante,* qui agit par effet de souffle. **2.** Fig., fam. Étonnant. **II.** n. **1.** n. m. Arg. Pistolet. **2.** n. f. METALL Ventilateur qui pulse l'air vers les tuyères d'un haut fourneau. – Ppr. de *souffler.*

soufflard [suflaʀ] n. m. GEOL Jet de vapeur d'eau dans une région volcanique. – De *souffler.*

souffle [sufl] n. m. **1.** Mouvement de l'air que l'on expulse par la bouche ou par le nez. ▷ Loc. *Le dernier souffle :* le dernier soupir. – *Avoir le souffle coupé,* la respiration interrompue. – *Manquer de souffle :* s'essouffler facilement. – *Être à bout de souffle :* être très essoufflé, être hors d'haleine. – *Second souffle :* regain d'activité. **2.** Fig. Inspiration. *Le souffle du génie.* **3.** Agitation de l'air causée par le vent. *C'est le calme plat, il n'y a pas un souffle.* **4.** MED Bruit anormal, évoquant le souffle, perçu à l'auscultation de l'appareil respiratoire ou circulatoire. *Souffle systolique,* perçu pendant la systole. **5.** Ensemble des effets de surpression dus à l'onde de choc que produit une explosion. – Déverbal de *souffler.*

1. soufflé, ée [sufle] adj. **1.** Gonflé par la cuisson. *Pommes soufflées.* **2.** Fig., fam. Très étonné, abasourdi. – Pp. de *souffler.*

2. soufflé [sufle] n. m. Mets à base de blancs d'œufs battus, cuit au four, et dont la pâte gonfle beaucoup. *Soufflé au fromage, au chocolat.* – Pp. subst. de *souffler.*

soufflement [sufləmɑ̃] n. m. Rare Action de souffler. – De *souffler.*

souffler [sufle] v. [1] **I.** v. intr. **1.** Expulser de l'air par la bouche ou le nez, volontairement. *Souffler dans une trompette.* **2.** Respirer avec effort. *Souffler comme un bœuf.* **3.** Reprendre haleine, se reposer. *Souffler un moment.* **4.** Agiter l'air. *La bise souffle.* **5.** TECH Actionner une soufflerie. *Souffler à l'orgue.* **II.** v. tr. **1.** Envoyer un courant d'air sur (qqch). *Souffler une bougie,* l'éteindre en soufflant dessus. **2.** Fig., fam. *Souffler qqch à qqn,* le lui subtiliser. ▷ JEU *Souffler un pion, une dame,* l'ôter à son adversaire, aux dames, parce qu'il a négligé de s'en servir pour prendre. *Souffler n'est pas jouer :* l'action de souffler ne compte pas pour un coup. **3.** Envoyer de l'air, du gaz dans (qqch). *Souffler le verre :* insuffler de l'air dans une masse de verre au moyen d'un tube métallique, pour la façonner. **4.** Dire tout bas. *Souffler qqch à l'oreille de qqn. Ne pas souffler mot :* ne rien dire. *Souffler son texte à un comédien.* ▷ Fig. Suggérer. *Quelqu'un lui en a soufflé l'idée.* **5.** Détruire par effet de souffle. *L'explosion a soufflé les vitres.* **6.** Fam. Étonner fortement. *Son aplomb m'a toujours soufflé.* – Lat. *sufflare,* «souffler sur», de *sub,* «sur», et de *flare,* «souffler».

soufflerie [sufləʀi] n. f. Appareillage destiné à souffler de l'air, un gaz. *Soufflerie d'un orgue.* ▷ *Spécial.* Installation destinée aux essais aérodynamiques, constituée par un tunnel dans lequel on souffle de l'air (ou, plus rarement, un autre gaz) à grande vitesse. *Essais en soufflerie d'un prototype d'avion, d'automobile.* – De *souffler.*

soufflet [suflɛ] n. m. **I. 1.** Instrument destiné à souffler de l'air sur un foyer, constitué en général d'une poche de matière souple (cuir, notam.) fixée entre deux plaques rigides que l'on éloigne et que l'on rapproche alternativement pour expulser de l'air à travers un conduit. **2.** *Par anal.* Ce qui se replie comme le cuir d'un soufflet. *Une serviette à soufflets. Soufflets entre deux wagons de chemin de fer.* **II.** Vx ou litt. Coup du plat ou du revers de la main sur la joue, gifle. ▷ Fig. Affront. – De *souffler.*

souffleter [suflәte] v. tr. [20] Litt. Donner un soufflet à (qqn). – De *soufflet.*

souffleur, euse [suflœʀ, øz] n. **1.** n. m. Ouvrier qui souffle le verre. **2.** Au théâtre, personne qui souffle leur texte aux comédiens si besoin est. *Le trou du souffleur.* **3.** n. m. ZOOL Grand dauphin à grand nez *(Tursiops truncatus).* **4.** n. f. (Canada) *Souffleuse (à neige) :* lourd véhicule automobile muni à l'avant d'un dispositif à mouvement hélicoïdal qui entraîne la neige dans un puissant système de soufflerie en vue de la projeter hors des voies de circulation. – De *souffler.*

soufflure [suflyʀ] n. f. METALL Cavité à l'intérieur d'une pièce moulée due à un dégagement de gaz lors de la solidification. – De *souffler.*

souffrance [sufʀɑ̃s] n. f. **1.** Fait de souffrir, physiquement ou moralement. *Supporter courageusement ses souffrances.* **2.** Loc. *En souffrance :* en attente, en suspens. – Lat. imp. *sufferentia,* du class. *sufferre,* «supporter».

souffrant, ante [sufʀɑ̃, ɑ̃t] adj. **1.** Litt. Qui souffre. – Spécial. *L'Église souffrante :* les âmes du purgatoire. **2.** Cour. Légèrement malade. *M. Untel, souffrant, s'est fait excuser.* – Ppr. de *souffrir.*

souffre-douleur [sufʀәdulœʀ] n. m. inv. Personne en butte au mépris et aux mauvais traitements des autres. – De *souffrir,* et *douleur.*

souffreteux, euse [sufʀәtø, øz] adj. De constitution débile, maladive. *Un petit être pâle et souffreteux.* – De l'a. fr. *suffraite,* «dénuement, privation», avec infl. de *souffrir;* lat. pop. **suffracta,* fém. subst. de *suffractus,* pp. de *suffringere,* propr. «briser par le bas».

souffrir [sufʀiʀ] v. [32] **I.** v. intr. **1.** Éprouver une sensation douloureuse ou pénible. *Souffrir du froid.* – (Sens moral.) *Il a beaucoup souffert de cette séparation.* **2.** Éprouver un dommage. *Les vignes ont souffert de la gelée.* **II.** v. tr. **1.** Endurer, éprouver, supporter. *Cette maladie lui fait souffrir le martyre.* – Cour. (Avec comp. de personne.) *Ne pas souffrir qqn :* ne pas pouvoir le supporter, l'exécrer. ▷ v. pron. *Ils ne peuvent se souffrir,* se supporter. **2.** Litt. Permettre. *Souffrez que je vous dise...* ▷ Tolérer, admettre. *Ne souffrez pas de tels caprices.* – (Sujet n. de chose.) *Affaire qui ne peut souffrir aucun retard.* – Du lat. pop. **sufferire,* class. *sufferre,* «supporter».

soufi, ie [sufi] n. et adj. RELIG Adepte du soufisme. – adj. *Pratique soufie.* – De l'ar. *souf,* «laine», à cause du vêtement de ces ascètes.

soufisme [sufism] n. m. RELIG Doctrine ésotérique de l'islam, mystique et ascétique. – De *soufi.*

soufrage [sufʀaʒ] n. m. Action de soufrer. – De *soufrer.*

soufre [sufʀ] n. m. et adj. inv. **1.** Élément non métallique de numéro atomique Z = 16, de masse atomique 32,064 (symbole : S). – Solide (S_8) jaune et cassant, qui fond à 112 °C pour la variété Sα et à 119 °C pour la variété Sβ, et bout à 444,67 °C. *Le soufre est employé pour la vulcanisation du caoutchouc.* ▷ *Fleur de soufre :* soufre pulvérulent. ▷ adj. inv. De la couleur jaune clair du soufre. **2.** Loc. fig. *Sentir le soufre :* avoir qqch de diabolique. – Lat. *sulphur, sulfur.*

soufré, ée [sufʀe] adj. **1.** Enduit de soufre. *Allumettes soufrées.* **2.** Qui évoque l'odeur piquante du soufre en combustion. *Senteur soufrée.* **3.** De la couleur jaune clair du soufre. – De *soufre.*

soufrer [sufʀe] v. tr. [1] **1.** Enduire de soufre. **2.** AGRIC Saupoudrer (des végétaux) de fleur de soufre*. *Soufrer une vigne.* – De *soufre.*

soufreur, euse [sufʀœʀ, øz] n. **1.** n. TECH Celui, celle qui soufre les végétaux. **2.** n. f. Appareil utilisé pour soufrer les végétaux. – De *soufrer.*

soufrière [sufʀijɛʀ] n. f. Lieu d'où l'on retire du soufre. – De *soufre.*

souhait [swɛ] n. m. **1.** Désir d'obtenir qqch qu'on n'a pas. *Quels sont vos souhaits pour l'avenir?* ▷ Loc. fam. *À vos souhaits!* (à qqn qui éternue). **2.** Vœu que l'on formule à l'adresse de qqn. *Souhaits de bonne année.* **3.** loc. adv. *À souhait :* aussi bien que l'on peut souhaiter; parfaitement. *Un poulet doré à souhait.* – Déverbal de *souhaiter.*

souhaitable [swɛtabl] adj. Qui est à souhaiter. – De *souhaiter.*

souhaiter [swɛte] v. tr. [1] Désirer, former un, des souhaits pour. *Je souhaite votre succès. Souhaiter l'anniversaire de qqn.* – Fam., plaisant *Je vous en souhaite :* je prévois des désagréments que vous ne soupçonnez pas. – Du gallo-roman (dialecte roman parlé en Gaule) *subtushaitare,* du lat. *subtus,* « sous », et du frq. *haitan,* « ordonner, promettre ».

souillard [sujaʀ] n. m. Trou percé dans une pierre, dans un mur, et qui assure l'écoulement des eaux ménagères ou pluviales. – De l'a. fr. *souil* ou *soil* (V. souiller).

souillarde [sujaʀd] n. f. Rég. **1.** Baquet. **2.** Arrière-cuisine. – De *souillard.*

souille [suj] n. f. **1.** VEN Bourbier où se vautre le sanglier. **2.** MAR Enfoncement que forme dans la vase ou le sable un navire échoué. – De l'a. fr. *soil* (V. souiller).

souiller [suje] v. tr. [1] **1.** Litt. Salir. *Souiller ses habits.* – *Spécial.* et cour. Salir d'excréments. *Souiller son lit.* ▷ v. pron. *Se souiller les mains.* **2.** Fig., litt. *Souiller le nom, la réputation de qqn.* – De l'a. fr. *soil,* « abîme de l'enfer, bourbier »; du lat. *solium,* « siège, cuve, baquet ».

souillon [sujɔ̃] n. f. Vx Servante malpropre. ▷ *Par ext.* Femme peu soigneuse. – De *souiller.*

souillure [sujyʀ] n. f. **1.** Rare Tache, saleté. **2.** Fig. Flétrissure morale. – De *souiller.*

souï-manga ou **souïmanga** [swimɑ̃ga] n. m. Petit oiseau passériforme d'Afrique tropicale, au plumage coloré. *Des souï-mangas.* – Mot malgache.

souk [suk] n. m. **1.** Marché, dans les pays arabes. **2.** Fig., fam. Grand désordre. *Qu'est-ce que c'est que ce souk?* – Mot ar.

Soukhot [sukɔt] Fête des Tabernacles ou des Cabanes, dans la religion juive, qui commémore le séjour des Hébreux dans le désert. – Mot hébreu, « hutte de branchage ».

soûl, soûle ou vieilli **saoul, saoule** [sul] adj. **1.** Vx Pleinement repu. ▷ Mod. Loc. adv. *Tout son (mon, ton, notre, votre, leur) soûl :* autant qu'il suffit, autant qu'on veut. **2.** Ivre. ▷ Fig. *Soûl de :* grisé par. *Soûl de paroles.* – Du lat. *satullus,* de *satur,* « rassasié ».

soulagement [sulaʒmɑ̃] n. m. **1.** Fait de soulager; chose, fait qui soulage. *Son départ a été pour moi un soulagement.* **2.** État d'une personne soulagée. *Soupir de soulagement.* – De *soulager.*

soulager [sulaʒe] v. [13] **I.** v. tr. **1.** Débarrasser (qqn) d'une partie d'un fardeau, d'une charge. *Soulager une bête de somme.* – Plaisant *Soulager qqn de son argent,* le lui voler. ▷ (Objet n. de chose.) *Soulager une poutre.* **2.** Débarrasser (qqn) d'une partie de ce qui pèse sur lui, de ce qui lui pèse (souffrance, angoisse, misère, etc.). *Soulager un malade.* **3.** Rendre (qqch) moins pénible à supporter. *Cette piqûre doit soulager ses douleurs.* **II.** v. pron. Fam. Satisfaire un besoin naturel, notam. uriner. – Du lat. pop. **subleviare,* class. *sublevare,* « soulever, lever, exhausser ».

soûlant, ante [sulɑ̃, ɑ̃t] adj. Fam. Fatigant, assommant. *Il est soûlant, avec ses histoires.* – Ppr. de *soûler.*

soûlard, arde [sulaʀ, aʀd], **soûlaud, aude** [sulo, od] ou **soûlot, ote** [sulo, ɔt] n. Pop. Ivrogne, ivrognesse. – De *soûl.*

soûler ou vieilli **saouler** [sule] v. tr. [1] **1.** Fam. Enivrer. ▷ v. pron. *Il se soûle pour oublier sa peine.* **2.** Fig. Griser. ▷ v. pron. *Se soûler de mots.* **3.** Fam. Ennuyer, fatiguer. *Tu nous soûles!* – De *soûl.*

soûlerie [sulʀi] n. f. Fam. Partie de débauche où l'on s'enivre, beuverie. – De *soûler.*

soulèvement [sulɛvmɑ̃] n. m. **1.** (Choses) Fait de se soulever, d'être soulevé. *Soulèvement de terrain,* qui produit un plissement. **2.** Vaste mouvement de révolte. – De *soulever.*

soulever [sulve] v. tr. [16] **I.** (Concret) **1.** Lever à une faible hauteur. *Soulever un meuble pour le déplacer.* **2.** Relever (une chose qui en couvre une autre). *Soulever un voile.* **3.** Mettre en mouvement, faire s'élever. ▷ v. pron. *La poussière se soulevait sous l'effet du vent.* ▷ Loc. fig. *Soulever le cœur de, à qqn,* susciter son dégoût. *Ce spectacle me soulève le cœur.* **4.** Pop. Voler, dérober. *Il s'est fait soulever sa montre.* **II.** (Abstrait) **1.** Exciter, provoquer (un sentiment, une réaction). *Ces propos soulèvent l'indignation générale, l'admiration de tous... Soulever un tonnerre d'applaudissements.* **2.** *Spécial.* Provoquer la colère, l'indignation de (qqn). *Ces mesures avaient soulevé l'opinion contre lui.* ▷ Pousser à la révolte. *Soulever les travailleurs.* ▷ v. pron. Se dresser dans un mouvement de révolte. *Trois provinces se sont déjà soulevées.* **3.** *Soulever une question, un problème,* les évoquer afin qu'ils soient débattus, discutés. – De *sous-,* et *lever.*

soulier [sulje] n. m. Chaussure solide, à semelle rigide, couvrant le pied et, éventuellement, la cheville. *De gros souliers de marche.* ▷ (Avec un qualificatif ou un comp.) Chaussure légère. *Des souliers vernis. Des souliers de daim.* ▷ Loc. fig., fam. *Être dans ses petits souliers :* se sentir mal à l'aise, dans une situation embarrassante. – Du lat. *subtel,* « courbe de la plante du pied »; d'abord *soller.*

soulignage [suliɲaʒ] ou **soulignement** [suliɲmɑ̃] n. m. Action de souligner; trait dont on souligne. – De *souligner.*

souligner [suliɲe] v. tr. [1] **1.** Tirer une ligne, un trait, sous (un ou plusieurs mots sur lesquels on veut attirer l'attention). *Vous soulignerez tous les verbes en rouge.* – Pp. adj. *Une phrase soulignée.* **2.** Faire ressortir, mettre en valeur. *Modèle de robe qui souligne la taille.* ▷ Faire remarquer en insistant. *Souligner l'importance d'une démarche.* – De *sous-,* et *ligne.*

soûlographie [sulɔgʀafi] n. f. Fam. Ivrognerie. – De *soûler,* et *-graphie.*

soûlot, ote. V. soûlard,

soulte [sult] n. f. DR Somme versée pour compenser les inégalités de valeur entre des biens qui sont l'objet d'un échange ou d'un partage. – De *sout,* pp. de l'anc. v. *soldre,* « payer », du lat. *solvere.*

soumettre [sumɛtʀ] v. [60] **I.** v. tr. **1.** Mettre dans un état de dépendance, ramener à l'obéissance. *Soumettre des rebelles.* **2.** Assujettir à une loi, un règlement, astreindre à une obligation. *Soumettre les revenus à l'impôt. Fonctionnaire soumis à l'obligation de réserve.* **3.** Exposer (qqn, qqch) à une action, à un effet; faire subir (qqch à qqn). *Le médecin l'a soumis à un régime sévère.* **4.** Proposer (qqch) à l'examen, au jugement de. *Le problème a été soumis à la commission.* **II.** v. pron. **1.** Revenir à l'obéissance; se rendre. *Les mutinés se sont soumis.* **2.** Accepter un fait, une décision, consentir. *Vous ne pouvez plus que vous soumettre.* – Du lat. *submittere,* « envoyer dessous, placer sous ».

soumis, ise [sumi, iz] adj. Qui fait preuve de soumission; docile, obéissant. *Un enfant soumis.* – *Attitude* *soumise.* ▷ Vieilli *Fille soumise* : prostituée soumise aux contrôles sanitaires et de police. – Pp. de *soumettre.*

soumission [sumisjɔ̃] n. f. **I. 1.** Disposition à obéir, à se soumettre. **2.** Fait de se soumettre, d'être soumis. *La soumission d'une décision à l'approbation d'une assemblée.* **3.** Action de se rendre, de se soumettre après avoir combattu. **II.** DR Acte écrit par lequel un entrepreneur se propose, aux conditions qu'il indique, pour conclure un marché par adjudication. – Lat. *submissio.*

soumissionnaire [sumisjɔnɛʀ] n. DR Personne qui fait une soumission (sens II). – De *soumission.*

soumissionner [sumisjɔne] v. tr. [1] DR Briguer par soumission (sens II). *Soumissionner une fourniture de matériels.* – De *soumission.*

soupape [supap] n. f. **1.** Obturateur mobile destiné à empêcher ou à régler la circulation d'un fluide, qui s'ouvre sous l'effet d'une pression déterminée et reste fermé quand cette pression est insuffisante. *Soupape d'admission, soupape d'échappement* (dans un moteur à explosion). ▷ *Soupape de sûreté d'une machine à vapeur,* disposée sur la chaudière pour empêcher l'explosion. – Fig. Exutoire. **2.** ELECTR Dispositif qui, dans un circuit, ne laisse passer le courant que dans un sens. – De *sous-*, et a. fr. *pape,* « mâchoire », de l'anc. v. *paper,* « manger », du lat. *pap(p)are*; probabl. fig. de l'a. fr. *souspape,* « coup sous le menton ».

soupçon [supsɔ̃] n. m. **1.** Opinion fondée sur certaines apparences et par laquelle on attribue à qqn des actes ou des intentions blâmables. *Avoir des soupçons. Éveiller, dissiper les soupçons. Être au-dessus de tout soupçon.* **2.** Litt. Conjecture; idée, opinion. *J'ai le soupçon qu'il arrivera le premier.* **3.** Très petite quantité (qui laisse juste l'apparence d'une chose). *Ajoutez un soupçon de cannelle.* – Du lat. imp. *suspectio, suspectionis,* class. *suspicio.*

soupçonnable [supsɔnabl] adj. Rare Qui peut être soupçonné. – De *soupçonner.*

soupçonner [supsɔne] v. tr. [1] **1.** Avoir des soupçons sur (qqn). *On l'a soupçonné de meurtre.* **2.** Pressentir (qqch) d'après certaines apparences. *Cela fait soupçonner l'escroquerie.* – De *soupçon.*

soupçonneux, euse [supsɔnø, øz] adj. Enclin aux soupçons. *Un policier soupçonneux.* – Par ext. *Un air soupçonneux.* – De *soupçon.*

soupe [sup] n. f. **1.** Vx Tranche de pain sur laquelle on versait du bouillon. *Tremper la soupe.* ▷ Mod. *Être trempé comme une soupe,* complètement mouillé. **2.** Potage fait de bouillon, de légumes, etc., épaissi par du pain ou des pâtes. – Pop. *Un gros plein de soupe* : un homme très gros. ▷ Fam. *Marchand de soupe* : V. marchand. – Loc. fig. *Monter comme une soupe au lait, être soupe au lait* : se mettre facilement en colère. **3.** Plat plus ou moins liquide qui constituait le repas du soldat. – Ce repas. *Corvée de soupe.* – Fam. *À la soupe!* : à table! ▷ Fig. *Aller à la soupe,* là où l'on obtiendra toutes sortes d'avantages. ▷ *Soupe populaire* : repas gratuit servi aux indigents; lieu où l'on sert ces repas; institution qui les distribue. **4.** Didac. *Soupe primitive* : milieu liquide qui aurait permis l'apparition de la vie sur la Terre. – Bas lat. *suppa,* « tranche de pain trempée dans du bouillon ».

soupente [supɑ̃t] n. f. Réduit pratiqué dans la hauteur d'une pièce ou sous un escalier. – De l'anc. v. *souspendre,* du lat. *suspendere,* « suspendre ».

1. souper [supe] n. m. **1.** Vieilli ou rég. Repas du soir. **2.** Repas qu'on prend à une heure avancée de la nuit, après le spectacle. – Emploi subst. de *souper* 2.

2. souper [supe] v. intr. [1] **1.** Vx ou rég. Prendre le repas du soir, dîner. **2.** Faire un souper. **3.** Fig., fam. *En avoir soupé d'une chose,* en être excédé. – De *soupe.*

soupeser [supəze] v. tr. [16] **1.** Soulever et tenir dans la main pour juger approximativement du poids. *Soupeser un melon.* **2.** Fig. Peser, évaluer. *Soupeser un argument.* – De *sous,* et *peser.*

soupière [supjɛʀ] n. f. Récipient large et profond dans lequel on sert la soupe, le potage; son contenu. – De *soupe.*

soupir [supiʀ] n. m. **1.** Expiration ou respiration plus ou moins forte qui accompagne certains états émotionnels. *Pousser un soupir de soulagement. Soupir de découragement.* ▷ Litt., vieilli Soupir amoureux. *L'objet de ses soupirs* : la personne dont il est amoureux. **2.** Loc. *Rendre le dernier soupir* : mourir. **3.** MUS Silence d'une durée égale à celle d'une noire; signe qui l'indique. *Un quart de soupir.* – Déverbal de *soupirer.*

soupirail, aux [supiʀaj, o] n. m. Ouverture pratiquée à la partie inférieure d'un édifice pour donner de l'air ou du jour à une cave, à une pièce en sous-sol. – Probabl. de *soupirer.*

soupirant [supiʀɑ̃] n. m. Plaisant ou vieilli Amoureux. – Ppr. masc. subst. de *soupirer.*

soupirer [supiʀe] v. [1] **I.** v. intr. **1.** Pousser des soupirs. *Soupirer et se plaindre.* – *Soupirer d'aise.* **2.** Litt., vieilli *Soupirer* (d'amour) *pour qqn,* (d'envie) *après qqch. Soupirer après les honneurs,* aspirer à les obtenir. **II.** v. tr. Dire en soupirant. – Du lat. *suspirare,* « respirer profondément, exhaler ».

souple [supl] adj. **I.** (Choses) **1.** Qui se courbe ou se plie aisément, sans se rompre ni se détériorer. *Un plastique souple.* Ant. rigide. **2.** (Membres, articulations, corps.) Qui peut se mouvoir, jouer avec aisance, facilement. *Avoir le poignet très souple.* ▷ Loc. fig. *Avoir l'échine souple* : être trop docile, se soumettre trop facilement. **II.** (Personnes) **1.** Dont le corps est souple. **2.** (Abstrait) Qui est capable de s'adapter à des situations très diverses. *Un esprit souple.* – Du lat. *supplex, supplicis,* « suppliant ».

souplesse [suplɛs] n. f. **1.** Caractère de ce qui est souple. *La souplesse d'un cuir.* **2.** Qualité d'une personne dont le corps est souple. *Un gymnaste d'une grande souplesse.* **3.** Capacité d'adaptation. *Souplesse intellectuelle.* **4.** Docilité, complaisance. *Il s'est montré d'une souplesse coupable.* **5.** Loc. adv. *En souplesse* : sans effort, avec aisance, facilité. – De *souple.*

souquenille [sukənij] n. f. **1.** Anc. Blouse de grosse toile, notam. des cochers et palefreniers. **2.** Vieilli Guenille, haillon. – Moyen haut all. d'orig. slave *sukenie.*

souquer [suke] v. [1] MAR **1.** v. tr. Serrer très fort (un nœud, un amarrage). ▷ v. pron. *Nœud qui se souque.* **2.** v. intr. Tirer fort sur les avirons. – Provenç. *souca,* orig. incert.

sourate ou **surate** [suʀat] n. f. RELIG Chapitre du Coran. – Ar. *sūrāh.*

source [suʀs] n. f. **1.** Eau qui jaillit du sol. – Point d'émergence d'une eau souterraine à la surface du sol. *Source thermale.* – Spécial. *Source d'un fleuve,* qui donne naissance à un fleuve. *La Loire prend sa source près du mont Gerbier-de-Jonc.* ▷ Loc. fig. *Cela coule de source* : cela se déduit aisément de ce qui précède. **2.** Fig. Point de départ (d'une chose). *La source d'un malentendu.* **3.** Origine (d'une information). *On apprend de source sûre,* par des personnes bien informées. *Puiser aux sources* : consulter les documents originaux. ▷ Œuvre antérieure qui a fourni à un écrivain un thème, une idée, etc. **4.** PHYS et cour. Système, objet, etc., générateur d'ondes lumineuses électriques, sonores, etc.; lieu de provenance de ces ondes. **5.** LING *Langue source* : langue que l'on veut traduire, dans une opération de traduction (par oppos. à *langue cible*). – Fém. de *so(u)rs,* anc. pp. de *sourdre.*

sourcier, ère [suʀsje, ɛʀ] n. Personne à qui l'on attribue le talent de découvrir des sources (à l'aide d'un pendule, d'une baguette). V. radiesthésiste. – De *source.*

sourcil [suʀsi] n. m. Éminence arquée, garnie de poils, au-dessus de l'orbite de l'œil. *S'épiler les sourcils.* - *Froncer les sourcils*, en signe de mécontentement. – Du lat. *supercilium.*

sourcilier, ère [suʀsilje, ɛʀ] adj. ANAT Relatif aux sourcils. *Arcade sourcilière.* – De *sourcil.*

sourciller [suʀsije] v. intr. [1] (Seulement en tournure négative.) *Ne pas sourciller :* ne pas laisser paraître son trouble, son mécontentement (ne pas froncer les sourcils). *Subir un affront sans sourciller.* – De *sourcil.*

sourcilleux, euse [suʀsijø, øz] adj. Litt. Sévère, pointilleux. – Lat. *superciliosus* avec infl. de *sourcil.*

sourd, sourde [suʀ, suʀd] adj. et n. **I. 1.** Qui n'entend pas les sons ou les perçoit mal. *Un vieillard un peu sourd.* - Loc. *Sourd comme un pot :* complètement sourd. *Faire la sourde oreille :* feindre de ne pas entendre. ▷ Subst. *Un(e) sourd(e).* - Loc. *Crier, cogner comme un sourd,* de toutes ses forces. *Dialogue de sourds,* dans lequel les interlocuteurs ne se comprennent absolument pas. **2.** Fig. *Sourd à... :* indifférent, insensible à. *Rester sourd aux supplications de qqn.* **II.** (Choses) **1.** Qui manque de sonorité. *Un bruit sourd. Une voix sourde.* ▷ PHON *Consonnes sourdes* ou, n. f., *les sourdes* (par oppos. à *sonores*), émises sans vibration des cordes vocales (en français : [p, k, t, f, s, ʃ]). **2.** Sans éclat, peu lumineux. *Des teintes sourdes.* ▷ *Lanterne sourde :* V. lanterne. **3.** Diffus, qui ne se manifeste pas nettement. *Douleur sourde.* - Fig. *Une lutte sourde,* cachée, secrète. – Lat. *surdus.*

sourdement [suʀdəmɑ̃] adv. **1.** Avec un bruit sourd. **2.** D'une manière sourde, cachée. – De *sourd.*

sourdine [suʀdin] n. f. Appareil que l'on adapte à certains instruments de musique pour assourdir leur son. *Sourdine de violon, de cor.* - Par ext. *Jouer en sourdine,* en atténuant la sonorité, très doucement. ▷ Loc. fig. *Mettre une sourdine à :* manifester (un sentiment, une attitude, etc.) avec moins de véhémence. *Mettre une sourdine à ses revendications.* – Ital. *sordina.*

sourdingue [suʀdɛ̃g] adj. et n. Fam., péj. Sourd. – De *sourd,* et suff. arg. *-ingue.*

sourd-muet, sourde-muette [suʀmɥe, suʀdəmɥɛt] n. et adj. Personne atteinte à la fois de surdité et de mutité (surdi-mutité). *Des sourds-muets. Des sourdes-muettes.* ▷ adj. *Un enfant sourd-muet.* – De *sourd,* et *muet.*

sourdre [suʀdʀ] v. intr. [6] Litt. (Ne s'emploie plus qu'à l'inf. et à la troisième pers. de l'indic. prés. et imparf.) Jaillir, sortir de terre, en parlant de l'eau. ▷ Fig. Naître, commencer à se développer. *Le désespoir qui sourdait en lui.* – Du lat. *surgere.*

souriant, ante [suʀjɑ̃, ɑ̃t] adj. Qui sourit, dont les traits sont gais. *Une personne souriante. Un visage souriant.* – Ppr. de *sourire.*

souriceau [suʀiso] n. m. Petit de la souris. – Dimin. de *souris.*

souricière [suʀisjɛʀ] n. f. **1.** Piège à souris. **2.** Fig. Piège tendu par la police (qui cerne un lieu où doit se rendre qqn). – De *souris.*

1. sourire [suʀiʀ] v. intr. [68] **1.** Prendre une expression rieuse par un léger mouvement de la bouche et des yeux. *Sourire à qqn,* lui adresser un sourire. ▷ Fig. *Sourire de qqch,* s'en amuser (avec mépris, avec dédain, etc.). *Cela fait sourire :* cela ne peut pas être pris au sérieux. **2.** (Choses) Être agréable (à qqn). *Cette idée ne lui sourit guère.* - Être favorable. *La chance avait cessé de lui sourire.* – Du lat. *subridere.*

2. sourire [suʀiʀ] n. m. Action de sourire; expression d'un visage qui sourit. *Faire un sourire à qqn.* - Loc. *Garder le sourire :* rester souriant malgré une déception, un échec. – Emploi substantivé de *sourire* 1.

souris [suʀi] n. f. **1.** Petit mammifère rongeur, formant avec le rat la famille des muridés, et dont l'espèce la plus courante est *Mus musculus,* la souris domestique, au pelage gris plus ou moins sombre. ▷ *Souris blanche :* variété albinos de souris, élevée pour servir de sujet à des expériences médicales et biologiques. ▷ Loc. fig. *La montagne a accouché d'une souris :* un projet ambitieux annoncé à grand bruit a abouti à un résultat insignifiant. - *On le ferait entrer dans un trou de souris,* se dit d'une personne peureuse ou très timide. **2.** *Gris souris :* variété de gris. **3.** Pop. Jeune fille, jeune femme. *Il est venu avec une souris.* **4.** En boucherie, muscle charnu à l'extrémité de l'os du gigot. **5.** INFORM Petit dispositif électronique de commande, manuel et mobile, permettant de repérer et de pointer sur l'écran un point d'image que l'on souhaite traiter. – Lat. pop. **sorix, soricis,* class. *sorex, soricis.*

sournois, oise [suʀnwa, waz] adj. (et n.) Qui dissimule ses véritables sentiments ou intentions, le plus souvent par malveillance. - Par ext. *Manœuvre sournoise.* ▷ Subst. *Méfiez-vous de lui, c'est un sournois.* – Probabl. du provenç. *sourne,* anc. provenç. *sorn,* « sombre ».

sournoisement [suʀnwazmɑ̃] adv. De façon sournoise; (fam.) par en-dessous. *Agir sournoisement.* – De *sournois.*

sournoiserie [suʀnwazʀi] n. f. **1.** Caractère d'une personne sournoise. **2.** Action faite sournoisement. – De *sournois.*

sous-. Préfixe à valeur de préposition *(sous-main)* ou d'adverbe *(sous-jacent),* marquant la position *(sous-sol),* la subordination *(sous-préfet),* la subdivision *(sous-classe),* la médiocre qualité *(sous-littérature),* l'insuffisance *(sous-alimenté).* V. aussi hypo-, infra-, sub-.

sous [su] prép. **I.** Marque une position inférieure, par rapport à ce qui est au-dessus ou à ce qui enveloppe, avec ou sans contact. **1.** (Le complément désignant la chose qui est en contact avec celle qui est au-dessous d'elle.) *Sous une couche de peinture.* ▷ *Sous l'eau, sous la mer, sous la terre :* sous la surface de l'eau, de la mer, du sol. *Abri construit à plusieurs mètres sous terre.* **2.** (Le complément désignant ce qui enveloppe.) *Mettre une lettre sous pli.* ▷ Fig. Derrière (telle apparence); en adoptant (un autre nom, un autre visage, une autre identité). *Il écrit ce livre sous tel nom.* - *Sous prétexte* de, sous couleur* de.* **3.** (Le complément désignant ce qui est en haut, ce qui surplombe, sans contact avec ce qui est en dessous.) *Passer sous les fenêtres de qqn. Dormir sous la tente.* **4.** Devant; exposé à. *Cela s'est passé sous mes yeux. Sous le feu, sous la mitraille.* **II.** Fig. **1.** (Marquant un rapport de dépendance, de subordination.) *Travailler sous la direction de qqn. Avoir des hommes sous ses ordres. Être sous le coup d'une inculpation.* - *Sous contrôle judiciaire.* ▷ Sous l'action, sous l'influence de. *Malade sous antibiotiques.* **2.** (Valeur temporelle.) Pendant le règne de, à l'époque de. *Sous Louis XIII.* ▷ Avant tel délai. *Sous huitaine. Sous peu.* **3.** (Valeur causale.) Par l'effet, du fait de. *Branche qui ploie sous le poids des fruits. Blêmir sous l'affront. S'effondrer sous le choc.* **4.** (Introduisant un compl. de manière.) *Voir les choses sous tel angle, sous tel aspect.* – Du lat. *subtus.*

sous-alimentation [suzalimɑ̃tasjɔ̃] n. f. Insuffisance alimentaire, susceptible à long terme de nuire gravement à la santé de l'homme; état qui en résulte. *Des sous-alimentations.*

sous-alimenté, ée [suzalimɑ̃te] adj. Insuffisamment nourri; victime de la sous-alimentation. *Enfants sous-alimentés.* – De *sous-,* et pp. de *alimenter.*

sous-arbrisseau [suzaʀbʀiso] n. m. BOT Plante de petite taille (moins de 1 m de haut) dont la base est ligneuse et dont les rameaux sont herbacés. *Des sous-arbrisseaux.*

sous-arrondissement [suzaʀɔ̃dismɑ̃] n. m. ADMIN Subdivision d'un arrondissement maritime. *Des sous-arrondissements.*

sous-barbe [subaʀb] n. f. **1.** Partie postérieure de la mâchoire inférieure du cheval, sur laquelle porte la gourmette. **2.** MAR Chaîne ou cordage placé sous le beaupré pour équilibrer la tension de l'étai ou des étais. *Des sous-barbes.*

sous-bois [subwa] n. m. inv. **1.** Végétation qui pousse sous les arbres d'un bois; partie du bois où elle pousse. **2.** BX-A Tableau représentant un bois.

sous-brigadier [subʀigadje] n. m. Gardien de la paix d'un grade immédiatement inférieur à celui de brigadier. *Des sous-brigadiers.*

sous-calibré, ée [sukalibʀe] adj. MILIT Se dit d'un projectile dont le calibre est inférieur à celui du canon qui le tire. *Des obus sous-calibrés.* – De *sous-*, et pp. de *calibrer.*

sous-chef [suʃɛf] n. m. Personne qui vient immédiatement après celle qui, dans une hiérarchie administrative ou professionnelle, a le titre de chef. *Des sous-chefs.*

sous-classe [suklas] n. f. BIOL Division de la classe. *Des sous-classes.*

sous-clavier, ère [suklavje, ɛʀ] adj. et n. f. ANAT Situé sous la clavicule. *L'artère sous-clavière* ou, n. f., *la sous-clavière.* – De *sous-*, et rad. de *clavicule.*

sous-commission [sukɔmisjɔ̃] n. f. Commission secondaire formée parmi les membres d'une commission. *Des sous-commissions.*

sous-comptoir [sukɔ̃twaʀ] n. m. Succursale d'un comptoir commercial. *Des sous-comptoirs.*

sous-consommation [sukɔ̃sɔmasjɔ̃] n. f. ECON Consommation inférieure à la normale, à la moyenne. ▷ *Spécial.* Consommation insuffisante par rapport à la production. *Des sous-consommations.*

sous-continent [sukɔ̃tinɑ̃] n. m. GEOGR Vaste partie, délimitée, d'un continent. *Le sous-continent indien. Des sous-continents.*

sous-couche [sukuʃ] n. f. Première couche de peinture. *Des sous-couches.*

souscripteur, trice [suskʀiptœʀ, tʀis] n. **1.** DR Personne qui souscrit (un effet de commerce). **2.** Personne qui prend part à une souscription (pour une édition, un emprunt, etc.). – Lat. *subscriptor.*

souscription [suskʀipsjɔ̃] n. f. **1.** Rare DR Apposition de signature (au bas d'un acte). ▷ Vx Signature et formule de politesse (au bas d'une lettre). **2.** Action de souscrire (sens II); la somme versée par le souscripteur. *Ouvrir, clore une souscription. Souscription de tel montant.* – *Droit de souscription* : droit pour un actionnaire de souscrire en priorité à des. actions lors d'une augmentation de capital. – A. fr. *subscription*; lat. *subscriptio.*

souscrire [suskʀiʀ] v. **[67] I.** v. tr. DR Signer (un acte) pour l'approuver. *Souscrire un contrat.* ▷ Signer (un engagement à payer). *Souscrire des traites.* **II.** v. tr. indir. *Souscrire à.* **1.** Donner, ou s'engager à donner, une somme pour une dépense commune. *Souscrire à l'édification d'une stèle.* ▷ *Souscrire à une publication,* s'engager (en général sur acompte) à l'acquérir à sa parution. – *Souscrire à un emprunt,* en acquérir des titres au moment de son émission. **2.** Fig. Adhérer, consentir à. *Souscrire à un propos, une décision.* – Lat. *subscribere,* «écrire dessous».

sous-cutané, ée [sukytane] adj. ANAT, MED Situé ou pratiqué sous la peau. *Des injections sous-cutanées.*

sous-développé, ée [sudevlɔpe] adj. Se dit d'un pays dont l'économie est insuffisamment développée relativement aux besoins de sa population. (On tend auj. à préférer l'expr. *en voie de développement.*) –Par ext. *Les économies sous-développées.* – De *sous-*, et pp. de *développer,* d'ap. l'angl. *underdeveloped.*

sous-développement [sudevlɔpmɑ̃] n. m. État d'un pays sous-développé. *Des sous-développements.* – De *sous-développé,* d'après *développement.*

sous-diaconat [sudjakɔna] n. m. RELIG CATHOL Dans l'anc. hiérarchie, le premier des ordres majeurs, au-dessous du diaconat et de la prêtrise. (Il a été supprimé en 1972.) *Des sous-diaconats.* – De *sous-*, et *diaconat,* d'après le lat. ecclés. *subdiaconatus.*

sous-diacre [sudjakʀ] n. m. RELIG CATHOL Celui qui était promu au sous-diaconat. *Des sous-diacres.* – De *sous-*, et *diacre,* d'ap. le lat. ecclés. *subdiaconus.*

sous-directeur, trice [sudiʀɛktœʀ, tʀis] n. Directeur, directrice en second. *Des sous-directeurs, des sous-directrices.*

sous-dominante [sudɔminɑ̃t] n. f. MUS Quatrième degré de la gamme diatonique (*fa* dans la gamme de *do*). *Des sous-dominantes.*

sous-embranchement [suzɑ̃bʀɑ̃ʃmɑ̃] n. m. BIOL Division de l'embranchement. *Des sous-embranchements.*

sous-emploi [suzɑ̃plwa] n. m. ECON Emploi d'une partie seulement des travailleurs disponibles. *Des sous-emplois.* Ant. plein-emploi.

sous-ensemble [suzɑ̃sɑ̃bl] n. m. MATH Ensemble contenu dans un autre ensemble. *Des sous-ensembles.*

sous-entendre [suzɑ̃tɑ̃dʀ] v. tr. **[5]** Ne pas exprimer dans le discours (une chose qu'on a dans l'esprit); faire comprendre (une chose) sans la dire expressément. *Qu'est-ce que vous sous-entendez quand vous dites cela ?* – Pp. adj. *Un mot sous-entendu.*

sous-entendu [suzɑ̃tɑ̃dy] n. m. Action de sous-entendre; ce qui est sous-entendu. *Des assertions pleines de sous-entendus.* – Pp. m. subst. de *sous-entendre.*

sous-entrepreneur [suzɑ̃tʀəpʀənœʀ] n. m. Entrepreneur sous-traitant. *Des sous-entrepreneurs.*

sous-épidermique [suzepidɛʀmik] adj. Situé sous l'épiderme. *Des kystes sous-épidermiques.*

sous-équipé, ée [suzekipe] adj. ECON Dont l'équipement industriel est insuffisant. *Des pays sous-équipés.*

sous-équipement [suzekipmɑ̃] n. m. ECON Fait d'être sous-équipé. *Des sous-équipements.*

sous-espèce [suzɛspɛs] n. f. BIOL Division de l'espèce, nommée aussi *race* ou *variété. Des sous-espèces.*

sous-estimation [suzestimasjɔ̃] n. f. Action de sous-estimer. *Des sous-estimations.*

sous-estimer [suzestime] v. tr. **[1]** Estimer au-dessous de sa valeur, de son importance. *Sous-estimer ses adversaires.*

sous-évaluation [suzevalɥasjɔ̃] n. f. Action de sous-évaluer. *Des sous-évaluations.*

sous-évaluer [suzevalɥe] v. tr. **[1]** Évaluer au-dessous de sa valeur marchande.

sous-exposer [suzɛkspoze] v. tr. **[1]** PHOTO Soumettre (une pellicule, un film) à un temps de pose insuffisant. – Pp. adj. *Des photographies sous-exposées.*

sous-exposition [suzɛkspozisjɔ̃] n. f. PHOTO Action de sous-exposer; son résultat. *Des sous-expositions.*

sous-famille [sufamij] n. f. BIOL Division de la famille. *Des sous-familles.*

sous-fifre [sufifʀ] n. m. Fam. Personne qui occupe une situation très subalterne. *Des sous-fifres.* – De *sous-*, et *fifre,* anc. sens pop. «homme maladroit», abrév. de *fifrelin.*

sous-garde [sugaʀd] n. f. TECH Pièce semi-circulaire protégeant la détente d'une arme à feu. *Des sous-gardes.* Syn. pontet.

sous-gorge [sugɔʀʒ] n. f. inv. EQUIT Courroie qui passe sous la gorge du cheval et réunit les deux côtés de la têtière. *Des sous-gorges.*

sous-gouverneur [suguvɛʀnœʀ] n. m. Gouverneur en second (partic., d'une banque). *Le sous-gouverneur de la Banque de France. Des sous-gouverneurs.*

sous-groupe [sugʀup] n. m. MATH Partie stable d'un groupe, qui est elle-même un groupe pour la loi induite. ▷ Cour. Division d'un groupe quelconque. *Des sous-groupes.*

sous-homme [suzɔm] n. m. Péjor. Homme inférieur, selon certaines théories racistes. ▷ Homme diminué dans sa condition, dans sa dignité d'être humain. *Des sous-hommes.*

sous-ingénieur [suzɛ̃ʒenjœʀ] n. m. Technicien supérieur secondant un ingénieur. *Des sous-ingénieurs.*

sous-intendant, ante [suzɛ̃tɑ̃dɑ̃, ɑ̃t] n. Intendant(e) en second. *Des sous-intendants.*

sous-jacent, ente [suʒasɑ̃, ɑ̃t] adj. Situé au-dessous. *Couche sous-jacente.* ▷ Fig. Qui n'est pas clairement manifesté; caché, latent. *Motivations sous-jacentes.* – Du lat. *subjacere,* «être placé dessous»; d'abord *subjacent.*

sous-lieutenant [suljøtnɑ̃] n. m. Officier du grade le moins élevé dans les armées de terre et de l'air. *Des sous-lieutenants.*

sous-locataire [sulɔkatɛʀ] n. Personne occupant un local sous-loué. *Des sous-locataires.*

sous-location [sulɔkasjɔ̃] n. f. Action de sous-louer. ▷ Contrat de sous-location. *Ces conditions sont incluses dans la sous-location. Des sous-locations.*

sous-louer [sulwe] v. tr. [1] **1.** Donner à loyer (tout ou partie d'une maison, d'une terre, etc., dont on est soi-même locataire). **2.** Prendre à loyer, occuper en sous-locataire (une maison, une terre, etc.) du locataire principal.

sous-main [sumɛ̃] n. m. inv. Support plan (en cuir, en carton, etc.) posé sur un bureau et sur lequel on place le papier où l'on écrit. ▷ Loc. adv. *En sous-main :* en secret, clandestinement. *Recevoir de l'argent en sous-main.*

sous-maître, -maîtresse [sumɛtʀ, mɛtʀɛs] n. **1.** Vx Surveillant(e) ou adjoint(e) d'enseignement. *Des sous-maîtres. Des sous-maîtresses.* **2.** n. m. MILIT Sous-officier du Cadre noir de Saumur. *Des sous-maîtres.* **3.** n. f. Surveillante de maison close (avant leur suppression, en 1946). *Des sous-maîtresses.*

sous-marin, ine [sumaʀɛ̃, in] adj. et n. m. **I.** adj. **1.** Qui est dans ou sous la mer. *Relief sous-marin.* **2.** Qui a lieu, qui est utilisé sous la surface de la mer. *Navigation sous-marine. Fusil sous-marin.* **II.** n. m. **1.** Navire capable de naviguer en plongée. *Sous-marin à propulsion nucléaire. Des sous-marins.* ▷ Fig., fam. Personne qui agit clandestinement. **2.** (Canada) (D'après l'amér. *submarine.*) Sandwich garni de charcuterie, de fromage et de laitue.

ENCYCL Le sous-marin possède : une coque intérieure épaisse conçue pour résister à la pression de l'immersion; une coque extérieure mince, qui assure l'hydrodynamisme. Des ballasts sont situés entre les deux coques; leur manœuvre (introduction ou chasse de l'eau de mer) permet de faire plonger ou remonter le sous-marin. En plus du radar, sur mât qu'on hisse, utilisé à l'immersion périscopique*, et du sonar, le sous-marin dispose de nombr. moyens de détection (les périscopes de veille et d'attaque, les détecteurs de radar) qui le protègent contre les radars aéroportés, et surtout les microphones.

sous-marinier [sumaʀinje] n. m. Membre de l'équipage d'un sous-marin. *Des sous-mariniers.*

sous-marque [sumaʀk] n. f. Produit d'un certain type fabriqué par une entreprise qui dépend d'une autre appartenant au même secteur écon., mais plus importante ou plus connue. *Des sous-marques.*

sous-maxillaire [sumaksil(l)ɛʀ] adj. ANAT Qui est situé sous la mâchoire. *Glande sous-maxillaire :* une des glandes salivaires.

sous-multiple [sumyltipl] n. m. MATH Quantité qui est contenue un nombre entier de fois dans une autre. *7 et 2 sont des sous-multiples de 14.* ▷ adj. *Nombres, grandeurs sous-multiples.*

sous-nappe [sunap] n. f. Molleton, tissu protecteur qu'on met sur une table, sous la nappe. *Des sous-nappes.*

sous-normale [sunɔʀmal] n. f. GEOM Projection, sur un axe, du segment de la normale en un point d'une courbe comprise entre ce point et son intersection avec l'axe considéré. *Des sous-normales.*

sous-occipital, ale, aux [suzɔksipital, o] adj. ANAT, MED Situé ou pratiqué sous l'os occipital. *Ponction sous-occipitale.*

sous-œuvre [suzœvʀ] n. m. **1.** Fondement d'une construction. *Des sous-œuvres.* **2.** Loc. adv. *En sous-œuvre,* se dit d'un travail qu'on fait sous un bâtiment (notam. pour reprendre ses fondations). ▷ Fig. *Reprendre un travail en sous-œuvre,* le reprendre à la base, pour le corriger ou le compléter.

sous-officier [suzɔfisje] n. m. Militaire ayant un grade qui en fait un auxiliaire de l'officier. *Des sous-officiers.* (Abrév. fam. : un sous-off, des sous-offs).

sous-orbitaire [suzɔʀbitɛʀ] adj. ANAT Situé sous l'orbite. *Des douleurs sous-orbitaires.*

sous-ordre [suzɔʀdʀ] n. m. **1.** DR Procédure par laquelle une somme adjugée à un créancier est distribuée à ses créanciers, opposants sur lui. *Créancier en sous-ordre :* créancier d'un créancier. **2.** Employé subalterne. *Ses sous-ordres ne l'apprécient guère.* ▷ Loc. adv. *En sous-ordre :* de façon subalterne. **3.** BIOL Division de l'ordre. *Des sous-ordres.*

sous-palan (en) [ɑ̃supalɑ̃] loc. adj. COMM MARIT Se dit d'une marchandise qui doit être livrée au port prête pour l'embarquement.

sous-payer [supeje] v. tr. [21] Payer au-dessous de la normale, payer trop peu. *Sous-payer des ouvriers.* – Pp. adj. *Travailleurs sous-payés.*

sous-peuplé, ée [supœple] adj. Trop peu peuplé. *Des régions sous-peuplées.*

sous-peuplement [supœpləmɑ̃] n. m. Fait d'être trop peu peuplé, pour une région, un pays. *Des sous-peuplements.*

sous-pied [supje] n. m. Bande passant sous le pied pour garder tendus une guêtre, un pantalon. *Des sous-pieds.*

sous-préfectoral, ale, aux [supʀefɛktɔʀal, o] adj. Qui appartient, qui a rapport à une sous-préfecture, à un sous-préfet; qui en émane.

sous-préfecture [supʀefɛktyʀ] n. f. **1.** Fonction de sous-préfet. **2.** Ville où réside un sous-préfet, chef-lieu d'arrondissement. **3.** Bâtiment où sont les bureaux du sous-préfet. *Des sous-préfectures.*

sous-préfet [supʀefɛ] n. m. Grade du commissaire adjoint de la République, fonctionnaire subordonné au préfet. *Des sous-préfets.*

sous-préfète [supʀefɛt] n. f. **1.** Femme d'un sous-préfet. **2.** Femme sous-préfet. *Des sous-préfètes.* (Si le sous-préfet est une femme, il est d'usage de l'appeler : «Madame le Sous-Préfet».) – Fém. de *sous-préfet.*

sous-production [supʀɔdyksjɔ̃] n. f. Production insuffisante. *Des sous-productions.*

sous-produit [supʀɔdɥi] n. m. **1.** Produit secondaire obtenu lors de la fabrication d'un autre produit. *Les sous-produits de la distillation du pétrole.* ▷ Produit qui n'est pas l'objet principal d'une activité industrielle ou commerciale. *Les abats sont des sous-produits par rapport à la viande de boucherie.* **2.** Fig., péjor. Mauvaise imitation. ▷ Produit de qualité médiocre. *Des sous-produits.*

sous-programme [supʀɔgʀam] n. m. INFORM Programme particulier intégré dans un programme plus vaste. *Des sous-programmes.*

sous-prolétaire [supʀɔletɛʀ] adj. et n. Personne appartenant au sous-prolétariat. *Des sous-prolétaires.*

sous-prolétariat [supʀɔletaʀja] n. m. Partie la plus défavorisée du prolétariat. *Des sous-prolétariats.*

sous-race [suʀas] n. f. **1.** ANTHROP Division secondaire d'une race. **2.** Péjor. Race inférieure, dans les théories racistes. *Des sous-races.*

sous-secrétaire [sus(ə)kʀetɛʀ] n. m. *Sous-secrétaire d'État* : membre d'un gouvernement adjoint à un secrétaire d'État ou à un ministre. *Des sous-secrétaires d'État.*

sous-secrétariat [sus(ə)kʀetaʀja] n. m. Fonction, administration d'un sous-secrétaire d'État. *Des sous-secrétariats d'État.*

sous-seing [susɛ̃] n. m. DR Acte sous seing privé. V. seing. *Des sous-seings.*

soussigné, ée [susiɲe] adj. et n. Dont la signature est ci-dessous. *Je soussigné, Untel, déclare... Les personnes soussignées.* ▷ Subst. *Les soussignés.* – Pp. de l'anc. v. *sous-signer.*

sous-sol [susɔl] n. m. **1.** Ensemble des couches du sol situées au-dessous de la couche arable. *L'exploitation des richesses du sous-sol.* **2.** Étage inférieur au niveau du sol; partie aménagée d'un bâtiment, située au-dessous du rez-de-chaussée. *Garage en sous-sol. Un sous-sol sans air et sans lumière. Des sous-sols.*

sous-station [sustasjɔ̃] n. f. TECH Station secondaire dans un réseau de transport, de distribution d'électricité. *Des sous-stations.*

sous-tangente [sutɑ̃ʒɑ̃t] n. f. GEOM Projection, sur un axe, du segment de la tangente en un point d'une courbe compris entre ce point et l'intersection de la tangente avec l'axe considéré. *Des sous-tangentes.*

sous-tasse ou **soutasse** [sutɑs] n. f. Syn. de *soucoupe. Des sous-tasses.*

sous-tendre [sutɑ̃dʀ] v. tr. [6] **1.** GEOM Constituer la corde de (un arc). **2.** Fig. Constituer les fondements, les bases de (un raisonnement). – De *sous-*, et *tendre*, d'ap. l'a. fr. *sous-tendante*, n. f., «corde d'un arc», d'après le lat. scientif. *subtendens.*

sous-tension [sutɑ̃sjɔ̃] n. f. ELECTR Tension inférieure à la normale. *Des sous-tensions.*

sous-titrage [sutitʀaʒ] n. m. **1.** Action de sous-titrer. **2.** Ensemble des sous-titres (sens 2). *Des sous-titrages.* – De *sous-titre.*

sous-titre [sutitʀ] n. m. **1.** Second titre d'un livre ou d'une pièce de théâtre. (Par ex. : *Julie ou la Nouvelle Héloïse, le Misanthrope ou l'Atrabilaire amoureux.*) **2.** Dans un film en version originale, traduction du dialogue, qui apparaît en surimpression au bas de l'image. *Des sous-titres.*

sous-titrer [sutitʀe] v. tr. [1] Mettre des sous-titres à (un film). – Pp. adj. *Version originale sous-titrée.* – De *sous-titre.*

soustractif, ive [sustʀaktif, iv] adj. MATH Relatif à la soustraction. – De *soustraction.*

soustraction [sustʀaksjɔ̃] n. f. **1.** Action de dérober qqch. *La soustraction d'un document.* **2.** MATH Opération inverse de l'addition, notée –, dans laquelle deux quantités A et B étant données, on en cherche une troisième, C, telle que A soit la somme de B et de C. – A. fr. *subtraction*, bas lat. *subtractio.*

soustraire [sustʀɛʀ] v. tr. [58] **1.** Dérober (qqch). *Soustraire des documents compromettants.* **2.** Faire échapper (qqn) à. *Soustraire qqn à l'influence d'un mauvais milieu.* ▷ v. pron. *Se soustraire à une obligation.* **3.** Retirer par soustraction. – Du lat. *subtrahere*, propr. «tirer pardessous».

sous-traitance [sutʀɛtɑ̃s] n. f. **1.** Travail, marché confié par l'entrepreneur principal à un sous-traitant. **2.** Concession d'un marché à des sous-traitants. *Travaux donnés, effectués en sous-traitance. Des sous-traitances.*

sous-traitant, ante [sutʀɛtɑ̃, ɑ̃t] n. m. et adj. Celui qui exécute, pour le compte de l'entrepreneur principal et sous sa responsabilité, certaines tâches concédées à ce dernier. *Des sous-traitants.* ▷ adj. *Des sociétés sous-traitantes.* – Ppr. subst. de *sous-traiter.*

sous-traiter [sutʀete] v. [1] **1.** v. intr. Prendre en charge des marchés conclus en sous-traitance. ▷ v. tr. Exécuter (un travail, un marché) à titre de sous-traitant. **2.** v. tr. Concéder en partie ou en totalité (un marché, une affaire) à un sous-traitant.

sous-ventrière [suvɑ̃tʀijɛʀ] n. f. Courroie attachée aux deux limons d'une voiture et qui passe sous le ventre du cheval. *Des sous-ventrières.* ▷ Loc. fig., pop. *Manger à s'en faire péter la sous-ventrière* : manger beaucoup, avec excès.

sous-verge [suvɛʀʒ] n. m. inv. Cheval non monté attelé à la droite du cheval monté par le conducteur, dans un attelage. – De *sous-*, et *verge*, «fouet».

sous-verre [suvɛʀ] n. m. inv. Gravure, photographie placée entre une plaque de verre et un carton rigide; cet encadrement.

sous-vêtement [suvɛtmɑ̃] n. m. Vêtement de dessous. *Des sous-vêtements.*

sous-virer [suviʀe] v. intr. [1] AUTO Déraper par les roues avant dans un virage, l'axe du véhicule se déplaçant vers l'extérieur du virage (par oppos. à *survirer*).

sous-vireur, euse [suviʀœʀ, øz] adj. AUTO Se dit d'un véhicule qui a tendance à sous-virer. – De *sous-virer.*

soutache [sutaʃ] n. f. Tresse, galon qui servait autrefois d'ornement distinctif pour les uniformes et qui orne aujourd'hui certains vêtements. – Hongrois *sujtás.*

soutacher [sutaʃe] v. tr. [1] Orner de soutaches. – De *soutache.*

soutane [sutan] n. f. Longue robe noire boutonnée par-devant que portaient la plupart des prêtres catholiques séculiers jusque vers 1960, et qu'ils ne portent auj. que dans certaines circonstances. (L'obligation du port de la soutane a été abolie le 1er juillet 1962; les clercs sont astreints à porter un vêtement ecclésiastique correct choisi par leur conférence épiscopale.) – Ital. *sottana*, propr. «vêtement de dessous», de *sotto*, «sous».

soutanelle [sutanɛl] n. f. Anc. Redingote courte à collet droit et sans revers remplaçant la soutane dans certains pays. – Dimin. de *soutane.*

soutasse. V. sous-tasse.

soute [sut] n. f. Magasin situé dans le fond d'un navire. *Soute à charbon.* ▷ Par anal. *Les soutes d'un avion*, où l'on place la cargaison. *Soute à bagages.* – Anc. provenç. *sota,* du lat. pop. **subta,* class. *subtus.*

soutenable [sutnabl] adj. (Surtout en emploi négatif.) **1.** Qui peut être soutenu par des raisons valables. *Son idée n'est guère soutenable.* **2.** Supportable. *Ce bruit n'est pas soutenable.* – De *soutenir.*

soutenance [sutnɑ̃s] n. f. Action de soutenir une thèse de doctorat. *Être prêt pour la soutenance.* – De *soutenir.*

soutenant [sutnɑ̃] n. m. Vx Personne qui soutient une thèse de doctorat. – Ppr. subst. de *soutenir.*

soutènement [sutɛnmɑ̃] n. m. **1.** Dispositif destiné à soutenir; contrefort, appui. *Mur de soutènement.* **2.** DR *Soutènement d'un compte :* ensemble des moyens et des documents réunis pour prouver la sincérité de ce compte. – De *soutenir.*

souteneur [sutnœʀ] n. m. Proxénète. – De *soutenir.*

soutenir [sutniʀ] v. tr. [**36**] **1.** Tenir (qqch) par-dessous, pour supporter, pour servir d'appui. *Les colonnes qui soutiennent la voûte.* **2.** Empêcher (qqn) de tomber. *Soutenir un malade.* **3.** Empêcher (qqn) de défaillir; réconforter. *Cette bonne nourriture le soutient.* **4.** Encourager, aider. *Je l'ai soutenu dans son épreuve.* ▷ Aider financièrement. ▷ *Spécial.* Appuyer, prendre parti pour. *Soutenir un candidat aux élections.* ▷ v. pron. (Récipr.) Se prêter mutuellement assistance. **5.** Faire valoir, défendre (un point de vue) en s'appuyant sur des arguments fondés. *Soutenir une opinion.* – Spécial. *Soutenir une thèse (de doctorat),* la défendre devant le jury compétent, subir l'épreuve de la soutenance. ▷ *Soutenir que :* affirmer, prétendre que. *Je soutiens qu'il a tort.* **6.** Maintenir, faire durer, empêcher la défaillance, le relâchement de (une chose abstraite). *Soutenir son effort. Soutenir le moral de qqn.* **7.** Subir sans fléchir. *Soutenir un siège. Soutenir le regard de qqn,* le regarder en face sans se troubler, sans baisser les yeux. – Lat. pop. **sustenire,* class. *sustinere.*

soutenu, ue [sutny] adj. **1.** Qui ne se relâche pas, qui ne faiblit pas. *Effort, rythme soutenu.* **2.** Accentué, prononcé. *Couleur soutenue.* **3.** Élevé, noble, en parlant d'un discours. *Style soutenu. Langue soutenue,* très soignée, évitant toute familiarité. – Pp. de *soutenir.*

souterrain, aine [sutɛʀɛ̃, ɛn] adj. et n. m. **1.** adj. Qui est sous terre. *Conduit souterrain.* ▷ Fig. Caché, secret. *Menées souterraines.* **2.** n. m. Galerie ou ensemble de galeries souterraines, naturelles ou creusées par l'homme. – De *sous,* et *terre,* d'ap. le lat. *subterraneus.*

souterrainement [sutɛʀɛnmɑ̃] adv. Par un chemin souterrain. ▷ Fig. En secret. – De *souterrain.*

soutien [sutjɛ̃] n. m. **1.** Ce qui soutient, supporte. *Ce pilier est le soutien de la voûte.* **2.** Action de soutenir (financièrement, politiquement, moralement, etc.); aide, appui. *Vous pouvez compter sur notre soutien.* ▷ *Soutien de famille :* jeune homme, jeune fille qui se trouvent seuls à faire vivre leur famille. *Les jeunes gens qui sont soutiens de famille peuvent être dispensés du service militaire.* – Déverbal de *soutenir.*

soutien-gorge [sutjɛ̃gɔʀʒ] n. m. Sous-vêtement féminin servant à soutenir la poitrine. *Des soutiens-gorge.* – De *soutien,* et *gorge.*

soutier [sutje] n. m. Matelot qui travaille dans les soutes (spécial., anc., dans la soute à charbon, à bord d'un navire à vapeur). – De *soute.*

soutirage [sutiʀaʒ] n. m. Action de soutirer (sens 1). – De *soutirer.*

soutirer [sutiʀe] v. tr. [**1**] **1.** Transvaser un liquide, un fluide d'un récipient dans un autre de manière à éliminer les dépôts. **2.** Fig. *Soutirer qqch à qqn,* l'obtenir par tromperie, en usant d'artifices. *Soutirer de l'argent à qqn.* Syn. extorquer.

soutra. V. sutra.

souvenance [suvnɑ̃s] n. f. Litt. Souvenir. – De *souvenir* 1.

1. souvenir [suvniʀ] v. [**36**] **I.** v. intr. (Impers.) Litt. *Il me souvient que... :* il me revient à la mémoire que... **II.** v. pron. **1.** Avoir de nouveau à l'esprit (qqch appartenant au passé). *Se souvenir de son enfance. Se souvenir qu'on a un rendez-vous.* **2.** Garder à la mémoire (avec rancune ou avec reconnaissance). *Je m'en souviendrai!* **3.** (Employé avec l'impératif.) Ne pas oublier; ne pas perdre de vue. *Souvenez-vous de mon affaire.* – Lat. *subvenire,* «se présenter à l'esprit».

2. souvenir [suvniʀ] n. m. **1.** Mémoire. *Cela s'était effacé de son souvenir.* **2.** Fait de se souvenir. *Conserver, perdre le souvenir de qqch.* **3.** Image, idée, représentation que la mémoire conserve. *Souvenirs de collège. Évoquer de vieux souvenirs communs.* ▷ (Plur.) Livre de souvenirs. *Écrire ses souvenirs.* **4.** (Dans les formules de politesse.) *Mon meilleur, mon affectueux souvenir à vos parents.* **5.** *En souvenir de :* pour conserver le souvenir de. *J'ai gardé cela en souvenir de lui.* – Absol. *Il me l'a donné en souvenir.* **6.** (Objets concrets.) Ce qui rappelle la mémoire (de qqn, de qqch). *Cette photo est un souvenir de lui.* ▷ *Spécial.* Bibelot qu'on vend aux touristes comme souvenir. *Marchand de souvenirs.* – Emploi subst. de *souvenir* 1.

souvent [suvɑ̃] adv. **1.** Fréquemment, plusieurs fois. *Je vais souvent le voir.* **2.** Loc. pop. *Plus souvent qu'à son tour :* plus fréquemment qu'il ne devrait le faire ou que cela ne devrait lui arriver. ▷ Vieilli *Plus souvent! :* jamais! **3.** D'ordinaire, en général. *Dans cette famille, les enfants sont souvent blonds aux yeux bleus.* – *Le plus souvent :* dans la plupart des cas. – Du lat. *subinde.*

1. souverain, aine [suvʀɛ̃, ɛn] adj. et n. **I.** adj. **1.** Suprême. *Le souverain bien.* **2.** De la plus grande efficacité. *Un remède souverain.* **3.** Qui possède l'autorité suprême. *Puissance souveraine.* – *Le souverain pontife :* le pape. ▷ DR *Cour souveraine,* qui juge en dernier ressort. **4.** Supérieur. *Beauté souveraine.* **II.** n. **1.** Monarque. **2.** Celui, celle qui possède l'autorité suprême. *En démocratie, le souverain, c'est le peuple.* – Du lat. médiév. *superanus,* lat. class. *superus,* «supérieur».

2. souverain [suvʀɛ̃] n. m. Ancienne monnaie d'or anglaise. – Angl. *sovereign.*

souverainement [suvʀɛnmɑ̃] adv. **1.** Suprêmement. *Elle est souverainement belle.* ▷ Extrêmement. *Il est souverainement ennuyeux.* **2.** DR De manière souveraine, sans appel. *Juger souverainement.* – De *souverain* 1.

souveraineté [suvʀɛnte] n. f. **1.** Autorité suprême. ▷ Fig. *La souveraineté de la raison.* **2.** Principe d'autorité suprême. ▷ Caractère d'un État souverain. *Souveraineté nationale.* – De *souverain.*

soviet [sɔvjɛt] n. m. HIST **1.** Conseil d'ouvriers ou de militaires, pendant les révolutions russes de 1905 et de 1917. **2.** Nom de deux assemblées élues en U.R.S.S. jusqu'en 1989 : le *Soviet de l'Union* (un député pour un certain nombre d'hab.) et le *Soviet des nationalités* (un certain nombre de députés par république fédérée, territoire ou district), dont la réunion formait le *Soviet suprême,* qui élisait un præsidium. – *Soviet suprême,* élu par le Congrès des députés du peuple depuis la réforme constitutionnelle après 1989, autodissous en août 1991. – Mot russe, «conseil».

soviétique [sɔvjetik] adj. et n. **I.** adj. **1.** Relatif aux soviets de 1917. **2.** Relatif à l'État socialiste qui a succédé à l'empire des tsars. *Union des républiques socialistes soviétiques.* **II.** n. Habitant de l'U.R.S.S. *Un(e) Soviétique.* – De *soviet.*

soviétisation [sɔvjetizasjɔ̃] n. f. Action de soviétiser. – De *soviétiser.*

soviétiser [sɔvjetize] v. tr. [1] Soumettre à l'influence politique de l'U.R.S.S. – De *soviétique.*

sovkhoze [sɔvkoz] n. m. HIST Grande ferme d'État, en U.R.S.S., dont les ouvriers étaient payés par l'État. V. aussi kolkhoze. *La suppression des sovkhozes a été décidée en janvier 1992.* – Russe *sovkhoz,* abrév. de *sov(ietskoïé) khoz(iaïstvo),* « entreprise soviétique ».

soya. V. soja.

soyeux, euse [swajø, øz] adj. et n. m. **1.** adj. Doux et fin comme de la soie. *Cheveux soyeux.* **2.** n. m. Fabricant de soieries, à Lyon. – De *soie.*

spacieusement [spasjøzmɑ̃] adv. Rare De manière spacieuse. *Être logé spacieusement.* – De *spacieux.*

spacieux, euse [spasjø, øz] adj. Où il y a de l'espace; grand, vaste. *Pièce spacieuse.* – Lat. *spatiosus.*

spadassin [spadasɛ̃] n. m. Litt., vieilli Assassin à gages. – Ital. *spadaccino,* de *spada,* « épée ».

spadice [spadis] n. m. BOT Sorte d'épi à axe charnu, enveloppé d'une grande bractée, la spathe. *Les spadices de l'arum.* – Du lat. *spadix, spadicis,* « branche de palmier »; du gr.

spaghetti [spageti] n. m. **1.** Pâtes alimentaires fines et longues. *Des spaghettis.* **2.** (En appos.) Plaisant CINE *Western spaghetti* : western* italien, caractérisé par une reprise systématique des poncifs du genre western. – Mot ital., dimin. de *spago,* bas. lat. *spacus,* « ficelle ».

spahi [spai] n. m. Anc. Cavalier des corps auxiliaires d'indigènes de l'armée fr. en Afrique du N. *Les premières unités de spahis furent créées en 1834; les derniers escadrons furent dissous en 1962, au lendemain de la guerre d'Algérie.* – Du turc *sipâhi,* « cavalier ».

spalax [spalaks] n. m. ZOOL Rongeur (genre *Spalax*) à fourrure, long de 15 à 30 cm, adapté à la vie sous terre, sans queue ni oreilles externes et qui habite les steppes d'Europe orientale et d'Asie Mineure. – Mot gr., « taupe ».

spallation [spalasjɔ̃] n. f. PHYS NUCL Fragmentation d'un noyau atomique sous l'action d'un bombardement corpusculaire. – Mot angl., de *to spall,* « éclater ».

spalter [spaltœʀ] n. m. TECH Brosse plate utilisée pour peindre une surface en imitant l'aspect du bois. – De l'all. *spalten,* « fendre, crevasser ».

sparadrap [spaʀadʀa] n. m. Bande adhésive servant à fixer un pansement. – Lat. médiév. *sparadrapum,* p.-ê. du lat. class. *spargere,* « étendre », et de *drap.*

spardeck [spaʀdɛk] n. m. MAR Pont léger, reposant sur des montants, qui s'étend sans interruption de l'avant à l'arrière d'un navire et qui ne comporte ni dunette ni gaillards. – Mot angl., de *spar,* « barre », et *deck,* « pont ».

sparganier [spaʀganje] n. m. BOT Plante monocotylédone aquatique (fam. sparganiacées), appelée cour. *ruban d'eau.* – Lat. bot. *sparganium,* du gr. *sparganion.*

sparidés [spaʀide] n. m. pl. ICHTYOL Famille de poissons téléostéens que l'on trouve dans toutes les mers chaudes et tempérées, dont fait partie notam. la daurade. - Sing. *Un sparidé.* – Du lat. *sparus,* « dorade », et *-idés.*

sparring-partner [spaʀiŋpaʀtnəʀ] n. m. (Anglicisme) SPORT Partenaire d'un boxeur à l'entraînement. *Des sparring-partners.* – Mot angl., de *to spar,* « faire un assaut de boxe amical ou d'entraînement », et *partner,* « partenaire ».

spart ou **sparte** [spaʀt] n. m. BOT Nom de diverses papilionacées, notam. des genêts et de l'alfa. – Lat. *spartum,* gr. *sparton.*

spartakisme [spaʀtakism] n. m. HIST Mouvement des socialistes révolutionnaires allemands qui, opposés aux thèses de leur parti sur l'union sacrée et la défense nationale, se constituèrent en fraction et fondèrent, en 1918, le parti communiste allemand. – De *spartakiste.*

spartakiste [spaʀtakist] n. et adj. HIST Membre d'un mouvement socialiste révolutionnaire allemand, dirigé par K. Liebknecht et R. Luxemburg, qui prit naissance en 1914 et fut écrasé en 1919. ▷ adj. *Le soulèvement spartakiste.* – All. *Spartakist,* de *Spartakusbund,* « groupe Spartacus », par allusion à *Spartacus,* berger thrace, déserteur de l'armée romaine, puis chef des esclaves révoltés (73-71 av. J.-C.).

sparte. V. spart.

spartéine [spaʀtein] n. f. PHARM Alcaloïde extrait du genêt, utilisé comme ocytocique. – De *spart.*

sparterie [spaʀt(ə)ʀi] n. f. **1.** Confection d'objets en fibres végétales. **2.** Objet ainsi confectionné. – De *spart(e).*

spartiate [spaʀsjat] adj. et n. **I.** adj. ANTIQ GR **1.** De Sparte, relatif à Sparte, anc. v. de Grèce (autref. la rivale d'Athènes). Syn. lacédémonien. ▷ Subst. Habitant de Sparte. *Un(e) spartiate.* **2.** Digne de la réputation d'austérité et de courage stoïque des anciens Spartiates. ▷ Loc. adv. *À la spartiate* : de façon rude. *Éduquer un enfant à la spartiate.* **II.** n. f. pl. Sandales à lanières de cuir. – Lat. *Spartiatæ,* du gr. *Spartiatês,* de *Spartê,* « Sparte ».

spasme [spasm] n. m. Contraction musculaire involontaire, intense et passagère. – Lat. d'orig. gr. *spasmus.*

spasmodique [spasmɔdik] adj. Accompagné de spasmes. *Sanglots spasmodiques.* – Du gr. *spasmôdês.*

spasmophilie [spasmɔfili] n. f. Excitabilité neuromusculaire excessive, liée à des troubles du métabolisme phosphocalcique et à une insuffisance de l'activité des parathyroïdes. *On prête souvent une origine psychosomatique à la spasmophilie.* – De *spasme,* et *-philie.*

spatangue [spatɑ̃g] n. m. ZOOL Oursin (genre *Spatangus*), en forme de cœur, des sables vaseux littoraux. – Bas lat. *spatangius,* gr. *spataggês.*

spath [spat] n. m. **1.** *Spath d'Islande* : calcite biréfringente très pure en gros cristaux. **2.** *Spath fluor* : syn. de *fluorine.* – Mot all.

spathe [spat] n. f. **1.** ARCHEOL Courte épée des Gaulois, à lame lourde et massive. **2.** BOT Grande bractée enveloppant le spadice, inflorescence de certaines plantes. – Lat. *spatha,* gr. *spathê.*

spathique [spatik] adj. MINER Qui ressemble au spath; qui contient du spath. – De *spath.*

spatial, ale, aux [spasjal, o] adj. **1.** De l'espace, dans l'espace; relatif à notre perception, notre représentation de l'espace. *Configuration spatiale. Coordonnées spatiales.* **2.** De l'espace interplanétaire ou interstellaire. *Vaisseau* spatial. Sonde* spatiale.* – Du lat. *spatium,* « espace ».

spatialisation [spasjalizasjɔ̃] n. f. **1.** PSYCHO Action de spatialiser. **2.** ESP Adaptation aux conditions de l'espace interplanétaire. – De *spatialiser.*

spatialiser [spasjalize] v. tr. [1] **1.** PSYCHO Percevoir dans l'espace les rapports de positions, de distances, de grandeurs, de formes, etc. **2.** ESP Rendre (un matériel) apte à résister aux contraintes mécaniques imposées par les lanceurs spatiaux (accélérations, vibrations, chocs) et aux conditions physiques qui règnent dans l'espace (vide, température, rayonnement). – De *spatial.*

spatialité [spasjalite] n. f. Didac. Caractère de ce qui est spatial (sens 1). – De *spatial.*

spationaute [spasjɔnot] n. ESP Voyageur de l'espace; cosmonaute. – De *spatial,* d'ap. *aéronaute.*

spationautique [spasjonotik] n. f. ESP Science et technique des voyages dans l'espace; astronautique. – De *spatial*, d'ap. *aéronautique*.

spationef [spasjonɛf] n. m. ESP Engin capable d'évoluer dans l'espace, vaisseau spatial. – Du rad. de *spatial*, et *nef*, d'après *aéronef*.

spatio-temporel, elle [spasjotɑ̃pɔʀɛl] adj. Didac. Relatif à la fois à l'espace et au temps. *Coordonnées spatio-temporelles.* – Du rad. de *spatial*, et *temporel*.

spatule [spatyl] n. f. **I. 1.** Instrument ayant une extrémité arrondie et l'autre aplatie ou comportant une lame plate et souple, qui sert à remuer, étendre, modeler une matière pâteuse. *Spatule de mouleur. Spatule à beurre.* **2.** Extrémité antérieure d'un ski, recourbée vers le haut. **II.** ORNITH Oiseau ciconiiforme (genre *Platalea*) au bec aplati et élargi à son extrémité, qui niche dans les roseaux des marais littoraux. – Bas lat. *spat(h)ula*, du class. *spatha*, « battoir ».

spatulé, ée [spatyle] adj. Dont l'extrémité s'élargit en s'aplatissant. – De *spatule*.

1. speaker [spikœʀ] n. m. **1.** Président de la Chambre des communes, en G.-B. **2.** Président de la Chambre des représentants aux États-Unis. – Mot angl., propr. « celui qui parle », « orateur ».

2. speaker [spikœʀ], **speakerine** [spikʀin] n. Personne qui fait les annonces, donne des informations (en dehors des bulletins d'information qui sont sous la responsabilité des journalistes) à la radio et à la télévision. Syn. (off. recommandé) annonceur. – *De speaker* 1.

spécial, ale, aux [spesjal, o] adj. **1.** Qui correspond, qui s'applique exclusivement à une chose, à une personne, à une espèce, à une activité. *Lessive spéciale pour les lainages. Diction spéciale aux acteurs. Emploi qui exige une formation spéciale.* – (Avec ellipse de la préposition introduisant le complément, dans le langage de la publicité, de la mode.) *Shampooing spécial cheveux gras.* ▷ METALL *Aciers spéciaux* : aciers alliés possédant des qualités particulières de dureté, de résistance, etc. **2.** Exceptionnel, qui sort de l'ordinaire. *Édition spéciale. Pouvoirs spéciaux. N'avoir rien de spécial à dire.* **3.** Qui est particulier dans son genre et quelque peu déconcertant. *Sa façon de travailler est spéciale! Une musique très spéciale.* ▷ *Mœurs spéciales* : mœurs sexuelles qui ne correspondent pas à la norme sociale traditionnelle; homosexualité. – Lat. *specialis*.

spéciale [spesjal] n. f. **1.** Huître grasse qui a séjourné longtemps en claire. **2.** SPORT Dans un rallye automobile, épreuve courue sur un parcours imposé. – De *spécial*.

spécialement [spesjalmɑ̃] adv. D'une manière spéciale; particulièrement. *Tous les savants, et plus spécialement les chimistes.* ▷ Fam. *Pas spécialement* : pas particulièrement, pas très. *Ce n'est pas spécialement beau.* – De *spécial*.

spécialisation [spesjalizasjɔ̃] n. f. Action, fait de spécialiser, de se spécialiser. *La spécialisation industrielle.* – De *spécialiser*.

spécialisé, ée [spesjalize] adj. Qui se consacre ou qui est consacré à un domaine déterminé d'activité, de connaissance. *Archéologue spécialisé en égyptologie. Enseignement spécialisé.* ▷ *Ouvrier spécialisé (O.S.)*, sans qualification professionnelle (par oppos. à *ouvrier professionnel, ouvrier qualifié*). – Pp. de *spécialiser*.

spécialiser [spesjalize] v. tr. [1] Rendre spécialisé. ▷ v. pron. *Libraire qui se spécialise dans la vente d'ouvrages anciens.* – De *spécial*.

spécialiste [spesjalist] n. Personne qui s'est spécialisée dans un domaine, qui y a acquis une compétence, des connaissances particulières. *Un spécialiste de la restauration de tableaux.* – Par plaisant. *C'est un spécialiste du canular.* ▷ MED Médecin exerçant une spécialité* médicale (par oppos. à *généraliste*). – De *spécial*.

spécialité [spesjalite] n. f. **1.** Domaine d'activité, de connaissance dans lequel qqn est spécialisé. ▷ *Spécialité médicale* : branche de la médecine dans laquelle un médecin possède des connaissances approfondies, acquises au cours d'études spéciales qu'il a accomplies après avoir soutenu sa thèse de doctorat (cardiologie, urologie, radiologie, réanimation, etc.). ▷ Fam., iron. *Il est arrivé avec une heure de retard, c'est sa spécialité.* **2.** Produit résultant d'une activité spécialisée. ▷ CUIS Mets originaire d'une région ou que qqn a le secret d'accommoder. *La quiche est une spécialité lorraine. Les spécialités d'une cuisinière.* ▷ *Spécialités pharmaceutiques* : préparations pharmaceutiques industrielles. **3.** DR *Principe de la spécialité administrative*, qui délimite les attributions de chaque autorité. – *Principe de la spécialité budgétaire*, selon lequel les crédits votés pour tel chapitre ne doivent pas être employés pour un autre. – Bas lat. *specialitas*, du class. *specialis*, « spécial ».

spéciation [spesjasjɔ̃] n. f. BIOL Formation d'espèces nouvelles par individualisation. – Du lat. *species*, « espèce, type », par l'angl.

spécieusement [spesjøzmɑ̃] adv. De façon spécieuse. – De *spécieux*.

spécieux, euse [spesjø, øz] adj. Qui, sous une apparence de vérité, est faux ou est destiné à tromper. *Raisonnement spécieux.* (Cf. sophisme.) – Du lat. *speciosus*, « de bel aspect ».

spécification [spesifikasjɔ̃] n. f. **1.** Fait de spécifier, d'indiquer avec précision. **2.** Désignation précise des éléments devant obligatoirement entrer dans la fabrication d'une chose. *Les spécifications de l'adjudicateur sont consignées au cahier des charges.* **3.** DR Action de créer une chose nouvelle avec une matière, une chose appartenant à autrui. – Bas lat. *specificatio*.

spécificité [spesifisite] n. f. Qualité de ce qui est spécifique. – De *spécifique*.

spécifier [spesifje] v. tr. [2] Exprimer, indiquer de façon précise. *Spécifier par télégramme la date et l'heure de son retour.* – Bas lat. *specificare*, de *species*, « espèce, type », et *facere*, « faire ».

spécifique [spesifik] adj. Propre à une espèce, à une chose donnée. *Les caractères spécifiques distinguent entre elles les espèces d'un même genre.* – *Droits de douane spécifiques* : droits fixes établis selon la nature des objets. ▷ MED *Remède spécifique*, qui agit uniquement sur une affection ou un organe donné. ▷ PHYS *Chaleur spécifique* : syn. anc. de *chaleur massique*. – *Masse spécifique, poids spécifique* : syn. anc. de *masse volumique, poids volumique*. – Bas lat. *specificus*.

spécifiquement [spesifikmɑ̃] adv. D'une manière spécifique. – De *spécifique*.

spécimen [spesimɛn] n. m. **1.** Être vivant, objet considéré en tant qu'il possède les caractéristiques de l'espèce à laquelle il appartient. *De beaux spécimens d'une variété de roses.* **2.** Exemplaire d'un livre, d'une revue ou partie d'un tel exemplaire donnés gratuitement, à titre publicitaire. – (En appos.) *Un numéro spécimen.* – Lat. *specimen*, « échantillon ».

spéciosité [spesjɔzite] n. f. Rare Caractère de ce qui est spécieux. – De *spécieux*.

spectacle [spɛktakl] n. m. **1.** Ce qui attire le regard, l'attention. *Jouir du spectacle de la nature.* – Loc. péjor. *Se donner en spectacle* : se faire remarquer. ▷ Loc. prép. *Au spectacle de* : à la vue de. **2.** Représentation donnée au public (pièce de théâtre, film, ballet, etc.). *Un spectacle de variétés.* ▷ *Spectacle solo* : syn. (off. recommandé) de *one man show.* ▷ Ensemble des activités théâtrales, cinématographiques, etc. *Le monde du spectacle.* **3.** *Pièce, film* *à grand spectacle,* à la mise en scène fastueuse. – Lat. *spectaculum.*

spectaculaire [spɛktakylɛʀ] adj. Qui surprend, étonne, frappe l'imagination de ceux qui en sont témoins. *Une chute spectaculaire. Des progrès spectaculaires.* – De *spectacle.*

spectateur, trice [spɛktatœʀ, tʀis] n. **1.** Personne qui est témoin oculaire d'un événement, d'une action. **2.** Personne qui assiste à un spectacle théâtral, cinématographique, etc. – Lat. *spectator.*

spectral, ale, aux [spɛktʀal, o] adj. **1.** Qui tient du spectre, du fantôme. **2.** PHYS Relatif à un spectre (lumineux, solaire, magnétique, etc.) *Analyse spectrale d'une substance :* analyse de son spectre. V. encycl. spectre. – De *spectre.*

spectre [spɛktʀ] n. m. **1.** Fantôme, apparition surnaturelle d'un défunt, d'un esprit. ▷ Fig. *Le spectre de :* la perspective effrayante de. *Le spectre de la famine, de la guerre.* ▷ *Par métaph.* Personne très maigre et très pâle. *Ce n'est plus qu'un spectre.* **2.** PHYS Bande composée d'une succession de raies ou de plages lumineuses, traduisant la répartition des fréquences qui constituent un rayonnement électromagnétique. *Spectre solaire, stellaire.* V. encycl. ▷ Matérialisation des lignes de force d'un champ, des trajectoires des éléments d'un fluide en mouvement. *Spectre magnétique, aérodynamique.* ▷ Représentation des composantes d'une grandeur électrique ou acoustique. – Lat. *spectrum.*

ENCYCL **Phys.** - Lorsqu'un pinceau de lumière blanche traverse un prisme, il se décompose en rayons de diverses couleurs et donc de fréquences différentes, dont on peut observer sur un écran le *spectre continu,* constitué d'une succession de plages lumineuses. Certains spectres sont constitués d'un fond continu sur lequel se superposent un certain nombre de raies de couleur claire (raies d'émission) ou sombre (raies d'absorption), caractéristiques des rayonnements étudiés. Grâce à l'étude des spectres des rayonnements émis par les astres, on a pu déterminer leur composition chimique, leur température, leur vitesse par rapport à la Terre, etc. Lorsqu'un astre s'éloigne de la Terre, la fréquence de son rayonnement diminue par effet Doppler*-Fizeau et son spectre est décalé vers le rouge ; inversement, si l'astre se rapproche de la Terre, son spectre se décale vers le violet (le rouge correspond à une fréquence inférieure de moitié à celle du violet).

spectrochimique [spɛktʀoʃimik] adj. CHIM *Analyse spectrochimique,* reposant sur l'étude du spectre (sens 2) de la substance à analyser. – De *spectre,* et *chimique.*

spectrogramme [spɛktʀogʀam] n. m. PHYS Image spectrographique. – De *spectre,* et *-gramme.*

spectrographe [spɛktʀogʀaf] n. m. PHYS Appareil servant à former et à enregistrer le spectre d'un rayonnement. ▷ *Spectrographe de masse :* appareil permettant de séparer des particules de masses voisines (isotopes, notam.) au moyen de champs électriques et magnétiques. – De *spectre,* et *-graphe.*

spectrographie [spɛktʀogʀafi] n. f. PHYS Enregistrement des spectres des rayonnements. – De *spectrographe.*

spectrographique [spɛktʀogʀafik] adj. PHYS Relatif à la spectrographie. – De *spectrographie.*

spectrohéliographe [spɛktʀoeljogʀaf] n. m. ASTRO Spectrographe servant à l'étude de l'atmosphère solaire. – De *spectre,* et *héliographe.*

spectromètre [spɛktʀomɛtʀ] n. m. PHYS Spectroscope permettant de mesurer les longueurs d'onde des raies d'un spectre. – De *spectre,* et *-mètre.*

spectrométrie [spɛktʀometʀi] n. f. PHYS Étude quantitative des spectres. – De *spectromètre.*

spectrométrique [spɛktʀometʀik] adj. PHYS Relatif à la spectrométrie. – De *spectrométrie.*

spectrophotomètre [spɛktʀofɔtomɛtʀ] n. m. PHYS Appareil composé d'un spectroscope et d'un photomètre, qui sert à comparer un spectre à un spectre étalon. – De *spectre,* et *photomètre.*

spectroscope [spɛktʀɔskɔp] n. m. PHYS Appareil servant à l'étude des spectres. – De *spectre,* et *-scope.*

spectroscopie [spɛktʀɔskɔpi] n. f. PHYS Étude du spectre d'un rayonnement, de l'absorption ou de l'émission énergétique qui caractérise un rayonnement en fonction de sa fréquence. – De *spectre,* et *-scopie.*

spectroscopique [spɛktʀɔskɔpik] adj. PHYS Relatif à la spectroscopie. – De *spectroscopie.*

spéculaire [spekylɛʀ] adj. et n. f. **1.** Didac. D'un, du miroir, qui a rapport au miroir. *Image spéculaire.* ▷ *Écriture spéculaire* ou *en miroir,* tracée de droite à gauche (semblable à l'écriture réfléchie dans un miroir), que l'on observe dans certaines affections mentales. **2.** MINER Se dit de certains minéraux composés de lames brillantes. *Le mica est un minéral spéculaire.* **3.** n. f. BOT Plante dicotylédone (fam. des campanulacées) dont une variété, cour. appelée *miroir de Vénus,* est cultivée pour ses fleurs violettes. – Lat. *specularis,* de *speculum,* « miroir ».

spéculateur, trice [spekylatœʀ, tʀis] n. Personne qui fait des spéculations (sens 2). – Du lat. *speculator,* « observateur ».

spéculatif, ive [spekylatif, iv] adj. **1.** Qui se livre ou a rapport à la spéculation (sens 1). *Esprit spéculatif. Sciences spéculatives.* **2.** Qui concerne la spéculation (sens 2). *Valeurs spéculatives.* – Du bas lat. *speculativus,* de *speculari,* « observer ».

spéculation [spekylasjɔ̃] n. f. **1.** PHILO Étude, recherche purement théorique. *Spéculations métaphysiques.* **2.** Opération financière ou commerciale par laquelle on joue sur les fluctuations des cours du marché. *Spéculations hasardeuses.* – Du bas lat. *speculatio,* « observation », de *speculari,* « observer ».

spéculer [spekyle] v. intr. [1] **1.** PHILO Faire des spéculations (sens 1). *Spéculer sur l'origine de la vie.* **2.** Faire des spéculations (sens 2). *Spéculer sur l'or.* **3.** Fig. Tabler (sur qqch) pour parvenir à ses fins. *Spéculer sur la crédulité de qqn.* – Lat. *speculari,* « observer, surveiller ».

spéculum [spekylɔm] n. m. MED Instrument destiné à écarter l'orifice externe d'une cavité naturelle pour en faciliter l'exploration. *Spéculum vaginal, nasal. Des spéculums.* – Lat. *speculum,* « miroir ».

speech, plur. **speeches** [spitʃ] n. m. (Anglicisme) Fam. Brève allocution. – Mot angl., « discours ».

speedé, ée [spide] adj. ou **speed** [spid] adj. inv. (Anglicisme) Fam. Excité ; pressé. – Angl. *speed,* « rapide ».

speiss [spɛs] n. m. METALL Minerai de nickel ou de plomb qui a subi un premier grillage. – All. *Speiss* ou *Speise.*

spéléologie [speleɔlɔʒi] n. f. Science qui a pour but l'étude des cavités naturelles (grottes, gouffres) et des cours d'eau souterrains. ▷ Exploration scientifique ou sportive de ces cavités, de ces cours d'eau. (Abrév. fam. : spéléo). – Du gr. *spêlaion,* « caverne », et de *-logie.*

spéléologique [speleɔlɔʒik] adj. Qui se rapporte à la spéléologie. – De *spéléologie.*

spéléologue [speleɔlɔg] n. Personne spécialisée en spéléologie. - Personne qui explore les gouffres. (Abrév. fam. : spéléo). – De *spéléologie.*

spencer [spɛnsœʀ ; spɛnsɛʀ] n. m. Veste s'arrêtant à la ceinture. - Dolman court et très ajusté. – Mot angl., du nom de lord *Spencer* (1782-1845), qui le mit à la mode.

spéos [speɔs] n. m. ARCHEOL Temple souterrain de l'Égypte ancienne. – Mot gr., « caverne ».

spergule [spɛʀgyl] n. f. BOT Plante herbacée (genre *Spergula*, fam. caryophyllacées) à petites fleurs roses et aux feuilles linéaires, caractéristique des terrains sableux. – Lat. médiév. *spergula*, du lat. *asparagus*, « asperge ».

spermaceti ou **spermacéti** [spɛʀmaseti] n. m. Substance blanche huileuse appelée également *blanc de baleine, ambre blanc*, que l'on retire d'une poche cérébrale du cachalot et qui entre dans la composition de pommades, de cosmétiques, etc. – Lat. scientif. *spermaceti*, du bas lat. *sperma*, mot gr. « semence », et *cetus*, « baleine ».

spermaphytes [spɛʀmafit] ou **spermatophytes** [spɛʀmatɔfit] n. f. pl. BOT Ensemble des plantes (gymnospermes supérieures et angiospermes) possédant une vraie graine. – Sing. *Une spermaphyte* ou *une spermatophyte*. – De *sperm(o)-*, *spermato-*, et *-phyte*.

spermat(o)-, -sperme, spermo-. Éléments, du gr. *sperma, spermatos*, « semence, graine ».

spermatique [spɛʀmatik] adj. BIOL Du sperme, qui a rapport au sperme. ▷ ANAT *Cordon spermatique* : cordon auquel est relié le testicule et qui renferme le canal déférent des vaisseaux (*veines* et *artères spermatiques*) et des nerfs. – Bas lat. d'orig. gr. *spermaticus*.

spermatogenèse [spɛʀmatɔʒənɛz] n. f. BIOL Formation des gamètes mâles. – De *spermato-*, et *-genèse*.

spermatophytes. V. spermaphytes.

spermatozoïde [spɛʀmatɔzɔid] n. m. BIOL Cellule reproductrice mâle comportant un renflement (« tête ») constitué par le noyau, un segment intermédiaire à la base de ce renflement et un filament grêle, effilé et flexible (« flagelle »). – De *spermato-*, et gr. *zôoeidês*, « semblable à un animal ».

sperme [spɛʀm] n. m. Liquide visqueux, blanchâtre, émis par le mâle lors de l'accouplement, et qui est composé de spermatozoïdes et d'une substance nutritive sécrétée par les différentes glandes génitales (vésicules séminales, prostate, glandes de Cowper). – Bas lat. *sperma*, mot gr.

-sperme. V. spermat(o)-.

spermicide [spɛʀmisid] adj. et n. m. PHARM, MED Se dit d'un produit contraceptif qui détruit les spermatozoïdes. – De *sperme*, et *-cide*.

spermo-. V. spermat(o)-.

spermogramme [spɛʀmɔgʀam] n. m. MED Examen quantitatif et qualitatif du sperme. – De *spermo*, et *-gramme*.

spermophile [spɛʀmɔfil] n. m. ZOOL Petit rongeur (genre *Citellus*) aux bajoues volumineuses, qui se nourrit de graines et vit le plus souvent dans des terriers. – Lat. zool. *spermophilus*, « qui aime les graines »; du gr. *sperma*, « graine », et *philos*, « qui aime ».

sphacèle [sfasɛl] n. m. MED Fragment de tissu nécrosé. – Du gr. *sphakelos*, « gangrène ».

sphagnales [sfagnal] n. f. pl. BOT Ordre de mousses ne comprenant que les sphaignes. – Sing. *Une sphagnale*. – De *sphaigne*.

sphaigne [sfɛɲ] n. f. BOT Mousse des marais (genre *Sphagnum*) dont la décomposition continue est à l'origine de la tourbe. – Lat. bot. *sphagnum*, du gr. *sphagnos*, « mousse ».

sphénisciformes [sfenisifɔʀm] n. m. pl. ORNITH Ordre d'oiseaux comprenant les seuls manchots. – Sing. *Un sphénisciforme*. – Du lat. *spheniscos*, mot gr., « petit coin pour fendre », et de *-forme*.

sphénodon [sfenɔdɔ̃] n. m. ZOOL Reptile de la Nouvelle-Zélande ressemblant à un grand lézard, dont la crête dorsale porte une rangée d'épines. V. rhynchocéphales. Syn. hattéria. – Du gr. *sphên, sphênos*, « coin » (outil), et *odous, odontos*, « dent ».

sphénoïdal, ale, aux [sfenɔidal, o] adj. ANAT Relatif au sphénoïde. – De *sphénoïde*.

sphénoïde [sfenɔid] adj et n. m. ANAT *L'os sphénoïde* ou, n. m., *le sphénoïde* : l'os de la tête qui forme le plancher central de la boîte crânienne. – Du gr. *sphênoeidês*, propr. « en forme de coin ».

sphère [sfɛʀ] n. f. **1.** MATH Ensemble des points situés à égale distance d'un point appelé *centre* (dans un espace à 3 dimensions). *La sphère des mathématiciens est une surface, qui délimite un volume appelé « boule »*. (R étant le rayon de la boule, la surface est $4\pi R^2$ et le volume de la boule $\frac{4}{3}\pi R^3$.) ▷ ASTRO *Sphère céleste* : sphère fictive ayant pour centre l'œil de l'observateur et à la surface de laquelle semblent situés les corps célestes. **2.** Cour. Corps sphérique. *Une sphère de métal. La sphère terrestre* : le globe terrestre. ▷ *Spécial.* Représentation de la sphère céleste, de la sphère terrestre. *Sphère armillaire**. **3.** Fig. Étendue, domaine du pouvoir, de l'activité (de qqn, de qqch). *Les hautes sphères de la finance. La sphère des connaissances humaines.* – *Sphère d'influence d'un État* : ensemble des pays sur lesquels il exerce un certain contrôle politique, économique. – Lat. *sphæra*, gr. *sphaira*; d'abord terme d'astronomie.

sphéricité [sfeʀisite] n. f. Caractère sphérique d'une chose. – De *sphérique*.

sphérique [sfeʀik] adj. **1.** Qui a la forme d'une sphère. **2.** GEOM Qui a rapport à la sphère, qui est de la nature de la sphère. – *Anneau sphérique* : volume engendré par un segment de cercle tournant autour d'un diamètre qui ne le traverse pas. – *Triangle sphérique* : portion de la surface d'une sphère, comprise entre trois grands cercles. – Bas lat. *sphæricus*, du gr.

sphéroïdal, ale, aux [sfeʀɔidal, o] adj. Didac. De forme plus ou moins sphérique; qui se rapporte à un sphéroïde. – De *sphéroïde*.

sphéroïde [sfeʀɔid] n. m. Didac. Solide dont la forme est proche de celle d'une sphère. – Lat. d'orig. gr. *sphæroides*.

sphéromètre [sfeʀɔmɛtʀ] n. m. TECH Instrument servant à mesurer le rayon des surfaces sphériques (verres d'optique, par ex.). – De *sphère*, et *-mètre*.

sphérule [sfeʀyl] n. f. Didac. Petite sphère; petit objet en forme de sphère. – Lat. *sphærula*.

sphex [sfɛks] n. m. ZOOL Guêpe fouisseuse (genre *Sphex*), prédatrice des criquets notam. – Gr. *sphêx*, « guêpe ».

sphincter [sfɛ̃ktɛʀ] n. m. ANAT Ensemble de fibres musculaires lisses ou striées contrôlant l'ouverture d'un orifice naturel. *Sphincter anal.* – Mot lat. d'orig. gr.

sphinctérien, enne [sfɛ̃kteʀjɛ̃, ɛn] adj. Didac. Relatif à un sphincter. – De *sphincter*.

sphinge [sfɛ̃ʒ] n. f. Rare Sphinx à tête et buste de femme. – Forme féminine de *sphinx*.

sphingidés [sfɛ̃ʒide] n. m. pl. ENTOM Famille de grands papillons nocturnes ou crépusculaires nommés cour. *sphinx*. *La longue trompe des sphingidés et leur aptitude à voler sur place leur confèrent un rôle important dans la pollinisation de certaines fleurs.* – Sing. *Un sphingidé*. – Du lat. *sphinx, sphingis*, « sphinx ».

sphingolipide [sfɛ̃gɔlipid] n. m. BIOCHIM Lipide contenant un alcool azoté. *Sphingolipides non phosphorés, ou cérébrosides, du tissu cérébral. Sphingolipides phosphorés* de la gaine myélinique des nerfs – Du gr. *sphiggein*, « enserrer étroitement », et de *lipide*.

sphinx [sfɛ̃ks] n. m. **1.** MYTH (Avec une majuscule.) Monstre hybride originaire de l'anc. Égypte, surtout présent dans la légende d'Œdipe sous l'aspect d'un lion ailé à buste et tête de femme, qui soumet une énigme aux voyageurs se rendant à Thèbes, les dévore s'ils ne peuvent la résoudre, et se tue devant la réponse exacte d'Œdipe. ▷ Fig. Personnage énigmatique, impénétrable. **2.** BX-A Figure monstrueuse de lion couché à tête d'homme, de bélier ou d'épervier. **3.** ENTOM Papillon nocturne ou crépusculaire (V. sphingidés). – *Sphinx tête-de-mort* : l'un des plus grands papillons d'Europe, qui pille les rayons de miel des ruches. *Les sphinx du genre « Hemaris » sont diurnes.* – Lat. d'orig. gr. *sphinx, sphingis*.

sphygmogramme [sfigmɔgʀam] n. m. MED Enregistrement du pouls. – Du gr. *sphugmos*, « pouls, pulsation », et de *-gramme*.

sphygmographe [sfigmɔgʀaf] n. m. MED Appareil permettant d'enregistrer le pouls. – Du gr. *sphugmos*, « pouls », et de *-graphe*.

sphygmomanomètre [sfigmomanɔmɛtʀ] ou **sphygmotensiomètre** [sfigmotɑ̃sjɔmɛtʀ] n. m. MED Appareil destiné à la mesure de la pression artérielle. – Du gr. *sphugmos*, « pouls », et de *manomètre* ou *tensiomètre*.

sphyrène [sfiʀɛn] n. f. ZOOL Poisson marin extrêmement vorace, au corps allongé et à la mandibule proéminente. *Le barracuda des Antilles ou sphyrène barracuda peut dépasser 2 m.* – Lat. *sphyræna*, d'orig. gr.

spi [spi] n. m. Abrév. de *spinnaker*.

spic [spik] n. m. Lavande (*Lavandula latifolia*) à fleurs bleues, dont on extrait une huile odorante. – Du lat. médiév. *spicus*, « épi, herbe odoriférante ».

spica [spika] n. m. MED Bandage croisé appliqué à la racine d'un membre. – Mot lat., « épi ».

spiccato [spikato] adv. MUS Indique que les notes, exécutées d'un seul coup d'archet, doivent être détachées les unes des autres. – Mot ital., « détaché ».

spicilège [spisilɛʒ] n. m. Didac. Recueil d'actes, de pensées, de maximes, etc. – Du lat. *spicilegium*, « glanage », de *spica*, « pointe, épi », et de *legere*, « recueillir ».

spicule [spikyl] n. m. **1.** ZOOL Chacun des éléments siliceux, calcaires ou organiques, de forme variable, qui constituent le squelette des spongiaires. **2.** ASTRO Ensemble de jets de matière qui s'élèvent au-dessus de la photosphère solaire. – Du lat. *spiculum*, « dard ».

spider [spidɛʀ] n. m. **1.** Anc. Voiture à hautes roues et à sièges surélevés. **2.** Anc. Espace ménagé à l'arrière d'un cabriolet et destiné à recevoir des bagages, des passagers. – Mot angl. prop., « araignée ».

spiegel [spigəl] n. m. METALL Fonte à forte teneur en carbone contenant jusqu'à 25 % de manganèse, utilisée en partic. pour enrichir en carbure certains aciers au moment de la coulée. – Abrév. de l'all. *Spiegeleisen*, propr. « fer à miroir », à cause de la cassure miroitante de cet alliage.

spin [spin] n. m. PHYS NUCL Mouvement de rotation des particules élémentaires sur elles-mêmes. ▷ *Nombre quantique de spin* : nombre qui détermine les valeurs possibles du moment cinétique (σ) propre d'une particule. (Pour l'électron, le proton et le neutron, de spin 1/2, on a $\sigma = \hbar/2$, $\hbar$ désignant ici la constante de Planck réduite.) – Mot angl.

spina-bifida [spinabifida] n. m. inv. MED Malformation liée à une absence congénitale de l'arc postérieur des vertèbres sacrées ou lombaires et qui peut se compliquer d'une hernie des méninges et de la moelle épinière. – Mots lat., « épine (dorsale) bifide ».

spinal, ale, aux [spinal, o] adj. ANAT Qui appartient au rachis ou à la moelle épinière. *Muscles spinaux. Nerf spinal.* – Bas lat. *spinalis*, du class. *spina*, « épine (dorsale) ».

spina-ventosa [spinavɛntoza] n. m. inv. MED Tuberculose osseuse de la main (phalanges) ou du pied (os longs). – Mots lat., propr. « épine venteuse », à cause de l'aspect boursouflé de l'os.

spinelle [spinɛl] n. m. MINER Oxyde métallique double, de formule $X_2\ YO_4$ (X élément métallique trivalent, par ex. : Al, Cr, Fe, etc. ; Y élément métallique bivalent, par ex. : Mg, Fe, Zn, etc.), dont la couleur est d'autant plus sombre qu'il est plus riche en fer. ▷ *Spécial.* Oxyde double d'aluminium et de magnésium ($Al_2\ MgO_4$). – Ital. *spinella*, du lat. *spina*, « épine ».

spinnaker [spinekœʀ] n. m. MAR Voile triangulaire d'avant, très creuse et de grande surface, qui est utilisée sur les yachts. – Abrév. cour. : spi. *Envoyer, amener le spi.* – Mot angl.

spinozisme [spinɔzism] n. m. Didac. Doctrine philosophique de Spinoza. – De B. de *Spinoza* (1632-1677), philosophe hollandais.

spinoziste [spinɔzist] adj. et n. Didac. Qui se rapporte au spinozisme. ▷ Subst. Partisan ou spécialiste du spinozisme. – De *spinozisme*.

spiracle [spiʀakl] n. m. ZOOL Orifice réduit situé en avant des fentes branchiales des têtards. – Du lat. *spiraculum*, « soupirail ».

spiral, ale, aux [spiʀal, o] adj. et n. m. **1.** adj. (Surtout en loc.) En forme de spirale. *Galaxie spirale.* **2.** n. m. TECH Ressort en forme de spirale qui assure les oscillations du balancier d'une montre. – Lat. scolast. *spiralis*, de *spira*, « spire ».

spirale [spiʀal] n. f. **1.** GEOM Courbe qui s'éloigne de plus en plus d'un point central *(pôle)* à mesure qu'elle tourne autour de lui. *Spirale d'Archimède. Spirale logarithmique.* ▷ Fig. Amplification rapide et continue (d'un phénomène). *Spirale inflationniste.* **2.** Courbe en forme d'hélice. *Spirales des vrilles de la vigne.* – Abrév. de *ligne spirale*.

spiralé, ée [spiʀale] adj. BOT Enroulé en spirale. – De *spirale*.

spirante [spiʀɑ̃t] adj. f. et n. f. PHON *Consonne spirante* ou, n. f., *une spirante*, dont l'émission comporte un resserrement du canal buccal donnant lieu à des résonances plutôt qu'à un frottement (ex. le [d] espagnol entre deux voyelles). – Lat. *spirans, spirantis*, « respirant, soufflant ».

spire [spiʀ] n. f. **1.** GEOM Partie d'une hélice correspondant à un tour complet sur le cylindre générateur. ▷ Arc d'une spirale correspondant à un tour complet autour du pôle. **2.** TECH et cour. Chacun des tours d'un enroulement, d'un bobinage. *Les spires d'un solénoïde.* – Lat. *spira*, gr. *speira*, « tore ».

spirée [spiʀe] n. f. **1.** BOT Arbuste ou arbrisseau à fleurs (genre *Spira*, fam. rosacées) dont diverses espèces sont ornementales. **2.** *Spirée ulmaire* (*Filipendula ulmaria*, fam. rosacées) ou, cour., *reine-des-prés*. – Lat. d'orig. gr. *spiræa*.

spirifer [spiʀifɛʀ] n. m. PALEONT Brachiopode fossile du dévonien. – Lat. zool., propr. « qui porte des spires ».

spirille [spiʀij] n. m. MICROB Bactérie de forme spiralée, hôte des eaux souillées, dont certaines espèces sont pathogènes. – Du lat. *spira*, « spire ».

spirillose [spiʀil(l)oz] n. f. MED Maladie due à un spirille. – De *spirille*, et *-ose* 2.

spirite [spiʀit] adj. et n. **1.** adj. Qui a rapport au spiritisme. **2.** n. Adepte du spiritisme. – De l'angl. *spirit*, dans l'expr. *spirit-rapper*, « esprit frappeur ».

spiritisme [spiʀitism] n. m. Doctrine qui affirme la survivance de l'esprit après la mort et admet la possibilité de communication entre les vivants et les esprits des défunts. – De *spirite*.

spiritualisation [spiʀitɥalizasjɔ̃] n. f. Fait de spiritualiser; résultat de cette action. – De *spiritualiser*.

spiritualiser [spiʀitɥalize] v. tr. [1] Litt. Donner une marque, un caractère de spiritualité à. *Ce peintre spiritualise les visages.* – De *spirituel*.

spiritualisme [spiʀitɥalism] n. m. PHILO Doctrine qui considère comme deux substances distinctes la matière et l'esprit et proclame la supériorité de celui-ci. Ant. matérialisme. – De *spirituel*.

spiritualiste [spiʀitɥalist] adj. et n. PHILO Qui se rapporte au spiritualisme. ▷ Subst. Adepte du spiritualisme. – De *spiritualisme*.

spiritualité [spiʀitɥalite] n. f. **1.** PHILO Qualité de ce qui est de l'ordre de l'esprit. *La spiritualité de l'âme.* **2.** THEOL Ce qui a trait à la vie spirituelle. *Spiritualité monastique.* – Lat. imp. *spiritualitas*.

spirituel, elle [spiʀitɥɛl] adj. **I. 1.** PHILO Qui est de la nature de l'esprit, qui est esprit. *Nature spirituelle de Dieu.* **2.** Qui a rapport à la vie de l'âme. *Exercices spirituels.* **3.** RELIG Qui regarde la religion, l'Église. *Pouvoir temporel et pouvoir spirituel.* **II. 1.** D'un esprit vif et fin, plein de drôlerie. *Un convive très spirituel. – Un regard spirituel et pénétrant.* **2.** Amusant, piquant, malicieux. *Une réponse spirituelle.* – Lat. ecclés. *spirit(u)alis*, du class. *spiritus*, «esprit»; sens II, correspond à *esprit* au sens II, 4.

spirituellement [spiʀitɥɛlmɑ̃] adv. De façon spirituelle. – De *spirituel* (sens II).

spiritueux, euse [spiʀitɥø, øz] adj. ADMIN Qui contient de l'alcool. ▷ n. m. Boisson qui contient une grande quantité d'alcool. *Commerce des vins et spiritueux.* – Du lat. *spiritus*, «esprit».

spirochète [spiʀɔkɛt] n. m. MICROB Bactérie non pathogène vivant dans l'eau. ▷ *Les spirochètes* : ancien groupe de bactéries qui comprenait les leptospires et les tréponèmes (pathogènes). – Du gr. *speira*, «spire», et *khaitê*, «longs cheveux, crinière».

spirochétose [spiʀɔketoz] n. f. MED Affection due à un leptospire ou à un tréponème. – De *spirochète*.

spirographe [spiʀɔgʀaf] n. m. ZOOL Ver marin sédentaire qui vit dans un tube membraneux qu'il sécrète. – Lat. zool. *spirographis*, de *spira*, «spire», et *graphis*, «pinceau», à cause de ses fines branchies étalées en panache.

spiroïdal, ale, aux [spiʀɔidal, o] adj. Didac. En spirale, proche de la forme d'une spirale. – Gr. *speiroeidês*, de *speira*, «spire».

spiromètre [spiʀɔmɛtʀ] n. m. MED Instrument servant à mesurer la capacité respiratoire des poumons. – Du lat. *spirare*, «respirer», et *-mètre*.

spirorbe [spiʀɔʀb] n. m. ZOOL Ver marin sédentaire, annélide polychète de petite taille, qui vit dans un tube calcaire spiralé fixé sur des algues, des cailloux, etc. – Du lat. zool. *spirorbis*, de *spira*, «spire», et *orbis*, «cercle».

spiruline [spiʀylin] n. f. Algue bleue des eaux peu profondes d'Afrique et du Mexique, comestible, à forte teneur en protéines. – Lat. bot. *spirulina*.

splanchnique [splɑ̃knik] adj. ANAT *Nerfs splanchniques* ou n. m., *les splanchniques* : nerfs du système végétatif qui innervent les viscères. – Gr. *splagkhnikos*, de *splagkhnon*, «viscère».

splanchnologie [splɑ̃knɔlɔʒi] n. f. Didac. Partie de l'anatomie qui traite des viscères. – Du gr. *splagkhnon*, «viscère», et de *-logie*.

spleen [splin] n. m. Litt. Ennui que rien ne paraît justifier, mélancolie. *Avoir le spleen.* – Mot angl., propr. «rate», parce que les Anciens en faisaient le siège de la mélancolie; lat. d'orig. gr. *splen*.

splendeur [splɑ̃dœʀ] n. f. **1.** Beauté d'un grand éclat, magnificence. *La splendeur d'une décoration.* ▷ Plein essor, gloire éclatante (d'un pays, d'une époque, etc.). *La splendeur du règne de Louis XIV.* **2.** Chose splendide. *Ce palais est une splendeur.* – Lat. *splendor*.

splendide [splɑ̃did] adj. **1.** Très beau, d'une beauté éclatante. Syn. superbe. *Un soleil splendide. Un splendide athlète.* **2.** Somptueux, luxueux. *Une réception splendide.* – Lat. *splendidus*.

splendidement [splɑ̃didmɑ̃] adv. Litt. Avec splendeur, magnifiquement. – De *splendide*.

splénectomie [splenɛktɔmi] n. f. CHIR Ablation de la rate. – Du gr. *splên*, «rate», et de *-ectomie*.

splénique [splenik] adj. ANAT Qui se rapporte à la rate. – Lat. *splenicus*, du gr. *splên*, «rate».

splénite [splenit] n. f. MED Inflammation de la rate. – Du gr. *splên*, «rate», et de *-ite* 1.

splénomégalie [splenɔmegali] n. f. MED Augmentation du volume de la rate. – Du gr. *splên*, «rate», et de *-mégalie*.

spoliateur, trice [spɔljatœʀ, tʀis] adj. et n. Qui spolie. *Mesure spoliatrice.* ▷ Subst. *Les spoliateurs de la Pologne.* – Lat. *spoliator*.

spoliation [spɔljasjɔ̃] n. f. Action de spolier; résultat de cette action. – Lat. *spoliatio*.

spolier [spɔlje] v. tr. [2] Dépouiller, déposséder par force ou par fraude. – Lat. *spoliare*.

spondaïque [spɔ̃daik] adj. POET *Hexamètre spondaïque* ou n. m., *un, le spondaïque* : hexamètre grec ou latin dont le 5ᵉ pied est un spondée. – Bas lat. *spondaicus*, du class. *spondeus*, «spondée».

spondée [spɔ̃de] n. m. POET Pied composé de deux syllabes longues. – Lat. d'orig. gr. *spondeus*.

spondias [spɔ̃djas] n. m. BOT Arbre tropical (genre *Spondias*, fam. thérébinthacées), aux feuilles composées, dont certaines espèces portent des fruits comestibles. – Mot gr. «prunier sauvage».

spondylarthrite [spɔ̃dilaʀtʀit] n. f. MED *Spondylarthrite ankylosante* : affection rhumatismale chronique se traduisant par une ankylose douloureuse de la colonne vertébrale. – Du lat. *spondylus*, «vertèbre», et de *arthrite*.

spondyle [spɔ̃dil] n. m. Vx Vertèbre. – Lat. d'orig. gr. *spondylus*.

spongiaires [spɔ̃ʒjɛʀ] n. m. pl. ZOOL Embranchement d'animaux pluricellulaires primitifs comprenant les éponges. – Sing. *Un spongiaire.* – Du lat. *spongia*, «éponge».

ENCYCL Dépourvus d'organes ou d'appareils définis, les spongiaires n'ont qu'un système nerveux rudimentaire, diffus. La paroi du corps est parcourue de nombreux canaux qui, permettant la circulation de l'eau, assurent l'apport d'oxygène et des particules alimentaires.

spongieux, euse [spɔ̃ʒjø, øz] adj. **1.** Qui rappelle l'éponge par sa consistance, son aspect. *Corps spongieux.* **2.** Qui s'imbibe d'eau comme une éponge. *Sol spongieux.* – Lat. *spongiosus*.

spongille [spɔ̃ʒil] n. f. ZOOL Éponge d'eau douce (genre *Spongilla*). – Lat. scientif. mod. *spongilla*, du class. *spongia*, «éponge».

spongiosité [spɔ̃ʒjɔzite] n. f. Caractère de ce qui est spongieux. – De *spongieux*.

sponsor [spɔnsɔʀ] n. m. (Anglicisme) Personne privée ou morale qui pratique le mécénat d'entreprise. Syn. (off. recommandé) commanditaire. – Mot angl., « garant », emprunté au lat.

sponsoring [spɔnsɔʀiŋ] n. m. (Anglicisme) Syn. de *mécénat d'entreprise*. – Mot angl., ppr. subst. de *to sponsor*, « sponsoriser ».

sponsorisation [spɔ̃sɔʀizasjɔ̃] n. f. Syn. de *parrainage*. – De *sponsoriser*.

sponsoriser [spɔ̃(n)sɔʀize] ou **sponsorer** [spɔ̃(n)sɔʀe] v. tr. [1] Parrainer et financer à des fins publicitaires (un sportif, une équipe, etc.). Syn. (off. recommandé) commanditer. – Francisation de l'angl. *to sponsor*.

spontané, ée [spɔ̃tane] adj. **1.** Que l'on fait librement, volontairement, sans y être contraint. *Aveu spontané.* **2.** Qui agit, parle sous l'impulsion de ses pensées, de ses sentiments, sans calcul ni réflexion. *Un enfant spontané.* – Par ext. *Un rire spontané.* **3.** Qui se produit, qui existe de soi-même, sans avoir été provoqué. *Théorie de la génération* spontanée.* – BOT *Végétation spontanée*, qui pousse sans avoir été semée par l'homme. – Bas lat. *spontaneus*, du class. *spons, spontis*, « volonté ».

spontanéisme [spɔ̃taneism] n. m. POLIT Doctrine de certains groupes d'extrême gauche qui font essentiellement confiance à la spontanéité révolutionnaire des masses. – De *spontané*.

spontanéité [spɔ̃taneite] n. f. Caractère de ce qui est spontané. – De *spontané*.

spontanément [spɔ̃tanemɑ̃] adv. De façon spontanée. – De *spontané*.

sporadicité [spɔʀadisite] n. f. Didac. Caractère de ce qui est sporadique. – De *sporadique*.

sporadique [spɔʀadik] adj. **1.** MED Se dit d'une maladie qui touche quelques individus isolément (par oppos. à *épidémique, endémique*). **2.** SC NAT *Espèces sporadiques*, dont les individus sont épars. **3.** *Par ext.*, cour. Qui apparaît, se produit par cas isolés, d'une manière irrégulière. *Phénomène sporadique.* – Gr. *sporadikos*, de *sporas*, « épars », de *speirein*, « semer ».

sporadiquement [spɔʀadikmɑ̃] adv. D'une manière sporadique. – De *sporadique*.

sporange [spɔʀɑ̃ʒ] n. m. BOT Organe des végétaux cryptogames, à paroi pluricellulaire, où se forment les spores. V. sporocyste. – De *spore*, et du gr. *aggos*, « vase ».

spore [spɔʀ] n. f. BIOL, BOT Élément reproducteur de la plupart des végétaux cryptogames (algues, champignons, mousses, etc.), de divers protozoaires et bactéries. *Spores unicellulaires, pluricellulaires.* – Gr. *spora*, « semence ».

ENCYCL Les spores sont soit des éléments de propagation de l'organisme qui leur a donné naissance, soit des éléments de résistance pourvus d'une épaisse coque protectrice plus ou moins imperméable. Elles peuvent être haploïdes ou diploïdes, mobiles ou immobiles, flagellées, etc. Chez les cryptogames, les *méiospores* (haploïdes) sont remarquables : produites par le sporophyte (diploïde) à la suite d'une méiose, elles donnent naissance aux gamétophytes (haploïdes); ce cycle est donc un *cycle de reproduction sexuée*.

sporifère [spɔʀifɛʀ] adj. BOT Qui porte des sporanges ou des sporocystes. – De *spore*, et *-fère*.

sporocyste [spɔʀɔsist] n. m. BOT Cellule dont l'enveloppe, contrairement au sporange, est uniquement constituée par la paroi de la cellule mère des spores et qui donne des spores par méiose. – De *spore*, et *-cyste*.

sporogone [spɔʀɔgɔn] n. m. BOT Appareil producteur des spores, chez les mousses, qui se développe en parasitant le gamétophyte. – De *spore*, et *-gone*.

sporophyte [spɔʀɔfit] n. m. BOT Individu végétal diploïde, issu du développement de l'œuf fécondé et qui donne, à maturité, des spores haploïdes. Ant. gamétophyte. – De *spore*, et *-phyte*.

sporozoaires [spɔʀɔzɔɛʀ] n. m. pl. ZOOL Sous-embranchement de protozoaires (coccidies, notam.) dépourvus d'appareil locomoteur à l'état adulte, parasites des cellules animales. – Sing. *Un sporozoaire.* – De *spore*, et *-zoaire*.

sport [spɔʀ] n. m. et adj. inv. **I.** n. m. **1.** Activité physique, qui a pour but la compétition, l'hygiène ou la simple distraction. *Pratiquer un sport. Faire du sport.* ▷ *De sport* : conçu pour le sport. *Terrain de sport. Chaussures de sport.* **2.** Ensemble des disciplines sportives impliquant certaines règles et pratiquées par des amateurs ou des professionnels. *La part du budget de l'État consacrée au sport.* ▷ Chacune de ces disciplines. *Sports d'équipe et sports individuels. Sports d'hiver. Sports de combat.* **3.** Fig., fam. Chose, entreprise difficile, qui demande une grande dépense de forces. *C'est du sport de le faire travailler!* ▷ Agitation, bagarre. *Il va y avoir du sport!* **II.** adj. inv. **1.** Se dit d'un style de vêtements confortables et pratiques. *Tenue sport et tenue habillée.* **2.** *Être sport* : se montrer loyal, beau joueur. *Il est très sport en affaires.* – Mot angl., de l'a. fr. *desport, déport*, « amusement », de l'anc. v. *se déporter*, « s'amuser ».

sportif, ive [spɔʀtif, iv] adj. et n. **1.** Relatif au sport, à un sport. *Compétition sportive. Association sportive.* ▷ Qui implique une certaine activité, un certain effort physique. *La pêche l'ennuie, il trouve que ce n'est pas assez sportif.* **2.** Qui aime le sport, qui pratique le sport. *Un garçon sportif.* – Subst. *Alimentation des sportifs.* ▷ Par ext. *Allure sportive*, de qqn qui pratique ou semble pratiquer un sport. **3.** (Sens moral.) Qui respecte les règles du sport, qui est beau joueur. *Comportement sportif.* Syn. fair-play. – De *sport*.

sportivement [spɔʀtivmɑ̃] adv. Avec un esprit sportif (sens 3). *Admettre sportivement sa défaite.* – De *sportif*.

sportivité [spɔʀtivite] n. f. Esprit sportif, qualité d'une personne qui se montre sportive (sens 3). – De *sportif*.

sportule [spɔʀtyl] n. f. ANTIQ Don en espèces ou en nature fait quotidiennement à Rome par les patrons (sens I, 1) à leurs clients (sens 3). – Du lat. *sportula*, dimin. de *sporta*, « panier ».

sporulation [spɔʀylasjɔ̃] n. f. BIOL, BOT Ensemble des phénomènes conduisant à la formation de spores. – De *sporule*.

sporule [spɔʀyl] n. f. BIOL, BOT Anc. syn. de *spore*. – Du gr. *spora*, « ensemencement ».

sporuler [spɔʀyle] v. intr. [1] BIOL Produire des spores. – De *sporule*.

spot [spɔt] n. m. (Anglicisme) **1.** PHYS Tache lumineuse en mouvement sur un écran cathodique (oscilloscope, téléviseur, etc.). **2.** TECH Appareil d'éclairage à faisceau lumineux de faible ouverture. *Vitrine éclairée de nombreux spots.* Syn. projecteur directif. **3.** AUDIOV Court message publicitaire. – Mot angl., « tache, point ».

sprat [spʀat] n. m. Poisson clupéiforme commun sur les côtes européennes (genre *Sprattus*), proche parent du hareng, mais dont la longueur ne dépasse pas 15 cm. Syn. harenguet. – Mot angl.

spray [spʀɛ] n. m. (Anglicisme) Nuage ou jet de liquide vaporisé en fines gouttelettes. – Vaporisateur, atomiseur. *Déodorant, insecticide en spray.* – Mot angl., proprement « embrun ».

springbok [spʀiŋbɔk] n. m. Antilope sauteuse (*Antidorcas marsupialis*) d'Afrique du S., aux cornes en forme de lyre. – Mot holl., « bouc sauteur ».

sprinkler [spʀinklœʀ] n. m. (Anglicisme) TECH **1.** Système d'arrosage tournant. **2.** Système de projection automatique de liquide au-dessus d'un certain seuil de température, pour prévenir les incendies. – Mot angl., de *to sprinkle*, « arroser ».

sprint [spʀint] n. m. (Anglicisme) **1.** Accélération de l'allure à la fin d'une course à pied, d'une course cycliste; fin d'une course. *Réserver ses forces pour le sprint.* ▷ Fam. *Piquer un sprint* : courir à toute allure sur une courte distance (cf. *piquer un cent mètres*). **2.** Course de vitesse sur une petite distance. – Mot angl.

1. sprinter [spʀintœʀ] n. m. **1.** Coureur de sprint. **2.** Coureur à pied, coureur cycliste qui donne le meilleur de lui-même au sprint, à la fin de la course. – Mot anglais.

2. sprinter [spʀinte] v. intr. [1] Effectuer un sprint. – De *sprint.*

sprue [spʀy] n. f. MED Maladie chronique de l'intestin, accompagnée de diarrhée. *Sprue tropicale*, d'origine parasitaire et carentielle. – Mot angl.

spumescent, ente [spymɛsɑ̃, ɑ̃t] adj. Didac. Qui produit de l'écume; qui en a l'aspect. – Lat. *spumescens, spumescentis*, de *spumescere*, « devenir écumeux », de *spuma*, « écume ».

spumeux, euse [spymø, øz] adj. Didac. Qui a l'aspect de l'écume. – Lat. *spumosus*, « écumeux ».

spumosité [spymɔzite] n. f. Didac. Caractère de ce qui est spumeux. – De *spumeux.*

squale [skwal] n. m. Didac. Requin. – Lat. *squalus.*

squaliformes [skwalifɔʀm] n. m. pl. ZOOL Sous-ordre de sélaciens comprenant les requins (par oppos. aux *rajiformes* : les raies). – Sing. *Un squaliforme.* – De *squale*, et *-forme.*

squamates [skwamat] n. m. pl. ZOOL Ordre de reptiles comprenant les serpents et les lézards. – Sing. *Un squamate.* – Dér. sav., du lat. *squama*, « écaille ».

squame [skwam] n. f. **1.** SC NAT Écaille. **2.** MED Lamelle qui se détache de la peau. – Lat. *squama*, « écaille ».

squameux, euse [skwamø, øz] adj. **1.** Qui est formé ou recouvert d'écailles. **2.** MED Caractérisé par la présence de squames. – De *squame.*

squamule [skwamyl] n. f. SC NAT Petite écaille. *Squamules des ailes des papillons.* – Lat. *squamula*, dimin. de *squama*, « écaille ».

square [skwaʀ] n. m. Jardin public généralement entouré d'une grille. – Mot angl., « carré », de l'a. fr. *esquarre*, « carré ».

squash [skwaʃ] n. m. Sport qui se pratique avec une petite balle de caoutchouc et une raquette à manche long et mince, dans une salle fermée où les deux joueurs utilisent les murs pour le rebond. – Mot angl.

squat [skwat] n. m. (Anglicisme) Immeuble ou maison désaffectés, occupés par des squatters. *Bande de dealers occupant des squats.* – Mot angl., de *to squat*, « s'accroupir, se blottir ».

1. squatter [skwatœʀ] n. m. HIST Pionnier qui allait s'établir dans les contrées non encore défrichées des É.-U. – Mot anglo-amér., de *to squat*; V. squat.

2. squatter [skwate] ou (abusiv.) **squattériser** [skwateʀize] v. tr. [1] Occuper illégalement un logement vacant. – De *squat.*

squatteur, euse [skwatœʀ, øz] n. Personne qui occupe illégalement un logement vacant. – De *squat.*

squaw [skwo] n. f. Femme mariée, chez les Indiens d'Amérique du N. – Mot amérindien, transmis par l'amér.

squeeze [skwiz] n. m. JEU Au bridge, manière de jouer qui contraint l'équipe adverse à se défausser d'une carte maîtresse ou de sa garde. – Mot angl., de *to squeeze*, « serrer, presser ».

squeezer [skwize] v. [1] **1.** v. intr. JEU Pratiquer un squeeze, au bridge. ▷ v. tr. *Squeezer l'adversaire.* **2.** v. tr. Cour. *Squeezer qqn*, remporter un avantage sur lui en l'acculant, en ne lui laissant aucune échappatoire. – De *squeeze.*

squelette [skəlɛt] n. m. **1.** Ensemble des éléments qui constituent la charpente du corps et des vertébrés. *Le squelette humain pèse de 3 à 6 kg et comprend 198 os. Squelette externe des mollusques, des insectes* : exosquelette*. ▷ Ensemble des os d'un corps mort et décharné. **2.** Fig., fam. Personne très maigre. *C'est un vrai squelette, un squelette ambulant.* **3.** CHIM Ensemble d'atomes formant une chaîne dans une molécule. *Squelette carboné des molécules organiques.* **4.** Fig. Armature, charpente, carcasse. *Le squelette d'un navire, d'un avion.* ▷ Plan général (d'une œuvre). *Squelette d'un exposé, d'un roman.* – Gr. *skeleton*, de l'adj. *skeletos*, « desséché ».

squelettique [skəlɛtik] adj. **1.** ANAT Relatif au squelette. **2.** À qui la maigreur donne l'aspect d'un squelette. *Sa maladie l'a rendu squelettique.* **3.** Fig. D'une concision excessive. *Un rapport squelettique.* – De *squelette.*

squille [skij] n. f. ZOOL Crustacé comestible caractérisé par une tête soudée au thorax et un abdomen hypertrophié, dont les diverses espèces forment un ordre de malacostracés. (La taille des squilles va de celle d'une crevette à celle d'un homard.) – Lat. *squilla.*

squire [skwajəʀ] n. m. Rare Noble de petite noblesse, en Angleterre. – Mot angl., de l'anc. fr. *esquier*, « écuyer ».

squirre ou **squirrhe** [skiʀ] n. m. MED Épithélioma accompagné d'une sclérose et d'une rétraction locales, qui touche surtout le sein. – Gr. *skirrhos.*

squirreux ou **squirrheux, euse** [skiʀø, øz] adj. MED Qui est de la nature du squirre, qui en présente l'aspect. – De *squirre.*

sr PHYS Symbole du stéradian.

Sr CHIM Symbole du strontium.

sri lankais, aise [sʀilɑ̃kɛ, ɛz] adj. et n. Du Sri Lanka, État insulaire de l'Asie méridionale. ▷ Subst. *Un(e) Sri Lankais(e).*

1. S.S. Abrév. de *Sa Sainteté*, ou de *Sa Seigneurie.*

2. S.S. [ɛsɛs] n. **1.** n. f. HIST Organisation de police militarisée de l'Allemagne national-socialiste. ▷ *La Waffen S.S.* : ensemble des unités composées de membres de la S.S., qui combattaient sur le front. **2.** n. m. Membre de cette organisation. *Un S.S., les S.S.* – Initiales de l'all. *Schutz-Staffel*, « échelon de protection ».

Stabat Mater [stabatmatɛʀ] n. m. inv. LITURG CATHOL Prose chantée à l'église le vendredi saint, qui rappelle les souffrances de la Vierge pendant le crucifiement de Jésus. ▷ Composition musicale écrite sur ces mots. – Mots lat., « la mère se tenait debout ».

stabilisant, ante [stabilizɑ̃, ɑ̃t] adj. CHIM Se dit d'un additif servant à ralentir une réaction. ▷ n. m. *Un stabilisant.* – Ppr. de *stabiliser.*

stabilisateur, trice [stabilizatœʀ, tʀis] adj. **1.** Qui donne de la stabilité. ▷ n. m. TECH Appareil servant à améliorer la stabilité d'un engin, d'un véhicule, à assurer la permanence d'un fonctionnement. *Un stabilisateur de tirage.* **2.** CHIM Syn. de *stabilisant.* – De *stabiliser.*

stabilisation [stabilizasjɔ̃] n. f. Action de stabiliser; son résultat. – De *stabiliser.*

stabiliser [stabilize] v. tr. [1] Rendre stable. *Stabiliser une monnaie.* ▷ TRAV PUBL *Stabiliser un sol*, augmenter sa dureté, sa résistance par l'adjonction de liants ou par compactage. - Pp. adj. *Accotements stabilisés.* ▷ v. pron. Devenir stable. – De *stable.*

stabilité [stabilite] n. f. **1.** Qualité de ce qui est stable, solide. *Stabilité d'un édifice.* ▷ Fig. Qualité de ce qui est durable, bien assis. *La stabilité des institutions.* **2.** Suite dans les idées, constance. *Un esprit qui manque de stabilité.* **3.** PHYS, CHIM Caractéristique d'un système en état d'équilibre stable. – Lat. *stabilitas.*

stable [stabl] adj. **1.** Qui a une base ferme, solide. *Édifice stable. Cet escabeau n'est pas stable.* **2.** Qui est et demeure dans le même état, la même situation. *Valeurs stables.* Syn. constant, permanent, durable. **3.** CHIM *Composé stable*, qui conserve ses caractéristiques dans un large éventail de températures et de pressions. **4.** MATH *Partie stable d'un ensemble E* (pour une loi de composition donnée) : partie de E telle que le composé de tout couple d'éléments de cette partie appartient encore à cette partie. – Lat. *stabilis.*

stabulation [stabylasjɔ̃] n. f. Didac. Séjour des animaux à l'étable. – Lat. *stabulatio*, de *stabulum*, « séjour, étable ».

staccato, plur. **atos** ou vieilli **ati** [stakato, ati] adv. MUS En détachant les notes. Ant. legato. ▷ n. m. Passage devant être joué en détachant les notes. – Mot ital., « détaché ».

stade [stad] n. m. **I. 1.** ANTIQ GR Mesure de longueur valant environ 180 m. ▷ Enceinte comprenant une piste de cette longueur, sur laquelle on disputait des courses à pied. **2.** Mod. Terrain spécialement aménagé pour la pratique des sports, généralement entouré de gradins. **II. 1.** MED Phase dans l'évolution d'une maladie, d'un processus biologique. ▷ PSYCHAN Phase dans l'évolution de la libido de l'enfant. *Stade oral, sadique-anal, phallique* : V. encycl. sexualité. **2.** *Par ext.* Période, phase d'une évolution. *Les stades d'une carrière.* – Lat. *stadium*, gr. *stadion.*

stadhouder. V. stathouder.

stadia [stadja] n. m. TECH Mire graduée des géomètres, des arpenteurs. – Probabl. du fém. du gr. *stadios*, « qui se tient debout, tout droit ».

1. staff [staf] n. m. TECH Matériau fait de plâtre à modeler, armé d'une matière fibreuse (filasse, toile de jute) et servant à réaliser des décors (moulures, corniches, faux plafonds, etc.). – Mot all., de *staffieren*, « garnir », de l'anc. fr. *estoffer*, « rembourrer ».

2. staff [staf] n. m. (Anglicisme) Ensemble des conseillers et des collaborateurs directs d'un homme d'affaires, d'un homme politique ; ensemble du personnel d'une entreprise. – Mot anglo-amér., « état-major ».

staffer [stafe] v. tr. [1] TECH Construire en staff. – De *staff* 1.

staffeur [stafœʀ] n. m. TECH Plâtrier spécialisé dans la pose des ouvrages en staff. – De *staffer.*

stage [staʒ] n. m. **1.** Anc. Temps de résidence imposé à un nouveau chanoine avant qu'il pût jouir des revenus attachés à sa prébende. **2.** Période d'études pratiques dont les aspirants à certaines professions doivent justifier pour être admis à les exercer. *Stage pédagogique. Stage d'un avocat.* **3.** Période de travail salarié dans une entreprise ou un service, qui a pour but la formation ou le perfectionnement dans une spécialité. – Lat. médiév. *stagium*, a. fr. *estage*, « séjour ».

stagflation [stagflasjɔ̃] n. f. ECON Situation économique d'un pays où coexistent la stagnation de l'activité économique et l'inflation. – Mot amér. formé par coupe syllabique de *stag(nation)*, et *(in)flation.*

stagiaire [staʒjɛʀ] adj. et n. Qui fait un stage. *Avocat stagiaire. Employer des stagiaires.* – De *stage.*

stagnant, ante [stagnɑ̃, ɑ̃t] adj. **1.** Qui ne coule pas, qui forme marécage. *Eaux stagnantes.* **2.** Fig. Qui ne marque aucune activité, aucune évolution ; qui ne fait aucun progrès. – Lat. *stagnans, stagnantis*, de *stagnare*, « stagner ».

stagnation [stagnasjɔ̃] n. f. Fait de stagner ; état d'un fluide stagnant. *Stagnation des eaux.* ▷ Fig. État d'inertie, d'inactivité, d'immobilité de ce qui stagne. *Stagnation des idées.* – Du lat. *stagnatum*, de *stagnare*, « stagner ».

stagner [stagne] v. intr. [1] **1.** Ne pas s'écouler, en parlant d'un fluide. *Eaux qui stagnent.* **2.** Fig. Ne marquer aucune activité. *Les affaires stagnent.* – Lat. *stagnare.*

stakhanovisme [stakanɔvism] n. m. HIST En U.R.S.S. et dans les pays socialistes, méthode qui doit son nom au mineur A.G. Stakhanov (1905-1977), appliquée de 1930 à 1950 environ et destinée à augmenter le rendement du travail, fondée sur le principe d'émulation ; on apprit, en 1988, qu'il s'agissait en réalité d'une manipulation reposant sur des données falsifiées. – Du nom du mineur russe *Stakhanov* (1905-1977), qui, en août 1935, parvint à extraire 102 t de charbon en un peu moins de 6 heures.

stakhanoviste [stakanɔvist] adj. et n. **1.** adj. Relatif au stakhanovisme. **2.** n. Adepte du stakhanovisme. – De *stakhanovisme.*

stakning [stakniŋ] n. m. SPORT En ski de fond, façon de se propulser en avant en plantant simultanément les deux bâtons. – Mot norvégien.

stalactite [stalaktit] n. f. **1.** Concrétion calcaire pendante. *Les stalactites se forment sur le plafond des grottes, en région calcaire.* **2.** ARCHI Ornement en forme de stalactite. – Du gr. *stalaktos*, « qui coule goutte à goutte ».

stalag [stalag] n. m. Camp de prisonniers en Allemagne, réservé aux hommes de troupe et aux sous-officiers, pendant la guerre de 1940-1945. *Des stalags.* – Mot all., abrév. de *Stammlager*, propr. « camp d'origine ».

stalagmite [stalagmit] n. f. GEOL Concrétion calcaire conique, dressée, qui se forme sur le sol d'une grotte, sous une stalactite. *Les stalagmites, à la différence des stalactites, sont dépourvues de canal central.* – Du gr. *stalagmos*, « écoulement goutte à goutte ».

stalagmomètre [stalagmɔmɛtʀ] n. m. PHYS Instrument constitué essentiellement d'un tube capillaire, qui sert à mesurer la tension superficielle des liquides. – Du gr. *stalagmos*, « écoulement goutte à goutte », et *-mètre.*

stalagmométrie [stalagmɔmetʀi] n. f. PHYS Mesure de la tension superficielle des liquides à l'aide du stalagmomètre. (V. tension.) – De *stalagmomètre.*

stalinien, enne [stalinjɛ̃, ɛn] adj. et n. Relatif à Staline, au stalinisme. ▷ n. Partisan de Staline et du stalinisme. – Du n. de *Staline* (V. ci-dessous).

stalinisme [stalinism] n. m. Mode de gouvernement despotique tel qu'il fut pratiqué en U.R.S.S. sous Staline. – Du n. de *Staline* (1879-1953), homme d'État soviétique.

stalle [stal] n. f. **1.** Chacun des sièges de bois à haut dossier disposés sur les deux côtés du chœur d'une église, et réservés au clergé. **2.** Chacun des compartiments distincts assignés aux chevaux, dans une écurie. - *Par ext.* Compartiment destiné au parcage d'une automobile. Syn. box (anglicisme off. déconseillé). – Lat. médiév. *stallum*, latinisation de l'a. fr. *estal*, frq. **stal.*

staminal, ale, aux [staminal, o] adj. BOT Relatif aux étamines. *Filet staminal.* – Du lat. *stamen, staminis*, « étamine ».

staminé, ée [stamine] adj. BOT *Fleur staminée*, pourvue d'étamines. – Du lat. *stamen, staminis*, « étamine ».

staminifère [staminifɛʀ] adj. BOT Qui porte des étamines. – Du lat. *stamen, staminis,* «étamine», et de *-fère.*

stance [stɑ̃s] n. f. **1.** LITTER Vx Groupe de vers formant un système de rimes complet. Syn. mod. strophe. **2.** (Plur.) Pièce de poésie composée de stances (sens 1), d'inspiration philosophique, religieuse ou élégiaque. – Ital. *stanza.*

1. stand [stɑ̃d] n. m. *Stand de tir* ou *stand* : lieu aménagé pour le tir à la cible. – Mot suisse all.

2. stand [stɑ̃d] n. m. **1.** Dans une exposition, espace réservé à un exposant, à une catégorie de produits. **2.** *Stand de ravitaillement :* dans un circuit de course automobile, emplacement réservé pour le ravitaillement et les réparations. – Mot angl.

1. standard [stɑ̃daʀ] n. m. et adj. inv. **I.** n. m. **1.** Modèle, type, norme de fabrication. **2.** *Standard de vie* (calque de l'angl. *standard of living*) : niveau de vie. **3.** MUS Un des grands classiques du jazz. **II.** adj. inv. Qui fait partie d'une production d'éléments normalisés; de série courante. *Modèle standard.* ▷ Fig. Qui ne se distingue pas par un trait d'originalité particulier; ordinaire, courant. *Un visage et une silhouette standard.* – Mot angl., «étalon, type, degré, niveau», de l'a. fr. *estandard,* du frq. *standhard,* «inébranlable».

2. standard [stɑ̃daʀ] n. m. Dispositif permettant de brancher les différents postes d'une installation téléphonique intérieure de quelque importance (entreprises, administrations, etc.) sur le réseau urbain, ou de mettre ces postes en communication entre eux. – Mot angl., «support, panneau».

standardisation [stɑ̃daʀdizasjɔ̃] n. f. Unification, uniformisation de tous les éléments d'une production. V. normalisation. – De *standardiser.*

standardiser [stɑ̃daʀdize] v. tr. [1] **1.** Rendre conforme à un standard; normaliser. **2.** Fig. Uniformiser. – Pp. adj. *Comportements sociaux standardisés.* – De *standard* 1.

standardiste [stɑ̃daʀdist] n. Téléphoniste assurant le service d'un standard. – De *standard* 2.

stand-by [stɑ̃dbaj] n. m. inv. (Anglicisme) *Passager (en) stand-by :* passager qui, n'ayant pas de réservation ferme sur un vol donné, est inscrit sur une liste d'attente et n'embarque qu'au cas où une place se libère en dernière minute. – De l'angl. *stand-by passenger,* de *to stand by,* «se tenir prêt».

standing [stɑ̃diŋ] n. m. (Anglicisme) Position sociale élevée; ensemble des éléments du train de vie marquant une telle position. *Avoir un bon standing.* ▷ (Choses) Confort, luxe. *Immeuble de grand standing.* – Mot angl., «situation, position».

stannate [stanat] n. m. Sel d'un acide stannique. – Du bas lat. *stannum,* «étain».

stanneux, euse [stanø, øz] adj. CHIM Se dit des composés de l'étain au degré d'oxydation 2 (*stannates II,* dans la nomenclature actuelle). – Du bas. lat. *stannum,* «étain».

stannifère [stanifɛʀ] adj. MINER Qui contient de l'étain. – Du bas lat. *stannum,* «étain», et de *-fère.*

stannique [stanik] adj. CHIM Se dit des composés de l'étain au degré d'oxydation 4 (*stannates IV,* dans la nomenclature actuelle). – Du bas lat. *stannum,* «étain», et *-ique.*

staphisaigre [stafizɛgʀ] n. f. BOT Delphinium vénéneux (fam. renonculacées) des régions méditerranéennes. – Lat. *staphis agria,* mots gr., propr. «raisin sauvage».

staphylier [stafilje] n. m. BOT Arbuste (*Staphylæ pinnata*) à grappes de fleurs blanches, à fruits rouges comestibles. – Du gr. *staphulê,* «grappe de raisin mûr».

1. staphylin [stafilɛ̃] n. m. ENTOM Insecte coléoptère (genres *Staphylinus* et voisins) aux élytres courts, à l'abdomen découvert et souvent relevé pendant la marche. – Du gr. *staphulinos,* de *staphulê,* «grappe de raisin mûr», par analogie de forme.

2. staphylin, ine [stafilɛ̃, in] adj. ANAT De la luette, qui a rapport à la luette. – Du gr. *staphulê,* «luette».

staphylinidés [stafilinide] n. m. pl. ENTOM Vaste famille de coléoptères (26 000 espèces) répandue dans le monde entier, dont le staphylin est le type. – Sing. *Un staphylinidé.* – De *staphylin* 1.

staphylococcie [stafilokɔksi] n. f. MED Infection à staphylocoques. *Principales staphylococcies : furoncle, anthrax, phlegmon du rein, abcès du poumon, pleurésie, septicémie à staphylocoques.* – De *staphylocoque.*

staphylocoque [stafilokɔk] n. m. MED et cour. Bactérie de forme ronde, dont les individus sont groupés en amas évoquant des grappes de raisin; ce sont les agents de diverses infections, notam. cutanées. – Lat. scientif. *staphylococcus,* du gr. *staphulê,* «grappe de raisin mûr».

staphylome [stafilom] n. m. MED Saillie pathologique de la cornée, due en général à une inflammation ou à un traumatisme. – Bas lat. d'orig. gr. *staphyloma.*

star [staʀ] n. f. (Anglicisme) Vedette de cinéma. – Mot angl., propr. «étoile».

starets [staʀɛts] ou **stariets** [staʀjɛts] n. m. HIST Dans l'ancienne Russie, religieux contemplatif, ascète qui jouait le rôle de guide spirituel. – Mot russe, «vieillard».

starlette [staʀlɛt] n. f. Jeune actrice de cinéma (qui espère devenir une star). – Dimin. de *star.*

staroste [staʀɔst] n. m. HIST **1.** En Pologne, seigneur qui tenait en fief un domaine de la couronne, contre redevance. **2.** Chef de l'administration du mir*, dans la Russie tsariste. – Polonais *starosta.*

star-system [staʀsistɛm] n. m. (Anglicisme) Organisation de la production et de la distribution cinématographiques fondée sur le culte de la star, de la vedette. *Des star-systems.* – Mots angl., «système de la vedette».

starter [staʀtɛʀ] n. m. **1.** SPORT, TURF Personne qui donne le signal du départ dans une course. **2.** Dispositif qui facilite le démarrage d'un moteur à explosion en enrichissant temporairement le mélange gazeux en carburant. – Mot angl., de *to start,* «démarrer».

starting-block [staʀtiŋblɔk] n. m. (Anglicisme) SPORT Appareil constitué essentiellement de deux cales servant d'appui aux pieds d'un coureur, au départ des courses de vitesse. *Des starting-blocks.* Syn. (off. recommandé) bloc (cale) de départ, marque. – Mot angl., propr. «bloc de départ».

starting-gate [staʀtiŋgɛt] n. m. (Anglicisme) TURF Barrière que l'on relève pour donner le départ aux chevaux, dans une course. *Des starting-gates.* – Mot angl., propr. «barrière de départ».

stase [stɑz] n. f. MED Ralentissement important ou arrêt de la circulation d'un liquide dans l'organisme. – Gr. *stasis,* «arrêt».

-stat. Élément, du gr. *statos,* «stationnaire».

statère [statɛʀ] n. m. ANTIQ GR Monnaie d'argent (2 ou 4 drachmes). ▷ *Statère d'or :* monnaie macédonienne. – Bas lat. *stater,* d'orig. gr.

stathouder [statudɛʀ] ou **stadhouder** [stadudɛʀ] n. m. HIST Gouverneur de province, dans les Pays-Bas espagnols. ▷ Chef d'une ou de plusieurs provinces des Provinces-Unies, après la proclamation de l'indépendance. *La fonction de stathouder fut illustrée par la maison d'Orange qui, à partir de 1573, exerça le stathoudérat général, déclaré plus tard héréditaire dans sa famille.* – Mot néerl., «gouverneur»; de *houder* «qui tient»; et *stas* «la place».

stathoudérat [statudeʀa] n. m. HIST Titre, fonction de stathouder; temps pendant lequel cette fonction était exercée. – De *stathouder*.

statice [statis] n. m. BOT Plante (genre *Limonium*, fam. plombaginacées) à fleurs en épis colorés dont une espèce, la *lavande de mer* ou *immortelle bleue*, croît sur les sables des côtes atlantiques européennes. – Mot lat., gr. *statikê*, «herbe astringente».

station [stasjɔ̃] n. f. **1.** Action, fait de s'arrêter au cours d'un déplacement; pause en un lieu. *Faire une longue station devant une vitrine.* ▷ RELIG *Station du chemin de croix* : chacun des quatorze arrêts de Jésus pendant sa montée au Calvaire. – Tableau représentant l'une de ces scènes. **2.** Fait de se tenir (de telle façon); fait de se tenir (debout, dressé). *La station debout est pénible.* **3.** Lieu spécialement aménagé pour l'arrêt des véhicules. *Une station de taxis, d'autobus.* **4.** Lieu de villégiature, de vacances. *Station thermale, balnéaire, de sports d'hiver.* **5.** Installation, fixe ou mobile, destinée à effectuer des observations. *Station météorologique. Station spatiale* (ou *orbitale*) : vaste infrastructure spatiale destinée à assurer une présence permanente d'humains dans l'espace. **6.** Ensemble d'installations émettrices. *Station de radio, de télévision. Station pirate.* **7.** ASTRO *Planète en station*, qui, pour l'observateur terrestre, apparaît immobile. **8.** MAR *Station maritime* : subdivision d'un «quartier» confiée à un fonctionnaire des Affaires maritimes appelé *syndic des gens de mer.* **9.** Lieu de vie d'une espèce animale ou végétale. – Lieu groupant les conditions requises pour l'existence d'une espèce donnée. – Lat. *statio*, de *stare*, «se tenir debout, s'arrêter».

stationnaire [stasjɔnɛʀ] adj. et n. m. **I.** adj. **1.** Qui arrête son mouvement et reste un certain temps à la même place. ▷ PHYS *Système d'ondes stationnaires* : système vibratoire qui résulte de l'interférence d'ondes se propageant en sens contraires et caractérisé par des points d'amplitude nulle *(nœuds)* et des points d'amplitude maximale *(ventres).* **2.** Qui ne change pas, n'évolue pas. *L'état du blessé reste stationnaire.* **II.** n. m. MILIT Bâtiment de guerre qui assure une mission de surveillance sur une étendue de mer déterminée. – Lat. imp. *stationarius.*

stationnement [stasjɔnmɑ̃] n. m. Action, fait de stationner. *Parc de stationnement. Stationnement interdit.* – De *stationner.*

stationner [stasjɔne] v. intr. [1] S'arrêter et demeurer au même endroit. *Véhicule qui stationne sur le bas-côté d'une route. Défense de stationner.* – De *station.*

station-service [stasjɔ̃sɛʀvis] n. f. Poste de distribution d'essence où sont également assurés les travaux d'entretien courant des véhicules automobiles. *Des stations-service.* – D'ap. l'angl. *service station.*

statique [statik] n. f. et adj. **I.** n. f. PHYS Partie de la mécanique qui étudie les conditions auxquelles doit satisfaire un corps ou un système de corps pour rester immobile dans un repère donné (par oppos. à *dynamique*). *La statique des solides. La statique des fluides étudie l'équilibre des fluides au repos.* **II.** adj. **1.** Relatif à l'équilibre des forces. ▷ *Électricité statique.* **2.** Qui demeure dans le même état, qui n'évolue pas. *Société statique.* – Gr. *statikos.*

statiquement [statikmɑ̃] adv. D'une manière statique. – De *statique.*

statisticien, enne [statistisjɛ̃, ɛn] n. Spécialiste de la statistique. – De *statistique.*

statistique [statistik] n. f. et adj. **I.** n. f. **1.** MATH Branche des mathématiques appliquées qui a pour objet l'étude des phénomènes mettant en jeu un grand nombre d'éléments. **2.** Ensemble de données numériques concernant l'état ou l'évolution d'un phénomène qu'on étudie au moyen de la statistique (au sens 1). *Statistiques socio-économiques. Modèle statistique. Institut national de la statistique et des études économiques (INSÉÉ)* : organisme public chargé de nombreuses missions : recensements périodiques de la population, étude de la natalité, de la mortalité, etc.; étude de la production écon.; établissement mensuel de l'indice des prix, de la pyramide des salaires, etc. **3.** PHYS Loi qui décrit le comportement des systèmes de particules à l'aide des mathématiques statistiques. *Statistique de Fermi-Dirac.* **II.** adj. **1.** Qui se rapporte aux opérations et aux moyens de la statistique. *Évaluations statistiques.* **2.** PHYS *Mécanique statistique*, qui applique à l'étude des systèmes de particules les lois de la statistique. – Du lat. mod. *statisticus*, «relatif à l'État», probabl. d'ap. l'ital. *statista*, «homme d'État».

statistiquement [statistikmɑ̃] adv. D'après les statistiques, du point de vue de la statistique. – De *statistique.*

statocyste [statɔsist] n. m. ZOOL Chez de nombreux invertébrés, organe du sens de l'équilibre, constitué d'une vésicule tapissée intérieurement de cellules sensibles et contenant des granules dont la sédimentation renseigne les centres nerveux sur la position du corps par rapport à la verticale. – Du gr. *statos*, «stable», et *kustis*, «vessie».

stator [statɔʀ] n. m. TECH Partie fixe de certaines machines (moteurs électriques, turbines, etc.), par oppos. à la partie tournante, dite *rotor.* – Du lat. *status*, «fixé», d'ap. *rotor.*

statoréacteur [statoʀeaktœʀ] n. m. AVIAT Moteur à réaction sans organe mobile, constitué d'une entrée d'air, d'une chambre de combustion et d'une tuyère. – Du lat. *status*, «fixé», et de *réacteur.*

statuaire [statɥɛʀ] adj. et n. **I.** adj. Utilisé pour faire des statues. *Bronze statuaire.* **II.** n. **1.** n. f. Art de faire des statues. *La statuaire médiévale.* **2.** n. m. Sculpteur qui fait des statues. – Lat. *statuarius.*

statue [staty] n. f. Figure sculptée représentant en entier un être vivant. *Dresser, ériger une statue. La statue de la Liberté, par Bartholdi.* – Lat. *statua.*

statuer [statɥe] v. [1] **1.** v. tr. Vx Ordonner. **2.** v. intr. *Statuer sur* : prendre une décision quant à. *Statuer sur un cas particulier.* – Lat. *statuere.*

statuette [statɥɛt] n. f. Statue de petite taille. *Statuette de Tanagra.* – Dimin. de *statue.*

statufier [statyfje] v. tr. [2] Fam. Élever une statue à (qqn), le représenter par une statue. – De *statue*, et *-fier.*

statu quo [statykwo] n. m. inv. Situation actuelle, état actuel des choses. *Maintenir le statu quo.* – De la loc. lat. *in statu quo ante*, «dans l'état où (les choses étaient) auparavant».

stature [statyʀ] n. f. **1.** Taille d'une personne. *Haute stature.* **2.** Fig. Importance (de qqn). *La stature de ce philosophe domine la vie intellectuelle.* – Lat. *statura.*

statut [staty] n. m. **1.** DR Vx Loi, règlement, ordonnance. ▷ Mod. *Statuts réels* : lois qui sont relatives aux biens-fonds. *Statuts personnels* : lois qui concernent les personnes. **2.** (Plur.) Textes qui régissent le fonctionnement d'une société civile ou commerciale, d'une association, etc. *Statuts d'un club sportif.* **3.** Situation personnelle résultant de l'appartenance à un groupe régi par des dispositions juridiques ou administratives particulières. *Bénéficier du statut de fonctionnaire.* ▷ *Par ext.* (Emploi critiqué.) Situation personnelle au sein d'un groupe, d'un ensemble social. *Avoir un statut privilégié.* – Bas lat. *statutum.*

statutaire [statytɛʀ] adj. Conforme aux statuts d'une société, d'un groupe. – De *statut.*

statutairement [statytɛʀmɑ̃] adv. DR Conformément aux statuts. – De *statutaire.*

staurothèque [stoʀɔtɛk] n. f. Didac. Reliquaire renfermant une parcelle de bois supposée provenir de la croix du Christ. – Du gr. *stauros,* «croix», et de *-thèque.*

stavug ou **stawug** [stavyg] n. m. SPORT Façon de se déplacer à skis combinant la marche et le stakning*, utilisée par les skieurs de fond. – Mot norvégien.

stayer [stɛjœʀ] n. m. **1.** TURF Cheval apte à courir dans des épreuves de fond. **2.** SPORT Coureur cycliste spécialiste des courses de demi-fond sur piste derrière motocyclette. – Mot angl., «celui qui soutient l'allure».

steak [stɛk] n. m. Tranche de bœuf à griller ou grillée; bifteck. – Mot angl.

steamer [stimœʀ] n. m. Vieilli Navire à vapeur. – Mot angl., de *steam,* «vapeur».

stéar(o)-, stéat(o)-. Éléments, du gr. *stear, steatos,* «graisse».

stéarate [steaʀat] n. m. CHIM Sel ou ester de l'acide stéarique. – De *stéar-,* et *-ate.*

stéarine [steaʀin] n. f. CHIM Ester du glycérol et de l'acide stéarique. ▷ Cour. Solide blanc et translucide constitué d'un mélange d'acide stéarique et de paraffine, utilisé notam. dans la fabrication des bougies. – De *stéar-,* et *-ine.*

stéarinerie [steaʀinʀi] n. f. TECH Fabrique de stéarine. – De *stéarine.*

stéarinier [steaʀinje] n. m. TECH Fabricant de stéarine. – De *stéarine.*

stéarique [steaʀik] adj. CHIM *Acide stéarique :* acide gras saturé, abondant dans le suif de mouton et de bœuf. – De *stéarine.*

stéat(o)-. V. stéar(o)-.

stéatite [steatit] n. f. MINER Silicate naturel de magnésium, onctueux au toucher, utilisé comme craie par les tailleurs et les couturières et servant à fabriquer les pastels. – Lat. *steatitis,* mot gr., de *stear, steatos,* «lard, graisse».

stéatopyge [steatɔpiʒ] adj. Didac. Dont les fesses sont le siège d'importantes localisations graisseuses; qui a de très grosses fesses. *Les femmes hottentotes et boschimanes sont stéatopyges.* – De *stéato-,* et *-pyge.*

stéatopygie [steatɔpiʒi] n. f. Didac. Développement des localisations graisseuses de la fesse et du haut de la cuisse. – De *stéatopyge.*

stéatose [steatoz] n. f. MED Accumulation de granulations graisseuses dans les cellules d'un tissu. *Stéatose hépatique de l'alcoolique.* – De *stéat-,* et *-ose* 2.

steel band [stilbɑ̃d] n. m. (Anglicisme) Orchestre des Caraïbes constitué d'instruments confectionnés avec des tonneaux et des récipients de récupération en métal. – Mot angl. des Antilles, de *steel,* «acier, métal», et *band,* «orchestre».

steenbock. V. steinbock.

steeple-chase [stipœltʃez] ou **steeple** [stipœl] n. m. (Anglicisme) **1.** TURF *Steeple-chase* ou *steeple* : course d'obstacles pour chevaux. *Des steeple-chases.* **2.** SPORT *Trois mille mètres steeple :* course à pied de 3 000 m, sur piste, au cours de laquelle les concurrents doivent franchir un certain nombre d'obstacles. – Mot angl., «course *(chase)* au clocher *(steeple)* ».

stégo-. Élément, du gr. *stegos,* «toit».

stégocéphales [stegosefal] n. m. pl. PALEONT Ordre d'amphibiens fossiles qui furent les premiers vertébrés à venir vivre sur la terre ferme. – Sing. *Un stégocéphale.* – De *stégo-,* et *-céphale,* à cause du développement important des os de leur crâne.

stégomyie [stegomii] ou **stegomyia** [stegomija] n. f. ENTOM Moustique dont une espèce est le vecteur de la fièvre jaune. – Lat. sav. *stegomya,* du gr. *stegos,* «toit», et *muia,* «mouche».

stégosaure [stegozɔʀ] ou **stegosaurus** [stegozɔʀys] n. m. PALEONT Dinosaure qui atteignait six mètres de long et portait deux rangées de plaques osseuses dressées le long de l'épine dorsale. – De *stégo-,* et *-saure.*

steinbock [stejnbɔk] ou **steenbock** [stinbɔk] n. m. Petite antilope d'Afrique du Sud. – Anc. haut all. *steinboc* (cf. bouquetin), mot repris à l'afrikaans.

stèle [stɛl] n. f. Monument monolithe (obélisque, colonne tronquée, pierre plate dressée, etc.) portant, le plus souvent, une inscription ou une représentation figurée. *Stèle funéraire.* – Lat. *stela,* gr. *stêlê.*

stellage [stɛlaʒ] n. m. FIN Opération à terme dans laquelle le spéculateur se réserve le droit, à l'échéance, d'acheter ou de vendre des titres à des cours différents de ceux du marché du jour. – De l'all. *stellen,* «placer».

1. stellaire [stɛllɛʀ] adj. **1.** Didac. Des étoiles, qui a rapport aux étoiles. *Astronomie stellaire.* **2.** ANAT *Ganglion stellaire* (ou étoilé), formé par la réunion de deux ganglions sympathiques. – Bas lat. *stellaris,* de *stella,* «étoile».

2. stellaire [stɛllɛʀ] n. f. BOT Plante herbacée (genre *Stellaria,* fam. caryophyllacées) dont les fleurs blanches ont des pétales divisés en deux. *Le mouron des oiseaux est une stellaire.* – Du bas lat. *stellaris,* de *stella,* «étoile».

stelléroïdes [stɛlleʀɔid] n. m. pl. ZOOL Classe d'échinodermes comprenant les astéries (étoiles de mer) et les ophiures. – Sing. *Un stelléroïde.* – Du lat. *stella,* «étoile».

stellionat [stɛljɔna] n. m. DR Délit consistant à hypothéquer un bien dont on n'est pas propriétaire, à présenter comme libres des biens hypothéqués ou à déclarer des hypothèques moindres que celles dont ces biens sont grevés. – Lat. *stellionatus,* de *stellio,* «lézard de couleur changeante», au fig. «fourbe».

stellionataire [stɛljɔnatɛʀ] n. et adj. DR Coupable de stellionat. – De *stellionat.*

stellite [stɛl(l)it] n. m. METALL Alliage de cobalt, de chrome, de tungstène et de silicium, particulièrement dur, utilisé notam. pour fabriquer les soupapes de moteurs. – Nom déposé, probabl. du lat. *stella,* et *-ite* 3.

stem, stemm [stɛm] ou **stem-christiana** [stɛmkʀistjana] n. m. SPORT Technique de virage basée sur le transfert du poids du corps d'un ski à l'autre. – Mots norvégiens.

stén(o)-. Élément, du gr. *stenos,* «étroit».

stencil [stɛnsil] n. m. Papier paraffiné servant, après perforation à la machine à écrire ou à la main, à la reproduction d'un texte ou d'un dessin au moyen d'un duplicateur. – Mot angl., «pochoir», du v. *to stencil,* du fr. *étinceler.*

stenciliste [stɛnsilist] n. TECH Personne qui prépare les stencils. – De *stencil.*

stendhalien, enne [stɛ̃daljɛ̃, ɛn] adj. LITTER De Stendhal, qui a rapport à Stendhal. *La prose stendhalienne.* – Du n. de l'écrivain fr. Henri Beyle, dit *Stendhal* (1783-1842).

sténo [steno] n. m. et f. Abrév. de *sténographe, sténographie, sténodactylo.*

sténodactylo [stenodaktilo] n. Personne qui pratique la sténographie et la dactylographie à titre professionnel. – De *sténo-,* et *dactylo(graphe).*

sténodactylographie [stenodaktilɔgʀafi] n. f. Emploi combiné de la sténographie et de la dactylographie. (Abrév. cour. : sténodactylo). – De *sténo-*, et *dactylo(graphie)*.

sténographe [stenɔgʀaf] n. Personne qui pratique la sténographie à titre professionnel. – De *sténographie*.

sténographie [stenɔgʀafi] n. f. Procédé d'écriture très simplifié, grâce auquel on peut noter un texte aussi vite qu'il est prononcé. – De *sténo-*, et *-graphie*.

sténographier [stenɔgʀafje] v. tr. [2] Écrire en sténographie. *Sténographier un débat*. – De *sténographie*.

sténographique [stenɔgʀafik] adj. Qui a rapport à la sténographie. *Signes sténographiques*. – De *sténographie*.

sténographiquement [stenɔgʀafikmɑ̃] adv. Par la sténographie; en écriture sténographique. – De *sténographique*.

sténohalin, ine [stenoalɛ̃, in] adj. BIOL Se dit d'un organisme qui ne peut vivre que dans un milieu d'une concentration saline déterminée. Ant. euryhalin. – De *sténo-*, et gr. *hals*, « sel ».

sténopé [stenɔpe] n. m. PHOTO Très petit trou percé dans la paroi d'une chambre noire et faisant office d'objectif photographique. – De *sténo-*, et gr. *opê*, « trou, ouverture ».

sténose [stenoz] n. f. MED Rétrécissement pathologique d'un conduit, d'un orifice, d'un organe. – Gr. *stenôsis*, « étroitesse ».

sténosé, ée [stenoze] adj. MED Qui présente une sténose. – De *sténose*.

sténotype [stenɔtip] n. f. Machine à clavier qui permet de noter très rapidement la parole sous forme phonétique, en utilisant un alphabet simplifié. – De *sténo-*, et *-type*.

sténotypie [stenɔtipi] n. f. Technique de la notation de la parole au moyen d'une sténotype. – De *sténotype*.

sténotypiste [stenɔtipist] n. Personne qui connaît et pratique la sténotypie. – De *sténotype*.

stentor [stɑ̃tɔʀ] n. m. **1.** *Voix de stentor* : voix forte, retentissante. ▷ *Un stentor* : un homme possédant une telle voix. **2.** ZOOL Protozoaire cilié d'eau douce en forme de trompe. – De *Stentor*, personnage de *l'Iliade*, à la voix puissante.

steppage [stɛpaʒ] n. m. MED Démarche particulière (flexion accentuée de la cuisse sur le bassin à chaque pas) des malades atteints de paralysie des muscles péroniers et extenseurs des orteils. – De l'angl. *to step*, « trotter ».

steppe [stɛp] n. f. **1.** GEOGR Formation végétale caractéristique des zones semi-arides, constituée par une couverture discontinue de graminées xérophiles dont les intervalles peuvent être occupés par des formes diverses (plantes annuelles ou vivaces, sous-arbrisseaux, etc.). ▷ GEOGR et cour. Vaste plaine couverte par une telle végétation. *La steppe sibérienne*. **2.** *Art des steppes* : art ornemental (haches, poignards, bijoux, mors, décorations de harnais, etc.) créé par les peuples nomades qui, entre le IIIe millénaire av. J.-C. et le IIIe s. apr. J.-C., occupèrent la steppe eurasiatique, du Danube à la Mongolie. – Russe *step*.

steppique [stepik] adj. Didac. De la steppe; caractéristique de la steppe. *Végétation steppique*. – De *steppe*.

stéradian [steʀadjɑ̃] n. m. PHYS Unité d'angle solide (symbole sr), égale à l'angle solide qui découpe, sur une sphère centrée au sommet de cet angle, une surface égale à celle d'un carré ayant pour côté le rayon de la sphère. – Du gr. *ster(eos)*, « solide », et de *radian*.

1. stercoraire [stɛʀkɔʀɛʀ] n. m. ORNITH Gros oiseau des régions polaires (genre *Stercorarius*), au bec crochu, qui attaque les autres oiseaux pour leur prendre leur proie. (Il est également appelé *mouette ravisseuse* ou *mouette pillarde*.) Syn. labbe. – Lat. *stercorarius*, de *stercus*, *stercoris*, « excrément, fumier ».

2. stercoraire [stɛʀkɔʀɛʀ] adj. Didac. **1.** SC NAT Qui se nourrit d'excréments, qui croît sur les excréments. (V. coprophage, scatophile.) **2.** MED Qui a rapport aux excréments. *Fistule stercoraire*. ▷ Par ext. *Littérature stercoraire*, scatologique. – V. stercoraire 1.

stercoral, ale, aux [stɛʀkɔʀal, o] adj. Didac. Qui a rapport aux excréments. – Du lat. *stercus*, *stercoris*, « excrément ».

sterculiacées [stɛʀkyljase] n. f. pl. BOT Famille de plantes arborescentes tropicales (genre type *Sterculia*) à laquelle appartiennent notam. le cacaoyer et le kolatier. – Sing. *Une sterculiacée*. – De *sterculie*.

sterculie [stɛʀkyli] n. f. Nom générique d'une centaine d'espèces de plantes arborescentes tropicales de la famille des sterculiacées. – Du lat. *stercus*, « excrément », à cause de l'odeur de certaines espèces.

stère [stɛʀ] n. m. Unité de volume (symbole st) égale au mètre cube, utilisée pour les bois de charpente et de chauffage. – Du gr. *stereos*, « solide ».

stéréo-. Élément, du gr. *stereos*, « solide, ferme », impliquant une idée de volume.

stéréo [steʀeo] n. f. ou adj. Abrév. de *stéréophonie*, *stéréophonique*.

stéréobate [steʀeobat] n. m. ARCHI Soubassement sans moulure d'un édifice, d'une colonne. – Lat. *stereobata*, du gr. *stereos*, « solide », et *batêr*, « seuil ».

stéréochimie [steʀeoʃimi] n. f. CHIM Partie de la chimie qui étudie les rapports entre les propriétés des corps et la configuration spatiale des atomes de leurs molécules. – De *stéréo-*, et *chimie*.

stéréocomparateur [steʀeokɔ̃paʀatœʀ] n. m. En topographie, appareil permettant d'effectuer des mesures précises sur des clichés de levés de plans photographiques, par observation stéréoscopique. – De *stéréo-*, et *comparateur*.

stéréognosie [steʀeognɔzi] n. f. PHYSIOL Fonction sensorielle permettant de reconnaître la forme et le volume des objets qu'on palpe. – De *stéréo-*, et *-gnosie*.

stéréographie [steʀeogʀafi] n. f. Didac. Représentation des solides par leurs projections sur des plans. – Lat. mod. *stereographia*, du gr. *stereos*, « solide », et *graphein*, « écrire ».

stéréographique [steʀeogʀafik] adj. Didac. *Projection stéréographique* : projection de la sphère, utilisée en cartographie, dans laquelle l'observateur se trouve à l'antipode du point de tangence du plan de projection. – De *stéréographie*.

stéréo-isomérie [steʀeoizɔmeʀi] n. f. CHIM Isomérie* de corps présentant la même formule semi-développée, mais de configurations spatiales différentes. *Des stéréo-isoméries*. – De *stéréo-*, et *isomérie*.

stéréométrie [steʀeometʀi] n. f. TECH Branche de la géométrie pratique qui a pour objet la mesure des solides. ▷ *Spécial*. Mesure approximative des volumes des corps usuels (troncs d'arbres, tonneaux, tas de sable, etc.). – Gr. *stereometria*, de *stereos*, « solide », et *metreîn*, « mesurer ».

stéréométrique [steʀeometʀik] adj. TECH Qui a rapport à la stéréométrie. – De *stéréométrie*.

stéréophonie [steʀeofɔni] n. f. Procédé de reproduction des sons utilisant plusieurs canaux différents branchés sur des enceintes acoustiques distinctes et restituant ainsi un relief sonore. *Émission en stéréophonie*.

Ant. monophonie. ▷ Abrév. cour. : stéréo. *Concert en stéréo.* – De *stéréo-*, et *-phonie.*

stéréophonique [steʀeofɔnik] adj. Qui restitue un relief sonore par la stéréophonie ; en stéréophonie. *Enregistrement stéréophonique.* – Abrév. cour. : stéréo. *Chaîne stéréo.* – De *stéréophonie.*

stéréoscope [steʀeoskɔp] n. m. TECH Instrument d'optique restituant l'impression du relief à partir de deux images planes fusionnées d'un même sujet. – De *stéréo-*, et *-scope.*

stéréoscopie [steʀeoskɔpi] n. f. TECH Procédé qui permet de restituer l'impression du relief à partir du fusionnement d'un couple d'images planes ; utilisation du stéréoscope. – De *stéréoscope.*

stéréoscopique [steʀeoskɔpik] adj. TECH Relatif au stéréoscope ou à la stéréoscopie. – De *stéréoscopie.*

stéréospondyliens [steʀeospɔ̃diljɛ̃] n. m. pl. PALEONT Ancien nom des labyrinthodontes (V. ce mot). – Sing. *Un stéréospondylien.* – De *stéréo-*, et *spondyle.*

stéréotaxie [steʀeotaksi] n. f. CHIR Méthode de localisation dans l'espace d'une structure nerveuse cérébrale à partir de repères osseux du crâne. – De *stéréo-*, et *-taxie.*

stéréotomie [steʀeotɔmi] n. f. TECH Art de la coupe des pierres, des matériaux de construction. – De *stéréo-*, et *-tomie.*

stéréotype [steʀeotip] adj. et n. m. **1.** adj. IMPRIM Vx Imprimé avec des planches clichées. *Édition stéréotype.* **2.** n. m. Idée toute faite, poncif, banalité. Syn. cliché. – De *stéréo-*, et *-type.*

stéréotypé, ée [steʀeotipe] adj. Qui a le caractère convenu d'un stéréotype (sens 2), qui est banal, sans originalité. *Plaisanteries stéréotypées.* – De *stéréotype.*

stéréotypie [steʀeotipi] n. f. MED Exagération de l'automatisme, tendance à répéter les mêmes paroles ou les mêmes attitudes, observée chez certains malades mentaux. – De *stéréotype.*

stérer [steʀe] v. tr. [14] TECH Évaluer en stères (un volume de bois). – De *stère.*

stéride [steʀid] n. m. BIOCHIM Lipide résultant de l'estérification d'un stérol par un acide gras. – De *stér(ol)*, et *-ide.*

stérile [steʀil] adj. **1.** Qui n'est pas apte à la reproduction. *Animal, fleur stérile.* **2.** Qui ne produit rien, ne rapporte rien. *Une terre stérile.* ▷ Fig. Qui n'aboutit à rien, qui ne donne pas de résultat. *Discussion stérile. Travail stérile.* **3.** Exempt de tout germe. *Pansement stérile.* – Lat. *sterilis.*

stérilement [steʀilmɑ̃] adv. Litt. De façon stérile. *Palabrer stérilement.* – De *stérile.*

stérilet [steʀilɛ] n. m. Dispositif anticonceptionnel intra-utérin. – De *stérile.*

stérilisant, ante [steʀilizɑ̃, ɑ̃t] adj. Qui stérilise. *Un produit stérilisant.* – Fig. *Une activité stérilisante.* – Ppr. de *stériliser.*

stérilisation [steʀilizasjɔ̃] n. f. **1.** Suppression de la faculté de reproduction. *Stérilisation d'une femme par ligature des trompes.* **2.** Destruction des germes présents dans un milieu. *Stérilisation par les antiseptiques.* – De *stériliser.*

stériliser [steʀilize] v. tr. [1] **1.** Rendre inapte à la reproduction. **2.** Rendre exempt de germes. *Stériliser du lait.* **3.** Fig. Appauvrir, rendre inefficace, improductif. *Le manque d'entretien stérilise la mémoire.* – De *stérile.*

stérilité [steʀilite] n. f. **1.** Fait d'être stérile, inaptitude à se reproduire. **2.** État de ce qui ne produit rien. *Stérilité d'un sol.* ▷ Fig. *Stérilité d'un débat.* **3.** Fait d'être exempt de tout germe. – Lat. *sterilitas.*

stérique [steʀik] adj. CHIM *Empêchement stérique* : impossibilité ou ralentissement de certaines réactions, dus à la présence, au sein de la molécule intéressée, de radicaux carbonés dont le volume empêche l'accès du réactif au groupement fonctionnel de cette molécule. – Du gr. *stereos*, « solide ».

sterlet [stɛʀlɛ] n. m. Esturgeon d'Europe orientale et d'Asie occidentale (*Acipenser ruthenus*), dont les œufs servent à préparer le caviar. – Russe *sterlyadi.*

sterling [stɛʀliŋ] adj. inv. *Livre sterling* : monnaie de compte de Grande-Bretagne. ▷ Par ext. *La zone sterling* : la zone monétaire de la livre sterling. – Mot angl., p.-ê. de l'anc. angl. *steorling*, « monnaie d'argent marquée d'une étoile », de *steorra*, « étoile ».

sternal, ale, aux [stɛʀnal, o] adj. ANAT Qui a rapport au sternum. – De *sternum.*

sterne [stɛʀn] n. f. ORNITH Oiseau proche des mouettes (fam. laridés) aux ailes longues et étroites, à la queue souvent fourchue, au plumage clair avec une calotte noire, communément appelé *hirondelle de mer.* – De l'anc. angl. *stern*, lat. savant *sterna.*

sterno-. Élément, de *sternum*, gr. *sternon.*

sterno-claviculaire [stɛʀnoklavikylɛʀ] adj. ANAT Qui se rapporte au sternum et à la clavicule. *Des articulations sterno-claviculaires.* – De *sterno-*, et *claviculaire.*

sterno-cléido-mastoïdien, enne [stɛʀnokleidomastɔidjɛ̃, ɛn] n. m. ANAT Muscle du cou qui s'insère sur le sternum, la clavicule et l'apophyse mastoïde. ▷ adj. *Des douleurs sterno-cléidomastoïdiennes.* – De *sterno-*, du gr. *kleis, kleidos*, « clavicule », et de *mastoïdien.*

sternum [stɛʀnɔm] n. m. Os plat de la face antérieure du thorax, sur lequel s'articulent les côtes et les clavicules. – Lat. médiév. *sternum*, gr. *sternon.*

sternutation [stɛʀnytasjɔ̃] n. f. MED Action d'éternuer. – Lat. *sternutatio*, du pp. de *sternutare*, « éternuer souvent ».

sternutatoire [stɛʀnytatwaʀ] adj. MED Qui provoque l'éternuement. *Poudre sternutatoire.* – De *sternutation.*

stéroïde [steʀɔid] adj. et n. m. BIOCHIM Se dit de certaines substances (et, spécial., de certaines hormones) dérivées d'un stérol. ▷ n. m. *Un stéroïde.* – De *stér(ol)*, et *-oïde.*

stérol [steʀɔl] n. m. BIOCHIM Nom générique des alcools dérivés du noyau du phénanthrène, auquel s'ajoute une chaîne latérale plus ou moins longue, et qui jouent un rôle fondamental dans l'organisme comme constituants essentiels des hormones génitales et surrénales. – Aphérèse de *cholestérol.*

stertor [stɛʀtɔʀ] n. m. MED Respiration bruyante et profonde qui survient notam. au cours de certains comas. – Du lat. *stertere*, « ronfler ».

stertoreux, euse [stɛʀtɔʀø, øz] adj. MED *Respiration stertoreuse* : respiration bruyante, accompagnée de ronflement. – Du lat. *stertere*, « ronfler ».

stéthoscope [stetɔskɔp] n. m. MED Instrument permettant l'auscultation des bruits à travers les parois du corps (« auscultation médiate »). – Du gr. *stêthos*, « poitrine », et de *-scope.*

steward [stjuwaʀd ; stiwaʀt] n. m. Maître d'hôtel ou garçon de service à bord des paquebots, des avions. – Mot angl., « maître d'hôtel ».

sthène [stɛn] n. m. PHYS Anc. unité de force (symbole Sn) égale à 1 000 newtons. – Du gr. *sthenos*, « force ».

sthénie [steni] n. f. MED État de pleine activité physiologique. Ant. asthénie. – Du gr. *sthenos*, « force ».

sthénique [stenik] adj. MED Qui s'accompagne de tonus, d'énergie; relatif à la sthénie. – De *sthénie.*

stibié, ée [stibje] adj. PHARM Qui contient de l'antimoine. – Du lat. *stibium,* « antimoine ».

stibine [stibin] n. f. MINER Sulfure naturel d'antimoine ($Sb_2 S_3$), principal minerai d'antimoine. – Du lat. *stibium,* « antimoine ».

stichomythie [stikɔmiti] n. f. LITTER Dialogue tragique dans lequel les interlocuteurs se répondent vers pour vers. – Du gr. *stikhos,* « vers », et *muthos,* « récit ».

stick [stik] n. m. (Anglicisme) **1.** Canne mince et flexible. **2.** MILIT Groupe de parachutistes largués d'un même avion. **3.** Produit conditionné et vendu sous forme de bâton ou de bâtonnet solide. *Stick de rouge à lèvres. Déodorant en stick. Colle en stick.* – Mot angl.

stigmate [stigmat] n. m. **I. 1.** Litt. Marque que laisse une plaie; cicatrice. *Les stigmates de la variole.* **2.** Anc. Marque au fer rouge que l'on imprimait sur l'épaule de certains délinquants (voleurs, notam.). ▷ Litt., péjor. Marque, trace honteuse. *Les stigmates du vice.* **3.** n. m. pl. RELIG CATHOL Marques des cinq plaies du Christ visibles sur le corps de certains mystiques. *Les stigmates de saint François d'Assise.* **II. 1.** BOT Renflement terminal du style, qui reçoit le pollen. **2.** ZOOL Orifice externe des trachées des arthropodes trachéates. – Lat. *stigmata,* plur. de *stigma,* « marque d'infâmie », mot gr. « piqûre, point ».

stigmatique [stigmatik] adj. PHYS Se dit d'un système optique qui donne d'un point une image ponctuelle. Ant. astigmatique. – De *(a)stigmatique,* ou angl. *stigmatic.*

stigmatisation [stigmatizasjɔ̃] n. f. **1.** RELIG CATHOL Fait de recevoir les stigmates. **2.** Litt. Action, fait de stigmatiser, de blâmer publiquement. – De *stigmatiser.*

stigmatiser [stigmatize] v. tr. **[1] 1.** RELIG CATHOL Marquer des stigmates. **2.** Fig. Blâmer, flétrir publiquement. *Satiriste qui stigmatise les vices de son temps.* – De *stigmate.*

stigmatisme [stigmatism] n. m. PHYS Caractère d'un système optique stigmatique. – De *(a)stigmatisme,* ou angl. *stigmatism.*

stilb [stilb] n. m. PHYS Unité C.G. S. de luminance; symbole sb (1 sb = 10 000 nits). – Du gr. *stilbein,* « briller ».

stil-de-grain [stildəgʀɛ̃] n. m. inv. TECH Matière colorante jaune verdâtre. – Altér. du néerl. *schijtgroen,* propr. « vert *(groen)* d'excrément *(schijt)* ».

stillation [stil(l)asjɔ̃] n. f. Didac. Écoulement goutte à goutte d'un liquide. – Bas lat. *stillatio,* de *stillare,* « tomber goutte à goutte », de *stilla,* « goutte ».

stillatoire [stil(l)atwaʀ] adj. Didac. Qui tombe goutte à goutte. – De *stillation.*

stilligoutte [stil(l)igut] n. m. Didac. Compte-gouttes. – De *still(ation),* et *goutte.*

stimulant, ante [stimylɑ̃, ɑ̃t] adj. et n. m. **1.** Qui stimule, incite à l'action, motive. *Résultats stimulants.* **2.** Qui stimule l'activité physiologique ou psychique. *Remède stimulant.* ▷ n. m. *Un stimulant.* – Ppr. de *stimuler.*

stimulateur, trice [stimylatœʀ, tʀis] adj. et n. m. **1.** adj. Litt. Qui stimule, excite. **2.** n. m. MED *Stimulateur cardiaque* (pour traduire l'angl. *pacemaker*) : appareil électrique qui émet des impulsions rythmées provoquant les contractions du cœur, et que l'on utilise pour pallier certaines insuffisances cardiaques. – Bas lat. *stimulator,* de *stimulare,* « stimuler ».

stimulation [stimylasjɔ̃] n. f. **1.** Action de stimuler. **2.** PHYSIOL, PSYCHO Action déclenchée par un stimulant ou par stimulus. – Lat. *stimulatio.*

stimuler [stimyle] v. tr. **[1] 1.** Inciter à l'action, encourager, motiver. *Stimuler qqn. Ce succès a stimulé son ardeur. Stimuler une industrie.* **2.** Exciter, réveiller une activité (physiologique). *Pilules pour stimuler la digestion.* – Lat. *stimulare,* de *stimulus,* « aiguillon ».

stimuline [stimylin] n. f. PHYSIOL Hormone hypophysaire qui stimule le fonctionnement des glandes endocrines. *Les stimulines forment une très importante famille d'hormones.* – De *stimuler.*

stimulus [stimylys] n. m. PHYSIOL Facteur (externe ou interne) susceptible de déclencher la réaction d'un système physiologique ou psychologique. *Des stimulus* ou *des stimuli.* – Mot lat., propr. « aiguillon ».

stipe [stip] n. m. BOT Tige aérienne droite, sans ramification, terminée par un bouquet de feuilles, des palmiers et des fougères arborescentes. – Lat. *stipes,* « tige, souche ».

stipendier [stipɑ̃dje] v. tr. **[2]** Litt. Payer (qqn) pour l'exécution de mauvais desseins. *Stipendier des espions.* – Pp. adj. *Assassin stipendié.* – Lat. *stipendiari,* « toucher une solde », de *stipendium,* « solde ».

stipité, ée [stipite] adj. BOT Porté par un stipe. – Du lat. *stipes, stipitis,* « tige, souche ».

stipulaire [stipylɛʀ] adj. BOT Relatif aux stipules. – De *stipule.*

stipulation [stipylasjɔ̃] n. f. **1.** DR Clause, condition stipulée dans un contrat. **2.** Mention expresse. – Lat. *stipulatio.*

stipule [stipyl] n. f. BOT Petit appendice foliacé ou membraneux, à la base du pétiole de certaines feuilles. – Lat. *stipula,* « paille, tige ».

stipulé, ée [stipyle] adj. BOT Pourvu de stipules. – De *stipule.*

stipuler [stipyle] v. tr. **[1] 1.** DR Formuler comme condition dans un contrat. **2.** Spécifier, mentionner expressément. – Lat. jur. *stipulare,* lat. *stipulari.*

stochastique [stɔkastik] adj. et n. f. Didac. **I.** adj. **1.** Qui est dû au hasard, qui relève du hasard. Syn. aléatoire. **2.** MATH Qui relève du domaine du calcul des probabilités. **II.** n. f. Branche des mathématiques qui traite de l'exploitation des statistiques par le calcul des probabilités. – Du gr. *stokhastikos,* « conjectural ».

stock [stɔk] n. m. **1.** Quantité de marchandises en réserve. *Stock d'un magasin. Vendre le fonds et le stock.* ▷ Fam. Réserve. *Le stock de chocolat est dans le tiroir.* **2.** Grande quantité de choses que l'on possède. *Il a chez lui un véritable stock d'étains anciens.* **3.** COMPTA *Les stocks :* l'ensemble des matières premières, des produits en cours de fabrication et des produits finis qu'une entreprise détient à une date donnée. **4.** BIOL *Stock chromosomique :* génome*. – Mot angl., propr. « souche ».

stockage [stɔkaʒ] n. m. Mise en stock. ▷ INFORM *Le stockage des informations,* leur mise en mémoire. – De *stocker.*

stock-car [stɔkkaʀ] n. m. (Anglicisme) Vieille automobile, à protection renforcée, utilisée dans des courses où collisions, chocs volontaires, etc., sont autorisés. *Course de stock-cars.* – Mot angl. « voiture de série gardée en stock ».

stocker [stɔke] v. tr. et intr. **[1]** Mettre en stock, emmagasiner. – De *stock.*

stockfisch [stɔkfiʃ] n. m. **1.** Poisson salé et séché. **2.** Morue séchée à l'air et non salée. – Moyen néerl. *stocvisch,* « poisson *(visch)* séché sur des bâtons *(stoc)* ».

stockiste [stɔkist] n. m. COMM Commerçant, industriel qui détient en magasin les marchandises disponibles d'un fabricant. ▷ Réparateur détenant les pièces détachées des machines ou des véhicules d'une marque donnée. – De *stock*.

stœchiométrie [stekjometʀi] n. f. CHIM Étude des rapports quantitatifs selon lesquels les atomes se combinent entre eux ou selon lesquels les composés réagissent entre eux; ces rapports eux-mêmes. – Du gr. *stoikheion*, «élément», et de *-métrie*.

stœchiométrique [stekjɔmetʀik] adj. CHIM Relatif à la stœchiométrie. – De *stœchiométrie*.

stoïcien, enne [stɔisjɛ̃, ɛn] n. et adj. **I.** n. **1.** PHILO Partisan du stoïcisme. *Le stoïcien Chrysippe.* ▷ adj. *Philosophe stoïcien.* **2.** Personne stoïque. **II.** adj. Du stoïcisme, qui a rapport au stoïcisme. *Maxime stoïcienne.* – Lat. *stoïcus*, gr. *stôïkos*, de *stoa* «portique» (du Pœcile, lieu où enseignait le philosophe grec Zénon de Citium).

stoïcisme [stɔisism] n. m. **1.** PHILO Doctrine du philosophe grec Zénon de Cittium (v. 335 – v. 264 av. J.-C.) et de ses disciples. **2.** Cour. Fermeté d'âme devant la douleur ou l'adversité. – De *stoïque*.

ENCYCL Mouvement philosophique fondé en Grèce au IVe s. av. J.-C. par Zénon de Cittium, Cléanthe d'Asson et Chrysippe de Soli, le stoïcisme se poursuivit jusqu'à Sénèque, Épictète et l'empereur Marc Aurèle, au IIe s. apr. J.-C., et inspira, bien au-delà, les conduites morales de l'Occident. Il implique, surtout en ses débuts, une connaissance de la nature, fondatrice d'une sagesse à la fois spéculative et pratique. Il est naturaliste puisqu'il repose sur une physique, c.-à-d. une science concrète de l'univers compris comme un tout organique. Immanente et corporelle, la connaissance est à l'image de ce qu'elle connaît. De même la morale, reflet de la physique, préconise que l'homme suive sa nature, expression de la nature universelle. Il lui incombe, donc, de réfréner ses passions, puisque sa nature est raison. Étrangère à un code abstrait de devoirs, la morale permet à chacun de participer à l'ordre naturel. Le dernier stoïcisme, dit impérial, développa principalement la morale, considérée comme guide de la vie spirituelle, permettant de surmonter les difficultés de la vie politique (par ex. la tyrannie romaine) et privée, tout en s'accommodant des choses «qui ne dépendent pas de nous» (Épictète).

stoïque [stɔik] n. et adj. **1.** Vx Stoïcien. **2.** Qui rappelle la fermeté d'âme prônée par les stoïciens. *Attitude ferme et stoïque.* – (Personnes) *Demeurer stoïque dans la souffrance.* ▷ Subst. *Un(e) stoïque.* – Lat. *stoicus*, gr. *stôïkos*, de *stoa*, «portique». V. stoïcien.

stoïquement [stɔikmɑ̃] adv. D'une manière stoïque, courageusement. *Supporter stoïquement les souffrances.* – De *stoïque*.

stokes [stɔks] n. m. PHYS Anc. unité de viscosité cinématique (symbole St). (L'unité SI de viscosité dynamique est le mètre carré par seconde : 1 stokes = 1 cm^2/s = 10^{-4} m^2/s.) – Du nom du physicien irlandais G.G. *Stokes* (1819-1903).

stol [stɔl] adj. et n. m. (Anglicisme) AVIAT Se dit d'un appareil à décollage et atterrissage courts. – Sigle angl., de *Short Taking-Off and Landing*.

stolon [stɔlɔ̃] n. m. **1.** BOT Tige adventive rampante qui développe à son extrémité des racines et des feuilles, formant ainsi un nouveau pied. *Les stolons du fraisier.* **2.** ZOOL Long bourgeon qui, chez certains animaux marins inférieurs, donne naissance à un nouvel individu. – Lat. *stolo*, *stolonis*, «rejeton».

stomacal, ale, aux [stɔmakal, o] adj. MED Vieilli Relatif à l'estomac. – Du lat. *stomachus*, «estomac».

stomachique [stɔmaʃik] adj. et n. m. MED Qui facilite la digestion gastrique. – Bas lat. *stomachicus*, gr. *stomakhikos*.

stomat(o)-. Élément, du gr. *stoma*, *stomatos*, «bouche».

stomate [stɔmat] n. m. BOT Organe épidermique des parties aériennes des végétaux, constitué de deux cellules (souvent courbées en forme de haricot) se touchant par leurs extrémités et ménageant entre elles une ouverture (l'ostiole). *Les variations de diamètre des stomates règlent les échanges gazeux de la plante avec le milieu extérieur.* – Du gr. *stoma*, *stomatos*, «bouche, ouverture».

stomatite [stɔmatit] n. f. MED Inflammation de la muqueuse buccale. – De *stomat(o)-*, et *-ite* 1.

stomatologie [stɔmatɔlɔʒi] n. f. Didac. Branche de la médecine qui traite des affections de la bouche et des dents. – De *stomato-*, et suff. *-logie*.

stomatologiste [stɔmatɔlɔʒist] ou **stomatologue** [stɔmatɔlɔg] n. Docteur en médecine spécialiste de stomatologie. (Abrév. fam. : stomato). – De *stomatologie*.

stomatoplastie [stɔmatɔplasti] n. f. CHIR **1.** Restauration par autoplastie des malformations congénitales ou accidentelles de la cavité buccale. **2.** Restauration par autoplastie de l'orifice du col utérin. – De *stomato-*, et *-plastie*.

stomocordés [stɔmɔkɔʀde] n. m. pl. ZOOL Syn. de *hémicordés*. – Sing. *Un stomocordé.* – De *stom(ato)-*, et *cordés*.

stomoxe [stɔmɔks] ou **stomoxys** [stɔmɔksis] n. m. ZOOL Mouche piqueuse, vecteur de nombreuses maladies du bétail (charbon et streptococcies, notam.). – De *stom(ato)-*, et du gr. *oxos*, «aigu».

stop [stɔp] interj. et n. m. **I.** interj. **1.** Marque un ordre, un signal d'arrêt. **2.** Marque la fin des phrases dans les télégrammes. **II.** n. m. **1.** Signal lumineux à l'arrière des véhicules, commandé par le frein. **2.** Signal routier ordonnant l'arrêt absolu, à un croisement. **3.** Fam. Auto-stop. *Faire du stop.* – Mot angl., «arrêt».

1. stoppage [stɔpaʒ] n. m. Vieilli Action d'arrêter un véhicule ou une machine. – De *stopper* 1.

2. stoppage [stɔpaʒ] n. m. Action de stopper, raccommoder; son résultat. – De *stopper* 2.

1. stopper [stɔpe] v. [1] **I.** v. tr. **1.** Faire cesser d'avancer, de fonctionner (un véhicule, une machine). **2.** Fig. Arrêter le mouvement, la progression de (qqn, qqch). *Stopper une attaque ennemie. Stopper la progression d'une épidémie.* **II.** v. intr. S'arrêter (véhicule, machine). – Angl. *to stop*.

2. stopper [stɔpe] v. tr. [1] Raccommoder (une étoffe déchirée) fil par fil. – A. fr. *estoper*, néerl. *stoppen*, «repriser».

1. stoppeur, euse [stɔpœʀ, øz] n. **1.** Fam. Celui, celle qui fait du stop, de l'auto-stop. **2.** Au football, arrière central spécialisé dans les actions défensives. – De *stop*, sens II, 3.

2. stoppeur, euse [stɔpœʀ, øz] n. Spécialiste du stoppage. – De *stopper* 2.

storax. V. styrax.

store [stɔʀ] n. m. Rideau ou panneau souple placé devant une fenêtre, une ouverture, et qui, le plus souvent, s'enroule horizontalement. *Store vénitien*, composé de lamelles orientables. – Ital. *stora*, dial. pour *stuoja*, du lat. *storea*, «natte».

stoupa. V. stupa.

stout [stut; stawt] n. m. ou f. Bière anglaise brune et forte. – Mot angl., propr. «fort, vigoureux».

strabique [stʀabik] adj. et n. Didac. Qui est affecté de strabisme. – De *strabisme*.

strabisme [stʀabism] n. m. Défaut de parallélisme des yeux, déviation de l'un ou des deux yeux vers l'intérieur (*strabisme convergent*) ou vers l'extérieur (*stra-*

bisme divergent). V. loucher. – Gr. *strabismos*, de *strabos*, « louche ».

stradiot, stradiote. V. estradiot.

stradivarius [stʀadivaʀjys] n. m. inv. Violon, alto ou violoncelle fabriqué par Stradivarius. (Abrév. fam. : strad). – Du n. du luthier ital. A. *Stradivari*, dit *Stradivarius* (v. 1646-1737).

stramoine [stʀamwan] n. f. BOT Datura (*Datura stramonium*) dont certains alcaloïdes sont utilisés en thérapeutique pour leur action sédative et antispasmodique. – Lat. bot. *stramonium*, orig. incon.

strangulation [stʀɑ̃gylasjɔ̃] n. f. Action d'étrangler qqn ; son résultat. *Le cou de la victime portait des marques de strangulation.* – Lat. *strangulatio*, de *strangulare*, « étrangler ».

strapontin [stʀapɔ̃tɛ̃] n. m. **1.** Siège qu'on peut relever ou abaisser à volonté et qui est utilisé dans certains véhicules, dans les salles de spectacle, etc. **2.** Fig. Fonction d'importance secondaire, dans une assemblée, dans un groupe hiérarchisé. – Ital. *strapontino*, de *strapunto*, « matelas », var. de *trapunto*, « piqué à l'aiguille ».

strass [stʀas] n. m. Variété de verre très réfringent, utilisé pour imiter les pierres précieuses. – Du nom du joaillier all. G. *Strass*.

stratagème [stʀataʒɛm] n. m. Tour d'adresse conçu dans le dessein de tromper ; ruse. *Recourir à un stratagème.* – Lat. *strategema*, mot gr., « ruse de guerre ».

strate [stʀat] n. f. GEOL Chacune des couches parallèles qui constituent un terrain (partic. un terrain sédimentaire). ▷ Par ext. BIOL *Strates de cellules d'un tissu.* ▷ STATIS Échantillon qui réunit des unités homogènes. – Lat. *stratum*, « couverture, pavage », du pp. de *sternere*, « étendre ».

stratège [stʀatɛʒ] n. m. **1.** ANTIQ GR Magistrat élu chaque année pour exercer le commandement de l'armée, dans certaines cités grecques (Athènes, notam.). **2.** Personne compétente en matière de stratégie. *Ce général est un excellent stratège.* – Lat. *strategus*, gr. *stratêgos*, « chef d'armée, général », de *stratos*, « armée », et *agein*, « conduire ».

stratégie [stʀateʒi] n. f. **1.** Partie de l'art militaire consistant à organiser l'ensemble des opérations d'une guerre, la défense globale d'un pays. **2.** Art de combiner des opérations pour atteindre un objectif. *Stratégie électorale. Stratégie commerciale.* – Gr. *stratêgia*, « commandement d'une armée », de *stratêgos* (V. stratège).

stratégique [stʀateʒik] adj. **1.** Qui a rapport à la stratégie ; qui offre un intérêt militaire. *Plan stratégique. Point stratégique.* **2.** Qui a rapport à la stratégie (sens 2). *Avoir une position stratégique dans une entreprise.* – De *stratège*.

stratégiquement [stʀateʒikmɑ̃] adv. Selon la stratégie. – De *stratégique*.

stratification [stʀatifikasjɔ̃] n. f. GEOL Disposition de matériaux en strates. *La stratification des terrains sédimentaires.* ▷ Par ext. BIOL *Stratification des cellules d'un tissu.* ▷ Fig. *Les stratifications sociales.* – Lat. médiév. *stratificatio*, *stratificationis*.

stratifié, ée [stʀatifje] adj. et n. m. **1.** GEOL Qui est constitué de strates. *Terrain stratifié.* ▷ Par ext. BIOL *Épithélium stratifié.* **2.** TECH Se dit d'un matériau constitué de plusieurs couches d'une matière souple (lamelles de bois, papier, toile, etc.) imprégnées de résines artificielles. ▷ n. m. *Du stratifié.* – Pp. de *stratifier*.

stratifier [stʀatifje] v. tr. [2] Disposer en couches superposées. – Lat. médiév. *stratificare*, de *stratum* (V. strate), et *-fier*.

stratigraphie [stʀatigʀafi] n. f. **1.** GEOL Partie de la géologie consacrée à l'étude des strates constitutives des terrains. **2.** MED Procédé de tomographie dans lequel le tube émetteur reste fixe. – De *stratifier*, et *-graphie*.

stratigraphique [stʀatigʀafik] adj. GEOL Qui a rapport aux strates, à la stratigraphie. – De *stratigraphie*.

strato-cumulus ou **stratocumulus** [stʀatokymylys] n. m. inv. METEO Banc, nappe ou couche de nuages gris à ombres propres, situés en général à une altitude comprise entre 1 000 et 2 000 m et présentant la forme de dalles, de galets ou de rouleaux. – Du lat. *stratus*, « étendu », et *cumulus*.

stratopause [stʀatopoz] n. f. METEO Limite supérieure de la stratosphère. – Du lat. *stratus*, « étendu », et du gr. *pausis*, « cessation, fin ».

stratosphère [stʀatɔsfɛʀ] n. f. Didac. Couche de l'atmosphère située entre la troposphère et la mésosphère (c.-à-d. entre 10 et 50 km d'altitude). – Du lat. *stratus*, « étendu », et *sphère*.

stratosphérique [stʀatɔsfeʀik] adj. Didac. **1.** Relatif à la stratosphère. **2.** Conçu pour se déplacer dans la stratosphère. *Ballon stratosphérique.* – De *stratosphère*.

stratus [stʀatys] n. m. METEO Nuage bas en couche grise assez uniforme pouvant donner de la brume ou de la neige fine. *Des stratus.* – Mot lat., « étendu ».

strelitz, strelits [stʀɛlits] ou **streltsy** [stʀɛltsi] n. m. pl. HIST Soldat d'un corps russe de fantassins, créé en 1550 par Ivan le Terrible. (Les streltsy formèrent la garde des tsars et se révoltèrent à plus reprises, notam. en 1682 et en 1696 ; Pierre le Grand les anéantit en 1698.) – Russe *strielets*, « archer ».

strelitzia [stʀelitsja] n. m. BOT Plante ornementale originaire d'Afrique australe (fam. musacées), aux vastes inflorescences orangées et violettes s'ouvrant en éventail. – Probabl. de *Strelitz*, n. propre.

streptococcémie [stʀɛptɔkɔksemi] n. f. MED Présence de streptocoques dans le sang. – De *streptocoque*, et *-émie*.

streptococcie [stʀɛptɔkɔksi] n. f. MED Infection due à un streptocoque. – De *streptocoque*.

streptococcique [stʀɛptɔkɔksik] adj. MED Qui se rapporte aux streptocoques. – De *streptococcie*.

streptocoque [stʀɛptɔkɔk] n. m. MED Bactérie de forme arrondie (genre *Streptococcus*), dont les individus se groupent en chaînettes caractéristiques. – Du gr. *streptos*, « contourné, recourbé », et *kokkos*, « grain ».

streptomyces [stʀɛptɔmisɛs] n. m. MICROBIOL Genre de mycobactéries aérobies (fam. *streptomycetaceæ*) dont de nombreuses espèces synthétisent des antibiotiques. – Du gr. *streptos*, « contourné, recourbé », et *mukês*, « champignon ».

streptomycète [stʀɛptɔmisɛt] n. m. MICROBIOL Mycobactérie appartenant au genre streptomyces. – Du gr. *streptos*, « contourné, recourbé », et *-mycète*.

streptomycine [stʀɛptɔmisin] n. f. MED Antibiotique actif sur un grand nombre de bactéries (bacille de Koch, notam.), produit par *Streptomyces griseus*. – De *sptreptomyces*, et *-ine*.

stress [stʀɛs] n. m. inv. (Anglicisme) Didac. Ensemble des perturbations physiologiques et métaboliques provoquées dans l'organisme par des agents agresseurs variés (choc traumatique, chirurgical, émotion, froid, etc.). Syn. (off. recommandé) agression. ▷ Cour. Action brutale produite par l'un de ces agents sur l'organisme. – Mot angl., « effort intense, tension ».

stressant, ante [stʀɛsɑ̃, ɑ̃t] adj. Qui provoque le stress. – Ppr. de *stresser*.

stresser [stʀese] v. tr. [1] Perturber par un stress. – intr. Par ext. Cour. fam. Être angoissé. – De *stress*.

strette [stʀɛt] n. f. MUS Partie d'une fugue qui précède la conclusion et dans laquelle on resserre les motifs du sujet. – Ital. *stretta*, « étreinte, resserrement ».

striation [stʀijasjɔ̃] n. f. Didac. Action de strier; son résultat. – De *strier*.

strict, stricte [stʀikt] adj. **1.** Qui doit être rigoureusement observé. *Morale stricte. Consignes strictes.* ▷ MATH Se dit d'une inégalité dans laquelle l'égalité est exclue. **2.** Qui est rigoureusement conforme à une règle; qui est d'une exactitude ou d'une valeur absolue. *C'est mon droit le plus strict. La stricte vérité. Mot pris dans son sens strict.* **3.** Intransigeant, sévère. *Ses parents sont très stricts.* **4.** D'une sobriété un peu sévère. *Tailleur strict.* – Lat. *strictus*, « serré, étroit, rigoureux », pp. de *stringere*, « serrer ».

strictement [stʀiktəmɑ̃] adv. **1.** D'une manière stricte. *Strictement interdit.* **2.** Au sens strict, absolument. *Je n'entends strictement rien.* ▷ MATH En excluant l'égalité. *Strictement inférieur, supérieur à.* – De *strict*.

striction [stʀiksjɔ̃] n. f. Action de serrer. ▷ MED Constriction. ▷ PHYS Diminution de la section d'un échantillon (*éprouvette**) de métal soumis à un effort de traction, à la fin de la phase de déformation et avant sa rupture. – Lat. *strictio*, « pression », du pp. de *stringere*, « serrer ».

stricto sensu [stʀiktosɛ̃sy] adv. Au sens étroit, restreint. – Loc. latine.

stridence [stʀidɑ̃s] n. f. Rare et litt. Caractère d'un son strident. – De *strident*.

strident, ente [stʀidɑ̃, ɑ̃t] adj. Aigu et perçant (sons). *Cris stridents.* – Lat. *stridens, stridentis*, ppr. de *stridere*, « produire un bruit aigu ».

stridor [stʀidɔʀ] n. m. MED Bruit inspiratoire aigu, observé notam. dans certaines affections du larynx. – Mot lat., « son aigu ».

stridulant, ante [stʀidylɑ̃, ɑ̃t] adj. Didac. Qui stridule. *Insecte stridulant.* – Ppr. de *striduler*.

stridulation [stʀidylasjɔ̃] n. f. Bruit aigu, lancinant que produisent certains insectes (cigales, criquets, etc.). – Du lat. *stridulus* (V. striduler).

striduler [stʀidyle] v. intr. [1] Didac. Produire une stridulation. – Du lat. *stridulus*, « qui rend un son aigu », de *stridere*, « siffler, grincer ».

striduleux, euse [stʀidylø, øz] adj. MED *Bruit striduleux :* bruit respiratoire aigu et sifflant. – Du lat. *stridulus* (V. striduler).

strie [stʀi] n. f. **1.** Ligne très fine, en creux ou en relief, parallèle, sur une surface, à d'autres lignes semblables. *Les stries d'une coquille.* Syn. rainure, sillon. ▷ GEOL *Stries glaciaires :* traces laissées par un glacier sur les parois rocheuses de sa vallée. **2.** ARCHI Filet séparant deux cannelures d'une colonne, d'un pilastre. – Lat. *stria*, « sillon, cannelure ».

strié, ée [stʀije] adj. Qui présente des stries. ▷ GEOL *Roche striée.* ▷ ANAT *Corps strié :* double masse de substance grise située à l'union du cerveau intermédiaire et des deux hémisphères. - *Muscles striés :* V. encycl. muscle. – Du lat. *striatus*.

strier [stʀije] v. tr. [2] Marquer, orner de stries. – De *strie*.

striga [stʀiga] n. m. BOT Genre de scrofulariacées tropicales dont certaines espèces parasitent les cultures (sorgho, maïs, mil, riz, etc.) de façon redoutable. – Lat. *striga*, « tas, meule ».

strige ou **stryge** [stʀiʒ] n. f. LITTER Être chimérique, sorte de vampire, à la fois femme et chienne, des légendes médiévales. – Lat. *strix, strigis*, mot gr.

strigidés [stʀiʒide] n. m. pl. ORNITH Famille d'oiseaux rapaces nocturnes comprenant les chouettes et les hiboux (mais non les effraies). - Sing. *Un strigidé.* – Lat. *strix, strigis*, « strige ».

strigiformes [stʀiʒifɔʀm] n. m. pl. ORNITH Ordre d'oiseaux rapaces nocturnes (chouettes, effraies, hiboux), caractérisés par des yeux tournés vers l'avant et des serres emplumées. - Sing. *Un strigiforme.* – Lat. *strix, strigis*, « strige ».

strigile [stʀiʒil] n. m. **1.** ANTIQ ROM Racloir utilisé par les Romains pour se nettoyer la peau après les exercices à la palestre. **2.** ARCHI Cannelure en forme de S. *Les strigiles des sarcophages antiques.* – Lat. *strigilis*, de *stringere*, « serrer, raser ».

string [stʀiŋ] n. m. Slip ou maillot de bain en forme de cache-sexe maintenu par un cordon passant entre les fesses. – Mot angl., « ficelle, cordon ».

strioscopie [stʀijɔskɔpi] n. f. PHYS, TECH Procédé optique d'observation des irrégularités d'indice d'un milieu transparent, utilisé notam. pour déceler les défauts des miroirs et des objectifs, et pour visualiser l'écoulement des fluides. – De *strie*, et *-scopie*.

strioscopique [stʀijɔskɔpik] adj. Didac. Relatif à la strioscopie. – De *strioscopie*.

stripage [stʀipaʒ] n. m. PHYS NUCL Réaction nucléaire dans laquelle un noyau d'un projectile cède un nucléon à la cible contre laquelle il a été projeté et continue sa course, presque dans sa direction initiale. – D'ap. l'angl. *stripping*.

stripping [stʀipiŋ] n. m. (Anglicisme) **1.** CHIR Mode de traitement chirurgical des varices. Syn. (off. recommandé) éveinage. **2.** PHYS NUCL Syn. (off. recommandé) stripage. – Mot angl., de *to strip*, « dépouiller ».

strip-tease [stʀiptiz] n. m. (Anglicisme) Déshabillage progressif et suggestif d'une ou plusieurs femmes sur un fond musical au cours d'un spectacle de cabaret. Syn. effeuillage. - Ce spectacle. - Cabaret où l'on donne ce genre de spectacle. *Des strip-teases.* – Mot angl. de *to strip*, « déshabiller », et *to tease*, « effiler, effilocher (un tissu); taquiner ».

strip-teaseuse [stʀiptizøz] n. f. Femme dont la profession est d'exécuter des strip-teases. *Des strip-teaseuses.* – De *strip-tease*.

striure [stʀijyʀ] n. f. **1.** Strie ou ensemble de stries. **2.** Disposition en stries; façon dont qqch est strié. *Striure d'une colonne, d'une coquille.* – Du lat. *striatura*.

strobile [stʀɔbil] n. m. **I.** BOT **1.** Épi qui porte les sporanges, chez les prêles. **2.** Inflorescence, cône mâle des gymnospermes. **II.** ZOOL **1.** Chaîne d'anneaux (proglottis) formant le corps des cestodes. **2.** Polype fixé constituant l'un des états larvaires des méduses. – Lat. *strobilus*, « pomme de pin », gr. *strobilos*, propr. « objet conique ».

strobo-. Élément, du gr. *strobos*, « rotation, tournoiement ».

stroboscope [stʀɔbɔskɔp] n. m. TECH Appareil qui permet d'observer et de mesurer la fréquence des mouvements périodiques rapides. – De *strobo-*, et *-scope*.

stroboscopie [stʀɔbɔskɔpi] n. f. Observation au moyen du stroboscope. – De *stroboscope*.

stroboscopique [stʀɔbɔskɔpik] adj. TECH Qui a rapport au stroboscope ou à la stroboscopie. – De *stroboscope*.

stroma [stʀɔma] n. m. BIOL Ensemble des éléments cartilagineux formant la charpente de certains organes, de certains tissus ou de certaines tumeurs. – Gr. *strôma*, « tapis, couverture ».

strombe [stʀɔ̃b] n. m. ZOOL Mollusque gastéropode tropical (genre *Strombus*), dont la coquille présente des prolongements en forme d'ailes. – Lat. *strombus*, gr.

strombos, propr. « ce qui tourne », de *strephein*, « tourner ».

strombolien, enne [stʀɔ̃bɔljɛ̃, ɛn] adj. Relatif au Stromboli. ▷ GEOL *Volcan strombolien :* type de volcan caractérisé par des éruptions violentes, avec projection de débris, et une lave fluide. – De *Stromboli*, n. d'une île volcanique ital.

strongle [stʀɔ̃gl] ou **strongyle** [stʀɔ̃ʒil] n. m. ZOOL Nématode (genre *Strongylus*), très long, effilé, parasite des poumons et des intestins des mammifères. – Gr. *stroggulos*, « rond ».

strongylose [stʀɔ̃ʒiloz] n. f. MED VET Parasitose due au strongle. – De *strongyle*.

strontiane [stʀɔ̃sjan] n. f. CHIM **1.** Vx Minerai de strontium. **2.** Mod. Oxyde ou hydroxyde de strontium. – Mot angl., de *Strontian*, village d'Écosse près duquel ce minerai fut découvert.

strontium [stʀɔ̃sjɔm] n. m. CHIM Élément alcalinoterreux de numéro atomique Z = 38, de masse atomique 87,62 (symbole Sr). – Métal (Sr) blanc de densité 2,54, qui fond vers 800 °C et bout vers 1 360 °C. *Le strontium 90, produit radioactif libéré lors de la fission nucléaire, est dangereux en raison de sa longue période radioactive et de son aptitude à se fixer dans l'organisme.* – Mot angl., de *strontiane*.

stropharia [stʀɔfaʀ] n. m. BOT Champignon basidiomycète au chapeau le plus souvent visqueux ou lubrifié et squameux; non consommable. – Du lat. *stropharius*, « artificieux ».

strophantine [stʀɔfɑ̃tin] n. f. PHARM Substance tirée du strophantus, et proche, par ses propriétés, de la digitaline. – De *strophantus*.

strophantus [stʀɔfɑ̃tys] n. m. BOT Liane (fam. des apocynacées) d'Afrique tropicale, dont les graines contiennent diverses substances cardiotoniques. *Des strophantus.* – Mot lat. bot., du gr. *strophos*, « torsade », et *anthos*, « fleur ».

strophe [stʀɔf] n. f. **1.** Didac. Première partie de l'ode grecque. *Strophe, antistrophe et épode.* **2.** Groupe de vers formant un système de rimes complet et qui constitue une composante du poème. – Lat. *stropha*, gr. *strophê*, propr. « action de tourner, évolution du chœur », de *strephein*, « tourner ».

strophoïde [stʀɔfɔid] n. f. MATH Courbe du 3e degré affectant la forme d'une boucle. – Du gr. *strophos*, « torsade », et *-oïde*.

structural, ale, aux [stʀyktyʀal, o] adj. **1.** Relatif à une structure. **2.** Qui concerne les structures (sens 4); qui relève des méthodes du structuralisme. *Analyse structurale.* – De *structure*.

structuralisme [stʀyktyʀalism] n. m. Théorie et méthode d'analyse qui conduit à considérer un ensemble de faits comme une structure (sens 4). – De *structural*.

ENCYCL Le terme de structuralisme désigne à l'origine diverses méthodes linguistiques ayant en commun de considérer la langue comme un ensemble structuré. Auj., le terme s'applique de façon plus large au courant de pensée qui, issu de ces travaux, s'est étendu aux sciences humaines. F. de Saussure fut l'initiateur du structuralisme linguistique; pour lui, la langue constitue un système dont chaque élément dépend de tous les autres (V. encycl. linguistique.). Dans les sciences humaines, deux principes caractérisent la démarche structuraliste : **1.** tout fait humain est analogue à un fait de langage, l'être humain « codant » la nature et la société dans laquelle il vit à l'aide d'un réseau de symboles; **2.** les réalités humaines, en tant qu'ensembles symboliques, constituent des systèmes que le chercheur doit déchiffrer. Ainsi, les méthodes structuralistes ont été appliquées avec succès à l'ethnologie (notam. par Lévi-Strauss) et d'une façon plus générale à la sociologie (anthropologie structurale), mais également à la critique littéraire et artistique. Le structuralisme consistant à décoder un système caché, l'analogie entre cette démarche et celle de la psychanalyse s'impose; ainsi, pour Lacan, l'inconscient est structuré comme un langage et le but de l'analyse est l'appropriation de ce langage par le patient.

structuraliste [stʀyktyʀalist] adj. et n. **1.** Du structuralisme. *Les théories structuralistes.* **2.** Partisan du structuralisme. *Les linguistes structuralistes.* ▷ Subst. *Les structuralistes.* – De *structuralisme*.

structurant, ante [stʀyktyʀɑ̃, ɑ̃t] adj. Qui suscite une structuration. ▷ URBAN *Éléments structurants :* voies ou équipements constituant l'axe ou le centre d'une ville et autour desquels celle-ci est organisée. – Ppr. de *structurer*.

structuration [stʀyktyʀasjɔ̃] n. f. Action, fait de structurer, de se structurer; son résultat. – De *structurer*.

structure [stʀyktyʀ] n. f. **1.** Manière dont un édifice est construit. *Ce palais est d'une belle structure.* ▷ Cour. Ce qui soutient qqch, lui donne forme et rigidité; ossature. *La structure métallique d'un fauteuil.* **2.** Agencement, disposition, organisation des différents éléments d'un tout concret ou abstrait. *Structure d'un organisme, d'une plante. Structure du relief terrestre, de l'atome. Structure d'une phrase, d'un discours, d'une langue. Structure d'une société.* Syn. constitution, contexture, forme. **3.** Organisation complexe considérée sous l'angle de ses principaux éléments constitutifs. *Structures administratives.* **4.** PHILO et didac. Système, ensemble solidaire dont les éléments sont unis par un rapport de dépendance. **5.** MATH Propriété d'un ensemble qui satisfait à une ou plusieurs lois de composition. – Lat. *structura*, de *struere*, « construire ».

ENCYCL **Math.** – Les principales structures algébriques, ou, absol., *structures*, dites aussi (à l'exception du groupe) *algèbres*, sont : le *groupe*, ensemble muni d'une loi de composition interne admettant un élément neutre (zéro dans le cas de l'addition, 1 dans le cas de la multiplication) et dont tout élément possède un symétrique; l'*anneau*, muni de deux lois de composition interne (addition et multiplication); le *corps*, anneau dont tout élément non nul a un inverse (ex. $\frac{1}{2}$ est l'inverse de 2); le *treillis*, ensemble à l'intérieur duquel tout intervalle a un minorant et un majorant; les *espaces vectoriels*.

structuré, ée [stʀyktyʀe] adj. Qui possède une structure. Syn. organisé. – Pp. de *structurer*.

structurel, elle [stʀyktyʀɛl] adj. **1.** Structural. **2.** Qui relève des structures économiques (opposé à *conjoncturel*). *Chômage structurel.* – De *structure*.

structurer [stʀyktyʀe] v. tr. [1] Donner une structure à. ▷ v. pron. Acquérir une structure. – De *structure*.

strume [stʀym] n. f. MED **1.** Vx Scrofule. **2.** Goitre. – Lat. *struma*, « scrofule ».

struthionidés [stʀytjɔnide] n. m. pl. ORNITH Famille de struthioniformes comprenant seulement l'autruche. – Sing. *Un struthionidé.* – Du lat. *struthio, struthionis*, « autruche ».

struthioniformes [stʀytjɔnifɔʀm] n. m. pl. ORNITH Ordre d'oiseaux comprenant tous les ratites sauf les aptéryx.– Sing. *Un struthioniforme.* – Du lat. *struthio, struthionis*, « autruche », et *-forme*.

strychnine [stʀiknin] n. f. PHARM Alcaloïde très toxique extrait de la noix vomique. – Du lat. bot. *strychnos*, du gr., « vomiquier ».

strychnos [stʀiknos] n. m. BOT Arbre tropical (genre *Strychnos*) dont une espèce (*vomiquier*) produit la noix vomique et une autre le curare. – Mot du lat. bot., du gr.

stryge. V. strige.

stuc [styk] n. m. Composition de chaux, d'albâtre ou de craie, servant à exécuter divers ouvrages décoratifs. – Ital. *stucco.*

stucage [stykaʒ] n. m. TECH Application de stuc ; son résultat. – De *stuc.*

stucateur [stykatœʀ] n. m. TECH Ouvrier qui prépare ou qui applique le stuc. – Ital. *stuccatore.*

stud-book [stœdbuk] n. m. TURF Registre contenant le nom, la généalogie, les victoires des pur-sang. *Des stud-books.* – Mot angl., de *stud,* « haras », et *book,* « livre ».

studieusement [stydjøzmɑ̃] adv. De façon studieuse, avec application. – De *studieux.*

studieux, euse [stydjø, øz] adj. **1.** Qui aime l'étude, qui s'y applique. *Élève studieux.* **2.** Consacré à l'étude. *Des vacances studieuses.* – Lat. *studiosus,* de *studium,* « étude, zèle ».

studio [stydjo] n. m. **1.** Logement constitué d'une pièce unique, à laquelle s'ajoutent le plus souvent une cuisine et un cabinet de toilette ou une salle de bains. *Il habite un petit studio.* **2.** Endroit aménagé pour le tournage de films, d'émissions de télévision, pour l'enregistrement d'émissions de radio, de musique. *Film tourné en studio.* **3.** Atelier d'artiste, de photographe. **4.** (Le plus souvent dans des noms propres.) Salle de spectacle où sont donnés des films d'art et d'essai. *Le Studio Untel.* – Mot ital., « atelier d'artiste », du lat. *studium,* « étude ».

stuka [ʃtuka] n. m. HIST Appareil de bombardement en piqué (*Junkers 87*), utilisé par l'aviation allemande pendant la Seconde Guerre mondiale. *Des stukas.* – Mot all., abrév. de *Stu(rz) ka(mpfflugzeug),* « avion de combat en piqué ».

stupa ou **stoupa** [stupa] n. m. Monument funéraire bouddhique, formé d'un hémisphère de maçonnerie monté sur un piédestal. *Des stupa* ou *des stoupas.* – Mot hindī.

stupéfaction [stypefaksjɔ̃] n. f. Étonnement qui laisse sans réaction. Syn. stupeur. – Bas lat. *stupefactio.*

stupéfait, aite [stypefɛ, ɛt] adj. Étonné au point de ne pouvoir réagir. Syn. interdit. *Elle ne put dire un mot tant elle était stupéfaite.* – Lat. *stupefactus.*

stupéfiant, ante [stypefjɑ̃, ɑ̃t] adj. et n. m. **1.** adj. Qui stupéfie, qui cause la stupéfaction. **2.** n. m. Substance médicamenteuse ayant un effet analgésique ou euphorisant et dont l'usage entraîne une dépendance et des troubles graves. (Abrév. fam. : stup). *L'opium, la morphine, la cocaïne sont des stupéfiants.* – Ppr. de *stupéfier.*

stupéfier [stypefje] v. tr. [2] Causer un grand étonnement à (qqn), rendre stupéfait. *La nouvelle de sa mort nous a stupéfiés.* – Lat. *stupefieri,* « être stupéfié », passif de *stupefacere,* « étourdir, paralyser ».

stupeur [stypœʀ] n. f. **1.** MED Engourdissement des facultés intellectuelles avec immobilité et physionomie étonnée ou indifférente, que l'on observe dans certaines affections psychiques. **2.** Cour. Étonnement profond qui ôte toute possibilité de réaction. Syn. stupéfaction. *Être frappé de stupeur. Rester muet de stupeur.* – Lat. *stupor,* « engourdissement, paralysie ».

stupide [stypid] adj. **1.** Qui manque d'intelligence, de jugement. ▷ Par ext. *Un air stupide.* **2.** Qui dénote un manque d'intelligence, ou de réflexion. *Un comportement, une réponse stupide.* Syn. absurde, idiot. **3.** Litt. Frappé de stupeur. Syn. stupéfait. *Il restait là, immobile et stupide.* – Lat. *stupidus.*

stupidement [stypidmɑ̃] adv. De façon stupide. *Répondre stupidement.* – De *stupide.*

stupidité [stypidite] n. f. **1.** Caractère d'une personne, d'une chose stupide. *Stupidité d'un raisonnement.* Syn. bêtise, idiotie. **2.** Parole, action stupide. *Dire des stupidités.* Syn. sottise. – Lat. *stupiditas.*

stupre [stypʀ] n. m. Litt. Débauche avilissante ; luxure. – Lat. *stuprum.*

stuquer [styke] v. tr. [1] TECH Enduire de stuc. – De *stuc.*

1. style [stil] n. m. **I. 1.** Manière d'utiliser les moyens d'expression du langage, propre à un auteur, à un genre littéraire, etc. *Style clair, précis, élégant; obscur, ampoulé. Style burlesque, oratoire, lyrique. Style administratif, juridique.* **2.** Manière de s'exprimer agréable et originale. *Orateur qui tourne ses phrases avec style.* **3.** GRAM *Style direct*, indirect*.* **II. 1.** Ensemble des traits caractéristiques des œuvres (d'un artiste, d'une époque, d'une civilisation). *Une décoration de style Régence.* ▷ *De style :* d'un style particulier, propre à une époque ancienne. *Une salle à manger de style.* **2.** Caractère d'une œuvre originale. *Tableau qui a du style.* **III. 1.** Ensemble des comportements habituels de qqn. *Adopter un certain style de vie. C'est tout à fait son style :* c'est bien digne de lui. Syn. genre. Ensemble des caractéristiques, des attitudes d'un sportif. *Le style d'un joueur de tennis.* **2.** Façon particulière de pratiquer un sport alliant les impératifs de l'esthétique à ceux de l'efficacité. *Ce boxeur doit améliorer son style.* **3.** Loc. adj. *De grand style :* qui se fait sur une vaste échelle ou qui est fait avec brio. *Offensive de grand style. Une critique de grand style.* – Lat. *stylus,* altér. graphique de *stilus,* propr. « poinçon servant à écrire », sous l'infl. du gr. *stûlos,* « colonne ».

2. style [stil] n. m. **1.** ANTIQ Poinçon métallique servant à écrire sur les tablettes enduites de cire. **2.** BOT Partie, souvent filiforme, du pistil qui surmonte l'ovaire. **3.** Tige d'un cadran solaire, dont l'ombre donne l'heure. – Lat. *stilus.* V. style 1.

stylé, ée [stile] adj. Vieilli Formé aux usages. ▷ Mod. *Domestique stylé,* qui accomplit son service dans les règles. – De *style* 1.

stylet [stile] n. m. **1.** Poignard à petite lame aiguë. **2.** ZOOL Partie saillante et effilée de certains organes. – Ital. *stiletto,* lat. *stilus,* « poinçon ».

stylisation [stilizasjɔ̃] n. f. Action de styliser, fait d'être stylisé. – De *styliser.*

styliser [stilize] v. tr. [1] Représenter en simplifiant les formes, dans un but décoratif. *Styliser une fleur.* – Pp. *Animal stylisé.* – De *style* 1.

stylisme [stilism] n. m. **1.** LITTER Excès de recherche dans le style. **2.** Activité, art, profession du styliste. – De *style* 1.

styliste [stilist] n. **1.** Écrivain qui apporte un très grand soin à son style. **2.** Personne dont le métier est de définir le style d'un produit, dans les domaines de l'industrie, de créer des modèles dans le domaine de la mode, de l'ameublement. – De *style* 1.

stylisticien, enne [stilistisjɛ̃, ɛn] n. Didac. Spécialiste de la stylistique. – De *stylistique.*

stylistique [stilistik] adj. et n. f. Didac. **1.** adj. Qui a rapport au style (V. style 1). *Analyse stylistique.* **2.** n. f. Étude du style (style 1, sens I, 1). – All. *Stylistik.*

stylite [stilit] n. m. Didac. Ermite qui vivait au sommet d'une colonne, d'une tour, d'un portique. ▷ (En appos.) *Saint Siméon Stylite.* – Du gr. *stûlos,* « colonne ».

stylo [stilo] ou vx **stylographe** [stilɔgʀaf] n. m. Porte-plume à réservoir d'encre. (On dit aussi *stylo à encre, stylo à plume.*) ▷ *Stylo à bille* ou *stylo-bille :* stylo à encre épaisse, dans lequel la plume est remplacée par une bille métallique. – Angl. *stylograph*, du lat. *stylus*, pour *stilus* (V. style 1), et du gr. *graphein*, « écrire ».

stylobate [stilɔbat] n. m. ARCHI Soubassement formant un piédestal continu et portant une rangée de colonnes. – Lat. *stylobata*, gr. *stulobatês*, de *stûlos*, « colonne », et *bainen*, « monter ».

stylo-feutre [stiloføtʀ] n. m. Stylo ayant une pointe en feutre ou en nylon en guise de plume. *Des stylos-feutres*. – De *stylo*, et *feutre*.

styloïde [stilɔid] adj. ANAT Se dit d'apophyses osseuses longues et minces. *Apophyse styloïde du péroné, du cubitus*. – Gr. *stuloeidês*, « qui ressemble à une colonne ».

stylommatophores [stilɔmatɔfɔʀ] n. m. pl. ZOOL Ordre de mollusques gastéropodes pulmonés terrestres, possédant sur la tête deux paires de tentacules rétractiles dont l'une porte les yeux. *Les escargots, les limaces sont des stylommatophores*. – Sing. *Un stylommatophore*. – Du gr. *stûlos*, « colonne, soutien », *omma*, *ommatos*, « œil », et *-phore*.

styrax [stiʀaks] ou VX **storax** [stɔʀaks] n. m. **1.** BOT Arbre tropical dicotylédone gamopétale (ordre des ébénales), qui fournit une résine solide et odorante. **2.** Résine grise sirupeuse extraite des arbres du genre *Liquidambar* et *Styrax*, et utilisée dans la confection de sirops, de pommades et de parfums. – Lat. *styrax*, gr. *sturax*.

styrène [stiʀɛn], **styrol** [stiʀol] ou **styrolène** [stiʀɔlɛn] n. m. CHIM Carbure éthylénique et benzénique utilisé comme matière première dans l'industrie des plastiques. V. polystyrène. – De *styrax*.

su, sue [sy] adj. et n. m. **1.** adj. Que l'on sait, que l'on a appris. *Une leçon bien sue*. **2.** n. m. Connaissance que qqn a de qqch (seulement dans la loc. *au su de qqn*). – *Au vu et au su de tout le monde* : sans rien cacher. – Pp. de *savoir*.

suaire [sɥɛʀ] n. m. Litt. Linceul. ▷ *Le saint suaire* : le linge ayant servi à ensevelir le Christ et portant une empreinte dans laquelle la piété pop. catholique a reconnu l'empreinte de son corps. (Des mesures au carbone 14 ont permis d'établir que le saint suaire conservé à Turin date en fait du XIVe s.) – Lat. *sudarium*, « linge pour essuyer la sueur », de *sudare*, « transpirer ».

suant, ante [sɥɑ̃, ɑ̃t] adj. **1.** Fam. Qui sue. *Un front suant*. **2.** Fig., fam. Pénible, ennuyeux, qui fait suer (sens I, 3). – Ppr. de *suer*.

suave [sɥav] adj. Litt. D'une douceur agréable aux sens. *Une odeur, une musique suave*. ▷ Par ext. *Un plaisir suave*. Syn. délicieux, exquis. – Lat. *suavis*, « doux, agréable ».

suavement [sɥavmɑ̃] adv. Avec suavité. – De *suave*.

suavité [sɥavite] n. f. Caractère de ce qui est suave. – Lat. *suavitas*.

sub-. Élément, du lat. *sub*, « sous ».

subaigu, uë [sybɛgy] adj. MED Qui a les caractères de l'état aigu sans en avoir la gravité. *Maladie subaiguë*.

subalterne [sybaltɛʀn] adj. et n. Dont la position est inférieure, subordonnée. *Officier subalterne. Une fonction subalterne*, secondaire. ▷ Subst. *Un(e) subalterne*. – Lat. *subalternus*, de *sub*, « sous », et *alternus*, rac. *alter*, « autre ».

subaquatique [sybakwatik] adj. Qui se produit sous l'eau. *La vie subaquatique*. – De *sub-*, et *aquatique*, d'après l'angl.

subcarpatique [sybkaʀpatik] adj. Que dominent les Carpates. ▷ *Spécial.* S'est dit de la partie de l'Ukraine (Ruthénie) située au pied des Carpates. – De *sub-*, et *carpatique*, des *Carpates*, chaîne de montagnes d'Europe centrale.

subcellulaire [sybselylɛʀ] adj. BIOL Se dit de ce qui est situé en deçà de l'unité cellulaire ; à l'intérieur de la cellule.

subconscient, ente [sybkɔ̃sjɑ̃, ɑ̃t] adj. et n. m. **1.** adj. Dont on n'est pas clairement conscient. **2.** n. m. Vieilli Inconscient. (Ne fait pas partie du vocabulaire freudien.)

subdélégué [sybdelege] n. m. HIST Officier du roi chargé d'administrer une subdivision de l'intendance (*subdélégation*), aux XVIIe et XVIIIe s. – Pp. subst. de *subdéléguer*.

subdéléguer [sybdelege] v. tr. [**14**] ADMIN Commettre (qqn) pour accomplir une fonction dont on a été chargé par une autorité supérieure.

subdiviser [sybdivize] v. tr. [**1**] Diviser (les parties d'un tout déjà divisé). *Un bataillon est divisé en compagnies, elles-mêmes subdivisées en sections*.

subdivision [sybdivizjɔ̃] n. f. **1.** Action de subdiviser ; fait d'être subdivisé. *La subdivision d'une région en départements*. **2.** Partie d'un tout divisé. *Les subdivisions d'un exposé*. – Bas lat. *subdivisio*.

subduction [sybdyksjɔ̃] n. f. GEOL Enfoncement d'une plaque sous la plaque voisine. – De *sub-*, et du lat. *ductio*, « action de tirer, de conduire ».

subéquatorial, ale, aux [sybekwatɔʀjal, o] adj. OCEGR Qui est proche de l'équateur. – Propre aux régions proches de l'équateur. *Flore subéquatoriale*.

suber [sybɛʀ] n. m. BOT Nom scientif. du liège. – Mot lat.

subéreux, euse [sybeʀø, øz] adj. BOT Qui est de la nature du liège ; qui rappelle le liège par son aspect, sa consistance. *Tissu subéreux*. – De *suber*.

subérifié, ée [sybeʀifje] adj. BOT Transformé en tissu subéreux. – De *suber*.

subérine [sybeʀin] n. f. BOT Substance lipidique qui imprègne les parois des cellules du liège. – De *suber*.

subintrant, ante [sybɛ̃tʀɑ̃, ɑ̃t] adj. MED Se dit de l'accès d'un mal périodique qui survient avant que le précédent soit terminé. – Lat. *subintrans*, ppr. de *subintrare*, « entrer subrepticement ».

subir [sybiʀ] v. tr. [**3**] **1.** Supporter involontairement (ce qui est imposé par qqn ou par qqch). *Subir la loi du vainqueur. Pays qui subit le contrecoup de la crise économique mondiale*. – Devoir supporter (qqn de pénible). ▷ (Choses) *Métal qui subit une déformation*. **2.** Se soumettre volontairement à. *Il a dû subir une opération assez grave*. – Lat. *subire*, « aller *(ire)* sous, supporter, se présenter ».

subit, ite [sybi, it] adj. Qui arrive tout à coup, de façon rapide et imprévue. *Une attaque subite*. Syn. soudain. – Lat. *subitus*, pp. de *subire*, « se présenter ».

subitement [sybitmɑ̃] adv. De façon subite, brusquement. *Il est mort subitement*. – De *subit*.

subito [sybito] adv. Fam. Subitement. *Partir subito. Subito presto* : soudainement et rapidement. – Mot lat., « tout à coup ».

subjectif, ive [sybʒɛktif, iv] adj. **1.** Qui a rapport au sujet pensant. *Expérience subjective*. ▷ MED *Trouble subjectif*, qui n'est perçu que par le malade. **2.** Qui exprime une certitude tout individuelle, qui ne peut être étendue à tous. *Approche subjective d'un problème*. ▷ Influencé par la personnalité, l'affectivité du sujet ; partial. *Jugement subjectif*. Ant. objectif. – Lat. scolast. *subjectivus*, du class. *subjectus*, « sujet ».

subjectile [sybʒɛktil] n. m. PEINT Surface qui reçoit une couche de peinture, qui sert de support à une peinture. – Du lat. *subjectus*, « placé dessous », et *-ile*, d'ap. *projectile*.

subjectivement [sybʒɛktivmɑ̃] adv. D'une façon subjective (sens 2). Ant. objectivement. – De *subjectif.*

subjectivisme [sybʒɛktivism] n. m. **1.** PHILO Système qui n'admet d'autre réalité que celle du sujet pensant. **2.** Propension à la subjectivité (sens 2). – De *subjectif.*

subjectiviste [sybʒɛktivist] adj. et n. Qui se rapporte au subjectivisme. *Théories subjectivistes.* ▷ Subst. Partisan du subjectivisme. – De *subjectivisme.*

subjectivité [sybʒɛktivite] n. f. **1.** PHILO Caractère de ce qui est subjectif, de ce qui n'appartient qu'au sujet (par oppos. à *objectivité*). *Subjectivité d'un raisonnement.* **2.** État de celui qui, dans ses jugements de valeur, donne la primauté aux états de conscience que les phénomènes suscitent en lui. **3.** Domaine des réalités subjectives (la conscience, le moi). – De *subjectif.*

subjonctif [sybʒɔ̃ktif] n. m. Mode personnel du verbe, exprimant notam. l'indécision, le doute, l'éventualité. *Temps du subjonctif :* présent *(Il faut que nous partions),* imparfait *(J'aurais aimé qu'il vînt),* passé *(Il craint que nous n'ayons fini à temps),* plus-que-parfait *(Il craignait que nous n'eussions fini).* – Du bas lat. *subjunctivus,* propr. «qui sert à lier», du pp. de *subjungere,* «subordonner».

subjuguer [sybʒyge] v. tr. [1] **1.** Exercer un ascendant absolu sur (qqn); conquérir, charmer. *Il subjugue tous ceux qui l'approchent.* **2.** Vx ou litt. Soumettre par la force, asservir. *Subjuguer une province.* – Bas lat. *subjugare,* «faire passer sous le joug», de *jugum,* «joug».

sublimation [syblimasjɔ̃] n. f. **1.** PHYS, CHIM Passage direct de l'état solide à l'état gazeux. **2.** Fig. Action d'élever, de purifier (un sentiment, un acte). ▷ PSYCHAN Mécanisme, généralement inconscient, par lequel des pulsions socialement réprouvées (pulsions sexuelles, agressives, etc.) sont détournées de leur objet premier et orientées vers des buts considérés par le sujet comme plus conformes aux normes morales qu'il reconnaît. – Bas lat. *sublimatio.*

sublime [syblim] adj. et n. m. **I.** adj. **1.** Très beau, très grand, très haut placé dans l'échelle des valeurs esthétiques ou morales. Syn. admirable, parfait. *Un spectacle sublime. Une vertu, un acte sublime.* **2.** (Personnes) Qui s'élève aux sommets de l'esprit, de la vertu. *Un génie sublime. Un héros sublime.* **3.** HIST *La Sublime Porte :* V. porte (1 sens I, 4). **II.** n. m. **1.** Ce qu'il y a de plus grand dans l'échelle des valeurs morales, esthétiques. *Il y a du sublime dans cette action.* **2.** LITTER Un des styles distingués par la rhétorique classique destiné à élever l'esprit du lecteur. – Lat. *sublimis,* propr. «élevé dans les airs, haut».

sublimé [syblime] n. m. CHIM Produit obtenu par sublimation. ▷ *Sublimé corrosif :* chlorure mercurique, antiseptique puissant et toxique. – Pp. de *sublimer.*

sublimement [syblimәmɑ̃] adv. De manière sublime. – De *sublime.*

sublimer [syblime] v. [1] **I.** v. tr. **1.** PHYS, CHIM Faire passer directement (un corps) de l'état solide à l'état gazeux. **2.** Fig. Élever, purifier. **II.** v. intr. PSYCHAN Transformer les pulsions par la sublimation, les faire passer sur un plan supérieur de réalisation. – Lat. *sublimare,* «élever».

subliminal, ale, aux [sybliminal, o] adj. PSYCHO Qui ne dépasse pas le seuil de la conscience. – *Publicité subliminale :* message publicitaire qui, du fait de sa brièveté, ne peut être perçu que par l'inconscient. – De *sub-,* et du lat. *limen, liminis,* «seuil».

sublimité [syblimite] n. f. Litt., rare Qualité de ce qui est sublime. – Lat. *sublimitas,* «élévation».

sublingual, ale, aux [syblɛ̃gwal, o] adj. **1.** ANAT Situé sous la langue. *Glandes sublinguales.* **2.** Qui s'effectue sous la langue. *Médicament d'absorption sublinguale.*

sublunaire [syblynɛʀ] adj. Vx Qui est plus bas que la Lune, qui est entre Terre et Lune. ▷ Litt. et vx *«Ce globe terraqué et sublunaire»* (Gautier) : la Terre.

submerger [sybmɛʀʒe] v. tr. [13] **1.** Couvrir complètement d'eau, de liquide; inonder. *Le fleuve en crue a submergé ses rives.* **2.** Fig. Envahir, déborder. *La foule a submergé le service d'ordre.* – Pp. *Être submergé de travail.* – Lat. *submergere,* de *sub-,* et *mergere,* «plonger».

submersible [sybmɛʀsibl] adj. et n. m. **1.** adj. Qui peut être submergé. *Terres submersibles des Pays-Bas.* **2.** n. m. Sous-marin. – Dér. sav. du lat. *submersus,* pp. de *submergere,* «submerger», et *-ible.*

submersion [sybmɛʀsjɔ̃] n. f. Action de submerger; son résultat. – Bas lat. *submersio.*

subnarcose [sybnaʀkoz] n. f. MED État d'abaissement de la vigilance obtenu par l'injection de barbiturique afin de faciliter l'investigation psychologique.

subodorer [sybɔdɔʀe] v. tr. [1] Pressentir, deviner. *Je subodore de la malhonnêteté dans cette proposition.* – De *sub-,* et du lat. *odorari,* «sentir, flairer».

subordination [sybɔʀdinasjɔ̃] n. f. **1.** Dépendance (d'une personne à l'égard d'une autre). **2.** Fait, pour une chose, de dépendre d'une autre. *Subordination de l'effet à la cause.* **3.** GRAM (Opposé à *coordination,* à *juxtaposition.*) Rapport syntaxique entre une proposition et une autre à laquelle elle est subordonnée. ▷ *Conjonction de subordination :* conjonction réunissant la proposition subordonnée à la proposition principale. *Les conjonctions si, quand, comme, puisque sont des conjonctions de subordination.* – Lat. médiév. *subordinatio.*

subordonné, ée [sybɔʀdɔne] adj. et n. **1.** *Subordonné à :* qui dépend de. *Les prix sont subordonnés à la quantité des récoltes.* – Qui est hiérarchiquement inférieur à. ▷ Subst. *Il est courtois avec ses subordonnés.* **2.** GRAM *Proposition subordonnée* ou, n. f., *une subordonnée :* proposition qui se trouve dans une relation syntaxique de dépendance par rapport à une autre proposition (dite *principale*) et ne peut à elle seule former une unité syntaxique complète. – Pp. de *subordonner.*

subordonner [sybɔʀdɔne] v. tr. [1] **1.** Mettre (une personne) dans une situation hiérarchiquement inférieure à une autre (surtout au passif). *Les prêtres sont subordonnés aux évêques.* **2.** Considérer (une chose) comme secondaire par rapport à une autre. *Il subordonne tout à des questions d'intérêt.* ▷ Faire dépendre (une chose d'une autre). *Il subordonne son départ à la réussite de cette négociation.* – Lat. médiév. *subordinare,* francisé d'ap. *ordonner.*

suborner [sybɔʀne] v. tr. [1] **1.** Détourner du devoir. ▷ Vieilli *Suborner une jeune fille,* la séduire. **2.** DR *Suborner un témoin,* le corrompre, l'acheter. – Lat. *subornare,* de *sub-,* et *ornare,* «équiper, orner».

suborneur, euse [sybɔʀnœʀ, øz] n. et adj. Vieilli ou plaisant Celui qui détourne (qqn) du devoir. – *Spécial.* Celui qui suborne une femme, séducteur. – De *suborner.*

subpolaire [sybpɔlɛʀ] adj. Proche du pôle. *Climat subpolaire. Toundra subpolaire.*

subrécargue [sybʀekaʀg] n. m. MAR Représentant de l'affréteur ou de l'armateur, embarqué sur un navire pour veiller à la gestion de la cargaison. – Esp. *sobrecargo,* de *sobrecargar,* de *sobre,* «sur», et *cargar,* «charger».

subreptice [sybʀɛptis] adj. **1.** DR CANON Qui est obtenu sur la foi d'un faux exposé. *Grâce subreptice.* **2.** Litt. Qui est fait furtivement, illicitement, à l'insu des personnes concernées. *Machinations subreptices.* – Lat. *subrepticius,* «clandestin», de *subrepere,* «ramper dessous».

subrepticement [sybʀɛptismɑ̃] adv. De façon subreptice, en se cachant. – De *subreptice.*

subrogation [sybʀɔgasjɔ̃] n. f. DR Acte par lequel on subroge. *Subrogation de personnes, de choses. Paiement avec subrogation.* – Bas lat. *subrogatio.*

subrogatoire [sybʀɔgatwaʀ] adj. DR *Acte subrogatoire,* qui a pour effet de subroger. – De *subroger.*

subrogé, ée [sybʀɔʒe] adj. et n. DR *Subrogé tuteur :* personne chargée par le conseil de famille de défendre les droits du mineur quand les intérêts de celui-ci et ceux du tuteur sont opposés. ▷ Subst. *Le (la) subrogé(e) :* celui, celle qui devient titulaire de la créance en lieu et place du créancier. – Pp. de *subroger.*

subroger [sybʀɔʒe] v. tr. [13] DR Mettre à la place de (qqn). *Je vous ai subrogé en mes droits.* ▷ *Subroger un rapporteur :* nommer un juge rapporteur aux lieu et place d'un autre. – Lat. *subrogare,* « proposer un magistrat à la place d'un autre ».

subséquemment [sybsekamɑ̃] adv. DR ou plaisant À la suite ou en conséquence de quoi. – Du lat. *subsequens* (V. subséquent).

subséquent, ente [sybsekɑ̃, ɑ̃t] adj. 1. Litt. ou DR Qui suit, qui vient après. *Un testament subséquent annule le précédent.* 2. GEOGR *Cours d'eau subséquent,* qui suit le pied d'un relief. – Lat. *subsequens, subsequentis,* ppr. de *subsequi,* « suivre de près ».

subside [sybzid] n. m. Aide financière accordée par un État à un autre, par une organisation ou une personne à une autre. – Lat. *subsidium,* « renfort, ressources », de *subsidere,* propr. « se poser *(sidere)* dessous *(sub)* ».

subsidence [sybzidɑ̃s] n. f. GEOL Mouvement d'enfoncement du fond d'une dépression. *Le poids des sédiments peut accentuer la subsidence mais il n'en est pas la cause première.* – Lat. *subsidentia,* « sédiment, dépôt », de *subsidere* (V. subside).

subsidiaire [sybzidjɛʀ] adj. 1. Qui s'ajoute au principal pour le renforcer, le compléter. *Moyens subsidiaires.* - *Question subsidiaire :* question qui sert à départager des concurrents ex aequo. 2. DR *Hypothèque, caution subsidiaire,* prise en plus d'une autre pour la remplacer en cas de défaut. – Lat. *subsidiarius,* « de réserve » (en parlant de troupes).

subsidiairement [sybzidjɛʀmɑ̃] adv. D'une manière subsidiaire, en second lieu. – De *subsidiaire.*

subsidiarité [sybzidjaʀite] n. f. POLIT Caractère de ce qui est subsidiaire. - *Principe de subsidiarité dans le traité de Maastricht,* principe selon lequel la Communauté européenne n'intervient qu'à titre subsidiaire par rapport aux États membres. – De *subsidiaire.*

subsistance [sybzistɑ̃s] n. f. 1. Fait de subvenir à ses besoins, aux besoins de qqn; nourriture et entretien d'une personne. *Pourvoir à la subsistance de qqn.* 2. MILIT *Service des subsistances :* service dépendant de l'intendance, chargé de fournir la nourriture nécessaire aux troupes. - *Soldat en subsistance,* qui est nourri et payé par une unité dont il ne fait pas administrativement partie. – De *subsister.*

subsistant, ante [sybzistɑ̃, ɑ̃t] adj. et n. m. 1. adj. Qui subsiste (sens 1). 2. n. m. MILIT Militaire en subsistance. – De *subsister.*

subsister [sybziste] v. intr. [1] 1. Exister encore. *Cette coutume subsiste.* ▷ v. impers. *Ville dont il ne subsiste que des vestiges.* 2. Subvenir à ses besoins essentiels. *Son maigre salaire lui suffit à peine pour subsister.* – Lat. *subsistere,* « s'arrêter, rester ».

subsonique [sypsɔnik] adj. TECH Inférieur à la vitesse du son (opposé à *supersonique,* à *transsonique*).

substance [sypstɑ̃s] n. f. 1. PHILO Ce qui est en soi; réalité permanente qui sert de support aux attributs changeants. 2. Matière, corps. *Substance minérale, liquide. Substance fondamentale des os* (l'osséine). ▷ BIOCHIM *Substance P :* neuropeptide contribuant à la transmission nerveuse de la douleur. ▷ ANAT *Substance fondamentale :* sorte de gel qui soutient les cellules et les fibres du tissu conjonctif. 3. Ce qu'il y a d'essentiel dans un discours, un écrit. *La substance d'un livre.* ▷ Loc. adv. *En substance :* en se bornant à l'essentiel, en résumé. *Voici, en substance, ce dont il s'agit.* – Lat. *substantia,* de *substare,* « se tenir *(stare)* dessous *(sub),* tenir bon ».

substantialisme [sypstɑ̃sjalism] n. m. PHILO Doctrine qui admet l'existence d'une substance, soit matérielle, soit spirituelle (par oppos. à *phénoménisme*). – Dér. savant du lat. *substantialis,* de *substancia,* « substance ».

substantialiste [sypstɑ̃sjalist] adj. et n. PHILO Relatif au substantialisme. ▷ Subst. Partisan du substantialisme. – Du lat. *substantialis.*

substantialité [sypstɑ̃sjalite] n. f. PHILO Caractère de ce qui est une substance, fait de consister en une substance. – Bas lat. *substantialitas.*

substantiel, elle [sypstɑ̃sjɛl] adj. 1. PHILO Qui appartient à la substance. *L'âme est la forme substantielle du corps.* 2. Nourrissant. *Un plat substantiel.* ▷ Fig. Qui constitue une nourriture abondante pour l'esprit. *Les passages les plus substantiels d'un ouvrage.* 3. Important, non négligeable. *Il a obtenu des avantages substantiels.* – Lat. *substantialis.*

substantiellement [sypstɑ̃sjɛlmɑ̃] adv. 1. PHILO Quant à la substance. 2. D'une manière substantielle. – De *substantiel.*

substantif, ive [sypstɑ̃tif, iv] n. et adj. GRAM 1. n. m. Unité lexicale pouvant se combiner avec certains morphèmes (articles, adjectifs démonstratifs et possessifs, marques du genre et du nombre) et se référant à un objet (matériel ou non). Syn. nom. 2. adj. Relatif au substantif. *Proposition substantive,* qui a valeur de nom. – Bas lat. *substantivus,* de *substantia,* « substance ».

substantifier [sypstɑ̃tifje] v. tr. [1] PHILO Donner (à qqch) une forme concrète que l'esprit peut mieux concevoir. *Ses propos substantifient l'impression vague que nous avions eue.* – De *substantif.*

substantifique [sypstɑ̃tifik] adj. Litt. « *La substantifique moelle* » (Rabelais) : ce qu'un texte contient d'enrichissant pour l'esprit. – Du lat. *substantia,* « substance ».

substantivation [sypstɑ̃tivasjɔ̃] n. f. LING Transformation en substantif (d'un adjectif, d'un verbe). – De *substantiver.*

substantivement [sypstɑ̃tivmɑ̃] adv. En qualité de substantif. *Adjectif employé substantivement.* – De *substantif.*

substantiver [sypstɑ̃tive] v. tr. [1] LING Transformer en substantif (un verbe, un adjectif). – De *substantif.*

substituabilité [sypstitɥabilite] n. f. Didac. Caractère de ce qui est substituable. – De *substituable.*

substituable [sypstitɥabl] adj. Qui peut être substitué. – De *substituer.*

substituer [sypstitɥe] v. [1] I. v. tr. 1. Mettre (une personne, une chose) à la place d'une autre. *Substituer une copie à l'original.* 2. DR Appeler (qqn) à une succession après un autre héritier ou à son défaut. II. v. pron. Se mettre à la place de. *Son oncle s'est substitué à son père.* – Lat. *substituere,* « mettre sous, à la place de ».

substitut [sypstity] n. m. 1. DR Magistrat du Parquet qui supplée le procureur de la République, le procureur général ou les avocats généraux. 2. Personne, chose qui remplit une fonction à la place d'une autre. – Lat. *substitutus.*

substitutif, ive [sypstitytif, iv] adj. Qui peut se substituer à qqch, le remplacer. – De *substitut.*

substitution [sypstitysjɔ̃] n. f. **1.** Action de substituer. *Substitution d'enfant.* ▷ CHIM Remplacement, dans une molécule, d'un atome ou d'un groupe d'atomes par un atome ou un groupe différent. *Réactions de substitution et réactions d'addition.* ▷ MATH Remplacement d'un des éléments d'une suite par un autre. Syn. permutation. **2.** DR Disposition par laquelle un tiers est appelé à recueillir un don ou un legs au cas où le premier bénéficiaire institué n'en profiterait pas. – Bas lat. *substitutio.*

substrat [sypstʀa] ou vieilli **substratum** [sypstratɔm] n. m. **1.** PHILO Ce qui, présent derrière les phénomènes, leur sert de support. **2.** LING Langue qui, dans une communauté linguistique, a été éliminée au profit d'une autre mais qui a néanmoins exercé une influence sur cette dernière. *Influence du substrat préhellénique sur le grec.* **3.** BIOCHIM Molécule sur laquelle agit une enzyme. **4.** GEOL Couche inférieure ou antérieure existant sous une couche plus récente. – Lat. *substratum,* de *substernere,* «étendre sous».

subsumer [sypsyme] v. tr. [1] PHILO Penser (un élément particulier) comme compris dans un ensemble plus vaste (l'individu dans l'espèce, l'espèce dans le genre, le fait dans la loi, etc.). – Lat. mod. *subsumere,* de *sub,* «dessous», et *sumere,* «prendre comme prémisses».

subterfuge [syptɛʀfyʒ] n. m. Moyen détourné et artificieux pour se tirer d'embarras. *User de subterfuges.* Syn. stratagème. – Bas lat. *subterfugium,* de *subterfugere,* «fuir *(fugere)* en cachette».

subtil, ile [syptil] adj. **1.** Qui a une finesse, une ingéniosité remarquables; qui dénote ces qualités. *Esprit subtil. Argument subtil.* **2.** Difficile à saisir pour l'esprit, les sens. *Nuance subtile.* – Lat. *subtilis,* «fin, délié», de *sub,* «dessous», et *tela,* «toile, trame».

subtilement [syptilmɑ̃] adv. D'une manière subtile. – De *subtil.*

subtilisation [syptilizasjɔ̃] n. f. Action de subtiliser (sens 2). – De *subtiliser.*

subtiliser [syptilize] v. [1] **1.** v. intr. Vx ou litt. Tenir des raisonnements très subtils, subtils à l'excès. *Subtiliser sur des questions de morale.* **2.** v. tr. Voler habilement (qqch). *On lui a subtilisé son porte-monnaie.* – De *subtil.*

subtilité [syptilite] n. f. **1.** Caractère d'une personne, d'une chose subtile. *Subtilité d'un tacticien, d'une manœuvre.* **2.** Raffinement dans le raisonnement, dans la pensée. *Les subtilités de ce développement m'échappent.* – Lat. *subtilitas.*

subtropical, ale, aux [sybtʀɔpikal, o] adj. Situé sous les tropiques. *Région subtropicale.* ▷ *Climat subtropical,* proche du climat tropical. ▷ METEO *Zones subtropicales :* zones de hautes pressions dont la latitude est comprise entre 25 et 35 degrés et où se forment les anticyclones.

subulé, ée [sybyle] adj. SC NAT Allongé et pointu comme une alène. – Du lat. *subula,* «alène, poinçon».

suburbain, aine [sybyʀbɛ̃, ɛn] adj. Qui se trouve dans les environs d'une ville. *Les communes suburbaines de Paris.* – Lat. *suburbanus,* de *sub,* «sous», et *urbs, urbis,* «ville».

suburbicaire [sybyʀbikɛʀ] adj. RELIG CATHOL Se dit des sept diocèses de la périphérie de Rome. *Évêque suburbicaire.* – Bas lat. *suburbicarius,* de *sub,* «sous», et *urbs,* «la ville» (de Rome).

subvenir [sybvəniʀ] v. tr. indir. [36] *Subvenir à :* pourvoir à (des besoins matériels, financiers). *Il ne peut subvenir à cette dépense.* – Réfection de l'anc. v. *sovenir,* «secourir», d'ap. le lat. *subvenire,* «venir au secours de».

subvention [sybvɑ̃sjɔ̃] n. f. Somme versée à fonds perdus par l'État, une collectivité locale, un organisme, un mécène à une collectivité publique, une entreprise, un groupement, une association, un individu, pour lui permettre d'entreprendre ou de poursuivre une activité d'intérêt général. *Demander une subvention pour un équipement scolaire.* – Bas lat. *subventio,* «secours, aide».

subventionné, ée [sybvɑ̃sjɔne] adj. Qui reçoit des subventions. *Théâtre subventionné.* – Pp. de *subventionner.*

subventionnel, elle [sybvɑ̃sjɔnɛl] adj. Qui a le caractère d'une subvention. – De *subvention.*

subventionner [sybvɑ̃sjɔne] v. tr. [1] Aider par une, des subventions. – De *subvention.*

subversif, ive [sybvɛʀsif, iv] adj. Qui tend à provoquer la subversion. *Menées subversives.* – *Guerre subversive,* qui vise à détruire la cohésion et la capacité de résistance d'un État en ne recourant pas aux moyens militaires classiques mais à la propagande, aux attentats, aux sabotages, etc. – Du lat. *subversum,* pp. de *subvertere* (V. subversion).

subversion [sybvɛʀsjɔ̃] n. f. Action, activité visant au renversement de l'ordre existant, des valeurs établies (surtout dans le domaine politique). *Mouvement de subversion.* – Lat. *subversio,* «renversement, destruction», du pp. de *subvertere,* «mettre sens dessus dessous».

subversivement [sybvɛʀsivmɑ̃] adv. D'une façon subversive. – De *subversif.*

subvertir [sybvɛʀtiʀ] v. tr. [3] Vx ou didac. Bouleverser (un ordre, un équilibre). – Lat. *subvertere.*

1. suc [syk] n. m. **1.** Liquide organique susceptible d'être extrait d'un tissu animal ou végétal. *Le suc de la viande.* ▷ PHYSIOL Produit de la sécrétion de certaines glandes digestives. *Suc gastrique, pancréatique.* **2.** Fig. Ce qu'il y a de plus profitable, de plus substantiel. *Le suc d'un ouvrage.* – Lat. *sucus* (ou *succus*).

2. suc [syk] n. m. GEOL Rég. Reste d'un ancien cratère, dans le Massif central. – Mot dial.

succédané [syksedane] n. m. **1.** Produit qu'on peut substituer à un autre dans certaines de ses utilisations. *Les succédanés du café.* Syn. ersatz. ▷ MED Médicament qui, possédant des propriétés proches d'un autre, peut être utilisé à sa place. **2.** Fig. Ce qui remplace qqch tout en ayant une valeur moindre. – Lat. *succedaneus,* de *succedere,* «remplacer».

succéder [syksede] v. [14] **I.** v. tr. indir. *Succéder à.* **1.** Venir après (qqn) et le remplacer dans une charge, un emploi, etc. *Louis XIV a succédé à Louis XIII.* **2.** Venir après (qqch) dans le temps, dans l'espace. *Le printemps succède à l'hiver. À la route carrossable succédait un chemin de terre.* **3.** DR Recueillir l'héritage de (qqn). **II.** v. pron. Venir l'un après l'autre. *Les générations qui se sont succédé jusqu'à ce jour.* – Lat. *succedere,* «venir sous, à la place de».

succenturié [syksɑ̃tyʀje] adj. m. ZOOL *Ventricule succenturié :* partie antérieure de l'estomac des oiseaux, dans laquelle est sécrété le suc gastrique. – Lat. *succenturiatus,* pp. de *succenturiare,* «tenir en réserve».

succès [syksɛ] n. m. **1.** Heureuse issue d'une opération, d'une entreprise. *Succès d'une expédition militaire.* **2.** Bon résultat obtenu par qqn. *Succès scolaires.* **3.** Fait de gagner la faveur du public. *Acteur, film qui a du succès.* – *À succès :* qui obtient du succès, le plus souvent par des moyens faciles. *Chanteur, chanson à succès.* ▷ Fam. *Un succès :* une chose qui a du succès, qui est à la mode. *Il a lu tous les succès du moment.* **4.** Fait de susciter l'intérêt amoureux, d'attirer les personnes du sexe opposé. *Avoir encore beaucoup de succès malgré son âge.* ▷ (Plur.) Aventures amoureuses. *Il se vante impudemment de ses succès.* – Lat. *successus,* «approche, réussite», pp. de *succedere,* «venir sous, à la place de».

successeur [syksesœʀ] n. m. **1.** Personne qui succède ou qui est appelée à succéder à une autre dans ses fonctions, ses biens. **2.** MATH Élément d'un ensemble ordonné qui en suit un autre (par oppos. à *antécédent*). *Dans un treillis, 2 est le successeur de 1 et l'antécédent de 3.* – Du lat. *successor*, de *succedere*, «venir sous, à la place de».

successibilité [syksɛsibilite] n. f. DR Droit de succéder. - Ordre dans lequel se fait la succession. – De *successible*.

successible [syksɛsibl] adj. DR **1.** Qui a capacité légale pour recueillir une succession. **2.** Qui rend apte à succéder. *Il est parent du défunt au degré successible.* – De *succession*.

successif, ive [syksɛsif, iv] adj. **1.** Vieilli Qui forme une suite ininterrompue. *L'ordre successif des jours et des nuits.* **2.** (Plur.) Qui se succèdent, qui viennent à la suite les uns des autres. *Des découvertes successives. Les locataires successifs d'une maison.* – Lat. *successivus*, «qui succède».

succession n. f. **1.** Fait de succéder à qqn en ce qui concerne ses fonctions, sa charge. *Succession du fils au père à la tête d'une entreprise.* **2.** Ensemble de personnes ou de choses qui se succèdent. *Une succession d'admirateurs. Une succession de catastrophes.* **3.** DR Transmission par voie légale des biens et des droits d'une personne décédée à une personne qui lui survit. *Succession directe, collatérale.* **4.** DR Biens dévolus aux successeurs. *Le partage d'une succession.* – Lat. *successio*.

ENCYCL **Droit** - La loi distingue la succession *ab intestat*, lorsque la propriété des biens est déférée par la seule disposition de la loi, et la succession *testamentaire*, c.-à-d. réglée par le testateur de son vivant. Les successions intestat sont dévolues aux enfants et descendants du défunt, à ses ascendants, à ses parents collatéraux, à son conjoint survivant ou, à défaut, à l'État. Les successibles ont la faculté soit d'accepter purement et simplement la succession, soit d'y renoncer, soit de l'accepter sous bénéfice d'inventaire de manière à n'être tenus des dettes qu'à concurrence de l'actif recueilli. Le partage d'une succession entraîne le paiement, au profit de l'État, de droits dont les taux varient en fonction de la parenté. Ces taux, de même que les réductions et abattements, évoluent en fonction de la législation.

successivement [syksɛsivmɑ̃] adv. L'un après l'autre; par degrés. – De *successif*.

successoral, ale, aux [syksɛsɔʀal, o] adj. DR Qui a rapport aux successions. – De *successeur*.

succin [syksɛ̃] n. m. Didac. Ambre jaune. – Lat. *succinum*.

succinct, incte [syksɛ̃, ɛ̃t] adj. **1.** Bref, court (discours, écrit). *Description succincte.* - Par ext. *Je serai succinct.* **2.** Fam., plaisant *Un repas succinct*, peu copieux. – Lat. *succinctus*, «retroussé, court-vêtu», du pp. de *succingere*, «retrousser son vêtement».

succinctement [syksɛ̃tmɑ̃] adv. D'une façon succincte. – De *succinct*.

succinique [syksinik] adj. CHIM *Acide succinique* : diacide, présent dans divers végétaux, indispensable au processus d'oxydoréduction cellulaire. – De *succin*.

succion [sy(k)sjɔ̃] n. f. Action de sucer, d'aspirer avec la bouche ou avec certains appareils. – Pour *suction*, lat. *suctum*, de *sugere*, «sucer».

succomber [sykɔ̃be] v. [1] **I.** v. intr. **1.** Fléchir (sous un fardeau). *Succomber sous la charge.* - Fig. *Succomber sous le poids des soucis.* **2.** Litt. Avoir le dessous dans une lutte. *Face à cet adversaire trop puissant, il succomba.* **3.** Mourir. *Succomber à la suite d'un accident.* **II.** v. tr. indir. *Succomber à* : céder à (qqch). *Succomber à la fatigue, à la tentation.* – Lat. *succumbere*, propr. «tomber sous».

succube [sykyb] n. m. Didac. Démon qui prendrait la forme d'une femme pour séduire un homme pendant son sommeil. (Cf. incube.) – Du lat. imp. *succuba*, «concubine», de *sub*, «sous», et *cubare*, «coucher».

succulence [sykylɑ̃s] n. f. Litt. Fait d'être succulent, caractère de ce qui est succulent. – De *succulent*.

succulent, ente [sykylɑ̃, ɑ̃t] adj. **1.** Très savoureux. *Mets succulent.* **2.** BOT *Plante succulente*, aux feuilles et à la tige gorgées d'eau (dites plus cour. *plantes grasses*). **3.** MED Qui a l'aspect caractéristique d'un organe infiltré par un œdème lymphatique. – Lat. imp. *succulentus*, «plein de suc», de *sucus*, «suc».

succursale [sykyʀsal] n. f. et adj. **1.** Établissement subordonné à un autre et qui concourt au même objet. *Les succursales de la Banque de France. Magasin à succursales multiples* : société qui exploite un grand nombre de magasins. **2.** Église qui supplée à l'insuffisance d'une église paroissiale. ▷ adj. *Église succursale.* – Du lat. médiév. *succursus*, «secours», de *succurrere*, «aider, secourir».

succursalisme [sykyʀsalism] n. m. COMM Forme de commerce dans laquelle une seule grande entreprise possède de nombreuses succursales dispersées en de nombreux points, qui se présentent comme des magasins semblables à ceux des petits détaillants. – De *succursale*.

sucement [sysmɑ̃] n. m. Rare Action de sucer (sens 2). – De *sucer*.

sucer [syse] v. tr. [12] **1.** Attirer (un liquide) dans sa bouche en aspirant. *Sucer le venin d'une plaie.* - Fig. *Sucer une doctrine* (*un sentiment*, etc.) *avec le lait*, en être imprégné très jeune. **2.** Presser avec les lèvres et la langue en aspirant. *Sucer un bonbon, ses doigts.* ▷ Fig., pop. *Sucer qqn jusqu'à la moelle*, obtenir peu à peu de lui tout ce qu'il a. ▷ v. pron. (Récipr.) Loc. fam. *Se sucer la pomme* : s'embrasser. – Du lat. pop. *suctiare*, class. *sugere*, rac. *succus*, «suc».

sucette [sysɛt] n. f. **1.** Bonbon fixé au bout d'un bâtonnet. **2.** Petite tétine qu'on donne aux bébés pour éviter qu'ils pleurent ou sucent leur pouce. **3.** (Canada) Suçon. – De *sucer*.

suceur, euse [sysœʀ, øz] adj. et n. **I.** adj. Qui suce, qui exerce une succion. *Drague suceuse.* ▷ ENTOM *Les insectes suceurs* (papillons, puces, poux). **II.** n. **1.** n. m. Embout qui s'adapte au tube d'un aspirateur, permettant d'obtenir une vitesse d'aspiration élevée. **2.** n. f. TECH Tuyau aspirant servant à la manutention pneumatique des produits en vrac. ▷ Drague aspirante. – De *sucer*.

suçoir [syswaʀ] n. m. BOT Organe que certains végétaux parasites implantent dans les cellules de leur hôte pour en digérer le contenu. – De *sucer*.

suçon [sysɔ̃] n. m. Marque laissée sur la peau par une succion longue et forte. – De *sucer*.

suçoter [sysɔte] v. tr. [1] Fam. Sucer longuement à petits coups. – Dimin. de *sucer*.

sucrage [sykʀaʒ] n. m. Action de sucrer. ▷ Spécial. *Sucrage des vins* : opération consistant à additionner le moût de sucre afin d'augmenter la proportion d'alcool développée par la fermentation. Syn. chaptalisation. – De *sucrer*.

sucrant, ante [sykʀɑ̃, ɑ̃t] adj. Qui sucre. *Produit sucrant.* – De *sucrer*.

sucrate [sykʀat] n. m. BIOCHIM Syn. de *saccharate*. – De *sucre* 1.

1. sucre [sykʀ] n. m. **1.** Substance alimentaire de saveur douce que l'on tire principalement de la betterave et de la canne à sucre; saccharose. *Sucre raffiné. Sucre en morceaux, cristallisé. Sucre semoule*, en poudre grossière. *Sucre glace,* en poudre très fine. – *Sucre d'orge :* sucre parfumé roulé en bâton. – *Vin de sucre,* obtenu par la fermentation de marcs additionnés d'eau sucrée. ▷ Loc. fig. *Casser du sucre sur le dos de qqn,* dire du mal de lui. – *Être tout sucre et tout miel,* très doucereux. – *Être en sucre,* délicat, fragile. – (Canada) *Sucre (d'érable) :* sucre doré obtenu par évaporation de la sève de l'érable. – *Sucre à la crème :* confiserie fondante traditionnelle à base de sucre et de crème, qu'on sert découpée en carrés. **2.** Fam. Morceau de sucre. *Tremper un sucre dans de l'eau-de-vie.* **3.** CHIM Glucide*. *Les sucres forment une vaste famille de molécules organiques.* – Ital. *zucchero,* de l'ar. *sūkkăr,* d'une langue indienne, sanskrit **çarkarâ,* gr. *sakkhar, sakkaros,* lat. *saccharum.*

2. sucre [sykʀ] n. m. Unité monétaire de l'Équateur, divisée en 100 centavos. – Du n. de A. J. de *Sucre* (1795-1830), patriote vénézuélien, émancipateur de l'Amérique du Sud hispanique.

sucré, ée [sykʀe] adj. et n. **1.** Qui contient du sucre, qui a le goût du sucre. *Boisson sucrée. Ce raisin est très sucré.* **2.** Fig. D'une douceur peu naturelle; doucereux, mielleux. *Prendre un ton sucré.* ▷ Subst. *Faire le (la) sucré(e).* – De *sucre* 1.

sucrer [sykʀe] v. [1] **I.** v. tr. **1.** Mettre du sucre, une substance sucrante dans. *Sucrer son café.* **2.** Fig., fam. Supprimer (qqch). *Sucrer une permission à un soldat.* – *Sucrer les fraises*.* **II.** v. pron. **1.** Fam. Additionner ses aliments ou sa boisson de sucre. **2.** Fig., fam. S'octroyer une bonne part de bénéfices, d'avantages matériels, etc. – De *sucre* 1.

sucrerie [sykʀəʀi] n. f. **1.** Établissement où l'on fabrique le sucre, où on le raffine. **2.** Produit de confiserie. *Aimer les sucreries.* – De *sucre* 1.

sucrette [sykʀɛt] n. f. Pastille d'ersatz de sucre. – N. déposé; de *sucre.*

sucrier, ère [sykʀije, ɛʀ] adj. et n. m. **I.** adj. Qui fournit du sucre, qui en fabrique. *Betterave, industrie sucrière.* **II.** n. m. **1.** Pièce de vaisselle dans laquelle on sert le sucre. **2.** Propriétaire, ouvrier d'une sucrerie. – De *sucre* 1.

sucrin [sykʀɛ̃] adj. Se dit d'une variété de melon très sucré. ▷ n. m. *Un sucrin.* – De *sucre* 1.

sud [syd] n. m. et adj. inv. **1.** Un des quatre points cardinaux (opposé au nord). **2.** (Avec une majuscule.) Partie du globe terrestre, d'un continent, d'un pays, etc., qui s'étend vers le sud. *L'Italie du Sud.* ▷ adj. inv. *Le pôle Sud.* – De l'anc. angl. *suth.*

sud-africain, aine [sydafʀikɛ̃, ɛn] adj. et n. De la République d'Afrique du Sud. ▷ Subst. *Les Sud-Africains.* – De *sud,* et *africain.*

sud-américain, aine [sydameʀikɛ̃, ɛn] adj. et n. D'Amérique du Sud. ▷ Subst. *Les Sud-Américains.* – De *sud,* et *américain.*

sudation [sydasjɔ̃] n. f. MED Forte transpiration due à un effort physique, à la chaleur, à la fièvre. ▷ Transpiration. – Lat. *sudatio,* de *sudare,* «suer».

sudatoire [sydatwaʀ] adj. MED Accompagné de sudation. – Lat. *sudatorius,* de *sudare,* «suer».

sud-coréen, enne [sydkɔʀeɛ̃, ɛn] adj. et n. De la République de Corée (Corée du Sud). ▷ Subst. *Les Sud-Coréens.* – De *sud,* et *coréen.*

sud-est [sydɛst] n. m. et adj. inv. **1.** Point de l'horizon situé à égale distance entre le sud et l'est. **2.** (Avec majuscules.) Partie d'un pays, d'une région, qui s'étend vers le sud-est. ▷ adj. inv. *La région sud-est du pays.* – De *sud,* et *est.*

sudète [sydɛt] adj. De la région située sur le pourtour de la Bohême, en Tchécoslovaquie; de la population de cette région. – De *Sudètes,* nom d'un massif montagneux de Tchécoslovaquie.

sudiste [sydist] n. et adj. HIST Partisan des États esclavagistes du Sud des États-Unis, pendant la guerre de Sécession. *Les Nordistes et les Sudistes.* ▷ adj. *L'armée sudiste.* – De *sud.*

sudoral, ale, aux [sydɔʀal, o] adj. MED Relatif à la sueur. – Du lat. *sudor, sudoris,* «sueur».

sudorifère [sydɔʀifɛʀ] adj. ANAT Qui conduit la sueur. – Lat. méd. *sudorifer,* de *sudor,* «sueur», et *-fère.*

sudorifique [sydɔʀifik] adj. et n. m. MED Qui augmente la transpiration. *Médicaments sudorifiques.* – Du lat. *sudor,* «sueur», et *facere,* «produire».

sudoripare [sydɔʀipaʀ] adj. ANAT Qui sécrète la sueur. *Glandes sudoripares.* – Du lat. *sudor,* «sueur», et *-pare.*

sud-ouest [sydwɛst] n. m. et adj. inv. **1.** Point de l'horizon situé à égale distance entre le sud et l'ouest. (V. suroît.) **2.** (Avec majuscules.) Partie d'un pays, d'une région, qui s'étend vers le sud-ouest. ▷ adj. inv. *La région sud-ouest du pays.* – De *sud,* et *ouest.*

sudra ou **çudra** [sudʀa] n. m. inv. Membre de la caste brahmanique qui inclut ouvriers, paysans et artisans. – Mot sanskrit.

suède [sɥɛd] n. m. Peau dont le côté chair est à l'extérieur, utilisé notam. dans la fabrication des gants. – De *Suède,* pays d'origine de ce cuir.

suédé, ée [sɥede] adj. Se dit d'un tissu, d'un papier qui évoque le suède par son aspect. – De *suède.*

suédine [sɥedin] n. f. Tissu qui imite le suède. – De *suède.*

suédois, oise [sɥedwa, waz] adj. et n. **1.** adj. De Suède, État de Scandinavie. ▷ Subst. *Un(e) Suédois(e).* – *Allumettes suédoises :* allumettes de sûreté (les plus courantes auj.), fabriquées à l'origine exclusivement en Suède. – *Gymnastique suédoise :* méthode d'éducation physique due au Suédois Per Henrik Ling (1776-1839) et fondée sur la répétition de mouvements simples destinés à faire travailler tous les muscles du corps. **2.** n. m. *Le suédois :* la langue nordique parlée en Suède et en certains points du littoral finlandais (archipel d'Ahvenanmaa, golfe de Finlande, golfe de Botnie).

suée [sɥe] n. f. Fam. Transpiration abondante (à cause d'un travail, d'une émotion pénible). *Piquer une suée.* – Pp. fém. subst. de *suer.*

suer [sɥe] v. [1] **I.** v. intr. **1.** Rejeter de la sueur par les pores. *Suer à grosses gouttes.* **2.** Fam. Se donner beaucoup de peine pour faire qqch. *J'ai bien sué sur cet ouvrage.* **3.** Fam. *Faire suer qqn,* l'ennuyer, l'impatienter. ▷ *Se faire suer :* s'ennuyer. **4.** (Sujet n. de chose.) Rendre de l'humidité. *Murs qui suent.* **II.** v. tr. **1.** Rejeter par les pores. *Suer du sang.* – Fig. *Suer sang et eau :* se donner beaucoup de mal. **2.** Fig. Dégager une impression de, exhaler. *Suer l'ennui, la peur.* – Du lat. *sudare.*

suette [sɥɛt] n. f. MED *Suette miliaire :* maladie d'origine encore mal connue, caractérisée par une forte fièvre, des sueurs abondantes et une éruption. – De *suer.*

sueur [sɥœʀ] n. f. **1.** Liquide salé, d'odeur caractéristique, de la transpiration cutanée. *Visage ruisselant de sueur.* – *Sueur froide,* accompagnée de frissons et d'une sensation de froid, causée par la fièvre, la peur, etc. ▷ Loc. *Gagner son pain à la sueur de son front,* à force de travail et de peine. **2.** Fig. (Dans certaines loc.) Travail, peine. *S'enrichir de la sueur des autres.* – Lat. *sudor, sudoris.*

suève [syɛv] adj. Des Suèves, anc. tribus germaniques nomades qui se fixèrent dans l'actuelle Souabe.

suffète [syfɛt] n. m. ANTIQ Chacun des deux principaux magistrats de la République de Carthage. – Lat. *sufes, sufetis,* mot punique; cf. hébr. *shôfet,* «juge».

suffire [syfiʀ] v. [**64**] **I.** v. tr. indir. **1.** (Sujet n. de chose.) *Suffire à* : être en quantité satisfaisante, avoir les qualités requises pour. *Cette somme suffit à nos besoins. Votre parole me suffit.* ▷ Absol. *Cela suffit* : c'est assez. **2.** (Sujet n. de personne.) Pouvoir satisfaire à soi seul aux exigences de (qqch, qqn). *Il ne suffit pas à la tâche. Un seul secrétaire lui suffit.* **II.** v. impers. *Il suffit de* : il faut seulement. *Il suffit d'y aller.* – (Suivi de *que* et du subj.) *Il suffit que vous le désiriez.* **III.** v. pron. *Se suffire à soi-même* : n'avoir pas besoin de l'assistance des autres. – Réfection de l'a. fr. *soufire* d'ap. le lat. *sufficere*, « mettre sous, à la place de, suffire ».

suffisamment [syfizamɑ̃] adv. Assez. – De *suffisant.*

suffisance [syfizɑ̃s] n. f. **1.** Vieilli Quantité qui suffit. ▷ Loc. adv. *À suffisance, en suffisance* : en quantité suffisante. *Avoir de la nourriture en suffisance.* **2.** Caractère d'une personne suffisante. *Un air plein de suffisance.* – De *suffisant.*

suffisant, ante [syfizɑ̃, ɑ̃t] adj. **1.** (Choses) Qui suffit. *Ration suffisante.* **2.** (Personnes) Trop satisfait et trop sûr de soi. *Je le trouve très suffisant.* – Ppr. de *suffire.*

suffixal, ale, aux [syfiksal, o] adj. LING Qui a rapport aux suffixes, à un suffixe. – De *suffixe.*

suffixation [syfiksasjɔ̃] n. f. LING Dérivation à l'aide d'un, de plusieurs suffixes. – De *suffixe.*

suffixe [syfiks] n. m. LING Affixe placé après le radical d'un mot ou de la base de celui-ci et lui conférant une signification particulière (ex. : forte*ment*, agri*cole*, télé*graphie*). – Lat. *suffixus*, « fixé dessous, après », pp. de *suffigere.*

suffixé, ée [syfikse] adj. LING Formé avec un suffixe. – De *suffixe.*

suffocant, ante [syfɔkɑ̃, ɑ̃t] adj. Qui suffoque. *Gaz suffocants.* ▷ Fig. *Il a une audace suffocante.* – Ppr. de *suffoquer.*

suffocation [syfɔkasjɔ̃] n. f. Fait de suffoquer. ▷ MED Asphyxie par étouffement. – Lat. *suffocatio.*

suffoquer [syfɔke] v. [**1**] **I.** v. tr. **1.** (Sujet n. de chose.) Gêner la respiration de (qqn) au point de produire une sensation d'étouffement. *Être suffoqué par des gaz.* ▷ Absol. *Air brûlant qui suffoque.* **2.** Fig., fam. Stupéfier (qqn) (souvent par une conduite, des propos choquants). *Son aplomb m'a suffoqué.* **II.** v. intr. Avoir du mal à respirer sous l'effet d'une cause physique ou d'une émotion. *Suffoquer après avoir avalé de travers.* – Fig. *Suffoquer d'indignation.* – Lat. *suffocare*, « étrangler », de *fauces*, n. f. pl., « gorge ».

suffragant, ante [syfʀagɑ̃, ɑ̃t] adj. m. et n. **1.** adj. m. DR CANON Se dit d'un évêque placé sous l'autorité de l'archevêque métropolitain. *L'évêque de Vannes est suffragant de l'archevêque de Rennes.* ▷ Se dit d'un ministre du culte protestant qui assiste le pasteur. **2.** n. Personne ayant droit de suffrage dans une assemblée. – Bas lat. ecclés. *suffraganeus.*

suffrage [syfʀaʒ] n. m. **1.** Avis, et spécial. avis favorable, que l'on donne dans une élection, une délibération. *Recueillir de nombreux suffrages.* **2.** *Suffrage restreint*, dans lequel seuls les citoyens répondant à certaines conditions sont électeurs. *Suffrage universel*, dans lequel sont électeurs et éligibles tous les citoyens parvenus à un certain âge et jouissant de leurs droits civiques. *Suffrage direct*, dans lequel un candidat est élu par les électeurs eux-mêmes. *Suffrage indirect*, dans lequel l'élu est désigné par certains électeurs qui ont eux-mêmes été élus. **3.** Opinion, jugement favorable. *Cette pièce a mérité tous les suffrages.* – Lat. *suffragium*, de *suffragari*, « voter pour », de *frangere*, « briser » (le vote s'effectuant avec des morceaux de poterie).

suffragette [syfʀaʒɛt] n. f. Citoyenne britannique qui militait pour que le droit de vote fût accordé aux femmes. *Les suffragettes commencèrent à avoir une action militante en 1903.* – Mot angl.

suffusion [syfyzjɔ̃] n. f. MED Infiltration diffuse d'un liquide dans un tissu. *Suffusion hémorragique, séreuse.* – Lat. *suffusio*, de *sub*, « sous », et *fundere*, « verser ».

suggérer [sygʒeʀe] v. tr. [**14**] Faire venir à l'esprit. *Suggérer une idée à qqn.* – Par ext. *Image qui suggère la tristesse.* – Lat. *suggerere*, « porter *(gerere)* sous *(sub)* ».

suggestibilité [sygʒɛstibilite] n. f. État d'une personne suggestible. – De *suggestible.*

suggestible [sygʒɛstibl] adj. Que l'on peut facilement suggestionner. – De *suggestion.*

suggestif, ive [sygʒɛstif, iv] adj. Qui a le pouvoir de suggérer des idées, des images, des sentiments (d'ordre érotique, en partic.). *Un déshabillé suggestif.* – Angl. *suggestive*, du lat. *suggerere*, « suggérer ».

suggestion [sygʒɛstjɔ̃] n. f. **1.** Action de suggérer; chose suggérée. *Faire qqch sur la suggestion de qqn.* **2.** PSYCHO Fait, pour un sujet, d'accepter certaines croyances, d'accomplir certains actes sous l'effet d'une influence extérieure, en dehors de sa volonté ou de sa conscience. *Suggestion hypnotique.* – Lat. *suggestio*, du pp. de *suggerere*, « suggérer ».

suggestionner [sygʒɛstjɔne] v. tr. [**1**] Inspirer des idées, des actes à (qqn) par suggestion. – De *suggestion.*

suggestivité [sygʒɛstivite] n. f. Rare Caractère de ce qui est suggestif. – De *suggestif.*

suiboku [sɥiboky] n. m. BX-A Technique picturale japonaise dérivée du lavis monochrome chinois et fondée sur l'emploi d'une encre fortement additionnée d'eau. – Mot japonais.

suicidaire [sɥisidɛʀ] adj. et n. **1.** Qui tend, mène au suicide. *Conduite suicidaire.* **2.** Que ses dispositions psychiques semblent pousser au suicide. *Un malade mental suicidaire.* ▷ Subst. *Un(e) suicidaire.* – De *suicide.*

suicide [sɥisid] n. m. **1.** Action de se donner volontairement la mort. ▷ Fig. Fait d'exposer dangereusement sa vie (par imprudence, inconscience, etc.). *C'est un suicide de conduire à cette vitesse.* **2.** Fig. Fait de se détruire soi-même, autodestruction. *Certains actes constituent un suicide moral.* – Du lat. *sui*, « de soi », et suff. *-cide*, d'après *homicide.*

suicidé, ée [sɥiside] adj. et n. Qui s'est donné volontairement la mort. – Pp. de *(se) suicider.*

suicider (se) [sɥiside] v. pron. [**11**] Se tuer volontairement. – De *suicide.*

suidés [sɥide] n. m. pl. ZOOL Famille de mammifères artiodactyles non ruminants (porc, sanglier, phacochère, etc.) à l'aspect trapu, dont la tête, plus ou moins allongée en cône, se termine par un nez cartilagineux (le groin) et dont les canines sont souvent allongées en forme de défenses. – Sing. *Un suidé.* – Du lat. *sus, suis*, « porc », et *-idés.*

suie [sɥi] n. f. Matière noirâtre provenant de la décomposition des combustibles et que la fumée dépose dans les conduits de cheminée. – Mot gallo-romaim, probabl. du gaul. **sudia.*

suif [sɥif] n. m. Graisse des ruminants. *Suif de mouton, de bœuf.* ▷ TECH *Vis à tête goutte de suif*, dont la tête est fraisée et légèrement bombée. – Du lat. *sebum.*

suiffer [sɥife] v. tr. [**1**] Enduire de suif. – De *suif.*

suiffeux, euse [sɥifø, øz] adj. De la nature du suif. – De *suif.*

sui generis [sɥiʒeneʀis] loc. adj. Caractéristique de l'espèce, qui n'appartient qu'à elle. *Couleur sui generis.* ▷ Plaisant *Odeur sui generis* : mauvaise odeur. – Loc. lat., « de son espèce ».

suint [sɥɛ̃] n. m. Matière grasse sécrétée par les animaux à laine et qui imprègne leurs poils. – De *suer.*

suintant, ante [sɥɛ̃tɑ̃, ɑ̃t] adj. Qui suinte. *Murs suintants.* – Ppr. de *suinter.*

suintement [sɥɛ̃tmɑ̃] n. m. Fait de suinter; écoulement d'un liquide qui suinte. – De *suinter.*

suinter [sɥɛ̃te] v. intr. [1] **1.** S'écouler presque imperceptiblement (liquide). *Sang qui suinte d'une plaie.* **2.** Laisser échapper un liquide très lentement (récipient, paroi). *Vase poreux qui suinte.* – De *suint.*

suisse [sɥis] adj. et n. **I.** adj. (Fém. *suisse*) De la Suisse. ▷ Subst. *Un Suisse, une Suissesse.* ▷ HIST *Les Cent-Suisses :* compagnie de Suisses qui veilla à la sûreté personnelle des rois de France, à partir de 1496. – *Régiment des gardes suisses,* recruté par les rois de France depuis le XVIe s., et qui appartenait à la maison du roi; à la Révolution, les Cent-Suisses leur furent réunis. Leur recrutement cessa en 1830.– *Gardes suisses* ou *suisses :* soldats de la garde pontificale, institués en 1505; leur tenue de cérémonie a été dessinée par Michel-Ange. **II.** n. m. **1.** Anc. Portier d'une maison particulière. ▷ Loc. mod. *Boire, manger en suisse,* seul, sans inviter ses amis. **2.** Anc. Bedeau en uniforme chargé de la garde d'une église et qui précédait le clergé dans les processions. **3.** *Petit-suisse* ou *suisse :* petit fromage blanc enrichi en matière grasse, de forme cylindrique. **III.** n. m. (Canada) Petit écureuil, rayé sur la longueur, qui vit dans l'est de l'Amérique du Nord. *Vif comme un suisse.* – De l'all. *Schweiz.*

suite [sɥit] n. f. **1.** (Dans quelques emplois.) Fait, façon de suivre, de venir après qqch ou qqn. *Banquet qui fait suite à une cérémonie. Prendre la suite de qqn,* lui succéder. ▷ Loc. prép. *À la suite de :* derrière (dans l'espace); après (dans le temps). ▷ Loc. adv. *De suite :* l'un après l'autre, sans interruption. *Marcher deux jours de suite.* – *Ainsi de suite :* en continuant de la même manière. – *Tout de suite :* immédiatement. **2.** Ensemble de ceux qui suivent un haut personnage dans ses déplacements. *La suite d'un prince.* **3.** Ce qui vient après, ce qui continue qqch. *La suite d'un roman publié par épisodes.* – COMM *Sans suite :* se dit d'un article dont le réapprovisionnement n'est pas assuré. ▷ Loc. adv. *Dans la suite, par la suite :* plus tard. **4.** Ensemble de personnes ou de choses qui se suivent dans l'espace, dans le temps, dans une série. *Une suite d'immeubles identiques. Une suite d'ancêtres illustres.* ▷ MATH Fonction numérique définie sur l'ensemble des entiers naturels. – *Suite arithmétique,* telle que la différence entre deux termes consécutifs est constante. – *Suite géométrique,* telle que le rapport de deux termes consécutifs est constant. **5.** Dans certains hôtels de luxe, série de pièces communicantes louée à un même client. **6.** MUS Composition instrumentale se développant en plusieurs morceaux (prélude, allemande, courante, sarabande, menuet ou bourrée et gigue, pour la suite classique) de même tonalité mais de caractères différents. **7.** Conséquence d'un événement. *Mourir des suites d'un accident.* ▷ Loc. prép. *Par suite de :* en conséquence de. **8.** Enchaînement logique, cohérent, d'éléments qui se succèdent. *Marmonner des phrases sans suite.* ▷ Loc. *Avoir de la suite dans les idées, avoir l'esprit de suite :* être persévérant. **9.** DR *Droit de suite :* droit qu'a le propriétaire d'un bien de le revendiquer entre les mains d'un détenteur quelconque. – *Par anal.* Droit du créancier hypothécaire sur l'immeuble hypothéqué même après aliénation par son débiteur. – Du lat. pop. **sequitus.*

suitée [sɥite] adj. f. *Jument suitée,* suivie d'un poulain. *Laie suitée,* suivie de ses marcassins. – De *suite.*

suivant, ante [sɥivɑ̃, ɑ̃t] adj., n. et prép. **I.** adj. **1.** Qui vient tout de suite après un autre élément, dans une série, une succession. *Le client, le mois suivant.* ▷ Subst. *Au suivant :* au tour de celui qui suit. **2.** Qui va être cité, énoncé immédiatement. *Il raconta l'histoire suivante.* **II.** n. f. Anc. Dame de compagnie. **III.** prép. *Suivant.* **1.** Conformément à, selon. *Suivant vos directives. Suivant les circonstances.* – *Suivant qqn :* selon son opinion. **2.** À proportion de. *Travailler suivant ses forces.* **3.** Loc. conj. *Suivant que :* selon que. – Ppr. de *suivre.*

suiveur, euse [sɥivœʀ, øz] n. **1.** n. m. Vieilli Celui qui suit les femmes dans la rue. **2.** n. m. Chacun de ceux qui font partie de l'escorte officielle d'une course cycliste. **3.** Personne qui se borne à suivre, à faire comme tout le monde, notam. en politique. – De *suivre.*

suivez-moi-jeune-homme [sɥivemwaʒœnɔm] n. m. inv. Fam., vieilli Ruban d'un chapeau de femme, qui pend sur la nuque. – De *suivre, moi,* et *jeune homme.*

suivi, ie [sɥivi] adj. et n. m. **I.** adj. **1.** Qui intéresse de nombreuses personnes. *Une émission très suivie.* **2.** Continu, sans interruption. *Un travail suivi.* **3.** COMM *Article suivi,* dont le réapprovisionnement est assuré. **4.** Dont les parties sont liées de façon cohérente. *Raisonnement suivi.* **II.** n. m. Fait de suivre, de contrôler sans interruption pendant un temps donné. *Le suivi d'une procédure de contentieux.* – Pp. de *suivre.*

suivisme [sɥivism] n. m. Attitude de ceux qui suivent aveuglément une autorité, un parti, etc. – De *suiveur.*

suivre [sɥivʀ] v. tr. [62] **I.** **1.** Marcher, aller derrière (qqn). *Il la suivait pas à pas.* ▷ Loc. *Suivre qqn, qqch des yeux,* le regarder se mouvoir. ▷ *Faire suivre :* formule inscrite sur une lettre afin qu'elle soit expédiée à la nouvelle adresse du destinataire. **2.** Accompagner (qqn) dans ses déplacements. *Je l'ai suivi dans tous ses voyages.* ▷ Fig. *Sa réputation l'a suivi jusqu'ici.* **II.** **1.** Être, venir après, dans l'espace, dans le temps, dans une série. *Le nom qui suit le mien sur la liste.* ▷ v. pron. *Ces numéros se suivent.* – Prov. *Les jours se suivent et ne se ressemblent pas.* **2.** Avoir lieu après (qqch), comme conséquence. *La répression qui suivit l'insurrection.* **III.** **1.** Aller dans une direction tracée. *Suivre un chemin.* ▷ Fig. *Suivre la filière.* **2.** Longer. *La route qui suit la voie ferrée.* **3.** Se laisser conduire par (ce qui pousse intérieurement). *Suivre son idée, sa fantaisie.* **4.** Se conformer à. *Suivre la mode, la règle.* – Loc. fam. *Suivre le mouvement :* faire comme les autres. ▷ Fig. *Suivre qqn :* adopter sa façon de voir, sa ligne de conduite. *Suivre un homme politique jusqu'au bout.* **5.** Pratiquer régulièrement; se soumettre à. *Suivre un régime, un traitement.* – Assister à. *Suivre des cours de commerce.* ▷ COMM *Suivre un article,* en continuer la fabrication et la vente. ▷ *À suivre :* mention indiquant au lecteur qu'il trouvera la suite d'un récit dans le numéro suivant d'un périodique. **6.** Porter un intérêt soutenu à (qqch, qqn). *Suivre les cours de la Bourse. Maître qui suit son élève.* **7.** Comprendre (qqch) dans son enchaînement logique. *Suivre un raisonnement.* ▷ *Suivre (qqn),* suivre son raisonnement. – *Vous me suivez ? :* vous comprenez ce que je veux dire? vous n'avez pas perdu le fil? – Refait sur *il suit,* métathèse de *siut,* du lat. pop. *sequit, sequere,* class. *sequi.*

1. sujet, ette [syʒɛ, ɛt] adj. et n. **I.** adj. (Suivi de la prép. *à* et d'un nom ou d'un inf.) **1.** Qui, par sa nature, est exposé à, susceptible de. *Être sujet aux rhumes, à s'emporter.* **2.** Loc. *Sujet à caution,* dont il vaut mieux se méfier. **II.** n. **1.** Personne dominée par une autorité souveraine. *Roi qui tyrannise ses sujets.* **2.** Ressortissant de certains États (monarchiques, notam.), même si ce sont des démocraties. *Elle est sujette britannique.* – Lat. *subjectus,* pp. de *subjicere,* « mettre sous, soumettre ».

2. sujet [syʒɛ] n. m. **1.** Ce qui donne lieu à la réflexion, à la discussion; ce qui constitue le thème principal d'une œuvre intellectuelle, artistique. *Sujet de conversation. Le sujet d'une thèse, d'un tableau. Il est plein de son sujet,* entièrement occupé par lui. – Loc. prép. *Au sujet de :* à propos de, sur. ▷ MUS Thème, phrase mélodique à développer. *Le sujet d'une fugue.* **2.** Motif, raison (d'un sentiment, d'une action). *Un sujet de querelle. Avoir sujet de se plaindre. Sans sujet* : sans raison. **3.** LOG Ce dont on parle, par oppos. à ce que l'on en affirme. *Le sujet et le prédicat.* **4.** LING *Sujet grammatical* : terme d'une proposition qui confère ses marques (personne, nombre) au verbe. ▷ *Sujet logique* ou *réel* : agent réel de l'action. *Dans la proposition «Abel a été tué par Caïn», le sujet grammatical (Abel) ne correspond pas au sujet réel (Caïn).* **5.** PHILO Être connaissant (par oppos. à *objet*, être connu). **6.** Être vivant sur lequel portent des observations, des expériences. *Sujet guéri.* **7.** *Bon, mauvais sujet* : personne qui a une bonne, une mauvaise conduite. - *Un brillant sujet* : un élève très doué. **8.** CHOREGR *Petit, grand sujet* : nom porté par des danseuses de l'Opéra de Paris et qui correspond à une classification hiérarchique. – Bas lat. *subjectum*, «ce qui est soumis, subordonné à».

sujétion [syʒesjɔ̃] n. f. **1.** Situation d'une personne, d'une nation qui dépend d'une autorité souveraine. *Tenir un peuple dans la sujétion.* **2.** Fig. Contrainte imposée par qqch. *C'est une sujétion d'entretenir une maison aussi grande.* – Lat. *subjectio*, de *subjicere* (V. sujet 1).

sulf(o)-. CHIM Élément, du lat. *sulfur, sulfuris*, «soufre».

sulfamide [sylfamid] n. m. MED Substance caractérisée par la présence d'un groupement $R\text{-}SO_2\text{-}NH_2$ et utilisée pour ses propriétés antibiotiques. *Sulfamide hypoglycémiant* : produit de synthèse utilisé par voix orale contre le diabète. – De *sulf-*, et *-amide*.

sulfatage [sylfataʒ] n. m. Action de sulfater. *Le sulfatage de la vigne.* – De *sulfater*.

sulfate [sylfat] n. m. CHIM Sel ou ester de l'acide sulfurique. – De *sulf-*, et *-ate*.

sulfaté, ée [sylfate] adj. **1.** Qui contient un sulfate. **2.** Qui a subi un sulfatage. – De *sulfate*.

sulfater [sylfate] v. tr. [1] **1.** Répandre du sulfate sur (un terrain), notam. du sulfate ferreux, pour compenser une carence en fer, ou du sulfate d'ammonium, comme engrais. **2.** Vaporiser sur (des cultures) une solution de sulfate de cuivre pour les protéger des maladies cryptogamiques (mildiou, etc.). *Sulfater la vigne, les tomates.* **3.** *Sulfater le vin*, y ajouter du plâtre pour activer la fermentation. – De *sulfate*.

sulfateur, euse [sylfatœʀ, øz] n. **1.** n. Personne qui sulfate. **2.** n. f. Appareil servant à sulfater les vignes. ▷ Arg. Mitraillette. – De *sulfater*.

sulfhydrique [sylfidʀik] adj. CHIM *Gaz sulfhydrique* : gaz (H_2S) très toxique, à l'odeur d'œuf pourri, qui se dégage de toute matière organique sulfurée en fermentation. Syn. mod. sulfure d'hydrogène. ▷ *Acide sulfhydrique* : solution obtenue par dissolution dans l'eau du gaz sulfhydrique. – De *sulf-*, et *hydrique*.

sulfinisation [sylfinizasjɔ̃] n. f. METALL Cémentation des alliages ferreux à la surface desquels on diffuse du soufre afin d'améliorer leur résistance au frottement. – Du lat. *sulfur*, «soufre».

sulfitage [sylfitaʒ] n. m. TECH Emploi de l'anhydride sulfureux comme décolorant, désinfectant, etc. *Sulfitage des vins.* – De *sulfiter*.

sulfite [sylfit] n. m. CHIM Sel de l'acide sulfureux. – De *sulf-*, et *-ite* 2.

sulfiter [sylfite] v. tr. [1] TECH Soumettre à l'action de l'anhydride sulfureux (une substance). – De *sulfite*.

sulfo-. V. sulf(o)-.

sulfobactéries, sulfobactériales. V. thiobactériales.

sulfocarbonique [sylfokaʀbɔnik] adj. CHIM *Acide sulfocarbonique* : acide dérivé de l'acide carbonique par substitution du soufre à l'oxygène. – De *sulfo-*, et *carbonique*.

sulfochromique [sylfokʀɔmik] adj. CHIM Se dit d'un mélange oxydant contenant du bichromate de potassium et de l'acide sulfurique. – De *sulfo-*, et *chromique*.

sulfonation [sylfɔnasjɔ̃] n. f. CHIM Action de transformer (un corps) en dérivé sulfonique. – De *sulfon(ique)*.

sulfone [sylfɔn] n. m. CHIM Composé dont la molécule comporte deux radicaux carbonés reliés au groupement $-SO_2-$. *Certains sulfones sont employés avec succès dans le traitement de la lèpre.* – Du lat. *sulfur*, «soufre».

sulfonique [sylfɔnik] adj. CHIM *Dérivé sulfonique*, dont la molécule contient un ou plusieurs groupes $-SO_3H$ fixés sur un atome de carbone ou d'azote. – Du lat. *sulfur*, «soufre».

sulfurage [sylfyʀaʒ] n. m. ARBOR Traitement de la vigne par injection de sulfure de carbone dans le sol. – De *sulfurer*.

sulfuration [sylfyʀasjɔ̃] n. f. CHIM Action de combiner, fait de se combiner avec le soufre. – De *sulfure*.

sulfure [sylfyʀ] n. m. **1.** CHIM Sel de l'acide sulfhydrique. ▷ Combinaison de soufre avec un autre élément. *Sulfure de zinc* : blende. **2.** Objet décoratif constitué d'un morceau de cristal en forme de boule, d'œuf, etc., décoré dans la masse. – Du lat. *sulfur*, «soufre».

sulfuré, ée [sylfyʀe] adj. CHIM À l'état de sulfure; combiné avec le soufre. – Lat. *sulfuratus*, «soufré», de *sulfur*, «soufre».

sulfureux, euse [sylfyʀø, øz] adj. **1.** Relatif au soufre. ▷ Qui contient des dérivés du soufre. *Eau sulfureuse.* **2.** *Anhydride sulfureux* : dioxyde de soufre, de formule SO_2. ▷ *Acide sulfureux* : acide de formule H_2SO_3, non isolé, mais dont on connaît des sels. **3.** Fig. Lié à l'enfer; démoniaque. *Un charme sulfureux.* – Lat. *sulfurosus*.

sulfurique [sylfyʀik] adj. CHIM *Anhydride sulfurique* : trioxyde de soufre, de formule SO_3 qui fond à 16,8 °C et bout à 44,5 °C. ▷ *Acide sulfurique* : acide extrêmement caustique, de formule H_2SO_4 commercialisé sous le nom d' *huile de vitriol* qui se solidifie à 10,4 °C et se décompose avant ébullition en trioxyde de soufre et en eau. – Du lat. *sulfur*, «soufre».

sulfurisé, ée [sylfyʀize] adj. *Papier sulfurisé*, rendu imperméable par trempage dans l'acide sulfurique dilué et utilisé notam. pour l'emballage des produits alimentaires. – De *sulfure*.

sulidés [sylide] n. m. pl. ORNITH Famille d'oiseaux pélécaniformes comprenant les fous. - Sing. *Un sulidé.* – Du lat. zool. *sula*, n. de genre des fous (V. fou 2).

sulky [sylki] n. m. TURF Voiture légère à deux roues pour les courses de trot. *Des sulkies* ou *des sulkys.* – Mot angl., de l'adj. *sulky*, «boudeur», parce que cette voiture n'a qu'une place.

sulpicien, enne [sylpisjɛ̃, ɛn] adj. et n. m. **1.** De la compagnie des prêtres de Saint-Sulpice. ▷ n. m. *Un sulpicien* : un membre de cette compagnie. **2.** Qualifie les œuvres d'art religieux mièvres et grandiloquentes vendues autref. essentiellement dans le quartier de Saint-Sulpice à Paris. – De saint *Sulpice*, nom du patron de la congrégation.

sultan [syltɑ̃] n. m. **1.** Hist. Souverain de l'Empire ottoman. **2.** Mod. Titre de certains princes musulmans. *Le sultan d'Oman.* – Arabo-turc *soltân*.

sultanat [syltana] n. m. **1.** Dignité de sultan. **2.** État gouverné par un sultan. – De *sultan*.

sultane [syltan] n. f. Chacune des épouses d'un sultan turc. – Fém. de *sultan*.

sumac [symak] n. m. BOT Petit arbre (genre *Rhus*, fam. térébinthacées) qui sécrète diverses gommes toxiques dont on tire des vernis, des colorants, des laques. – Ar. *sŭmmāq*.

sumérien, enne [symeʀjɛ̃, ɛn] adj. et n. **1.** adj. HIST De Sumer. *La brillante civilisation sumérienne, élaborée entre 3500 et 2000 av. J.-C., servit de point de départ à celle de l'empire babylonien.* ▷ Subst. *Les Sumériens.* **2.** n. m. *Le sumérien* : la plus ancienne langue connue, parlée à Sumer. – De *Sumer*, anc. rég. de basse Mésopotamie.

sumiye [symije] n. m. BX-A Technique picturale japonaise dérivée du lavis monochrome chinois et fondée sur l'emploi d'une encre peu diluée dans l'eau. – Mot japonais.

summum [sɔm(m)ɔm] n. m. Plus haut point, plus haut degré. Syn. apogée, faîte. *Le summum de la gloire.* – Mot lat., neutre substantivé de *summus*, «le plus haut».

sumo [sumo ; symo] n. m. inv. Lutte japonaise traditionnelle, qui oppose des lutteurs de poids très élevé (200 kg et plus). ▷ Homme qui pratique cette lutte. – Mot jap.

sunlight [sœnlajt] n. m. (Anglicisme) Puissant projecteur utilisé pour les prises de vues cinématographiques. – Mot anglo-amér., proprement «lumière *(light)* du soleil *(sun)* ».

sunna [syn(n)a] n. f. RELIG Tradition de l'islam rapportant les faits, gestes et paroles *(hadith*)* de Mahomet, considérée comme complétant le Coran et constituant immédiatement après lui la source de la Loi ; orthodoxie musulmane. – Mot ar. *sūnnāh*, «loi traditionnelle».

sunnite [syn(n)it] adj. et n. RELIG Qui se conforme à la sunna. *Musulman sunnite.* ▷ Subst. *Les sunnites et les chiites. Les sunnites affirment la légitimité des califes qui succédèrent à Mahomet.* – De *sunna*.

super-. **1.** Élément, du lat. *super*, «au-dessus, sur» (V. aussi *supra-*, *sus-*). **2.** Préfixe intensif servant à former des noms (*supercarburant*) et des adjectifs (*supercarré*).

1. super [sypɛʀ] adj. inv. Fam. Extraordinaire, admirable. Syn. extra, chouette. *C'était super, hier soir. Une fille super.* – De *super-*.

2. super [sypɛʀ] n. m. Abrév. fam. de *supercarburant*. *Le plein de super, s'il vous plaît !*

1. superbe [sypɛʀb] n. f. Litt. Allure, maintien orgueilleux et plein d'assurance. Syn. fierté. *Un homme plein de morgue et de superbe.* – Lat. *superbia*, «orgueil».

2. superbe [sypɛʀb] adj. **1.** Vx Plein d'orgueil. *Homme, air superbe.* **2.** D'une grande beauté, magnifique. *Une femme superbe. Un temps superbe. Une ville superbe.* Syn. splendide. **3.** Excellent, éminent, remarquable. *C'est une affaire superbe.* – Lat. *superbus*, «orgueilleux, magnifique».

superbement [sypɛʀbəmɑ̃] adv. De manière superbe. *Être superbement vêtu. Une maison superbement placée.* – De *superbe* 2.

supercarburant [sypɛʀkaʀbyʀɑ̃] n. m. Essence dont l'indice d'octane est supérieur à celui de l'essence ordinaire et qui permet des taux de compression plus élevés. (Abrév. fam. : super). – De *super-*, et *carburant*.

supercarré [sypɛʀkaʀe] adj. m. AUTO Se dit d'un moteur dont la course du piston est plus courte que le diamètre d'alésage du cylindre. – De *super-*, et *carré*.

supercherie [sypɛʀʃəʀi] n. f. Tromperie, fraude. *On a essayé de lui vendre ce tableau pour un Vlaminck, mais il a découvert à temps la supercherie.* – Ital. *soperchieria*, «excès, affront», de *soperchio*, «surabondant», du lat. pop. **superculus*, «excessif».

superciment [sypɛʀsimɑ̃] n. m. TECH Ciment Portland artificiel à prise rapide et à haute résistance.

supercritique [sypɛʀkʀitik] adj. **1.** TECH Porté à une température et à une pression supérieures à celles de son point critique. *Le dioxyde de carbone supercritique est utilisé comme solvant dans les industries alimentaires.* Syn. (en phys.) hypercritique. **2.** AVIAT *Aile supercritique* : aile dont le profil est presque plat au-dessus, bombé et à double courbure dessous, ce qui permet d'obtenir une diminution de la traînée et donc autorise une importante économie de carburant.

supère [sypɛʀ] adj. BOT *Ovaire supère*, situé au-dessus du point d'insertion du périanthe (tulipe, coquelicot, etc.). Ant. infère. – Lat. *superus*, «qui est au-dessus».

supérette [sypeʀɛt] ou **superette** [sypeʀɛt] n. f. COMM Magasin d'alimentation en libre-service, à la surface de vente comprise entre 120 et 400 m². – Mot amér., de *super(market)*, et suff. dimin. *-ette*.

superfétation [sypɛʀfetasjɔ̃] n. f. **1.** BIOL Fécondation de deux ovules opérée en deux coïts, dans des périodes d'ovulation différentes, que l'on observe chez quelques espèces animales. **2.** Litt. Redondance, double emploi dans la pensée, l'expression ; ajout superflu. – Du lat. *superfetare*, «concevoir de nouveau», de *super*, «sur», et *fetare*, «pondre, féconder».

superfétatoire [sypɛʀfetatwaʀ] adj. Litt. Superflu, qui vient s'ajouter sans nécessité. – De *superfétation*.

superficialité [sypɛʀfisjalite] n. f. Fait d'être superficiel ; état de ce qui est superficiel. *La superficialité d'un comportement mondain.* – De *superficiel*.

superficie [sypɛʀfisi] n. f. **1.** Étendue d'une surface. - Nombre qui exprime l'aire d'une surface. *Une superficie de 10 hectares.* **2.** Fig. Apparence extérieure. *Je ne connais le problème qu'en superficie.* Ant. fond, profondeur. – Lat. *superficies*, de *super*, «sur», et *facies*, «forme extérieure».

superficiel, elle [sypɛʀfisjɛl] adj. **1.** Qui ne concerne que la surface, qui est à la surface. *Plaie superficielle. Les veines superficielles.* ▷ PHYS *Tension superficielle* : V. tension (sens I, 4). **2.** Fig. Qui ne concerne que l'apparence ; qui n'est pas sincère, authentique. *Sentiments superficiels.* ▷ (Personnes) Futile, qui manque de profondeur. *Un garçon superficiel. Un esprit superficiel.* – Bas lat. *superficialis*, propr. «relatif aux surfaces».

superficiellement [sypɛʀfisjɛlmɑ̃] adv. De manière superficielle ; en surface. – De *superficiel*.

superfinition [sypɛʀfinisjɔ̃] n. f. TECH Polissage très soigné de la surface d'une pièce métallique, réalisé par des moyens mécaniques ou électrolytiques.

superflu, ue [sypɛʀfly] adj. et n. m. **1.** Qui vient en plus du nécessaire, dont on pourrait se passer. *Richesses superflues.* ▷ n. m. *S'offrir le superflu après le nécessaire.* **2.** Qui est en trop. *Ornements superflus d'un décor. Paroles superflues.* – Lat. imp. *superfluus*, du class. *superfluere*, «déborder», de *super*, «sur», et *fluere*, «couler».

superfluide [sypɛʀflɥid] adj. PHYS Qui présente le phénomène de superfluidité. *L'hélium liquide devient superfluide aux températures inférieures à 2,18 kelvins.*

superfluidité [sypɛʀflɥidite] n. m. PHYS Disparition presque totale de la viscosité (de certains liquides refroidis à des températures voisines du zéro absolu).

superfluité [sypɛʀflɥite] n. f. Vx ou didac. Caractère de ce qui est superflu ; action, parole, chose superflue. – Bas lat. *superfluitas*, de *superfluus* (V. superflu).

supergéant, ante [sypɛʀʒeɑ̃, ɑ̃t] adj. et n. **I.** adj. f. et n. f. ASTRO Se dit des étoiles dont le volume est le plus considérable et la densité la plus faible. ▷ n. f. *Antarès est une supergéante.* **II.** adj. m. et n. m. SPORT *Slalom supergéant* ou, n. m., *supergéant* : épreuve de ski dans laquelle les portes sont moins rapprochées que dans le slalom* géant.

supergrand [sypɛʀgʀɑ̃] n. m. Fam. Très grande puissance (s'est dit surtout à propos des É.-U. et de l'U.R.S.S.).

superhétérodyne [sypɛʀeteʀɔdin] n. m. et adj. RADIOELECTR Récepteur de signaux modulés en amplitude dans lequel des signaux fournis par un amplificateur haute fréquence sont mélangés à ceux que fournit un oscillateur local de façon à obtenir des signaux de moyenne fréquence, qu'on amplifie. ▷ adj. *Récepteur superhétérodyne.*

super-huit [sypɛʀɥit] adj. et n. m. inv. CINE *Film super-huit,* de huit millimètres de largeur, perforations comprises. - Par ext. *Caméra super-huit.* ▷ n. m. inv. *Tourner en super-huit. Le super-huit.* – De *super-,* et *huit (millimètres).*

supérieur, eure [sypeʀjœʀ; sypɛʀjœʀ] adj. et n. **I.** adj. **1.** Situé au-dessus, en haut. *Extrémité, face supérieure.* **2.** Qui est situé plus haut, plus vers l'amont. *Cours supérieur d'un fleuve. Le Rhône supérieur.* **3.** ASTRO *Planètes supérieures,* plus éloignées du Soleil que la Terre. **4.** *Supérieur à :* plus élevé que (dans l'ordre numérique, mesurable). *Un camion d'un poids supérieur à 3 tonnes.* ▷ MATH *Limite supérieure d'une fonction :* borne supérieure de l'ensemble des valeurs de cette fonction. *Borne supérieure d'une partie d'un ensemble ordonné :* plus petit élément de l'ensemble des majorants de cette partie. **5.** GEOL, PREHIST Se dit, en parlant de certaines périodes, de la partie la plus proche de notre époque. *Le pléistocène supérieur.* **6.** Placé au-dessus, du point de vue qualitatif, hiérarchique, etc. *Officiers supérieurs. Un concurrent très supérieur aux autres.* - *Enseignement supérieur,* dispensé dans les grandes écoles et les facultés. ▷ *Plantes, animaux supérieurs,* les plus évolués. **7.** Qui dénote une haute opinion de soi-même. *Air, ton supérieur.* **II.** n. **1.** Personne qui exerce son autorité sur des subordonnés. *Je dois en référer à mes supérieurs.* **2.** Celui, celle qui dirige un monastère, un couvent, une communauté religieuse. - En appos. *La Mère supérieure.* – Lat. *superior,* compar. de *superus,* « qui est en haut ».

supérieurement [sypeʀjœʀmɑ̃; sypɛʀjœʀmɑ̃] adv. D'une manière supérieure. *Être supérieurement intelligent.* – De *supérieur.*

supériorité [sypeʀjɔʀite; sypɛʀjɔʀite] n. f. Fait d'être supérieur; caractère d'une chose, d'une personne supérieure. *Supériorité numérique, intellectuelle. Complexe de supériorité.* – Lat. médiév. *superioritas,* du class. *superior,* « supérieur ».

superlatif, ive [sypɛʀlatif, iv] n. m. et adj. **I.** n. m. **1.** Degré de signification, expression d'une qualité à un très haut degré, à son plus haut degré. *Superlatif absolu,* qui n'implique pas de comparaison. (Ex. *un très bon élève.*) *Superlatif relatif,* qui implique une comparaison avec les choses ou les personnes appartenant au même ensemble. (Ex. *le meilleur élève de la classe.*) **2.** Mot qui exprime le superlatif. *« Ultime », « suprême », « richissime » sont des superlatifs.* ▷ Terme emphatique, hyperbolique. *Un dithyrambe farci de superlatifs.* **II.** adj. Qui exprime le superlatif (sens I, 1). *Adjectif, adverbe superlatif.* – Bas lat. *superlativus,* de *superferre,* « porter au-dessus ».

superlativement [sypɛʀlativmɑ̃] adv. Fam., vieilli Extrêmement. – De *superlatif.*

superléger [sypɛʀleʒe] adj. m. et n. m. SPORT Se dit d'un boxeur professionnel pesant entre 61,23 et 63,5 kg. ▷ n. m. *La catégorie des superlégers.*

superman [sypɛʀman], plur. **supermen** [sypɛʀmɛn] n. m. **1.** Héros qui met sa force colossale et ses pouvoirs surhumains au service du bien (d'abord, nom propre d'un personnage de bandes dessinées). *Les justiciers et les supermen.* **2.** Fam. Homme supérieur, exceptionnel; surhomme (sens 2). *Un superman du rugby, de la physique nucléaire.* ▷ Plaisant *Se donner des airs de superman.* (On rencontre le fém. *superwoman,* plur. *superwomen.*) – Mot amér., propr. « surhomme ».

supermarché [sypɛʀmaʀʃe] n. m. Magasin en libre-service, dont la surface de vente est comprise entre 400 et 2 500 m². – De *super-,* et *marché,* d'ap. l'angl. *supermarket.*

supermolécule [sypɛʀmɔlekyl] n. f. CHIM Assemblage tridimensionnel d'atomes pouvant former une cavité susceptible d'accepter un ion ou une molécule.

supernova [sypɛʀnɔva], plur. **supernovæ** [sypɛrnɔve] n. f. ASTRO Étoile de grande masse en phase finale d'évolution, au cours de laquelle le noyau subit un brutal effondrement gravitationnel qui s'accompagne d'un considérable dégagement d'énergie.

super ordinateur [sypɛʀɔʀdinatœʀ] n. m. Ordinateur d'une grande puissance de calcul, utilisé notam. pour la météo, la recherche et dans l'armement.

super-ordre [sypɛʀɔʀdʀ] n. m. BIOL Unité systématique regroupant plusieurs ordres au sein d'une classe, d'une sous-classe. *Des super-ordres.*

superovarié, ée [sypɛʀɔvaʀje] adj. BOT Se dit des plantes dont les fleurs ont un ovaire supère. – De *supère,* et *ovarié.*

superpétrolier [sypɛʀpetʀɔlje] n. m. MAR Navire pétrolier de très grande capacité (100 000 t et plus). Syn. (off. déconseillé) supertanker. – De *super-,* et *pétrolier;* trad. de l'angl. *supertanker.*

superphosphate [sypɛʀfɔsfat] n. m. CHIM Engrais constitué essentiellement de phosphate calcique additionné de sulfate de calcium.

superposable [sypɛʀpozabl] adj. Que l'on peut superposer. – De *superposer.*

superposer [sypɛʀpoze] v. tr. [1] Poser (des choses) les unes sur les autres. *Superposer des caisses. Superposer à :* mettre par-dessus, au-dessus de. ▷ v. pron. *Couches stratifiées qui se superposent.* - (Passif) *Éléments de rangement qui se superposent.* ▷ Pp. adj. *Lits superposés.* – Lat. *superponere;* d'ap. *poser.*

superposition [sypɛʀpozisjɔ̃] n. f. Action de superposer, fait de se superposer; son résultat. – Bas lat. *superpositio,* du pp. de *superponere,* « superposer ».

superproduction [sypɛʀpʀɔdyksjɔ̃] n. f. Film à grand spectacle, tourné avec de gros moyens matériels et financiers.

superpuissance [sypɛʀpɥisɑ̃s] n. f. État dont l'importance politique, militaire, économique est prépondérante, spécial. les États-Unis.

supersonique [sypɛʀsɔnik] adj. et n. m. **1.** *Vitesse supersonique,* supérieure à celle du son. ▷ *Par ext.* Qui se produit, qui survient aux vitesses supersoniques. *Bang supersonique.* **2.** *Avion supersonique :* qui peut voler à une vitesse supersonique. ▷ n. m. *Le supersonique « Concorde ».*

superstar [sypɛʀstaʀ] n. f. Vedette particulièrement célèbre. - Par ext. *Une superstar de l'art, de la politique.*

superstitieusement [sypɛʀstisjøzmɑ̃] adv. D'une manière superstitieuse. – De *superstitieux.*

superstitieux, euse [sypɛʀstisjø, øz] adj. et n. **1.** Où il entre de la superstition. *Culte superstitieux. Croyance, pratique superstitieuse.* **2.** Qui montre de la superstition, qui est attaché à des superstitions. *Il est très superstitieux.* ▷ Subst. *Un superstitieux, une superstitieuse.* – Lat. *superstitiosus.*

superstition [sypɛʀstisjɔ̃] n. f. **1.** Attachement étroit et formaliste à certains aspects du sacré; croyance religieuse considérée comme non fondée. *« C'est le fond de la religion d'une secte qui passe pour superstition chez une* *autre secte»* (Voltaire). **2.** Fait de croire que certains actes, certains objets annoncent ou attirent la chance ou la malchance; cette croyance elle-même. *La superstition du chiffre 13. Vieilles superstitions.* **3.** Attachement excessif et irrationnel à qqch. *Avoir la superstition de l'exactitude.* – Lat. *superstitio,* de *superstare,* «se tenir dessus», de *super,* «dessus», et *stare,* «se tenir debout», pour désigner ceux qui prient pour que leurs enfants leur survivent.

superstrat [sypɛʀstʀa] n. m. LING Ensemble des traces qu'a laissées dans une langue donnée la langue disparue d'un peuple d'envahisseurs; cette langue disparue elle-même. Cf. substrat. – De *super,* d'ap. *substrat.*

superstructure [sypɛʀstʀyktyʀ] n. f. **1.** Partie (d'une construction) située au-dessus du terrain naturel. ▷ (Plur.) Constructions édifiées au-dessus du pont supérieur d'un navire. **2.** SOCIOL Ensemble formé par les idées (politiques, juridiques, philosophiques, religieuses, morales, artistiques, etc.) et les institutions, dans la terminologie marxiste (opposé à *infrastructure**).

supertanker [sypɛʀtɑ̃kœʀ] n. m. (Anglicisme) MAR Syn. (off. déconseillé) de *superpétrolier.* – Mot angl.; de *super-,* et *tanker.*

superviser [sypɛʀvize] v. tr. [1] Contrôler, vérifier (un travail) dans ses grandes lignes. – Angl. *to supervise,* du bas lat. *supervidere,* «inspecter».

superviseur [sypɛʀvizœʀ] n. m. **1.** Celui qui supervise. **2.** INFORM Programme particulier qui contrôle les traitements successifs de plusieurs autres programmes. – Angl. *supervisor;* senti comme dér. de *superviser.*

supervision [sypɛʀvizjɔ̃] n. f. Action de superviser. – Mot angl., de *to supervise,* «superviser».

superwelter [sypɛʀwɛltɛʀ] adj. m. et n. m. SPORT Se dit d'un boxeur professionnel pesant entre 66,7 et 69,85 kg. ▷ n. m. *Un superwelter.*

supin [sypɛ̃] n. m. GRAM Forme nominale du verbe latin, dont le radical sert à former le participe passé. – Lat. scolast. *supinum,* de *supinus,* «renversé en arrière».

supinateur [sypinatœʀ] adj. et n. m. ANAT *Muscles supinateurs :* muscles de l'avant-bras qui permettent la supination. ▷ n. m. *Les supinateurs.* – Du lat. *supinatum,* pp. de *supinare,* «renverser en arrière».

supination [sypinasjɔ̃] n. f. PHYSIOL Mouvement de rotation de la main amenant la paume vers le haut; position de la main, paume vers le haut. ANT. pronation. – Bas lat. *supinatio,* «fait d'être renversé en arrière».

supplanter [syplɑ̃te] v. tr. [1] Prendre la place de (qqn qu'on a réussi à surpasser en crédit, en prestige). *Supplanter un rival.* ▷ (Sujet n. de chose.) *Le sucre de betterave a supplanté le sucre de canne.* – Lat. *supplantare,* «faire un croc-en-jambe à, renverser», de *sub,* «sous», et *plantare,* «planter, former».

suppléance [sypleɑ̃s] n. f. Fait de suppléer qqn ou qqch; fonction de suppléant. – De *suppléer.*

suppléant, ante [sypleɑ̃, ɑ̃t] n. et adj. Personne qui en remplace une autre dans ses fonctions. ▷ adj. *Juge suppléant.* – Ppr. de *suppléer.*

suppléer [syplee] v. [11] **I.** v. tr. **1.** Litt. Parer à l'insuffisance de; compléter. *Suppléer le nombre des volontaires par des désignations d'office.* **2.** Faire cesser (une insuffisance, un manque) en complétant, en remplaçant. *Suppléer une lacune.* **3.** Remplacer; être utilisé à la place de. *Le lieutenant-colonel supplée le colonel en son absence. L'offset supplée aujourd'hui de plus en plus la typographie.* **II.** v. tr. indir. *Suppléer à.* **1.** Porter remède à (une insuffisance, un manque); compenser. *Le courage supplée à la faiblesse numérique.* **2.** Avoir la même fonction ou le même usage que; remplacer. *La mémoire supplée chez lui au raisonnement.* – Lat. *supplere.*

supplément [syplemɑ̃] n. m. **1.** Ce qui vient en plus, ce qui est ajouté. *Un supplément d'argent de poche.* **2.** Dans les transports, au théâtre, au restaurant, etc., somme payée en plus pour obtenir un avantage spécial. *Payer un supplément pour la réservation d'une place.* **3.** Ce qui est ajouté à une publication pour la compléter, la mettre à jour ou pour toute autre raison. *Supplément à la première édition d'un ouvrage.* **4.** GEOM *Supplément d'un angle, d'un dièdre,* angle, dièdre qu'il faut lui ajouter pour obtenir 180 degrés. – Lat. *supplementum,* de *supplere,* «compléter, suppléer».

supplémentaire [syplemɑ̃tɛʀ] adj. **1.** Qui vient en supplément, en plus. *Train supplémentaire. – Heures supplémentaires :* heures de travail accomplies en plus de l'horaire légal. **2.** GEOM *Angles supplémentaires,* dont la somme égale 180 degrés. ▷ MATH Se dit de deux sous-espaces vectoriels E' et E" dont la somme directe constitue l'espace vectoriel E. – De *supplément.*

supplétif, ive [sypletif, iv] adj. et n. m. Qui complète, qui supplée. *Conclusions supplétives. Troupes supplétives,* qui renforcent l'armée régulière. ▷ n. m. Soldat d'une troupe supplétive. – Du lat. *suppletum,* pp. de *supplere,* «suppléer».

supplétoire [sypletwaʀ] adj. DR Qui supplée à l'insuffisance des preuves. *Serment supplétoire.* – Du lat. *suppletum* (V. supplétif).

suppliant, ante [syplijɑ̃, ɑ̃t] adj. et n. Qui supplie. *Paroles suppliantes.* ▷ Subst. *Une foule de suppliants.* – Ppr. de *supplier.*

supplication [syplikasjɔ̃] n. f. **1.** Action de supplier; prière instante et soumise. *Rester insensible aux supplications.* **2.** RELIG CATHOL Prière solennelle. **3.** HIST (Plur.) Remontrances orales faites au roi par les parlements. – Lat. *supplicatio.*

supplice [syplis] n. m. **1.** Punition corporelle grave, entraînant souvent la mort, ordonnée par la justice. *Le supplice de la croix. Condamner qqn au dernier supplice,* à la peine de mort. **2.** Ce qui cause une vive souffrance physique ou morale. *Le supplice de la soif, de l'attente.* – Lat. *supplicium,* propr. «action de ployer les genoux»; même rac. que *supplier.*

supplicié, ée [syplisje] n. Personne qui subit ou qui a subi un supplice, le dernier supplice. – Pp. de *supplicier.*

supplicier [syplisje] v. tr. [2] Faire subir un supplice, le dernier supplice à. *Supplicier un criminel.* ▷ Fig., litt. *Cette pensée le suppliciait.* – De *supplice.*

supplier [syplije] v. tr. [2] Prier (qqn) avec instance et soumission. *Je vous supplie d'avoir pitié de moi.* ▷ Par exag. *Je vous supplie de vous taire.* – Du lat. *supplicare,* propr. «se plier (sur les genoux)», de *plicare,* «plier».

supplique [syplik] n. f. Didac. Requête par laquelle on demande une grâce à une autorité officielle. *Présenter une supplique à un magistrat.* – Du lat. *supplicare,* «supplier».

support [sypɔʀ] n. m. **1.** Ce sur quoi porte le poids de qqch; objet conçu pour en supporter un autre. *Ce pilier est le support de la voûte. Le support de tubes à essai.* **2.** Objet matériel qui sert de base à une œuvre graphique. *Utiliser du papier bible comme support d'un dessin.* – Objet matériel qui sert à l'enregistrement d'informations (carte perforée, disque ou bande magnétique, etc.). **3.** Ce qui sert à porter, à transmettre une chose immatérielle par nature. *Les mots servent de support à la pensée.* ▷ *Support publicitaire :* moyen matériel choisi (affiche, radiodiffusion) pour la diffusion d'un message ou d'une campagne publicitaire. – Déverbal de *supporter .*

supportable [sypɔʀtabl] adj. **1.** Que l'on peut supporter. *Le froid est encore supportable.* **2.** Que l'on peut tolérer. *Votre attitude n'est pas supportable.* – De *supporter.*

supporter [sypɔʀte] v. tr. [1] **I. 1.** Servir de support à, soutenir. *Les poutres qui supportent le toit.* **2.** Subir, endurer les effets de. *Il supporte mal la douleur.* ▷ Subir, endurer sans faiblir. *Supporter le froid, les privations.* **3.** Tolérer (un comportement désagréable, pénible) sans manifester d'impatience, d'irritation, de colère, etc. *Supporter l'impertinence de qqn.* – Par ext. *Comment pouvez-vous supporter cet individu ?* ▷ v. pron. (Récipr.) *Ils se supportent mal.* **4.** Opposer la résistance voulue à (une action destructrice); être à l'épreuve de. *Poterie qui supporte le feu.* ▷ Fig. *Cette théorie ne supporte pas l'examen.* **5.** Avoir toute la charge, tous les inconvénients résultant de. *J'ai eu à supporter de gros frais.* **II.** (Emploi critiqué.) Encourager (un sportif, une équipe sportive), en être le supporter. – Sens I : lat. *supportare,* de *sub-,* « sous », et *portare,* « porter »; sens II : calque de l'angl. *to support,* « apporter son appui à ».

supporteur [sypɔʀtœʀ] ou (Anglicisme) **supporter** [sypɔʀtɛʀ] n. m. Celui, celle qui encourage un concurrent, une équipe sportive, qui lui apporte son appui. *Ses supporteurs sont venus nombreux pour l'acclamer.* ▷ *Par ext.* Personne qui apporte son appui (à qqn, à une idée). *Supporteur d'un homme politique. Supporteur de l'Europe.* – Mot angl., « celui qui apporte son appui ».

supposable [sypozabl] adj. Rare Qui peut être supposé. – De *supposer.*

supposé, ée [sypoze] adj. **1.** Admis par supposition. *Cette condition supposée.* **2.** DR Qui n'est pas authentique, qui est faux. *Nom supposé.* – Pp. de *supposer.*

supposer [sypoze] v. tr. [1] **I. 1.** Poser, imaginer comme établi, pour servir de base à un raisonnement. *Supposons deux droites parallèles.* **2.** Tenir pour probable. *On suppose qu'il est mort.* **3.** (Sujet n. de chose.) Impliquer comme condition nécessaire ou préalable. *La bonne entente suppose le respect mutuel.* **II.** DR Présenter comme authentique (qqch de faux). *Supposer un testament.* – Francisation d'ap. *poser,* du lat. *supponere,* « mettre sous, substituer ».

supposition [sypozisjɔ̃] n. f. **I. 1.** Vieilli Proposition que l'on suppose vraie. ▷ Pop. *Une supposition (que) :* en supposant que. **2.** Opinion reposant sur de simples probabilités. *Supposition gratuite,* non fondée. **II.** DR *Supposition d'enfant :* attribution d'un enfant à une femme qui ne l'a pas mis au monde. – Du lat. *suppositio,* « action de placer dessous ».

suppositoire [sypozitwaʀ] n. m. Préparation médicamenteuse solide, de forme conique ou ovoïde, que l'on administre par voie rectale. – Lat. méd. *suppositorium,* de *supponere,* « mettre au-dessous ».

suppôt [sypo] n. m. Litt., péjor. *Suppôt de :* partisan acharné de (qqn, et, par ext., qqch que l'on considère comme nuisible, néfaste). *Un dangereux suppôt de la subversion.* – Loc. *Suppôt de Satan, du diable :* démon; fig., fam. personne méchante, nuisible. – Lat. *suppositus.* « placé au-dessous ».

suppression [sypʀesjɔ̃] n. f. **1.** Action de supprimer. *La suppression d'une clôture, d'une clause, de la censure.* **2.** DR *Suppression d'enfant :* crime qui consiste à faire disparaître un enfant nouveau-né (sans qu'il y ait nécessairement infanticide) de manière à soustraire à l'état civil les preuves de son existence, de son identité. – Lat. *suppressio,* « détournement, étouffement », du pp. de *supprimere* (V. supprimer).

supprimable [sypʀimabl] adj. Qui peut être supprimé. – De *supprimer.*

supprimer [sypʀime] v. tr. [1] **1.** Faire disparaître (qqch). *Supprimer une ligne de chemin de fer. En supprimant la cause, on supprime les effets.* **2.** Retrancher (un élément d'un ensemble). *Supprimer un paragraphe.* **3.** Abolir (ce qui est institué). *Supprimer une cérémonie.* **4.** Assassiner (qqn). *Supprimer des témoins gênants.* ▷ v. pron. Se suicider. – Lat. *supprimere,* « enfoncer, étouffer », rac. *premere,* « presser ».

suppurant, ante [sypyʀɑ̃, ɑ̃t] adj. Qui suppure. – Ppr. de *suppurer.*

suppuration [sypyʀasjɔ̃] n. f. Formation et écoulement de pus. – Lat. *suppuratio.*

suppurer [sypyʀe] v. intr. [1] Produire du pus (organes, plaies); laisser écouler du pus. – Lat. *suppurare,* de *pus, puris,* « pus ».

supputation [sypytasjɔ̃] n. f. Action de supputer, évaluation, estimation. – Lat. *supputatio,* « calcul ».

supputer [sypyte] v. tr. [1] Évaluer à partir de certains éléments, de certains indices. *Supputer à combien s'élèvera une dépense. Supputer ses chances de réussite.* – Lat. *supputare,* de *putare,* « évaluer, penser ».

supra-. Préfixe, du lat. *supra,* « au-dessus ».

supra [sypʀa] adv. Ci-dessus. *« Cf. supra » :* formule invitant le lecteur à se reporter à un passage antérieur. – Mot lat., « au-dessus ».

supraconducteur, trice [sypʀakɔ̃dyktœʀ, tʀis] adj. et n. m. PHYS Qui présente le phénomène de supraconductivité. ▷ n. m. *Un supraconducteur.*

supraconductivité [sypʀakɔ̃dyktivite], **supraconductibilité** [sypʀakɔ̃dyktibilite] ou **supraconduction** [sypʀakɔ̃dyksjɔ̃] n. f. PHYS Conductivité très élevée que présentent certains corps aux températures voisines du zéro absolu (zéro kelvin). *La supraconductivité, observée pour un très grand nombre de métaux et d'alliages métalliques, est liée à la modification de l'arrangement des électrons libres entre atomes aux très basses températures.*

supranational, ale, aux [sypʀanasjɔnal, o] adj. Qui dépasse les souverainetés nationales, qui se place au-dessus d'elles. *Instances supranationales.*

supranationalisme [sypʀanasjɔnalism] n. m. POLIT Doctrine des partisans d'un pouvoir supranational. – De *supranational.*

supranationalité [sypʀanasjɔnalite] n. f. ADMIN Caractère de ce qui est supranational.

suprasegmental, ale, aux [sypʀasɛgmɑ̃tal, o] adj. LING *Trait suprasegmental :* trait phonique qui concerne plusieurs unités minimales d'analyse (ou *segments*). *L'intonation, l'accent sont des traits suprasegmentaux.* – De *supra-,* et *segment,* d'ap. l'angl.

suprasensible [sypʀasɑ̃sibl] adj. Que les sens ne peuvent percevoir. *Réalités suprasensibles.*

supraterrestre [sypʀateʀɛstʀ] adj. Qui n'appartient pas à notre monde, qui appartient à l'au-delà. *Esprit supraterrestre.*

suprématie [sypʀemasi] n. f. **1.** Supériorité de puissance, de rang. *Suprématie économique d'un pays.* Syn. hégémonie, prééminence. **2.** Excellence, maîtrise. *Il prétend à la suprématie dans son art.* – Angl. *supremacy,* de *supreme,* du fr. *suprême.*

suprématisme [sypʀematism] n. m. BX-A Terme choisi par le peintre soviétique K.S. Malevitch pour désigner la forme d'art abstrait géométrique (peinture, projet d'architecture) qu'il pratiqua et théorisa à partir de 1913. (Affirmant que l'expression picturale de « la sensibilité de l'absence d'objet » devait primer sur la représentation de tout objet, le suprématisme eut rapidement une influence considérable sur de nombr. peintres russes d'avant-garde.). – De *suprématie,* d'ap. le russe.

1. suprême [sypʀɛm] adj. **1.** Qui est au-dessus de tous dans son genre, dans son espèce. *Le pouvoir suprême. Le Soviet suprême.* – RELIG L'*Être* suprême.* **2.** Le plus grand, le plus haut, dans la hiérarchie des valeurs. *Le plaisir suprême de revoir un être cher.* – Très grand. *Il a une suprême facilité à apprendre.* ▷ *Au suprême degré* : au plus haut point. **3.** Dernier, ultime. *Faire une suprême tentative. L'instant, l'heure suprême,* celui, celle de la mort. *Honneurs suprêmes* : funérailles. – Lat. *supremus,* superl. de *superus,* « qui est au-dessus ».

2. suprême [sypʀɛm] n. m. Filets de volaille ou de poisson nappés de sauce suprême. ▷ En appos. *Sauce suprême* : mélange de consommé de volaille et de crème. – De *suprême* 1.

suprêmement [sypʀɛmmɑ̃] adv. Au suprême degré, à l'extrême. *Une femme suprêmement intelligente.* – De *suprême* 1.

sur-. Élément du lat. *super,* « au-dessus de » (ex. *surélever, surtout*), « en plus de, outre » (ex. *surabondance, surhomme*).

1. sur [syʀ] prép. **I.** Marque la situation de ce qui est plus haut par rapport à ce qui est en dessous, avec ou sans contact. **1.** (Avec contact, sans mouvement.) *La tasse est sur la soucoupe.* ▷ Contre (une surface verticale). *Coller du papier sur les murs. La clé est sur la porte.* ▷ *Sur soi* : sur le corps; avec soi. *Il avait sur lui une gabardine grise. Je n'ai pas mes papiers sur moi.* ▷ (Avec une idée d'accumulation, de répétition.) *Entasser pierre sur pierre. Coup* sur coup.* ▷ (Dans certaines loc. indiquant l'état, la manière.) *Se tenir sur ses gardes. Si tu le prends sur ce ton.* **2.** (Avec contact, avec mouvement.) *Passer la main sur une étoffe. Tomber sur le trottoir.* ▷ (Le complément désignant une surface modifiée par l'action.) *Graver sur la pierre. Tirage sur papier mat.* ▷ Fig. (Marquant un rapport de supériorité.) *L'emporter sur qqn.* **3.** (Sans contact, sans mouvement.) Au-dessus de. *Les nuages s'amoncellent sur la plaine. Le viaduc sur la rivière.* **4.** (Sans contact, avec mouvement.) *Une voiture déboucha sur notre gauche. Faire cap sur Terre-Neuve.* **II.** Marque différents rapports abstraits. **1.** D'après, en fonction de, en prenant pour fondement. *Juger sur les apparences. Se régler sur autrui. Attestation sur l'honneur.* ▷ (Le complément désignant l'objet d'un travail, le sujet d'une étude, etc.) *Voilà deux heures que je m'échine sur ce moteur. Un essai sur Corneille.* **2.** (Indiquant un rapport de proportionnalité.) *Sur dix, il n'en revint pas un seul. Il a quinze sur vingt à sa composition.* **3.** (Avec une valeur temporelle.) Au moment même de; immédiatement après. *Sur le coup, il est resté interloqué! Il embrassa sa famille; sur ce, le train s'ébranla.* ▷ (Marquant l'approximation.) Vers. *Il est arrivé sur les dix heures.* – Du lat. *super,* ou *supra*; la forme *sur* vient d'un croisement avec *sus.*

2. sur, sure [syʀ] adj. Qui a un goût légèrement acide, aigre. *Pommes sures.* – Frq. **sur.*

sûr, sûre [syʀ] adj. **I. 1.** Qui ne présente aucun risque; où aucun risque, aucun danger n'est à redouter. *La région, infestée de bandes armées, n'est pas sûre. Mettre qqn, qqch en lieu sûr.* ▷ Loc. *C'est le plus sûr* : c'est la manière d'agir qui présente le moins de risque. **2.** Digne de confiance; sur qui ou sur quoi l'on peut faire fond, s'appuyer, tabler; qui ne risque pas de faillir. *Un ami sûr. Je le sais de source sûre. Un matériel très sûr.* ▷ Ferme, assuré. *Avoir une main sûre,* une main aux gestes précis, qui ne tremble pas. – D'une grande justesse, d'une grande rigueur. *Avoir le jugement sûr* : discerner avec exactitude, bien juger. **II. 1.** (Choses) Qu'on ne peut mettre en question, dont la vérité ne saurait être contestée. *Je pars demain, c'est sûr.* Syn. certain. ▷ Loc. adv. *Bien sûr!* : évidemment, bien entendu. *Je viendrai, bien sûr!* Pop. *Pour sûr.* **2.** (Personnes) *Sûr de* : qui ne doute pas de (un événement à venir). Syn. certain, convaincu. *Il est sûr de sa réussite.* – *Sûr de soi* : qui a confiance en soi, en ses capacités. ▷ Qui sait de façon certaine. *Être sûr de son fait,* de ce qu'on affirme. – Du lat. *securus,* « libre de tout souci ».

surabondamment [syʀabɔ̃damɑ̃] adv. Plus qu'il n'est nécessaire. – De *surabondant.*

surabondance [syʀabɔ̃dɑ̃s] n. f. Abondance extrême, excessive. *Surabondance de blé.* Syn. profusion.

surabondant, ante [syʀabɔ̃dɑ̃, ɑ̃t] adj. Qui surabonde. – Ppr. de *surabonder.*

surabonder [syʀabɔ̃de] v. intr. [1] **1.** Être plus abondant qu'il n'est nécessaire. *Cette année, les pommes surabondent.* **2.** *Surabonder de, en* : posséder (qqch) au-delà de ses besoins. *Région qui surabonde de blé.* Syn. regorger (de).

suractivé, ée [syʀaktive] adj. Dont l'activité est accrue par un traitement spécial. *Décapant suractivé.* – De *sur-,* et pp. de *activer.*

suraigu, uë [syʀegy] adj. **1.** Très aigu. *Cri suraigu. Voix suraiguë.* **2.** MED Très aigu et qui évolue brutalement, et rapidement. *Inflammation suraiguë.*

surajouter [syʀaʒute] v. tr. [1] Ajouter en plus, à ce qui est déjà fini. – Pp. *Pages surajoutées à un livre.*

suralimentation [syʀalimɑ̃tasjɔ̃] n. f. **1.** Alimentation plus abondante, plus riche que la normale. **2.** TECH Alimentation d'un moteur à combustion interne avec de l'air porté à une pression supérieure à la pression atmosphérique. *La suralimentation permet d'augmenter la puissance des moteurs.*

suralimenter [syʀalimɑ̃te] v. tr. [1] **1.** *Suralimenter qqn,* lui fournir une alimentation plus abondante ou plus riche que la normale. **2.** TECH *Suralimenter un moteur* : V. suralimentation (sens 2).

suranné, ée [syʀane] adj. Démodé, désuet, vieillot. *Des toilettes surannées.* ▷ Archaïque, retardataire. *Conceptions surannées.* – De *sur,* et *an.*

surarmement [syʀaʀməmɑ̃] n. m. Armement qui dépasse l'équipement nécessaire à la défense (d'un pays).

surate. V. sourate.

surbaissé, ée [syʀbese] adj. **1.** ARCHI *Arc, voûte surbaissés* (ou *en anse de panier*), dont la flèche est inférieure à la moitié de la largeur. **2.** AUTO *Carrosserie surbaissée,* très basse. – De *sur-,* et pp. de *baisser.*

surbooké, ée [syʀbuke] adj. Fam. **1.** Dont le nombre de réservations est supérieur à celui des places disponibles. *Un vol surbooké.* **2.** Dont l'emploi du temps est surchargé. *Je suis surbooké.*

surboum [syʀbum] n. f. Fam., vieilli Surprise-partie. – De *sur(prise-partie),* et *boum.*

surcapitalisation [syʀkapitalizasjɔ̃] n. f. FIN Attribution à une entreprise d'une valeur supérieure à sa valeur réelle (en Bourse, notam.).

surcharge [syʀʃaʀʒ] n. f. **1.** Charge ajoutée à la charge habituelle. *Une surcharge de responsabilités.* **2.** Excédent de charge, de poids par rapport à ce qui est autorisé. *Surcharge de passagers. Rouler en surcharge.* – Par euph. *Surcharge pondérale* : obésité. ▷ CONSTR Effort supplémentaire que peut avoir à supporter une construction. *Calcul des surcharges.* **3.** Fait d'être trop chargé de matière, trop abondant. *La surcharge des programmes scolaires.* **4.** Mot écrit au-dessus d'un autre pour le remplacer. ▷ *Surcharge d'un timbre-poste* : impression surajoutée, modifiant sa valeur. – Déverbal de *surcharger.*

surcharger [syʀʃaʀʒe] v. tr. [13] **1.** Charger de façon excessive. *Surcharger un camion.* – Pp. *Étagère surchargée de pots de fleurs.* – Fig. *Être surchargé d'impôts, de travail.* **2.** Faire une surcharge à (un texte). *Surcharger une ligne.* ▷ Pp. adj. *Timbre surchargé.*

surchauffe [syʀʃof] n. f. **1.** PHYS, TECH Action de surchauffer (un liquide, de la vapeur). **2.** ECON Déséquilibre économique provenant d'une expansion mal maîtrisée entraînant une inflation importante. – Déverbal de *surchauffer.*

surchauffé, ée [syʀʃofe] adj. 1. Trop chaud. *Air surchauffé.* ▷ Trop chauffé (locaux). *Salle surchauffée.* 2. Fig. Ardent, exalté, enthousiaste. *Un auditoire surchauffé.* – Pp. de *surchauffer.*

surchauffer [syʀʃofe] v. tr. [1] 1. Chauffer excessivement. 2. PHYS Porter (un liquide) au-dessus de son point d'ébullition sans qu'il se vaporise. ▷ TECH *Surchauffer de la vapeur,* élever sa température pour augmenter sa tension.

surchauffeur [syʀʃofœʀ] n. m. TECH Appareil destiné à surchauffer la vapeur. *Surchauffeur des anciennes locomotives à vapeur.* – De *surchauffer.*

surchoix [syʀʃwa] adj. inv. De première qualité. *Entrecôte surchoix.*

surclassé, ée [syʀklase] adj. SPORT Qui se mesure à des concurrents d'une classe, d'une catégorie supérieure. *Minime surclassé en junior.* – De *sur-,* et pp. de *classer.*

surclasser [syʀklase] v. tr. [1] 1. SPORT Dominer très nettement (un adversaire), s'imposer en face de lui par une nette supériorité de classe. 2. Être d'une qualité bien supérieure à. - (Choses) *Ce produit surclasse tous les autres.* - (Personnes) *Ce peintre surclasse nettement ses contemporains.*

surcomposé, ée [syʀkɔ̃poze] adj. GRAM *Temps surcomposé,* formé d'un auxiliaire à un temps composé et du participe passé. (Ex. *quand j'ai eu terminé...*)

surcompression [syʀkɔ̃pʀesjɔ̃] n. f. Action de surcomprimer ; son résultat.

surcomprimé, ée [syʀkɔ̃pʀime] adj. Qui subit une surcompression. ▷ *Moteur surcomprimé,* dans lequel le mélange détonant est soumis à la compression maximale. – De *sur-,* et pp. de *comprimer.*

surcomprimer [syʀkɔ̃pʀime] v. tr. [1] Comprimer davantage (un gaz déjà comprimé).

surconsommation [syʀkɔ̃sɔmasjɔ̃] n. f. Consommation au-delà des besoins et des possibilités dans une situation économique déterminée. – De *sur-,* et *consommation,* d'ap. *surproduction.*

surcontre [syʀkɔ̃tʀ] n. m. JEU Au bridge, enchère du camp qui maintient son annonce malgré le contre des adversaires. – Déverbal de *surcontrer.*

surcontrer [syʀkɔ̃tʀe] v. tr. [1] JEU Au bridge, opposer un surcontre à (un adversaire qui contre).

surconvertisseur [syʀkɔ̃vɛʀtisœʀ] n. m. PHYS NUCL Surgénérateur* produisant une matière fissile différente de celle qu'il consomme. – De *sur(générateur),* et *convertisseur.*

surcot [syʀko] n. m. HIST Au Moyen Âge, vêtement porté sur la cotte, paletot cintré fermé sur le devant. – De *sur-,* et *cotte.*

surcouper [syʀkupe] v. tr. [1] JEU Aux cartes, couper avec un atout plus fort que celui avec lequel un autre joueur vient de couper.

surcoût [syʀku] n. m. Coût supplémentaire.

surcreusement [syʀkʀøzmɑ̃] n. m. GEOL Creusement s'exerçant sur des vallées qui ont déjà subi une érosion.

surcroît [syʀkʀwa] n. m. Ce qui vient s'ajouter à qqch, ce qui vient en plus. *Sa promotion lui a valu un surcroît de travail.* Syn. supplément. ▷ Loc. adv. *De surcroît, par surcroît :* de plus, en outre. – Déverbal de l'anc. v. *surcroître,* « croître au-delà de la mesure ordinaire », de *sur-,* et *croître.*

surdétermination [syʀdetɛʀminasjɔ̃] n. f. 1. PSYCHO Caractère de ce qui, dans l'ordre psychologique, est déterminé par plusieurs causes à la fois. 2. PSYCHAN Caractère des productions de l'inconscient (images des rêves, notam.), dont le contenu manifeste renvoie en même temps à plusieurs contenus latents. 3. LING Restriction du sens d'un terme par un contexte.

surdéterminer [syʀdetɛʀmine] v. tr. [1] Produire la surdétermination de (qqch).

surdimensionner [syʀdimɑ̃sjɔne] v. tr. [1] Donner des dimensions supérieures à ce qui est nécessaire à. – Pp. adj. *Un moteur surdimensionné.*

surdi-mutité [syʀdimytite] n. f. Didac. État du sourd-muet. *Des surdi-mutités.* – De *surdi(té),* et *mutité,* d'ap. *sourd-muet.*

surdité [syʀdite] n. f. Affaiblissement ou disparition du sens de l'ouïe, fait d'être sourd. ▷ Par ext. *Surdité psychique* ou *mentale* ou *verbale* ou *agnosie auditive :* impossibilité, due à une lésion cérébrale, d'interpréter correctement les messages sensoriels perçus par l'oreille (et, notam., de comprendre les mots). – Lat. *surditas.*

surdosage [syʀdozaʒ] n. m. MED Dosage abusif.

surdose [syʀdoz] n. f. MED Syn. de *overdose.* – De *sur-,* et *dose.*

surdoué, ée [syʀdwe] adj. et n. *Enfant surdoué,* qui présente un développement intellectuel exceptionnel. ▷ Subst. *Un(e) surdoué(e).*

sureau [syʀo] n. m. Arbuste (genre *Sambucus,* fam. caprifoliacées) dont les fleurs, hermaphrodites et regroupées en corymbe, donnent un fruit noir ou rouge et dont le bois renferme un large canal médullaire. – A. fr. *seür,* du lat. *sabucus, sambucus.*

sureffectif [syʀefɛktif] n. m. Effectif trop important.

surélévation [syʀelevasjɔ̃] n. f. Action de surélever, fait d'être surélevé ; son résultat. – De *surélever,* d'ap. *élévation.*

surélever [syʀelve] v. tr. [16] 1. Donner plus de hauteur à... *Surélever un bâtiment de deux étages.* 2. Placer plus haut. *Surélever une lampe.* 3. (Abstrait) Augmenter de nouveau. *Surélever les cotisations.*

sûrement [syʀmɑ̃] adv. 1. Sans risque. *De l'argent sûrement placé.* 2. Avec régularité et constance, sans faillir. *Progresser lentement mais sûrement.* 3. Certainement, selon toute probabilité. *Il arrivera sûrement en retard.* – De *sûr.*

surémission [syʀemisjɔ̃] n. f. FIN Émission excessive de papier-monnaie. – De *sur-,* et *émission.*

suremploi [syʀɑ̃plwa] n. m. ECON Utilisation d'une main-d'œuvre dépassant le temps de travail et la production normaux. - *Par ext.* Pénurie de main-d'œuvre. *Le suremploi survient le plus souvent dans des secteurs économiques spécialisés et en expansion.*

surenchère [syʀɑ̃ʃɛʀ] n. f. 1. Enchère supérieure à la précédente. 2. Proposition, promesse faite pour renchérir sur celle d'un autre. *La surenchère électorale.*

surenchérir [syʀɑ̃ʃeʀiʀ] v. intr. [3] 1. Faire une surenchère. 2. Aller plus loin que les autres (dans une affirmation, etc.). 3. Devenir plus cher, enchérir de plus belle. – De *surenchère,* d'ap. *enchérir.*

surenchérissement [syʀɑ̃ʃeʀismɑ̃] n. m. Fait de surenchérir ; augmentation d'un, des prix. – De *surenchérir.*

surendettement [syʀɑ̃dɛtmɑ̃] n. m. ECON Endettement excédant les possibilités de remboursement.

surentraînement [syʀɑ̃tʀɛnmɑ̃] n. m. SPORT Entraînement trop poussé (d'un sportif) qui risque d'avoir des effets néfastes sur sa condition physique, sa santé.

surentraîner [syʀɑ̃tʀene] v. tr. [1] SPORT Soumettre (un sportif) à un surentraînement.

suréquipement [syʀekipmɑ̃] n. m. Équipement supérieur aux besoins.

suréquiper [syʀekipe] v. tr. [1] Équiper plus qu'il n'est nécessaire.

surestarie [syʀɛstaʀi] n. f. DR MARIT Retard apporté dans le chargement ou le déchargement d'un navire frété. ▷ *Par ext.* Somme que doit verser l'affréteur à l'armateur, en raison de ce retard. – De l'esp. *sobrestaria*, de *sobre*, «sur», et *estar*, «se tenir».

surestimation [syʀɛstimasjɔ̃] n. f. Fait de surestimer; son résultat. – De *surestimer*.

surestimer [syʀɛstime] v. tr. [1] Estimer au-dessus de sa valeur réelle. *Je pense que vous surestimez ce timbre.* – Fig. *Surestimer ses forces.* ▷ v. pron. *Il se surestime.*

suret, ette [syʀɛ, ɛt] adj. Rég. Légèrement sur. *Lait suret.* – Dimin. de *sur* 2.

sûreté [syʀte] n. f. **I. 1.** Fait d'être sûr; caractère d'un lieu où l'on ne risque rien. *Sûreté d'une région.* **2.** Fermeté, efficacité, précision (des gestes, des perceptions sensorielles, etc.). *Sûreté de l'oreille d'un musicien.* ▷ Rigueur, justesse dans l'exercice des facultés intellectuelles, dans les jugements esthétiques, etc. *Je me fie à la sûreté de votre goût. Avoir une grande sûreté de jugement.* **3.** Assurance, garantie donnée à qqn. *Je lui ai donné toutes les sûretés qu'il me demandait.* – DR *Sûreté personnelle* : garantie résultant pour le créancier de l'adjonction à son débiteur d'autres débiteurs, répondant sur leur patrimoine de l'exécution de l'obligation. *Sûreté réelle* : garantie résultant pour le créancier de l'affectation spéciale d'un bien de son débiteur au paiement de la dette. *Sûreté du Trésor* : sûreté personnelle et réelle dont dispose le Trésor public. **4.** Rare (Sauf dans certains emplois quasi figés et en loc.) État de qqn, de qqch, qui ne court aucun risque, qui n'est pas menacé par un danger; sécurité. *Garantir la sûreté des personnes et des biens.* – *Attentat, crime contre la sûreté de l'État* : infractions menées contre l'autorité de l'État ou l'intégrité du territoire (atteinte aux secrets de la défense nationale, trahison, espionnage, etc.). ▷ *De sûreté* : spécialement conçu pour assurer la sûreté. *Épingles de sûreté. Serrure de sûreté. Soupape de sûreté.* ▷ *Une sûreté* : un dispositif de sûreté. *Mettre une sûreté à sa porte. Mettre une arme à la sûreté*, en position de sûreté. **5.** Vx Mesure de précaution. (Prov.) *Deux sûretés valent mieux qu'une.* **6.** Fait d'être sûr de soi; caractère, état d'une personne sûre d'elle. *Ils montrent une grande sûreté d'eux-mêmes.* **II.** *La sûreté nationale* ou, n. f., *la Sûreté* : l'ancien service de police remplacé depuis 1966 par le corps de la Police nationale, relevant de l'autorité du ministre de l'Intérieur pour l'ensemble du territoire. – De *sûr*.

surévaluation [syʀevalɥasjɔ̃] n. f. Fait de surévaluer; son résultat. – De *surévaluer*.

surévaluer [syʀevalɥe] v. tr. [1] Évaluer (qqch) au-delà de sa valeur. *Surévaluer un rendement.*

surexcitable [syʀɛksitabl] adj. Susceptible d'être surexcité. – De *surexciter*.

surexcitation [syʀɛksitasjɔ̃] n. f. État d'une personne surexcitée, très grand énervement.

surexciter [syʀɛksite] v. tr. [1] Exciter au plus haut point. *Procès qui surexcite l'opinion.* Syn. enfiévrer, enflammer. – Pp. adj. *Enfant surexcité*, très nerveux, très agité.

surexploiter [syʀɛksplwate] v. tr. [1] Exploiter exagérément (qqch, qqn).

surexposer [syʀɛkspoze] v. tr. [1] PHOTO Exposer trop longtemps (une surface sensible). – Pp. adj. *Photographie surexposée.*

surexposition [syʀɛkspozisjɔ̃] n. f. PHOTO Fait de surexposer; son résultat. – De *surexposer*.

surf [sœʀf] n. m. Sport nautique, d'origine polynésienne, qui consiste à se laisser pousser vers une plage par les rouleaux, en se maintenant en équilibre sur une planche conçue et façonnée à cet usage. – Abrév. de l'amér. *surf-board*, de *surf*, «ressac», et *board*, «planche».

surfaçage [syʀfasaʒ] n. m. TECH Opération qui consiste à surfacer. – De *surfacer*.

surface [syʀfas] n. f. **1.** Partie extérieure, visible, d'un corps, qui constitue la limite de l'espace qu'il occupe. *La surface de la Terre. Surface brillante d'un meuble.* ▷ *Spécial.* (En loc.) Étendue horizontale qui sépare l'atmosphère d'un volume de liquide. *Bulles qui éclatent à la surface d'un moût en fermentation. Sous-marin qui fait surface*, qui émerge. – Fig. *Il a refait surface après une retraite de plusieurs années* : il est réapparu, on l'a revu après... – CHIM *Agent de surface* : composé chimique (détergent, mouillant, émulsionnant) dont les solutions, même très diluées, modifient, à leur contact, les propriétés des surfaces. **2.** Étendue d'une surface; aire, superficie. *Cet appartement a une surface de 100 m².* *Surface corrigée* : V. corrigé. *Surface de vente d'un magasin.* ▷ *Grande surface* : magasin en libre-service dont la surface de vente est supérieure à 400 m². ▷ Fig., fam. *Avoir de la surface* : avoir du crédit, de l'influence, une situation sociale importante. **3.** GEOM Ensemble de points de l'espace dont les coordonnées x, y, z sont reliées par une équation de la forme $f(x, y, z) = 0$. *Une surface n'a que deux dimensions et peut être considérée comme engendrée par le déplacement d'une courbe. Surface réglée*, engendrée par le déplacement d'une droite suivant une loi déterminée (cône, par ex.). – De *sur-*, et *face*, d'ap. le lat. *superficies* (V. superficie).

surfacer [syʀfase] v. tr. intr. [12] **1.** TECH Donner un aspect régulier à une surface, la polir. **2.** AGRIC Remplacer la couche superficielle de terre usée par du terreau. – De *surface*.

surfaceuse [syʀfasøz] n. f. TECH Machine à surfacer. – De *surfacer*.

surfactant, ante [syʀfaktɑ̃, ɑ̃t] n. m. et adj. **1.** CHIM Substance qui augmente les propriétés mouillantes d'un liquide en abaissant la tension superficielle de celui-ci. *Les détergents domestiques sont des surfactants.* – adj. *Produit surfactant.* **2.** PHYSIOL *Surfactant pulmonaire* : matière qui forme un film mince à la surface des alvéoles pulmonaires et qui assure au tissu pulmonaire l'essentiel de son élasticité, empêchant le plasma sanguin de passer dans les alvéoles. – De *surface*, et *(tensio-) actif.*

surfaire [syʀfɛʀ] v. tr. [10] Litt. Demander un prix trop élevé pour. *Surfaire une marchandise.* ▷ Fig. Surestimer. – De *sur-*, et *faire*.

surfait, aite [syʀfɛ, ɛt] adj. Trop vanté, qui n'est pas à la hauteur de sa réputation. – Pp. de *surfaire*.

surfaix [syʀfɛ] n. m. TECH Sangle qui sert à fixer une couverture sur le dos d'un cheval, à attacher une selle ou à retenir une charge sur le dos d'une bête. – De *sur-*, et *faix*.

1. surfer [sœʀfe] v. intr. [1] Pratiquer le surf. – De *surf*.

2. surfer (Anglicisme) ou **surfeur, euse** [sœʀfœʀ, øz] n. SPORT Celui, celle qui pratique le surf. – Mot amér. *surfer*.

surfil [syʀfil] n. m. COUT Action de surfiler (sens 1); résultat de cette action. – De *surfiler*.

surfilage [syʀfilaʒ] n. m. COUT, TECH Action de surfiler. – De *surfiler*.

surfiler [syʀfile] v. tr. [1] **1.** COUT Passer un fil sur les bords de (un tissu) pour éviter qu'il ne s'effiloche. *Surfiler une couture.* **2.** TECH Augmenter la torsion d'un fil.

surfin, ine [syʀfɛ̃, in] adj. D'une très grande qualité. *Beurre surfin.*

surfondu, ue [syʀfɔ̃dy] adj. PHYS En état de surfusion. – De *sur-*, et pp. de *fondre.*

surfusion [syʀfyzjɔ̃] n. f. PHYS État d'un corps qui reste liquide au-delà de sa température de solidification.

surgélation [syʀʒelasjɔ̃] n. f. Opération qui consiste à surgeler. – De *surgeler,* d'ap. *congélation.*

surgelé, ée [syʀʒəle] adj. et n. m. Qui a subi la surgélation. *Légumes surgelés.* ▷ n. m. Produit alimentaire surgelé. *Acheter des surgelés. L'industrie des surgelés.* – Pp. de *surgeler.*

surgeler [syʀʒəle] v. tr. [17] Congeler à très basse température et en un temps réduit (une denrée périssable).

surgénérateur [syʀʒeneʀatœʀ] ou **surrégénérateur** [syʀeʒeneʀatœʀ] n. m. PHYS NUCL Réacteur nucléaire qui produit plus de matière fissile qu'il n'en consomme. – De *sur-*, et *générateur* ou *régénérateur.*

ENCYCL Les surgénérateurs sont des réacteurs à neutrons rapides qui utilisent comme combustible de l'uranium 235 enrichi ou du plutonium 239. En plaçant autour du cœur du réacteur une matière *fertile* constituée d'uranium 238 ou de thorium 232, ces isotopes non fissiles se transforment, par capture d'un neutron, en plutonium 239 et en uranium 233, isotopes fissiles.

surgeon [syʀʒɔ̃] n. m. ARBOR Rejeton qui naît du collet ou de la souche d'un arbre. – Altér., d'ap. lat. *surgere,* «surgir», de l'a. fr. *sorjon,* de *sourjant,* anc. ppr. de *sourdre.*

surgir [syʀʒiʀ] v. intr. [3] Apparaître brusquement. *Un acteur a surgi des coulisses. Une nouvelle ville a surgi en quelques mois.* ▷ Fig. Se manifester brusquement. *Faire surgir une difficulté, un conflit.* – Lat. *surgere.*

surgissement [syʀʒismɑ̃] n. m. Action de surgir. – De *surgir.*

surhaussement [syʀosmɑ̃] n. m. Action de surhausser; son résultat. ▷ ARCHI Caractère d'un arc, d'une voûte surhaussés; mesure de la différence entre la moitié de l'ouverture et la flèche. – De *surhausser.*

surhausser [syʀose] v. tr. [1] Rare Surélever. ▷ ARCHI *Surhausser un arc, une voûte,* leur donner une flèche supérieure à la moitié de l'ouverture. ▷ Au pp. *Berceau surhaussé.*

surhomme [syʀɔm] n. m. **1.** PHILO Chez Nietzsche, type d'homme supérieur auquel l'humanité donnera naissance quand elle se développera selon la «volonté de puissance» et que rend possible «la mort de Dieu». **2.** Homme qui dépasse, intellectuellement ou physiquement, la mesure normale de la nature humaine. – De *sur-*, et *homme,* trad. de l'all. *Übermensch.*

surhumain, aine [syʀymɛ̃, ɛn] adj. Au-dessus des forces, des qualités et des aptitudes normales de l'homme. *Effort surhumain. Entreprise surhumaine. Vertu surhumaine.*

surimi [syʀimi] n. m. Amalgame de chair de poisson aromatisée au crabe. – Mot jap.

surimposer [syʀɛ̃poze] v. tr. [1] Frapper d'une majoration d'impôt ou d'un impôt excessif.

surimposition [syʀɛ̃pozisjɔ̃] n. f. Action de surimposer, surcroît d'imposition.

surimpression [syʀɛ̃pʀesjɔ̃] n. f. PHOTO, CINE, VIDEO Opération qui consiste à superposer sur un même support deux ou plusieurs images, pour produire certains effets spéciaux. ▷ Loc. fig. *En surimpression :* perçu en même temps.

1. surin [syʀɛ̃] n. m. Rég. Jeune pommier sauvage. – De *sur* 2.

2. surin [syʀɛ̃] n. m. Arg. Couteau, poignard. *«D'un coup de surin, lui troua le ventre»* (A. Bruant). Syn. vieilli chourin. – Tzigane *chouri.*

surinamien, enne [syʀinamjɛ̃, ɛn] adj. et n. Du Surinam, État d'Amérique du Sud. ▷ Subst. *Un(e) Surinamien(ne).*

suriner [syʀine] v. tr. [1] Arg., vieilli Frapper, tuer d'un coup de couteau. Syn. vieilli chouriner. – De *surin* 2.

surineur [syʀinœʀ] n. m. Arg., vieilli Celui qui utilise un surin. Syn. vieilli chourineur. – De *suriner.*

surinfection [syʀɛ̃fɛksjɔ̃] n. f. MED Infection survenant chez un sujet présentant déjà une maladie infectieuse.

surinformation [syʀɛ̃fɔʀmasjɔ̃] n. f. Surabondance d'information.

surintendance [syʀɛ̃tɑ̃dɑ̃s] n. f. HIST Charge ou résidence d'un surintendant. – De *surintendant.*

surintendant [syʀɛ̃tɑ̃dɑ̃] n. m. HIST Nom de divers officiers chargés de la surveillance d'une administration, sous l'Ancien Régime. *Surintendant des Finances :* titre du ministre des Finances, en France, jusqu'en 1661. – Lat. médiév. *superintendens,* de *super,* altéré ensuite en *sur,* et ppr. de *intendere,* «diriger».

surintendante [syʀɛ̃tɑ̃dɑ̃t] n. f. **1.** HIST Épouse du surintendant des Finances. ▷ Dame qui avait la première charge dans la maison de la reine. **2.** Directrice d'une maison d'éducation de la Légion d'honneur. **3.** *Surintendante d'usine :* assistante sociale qui dirige le service social d'un établissement industriel. – Fém. de *surintendant.*

surintensité [syʀɛ̃tɑ̃site] n. f. ELECTR Intensité supérieure à l'intensité maximale que peut supporter un appareillage sans être détérioré.

surir [syʀiʀ] v. intr. [3] Devenir sur, aigre. *Le lait a suri.* – De *sur* 2.

surjalé, ée [syʀʒale] adj. MAR *Ancre surjalée,* dont la ligne de mouillage fait un ou plusieurs tours sur le jas. – De *sur-*, et *jas* 1.

surjectif, ive [syʀʒɛktif, iv] adj. MATH *Application surjective :* application telle que tout élément de l'ensemble d'arrivée est l'image d'au moins un élément de l'ensemble de départ. – De *surjection.*

surjection [syʀʒɛksjɔ̃] n. f. MATH Application surjective. – De *sur-*, d'ap. *injection, bijection.*

surjet [syʀʒɛ] n. m. COUT Couture qui réunit deux pièces d'étoffe bord à bord, par un point qui les chevauche. *Point de surjet.* – Déverbal de *surjeter.*

surjeter [syʀʒəte] v. tr. [20] COUT Coudre en surjet.

sur-le-champ [syʀləʃɑ̃] V. champ (sens II, 2).

surlendemain [syʀlɑ̃d(ə)mɛ̃] n. m. Jour qui suit le lendemain.

surlier [syʀlje] v. tr. [2] MAR Faire une surliure à (un cordage).

surligner [syʀliɲe] v. tr. [1] Marquer avec un surligneur (un texte). – De *sur-*, et *ligne.*

surligneur [syʀliɲœʀ] n. m. Feutre à encre transparente et lumineuse, servant à mettre en valeur certains mots ou phrases d'un texte. – De *sur-*, et *ligne.*

surliure [syʀljyʀ] n. f. MAR Enroulement de ligne fine autour de l'extrémité d'un cordage, destiné à éviter que les torons de celui-ci ne se défassent. – De *surlier,* d'ap. *liure.*

surlonge [syʀlɔ̃ʒ] n. f. Morceau de l'échine du bœuf utilisé pour les pot-au-feu et les ragoûts. – De *sur-*, et *longe* 1.

surloyer [syʀlwaje] n. m. COMM Indemnité payée par un locataire en sus du loyer. *Surloyer des H.L.M.*

surmenage [syʀmənaʒ] n. m. Fait d'être surmené, de se surmener. ▷ MED Ensemble des troubles résultant d'un travail excessif de l'organisme. – De *surmener.*

surmener [syʀməne] v. tr. [16] Fatiguer à l'excès. *Surmener une bête. Il surmène ses collaborateurs.* – Pp. adj. *Homme d'affaires surmené.* ▷ v. pron. *Il se surmène avant ses examens.* – De *sur-*, et *mener.*

surmodelé, ée [syʀmɔdle] adj. ETHNOL Se dit de restes humains, ou de mannequins à forme humaine recouverts d'une substance plastique (argile le plus souvent) modelée à la ressemblance de la personne représentée. *« Crânes surmodelés à la ressemblance faciale du mort »* (J. Guiart). – De *sur-*, et pp. de *modeler.*

surmoi ou **sur-moi** [syʀmwa] n. m. inv. PSYCHAN Élément du psychisme qui se constitue dans l'enfance par identification au modèle parental, et qui exerce un rôle de contrôle et de censure. *Les trois instances de la personnalité sont le ça, le moi et le surmoi.* – De *sur-*, et *moi*, trad. de l'all. *Überich*, de *über*, « sur », et *ich*, « moi ».

surmoïque [syʀmɔik] adj. PSYCHAN Du surmoi, qui émane du surmoi. *Le défi surmoïque.* – De *surmoi.*

surmontable [syʀmɔ̃tabl] adj. Qui peut être surmonté. – De *surmonter.*

surmonter [syʀmɔ̃te] v. tr. [1] **1.** Être placé au-dessus de. *Une statue surmonte la colonne.* **2.** (Abstrait) Venir à bout de, triompher de (ce qui fait obstacle). *Surmonter une difficulté.* ▷ Dominer, maîtriser (une sensation, un sentiment, une émotion qui empêche d'agir). *Surmonter sa douleur, son dégoût, sa colère.* – De *sur-*, et *monter.*

surmortalité [syʀmɔʀtalite] n. f. STATIS Mortalité plus importante dans un groupe donné (par rapport à un autre, à d'autres pris comme référence). *La surmortalité masculine.*

surmulet [syʀmylɛ] n. m. Rouget de roche (*Mullus surmuletus*). – De l'anc. adj. *sor*, « jaune brun », et *mulet* (sens 2).

surmulot [syʀmylo] n. m. Gros rat (*Rattus norvegicus*), originaire d'Asie, commun dans toute l'Europe et en Amérique, appelé aussi *rat d'égout, rat gris.* – De *sur-*, et *mulot.*

surmultiplication [syʀmyltiplikasjɔ̃] n. f. AUTO Action de surmultiplier. – De *surmultiplier*, d'apr. *multiplication.*

surmultiplier [syʀmyltiplije] v. tr. [1] AUTO Donner à l'arbre de transmission une vitesse supérieure à celle du moteur qui travaille ainsi à un régime plus bas (le véhicule conservant la même vitesse). – Pp. adj. *Vitesse surmultipliée* ou, par abrév., n. f., *la surmultipliée. Conduire en surmultipliée.*

surnager [syʀnaʒe] v. intr. [13] **1.** Se maintenir à la surface d'un liquide. *Du navire naufragé surnageaient des épaves.* **2.** Fig. Subsister, persister. *De vagues souvenirs surnageaient dans sa mémoire.*

surnatalité [syʀnatalite] n. f. Natalité trop forte par rapport aux ressources.

surnaturel, elle [syʀnatyʀɛl] adj. et n. m. **1.** Qui semble échapper aux lois de la nature, se situer au-dessus d'elles. *Une puissance surnaturelle.* – RELIG *Vérités surnaturelles*, que l'on ne peut connaître que par la foi. *Événement surnaturel* : miracle. *Impulsion surnaturelle* : grâce. ▷ n. m. *Le surnaturel* : les phénomènes surnaturels. **2.** Qui ne paraît pas naturel, qui tient du prodige. Syn. extraordinaire. *Une intelligence surnaturelle.*

surnom [syʀnɔ̃] n. m. Nom que l'on donne à une personne en plus de son nom véritable et qui, généralement, rappelle un trait de son aspect physique ou de sa personnalité, ou une circonstance particulière de sa vie. *Une verrue sur le nez valut à Marcus Tullius son surnom de « Cicero »* (« pois chiche » ; en fr., *Cicéron*). ▷ Cour. Désignation familière, sobriquet.

surnombre [syʀnɔ̃bʀ] n. m. Rare Quantité qui dépasse le nombre fixé. ▷ Loc. adv. Cour. *En surnombre* : en excédent, en surplus. *Voyageurs en surnombre.*

surnommer [syʀnɔme] v. tr. [1] Donner un surnom à. *On l'avait surnommé la Ficelle.*

surnuméraire [syʀnymeʀɛʀ] adj. et n. Qui est en surnombre. *Employé surnuméraire.* – Lat. *supernumerarius*, de *super*, « au-dessus, sur », et *numerus*, « nombre ».

suroffre [syʀɔfʀ] n. f. DR Offre renchérissant sur une première offre.

suroît [syʀwa] n. m. **1.** MAR Sud-ouest. *Être dans le suroît d'Ouessant.* ▷ Vent de sud-ouest. **2.** Chapeau imperméable qui descend bas sur la nuque. – Du normand *surouet, surouest*, altération de *sud-ouest*, d'ap. *norois* ou *noroît.*

surpassement [syʀpasmɑ̃] n. m. Litt. Action de surpasser, de se surpasser. – De *surpasser.*

surpasser [syʀpase] v. tr. [1] Être supérieur à, l'emporter sur. *Il a nettement surpassé les autres concurrents.* Syn. surclasser. ▷ v. pron. Faire mieux qu'à l'ordinaire. *Il est déjà très amusant d'habitude, mais ce soir, il s'est surpassé.*

surpayer [syʀpeje] v. tr. [21] Payer qqn au-delà de ce qui est habituel ; acheter qqch trop cher. *Surpayer un travail. Surpayer une denrée alimentaire.*

surpeuplé, ée [syʀpœple] adj. Qui souffre de surpopulation. *Région surpeuplée.* ▷ Où il y a trop de monde. *Amphithéâtres surpeuplés.*

surpeuplement [syʀpœpləmɑ̃] n. m. État d'une région, d'un pays, d'une ville, etc., qui souffre de surpopulation. – De *surpeuplé*, d'ap. *peuplement.*

surpiqûre [syʀpikyʀ] n. f. COUT Piqûre apparente, souvent décorative, sur un tissu ou du cuir.

sur-place ou **surplace** [syʀplas] n. m. V. place (sens B, I, 2).

surplis [syʀpli] n. m. RELIG CATHOL Tunique blanche plissée de toile légère, à manches amples, portée par les prêtres et les enfants de chœur lors des cérémonies religieuses. – Lat. médiév. *superpellicium*, propr. « ce qui est sur la pelisse ».

surplomb [syʀplɔ̃] n. m. **1.** CONSTR Partie d'un bâtiment qui dépasse par le sommet la ligne d'aplomb. **2.** *En surplomb* : dont le haut s'avance plus que la base, formant une saillie. *Rocher en surplomb.* – Déverbal de *surplomber.*

surplomber [syʀplɔ̃be] v. [1] **1.** v. intr. CONSTR Former un surplomb. ▷ *Ce mur surplombe*, n'est pas bien d'aplomb, bien vertical. **2.** v. tr. Dominer en formant une saillie au-dessus de. *La falaise surplombe une petite plage.* – De *sur-*, et *plomb.*

surplus [syʀply] n. m. **1.** Ce qui dépasse une quantité fixée. *Vous me paierez le surplus demain.* Syn. excédent. ▷ Stock de produits invendus qui tendent à faire baisser les cours. – *Surplus américains* : matériel militaire laissé en Europe par les Américains après 1945 et cédé à bas prix ; *par méton.* magazin où se vend un tel matériel. **2.** Loc. conj. ou adv. *Au surplus* : au reste, d'ailleurs.

surpopulation [syʀpɔpylasjɔ̃] n. f. GEOGR Population qui surpasse les moyens mis à sa disposition par son niveau de développement, d'équipement et de ressources.

surprenant, ante [syʀpʀənɑ̃, ɑ̃t] adj. **1.** Qui surprend, qui étonne. *Une aventure surprenante. Il a changé* *de façon surprenante.* **2.** Étonnant par son importance, remarquable. *Les résultats ont été surprenants.* – Ppr. de *surprendre.*

surprendre [syʀpʀɑ̃dʀ] **I.** v. tr. [**52**] **1.** Prendre (qqn) sur le fait, le trouver dans un état où il ne s'attendait pas à être vu. *Surprendre un voleur en flagrant délit.* ▷ Découvrir (ce qui était tenu caché, secret). *Surprendre des menées subversives.* **2.** Arriver sur (qqn) inopinément. *L'orage les a surpris à découvert.* ▷ Attaquer à l'improviste. *Des francs-tireurs ont surpris la patrouille.* ▷ Arriver chez (qqn) sans avoir prévenu. *Il nous a surpris alors que nous partions.* **3.** Étonner. *Tu me surprends en disant cela.* – Pp. adj. *Il resta surpris.* **4.** Loc. *Surprendre la confiance, la bonne foi de qqn* : abuser qqn, le tromper. **II.** v. pron. *Se surprendre à* : s'apercevoir soudain qu'on est en train de. *Je me suis surpris à parler tout seul.* – De *sur-*, et *prendre.*

surpression [syʀpʀesjɔ̃] n. f. TECH Pression plus élevée que la pression normale.

surprise [syʀpʀiz] n. f. **1.** État d'une personne étonnée par qqch d'inattendu. *Une profonde surprise. À la surprise générale.* **2.** Chose qui surprend. *Quelle bonne surprise !* **3.** Loc. adv. *Par surprise* : en prenant au dépourvu. *Il m'a attaqué par surprise.* ▷ (En appos.) *Grève surprise* : grève sans préavis. **4.** Cadeau, plaisir inattendu. *Faire une surprise à qqn pour sa fête.* ▷ *Pochette-surprise* : V. pochette. – Pp. fém. subst. de *surprendre.*

surprise-partie ou, vieilli, **surprise-party** [syʀpʀizpaʀti] n. f. **1.** Vieilli Partie de plaisir improvisée chez une personne non prévenue, et où chacun apporte à boire et à manger. **2.** Mod. Réunion dansante privée, qui réunit des jeunes gens. *Des surprises-parties* ou *des surprises-partys.* Syn. (fam., vieilli) surboum. – Angl. *surprise-party.*

surproducteur, trice [syʀpʀɔdyktœʀ, tʀis] adj. Qui produit en excès. *Industrie surproductrice.* – De *surproduction,* d'ap. *producteur.*

surproduction [syʀpʀɔdyksjɔ̃] n. f. Production trop forte par rapport aux besoins, aux possibilités d'écoulement sur le marché. *Surproduction agricole.*

surproduire [syʀpʀɔdɥiʀ] v. tr. [**69**] Produire en excès. – De *surproduction,* d'ap. *produire.*

surprotéger [syʀpʀɔteʒe] v. tr. [**1**] Protéger de façon excessive (qqn). – Pp. adj. *Un enfant surprotégé.*

surréalisme [syʀ(ʀ)ealism] n. m. Mouvement littéraire et artistique qui se constitua v. 1922-1923 sur la base d'un rejet systématique de toutes les constructions logiques de l'esprit et visant à soustraire au contrôle de la raison les différentes forces psychiques dont l'expression peut contribuer à un renversement libérateur des valeurs sociales, intellectuelles et morales. – De *sur-*, et *réalisme.*

ENCYCL Le surréalisme, qui dérive du mouvement dada (V. ce mot), naquit en 1919 (premier numéro de la revue *Littérature,* fondée et dirigée par A. Breton, L. Aragon et Ph. Soupault), mais la rupture avec dada ne se produira officiellement qu'en 1922. En 1924, le *Manifeste du surréalisme* de Breton affirma l'existence du mouvement, fondamentalement défini par référence à l'écriture automatique et à la « toute-puissance du désir ». Le surréalisme réunira de nombr. poètes (P. Éluard, B. Péret, R. Crevel, R. Desnos), peintres (M. Ernst, S. Dali, Y. Tanguy), photographes (Man Ray), cinéastes (L. Buñuel), etc., mais brouilles et scissions se multiplieront; la revue *la Révolution surréaliste* cessa de paraître en 1929. En 1930, dans un deuxième *Manifeste,* Breton flétrit les transfuges et décrivit l'échec du rapprochement entre son mouvement et le parti communiste. En 1938, une exposition internationale rassembla des œuvres venues de quatorze pays; mais c'était le chant du cygne. La guerre, en 1939, dispersa les surréalistes et le mouvement, la paix revenue, apparut comme une survivance.

surréaliste [syʀ(ʀ)ealist] adj. et n. Relatif au surréalisme. *Poème surréaliste. Peinture surréaliste.* ▷ Subst. Artiste appartenant au mouvement surréaliste. – De *surréalisme.*

surrection [syʀ(ʀ)ɛksjɔ̃] n. f. GEOL Fait de surgir, de se soulever (pour un sol, un socle, un rocher, etc.). *La surrection de la chaîne alpine.* – Lat. *surrectio,* de *surgere,* « surgir ».

surréel, elle [syʀʀeɛl] adj. Litt. Qui se situe au-delà du réel (dans le vocabulaire des surréalistes). ▷ n. m. *Le surréel.*

surrégénérateur. V. surgénérateur.

surremise [syʀ(ʀ)əmiz] n. f. COMM Remise supplémentaire d'un producteur ou d'un grossiste, pratiquée en cas d'achat important. – De *sur-*, et *remise.*

surrénal, ale, aux [syʀ(ʀ)enal, o] adj. et n. f. Qui est situé au-dessus des reins. *Glandes, capsules surrénales* ou, n. f., *les surrénales* : glandes à sécrétions internes qui coiffent les reins et dont la partie centrale, la *médullo-surrénale*,* sécrète l'adrénaline et le cortex, la *cortico-surrénale*,* des hormones dont certaines jouent un rôle dans le métabolisme des glucides et des protides.

surréservation [syʀ(ʀ)ezɛʀvasjɔ̃] n. f. TRANSP Fait d'enregistrer plus de réservations que de places offertes, en prévision d'éventuelles défections.

sursalaire [syʀsalɛʀ] n. m. ECON Supplément au salaire.

sursaturant, ante [syʀsatyʀɑ̃, ɑ̃t] adj. PHYS Qui produit la sursaturation. *Vapeur sursaturante.* – Ppr. de *sursaturer.*

sursaturation [syʀsatyʀasjɔ̃] n. f. PHYS État d'équilibre d'une solution dans laquelle la substance dissoute, bien qu'en proportion plus élevée que celle qui correspond à la saturation, ne se dépose pas. ▷ État d'une phase gazeuse dans laquelle il ne se produit pas encore de condensation, bien que la quantité de vapeur soit supérieure à celle qui devrait produire la saturation. – De *sursaturer,* d'ap. *saturation.*

sursaturé, ée [syʀsatyʀe] adj. PHYS En état de sursaturation. *Solution sursaturée.* ▷ Fig. *Sursaturé de* : lassé à l'extrême, excédé de. *Je suis sursaturé de ce travail.* – Pp. de *sursaturer.*

sursaturer [syʀsatyʀe] v. tr. [**1**] PHYS Provoquer la sursaturation de.

sursaut [syʀso] n. m. **1.** Mouvement brusque du corps occasionné par une sensation subite et violente. ▷ Loc. adv. *En sursaut* : d'un mouvement brusque; avec une soudaineté brutale. *Être réveillé en sursaut.* **2.** Fig. Nouvel élan qui survient brusquement. *Un sursaut d'énergie.* – De *sur-*, et *saut.*

sursauter [syʀsote] v. intr. [**1**] Avoir un sursaut, tressaillir violemment. *La détonation l'a fait sursauter.* – De *sursaut.*

sursemer [syʀsəme] v. tr. [**16**] AGRIC Semer (une terre déjà ensemencée).

surseoir [syʀswaʀ] v. tr. indir. [**41**] (N.B. *Surseoir* n'a pas de formes en *-ie-* et *-ey-*, et garde le *e* de l'infinitif au futur et au conditionnel.) DR ou litt. *Surseoir à* : remettre à plus tard, différer. *Surseoir à une exécution.* – De *sur-*, et *seoir,* d'ap. le lat. *supersedere*; d'abord « s'abstenir, se dispenser de ».

sursis [syʀsi] n. m. **1.** DR Délai d'épreuve pendant lequel l'exécution d'une peine prononcée est suspendue. *Huit mois de prison ferme et quatre avec sursis.* ▷ *Sursis à l'incorporation* : délai accordé à certains jeunes gens pour accomplir leur service national, notam. de façon qu'ils puissent achever un cycle d'études. ▷ Délai à l'exécution d'une obligation. *Sursis de paiement.* **2.** *Par* *ext.* Délai que l'on obtient avant d'accomplir une chose pénible. *Il se donne un sursis de deux jours avant son départ.* – Pp. m. subst. de *surseoir.*

sursitaire [syʀsitɛʀ] adj. et n. **1.** adj. Qui a obtenu un sursis. *Condamné sursitaire.* ▷ *Spécial.* Qui a obtenu un sursis à l'incorporation. *Étudiant sursitaire.* **2.** n. Personne sursitaire. *Un(e) sursitaire.* – De *sursis.*

sursoufflage [syʀsuflaʒ] n. m. METALL Alimentation forcée en air d'un convertisseur, après la combustion du carbone, destinée à déphosphorer l'acier.

surtaxe [syʀtaks] n. f. Taxe qui s'ajoute à une autre; nouvelle taxe plus forte que la précédente. ▷ *Spécial.* Taxe dont est frappé un envoi postal insuffisamment affranchi.

surtaxer [syʀtakse] v. tr. [1] Frapper d'une surtaxe.

surtension [syʀtɑ̃sjɔ̃] n. f. ELECTR Tension anormalement élevée.

surtitre [syʀtitʀ] n. m. Dans un journal, titre complémentaire placé au-dessus du titre.

surtitrer [syʀtitʀe] v. tr. [1] TECH Mettre un surtitre. – Pp. adj. *Spectacle surtitré :* au théâtre, spectacle en langue étrangère comportant une traduction projetée au-dessus de la scène. – De *surtitre.*

1. surtout [syʀtu] adv. **1.** Principalement, plus que toute autre chose. *Il est intelligent, mais surtout très retors.* **2.** (Pour insister sur un ordre, un souhait.) *Il ne faut surtout pas qu'il vienne.* **3.** Loc. conj. (Emploi critiqué.) *Surtout que :* d'autant plus que. *Je préfère rouler de nuit, surtout qu'il fait très chaud dans la journée.* – De *sur-*, et *tout.*

2. surtout [syʀtu] n. m. **1.** Vx Vêtement que l'on passe par-dessus les autres. **2.** Grande pièce de vaisselle ou d'orfèvrerie qui orne le milieu d'une table. – De *sur-*, et *tout,* propr. « ce qui se place par-dessus tout ».

survaleur [syʀvalœʀ] n. f. COMPTA Syn. de *plus-value.*

surveillance [syʀvɛjɑ̃s] n. f. **1.** Action de surveiller; son résultat. *Exercer une surveillance discrète.* ▷ *Direction de la surveillance du territoire (D.S.T.) :* service de police chargé de la répression de l'espionnage. **2.** Fait d'être surveillé, situation d'une personne surveillée. *Être sous surveillance médicale.* – De *surveiller.*

surveillant, ante [syʀvɛjɑ̃, ɑ̃t] n. Personne dont la fonction est de surveiller. *Surveillant des travaux. Surveillant de prison.* ▷ *Spécial.* Personne chargée de surveiller les élèves, de veiller au respect de la discipline, dans un établissement scolaire. *Surveillant d'internat.* ▷ Anc. *Surveillant(e) général(e) :* fonctionnaire responsable de l'administration et de la discipline dans un établissement scolaire, au-dessous du proviseur et du censeur (remplacé auj. par le *conseiller général d'éducation).* – Ppr. de *surveiller.*

surveiller [syʀvɛje] v. tr. [1] **1.** Observer attentivement pour contrôler, vérifier; observer les faits et gestes de (qqn), pour s'assurer qu'il ne fait rien d'interdit, de dangereux, etc. *Surveiller de jeunes enfants.* **2.** Contrôler, suivre le déroulement de. *Surveiller un travail.* **3.** Veiller à (ce que l'on fait, ce que l'on dit). *Surveiller ses paroles, sa conduite.* ▷ v. pron. *Il n'est jamais naturel, il se surveille trop.*

survenir [syʀvəniʀ] v. intr. [36] **1.** Arriver de façon imprévue, brusquement. *Un orage survint. Un changement est survenu.* ▷ v. impers. *Et s'il survenait qqn, que ferions-nous ?* **2.** DR *Survenir à :* s'ajouter à. – Pp. *Les améliorations survenues à l'immeuble.*

survenue [syʀvəny] n. f. Fait de survenir. *Survenue d'un symptôme.* – Pp. fém. subst. de *survenir.*

survêtement [syʀvɛtmɑ̃] n. m. Vêtement d'étoffe souple et chaude, composé d'un blouson et d'un pantalon, que l'on met par-dessus une tenue de sport légère (short, etc.). (Abrév. fam. : survêt).

survie [syʀvi] n. f. **1.** Fait de survivre. *Chances de survie d'un blessé.* **2.** Vie dans l'au-delà, prolongement de l'existence après la mort. *La survie de l'âme.* – De *sur-*, et *vie.*

survirage [syʀviʀaʒ] n. m. AUTO Fait de survirer. – De *survirer.*

survirer [syʀviʀe] v. intr. [1] AUTO Déraper des roues arrière dans un virage, l'axe du véhicule s'orientant vers le centre du virage (par oppos. à *sous-virer*).

survireur, euse [syʀviʀœʀ, øz] adj. AUTO Qui a tendance à survirer. – De *survirer.*

survitrage [syʀvitʀaʒ] n. m. Vitrage supplémentaire destiné à l'isolation thermique ou phonique.

survivance [syʀvivɑ̃s] n. f. **1.** Litt. Survie. *La survivance de l'âme.* **2.** Persistance de ce que l'évolution sociale, historique, etc., aurait pu faire disparaître. *La survivance d'une vieille coutume.* – De *survivre.*

survivant, ante [syʀvivɑ̃, ɑ̃t] n. (et adj.) Personne qui survit. *Les survivants d'un naufrage.* – adj. *Les héritiers survivants.* – Ppr. de *survivre.*

survivre [syʀvivʀ] v. [63] **I.** v. tr. indir. *Survivre à.* **1.** (Personnes) Demeurer en vie après la mort de (qqn), après la disparition, la fin de (qqch). *Survivre à ses enfants. Elle a survécu à l'Empire.* **2.** (Choses) Rester après la disparition de. *Ses œuvres lui survivront longtemps.* **3.** (Personnes) Rester en vie après (un événement qui a entraîné de nombreuses morts). *Il a seul survécu à cet accident.* **4.** (Personnes) Continuer à vivre (après un événement très éprouvant moralement). *Il n'a pu survivre à son chagrin.* **5.** (Choses) Résister à ce qui pourrait entraîner une disparition. *La religion a survécu au communisme.* **II.** v. intr. **1.** Continuer à vivre après un événement qui aurait pu entraîner la mort. *Seuls trois passagers ont survécu.* **2.** Vivre dans des conditions difficiles. *Un salaire qui lui permet à peine de survivre.* **III.** v. pron. *Se survivre dans ses enfants, dans ses œuvres :* laisser après sa mort des enfants, des œuvres qui perpétuent son souvenir.

survol [syʀvɔl] n. m. Fait de survoler. – Déverbal de *survoler.*

survoler [syʀvɔle] v. tr. [1] **1.** Voler au-dessus de. *L'appareil survole actuellement Madrid.* **2.** Fig. Voir rapidement, superficiellement. *Je n'ai pas réellement lu ce chapitre, je l'ai seulement survolé. Survoler un livre, un problème.*

survoltage [syʀvɔltaʒ] n. m. ELECTR Dépassement de la tension sous laquelle un appareil doit normalement être alimenté.

survolté, ée [syʀvɔlte] adj. **1.** ELECTR Dont la tension est plus élevée que la normale. **2.** Fig. Très nerveux; surexcité, tendu. *Il est survolté.* – Pp. de *survolter.*

survolter [syʀvɔlte] v. tr. [1] ELECTR Soumettre à une tension supérieure à la normale. – Fig. Surexciter. – De *survoltage.*

survolteur [syʀvɔltœʀ] n. m. ELECTR **1.** Appareil servant à augmenter une tension. **2.** *Survolteur-dévolteur :* appareil destiné à régulariser une tension soumise à des fluctuations. *Des survolteurs-dévolteurs.* – De *survolter.*

sus-. Élément, de l'adv. *sus,* avec le sens de « au-dessus, plus haut » (ex. *susnommé, suspendre*).

sus [sy(s)] adv. **1.** Vx *Courir sus à l'ennemi,* l'attaquer. **2.** Loc. prép. *En sus de :* en plus de. – Loc. adv. *En sus :* en plus. *Son salaire et une prime en sus.* – Du lat. *susum,* var. de *sursum,* « vers le haut ».

susceptance [sysɛptɑ̃s] n. f. ELECTR Admittance d'un dipôle ne comportant que des inductances et des condensateurs. – Du lat. *susceptum,* supin de *suscipere* (V. susceptible).

susceptibilité [sysɛptibilite] n. f. **1.** Caractère d'une personne qui s'offense facilement. *Vous risquez de froisser sa susceptibilité.* ▷ *Il a une grande susceptibilité d'auteur* : il se montre très susceptible dans le domaine de sa création littéraire. *Vous froissez ma susceptibilité familiale,* celle qui est chez moi propre au domaine familial. **2.** PHYS *Susceptibilité magnétique* : rapport de l'intensité d'aimantation d'une substance à l'intensité du champ magnétisant. – De *susceptible.*

susceptible [sysɛptibl] adj. **I.** (Personnes) Qui se froisse, s'offense facilement. *Elle est très susceptible.* **II.** *Susceptible de.* **1.** Qui peut présenter (certaines qualités), subir (certaines modifications). *Une affirmation susceptible de plusieurs interprétations.* **2.** (Suivi d'un inf.) Éventuellement capable de. *Est-il susceptible de vous remplacer ?* – Bas lat. *susceptibilis,* de *susceptum,* supin de *suscipere,* «prendre par-dessous, subir», de *sub,* «sous», et *capere,* «prendre».

susciter [sysite] v. tr. [1] **1.** Litt. Faire naître (qqn ou qqch de favorable ou de défavorable); déterminer l'existence de. *Susciter des ennemis.* **2.** Faire se produire (qqch de fâcheux). *Susciter un scandale.* **3.** Faire naître dans le cœur, dans l'esprit. *Susciter l'enthousiasme, l'indignation.* – Lat. *suscitare,* de *sub,* «sous», et *citare,* fréquent. de *ciere,* «mouvoir».

suscription [syskʀipsjɔ̃] n. f. Adresse écrite sur le pli extérieur ou l'enveloppe d'une lettre. – Du bas lat. *superscriptio,* «inscription».

suscrire [syskʀiʀ] v. tr. [67] **1.** Vx Écrire au-dessus de la ligne. **2.** Rare. Écrire un nom et une adresse sur une enveloppe. – De *suscription,* d'ap. *écrire.*

susdit, ite [sy(s)di, it] adj. et n. DR ou didac. Qui est indiqué, cité ci-dessus. – De *sus-,* et *dit.*

sus-dominante [sy(s)dɔminɑ̃t] n. f. MUS Sixième degré de la gamme diatonique (*la* dans la gamme de *do*). *Des sus-dominantes.* – De *sus-,* et *dominante.*

sus-hépatique [syzepatik] adj. ANAT Qui est au-dessus du foie. – De *sus-,* et *hépatique.*

sushi [suʃi] n. m. CUIS Préparation japonaise à base de poisson cru et de riz. – Mot jap.

susmentionné, ée [sy(s)mɑ̃sjɔne] adj. Mentionné ci-dessus. – De *sus-,* et *mentionné.*

susnommé, ée [sy(s)nɔme] adj. et n. DR, ADMIN Nommé plus haut. – De *sus-,* et *nommé.*

suspect, ecte [syspɛ, ɛkt] adj. et n. **1.** Qui inspire la méfiance, éveille les soupçons. *Cet homme m'est suspect. Une conduite suspecte.* – *Suspect de* : que l'on soupçonne de. *Cet homme est suspect de trahison.* ▷ Subst. *La police interroge un suspect.* – HIST *Loi des suspects* : loi votée par la Convention le 17 sept. 1793 et qui déclarait suspects les citoyens dont le zèle révolutionnaire était trop tiède. (Elle fut abrogée le 4 oct. 1795.) **2.** D'une qualité douteuse. *Une viande suspecte.* – Lat. *suspectus,* de *suspicere,* «regarder de bas en haut».

suspecter [syspɛkte] v. tr. [1] Soupçonner, tenir pour suspect. *Vous le suspectez à tort.* – De *suspect.*

suspendre [syspɑ̃dʀ] v. [6] **I.** v. tr. **1.** Attacher, fixer par un point de manière à laisser pendre. *Suspendre une lampe au plafond, un vêtement dans une penderie.* **2.** Interrompre momentanément le cours de. *Suspendre ses pas, sa marche. Suspendre des travaux en raison du mauvais temps.* ▷ Différer, remettre à plus tard. *Suspendre une séance, un jugement.* ▷ COMM *Suspendre ses paiements* : se déclarer hors d'état de payer ce qu'on doit aux échéances prévues. **3.** Supprimer, interdire momentanément l'usage, l'exercice, l'action de. *Suspendre une loi. Suspendre un permis de conduire.* **4.** Démettre momentanément d'une fonction, d'une charge. *Suspendre un fonctionnaire.* **II.** v. pron. Se pendre, être suspendu. *Les chauves-souris se suspendent par les pattes pour dormir.* – De *sus* -, et *pendre,* de l'a. fr. *soupendre, souspendre,* «interrompre, arrêter»; lat. *suspendere.*

suspendu, ue [syspɑ̃dy] adj. **1.** Attaché en l'air de manière à pendre. *Jambons suspendus au plafond.* ▷ *Pont suspendu,* dont le tablier ne repose pas sur des piles. – Fig. *Enfants suspendus aux jupes de leur mère.* ▷ Loc. fig. *Être suspendu aux lèvres de qqn,* être attentif à ses paroles. **2.** Situé en hauteur. *Jardin suspendu.* ▷ TECH *Voiture suspendue,* supportée par des ressorts réunissant la caisse aux essieux. *Voiture bien, mal suspendue,* dont la suspension est bonne, mauvaise. **3.** Interrompu. *Travaux suspendus.* – (Personnes) Privé pour un temps de ses fonctions. *Fonctionnaire suspendu.* – Pp. de *suspendre.*

suspens [syspɑ̃] adj. m. et n. m. **1.** adj. m. DR CANON *Prêtre suspens,* frappé de suspense. V. suspense 1. **2.** Loc. adv. *En suspens* : qui n'a pas encore été débattu ou réglé. *Laisser une affaire en suspens.* – Dans l'incertitude, l'indécision. *Tenir son auditoire en suspens.* ▷ En suspension. *Sa vue était troublée par de la fumée en suspens.* **3.** n. m. Litt. Suspense (2). – Lat. *suspensus,* pp. de *suspendere.*

1. suspense [syspɑ̃s] n. f. DR CANON Censure frappant un ecclésiastique, le privant de l'exercice de son ministère ou de l'office qui lui a été confié. – A. fr. *souspense,* «suspension de droits».

2. suspense [syspɛns] n. m. (Anglicisme) Dans un film, un roman, etc., circonstances de l'action amenées et combinées en vue de tenir l'esprit en suspens, dans l'attente anxieuse de ce qui va arriver. *Film à suspense. Ménager un suspense.* – *Par ext.* Attente anxieuse. – Mot angl., du fr. *suspens.*

suspenseur [syspɑ̃sœʀ] adj. et n. **1.** adj. m. ANAT Qui soutient. *Ligament suspenseur du foie, de l'ovaire.* **2.** n. m. BOT Ensemble de cellules dont une partie donne la radicule de l'embryon, l'autre partie servant à absorber les substances nécessaires à sa croissance. – Bas lat. *suspensor.*

suspensif, ive [syspɑ̃sif, iv] adj. **1.** DR Qui suspend, qui interrompt le cours de l'exécution d'une décision de justice. *Appel suspensif.* **2.** GRAM *Points suspensifs* (vx) ou *de suspension.* V. suspension, sens 7. – Lat. médiév. *suspensivus,* de *suspendere,* «suspendre».

suspension [syspɑ̃sjɔ̃] n. f. **1.** Action de suspendre; état d'une chose suspendue. **2.** Support suspendu au plafond et, spécial., appareil d'éclairage. **3.** CHIM Dispersion de fines particules dans un liquide. *Particules en suspension.* – Ces particules. *Suspension colloïdale.* **4.** TECH Dispositif situé entre le châssis et les roues d'un véhicule pour atténuer les trépidations dues au contact des roues avec le sol, et pour améliorer la stabilité et la tenue de route de ce véhicule. *Suspension hydraulique.* **5.** Action d'interrompre. *Suspension de séance.* – *Suspension d'armes* : arrêt momentané des combats. – Cessation temporaire d'opération. *Suspension de paiements.* **6.** Fait de retirer ses fonctions (à un agent de la fonction publique). **7.** RHET Figure consistant à tenir l'auditeur en suspens. – GRAM *Points de suspension* : signe de ponctuation (...) marquant une interruption de l'énoncé, ou remplaçant l'une de ses parties, notam. la suite d'une énumération. – Lat. *suspensio,* «voûte», puis «interruption».

suspensoir [syspɑ̃swaʀ] n. m. CHIR Bandage, dispositif destiné à soutenir un organe (scrotum, testicules, notam.). – Lat. scolast. *suspensorium.*

suspente [syspɑ̃t] n. f. **1.** MAR Anc. Chaîne ou cordage amarré au mât, qui supporte la vergue en son milieu. **2.** AERON Chacun des cordages réunissant la nacelle d'un ballon au filet, ou la voilure d'un parachute au harnais. **3.** TECH Tout élément (câble, barre, poutre, etc.) travaillant en traction verticale. *Les suspentes d'un pont suspendu.* – Altér. de *soupente,* de l'anc. v. *souspendre,* avec infl. de *suspendre.*

suspicieux, euse [syspisjø, øz] adj. Rempli de suspicion. Syn. soupçonneux. – Lat. *suspiciosus*.

suspicion [syspisjɔ̃] n. f. Action, fait de tenir pour suspect. *Il nous tient en suspicion.* Syn. défiance. ▷ DR *Suspicion légitime* : motif invoqué pour obtenir le renvoi d'une affaire pénale d'un tribunal devant un autre quand on craint de ne pas être jugé impartialement. – Lat. *suspicio*, « soupçon », de *suspicere*, « suspecter ».

sustentateur, trice [systɑ̃tatœʀ, tʀis] adj. AVIAT Qui assure la sustentation. – Bas lat. *sustentator*, de *sustentare*, « nourrir ».

sustentation [systɑ̃tasjɔ̃] n. f. **1.** Vx Action de sustenter, de nourrir. **2.** Fait de maintenir en équilibre, de soutenir. ▷ AVIAT Fait, pour un appareil, de se soutenir en l'air (grâce à la portance de la voilure, à la poussée verticale de réacteurs) ou au-dessus du sol (véhicules à coussin d'air). ▷ PHYS *Polygone* (ou *base*) *de sustentation* : polygone circonscrit à la surface d'appui d'un corps, à l'intérieur duquel doit se trouver la projection verticale du centre de gravité pour qu'il y ait équilibre. – Lat. *sustentatio*.

sustenter [systɑ̃te] v. tr. [**1**] Vieilli Soutenir les forces de (qqn) au moyen d'aliments. *Sustenter un malade.* ▷ v. pron. Plaisant Se nourrir. – Lat. *sustentare*, de *sustinere*, « soutenir ».

sus-tonique [sy(s)tɔnik] n. f. MUS Deuxième degré de la gamme diatonique (*ré* dans la gamme de *do*). *Des sus-toniques.* – De *sus-*, et *tonique*.

susurration [sysyʀasjɔ̃] n. f. ou **susurrement** [sysyʀmɑ̃] n. m. Action de susurrer; bruit ainsi produit. – Bas lat. *susurratio*, de *susurrare*, « murmurer ».

susurrer [sysyʀe] v. intr. [**1**] Parler doucement, à voix basse. ▷ v. tr. *Susurrer un secret à l'oreille de qqn.* Syn. murmurer, chuchoter. – Bas lat. *susurrare*, onomat.

susvisé, ée [sy(s)vize] adj. ADMIN Visé ci-dessus. – De *sus-*, et *visé*.

sutra ou **soutra** [sutʀa] n. m. Didac **1.** En Inde, tout recueil retraçant un épisode édifiant de la vie de Bouddha. **2.** (Dans le brahmanisme et le bouddhisme.) Recueil d'aphorismes, de préceptes, concernant les règles de la morale, du rituel, etc. – Mot sanskrit.

sutural, ale, aux [sytyʀal, o] adj. Relatif aux sutures. – De *suture*.

suture [sytyʀ] n. f. **1.** CHIR Réunion à l'aide de fils des lèvres d'une plaie ou des bords d'un organe sectionné. *Points de suture. Suture aux fils, aux agrafes.* **2.** ANAT Articulation immobile dont les pièces osseuses sont réunies par un tissu fibreux (par ex., les os du crâne). **3.** BOT Ligne de soudure de différentes parties d'un organe ou d'un organisme. *Ligne de suture des carpelles.* ▷ ZOOL *Ligne de suture d'une coquille* : ligne d'insertion des cloisons transversales. – Lat. méd. *sutura*, de *suere*, « coudre ».

suturé, ée [sytyʀe] adj. Qui présente une (des) suture(s). – De *suture*.

suturer [sytyʀe] v. tr. [**1**] CHIR Réunir par une suture. *Suturer les lèvres d'une plaie.* Syn. coudre, recoudre. – De *suture*.

suzerain, aine [syzʀɛ̃, ɛn] n. et adj. **1.** n. FEOD Seigneur dont dépendaient des vassaux. **2.** adj. Se dit d'un État qui exerce sur un autre une autorité protectrice. *Puissance suzeraine.* – Pour *suserain*, de l'adv. *sus*, « au-dessus », et d'ap. *souverain*.

suzeraineté [syzʀɛnte] n. f. **1.** FEOD Qualité de suzerain; pouvoir de suzerain; territoire sur lequel ce pouvoir s'étendait. **2.** Fig. Pouvoir d'une puissance protectrice sur un État. – De *suzerain*.

Sv PHYS Symbole du sievert.

svastika ou **swastika** [svastika] n. m. Croix aux branches égales, coudées à angle droit dans le même sens, vers la droite ou vers la gauche, symbole sacré de l'Inde. *Le svastika (branches coudées vers la droite) fut utilisé comme emblème par les nazis.* – Mot sanskrit « de bon augure », de *svasti*, « salut ».

svelte [svɛlt] adj. Mince, élancé, délié. *Taille svelte.* – Ital. *svelto*, de *svellere*, *svegliere*, « arracher, dégager ».

sveltesse [svɛltɛs] n. f. Caractère de ce qui est svelte. – Ital. *sveltezza*.

S.V.P. Abrév. de *s'il vous plaît*.

swahili, ie [swaili] ou **souahéli, ie** [swaeli] n. et adj. Langue bantoue parlée en Afrique orientale; langue officielle du Kenya et de la Tanzanie. ▷ adj. *La langue swahilie, qui s'écrivait en caractères arabes, utilise aujourd'hui l'alphabet latin.* – De l'arabe *sawāhil*, par l'angl.

swap [swap] n. m. (Anglicisme) FIN Crédit* croisé. Syn. (off. recommandé) échange financier. – Mot angl. de *to swap*, « troquer ».

swastika. V. svastika.

swazi [swazi] n. m. Langue bantoue parlée par les Swazis, population vivant en République sud-africaine et au Swaziland.

sweater [swɛtœʀ] n. m. (Anglicisme) Veste de jersey de laine ou de coton. – Mot angl., de *to sweat*, « suer ».

sweat-shirt ou **sweatshirt** [swɛtʃœʀt] n. m. (Anglicisme) Pull-over en jersey de coton molletonné, resserré aux poignets et à la taille. *Des sweat-shirts.* – Mot angl. de *sweat*, « sueur », et *shirt*, « chemise ».

sweepstake [swipstɛk] n. m. (Anglicisme) Loterie combinée à une course de chevaux. – Mot angl., de *to sweep*, « enlever, rafler », et *stake*, « enjeu ».

swing [swiŋ] n. m. et adj. inv. (Anglicisme) **A.** n. SPORT **1.** À la boxe, coup de poing porté latéralement par un mouvement de bras très ample allant de l'extérieur vers l'intérieur. **2.** Au golf, mouvement de balancement du tronc qui accompagne la frappe de la balle. **B.** n. m. et adj. inv. **I.** n. MUS **1.** Traitement du tempo et de l'accentuation propre au jazz, qui confère à cette musique un balancement rythmique caractéristique. **2.** Style de jazz pratiqué dans les années 1930 (par oppos. à *Nouvelle-Orléans, be-bop, cool*). *Le clarinettiste et chef d'orchestre Benny Goodman fut l'un des plus éminents représentants du swing.* ▷ Musique de danse plus ou moins inspirée de ce style de jazz; danse sur cette musique, à la mode entre 1940 et 1945. **II.** adj. inv. Fam., vieilli (s'est dit surtout entre 1940 et 1945). À la mode, à la page. « *C'est une mode qu'ont adoptée les gens swing* » (M. Aymé). – Mot angl., de *to swing*, « balancer ».

swinguer [swiŋge] v. intr. [**1**] MUS Jouer avec du swing (musiciens); avoir du swing (exécutions, morceaux). *Un thème qui swingue.* – De *swing*.

sybarite [sibaʀit] adj. et n. Litt. Se dit d'une personne qui mène une vie voluptueuse. Ant. ascète. – Du lat. *sybarita*, gr. *subaritês*, « habitant de Sybaris », ville de la Grèce antique, célèbre pour son luxe et la mollesse de ses habitants.

sybaritique [sibaʀitik] adj. Rare Propre au sybarite. – Lat. *sybariticus*.

sybaritisme [sibaʀitism] n. m. Litt. Mollesse et délicatesse raffinée dans la manière de vivre. – De *sybarite*.

sycomore [sikɔmɔʀ] n. m. Érable (*Acer pseudoplatanus*) à grappes de fleurs jaune verdâtre pendantes. Syn. érable sycomore, faux platane. – Lat. *sycomorus*, mot gr., de *sûkon*, « figue », et *moron*, « mûre ».

sycophante [sikɔfɑ̃t] n. m. **1.** ANTIQ Dénonciateur professionnel, à Athènes. **2.** Vieilli, litt. Délateur. ▷ *Par* *ext.* Homme fourbe. – Lat. *sycophanta,* mot gr., propr. « dénonciateur des voleurs de figues des figuiers consacrés, des exportateurs de figues en contrebande ».

sycosis [sikozis] n. m. MED Infection cutanée, associée au système pileux, provoquée par des staphylocoques. – Gr. *sukôsis,* « tumeur en forme de figue », de *sûkon,* « figue ».

syénite [sjenit] n. f. MINER Roche magmatique grenue dépourvue de quartz cristallisé. – Lat. *syenites,* mot gr. « de Syène » (auj. *Assouan* en Égypte), ville célèbre pour son granite rouge.

syl-. V. syn-.

syllabaire [sillabɛʀ] n. m. **1.** Didac. Livre destiné à l'apprentissage de la lecture, présentant les mots décomposés en syllabes. **2.** Système d'écriture dans lequel chaque signe représente une syllabe. – De *syllabe.*

syllabation [sillabasjɔ̃] n. f. LING Lecture des mots en les divisant par syllabes. – De *syllabe.*

syllabe [sillab] n. f. **1.** Unité phonétique fondamentale qui se prononce d'une seule émission de voix. *Prononcer en détachant toutes les syllabes.* ▷ *Syllabe ouverte,* terminée par une voyelle : [ba]. ▷ *Syllabe fermée,* terminée par une consonne : [baʀ]. **2.** Fig. Mot, parole. *On ne put lui arracher une seule syllabe.* – Lat. *syllaba,* gr. *sullabê,* de *sullambanein,* « rassembler ».

syllabique [sillabik] adj. Relatif aux syllabes. ▷ *Écriture syllabique,* dans laquelle chaque syllabe est représentée par un seul caractère. ▷ *Versification syllabique,* dans laquelle le vers (dit *vers syllabique*) se définit par un nombre déterminé de syllabes, indépendant de la quantité longue ou brève de ces syllabes et du nombre d'accents toniques. *La versification française est syllabique.* – Bas lat. gram. *syllabicus,* du class. *syllaba,* « syllabe ».

syllabisme [sillabism] n. m. LING Système d'écriture dans lequel la syllabe est représentée par un seul signe. – De *syllabe.*

syllabus [sillabys] n. m. RELIG CATHOL Liste de propositions émanant de l'autorité ecclésiastique. – Spécial. *Le Syllabus :* document publié en 1864 par le pape Pie IX à la suite de l'encyclique *Quanta Cura* et condamnant un certain nombre de thèses et de doctrines contemporaines (naturalisme, rationalisme, socialisme, libéralisme, etc.). – Mot lat. ecclés. « sommaire, table », altér. de *syllibus,* du gr. *sillubos,* « bande portant le titre d'un volume ».

syllepse [silɛps] n. f. GRAM Accord d'un mot selon le sens plutôt que selon les règles grammaticales. *Syllepse du nombre* (ex. : il est six heures.) *Syllepse du genre* [ex. : *« Charmant objet, vous n'êtes point tombée en de barbares mains »* (Voltaire)]. – Lat. *syllepsis,* gr. *sullêpsis,* « compréhension ».

sylleptique [silɛptik] adj. GRAM Relatif à la syllepse. – De *syllepse.*

syllogisme [sillɔʒism] n. m. **1.** LOG Type de déduction formelle telle que, deux propositions étant posées *(majeure, mineure),* on en tire une troisième *(conclusion),* qui est logiquement impliquée par les deux précédentes (ex. *Tous les hommes sont mortels; or, Socrate est un homme; donc Socrate est mortel*). **2.** Péjor. Raisonnement formel sans rapport avec le réel. – Lat. *syllogismus,* mot gr. « calcul, raisonnement ».

syllogistique [sillɔʒistik] adj. et n. f. LOG **1.** adj. Relatif au syllogisme. *Méthode syllogistique.* **2.** n. f. Partie de la logique traitant du syllogisme. – Lat. *syllogisticus.*

sylphe [silf] n. m. Génie de l'air, dans la mythologie gauloise et germanique. (V. elfe). – Lat. *sylphus,* « génie », p.-ê. orig. gaul.

sylphide [silfid] n. f. **1.** Sylphe féminin. **2.** Fig., litt. Femme très gracieuse. – Fém. de *sylphe.*

sylv(i)-. Élément, du lat. *silva,* « forêt ».

sylvain [silvɛ̃] n. m. Génie des forêts dans la mythologie romaine. – Lat. *silvanus,* de *silva,* « forêt ».

sylvaner [silvanɛʀ] n. m. VITIC Cépage blanc d'Alsace et de l'est de la France (également de Suisse, d'Allemagne et d'Autriche). ▷ Vin issu de ce cépage.

sylve [silv] n. f. Poét. ou didac. Forêt. – A. fr. *silve, selve,* lat. *silva,* « forêt ».

sylvestre [silvɛstʀ] adj. Litt. Relatif aux bois, aux forêts. – BOT Qui croît en forêt. *Pin sylvestre.* – Lat. *sylvestris.*

sylvi-. V. sylv(i)-.

sylvicole [silvikɔl] adj. **1.** SC NAT Qui habite les forêts. **2.** Relatif à la sylviculture. – De *sylvi-,* et *-cole.*

sylviculteur [silvikyltœʀ] n. m. Personne qui pratique la sylviculture. – De *sylviculture.*

sylviculture [silvikyltyʀ] n. f. Culture des arbres et arbrisseaux forestiers. – De *sylvi-,* et *culture,* d'après *agriculture.*

sylviidés [silviide] n. m. pl. ORNITH Famille de passériformes au bec fin et au plumage terne dont les fauvettes sont le type. – Sing. *Un sylviidé.* – Du lat. scientif. *Sylvia,* nom de genre de nombr. fauvettes.

sylvine [silvin] ou **sylvite** [silvit] n. f. MINER Chlorure de potassium naturel. – De *Sylvius,* nom latinisé de Jacques *Dubois,* médecin fr. du XVIe s.

sylvinite [silvinit] n. f. MINER, AGRIC Mélange de chlorure de potassium et de chlorure de sodium extrait de gisements alsaciens (potasse d'Alsace) et qui sert d'engrais naturel. – De *sylvine,* et *-ite* 2.

sym-. V. syn-.

symbiose [sɛ̃bjoz] n. f. **1.** BIOL Association de deux êtres vivants d'espèces différentes, qui est profitable à chacun d'eux. *Symbiose des champignons et des algues dans les lichens.* **2.** Fig. Union étroite. – Gr. *sumbiôsis,* de *sumbioûn,* « vivre ensemble », par l'angl. ou l'all.

symbiote [sɛ̃bjɔt] n. m. BIOL Chacun des êtres vivants associés dans une symbiose. – Gr. *sumbiôtês.*

symbiotique [sɛ̃bjɔtik] adj. BIOL Relatif à la symbiose. – Gr. *sumbiôtikos.*

symbole [sɛ̃bɔl] n. m. **1.** RELIG CATHOL Formulaire contenant les principaux articles de la foi catholique. *Symbole des apôtres, de Nicée.* **2.** Représentation figurée, imagée, concrète d'une notion abstraite. *Le blanc, symbole de pureté.* – Emblème. *Le sceptre, symbole de l'autorité suprême.* **3.** Personne qui incarne, personnifie (qqch). *Salomon est le symbole d'une certaine justice.* **4.** Signe conventionnel. ▷ CHIM Lettre ou ensemble de deux lettres désignant un élément chimique (ex. : O, l'*oxygène*; Au, l'*or*). ▷ PHYS, MATH Signe ou ensemble de signes utilisés par convention pour représenter une unité, une grandeur, un opérateur, pour comparer des grandeurs, etc. (ex. : V, le *volt*; Pa, le *pascal*; ×, signe de la multiplication, etc.). ▷ TECH *Symboles graphiques :* signes utilisés pour faciliter la représentation de machines, d'organes, etc. – Lat. chrétien *symbolum,* « symbole de foi », du class. *symbolus,* « signe de reconnaissance », du gr. *sumbolon,* d'abord « morceau d'un objet partagé entre deux personnes pour servir entre elles de signe de reconnaissance ».

symbolique [sɛ̃bɔlik] adj. et n. **I.** adj. **1.** Qui constitue un symbole, qui en présente les caractères. *Représentation symbolique.* **2.** Qui n'a de valeur que par ce qu'il exprime, ce à quoi il renvoie. *Geste symbolique. Le franc symbolique de dommages-intérêts.* **II.** n. f. **1.** Ensemble des symboles propres à une religion, une culture, une époque, un système, etc. *La symbolique bouddhique.* **2.** Science des symboles. **III.** PSYCHAN n. m. *Le symbolique* : « L'ordre des phénomènes auxquels la psychanalyse a à faire autant qu'ils sont structurés comme un langage » (J. Lacan). – Bas lat. *symbolicus.*

symboliquement [sɛ̃bɔlikmɑ̃] adv. D'une manière symbolique. – De *symbolique.*

symbolisation [sɛ̃bɔlizasjɔ̃] n. f. Action de symboliser. – De *symboliser.*

symboliser [sɛ̃bɔlize] v. tr. [1] **1.** Représenter par des symboles. **2.** Être le symbole de. *La brebis symbolise la patience.* – Lat. médiév. *symbolizare,* sur le moyen fr. *symbole.*

symbolisme [sɛ̃bɔlism] n. m. **1.** Système de symboles destinés à rappeler des faits ou à exprimer des croyances. **2.** LITTER, BX-A Mouvement littéraire et artistique de la fin du XIXe s. – De *symbole.*

ENCYCL **Littér.** – Le symbolisme se constitua princ. en réaction contre le naturalisme et la poésie parnassienne. Le *Manifeste du symbolisme,* que Jean Moréas publia dans *le Figaro* en 1886, demande au poète de ne pas nommer la chose, mais l'impression qu'elle a faite sur son esprit : « Point de reportage ! » (Mallarmé), pas de description objective, naturaliste. Le poème aura des significations multiples; les mots suggèrent la sensation et l'idée, l'apparence et la réalité transcendante, la forme et l'intérieure vérité; le poète rivalisera avec le musicien. Les princ. symbolistes, G. Kahn, Henri de Régnier, E. Verhaeren, G. Rodenbach, M. Maeterlinck, E. Dujardin, ont tenté, avec plus ou moins de bonheur, de répondre à ces exigences. Le symbolisme a également marqué profondément certaines œuvres d'Oscar Wilde, Saint-Pol Roux, Claudel, Valéry.
Bx-A. – Le symbolisme en art se présente comme une suite de réactions individuelles dirigées, entre autres, contre l'impressionnisme, jugé responsable de la décadence de la forme. Il est illustré, en France, par G. Moreau, Puvis de Chavannes, O. Redon, E. Carrière, M. Denis, P. Gauguin, É. Bernard, P. Sérusier.

symboliste [sɛ̃bɔlist] adj. et n. **1.** Relatif au symbolisme. *Poème symboliste.* **2.** Partisan du symbolisme. ▷ Subst. (Rare au fém.) *Les symbolistes.* – De *symbolisme.*

symétrie [simetʀi] n. f. **1.** Vx Disposition harmonieuse des différentes parties d'une construction. **2.** Litt. Régularité et harmonie dans l'ordonnance des parties d'un tout, ou dans la disposition d'éléments concourant à donner une impression d'ensemble. *Tableaux disposés avec symétrie.* **3.** Similitude plus ou moins complète des deux moitiés d'un espace (surface ou volume), de part et d'autre d'un axe ou d'un plan; répétition régulière de la même disposition d'éléments autour d'un centre. *La symétrie des jardins à la française. Symétrie du corps humain.* – SC NAT *Symétrie rayonnée des fleurs actinomorphes, des astéries.* ▷ MATH Correspondance point à point de deux figures, telle que les points correspondants de l'une et de l'autre soient à égale distance de part et d'autre d'un point, d'un axe ou d'un plan (dits *point, axe, plan de symétrie*). – Lat. *symmetria,* mot gr.

symétrique [simetʀik] adj. (et n. m.) **1.** Qui présente une certaine symétrie (sens 1 et 2). *Façade symétrique. Visage symétrique.* **2.** Qui est disposé de manière à former une symétrie; qui possède un axe ou un plan de symétrie. *Parterres symétriques.* ▷ *Symétrique de :* qui forme une symétrie avec (un élément homologue). *Ce bâtiment est symétrique* (ou, n. m., *le symétrique) de l'autre.* **3.** MATH *Relation symétrique R,* telle que, pour tout couple (x, y), x R y = y R x. – De *symétrie.*

symétriquement [simetʀikmɑ̃] adv. Avec symétrie. – De *symétrique.*

symétrisable [simetʀizabl] adj. MATH Qualifie un élément *x* d'un ensemble muni d'une loi de composition interne notée $\perp$ et possédant un élément neutre *e*, si l'on peut trouver un élément *y*, appelé *symétrique* de *x*, tel que $x \perp y = y \perp x = e$. (Ex. : -5 a pour symétrique $+5$ dans le cas de l'addition, car $-5+5=0$; $+5$ a pour symétrique $\frac{1}{5}$ dans le cas de la multiplication, car $5 \times \frac{1}{5} = 1$.) – De *symétrique.*

sympathectomie [sɛ̃patɛktɔmi] n. f. CHIR Section de nerfs ou de ganglions sympathiques pratiquée à des fins thérapeutiques. – De *sympath(ique),* et *-ectomie.*

sympathie [sɛ̃pati] n. f. **1.** Part que l'on prend aux peines et aux plaisirs d'autrui. *Croyez à toute ma sympathie* (formule de politesse). **2.** Sentiment spontané d'attraction à l'égard de qqn. *Éprouver une vive sympathie pour qqn.* Syn. attirance, inclination, penchant. Ant. antipathie. **3.** Approbation, bienveillance à l'égard de qqn, de qqch. *Cette doctrine a toutes mes sympathies.* **4.** Vx Rapport de concordance que certaines choses ont entre elles. *Il y a une sympathie naturelle entre certains sons et les émotions de notre âme.* Syn. affinité, correspondance. – Lat. *sympathia,* « fait d'éprouver les mêmes sentiments », gr. *sumpatheia,* « participation à la souffrance d'autrui ».

sympathique [sɛ̃patik] adj. (et n. m.) **I.** Qui détermine, qui inspire la sympathie; qui plaît. *Personne sympathique.* – (Choses) Fam. Très agréable. *Endroit sympathique.* (Abrév. fam. : sympa). **II. 1.** Vx Qui opère par affinité à distance. ▷ *Encre sympathique :* encre incolore qui ne noircit que sous l'action de la chaleur ou de certains réactifs. **2.** MED Se dit d'affections dues au retentissement des troubles morbides d'un organe sur un ou plusieurs autres. ▷ *Ophtalmie sympathique :* inflammation d'un œil sain survenant à la suite d'une lésion de l'autre œil. **3.** ANAT, PHYSIOL *Système nerveux sympathique* ou *végétatif* ou, n. m., *le sympathique :* partie du système nerveux dont dépendent les fonctions végétatives. Syn. orthosympathique. V. aussi parasympathique et encycl. nerf. ▷ *Nerf sympathique,* du système nerveux sympathique. – De *sympathie*

sympathiquement [sɛ̃patikmɑ̃] adv. D'une manière sympathique. – De *sympathique.*

sympathisant, ante [sɛ̃patizɑ̃, ɑ̃t] adj. et n. Qui, sans adhérer à un parti, en partage les idées. – Ppr. de *sympathiser.*

sympathiser [sɛ̃patize] v. intr. [1] Éprouver une sympathie réciproque; s'entendre. *Ces personnes ne sympathisent pas. Sympathiser avec qqn.* – De *sympathie.*

sympatholytique [sɛ̃patɔlitik] n. m. PHARM Substance exerçant une action inhibitrice sur le système nerveux sympathique. – De *sympath(ique),*et *-lytique.*

sympathomimétique [sɛ̃patɔmimetik] n. m. PHARM Substance ayant une action stimulante sur le système sympathique ou capable de reproduire l'action des médiateurs chimiques de ce système. – De *sympath(ique)* et *mimétique.*

symphonie [sɛ̃fɔni] n. f. MUS **1.** Anc. Morceau de musique ancienne (XVIIe-déb. XVIIIe s.) composé pour des instruments concertants. (On dit aussi *ouverture française* ou *sinfonia.*) ▷ Mod. Composition pour un grand orchestre. **2.** Fig., cour. Ensemble harmonieux. *Symphonie de couleurs.* – Lat. *symphonia,* du gr. *sumphônia,* « accord, ensemble de sons »; d'abord « instrument de musique ».

symphonique [sɛ̃fɔnik] adj. Qui se rapporte à la symphonie. *Concert symphonique.* – De *symphonie.*

symphoniste [sɛ̃fɔnist] n. **1.** Compositeur de symphonies. **2.** Exécutant d'une symphonie. – De *symphonie.*

symphorine [sɛ̃fɔʀin] n. f. BOT Arbuste ornemental (*Symphoricarpus racemosus,* fam. caprifoliacées), originaire d'Amérique du N., aux grosses baies sphériques blanches. – Du lat. bot. *symphoricarpus*, du gr. *sumphoros*, « qui accompagne ».

symphyse [sɛ̃fiz] n. f. **1.** ANAT Articulation fibreuse peu mobile réunissant deux os. *Symphyse pubienne.* **2.** MED Adhérence pathologique des deux feuillets d'une séreuse. – Gr. *sumphusis*, « union, cohésion ».

symposium [sɛ̃pozjɔm] n. m. **1.** ANTIQ GR Seconde partie d'un repas, au cours de laquelle les convives buvaient. **2.** Mod. Réunion d'étude, congrès, où différents spécialistes traitent un même sujet. *Des symposiums.* – Mot lat., du gr. *sumposion*, « banquet ».

symptomatique [sɛ̃ptɔmatik] adj. **1.** MED Relatif aux symptômes; qui évoque ou accompagne une maladie. ▷ *Médecine symptomatique*, qui vise les symptômes d'une maladie et non les causes. **2.** Fig. Qui est l'indice, le signe de qqch. *Cette baisse est symptomatique du malaise économique.* – Lat. *symptomaticus*, du gr.

symptomatologie [sɛ̃ptɔmatɔlɔʒi] n. f. MED Étude des symptômes, des signes cliniques des maladies. Syn. sémiologie. – De *symptôme*, et *-logie*.

symptôme [sɛ̃ptom] n. m. **1.** Manifestation pathologique décrite par le malade ou observée par le médecin. *Présenter des symptômes de pleurésie.* **2.** Fig. Indice, présage, signe. *Les symptômes d'une révolution.* – Lat. méd. *symptoma*, gr. *sumptôma*.

syn-, syl-, sym-. Éléments, du gr. *sun*, « avec ».

synagogue [sinagɔg] n. f. **1.** Lieu de prière et de réunion des juifs. **2.** Didac. *La Synagogue* : l'ensemble de la communauté religieuse juive. ▷ ANTIQ Communauté juive d'une localité, d'une ville ou d'un quartier. – Lat. chrétien *synagoga*, gr. *sunagôgê*, « assemblée, réunion ».

synalèphe [sinalɛf] n. f. GRAM Réunion de deux syllabes en une seule dans la prononciation. (Ex. : *quelqu'un*, pour *quelque un*.) – Lat. gram. *synalœpha*, gr. *sunaloiphê*, « fusion ».

synallagmatique [sinalagmatik] adj. DR Se dit d'un contrat qui contient une obligation réciproque entre les parties. Ant. unilatéral. – Gr. *sunallagmatikos*, de *sunallagma*, « contrat ».

synanthéré, ée [sinɑ̃teʀe] adj. et n. BOT Se dit des fleurs dont les étamines sont soudées par leurs anthères. ▷ n. f. pl. Vx Syn. de *composées*. – De *syn-*, et *anthère*.

synapse [sinaps] n. f. BIOL Zone de contact entre deux cellules nerveuses (neurones). *C'est au niveau des synapses qu'est polarisée la conduction de l'influx nerveux.* V. encycl. nerf. – Gr. *sunapsis*, « liaison, point de jonction »; angl. *synapsis*.

synarchie [sinaʀʃi] n. f. Didac. Gouvernement simultané de plusieurs chefs qui administrent chacun une partie d'un État. - Autorité détenue par plusieurs personnes à la fois. V. oligarchie. – Gr. *sunarkhia*.

synarthrose [sinaʀtʀoz] n. f. ANAT Articulation fixe entre deux os. – Gr. *sunarthrôsis*, de *arthron*, « articulation ».

synchrocyclotron [sɛ̃kʀosiklɔtʀɔ̃] n. m. PHYS NUCL Accélérateur circulaire de particules dérivé du cyclotron*. – De *synchro(ne)*, et *cyclotron*.

synchromisme [sɛ̃kʀomism] n. m. BX-A Mouvement d'art abstrait, fondé à Paris en 1912-1913 par les peintres américains MacDonald-Wright et Morgan Russell. *Le synchromisme procède pour une large part de l'orphisme* de R. Delaunay.* – De *syn-*, et gr. *khrôma*, « couleur ».

synchrone [sɛ̃kʀon] adj. Qui se fait dans le même temps, ou à des intervalles de temps égaux. *Oscillations synchrones de deux pendules.* ▷ ELECTR *Moteur synchrone*, dont la vitesse de rotation est telle qu'il tourne en synchronisme avec la fréquence du courant. – Gr. *sugkhronos*; lat. tardif *synchronus*, « contemporain ».

synchronie [sɛ̃kʀɔni] n. f. **1.** LING Ensemble des faits qui concernent un système linguistique donné à une époque précise (opposé à *diachronie*). **2.** Didac. Syn. de *simultanéité*. – De *synchrone*.

synchronique [sɛ̃kʀɔnik] adj. **1.** LING *Linguistique synchronique*, qui étudie un système linguistique à un moment donné (par oppos. à *diachronique*). **2.** Qui étudie des événements, des faits qui se sont produits au même moment dans des lieux différents. – De *synchrone*.

synchronisation [sɛ̃kʀɔnizasjɔ̃] n. f. Fait de synchroniser, ou d'être synchronisé. ▷ AUDIOV *Synchronisation d'un film* : synchronisation du son avec les images. ▷ *Par ext.* Service qui s'occupe de la synchronisation. (Abrév. fam. : synchro). – De *synchroniser*.

synchronisé, ée [sɛ̃kʀɔnize] adj. Qui a lieu au même moment. *Mouvements synchronisés de deux personnes.* ▷ AUTO *Vitesses synchronisées*, munies d'un dispositif qui rend progressif le couplage des engrenages. – Pp. de *synchroniser*.

synchroniser [sɛ̃kʀɔnize] v. tr. [1] **1.** Rendre synchrones (des phénomènes physiques). *Synchroniser des oscillations périodiques.* ▷ AUDIOV Rendre synchrones la bande des images et la piste sonore d'un film. **2.** Faire accomplir en même temps par plusieurs personnes ou groupes de personnes (la même action, ou des actions successives). *Synchroniser un défilé.* – De *synchrone*.

synchroniseur, euse [sɛ̃kʀɔnizœʀ, øz] n. **I.** n. m. **1.** ELECTR Dispositif permettant de coupler automatiquement deux alternateurs au moment du synchronisme. **2.** AUTO Dispositif de vitesses synchronisées. (Abrév. fam. : synchro). **II.** n. f. AUDIOV Appareil qui sert à synchroniser l'image et le son. – De *synchroniser*.

synchronisme [sɛ̃kʀɔnism] n. m. **1.** TECH Qualité de ce qui est synchrone. *Synchronisme de deux pendules.* ▷ ELECTR Égalité de fréquence de deux grandeurs sinusoïdales. *Vitesse de synchronisme.* **2.** Caractère d'événements qui se produisent en même temps. – Gr. *sugkhronismos*.

synchrotron [sɛ̃kʀɔtʀɔ̃] n. m. PHYS NUCL **1.** Accélérateur de particules circulaire, dérivé du synchrocyclotron*, dans lequel les particules sont accélérées par un champ électrique de fréquence variable et sont maintenues dans une trajectoire circulaire par un champ magnétique. *Le synchrotron communique aux protons une vitesse proche de celle de la lumière.* **2.** (En appos.) *Rayonnement synchrotron* : rayonnement électromagnétique produit par des électrons qui se déplacent à grande vitesse dans un champ magnétique. – De *synchro(ne)*, et de *(cyclo)tron*.

synclinal, ale, aux [sɛ̃klinal, o] n. m. et adj. GEOL **1.** n. m. Partie concave d'un pli simple (par oppos. à *anticlinal*). **2.** adj. Relatif à un synclinal. – Mot angl., du gr. *sun*, « avec », et *klinein*, « incliner, plier ».

syncopal, ale, aux [sɛ̃kɔpal, o] adj. MED **1.** Relatif à une syncope. **2.** Accompagné de syncopes. – De *syncope*.

syncope [sɛ̃kɔp] n. f. **1.** Suspension subite ou ralentissement des battements du cœur, avec perte de connaissance et interruption plus ou moins complète de la respiration. **2.** MUS Élément sonore accentué sur un temps faible de la mesure, et prolongé sur un temps fort. – Lat. *syncopa*, gr. *sugkopê*, de *sugkoptein*, « briser ».

syncopé, ée [sɛ̃kɔpe] adj. MUS Caractérisé par l'usage fréquent de la syncope. *Musique, rythme, notes syncopés.* – Pp. de *syncoper*.

syncoper [sɛ̃kɔpe] v. [1] MUS **1.** v. tr. Unir en formant une syncope (une note à la suivante). *Syncoper un rythme.* **2.** v. intr. Former une syncope. *Une note qui syncope.* – De *syncope.*

syncrétique [sɛ̃kʀetik] adj. Didac. Relatif au syncrétisme (sens 1 et 2). – De *syncrétisme.*

syncrétisme [sɛ̃kʀetism] n. m. **1.** Didac. Combinaison de plusieurs systèmes de pensée. *Syncrétisme religieux.* ▷ ETHNOL Fusion de plusieurs éléments culturels hétérogènes. **2.** PSYCHO Perception globale et confuse, dont les éléments hétérogènes ne sont pas distingués en tant que tels. – Gr. *sugkrêtismos,* «union des Crétois», lesquels avaient, chez les Anciens Grecs, une réputation de fourberie et de fausseté.

syncrétiste [sɛ̃kʀetist] adj. et n. m. Didac. Relatif au syncrétisme (sens 1). ▷ n. m. Partisan d'un syncrétisme (sens 1). – De *syncrétisme.*

syndactyle [sɛ̃daktil] adj. MED Qui présente une syndactylie. – De *syn-,* et *dactyle.*

syndactylie [sɛ̃daktili] n. f. MED Malformation congénitale consistant en une soudure de deux ou de plusieurs doigts ou orteils. – De *syndactyle.*

synderme [sɛ̃dɛʀm] n. m. TECH Substance imitant le cuir, obtenue par agglomération de fibres de cuir liées par un latex. – De *syn(thétique),*et gr. *derma,* «peau».

syndic [sɛ̃dik] n. m. **1.** DR Mandataire chargé par un tribunal de représenter la masse des créanciers et de procéder à la liquidation des biens du débiteur en état de cessation de paiement. **2.** *Syndic de copropriété :* mandataire choisi par l'assemblée des copropriétaires pour faire assurer le respect du règlement de copropriété et pour faire exécuter ses décisions. **3.** Autrefois, membre du bureau du conseil municipal de Paris, dont la fonction était de surveiller les locaux et d'organiser les fêtes et les réceptions. – Du gr. *sundikos,* «celui qui assiste qqn en justice»; lat. tardif *syndicus.*

syndical, ale, aux [sɛ̃dikal, o] adj. **1.** Relatif à un syndicat de salariés. *Revendications syndicales.* **2.** Relatif à un syndicat (sens 2). *Association syndicale de copropriétaires.* – De *syndic.*

syndicalisation [sɛ̃dikalizasjɔ̃] n. f. **1.** Fait d'être adhérent d'un syndicat ou d'y adhérer. **2.** Fait de syndicaliser (une personne, un groupe). – De *syndicaliser.*

syndicaliser [sɛ̃dikalize] v. tr. [1] **1.** Inscrire à un syndicat. – Pp. adj. *Le nombre d'ouvriers syndicalisés.* ▷ v. pron. *Il s'est syndicalisé tardivement.* **2.** Organiser un syndicat. – Organiser les syndicats de. *Syndicaliser une profession.* – Pp. adj. *Une branche très syndicalisée.* – De *syndical.*

syndicalisme [sɛ̃dikalism] n. m. **1.** Activité des syndicats de salariés. – Doctrine sociale, politique de ces syndicats. **2.** Fait de militer dans un syndicat de salariés. *Faire du syndicalisme.* – De *syndical.*

ENCYCL En 1884, la loi Waldeck-Rousseau reconnaît et réglemente l'existence des syndicats. On assiste à une multiplication des Bourses du travail et des fédérations. La C.G.T. (Confédération générale du travail), première centrale syndicale, est créée en 1895. L'action syndicale connaîtra d'importants succès jusqu'à la guerre de 1914 : amélioration des garanties en cas d'accident du travail, réduction du temps de travail, etc. En 1919 apparaît, dans le sillage du catholicisme social, la C.F.T.C. (Confédération française des travailleurs chrétiens). Le syndicalisme français obtient, avec les accords Matignon de 1936, une de ses plus belles victoires (congés payés, conventions collectives). La constitution de 1945 reconnaît le droit à l'action syndicale, au libre choix du syndicat. Elle reconnaît aussi le droit de grève, même aux fonctionnaires. Mais, dès 1947, des diversifications apparaissent dans l'organisation syndicale : les minoritaires de Léon Jouhaux quittent la C.G.T. pour fonder la C.G.T.-F.O. (Confédération générale du travail-Force ouvrière). En 1964, la C.F.T.C. éclate en C.F.D.T. (Confédération française démocratique du travail) et C.F.T.C. «maintenue». De même, les fonctionnaires voient leurs syndicats reconnus par leur statut tandis que les cadres ont formé en 1944 la C.G.C. (Confédération générale des cadres), devenue en 1981 C.F.E.-C.G.C. (Confédération française de l'encadrement). Parallèlement au monde ouvrier, les patrons se sont organisés. À la demande du gouvernement, la Confédération générale de la production française voit le jour en 1919. Elle devient, en 1936, la Confédération générale du patronat français et, en mai 1946, le C.N.P.F. (Conseil national du patronat français). D'autres fédérations patronales, comme la Confédération générale des petites et moyennes entreprises (C.G.P.M.E.) ou la Fédération nationale des syndicats d'exploitants agricoles (F.N.S.E.A.), défendent des intérêts spécifiques.

syndicaliste [sɛ̃dikalist] n. et adj. Personne qui milite dans un syndicat de salariés. ▷ adj. Relatif au syndicalisme. *Mouvement syndicaliste italien.* – De *syndicalisme.*

syndicat [sɛ̃dika] n. m. **1.** Association de personnes ayant pour but la protection d'intérêts communs, spécialement dans le domaine professionnel. *Syndicat ouvrier, patronal.* ▷ Spécial. *Les syndicats :* les syndicats de salariés. **2.** Association ayant pour but de gérer, de défendre des intérêts communs à plusieurs personnes ou plusieurs groupes. *Syndicat financier :* groupement de personnes physiques ou morales qui étudient ou réalisent une opération financière (création d'une société, placement de titres, etc.). ▷ *Syndicat intercommunal :* établissement public créé pour gérer les services communs à plusieurs communes. *Syndicat de propriétaires,* organisé en vue de travaux d'utilité commune. ▷ *Syndicat d'initiative :* organisme chargé des problèmes du tourisme dans une commune; bureau d'information de cet organisme auprès du public. – De *syndic.*

syndicataire [sɛ̃dikatɛʀ] adj. et n. DR Qui concerne un syndicat de propriétaires ou un syndicat financier. ▷ Subst. Membre d'un tel syndicat. – De *syndicat.*

syndication [sɛ̃dikasjɔ̃] n. f. FIN Technique bancaire de regroupement de diverses banques engagées dans des opérations financières importantes, à l'occasion d'émission de titres notam., de manière à diminuer les risques courus par chacun de ces établissements. – De *syndicat.*

syndiqué, ée [sɛ̃dike] adj. et n. Qui appartient à un syndicat de salariés. – Pp. de *syndiquer.*

syndiquer [sɛ̃dike] v. tr. [1] **1.** Organiser (une profession, des personnes) en syndicat. **2.** v. pron. Se réunir en syndicat. ▷ S'inscrire à un syndicat. – De *syndic.*

syndrome [sɛ̃dʀom] n. m. MED Ensemble de signes, de symptômes qui appartiennent à une entité clinique, mais dont les causes peuvent être diverses. – Gr. *sundromê,* «réunion».

synecdoque [sinɛkdɔk] n. f. RHET Figure consistant à prendre la partie pour le tout (ex. *un toit* pour *une maison*), la matière pour l'objet (ex. *une fourrure* pour *un manteau de fourrure*), le contenant pour le contenu (ex. *boire un verre*), etc., et inversement. – Du lat. *synecdoche,* gr. *sunekdokhê,* «compréhension simultanée».

synérèse [sineʀɛz] n. f. PHON Réunion en une seule syllabe de deux voyelles qui se suivent dans un mot. (Ex. : miel [mjɛl]). Ant. diérèse. – Du lat. *synæresis,* gr. *sunairesis,* «rapprochement».

synergie [sinɛʀʒi] n. f. Didac. Action conjointe d'éléments, matériels ou non, qui forment un tout organisé concourant au même résultat et dont l'interaction augmente le potentiel. ▷ *Spécial.* MED Action conjointe de plusieurs organes ou muscles dans l'accomplissement d'une fonction. – PHARM Action de médicaments dont l'association améliore l'effet de chacun. – Gr. *sunergia*, « coopération ».

synergique [sinɛʀʒik] adj. Didac. Relatif à la synergie. *Muscles synergiques*. – De *synergie*.

synesthésie [sinɛstezi] n. f. MED Trouble sensoriel caractérisé par le fait qu'un seul stimulus entraîne deux perceptions, dont une à distance du point du corps sur lequel le stimulus agit. – Gr. *sunaisthêsis*, « perception simultanée ».

syngnathe [sɛ̃gnat] n. m. ICHTYOL Poisson marin (genre *Syngnathus*) au corps long et grêle, au museau allongé. Syn. aiguille de mer. – Gr. *sun*, « avec », et *gnathos*, « mâchoire » ; lat. savant *syngnatus*.

synodal, ale, aux [sinɔdal, o] adj. RELIG Qui a rapport à un synode. *Réunion synodale*. – Bas lat. ecclés. *synodalis*.

synode [sinɔd] n. m. Assemblée religieuse. **1.** RELIG CATHOL *Synode diocésain* : assemblée d'ecclésiastiques réunie par un évêque. ▷ *Synode des évêques* : assemblée consultative créée par Paul VI en 1967. **2.** Réunion de pasteurs et de laïcs protestants. **3.** *Synode israélite* : conseil composé de rabbins et de laïcs. **4.** *Saint-synode* : conseil suprême de l'Église russe orthodoxe. – Gr. *sunodos*, « assemblée » ; lat. *synodus*.

synodique [sinɔdik] adj. et n. m. **1.** RELIG CATHOL Qui émane d'un synode. *Lettre synodique*. ▷ n. m. Ouvrage où sont écrites les décisions des synodes. **2.** ASTRO *Révolution synodique* : durée comprise entre deux passages consécutifs d'une planète ou d'un satellite à un même point (fixe par rapport au Soleil). ▷ *Mois synodique* : durée d'une révolution synodique de la Lune, comprise entre deux nouvelles lunes (29,5 jours). ▷ *Année synodique* : temps que la Terre met pour se retrouver à la longitude d'une planète déterminée. – Gr. *sunodikos*, lat. *synodicus*.

synonyme [sinɔnim] adj. et n. m. **1.** adj. Qui a un sens identique, ou très voisin, au moins dans certains emplois. *Mots, expressions synonymes. « Captif » est synonyme de « prisonnier »*. ▷ Fig. *Être synonyme de* : signifier, impliquer. *Pour lui, Paris est synonyme de liberté*. **2.** n. m. Mot qui a approximativement le même sens qu'un autre dans un même système linguistique. – Lat. gram. *synonymus*, du gr.

synonymie [sinɔnimi] n. f. **1.** Relation qui existe entre deux synonymes. **2.** Fait linguistique que constitue l'existence des synonymes. – Lat. gram. *synonymia*, gr. *sunônumia*.

synonymique [sinɔnimik] adj. Didac. Relatif à la synonymie. – De *synonymie*.

synopse [sinɔps] n. f. Didac. Recueil des évangiles présentés de manière parallèle, de façon à faire apparaitre les concordances. – Du gr. *sunopsis*, « vue d'ensemble ».

synopsis [sinɔpsis] n. **1.** n. f. Didac. Vue d'ensemble d'une science ou de l'un de ses chapitres. **2.** n. m. AUDIOV Récit bref constituant le schéma d'un scénario. – Gr. *sunopsis*, « vue d'ensemble ».

synoptique [sinɔptik] adj. **1.** Qui permet de saisir d'un seul coup d'œil les diverses parties d'un ensemble. *Tableau synoptique*. **2.** RELIG *Évangiles synoptiques* : les trois Évangiles (de Luc, Marc et Matthieu) qui présentent les plus grandes concordances dans la relation de la vie de Jésus. – Gr. *sunoptikos*, « qui embrasse d'un seul coup d'œil ».

synovial, ale, aux [sinɔvjal, o] adj. et n. f. Relatif à la synovie. ▷ *Membrane synoviale* ou, n. f., *synoviale* : membrane séreuse tapissant l'intérieur des capsules articulaires. – De *synovie*.

synovie [sinɔvi] n. f. Liquide sécrété par la membrane synoviale, qui a un rôle de lubrifiant. *Épanchement de synovie* : hydarthrose*. – Lat. mod. *synovia*, d'orig. incon.

synovite [sinɔvit] n. f. MED Inflammation d'une membrane synoviale. – De *synovie*.

syntacticien, enne [sɛ̃taktisjɛ̃, ɛn] n. Didac. Spécialiste de la syntaxe. – De *syntactique*.

1. syntactique [sɛ̃taktik] adj. Syn. de *syntaxique*. – Gr. *suntaktikos*.

2. syntactique [sɛ̃taktik] n. f. LOG Syntagmatique logique. – Mot allemand, du gr. *suntaktikos*.

syntagmatique [sɛ̃tagmatik] adj. et n. f. LING Relatif au syntagme, à la succession des mots dans le discours. ▷ n. f. *La syntagmatique* : l'étude des syntagmes. – De *syntagme*.

syntagme [sɛ̃tagm] n. m. LING Groupe de mots qui se suivent et forment une unité fonctionnelle (et sémantique) dans une phrase. *Syntagme verbal, nominal*. – Du gr. *suntagma*, « ordre, disposition ».

syntaxe [sɛ̃taks] n. f. **1.** Partie de la grammaire qui étudie les règles régissant les relations entre les mots ou les syntagmes à l'intérieur d'une phrase. **2.** Étude descriptive des relations qui existent entre les mots, les syntagmes, et de leurs fonctions dans la phrase. **3.** Ouvrage qui traite des relations entre les mots dans le discours. – Lat. gram. *syntaxis*, mot gr., de *sun*, « avec », et *taxis*, « ordre ».

syntaxique [sɛ̃taksik] adj. Qui a rapport à la syntaxe, à la construction des phrases. – De *syntaxe*.

syntaxiquement [sɛ̃taksikmɑ̃] adv. Sur le plan syntaxique. – De *syntaxique*.

synthèse [sɛ̃tɛz] n. f. **1.** Opération mentale qui consiste à regrouper des faits épars et à les structurer en un tout. ▷ Exposé méthodique de l'ensemble (d'une question). *Faire une rapide synthèse de la situation*. **2.** PHILO Accord de la thèse et de l'antithèse, en tant que totalité supérieure. Ant. analyse. **3.** CHIM Opération physique qui consiste à combiner des corps, simples ou corps, pour obtenir des corps plus complexes. **4.** *Synthèse des sons* : création, reconstitution de sons à partir de leurs éléments constitutifs (fréquence, durée, etc.). – Gr. *sunthesis*, « réunion, composition ».

synthétique [sɛ̃tetik] adj. **1.** Qui réalise une synthèse intellectuelle, ou qui en est tiré. *Méthode synthétique*. Ant. analytique. ▷ *Esprit synthétique*, capable de synthèse. **2.** Obtenu par synthèse de corps chimiques (par oppos. à *artificiel*, obtenu à partir de produits naturels). *Le nylon, fibre textile synthétique*. **3.** *Musique synthétique*, obtenue par synthèse des sons. – Gr. *sunthetikos*.

synthétiquement [sɛ̃tetikmɑ̃] adv. D'une manière synthétique. – De *synthétique*.

synthétiser [sɛ̃tetize] v. tr. [1] **1.** Réunir par synthèse. *Synthétiser des faits*. **2.** CHIM Faire la synthèse de. *Synthétiser une molécule*. – De *synthèse*.

synthétiseur [sɛ̃tetizœʀ] n. m. ELECTROACOUST Appareil électronique permettant de créer, de reproduire des sons à partir de leurs éléments constitutifs (fréquence, durée, etc.). – De *synthétiser*.

synthétisme [sɛ̃tetism] n. m. BX-A Démarche picturale innovée par Gauguin et les peintres de l'école de Pont-Aven, reposant sur une recréation de la réalité à partir du souvenir. – De *synthèse*.

syntone [sɛ̃tɔn] adj. PSYCHO Dont les tendances sont en harmonie. Ant. schizoïde. – Gr. *suntonos*, « qui résonne d'accord ; qui est d'accord avec ».

syntonie [sɛ̃tɔni] n. f. **1.** ELECTR État de systèmes qui oscillent à la même fréquence. **2.** PSYCHO Caractère d'un sujet syntone. – Du gr. *suntonos*, « qui résonne d'accord ; qui est d'accord avec ».

syntonisation [sɛ̃tɔnizasjɔ̃] n. f. ELECTR Réglage d'un récepteur permettant de n'amplifier que les ondes d'une fréquence donnée. – De *syntonie*.

syntoniser [sɛ̃tɔnize] v. tr. [1] AUDIOV Convertir un signal de radiofréquence à l'aide d'un syntoniseur. – De *syntonie*.

syntoniseur [sɛ̃tɔnizœʀ] n. m. AUDIOV Appareil électronique capable de convertir un signal de radiofréquence reçu par une antenne en un signal de fréquence acoustique de faible puissance. Syn. (off. déconseillé) tuner. – De *syntoniser*.

syphiligraphie [sifiligʀafi] n. f. MED Étude de la syphilis. – De *syphilis*, et *-graphie*.

syphilis [sifilis] n. f. Maladie vénérienne contagieuse, dont l'agent est un tréponème *(Treponema pallidum)*. Syn. pop. vérole. – Lat. mod. *syphilis*, de *Syphilus*, n. pr., altér. de *Sipylus*, personnage d'Ovide.

syphilitique [sifilitik] adj. et n. **1.** Qui se rapporte à la syphilis. *Chancre syphilitique*. **2.** Atteint de syphilis. ▷ Subst. *Un(e) syphilitique*. – De *syphilis*.

syrah [siʀa] n. f. VITIC Cépage rouge cultivé princ. dans la vallée du Rhône. – De *Chirāz*.

syriaque [siʀjak] n. m. et adj. Langue sémitique (groupe araméen) parlée notam. par les premiers chrétiens du royaume d'Édesse et de Perse, devenue, avec le grec, la langue courante de l'Empire d'Orient puis de l'Empire byzantin, et qui demeure la langue liturgique de certaines églises d'Orient. ▷ adj. *L'alphabet syriaque est dérivé de l'alphabet cursif araméen*. – Lat. *syriacus*, du gr.

syrien, enne [siʀjɛ̃, ɛn] adj. et n. De Syrie, État du Proche-Orient. ▷ Subst. *Un(e) Syrien(ne)*.

syring[o]-. Élément, du gr. *surigx, suriggos*, « canal, tuyau ».

syringomyélie [siʀɛ̃gɔmjeli] n. f. MED Affection neurologique chronique caractérisée par l'existence et le développement d'une cavité centrale dans la moelle épinière et entraînant la perte des sensations tactiles et douloureuses. – De *syringo-*, et gr. *muelos*, « moelle ».

syrinx [siʀɛ̃ks] n. f. **1.** ANTIQ GR Flûte de Pan. **2.** ORNITH Organe du chant situé à la bifurcation des bronches, chez les oiseaux. – Mot lat.; gr. *surigx*, « tuyau, flûte ».

syrphe [siʀf] n. m. ENTOM Mouche, dite *mouche à fleurs* (genre *Syrphus*), rayée de jaune et de noir, dont les larves se nourrissent de pucerons. – Gr. *surphos*, « mouche ».

systématicien, enne [sistematisjɛ̃, ɛn] n. Naturaliste qui s'occupe de systématique (sens II). – De *systématique*.

systématique [sistematik] adj. et n. f. **I.** adj. **1.** Qui obéit à un système; qui témoigne de rigueur, de méthode. *Recherche systématique*. **2.** Péjor. Qui a ou qui dénote l'esprit de système, le parti pris. *Opposition systématique*. **II.** n. f. SC NAT Science de la classification des êtres vivants (en embranchements, classes, ordres, etc.). – *Par ext.* Cette classification. – Lat. *systematicus*, gr. *sustêmatikos*.

systématiquement [sistematikmɑ̃] adv. De manière systématique. *Fouiller systématiquement une maison. Il refuse systématiquement de m'aider*. – De *systématique*.

systématisation [sistematizasjɔ̃] n. f. Action de systématiser; résultat de cette action. – De *systématiser*.

systématisé, ée [sistematize] adj. Qui constitue un système, qui est organisé en système. – Pp. de *systématiser*.

systématiser [sistematize] v. tr. [1] Organiser (des éléments) en système. – De *systématique*.

système [sistɛm] n. m. **1.** Ensemble cohérent de notions, de principes liés logiquement et considérés dans leur enchaînement. *Le système d'Aristote. Un système théologique*. ▷ Péjor. *Esprit de système* : tendance à tout ramener à un système préconçu au détriment d'une juste appréciation de la réalité. **2.** Classification méthodique. *Le système de Linné*. **3.** Ensemble organisé de règles, de moyens tendant à une même fin. *Système économique. Système pénitentiaire*. – *Système monétaire* : relation établie entre la monnaie en circulation et la monnaie de compte. *Système monétaire européen*. ▷ INFORM *Système expert* : logiciel simulant le raisonnement d'un expert humain dans un domaine donné. – *Système d'exploitation* : programme assurant la gestion d'un ordinateur et de ses périphériques. ▷ *Absol.* Organisation sociale, dans la mesure où elle est considérée comme aliénante pour l'individu. *Être prisonnier du système*. **4.** Fam. Moyen ingénieux. *Trouver un système pour se tirer d'embarras*. – *Système D* (par abrév. de *débrouillard*), de celui qui sait se débrouiller. **5.** Ensemble d'éléments formant un tout structuré, ou remplissant une même fonction. *Système de transmission*. ▷ ANAT Ensemble de structures organiques analogues. *Système cardiovasculaire. Système nerveux*. – Loc. fam. *Porter, taper sur le système* : agir sur le système nerveux, sur les nerfs; agacer, irriter. ▷ METEO *Système nuageux* : ensemble des nuages qui accompagnent une perturbation. ▷ PHYS Ensemble de grandeurs de même nature. *Système de forces*. – *Système matériel* : ensemble de points matériels. – *Système international d'unités (SI)* : système qui a remplacé le système métrique en 1962 et qui comprend sept unités de base (le mètre, le kilogramme, la seconde, l'ampère, le kelvin, la mole et le candela). – Gr. *sustêma*, « assemblage, composition ».

systémique [sistemik] adj. et n. f. Didac. **I.** adj. **1.** Relatif à un système dans son ensemble. **2.** MED Relatif à la grande circulation. *Cavités, ventricule systémiques* : cavités et ventricule gauches du cœur qui reçoivent le sang des veines pulmonaires et l'envoient dans l'aorte. **3.** AGRIC Se dit d'un produit phytosanitaire qui agit sur toute la plante, en passant par la sève. **II.** n. f. Technique, procédure scientifique utilisant un système. – De *système*.

systole [sistɔl] n. f. PHYSIOL Phase de contraction du cœur. *Systole auriculaire*, des oreillettes. *Systole ventriculaire*, des ventricules. Ant. diastole. – Lat. *systole*, gr. *sustolê*, « contraction ».

systolique [sistɔlik] adj. PHYSIOL, MED Relatif à la systole. *Souffle systolique* : bruit anormal perçu lors de la systole d'un malade cardiaque. – *Bruit systolique* : premier bruit du cœur, perçu à l'auscultation lors de la fermeture des valvules. – De *systole*.

systyle [sistil] n. m. et adj. ARCHI Ordonnance où les colonnes sont séparées par une distance égale au double de leur diamètre. – adj. *Édifice systyle*. – Lat. *systylos*, mot gr., « aux colonnes rapprochées ».

syzygie [siziʒi] n. f. ASTRO Conjonction ou opposition d'une planète ou de la Lune avec le Soleil. *Les marées de vives eaux ont lieu quand le Soleil et la Lune sont en syzygie*. – Lat. *syzygia*, mot gr., « assemblage, réunion ».

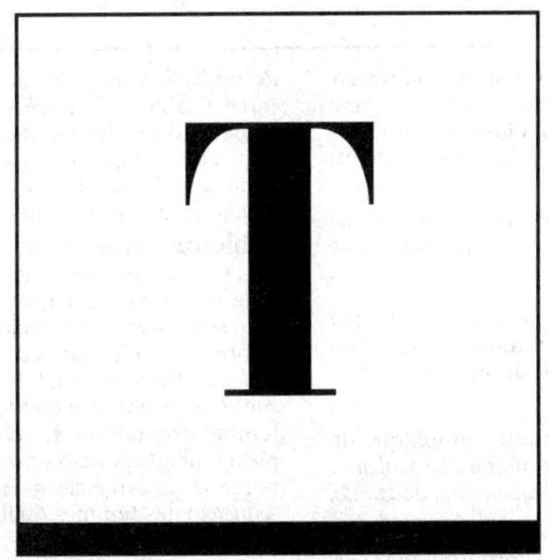

t [te] n. m. **1.** Vingtième lettre (t, T) et seizième consonne de l'alphabet, notant l'occlusive dentale sourde [t] (ex. *dette, thé*), parfois la sifflante [s] dans le groupe *ti* (ex. *patience*), ne se prononçant pas en finale de la plupart des mots (ex. *lot* [lo]) ni en finale des formes verbales (ex. *il vit* [ilvi]). *Un t euphonique.* **2.** Par anal. *En T :* en forme de T majuscule. ▷ Règle en forme de T : V. té 1. **3.** PHYS t : symbole de tonne. – t : symbole du temps. ▷ PHYS T : symbole de la période, de la température absolue, du tesla. ▷ METROL T : symbole de téra-. ▷ CHIM T : symbole du tritium. ▷ MUS t : abrév. de *tutti* ou de *ton.*

ta. adj. poss. V. ton (1).

Ta CHIM Symbole du tantale.

1. tabac [taba] n. m. **1.** Plante herbacée (*Nicotina tabacum*, fam. solanacées) originaire d'Amérique du S., de grande taille (de 1 à 2 m), dont les larges feuilles sont riches en nicotine et en composés aromatiques. **2.** Préparation obtenue avec les feuilles de cette plante, séchées et partiellement fermentées. *Tabac à fumer, à chiquer,* coupé en fines lamelles. *Tabac à priser,* réduit en poudre pour priser. *Rapporté du Portugal par J. Nicot, le tabac se répandit en Europe vers 1560. Tabac brun à odeur forte et tabac blond léger.* ▷ *Un bureau de tabac, un débit de tabac* ou, ellipt., *un tabac.* **3.** *Société nationale d'exploitation industrielle des tabacs et allumettes (SEITA.)* : entreprise nationale, de droit privé depuis 1976, dont l'ancien monopole sur la culture et la commercialisation des tabacs ne repose plus que sur des mécanismes contractuels en matière d'écoulement de la production; la vente au détail reste sous le contrôle de l'administration fiscale, mais non la vente en gros des tabacs manufacturés en provenance des pays de la Communauté européenne. **4.** n. m. inv. (En appos.) *Couleur tabac* ou *tabac* : brun tirant sur le roux ou sur le jaune. *Du velours tabac.* **5.** Loc. fig., fam. *C'est toujours le même tabac,* toujours la même chose. *Du même tabac* : du même style. – Esp. *tabaco,* de l'arawak (langue amérindienne) *tsibatl.*

2. tabac [taba] n. m. **1.** Fam. *Passer qqn à tabac,* le rouer de coups. *Les vigiles l'ont passé à tabac.* **2.** MAR *Coup de tabac* : grain, tempête. **3.** Fam. *Faire un tabac* : remporter un grand succès, collectif ou individuel, au théâtre, au cinéma, etc. – De *tabasser,* d'ap. *tabac* 1,par homonymie et à cause de l'idée de «coup» contenue dans «prise (de tabac)».

tabacomanie [tabakɔmani] n. f. Didac. Abus du tabac. – De *tabac* 1, et *-manie.*

tabagane [tabagan] ou **tobagane** [tɔbagan] n. f. (Canada) Traîneau sans patins, long et étroit, fait de planches minces et dont l'avant est recourbé vers l'arrière. *Glisser en tabagane.* – De l'algonquin *otabagan.*

tabagie [tabaʒi] n. f. **1.** Vx Lieu où l'on allait fumer du tabac. **2.** Lieu rempli de fumée de tabac; atmosphère de ce lieu. – Mot algonquin (langue* amérindienne), «festin», rattaché ensuite à *tabac.*

tabagique [tabaʒik] adj. **1.** Vx Propre à une tabagie. **2.** MED Qui concerne le tabagisme. – De *tabac.*

tabagisme [tabaʒism] n. m. MED Intoxication aiguë ou chronique due à l'abus du tabac. Syn. vieilli nicotinisme. – De *tabagie.*

tabard ou **tabar** [tabaʀ] n. m. HIST Manteau serré à la taille et ouvert sur les côtés que les chevaliers du Moyen Âge portaient par-dessus leur armure.

tabassage [tabasaʒ] n. m. Fam. Action de tabasser. – De *tabasser.*

tabassée [tabase] n. f. Pop. Volée de coups. – Pp. fém. subst. de *tabasser.*

tabasser [tabase] v. tr. [1] Fam. Frapper (qqn) à coups violents et répétés. – D'un radical onomatopéique *tabb-,* idée de «frapper», par croisement avec *tabac* 1.

tabatière [tabatjɛʀ] n. f. **1.** Petite boîte pour le tabac à priser. **2.** CONSTR *Châssis, fenêtre à tabatière,* qui pivote autour de son montant supérieur et a, en position fermée, la même inclinaison que le toit. ▷ Par ext. *Ouvrir, fermer la tabatière.* **3.** ANAT *Tabatière anatomique* : fossette située à la face externe du poignet. – De *tabac.*

tabellaire [tabel(l)ɛʀ] adj. TYPO *Impression tabellaire,* que l'on exécutait au moyen de planches gravées (avant que soient inventés les caractères mobiles). – De *tabelle* (vx), lat. *tabella,* «tablette».

tabellion [tabeljɔ̃] n. m. **1.** Vx Officier qui délivrait les grosses de certains actes dont les notaires dressaient les minutes. ▷ Officier public qui remplissait les fonctions de notaire. **2.** Litt., plaisant ou péjor. Notaire. – Lat. jurid. *tabellio,* propr. «qui écrit sur des tablettes».

tabernacle [tabɛʀnakl] n. m. **1.** RELIG Tente dressée par les Hébreux pour abriter l'Arche d'alliance, avant la construction du Temple. ▷ *Fête des Tabernacles,* célébrée par les juifs après la moisson pour commémorer le séjour (sous des tentes) dans le désert, qui suivit la sortie d'Égypte. **2.** RELIG CATHOL Petit coffre fermant à clef, placé sur (ou près de) l'autel et abritant les hosties consacrées. **3.** TECH Espace ménagé autour d'un robinet enterré afin qu'on puisse le manœuvrer. – Lat. *tabernaculum,* «tente».

tabes ou **tabès** [tabɛs] n. m. MED Manifestation neurologique tardive de la syphilis, caractérisée par une ataxie, une hypotonie globale, une abolition des réflexes et des douleurs violentes. – Du lat. *tabes*, «écoulement; langueur, consomption»; repris à l'all.

tabétique [tabetik] adj. et n. MED Qui se rapporte, propre au tabès; atteint de tabès. ▷ Subst. *Un(e) tabétique*. – De *tabes*.

tabla [tabla] n. m. Instrument de musique indien constitué d'une paire de petits tambours que l'on frappe avec les doigts et la paume de la main. – Mot hindi.

tablature [tablatyʀ] n. f. MUS Figuration graphique de la musique, propre à certains instruments. *La tablature ancienne pour le luth*. – Lat. médiév. *tabulatura*, de *tabula*, «table».

table [tabl] n. f. **A. I.** Meuble formé d'une surface plane posée sur un ou plusieurs pieds et servant à divers usages. **1.** Meuble à usage domestique ou professionnel, formé d'une surface plane et d'un ou plusieurs pieds et comportant quelquefois des compartiments de rangement. *Table de nuit, de chevet. Table de toilette. Table à repasser. Table à dessin*. – INFORM *Table traçante* : syn. de *traceur* de courbes*. ▷ Loc. fig. *Jouer cartes sur table* : annoncer clairement ses conditions, être franc. – *Dessous de table* : somme que l'acheteur verse clandestinement au vendeur. **2.** Meuble formé d'une surface plane et d'un ou plusieurs pieds, destiné à prendre les repas. *Table de salle à manger. Réserver une table au restaurant*. ▷ *Dresser, mettre la table* : disposer sur la table tout ce qui est nécessaire pour prendre les repas. ▷ *De table* : qui sert pour les repas. *Service de table*. ▷ *Se mettre à table* : commencer le repas; fig., fam. finir par avouer. **3.** *La table* : la nourriture, les mets servis à table. *Aimer la table. Les plaisirs de la table*. **4.** Ensemble des convives réunis autour d'une table; tablée. *Toute la table a ri*. ▷ Loc. fig. *Table ronde* : assemblée de personnes réunies en vue de discuter d'une question, d'un problème commun, en l'absence de tout rapport hiérarchique, de toute préséance. ▷ Loc. fig. *Faire un tour de table* : demander son avis à chacune des personnes présentes. – FIN *Tour de table* : ensemble de personnes réunies pour mener à bien une opération financière, un investissement. **II.** Partie plate de certains objets; surface plane. **1.** RELIG *Table d'autel* : partie horizontale de l'autel. ▷ *La sainte table* : la balustrade fermant le chœur, recouverte d'une nappe, devant laquelle les fidèles venaient s'agenouiller pour recevoir la communion (elle a souvent disparu dans la nouvelle liturgie); l'autel lui-même. *S'approcher de la sainte table* : recevoir la communion. **2.** (Seulement dans certains emplois.) Surface plane de marbre, de métal, etc., sur laquelle on peut écrire, graver. ▷ Loc. fig. *Faire table rase du passé, des idées reçues*, les rejeter après un examen critique, de manière à repartir sur des bases entièrement nouvelles. ▷ RELIG *Les Tables de la Loi* : les deux tables de pierre sur lesquelles étaient gravés les préceptes de la Loi, et que Dieu, selon la Bible, donna à Moïse sur le Sinaï. ▷ ANTIQ ROM *Les Douze Tables* : le code publié à Rome par les décemvirs et gravé sur douze tables de bronze (v. 450 av. J.-C.). **3.** *Table d'orientation* : plan circulaire sur lequel est représenté un point de vue, avec les noms de lieux, de monuments, etc. **4.** TECH Partie plate et horizontale d'un instrument, d'une machine. *Table d'une raboteuse, d'une enclume*. **5.** MUS *Table d'harmonie* : partie de la caisse d'un instrument sur laquelle les cordes sont tendues. **6.** Surface plane naturelle. *Table glaciaire*. **7.** TECH Surface plane de la partie supérieure d'une pierre précieuse. **B.** Tableau, panneau où sont regroupées diverses données. **1.** Tableau qui indique les matières traitées dans un livre. *Table des matières. Table analytique*. **2.** Recueil de données disposées de manière à en faciliter la lecture, l'usage. *Table de multiplication. Table de logarithmes*. ▷ INFORM *Table de vérité* : tableau à entrées multiples donnant exhaustivement toutes les configurations d'entrée et de sortie d'un circuit logique. ▷ MILIT *Table de tir*, qui précise les éléments de la trajectoire des projectiles. – Du lat. *tabula*, «planche, tablette».

tableau [tablo] n. m. **A. 1.** Ouvrage de peinture exécuté sur un panneau de bois, sur un morceau de toile tendu sur un châssis, etc. *Tableaux de Raphaël, de Manet*. **2.** Scène, spectacle qui attire le regard, qui fait impression. *Un charmant tableau*. ▷ Fam., iron. *Voyez le tableau! Quel tableau!* **3.** Fam., fig. *Vieux tableau* : personne âgée d'une coquetterie excessive, ridicule; vieille femme trop fardée. **4.** *Tableau de chasse* : ensemble des pièces abattues au cours d'une partie de chasse, disposées avec symétrie. ▷ Fig., fam. *Le tableau de chasse d'un séducteur*, les femmes qu'il a séduites. **5.** *Tableau vivant* : scène historique ou mythologique figurée par des personnes d'après un tableau ou une mise en scène réglée. **6.** Représentation, évocation par un récit oral ou écrit. *Faire, brosser le tableau de la vie des paysans au Moyen Âge*. **7.** THEAT Subdivision d'un acte correspondant à un changement de décor. *Une pièce en trois actes et dix tableaux*. **B. I. 1.** *Tableau noir* ou *tableau* : panneau sur lequel on écrit à la craie, dans une classe, un amphithéâtre, etc. **2.** Panneau, cadre qu'on fixe au mur pour y afficher des actes publics, des renseignements, des avis. *Tableau d'affichage. Tableau des publications de mariage*. **3.** TECH Panneau sur lequel sont regroupés des dispositifs, des appareils de mesure, de contrôle et de signalisation. *Tableau de bord d'un véhicule. Tableau de commande d'un appareil électrique*. **II.** Liste, ensemble de données réunies sur un tableau (sens B, I, 2). **1.** Liste des personnes composant une compagnie, un ordre, un corps. *Tableau de l'ordre des avocats*. – *Tableau d'avancement*, indiquant l'ordre selon lequel se fera l'avancement du personnel. **2.** Ensemble de renseignements regroupés et rangés méthodiquement de manière à pouvoir être lus d'un bref coup d'œil. *Tableau synoptique, chronologique. Tableau des verbes irréguliers*. ▷ FIN *Tableau de bord* : ensemble d'informations réunies périodiquement, qui facilitent la gestion d'un service, d'une entreprise. ▷ MED, PHARM *Tableaux A, B, C*, dans lesquels sont classés les médicaments dont la prescription est réglementée. ▷ CHIM *Tableau de la classification périodique des éléments* : V. élément. – De *table*.

tableautin [tablotɛ̃] n. m. Petit tableau (sens A, 1). – Dimin. de *tableau*.

tablée [table] n. f. Réunion de personnes assises autour d'une table (le plus souvent pour un repas). – De *table*.

tabler [table] v. intr. [1] **1.** Vx Tenir table, être à table. **2.** Mod. *Tabler sur qqch* : compter, faire fond sur qqch. – De *table*.

tabletier, ère [tablətje, ɛʀ] n. TECH Artisan qui fabrique des échiquiers, des damiers, de petits objets d'ivoire, d'ébène, d'écaille, etc. – De *table*, au sens de «tablier de jacquet, échiquier, damier».

tablette [tablɛt] n. f. **I. 1.** Petite table; planche disposée pour recevoir des objets. **2.** Pièce de marbre, de bois, de pierre, etc., de faible épaisseur posée à plat sur le chambranle d'une cheminée, l'appui d'une fenêtre, etc. **3.** Aliment présenté sous la forme d'une plaquette. *Une tablette de chocolat*. ▷ PHARM Médicament solide en forme de plaquette. **II.** ARCHEOL Planchette de bois enduite de cire sur laquelle écrivaient les Anciens. ▷ Plaquette d'argile sur laquelle étaient gravés des pictogrammes ou des caractères d'écritures anciennes. ▷ Fig., mod. *Écrire qqch sur ses tablettes*, le noter afin de s'en souvenir. – Dimin. de *table*.

tabletterie [tablɛtʀi] n. f. TECH, COMM Industrie, commerce du tabletier. ▷ Produits de cette industrie. – De *tabletier*.

tableur [tablœʀ] n. m. INFORM Progiciel permettant des calculs interactifs sur plusieurs nombres affichés simultanément sur un écran de visualisation. – De *table* (de calcul).

tablier [tablije] n. m. **1.** Vêtement fait d'une pièce de toile, de cuir, etc., que l'on met devant soi pour préserver ses vêtements en travaillant. *Tablier de forgeron.* ▷ Loc. fig. *Rendre son tablier :* cesser son service, quitter son emploi (d'abord en parlant d'une employée de maison). **2.** Rideau métallique qui ferme l'ouverture d'une cheminée. **3.** TRAV PUBL Partie horizontale d'un pont, qui reçoit la chaussée ou la voie ferrée. **4.** AUTO Cloison qui sépare le moteur de l'intérieur de la carrosserie. – De *table.*

tabloïd(e) [tablɔid] adj. et n. m. Se dit d'un format de journal égalant la moitié du grand format traditionnel. – Nom déposé ; mot angl.

tabor [tabɔʀ] n. m. HIST Corps de troupe composé de plusieurs goums marocains (créés en 1908), dont les gradés étaient français. – Ar. du Maroc *tābūr,* « régiment, escadron ».

tabou, e [tabu] n. m. et adj. **1.** n. m. Interdit d'ordre religieux ou rituel qui frappe une personne, un animal ou une chose, considérés comme sacrés ou impurs, et dont la transgression entraîne un châtiment surnaturel. ▷ Fig. Ce dont on n'a pas le droit de parler sans encourir la réprobation sociale. **2.** adj. (inv. ou accordé). Qui est marqué d'un tabou, frappé d'un interdit. *Animal tabou.* ▷ Fig. Dont on ne doit pas parler ; qu'on n'a pas le droit de critiquer. *La politique et la religion étaient pour lui deux sujets tabous. Un personnage tabou.* – Angl. *taboo,* du polynésien *tapu,* « interdit, sacré ».

taboulé [tabule] n. m. CUIS Hors-d'œuvre d'origine syro-libanaise, à base de blé concassé (ou, souvent, de semoule), de persil, de tomates hachées, de feuilles de menthe, assaisonné d'huile d'olive et de jus de citron. – Mot ar. (fém.), « assaisonnée, détrempée ».

tabouret [tabuʀɛ] n. m. **1.** Petit siège à pied(s) sans bras ni dossier. *Tabouret de piano.* **2.** Petit support sur lequel on pose les pieds lorsqu'on est assis. – De l'a. fr. *tabour,* « tambour », à cause de sa forme ronde.

tabulaire [tabylɛʀ] adj. Didac. **1.** En forme de table. *Relief tabulaire.* **2.** Qui est disposé en tables, en tableaux. *Logarithmes tabulaires.* – Du lat. *tabularis,* « propre aux planches », de *tabula,* « table ».

tabulateur [tabylatœʀ] n. m. Dispositif équipant une machine de bureau (machine à écrire, à calculer, traitement de texte, etc.) et qui permet d'aligner des caractères sur une même colonne. – Du lat. *tabula,* « table ».

tabulation [tabylasjɔ̃] n. f. Utilisation d'un tabulateur. – De *tabulateur.*

tabulatrice [tabylatʀis] n. f. INFORM Machine mécanographique capable de lire des informations enregistrées sur des cartes perforées, de les trier et d'en imprimer la liste ou les totaux. – Fém. de *tabulateur.*

tac [tak] n. m. et interj. **1.** Bruit sec. *Produire plusieurs tacs successifs.* **2.** En escrime, bruit du fer qui heurte le fer. – *Riposter du tac au tac,* au premier choc. ▷ Fig., cour. *Répondre du tac au tac,* aussitôt, par un mot vif à un mot vif. **3.** Interj. fam. *Et tac ! prends ça dans les gencives !* – Onomat.

tacaud [tako] n. m. Petit poisson comestible (genre *Gadus,* fam. gadidés), commun dans l'Atlantique. – Du breton *takohed.*

tacca [taka] n. m. BOT Plante herbacée tropicale, voisine des amaryllidacées, utilisée comme ornement et dont une espèce tahitienne fournit un arrow-root. – Malais *takah,* « dentelé ».

tacet [tasɛt] n. m. MUS Silence d'une partie, noté *tacet* sur la partition. – Mot lat., « il se tait ».

tache [taʃ] n. f. **I. 1.** Salissure, marque qui salit. *Tache d'encre, d'huile sur un vêtement.* ▷ *Faire tache :* faire un contraste choquant dans un ensemble. ▷ Fig. *Faire tache d'huile :* s'étendre, se répandre de proche en proche et rapidement. **2.** Ce qui souille l'honneur, la réputation de qqn. *Une vie, une réputation sans tache.* **II.** Espace de couleur différente sur une surface unie. **1.** Marque sur la peau, le poil ou le plumage d'un être vivant, sur certaines parties des végétaux. *Chien blanc à taches noires.* – *Taches de rousseur*.* ▷ ANAT *Tache jaune :* point le plus sensible de la rétine* qui ne comporte que des cônes. **2.** ASTRO *Tache solaire :* région sombre de la photosphère, de température plus basse. – Probabl. du gothique *taikns,* « signe » ; d'abord *teche,* « caractère, qualité ».

tâche [tɑʃ] n. f. **1.** Ouvrage déterminé qui doit être exécuté dans un temps donné. *Donner une tâche à un artisan.* ▷ Loc. adj. et adv. *À la tâche :* en fonction du travail accompli et sans tenir compte du temps employé. *Travail à la tâche. Payer à la tâche.* ▷ Fig., litt. *Prendre à tâche de :* s'attacher à, s'efforcer de. **2.** Obligation que l'on doit remplir, par devoir ou par nécessité. – Du lat. médiév. *taxa,* « prestation rurale », du class. *taxare,* « toucher, blâmer, évaluer, taxer ».

taché, ée [taʃe] adj. **1.** Souillé d'une ou de plusieurs taches. *Vêtement taché.* **2.** Marqué d'une (de) tache(s) (sens II). *Un chat à robe grise tachée de blanc.* – Pp. de *tacher.*

tachéo-. Élément, du gr. *takheos,* « vite ».

tachéographe [takeɔgʀaf] n. m. TECH Appareil servant à faire les cartes et les plans. – De *tachéo-,* et *-graphe.*

tachéomètre [takeɔmɛtʀ] n. m. TECH Appareil de topographie servant à effectuer le levé d'un terrain en altimétrie et en planimétrie. – De *tachéo-,* et *-mètre.*

tachéométrie [takeɔmetʀi] n. f. TECH Méthode de levé des terrains au moyen d'un tachéomètre. – De *tachéomètre.*

tacher [taʃe] v. [1] **I.** v. tr. **1.** Faire une tache sur, salir de taches. *Tacher sa robe.* ▷ Fig. *Une faute qui tache sa réputation.* ▷ S. comp. (Choses) *Les mûres tachent.* **2.** Colorer, marquer de taches (sens II). **II.** v. pron. **1.** Salir ses vêtements de taches. *Cet enfant se tache sans cesse.* **2.** (Passif) Se salir en se couvrant de taches. *Un tissu clair qui se tache facilement.* – De *tache.*

tâcher [tɑʃe] v. [1] **1.** v. tr. indir. *Tâcher de* (+ inf.) : faire des efforts pour. *Tâcher de donner satisfaction.* – *Tâche de te tenir tranquille !* ▷ Vx ou litt. *Tâcher à.* **2.** v. tr. dir. *Tâcher que* (+ subj.) : faire en sorte que. *Tâchez qu'il réussisse.* – De *tâche.*

tâcheron [tɑʃʀɔ̃] n. m. **1.** Petit entrepreneur à qui un entrepreneur principal concède sa tâche. **2.** Ouvrier agricole qui travaille à la tâche. **3.** Péjor. Personne qui exécute sur commande des tâches ingrates, sans intérêt ; personne qui travaille beaucoup, mais sans faire montre d'initiative. – De *tâche.*

tacheté, ée [taʃte] adj. Marqué de nombreuses petites taches (sens II). – De l'a. fr. *tachele, tachete,* « petite tache ».

tacheter [taʃte] v. tr. [20] Marquer de multiples petites taches (sens II). – De *tacheté.*

tacheture [taʃtyʀ] n. f. Rare Ensemble des marques de ce qui est tacheté. – De *tacheter.*

tachine [taʃin] n. m. (parfois fém.) ZOOL Grosse mouche de couleur sombre, vivant sur les fleurs et dont les larves sont des parasites internes d'autres insectes. – Lat. zool. *tachina,* du gr. *takinos,* « rapide ».

tachisme [taʃism] n. m. PEINT **1.** Vx Pointillisme. **2.** Mouvement pictural non figuratif représenté par des peintres dont l'art, plus ou moins gestuel, combine généralement le dynamisme du signe et les effets d'écrasement de la matière. – De *tachiste.*

tachiste [taʃist] adj. et n. PEINT Qui se rapporte au tachisme. ▷ Subst. Peintre dont les œuvres relèvent du tachisme. – De *tache.*

tachistoscope [takistoskɔp] n. m. TECH Appareil servant à mesurer la rapidité de la perception visuelle au moyen d'images lumineuses projetées devant le sujet. – Du gr. *takhistos,* « très rapide », et de *-scope.*

tachy-. Élément, du gr. *takhus,* « rapide ».

tachyarythmie [takiaʀitmi] n. f. MED Rythme cardiaque rapide et irrégulier. – De *tachy(cardie),* et *arythmie.*

tachycardie [takikaʀdi] n. f. MED Accélération permanente ou paroxystique du rythme cardiaque. – De *tachy-,* et du lat. *cardia,* « cœur ».

tachygenèse [takiʒənɛz] n. f. BIOL Développement embryonnaire accéléré de certains invertébrés dû à l'absence de certains des stades qui marquent le développement des embryons des espèces voisines. *Tachygenèse de l'escargot.* – De *tachy-,* et *-genèse.*

tachygraphe [takigʀaf] n. m. TECH Appareil qui mesure et enregistre une vitesse. – De *tachy-,* et *-graphe.*

tachymètre [takimɛtʀ] n. m. TECH Appareil servant à mesurer la vitesse de rotation d'une machine, d'un moteur. – De *tachy-,* et *-mètre.*

tachyon [takjɔ̃] n. m. PHYS NUCL Particule hypothétique dont la vitesse serait supérieure à celle de la lumière et dont la masse s'exprimerait par un nombre complexe. – De *tachy-,* et *(i)on.*

tachyphémie [takifemi] n. f. MED Trouble de la parole qui se manifeste par une accélération paroxystique du débit. – De *tachy-,* et gr. *phêmê,* « parole ».

tachyphylaxie [takifilaksi] n. f. MED Méthode consistant à injecter des doses progressives et répétées d'un antigène, en l'espace de quelques minutes, de manière à éviter un accident anaphylactique (V. anaphylaxie). – De *tachy-,* et *(pro)phylaxie.*

tacite [tasit] adj. Qui n'est pas formellement exprimé; sous-entendu. *Consentement tacite.* ▷ DR *Tacite reconduction.* V. reconduction. Syn. implicite. – Lat. *tacitus,* de *tacere,* « se taire ».

tacitement [tasitmɑ̃] adv. De façon tacite. – De *tacite.*

taciturne [tasityʀn] adj. Qui est de nature ou d'humeur à parler peu. *Un homme taciturne. Un caractère taciturne.* ▷ subst. *Les expansifs et les taciturnes.* – Lat. *taciturnus.*

taciturnité [tasityʀnite] n. f. Litt. Humeur, caractère d'une personne taciturne. – Lat. *taciturnitas.*

tacle [takl] n. m. SPORT Au football, action de récupérer du pied le ballon qui est dans les pieds de l'adversaire. – De l'angl. *to tackle,* « saisir ».

tacon, taquon [takɔ̃] ou **tocan** [tɔkɑ̃] n. m. Jeune saumon avant sa descente en mer. – Probabl. mot gaul.

tacot [tako] n. m. Fam. Vieille voiture en mauvais état. Syn. guimbarde. – De *tac.*

tact [takt] n. m. **1.** PHYSIOL Sens du toucher; celui des cinq sens qui correspond à la perception des stimuli mécaniques (grâce à la déformation de la peau par la pression qu'exerce l'objet). **2.** Cour., fig. Discernement, délicatesse dans les jugements, les rapports avec autrui. *Manquer de tact. Aborder une question avec tact.* Syn. doigté. – Lat. *tactus,* de *tangere,* « toucher ».

tacticien, enne [taktisjɛ̃, ɛn] n. Personne qui manœuvre habilement. *Tacticien parlementaire.* ▷ n. m. MILIT Expert en tactique. *Habile tacticien.* – De *tactique.*

tactile [taktil] adj. **1.** PHYSIOL Du toucher, propre au toucher, au tact. *Sensibilité tactile.* **2.** Qui réagit au toucher. – Lat. *tactilis,* de *tactus,* « action de toucher, sens du toucher, tact ».

tactique [taktik] n. f. et adj. **I.** n. f. **1.** MILIT Art de conduire une opération militaire limitée dans le cadre d'une stratégie. **2.** Ensemble des moyens que l'on emploie pour atteindre un objectif; conduite que l'on adopte pour obtenir qqch. *Tactique parlementaire. Changez de tactique : il est sourd à vos arguments.* **II.** adj. Relatif à la tactique. *Mission, opération tactique.* – Gr. *taktikê,* « art de ranger, de disposer », de *taktikos,* « qui concerne l'organisation d'une troupe ».

tactisme [taktism] n. m. BIOL Réaction d'orientation d'un être vivant provoquée par un facteur externe (lumière, chaleur). V. tropisme. – Du lat. *tactus,* « tact », et aussi « action du Soleil, de la Lune », et *-isme.*

tadjik [tadʒik] adj. et n. Relatif à une population originaire d'Iran, vivant en Afghānistān, au Pamir, au Tadjikistan, en Ouzbékistan et en Iran. ▷ Subst. *Les Tadjik(s) sont environ sept millions.* – Mot tadjik.

tadorne [tadɔʀn] n. m. ORNITH Oiseau anatidé migrateur (genre *Tadorna),* proche à la fois des canards et des oies. *Le tadorne de Belon, blanc et roux, niche sur les côtes de la mer du Nord et de la Baltique.* – Du lat. scientif. *anas* (« canard ») *tadorna,* même sens.

tael [taɛl] n. m. Ancienne unité monétaire chinoise. – Du malais *tahil, tail,* par le portug.

tænia. V. ténia.

taffetas [tafta] n. m. Étoffe de soie mince tissée comme la toile. ▷ *Taffetas gommé :* sparadrap servant à rapprocher les lèvres d'une coupure. – Ital. *taffeta,* du turco-persan *taftâ,* « tissé ».

tafia [tafja] n. m. Vieilli Eau-de-vie fabriquée avec les mélasses de canne à sucre. *La plupart des rhums du commerce sont des tafias.* – Mot créole, de *ratafia.*

tag [tag] n. m. (Anglicisme) Graffiti peint ou dessiné qui figure un nom, une signature, un parafe. – Mot angl., « marque, étiquette ».

tagalog [tagalɔg] ou **tagal** [tagal] n. m. LING Langue officielle de la rép. des Philippines, archipel et État d'Asie du S.-E. *Le tagalog est la langue (malayo-polynésienne) des Tagals, population philippine d'origine malaise.* – Du malais *taga,* « indigène ».

tagète ou **tagette** [taʒɛt] n. m. BOT Plante ornementale (genre *Tagetes,* fam. composées), dont la rose d'Inde et l'œillet d'Inde sont des espèces. – De *Tages,* divinité étrusque.

tagger (Anglicisme) ou **tagueur** [tagœʀ] n. m. Personne qui dessine des tags et, *par ext.,* graffiteur. *Les taggers sont les nouveaux graffiteurs à la mode américaine.* – De *tag.*

tagliatelles [taljatɛl] n. f. pl. (Rare au sing.) Pâtes alimentaires en forme de lamelles longues et minces. – Mot ital., « petites tranches », de *tagliare,* « découper ».

tahitien, enne [taisjɛ̃, ɛn] adj. et n. De Tahiti, la plus importante des îles de la Société (archipel de la Polynésie française). ▷ Subst. *Un(e) Tahitien(ne).*

taïaut! ou **tayaut!** [tajo] interj. VEN Cri du chasseur pour lancer sa meute sur la bête. – Onomat.

taïchi [tajʃi] ou **taï chi chuan** [tajʃiʃwan] n. m. Gymnastique chinoise, pratique liée au taoïsme, dont le but est l'équilibre intérieur et la libération de l'énergie. – Mot chinois.

taie [tɛ] n. f. **1.** Enveloppe de tissu dont on recouvre un oreiller ou un traversin. **2.** MED Opacité cicatricielle de la cornée. – Du lat. *theca,* gr. *thêkê,* « étui, fourreau ».

taifa [taifa] n. m. HIST *Royaume de taifas* : petits États nés, en Espagne musulmane, de l'éclatement du califat omeyyade de Cordoue (1031) et conquis par les Almoravides de 1090 à 1110. – Mot ar., «clan».

taïga [tajga] n. f. Forêt de conifères du nord du Canada et de l'Eurasie. – Mot russe.

taillable [tajabl] adj. HIST Sujet soumis à la taille (sens I, 5). – Fig. *Taillable et corvéable à merci* : bon pour toutes les corvées. – De *taille*.

taillade [tajad] n. f. **1.** Rare Coupure, entaille dans les chairs. *Se faire une taillade au menton.* Syn. estafilade. **2.** Anc. Fente en long dans un vêtement. *Pourpoint à taillades.* – Ital. *tagliata*, même rac. que *tailler*.

taillader [tajade] v. tr. [1] Faire des taillades à, sur. – De *taillade*.

taillage [tajaʒ] n. m. TECH Usinage (de certaines pièces). *Taillage d'engrenages.* – De *taille*.

taillanderie [tajɑ̃dʀi] n. f. Industrie, commerce du taillandier; produits de cette industrie. – De *taillandier*.

taillandier, ère [tajɑ̃dje, ɛʀ] n. Vx Personne qui fabrique ou qui vend des outils à tailler (haches, marteaux, etc.). – Du ppr. de *tailler*.

taille [taj] n. f. **I. 1.** Vx Tranchant d'une épée. ▷ *Frapper d'estoc et de taille*, de la pointe et du tranchant. **2.** Action de couper, de tailler; manière dont certaines choses sont taillées. *Taille d'une pierre.* ▷ ARCHI, CONSTR *Pierre de taille* : pierre taillée pour être employée dans une construction. ▷ ARBOR Coupe de branches d'arbres ou d'arbustes effectuée pour leur donner une certaine forme, pour améliorer la production des fruits, pour favoriser leur croissance, etc. *Taille des arbres fruitiers, de la vigne.* **3.** Coupure, incision. ▷ BX-A Incision faite au burin sur une planche de cuivre, de bois. *Laisser peu d'encre au fond des tailles.* ▷ CHIR *Taille vésicale* : intervention destinée à extraire les calculs de la vessie. **4.** BOT Bois qui commence à repousser après avoir été coupé. *Une taille de deux ans.* **5.** Anc. Morceau de bois sur lequel certains marchands (boulangers, notam.) marquaient par des encoches la quantité de marchandise qu'ils vendaient à crédit. ▷ HIST (Parce que les collecteurs marquaient sur une *taille* ce qu'ils avaient perçu.) Impôt qui était dû, sous l'Ancien Régime, par les seuls roturiers (parce qu'ils ne pratiquaient pas le métier des armes). **6.** Syn. anc. de *ténor*. **II. 1.** Dimensions du corps de l'homme ou des animaux, et partic. sa hauteur; stature. *À vingt-cinq ans, l'homme a atteint sa taille adulte. Personne de grande taille.* ▷ Fig. *Être de taille à* : être capable de. *Être de taille à se défendre, à lutter.* – Absol. *Abandonnez, vous n'êtes pas de taille.* **2.** Dimensions d'un objet; format. *Des grêlons de la taille d'un œuf de pigeon.* ▷ Fam. *De taille* : de grande dimension, important. *Il y a une erreur, et de taille!* **3.** Dimensions normalisées d'un vêtement, correspondant à un type de stature. *Cet article n'existe pas en grandes tailles. Tailles 40, 42.* **4.** Vx Conformation du corps depuis les épaules jusqu'à la ceinture; buste. – Mod. Partie où le corps s'amincit sous les dernières côtes avant de s'élargir aux hanches. *Taille fine, épaisse. Tour de taille.* – Vieilli *Sortir en taille*, sans manteau ni veste. ▷ Fig. *Taille de guêpe*, très fine. – Partie d'un vêtement qui marque cette partie du corps. *La mode est aux tailles basses.* – Déverbal de *tailler*.

taillé, ée [taje] adj. **1.** Coupé d'une certaine façon. *Haies taillées. Diamant taillé en rose.* **2.** Qui a une certaine taille, une certaine stature. *Être taillé en hercule.* **3.** Fig. *Taillé pour* : fait pour; capable de. *Il est taillé pour réussir.* – Pp. de *tailler*.

taille-crayon(s) [tajkʀɛjɔ̃] n. m. Petit instrument à lame(s), servant à tailler les crayons. *Des taille-crayon(s).* – De *tailler*, et *crayon*.

taille-douce [tajdus] n. f. Gravure faite au burin sur une plaque généralement en cuivre (par oppos. à *eau-forte*). – Estampe tirée sur une plaque ainsi travaillée. *Des tailles-douces.* – De *taille*, et *doux*.

tailler [taje] v. [1] **I.** v. tr. **1.** Vx Couper, trancher. ▷ Mod. *Tailler en pièces une armée*, l'anéantir. **2.** Couper, retrancher les parties superflues de (une chose) pour lui donner une certaine forme, pour la rendre propre à un usage. *Tailler une pierre, un diamant. Tailler en biseau.* **3.** Prélever à l'aide d'un instrument tranchant (une partie d'un tout) selon la forme, les dimensions voulues. *Le boucher taillait d'épaisses tranches dans le filet.* ▷ Cour. *Tailler un vêtement*, couper dans l'étoffe les morceaux qui le formeront. ▷ Fig., fam. *Tailler une bavette**. **4.** HIST Soumettre à la taille (sens I, 5). *Tailler une province.* **II.** v. intr. Faire une (des) entaille(s). *Tailler dans le vif.* **III.** v. pron. **1.** Fig. Prendre, obtenir pour soi. *Il s'est taillé un vif succès. Se tailler la part du lion.* **2.** Fam. Partir rapidement, s'enfuir. *Viens, taillons-nous!* – Du lat. pop. *taliare*, propr. «tailler des boutures», du class. *talea*, «bouture, scion».

taillerie [tajʀi] n. f. TECH Art de tailler les cristaux et les pierres précieuses. ▷ Atelier où on les taille. – De *taille*.

tailleur [tajœʀ] n. m. **1.** *Tailleur de* : ouvrier, artisan qui taille (un objet, un matériau). *Tailleur de pierre.* **2.** *Absol.* Ouvrier, artisan qui confectionne des costumes masculins sur mesure. ▷ (En loc.) *Assis en tailleur* : assis les jambes repliées et croisées à plat, avec les genoux écartés (position dans laquelle les tailleurs avaient l'habitude de travailler). **3.** Costume féminin, composé d'une jupe et d'une veste du même tissu. – De *tailler*.

tailleuse [tajøz] n. f. **1.** Vx Couturière. **2.** TECH Machine servant à tailler des engrenages. – De *tailleur*.

taillis [taji] n. m. Dans un bois, une forêt, etc., ensemble de très jeunes arbres provenant des drageons ou des rejets des souches d'arbres abattus quelques années auparavant. ▷ *Pratiquer un taillis* : effectuer des coupes rapprochées dans le temps. – De *tailler*.

tailloir [tajwaʀ] n. m. ARCHI Partie supérieure du chapiteau d'une colonne, sur laquelle repose l'architrave ou la retombée des voûtes. – De *tailler*.

tain [tɛ̃] n. m. TECH Amalgame d'étain dont on revêt l'envers d'une glace pour qu'elle réfléchisse la lumière. – Altér. d'*étain*.

taire [tɛʀ] v. [72] **I.** v. tr. **1.** Ne pas dire. *Taire un secret.* **2.** Fig. Ne pas manifester, ne pas exprimer. *Taire sa douleur.* **II.** v. pron. **1.** Garder le silence, s'abstenir de parler. *Taisez-vous, votre bavardage me fatigue.* – Ne pas révéler, passer sous silence. *Se taire sur un point.* **2.** (Sujet n. de chose.) Cesser de se faire entendre. *Les canons se sont tus.* **3.** (Avec ellipse du pron.) *Faire taire* : imposer le silence à. – Fig. Empêcher de s'exprimer, de se manifester. *Une indemnisation a fait taire le mécontentement.* – Réfection de l'anc. v. *taisir*, du lat. *tacere*, «taire».

taiwanais, aise [tajwanɛ, ɛz] adj. et n. De Taiwan, autre nom de Formose, île au S.-E. de la Chine continentale. ▷ Subst. *Un(e) Taiwanais(e).*

tajine [taʒin] n. m. CUIS Mets marocain, ragoût de viande, cuit à l'étouffée dans un récipient en terre à couvercle conique; ce récipient lui-même. – Mot ar.

take(-)off [tɛkɔf] n. m. (Anglicisme) ECON Démarrage, essor (d'une société, d'une entreprise). Syn. décollage. – Mot angl., de *to take off*, «décoller» (en parlant d'un avion).

talc [talk] n. m. Silicate hydraté naturel de magnésium; poudre de ce minéral, onctueuse au toucher, utilisée pour les soins de la peau. – Ar. *talq*.

taled [talɛd], **taleth, talleth** [tal(l)ɛt] ou **tallit** [tal(l)it] n. m. RELIG Châle dont les juifs se couvrent les épaules lorsqu'ils récitent les prières à la synagogue. – Mot hébreu *tallith*, de *tatal*, «couvrir».

talent [talɑ̃] n. m. **I.** ANTIQ GR Poids (26 kg env. pour le talent de Solon) et monnaie de compte. *Talent d'or, d'argent.* **II. 1.** Disposition, aptitude naturelle ou acquise. *Vous devriez exploiter vos talents de comédien. Le talent de plaire.* Syn. don, capacité. **2.** *Absol.* Aptitude remarquable dans un domaine, partic. artistique ou littéraire. *Avoir du talent.* **3.** Personne qui a du talent. *Cet éditeur cherche des talents nouveaux.* – Lat. *talentum*, gr. *talanton*, «plateau de balance».

talentueux, euse [talɑ̃tɥø, øz] adj. Qui a beaucoup de talent. – De *talent.*

taler [tale] v. tr. [1] Meurtrir, presser, fouler (un fruit). ▷ v. pron. *Les fruits se talent en tombant.* – Pp. adj. *Fruits talés.* – Du germ. **tâlôn*, «arracher».

taleth. V. taled.

talion [taljɔ̃] n. m. DR ANC Châtiment, infligé à un coupable, correspondant au tort qu'il a commis ou voulu commettre (cf. «œil pour œil, dent pour dent»). *Loi du talion :* code reposant sur ce type de sanctions. ▷ Fig. *Appliquer la loi du talion :* se venger avec une rigueur égale à celle dont on a été victime. – Lat. *talio*, de *talis*, «tel».

talipot ou **tallipot** [talipo] n. m. BOT Grand palmier (*Borassus flabellifer*) de Ceylan et du sud de l'Inde, dont les larges feuilles palmées furent utilisées autrefois pour l'écriture. – De l'hindi *talpat.*

talisman [talismɑ̃] n. m. **1.** Objet sur lequel sont gravés des signes consacrés, auquel on attribue des vertus magiques. Syn. amulette, porte-bonheur, gri-gri. **2.** Fig. Atout, pouvoir infaillible. *Son charme est pour elle un puissant talisman.* – Ar. *tilsam*, *tilasm*, du bas gr. *telesma*, «rite religieux».

talismanique [talismanik] adj. Rare Qui a rapport aux talismans; qui a les vertus d'un talisman. – De *talisman.*

talitre [talitʀ] n. m. ZOOL Petit crustacé dont une espèce, *Talitrus saltator*, dite cour. *puce de mer*, vit sous les algues échouées. – Lat. zool. *talytrus*, de *talitrum*, «chiquenaude», à cause du saut de l'animal.

talkie-walkie [tokiwoki] n. m. (Faux américanisme.) Poste radioélectrique émetteur et récepteur portatif, de faible encombrement et de faible portée. *Des talkies-walkies.* – Amér. *walkie-talkie*, d'un mot des Antilles, *telkee-(talkee)*, «bavardage», et de l'angl. *walk*, «promenade».

talk-show [tokʃo] n. m. (Anglicisme) AUDIOV Débat télévisé entre un animateur et un ou plusieurs invités. – Mot angl.

tallage [talaʒ] n. m. AGRIC Émission de talles, notam. au printemps, par les céréales. – De *taller.*

talle [tal] n. f. AGRIC Tige adventive qui se développe au pied d'une tige principale. – Lat. *thallus*, gr. *thallos*, «rameau, pousse».

taller [tale] v. intr. [1] AGRIC Émettre des talles. *Le blé talle.* – De *talle.*

talleth. V. taled.

tallipot. V. talipot.

tallit. V. taled.

talmud [talmud] n. m. (Avec une majuscule) Transcription de la tradition orale juive, ouvrage fondamental destiné à servir de code du droit judaïque, canonique et civil. ▷ Livre contenant les textes du Talmud. *Un talmud ancien.* – Mot hébreu, propr. «étude, enseignement».

ENCYCL Le Talmud comprend deux parties : la *Mishna*, étude des principes religieux, et son commentaire en vue des applications pratiques : la *Gemara.* Il comporte deux versions : l'une, produite par les académies rabbiniques de Palestine, est le *Talmud de Jérusalem* (déb. IIIe s.). L'autre, mise en forme par les académies de Mésopotamie, ou *Talmud de Babylone* (IVe-VIe s.), plus complète, distingue avec netteté la *Halakha* (lois religieuses, civiles) et la *Haggadah* (tradition morale, philosophique, ésotérique, historique).

talmudique [talmydik] adj. Qui appartient, se rapporte au Talmud. *Recueil talmudique.* – De *Talmud.*

talmudiste [talmydist] n. m. Didac. Érudit versé dans l'étude du Talmud. – De *Talmud.*

1. taloche [talɔʃ] n. f. Fam. Gifle. *Le gamin a reçu une taloche, il ne l'avait pas volée.* – De *taler.*

2. taloche [talɔʃ] n. f. TECH Planche munie d'un manche utilisée pour l'exécution des enduits. – Spécialisation de l'a. fr. *talevaz*, «bouclier», p.-ê. d'orig. gaul. avec infl. de *taloche* 1.

talocher [talɔʃe] v. tr. [1] Fam. Donner une taloche à. – De *taloche* 1.

talon [talɔ̃] n. m. **1.** Partie postérieure du pied, dont le squelette est formé par le calcanéum. ▷ Loc. fig. *Avoir l'estomac dans les talons :* avoir grand-faim. – *Être sur les talons de qqn*, le suivre de près. – *Montrer, tourner les talons :* s'enfuir. ▷ Loc. fig. *Talon d'Achille :* point vulnérable (par allus. à la flèche avec laquelle Pâris atteignit Achille au talon, seul endroit vulnérable de son corps). ▷ MED VET Point du sabot des ongulés où la paroi se replie postérieurement pour se porter en dedans. **2.** Partie d'un soulier, d'un bas dans laquelle se loge le talon. *Chaussettes, bas à talons renforcés.* ▷ Pièce saillante en hauteur ajoutée en cet endroit sous la semelle. *Talons hauts, plats.* **3.** Dans un registre, un carnet à souche, partie inamovible (par oppos. aux feuillets détachables). *Conserver les talons de chèques.* **4.** Ce qui reste d'une chose entamée. *Un talon de saucisson, de pain.* **5.** JEU Ce qui reste de cartes après la distribution aux joueurs. **6.** ARCHI Moulure à double courbure, concave en bas, convexe en haut. **7.** TECH Extrémité inférieure ou postérieure de divers objets. ▷ MAR Extrémité postérieure de la quille d'un navire. – Lat. pop. **talo, talonis*, class. *talus.*

talonnade [talɔnad] n. f. SPORT Au football, action de frapper le ballon avec le talon. – De *talon.*

talonnage [talɔnaʒ] n. m. **1.** MAR Fait de talonner, de heurter le fond. **2.** SPORT Au rugby, action de talonner le ballon. – De *talonner.*

talonnement [talɔnmɑ̃] n. m. Action de talonner (un animal). ▷ Fig. Harcèlement. – De *talonner.*

talonner [talɔne] v. [1] **I.** v. tr. **1.** Suivre, poursuivre (qqn) de très près. *Les ennemis les talonnaient.* **2.** *Talonner un cheval*, l'éperonner. ▷ Fig. Presser sans répit, harceler. *Les créanciers le talonnent.* **3.** SPORT *Talonner le ballon* ou, absol., *talonner :* au rugby, sortir le ballon d'une mêlée à coups de talon. **II.** v. intr. MAR En parlant d'un navire, heurter le fond avec l'arrière de la quille, mais sans s'échouer. – De *talon.*

talonnette [talɔnɛt] n. f. **1.** Petite plaque de cuir, de liège, placée sous le talon du pied, à l'intérieur d'une chaussure. **2.** Partie de tricot renforçant le talon d'une chaussette, d'un bas. **3.** Ruban de tissu très résistant que l'on coud à l'intérieur des bas de pantalons pour les renforcer. – Dimin. de *talon.*

talonneur [talɔnœʀ] n. m. SPORT Au rugby, avant de première ligne, chargé de talonner le ballon dans la mêlée fermée. – De *talonner.*

talonnière [talɔnjɛʀ] n. f. MYTH Chacune des ailes que Mercure porte aux talons. – De *talon.*

talquer [talke] v. tr. [1] Enduire, saupoudrer de talc, frotter avec du talc. – De *talc.*

talqueux, euse [talkø, øz] adj. MINER Qui est formé de talc, ou en contient. *Schiste talqueux.* – De *talc.*

1. talus [taly] n. m. **1.** Terrain en pente formant le côté d'une terrasse, le bord d'un fossé, etc. ▷ GEOGR *Talus continental* : brusque rupture de pente, qui interrompt du côté du large la partie sous-marine de la plate-forme continentale. **2.** TECH Inclinaison, pente donnée à des élévations de terre, à des constructions verticales pour qu'elles soient soutenues. *Talus d'une muraille.* – Du lat. *talutium*, du gaul. *talo*, « front ».

2. talus [taly] adj. m. MED *Pied talus*, pied bot qui, exagérément fléchi sur la jambe, ne touche le sol que par le talon. – Mot lat.

talweg ou **thalweg** [talvɛg] n. m. GEOGR Ligne imaginaire qui joint les points les plus bas d'une vallée et suivant laquelle s'écoulent les eaux. ▷ Par anal. METEO Vallée barométrique, prolongement d'une zone de basses pressions entre deux zones de hautes pressions. Ant. dorsale. – Mot all., de *Tal*, « vallée », et *Weg*, « chemin ».

tamandua [tamɑ̃dɥa] n. m. ZOOL Petit fourmilier à queue préhensile (*Tamandua tetradactyla*), xénarthre non cuirassé d'Amérique du S. et centrale, mi-terrestre, mi-arboricole. – Mot tupi, par le portug.

tamanoir [tamanwaʀ] n. m. Grand fourmilier* (*Myrmecophaga tridactyla*) d'Amérique du S., à la fourrure abondante, à la queue en panache. *Le tamanoir attrape, avec sa longue langue visqueuse, les fourmis dont il se nourrit.* – De *tamanoa*, mot d'une langue amérindienne des Antilles, même rac. que *tamandua*.

1. tamarin [tamaʀɛ̃] n. m. BOT Fruit (gousse) du tamarinier, aux propriétés laxatives. ▷ *Par ext.* Tamarinier. – Lat. médiév. *tamarindus*, ar. *thamar hindi*, « datte de l'Inde ».

2. tamarin [tamaʀɛ̃] n. m. ZOOL Petit singe omnivore d'Amérique du S., à longue queue non préhensile, vivant en troupes nombreuses dans les forêts tropicales. – Mot amérindien d'Amazonie.

tamarinier [tamaʀinje] n. m. Grand arbre à fleurs en grappes (*Tamarindus indica*, fam. césalpiniacées), haut de 20 à 25 m, originaire des régions sèches du sud du Sahara et de l'Inde, cultivé dans toutes les régions chaudes pour son magnifique ombrage et ses fruits. – De *tamarin* 1.

tamaris [tamaʀis] ou **tamarix** [tamaʀiks] n. m. Arbre ou arbuste ornemental (genre *Tamarix*), à feuilles écailleuses, étroitement serrées sur des rameaux mous, et à petites fleurs roses en épi, qui croît dans les sables littoraux. – Bas lat. *tamariscus*, probabl. de l'ar. V. tamarin 1.

tamaya [tamaja] n. m. Plante ornementale de la famille des bégonias, originaire d'Amérique du S., qui fleurit plusieurs fois par an. – Nom déposé.

tambouille [tɑ̃buj] n. f. Fam. **1.** Mauvaise cuisine. **2.** Plaisant Cuisine. *Faire la tambouille.* – P.-ê. abrév. de *pot-en-bouille*, var. de *pot-bouille*.

tambour [tɑ̃buʀ] n. m. **I. 1.** MUS Instrument à percussion, cadre cylindrique sur lequel sont tendues deux peaux et que l'on fait résonner au moyen de deux baguettes. *Battre du tambour.* ▷ Loc. *Tambour battant* : au son du tambour. – Fig. *Mener une affaire tambour battant*, rondement, avec énergie. – Fig., fam. *Raisonner comme un tambour* (par jeu de mots avec *résonner*), d'une façon absurde. – Fig., fam. *Sans tambour ni trompette* : discrètement, sans bruit. ▷ *Tambour de basque* : petit cerceau de bois garni de grelots, dont une face est recouverte d'une peau tendue sur laquelle on frappe avec les doigts. **2.** Personne qui bat du tambour. *Tambour de ville* : crieur public qui faisait diverses annonces au son du tambour. ▷ *Tambour-major* : V. ce mot. **II.** (Par anal. de forme.) **1.** TECH Pièce de forme cylindrique. *Tambour d'un treuil, d'un enregistreur de température. Frein à tambour*, dans lequel les garnitures viennent s'appliquer contre une partie cylindrique, solidaire de la roue. ▷ INFORM *Tambour magnétique* : cylindre magnétique sur lequel on enregistre les informations et qui équipe certains ordinateurs. ▷ Petit métier en forme d'anneau sur lequel on tend une étoffe pour la broder à l'aiguille. **2.** ARCHI Chacune des pierres cylindriques constituant le fût d'une colonne. **3.** CONSTR À l'entrée d'un édifice, portes vitrées tournant autour d'un même axe. – Petit vestibule comprenant plusieurs portes, destinées à garantir contre le froid et les courants d'air. – P.-ê. du persan *tabir*, nasalisé sous l'infl. de l'ar. *tŭnbūr, tănbūr*, sorte de guitare.

tambourin [tɑ̃buʀɛ̃] n. m. **1.** MUS Tambour de forme allongée que l'on bat d'une seule baguette, en s'accompagnant quelquefois du galoubet ou d'une flûte. *Tambourin provençal.* ▷ Cour., *abusiv.* Tambour* de basque. **2.** Anc. Cercle de bois tendu de peau, avec lequel on jouait à se renvoyer des balles. **3.** Anc. Air de danse assez vif dont on marquait la mesure sur le tambourin. – De *tambour*.

tambourinage [tɑ̃buʀinaʒ] n. m. Action de tambouriner. – De *tambouriner*.

tambourinaire [tɑ̃buʀinɛʀ] n. **1.** Personne qui joue du tambourin provençal. **2.** Joueur de tambour, de tam-tam. Syn. tambourineur. – Mot provenç.

tambourinement [tɑ̃buʀinmɑ̃] n. m. Roulement de tambour. ▷ *Par ext.* Bruit semblable au roulement du tambour. *Le tambourinement de la pluie sur une verrière.* – De *tambouriner*.

tambouriner [tɑ̃buʀine] v. [1] **I.** v. intr. **1.** Battre le tambour ou le tambourin. **2.** Produire (avec les doigts, par ex.) des roulements semblables à ceux du tambour. *Tambouriner sur une table avec ses doigts.* **II.** v. tr. **1.** Jouer sur le tambour ou sur le tambourin. *Tambouriner la charge.* **2.** Fig. Annoncer à grand bruit. *Elle tambourina partout la nouvelle.* – De *tambourin*.

tambourineur, euse [tɑ̃buʀinœʀ, øz] n. Personne qui joue du tambour, du tam-tam. – De *tambouriner*.

tambour-major [tɑ̃buʀmaʒɔʀ] n. m. Sous-officier qui commande à la clique ou aux seuls tambours d'un régiment. *Des tambours-majors.* – De *tambour*, et *major*.

tamier [tamje] n. m. BOT Plante grimpante, vivace (genre *Tamus*, fam. dioscoréacées), à baies rouges charnues, commune dans les haies et les bois. – Du lat. *taminia (uva)*, « (raisin) sauvage », confondu avec *thamnum*, du gr. *thamnos*, « buisson, arbrisseau ».

tamil. V. tamoul.

tamis [tami] n. m. **1.** Instrument formé d'un treillis de crin, de soie, de fil de fer, monté sur un cadre généralement cylindrique et destiné à trier des matières pulvérulentes ou à passer des liquides épais. **2.** Fig. *Passer au tamis* : passer au crible, vérifier, contrôler méticuleusement. *Passer au tamis le passé de qqn.* – Lat. pop. **tamisium*, probabl. d'orig. gaul.

tamisage [tamizaʒ] n. m. Action de tamiser. – De *tamiser*.

tamiser [tamize] v. [1] **I.** v. tr. **1.** Faire passer dans un tamis. *Tamiser du sable.* **2.** Laisser passer en adoucissant. *Tamiser les sons, la lumière.* – Pp. adj. *Lumière tamisée.* **II.** v. intr. TECH Subir le tamisage. *Sable qui tamise facilement.* – De *tamis*.

tamiserie [tamizʀi] n. f. TECH Fabrique, commerce de tamis, de sas, de cribles. – De *tamis*.

tamiseur, euse [tamizœʀ, øz] n. **1.** Personne spécialisée dans le tamisage de certaines matières. **2.** n. m. Instrument utilisé pour tamiser les cendres. **3.** n. f. Machine à tamiser (utilisée partic. dans l'industrie alim.). – De *tamiser*.

tamisier, ère [tamizje, ɛʀ] n. TECH Personne qui fabrique, qui vend des tamis. – De *tamis*.

tamoul, e [tamul] ou **tamil, e** [tamil] adj. et n. Qui se rapporte aux Tamouls, peuple mélano-indien de l'Inde du S.-E. et du Sri Lanka (autref. *Ceylan*). ▷ Subst. *Un(e) Tamoul(e)* ou *un(e) Tamil(e).* ▷ n. m. Langue dravidienne parlée dans le sud-est de l'Inde et au Sri Lanka. – De *davila* en pāli; *dramila* en sanskrit.

tamouré [tamuʀe] n. m. Danse de Polynésie. – Mot polynésien.

tampico [tɑ̃piko] n. m. Crin végétal provenant des feuilles d'un agave du Mexique, utilisé pour la fabrication des cordes et la confection des matelas. – Du nom de la ville de *Tampico*, d'où provient ce crin.

tampon [tɑ̃pɔ̃] n. m. **I.** Pièce découpée dans une matière dure, ou masse de matière souple comprimée, servant à boucher une ouverture, à étancher un liquide. *Tampon de bois, de liège, de tissu.* **1.** Pièce de bois, de fibre, etc., dont on garnit un trou pratiqué dans un mur, ou dans un objet quelconque, pour y enfoncer un clou, une vis. **2.** TECH Cylindre servant à contrôler les dimensions d'un trou alésé ou fileté. **3.** CONSTR Dalle, plaque qui obture un regard, un orifice. **4.** CHIR Morceau d'ouate, de gaze roulé en boule, servant à étancher le sang. ▷ Cour. *Tampon périodique* ou *hygiénique*, placé dans le vagin pendant les règles. **5.** Boule de tissu, morceau d'étoffe pressée servant à frotter un corps, à étendre un liquide. *Vernir au tampon.* **6.** *Tampon encreur* : petite masse de matière spongieuse imprégnée d'encre grasse et servant à encrer un timbre gravé ou un cachet en caoutchouc; ce timbre, ce cachet. *Tampon apposé sur une carte.* **II. 1.** CH de F Disque métallique monté sur ressort, placé par paires à l'avant et à l'arrière d'une voiture, d'un wagon et destiné à amortir les chocs. ▷ Fig. Ce qui sert à amortir les chocs, à éviter les affrontements. *Servir de tampon entre deux adversaires. État tampon*, placé entre deux États en conflit, pour éviter la lutte armée. **2.** (En appos.) CHIM *Solution tampon* : mélange sensiblement équimolaire d'un acide faible et de sa base conjuguée, dont le pH ne varie quasiment pas lors d'une dilution ou lors de l'ajout d'un acide ou d'une base. **III.** (Par anal. de forme.) Vx, fam. Casquette à fond plat que portaient les ordonnances en civil. ▷ Par ext. Arg. (des militaires) Ordonnance. – Var. nasalisée de *tapon*, d'abord «cylindre de bois servant pour les canons», frq. **tappo*, «bouchon, tampon».

tamponnage [tɑ̃pɔnaʒ] n. m. Action de tamponner (sens I, 1 à 4, 6, 7), d'appliquer un liquide au moyen d'un tampon. – De *tamponner.*

tamponnement [tɑ̃pɔnmɑ̃] n. m. **1.** Action de tamponner (sens I, 3, 5); son résultat. **2.** Heurt violent entre véhicules. **3.** CHIR Introduction de mèches dans une cavité naturelle ou dans une plaie, destinée à arrêter une hémorragie. – De *tamponner.*

tamponner [tɑ̃pɔne] v. [1] **I.** v. tr. **1.** Boucher avec un tampon. **2.** Placer un tampon (sens I, 1) dans. *Tamponner un mur.* **3.** Heurter avec les tampons (sens II, 1). ▷ *Par ext.* Heurter violemment. **4.** Étendre, appliquer un liquide sur (qqch) au moyen d'un tampon (sens I, 5). **5.** Étancher, essuyer à l'aide d'un tampon d'ouate, de gaze. ▷ CHIR Effectuer le tamponnement de (une cavité, une plaie). **6.** CHIM *Tamponner une solution*, la transformer en solution tampon (sens II, 2). **7.** Apposer un tampon, un cachet sur. *Tamponner une carte.* **II.** v. pron. **1.** Se heurter violemment (véhicules). **2.** Loc. fig., fam. *S'en tamponner le coquillard* (vx œil) ou, absol., *s'en tamponner* : s'en taper, s'en battre l'œil (V. œil sens I, 4). – De *tampon.*

tamponneur, euse [tɑ̃pɔnœʀ, øz] adj. et n. **1.** adj. Qui a tamponné (un autre véhicule). *Train tamponneur.* ▷ *Autos tamponneuses* : dans une attraction foraine, petites voitures électriques garnies sur leur pourtour de pare-chocs caoutchoutés, qui se déplacent et se heurtent sur une piste. **2.** n. Personne qui tamponne (des documents). – De *tamponner.*

tamponnoir [tɑ̃pɔnwaʀ] ou rare **tamponnier** [tɑ̃pɔnje] n. m. TECH Pointe d'acier très dur servant à percer les murs, pour y loger un tampon, une cheville, etc. – De *tamponner.*

tam-tam [tamtam] n. m. **I.** MUS **1.** Instrument d'origine chinoise fait d'une plaque ronde en métal suspendue à la verticale dans un cadre et que l'on frappe avec une mailloche. *Des tam-tams.* **2.** Tambour africain. **II.** Fig., péjor. Bruit, tapage; réclame tapageuse. *Faire du tam-tam autour d'une affaire.* – Onomat. d'orig. indienne.

1. tan [tɑ̃] n. m. Écorce de chêne séchée et pulvérisée, employée pour le tannage des cuirs. V. tanin. – P.-ê. gaul. **tann*, «chêne».

2. tan ou anc. **tg** MATH Symbole de tangente.

tanagra [tanagʀa] n. m. ou f. Figurine, statuette de terre cuite (IVe-IIIe s. av. J.-C.), d'un travail très fin, représentant une femme ou un enfant. ▷ Fig. Adolescente, jeune femme remarquable par sa grâce et sa finesse. – De *Tanagra*, nom du village de Grèce (Béotie), d'où provenaient ces statuettes découvertes à la fin du Xe s.

tanaisie [tanɛzi] n. f. BOT Plante odorante (genre *Tanacetum*, fam. composées) aux fleurs jaunes vermifuges. – Du lat. pop. **tanacita*; orig. prélatine.

tancer [tɑ̃se] v. tr. [14] Litt. Réprimander, admonester. *Tancer vertement un enfant.* – Du lat. pop. **tentiare*, de *tentus*, pp. de *tendere*, «tendre, combattre».

tanche [tɑ̃ʃ] n. f. Poisson d'eau douce d'Europe (*Tinca tinca*, fam. cyprinidés), comestible, à la peau vert sombre ou dorée, qui vit sur les fonds vaseux. – Du bas lat. *tinca*, mot gaul.

tandem [tɑ̃dɛm] n. m. **1.** Anc. Cabriolet à deux chevaux attelés l'un derrière l'autre. ▷ *Attelage en tandem.* **2.** Bicyclette à deux places l'une derrière l'autre. **3.** Fig. Association de deux personnes, de deux groupements; couple. *Tandem de fantaisistes de music-hall.* – Mot angl., du lat. *tandem*, «enfin», pris au sens de «à la longue, en longueur».

tandis que [tɑ̃di(s)kə] loc. conj. **1.** (Marquant la simultanéité.) Pendant le temps que, pendant que. *Tandis que nous marchions, minuit sonna au clocher.* ▷ (Marquant l'opposition au sein d'un rapport de simultanéité.) *Tandis qu'il pleuvait à Londres, le soleil inondait Paris.* **2.** (Marquant l'opposition.) Au lieu que, alors qu'au contraire. *Il aime la société, tandis que son frère recherche la solitude.* – Du lat. *tamdiu*, «aussi longtemps», avec *s* adverbial, et *que.*

tangage [tɑ̃gaʒ] n. m. Mouvement oscillatoire d'un navire dans le plan longitudinal (par oppos. à *roulis*) sous l'action des vagues. ▷ *Par ext.* Mouvement oscillatoire autour d'un axe transversal d'un avion ou d'un véhicule terrestre. – De *tanguer.*

tangara [tɑ̃gaʀa] n. m. ORNITH Oiseau passériforme (genre princ. *Tangara*) d'Amérique tropicale au bec généralement court et épais, et au plumage éclatant. – Mot tupi, par l'esp.

tangelo [tɑ̃ʒ(ə)lo] n. m. Fruit obtenu par hybridation (mandarinier et pomelo), ayant la forme d'une mandarine. – De *tang(erine)*, et *(pom)elo.*

tangence [tɑ̃ʒɑ̃s] n. f. GEOM Position de ce qui est tangent. *Point de tangence.* – De *tangente.*

tangent, ente [tɑ̃ʒɑ̃, ɑ̃t] adj. et n. f. **1.** GEOM Qui n'a qu'un point de contact avec une courbe, une surface. *Plan tangent à une sphère. Droite tangente en un point M_0 d'une courbe*, limite (si elle existe) d'une sécante M_0M à la courbe lorsque le point M de la courbe se rapproche de M_0. *Plan tangent en un point M_0 à une surface S*, ensemble des droites tangentes aux courbes tracées sur S et passant par M_0, si ces droites sont coplanaires. ▷ n. f. Droite tangente. ▷ Loc. fig., fam. *Prendre la* *tangente :* éviter, contourner habilement une difficulté, une situation pénible ; s'esquiver. **2.** Fig. Qui se produit de justesse. *Il a été reçu à son examen, mais c'était tangent.* **3.** n. f. MATH Quotient du sinus d'un arc par son cosinus (symbole tan ou, anc., tg). **4.** n. f. Arg. (des écoles) Épée des polytechniciens. ▷ Vieilli Surveillant des épreuves écrites dans un examen. ▷ Vieilli Appariteur dans une faculté. – Lat. *tangens, tangentis,* de *tangere,* « toucher ».

tangentiel, elle [tɑ̃ʒɑ̃sjɛl] adj. **1.** GEOM Relatif à la tangente, au plan tangent. **2.** PHYS *Accélération tangentielle,* représentée par la projection du vecteur accélération sur la tangente à la trajectoire (par oppos. à *accélération normale).* ▷ *Force tangentielle :* projection d'une force sur une tangente ou un plan tangent. – De *tangente.*

tangentiellement [tɑ̃ʒɑ̃sjɛlmɑ̃] adv. Didac. D'une manière tangentielle. – De *tangentiel.*

tangerine [tɑ̃ʒ(ə)ʀin] n. f. Fruit de goût acidulé, obtenu par hybridation (mandarinier et citronnier), ayant la forme du citron et la couleur de la mandarine. – Mot angl., propr. « de Tanger », v. du Maroc.

tangibilité [tɑ̃ʒibilite] n. f. Didac. Caractère de ce qui est tangible. – De *tangible.*

tangible [tɑ̃ʒibl] adj. **1.** Qui peut être touché, perçu par le toucher. *Une réalité tangible.* **2.** Fig. Évident, manifeste. *Une vérité tangible. Des preuves tangibles.* – Bas lat. *tangibilis,* de *tangere,* « toucher ».

tangiblement [tɑ̃ʒibləmɑ̃] adv. Didac. D'une manière tangible. – De *tangible.*

tango [tɑ̃go] n. m. et adj. inv. **I.** n. m. **1.** Danse d'origine argentine, sur un rythme à deux temps ; air sur lequel on la danse. *Danser un tango.* **2.** Demi de bière mélangé à une petite quantité de grenadine. *Un tango et deux pastis. Tango panaché :* bière, limonade et grenadine. **II.** adj. inv. Couleur rouge orangé très vive. *Des rubans tango.* – Mot esp. d'Argentine.

tangon [tɑ̃gɔ̃] n. m. MAR Long espar disposé perpendiculairement à la coque, à l'extérieur d'un navire, pour amarrer les embarcations et les tenir débordées. ▷ *Par ext.* Espar servant à déborder une voile d'avant. *Tangon de spinnaker.* – P.-ê. du moyen néerl. *tange,* « tenailles » ; a. fr. *tanque.*

tangor [tɑ̃gɔʀ] n. m. Fruit obtenu par hybridation (mandarinier et oranger). – De *tang(erine),* et *or(anger).*

tangue [tɑ̃g] n. f. AGRIC Sable calcaire, vaseux, du littoral de la Manche (partic. de la baie du Mont-Saint-Michel), utilisé comme amendement. – Anc. nordique *tang.*

tanguer [tɑ̃ge] v. intr. [1] Être animé d'un mouvement de tangage (en parlant d'un bateau). ▷ Par ext. *Train qui tangue.* – *Avion qui tangue,* qui subit de courtes et fréquentes variations d'altitude dans une atmosphère turbulente. – *Un vertige qui fait tanguer,* par défaut d'équilibre. – P.-ê. de l'anc. nordique *tangi,* « pointe » ; a. fr. *tangre.*

tanguière [tɑ̃gjɛʀ] n. f. Rég. Lieu où l'on trouve la tangue. – De *tangue.*

tanière [tanjɛʀ] n. f. **1.** Caverne, lieu abrité servant d'abri à une bête carnivore. *Un loup dans sa tanière.* **2.** *Par ext.* Logis misérable, taudis. **3.** Habitation où l'on se retire, où l'on mène une vie solitaire. *Rester dans sa tanière.* – Du lat. pop. *taxonaria,* du gaul. *taxo,* « blaireau » ; a. fr. *taisniere.*

tanin ou **tannin** [tanɛ̃] n. m. **1.** Substance astringente très abondante dans l'écorce de certains arbres (chêne, châtaignier) et utilisée dans le traitement des peaux pour les rendre imperméables et imputrescibles. **2.** *Tanin du vin,* fourni par les pellicules, les rafles et les pépins de raisin (antiseptique qui facilite la conservation et le vieillissement). – De *tan.*

tanisage ou **tannisage** [tanizaʒ] n. m. TECH Action de taniser. – De *tan(n)iser.*

taniser ou **tanniser** [tanize] v. tr. [1] TECH **1.** Mettre du tan dans (une poudre, un liquide). **2.** Ajouter du tanin à (un vin, un moût). – De *tan.*

tank [tɑ̃k] n. m. **1.** Grand réservoir servant à l'irrigation, en Inde. **2.** Grand réservoir cylindrique à usage industriel. – *Spécial.* Citerne d'un navire pétrolier. ▷ Petit réservoir à eau des campeurs. **3.** Vieilli Char de combat, blindé. – Mot angl. *tank,* « réservoir ».

1. tanka [tɑ̃ka] n. m. inv. Didac. Bannière peinte du culte tantrique, au Népal et au Tibet. – Mot sanskrit.

2. tanka [tɑ̃ka] n. m. Didac. Dans la littérature japonaise, poème court, formé de 31 syllabes. *« Tanka(s) et haïku(s) constituent toute la poésie japonaise »* (René Sieffert). – Mot jap.

tanker [tɑ̃kœʀ ; tɑ̃kɛʀ] n. m. (Anglicisme) Navire-citerne spécialement aménagé pour le transport des combustibles liquides. Syn. (off. recommandés) : navire-citerne, pétrolier. – Mot angl., de *tank,* « réservoir ».

tankiste [tɑ̃kist] n. m. MILIT Membre de l'équipage d'un char de combat. – De *tank.*

tannage [tanaʒ] n. m. Ensemble des opérations ayant pour but de transformer les peaux en cuir. *Tannage végétal. Tannage minéral* (au chrome, notam.). – De *tanner.*

tannant, ante [tanɑ̃, ɑ̃t] adj. **1.** TECH Qui sert à tanner les peaux. *L'alun de chrome est une substance tannante.* **2.** Fig., fam. Qui importune, lasse par son insistance. – Ppr. de *tanner.*

tanne [tan] n. f. **1.** TECH Marque brune qui reste sur une peau après le tannage. **2.** Syn. pop. de *kyste* sébacé.* – Déverbal de *tanner.*

tanné, ée [tane] adj. et n. f. **I.** adj. **1.** Qui a été tanné. *Peaux tannées.* **2.** Qui a pris une couleur brun clair, semblable à celle du tan. *Visage tanné* (par la vie au grand air). **3.** Qui ressemble au cuir. *Mains à la peau tannée.* **II.** n. f. **1.** TECH Tan ayant servi au tannage et dépourvu de son tanin. **2.** Pop. Volée de coups. ▷ Fig. *Recevoir une tannée :* essuyer une défaite. – Pp. de *tanner.*

tanner [tane] v. tr. [1] **1.** Préparer (les peaux) avec du tan ou des substances analogues, pour les transformer en cuir. ▷ Abusiv. *Tanner des cuirs.* – Fig., fam. *Tanner le cuir à qqn,* le battre. **2.** Donner à (la peau du corps) la couleur brune du tan. **3.** Fig., fam. Lasser, agacer, harasser. *Cet enfant me tanne avec ses questions !* – De *tan.*

tannerie [tanʀi] n. f. **1.** Lieu où l'on tanne les peaux. **2.** Métier, commerce du tanneur. – De *tanner.*

tanneur, euse [tanœʀ, øz] n. Personne qui tanne les peaux ou qui vend des peaux tannées. – De *tanner.*

tannin. V. tanin.

tannique [tanik] adj. CHIM, TECH Qui contient du tanin. *Acide tannique.* – De *tan.*

tannisage, tanniser. V. tanisage, taniser.

tanrec ou **tenrec** [tɑ̃ʀɛk] n. m. ZOOL Petit mammifère insectivore de Madagascar au nez en forme de trompe (genre *Centetes*), qui tient du hérisson et de la musaraigne. (V. centète.) – De *tandraka,* var. dial. de *trandraka,* n. malgache de l'animal.

tan-sad ou **tansad** [tansad, tɑ̃sad] n. m. (Anglicisme) Siège supplémentaire d'une motocyclette, derrière celui du conducteur. *Des tan-sads* ou *des tansads.* – Abrév. angl. de *tan(dem) sad(dle),* « selle en tandem ».

tant [tɑ̃] adv. **I.** adv. de quantité. **1.** Tellement, en si grande quantité. *C'est le jour où il a tant plu.* – *Il a tant mangé !* ▷ *Tant de. Il a tant de peine. Un de ces hommes* *comme il y en a tant.* – Fam. *Tu m'en diras tant!* : tout devient clair après ce que tu viens de me dire. **2.** *Tant... que* : tellement... que, à un point tel que. *Il a tant couru qu'il est essoufflé.* – Loc. prov. *Tant va la cruche* à l'eau qu'à la fin elle se casse.* ▷ *Tant de... que* : tellement de... que, une si grande quantité de... que. *Il a tant de richesses qu'on ne saurait les compter.* **3.** (Emploi nominal.) Quantité non précisée, supposée connue des interlocuteurs. *Son bien se monte à tant.* – *Recevoir tant pour cent.* ▷ *Le tant* : tel jour du mois. *Il est parti le tant.* ▷ *Tant de. Ce costume coûte tant de francs.* ▷ *Tant et plus* : autant et plus qu'il n'en faut. **II.** *Tant que...* **1.** (Marquant la distance.) Aussi loin que. **2.** (Marquant la durée.) Aussi longtemps que. **III.** (Marquant la comparaison.) **1.** *Tant que* : autant que. *Il crie tant qu'il peut.* «*Rien ne pèse tant qu'un secret*» (*La Fontaine*). ▷ Par ext. *Tant que* (+ le v. *pouvoir*) : énormément, autant qu'on peut l'imaginer. *Mangeant tant qu'il pouvait.* – Pop. *Il gèle tant que ça peut.* ▷ Fam. *Tant que ça* : tellement, à un tel point. *Tu travailles tant que ça?* **2.** *Tant... tant...* (généralement suivi du v. *valoir*). *Tant vaut l'homme, tant vaut la terre.* **3.** *Tant... que...* : que ce soit... que ce soit, aussi bien... que... *Les partis, tant de droite que de gauche, ont protesté.* **4.** *Tant qu'à* (+ inf.) (emploi critiqué) : puisqu'il est nécessaire de. *Tant qu'à faire, j'aime mieux attendre ici.* **IV.** Loc. **1.** Loc. adv. *Tant mieux, tant pis* (pour marquer la satisfaction; le regret, le dépit). *Tant mieux pour vous. S'il échoue, tant pis!* ▷ *Tant bien que mal* : ni bien ni mal, médiocrement. ▷ *Tant soit peu* : si peu que ce soit. **2.** Loc. conj. *Tant s'en faut que* : il est très peu probable que (+ subj.). *Tant s'en faut qu'elle y consente.* ▷ *Si tant est que* : même en supposant que. ▷ *En tant que* : dans la mesure où; en qualité de, comme. – Lat. *tantum.*

1. tantale [tɑ̃tal] n. m. CHIM Élément métallique de numéro atomique Z = 73, de masse atomique 180,947 (symbole Ta). – Métal (Ta) blanc, de densité 16,65 qui fond vers 2 850 °C et bout vers 6 000 °C. – De *Tantale,* n. d'un roi de la myth. grecque, condamné par les dieux à la soif et à la faim perpétuelles, en présence d'eau et de fruits inaccessibles, par allus. à la difficulté de saturer ce métal par l'acide.

2. tantale [tɑ̃tal] n. m. ZOOL Grande cigogne (genre *Ibis* d'Afrique et d'Asie, genre *Mycteria* d'Amérique) aux rémiges et à la queue noires. – Du lat. scientif. mod. *tantalus loculator.*

1. tante [tɑ̃t] n. f. **1.** Sœur du père ou de la mère. ▷ *Tante par alliance* ou *tante* : femme de l'oncle. ▷ *Grand-tante* : sœur de l'aïeul ou de l'aïeule; femme du grand-oncle. ▷ *Tante à la mode de Bretagne* : cousine germaine du père ou de la mère. **2.** Fam., vieilli *Ma tante* : le mont-de-piété, auj. Crédit* municipal, rappel ironique d'une plaisanterie faite au XIXe s. à – ou par – ceux qui déguisaient un emprunt sur gages en prétendant avoir recours à un membre de leur famille. – Du lat. *amita,* «tante paternelle»; altér. de l'a. fr. *ante* (*ta ante*; cf. m'amie).

2. tante [tɑ̃t] ou **tantouse, tantouze** [tɑ̃tuz] n. f. Vulg., injur. Homosexuel passif, souvent maniéré et efféminé. – De *tante* 1, par métaph. (on disait aussi *mômes, cousines,* selon l'âge).

tantième [tɑ̃tjɛm] adj. et n. m. **1.** adj. Vx Qui représente tant d'une grandeur déterminée. *La tantième partie d'un bénéfice.* **2.** n. m. Tant sur une quantité déterminée. ▷ FIN Anc. Quote-part des bénéfices distribuée aux administrateurs d'une société. – De *tant.*

tantine [tɑ̃tin] n. f. (Langage enfantin.) Tante, ma tante (tante 1, sens 1). – Dimin. de *tante.*

tantinet [tɑ̃tinɛ] n. m. *Un tantinet de* : une toute petite quantité de. ▷ Loc. adv. vieilli ou plaisant *Un tantinet* : un peu, légèrement. *Être un tantinet fâché.* – Dimin. de *tant.*

tantôt [tɑ̃to] adv. (et n. m.) **1.** Vx Bientôt, presque. *Il est tantôt nuit. Voici tantôt huit jours que je l'ai vu.* **2.** Vx ou dial. Dans peu de temps, ou il y a peu de temps (dans une même journée). *À tantôt* : au revoir, à tout à l'heure. **3.** Cet après-midi, dans l'après-midi. *Si je ne pars pas ce matin, je partirai tantôt.* ▷ n. m. Rég., fam. Après-midi. *Il a passé tout le tantôt à la maison. Jeudi tantôt.* **4.** *Tantôt..., tantôt...* (marquant une alternance, une opposition) : à tel moment..., à un autre moment. *Il se porte tantôt bien, tantôt mal.* – De *tant,* et *tôt.*

tantouse ou **tantouze.** V. tante 2.

tāntra ou **tantra** [tɑ̃tʀa] n. m. Texte sacré des Indes. (Les tāntra, ou tantras, ont été rédigés en sanskrit à une date incertaine, p. -ê. entre le Xe et le XIIIe s.) (V. tantrisme.) – Mot sanskrit, «trame» (d'un tissu), puis «doctrine, règle».

tantrique [tɑ̃tʀik] adj. Didac. Qui se rapporte au tantrisme, aux tantras. *Peinture tantrique,* inspirée par des relations de signes propres au tantrisme. – De *tantra.*

tantrisme [tɑ̃tʀism] n. m. Ensemble de doctrines et de rites issus de l'hindouisme et ayant partiellement influencé le bouddhisme et le jaïnisme, dont les textes *(tantras)* proposent d'atteindre la conciliation du monde des phénomènes et du monde de l'absolu par l'utilisation totale des forces de l'esprit et du corps. – De *tantra.*

tanzanien, enne [tɑ̃zanjɛ̃, ɛn] adj. et n. De Tanzanie, État d'Afrique orientale. ▷ Subst. *Un(e) Tanzanien(ne).*

tao [taɔ] ou **dao** [daɔ] n. m. Principe (englobant de nombreuses notions) à l'origine de la vie et régulant toutes choses dans l'Univers, pour les taoïstes. – Mot chinois.

T.A.O. INFORM Sigle de *traduction assistée par ordinateur.*

taoïsme [taɔism] n. m. Système philosophique et religieux de la Chine, l'un des deux grands courants de la pensée chinoise, avec le confucianisme. – De *tao.*

ENCYCL Le taoïsme (en pinyin *daojia*) est attribué à Lao-tseu, l'auteur supposé, v. le VIe ou le Ve s. av. J.-C., du *Tao-tö-king*(en pinyin *Daodejing*). Cet ouvrage est un «recueil d'aphorismes» sur le tao et sur l'idéal du sage qui, diminuant chaque jour son activité extérieure et mentale, parvient à ne plus intervenir dans le cours des choses. À l'origine, le taoïsme enseigne le non-agir, à la différence de l'enseignement utilitariste du confucianisme. À partir du IIe s. apr. J.-C. s'est développé, autour du taoïsme, une sorte de syncrétisme magico-religieux qui recouvre un ensemble de croyances et de pratiques auxquelles président un nombre considérable de dieux et de génies.

taoïste [taɔist] n. et adj. Personne qui pratique le taoïsme. ▷ adj. Qui concerne le taoïsme, les taoïstes. – De *tao.*

taon [tɑ̃] n. m. Insecte diptère dont la femelle pique les mammifères pour sucer leur sang. – Du bas lat. *tabo, tabonis,* class. *tabanus.*

tapa [tapa] n. m. ETHNOL Étoffe faite en général avec de l'écorce de mûrier battue, d'une texture assez semblable à celle du papier, utilisée par certains peuples d'Océanie, et, plus rarement, d'Afrique et d'Amérique. – Mot polynésien.

tapage [tapaʒ] n. m. **1.** Bruit accompagné de désordre. *Tapage nocturne.* **2.** Grand retentissement que connaît une affaire, émotion qu'elle suscite dans le public; éclat, scandale. *La nouvelle a fait du tapage. Sortie d'un film, annoncée à grand tapage.* – De *taper.*

tapageur, euse [tapaʒœʀ, øz] adj. **1.** Qui fait du tapage (sens 1). *Noctambules tapageurs.* **2.** Qui provoque le tapage (sens 2); qui suscite un certain scandale par son caractère inhabituel ou provocant. *Réclame tapageuse. Conduite tapageuse.* ▷ Trop voyant, criard. *Élégance tapageuse.* – De *tapage.*

tapageusement [tapaʒøzmɑ̃] adv. De façon tapageuse. – De *tapageur*.

tapant, ante [tapɑ̃, ɑ̃t] adj. **1.** *À une (deux, trois, etc.) heure(s) tapante(s)* : à cette heure exactement, au moment précis où l'heure sonne. **2.** Rare Qui tape. *Soleil tapant.* – Ppr. de *taper*.

1. tape [tap] n. f. MAR Tampon, bouchon. *Tape d'écubier.* – Anc. provenç. *tap.*, du germ. **tappon*, néerl. *tap*, « bouchon ».

2. tape [tap] n. f. Coup donné avec la main ouverte. *Une tape amicale.* – Déverbal de *taper*.

tapé, ée [tape] adj. **1.** Vx *Fruits tapés*, aplatis et séchés au four. ▷ Mod. Trop mûr. **2.** Se dit d'un visage marqué par la fatigue, l'âge. **3.** Fam., vieilli Dit avec à-propos, particulièrement bien venu. *Une réponse tapée. Ça, comme lettre, c'est tapé!* **3.** Fam. Fou. *Mais il est tapé, celui-là!* – Pp. de *taper*.

tape-à-l'œil [tapalœj] adj. inv. et n. m. inv. Fam. Trop voyant, qui attire trop le regard; qui cherche à éblouir par son caractère ostentatoire. *Couleurs tape-à-l'œil. Un luxe tape-à-l'œil.* Ant. sobre, discret. ▷ n. m. inv. *Parvenu qui aime le tape-à-l'œil.* – De *taper*, *à*, et *œil*.

tapecul ou **tape-cul** [tapky] n. m. **1.** Porte à bascule qui s'abaisse pour fermer l'entrée d'une barrière. **2.** Balançoire constituée par une poutre reposant par le milieu sur un point d'appui. **3.** EQUIT Exercice de trot sans étriers. *Faire du tape-cul.* **4.** Petit cabriolet à deux places. **5.** *Par ext.* Voiture dont la suspension est mauvaise. **6.** MAR Voile aurique ou triangulaire établie tout à fait à l'arrière de certains bateaux et dont la bôme déborde largement la poupe. *Cotre à tapecul* ou *yawl. Des tapeculs* ou *des tape-culs*. – De *taper*, et *cul*.

tapée [tape] n. f. Fam. Grand nombre. *Une tapée d'enfants.* – Pp. fém. subst. de *taper*.

tapement [tapmɑ̃] n. m. Rare Action de taper; bruit fait en tapant. – De *taper*.

tapenade [tapnad] n. f. CUIS Spécialité provençale à base d'olives noires, d'anchois, de câpres, pilés ou écrasés, additionnés d'huile d'olive, de citron et parfois d'ail. – Provençal *tapenado*, de *tapeno*, « câpre ».

taper [tape] v. [1] **I.** v. tr. **1.** Donner une, des tapes à. *Taper un animal rétif.* – *Par ext.* Frapper, cogner. *Le ballon a tapé la barre transversale du but.* ▷ Loc. fam. *Taper le carton* : jouer aux cartes. **2.** Produire (un son) en frappant. *Taper des notes sur un piano.* **3.** *Taper à la machine* ou, ellipt., *taper* : dactylographier. *Taper une lettre.* **4.** Fig., fam. Emprunter de l'argent à (qqn). *Il m'a tapé (de) cinquante francs.* **II.** v. intr. **1.** Donner une (des) tape(s). *Taper sur l'épaule de qqn.* – Donner un (des) coup(s). *Taper avec un marteau. Taper du pied.* ▷ Loc. fig. Fam. *Taper sur qqn*, en dire du mal. – Fam. *Taper dans l'œil de qqn*, le séduire d'emblée. – *Soleil qui tape*, qui darde ses rayons, qui chauffe très fort. **2.** Fam. *Taper dans* : prélever sur, se servir de. *Taper dans ses économies. Tapez sans vous gêner dans les petits gâteaux!* **III.** v. pron. **1.** (Récipr.) Se frapper mutuellement. **2.** (Réfl.) Fam. *S'en taper* : s'en moquer, rester indifférent. **3.** Fam. S'offrir (qqch d'agréable). *Se taper un bon petit dîner.* ▷ Fam. Avoir des relations sexuelles avec. *Se taper une fille, un garçon.* **4.** Fam. Faire (qqch de pénible). *Se taper une corvée.* **5.** Pop. *Tu peux toujours te taper* : ce n'est pas la peine d'y compter. – Onomat., ou du moyen néerl. *tappe*, « patte ».

tapette [tapɛt] n. f. **I.** Petite tape. *Le premier de nous deux qui rira aura une tapette* (comptine accompagnant un jeu enfantin). **II.** **1.** Palette d'osier tressé, à long manche, pour battre les tapis. ▷ Palette souple à manche, pour tuer les mouches. **2.** Souricière, ratière à ressort, qui tue les rongeurs en les assommant. **3.** Jeu de billes dans lequel on fait taper les billes contre un mur. **4.** Fig., vieilli Langue. *Faire marcher sa tapette. Avoir une fière tapette* : avoir la langue bien pendue, être très bavard. ▷ *Par ext.* Personne très bavarde. **5.** Syn. de *tante, tantouse*. – Dimin. de *tape*.

tapeur, euse [tapœʀ, øz] n. Fam. Personne qui emprunte facilement de l'argent, qui « tape » (sens I, 4) souvent autrui. – De *taper*.

tapin [tapɛ̃] n. m. **1.** Fam., vx Celui qui bat du tambour. **2.** Arg. *Faire le tapin* : racoler, en parlant d'une prostituée; faire le trottoir. ▷ Par ext. *Un tapin* : une prostituée qui fait le trottoir. – De *taper*.

tapiner [tapine] v. intr. [1] Arg. Faire le tapin, se prostituer en racolant dans la rue. – De *tapin*.

tapineuse [tapinøz] n. f. Arg. Prostituée qui tapine, qui racole dans la rue. – De *tapiner*.

tapinois (en) [ɑ̃tapinwa] loc. adv. À la dérobée, en cachette, sournoisement. – De l'a. fr. *en tapin*, même rac. que *(se) tapir*.

tapioca [tapjɔka] n. m. Fécule extraite de la racine de manioc, séchée et réduite en flocons. *Potage au tapioca.* – Mot tupi-guarani *tipioca*, de *tipi*, « résidu, lie », et *ok*, « presser ».

1. tapir [tapiʀ] n. m. Mammifère herbivore et frugivore (genre *Tapirus*) d'Amérique tropicale et de Malaisie, dont la tête se prolonge par une courte trompe mobile. – Mot tupi.

2. tapir [tapiʀ] n. m. Arg. (de l'École normale supérieure). Élève auquel un normalien donne des leçons particulières. – De *taper* (sens I, 4), l'élève étant qqn qu'on peut taper (au sens large : qui fournit de l'argent); calembour avec tapir 1.

3. tapir (se) [tapiʀ] v. pron. [2] Se cacher en se ramassant sur soi-même, en se blottissant. – P.-ê. frq. **tappjan*, « fermer ».

tapis [tapi] n. m. **I.** **1.** Pièce d'étoffe épaisse, de forme régulière, destinée à être étendue sur le sol d'un local d'habitation pour le décorer ou le rendre plus confortable. *Tapis de Turquie, d'Iran. Tapis de haute laine.* ▷ Toute pièce de matière souple destinée à être posée sur le sol (notam. pour constituer une protection). *Tapis de bain en caoutchouc.* – *Spécial.* Natte épaisse utilisée dans certains sports pour amortir les chutes. *Tapis d'une salle de judo* (V. tatami), *d'un ring. Boxeur qui va au tapis*, qui est envoyé au sol par un coup violent. – Par anal. *Rester au tapis* : être hors d'état de réagir (face aux événements, à la concurrence, etc.) ▷ *Tapis-brosse*, placé sur un seuil, pour s'essuyer les pieds. *Des tapis-brosses.* Syn. paillasson. ▷ *Tapis de selle* : petite couverture que l'on interpose entre la selle et le dos du cheval. **2.** Pièce de tissu épais qui recouvre un meuble, une table (partic., une table de jeu ou la table d'une salle de réunion). *Mettre une grosse mise sur le tapis. Le conseil d'administration réuni autour du tapis vert.* ▷ Loc. fig. *Amuser le tapis* : jouer de petites mises; *par ext.* éviter d'aborder un sujet épineux en entretenant ses interlocuteurs de choses sans grand intérêt. – *Mettre une affaire sur le tapis* : parler d'une affaire, amener une discussion à ce sujet. **3.** Par anal. TECH *Tapis roulant.* V. roulant. **II.** *Par comp.* Ce qui recouvre une surface à la manière d'un tapis. *Un tapis de fleurs.* – Gr. byzantin *tapêtion*, « petit tapis ».

tapis-franc [tapifʀɑ̃] n. m. Vx Bouge mal famé, où se réunissaient des bandits pour préparer un mauvais coup ou partager leur butin. *Des tapis-francs.* – De *tapis*, et *franc*.

tapisser [tapise] v. tr. [1] **1.** Revêtir (une pièce, ses murs) de tapisserie, de papier peint, etc. *Tapisser un couloir.* **2.** (Sujet n. de chose.) Recouvrir en une couche mince et régulière (une surface, une paroi). *Affiches qui tapissent un mur. Membrane qui tapisse l'estomac.* – De *tapis*, au sens anc. de « tenture, étoffe ».

tapisserie [tapisʀi] n. f. **1.** Pièce d'étoffe utilisée comme décoration murale, tenture de tapisserie (sens 2 ou 3). – Loc. fig. *Être derrière la tapisserie :* être informé de ce qui est tenu secret. – *Faire tapisserie :* rester le long du mur sans bouger. (Se dit partic. d'une jeune fille, d'une jeune femme que, dans un bal, l'on n'invite pas à danser.) ▷ *Par ext.* Ce qui tapisse un mur (papier peint collé, tissu agrafé, etc.). **2.** Ouvrage tissé au métier à main, et dans lequel le dessin résulte de la façon dont les fils de trame *(duites)* sont entrecroisés avec les fils de chaîne; grande pièce d'un tel ouvrage, grand panneau destiné à revêtir et à parer une muraille. *Tapisseries de haute lisse* des Gobelins. Tapisseries de basse lisse de Beauvais et d'Aubusson. Carton de tapisserie :* maquette peinte d'après laquelle est exécutée une tapisserie. ▷ Art de la fabrication de tels ouvrages. **3.** Ouvrage à l'aiguille, broderie effectuée avec des fils de laine, de soie, etc., d'après un dessin tracé d'avance, sur un canevas spécialement destiné à cet usage. *Fauteuil recouvert de tapisserie.* ▷ Art de la confection de tels ouvrages. – De *tapis,* au sens anc. de «tenture, étoffe».

tapissier, ère [tapisje, ɛʀ] n. **I.** n. **1.** Personne qui fait des tapisseries (sens 2 et 3). **2.** Personne qui vend ou pose les tissus qui garnissent certains meubles ou qui sont utilisés dans la décoration intérieure des maisons. **II.** n. m. Celui qui vend, qui pose le papier peint, le tissu qui revêt les murs. **III.** n. f. Anc. Voiture hippomobile légère ouverte sur ses quatre faces, qui servait à transporter des tapis, des meubles. – De *tapis.*

tapon [tapɔ̃] n. m. Morceau d'étoffe, de papier, de matière souple, roulé en bouchon. – Frq. **tappo,* «bouchon, tampon».

tapotement [tapɔtmɑ̃] n. m. Action, fait de tapoter; son résultat. ▷ *Spécial.* Massage par petits coups répétés donnés avec les doigts, les mains, les poings. – De *tapoter.*

tapoter [tapɔte] v. tr. [1] Taper à petits coups répétés sur. *Tapoter les joues d'un enfant.* ▷ *Tapoter du piano,* en jouer mal ou négligemment. – De *taper.*

tapuscrit [tapyskʀi] n. m. Dans la langue de la presse et de l'édition, texte dactylographié (tapé à la machine) prêt à être composé. – Du rad. de *taper* (à la machine), et *(man)uscrit.*

taquer [take] v. tr. [1] IMPRIM **1.** Mettre au même niveau (les caractères, les lignes) au moyen du taquoir. **2.** Égaliser (une rame de papier) en tapant sa tranche sur une surface plane de manière à superposer exactement les feuilles. – P.-ê. de *tac,* onomat.

taquet [takɛ] n. m. **1.** TECH Petite pièce en matière dure (bois, métal) servant de cale, de butoir, de tampon, de repère, etc. **2.** MAR Pièce à deux oreilles solidement fixée en un point du navire ou de son gréement, et que l'on utilise pour amarrer des cordages. *Tourner une drisse au taquet.* **3.** TECH Plateau horizontal qui se fixe aux barreaux d'une échelle ou qui se pose sur les marches d'un escalier, utilisé notam. par les peintres en bâtiment. – De l'anc. normand *(es)taque;* frq. **stakka,* «poteau».

taquin, ine [takɛ̃, in] adj. et n. **1.** adj. Qui se plaît à taquiner autrui. *Un enfant taquin.* – Subst. *Un(e) taquin(e).* **2.** n. m. *Jeu de taquin* ou, ellipt., *un taquin,* fait de plaquettes mobiles portant des numéros ou les lettres de l'alphabet, et qu'il faut ranger dans l'ordre convenable. – P.-ê. de même rac. que l'a. fr. *taquehan,* «émeute», moyen néerl. *takehan.*

taquiner [takine] v. tr. [1] **1.** S'amuser à agacer (qqn) par de petites moqueries sans gravité. *Elle le taquine sans cesse.* – Loc. fam. *Taquiner le goujon :* pêcher à la ligne. *Taquiner la muse :* écrire des vers. ▷ v. pron. (Récipr.) *Cessez de vous taquiner!* **2.** (Sujet n. de chose.) Contrarier quelque peu; faire légèrement souffrir. *Cette histoire me taquine. Il a une dent qui le taquine.* – De *taquin.*

taquinerie [takinʀi] n. f. **1.** Rare Caractère d'une personne taquine. **2.** Action, parole de celui qui taquine; fait de taquiner qqn. – De *taquin.*

taquoir [takwaʀ] n. m. IMPRIM Morceau de bois qui sert à taquer (sens 1). – De *taquer.*

taquon. V. tacon.

tarabiscot [taʀabisko] n. m. TECH Cavité peu profonde entre deux moulures sur bois. ▷ Rabot qui sert à creuser cette cavité.

tarabiscoté, ée [taʀabiskɔte] adj. Surchargé d'ornements compliqués. *Décors tarabiscotés.* ▷ (Abstrait) Compliqué à l'extrême. *Esprit, raisonnement, style tarabiscoté.* – De *tarabiscot.*

tarabiscoter [taʀabiskɔte] v. tr. [1] Rendre tarabiscoté. – De *tarabiscoté.*

tarabuster [taʀabyste] v. tr. [1] **1.** Importuner en harcelant. *Tarabuster qqn pour obtenir qqch.* **2.** (Sujet n. de chose.) Tracasser. *Cette pensée me tarabuste.* – Du provenç. *tarabustar,* croisement de *tabustar,* «faire du bruit», et *rabasta,* «querelle, bruit».

tarage [taʀaʒ] n. m. Action de tarer. – De *tarer.*

tarama [taʀama] n. m. CUIS Hors-d'œuvre à base d'œufs de cabillaud salés mêlés à de la mie de pain détrempée ou à de la purée de pommes de terre et montés en émulsion avec de l'huile. – Mot roumain.

tarare [taʀaʀ] n. m. AGRIC Appareil servant à vanner et à cribler les grains mécaniquement.

tarasque [taʀask] n. f. Animal fabuleux, dragon amphibie vivant autref. dans le Rhône, selon certaines légendes provençales. ▷ Représentation de ce monstre qu'on promenait dans certaines villes du Midi (dont Tarascon), le jour de la Sainte-Marthe et de la Pentecôte. – Du provenç. *tarasco,* n. de ce monstre dompté par sainte Marthe (Ier s. ap. J.-C.), évangélisatrice de *Tarascon,* ch.-l. de cant. des Bouches-du-Rhône.

taratata! [taʀatata] interj. **1.** Fam. (Pour marquer l'incrédulité, le doute.) *Tu as eu un empêchement? Taratata! tu avais bel et bien oublié!* **2.** Onomatopée évoquant le son de la trompette de cavalerie, du clairon. – Onomat.

taraud [taʀo] n. m. TECH Outil servant à fileter les alésages. – Altér. de l'a. fr. **tareau,* var. de *tarel,* de *tarrere,* «tarière».

taraudage [taʀodaʒ] n. m. TECH Opération consistant à tarauder; son résultat. – Filetage pratiqué au moyen d'un taraud. – De *tarauder.*

tarauder [taʀode] v. tr. [1] **1.** TECH Fileter au moyen d'un taraud. **2.** Fig. Tourmenter, torturer. *Les remords le taraudent.* – De *taraud.*

taraudeuse [taʀodøz] n. f. TECH Machine-outil servant à tarauder (sens 1). – De *tarauder.*

taravelle [taʀavɛl] n. f. VITIC Rég. Plantoir à deux poignées, muni d'un étrier où appuie le pied, dont se servent les viticulteurs du Bordelais et des Charentes. – Du bas lat. *terebellum,* du class. *terebra,* «tarière».

tarbouch ou **tarbouche** [taʀbuʃ] n. m. Coiffure tronconique sans bord, en feutre rouge, ornée d'un gland de soie, portée autref. notam. par les Ottomans. – Mot arabe.

tard [taʀ] adv., adj. et n. m. **1.** Après le temps déterminé, voulu ou habituel. *Arriver trop tard.* – Prov. *Mieux vaut tard que jamais.* – *Tôt ou tard :* dans un avenir indéterminé, mais inévitablement. **2.** Vers la fin d'une période de temps déterminée. *Il a neigé tard dans l'année.* – *Spécial.* Vers la fin de la journée ou de la nuit. *Rentrer tard. Se coucher tard.* ▷ adj. *Il se fait tard.* **3.** n. m. *Sur le tard :* vers la fin de la soirée. – Fig. À un âge qui n'est plus celui de la jeunesse; vers la fin de sa vie. *Il s'est pris sur le tard d'une passion pour la peinture.* – Lat. *tarde*, «lentement», d'où «tardivement».

tarder [taʀde] v. [1] **I.** v. intr. **1.** *Tarder à* (+ inf.) : différer de (faire qqch), mettre longtemps pour. *Tarder à partir.* **2.** Mettre du temps à venir, se faire attendre. *Sa réponse n'a pas tardé.* **II.** v. impers. *Il me tarde de* (+ inf.) : j'ai hâte de. *Il me tarde de te voir. Il leur tarde de partir.* – Lat. *tardiare*, de *tardus*, «qui tarde».

tardif, ive [taʀdif, iv] adj. **1.** Qui vient, qui se fait tard. *Coucher tardif. Repentir tardif.* **2.** Se dit des végétaux comestibles qui arrivent à maturité après les autres de même espèce. *Haricots tardifs. Fraises tardives.* ▷ n. m. pl. *Des tardifs, des tardives.* – Bas lat. *tardivus*, du class. *tardus*, «qui tarde».

tardigrades [taʀdigʀad] n. m. pl. ZOOL **1.** Vx Sous-ordre de mammifères xénarthres comprenant les paresseux. **2.** Classe de métazoaires de petite taille (moins de 1 mm), proches des arthropodes, qui vivent dans l'eau ou dans les végétaux humides (mousses, lichens, etc.) et qui, en cas de sécheresse, entrent en état de vie ralentie et peuvent s'y maintenir pendant plusieurs années. – Sing. *Un tardigrade.* – Lat. *tardigradus*, «qui marche lentement»; d'abord nom savant de la tortue.

tardillon [taʀdijɔ̃] n. m. Fam., dial. Dernier enfant d'une famille, né beaucoup plus tard que les autres. – De *tard.*

tardivement [taʀdivmɑ̃] adv. D'une manière tardive. – De *tardif.*

tare [taʀ] n. f. **1.** Poids de l'emballage vide d'une marchandise, que l'on doit défalquer du poids brut pour obtenir le poids net. ▷ Poids que l'on met dans l'un des plateaux d'une balance pour équilibrer la charge de l'autre plateau, dans la méthode de la double pesée. *Faire la tare.* (Remarque : la tare est une masse.) **2.** Défaut qui entraîne une diminution de la valeur commerciale d'une marchandise, de l'objet d'une transaction. *Bois d'œuvre sans tares.* **3.** Défectuosité, physique ou psychique, diminuant les capacités fonctionnelles de l'organisme, ou affaiblissant sa résistance aux maladies. *Tares héréditaires.* **4.** Fig. Grave défaut, vice d'une personne; défectuosité, imperfection majeure (dans l'ordre des choses humaines). *Les tares d'une société.* – Ital. *tara*, de l'ar. *tarh*, «déduction, soustraction».

taré, ée [taʀe] adj. et n. **1.** Qui présente une tare (sens 2, 3 et 4). **2.** Fam. (Personnes) Fou, ridicule (par le comportement), stupide. *Il est complètement taré.* – De *tare.*

tarentelle [taʀɑ̃tɛl] n. f. Danse populaire du sud de l'Italie, au rythme rapide. – Air accompagnant cette danse. – Ital. *tarantella*, «danse de *Tarente*» (V. tarentin).

tarentin, ine [taʀɑ̃tɛ̃, in] adj. De Tarente, v. d'Italie (Pouilles). ▷ Subst. *Un(e) Tarentin(e).*

tarentule [taʀɑ̃tyl] n. f. Grosse araignée (*Lycosa tarentula*) appelée aussi *araignée-loup*, commune dans le sud de l'Italie et dont la piqûre passait autrefois pour déterminer un état morbide caractérisé par une alternance d'accès de torpeur et d'excitation. ▷ Fig., vieilli *Être piqué de la tarentule* : être en proie à une violente excitation, à une passion anxieuse. – Ital. *tarantola*, de *Taranto*, «Tarente», v. de l'Italie du Sud (Pouilles).

tarer [taʀe] v. tr. [1] Peser (un emballage, un contenant) pour pouvoir calculer le poids net d'une marchandise. – De *tare.*

taret [taʀɛ] n. m. Mollusque lamellibranche (genre *Teredo*) des eaux marines, au corps vermiforme, à la coquille réduite, qui occasionne d'importants dégâts aux ouvrages en bois immergés (coques de navire par ex.) en y forant ses galeries. – De *tarière.*

targe [taʀʒ] n. f. ARCHEOL Petit bouclier bombé en usage au Moyen Âge. – Frq. **targa.*

targette [taʀʒɛt] n. f. Petit verrou constitué d'un pêne plat ou cylindrique coulissant sur une plaquette. – Dimin. de *targe.*

targuer (se) [taʀge] v. pron. [11] Litt. *Se targuer de (qqch)* : se prévaloir avec ostentation de (qqch). ▷ (+ inf.) Se faire fort de. *Il se targue de tenir la distance.* – De *targe*; a. fr. *se targer*, littéral. «se couvrir d'une targe»; *se targer de qqn*, «se mettre sous sa protection».

targui. V. touareg.

tarière [taʀjɛʀ] n. f. **1.** TECH Outil de charpentier affectant la forme d'une très grande vrille et servant à forer des trous dans le bois. ▷ Instrument servant à forer dans le sol des trous peu profonds (pour planter des piquets, couler des pieux en ciment, etc.). **2.** ZOOL Organe térébrant au moyen duquel certaines femelles d'insectes introduisent leurs œufs dans le milieu le plus favorable à la croissance de leurs larves (bois, terre, corps d'autres insectes, etc.). Syn. oviscapte. – Du bas lat. *taratrum*, d'orig. gaul.; *tarrere*, n. m., devenu *tarière* sous l'infl. de l'anc. v. *tarier*, «forer».

tarif [taʀif] n. m. Tableau indiquant le prix de certaines marchandises, le montant de certains services ou de certains droits; ces montants eux-mêmes. *Tarif douanier. Billet à tarif réduit. Fournisseur qui relève ses tarifs.* – Ital. *tariffa*, de l'ar. *ta'rīf*, «notification».

tarifaire [taʀifɛʀ] adj. Qui concerne un tarif. – De *tarif.*

tarifer [taʀife] v. tr. [1] ou **tarifier** [taʀifje] v. tr. [2] Fixer à un montant déterminé le prix de. *Tarifer des marchandises.* – Pp. adj. Dont le prix est fixé par un tarif. *Services tarifés.* – De *tarif.*

tarification [taʀifikasjɔ̃] n. f. Fait de tarifer; son résultat. ▷ Ensemble de tarifs. – De *tarifer.*

1. tarin [taʀɛ̃] n. m. Oiseau passériforme (*Carduelis spinus*, fam. fringillidés) au plumage jaune verdâtre rayé de noir sur les ailes, hôte habituel des bois de conifères européens.

2. tarin [taʀɛ̃] n. m. Arg. Nez.

tarir [taʀiʀ] v. [2] **I.** v. tr. Mettre à sec, faire cesser de couler. *La sécheresse avait tari les sources et les puits.* ▷ Fig., litt. *Tarir les larmes de qqn.* **II.** v. intr. **1.** Être mis à sec; cesser de couler. *Cette source n'a jamais tari.* «*Des larmes qui ne semblaient pas près de tarir, abondantes et régulières*» (*M. Aymé*). **2.** Fig. *Ne pas tarir sur un sujet*, en parler sans cesse. *Ne pas tarir d'éloges sur qqn* : faire des éloges continuels de qqn. **III.** v. pron. Cesser de couler. *La rivière s'est tarie.* ▷ Fig. *Inspiration qui se tarit.* – Frq. **tharrjan*, «sécher».

tarissement [taʀismɑ̃] n. m. Action de tarir; fait de se tarir; état de ce qui est tari. – De *tarir.*

tarlatane [taʀlatan] n. f. Étoffe de coton au tissage lâche, très apprêtée. – Portug. *tarlatana*, du fr. *tiretaine.*

tarmac [taʀmak] n. m. AVIAT Partie d'un aéroport réservée à la circulation, au stationnement et à l'entretien des avions. – Abrév. de *tarmacadam.*

tarmacadam [taʀmakadam] n. m. TRAV PUBL Vx Revêtement constitué de pierres concassées agglomérées avec du goudron. – Mot angl., de *tar*, «goudron», et *macadam.*

taro [taʀo] n. m. BOT Plante des pays chauds (*Colocasia esculenta*, fam. aracées) cultivée en Afrique tropicale et en Polynésie pour son tubercule comestible riche en amidon; ce tubercule. – Mot polynésien.

tarot [taʀo] n. m. **1.** Carte à jouer de grand format également utilisée en cartomancie pour dire la bonne aventure. *Jeu de tarots* ou, ellipt., *un tarot* : jeu de soixante-dix-huit cartes qui, outre les quatre couleurs habituelles (trèfle, carreau, cœur, pique), augmentées chacune d'une figure supplémentaire (le *cavalier*), comporte une série de cartes spéciales numérotées de un à vingt et un (les *atouts*) et un joker (l'*excuse*). **2.** Jeu qui se joue avec ces cartes. – Ital. *tarocco*, d'orig. incon., p.-ê. de l'ar. *tărh*, « déduction, soustraction ».

taroté, ée [taʀɔte] adj. JEU *Cartes tarotées*, dont les dos sont imprimés de grisaille en compartiments, comme les tarots. – De *tarot*.

tarpan [taʀpɑ̃] n. m. Cheval sauvage d'Asie occidentale, dont les deux espèces, le *tarpan des forêts* et le *tarpan des steppes*, se seraient éteintes au XIXe s. – Mot kirghiz (langue turque).

tarpon [taʀpɔ̃] n. m. ICHTYOL Gros poisson marin clupéiforme (genre *Megalops*) répandu surtout près de l'embouchure des rivières de Floride. – Mot angl. d'orig. incon.

tarse [taʀs] n. m. et adj. **I.** ANAT **1.** Massif osseux formant la partie postérieure du pied de l'homme et des mammifères et comprenant une rangée postérieure constituée de deux os superposés, l'astragale et le calcanéum, et une rangée antérieure constituée de cinq os juxtaposés, le cuboïde, le scaphoïde et les trois cunéiformes. **2.** Cartilage qui forme le bord libre de la paupière. – adj. *Cartilage tarse*. **II.** ZOOL **1.** Dernier segment de la patte des insectes, composé de plusieurs articles (5 au maximum). **2.** Troisième article du pied des oiseaux. – Gr. *tarsos*, « claie ; plat du pied ».

tarsidés [taʀside] n. m. pl. ZOOL Famille de prosimiens de mœurs nocturnes de l'Asie insulaire. – Sing. *Un tarsidé*. – De *tarse*, et *-idés*.

tarsien, enne [taʀsjɛ̃, ɛn] adj. et n. m. **1.** adj. ANAT Du tarse. **2.** n. m. pl. ZOOL, PALEONT Sous-ordre de primates, nombreux à l'ère tertiaire, dont l'unique représentant actuel est le tarsier. – Sing. *Un tarsien*. – De *tarse*.

tarsier [taʀsje] n. m. ZOOL Petit primate arboricole (fam. tarsidés), carnivore, remarquable par ses yeux très développés et ses longues pattes postérieures adaptées au saut. – De *tarse*.

tarsoptôse [taʀsɔptoz] n. f. MED Affaissement de la voûte plantaire. *Avoir une tarsoptôse* : avoir les pieds plats. – De *tarse*, et *ptôse*.

1. tartan [taʀtɑ̃] n. m. **1.** Étoffe de laine à bandes de couleur se coupant à angle droit, d'origine écossaise. *Autrefois, les dessins du tartan servaient à distinguer les clans**. ▷ *Par ext.* Vêtement fait de cette étoffe. **2.** Tissu à dessin écossais. *Manteau de pluie à doublure de tartan rouge et vert*. – Mot écossais d'orig. incon.

2. tartan [taʀtɑ̃] n. m. TECH Revêtement de sol très résistant, à base de résine polyuréthane, utilisé notam. pour les installations sportives (pistes d'athlétisme, salles de gymnastique, etc.). – Nom déposé.

tartane [taʀtan] n. f. Petit voilier gréé d'une voile à antenne et d'un beaupré, très répandu autref. en Méditerranée. – Ital. *tartana*, p.-ê. de l'anc. provenç. *tartana*, « buse ».

tartare [taʀtaʀ] adj. et n. **1.** Se disait des peuples nomades de l'Asie centrale, particulièrement des tribus mongoles. ▷ Subst. *Un(e) Tartare* (V. tatar). **2.** CUIS *Sauce tartare* : mayonnaise additionnée d'oignons verts et de ciboulette. ▷ *Un steak tartare* ou, n. m., *un tartare* : viande hachée crue mêlée d'un jaune d'œuf et d'un assaisonnement relevé (par allusion à la légende qui faisait des Huns – de même origine que les tribus tartares – des mangeurs de viande crue). – Mot d'orig. turco-mongole, en russe *Tatary*, « Tatars », altéré sous l'infl. du lat. *Tartarus*, « enfer ; prison des dieux vaincus ».

tartarin [taʀtaʀɛ̃] n. m. Fam. Vantard, hâbleur, fanfaron. – De *Tartarin* de Tarascon, personnage d'Alphonse Daudet.

tarte [taʀt] n. f. et adj. **I.** n. f. **1.** Gâteau fait d'un fond de pâte brisée ou feuilletée garni de fruits et éventuellement de confiture, de compote ou de crème pâtissière. ▷ Fig. *Tarte à la crème* : argument, thème, exemple qui revient à tout propos et qui a perdu tout intérêt, toute signification (par allus. à une scène de *la Critique de l'École des femmes*, de Molière). ▷ Loc. fig., fam. *C'est pas de la tarte* : c'est difficile. **2.** Pop. Gifle. *Je vais finir par lui flanquer des tartes*. **II.** adj. Fam. Niais et ridicule. *Ce que tu peux être tarte ! Elle est tarte, ta robe !* – P.-ê. même origine que *tourte*, avec infl. du lat. médiév. *tartarum*, « tartre ».

tartelette [taʀtəlɛt] n. f. Petite tarte. – Dimin. de *tarte*.

tartempion [taʀtɑ̃pjɔ̃] n. m. Fam., péjor. (Le plus souvent avec une majuscule.) Untel*. *Vous vous adressez à la maison Tartempion, qui vous envoie un devis. Un tartempion quelconque*. – Nom burlesque, de *tarte*, et *pion*.

tartignolle ou **tartignol** [taʀtiɲɔl] adj. Fam. Niais et ridicule. *Une robe tartignole*. – De *tarte* (sens II), et suff. (p.-ê. lyonnais) *-gnolle* ou *-gnol*.

tartine [taʀtin] n. f. **1.** Tranche de pain sur laquelle on a étalé du beurre, de la confiture, etc. **2.** Fig., fam. *Une tartine, des tartines* : un discours, un texte de peu d'intérêt, qui s'étend sur un sujet (comme très peu de beurre étalé sur une tranche de pain). *Il en a écrit des tartines*. – De *tarte*.

tartiner [taʀtine] v. tr. [1] **1.** Étaler (du beurre, de la confiture, etc.) sur une tranche de pain. **2.** Fig., fam. Écrire des tartines (sens 2). – De *tartine*.

tartrate [taʀtʀat] n. m. CHIM Sel ou ester de l'acide tartrique. – De *tartre*, et *-ate*.

tartre [taʀtʀ] n. m. **1.** Dépôt calcaire laissé par l'eau sur les parois internes des chaudières, des bouilloires, etc. **2.** Dépôt produit par le vin dans un récipient. **3.** Sédiment constitué de phosphate de calcium, qui se forme sur les dents. – Bas lat. *tartarum* ; orig. obscure.

tartré, ée [taʀtʀe] adj. TECH Additionné de tartre (sens 2). – De *tartre*.

tartreux, euse [taʀtʀø, øz] adj. **1.** De la nature du tartre. **2.** Couvert de tartre ; contenant du tartre. – De *tartre*.

tartrique [taʀtʀik] adj. CHIM *Acide tartrique* : composé possédant deux fonctions acide et deux fonctions alcool, contenu dans le tartre et les lies du vin. – De *tartre*.

tartufe ou **tartuffe** [taʀtyf] n. m. Vieilli Faux dévot. ▷ Mod. Hypocrite, personne qui affiche de grands principes moraux auxquels elle ne se conforme pas. – adj. *Je vous trouve assez tartufe*. – De *Tartufo*, personnage de la comédie italienne repris par Molière en 1664.

tartuferie ou **tartufferie** [taʀtyfʀi] n. f. Conduite, façon d'agir d'un tartufe. *C'est une imposture et une tartuferie*. – De *tartufe*.

tas [tɑ] n. m. **1.** Accumulation de choses mises les unes sur les autres ; amas, monceau. *Tas de sable, de fagots*. **2.** Fig., fam. Grande quantité (de choses). *Il a un tas d'anecdotes amusantes à raconter*. ▷ Grand nombre (de personnes). *Il a un tas, des tas d'amis*. – *Tirer dans le tas*, sur un groupe, sans viser qqn en particulier. **3.** CONSTR Masse d'un bâtiment en construction. *Tailler les pierres sur le tas*, sur les lieux mêmes où elles doivent être utilisées, et non à la carrière. ▷ Par ext., cour. *Sur le tas* : sur le lieu de travail. *Grève sur le tas*. – Fam. *Faire son apprentissage, apprendre sur le tas*, par la pratique, en travaillant. **4.** ARCHI *Tas de charge* : assises de pierre placées horizontalement sur un support et servant d'appui aux arcs doubleaux, aux ogives et aux formerets. **5.** TECH Petite masse d'acier parallélépipédique servant d'enclume. *Tas de bijoutier*. – Frq. **tas*, ou déverbal de *tasser*.

tasmanien, enne [tasmanjɛ̃, ɛn] adj. et n. De Tasmanie, État d'Australie. ▷ Subst. *Un(e) Tasmanien(ne)*.

tassage [tasaʒ] n. m. **1.** Action de tasser. **2.** SPORT Action de tasser (un concurrent). – De *tasser*.

tasse [tɑs] n. f. **1.** Récipient à boire muni d'une anse. *Tasse de porcelaine.* **2.** Contenu de ce récipient. *Prendre une tasse de café.* ▷ Fig., fam. *Boire la tasse, une tasse* : avaler de l'eau sans le vouloir, en nageant, en tombant à l'eau. – Ar. *tass*.

tasseau [taso] n. m. Pièce de bois de faible section, le plus souvent carrée ou rectangulaire, qui sert de cale ou de support. – Lat. pop. **tassellus*, crois. du lat. class. *taxillus*, « petit dé à jouer », et de *tessella*, « carreau, cube, dé ».

tassement [tɑsmɑ̃] n. m. Action de tasser, fait de se tasser; son résultat. *Tassement des vertèbres, d'un terrain.* – De *tasser*.

tasser [tɑse] v. [1] **I.** v. tr. **1.** Diminuer le volume de (qqch) en serrant, en pressant; serrer (des éléments) de façon qu'ils occupent peu de place. *Tasser de la paille.* – Pp. adj. Dans la loc. fam. *bien tassé* : servi avec abondance, en remplissant bien le verre (boissons alcoolisées). *Un cognac bien tassé.* – Servi avec peu d'eau, fort. *Un pastis bien tassé.* **2.** SPORT Contraindre irrégulièrement (un coureur concurrent) à serrer le bord de la piste. **II.** v. pron. **1.** S'affaisser sur soi-même. *Construction qui se tasse. Vieillard qui se tasse.* **2.** Se presser, se serrer les uns contre les autres. *On se tassera un peu pour vous faire de la place.* **3.** Fig., fam. S'arranger. *Ça finira par se tasser.* – De *tas*.

tassette [taset] n. f. ARCHEOL Chacune des plaques d'acier qui descendaient du bas de la cuirasse sur les cuisses. – Dimin. de l'a. fr. *tasse*, « poche, bourse ».

tassili [tasili] n. m. GEOGR Grand plateau gréseux, au Sahara (dans le Nord, partic.). *Les tassilis.* – Mot berbère, « plateau ».

taste-vin [tastəvɛ̃] ou **tâte-vin** [tɑtvɛ̃] n. m. inv. Petite coupe en métal ou pipette dont on se sert pour déguster le vin. – De *tâter*, « goûter », et *vin*; d'abord « ivrogne ».

tata [tata] n. f. **1.** Fam. (Langage enfantin.) Tante. **2.** Pop., péjor. Homosexuel très efféminé. V. tante 2. – De *tante*; redoublement enfantin.

tatami [tatami] n. m. **1.** Natte en paille de riz utilisée comme tapis au Japon. **2.** SPORT Tapis de paille de riz de 2 m sur 1 m et 6,5 cm d'épaisseur, destiné à amortir les chutes dans la pratique des arts martiaux. ▷ Unité de surface correspondant aux dimensions de ce tapis. *Une salle de judo de seize tatamis.* – Mot jap.

tatane [tatan] n. f. Pop. Chaussure. – Var. de *titine*, diminutif de « bottine ».

tatar, are [tataʀ] adj. et n. Des Tatars, peuple de nomades turco-mongols qui occupa l'ouest de l'actuelle Mongolie dès le VIIIe s. ▷ n. m. Langue turque des Tatars installés auj. sur les bords de la Volga et en Crimée. – Mot turco-mongol; V. tartare.

tâter [tɑte] v. [1] **I.** v. tr. **1.** Toucher avec les doigts, évaluer, apprécier par le tact. *Tâter un fruit. Tâter le pouls* de qqn.* **2.** Fig. Essayer de connaître les capacités, les intentions de (qqn). *Tâter l'ennemi.* ▷ Loc. fig. *Tâter le terrain* : étudier discrètement les dispositions des personnes, la situation, avant d'entreprendre qqch. **II.** v. tr. indir. *Tâter de qqch*, l'essayer, en faire l'expérience. *Il a tâté d'un peu de tous les métiers.* **III.** v. pron. (Réfl.) *Se tâter les membres après une chute.* – Fig., fam. Délibérer longuement en soi-même, hésiter avant de prendre une décision. – Lat. pop. **tastare*, class. *taxare*, « toucher ».

tâteur [tɑtœʀ] n. m. TECH Appareil de contrôle mécanique de certaines machines agricoles. – De *tâter*.

tâte-vin. V. taste-vin.

tatillon, onne [tatijɔ̃, ɔn] adj. Qui s'attache à tous les petits détails avec une minutie exagérée. *Il est maniaque et tatillon.* – De *tâter*.

tâtonnement [tɑtɔnmɑ̃] n. m. Fait de tâtonner (sens 1 et 2). – De *tâtonner*.

tâtonner [tɑtɔne] v. tr. [1] **1.** Chercher sans pouvoir utiliser le sens de la vue, en tâtant les objets autour de soi. *Elle tâtonnait pour retrouver ses cigarettes sur la table de nuit.* **2.** Fig. Essayer successivement divers moyens dont on n'est pas sûr, procéder par essais et corrections des erreurs, sans être guidé par une méthode. *Les médecins ne savent pas ce qu'il a, ils tâtonnent.* – Dimin. de *tâter*.

tâtons (à) [atɑtɔ̃] loc. adv. En tâtonnant. *Marcher à tâtons.* ▷ Fig. *Chercher la vérité à tâtons.* – De *tâter*.

tatou [tatu] n. m. Mammifère xénarthre d'Amérique tropicale (genres *Dasypus*, *Tolypeutes*, *Priodontes*, *Euphractus*, etc., formant la fam. des dasypodidés), fouisseur et insectivore, pourvu d'une carapace osseuse et cornée qui l'enveloppe complètement lorsqu'il se roule en boule, et dont la taille varie d'une dizaine de centimètres à un mètre selon les espèces. – Mot tupi.

tatouage [tatwaʒ] n. m. Action de tatouer; résultat de cette action. *Tatouage rituel. Tatouage par piqûre.* – De *tatouer*.

tatouer [tatwe] v. tr. [1] Tracer sur (une partie du corps) un dessin indélébile (généralement en introduisant des pigments sous la peau au moyen d'une fine aiguille). *Il s'était fait tatouer une ancre de marine sur le biceps.* – De l'angl. *to tattoo*, du tahitien *tatou*.

tatoueur, euse [tatwœʀ, øz] n. Celui, celle qui fait des tatouages. – De *tatouer*.

1. tau. V. tauon.

2. tau [to] n. m. **1.** Dix-neuvième lettre de l'alphabet grec (Τ, τ). **2.** HERALD Meuble de l'écu en forme de T, appelé aussi *croix de St-Antoine*. – Mot gr.

taud [to] n. m. MAR Enveloppe, housse de protection en grosse toile. *Taud d'un canot de sauvetage.* – De l'anc. normand *tjald*, « tente »; a. fr. *tialz*.

taudis [todi] n. m. Logement misérable, insalubre. ▷ Par ext. *C'est un vrai taudis*, une maison mal tenue. – De l'a. fr. *se tauder*, « s'abriter », de l'a. normand *tjald*, « tente ».

taulard, arde [tolaʀ, aʀd] n. Arg. Personne qui est en taule, qui fait de la prison. – De *taule*.

taule ou **tôle** [tol] n. f. **1.** Arg. Prison. *Sortir de taule.* **2.** Pop. Chambre d'hôtel; chambre, en général. *Sa taule est au sixième.* – *Par ext.* Maison, lieu d'habitation. *On ne retrouve jamais rien, dans cette taule.* **3.** Pop. Société, entreprise, maison. *Sa taule a fait faillite.* – De *tôle*, « fer en lames », les deux graphies étant des formes dial. de *table*.

taulier, ère ou **tôlier, ère** [tolje, ɛʀ] n. Pop. **1.** Patron d'un hôtel, d'un restaurant. **2.** Patron d'une taule (sens 3). *Tu n'es payé que ça? Il est drôlement rat, ton taulier!* – De *taule*.

tauon [toɔ̃] ou **tau** [to] n. m. PHYS NUCL Particule élémentaire appartenant à la famille des leptons, dont la masse est égale à environ 4 000 fois celle de l'électron et dont la durée de vie est évaluée à cinq millièmes de nanoseconde. – De *tau* (2) et *(électr)on*.

taupe [top] n. f. **I. 1.** Petit mammifère insectivore au corps trapu, aux pattes antérieures fouisseuses robustes, au pelage brun-noir ras et velouté, qui vit dans des galeries qu'il creuse sous terre. *La taupe, dont l'œil est atrophié, est presque aveugle. La taupe détruit les animaux nuisibles (vers blancs, courtilières, etc.) dont elle se nourrit.* ▷ Par comp. *Myope comme une taupe* : très myope. – Fig., péjor. *Vieille taupe :* vieille femme désagréable, à l'esprit mesquin et borné. **2.** Fourrure faite avec la peau de cet animal. *Toque de taupe.* **3.** Lamie* (poisson). **4.** TRAV PUBL Engin de terrassement utilisé pour creuser les tunnels, travaillant à pleine section et en continu. **II. 1.** Arg. (des écoles) Classe de mathématiques spéciales, qui prépare aux concours d'entrée des grandes écoles (V. taupin). **2.** Fam. Agent secret infiltré dans un organisme de son pays et espionnant pour le compte d'une puissance étrangère. – Lat. *talpa*; sens II, d'ap. *taupin.*

taupé [tope] n. m. et adj. **1.** n. m. Variété de feutre ressemblant à la fourrure de la taupe. *Du taupé.* ▷ Coiffure faite avec ce tissu. **2.** adj. *Du feutre taupé.* – De *taupe.*

taupe-grillon [topgʀijɔ̃] n. m. Syn. de *courtilière. Des taupes-grillons.* – De *taupe,* et *grillon,* d'ap. le lat. sav. *grillo talpa.*

taupier [topje] n. m. Celui qui procède à la destruction des taupes. – De *taupe.*

taupière [topjɛʀ] n. f. Piège à taupes. – De *taupe.*

taupin [topɛ̃] n. m. **1.** ENTOM Insecte coléoptère qui, posé sur le dos, peut se projeter en l'air grâce à un appendice épineux du prothorax. **2.** Vx Sapeur, soldat qui creusait des galeries de mine. **3.** Arg. (des écoles) Élève d'une classe de mathématiques spéciales, élève de taupe (d'abord : élève préparant le concours de l'École polytechnique, d'où sortent notam. les ingénieurs officiers du génie, qui creusent les sapes et les mines). – De *taupe.*

taupinière [topinjɛʀ] n. f. Petit monticule de terre constitué par les déblais qu'une taupe rejette en creusant ses galeries. – De *taupe.*

taure [tɔʀ] n. f. Vx ou dial. Génisse. – Lat. *taura.*

taureau [tɔʀo] n. m. **1.** Bovin non castré, mâle de la vache. *Taureau reproducteur. Taureau de combat.* – Par compar. *Cou de taureau,* court, épais et très musclé. ▷ Loc. fig. *Prendre le taureau par les cornes :* affronter une difficulté, y faire face et tenter de la résoudre en l'abordant précisément par son côté dangereux ou fâcheux. **2.** ASTRO *Le Taureau :* constellation zodiacale de l'hémisphère boréal. ▷ ASTROL Signe du zodiaque* (21 avril-21 mai). – Ellipt. *Il est taureau.* – De l'a. fr. *tor,* lat. *taurus,* gr. *tauros.*

taurides [tɔʀid] n. f. pl. ASTRO Essaim de météorites qui semblent provenir de la constellation du Taureau. – De *taureau.*

taurillon [tɔʀijɔ̃] n. m. Jeune taureau. – Dimin. de *taureau.*

taurin, ine [tɔʀɛ̃, in] adj. Du taureau; qui a rapport au taureau. – Lat. *taurinus.*

taurobole [tɔʀɔbɔl] n. m. ANTIQ Sacrifice expiatoire offert à Cybèle (déesse de la fécondité) et à Mithra (dieu, maître des troupeaux de bœufs), au cours duquel on arrosait le prêtre du sang d'un taureau égorgé. – Autel sur lequel on pratiquait ce sacrifice. – Lat. *taurobolium,* gr. *taurobolos,* «où l'on frappe le taureau».

tauromachie [tɔʀɔmaʃi] n. f. **1.** Vx Course de taureaux. **2.** Art de combattre les taureaux dans l'arène, de toréer. *Les règles de la tauromachie. Amateur de tauromachie.* – De *taureau,* et *-machie.*

tauromachique [tɔʀɔmaʃik] adj. Qui a rapport à la tauromachie. – De *tauromachie.*

tauto-. Élément, du gr. *tauto,* contract. de *to auto,* «le même».

tautochrone [totokʀon] adj. PHYS Qui a lieu en des temps égaux. *Vibrations tautochrones.* Syn. isochrone. – De *tauto-,* et *-chrone.*

tautogramme [totogʀam] n. m. (et adj.) Texte dont tous les mots commencent par la même lettre. – De *tauto-,* et *gramme.*

tautologie [totolɔʒi] n. f. LOG **1.** Caractère redondant d'une proposition dont le prédicat énonce une information déjà contenue dans le sujet. – Relation d'identité établie entre des éléments formellement identiques (ex. : *A = A; un chat est un chat;* etc.). V. truisme. **2.** Formule de calcul propositionnel qui reste toujours vraie lorsqu'on remplace les énoncés qui la composent par d'autres. (V. aussi encycl. logique.) – Bas lat. *tautologia,* mot gr.

tautologique [totolɔʒik] adj. LOG Qui concerne une tautologie, qui en a le caractère. – De *tautologie.*

tautomère [totomɛʀ] adj. et n. m. **1.** ANAT *Organe tautomère,* entièrement situé du même côté du corps. **2.** CHIM Se dit d'une substance caractérisée par sa tautomérie. *Deux substances tautomères ont la même formule brute, les migrations d'atomes ou de groupements non carbonés ne modifiant pas le squelette carboné.* ▷ n. m. *Un (des) tautomère(s).* – De *tauto-,* et *-mère.*

tautomérie [totomeʀi] n. f. CHIM Propriété qu'ont certains composés d'exister sous plusieurs formes en équilibre. – De *tautomère.*

taux [to] n. m. **1.** Prix officiel de certains biens, de certains services. *Taux des actions cotées en Bourse. Taux des salaires.* **2.** Rapport entre des sommes d'argent, exprimé en pourcentage. *Taux de l'impôt :* pourcentage déterminé servant à calculer le montant de l'impôt d'après la base imposable. *Taux d'intérêt :* pourcentage annuel auquel les intérêts sont réglés. *Taux de change d'une monnaie :* V. cours 1, sens II, 2. **3.** Rapport quantitatif, proportion, pourcentage. *Taux d'albumine dans le sang.* – *Taux d'invalidité :* importance d'une invalidité relativement à l'incapacité qu'elle entraîne. ▷ STATIS *Taux de natalité, de mortalité :* chiffre moyen (pour mille habitants) du nombre total de naissances ou de morts d'une population donnée. – De l'a. fr. *tauxer,* var. de *taxer.*

tavelé, ée [tavle] adj. Moucheté, tacheté. *Mains tavelées de taches brunes.* ▷ BOT Marqué par la tavelure. – De l'a. fr. *tavel,* n. m. du lat. *tabella,* «tablette».

taveler [tavle] **1.** v. tr. [**22**] Parsemer de petites taches. **2.** v. pron. Devenir tavelé. – De *tavelé.*

tavelure [tavlyʀ] n. f. **1.** État de ce qui est tavelé. **2.** BOT Maladie des arbres fruitiers due à diverses moisissures et qui se manifeste par des taches brunes et des crevasses sur les fruits et les feuilles. – De *taveler.*

taverne [tavɛʀn] n. f. **1.** Anc. Établissement public où l'on servait à boire et parfois à manger. Syn. auberge. **2.** (Surtout dans des noms commerciaux.) Café, restaurant dont le décor évoque celui des anciennes tavernes. *La Taverne du Dauphin Vert.* – Lat. *taberna.*

tavernier, ère [tavɛʀnje, ɛʀ] n. Anc. Personne tenant une taverne. ▷ Mod., plaisant. *Holà, tavernier!* – Du lat. *tabernarius,* «boutiquier».

taxable [taksabl] adj. Que l'on peut taxer. – De *taxer.*

taxacées [taksase] n. f. pl. BOT Famille de gymnospermes arborescentes dont le type est l'if. – Sing. *Une taxacée.* – Du lat. *taxus,* «if».

taxateur [taksatœʀ] n. m. Celui qui taxe. ▷ adj. *Juge taxateur,* qui taxe les dépens. – De *taxer.*

taxatif, ive [taksatif, iv] adj. DR Susceptible d'être taxé. – De *taxer.*

taxation [taksasjɔ̃] n. f. **1.** Action de fixer, de façon impérative, le prix de certaines marchandises ou de certains services; résultat de cette action. **2.** Action de frapper d'un impôt. – Lat. *taxatio.*

taxaudier. V. taxodium.

taxe [taks] n. f. **1.** Prix fixé par l'autorité publique pour certaines marchandises, pour certains services. **2.**

DR Détermination du montant des frais de justice, des droits dus à des officiers publics. **3.** Contribution, impôt. *Taxes municipales*, établies au profit des communes et recouvrées comme contributions directes. *Taxe sur les alcools. Taxe à la valeur* ajoutée (T.V.A.)* : impôt indirect qui frappe les biens de consommation. *Taxe additionnelle*, ayant la même base mais un taux plus faible que la taxe principale à laquelle elle est liée. *Taxe professionnelle* : V. patente. *Taxe d'apprentissage*, versée par les entreprises pour le financement de la formation professionnelle. **4.** Imposition basée sur les services rendus à l'usager. *Taxe d'enlèvement des ordures ménagères.* – Déverbal de *taxer*.

taxer [takse] v. tr. [1] **I. 1.** DR ADMIN Fixer en tant qu'autorité compétente le prix de. *Taxer les dépens d'un procès.* **2.** Faire payer un impôt, une taxe sur. *Taxer les signes extérieurs de richesse. Taxer les boissons alcoolisées.* **II.** Fig. **1.** *Taxer qqn de*, l'accuser de. *Au risque qu'on me taxe d'outrecuidance.* **2.** Désigner péjorativement sous le nom (de). *Sa bonté, que certains taxent de faiblesse.* – Lat. *taxare*, du gr. *taxis*, de *tassein*, « ranger, fixer ».

taxi-, taxo-, -taxie. Éléments, du gr. *taxis*, « arrangement, ordre ».

taxi [taksi] n. m. Automobile munie d'un taximètre et conduite par un chauffeur professionnel, qu'on loue en général pour des trajets relativement courts. ▷ Fam. Chauffeur de taxi. *Elle est taxi.* – Abrév. de *voiture à taximètre*.

taxiarque [taksjaʀk] n. m. ANTIQ GR Chacun des dix officiers (élus chaque année) qui commandaient l'infanterie athénienne. – Gr. *taxiarkhos*.

taxidermie [taksidɛʀmi] n. f. Art de préparer les animaux morts pour les conserver sous leur forme naturelle. (V. empaillage, naturalisation.) – De *taxi-*, et gr. *derma*, « peau ».

taxidermiste [taksidɛʀmist] n. Spécialiste de la naturalisation des animaux, empailleur. – De *taxidermie*.

taxie [taksi] n. f. BIOL Syn. de *tropisme*. – Du gr. *taxis*, « arrangement ».

taxi-girl [taksigœʀl] n. f. (Anglicisme) Jeune femme rétribuée pour servir de cavalière aux clients d'un dancing, d'un bar. *Des taxi-girls.* Syn. entraîneuse. – Mot anglo-amér.

taximètre [taksimɛtʀ] n. m. **1.** Compteur indiquant la somme à payer pour un trajet en taxi, d'après la distance parcourue et le temps d'occupation de la voiture. **2.** MAR Couronne graduée portant une alidade, qui sert à prendre des relèvements. – All. *Taxameter*, refait d'ap. *taxi-*, et *-mètre*.

taxinomie [taksinɔmi] ou **taxonomie** [taksɔnɔmi] n. f. Didac. **1.** Science de la classification des êtres vivants. ▷ Cette classification elle-même. **2.** *Par ext.* Science de la classification, en général. ▷ Classification d'éléments. – De *taxi-*, *taxo-*, et *-nomie*.

taxinomique [taksinɔmik] ou **taxonomique** [taksɔnɔmik] adj. Didac. De la taxinomie, qui a rapport à la taxinomie. – De *taxinomie* ou de *taxonomie*.

taxiphone [taksifɔn] n. m. Téléphone public ne fonctionnant qu'après l'introduction d'un jeton, de pièces de monnaie ou d'une carte à mémoire. – Nom déposé, de *taxi-(mètre)*, et *(télé)phone*.

taxiway [taksiwɛ] n. m. (Anglicisme) AVIAT Sur un aérodrome, voie aménagée pour la circulation au sol des avions. – Mot anglo-amér.

taxo-. V. taxi-.

taxodium [taksɔdjɔm], **taxaudier** ou **taxodier** [taksodje] n. m. BOT Grand conifère ornemental (genre *Taxodium*) originaire des marais de Virginie et de Floride, appelé cour. *cyprès chauve*. – Lat. scientif. *taxodium*, du gr. *taxos*, « if ».

taxon [taksɔ̃] ou **taxum** [taksɔm] n. m. Didac. Unité systématique (espèce, genre, famille, etc.) *Des taxons, des taxums* ou *des taxa*. – Du gr. *taxis*, « arrangement ».

taxonomie, taxonomique. V. taxinomie, taxinomique.

tayaut! V. taïaut!

taylorisation [tɛlɔʀizasjɔ̃] n. f. ECON Application du taylorisme. – De *tayloriser*.

tayloriser [tɛlɔʀize] v. tr. [1] ECON Appliquer le taylorisme à. *Tayloriser la production.* – De *taylorisme*.

taylorisme [tɛlɔʀism] n. m. ECON Ensemble des méthodes d'organisation scientifique du travail industriel (utilisation optimale de l'outillage, parcellisation des tâches, élimination des gestes inutiles) mises au point et préconisées par Taylor. – Du n. de Frederick Winslow *Taylor* (1856-1915), ingénieur américain.

Tb CHIM Symbole du terbium.

T-bone [tibon] n. m. Bifteck comprenant un os en forme de T, un morceau de filet et un morceau de faux-filet. – Mot amér.

Tc CHIM Symbole du technétium.

tchadien, enne [tʃadjɛ̃, ɛn] adj. et n. Du Tchad, État d'Afrique centrale. ▷ Subst. *Un(e) Tchadien(ne).*

tchador [tʃadɔʀ] n. m. Voile noir recouvrant la tête et en partie le visage, porté par les musulmanes chiites, en Iran notam. – Mot persan.

tch'an. V. chan.

tchécoslovaque [tʃekɔslɔvak] adj. et n. De la Tchécoslovaquie. ▷ Subst. *Un(e) Tchécoslovaque.* – De *tchèque*, et *slovaque*.

tchèque [tʃɛk] adj. et n. **I.** adj. **1.** De la région de Tchécoslovaquie qui comprend la Bohême, la Moravie et le S. de la Silésie. ▷ Subst. Habitant ou personne originaire de cette région. **2.** *Par ext.* Tchécoslovaque. ▷ Subst. *Un(e) Tchèque.* **II.** n. m. *Le tchèque* : la langue slave du groupe occidental parlée en Bohême, en Moravie, et dans une partie de la Silésie et qui est, avec le slovaque (dont il est très proche), l'une des deux langues officielles de la Tchécoslovaquie. – Tchèque *cezky*.

tcherkesse [tʃɛʀkɛs] adj. et n. **1.** adj. Des Tcherkesses, peuple musulman sunnite du N. du Caucase. ▷ Subst. *Un(e) Tcherkesse.* **2.** n. m. Langue caucasienne septentrionale.

tchernoziom. V. chernozem.

tchétchène [tʃetʃɛn] adj. et n. De Tchétchéno-Ingouchie. ▷ Subst. *Les Tchétchènes* : peuple du Caucase, islamisé au XVIIe s., qui lutta contre les Russes (XVIIIe-XIXe s.); défaits (1859), les Tchétchènes émigrèrent majoritairement en Arménie.

tchin-tchin! [tʃintʃin] interj. Interjection dont on accompagne le heurt des verres, lorsqu'on trinque. – Du pidgin de Canton *tsing-sing*, « salut ».

T.D. Abrév. de *travaux dirigés*.

te [tə] pron. pers. Forme atone du pron. pers. de la 2e pers. du sing. des deux genres, employé comme complément, toujours placé avant le verbe; s'élide en *t'* devant une voyelle ou un *h* muet. **1.** (Comp. d'objet direct.) *Je te quitte.* **2.** (Comp. d'objet d'un v. réfl.) *Tu te fatigues.* **3.** (Comp. indir.) À toi. *Je te donne beaucoup de souci.* – (Réfl.) *Tu te donnes beaucoup de peine.* **4.** (Employé avec la valeur d'un possessif devant un nom désignant une partie du corps, une fonction, etc.) *Tu te ronges les ongles. Tu te pervertis le goût.* **5.** (Avec un v. essentiellement pronominal.) *Tu te repens.* **6.** (Avec un terme servant à présenter qqn.) *Enfin, te voilà!* – Accus. lat. *te*.

Te CHIM Symbole du tellure.

1. té [te] n. m. *En té* : en forme de T. *Fer profilé en té.* ▷ *Té de dessinateur* : règle plate en forme de T. – Nom de la lettre *T.*

2. té! [te] interj. Rég. (Pour attirer l'attention, marquer l'étonnement.) Tiens! – Mot provençal équivalent à *tiens!*, de *tenir*.

tea-room [tiʀum] n. m. (Anglicisme) Salon de thé. *Des tea-rooms.* – Mot angl.

technétium [tɛknesjɔm] n. m. CHIM Élément métallique de numéro atomique Z = 43 (symbole Tc). (L'isotope de masse atomique 99 a une période de l'ordre de 10^6 années.) – Métal (Tc) qui fond à 2 170 °C et bout vers 4 880 °C. *Le technétium est utilisé en scintigraphie**. – Du gr. sav. *tekhnêtos*, « artificiel ».

technicien, enne [tɛknisjɛ̃, ɛn] n. **1.** Personne qui connaît une technique déterminée. *Technicien du froid.* **2.** Spécialiste de l'application des sciences au domaine de la production. *Faire appel à des techniciens étrangers.* **3.** Professionnel spécialisé qui, sous les directives d'un ingénieur, dirige les ouvriers dans une entreprise. – De *technique*, d'ap. *physicien*.

technicité [tɛknisite] n. f. Caractère technique. – De *technique*.

technico-commercial, ale, aux [tekniko-kɔmɛʀsjal, o] adj. Qui se rapporte à la fois au domaine technique et au domaine commercial. *Service technico-commercial d'une entreprise. Agent technico-commercial.* ▷ Subst. Personne dont l'activité commerciale exige une connaissance technique du produit vendu. *Un(e) technico-commercial(e). Des technico-commerciaux.* – De *technique-*, et *commercial*.

-technie, techno-, -technique. Éléments, du gr. *tekhnê*, « art, métier », et de l'adj. correspondant *tekhnikos*.

technique [tɛknik] n. et adj. **I.** n. f. Moyen ou ensemble de moyens adaptés à une fin. **1.** Procédé particulier que l'on utilise pour mener à bonne fin une opération concrète, pour fabriquer un objet matériel ou l'adapter à sa fonction. *La technique de la pierre taillée, de la pierre polie. Techniques primitives. On emploie encore cette technique artisanale dans certains petits ateliers.* ▷ *Par ext.* Procédé particulier utilisé dans une opération non matérielle. *La technique stylistique qui consiste à mêler le discours direct et le discours indirect.* **2.** Ensemble des moyens, des procédés mis en œuvre dans la pratique d'un métier, d'un art, d'une activité quelconque. *La technique de la peinture sur soie, de la composition sérielle, de la pêche au lancer.* ▷ Maîtrise plus ou moins grande, connaissance plus ou moins approfondie d'un tel ensemble de procédés. *Ce violoniste a une bonne technique, mais il manque de sensibilité. Boxeur qui perfectionne sa technique.* **3.** *La technique* : l'ensemble des applications des connaissances scientifiques à la production (et, partic., à la production industrielle) de biens et de produits utilitaires. *La science et la technique.* – *Les techniques*, ces applications, considérées dans leurs domaines respectifs. *Le prodigieux développement des techniques, amorcé au XIXe s. et poursuivi au XXe s. La technique aéronautique. La technique du forage pétrolier.* **II.** adj. **1.** Qui a rapport à la mise en œuvre d'une technique (sens 1), qui concerne l'utilisation d'objets ou de procédés concrets; relatif au matériel ou à son emploi (et non à la valeur, aux capacités des utilisateurs). *Incident technique. Problèmes techniques et problèmes humains.* ▷ Par ext. *La perfection technique de l'écriture romanesque dans « la Chartreuse de Parme ».* **2.** Qui a trait à l'exercice d'un métier, à la pratique d'un art ou d'une activité quelconque; qui est propre à ce métier, à cet art, à cette activité. *Termes techniques de musique, de philosophie.* **3.** Qui a rapport à la technique, aux techniques (sens I, 3). *Avancement technique d'un pays. Revues techniques. L'enseignement technique* ou, n. m., *le technique. Orienter un élève vers le technique.* – Lat. *technicus*, gr. *tekhnikos*; de *tekhnê*, « art, métier ».

techniquement [tɛknikmɑ̃] adv. Du point de vue de la technique. – De *technique*.

techno-. V. -technie.

technocrate [tɛknɔkʀat] n. (Souvent péjor.) Personne à qui de grandes compétences dans un domaine particulier ont permis d'accéder à de hautes responsabilités dans la gestion ou l'administration des affaires publiques et qui, dans l'exercice du pouvoir privilégie les aspects techniques des problèmes au détriment des aspects humains. – De *technocratie*.

technocratie [tɛknɔkʀasi] n. f. Didac. Système d'organisation politique et sociale dans lequel les techniciens exercent une influence prépondérante. ▷ Péjor. Pouvoir des technocrates. – De *techno-*,et *-cratie*, d'ap. l'angl. *technocracy*.

technocratique [tɛknɔkʀatik] adj. Didac. Relatif aux technocrates, propre à une technocratie. *Conception technocratique d'une gestion.* – De *technocratie*.

technologie [tɛknɔlɔʒi] n. f. Étude des techniques industrielles (outillage, méthodes de fabrication, etc.), considérées dans leur ensemble ou dans un domaine particulier. *Technologie générale. Technologie de spécialité.* – Gr. *tekhnologia*.

technologique [tɛknɔlɔʒik] adj. De la technologie; qui a rapport à la technologie. – De *technologie*.

technopole [tɛknɔpɔl] n. f. Ville importante à forte activité d'enseignement et de recherche, favorisant une industrie de pointe. – De *techno-*, et *-pole*.

technopôle [tɛknɔpol] n. m. Espace non urbain, ou en voie d'urbanisation, de création récente (en France, Sophia*-Antipolis, 1969), regroupant des entreprises et des institutions d'enseignement et de recherche internationalement reconnues. – De *techno-*, et *pôle*.

technostructure [tɛknostʀytyʀ] n. f. Didac. Ensemble des techniciens ayant pouvoir de décision au sein d'une entreprise ou d'une administration. – De *techno-*, et *structure*.

teck ou **tek** [tɛk] n. m. **1.** BOT Arbre des régions tropicales (fam. verbénacées). **2.** Bois très dur de cet arbre apprécié en ébénisterie pour sa couleur rouge-brun et la diversité de son veinage, et en construction navale pour son imputrescibilité et sa résistance aux tarets. – Portug. *teca*, de *tekku*, mot de Malabar, rég. du S.-O. de l'Inde.

teckel [tekɛl] n. m. Basset allemand à pattes courtes et à poil ras ou long. – Mot all., « chien pour la chasse au blaireau », diminutif de *Dachs*, « blaireau ».

tectonique [tɛktɔnik] n. f. et adj. GEOL Étude de la structure acquise par les roches et les couches de terrain après leur formation, par suite des mouvements de l'écorce terrestre. ▷ *Par ext.* Ensemble de ces mouvements. *Tectonique des plaques.* V. encycl. plaque. – adj. *Mouvements tectoniques.* – All. *Tektonik*, gr. *tektonikos*, « propre au charpentier » *(tektôn)*.

tectrice [tɛktʀis] n. f. ORNITH Plume du corps et de la partie antérieure de l'aile des oiseaux. ▷ adj. *Plume tectrice.* – Du lat. *tectus*, « couvert ».

teddy-bear [tedibɛʀ] n. m. (Américanisme) Vieilli Ours en peluche, en tissu. *Des teddy-bears.* – De l'anglo-amér. *Teddy*, de *Théodore* (Roosevelt), grand chasseur d'ours, et *bear*, « ours ».

Te Deum [tedeɔm] n. m. inv. RELIG CATHOL Cantique d'action de grâces; cérémonie solennelle au cours de laquelle on chante ce cantique. – Composition musicale sur les paroles latines du *Te Deum*. *Le « Te Deum » de Verdi.* – Des mots *Te Deum laudamus,* « nous te louons, Dieu » par lesquels commence ce cantique.

tee [ti] n. m. (Anglicisme) SPORT Au golf, petite cheville sur laquelle on place la balle pour driver*. – Mot angl.

T.E.E. Abrév. de *Trans-Europ-Express.*

teenager [tinɛdʒœʀ] n. (Américanisme) Adolescent (e) âgé (e) de 13 à 19 ans. – Mot anglo-amér., de *teens,* « les années de l'adolescence », de *teen,* syllabe finale des nombres allant de *thirteen,*« treize », à *nineteen,* « dix-neuf », et *age,* « âge ».

tee-shirt ou **T-shirt** [tiʃœʀt] n. m. (Anglicisme) Maillot de coton à manches courtes. *Des tee-shirts* ou *des T-shirts.* – Mot anglo-amér., *T(ee),* « T », et *shirt,* « chemise » (chemise en forme de T).

téfillim. V. tephillim.

téflon [teflɔ̃] n. m. Matière plastique, polymère du tétrafluoréthylène, d'une grande résistance aux agents chimiques et à la chaleur, utilisée notam. dans la fabrication des joints d'étanchéité et dans celle des ustensiles ménagers (poêles, etc.). – Nom déposé, d'ap. *té(tra)fl(uoréthylène),* et suff. *-on* des matières plastiques.

tégénaire [teʒenɛʀ] n. f. ZOOL Grande araignée tubitèle à longues pattes, commune dans les caves, les greniers, etc. – Lat. zool. *tegenaria,* d'ap. lat. médiév. *tegenarius,* de *tegetarius,* « fabricant de nattes, de couvertures ».

tégument [tegymɑ̃] n. m. ANAT Tissu (peau, plumage, écailles, etc.) qui constitue l'enveloppe du corps d'un animal. *Le derme et l'épiderme, téguments des mammifères.* ▷ BOT Enveloppe protectrice d'une graine, d'un ovule. – Lat. *tegumentum,* de *tegere,* « couvrir ».

tégumentaire [tegymɑ̃tɛʀ] adj. Didac. Qui constitue un tégument; qui a rapport à un, aux téguments. – De *tégument.*

teigne [tɛɲ] n. f. **1.** Petit papillon aux couleurs ternes (genre *Tinea*) dont la chenille, très nuisible, se nourrit de matières organiques d'origine végétale ou animale. *Teigne des grappes* (parasite du raisin), *du colza, de la farine. Teigne domestique* ou *mite.* **2.** Dermatose du cuir chevelu due à des champignons, et pouvant entraîner la chute des cheveux. ▷ Fig. Personne méchante, malveillante. *Quelle teigne!* – Lat. *tinea.*

teigneux, euse [tɛɲø, øz] adj. **1.** Atteint de la teigne. ▷ Subst. *Un teigneux, une teigneuse.* **2.** Fig., fam. Hargneux, mauvais, méchant. ▷ Subst. *C'est un querelleur et un teigneux.* – Lat. *tineosus.*

teillage [tɛjaʒ] ou **tillage** [tijaʒ] n. m. TECH Opération par laquelle on teille le chanvre ou le lin. – De *teillen* ou *tillen.*

teille [tɛj] ou **tille** [tij] n. f. **1.** TECH Liber du tilleul. **2.** Écorce de la tige du chanvre. – Lat. *tilia,* « écorce de tilleul », et par ext., « écorce ».

teiller [tɛje] ou **tiller** [tije] v. tr. [1] TECH *Teiller le chanvre, le lin :* séparer les fibres de la plante des parties ligneuses. – De *teille* ou *tille.*

teindre [tɛ̃dʀ] v. tr. [73] **1.** Imprégner d'une matière colorante. *Teindre la laine. Rénover un vieux manteau en le teignant.* ▷ v. pron. *Se teindre les cheveux.* **2.** Litt. (Sujet n. de chose.) Colorer. *Le sang teignait l'eau en rouge.* ▷ v. pron. *Le paysage s'est teint de rose et de mauve.* – Lat. *tingere.*

teint, te [tɛ̃, t] adj. et n. m. **I.** adj. Qui a subi une teinture. *Cheveux teints.* **II.** n. m. **1.** (Dans les loc. *bon teint, grand teint.*) Manière de teindre. *Étoffe grand teint,* dont la teinture est solide, résiste au lavage, à l'ébullition. ▷ Fig., plaisant (Personnes) *Bon teint,* dont les opinions sont solidement établies. *Un conservateur, un progressiste bon teint.* **2.** Couleur, carnation du visage. *Avoir le teint pâle, bilieux, hâlé, rose, rubicond.* – Pp. m. subst. de *teindre.*

teinte [tɛ̃t] n. f. **1.** Nuance qui résulte du mélange de deux ou plusieurs couleurs. *Teinte jaune verdâtre.* **2.** Degré d'intensité d'une couleur. *Teinte faible, forte.* **3.** Fig. Légère apparence, trace, ombre. *Une teinte de mélancolie.* – Pp. fém. subst. de *teindre.*

teinter [tɛ̃te] v. tr. [1] Donner une teinte à, colorer légèrement. *Teinter son eau d'un peu de vin.* – Pp. adj. *Une fleur blanche teintée de rose.* ▷ v. pron. *La forêt se teintait de bruns et d'ors.* – Fig. *Son refus se teinta de tristesse.* – De *teinte;* lat. médiév. *tinctare,* class. *tingere,* « teindre ».

teinture [tɛ̃tyʀ] n. f. **1.** Opération qui consiste à teindre; son résultat. *Procédés de teinture.* **2.** Matière colorante utilisée pour teindre. *La laine s'imprègne de teinture dans de grandes cuves.* ▷ Fig. Connaissance toute superficielle. *Il a une vague teinture de philosophie.* (V. vernis.) **3.** PHARM Solution d'un ou de plusieurs produits actifs dans l'alcool. *Teinture d'iode, d'anis, d'eucalyptus.* – Lat. *tinctura,* de *tingere,* « teindre ».

teinturerie [tɛ̃tyʀʀi] n. f. **1.** Métier du teinturier. **2.** Commerce, boutique de teinturier. – De *teinturier.*

teinturier, ère [tɛ̃tyʀje, ɛʀ] n. **1.** TECH Personne qui connaît les techniques de teinture et qui procède à la mise en couleur de diverses matières (étoffes et cuirs, partic.). **2.** Cour. Personne, commerçant qui se charge du nettoyage des vêtements, et, éventuellement, de leur teinture. *Donner une veste de daim à dégraisser chez le teinturier.* – De *teinture.*

tek. V. teck.

tel, telle [tɛl] adj. et pron. **I.** adj. (Indiquant la similitude, l'identité.) **1.** De cette sorte. Syn. pareil, semblable. *Une telle conduite vous honore. Je n'ai rien vu de tel. Tels furent ses propos.* ▷ *Pour tel, comme tel :* possédant cette qualité. *Objet ancien, ou vendu comme tel. C'est peut-être le meilleur livre de l'année; moi, je le tiens pour tel.* – *En tant que tel :* dans sa nature propre. ▷ *Tel père, tel fils :* le fils est comme le père. **2.** *Tel quel :* dans son état initial, sans modification. *Tu l'avais laissé sur la table, je l'ai trouvé tel quel.* (*Tel que* est ici un emploi critiqué.) **3.** *Tel que... :* comme. *Bêtes féroces telles que le tigre, la panthère. Un homme tel que lui.* **4.** (Valeur intensive.) Si grand, d'une si grande importance. *Avec un tel enthousiasme, il est sûr de réussir.* ▷ *Tel... que* (Introduisant une subordonnée de conséquence.) *Tel est le caractère des hommes qu'ils ne sont jamais satisfaits.* **II.** pron. indéf. **1.** (Pour éviter de désigner de façon précise.) Un certain. *Admettons qu'il arrive tel jour, avec tel ami pour faire telle chose.* **2.** Litt. Une certaine personne. *Tel est pris qui croyait prendre.* **3.** *Untel* ou *Un tel* (mis pour un nom de personne) : V. Untel. **III.** loc. conj. *De telle manière, de telle sorte, de telle façon que.* (Servant à introduire une subordonnée de conséquence, ou de but.) *Il s'y prend de telle manière qu'il a peu de chances d'y parvenir.* – Lat. *talis.*

tél(o)-. V. téléo-.

télamon [telamɔ̃] n. m. ARCHI Statue d'homme qui supporte une corniche. Syn. atlante. – Lat. *telamon,* mot grec, de *talân,* « supporter ».

télé-. Élément, du gr. *têlé,* « au loin ».

télé [tele] n. f. Fam. Abrév. de *télévision.* *C'est passé à la télé. Regarder un feuilleton à la télé.* ▷ Abrév. de *téléviseur.* *Il s'est acheté une nouvelle télé.*

téléachat [teleaʃa] n. m. Achat, par téléphone ou par minitel, d'objets sélectionnés et présentés au cours d'une émission de télévision.

téléacheteur, euse [teleaʃtœʀ, øz] n. Personne qui pratique le téléachat.

téléacteur, trice [teleaktœʀ, tʀis] n. Personne dont le métier est le télémarketing.

téléaste [teleast] n. Réalisateur de films pour la télévision. – De *télé-*, et *(ciné)aste*.

télébenne [telebɛn] ou **télécabine** [telekabin] n. f. Téléphérique à un seul câble comportant de nombreuses petites cabines; chacune de ces cabines. (Souvent employé au masc. sous l'infl. de *téléphérique, télésiège, téléski*.)

télécarte [telekaʀt] n. f. Carte à mémoire mise en service par France Télécom pour téléphoner à partir d'une cabine publique et dont le prix correspond à un nombre donné d'unités de communication.

télécinéma [telesinema] n. m. Appareil qui permet de transmettre par télévision un film cinématographique.

télécommande [telekɔmɑ̃d] n. f. Commande à distance d'un appareillage; dispositif qui permet cette commande à distance. *Télécommande mécanique* (au moyen de tringles, de câbles, etc.), *hydraulique ou pneumatique* (canalisations d'eau, d'huile, d'air comprimé), *électrique* (relais, servomécanismes), *radioélectrique* (ondes hertziennes). – *Spécial.* Boîtier de commande à distance (de télévision, etc.).

télécommander [telekɔmɑ̃de] v. tr. [1] Actionner, déclencher, guider par télécommande. *Télécommander l'autodestruction d'un satellite.* – Pp. adj. *Engin télécommandé.* ▷ Fig. Diriger de loin sans se faire connaître. – Pp. adj. *Soulèvement télécommandé de l'étranger.*

télécommunication [telekɔmynikasjɔ̃] n. f. (Surtout au plur.) *Les télécommunications :* les procédés de communication et de transmission à distance de l'information (téléphonie, télévision, télégraphie, radiophonie, etc.). V. aussi télématique. *Satellites de télécommunications.*

téléconférence [telekɔ̃feʀɑ̃s] n. f. TELECOM Conférence dans laquelle plus de deux interlocuteurs sont reliés par des moyens de télécommunication.

télécopie [telekɔpi] n. f. TELECOM Procédé de reproduction à distance de documents utilisant le réseau téléphonique. ▷ *Par ext.* Document obtenu par ce procédé.

télécopieur [telekɔpjœʀ] n. m. TELECOM Appareil de télécopie.

télédétection [teledetɛksjɔ̃] n. f. Détection à distance par avion ou par satellite. *Télédétection des ressources terrestres.*

télédiagnostic [teledjagnɔstik] n. m. MED Diagnostic effectué à distance par télécommunication, en cas de grande urgence ou d'éloignement (par ex. pour un malade sur un bateau sans médecin).

télédiffuser [teledifyze] v. tr. [1] Diffuser par la télévision. – Pp. adj. *Programme télédiffusé.*

télédiffusion [teledifyzjɔ̃] n. f. Diffusion par télévision.

télédistribution [teledistʀibysjɔ̃] n. f. TECH Diffusion par câbles d'émissions de télévision.

téléenseignement ou **télé-enseignement** [teleɑ̃sɛɲ(ə)mɑ̃] n. m. Enseignement à distance utilisant la radio et la télévision.

téléfax [telefaks] n. m. Procédé de télécopie. – Nom déposé; de *télé(graphe)*, et *fac-(similé)*, avec infl. de *télex*.

téléférique. V. téléphérique.

téléfilm [telefilm] n. m. Film tourné spécialement pour la télévision.

téléga [telega] ou **télègue** [telɛg] n. f. Charrette à quatre roues utilisée en Russie. – Mot russe.

télégénique [teleʒenik] adj. Qui est flatté par l'image télévisée, dont le visage est agréable à regarder à la télévision. – De *télé(vision)*, d'ap. *photogénique*.

télégramme [telegʀam] n. m. Dépêche transmise par télégraphie électrique ou radioélectrique. ▷ Teneur de cette dépêche. ▷ Feuille sur laquelle elle est transcrite. – De *télé-*, et *-gramme*.

télégraphe [telegʀaf] n. m. Dispositif, système permettant de transmettre rapidement et au loin des nouvelles, des dépêches. *Télégraphe optique de Chappe.* ▷ *Spécial.* Dispositif de transmission à distance des dépêches par liaison électrique ou radioélectrique, utilisant un code de signaux. *Télégraphe Morse.* – De *télé-*, et *-graphe*.

télégraphie [telegʀafi] n. f. Technique de la transmission par télégraphe; transmission par télégraphe. ▷ *Télégraphie sans fil :* V. T.S.F. – ADMIN Radiotélégraphie. – De *télégraphe*.

télégraphier [telegʀafje] v. tr. [2] Transmettre par télégraphie ou sous forme de télégramme. *Télégraphiez-moi les résultats dès que vous les connaîtrez.* ▷ *Absol.* Envoyer un télégramme. *Il m'a télégraphié.* – De *télégraphie*.

télégraphique [telegʀafik] adj. **1.** Du télégraphe; qui a rapport au télégraphe. *Poteau télégraphique.* **2.** Transmis par télégraphe. *Mandat télégraphique.* **3.** *Style télégraphique,* dans lequel ne sont conservés que les mots essentiels à la compréhension du texte, comme dans les télégrammes. – De *télégraphe*.

télégraphiquement [telegʀafikmɑ̃] adv. Par télégramme. *Il a été prévenu télégraphiquement.* – De *télégraphique*.

télégraphiste [telegʀafist] n. **1.** Personne qui transmet les dépêches par télégraphie. **2.** Employé(e) des Postes qui porte à domicile les dépêches télégraphiques. – De *télégraphe*.

télègue. V. téléga.

téléguidage [telegidaʒ] n. m. TECH Guidage de mobiles à distance, notam. par ondes hertziennes.

téléguider [telegide] v. tr. [1] **1.** Commander par téléguidage. – Pp. adj. *Voiture téléguidée.* **2.** Fig. Manipuler; diriger de loin, parfois de façon cachée. – Pp. adj. *Intervention diplomatique téléguidée.*

téléimprimeur [teleɛ̃pʀimœʀ] n. m. TECH Appareil télégraphique qui permet l'envoi de textes au moyen d'un clavier dactylographique, et leur réception en caractères typographiques sans l'intervention d'un opérateur.

téléinformatique [teleɛ̃fɔʀmatik] n. f. INFORM Ensemble de procédés qui permettent l'utilisation à distance de l'ordinateur (par l'intermédiaire de lignes spéciales, de réseaux de télécommunication).

télékinésie [telekinezi] n. f. Didac. Phénomène paranormal qui consisterait en la mise en mouvement à distance d'objets pesants, sans contact, par la seule intervention d'une énergie immatérielle. – De *télé-*, et gr. *kinêsis*, «mouvement».

télémanipulateur [telemanipylatœʀ] n. m. TECH Dispositif qui permet de manipuler à distance des produits dangereux (radioactifs, partic.), consistant essentiellement en une ou deux pinces articulées.

télémarketing [telemaʀketiŋ] n. m. COMM Marketing réalisé par l'intermédiaire d'un moyen de télécommunication.

télématique [telematik] n. f. et adj. INFORM Ensemble des techniques associant les télécommunications et les matériels informatiques (connexion par le réseau téléphonique d'un ordinateur central et d'un terminal mis à la disposition d'un usager privé, consultation par le public des grandes banques de données, etc.). ▷ adj. *Les services télématiques.* – De *télé(communication),* et *(infor)matique.*

télémessagerie [telemesaʒʀi] n. f. Syn. de *messagerie* électronique.*

télémesure [teleməzyʀ] n. f. TECH Transmission à distance des résultats de mesures au moyen d'un signal électrique ou radioélectrique.

télémètre [telemɛtʀ] n. m. TECH Appareil servant à mesurer la distance d'un point éloigné par un procédé optique ou radioélectrique. – De *télé-,* et *-mètre.*
ENCYCL Les *télémètres optiques* sont constitués par un tube qui porte deux miroirs à ses extrémités. Les images du point visé sont reprises par un oculaire situé au milieu du tube, la distance à mesurer étant déterminée par la position des images finales ou par leur mise en coïncidence. Le *télémètre à laser* comporte un laser à impulsions dont le faisceau se réfléchit sur un miroir porté par la cible. Les radars sont des *télémètres radioélectriques.*

télémétrie [telemetʀi] n. f. TECH Mesure des distances par télémètre. – De *télémètre.*

télencéphale [telɑ̃sefal] n. m. ANAT Vésicule antérieure de l'encéphale embryonnaire des vertébrés, dont le développement aboutit à la formation des hémisphères cérébraux. – De *tel(o)-,* et *encéphale.*

téléo-, tél(o)-. Éléments, du gr. *teleos, telos,* « fin, but », et de *teleios,* « complet, achevé ».

téléobjectif [teleɔbʒɛktif] n. m. PHOTO, AUDIOV Objectif photographique de distance focale supérieure à la focale dite « normale » et dont le champ embrassé est réduit, utilisé pour photographier des objets éloignés.

téléologie [teleɔlɔʒi] n. f. PHILO Étude de la finalité. – Doctrine selon laquelle le monde obéit à une finalité. – De *téléo-,* et *-logie.*

téléologique [teleɔlɔʒik] adj. PHILO Qui a rapport à la téléologie. *Preuve téléologique de l'existence de Dieu.* – De *téléologie.*

téléostéens [teleɔsteɛ̃] n. m. pl. ICHTYOL Super-ordre de poissons osseux dont le squelette est entièrement ossifié et dont le corps est couvert d'écailles imbriquées comme les tuiles d'un toit. – Sing. *Un téléostéen.* – Du lat. zool. *teleostei;* du gr. *teleios,* « achevé », et *osteon,* « os ».

télépathe [telepat] n. et adj. Qui pratique la télépathie. – De *télépathie.*

télépathie [telepati] n. f. Communication à distance par la pensée, transmission de pensée. – Angl. *telepathy,* d'ap. *télé-,* et *-pathie.*

télépathique [telepatik] adj. Propre à la télépathie. – De *télépathie.*

téléphérage [telefeʀaʒ] n. m. TECH Transport par câble aérien. *Téléphérage des grumes dans une exploitation forestière de montagne.* – Angl. *telpherage,* du gr. *pherein,* « porter ».

téléphérique ou **téléférique** [telefeʀik] adj. et n. m. **1.** adj. TECH Qui a rapport au téléphérage. *Câble téléphérique.* **2.** n. m. Moyen de transport de personnes par une cabine suspendue à un câble aérien. *Prendre le téléphérique.* – De *téléphérage.*

téléphone [telefɔn] n. m. **1.** Ensemble des dispositifs qui permettent de transmettre le son, et partic. la parole, à longue distance. *Abonné au téléphone. Être au téléphone :* téléphoner. *Appareil de téléphone.* ▷ Fam. *Donner un coup de téléphone à qqn,* l'appeler au téléphone. ▷ Fig., fam. *Téléphone arabe :* transmission rapide, de bouche à oreille, des nouvelles, des ragots. **2.** Appareil, poste téléphonique. *Passe-moi le téléphone.* – De *télé-,* et *-phone.*

téléphoné, ée [telefɔne] adj. **1.** Transmis par téléphone. *Message téléphoné.* **2.** Fig. SPORT Se dit d'un coup exécuté trop lentement ou maladroitement pour ménager l'effet de surprise. ▷ Fam. *C'est téléphoné,* tellement annoncé, prévisible que cela manque son but. – Pp. de *téléphoner.*

téléphoner [telefɔne] **1.** v. tr. [1] Transmettre par téléphone. *Téléphone-lui ses résultats.* **2.** v. tr. indir. Parler au téléphone. *Téléphoner à un ami.* ▷ Absol. *Il déteste téléphoner.* ▷ v. pron. (Récipr.) *Ils n'arrêtent pas de se téléphoner.* – De *téléphone.*

téléphonie [telefɔni] n. f. TECH Transmission des sons à distance. - Ensemble des techniques qui concernent le téléphone. ▷ *Téléphonie sans fil.* V. radiotéléphonie. – De *téléphone.*

téléphonique [telefɔnik] adj. Du téléphone; qui concerne le téléphone; qui se fait par téléphone. *Appel téléphonique. Cabine téléphonique.* – De *téléphone.*

téléphoniste [telefɔnist] n. Personne dont le métier est d'assurer le service du téléphone. – De *téléphone.*

téléprompteur [telepʀɔ̃ptœʀ] n. m. Syn. de *prompteur.* – De *télé-,* et angl. *prompter,* « souffleur ».

téléprospecteur, trice [telepʀɔspɛktœʀ, tʀis] n. Personne dont le métier est la recherche de clientèle par téléphone.

téléradiographie [teleʀadjogʀafi] ou **téléradio** [teleʀadjo] n. f. Radiographie à distance (1,50 à 3 m) qui permet d'obtenir une image dont la déformation est négligeable.

téléroman [teleʀɔmɑ̃] n. m. (Canada) Feuilleton tourné (généralement en studio) pour la télévision et diffusé aux heures de grande écoute.

télescopage [teleskɔpaʒ] n. m. Fait de télescoper, de se télescoper. – De *télescoper.*

télescope [telɛskɔp] n. m. TECH, ASTRO Instrument d'optique destiné à l'observation des objets lointains (des astres, notam.), et dont l'objectif est un miroir. *Télescope électronique.* ▷ Cour. Tout instrument d'optique (télescope au sens strict ou lunette*) destiné à l'observation d'objets lointains. – De *télé-,* et *-scope.*

télescoper [teleskɔpe] v. tr. [1] Heurter violemment, enfoncer. *Le semi-remorque a télescopé la camionnette.* ▷ v. pron. (Récipr.) *Les deux trains se sont télescopés.* – Fig. *Idées qui se télescopent,* qui empiètent l'une sur l'autre en créant la confusion. – Amér. *to telescope,* de l'angl. *telescope,* « lunette d'approche à tubes emboîtés ».

télescopique [teleskɔpik] adj. **1.** Qui se fait avec le télescope. *Mesures télescopiques.* ▷ *Planète télescopique,* que l'on ne peut observer qu'au moyen d'un instrument d'optique. **2.** Dont les différents éléments s'insèrent les uns dans les autres comme les tubes d'une lunette d'approche. *Pied télescopique d'une caméra.* – De *télescope.*

téléscripteur [teleskʀiptœʀ] n. m. Appareil télégraphique qui assure à la réception l'impression directe des dépêches. – De *télé-,* et lat. *scriptor.*

téléservice [teleseʀvis] n. m. Service proposé par l'intermédiaire de la télévision.

télésiège [telesjɛʒ] n. m. Remontée mécanique, en général à l'usage des skieurs, constituée d'un câble unique sans fin auquel sont suspendus des sièges à une ou deux places. – De *télé(phérique),* et *siège.*

téléski [teleski] n. m. Remonte-pente. – De *télé(phérique),* et *ski.*

téléspectateur, trice [telespɛktatœʀ, tʀis] n. Personne qui regarde la télévision.

télésurveillance [telesyʀvɛjɑ̃s] n. f. TECH Surveillance effectuée à distance à l'aide de moyens électroniques et notam. d'une caméra vidéo.

télétex [teletɛks] n. m. INFORM Norme internationale pour la transmission sur réseaux publics de textes composés et archivés par des machines de traitement de texte capables de communiquer entre elles (*terminaux télétex*). *Le service international télétex est appelé à succéder au télex.* – Nom déposé; abrév. de *télé-*, et (traitement de) *tex(te)*.

télétexte [teletɛkst] n. m. INFORM Syn. de *vidéographie* diffusée.*

téléthèque [teletɛk] n. f. Didac. Endroit, local où sont conservés les enregistrements d'émissions télévisées (bandes magnétoscopiques, etc.); ensemble de ces enregistrements. – De *télé-*, et *-thèque*, d'apr. *bibliothèque*.

télétoxique [teletɔksik] adj. BIOL Se dit des substances toxiques sécrétées par les êtres vivants et qui se répandent dans le milieu ambiant.

télétraitement [teletʀɛtmɑ̃] n. m. INFORM Traitement à distance des données, notam. au moyen de terminaux reliés à des ordinateurs. V. télématique.

télétransmission [teletʀɑ̃smisjɔ̃] n. f. TECH Transmission à distance de signaux (télégraphiques, vidéo, etc.).

télétype [teletip] n. m. Téléimprimeur. – Nom déposé; mot angl., de *teletype(writer)*, «machine à écrire *(typewriter)* à distance».

télévangéliste [televɑ̃ʒelist] n. m. Prédicateur chrétien qui prodigue ses enseignements à la télévision au cours d'émissions à grand spectacle.

télévente [televɑ̃t] n. f. Vente par correspondance d'objets présentés à la télévision.

télévidéothèque [televideotɛk] n. f. Vidéothèque utilisable à distance par réseau câblé.

téléviser [televize] v. tr. [1] Transmettre des images par télévision. – Pp. adj. *Reportage télévisé.* – De *télévision.*

téléviseur [televizœʀ] n. m. Appareil récepteur de télévision. (Abrév. fam. : télé). – De *télévision.*

télévision [televizjɔ̃] n. f. **1.** Transmission des images à distance par ondes hertziennes (ou par câble); ensemble des techniques mises en œuvre dans ce type de transmission. **2.** *Par ext.* Organisme qui produit et diffuse des émissions par télévision. *Travailler à la télévision.* **3.** Fam. Téléviseur. *Ils ont acheté une télévision.* (Abrév. fam. : télé).

télévisuel, elle [televizɥɛl] adj. Relatif à la télévision. – De *télévision.*

télex [telɛks] n. m. Système de télégraphie utilisant un réseau distinct du réseau téléphonique et permettant la transmission de messages au moyen de téléimprimeurs. – Mot amér.

télexer [telekse] v. tr. [1] Transmettre par télex. – De *télex.*

télexiste [telɛksist] n. Personne dont le travail consiste à assurer des liaisons par télex. – De *télex.*

tell [tɛl] n. m. ARCHEOL Colline artificielle formée par l'accumulation de ruines, de déblais au cours des âges. – Mot ar., «colline».

tellement [tɛlmɑ̃] adv. **1.** (Valeur intensive.) Si, aussi. *Il est tellement jeune!* ▷ (Devant une comparaison.) *Ce serait tellement mieux! Il est tellement plus riche que moi!* ▷ Fam. *Pas tellement* : pas beaucoup. *Je n'ai pas tellement apprécié son attitude.* ▷ (Introduisant une proposition de cause.) *On ne pouvait respirer tellement il y avait de monde.* Syn. tant. **2.** Fam. *Tellement de* : tant de. *J'ai tellement de travail en retard!* **3.** loc. conj. *Tellement... que.* (Introduisant une subordonnée de conséquence.) *Il a tellement vu de choses que plus rien ne l'étonne.* – De *tel.*

tellure [tɛl(l)yʀ] n. m. CHIM Élément de numéro atomique Z = 52, de masse atomique 127,60 (symbole Te). – Corps simple (Te) situé à la frontière des métaux et des non-métaux, de densité 6,24, qui fond à 450 °C et bout à 990 °C. – Lat. mod. *tellurium*, de *tellus, telluris*, «terre».

1. tellurique [tɛl(l)yʀik] ou **tellurien, enne** [tɛl(l)yʀjɛ̃, ɛn] adj. De la Terre; qui a rapport à la Terre, qui en provient. *Mouvements telluriens. Chaleur tellurique.* – Du lat. *tellus, telluris*, «terre».

2. tellurique [tɛl(l)yʀik] adj. CHIM Se dit de l'anhydride (TeO_3) et de l'acide (H_2TeO_4) dérivés du tellure. – De *tellure.*

télo-. V. téléo-.

télolécithe [telɔlesit] ou **télolécithique** [telɔlesitik] adj. BIOL *Œuf télolécithe* ou *télolécithique*, dont le vitellus, très abondant, est localisé à l'un des pôles (œufs des reptiles, des oiseaux et de la plupart des poissons). – De *télo-*, et gr. *lekithos*, «jaune d'œuf».

télophase [telɔfaz] n. f. BIOL Dernière phase de la mitose*, caractérisée par la reconstitution des noyaux et par la formation d'une membrane séparant les deux cellules filles. – De *télo-*, et *phase.*

télougou ou **telugu** [telugu] adj. et n. Relatif aux populations de l'Āndhra Pradesh (Inde du S.). ▷ n. m. Langue dravidienne de l'Āndhra Pradesh. – Mot télougou.

telson [tɛlsɔ̃] n. m. ZOOL Dernier segment abdominal des arthropodes, qui ne porte pas d'appendice articulé. – Mot gr., «limite».

temenos [temenɔs] n. m. ANTIQ GR Terrain sacré d'un sanctuaire fermé par le péribole. – Mot gr.

téméraire [temeʀɛʀ] adj. et n. **1.** Hardi jusqu'à l'imprudence. *Alpiniste téméraire.* ▷ Subst. *C'est un téméraire.* **2.** Qui dénote la témérité. *Action téméraire.* ▷ *Jugement téméraire*, avancé sans preuves suffisantes. – Lat. *temerarius*, «accidentel», d'où «inconsidéré», de *temere*, «au hasard».

témérairement [temeʀɛʀmɑ̃] adv. D'une façon téméraire. – De *téméraire.*

témérité [temeʀite] n. f. Fait d'être téméraire (personnes); caractère de ce qui est téméraire (actions, paroles). – Lat. *temeritas.*

témoignage [temwaɲaʒ] n. m. **1.** Action de rapporter un fait, un événement en attestant sa réalité, sa vérité. *Témoignage historique.* ▷ *Porter témoignage* : produire un témoignage, faire une déclaration ayant valeur de témoignage. ▷ *Spécial.* Déposition d'un témoin devant la justice. *Faux témoignage* : déposition mensongère. **2.** Preuve, marque (d'un sentiment). *Témoignage d'estime.* – De *témoigner.*

témoigner [temwaɲe] v. [1] **I.** v. intr. Être témoin, porter témoignage, spécial. devant la justice. *Témoigner en faveur de qqn ou contre qqn.* **II.** v. tr. indir. *Témoigner de* : constituer le signe ou la preuve de; marquer, dénoter. *Ce choix témoigne de son discernement.* **III.** v. tr. **1.** Marquer, manifester. *Témoigner sa joie.* **2.** *Témoigner que* ou *témoigner* (+ inf.) : certifier la réalité, la vérité de. *Elle a témoigné qu'elle l'a entendu, l'avoir entendu.* – De *témoin.*

témoin [temwɛ̃] n. m. **1.** Personne qui voit, entend qqch et peut éventuellement le rapporter. *Être témoin d'un événement. Témoin oculaire*, qui rend témoignage de ce qu'il a vu. ▷ Loc. *Prendre qqn à témoin*, invoquer son témoignage, lui demander de témoigner. **2.** Personne appelée à faire connaître en justice ce qu'elle sait d'une affaire. *Témoin à charge*, qui témoigne contre un accusé. *Témoin à décharge*, qui témoigne en faveur d'un accusé. *Faux témoin :* personne qui fait un faux témoignage. **3.** Personne qui en assiste une autre dans certains actes, pour servir de garant de leur authenticité, de leur sincérité. *Servir de témoin à un mariage. Dans un duel, les combattants étaient assistés de témoins.* **4.** Personne qui observe son milieu, la société et rend compte de ses observations. *Un chroniqueur témoin de son temps.* **5.** Personne qui, par ses actes, porte témoignage de l'existence de qqn, de qqch. *Les martyrs, témoins du Christ, de la foi.* **6.** Ce qui prouve l'existence, la réalité de qqch. *Ces vestiges, témoins d'une civilisation disparue.* ▷ (En tête de proposition, inv.) *C'est un grand général, témoin ses victoires,* comme ses victoires en sont la preuve. **7.** (En appos.) Se dit de ce qui permet une comparaison, un contrôle avec une chose analogue. *Villa témoin. Lampe témoin d'un appareil électrique,* indiquant si celui-ci est branché, en état de marche, etc. – GEOGR *Butte*-témoin.* ▷ CONSTR Plaquette de plâtre appliquée dans une fissure, permettant de constater son éventuel élargissement. ▷ BIOL Sujet animal ou végétal sur lequel on n'a pas fait d'expérience et que l'on compare à celui ayant servi de cobaye. *Souris témoin.* **8.** SPORT Bâton que se passent les équipiers d'une course de relais. – Du lat. *testimonium,* «témoignage» de *testis,* «témoin».

1. tempe [tɑ̃p] n. f. Région latérale de la tête, entre l'œil et le haut de l'oreille. – Lat. pop. **tempula,* class. *tempora,* «les tempes».

2. tempe [tɑ̃p] n. f. TECH En boucherie, pièce de bois maintenant écartés les deux côtés du ventre d'une bête ouverte. – P.-ê. du lat. *templum,* «traverse».

tempera (a). V. a tempera.

tempérament [tɑ̃peʀamɑ̃] n. m. **I. 1.** Ensemble des caractères physiologiques propres à un individu. *Un tempérament robuste.* **2.** Ensemble des dispositions psychologiques de qqn. *Un tempérament calme.* ▷ Loc. fam. *Avoir du tempérament :* manifester une forte personnalité; spécial. manifester une forte inclination pour l'amour physique, le plaisir sexuel. **II. 1.** *Acheter à tempérament,* en payant par tranches successives la somme due. – *Vente à tempérament,* à crédit. **2.** MUS Altération que, dans certains instruments, on fait subir à la proportion rigoureuse des intervalles pour que deux sons enharmoniques (par ex. : ré dièse et mi bémol) puissent être rendus par le même organe (corde, tuyau, touche, etc.). – Lat. imp. *temperamentum,* «combinaison proportionnée», de *temperare,* «combiner, mélanger, unir dans de justes proportions» et, au fig., «adoucir, modérer».

tempérance [tɑ̃peʀɑ̃s] n. f. **1.** Modération. **2.** RELIG CATHOL Modération dans les désirs, dans les plaisirs des sens. *La tempérance est l'une des vertus cardinales.* **3.** Cour. Modération dans les plaisirs de la table. ▷ *Spécial.* Modération dans l'usage des boissons alcoolisées. – Lat. *temperantia.*

tempérant, ante [tɑ̃peʀɑ̃, ɑ̃t] adj. Qui fait preuve de tempérance; sobre. – Lat. *temperans, temperantis.*

température [tɑ̃peʀatyʀ] n. f. **1.** État de l'air, de l'atmosphère en un lieu, considéré du point de vue de la sensation de chaleur ou de froid que l'on y éprouve et dont la mesure objective est fournie par le thermomètre. *Température d'une chambre. Température moyenne d'un pays.* **2.** Degré de chaleur d'un corps quelconque. *Température d'ébullition d'un liquide.* **3.** Degré de chaleur d'un organisme animal ou humain. *Prendre sa température. Feuille de température.* ▷ Absol. *Avoir, faire de la température :* être fiévreux. ▷ Par métaph. *Prendre la température :* se renseigner sur l'état d'esprit (d'une ou de plus. personnes). – Lat. *temperatura.*

ENCYCL **Phys.** – L'échelle de température légale, celle du Système International (SI), est l'*échelle thermodynamique,* encore appelée *échelle absolue.* Dans cette échelle, la température s'exprime en kelvins (symbole K). Dans la vie courante, on utilise l'échelle Celsius. En pratique, l'échelle Celsius diffère extrêmement peu de l'ancienne *échelle centésimale,* dont les points de repère 0 et 100 correspondent respectivement aux points de fusion et d'ébullition de l'eau pure à la pression normale.

tempéré, ée [tɑ̃peʀe] adj. **1.** Ni très chaud, ni très froid. *Climat tempéré.* **2.** Modéré, qui a de la mesure. *Un esprit tempéré.* ▷ *Monarchie tempérée,* dans laquelle le pouvoir du souverain est limité par certaines institutions. **3.** MUS *Gamme tempérée :* V. tempérament (sens II, 2). – Pp. de *tempérer.*

tempérer [tɑ̃peʀe] v. tr. [16] **1.** Adoucir. *La brise tempère l'ardeur du soleil.* **2.** Fig. et litt. Modérer, atténuer. *Tempérer sa fougue.* – Lat. *temperare,* «mélanger», et, au fig., «adoucir, modérer».

tempête [tɑ̃pɛt] n. f. **1.** Violente perturbation atmosphérique, très fort vent souvent accompagné de pluie et d'orage. – *Spécial.* Une telle perturbation, sur la mer ou sur les côtes. *Digue battue par la tempête.* ▷ METEO, MAR Vent qui a une vitesse comprise entre 89 et 102 km/h (force 10 Beaufort). – *Violente tempête :* vent entre 103 et 117 km/h (force 11 Beaufort). **2.** Fig. Trouble violent, agitation. *« Une tempête sous un crâne » (V. Hugo).* – Loc. *Une tempête dans un verre d'eau :* une grande agitation à propos d'une bagatelle. ▷ Suite de malheurs, de calamités qui s'abattent sur qqn. ▷ Trouble violent dans un État. *Les tempêtes de la Révolution.* **3.** Fig. Manifestation soudaine et violente; bruit qui évoque celui d'une tempête. *Une tempête d'imprécations.* – Lat. pop., **tempesta.*

tempêter [tɑ̃pete] v. intr. [1] Exprimer bruyamment son mécontentement. *Crier et tempêter.* – De *tempête.*

tempétueusement [tɑ̃petɥøzmɑ̃] adv. De façon tempétueuse (sens 2); avec fougue ou avec violence. – De *tempétueux.*

tempétueux, euse [tɑ̃petɥø, øz] adj. **1.** Vx ou litt. Où règne la tempête; exposé aux tempêtes. *Mer tempétueuse.* **2.** Fig., litt. Agité, tumultueux. *Une réunion tempétueuse.* – Bas lat. *tempestuosus.*

temple [tɑ̃pl] n. m. **I. 1.** ANTIQ Édifice consacré au culte d'une divinité. *Le temple d'Apollon à Delphes.* ▷ Litt. ou plaisant (Par compar.) *Le temple de :* le lieu où l'on rend honneur (comme par un culte) à. *Un temple de la gastronomie, de la mode.* **2.** Édifice consacré au culte israélite. Syn. synagogue. **3.** Édifice consacré au culte protestant. **II.** (Avec une majuscule.) *Le Temple.* **1.** Le temple que Salomon avait bâti à Jérusalem. *Jésus chassa les marchands du Temple.* **2.** HIST L'ordre des chevaliers du Temple, ou ordre des Templiers. (V. ci-après.) – Lat. *templum.*

ENCYCL **Hist.** – L'ordre religieux et militaire des Templiers ou chevaliers du Temple fut créé en 1119 par Hugues de Payns pour protéger les pèlerins en Terre sainte. Le Temple, qui reçut une règle relativement ascétique en 1128, s'enrichit rapidement grâce à de nombreux dons. Il se dota très vite d'une organisation internationale : le grand maître, assisté du chapitre général, dirigeait, depuis Jérusalem, les commandeurs d'Orient latin et d'Occident; en fait, chaque établissement templier était une seigneurie, appelée commanderie. Lors de la chute de l'Orient latin, les Templiers se replièrent en Europe, où leur richesse fit d'eux les trésoriers du roi de France et du pape. En 1307, Philippe le Bel, accusant l'ordre de corruption et voulant s'en approprier les richesses, ordonna l'arrestation de 138 Templiers et fit pression sur le pape Clément V qui prononça la dissolution du Temple (3 avril 1312).

tempo [tɛmpo] n. m. MUS Mouvement dans lequel doit être joué un morceau. (Il inclut à la fois la rapidité du rythme et le caractère à donner à l'interprétation.)

Tempo rubato, furioso. ▷ *Spécial.* Rapidité plus ou moins grande du rythme. *Tempo lent, rapide.* – Mot ital., «temps».

temporaire [tɑ̃pɔʀɛʀ] adj. Dont la durée est limitée. *Travail temporaire.* – Lat. *temporarius.*

temporairement [tɑ̃pɔʀɛʀmɑ̃] adv. De façon temporaire; durant un certain temps. – De *temporaire.*

temporal, ale, aux [tɑ̃pɔʀal, o] adj. et n. m. ANAT Qui a rapport à la tempe, aux tempes. *Os temporal* ou, n. m., *le temporal,* formé de l'écaille, de l'os tympanal et du rocher. – Bas lat. *temporalis,* du class. *tempus, temporis,* «tempe».

temporalité [tɑ̃pɔʀalite] n. f. Caractère de ce qui se déroule dans le temps. – Lat. *temporalitas.*

temporel, elle [tɑ̃pɔʀɛl] adj. et n. m. **I.** adj. **1.** Qui passe avec le temps. Ant. éternel. ▷ *Par ext.* Qui concerne les choses matérielles. *Les biens temporels et les biens spirituels.* – *Pouvoir temporel des papes,* leur pouvoir en tant que chefs d'État. **2.** GRAM Qui a rapport à l'expression du temps. *Proposition temporelle.* **3.** Qui se rapporte au temps, qui se déroule dans le temps. **II.** n. m. *Le temporel* : la puissance temporelle. – Lat. ecclés. *temporalis,* «du monde», lat. class., «temporaire».

temporellement [tɑ̃pɔʀɛlmɑ̃] adv. Du point de vue temporel (sens I, 1 et 3). – De *temporel.*

temporisateur, trice [tɑ̃pɔʀizatœʀ, tʀis] n. et adj. **1.** Personne qui temporise, qui a l'habitude de temporiser. ▷ adj. *Politique temporisatrice.* **2.** n. m. TECH Dispositif qui introduit un retard dans l'exécution d'une opération. – De *temporiser.*

temporisation [tɑ̃pɔʀizasjɔ̃] n. f. Action, fait de temporiser; son résultat. – De *temporiser.*

temporiser [tɑ̃pɔʀize] v. intr. [1] Retarder le moment d'agir, généralement dans l'attente d'une occasion favorable. – Lat. médiév. *temporizare,* «passer le temps».

temps [tɑ̃] n. m. **I. 1.** Celle des dimensions de l'Univers selon laquelle semble s'ordonner la succession irréversible des phénomènes. *Le temps et l'espace.* «*Le mouvement et le temps sont relatifs l'un à l'autre*» *(Pascal).* ▷ Fig. «*L'ennemi vigilant et funeste, le temps*» *(Baudelaire).* **2.** Mesure du temps. *L'unité de temps est la seconde.* **3.** Espace de temps. *Temps de cuisson. Cela n'aura qu'un temps,* ne durera pas. *Demander du temps pour payer,* un délai. *Cet habit a fait son temps,* il ne peut plus servir. ▷ *Spécial.* SPORT Performance d'un sportif dans une épreuve de vitesse. *Il a réalisé un temps médiocre.* ▷ INFORM *Temps réel* : mode de fonctionnement qui permet l'introduction permanente des données et l'obtention immédiate des résultats. *Temps partagé* : mode de fonctionnement dans lequel chaque utilisateur accède en permanence à l'ordinateur sans gêner les autres, et qui autorise les relations entre les usagers. **4.** Durée (considérée du point de vue de l'activité de qqn). *Avoir le temps, du temps devant soi* : ne pas être pressé. *Ne pas avoir le temps de,* le loisir de. – *Perdre son temps* : ne rien faire; faire des choses inutiles. – *Prendre son temps* : ne pas se dépêcher, agir sans hâte. **5.** Époque, période envisagée par rapport à ce qui l'a précédée ou suivie. *Les temps modernes. Du temps de la monarchie. De mon temps* : à l'époque de ma jeunesse. *Au bon vieux temps* : à une époque lointaine où la vie passe pour avoir été simple et facile. **6.** Période considérée par rapport à l'état, aux mœurs d'une société. *En temps de guerre, de crise.* – Fam. *Par les temps qui courent* : dans les circonstances actuelles. – *Signe des temps* : fait, circonstance qui caractérise les mœurs de l'époque dont on parle. *Être de son temps* : se conformer aux idées, aux usages de son époque. – Prov. *Autres temps, autres mœurs.* **7.** *Le temps de* : la saison, la période de l'année caractérisée par. *Le temps des vendanges, des cerises.* **8.** Moment, occasion de faire, d'agir. *Il y a (un) temps pour tout. Il est temps de partir. Il est grand temps de, que* : il est très urgent de, que. **9.** GRAM Chacune des différentes séries des formes du verbe marquant un rapport déterminé avec la durée, le déroulement dans le temps. *Conjuguer un verbe à tous les modes et à tous les temps : présent, passé, futur. Temps, mode et aspect.* **10.** MUS Chacune des divisions de la mesure servant à régler le rythme. *Mesure à trois, à quatre temps. Temps fort, faible.* **11.** TECH Chacune des phases d'un cycle de moteur à explosion. *Moteur à deux, à quatre temps.* **12.** Loc. adv. *À temps* : dans les limites du temps fixé, convenable. *Arriver à temps.* ▷ *En même temps* : simultanément. *Partir en même temps.* ▷ *De tout temps* : depuis toujours. ▷ *En temps et lieu* : au moment et dans le lieu convenables. ▷ *De temps en temps, de temps à autre* : à des moments éloignés les uns des autres; quelquefois. ▷ *Quelque temps* : pendant un certain temps. – *Il y a quelque temps que* : un certain temps s'est écoulé depuis que. ▷ *Tout le temps* : sans cesse. **II.** État de l'atmosphère. *Temps orageux. Beau temps.* – Fig. Prov. *Après la pluie, le beau temps* : après les ennuis vient un temps plus heureux. ▷ MAR *Gros temps* : mauvais temps, vent fort et mer agitée. *Petit temps* : vent faible et mer calme. ▷ Loc. fig. *Parler de la pluie et du beau temps,* de banalités. *Faire la pluie et le beau temps* : avoir beaucoup d'influence, détenir de vastes possibilités d'action, de manœuvres. – Lat. *tempus, temporis.*

ENCYCL **Astro.** – L'échelle de *temps universel* (abrév. : U.T.) se déduit de la rotation de la Terre autour de son axe et de son mouvement autour du Soleil. Le *temps solaire vrai* est égal à l'angle horaire du Soleil : il est 0 h vraie lorsque le Soleil traverse le méridien. Le *temps solaire moyen* est calculé en supposant un Soleil fictif dont l'angle horaire varie uniformément, ce qui n'est pas le cas du Soleil réel, compte tenu de l'obliquité de l'écliptique en partic. Au temps solaire moyen on substitue le *temps civil,* par addition de 12 heures. Le jour civil commence donc à minuit. Le *temps universel* est par définition égal au temps civil de Greenwich. Les *temps légaux* dérivent du temps universel suivant le système des fuseaux horaires. En principe, chaque pays adopte l'heure du fuseau qui contient sa capitale (sauf pour les pays très étendus). Cette règle souffre des exceptions, en partic. pour la France, qui vit sur U.T. + 1 heure en hiver et U.T. + 2 heures en été, bien qu'elle se trouve dans le fuseau 0, c.-à-d. celui de Greenwich. Il existe un deuxième temps astronomique, le *temps des éphémérides,* dont l'échelle se déduit du mouvement de la Terre autour du Soleil. Sa période fondamentale est l'année. Le *temps atomique international* a été défini à partir de la vibration de l'atome de césium. Il constitue l'échelle de temps officielle. Cette échelle coïncidait avec l'échelle de temps universel le 1er janvier 1958; l'écart entre ces deux temps est d'env. une seconde par an.

tenable [tənabl] adj. (Souvent en tournure négative.) Que l'on peut tenir, défendre; supportable. *Battues par l'artillerie ennemie, leurs positions n'étaient plus tenables. À l'ombre, c'est à peu près tenable.* – De *tenir.*

tenace [tenas] adj. **1.** Qui adhère fortement, qui est difficile à ôter. *Une couche tenace de rouille et de cambouis.* – Par anal. *Odeur tenace,* qui persiste longtemps. ▷ *Métal tenace,* qui résiste bien aux efforts de traction. ▷ Fig. Difficile à faire disparaître. *Une migraine tenace. Superstitions tenaces.* **2.** Fig. Qui ne renonce pas facilement à ses idées, à ce qu'il entreprend. *Un chercheur tenace.* – Lat. *tenax, tenacis,* de *tenere,* «tenir».

tenacement [tənasmɑ̃] adv. Avec ténacité. – De *tenace.*

ténacité [tenasite] n. f. **1.** Caractère de ce qui est tenace. ▷ Résistance à la rupture (d'un métal). **2.** Fig. Caractère d'une personne tenace. – Lat. *tenacitas.*

tenaille [tənaj] n. f. (Surtout au plur.) **1.** Outil composé de deux leviers articulés, pince servant à saisir et à serrer divers objets pendant qu'on les travaille. *Tenailles de forgeron. Tenailles de menuisier,* à mors biseautés, destinées principalement à l'arrachage des clous. ▷ Fig. *Prendre l'ennemi en tenaille(s),* l'attaquer de deux côtés à la fois. **2.** Anc. Instrument de torture en forme de tenailles. ▷ Fig. *Les tenailles de la peur, de la jalousie.* – Du bas lat. *tenacula,*plur. neutre de *tenaculum,* «lien, attache», de *tenere,* «tenir».

tenaillement [tənajmɑ̃] n. m. Fait de tenailler, d'être tenaillé. – Fig. Souffrance, tourment. – De *tenailler.*

tenailler [tənaje] v. tr. [1] Anc. Supplicier avec les tenailles (sens 2). ▷ Mod., fig. Faire souffrir cruellement; tourmenter. *Le remords le tenaille.* – Pp. adj. *Il est tenaillé par la faim.* – De *tenaille.*

tenancier, ère [tənɑ̃sje, ɛʀ] n. **1.** FEOD Personne qui occupait en roture des terres dépendantes d'un fief. ▷ Mod. Fermier d'une petite exploitation agricole dépendant d'une ferme plus importante. **2.** Personne qui gère un établissement soumis à une réglementation ou à une surveillance des pouvoirs publics. *Tenancier d'un bar, d'un hôtel.* – De l'a. fr. *tenance,* «tenure», de *tenir.*

tenant, ante [tənɑ̃, ɑ̃t] adj. f. et n. **A.** adj. f. Dans la loc. *séance tenante :* aussitôt, sur-le-champ. **B.** n. **I.** *Tenant(e) d'un titre :* personne qui détient un titre sportif. *Le challenger a battu le tenant du titre.* **II.** n. m. **1.** Anc. Chevalier qui, dans un tournoi, s'offrait à jouter contre quiconque voulait se mesurer à lui. ▷ Fig. Personne qui soutient, défend une opinion (ou, moins cour., qqn). *Les tenants d'une théorie.* **2.** HERALD Ornement extérieur de l'écu, figure humaine qui soutient celui-ci. **3.** DR *Les tenants et les aboutissants d'un fonds de terre,* les diverses pièces de terre qui le bornent. ▷ Fig. *Connaître les tenants et les aboutissants* d'une affaire.* ▷ Loc. *D'un seul tenant :* sans solution de continuité. *Cent hectares d'un seul tenant.* – Ppr. de *tenir.*

tendance [tɑ̃dɑ̃s] n. f. **1.** Composante de la personnalité d'un individu, qui le prédispose ou qui le pousse spontanément à certains comportements. *Tendance à la rêverie, à l'étourderie, à la mégalomanie.* Syn. disposition, inclination, propension, penchant. ▷ (Personnes) *Avoir tendance à* (+ inf.) : être enclin à. *Avoir tendance à mentir.* ▷ (Choses) *Avoir tendance à* (+ inf.) : tendre à, en venir à, être en voie de. *Souvenirs qui ont tendance à s'estomper.* **2.** Orientation politique, intellectuelle, artistique, etc. *Les tendances littéraires actuelles.* – *Les différentes tendances d'un parti politique,* les divers courants d'opinion au sein de ce parti. **3.** Évolution probable dans un sens déterminé par l'évolution antérieure. *Tendance des cours à la hausse.* **4.** STATIS *Tendance de fond :* syn. de *trend.* – De *tendre* 2.

tendanciel, elle [tɑ̃dɑ̃sjɛl] adj. Didac. Qui concerne, indique une tendance. – De *tendance.*

tendancieusement [tɑ̃dɑ̃sjøzmɑ̃] adv. De façon tendancieuse. – De *tendancieux.*

tendancieux, euse [tɑ̃dɑ̃sjø, øz] adj. Péjor. Qui manifeste une tendance (sens 2); qui ne présente pas les faits avec objectivité. *Propos tendancieux.* – De *tendance.*

tender [tɑ̃dɛʀ] n. m. CH de F Fourgon contenant l'eau et le combustible nécessaires à l'alimentation d'une locomotive à vapeur. – Mot angl., propr. «serviteur».

tenderie [tɑ̃dʀi] n. f. CHASSE Chasse au moyen de pièges (que l'on tend). ▷ Terrain où sont tendus les pièges. – De *tendre* 2.

tendeur, euse [tɑ̃dœʀ, øz] n. **1.** Personne qui tend qqch. *Tendeur de pièges.* **2.** n. m. Appareil, dispositif servant à tendre, à raidir. *Tendeur pour les fils métalliques des clôtures.* **3.** n. m. Cordon élastique muni d'un crochet à chaque extrémité, servant notam. à fixer des colis sur un support (porte-bagages, galerie d'automobile, etc.). Syn. sandow. – De *tendre* 2.

tendineux, euse [tɑ̃dinø, øz] adj. **1.** ANAT Qui appartient à un tendon; qui est constitué d'un tissu analogue à celui des tendons. **2.** Qui contient des tendons. *Viande tendineuse.* – De *tendon.*

tendinite [tɑ̃dinit] n. f. MED Inflammation d'un tendon, d'origine traumatique ou rhumatismale. – De *tendon,* et *-ite* 1.

tendon [tɑ̃dɔ̃] n. m. Extrémité fibreuse et blanche d'un muscle, de forme cylindrique ou aplatie, par laquelle il s'insère sur un os. ▷ *Tendon d'Achille :* réunion des tendons des muscles jumeaux et du soléaire, qui s'insère sur la face postérieure du calcanéum. – Du lat. médiév. *tendo, tendinis,* p.-ê. du gr. *tenôn, tenontos,* avec infl. de *tendre* 2.

1. tendre [tɑ̃dʀ] adj. et n. **I.** adj. **1.** Qui peut être facilement entamé, coupé. *Du bois tendre. De la viande tendre.* ▷ Fig. *La tendre enfance :* la première enfance. *L'âge tendre :* l'enfance. **2.** Clair et délicat (couleurs). *Un bleu tendre.* **3.** Affectueux; doux et délicat. *Un père tendre. Des paroles, des gestes tendres.* – Subst. *Un(e) tendre.* **II.** n. m. LITTER *Carte du Tendre :* carte du pays du Tendre (c.-à-d. : du pays des sentiments amoureux) imaginée en 1653 par Mlle de Scudéry, et montrant les différents chemins qui mènent à l'amour. – Du lat. *tener, teneri,* «frêle, jeune, voluptueux».

2. tendre [tɑ̃dʀ] v. [6] **I.** v. tr. **1.** Tirer en écartant les extrémités d'une pièce afin qu'elle présente une certaine rigidité. *Tendre une corde, une bâche.* ▷ Fig. *Tendre son esprit :* se concentrer sur qqch. **2.** Préparer, disposer (un piège). *Tendre un filet.* ▷ Fig. *Tendre un piège à qqn,* chercher à lui faire commettre une erreur fâcheuse sans qu'il s'en doute. **3.** *Tendre un mur, une pièce,* les tapisser. – (Sujet n. de personne.) *Elle a tendu sa chambre de toile imprimée.* – (Sujet n. de chose.) *La tapisserie qui tendait la muraille.* **4.** Présenter (qqch) en l'avançant. *Tendre la main. Tendre un objet à qqn.* ▷ Loc. *Tendre la main :* mendier. – Fig. *Tendre la main à qqn,* lui offrir son aide. *Tendre l'oreille :* écouter avec attention. **II.** v. tr. indir. **1.** *Tendre à, vers (qqch) :* avoir pour objectif, chercher à atteindre. *Propos qui tendent à l'apaisement général. Tendre à la perfection.* **2.** *Tendre à* (+ inf.) : être en voie de, en venir à, avoir tendance à. *Déficit qui tend à se résorber.* **3.** Se rapprocher d'une valeur limite. *Tendre vers zéro.* **III.** v. pron. **1.** Être tendu. *Sa main se tend vers toi.* **2.** Fig. Devenir tendu, difficile. *Leurs relations se sont tendues.* – Du lat. *tendere.*

tendrement [tɑ̃dʀəmɑ̃] adv. Avec tendresse. – De *tendre* 1.

tendresse [tɑ̃dʀɛs] n. f. **1.** Caractère, attitude, sentiments d'une personne tendre. *Aimer avec tendresse.* **2.** (Plur.) Actes, paroles tendres. *Dire mille tendresses à qqn.* – De *tendre* 1.

tendreté [tɑ̃dʀəte] n. f. Qualité d'une denrée tendre. *Tendreté d'une côtelette.* – De *tendre* 1.

tendron [tɑ̃dʀɔ̃] n. m. **1.** Morceau de la partie inférieure du thorax du veau ou du bœuf. **2.** Fam., vieilli Très jeune fille, par rapport à un homme beaucoup plus âgé qu'elle. *Il a épousé un tendron de dix-huit ans.* – Du lat. pop. **tenerumen,* de *tener,* «tendre»; par l'a. fr. *tenrun, tendrun.*

tendu, ue [tɑ̃dy] adj. **1.** Qui subit une tension. *Ressort tendu.* ▷ Fig. *Avoir l'esprit tendu. Être tendu nerveusement.* **2.** Fig. Rendu difficile par une mauvaise entente. *Rapports tendus. Situation tendue.* **3.** LING Se dit de sons articulés avec une grande tension des organes. *Consonne tendue.* – Pp. de *tendre* 2.

ténèbres [tenɛbʀ] n. f. pl. **1.** Obscurité épaisse. *Il ne pouvait se guider dans ces ténèbres.* ▷ Fig. *Le prince, l'ange des ténèbres :* Satan. *L'empire des ténèbres :* l'enfer. **2.** Fig., litt. État de ce qui est étranger à la raison, à la connaissance, aux « lumières ». *Les ténèbres de l'ignorance.* – Lat. *tenebræ.*

ténébreux, euse [tenebʀø, øz] adj. **1.** Litt. Où règnent les ténèbres. *Des ruelles ténébreuses.* **2.** Fig. Difficile à comprendre, à débrouiller. *Une ténébreuse affaire.* **3.** Sombre et mélancolique. ▷ n. m. (Souvent par plaisant.) *Un beau ténébreux :* un beau garçon grave et taciturne (allus. au roman de chevalerie espagnol *Amadis de Gaule*). – Lat. *tenebrosus,* de *tenebræ,* « ténèbres ».

ténébrion [tenebʀijɔ̃] n. m. ENTOM Insecte coléoptère (genre *Tenebrio*), noir, aux élytres striés, qui vit dans les lieux sombres et dont les larves, dites *vers de farine, vers de riz,* s'attaquent à ces denrées. – Du lat. *tenebrio,* « ami des ténèbres ».

ténesme [tenɛsm] n. m. MED Tension douloureuse du sphincter anal ou vésical avec sensations de brûlure et envies continuelles d'aller à la selle ou d'uriner. – Lat. *tenesmus,* gr. *tênesmos,* de *teinein,* « tendre ».

1. teneur [tənœʀ] n. f. **1.** Contenu, sens général (d'un écrit, d'un discours). *Je ne saurais vous répéter ses paroles mot pour mot, mais je peux vous en résumer la teneur.* **2.** Proportion d'une substance dans un corps, dans un mélange. *La teneur de l'air en gaz carbonique.* – Lat. jurid. *tenor,* « contenu (d'un acte) ».

2. teneur, euse [tənœʀ, øz] n. **1.** Vieilli Personne qui tient (une boutique, une maison). **2.** COMPTA *Teneur de livres :* personne qui tient les livres de comptabilité. **3.** CONSTR *Teneur de tas :* ouvrier chargé du maniement du tas dans les équipes de rivetage. – De *tenir.*

ténia ou **tænia** [tenja] n. m. Ver plat (plathelminthe) cestode (genre *Tænia*), parasite de l'homme et des vertébrés. – Du lat. *tænia,* gr. *tainia,* propr. « bandelette ».

ENCYCL Le *ténia armé* ou *ver solitaire (Tænia solium)* parasite l'homme; il mesure de 2 à 8 m de long; sa tête *(scolex)* porte 4 ventouses et une double couronne de crochets, par lesquels il s'accroche à la paroi de l'intestin grêle. Le scolex bourgeonne sans cesse des anneaux *(proglottis)* bourrés d'œufs, qui se détachent et sont rejetés avec les excréments. Ingérés par un porc, les œufs donnent des larves qui s'enkystent dans les muscles (notam. sous la langue); le porc est dit ladre et, si sa viande est consommée insuffisamment cuite, la larve (nommée cysticerque à cause de son enkystement) achève son développement dans l'intestin grêle de l'homme, où elle devient adulte. Le *ténia inerme,* ou *ténia du bœuf (Tænia saginata),* est plus fréquent encore. D'autres ténias parasitent les vertébrés : *Tænia serrata* (dont le cysticerque se forme chez le lapin) vit à l'état adulte dans l'intestin du chien, ainsi que *Tænia cœnurus,* dont le cysticerque produit par bourgeonnement de nombreux scolex dans l'encéphale du mouton, provoquant des troubles de l'équilibre (tournis).

ténifuge [tenifyʒ] adj. MED Qui provoque l'expulsion des ténias. ▷ n. m. *Prendre un ténifuge.* – De *ténia,* et *-fuge* 2.

tenir [təniʀ] v. [36] **I.** v. tr. **1.** Avoir à la main, dans les bras, etc. *Tenir un objet. Tenir qqn par le cou.* **2.** (Sujet n. de chose.) Maintenir fixé. *La sangle qui tient la charge.* **3.** Parvenir à avoir ou à garder en son pouvoir, sous son contrôle. *Nous tenons le coupable. Tenir son cheval.* ▷ Fig. *La fièvre le tient.* – Loc. *Tenir sa langue :* savoir se taire. ▷ (Forme passive.) *Être tenu à qqch, de faire qqch,* y être contraint, obligé. *Être tenu à la discrétion.* **4.** Avoir, posséder. *Je tiens la solution.* – Prov. *Mieux vaut tenir que courir :* il vaut mieux se contenter de ce qu'on a que de rechercher qqch d'incertain. **5.** *Tenir une chose d'une personne,* l'avoir eue, être entré en sa possession par l'intermédiaire de cette personne. *Je tiens ces documents d'un confrère.* – Fig. *De qui tenez-vous la nouvelle ? :* de qui l'avez-vous apprise? **6.** Occuper (un espace). *Ce meuble tient trop de place.* ▷ Loc. *Tenir lieu* de.* **7.** Avoir la charge de; être occupé à. *Tenir un restaurant. Tenir la caisse.* – *Tenir compte* de.* – *Tenir conseil :* s'assembler pour délibérer. ▷ *Tenir tel discours, tel propos :* s'exprimer, parler de telle manière. **8.** Maintenir dans la même position, la même situation. *Tenir les yeux baissés. Tenir une chose secrète. Tenir qqn en haleine*, en respect*.* **9.** Garder, conserver. *Tenir son sérieux.* – *Tenir rigueur à qqn,* persister dans son ressentiment envers lui. ▷ *Instrument qui tient l'accord,* qui reste longtemps accordé. **10.** (Sujet n. de chose.) Pouvoir contenir. *Ce réservoir tient vingt litres.* **11.** Rester dans (un lieu); conserver (une direction). *Tenir la chambre, le lit. Tenir un cap.* ▷ *Bateau qui tient bien la mer,* qui peut affronter sans risque le mauvais temps, qui est stable et sûr. – Par anal. *Voiture qui tient la route.* **12.** Être fidèle à (un engagement). *Tenir sa parole.* **13.** *Tenir qqch, qqn pour,* le considérer comme. *Tenir une chose pour vraie. Je le tiens pour un lâche.* ▷ Fam. *Se tenir qqch pour dit,* ne pas avoir besoin qu'on vous le rappelle (souvent dans une formule d'avertissement, de menace). *C'est interdit, tiens-le-toi pour dit!* **II.** v. intr. **1.** Rester à la même place, dans la même position, sans se détacher, sans tomber. *Ce clou, ce pansement tient mal.* **2.** Subsister sans changement. *Ce projet tient-il toujours ?* ▷ Fig. Être cohérent, valable, digne de considération, crédible. (V. aussi v. pron. ci-après : IV, 7.) *Ses arguments ne tiennent pas* ou, fam., *ne tiennent pas debout.* **3.** (Sujet n. de personne.) Résister. *Ils ne pourront pas tenir longtemps.* – *Tenir bon* (même sens). *Tenir bon contre une attaque, contre l'adversité.* – *On ne peut pas tenir dans une pièce aussi enfumée,* on ne peut supporter d'y rester. ▷ *N'y plus tenir :* ne plus pouvoir se dominer, se contrôler. **4.** Pouvoir être compris dans un certain espace, dans certaines limites. *Ses vêtements tiendront dans une seule valise.* – Fig. *Toute sa philosophie tient en une maxime.* **III.** v. tr. indir. **1.** Adhérer, être attaché (à). *Affiche qui tient au mur avec des punaises, de la colle.* ▷ Fig. *Tenir à qqn, à qqch,* y être attaché. – *Cela lui tient à cœur :* il y porte un grand intérêt. ▷ (Suivi de l'inf. ou du subj.) Désirer à tout prix. *Je tiens à le rencontrer, à ce que tu le voies.* **2.** Être contigu à. *Ma maison tient à la sienne.* **3.** Dépendre, provenir (de). *La maladresse tient parfois à l'inexpérience.* ▷ v. impers. *Il ne tient qu'à vous que cela réussisse,* cela ne dépend que de vous. – *Qu'à cela ne tienne :* que cela ne soit pas un empêchement. **4.** *Tenir de :* avoir une certaine ressemblance avec. *Il tient de son père. Cela tient de la folie.* **5.** Vieilli ou litt. *Tenir pour* (une opinion) : défendre (une opinion). – Mod. *Tenir pour :* considérer comme. *Je vous tiens pour responsable de cette situation.* **IV.** v. pron. **1.** (Récipr.) Se tenir mutuellement. *Ils se tenaient par la main.* **2.** Se retenir, s'accrocher à (qqch). *Se tenir d'une main au trapèze.* **3.** Se trouver, demeurer (dans un certain lieu, une certaine position, un certain état). *Elle se tenait sur le pas de la porte. Se tenir accroupi. Se tenir caché. Se tenir sur ses gardes.* ▷ *Se tenir bien, mal :* avoir un bon, un mauvais maintien; faire preuve d'une bonne, d'une mauvaise éducation. – (Absol.) *Il sait se tenir :* (sous-entendu) bien se tenir, bien se comporter. **4.** Avoir lieu. *La réunion se tiendra dans mon bureau.* **5.** *S'en tenir à :* rester dans les limites de (qqch d'arrêté). *S'en tenir aux ordres.* – *Tenons-nous-en là :* n'en disons, n'en faisons pas davantage. – *Savoir à quoi s'en tenir :* être bien renseigné, être fixé sur qqch. **6.** *Se tenir pour :* se considérer comme. *Se tenir pour satisfait.* **7.** Fig. (Sujet n. de chose.) *Absol.* Présenter une certaine cohérence; être vraisemblable, crédible. *Son récit se tient.* **V.** Loc. interj. *Tiens! Tenez! :* Prends! Prenez! *Tiens, voilà pour toi!* ▷ (Pour attirer l'attention, marquer l'étonnement.) *Tenez, je vais vous le montrer. Tiens, il pleut!* – Rem. : *Tiens!* s'emploie aussi avec le vouvoiement. *Tiens! vous voilà!* – Lat. pop. **tenire,* class. *tenere.*

tennis [tenis] n. m. **1.** Sport pratiqué par deux ou quatre joueurs qui se renvoient une balle au moyen de raquettes, sur un terrain *(court)* séparé en deux camps par un filet. ▷ *Des chaussures de tennis* ou, ellipt., n. m.

pl., *des tennis* : chaussures basses à empeigne de toile (ou d'une autre matière souple) et à semelle de caoutchouc, que l'on met pour pratiquer le tennis ou un autre sport. **2.** Emplacement aménagé pour jouer au tennis. *Un tennis grillagé.* **3.** *Tennis de table* ou *ping-pong* : jeu analogue au tennis dans son principe, mais qui se joue sur une table spéciale avec des raquettes en bois revêtues de caoutchouc et des balles creuses en matière dure et élastique. – Mot angl., « jeu de paume », du fr. *tenez* (exclamation du joueur au moment de lancer la balle), forme conjuguée de *tenir.*

tennisman, [tenisman] plur. **tennismen** [tenismɛn] n. m. Vieilli Joueur de tennis. – Mot angl., de *tennis.*

tennistique [tenistik] adj. Relatif au tennis. – De *tennis.*

tenon [tənɔ̃] n. m. TECH Partie en relief d'un assemblage, façonnée selon une forme régulière (parallélépipédique, en général) et destinée à être enfoncée dans la partie creuse correspondante, la mortaise. – De *tenir.*

ténor [tenɔʀ] n. m. et adj. m. **1.** Voix d'homme la plus haute (dite autref. *taille*). ▷ adj. m. Se dit des instruments à vent dont la tessiture correspond à celle de la voix de ténor. *Saxophone ténor* ou, n. m., *un ténor.* **2.** Chanteur qui a cette voix. ▷ Fig. Personne connue pour son grand talent dans l'activité qu'elle exerce. *Les ténors du barreau.* – Ital. *tenore*; du lat. *tenor,* de *tenere,* « tenir ».

ténorino [tenɔʀino] n. m. MUS Ténor léger, qui chante en voix de fausset, dans l'aigu. – Mot ital., dimin. de *ténor.*

ténorisant, ante [tenɔʀizɑ̃, ɑ̃t] adj. MUS Qui se rapproche de la voix du ténor. *Baryton ténorisant.* – Ppr. de *ténoriser.*

ténoriser [tenɔʀize] v. intr. [1] MUS Chanter d'une voix qui se rapproche de celle du ténor. – De *ténor.*

ténotomie [tenɔtɔmi] n. f. CHIR Section d'un tendon. – *Par ext.* Section des brides fibreuses cicatricielles. – Du gr. *tenôn,* « tendon », et *-tomie.*

tenrec. V. tanrec.

tenseur [tɑ̃sœʀ] adj. m. et n. m. **1.** adj. m. ANAT Qui sert à tendre. *Le muscle tenseur* ou, n. m., *le tenseur. Le tenseur de l'aponévrose crurale.* **2.** n. m. MATH Élément d'un espace vectoriel qui présente des propriétés particulières et généralise la notion de vecteur dans les espaces à plus de trois dimensions. Syn. produit tensoriel. (Le tenseur de deux vecteurs $\vec{x}$ et $\vec{y}$ se représente ainsi : $\vec{x} \otimes \vec{y}$; et se lit : « x tenseur y ».) – Du lat. *tensum,* de *tendere,* « tendre ».

tensio-actif, ive [tɑ̃sjoaktif, iv] adj. CHIM Qui modifie (partic., en la diminuant) la tension superficielle. *Les détergents sont tensio-actifs.* ▷ n. m. Corps tensio-actif. (V. agent de surface*.) – Du lat. *tensio,* et *actif.*

tensiomètre [tɑ̃sjɔmɛtʀ] n. m. MED Appareil servant à mesurer la tension artérielle. – Du lat. *tensio,* de *tendere,* « tendre », et *mètre.*

tension [tɑ̃sjɔ̃] n. f. **I. 1.** Action de tendre, état de ce qui est tendu. *Hauban, câble sous tension. Tension des muscles.* **2.** PHYSIOL Résistance opposée par une paroi aux liquides ou aux gaz contenus dans la cavité ou le conduit qu'elle limite. *Tension de la paroi abdominale. Tension vasculaire* (artérielle ou veineuse). ▷ Absol. Pression du sang, équilibrée par la tension vasculaire. *Mesure de la tension au moyen du sphygmomanomètre.* – Cour. *Avoir de la tension,* une pression sanguine trop élevée. **3.** ELECTR Différence de potentiel. *Une tension de trois mille volts. Haute, moyenne, basse tension.* **4.** PHYS Force expansive, pression d'une vapeur, d'un gaz. *Tension de vapeur saturante* : pression maximale à laquelle un liquide se vaporise, à une température donnée. ▷ *Tension superficielle* : résultante des forces de cohésion intermoléculaires qui s'exercent au voisinage de toute surface de séparation liquide-gaz, liquide-solide ou solide-gaz, perpendiculairement à celle-ci. (Ce sont les forces de tension superficielle qui sont responsables de la forme des surfaces de raccordement des liquides et des parois solides, des phénomènes de capillarité, de la forme sphérique des gouttes et des bulles liquides, etc.) **II. 1.** Forte concentration de l'esprit appliqué à un seul objet. *Tension d'esprit.* ▷ *Tension nerveuse* : nervosité. **2.** Discorde, hostilité plus ou moins larvée entre des personnes, des groupes, des États. *Il y a une certaine tension entre les deux chefs de service. Tension diplomatique.* – Lat. *tensio.*

tenson [tɑ̃sɔ̃] n. f. LITTER Au Moyen Âge, débat entre des personnages, présenté sous forme de dialogue en vers. – Du lat. pop. *tentio,* « querelle ».

tensoriel, elle [tɑ̃sɔʀjɛl] adj. MATH Relatif aux tenseurs. *Calcul tensoriel.* – De *tenseur.*

tentaculaire [tɑ̃takylɛʀ] adj. **1.** Qui a rapport aux tentacules. **2.** Fig. Qui a tendance à beaucoup s'étendre; qui cherche à étendre son emprise de tous côtés. *Ville tentaculaire. Entreprise tentaculaire.* – De *tentacule.*

tentacule [tɑ̃takyl] n. m. ZOOL Appendice allongé et mobile, plus ou moins armé, dont sont munis divers invertébrés (cnidaires, cténaires, céphalopodes, etc.), et qui leur sert d'organe tactile, préhensile, locomoteur, etc. – Lat. mod. *tentaculum,* de *tentare,* « tâter, toucher ».

tentant, ante [tɑ̃tɑ̃, ɑ̃t] adj. Qui tente, qui provoque l'envie, le désir. *Une occasion tentante.* – Ppr. de *tenter.*

tentateur, trice [tɑ̃tatœʀ, tʀis] adj. et n. Qui cherche à entraîner au mal. *L'esprit tentateur* ou, n. m., *le Tentateur* : le démon. – Du lat. *temptator,* « séducteur ».

tentation [tɑ̃tasjɔ̃] n. f. **1.** Ce qui pousse au mal, à ce qui est contraire à une loi morale, religieuse; attirance pour le mal. ▷ Loc. *En tentation. Induire en tentation. La tentation de la chair.* **2.** Fait d'être attiré par, d'avoir envie de, de désirer (une chose, une action), ressenti comme une mise à l'épreuve de soi. – Action ou chose suscitant un tel sentiment. *Céder à la tentation d'acheter qqch. Résister à de nombreuses tentations.* – Lat. *temptatio.*

tentative [tɑ̃tativ] n. f. **1.** Action par laquelle on cherche à atteindre un but; fait de tenter, d'essayer. *Faire une tentative de conciliation.* **2.** DR Commencement d'exécution. *Tentative d'assassinat.* – Du lat. scolast. *tentativa,* « épreuve universitaire ».

tente [tɑ̃t] n. f. **1.** Abri provisoire de forte toile ou de tissu de matière synthétique, que l'on peut transporter et dresser facilement. *Camper sous la tente.* ▷ Loc. fig. (Allus. à la colère d'Achille contre Agamemnon.) *Se retirer sous sa tente* : ne plus vouloir soutenir une cause par dépit. **2.** ANAT *Tente du cervelet* : prolongement de la dure-mère formant une cloison entre la face supérieure du cervelet et la face inférieure des lobes occipitaux. – De *tenta* (ou *tendita*), fém. de *tentus* (ou **tenditus*), pp. de *tendere,* « tendre ».

tente-abri [tɑ̃tabʀi] n. f. Tente individuelle très légère. *Des tentes-abris.*

tenter [tɑ̃te] v. tr. [1] **I.** Entreprendre (qqch de plus ou moins hasardé) avec le désir de réussir. *Tenter une ascension périlleuse. Tenter l'impossible.* – *Tenter sa chance* : prendre un risque dans l'espoir de réussir. ▷ (Suivi de l'inf.) *Tenter de prouver qqch.* **II. 1.** Faire naître, provoquer (chez qqn) le désir, l'envie de (qqch). *Ce gâteau, cette offre me tente. N'essaie pas de me tenter!* ▷ (Au passif.) *Être tenté de* (suivi de l'inf.) : éprouver l'envie de. *J'étais tenté de tout lui dire.* **2.** Inciter à pécher, à faire le mal. *Méphistophélès tenta Faust.* ▷ Loc. fam. *Tenter le diable* : prendre des risques excessifs. – Du lat. *temptare,* « examiner, essayer, mettre à l'épreuve » confondu avec *tentare,* « agiter », fréquentatif de *tendere,* « tendre ».

tenthrède [tɑ̃tʀɛd] n. f. ENTOM Insecte hyménoptère aux couleurs vives, appelé cour. *mouche à scie.* – Lat. scientif. *tenthredo,* du gr. *tenthrêdôn,* «sorte de guêpe».

tenture [tɑ̃tyʀ] n. f. **1.** (Sing. collect.) Ensemble de pièces de tapisserie, d'étoffe, ordinairement de même dessin, destinées à tendre les murs d'une chambre, d'une salle. *Tenture des Gobelins.* **2.** Élément de garniture murale en tissu, en papier, etc. *Tenture de velours. Tentures noires pour un service funèbre.* – De *tendre* 2, d'ap. *tente.*

tenu, ue [təny] adj. et n. m. **I.** adj. **1.** *Bien, mal tenu :* dont l'entretien, la propreté sont satisfaisants, non satisfaisants. *Maison bien tenue.* **2.** FIN Ferme dans les cours. *Valeurs tenues.* **II.** n. m. Dans certains sports (basket-ball et handball, notam.), faute commise par un joueur qui conserve irrégulièrement le ballon, qui le tient trop longtemps. *Pénalité infligée pour un tenu.* – Pp. de *tenir.*

ténu, ue [teny] adj. Très mince, très fin, grêle. *Fils ténus.* – Fig. *Son, souffle ténu.* – Lat. *tenuis.*

tenue [təny] n. f. **1.** Temps pendant lequel certaines assemblées se tiennent. *La tenue des assises.* **2.** Action de bien se tenir; manière de se conduire, de se présenter. *Manquer de tenue. Avoir une mauvaise tenue.* ▷ Manière de s'habiller; costume que l'on porte dans certaines occasions. *Une tenue débraillée. Tenue de soirée. Grande tenue :* grand uniforme, habit de parade. **3.** Action de tenir en ordre. *La tenue d'une maison.* ▷ COMPTA *Tenue de livres :* action, manière de tenir des livres de comptes. **4.** *Tenue de route :* aptitude d'une automobile à suivre exactement et en toutes circonstances la direction que son conducteur veut lui donner. **5.** FIN Fermeté d'une valeur dans son prix. **6.** MUS Action de soutenir une note pendant un certain temps. – Pp. fém. subst. de *tenir.*

ténuirostre [tenɥiʀɔstʀ] adj. et n. m. pl. ZOOL Se dit des oiseaux qui ont le bec grêle. ▷ n. m. pl. Ancien groupe d'oiseaux qui réunissait les oiseaux ténuirostres. – Sing. *Un ténuirostre.* – Du lat. *tenuis,* «ténu», et *-rostre.*

ténuité [tenɥite] n. f. Litt. Caractère de ce qui est ténu. – Lat. *tenuitas.*

tenure [tənyʀ] n. f. DR FEOD Manière dont une terre était concédée. *Tenure féodale :* concession d'une terre, d'un fief, par un noble à un autre noble. – Cette terre, ce fief. ▷ Dépendance d'un fief par rapport à un autre. – De *tenir.*

tenuto [tenuto] adv. MUS Mot placé au-dessus de certains motifs pour indiquer que les sons doivent être tenus tout au long de leur émission. (Abrév. : ten). – Mot ital., «tenu».

téocalli [teɔkali] n. m. ARCHEOL Pyramide tronquée surmontée d'un temple, édifiée par les Aztèques. – Mot nahuatl (langue de la littérature aztèque), de *teotl,* «dieu», et *calli,* «maison».

téorbe. V. théorbe.

tep [tɛp] n. f. TECH Unité permettant de comparer l'énergie contenue dans des combustibles de nature différente. *Une tep correspond à une masse de combustible renfermant la même énergie calorifique qu'une tonne de pétrole.* – Acronyme pour *tonne équivalent pétrole.*

tephillim ou **téfillim** [tefil(l)im] ou **tephillin** [tefil(l)in] n. m. pl. RELIG Syn. de *phylactère.* (V. ce mot, sens 2). – Hébreu *t'phillim,* plur. de *t'phillah,* «prière».

tepidarium ou **tépidarium** [tepidaʀjɔm] n. m. ANTIQ ROM Salle des thermes à température tiède. – Mot lat., de *tepidus,* «tiède».

tequila [tekila] n. f. Alcool mexicain, obtenu par fermentation du jus d'agave. – De *(l'agave) tequilana,* du district de *Tequila* au Mexique.

ter [tɛʀ] adv. Trois fois. ▷ MUS Indique que le même passage doit être exécuté trois fois. ▷ Cour. *Numéro 8 ter d'une rue,* troisième numéro huit (cf. bis et quater). – Mot lat.

téra-. Élément, du gr. *teras, teratos,* «monstre», que l'on place devant une unité pour la multiplier par 10^{12}, soit un million de millions (symbole T).

téraspic [teʀaspik] n. m. Syn. de *thlaspi** (plante). – *Altér. de thlaspi,* d'ap. *aspic.*

térato-. Élément, du gr. *teras, teratos,* «chose monstrueuse, monstre».

tératogène [teʀatɔʒɛn] adj. BIOL Qui provoque le développement d'organes ou d'organismes (végétaux ou animaux) anormaux, monstrueux. – De *térato-,* et *-gène.*

tératogenèse [teʀatɔʒənɛz] n. f. BIOL Développement de formes anormales ou monstrueuses chez les espèces végétales ou animales. – De *térato-,* et *genèse.*

tératologie [teʀatɔlɔʒi] n. f. BIOL Partie de la biologie qui étudie les anomalies et monstruosités chez les êtres vivants. – De *térato-,* et *-logie.*

tératologique [teʀatɔlɔʒik] adj. BIOL Relatif à la tératologie. – De *tératologie.*

tératologue [teʀatɔlɔg] ou **tératologiste** [teʀatɔlɔʒist] n. Didac. Spécialiste de tératologie. – De *tératologie.*

tératome [teʀatom] n. m. MED Tumeur bénigne ou maligne qui se développe à partir de fragments de tissus restés à l'état embryonnaire dans l'organisme. – De *térato-,* et *-ome.*

terbine [tɛʀbin] n. f. Hydroxyde de terbium $Tb(OH)_3$. – De *terbium.*

terbium [tɛʀbjɔm] n. m. CHIM Élément appartenant à la famille des lanthanides, de numéro atomique Z = 65, de masse atomique 159 (symbole Tb). – Métal (Tb) qui fond à 1 356 °C et bout à 3 123 °C. – Mot créé par le Suédois Mosander (1843); de *Ytterby,* nom de la local. suédoise où fut découvert le minerais contenant l'oxyde de ce métal *(terbine).*

tercer [12] , **terser** [1] [tɛʀse] ou **tiercer** [12] [tjɛʀse] v. tr. AGRIC Labourer (une terre) pour la troisième fois. *Tercer une vigne.* – De *tierce.*

tercet [tɛʀsɛ] n. m. Strophe de trois vers. – De l'ital. *terzetto,* de *terzo,* «troisième, tiers».

térébelle [teʀebɛl] n. f. ZOOL Ver marin sédentaire (genre *Terebella)* porteur de branchies arborescentes, qui vit dans un tube qu'il sécrète. – Lat. mod. *terebella (terebellum),* dimin. de *terebra (terebrum),* «tarière».

térébellum [teʀebɛl(l)ɔm] n. m. ZOOL Mollusque gastéropode prosobranche, abondant au tertiaire, et dont une seule espèce subsiste dans l'océan Indien. – Même étym. que *térébelle.*

térébenthène [teʀebɑ̃tɛn] n. m. CHIM Carbure terpénique, principal constituant de la térébenthine. – De *térébenthine.*

térébenthine [teʀebɑ̃tin] n. f. TECH Résine semi-liquide de certains végétaux (térébinthacées et conifères), dont on extrait par distillation l'*essence de térébenthine,* liquide à odeur aromatique utilisé pour la préparation de vernis et de siccatifs. ▷ Éllipt., cour. *De la térébenthine :* de l'essence de térébenthine. – Du lat. *terebenthina (resina),* «(résine) de térébinthe», du gr. *terebinthos,* «térébinthe».

térébinthacées [teʀebɛ̃tase] n. f. pl. BOT Famille de plantes dicotylédones dialypétales dont le térébinthe est le type, et qui comprend des arbres à suc résineux (anacardier, manguier, pistachier, etc.). – Sing. *Une térébinthacée.* – De *térébinthe.*

térébinthales [teʀebɛ̃tal] n. f. pl. BOT Ordre de plantes dicotylédones dialypétales auquel appartiennent les térébinthacées. – Sing. *Une térébinthale.* – De *térébinthe.*

térébinthe [teʀebɛ̃t] n. m. BOT Pistachier résineux des bords de la Méditerranée. – Lat. *terebinthus*, gr. *terebinthos*.

térébrant, ante [teʀebʀɑ̃, ɑ̃t] adj. **1.** ZOOL Qui perce, qui perfore. *Mollusques térébrants* (*tarets*, etc.). *La tarière, appendice térébrant des femelles de certains insectes.* **2.** MED Qui tend à gagner les tissus en profondeur. *Tumeur, ulcération térébrante.* ▷ *Douleur térébrante*, profonde et poignante. – Lat. *terebrans*, ppr. de *terebrare*, « percer avec une tarière *(terebra)* ».

térébratule [teʀebʀatyl] n. f. ZOOL Brachiopode articulé répandu dans toutes les mers, qui présente une coquille lisse à contour ovale, articulée par une charnière. – Lat. mod. *terebratula*, à cause du crochet perforé de la valve ventrale, de *terebra*, « tarière ».

téréphtalique [teʀeftalik] adj. CHIM *Acide téréphtalique* : diacide benzène paradicarboxylique, isomère de l'acide phtalique utilisé dans la fabrication de certains textiles synthétiques (tergal, notam.). – De *téré(benthine)*, et *phtalique*.

1. tergal, ale, aux [tɛʀgal, o] adj. ZOOL De la région dorsale. – Du lat. *tergum*, « dos ».

2. tergal, als [tɛʀgal] n. m. Fibre synthétique de ténacité élevée ; tissu fait avec cette fibre. – Nom déposé ; d'ap. (acide) *téréphtalique* ; dont cette fibre est dérivée.

tergiversation [tɛʀʒivɛʀsasjɔ̃] n. f. (Le plus souvent au plur.) Fait de tergiverser ; hésitation, faux-fuyant, détour. – Lat. *tergiversatio*.

tergiverser [tɛʀʒivɛʀse] v. intr. [1] User de détours, de faux-fuyants, pour éluder une décision ; atermoyer, hésiter. – Du lat. *tergiversari*, littéral. « tourner *(versare)* le dos *(tergum)* ».

termaillage [tɛʀmajaʒ] n. m. FIN Accélération ou retard dans le rythme des règlements internationaux, en sens inverse du recouvrement des créances et du paiement des dettes. – De *ter(me)*, et *maille*.

terme [tɛʀm] n. m. **I. 1.** Limite, fin (dans le temps). *Le terme de la vie. Toucher à son terme* : être près de sa fin. *Mener à terme* : mener à bonne fin, accomplir. *Au terme de* : à la fin de. ▷ *Spécial.* Moment de l'accouchement, neuf mois après la conception, dans l'espèce humaine. *Enfant né à terme, avant terme.* **2.** DR Moment où expire un délai ; espace de temps fixé pour l'exécution d'une obligation. *Vente à terme*, dans laquelle l'acheteur ne paye son créancier qu'après un certain laps de temps. ▷ Fig. *À court, à long terme* : dans un avenir proche, lointain (cf. *à brève, à lointaine échéance*). ▷ FIN *Marché à terme*, relatif à des opérations boursières dont le règlement a lieu à une époque plus ou moins éloignée du moment de la négociation, mais toujours fixée d'avance. **3.** Temps fixé pour le paiement d'un loyer. *Payer à terme échu.* ▷ Laps de temps qui s'étend d'un terme à l'autre. ▷ Somme due à la fin du terme, montant du loyer. *Payer son terme.* **4.** Plur. (Dans les loc. *en... termes.*) Relations que l'on entretient avec une personne. *Être en bons, en mauvais termes avec qqn.* **II. 1.** Mot, tournure, expression. *Terme propre, figuré. Je ne connaissais pas ce terme.* ▷ (Plur.) Mots dont on use pour parler de qqch, de qqn. *Parler de qqn en bons termes*, avec éloge. *Ce sont là ses propres termes*, les mots mêmes qu'il a employés. *Les termes d'un contrat*, les stipulations qu'il contient. ▷ Mot appartenant au vocabulaire particulier d'un métier, d'un art, d'une activité quelconque. *Terme technique.* **2.** LOG Chacun des éléments liés par une relation. *La majeure, la mineure et la conclusion, termes du syllogisme. Moyen terme*, celui qui est au milieu ; fig., cour. solution intermédiaire. *Chercher, trouver un moyen terme.* ▷ GRAM *Le sujet et l'attribut (ou prédicat), termes de la proposition.* **3.** MATH Chacun des éléments appartenant à un rapport, à une suite, à une équation. *Les termes d'une fraction* : le dénominateur et le numérateur. ▷ COMM *Termes de l'échange*, rapport de l'indice des prix à l'importation et de l'indice des prix à l'exportation. **III.** ANTIQ Statue dont la partie inférieure se termine en gaine (comme les bornes romaines représentant la divinité Terme). – Lat. *terminus*, « borne, limite, fin », et en lat. scolast. « définition, expression, mot ».

terminaison [tɛʀminɛzɔ̃] n. f. **1.** Rare Action de terminer ; fait de se terminer. *Terminaison d'une maladie.* **2.** Ce qui termine qqch ; fin ou extrémité. *Les terminaisons nerveuses.* ▷ LING Fin d'un mot, manière dont il se termine. *Terminaisons masculines, féminines.* – *Spécial.* Désinence variable (par oppos. au *radical*). – Du lat. *terminatio*.

terminal, ale, aux [tɛʀminal, o] adj. et n. **I.** adj. Qui termine, qui constitue la fin ou l'extrémité de qqch. *L'opération entre dans sa phase terminale. Bourgeons terminaux des troncs de conifères.* ▷ *Classes terminales* ou, n. f., *les terminales de l'enseignement secondaire*, qui préparent aux différentes sections du baccalauréat. **II.** n. m. (Anglicisme) **1.** Point où aboutit une ligne de transport ou de communication. **2.** Aérogare d'un centre urbain, terminus de toutes les liaisons avec le ou les aéroports. **3.** Ensemble des installations de pompage et de stockage de l'extrémité d'un pipe-line. **4.** INFORM Organe d'entrée-sortie relié à un ou plusieurs ordinateurs par une ligne de transmission de données. – Bas lat. *terminalis* ; sens II, sur l'angl. *terminal* (n. m.), « terminus ».

terminer [tɛʀmine] v. tr. [1] **1.** Limiter, marquer la fin de. *Citation qui termine un discours.* **2.** Achever, finir. *Terminer un travail.* ▷ v. pron. *L'affaire s'est bien terminée*, a bien fini, bien tourné. – (Sens intr.) *Verbe dont l'infinitif se termine en « er ».* – Lat. *terminare*, de *terminus*, « fin, terme, limite, borne ».

terminographe [tɛʀminɔgʀaf] n. Didac. Spécialiste en terminographie. *Terminographe en informatique.* – De *terminographie*.

terminographie [tɛʀminɔgʀafi] n. f. Terminologie descriptive ou appliquée. – De *terminologie*, d'ap. *(lexico)graphie*.

terminologie [tɛʀminɔlɔʒi] n. f. **1.** Didac. Ensemble des termes techniques propres à une activité particulière, à ceux qui l'exercent. *La terminologie du blason, des chemins de fer, de l'informatique. La terminologie de Heidegger.* ▷ Vocabulaire propre à un groupe, à un courant de pensée. *La terminologie révolutionnaire.* **2.** Étude des terminologies, des vocabulaires techniques. – Du lat. scolast. *terminus*, « mot », et *-logie*.

terminologique [tɛʀminɔlɔʒik] adj. Didac. De la terminologie. – De *terminologie*.

terminologue [tɛʀminɔlɔg] n. Didac. Spécialiste en terminologie. – En appos. *Lexicographe terminologue.* – De *terminologie*.

terminus [tɛʀminys] n. m. Dernière station d'une ligne de chemin de fer, d'autobus. – Mot angl., du lat. *terminus*, « fin ».

termite [tɛʀmit] n. m. Insecte social (ordre des isoptères) appelé aussi *fourmi blanche*, caractérisé par des pièces buccales broyeuses et par un abdomen relié au thorax, fréquent surtout dans les pays chauds, où il cause de grands dégâts aux habitations en creusant ses galeries dans le bois d'œuvre. – Bas lat. *termes, termitis*, class. *tarmes, tarmitis*.

termitière [tɛʀmitjɛʀ] n. f. Nid de termites. – *Spécial.* Grand nid en terre construit par certaines espèces de termites. – De *termite*.

ternaire [tɛʀnɛʀ] adj. Qui est fondé sur le nombre trois, sur l'existence ou la présence de trois éléments. ▷ MATH *Système de numération ternaire*, à base trois. ▷ CHIM

Composé ternaire, formé de trois éléments. ▷ MUS *Mesure, rythme ternaire*, dont chaque temps est composé de trois croches. – Lat. *ternarius*.

1. terne [tɛʀn] n. m. **1.** JEU Coup qui amène deux trois, aux dés. ▷ Groupe de trois numéros gagnants sur une même ligne horizontale, au loto. **2.** ELECTR Ensemble de trois conducteurs d'une ligne triphasée. – Lat. *ternas*, fém. plur. de *terni*, « par trois ».

2. terne [tɛʀn] adj. **1.** Qui manque de luminosité, d'éclat. *Couleurs ternes.* **2.** Qui manque d'originalité, qui est sans mouvement ni imagination. *Style terne.* ▷ (Personnes) Médiocre, insignifiant. *Un bonhomme assez terne.* – De *ternir*.

ternir [tɛʀniʀ] v. tr. [3] Rendre terne, faire perdre de son éclat à. *L'humidité avait piqué et terni le tain des miroirs.* – Fig. Porter moralement atteinte à. *Ce scandale a quelque peu terni sa réputation.* ▷ v. pron. *Le cuivre se ternit rapidement.* – Probabl. d'orig. germ. ; cf. anc. haut all. *tarnjan*, « cacher, obscurcir ».

ternissement [tɛʀnismɑ̃] n. m. Rare Action de ternir, fait de se ternir, son résultat. – De *ternir*.

ternissure [tɛʀnisyʀ] n. f. Rare État de ce qui est terni. – De *ternir*.

terpène [tɛʀpɛn] n. m. CHIM Hydrocarbure aromatique naturel, composé cyclique ou acyclique de formule $(C_5H_8)_n$. *Les terpènes entrent dans la composition de nombreuses essences végétales.* – All. *Terpene*, de *Terpentin*, « térébenthine ».

terpénique [tɛʀpenik] adj. CHIM Se dit des terpènes et de leurs dérivés. *Série terpénique.* – De *terpène*.

terpine [tɛʀpin] n. f. CHIM Composé terpénique utilisé en pharmacie comme expectorant et comme diurétique. – De l'angl. *turp(ent)ine*, « térébenthine ».

terpinol [tɛʀpinɔl] ou **terpinéol** [tɛʀpineɔl] n. m. CHIM Composé terpénique utilisé en parfumerie. – De *terpine*.

terrage [tɛʀaʒ] n. m. DR FEOD Redevance en nature prélevée par certains seigneurs sur le blé et les légumes. Syn. champart (sens 1). – De *terre*.

terrain [tɛʀɛ̃] n. m. **1.** Espace de terre déterminé. *Terrain de sport. Terrain vague* : espace vide et non construit au milieu d'habitations. **2.** (Toujours au sing.) Endroit où se déroulent une bataille, un affrontement. – Anc. *Aller sur le terrain* : se battre en duel (cf. *aller sur le pré*). – Fig. Endroit où se déroule une activité, souvent concurrentielle. *Les représentants sont sur le terrain*, en train de visiter la clientèle. – Loc. *Un homme de terrain*, qui préfère les tâches concrètes aux spéculations intellectuelles, aux fonctions sédentaires. – Loc. fig. *Ménager le terrain* : agir prudemment. *Gagner, perdre du terrain* : avancer, reculer. *Être sur son terrain, en terrain connu* : se trouver dans un domaine familier. *Chercher un terrain d'entente*, un moyen de conciliation. *Tâter* le terrain.* **3.** Sol. *Terrain caillouteux.* **4.** GEOL Couche de l'écorce terrestre. *Terrains quaternaires.* **5.** loc. adj. *Tout-terrain* ou *tous(-)terrains* : qui peut rouler partout (véhicule). *Vélo tout-terrain* : Voir V.T.T. ▷ Subst. *Faire du tout-terrain* ou *du tous(-)terrains.* **6.** MED *Le terrain* : le tout ou une partie de l'organisme considéré dans son état général, préexistant à l'apparition d'une affection donnée. – Du lat. *terrenum*, de *terrenus*, « formé de terre ».

terramare [tɛʀamaʀ] n. f. AGRIC Terre riche en matières azotées, utilisée comme engrais, en partic. en Italie. – Mot ital., de *terra*, « terre », et *amara*, « amère ».

terraplane [tɛʀaplan] n. m. TECH Véhicule tous terrains à coussin d'air. – Nom déposé ; de *terre*, d'ap. *aquaplane*.

terraqué, ée [tɛʀake] adj. Vx ou litt. Fait de terre et d'eau. *Le globe terraqué* : la Terre. – Bas lat. *terraqueus*, de *terra*, et *aqua*, « eau ».

terrarium [tɛʀaʀjɔm] n. m. SC NAT Enceinte close dans laquelle est reconstitué le milieu naturel d'un petit animal terrestre, permettant son élevage et l'étude de ses mœurs (cf. aussi vivarium). – De *terre*, d'ap. *aquarium*.

terrasse [tɛʀas] n. f. **I. 1.** Levée de terre, ordinairement soutenue par de la maçonnerie, formant une plate-forme destinée à la promenade et au plaisir de la vue. ▷ *Cultures en terrasses*, sur des retenues de terre s'étageant par degrés à flanc de colline, de montagne. *Rizières en terrasses.* **2.** GEOGR Dans une vallée fluviale, nappe alluviale horizontale dans laquelle le cours d'eau s'est encaissé par suite d'une modification de son profil d'équilibre. **3.** Toiture horizontale. ▷ Dans certains immeubles, plate-forme ménagée par la construction d'un étage en retrait de façade par rapport à l'étage inférieur. ▷ Grand balcon. **4.** Partie du trottoir devant un café, où sont disposées des tables et des chaises. *Prendre un demi en (à la) terrasse. Terrasse vitrée.* **II.** TECH **1.** Partie d'un marbre, d'une pierre, trop tendre pour recevoir le poli. **2.** Partie horizontale du socle d'une statue ou d'une pièce d'orfèvrerie. – De l'a. fr. *terrace*, « sol, torchis », de *terre*.

terrassement [tɛʀasmɑ̃] n. m. **1.** Travail de fouille, de nivelage, de déblaiement et de remblai effectué sur un terrain. **2.** Ouvrage fait de terre amoncelée et consolidée. – De *terrasser*.

terrasser [tɛʀase] v. tr. [1] **1.** AGRIC Vx Creuser. **2.** Procéder au terrassement d'un terrain, d'un sol. **3.** Renverser, jeter à terre (qqn). *Terrasser un adversaire.* **4.** Fig. Abattre. *La nouvelle l'a terrassé.* – De *terrasse*.

terrassier [tɛʀasje] n. m. Ouvrier travaillant à des travaux de terrassement. – De *terrasse*.

terre [tɛʀ] n. f. **I.** (Avec une majuscule.) *La Terre* : la troisième planète du système solaire, habitée par l'espèce humaine. *La distance de la Terre au Soleil. La Lune, satellite de la Terre.* V. encycl. ▷ *Par méton.* Ceux qui habitent la Terre, les hommes. *Ce conquérant rêvait de soumettre toute la Terre.* – Par exag. *Toute la terre* : un grand nombre de personnes ; le public, l'opinion (cf. *tout le monde*). *Toute la terre le sait.* **II.** Portion de la surface du globe qui n'est pas recouverte par les eaux marines ; étendue de sol. **1.** (Par oppos. à *mer.*) *La terre ferme. Terre !* ▷ *À terre* (par oppos. à *à bord*). *L'équipage est descendu à terre.* ▷ *L'armée de terre* (par oppos. à la *marine* et à l'*armée de l'air*). **2.** Région, pays. *Les terres boréales, australes. La terre de France* : la France métropolitaine, considérée dans l'étendue de son sol. *La Terre sainte* : les lieux où vécut Jésus-Christ. **3.** Domaine, fonds rural. *Vendre, acheter une terre.* ▷ (Considérée quant à son état.) *Une terre labourée, en friche.* **III.** Sol. **1.** (En tant que surface sur laquelle on marche, on se déplace, on construit des édifices, etc.) *Tremblement de terre. Oiseau qui vole en rasant la terre.* – Fig. *Avoir les pieds sur terre* : avoir le sens des réalités concrètes, ne pas se perdre dans de vaines abstractions, dans des chimères. ▷ Loc. *À terre, par terre* : sur le sol. *Tomber à terre.* – Fig. *Aller, courir ventre à terre*, très vite. – *Mettre pied à terre* : descendre de cheval, de bicyclette. ▷ Loc. fig. *Terre à terre* : qui manque d'élévation de pensée, d'originalité ; commun, prosaïque. **2.** (En tant que surface cultivable.) *Le retour à la terre*, à la culture. – Litt. *Les biens, les fruits de la terre*, ce qu'elle produit ; les récoltes. ▷ *Plante cultivée en pleine terre*, qui pousse ses racines dans le sol même (par oppos. à *en pot, en bac*, etc.). **3.** (En tant que lieu de sépulture.) *Porter un mort en terre.* **4.** ELECTR *La terre* : le sol, en tant que conducteur de potentiel électrique nul. *Prise de terre.* ▷ *Par ext.* Conducteur ou ensemble de conducteurs qui établissent une liaison avec le sol. *Mettre à la terre le bâti d'une machine.* **IV. 1.** Matière de composition variable, de texture granuleuse ou pulvérulente, qui constitue le sol. *Terre végétale, terre arable.* – (Considérée quant à sa composition.) *Terre* *calcaire, argileuse.* – (Considérée quant aux usages auxquels on l'emploie ou auxquels elle est propre.) *Terre à foulon,* pour dégraisser les étoffes. *Terre à porcelaine.* – TECH *Terre armée* : terre amoncelée en remblais renforcés d'armatures (généralement métalliques). *Barrage en terre armée.* ▷ Anc. Un des quatre éléments distingués par l'ancienne alchimie. *La terre, l'air, le feu et l'eau.* ▷ CHIM *Terres rares* : oxydes métalliques très peu abondants dans la nature, qui correspondent aux éléments de numéro atomique 21 (*scandium*), 39 (*yttrium*), 57 (*lanthane*) et 58 à 71 (*lanthanides*); par ext., ces éléments. **2.** *Terre cuite* : terre argileuse façonnée et durcie au feu. ▷ Par ext. *Une terre cuite* : un objet en terre cuite. *Collection de terres cuites de Tanagra.* **V.** (Par oppos. à *ciel*, à *au-delà*, etc.) Lieu où vivent les hommes. – *Spécial.* Lieu où ils passent leur existence corporelle. *La vie sur terre et la vie dans les cieux.* ▷ Loc. fig. *Remuer ciel* et terre.* – Lat. *terra.*

ENCYCL **Astro.** – La Terre est la troisième planète du système solaire, au-delà de Mercure et Vénus; sa distance au Soleil varie de 147,1 à 152,1 millions de km en raison de l'excentricité de son orbite, qu'elle décrit en 365 j 6 h 9 min 9,5 s (*année sidérale*), à une vitesse moyenne d'environ 30 km/s. L'orbite terrestre, dont l'excentricité varie sur une période d'environ 100 000 ans (elle vaut actuellement 0,0167), sera quasi circulaire dans 24 000 ans. Dans un repère lié aux étoiles supposées fixes, le plan de l'orbite terrestre oscille de 2° 37' en 41 000 ans. La Terre a la forme d'un ellipsoïde de révolution très peu aplati (*géoïde*), dont le rayon équatorial (6 378,1 km) est à peine plus grand (de 21,3 km) que le rayon polaire. La Terre tourne sur elle-même en 23 h 56 min 4,1 s (*jour sidéral*) autour d'un axe incliné sur le plan de l'orbite terrestre d'un angle, l'*obliquité* de l'écliptique, qui varie entre 24° 36' et 21° 59' en raison de l'oscillation du plan de l'orbite terrestre; le 1er janvier 2000, l'obliquité de l'écliptique sera de 23° 26' 21,4". Le phénomène des saisons résulte de l'obliquité de l'écliptique : tout au long de sa révolution orbitale, la Terre ne se présente pas toujours au Soleil sous le même aspect. L'axe de rotation de la Terre est animé d'une combinaison de mouvements dont les périodes et l'ampleur sont très diverses : un lent mouvement de rotation (période, environ 26 000 ans) autour d'une perpendiculaire au plan de l'écliptique (la *précession**), auquel s'ajoute la *nutation*, petite oscillation de 18,7 ans de période. La Terre a un unique satellite, la Lune.

Géophys. – L'âge de la Terre (estimé d'après celui des roches) est d'environ 4,6 milliards d'années. Sa masse est de 6.10^{24} kg; sa densité moyenne vaut 5,52, ce qui, pour un rayon moyen de 6 370 km, induit une accélération de la pesanteur de g = 9,8 environ (9,83 aux pôles, 9,81 à Paris, 9,78 à l'équateur). L'étude des ondes sismiques nous renseigne sur la structure interne du globe terrestre, composée de trois grandes unités concentriques. La plus superficielle est l'*écorce* (ou *croûte*), épaisse de 5 à 7 km sous les océans et de 35 km au niveau des continents. Le *manteau*, séparé de l'écorce terrestre par la discontinuité de Mohorovičić, s'étend jusqu'à 2 900 km de profondeur; sa couche supérieure, la *lithosphère*, se sépare en une mosaïque de plaques* dont les dérives sont commandées par des courants très lents qui circulent à travers le manteau. Le *noyau*, séparé du manteau par la discontinuité de Gutenberg, comporte deux zones, le noyau externe supposé liquide (2 200 km d'épaisseur) et le noyau interne (ou graine), considéré comme solide, d'environ 1 250 km de rayon. La Terre a un champ magnétique propre, dont l'origine tient probablement à l'existence de courants électriques circulant dans le noyau métallique de la planète. Il s'assimile au champ d'un barreau aimanté (champ dipolaire), dont l'axe fait un angle de 11,6° avec l'axe de rotation de la Terre et dont les *pôles magnétiques* constituent les deux extrémités; son intensité vaut actuellement 0,5 gauss (en moyenne) à la surface du globe. Les lignes de force du champ magnétique terrestre se referment d'un pôle magnétique à l'autre jusqu'à une altitude d'environ 20 000 km. Au-delà, sous l'action du *vent* solaire*, elles délimitent une vaste cavité, la *magnétosphère*, de forme très dissymétrique : la partie dirigée vers le Soleil est bordée par une onde de choc située à environ 10 rayons terrestres; à l'opposé se situe la queue de la magnétosphère qui s'étend sur plus de 60 rayons terrestres. Le rayon de la Terre varie entre 6 356 et 6 378 km.

terreau [tɛʀo] n. m. Terre riche en matières organiques d'origine végétale ou animale. – De *terre.*

terreautage [tɛʀotaʒ] n. m. AGRIC Action de terreauter. – De *terreauter.*

terreauter [tɛʀote] v. tr. [1] AGRIC Recouvrir, amender avec du terreau. – De *terreau.*

terrefort [tɛʀfɔʀ] n. m. Rég. (Sud-Ouest) Sol argileux formé sur la mollasse. *Le terrefort des collines du Lauraguais.* – Mot dial., de *terre*, et *fort.*

terre-neuvas [tɛʀnœva] n. m. inv. ou, vieilli, **terre-neuvier** [tɛʀnœvje] n. m. **1.** Bateau armé pour la pêche à la morue sur les bancs de Terre-Neuve. ▷ (En appos.) *Navires terre-neuvas* ou *terre-neuviers.* **2.** Marin-pêcheur qui fait la grande pêche sur ces bancs. *Un terre-neuvas.* – Du n. de l'île de *Terre-Neuve*, au sud-est du Labrador.

terre-neuve [tɛʀnœv] n. m. inv. Gros chien, à la tête forte et large, au pelage noir, fin et ras sur la tête, long et ondulé sur le corps et les membres, dont la race est originaire de Terre-Neuve. *On dresse les terre-neuve au sauvetage des personnes tombées à l'eau.* ▷ Fig. et plaisant Personne d'un grand dévouement, toujours prête à aider autrui. – Ellipse de *chien de Terre-Neuve* (V. terre-neuvas).

terre-neuvien, enne [tɛʀnœvjɛ̃, ɛn] adj. et n. **1.** De Terre-Neuve, prov. orientale du Canada. ▷ Subst. *Des terre-neuviens.* **2.** Syn. rare de *terre-neuvas.* – De *Terre-Neuve* (V. terre-neuvas).

terre-neuvier. V. terre-neuvas.

terre-plein [tɛʀplɛ̃] n. m. **1.** Surface plane et unie d'une levée de terre. – Cette levée de terre, généralement soutenue par de la maçonnerie. *Des terre-pleins.* **2.** *Terre-plein central (d'une voie)* : bande qui sépare les deux chaussées d'une route à grande circulation, d'une autoroute. – De l'ital. *terrapieno*, «rempli de terre»; de *pieno*, «plein», attract. de sens de *plain*, «plat».

terrer [tɛʀe] v. [1] **I.** v. tr. **1.** AGRIC *Terrer un arbre, une vigne,* mettre de la nouvelle terre à leur pied. **2.** TECH *Terrer une étoffe,* la dégraisser en l'enduisant de terre à foulon. **II.** v. pron. Se cacher dans son terrier (animaux). ▷ Fig. Se cacher comme dans un terrier (personnes). – De *terre.*

terrestre [tɛʀɛstʀ] adj. **1.** De la Terre. *La surface terrestre.* **2.** Qui a rapport, qui appartient à la vie sur terre; qui n'est pas de nature spirituelle. *Les biens terrestres.* **3.** Qui vit sur la terre ferme. *Plante, animal terrestre.* **4.** Qui se déplace sur le sol (par oppos. à *aérien* ou *maritime*). *Transport terrestre.* – Lat. *terrestris.*

terreur [tɛʀœʀ] n. f. **1.** Sentiment de peur incontrôlée qui empêche d'agir en annihilant la volonté. *Être saisi de terreur, paralysé par la terreur.* **2.** Ensemble de mesures arbitraires et violentes par lesquelles certains régimes établissent leur autorité en brisant toute velléité d'opposition; peur générale que de telles mesures font régner dans une population. *Prendre le pouvoir, gouverner par la terreur.* ▷ HIST *La Terreur* : V. encycl. ci-après. **3.** *La terreur de* : celui qui inspire la terreur à. *Le preux Roland, terreur des infidèles.* ▷ Fam. *Une terreur* : un homme qui se fait craindre par la violence, la force physique. – Plaisant *Jouer les terreurs.* – (Sens atténué.) Personne qui fonde son autorité sur la crainte qu'elle inspire. *Dans sa classe, c'est une vraie terreur!* – Lat. *terror, terroris.*

ENCYCL **Hist.** – La Terreur est la période de la Révolution française allant de sept. 1793 à juil. 1794. (On nomme parfois également « 1re Terreur » la période qui s'étend du 10 août au 20 sept. 1792, entre la prise des Tuileries et la première réunion de la Convention.) Pour combattre les ennemis extérieurs et intérieurs de la nation, le gouv. révolutionnaire, représenté par le Comité de salut public (et les représentants en mission), instaura un régime dictatorial sanglant (nombr. exécutions dues au Tribunal révolutionnaire) et prit des mesures économiques draconiennes (loi du maximum). Fondée sur la loi des suspects*, la Terreur s'accentua (Grande Terreur) après le 10 juin 1794 (loi du 22 prairial an II) et prit fin à la chute de Robespierre. On a, par analogie, donné le nom de *Terreur blanche* à deux réactions royalistes qui s'exercèrent, l'une principalement dans le S.-E. de la France, en mai 1795, et l'autre dans le midi de la France, en 1815 (au début de la Restauration).

terreux, euse [tɛʀø, øz] adj. Mêlé de terre; de la nature, de la couleur de la terre. – Du lat. *terrosus.*

terri. V. terril.

terrible [tɛʀibl] adj. **I.** Vieilli ou litt. Qui inspire la terreur. **II.** Mod. (Sens atténués). **1.** Fort, violent, intense. *Il faisait une chaleur terrible.* **2.** (Personnes) Qui occasionne de la gêne, du dérangement à autrui (en partic., en s'entêtant dans une résolution inopportune). *Vous êtes terrible, quand vous vous y mettez!* **3.** Très turbulent, très remuant (en parlant d'un enfant). – Fig. (En parlant d'un adulte.) *Un enfant terrible* : une personne qui perturbe et remet en question, par un comportement hors du commun, les habitudes et les façons de penser du milieu où elle exerce son activité. *M. X s'est fait une réputation d'enfant terrible de la classe politique.* **4.** Fam. Propre à inspirer un engouement très vif, une admiration enthousiaste; très beau, très bien fait, très commode, etc. *Elle est terrible, cette moto.* – (Personnes) *C'est un type terrible, mon copain.* ▷ Extraordinaire, tout à fait étonnant. *Il a eu un pot terrible,* beaucoup de chance. – Lat. *terribilis.*

terriblement [tɛʀibləmɑ̃] adv. **1.** Vx De manière à inspirer la terreur. **2.** Extrêmement, excessivement. *Il est terriblement égoïste.* – De *terrible.*

terricole [tɛʀikɔl] adj. ZOOL Qui vit dans la terre ou dans la vase. *Le lombric, ver terricole.* – Du lat. *terra,* « terre », et *-cole.*

terrien, enne [tɛʀjɛ̃, ɛn] adj. et n. **1.** adj. Qui possède des terres. *Propriétaire terrien.* **2.** adj. et n. De la terre, de la campagne (par oppos. à *citadin*). **3.** adj. et n. De la terre (par oppos. à *marin*). **4.** n. *Les Terriens* : les habitants de la planète Terre. – De *terre.*

terrier [tɛʀje] n. m. **1.** DR ANC Syn. de *censier* (sens 2). **2.** Trou dans la terre creusé par un animal pour s'y abriter, y hiberner. *Terrier de lapin.* **3.** Chien employé pour la chasse des animaux à terrier (blaireaux, renards, etc.). *Le teckel est un terrier.* (V. fox-terrier.) – De *terre.*

terrifiant, ante [tɛʀifjɑ̃, ɑ̃t] adj. **1.** Qui terrifie. **2.** *Par exag.* Très intense, très fort, très violent. *Ce boxeur a un crochet du gauche terrifiant.* – Ppr. de *terrifier.*

terrifier [tɛʀifje] v. tr. [2] Inspirer la terreur à, épouvanter. – Lat. *terrificare.*

terrigène [tɛʀiʒɛn] adj. GEOL *Dépôts terrigènes* : dépôts apportés à la mer par les fleuves. – Lat. *terrigena.*

terril [tɛʀil] ou **terri** [tɛʀi] n. m. Éminence, colline formée par l'amoncellement des déblais d'une mine. – De *terre*; mot du Nord-Est.

terrine [tɛʀin] n. f. **1.** Récipient en terre (et, *par ext.,* en porcelaine, en métal, etc.), aux bords évasés vers le haut; son contenu. *Une terrine de crème.* **2.** Pâté cuit dans une terrine et servi froid. *Terrine de canard.* – Fém. subst. de l'anc. adj. *terrin,* « de terre ».

terrir [tɛʀiʀ] v. intr. [2] Didac. Venir près de la côte, en parlant des poissons, des tortues marines. – De *terre.*

territoire [tɛʀitwaʀ] n. m. **1.** Étendue de terre qu'occupe un groupe humain. – *Spécial.* Étendue de terre qui dépend d'un État, d'une juridiction. *Le territoire français, national. Sur le territoire de la commune.* **2.** ZOOL Zone où vit un animal, qu'il interdit à ses congénères. **3.** MED Région déterminée. *Douleur dans le territoire du nerf sciatique.* – Lat. *territorium.*

territorial, ale, aux [tɛʀitɔʀjal, o] adj. **1.** D'un territoire. *Limites territoriales.* ▷ *Eaux territoriales,* où s'exerce la souveraineté d'un État. **2.** HIST *Armée territoriale* ou, n. f., *la territoriale* (1872-1914), destinée en principe à des missions défensives sur le territoire national, et composée des plus anciennes classes mobilisables. – Bas lat. *territorialis.*

territorialement [tɛʀitɔʀjalmɑ̃] adv. En ce qui concerne le territoire. – De *territorial.*

territorialité [tɛʀitɔʀjalite] n. f. DR Caractère juridique de ce qui appartient à un territoire. *Territorialité de l'impôt.* – De *territorial.*

terroir [tɛʀwaʀ] n. m. **1.** Région, considérée du point de vue de la production agricole (vinicole, en partic.). *Terroir bon pour le blé. Le terroir de ce grand cru est très peu étendu.* **2.** Par ext. *Le terroir* : la campagne, les régions rurales. *Produit qui a le goût du terroir,* qui semble venir directement de la région productrice, qui est naturel, non frelaté. ▷ Fig. *Du terroir, de terroir* : qui est enraciné dans les mœurs, dans la civilisation rurale. *Expression du terroir.* – Du lat. pop. **terratorium,* altér. gallo-romaine. du class. *territorium,* « territoire ».

terrorisant, ante [tɛʀɔʀizɑ̃, ɑ̃t] adj. Qui terrorise. – Ppr. de *terroriser.*

terroriser [tɛʀɔʀize] v. tr. [1] **1.** Frapper de terreur, épouvanter. *L'orage terrorise cet enfant.* **2.** Soumettre à un régime de terreur. – De *terreur.*

terrorisme [tɛʀɔʀism] n. m. **1.** HIST Nom donné, dans la période qui suivit sa chute, au système du gouvernement de la Terreur. (V. encycl. terreur). **2.** Cour. Usage systématique de la violence (attentats, destructions, prises d'otages, etc.) auquel recourent certaines organisations politiques pour favoriser leurs desseins. – *Terrorisme d'État* : recours systématique à des mesures d'exception, à des actes violents, par un gouvernement agissant contre ses propres administrés et, par ext., contre les populations d'un État ennemi. **3.** Fig. Attitude d'intimidation, d'intolérance dans le domaine de la culture, de la mode, etc. *Le terrorisme de l'avant-garde.* – De *terreur.*

terroriste [tɛʀɔʀist] n. et adj. **1.** HIST Nom donné aux partisans de la Terreur (V. encycl. terreur), après la chute de Robespierre. **2.** Cour. Personne qui pratique le terrorisme (sens 2). **3.** adj. Qui relève du terrorisme (sens 2). *Pratiques terroristes.* – De *terrorisme.*

terser. V. tercer.

tertiaire [tɛʀsjɛʀ] adj. et n. **I.** adj. **1.** GEOL *L'ère tertiaire* ou, n. m., *le tertiaire* : l'ère (moins de 70 millions d'années) qui succède au secondaire, marquée par la multiplication des espèces de mammifères (avec une tendance au gigantisme), par l'abondance des nummulites au paléogène et par l'extension des plantes monocotylédones. (Deux périodes : paléogène et néogène.) ▷ *Par ext.* De l'ère tertiaire. *Les plissements tertiaires.* **2.** ECON et COUR. *Le secteur tertiaire* ou, n. m., *le tertiaire* : secteur de l'économie dont l'activité n'est pas directement liée à la production de biens de consommation (administrations, sociétés de services, etc.). **3.** MED Qui appartient au troisième stade de l'évolution d'une maladie. *Accidents tertiaires de la syphilis.* **II.** n. Membre d'un tiers* ordre religieux. – Du lat. *tertiarius,* «d'un tiers», de *tertius,* «troisième», sur le modèle de *primaire.*

tertiarisation [tɛʀsjaʀizasjɔ̃] ou **tertiairisation** [tɛʀsjɛʀizasjɔ̃] n. f. SOCIOL Évolution vers la prédominance du secteur tertiaire. – De *tertiaire.*

tertio [tɛʀsjo] adv. Troisièmement, en troisième lieu (dans une énumération commençant par *primo* et *secundo*). – Mot lat.

tertre [tɛʀtʀ] n. m. Monticule, petite éminence de terre. *Tertre funéraire,* élevé au-dessus d'une sépulture. – Lat. pop. **termes,* croisement de *termen, terminis* (de *terminus,* «borne»), et de *limes,* «limite».

térylène [teʀilɛn] n. m. Fibre textile synthétique analogue au tergal, fabriquée en Grande-Bretagne. – Nom déposé, de *tér(éphtalique),* et *(éth)ylène.*

terza rima [tɛʀdzaʀima] n. f. LITTER Poème composé de tercets dont le premier et le troisième vers riment ensemble, le second vers rimant avec le premier et le troisième du tercet suivant. *Des terza rima* ou *des terze rime.* – Mots ital., propr. «troisième rime».

terzetto [tɛʀdzɛtto] n. m. MUS Petite composition pour trois instruments ou pour trois voix. – Mot ital., de *terzo,* «troisième, tiers».

tes. V. ton 1.

tesla [tɛsla] n. m. PHYS Unité SI de mesure du champ magnétique (symbole T); champ magnétique uniforme qui, réparti normalement sur une surface de 1 m^2, produit à travers cette surface un flux magnétique total de 1 weber. – De *Tesla* (1857-1943), n. d'un physicien yougoslave.

tessère [tesɛʀ] n. f. ANTIQ ROM Petite plaque de bois, de métal ou d'ivoire qui servait de signe de reconnaissance, de bulletin de vote, de billet de théâtre, etc. – Lat. *tessera.*

tessiture [tesityʀ] n. f. MUS **1.** Étendue de l'échelle des sons couverte par la voix d'un chanteur ou d'une chanteuse, et, par ext., par un instrument. *Tessiture d'un baryton, d'une soprano. La tessiture de la trompette.* **2.** Étendue moyenne de l'échelle des notes d'une partition. – Ital. *tessitura,* propr. «texture, trame», de *tessere,* «tisser».

tesson [tesɔ̃] n. m. Débris de bouteille, de vaisselle, de poterie. – Dimin. de l'a. fr. *tes, test,* «pot de terre, crâne», du lat. *testa,* «brique, tuile, crâne, fragment de poterie, écaille, coquille».

1. test [tɛst] n. m. ZOOL Enveloppe minérale (calcaire, silice), chitineuse ou composite, qui protège l'organisme de certains animaux (ex. oursins). – Du lat. *testa* (V. tesson).

2. test [tɛst] n. m. (Anglicisme) **1.** Épreuve servant à évaluer les aptitudes (intellectuelles ou physiques) des individus ou à déterminer les caractéristiques de leur personnalité. *La méthode des tests est utilisée pour la sélection et l'orientation scolaires ou professionnelles, le diagnostic psychologique ou psychiatrique. Tests projectifs*. Test de Rorschach,* qui repose sur une interprétation déterminée de taches d'encre, monochromes ou polychromes, figurées sur des planches numérotées et que l'on soumet au sujet à tester. *Tests de développement,* destinés à révéler le degré d'aptitude d'un sujet par rapport à son âge. **2.** MED Épreuve permettant d'évaluer les capacités fonctionnelles d'un organe ou d'un système d'organes. ▷ Analyse biologique ou chimique, examen de laboratoire. *Test de Barr,* permettant de reconnaître le sexe génétique d'un sujet. **3.** Épreuve, expérience qui permet de se faire une opinion sur qqn, sur qqch. ▷ (En appos.) *Une rencontre test. Une semaine test.* – Mot angl., «épreuve, essai»; de l'a. fr. *test* «crâne», du lat. *testu,* «pot de terre, couvercle de pot de terre», de *testa* (V. tesson).

testable [tɛstabl] adj. Qui peut faire l'objet de tests, de contrôles. – De *tester* 1.

testacé, ée [tɛstase] adj. ZOOL Dont l'organisme est protégé par un test, une coquille. *Mollusque testacé.* – De *test* 1.

testacelle [tɛstasɛl] n. f. ZOOL Mollusque gastéropode pulmoné à coquille très réduite, ressemblant à une limace. – Du lat. scientif. *testacella,* «petite coquille».

testament [tɛstamɑ̃] n. m. **I. 1.** Acte, rédigé selon certaines formes, par lequel une personne fait connaître ses dernières volontés et dispose, pour après son décès, de tout ou partie de ses biens en faveur d'un ou de plusieurs tiers. **2.** *Testament politique* : écrit posthume dans lequel un homme d'État explique les principes, les motifs qui ont dirigé sa conduite. *Le testament politique de Richelieu.* **3.** Fig. Œuvre tardive d'un artiste, d'un écrivain, considérée comme l'ultime expression de ses conceptions esthétiques ou littéraires. **II.** RELIG (Pour les chrétiens.) *L'Ancien Testament* : l'ensemble des textes bibliques datant d'avant Jésus-Christ. *Le Nouveau Testament* : les autres livres de la Bible (Évangiles, Actes des Apôtres, Épîtres et Apocalypse). – Lat. ecclés. *testamentum,* pour traduire le gr. *diathêkê,* «disposition testamentaire, convention».

testamentaire [tɛstamɑ̃tɛʀ] adj. Qui a rapport au testament. *Dispositions testamentaires. Exécuteur* testamentaire.* – Lat. *testamentarius.*

testateur, trice [tɛstatœʀ, tʀis] n. DR Celui, celle qui fait un testament. – Lat. *testator.*

1. tester [tɛste] v. tr. [1] **1.** Faire subir un test à (qqn). *Tester un candidat.* **2.** Soumettre à des essais. *Tester un nouveau matériel.* – De *test* 2.

2. tester [tɛste] v. intr. [1] Faire son testament. *Mort sans avoir testé.* (V. ab intestat.) – Lat. *testari,* «déposer en tant que témoin, faire son testament».

testeur, euse [tɛstœʀ, øz] n. **1.** Personne qui fait passer des tests. **2.** n. m. TECH Appareil servant à tester, notam. les composants et les microprocesseurs, en électronique. – De *tester* 1.

testiculaire [tɛstikylɛʀ] adj. Des testicules; qui a rapport aux testicules. *Ectopie testiculaire.* – De *testicule.*

testicule [tɛstikyl] n. m. Glande génitale mâle, produisant les spermatozoïdes et la testostérone. – Lat. *testiculus,* dimin. de *testis,* même sens.

ENCYCL Chez l'homme et la plupart des mammifères mâles, les testicules sont au nombre de deux et situés dans les bourses, dont l'enveloppe cutanée se nomme *scrotum.* Chaque testicule est entouré par une membrane nacrée et blanchâtre ou *albuginée.* Les spermatozoïdes sont excrétés dans les canaux séminifères, qui convergent en vaisseaux efférents puis s'anastomosent pour former l'épididyme; celui-ci se termine par un canal extérieur ou canal déférent, qui s'abouche dans l'urètre au niveau de la prostate.

testimonial, ale, aux [tɛstimɔnjal, o] adj. DR *Preuve testimoniale,* fondée sur des témoignages. – Lat. imp. *testimonialis,* de *testimonium,* de *testis,* «témoin».

teston [tɛstɔ̃] n. m. HIST Ancienne monnaie d'argent frappée à l'effigie des rois de France, à partir de 1513 jusqu'à la fin du XVIe s. – Ital. *testone,* de *testa,* «tête».

testostérone [tɛstosteʀɔn] n. f. BIOCHIM Hormone sexuelle, la principale hormone androgène, sécrétée par le testicule sous l'influence d'une gonadostimuline hypophysaire (L.H.). *Chez la femme, la testostérone est synthétisée, en faible quantité, par l'ovaire et par le placenta.* – De *test(icule), stér(ol),* et *(horm)one.*

têt [tɛ] n. m. **1.** Vx Tesson. - Pot de terre. **2.** Mod. CHIM *Têt à rôtir* : petit godet en terre réfractaire dans lequel on fait calciner certaines substances. - *Têt à gaz* : petite coupelle hémisphérique en terre cuite, échancrée et percée de manière à laisser passer un tube coudé, que l'on place renversée au fond de la cuve à eau pour supporter une éprouvette à gaz. – Du lat. *testu*, « couvercle, vase d'argile ».

tétanie [tetani] n. f. MED Syndrome lié à une hyperexcitabilité neuromusculaire, qui se traduit par des accès de contracture des extrémités s'accompagnant parfois de pertes de connaissance. *La tétanie est souvent due à une trop faible teneur du sang en calcium.* – De *tétanos*.

tétanique [tetanik] adj. MED Du tétanos, qui a rapport au tétanos (sens 1 et 2). *Toxine tétanique. Contracture tétanique.* – Du gr. *tetanikos*.

tétanisation [tetanizasjɔ̃] n. f. PHYSIOL Action de tétaniser, fait de se tétaniser. – De *tétaniser*.

tétaniser [tetanize] v. tr. [1] **1.** PHYSIOL Mettre (un muscle) en état de tétanos. ▷ v. pron. *Muscle qui se tétanise.* **2.** Fig. Saisir, figer, paralyser. *Il a été tétanisé par la peur.* – De *tétanos*.

tétanos [tetanos] n. m. **1.** MED Maladie infectieuse aiguë caractérisée par des contractures musculaires intenses, extrêmement douloureuses, et dont l'agent (le *bacille de Nicolaier*, ou *Clostridium tetani*, qui fabrique la toxine tétanique neurotrope) s'introduit généralement dans l'organisme par une plaie souillée. **2.** PHYSIOL Contraction musculaire. *Tétanos physiologique*, au cours duquel les fibres musculaires striées sont mobilisées alternativement, et qui aboutit à une contraction en apparence unique du muscle. (C'est la contraction musculaire normale.) *Tétanos expérimental*, obtenu par stimulation électrique du nerf moteur, et dans lequel toutes les fibres musculaires se contractent simultanément. – Mot gr., propr. « tension, rigidité ».

têtard [tɛtaʀ] n. m. **1.** Larve aquatique, à branchies, des amphibiens anoures (grenouilles, crapauds, etc.) et urodèles (salamandres, tritons, etc.), dont la tête, très développée, n'est pas distincte du corps. **2.** ARBOR Arbre que l'on a étêté et dont on a émondé les branches inférieures pour qu'il se forme une touffe épaisse au sommet du tronc. *Ormes taillés en têtards.* ▷ (En appos.) *Saule têtard.* – De *tête*.

tête [tɛt] n. f. **I. 1.** Partie supérieure du corps humain, comprenant la face et le crâne. *Incliner la tête. Un beau port de tête.* ▷ Loc. *De la tête aux pieds* : du haut du corps jusqu'en bas. *Piquer une tête* : plonger la tête la première. - Fig. *Courber la tête* : capituler, se soumettre. *Redresser la tête* : reprendre confiance en soi ; retrouver sa fierté. *Tenir tête à qqn*, s'opposer à lui, lui résister. - Fam. *En avoir par-dessus la tête* : être tout à fait excédé. ▷ (Dans certaines expr.) Vie. *L'accusé risque sa tête. Répondre sur sa tête de qqch.* **2.** Partie supérieure de la tête ; crâne. *Avoir mal à la tête.* - SPORT *Faire une tête* : taper dans le ballon avec la tête. ▷ Chevelure. *Une tête frisée.* ▷ Loc. fig., fam. *Avoir la tête fêlée, être tombé sur la tête* : être extravagant, bizarre, un peu fou. **3.** Visage, physionomie. *Une jolie tête. Faire une drôle de tête* : avoir l'air contrarié, dépité. ▷ Loc. fam. *Faire la tête* : bouder. *Tête à claques*. Se payer* la tête de qqn.* **4.** Partie antérieure du corps des animaux, analogue à la tête de l'homme. *La tête d'un chat.* - CUIS *Tête de veau à la vinaigrette.* **5.** BX-A Représentation, imitation d'une tête humaine ou animale. *Une tête en bronze.* ▷ Loc. *Se faire une tête* : se grimer. *Dîner de têtes*, où les convives sont grimés, masqués. *Servir de tête de Turc à qqn*, être constamment en butte à ses moqueries, à ses piques. **6.** Hauteur, longueur de la tête. *Il dépasse son frère d'une bonne tête. Cheval qui gagne une course d'une courte tête.* **II.** *Tête de mort.* **1.** Squelette d'une tête humaine. ▷ Sa représentation de face (le plus souvent au-dessus de celle de deux tibias entrecroisés), emblème de la mort, du danger, etc. *Pavillon noir à tête de mort des pirates.* **2.** (À tort.) *Tête-de-mort* : V. tête-de-Maure. **III.** Fig. Esprit (facultés intellectuelles, état de santé mentale ou dispositions psychologiques). - Loc. *Avoir une idée en tête.* - *Se mettre qqch dans la tête*, s'en persuader. *Se mettre en tête de faire qqch*, en prendre la ferme résolution. *Avoir la tête dure* : avoir la compréhension lente et difficile, ou être très entêté. - *Ne plus savoir où donner de la tête* : être submergé par des occupations multiples, être débordé. - Loc. adj. *De tête*, qui a du bon sens, du jugement. *Une femme de tête.* - *Une tête sans cervelle, une tête de linotte* : une personne légère, irréfléchie, étourdie. - *Garder la tête froide* : ne pas céder à un enthousiasme excessif, à l'affolement, etc. *Monter à la tête* : enivrer (au propre et au fig.). *Tourner la tête à qqn*, lui troubler l'esprit. *Perdre la tête* : s'affoler, perdre son calme ; perdre sa lucidité, devenir fou. *Avoir toute sa tête* : être en possession de toutes ses facultés intellectuelles. *Coup de tête* : résolution brusque, irréfléchie. - *N'en faire qu'à sa tête* : ne suivre que son caprice. - *Faire sa mauvaise tête* : témoigner de la mauvaise volonté, faire montre de mauvais esprit. - *Une forte tête* : une personne insubordonnée, qui n'en fait qu'à sa guise. ▷ Loc. adv. *De tête* : mentalement. *Calculer de tête.* **IV. 1.** Personne qui dirige, commande. *Il est la tête de cette conjuration.* ▷ Loc. prép. *À la tête de* : à la première place, au rang de chef de. *Être à la tête du gouvernement.* - Fig. En possession de. *Il est, se trouve à la tête d'une fortune colossale.* **2.** (Dans certaines loc.) Individu, personne. *Un repas à tant par tête* (fam. : *par tête de pipe*). *Têtes couronnées* : rois, souverains. ▷ Animal d'un troupeau. *Troupeau de soixante têtes.* **V. 1.** Partie supérieure ou antérieure, ou extrémité renflée de certaines choses. *La tête d'un arbre. Tête d'épingle, de pavot.* ▷ TECH et cour. *Tête de lecture* : organe servant à lire les informations enregistrées sur un support (disque microsillon, bande magnétique, etc.). *Tête d'enregistrement d'un magnétophone.* ▷ MECA *Tête de bielle* : partie de la bielle articulée à la manivelle ou au vilebrequin. **2.** Partie (d'une chose, d'un groupe en mouvement) qui vient en premier. *La tête d'un train. La tête d'une armée.* - *Tête chercheuse* : dispositif assurant le guidage automatique de certains engins sur leur objectif. ▷ Loc. *Prendre la tête d'un groupe, d'une organisation*, les diriger. ▷ MILIT *Tête de pont**. **3.** Début. *Tête de liste.* ▷ *Tête de ligne* : point de départ d'une ligne de transport. ▷ CHIM *Produits de tête* (d'une distillation) : premiers produits distillés. **4.** Loc. prép. *En tête de, à la tête de* : au premier rang de ; au commencement de. *En tête de la procession. Citation en tête d'un livre. À la tête de la classe.* ▷ Loc. adv. *En tête* : à l'avant, en premier. ▷ SPORT *Tête de série* : dans une épreuve éliminatoire, concurrent ou équipe que ses performances antérieures placent comme favori. – Du bas lat. médiév. *testa*, « boîte crânienne », sens spécialisé de « coquille dure ».

tête-à-queue [tɛtakø] n. m. inv. Mouvement de volte-face d'un véhicule qui, par suite d'un dérapage, fait un demi-tour complet sur lui-même. – De *tête*, *à*, et *queue*.

tête-à-tête ou **tête à tête** [tɛtatɛt] n. m. inv. et loc. adv. **I.** n. m. inv. **1.** Situation de deux personnes seules l'une avec l'autre. *Je ne veux pas troubler un si charmant tête-à-tête.* **2.** Petit canapé à deux places et double dossier. **3.** Service à café ou à thé pour deux personnes. *Un tête-à-tête en porcelaine.* **II.** Loc. adv. (Sans trait d'union.) *Être tête à tête* ou *en tête à tête avec qqn*, seul avec lui. *Repas en tête à tête.* – De *tête*.

têteau [tɛto] n. m. ARBOR Extrémité d'une branche maîtresse. – De *tête*.

tête-bêche [tɛtbɛʃ] adv. Dans la position de deux personnes couchées côte à côte en sens inverse, l'une ayant la tête du côté où l'autre a les pieds. ▷ Par compar. (Objets) *Disposer des bouteilles tête-bêche dans une caisse.* – Altér. de la loc. anc. *à tête béchevet,* renforcement de *béchevet,* propr. «double tête», de *bes, bis,* «deux fois», et *chevet,* qui n'était plus compris.

tête-de-clou [tɛtdəklu] n. f. ARCHI Motif ornemental en forme de petite pyramide quadrangulaire, caractéristique de l'architecture romane. *Des têtes-de-clou.* – De *tête, de,* et *clou.*

tête-de-loup [tɛtdəlu] n. f. TECH Brosse ronde à long manche pour le nettoyage des plafonds. *Des têtes-de-loup.* – Par anal. d'aspect avec la *tête* velue du *loup.*

tête-de-Maure [tɛtdəmɔʀ] n. f. Fromage de Hollande sphérique, recouvert de paraffine brun foncé. (On écrit à tort *tête-de-mort.*) *Des têtes-de-Maure.* – De *tête, de,* et *Maure.*

tête-de-nègre [tɛtdənɛgʀ] adj. inv. et n. m. inv. Qui est d'une couleur marron très foncé (V. nègre, sens B, 2). ▷ n. m. inv. Cette couleur. – De *tête, de,* et *nègre.*

tétée [tete] n. f. **1.** Action de téter. *L'heure de la tétée.* **2.** Quantité de lait prise par un nourrisson au moment de l'allaitement. – Pp. fém. subst. de *téter.*

téter [tete] v. tr. **[16]** **1.** Sucer en aspirant (la mamelle ou le sein; un biberon) pour en tirer le lait; tirer (le lait) de la mamelle, du sein, d'un biberon, par succion. *Cabri qui tète la mamelle d'une chèvre. Enfant qui tète son lait.* – Par ext. *Veau qui tète encore sa mère.* **2.** Par ext., fam. Sucer. *Il tétait un énorme cigare.* – De *tette.*

téterelle [tetʀɛl] n. f. MED Petit appareil qu'on place au bout du sein pour le protéger lors de l'allaitement ou pour tirer le lait. – De *téter.*

têtière [tɛtjɛʀ] n. f. **1.** EQUIT Partie de la bride qui passe derrière les oreilles. **2.** Pièce d'étoffe ou coussinet protégeant la partie d'un fauteuil, d'un canapé, où s'appuie la tête. **3.** MAR ANC Partie supérieure d'une voile, partic. d'une voile carrée. ▷ Mod. Renfort du point de drisse d'une voile triangulaire, consistant le plus souvent en une double plaque en alliage léger ou en matière plastique. **4.** TYPO Garniture placée en tête des pages lors de l'imposition. – De *tête.*

tétine [tetin] n. f. **1.** Mamelle des mammifères. ▷ Pis de la vache ou de la truie. **2.** Capuchon en caoutchouc qui s'adapte à l'ouverture du biberon et que tète le nourrisson. ▷ Objet en caoutchouc de même forme qu'on donne aux enfants pour satisfaire leur besoin de succion. – De *tette.*

téton [tetɔ̃] n. m. **1.** Fam. Sein (sens 1). ▷ Mamelon du sein. **2.** TECH Partie saillante d'une pièce qui s'emboîte dans la partie creuse d'une autre pièce. – De *tette.*

tétr[a]-. Élément, du gr. *tetra,* de *tessares* (en attique *tettares*), «quatre».

tétrabranches [tetʀabʀɑ̃ʃ] ou **tétrabranchiaux** [tetʀabʀɑ̃ʃjo] n. m. pl. ZOOL, PALEONT Sous-classe de mollusques céphalopodes qui possèdent quatre branchies et dont le nautile en est le seul représentant vivant. – Sing. *Un tétrabranche* ou *un tétrabranchial.* – De *tétra-,* et *branchie.*

tétrachlorure [tetʀaklɔʀyʀ] n. m. CHIM Composé qui contient quatre atomes de chlore. *Tétrachlorure de carbone* (CCl_4), *utilisé comme détachant.* – De *tétra-,* et *chlorure.*

tétracorde [tetʀakɔʀd] n. m. **1.** ANTIQ Lyre à quatre cordes. ▷ Gamme des anciens Grecs fondée sur une échelle de quatre sons. **2.** Mod. Chacune des deux moitiés homologues, comportant quatre degrés, de la gamme diatonique majeure (*do, ré, mi, fa* et *sol, la, si, do,* pour la gamme d'ut majeur). – De *tétra-,* et *corde,* d'ap. le lat. *tetrachordon,* mot gr.

tétracycline [tetʀasiklin] n. f. MED Antibiotique à large spectre d'activité, bactériostatique et peu toxique. – De *tétra-, cycle,* et *-ine.*

tétradactyle [tetʀadaktil] adj. ZOOL Qui a quatre doigts. – De *tétra-,* et *-dactyle.*

tétrade [tetʀad] n. f. **1.** BOT Groupe de quatre cellules issues d'une méiose (grains de pollen, méiospores, etc.). **2.** BIOL Ensemble de quatre chromatides issues du clivage, au cours de la prophase de la méiose, d'une paire de chromosomes homologues appariés. – Du gr. *tetras, tetrados,* groupe de «quatre».

tétraèdre [tetʀaɛdʀ] n. m. GEOM Solide à quatre faces triangulaires; pyramide triangulaire. ▷ *Tétraèdre régulier,* formé de quatre triangles équilatéraux. – De *tétra-,* et *-èdre.*

tétraédrique [tetʀaedʀik] adj. GEOM Qui a rapport au tétraèdre; qui a la forme d'un tétraèdre. – De *tétraèdre.*

tétraéthyle [tetʀaetil] adj. CHIM Qui possède quatre groupements éthyle. *Plomb tétraéthyle.* – De *tétra-,* et *éthyle.*

tétrafluorure [tetʀaflyɔʀyʀ] n. m. CHIM Composé qui contient quatre atomes de fluor. *Tétrafluorure d'uranium.* – De *tétra-,* et *fluorure.*

tétragone [tetʀagɔn] n. f. BOT Plante herbacée annuelle (*Tetragonia expansa*), originaire de Nouvelle-Zélande, cultivée pour ses feuilles comestibles. Syn. épinard d'été. – Du lat. *tetragonus,* gr. *tetragônos,* «carré» (à cause de la forme de ses graines).

tétragramme [tetʀagʀam] n. m. Didac. Ensemble des quatre lettres hébraïques *yod* (Y), *hé* (H), *vaw* (V), *hé* (H) qui représentent le nom de Dieu, dans la Bible. – De *tétra-,* et *-gramme.*

tétralogie [tetʀalɔʒi] n. f. **I. 1.** ANTIQ GR Ensemble de quatre pièces (trois tragédies et un drame satyrique) que les poètes grecs présentaient dans les concours d'art dramatique. **2.** ART Ensemble de quatre œuvres (musicales, littéraires, picturales, etc.) présentant une certaine unité. ▷ Spécial. *La Tétralogie :* les quatre opéras de R. Wagner formant le cycle de *l'Anneau des Nibelungen : l'Or du Rhin, la Walkyrie, Siegfried, le Crépuscule des dieux.* **II.** MED *Tétralogie de Fallot :* malformation cardiaque associant une sténose pulmonaire, une déviation de l'aorte vers la droite, une communication entre les ventricules et une hypertrophie ventriculaire droite. – Gr. *tetralogia.*

tétramère [tetʀamɛʀ] adj. ZOOL Constitué de quatre parties. *Torse tétramère* (de certains insectes). – Gr. *tetramerês.*

tétramètre [tetʀamɛtʀ] n. m. VERSIF Vers composé de quatre mètres. – De *tétra-,* et *mètre.*

tétraphonie [tetʀafɔni] n. f. TECH Procédé de reproduction du son fondé sur le même principe que la stéréophonie*, mais dans lequel on utilise quatre canaux* au lieu de deux. Syn. quadriphonie. – De *tétra-,* et *-phonie.*

tétraplégie [tetʀapleʒi] n. f. MED Paralysie des quatre membres. – De *tétra-,* et *-plégie.*

tétraplégique [tetʀapleʒik] adj. et n. Se dit d'une personne atteinte de tétraplégie. – De *tétraplégie.*

tétraploïde [tetʀaplɔid] adj. BIOL *Cellule tétraploïde,* dans laquelle le nombre normal, diploïde (V. ce mot, et haploïde), de chromosomes se trouve doublé. *Organisme tétraploïde,* dont les cellules présentent cette anomalie. – Du gr. *tetraplous,* «quadruple», et *-oïde.*

tétrapode [tetʀapɔd] adj. et n. m. pl. ZOOL Qui a quatre membres. ▷ n. m. pl. *Les tétrapodes :* les amphibiens, les reptiles, les oiseaux et les mammifères, dont le squelette comporte deux paires de membres, apparents ou réduits à l'état de vestiges. – Sing. *Un tétrapode.* – Gr. *tetrapous, tetrapodos.*

tétrarchat [tetʀaʀka] n. m. ANTIQ Dignité de tétrarque. – Durée des fonctions d'un tétrarque. – De *tétrarque.*

tétrarchie [tetʀaʀʃi] n. f. ANTIQ **1.** Division, gouvernée par un tétrarque, d'un territoire partagé en quatre parties. ▷ *Par ext.* Toute division territoriale dont le gouverneur portait le titre de tétrarque. **2.** Mode de gouvernement instauré en 293 par Dioclétien, et qui plaçait l'Empire romain sous l'autorité collégiale de quatre «princes», deux «augustes» (dont lui-même), assistés de deux «césars» appelés à leur succéder. – De *tétrarque.*

tétrarque [tetʀaʀk] n. m. ANTIQ Gouverneur d'une tétrarchie. *Hérode, tétrarque de Judée.* – Lat. *tetrarches,* gr. *tetrarkhês.*

tétras [tetʀa] n. m. ORNITH Oiseau galliforme de grande taille qui habite les forêts des régions tempérées et froides de l'hémisphère Nord. *Le grand tétras (Tetrao urogallus)* ou *coq de bruyère. Le tétras-lyre (Lyrurus tetrix).* – Bas lat. *tetrax* (ou *tetrao*), gr. *tetrax, tetraôn.*

tétrastyle [tetʀastil] adj. ARCHI Dont la façade comporte quatre colonnes. *Temple tétrastyle* ou, n. m., *un tétrastyle.* – Lat. *tetrastylus,* du gr.

tétrasyllabe [tetʀasil(l)ab] ou **tétrasyllabique** [tetʀasil(l)abik] adj. VERSIF Formé de quatre syllabes. *Vers tétrasyllabe* ou, n. m., *un tétrasyllabe.* – Lat. gram. *tetrasyllabus,* du gr.

tétravalence [tetʀavalɑ̃s] n. f. CHIM Caractère des corps tétravalents. – De *tétra-,* et *valence.*

tétravalent, ente [tetʀavalɑ̃, ɑ̃t] adj. CHIM Qui possède la valence 4. *Le carbone est tétravalent.* – De *tétra-,* et *-valent.*

tétrodon [tetʀɔdɔ̃] n. m. ICHTYOL Poisson des mers chaudes (genre *Tetraodon*) auquel un diverticule gastrique pouvant se remplir d'eau confère la faculté de gonfler son corps en un globe hérissé d'épines, notam. lorsqu'il est menacé par un prédateur. Syn. poisson-globe. – De *tétra-,* et du gr. *odous, odontos,* «dent».

tétrose [tetʀoz] n. m. CHIM Sucre simple (ose) comprenant quatre atomes de carbone. – De *tétr(a)-,* et *-ose* 1.

tette [tɛt] n. f. Rare Bout de la mamelle des animaux. – Du germ. occid. **titta,* «sein de femme».

têtu, ue [tety] adj. et n. **1.** adj. (Personnes) Qui a tendance à s'attacher à une idée précise et à n'en pas vouloir démordre; opiniâtre, obstiné. Syn. entêté. – Subst. *C'est un(e) têtu(e).* ▷ (Animaux) Qui refuse d'obéir. *Un âne têtu.* **2.** n. m. CONSTR Lourd marteau qui sert à dégrossir les pierres irrégulières. – De *tête.*

teuf-teuf [tœftœf] n. m. Onomat. imitant le bruit des moteurs à explosion et notam. de ceux des premiers véhicules automobiles. ▷ Fam. Voiture datant des premiers temps de l'automobile. (N.B. On trouve parfois le mot au fém. : *une vieille teuf-teuf.*) *Des teufs-teufs.* – Onomat.

teuton, onne [tøtɔ̃, ɔn] adj. et n. **1.** HIST Relatif aux Teutons, anc. peuple germanique des bords de la Baltique. **2.** Péjor. Allemand. **3.** Subst. *Les Teutons.* – Lat. *Teutoni* ou *Teutones.*

teutonique [tøtɔnik] adj. **1.** HIST Relatif aux anciens Teutons, aux régions qu'ils habitaient; germanique. *La hanse teutonique.* – *Ordre teutonique, des chevaliers teutoniques* : ordre de chevalerie, fondé en 1128 et sécularisé au XVIe s. **2.** Péjor. ou plaisant Allemand. – Lat. *teutonicus,* «des Teutons».

tex [tɛks] n. m. TEXT Unité de mesure (exprimée en grammes) de 1 000 mètres de fil. *Le tex sert à titrer les différents fils.* – Abrév. de *textile.*

texan, ane [tɛksɑ̃, an] adj. et n. Du Texas, État du S. des É.-U. sur le golfe du Mexique. *Les ranchs, le pétrole texans.* ▷ Subst. *Un(e) Texan(e).* – Empr. à l'anglo-amér.

texte [tɛkst] n. m. **1.** Ensemble des mots, des phrases qui constituent un écrit. *Le texte d'un roman. Le texte de la Constitution.* ▷ *Le texte* (par oppos. à *note,* et à *commentaire*). *Des gloses marginales éclairent le texte.* – Loc. *Dans le texte* : dans la langue originelle, sans utiliser de traduction. *Lire Shakespeare dans le texte.* ▷ Tout écrit imprimé ou manuscrit. *Texte mal composé. Les photographies sont accompagnées de textes explicatifs.* **2.** *Spécial.* Ensemble de phrases, de paroles destinées à être récitées ou chantées. *Le texte d'une chanson, d'un opéra. Comédien qui apprend son texte.* **3.** Œuvre littéraire. *Étudier les textes classiques et modernes.* ▷ Extrait, fragment d'une œuvre littéraire. *Textes choisis. Commentaire, analyse de texte.* **4.** Sujet d'un devoir, d'un exercice scolaire. *Texte d'une dissertation.* – *Cahier de textes,* où sont inscrits l'emploi du temps et les sujets des devoirs et exercices d'un élève. **5.** AUDIOV Document écrit, scénario d'un film, d'une émission radiodiffusée ou télévisée, accompagné du découpage et des dialogues. (Terme officiellement recommandé pour remplacer *script.*) – Lat. *textus,* «tissu, trame», d'où «enchaînement d'un récit, texte», de *texere,* «tisser».

textile [tɛkstil] adj. et n. m. **1.** Qui peut être divisé en filaments propres à être tissés. *Plantes textiles.* ▷ n. m. Fibre, matière textile. *Textiles naturels* : coton, laine, lin, jute, soie, etc. *Textiles artificiels,* obtenus à partir de produits naturels comme la cellulose. *Textiles synthétiques,* constitués de macromolécules synthétisées. **2.** Relatif à la fabrication des tissus. *Industrie textile.* ▷ n. m. Industrie textile. *La crise du textile.* – Lat. *textilis,* de *texere,* «tisser».

textuel, elle [tɛkstɥɛl] adj. **1.** Exactement conforme au texte. *Citation, traduction textuelle.* Syn. littéral. **2.** Du texte, qui concerne le ou les textes. *Critique textuelle.* – Lat. médiév. *textualis.*

textuellement [tɛkstɥɛlmɑ̃] adv. D'une manière textuelle; conformément au texte. *Recopier textuellement. Il a rapporté textuellement les paroles entendues,* telles qu'elles ont été dites. – De *textuel.*

texturation. V. texturisation.

texture [tɛkstyʀ] n. f. **1.** Vx État, aspect de ce qui est tissé. **2.** Disposition, arrangement des parties élémentaires d'une substance. *Texture d'une roche, des sols. Texture des tendons.* Syn. structure, constitution. **3.** Fig. Disposition, agencement des différentes parties d'un tout. *Texture d'un ouvrage, d'un poème.* – Lat. *textura.*

texturer. V. texturiser.

texturisation [tɛkstyʀizasjɔ̃] ou **texturation** [tɛkstyʀasjɔ̃] n. f. TECH Ensemble d'opérations (torsion, écrasement, compression, etc.) destinées à donner à une fibre synthétique les caractéristiques les plus adaptées à l'usage auquel on la destine. – De *texturiser* ou *texturer.*

texturiser [tɛkstyʀize] ou **texturer** [tɛkstyʀe] v. tr. [1] TECH Soumettre à la texturisation. – De *texture.*

tézigue [tezig] pron. pers. Pop. Toi. *J'ai payé ma tournée, celle-là c'est pour tézigue.* Cf. mézigue, sézigue. – De *zigue,* et du poss. *tes.*

TGV [teʒeve] n. m. Sigle de *train à grande vitesse.* Train dont la vitesse de croisière est de 300 km/h. – Nom déposé.

th PHYS Symbole de la thermie.

Th CHIM Symbole du thorium.

thaï, thaïe [taj] adj. et n. m. **1.** adj. Des Thaïs, qui a rapport aux Thaïs, groupe ethnique mongoloïde qui peuple le Laos, la Thaïlande, les parties montagneuses du Viêt-nam du N. et certaines régions de la Chine du

Sud et de la Birmanie. **2.** n. m. LING *Le thaï* : la famille de langues à plusieurs tons parlées en Thaïlande, au Laos, en Birmanie et de part et d'autre de la frontière sino-vietnamienne, qui comprend notam. le laotien et le thaï. ▷ *Thaï* ou *siamois* : langue la plus importante des langues thaïes. – Mot indigène.

thaïlandais, aise [tajlɑ̃dɛ, ɛz] adj. et n. De Thaïlande. ▷ Subst. *Un(e) Thaïlandais(e).* – De *Thaïlande,* État de l'Asie du S.-E., du thaï *Muang T'haï,* «pays des hommes libres».

thalamique [talamik] adj. ANAT Du thalamus. – De *thalamus.*

thalamus [talamys] n. m. ANAT Couple de volumineux noyaux de substance grise situés de part et d'autre du troisième ventricule du cerveau antérieur et qui servent de relais pour les voies sensitives. – Du lat. savant *thalami nervorum opticorum,* «lits (couches) des nerfs optiques», du gr. *thalamos,* «lit».

thalassémie [talasemi] n. f. MED Anémie due à une anomalie héréditaire de la synthèse de l'hémoglobine, fréquente dans les populations du bassin méditerranéen. – De *thalass(o),* et *-émie.*

thalassi-, thalasso-. Éléments, du gr. *thalassa,* «mer».

thalassocratie [talasokʀasi] n. f. Vx Empire des mers. ▷ Mod., didac. Grande puissance maritime. *Venise était une thalassocratie.* – De *thalasso -,* et *-cratie.*

thalassothérapie [talasoteʀapi] n. f. MED Cure, méthode de traitement utilisant le climat marin, l'eau et les boues marines. – De *thalasso-,* et *-thérapie.*

thalassotoque [talasotɔk] adj. ZOOL Se dit des poissons migrateurs qui vivent dans les eaux douces et se reproduisent en mer. *L'anguille est thalassotoque.* – Gr. *thalassotokos,* «reproduction, enfantement *(tokos)* dans la mer *(thalassa)*».

thaler [talɛʀ] n. m. Ancienne monnaie d'argent allemande. – Mot all., abrév. de *Joachimsthaler,* de *Joachimsthal* (auj. Jáchymov), ville de Bohême où elle était frappée.

thalidomide [talidɔmid] n. f. PHARM Tranquillisant dont l'utilisation par les femmes enceintes s'est révélée responsable de malformations fœtales graves (retiré du marché en 1962). – Nom déposé, de *(acide ph)tal(ique), -ide,* et *(i)mide.*

thalle [tal] n. m. BOT Appareil végétatif très simple des plantes non vasculaires (champignons, algues, lichens), où l'on ne peut distinguer ni racine, ni tige, ni feuille. – Du gr. *thallos,* «rameau, pousse».

thallium [taljɔm] n. m. CHIM Élément de numéro atomique Z = 81, de masse atomique 204,37 (symbole Tl). – Métal (TL) de densité 11,85, qui fond à 303,5 °C et bout vers 3 120 °C. *Mou et gris, le thallium ressemble au plomb.* – Mot angl., du gr. *thallos,* «rameau vert», à cause de la raie verte caractéristique de son spectre.

thallophytes [talɔfit] n. f. pl. BOT Important groupe réunissant tous les végétaux dont l'appareil végétatif est un thalle. – Sing. (m. ou f.) *Un(e) thallophyte.* – De *thalle,* et *-phyte.*

thalweg. V. talweg.

thanato-. Élément, du gr. *thanatos,* «mort».

thanatologie [tanatɔlɔʒi] n. f. Didac. Étude scientifique de la mort; théorie de la mort, de ses causes, de ses signes, de sa nature. – De *thanato-,* et *-logie.*

thanatopraxie [tanatopʀaksi] n. f. Didac. Technique de l'embaumement des cadavres. – De *thanato-,* et *praxie.*

thanatos [tanatɔs] n. m. PSYCHAN Personnification de l'instinct de mort chez Freud (par oppos. à *éros*). – Mot gr., «mort», du nom du dieu grec de la mort.

thaumaturge [tomatyʀʒ] n. m. (et adj.) **1.** Didac. Personne qui fait ou prétend faire des miracles. **2.** Litt. Faiseur de miracles; magicien. – Gr. *thaumatourgos,* «faiseur de tours», de *thaûma, thaûmatos,* «objets d'étonnement».

thaumaturgie [tomatyʀʒi] n. f. Didac. Pouvoir, action du thaumaturge. – Gr. *thaumatourgia.*

thé [te] n. m. **1.** BOT Rare Arbre à thé. *Plantation de thés.* Syn. cour. théier*. ▷ Cour. Feuilles séchées du théier, après fermentation dans le cas du *thé noir,* sans fermentation dans le cas du *thé vert. Un paquet de thé.* **2.** Infusion tonique et désaltérante préparée avec ces feuilles, servie le plus souvent chaude. *Une tasse de thé.* **3.** Collation où l'on sert du thé. ▷ Réception donnée l'après-midi et où l'on sert du thé, des gâteaux, etc. *Être invité à un thé. Thé dansant.* – Du chinois dial. *t'e* ou du malais *teh,* par le néerl.

théacées [tease] n. f. pl. BOT Famille de végétaux dicotylédones, dont le thé est le type. – Sing. *Une théacée.* – De *thé.*

théâtral, ale, aux [teɑtʀal, o] adj. **1.** De théâtre; qui appartient au théâtre, est propre au théâtre. *Représentation théâtrale.* **2.** Fig., péjor. Exagéré, artificiel, qui vise à l'effet. *Un ton théâtral.* – Lat. *theatralis.*

théâtralement [teɑtʀalmɑ̃] adv. **1.** Du point de vue du théâtre, de ses règles. **2.** Fig., péjor. D'une manière théâtrale, outrée. – De *théâtral.*

théâtralisation [teɑtʀalizasjɔ̃] n. f. Fait de rendre théâtral. – De *théâtraliser.*

théâtraliser [teɑtʀalize] v. tr. [1] Rendre théâtral ou spectaculaire par une recherche d'effets. *Théâtraliser une décoration intérieure.* – De *théâtral.*

théâtralité [teɑtʀalite] n. f. Qualité de ce qui est théâtral. *La théâtralité d'un jeu d'acteurs, d'un décor.* – De *théâtral.*

théâtre [teɑtʀ] n. m. **A. I. 1.** Édifice où l'on représente des œuvres dramatiques, où l'on donne des spectacles. *Architecture, acoustique d'un théâtre.* **2.** Cet édifice, en tant que lieu où est représenté un spectacle donné; ce spectacle lui-même. *Aller au théâtre. Billets de théâtre.* **3.** Ensemble du personnel et des comédiens attachés à un établissement théâtral; troupe, compagnie. *Théâtre ambulant. L'Illustre-Théâtre de Molière.* **4.** Vieilli *Le théâtre* : l'emplacement où jouent les acteurs, la scène. *Le devant, le fond du théâtre.* **5.** Par anal. *Théâtre de marionnettes* : castelet*. *Théâtre d'ombres.* **II.** Fig. Lieu où se passe (tel événement). *Cette maison a été le théâtre d'un fait divers sanglant. Le théâtre des opérations militaires.* **B. I. 1.** Genre littéraire qui consiste en la production d'œuvres destinées à être jouées par des acteurs; art d'écrire pour la scène. *Aborder avec un égal bonheur le roman et le théâtre.* ▷ *Coup de théâtre* : rebondissement imprévu dans l'action d'une pièce; péripétie; fig., événement imprévu entraînant des changements importants; retournement de situation. **2.** Ensemble des œuvres dramatiques d'un pays, d'une époque, d'un auteur. *Le théâtre russe. Le théâtre médiéval. Le théâtre de Racine.* **II. 1.** Art de la représentation de telles œuvres; art dramatique. *Faire du théâtre. Un homme de théâtre.* ▷ *De théâtre* : destiné au théâtre, à la scène. *Costume, maquillage de théâtre.* – Fig. Théâtral (sens 2); artificiel et outré. *Des gestes de théâtre.* **2.** Manière particulière de traiter cet art, propre à un pays, à une époque, à un metteur en scène, etc. *Le théâtre égyptien consistait surtout en des ballets chantés et dansés. Le théâtre de Bertolt Brecht, de Charles Dullin.* – Lat. *theatrum,* gr. *theatron.*

théâtreux, euse [teɑtʀø, øz] n. Fam., péjor. **1.** n. f. Comédienne sans talent. **2.** Personne qui fait du théâtre. – De *théâtre.*

thébaïde [tebaid] n. f. Litt. Retraite solitaire. – Du lat. *Thebais,* n. d'une contrée de l'anc. Égypte, où vécurent nombre d'anachorètes des premiers temps du christianisme.

thébaïne [tebain] n. f. BIOCHIM Alcaloïde très toxique contenu dans l'opium. – De *thébaïque*, et *-ine*.

thébaïque [tebaik] adj. Didac. Qui contient de l'opium, à base d'opium. *Extrait, sirop thébaïque.* – Lat. *Thebaicus*, mot gr., «de Thèbes» (où s'effectuait autref. le commerce de l'opium).

thébaïsme [tebaism] n. m. Didac., VX Intoxication par l'opium. Syn. opiomanie. – De *thébaïque*.

-thée. Élément, du gr. *theos*, «dieu».

théier, ère [teje, ɛʀ] adj. et n. **I.** adj. Relatif au thé. *Industrie théière.* **II.** n. **1.** n. m. BOT Arbre ou arbrisseau (*Thea sinensis*) à fleurs blanches des montagnes d'Asie tropicale, cultivé pour ses feuilles qui, une fois séchées, servent à préparer le thé (sens 2). **2.** n. f. Récipient dans lequel on fait infuser le thé. – De *thé*.

théine [tein] n. f. BIOCHIM Alcaloïde du thé, d'une constitution chimique analogue à celle de la caféine. – De *thé*.

théisme [teism] n. m. Didac. Doctrine philosophique selon laquelle le principe d'unité de l'Univers est un Dieu personnel, cause de toute chose. – Angl. *theism*, rad. gr. *theos*, «dieu».

théiste [teist] n. et adj. Didac. Personne qui professe le théisme. ▷ adj. Relatif au théisme. – De *théisme*.

thélytoque [telitɔk] adj. BIOL *Parthénogenèse thélytoque*, qui ne donne que des femelles. Ant. arrhénotoque. – Du gr. *thêlutokos*, «reproduction *(tokos)* des petits de sexe féminin *(thêlus)*».

thématique [tematik] adj. et n. f. **I.** adj. **1.** MUS Qui a rapport à un, à des thèmes musicaux. *Catalogue, table thématiques d'un opéra.* **2.** Cour. Organisé, conçu à partir de thèmes. *Index thématique et index alphabétique.* **3.** LING Relatif au thème d'un mot. ▷ GRAM *Verbe thématique*, qui intercale une voyelle de liaison (dite *thématique*) entre le radical et la désinence personnelle. **II.** n. f. Didac. Ensemble organisé de thèmes. *La thématique de la littérature romantique.* – Gr. *thematikos*.

thème [tɛm] n. m. **1.** Sujet, matière, proposition que l'on entreprend de traiter dans un ouvrage, un discours. *Quel est le thème de cet essai?* ▷ Ce à quoi s'applique la pensée de qqn; ce qui constitue l'essentiel de ses préoccupations. *Thème de réflexion.* Syn. sujet. **2.** MUS Mélodie, motif mélodique sur lequel on compose des variations. ▷ *Spécial.* En jazz, mélodie dont les accords fournissent la trame harmonique des improvisations. *Thème en trente-deux mesures.* **3.** Exercice scolaire consistant à traduire un texte de sa langue maternelle dans une autre langue. *Le thème et la version. Thème latin.* ▷ *Un fort en thème* : un très bon élève; péjor. un élève, *par ext.*, une personne qui fait preuve de zèle et d'application sans montrer d'intelligence véritable. **4.** ASTROL *Thème céleste* ou *astral* : représentation de l'état du ciel au moment de la naissance de qqn, qui sert de base à l'établissement de son horoscope. **5.** GRAM Partie du nom ou du verbe (radical et voyelle thématique) à laquelle s'ajoutent les désinences liées aux cas ou aux personnes, dans certaines langues à flexions. **6.** LING Syn. de *topique*. – Lat. *thema*, mot gr.

thénar [tenaʀ] n. m. ANAT Saillie formée à la partie externe de la paume de la main par un groupe de muscles du pouce. – (En appos.) *Éminence thénar.* – Gr. *thenar*, «paume».

théo-. Élément, du gr. *theos*, «dieu».

théobromine [teɔbʀɔmin] n. f. BIOCHIM Alcaloïde extrait du cacao et existant en faible quantité dans le thé, la noix de kola et le café. *La théobromine est un diurétique et un vasodilatateur des artères coronaires.* – Du lat. scientif., *theobroma*, «cacaoyer», du gr. *theos*, «dieu», et *brôma*, «nourriture».

théocratie [teɔkʀasi] n. f. Forme de gouvernement dans laquelle l'autorité est exercée soit par les représentants d'une caste sacerdotale, soit par un souverain, au nom d'un dieu ou de Dieu. – Du gr. *theokratia*, «gouvernement de Dieu».

théocratique [teɔkʀatik] adj. Relatif à la théocratie, qui en a le caractère. – De *théocratie*.

théodicée [teɔdise] n. f. PHILO **1.** Justification de la Providence fondée sur la réfutation des arguments tirés de l'existence du mal. *«Essais de théodicée» de Leibniz* (1710). **2.** Vx L'une des quatre parties de la philosophie telle qu'elle était enseignée en France entre 1840 et 1880, et qui traitait de l'existence de Dieu, de ses attributs et de ses rapports avec l'humanité. *La psychologie, la logique, la morale et la théodicée.* – Mot créé par Leibniz (1646-1716), d'ap. *théo-*, et le gr. *dikê*, «justice».

théodolite [teɔdɔlit] n. m. TECH Instrument de visée constitué d'une lunette mobile autour d'un axe vertical et d'un axe horizontal et de deux cercles gradués perpendiculaires à ces axes, servant en astronomie à mesurer l'azimut et la hauteur des astres, en topographie à effectuer des levés, en astronautique à poursuivre les satellites. – Lat. scientif. *theodolitus*, orig. incon.

théogonie [teɔgɔni] n. f. Didac. Chez les peuples polythéistes, généalogie des dieux, historique de leur naissance. *La «Théogonie» d'Hésiode.* – Gr. *theogonia*.

théogonique [teɔgɔnik] adj. Didac. Qui appartient à la théogonie. – De *théogonie*.

théologal, ale, aux [teɔlɔgal, o] adj. et n. **1.** adj. RELIG CATHOL Qui a Dieu lui-même pour objet. ▷ *Les trois vertus théologales* : la foi, l'espérance et la charité. **2.** n. m. Anc. Prêtre chargé de l'enseignement de la théologie. – De *théologie*.

théologie [teɔlɔʒi] n. f. **1.** Étude des questions religieuses, réflexion sur Dieu et sur le salut de l'homme s'appuyant essentiellement sur les Écritures et la Tradition. *Théologie chrétienne.* ▷ Par ext. *Théologie judaïque, islamique.* **2.** Doctrine théologique. *La théologie de saint Thomas.* **3.** Recueil des ouvrages théologiques d'un auteur. **4.** Études théologiques. *Faire sa théologie.* – Lat. ecclés. *theologia*, mot gr.

théologien, enne [teɔlɔʒjɛ̃, ɛn] n. Personne qui étudie la théologie, qui écrit sur la théologie. – De *théologie*.

théologique [teɔlɔʒik] adj. Qui concerne la théologie. – Lat. ecclés. *theologicus*.

théologiquement [teɔlɔʒikmɑ̃] adv. Didac. Du point de vue de la théologie; selon les principes de la théologie. – De *théologique*.

théophanie [teɔfani] n. f. THEOL Manifestation de la divinité sous une forme sensible. – Gr. *theophania*, de *phainein*, «rendre visible».

théophilanthrope [teofilɑ̃tʀɔp] n. HIST Adepte de la théophilanthropie. – De *théo-*, et *philanthrope*.

théophilanthropie [teofilɑ̃tʀɔpi] n. f. HIST Doctrine philosophico-religieuse, d'inspiration déiste, dont les adeptes tentèrent de remplacer le culte catholique par une religion de l'Être suprême, sous le Directoire. – De *théophilanthrope*.

théophilanthropique [teofilɑ̃tʀɔpik] adj. HIST Relatif à la théophilanthropie. – De *théophilanthropie*.

théophylline [teɔfilin] n. f. BIOCHIM Alcaloïde contenu dans les feuilles de thé, isomère de la théobromine, utilisé en thérapeutique comme diurétique et comme dilatateur des bronches (notam. dans l'asthme) et des artères coronaires. – De *thé*, *-phylle*, et *-ine*.

théorbe ou **téorbe** [teɔʀb] n. m. MUS Anc. Instrument à cordes pincées, grand luth à deux chevilliers en usage aux XVIe et XVIIe s., d'une sonorité plus grave que celle du luth ordinaire. – Ital. *tiorba.*

théorématique [teɔʀematik] adj. Didac. Qui est de la nature du théorème, qui constitue un théorème. ▷ *Sciences théorématiques,* qui ont pour objet la découverte des lois qui lient les effets aux causes (par oppos. à *sciences normatives* et à *sciences historiques*). – Gr. *theôrêmatikos.*

théorème [teɔʀɛm] n. m. MATH, LOG Proposition démontrable qui découle de propositions précédemment établies. – Lat. imp. *theorema,* mot gr., «objet d'étude, principe», de *theôreîn,* «observer».

théorétique [teɔʀetik] adj. et n. f. PHILO **1.** adj. Qui vise, qui a rapport à la connaissance conceptuelle, non à l'action. *Les sciences théorétiques :* la mathématique, la physique et la théologie (chez Aristote). **2.** n. f. Étude de la connaissance philosophique. – Bas lat. *theoreticus,* gr. *theôrêtikos,* «spéculatif».

théoricien, enne [teɔʀisjɛ̃, ɛn] n. **1.** Personne qui connaît la théorie d'une science, d'un art (par oppos. à *praticien*). **2.** Personne qui s'attache à la connaissance abstraite, spéculative (par oppos. à *expérimentateur,* à *technicien*). **3.** Auteur d'une théorie. *Les théoriciens du socialisme.* – De *théorie.*

1. théorie [teɔʀi] n. f. **1.** Ensemble d'opinions, d'idées sur un sujet particulier. *Théorie sociale, artistique.* **2.** Connaissance abstraite, spéculative. *La théorie et la pratique.* ▷ *En théorie :* dans l'abstrait; en principe. *Chacun est libre en théorie.* **3.** Système conceptuel organisé sur lequel est fondée l'explication d'un ordre de phénomènes. *Théorie de la gravitation.* **4.** MILIT Principes de la manœuvre. *Leçons de théorie.* – Lat. ecclés. *theoria,* mot gr. «observation, contemplation».

2. théorie [teɔʀi] n. f. **1.** ANTIQ GR Députation d'une cité à certaines fêtes solennelles. **2.** Litt. Suite de personnes s'avançant en procession; longue file. *Une théorie de voitures.* – Gr. *theôria,* «députation des villes aux fêtes solennelles».

théorique [teɔʀik] adj. **1.** Qui est du domaine de la théorie. *Physique théorique et physique expérimentale.* **2.** Cour. (Parfois péjor.) Qui n'est conçu, qui n'existe qu'abstraitement, hypothétiquement. *Pouvoir théorique.* – Bas lat. *theoricus,* gr. *theôrikos.*

théoriquement [teɔʀikmɑ̃] adv. De façon théorique (sens 1 et 2). *Procéder théoriquement. Nous sommes théoriquement égaux.* – De *théorique.*

théorisation [teɔʀizasjɔ̃] n. f. Didac. Action de théoriser (sens 2); son résultat. – De *théoriser.*

théoriser [teɔʀize] v. [1] **1.** v. intr. Didac. Exprimer une, des théories. *Théoriser sur la politique.* **2.** v. tr. Mettre en théorie. *Théoriser la création poétique.* – De *théorie.*

théosophe [teɔzɔf] n. Adepte de la théosophie. *Louis-Claude de Saint-Martin* (1743-1803), *Swedenborg* (1688-1772), *sont des théosophes.* – Gr. *theosophos,* «qui connaît les choses divines».

théosophie [teɔzɔfi] n. f. Système philosophique, d'inspiration mystique et ésotérique reposant sur la croyance que l'esprit, tombé de l'ordre divin dans l'ordre naturel, cherche, à travers des transformations successives, à se dégager de la matière pour réintégrer le sein de Dieu. – Gr. *theosophia,* «connaissance des choses divines».

théosophique [teozɔfik] adj. Relatif à la théosophie. ▷ *Société théosophique,* fondée à New York en 1875 et qui, faisant une sorte de synthèse de la spiritualité indienne, se donne pour but la fraternité universelle, l'étude des mystères de la nature, des pouvoirs latents de l'homme. – De *théosophie.*

-thèque. Élément, du gr. *thêkê,* «loge, boîte, armoire».

thèque [tɛk] n. f. **1.** BIOL Coque résistante qui protège certains êtres unicellulaires. **2.** ANAT Enveloppe du follicule ovarien. – Du gr. *thêkê,* «boîte».

thérapeute [teʀapøt] n. **1.** ANTIQ Ascète juif d'Égypte (Ier s. av. J.-C.). **2.** Mod., didac. Personne qui soigne les malades. ▷ *Spécial.* Psychothérapeute. – Du gr. *therapeuthês,* «qui prend soin».

thérapeutique [teʀapøtik] adj. et n. f. **I.** adj. Relatif au traitement, à la guérison des maladies; propre à guérir. *Action, produit thérapeutique.* **II.** n. f. **1.** *La thérapeutique :* la médecine qui traite des moyens propres à guérir ou à soulager les maladies. *Thérapeutique somatique.* **2.** *Une thérapeutique :* un traitement. *Une thérapeutique énergique.* – Gr. *therapeutikos,* de *therapeuein,* «soigner».

-thérapie. Élément, du gr. *therapeia,* «soin, cure».

thérapie [teʀapi] n. f. **1.** Syn. de *thérapeutique* (II, 2). **2.** PSYCHO, PSYCHAN Syn. de *psychothérapie* (sans distinction des méthodes ou techniques). *Être en thérapie. Faire une thérapie de groupe.* – Gr. *therapeia,* «soin».

thériaque [teʀjak] n. f. MED Anc. Électuaire riche en opium employé comme antidote aux venins. – Gr. *thêriakos,* de *thêrion,* «bête sauvage».

therm(o)-, -therme, -thermie, -thermique. Éléments, du gr. *thermos,* «chaud», ou *thermainein,* «chauffer».

thermal, ale, aux [tɛʀmal, o] adj. **1.** Se dit des eaux minérales chaudes aux propriétés thérapeutiques. **2.** Où l'on fait usage d'eaux médicinales (chaudes ou non). *Station, cure thermale.* – De *thermes.*

thermalisme [tɛʀmalism] n. m. Usage des eaux thermales et industrie qui s'y rapporte. ▷ *Par ext.* Organisation et exploitation des stations thermales. – De *thermal.*

thermalité [tɛʀmalite] n. f. Didac. Qualité, nature, propriété d'une eau thermale. – De *thermal.*

-therme. V. therm(o)-.

thermes [tɛʀm] n. m. pl. **1.** ANTIQ, ARCHEOL Établissement de bains publics. **2.** Mod. Établissement thermal. – Lat. *thermæ,* «bains chauds», du gr. *thermos,* «chaud».

thermicien, enne [tɛʀmisjɛ̃, ɛn] n. Spécialiste de la thermique. – De *thermique.*

thermicité [tɛʀmisite] n. f. PHYS Propriété d'un système d'échanger de la chaleur avec le milieu extérieur lors d'une transformation physico-chimique. – De *thermique.*

thermidor [tɛʀmidɔʀ] n. m. HIST Onzième mois du calendrier républicain (du 19/20 juillet au 17/18 août). ▷ *Journée du 9 thermidor an II* ou *le 9-Thermidor,* durant laquelle se fit la chute de Robespierre. – Du gr. *thermê,* «chaleur», et *dôron,* «présent».

thermidorien, enne [tɛʀmidɔʀjɛ̃, ɛn] adj. et n. m. HIST Se dit des conventionnels qui renversèrent Robespierre le 9 Thermidor. – n. m. *Les thermidoriens.* ▷ *Réaction thermidorienne :* ensemble des mesures prises après le 9 Thermidor et qui mettaient fin, notam., à la Terreur*. – De *thermidor.*

-thermie, -thermique. V. therm(o)-.

thermie [tɛʀmi] n. f. PHYS Unité de quantité de chaleur dont l'emploi a été officiellement abandonné (symbole th). (L'unité SI de quantité de chaleur est le joule.) – Du gr. *thermos,* «chaud», d'après *(calor)ie.*

thermique [tɛʀmik] adj. et n. f. **1.** adj. Qui a rapport à la chaleur, à l'énergie calorifique. – *Machine thermique,* qui transforme l'énergie calorifique en une autre forme d'énergie. *Centrale thermique,* dans laquelle l'électricité est produite à partir de la chaleur de combustion du charbon, du gaz ou du pétrole. **2.** n. f. PHYS Étude de la chaleur et des phénomènes calorifiques (thermométrie, calorimétrie, étude des combustions, etc.). – Du gr. *thermos,* « chaud ».

thermisation [tɛʀmizasjɔ̃] n. f. TECH Traitement thermique du lait de fromagerie, destiné à en réduire la flore microbienne. – De *therm(ique).*

thermistance [tɛʀmistɑ̃s] n. f. ou **thermistor** [tɛʀmistɔʀ] n. m. ELECTR, ELECTRON Résistance électrique constituée d'un matériau semiconducteur dont la conductivité varie très rapidement en fonction de la température. – De *thermo-,* d'ap. *(rés)istance* ou *(trans)istor.*

thermite [tɛʀmit] n. f. TECH Mélange d'oxyde de fer et de poudre d'aluminium, utilisé notam. pour la soudure autogène. – Du gr. *thermê,* « chaleur », et *-ite* 3.

thermo-. V. therm(o)-.

thermocautère [tɛʀmokotɛʀ] n. m. MED Instrument qui sert à faire des cautérisations ignées, des pointes de feu.

thermochimie [tɛʀmoʃimi] n. f. Science ayant pour objet la mesure des quantités de chaleur mises en jeu dans les réactions chimiques ainsi que l'étude des relations entre ces grandeurs et la constitution des corps.

thermochimique [tɛʀmoʃimik] adj. Relatif à la thermochimie. – De *thermochimie.*

thermocinétique [tɛʀmosinetik] n. f. PHYS Étude des lois de propagation de la chaleur.

thermoconduction [tɛʀmokɔ̃dyksjɔ̃] n. f. PHYS Conduction de la chaleur.

thermocouple [tɛʀmokupl] n. m. PHYS Syn. de *couple* thermoélectrique.* – De *thermo-,* et *couple* 2.

thermodurcissable [tɛʀmodyʀsisabl] adj. TECH Se dit de résines plastiques qui durcissent de façon irréversible à partir d'une certaine température. Ant. thermoplastique. – De *thermo-,* et *durcir.*

thermodynamicien, enne [tɛʀmodinamisjɛ̃, ɛn] n. Didac. Spécialiste en thermodynamique. – De *thermodynamique.*

thermodynamique [tɛʀmodinamik] n. f. et adj. PHYS Partie de la physique qui étudie les lois qui président aux échanges d'énergie, et notam. les transformations de l'énergie calorifique en énergie mécanique. ▷ adj. *Température*, échelle thermodynamique.* – De *thermo-,* et *dynamique.*

thermoélectricité [tɛʀmoelɛktʀisite] n. f. PHYS Électricité produite par la conversion de l'énergie thermique; ensemble des phénomènes liés à cette conversion.

thermoélectrique [tɛʀmoelɛktʀik] adj. PHYS Relatif à la thermoélectricité. *Effet thermoélectrique. Couple* thermoélectrique* ou *thermocouple.*

thermoélectronique [tɛʀmoelɛktʀɔnik] adj. PHYS *Émission thermoélectronique :* émission d'électrons par une cathode sous l'effet de la chaleur.

thermoformage [tɛʀmofɔʀmaʒ] n. m. TECH Formage, modelage d'un matériau ou d'une pièce par chauffage.

thermogène [tɛʀmɔʒɛn] adj. Didac. Qui produit de la chaleur. – De *thermo-,* et *-gène.*

thermogenèse [tɛʀmoʒənɛz] n. f. PHYSIOL Production de chaleur par les êtres vivants, dans la thermorégulation*. – De *thermo-,* et *-genèse.*

thermogramme [tɛʀmogʀam] n. m. TECH Courbe inscrite sur le tambour du thermographe. – De *thermo-,* et *-gramme.*

thermographe [tɛʀmogʀaf] n. m. TECH Thermomètre enregistreur. – De *thermo-,* et *-graphe.*

thermographie [tɛʀmogʀafi] n. f. TECH Ensemble des procédés de mesure de la température fondés sur la propriété qu'ont les rayons infrarouges d'impressionner les surfaces sensibles. ▷ Spécial. *Thermographie médicale,* utilisée dans le dépistage de certaines affections (cancer du sein, notam.). – De *thermographe.*

thermogravimétrie [tɛʀmogʀavimetʀi] n. f. PHYS Technique analytique de mesure par laquelle on détermine les variations de masse d'un corps simple ou composé en fonction de la température.

thermoionique ou **thermo-ionique** [tɛʀmojɔnik] adj. PHYS Syn. de *thermoélectronique.* – De *thermo-,* et *ionique* 1.

thermolabile [tɛʀmolabil] adj. CHIM, BIOCHIM Se dit d'une substance qui est détruite ou qui perd ses propriétés à une température déterminée.

thermoluminescence [tɛʀmolyminesɑ̃s] n. f. PHYS Luminescence provoquée par la chaleur.

thermoluminescent, ente [tɛʀmolyminɛsɑ̃, ɑ̃t] adj. PHYS Qui devient luminescent sous l'effet de la chaleur; relatif à la thermoluminescence.

thermolyse [tɛʀmoliz] n. f. **1.** CHIM Décomposition d'un corps par la chaleur. **2.** PHYSIOL Déperdition de chaleur par les organismes vivants. – De *thermo-,* et *-lyse.*

thermomagnétique [tɛʀmomaɲetik] adj. PHYS Relatif au thermomagnétisme.

thermomagnétisme [tɛʀmomaɲetism] n. m. PHYS Ensemble des phénomènes magnétiques liés à l'élévation de température d'un corps.

thermomécanique [tɛʀmomekanik] adj. **1.** TECH Se dit d'un traitement mécanique utilisant les propriétés du traitement thermique. **2.** PHYS Relatif aux effets mécaniques de la chaleur.

thermomètre [tɛʀmomɛtʀ] n. m. **1.** Instrument qui permet la mesure des températures, en général par la dilatation d'un liquide ou d'un gaz. – *Thermomètre médical,* qui permet de mesurer la température maximale interne du corps. **2.** Fig. Ce qui permet de connaître, d'évaluer les variations de qqch. *Les investissements sont le thermomètre du climat politique.* – De *thermo-,* et *-mètre.*

thermométrie [tɛʀmometʀi] n. f. Didac. Mesure des températures. – De *thermo-,* et *-métrie.*

thermométrique [tɛʀmometʀik] adj. Didac. Relatif au thermomètre, à la thermométrie. *Échelle thermométrique.* – De *thermomètre.*

thermonucléaire [tɛʀmonykleɛʀ] adj. PHYS Qui a rapport à la fusion* des noyaux atomiques. *Réaction thermonucléaire,* mise en jeu dans la fabrication des armes thermonucléaires (ou à hydrogène). – *Arme thermonucléaire,* qui, par la fusion de noyaux d'atomes légers, dégage une énergie considérable. *Fusion thermonucléaire contrôlée.*

thermopériodisme [tɛʀmopeʀjɔdism] n. m. BOT Ensemble des phénomènes végétatifs liés aux variations de température résultant de l'alternance du jour et de la nuit et de la succession des saisons.

thermopile [tɛʀmopil] n. f. Didac. Dispositif de conversion des rayonnements calorifiques en énergie électrique. Syn. pile thermoélectrique.

thermoplastique [tɛʀmoplastik] adj. CHIM, TECH Se dit de résines synthétiques qui conservent indéfiniment leurs propriétés de plasticité à chaud. Ant. thermodurcissable.

thermopompe [tɛʀmopɔ̃p] n. f. TECH Système de chauffage dont le fonctionnement est analogue à celui d'une machine frigorifique. Syn. pompe à chaleur.

thermopropulsion [tɛʀmopʀɔpylsjɔ̃] n. f. TECH Propulsion obtenue directement par l'énergie thermique d'une combustion (comme dans les statoréacteurs*).

thermorégulateur, trice [tɛʀmoʀegylatœʀ, tʀis] adj. et n. m. **1.** adj. BIOL Relatif à la thermorégulation. **2.** n. m. TECH Dispositif servant à régler automatiquement la température, dans certains appareils. V. thermostat.

thermorégulation [tɛʀmoʀegylasjɔ̃] n. f. BIOL Régulation de la température interne du corps, chez les animaux homéothermes (oiseaux, mammifères).

thermorémanence [tɛʀmoʀemanɑ̃s] n. f. PHYS Propriété que possèdent certaines substances de conserver la trace du champ magnétique dans lequel elles ont été placées lorsqu'on les refroidit brusquement après les avoir portées à une haute température. *La thermorémanence est employée comme méthode de datation des céramiques en archéologie.*

thermorémanent, ente [tɛʀmoʀemanɑ̃, ɑ̃t] adj. PHYS Qui a rapport à la thermorémanence. *Aimantation thermorémanente des corps ferromagnétiques.*

thermorésistant, ante [tɛʀmoʀezistɑ̃, ɑ̃t] adj. Didac. Qui résiste à la chaleur. *Matière plastique thermorésistante.* ▷ Spécial. BIOL Dont les mécanismes vitaux ne sont pas affectés par des températures assez élevées. *Bactéries thermorésistantes.*

thermos [tɛʀmos] n. m. ou f. Bouteille isolante qui permet de conserver un liquide à la même température durant plusieurs heures. – (En appos.) *Bouteille thermos.* – Nom déposé; apocope de *thermostatique.*

thermosensible [tɛʀmosɑ̃sibl] adj. TECH Dont les propriétés peuvent être changées par des variations de température.

thermosiphon [tɛʀmosifɔ̃] n. m. TECH Dispositif (appareil de chauffage ou de refroidissement, notam.) dans lequel la circulation d'un liquide est assurée par les différences de température entre les parties du circuit que parcourt celui-ci.

thermosphère [tɛʀmosfɛʀ] n. f. METEO Région de l'atmosphère, située au-delà de 80 km, dans laquelle la température croît régulièrement avec l'altitude.

thermostable [tɛʀmostabl] ou **thermostabile** [tɛʀmostabil] adj. BIOCHIM Se dit d'une substance qui n'est pas altérée par une élévation modérée de la température. *Enzyme thermostable.*

thermostat [tɛʀmosta] n. m. Dispositif automatique de régulation destiné à maintenir la température entre deux valeurs de consigne dans une enceinte fermée. *Thermostat d'un four, d'un radiateur.* – De *thermo-*, et *-stat.*

thermostatique [tɛʀmostatik] adj. Qui sert à maintenir constante une température. *Robinet thermostatique.* – De *thermostat.*

thermotropisme [tɛʀmotʀɔpism] n. m. BIOL Tropisme lié aux variations de température.

thésard, arde [tezaʀ, aʀd] n. Arg. (des universités) Personne qui prépare une thèse universitaire. – De *thèse.*

thésaurisation [tezɔʀizasjɔ̃] n. f. Action de thésauriser; son résultat. – De *thésauriser.*

thésauriser [tezɔʀize] v. [1] **1.** v. intr. Amasser de l'argent sans le faire circuler ni fructifier. **2.** v. tr. *Thésauriser des pièces d'or.* – Bas lat. *thesaurizare*, de *thesaurus*, «trésor».

thésauriseur, euse [tezɔʀizœʀ, øz] n. Personne qui thésaurise. – De *thésauriser.*

thesaurus ou **thésaurus** [tezɔʀys] n. m. inv. **1.** Lexique exhaustif de philologie, d'archéologie. **2.** INFORM, LING Recueil documentaire alphabétique de termes scientifiques, techniques, etc., servant de descripteurs pour analyser un corpus. – Mot lat., «trésor».

thèse [tɛz] n. f. **1.** Proposition ou opinion qu'on s'attache à soutenir, à défendre. – *Roman à thèse*, dans lequel l'auteur tente d'illustrer la vérité d'une thèse philosophique, politique, etc. **2.** Ouvrage présenté devant un jury universitaire pour l'obtention d'un titre de doctorat (thèse d'État, de troisième cycle). *Soutenir une thèse.* – *Par ext.* Cet ouvrage imprimé. **3.** PHILO Chez Hegel, premier terme d'un raisonnement dialectique (par oppos. à l'*antithèse** et à la *synthèse**). – Lat. *thesis*, mot gr., propr. «action de poser».

thesmophories [tɛsmofɔʀi] n. f. pl. ANTIQ GR Fêtes en l'honneur de Déméter et de sa fille Corée, célébrées par les Athéniennes. – Gr. *thesmophoria*, de *thesmophora*, «législatrice», appellation de la déesse Déméter.

thesmothète [tɛsmɔtɛt] n. m. ANTIQ GR Magistrat athénien (à l'époque classique, archonte) chargé de réviser et de coordonner les lois. – Gr. *thesmothetês*, propr. «qui propose les lois *(thesmos)*».

thessalien, enne [tɛsaljɛ̃, ɛn] adj. et n. De Thessalie, rég. de Grèce centrale. ▷ Subst. *Un(e) Thessalien(ne).*

thêta [tɛta] n. m. Huitième lettre de l'alphabet grec (Θ, θ), à laquelle correspond *th* dans les mots français issus du grec. – Mot grec.

thétique [tetik] adj. PHILO Relatif à une thèse (sens 3). ▷ Syn. de *thématique.* – *Jugement thétique* : chez Fichte, jugement qui pose une chose en tant que telle, sans liens à d'autres. – *Conscience thétique* : chez Husserl, conscience spontanée, par oppos. à la conscience réfléchie. – Lat. *theticus*, gr. *thetikos*, dér. de *tithenai*, «poser».

théurgie [teyʀʒi] n. f. Didac. Magie qui prétend faire appel aux esprits célestes et utiliser leurs pouvoirs. – Lat. tardif *theurgia*; gr. *theourgia*, propr. «opération divine».

théurgique [teyʀʒik] adj. Didac. Relatif à la théurgie. – Bas lat. *theurgicus*, gr. *theourgikos.*

thiamine [tjamin] n. f. BIOCHIM Syn. de *vitamine* B1. – De *thi(on)-*, et *amine.*

thiazine [tjazin] n. f. CHIM Nom générique des composés possédant, pour un noyau, une chaîne fermée à six atomes (dont un de soufre et un d'azote). ▷ Nom générique des colorants bleus ou violets possédant cette structure. *Le bleu de méthylène est une thiazine.* – Du gr. *theîon*, «soufre», *azote*, et suff. *-ine.*

thiazole [tjazɔl] n. m. CHIM Composé hétérocyclique à chaîne pentagonale possédant pour mailles un atome de soufre et un atome d'azote (formule : C_3H_3NS). – De *thi(o)-*, *azo(te)*, et *-ol.*

thibaude [tibod] n. f. Molleton qu'on place entre le sol et un tapis, une moquette. – De *Thibaud*, nom traditionnel de berger, la thibaude étant généralement faite de laine grossière.

thio(n)-. Élément, du gr. *theîon*, «soufre».

thioacide [tjoasid] n. m. CHIM Composé résultant du remplacement d'un atome d'oxygène par un atome de soufre dans un acide organique. – De *thio-*, et *acide.*

thioalcool [tjɔalkɔl] ou **thiol** [tjɔl] n. m. CHIM Alcool dont un atome d'oxygène a été remplacé par un atome de soufre. Syn. mercaptan*. – De *thio-*, et *alcool.*

thiobactériales [tjɔbakteʀjal] n. f. pl. MICROB Classe de bactéries capables de fixer le soufre. Syn. sulfobactéries ou sulfobactériales. – Sing. *Une thiobactériale.* – De *thio-*, et *bactérie.*

thiofène ou vieilli **thiophène** [tiɔfɛn] n. m. CHIM Composé monosulfuré (C_4H_4S) associé au benzène dans les produits de distillation du goudron de houille. – De *thio-*, et *phénol*.

thiol. V. thioalcool.

thion-. V. thio(n)-.

thionine [tjɔnin] n. f. CHIM Matière colorante du groupe des thiazines, appelée aussi *violet de Lauth*. – De *thion-*, et *-ine*.

thionique [tjɔnik] adj. CHIM Se dit des acides contenant du soufre et de leurs dérivés. – Du gr. *theîon*, «soufre».

thiophène. V. thiofène.

thiosulfate [tjɔsylfat] n. m. CHIM Syn. de *hyposulfite*. – De *thio-*, et *sulfate*.

thiosulfurique [tjɔsylfyʀik] adj. CHIM Syn. de *hyposulfureux*. – De *thio-*, et *sulfurique*.

thio-urée [tjɔyʀe] n. f. CHIM Dérivé sulfuré de l'urée, utilisé notam. dans l'industrie des matières plastiques. – De *thio-*, et *urée*.

thixotrope [tiksotʀɔp] adj. PHYS Se dit d'un gel qui devient liquide quand on l'agite et qui reprend son état initial au repos. – De *thixotropie*.

thixotropie [tiksotʀɔpi] n. f. PHYS Propriété de certains colloïdes de se comporter comme des gels* ou comme des sols* selon les contraintes auxquelles ils sont soumis. – Du gr. *thixis*, «action de toucher», et *-tropie*.

thixotropique [tiksotʀɔpik] adj. TECH Qui possède la caractéristique de la thixotropie. *Peinture thixotropique*. – De *thixotropie*.

thlaspi [tlaspi] n. m. BOT Plante herbacée (genre *Thlaspi*, fam. crucifères) à fleurs blanches, commune dans les champs et les lieux incultes. Syn. téraspic. – Lat. *thlaspi*, mot gr.

tholos [tɔlɔs] n. f. **1.** ARCHEOL Sépulture préhistorique ou protohistorique à coupole. **2.** ANTIQ GR Temple, édifice circulaire. – Mot gr.

thomise [tɔmiz] n. m. ENTOM Araignée des champs, de taille moyenne, qui ne tisse pas de toile mais tend des fils isolés et qui se déplace latéralement. – Lat. zool. *thomisus*, du lat. *thomix*, gr. *thômigx*, «corde, fil».

thomisidés [tɔmiside] n. m. pl. ENTOM Famille d'araignées dont le thomise est le type, appelées cour. *araignées-crabes* parce qu'elles se déplacent latéralement. – Sing. *Un thomisidé*. – De *thomise*.

thomisme [tɔmism] n. m. PHILO Doctrine théologique et philosophique de saint Thomas d'Aquin. – De *thomiste*.

thomiste [tɔmist] adj. et n. PHILO Relatif, propre au thomisme. ▷ Subst. Partisan du thomisme. – Du nom du philosophe et théologien ital. saint *Thomas* d'Aquin (1225-1274).

thon [tɔ̃] n. m. Grand poisson téléostéen comestible (genres *Thynnus* et voisins, fam. scombridés) des mers chaudes et tempérées pouvant atteindre 4 m et peser 500 kg. *Thon commun (Thynnus vulgaris)*, au dos noir bleuté et au ventre argenté. *Thon blanc* ou *germon (Thynnus alalunga)*, de taille plus réduite. – Lat. *thunnus*, gr. *thunnos*.

thonaire [tɔnɛʀ] n. m. PECHE Série de filets pour pêcher le thon. – De *thon*.

thonier, ère [tɔnje, ɛʀ] n. m. et adj. **1.** n. m. Bateau armé pour la pêche au thon. ▷ Pêcheur de thon. **2.** adj. *La production thonière*. – De *thon*.

thonine [tɔnin] n. f. Rég. Petit thon de la Méditerranée (genre *Euthynnus*). – De *thon*.

Thora. V. Torah.

thoracentèse [tɔʀasɛ̃tɛz] ou **thoracocentèse** [tɔʀakosɛ̃tɛz] n. f. CHIR Ponction de la paroi thoracique, destinée à évacuer un épanchement pleural. – De *thorax*, et du gr. *kentêsis*, «action de piquer».

thoracique [tɔʀasik] adj. ANAT Du thorax, qui a rapport au thorax. *Cage thoracique* : squelette du thorax, constitué, en arrière par la partie dorsale de la colonne vertébrale, en avant par le sternum, latéralement par les côtes et les cartilages costaux. – Gr. *thôrakikos*.

thoracoplastie [tɔʀakoplasti] n. f. CHIR Opération destinée à modifier la structure de la cage thoracique et, par suite, le fonctionnement pulmonaire par résection d'une ou de plusieurs côtes. – De *thorax*, et *-plastie*.

thoracotomie [tɔʀakotɔmi] n. f. CHIR Ouverture chirurgicale de la cage thoracique. – De *thorax*, et *-tomie*.

thorax [tɔʀaks] n. m. ANAT Partie supérieure du tronc, limitée par les côtes et le diaphragme. *Le thorax contient l'œsophage, la trachée, le cœur et les poumons*. ▷ ZOOL Région intermédiaire du corps des insectes et des crustacés supérieurs. (Chez les insectes, il comprend prothorax, mésothorax et métathorax; chez les crustacés, il est soudé à la tête : V. céphalothorax.) – Mot lat., du gr. *thôrax*, *thôrakos*.

thorine [tɔʀin] n. f. CHIM Oxyde de thorium ThO_2, corps réfractaire utilisé comme catalyseur. – De *Thor*, n. d'un dieu scandinave, parce que le thorium* a été isolé par le chimiste suédois Jacob Berzelius (1779-1848).

thorite [tɔʀit] n. f. MINER Silicate hydraté de thorium. – De *thorium*, et *-ite* 2.

thorium [tɔʀjɔm] n. m. CHIM Élément radioactif appartenant à la famille des actinides, de numéro atomique Z = 90, de masse atomique 232,038 (symbole Th). – Métal (Th) de densité 11,7, qui fond à 1 750 °C et bout vers 4 790 °C. – Même origine que *thorine*.

thoron [tɔʀɔ̃] n. m. CHIM Isotope du radon, de masse atomique 220, obtenu par désintégration du thorium X (isotope de masse atomique 224 du radium), corps radioactif qui se désintègre en émettant des rayons α. Syn. émanation du thorium. – De *thor(ium)*, et *(rad)on*.

thrace [tʀas] adj. et n. **1.** HIST Des Thraces. ▷ Subst. *Les Thraces*. **2.** Mod. De la Thrace. *La plaine thrace*. – Du lat. *Thrax*, *Thracis*, gr. *Thrax*, *Thrakos*, «Thrace», contrée occupée au IIe millénaire av. J.-C. par un peuple d'origine indo-européenne, les Thraces, et dont les restes furent partagés entre la Turquie de l'Ouest et la Grèce du N.-E. entre 1919 et 1923.

thrène [tʀɛn] n. m. ANTIQ GR Chant funèbre. – Bas lat. *threnus*, du gr.

thréonine [tʀeɔnin] n. f. BIOCHIM Acide aminé possédant une fonction alcool, dont les propriétés sont proches de celles de la sérine. – De l'angl. *threonin*.

thridace [tʀidas] n. f. PHARM Extrait sec de suc de laitue, utilisé comme calmant et soporifique léger. – Lat. *thridax*, *thridacis*, du gr., «laitue».

thriller [tʀilœʀ] n. m. (Anglicisme) Film, roman dont l'intrigue (policière, fantastique) est surtout prétexte à des scènes violentes ou angoissantes qui font frémir. – Mot angl., de *to thrill*, «faire frémir».

thrips [tʀips] n. m. ENTOM Insecte de très petite taille (genre *Thrips*, nombreuses espèces) aux quatre ailes longues et étroites, qui vit en parasite sur les plantes et sous l'écorce des arbres. *Thrips des céréales, de l'olivier*. – Mot gr. «ver du bois».

thromb(o)-. Élément, du gr. *thrombos*, «caillot».

thrombine [tʀɔ̃bin] ou **thrombase** [tʀɔ̃baz] n. f. BIOCHIM Enzyme qui provoque la coagulation du sang en transformant le fibrinogène en fibrine. – De *thromb-*, et suff. *-ine*, ou *-ase*.

thrombocyte [tʀɔ̃bosit] n. m. BIOL Élément figuré du sang. (V. encycl. sang). Syn. de *plaquette*. – De *thrombo-*, et *-cyte*.

thrombocytopénie [tʀɔ̃bositopeni] ou **thrombopénie** [tʀɔ̃bopeni] n. f. MED Diminution du nombre des plaquettes sanguines. – De *thrombo(cyte)*, et *-pénie*, du gr. *penia*, « indigence ».

thrombocytose [tʀɔ̃bositoz] n. f. MED Augmentation du nombre des plaquettes sanguines. – De *thrombocyte*, et *-ose* 2.

thrombo-élastogramme [tʀɔ̃boelastɔgʀam] n. m. MED Tracé (obtenu au moyen d'un *thrombo-élastographe*) qui met en évidence la vitesse de coagulation du sang et les caractéristiques d'élasticité du caillot formé. *Le thrombo-élastogramme permet de détecter les anomalies de la coagulation sanguine.* – De *thrombo-*, *élast(icité)*, et *-gramme*.

thrombolyse [tʀɔ̃boliz] n. f. MED Dissolution d'un caillot dans un vaisseau sanguin. – De *thrombo-*, et *-lyse*.

thrombolytique [tʀɔ̃bolitik] adj. et n. m. MED Se dit d'une substance ou d'une technique permettant la dissolution d'un caillot sanguin. ▷ n. m. Substance qui permet cette dissolution. – De *thrombolyse*.

thromboplastine [tʀɔ̃boplastin] n. f. BIOCHIM Enzyme nécessaire à la coagulation du sang, transformant la prothrombine en thrombine. – De *thrombo-*, *-plaste*, et *-ine*.

thrombose [tʀɔ̃boz] n. f. MED Formation d'un caillot (*thrombus*) dans un vaisseau sanguin ou dans une cavité du cœur; troubles qu'elle entraîne. – Du lat. mod. *thrombus*, du gr. *thrombôsis*, « coagulation ».

thug [tyg] n. m. et adj. RELIG Adepte d'une ancienne secte religieuse de l'Inde (XIIe-XIXe s.) dont les membres, adorateurs de la déesse Kālī, pratiquaient le meurtre rituel par strangulation. ▷ adj. (inv. en genre) *Rite thug.* – Mot angl., du hindi *thag*, « malfaiteur »; le nom antérieur est *p'hansigar*, « étrangleur ».

thulium [tyljɔm] n. m. CHIM Élément appartenant à la famille des lanthanides, de numéro atomique Z = 69, de masse atomique 168,934 (symbole Tm). – Métal (Tm) de densité 9,32, qui fond à 1 545 °C et bout à 1 947 °C. – Nom donné par le chimiste suédois Clève, du lat. *Thule*, n. d'un pays mal défini, situé par les Anciens aux confins septentrionaux de l'Europe.

thune [tyn] n. f. Arg. Pièce de cinq francs. – *Par ext.* Argent. *Ne pas avoir une thune* : être complètement démuni d'argent.

thuriféraire [tyʀifeʀɛʀ] n. m. **1.** LITURG Clerc qui porte l'encensoir. **2.** Fig., litt. Flatteur, adulateur. – Lat. ecclés. *thuriferarius*, lat. *t(h)urifer*, propr. « qui porte *(ferre)* l'encens *(tus, turis)* ».

thurne. V. turne.

thuya [tyja] n. m. Conifère ornemental aux petits cônes ligneux, originaire d'Asie du N. et d'Amérique du N., dont une espèce courante (*Thuya occidentalis*) fournit une résine aromatique et un bois apprécié en ébénisterie. ▷ Bois de cet arbre. – Gr. *thuia*.

thyade [tijad] n. f. MYTH GR Bacchante. – Lat. *thyas, thyadis*, gr. *thuias, thuiados*.

thylacine [tilasin] n. m. ZOOL Mammifère marsupial carnivore (*Thylacinus cynocephalus*), de la taille d'un loup, au pelage tigré, appelé aussi *tigre de Tasmanie* et *loup marsupial*. (Considéré comme disparu, il survivrait en Tasmanie et peut-être en Australie du S.-E.) – Lat. zool. *thylacinus*, du gr. *thulakos*, « poche ».

thym [tɛ̃] n. m. Petite plante aromatique (fam. labiées), souvent ligneuse, des garrigues méditerranéennes, aux feuilles petites et entières, aux fleurs roses ou blanchâtres. *Thym sauvage* ou *serpolet (Thymus serpyllum)*, aux petites fleurs violet-rose. *Thym ordinaire (Thymus vulgaris)*, utilisé comme condiment et plante médicinale (propriétés stomachiques, diurétiques, etc.). – Lat. *thymum*, gr. *thumon*.

thyméléacées [timelease] n. f. pl. Famille de plantes dicotylédones dialypétales dont le type est le daphné. – Sing. *Une thyméléacée.* – Lat. bot. *thumelaia*, de *thymus*, « thym ».

thymidine [timidin] n. f. BIOCHIM Nucléoside constitué par l'association de la thymine et d'un pentose, le ribose. (Son dérivé, la thymidine-phosphate, est un constituant spécifique de l'acide désoxyribonucléique.) – De *thymine*.

-thymie, -thymique. Éléments, du gr. *-thumia*, de *thumos*, « cœur, affectivité ».

thymie [timi] n. f. PSYCHO Rare Humeur, état affectif. – Du gr. *thumos*, « cœur, affectivité ».

thymine [timin] n. f. BIOCHIM Base pyrimidique, constituant normal de l'acide désoxyribonucléique. (La thymine dérive métaboliquement d'une autre base pyrimidique, l'uracile.) – De *thymus*, et *-ine*.

1. thymique [timik] adj. PSYCHO Relatif à la thymie, à l'affectivité. *Perturbation thymique.* – De *thymie*.

2. thymique [timik] adj. Du thymus; relatif au thymus. – De *thymus*.

thymol [timɔl] n. m. CHIM Phénol contenu dans les essences de certaines labiées (dont le thym) et ombellifères, et qu'on utilise comme antiseptique. – De *thym*, et *(phén)ol*.

thymus [timys] n. m. ANAT Glande ovoïde située à la base du cou, en arrière du sternum, qui joue un rôle endocrinien et immunitaire (production de lymphocytes, notam.). *Le thymus, très développé chez l'enfant, régresse après la puberté.* ▷ *Thymus de veau* : V. ris. – Gr. *thumos*, méd., « excroissance charnue ».

thyratron [tiʀatʀɔ̃] n. m. ELECTR Triode à gaz utilisée notam. comme redresseur de courant alternatif. – Marque déposée; du gr. *thura*, « porte », et *-tron*, de *élec(tron)*.

thyréostimuline [tiʀeostimylin] ou **thyrostimuline** [tiʀostimylin] n. f. BIOCHIM Syn. de *hormone thyréotrope*. – De *thyroïde*, et *stimuline*.

thyréotrope [tiʀeotʀɔp] adj. BIOCHIM *Hormone thyréotrope* : hormone sécrétée par la partie antérieure de l'hypophyse, qui stimule la sécrétion des hormones thyroïdiennes. – De *thyroïde*, et *-trope*.

thyristor [tiʀistɔʀ] n. m. ELECTR Composant semiconducteur à trois électrodes, permettant d'obtenir un courant de même sens et d'intensité réglable dans un circuit alimenté par une source alternative. *Les thyristors sont utilisés comme interrupteurs* (relais statiques) *et comme redresseurs* (variateurs de tension). – De *thyr(atron)*, et *(trans)istor*.

thyrocalcitonine [tiʀokalsitɔnin] n. f. BIOCHIM Hormone sécrétée par la thyroïde, inhibitrice du catabolisme osseux, qui joue un rôle important dans la régulation de la calcémie. Syn. calcitonine. – De *thyro(ïde)*, *calc(ium)*, *-ton(ique)*, et *-ine*.

thyroglobuline [tiʀoglɔbylin] n. f. BIOCHIM Protéine qui assure le transport des hormones thyroïdiennes de la glande sécrétrice jusqu'aux organes où elles sont utilisées. – De *thyroïde*, et *globuline*.

thyroïde [tiʀɔid] adj. et n. f. ANAT **1.** *Cartilage thyroïde* : principal cartilage du larynx, qui forme chez l'homme la saillie appelée pomme d'Adam. **2.** *Glande, corps thyroïde* ou, n. f., *thyroïde* : glande endocrine située en avant du larynx, composée de deux lobes allongés, richement vascularisés, réunis par un isthme. (V. thyroxine.) – Calque du gr. *thuroeidês*, « en forme de porte », altér. de *thureoeidês*, « en forme de bouclier ».

thyroïdectomie [tiʀoidɛktɔmi] n. f. CHIR Ablation totale ou partielle de la thyroïde. – De *thyroïde*, et *-ectomie*.

thyroïdien, enne [tiʀoidjɛ̃, ɛn] adj. ANAT, MED Relatif, propre à la thyroïde. – De *thyroïde*.

thyronine [tiʀonin] n. f. BIOCHIM Acide aminé mono-iodé, précurseur des hormones thyroïdiennes. – De *thyroïde*, et *(am)ine*.

thyrostimuline. V. thyréostimuline.

thyroxine [tiʀoksin] n. f. BIOCHIM Principale hormone thyroïdienne, qui existe sous deux formes, la thyroxine 4, la plus abondante, formée de deux molécules de thyronine, et la thyroxine 3, formée d'une molécule de thyronine et d'une molécule de tyrosine. *La thyroxine augmente le métabolisme de base et favorise la croissance.* – De *thyr(oïde)*, *ox(yde)*, et *-ine*.

thyrse [tiʀs] n. m. **1.** ANTIQ Long bâton entouré de lierre ou de rameaux de vigne et surmonté d'une pomme de pin, un des attributs de Bacchus. **2.** BOT Panicule rameuse et dressée de certaines plantes. *Thyrses du lilas.* – Lat. *thyrsus*, gr. *thursos*.

thysanoures [tizanuʀ] n. m. pl. ENTOM Ordre de petits insectes aptères, sans métamorphoses, vivant dans les endroits humides (*lépisme* ou *poisson d'argent*, etc.). – Sing. *Un thysanoure.* – Lat. zool. *thysanuros*, du gr. *thusanos*, « frange », et suff. *-oure*.

Ti CHIM Symbole du titane.

1. tiare [tjaʀ] n. f. **1.** Haute coiffure à triple couronne que portait le pape dans les cérémonies solennelles. (Elle n'est plus portée depuis le pontificat de Paul VI.) ▷ Fig. *Coiffer la tiare* : être investi de la dignité pontificale, devenir pape. **2.** HIST Ornement de tête, symbole de souveraineté, chez les dieux et les rois de l'Orient ancien et à Byzance. – Lat. *tiara*, d'orig. persane.

2. tiare [tjaʀ] ou **tiaré** [tjaʀe] n. m. BOT Plante de Polynésie dont les fleurs, très parfumées, sont utilisées en parfumerie et en cosmétique. – Mot polynésien.

tibétain, aine [tibetɛ̃, ɛn] adj. et n. **1.** adj. Du Tibet. ▷ Subst. *Un(e) Tibétain(e).* **2.** n. m. *Le tibétain* : la langue du groupe tibéto-birman parlée au Tibet, au Népal et au Bhoutan. – De *Tibet*, auj. rég. auton. du S.-O. de la Chine.

tibéto-birman, ane [tibetobiʀmɑ̃, an] adj. LING *Langues tibéto-birmanes* : groupe de langues le plus important de la famille sino-tibétaine comprenant notam. le tibétain et le birman, parlées en Birmanie, au Tibet, dans le N. de l'Inde, au Népal et en Chine du Sud. – Du rad. de *tibétain*, et *birman*.

tibia [tibja] n. m. **1.** Le plus gros des deux os de la jambe, qui forme la partie interne de celle-ci. V. péroné. **2.** ZOOL Article* de la patte faisant suite au fémur chez les arthropodes. – Lat. *tibia*, propr. « flûte ».

tibial, ale, aux [tibjal, o] adj. Du tibia ; relatif au tibia. – De *tibia*.

tic [tik] n. m. **1.** VETER Chez le cheval, aérophagie éructante accompagnée de contractions musculaires (mouvements de la tête, de l'encolure, etc.). **2.** Cour. et MED Mouvement convulsif, répété automatiquement (contraction musculaire locale, geste réflexe ou automatique). **3.** Fig. Habitude, manie. *Un tic de langage.* – Formation onomatopéique ; cf. ital. *ticchio*, « caprice ».

tichodrome [tikɔdʀom] n. m. ORNITH Oiseau passériforme (genre *Tichodroma*) gris aux ailes rouges, qui grimpe le long des rochers de haute montagne. – Lat. zool., du gr. *teikhos*, « muraille », et *-drome*.

1. ticket [tikɛ] n. m. **1.** Billet d'acquittement d'un droit d'entrée, de transport, etc. *Ticket de métro, de quai.* ▷ *Ticket-restaurant* (nom déposé) ou *ticket-repas* : chèque*-restaurant. **2.** *Ticket modérateur* : quote-part de frais médicaux et pharmaceutiques qu'un organisme de sécurité sociale laisse à la charge de l'assuré. **3.** Pop. Billet de mille anciens francs (dix francs actuels). *Ça m'a coûté trois cents tickets.* **4.** Pop. *Avoir un* (ou *le*) *ticket avec qqn*, lui plaire, en termes de séduction galante. – Mot angl., de l'a. fr. *estiquet*, « billet de logement ».

2. ticket [tikɛ] n. m. (Américanisme) Aux É.-U., équipe formée par les deux candidats (à la présidence et à la vice-présidence) d'un même parti pour les élections présidentielles. ▷ Programme qu'ils soutiennent. – Mot amér.

tic-tac ou **tic tac** [tiktak] n. m. inv. Bruit sec et cadencé d'un mécanisme, d'un mouvement d'horlogerie. – Onomat.

tictaquer [tiktake] v. intr. [1] Faire entendre un tic-tac. *Montre qui tictaque.* – De *tic-tac*.

tie-break [tajbʀɛk] n. m. (Anglicisme) SPORT Au tennis, jeu en 13 points, instauré pour abréger la partie quand les joueurs sont à 6 jeux partout, et qui accorde la victoire au premier qui, à partir de 7 points, mène avec 2 points d'avance. *Des tie-breaks.* Syn. (off. recommandé) jeu décisif. – Mot amér., de *tie*, « égalité des points », et *break*, « arrêt, pause ».

tiédasse [tjedas] adj. Péjor. D'une tiédeur (sens 1) désagréable. *Café tiédasse.* – De *tiède*, et *-asse*.

tiède [tjɛd] adj., adv. (et n.) **1.** Qui est entre le chaud et le froid ; légèrement chaud. *Une eau, un air tiède.* ▷ adv. *Boire tiède.* **2.** Fig. Qui manque d'ardeur, de ferveur ou de conviction. *Partisan tiède. Foi tiède.* ▷ Subst. *C'est un tiède.* – Du lat. *tepidum*.

tièdement [tjɛdmɑ̃] adv. Avec tiédeur (sens 2), sans entrain. – De *tiède*.

tiédeur [tjedœʀ] n. f. **1.** État de ce qui est tiède. *La tiédeur de l'haleine.* ▷ Litt. (Surtout au plur.) Douceur ambiante. *Les tiédeurs printanières.* **2.** Fig. Manque d'ardeur, de zèle. *Tiédeur d'un accueil.* – De *tiède*.

tiédir [tjediʀ] v. [3] **1.** v. intr. Devenir tiède. *Le vent tiédit.* ▷ Fig. *Sa passion a tiédi.* **2.** v. tr. Rendre tiède ; chauffer légèrement. *Tiédir du lait.* – De *tiède*.

tiédissement [tjedismɑ̃] n. m. Action, fait de tiédir. – De *tiédir*.

tien, tienne [tjɛ̃, tjɛn] adj., pron. poss. de la 2e pers. du sing. et n. **I.** adj. poss. À toi. *Une tienne connaissance. Ce livre est tien.* **II.** pron. poss. Ce qui est à toi ; la personne qui t'est liée (par tel rapport qu'indique la phrase). *J'ai mes soucis, tu as les tiens. Mon patron et le tien.* – Fam. *À la tienne !* : à ta santé ! **III.** n. **1.** n. m. *Le tien* : ton bien (par oppos. à *le mien*). *Disputer sur le mien et le tien*, sur des questions de propriété. ▷ (Partitif) *Mets-y du tien* : fais un effort, des concessions. **2.** n. m. pl. *Les tiens* : tes parents, tes amis, tes alliés. *Adresse-toi aux tiens.* **3.** n. f. pl. *Des tiennes* : de tes sottises, de tes folies habituelles. *Tu as encore fait des tiennes !* – Du lat. *tuum*, devenu *toon, toen, tuen*, puis *tien*, d'ap. *mien*.

tierce [tjɛʀs] n. f. **1.** MUS Intervalle de trois degrés. *Tierce majeure* (par ex., de *do* à *mi* naturel). *Tierce mineure* (de *do* à *mi* bémol). **2.** Vieilli Soixantième partie d'une seconde. **3.** RELIG CATHOL Prière récitée à la troisième heure après prime (c.-à-d. vers 9 heures du matin). **4.** JEU Suite de trois cartes de la même couleur. **5.** SPORT En escrime, position de la main du tireur, les ongles dessous et la lame dirigée dans la ligne du dessus. **6.** TYPO Dernière épreuve après le bon à tirer. – Fém. subst. de *tiers*.

tiercé, ée [tjɛʀse] adj. et n. m. **1.** *Pari tiercé* ou, n. m., *un, le tiercé* : forme de pari mutuel dans laquelle il faut désigner les trois premiers chevaux d'une course. *Tiercé* *dans l'ordre, dans le désordre.* **2.** HERALD Se dit d'un écu divisé en trois parties. **3.** AGRIC Qui a subi un troisième labour. *Un champ tiercé.* **4.** VERSIF *Rime tiercée* : V. terza rima. – Pp. de *tiercer,* «diviser en trois».

tiercefeuille [tjɛʀsəfœj] n. f. HERALD Motif décoratif figurant une feuille à trois folioles. – De *tierce,* et *feuille.*

tiercelet [tjɛʀsəlɛ] n. m. FAUC Mâle de certains oiseaux de proie, plus petit que la femelle d'un tiers environ. – Dimin. de l'a. fr. *tercuel,* même sens, de *tertius,* «troisième».

tiercer. V. tercer.

tierceron [tjɛʀsəʀɔ̃] n. m. ARCHI Nervure supplémentaire d'une voûte de style gothique flamboyant qui relie la lierne à la naissance des arcs. – De *tiers.*

tiers, tierce [tjɛʀ, tjɛʀs] n. m. et adj. **I.** n. m. **1.** Troisième personne. *N'en parlez pas devant un tiers!* – Loc. fam. *Se moquer du tiers comme du quart,* de tout le monde. **2.** Partie d'un tout divisé en trois parties égales. *Le tiers de neuf est trois.* **3.** DR Personne qui n'est pas partie à une convention. – Ayant cause à titre particulier. ▷ *Tiers payant* : en matière de Sécurité sociale, système dans lequel la caisse règle directement le créancier. ▷ *Tiers provisionnel* : fraction payable d'avance de l'impôt annuel sur le revenu. **II.** adj. **1.** loc. *Une tierce personne* : une troisième personne. **2.** *Tiers état* ou, ellipt., *le tiers* : sous l'Ancien Régime, fraction de la population n'appartenant ni à la noblesse ni au clergé. **3.** RELIG CATHOL *Tiers ordre régulier* : institut religieux, de statut identique à celui d'un ordre, groupant des clercs ou des religieuses. *Tiers ordre séculier,* rassemblant des catholiques vivant dans le monde et soucieux de se perfectionner en s'inspirant de la spiritualité de tel ou tel ordre religieux. **4.** DR *Tiers porteur* : cessionnaire d'une lettre de change. – *Tiers détenteur* : personne qui détient un immeuble grevé d'un privilège ou d'une hypothèque sans être personnellement tenue de la dette ainsi garantie. – *Tiers arbitre* : arbitre désigné pour départager les arbitres précédemment nommés. **5.** MED *Fièvre tierce* : fièvre intermittente dont les accès reviennent tous les trois jours, observée dans certaines crises de paludisme. – Du lat. *tertius,* «troisième», de *ter,* «trois fois».

tiers monde ou **tiers-monde** [tjɛʀmɔ̃d] n. m. Ensemble des pays en voie de développement.

tiers-mondisme [tjɛʀmɔ̃dism] n. m. Solidarité avec le tiers monde. – De *tiers monde.*

tiers-mondiste [tjɛʀmɔ̃dist] adj. et n. **1.** adj. Qui se rapporte au tiers-mondisme. **2.** n. Qui se sent solidaire du tiers monde, partisan du tiers-mondisme. *Des tiers-mondistes.* – De *tiers-mondisme.*

tiers-point [tjɛʀpwɛ̃] n. m. **1.** ARCHI Point d'intersection de deux arcs brisés inscriptibles dans un triangle équilatéral. **2.** TECH Lime à section triangulaire. *Des tiers-points.* – De *tiers,* et *point.*

tif ou **tiffe** [tif] n. m. Fam. Cheveu. – De l'a. fr. *ti(f)fer,* «parer, coiffer».

tiffe. V. tif.

tifinagh [tifinaʀ] n. m. Didac. Alphabet touareg*. – Mot berbère.

tige [tiʒ] n. f. **1.** Partie aérienne des végétaux supérieurs, qui porte les feuilles, les bourgeons et les organes reproducteurs. (La tige comporte les mêmes tissus que les feuilles; ce sont les tissus de protection [épiderme ou liège], un parenchyme cortical et les tissus conducteurs, dont le plus central est le parenchyme médullaire ou cœur.) ▷ ARBOR *Arbre à* (ou *de*) *haute tige,* dont on laisse la tige s'élever (par oppos. à *arbre de basse tige*). ▷ Fig. *Tige d'un arbre généalogique* : ancêtre dont sont issues les branches d'une famille. **2.** Pièce longue et mince, souvent cylindrique. *Tige métallique.* ▷ Partie allongée et mince de certains objets. *Tige d'une clé,* entre l'anneau et le panneton. *La tige d'une colonne,* son fût. **3.** Partie d'une chaussure, d'une botte, qui enveloppe la cheville, la jambe. **4.** AVIAT Fig. et fam. *Les vieilles tiges* : les pionniers de l'aviation (du nom du levier de commande appelé aussi «manche à balai»). – Du lat. pop. *tibia,* «tige», class., «flûte, tibia».

tigelle [tiʒɛl] n. f. BOT Tige de la plantule. – De *tige.*

tigette [tiʒɛt] n. f. ARCHI Tige ornée de feuilles d'où s'échappent les volutes dans le chapiteau corinthien. – Dimin. de *tige.*

tiglon. V. tigron.

tignasse [tiɲas] n. f. Péjor. Chevelure touffue, mal peignée. – De *tigne,* dial. de *teigne,* par compar. avec la chevelure du *teigneux.*

tigre, esse [tigʀ, ɛs] n. **1.** n. m. Félin (*Panthera tigris,* fam. félidés) le plus grand et le plus puissant d'Asie et d'Indonésie, au pelage jaune rayé transversalement de noir. *Feulement du tigre.* ▷ n. f. *La tigresse est la femelle du tigre.* **2.** n. m. Fig., litt. Homme cruel, sanguinaire. ▷ Fig. n. f. Femme très jalouse, au comportement agressif. **3.** n. m. ENTOM *Tigre du poirier* : hétéroptère nuisible. – Lat. *tigris,* mot gr., d'orig. iranienne.

tigré, ée [tigʀe] adj. Rayé comme un tigre. *Chat tigré.* – De *tigre.*

tigresse. V. tigre.

tigridie [tigʀidi] n. f. BOT Plante bulbeuse d'Amérique du Sud (fam. iridacées) dont certaines espèces sont cultivées pour l'ornement. – Lat. bot. *tigridia,* du gr. *tigris,* et *-eidos,* «forme».

tigron, onne [tigʀɔ̃, ɔn] ou **tiglon, onne** [tiglɔ̃, ɔn] n. ZOOL Félidé hybride d'un tigre et d'une lionne. – De *tigre,* et *lion.*

tilbury [tilbyʀi] n. m. Anc. Cabriolet léger à deux places, ordinairement découvert. *Des tilburys.* – Mot angl., du nom du carrossier qui le fabriqua.

tilde [tilde] n. m. En espagnol, signe (˜) que l'on met au-dessus de la lettre *n* pour lui donner le son mouillé [ɲ]. – Mot esp.

tiliacées [tiljase] n. f. pl. BOT Famille de dicotylédones dont le type est le tilleul. – Sing. *Une tiliacée.* – Du lat. *tilia,* «tilleul»; bas lat. *tiliaceus.*

tillac [tijak] n. m. MAR Anc. Pont supérieur d'un navire. – De l'anc. scand. *thilja,* «planche au fond d'un bateau».

tillage. V. teillage.

tillandsie [tilɑ̃dsi] ou **tillandsia** [tilɑ̃dsja] n. m. BOT Plante d'Amérique tropicale, qui fournit un crin végétal. – Lat. scientif. *tillandsia,* du nom du botaniste suédois Elias *Tillands* (1640-1693).

tille, tiller. V. teille, teiller.

tilleul [tijœl] n. m. **1.** Arbre (genre *Tilia,* fam. tiliacées) des régions tempérées et subtropicales de l'hémisphère Nord, aux fleurs jaunes odorantes. **2.** Inflorescences séchées du tilleul, employées pour préparer une tisane sédative. *Sachet de tilleul.* ▷ Cette boisson. *Une tasse de tilleul.* **3.** Bois tendre et de grain régulier du tilleul utilisé dans la fabrication des crayons, des allumettes et pour certains ouvrages de sculpture ou de lutherie. *Coffret en tilleul.* – Lat. pop. **tiliolus,* du class. *tilia.*

tilt [tilt] n. m. (Anglicisme) Au billard électrique, déclic qui interrompt la partie, pénalisant une secousse trop forte imprimée à l'appareil. *Faire tilt.* ▷ Fig., fam. *Faire tilt* : déclencher un déclic (dans l'esprit de qqn) correspondant à une inspiration subite; faire mouche. – Mot angl., de *to tilt,* «pencher, (faire) basculer».

timbale [tɛ̃bal] n. f. **1.** MUS Instrument à percussion constitué d'un bassin hémisphérique en cuivre couvert d'une peau dont on règle la tension au moyen de vis, et qui donne des sons d'une hauteur définie dans l'échelle tonale. **2.** Gobelet à boire en métal. *Timbale en argent, en vermeil.* ▷ Loc. *Décrocher la timbale,* l'enlever en haut d'un mât de cocagne; fig. triompher d'un obstacle, réussir dans une entreprise difficile; iron. finir par s'attirer des désagréments à cause de sa maladresse. **3.** CUIS Moule cylindrique haut; mets entouré d'une croûte de pâte, cuit dans ce récipient. – Altér., d'ap. *cymbale,* de *tamballe,* lui-même altér. de l'esp. *atabal* (mot arabo-persan), d'ap. *tambour.*

timbalier [tɛ̃balje] n. m. MUS Joueur de timbales. – De *timbale.*

timbrage [tɛ̃bʀaʒ] n. m. Action de timbrer. – De *timbrer.*

timbre [tɛ̃bʀ] n. m. **I. 1.** MUS Caractère, qualité sonore spécifique d'une voix, d'un instrument. *Une voix au timbre argentin. Corde de timbre* ou *timbre :* corde tendue contre la peau inférieure d'un tambour pour en modifier la résonance. **2.** Petite cloche métallique sans battant, frappée par un marteau extérieur. ▷ Fig., fam. et vieilli *Avoir le timbre fêlé :* être un peu fou. **II.** Anc. Partie du casque qui recouvrait le dessus et l'arrière de la tête. ▷ HERALD Ensemble des pièces placées au-dessus d'un écu pour désigner la qualité de celui qui le porte. **III.** Marque, empreinte. **1.** Marque d'une administration, d'une maison de commerce. **2.** Instrument servant à apposer une marque. *Timbre humide :* cachet enduit d'encre. *Timbre sec,* qui marque en relief par pression. **3.** Empreinte obligatoire apposée au nom de l'État sur le papier de certains actes et portant l'indication de son prix. *Timbre de quittance :* timbre fiscal collé sur les quittances acquittées. – FISC *Timbre fiscal,* apposé sur un acte officiel assujetti au paiement d'une taxe au profit du Trésor public. **4.** Marque de la poste indiquant sur une lettre le lieu, le jour, l'heure de départ. Syn. cachet. **5.** Cour. *Timbre* ou *timbre-poste* (plur. *des timbres-poste*) : petite vignette servant à affranchir les lettres et les paquets confiés à la poste. *Un timbre de deux francs cinquante. Le premier timbre fut émis en 1840 en Angleterre, en 1849 en France. Acheter un carnet de timbres au bureau de tabac. Faire collection de timbres.* **6.** Vignette constatant le paiement d'une cotisation. **7.** TECH Marque (plaque, empreinte, etc.) apposée sur une chaudière et indiquant la pression qu'elle peut supporter; valeur de cette pression. – Gr. byzantin *tumbanon,* gr. class. *tumpanon,* «sorte de tambour». Cf. tympan.

timbré, ée [tɛ̃bʀe] adj. **1.** Qui a tel timbre. *Voix agréablement timbrée.* **2.** FISC *Papier timbré :* papier employé pour certains actes officiels, comportant un timbre fiscal. **3.** Qui porte un timbre-poste. *Enveloppe timbrée.* **4.** Fam. Un peu fou. – De *timbre.*

timbrer [tɛ̃bʀe] v. tr. [1] **1.** Imprimer une marque légale sur. *Timbrer un passeport.* **2.** Coller un timbre-poste sur. *Timbrer une lettre.* **3.** ADMIN *Timbrer un document,* écrire en tête sa nature, sa date, son sommaire. **4.** HERALD Mettre un timbre au-dessus de (un écu). – De *timbre.*

timide [timid] adj. et n. Qui manque de hardiesse, d'assurance. *Personne timide. Approche timide.* ▷ Subst. *Un(e) timide.* – Lat. *timidus,* de *timere,* «craindre».

timidement [timidmɑ̃] adv. Avec timidité. – De *timide.*

timidité [timidite] n. f. Manque d'assurance, de hardiesse. *Il voudrait vous parler, mais sa timidité l'en empêche.* – Lat. *timiditas.*

timing [tajmiŋ] n. m. (Anglicisme) Minutage, coordination du temps. *Les opérations se succéderont selon un timing très élaboré.* – Mot angl., ppr. subst. de *to time,* «mesurer le temps, minuter».

timon [timɔ̃] n. m. **1.** Pièce de bois du train avant d'un véhicule, d'une charrue, à laquelle on attelle une bête de trait. **2.** MAR Vx Barre du gouvernail. – Lat. pop. *timo, timonis,* class. *temo,* «flèche d'un char».

timonerie [timɔnʀi] n. f. **1.** TECH Ensemble des organes de transmission qui commandent la direction ou le freinage dans un véhicule. **2.** MAR Partie couverte de la passerelle de navigation d'un navire. **3.** MAR Ensemble des timoniers; service qu'ils accomplissent. – De *timonier.*

timonier [timɔnje] n. m. **1.** Cheval mis au timon. **2.** MAR Homme de barre. ▷ Matelot spécialiste chargé du service des pavillons et des projecteurs de signalisation, qui seconde sur la passerelle l'officier de quart. **3.** Par métaph. *Le Grand Timonier :* Mao Zedong. – De *timon.*

timoré, ée [timɔʀe] adj. et n. **1.** Vieilli Très scrupuleux. **2.** Mod. Craintif, méfiant. *Il est trop timoré.* ▷ Subst. *Un(e) timoré(e).* – Bas lat. *timoratus,* «qui craint Dieu», de *timor,* «crainte».

tin [tɛ̃] n. m. MAR Chacune des pièces de bois qui supportent la quille d'un navire en construction. – Du moy. fr. *tin, tind.*

tinamou [tinamu] n. m. ORNITH Oiseau d'Amérique tropicale, qui niche sur le sol. – De *tinamu,* mot des Caraïbes.

tincal, als [tɛ̃kal] n. m. MINER Borax brut. – Malais *tingkal,* var. *tinkal.*

tinctorial, ale, aux [tɛ̃ktɔʀjal, o] adj. Didac. **1.** Qui sert à teindre. *Plantes tinctoriales.* **2.** Relatif à la teinture. – Du lat. *tinctorius,* de *tingere,* «teindre».

tinéidés [tineide] n. m. pl. ENTOM Famille de petits papillons comprenant les teignes. - Sing. *Un tinéidé.* – Du lat. *tinea,* «teigne».

tinette [tinɛt] n. f. Grand récipient mobile placé dans des lieux d'aisance ne comportant ni fosse ni tout-à-l'égout. – Dimin. de *tine,* «tonneau, baquet», lat. *tina,* «vase pour le vin».

tintamarre [tɛ̃tamaʀ] n. m. Grand bruit accompagné de confusion et de désordre. Syn. tapage. – De *tinter,* et suff. d'orig. obscure.

tintement [tɛ̃t(ə)mɑ̃] n. m. **1.** Son clair, musical que rendent une cloche qui tinte, des objets que l'on frappe ou qui s'entrechoquent, etc. *Le tintement cristallin des verres sur un plateau.* **2.** *Tintement d'oreilles :* bourdonnement d'oreilles évoquant le son d'une cloche qui tinte. – De *tinter.*

tinter [tɛ̃te] v. [1] **I.** v. intr. **1.** Sonner lentement par coups espacés (en parlant d'une cloche dont le battant ne frappe que d'un côté). **2.** Faire entendre un tintement. *Pièces de monnaie qui tintent.* ▷ Fig., fam. *Les oreilles ont dû lui tinter,* se dit d'une personne dont on a beaucoup parlé en son absence. **II.** v. tr. **1.** Faire tinter. *Tinter une cloche.* **2.** Annoncer en tintant. *Tinter la messe.* – Bas lat. *tinnitare,* fréquent. de *tinnire.*

tintin [tɛ̃tɛ̃] interj. Fam. Rien du tout; rien à faire. – Loc fam. *Faire tintin :* être privé de qqch. – Onomatopée.

tintinnabuler [tɛ̃tinabyle] v. intr. [1] Litt. Sonner, résonner comme une clochette, un grelot. – Du lat. *tintinnabulum,* «clochette», même rac. que *tinter.*

tintouin [tɛ̃twɛ̃] n. m. Fam. **1.** Vacarme, tintamarre. **2.** Fig. Embarras, souci que cause une affaire. *Donner du tintouin à qqn.* – De *tinter.*

tipi [tipi] n. m. Tente conique des Indiens d'Amérique du Nord. – D'une langue amérindienne, par l'angl.

tipule [tipyl] n. f. ENTOM Grand moustique qui vit sur les fleurs et dont les larves rongent les racines des plantes. – Lat. *tippula,* «araignée d'eau».

tique [tik] n. f. Acarien (genre *Ixodes*) suceur de sang, parasite de la peau des mammifères (chien, notam.). Syn. ixode. – Moyen néerl. *tike*, p.-ê. par l'angl. *tick*.

tiquer [tike] v. intr. [1] **1.** MED VET (À propos d'un cheval.) Avoir un tic. **2.** Fig. Avoir un bref mouvement de physionomie qui laisse paraître l'étonnement, la contrariété. *Ces propos l'ont fait tiquer.* – De *tic*.

tiqueté, ée [tikte] adj. Didac. Marqué de petites taches. *Un œillet tiqueté.* Syn. cour. piqueté. – Du néerl. *tik*, « piqûre légère, point ».

tiqueture [tiktyʀ] n. f. Didac. État de ce qui est tiqueté. – De *tiqueté*.

tiqueur, euse [tikœʀ, øz] adj. MED VET Qui a contracté un tic. *Cheval tiqueur.* – De *tiquer*.

tir [tiʀ] n. m. **1.** Art de tirer au moyen d'une arme. *Tir à l'arbalète, au fusil. Tir au pigeon d'argile.* **2.** Manière de tirer. *Tir précis, rapide.* ▷ Trajectoire suivie par le projectile. *Tir rasant, plongeant.* **3.** Action de tirer; coup, ensemble de coups tirés. *Tir d'artillerie.* **4.** SPORT Au football, action de tirer, d'envoyer avec force le ballon vers le but. *Tir du pied gauche. Tirs au but. Tir d'angle* : V. corner. – Déverbal de *tirer*.

tirade [tiʀad] n. f. **1.** Développement assez long d'un même thème. **2.** Au théâtre, suite de phrases, de vers qu'un acteur dit sans interruption. *La tirade d'Auguste dans « Cinna ».* Syn. monologue. **3.** Longue phrase. ▷ Péjor. Longue phrase pompeuse. – De *tirer*.

tirage [tiʀaʒ] n. m. **1.** Action, fait de mouvoir en tirant. *Cordons de tirage d'un rideau.* ▷ *Il y a du tirage* : vx les chevaux tirent avec peine; fig., mod.il y a des difficultés et, *par ext.*, des frictions. **2.** Action d'étirer, d'allonger. *Tirage des métaux. Tirage de la soie.* **3.** Action, fait de tirer, de prendre au hasard. *Tirage d'une loterie.* ▷ *Tirage au sort* : V. tirer (sens B, I, 2). – HIST MILIT *Tirage au sort* : anc. mode de recrutement des conscrits qui consistait à tirer des numéros dont certains exemptaient du service militaire. ▷ STATIS Action de tirer un échantillon d'une population statistique. **4.** TECH Action d'imprimer des feuilles; épreuve ainsi obtenue. *Tirage à part* : V. tiré (à part). ▷ Ensemble, quantité d'exemplaires tirés en une seule fois. *Journal à grand tirage.* – *Par anal.* Ensemble des copies d'un disque obtenues à partir du même original. ▷ PHOTO, BX-A Action d'obtenir une épreuve définitive à partir d'un cliché négatif, d'une plaque de métal gravée, etc.; épreuve ainsi obtenue. *Tirage photo en noir et blanc. Tirage numéroté.* **5.** Mouvement ascensionnel des gaz chauds dans un conduit de fumée. **6.** MED Dépression des parties molles du thorax observée lors de l'inspiration en cas d'obstruction des voies respiratoires ou d'insuffisances respiratoires graves. **7.** *Tirage d'une lettre de change, d'un chèque*, leur émission. ▷ ECON *Droits de tirage spéciaux* ou *D.T.S.* : crédits accordés par le Fonds monétaire international aux États membres en cas de déficit de leur balance des paiements. – De *tirer*.

tiraillement [tiʀajmɑ̃] n. m. **1.** Action, fait de tirailler, d'être tiraillé. – Sensation interne pénible. *Tiraillements d'estomac.* **2.** Fig. Contestation, conflit. *Ce sont des tiraillements continuels.* – De *tirailler*.

tirailler [tiʀaje] v. [1] **I.** v. tr. **1.** Tirer (sens A, I, 1) par petits coups, à diverses reprises. **2.** Fig. (Surtout au passif.) Poursuivre de ses instances, solliciter dans des sens contradictoires. *Il est tiraillé entre ses obligations familiales et ses obligations professionnelles.* **II.** v. intr. MILIT Tirer des coups irréguliers et répétés. **III.** v. pron. Rare Se disputer, ne pas s'entendre. *Ils se tiraillent sans arrêt.* – De *tirer*.

tiraillerie [tiʀajʀi] n. f. Rare MILIT Action de tirailler; tir, feu prolongé des tirailleurs. – De *tirailler*.

tirailleur [tiʀajœʀ] n. m. MILIT **1.** Soldat tiraillant en avant du gros de la troupe, afin de harceler l'ennemi. **2.** Anc. Soldat de certaines formations d'infanterie recrutées hors de la métropole. *Tirailleurs algériens, sénégalais.* – De *tirailler*.

tirant [tiʀɑ̃] n. m. **1.** Pièce destinée à exercer un effort de traction. *Les tirants d'une bourse, d'une botte.* – TECH, ARCHI Pièce de charpente soumise à un effort de traction. **2.** Partie tendineuse et jaunâtre dans la viande. **3.** MAR *Tirant d'eau* ou, absol., *tirant* : distance verticale entre la ligne de flottaison d'un navire et le point le plus bas de sa quille. – *Tirant d'air* : hauteur maximale des superstructures d'un navire; hauteur libre sous un pont. – Ppr. subst. de *tirer*.

tirasse [tiʀas] n. f. **1.** CHASSE Filet servant à prendre les alouettes, les cailles, etc. **2.** MUS Dispositif permettant de coupler le pédalier d'un orgue aux claviers. – Anc. provenç. *tirassar*, « traîner par terre », de *tirer*.

1. tire [tiʀ] n. f. **1.** Loc. *Vol à la tire*, consistant à voler le contenu des poches, d'un sac. *Voleur à la tire.* **2.** Arg. Voiture automobile. – Sens 1, déverbal de *tirer* sens B, I, 1; sens 2, de *tirer* sens C, I.

2. tire [tiʀ] n. f. (Canada) Confiserie de texture souple, obtenue par la cuisson d'un sirop (mélasse, sirop de cassonade, etc.) et après une étape d'étirage. ▷ *Tire (d'érable)* : confiserie d'une consistance voisine de celle du miel, obtenue par évaporation du sirop* d'érable. – *Tire sur la neige* : sirop d'érable épaissi que l'on verse encore chaud sur de la neige et que l'on déguste, à peine figé, à l'aide d'une petite spatule de bois. – Déverbal de *tirer*.

tiré [tiʀe] n. m. **1.** IMPRIM *Tiré à part* : article extrait d'un ensemble (revue, thèse de recherche, etc.), dont on fait un tirage indépendant et que l'on broche. **2.** CHASSE Coup tiré au fusil. *Faire un beau tiré.* ▷ Taillis aménagé pour la chasse. *Les tirés de Rambouillet.* **3.** COMM Personne sur laquelle on tire une lettre de change. – Pp. de *tirer*.

tire-au-flanc. V. flanc.

tire-bonde [tiʀbɔ̃d] n. m. TECH Outil servant à retirer la bonde d'un tonneau. *Des tire-bondes.* – De *tirer*, et *bonde*.

tire-botte [tiʀbɔt] n. m. **1.** Petite planche où l'on emboîte le talon de la botte, pour se débotter seul. **2.** Crochet que l'on passe dans le tirant d'une botte pour la chausser. *Des tire-bottes.* – De *tirer*, et *botte*.

tire-bouchon [tiʀbuʃɔ̃] n. m. **1.** Instrument (souvent vis hélicoïdale munie d'un manche) servant à déboucher les bouteilles. *Des tire-bouchons.* **2.** Loc. adv. *En tire-bouchon* : en forme de spirale, d'hélice. *Cheveux en tire-bouchon.* – De *tirer*, et *bouchon*.

tire-bouchonner [tiʀbuʃɔne] v. intr. [1] Se rouler en tire-bouchon, faire des plis. *Pantalon, chaussettes qui tire-bouchonnent.* ▷ v. pron. Se tordre en forme de tire-bouchon, d'hélice. – Fig., fam., vieilli Se tordre de rire. – De *tire-bouchon*.

tire-bouton [tiʀbutɔ̃] n. m. Vx Crochet utilisé pour faire entrer les boutons (de bottines, de guêtres, etc.) dans les boutonnières. *Des tire-boutons.* – De *tirer*, et *bouton*.

tire-clou [tiʀklu] n. m. TECH Outil à tige plate et dentée servant à arracher les clous. *Des tire-clous.* – De *tirer*, et *clou*.

tire-d'aile(s) (à) [atiʀdɛl] loc. adv. **1.** Avec de vigoureux battements d'ailes, en parlant d'un oiseau. **2.** Fig. Très rapidement. *S'enfuir à tire-d'aile(s).* – De *tire* 1, « fait de voler », et *aile*.

tire-fesses [tiʀfɛs] n. m. inv. Fam. Téléski, remonte-pente. – De *tirer*, et *fesse*.

tire-filet [tiʀfilɛ] n. m. TECH Outil servant à tracer des filets sur le bois, le métal, etc. *Des tire-filets.* – De *tirer*, et *filet*.

tire-fond [tiʀfɔ̃] n. m. inv. **1.** Anneau fixé au plafond pour y suspendre un ciel de lit, un lustre. **2.** TECH Vis à bois de grand diamètre, à tête carrée. – De *tirer*, et *fond*.

tire-jus [tiʀʒy] n. m. inv. Pop. Mouchoir. – De *tirer*, et *jus*.

tire-laine [tiʀlɛn] n. m. inv. Vx et litt. Rôdeur qui s'attaque aux passants pour les voler. – De *tirer la laine*, «voler les vêtements».

tire-lait [tiʀlɛ] n. m. inv. Appareil servant à aspirer le lait du sein. – De *tirer*, et *lait*.

tire-larigot (à) [atiʀlaʀigo] loc. adv. Fam. Beaucoup. *Boire, manger à tire-larigot.* – De *tirer*, «aspirer», et *larigot*.

tire-ligne [tiʀliɲ] n. m. TECH Petit instrument terminé par deux becs dont l'écartement est réglable, et qui sert à tracer des lignes d'épaisseur constante. *Des tire-lignes.* – De *tirer*, et *ligne*.

tirelire [tiʀliʀ] n. f. **1.** Boîte, objet creux de formes diverses qui comporte une fente par laquelle on glisse les pièces de monnaie que l'on veut économiser. ▷ Fig. *Casser sa tirelire* : dépenser toutes ses économies. **2.** Fam. Estomac, ventre. *On s'en est mis plein la tirelire.* **3.** Fam. Tête, visage. *Il a pris un coup sur la tirelire.* – Probabl. même mot que *tire-lire*, «refrain de chanson», p.-ê. à cause du bruit des pièces de monnaie, ou à rapprocher de *turelure*, «cornemuse», d'où «petit sac, poche».

tire-l'œil [tiʀlœj] n. m. inv. Vieilli Ce qui attire le regard, l'attention. – De *tirer*, et *œil*.

tire-pied [tiʀpje] n. m. TECH Courroie de cuir dont se servent les cordonniers pour fixer l'ouvrage sur leurs genoux. *Des tire-pieds.* – De *tirer*, et *pied*.

tirer [tiʀe] v. [1] **A. I.** v. tr. Faire mouvoir vers soi. **1.** Faire mouvoir, amener vers soi. *Tirer un tiroir.* ▷ Traîner, tracter derrière soi. *Chiens qui tirent un traîneau.* – v. intr. Produire, développer une certaine puissance de traction. *Ce moteur tire bien.* **2.** Mouvoir en faisant glisser, coulisser. *Tirer le verrou. Tirer des rideaux.* **3.** Faire un effort pour tendre, allonger. *Tirer un cordon, une sonnette. Tirer ses bas. Tirer ses cheveux en arrière.* – Pp. adj. Par ext. *Tiré à quatre épingles*.* ▷ TECH *Tirer l'or, l'argent*, les allonger en fils déliés. – v. intr. *Tirer sur une corde. Tirer de toutes ses forces.* **4.** Donner un aspect tendu, fatigué à. *La maladie a tiré ses traits.* **5.** Attirer. *Tirer l'œil, le regard.* **II.** v. intr. Aspirer fortement. *Tirer sur sa cigarette.* ▷ *Absol.* Être parcouru par un courant d'air qui active la combustion. *Cheminée, pipe qui tire bien, mal.* **B.** Prendre, ôter, extraire. **I.** v. tr. **1.** Faire sortir, enlever, ôter d'un endroit, d'une situation. *Tirer l'épée du fourreau. Tirer de l'eau d'un puits, du vin d'un tonneau.* – (Comp. d'objet n. de personne.) *Tirer qqn de prison.* – Délivrer, dégager. *Tirer d'embarras.* ▷ v. pron. *Se tirer de* (qqch) ou *s'en tirer* : sortir heureusement d'une maladie, d'une situation difficile; en réchapper. **2.** Prendre au hasard. *Tirer une carte. Tirer les numéros d'une loterie* et, par ext., *tirer une loterie.* ▷ v. intr. *Tirer au sort* : prendre une décision, effectuer un choix, en s'en remettant au sort (en lançant une pièce en l'air, *tirer à pile ou face*; en faisant choisir des brins de paille d'inégales longueurs, *tirer à la courte-paille*, etc.). **3.** Extraire, exprimer. *Substance que l'on tire des plantes.* – Obtenir, recueillir. *Tirer profit, avantage de qqch.* ▷ *Tirer qqch de qqn* : obtenir, soutirer qqch de qqn par un moyen quelconque. ▷ COMM *Tirer une lettre de change* : faire un effet de commerce par lequel on charge un correspondant de payer la somme énoncée au porteur de cette lettre. **4.** *Tirer de* : trouver l'origine de qqch dans, emprunter à. *D'où tire-t-il cette arrogance ? Les mots que le français tire du grec.* **5.** Déduire, conclure. *Tirer des conclusions de certains faits.* **II.** v. pron. Fam. S'enfuir, se sauver. *Il s'est tiré en vitesse.* **C. I.** v. intr. **1.** Aller vers, s'acheminer. *Tirer au large. Voiture qui tire à gauche, à droite.* ▷ (Dans le temps.) *Tirer à sa fin. Tirer en longueur* : se prolonger indéfiniment. **2.** *Tirer sur* : tendre vers, avoir une certaine ressemblance avec (en parlant d'une couleur). *Vert qui tire sur le bleu.* **II.** v. tr. **1.** MAR *Tirer un bord* : franchir une certaine distance sans virer de bord. *Tirer des bords* : louvoyer. **2.** Fam. Avoir (tel laps de temps) à passer dans des circonstances pénibles, fâcheuses. *Encore six mois à tirer.* **D.** v. tr. et intr. **1.** Tracer. *Tirer un trait, une ligne.* ▷ *Tirer un plan*, le dessiner. – *Par ext.*, fig. *Tirer des plans* : élaborer, mûrir des projets. **2.** Imprimer. *Tirer un ouvrage sur papier bible.* ▷ v. intr. Être reproduit, imprimé, gravé. *Journal qui tire à un million d'exemplaires.* ▷ PHOTO, BX-A Faire un tirage*. – Loc. fam. *Tirer le portrait à qqn*, faire son portrait, sa photographie. **E.** v. tr. et intr. **1.** Lancer (un projectile) au moyen d'une arme. *Tirer une flèche, une roquette.* – (En parlant de l'arme.) *Le fusil qui a tiré cette balle.* ▷ v. intr. Se servir d'une arme; pratiquer l'art du tir. *Tirer à blanc*. Tirer au revolver, à l'arbalète.* **2.** v. intr. Faire feu. *Tirer à bout portant, en l'air. Tirer sur qqn.* – *Par ext.* v. tr. *Tirer un oiseau, un lièvre.* **3.** Faire partir (une arme à feu, un explosif). *Tirer le canon. Tirer un feu d'artifice.* **4.** v. intr. SPORT (Bowling, football, etc.) Lancer la boule, le ballon. *Tirer au but.* – À la pétanque, lancer la boule en visant le cochonnet ou une autre boule pour les déplacer (par oppos. à *pointer*). – P.-ê. réduction de l'a. fr. *martirier*, «torturer»; ou d'un germ. *teri*, p.-ê. par le néerl.

tire-sou [tiʀsu] n. m. Vieilli Personne avide du moindre gain. *Des tire-sous.* Syn. grippe-sou. – De *tirer*, et *sou*.

tiret [tiʀɛ] n. m. Petit trait horizontal (-) servant à couper un mot interrompu en fin de ligne, à séparer deux membres de phrase ou à indiquer un changement d'interlocuteur dans un dialogue. – De *tirer*.

tiretaine [tiʀtɛn] n. f. Anc. Droguet, drap grossier, moitié laine et moitié fil. – Probabl. de l'a. fr. *tiret*, de *tire*, «étoffe de soie», du lat. *tyrius*, «étoffe de Tyr», et suff. *-aine*, d'ap. *futaine*.

tirette [tiʀɛt] n. f. **1.** Vx Cordon de tirage. **2.** Dispositif de commande manuelle par tirage. **3.** Tablette horizontale coulissante d'un meuble. – De *tirer*.

tireur, euse [tiʀœʀ, øz] n. **I.** n. **1.** Personne qui tire (qqch). *Tireur d'or.* ▷ *Tireuse de cartes* : femme qui prédit l'avenir d'après les combinaisons des cartes à jouer. **2.** Personne qui se sert d'une arme à feu. *Être bon, mauvais tireur. Tireur d'élite.* ▷ MILIT Soldat qui tire au fusil, au fusil-mitrailleur, etc. *Position du tireur couché.* **3.** COMM Personne qui émet une lettre de change sur une autre personne (appelée tiré). **II.** n. f. **1.** TECH Machine servant à effectuer des tirages photographiques. **2.** Appareil servant au remplissage des bouteilles. – De *tirer*.

tire-veille [tiʀvɛj] n. m. MAR **1.** Cordage mis en pendant pour aider à monter à bord par une échelle de coupée ou pour servir de sauvegarde au personnel d'une embarcation que l'on hisse. **2.** Cordage servant à manœuvrer la barre d'un gouvernail. *Des tire-veille(s).* – Altér. de *tire-vieille*.

tiroir [tiʀwaʀ] n. m. **1.** Casier coulissant, s'emboîtant dans un meuble, et que l'on tire au moyen d'un bouton, d'une clé, etc. *Tiroirs d'une commode.* – *Fonds de tiroir* : ce qui reste d'argent disponible. ▷ Fig. *Pièce, roman à tiroirs* : œuvre dans laquelle des scènes, des épisodes indépendants les uns des autres viennent se greffer sur l'action principale. – Fam. *Nom à tiroirs* : nom en plusieurs parties (souvent nobiliaire). **2.** TECH Organe mobile qui règle l'admission de vapeur dans le cylindre d'une machine à vapeur. – De *tirer*; d'abord *tyroire*, «outil de tonnelier».

tiroir-caisse [tiʀwaʀkɛs] n. m. Tiroir contenant la caisse d'un commerçant. *Des tiroirs-caisses.* – De *tiroir*, et *caisse*.

tisane [tizan] n. f. Boisson obtenue en faisant macérer des plantes médicinales dans de l'eau. – Bas lat. *tisana*, class. *ptisana*, gr. *ptisanê*, «orge mondé».

tisanière [tizanjɛʀ] n. f. Pot à infusion qu'on peut laisser sur une veilleuse. – De *tisane*.

tison [tizɔ̃] n. m. Reste encore brûlant d'une bûche, d'un morceau de bois à moitié consumés. – Lat. *titio, titionis*.

tisonné, ée [tizɔne] adj. Se dit du poil d'un cheval marqué de longues taches noires. – Pp. de *tisonner*.

tisonner [tizɔne] v. [1] v. intr. Remuer les tisons pour attiser, ranimer le feu. ▷ v. tr. *Tisonner le feu*. – De *tison*.

tisonnier [tizɔnje] n. m. Tige de fer qui sert à tisonner. Syn. pique-feu. – De *tison*.

tissage [tisaʒ] n. m. **1.** Action, art de tisser. **2.** Établissement où l'on fait des tissus. – De *tisser*.

tisser [tise] v. tr. [1] **1.** Fabriquer (un tissu) en entrecroisant les fils de chaîne et les fils de trame. *Métier à tisser. Tisser de la toile.* ▷ *Tisser une matière textile*, en faire un tissu. *Tisser du coton.* **2.** Fig. Former, constituer (qqch) par un assemblage patient d'éléments. *C'est lui qui a tissé cette intrigue.* Syn. ourdir. – De l'anc. v. *tistre*, d'ap. *tissu*; lat. *texere*.

tisserand, ande [tisʀɑ̃, ɑ̃d] n. Artisan, ouvrier qui fabrique des tissus. – De *tisser*.

tisserin [tisʀɛ̃] n. m. ORNITH Passériforme africain (genre princ. *Ploceus*, fam. plocéidés), dont les nids sont faits d'herbes entrelacées. – De *tisser*.

tisseur, euse [tisœʀ, øz] n. Ouvrier, ouvrière dont le métier est de tisser. – De *tisser*.

tissu [tisy] n. m. **1.** Entrelacement régulier de fils textiles formant une surface souple. *Tissu de soie, de laine.* **2.** HISTOL Ensemble de cellules dont la structure est proche et qui concourent à une même fonction dans un organe ou une partie d'organe. *Tissu conjonctif, musculaire. L'étude des tissus, ou histologie, a beaucoup bénéficié du perfectionnement des instruments optiques. Tissus fœtaux*.* **3.** Fig. (Péjor. avec un compl. de nom abstrait.) Suite ininterrompue, enchevêtrement. *Un tissu de mensonges, de lieux communs.* **4.** Fig. Ensemble d'éléments dont la réunion constitue une structure homogène. *Tissu social. Tissu urbain* : ensemble des éléments (maisons, rues, jardins publics, etc.) qui constituent la structure d'une ville, d'un quartier. – Pp. subst. de l'anc. v. *tistre*, « tisser », du lat. *texere*.

ENCYCL **Histol.** – En botanique on distingue : les *tissus protecteurs* (épiderme des organes aériens, assise subérifiée des organes souterrains et liège); les *tissus conducteurs* (xylème notam.); les *tissus de soutien* (collenchyme et sclérenchyme); les *parenchymes*, tissus de remplissage servant souvent de lieu de stockage pour les matières de réserve ou assurant d'autres fonctions, très variables (parenchymes palissadique, aérifère, etc.). Les *méristèmes* sont des amas de cellules embryonnaires qui mettent en place tous les tissus précédents. En anatomie animale et humaine, on distingue les tissus conjonctifs, épithéliaux (peau, épithélium, sécrétoire), musculaires et nerveux.

tissu-éponge [tisyepɔ̃ʒ] n. m. Tissu épais, aux fils bouclés, qui absorbe l'eau. *Des tissus-éponges.* – De *tissu*, et *éponge*.

tissulaire [tisylɛʀ] adj. Qui concerne les tissus. *Régénération tissulaire.* – De *tissu*, d'ap. *cellulaire*.

titan [titɑ̃] n. m. Litt. Géant. *Une œuvre de titan. Combat de titans.* – Lat. *Titan*, mot gr., n. du fils aîné d'Ouranos, le Ciel, et de Gaia, la Terre, dans la mythologie.

titane [titan] n. m. Élément métallique de numéro atomique Z = 22, de masse atomique 47,90 (symbole Ti). – Métal (Ti) de densité 4,54, qui fond vers 1 660 °C et bout vers 3 290 °C. ▷ *Blanc de titane* : dioxyde de titane, utilisé en peinture. – Lat. mod. *titanium*, du gr. *titanos*, « chaux, plâtre ».

titanesque [titanɛsk] ou litt. **titanique** [titanik] adj. Digne d'un titan. Syn. gigantesque. – De *titan*.

titi [titi] n. m. Pop. Gamin des rues de Paris, gouailleur et malicieux. – Mot pop. de formation enfantine.

titillation [titijasjɔ̃] n. f. Litt. Fait de titiller; sensation qui en résulte. – Lat. *titillatio*.

titiller [titije] v. tr. [1] **1.** Litt. Chatouiller légèrement et agréablement. **2.** Fig., fam. Taquiner, agacer; tracasser. *Il ne cesse de la titiller. La pensée de son examen le titille.* – Lat. *titillare*.

titisme [titism] n. m. Le socialisme, neutraliste et autogestionnaire tel que l'a conçu Tito. – Du n. de Josip Broz (1892-1980), dit *Tito*, homme d'État yougoslave.

titiste [titist] adj. et n. Partisan de Tito, du titisme. – De *titisme*.

titrage [titʀaʒ] n. m. **1.** CHIM Action de titrer une solution. *Titrage d'une liqueur.* **2.** TECH Indication de grosseur (d'un fil textile). – De *titrer*.

titre [titʀ] n. m. **I. 1.** Énoncé servant à nommer un texte et qui, le plus souvent, évoque le contenu de celui-ci. *Titre d'une pièce de théâtre, d'un roman, d'un recueil de vers. Titre d'un chapitre.* – *Page de titre* ou *titre* : page comportant le titre, le nom de l'auteur, de l'éditeur, etc. *Faux titre* : titre abrégé imprimé sur le feuillet qui précède la page de titre. *Titre courant*, qui est reproduit sur chaque page d'un livre. ▷ Une des subdivisions de certains ouvrages juridiques. *Titres et articles d'un code de lois.* **2.** Désignation analogue d'une œuvre enregistrée, filmée, d'un morceau de musique, d'un tableau, etc. **II. 1.** Dignité, qualification honorifique. *Titre nobiliaire. Le titre de duc, d'altesse.* **2.** Qualification obtenue en vertu d'un diplôme, des fonctions que l'on exerce. *Titres universitaires. Le titre de bachelier, d'avocat, de directeur.* ▷ *En titre* : qui exerce une fonction en tant que titulaire. *Professeur en titre.* **3.** Nom donné à qqn pour exprimer sa qualité, son état. *Le titre de père, d'ami.* **4.** État, qualité de vainqueur, de champion pour un sportif, un joueur. *Remporter, détenir, mettre en jeu un titre.* **5.** Loc. prép. *À titre de* : en tant que. *À titre d'héritier. À titre de cadeau.* ▷ *À titre* (+ adj.) : de façon... *À titre bénévole.* – *À juste titre* : justement, avec raison. **III. 1.** Acte écrit, document établissant un droit, une qualité. *Titres de propriété.* ▷ *Titre universel de paiement* : titre de paiement établi par l'organisme créditeur et utilisé comme chèque par le débiteur. **2.** Valeur négociable en Bourse. **3.** Fig. Ce qui permet de prétendre à qqch. *Il a plus d'un titre à votre reconnaissance. C'est son titre de gloire.* **IV. 1.** Proportion de métal précieux pur contenu dans un alliage. **2.** CHIM *Titre d'une solution* : rapport de la masse d'une substance dissoute à la masse totale *(titre massique)* ou du nombre de moles d'un constituant au nombre total de moles *(titre molaire).* ▷ *Titre hydrotimétrique* (abrév. : TH) : nombre qui exprime la dureté* d'une eau. **3.** PHYS *Titre de vapeur* : rapport de la masse de vapeur à la masse totale du fluide. **4.** TECH *Titre d'un fil*, numéro exprimant sa grosseur. – Du lat. *titulus*, « inscription, titre d'honneur ».

titré, ée [titʀe] adj. **1.** Qui a un titre de noblesse. **2.** CHIM *Solution titrée*, dont la composition est connue. – Pp. de *titrer*.

titrer [titʀe] v. tr. [1] **1.** Rare Pourvoir (qqn) d'un titre nobiliaire. **2.** CHIM *Titrer une solution* : déterminer par dosage la quantité de corps dissous dans une solution. ▷ *Liqueur qui titre 15 (16, 17, etc.) degrés*, dont le titre est de 15 (16, 17, etc.) degrés. **3.** (En parlant d'un journal.) Avoir comme titre d'article. *« L'Équipe » titre en première page : « Ils ont gagné ».* – De *titre*.

titreuse [titʀøz] n. f. TECH Appareil servant à filmer les titres et les sous-titres d'un film. ▷ IMPRIM Dans un atelier de composition, machine permettant de composer les gros titres. – De *titrer*.

titrimétrie [titʀimetʀi] n. f. CHIM Syn. de *volumétrie.* – De *titrer* (sens 2), et *-métrie.*

titrisation [titʀizasjɔ̃] n. f. FIN Technique financière, autorisée depuis 1990, qui permet de transformer les créances en titres négociables. – De *titre.*

titriser [titʀize] v. tr. [1] FIN Pratiquer une titrisation. – De *titre.*

titubant, ante [titybɑ̃, ɑ̃t] adj. Qui titube. – Ppr. de *tituber.*

titubation [titybasjɔ̃] n. f. Rare Action de tituber. – Lat. *titubatio.*

tituber [titybe] v. intr. [1] Marcher en chancelant. *Tituber de fatigue. Homme ivre qui titube.* – Lat. *titubare.*

titulaire [titylɛʀ] adj. et n. **1.** Qui est possesseur d'une fonction garantie par un titre. *Professeur titulaire.* **2.** Qui possède qqch selon le droit. *Être titulaire d'un passeport.* **3.** RELIG CATHOL *Évêque titulaire,* qui porte le titre d'un diocèse dépourvu d'existence canonique. (Cf. in partibus.) – Du lat. *titulus,* « titre ».

titularisation [titylaʀizasjɔ̃] n. f. Action de titulariser. – De *titulariser.*

titulariser [titylaʀize] v. tr. [1] Nommer (qqn) titulaire de sa charge. *Titulariser un fonctionnaire.* – De *titulaire.*

titulature [titylatyʀ] n. f. Didac. Ensemble des titres d'un individu, d'une famille noble. – Du lat. *titulus,* « titre ».

tjäle [tʒɛl] n. m. GEOGR Sol gelé en permanence. Syn. merzlota, permafrost. – Mot suédois.

Tl CHIM Symbole du thallium.

Tm CHIM Symbole du thulium.

tmèse [tmɛz] n. f. LING Séparation des éléments d'un mot par l'intercalation d'un ou de plusieurs autres mots. (Ex. : *Lors* donc *que.*) – Lat. gram. *tmesis,* mot gr., de *temnein,* « couper ».

T.N.T. ou **TNT** Abrév. de *trinitrotoluène.*

toast [tost] n. m. **1.** Tranche de pain de mie grillée. **2.** *Porter un toast* : lever son verre pour boire à la santé de qqn, à la réussite d'une entreprise, etc. – Mot angl., « pain grillé », de l'a. fr. *toster,* « griller », lat. *tostus,* pp. de *torrere,* « griller ».

toboggan [tɔbɔgɑ̃] n. m. **1.** Traîneau bas muni de deux patins. **2.** Dispositif constitué d'une piste en matériau lisse en forme de gouttière, le long de laquelle on se laisse glisser par jeu. *Toboggans d'un parc d'attractions.* ▷ *Par anal.* Dispositif de forme analogue destiné à la manutention des marchandises. **3.** Viaduc provisoire, constitué d'éléments démontables, qui permet le franchissement d'un obstacle par une voie de circulation automobile. – Algonkin *otaban,* « traîneau », par l'angl.

1. toc [tɔk] n. m. et adj. **1.** Péjor. Imitation d'une matière, d'une chose de prix. *C'est du toc. Bijou en toc.* ▷ adj. inv. Fam. Faux et de mauvais goût. *Des meubles toc.* **2.** TECH Pièce d'un tour servant à entraîner la pièce à tourner. – Onomat.

2. toc [tɔk] ou **toc-toc** [tɔktɔk] n. m., adj. et interj. Onomatopée évoquant un petit bruit sec fait en frappant. *J'ai entendu un toc-toc à la porte.* ▷ adj. inv. Fam. *Être toc-toc,* toqué. ▷ Interj. *Et toc ! :* se dit pour souligner une repartie pertinente. – Onomat.

tocade. V. toquade.

tocan. V. tacon.

tocante ou **toquante** [tɔkɑ̃t] n. f. Fam. Montre. – Ppr. fém. subst. de *toquer* 1.

tocard ou **toquard, arde** [tɔkaʀ, aʀd] adj. et n. m. **1.** adj. Fam. Laid, médiocre. **2.** n. m. TURF Mauvais cheval. *Miser sur un tocard.* – Fam. Individu incapable. – De *toc.*

toccata [tɔkata] n. f. MUS Composition instrumentale de forme libre écrite pour un instrument à clavier. *Des toccatas* ou *des toccate.* – Mot ital.

tocographie [tɔkɔgʀafi] n. f. MED Enregistrement graphique des contractions utérines effectué au cours de l'accouchement, et qui permet de contrôler le déroulement de ce dernier. – Du gr. *tokos,* « accouchement », et *-graphie.*

tocophérol [tɔkɔfeʀɔl] n. m. BIOCHIM Syn. de *vitamine E.* – Du gr. *tokos,* « accouchement », de *pherein,* « porter, produire », et *-ol.*

tocsin [tɔksɛ̃] n. m. Sonnerie d'une cloche qu'on fait tinter à coups redoublés pour donner l'alarme. *Sonner le tocsin.* – Anc. provenç. *tocasenh,* de *tocar,* « toucher », et *senh,* « la cloche », du lat. *signum.*

toc-toc. V. toc 2.

toge [tɔʒ] n. f. **1.** ANTIQ ROM Grande pièce d'étoffe formant un vêtement ample que les Romains portaient pardessus la tunique. **2.** Robe que portent les avocats, les magistrats dans l'exercice de leurs fonctions, les professeurs de l'enseignement supérieur dans certaines cérémonies, etc. – Lat. *toga.*

togolais, aise [togolɛ, ɛz] adj. et n. Du Togo, État d'Afrique occidentale. ▷ Subst. *Un(e) Togolais(e).*

tohu-bohu [tɔybɔy] n. m. Confusion, désordre bruyant. *La séance s'acheva dans le tohu-bohu. Des tohu-bohu(s).* – Transcription de l'hébreu *tohu wabohu,* « désert et vide », de *tohu,* « désert aride » et *bohu,* « désolé », expression appliquée dans la Bible (Genèse I, 2) à l'état primordial de la Terre au moment de la Création.

toi [twa] pron. pers. Forme tonique de la 2e pers. du sing. des deux genres qui indique la personne à qui l'on s'adresse. **1.** Complément d'objet après un impératif (pron.). *Gare-toi à gauche. Laisse-toi aller.* **2.** (Sujet d'un v. à l'infinitif.) *Toi, ne pas lui pardonner ?* – (Avec un infinitif de narration.) *Et toi de poursuivre, comme si de rien n'était.* **3.** (Sujet d'un participe.) *Toi riant, il fallait que je reste sérieux.* **4.** (Sujet coordonné avec un nom ou avec un autre pron.) *Yves et toi le ferez.* **5.** (Complément coordonné.) *Vous, je veux dire ta femme et toi.* **6.** (Sujet, renforçant *tu.*) *Toi, tu devras le faire.* – (Renforçant le pron. atone *te.*) *Je te le dis à toi. Il t'aime toi.* **7.** (Complément indirect après une préposition.) *C'est à toi. L'idée est de toi.* **8.** (Forme renforcée.) *Toi-même. Toi-même, tu ne saurais y répondre.* – *Toi seul. Toi seul es maître à bord.* **9.** *Toi qui... Toi qui sais tout, dis-moi...* – *Toi que... Toi que j'aime.* (N.B. Devant *en* et *y, toi* devient *t'. Va-t'en. Il faut t'y faire..* – Lat. *te,* en position accentuée.

toile [twal] n. f. **1.** Tissu de l'armure* portant ce nom, fait de lin, de chanvre, de coton, etc. *Toile fine. Toile d'emballage. Toile à voile. Vêtement de toile.* – (En appos.) *Armure toile,* obtenue par division des fils de chaîne en deux trames qu'on lève et abaisse alternativement pour insérer le fil conduit par la navette. – *Toile cirée,* recouverte d'un enduit imperméable. *Nappes de toile cirée.* ▷ Par anal. *Toile d'amiante. Toile métallique.* ▷ *Toile d'araignée :* réseau tissé par les araignées au moyen de fils de soie qu'elles sécrètent et dans lequel elles capturent leurs proies. **2.** Pièce de toile fixée sur un cadre de bois et destinée à être peinte. – *Par méton.* Tableau réalisé sur ce support. *Toiles de maîtres.* ▷ *Toile de fond :* grand panneau formant le fond d'une scène de théâtre et sur lequel est peint un décor. – Par ext., fig. *La toile de fond d'un récit, d'un roman,* le cadre, le contexte dans lequel il se déroule. **3.** MAR *La toile :* la voilure. *Navire qui porte beaucoup de toile.* **4.** LITTER *Chansons de toile :* courtes chansons du Moyen Âge, qui doivent leur nom au fait qu'elles étaient chantées par les femmes qui filaient et tissaient la toile. – Lat. *tela.*

toilerie [twalʀi] n. f. Industrie, commerce de la toile; établissement où l'on fabrique de la toile. – De *toile*.

toilettage [twalɛt(t)aʒ] n. m. Ensemble des soins de propreté (donnés à un chien, à un chat, etc.). ▷ Fig. Retouche légère. *Toilettage d'un texte.* – De *toiletter*.

toilette [twalɛt] n. f. **1.** Action de se laver; action de s'apprêter, de se parer. *Faire sa toilette. Cabinet de toilette.* **2.** Meuble sur lequel on range les objets qui servent à se parer. **3.** Ensemble des vêtements et des parures d'une femme; costume féminin. *Elle porte bien la toilette. Une toilette élégante, classique.* ▷ Anc. *Marchande à la toilette :* femme qui vendait des vêtements, des bijoux, etc., d'occasion. - *Par ext.* Intrigante, entremetteuse. **4.** Par euph. *Les toilettes :* les cabinets, les w.-c. **5.** En boucherie, épiploon (dont on enveloppe certaines pièces de viande). – De *toile*.

toiletter [twalete] v. tr. [1] Procéder au toilettage de (un animal). ▷ Fig. Retoucher, rectifier légèrement. *Toiletter un manuscrit.* – De *toilette*.

toise [twaz] n. f. **1.** Anc. Mesure de longueur égale à six pieds valant 1,949 m. **2.** Règle verticale graduée, munie d'un index coulissant, qui sert à mesurer la taille des personnes. – Du lat. médiév. *tensa, teisia,* «étendue», du pp. de *tendere,* «tendre».

toiser [twaze] v. tr. [1] **1.** Mesurer (qqn) au moyen d'une toise. *Toiser un conscrit.* **2.** Fig. Regarder (qqn) avec dédain, mépris. – De *toise*.

toison [twazɔ̃] n. f. **1.** Poil épais et laineux de certains animaux, partic. du mouton. ▷ MYTH *Toison d'or :* toison d'un bélier ailé donnée au roi de Colchide Aiêtês; Jason organisa l'expédition des Argonautes pour s'en emparer. ▷ HIST *Ordre de la Toison d'or :* ordre de chevalerie fondé en 1429 par le duc de Bourgogne Philippe le Bon et passé ensuite dans la maison de Habsbourg. **2.** Chevelure abondante, poils particulièrement fournis. *Démêler sa toison.* – Du bas lat. *tonsio, tonsionis,* «tonte (des brebis)», de *tondere,* «tondre».

toit [twa] n. m. **1.** Partie supérieure d'un bâtiment, d'un véhicule, qui protège des intempéries. *Toit de tuiles. Voiture à toit ouvrant.* ▷ Loc. fig. *Crier qqch sur les toits,* le faire savoir à tous. **2.** Maison, logement. *Se retrouver sans toit.* - *Sous le toit de qqn,* dans sa maison. **3.** MINES Plafond d'une galerie. – Du lat. *tectum*.

toiture [twatyʀ] n. f. Ensemble des éléments constituant le toit d'une construction. *Réparer une toiture.* – De *toit*.

tokai, tokay [tɔkɛ] ou **tokaï** [tɔkaj] n. m. **1.** (Prononcé [tɔkaj].) Vin hongrois produit dans la région de Tokay. **2.** (Prononcé [tɔkɛ].) Vin produit dans le midi de la France et en Alsace. *Le tokai d'Alsace est auj. appelé pinot gris.* – De *Tokay,* rég. de Hongrie.

tokamak [tɔkamak] n. m. PHYS NUCL Appareil en forme de tore que l'on utilise dans les recherches sur la fusion nucléaire contrôlée, pour confiner les plasmas. – Mot russe, de *tok,* «courant».

tokharien, enne [tɔkaʀjɛ̃, ɛn] n. m. et adj. LING Langue indo-européenne parlée au Ier millénaire apr. J.-C. dans le Turkestan chinois où quelques manuscrits ont été retrouvés. ▷ adj. *Dialectes tokhariens.* – Du gr. *Tokharoi,* désignant un peuple d'Asie centrale.

1. tôle [tol] n. f. Métal laminé en plaques larges et minces. *De la tôle. Tôle ondulée,* utilisée partic. pour les toits de constructions légères. ▷ Plaque de tôle. *Une tôle carrée.* – Forme dial. de *table*.

2. tôle. V. taule.

tôlée [tole] adj. f. **1.** Arg. (des skieurs) *Neige tôlée,* présentant une croûte de glace superficielle. **2.** TECH Recouvert de tôle (en parlant de la caisse d'un véhicule automobile). – De *tôle* 1.

tolérable [tɔleʀabl] adj. Qu'on peut tolérer, supporter. – Lat. *tolerabilis*.

tolérance [tɔleʀɑ̃s] n. f. **1.** Attitude consistant à tolérer ce qu'on pourrait rejeter, refuser ou interdire; dérogation admise à certaines lois, à certaines règles. *Ce n'est pas un droit, c'est une tolérance.* ▷ Anc. *Maisons de tolérance :* maisons de prostitution fonctionnant sous surveillance administrative, qui ont été supprimées en 1946. **2.** Fait d'accepter les opinions (religieuses, philosophiques, politiques, etc.) d'autrui, même si on ne les partage pas. *Prôner la tolérance.* **3.** Différence tolérée entre le poids, les dimensions, etc., théoriques d'un produit marchand et ses caractéristiques réelles. **4.** MED Fait, pour l'organisme, de bien supporter un agent chimique, physique ou médicamenteux. *Tolérance immunitaire :* absence de réaction immunitaire (à un antigène donné). – Lat. *tolerantia*.

tolérant, ante [tɔleʀɑ̃, ɑ̃t] adj. Qui fait preuve de tolérance. *Être d'un naturel tolérant.* – Ppr. de *tolérer*.

tolérer [tɔleʀe] v. tr. [14] **1.** Accepter sans autoriser formellement (qqch qu'on est en droit d'interdire). *Tolérer certaines infractions au règlement.* **2.** Supporter par indulgence, en faisant un effort sur soi-même. *Tolérer qqn. Il ne tolère pas la moindre remarque.* **3.** (En parlant d'un organisme vivant.) Bien supporter (un médicament, un traitement, etc.). – Lat. *tolerare*.

tôlerie [tolʀi] n. f. **1.** Industrie, commerce ou atelier du tôlier. **2.** Ensemble d'éléments en tôle. – De *tôle* 1.

tolet [tɔlɛ] n. m. MAR Cheville enfoncée dans un renfort du plat-bord (*toletière*), qui sert de point d'appui à l'aviron. – Mot normand; de l'anc. scand. *thollr*.

1. tôlier [tolje] n. m. Celui qui fabrique, vend ou travaille la tôle. – De *tôle* 1.

2. tôlier. V. taulier.

tolite [tɔlit] n. f. TECH Syn. de *trinitrotoluène*. – De *tol(uène),* et suff. *-ite* 2.

tollé [tɔl(l)e] n. m. Cri, mouvement collectif d'indignation, de protestation. – De l'a. fr. *tolez,* impér. de *toldre,* du lat. *tollere,* «soulever, enlever, faire disparaître»; devenu cri de protestation et modifié sous l'influence du lat. *tolle hunc,* «enlève-le, prends-le», cri par lequel les Juifs demandèrent à Pilate de crucifier le Christ.

toltèque [tɔltɛk] adj. Des Toltèques, Indiens de l'Amérique précolombienne, parlant le nahuatl, qui occupèrent le Mexique central au IXe s. apr. J.-C. – Mot mexicain.

tolu [tɔly] n. m. PHARM *Baume de tolu :* baume fait de résine de myroxylon purifiée par fusion et filtration, utilisé notam. en dermatologie. – De *Tolu,* v. de Colombie.

toluène [tɔlɥɛn] n. m. CHIM Hydrocarbure aromatique de formule $C_6H_5–CH_3$, extrait du benzol lors de la distillation de la houille ou obtenu par synthèse à partir du benzène, qui sert de point de départ à la fabrication de matières colorantes, d'explosifs, de parfums et de produits pharmaceutiques. – De (baume de) *Tolu* (ville de Colombie), et *-ène*.

toluidine [tɔlɥidin] n. f. CHIM Matière colorante dérivée du toluène. – De *tolu(ène)*.

toluol [tɔlɥɔl] n. m. TECH Toluène brut. – De *tolu(ène),* et *-ol*.

tom(o)-, -tome, -tomie. Éléments, du gr. *-tomos,* et *-tomia,* rad. *temnein,* «couper, découper» (ex. : *atome; phlébotomie*).

tom [tɔm] ou **tom-tom** [tɔmtɔm] n. m. MUS Tambour cylindrique de 20 à 50 cm de diamètre, à une ou deux peaux, employé dans la batterie de jazz. – Angl. *tom tom,* d'une langue de l'Inde orientale.

tomahawk [tɔmaok; tɔmawak] n. m. Hache de guerre des Indiens d'Amérique du Nord. – Mot angl., d'une langue amérindienne du groupe algonquin.

tomaison [tomɛzɔ̃] n. f. IMPRIM Indication du numéro du tome (sur une page, sur la reliure). ▷ Division d'un ouvrage en tomes. – De *tome*.

tomate [tɔmat] n. f. **I. 1.** Plante herbacée annuelle (*Solanum lycopersicum*, fam. solanacées), de grande taille, velue, à feuilles alternes charnues, cultivée pour ses fruits. **2.** Fruit rouge de cette plante, à la saveur légèrement acidulée. *Salade de tomates. Sauce tomate.* ▷ Loc. *Être rouge comme une tomate*, très rouge (de confusion). **II.** Fam. *Une tomate* : un verre de pastis additionné de grenadine. – Esp. *tomate*, de l'aztèque.

tombal, ale, als [tɔ̃bal] adj. Relatif à une tombe, aux tombes. *Pierre tombale.* – De *tombe*.

tombant, ante [tɔ̃bɑ̃, ɑ̃t] adj. **1.** *À la nuit tombante* : à l'heure où la nuit tombe. **2.** Qui s'abaisse, tend vers le bas. *Épaules tombantes.* – Ppr. de *tomber*.

tombe [tɔ̃b] n. f. Lieu où est enterré un mort; fosse couverte d'un tertre, d'une dalle, d'un monument. Syn. sépulture. *Rangées de tombes dans un cimetière. Aller prier sur la tombe de qqn.* ▷ Loc. fig. *Se retourner dans sa tombe* : se dit d'un mort dont on imagine que, s'il vivait encore, il serait indigné (par des actes, des paroles). *Arracher qqn à la tombe*, à la mort. *Avoir un pied dans la tombe* : être près de la mort. *Suivre qqn dans la tombe*, lui survivre peu de temps. *Être muet comme une tombe*, d'un silence, d'une discrétion absolus. – Gr. *tumbos*, «tertre»; lat. ecclés. *tumba*.

tombeau [tɔ̃bo] n. m. **1.** Sépulture monumentale d'un ou de plusieurs morts. *Le tombeau du pape Jules II, par Michel-Ange.* ▷ *Mise au tombeau* : sculpture, peinture représentant la mise au tombeau du Christ. **2.** Fig., litt. Lieu sombre, humide, sinistre. *Cette pièce est un tombeau.* **3.** Fig., litt. Fin, mort, destruction. *Ce serait le tombeau de nos libertés.* ▷ Loc. fig. *Rouler à tombeau ouvert* : conduire très vite, en prenant des risques mortels. – De *tombe*.

tombée [tɔ̃be] n. f. *La tombée de la nuit, du jour* : le crépuscule. – Pp. fém. subst. de *tomber*.

tomber [tɔ̃be] v. [1] **A.** v. intr. **I. 1.** Être entraîné subitement de haut en bas, par perte d'équilibre; faire une chute. *Le vent fait tomber les arbres. Tomber à la renverse.* **2.** Être entraîné vers un lieu plus bas, plus profond. *Tomber d'un arbre, d'un toit. Le vase est tombé par terre et s'est cassé.* ▷ Loc. fig. *Tomber des nues* : être très surpris. – Fam. *Laisser tomber* : abandonner. *Il a laissé tomber ce projet depuis longtemps.* ▷ v. impers. *Il tombe d'énormes grêlons.* **3.** (Choses) S'effacer, disparaître. *Les obstacles tombent les uns après les autres.* **4.** Perdre le pouvoir, être renversé. *La dictature est enfin tombée.* **5.** (Choses) Perdre de sa vigueur, diminuer, décliner. *Son enthousiasme commence à tomber.* **II.** (Indiquant un mouvement vers le bas, sans chute brutale.) **1.** Arriver d'un lieu plus élevé. *Le brouillard tombe.* – Pp. adj. SPORT *Coup de pied tombé*, donné dans un ballon de rugby qu'on laisse tomber sur le pied. **2.** (Choses) Devenir plus bas, plus faible. *Les cours tombent.* Syn. baisser. *Conversation qui tombe.* **3.** Fig. (Personnes) Déchoir, dégénérer. *Il est tombé bien bas.* **4.** (Choses) Pendre. *Ses cheveux lui tombent sur les épaules.* **III. 1.** *Tomber sur* : attaquer violemment. *Tomber à bras raccourcis sur qqn.* **2.** *Tomber en, dans* : passer dans (un état considéré comme inférieur au précédent). *Tomber dans un vice, dans le désordre. Tomber en désuétude**. **3.** (Suivi d'un qualificatif.) Devenir. *Tomber gravement malade. Tomber amoureux. Tomber d'accord avec qqn.* **IV. 1.** Arriver inopinément, survenir. *Tomber bien, mal, à pic.* ▷ Fam. (Personnes) *Tomber sur un ami. Tomber sur une difficulté.* Syn. rencontrer. **2.** Arriver, se produire. *Cette année, le I*[er] *Mai tombe un lundi.* **B.** v. tr. **1.** SPORT Faire tomber, vaincre. *Lutteur qui tombe tous ses adversaires.* **2.** Fam. *Tomber une femme*, la séduire. **3.** Fam. *Tomber la veste*, la retirer. – Probabl. formation expressive, avec infl. de l'a. fr. *tumer*, «danser, gambader, culbuter», frq. *tûmon*.

tombereau [tɔ̃bʀo] n. m. Véhicule utilisé pour le transport des matériaux, comprenant une benne à pans inclinés qui se décharge par basculement. – Son contenu. *Un tombereau de gravier.* – De *tomber*.

tombeur [tɔ̃bœʀ] n. m. Fam. Celui qui fait tomber, qui renverse. *Clemenceau, le tombeur des ministères.* ▷ Fam. *Un tombeur* : un homme qui tombe (sens B, 2) de nombreuses femmes, un séducteur, un don Juan. – De *tomber*.

tombola [tɔ̃bɔla] n. f. Loterie où les numéros sortants gagnent des lots en nature. *Le tirage de la tombola.* – Ital. *tombola*, propr. «culbute», puis «loto».

tombolo [tɔ̃bɔlo] n. m. GEOMORPH Cordon de galets et de sable qui relie un ancien îlot au continent. – Mot ital., «tumulus, tertre», du lat. *tumulus*.

-tome. V. tom(o)-.

tome [tɔm] n. m. **1.** Division d'un ouvrage, contenant généralement plusieurs chapitres (et indépendante de la division en volumes). *Le tome second est dans le premier volume.* **2.** *Par ext.* Volume. – Lat. *tomus*, gr. *tomos*, propr. «portion».

tomenteux, euse [tɔmɑ̃tø, øz] adj. BOT Couvert de poils fins et serrés. *Tiges tomenteuses.* – Du lat. *tomentum*, «bourre, duvet».

tomer [tome] v. tr. [1] TECH Diviser (un ouvrage) en tomes. – De *tome*.

tomette. V. tommette.

-tomie. V. tom(o)-.

tomme [tɔm] n. f. Fromage au lait de vache, à pâte pressée, en forme de gros cylindre aplati, fabriqué notam. en Savoie. – Lat. pop. **toma*, probabl. d'orig. prélatine; anc. provenç. *toma*.

tommette ou **tomette** [tɔmɛt] n. f. Briquette plate hexagonale utilisée pour le revêtement des sols. – Du dauphinois *tometa*, de *toma*, «fromage plat» (V. tomme).

tomo-. V. tom(o)-.

tomodensitomètre [tɔmodɑ̃sitɔmɛtʀ] n. m. Syn. de *scanographe*.

tomographie [tɔmɔgʀafi] n. f. MED Procédé radiologique permettant de prendre des clichés par plans d'un organe. – Cliché ainsi obtenu. V. scanographe. – De *tomo-*, et *(radio)graphie*.

1. ton, ta, tes [tɔ̃, ta, te] adj. poss. **I.** (Sens subjectif.) **1.** Qui est à toi (rapport général d'appartenance). *Montre ta main. J'admire ton courage. Tes parents, tes amis.* – (On remplace *ta* par *ton* devant un n. f. qui commence par une voyelle ou par un *h* muet.) *Ton amie. Ton habitude.* **2.** *Par ext.* (Marquant différents rapports d'intérêt.) *Tu nous le présenteras, ton jeune peintre génial? Éteins ta lumière.* **II.** (Sens objectif.) *Ton éditeur*, celui qui t'édite. *Ton hospitalisation*, celle dont tu as été l'objet. – Formes atones des adj. lat. *tuum, tua.* V. tien.

2. ton [tɔ̃] n. m. **I. 1.** Degré de hauteur, intensité ou timbre de la voix. *Ton aigu, grave. Ton perçant, sourd.* **2.** Façon de parler, inflexion expressive de la voix qui révèle un sentiment, une intention. *Prendre un ton assuré.* Syn. accent. **3.** Manière d'exprimer sa pensée. Syn. manière, style. *Le ton épique.* **4.** (En loc.) Façon de se conduire et de parler en société. *Donner le ton. De bon ton* : qui convient socialement. **II. 1.** MUS Hauteur des sons produits par la voix ou par un instrument. *Donner le ton** : V. la 2. *Sortir du ton* : détonner. **2.** MUS Intervalle fondamental qui s'exprime par le rapport des fréquences de 8 à 9 (*ton majeur*) ou de 9 à 10 (*ton mineur*); degré de l'échelle diatonique. ▷ Échelle musicale d'une hauteur déterminée, désignée par le nom de sa tonique. *Ton principal et modulation.* **3.** LING Hauteur du son de la voix. ▷ *Langue à tons*, où les différences de hauteur des syllabes entraînent des différences de sens. – Accent de hauteur. **III.** Couleur, considérée dans son intensité, dans son éclat, sa nuance, ou par rapport à l'impression qu'elle produit. *Ton neutre. Ton chaud.* ▷ *Ton sur ton* : d'une même couleur avec des nuances différentes. – Gr. *tonos*, lat. *tonus*.

tonal, ale, als [tɔnal] adj. **1.** Relatif au ton. **2.** Qui utilise la tonalité. *Musique tonale.* Ant. atonal. – De *ton* 2.

tonalité [tɔnalite] n. f. **I. 1.** Organisation des sons musicaux telle que les intervalles (tons et demi-tons) se succèdent dans le même ordre, chaque gamme ayant pour base une tonique. *Modalité et tonalité.* **2.** Ton (2 sens II, 2). *Tonalité d'un morceau.* **3.** Caractère des sons produits par la voix ou par un instrument. *Une tonalité agréable.* ▷ *Spécial.* Son continu qu'on entend en décrochant le téléphone et qui signifie qu'on peut composer le numéro d'appel. *Avoir la tonalité.* **II.** Couleur dominante; impression qu'elle dégage. *Tonalité triste.* – Fig. *Un roman d'une tonalité désenchantée.* – De *tonal*.

tonca. V. tonka.

tondage [tɔ̃daʒ] n. m. **1.** Action de tondre (une étoffe). **2.** Action de tondre (certains animaux). – De *tondre*.

tondeur, euse [tɔ̃dœʀ, øz] n. Celui, celle qui tond. *Tondeur de chiens.* – De *tondre*.

tondeuse [tɔ̃døz] n. f. **1.** Machine utilisée pour tondre le drap, le gazon, etc. **2.** Instrument utilisé pour tondre les cheveux, ou le poil des animaux. – De *tondre*.

tondo [tɔ̃do], plur. **tondi** [tɔ̃di] n. m. BX-A Tableau rond. – Mot ital., aphérèse de *rotondo*.

tondre [tɔ̃dʀ] v. tr. [5] **1.** Couper ras. *Tondre la laine d'un mouton. Tondre le gazon.* **2.** Couper ras les cheveux, les poils de. *Tondre un enfant. Tondre un chien.* ▷ Couper ras le poil de (une étoffe). *Tondre le drap.* **3.** Fig., fam. Dépouiller. *Tondre le client.* – Lat. *tondere*.

tondu, ue [tɔ̃dy] adj. et n. m. Coupé ras. *Cheveux tondus.* – Dont les poils, les cheveux ont été coupés ras. *Un caniche tondu.* ▷ n. m. Loc. fig., fam. *Trois* (ou *quatre*) *pelés et un tondu* : presque personne. – HIST *Le Petit Tondu* : Napoléon Ier. – Pp. de *tondre*.

tong [tɔ̃g] n. f. Chaussure constituée d'une semelle et de deux brides dont une partie passe entre les orteils.

tongan [tɔ̃gɑ̃] adj. et n. **1.** adj. Du Tonga. ▷ Subst. *Les Tongans* : population originaire des Samoa, habitant le Tonga. **2.** n. m. *Le tongan* : langue polynésienne parlée au Tonga. – De *Tonga*, État d'Océanie, au S.-E. des Fidji.

tonicardiaque [tɔnikaʀdjak] adj. et n. m. PHARM Qui exerce sur le cœur une action tonique. *Médicament tonicardiaque.* ▷ n. m. *Un tonicardiaque.* – De *toni(que)*, et *cardiaque*.

tonicité [tɔnisite] n. f. **1.** Qualité, caractère de ce qui est tonique. *La tonicité de l'air des montagnes.* **2.** PHYSIOL Tonus musculaire. – De *tonique* 1.

-tonie. Élément, du gr. *tonos*, « tension ».

tonie [tɔni] n. f. PHYSIOL Caractère de la sensation auditive, lié à la fréquence des vibrations sonores. Syn. hauteur tonale. – De *ton* 2.

tonifiant, ante [tɔnifjɑ̃, ɑ̃t] adj. et n. m. Qui tonifie. ▷ n. m. Remède tonique. – Ppr. de *tonifier*.

tonifier [tɔnifje] v. tr. [2] **1.** Rendre ferme et élastique (un tissu). *Les ablutions à l'eau froide tonifient la peau.* **2.** Fortifier, stimuler. *Cette vie au grand air le tonifiait.* – De *tonique* 1, et *-fier*.

-tonine. Élément, du gr. *tonos*, « tension », et suff. *-ine*.

1. tonique [tɔnik] adj. et n. m. **1.** Qui augmente la vigueur de l'organisme. *Substance tonique.* ▷ n. m. *Un tonique* : un fortifiant. Syn. reconstituant, stimulant. **2.** Qui stimule le corps ou l'esprit, rend plus alerte. *Un climat tonique. Un enthousiasme tonique.* – Gr. *tonikos*, « qui se tend », de *tonos*, « tension ».

2. tonique [tɔnik] n. f. et adj. **1.** n. f. MUS Première note de la gamme du ton considéré, auquel elle donne son nom. *La tonique du ton de* do *majeur est* do. **2.** adj. LING Sur quoi porte l'accent. *Voyelle tonique. Accent tonique* : accent d'intensité ou de hauteur. ▷ *Formes toniques* (par oppos. à *atones*) *des pronoms personnels.* – V. *tonique* 1.

tonitruant, ante [tɔnitʀyɑ̃, ɑ̃t] adj. Qui fait un bruit énorme, semblable à celui du tonnerre. *Une voix tonitruante.* – Bas lat. *tonitruans*, du class. *tonitrus*, « tonnerre ».

tonitruer [tɔnitʀye] v. intr. [1] Parler d'une voix très forte, en criant. – Bas lat. *tonitruare*, « tonner », du class. *tonitrus*, « tonnerre ».

tonka ou **tonca** [tɔ̃ka] n. m. BOT Plante (*Coumarouna odorata*, fam. légumineuses) dont la graine (*fève de tonka* ou *fève tonka*) est riche en coumarine. – Mot guyanais.

tonnage [tɔnaʒ] n. m. **1.** MAR Capacité intérieure, mesurée en tonneaux, d'un navire. Syn. jauge. *Navires de tout tonnage.* **2.** Capacité totale de plusieurs navires considérés comme un ensemble. *Le tonnage de la flotte pétrolière d'un pays.* – De *tonne* 2.

tonnant, ante [tɔnɑ̃, ɑ̃t] adj. **1.** Qui tonne. *Jupiter tonnant.* **2.** Qui fait un bruit comparable à celui du tonnerre. Syn. éclatant, retentissant. *Une voix tonnante.* – Ppr. de *tonner*.

1. tonne [tɔn] n. f. Tonneau large et fortement renflé. – Bas lat. d'orig. celt. *tunna, tonna*.

2. tonne [tɔn] n. f. **1.** Unité de masse valant 1 000 kilogrammes (symbole t). **2.** Fam. Très grande quantité. *Il en a mangé des tonnes et des tonnes.* **3.** MAR Unité valant 1 000 kg, utilisée pour mesurer le déplacement et le port en lourd des navires. *Pétrolier de 500 000 tonnes.* ▷ Unité servant à mesurer la masse des véhicules. *Un camion de 15 tonnes* ou, absol., *un 15 tonnes.* – De *tonne* 1.

3. tonne [tɔn] n. f. ZOOL Mollusque gastéropode prosobranche (genre *Dolium*), dont la trompe très longue sécrète une salive acide capable d'attaquer le test des oursins, dont il se nourrit. – De *tonne* 1, par anal. de forme.

1. tonneau [tɔno] n. m. **1.** Grand récipient de bois fait de douves assemblées par des cerceaux, limité à chaque extrémité par un fond plat et destiné à contenir un liquide. *Tonneau à vin, à huile.* Syn. baril, barrique, fût. *Boire au tonneau. Mettre un tonneau en perce*.* ▷ Loc. fig. fam. *Du même tonneau* : du même acabit. ▷ MYTH *Tonneau des Danaïdes* : tonneau sans fond que celles-ci furent condamnées à remplir pour avoir égorgé leurs maris la nuit de leurs noces; fig. se dit d'une tâche à recommencer sans cesse, dont on ne voit pas la fin. **2.** AVIAT Figure de voltige aérienne dans laquelle l'avion effectue un tour complet autour de son axe longitudinal. ▷ Par anal. *La voiture a dérapé et a fait trois tonneaux.* – De *tonne* 1.

2. tonneau [tɔno] n. m. MAR Unité de volume servant à mesurer la jauge d'un navire, qui vaut 2,83 mètres cubes. – De *tonne* 2.

tonnelet [tɔnlɛ] n. m. Petit tonneau. – Dimin. de *tonnel*, anc. forme de *tonneau*.

tonnelier [tɔnəlje] n. m. Ouvrier qui fabrique ou répare les tonneaux. – De *tonnel*, anc. forme de *tonneau*.

tonnelle [tɔnɛl] n. f. **1.** Berceau de treillage couvert de verdure. **2.** CHASSE Filet en forme de tonneau ouvert, pour la chasse aux perdrix. – Dimin. de *tonne* 1.

tonnellerie [tɔnɛlʀi] n. f. Profession, industrie du tonnelier. – De *tonnelier.*

tonner [tɔne] v. [1] **I.** v. impers. *Il tonne :* le tonnerre se fait entendre. **II.** v. intr. **1.** Faire un bruit comparable au tonnerre. *Le canon a tonné toute la nuit.* **2.** Parler avec emportement, avec violence. *Tonner contre les abus.* – Lat. *tonare.*

tonnerre [tɔnɛʀ] n. m. **1.** Grondement qui accompagne la foudre. *Un roulement de tonnerre. Avoir peur du tonnerre.* **2.** Fig. Bruit très violent et prolongé. *Le tonnerre des canons. Un tonnerre d'applaudissements.* **3.** Fig. *De tonnerre :* qui produit un effet semblable au tonnerre. *Un fracas, une voix de tonnerre.* **4.** loc. adj. Fam. *Du tonnerre :* extraordinaire, étonnant; qui suscite l'enthousiasme. *C'est une idée du tonnerre. Une fille du tonnerre.* – Lat. *tonitrus.*

tonométrie [tɔnɔmetʀi] n. f. PHYS Détermination des masses molaires des corps dissous dans une solution, par mesure de l'abaissement de la tension de vapeur. – Du gr. *tonos,* « tension », et *-métrie.*

tonsillaire [tɔ̃sillɛʀ] adj. ANAT Qui se rapporte aux amygdales. *Plexus tonsillaire.* – Du lat. *tonsillæ,* « amygdales ».

tonsure [tɔ̃syʀ] n. f. **1.** Petite portion circulaire du cuir chevelu, au sommet de la tête, que les ecclésiastiques gardaient rasée. ▷ Fam. Calvitie circulaire. **2.** Cérémonie de l'Église catholique par laquelle l'évêque confère l'état ecclésiastique en coupant les cheveux situés sur le sommet de la tête. – Lat. *tonsura,* « action de tondre ».

tonsurer [tɔ̃syʀe] v. tr. [1] **1.** Faire une tonsure à. – Pp. adj. *Tête tonsurée.* **2.** Donner la tonsure (au cours d'une cérémonie) à. – De *tonsure.*

tonte [tɔ̃t] n. f. **1.** Action de tondre. *La tonte des moutons, du gazon.* **2.** Laine qui a été tondue. **3.** Période de l'année où l'on tond les moutons. – De *tondre.*

1. tontine [tɔ̃tin] n. f. DR Système de rentes viagères collectives, reportables sur les survivants. ▷ Ancien jeu de cartes, où un seul joueur, après élimination successive des autres, remportait l'ensemble des mises; corbeille où étaient déposées ces mises. – Du nom de *Tonti,* inventeur de ce système de rentes.

2. tontine [tɔ̃tin] n. f. HORTIC Revêtement de mousse ou de paille entourant les racines d'un arbuste en cours de transplantation.

tontiner [tɔ̃tine] v. tr. [1] HORTIC Garnir d'une tontine. – De *tontine* 2.

tonton [tɔ̃tɔ̃] n. m. (Dans le langage enfantin.) Oncle. *Tonton Jean.* – Formation enfantine à redoublement, de *tante, tantine,* d'ap. *oncle.*

tonus [tɔnys] n. m. **1.** MED Tension légère à laquelle est soumis tout muscle strié à l'état de repos. ▷ Excitabilité du tissu nerveux. **2.** Cour. Énergie vitale, entrain. *Il a du tonus.* Syn. dynamisme. – Mot latin, du gr. *tonos,* « tension ».

top(o)-, -tope. Éléments, du gr. *topos,* « lieu ».

top [tɔp] n. m. **1.** Bref signal sonore indiquant un moment précis. *Au quatrième top, il sera exactement 10 heures. Top de départ.* **2.** Niveau le plus élevé. *Top secret.* – Onomat.

topaze [tɔpaz] n. f. **1.** Pierre fine jaune composée de silicate d'aluminium contenant deux atomes de fluor d'aluminium, souvent présente dans les pegmatites. **2.** *Par ext.* Pierre fine de couleur jaune. *Fausse topaze,* ou *topaze d'Espagne :* quartz jaune. *Topaze orientale :* corindon jaune. – Lat. *topazus,* de *Topazos,* nom d'une île de la mer Rouge.

-tope. V. top(o)-.

toper [tɔpe] v. intr. [1] Donner un petit coup dans la main de son partenaire pour signifier que le marché est conclu. *Tope, topez là!* – Mot de formation expressive (d'abord interj. *tope!*).

topette [tɔpɛt] n. f. Fam. Petite bouteille (de vin, d'alcool). *Topette de rhum.* – Mot dial., du frq. **toppin,* « pot ».

tophus [tɔfys], plur. **tophus** [tɔfys] ou **tophi** [tɔfi] n. m. MED Dépôt (sous-cutané, articulaire ou rénal) de sels de l'acide urique, sous forme de concrétions, qui se produit notam. chez les goutteux. – Lat. *tofus* ou *tophus,* « pierre spongieuse et friable ».

topicalisation [tɔpikalizasjɔ̃] n. f. (Anglicisme) LING Mise en relief, en tant que topique, d'une unité linguistique, par détachement ou accentuation. – Mot angl., de *topique.*

topinambour [tɔpinɑ̃buʀ] n. m. **1.** Plante vivace, herbacée de grande taille (*Helianthus tuberosus,* fam. composées), cultivée pour ses tubercules, dans les pays chauds et tempérés. **2.** Ce tubercule comestible, riche en inuline (sucre). – De *Topinambous,* population du Brésil vivant dans une région d'où l'on a cru cette plante originaire (elle provenait en réalité du Canada).

topique [tɔpik] adj. et n. **1.** Vx Relatif à un lieu particulier. – MED Se dit de tout médicament d'application externe qui agit localement. ▷ Subst. *Un topique.* **2.** Didac. Qui s'applique exactement à une question, à un sujet. *Argument topique.* Syn. caractéristique, typique. **3.** RHET Relatif aux lieux communs. ▷ n. m. Lieu commun. **4.** LING (Anglicisme) Personne ou chose dont on dit qqch (par oppos. à *commentaire,* ce qui est dit de cette personne ou chose). *Les topiques sont généralement les sujets alors que les commentaires constituent les prédicats.* **5.** n. f. PSYCHAN Schéma, système de l'appareil psychique profond, doué de caractères ou de fonctions spéciales – Lat. *topicus,* gr. *topikos,* de *topos,* « lieu ».

topo-. V. top(o)-.

topo [tɔpo] n. m. **1.** Vx Plan topographique. **2.** *Par ext.* Fam. Plan schématique, exposé sommaire d'une question. *Faire un topo.* – Abrév. de *topographie.*

topographe [tɔpɔgʀaf] n. Spécialiste de topographie. – De *topographie.*

topographie [tɔpɔgʀafi] n. f. **1.** Représentation graphique d'un lieu, avec indication de son relief. *Sur un relevé, la topographie d'un terrain donné est figurée par sa planimétrie et par son altimétrie.* **2.** Technique d'établissement des plans et cartes de terrains d'une certaine étendue. **3.** Configuration d'un lieu. *Étudier la topographie d'un endroit.* – Bas lat. *topographia,* mot gr.

topographique [tɔpɔgʀafik] adj. Relatif à la topographie. *Relevé topographique.* – De *topographie.*

topoguide [tɔpogid] n. m. Guide détaillé destiné aux randonneurs. – De *topo-,* et *guide.*

topologie [tɔpɔlɔʒi] n. f. MATH **1.** Branche des mathématiques (appelée d'abord *analysis situs* ou *géométrie de situation*) qui étudie les propriétés de l'espace et des ensembles de fonctions au seul point de vue qualitatif, en utilisant notam. les notions de déformation et de continuité. **2.** Syn. de *structure topologique.* (V. encycl.) – De *topo-,* et *-logie.*

ENCYCL Une *structure topologique* (ou *topologie*) sur un ensemble X est un ensemble T de parties de X qui satisfait aux conditions suivantes : la réunion de toute famille d'éléments de T appartient à T; l'intersection de toute famille finie d'éléments de T appartient à T (et donc l'ensemble X et sa partie vide appartiennent à T). Le couple formé par X et par T est appelé *espace topologique.* Les éléments de T sont appelés des *ouverts* de X et les complémentaires de ces éléments dans X des *fermés* de X. Ainsi, dans le plan euclidien, un disque (on disait autref. « cercle ») sera dit *ouvert* si l'on considère l'ensemble des points dont la distance au centre est *strictement inférieure* au rayon du disque et *fermé* si l'on considère les points dont la distance est *inférieure* (on disait autref. « inférieure ou égale ») au rayon ; autrement dit, un disque ouvert ne comprend pas les points appartenant au cercle (dit autref. « circonférence ») ; ces points appartiennent à la *fermeture* du disque ouvert. La topologie définit bien d'autres notions, notam. celles de voisinage, d'adhérence et de filtre, qui permettent de formaliser les notions intuitives de borne, de frontière, de limite et de continuité.

topologique [tɔpɔlɔʒik] adj. MATH Relatif à la topologie. – De *topologie.*

topométrie [tɔpometʀi] n. f. TECH Mesure des terrains ou territoires, par les techniques topographiques. – De *topo-,* et *-métrie.*

toponyme [tɔpɔnim] n. m. LING Nom de lieu. – De *toponymie.*

toponymie [tɔpɔnimi] n. f. **1.** LING Science qui étudie les noms de lieux. **2.** Ensemble des noms de lieux d'une région, d'un pays, d'une langue. – De *topo-,* et gr. *onoma,* « nom ».

toponymique [tɔpɔnimik] adj. LING Relatif à la toponymie. – De *toponymie.*

toponymiste [tɔpɔnimist] n. m. LING Spécialiste en toponymie. – De *toponymie.*

toquade ou **tocade** [tɔkad] n. f. Fam. Engouement passager, caprice. – De *toquer* 2.

toquante. V. tocante.

toquard. V. tocard.

toque [tɔk] n. f. Coiffure ronde et sans bords. *Toque de fourrure. Toque blanche de cuisinier. Toque de jockey.* – Esp. *toca,* orig. incon.

toqué, ée [tɔke] adj. et n. Fam. Qui a le cerveau dérangé. *Il est complètement toqué.* ▷ Subst. *Un(e) toqué(e).* Syn. cinglé, piqué. – Pp. de *toquer* 1.

1. toquer [tɔke] v. intr. [1] Vx ou rég. Frapper. *Toquer à la porte.* – Du rad. expres. *tokk-.*

2. toquer (se) [tɔke] v. pron. [11] Fam. (Généralement péjor.) Se prendre de passion pour (qqn, qqch). *Se toquer d'une femme.* Syn. s'engouer. – De *toquer,* « sonner les cloches », ou de *toque.*

Torah ou **Thora** [tɔʀa] n. f. RELIG Nom donné par les Juifs à la loi mosaïque. – Mot hébreu, propr. « doctrine, enseignement ».

ENCYCL En son sens premier, la Torah désigne le Pentateuque, dont la tradition attribue la rédaction à Moïse inspiré par Dieu. Le Talmud l'appellera plus tard Torah chébiketav, la « Loi qui est par écrit ». Parallèlement à cette loi écrite, de nombr. traditions circulaient dans l'anc. Israël. Ainsi apparut la notion de Loi orale, la Torah chébealpé, la « Loi qui est dans la bouche », pour l'essentiel consignée dans le Talmud*.

torche [tɔʀʃ] n. f. **1.** Poignée de paille tortillée, roulée en torsade. – TECH Tresse d'osier bordant certains ouvrages de vannerie. ▷ AVIAT *Parachute en torche,* dont la corolle qui ne s'est pas déployée correctement reste enroulée en torsade et ne peut ralentir la chute. **2.** Flambeau grossier fait d'une matière inflammable (tortis, bâton, corde, etc.) enduite de résine, de cire ou de suif. – Par métaph. *Victimes d'un incendie transformées en torches vivantes.* – Mod. *Torche électrique* ou *torche* : lampe électrique portative de forme généralement cylindrique. – Lat. pop. **torca,* class. *torques,* « torsade, collier ».

torché, ée [tɔʀʃe] adj. Fam. Exécuté d'une manière enlevée ; bien tourné. *Une réplique bien torchée.* – Pp. de *torcher.*

torche-cul [tɔʀʃky] n. m. **1.** Vx et grossier Linge ou papier servant à s'essuyer après avoir été à la selle. **2.** Fig., fam. Écrit méprisable ou sans valeur. *Des torche-culs.* – De *torcher,* et *cul.*

torchée [tɔʀʃe] n. f. Fam. Volée de coups ; défaite infamante. – Pp. fém. subst. de *torcher.*

torcher [tɔʀʃe] v. tr. [1] **I. 1.** Fam. Essuyer. *Torcher le nez d'un enfant. Le chien a torché son écuelle.* Syn. nettoyer. – Pop. *Torcher (le derrière de) qqn. Torcher son marmot.* ▷ v. pron. Fig., fam. *S'en torcher* : s'en moquer complètement. **2.** Loc. fig., fam. vieilli *Se faire torcher par* : être vaincu par. **3.** Fig., fam. Exécuter vite et mal. *Torcher un travail.* Syn. bâcler. **II.** CONSTR Construire en torchis. **III.** TECH Envoyer dans une torchère (les résidus gazeux d'une raffinerie). – De *torche.*

torchère [tɔʀʃɛʀ] n. f. **1.** Vx Vase de fer où l'on fait brûler des matières combustibles pour un éclairage de fête. **2.** Grand candélabre destiné à recevoir des flambeaux. *Torchères de bronze.* **3.** TECH Canalisation verticale par où s'échappent et brûlent les résidus gazeux d'une raffinerie. – De *torche.*

torchis [tɔʀʃi] n. m. CONSTR Matériau fait d'un mélange d'argile et de paille hachée. – De *torcher.*

torchon [tɔʀʃɔ̃] n. m. **1.** Pièce de toile destinée à essuyer la vaisselle. ▷ Loc. fig., fam. *Il ne faut pas mélanger les torchons et les serviettes,* mélanger ou confondre des gens de conditions sociales différentes et des choses qui n'ont pas la même valeur. – *Coup de torchon* : querelle, bagarre, épuration. – *Le torchon brûle* : il y a une vive dispute (entre deux personnes, deux groupes, etc.). ▷ TECH *Papier-torchon* : papier de chiffons, pour l'aquarelle. **2.** Fig., fam. Écrit peu soigné ; écrit sans valeur. – De *torche ;* d'abord « poignée de paille tordue ».

torchonner [tɔʀʃɔne] v. tr. [1] **1.** Vx ou rég. Frotter avec un torchon. **2.** Fig., fam. Exécuter rapidement et sans soins. – De *torchon.*

torcol [tɔʀkɔl] n. m. ORNITH Oiseau voisin du pic (genre *Yunx*) dont l'espèce européenne, au plumage gris-brun, hiverne en Afrique. – De *tordre,* et *col,* à cause de la souplesse de son cou.

tordage [tɔʀdaʒ] n. m. Action de tordre. ▷ TEXT Syn. de *moulinage.* – De *tordre.*

tordant, ante [tɔʀdɑ̃, ɑ̃t] adj. Fam. Très amusant, très drôle. – Ppr. de *(se) tordre.*

tord-boyaux [tɔʀbwajo] n. m. inv. Fam. Eau-de-vie très forte et de mauvaise qualité. – De *tordre,* et *boyau.*

tordeur, euse [tɔʀdœʀ, øz] n. **1.** TECH Personne chargée du tordage. ▷ n. f. Machine servant à tordre des fils. **2.** n. f. ENTOM Nom de diverses chenilles de papillons tortricidés, qui roulent les feuilles pour s'y abriter. – De *tordre.*

tord-nez [tɔʀne] n. m. inv. MED VET Instrument servant à serrer les naseaux d'un cheval pour l'immobiliser afin de le soigner ou le ferrer. – De *tordre,* et *nez.*

tordoir [tɔʀdwaʀ] n. m. TECH Bâton servant à tordre, à serrer une corde. – De *tordre.*

tordre [tɔʀdʀ] v. [5] **I.** v. tr. **1.** Soumettre (un corps) à une torsion, notam. en tournant en sens contraire ses deux extrémités. *Tordre du fil, du linge.* **2.** Tourner violemment en forçant. *Tordre le bras à qqn.* – v. pron. *Se tordre la cheville.* ▷ *Tordre le cou à qqn,* le tuer en lui tournant le cou, d'où, fam., tuer ; fig. faire un mauvais sort, régler son compte à qqn. *Si tu recommences, je te tords le cou !* **3.** Tourner de travers. – v. pron. *Elle implorait en se tordant les mains.* ▷ Déformer. *Une grimace de douleur tordait sa bouche.* **4.** Plier, gauchir. *Tordre une barre de fer.* **II.** v. pron. **1.** Se plier en deux, se tortiller sous l'effet d'une sensation ou d'une émotion vive. *Se tordre* *de douleur. Se tordre de rire,* ou, absol. et fam., *se tordre. C'est à se tordre!* **2.** (Choses) Être tordu. *Racines qui se tordent.* – Du lat. pop. *torcere,* class. *torquere.*

tordu, ue [tɔʀdy] adj. et n. **1.** Qui était droit mais ne l'est plus; recourbé, déformé. V. aussi tors. **2.** Fig. et fam. Bizarre, un peu fou. ▷ Subst. *Quel tordu!* – *Avoir l'esprit tordu,* compliqué ou mal tourné. – Pp. de *tordre.*

tore [tɔʀ] n. m. **1.** ARCHI Moulure épaisse de forme semi-cylindrique. Syn. boudin. **2.** GEOM Volume engendré par un cercle qui tourne autour d'un axe situé dans son plan et qui ne passe pas par son centre. **3.** INFORM *Tore magnétique :* anneau de ferrite utilisé dans les ordinateurs pour stocker les informations. – Lat. *torus.*

toréador [tɔʀeadɔʀ] n. m. Syn. anc. de *torero* (encore utilisé par les profanes en tauromachie). – Mot esp.

toréer [tɔʀee] v. intr. [1] Combattre le taureau dans l'arène, selon les règles de la tauromachie. – Esp. *torear,* de *toro,* «taureau», du lat. *taurus.*

torero [tɔʀeʀo] n. m. Personne qui torée. – Mot esp.

toreutique [tɔʀøtik] n. f. BX-A Art de ciseler sur les métaux, le bois, l'ivoire. – Gr. *toreutikê (tekhnê),* «art de graver *(toreuein)*».

torgnole [tɔʀɲɔl] n. f. Fam. Coup, gifle. *Donner, recevoir une torgnole.* – De l'a. fr. *to(u)rniole,* «mouvement circulaire»; de *tornier,* «tournoyer» (cf. tournée).

tories. V. tory.

torii [tɔʀii] n. m. inv. Portique de bois, de pierre ou de bronze placé devant les temples shintoïstes japonais. – Mot jap.

toril [tɔʀil] n. m. Annexe de l'arène où sont enfermés les taureaux avant le combat. – Mot esp., de *toro,* «taureau».

torique [tɔʀik] adj. GEOM En forme de tore. – De *tore.*

tormentille [tɔʀmɑ̃tij] n. f. BOT Potentille (*Potentilla tormentilla*) au rhizome astringent. – Lat. *tormentilla,* de *tormentum,* «tourment».

tornade [tɔʀnad] n. f. Mouvement tourbillonnaire, très violent, de l'atmosphère. ▷ Fig. Irruption impétueuse. Syn. tourbillon. – Esp. *tornado,* de *tornar,* «tourner», du lat. *tornare.*

toron [tɔʀɔ̃] n. m. TECH Réunion de plusieurs fils tordus ensemble. *Un cordage est constitué de plusieurs torons.* – Du lat. *torus,* «corde».

toronneuse [tɔʀɔnøz] n. f. TECH Machine servant à fabriquer des torons. – De *toron.*

torpédo [tɔʀpedo] n. f. Type anc. d'automobile à carrosserie découverte, de forme allongée. – Angl. *torpedo,* du lat., «torpille».

torpeur [tɔʀpœʀ] n. f. **1.** Engourdissement, pesanteur qui affecte l'organisme. *Une trop forte dose de calmants l'a fait sombrer dans la torpeur.* **2.** Fig. Engourdissement intellectuel, abattement moral, apathie. *Il essayait vainement de les faire sortir de leur torpeur.* – Lat. *torpor,* de *torpere,* «être engourdi».

torpide [tɔʀpid] adj. **1.** Caractérisé par la torpeur. **2.** MED Se dit d'une lésion, d'une affection qui semble en sommeil, ne manifestant aucune tendance à l'amélioration ou à l'aggravation. – Lat. *torpidus.*

torpillage [tɔʀpijaʒ] n. m. MILIT Action de torpiller; résultat de cette action. – De *torpiller.*

1. torpille [tɔʀpij] n. f. ICHTYOL Poisson sélacien (genre *Torpedo*) des côtes océaniques et méditerranéennes, sorte de raie aux nageoires circulaires et à queue courte, qui possède un organe fonctionnant comme un appareil électrique dont la décharge lui permet d'immobiliser ses proies ou de se défendre. – Provenç. *torpio,* du lat. *torpedo.*

2. torpille [tɔʀpij] n. f. MILIT **1.** MAR Engin autopropulsé, chargé d'explosifs, destiné à la destruction de navires ennemis. **2.** Bombe aérienne munie d'ailettes. – Trad. de l'angl. *torpedo,* de *torpille* 1.

torpiller [tɔʀpije] v. tr. [1] **1.** MILIT Attaquer, détruire à la torpille. *Torpiller un sous-marin.* **2.** Fig. Attaquer clandestinement de manière à faire échouer. *Torpiller des négociations.* – De *torpille* 2.

torpilleur [tɔʀpijœʀ] n. m. MAR **1.** Bâtiment de guerre de faible tonnage destiné à lancer des torpilles. **2.** Marin chargé du lancement des torpilles. – De *torpille* 2.

1. torque [tɔʀk] n. m. ARCHEOL Collier de métal porté par les guerriers gaulois, puis par les soldats romains en tant que récompense militaire. – Lat. *torques.*

2. torque [tɔʀk] n. f. TECH Rouleau de fil de fer. – Forme dial. de *torche.*

torr [tɔʀ] n. m. Ancienne unité de pression correspondant à une hauteur de 1 mm de mercure (1 torr = 133,3 Pa). – Du n. de *Torr(icelli)* (1608-1647), physicien et mathématicien ital.

torréfacteur [tɔʀefaktœʀ] n. m. **1.** TECH Appareil servant à torréfier. **2.** Spécialiste de la torréfaction (notam. des cafés). – Personne qui fait commerce du café qu'il torréfie lui-même. – De *torréfaction.*

torréfaction [tɔʀefaksjɔ̃] n. f. Action de torréfier. – Lat. médiév. *torrefactio,* de *torrefacere,* «torréfier».

torréfier [tɔʀefje] v. tr. [2] Soumettre à sec (certaines substances) à l'action du feu. *Torréfier du café.* – Lat. *torrefacere.*

torrent [tɔʀɑ̃] n. m. **1.** Cours d'eau de montagne, à débit rapide, aux crues subites. ▷ Par exag. Fig. *Il pleut à torrents. Un torrent de larmes.* Syn. déluge. **2.** *Par ext.* Flot, écoulement violent et abondant. *Des torrents de fumée.* ▷ Fig. *Un torrent d'injures.* – Lat. *torrens,* n. m., du ppr. de *torrere,* «brûler», au sens de «dévorant, impétueux».

torrentiel, elle [tɔʀɑ̃sjɛl] adj. **1.** GEOGR Propre ou relatif aux torrents. **2.** Qui s'écoule avec violence. *Pluie torrentielle.* – De *torrent.*

torrentueux, euse [tɔʀɑ̃tɥø, øz] adj. Qui forme un torrent. ▷ Litt. Torrentiel, impétueux comme un torrent. – De *torrent.*

torride [tɔʀ(ʀ)id] adj. Excessivement chaud (en ce qui concerne l'atmosphère). *Climat, zone torride. Un été torride.* – Lat. *torridus,* de *torrere,* «brûler».

tors, torse [tɔʀ, tɔʀs] adj. et n. m. **I.** adj. et n. m. **1.** Enroulé en torsade. *Fil tors.* – *Colonne torse,* au fût contourné en hélice. ▷ CONSTR *Fer tors* ou, n. m., *un tors :* rond à béton crénelé, tordu autour de son axe, servant au ferraillage des ouvrages en béton armé. **2.** Tordu, difforme. *Jambes torses.* **II.** n. m. Action de tordre les brins pour former le fil, la laine. – Anc. pp. de *tordre.*

torsade [tɔʀsad] n. f. Assemblage de fils, cordons, cheveux, etc., enroulés ou tordus en hélice. ▷ ARCHI Motif ornemental figurant cet assemblage. – De *tors.*

torsader [tɔʀsade] v. tr. [1] Mettre en torsade. *Torsader de la soie.* – De *torsade.*

torse [tɔʀs] n. m. **1.** Thorax d'un être humain. (Cf. buste, poitrine.) *Se mettre torse nu. Bomber le torse.* **2.** BX-A Statue tronquée, corps humain représenté du cou à la ceinture, sans tête et sans membres. – Ital. *torso,* «trognon de chou», du lat. *tursus,* forme parlée de *thyrsus,* «tige des plantes».

torseur [tɔʀsœʀ] n. m. PHYS Ensemble de deux vecteurs servant à caractériser l'action d'un système de forces sur un solide. – De *tors.*

torsion [tɔʀsjɔ̃] n. f. Action de tordre; déformation qui en résulte. *Torsion d'une tige. Torsion de la bouche.* ▷ PHYS

Sollicitation exercée sur un solide par deux couples opposés agissant dans des plans parallèles et ayant pour effet de déformer ce solide en le tordant. – Bas lat. *torsio,* de *torquere,* «tordre».

tort [tɔʀ] n. m. **1.** Action, comportement, pensée contraire à la justice ou à la raison. *Reconnaître ses torts.* ▷ DR *Prononcer un jugement aux torts d'une partie.* Ant. au profit de. ▷ Loc. *Avoir tort :* n'avoir pas pour soi le droit, la vérité (par oppos. à *avoir raison*). Prov. *Les absents ont toujours tort :* on rejette les fautes sur ceux qui ne sont pas là. *Avoir tort de...* (+ inf.) *Vous avez tort de vous plaindre.* – *Donner tort à qqn,* condamner ses idées, sa conduite. – *Être, se mettre en tort, dans son tort :* être, se rendre coupable d'une action blâmable. *C'est un tort de croire... :* on a tort de croire... **2.** Loc. adv. *À tort :* sans raison, injustement. *À tort ou à raison :* avec ou sans raison valable. *À tort et à travers :* sans discernement. **3.** Dommage, préjudice causé à qqn. *Cela lui a fait du tort. Un redresseur de torts.* – Du lat. pop. *tortum,* neutre subst. de *tortus,* «tordu, de travers», de *torquere,* «tordre».

torticolis [tɔʀtikɔli] n. m. Position anormale de la tête et du cou s'accompagnant d'un raidissement musculaire douloureux. – Probabl. création plaisante d'ap. un lat. fictif *tortum collum,* «qui a le cou de travers».

tortil [tɔʀtil] n. m. HERALD Cercle de la couronne de baron, tortillée d'un rang de petites perles. ▷ *Par ext.* Cette couronne. – Autre forme de *tortis.*

tortillard [tɔʀtijaʀ] adj. m. et n. m. **1.** adj. m. Rég. Se dit d'un arbre dont le tronc est anormalement torsadé, contourné. **2.** n. m. Train roulant sur une voie secondaire qui fait de nombreux détours pour desservir un grand nombre de petites localités. – De *tortiller.*

tortillement [tɔʀtijmɑ̃] n. m. Action de tortiller, de se tortiller; état de ce qui est tortillé. – De *tortiller.*

tortiller [tɔʀtije] v. [1] **1.** v. tr. Tordre (une chose) sur elle-même à plusieurs reprises, tourner et retourner. *Il tortillait nerveusement son mouchoir.* **2.** v. intr. *Tortiller des hanches :* marcher en balançant les hanches. ▷ Absol. Fam. *Il n'y a pas à tortiller,* à chercher des détours, à tergiverser. **3.** v. pron. Se tordre sur soi-même, de côté et d'autre, s'agiter en tous sens. *Serpent qui se tortille. Se tortiller sur sa chaise.* – P.-ê. du lat. *tortilis,* «enroulé».

tortillon [tɔʀtijɔ̃] n. m. **1.** Chose tortillée. *Un tortillon de papier.* ▷ *Spécial.* Estompe. **2.** Bourrelet de tissu que l'on met sur sa tête pour porter un fardeau. **3.** Gâteau sec en forme de torsade. – De *tortiller.*

tortionnaire [tɔʀsjɔnɛʀ] n. m. Anc. Bourreau qui appliquait la torture. ▷ Mod. Personne qui torture qqn. – Du lat. médiév. *tortionarius,* «injuste», du bas lat. *tortionare,* «tourmenter».

tortis [tɔʀti] n. m. Assemblage de fils tordus en même temps. – Du lat. pop. *torticium,* de *tortum,* supin de *torquere,* «tordre».

tortricidés [tɔʀtʀiside] n. m. pl. ENTOM Famille de papillons nocturnes ou diurnes, de petite taille, dont les ailes antérieures sont quadrangulaires. (Leurs chenilles sont appelées *tordeuses*.*) – Sing. *Un tortricidé.* – Du lat. zool. *tortrix, tortricis,* «tordeuse».

tortu, ue [tɔʀty] adj. Vx ou litt. Qui est tordu, de travers. *Nez tortu.* ▷ Fig. *Esprit tortu.* – De *tort(e),* anc. pp. de *tordre.*

tortue [tɔʀty] n. f. **1.** Reptile tétrapode archaïque caractérisé par une carapace dorsale et ventrale, et par la lenteur de sa marche. V. chéloniens. ▷ Fig. *À pas de tortue :* avec une grande lenteur. *C'est une vraie tortue :* il est très lent. **2.** ANTIQ ROM Sorte de toit que les soldats romains faisaient en imbriquant leurs boucliers, pour se protéger des projectiles ennemis. – Du lat. pop. **tartaruca (bestia),* de **tartarucus,* class. *tartareus,* «du Tartare (les Enfers dans la myth. romaine)».

tortueusement [tɔʀtɥøzmɑ̃] adv. D'une manière tortueuse. – De *tortueux.*

tortueux, euse [tɔʀtɥø, øz] adj. **1.** Qui fait des tours et des détours. *Sentier tortueux.* Syn. sinueux. **2.** Fig. Dépourvu de droiture, de franchise. *Âme tortueuse.* – Lat. *tortuosus.*

torturant, ante [tɔʀtyʀɑ̃, ɑ̃t] adj. Qui torture (en parlant de choses). *Des regrets torturants.* – Ppr. de *torturer.*

torture [tɔʀtyʀ] n. f. **1.** Souffrance grave que l'on fait subir volontairement à qqn, partic. pour lui arracher des aveux. V. supplice. *Instruments de torture.* ▷ Loc. fig. *Mettre qqn à la torture,* dans un embarras, une incertitude extrêmement pénibles. *Mettre son esprit à la torture :* s'efforcer désespérément de trouver une solution, une idée. **2.** Litt. Souffrance intolérable. Syn. tourment. *En proie aux tortures du doute, de la jalousie.* – Du bas lat. *tortura,* proprement «action de tordre», du class. *tortum,* supin de *torquere,* «tordre».

torturer [tɔʀtyʀe] v. [1] **I.** v. tr. **1.** Soumettre (qqn) à la torture. *Torturer un prisonnier.* **2.** Causer une vive souffrance à (qqn). *Cette obsession le torturait.* – Fig. *Torturer un texte,* le remanier, le modifier d'une façon forcée. **II.** v. pron. Fig. *Se torturer l'esprit.* – De *torture.*

torve [tɔʀv] adj. *Œil torve, regard torve,* en coin et menaçant. – Lat. *torvus.*

tory [tɔʀi], plur. **tories** [tɔʀiz] n. m. et adj. HIST Nom donné en Angleterre aux partisans de Jacques d'York (le futur Jacques II) qui, dans les années 1679-1680, défendirent l'absolutisme royal et le pouvoir de l'Église anglicane, puis aux membres du parti qui s'opposa aux whigs*. *Les tories exercèrent rarement le pouvoir au XVIII*[e] *siècle, puis dirigèrent le pays à partir de 1807.* ▷ adj. *Le parti tory se disloqua au milieu du XIX*[e] *siècle et donna naissance au parti conservateur.* – Mot angl., de l'irlandais *toraidhe,* proprement «poursuivant», nom qui à l'origine désignait des rebelles irlandais (catholiques).

toscan, ane [toskɑ̃, an] adj. et n. **1.** adj. et n. De la Toscane. ▷ ARCHI *L'ordre toscan :* l'un des cinq ordres de l'architecture classique, qui est une simplification stylistique du dorique grec. ▷ Subst. *Un(e) Toscan(e).* **2.** n. m. *Le toscan :* le dialecte parlé en Toscane. – Ital. *toscano,* «de Toscane», région de l'Italie centrale.

tosser [tose] v. intr. [1] MAR Cogner de façon répétée sous l'effet du ressac. *Le clapot fait tosser le canot contre le quai.* – P.-ê. de l'angl. *to toss,* «agiter».

tôt [to] adv. **1.** Vx Vite. – Mod. *Il aura tôt fait de... :* il aura vite fait de... **2.** À un moment jugé antérieur au moment habituel ou normal. *Les vacances de Pâques commencent tôt cette année. Il s'est enfin décidé, ce n'est pas trop tôt! Tôt ou tard :* V. tard. – (Avec *plus.*) *Cela arrivera plus tôt que vous ne croyez. Ne... pas plus tôt... que... :* à peine... que... *Il n'était pas plus tôt sorti que tout le monde disait du mal de lui.* – (Avec *le plus.*) *Venez me voir le plus tôt possible. Le plus tôt sera le mieux.* – *Au plus tôt* (accompagné d'une indication temporelle). *Il aura fini lundi prochain au plus tôt,* pas avant lundi. – *Pas de si tôt* (mieux que *pas de sitôt*) : dans un lointain avenir, jamais éventuellement. ▷ *Spécial.* ((L'espace de temps considéré étant la journée.) *Je me suis levé tôt,* de bonne heure. *L'école a libéré les élèves plus tôt que d'habitude.* – Probabl. lat. pop. **tostum,* neutre adverbial de *tostus,*«brûlé, grillé», pp. de *torrere,* par métaph.

total, ale, aux [tɔtal, o] adj. et n. m. **I.** adj. **1.** Qui s'étend à tous les éléments (de la réalité considérée), auquel il ne manque rien. Syn. complet, entier. *Un dénuement total. Guerre totale.* ▷ CHIR *Une hystérectomie* totale* ou fam., n. f., *une totale.* **2.** Qui est entier. *La somme totale. La production totale.* **II.** n. m. Résultat d'une addition, ou d'un ensemble d'opérations équivalentes. *Le total des dépenses.* ▷ Loc. adv. *Au total :* tout compte fait, en somme, en définitive. – Fam. *Total :* résultat final. *Il s'est cru le plus malin, total il a tout perdu.* – Lat. pop. *totalis,* du class. *totus,* « tout ».

totalement [tɔtalmɑ̃] adv. D'une manière totale, entièrement. *Il m'est totalement dévoué.* – De *total.*

totalisant, ante [tɔtalizɑ̃, ɑ̃t] adj. PHILO Qui réunit par une synthèse. – Ppr. de *totaliser.*

totalisateur, trice [tɔtalizatœʀ, tʀis] adj. et n. m. Se dit d'un appareil qui additionne des valeurs et en indique la somme. – n. m. *Le totalisateur (des paris) sur un hippodrome.* – De *totaliser.*

totalisation [tɔtalizasjɔ̃] n. f. Action de totaliser. – De *totaliser.*

totaliser [tɔtalize] v. tr. [1] **1.** Réunir en un total, additionner. *Totaliser des quantités.* **2.** Avoir au total. *Champion qui totalise dix victoires.* – De *total.*

totalitaire [tɔtalitɛʀ] adj. Se dit d'un régime, d'un État dans lequel la totalité des pouvoirs appartient à un parti unique qui ne tolère aucune opposition. – Ital. *totalitario* (mot créé par Mussolini).

totalitarisme [tɔtalitaʀism] n. m. Système, doctrine d'un État totalitaire. – De *totalitaire.*

totalité [tɔtalite] n. f. Réunion de tous les éléments d'un ensemble. *La totalité d'un héritage.* ▷ Loc. adv. *En totalité :* sans excepter aucun élément, aucune partie. – De *total.*

totem [tɔtɛm] n. m. Animal, végétal (exceptionnellement objet matériel) représentant, dans de nombreuses sociétés dites « primitives », l'ancêtre d'un clan. – *Par ext.* Cet emblème. – Mot angl., d'une langue amérindienne de la famille de l'algonquin.

totémique [tɔtemik] adj. ETHNOL Qui concerne les totems, le totémisme. – De *totem.*

totémisme [tɔtemism] n. m. ETHNOL **1.** Organisation de certaines sociétés humaines fondée sur les totems et leur culte. **2.** Théorie qui voit dans le culte du totem la forme primitive de la religion, et dans le tabou celle de la morale. – De *totem.*

toto [toto] n. m. Arg., vieilli Pou du corps. – Mot champenois répandu en 1914-1918; formation pop. par redoublement.

toton [tɔtɔ̃] n. m. **1.** Dé traversé d'une petite tige pointue sur laquelle on le fait tourner. **2.** Petite toupie. – Du lat. *totum,* « tout (l'enjeu) », marqué T sur une face du dé.

touage [twaʒ] n. m. MAR Action de touer un navire. *Entreprise de touage et de remorquage.* – De *touer.*

touareg [twaʀɛg] adj. inv. et n. m. pl. **1.** adj. inv. Relatif, propre aux Touareg. **2.** n. m. pl. (sing. m. *Targui,* sing. f. *Targuia*). *Les Touareg sont des nomades (les Touareg, Berbères islamisés, nomadisent dans le Sud saharien).* – Mot ar.

toubib [tubib] n. m. Fam. Médecin. – Ar. d'Algérie *t'bib,* de l'ar. class. *tabīb,* « médecin ».

toucan [tukɑ̃] n. m. Oiseau d'Amérique du Sud (genre princ. *Ramphastos,* ordre des piciformes), au bec énorme mais très léger, au plumage mi-sombre mi-éclatant. – Mot tupi.

1. touchant [tuʃɑ̃] prép. Vx ou litt. Au sujet de. *Il n'a rien dit touchant cette affaire.* – Ppr. de *toucher* 1.

2. touchant, ante [tuʃɑ̃, ɑ̃t] adj. Qui touche en attendrissant. *Une manifestation très touchante.* ▷ n. m. *C'est d'un touchant!* – Ppr. de *toucher* 1.

touchau [tuʃo] n. m. TECH Étoile d'or ou d'argent dont chaque branche, d'un titre déterminé, est utilisée pour le contrôle des métaux précieux à la pierre de touche. – De *toucher* 1.

touche [tuʃ] n. f. **I. 1.** Fait, pour un poisson, de mordre à l'hameçon. *Sentir une touche.* ▷ Fig., fam. *Faire une touche :* plaire, provoquer une certaine attirance chez qqn qu'on rencontre. – *Avoir une touche, la touche avec qqn,* lui plaire. **2.** Coup qui atteint l'adversaire, à l'escrime. **3.** Épreuve que l'on fait subir à l'or ou à l'argent au moyen de la *pierre de touche* (morceau de jaspe noir) et du *touchau.* ▷ Fig. *Pierre de touche :* moyen d'éprouver qqn, qqch. **4.** Manière dont un peintre applique la couleur sur la toile. – Coup de pinceau. *Procéder par petites touches.* ▷ Fig. Élément distinctif à l'intérieur d'un ensemble que l'on compare à un tableau. *Mettre une touche spirituelle dans une description. Mettre la dernière touche à son livre.* **5.** Pop. Allure, aspect de qqn. *Il a une drôle de touche.* **6.** SPORT *Ligne de touche* ou *touche :* au rugby, au football, etc., chacune des deux lignes de démarcation latérales du terrain, au-delà desquelles le ballon n'est plus en jeu. *Juge* de touche. Jouer la touche :* remettre en jeu le ballon. – Sortie du ballon au-delà de cette ligne; sa remise en jeu; manière de jouer cette remise en jeu. *Touche longue.* ▷ Fig. *Rester, être mis sur la touche :* être tenu à l'écart d'une activité. **II.** MUS Chacune des petites tablettes noires ou blanches qui forment le clavier d'un orgue, d'un piano, etc. – Partie du manche d'un instrument à cordes contre laquelle on presse ces dernières. ▷ TECH Petite commande manuelle. *Touche d'un magnétophone.* – INFORM *Touche de fonction :* touche dont l'action déclenche l'exécution d'un programme. – Déverbal de *toucher* 1.

touche-à-tout [tuʃatu] n. m. inv. **1.** Personne, enfant surtout, qui touche tout ce qui est à sa portée. **2.** Fig. Personne qui s'occupe de beaucoup de choses sans s'y consacrer à fond. – De *toucher, à,* et *tout.*

1. toucher [tuʃe] v. [1] **I.** v. tr. **1.** Mettre la main sur, se mettre en contact avec (qqn, qqch). *Toucher légèrement. Toucher qqch du pied, avec une baguette. Toucher du bois,* par superstition, pour détourner le malheur. ▷ *Toucher les bœufs,* les aiguillonner (sens 1) pour les faire avancer. **2.** (Sujet n. de chose.) Entrer en contact avec. *Voiture qui touche le trottoir en reculant.* ▷ MAR *Toucher le port,* y aborder, y mouiller. – Absol. *Le navire touche,* il touche le fond, un rocher, etc. **3.** Atteindre avec une arme, un projectile. *Toucher la cible. Il a été touché au bras.* – *Plusieurs immeubles ont été touchés par l'explosion.* – *Absol.* En escrime, faire une touche (sens 2). **4.** Recevoir (une somme d'argent). *Toucher ses appointements.* ▷ TURF *Toucher le tiercé.* **5.** Fig. Entrer en communication avec (qqn). *Toucher qqn par lettre, par téléphone.* **6.** Fig. Atteindre (qqn) dans sa sensibilité (en l'émouvant, le blessant, l'attendrissant). *La remarque l'a touché au vif. Son repentir m'a touché.* **7.** Fam. *Toucher un mot de qqch à qqn,* lui en parler sans s'étendre. **8.** Être en contact avec. *Ma maison touche la sienne.* ▷ (v. tr. indir.) Litt. *Clocher qui semble toucher au ciel.* **9.** Avoir un rapport avec, concerner. *Ce qui touche cette affaire m'intéresse.* **10.** Fig. Avoir des liens de parenté avec. *Il a perdu qqn qui le touche de près.* **II.** v. tr. indir. (avec la prép. *à*). **1.** Mettre la main en contact (avec). *Cet enfant touche à tout. Ne touchez pas à cela.* ▷ Fig., fam. *Ne pas avoir l'air d'y toucher :* agir de façon dissimulée. **2.** (Surtout nég.) Se servir, faire usage (de). *Il jura de ne plus toucher à un fusil.* **3.** (Surtout nég.) Prélever une partie (de). *Ne pas toucher à un mets, à ses économies.* **4.** Apporter un changement (à). *Toucher à un texte, à une légende.* **5.** Être presque arrivé (à un terme). *Toucher au port. Toucher à sa fin. Toucher au but.* **6.** Parvenir (à un point, une question) au cours d'un développement. *Nous touchons maintenant à un problème important.* **III.** v. pron. **1.** (Récipr.) Être contigu. *Leurs maisons se touchent.* – (Prov.) *Les extrêmes se touchent.* **2.** (Réfl.) Pop. Se masturber. – Du lat. pop. **toccare,* rad. onomat. *tokk-.*

2. toucher [tuʃe] n. m. **1.** Un des cinq sens, par lequel nous percevons, par contact ou palpation, certaines propriétés physiques des corps. (V. tact.) *Surface rude au* *toucher.* **2.** MUS Sensibilité dans le jeu de certains instruments. **3.** MED Mode d'exploration manuelle de certaines cavités naturelles. *Toucher rectal, vaginal.* – De *toucher* 1.

touche-touche (à) [atuʃtuʃ] loc. adv. Fam. En se touchant presque. – De *toucher* 1.

toucheur, euse [tuʃœʀ, øz] n. m. TECH Vx Celui, celle qui conduit les bestiaux. – De *toucher* 1.

toue [tu] n. f. MAR Bateau plat transportant des marchandises d'un navire à un autre ou à la côte ou servant de bac. – Déverbal de *touer.*

touée [twe] n. f. MAR Chaîne servant à touer. ▷ *Par ext.* Longueur de cordage ou chaîne filée pour le mouillage. – Pp. fém. subst. de *touer.*

touer [twe] v. tr. [1] MAR Faire avancer (un navire) par traction sur une chaîne immergée. – Frq. **togôn*, « tirer ».

toueur [twœʀ] n. m. MAR Remorqueur qui prend appui sur une chaîne de touage. – De *touer.*

touffe [tuf] n. f. Assemblage de choses qui poussent naturellement serrées. *Une touffe d'herbe, de poils.* – Probabl. de l'anc. alémanique **topf.*

touffeur [tufœʀ] n. f. Litt. Chaleur lourde, étouffante. *Une touffeur d'orage.* – Aphérèse d'*étouffeur*, dial. « chaleur étouffante ».

touffu, ue [tufy] adj. **1.** Qui se présente en touffes, est épais. *Bois touffu.* **2.** Fig. Confus par excès de densité, de complexité (discours, écrit). – De *touffe.*

touillage [tujaʒ] n. m. Fam. Action de touiller. – De *touiller.*

touille [tuj] n. f. Syn. de *lamie* (poisson).

touiller [tuje] v. tr. [1] Fam. Remuer (qqch) pour mélanger les éléments. *Touiller une pâte, la salade.* – Du lat. *tudiculare*, « piler, broyer ».

toujours [tuʒuʀ] adv. **1.** Pendant la totalité d'une durée considérée (limitée ou illimitée). *Elle est toujours prête à rendre service. Cela a toujours existé et existera toujours.* ▷ Loc. adv. *Pour toujours* : pour toute la durée de l'avenir, sans esprit de retour. *Depuis toujours* : depuis très longtemps. **2.** D'une façon qui se répète invariablement. *Je gagne toujours contre lui. Il prend toujours la même route.* – Loc. adv. *Comme toujours* : comme dans tous les autres cas, les autres circonstances. *Presque toujours* : très souvent. **3.** (En parlant de qqch qui continue.) Encore. *Il court toujours. Je ne lui ai toujours pas pardonné.* **4.** En tout état de cause, quoi qu'il en soit. *Prenez toujours cet acompte. C'est toujours ça (de pris).* ▷ Loc. conj. (Exprimant une restriction, une opposition.) *Toujours est-il que...* : ce qu'il y a de sûr, en tout cas, c'est que... – De *tous* (tout), et *jour(s).*

toulonnais, aise [tulɔnɛ, ɛz] adj. et n. De Toulon, ch.-l. du dép. du Var. ▷ Subst. *Un(e) Toulonnais(e).*

touloupe [tulup] n. f. Vêtement en peau de mouton des paysans russes ; cette peau elle-même. – Mot russe.

toulousain, aine [tuluzɛ̃, ɛn] adj. et n. De Toulouse, ch.-l. du dép. de la Haute-Garonne. ▷ Subst. *Un(e) Toulousain(e).*

toundra [tundʀa] n. f. Vaste plaine des zones périphériques des pôles, dont la végétation est constituée de mousses, de lichens et parfois de quelques arbres rabougris et où les rennes trouvent l'été leur pâture. – Russe *tundra.*

toungouse ou **toungouze** [tunguz] adj. et n. **1.** adj. Des Toungouses, groupes ethniques de Sibérie orient. ▷ Subst. *Un(e) Toungouse* ou *un(e) Toungouze.* **2.** n. m. LING Langue de la famille turco-mongole. V. turco-mongol. – Nom turc d'un de ces peuples.

toupaye ou **toupaïe** [tupaj] n. m. ZOOL Mammifère insectivore (genre princ. *Tupaia*) d'Amérique du S., d'Inde et de Malaisie, proche des singes. – Lat. scientif. *tupaia*, mot malais.

toupet [tupɛ] n. m. **1.** Touffe de cheveux (partic., en haut du front). **2.** Fig., fam. Hardiesse effrontée, aplomb. *Avoir un drôle de toupet.* – De l'a. fr. *top*, frq. **top*, « sommet, pointe ».

toupie [tupi] n. f. **1.** Jouet de forme plus ou moins arrondie, muni d'une pointe sur laquelle on le fait tourner. **2.** TECH Machine à bois généralement constituée d'une table traversée d'un arbre tournant vertical sur lequel on peut monter divers outils. Syn. toupilleuse. – Du frq. **top*, « pointe » ; anglo-norm. *topet*, dimin. de l'angl. *top*, « sommet, pointe ».

toupiller [tupije] v. intr. [1] TECH Travailler (le bois) avec une toupie. – De *toupie.*

toupilleur [tupijœʀ] n. m. TECH Ouvrier qui toupille. – De *toupiller.*

toupilleuse [tupijøz] n. f. TECH Syn. de *toupie* (sens 2).– *De toupiller.*

touque [tuk] n. f. Récipient de métal dans lequel on transporte certaines substances. *Touque d'eau douce* (sur un navire). – Probabl. du provenç. *tuc* ; var. mérid. *tuco*, « courge, gourde », rad. prélatin **tukka*, « courge ».

1. tour [tuʀ] n. m. **I. 1.** Mouvement de rotation. *Un tour de roue. Tour de vis, de clef. Fermer une porte à double tour.* ▷ Loc. *Moteur qui part au quart de tour*, à la première impulsion du démarreur. – Fig. *Partir au quart de tour*, immédiatement. ▷ *À tour de bras* : de toute la force du bras. ▷ *Tour de reins* : distension douloureuse des muscles lombaires. **2.** GEOM Unité d'angle hors système (symbole tr), égale à 2 π radians, c.-à-d. à l'angle que doit décrire un point pour effectuer un tour complet. ▷ TECH *Tour par minute, par seconde* : unité de vitesse angulaire (symbole SI tr/mn, tr/s). **3.** Chose qui en entoure une autre. *Tour de cou* : fourrure, ruban, etc., se mettant autour du cou. **4.** Circonférence, courbe limitant un corps, un lieu. *Tour de taille. Ville qui a dix kilomètres de tour.* **5.** Parcours plus ou moins circulaire autour d'un lieu. *Tour de piste.* ▷ *Faire le tour de* : faire un circuit autour de (un lieu). *Faire le tour d'un jardin.* – S'étendre autour de. *Les fossés font le tour du château.* – Fig. Considérer rapidement dans son ensemble (une situation, une question). *Faire le tour d'un problème.* ▷ Anc. *Faire son tour de France* : pour les compagnons*, voyager en travaillant dans différentes villes pour se perfectionner. ▷ SPORT (Avec une majuscule.) *Tour de France* : épreuve cycliste de fond, annuelle, dont le trajet, initialement, suivait très approximativement les frontières de la France. **6.** *Faire un tour*, une petite promenade. **7.** Tracé sinueux. *Les tours et les détours d'un labyrinthe.* **II. 1.** Action, mouvement dont l'accomplissement exige des aptitudes particulières, notam. de l'adresse. *Tour de prestidigitation, de passe-passe.* ▷ *Tour de force* : action difficile considérée comme un exploit. ▷ *Tour de main* : manière de faire nécessitant une habileté manuelle acquise par la pratique. – *En un tour de main* : très rapidement. **2.** Action dénotant de la ruse, de la malice. *Jouer un (bon* ou *mauvais) tour, un tour de cochon à qqn.* **III.** Manière dont se présente qqch. *Affaire qui prend un tour dramatique.* ▷ *Tour de phrase* ou, absol., *tour* : façon d'exprimer sa pensée par la construction de la phrase. *Un tour familier.* ▷ *Tour d'esprit* : disposition à considérer les choses d'une certaine manière. *Un tour d'esprit original.* **IV.** Moment auquel qqn accomplit une action, dans une suite d'actions semblables accomplies par des personnes différentes. *Je passerai à mon tour. Chacun son tour!* : chacun doit passer à son tour. ▷ *Tour de chant* : représentation comportant plusieurs chansons, donnée par un chanteur. ▷ Loc. adv. *Tour à tour* (Pour marquer l'alternance dans le temps.) *Les trois généraux com-*

mandaient tour à tour. - *À tour de rôle* : V. rôle. – Déverbal de *tourner.*

2. tour [tuʀ] n. m. **1.** Machine-outil utilisée pour façonner des pièces de bois, de métal, etc., en les faisant tourner sur elles-mêmes. - *Tour de potier* : plateau pivotant auquel le potier imprime un mouvement de rotation pour modeler l'argile qui s'y trouve posée. ▷ Fig., vieilli *Fait au tour* : d'une forme parfaite. *Jambe faite au tour.* **2.** Sorte d'armoire cylindrique tournant sur un pivot, placée dans l'épaisseur d'un mur ou d'une cloison, permettant des échanges de l'extérieur à l'intérieur et utilisée autref. dans les monastères (cf. tourière), les hospices. – Du lat. *tornus*, gr. *tornos*, « tour de tourneur ».

3. tour [tuʀ] n. f. **1.** Bâtiment dont la hauteur est importante par rapport à ses autres dimensions, faisant corps avec un édifice qu'il domine, ou isolé. *Les tours d'une cathédrale. La tour penchée de Pise. La tour Eiffel. Habiter au trentième étage d'une tour.* - *Tour de Babel* : dans la Bible, tour que les descendants de Noé prétendaient élever pour atteindre le ciel; Dieu fit échec à l'entreprise en introduisant la diversité des langues; *par ext.* lieu où règne la confusion. ▷ Fig. *Tour d'ivoire* : retraite hautaine, isolement volontaire. *Se retirer dans sa tour d'ivoire.* ▷ MILIT Anc. *Tour de siège* : machine de guerre haute et mobile servant au siège des villes, des forteresses défendues par des remparts. ▷ TECH *Tour de forage* : charpente servant aux manœuvres de descente et de relèvement des outils de forage. Syn. (anglicisme déconseillé) derrick. ▷ AVIAT *Tour de commande* ou *tour de contrôle* : bâtiment dominant un aérodrome, d'où est assurée la régulation du trafic aérien. ▷ ESP *Tour de montage* : ouvrage servant au montage d'un engin spatial avant son lancement. - *Tour de lancement* : ouvrage à partir duquel est effectué le lancement d'un engin spatial. **2.** Au jeu d'échecs, pièce en forme de tour crénelée se déplaçant sur la verticale ou l'horizontale. – Lat. *turris.*

touraco [tuʀako] n. m. ORNITH Oiseau africain (genre princ. *Turacus*, ordre des cuculiformes), au plumage vert, à bec court et aux ailes arrondies. V. musophage.

touraillage [tuʀajaʒ] n. m. TECH Arrêt de la germination de l'orge par dessiccation des grains. – De *touraille.*

touraille [tuʀaj] n. f. TECH Étuve à air chaud servant, dans les malteries, à sécher les grains d'orge pour arrêter leur germination. - Les grains ainsi séchés. – Mot picard, du lat. *torrere*, « rôtir, brûler ».

touraillon [tuʀajɔ̃] n. m. TECH Germes d'orge desséchés à la touraille. – De *touraille.*

tourangeau, elle [tuʀɑ̃ʒo, ɛl] adj. et n. **1.** De la Touraine. *La douceur tourangelle.* **2.** De Tours. **3.** Subst. Habitant ou natif de la Touraine, de Tours. – De *Touraine*, région de France.

1. tourbe [tuʀb] n. f. Litt ou péjor. Multitude, foule. – Lat. *turba.*

2. tourbe [tuʀb] n. f. Combustible noirâtre, souvent spongieux, au faible pouvoir calorifique, constitué de végétaux plus ou moins décomposés et qui se forme dans les tourbières. – Frq. **turba.*

tourber [tuʀbe] v. intr. [1] TECH Extraire de la tourbe d'une tourbière. – De *tourbe* 2.

tourbeux, euse [tuʀbø, øz] adj. Qui contient de la tourbe, qui est de la nature de la tourbe. – De *tourbe* 2.

tourbier, ère [tuʀbje, ɛʀ] adj. et n. **I.** adj. Qui contient de la tourbe. **II.** n. **1.** Exploitant d'une tourbière. **2.** n. f. Lieu où se forme la tourbe; gisement de tourbe. – De *tourbe* 2.

tourbillon [tuʀbijɔ̃] n. m. **1.** Masse d'air qui se déplace dans un mouvement tournant impétueux. *Tourbillon de vent.* - Ce mouvement, caractérisé par les matières qu'il déplace avec force. *Tourbillons de poussière.* **2.** PHYS Mouvement en spirale des particules d'un fluide. - Masse d'eau tournant avec violence autour d'une dépression. **3.** Fig. Agitation tumultueuse dans laquelle on est entraîné. *Le tourbillon des plaisirs.* – Du lat. pop. **turbiculum*, du lat. *turbo, turbinis*, « tourbillon ».

tourbillonnaire [tuʀbijɔnɛʀ] adj. En forme de tourbillon. – De *tourbillon.*

tourbillonnant, ante [tuʀbijɔnɑ̃, ɑ̃t] adj. Qui tourbillonne, tournoie. – De *tourbillonner.*

tourbillonnement [tuʀbijɔnmɑ̃] n. m. Mouvement de ce qui tourbillonne. - Fig. Mouvement vif et entraînant. – De *tourbillonner.*

tourbillonner [tuʀbijɔne] v. intr. [1] **1.** Former un tourbillon; se mouvoir dans un tourbillon, tournoyer rapidement. *Les feuilles mortes tourbillonnent.* **2.** Fig. Être l'objet d'une agitation semblable à un tourbillon. *Toutes ces idées tourbillonnaient dans sa tête.* – De *tourbillon.*

tourd [tuʀ] n. m. ZOOL **1.** Vx Nom cour. de diverses grives (la litorne, notam.). **2.** Nom cour. de divers labres méditerranéens. – Lat. *turdus.*

tourdille [tuʀdij] adj. m. *Gris tourdille*, d'un gris jaune (en parlant de la robe d'un cheval). – De *tourd.*

tourelle [tuʀɛl] n. f. **1.** ARCHI Petite tour. *Château à tourelles.* **2.** MILIT Abri blindé orientable renfermant les pièces d'artillerie d'un char, d'un avion, d'un navire de guerre ou d'un ouvrage fortifié. **3.** TECH Dispositif mobile autour d'un axe qui peut placer en position de travail les outils d'un tour automatique, les objectifs d'une caméra. – Dimin. de *tour* 3.

touret [tuʀɛ] n. m. TECH **1.** Plateau tournant sur lequel on dispose une meule ou des disques abrasifs pour polir une pièce. **2.** Petit tour des graveurs en pierres fines. **3.** Dévidoir servant à enrouler des lignes, des câbles, etc. – De *tour* 2.

tourie [tuʀi] n. f. Bonbonne de verre ou de grès entourée d'osier, servant notam. au transport des acides. – P.-ê. du lat. *torrere*, « consumer », par le picard *touraille.*

tourière [tuʀjɛʀ] adj. et n. f. Se dit de la religieuse préposée au tour (V. tour 2, sens 2) dans un couvent et, par ext., chargée des relations avec l'extérieur. *Sœur tourière.* ▷ Subst. *La tourière.* (Le masculin *tourier* a disparu de l'usage courant). – De *tour* 2.

tourillon [tuʀijɔ̃] n. m. TECH Nom de divers axes ou pivots. ▷ *Spécial.* Pièce métallique servant à assujettir un canon sur un affût. – De *tour* 2.

tourisme [tuʀism] n. m. **1.** Activité de loisir qui consiste à voyager pour son agrément. *Faire du tourisme.* - Ensemble des services et des activités liés à l'organisation des déplacements des touristes. *Office du tourisme. Agence de tourisme. Le tourisme est la principale ressource de ce pays.* **2.** *De tourisme* : d'usage privé (par oppos. à *commercial, militaire*, etc.). *Aviation de tourisme.* – Angl. *tourism*, terme péjor. pour *touring*, de *tour*, « voyage », dér. du fr. *tour* 1.

touriste [tuʀist] n. Personne qui voyage pour son agrément. *Une boutique de souvenirs pour touristes.* ▷ (En appos.) *Classe touriste*, sur les paquebots, les avions, classe inférieure. Syn. classe économique (avions). – Angl. *tourist*, de *tour*, « voyage ». V. tourisme.

touristique [tuʀistik] adj. **1.** Relatif au tourisme. *Dépliant touristique.* **2.** Fréquenté par les touristes. *Région touristique.* – De *touriste.*

tourlourou [tuʀluʀu] n. m. Vx, plaisant Soldat, fantassin. Syn. pop. bidasse, troufion. – Probablement, emploi fig. du mot antillais *tourlourou*, « crabe rouge », à cause du pantalon rouge de l'uniforme des soldats français.

tourmaline [tuʀmalin] n. f. MINER Silicate complexe de bore et d'aluminium, qu'on rencontre dans les roches éruptives et métamorphiques où il donne de beaux cristaux aciculaires de couleur noire, rouge (rubellite), verte (émeraude du Brésil) ou bleue, utilisés en joaillerie. – Du cingalais *toramalli.*

tourment [tuʀmɑ̃] n. m. **1.** Vx Supplice, torture. **2.** Litt. Très grande souffrance (surtout d'ordre moral). *Sa jalousie lui fait endurer mille tourments.* **3.** Grande inquiétude, grave souci. *Cette affaire me donne bien du tourment.* – Du lat. *tormentum,* «instrument de torture», de *torquere,* «tordre».

tourmente [tuʀmɑ̃t] n. f. **1.** Litt. Bourrasque, tempête violente. *Être pris dans une tourmente.* **2.** Fig. Troubles graves, déchaînement de violence. *La tourmente révolutionnaire.* – Du lat. imp. *tormenta,* plur. neutre de *tormentum,* «instrument de torture», pris comme fém. sing.

tourmenté, ée [tuʀmɑ̃te] adj. **1.** En proie à un tourment moral. *Âme tourmentée.* ▷ Subst. *Un tourmenté.* **2.** Très irrégulier. *Sol, relief tourmenté.* – Agité. *Mer tourmentée.* ▷ Fig. Troublé, agité. *Vivre une époque tourmentée.* **3.** LITTER, BX-A Qui dénote une recherche excessive, un manque de simplicité. *Style tourmenté.* – Pp. de *tourmenter.*

tourmenter [tuʀmɑ̃te] v. [1] **I.** v. tr. **1.** Faire souffrir. *Cet enfant est tourmenté par ses dents.* **2.** Importuner, ennuyer sans cesse, harceler. *Cessez de tourmenter ce pauvre chien!* **3.** Préoccuper vivement, obséder. *Le remords, la jalousie le tourmentent.* **II.** v. pron. S'inquiéter vivement. *Vous vous tourmentez inutilement.* Syn. se ronger, se tracasser. – De *tourment.*

tourmenteur, euse [tuʀmɑ̃tœʀ, øz] n. et adj. **1.** Vx Bourreau. **2.** Litt. Qui tourmente. Syn. persécuteur. – De *tourmenter.*

tourmentin [tuʀmɑ̃tɛ̃] n. m. MAR Petit foc utilisé par mauvais temps. – De *tourmente.*

tournage [tuʀnaʒ] n. m. **1.** TECH Action de façonner au tour. **2.** CINE, AUDIOV Action de tourner un film. – De *tourner.*

tournailler [tuʀnaje] v. intr. [1] Fam. Errer paresseusement en tournant en rond. – De *tourner,* et *-ailler.*

1. tournant [tuʀnɑ̃] n. m. **1.** Endroit où une voie change de direction en formant un coude; sinuosité de la route. *Tournant dangereux.* – Fig., fam. *Je l'aurai au tournant,* à la première occasion que j'aurai de le surprendre. **2.** Fig. Moment où le cours des événements change de direction; événement qui marque ce changement. *Être à un tournant de sa vie.* – Ppr. subst. de *tourner.*

2. tournant, ante [tuʀnɑ̃, ɑ̃t] adj. **1.** Qui tourne, pivote. *Pont tournant.* ▷ Spécial. *Grève tournante* : V. grève. ▷ ELECTR *Champ tournant* : champ magnétique de grandeur constante dont la direction tourne de manière uniforme. (Un tel champ, produit par ex. en faisant parcourir deux bobines d'axes perpendiculaires par des courants sinusoïdaux en quadrature, est utilisé dans certains moteurs électriques.) **2.** Qui contourne. *Mouvement tournant.* – Ppr. de *tourner.*

1. tourne [tuʀn] n. f. Dans la langue de la presse, suite d'un article de journal continué sur une autre page. – Déverbal de *tourner* (une page).

2. tourne [tuʀn] n. f. Altération du vin, de la bière, du lait, due à une bactérie; cette bactérie. – De *tourner,* sens II, 6.

tourné, ée [tuʀne] adj. **1.** Façonné au tour. *Table aux pieds tournés.* **2.** Qui a une certaine tournure. *Lettre bien tournée.* – (Personnes) *Une jeune femme bien tournée.* – *Esprit mal tourné,* disposé à voir du mal partout. **3.** Orienté. *Maison tournée vers le levant.* **4.** Altéré, aigri. *Lait tourné.* – Pp. de *tourner.*

tourne-à-gauche [tuʀnagoʃ] n. m. inv. TECH Outil servant à serrer une tige pour la faire tourner sur elle-même. – Outil servant au filetage d'une tige. – De *tourner, à,* et *gauche.*

tournebouler [tuʀnəbule] v. tr. [1] Fam. Bouleverser, retourner (qqn). *Cette nouvelle l'a tourneboulé.* – De l'a. fr. *torneboele,* «culbute», de *tourner,* et *boele,* «boyau».

tournebride [tuʀnəbʀid] n. m. Anc. Auberge proche d'un château, destinée aux domestiques et aux chevaux des visiteurs. – De *tourner,* et *bride.*

tournebroche [tuʀnəbʀɔʃ] n. m. Dispositif servant à faire tourner la broche à rôtir. – De *tourner,* et *broche.*

tourne-disque [tuʀnədisk] n. m. Appareil à plateau tournant et tête de lecture, sur lequel on passe des disques. *Des tourne-disques.* Syn. électrophone. – De *tourner,* et *disque.*

tournedos [tuʀnədo] n. m. CUIS Tranche de filet de bœuf, généralement bardée. *Tournedos Rossini.* – De *tourner,* et *dos* (le rapport est obscur).

tournée [tuʀne] n. f. **1.** Voyage effectué selon un itinéraire fixé, en s'arrêtant à divers endroits. *Tournée d'un représentant de commerce, d'une compagnie théâtrale.* **2.** Fam. Consommations offertes par qqn à tous ceux qui sont avec lui. *Payer une tournée d'apéritifs.* **3.** Pop Volée de coups. *Flanquer une tournée.* – Pp. fém. subst. de *tourner.*

tournemain (en un) [ɑ̃nœ̃tuʀnəmɛ̃] Vieilli Loc. adv. En un instant, avec autant de rapidité que d'adresse. (On dit auj. *en un tour de main.*) – De *tourner,* et *main.*

tournepierre ou **tourne-pierre** [tuʀnəpjɛʀ] n. m. ORNITH Oiseau charadriiforme (*Arenaria interpres*) d'Europe occidentale, au plumage roux et noir, qui retourne les galets pour chercher les petits animaux dont il se nourrit. *Des tourne-pierres* ou *des tournepierres.* – De *tourner,* et *pierre,* d'apr. l'angl. *turnstone.*

tourner [tuʀne] v. [1] **I.** v. tr. **1.** Imprimer un mouvement de rotation à. *Tourner une broche. Tourner la tête.* **2.** Présenter (qqch) sous une autre face; retourner. *Il tournait et retournait l'objet sans comprendre. Tourner les pages d'un livre.* ▷ Fig. *Tourner la page* : oublier le passé. ▷ *Tourner les talons* : faire demi-tour; s'enfuir. **3.** Diriger, porter (dans une direction). *Tourner les yeux vers le ciel.* – Fig. *Tourner son attention vers qqn.* **4.** Longer en contournant. – Spécial. *Tourner les positions de l'ennemi,* pour le prendre à revers. – Fig. Trouver, utiliser un biais pour éluder, éviter. *Tourner un obstacle, une difficulté. Tourner la loi.* **5.** Transformer (dans un sens exprimé par un complément introduit par *à* ou *en*). *Tourner les choses à son profit. Tourner qqch, qqn en ridicule.* **6.** Troubler, faire éprouver une sensation de vertige. *L'alcool tourne la tête.* – Fig. *Le succès lui a tourné la tête.* ▷ Loc. fam. *Tourner le sang, les sangs* : inquiéter vivement. **7.** TECH Façonner au tour (un ouvrage de bois, de métal, etc.). – Fig. Donner un tour, une façon à; composer, arranger d'une certaine manière. *Savoir tourner un compliment.* **8.** CINE, AUDIOV *Tourner un film,* en filmer les séquences (les anciennes caméras fonctionnaient à la manivelle). – Absol. *Silence, on tourne!* **II.** v. intr. **1.** Se mouvoir en décrivant une courbe. *La Terre tourne autour du Soleil.* ▷ Loc. *Avoir la tête qui tourne* : éprouver un vertige. *Tourner de l'œil*.* ▷ Pivoter autour d'un axe. *La porte tourna sur ses gonds.* – *Faire tourner les tables* : mettre en mouvement (ou croire qu'on met en mouvement) des tables censées transmettre des messages des esprits. – Loc. fig. *Tourner autour de* : évoluer à proximité de; graviter autour de, être proche de. *La dépense tourne autour de mille francs.* – *Tourner autour d'une femme,* lui faire la cour. – Fam. *Tourner autour du pot* : employer des circonlocutions au lieu d'aller droit au fait. **2.** En parlant d'un mécanisme, fonctionner en décrivant une rotation. *Moteur qui tourne.* – *Par ext.* Fonctionner. *Machine qui tourne 24 h sur 24.* ▷ *Tourner rond* : fonctionner correctement ; fig. (en parlant de personnes) aller bien, raisonner sainement. **3.** Effectuer une permutation circulaire. *Au volley-ball, les joueurs tournent à chaque service.* **4.** Changer de direction, virer. *Tourner à gauche, à droite. Le vent a tourné.* – Fig. *La chance a tourné.* **5.** Se transformer en, tendre vers. *Affaire qui tourne à la catastrophe. Leurs rapports tournent à l'aigre.* ▷ *Tourner bien, mal* : finir bien, mal. – (Personnes) Évoluer d'une manière positive, négative. *Il a (bien) mal tourné.* ▷ *Tourner court* : finir brusquement, sans transition. **6.** *Absol.* S'altérer, devenir aigre. *Le lait a tourné.* **III.** v. pron. **1.** Se mettre dans une position opposée à celle que l'on avait ; changer de position. *Elle se tourna, offrant ainsi son meilleur profil.* **2.** Se diriger. *Les regards se tournèrent vers lui.* – Fig. *Se tourner vers la religion.* ▷ *Ne savoir de quel côté se tourner* : ne savoir quel parti prendre. – Lat. *tornare*, « façonner au tour, tourner ».

tournesol [tuʀnəsɔl] n. m. **1.** Nom de diverses plantes (hélianthes, héliotropes, soleils) dont la fleur s'oriente vers le soleil, qu'elle suit dans sa course. **2.** CHIM Matière colorante bleue (autref. tirée de diverses plantes, dont un héliotrope), qui rougit au contact des acides et que l'on utilise comme réactif. – Ital. *tornasole*, ou esp. *tornasol.*

tourneur, euse [tuʀnœʀ, øz] n. et adj. **1.** n. m. TECH Ouvrier qui façonne des ouvrages au tour. **2.** n. f. Ouvrière qui dévide de la soie. **3.** adj. Qui tourne sur lui-même. *Derviche tourneur.* – De *tourner.*

tournevis [tuʀnəvis] n. m. Instrument d'acier, terminé en biseau non tranchant et servant à serrer ou desserrer les vis. – De *tourner*, et *vis.*

tournicoter [tuʀnikɔte] v. intr. [1] Fam. Var. de tourniquer. – De *tourniquer.*

tourniquer [tuʀnike] v. intr. [1] Fam. Tourner sur place, sans raison apparente, sans quitter le lieu où l'on se trouve. – De *tourner*, d'ap. *tourniquet.*

tourniquet [tuʀnikɛ] n. m. **1.** Dispositif de fermeture, généralement constitué de barres mobiles autour d'un axe, qui ne peut être franchi que dans un seul sens et par une personne à la fois. **2.** Pièce métallique articulée autour d'un axe, servant à maintenir ouvert un volet ou un châssis. ▷ Présentoir mobile autour d'un axe. *Tourniquet de cartes postales.* **3.** Appareil constitué d'une tige qui tourne autour d'un axe sous l'effet de l'éjection de matière (eau, gaz) aux deux extrémités de cette tige. *Tourniquet d'arrosage, de feux d'artifice.* – De l'anc. fr. *turniquet*, « vêtement de dessus », du lat. *tunicula*, « petite tunique » ; signifia d'abord « cotte d'armes », puis « poutre armée de pointes de fer ».

tournis [tuʀni] n. m. **1.** MED VET Maladie des bovins et des moutons, due à la présence dans l'encéphale de *Tænia cœnurus* (V. cœnure et ténia) et qui se traduit par un tournoiement de la bête. **2.** Fig., fam. Sensation de vertige. *Ça me donne le tournis.* – De *tourner.*

tournoi [tuʀnwa] n. m. **1.** Au Moyen Âge, combat de chevaliers à armes courtoises*. Syn. joute. **2.** *Par ext.* et mod. Compétition comprenant plusieurs séries de rencontres. *Tournoi de bridge, de tennis.* – Subst. verbal de *tournoyer*, sens 2.

tournoiement [tuʀnwamɑ̃] n. m. Action de tournoyer ; mouvement de ce qui tournoie. – De *tournoyer*, sens 1.

tournois [tuʀnwa] adj. inv. et n. m. Anc. Se disait d'une monnaie d'abord frappée à Tours, devenue ensuite monnaie royale. *Une livre tournois valait vingt sous tournois.* – Subst. *Un tournois* : un denier tournois. – Lat. *turonensis*, « de la v. de Tours ».

tournoyer [tuʀnwaje] v. intr. [23] **1.** Évoluer en décrivant des cercles. *Les vautours tournoyaient déjà au-dessus des corps.* ▷ Tourner sur soi-même. *La barque tournoyait dans le tourbillon.* **2.** Anc. Participer à un tournoi. – De *tourner.*

tournure [tuʀnyʀ] n. f. **1.** Manière dont une chose est faite ; forme qu'elle présente. *La tournure d'une phrase. Tournure d'esprit.* ▷ *Prendre tournure* : prendre forme, se dessiner. – Taille, forme du corps. *Une jolie tournure.* **2.** Anc. Rembourrage porté sous la jupe. Syn. fam. faux cul. **3.** TECH Copeau qui se détache d'un ouvrage travaillé au tour. – Du bas lat. *tornatura*, class. *tornatum*, de *tornare*, « tourner ».

touron ou **tourron** [tuʀɔ̃ ; tuʀɔn] n. m. Confiserie analogue au nougat, originaire d'Espagne, faite de pâte d'amande mêlée de noisettes, de pistaches, etc. – Esp. *turrón*, du lat. *torrere*, « griller ».

tour-opérateur [tuʀɔpeʀatœʀ] n. m. Syn. (off. déconseillé) de *voyagiste. Des tour-opérateurs.* – Calque de l'angl. *tour-operator.*

tourte [tuʀt] n. f. **1.** Tarte ronde, faite dans un moule à bord assez haut, recouverte d'une croûte de pâte, et renfermant diverses préparations salées ou sucrées. **2.** Pop. Niais, peu dégourdi. *Quelle tourte !* ▷ adj. *Il est assez tourte.* – Du lat. ecclés. *torta*, « pain rond », du class. *tortus*, « tordu », de *torquere*, « tordre, tourner ».

1. tourteau [tuʀto] n. m. **1.** Vx ou rég. Gâteau ou pain rond. **2.** AGRIC, ELEV Masse pâteuse formée avec les résidus de divers oléagineux après extraction de l'huile et qui constitue un excellent aliment pour le bétail. **3.** HERALD Pièce d'émail de couleur, de forme circulaire. – De *tourte.*

2. tourteau [tuʀto] n. m. Gros crabe comestible (*Cancer pagurus*), commun sur les côtes atlantiques. – De l'a. fr. *tort, tourt*, « tordu », du lat. *tortus.*

tourtereau [tuʀtəʀo] n. m. **1.** Rare Jeune tourterelle. **2.** Fig., fam. *Des tourtereaux* : des jeunes gens qui s'aiment tendrement. – De *turtrel*, anc. forme masc. de *tourterelle.*

tourterelle [tuʀtəʀɛl] n. f. Oiseau columbiforme (genre *Streptopelia*) de taille inférieure à celle du pigeon, dont une variété est un oiseau de volière, une autre *(tourterelle des bois)* un migrateur. ▷ (En appos.) *Gris tourterelle* : gris légèrement rosé. – Lat. pop. **turturella*, class. *turturilla*, dimin. de *turtur*, même sens.

tourtière [tuʀtjɛʀ] n. f. **1.** Moule à tourte. **2.** Rég. La tourte elle-même, généralement salée. ▷ (Canada) Tourte à base de viande de porc hachée. – De *tourte.*

touselle [tuzɛl] n. f. AGRIC Variété de blé dont l'épi est dépourvu de barbes. – Anc. provenç. *tosela*, du lat. *tonsus*, « tondu ».

Toussaint [tusɛ̃] n. f. Fête catholique, célébrée en l'honneur de tous les saints, le 1er novembre. *Un temps de Toussaint*, pluvieux, gris. – De *tous (les) saints.*

tousser [tuse] v. intr. [1] **1.** Être pris d'un accès de toux. *Il tousse surtout la nuit. La fumée le fait tousser.* – *Par anal.* Faire un bruit comparable à celui de la toux. *Moteur qui tousse*, qui a des ratés. **2.** Se racler la gorge (pour s'éclaircir la voix, avertir, attirer l'attention de qqn). – Lat. *tussire*, de *tussis*, « toux » ; d'abord *toussir.*

tousserie [tusʀi] n. f. Vx Toux répétée, prolongée. – De *tousser.*

tousseur, euse [tusœʀ, øz] n. Fam. Personne qui tousse. – De *tousser.*

toussotement [tusɔtmɑ̃] n. m. Action de toussoter ; petite toux. – De *toussoter.*

toussoter [tusɔte] v. intr. [1] Tousser légèrement. – Dimin de *tousser.*

tous-terrains. V. terrain.

tout [tu], **toute** [tut], **tous** [tu; tus], **toutes** [tut] adj., pron., n. m. et adv. **A.** adj. **I.** (Suivi du sing.) **1.** Entier, complet, plein. *Tout l'univers. Veiller toute la nuit. Tout ce qu'il y a de bien.* ▷ Loc. pron. indéf. *Tout le monde* : tous les gens. ▷ (En loc., sans article.) *Donner toute satisfaction. À toute vitesse.* ▷ (Devant le nom d'un auteur, d'une ville.) *Il a lu tout Hugo. Tout Londres le savait.* – *Tout-Paris, le Tout-Paris* : les Parisiens les plus en vue. **2.** (Sans article.) Chaque, n'importe lequel. *Toute peine mérite salaire. À tout moment.* **3.** Unique, seul. *C'est tout l'effet que ça te fait?* ▷ (Précédé de *pour*.) *Pour toute nourriture.* **4.** (Suivi de *un, une*.) Vrai, véritable. *Il en fait toute une histoire, tout un drame.* **II.** (Suivi du plur.) **1.** Ensemble, sans exception, des... *Tous les hommes.* ▷ (Devant un numéral, pour souligner l'association.) *Vous êtes tous deux bien imprudents. Ils nient tous les trois.* **2.** (Marquant la périodicité.) *Toutes les cinq minutes. Tous les dix mètres.* **B.** pron. indéf. **1.** *Tous, toutes,* désignant des personnes ou des choses mentionnées précédemment. *Ses enfants l'aiment bien, tous sont venus le voir.* – (Comme nominal.) *Connu et estimé de tous.* **2.** *Tout* (inv.). Toutes les parties d'une chose ou la chose prise dans sa totalité. *Tout est bon dans cet ouvrage. Bonne* à tout faire. Il ignore tout de cette affaire. C'est tout? Non, ce n'est pas tout.* ▷ *À tout prendre* : en somme, tout bien considéré. ▷ *C'est tout ou rien* : il n'y a pas de milieu, d'autre choix. – INFORM *Tout ou rien* (ou *tout-ou-rien*), se dit d'organes de régulation qui ne peuvent occuper que deux états (par ex. : ouvert ou fermé). ▷ *Avoir tout de qqch, de qqn,* toutes ses caractéristiques. *Habillé ainsi, il a tout du clown.* ▷ *Ce n'est pas tout de* (+ inf.) : cela ne suffit pas de. ▷ *Comme tout* (servant de superlatif). *Il est gentil comme tout.* ▷ Loc. adv. *En tout* : pour l'ensemble. *Cela lui revient en tout à mille francs. En tout et pour tout* : au total. *Après tout* : en définitive. **C.** n. m. **1.** Chose considérée dans son entier, par rapport aux parties qu'elle renferme. *Former un tout. Le tout et la partie.* Syn. ensemble. **2.** Essentiel. *Ce n'est pas le tout de s'amuser.* **3.** Loc. adv. *Du tout* : en aucune façon, nullement (renforce souvent *pas, point, rien*). ▷ *Changer du tout au tout,* complètement. **D.** adv. (Est variable devant un fém. commençant par une consonne ou un h aspiré.) **1.** Entièrement, complètement. *La ville tout entière. Elle est tout heureuse, toute contente.* ▷ (Devant un nom.) *Être tout yeux, tout oreilles* : être très attentif. *Tissu tout coton.* **2.** (Renforçant le mot qui suit ou marquant un superlatif relatif.) *Tout enfant, il s'intéressait déjà à la musique. De toutes jeunes filles. Tout à côté. Parler tout haut.* – Fam. *C'est tout comme* : cela revient exactement au même. ▷ *Tout au plus* : à peine. **3.** (Devant un gérondif, marque la simultanéité.) *Il lisait tout en marchant.* ▷ (Introduisant une concession.) *Tout en le souhaitant, je n'y crois guère.* **4.** *Tout... que,* loc. conj. exprimant la concession. *Tout sage qu'il est. Toute femme qu'elle est.* **5.** Loc. adv. *Tout à coup* : soudain. ▷ *Tout d'un coup* : d'un seul coup, soudain. ▷ *Tout à fait* : complètement. ▷ *Tout à l'heure* : dans peu de temps; il y a peu de temps. ▷ *Tout de même* : cependant. – (Renforçant un ton exclamatif.) *C'est tout de même un peu fort!* ▷ *Tout de suite* : immédiatement. ▷ Fam. *Tout plein* : très, beaucoup. – Bas lat. *tottus,* forme expressive du class. *totus.*

tout-à-l'égout [tutalegu] n. m. inv. Système d'évacuation des eaux usées dans le réseau d'assainissement public. – De *tout* (nominal), *à,* et *égout.*

toutefois [tutfwa] adv. (Marque l'opposition.) *Je ne suis pas convaincu, toutefois, j'accepte.* Syn. néanmoins, pourtant. – (Renforce la condition.) *Nous irons, si toutefois elle nous accompagne.* – De *tout,* et *fois.*

toute-puissance [tutpɥisɑ̃s] n. f. inv. Puissance absolue ou à son plus haut degré. Syn. omnipotence. – De *tout(e),* et *puissance.*

toutim [tutim] n. m. Arg. En loc. *Et tout le toutim* : et tout le reste. – De *tout.*

toutou [tutu] n. m. Fam. Chien; spécial. chien fidèle. – Loc. comparative. *Obéir comme un toutou. Suivre comme un toutou.* – Onomat. enfantine.

tout-petit [tup(ə)ti] n. m. Bébé, enfant en bas âge. *L'alimentation des tout-petits.*

tout-puissant, toute-puissante [tupɥisɑ̃, tutpɥisɑ̃t] adj. Dont le pouvoir est sans bornes. *Monarques tout-puissants. Des influences toutes-puissantes.* ▷ n. m. *Le Tout-Puissant* : Dieu.

tout-terrain. V. terrain.

tout-venant [tuv(ə)nɑ̃] n. m. sing. **1.** MINES Minerai non encore trié, tel qu'il est extrait du gisement. **2.** Ce qui se présente, sans avoir fait l'objet d'un choix; qualité ordinaire. – De *tout,* et ppr. de *venir.*

toux [tu] n. f. Expiration bruyante brusque, saccadée, habituellement réflexe, mais qui peut être volontaire, témoignant le plus souvent d'une irritation ou d'une infection des voies respiratoires et permettant de les dégager. *Quinte de toux. Toux sèche, grasse* (suivie généralement d'expectoration). – Lat. *tussis.*

township [tawnʃip] n. m. (Anglicisme) Ville où se trouve regroupée la population de couleur en Afrique du Sud. – Mot angl., «commune».

tox(o)-, toxi-, toxico-. Préfixes, du lat. *toxicum,* «poison», du gr. *toxikon,* «poison pour flèches», de *toxon,* «arc, flèche».

toxémie [tɔksemi] n. f. MED Passage de toxines dans le sang, par insuffisance des organes chargés de les éliminer. ▷ *Toxémie gravidique* : affection qui se déclare dans les derniers mois de la grossesse, caractérisée essentiellement par l'albuminurie, l'œdème et l'hypertension artérielle. – De *tox(ine),* et *-émie.*

toxi-. V. tox(o)-.

toxicité [tɔksisite] n. f. Caractère de ce qui est toxique. *Le coefficient de toxicité d'une substance est défini par sa dose minimale mortelle.* – De *toxique.*

toxico-. V. tox(o)-.

toxicodermie [tɔksikodɛʀmi] ou **toxidermie** [tɔksidɛʀmi] n. f. MED Lésion cutanée due à un produit toxique (quelle qu'en soit la voie d'administration). – De *toxico-,* et *-dermie.*

toxicologie [tɔksikɔlɔʒi] n. f. MED Science qui étudie les toxiques, leur identification, leur mode d'action et les remèdes à leur opposer. – De *toxico-,* et *-logie.*

toxicologique [tɔksikolɔʒik] adj. MED. Relatif à la toxicologie. – De *toxicologie.*

toxicologue [tɔksikɔlɔg] n. Spécialiste en toxicologie. – De *toxicologie.*

toxicomane [tɔksikɔman] adj. et n. Didac. et cour. Atteint de toxicomanie. – De *toxicomanie.*

toxicomanie [tɔksikɔmani] n. f. Didac. Intoxication chronique ou périodique engendrée par la consommation de médicaments ou de substances toxiques, et entraînant généralement chez le sujet un état d'accoutumance et de dépendance. – De *toxico-,* et *-manie.*

toxicose [tɔksikoz] n. f. MED Intoxication endogène. ▷ *Toxicose du nouveau-né,* altération grave de l'état général, habituellement due à une diarrhée infectieuse entraînant une déshydratation aiguë. – De *toxic(o)-,* et *-ose* 2.

toxidermie. V. toxicodermie.

toxi-infection [tɔksiɛ̃fɛksjɔ̃] n. f. MED Maladie infectieuse dans laquelle le caractère pathogène vient surtout des toxines que sécrètent les germes. *Des toxi-infections.* – De *toxi-,* et *infection.*

toxine [tɔksin] n. f. MED Substance toxique élaborée par un micro-organisme. (On distingue les *endotoxines,* contenues à l'intérieur des bactéries, et les *exotoxines*, émises dans le milieu extérieur.) – All. *Toxin*, du rad. de *toxique*.

toxique [tɔksik] adj. et n. m. **1.** adj. Se dit d'une substance qui a un effet nocif sur l'organisme ou sur un organe. *Gaz toxique*. **2.** n. m. Substance toxique. Syn. poison, venin. – Lat. *toxicum*, du gr. *toxikon*, «poison pour flèches», de *toxon*, «arc, flèche».

toxo-. V. tox(o)-.

toxocarose [tɔksokaʀoz] n. f. MED Maladie parasitaire de l'homme due à des ascaris présents dans les excréments du chien ou du chat, se manifestant notam. par de la fièvre, des signes oculaires, pulmonaires et neurologiques. – De *toxocara*, ver parasite, et *-ose* 2.

toxoplasme [tɔksoplasm] n. m. MICROB Protozoaire parasite dont une espèce est responsable de la toxoplasmose. – De *toxo-*, et *-plasme*.

toxoplasmose [tɔksoplasmoz] n. f. MED Maladie parasitaire, due à un protozoaire (*Toxoplasma gondii*), dont la symptomatologie est variable et qui peut être responsable de malformations fœtales lorsqu'elle est contractée au cours de la grossesse. – De *toxoplasme*, et *-ose* 2.

traban [tʀabɑ̃] n. m. HIST Soldat (scandinave ou suisse) de la garde d'un prince ou d'un chef militaire du XVIe au XVIIe s. – All. *Trabant*, «garde du corps».

trabe [tʀab] n. f. HERALD Hampe de bannière. – Du lat. *trabs*, *trabis*, «poutre».

trabécule [tʀabekyl] n. f. HISTOL Terminaison fine et détachée d'une paroi, souvent anastomosée avec d'autres voisines. – Du lat. *trabecula*, «petite poutre».

trabée [tʀabe] n. f. ANTIQ ROM Toge de cérémonie ornée de bandes de pourpre. – Lat. *trabea*.

traboule [tʀabul] n. f. Rég. À Lyon, ruelle étroite qui traverse un pâté de maisons.

trac [tʀak] n. m. Angoisse, peur que l'on ressent juste avant de se produire en public ou de mettre à exécution un projet. *Avoir le trac. Ne pouvoir se défendre contre le trac.* – Orig. incert., de *traquer*, ou de *tracas*.

trac (tout à) [tutatʀak] loc. adv. Sans préparation, sans précaution. *Il déclara tout à trac qu'il ne reviendrait plus jamais.* – Probabl. de *traquer*.

traçage [tʀasaʒ] n. m. Action de tracer. – De *tracer*.

traçant, ante [tʀasɑ̃, ɑ̃t] adj. **1.** BOT *Racine traçante*, qui trace (sens II, 2). **2.** *Balle traçante*, qui laisse derrière elle une trace lumineuse (on dit aussi *traceuse*). **3.** INFORM *Table traçante* : V. traceur* de courbes. – Ppr. de *tracer*.

tracas [tʀaka] n. m. Souci, ennui durable, généralement d'ordre matériel. *La santé de sa mère lui causait bien du tracas, des tracas.* – Déverbal de *tracasser*.

tracasser [tʀakase] v. tr. [1] (Sujet généralement nom de chose.) Inquiéter, tourmenter de façon persistante, mais généralement sans gravité. *Cette histoire la tracassait depuis longtemps.* ▷ v. pron. S'inquiéter, se tourmenter. *Il se tracasse pour l'avenir de sa fille.* – Du rad. de *traquer*.

tracasserie [tʀakasʀi] n. f. (Surtout au plur.) Querelle ou chicane que l'on cherche à qqn, souvent à propos de choses insignifiantes. *Il était en butte à des tracasseries incessantes.* – De *tracasser*.

tracassier, ère [tʀakasje, ɛʀ] adj. Qui se plaît à faire des tracasseries. *Une administration tracassière.* – De *tracasser*.

tracassin [tʀakasɛ̃] n. m. Fam. Inquiétude, léger tourment. ▷ *Avoir le tracassin* : se faire du souci. – De *tracasser*.

trace [tʀas] n. f. **1.** Suite de marques, d'empreintes laissées par le passage d'un homme, d'un animal ou d'une chose. *Traces de pas. Traces de pneu dans la boue. Suivre un gibier à la trace.* ▷ Loc. fig. *Suivre les traces, marcher sur les traces de qqn*, suivre son exemple, la voie qu'il a ouverte. **2.** Marque laissée par une action, par un événement passé. *Des traces d'effraction. Traces de la marée noire.* – Fig. *Cette aventure laissa en lui des traces profondes. On ne trouve aucune trace de cet épisode chez les chroniqueurs.* **3.** Quantité infime. *Traces d'albumine dans l'urine.* **4.** GEOM Lieu d'intersection (d'une droite, d'un plan) avec le plan de projection. – Déverbal de *tracer*.

tracé [tʀase] n. m. **1.** Ensemble des lignes d'un plan. *Le tracé de la future autoroute.* **2.** Ligne effectivement suivie. *Le tracé d'un fleuve.* – Pp. subst. de *tracer*.

tracer [tʀase] v. [12] **I.** v. tr. **1.** Dessiner schématiquement à l'aide de traits. *Tracer une figure géométrique, le plan d'une maison.* ▷ Fig. *Tracer le tableau de ses malheurs*, les décrire. **2.** Ouvrir et marquer par une trace. *Tracer une piste, un sillon.* ▷ Fig. *Tracer le chemin à qqn*, lui donner l'exemple. **II.** v. intr. **1.** Pop. ou rég. Se déplacer très vite, courir. **2.** BOT (En parlant d'une racine, d'un rhizome). Se développer horizontalement à la surface du sol. – Du lat. class. *trahere*, «tirer, traîner», lat. pop. **tractiare*, «suivre à la trace».

traceret [tʀasʀɛ] ou **traçoir** [tʀaswaʀ] n. m. TECH **1.** Instrument, poinçon pour faire des traces sur divers matériaux (bois, métal, etc.). **2.** Instrument pour marquer les divisions sur les appareils de mesure. – De *tracer*.

traceur, euse [tʀasœʀ, øz] n. m. et adj. **I.** n. m. **1.** CHIM *Traceur radioactif* : isotope radioactif permettant de suivre l'évolution d'un phénomène, d'une réaction, en détectant le rayonnement qu'il émet, à des fins biologiques, océanographiques, géologiques, etc. **2.** INFORM *Traceur de courbes* ou *table traçante* : appareil annexe d'un ordinateur, programmé pour le tracé de graphes et de courbes. **II.** adj. Qui laisse une trace. *Balle traceuse* : V. traçant. – De *tracer*.

trachéal, ale, aux [tʀakeal, o] adj. ANAT Qui se rapporte à la trachée. – De *trachée*.

trachéates [tʀakeat] n. m. pl. ZOOL Important groupe d'arthropodes qui respirent par des trachées (sens 2). – Sing. *Un trachéate*. – De *trachée*.

trachée [tʀaʃe] n. f. **1.** ANAT Conduit aérien musculo-cartilagineux faisant suite au pharynx et qui, se divisant, donne naissance aux bronches souches droite et gauche. **2.** ZOOL Chez les trachéates, tube étroit dont la paroi, mince, est perméable aux gaz et qui apporte directement l'oxygène de l'air aux cellules et aux organes. (Elle débouche à l'extérieur par le stigmate.) – Bas lat. *trachia*, du gr. *(artêria) trakheia*, propr. «conduit respiratoire raboteux».

trachée-artère [tʀaʃeaʀtɛʀ] n. f. Vx Trachée. *Des trachées-artères.* – Du gr. *artêria trakheia*, propr. «conduit respiratoire raboteux».

trachéen, enne [tʀakeɛ̃, ɛn] adj. ZOOL Relatif aux trachées des trachéates. – De *trachée*.

trachéide [tʀakeid] n. f. BOT Élément conducteur de la sève brute constitué de cellules soudées longitudinalement mais chez lesquelles les parois transversales ne sont pas résorbées. (Les trachéides, tubes discontinus, s'opposent aux vaisseaux, continus.) – De *trachée*, et *-ide*.

trachéite [tʀakeit] n. f. MED Atteinte inflammatoire aiguë ou chronique de la trachée. – De *trachée*, et *-ite* 1.

trachéobronchite [tʀakeobʀɔ̃ʃit] n. f. MED Atteinte inflammatoire ou infectieuse de la trachée et des bronches. – De *trachée*, et *bronchite*.

trachéoscopie [tʀakeoskɔpi] n. f. MED Exploration de la trachée à l'aide d'un endoscope. – De *trachée*, et *-scopie*.

trachéotomie [tRakeotɔmi] n. f. CHIR Intervention consistant à pratiquer une ouverture de la trachée au niveau de la partie antéro-inférieure du cou et à y introduire une canule, pour permettre une respiration assistée. – De *trachée*, et *-tomie*.

trachome [tRakom] n. m. MED Atteinte oculaire de nature virale, endémique dans certains pays chauds où elle est une cause fréquente de cécité. – Gr. *trakhôma*, propr. « aspérité ».

trachyte [tRakit] n. m. PETROG Roche volcanique, rude au toucher, dépourvue de quartz et riche en feldspaths. – Du gr. *trakhutês*, « rugosité », de *trakhus*, « raboteux ».

traçoir. V. traceret.

tract [tRakt] n. m. Feuille, petite brochure de propagande politique, commerciale, etc. *La police a interpellé des distributeurs de tracts.* – Mot angl.

tractable [tRaktabl] adj. Qui peut être tracté. – De *tracter*.

tractation [tRaktasjɔ̃] n. f. (Surtout au plur.) Souvent péjor. Démarche, négociation impliquant diverses opérations et manœuvres officieuses. *Tractations entre milieux industriels et politiques.* – Du lat. *tractatio*, « manière d'agir », de *tractare*, « traiter ».

tracté, ée [tRakte] adj. Remorqué par un tracteur mécanique. *Artillerie tractée.* – De *tracteur*.

tracter [tRakte] v. tr. [1] Remorquer à l'aide d'un véhicule ou par un procédé mécanique. *Voiture tractant un bateau.* – De *tracté*.

tracteur, trice [tRaktœR, tRis] n. m. et adj. **1.** n. m. Véhicule automobile utilisé pour tirer en remorque un ou plusieurs véhicules, utilisé notam. dans l'agriculture. **2.** adj. Qui tracte. *Véhicule tracteur, voiture tractrice.* – Du lat. *tractum*, supin de *trahere*, « tirer, traîner ».

tractif, ive [tRaktif, iv] adj. Didac. Qui exerce une traction. – Du lat. *tractum* (V. tracteur).

traction [tRaksjɔ̃] n. f. **1.** Action de tirer sans déplacer, pour tendre, allonger ; résultat de cette action. ▷ Exercice musculaire où l'on tire sur les bras pour amener ou soulever le corps. ▷ TECH *Résistance des matériaux à la traction. Essai de traction*, consistant à exercer une traction sur une éprouvette métallique et à enregistrer l'allongement en fonction de l'effort de traction. **2.** Action de tirer pour déplacer. *Système de traction d'un véhicule* (à vapeur, électrique, etc.). ▷ *Traction avant* : dispositif de transmission dans lequel les roues motrices sont à l'avant du véhicule ; automobile munie de ce dispositif. – Bas lat. *tractio*, de *trahere*, « tirer ».

tractoriste [tRaktɔRist] n. AGRIC Personne qui conduit un tracteur. – De *tracteur*.

tractrice [tRaktRis] n. f. GEOM Courbe telle qu'en chacun de ses points le segment de tangente compris entre le point de tangence et l'axe des abscisses est constant. – De *traction*.

tractus [tRaktys] n. m. ANAT **1.** Ensemble de fibres ou de filaments, formant un réseau histologique. **2.** Ensemble d'organes formant un appareil. *Le tractus digestif. Le tractus génital.* – Mot lat., « traînée ».

trader [tRedœR] n. (Anglicisme) FIN Spécialiste des transactions portant sur des montants importants de titres, de devises, de matières premières, dans une entreprise publique, dans une banque ou pour une charge d'agent de change. – Mot angl.

tradescantia [tRadeskɑ̃sja] n. f. BOT Plante ornementale à croissance rapide, vivace, à tiges retombantes. *La misère est une tradescantia.* – Du n. du botaniste holl. J. *Tradescant*.

trade-union [tRɛdynjɔn] n. f. En Grande-Bretagne, association syndicale d'ouvriers d'une même industrie. *Des trade-unions.* – Mot angl., de *trade*, « métier », et *union*, « union ».

trade-unionisme [tRɛdynjɔnism] n. m. Conception des luttes ouvrières reposant sur l'action des trade-unions. – De *trade-union*.

trade-unioniste [tRɛdynjɔnist] n. Rare Partisan du trade-unionisme. – De *trade-union*.

trading [tRediŋ] n. m. (Anglicisme) FIN Profession du trader ; exercice de cette profession. – Mot angl.

tradition [tRadisjɔ̃] n. f. **1.** Opinion, manière de faire transmises par les générations antérieures. *Il y a dans son milieu une solide tradition d'anticléricalisme.* Syn. coutume, habitude. ▷ Loc. adj. *De tradition* : traditionnel. **2.** Mode de transmission d'une information de génération en génération ; ensemble d'informations de ce type. *Légende transmise par tradition orale. La tradition populaire.* ▷ *Spécial.* Transmission des connaissances, des doctrines relatives à une religion. *La tradition juive.* – Absol. *La Tradition* : les doctrines et pratiques qui se sont développées dans l'Église depuis le début du christianisme. *La Tradition et l'Écriture.* – Lat. *traditio*, de *tradere*, « remettre, transmettre ».

traditionalisme [tRadisjɔnalism] n. m. **1.** Attachement aux notions et valeurs transmises par la tradition. **2.** THEOL Doctrine ne reconnaissant d'autre source de la vérité que la Tradition et la Révélation (devant lesquelles la raison doit s'incliner). *Le traditionalisme de L. de Bonald, de J. de Maistre.* – De *traditionaliste*.

traditionaliste [tRadisjɔnalist] adj. et n. **1.** Qui appartient au traditionalisme. **2.** Qui est partisan du traditionalisme. ▷ Subst. *Un(e) traditionaliste.* – De *traditionnel*.

traditionnaire [tRadisjɔnɛR] adj. et n. RELIG Qui donne une interprétation de la Bible conforme à la tradition talmudique des juifs. – De *tradition*.

traditionnel, elle [tRadisjɔnɛl] adj. **1.** Qui s'appuie sur une tradition. *Croyances traditionnelles d'une région. La grammaire traditionnelle.* **2.** (Objet concret.) Qui est passé dans les usages. *La traditionnelle dinde de Noël.* – De *tradition*.

traditionnellement [tRadisjɔnɛlmɑ̃] adv. De façon traditionnelle. – De *traditionnel*.

traducteur, trice [tRadyktœR, tRis] n. **1.** Personne qui traduit d'une langue dans une autre, auteur d'une traduction. *C'est le traducteur de ce livre.* **2.** n. m. INFORM Programme traduisant un langage dans un autre. **3.** n. m. En cybernétique, élément qui traduit la grandeur physique d'un signal d'entrée en une autre grandeur physique à la sortie. Syn. transducteur. – Du lat. *traductor*, « qui fait passer », avec infl. de *traduire*.

traduction [tRadyksjɔ̃] n. f. **1.** Action de traduire. *Traduction littérale*, mot à mot. *Traduction libre*, qui s'éloigne du texte original. *Traduction assistée par ordinateur.* **2.** Résultat de l'action de traduire, version d'un ouvrage dans une langue autre que sa langue d'origine. *De nombreux romans policiers sont des traductions.* – Du lat. *traductio*, « action de faire passer d'un point à un autre ».

traduire [tRadɥiR] v. tr. [69] **I.** *Traduire qqn en justice*, le faire passer devant un tribunal. **II. 1.** Faire passer d'une langue dans une autre en visant à l'équivalence entre l'énoncé original et l'énoncé obtenu. *Cet ouvrage a été traduit en six langues. Bien, mal traduit.* **2.** Exprimer par des moyens divers. *Traduis ta pensée en termes plus simples.* ▷ Manifester. *Une peinture qui traduit une grande sensibilité aux couleurs.* ▷ v. pron. *Sa nervosité se traduisait par un léger tremblement des mains.* – Du lat. *traducere*, propr. « faire passer d'un point à un autre ».

traduisible [tRadɥizibl] adj. Qu'on peut traduire. *Poème peu traduisible.* – De *traduire*.

1. trafic [tʀafik] n. m. Commerce illicite. *Trafic d'armes, de drogue.* ▷ DR *Trafic d'influence* : fait d'obtenir de l'autorité publique des avantages pour qqn, en échange d'une récompense. – Ital. *traffico.*

2. trafic [tʀafik] n. m. (Anglicisme) **1.** Fréquence des trains, des avions, des navires, des voitures sur un itinéraire, un réseau. *Trafic ralenti en raison d'une grève.* **2.** Circulation de nombreux véhicules. *Quel trafic dans ma rue!* – Angl. *traffic*, du fr. *trafic* 1.

traficoter [tʀafikɔte] v. intr. [1] Fam. Trafiquer médiocrement. – De *trafiquer.*

trafiquant, ante [tʀafikɑ̃, ɑ̃t] n. Personne qui fait un trafic. *Trafiquant de drogue.* – Ppr. subst. de *trafiquer.*

trafiquer [tʀafike] v. [1] **I.** v. tr. indir. Faire un trafic de. *Trafiquer de son influence.* – Plaisant *Trafiquer de ses charmes* : se livrer à la prostitution. – Absol. *Trafiquer au marché noir.* **II.** v. tr. dir. **1.** Modifier, transformer dans le but de tromper. *Trafiquer du vin. Trafiquer un chèque.* **2.** Fam. Faire, fabriquer. *Qu'est-ce que tu trafiques encore dans mon bureau.* – Ital. *trafficare.*

tragacanthe [tʀagakɑ̃t] n. m. BOT Arbrisseau du genre *Astragalus*, qui produit la *gomme adragante.* – Lat. *tragacantha*, du gr. *tragos*, « bouc », et *akantha*, « épine ».

tragédie [tʀaʒedi] n. f. **1.** Œuvre dramatique en vers qui représente des personnages héroïques dans des situations de conflit exceptionnelles, propres à exciter la terreur ou la pitié. *Tragédies de Sophocle, de Racine.* ▷ Genre dramatique que constituent ces pièces. *La tragédie antique. La tragédie classique* (XVIIe s. fr.). **2.** *Par métaph.* Événement funeste, terrible. *Les tragédies de la guerre, de la mine.* – Lat. d'orig. gr. *tragœdia.*

tragédien, enne [tʀaʒedjɛ̃, ɛn] n. Acteur, actrice spécialisé dans les rôles de tragédie. – De *tragédie.*

tragi-comédie [tʀaʒikɔmedi] n. f. **1.** LITTER Tragédie où sont introduits certains éléments comiques et dont le dénouement est heureux. **2.** Fig. Situation où alternent des événements tragiques et des incidents comiques. *Des tragi-comédies.* – Lat. *tragicomœdia.*

tragi-comique [tʀaʒikɔmik] adj. **1.** LITTER Relatif à la tragi-comédie (sens 1). **2.** À la fois tragique et comique. *Des situations tragi-comiques.* – De *tragi-comédie.*

tragique [tʀaʒik] adj. et n. m. **I.** adj. **1.** Relatif à la tragédie (sens 1). *Le genre tragique.* ▷ Qui évoque la tragédie. *Une voix aux accents tragiques.* **2.** Funeste, terrible, effroyable. *Conséquences tragiques d'une inondation.* **II.** n. m. **1.** Auteur de tragédies. *Les grands tragiques grecs.* ▷ *Le tragique* : la tragédie comme genre dramatique. **2.** Caractère de ce qui est tragique. *Il ne voyait pas le tragique de sa situation.* ▷ *Prendre une chose au tragique*, la considérer comme plus grave qu'elle ne l'est en réalité. – Lat. *tragicus*, gr. *tragikos.*

tragiquement [tʀaʒikmɑ̃] adv. De façon tragique (sens 2). *Tout cela a fini tragiquement.* – De *tragique.*

tragus [tʀagys] n. m. ANAT Saillie externe de l'oreille, plate et triangulaire, au-dessous de l'hélix. – Mot lat. sav., du gr. *tragos*, « bouc ».

trahir [tʀaiʀ] v. [3] **I.** v. tr. **1.** Livrer ou abandonner par perfidie. *Trahir son pays, sa patrie. Trahir un secret.* **2.** Se montrer infidèle, déloyal à l'égard de; tromper. *Trahir un ami.* – *Trahir la confiance de qqn.* **3.** Exprimer d'une manière peu fidèle. *La traduction a trahi le texte. Mes paroles ont trahi ma pensée.* **4.** (Sujet n. de chose.) Livrer, dénoncer, révéler (ce qu'on voulait dissimuler). *Son attitude trahissait son trouble.* ▷ (Comp. n. de personne.) Faire reconnaître, dénoncer. *Cette imprudence a trahi le criminel.* – Ne pas seconder, abandonner. *Ses forces l'ont trahi.* **II.** v. pron. Laisser paraître, révéler par inadvertance ce qu'on voulait dissimuler. *Il s'est trahi par un mot.* – Du lat. *tradere*, « livrer », au sens péjoratif.

trahison [tʀaizɔ̃] n. f. **1.** Crime de celui qui trahit. *La trahison de Judas.* ▷ Intelligence avec l'ennemi. – *Haute trahison* : intelligence avec une puissance étrangère, ennemie, au cours d'une guerre, ou en vue d'une guerre; grave manquement aux devoirs politiques de sa charge commis par un président de la République en exercice et jugé par la Haute Cour de justice sur accusation des deux Assemblées. **2.** Grave tromperie; acte déloyal. – De *trahir.*

traille [tʀaj] n. f. Chaîne, câble aérien qui retient et guide un bac pendant ses traversées; ce bac lui-même. – Du lat. *tragula*, propr. « javelot muni d'une courroie ».

train [tʀɛ̃] n. m. **I. 1.** Vx Ensemble de voitures, de chevaux, de domestiques qui accompagnent qqn. *Le train d'un prince.* ▷ *Train de maison*, l'ensemble des domestiques. ▷ MILIT *Train des équipages*, et, depuis 1928, *le train* : arme créée en 1807 par Napoléon, dépendant de l'armée de terre et qui a pour mission de transporter le personnel et le matériel. **2.** Ensemble d'éléments attachés les uns aux autres et tirés par l'élément de tête. *Train de péniches. Train de planeurs.* – Par ext. *Train spatial.* ▷ PHYS *Train d'ondes* : ensemble, relativement restreint, d'ondes se propageant dans la même direction. **3.** *Absol.* Ensemble constitué par une rame de wagons et la locomotive qui les tire. *Train de voyageurs, de marchandises. Train postal.* – Le moyen de transport que constituent les trains; chemin de fer. *Préférer le train à l'avion.* ▷ Fig. *Monter dans le train, prendre le train en marche* : prendre part à qqch qui a commencé depuis longtemps. **4.** Ensemble d'organes qui fonctionnent conjointement. *Train de pneus. Train d'engrenages. Train de laminoir.* **5.** Spécial. *Train de* : série, ensemble de mesures, de projets, etc. *Un train de décrets-lois.* **II. 1.** Partie portante d'un véhicule. *Train avant, arrière.* ▷ AVIAT *Train d'atterrissage* : ensemble du système de roulement au sol d'un avion. **2.** Partie antérieure, postérieure d'un quadrupède. – *Absol.* Train arrière. *Chien assis sur son train.* – Par ext., pop. Derrière, fessier. *Magne-toi le train* : dépêche-toi. **III. 1.** Allure, mouvement considéré dans sa vitesse et son rythme. *Aller bon train. Au train où vont les choses, je n'aurai pas fini avant demain.* ▷ *Train de sénateur* : allure lente et majestueuse. ▷ SPORT Allure à laquelle se déroule une course. *Train soutenu.* ▷ Loc. adv. *À fond de train* : à toute vitesse. **2.** Manière de vivre, niveau de vie. *Mener grand train.* – *Train de vie* : manière de vivre considérée sous l'angle du rapport entre les dépenses et les ressources d'un foyer, d'un individu. **3.** Loc. adv. *En train* : en mouvement, en marche. *L'affaire est en train.* ▷ *Mettre qqch en train* : commencer qqch. – (Personnes) *Être en train*, bien disposé et de bonne humeur. **4.** Loc. verbale. *Être en train de*, exprime le déroulement d'une action en cours. *J'étais en train de prendre mon bain quand on a sonné. Le rôti est en train de refroidir.* – Déverbal de *traîner.*

traînage [tʀɛnaʒ] n. m. Action, fait de traîner (par traîneau). – De *traîner.*

traînailler. V. traînasser.

traînant, ante [tʀɛnɑ̃, ɑ̃t] adj. **1.** Qui traîne par terre. **2.** Se dit d'une voix, d'un accent qui s'appesantit sur les mots. – Ppr. de *traîner.*

traînard, arde [tʀɛnaʀ, aʀd] n. **1.** Personne trop lente. – Personne qui reste à la traîne, en arrière d'un groupe. *Des traînards ont été faits prisonniers.* **2.** n. m. TECH Dispositif coulissant qui supporte le chariot transversal porte-outil d'un tour. – De *traîner*, et suff. péjor. *-ard.*

traînasse [tʀɛnas] n. f. BOT Nom cour. de diverses mauvaises herbes à tiges rampantes (renouée des oiseaux, par ex.). – De *traîner.*

traînasser [tʀɛnase] ou **traînailler** [tʀɛnaje] v. intr. [1] Péjor. Traîner paresseusement; lambiner. – De *traîner.*

traîne [tʀɛn] n. f. **1.** Action de traîner, fait d'être traîné. *Bateau à la traîne,* remorqué. ▷ Fam. *Être à la traîne :* ne pas suivre les autres, avoir du retard sur eux. **2.** Partie qui traîne, queue. *Robe à traîne.* – METEO Partie postérieure d'un système nuageux. *Ciel de traîne.* **3.** PECHE Syn. de *senne.* – Déverbal de *traîner.*

traîneau [tʀɛno] n. m. **1.** Véhicule muni de patins, utilisé pour se déplacer sur la neige ou la glace. **2.** Grand filet de chasse ou de pêche. – De *traîner.*

traîne-bûches [tʀɛnbyʃ] n. m. inv. PECHE Larve de la phrygane, utilisée comme amorce par les pêcheurs. – De *traîner,* et *bûche.*

traînée [tʀene] n. f. **I. 1.** Trace laissée sur une surface par une substance répandue sur une certaine longueur. *Traînée de poudre,* transmettant le feu jusqu'à l'amorce. – Fig. *La nouvelle s'est propagée comme une traînée de poudre,* très rapidement. **2.** Trace allongée se formant dans le sillage d'un corps en mouvement. *Traînée d'une fusée. L'avion laissait derrière lui une traînée blanche.* **3.** PHYS En mécanique des fluides, force résistante qui s'oppose à l'avancement d'un avion en mouvement et qui doit être compensée par la force de propulsion. **4.** PECHE Ligne de fond. **II.** Injur. Fille des rues, prostituée. – Pp. fém. subst. de *traîner.*

traînement [tʀɛnmɑ̃] n. m. Action de traîner. *Un traînement de pieds.* – De *traîner.*

traîne-misère [tʀɛnmizɛʀ] n. m. inv. Vieilli Miséreux, gueux. – De *traîner,* et *misère.*

traîner [tʀene] v. [1] **I.** v. tr. **1.** Tirer derrière soi. *Cheval qui traîne une charrette.* – Déplacer, tirer en faisant glisser. *Traîner un sac.* – Fig. *Traîner qqn dans la boue,* salir sa réputation. ▷ *Traîner les pieds,* marcher sans les lever. **2.** Mener de force. *Traîner un homme en prison.* **3.** Emmener partout avec soi, avoir à sa remorque. *Il traîne sa marmaille dans tous ses déplacements.* – Fig. *Traîner son ennui.* **4.** Supporter désespérément (un état douloureux qui se prolonge). *Traîner une vieillesse malheureuse.* **5.** Faire durer. *Traîner* ou *faire traîner une affaire en longueur.* **II.** v. intr. **1.** Pendre jusqu'à terre, toucher, balayer le sol. *Votre robe traîne dans la boue.* **2.** Être laissé n'importe comment, n'importe où, en désordre. *Vêtement qui traîne sur une chaise.* ▷ *Laisser traîner :* ne pas prendre soin, ne pas ranger. ▷ Fig. *Cela traîne partout,* se dit d'une expression, d'une pensée, etc., qu'on retrouve dans de nombreux ouvrages. **3.** Rester en arrière (par rapport à d'autres qui avancent). *Pressons, derrière, ne traînons pas!* – S'attarder, être trop lent. *Si vous voulez finir à temps, il ne faut pas traîner.* **4.** Durer trop longtemps; faire peu ou pas de progrès. *Traîner en longueur. Sa maladie traîne.* – (En parlant d'un malade.) Tarder à se rétablir. *Il y a longtemps qu'il traîne.* **5.** Péjor. Flâner, s'attarder oisivement. *Traîner dans les rues, dans les cafés.* **III.** v. pron. **1.** Marcher avec peine, difficulté. ▷ Fig. Être languissant. *Dans ce drame, l'action se traîne.* **2.** Se déplacer en rampant. *Il se traîne par terre.* – Fig. *Se traîner aux pieds de qqn,* s'humilier devant lui, le supplier. – Lat. pop. **traginare,* de **tragere,* « tirer, traire », du class. *trahere,* « tirer, traîner ».

traîne-savates [tʀɛnsavat] n. inv. Fam. Oisif sans ressources. – De *traîner,* et *semelle.*

traîneur, euse [tʀɛnœʀ, øz] n. **1.** Rare Personne qui traîne qqch. – *Traîneur de sabre :* militaire qui fait le bravache, en traînant son sabre. **2.** Fam. Personne qui traîne (dans les rues, les cafés). – De *traîner.*

trainglot. V. tringlot.

training [tʀeniŋ] n. m. (Anglicisme) **1.** Entraînement sportif. ▷ Syn. de *survêtement.* **2.** MED *Training autogène :* méthode de relaxation reposant sur une décontraction mentale. – Mot angl., « entraînement ».

train-train ou **traintrain** [tʀɛ̃tʀɛ̃] n. m. inv. Fam. Cours routinier des occupations. *Le traintrain quotidien.* – Altér. de *trantran,* anc. onomat., d'ap. *train,* au sens de « allure ».

traire [tʀɛʀ] v. tr. [58] Tirer le lait des mamelles de (un animal domestique). *Traire une vache, une chèvre.* – Lat. pop. **tragere,* class. *trahere,* « tirer ».

trait [tʀɛ] n. m. **I. 1.** Action de lancer. *Armes de trait.* – Projectile, arme de jet. *Lancer un trait.* – Par ext. *Trait de lumière :* rayon. – Fig. Idée claire et soudaine. ▷ *Partir comme un trait,* très rapidement. **2.** Fig., litt. Sarcasme, plaisanterie acerbe. *Décocher un trait mordant.* **II. 1.** Action de tirer, de tracter. *Cheval, bête de trait.* **2.** Longe avec laquelle les animaux domestiques tirent un véhicule; longe à laquelle est attaché un chien de traîneau. **III.** Manière d'avaler une gorgée. *Boire à longs traits. Vider son verre d'un trait.* ▷ *D'un (seul) trait :* sans discontinuer. *Il a raconté son histoire d'un trait.* **IV. 1.** Aptitude ou manière de tracer une ligne, un dessin. *Avoir le trait juste.* ▷ Ligne tracée avec un crayon, une plume, etc. *Tracer, tirer des traits.* – Fig. *Tirer un trait sur une aspiration, un projet,* y renoncer. ▷ *Reproduire trait pour trait,* avec une parfaite exactitude. ▷ *Trait d'union :* signe de ponctuation (-) qui joint plusieurs mots pour n'en former qu'un seul par le sens. – Fig. Intermédiaire. *Il servira de trait d'union entre nous, entre ces deux groupes.* **2.** Fig. Manière d'exprimer, de dépeindre. *S'exprimer en traits nets et précis.* **3.** (Plur.) Lignes caractéristiques du visage. *Traits réguliers. Traits tirés par la fatigue.* **4.** Élément auquel on reconnaît clairement qqn ou qqch. *Trait de caractère. C'est là un trait caractéristique de l'époque.* ▷ LING *Trait distinctif, pertinent.* **5.** Fig. Manifestation remarquable. *Trait de bravoure, de génie. Trait d'esprit.* **6.** MUS Suite de notes jouées à la même cadence rapide. ▷ LITURG CATHOL Psaume chanté après le graduel. **V.** Loc. verbale. *Avoir trait à :* avoir un rapport avec. Syn. concerner. *Tout ce qui avait trait à cette affaire.* – Du lat. *tractus,* « action de tirer, de traîner »; sens V, de l'a. fr. *traire à,* « ressembler à ».

traitable [tʀɛtabl] adj. Litt. Conciliant, accommodant. – De *traiter.*

traitant, ante [tʀɛtɑ̃, ɑ̃t] n. m. et adj. **1.** n. m. HIST Financier qui, en vertu d'un « traité » avec l'autorité royale, avait à ferme certains impôts. **2.** adj. Qui traite, soigne. *Lotion traitante.* – *Médecin traitant,* qui soigne qqn habituellement. – Ppr. de *traiter.*

traite [tʀɛt] n. f. **I.** Parcours effectué sans s'arrêter. ▷ *Tout d'une traite :* sans s'interrompre. **II. 1.** Vx Action de faire venir; transport. – *Spécial.* Importation en Europe de produits coloniaux, denrées agricoles et matières premières notam. *Économie de traite.* ▷ *Traite des Noirs :* déportation de Noirs africains qu'on vendait comme esclaves (en Amérique, notam.). ▷ *Traite des Blanches :* exploitation de jeunes femmes qu'on livre à la prostitution. **2.** Vx Action de tirer de l'argent. – Mod. Lettre de change, effet de commerce. *Accepter une traite.* **III.** AGRIC Action de traire. *Traite manuelle, mécanique.* – Ce qui a été trait. *Toute la traite est vendue à la coopérative.* – Pp. fém. subst. de *traire,* « tirer ».

traité [tʀete] n. m. **1.** Ouvrage qui traite d'une matière, d'un sujet déterminé. *Le « Traité sur la tolérance » de Voltaire (1763). Traité de droit public.* **2.** Convention faite entre des souverains, des États. *Traité de Versailles.* **3.** Vx Contrat. – Pp. subst. de *traiter.*

traitement [tʀɛtmɑ̃] n. m. **1.** Comportement, manière d'agir envers qqn. *Traitement de faveur.* ▷ *Mauvais traitements :* violences, voies de fait. **2.** MED Ensemble des moyens mis en œuvre pour soigner une maladie, un malade. *Prescrire un traitement.* Syn. thérapeutique. **3.** Action de traiter une substance; ensemble des opérations, des procédés destinés à modifier cette substance. ▷ Par anal. INFORM *Traitement de l'information :* ensemble des techniques permettant de stocker des informations, d'y accéder, de les combiner, en vue de leur exploitation. ▷ *Traitement de texte* : ensemble des opérations qui permettent de saisir, mettre en forme, modifier, stocker et imprimer des documents; logiciel permettant d'effectuer ces opérations. **4.** Appointements attachés à une place, un emploi, dans la fonction publique. – De *traiter.*

traiter [tʀete] v. [1] **I.** v. tr. **1.** Agir, se conduire envers (qqn) d'une certaine manière. *Il traite ses enfants comme des étrangers. Traiter qqn en ami. Être bien, mal traité.* **2.** Vx ou litt. Recevoir (un hôte) et, en partic., offrir un repas à (qqn); régaler. **3.** *Traiter (qqn) de* (suivi d'un mot péjor.), le qualifier de. *Traiter qqn de menteur.* ▷ v. pron. (Récipr.) *Ils se sont traités d'incapables.* **4.** Prendre pour matière d'étude et d'exposé, disserter sur. *Traiter un sujet, un problème.* – Représenter, exprimer. *Ce thème a été traité par les artistes de toutes les époques.* **5.** Travailler à la conclusion de (une affaire), négocier. *Traiter une affaire.* ▷ v. pron. (au passif). *Un tel sujet se traite avec discrétion.* **6.** Soumettre à un traitement thérapeutique. *Traiter un malade.* – Soumettre à un traitement pour modifier utilement. *Traiter un minerai.* ▷ INFORM *Traiter des informations.* V. traitement, sens 3. **II.** v. tr. indir. *Traiter de* : exposer des informations ou des vues sur, avoir pour propos. *Ouvrage qui traite d'astronomie.* **III.** v. intr. Mener une négociation en vue de conclure un accord. *Ils n'accepteront pas de traiter sur cette base.* – Entretenir des relations d'affaires. *Traiter d'égal à égal.* Syn. négocier. – Du lat. *tractare,* de *trahere,* «tirer, traîner».

traiteur [tʀetœʀ] n. m. Professionnel qui fournit mets et boissons pour les réceptions à domicile; préparateur de plats cuisinés qu'il vend ensuite. – De *traiter;* d'abord «négociateur».

traître, traîtresse [tʀɛtʀ, tʀɛtʀɛs] adj. et n. **1.** Qui commet une trahison. *Être traître à sa patrie.* (Rem. : le féminin *traîtresse* est litt.) ▷ n. m. *Les traîtres seront fusillés.* ▷ Loc. adv. *En traître* : traîtreusement. *Prendre qqn en traître.* **2.** Qui est plus dangereux, plus fort qu'il ne le paraît. *Ces vins sucrés sont traîtres.* **3.** Loc. fam. *Il ne m'en a pas dit un traître mot,* pas un seul mot. – Du lat. *traditor,* même sens.

traîtreusement [tʀɛtʀøzmɑ̃] adv. De manière perfide, par trahison. – De l'anc. adj. *traitreux,* «traître».

traîtrise [tʀɛtʀiz] n. f. **1.** Caractère de celui qui est traître. **2.** (Choses) Caractère de ce qui est traître. ▷ Piège aussi dangereux qu'imprévisible. *Une piste pleine de traîtrises.* – De *traître.*

trajectographie [tʀaʒɛktɔgʀafi] n. f. ESP Détermination et étude de la trajectoire d'un mobile (satellite, vaisseau spatial, missile). – De *trajectoire,* et *-graphie.*

trajectoire [tʀaʒɛktwaʀ] n. f. Courbe décrite par un point matériel en mouvement, par le centre de gravité d'un mobile. ▷ Fig. Cheminement. *Trajectoire des mots.* ▷ GEOM *Trajectoire isogone* : courbe dont l'angle d'intersection avec une famille de courbes est constant. (Elle est dite *orthogone* si l'angle est droit.) – Lat. scientif. *trajectoria,* de *trajectus,* «traversée».

trajet [tʀaʒɛ] n. m. **1.** Espace à parcourir pour aller d'un point à un autre. Syn. parcours. – Action de parcourir cet espace; temps nécessaire pour l'accomplir. *Il faut compter deux heures de trajet.* **2.** ANAT, MED Suite des points par où passe un conduit, un nerf, une fistule. – Ital. *tragetto,* lat. *trajectus,* «traversée».

tralala [tʀalala] n. m. Fam. Tout ce qui concourt à donner un caractère fastueux et affecté (à une réception, une cérémonie). *Une soirée à grand tralala.* – Onomat.

tram [tʀam] n. m. Abrév. courante de *tramway.*

tramail [tʀamaj] ou **trémail, ails** [tʀemaj] n. m. PÊCHE Filet de pêche composé de trois réseaux superposés. – Du lat. médiév. *tremaculum,* de *tres,* «trois», et *macula,* «maille».

trame [tʀam] n. f. **1.** TECH Ensemble des fils passés au moyen de la navette au travers des fils de chaîne pour former un tissu. ▷ TECH Écran transparent quadrillé utilisé en similigravure. ▷ CONSTR Élément géométrique répétitif autour duquel est structurée une construction. ▷ AUDIOV Ensemble des lignes d'une image de télévision. **2.** Fig. Ce qui constitue le fond, le support continu. *Tout ce qui fait la trame de notre vie. La trame d'un roman,* sa structure. – Lat. *trama.*

tramer [tʀame] v. tr. [1] **1.** TECH Tisser en passant la trame entre les fils de chaîne. ▷ Reproduire par l'intermédiaire d'une trame. – Pp. *Cliché tramé.* **2.** Fig. Élaborer par une savante préparation (une intrigue, un complot). Syn. ourdir. ▷ v. pron. (impers.) *Il se trame qqch de louche.* – Lat. pop. *tramare,* du class. *trama,* «trame».

trameur, euse [tʀamœʀ, øz] n. TECH **1.** Ouvrier, ouvrière du tissage qui prépare les fils de trame. **2.** n. f. Machine produisant les fils de trame. – De *tramer.*

traminot [tʀamino] n. m. Agent d'une ligne ou d'un réseau de tramway. – De *tram(way),* et *(chem)inot.*

tramontane [tʀamɔ̃tan] n. f. **1.** Vx Étoile polaire. ▷ Loc. fig. *Perdre la tramontane* : perdre le nord, être désorienté. **2.** Vent froid, et en partic. vent du nord, dans les régions méditerranéennes. – De l'ital. *tramontana (stella),* «(étoile) qui est au-delà des monts», lat. *transmontanus.*

tramp [tʀɑ̃p] n. m. (Anglicisme) MAR Cargo qui n'est pas affecté à une ligne régulière, et qui va chercher son fret de port en port. – Mot angl., «vagabond».

tramping [tʀɑ̃piŋ] n. m. (Anglicisme) MAR Navigation à la demande, sans itinéraire fixe. V. tramp. – Mot angl., de *to tramp,* «vagabonder».

trampoline [tʀɑ̃pɔlin] n. m. SPORT Tremplin très souple formé d'une toile fixée à un cadre par des tendeurs élastiques et sur lequel on exécute diverses figures de saut. – De l'ital. *trampolino,* «tremplin».

tramway [tʀamwɛ] n. m. Mode de transport urbain électrifié utilisant une voie ferrée formée de rails qui ne saillent pas de la chaussée. – Voiture circulant sur cette voie. (Abrév. : tram). – Mot angl., de *tram,* «rail plat», et *way,* «voie».

tranchage [tʀɑ̃ʃaʒ] n. m. TECH Action de débiter en plaques minces des troncs d'arbres ébranchés. – De *trancher.*

tranchant, ante [tʀɑ̃ʃɑ̃, ɑ̃t] adj. et n. m. **I.** adj. **1.** Qui tranche, coupe bien. *Instrument tranchant.* **2.** Fig. Qui tranche (sens II, 2). *Il a été tranchant.* – Par ext. *Ton tranchant,* péremptoire. **II.** n. m. **1.** Bord tranchant, fil d'une lame, d'un instrument tranchant. *Hache à double tranchant.* ▷ Fig. *À double tranchant* : se dit d'un argument, d'un moyen qui peut se retourner contre celui qui l'utilise. – Par anal. *Le tranchant de la main,* le côté opposé au pouce. *Frapper avec le tranchant de la main.* **2.** TECH Lame, couteau employé par les apiculteurs, les tanneurs. – Ppr. de *trancher.*

tranche [tʀɑ̃ʃ] n. f. **1.** Morceau plus ou moins mince coupé sur toute la largeur d'une masse, d'un bloc. *Tranche de jambon, de rôti, de pain.* **2.** (Abstrait) Fraction d'un tout. *Tranches d'un programme immobilier. Tranche de temps, de vie.* – Pop. *S'en payer une tranche* : prendre du bon temps, s'amuser. – ARITH Série de chiffres constitutive d'un nombre. – FIN Ensemble des revenus imposés au même taux. *Tranches inférieures et supérieures.* **3.** Bord, côté mince d'un objet. *Tranche d'une pièce de monnaie.* – Chacun des trois côtés rognés d'un livre. *Livre doré sur tranche(s).* – Fig. *Doré sur tranche(s)* : très riche. **4.** En boucherie, parties supérieures et moyennes de la cuisse du bœuf. *Morceau dans la tranche.* – Déverbal de *trancher.*

tranché, ée [tʀɑ̃ʃe] adj. **1.** Séparé par une coupure nette. **2.** Fig. Net, bien marqué. *Couleurs tranchées.* – Catégorique. *Opinion trop tranchée.* – Pp. de *trancher.*

tranchée [tʀɑ̃ʃe] n. f. **1.** TRAV PUBL Ouverture, excavation pratiquée en longueur dans le sol, en vue d'asseoir des fondations, de placer des conduites, etc. **2.** MILIT Fossé creusé et aménagé pour servir de couvert et de position de tir à l'infanterie. – *Guerre de tranchées :* guerre de position où les adversaires cherchent à se déloger de leurs retranchements. **3.** Plur. MED Coliques violentes. ▷ *Tranchées utérines :* contractions douloureuses de l'utérus, après l'accouchement. – Pp. fém. subst. de *trancher.*

tranchée-abri [tʀɑ̃ʃeabʀi] n. f. MILIT Tranchée couverte servant d'abri, utilisée dans la défense antiaérienne. *Des tranchées-abris.* – De *tranchée,* et *abri.*

tranchefile [tʀɑ̃ʃfil] n. f. TECH **1.** Couture en forme de bordure à l'intérieur des souliers. **2.** En reliure, bourrelet recouvert de soies de couleur, collé à chaque extrémité du dos d'un volume. – De *trancher,* et *filer.*

tranchefiler [tʀɑ̃ʃfile] v. tr. [1] TECH Garnir de tranchefiles. – De *tranchefile.*

tranchelard [tʀɑ̃ʃlaʀ] n. m. Vx TECH Couteau à découper le lard en tranches. – De *trancher,* et *lard.*

tranche-montagne [tʀɑ̃ʃmɔ̃taɲ] n. m. Vx ou litt. Fanfaron. *Des tranche-montagnes.* – De *trancher,* « traverser », et *montagne.*

trancher [tʀɑ̃ʃe] v. [1] **I.** v. tr. **1.** Couper net, séparer en coupant. *Trancher une amarre qu'on ne peut larguer. Trancher la tête d'un condamné.* ▷ Loc. *Trancher le nœud gordien :* V. gordien. **2.** Fig. Résoudre définitivement, en finir avec (une question difficile). *Il faut trancher cette difficulté.* **II.** v. intr. **1.** Vx Couper. – Mod. *Trancher dans le vif :* couper dans un tissu sain pour empêcher une infection de s'étendre. – Fig. Employer des solutions radicales. **2.** Fig. Décider hardiment, d'une manière catégorique. *Il tranche sur tout.* **3.** Contraster, s'opposer vivement. *Ces couleurs tranchent sur le fond.* – Du lat. pop. **trinicare,* « couper en trois ».

tranchet [tʀɑ̃ʃɛ] n. m. TECH Couteau plat sans manche, servant à couper le cuir. – De *trancher.*

trancheur, euse [tʀɑ̃ʃœʀ, øz] n. **1.** n. m. Ouvrier chargé de trancher, de couper, de débiter (une matière). **2.** n. f. TECH Machine servant à débiter des grumes en tranches minces. – TRAV PUBL Engin automoteur utilisé pour creuser des tranchées. – De *trancher.*

tranchoir [tʀɑ̃ʃwaʀ] n. m. **1.** Plateau de bois sur lequel on coupe la viande. **2.** Couteau servant à trancher. **3.** ZOOL (Par anal. de forme). Poisson perciforme des mers de Malaisie (*Zangulus cornutus*) au corps mince en forme de faucille. – De *trancher.*

tranquille [tʀɑ̃kil] adj. **1.** Qui n'est pas agité. *Mer tranquille.* – (Êtres vivants.) Qui est peu remuant, peu bruyant. *Un enfant tranquille.* – (Abstrait) Que rien ne vient troubler, déranger. *Vie tranquille.* Syn. calme, paisible. **2.** Qui est en paix, qui n'est pas importuné. *Laisser qqn tranquille.* – *Laisse ça tranquille,* n'y touche pas. **3.** Qui est sans inquiétude. *Je ne suis tranquille qu'en sa présence.* – Qui est en paix, serein. *Avoir la conscience tranquille.* – Lat. *tranquillus.*

tranquillement [tʀɑ̃kilmɑ̃] adv. **1.** De façon calme, paisible. **2.** Sans inquiétude, sans émotion. – De *tranquille.*

tranquillisant, ante [tʀɑ̃kilizɑ̃, ɑ̃t] adj. et n. m. **1.** adj. Qui tranquillise, rassure. **2.** n. m. MED Substance médicamenteuse ayant un effet sédatif (neuroleptique) ou qui dissipe un état d'anxiété, d'angoisse. – Ppr. de *tranquilliser.*

tranquilliser [tʀɑ̃kilize] v. tr. [1] Rendre tranquille, faire cesser l'inquiétude de (qqn). Syn. rassurer. ▷ v. pron. *Tranquillisez-vous :* rassurez-vous. – De *tranquille.*

tranquillité [tʀɑ̃kilite] n. f. État de ce qui est tranquille, calme. – (Sens moral.) État de ce qui est sans inquiétude, sans angoisse. Syn. calme, paix. – Lat. *tranquillitas.*

trans-. Préfixe, du lat. *trans,* « à travers », exprimant l'idée de *au-delà* (ex. *transalpin*), *à travers* (ex. *transsibérien*), ou indiquant un changement (ex. *transformation*).

transactinide [tʀɑ̃zaktinid] n. m. CHIM Élément dont le numéro atomique est supérieur à ceux des actinides. – De *trans-,* et *actinide.*

transaction [tʀɑ̃zaksjɔ̃] n. f. **1.** DR Acte par lequel on transige; contrat par lequel les parties terminent ou préviennent une contestation, moyennant des concessions réciproques. *Ils ont terminé leur procès par une transaction.* **2.** COMM, FIN Opération boursière ou commerciale. – Bas lat. *transactio,* de *transigere,* « arranger, accommoder ».

transactionnel, elle [tʀɑ̃zaksjɔnɛl] adj. **1.** Qui comporte ou concerne une transaction (sens 1). *Des dispositions transactionnelles.* **2.** PSYCHO, SOCIOL *Analyse transactionnelle :* analyse des relations et des échanges interindividuels fondée sur des concepts d'inspiration psychanalytique et psychosociologique. – De *transaction,* sens 2, angl. *transactional analysis.*

transafricain, aine [tʀɑ̃zafʀikɛ̃, ɛn] adj. Qui traverse le continent africain. – De *trans-,* et *africain.*

transalpin, ine [tʀɑ̃zalpɛ̃, in] adj. Qui est au-delà des Alpes (par rapport à l'Italie). Ant. cisalpin. – HIST *Gaule transalpine :* partie de la Gaule située au-delà des Alpes par rapport à Rome (par oppos. à *Gaule cisalpine*). – Lat. *transalpinus.*

transaméricain, aine [tʀɑ̃zameʀikɛ̃, ɛn] adj. Qui traverse l'Amérique. *Chemin de fer transaméricain.* – De *trans-,* et *américain.*

transaminase [tʀɑ̃zaminaz] n. f. BIOCHIM Enzyme dont le rôle est de transporter les radicaux aminés (NH_2) d'un acide aminé vers un autre acide aminé. – De *trans-, amine,* et *-ase.*

transandin, ine [tʀɑ̃sɑ̃dɛ̃, in] adj. Qui traverse les Andes, chaîne de montagnes d'Amérique du Sud. ▷ *Chemin de fer transandin,* reliant Buenos Aires à Valparaiso. – De *trans-,* et *andin.*

transatlantique [tʀɑ̃zatlɑ̃tik] adj. et n. m. **1.** adj. Qui traverse l'Atlantique. *Ligne transatlantique.* ▷ *Un paquebot transatlantique* ou, n. m., *un transatlantique :* un paquebot assurant la liaison régulière entre l'Europe et l'Amérique. **2.** n. m. Chaise longue articulée et pliante (d'abord utilisée sur les paquebots). (Abrév. fam. : transat). – De *trans-,* et *atlantique.*

transbahuter [tʀɑ̃sbayte] v. tr. [1] Fam. Transporter. *Transbahuter une tente.* – De *trans-,* et *bahuter,* dér. anc. de *bahut.*

transbordement [tʀɑ̃sbɔʀdəmɑ̃] n. m. Action de transborder. – De *transborder.*

transborder [tʀɑ̃sbɔʀde] v. tr. [1] Faire passer d'un navire, d'un avion, d'un train, etc., à un autre. *Transborder des voyageurs, des marchandises.* – De *trans-,* et *bord.*

transbordeur [tʀɑ̃sbɔʀdœʀ] n. m. et adj. m. **1.** Syn. de *ferry-boat.* **2.** Châssis servant à faire passer des wagons d'une voie sur une autre. **3.** Pont à plateforme mobile suspendue par câbles à un tablier élevé. ▷ adj. m. *Pont transbordeur.* – De *transborder.*

transcanadien, enne [tʀɑ̃skanadjɛ̃, ɛn] adj. Qui traverse le Canada. ▷ n. f. *La Transcanadienne :* route

(7 800 km) du Canada allant de Victoria à Saint-Jean-de-Terre-Neuve. – De *trans-*, et *canadien.*

transcaspien, enne [tʀɑ̃skaspjɛ̃, ɛn] adj. Situé au-delà de la mer Caspienne, la plus grande mer intérieure du monde, aux confins de l'Europe et de l'Asie. – De *trans-*, et *Caspienne.*

transcendance [tʀɑ̃sɑ̃dɑ̃s] n. f. PHILO Caractère de ce qui est transcendant. – *Transcendance de Dieu* : existence de Dieu au-delà des formes qui le rendraient présent au monde et à la conscience humaine. Ant. immanence. – De *transcendant.*

transcendant, ante [tʀɑ̃sɑ̃dɑ̃, ɑ̃t] adj. **1.** Qui excelle en son genre. *Esprit transcendant.* Syn. sublime, supérieur. **2.** PHILO Qui dépasse un certain ordre de réalités ou, pour Kant, toute expérience possible (par oppos. à *immanent*). **3.** MATH Se dit d'un nombre non algébrique, c.-à-d. qui n'est la racine d'aucun polynôme. *Le nombre π est transcendant.* – Du lat. *transcendens*, ppr. de *transcendere*, « monter en passant au-delà ».

transcendantal, ale, aux [tʀɑ̃sɑ̃dɑ̃tal, o] adj. PHILO Dans le système de Kant, qualifie tout élément de la pensée qui est une condition a priori de l'expérience. *Connaissance transcendantale.* – Lat. scolast. *transcendentalis.*

transcendantalisme [tʀɑ̃sɑ̃dɑ̃talism] n. m. PHILO Système selon lequel des concepts a priori préexistent à l'expérience et la dépassent. *Le transcendantalisme d'Emerson.* – De *transcendantal.*

transcender [tʀɑ̃sɑ̃de] v. tr. [1] **1.** Dépasser, en étant d'un autre ordre, d'un ordre supérieur. ▷ v. pron. Se dépasser. **2.** PHILO Dépasser les possibilités de l'entendement. – Du lat. *transcendere*, « monter en passant au-delà ».

transcodage [tʀɑ̃skɔdaʒ] n. m. **1.** TECH Transformation d'un codage selon un code différent. **2.** INFORM Transcription des instructions d'un programme en un autre code que celui d'origine. – De *trans-*, et *codage.*

transcoder [tʀɑ̃skɔde] v. tr. [1] Didac. Effectuer un transcodage. – De *trans-*, et *coder.*

transcodeur [tʀɑ̃skɔdœʀ] n. m. TECH Appareil servant à effectuer un transcodage. – De *transcoder.*

transconteneur [tʀɑ̃skɔ̃tənœʀ] n. m. TECH **1.** Conteneur de grande capacité, utilisé pour les transports sur grandes distances. **2.** Navire servant au transport des conteneurs. – De *trans-*, et *conteneur.*

transcontinental, ale, aux [tʀɑ̃skɔ̃tinɑ̃tal, o] adj. Qui traverse un continent. – De *trans-*, et *continental.*

transcriptase [tʀɑ̃skʀiptaz] n. f. BIOCHIM Enzyme qui catalyse la synthèse d'un acide ribonucléique (A.R.N.) – *Transcriptase inverse* ou *reverse*, qui permet la reproduction d'un acide désoxyribonucléique (A.D.N.) à partir de l'acide ribonucléique correspondant. – De *transcrip-t(ion), et -ase.*

transcripteur, trice [tʀɑ̃skʀiptœʀ, tʀis] n. **1.** Personne qui transcrit. **2.** n. m. Appareil qui transcrit. – Du lat. *transcriptus*, pp. de *transcribere*, « transcrire ».

transcription [tʀɑ̃skʀipsjɔ̃] n. f. **1.** Action de transcrire ; son résultat. *Transcription d'un manuscrit. Transcription phonétique, musicale.* **2.** DR Formalité consistant à reproduire un titre ou un acte juridique sur les registres publics. *Transcription à l'état civil.* – *Transcription hypothécaire* : dépôt au bureau de la conservation des hypothèques de tout acte translatif de propriété d'un immeuble ou constitutif d'hypothèque. **3.** BIOL Étape de la synthèse des protéines qui consiste en la synthèse d'un A.R.N. messager par copie de l'A.D.N. V. encycl. code (génétique). – Lat. *transcriptio.*

transcrire [tʀɑ̃skʀiʀ] v. tr. [67] **1.** Copier, reporter fidèlement (un écrit) sur un autre support. *Transcrire un acte notarié.* **2.** Transposer (un énoncé) d'un code graphique dans un autre. *Transcrire un mot grec en caractères latins. Transcrire un livre en braille.* ▷ *Transcrire phonétiquement* : noter, écrire (un énoncé, une suite d'énoncés) en utilisant l'alphabet phonétique. **3.** MUS Arranger (un morceau) pour un ou plusieurs instruments autres que ceux (ou celui) pour lesquels il a été écrit. – Du lat. *transcribere*, finale d'ap. *écrire.*

transculturel, elle [tʀɑ̃skyltyʀɛl] adj. Didac. Relatif aux relations entre des cultures différentes. – De *trans-*, et *culturel.*

transcutané, ée [tʀɑ̃skytane] adj. MED Syn. de *transdermique.* – De *trans-*, et *cutané.*

transdermique [tʀɑ̃sdɛʀmik] adj. MED Se dit de la voie d'administration d'un produit pénétrant dans l'organisme par diffusion à travers la peau. – De *trans-*, et *dermique.*

transducteur [tʀɑ̃sdyktœʀ] n. m. **1.** En cybernétique, syn. de *traducteur.* **2.** ELECTR Dispositif qui transforme une énergie en une autre. *Transducteurs électroacoustiques* (ex. : microphones), *électromécaniques* (ex. : têtes de lecture). – De *trans-*, et *(con)ducteur*, d'ap. l'angl. *transducer.*

transduction [tʀɑ̃sdyksjɔ̃] n. f. **1.** BIOL Passage d'un fragment d'A.D.N. d'une bactérie dans une autre, le vecteur étant un virus bactériophage. V. transformation. **2.** ELECTR Transformation d'une énergie en une autre de nature différente. – De *trans-*, et lat. *ductio*, « action de conduire ».

transe [tʀɑ̃s] n. f. **1.** (Plur.) Grande appréhension, vive anxiété. *Être dans les transes.* **2.** (Spiritisme) État du médium en communication avec un esprit. ▷ Cour. *Entrer en transe* : perdre tout contrôle de soi sous l'effet d'une surexcitation ou d'une émotion intense. – Déverbal de *transir.*

transept [tʀɑ̃sɛpt] n. m. ARCHI Nef transversale d'une église, qui coupe à angle droit la nef principale, et qui donne à l'édifice la forme symbolique d'une croix. – Mot angl., du lat. *trans*, « au-delà », et *sæptum*, « enclos ».

transeuropéen, enne [tʀɑ̃søʀɔpeɛ̃, ɛn] adj. Qui traverse l'Europe. – De *trans-*, et *européen.*

transférable [tʀɑ̃sfeʀabl] adj. Que l'on peut transférer. – De *transférer.*

transférase [tʀɑ̃sfeʀaz] n. f. BIOL, CHIM Enzyme qui catalyse les réactions de transfert de radicaux carbonés et non carbonés. *Les transférases constituent une importante famille d'enzymes.* – De *transfér(er)*, et *-ase.*

transfèrement [tʀɑ̃sfɛʀmɑ̃] n. m. Action de transférer (un détenu). – De *transférer.*

transférer [tʀɑ̃sfeʀe] v. tr. [14] **1.** Faire passer (qqn, qqch) d'un lieu dans un autre d'une façon convenue, réglée. *Transférer un détenu.* **2.** Céder, transmettre (qqch à qqn) en observant les formalités requises. *Transférer une obligation.* **3.** Fig. Reporter ailleurs (un sentiment, un désir). V. transfert (sens 3). – Lat. *transferre.*

transfert [tʀɑ̃sfɛʀ] n. m. **1.** Action de transférer d'un lieu dans un autre. *Le transfert des bureaux d'une administration.* – *Transfert de populations* : déplacement massif et forcé de populations d'une région dans une autre. ▷ INFORM Transport d'une information d'une zone de mémoire dans une autre. ▷ TECH *Machine-transfert* : machine-outil qui comprend plusieurs postes de travail entre lesquels la pièce à usiner se déplace automatiquement. **2.** DR Acte par lequel on transfère à qqn (un droit, une propriété). – Substitution de nom, résultant d'un tel acte, sur un registre public. ▷ ECON Redistribution des revenus par laquelle une partie des revenus primaires des uns est affectée aux autres sous forme de revenus secondaires (par le mécanisme du budget de l'État, de la Sécurité sociale, des allocations familiales, etc.). **3.** Action de transférer un état affectif (d'un objet à un autre). ▷ PSYCHAN Processus par lequel un sujet reporte sur une personne (en partic. sur l'analyste au cours de la cure) des désirs inconscients éprouvés durant l'enfance vis-à-vis d'une figure parentale (père, mère, substitut). ▷ PSYCHO Dans la psychologie de l'apprentissage, cas où une habitude ancienne facilite l'acquisition d'une nouvelle habitude. – Mot lat., propr. « il transfère ».

transfiguration [tʀɑ̃sfigyʀasjɔ̃] n. f. **1.** Action de transfigurer; son résultat. **2.** RELIG (Avec une majuscule.) Forme glorieuse sous laquelle Jésus apparut à trois de ses disciples sur le mont Thabor. – Lat. *transfiguratio*.

transfigurer [tʀɑ̃sfigyʀe] v. tr. [1] Transformer en rendant beau, radieux. – Pp. *Visage transfiguré par la joie*. – Lat. *transfigurare*, de *trans*, « à travers », et *figura*, « forme, figure ».

transfiler [tʀɑ̃sfile] v. tr. [1] MAR Lier au moyen d'un cordage passant dans des œillets. – Var. de *tranche-filer*, par infl. de *trans-*.

transfini, ie [tʀɑ̃sfini] adj. MATH *Nombres transfinis*, imaginés pour dénombrer les ensembles infinis. V. encycl. infini. – All. *transfinit*, du lat. *trans*, « à travers », et *finitus*, « fini ».

transfixion [tʀɑ̃sfiksjɔ̃] n. f. CHIR Procédé d'amputation consistant à percer d'un coup de bistouri la partie à amputer puis à couper les chairs de l'intérieur vers l'extérieur. – Du lat. *transfixum*, supin de *transfigere*, « transpercer ».

transfo [tʀɑ̃sfo] n. m. Abrév. fam. de *transformateur*.

transformable [tʀɑ̃sfɔʀmabl] adj. Que l'on peut transformer. – De *transformer*.

transformateur, trice [tʀɑ̃sfɔʀmatœʀ, tʀis] adj. et n. m. **1.** adj. Qui transforme. **2.** n. m. ELECTR Appareil électromagnétique qui comprend un circuit magnétique et deux enroulements de fils conducteurs, servant à transférer une énergie électrique d'un circuit à un autre après en avoir modifié la tension (abrév. fam. : transfo). ▷ *Transformateur abaisseur*, qui réduit la tension (par oppos. à *élévateur*). – De *transformer*.

transformation [tʀɑ̃sfɔʀmasjɔ̃] n. f. **1.** Action de transformer, de se transformer. *La transformation d'un appartement. Les industries de transformation (des matières premières). La transformation de l'eau en glace.* ▷ SPORT Au rugby, action de transformer* un essai. **2.** PHYS *Les transformations de l'énergie* : V. encycl. énergie. ▷ ELECTR Action de modifier la tension d'un courant au moyen d'un transformateur. **3.** GEOM Opération qui fait correspondre un point à un autre suivant une loi déterminée (similitude, translation, homothétie, affinité, inversion, par ex.). **4.** BIOL Intégration, dans le génome d'une bactérie, d'un fragment d'A.D.N. libre provenant du génome d'une autre bactérie. V. transduction. **5.** LING En grammaire générative, chacune des opérations consistant à convertir les structures profondes de phrases (seules pertinentes en ce qui concerne le sens) en structures de surface qui sont les images syntaxiques des phrases effectivement réalisées. *Règles de transformation. Procédures de transformation* : effacement, permutation, addition, réduction. V. encycl. linguistique. – Lat. ecclés. *transformatio*, de *transformare*, « transformer ».

transformationnel, elle [tʀɑ̃sfɔʀmasjɔnɛl] adj. LING Qui concerne ou utilise les transformations. *Les procédures transformationnelles. Grammaire transformationnelle* : ensemble des règles de transformation (sens 5). – De *transformation*.

transformer [tʀɑ̃sfɔʀme] v. [1] **I.** v. tr. **1.** Donner à (qqn, qqch) une autre forme, un autre aspect. *Transformer une énergie en une autre. Ce déguisement la transforme complètement.* ▷ SPORT *Transformer un essai* (au rugby) : à la suite d'un essai marqué, faire passer d'un coup de pied la balle entre les poteaux (ce qui vaut deux points supplémentaires). **2.** Fig. Changer le caractère de (qqn). *Cette dure épreuve l'a transformé.* **II.** v. pron. Prendre une forme, un aspect, un caractère différent. *Fillette qui se transforme en jeune fille. La société se transforme.* – Lat. *transformare*.

transformisme [tʀɑ̃sfɔʀmism] n. m. Didac. Théorie de l'évolution des êtres vivants selon laquelle (par oppos. au *fixisme*), depuis les plus rudimentaires jusqu'aux plus compliqués, les organismes se succèdent dans le temps et se transforment en d'autres. (Ainsi, certains reptiles se sont transformés en oiseaux, d'autres en mammifères, etc.) – De *transformer*.

transformiste [tʀɑ̃sfɔʀmist] n. et adj. **1.** n. Didac. Partisan du transformisme. **2.** adj. Qui appartient, se rapporte au transformisme. – De *transformisme*.

transfuge [tʀɑ̃sfyʒ] n. **1.** n. m. Soldat qui passe à l'ennemi. **2.** n. Celui (celle) qui abandonne son parti, ses opinions pour un parti, des opinions adverses. **3.** (Sens atténué.) Personne qui a changé de lieu, de situation. *Transfuge d'un pays, d'une équipe sportive.* – Lat. *transfuga*, de *fugere*, « fuir ».

transfusé, ée [tʀɑ̃sfyze] adj. et n. Injecté par transfusion. *Sang transfusé.* ▷ Subst. *Par méton.* Personne qui a subi une transfusion sanguine. – Pp. de *transfuser*.

transfuser [tʀɑ̃sfyze] v. tr. [1] Injecter (du sang) à qqn par une transfusion. – Du lat. *transfusum*, supin de *transfundere*, « répandre au-delà ».

transfusion [tʀɑ̃sfyzjɔ̃] n. f. MED Opération consistant à injecter à un sujet (*récepteur*), par perfusion intraveineuse, du sang (ou des dérivés sanguins) prélevé chez un autre sujet (*donneur*). – Du lat. *transfusio*, « transvasement ».

transfusionnel, elle [tʀɑ̃sfyzjɔnɛl] adj. MED Qui concerne la transfusion sanguine. *Risque transfusionnel.* – De *transfusion*.

transgénique [tʀɑ̃sʒenik] adj. Créé par génie génétique. – De *trans-*, et *génique*.

transgresser [tʀɑ̃sgʀese] v. tr. [1] Contrevenir à (un ordre, une loi). *Transgresser un interdit.* – De *transgression*, d'après le lat. *transgressum*, supin de *transgredi*, « passer outre ».

transgresseur [tʀɑ̃sgʀesœʀ] n. m. Litt. Celui qui transgresse. – Bas lat. *transgressor*, du class. *transgredi*, « passer de l'autre côté, traverser ».

transgression [tʀɑ̃sgʀesjɔ̃] n. f. **1.** Action de transgresser. **2.** GEOL Submersion, par la mer, d'une partie des continents, à la suite d'une subsidence de ceux-ci ou de l'élévation du niveau marin. Ant. régression. – Lat. *transgressio*, du class. *transgredi*, « passer outre ».

transhumance [tʀɑ̃zymɑ̃s] n. f. Action de transhumer. – De *transhumer*.

transhumant, ante [tʀɑ̃zymɑ̃, ɑ̃t] adj. Se dit des troupeaux qui transhument. ▷ *Apiculture transhumante*, qui implique que l'on déplace les ruches au cours de l'année pour suivre les floraisons (colza, bruyère, etc.). – Ppr. de *transhumer*.

transhumer [tʀɑ̃zyme] v. [1] ELEV **1.** v. tr. Conduire (les troupeaux, notam. les troupeaux de moutons) de pâturage en pâturage. ▷ *Spécial.* Mener (les troupeaux) dans les alpages pour l'été et les en faire redescendre avant l'hiver. **2.** v. intr. (Troupeaux) Changer de pâturages selon les saisons. – Esp. *trashumar*, de *tras*, « au-delà », et du lat. *humus*, « terre ».

1. transi [tʀɑ̃zi] n. m. BX-A. Gisant nu à l'état de cadavre décomposé, sculpté au Moyen Âge ou à la Renaissance. – De l'anc. fr. *transi*, « trépassé ».

2. transi, ie [tʀɑ̃zi] adj. Pénétré, saisi de froid. ▷ Fig. *Amoureux transi*, que sa passion rend timide et tremblant. – Pp. de *transir*.

transiger [tʀɑ̃ziʒe] v. intr. [13] **1.** DR Régler un différend par une transaction. *Engager les parties à transiger.* ▷ Faire des concessions réciproques. **2.** (Dans l'ordre moral.) Être peu exigeant, manquer de fermeté. *Transiger avec sa conscience. Ne pas transiger sur l'honnêteté.* – Lat. jurid. *transigere*, « mener à bonne fin ».

transillumination [tʀɑ̃sillyminasjɔ̃] n. f. MED Procédé consistant à examiner un organe par transparence, en le plaçant devant une source lumineuse. – Mot angl.

transir [tʀɑ̃ziʀ] v. [3] inus. sauf au prés. de l'indic., temps composés et inf. **1.** v. tr. Pénétrer, engourdir (de froid). **2.** v. intr. Vx Éprouver une sensation de froid, d'engourdissement. – Lat. *transire*, propr. « aller au-delà, mourir ».

transistor [tʀɑ̃zistɔʀ] n. m. **1.** ELECTRON Composant en matériau semiconducteur*, constitué de deux zones de même conductibilité séparées par une zone de conductibilité contraire, utilisé en électronique pour amplifier des signaux. **2.** *Par méton.* Radio-récepteur portatif muni de transistors. – Mot angl., de *trans(fer) (res)istor*, « résistance de transfert ».

transistorisation [tʀɑ̃zistɔʀizasjɔ̃] n. f. TECH Action de transistoriser. – De *transistoriser*.

transistoriser [tʀɑ̃zistɔʀize] v. tr. [1] Équiper de transistors. – Pp. adj. *Téléviseur transistorisé.* – De *transistor*.

transit [tʀɑ̃zit] n. m. **1.** Passage de marchandises, de voyageurs, à travers un lieu, un pays situé sur leur itinéraire. *Passagers en transit sur un aéroport.* ▷ COMM Possibilité de faire traverser à des marchandises un pays autre que leur pays de destination sans payer de droits de douane. **2.** PHYSIOL Progression du bol alimentaire dans le tube digestif. *Transit intestinal.* ▷ MED *Transit baryté* : progression d'un bol alimentaire additionné de sulfate baryté, produit de contraste qui favorise l'examen radiologique du tube digestif. – Ital. *transito*, lat. *transitus*, « passage ».

transitaire [tʀɑ̃zitɛʀ] adj. et n. m. **1.** adj. Qui concerne ou admet le transit (sens 1). *Pays transitaire.* **2.** n. m. Commissionnaire qui fait voyager les marchandises en transit. – De *transit*, sens 1.

transiter [tʀɑ̃zite] v. [1] **1.** v. tr. Faire passer en transit. *Transiter des denrées.* **2.** v. intr. Voyager en transit. – De *transit*, sens 1.

transitif, ive [tʀɑ̃zitif, iv] adj. **1.** GRAM *Verbe transitif (direct)*, qui demande ou admet un complément d'objet direct (ex. : il mange un œuf). – *Verbe transitif employé absolument*, sans complément (ex. : il mange). ▷ *Verbe transitif indirect*, qui est suivi d'un complément d'objet indirect (ex. : ressembler à). Ant. intransitif. **2.** PHILO *Cause transitive*, dont l'action s'exerce sur un objet étranger au sujet agissant (par oppos. à *cause immanente*). **3.** MATH, LOG Se dit d'une relation binaire R telle que xRy et yRz entraînent xRz. *L'égalité est une relation transitive* (si x = y et si y = z, on a x = z). – Bas lat. gram. *transitivus*, de *transire*, « aller au-delà ».

transition [tʀɑ̃zisjɔ̃] n. f. **1.** Manière de lier entre elles les idées qu'on exprime, de passer d'une partie d'un discours, d'un écrit à une autre. *Phrase de transition.* **2.** MUS Passage d'un mode, d'un ton à un autre. **3.** CHIM *Métaux de transition* : éléments intermédiaires entre les métaux et les non-métaux, dont la couche électronique interne n'est pas saturée en électrons. V. tableau périodique des éléments*. (Les métaux de transition forment des complexes, comme le ferrocyanure $Fe(CN)_6^{4-}$, qui possèdent parfois des propriétés magnétiques spéciales. Ils forment également des composés organométalliques, volatils et solubles dans les composés organiques.) **4.** PHYS NUCL *Transition électronique* : passage d'un électron d'un niveau énergétique à un autre, se traduisant par l'émission ou l'absorption d'un photon. **5.** Fig. Passage graduel d'un état, d'un ordre à un autre. *Passer sans transition du rire aux larmes.* ▷ *De transition* : intermédiaire, transitoire. *Un gouvernement de transition.* – Lat. *transitio*.

transitionnel, elle [tʀɑ̃zisjɔnɛl] adj. Qui constitue une transition. – De *transition*.

transitivement [tʀɑ̃zitivmɑ̃] adv. GRAM À la manière d'un verbe transitif. *Verbe intransitif employé transitivement.* – De *transitif*.

transitivité [tʀɑ̃zitivite] n. f. Caractère de ce qui est transitif. – De *transitif*.

transitoire [tʀɑ̃zitwaʀ] adj. **1.** Qui ne dure pas longtemps. Syn. passager. **2.** Qui forme une transition entre deux états. *Un régime politique transitoire.* – Lat. *transitorius*.

translater [tʀɑ̃slate] v. tr. [1] **1.** Vx Traduire. **2.** INFORM Traduire les instructions d'une forme dans une autre ou d'un code dans un autre. – Du lat. *translatum*, supin de *transferre* (V. translation).

translatif, ive [tʀɑ̃slatif, iv] adj. DR *Acte translatif de propriété, de droits*, concernant la translation de cette propriété, de ces droits. – Lat. *translativus*.

translation [tʀɑ̃slasjɔ̃] n. f. **1.** Litt. Action de faire passer (des cendres, des reliques) d'un lieu dans un autre. **2.** DR Action de transmettre (une propriété, un droit) d'une personne à une autre. **3.** GEOM Transformation dans laquelle à tout point M on fait correspondre un point M' tel que le vecteur $\overrightarrow{MM'}$ soit constant. **4.** PHYS *Mouvement de translation (d'un corps)*, par lequel tous les points du corps se déplacent le long de courbes parallèles. – *Mouvement de translation uniforme*, qui s'effectue à vitesse constante. – Lat. *translatio*, de *translatum*, supin de *transferre*, « porter d'un lieu à un autre ».

translittération [tʀɑ̃sliteʀasjɔ̃] n. f. LING Transcription lettre pour lettre des mots d'une langue dans l'alphabet d'une autre langue. *Translittération du grec en caractères latins.* – De *trans-*, d'ap. *trans(cription)*, et du lat. *littera*, « lettre ».

translocation [tʀɑ̃slɔkasjɔ̃] n. f. BIOL Déplacement d'un segment de chromosome sur un chromosome non analogue. – De *trans-*, d'apr. *transcription*, et du lat. *locatio*, « disposition ».

translucide [tʀɑ̃slysid] adj. Se dit d'un corps qui laisse passer la lumière sans être totalement transparent. Syn. diaphane. – Lat. *translucidus*.

translucidité [tʀɑ̃slysidite] n. f. État, propriété d'un corps translucide. – De *translucide*.

transmetteur, trice [tʀɑ̃smetœʀ, tʀis] adj. et n. m. PHYS Qui transmet des sons, des signaux. ▷ n. m. MAR *Transmetteur d'ordres* : appareil par l'intermédiaire duquel les ordres sont transmis de la passerelle aux machines. Syn. chadburn. – De *transmettre*.

transmettre [tʀɑ̃smɛtʀ] v. [60] **I.** v. tr. **1.** Mettre par voie légale en possession d'un autre. *Transmettre un droit, un héritage, des pouvoirs (à qqn).* **2.** Faire passer (qqch) à d'autres, d'une personne à une autre. *Transmettre une nouvelle, un ordre. Transmettre une maladie.* – Spécial. (D'une génération à une autre.) *Transmettre son nom à la postérité.* **3.** (Sujet n. de chose.) Faire passer d'un lieu, d'un organe à un autre. *Dispositif qui transmet le mouvement. Nerf transmettant une excitation.* **II.** v. pron. (Sens passif et sens récipr.) Passer d'une personne à une autre, d'un lieu à un autre. – Du lat. *transmittere*, d'ap. *mettre*.

transmigration [tʀɑ̃smigʀasjɔ̃] n. f. RELIG Fait de transmigrer (pour des âmes). V. métempsycose. – Lat. ecclés. *transmigratio,* du class. *transmigrare,* « émigrer ».

transmigrer [tʀɑ̃smigʀe] v. intr. [1] RELIG Passer d'un corps dans un autre, en parlant des âmes. – Du lat. *transmigrare,* « émigrer ».

transmissibilité [tʀɑ̃smisibilite] n. f. Caractère de ce qui est transmissible. – De *transmissible.*

transmissible [tʀɑ̃smisibl] adj. Qui peut être transmis. – Du lat. *transmissum,* supin de *transmittere,* « transmettre ».

transmission [tʀɑ̃smisjɔ̃] n. f. **1.** Action de transmettre légalement. *La transmission de la propriété aux héritiers. Transmission de pouvoirs.* **2.** Action de faire passer (qqch). *Transmission des caractères biologiques des parents aux enfants.* – *Transmission de pensée* : V. télépathie. **3.** PHYS Propagation. *Transmission d'une onde.* ▷ BIOL *Transmission nerveuse* : propagation de l'influx nerveux le long d'un neurone ou d'une fibre nerveuse. V. encycl. neurone et nerf. **4.** MECA Fait, pour un mouvement, d'être transmis d'un organe à un autre. – Organe qui transmet un mouvement. ▷ AUTO Ensemble des organes qui transmettent aux roues motrices le mouvement du moteur, à partir de la sortie de la boîte de vitesses (différentiel, cardans, pont). – *Par ext.* Ensemble des organes qui transmettent ce mouvement (embrayage et boîte de vitesses, en partic.). – *Transmission automatique,* qui supprime les opérations manuelles d'embrayage et le changement de vitesse (en les réalisant automatiquement ou au moyen d'un convertisseur de couple). **5.** Plur. MILIT Ensemble des moyens (hommes de liaison, signaux, appareils de radio, téléphone, etc.) qui permettent aux troupes et aux états-majors de communiquer. *Arme des transmissions* ou *transmissions* : troupes spécialisées qui mettent en œuvre ces moyens. – Lat. *transmissio.*

transmuable [tʀɑ̃smɥabl] ou **transmutable** [tʀɑ̃smytabl] adj. Qui peut être transmué. – De *transmuer,* de *transmuter.*

transmuer [tʀɑ̃smɥe] ou **transmuter** [tʀɑ̃smyte] v. tr. [1] Transformer (un corps) en un autre de nature entièrement différente. *Les alchimistes voulaient transmuer le plomb en or.* ▷ PHYS NUCL V. transmutation. – Du lat. *transmutare,* « transporter ailleurs ».

transmutabilité [tʀɑ̃smytabilite] n. f. Propriété de ce qui est transmutable. – Du lat. *transmutare,* « transporter ailleurs ».

transmutable. V. transmuable.

transmutation [tʀɑ̃smytasjɔ̃] n. f. Action de transmuer. ▷ PHYS NUCL Transformation d'un élément simple en un autre par modification du nombre de ses protons. *Transmutations naturelles (radioactivité) ou provoquées.* – Du lat. *transmutatio,* « changement, modification ».

transmuter. V. transmuer.

transnational, ale, aux [tʀɑ̃snasjɔnal, o] adj. Didac. Se dit d'organismes, d'associations qui dépassent le cadre national et sont dépourvus de caractère gouvernemental ou lucratif. – Infl. de l'angl.; de *trans-,* et *national.*

transocéanien, enne [tʀɑ̃zɔseanjɛ̃, ɛn] ou **transocéanique** [tʀɑ̃zɔseanik] adj. **1.** Qui est situé au-delà de l'océan. **2.** Qui traverse l'océan. *Câble transocéanique.* – De *trans-,* et *océanien* ou *océanique.*

transpadan, ane [tʀɑ̃spadɑ̃, an] adj. Didac. Situé au-delà du Pô. *La Gaule transpadane.* – De *trans-,* et du lat. *padanus,* « du Pô », de *Padus,* « le Pô », fleuve d'Italie du N.

transpalette [tʀɑ̃spalɛt] n. f. TECH Chariot servant à la manutention des palettes. – De *trans(porter),* et *palette.*

transparaître [tʀɑ̃spaʀɛtʀ] v. intr. [73] Paraître (à travers qqch de transparent, de translucide). *Veines qui transparaissent à travers la peau.* – Fig. *Laisser transparaître son embarras.* – De *trans-,* et *paraître.*

transparence [tʀɑ̃spaʀɑ̃s] n. f. **1.** Propriété des substances qui laissent passer la lumière et au travers desquelles on voit distinctement. *La transparence du verre.* Ant. opacité. **2.** Fig. Qualité de ce qui est, psychologiquement ou intellectuellement, facilement pénétrable. *La transparence d'une âme, d'un style.* ▷ POLIT *La transparence d'une institution,* qui laisse apparaître au grand jour la totalité de ses activités. ▷ FISC *Transparence fiscale :* inexistence fiscale (d'une société dont le bénéfice est imposé sous forme d'impôt sur le revenu de ses membres). – De *transparent.*

transparent, ente [tʀɑ̃spaʀɑ̃, ɑ̃t] adj. et n. m. **1.** adj. Doué de transparence. *Étoffe, eau transparente.* ▷ Fig. *Allégorie, allusion transparente,* qui se comprend clairement. **2.** n. m. Nom donné à diverses surfaces de matière transparente (papier, plastique, tissu, etc.) dont la transparence permet de réaliser certaines opérations ou d'obtenir certains effets. – Lat. médiév. *transparens,* du class. *trans,* « au-delà de », et du ppr. de *parere,* « paraître ».

transpercer [tʀɑ̃spɛʀse] v. tr. [12] **1.** Percer de part en part. ▷ Fig. *Transpercer le cœur,* le pénétrer de douleur. **2.** Pénétrer à travers. *La pluie a transpercé son manteau.* – De *trans-,* et *percer.*

transpiration [tʀɑ̃spiʀasjɔ̃] n. f. **1.** Excrétion de la sueur par les pores de la peau. – Sueur. *Être en transpiration* : transpirer abondamment. **2.** BOT Émission de vapeur d'eau à travers la cuticule ou les stomates des organes végétaux. – De *transpirer.*

transpirer [tʀɑ̃spiʀe] v. intr. [1] **1.** Syn. cour. de *suer.* **2.** Fig. Commencer à être connu (en parlant d'une chose tenue secrète). *Le secret avait transpiré.* – Lat. médiév. *transpirare,* de *trans,* « au-delà de », et *spirare,* « respirer, exhaler ».

transplant [tʀɑ̃splɑ̃] n. m. CHIR Organe, tissu transplanté ou à transplanter. – Déverbal de *transplanter.*

transplantation [tʀɑ̃splɑ̃tasjɔ̃] n. f. **1.** Action de transplanter un végétal. **2.** CHIR Greffe d'un organe, provenant d'un sujet donneur, sur un sujet receveur, avec rétablissement des connexions vasculaires. *Transplantation rénale, cardiaque.* **3.** Action de transplanter d'un pays ou d'un milieu dans un autre; résultat de cette action. – De *transplanter.*

transplanté, ée [tʀɑ̃splɑ̃te] adj. et n. Qui a fait l'objet d'une transplantation. *Organe transplanté.* ▷ Subst. *Par méton.* Personne qui a subi une transplantation. – Pp. de *transplanter.*

transplanter [tʀɑ̃splɑ̃te] v. tr. [1] **1.** Sortir (une plante) de terre pour la replanter dans un autre endroit. *Transplanter un arbuste.* **2.** CHIR Effectuer la transplantation de (un organe, un fragment d'organe). *Transplanter un rein, un segment d'artère.* **3.** Faire passer d'un pays ou d'un milieu dans un autre, en vue d'un établissement durable. ▷ v. pron. S'établir dans un autre lieu. *Protestants français persécutés qui se sont transplantés au XVII*[e] *s. en Hollande.* – Lat. *transplantare.*

transplantoir [tʀɑ̃splɑ̃twaʀ] n. m. AGRIC Outil ou appareil utilisé pour transplanter un végétal. – De *transplanter.*

transport [tʀɑ̃spɔʀ] n. m. **1.** Action, manière de transporter qqn, qqch dans un autre lieu. *Transport de troupes. Moyens de transport.* – *Transport de l'énergie électrique,* conduction de cette énergie. ▷ (Plur.) Ensemble des moyens permettant de transporter des personnes ou des marchandises. *Les transports routiers, aériens. Une politique des transports.* ▷ GEOL *Terrain de transport,* constitué d'alluvions. **2.** MILIT Navire, avion de guerre destinés à transporter des troupes, du matériel. **3.** DR Action d'une personne qui, par autorité de justice, se rend sur les lieux, pour procéder à un examen, une vérification. *Transport de justice.* **4.** DR Cession d'un droit, d'une créance, etc. **5.** Litt. Émotion violente qui transporte (sens I, 4). *Transports de colère. Transport amoureux.* – Absol. *Accueillir avec transport(s) (de joie).* **6.** Vieilli *Transport au cerveau* : congestion cérébrale. – Déverbal de *transporter.*

transportable [tʀɑ̃spɔʀtabl] adj. Qui peut être transporté. *Le malade a été jugé transportable.* – De *transporter.*

transportation [tʀɑ̃pɔʀtasjɔ̃] n. f. Anc. Action de transporter un condamné dans un lieu de réclusion situé hors du territoire métropolitain pour qu'il y subisse sa peine (travaux forcés, relégation). – De *transporter.*

transporté, ée [tʀɑ̃spɔʀte] adj. **1.** Qui est déplacé par transport. **2.** Fig. Qui est mis hors de soi par une vive émotion. *Transporté d'admiration, de plaisir.* ▷ n. m. Anc. Condamné à la transportation. – Pp. de *transporter.*

transporter [tʀɑ̃spɔʀte] v. [1] **I.** v. tr. **1.** Porter, faire parvenir d'un lieu dans un autre. *Transporter des marchandises, des passagers.* ▷ Par métaph. *Film qui nous transporte dans une contrée, une époque lointaine.* **2.** DR *Transporter un droit à qqn,* le lui céder. **3.** Faire passer (qqch) dans un autre domaine. *Transporter des faits réels dans un roman.* **4.** Mettre (qqn) hors de soi-même. *La joie le transportait.* **II.** v. pron. Se rendre (en un lieu). *Le juge d'instruction s'est transporté sur les lieux.* ▷ Fig. *Se transporter dans la Rome antique.* – Lat. *transportare,* de *trans-,* et *portare,* « porter ».

transporteur, euse [tʀɑ̃spɔʀtœʀ, øz] n. **1.** Personne qui fait métier de transporter des personnes ou des marchandises; personne qui dirige une entreprise de transports. **2.** n. m. TECH Engin destiné au transport continu de pièces, de matériaux. – De *transporter.*

transposable [tʀɑ̃spozabl] adj. Que l'on peut transposer. – De *transposer.*

transposée [tʀɑ̃spoze] n. f. MATH Matrice obtenue par transposition d'une autre matrice. - adj. *Matrice transposée.* – Pp. fém. subst. de *transposer.*

transposer [tʀɑ̃spoze] v. tr. [1] **1.** Vx Syn. de *intervertir.* **2.** Présenter sous une autre forme (plus ou moins éloignée de l'original), dans un autre contexte (et spécial. dans un contexte moderne). *Transposer librement un mythe, une tragédie antique.* **3.** MUS Exécuter ou transcrire (un morceau) dans un autre ton que celui dans lequel il a été noté. – De *trans-,* et *poser.*

transpositeur, trice [tʀɑ̃spozitœʀ, tʀis] n. et adj. MUS **1.** Celui, celle qui transpose. **2.** Instrument, clavier qui transpose la musique directement. - *Clavier transpositeur* : sur un harmonium, clavier qui se déplace latéralement devant les anches. – De *transposer.*

transposition [tʀɑ̃spozisjɔ̃] n. f. **1.** Interversion. **2.** MATH Permutation de deux éléments (définie par une relation). - Transformation d'une matrice en une autre par interversion des lignes et des colonnes. **3.** MED Malformation congénitale par anomalie de position d'un ou de plusieurs organes. **4.** Action de présenter différemment, de transposer dans une œuvre littéraire. *La transposition du vécu dans le rêve. L'« Ulysse » de Joyce est une transposition parodique de « l'Odyssée ».* **5.** MUS Action de transposer un morceau. **6.** CHIM Migration de radicaux ou d'atomes à l'intérieur d'une molécule. – De *transposer,* d'ap. *position.*

transposon [tʀɑ̃spɔzɔ̃] n. m. BIOL Élément mobile du génome, capable de se transposer d'un point de celui-ci à un autre et constitué de quelques milliers de nucléotides assurant une régulation fonctionnelle des gènes. – De *transpos(ition)* et *-on,* sur le modèle de *électron.*

transpyrénéen, enne [tʀɑ̃spiʀeneɛ̃, ɛn] adj. **1.** Situé au-delà des Pyrénées. **2.** Qui traverse les Pyrénées. – De *trans-,* et *pyrénéen.*

transsaharien, enne [tʀɑ̃ssaaʀjɛ̃, ɛn] adj. Qui traverse le Sahara. *Rallye automobile transsaharien.* – De *trans-,* et *saharien.*

transsexualisme [tʀɑ̃ssɛksɥalism] n. m. PSYCHOPATHOL Sentiment délirant qu'éprouve un sujet de morphologie sexuelle normale d'appartenir au sexe opposé, généralement accompagné du désir de changer de sexe. *Les souffrances psychologiques causées par le transsexualisme incitent parfois à avoir recours à un changement de sexe par la chirurgie.* – De *transsexuel.*

transsexualité [tʀɑ̃ssɛksɥalite] n. f. État du transsexuel. – De *transsexuel,* d'ap. *sexualité.*

transsexuel, elle [tʀɑ̃ssɛksɥɛl] adj. et n. Atteint ou marqué de transsexualisme. ▷ Subst. *Un(e) transsexuel(le).* – De *trans-,* et *sexuel.*

transsibérien, enne [tʀɑ̃ssibeʀjɛ̃, ɛn] adj. et n. m. **1.** GEOGR Qui est situé au-delà de la Sibérie. **2.** Qui traverse la Sibérie. *Chemin de fer transsibérien* ou, n. m., *le transsibérien* : voie ferrée (9 000 km) qui traverse la Sibérie méridionale de Moscou à Vladivostok (construit de 1891 à 1904). – De *trans-,* et *sibérien.*

transsonique [tʀɑ̃ssɔnik] adj. AVIAT Qualifie des vitesses voisines de celles du son (par oppos. à *subsonique* et à *supersonique*). – De *trans-,* et *sonique.*

transsubstantiation [tʀɑ̃ssybstɑ̃sjasjɔ̃] n. f. Rare Transmutation. ▷ RELIG CATHOL Changement intégral du pain et du vin eucharistiques en la substance du corps et du sang de Jésus-Christ. (Confessée par les orthodoxes, la transsubstantiation l'est avec des nuances par certaines Églises protestantes alors que d'autres la contestent.) – Lat. ecclés. *transsubstantiatio,* de *trans,* « à travers », et *substantia,* « substance ».

transsudat [tʀɑ̃ssyda] n. m. MED Liquide suintant qui se forme par transsudation, sur une surface non enflammée. – De *transsudation,* d'ap. *exsudat.*

transsudation [tʀɑ̃ssydasjɔ̃] n. f. Didac. Action de transsuder. *Transsudation de l'eau à travers un récipient poreux.* – De *transsuder.*

transsuder [tʀɑ̃ssyde] v. [1] Didac. **1.** v. intr. Passer à travers les pores d'un corps pour se rassembler en gouttelettes à sa surface. **2.** v. tr. Émettre sous forme de gouttelettes qui passent par les pores. – Du lat. *trans,* « à travers », et *sudare,* « suer ».

transuranien, enne [tʀɑ̃syʀanjɛ̃, ɛn] adj. et n. m. CHIM *Élément transuranien* ou, n. m., *un transuranien* : élément radioactif de numéro atomique supérieur à celui de l'uranium, produit par des réacteurs nucléaires (plutonium, neptunium, américium, lawrencium, par ex.). – De *trans-,* et *uranium.*

transvasement [tʀɑ̃svazmɑ̃] n. m. Action de transvaser; son résultat. – De *transvaser.*

transvaser [tʀɑ̃svaze] v. tr. [1] Faire passer (le contenu liquide d'un récipient) dans un autre récipient. – De *trans-,* et *vase.*

transversal, ale, aux [tʀɑ̃svɛʀsal, o] adj. et n. f. **1.** adj. Qui coupe (qqch) en travers, perpendiculairement à l'axe principal. *Route transversale.* ▷ ANAT *Muscle transversal, artère transversale.* **2.** n. f. Ligne qui coupe une autre ligne ou d'autres lignes. ▷ SPORT Aux jeux de ballon, barre joignant les poteaux de but. - Passe en diagonale. – Lat. médiév. *transversalis.*

transversalement [tʀɑ̃svɛʀsalmɑ̃] adv. En position transversale. – De *transversal.*

transverse [tʀɑ̃svɛʀs] adj. et n. m. ANAT Qui est en travers de l'axe du corps. *Apophyses transverses,* implantées de part et d'autre des vertèbres. – *Muscle transverse* ou, n. m., *le transverse abdominal* : muscle de l'abdomen. – Lat. *transversus,* « oblique, transversal ».

transvestisme [tʀɑ̃svɛstism] n. m. Syn. de *travestisme.* – De l'angl. *transvestism,* de *to transvest,* « se travestir ».

transvider [tʀɑ̃svide] v. tr. [1] Vider (le contenu d'un récipient) dans un autre récipient. – De *trans-,* et *vider.*

transylvain, aine [tʀɑ̃silvɛ̃, ɛn] ou **transylvanien, enne** [tʀɑ̃silvanjɛ̃, ɛn] adj. et n. De la Transylvanie, rég. du centre de la Roumanie. ▷ Subst. *Un(e) Transylvain(e)* ou *un(e) Transylvanien(ne).* – Du lat médiév. *Transylvania,* « Transylvanie », propr. « le pays au-delà de la forêt ».

trantran ou **tran-tran** [tʀɑ̃tʀɑ̃] n. m. Vx Train-train. – Formation expressive.

trapèze [tʀapɛz] n. m. et adj. **I.** n. m. **1.** GEOM Quadrilatère comportant deux côtés parallèles et inégaux (les bases). *La surface d'un trapèze s'obtient en multipliant la demi-somme des bases par la hauteur.* – *Trapèze rectangle,* dont un angle est droit. **2.** Appareil de gymnastique composé d'une barre de bois horizontale suspendue à ses extrémités à deux cordes. ▷ *Trapèze volant* : au cirque ou au music-hall, trapèze attaché par de longues cordes aux cintres de l'édifice et associé à un autre trapèze, les trapézistes sautant de l'un à l'autre au cours de balancements. **II.** adj. En forme de trapeze. ▷ ANAT *Os trapèze* ou, n. m., *le trapèze* : premier os de la seconde rangée du carpe. ▷ *Muscle trapèze* ou, n. m., *le trapèze* : muscle de la partie postérieure du cou et de l'épaule. – Bas lat. *trapezium,* gr. *trapezion,* de *trapeza,* « table à quatre pieds ».

trapéziste [tʀapezist] n. Acrobate qui se livre aux exercices du trapèze. – De *trapèze.*

trapézoèdre [tʀapezɔɛdʀ] n. m. GEOM, MINER Solide délimité par 24 faces qui sont des quadrilatères. – De *trapèze,* et du gr. *hedra,* « siège, base, face ».

trapézoïdal, ale, aux [tʀapezɔidal, o] adj. Didac. Qui ressemble à un trapèze ; en forme de trapèze. – De *trapézoïde.*

trapézoïde [tʀapezɔid] adj. et n. m. Didac. Qui a la forme d'un trapèze. ▷ ANAT *Os trapézoïde* ou, n. m., *le trapézoïde* : second os de la deuxième rangée du carpe. – Gr. *trapezoeides,* « en forme de table ».

trappe [tʀap] n. f. **I.** CHASSE Piège formé d'un trou recouvert par une bascule ou par des branchages. **II. 1.** Ouverture munie d'un abattant, ménagée dans un plancher ou un plafond pour donner accès à une cave, à un grenier. **2.** THEAT Ouverture pratiquée dans le plancher d'une scène, qui permet de faire apparaître ou disparaître un acteur. **3.** TECH Porte ou fenêtre à coulisse. ▷ Panneau mobile de faible section qui donne accès à l'intérieur d'un appareil, d'une construction, pour y effectuer une opération d'entretien. *Trappe de visite.* – *Trappe de ramonage.* ▷ *Spécial.* Tablier d'une cheminée. – P.-ê. du frq. *trappa,* « lacet », ou *trappon,* « fouler aux pieds ».

trappeur [tʀapœʀ] n. m. Chasseur professionnel, en Amérique du N., qui pratique la chasse à la trappe, partic. celle des bêtes à fourrure. – Angl. *trapper,* de *to trap,* « prendre à la trappe ».

trappillon [tʀapijɔ̃] n. m. **1.** Dispositif permettant de tenir fermée une trappe. **2.** THEAT Trappe permettant le passage des fermes (V. ferme 3, sens 2). – Dimin. de *trappe.*

trappiste [tʀapist] n. m. Religieux appartenant à l'ordre des cisterciens* réformés de la stricte observance, dit « ordre de la Trappe » – Du n. de l'abbaye bénédictine de Notre-Dame de la *Trappe,* fondée au mil. du XIIe s. à Soligny, dans le Perche.

trappistine [tʀapistin] n. f. **1.** Religieuse de l'ordre de la Trappe. **2.** Liqueur fabriquée par les trappistes. – De *trappiste.*

trapu, ue [tʀapy] adj. **1.** Large et court, dont les proportions ramassées donnent une impression de force et de solidité. *Un homme trapu.* – *Un bâtiment de ferme trapu.* **2.** Arg. (des écoles) Très fort, savant. *Un prof trapu.* ▷ (Choses) Difficile, épineux. *Une question trapue.* – P.-ê. de l'a. fr. *tarpe,* « grosse patte, grosse main ».

traque [tʀak] n. f. Action de traquer le gibier. ▷ Fig. et fam. Chasse à l'homme. – Déverbal de *traquer.*

traquenard [tʀaknaʀ] n. m. **1.** Piège en forme de trébuchet pour prendre les animaux nuisibles. **2.** Fig. Piège (tendu à qqn). *Tomber dans un traquenard.* **3.** Amble rompu (du cheval). *Jument qui va le traquenard.* – Du gascon *traconard,* même rac. que *traquer,* au sens de « balancer ».

traquer [tʀake] v. tr. [1] **1.** Pourchasser (du gibier dans un bois) en resserrant progressivement un cercle formé autour de lui par les chasseurs. ▷ (Par comparaison.) *Le malheureux candidat avait un air de bête traquée.* **2.** Serrer de près, poursuivre avec acharnement (qqn). *Traquer l'ennemi.* – Du lat. *trahere* « tirer », d'où « tirer de côté et d'autre, tirailler, balancer ».

1. traquet [tʀakɛ] n. m. CHASSE Piège qu'on tend aux bêtes puantes. – De *traquer.*

2. traquet [tʀakɛ] n. m. Oiseau passériforme (genre *Saxicola, Œnanthe,* etc.), de petite taille, habitant les landes, les prairies, les friches, etc. *Traquet fourmilier, motteux, tarier, pâtre,* etc. (communs en Europe).

traqueur, euse [tʀakœʀ, øz] n. CHASSE Personne employée pour traquer le gibier. – De *traquer.*

trattoria [tʀatɔʀja] n. f. En Italie, restaurant sans prétention et bon marché. – Mot ital., de *trattore,* adaptation du fr. *traiteur.*

trauma [tʀoma] n. m. **1.** MED, CHIR Lésion ou blessure produite par l'impact mécanique d'un agent extérieur. **2.** PSYCHO Violent choc émotif, qui marque la personnalité d'un sujet et le sensibilise aux émotions de même nature. – Mot gr., « blessure ».

traumatique [tʀomatik] adj. **1.** MED Qui a rapport aux plaies ou aux blessures ; qui est causé par un trauma (sens 1). **2.** PSYCHO Qui a rapport à un trauma psychologique. – Bas lat. *traumaticus,* gr. *traumatikos,* de *trauma,* « blessure ».

traumatisant, ante [tʀomatizɑ̃, ɑ̃t] adj. MED, PSYCHO Qui traumatise, est susceptible de traumatiser. *Une expérience traumatisante.* – Ppr. de *traumatiser.*

traumatiser [tʀomatize] v. tr. [1] Infliger un traumatisme à (qqn). – Pp. *Enfant traumatisé par un événement, un spectacle.* – De *traumatique.*

traumatisme [tʀomatism] n. m. **1.** MED, CHIR Ensemble des conséquences physiques ou psychologiques engendrées par un trauma (sens 1). **2.** PSYCHO et cour. Ensemble des troubles de la vie affective et de la personnalité déclenchés chez un sujet par un choc émotionnel. – De *traumatique.*

traumatologie [tʀomatɔlɔʒi] n. f. Didac. Partie de la médecine et de la chirurgie consacrée à l'étude et au traitement des traumatismes. – De *traumat(ique),* et *-logie.*

traumatologique [tʀomatɔlɔʒik] adj. MED Qui concerne la traumatologie, les traumatismes. – De *traumatologie.*

traumatologiste [tʀomatɔlɔʒist] ou **traumatologue** [tʀomatɔlɔg] n. Médecin, chirurgien spécialisé en traumatologie. – De *traumatologie.*

1. travail, aux [tʀavaj, o] n. m. **I. 1.** Effort que l'on fait, peine que l'on prend pour faire une chose; effort long et pénible. *Ces lignes sentent le travail.* **2.** MED Période de l'accouchement où se produisent les contractions utérines jusqu'à l'expulsion de l'enfant. *Femme en travail.* - *Salle de travail,* où se déroule l'accouchement. **3.** Altération ou déformation qui se produit au sein d'une matière (sous l'action de certains agents). *Le travail du bois sous l'action de l'humidité.* **4.** Activité, fonctionnement qui aboutit à un résultat utile. *Le travail d'une machine.* - *Le travail de l'imagination.* - SPORT Entraînement, séance d'entraînement. *Dernier travail d'un cheval avant la course.* **5.** PHYS V. encycl. ci-après. ▷ Énergie mécanique produite par un ensemble de forces pendant un temps donné. (On parle alors de *quantité de travail.*) **II. 1.** Ensemble des activités économiques des hommes, d'un pays, en vue de produire quelque chose d'utile pour la communauté. *La division du travail.* - *Ministère du Travail. Bureau international du travail (B.I.T.) :* organisme directeur de l'Organisation internationale du travail (O.I.T.), qui fait partie de l'O.N.U. **2.** Ensemble de la population active. *Le monde du travail.* ▷ *Spécial.* Ensemble des travailleurs salariés de l'agriculture et de l'industrie. *Rapport entre le capital et le travail.* **III.** Ensemble des activités, des efforts nécessaires pour produire quelque chose, pour obtenir un résultat déterminé. **1.** Manière dont est façonné un objet, une matière, dont une tâche est accomplie. *Un travail très soigné.* ▷ Ouvrage, résultat ainsi obtenu. *Il nous a remis un travail parfait.* ▷ Iron. *Quel travail! C'est du joli travail!* **2.** Transformation d'une matière nécessitant l'intervention de l'homme. *Le travail du bois, de l'ivoire.* **3.** Activité rémunérée. *Chercher du travail. Perdre son travail.* ▷ Fam. Lieu où s'exerce cette activité. *Aller à pied à son travail.* ▷ DR Obligation exécutée sur les ordres et sous le contrôle d'un employeur en contrepartie d'une rémunération. *Code du travail. Droit du travail. Contrat de travail. Le travail féminin.* - *Travail d'intérêt général,* imposé à un délinquant comme substitution de peine. **4.** Ouvrage que l'on fait ou qui est à faire; activité, ouvrage qui demande du temps et des efforts. *Répartir le travail entre les membres de la famille. Avoir beaucoup de travail.* ▷ (Plur.) (Qualifié) *Travaux ménagers. Travaux des champs. Travaux de couture.* **5.** (Plur.) Entreprises, ouvrages remarquables nécessitant de grands efforts. *Les travaux d'Hercule.* ▷ *Travaux publics :* ouvrages d'utilité publique (ouvrages d'art, d'équipement, etc.) exécutés pour le compte d'une personne morale administrative et entrepris aux frais de l'État ou des collectivités locales. ▷ Anc. *Travaux forcés :* peine afflictive et infamante que le condamné exécutait dans un bagne (remplacée auj. par la réclusion criminelle). **6.** (Plur.) Discussions, délibérations (d'une assemblée) en vue d'élaborer un texte, d'adopter une résolution. *L'Académie a suspendu ses travaux.* **7.** (Plur.) Recherches, activités menées en vue d'obtenir un résultat précis dans le domaine intellectuel. *Travaux d'un chercheur et de son équipe.* ▷ (Sing. et plur.) Ouvrage, résultat de ces travaux. *Il m'a prêté son travail sur le Moyen Âge. Lire les travaux d'un historien.* ▷ *Travaux dirigés :* à l'université, application pratique d'un cours magistral, sous le contrôle d'un enseignant. (Abrév. T.D.) – Déverbal de *travailler.*

ENCYCL **Phys.** - Lorsque, sous l'action d'une force $\vec{F}$, un corps passe d'un point A à un point B, le travail W fourni par cette force est égal au produit scalaire $\vec{F}.\vec{AB}$, c.-à-d. au produit de la distance $\overline{AB}$ par la projection de la force $\vec{F}$ sur $\vec{AB}$. En partic., si le corps se déplace parallèlement à la force, le travail W est égal au produit de la force par le déplacement. Un travail positif est dit *moteur* et un travail négatif *résistant.* Le travail des forces appliquées à un solide est égal à la variation, pendant le même temps, de son énergie cinétique. En thermodynamique, on réserve le nom de travail à la partie de l'énergie transférée à un système et qui se traduit par un mouvement macroscopique, le complément étant appelé quantité de chaleur ou énergie calorifique. Il y a équivalence entre le travail et la chaleur; ces deux grandeurs s'expriment par la même unité : le joule.

2. travail, ails [tʀavaj] n. m. TECH Dispositif formé de quatre piliers verticaux et de sangles, utilisé pour immobiliser les grands animaux (bœufs, chevaux) pendant qu'on les ferre ou qu'on les soigne. – Du bas lat. *trepalium,* var. de *tripalium,* «instrument de torture», du lat. class. *tripalis,* «à trois pieux».

travaillé, ée [tʀavaje] adj. **1.** Qui a été exécuté avec soin, où l'on sent le travail. *Un bijou très travaillé. Style travaillé.* ▷ SPORT *Balle travaillée,* à laquelle le joueur imprime un effet particulier. **2.** *Heures travaillées,* pendant lesquelles on occupe un emploi salarié, pendant lesquelles on travaille. – Pp. de *travailler.*

travailler [tʀavaje] v. [1] **I.** v. intr. Faire un ouvrage; faire des efforts de manière suivie en vue d'obtenir un résultat. **1.** Avoir une activité professionnelle, une occupation rémunérée. *Il travaille tout en poursuivant ses études.* **2.** Avoir de l'occupation, se consacrer à une tâche. *Aimer travailler. Ménagère qui travaille du matin au soir.* ▷ Faire des efforts pour se perfectionner, s'exercer. **3.** (Choses) Fonctionner, produire. *Usine qui travaille pour l'exportation.* - *Faire travailler son imagination.* ▷ *Faire travailler son argent,* le placer de manière telle qu'il produise un revenu. **4.** *Travailler pour, contre (qqn, qqch) :* se donner de la peine pour faire réussir, faire échouer. *Travailler pour un candidat aux élections.* - *Le temps travaille pour nous :* plus le temps passe et mieux cela vaut pour nous. **5.** (Choses) Être soumis à un travail (sens I, 3). *Bois qui a travaillé.* - *Le vin travaille,* fermente. **6.** (Abstrait) Être agité. *Depuis sa disparition, les esprits travaillent.* - Loc. fam. *Travailler du chapeau :* être un peu fou. **II.** v. tr. **1.** Façonner, soumettre à un travail (sens III, 2). *Travailler le bois, la pâte.* **2.** Soigner, perfectionner. *Travailler son style.* ▷ Chercher à acquérir la maîtrise de, consacrer ses efforts à. *Travailler le piano. Travailler sa thèse.* **3.** Tourmenter, préoccuper. *Ce problème le travaille.* **4.** Litt. Agiter, exciter à la révolte. ▷ Soumettre à des pressions de manière à influencer. *Travailler les esprits, l'opinion.* **5.** SPORT (En boxe.) *Travailler l'adversaire au corps,* l'user par des coups au corps. - (En équitation.) *Travailler un cheval,* l'exercer, l'entraîner. - *Travailler sa balle :* V. travaillé. **III.** v. tr. indir. *Travailler à (qqch) :* se donner de la peine pour (un ouvrage, un résultat). *Travailler à un nouveau livre, à redresser la situation.* – Du lat. pop. **tripaliare,* «torturer avec le tripalium», du bas lat. *tripalium,* «instrument de torture»; signif. d'abord «faire souffrir».

travailleur, euse [tʀavajœʀ, øz] n. et adj. **1.** Personne qui travaille, se consacre à une tâche. *Travailleur manuel, intellectuel.* - *Travailleur social :* personne dont l'activité professionnelle consiste à apporter une aide aux personnes en difficulté (insertion, logement, éducation, démarches administratives, etc.). *Les assistantes sociales font partie des travailleurs sociaux.* **2.** Personne qui exerce une activité rémunérée. ▷ *Les travailleurs :* l'ensemble de la population active et, spécial., les employés, les ouvriers exerçant une activité pénible. - adj. *Classes, masses travailleuses.* **3.** Personne qui aime le travail, qui est très active. *C'est un gros travailleur, un travailleur acharné.* - adj. *Élève consciencieux et travailleur.* – De *travailler.*

travailleuse [tʀavajøz] n. f. Table à ouvrage portative, munie de petits compartiments de rangement, pour les travaux de couture. – De *travailleur.*

travaillisme [tʀavajism] n. m. Doctrine, mouvement des partis de tendance socialiste de divers pays et notam. du Labour Party (parti du Travail) en Grande-Bretagne. – De *travailliste.*

travailliste [tʀavajist] n. et adj. Partisan du travaillisme; en Grande-Bretagne, membre du parti du Travail.

▷ adj. *Le parti travailliste.* – De *travail,* pour traduire l'angl. *Labour (party),* «(parti) du travail».

travailloter [tʀavajɔte] v. intr. [1] Fam. Travailler peu, irrégulièrement, en dilettante. – Dimin. de *travailler.*

travée [tʀave] n. f. **1.** ARCHI Espace compris entre deux poutres d'un plancher et, d'une façon générale, entre deux points d'appui (d'une voûte, d'une charpente, etc.). ▷ *Par ext.* Espace délimité par deux supports successifs (colonnes, arcs doubleaux) d'une voûte. *Nef à cinq travées.* **2.** Rangée de tables, de bancs alignés les uns derrière les autres. *Les travées d'un amphithéâtre.* – De l'a. fr. *tref,* lat. *trabs, trabis,*«poutre».

travelage [tʀavlaʒ] n. m. CH de F Ensemble des traverses d'une voie ferrée; nombre de traverses pour un kilomètre de voie. – De *travée.*

traveller's check ou **traveller's chèque** [tʀavlœʀzʃɛk] n. m. (Anglicisme) Syn. de *chèque*-voyage.* (Abrév. : traveller). – Mot angl., de *traveller* ou *traveler* (amér.) «voyageur», et *check,* «chèque».

travelling [tʀavliŋ] n. m. (Anglicisme) AUDIOV Mouvement d'une caméra qui se déplace sur un chariot monté sur rails ou qui est placée sur une grue, une automobile, etc.; dispositif qui permet ce mouvement; scène ainsi filmée. ▷ *Travelling optique* : effet semblable au travelling, obtenu en faisant varier la distance focale, la caméra demeurant immobile. – De l'angl. *travelling shot,* de *shot,* «prise de vue», et de *to travel,* «se déplacer, voyager».

travelo [tʀavlo] n. m. Pop. Travesti (sens 3). – Déformation pop. de *travesti.*

travers [tʀavɛʀ] n. m. **I.** n. m. **1.** Vx Étendue d'un corps considéré dans sa largeur ou son épaisseur. *Deux travers de doigt.* ▷ *Travers de porc* : haut de côtes de porc coupées en travers. ▷ MAR Direction perpendiculaire à celle suivie par le navire. *Vent de travers. Vagues venues par le travers.* **2.** Petit défaut ou bizarrerie (de l'esprit, de l'humeur); réaction qui s'écarte de ce qui est considéré comme normal. *Les travers de son caractère.* **II.** Loc. adv. et prép. **1.** *À travers (qqch)* : au milieu de, par un mouvement qui traverse d'un bout à l'autre (une surface, un espace). *Courir à travers champs. Regarder à travers la vitre.* – (Espace de temps.) *À travers les siècles.* – Fig. *À travers son sourire perçait une colère contenue.* **2.** *Au travers (de)* : d'un bout à l'autre, en traversant de part en part. *Avancer difficilement au travers de la foule.* – *Il mit ses lunettes et nous examina au travers.* ▷ Fig. *Passer au travers (de)* : échapper (à). *Il est passé au travers de multiples épurations.* **3.** *En travers de* : dans une position transversale, par rapport à l'axe (d'un objet) ou à la direction habituelle. *Barrage de troncs d'arbres placés en travers de la chaussée.* ▷ Fig. *Se jeter, se mettre en travers de* : empêcher l'accomplissement de, s'opposer à. **4.** *De travers* : obliquement, dans une position ou une direction qui n'est pas droite, pas normale. *Marcher de travers.* ▷ Fig. Mal, autrement qu'il ne faudrait. *Il comprend tout de travers.* – *Regarder qqn de travers,* avec malveillance, animosité ou méfiance. **5.** *À tort et à travers* : sans discernement, inconsidérément. *Bavarder à tort et à travers.* – Du lat. *tra(ns)versus,* «transversal, oblique».

traversable [tʀavɛʀsabl] adj. Qu'on peut traverser. *Rivière traversable à gué,* guéable. – De *traverser.*

traverse [tʀavɛʀs] n. f. **1.** Pièce de bois, de fer qu'on met en travers dans certains ouvrages pour assembler ou consolider des pièces. *Traverses d'une porte.* ▷ CH de F Pièce de bois, de béton ou de fer placée en travers de la voie pour supporter les rails et maintenir leur écartement. **2.** *Chemin de traverse* ou, ellipt., *une traverse* : chemin qui s'écarte de la route, qui permet de couper court (généralement à travers champs); raccourci. **3.** Fig., litt. Obstacle, difficulté qu'on rencontre en chemin. *Une vie pleine de traverses.* **4.** Loc. adv. et prép. Litt. *À la traverse (de)* : en s'opposant, en faisant obstacle (à). – Fém. de *travers.*

traversée [tʀavɛʀse] n. f. **1.** Trajet qui se fait par mer. *Avoir le mal de mer pendant la traversée.* **2.** Action de traverser, de parcourir (un espace) d'une extrémité à l'autre. *Traversée de la France en automobile.* – Pp. fém. subst. de *traverser.*

traverser [tʀavɛʀse] v. tr. [1] **1.** Passer à travers, d'un côté à l'autre. *Le cortège traversa la place. Traverser une rue.* – Absol. *Piéton qui traverse imprudemment.* – (Moyens de transport.) *Des aéroglisseurs traversent la Manche.* ▷ Couper, croiser (en parlant de voies de communication, de cours d'eau). *La route nationale traverse la voie ferrée.* **2.** Pénétrer, passer de part en part. *La pluie a traversé son manteau.* **3.** Franchir d'un bout à l'autre (un laps de temps). *Son nom a traversé les siècles.* ▷ Vivre, passer par (une période). *Elle a traversé des moments difficiles.* **4.** (Sujet abstrait.) Passer par. *Un doute lui traversa l'esprit.* – Lat. pop. **traversare,* du lat. class. *transversare,* «remuer en travers».

traversier, ère [tʀavɛʀsje, ɛʀ] adj. et n. m. **I.** adj. **1.** Dirigé de travers, qui traverse. *Rue traversière.* ▷ *Flûte traversière* : V. flûte. **2.** Qui sert à traverser. *Barque traversière.* **II.** n. m. Au Canada, bâtiment qui assure le transport des passagers et des véhicules d'une rive à une autre. – Du lat. *traversarius, transversarius,* «transversal».

traversin [tʀavɛʀsɛ̃] n. m. **1.** Coussin de chevet de forme cylindrique qui s'étend sur toute la largeur du lit. *Poser un oreiller sur le traversin.* **2.** MAR Pièce de bois posée en travers de la charpente d'un navire. *Traversin de hune.* ▷ TECH Nom donné à certaines traverses. – De *travers.*

traversine [tʀavɛʀsin] n. f. TECH Pièce de bois reliant horizontalement des pilotis. ▷ Traverse renforçant un grillage, une palissade. – Fém. de traversin.

travertin [tʀavɛʀtɛ̃] n. m. GEOL Roche parsemée de vacuoles, formée par les dépôts (en couches) d'une source. *Travertin de Tivoli.* – De l'ital. pop. *travertino*; du lat. *tiburtinus,* «de Tibur», anc. n. de la v. ital. de Tivoli.

travesti, ie [tʀavɛsti] adj. et n. **1.** adj. Qui porte un travestissement. *Un acteur travesti* ou, n. m., *un travesti.* ▷ Où l'on est déguisé. *Bal travesti.* **2.** n. m. Costume pour se déguiser. **3.** n. Homosexuel qui s'habille en femme. (Le féminin – une homosexuelle qui s'habille en homme – est rare.) – Pp. de *(se) travestir.*

travestir [tʀavɛstiʀ] v. [3] **I.** v. tr. **1.** Déguiser (pour un bal costumé, un rôle de théâtre) en faisant prendre l'habit d'une autre condition ou de l'autre sexe. *Comédie où l'on travestit en fille un jeune page.* ▷ v. pron. *Se travestir pour le carnaval.* **2.** Fig. Donner une apparence mensongère ou trompeuse à... *Travestir la vérité.* – *Travestir la pensée de qqn,* la rendre d'une manière inexacte, la falsifier. ▷ Vx *Travestir un auteur,* faire une adaptation burlesque d'un de ses ouvrages. **II.** v. pron. *Spécial.* Prendre le costume et l'apparence de l'autre sexe. – Ital. *travestire,* du lat. *trans,* «de l'autre côté», et *vestire,* «vêtir».

travestisme [tʀavɛstism] n. m. PSYCHIAT Adoption par un inverti des vêtements et du comportement du sexe opposé. Syn. transvestisme. – De *travesti,* d'ap. l'all.

travestissement [tʀavɛstismɑ̃] n. m. Action, manière de (se) travestir; habits permettant de se travestir. ▷ Fig. *C'est un odieux travestissement de sa pensée.* – De *travestir.*

traviole (de) [dətʀavjɔl] loc. adv. Pop. De travers. – Altér. arg. de *de travers.*

trayeur, euse [tʀɛjœʀ, øz] n. **1.** Personne chargée de la traite des vaches, des chèvres. **2.** n. f. Machine à traire. – De *traire.*

trayon [tʀɛjɔ̃] n. m. Extrémité du pis d'une vache, d'une chèvre, etc. – De *traire.*

tré-. V. tres-.

trébuchant, ante [tʀebyʃɑ̃, ɑ̃t] adj. **1.** Qui trébuche (sens 1). **2.** Vx Qui a le poids exigé (en parlant des monnaies d'or et d'argent). ▷ Mod, plaisant *Espèces sonnantes et trébuchantes* : argent liquide. – Ppr. de *trébucher.*

trébuchement [tʀebyʃmɑ̃] n. m. Rare Action de trébucher; chute. – De *trébucher.*

trébucher [tʀebyʃe] v. [1] **1.** v. intr. Faire un faux pas, perdre l'équilibre. *Trébucher sur, contre une pierre.* ▷ Fig. Buter sur une difficulté, avoir des défaillances. *Avec l'âge, sa mémoire trébuche.* **2.** v. tr. TECH Peser au trébuchet (des pièces de monnaie). – De *tres-*, et a. fr. *buc*, «tronc du corps», frq. **bûk.*

trébuchet [tʀebyʃɛ] n. m. **1.** HIST Au Moyen Âge, machine de guerre servant à lancer des pierres pour abattre les murailles. **2.** Piège pour petits oiseaux, en forme de cage à toit basculant. **3.** Petite balance très sensible pour peser des corps légers. – De *trébucher.*

trécheur. V. trescheur.

tréfilage [tʀefilaʒ] n. m. TECH Action de tréfiler; résultat de cette action. – De *tréfiler.*

tréfiler [tʀefile] v. tr. [1] TECH Faire passer (un métal) à travers une filière pour l'étirer en fil. – De *tréfilerie.*

tréfilerie [tʀefilʀi] n. f. Atelier, usine où l'on tréfile. – De *tres-*, et *fil, filière.*

tréfileur [tʀefilœʀ] n. m. TECH Ouvrier qui tréfile. – De *tréfiler.*

tréfileuse [tʀefiløz] n. f. TECH Machine à tréfiler. – De *tréfileur.*

trèfle [tʀɛfl] n. m. **1.** Plante herbacée (genre *Trifolium*, fam. papilionacées) aux feuilles composées de trois folioles et dont les nombreuses espèces constituent un excellent fourrage. *Trèfle blanc, rouge, incarnat.* – *Trèfle à quatre feuilles* : trèfle possédant une foliole surnuméraire et qui passe pour porter bonheur. ▷ Nom donné à diverses plantes herbacées dont les feuilles rappellent celles du trèfle. *Trèfle d'eau* : nom cour. de la ményanthe. **2.** ARCHI Ornement à trois lobes, imitant la feuille de trèfle. **3.** Une des quatre couleurs du jeu de cartes, représentée par une feuille de trèfle noire. – Carte de cette couleur. – Du gr. *triphullon*, «à trois feuilles».

tréflé, ée [tʀefle] adj. En forme de trèfle. *Église à plan tréflé.* Syn. trilobé. – De *trèfle.*

tréflière [tʀeflijɛʀ] ou (rég.) **tréflerie** [tʀeflәʀi] n. f. Champ de trèfle. – De *trèfle.*

tréflon [tʀeflɔ̃] n. m. Rég. Syn. de *oxalis.* – De *trèfle*, les feuilles ayant quatre folioles, comme le trèfle à quatre feuilles.

tréfonds [tʀefɔ̃] n. m. **1.** DR Vieilli Sous-sol correspondant à un fonds (V. fonds, sens 1). **2.** Fig., litt. Ce qu'il y a de plus profond, de plus secret. *Au tréfonds de son âme.* – De *tres-*, et *fonds.*

treillage [tʀɛjaʒ] n. m. **1.** Assemblage de perches, de lattes formant des carrés, des losanges, pour constituer des palissades, des espaliers, etc. **2.** Clôture en grillage; treillis. – De *treille.*

treillager [tʀɛjaʒe] v. tr. [13] Garnir d'un treillage. – De *treillage.*

treillageur [tʀɛjaʒœʀ] ou **treillagiste** [tʀɛjaʒist] n. m. Ouvrier qui fait des treillages. – De *treillage.*

treille [tʀɛj] n. f. **1.** Abri formé de ceps de vigne soutenus par un treillage. **2.** Vigne grimpant le long d'un mur, d'un arbre, disposée sur un châssis, etc. ▷ Plaisant *Le jus de la treille* : le vin. – Du lat. *trichila*, «tonnelle».

1. treillis [tʀeji] n. m. **1.** Réseau à claire-voie plus ou moins serré. *Jardin clos par un treillis. Poser un treillis à un garde-manger.* **2.** TECH Ouvrage formé de poutrelles d'acier entrecroisées et rivetées. **3.** MATH Ensemble E tel que deux éléments quelconques de E aient une borne inférieure et une borne supérieure qui appartiennent à E. *L'ensemble des nombres réels constitue un treillis.* – De *treille.*

2. treillis [tʀeji] n. m. Grosse toile de chanvre. *Pantalon de treillis.* – *Par ext.* Vêtement fait avec cette étoffe et, partic., tenue de combat des militaires. – De l'anc. adj. *treliz*, du lat. pop. **trilicius*, de *trilix*, «à trois fils».

treillisser [tʀejise] v. tr. [1] Garnir de treillis (sens 1). – De *treillis* 1.

treize [tʀɛz] adj. inv et n. m. inv. **I.** adj. num. inv. **1.** (Cardinal) Dix plus trois (13). – Ellipt. *Treize à la douzaine* : treize objets (vendus) pour le prix de douze. **2.** (Ordinal) Treizième. *Louis XIII. Chapitre treize.* – Ellipt. *Le treize février.* **II.** n. m. inv. **1.** Le nombre treize. *Le treize porte bonheur ou malheur selon les uns ou les autres.* ▷ Chiffres représentant le nombre treize (13). ▷ Numéro treize. *Habiter au treize.* ▷ *Le treize* : le treizième jour du mois. **2.** SPORT *Jeu à treize* : rugby qui se joue avec treize joueurs. – Du lat. *tredecim.*

treizième [tʀɛzjɛm] adj. et n. **I.** adj. num. ordinal. Dont le rang est marqué par le nombre 13. *Le treizième invité. Le treizième arrondissement* ou, ellipt., *le treizième.* – *Treizième mois* : salaire supplémentaire du même montant que le salaire mensuel, versé à certains salariés en fin d'année. **II.** n. **1.** Personne, chose qui occupe la treizième place. **2.** n. m. Chaque partie d'un tout divisé en treize parties égales. *Un treizième du capital.* – De *treize.*

treizièmement [tʀɛzjɛmmɑ̃] adv. En treizième lieu. – De *treizième.*

trekking [tʀekiŋ] ou **trek** [tʀɛk] n. m. (Anglicisme) Randonnée pédestre, généralement accompagnée de guides et de porteurs, pour visiter des sites souvent difficiles d'accès. – Mot angl., de *to trek*, «avancer, cheminer».

tréma [tʀema] n. m. Signe graphique (¨) que l'on met sur les voyelles *e, i, u* pour indiquer que, dans la prononciation, il faut les détacher de la voyelle qui les précède et qui doit être prononcée (ex. : ciguë, naïf, Saül). – Dans certains noms propres, le tréma sur l'*e* indique que celui-ci ne se prononce pas (Saint-Saëns, Mme de Staël). – Gr. *trêma*, «trou, point sur un dé».

trémail. V. tramail.

trématage [tʀemataʒ] n. m. MAR Droit accordé à certains bateaux de passer une écluse par priorité. – De *trémater.*

trémater [tʀemate] v. intr. [1] En navigation fluviale, dépasser un autre bateau. – Orig. incert. p.-ê. du bas lat. *trema*, class. *trames*, «sentier».

trématodes [tʀematɔd] n. m. pl. ZOOL Classe de vers plats (plathelminthes) parasites, pourvus de ventouses ou de crochets, comprenant notam. les douves. – Sing. *Un trématode.* – Du gr. *trêmatôdês*, «troué», de *trêma*, «trou».

tremblaie [tʀɑ̃blɛ] n. f. Lieu planté de trembles. – De *tremble.*

tremblant, ante [tʀɑ̃blɑ̃, ɑ̃t] adj. et n. f. **1.** adj. Qui tremble. *Mains tremblantes. Voix tremblante.* **2.** n. f. MED VET *La tremblante* : affection dégénérative du système nerveux du mouton, due à un virus. – Ppr. de *trembler.*

tremble [tʀɑ̃bl] n. m. Peuplier (*Populus tremula*) aux feuilles mobiles, que le moindre vent agite. – Du bas lat. *tremulus*, propr. «le tremblant», de *tremulare*, «trembler».

tremblé, ée [tʀɑ̃ble] adj. **1.** Tracé par une main tremblante. *Écriture, lignes tremblées.* **2.** Dont l'intensité varie. *Son, voix tremblés.* – Pp. de *trembler.*

tremblement [tʀɑ̃bləmɑ̃] n. m. **1.** Agitation d'une partie du corps ou du corps tout entier par oscillations rythmiques, rapides et involontaires. **2.** Oscillations, secousses qui agitent ce qui tremble. *Tremblement de terre :* ébranlement plus ou moins intense d'une portion de la croûte terrestre. ▷ Variations d'intensité. *Avoir des tremblements dans la voix.* **3.** Litt. Grande crainte, angoisse. **4.** Loc. fam. *Et tout le tremblement :* et tout le reste (pour abréger une énumération péjorative). – De *trembler.*

trembler [tʀɑ̃ble] v. intr. [1] **1.** Être pris de tremblements. *Trembler de froid, de peur, d'émotion.* Syn. frissonner. **2.** *Absol.* Éprouver une grande crainte. *Tout le monde tremble devant lui.* – Fig. Craindre, appréhender. *Je tremble pour lui. Je tremble qu'il n'apprenne la vérité.* **3.** Être ébranlé, agité de secousses répétées. *La terre a tremblé pendant quelques secondes. La détonation fit trembler les vitres.* **4.** Être agité d'un faible mouvement d'oscillation. *Les feuilles tremblent au moindre souffle.* – Subir des variations d'intensité. *Flamme qui tremble.* Syn. vaciller. *Avoir la voix qui tremble.* – Du lat. pop. **tremulare,* de *tremere,* « trembler ».

trembleur, euse [tʀɑ̃blœʀ, øz] n. **1.** Rare Personne qui tremble, qui est trop craintive. **2.** n. m. ELECTR Dispositif animé d'un mouvement oscillatoire pendant le passage du courant. *Sonnerie à trembleur.* Syn. vibreur. **3.** n. f. Tasse qui s'encastre dans une soucoupe. – De *trembler.*

tremblote [tʀɑ̃blɔt] n. f. Fam. *Avoir la tremblote :* trembler de froid ou de peur. – Déverbal de *trembloter.*

tremblotement [tʀɑ̃blɔtmɑ̃] n. m. Tremblement léger. – De *trembloter.*

trembloter [tʀɑ̃blɔte] v. intr. [1] Trembler légèrement; vaciller. – Dimin. de *trembler.*

trémelle [tʀemɛl] n. f. BOT Champignon basidiomycète (genre *Tremella*) qui croît sur les vieux arbres. – Lat. bot. *tremella,* de *tremulus,* « tremblant ».

trémie [tʀemi] n. f. **1.** Grand récipient en forme de pyramide renversée, pour le stockage de produits en vrac, équipé à sa partie inférieure d'un déversoir. *Trémie à blé.* **2.** Mangeoire pour les oiseaux, la volaille. **3.** Espace réservé dans un plancher pour porter l'âtre d'une cheminée. **4.** MINER Cristal de sel marin en forme de pyramide à base carrée. – Du lat. *trimodia,* « récipient contenant trois muids ».

trémière [tʀemjɛʀ] adj. f. *Rose trémière :* plante ornementale (*Althaea rosea,* fam. malvacées), à haute tige et aux grandes fleurs colorées souvent panachées. Syn. passe-rose. – Altér. de *rose d'outremer.*

trémolo [tʀemɔlo] n. m. **1.** MUS Effet de vibration obtenu en battant une note plusieurs fois d'un même coup d'archet et de manière continue. **2.** Tremblement de la voix sous l'effet de l'émotion ou de l'emphase. – Mot ital., du lat. *tremulus,* « tremblant ».

trémoussement [tʀemusmɑ̃] n. m. Action de se trémousser; mouvement vif du corps. Syn. tortillement. – De *trémousser.*

trémousser (se) [tʀemuse] v. pron. [11] Se remuer, s'agiter avec des mouvements vifs et irréguliers. *Les danseurs se trémoussaient maladroitement.* – De *tres-,* et *mousse,* « écume ».

trempage [tʀɑ̃paʒ] n. m. Action de tremper. *Trempage du linge avant le lavage. Trempage du papier destiné à l'impression de gravures.* – AGRIC Action de tremper les graines pour en accélérer la germination. – De *tremper.*

trempe [tʀɑ̃p] n. f. **1.** METALL Traitement consistant à refroidir brusquement par immersion une pièce préalablement portée à haute température, en vue d'en augmenter la dureté; qualité du métal ainsi traité. ▷ Fig. Qualité, vigueur du caractère. *Une âme d'une trempe exceptionnelle.* **2.** Pop. Volée de coups. *Flanquer une trempe à qqn.* – Déverbal de *tremper.*

tremper [tʀɑ̃pe] v. [1] **I.** v. tr. **1.** Vx Modérer par un mélange. – Mod. *Tremper son vin,* le couper d'eau. **2.** Imbiber d'un liquide, mouiller complètement. *Se faire tremper (par une averse).* **3.** Plonger (dans un liquide). *Tremper son pain dans son café au lait. Tremper une plume dans un encrier.* ▷ *Tremper la soupe*.* ▷ *Tremper les lèvres dans une tasse de thé,* commencer à boire. ▷ v. pron. Se baigner. *L'eau était froide, on s'est à peine trempés.* **4.** CHIM, METALL Faire subir la trempe. *Tremper du verre, de l'acier.* – *Par anal.,* fig. Endurcir, raffermir, fortifier. *Les épreuves ont trempé son âme.* **II.** v. intr. **1.** Demeurer dans un liquide. *Mettre du linge à tremper.* **2.** Fig., péjor. Prendre part à (une action répréhensible). *Tremper dans un crime, une affaire louche.* – Altér. de l'anc. v. *temprer,* « mélanger », du lat. *temperare.* V. tempérer.

trempette [tʀɑ̃pɛt] n. f. Vieilli *Faire trempette :* tremper du pain dans du lait, du vin, etc.; mod., fam. se baigner rapidement ou dans très peu d'eau. – De *tremper.*

trempeur [tʀɑ̃pœʀ] n. m. TECH Ouvrier chargé des opérations de trempage ou de trempe. – De *tremper.*

tremplin [tʀɑ̃plɛ̃] n. m. **1.** Planche élastique sur laquelle court et rebondit un sauteur, un plongeur pour accroître son élan. – Plan incliné fixe pour prendre son élan, en glissant, en roulant. *Tremplin pour le saut à skis, en moto.* **2.** Fig. Ce qui lance qqn, l'aide à parvenir (à une situation sociale élevée, notam.). – Ital. *trampolino,* de *trampolo,* « échasse », d'orig. germ.

trémulation [tʀemylasjɔ̃] n. f. MED Tremblement. – Du lat. *tremulus,* « tremblant ».

trenail [tʀənaj] n. m. CH de F Cheville servant à assujettir les tire-fond dans les traverses des voies. – Angl. *treenail,* « cheville », de *tree,* « arbre », et *nail,* « ongle, clou ».

trench-coat [tʀɛnʃkot] n. m. (Anglicisme) Vieilli Manteau imperméable à ceinture. *Des trench-coats.* – Mot angl., « manteau de tranchée ».

trend [tʀɛnd] n. m. (Anglicisme) STATIS Tendance observable sur une longue période. Syn. (off. recommandé) tendance de fond. – Mot angl.

trentain [tʀɑ̃tɛ̃] n. m. RELIG CATHOL Service de trente messes consécutives pour le repos de l'âme d'un défunt. – De *trente.*

trentaine [tʀɑ̃tɛn] n. f. Nombre de trente ou d'environ trente. – *Absol.* Âge de trente ans. *Avoir la trentaine.* – De *trente.*

trente [tʀɑ̃t] adj. inv. et n. m. inv. **I.** adj. num. inv. **1.** (Cardinal) Trois fois dix (30). **2.** (Ordinal) Trentième. *Page trente.* **II.** n. m. inv. Le nombre trente. ▷ Loc. fam. *Se mettre sur son trente et un :* mettre ses vêtements les plus élégants. ▷ Chiffres représentant le nombre trente (30). ▷ Numéro trente. *Le trente sort et gagne.* ▷ *Le trente :* le trentième jour du mois. *Être payé le trente.* – Du lat. pop. **trinta,* class. *triginta.*

trente-et-quarante [tʀɑ̃tekaʀɑ̃t] n. m. inv. Jeu de cartes auquel on joue dans les casinos, où le banquier aligne des rangées de cartes dont les points ne doivent être ni inférieurs à 31, ni supérieurs à 40. – De *trente,* et *quarante.*

trentenaire [tʀɑ̃tənɛʀ] adj. DR Qui dure trente ans. *Possession trentenaire.* – De *trente,* d'ap. *centenaire.*

trente-six [tʀɑ̃tsis] adj. num. et n. m. inv. Fam. Un nombre important indéterminé. *Il a fait trente-six métiers.* – Fig. et fam. *Tous les trente-six du mois :* pour ainsi dire jamais. – De *trente,* et *six.*

trente-trois-tours [trɑ̃trwatur] n. m. inv. Disque microsillon ayant une vitesse de rotation de 33 1/3 tours par minute. – De *trente, trois,* et *tour.*

trentième [trɑ̃tjɛm] adj. et n. **I.** adj. num. ord. Dont le rang est marqué par le nombre 30. *Le trentième jour.* **II.** n. **1.** Personne, chose qui occupe la trentième place. *La trentième de la liste.* **2.** n. m. Chaque partie d'un tout divisé en trente parties égales. *Deux trentièmes.* – De *trente.*

trépan [trepɑ̃] n. m. **1.** CHIR Instrument servant à percer les os, notamment ceux du crâne. **2.** TECH Tarière, vilebrequin. – Outil fixé au train d'une tige de forage pour attaquer le terrain. ▷ TRAV PUBL *Trépan-benne :* outil de forage constitué d'une benne équipée de coquilles ouvrantes, servant à creuser le sol par percussion et à en extraire les déblais. *Des trépans-bennes.* – Lat. médiév. *trepanum,* gr. *trupanon,* « instrument pour percer », de *trupân,* « percer, trouer, enfoncer ».

trépanation [trepanasjɔ̃] n. f. CHIR Action de perforer un os. – *Spécial.* Ouverture pratiquée dans la boîte crânienne. – De *trépaner.*

trépaner [trepane] v. tr. [1] CHIR Pratiquer la trépanation sur (qqn). – De *trépan.*

trépang [trepɑ̃] ou **tripang** [tripɑ̃] n. m. Holothurie comestible consommée bouillie, séchée ou fumée dans les îles de l'océan Indien. – Mot malais.

trépas [trepa] n. m. Vx ou litt. Décès, mort. – Loc. fam. *Passer de vie à trépas :* mourir. – Déverbal de *trépasser.*

trépassé, ée [trepase] adj. et n. Vx Défunt. – *La fête des trépassés :* le 2 novembre, fête des morts. – Pp. de *trépasser.*

trépasser [trepase] v. intr. [1] Vx ou litt. Mourir, décéder. – De *tres-,* et *passer;* anc. v. *trespasser,* « dépasser en marchant ».

trépidant, ante [trepidɑ̃, ɑ̃t] adj. **1.** Qui trépide. **2.** Fig. Agité, fébrile, ne laissant aucun répit. *Une vie trépidante.* – Ppr. de *trépider.*

trépidation [trepidasjɔ̃] n. f. **1.** Mouvement de ce qui trépide. *Les trépidations d'une machine.* **2.** Fig. Agitation intense, fébrile. **3.** MED Tremblement nerveux. – Lat. *trepidatio,* « agitation, désordre ».

trépider [trepide] v. intr. [1] Être agité, trembler par petites secousses rapides. *Les marteaux-piqueurs faisaient trépider les trottoirs.* – Lat. *trepidare,* « s'agiter ».

trépied [trepje] n. m. **1.** Meuble, support à trois pieds. *Vase posé sur un trépied. Trépied d'appareil photographique.* (N. B. On dit plus souvent *pied* ou *pied photo.*) **2.** ANTIQ GR Siège sur lequel la Pythie rendait les oracles d'Apollon. – Du lat. *tripes, tripedis,* « à trois pieds ».

trépignement [trepiɲmɑ̃] n. m. Action de trépigner; mouvement qui y correspond. – De *trépigner.*

trépigner [trepiɲe] v. intr. [1] Frapper des pieds contre terre, à coups rapides et renouvelés. *Trépigner d'impatience, de colère.* – De l'a. fr. *treper,* « frapper du pied, sauter, danser »; frq. * *trippôn,* « sauter ».

trépointe [trepwɛ̃t] n. f. TECH Bande de cuir mince cousue entre deux cuirs plus épais pour renforcer une couture (notam. dans une chaussure). – De l'a. fr. *trépoindre,* « piquer (poindre) au travers ».

tréponématose [treponematoz] n. f. MED Affection produite par les tréponèmes. – De *tréponème,* et *-ose* 2.

tréponème [treponɛm] n. m. MICROB Bactérie du genre *Treponema* (groupe ayant des affinités avec les protozoaires), aux cellules très petites et flexueuses, et comprenant plusieurs espèces pathogènes (dont *Treponema pallidum,* agent de la syphilis, et *Treponema pertenue,* agent du pian). – Du gr. *trepein,* « tourner », et *nêma,* « fil ».

tres-, tré-. Préfixe du lat. *trans,* « au-delà de, à travers ».

très [trɛ] adv. Sert à renforcer un adjectif, un participe ou un nom pris adjectivement, un adverbe, une locution adverbiale ou prépositive, pour marquer un superlatif absolu. *Il est très grand. Très aimé. Il est resté très enfant. Il court très vite. C'est très loin d'ici. Il vit très au-dessus de ses moyens.* – Devant un nom abstrait dans une locution verbale. *Avoir très peur. Il fait très chaud.* – Fam. (Avec ellipse de l'adj., surtout dans une réponse.) *Est-il intelligent? – Très.* – Du lat. *trans,* prononcé [tras], « au-delà de », par ext. « de part en part, complètement », d'où son emploi comme adv. superlatif.

trésaille [trezaj] n. f. TECH Pièce de bois horizontale qui maintient les ridelles d'une charrette. – De l'anc. v. *teseiller,* de l'anc. v. *teser,* « tendre »; d'un lat. pop. **tensare.*

trescheur ou **trécheur** [treʃœr] n. m. HERALD Orle étroit figurant une tresse. – De l'anc. fr. *treceor, treçoir,* « galon ».

trésor [trezɔr] n. m. **I. 1.** Amas d'or, d'argent, d'objets précieux mis en réserve. *Cachette d'un trésor.* – DR Toute chose cachée ou enfouie et sur laquelle personne ne peut faire preuve de propriété. **2.** (Plur.) Grandes richesses, somme considérable. *Il a dépensé des trésors pour réparer ce château.* – Fig. *Déployer des trésors de patience, d'amabilité.* **3.** Bien particulièrement précieux, chose de grande valeur ou considérée comme telle. *La santé est un grand trésor. Les trésors du sol et du sous-sol. Trésors artistiques. Ces menus objets étaient pour l'enfant autant de trésors.* ▷ Fig. Personne d'un rare mérite ou très aimée. *Ma femme est un trésor.* – (Terme d'affection.) *Mon trésor.* **4.** Ensemble, accumulation d'objets et d'œuvres de valeur ou rares, mis à la disposition de tous. *Un trésor de documents.* Syn. mine. **5.** Nom donné à certains ouvrages d'érudition. *Trésor de la langue française.* Syn. thesaurus. **6.** Lieu où est conservée la collection d'objets précieux d'une église. *Trésor de Notre-Dame.* **II.** *Le Trésor public* ou, absol., *le Trésor,* service de l'État assurant l'exécution du budget, la rentrée des recettes, le règlement des dépenses publiques, fonctionnant comme agent de la politique monétaire de l'État et organe de contrôle des finances des collectivités locales. ▷ *Bons du Trésor :* emprunts à court terme émis par le Trésor. – Du lat. *thesaurus,* gr. *thêsauros.*

trésorerie [trezɔrri] n. f. **1.** Bureau d'un trésorier-payeur général et de ses subordonnés. **2.** Ensemble des ressources immédiatement disponibles d'une entreprise (caisse, comptes courants, effets négociables) qui lui permettent de faire face aux dépenses. *Avoir des difficultés de trésorerie.* **3.** Plaisant Argent dont dispose un particulier. – De *trésorier.*

trésorier, ère [trezɔrje, ɛr] n. **1.** Personne qui gère les finances d'une société, d'une association, etc. **2.** n. m. *Trésorier-payeur général :* fonctionnaire du Trésor assumant dans un département la charge de receveur général et de payeur. *Des trésoriers-payeurs généraux.* **3.** Personne qui a la charge d'un trésor (sens I, 6). – De *trésor.*

tressaillement [tresajmɑ̃] n. m. Fait de tressaillir. Syn. frémissement. – De *tressaillir.*

tressaillir [tresajir] v. intr. [28] Avoir une brusque secousse musculaire involontaire sous l'effet d'une émotion subite, d'une douleur physique. *Pas un muscle ne tressaillait sur son visage. Un pas dans le couloir la fit tressaillir d'espoir.* – De *tres-,* et *saillir.*

tressautement [tresotmɑ̃] n. m. Action, fait de tressauter; sursaut. – De *tressauter.*

tressauter [tresote] v. intr. [1] **1.** Tressaillir fortement, sursauter, sous l'effet de la surprise. **2.** Être secoué par des cahots. *La voiture tressautait sur la piste.* – De *tres-,* et *sauter.*

tresse [tʀɛs] n. f. **1.** Forme donnée aux cheveux partagés en mèches qu'on entrelace. Syn. natte. **2.** Cordon, galon fait de brins entrelacés. **3.** ARCHI Ornement formé de bandelettes entrelacées. – Probabl. lat. pop. **trichia*, gr. tardif *trikhia*, « filasse pour cordage », du gr. class. *thrix, trikhos*, « cheveu, crin ».

tresser [tʀese] v. tr. [1] Mettre, arranger en tresse. ▷ Loc. fig. *Tresser des couronnes à qqn*, faire son éloge. – De *tresse*.

tréteau [tʀeto] n. m. **1.** Pièce de bois ou de métal longue et étroite, portée le plus souvent sur quatre pieds, employée en général par paire pour soutenir une table, une estrade, etc. **2.** Plur. Vx Théâtre populaire ambulant (dont la scène était sommairement dressée). *Les tréteaux de Tabarin.* ▷ *Monter sur les tréteaux* : se faire comédien. – Du lat. *transtillum*, dimin. de *transtrum*, « traverse ».

treuil [tʀœj] n. m. TECH Appareil comprenant un tambour, entraîné par une manivelle ou un moteur et sur lequel s'enroule un câble, ce qui lui permet de lever ou de tirer une charge. *Treuil de pont roulant.* – Du lat. *torculum*, « pressoir », de *torquere*, « tordre ».

trêve [tʀɛv] n. f. **1.** Suspension temporaire des hostilités entre deux belligérants. ▷ HIST *Trêve de Dieu* : défense faite par l'Église aux seigneurs féodaux de guerroyer certains jours. – *Par ext.* Relâchement dans les conflits sociaux et politiques. ▷ *Trêve des confiseurs* : V. confiseur. **2.** Relâche dans le développement de comportements hostiles ou pénibles. *Faisons trêve à nos querelles.* ▷ *Sans trêve, sans trêve ni repos, sans paix ni trêve* : sans un instant de repos. ▷ Loc. *Trêve de* : assez de. *Trêve de plaisanteries.* – Frq. **treuwa*, « contrat, traité ».

trévire [tʀeviʀ] n. f. MAR Cordage en double utilisé pour faire rouler un corps cylindrique sur un plan incliné. – Déverbal de *trévirer*.

trévirer [tʀeviʀe] v. tr. [1] MAR Déplacer au moyen d'une, de trévire(s). – De *tres-*, et *virer*.

tri-. Préfixe, du lat. et du gr. *tri-*, « trois ».

tri [tʀi] n. m. Action de trier. *Le tri des lettres. Faire un tri.* – INFORM Classement des informations enregistrées sur un fichier. ▷ *Argument de tri* : ensemble des critères selon lesquels s'effectue un tri. – Déverbal de *trier*.

triacétate [tʀiasetat] n. m. CHIM Ester de l'acide acétique comportant trois fois le groupement CH_3COO. *Obtenus artificiellement, les triacétates de cellulose constituent des textiles fort employés.* – De *tri-*, et *acétate*.

triacide [tʀiasid] n. m. CHIM Composé qui possède trois fois la fonction acide. – De *tri-*, et *acide*.

triade [tʀiad] n. f. Didac. **1.** Ensemble de trois unités, de trois personnes. *Jupiter, Minerve et Junon forment la triade capitoline.* **2.** Dans la grande ode grecque, ensemble formé par la strophe, l'antistrophe et l'épode. – Bas lat. *trias, triadis*, gr. *trias, triados*.

triage [tʀiaʒ] n. m. **1.** Action de trier, de choisir. *Triage des lentilles, du linge.* **2.** Action de séparer (les éléments d'un ensemble) pour répartir, distribuer différemment. *Gare de triage.* – De *trier*.

triaire [tʀiɛʀ] n. m. ANTIQ ROM Fantassin du troisième rang dans la légion romaine. – Lat. *triarius*.

trial, als [tʀijal] n. SPORT **1.** n. m. Compétition de motos tout-terrain. **2.** n. f. Moto utilisée pour cette sorte de compétition, engin léger à suspension très souple. – Mot angl., « épreuve ».

trialcool [tʀialkɔl] ou **triol** [tʀiɔl] n. m. CHIM Corps possédant trois fois la fonction alcool (glycérol, par ex.). – De *tri-*, et *alcool*.

triangle [tʀi(j)ɑ̃gl] n. m. **1.** GEOM Polygone qui a trois côtés et par conséquent trois angles. *Triangle équilatéral*, isocèle*, rectangle*, scalène*, sphérique*. La surface d'un triangle est égale au demi-produit de sa base par sa hauteur.* – *En triangle* : en forme de triangle. ▷ ELECTR *Montage en triangle*, dans lequel les enroulements d'un système triphasé sont montés en série de façon à former un triangle (par oppos. à *montage en étoile*). ▷ *Par ext.* Forme ou espace triangulaire. *Un triangle de verdure.* – *Le Triangle austral* : petite constellation dont les étoiles principales dessinent un triangle. – Fig. *Le triangle du vaudeville* ou, absol., *le triangle* : le mari, la femme et l'amant (ou la maîtresse). **2.** *Le Triangle d'or*, région figurant un triangle, aux frontières du Laos, de la Thaïlande et de la Birmanie, ainsi nommée pour son importante production d'opium. **3.** MUS Instrument de percussion fait d'une baguette métallique pliée en forme de triangle (non fermé), que l'on frappe avec une tige de même métal. – Lat. *triangulum*.

triangulaire [tʀi(j)ɑ̃gylɛʀ] adj. **1.** Qui a la forme d'un triangle. *Muscles triangulaires du nez, des lèvres.* ▷ *Pyramide triangulaire*, dont la base est un triangle. **2.** Fig. Qui oppose trois éléments, trois groupes. *Élections triangulaires.* – Bas lat. *triangularis*.

triangulation [tʀi(j)ɑ̃gylasjɔ̃] n. f. TECH Ensemble des opérations géodésiques servant à établir le canevas géométrique d'un terrain (ou d'un vaste territoire) divisé en triangles, auxquels se rattache le levé topographique des détails. – Bas lat. *triangulatio*.

trianguler [tʀi(j)ɑ̃gyle] v. tr. [1] TECH Effectuer la triangulation de (un terrain, un pays). – De *triangulation*.

trias [tʀijas] n. m. GEOL Période géologique la plus ancienne et la plus courte du secondaire, qui doit son nom au fait que ses terrains présentent (en Allemagne) *trois* faciès caractéristiques (grès bigarré, calcaire coquillier et marnes irisées), et durant laquelle tous les grands types de végétaux et d'animaux sont présents, à l'exception des angiospermes et des oiseaux. – Mot lat., « triade ».

triasique [tʀijazik] adj. GEOL Relatif au trias. – De *trias*.

triathlon [tʀiatlɔ̃] n. m. SPORT Compétition comprenant trois épreuves différentes, généralement course à pied, course cycliste sur route et natation. – De *tri-*, d'ap. *pentathlon*.

triathlonien, enne [tʀjatlɔnjɛ̃, ɛn] n. SPORT Athlète pratiquant le triathlon. – De *triathlon*.

triatomique [tʀiatɔmik] adj. CHIM Se dit d'un corps dont la molécule renferme trois atomes. – De *tri-*, et *atomique*.

triazine [tʀiazin] n. f. CHIM Composé hétérocyclique hexagonal dont trois sommets sont occupés par un atome d'azote. – De *tri-*, et *az(ote)*, et *-ine*.

tribade [tʀibad] n. f. Vx ou litt. Homosexuelle. Syn. mod. lesbienne. – Lat. *tribas, tribadis*, mot gr. de *tribein*, « frotter ».

tribal, ale, aux [tʀibal, o] adj. SOCIOL Relatif à la tribu. *Luttes tribales*, entre des tribus (ou ethnies) différentes. – De *tribu*, p.-ê. d'ap. l'angl. *tribal*.

tribalisme [tʀibalism] n. m. SOCIOL Organisation en tribus. – De *tribal*.

triballe [tʀibal] n. m. TECH Tringle de fer servant à battre les peaux pour les assouplir. – Déverbal de *triballer*.

triballer [tʀibale] v. tr. [1] Assouplir avec la triballe. – De l'anc. v. *tribaler*. V. trimbaler.

tribart [tʀibaʀ] n. m. TECH ou Rég. Collier de bois qu'on met aux animaux pour les empêcher de traverser les haies. – Mot angevin, d'orig. incert.

tribasique [tʀibazik] adj. CHIM Qui possède trois fois la fonction base (hydroxyde d'aluminium, par ex.). – De *tri-*, et *basique*.

triblastique [tʀiblastik] adj. BIOL Syn. de *triploblastique*. – De *tri-*, et *-blaste*.

tribo-. Élément, du gr. *tribein*, « frotter ».

tribo-électricité ou **triboélectricité** [tʀiboelɛktʀisite] n. f. PHYS Électricité produite par frottement. – De *tribo-*, et *électricité*.

tribo-électrique ou **triboélectrique** [tʀiboelɛktʀik] adj. PHYS Relatif à la tribo-électricité ou qui la produit. – De *tribo-*, et *électrique*.

triboluminescence [tʀibolyminɛsɑ̃s] n. f. PHYS Luminescence produite par frottement, par choc. – De *tribo-*, et *luminescence*.

tribomètre [tʀibɔmɛtʀ] n. m. PHYS, TECH Instrument de mesure des forces de frottement. – De *tribo-*, et *-mètre*.

tribométrie [tʀibɔmetʀi] n. f. PHYS Mesure des forces de frottement. – De *tribo-*, et *-métrie*.

tribord [tʀibɔʀ] n. m. MAR Côté droit d'un navire (lorsqu'on regarde vers l'avant). Ant. bâbord. – Moyen néerl. *stierboord*, propr. « bord du gouvernail ».

tribordais [tʀibɔʀdɛ] n. m. MAR Matelot de la bordée de tribord. – De *tribord*.

triboulet [tʀibulɛ] n. m. TECH En orfèvrerie, instrument en forme de cône allongé, gradué, servant à mesurer ou à élargir le diamètre intérieur des bagues. – Anc. provenç. *tribolet*, de l'a. fr. *tribo(u)ler*, « agiter, secouer », du lat. *tribulare*.

tribu [tʀiby] n. f. **1.** ANTIQ Division primitive de la population dans la cité grecque et la cité romaine. (Peut-être ethnique à l'origine, la tribu est devenue une circonscription territoriale.) *La tribu romaine était divisée en dix curies.* **2.** Dans la Bible, chacun des groupes qui constituent le peuple d'Israël. (Les tribus d'Israël, au nombre de douze, sont issues des douze fils de Jacob.) **3.** Groupe présentant (généralement) une unité politique, linguistique et culturelle, dont les membres vivent le plus souvent sur un même territoire. *Tribus indiennes d'Amérique.* **4.** *Par anal.* Fam. Ensemble des membres d'une famille, d'un groupe nombreux. **5.** SC NAT Subdivision d'une famille d'animaux ou de végétaux. – Lat. *tribus*.

tribulation [tʀibylasjɔ̃] n. f. **1.** RELIG Tourment moral, épreuve. **2.** *Par ext.* (Plur.) Aventures, mésaventures. *Nous avons fini par arriver après toutes sortes de tribulations.* – Lat. imp. *tribulatio*, « tourment », du class. *tribulare*, propr. « battre avec le *tribulum* (herse à battre le blé) ».

tribun [tʀibœ̃] n. m. **1.** ANTIQ ROM *Tribun militaire* : officier qui commandait une légion. – *Tribun de la plèbe* ou, absol., *tribun* : chacun des magistrats civils, élus pour un an, chargés de défendre les droits et les intérêts des plébéiens romains. **2.** *Par anal.* Orateur éloquent, défenseur du peuple. *Une éloquence de tribun.* **3.** HIST En France, membre du Tribunat, assemblée délibérante créée par la Constitution de l'an VIII (1800) et supprimée en 1807. – Lat. *tribunus*.

tribunal, aux [tʀibynal, o] n. m. **1.** Lieu où la justice est rendue ; palais de justice. **2.** Juridiction d'un ou de plusieurs magistrats qui jugent ensemble ; ces magistrats. *Porter une affaire devant les tribunaux. Tribunaux administratifs, judiciaires.* ▷ HIST *Tribunal révolutionnaire* : tribunal d'exception qui fonctionna à Paris de mars 1793 à mai 1795 et fut la princ. arme de la Terreur. (V. encycl. terreur). **3.** Fig., litt. Ce qui juge. *Le tribunal de la conscience. Le tribunal de l'histoire.* ▷ *Tribunal de Dieu* : justice de Dieu. – Mot lat., « estrade en demi-cercle où siégeaient les magistrats », de *tribunus*, « tribun ».

ENCYCL **Droit.** – L'organisation de la justice en France comprend essentiellement : des tribunaux judiciaires, compétents en matière de conflits entre personnes morales ou physiques (tribunaux d'instance et de grande instance, cours d'appel) ou de répression des contraventions, délits et crimes (tribunaux de police, tribunaux correctionnels, cours d'assises) ; des juridictions administratives (tribunaux administratifs, Conseil d'État), compétents dans les actions en justice où une collectivité publique (État) est partie. Les conflits de compétence entre l'ordre judiciaire et l'ordre administratif sont réglés par le tribunal des conflits. Il existe aussi divers tribunaux spécialisés : conseils de prud'hommes, tribunaux de commerce (composés de commerçants élus), tribunaux militaires, tribunaux maritimes. La Cour de cassation et le Conseil d'État constituent dans l'ordre judiciaire et dans l'ordre administratif les instances suprêmes. La Cour des comptes exerce sa compétence dans le domaine des comptes publics.

tribunat [tʀibyna] n. m. **1.** ANTIQ ROM Charge de tribun ; exercice de cette charge, sa durée. **2.** HIST *Le Tribunat* : assemblée délibérante créée par la Constitution de l'an VIII (1800) et supprimée en 1807. – Lat. *tribunatus*, de *tribunus*, « tribun ».

tribune [tʀibyn] n. f. **I. 1.** Emplacement surélevé, réservé à certaines personnes, dans les églises ou les salles d'assemblées publiques. *Tribune officielle.* **2.** (Plur.) Dans un stade, un champ de courses, etc., gradins généralement couverts réservés aux spectateurs. **3.** Galerie située au-dessous du triforium dans une église. ▷ *Tribune d'orgue* : grande galerie où est placé le buffet d'orgue dans une église. **II. 1.** Estrade d'où parle un orateur (dans une assemblée délibérante notam.). *Monter à la tribune de la Chambre.* ▷ *L'éloquence de la tribune*, propre aux débats parlementaires, politiques. **2.** *Par anal.* Rubrique d'un journal, émission de radio, de télévision dans laquelle on s'adresse au public. *Tribune libre.* – Lat. médiév. *tribuna*, du class. *tribunal*.

tribunitien, enne [tʀibynisjɛ̃, ɛn] adj. **1.** ANTIQ ROM Relatif au tribunat. *Puissance tribunitienne.* **2.** Litt. Qui appartient au tribun, à l'orateur. *Éloquence tribunitienne.* – Bas lat. *tribunitius*.

tribut [tʀiby] n. m. **1.** Anc. Redevance payée par un peuple vaincu au vainqueur, comme marque de dépendance. – Litt. Contribution, impôt. **2.** Fig. Ce qu'on est obligé d'accorder, de souffrir, de faire. *Payer un lourd tribut à son pays, à une cause.* ▷ *Payer le tribut à la nature* : mourir. – Lat. *tributum*, « impôt, taxe ».

tributaire [tʀibytɛʀ] adj. Qui paye un tribut. ▷ Par ext. *Tributaire de* : dépendant de. *La récolte est tributaire de l'ensoleillement.* – *Ce paralytique est tributaire de son entourage.* ▷ GEOGR *Fleuve tributaire d'une mer*, qui s'y jette. – Lat. *tributarius*.

tric ou **trick** [tʀik] n. m. JEU Vieilli Au bridge et au whist, levée gagnante. – Angl. *trick*, « ruse, stratagème », du norm. *trikier*.

tricalcique [tʀikalsik] adj. CHIM Dont la molécule contient trois atomes de calcium. *Phosphate tricalcique* $Ca_3(PO_4)_2$. – De *tri-*, et *calcique*.

tricard, arde [tʀikaʀ, aʀd] n. Arg. Interdit de séjour. – De *trique*, sens 2.

tricennal, ale, aux [tʀisenal, o] adj. Didac. D'une durée de trente ans. – Bas lat. *tricennalis*.

tricentenaire [tʀisɑ̃tnɛʀ] n. m. et adj. Troisième centenaire. ▷ adj. Qui a trois cents ans. *Un monument tricentenaire.* – De *tri-*, et *centenaire*.

tricéphale [tʀisefal] adj. Didac. Qui a trois têtes. *Cerbère était un monstre tricéphale.* – Gr. *triképhalos*.

triceps [tʀisɛps] adj. et n. m. ANAT Se dit d'un muscle ayant trois groupes de faisceaux musculaires. – n. m. *Triceps brachial, crural.* – Mot lat., « à trois têtes, triple ».

tricératops [tʀiseʀatɔps] n. m. PALEONT Reptile dinosaure du crétacé supérieur (genre *Triceratops*) long de

7 m, pourvu d'une corne nasale et de deux cornes frontales. – De *tri-*, gr. *keras, keratos*, «corne», et *ôps*, «face».

trich(o)-. Élément, du gr. *thrix, trikhos*, «poil, cheveu».

triche [tʀiʃ] n. f. Fam. (Seulement avec l'article déf. sing.) Action de tricher, de tromper. *C'est de la triche.* – Déverbal de *tricher*.

tricher [tʀiʃe] v. intr. [1] **1.** Agir d'une manière déloyale pour gagner, réussir. *Tricher au jeu. Tricher à un examen.* **2.** Tromper, mentir (à propos de qqch). *Elle triche sur son âge.* **3.** Dissimuler habilement un défaut (de symétrie, de dimension, etc.) dans un ouvrage. – Du lat. pop. **triccare*, class. *tricari*, «chicaner».

tricherie [tʀiʃʀi] n. f. Action de tricher; tromperie. *Assez de tricheries!* – De *tricher*.

tricheur, euse [tʀiʃœʀ, øz] n. Personne qui triche, qui a l'habitude de tricher. – De *tricher*.

trichinal, ale, aux [tʀikinal; tʀiʃinal, o] ou **trichineux, euse** [tʀikinø, øz] adj. Didac. Relatif à la trichine. – De *trichine*.

trichine [tʀikin; tʀiʃin] n. f. Didac. Petit ver nématode *(Trichinella spiralis)* long de 1,5 mm (mâle) à 3,5 mm (femelle), qui se développe dans l'intestin de nombreux mammifères, notam. de l'homme et du porc, et qui gagne ensuite les muscles. – Lat. mod. *trichina*, du gr. *trikhinos*, «fait de poils».

trichiné, ée [tʀikine; tʀiʃine] adj. Didac. Envahi par les trichines. – De *trichine*.

trichinose [tʀikinoz; tʀiʃinoz] n. f. MED Maladie parasitaire due à une trichine, provoquée par l'ingestion de viande de porc trichinée, se manifestant par des troubles digestifs, un œdème, des douleurs musculaires et de la fièvre. – De *trichine*, et *-ose* 2.

trichite [tʀikit; tʀiʃit] n. f. TECH Fibre minérale constituée de fils très fins, monocristaux dont la résistance à la rupture est de 5 à 10 fois plus élevée que celle des aciers. – Du gr. *trikhitis*, «chevelu».

trichloréthylène [tʀiklɔʀetilɛn] n. m. CHIM Composé chloré dérivé de l'éthylène, liquide incolore et volatil utilisé comme solvant (en partic. pour le nettoyage à sec). – De *tri-*, *chlore*, et *éthylène*.

trichlorure [tʀiklɔʀyʀ] n. m. CHIM Composé dont la molécule contient trois atomes de chlore. – De *tri-*, et *chlorure*.

tricho-. V. trich(o)-.

trichocéphale [tʀikosefal] n. m. MED Ver nématode (*Trichocephalus hominis*), long de 4 cm (mâle) à 5 cm (femelle), caractérisé par un rétrécissement de sa région antérieure, et qui vit dans le cæcum, l'appendice ou le côlon de l'homme. – De *tricho-*, et *-céphale*.

trichocéphalose [tʀikosefaloz] n. f. MED Maladie provoquée par les trichocéphales, caractérisée par divers troubles digestifs et nerveux. – De *trichocéphale*, et *-ose* 2.

trichologie [tʀikolɔʒi] n. f. Didac. Étude des cheveux et des poils. – De *tricho-*, et *-logie*.

tricholome [tʀikolom] n. m. BOT Champignon basidiomycète (genre *Tricholoma*, nombr. espèces), dont le carpophore porte des lamelles blanches décurrentes. *Certaines espèces sont comestibles, d'autres toxiques.* – De *tricho-*, et du gr. *lôma*, «frange».

trichoma [tʀikɔma] ou **trichome** [tʀikom] n. m. MED Enchevêtrement des cheveux dû à la malpropreté. (Un feutrage s'effectue, qui renferme saletés et parasites.) – Gr. *trikhôma*, «touffe de poils».

trichomonas [tʀikɔmɔnas] n. m. BIOL Protozoaire flagellé (genre *Trichomonas*) ayant de 3 à 6 flagelles et une membrane ondulante, parasite des cavités naturelles chez l'homme. – De *tricho-*, et du gr. *monas*, «unité».

trichophytie [tʀikofiti] n. f. MED Maladie causée par le trichophyton. – De *trichophyton*.

trichophyton [tʀikɔfitɔ̃] n. m. MED Champignon ascomycète (genre *Trichophyton*), parasite de l'homme, provoquant une sorte de teigne pouvant toucher les cheveux, les poils, les ongles et la peau. – Lat. sav., du gr.; cf. *tricho-*, et *-phyte*.

trichoptères [tʀikɔptɛʀ] n. m. pl. ENTOM Ordre d'insectes comprenant les phryganes. - Sing. *Un trichoptère.* – De *tricho-*, et *-ptère*.

trichrome [tʀikʀom] adj. TECH Relatif à la trichromie; obtenu par trichromie. – Gr. *trikhrômos*.

trichromie [tʀikʀɔmi] n. f. TECH Procédé de reproduction en couleurs à partir des trois couleurs primaires. – De *tri-*, et *-chromie*.

trick. V. tric.

triclinique [tʀiklinik] adj. MINER Se dit de l'un des systèmes cristallins ne présentant aucun axe de symétrie. ▷ *Maille triclinique* : prisme constitué de six faces égales, en forme de parallélogramme. – Du gr. *triklinos*, «à trois couches, à trois lits».

triclinium [tʀiklinjɔm] n. m. ANTIQ ROM Salle à manger comportant trois lits (sur lesquels on s'allongeait pour prendre les repas), placés à angle droit autour d'une table. – Mot lat. d'orig. gr., propr. «lit de table pour trois».

tricoises [tʀikwaz] n. f. pl. TECH Anc. Tenailles de maréchal-ferrant. – Altér. de *turcoise*, propr. «(tenailles) turques».

tricolore [tʀikɔlɔʀ] adj. (et n.) **1.** Qui est de trois couleurs. **2.** *Par ext.* Qui porte les trois couleurs nationales (bleu, blanc, rouge) adoptées par les Français depuis 1789. *Drapeau tricolore.* ▷ (Dans le journalisme sportif.) Français. ▷ Subst. *Les tricolores ont gagné le match.* – Lat. *tricolor*.

tricorne [tʀikɔʀn] adj. et n. m. **1.** adj. Vx Qui a trois cornes ou trois pointes. **2.** n. m. Chapeau dont les bords repliés forment trois cornes. – Lat. *tricornis*.

tricot [tʀiko] n. m. **1.** Action de tricoter, d'exécuter avec des aiguilles spéciales un ouvrage en une matière textile disposée en mailles. *Faire du tricot.* **2.** Tissu de mailles, fait à la main ou au métier. *Une écharpe en tricot.* **3.** Vêtement (veste, chandail) tricoté. *Un tricot chaud.* - Maillot (sens 3). *Tricot de marin. Tricot de peau.* – Déverbal de *tricoter*.

tricotage [tʀikɔtaʒ] n. m. Action, manière de tricoter. – De *tricoter*.

tricoter [tʀikɔte] v. [1] **I.** v. tr. **1.** Confectionner au tricot. *Tricoter un chandail.* **2.** Fig. (Par attract. de *triquer*.) Pop., vieilli *Tricoter les côtes de qqn*, le battre. **II.** v. intr. **1.** Exécuter un tricot. *Tricoter à la main, à la machine. Aiguilles à tricoter.* **2.** Fam. *Tricoter (des jambes, des gambettes)* : courir, ou pédaler à toute vitesse. – De l'a. fr. *tricote, triquot*, «bâton»; frq **strikan*, «caresser, frotter».

tricotets [tʀikɔtɛ] n. m. pl. Anc. Danse sur un rythme vif et gai. - Musique sur laquelle on la dansait. – De *tricoter*.

tricoteur, euse [tʀikɔtœʀ, øz] n. **1.** Personne qui tricote. ▷ HIST *Les Tricoteuses* : femmes du peuple qui, sous la Révolution, assistaient en tricotant aux séances de la Convention. **2.** n. f. Table à ouvrage aménagée pour le tricot. ▷ TECH Machine à tricoter. – De *tricoter*.

trictrac [tʀiktʀak] n. m. Jeu dans lequel on fait avancer, selon les dés amenés, des pions sur une table à deux compartiments portant 24 cases en forme de flèches de deux couleurs, opposées pointe à pointe. – Cette table elle-même. – Onomat.

tricuspide [trikyspid] adj. SC NAT Qui comporte trois pointes. ▷ ANAT *Valvule tricuspide*, qui fait communiquer le ventricule droit et l'oreillette droite du cœur. – Lat. *tricuspis, tricuspidis*.

tricycle [trisikl] n. m. Cycle à trois roues. *Tricycle d'enfant, de livreur*. – De *tri-*, et *cycle*.

tridacne [tridakn] n. m. ZOOL Mollusque lamellibranche (genre *Tridacna*) de l'océan Indien et de l'océan Pacifique dont le bénitier* est une espèce géante. – Lat. d'orig. gr. *tridacna*, propr. « à mordre trois fois », parce qu'il est impossible de le manger en moins de trois bouchées.

tridactyle [tridaktil] adj. Didac. Qui a trois doigts. *Mouette tridactyle*. – Gr. *tridaktulos*.

trident [tridɑ̃] n. m. **1.** Fourche à trois dents donnée pour sceptre à Neptune. **2.** AGRIC Outil (bêche, fourche, etc.) pourvu de trois dents. – PECHE Harpon à trois dents. – Lat. *tridens, tridentis*, « à trois dents ».

tridenté, ée [tridɑ̃te] adj. BOT Qui présente trois divisions en forme de dent. *Feuille tridentée*. – De *tri-*, et *denté*.

tridentin, ine [tridɑ̃tɛ̃, in] adj. De Trente, v. d'Italie. *Vénétie tridentine*. ▷ Du concile de Trente qui, au XVIe s., réforma profondément l'Église catholique. *Liturgie tridentine*. – Ital. *tridentino*.

tridi [tridi] n. m. HIST Le troisième jour de la décade dans le calendrier républicain. – De *tri-*, et du lat. *dies*, « jour ».

tridimensionnel, elle [tridimɑ̃sjɔnɛl] adj. Qui a trois dimensions. *L'espace euclidien est tridimensionnel*. – De *tri-*, et *dimensionnel*.

trièdre [trijɛdr] adj. et n. m. GEOM **1.** Qui a trois faces. **2.** *Angle trièdre* : figure formée par trois plans qui se coupent deux à deux. ▷ n. m. *Un trièdre. Trièdre trirectangle**. – De *tri-*, et du gr. *hedra*, « siège, base, face ».

triennal, ale, aux [trienal, o] adj. **1.** Qui dure trois ans. *Bail triennal*. – Qui est élu pour trois ans. **2.** Qui a lieu tous les trois ans. *Assolement triennal. Révision triennale du prix d'un loyer*. – Lat. *triennalis*.

trier [trije] v. tr. [2] **1.** Choisir, prendre parmi d'autres en laissant de côté ce qui ne convient pas. *Trier des grains, des lentilles*. ▷ Fig. *Trier sur le volet* : opérer une sélection avec une grande rigueur. **2.** Séparer pour répartir et regrouper. *Trier des papiers, du courrier. Trier des informations. Trier des wagons*. V. triage. Syn. classer. – Probabl. bas lat. *tritare*, « broyer », du class. *terere*, « frotter, broyer ».

triérarque [trierark] n. m. ANTIQ GR Commandant d'une trière. – Citoyen d'Athènes qui, étant donné sa fortune, était tenu d'armer une trière. – Gr. *triérarchos*, par le lat.

trière [trijɛr] n. f. ANTIQ GR Vaisseau de guerre comportant trois rangs de rameurs superposés. – Gr. *triêrês*, lat. *trieris*.

triergol [triɛrgɔl] n. m. ESP Propergol composé de trois ergols, utilisé en aéronautique. – De *tri-*, et *ergol*.

trieur, euse [trijœr, øz] n. **1.** Personne qui trie, effectue un triage. **2.** n. m. Appareil servant à trier (du minerai, des graines, etc.). **3.** n. f. Machine utilisée en mécanographie pour trier, classer les cartes perforées. – De *trier*.

trifide [trifid] adj. BOT Qui est fendu profondément en trois parties. – Lat. *trifidus*, de *findere*, « fendre ».

trifoliolé, ée [trifɔljɔle] adj. BOT Se dit des feuilles composées comportant trois folioles. – De *tri-*, et *foliole*.

triforium [trifɔrjɔm] n. m. ARCHI Dans une église, ensemble des baies par lesquelles la galerie placée au-dessus des bas-côtés s'ouvre sur l'intérieur de la nef. – Mot angl., empr. de l'a. fr. *trifoire*, « ouvrage ciselé », du lat. *transforare*, « percer à jour ».

trifouiller [trifuje] v. [1] Fam. **1.** v. tr. Remuer en tous sens (notam. pour chercher qqch). *Les chiens ont trifouillé la poubelle*. **2.** v. intr. Fouiller. *Le petit a trifouillé dans une boîte à couture*. Syn. farfouiller. – Crois. de *fouiller*, et de *tripoter*.

trige [triʒ] n. m. ANTIQ ROM Char à trois chevaux. – Lat. *triga*.

trigémellaire [triʒemɛllɛr] adj. MED Se dit d'une grossesse multiple, de laquelle naîtront des triplés. – De *tri-*, et *gémellaire*.

trigéminé, ée [triʒemine] adj. Didac. Composé de trois paires d'éléments. ▷ MED *Pouls trigéminé*, présentant à intervalles plus ou moins longs des séquences de trois pulsations. – De *tri-*, et *géminé*.

trigle [trigl] n. m. ICHTYOL Poisson (genre *Trigla*) dont les nombr. espèces sont cour. appelées *grondins* ou *rougets*. – Gr. *trigla*, « rouget ».

triglycéride [trigliserid] n. f. BIOCHIM Lipide formé par une molécule de glycérol estérifié par trois acides gras. *Les acides gras sont stockés dans l'organisme sous la forme de triglycérides*. – De *tri-*, et *glycéride*.

triglyphe [triglif] n. m. ARCHI Ornement de la frise dorique, formé d'une plaque décorée de deux glyphes et de deux demi-glyphes. – Lat. *triglyphus*, du gr. *gluphos*, « entaille ».

trigone [trigon] adj. et n. m. **1.** adj. Qui a trois angles. **2.** n. m. ANAT *Trigone cérébral* : formation en forme de lame triangulaire qui permet le passage de fibres nerveuses d'un hémisphère cérébral à l'autre. *Trigone vésical* : espace triangulaire dans la partie inférieure de la vessie. – Du lat., d'orig. gr., *trigonus*, « triangulaire ».

trigonelle [trigɔnɛl] n. f. BOT Plante herbacée (genre *Trigonella*, fam. papilionacées) des prés. *La trigonelle fenugrec fournit du fourrage*. – Lat. bot. *trigonella*, de *trigonus*, « triangulaire ».

trigonocéphale [trigɔnosefal] n. m. ZOOL Grand serpent venimeux voisin du crotale, brun rougeâtre (*Agkistrodon rhodostoma*), d'Asie et d'Amérique. – Lat. zool. *trigonocephalus*; de *trigone*, et *-céphale*.

trigonométrie [trigɔnometri] n. f. Branche des mathématiques ayant pour objet l'étude des triangles et des relations qui existent entre les angles et les côtés d'un triangle (fonctions circulaires ou lignes trigonométriques). ▷ *Trigonométrie hyperbolique* : extension de la trigonométrie aux angles dont la valeur est un nombre complexe. (Elle fait appel aux fonctions hyperboliques.) ▷ *Trigonométrie sphérique*, qui étudie la résolution des triangles sphériques. – Lat. scientif. *trigonometria*.
ENCYCL **Math.** – On utilise en trigonométrie un cercle de rayon unité parcouru dans le sens inverse des aiguilles d'une montre (cercle trigonométrique), ce qui permet de représenter les arcs par le même nombre que les angles. Les lignes trigonométriques les plus utilisées sont le sinus, le cosinus et la tangente. De nombreuses formules permettent le calcul des valeurs des fonctions trigonométriques. Elles permettent de résoudre un triangle, c.-à-d. de déterminer tous ses éléments, à partir de quelques-uns d'entre eux, convenablement choisis.

trigonométrique [trigɔnometrik] adj. MATH Propre à la trigonométrie. *Ligne trigonométrique* : chacune des fonctions circulaires (cosinus, sinus, tangente, cotangente, sécante, cosécante) utilisées en trigonométrie. ▷ *Sens trigonométrique* : sens inverse de celui des aiguilles d'une montre. – De *trigonométrie*.

trijumeau [tʀiʒymo] adj. et n. m. *Nerf trijumeau :* nerf pair formant la 5e paire crânienne qui se divise en trois branches, innervant l'œil et les deux maxillaires. – n. m. *Le trijumeau.* – De *tri-*, et *jumeau.*

trilatéral, ale, aux [tʀilateʀal, o] adj. Qui comporte, réunit trois parties. *Accords trilatéraux.* – De *tri-*, et *latéral.*

trilingue [tʀilɛ̃g] adj. **1.** Qui est en trois langues. *Notice trilingue.* **2.** Qui parle trois langues. – De *tri-*, et du lat. *lingua,* « langue ».

trilit(t)ère [tʀilitɛʀ] adj. LING *Racine trilitère,* qui comporte trois consonnes servant de support aux éléments vocaliques. ▷ Par ext. *Les langues sémitiques sont trilitères.* – De *tri-*, et du lat. *littera,* « lettre ».

trille [tʀij] n. m. MUS Ornement consistant à produire une alternance rapide entre deux notes voisines. ▷ Son analogue à cet ornement musical. *Trilles d'un rossignol.* – Ital. *trillo,* onomat.

triller [tʀije] v. [1] Litt. **1.** v. tr. Orner de trilles. **2.** v. intr. Produire un trille. – De *trille.*

trillion [tʀiljɔ̃] n. m. Un million à la puissance 3, soit un milliard de milliards. (Avant 1948, on appelait *trillion* un million de millions.) – De *tri-*, sur le modèle de *million.*

trilobé, ée [tʀilɔbe] adj. **1.** BOT Qui a trois lobes. *Feuille trilobée.* **2.** ARCHI À trois lobes. *Arcature trilobée,* qui présente une suite d'arcs en forme de trèfle. Syn. tréflé. – De *tri-*, et *lobé.*

trilobites [tʀilɔbit] n. m. pl. PALEONT Classe d'arthropodes primitifs fossiles dont le corps, ovale, aplati et protégé par une cuticule très épaisse, était divisé en un lobe axial et deux lobes pleuraux. *Les trilobites peuplèrent les mers, du cambrien inférieur au permien moyen.* – Sing. *Un trilobite.* – Lat. mod. *trilobites.*

triloculaire [tʀilɔkylɛʀ] adj. SC NAT Divisé en trois loges. – De *tri-*, et du lat. *loculus,* « loge ».

trilogie [tʀilɔʒi] n. f. **1.** ANTIQ GR Ensemble de trois tragédies dont les sujets se font suite et que l'on présentait aux concours dramatiques (ex. : l'*Orestie* d'Eschyle). *La trilogie était toujours accompagnée d'une comédie avec laquelle elle formait une tétralogie.* **2.** *Par anal.* Ensemble de trois œuvres dont les sujets se font suite. *La trilogie romanesque de Vallès.* **3.** MED Réunion de trois symptômes. *Trilogie de Fallot :* malformation cardiaque congénitale, auj. opérable, associant un rétrécissement pulmonaire, une communication interauriculaire et une hypertrophie ventriculaire droite, qui s'accompagnent d'une cyanose. Syn. maladie bleue. – Gr. *trilogia.*

trimaran [tʀimaʀɑ̃] n. m. MAR Embarcation comportant une coque centrale reliée par des bras à deux flotteurs latéraux. *Trimaran à voile.* – De *tri-*, et *catamaran.*

trimard [tʀimaʀ] n. m. Arg., vieilli Chemin, route. – Probabl. de *trimer*

trimarder [tʀimaʀde] v. [1] v. intr. Arg., vieilli Vagabonder. ▷ v. tr. Coltiner (qqch) sur les chemins. – De *trimard.*

trimardeur, euse [tʀimaʀdœʀ, øz] n. **1.** n. m. Arg., vieilli Vagabond, nomade. – Anc. Ouvrier qui allait de place en place pour chercher du travail. **2.** n. f. Prostituée qui racole dans la rue. – De *trimarder.*

trimbalage, trimballage [tʀɛ̃balaʒ] ou **trimbalement, trimballement** [tʀɛ̃balmɑ̃] n. m. Fam. Fait de trimbaler. – De *trimballer.*

trimbaler ou **trimballer** [tʀɛ̃bale] v. tr. [1] Fam. Traîner, porter partout avec soi. *Un représentant qui trimbale sa boîte d'échantillons.* ▷ v. pron. *Il se trimbale partout avec sa mère.* ▷ Pop. *Qu'est-ce qu'il trimbale ! :* qu'il est bête ! – Probablement var., d'ap. *baller,* de l'a. fr. *triboler,* altér. de *tribaler,*« agiter », du lat. *tribulare.*

trimer [tʀime] v. intr. [1] Fam. Travailler durement. *Il a trimé tout l'après-midi, à couper du bois. Il s'enrichit à nous faire trimer.* – P.-ê. altér. de l'a. fr. *trumer,* « courir », de *trumel,* « mollet ».

trimère [tʀimɛʀ] adj. BIOL Constitué de trois parties. *Molécule, organe trimère.* – Gr. *trimerês,* de *meros,* « partie ».

trimestre [tʀimɛstʀ] n. m. **1.** Période de trois mois. *Loyer payable par trimestre.* **2.** Somme que l'on paye ou que l'on reçoit tous les trois mois. *Il n'a pas encore touché le premier trimestre de sa bourse.* – Lat. *trimestris,* de *mensis,* « mois ».

trimestriel, elle [tʀimɛstʀijɛl] adj. **1.** Qui dure trois mois. **2.** Qui a lieu, qui paraît tous les trois mois. *Bulletin trimestriel. Revue trimestrielle.* – De *trimestre.*

trimestriellement [tʀimɛstʀijɛlmɑ̃] adv. Tous les trimestres. – De *trimestriel.*

trimètre [tʀimɛtʀ] n. m. En prosodie ancienne, vers composé de trois mètres. *Trimètre iambique.* – Lat., d'orig. gr., *trimetrus.*

trimmer [tʀimœʀ] n. m. (Anglicisme) **1.** PECHE Flotteur circulaire plat comportant une gorge dans laquelle s'enroule la ligne. **2.** ELECTR Petit condensateur d'appoint. – Mot angl., de *to trim,* « équiper, arrimer ».

trimoteur [tʀimɔtœʀ] n. m. Avion à trois moteurs. – De *tri-*, et *moteur.*

trinervé, ée [tʀinɛʀve] adj. BOT Qui a trois nervures. *Feuille trinervée.* – De *tri-*, et rad. de *nervure.*

tringle [tʀɛ̃gl] n. f. **1.** Tige, généralement métallique, qui sert à soutenir (un rideau, des cintres, etc.). *Tringle à rideau.* ▷ Élément d'un mécanisme. *Tringle de commande.* **2.** ARCHI Moulure plate à la partie inférieure du triglyphe dorique. – Néerl. *tingel*; altér. de l'a. fr. *tingle.*

tringler [tʀɛ̃gle] v. tr. [1] **1.** TECH *Tringler du bois, du tissu,* tracer sur sa surface une ligne droite au moyen d'une cordelette tendue et enduite de craie. **2.** Vulg. Posséder sexuellement. – De *tringle.*

tringlot ou **trainglot** [tʀɛ̃glo] n. m. Fam. Soldat du train (sens I, 1). – De *train,* par attract. plaisante de *tringle,* (sens arg.) « fusil ».

trinidadien, enne [tʀinidadjɛ̃, ɛn] adj. et n. De Trinité-et-Tobago. ▷ Subst. *Un(e) Trinidadien(ne).* – De *Trinidad,* « Trinité ».

trinitaire [tʀinitɛʀ] adj. THEOL Qui a rapport à la Trinité. ▷ Subst. Religieux de l'ordre de la Très Sainte-Trinité, fondé par Jean de Matha et Félix de Valois au XIIe s. pour racheter les chrétiens captifs des infidèles. – Religieuse de l'une des congrégations de la Sainte-Trinité. – De *trinité.*

trinité [tʀinite] n. f. **1.** THEOL (Avec une majuscule.) Dans la doctrine chrétienne, union de trois personnes distinctes qui ne forment cependant qu'un seul et même Dieu : le Père, le Fils et le Saint Esprit. *La sainte Trinité.* ▷ *Par ext.* Groupe de trois divinités, de trois entités ou personnes sacralisées. **2.** *La Sainte-Trinité :* la fête célébrée le premier dimanche après la Pentecôte. – Loc. fam. *À Pâques ou à la Trinité :* à une date bien incertaine (et peut-être jamais). – Lat. ecclés. *trinitas,* de *trinus,* « triple ».

trinitré, ée [tʀinitʀe] adj. CHIM Se dit d'un composé renfermant trois fois le radical NO_2. – De *tri-*, et *nitré.*

trinitrine [tʀinitʀin] n. f. PHARM Forme sous laquelle la nitroglycérine est utilisée en solution alcoolique dans le traitement de l'angine de poitrine. – De *trinitré,* et *glycérine.*

trinitrotoluène [tʀinitʀotɔlɥɛn] n. m. TECH Explosif brisant de grande puissance, dérivé nitré du toluène.

(Abrév. : T.N.T. ou TNT). Syn. tolite. – De *trinitré*, et *toluène*.

trinôme [tʀinom] n. m. MATH Polynôme à trois termes. – De *tri-*, d'ap. *binôme*.

trinquer [tʀɛ̃ke] v. intr. [1] **1.** Boire (avec qqn, avec d'autres) après avoir choqué les verres en formulant des souhaits. *Lever son verre pour trinquer.* **2.** Fam. et vieilli Boire avec excès. **3.** Pop. Subir de graves préjudices ou désagréments. *Les parents boivent, les enfants trinquent* (slogan antialcoolique). – All. *trinken*, « boire ».

trinquette [tʀɛ̃kɛt] n. f. MAR Voile d'avant triangulaire qui est gréée en arrière du foc. *Les cotres portent foc et trinquette.* – Ital. *trinchetto*, « voile triangulaire ».

trinqueur, euse [tʀɛ̃kœʀ, øz] n. Vieilli Personne qui a l'habitude de boire beaucoup. – De *trinquer*.

trio [tʀijo] n. m. **1.** MUS Morceau composé pour trois voix ou trois instruments. *Les trios de Haydn.* **2.** Formation de trois musiciens. **3.** Plaisant Groupe de trois personnes. *Ces enfants formaient un inséparable trio.* – Mot ital.

triode [tʀiɔd] n. f. ELECTR Tube électronique à trois électrodes (une anode, une cathode et une grille de commande) utilisé pour amplifier un signal. (On la remplace généralement auj. par un transistor.) – De *tri-*, et *-ode*, d'ap. *électrode*.

triol. V. trialcool.

triolet [tʀijɔlɛ] n. m. **1.** LITTER Petit poème de huit vers, sur deux rimes, dans lequel le premier, le quatrième et le septième vers sont identiques. *Les triolets de Guillaume de Machault.* **2.** MUS Cellule rythmique divisant un temps en trois parties égales. – Emploi métaph. de *triolet*, var. dial. de *trèfle*.

triomphal, ale, aux [tʀijɔ̃fal, o] adj. **1.** ANTIQ ROM Relatif au triomphe. *Couronne triomphale.* **2.** Qui constitue une réussite éclatante. *Une élection triomphale.* **3.** Entouré de manifestations d'enthousiasme. *Recevoir un accueil triomphal.* **4.** Triomphant (sens 2). *Un geste triomphal.* – Lat. *triumphalis*.

triomphalement [tʀijɔ̃falmɑ̃] adv. **1.** D'une manière digne d'un triomphe. **2.** (Souvent iron.) Avec un air triomphant. – De *triomphal*.

triomphalisme [tʀijɔ̃falism] n. m. Péjor. Attitude (individuelle ou collective) de ceux qui considèrent que leur action mérite les plus grandes louanges ou que leur position est sûrement la meilleure. – De *triomphal*.

triomphaliste [tʀijɔ̃falist] adj. Qui exprime, dénote le triomphalisme. – De *triomphalisme*.

triomphant, ante [tʀijɔ̃fɑ̃, ɑ̃t] adj. **1.** Victorieux. ▷ RELIG *L'Église triomphante* : les justes au paradis. **2.** Qui montre l'intense satisfaction que donne le succès. *Air triomphant.* Syn. triomphal. – Ppr. de *triompher*.

triomphateur, trice [tʀijɔ̃fatœʀ, tʀis] n. **1.** ANTIQ ROM Général à qui l'on rendait les honneurs du triomphe. **2.** Personne qui remporte un éclatant succès. *Leur équipe a été la grande triomphatrice aux jeux Olympiques.* – Lat. *triumphator*.

triomphe [tʀijɔ̃f] n. m. **1.** ANTIQ ROM Honneur rendu à un général après d'importants succès militaires. *Arc de triomphe.* ▷ Loc. mod. *Porter qqn en triomphe*, le porter au-dessus d'une foule pour le faire acclamer. **2.** Grande victoire (autre que militaire), succès éclatant (de qqn ou de qqch). *Triomphe d'un parti à une élection. « Le Triomphe de l'amour », pièce de Marivaux (1732).* ▷ *Le triomphe de... :* la manifestation la plus éclatante de... *C'est le triomphe de la médiocrité.* **3.** Grande joie provoquée par un succès. *Pousser un cri de triomphe.* ▷ Témoignage d'enthousiasme du public. *Ce film a remporté un triomphe inattendu.* ▷ Ce qui reçoit une vive approbation du public. *Son discours fut un triomphe.* – Lat. *triumphus*.

triompher [tʀijɔ̃fe] v. [1] **I.** v. tr. indir. *Triompher de :* l'emporter sur (un adversaire), se rendre maître de (une force contraire). Syn. vaincre, battre. *Triompher d'une difficulté.* Syn. surmonter. **II.** v. intr. **1.** Remporter un grand succès. *Les Finlandais ont triomphé en ski de fond.* ▷ S'imposer avec éclat. *La vérité triomphera.* **2.** Exceller. *Rembrandt triomphe dans le clair-obscur.* **3.** Manifester une grande joie (avec une certaine vanité), chanter victoire. *Ne triomphe pas tant!* – Lat. *triumphare*.

trionix ou **trionyx** [tʀiɔniks] n. m. ZOOL Tortue d'eau douce (genre *Trionix*), à carapace molle, carnassière, répandue en Amérique du N., en Afrique et dans le S. de l'Asie. – De *tri-*, et du gr. *onux*, « ongle » (parce qu'il n'a d'ongles qu'à trois doigts).

triose [tʀioz] n. m. BIOCHIM Sucre simple (ose) comportant trois atomes de carbone. – De *tri-*, et *ose*.

trip [tʀip] n. m. (Anglicisme) Fam. État hallucinatoire dû à la prise d'une substance hallucinogène (en particulier L.S.D.). – *Par ext.* Voyage mental, période, phase propice à (qqch, une activité). *Ne le dérange pas, il est actuellement dans son trip solitaire.* ▷ Loc. fam. *C'est pas mon trip :* cela ne correspond pas à mes goûts. – Mot angl., « voyage ».

tripaille [tʀipaj] n. f. Fam. Amas de tripes, d'entrailles. – De *tripe*.

tripang. V. trépang.

triparti, ie [tʀipaʀti] ou **tripartite** [tʀipaʀtit] adj. Didac. **1.** Partagé en trois. **2.** Qui réunit trois parties contractantes. *Gouvernement tripartite. Pacte tripartite.* – Lat. *tripartitus*.

tripartisme [tʀipaʀtism] n. m. POLIT Système de gouvernement où le pouvoir est exercé par trois partis. – De *triparti*.

tripartition [tʀipaʀtisjɔ̃] n. f. Didac Division en trois parties. – Lat. *tripartitio*.

tripatouillage [tʀipatujaʒ] n. m. Fam. Action de tripatouiller. *Il y a eu des tripatouillages dans les statistiques.* – De *tripatouiller*.

tripatouiller [tʀipatuje] v. tr. [1] Fam. **1.** Faire subir à (certains documents) des modifications malhonnêtes, des changements destinés à tromper. *Tripatouiller des comptes, des textes.* Syn. trafiquer. ▷ *Absol.* Vivre d'expédients, d'affaires malhonnêtes. *Il tripatouille dans l'immobilier.* **2.** Manier sans précaution. Syn. tripoter. – Var. de *tripoter*.

tripatouilleur, euse [tʀipatujœʀ, øz] n. Fam. Personne qui tripatouille. – De *tripatouiller*.

tripe [tʀip] n. f. **1.** (Plur.) Boyaux d'un animal. ▷ *Spécial.* Estomac des ruminants préparé et cuisiné. *Tripes à la mode de Caen.* **2.** *Par ext.* Pop. Entrailles de l'homme. ▷ Loc. *Rendre tripes et boyaux :* vomir. ▷ Fig. *Ça vous prend aux tripes :* c'est très émouvant. ▷ *Avoir la tripe républicaine :* être viscéralement républicain. – Esp. *tripa* ou ital. *trippa*.

triperie [tʀipʀi] n. f. Boutique, commerce du tripier. – De *tripe*.

tripette [tʀipɛt] n. f. Loc. fam. *Ça ne vaut pas tripette :* ça ne vaut rien. – Dimin. de *tripe*.

triphasé, ée [tʀifaze] adj. ELECTR Se dit d'un système de trois grandeurs sinusoïdales (courant ou tension) de même fréquence et déphasées l'une par rapport à l'autre de $\frac{2\pi}{3}$ radians. (Une distribution triphasée comprend trois conducteurs de phase et un neutre.) ▷ *Appareil triphasé*, alimenté par un réseau triphasé. – De *tri-*, et *phase*.

triphosphate [tʀifɔsfat] adj. BIOCHIM *Adénosine triphosphate (A.T.P.)* : V. adénosine-phosphate. – De *tri-*, et *phosphate.*

triphtongue [tʀiftɔ̃g] n. f. PHON Séquence de trois voyelles (phonétiquement parlant et non graphiquement) réunies dans une même articulation. *Le mot «piaille» [pjaj] contient une triphtongue; le mot «eau» [o], bien que comportant trois voyelles, n'est pas une triphtongue.* – De *tri-*, d'ap. *diphtongue.*

tripier, ère [tʀipje, ɛʀ] n. Marchand(e) de tripes et abats divers. – De *tripe.*

triple adj. **1.** Qui comporte trois éléments. *Faire un triple nœud. Triple menton. Triple croche*.* ▷ CHIM *Liaison triple* (symbole : ≡) : ensemble de trois liaisons (une liaison axiale sigma et deux liaisons latérales pi) entre deux atomes. *La molécule de l'acétylène, de formule HC≡CH, comprend une triple liaison.* V. liaison. ▷ PHYS *Point triple* : point du diagramme thermodynamique correspondant à l'équilibre des trois phases solide, liquide et gazeuse, qui se trouve à l'intersection des courbes de fusion, de vaporisation et de sublimation. **2.** Trois fois plus grand. *Prendre une triple dose.* ▷ n. m. Quantité trois fois plus grande. *Six est le triple de deux.* **3.** Fam. *Triple idiot* : parfait idiot. ▷ *Au triple galop* : au grand galop.

1. triplé [tʀiple] n. m. **1.** TURF Pari sur la combinaison des trois premiers chevaux d'une course, dans un ordre quelconque. **2.** SPORT Série de trois victoires dans des épreuves importantes. – De *tripler.*

2. triplé. V. triplés.

1. triplement [tʀipləmɑ̃] adv. D'une manière triple. – De *triple.*

2. triplement [tʀipləmɑ̃] n. m. Fait de tripler, de devenir triple. – De *triple.*

tripler [tʀiple] v. [1] **1.** v. tr. Rendre trois fois plus grand. *Tripler une dose, une offre.* **2.** v. intr. Devenir trois fois plus grand. *Le prix de l'essence a triplé.* – De *triple.*

triplés, ées [tʀiple] n. pl. Enfants nés au nombre de trois d'un même accouchement. – (Sing.) Un de ces trois enfants. – De *tripler.*

triplet [tʀiplɛ] n. m. **1.** OPT Ensemble de trois lentilles. ▷ Ensemble de trois raies spectrales. **2.** MATH Groupe formé par trois éléments dont chacun appartient à un ensemble distinct. **3.** BIOCHIM Unité d'information, constitutive d'un nucléotide, formée par la combinaison de trois bases puriques ou pyrimidiques. *Les triplets, dits aussi codons, commandent l'assemblage des acides aminés en protéines.* – De *triple.*

triplette [tʀiplɛt] n. f. Équipe de trois joueurs (aux boules, à la pétanque). ▷ (Au football.) *Triplette centrale* : les trois joueurs qui jouent au centre de l'attaque (dans certains dispositifs tactiques). – De *triple.*

triploblastique [tʀiplɔblastik] adj. et n. m. ZOOL Se dit des métazoaires à trois feuillets cellulaires : ectoderme, mésoderme et endoderme. ▷ n. m. pl. *Tous les animaux, à l'exception des spongiaires, des cnidaires et des cténaires, diploblastiques, sont des triploblastiques.* – De *triple, blastoderme,* et *-ique.*

triploïde [tʀiplɔid] adj. et n. m. BIOL Se dit d'un être vivant dont les cellules contiennent 3n chromosomes. V. diploïde et haploïde. – Du gr. *triplous*, «triple», et de *-oïde.*

triplure [tʀiplyʀ] n. f. COUT Étoffe raidie d'apprêt que l'on glisse entre tissu et doublure. *Triplure des revers d'un veston.* – De *triple*, d'ap. *doublure.*

tripode [tʀipɔd] adj. MAR *Mât tripode* : mât soutenu par deux mâts plus petits formant arcs-boutants. – Gr. *tripous, tripodos*, «à trois pieds».

tripolaire [tʀipɔlɛʀ] adj. ELECTR Qui comprend trois pôles. – De *tri-*, et *polaire.*

tripoli [tʀipɔli] n. m. **1.** Roche siliceuse, variété de diatomite. **2.** Matière pulvérulente tirée de cette roche, employée pour le polissage des métaux et du verre. – De *Tripoli*, cap. de la Libye, autref. exportatrice de cette roche.

triporteur [tʀipɔʀtœʀ] n. m. Tricycle à pédales ou à moteur, muni d'une caisse à l'avant pour le transport des marchandises légères. – De *tri(cycle)*, et *porteur.*

tripot [tʀipo] n. m. Péjor. Maison de jeu. – Probablement de l'a. fr. *treper, triper*, «frapper du pied» (V. trépigner).

tripotage [tʀipɔtaʒ] n. m. Fam. Fait de tripoter. – Fig. Intrigue, opération louche. *Il y a eu des tripotages aux dernières élections.* – De *tripoter.*

tripotée [tʀipɔte] n. f. Fam. **1.** Volée de coups. *Je lui ai donné une sacrée tripotée.* **2.** Grand nombre. *Une tripotée d'enfants.* – Pp. fém. subst. de *tripoter.*

tripoter [tʀipɔte] v. [1] **I.** v. tr. Toucher, tâter sans cesse (d'une manière peu délicate, ou machinale). *Ne tripotez pas ces pêches! Il tripotait nerveusement son trousseau de clés.* ▷ Fam. Faire des attouchements indiscrets (à qqn), peloter. **II.** v. intr. Fam. **1.** Mettre les choses en désordre en les maniant en tous sens. Syn. farfouiller, trifouiller. **2.** Fig. Se livrer à des opérations et des combinaisons plus ou moins louches. *Il semble qu'elle ait tripoté dans l'import-export.* Syn. trafiquer. – De *tripot*, au sens anc., «intrigue».

tripoteur, euse [tʀipɔtœʀ, øz] n. Personne qui tripote, se livre à des tripotages. – De *tripoter.*

tripoux [tʀipu] n. m. pl. Rég. Plat auvergnat à base de tripes de mouton et de pieds de mouton. – De *tripe.*

triptyque [tʀiptik] n. m. **1.** BX-A Triple panneau peint ou sculpté, à deux volets exactement repliables sur le panneau central. *Les triptyques de Van der Weyden.* ▷ Fig. Œuvre (littéraire, musicale, etc.) en trois parties. **2.** DR COMM Document douanier en trois feuillets, délivré pour l'importation et la réexportation (notam. des automobiles). – Du gr. *triptukhos*, «plié en trois, triple».

trique [tʀik] n. f. **1.** Gros bâton court. *Il a reçu une volée de coups de trique.* – Fig. *Mener les gens à la trique.* ▷ *Sec comme un coup de trique* : très sec, très maigre. **2.** Arg. Interdiction de séjour. V. tricard. – Du frq. **strikan*, «frotter».

triqueballe [tʀikbal] n. m. Fardier à deux roues servant à transporter des charges longues et lourdes (troncs d'arbre, etc.).

trique-madame [tʀikmadam] n. f. inv. Rég. Orpin blanc (*Sedum album*). – De l'a. fr. *triper*, «danser, frapper du pied»; var., d'ap. *trique*, et de *madame.*

triquer [tʀike] v. tr. [1] **1.** Pop, vieilli Battre à coups de trique. **2.** Vulg. Être en érection. – De *trique.*

trirectangle [tʀiʀɛktɑ̃gl] adj. GEOM *Trièdre trirectangle*, qui a trois angles droits. – De *tri-*, et *rectangle.*

trirème [tʀiʀɛm] n. f. ANTIQ Vaisseau de guerre des Romains, des Carthaginois, à trois rangs de rames. – Lat. *triremis.*

trisaïeul, eule [tʀizajœl] n. Père, mère de l'arrière-grand-père, de l'arrière-grand-mère. – De *tri-*, et *aïeul*, d'ap. *bisaïeul.*

trisannuel, elle [tʀizanɥɛl] adj. Qui a lieu tous les trois ans. ▷ Qui dure trois ans. – De *tri-*, et *annuel*, d'ap. *bisannuel.*

trisecteur, trice [tʀisɛktœʀ, tʀis] adj. GEOM Qui divise en trois parties. – De *tri-*, et *secteur.*

trisection [tʀisɛksjɔ̃] n. f. GEOM *Trisection de l'angle* : division de l'angle en trois angles égaux. – De *tri-*, et *section.*

trismégiste [tʀismeʒist] adj. m. ANTIQ En Égypte, surnom donné par les Grecs au dieu Thot, patron des magiciens, qu'ils assimilèrent à Hermès. *Hermès trismégiste.* – Du gr. *tris,* «trois fois», et *megistos,* «très grand».

trismus [tʀismys] n. m. MED Contracture des muscles masticateurs observée partic. dans le tétanos. – Du gr. *trismos,* «grincement».

trisoc [tʀisɔk] n. m. Charrue à trois socs. – De *tri-,* et *soc.*

trisomie [tʀizɔmi] n. f. BIOL Anomalie génétique correspondant à la présence de trois chromosomes identiques au lieu d'une paire (cf. diploïde). *Trisomie 21* : syn. de *mongolisme.* – De *tri-,* et *(chromo)some.*

trisomique [tʀizɔmik] adj. et n. MED Se dit d'une personne ayant une trisomie 21; mongolien. – De *trisomie.*

1. trisser [tʀise] v. intr. [1] Crier, en parlant de l'hirondelle. – Du gr. *trizein,* «grincer»; lat. *trissare.*

2. trisser [tʀise] v. tr. [1] Rare Reprendre une troisième fois (un morceau, un air, une réplique). – Par ext. *Trisser un soliste,* lui faire reprendre son morceau une troisième fois. – De *tri-,* d'ap. *bisser.*

3. trisser [tʀise] v. intr. [1] Pop. Courir, se sauver très vite. (On dit plus cour. *se trisser.*) – De l'all. *stritzen,* anc. var. onomat. de *spritzen,* «jaillir».

triste [tʀist] adj. **I. 1.** (Personnes) Qui est dans un état d'abattement et d'insatisfaction dû à un chagrin, à des soucis. *L'enfant était triste de voir sa mère partir.* Syn. affligé, morose, sombre. Ant. gai, joyeux. ▷ Fam. *Triste comme la mort* : très triste. **2.** (Personnes) Qui est naturellement dans cet état. *Un enfant triste, qui ne rit jamais.* ▷ Subst. *Un(e) triste. Ce n'est pas un triste* : il aime s'amuser. **3.** Qui dénote la tristesse. *Un air, un sourire triste. Faire triste mine.* **4.** (Choses) Qui incite à la tristesse. *Une maison triste. Un temps triste.* ▷ Fam. *C'est pas triste* : se dit de qqch qui incite à rire, souvent par dérision. *Tu as vu comment elle était habillée? C'était pas triste.* **II. 1.** Qui fait de la peine; affligeant, pénible. *Il a eu une triste fin. C'est vraiment une triste histoire.* Syn. douloureux, navrant, tragique. *Il est arrivé dans un triste état.* Syn. mauvais, lamentable. **2.** Péjor. (Toujours devant le nom.) Qui suscite le mépris. *Un triste sire. Il a une triste réputation.* – Lat. *tristis.*

tristement [tʀistəmɑ̃] adv. **1.** En étant envahi par la tristesse. *Il se résolut tristement à la quitter.* **2.** D'une façon navrante, pénible. *Il est tristement célèbre.* – De *triste.*

tristesse [tʀistɛs] n. f. **1.** État d'une personne triste. Syn. abattement, mélancolie, peine; (fam.) cafard. Ant. gaieté, joie. *Une tristesse passagère, durable. Traits empreints de tristesse.* **2.** Événement qui rend triste, moment où l'on est triste. *Les petites tristesses de tous les jours.* **3.** Caractère de ce qui a l'air triste ou rend triste. *La tristesse d'un paysage.* – De *triste.*

tristounet, ette [tʀistunɛ, ɛt] adj. Fam. Un peu triste, guère réjouissant. *Mine tristounette.* – Dimin. de *triste.*

tris(s)yllabe, [tʀisil(l)ab] ou **tris(s)yllabique,** [tʀisil(l)abik] adj. Formé de trois syllabes. *Mot trisyllabe. Vers trisyllabiques.* ▷ n. m. *Un trisyllabe* ou *un trisyllabique.* – De *tri-,* et *syllabe.*

triticale [tʀitikal] n. m. AGRIC Hybride du blé et du seigle à très bon rendement dans les terrains pauvres de montagne. – Du lat. *triti(cium),* «blé», et *(se)cale,* «seigle».

tritium [tʀitjɔm] n. m. PHYS NUCL Isotope radioactif de l'hydrogène ^{3}H, de symbole T, dont le noyau contient trois nucléons (un proton et deux neutrons) et dont la fusion avec un noyau de deutérium conduit à un noyau d'hélium. – Du gr. *tritos,* «troisième», d'ap. *deutérium.*

1. triton [tʀitɔ̃] n. m. **I.** MYTH (Avec une majuscule.) Divinité marine à tête d'homme et à queue de poisson. **II.** ZOOL **1.** Amphibien urodèle (genre *Triturus*) proche des salamandres, qui vit près des eaux stagnantes. **2.** Mollusque gastéropode prosobranche (*Charonia tritonis*) dont la coquille était utilisée comme trompette de guerre. – Du lat. *Triton,* gr. *Tritôn,* n. du dieu marin, fils de Neptune.

2. triton [tʀitɔ̃] n. m. MUS Intervalle de trois tons. Syn. quarte augmentée. – Gr. *tritonon*; lat. médiév. *tritonum.*

3. triton [tʀitɔ̃] n. m. PHYS NUCL Noyau de tritium. – De *tritium,* d'ap. *électron.*

trituration [tʀityʀasjɔ̃] n. f. Action de triturer (sens 1). ▷ Broyage des aliments au cours de la mastication. – De *triturer.*

triturer [tʀityʀe] v. tr. [1] **1.** Broyer pour réduire en fines particules ou en pâte. *On préparait les onguents et les emplâtres en triturant diverses substances.* **2.** Vieilli Manier et malaxer à fond. Syn. pétrir. ▷ Mod. Manier et tâter brutalement, sans précaution. *Cesse de triturer ces fruits.* **3.** Fam. *Se triturer les méninges* : chercher désespérément une solution, se creuser la tête. – Bas lat. *triturare,* «battre (le blé)».

tritureuse [tʀityʀøz] n. f. TRAV PUBL Engin automoteur servant à incorporer dans un sol des matériaux d'apport. – De *triturer.*

triumvir [tʀijɔmviʀ] n. m. **1.** ANTIQ ROM Membre d'un collège administratif comprenant trois magistrats. ▷ *Spécial.* Membre d'un des deux triumvirats (V. triumvirat, sens I, 2). **2.** HIST Sous la Révolution, nom donné à Robespierre, Couthon et Saint-Just. – Mot lat., du génitif *trium virum,* «de trois hommes».

triumvirat [tʀijɔmviʀa] n. m. **I.** ANTIQ ROM **1.** Charge d'un triumvir; durée de ce mandat. **2.** Chacune des deux associations de trois personnalités politiques qui se partagèrent le pouvoir à Rome avant l'instauration de l'empire. *Pompée, César et Crassus formèrent en 60 av. J.-C. le premier triumvirat; Octavien, Antoine et Lépide le second (43 av. J.-C.).* **II.** *Par anal.* Union de trois personnes pour exercer le pouvoir ou une fonction quelconque. – Lat. *triumviratus.*

trivalent, ente [tʀivalɑ̃, ɑ̃t] adj. CHIM Qui a une valence triple. – De *tri-,* et *valence,* d'ap. *équivalent.*

trivalve [tʀivalv] adj. SC NAT Qui a trois valves. – De *tri-,* et *valve.*

trivial, ale, aux [tʀivjal, o] adj. **1.** Litt. Très commun, courant. *Objets triviaux.* ▷ (Abstrait) D'une simplicité et d'une évidence qui ne satisfont que les esprits peu instruits. *Notion triviale.* **2.** Cour. Grossier, malséant, extrêmement vulgaire. *Plaisanteries triviales.* – Lat. *trivialis,* «grossier, vulgaire», de *trivium,* «carrefour».

trivialement [tʀivjalmɑ̃] adv. **1.** Litt. De façon banale. **2.** De façon vulgaire. – De *trivial.*

trivialité [tʀivjalite] n. f. **1.** Litt. Caractère de ce qui est commun, banal. *La trivialité d'une argumentation.* ▷ *Par ext.* Parole, chose banale. **2.** Cour. Caractère de ce qui est choquant, vulgaire. *Il est d'une trivialité inadmissible.* ▷ *Par ext.* Parole triviale. – De *trivial.*

trivium [tʀivjɔm] n. m. Anc. Ensemble des trois arts libéraux (grammaire, rhétorique, dialectique). V. quadrivium. – Mot lat. médiév., en lat. class. «carrefour».

tr/min Symbole de *tour par minute* (unité de vitesse angulaire).

troc [tʀɔk] n. m. Échange d'objets, sans l'intermédiaire de la monnaie. *Faire du troc. Le troc est la forme primitive du commerce.* – Déverbal de *troquer.*

trocart [tʀɔkaʀ] n. m. CHIR Instrument comportant une canule qui, une fois introduite grâce à une pointe tranchante coulissante, permet de pratiquer des ponctions et des explorations d'endoscopie. – Altér. de *trois-quarts.*

trochaïque [tʀɔkaik] adj. METR ANC Composé de trochées. *Vers trochaïque.* – Gr. *trokhaïkos,* lat. *trochaicus.*

trochanter [tʀɔkɑ̃tɛʀ] n. m. **1.** ANAT *Grand trochanter et petit trochanter :* les deux apophyses de la partie supérieure du fémur. **2.** ZOOL Second article des appendices locomoteurs des arthropodes. – Gr. *trokhantêr,* «organe ou instrument pour courir», de *trokhazein,* «courir».

trochantérien, enne [tʀɔkɑ̃teʀjɛ̃, ɛn] adj. ANAT Relatif au grand trochanter. – De *trochanter.*

troche [tʀɔʃ] ou **troque** [tʀɔk] n. f. ZOOL Mollusque gastéropode prosobranche dont de nombreuses espèces (*Trochus niloticus,* par ex.) ont une belle coquille colorée et nacrée utilisée pour fabriquer des bijoux. – Lat. *trochus,* gr. *trokhos,* «roue».

1. trochée [tʀɔʃe] n. f. ARBOR Syn. de *cépée.* – De l'a. fr. *troche,* «touffe, grappe».

2. trochée [tʀɔʃe] n. m. METR ANC Pied de la métrique grecque ou latine composé de deux syllabes, une longue et une brève. Syn. chorée. – Du lat. *trochæus,* gr. *trokhaîos,* «propre à la course».

trochet [tʀɔʃɛ] n. m. BOT Groupe de fleurs ou de fruits en bouquet. – Dimin. de l'a. fr. *troche,* «touffe, grappe».

trochilidés [tʀɔkilide] n. m. pl. ORNITH Famille de petits oiseaux américains, au plumage coloré (colibris et oiseaux-mouches), qui se nourrissent de nectar et d'insectes. – Sing. *Un trochilidé.* – Du lat. zool. *trochilus,* «colibri».

trochin [tʀɔʃɛ̃] n. m. ANAT Petite tubérosité de l'extrémité supérieure de l'humérus. – Formé d'ap. *trochiter,* comme dimin.

trochiter [tʀɔkitɛʀ] n. m. ANAT Grosse tubérosité de l'extrémité supérieure de l'humérus située en arrière du trochin. – Var. arbitraire de *trochanter.*

trochlée [tʀɔkle] n. f. ANAT Articulation dont les surfaces, en forme de poulie, permettent une seule direction de mouvement. *Le coude, le genou sont des trochlées* (ou *articulations trochléennes*). – Lat. d'orig. gr. *trochlea,* «poulie».

troène [tʀɔɛn] n. m. Arbuste ornemental souvent taillé en haie (*Ligustrum vulgare,* fam. oléacées) à feuilles simples elliptiques, à fleurs blanches odorantes groupées en panicules, et à fruits noirs persistants. – Du frq. **trugil.*

troglodyte [tʀɔglɔdit] n. m. **1.** Personne qui vit dans une caverne, une grotte ou une excavation artificielle. *Les troglodytes du Sud tunisien.* **2.** ORNITH Petit oiseau passériforme brun (genre *Troglodytes*), aux ailes et à la queue courtes, marchant la queue relevée et construisant, à l'aide de mousse et de brindilles, un nid volumineux à ouverture latérale. – Lat. *troglodyta,* «habitant des cavernes», du gr. *trôglodutês,* de *trôglê,* «trou».

troglodytique [tʀɔglɔditik] adj. Propre aux troglodytes (sens 1), à leur habitat. *Les habitations troglodytiques de Touraine.* – De *troglodyte.*

trogne [tʀɔɲ] n. f. Fam. Visage plein et rubicond révélant le goût de la bonne chère. *Trogne enluminée d'un gros buveur.* ▷ *Par ext.* Visage. *Il a une bonne trogne,* un visage sympathique. – Gaul. **trugna,* «museau, groin».

trognon [tʀɔɲɔ̃] n. m. (et adj. inv.) **1.** Partie centrale, non comestible d'un fruit à pépins ou d'un légume. *Jeter un trognon de pomme. Trognon de chou.* ▷ Loc. fig., pop. *Jusqu'au trognon :* jusqu'au bout. **2.** Fam. Terme d'affection, désignant un enfant, une petite femme. ▷ adj. *Il est trognon,* charmant. – De l'a. fr. *estro(i)gner,* var. de *estronchier,* «élaguer», du lat. *truncare,* «tronquer».

trogoniformes [tʀɔgɔnifɔʀm] n. m. pl. ORNITH Ordre d'oiseaux tropicaux aux couleurs irisées, à longue queue, au bec court et fort. – Sing. *Un trogoniforme*– Du lat. zool *trogon,* altér. du gr. *trugôn,* «tourterelle», et de *-forme.*

troïka [tʀɔika] n. f. Traîneau russe tiré par trois chevaux attelés de front. ▷ Fig. Triumvirat politique (d'abord en U.R.S.S.). – Mot russe.

trois [tʀwa] adj. inv. et n. m. inv. **I.** adj. num. inv. **1.** (Cardinal) Deux plus un (3). *Les trois couleurs nationales. Midi moins trois (minutes). Trois cents. Trois mille.* ▷ *Deux ou trois, trois ou quatre :* très peu de. ▷ *Règle de trois :* opération qui permet de calculer l'un des quatre termes d'une proportion lorsqu'on connaît les trois autres. (Ainsi, pour obtenir un pourcentage à partir d'un rapport, $\frac{3}{28}$ par ex., on pose $\frac{x}{100}=\frac{3}{28}$ soit $x=\frac{300}{28}=10{,}714\,\%$.) **2.** (Ordinal) Troisième. *Page trois. Louis III.* – Ellipt. *Le trois juin.* **II.** n. m. inv. **1.** Le nombre trois. *Trois et dix font treize.* – Prov. *Jamais deux sans trois :* ce qui est arrivé déjà deux fois se reproduira. ▷ Chiffre représentant le nombre trois (3). *Mettez un trois à la place du deux.* ▷ Numéro trois. *Habiter au trois.* ▷ *Le trois :* le troisième jour du mois. **2.** Carte, face de dé ou côté de domino portant trois marques. *Le trois de pique.* – Lat. *tres.*

trois-deux [tʀwadø] n. m. inv. MUS Mesure à trois temps dont l'unité est la blanche.

trois-étoiles [tʀwazetwal] adj. inv. et n. m. inv. **1.** Sert à désigner, graphiquement, qqn qu'on ne veut pas nommer. *Mme ***.* **2.** *Hôtel, restaurant trois-étoiles* ou, absol., *un trois-étoiles :* hôtel, restaurant de grande qualité.

1. trois-huit [tʀwaɥit] n. m. inv. MUS Mesure à trois temps dont l'unité est la croche.

2. trois-huit [tʀwaɥit] n. m. pl. Système de répartition du travail d'une journée dans lequel trois équipes se relaient sans arrêt toutes les huit heures. *Faire les trois-huit.*

troisième [tʀwazjɛm] adj. et n. **I.** adj. num. ord. Dont le rang est marqué par le nombre 3. *Le troisième jour. La troisième fois. Monter au troisième étage* ou, ellipt., *au troisième.* ▷ *Passer la troisième vitesse* ou, ellipt., *la (en) troisième.* **II.** n. **1.** Personne, chose qui occupe la troisième place. *Il est arrivé le troisième.* **2.** n. f. Quatrième classe du premier cycle de l'enseignement secondaire. *Il entre en troisième.* – De *trois.*

troisièmement [tʀwazjɛmmɑ̃] adv. En troisième lieu. – De *troisième.*

trois-mâts [tʀwamɑ] n. m. inv. Navire à voiles à trois mâts.

trois-pièces [tʀwapjɛs] n. m. inv. V. pièce (sens B, 1 et 5).

trois-quarts [tʀwakaʀ] n. m. inv. **1.** Manteau court. **2.** MUS Petit violon d'enfant. **3.** SPORT Au rugby, chacun des quatre joueurs situés entre les demis et l'arrière.

trois-quatre [tʀwakatʀ] n. m. inv. MUS Mesure à trois temps dont l'unité est la noire.

trois-six [tʀwasis] n. m. inv. Rég. Alcool très fort. *Il faut ajouter trois mesures de trois-six à trois mesures d'eau pour obtenir six mesures d'eau-de-vie.*

troll [tʀɔl] n. m. Lutin des légendes scandinaves. – Mot scand.

trolley [tʀɔlɛ] n. m. **1.** Perche flexible fixée à un véhicule électrique, mettant en relation le moteur avec une ligne aérienne. **2.** Fam. Abrév. de *trolleybus.* – Mot angl., de *to troll,* «rouler».

trolleybus [tʀɔlɛbys] n. m. inv. Autobus à trolley. (Abrév. fam. : trolley). – De *trolley,* d'ap. *autobus, omnibus.*

trombe [tʀɔ̃b] n. f. **1.** METEO Cyclone caractérisé par la formation d'une colonne nébuleuse tourbillonnante et aspirante allant de la masse nuageuse à la mer. **2.** Cour. *Trombe d'eau :* averse très violente. **3.** (Par comp.) *En trombe :* très vite et brusquement. *Passer en trombe.* – Ital. *tromba,* propr. « trompe, canal d'une pompe ».

trombidion [tʀɔ̃bidjɔ̃] n. m. ZOOL Acarien terricole (genre *Trombidium*), de couleur rouge, dont les larves piquent l'homme et les animaux à sang chaud. (V. aoûtat.) – Lat. zool. *trombidium.*

trombine [tʀɔ̃bin] n. f. Pop. Visage, tête. *Il a une drôle de trombine.* – Probablement du rad. de *trompe.*

trombinoscope [tʀɔ̃binoskɔp] n. m. Fam. Document sur lequel est reproduit le portrait de chacun des membres d'un groupe, d'un comité. – Spécial. *Le Trombinoscope :* le répertoire des parlementaires et des membres du gouvernement illustré de leurs photographies. – De *trombine,* et *-scope.*

tromblon [tʀɔ̃blɔ̃] n. m. Ancienne arme à feu au canon évasé. ▷ Dispositif lance-grenades qu'on adaptait au fusil. – De l'ital. *trombone,* « grande trompette ».

trombone [tʀɔ̃bɔn] n. m. **1.** Instrument de musique à vent à embouchure, de la famille des cuivres. ▷ *Trombone à coulisse,* formé de deux tubes en U qui glissent l'un dans l'autre, permettant ainsi de faire varier la longueur du tuyau sonore (variation obtenue par un jeu de pistons dans le *trombone à pistons*). ▷ *Par méton.* Celui qui joue de cet instrument. **2.** Agrafe repliée en forme de trombone, servant à assembler des papiers. – Mot ital., « grande trompette », de *tromba,* « trompette ».

tromboniste [tʀɔ̃bɔnist] n. Musicien joueur de trombone. Syn. trombone. – De *trombone.*

trommel [tʀɔmɛl] n. m. TECH Cylindre rotatif, percé de trous, servant à trier des morceaux de minerai ou de roche selon leur grosseur. – Mot all., propr. « tambour ».

trompe [tʀɔ̃p] n. f. **I.** Instrument à vent à embouchure, simple tube évasé. *Trompe de berger. Trompe de chasse :* V. cor. *Sonner de la trompe.* ▷ Vx Avertisseur sonore, d'une automobile, d'une bicyclette. **II. 1.** Appendice plus ou moins développé, servant d'organe du tact et de la préhension, résultant de l'hypertrophie de la lèvre supérieure et du nez chez le tapir et l'éléphant. **2.** Chez certains insectes, les vers et les mollusques, appendice buccal tubulaire, servant au pompage et à l'aspiration des aliments. **3.** ANAT *Trompe d'Eustache :* conduit qui unit l'oreille moyenne au rhinopharynx. ▷ *Trompe utérine* ou *trompe de Fallope :* chacun des deux conduits qui va de l'utérus à l'un des deux ovaires et permet à l'œuf fécondé de gagner la cavité utérine. **III. 1.** ARCHI Portion de voûte en saillie qui sert à supporter une construction en encorbellement et notam. à passer du plan circulaire ou polygonal au plan carré. *Coupole sur trompes.* **2.** TECH *Trompe à eau :* appareil utilisant un écoulement d'eau pour faire le vide dans un récipient. – Frq. **trumba.*

trompe-la-mort [tʀɔ̃plamɔʀ] n. inv. Vieilli Personne très vieille ou très malade qui demeure en vie contre tout pronostic. ▷ Personne qui risque la mort et parvient à y échapper. – De *tromper, la,* et *mort.*

trompe-l'œil [tʀɔ̃plœj] n. m. inv. **1.** En peinture, rendu donnant des effets de perspective pour donner l'illusion d'objets réels et d'un véritable relief. ▷ Par ext. *Décor en trompe l'œil.* **2.** Fig. Ce qui fait illusion. – De *tromper,* et *œil.*

tromper [tʀɔ̃pe] **I.** v. tr. [1] **1.** Induire volontairement (qqn) en erreur. Syn. abuser, berner, duper. *On nous a trompés sur la qualité de la marchandise.* **2.** Être infidèle à (qqn) en amour. *Louis XIV trompait la reine avec Mme de Montespan.* **3.** Mettre en défaut. Syn. déjouer. *Tromper la vigilance de ses gardes.* **4.** (Choses) Donner lieu à une erreur. *La ressemblance l'a trompé. C'est ce qui vous trompe :* c'est là que vous vous méprenez. **5.** Ne pas répondre à (une attente), décevoir. *L'événement a trompé leurs calculs.* **6.** Faire diversion à. *Tromper son ennui.* **II.** v. pron. Faire une erreur. Syn. se méprendre. *Tout le monde peut se tromper.* ▷ *Se tromper de :* prendre (une chose) pour une autre. *Vous vous trompez de numéro.* ▷ Loc. *Si je ne me trompe :* sauf erreur de ma part.

tromperie [tʀɔ̃pʀi] n. f. Action de tromper, artifice visant à tromper. *Il y a tromperie sur la marchandise.* – De *tromper.*

trompette [tʀɔ̃pɛt] n. **I.** n. f. **1.** Instrument de musique à vent à embouchure, de la famille des cuivres. – *Trompette d'harmonie,* à pistons. *Trompette de cavalerie,* sans pistons (V. clairon). *Trompette bouchée,* à sourdine. ▷ Loc. *Partir sans tambour ni trompette,* sans se faire remarquer. ▷ *Nez en trompette,* relevé. **2.** *Trompette-de-la-mort* ou *-des-morts :* syn. de *craterelle.* **II.** n. m. Syn. vieilli de *trompettiste.* – Dimin. de *trompe.*

trompettiste [tʀɔ̃petist] n. Joueur de trompette. – De *trompette.*

trompeur, euse [tʀɔ̃pœʀ; øz] adj. et n. **1.** adj. (Choses) Qui induit en erreur. *Discours trompeurs. Il est d'une gentillesse trompeuse. Les apparences sont trompeuses.* **2.** n. Vx Personne qui trompe. ▷ Loc. prov. *À trompeur, trompeur et demi :* un trompeur est souvent trompé à son tour. – De *tromper.*

trompeusement [tʀɔ̃pøzmɑ̃] adv. Litt. De manière trompeuse. – De *trompeur.*

trompillon [tʀɔ̃pijɔ̃] n. m. ARCHI Petite trompe. – Dimin. de *trompe.*

tronc [tʀɔ̃] n. m. **1.** Partie de la tige ligneuse (des arbres dicotylédones), depuis les racines jusqu'aux premières branches (par oppos. à *stipe*). *Tronc tordu d'un olivier, tronc droit du pin.* ▷ Par anal. *Tronc de colonne :* partie inférieure d'un fût de colonne. **2.** Partie centrale du corps des animaux, du corps humain qui se prolonge par la tête et les membres. **3.** ANAT Partie la plus grosse (d'un vaisseau ou d'un nerf), située en amont des branches de dérivation. ▷ *Tronc cérébral :* partie de l'encéphale formée par le bulbe rachidien, la protubérance annulaire et les pédoncules cérébraux, située dans la fosse postérieure. **4.** Boîte fixe percée d'une fente, destinée à recevoir les offrandes dans une église. **5.** GEOM Solide compris entre la base et une section plane parallèle. *Tronc de cône. Tronc de pyramide.* **6.** (Abstrait) *Tronc commun :* partie commune (à plusieurs formations). ▷ *Spécial.* Enseignement de base, commun à tous les élèves au début du secondaire (avant le cycle d'orientation). – Lat. *truncus.*

troncation [tʀɔ̃kasjɔ̃] n. f. LING Abrégement d'un mot par la chute d'une ou de plusieurs syllabes. – Du lat. *troncatio,* « amputation ».

troncature [tʀɔ̃katyʀ] n. f. MINER Dans un cristal, remplacement d'une arête, d'un angle, par une facette. – De *tronquer.*

tronche [tʀɔ̃ʃ] n. f. Pop. Tête, visage. *Il a une sale tronche.* – Forme fém. de *tronc.*

tronçon [tʀɔ̃sɔ̃] n. m. **1.** Morceau rompu ou coupé d'un objet long. *Les fouilles ont mis au jour des tronçons de colonnes. Anguille découpée en tronçons.* **2.** Partie (d'une route, etc.). *Ouverture du dernier tronçon d'autoroute.* – Du lat. pop. **trunceus,* class. *truncus,* « tronqué ».

tronconique [tʀɔ̃kɔnik] adj. En forme de tronc de cône. – De *tronc,* et *cône.*

tronçonnage [tʀɔ̃sɔnaʒ] ou **tronçonnement** [tʀɔ̃sɔnmɑ̃] n. m. Action de tronçonner; son résultat. – De *tronçonner.*

tronçonner [tʀɔ̃sɔne] v. tr. [1] Couper, débiter en tronçons. *Tronçonner des arbres.* – De *tronçon.*

tronçonneuse [tʀɔ̃sɔnøz] n. f. Machine qui sert à tronçonner (le bois, le métal). – De *tronçonner.*

trône [tʀon] n. m. **1.** Siège élevé où les souverains (ou certains pontifes) prennent place dans des cérémonies solennelles. *Trône pontifical.* ▷ Pop. et plaisant Siège des lieux d'aisances. **2.** Symbole du pouvoir d'un souverain. *Monter sur le trône.* ▷ HIST *Le Trône et l'Autel* : la monarchie et l'Église. **2.** THEOL *Trônes* : troisième chœur de la première hiérarchie des anges. – Lat. *thronus,* gr. *thronos,* « siège ».

trôner [tʀone] v. intr. [1] **1.** (Personnes) Être assis à une place d'honneur (avec un air de majesté). *Le directeur trônait derrière son bureau.* **2.** (Choses) Être placé bien en vue. *Ses diplômes trônaient sur la cheminée.* – De *trône.*

tronquer [tʀɔ̃ke] v. tr. [1] Effectuer des suppressions importantes dans (un texte, une chose abstraite). *Tronquer une déclaration, une citation.* ▷ Pp. adj. *Colonne tronquée* : fût de colonne brisé dans sa partie supérieure. – *Pyramide tronquée,* qui ne comporte pas de partie supérieure. – Lat. *truncare.*

trop [tʀo] adv. **I.** (Marquant l'excès.) **1.** À un degré excessif, en quantité excessive. *Il est trop jeune. Vous arrivez trop tard. Tu nourris trop ton chien.* **2.** (Emploi nominal.) *Trop de...* : une quantité excessive de..., un excès de... *Elle a trop d'élèves dans sa classe, trop de travail. Vous en avez trop dit.* ▷ Litt. *C'en est trop* : cela dépasse la mesure. ▷ Absol. *Trois mille francs? C'est trop! Il mange trop.* – *De trop, en trop,* exprime une quantité qui excède ce qui est nécessaire. *Il y a deux mille francs de trop, en trop dans ma caisse. Si vous avez du temps de trop.* – (Personnes) *Si je suis de trop* : si l'on n'a pas besoin de moi, si je suis indésirable. **3.** adv. ou nominal. *Trop... pour* (+ inf.), *trop... pour que* (+ subj.), marque que, étant donné l'excès, la conséquence est exclue. *Il est trop poli pour être honnête, trop malade pour qu'on le transporte. Vous avez trop d'expérience pour ne pas comprendre ça.* **4.** (Avec un déterminant.) Litt. Excès. *Le trop de précautions peut nuire.* **II.** (Valeur de superlatif.) **1.** (En phrase positive, *trop* étant une manière affectueuse ou polie de dire *très* ou *beaucoup.*) *Vous être trop gentil. Cet enfant est trop mignon. Vous me gâtez trop.* **2.** (En phrase négative, sans nuance particulière.) *Il n'était pas trop content. Comment allez-vous? Pas trop mal, merci.* – Du frq. **throp,* « village, troupeau, tas ».

tropæloacées [tʀɔpelɔase] n. f. pl. BOT Famille des angiospermes dicotylédones dialypétales. – Sing. *Une tropæloacée.* – Du lat. scientif. *tropælum,* « capucine ».

-trope, -tropie, -tropisme, tropo-. Éléments, du gr. *tropos,* « tour, manière, direction »; de *trepein,* « tourner ».

trope [tʀɔp] n. m. RHET Figure qui implique un changement du sens premier, habituel, des mots. (Ex. : les ailes d'un moulin, d'un château.) *Métaphore, métonymie, synecdoque sont des tropes.* – Lat. *tropus,* gr. *tropos,* « tour, manière ».

troph(o)-, -trophie. Éléments, du gr. *trophê,* « nourriture ».

trophée [tʀɔfe] n. m. **1.** ANTIQ Dépouille d'un ennemi vaincu. ▷ BX-A Monument ou motif décoratif évoquant une victoire, un événement héroïque. **2.** Objet qui témoigne d'une victoire (non militaire), d'un succès. *Trophée de chasse. Trophées sportifs.* – Gr. *tropaion,* de *tropê,* « fuite, déroute »; lat. class. *tropæum*; bas lat. *trophæum.*

trophicité [tʀɔfisite] n. f. PHYSIOL Ensemble des phénomènes qui conditionnent la nutrition et le développement d'un tissu ou d'un organe. – De *trophique.*

trophine [tʀɔfin] n. f. BIOL Syn de *stimuline.* – Du gr. *trophê,* « nourriture », et *-ine.*

trophique [tʀɔfik] adj. PHYSIOL Qui se rapporte à la nutrition des tissus. – Du gr. *trophê,* « nourriture ».

trophoblaste [tʀɔfoblast] n. m. EMBRYOL Couche périphérique de l'œuf fécondé permettant son implantation dans l'utérus et riche en matières nutritives. – De *tropho-,* et *blaste.*

tropical, ale, aux [tʀɔpikal, o] adj. **1.** Qui appartient à un, aux tropiques; situé sous un tropique; qui caractérise la zone intertropicale. *Climat tropical,* qui règne de part et d'autre des tropiques, caractérisé par l'alternance d'une saison chaude et humide, et d'une saison sèche. – Par exag. *Une température tropicale,* très élevée. **2.** Conçu spécialement pour le climat tropical, pour les climats chauds. *Vêtements tropicaux.* – De *tropique.*

tropicalisation [tʀɔpikalizasjɔ̃] n. f. TECH Action de tropicaliser; son résultat. – De *tropicaliser.*

tropicaliser [tʀɔpikalize] v. tr. [1] TECH Traiter (un matériau, un matériel) de manière à l'adapter au climat tropical, notam. à la chaleur humide. – De *tropical.*

-tropie, -tropisme. V. -trope.

tropique [tʀɔpik] n. m. et adj. ASTRO **1.** n. m. Chacun des deux cercles imaginaires parallèles à l'équateur, situés de part et d'autre de celui-ci à la latitude de 23° 27' (angle d'inclinaison de l'écliptique sur l'équateur). *Tropique du Cancer,* dans l'hémisphère Nord. *Tropique du Capricorne,* dans l'hémisphère Sud. ▷ Cour. *Les tropiques* : la région comprise entre les deux tropiques. **2.** adj. *Année tropique* : durée séparant deux passages consécutifs du Soleil à l'équinoxe de printemps. *L'année tropique est légèrement inférieure à l'année sidérale, à cause de la précession des équinoxes.* – Lat. imp. *tropicus,* gr. *tropikos,* « qui concerne les changements de saison ».

tropisme [tʀɔpism] n. m. BIOL Mouvement par lequel un organisme s'oriente par rapport à une source stimulante. *Tropisme (chimiotropisme, géotropisme, phototropisme, thermotropisme) et tactisme.* ▷ Fig. Réaction élémentaire à un stimulus quelconque. – Du gr. *tropos,* « tour, direction » (V. -trope).

tropo-. V. -trope.

tropopause [tʀɔpopoz] n. f. METEO Surface qui sépare la troposphère de la stratosphère. – De *tropo(sphère),* et gr. *pausis,* « cessation ».

troposphère [tʀɔposfɛʀ] n. f. METEO Partie de l'atmosphère située entre la surface du sol et une altitude de 10 km env. (V. encycl. atmosphère.) – De *tropo-,* et *(atmo)sphère.*

trop-perçu [tʀopɛʀsy] n. m. Somme qui, dans un compte, a été perçue en trop. *Des trop-perçus.* – De *trop,* et pp. de *percevoir.*

trop-plein [tʀoplɛ̃] n. m. **1.** Ce qui excède la capacité d'un récipient, ce qui en déborde. **2.** Fig. Ce qui est en excès, en surabondance. *Laisser déborder le trop-plein de son cœur. Un trop-plein d'énergie.* **3.** TECH Dispositif qui sert à évacuer un liquide en excès dans un réservoir. *Des trop-pleins.* – De *trop,* et *plein.*

troque. V. troche.

troquer [tʀɔke] v. tr. [1] **1.** Échanger (une chose contre une autre); donner en troc. *Troquer des peaux contre du blé.* ▷ Fig. Prov. *Troquer son cheval borgne contre un aveugle* : échanger qqch de médiocre pour qqch de pire. **2.** (Sans idée de transaction.) Changer pour autre chose. *Il avait troqué sa culotte courte contre un pantalon.* – Lat. médiév. *trocare,* d'orig. incert.

troquet [tʀɔkɛ] n. m. Pop. **1.** Vx Débitant de vins, cafetier. **2.** Mod. Bistro, petit café. *Prendre un verre au troquet d'en face.* – Abrév. de *mastroquet.*

troqueur, euse [tʀɔkœʀ, øz] n. Rare Personne qui troque, qui aime à troquer. – De *troquer.*

trot [tʀo] n. m. **1.** Allure intermédiaire entre le pas et le galop, l'antérieur gauche et le postérieur droit, l'antérieur droit et le postérieur gauche étant lancés deux à deux. *Course de trot,* disputée par des chevaux qui doivent trotter (et non galoper). *Trot monté, attelé.* **2.** Fig., fam. *Au trot :* vivement et sans délai. – Déverbal de *trotter.*

trotskisme ou **trotskysme** [tʀɔtskism] n. m. Courant politique issu des conceptions de Léon Trotski. – De Lev Davidovitch Bronstein, dit Léon *Trotski* (1879-1940), révolutionnaire russe.

trotskiste ou **trotskyste** [tʀɔtskist] n. Partisan de Léon Trotski, de ses thèses (var. péjor. *trotskard*). ▷ adj. *Groupe trotskiste.* – Du n. du révolutionnaire russe (V. trotskisme).

trotte [tʀɔt] n. f. Fam. Chemin, distance assez longue à parcourir à pied. *Il y a une bonne trotte jusqu'au village.* – Déverbal de *trotter.*

trotte-menu [tʀɔtməny] adj. inv. Vx Qui trotte à très petits pas. *«La gent trotte-menu»* (La Fontaine) : les souris. – De *trotter,* et *menu.*

trotter [tʀɔte] v. intr. [1] **1.** (En parlant du cheval et de certains animaux dont l'allure rappelle celle du cheval.) Aller au trot. – *Spécial.* Disputer une course de trot. ▷ Par ext. *Jockey qui trotte,* qui fait trotter sa monture. **2.** (En parlant de quelques animaux et de l'homme.) Marcher à petits pas, à une allure rapide. *Les souris trottent.* ▷ v. pron. Fam. Se sauver. **3.** Marcher beaucoup, aller et venir. *J'ai trotté toute la journée.* **4.** Fig. Aller et venir. *Cette idée lui trotte dans la tête.* – Frq. **trottôn,* forme intensive de *treten,* «marcher».

trotteur, euse [tʀɔtœʀ, øz] n. m. et adj. **1.** Cheval que l'on a dressé à trotter, notam. pour les courses de trot. *Élever, entraîner des trotteurs.* **2.** Chaussure de ville à talon bas et large, commode pour la marche. ▷ adj. *Bottines à talons trotteurs.* – De *trotter.*

trotteuse [tʀɔtøz] n. f. Petite aiguille qui marque les secondes sur un cadran. – De *trotter.*

trottin [tʀɔtɛ̃] n. m. Vx Jeune fille chargée des courses dans un atelier de mode, de couture. – De *trotter.*

trottinement [tʀɔtinmɑ̃] n. m. Action de trottiner; allure de qqn, d'un animal qui trottine. – De *trottiner.*

trottiner [tʀɔtine] v. intr. [1] **1.** Aller d'un trot très court. **2.** Marcher à petits pas pressés. – De *trotter.*

trottinette [tʀɔtinɛt] n. f. **1.** Jouet d'enfant formé d'une planchette rectangulaire montée sur deux petites roues, la roue avant étant commandée par une tige de direction. Syn. patinette. **2.** Fam., plaisant Petite automobile. – De *trottiner.*

trottoir [tʀɔtwaʀ] n. m. **1.** Chemin surélevé, le plus souvent dallé ou bitumé, de chaque côté d'une rue, d'une voie de passage, aménagé pour la circulation et la sécurité des piétons. ▷ Fam. *Faire le trottoir :* se prostituer, racoler les passants sur la voie publique. **2.** *Trottoir roulant :* tapis roulant pour les piétons. – De *trotter;* d'abord «piste où l'on fait trotter les chevaux».

trou [tʀu] n. m. Ouverture naturelle ou artificielle dans un solide. **I. 1.** Creux, cavité pratiquée à la surface d'un corps, du sol. *Creuser, reboucher des trous dans un jardin.* ▷ Fig. *Boucher un trou :* s'acquitter d'une dette (parmi beaucoup d'autres). ▷ Pop. Fosse, tombe. *Mettre qqn dans le trou.* **2.** Petite cavité servant d'abri, de cachette. *Trou de souris.* ▷ Fig. *Faire son trou :* parvenir à une bonne situation, réussir. **3.** METEO, AVIAT *Trou d'air :* courant atmosphérique descendant qui, rencontré par un aéronef, lui fait perdre brusquement de l'altitude. **4.** Fig. *Trou normand :* rasade d'eau-de-vie prise au milieu d'un repas copieux pour stimuler la digestion (en «creusant» l'estomac). ▷ SPORT *Faire le trou,* se dit d'un coureur qui «creuse» la distance entre lui et ses adversaires. **5.** Fig. Lacune, manque. *Avoir un trou de mémoire* ou, ellipt., *un trou.* ▷ Somme qui manque dans un compte, déficit. *Trou dans un budget. Le comptable s'est enfui en laissant un trou d'un million.* **6.** ELECTR *Trou* ou *lacune d'électron :* emplacement laissé libre dans un réseau cristallin à la suite du départ d'un électron. (Il en résulte une charge positive.) **7.** Fig., fam. Petite localité retirée, à vie ralentie. *Végéter dans un trou de province. – Sortir un peu de son trou.* **8.** Pop. Prison. *Être au trou.* **II. 1.** Ouverture pratiquée dans une surface, un corps qu'elle traverse. *Le trou d'une serrure,* l'ouverture par où l'on passe la clef. *Trou du souffleur,* pratiqué sur le devant de la scène. ▷ MAR *Trou de chat :* ouverture pratiquée dans la hune d'un mât permettant le passage d'un homme. ▷ TECH *Trou d'homme :* ouverture servant à pénétrer dans un appareil (citerne, en partic.) pour en visiter l'intérieur. **2.** Fam. Orifice, cavité dans le corps humain. *Trous de nez.* ▷ Vulg. *Trou de balle, trou du cul :* anus. – Fig., inj. *Trou-du-cul :* être méprisable, bon à rien. **3.** ANAT Orifice limité par des parois osseuses, musculaires ou constituées d'aponévrose et permettant notam. le passage de nerfs et de vaisseaux. *Trou occipital, obturateur, vertébral.* **4.** Ouverture qui endommage un vêtement, un tissu (due à l'usure, à une déchirure, etc.). *Repriser des chaussettes pleines de trous.* **5.** ASTRO *Trou noir :* V. encycl. ci-après. – Du lat. pop. **traucum,* lat. médiév. attesté *traugum,* probabl. d'orig. prélatine.

ENCYCL **Astro.** – Un *trou noir* est un astre (envisagé dès la fin du XVIIIe s. par Laplace) dont le champ de gravité est tellement intense qu'aucun rayonnement ne peut s'en échapper. Le champ gravitationnel du trou noir peut susciter la formation d'une couronne massive, le disque d'accrétion, provenant de la matière aspirée dans l'environnement proche de l'astre. Échauffé à plusieurs millions de K par de violents phénomènes de friction, le disque d'accrétion est une source puissante de rayons X et gamma dont l'observation permet de révéler la présence du trou noir.

troubadour [tʀubaduʀ] n. m. Poète courtois des pays de langue d'oc, qui, aux XIIe et XIIIe s., composait des œuvres lyriques. V. trouvère. ▷ (En appos.) LITTER, BXA *Genre troubadour :* genre littéraire, courant artistique caractérisés par une imitation des œuvres du Moyen Âge, en vogue en France à l'époque romantique. – De l'anc. provenç. *trobador,*«trouveur», de *trobar,* du lat. pop. *tropare,* «composer».

troublant, ante [tʀublɑ̃, ɑ̃t] adj. **1.** Qui inquiète ou déconcerte. *Ressemblance troublante.* **2.** Qui provoque le désir. *Un décolleté troublant.* – Ppr. de *troubler.*

1. trouble [tʀubl] adj. **1.** Qui manque de limpidité, de transparence. *Vin trouble. Verre trouble.* ▷ Loc. fig. *Pêcher en eau trouble :* V. eau. **2.** Flou, que l'on ne distingue pas nettement. *Image, film trouble.* ▷ Par méton. *Avoir la vue trouble* ou, adv., *voir trouble :* ne pas voir nettement. **3.** Fig. Équivoque, qui manque de clarté. *Sentiments, motivations troubles.* ▷ Péjor. Louche, suspect. *Conduite trouble.* – Du lat. pop. **turbulus,* croisement de *turbidus,* «agité», et *turbulentus,* «turbulent».

2. trouble [tʀubl] n. m. **1.** État de ce qui est troublé, contraire à la paix, à l'ordre; confusion, agitation désordonnée. *Semer le trouble dans les esprits.* **2.** Mésintelligence, dissension. *Porter le trouble dans un ménage.* **3.** État d'inquiétude, d'agitation de l'esprit, du cœur. *Le trouble se lisait sur son visage.* ▷ *Spécial.* Émotion suscitée par l'amour, le désir. **4.** (Plur.) Désordre, anomalie dans le fonctionnement d'un organe, dans le comportement. *Troubles respiratoires.* **5.** (Plur.) Agitation, dissensions civiles et politiques. *Une période de troubles. Fauteur de troubles.* – Déverbal de *troubler.*

3. trouble, troubleau. V. truble.

trouble-fête [tʀubləfɛt] n. Importun qui interrompt les plaisirs d'une réunion, d'une réjouissance. *Des trouble-fête(s).* – De *troubler,* et *fête.*

troubler [tʀuble] **I.** v. tr. [1] **1.** Rendre moins limpide, moins transparent. *L'orage a troublé l'eau de la rivière.* **2.** Rendre trouble (1, sens 2). *Le brouillard troublait l'horizon.* **3.** Interrompre, perturber le déroulement, le bon fonctionnement de. *Troubler le sommeil. Les manifestants, les contradicteurs ont troublé la réunion.* **4.** Gêner; susciter le doute, l'inquiétude chez (qqn). *Cette question l'a troublé.* **5.** Émouvoir, faire naître un certain émoi, un désir chez (qqn). *Adolescent troublé par une jeune fille, par une lecture.* **II.** v. pron. **1.** (Réfl.) Devenir trouble (1, sens 1 et 2). **2.** Être ému, perdre le contrôle de soi, de ses facultés. *Le candidat s'est troublé.* – Lat. pop. **turbulare* (class. *turbare*), de *turbulus* (V. trouble 1).

trouée [tʀue] n. f. **1.** Ouverture naturelle ou artificielle (au travers d'un bois, d'une haie, etc.) qui permet le passage. **2.** MILIT Ouverture faite dans une ligne ennemie par une charge de cavalerie, de blindés ou un tir d'armes à feu. **3.** GEOGR Passage naturel entre deux montagnes. *La trouée de Belfort.* – Pp. fém. subst. de *trouer.*

trouer [tʀue] v. tr. [1] **1.** Percer, faire un trou, des trous dans. – Loc. fam. *Se faire trouer la peau* : se faire tuer (par balles). **2.** (Choses) Former un trou, une trouée, un passage dans. *Un mur que trouaient çà et là de larges brèches.* – De *trou.*

troufignard [tʀufiɲaʀ] ou **troufignon** [tʀufiɲɔ̃] n. m. Arg. Anus. – *Par ext.* Fesses, derrière. – De *trou,* et a. fr. *fignon,* dimin. dial. de *fin* (cf. fignoler, fion).

troufion [tʀufjɔ̃] n. m. Pop. Simple soldat. – Probabl. altér. de *troupier.*

trouillard, arde [tʀujaʀ, aʀd] adj. et n. Fam. Poltron, peureux. – De *trouille.*

trouille [tʀuj] n. f. Pop. Peur. *Avoir la trouille.* – Orig. incon.; p.-ê. altér. de *drouille,* dial., du néerl. *drollen,* «aller à la selle».

troupe [tʀup] n. f. **1.** Vieilli Assemblée, réunion de personnes liées par un intérêt commun. *Une troupe de brigands.* **2.** Groupe d'animaux qui vivent ensemble. *Une troupe d'oies sauvages.* **3.** Unité régulière de soldats. **4.** Collect. *La troupe* : l'armée. ▷ Les sous-officiers et les soldats (par oppos. aux *officiers*). ▷ Plur. *Les troupes* : le corps des gens de guerre composant une armée. – *Par ext.* Armée (d'un pays). *Ils furent vaincus par les troupes espagnoles.* **5.** *Troupe de comédiens* ou, ellipt., *troupe* : groupe de comédiens associés, jouant ensemble. – Frq. *throp,* «village; troupeau».

troupeau [tʀupo] n. m. **1.** Troupe d'animaux domestiques de même espèce, élevés et nourris ensemble. *Un troupeau de vaches.* ▷ *Spécial.* (S. comp.) Troupeau de moutons et de brebis. *Le berger et son troupeau.* ▷ Groupe d'animaux vivant ensemble. *Un troupeau de girafes.* **2.** Péjor. Groupe de personnes qui suit passivement qqn, qqch. *Escorté de son troupeau d'admirateurs.* **3.** RELIG Ensemble des fidèles. *Le pasteur et son troupeau.* – Frq. **throp.*

troupiale [tʀupjal] n. m. ORNITH Oiseau passériforme américain migrateur (genre *Icterus*), à plumage jaune ou orangé, vivant en colonies. – Probabl. de *troupe.*

troupier [tʀupje] n. m. Vieilli Soldat, homme de troupe. ▷ adj. *Comique troupier* : chansons, comique grossier à base d'histoires de soldats, en vogue de 1900 à 1930 (env.); le comédien, le chanteur qui exploitait cette veine comique. – De *troupe.*

troussage [tʀusaʒ] n. m. CUIS Action de trousser une volaille. – De *trousser.*

trousse [tʀus] n. f. **1.** Vx Assemblage de choses attachées ensemble. **2.** Anc. (Surtout au plur.) Chausses, hauts-de-chausses que portaient les pages. ▷ (Plur.) Loc. mod., fam. *Aux trousses (de)* : à la poursuite (de). *Il a la police aux trousses, à ses trousses.* **3.** Mod. Étui, petite sacoche à compartiments pour ranger ou regrouper des instruments, divers objets usuels. *Trousse de chirurgien, d'infirmière.* – *Trousse de toilette,* qui contient des objets de toilette. – Déverbal de *trousser,* au sens anc. de «charger».

trousseau [tʀuso] n. m. **1.** Vx Petite trousse (sens 1). **2.** Ensemble du linge, des vêtements, que l'on donne à une jeune fille qui quitte sa famille pour se marier, entrer au couvent, ou à un enfant qui entre en pension, part en apprentissage, etc. **3.** *Trousseau de clefs* : ensemble de clefs réunies par un même lien (anneau, porte-clefs, etc.). – De *trousse.*

trousse-pied [tʀuspje] n. m. TECH Lanière servant à tenir plié le pied d'un gros animal (cheval, notam.) lorsqu'on le soigne ou lorsqu'on le ferre. *Des trousse-pied(s).* – De *trousser,* et *pied.*

trousse-queue [tʀuskø] n. m. Pièce de harnais, boucle de cuir rembourrée dans laquelle on passe la queue d'un cheval pour la maintenir levée. *Des trousse-queue(s).* – De *trousser,* et *queue.*

1. troussequin [tʀuskɛ̃] n. m. TECH Partie postérieure et relevée de l'arçon de la selle. – Dér. dial. de *trousse,* et suff. picard.

2. troussequin. V. trusquin.

trousser [tʀuse] v. tr. [1] **1.** Vx Botteler. **2.** Retrousser. ▷ Fam. *Trousser la jupe, les jupons d'une femme.* – Par ext. *Trousser une femme,* la posséder sexuellement. ▷ v. pron. Relever ses jupes. **3.** CUIS *Trousser une volaille,* ramener et lier près du corps ses ailes et ses cuisses pour la faire cuire. **4.** Litt. ou vieilli Expédier rapidement. *Trousser une affaire.* ▷ *Trousser un poème, un compliment,* le faire avec rapidité et élégance. – Pp. adj. *Un compliment bien troussé.* – Bas lat. **torsare,* du class. *torquere,* «tordre».

trousseur [tʀusœʀ] n. m. Fam. *Trousseur de jupons* : coureur de filles. – De *trousser.*

trou-trou [tʀutʀu] n. m. Fam. Motif ornemental fait d'une suite de trous de forme régulière pratiqués dans un tissu et rebrodés, dans lesquels on passe un ruban. *Corsage à trou-trou(s).* – De *trou.*

trouvable [tʀuvabl] adj. Qui peut être trouvé. – De *trouver.*

trouvaille [tʀuvaj] n. f. **1.** Découverte heureuse, opportune et agréable. *Faire une trouvaille.* **2.** Chose heureusement trouvée, idée originale. *Un style plein de trouvailles.* – De *trouver.*

trouvé, ée [tʀuve] adj. **1.** Qui a été trouvé (sens A, I, 2). *Enfant trouvé.* **2.** *Bien trouvé* : heureusement découvert; original. ▷ *Tout trouvé* : trouvé avant même d'avoir été recherché. *Voilà un remède tout trouvé.* – Pp. de *trouver.*

trouver [tʀuve] **A.** v. tr. [1] **I. 1.** Rencontrer, apercevoir, découvrir (qqn, qqch que l'on cherchait). *Trouver la maison de ses rêves. Vous le trouverez chez lui.* ▷ *Aller trouver qqn,* se rendre auprès de lui, aller le voir. – (Suivi d'un comp. désignant un état.) *Je n'ai pu trouver le sommeil.* **2.** Rencontrer, découvrir (qqn, qqch que l'on ne cherchait pas, par hasard). *Trouver un parapluie dans l'autobus.* Loc. *Trouver à qui parler* : rencontrer un interlocuteur de taille. – *Trouver la mort dans un accident.* **II.** (Abstrait) **1.** Découvrir, parvenir à obtenir (un résultat recherché) au moyen de l'étude, par un effort de l'intelligence, de l'imagination. *Trouver la solution d'un problème.* ▷ Inventer. *Trouver un nouveau procédé.* ▷ Fam. *Trouver le moyen de* (+ inf.) : se débrouiller pour. ▷ *Trouver à* (+ inf.) : trouver la possibilité de. *Il a trouvé à s'occuper.* – *Trouver à redire* : critiquer, blâmer. **2.** Parvenir à avoir, à disposer de. *Trouver le temps, le courage de faire qqch.* **III.** Fig. **1.** *Trouver (une sensation, un* *sentiment, etc.) à, dans* : éprouver, ressentir à, dans. *Trouver un malin plaisir à contredire qqn. Trouver une consolation dans l'amitié.* **2.** Voir (qqn, qqch) se présenter dans tel état, telle situation. *Je l'ai trouvé malade. Trouver porte close.* ▷ Surprendre. *On l'a trouvé en train de fouiller dans les tiroirs.* **3.** Estimer, juger. *Il trouve ce livre passionnant. Trouver le temps long.* ▷ Fam. Loc. *La trouver mauvaise* : être très mécontent de, trouver (une chose) fâcheuse. *On lui a tout volé, il l'a trouvé mauvaise.* ▷ *Trouver bon, mauvais (de + inf., que)* : estimer bon, mauvais (de, que). *Il a trouvé bon de partir et que je l'accompagne.* **4.** *Trouver (une qualité, un état) à (qqn, qqch)* : reconnaître, attribuer (à qqn, qqch cette qualité, cet état). *Je vous trouve bonne mine. Trouver beaucoup d'avantages à une situation.* **B.** v. pron. **1.** Se découvrir, se voir tel que l'on est. *Avec le temps et l'expérience, il s'est enfin trouvé.* **2.** Être présent (en un lieu, en une occasion). *Se trouver là par hasard.* ▷ (Choses) Être (dans tel lieu); être situé. *Le livre se trouve sur le premier rayon.* **3.** Être (dans tel ou tel état). *Se trouver dans l'embarras.* **4.** (Réfl.) S'estimer, se sentir. *Il se trouve lésé par ce marché.* ▷ *Se trouver mal* : s'évanouir, avoir un malaise. ▷ *Se trouver bien de qqch,* en être content, en tirer satisfaction. **5.** v. impers. Être, exister, se rencontrer. *Il s'est trouvé quelqu'un pour l'accuser.* ▷ *Il se trouve que* : il arrive que, il se révèle que. ▷ Fam. *Si ça se trouve,* se dit pour présenter une chose comme une éventualité qui n'est pas à écarter. – Du lat. pop. **tropare,* « composer (un air, un poème) », puis « inventer, découvrir ».

trouvère [tʀuvɛʀ] n. m. Jongleur et poète de langue d'oïl, aux XIIe et XIIIe s., dans le nord de la France. (V. troubadour.) *Thibaud de Champagne fut surnommé le « Prince des trouvères ».* – De *trouver,* au sens anc. de « composer un poème » (V. trousser); adaptation de *troverre,* cas sujet de *troveor,* « trouveur ».

trouveur, euse [tʀuvœʀ, øz] n. Rare Personne qui trouve, découvre ou invente. – De *trouver.*

1. troyen, enne [tʀwajɛ̃, ɛn] n. et adj. De l'ancienne ville de Troie. ▷ *« Les Troyennes », tragédie d'Euripide.* – Lat. *trojanus,* de *Troja,* « Troie », anc. ville d'Asie mineure (vestiges en Turquie d'Asie) dont la guerre contre les Grecs fut relatée dans « l'Iliade » d'Homère.

2. troyen, enne [tʀwajɛ̃, ɛn] n. et adj. De la ville de Troyes, chef-lieu du dép. de l'Aube. ▷ Subst. *Un(e) Troyen(ne).*

tr/s TECH Symbole de *tour par seconde,* unité de vitesse angulaire.

truand, ande [tʀyɑ̃, ɑ̃d] n. **1.** Vx Vagabond, mendiant. **2.** Mod. Personne qui tire ses ressources d'opérations illégales ou malhonnêtes. – Homme de la pègre. – Du gaul. **trugant*; cf. irland. *truag,* « misérable ».

truander [tʀyɑ̃de] v. [1] **1.** v. intr. Vx Mendier, vagabonder. **2.** v. tr. Mod., fam. Voler, escroquer. *Truander qqn.* – De *truand.*

truanderie [tʀyɑ̃dʀi] n. f. **1.** Vx État de truand. ▷ Société des truands. **2.** Action de truand. – De *truand.*

truble [tʀybl] n. f. Filet de pêche en forme de poche, monté sur un cercle fixé au bout d'un long manche. – Du gr. *trublê,* « bol ».

trublion [tʀyblijɔ̃] n. m. Fauteur de troubles. – Mot créé par A. France pour désigner les partisans de la monarchie au moment de l'affaire Dreyfus, du lat. *trublium,* « écuelle » (par allus. au surnom de *Gamelle* donné au duc d'Orléans, prétendant au trône), avec infl. de *troubler.*

1. truc [tʀyk] n. m. **I. 1.** Fam. Façon d'agir, procédé habile permettant de réussir qqch. *Connaître tous les trucs du métier.* Syn. astuce, ruse, ficelle. **2.** Moyen propre à exécuter un tour de passe-passe. *Les prestidigitateurs ne révèlent jamais leurs trucs.* **3.** Dispositif de théâtre destiné à faire mouvoir des décors, à exécuter des changements à vue. – En audiovisuel, procédé destiné à créer une illusion. V. truquage. **II.** Fam. Mot général par lequel on désigne une chose qu'on ne peut ou ne veut nommer. *Qu'est-ce que c'est que ce truc-là?* Syn. machin, chose. – Mot provenç., de *trucar,* « cogner », lat. pop. **trudicare,* de *trudere,* « pousser ».

2. truc ou **truck** [tʀyk] n. m. **1.** CH de F Wagon à plateforme servant à transporter des véhicules, des canons, etc. **2.** Chariot servant à transporter des marchandises. – Angl. *truck,* « chariot, camion ».

trucage. V. truquage.

truchement [tʀyʃmɑ̃] n. m. **1.** Vx Interprète. **2.** Litt. Personne qui explique les intentions d'une autre, lui sert d'intermédiaire. ▷ Fig. et litt. Réalité qui exprime, traduit une autre réalité. ▷ Cour. *Par le truchement de* : par l'intermédiaire de. – De l'ar. *tardjumān.* V. drogman.

trucider [tʀyside] v. tr. [1] Fam. Tuer, massacrer. – Lat. *trucidare,* « massacrer ».

truck. V. truc 2.

truculence [tʀykylɑ̃s] n. f. Caractère, état de ce qui est truculent. – De *truculent.*

truculent, ente [tʀykylɑ̃, ɑ̃t] adj. **1.** Vx Qui a une allure sauvage, farouche. **2.** Qui se fait remarquer, haut en couleur, pittoresque. *Personnage truculent.* – (Choses) Réaliste, très coloré. *Style, langage truculent.* – Lat. *truculentus,* « farouche, cruel ».

trudgeon [tʀœdʒɔn] n. m. (Anglicisme) Vieilli Nage rapide combinant un mouvement alternatif des bras et un coup de ciseaux des jambes, le corps oscillant d'un côté sur l'autre (auj. peu pratiquée). – Mot angl., du n. de *Trudgen,* qui importa cette nage d'Amérique du Sud.

truelle [tʀyɛl] n. f. **1.** Outil formé d'une lame en triangle ou en trapèze et d'un manche coudé, servant à appliquer le plâtre, le mortier. **2.** Spatule coupante servant à découper et à servir le poisson. – Bas lat. *truella,* class. *trulla.*

truellée [tʀyele] n. f. Quantité de plâtre, de mortier, pouvant tenir sur la truelle. – De *truelle.*

truffe [tʀyf] n. f. **1.** Champignon ascomycète comestible (genre *Tuber*), qui se développe uniquement dans le sol, particulièrement recherché pour la saveur qu'il donne aux mets qu'il accompagne. *Garniture de truffes.* **2.** Confiserie au chocolat en forme de truffe. **3.** Nez du chien. – Anc. provenç. *trufa,* lat. pop. *tufera,* de *tufer,* forme dial. du class. *tuber.*

truffer [tʀyfe] v. tr. [1] **1.** Garnir de truffes. *Truffer une dinde.* – Pp. adj. *Foie gras truffé.* **2.** Fig. Parsemer en abondance. *Il truffe ses discours de citations.* – De *truffe.*

trufficulture [tʀyfikyltyʀ] n. f. AGRIC Production rationalisée de truffes. – De *truffe,* d'ap. *agriculture.*

truffier, ère [tʀyfje, ɛʀ] adj. Relatif aux truffes. ▷ *Chêne truffier,* au voisinage duquel on trouve des truffes. ▷ *Chien, porc truffier,* dressé pour la recherche des truffes. – De *truffe.*

truffière [tʀyfjɛʀ] n. f. AGRIC Terrain où poussent des truffes. – De *truffe.*

truie [tʀɥi] n. f. Femelle du porc. – Bas lat. *troia.*

truisme [tʀɥism] n. m. Vérité aussi évidente que banale. – Angl. *truism,* de *true,* « vrai ».

truite [tʀɥit] n. f. Poisson salmonidé comestible, plus petit que le saumon, tacheté et de couleurs variées. *Truite de mer (Salmo trutta),* migratrice comme le saumon. *Truite de lac (Salmo lacustris),* habitant les grands lacs et frayant dans les rivières qui les alimentent. *Truite de rivière (Salmo fario),* plutôt sédentaire. *Truite arc-en-ciel (Salmo gairdneri)* : truite d'élevage et de repeuplement, originaire des côtes américaines du Pacifique. ▷ CUIS *Truite aux amandes, au bleu*, meunière**. – Bas lat. *tructa*.

truité, ée [tʀɥite] adj. **1.** Marqué de petites taches rougeâtres et noires comme une truite. *Chien truité.* **2.** TECH *Fonte truitée* : fonte blanchâtre tachetée de gris. – *Poterie truitée*, dont la glaçure est craquelée. – De *truite*.

truiticulture [tʀɥitikyltyʀ] n. f. Didac. Élevage de truites. – De *truite*, d'ap. *agriculture*.

trullo [tʀylo], plur. **trulli** [tʀyli] n. m. Construction des Pouilles (Italie du S.), de forme ovoïde, faite de très grosses pierres chaulées, servant d'habitation ou de grange. – Mot ital., p.-ê. d'orig. grecque.

trumeau [tʀymo] n. m. **I. 1.** Vx Jambe, gras de la jambe. **2.** Jarret de bœuf. **II.** ARCHI **1.** Portion d'un mur comprise entre deux fenêtres. – Glace, panneau décoré qui occupe cet espace. – Glace, panneau disposé au-dessus d'une cheminée, d'une porte. **2.** Dans les églises gothiques, pilier qui soutient en son milieu le linteau d'un portail. – Du frq. **thrum*, «morceau».

truquage ou **trucage** [tʀykaʒ] n. m. **1.** Fait de truquer; ensemble de moyens employés à cet effet. **2.** Procédé technique (de prise de vue ou de laboratoire) utilisé surtout en audiovisuel pour créer une illusion; ensemble de ces procédés et art de les utiliser. – De *truquer*.

truquer [tʀyke] v. [1] **1.** v. intr. User de trucs. **2.** v. tr. Donner une fausse apparence à, modifier frauduleusement (un objet). *Truquer un dossier.* – Pp. *Photos truquées.* Syn. falsifier, maquiller. ▷ Fausser dans le déroulement ou les résultats. *On a truqué ce match de boxe.* – Pp. adj. *Élections truquées.* – De *truc*.

truqueur, euse [tʀykœʀ, øz] n. **1.** Personne qui truque, falsifie (des objets, des opérations). *L'antiquaire nous a mis en garde contre les truqueurs.* **2.** Syn. de *truquiste*. – De *truquer*.

truquiste [tʀykist] n. AUDIOV Spécialiste des truquages audiovisuels. – De *truquer*.

trusquin [tʀyskɛ̃] ou **troussequin** [tʀuskɛ̃] n. m. TECH Outil (de menuisier, d'ajusteur, etc.) servant à tracer sur une pièce des lignes parallèles à un bord. – Mot wallon, altér. de *crusquin*, flamand *kruisken*, «petite croix».

trusquiner [tʀyskine] v. tr. [1] TECH Tracer au trusquin des parallèles sur (le bois, le marbre, etc.). – De *trusquin*.

trust [tʀœst] n. m. Groupement d'entreprises sous une même direction, assurant à l'ensemble une prépondérance, voire un monopole, pour un produit ou un secteur. – *Législation contre les trusts* (ou *antitrust*). – Mot anglo-amér., de *to trust*, «confier (les pleins pouvoirs)».

truste [tʀyst] ou **trustis** [tʀystis] n. f. HIST Association de guerriers libres groupés, chez les Francs, autour d'un chef, en une sorte de garde d'honneur. V. antrustion. – De *trustis*, latinisation de l'anc. haut all. *Trost*, «fidélité».

truster [tʀœste] v. tr. [1] **1.** Accaparer, concentrer par un trust. **2.** Fig., fam. Monopoliser. *Les nageurs américains ont trusté les médailles.* – De *trust*.

trusteur [tʀœstœʀ] n. m. Personne qui truste (surtout au fig.). – De *truster*.

trypanosome [tʀipanɔzom] n. m. MED, MED VET Protozoaire flagellé fusiforme, parasite du sang, agent de diverses maladies épizootiques ou humaines. *La maladie du sommeil est due à un trypanosome véhiculé par la mouche tsé-tsé.* – Du gr. *trupanon*, «tarière», et *sôma*, «corps».

ENCYCL Les trypanosomes parasitent les vertébrés et certains insectes hématophages (glossines, moustiques, etc.), qui en sont les vecteurs. Ils ne sont pas tous pathogènes. En Afrique, *Trypanosoma gambiense*, long de 15 à 30 µm, est l'agent de la *maladie du sommeil*, la plus grave des trypanosomiases; il est véhiculé par la *mouche tsé-tsé (Glossina palpalis)*, qui pique également les animaux. D'autres trypanosomes sévissent en Afrique et en Amérique du Sud. Les équidés, les bovidés et les porcins d'Afrique tropicale et équatoriale sont les animaux les plus touchés par les diverses trypanosomiases. La lutte contre les insectes vecteurs est le seul moyen efficace de combattre l'extension de ce mal.

trypanosomiase [tʀipanozomjɑz] n. f. MED, MED VET Maladie parasitaire due à un trypanosome. – De *trypanosome*.

trypsine [tʀipsin] n. f. BIOCHIM Enzyme protéolytique du suc pancréatique. – Du gr. *tripsis*, «frottement»; ou *thrupsis*, «broiement», d'ap. *pepsine*.

trypsinogène [tʀipsinɔʒɛn] n. m. BIOCHIM Protéine présente dans le pancréas ou le suc pancréatique, qui se transforme en trypsine notam. sous l'effet de l'entérokinase. – De *trypsine*, et *-gène*.

tryptophane [tʀiptɔfan] n. m. BIOCHIM Acide aminé, de structure cyclique, précurseur de la sérotonine et de la nicotinamide. – Du rad. gr. de *trypsine*, et *phainein*, «rendre visible».

tsar [tsaʀ], **tzar** [dzaʀ], **csar** [ksaʀ] ou **czar** [kzaʀ] n. m. HIST Titre des empereurs de Russie et des anciens souverains serbes et bulgares. – Mot slave, du lat. *Cæsar*; *czar*, forme polonaise.

tsarévitch [tsaʀevitʃ] ou **tzarévitch** [dzaʀevitʃ] n. m. HIST Titre que portait le fils aîné du tsar de Russie. – Mot russe, de *tsar*.

tsarine [tsaʀin] ou **tzarine** [dzaʀin] n. f. HIST Titre que portait la femme du tsar, l'impératrice de Russie. – De *tsar*.

tsarisme [tsaʀism] ou **tzarisme** [dzaʀism] n. m. HIST Régime politique de la Russie et de l'Empire russe jusqu'à la révolution de fév. 1917. – De *tsar*.

tsariste [tsaʀist] adj. et n. HIST Relatif au tsarisme, partisan du tsarisme. – Subst. *Un(e) tsariste.* – De *tsarisme*.

tsé-tsé [tsetse] n. f. inv. *Mouche tsé-tsé* : nom cour. de la *glossine*, vectrice de divers trypanosomes (V. ce mot). – Mot bantou.

T.S.F. n. f. **1.** Abrév. de *télégraphie* ou *téléphonie sans fil*. **2.** *Par ext.*, vieilli Radiodiffusion. *Poste (récepteur) de T.S.F.* ou, absol., *une T.S.F.*

T-shirt. V. tee-shirt.

tsigane [tsigan] ou **tzigane** [dzigan] adj. et n. **1.** adj. Qui concerne les Tsiganes, nomades probabl. originaires du nord de l'Inde, qui ne furent jamais conquérants ni pasteurs, auj. disséminés en Europe et en Amérique, plus partic. en Europe centrale. *La musique tsigane.* ▷ Subst. *Un(e) Tsigane.* **2.** n. m. *Le tsigane* : langue indo-européenne purement orale, assez proche du sanskrit, parlée par les Tsiganes. Syn. romani. – Probabl. du gr. byzantin *atsinganos*, prononciation pop. de *athinganos*, «qui ne touche pas», appliqué à une secte de manichéens venus de Phrygie et réputés comme magiciens.

tsoin-tsoin! [tswɛ̃tswɛ̃] interj. Onomat. plaisante pour imiter la fin d'un air qu'on fredonne ou, par ext., de qqch. que l'on raconte. *Tagada tsoin-tsoin!* – Formation expressive.

tsunami [tsunami] n. m. GEOGR Raz de marée dû à un choc tellurique sous-marin, qui se produit sur les côtes du Pacifique. (Les scientifiques, généralisant le terme, l'ont substitué à celui de raz de marée.) – Mot jap., «vague d'orage».

ttc Abrév. de *toutes taxes comprises*.

1. tu, tue. Pp. du v. taire.

2. tu [ty] pron. pers. **1.** Pronom personnel de la 2e personne du singulier des deux genres et ayant toujours la fonction de sujet. *Tu es venu hier.* – En inversion dans les interrogatives et les exclamatives. *Crois-tu ? Penses-tu !* – Pop. Élidé en *t'* devant une voyelle ou un *h* muet. *T'es cinglé !* **2.** Emploi nominal. *Dire tu à qqn,* le tutoyer. ▷ *Être à tu et à toi avec qqn,* être intime, familier avec lui. – Mot lat., cas nominatif et vocatif.

tuable [tɥabl] adj. Rare Qu'on peut tuer. – De *tuer.*

tuant, ante [tɥɑ̃, ɑ̃t] adj. Fam. (Choses) Très fatigant, épuisant. *Un travail tuant.* – (Personnes) Ennuyeux, insupportable. – Ppr. de *tuer.*

tub [tœb] n. m. (Anglicisme) Anc. Grande cuvette utilisée pour les ablutions du corps. – Ablutions ainsi pratiquées. *Prendre un tub.* – Mot angl., « cuve, baquet, baignoire ».

1. tuba [tyba] n. m. MUS Instrument à vent de la famille des saxhorns, surtout utilisé comme basse de trombone. – Mot lat., « trompette » ; par l'all. *Bass-tuba.*

2. tuba [tyba] n. m. Tube respiratoire utilisé pour nager la tête sous l'eau. – Mot lat., « trompette ».

tubage [tybaʒ] n. m. **1.** MED Introduction dans un organe creux (estomac, bronches, notam.) et par les voies naturelles, d'un tube souple à une fin thérapeutique (ex. : *tubage de larynx,* pour empêcher l'asphyxie) ou diagnostique. **2.** TECH Mise en place de tubes. – De *tube.*

tubaire [tybɛʀ] adj. MED **1.** Relatif aux trompes de Fallope. *Grossesse tubaire :* forme de grossesse extra-utérine. ▷ Relatif aux trompes d'Eustache. **2.** *Souffle tubaire :* souffle inspiratoire perçu à l'auscultation dans la pneumonie (comme si l'air passait dans un tube). – Du lat. *tubus,* « tuyau, conduit ».

tubard, arde [tybaʀ, aʀd] adj. et n. Pop. Atteint de tuberculose. – De *tuberculeux.*

tube [tyb] n. m. **1.** Conduit généralement rigide, à section circulaire et d'un petit diamètre ; appareil cylindrique, rectiligne ou coudé, ouvert à une ou aux deux extrémités et servant à divers usages. *Tube d'une canalisation. Les tubes d'une chaudière.* – *Tube à essai,* en verre, fermé à un bout et utilisé notam. en chimie. ▷ *Tube électronique* ou *tube à vide :* ampoule contenant au moins deux électrodes entre lesquelles peut s'établir un courant électrique. – *Tube luminescent, tube fluorescent :* tube de verre rempli d'un gaz pour l'éclairage. – *Tube cathodique,* dans lequel un faisceau d'électrons balayant un écran fluorescent (pinceaux d'électrons) permet de visualiser des signaux. ▷ PHYS *Tube de Pitot,* pour mesurer la vitesse d'écoulement d'un fluide. **2.** Loc. fig., fam. *À pleins tubes :* à pleine puissance. *Rouler à pleins tubes. Faire marcher la télé à pleins tubes.* **3.** Fam. Chanson, disque à succès. **4.** Conduit naturel. ▷ ANAT *Tube digestif :* œsophage. ▷ BOT *Tube criblé :* conducteur de la sève élaborée. – *Tube pollinique :* prolongement émis par le grain de pollen au cours de sa germination et par lequel il atteint l'oosphère de l'ovule. **5.** Emballage cylindrique fermé par un bouchon. *Tube d'aspirine.* **6.** *Par ext.* Emballage souple, de forme cylindrique, à bouchon vissé, destiné à recevoir une matière pâteuse. *Tube de dentifrice.* **7.** Anc. Haut-de-forme. – Lat. *tubus* ;d'abord « voûte ».

tuber [tybe] v. tr. [1] TECH Garnir de tubes (un trou après forage). – De *tube.*

tubercule [tybɛʀkyl] n. m. **I. 1.** Excroissance d'une racine, d'un rhizome (plus rarement d'une tige aérienne), où sont accumulées diverses substances qui servent à la plante de réserve nutritive. *Tubercules comestibles* (pomme de terre, manioc, etc.). **2.** ANAT Petite éminence à la surface d'un organe. *Tubercules quadrijumeaux.* **II.** MED Vx Tumeur. ▷ Nodule de formation pathologique, contenant des bacilles de Koch, caractéristique de la tuberculose. – Lat. méd. *tuberculum,* de *tuber,* « truffe, excroissance ».

tuberculeux, euse [tybɛʀkylø, øz] adj. et n. **I.** BOT Qui produit des tubercules. *Plante tuberculeuse.* **II.** MED **1.** Qui s'accompagne de production de tubercules pathologiques. **2.** Relatif à la tuberculose. *Méningite tuberculeuse.* ▷ Qui est atteint de tuberculose. Subst. *Un tuberculeux, une tuberculeuse.* (Abrév. pop. : tubard, arde.) – De *tubercule.*

tuberculination [tybɛʀkylinɑsjɔ̃] ou **tuberculinisation** [tybɛʀkylinizɑsjɔ̃] n. f. MED, MED VET Injection de tuberculine (pour déceler une tuberculose). – De *tuberculine.*

tuberculine [tybɛʀkylin] n. f. MED Substance extraite de la culture de bacilles tuberculeux et qui, injectée par voie intradermique, provoque chez les sujets déjà sensibilisés (malades tuberculeux, sujets vaccinés par le B.C.G.) une cuti-réaction caractéristique. – De *tuberculeux.*

tuberculinique [tybɛʀkylinik] adj. MED Relatif à la tuberculine. *Réaction tuberculinique.* – De *tuberculine.*

tuberculinisation. V. tuberculination.

tuberculisation [tybɛʀkylizasjɔ̃] n. f. MED Envahissement de l'organisme par le bacille de Koch. – De *tuberculiser.*

tuberculiser [tybɛʀkylize] v. tr. [1] MED Rendre tuberculeux. ▷ v. pron. Subir une tuberculisation. – De *tubercule.*

tuberculose [tybɛʀkyloz] n. f. Maladie infectieuse contagieuse due au bacille de Koch et qui affecte les poumons (le plus souvent), les reins, les os, etc. – De *tubercule.*

tubéreuse [tybeʀøz] n. f. Plante vivace bulbeuse (*Polianthes tuberosa,* fam. amaryllidacées) à haute tige portant des grappes de fleurs très parfumées ; ces fleurs. – Fém. subst. de *tubéreux.*

tubéreux, euse [tybeʀø, øz] adj. BOT Qui présente des tubercules ou des tubérosités. Syn. tuberculeux(bot.). *Racines tubéreuses.* – Lat. *tuberosus,* « garni de protubérances ».

tubérisation [tybeʀizasjɔ̃] n. f. BOT Transformation en tubercule d'une tige, d'une racine. – Du lat. *tuber,* « excroissance ».

tubérisé, ée [tybeʀize] adj. BOT Qui forme un tubercule. *Racine tubérisée.* – De *tubérisation.*

tubérosité [tybeʀozite] n. f. **1.** BOT Épaississement ou nodosité en forme de tubercule. **2.** ANAT Éminence arrondie, protubérance. *Tubérosité osseuse* (où s'accrochent des muscles ou des ligaments). – De *tubéreux.*

tubi-. Élément, du lat. *tubus,* « tube ».

tubicole [tybikɔl] adj. ZOOL Se dit des animaux (certains vers annélides, notam.) qui vivent dans un tube calcaire ou membraneux qu'ils construisent. – De *tubi-,* et *-cole.*

tubifère [tybifɛʀ] adj. Qui porte un ou plusieurs tubes. – De *tubi-,* et *-fère.*

tubifex [tybifɛks] n. m. ZOOL Petit ver annélide tubicole oligochète (*Tubifex tubifex*) qui vit dans la vase des ruisseaux. – De *tubi-,* et suff. lat. *-fex,* « qui fait ».

tubiflorales [tybiflɔʀal] n. f. pl. BOT Ordre de plantes dicotylédones gamopétales à fleurs en cornet régulières (convolvulacées, par ex.) ou zygomorphes (labiées, par ex.). – Sing. *Une tubiflorale.* – De *tubi-,* et *floral.*

tubipore [tybipɔʀ] n. m. ZOOL Cnidaire octocoralliaire *(Tubipora musica)* dont les polypes sécrètent un squelette compact, rouge intense, formant des petits tubes parallèles. (Dits aussi *orgues de mer,* les tubipores participent à la formation des récifs coralliens.) – De *tubi-*, et *pore*.

tubiste [tybist] n. m. TECH Ouvrier qui travaille en caisson pressurisé, sous l'eau. – De *tube*.

tubitèle [tybitɛl] adj. et n. m. ZOOL Se dit d'araignées qui tissent une toile munie d'un tube où elles se mettent à l'affût. ▷ n. m. *Un tubitèle*. – De *tubi-*, et lat. *tela*, « toile ».

tubulaire [tybylɛʀ] adj. **1.** Qui a la forme d'un tube. *Conduit tubulaire*. **2.** Qui est formé de tubes métalliques. *Châssis tubulaire*. **3.** ANAT Relatif au(x) tubule(s) urinaire(s). – Du lat. *tubulus*, « petit tuyau ».

tubule [tybyl] n. m. ANAT *Tubule rénal* ou *urinaire* : deuxième partie du néphron, qui fait suite au glomérule. – Du lat. *tubulus*, dimin. de *tubus*, « tube ».

tubulé, ée [tybyle] adj. **1.** SC NAT Qui présente un ou plusieurs tubes. *Fleur tubulée* **2.** TECH Qui présente une ou plusieurs tubulures. – Lat. *tubulatus*, « pourvu de tuyaux ».

tubuleux, euse [tybylø, øz] adj. SC NAT En forme de tube. *Corolle tubuleuse*. – Du lat. *tubulus*, « petit tuyau ».

tubulidentés [tybylidɑ̃te] n. m. pl. ZOOL Ordre de mammifères ongulés aux dents en forme de tubes, ne comprenant qu'une seule espèce, l'oryctérope*. – Sing. *Un tubulidenté*. – Du lat. *tubulus*, dimin. de *tubus*, « tube », et de *denté*.

tubuliflores [tybyliflɔʀ] n. f. pl. BOT Tribu de composées (chardon, bleuet, artichaut, etc.) dont les capitules présentent un réceptacle convexe et dont les fleurs comportent une corolle tubuleuse. – Sing. *Une tubuliflore*. – Du lat. *tubulus*, « petit tuyau », et *flos, floris*, « fleur ».

tubulonéphrite [tybylonefʀit] n. f. MED Néphropathie affectant exclusivement les tubules rénaux. – De *tubule*, et *néphrite*.

tubulure [tybylyʀ] n. f. **1.** TECH Orifice cylindrique destiné à recevoir un tube. **2.** Ensemble des tubes d'un système tubulaire. *La tubulure de cet appareil est réalisée dans un alliage spécial*. ▷ Petit tube servant de conduit. *Tubulure d'admission, d'alimentation* (dans un moteur). – Du lat. *tubulus*, « petit tube ».

tudesque [tydɛsk] adj. **1.** Vx Germanique. **2.** Vx, fig. et péjor. Rude, brutal. *Manières tudesques*. – Lat. médiév. *theudiscus*, frq. **theudisk*, « teuton »; cf. all. mod. *deutsch*.

tudieu ! [tydjø] interj. Ancien juron (XVIe et XVIIe s.), encore employé parfois par plaisanterie. – Abrév. de *(par la ver)tu (de) Dieu*.

tyé, ée [tɥe] adj. et n. **1.** (Personnes) Mort de manière violente. *Les soldats tués au front*. ▷ Subst. Victime. *Il y a plus de cent tués dans la catastrophe*. **2.** (Animaux) Mis à mort. – Pp. de *tuer*.

tue-chien [tyʃjɛ̃] n. m. inv. Rég. **1.** Morelle noire. **2.** Colchique d'automne. – De *tuer*, et *chien*.

tue-diable [tydjabl] n. m. inv. PECHE Poisson artificiel servant d'appât pour la pêche. – De *tuer*, et *diable*.

tue-mouches [tymuʃ] n. m. inv. et adj. **1.** (En appos.) *Amanite tue-mouches* : fausse oronge, champignon vénéneux mais non mortel. **2.** adj. *Papier, ruban tue-mouches* : papier recouvert d'une substance gluante et nocive qui attire les mouches et sur lequel elles meurent. – De *tuer*, et *mouche*.

tuer [tɥe] v. [1] **I.** v. tr. **1.** (Sujet n. de personne.) Faire mourir (qqn) de manière violente. *Il est en prison pour avoir tué sa femme. Tuer qqn accidentellement*. **2.** (Sujet n. de chose.) *La route tue chaque année plusieurs milliers de personnes. Le chagrin l'a tué*. **3.** Mettre à mort (un animal). *Tuer un sanglier à la chasse. Tuer le cochon*. ▷ *Les insecticides tuent les insectes*. **4.** Fig. Faire cesser; ruiner. *La jalousie tue l'amitié*. – *Tuer dans l'œuf* : écraser (qqch) avant tout développement. – *Tuer le temps*, l'occuper pour ne pas trop s'ennuyer. **5.** Exténuer, éreinter; agacer, importuner excessivement. *Ces courses en ville m'ont tué*. – Fam. *Ça me tue de vous entendre parler comme ça !* **II.** v. pron. **1.** Se donner la mort, se suicider. ▷ Mourir dans un accident. *Il s'est tué en voiture*. **2.** Fig. Ruiner sa santé. *Se tuer au travail*. – Se donner beaucoup de peine. *Je me suis tué à essayer de le leur faire comprendre*. – Orig. indéterminée, p.-ê. lat. pop. **tutare*, class. *tutari*, « protéger », en lat. médiév. « éteindre » (ex. : *tutare candelam*, « couvrir, étouffer la chandelle »); mais en a. fr. *tuer* signifie d'abord « frapper, assommer », comme le lat. *tundere*.

tuerie [tyʀi] n. f. Carnage, massacre. – De *tuer*.

tue-tête (à) [atytɛt] loc. adv. *Crier, chanter à tue-tête*, de toutes ses forces, au point d'étourdir (de casser la tête à) son entourage. – De *tuer*, et *tête*.

tueur, euse [tɥœʀ, øz] n. **1.** Personne qui tue; assassin. ▷ Spécial. *Tueur à gages** ou, absol., *tueur*. *Il a été assassiné par un tueur*. **2.** n. m. TECH Ouvrier chargé de l'abattage des animaux de boucherie. – De *tuer*.

tuf [tyf] n. m. **1.** Roche non homogène poreuse, souvent pulvérulente, soit d'origine sédimentaire (*tuf calcaire*), soit d'origine éruptive (*tuf volcanique*), agrégat qu'on trouve sous forme de strates grossières, souvent sous une mince couche de terre. **2.** Fig. et litt. Élément originel caché. – Lat. *tofus*; ital. *tufo*.

tuffeau ou **tufeau** [tyfo] n. m. TECH Variété de tuf calcaire utilisé en construction. – De *tuf*.

tuile [tɥil] n. f. **1.** Plaque de terre cuite servant à la couverture de certains édifices. *Tuile ronde, tuile plate*. – (Sens collectif.) *Couverture en tuile*. ▷ *Par ext.* Plaque de même forme mais d'une autre matière destinée au même usage. *Des tuiles d'ardoise*. **2.** Fig. et fam. Événement imprévu et fâcheux (comme une tuile qui tomberait sur la tête de qqn). **3.** *Par anal.* Biscuit aux amandes dont la forme rappelle celle des tuiles rondes. – Lat. *tegula*, de *tegere*, « couvrir ».

tuileau [tɥilo] n. m. TECH Fragment de tuile cassée. – Dimin. de *tuile*.

tuilerie [tɥilʀi] n. f. Fabrique de tuiles; four où les tuiles sont cuites. – De *tuile*.

tuilier, ère [tɥilje, ɛʀ] adj. et n. **1.** adj. Relatif à la fabrication des tuiles. *L'industrie tuilière*. **2.** n. Ouvrier, ouvrière qui fait des tuiles. – De *tuile*.

tularémie [tylaʀemi] n. f. MED, MED VET Maladie épidémique du lapin et du lièvre due à une bactérie (*Francisella tularensis*) et transmise à l'homme par contact avec le gibier infecté. – Du nom du comté de *Tulare*, en Californie, où la maladie fut découverte.

tulipe [tylip] n. f. **1.** Plante bulbeuse ornementale (genre *Tulipa*, fam. liliacées) à haute tige, portant une fleur de couleur variable (blanche, rouge, etc.); cette fleur. *La culture des tulipes a permis de sélectionner plusieurs centaines de variétés*. **2.** Objet en forme de tulipe. – Du turc *tülbend*, « (plante) turban ».

tulipier [tylipje] n. m. Arbre ornemental d'Amérique du Nord (*Liriodendron tulipifera*, fam. magnoliacées), dit aussi *tulipier de Virginie*, et dont les grosses fleurs ressemblent aux tulipes. – De *tulipe*.

tulle [tyl] n. m. Tissu léger et transparent à mailles rondes ou polygonales. *Tulle de coton, de soie. Robe, voile de tulle*. ▷ *Tulle gras*, employé dans les pansements. – Du nom de la ville de *Tulle*, en Corrèze.

tullerie [tylʀi] n. f. TECH Fabrique de tulle; commerce du tulle. – De *tulle*.

tulliste [tylist] n. TECH Patron ou ouvrier d'une tullerie. – De *tulle*.

tumba [tumba] n. m. Tambour oblong à une seule peau, originaire d'Afrique. – Mot bantou.

tuméfaction [tymefaksjɔ̃] n. f. **1.** Augmentation pathologique du volume d'un organe ou d'un tissu. **2.** Partie tuméfiée. – Lat. mod. *tumefactio*, de *tumefacere*, « tuméfier ».

tuméfier [tymefje] v. tr. [2] Causer une tuméfaction. *Le coup lui a tuméfié la lèvre.* ▷ v. pron. S'enfler anormalement. – Du lat. *tumefacere*, « gonfler ».

tumescence [tymɛsɑ̃s] n. f. ANAT, MED Gonflement (des tissus). – Du lat. *tumescens*, de *tumescere*, « gonfler ».

tumescent, ente [tymɛsɑ̃, ɑ̃t] adj. ANAT, MED Qui s'enfle, qui se boursoufle. – Lat. *tumescens*.

tumeur [tymœʀ] n. f. Prolifération tissulaire pathologique résultant d'une activité anormale des cellules et ayant tendance à persister ou à augmenter de volume. *Tumeur bénigne* : tumeur localisée, circonscrite, ne se généralisant pas et ne présentant aucune monstruosité cellulaire (verrue, adénome, lipome, fibrome, etc.). *Tumeur maligne* : V. cancer. ▷ BOT *Tumeur végétale* : prolifération tissulaire désordonnée, provoquée par une entaille ou un agent bactérien. V. galle. – Lat. *tumor*, de *tumere*, « enfler ».

tumoral, ale, aux [tymɔʀal, o] adj. MED Relatif ou propre à une tumeur. – De *tumeur*.

tumulte [tymylt] n. m. **1.** Grand mouvement de personnes, accompagné de bruit et de désordre. *Un grand tumulte s'éleva dans l'assemblée.* ▷ Loc. adv. Vieilli *En tumulte* : en désordre et bruyamment. **2.** Agitation bruyante. *Le tumulte de la rue.* ▷ Par ext. Litt. (En parlant des éléments déchaînés.) *Le tumulte des flots.* **3.** Activité fébrile, désordonnée. *Le tumulte des affaires.* ▷ Fig. Agitation, grand désordre (des sentiments, des passions). – Lat. *tumultus*, « soulèvement », de *tumere*, « enfler ».

tumultueusement [tymyltɥøzmɑ̃] adv. En tumulte. – De *tumultueux*.

tumultueux, euse [tymyltɥø, øz] adj. **1.** Qui se fait avec tumulte. *Séance tumultueuse*, orageuse. **2.** Litt. (En parlant des éléments.) Furieux, violent. *Flots tumultueux.* **3.** Qui est plein d'agitation, de désordre. *Une vie, une passion tumultueuse.* – Lat. *tumultuosus*.

tumulus [tymylys] n. m. ARCHEOL Grand amas de terre ou de pierres que certains peuples anciens élevaient au-dessus de leurs sépultures. *Des tumulus* ou *des tumuli.* – Mot lat., « tertre ».

tuner [tynɛʀ] n. m. (Anglicisme) TECH Élément d'une chaîne haute fidélité destiné à la seule réception des émissions de radio (notam. en modulation de fréquence). Syn. (off. conseillé) syntoniseur. – Mot angl., de *to tune*, « accorder ».

tungstate [tœ̃gstat] n. m. CHIM Sel d'un acide tungstique. – De *tungst(ène)*, et *-ate*.

tungstène [tœ̃gstɛn] n. m. Élément métallique de numéro atomique Z = 74, de masse atomique 183,85 (symbole W, de *wolfram*, son minerai). – Métal (W) gris, de densité 19,3, qui fond vers 3 410 °C et bout vers 5 660 °C. *Hautement réfractaire, le tungstène est employé notam. dans la fabrication des filaments de lampe à incandescence.* – Suédois *tungsten*, « pierre *(sten)* lourde *(tung)* ».

tungstique [tœ̃gstik] adj. CHIM Se dit de divers acides dérivés du tungstène, correspondant au degré d'oxydation + 6. – De *tungst(ène)*, et *-ique*.

tunicelle [tynisɛl] n. f. LITURG CATHOL Ornement sacerdotal autrefois porté par les évêques. – Lat médiév. *tunicella*, du class. *tunica*, « tunique ».

tuniciers [tynisje] n. m. pl. ZOOL Sous-embranchement de cordés marins, solitaires ou coloniaux, fixés (ascidies du littoral) ou libres (formes planctoniques et pélagiques). Syn. urocordés. – Sing. *Un tunicier.* – De *tunique*.

tunique [tynik] n. f. **I. 1.** ANTIQ ROM Première pièce de l'habillement devenu vêtement de dessous, sorte de chemise avec ou sans manches, d'abord agrafée puis cousue. **2.** LITURG CATHOL Ornement que porte le sous-diacre quand il officie. **3.** Veste d'uniforme à col droit, sans basques, serrée à la taille. *Tunique d'officier.* **4.** Corsage long avec ou sans manches, vêtement couvrant le buste, en général en étoffe légère, porté par-dessus une jupe, un pantalon. **II.** ANAT Enveloppe membraneuse, gaine qui protège certains organes. *Les tuniques de l'œil.* ▷ BOT Enveloppe d'un bulbe. – Lat. *tunica*.

tuniqué, ée [tynike] adj. SC NAT Enveloppé d'une ou de plusieurs tuniques. *Bulbe tuniqué.* – De *tunique*.

tunisien, enne [tynizjɛ̃, ɛn] adj. et n. De Tunisie, État d'Afrique du Nord. ▷ Subst. *Un(e) Tunisien(ne).*

tunnel [tynɛl] n. m. **1.** Passage souterrain, galerie creusée pour livrer passage à une voie de communication. *Tunnel ferroviaire, routier. Les tunnels du métro.* ▷ *Par ext.* Toute galerie souterraine. *Le prisonnier a creusé un tunnel pour s'évader.* **2.** Galerie aveugle de certains dispositifs techniques. *Tunnel aérodynamique d'une soufflerie. Four à tunnel.* – Par anal. AGRIC Abri en matière plastique utilisé dans la production de primeurs. **3.** Fig. Période sombre, pénible, difficile. *Voir le bout du tunnel, sortir du tunnel.* **4.** PHYS *Effet tunnel* : en mécanique quantique, phénomène selon lequel une particule, arrivant sur une « barrière » au potentiel d'énergie plus élevé que la particule elle-même, possède une probabilité non nulle de traverser cette barrière (comme dans un tunnel). – Mot angl., du fr. *tonnelle*, « longue voûte en berceau ».

tunnelier [tynəlje] n. m. TRAV PUBL Appareil très puissant servant à creuser des tunnels. – De *tunnel*.

tupi [tupi ; typi] adj. inv. et n. m. inv. **1.** adj. Relatif aux Tupis, groupe ethnique amérindien (Brésil, Paraguay, notam.). *Tribus tupi.* **2.** n. m. inv. LING *Le tupi* : la langue de la famille tupi-guarani, parlée par les Tupis. – Mot indigène.

tupi-guarani [tupigwaʀani ; typigwaʀani] adj. inv. et n. m. inv. LING *Les langues tupi-guarani* ou, n. m., *le tupi-guarani* : groupe de langues indiennes d'Amérique du Sud. – Mot indigène.

tuque [tyk] n. f. (Canada) Bonnet en laine, porté serré à la tête, souvent de forme conique et surmonté d'un pompon ou d'un gland. – D'un préroman **tukka*, « courge ; colline ».

turban [tyʀbɑ̃] n. m. **1.** Coiffure masculine faite d'une longue pièce d'étoffe enroulée autour de la tête, portée dans plusieurs pays orientaux. **2.** Coiffure féminine analogue au turban oriental. **3.** Nom de fleurs, de coquilles affectant la forme du turban. ▷ En appos. *Lis turban* ou *martagon**. – Altér. du turc *tülbend*.

turbe [tyʀb] n. f. DR ANC *Enquête par turbe*, faite d'après le témoignage de plusieurs habitants pour constater les usages, les coutumes d'un lieu. – Lat. *turba*, « foule ».

turbé ou **turbeh** [tyʀbe] n. m. Petite chapelle cubique surmontée d'une coupole en pierre, élevée sur le tombeau d'un haut personnage chez les musulmans. – Ar. *torbeh*, « tombe ».

turbellariés [tyʀbelaʀje] n. m. pl. ZOOL Classe de plathelminthes carnassiers, le plus souvent libres et marins, caractérisés par un épiderme entièrement couvert de cils locomoteurs. – Sing. *Un turbellarié.* – Du lat. *turbella*, de *turba*, « agitation », à cause du mouvement des cils vibratiles.

turbidité [tyʀbidite] n. f. Rare État d'un liquide trouble. – Du lat. *turbidus*, « agité ».

turbin [tyʀbɛ̃] n. m. Arg. Travail. ▷ *Spécial.* Travail rémunéré. – Déverbal de *turbiner* 2.

turbinage [tyʀbinaʒ] n. m. TECH Action de turbiner. – De *turbiner* 1.

turbine [tyʀbin] n. f. **1.** Moteur dont l'élément essentiel est une roue portant à sa périphérie des ailettes ou des aubes, mise en rotation par un fluide; cette roue elle-même. *Turbine à vapeur, à gaz, hydraulique. Rotor* d'une turbine.* **2.** Machine à essorer par centrifugation, utilisée notam. dans l'industrie sucrière. – Du lat. *turbo, turbinis,* «tourbillon, toupie».

turbiné, ée [tyʀbine] adj. SC NAT En forme de toupie; conique. *Coquille turbinée.* – Lat. *turbinatus,* de *turbo, turbinis,* «toupie».

1. turbiner [tyʀbine] v. tr. [1] TECH **1.** Faire passer (un fluide) dans une, des turbines, pour en utiliser la force motrice. *Turbiner l'eau d'une retenue.* **2.** Essorer (des cristaux de sucre) au moyen d'une turbine. – De *turbine.*

2. turbiner [tyʀbine] v. intr. [1] Arg. Travailler dur. – D'ap. le lat. *turbo,* «tourbillon, toupie».

turbo-. Élément, du lat. *turbo, turbinis,* «tourbillon, toupie».

1. turbo [tyʀbo] n. m. ZOOL Mollusque gastéropode de l'océan Indien et de l'océan Pacifique (*Turbo marmoratus*), dont la belle coquille spiralée atteint 15 à 20 cm. – Mot lat., «toupie».

2. turbo [tyʀbo] n. Abrév. de *turbocompresseur* ou de *turbomoteur.* ▷ (En appos.) *Moteur turbo,* suralimenté par un turbocompresseur. – n. f. Voiture munie de ce type de moteur.

turbo-alternateur [tyʀboaltɛʀnatœʀ] n. m. TECH Groupe électrogène dans lequel sont montés sur le même axe un alternateur et une turbine. – De *turbo-,* et *alternateur.*

turbocompresseur [tyʀbokɔ̃pʀesœʀ] n. m. TECH Compresseur entraîné par une turbine. (Abrév. : turbo). – De *turbo-,* et *compresseur.*

turboforage [tyʀbofɔʀaʒ] n. m. TECH Forage effectué par un trépan couplé à une turbine actionnée par la circulation des boues. – De *turbo-,* et *forage.*

turbomachine [tyʀbomaʃin] n. f. Didac. Toute machine qui agit sur un fluide ou qu'actionne un fluide par l'intermédiaire d'un organe rotatif (roue à aubes ou à ailettes, hélices, etc.). – De *turbo-,* et *machine.*

turbomoteur [tyʀbomɔtœʀ] n. m. TECH Moteur dont l'élément essentiel est une turbine. (Abrév. : turbo). – De *turbo-,* et *moteur.*

turbopompe [tyʀbopɔ̃p] n. f. TECH Pompe entraînée par une turbine. – De *turbo-,* et *pompe.*

turbopropulseur [tyʀbopʀɔpylsœʀ] n. m. AVIAT Moteur constitué d'une turbine à gaz entraînant une ou plusieurs hélices. – De *turbo-,* et *propulseur.*

turboréacteur [tyʀboʀeaktœʀ] n. m. AVIAT Moteur à réaction à combustion continue, comprenant une turbine à gaz et un compresseur d'alimentation tournant sur le même arbre. – De *turbo-,* et *réacteur.*

turbosoufflante [tyʀbosuflɑ̃t] n. f. TECH Groupe comprenant une turbine motrice et un dispositif soufflant (ventilateur, etc.) montés sur le même axe. – De *turbo-,* et *soufflante.*

turbostatoréacteur [tyʀbostatoʀeaktœʀ] n. m. AVIAT Propulseur d'avion combinant un turboréacteur et un statoréacteur, et permettant d'obtenir des poussées élevées dans une large gamme de vitesses. – De *turbo-,* et *statoréacteur.*

turbot [tyʀbo] n. m. Poisson carnassier des mers européennes (*Rhombus maximus,* fam. pleuronectidés), comestible, au corps plat en forme de losange, coloré sur la face supérieure d'un gris verdâtre marbré de brun. – Du scand. **thorn,* «épine», et *-butr,* «barbue».

turbotière [tyʀbɔtjɛʀ] n. f. Récipient en losange destiné à faire cuire des turbots ou tout autre poisson. – De *turbot.*

turbotin [tyʀbɔtɛ̃] n. m. Jeune turbot. – Dimin. de *turbot.*

turbotrain [tyʀbotʀɛ̃] n. m. CH de F Train dont la motrice est équipée d'une turbine à gaz et qui peut atteindre des vitesses de l'ordre de 300 km/h. – De *turbo-,* et *train.*

turbovoile [tyʀbovwal] n. f. TECH Cylindre vertical qui équipe un navire et dont les volets mobiles provoquent une aspiration d'air communiquant au bâtiment la force du vent. – De *turbo-,* et *voile.*

turbulence [tyʀbylɑ̃s] n. f. **1.** Caractère d'une personne turbulente. **2.** Agitation, désordre bruyant. **3.** PHYS Irrégularité du mouvement d'un fluide (en écoulement turbulent). ▷ METEO *Turbulence atmosphérique* : agitation de l'atmosphère imputable aux variations de température, aux courants, au relief du sol, etc. – Lat. *turbulentia.*

turbulent, ente [tyʀbylɑ̃, ɑ̃t] adj. **1.** Qui est porté à faire du bruit, à s'agiter, à causer du désordre. *Des enfants turbulents.* ▷ Par ext. (Choses) *Joie turbulente.* Syn. agité, bruyant. Ant. calme. **2.** PHYS *Écoulement turbulent* (d'un fluide) : écoulement irrégulier, caractérisé par la formation de tourbillons et par l'interaction des filets fluides (par oppos. à *écoulement laminaire**). – Lat. *turbulentus,* rad. *turbare,* «troubler».

1. turc, turque [tyʀk] adj. et n. **I.** adj. et n. **1.** adj. et n. De Turquie, État d'Asie occidentale et d'Europe. ▷ *Bain turc* : bain de vapeur suivi d'un massage. – *Café turc* : café noir très fort, servi avec le marc. ▷ *À la turque* : à la manière turque. *Cabinets d'aisances à la turque,* sans siège. – MUS Se dit d'un morceau à 2/4 au rythme accentué. **2.** n. Habitant ou personne originaire de la Turquie. *Un Turc, une Turque.* ▷ Loc. *Fort comme un Turc* : très fort. – *Tête de Turc* : V. tête. **II.** n. m. LING *Le turc.* **1.** Branche de la famille des langues altaïques (V. encycl. langue) qui comprend notam. le turc proprement dit et les langues parlées en Asie centrale, en Sibérie, dans l'Altaï et dans le Caucase. ▷ adj. *Les langues turques.* **2.** *Spécial.* Langue turque parlée en Turquie. – Gr. byzantin *Tourkos,* mot persan et ar., de *Türküt,* mot mongol.

2. turc [tyʀk] n. m. **1.** Larve du hanneton, ver blanc. **2.** Larve nuisible de divers insectes des vergers. – P.-ê. métaph. plaisante de *turc* 1, parce qu'il s'attaque aux poiriers de *bon-chrétien.*

turcique [tyʀsik] adj. ANAT *Selle turcique* : dépression du sphénoïde dans laquelle est logée l'hypophyse. – De l'anc. expression *selle turque,* par le lat. mod. *turcicus,* «turc».

turco [tyʀko] n. m. Anc. Tirailleur algérien. – Mot ital. «turc», par le sabir algérien, l'Algérie ayant été sous domination turque jusqu'en 1830.

turco-mongol, ole [tyʀkomɔ̃gɔl] adj. et n. m. LING Se dit d'une famille de langues, dites aussi altaïques, regroupant le turc, le mongol, le toungouse. *Langues turco-mongoles.* ▷ *Par ext.* Se dit des peuplades qui parlent ou parlèrent ces langues. – De *turc* 1, et *mongol.*
ENCYCL La branche turque des langues turco-mongoles est parlée dans une partie de l'Asie centrale, occid. et méridionale, et une petite portion de l'Europe. On compte une douzaine de langues dont le turc, le tatar, le kirghiz, l'ouzbek et l'ouïgour. Les langues mongoles s'étendent, au centre de l'Asie, de l'Afghānistān à la Mongolie. Les langues tongouses, dont le mandchou,

sont parlées au N. de l'Asie, du Pacifique à l'Ienisseï et de l'Arctique à l'Amour.

turdidés [tyʀdide] n. m. pl. ORNITH Famille d'oiseaux passériformes insectivores (merles, grives, rossignols, rouges-gorges, traquets, etc.), au bec robuste, aux pattes souvent longues et fortes. - Sing. *Un turdidé.* – Du lat. *turdus,* « grive », et *-idé.*

turf [tœʀf] n. m. **1.** Endroit où ont lieu les courses de chevaux. **2.** *Le turf :* tout ce qui se rattache au monde des courses, aux chevaux de course. **3.** Fig., arg. Prostitution. *Faire le turf.* - Par ext. *Aller au turf :* aller travailler. – Mot angl., « pelouse ».

turfiste [tœʀfist] n. Habitué des champs de courses, parieur. – De *turf.*

turgescence [tyʀʒɛsɑ̃s] n. f. **1.** PHYSIOL Augmentation du volume d'un organe due à une rétention de sang veineux (pénis en érection, par ex.). **2.** BOT État normal des cellules végétales gorgées d'eau. – Lat. sav. *turgescentia,* de *turgescere,* « se gonfler ».

turgescent, ente [tyʀʒɛsɑ̃, ɑ̃t] adj. PHYSIOL En état de turgescence. ▷ Litt. Gonflé. – Lat. *turgescens,* ppr. de *turgescere,* « se gonfler ».

turion [tyʀjɔ̃] n. m. BOT **1.** Bourgeon dormant de certaines plantes (plantes aquatiques, notam.), leur permettant de résister à la mauvaise saison. **2.** Jeune pousse souterraine. *Turions d'asperge.* – Lat. *turio,* « jeune pousse ».

turkmène [tyʀkmɛn] adj. et n. m. **1.** adj. Relatif aux Turkmènes; du Turkménistan, É situé sur la mer Caspienne. ▷ Subst. *Un(e) Turkmène.* **2.** n. m. *Le turkmène :* la langue turque parlée principalement au Turkménistan. – Mot persan.

turlupinade [tyʀlypinad] n. f. Vieilli **1.** Farce (généralement désagréable). **2.** Tracasserie. – De *Turlupin* (1587-1637),surnom d'un acteur français qui créa un personnage de farce.

turlupiner [tyʀlypine] v. [1] **1.** v. intr. Vx Faire des farces. **2.** v. tr. Fam. Tracasser, tourmenter. *Ça me turlupine, cette histoire.* – De *Turlupin.* V. turlupinade.

turlutaine [tyʀlytɛn] n. f. Vieilli Propos qu'on répète sans cesse; manie, marotte. – Du rad. onomat. de *turlututu.*

turlutte [tyʀlyt] n. f. TECH Engin de pêche constitué d'une tige de plomb armée à la base d'hameçons disposés en couronne. – Probablement de l'a. fr. *ture lure,* dans les refrains de chanson, exprimant la répétition.

turlututu [tyʀlytyty] interj. Exclamation exprimant la moquerie. *Turlututu chapeau pointu!* – Onomat. pour imiter le son de la flûte.

turne [tyʀn] n. f. Pop. Chambre ou maison malpropre et inconfortable. ▷ Arg. (de l'École normale supérieure). Chambre. (On écrit aussi *thurne.*) – Alsacien *türn,* « prison », all. *Turm,* « tour ».

turnep [tyʀnɛp] ou **turneps** [tyʀnɛps] n. m. AGRIC Variété de navet. – Angl. *turnip,* de *to turn,* « tourner », et anc. angl. *naep,* « navet », lat. *napus.*

turnover [tœʀnɔvœʀ] n. m. (Anglicisme) ECON Syn. de *rotation de la main-d'œuvre.* – Mot angl., de *to turn,* « tourner », et *over,* « par-dessus ».

turpide [tyʀpid] adj. Litt. Qui est moralement laid. – Lat. *turpis,* « laid, honteux ».

turpitude [tyʀpityd] n. f. **1.** Caractère ignominieux qui résulte d'actions basses, honteuses. **2.** *Une (des) turpitude(s) :* une action, une parole honteuse. Syn. infamie. – Lat. *turpitudo,* de *turpis,* « honteux ».

turquerie [tyʀkəʀi] n. f. (Souvent péjor.) Composition littéraire ou artistique à la manière turque, dans le goût turc. – De *turc, turque.*

turquin [tyʀkɛ̃] adj. m. Litt. D'un bleu foncé. *Bleu turquin.* ▷ Spécial. *Marbre turquin,* bleu à veines blanches. – Ital. *turchino,* « turquoise », propr. « de Turquie ».

turquoise [tyʀkwaz] n. et adj. inv. **1.** n. f. Pierre semi-précieuse de couleur bleu clair à bleu-vert (phosphate hydraté naturel d'aluminium et de cuivre), utilisée en joaillerie. **2.** adj. inv. Qui a la couleur de la turquoise. *D'un bleu turquoise.* ▷ n. m. *Le turquoise :* la couleur turquoise. – Fém. de l'anc. adj. *turquois,* « turc », var. *turquesse, turquesque.*

turriculé, ée [tyʀ(ʀ)ikyle] adj. ZOOL Se dit des coquilles univalves spiralées en forme de petite tour. – Du lat. *turricula,* « petite tour ».

turritelle [tyʀ(ʀ)itɛl] n. f. ZOOL Mollusque gastéropode prosobranche (genre *Turritella,* plus de 400 espèces connues), à coquille turriculée, très répandu depuis le secondaire (nombreuses espèces fossiles). – Lat. mod. *turritella,* de *turris,* « tour ».

tussah [tysa] ou **tussau** [tyso] n. m. Soie indienne sauvage produite par un ver autre que le bombyx du mûrier. – Angl. *tussah,* de l'hindi *tasar.*

tussilage [tysilaʒ] n. m. Plante herbacée très commune (*Tussilago farfara,* fam. composées), connue pour ses propriétés pectorales. Syn. pas-d'âne. – Lat. *tussilago,* de *tussis,* « toux ».

tussor ou (vieilli) **tussore** [tysɔʀ] n. m. Étoffe de tussah. ▷ *Par ext.* Étoffe de soie légère. – Angl. *tussore,* de l'hindi *tasar,* « tussah ».

tutélaire [tytelɛʀ] adj. **1.** Qui protège. ▷ Spécial., vieilli *Ange tutélaire :* ange gardien. **2.** DR Qui concerne la tutelle. – Lat. imp. *tutelaris,* de *tutela,* « tutelle ».

tutelle [tytɛl] n. f. **1.** DR Institution légale conférant à un tuteur la charge de prendre soin de la personne et des biens d'un enfant mineur ou d'un interdit; charge, autorité du tuteur. *Conseil de tutelle.* ▷ *Tutelle administrative :* contrôle du gouvernement sur les collectivités ou les services publics. *Ministère de tutelle.* ▷ *Territoire sous tutelle :* territoire (souvent une ancienne colonie) dont l'administration avait été confiée par l'O.N.U. à une grande puissance. ▷ *Tutelle pénale :* peine complémentaire applicable aux récidivistes auteurs de crimes ou de délits (elle remplace, depuis 1970, la relégation). **2.** Protection. *Se placer sous la tutelle des lois.* ▷ Dépendance, surveillance gênante. *Cette tutelle lui pesait.* – Lat. *tutela,* de *tutus,* pp. de *tueri,* « surveiller, regarder ».

tuteur, tutrice [tytœʀ, tytʀis] n. **I. 1.** DR et cour. Personne chargée légalement de veiller sur la personne et les biens d'un mineur ou d'un interdit, de les représenter juridiquement, etc. *Tuteur légal, tutrice légale :* père, mère, ascendant. *Subrogé tuteur :* V. subrogé. - *Tuteur ad hoc,* désigné pour protéger certains intérêts d'un mineur, partic. lorsqu'ils risquent de se trouver en conflit avec les intérêts du tuteur. **2.** Fig. Personne qui protège et soutient qqn. **II.** n.m. Piquet destiné à soutenir, à redresser une plante. – Lat. *tutor, tutrix,* de *tueri,* « surveiller ».

tuteurer [tytœʀe] v. tr. [1] AGRIC Munir d'un tuteur. – De *tuteur* (sens II).

tutoiement [tytwamɑ̃] n. m. Action, fait de tutoyer. – De *tutoyer.*

tutorat [tytɔʀa] n. m. Didac. Fonction de tuteur. – De *tuteur.*

tutoyer [tytwaje] v. tr. [23] User de la deuxième personne du singulier en s'adressant à (qqn). ▷ v. pron. (Récipr.) *Ils se tutoient.* ▷ SPORT *Tutoyer l'obstacle :* dans un concours hippique, toucher l'obstacle, sans le faire tomber, avec les sabots lors de son franchissement (en parlant du cheval). – De *tu,* et *toi.*

tutti [tutti] n. m. inv. MUS Signe sur une partition, pour indiquer que tous les instruments doivent jouer. ▷

Passage musical exécuté par tous les instruments. *Un tutti de cuivres. Un tutti d'orchestre.* – Mot ital., «tous».

tutti frutti [tut(t)ifʀutti] loc. adj. inv. Où se trouve un mélange de fruits divers. ▷ Spécial. *Une glace tutti frutti* ou, n. m. inv., *un tutti frutti.* – Mots ital., «tous fruits».

tutti quanti [tut(t)ikwɑ̃ti] loc. nomi. inv. (À la suite d'une énumération de noms de personnes; employé souvent par dénigrement.) Et toutes les autres personnes de cette espèce. – Mots ital., «tous tant qu'ils sont».

tutu [tyty] n. m. Tenue de scène des danseuses de ballet, composée de plusieurs jupes courtes de gaze, de tulle ou de tarlatane, superposées et très froncées. *Des tutus.* – Déformation enfantine de *cucu,* redoublement de *cul*; d'abord «caleçon collant».

tuyau [tɥijo] n. m. **1.** Conduit à section circulaire, en matière souple, rigide ou flexible, servant à l'écoulement d'un liquide, d'un gaz. *Tuyau de plomb. - Tuyau d'arrosage.* **2.** Conduit; cavité cylindrique. *Tuyau (d'une plume)* : bout creux de la plume des oiseaux. – Tige creuse des céréales. ▷ Fam. *Le tuyau de l'oreille* : le conduit auditif. *Dire qqch dans le tuyau de l'oreille,* tout bas, dans l'oreille. **3.** *Par ext.* Fam. Renseignement confidentiel dont la connaissance peut déterminer la réussite d'une opération. *Avoir de bons tuyaux sur une course* (pour parier sans risque). – Plaisant *Un tuyau crevé,* sans valeur. **4.** Pli cylindrique dont on orne du linge empesé. *Collerette à tuyaux.* – Frq. **thuta,* gothique *thut-haurn,* «cor à sonner»; d'abord *tuiel, tuel.*

tuyautage [tɥijotaʒ] n. m. **1.** Action de tuyauter (du linge); son résultat. **2.** Fam. Action, fait de donner des tuyaux (sens 3). – De *tuyauter.*

tuyauter [tɥijote] v. tr. [1] **1.** Orner (du linge) de tuyaux (sens 4). **2.** Fam. Fournir des renseignements, des tuyaux à (qqn). – De *tuyau.*

tuyauterie [tɥijotʀi] n. f. Ensemble des tuyaux d'une installation. – De *tuyau.*

tuyère [tɥijɛʀ] n. f. TECH **1.** Organe d'éjection des gaz d'un moteur à réaction. **2.** Canalisation qui injecte l'air à la base d'un haut fourneau. – De *tuyau*; d'abord *toiere,* «ouverture où aboutit un tuyau de soufflerie».

TV ou **T.V.** Abrév. de *télévision.*

T.V.A. Abrév. de *taxe* à la valeur ajoutée.*

tweed [twid] n. m. Étoffe de laine cardée (d'abord fabriquée en Écosse) avec un sergé. – Mot angl., altér. de l'écossais *tweel,* angl. *twill,* «étoffe croisée», probabl. sous l'infl. du fl. *Tweed.*

tweeter [twitœʀ] n. m. (Anglicisme) ELECTROACOUST Haut-parleur d'une enceinte acoustique à plusieurs voies, affecté à la restitution des aigus. – Mot angl., de *to tweet,* «gazouiller».

twill [twil] n. m. **1.** Tissu en armure sergée; cette armure. **2.** Très légère étoffe de soie (ou de rayonne) souple. – Mot angl. de *to twill,* «croiser».

twin-set [twinsɛt] n. m. (Anglicisme) Ensemble constitué d'un cardigan et d'un pull-over assortis. *Des twin-sets.* – Mot angl., de *twin,* «jumeau», et *set,* «ensemble».

twist [twist] n. m. Danse sur un rythme rapide, caractérisée par un mouvement de rotation des hanches et des genoux, très en vogue au début des années 60. ▷ Musique sur laquelle se danse le twist. *L'orchestre jouait un twist.* – Mot angl. de *to twist,* «tordre, tourner».

twister [twiste] v. intr. [1] Danser le twist. – De *twist.*

twisteur, euse [twistœʀ, øz] n. Danseur, danseuse de twist. – De *twister.*

tylenchus [tilɛ̃kys] n. m. ZOOL Ver nématode parasite qui attaque diverses cultures (maïs, pomme de terre, etc.), provoquant notam. la *nielle du blé.* – Du gr. *tulos,* «bosse», et *egkhelus,* «anguille».

tympan [tɛ̃pɑ̃] n. m. **1.** ARCHI Espace triangulaire délimité par la corniche et les deux rampants d'un fronton. – Dans un portail d'église romane ou gothique, espace généralement décoré de sculptures entre le linteau et l'archivolte. **2.** ANAT Cavité de l'oreille moyenne entre le conduit externe et l'oreille interne, traversée par une chaîne d'osselets et fermée par la *membrane du tympan.* – Cour. Membrane du tympan. (V. encycl. oreille.) **3.** IMPRIM Cadre de la presse typographique à bras sur lequel se place la feuille à imprimer. **4.** MECA Pignon fixé sur un arbre et qui s'engrène dans les dents d'une roue. *Tympan d'une horloge.* – Du lat. *tympanum,* gr. *tumpanon,* «tambour, tambourin».

tympanal, ale, aux [tɛ̃panal, o] adj. ANAT Du tympan. *Os tympanal* : anneau osseux sur lequel est tendu le tympan. ▷ n. m. *Le tympanal.* – De *tympan.*

tympanique [tɛ̃panik] adj. **1.** ANAT Du tympan. *Cavité, artère tympanique.* **2.** MED *Son tympanique* : sonorité aiguë particulière à la percussion de certaines régions du corps. – De *tympan.*

tympanon [tɛ̃panɔ̃] n. m. MUS Instrument de musique constitué d'une caisse trapézoïdale tendue de cordes métalliques que l'on frappe avec de fines baguettes. – Gr. *tumpanon,* «tambour».

tympanoplastie [tɛ̃panoplasti] n. f. CHIR Opération réparatrice du tympan et des trois osselets de l'oreille moyenne. – De *tympan,* et *-plastie.*

tyndallisation [tɛ̃dalizasjɔ̃] n. f. TECH Procédé de stérilisation, dû à Tyndall, consistant à chauffer à une température nettement inférieure à 100 °C, pendant une heure env., des substances qu'on laisse refroidir, puis qu'on chauffe à nouveau, etc. (De telles températures inhibent la sporulation bactérienne et n'altèrent pas la substance à traiter.) – De J. *Tyndall* (1820-1893), physicien irlandais.

-type, -typie, typo-. Éléments, du gr. *tupos,* «empreinte, modèle».

type [tip] n. m. **I.** TECH **1.** Pièce portant une empreinte, servant à faire de nouvelles empreintes semblables; cette empreinte. **2.** TYPO Modèle de caractère. *Type elzévir.* **II. 1.** Modèle idéal réunissant en lui, à un haut degré de perfection, les caractères essentiels d'une espèce déterminée d'objets ou de personnes; ce qui correspond plus ou moins exactement à un tel modèle. *Chercher à définir un certain type de beau. Harpagon est le type même de l'avare.* – (En appos.) *C'est l'avare type.* **2.** Ensemble des caractères distinctifs propres à une catégorie spécifique d'objets, d'individus, etc. *Les types sanguins.* – BIOL Individu qui présente tous les caractères distinctifs d'une unité taxonomique (taxon); spécimen servant à la description d'une telle unité. – (En appos.) *Le genre «Rosa» est le genre type de la famille des rosacées.* ▷ Cour. *Types humains* (considérés selon des critères divers, souvent arbitraires). *Le type anglais.* ▷ Par ext. Fam. *C'est mon type* : il (elle) a l'ensemble des caractères physiques, esthétiques, etc., qui m'attirent. **3.** Ensemble des spécifications techniques qui définissent un objet déterminé construit en série. *La Jaguar «Type E»* (automobile). *Un bombardier du type B 22.* **4.** Fam. Personnage remarquable (soit qu'il corresponde exactement à un type déterminé, soit que, par son originalité, il constitue un type à lui tout seul). *Quel type! Quel drôle de type!* ▷ Mod., fam. Individu quelconque. *Un type comme il y en a des milliers. Qui c'est, ce type?* Syn. bonhomme, gars, mec. – Lat. *typus,* «image», du gr. *tupos,* «empreinte, marque; caractère d'écriture», de *tuptein,* «appliquer, frapper».

typé, ée [tipe] adj. Qui correspond à un type, à un modèle du genre. *Personnage très typé.* – *Spécial.* Qui possède toutes les caractéristiques physiques de son peuple, de son ethnie. *Cette Suédoise est très typée.* – De *type.*

typer [tipe] v. tr. [1] **1.** TECH Marquer d'un type (sens I, 1). **2.** Donner les caractères d'un type (sens II, 1) à un personnage de création. *Cet écrivain a su typer son personnage.* – De *type.*

typh(o)-. Élément, du gr. *tuphos,* «fumée; torpeur».

typha [tifa] n. m. BOT Plante herbacée aquatique (genre *Typha)* à rhizome rampant, aux feuilles en forme de ruban et à fleurs unisexuées réunies en épi au sommet de hautes tiges droites. Syn. cour. massette, masse d'eau, roseau des étangs. – Lat. mod., gr. *tuphê.*

typhacées [tifase] n. f. pl. BOT Famille de plantes monocotylédones aquatiques dont le genre *Typha* est le type. - Sing. *Une typhacée.* – De *typha.*

typhique [tifik] adj. et n. MED Qui a rapport au typhus ou à la fièvre typhoïde. ▷ Subst. Sujet atteint de l'une de ces maladies. – De *typhus.*

typhlite [tiflit] n. f. Rare MED Inflammation du cæcum. – Du gr. *tuphlos,* «aveugle», appliqué au cæcum, «intestin aveugle», et *-ite* 1.

typho-. V. typh(o)-.

typhobacillose [tifobasilloz] n. f. MED Forme de primo-infection tuberculeuse caractérisée par une température dont la courbe rappelle celle de la fièvre typhoïde. – De *typho-,* et *bacillose.*

typhoïde [tifɔid] adj. et n. f. *Fièvre typhoïde* ou, cour., n. f., *la typhoïde :* maladie infectieuse (salmonellose), contagieuse et le plus souvent épidémique, due au bacille typhique (*Salmonella typhi,* dit aussi *bacille d'Eberth*), caractérisée par une température élevée (due à une septicémie), par des signes neurologiques (état de stupeur, dit aussi *tuphos)* et par de graves troubles digestifs. (La contamination s'effectue par ingestion d'aliments pollués.) *Aujourd'hui, la vaccination (T.A.B.) a fait considérablement régresser la typhoïde.* – Du gr. *tuphôdês,* «qui s'accompagne de délire».

typhoïdique [tifɔidik] adj. MED De la typhoïde. – De *typhoïde.*

typhon [tifɔ̃] n. m. Cyclone des mers du Sud-Est asiatique (mer de Chine, mer du Japon) et de l'océan Indien. – Chinois *t'ai-fung,* «grand vent», par le portug. *tufaõ;* ou bien lat. *typhon,* gr. *tuphôn,* «tourbillon».

typhose [tifoz] n. f. MED VET Maladie contagieuse de la poule, due à un bacille (*Salmonella pullorum gallinarum*), qui se manifeste par un état d'abattement fébrile. – De *typh-,* et *-ose* 2.

typhus [tifys] n. m. MED **1.** *Typhus exanthématique* ou, absol., *typhus :* maladie infectieuse due à une rickettsie *(Rickettsia prowasecki)* transmise par le pou, et caractérisée par une éruption de taches rosées (exanthème purpurique) sur tout le corps, par une fièvre élevée et par un état de prostration profonde *(tuphos).* **2.** *Typhus murin :* maladie infectieuse analogue à la précédente, mais moins grave, due à une rickettsie *(Rickettsia mooseri)* transmise à l'homme par la puce du rat. **3.** Nom de diverses autres maladies infectieuses caractérisées notam. par une forte fièvre. – Lat. méd. *typhus,* gr. *tuphos,* «torpeur».

-typie. V. -type.

typique [tipik] adj. **1.** Caractéristique. *Réaction typique.* ▷ Qui peut servir d'exemple. *Cas typique.* **2.** (Dans une classification scientifique.) Qui est essentiel à la caractérisation d'un type. *Caractères typiques et atypiques.* – Lat. ecclés. *typicus,* gr. *tupikos,* «symbolique, exemplaire», de *tupos,* «empreinte».

typiquement [tipikmɑ̃] adv. D'une manière typique, caractéristique. *Un comportement typiquement masculin.* – De *typique.*

typo-. V. -type.

typo Abrév. fam. de *typographe* et de *typographie.*

typographe [tipɔgʀaf] n. Professionnel de la typographie. ▷ *Spécial.* Ouvrier qui compose à la main, avec des caractères mobiles. (Abrév. fam. : typo; fém., en arg. de métier : typote). – De *typo-,* et *-graphe.*

typographie [tipɔgʀafi] n. f. **1.** Composition (d'un texte) à l'aide de caractères mobiles en plomb (types). *La typographie cède la place à la photocomposition.* ▷ Résultat de cette composition. *La typographie de cet ouvrage est particulièrement soignée.* **2.** Aspect d'un texte composé, que l'on ait utilisé ou non des caractères mobiles. *La typographie de cet ouvrage est particulièrement lisible.* **3.** Procédé de reproduction par impression d'une forme en relief (composition faite avec des caractères mobiles, cliché, etc.). (Abrév. fam. : typo). – De *typo-,* et *graphie.*

typographique [tipɔgʀafik] adj. Qui a rapport à la typographie. *Procédés d'impression typographiques* (par oppos. aux procédéspar report : offset, lithographie*).* - *Fautes typographiques* (mastics, coquilles, etc.*).* – De *typographie.*

typologie [tipɔlɔʒi] n. f. Didac. **1.** Partie de la psychologie qui étudie les divers types humains, considérés du point de vue des rapports entre les caractères somatiques et mentaux. **2.** Science qui, à partir d'ensembles, vise à élaborer des types, constitués par regroupement de données ayant en commun certains traits caractéristiques. - Classification par types. *Établir une typologie des névroses.* – De *typo-,* et *-logie.*

typologique [tipɔlɔʒik] adj. Didac. Relatif à la typologie; fondé sur une typologie. *Classification typologique.* – De *typologie.*

typomètre [tipɔmɛtʀ] n. m. TECH Règle portant des divisions en points typographiques (avec indication des cicéros, demi-cicéros et quarts de cicéro), utilisée en imprimerie pour évaluer les compositions typographiques. – De *typo-,* et *-mètre.*

typon [tipɔ̃] n. m. IMPRIM Film positif tramé, qui peut être reproduit en offset. – Nom déposé.

typtologie [tiptɔlɔʒi] n. f. Didac. Dans le spiritisme, moyen d'entrer en communication avec les esprits fondé sur un code de coups frappés sur (ou par) les tables tournantes. – Du gr. *tuptein,* «frapper», et *-logie.*

tyr(o)-. Élément, du gr. *turos,* «fromage».

1. tyran [tiʀɑ̃] n. m. **1.** ANTIQ GR Celui qui, à la tête d'un État, exerçait le pouvoir absolu après s'en être emparé par la force. ▷ *Spécial.* Usurpateur de l'autorité royale. **2.** Cour. Celui qui, détenant le pouvoir suprême, l'exerce avec cruauté et sans respect des lois. **3.** Fig. Personne autoritaire, qui exerce durement son autorité ou qui en abuse. *C'est un tyran domestique.* – Lat. *tyrannus,* gr. *turannos,* «maître».

2. tyran [tiʀɑ̃] n. m. ZOOL Oiseau passériforme insectivore d'Amérique tropicale (genre princ. *Tyrannus,* fam. tyrannidés, qui regroupe des centaines d'espèces). – De *tyran* 1 (Buffon l'aurait ainsi nommé à cause de son naturel supposé «méchant»).

tyranneau [tiʀano] n. m. Litt. Celui qui se conduit comme un petit tyran. *Tyranneau de village.* – Dimin. de *tyran* 1.

tyrannicide [tiʀanisid] n. Litt. **1.** Celui, celle qui a tué un tyran. **2.** n. m. Meurtre d'un tyran. – Sens 1, lat. *tyrannicida;* sens 2, lat. *tyrannicidium.*

tyrannie [tiʀani] n. f. **1.** ANTIQ GR Usurpation et exercice du pouvoir par un tyran. *Sous la tyrannie de Pisistrate, à Athènes.* **2.** Cour. Gouvernement du tyran, ou d'un groupe d'oppresseurs, dans ce qu'il a d'injuste et de cruel. **3.** Fig. Autorité exercée de manière absolue, oppressive. *Il* *exerce une véritable tyrannie sur ses employés.* ▷ (Choses) Pouvoir irrésistible et contraignant. *La tyrannie de la mode.* – De *tyran* 1.

tyrannique [tiʀanik] adj. **1.** Qui tient de la tyrannie. *Pouvoir tyrannique.* **2.** Autoritaire, injuste et violent. *Un père tyrannique.* **3.** Fig. Qui exerce un pouvoir irrésistible et contraignant. – Lat. *tyrannicus*, gr. *tyrannikos*.

tyranniquement [tiʀanikmɑ̃] adv. De manière tyrannique. – De *tyrannique*.

tyranniser [tiʀanize] v. tr. [1] **1.** Traiter (qqn) avec tyrannie. *Tyranniser un peuple. Tyranniser ses enfants.* **2.** (Choses) Exercer un pouvoir irrésistible et contraignant sur (qqn). *La passion du jeu le tyrannisait.* – De *tyran* 1.

tyrannosaure [tiʀanozɔʀ] n. m. PALEONT Reptile fossile (genre *Tyrannosaurus*), grand carnassier bipède du jurassique (jusqu'à 15 m de long). – Lat. savant *tyrannosaurus*, du gr. *turannos*, « maître », et *sauros*, « lézard ».

tyro-. V. tyr(o)-.

tyrolien, enne [tiʀɔljɛ̃, ɛn] adj. et n. **1.** adj. Du Tyrol, rég. des Alpes orient. entre l'Autriche et l'Italie. ▷ Subst. *Un(e) Tyrolien(ne).* **2.** n. f. Chant à trois temps, franchissant en sauts brusques de grands intervalles tonaux et passant de la voix de poitrine à la voix de tête. V. jodler.

tyrosine [tiʀozin] n. f. BIOCHIM Acide aminé très répandu dans les protéines, dont dérivent certains médiateurs du système nerveux (dopamine et noradrénaline, notam.) ainsi que certaines hormones (adrénaline, thyroxine). – De *tyro-*, et *-ine*.

tyrrhénien, enne [tiʀenjɛ̃, ɛn] adj. et n. m. **1.** adj. ARCHEOL Relatif à l'ancienne Tyrrhénie. **2.** n. m. GEOL Étage du pléistocène correspondant à diverses transgressions marines comprises entre les glaciations du mindel, du riss et du würm. – Du n. de la mer *Tyrrhénienne*, partie de la Méditerranée comprise entre la Corse, la Sardaigne, la Sicile et la côte ouest de l'Italie.

tzar, tzarévitch, tzarine, tzarisme. V. tsar, tsarévitch, tsarine, tsarisme.

tzigane. V. tsigane.

u [y] n. m. **1.** Vingt et unième lettre (u, U) et cinquième voyelle de l'alphabet, notant : la voyelle palatale arrondie [y] (ex. *dur, mûr*) ou la semi-voyelle [ɥ] (ex. *nuit*); le son [œ̃] ou u nasal (ex. *brun*); et, en composition, les sons [o] (ex. *aube, bateau*), [ø] ou [œ] écrits *eu* ou *œu* (ex. *peu, bœuf*) et [u] (ex. *court*). *Un u tréma. Le U et le V ont été notés indifféremment V jusqu'au XVIII*[e] *s.* ▷ *En U* : en forme de U. *Tube en U.* **2.** PHYS NUCL u : symbole de l'unité* de masse atomique. ▷ CHIM U : symbole de l'uranium.

UA ASTRO Symbole de l'unité* astronomique.

ubac [ybak] n. m. Rég. Versant d'une montagne exposé au nord, à l'ombre (par oppos. à *adret*). – Du lat. *opacus*, «qui est à l'ombre, sombre».

ubiquiste [ybikɥist] adj. et n. **1.** adj. Qui est (ou paraît être) partout à la fois. **2.** n. RELIG Membre d'une secte luthérienne qui n'admettait le dogme de la présence réelle du Christ dans l'eucharistie qu'en raison de l'ubiquité de Dieu. – Du lat. *ubique*, «partout».

ubiquitaire [ybikɥitɛʀ] adj. et n. Syn. de *ubiquiste* (sens 2). – De *ubiquité*.

ubiquité [ybikɥite] n. f. THEOL Qualité propre à Dieu d'être présent partout en même temps. ▷ Par exag. *Avoir le don d'ubiquité* : être partout à la fois. – Plaisant *Il a le don d'ubiquité* : on le voit partout. – Du lat. *ubique*, «partout».

ubuesque [ybyɛsk] adj. Qui est digne du père Ubu (personnage d'A. Jarry) dont la cruauté et la lâcheté, énormes et comiques, sont poussées jusqu'à l'absurde. – De *Ubu roi*, farce dramatique d'A. Jarry (1873-1907).

uchronie [ykʀɔni] n. f. Conception de l'histoire, qui prétend la reconstruire non telle qu'elle fut en réalité, mais comme elle aurait pu ou dû être. *L'uchronie n'est souvent qu'une œuvre d'imagination.* – De *-chronie*, du gr. *chronos*, «temps», d'ap. *utopie*.

U.F.R. Sigle de *unité* de formation et de recherche* (anc. U.E.R., *unité d'enseignement et de recherche*).

U.-H.F. PHYS Abrév. de *ultra-haute fréquence*.

uhlan [ylɑ̃] n. m. HIST Lancier (cavalier), d'abord polonais ou lituanien, qui servait comme auxiliaire. *Les armées prussienne, autrichienne, polonaise ont eu des régiments de uhlans jusqu'en 1918.* – Mot all., du polonais; du tartare *oglan*, «enfant».

U.H.T. Sigle pour *ultra haute température*, employé pour indiquer le mode de stérilisation.

ukase ou **oukase** [ukɑz] n. m. **1.** HIST Édit du tsar. **2.** Fig. Ordre impératif; décision arbitraire et sans appel. – Du russe *ukaz*, «décret», de *ukazat'*, «publier».

ukiyo-e [ukijɔ'e] n. m. BX-A École japonaise de peinture de genre qui fut vulgarisée en Occident par l'estampe en couleurs (XVIIIe et XIXe s.). *L'ukiyo-e dérive du yamato-e**. – Mot jap., «peinture du monde qui passe», de *ukiyo*, terme bouddhique, propr. «monde lassant des misères».

ukrainien, enne [ykʀɛnjɛ̃, ɛn] adj. et n. **1.** adj. De l'Ukraine, État d'Europe sur la mer Noire. ▷ Subst. *Un(e) Ukrainien(ne).* **2.** n. m. *L'ukrainien* : la langue slave parlée en Ukraine. – Du russe *oukraïna*, «frontière».

ukulélé [jukulele] n. m. MUS Instrument à quatre cordes, analogue à une petite guitare («guitare hawaiienne»), originaire d'Hawaii. – Hawaiien *ukulele*, par l'angl.

ulcération [ylseʀasjɔ̃] n. f. MED **1.** Formation d'un ulcère. **2.** Perte de substance tégumentaire due à la formation d'un ulcère. – Lat. *ulceratio*.

ulcère [ylsɛʀ] n. m. **1.** Perte de substance de la peau ou d'une muqueuse, prenant la forme d'une lésion qui ne se cicatrise pas et tend à s'étendre et à suppurer. **2.** ARBOR Plaie d'une plante qui ne se cicatrise pas. – Lat. *ulcus, ulceris*.

ulcérer [ylseʀe] v. tr. [**14**] **1.** MED Produire un ulcère sur. **2.** Fig. Faire naître un profond ressentiment chez. *Ce discours l'a ulcéré.* – Du lat. *ulcerare*, «blesser».

ulcéreux, euse [ylseʀø, øz] adj. et n. **1.** MED Qui a les caractères d'un ulcère ou d'une ulcération. **2.** Qui souffre d'un ulcère à l'estomac ou au duodénum. ▷ Subst. *Un ulcéreux, une ulcéreuse.* – Lat. *ulcerosus*.

uléma [ylema] ou **ouléma** [ulema] n. m. RELIG Docteur de la loi, interprète du Coran, dans les pays musulmans. – Ar. *oulamā'*, plur. de *ālim*, «savant».

ulluque [ylyk] n. m. BOT Plante herbacée vivace (genre *Ullucus*, fam. chénopodiacées) d'Amérique du S., cultivée en Bolivie et au Pérou pour ses tubercules comestibles. – Esp. *ulluco*, quechua *ullucu*.

U.L.M. [yɛlɛm] n. m. inv. SPORT Engin volant, monoplace ou biplace, de construction très légère, possédant un moteur de faible cylindrée. – Sigle de *ultra léger motorisé*.

ulmacées [ylmase] n. f. pl. BOT Famille de plantes dicotylédones apétales arborescentes (orme, micocoulier, etc.), qui portent parfois sur le même pied des fleurs hermaphrodites et des fleurs unisexuées. – Sing. *Une ulmacée.* – Du lat. *ulmus*, «orme».

ulmaire [ylmɛʀ] n. f. BOT Plante herbacée des lieux humides (*Filipendula ulmaria*, fam. rosacées), dont les fleurs blanches très odorantes sont groupées en ombelles. Syn. reine-des-prés. – Lat. bot. *ulmaria*, de *ulmus*, « orme ».

ultérieur, eure [ylterjœr] adj. Qui vient après, dans le temps. *La réunion est remise à une date ultérieure.* Syn. futur, postérieur. Ant. antérieur. – Lat. *ulterior*, « qui est au-delà », de *ultra*, « au-delà ».

ultérieurement [ylterjœrmɑ̃] adv. Plus tard. Syn. ensuite, après. – De *ultérieur*.

ultimatum [yltimatɔm] n. m. **1.** Mise en demeure ultime et formelle adressée par un pays à un autre, et dont le rejet entraîne la guerre. **2.** Mise en demeure impérative, sommation. *Les ravisseurs ont envoyé leur ultimatum. Des ultimatums.* – Du lat. médiév. *ultimatus*, class. *ultimus*, « dernier ».

ultime [yltim] adj. Litt. Dernier, dans le temps. *Ce furent ses ultimes paroles.* – Lat. *ultimus*, « dernier ».

ultra-. Élément, du lat. *ultra*, « au-delà de ».

ultra [yltra] n. et adj. HIST Syn. de *ultraroyaliste**. *Les ultras.* ▷ *Par ext.* Extrémiste. *Les ultras du stalinisme.* – adj. *Ils (elles) sont ultras.* – D'abord par abrév. de *ultraroyaliste*.

ultracentrifugation [yltrasɑ̃trifygasjɔ̃] n. f. TECH Centrifugation opérée à des vitesses angulaires élevées (de l'ordre de 50 000 à 100 000 tours/minute). *L'ultracentrifugation est utilisée dans les laboratoires de biologie et de microbiologie.*

ultracentrifugeuse [yltrasɑ̃trifyʒøz] n. f. TECH Centrifugeuse permettant de réaliser l'ultracentrifugation. – De *ultracentrifugation*.

ultraconservateur, trice [yltrakɔ̃sɛrvatœr, tris] adj. POLIT Très conservateur.

ultracourt, courte [yltrakur, kurt] adj. RADIOELECTR *Ondes ultracourtes* : syn. anc. de *ondes centimétriques*. (V. encycl. radioélectricité.)

ultrafin, fine [yltrafɛ̃, fin] adj. Extrêmement fin.

ultra-haute fréquence [yltraotfrekɑ̃s] n. f. PHYS Fréquence élevée, comprise entre 300 et 3 000 MHz. (Abrév. : U.-H.F.) *Des ultra-hautes fréquences.*

ultraléger, ère [yltraleʒe, ɛr] adj. Extrêmement léger.

ultralibéralisme [yltraliberalism] n. m. Libéralisme extrême.

ultramicroscope [yltramikrɔskɔp] n. m. Didac. Microscope pourvu d'un dispositif d'éclairage permettant d'apercevoir, grâce à la lumière qu'elles diffractent, des particules invisibles au microscope ordinaire.

ultramicroscopie [yltramikrɔskɔpi] n. f. Didac. Ensemble des techniques d'observation à l'ultramicroscope. – De *ultramicroscope*.

ultramicroscopique [yltramikrɔskɔpik] adj. Didac. **1.** Anc. Qui est trop petit pour être observé à l'aide d'un microscope. **2.** Mod. Qui ne peut être observé qu'à l'ultramicroscope.

ultramoderne [yltramɔdɛrn] adj. Très moderne.

ultramontain, aine [yltramɔ̃tɛ̃, ɛn] adj. et n. **1.** Vx Qui est au-delà des Alpes, par rapport à la France. **2.** HIST RELIG Partisan (en France, au XIXe s.) de l'extension maximale des pouvoirs (surtout spirituels) du pape (dont le siège est à Rome, au-delà des Alpes). Ant. gallican. ▷ Subst. *Un ultramontain.* – Lat. médiév. *ultramontanus*, de *ultra-*, et *mons, montis*, « montagne ».

ultramontanisme [yltramɔ̃tanism] n. m. HIST RELIG Ensemble des doctrines favorables à la primauté quasiment illimitée du pape ; position des ultramontains. – De *ultramontain*.

ultra-petita [yltrapetita] adv. et n. m. DR Au-delà de ce qui a été demandé. *Le tribunal a statué ultra-petita.* ▷ n. m. Fait, pour un tribunal, de statuer ultra-petita. *Jugement entaché d'ultra-petita.* – Mots lat.

ultrarapide [yltrarapid] adj. Extrêmement rapide.

ultraroyaliste [yltrarwajalist] n. et adj. HIST Sous la Restauration, partisan extrémiste de la royauté ou de la monarchie.

ultrasensible [yltrasɑ̃sibl] adj. Extrêmement sensible.

ultrason [yltrasɔ̃] n. m. Vibration acoustique de fréquence trop élevée pour provoquer une sensation auditive chez l'homme.

ENCYCL Un ultrason correspond à une fréquence supérieure à 20 000 Hz, par oppos. aux *infrasons*, dont la fréquence, également non audible, est inférieure à 20 Hz. Les ultrasons se propagent en ligne droite comme les ondes hertziennes millimétriques et les infrarouges, dont la gamme de longueurs d'onde est la même. Ils peuvent former des faisceaux d'une haute énergie. La vitesse de propagation des ultrasons varie avec le milieu traversé (331 m/s dans l'air, 6 400 m/s dans l'aluminium).

ultrasonore [yltrasɔnɔr] adj. Qui concerne les ultrasons.

ultraviolet, ette [yltravjɔlɛ, ɛt] adj. (Rare au fém.) et n. m. Se dit de radiations dont la longueur d'onde est comprise entre celle des rayons lumineux visibles de l'extrémité violette du spectre (4 000 angströms) et celle des rayons X (100 angströms). ▷ n. m. *L'ultraviolet* : le spectre ultraviolet. (Abrév. : U.V.)

ululement, ululer. V. hululement, hululer.

ulve [ylv] n. f. BOT Algue verte marine très courante (genre *Ulva*), au thalle foliacé. Syn. laitue de mer. – Lat. *ulva*.

umayyade. V. omeyyade.

umlaut [umlawt] n. m. LING En allemand, inflexion d'une voyelle indiquée par un tréma ; ce tréma lui-même. – Mot all., « inflexion ».

un-. CHIM Préfixe (du lat. *unus*, « un ») utilisé par la nomenclature internationale pour noter le chiffre 1 des numéros atomiques Z des éléments dont Z est supérieur à 100. (Ex. : l'élément 105, dit aussi hahnium, est nommé *unnilpentium*, *nil* notant le chiffre 0 et *pent* le chiffre 5, avec la terminaison *ium* des éléments tardivement découverts.)

un, une [œ̃, yn] adj. (et n.), article indéfini et pron. indéfini. **A.** adj. **I.** adj. numéral. **1.** (Cardinal) Premier des nombres entiers, exprimant l'unité. *Un mètre. Un franc. Une minute. Une seule fois.* ▷ Loc. *Pas un* : aucun, nul. – *Un à un, un par un* : à tour de rôle et un seul à la fois. – *Ne faire qu'un avec une chose, une personne*, se confondre avec elle. *Lui et son associé ne font qu'un.* – *C'est tout un* : c'est la même chose ; c'est égal. ▷ n. m. inv. Une unité ; chiffre (1) notant l'unité. *Un et un font deux. Onze s'écrit avec deux un.* – PHILO *L'Un* : l'Être unique dont tout émane et qui n'exclut rien. **2.** (Ordinal) Premier. *Livre un. Il était une heure du matin.* ▷ Fam. n. f. *La une* : la première page d'un journal. *Cinq colonnes à la une.* ▷ Loc. fam. *Ne faire ni une ni deux* : ne pas hésiter. **II.** adj. qualificatif (en fonction d'épithète ou d'attribut). Simple, qui n'admet pas de division, de pluralité. *La vérité est une. « Le Dieu un et indivisible » (Bossuet).* ▷ Qui, tout en pouvant avoir des parties, forme un tout organique, harmonieux. *Toute œuvre doit être une*, constituer un tout. (N. B. Dans cet emploi, *un* admet le pluriel : *des théories unes et cohérentes.*) **B.** article indéf. (Plur. : *des*) **1.** (Marquant que l'être ou l'objet désigné est présenté comme un individu distinct des autres de l'espèce, mais sans caractérisation plus particulière.) *Je vois un chien.* ▷ (Marquant que l'on se réfère à un individu, quel qu'il soit, de l'espèce.) Tout, n'importe quel. *Une terre bien* *cultivée doit produire.* **2.** (En relation avec le pronom *en.*) *En voilà un qui a du caractère!* (sous-entendu, un *homme*). – Fam. *En fumer une,* une cigarette. **3.** (Dans une phrase exclamative, avec une valeur emphatique ou intensive.) ▷ (Devant un nom.) *Elle marchait avec une grâce!* ▷ (Devant un adj.) *Il était d'un laid!* **4.** (Avec la valeur d'un adj. indéf.) Quelque, certain. *Il reste ici pour un temps.* **5.** (Devant un nom propre.) Une personne qui ressemble à. *C'est un Saint-Just.* ▷ Une personne telle que. *Un Balzac en aurait fait un chef-d'œuvre.* ▷ Une personne de la famille de. *C'est une Brontë.* ▷ Une œuvre de. *Un joli Fragonard.* **C.** pronom indéf. **1.** *C'est un de mes fromages préférés.* ▷ *L'un, l'une. L'un de ceux qui ont travaillé à cette œuvre collective. L'une d'elles m'a dit...* ▷ (En corrélation avec *l'autre.*) *L'un est riche et l'autre est pauvre. Ni l'un ni l'autre :* aucun des deux. – Loc. *L'un dans l'autre :* en moyenne; tout compte fait. *L'un(e) l'autre :* mutuellement. **2.** (Nominal) Quelqu'un, une personne. *« Un de Baumugnes », roman de J. Giono.* – Lat. *unus.*

unanime [ynanim] adj. **1.** Qui réunit tous les suffrages, qui exprime un consensus collectif. *Vote, approbation unanime.* ▷ Que tous font en même temps. *Cri unanime.* **2.** (Plur.) Qui sont tous du même avis. *Les critiques sont unanimes.* – Lat. *unanimus,* de *unus,* « un », et *animus,* « âme, esprit ».

unanimement [ynanimmɑ̃] adv. D'une manière unanime; d'un commun accord, tous ensemble. *Rejeter unanimement une proposition.* – De *unanime.*

unanimisme [ynanimism] n. m. LITTER Doctrine littéraire selon laquelle l'écrivain doit exprimer la psychologie collective des groupes plutôt que les états d'âme d'un individu. *Jules Romains fut le principal représentant, en langue française, de l'unanimisme.* – De *unanime.*

unanimiste [ynanimist] n. LITTER Partisan de l'unanimisme. ▷ adj. *La littérature unanimiste.* – De *unanimisme*

unanimité [ynanimite] n. f. **1.** Conformité des avis de tous, accord des suffrages de la totalité des membres d'un groupe. *Proposition qui fait l'unanimité.* **2.** Caractère de ce qui est unanime, collectif. *L'unanimité du sentiment national.* – Lat. *unanimitas,* « accord, harmonie ».

unau [yno] n. m. ZOOL Mammifère xénarthre (genre *Cholœpus*) d'Amérique du S. au long poil gris-brun, qui ne possède que deux doigts munis de griffes. *Des unaus.* Syn. paresseux à deux doigts. – Mot tupi.

unci-. Élément, du lat. *uncus,* « crochet ».

unciforme [ɔ̃sifɔʀm; œ̃sifɔʀm] adj. ANAT En forme de crochet. – De *unci-,* et *forme.*

unciné, ée [ɔ̃sine; œ̃sine] adj. BOT Qui se termine en crochet. – Du lat. *uncinatus,* « crochu ».

underground [œndœʀgʀawnd] adj. inv. et n. m. inv. (Anglicisme) Qui est réalisé, qui est diffusé en dehors des circuits commerciaux traditionnels, en parlant de certaines productions intellectuelles et artistiques. *Presse, bande dessinée underground. Cinéma underground :* films produits aux É. -U. dans les années 1960-1970 en marge des circuits de production et de distribution ordinaires et qui, de ce fait, échappent à la censure et aux contraintes commerciales. ▷ n. m. inv. *L'underground français.* – Mot angl., propr. « souterrain ».

ungu(i)-. Élément, du lat. *unguis,* « ongle ».

unguéal, ale, aux [œ̃gɥeal; ɔ̃gɥeal, o] adj. ANAT Qui a rapport à l'ongle. – Du lat. *unguis,* « ongle ».

unguifère [œ̃g(ɥ)ifɛʀ; ɔ̃g(ɥ)ifɛʀ] adj. Didac. Qui porte un ongle, qui possède des ongles. – De *ungui-,* et *-fère.*

unguis [œ̃g(ɥ)is; ɔ̃g(ɥ)is] n. m. ANAT Petit os mince, en forme de quadrilatère, de la paroi interne de la cavité orbitaire. – Mot lat., « ongle ».

uni-. Élément, du lat. *unus,* « un ».

uni, ie [yni] adj. (et n. m.) **I.** Joint, lié, associé. ▷ (Personnes) Qui vit dans la concorde. *Un couple uni.* **II. 1.** Qui ne présente aucune inégalité, qui est parfaitement lisse. *Surface unie.* ▷ Sans ornement. *Une façade unie. Un manteau uni. Étoffe unie,* d'une seule couleur. ▷ n. m. *De l'uni :* du tissu uni. **2.** Vx ou litt. Dont aucun changement ne vient troubler le cours. *Mener une vie unie et tranquille.* – Pp. de *unir.*

uniate [ynjat] adj. et n. RELIG Se dit des Églises orientales, des fidèles de ces Églises, qui reconnaissent l'autorité du pape, mais conservent leur organisation et leurs rites particuliers. *Les Grecs uniates.* – Du russe *ounyiat,* de *ounyia,*« union »; bas lat. ecclés. *unio.*

uniaxe [yniaks] adj. **1.** MINER Qui n'a qu'un axe. *Cristaux uniaxes.* **2.** PHYS Se dit d'un milieu dans lequel divers phénomènes physiques (propagation de la chaleur, du son, de la lumière, élasticité, dilatation) sont symétriques par rapport à un seul axe. – De *uni-,* et *axe.*

unicaule [ynikol] adj. BOT Qui n'a qu'une tige. – Lat. *unicaulis,* de *caulis,* « tige ».

unicellulaire [yniselylɛʀ] adj. et n. m. pl. BIOL Formé d'une seule cellule. *Les bactéries sont unicellulaires.* ▷ n. m. pl. *Les unicellulaires :* les êtres vivants composés d'une cellule unique (bactéries, algues unicellulaires, protozoaires). Syn. protistes. Ant. pluricellulaire. – De *uni-,* et *cellulaire.*

unicité [ynisite] n. f. Didac. Caractère de ce qui est unique. *Unicité d'un événement, d'une thèse.* – De *unique.*

unicolore [ynikɔlɔʀ] adj. D'une seule couleur. Syn. monochrome. Ant. multicolore, polychrome. – Lat. *unicolor.*

unicorne [ynikɔʀn] adj. et n. m. **1.** adj. ZOOL Qui n'a qu'une corne. *Rhinocéros unicorne.* **2.** n. m. MYTH ou VX Licorne. – Lat. *unicornis.*

unidimensionnel, elle [ynidimɑ̃sjɔnɛl] adj. Qui a une seule dimension. Ant. pluridimensionnel. – De *uni-,* et *dimensionnel.*

unidirectionnel, elle [ynidiʀɛksjɔnɛl] adj. Qui n'exerce une action efficace que dans une direction, en parlant d'appareillage radioélectrique ou électroacoustique. *Antenne unidirectionnelle.* – De *uni-,* et *directionnel.*

unième [ynjɛm] adj. num. ord. (Seulement en composition avec un adj. numéral.) Qui vient immédiatement après la dizaine, la centaine, le millier. *Trente et unième. Cent unième. La mille et unième nuit.* – De *un.*

unièmement [ynjɛmmɑ̃] adv. (Seulement en composition avec un adj. numéral.) *Vingt (trente, quarante, etc.) et unièmement :* en vingt et unième lieu. – De *unième.*

unificateur, trice [ynifikatœʀ, tʀis] adj. et n. Qui unifie, qui tend à unifier. – De *unifier.*

unification [ynifikasjɔ̃] n. f. Action d'unifier. *L'unification de textes de loi, d'un pays.* – De *unifier.*

unifier [ynifje] v. tr. [2] **1.** Rassembler pour faire un tout, faire l'unité de (plusieurs éléments distincts). *Les territoires italiens ont été unifiés en 1870.* **2.** Rendre homogène, donner une certaine unité à (un tout, ou les parties d'un tout déjà constitué). *Unifier une surface. Unifier un parti politique.* – Du lat. médiév. *unificare.*

uniflore [ynifl ɔʀ] adj. BOT Qui ne porte qu'une fleur. – De *uni-,* et *flore.*

unifolié, ée [ynifɔlje] adj. BOT Qui ne porte qu'une feuille. – De *uni-,* et *folié.*

uniforme [ynifɔʀm] adj. et n. m. **I.** adj. **1.** Qui ne présente pas de variation dans son étendue, sa durée, ses caractères. *Une plaine uniforme. Une existence uniforme.* ▷ PHYS *Mouvement uniforme,* dont la vitesse reste constante. **2.** Qui ressemble en tout point aux autres.

Des rues uniformes. Des opinions uniformes. **II.** n. m. Costume dont le modèle, la couleur, le tissu sont rigoureusement fixés et qui est imposé aux personnes appartenant à un corps de l'armée, aux membres d'un groupe social déterminé (employés de certaines administrations, élèves de certains établissements, etc.). ⊳ Par ext. *Endosser, quitter l'uniforme* : entrer dans l'armée, cesser de lui appartenir. – Lat. *uniformis*, de *unus*, « un, un seul, le même », et *forma*, « forme ».

uniformément [yniformemɑ̃] adv. D'une façon uniforme. ⊳ MECA *Mouvement uniformément varié*, dont l'accélération (positive ou négative) reste constante. – De *uniforme*.

uniformisation [yniformizasjɔ̃] n. f. Action d'uniformiser; son résultat. – De *uniformiser*.

uniformiser [yniformize] v. tr. [1] Rendre uniforme. *Uniformiser l'enseignement.* – De *uniforme*.

uniformité [yniformite] n. f. Caractère de ce qui est uniforme. *Uniformité d'une teinte. Uniformité des coutumes.* – Lat. *uniformitas*.

unijambiste [yniʒɑ̃bist] n. et adj. Se dit d'une personne qui a été amputée d'une jambe. – De *uni-*, et *jambe*.

unilatéral, ale, aux [ynilateʀal, o] adj. **1.** Qui se trouve, qui se fait d'un seul côté. *Stationnement unilatéral*, autorisé, pour les véhicules, d'un seul côté de la voie. **2.** Qui émane d'une seule des parties intéressées ou qui n'engage qu'une seule d'entre elles. *Décision unilatérale. Contrat unilatéral.* – De *uni-*, et *latéral*.

unilatéralement [ynilateʀalmɑ̃] adv. D'une manière unilatérale. – De *unilatéral*.

unilinéaire [ynilineɛʀ] adj. ETHNOL Qualifie un système de filiation qui ne tient compte que d'une seule lignée, paternelle (filiation patrilinéaire) ou maternelle (filiation matrilinéaire). – De *uni-*, et *linéaire*.

unilingue [ynilɛ̃g] adj. Didac. Qui est écrit en une seule langue. *Dictionnaire unilingue.* ⊳ Qui ne parle, où l'on ne parle qu'une seule langue. *Au contraire de la Suisse, la France est un État unilingue.* – Syn. monolingue. – De *uni-*, et du lat. *lingua*.

unilinguisme [ynilɛ̃gɥism] n. m. Fait, pour une personne, pour une population, de ne parler qu'une langue. – De *unilingue*.

unilobé, ée [ynilɔbe] adj. BOT Qui n'a qu'un seul lobe. – De *uni-*, et *lobé*.

uniloculaire [ynilɔkylɛʀ] adj. BOT Qui n'a qu'une seule loge. *Ovaire uniloculaire.* – De *uni-*, et *loculaire*.

uniment [ynimɑ̃] adv. **1.** Vx D'une manière unie, régulière. *Peinture uniment répartie.* **2.** Litt. *Tout uniment* : sans façon, très simplement. – De *uni*.

uninominal, ale, aux [yninɔminal, o] adj. Se dit d'un scrutin, d'un vote, par lequel on élit un seul candidat. – De *uni-*, et *nominal*.

union [ynjɔ̃] n. f. **1.** Fait, pour des éléments, de constituer un tout. *Union de l'esprit et du corps. Union des cellules d'un tissu.* – RELIG *Union mystique*, de l'âme et de Dieu. **2.** Fait, pour des personnes, des groupes, d'être unis par des liens affectifs ou des intérêts communs; entente qui en résulte. *Union des membres d'une même famille. Union des partis politiques de gauche, de droite.* – Prov. *L'union fait la force.* ⊳ *Spécial.* Fait de former un couple. *Union conjugale. Union libre*, en dehors du mariage. Syn. concubinage. ⊳ *Union sacrée* : union de tous les Français contre l'ennemi, en 1914; *par ext.* front uni; *iron.* unanimité de façade. ⊳ DR *Union de créanciers* : association constituée entre les créanciers, à défaut de concordat, de façon à réaliser et distribuer les biens d'un failli. **3.** Ensemble organisé de personnes ou de groupes qu'unissent des intérêts communs. *Union de consommateurs.* **4.** MATH Syn. de *réunion.* (A ∪ B s'énonce « A union B ».) **5.** GRAM *Trait d'union* : V. trait. – Lat. ecclés. *unio, unionis*, « union ».

unionisme [ynjɔnism] n. m. Doctrine des unionistes. – De *union*.

unioniste [ynjɔnist] n. et adj. HIST Partisan de l'intégration dans un même État de diverses entités nationales ou politiques (notam. aux É.-U. pendant la guerre de Sécession et en Grande-Bretagne lorsque les Irlandais revendiquèrent au XIXe s. le Home Rule). – De *union*.

unipare [ynipaʀ] adj. BIOL Se dit des femelles qui n'ont qu'un petit par portée. ⊳ Se dit d'une femme qui n'a donné naissance qu'à un seul enfant. – De *uni-*, et *-pare* 1.

unipersonnel, elle [ynipɛʀsɔnɛl] adj. et n. m. LING Se dit d'un verbe qui ne s'emploie qu'à la 3e pers. du sing. (ex. : falloir, neiger). – De *uni-*, et *personne*.

unipolaire [ynipɔlɛʀ] adj. Didac. Qui n'a qu'un seul pôle. ⊳ ELECTR *Interrupteur unipolaire*, qui ne permet de couper qu'un seul des conducteurs d'une ligne. ⊳ BIOL *Neurone unipolaire*, dont le corps cellulaire ne possède qu'un seul prolongement le reliant à l'axone. – De *uni-*, et *polaire*.

unique [ynik] adj. **1.** Seul de son espèce. *Fils unique.* ⊳ (Placé après *seul* pour le renforcer.) *Son seul et unique espoir.* **2.** Qu'on ne peut comparer à rien ou à personne d'autre, en raison de son caractère très particulier ou de sa supériorité. *Fait unique dans l'histoire. Un peintre unique en son genre.* ⊳ Fam. Qui a un comportement inhabituel, extravagant ou ridicule. *Vous alors, vous êtes unique!* – Lat. *unicus*, de *unus*, « un ».

uniquement [ynikmɑ̃] adv. Exclusivement, seulement. *Je vous demande uniquement cela.* – De *unique*.

unir [yniʀ] **I.** v. tr. **[3]** **1.** Joindre de manière à former un tout. *Unir un territoire à un autre.* **2.** Établir une liaison entre (des choses). *Unir deux mots par une conjonction de coordination. Canal qui unit deux mers.* **3.** Créer un lien d'affection, d'intérêt, de parenté entre (des personnes, des groupes). *C'est l'amitié qui les unit. Alliance qui unit plusieurs pays.* ⊳ Spécial. *Unir un homme et une femme*, les marier. **4.** Allier, associer en soi (des caractères dissemblables). *Il unissait l'intelligence de l'esprit à celle du cœur.* **II.** v. pron. Se joindre, s'associer. – *Spécial.* Se marier. – Lat. *unire*, de *unus*, « un ».

unisexe [ynisɛks] adj. Qui peut être porté indifféremment par les hommes ou par les femmes (vêtement, coiffure, etc.). – De *uni-*, et *sexe*.

unisexualité [ynisɛksɥalite] n. f. BIOL, BOT Caractère d'un organisme, d'une fleur unisexués. – De *uni-*, et *sexualité*.

unisexué, ée [ynisɛksɥe] adj. BIOL, BOT Qui possède les caractères d'un seul sexe. *Organisme unisexué. Fleur unisexuée.* – De *uni-*, et *sexué*.

unisson [ynisɔ̃] n. m. **1.** MUS Accord de plusieurs voix ou de plusieurs instruments qui émettent au même moment des sons de même hauteur. *Chanter, jouer à l'unisson.* **2.** Fig. Harmonie intellectuelle, affective. *Leurs esprits sont à l'unisson.* – Du bas lat. *unisonus*, « d'un seul son ».

unitaire [ynitɛʀ] adj. et n. **I.** adj. **1.** Qui tend vers, concerne l'unité politique. *Un programme unitaire.* **2.** Propre à chaque élément d'un ensemble composé d'éléments semblables; de chaque unité. *Le prix unitaire des tuiles d'un toit.* **II.** n. RELIG Vx Syn. de *unitarien.* – De *unité*.

unitarien, enne [ynitaʀjɛ̃, ɛn] n. et adj. RELIG Personne qui nie le dogme de la Trinité, y voyant, comme Michel Servet (1511-1553), un abandon du monothéisme. ⊳ adj. *Doctrine unitarienne.* ⊳ HIST *Les unitariens* : les membres des diverses communautés unitariennes. – De *unitaire*.

unitarisme [ynitaʀism] n. m. **1.** Doctrine de ceux qui recherchent l'unité politique. **2.** RELIG Doctrine des unitariens. – De *unitaire.*

unité [ynite] n. f. **I. 1.** Chacun des éléments semblables composant un nombre. *Le nombre vingt est composé de vingt unités.* ▷ Nombre un. *Nombre supérieur à l'unité.* ▷ ARITH Chiffre qui est placé le plus à droite, dans un nombre à plusieurs chiffres. *La colonne des unités, dans une addition.* **2.** Élément d'un ensemble. *Les unités lexicales.* ▷ INFORM Élément d'un ordinateur, qui remplit certaines fonctions. *Unité centrale,* dans laquelle sont exécutées les instructions des programmes à traiter. *Unité arithmétique et logique,* qui effectue les calculs arithmétiques et les opérations logiques. ▷ (Enseignement) *Unité de formation et de recherche (U.F.R.)* : département universitaire spécialisé dans une discipline. *U.F.R. de philosophie.* – *Unité de valeur (U.V.)* : dans l'enseignement universitaire, élément de base de cet enseignement, correspondant à une discipline précise et à un programme défini (cours, travaux dirigés, stages, etc.) qui s'inscrit dans une durée déterminée (l'acquisition des connaissances est sanctionnée par un contrôle continu ou annuel; il faut un certain nombre d'unités de valeur pour obtenir un diplôme). ▷ MILIT Formation ayant une composition, un armement, des fonctions déterminés. *Petites unités,* section, compagnie, bataillon, régiment. *Grandes unités,* division, corps d'armée, armée. **3.** Grandeur choisie pour mesurer les grandeurs de même espèce. *Le mètre est l'unité de longueur du système métrique. Unités physiques.* ▷ ECON *Unité de compte* : syn. de *étalon* 2, sens 2. ▷ ASTRO *Unité astronomique* (symbole UA) : unité de longueur utilisée pour exprimer les distances des corps du système solaire, basée sur la distance que parcourt la lumière en un temps de 499,004 782 s. (1 UA = 149 597 870 km, longueur proche de la distance moyenne de la Terre au Soleil.) ▷ PHYS NUCL *Unité de masse atomique* (symbole u) : unité qui, par définition, vaut $\frac{1}{N}$ gramme, N étant égal à $6,022.10^{23}$ (V. mole). **4.** Ce qui forme un tout organisé, cohérent. *Une unité urbaine.* **II. 1.** Caractère, état de ce qui est un, de ce qui forme un tout cohérent, harmonieux. *L'unité de l'Église, de la nation. Cette œuvre manque d'unité.* **2.** Caractère de ce qui est unique. *Instaurer l'unité du commandement.* ▷ LITTER *Règle des trois unités (unités d'action, de lieu et de temps)* : dans le théâtre classique, règle selon laquelle une pièce doit comporter une seule action principale se déroulant dans le même lieu, dans l'espace d'un jour. – Lat. *unitas,* de *unus,* « un ».

unitif, ive [ynitif, iv] adj. **1.** RELIG *Vie unitive,* vécue en union* mystique avec Dieu. **2.** ANAT Qui sert à unir. *Fibres unitives du cœur.* – Lat. scolast. *unitivus.*

univalent, ente [ynivalɑ̃, ɑ̃t] adj. CHIM Syn. de *monovalent.* – De *uni-,* et *-valent.*

univalve [ynivalv] adj. ZOOL Dont la coquille ne comporte qu'une valve. *Mollusque univalve.* – De *uni-,* et *valve.*

univers [ynivɛʀ] n. m. **1.** Ensemble de tout ce qui existe dans le temps et dans l'espace. **2.** (Avec une majuscule.) Ensemble de tous les corps célestes et de l'espace où ils se meuvent. *Les astronomes étudient la structure de l'Univers.* **3.** Terre, en tant que lieu où vivent les hommes; humanité. *Une arme dont la puissance fait trembler l'univers.* **4.** Fig. Milieu où se cantonnent les activités, les pensées de qqn; monde particulier. *Son village est tout son univers. L'univers de la folie.* ▷ LOG *Univers du discours* : ensemble des éléments et des classes logiques auxquels on se réfère dans un jugement ou un raisonnement. – Lat. *universum,* neutre substantivé de l'adj. *universus,* « intégral », « tourné *(versus)* de manière à former un ensemble, un tout *(unus)* ».

ENCYCL **Astro.** – Contestée encore au début des années 1950, la théorie selon laquelle l'Univers a commencé par une gigantesque « explosion », le big-bang, est devenue la base de la cosmologie moderne, car elle explique les propriétés fondamentales de l'Univers, en particulier son expansion, qu'avait mise en évidence l'Américain Edwin Hubble dans les années 1930. Il y a environ 15 milliards d'années, l'Univers était infiniment condensé et chaud. Le big-bang transforma cet état singulier en une entité dont l'évolution obéit aux lois de la relativité générale. Les récents progrès de la physique des particules ont permis de décrire l'histoire de l'Univers à partir de l'instant $t = 10^{-43}$ s après le big-bang : son diamètre est alors de 10^{-28} cm et sa température de 10^{32} K; il est dans un état de « vide quantique ». Pendant la période qui s'étend de $t = 10^{-35}$ s à $t = 10^{-32}$ s, l'Univers traverse une phase d'inflation (expansion très rapide) au début de laquelle les quarks, les électrons, les neutrinos et leurs antiparticules vont surgir du vide, avec un très léger excédent de matière par rapport à l'antimatière (un milliard de particules plus une sont créées contre un milliard d'antiparticules). Cette « soupe » de particules reste présente jusqu'à $t = 10^{-6}$ s, quand la température devient suffisamment basse (10^{13} K) pour que les associations de quarks restent stables sous forme de protons, de neutrons et de leurs antiparticules. Particules et antiparticules vont s'annihiler les unes les autres, aboutissant à un Univers dominé par le rayonnement (*ère radiative*) et où ne subsiste qu'un infime résidu (un milliardième) de particules. La *nucléosynthèse* primordiale se déroule entre t = 3 min et t = 30 min : protons et neutrons peuvent s'assembler en noyaux atomiques légers tels que l'hélium, l'élément le plus abondant de l'Univers avec l'hydrogène. À t = 500 000 ans, l'Univers s'est assez refroidi (3 000 K) pour que les atomes deviennent stables; liés aux protons et noyaux atomiques, les électrons ne s'opposent plus au rayonnement, qui se dissocie de la matière : l'Univers est devenu transparent. Ce rayonnement qui baigne tout l'Univers est encore perceptible aujourd'hui, mais sa température caractéristique n'est plus que de 2,7 K en raison de l'expansion de l'Univers; en effet, celle-ci s'est poursuivie pendant les 15 milliards d'années qui se sont écoulées depuis la période de dissociation. En 1965, la découverte de ce rayonnement « fossile » (dit *cosmologique*) par les Américains Arno Penzias et Robert Wilson apporta une confirmation décisive à la théorie du big-bang. (V. galaxie.) Depuis la phase de dissociation, l'évolution de l'Univers est déterminée par la gravitation. Si sa densité moyenne est supérieure à la *densité critique* (env. 5×10^{-30} g/cm^3), les forces de liaison gravitationnelle l'emporteront sur l'expansion, qui finira par s'inverser : une phase de contraction ramènera l'Univers à son point initial (*Univers fermé*). Sinon, l'Univers est condamné à se dilater éternellement (*Univers ouvert*). Les estimations de la densité de l'Univers sont encore beaucoup trop imprécises pour déterminer si l'Univers est ouvert ou fermé.

universalisation [ynivɛʀsalizasjɔ̃] n. f. Action d'universaliser; son résultat. – De *universaliser.*

universaliser [ynivɛʀsalize] v. tr. [1] Rendre universel, généraliser. *Universaliser l'instruction.* – De *universel.*

universalisme [ynivɛʀsalism] n. m. **1.** PHILO Doctrine de ceux qui comprennent la réalité comme une unité englobant tous les individus et qui ne voient d'autorité que dans le consentement universel. **2.** THEOL Croyance selon laquelle Dieu veut la rédemption de tous les hommes. – De *universel.*

universaliste [ynivɛʀsalist] n. et adj. **1.** PHILO, THEOL Qui professe l'universalisme; qui adhère à l'universalisme. **2.** Qui s'adresse à l'humanité entière. – De *universel.*

universalité [ynivɛʀsalite] n. f. **1.** Caractère universel. *L'universalité d'une loi. L'universalité d'une croyance.* ▷ LOG *Universalité d'une proposition.* **2.** DR Ensemble de biens, ou ensemble de biens et de dettes, considéré comme constituant un tout. – Bas lat. *universalitas*.

universaux [yniveʀso] n. m. pl. PHILO *Les universaux* : les idées générales, opposées aux individus singuliers dans la philosophie scolastique. – Sing. *Un universel. L'humanité est le genre, l'universel; l'homme Socrate en est la réalité singulière.* – Pl. de *universal*, anc. forme de *universel*.

ENCYCL La fameuse *querelle des universaux* roula sur la question de savoir si les idées générales sont de purs mots (nominalisme), si ces abstractions constituent la seule réalité ou s'il existe une solution médiane selon laquelle l'intelligence découvre dans les individualités du monde extérieur le fondement de toute généralisation. Le problème fut, à partir du XIIe s., au cœur de la discussion dans toutes les universités médiévales.

universel, elle [yniveʀsɛl] adj. **1.** Qui porte sur tout ce qui existe. *Connaissances universelles.* **2.** Qui s'étend à tout l'univers physique. ▷ *Gravitation* universelle.* ▷ PHYS *Constante universelle* : constante (dite aussi *invariant*) qui ne varie pas dans l'Univers, quel que soit le système de référence utilisé. *La vitesse de la lumière, égale à 299 792,457 km/s, est une constante universelle.* **3.** Qui se rapporte, qui s'étend au monde entier, à l'humanité tout entière. *L'histoire universelle. Gloire universelle.* **4.** Qui concerne toutes les personnes, toutes les choses considérées. *Suffrage universel* : droit de vote donné à tous les citoyens. **5.** LOG *Proposition universelle*, dans laquelle le sujet est pris dans toute son extension. ▷ n. m. PHILO Ce qu'il y a de commun à tous les individus d'une classe (opposé à *particulier*). V. universaux. **6.** Qui a des connaissances, des aptitudes dans tous les domaines. *Léonard de Vinci fut un génie universel.* **7.** DR *Légataire universel*, à qui on a légué la totalité des biens. ▷ *Légataire à titre universel*, à qui on a légué une quotité des biens. – Lat. imp. *universalis*, du class. *universus*, « tout entier ».

universellement [yniveʀsɛlmɑ̃] adv. D'une façon universelle, par tous. – De *universel*.

universitaire [yniveʀsitɛʀ] adj. et n. **1.** adj. Qui appartient, qui a rapport aux universités. *Enseignement universitaire. Cité universitaire*, où sont logés les étudiants. **2.** n. Personne qui enseigne dans une université. – De *université*.

université [yniveʀsite] n. f. **1.** Établissement public d'enseignement supérieur groupant plusieurs établissements scolaires. *Les universités françaises sont constituées de plusieurs unités de formation et de recherche (U.F.R.).* **2.** *L'Université* : en France, l'ensemble du corps enseignant recruté par l'État, qui dispense l'enseignement supérieur. – Du lat. jur. *universitas*, « communauté ».

univitellin, ine [ynivitel(l)ɛ̃, in] adj. BIOL Qualifie les jumeaux issus d'un même œuf (vrais jumeaux). Syn. monozygote. Ant. bivitellin. – De *uni-*, et *vitellin*.

univocité [ynivɔsite] n. f. Didac. Caractère de ce qui est univoque. – De *univoque*.

univoque [ynivɔk] adj. **1.** Didac. Se dit des noms qui s'appliquent dans le même sens à plusieurs choses d'un même genre. *Animal est un terme univoque à l'aigle et au lion.* **2.** Non équivoque. **3.** MATH *Correspondance univoque* : correspondance entre deux ensembles telle qu'à tout élément de l'un correspond un élément et un seul de l'autre. *Une application est une correspondance univoque.* – Bas lat. *univocus*, du class. *unus*, et *vox, vocis*, « voix ».

Untel, Un tel, Unetelle, Une telle [œ̃tɛl, yntɛl] n. *M. Untel* (ou *un tel*), *Mme Unetelle* (ou *une telle*) : individu anonyme, quelqu'un, n'importe qui; personne que l'on ne veut pas nommer. *Dîner chez les Untel, dans la famille Untel.* – De *un*, et *tel*.

upas [ypas] n. m. Sève extrêmement vénéneuse d'un grand arbre du Sud-Est asiatique (*Antiaris toxicaria*), utilisée par les indigènes pour empoisonner leurs flèches. – Mot malais, « poison ».

upérisation [ypeʀizasjɔ̃] n. f. TECH Méthode de stérilisation continue des liquides (le lait en particulier) par injection de vapeur surchauffée. – Angl. *uperization*, de *to uperize*, de *u(ltra)-p(ast)e(u)rize*, « ultra-pasteuriser ».

upérisé, ée [ypeʀize] adj. Qui a subi l'upérisation. *Lait upérisé.* – De l'angl. *uperized*, de *to uperize* (V. upérisation).

uppercut [ypɛʀkyt] n. m. SPORT En boxe, coup de poing donné de bas en haut au menton. – Mot angl., de *upper*, « vers le haut », et *cut*, « coup ».

upsilon [ypsilɔn] n. m. **1.** Vingtième lettre de l'alphabet grec (Υ, υ) qui équivaut au *u* français et est devenue *y* dans la plupart des mots français tirés du grec. **2.** PHYS NUCL Particule de la famille des mésons, la plus lourde particule de matière connue. *La particule upsilon est dépourvue de charge électrique (d'où la notation Y_0).* – Gr. *upsilon*, « u mince ».

ur(o)-. Élément, du gr. *oûron*, « urine ».

uracile [yʀasil] n. m. BIOCHIM Base pyrimidique entrant dans la composition des acides nucléiques. – De *ur(o)-*, et *acétique*.

uraète [yʀaɛt] n. m. ORNITH Grand aigle australien brun-noir (*Aquila audax uraetus*) atteignant 2,40 m d'envergure. – Du gr. *oura*, « queue », et *ætos*, « aigle ».

uræus [yʀeys] n. m. inv. ARCHEOL Figure du serpent naja, protecteur des pharaons, qui le portaient sur leur couronne. – Lat. mod., du gr. *ouraios*, « de la queue ».

uranate [yʀanat] n. m. CHIM Sel dérivé de l'uranium. – De *urane*, et *-ate*.

urane [yʀan] n. m. CHIM Ancien nom de l'oxyde d'uranium, longtemps considéré comme l'uranium lui-même. – All. *Uran*, du n. de la planète *Uranus*.

uraneux [yʀanø] adj. m. CHIM Se dit des sels dérivés du dioxyde d'uranium UO_2. – De *urane*.

uranie [yʀani] n. f. ENTOM Grand papillon sud-américain (genre *Urania*) aux couleurs vives, irisées, et aux ailes postérieures pourvues de longs appendices. – Lat. zool. *urania*, d'ap. le lat. *Urania*, n. de la muse de l'Astronomie.

uranifère [yʀanifɛʀ] adj. Didac. Qui contient de l'uranium. – De *urane*, et *-fère*.

uranique [yʀanik] adj. CHIM Se dit de l'hydroxyde $U(OH)_6$ et des sels dérivés de cet hydroxyde ou de l'hydroxyde d'uranyle $UO_2(OH)_2$. – De *urane*.

uranisme [yʀanism] n. m. Rare, vieilli Homosexualité masculine. – All. *Uranismus*, du gr. *Ourania*, « la Céleste », surnom d'Aphrodite, déesse de l'amour.

uranium [yʀanjɔm] n. m. Élément métallique de numéro atomique Z = 92 et de masse atomique 238,03 (symbole U). – Métal (U) de densité 18,9, qui fond à 1 130 °C et bout à 3 800 °C, qu'on trouve dans la nature sous forme d'oxydes d'uranium. *L'uranium est utilisé comme combustible dans les centrales nucléaires.* – De *urane*.

urano-. Élément, du gr. *ouranos*, « ciel », et en lat. anat. « voûte du palais ».

uranoplastie [yʀanɔplasti] n. f. CHIR Restauration du voile du palais et obturation des perforations congénitales ou acquises de la voûte palatale. – De *urano-*, et *-plastie*.

uranoscope [yʀanɔskɔp] n. m. ICHTYOL Poisson téléostéen des mers chaudes (*Uranoscopus scaber*) dont les yeux sont situés sur la partie dorsale de la tête, et qui est cour. appelé *rascasse blanche* dans la région méditerranéenne. – Du gr. *ouranoskopos*, « qui regarde le ciel ».

uranyle [yʀanil] n. m. CHIM Radical bivalent UO_2. *Hydroxyde d'uranyle.* – De *uranium.*

urate [yʀat] n. m. BIOCHIM Sel de l'acide urique. *La précipitation des urates dans l'organisme détermine les accès douloureux de la goutte et les calculs urinaires.* – Du rad. de *urique,* et *-ate.*

urbain, aine [yʀbɛ̃, ɛn] adj. **I. 1.** ANTIQ De Rome. *Les quatre tribus urbaines.* **2.** De la ville, propre à la ville. *Voirie urbaine. Populations urbaines.* Ant. rural. **II.** Litt. Qui fait preuve d'urbanité. *Un homme fort urbain.* – Lat. *urbanus,* « de la ville » (*Urbs* : Rome).

urbanisation [yʀbanizasjɔ̃] n. f. Action d'urbaniser; son résultat. – De *urbaniser.*

urbaniser [yʀbanize] v. tr. [1] Transformer (un espace rural) en un espace à caractère urbain, par la création de routes, d'équipements, de logements, d'activités commerciales et industrielles, etc. ▷ v. pron. *Cette région s'est rapidement urbanisée.* – De *urbain.*

urbanisme [yʀbanism] n. m. Ensemble des études et des conceptions ayant pour objet l'implantation et l'aménagement des villes. – De *urbain.*

urbaniste [yʀbanist] n. et adj. Spécialiste de l'urbanisme. ▷ adj. *Réglementation urbaniste,* qui concerne l'urbanisme. – De *urbanisme.*

urbanistique [yʀbanistik] adj. Didac. Relatif à l'urbanisation, à l'urbanisme. – De *urbanisme.*

urbanité [yʀbanite] n. f. Politesse raffinée que l'on acquiert par l'usage du monde. – Lat. *urbanitas.*

urbi et orbi [yʀbiɛtɔʀbi] loc. adv. **1.** LITURG CATHOL Paroles qui accompagnent les bénédictions du pape à toute la chrétienté (du haut du balcon de la basilique Saint-Pierre, dans la ville de Rome). **2.** *Par ext.* Partout. *Annoncer quelque chose urbi et orbi.* – Mots lat., « à la ville (Rome) et à l'univers ».

urcéolé, ée [yʀseɔle] adj. BOT Renflé, en forme de vase. – Du lat. *urceolus,* de *urceus,* « pot ».

urdu ou **ourdou** [uʀdu] n. m. Langue officielle du Pākistān, apparentée à l'hindi. – Mot indien, du turc *ordu,* « camp ».

-ure. Suffixe de certains termes de chimie, marquant que le composé est un sel d'hydracide (ex. : chlorure, sulfure).

ure. V. urus.

uréase [yʀeɑz] n. f. BIOCHIM Enzyme (absente chez l'homme, présente chez de nombreux organismes marins) qui transforme l'urée en carbonate d'ammonium. – De *urée,* et *-ase.*

urédinales [yʀedinal] [yʀedine] ou **urédinées** n. f. pl. BOT Ordre de champignons basidiomycètes parasites responsables des *rouilles* des végétaux. – Sing. *Une urédinale* ou *une urédinée.* – Du lat. *uredo,* « nielle, charbon », de *urere,* « brûler ».

urédospore [yʀedɔspɔʀ] n. f. BOT Spore des urédinales, assurant leur multiplication végétative. – Du lat. *uredo,* « nielle, charbon », et *spore.*

urée [yʀe] n. f. BIOCHIM Diamide de l'acide carbonique, produit final de la dégradation par le foie des acides aminés. *L'urée est éliminée dans les urines.* – Du rad. de *urine.*

uréide [yʀeid] n. m. CHIM Nom générique des dérivés de l'urée, dont certains, comme l'acide barbiturique, jouent un rôle physiologique important. – De *urée,* et *-ide.*

uréique [yʀeik] adj. MED Relatif à l'urée. – De *urée,* et *-ique.*

urémie [yʀemi] n. f. MED Intoxication liée à une insuffisance rénale et provoquée par l'accumulation dans le sang de produits azotés (urée, notam.) que le rein élimine à l'état normal. – De *urée,* et *-émie.*

urémique [yʀemik] adj. MED Relatif à l'urémie. – De *urémie.*

uréogenèse [yʀeɔʒənɛz] n. f. BIOCHIM Formation d'urée à partir de l'ammoniaque provenant essentiellement de l'azote des acides aminés dégradés dans le foie. – De *urée,* et *-genèse.*

-urèse, -urie. Éléments, du gr. *ourêsis,* « action d'uriner », *oûron,* « urine ».

urétéral, ale, aux [yʀeteʀal, o] adj. Didac. Relatif à l'uretère. – De *uretère.*

uretère [yʀtɛʀ] n. m. ANAT Chacun des deux canaux qui conduisent l'urine depuis le bassinet du rein jusqu'à la vessie. – Gr. *ourêtêr.*

urétérite [yʀeteʀit] n. f. MED Inflammation des uretères. – De *uretère,* et *-ite* 1.

uréthan(n)e [yʀetan] n. m. CHIM Nom générique des esters de formule R-O-CO-NH_2, dont dérivent, par polymérisation, les polyuréthanes. – De *urée,* et *éthane.*

urétral, ale, aux [yʀetʀal, o] adj. Didac. Relatif à l'urètre. – De *urètre.*

urètre [yʀɛtʀ] n. m. ANAT Canal musculo-membraneux qui mène de la vessie à l'extérieur, où il s'ouvre par le méat urétral; il sert à l'évacuation de l'urine et, chez l'homme, au passage du sperme. – Lat. méd. *urethra,* gr. *ourêthra.*

urétrite [yʀetʀit] n. f. MED Inflammation de l'urètre. – De *urètre,* et *-ite* 1.

urgence [yʀʒɑ̃s] n. f. **1.** Caractère de ce qui est urgent. *Il y a urgence.* **2.** Ce qui est urgent; cas, situation, devant être réglés sans délai. *C'est une urgence. Service des urgences d'un hôpital.* **3.** Loc. adv. *D'urgence* : immédiatement, sans délai. *Télégramme à expédier d'urgence.* – De *urgent.*

urgent, ente [yʀʒɑ̃, ɑ̃t] adj. Pressant, qui ne souffre aucun retard. *Des affaires urgentes.* – Lat. imp. *urgens, urgentis,* de *urgere,* « presser, pousser ».

urger [yʀʒe] v. intr. [1] Fam. Devenir urgent, pressant. *Ça urge !* – De *urgent.*

urgonien, enne [yʀgɔnjɛ̃, ɛn] n. et adj. GEOL *L'urgonien,* étage du crétacé inférieur. ▷ adj. *La période urgonienne.*

uric(o)-. Élément, de *urique.*

uricémie [yʀisemi] n. f. MED Taux d'acide urique dans le sang. – De *uric-,* et *-émie.*

uridine [yʀidin] n. f. BIOCHIM Nucléoside entrant dans la composition de l'A.R.N. – De *uracile, ribose,* et *-ine.*

-urie. V. -urèse.

urinaire [yʀinɛʀ] adj. Relatif à l'urine. *Voies urinaires.* – De *urine.*

urinal, aux [yʀinal, o] n. m. Récipient à col incliné destiné à permettre aux malades (hommes) alités d'uriner commodément. Syn. fam. pistolet. – Bas lat. *urinal,* du class. *urina,* « urine ».

urine [yʀin] n. f. Liquide organique excrémentiel de couleur jaune ambré, sécrété par les reins, composé essentiellement d'eau, de sels minéraux et de matières organiques. – *Les urines* : l'urine évacuée. *Analyse d'urines.* – Du lat. pop. **aurina,* d'ap. *aurum,* « or », à cause de la couleur, refait sur le lat. class. *urina.*

uriner [yʀine] v. intr. [1] Évacuer l'urine. Syn. fam. pisser. – De *urine.*

urineux, euse [yʀinø, øz] adj. MED De la nature de l'urine, relatif à l'urine. – De *urine.*

urinifère [yʀinifɛʀ] adj. ANAT Qui conduit l'urine. *Tubes urinifères du rein.* – De *urine,* et *-fère.*

urinoir [yʀinwaʀ] n. m. **1.** Endroit, édicule public aménagé pour uriner, à l'usage des hommes. Syn. (fam.) pissotière. **2.** Appareil sanitaire servant à uriner. – De *uriner.*

urique [yʀik] adj. BIOCHIM *Acide urique* : produit de la dégradation des acides nucléiques, éliminé par les urines. V. goutte 2. – De *urine.*

urne [yʀn] n. f. **1.** ANTIQ Vase oblong à corps renflé. **2.** Vase qui contient les cendres d'un mort. **3.** Boîte dans laquelle les votants déposent leur bulletin, lors d'un scrutin. **4.** BOT Partie du sporange des mousses contenant les spores. – Lat. *urna.*

1. uro-. V. ur(o)-.

2. uro-, -oure, -ure. Éléments, du gr. *oura,* « queue ».

urobiline [yʀɔbilin] n. f. BIOCHIM Pigment urinaire provenant de la dégradation de l'hémoglobine. – De *ur(o)-, bile,* et *-ine.*

urochrome [yʀɔkʀom] n. m. BIOCHIM Principale substance colorante de l'urine. – De *ur(o)-,* et *chrome.*

urocordés [yʀɔkɔʀde] n. m. pl. ZOOL Syn. de *tuniciers.* – Sing. *Un urocordé.* – De *uro-* 2, et *cordés.*

urodèles [yʀɔdɛl] n. m. pl. ZOOL Ordre d'amphibiens des régions tempérées de l'hémisphère N., dont la queue subsiste après la métamorphose (protées, salamandres, tritons, etc.). – Sing. *Un urodèle.* – De *uro-* 2, et gr. *dêlos,* « apparent ».

urogénital, ale, aux [yʀɔʒenital, o] adj. ANAT, MED Qui concerne à la fois l'appareil urinaire et l'appareil génital. Syn. génito-urinaire. – De *uro-* 1, et *génital.*

urographie [yʀɔgʀafi] n. f. MED *Urographie intraveineuse (U.I.V.)* : radiographie de l'appareil urinaire après injection d'un produit opaque aux rayons X, qui est ensuite éliminé par les reins. – De *ur(o)-,* et *-graphie.*

urolagnie [yʀɔlaɲi] n. f. Didac. Perversion sexuelle qui consiste en une érotisation de la miction et des fonctions urinaires. – De *uro-* 1, et du gr. *lagneia,* « rapport intime ».

urologie [yʀɔlɔʒi] n. f. Didac. Branche de la médecine qui traite des affections de l'appareil urinaire (et génital, chez l'homme). – De *ur(o)-,* et *-logie.*

urologue [yʀɔlɔg] n. Didac. Médecin spécialisé en urologie. – De *urologie.*

uromastix [yʀɔmastiks] n. m. ZOOL Agame du Sahara, long de 40 cm, à la queue épineuse et mobile. Syn. cour. fouette-queue. *L'uromastix est inoffensif.* – De *uro-* 2, et gr. *mastix,* « fouet ».

uropode [yʀɔpɔd] n. m. ZOOL Appendice du dernier segment de l'abdomen des crustacés; leur queue. – De *uro-* 2, et *-pode.*

uropyge [yʀɔpiʒ] n. m. Croupion des oiseaux. – De *uro-* 2, et du gr. *pugê,* « fesse, derrière ».

uropygial, ale, aux [yʀɔpiʒjal, o] adj. ORNITH Du croupion. *Pennes uropygiales.* – De *uropyge.*

uropygien, enne [yʀɔpiʒjɛ̃, ɛn] adj. ORNITH *Glande uropygienne* : glande du croupion, dont la sécrétion grasse imperméabilise les plumes. – De *uropyge.*

ursidés [yʀside] n. m. pl. ZOOL Famille de grands mammifères omnivores plantigrades aux formes lourdes et aux membres massifs, dont le type est l'ours. – Sing. *Le grand panda est un ursidé.* – Du lat. *ursus,* « ours », et *-idés.*

ursuline [yʀsylin] n. f. RELIG CATHOL Religieuse appartenant à l'une des congrégations placées sous le patronage de sainte Ursule. – *Spécial.* Religieuse de l'ordre fondé à Brescia par sainte Angèle Merici en 1535 *(ordre de Sainte-Ursule* ou *congrégation des Ursulines de l'Union romaine),* introduit en France en 1612. – Du n. de sainte *Ursule.*

urticacées [yʀtikase] n. f. pl. BOT Famille de plantes, pour la plupart herbacées, aux feuilles alternes simples, parfois urticantes, comme l'ortie. – Sing. *Une urticacée.* – Du lat. *urtica,* « ortie ».

urticaire [yʀtikɛʀ] n. f. Éruption subite de papules rouges ou rosées, souvent décolorées au centre, rappelant les piqûres d'ortie et causant de vives démangeaisons. *L'urticaire est le plus souvent d'origine allergique.* – Du lat. *urtica,* « ortie ».

urticant, ante [yʀtikɑ̃, ɑ̃t] adj. Didac. Qui détermine des rougeurs, des démangeaisons analogues à celles que causent les piqûres d'ortie. *Cellules urticantes des méduses.* – Du lat. *urtica,* « ortie ».

urtication [yʀtikasjɔ̃] n. f. Didac. Rougissement de la peau qui accompagne l'irritation due aux orties. ▷ Par anal. MED *Urtication provoquée par une méduse.* – Du lat. *urtica,* « ortie ».

urubu [yʀyby; uʀubu] n. m. ORNITH Vautour noir charognard d'Amérique tropicale (*Coragyps atratus*). – Mot tupi.

uruguayen, enne [yʀygwejɛ̃, ɛn] adj et n. De l'Uruguay, État d'Amérique latine. ▷ Subst. *Un(e) Uruguayen(ne).*

urus [yʀys] ou VX **ure** [yʀ] n. m. ZOOL Syn. de *aurochs.* – Mot lat. d'orig. germ.

us [ys] n. m. pl. Vx Usage. ▷ Loc. mod. *Les us et coutumes* : les usages, les habitudes héritées du passé; *par ext.,* les habitudes, la manière de vivre. – Lat. *usus,* « usage ».

usage [yzaʒ] n. m. **I. 1.** Fait d'utiliser, de se servir de (un objet, un procédé, une faculté). Syn. emploi, utilisation. *L'usage de cet outil, de ce produit remonte à telle époque. Faire bon usage de son pouvoir. C'est un tissu qui vous fera de l'usage,* que vous garderez longtemps. **2.** Possibilité d'utiliser. *Perdre l'usage de l'ouïe.* ▷ Loc. *Hors d'usage* : qui ne fonctionne plus, usé au point de ne plus être utilisable. ▷ Loc. *À usage (de)* : prévu pour (telle utilisation). *Lotion à usage externe.* **3.** *À l'usage de* : destiné spécialement à. *Projecteur à l'usage des chirurgiens.* **4.** Mise en œuvre effective de la langue dans le discours. *Faire un usage fréquent d'une expression. L'usage écrit, oral.* ▷ (S. comp.) *L'usage* : la manière dont, à une époque et dans un milieu social donnés, se réalisent dans le discours les structures d'une langue. *Grammaire et usage. Le bon usage* : l'usage considéré comme correct par référence à une norme socioculturelle donnée. **II. 1.** Habitude traditionnelle, coutume. *Ne pas connaître les usages d'un pays étranger.* ▷ *Les usages* : l'ensemble des façons d'agir, de se conduire, considérées comme correctes dans une société. *Contraire aux usages.* ▷ *L'usage* : ce qui se fait habituellement, la coutume. *Il est d'usage de...* **2.** Litt. Pratique de la bonne société, bonnes manières. *Manquer d'usage.* **III.** DR Droit qui permet de se servir d'une chose sans en être le propriétaire. *Usages forestiers.* – Du lat. *usus,* « usage ».

usagé, ée [yzaʒe] adj. Qui a beaucoup servi, usé. – De *usage.*

usager [yzaʒe] n. m. **1.** DR Personne qui a un droit d'usage. **2.** Personne qui utilise (un service public). Syn. utilisateur. *Les usagers de la poste.* ▷ Par ext. *Les usagers d'une langue.* – De *usage.*

usé, ée [yze] adj. Détérioré par l'utilisation. *Chandail usé aux coudes.* – *Eaux usées,* salies par l'usage. – (Abstrait) *Sujet usé,* qui n'a plus d'intérêt pour avoir été trop employé. ▷ (Personnes) Affaibli, fatigué. *Femme usée par les épreuves.* – Pp de *user.*

user [yze] v. [1] **I.** v. tr. indir. **1.** *User de :* se servir de, avoir recours à. *User de persuasion. Il use de termes savants.* **2.** Litt. *En user* (suivi d'un adv. ou comp. de manière) : agir, se comporter (de telle manière). *C'est en user avec désinvolture! En user bien, mal avec qqn,* se conduire bien, mal envers lui. **II.** v. tr. **1.** Utiliser, consommer. *Cet appareil use peu d'électricité.* **2.** Détériorer (un objet) à force de s'en servir. Syn. abîmer, altérer, élimer. *Il use trois paires de chaussures par an.* **3.** Diminuer, affaiblir dans son fonctionnement. *User sa santé. La maladie l'a usé prématurément.* **III.** v. pron. **1.** Se détériorer à force d'usage. *Un tissu qui s'use vite.* **2.** (Abstrait) Devenir plus faible, s'amoindrir. *Sa résistance a fini par s'user.* **3.** (Personnes) S'affaiblir. *Il s'est usé à trop travailler.* – Du bas lat. *usare,* du lat. class. *usum,* supin de *uti,* « se servir de ».

usinage [yzinaʒ] n. m. Ensemble des opérations effectuées à l'aide de machines-outils et qui ont pour but de façonner, de finir une pièce (par tournage, fraisage, rabotage, perçage, etc.). – De *usiner.*

usine [yzin] n. f. **1.** Important établissement industriel employant des machines, destiné à transformer des matières premières ou des produits semi-finis en produits finis, ou à produire de l'énergie. *Usine d'automobiles, de produits chimiques, de conserves, etc.* ▷ Spécial. *L'usine,* considérée comme un lieu de travail ou comme un outil de production particulier, spécifique. *Quitter la terre pour l'usine. Travailler en usine. – Pièces fournies au prix d'usine.* **2.** Fig., fam. Lieu où travaille un nombreux personnel, où règne une activité intense. *Ce bureau est une véritable usine.* – Du lat. *officina,* « atelier ».

usine-center [yzinsɛntœʀ] n. m. (Faux anglicisme) Complexe de vente directe de produits industriels au public. – De *usine,* et de l'amér. *center,* « centre ».

usiner [yzine] v. [1] **I.** v. tr. **1.** Fabriquer dans une usine. **2.** Façonner (une pièce) avec une machine-outil. **II.** v. intr. (Le plus souvent impers.) Pop. *Ça usine! :* on travaille dur. – De *usine.*

usinier, ère [yzinje, ɛʀ] adj. (et n. m.) Didac. Relatif à l'usine. *Production usinière.* – Où l'on trouve des usines. *Ville usinière.* ▷ n. m. Vx Propriétaire, directeur d'une usine. – De *usine.*

usité, ée [yzite] adj. Vieilli Courant, en usage. ▷ Mod. LING *Locution, mot encore usités. Peu usité :* rare. Syn. usuel. – Lat. *usitatus,* « accoutumé, entré dans l'usage », de *usitari,* fréquentatif de *uti,* « se servir de ».

usnée [ysne] n. f. BOT Lichen (genre *Usnea*) à thalle fruticuleux très ramifié, qui croît sur les rochers et sur les arbres. *Usnée barbue :* barbe-de-capucin. – Du lat. médiév. *usnea,* d'orig. arabe.

ustensile [ystɑ̃sil] n. m. Objet, outil d'usage quotidien, ne comportant généralement pas de mécanisme, ou seulement un mécanisme de conception élémentaire. *Ustensile de cuisine, de ménage.* – Lat. *utensilia,* « tout le nécessaire », de *uti,* « se servir de »; *s* d'ap. *user.*

ustilaginales [ystilaʒinal] n. f. pl. BOT Ordre de champignons basidiomycètes (genres *Ustilago* et voisins), agents des charbons* et des caries*, caractérisés par des spores noires formant des masses pulvérulentes. – Sing. *Une ustilaginale.* – Du lat. tardif *ustilago,* « chardon sauvage ».

usucapion [yzykapjɔ̃] n. f. DR Prescription* acquisitive. – Lat. *usucapio,* de *usus,* « usage », et *capere,*« prendre ».

usuel, elle [yzɥɛl] adj. et n. m. Dont on se sert couramment. *Objet usuel. Terme usuel.* Syn. habituel, fréquent. ▷ n. m. Volume de consultation courante (dictionnaire, catalogue bibliographique, etc.) mis en permanence à la disposition des lecteurs dans une bibliothèque. – Bas lat. *usualis,* de *usus,* « usage ».

usuellement [yzɥɛlmɑ̃] adv. De façon usuelle, habituelle. – De *usuel.*

usufructuaire [yzyfʀyktɥɛʀ] adj. DR Relatif ou propre à l'usufruit. Syn. usufruitier. – De *usufruit.*

usufruit [yzyfʀɥi] n. m. DR Jouissance d'un bien ou des revenus d'un bien dont la nue-propriété appartient à un autre. – Du lat. jur. *ususfructus.*

usufruitier, ère [yzyfʀɥitje, ɛʀ] n. DR Personne qui a un bien en usufruit. ▷ adj. Syn. de *usufructuaire.* – De *usufruit.*

usuraire [yzyʀɛʀ] adj. D'usure, relatif à l'usure (2). *Taux usuraire.* – Lat. *usurarius,* « relatif aux intérêts ».

1. usure [yzyʀ] n. f. Détérioration due à l'usage; état de ce qui est usé. *L'usure d'une pièce par frottement. Degré d'usure d'un pneu.* ▷ *Guerre d'usure,* dans laquelle chacun des adversaires s'efforce d'user petit à petit les forces de l'autre. ▷ Fam. *Avoir qqn à l'usure,* l'amener à céder à force de démarches, de prières répétées. – De *user.*

2. usure [yzyʀ] n. f. Intérêt supérieur au taux légal, exigé par un prêteur; infraction de celui qui prête à un taux supérieur au taux légal. ▷ Fig. *Rendre, payer avec usure,* bien au-delà de ce qu'on a reçu. *Je lui rendrai avec usure les avanies qu'il m'a fait subir.* – Lat. *usura,* « usage, jouissance de qqch, intérêt de l'argent ».

usurier, ère [yzyʀje, ɛʀ] n. Personne qui prête de l'argent avec usure. – De *usure* 2.

usurpateur, trice [yzyʀpatœʀ, tʀis] n. Personne qui usurpe un pouvoir, un droit. – HIST *L'Usurpateur :* nom donné à Napoléon Ier par les royalistes. – Bas lat. *usurpator.*

usurpation [yzyʀpasjɔ̃] n. f. Action d'usurper; son résultat. – Lat. *usurpatio.*

usurper [yzyʀpe] v. tr. [1] S'emparer, par la violence ou par la ruse de (un bien, une dignité, un pouvoir auxquels on n'a pas droit). Syn. s'approprier, s'arroger. *Usurper le trône.* ▷ Obtenir sans l'avoir mérité. *Il a usurpé sa réputation de lexicographe.* – Lat. *usurpare.*

ut [yt] n. m. **1.** MUS Première note de la gamme majeure ne comportant pas d'altération* à la clé* et sur laquelle est fondé notre système de notation musicale. Syn. cour. do. **2.** Ton de do. *Quatuor en ut majeur.* – Latin, *ut,* premier mot de l'hymne à saint Jean-Baptiste d'où Gui d'Arezzo (v.990-v.1050) a tiré les noms des notes : « *UT queant laxis – REsonare fibris – MIra gestorum – FAmuli tuorum – SOLve polluti – LAbii reatum – Sancte Iohannes* ».

U.T. Abrév. internationale pour *temps universel* (V. encycl. temps).

utérin, ine [yteʀɛ̃, in] adj. **1.** ANAT Qui concerne l'utérus. *Artère utérine.* **2.** DR *Frères utérins, sœurs utérines,* nés de la même mère mais de pères différents. – Bas lat. jurid. *uterinus,* « de la même mère », du class. *uterus,* « matrice ».

utérus [yteʀys] n. m. ANAT Chez la femme (et les femelles des mammifères supérieurs), organe musculeux creux qui sert de réceptacle à l'œuf fécondé pendant tout son développement jusqu'à l'accouchement (ou la mise bas). *Col de l'utérus.* – Lat. *uterus,* « matrice ».

ENCYCL Chez les marsupiaux, on retrouve la disposition embryonnaire primitive, à savoir : deux utérus et deux vagins. Chez la lapine, le vagin est devenu unique, mais l'utérus est double; chez les rongeurs, il s'est produit une fusion des deux utérus dans leur partie inférieure. Chez les carnivores, les insectivores, les ongulés, l'utérus est unique mais il présente deux cornes (utérus bicorne) dans la partie supérieure. Seuls les primates ont un utérus simple. Dans l'espèce humaine, l'utérus est situé dans le petit bassin entre la vessie et le rectum, au-dessus du vagin. Il a la forme d'un cône tronqué aplati d'avant en arrière et comprend deux parties séparées par un étranglement (l'isthme) : le corps, en haut, au-dessus de l'isthme, triangulaire et aplati ; le col, en bas, plus étroit, qui a la forme d'un barillet et dont la partie inférieure est située dans le vagin. L'utérus est relié aux ovaires par les trompes de Fallope, qui s'insèrent à chaque angle supérieur.

utile [ytil] adj. et n. m. **I.** adj. **1.** (Choses) Propre à satisfaire un besoin. Syn. avantageux, profitable. *Une découverte utile à la société. Un cadeau utile. Utile à* (+ inf.) : qu'il est utile de. *Adresse utile à connaître.* ▷ Loc. *En temps utile* : en son temps, au moment opportun. ▷ PHYS *Travail, énergie, puissance utiles*, utilisables. ▷ TECH *Charge* utile.* ▷ GEOGR Économiquement exploitable. *La partie utile d'une région montagneuse.* **2.** (Personnes) Qui rend ou qui peut rendre un service. *Il sait se rendre utile. Ménage-le, il peut t'être utile un jour.* **II.** n. m. Ce qui est utile. *Joindre l'utile à l'agréable.* – Lat. *utilis.*

utilement [ytilmɑ̃] adv. De façon utile, avec fruit. *On consultera utilement cet ouvrage.* – De *utile.*

utilisable [ytilizabl] adj. Qui peut être utilisé. – De *utiliser.*

utilisateur, trice [ytilizatœʀ, tʀis] n. Personne qui utilise (qqch). *Recommandations aux utilisateurs de la machine.* Syn. usager. – De *utiliser.*

utilisation [ytilizasjɔ̃] n. f. Action, manière d'utiliser. *Pour une bonne utilisation de ce produit.* – De *utiliser.*

utiliser [ytilize] v. tr. [1] **1.** Se servir de, employer. *Utiliser un outil, un produit.* **2.** Faire servir à tel usage particulier (ce qui n'y était pas spécialement destiné). *Colleur d'affiches qui utilise tous les murs.* – De *utile.*

utilitaire [ytilitɛʀ] adj. **1.** Qui a avant tout un caractère d'utilité pratique ; qui n'est pas destiné à la distraction, aux loisirs, etc. *Véhicules utilitaires et véhicules de tourisme.* **2.** Qui s'attache à l'aspect utile, matériel des choses. *Souci, calcul strictement utilitaire.* **3.** PHILO Syn. de *utilitariste.* – De *utilité*, par l'angl. *utilitarian.*

utilitarisme [ytilitaʀism] n. m. PHILO Toute doctrine selon laquelle l'utile est la source de toutes les valeurs, dans l'ordre de l'action comme dans celui de la connaissance. *L'utilitarisme de Bentham, de Stuart Mill, de Herbert Spencer.* – De *utilitaire.*

utilitariste [ytilitaʀist] adj. et n. PHILO Qui a rapport à l'utilitarisme. ▷ Subst. Partisan de l'utilitarisme. – De *utilitarisme.*

utilité [ytilite] n. f. **1.** Fait d'être utile ; qualité, caractère de ce qui est utile. *Utilité d'un nouveau procédé.* **2.** Commodité, convenance (de qqn). *Cela ne lui est d'aucune utilité. Expropriation pour cause d'utilité publique* : acquisition par l'Administration de propriétés particulières, même contre la volonté des propriétaires, en vue de l'intérêt général. **3.** Petit rôle. *Acteur qui joue les utilités.* – Par anal. *Jouer les utilités* : avoir un rôle secondaire. – De *utile.*

utopie [ytɔpi] n. f. **1.** Didac. Projet d'organisation politique idéale (comme celle du pays d'*Utopie* imaginé par Thomas More). ▷ Cour. Idéal, projet politique qui ne tient pas compte des réalités. **2.** *Par ext.* Toute idée, tout projet considéré comme irréalisable, chimérique. *Le mouvement perpétuel est-il une utopie ?* – Du lat. mod. *utopia*, « lieu qui n'existe pas », forgé sur le gr. *ou*, « non », et *topos*, « lieu ».

utopique [ytɔpik] adj. Qui a les caractères d'une utopie. *Projet utopique. Socialisme utopique, opposé par F. Engels au socialisme scientifique.* – De *utopie.*

utopiste [ytɔpist] n. et adj. **I.** n. **1.** Didac. Auteur d'une utopie (sens 1). **2.** Personne qui a des idées utopiques, qui forme des projets utopiques. **II.** adj. Vx Utopique. – De *utopie.*

utriculaire [ytʀikylɛʀ] adj. et n. f. **1.** adj. SC NAT En forme d'utricule. **2.** n. f. BOT Plante carnivore d'eau douce dont les feuilles immergées sont des utricules qui assurent la capture de plancton. – De *utricule.*

utricule [ytʀikyl] n. m. **1.** BOT Organe en forme de petite outre, présent notam. chez l'utriculaire. **2.** ANAT Petite vésicule de l'oreille interne, où aboutissent les canaux semi-circulaires. – Du lat. *utriculus*, de *uter, utris*, « outre ».

1. U.V. Abrév. de *ultraviolet.*

2. U.V. Abrév. de *unité* de valeur.*

uval, ale, aux [yval, o] adj. Didac. Qui a rapport au raisin. *Cure uvale*, à base de raisin. – Du lat. *uva*, « raisin ».

uva-ursi [yvayʀsi] n. m. inv. BOT Petit arbuste (*Arctostaphylos uva ursi*, fam. éricacées), aux rameaux rampants, aux petites feuilles écailleuses, et persistantes, répandu dans tout l'hémisphère N. Syn. busserole. – Mots lat., « raisin d'ours ».

uvéal, ale, aux [yveal, o] adj. ANAT Relatif à l'uvée. – De *uvée.*

uvée [yve] n. f. ANAT Tunique vasculaire de l'œil, entre la sclérotique et la rétine. – Du lat. *uva*, « raisin », par anal. de couleur.

uvéite [yveit] n. f. MED Inflammation de l'uvée. – De *uvée*, et *-ite* 1.

uvulaire [yvylɛʀ] adj. ANAT Qui a rapport à la luette. ▷ PHON *R uvulaire*, que l'on prononce en faisant vibrer la luette (par oppos. à *r apical*). – De *uvule.*

uvule [yvyl] n. f. ANAT Luette. – Lat. médiév. *uvula*, dimin. de *uva*, au sens de « luette ».

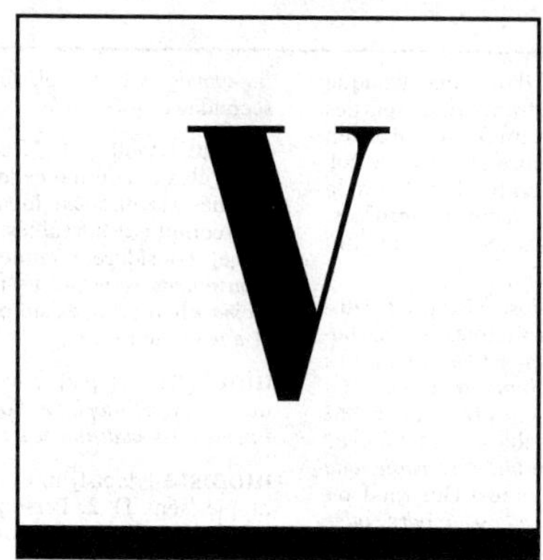

v [ve] n. m. **1.** Vingt-deuxième lettre (v, V) et dix-septième consonne de l'alphabet, notant la fricative labiodentale sonore [v]. ▷ *En V :* disposé selon les branches d'un V, en forme de V. *Moteur à huit cylindres en V.* **2.** V : chiffre romain qui vaut 5. **3.** ELECTR V : symbole du volt. ▷ GEOM V : symbole de volume. ▷ PHYS V, v : symbole de vitesse. – V : symbole de potentiel. ▷ CHIM V : symbole du vanadium.

V1, V2 [veœ̃ ; vedø] n. m. Fusée porteuse d'explosifs, à grand rayon d'action, utilisée par les Allemands en 1944 et 1945. – Abrév. de l'all. *Vergeltungswaffe,* « arme de représailles ».

va [va] Forme du v. aller (cf. aller 1). **1.** Loc. *Va pour :* soit, j'accepte. *Va pour mille francs, je te signe le chèque.* **2.** Interj. (Accompagnant une approbation, un encouragement ou une menace.) *Je te comprends, va! « Je suis joliment fort, va » (V. Hugo).* ▷ Pop. (Accompagnant une injure.) *Va donc, eh, chauffard!* ▷ Loc. *A la va-vite :* sans soin et rapidement. *Il a fait ce travail à la va-vite.* – Troisième pers. du sing. de l'indic. prés., et première pers. de l'imper. du v. *aller,* issue de *vedere.* V. aller 1.

VA ELECTR Symbole du voltampère.

vacance [vakɑ̃s] n. f. **I.** Sing. **1.** État d'une dignité, d'une charge vacante. *La vacance du trône.* **2.** Dignité, charge vacante. *Il y a une vacance à l'Académie française.* **II.** Plur. **1.** Période de l'année pendant laquelle une activité donnée est interrompue. *Les vacances scolaires, universitaires.* ▷ *Spécial.* DR Période annuelle d'interruption des séances des tribunaux. **2.** Période de l'année correspondant à peu près aux vacances scolaires, et pendant laquelle de nombreuses personnes partent en congé. *Les grandes vacances,* pendant les mois d'été. *Vacances d'hiver. Le magasin fermera quinze jours au moment des vacances.* **3.** Temps pendant lequel une personne interrompt ses occupations habituelles pour prendre du repos; période de congé. *Prendre quelques jours de vacances.* – De *vacant.*

vacancier, ère [vakɑ̃sje, ɛʀ] n. Personne qui est en vacances dans un lieu de villégiature. – De *vacance.*

vacant, ante [vakɑ̃, ɑ̃t] adj. Qui n'est pas occupé. *Appartement vacant.* Syn. inoccupé, libre, vide. ▷ *Spécial.* (En parlant d'un emploi, d'une charge.) *Poste vacant. Chaire d'université vacante.* ▷ DR *Biens vacants,* qui n'ont pas de propriétaire. *Succession vacante,* ouverte et non réclamée. – Lat. *vacans,* ppr. de *vacare,* propr. « être vide ».

vacarme [vakaʀm] n. m. Bruit très fort; tapage, tumulte. – Moyen néerl. *wacharme,* « hélas! pauvre! ».

vacataire [vakatɛʀ] n. Personne qui, pour un temps déterminé, occupe un emploi sans en être titulaire. – De *vacat(ion),* et *-aire.*

vacation [vakasjɔ̃] n. f. **1.** DR Temps consacré à une affaire par un expert (ou assimilé); rémunération de cette activité. ▷ *Spécial.* Séance de vente aux enchères. ▷ *Par ext.* Temps pendant lequel une personne est affectée, à titre d'auxiliaire, à une tâche précise (d'ordinaire intellectuelle); cette tâche elle-même. *Ce médecin assure trois vacations par semaine à l'hôpital.* **2.** Plur. DR Vacances des gens de justice. – Sens 1, de *vaquer*; sens 2, du lat. *vacatio,* « exemption ».

vaccin [vaksɛ̃] n. m. MED **1.** Anc. Virus de la vaccine, employé d'abord par Jenner dans la vaccination contre la variole. **2.** *Par ext.* Préparation dont l'inoculation dans un organisme provoque un état d'immunité à l'égard d'un microorganisme (virus, bactérie, etc.) déterminé. *La législation a rendu certains vaccins obligatoires.* ▷ Fig., plaisant *Un vaccin contre le sectarisme, contre la paresse.* – De *vaccine.*

vaccinal, ale, aux [vaksinal, o] adj. MED Qui se rapporte à la vaccination. *Immunité vaccinale,* provoquée par la vaccination. – De *vaccine.*

vaccination [vaksinasjɔ̃] n. f. Action de vacciner. – De *vacciner.*

vaccine [vaksin] n. f. **1.** Maladie infectieuse des bovidés et du cheval, due à un virus, qui se manifeste par une éruption contagieuse et qui est transmissible à l'homme (qu'elle immunise contre la variole). **2.** Réactions apparaissant chez l'homme après l'inoculation du vaccin contre la variole. – Du lat. méd. *variola vaccina,* « variole de la vache ».

vacciner [vaksine] v. tr. [1] **1.** Immuniser par un vaccin. **2.** Fig., plaisant Immuniser contre, préserver de (un désagrément, un danger). *Après trois divorces, il doit être vacciné contre le mariage.* – De *vaccine* ou de *vaccin.*

vaccinostyle [vaksinostil] n. m. MED Petite lame métallique qui permet de vacciner par scarification. – De *vaccin,* et *style* 2.

vaccinothérapie [vaksinoteʀapi] n. f. MED Utilisation d'un vaccin à des fins thérapeutiques (et non préventives). – De *vaccin,* et *thérapie.*

vachard, arde [vaʃaʀ, aʀd] adj. Fam. Méchant. – De *vache* 2.

1. vache [vaʃ] n. f. **1.** Femelle du taureau. *Vache laitière. Traire les vaches.* **2.** Cuir de cet animal. *Sac en vache.* **3.** Vx Malle ou valise en cuir de vache. ▷ Mod. *Vache à eau :* sac de toile dans lequel les campeurs conservent l'eau. **4.** Loc. fam. *Manger de la vache enragée :* endurer de nombreuses privations. – Fam. *Période de vaches maigres*, de privations. – Fam. *Parler français comme une vache espagnole*, très mal. – Fam. *Il pleut comme vache qui pisse*, très fort. – Fam. *Vache à lait* : personne dont on tire un profit. – Lat. *vacca*.

2. vache [vaʃ] n. f. et adj. Fam. **I.** n. f. Personne dure, méchante. *C'est une sacrée vache, une vraie peau de vache. Les vaches! Ils nous ont bien eus!* **II.** adj. **1.** Dur, méchant, impitoyable. *L'examinateur a été très vache. C'est vache* : c'est dur, pénible. **2.** (Avant le nom.) Très bon, très beau, sensationnel. *On m'a offert un vache de bouquin. Il a trouvé un vache de boulot.* – De *vache* 1.

vachement [vaʃmɑ̃] adv. Fam. Beaucoup, très. *Tu lui as fait vachement plaisir.* – De *vache* 2 (sens 2).

vacher, ère [vaʃe, ɛʀ] n. Personne qui garde les vaches et les soigne. – Du lat pop. *vaccarius*, du class. *vacca*, «vache».

vacherie [vaʃʀi] n. f. **I.** Rég. Étable à vaches; endroit où l'on trait les vaches. **II.** Fam. **1.** Action, parole méchante, sournoise. *Faire, dire des vacheries à qqn.* **2.** Caractère d'une personne, d'une action vache. *Il est d'une vacherie!* ▷ Chose désagréable. *Vacherie de temps!* – Sens I, de *vache* 1; sens II, de *vache* 2.

vacherin [vaʃʀɛ̃] n. m. **1.** Fromage suisse et franc-comtois au lait de vache, à pâte molle et onctueuse. **2.** Gâteau fait de meringue et de crème glacée. – De *vache* 1.

vachette [vaʃɛt] n. f. **1.** Jeune vache; petite vache. **2.** Cuir de la jeune vache. – Dimin. de *vache* 1.

vachotte [vaʃɔt] n. f. BOT Champignon (lactaire) comestible, au chapeau d'aspect mat, pouvant aller du jaune au rouge brique, au lait abondant.

vacillant, ante [vasijɑ̃, ɑ̃t] adj. Qui vacille. – Ppr. de *vaciller*.

vacillation [vasijasjɔ̃] n. f. Fait de vaciller. *Les vacillations d'une lueur.* – Lat. *vacillatio*.

vacillement [vasijmɑ̃] n. m. **1.** Mouvement de ce qui vacille. **2.** Syn. de *vacillation*. – Dér. de *vaciller*.

vaciller [vasije] v. intr. [1] **1.** Bouger en penchant d'un côté puis de l'autre, en risquant de tomber. *Il vacillait de fatigue.* **2.** (En parlant d'un appareil d'éclairage à flamme vive.) Trembler, éclairer de façon incertaine. *La flamme de la bougie vacillait au moindre souffle.* **3.** Fig. Perdre son équilibre, sa fermeté. *Il sentait sa raison vaciller.* – Lat. *vacillare*.

vacive. V. vassive.

vacuité [vakɥite] n. f. Didac. Fait d'être vide; état, caractère de ce qui est vide. ▷ Litt. Vide intellectuel, moral. – Lat. *vacuitas*, de *vacuus*, «vide».

vacuolaire [vakɥɔlɛʀ] adj. Didac. Relatif aux vacuoles, pourvu de vacuoles. *Le système vacuolaire* (ou *le vacuome*). – De *vacuole*.

vacuole [vakɥɔl] n. f. **1.** GEOL Petite cavité à l'intérieur d'une roche. **2.** BIOL Région dilatée du réticulum endoplasmique dans laquelle se trouvent, en solution ou cristallisées, diverses substances. (Fréquemment inexistantes dans les cellules animales, elles peuvent occuper 80% du volume des cellules végétales et servent souvent de lieu d'accumulation de déchets.) – Du lat. *vacuum*, «vide».

vacuome [vakɥom] n. m. BIOL Ensemble des vacuoles d'une cellule. – De *vacuole*.

vacuomètre [vakɥɔmɛtʀ] n. m. PHYS Appareil servant à mesurer la pression des gaz résiduels dans un tube à vide. – Du lat. *vacuum*, «vide», et *-mètre*.

vacuum [vakyɔm] n. m. Didac. Espace vide, sans matière. – Mot lat.

vade-mecum [vademekɔm] n. m. inv. Litt. Agenda, aide-mémoire que l'on garde sur soi. – Mots lat., «viens *(vade)* avec *(cum)* moi *(me)* ».

vade retro! ou **vade retro, satana(s)!** [vadeʀetʀosatana(s)] Interj. Litt. ou plaisant Arrière! Éloigne-toi! (pour repousser une proposition ou une tentation avec indignation). – Mots lat., *«retire-toi, Satan»*, de la version en latin (Vulgate*) du Nouveau Testament, prononcés à deux reprises par le Christ, une fois s'adressant à Satan (tentation dans le désert), la deuxième fois parlant à saint Pierre pris en flagrant délit de tiédeur.

1. vadrouille [vadʀuj] n. f. MAR Tampon composé de filasse, fixé à un manche, servant au nettoyage. – Probabl. de *drouilles*, «hardes».

2. vadrouille [vadʀuj] n. f. Fam. Promenade, action de vadrouiller. *Partir en vadrouille.* – Déverbal de *vadrouiller*.

vadrouiller [vadʀuje] v. intr. [1] Fam. Se promener au hasard, sans but précis. Syn. errer, rôder, traîner.

vadrouilleur, euse [vadʀujœʀ, øz] n. et adj. Fam. (Personnes) Qui vadrouille. – De *vadrouiller*.

va-et-vient [vaevjɛ̃] n. m. inv. **1.** Allées et venues incessantes de personnes. *Il y a beaucoup de va-et-vient dans ces bureaux.* **2.** Mouvement qui s'effectue régulièrement dans un sens, puis dans l'autre. *Le va-et-vient d'un balancier.* **3.** TECH Dispositif qui assure une communication, dans un sens puis dans un autre, entre deux objets ou deux points. ▷ *Spécial.* Branchement électrique qui permet de commander un circuit à partir de deux interrupteurs. **4.** MAR Système de double cordage. **5.** Gond de porte à ressort permettant l'ouverture dans les deux sens; porte munie de ce système. – De *aller*, *et*, et *venir*.

vagabond, onde [vagabɔ̃, ɔ̃d] adj. et n. **I.** adj. **1.** Litt. Qui voyage sans cesse, qui n'a pas de lieu de résidence fixe. Syn. nomade. ▷ *Avoir une existence vagabonde.* Syn. errant. ▷ Fig., litt. Qui ne se fixe pas sur un objet, qui varie constamment, en parlant des pensées, de l'imagination. *Imagination vagabonde.* **2.** ELECTR *Courants vagabonds*, qui retournent au générateur par un circuit moins résistant que le circuit normal de retour. **II.** n. Personne sans domicile ni ressources fixes, qui vit d'expédients. Syn. chemineau, clochard, trimardeur. (arg. vieilli) – Bas lat. *vagabundus*, de *vagari*, «errer».

vagabondage [vagabɔ̃daʒ] n. m. **1.** Fait d'être un vagabond. *Délit de vagabondage.* **2.** Fait d'errer sans but. *Il avait l'habitude de ces vagabondages nocturnes.* **3.** Fig., litt. *Les vagabondages de l'imagination.* – De *vagabonder*.

vagabonder [vagabɔ̃de] v. intr. [1] **1.** Se déplacer à l'aventure. *Vagabonder à travers le monde.* **2.** Fig., litt. Aller d'un objet à un autre, sans suite (pensées, imagination). – De *vagabond*.

vagal, ale, aux [vagal, o] adj. ANAT, PHYSIOL Relatif au nerf pneumogastrique. *Bradycardie vagale.* – De *vague* 3.

vagin [vaʒɛ̃] n. m. Conduit qui relie le col utérin à la vulve chez la femme et les femelles des mammifères. – Lat. *vagina*, propr. «gaine».

vaginal, ale, aux [vaʒinal, o] adj. **1.** ANAT, MED Relatif au vagin. **2.** ANAT *Tunique vaginale* ou, n. f., *la vaginale* : chez l'homme, membrane séreuse qui entoure le testicule. – De *vagin*.

vaginalite [vaʒinalit] n. f. MED Inflammation de la tunique vaginale. – De *vaginal*, et *-ite* 1.

vaginé, ée [vaʒine] adj. BOT Entouré d'une gaine. – Du lat. *vagina*, «gaine».

vaginisme [vaʒinism] n. m. MED Contraction douloureuse des muscles constricteurs du vagin gênant les rapports sexuels chez la femme. – De *vagin*.

vaginite [vaʒinit] n. f. MED Inflammation de la muqueuse du vagin. – De *vagin*, et *-ite* 1.

vagir [vaʒiʀ] v. intr. [3] Pousser des vagissements. – Lat. *vagire*.

vagissement [vaʒismɑ̃] n. m. **1.** Cri d'un enfant nouveau-né. **2.** *Par ext.* Cri faible et plaintif de certains animaux (lièvre et crocodile, notam.). – De *vagir*.

vagolytique [vagolitik] adj. PHYSIOL Qui inhibe l'activité du nerf pneumogastrique *(nerf vague)*. – De *(nerf) vague*, et *-lytique*.

vagotomie [vagotɔmi] n. f. CHIR Section chirurgicale du nerf pneumogastrique. – De *(nerf) vague*, et *-tomie*.

vagotonie [vagotɔni] n. f. MED État de désordre physique causé par une prédominance anormale de l'activité du système parasympathique (régi par le pneumogastrique ou nerf vague), entraînant divers troubles (sudation intense, bradycardie, hypotension artérielle, myosis, pâleur). – De *(nerf) vague*, et *-tonie*.

1. vague [vag] n. f. **1.** Soulèvement local, plus ou moins volumineux, de la surface d'une étendue liquide dû à diverses forces naturelles (vent, courants, etc.); masse d'eau ainsi soulevée, au moment où elle déferle sur un rivage. *Plonger dans une vague.* – *Vague de fond* : lame* de fond; fig. large mouvement (d'opinion, social, etc.) qui se manifeste de façon irrésistible. **2.** (Par anal. de forme.) Ondulation (sur une étendue non liquide : sables, herbes, etc.). – ARCHI Ornement imitant les flots de la mer. **3.** Fig. Ce qui évoque le mouvement, le flux des vagues. *Les vacanciers arrivèrent par vagues successives. Une vague de froid. Une vague de dégoût le submergea.* – Manifestation collective soudaine. *Le pays est en proie à une vague de violence.* ▷ CINE *La Nouvelle Vague* : groupe informel de cinéastes (Godard, Truffaut, notam.) qui, vers 1958, voulurent rompre avec certaines traditions du cinéma français. – Anc. scand. *vâgr*.

2. vague [vag] adj. et n. m. **1.** adj. *Terrain vague* : terrain qui n'est ni planté, ni construit, dans une ville ou à proximité. **2.** n. m. *Avoir les yeux dans le vague, regarder dans le vague*, dans le vide. – Lat. *vacuus*, « vide ».

3. vague [vag] adj. et n. m. **I.** Vx Errant. ▷ Mod. ANAT *Nerf vague* ou, n. m., *le vague* : le nerf pneumogastrique (à cause de ses ramifications très étendues). **II. 1.** Dont les contours, les limites manquent de précision, de netteté. *Formes vagues.* ▷ n. m. *Le vague des contours, dans un tableau.* **2.** Se dit d'un vêtement qui n'est pas ajusté; ample. *Robe, manteau vague.* **3.** Qui manque de précision, mal défini. *Des explications, des indications trop vagues.* Syn. flou, imprécis. ▷ n. m. *Rester, être dans le vague.* **4.** (Personnes) Évasif. *Il est resté vague quant à son avenir.* **5.** Que l'esprit ne sait analyser de façon précise. *Il a la vague impression de s'être fait duper.* Syn. confus, obscur. ▷ Loc. *Vague à l'âme* : mélancolie sans raison bien définie. **6.** (Avant le nom.) Péjor. Quelconque, insignifiant. *Il n'a qu'un vague diplôme d'une école inconnue.* – Lat. *vagus*; « errant ».

vaguelette [vaglɛt] n. f. Petite vague. – Dimin. de *vague* 1.

vaguement [vagmɑ̃] adv. **1.** D'une manière vague, peu distincte. *On aperçoit vaguement une lueur.* **2.** D'une manière peu précise. *Il nous a répondu très vaguement.* **3.** Faiblement, confusément. *Vaguement ému.* – De *vague* 3.

vaguemestre [vagmɛstʀ] n. m. MILIT, MAR Sous-officier, officier marinier chargé du service postal, dans un régiment, à bord d'un navire. – All. *Wagenmeister*, « maître des équipages ».

vaguer [vage] v. intr. [1] Litt. Errer. ▷ Fig. Vagabonder. *Laisser vaguer ses pensées.* – Lat. *vagari*, « errer ».

vahiné [vaine] n. f. Femme tahitienne. – Mot tahitien, « femme ».

vaiçya [vajʃja] n. m. inv. En Inde, membre de la caste des marchands, éleveurs et agriculteurs. – Mot sanskrit.

vaigrage [vɛgʀaʒ] n. m. MAR Bordé intérieur d'un navire. – De *vaigre*.

vaigre [vɛgʀ] n. f. MAR Planche de bordage intérieur d'un navire. – Mot d'origine scandinave; danois *voeger*; suédois *vaegare*.

vaillamment [vajamɑ̃] adv. Avec vaillance, courage. – De *vaillant*.

vaillance [vajɑ̃s] n. f. **1.** Litt. Bravoure. **2.** Courage devant la difficulté, l'adversité. – De *vaillant*.

vaillant, ante [vajɑ̃, ɑ̃t] adj. **1.** Litt. Brave. *Vaillants soldats.* **2.** Plein de vaillance (sens 2). – (Surtout en tournure négative.) En bonne santé, en bonne forme. *Il ne se sentait pas très vaillant ce jour-là.* **3.** Loc. *N'avoir pas un sou vaillant* : n'avoir pas d'argent. – Anc. ppr. de *valoir*.

vaillantie [vajɑ̃ti] n. f. Plante herbacée méditerranéenne des rocailles et des vieux murs (genre *Vaillantia*, fam. rubiacées). – Du nom du botaniste fr. Sébastien *Vaillant* (1669-1722).

vain, vaine [vɛ̃, vɛn] adj. **1.** Vx Vide. ▷ *Vaine pâture* : droit de faire paître des bêtes sur les terres d'autrui quand elles ne portent pas de récolte. **2.** Vide de sens. *Ce n'est pas un vain mot.* – Qui n'est pas fondé, illusoire. *Vain espoir.* **3.** (Sens moral.) Litt. Dépourvu de profondeur, de valeur. *Plaisirs vains.* – (Personnes) Dont l'esprit, les préoccupations manquent de profondeur. – Plein de vanité. Syn. futile, frivole. **4.** Qui reste sans effet. *Démarche vaine. Vains efforts.* Syn. inutile, inefficace. **5.** Loc. adv. *En vain* : inutilement; sans succès. – Lat. *vanus*, « vide ».

vaincre [vɛ̃kʀ] v. tr. [57] **1.** Remporter une victoire militaire sur. *Vaincre l'ennemi.* ▷ Par ext. (Dans une compétition.) *Vaincre un concurrent à la course.* Syn. battre. **2.** Surmonter, venir à bout de. *Vaincre la résistance, l'obstination de qqn.* Syn. triompher (de). ▷ (Sens moral.) Maîtriser, dominer. *Vaincre sa colère, ses passions.* – Lat. *vincere*.

vaincu, ue [vɛ̃ky] adj. et n. Qui a subi une défaite. *Ennemi vaincu. Vaincu d'avance* : qui ne peut qu'être vaincu (étant donné son état d'esprit, la situation, etc.). ▷ Subst. *Les vaincus doivent se soumettre. Malheur aux vaincus.* – Pp. de *vaincre*.

vainement [vɛnmɑ̃] adv. En vain. – De *vain*.

vainqueur [vɛ̃kœʀ] n. m. et adj. m. **I.** n. m. **1.** Celui qui a vaincu dans un combat. **2.** Celui qui a remporté une compétition. *La coupe du vainqueur.* Syn. gagnant. **3.** Celui qui a triomphé (de qqch). *Une lutte contre la maladie dont il est le vainqueur.* **II.** adj. m. Qui marque la victoire, victorieux. *Un air vainqueur. Elle est vainqueur.* – De *vaincre*.

vair [vɛʀ] n. m. **1.** Vx Fourrure blanche et grise de quelques écureuils, et partic. celle du petit-gris. **2.** HERALD Fourrure de l'écu représentée par des rangées de pièces en forme de clochetons d'argent et d'azur. – Du lat. *varius*, « tacheté, bigarré »; d'abord adj., « gris-bleu ».

1. vairon [vɛʀɔ̃] adj. m. Se dit des yeux dont l'iris est entouré d'un cercle blanchâtre ou qui ne sont pas de la même couleur. – De *vair*.

2. vairon [vɛʀɔ̃] n. m. Poisson cyprinidé comestible des eaux douces courantes (genre *Phoxinus*), dépassant rarement une dizaine de centimètres de long, au dos brun-vert à reflets métalliques. – De *vair*.

vaisseau [vɛso] n. m. **I. 1.** Vx Récipient destiné à contenir un liquide. Syn. vase. **2.** ANAT Canal dans lequel circule le sang (artères, veines ou capillaires) ou la lymphe (vaisseaux lymphatiques). **3.** BOT Élément conducteur de la sève brute. **II. 1.** Vx Grand navire à voile. – MAR Bâtiment de guerre. *Enseigne de vaisseau. Vaisseau amiral.* **2.** ESP *Vaisseau spatial :* engin spatial de grandes dimensions, généralement piloté par un cosmonaute. Syn. astronef. **3.** ARCHI Espace intérieur d'un grand édifice (édifice voûté, en partic.). *Le vaisseau de Notre-Dame de Paris.* – Du bas lat. *vascellum,* class. *vasculum,* dimin. de *vas,* « vase ».

vaisselier [vɛsəlje] n. m. Meuble servant à ranger la vaisselle. – De *vaisselle.*

vaisselle [vesɛl] n. f. **1.** Ensemble des récipients dont on se sert à table. *Vaisselle de porcelaine.* ▷ *Vaisselle plate :* vaisselle d'or ou d'argent faite d'une seule lame de métal. **2.** Ensemble des récipients et des ustensiles qui ont servi pour un repas et qui restent à nettoyer. *Laver la vaisselle.* ▷ L'opération de nettoyage elle-même. *Faire la vaisselle.* – Lat. pop. *vascella,* pl. de *vascellum,* « plat », pris pour un fém. sing.

val, vals ou **vaux** [val, vo] n. m. **1.** Vx ou poét. (sauf dans les noms de lieux). Vallée. *Le Val-de-Marne, Val de Loire. Les Vaux-de-Cernay.* ▷ Loc. adv. Mod. *Par monts et par vaux :* par tous les chemins, partout. **2.** GEOL Dans le relief plissé de type jurassien et préalpin, dépression qui s'allonge dans le creux d'un synclinal, suivant l'axe de celui-ci. – Lat. *vallis.*

valable [valabl] adj. **1.** Qui a les formes requises pour être reconnu, reçu en justice. *Quittance valable.* – Qui a les conditions requises pour être accepté par une autorité. *Mon passeport n'est plus valable.* **2.** Qui est fondé, admissible. *Cette excuse n'est pas valable. Argument, théorie qui reste valable.* **3.** (Emploi critiqué.) Qui a une certaine valeur. *Un écrivain valable.* – *Un interlocuteur valable,* qualifié. – De *valoir.*

valablement [valabləmɑ̃] adv. D'une manière valable. *On peut valablement objecter que...* – De *valable.*

valaque [valak] adj. et n. Didac. De la Valachie, anc. principauté danubienne, auj. rég. de Roumanie. *Les Valaques étaient des bergers, sans doute originaires de Thrace, qui descendirent des montagnes vers la plaine danubienne au début du XIII*e *s.* – Mot slave.

valdinguer [valdɛ̃ge] v. intr. [1] Fam. Dinguer, tomber violemment. – De *val(ser),* et *dinguer.*

valdotain, aine [valdɔtɛ̃, ɛn] adj. De la vallée d'Aoste (Italie). ▷ Subst. *Un(e) Valdotain(e).* – De *Val d'Aoste.*

1. valence [valɑ̃s] n. f. Variété d'orange d'Espagne. – De *Valence,* v. d'Espagne.

2. valence [valɑ̃s] n. f. **1.** CHIM Nombre de liaisons chimiques engagées par un atome dans une combinaison chimique. **2.** ZOOL *Valence écologique :* possibilité pour une espèce vivante d'habiter des milieux variés. **3.** PSYCHO *Valence d'un objet :* attirance *(valence positive)* ou répulsion *(valence négative)* qu'un sujet éprouve à son égard. – Bas lat. *valentia,* « valeur », du class. *valere,* « avoir de l'effet », d'ap. *équivalence.*

valence-gramme [valɑ̃sgʀam] n. f. PHYS, CHIM Masse atomique (en grammes) d'un élément divisée par sa valence. *Des valences-grammes.* – De *valence,* et *gramme.*

valenciennes [valɑ̃sjɛn] n. f. inv. Dentelle très fine. – De *Valenciennes,* chef-lieu d'arr. du Nord, où cette dentelle était fabriquée à l'origine.

-valent. Élément, du lat. *valens,* ppr. de *valere,* « valoir ».

valentinite [valɑ̃tinit] n. f. MINER Oxyde naturel d'antimoine Sb_2O_3. – Du nom de Basile *Valentin,* alchimiste du XVe s.

valérianacées [valeʀjanase] n. f. pl. BOT Famille de plantes dicotylédones gamopétales herbacées, dont la valériane est le type. – Sing. *Une valérianacée.* – De *valériane.*

valériane [valeʀjan] n. f. BOT Plante herbacée à fleurs roses, blanches ou jaunes, dont une espèce, *Valeriana officinalis,* l'herbe-aux-chats, a une racine aux propriétés antispasmodiques. – Lat. médiév. *valeriana,* de *Valeria,* province romaine détachée de la Pannonie sous Dioclétien.

valérianelle [valeʀjanɛl] n. f. BOT Plante herbacée à fleurs roses ou blanches, très courante, dont une espèce, *Valerianella olitoria,* est connue sous le nom de mâche, ou doucette. – De *valériane.*

valérianique [valeʀjanik] ou **valérique** [valeʀik] adj. CHIM Se dit d'acides isomères extraits de la valériane, et de l'aldéhyde qui leur correspond. – De *valériane.*

valet [valɛ] n. m. **1.** Anc. Jeune écuyer au service d'un seigneur. ▷ Officier d'une maison royale ou princière. *Valet de la chambre du roi.* **2.** Domestique. *Valet de chambre :* anc. domestique chargé du service personnel d'un maître ; mod. domestique masculin. *Valet de pied :* anc. homme en livrée à la suite des grands personnages ; mod. domestique en livrée des grandes maisons. ▷ Vieilli Ouvrier agricole. *Valet de ferme, d'écurie.* **3.** Fig., péjor. Personne qui obéit servilement. *Âme de valet.* Syn. péjor. larbin. **4.** TECH Nom donné à certains outils ou organes mécaniques aidant à l'exécution d'un travail (notam., en maintenant ou soutenant). *Valet de menuisier,* qui maintient sur l'établi des pièces à travailler. **5.** *Valet de nuit :* cintre sur pied sur lequel on dispose ses habits avant de se coucher. **6.** JEU Carte figurant un valet (sens 1). *Valet de cœur.* – Du lat. pop. *vassellittus,* du gaul. *vassus,* « serviteur ».

valetaille [valtaj] n. f. Péjor. Ensemble des valets d'une maison. – De *valet.*

valétudinaire [valetydinɛʀ] adj. et n. Vx ou litt. Maladif, de santé précaire. – Lat. *valetudinarius.*

valeur [valœʀ] n. f. **A. I. 1.** Ce par quoi une personne est digne d'estime, ensemble des qualités qui la recommandent. (V. mérite.) *Avoir conscience de sa valeur. C'est un homme de grande valeur.* **2.** Vx Vaillance, bravoure (spécial., au combat). *« La valeur n'attend pas le nombre des années » (Corneille).* ▷ *Valeur militaire (croix de la) :* décoration française créée en 1956 pour récompenser, initialement, les actions de bravoure dans les opérations de maintien de l'ordre en Algérie. **II. 1.** Ce en quoi une chose est digne d'intérêt. *Les souvenirs attachés à cet objet font pour moi sa valeur.* ▷ Importance, intérêt accordés subjectivement à une chose. *La valeur que j'accorde à votre appui, à votre opinion.* **2.** Caractère de ce qui est reconnu digne d'intérêt, d'estime, de ce qui a de la qualité. *L'éminente valeur de cette œuvre.* **3.** Qualité de ce qui a une certaine utilité, une certaine efficacité. *Comme il ignore cette affaire, ses conseils sont sans valeur.* **4.** Caractère de ce qui est recevable, de ce qui peut faire autorité (du point de vue d'une règle, d'un ensemble de principes). *Les conditions qui fondent la valeur d'une théorie scientifique.* **B. I. 1.** Caractère mesurable d'un objet, en tant qu'il est susceptible d'être échangé, désiré, vendu, etc. (V. prix.) *Faire estimer la valeur d'un objet d'art.* – *De valeur :* dont la valeur est élevée. *Des timbres de valeur.* ▷ *Mettre en valeur un bien, un capital,* le faire valoir, le faire fructifier. – Fig. Présenter avantageusement. *Objet mis en valeur dans une vitrine.* ▷ (Abstrait) *Son article a mis en valeur cet aspect de la question,* il en a fait ressortir toute l'importance. **2.** ECON Qualité d'une chose, liée à son utilité objective ou subjective *(valeur d'usage),* à la quantité de travail fourni pour la produire, au rapport de l'offre et de la demande, etc. *(valeur d'échange). Valeur d'usage et valeur d'échange d'un objet. La théorie marxiste de la valeur* (V. marxisme et plus-value). – *Valeur ajoutée :* différence entre la valeur d'un produit et le coût de ce qui est nécessaire à sa production. – *Valeur-or d'une monnaie.* **3.** FIN *Valeurs mobilières* ou *valeurs :* tous titres négociables (rentes, actions, etc.). *Valeurs cotées en Bourse.* –

Valeur vedette : titre coté d'une société censée disposer d'un important potentiel de plus-value et exerçant un fort attrait sur les investisseurs. **II.** **1.** Mesure (d'une grandeur, d'un nombre). – MATH *Valeur algébrique*, affectée d'un signe (+ ou –). *Valeur absolue d'un nombre réel*, le nombre réel positif dont il est l'égal ou l'opposé. (On note $|a|$ la valeur absolue d'un nombre quelconque a; ainsi, $|5| = 5$ et $|-5| = 5$.) ▷ Cour. Quantité approximative. *Ajoutez la valeur de deux cuillerées à soupe de farine.* **2.** MUS Durée relative de chaque note, indiquée par sa figure. *La valeur d'une blanche est de deux noires.* **3.** Mesure conventionnelle (d'un signe dans une série). *Valeur d'une carte, d'un pion.* ▷ LING Ce qu'un signe doit à son appartenance à un système, aux relations qu'il entretient avec les autres signes. *La théorie saussurienne de la valeur du signe.* **4.** BX-A Intensité relative d'une couleur, définie par son degré de saturation. *Un jeu très réussi entre les valeurs d'un même vert.* – *Par anal.* Sens ou pouvoir lié à un effet littéraire, expressivité obtenue par le moyen du style. *Le mot prend à cette place toute sa valeur.* **C.** **I.** *Jugement de valeur.* **1.** PHILO (Par oppos. à *jugement de réalité*.) Assertion qui implique une appréciation sur ce qui est énoncé comme un fait. (En ce sens, «le vin est bon» est un jugement de valeur et «j'aime le vin» est un jugement de réalité.) **2.** Cour. Assertion par laquelle on affirme qu'une chose est plus ou moins digne d'estime. **II.** Principe idéal auquel se réfèrent communément les membres d'une collectivité pour fonder leur jugement, pour diriger leur conduite. *Les valeurs morales, sociales, esthétiques. Échelle de valeurs. Les valeurs chrétiennes.* **D.** (Canada) Loc. adj. Fam., cour. *De valeur* : dommage, malheureux, fâcheux. *Le plus de valeur, c'est qu'il est en train de se ruiner la santé.* – Lat. *valor.*

valeureusement [valøʀøzmɑ̃] adv. Bravement, courageusement. – De *valeureux.*

valeureux, euse [valøʀø, øz] adj. Litt. Qui a de la bravoure, de la vaillance. – De *valeur* (sens A, I, 2).

valgus [valgys] n. m. inv. et adj. MED Déviation en dehors (en parlant du pied ou de la jambe). *Valgus du pied.* ▷ adj. (Dans les loc. lat. employées en anatomie, l'adj. s'accorde.) *Genu valgum* : genou dévié en dehors. *Tibia valga.* Ant. varus. – Mot lat., «bancal».

validation [validasjɔ̃] n. f. Fait, action de valider; son résultat. – De *valider.*

valide [valid] adj. **1.** Qui est en bonne santé, capable de se mouvoir, d'accomplir sa tâche, etc. *Un homme valide.* Ant. infirme, malade. **2.** Qui a les conditions requises pour produire son effet. *Cet acte n'est pas valide.* Syn. valable. – Lat. *validus*, «fort, robuste».

validement [validmɑ̃] adv. DR Valablement. – De *valide.*

valider [valide] v. tr. [1] Rendre, déclarer valide. *Valider un titre de transport en le compostant. Valider une élection.* – Bas lat. *validare*, de *validus*, «fort, robuste».

validité [validite] n. f. **1.** Caractère de ce qui est valide, valable. *Faire proroger la validité d'un passeport.* **2.** Caractère de ce qui est valable, recevable. *La validité d'un point de vue.* – Lat. imp. *validitas*, de *validus*, «fort, robuste».

valine [valin] n. f. BIOCHIM Acide aminé indispensable à la formation du glucose. – De *val(ériane)*, et de *(am)ine.*

valise [valiz] n. f. **1.** Bagage de forme rectangulaire, muni d'une poignée pour être porté à la main. ▷ *Faire sa valise, ses valises*, y mettre ce que l'on emporte en voyage; *par ext.*, se préparer à partir, à quitter un lieu. **2.** *Valise diplomatique* : paquet contenant le courrier diplomatique, qui est dispensé du contrôle douanier et dont le secret est garanti par les conventions internationales; ensemble de colis couverts par les mêmes garanties. – Ital. *valigia*, lat. médiév. *valisia.*

valkyrie. V. walkyrie.

vallée [vale] n. f. **1.** Dépression plus ou moins large creusée par un cours d'eau. *Vallée jeune*, assez encaissée, aux versants irréguliers. *Vallée morte, sèche*, où il ne coule plus de cours d'eau. *Vallée en U, en auge* ou *glaciaire*, creusée par un glacier. ▷ Région arrosée par un cours d'eau. *La vallée de la Loire.* **2.** Dans les régions montagneuses, partie moins élevée (par oppos. à *sommet, pente*). **3.** Fig. *Vallée de larmes, de misère* : le séjour sur la terre (par oppos. à celui au ciel, séjour de la béatitude). – De *val.*

valleuse [valøz] n. f. Rég. Dans le pays de Caux notam., vallée sèche se terminant en abrupt sur la falaise. – Mot dial., var. *avalleuse, avalure*, de *avaler*, «descendre».

vallisnérie [valisneʀi] n. f. BOT Plante d'eau douce (genre *Vallisneria*) à feuilles en ruban et à fleurs rougeâtres. – De *Vallisneri* (1661-1730), botaniste et médecin italien.

vallon [valɔ̃] n. m. Petite vallée. – De l'ital. *vallone*, «grande vallée».

vallonné, ée [valɔne] adj. Qui présente des vallons. *Région vallonnée.* – De *vallon.*

vallonnement [valɔnmɑ̃] n. m. Relief vallonné. – De *vallon.*

valoche [valɔʃ] n. f. Pop. Valise. – Du rad. de *valise*, et suff. arg. *-oche.*

valoir [valwaʀ] v. [45] **A.** v. intr. **I.** **1.** (Personnes) Avoir certaines qualités, certains mérites généralement reconnus. *«Je sais ce que je vaux et crois ce qu'on m'en dit» (Corneille). Comme poète, il ne vaut rien.* **2.** (Choses) Avoir une certaine qualité, une certaine utilité, un certain intérêt. *Cet habit ne vaut plus rien. Ces vers ne valent pas grand-chose.* – *Ne rien valoir pour qqn*, lui être néfaste. *L'alcool ne vous vaut rien.* – *Rien qui vaille* : rien de bon. *Ne faire rien qui vaille.* **3.** Avoir, être estimé un certain prix. *Cette étoffe vaut trois cents francs le mètre. Tableau qui vaut très cher.* Syn. coûter. **4.** Être égal en valeur ou en utilité à. *Cent centimes valent un franc.* (Prov.) *Un homme averti en vaut deux.* ▷ v. pron. *Ces deux œuvres se valent.* – Tenir lieu, avoir la signification de. *En chiffres romains, M vaut mille.* Syn. équivaloir. **5.** Mériter, avoir assez d'importance pour. *Valoir la peine.* – Fam. *Ça vaut le coup.* **6.** Être valable. (Prov.) *Donner et retenir ne vaut.* – Intéresser, concerner. *Ce que je lui dis vaut également pour vous.* **II.** Loc. verbale. *À valoir*, se dit d'une somme que l'on verse en acompte. *Mille francs à valoir sur le montant d'une facture.* **III.** *Faire valoir.* **1.** Donner du prix à, faire paraître meilleur, plus beau. *Cet acteur fait valoir le texte.* ▷ v. pron. Se mettre en vedette. *Il cherche toujours à se faire valoir.* **2.** *Faire valoir* : faire fructifier, exploiter. *Faire valoir une terre.* **3.** Exposer, donner à considérer. *Faire valoir ses droits.* **IV.** Loc. adv. *Vaille que vaille* : tant bien que mal. *Il lui fallut poursuivre sa route vaille que vaille.* **V.** *Valoir mieux* : être meilleur, préférable. (Prov.) *Un tiens vaut mieux que deux tu l'auras.* – v. impers. *Il vaut mieux tenir que courir.* – Fam. *Ça vaut mieux comme ça* : il est préférable que cela se soit passé ainsi. **B.** v. tr. *Valoir (qqch) à qqn*, lui procurer, lui amener comme conséquences. Syn. attirer. *Cette affaire ne lui a valu que des ennuis.* – Lat. *valere*, «être fort; avoir de la valeur; être en bonne santé».

valorem (ad). V. ad valorem.

valorisant, ante [valɔʀizɑ̃, ɑ̃t] adj. Qui valorise (sens 1). – Ppr. de *valoriser.*

valorisation [valɔʀizasjɔ̃] n. f. Action de valoriser. – De *valeur.*

valoriser [valɔʀize] v. tr. [1] **1.** Donner une valeur économique plus grande à... *De grands travaux ont valorisé cette région côtière.* ▷ (Abstrait) Ériger en valeur, mettre l'accent sur (une chose, une personne), en tant que possédant une valeur morale, esthétique, etc. *Le romantisme a valorisé la passion. Cet exploit l'a valorisé aux yeux de ses camarades.* **2.** (Emploi critiqué.) ECON Donner une valeur chiffrée à. *Valoriser un investissement.* – De *valorisation;* sens 2 : calque de l'angl. *to valorize,* «évaluer».

valpolicella [valpɔlitʃel(l)a] n. m. inv. Vin rouge de la région de Valpolicella (Italie, prov. de Vérone).

valse [vals] n. f. **1.** Danse à trois temps dans laquelle le couple de danseurs tourne sur lui-même en marquant chaque mesure par une évolution. ▷ Air sur lequel on exécute cette danse. *Les valses de Vienne.* ▷ MUS Composition sur un rythme de valse. *Valses de Chopin. Valses de Strauss.* **2.** Fig., fam. Changement fréquent d'attribution d'une fonction, d'une charge. *Valse des préfets et des sous-préfets.* - *Par ext.* (Choses) Instabilité. *Valse des prix.* – All. *Walzen.*

valser [valse] v. intr. [1] **1.** Danser la valse. **2.** Fam. Tomber, culbuter violemment, être projeté. *Il l'a envoyé valser contre un mur.* - *Faire valser le personnel,* le renvoyer, le déplacer sans ménagements. ▷ *Faire valser l'argent :* dépenser sans compter. – All. *walzen.*

valseur, euse [valsœʀ, øz] n. **1.** Personne qui danse la valse. *Un bon valseur.* **2.** n. f. pl. Vulg. Testicules. – De *valser.*

valvaire [valvɛʀ] adj. BOT Relatif aux valves. – De *valve.*

valve [valv] n. f. **1.** ZOOL Chacune des parties de la coquille des mollusques et du test des diatomées. *La coquille des lamellibranches comporte deux valves.* **2.** BOT Partie d'un fruit sec qui se sépare lors de la déhiscence. **3.** ANAT *Valve cardiaque :* repli membraneux entrant dans la constitution des valvules auriculo-ventriculaires du cœur. **4.** ELECTR Diode utilisée pour le redressement. **5.** TECH Appareil servant à réguler un courant de liquide ou de gaz dans une canalisation, en fonction des nécessités des organes utilisateurs. ▷ Soupape à clapet d'une chambre à air. – Du lat. *valva,* «battant de porte».

valvé, ée [valve] adj. ZOOL Qui est muni ou formé de valves. – De *valve.*

valvulaire [valvylɛʀ] adj. ANAT Relatif aux valvules cardiaques. - Qui remplit le rôle d'une valvule. – De *valvule.*

valvule [valvyl] n. f. **1.** ANAT Repli de la paroi du cœur ou d'un vaisseau, empêchant leur contenu de refluer. *Valvule tricuspide.* **2.** BOT Petite valve. – Lat. *valvula,* dimin. de *valva.* V. valve.

vamp [vɑ̃p] n. f. Fam. Femme fatale*. – Mot angloamér., abrév. de *vampire.*

vamper [vɑ̃pe] v. tr. [1] Fam., vieilli Séduire à la manière des vamps. *Elle m'a vampé.* – De *vamp.*

vampire [vɑ̃piʀ] n. m. **1.** Mort (notam. mort impénitent et excommunié) qui, selon certaines croyances populaires, sort de son tombeau pour aller aspirer le sang des vivants. **2.** Fig. Assassin coupable de crimes mystérieux et sadiques. **3.** Chauve-souris des régions tropicales d'Amérique du S. qui se repaît souvent du sang des mammifères. – All. *Vampir,* du serbe.

vampirique [vɑ̃piʀik] adj. Litt. Propre à un vampire, qui en a les caractères. – De *vampire.*

vampiriser [vɑ̃piʀize] v. tr. [1] **1.** Sucer le sang (de qqn). **2.** Fig. Dominer psychologiquement (qqn) en lui retirant sa force vitale, sa volonté. – De *vampire.*

vampirisme [vɑ̃piʀism] n. m. **1.** Vieilli Crimes que les superstitions populaires attribuent aux vampires. **2.** PSYCHOPATHOL Perversion sexuelle consistant à blesser sa victime jusqu'au sang avant de la violer. – De *vampire.*

1. van [vɑ̃] n. m. AGRIC Panier plat à deux anses, servant à vanner le grain. – Lat. *vannus.*

2. van [vɑ̃] n. m. Fourgon aménagé pour le transport des chevaux de course. – Mot angl.

vanadate [vanadat] n. m. CHIM Sel d'un des acides vanadiques. – De *vanadium.*

vanadinite [vanadinit] n. f. MINER Vanadate chloré de plomb, que l'on trouve à l'état naturel sous forme de cristaux brun-rouge. – De *vanadium,* et *-ite* 3.

vanadique [vanadik] adj. CHIM Qualifie l'anhydride de formule V_2O_5 et les acides correspondants. – De *vanadium.*

vanadium [vanadjɔm] n. m. CHIM Élément métallique de numéro atomique Z = 23 et de masse atomique 50,94 (symbole V). - Métal (V) de densité 6,1, qui fond à 1 900 °C et bout vers 3 000 °C. – Mot du lat. mod., de *Vanadis,* nom de la divinité scandinave Freyja (mot forgé par le Suédois Sefström).

ENCYCL **Chim.** - Réducteur, le vanadium possède de nombreux degrés d'oxydation. On l'utilise pour fabriquer des aciers spéciaux résistant à l'usure et aux chocs (ressorts, soupapes, outils à grande vitesse).

vanda [vɑ̃da] n. f. BOT Orchidée (genre *Vanda*) d'Extrême-Orient, cultivée en serre. – Lat. bot., de l'hindi.

vandale [vɑ̃dal] adj. et n. **1.** adj. HIST Des Vandales. (v. encycl.) **2.** n. Fig. Personne qui détruit, qui détériore par ignorance, bêtise ou malveillance. *Cabine téléphonique mise hors d'usage par des vandales.* – Bas lat. *Vandali.*

ENCYCL **Hist.** - *Les Vandales* sont un groupement de peuples germaniques qui se fixèrent entre la Vistule et l'Oder au IIIe s. apr. J.-C. et que des migrations entraînèrent sur les bords du Danube à la fin du IVe s. Ils participèrent au passage du Rhin (406) et à l'invasion de la Gaule, et, dès 409, pénétrèrent en Espagne, où ils s'initièrent à la navigation. Battus par les Wisigoths, ils parvinrent en Afrique vers 429 et conquirent une partie de la Tunisie actuelle (439), la Corse, la Sardaigne, les Baléares, la Sicile et pillèrent Rome en 455. Le roy. d'Afrique qu'ils fondèrent fut éphémère; les Vandales s'affaiblirent face aux Byzantins et furent vaincus en 534.

vandaliser [vɑ̃dalize] v. tr. [1] Détériorer par vandalisme. – De *vandalisme.*

vandalisme [vɑ̃dalism] n. m. Comportement destructeur du vandale. *Actes de vandalisme.* – De *vandale.*

vandoise [vɑ̃dwaz] n. f. ICHTYOL Poisson cyprinidé d'eau douce (*Leuciscus leuciscus*), très proche du chevesne, mais plus petit (de 15 à 30 cm de long). – Gaul. **vindisia,* de **vindos,* «blanc».

vanesse [vanɛs] n. f. ENTOM Nom de genre d'un papillon diurne au vol rapide et aux ailes de couleurs vives. *Vanesse des chardons,* ou *belle-dame.* Cf. morio, paon de jour, vulcain. – Lat. scientif. *vanessa.*

vanille [vanij] n. f. Fruit (gousse) de vanillier; substance aromatique extraite de ce fruit, utilisée en pâtisserie et en confiserie. *Crème, glace à la vanille.* – Esp. *vainilla,* dimin. de *vaina,* lat. *vagina,* «gaine».

vanillé, ée [vanije] adj. Parfumé à la vanille. *Sucre vanillé.* – De *vanille.*

vanillier [vanije] n. m. Orchidée grimpante (genre *Vanilla*) originaire d'Amérique du S., cultivée pour son fruit (vanille). – De *vanille.*

vanilline [vanilin] n. f. CHIM Principe odorant de la vanille se présentant sous forme de cristaux incolores fondant à 81 °C. – De *vanille,* et *-ine.*

vanillisme [vanilism] n. m. MED Intoxication due à un acarien, parasite des gousses de vanille. – De *vanille.*

vanillon [vanijɔ̃] n. m. Variété de vanille antillaise à petites gousses produite par *Vanilla pompona.* – Dimin. de *vanille.*

vanité [vanite] n. f. **1.** Litt. État, caractère de ce qui est vain, frivole, futile. *La vanité des plaisirs terrestres.* ▷ Chose vaine, futile. *Les vanités du monde.* **2.** Caractère, défaut d'une personne vaine, qui a trop bonne opinion d'elle-même; manifestation de ce défaut, du désir de produire un certain effet sur son entourage. *Flatter la vanité de qqn.* Syn. fatuité. ▷ *Tirer vanité de qqch,* s'en glorifier, s'en enorgueillir. – Lat. *vanitas,* de *vanus,* «vide».

vaniteusement [vanitøzmɑ̃] adv. Avec vanité. – De *vaniteux.*

vaniteux, euse [vanitø, øz] adj. et n. Plein de vanité. *Il est sot et vaniteux. Paroles vaniteuses.* ▷ Subst. *Quel vaniteux!* – De *vanité.*

1. vannage [vanaʒ] n. m. TECH Ensemble, système de vannes. – De *vanne* 1.

2. vannage [vanaʒ] n. m. Action de vanner des grains. – De *vanner* 2.

1. vanne [van] n. f. Dispositif permettant de régler l'écoulement d'un fluide. *Vanne d'écluse.* – Lat. médiév. *venna,* p.-ê. d'orig. gauloise.

2. vanne [van] n. f. Pop. Plaisanterie ou allusion désobligeante. *Envoyer une vanne à qqn.* – Déverbal de *vanner* 3.

vanneau [vano] n. m. Oiseau charadriiforme, dont une espèce, le vanneau huppé (*Vanellus vanellus*), de la taille d'un pigeon, avec des ailes et une huppe, noirs, est très commune en Europe. – De *van* 1, à cause du bruit des ailes de l'oiseau.

vanneaux. V. vannes.

vannelle [vanɛl] ou **vantelle** [vɑ̃tɛl] n. f. TECH Vanne qui obture une ouverture sur une porte d'écluse. ▷ Petite valve d'une conduite d'eau. – Dimin. de *vanne* 1.

1. vanner [vane] v. tr. [1] TECH Pourvoir de vannes. – De *vanne* 1.

2. vanner [vane] v. tr. [1] **1.** AGRIC Nettoyer (les grains) en les secouant dans un van, un tarare, etc. **2.** Fam. Causer une fatigue extrême à. *Cet effort m'a vanné.* – Pp. adj. *Je suis vanné!* – Lat. pop. **vannare,* class. *vannere.*

3. vanner [vane] v. intr. [1] Rare Envoyer des vannes (2) à (qqn.). – De *vanner* 2, sens 2, a. fr. «poursuivre, tourmenter, railler».

vannerie [vanʀi] n. f. **1.** Confection d'objets tressés avec des brins d'osier, de jonc, de rotin, etc. **2.** Marchandise ainsi fabriquée. – De *vannier.*

vannes [van] n. f. pl. ou **vanneaux** [vano] n. m. pl. Les plus grandes pennes des ailes des oiseaux de proie. – De *van* 1.

vanneur, euse [vanœʀ, øz] n. **1.** Personne qui vanne le grain. **2.** n. f. Syn. de *tarare.* – De *vanner* 2.

vannier, ère [vanje, ɛʀ] n. Personne qui fabrique des objets en vannerie. – De *van* 1.

vannure [vanyʀ] n. f. AGRIC Matières résiduaires séparées du grain lors du vannage. – De *vanner* 2.

vantail, aux [vɑ̃taj, o] n. m. Partie mobile d'une porte, d'une fenêtre, d'un volet, etc. – De *vent.*

vantard, arde [vɑ̃taʀ, aʀd] adj. et n. Qui a l'habitude de se vanter. Syn. fanfaron. – De *vanter.*

vantardise [vɑ̃taʀdiz] n. f. Caractère de vantard; propos, acte de vantard. Syn. fanfaronnade, forfanterie. – De *vantard.*

vantelle. V. vannelle.

vanter [vɑ̃te] v. [1] **I.** v. tr. Présenter (qqch, qqn) en louant exagérément. *Vanter sa marchandise. Des affiches colorées vantent les charmes de ces îles.* **II.** v. pron. **1.** Se louer avec exagération; mentir par vanité. *Il dit qu'il osera, mais je pense qu'il se vante.* **2.** Se glorifier, tirer vanité. – Loc. *Il n'y a pas de quoi se vanter :* c'est une chose dont il y a lieu d'avoir honte. **3.** Se faire fort (de). *Il se vante d'en venir à bout.* – Lat. ecclés. *vanitare,* de *vanitas,* «vanité».

va-nu-pieds [vanypje] n. inv. Personne qui vit misérablement. Syn. gueux, vagabond. – Propr. «(qui) *va nu-pieds*», de *va, nu* 2, et *pied.*

vape [vap] n. f. Loc. pop. *Être dans les vapes* (ou, plus rare, *dans la vape*), dans un état d'hébétude, de demi-conscience. – *Tomber dans les vapes :* s'évanouir. – Abrév. arg. de *vapeurs* (sens I, 4).

vapeur [vapœʀ] n. **I.** n. f. **1.** Exhalaison perceptible se dégageant de liquides, de corps humides. *Des vapeurs traînent, s'élèvent au-dessus du marais.* **2.** PHYS Phase gazeuse d'un corps (habituellement à l'état solide ou liquide). *Vapeur sèche,* qui n'est pas en équilibre avec la phase liquide du corps dont elle émane (par oppos. à *vapeur saturante* ou *humide*). **3.** *Absol.* Vapeur d'eau. *Faire cuire des aliments à la vapeur. Bain de vapeur :* étuve humide. *Machine* à vapeur. Dans les moteurs à vapeur, l'énergie fournie par le combustible de la chaudière (source chaude) transforme l'eau en vapeur, laquelle en se détendant dans la turbine fournit de l'énergie mécanique.* – Fam. *À toute vapeur :* à toute vitesse. **4.** Plur. Vx Malaise passager (que la médecine ancienne attribuait aux exhalaisons des humeurs). *Avoir des vapeurs.* ▷ Litt. *Les vapeurs de l'ivresse, de l'orgueil,* les troubles qu'ils engendrent. Syn. fumées. **II.** n. m. Vieilli Bateau à vapeur. – Lat. *vapor.*

vapocraquage [vapɔkʀakaʒ] n. m. TECH Craquage* d'hydrocarbures en présence de vapeur. – De *vapeur,* et *craquage.*

vapocraqueur [vapɔkʀakœʀ] n. m. TECH Installation servant au vapocraquage. – De *vapocraquage.*

vaporeusement [vapɔʀøzmɑ̃] adv. Rare D'une façon vaporeuse. – De *vaporeux.*

vaporeux, euse [vapɔʀø, øz] adj. **1.** Litt. Dont la luminosité, la netteté est estompée par une brume légère. *Ciel vaporeux.* **2.** Qui est fin, léger, flou et transparent. (S'emploie surtout pour désigner un tissu, un vêtement.) *Robe vaporeuse.* – Lat. imp. *vaporosus,* du class. *vapor,* «vapeur».

vaporisateur [vapɔʀizatœʀ] n. m. **1.** Appareil servant à projeter un liquide en fines gouttelettes. V. aussi pulvérisateur et atomiseur. **2.** TECH Appareil servant à produire de la vapeur. – De *vaporiser.*

vaporisation [vapɔʀizasjɔ̃] n. f. **1.** Pulvérisation d'un liquide. **2.** PHYS Passage de l'état liquide à l'état gazeux (par oppos. à *sublimation,* passage de l'état solide à l'état gazeux). – De *vaporiser.*

vaporiser [vapɔʀize] v. [1] **I.** v. tr. **1.** Projeter (un liquide) en fines gouttelettes. *Vaporiser du parfum.* – Par ext. *Vaporiser ses cheveux.* **2.** Faire passer (un liquide) à l'état gazeux. **II.** v. pron. (En parlant d'un liquide.) Passer à l'état gazeux. – De *vapeur.*

vaquer [vake] v. [1] **1.** v. intr. ADMIN Interrompre ses activités pour quelque temps. *Les tribunaux vaqueront pendant un mois.* **2.** v. tr. indir. Se consacrer (à une activité). *Vaquer à ses occupations.* – Lat. *vacare,* propr. «être vide».

vaquero [vakeʀo] n. m. (Dans les pays de langue espagnole.) Vacher. – *Spécial.* Celui qui conduit les taureaux à la *plaza de toros* avant la corrida. – Mot esp. de *vaca,* «vache».

var [vaʀ] n. m. ELECTR Unité de puissance réactive du système SI qui correspond à un courant alternatif de 1 ampère sous une chute de tension de 1 volt. – Acronyme pour *Volt Ampère Réactif.*

vara. V. varus.

varaigne [vaʀɛɲ] n. f. Rég. Ouverture par laquelle l'eau de mer entre dans le premier réservoir d'un marais salant. – Probabl. forme dial. de *varenne*, var. de *garenne*.

varan [vaʀɑ̃] n. m. Reptile saurien carnivore d'Asie du Sud, d'Égypte, d'Australie et d'Afrique noire, dont une espèce (*Varanus komodoensis*, le dragon de Komodo), peut atteindre 3 m de long. – Lat. zool. *varanus*, de l'ar. *waran*, var. de *warāl*.

varangue [vaʀɑ̃g] n. f. MAR Dans la construction en bois, pièce courbe fixée perpendiculairement à la quille du navire et jointe au couple qui lui correspond. ▷ Dans la construction en acier, membrure transversale des fonds du navire. – Mot germ.

varappe [vaʀap] n. f. Escalade de pentes rocheuses abruptes. – De *Varappe*, nom d'un couloir rocheux du mont Salève, près de Genève.

varapper [vaʀape] v. intr. [1] Faire de la varappe. – De *varappe*.

varappeur, euse [vaʀapœʀ, øz] n. Personne qui fait habituellement de la varappe. – De *varapper*.

varech [vaʀɛk] n. m. (Sing. collectif.) Algues (fucus divers, notam.) rejetées par la mer et utilisées comme amendement. – Anc. scand. *vagrek*, «épave».

varenne [vaʀɛn] n. f. Terrain sablonneux et inculte où l'on ne trouve que peu d'herbe pour le bétail et que fréquente du petit gibier. – Var. de *garenne*.

vareuse [vaʀøz] n. f. **1.** Blouse de matelot en grosse toile. **2.** Veste de certains uniformes. *Vareuse d'officier.* **3.** Veste ample. – De *varer*, var. norm. de *garer*.

varheure [vaʀœʀ] n. m. ELECTR Unité d'énergie réactive correspondant à la mise en jeu, pendant une heure, d'une puissance de 1 var. – De *var*, et *heure*.

varheuremètre [vaʀœʀmɛtʀ] n. m. TECH Appareil de mesure de l'énergie réactive, gradué en varheures. – De *varheure*, et *-mètre*.

varia [vaʀja] n. m. plur. **1.** Didac. Collection, recueil de textes variés. **2.** Article ou reportage sur des sujets variés et souvent anecdotiques. – Mot lat., «choses variées».

variabilité [vaʀjabilite] n. f. Caractère de ce qui est variable. *La variabilité des goûts.* ▷ BIOL Aptitude à présenter des variations. – De *variable*.

variable [vaʀjabl] adj. et n. **I.** adj. **1.** (Choses) Qui peut varier, qui est sujet à varier. *Un courant d'intensité variable. Temps variable.* ▷ ASTRO *Étoile variable*, dont l'éclat varie au cours du temps, de façon périodique ou irrégulière. ▷ MATH *Grandeur, quantité variable.* (V. sens II, 2.) ▷ GRAM *Mot variable*, dont la forme varie selon le genre, le nombre, le temps, etc. **2.** Que l'on peut faire varier à volonté. *Hélice à pas variable.* **II.** n. **1.** n. m. Zone centrale de la graduation du baromètre, correspondant à une pression atmosphérique comprise entre 755 et 765 mm de mercure (de 1 000 à 1 020 millibars). *L'aiguille du baromètre est passée du variable au beau fixe.* **2.** n. f. MATH Quantité susceptible de changer de valeur. *x représente la variable dans la fonction $f(x) = x^2$, qui associe à un nombre variable (x) son carré (x^2).* – Lat. *variabilis*.

variablement [vaʀjabləmɑ̃] adv. Rare D'une façon variable. – De *variable*.

variance [vaʀjɑ̃s] n. f. **1.** CHIM, PHYS Nombre de paramètres (température, pression, volume, par ex.) qu'il suffit de connaître pour déterminer entièrement l'état d'équilibre d'un système. **2.** STATIS Moyenne des carrés des écarts (par rapport à la valeur moyenne) qui caractérise la dispersion des individus d'une population. *L'écart type est égal à la racine carrée de la variance.* – De *varier*.

variante [vaʀjɑ̃t] n. f. **1.** Version d'un texte différente de celle habituellement adoptée. *Variantes réunies dans une édition critique.* **2.** LING Chacune des réalisations sonores d'un phonème, qu'elles soient indépendantes du contexte (*variantes libres*, ainsi le *r* grasseyé et le *r* roulé), ou dépendantes du contexte (*variantes complémentaires*, ainsi le *b* selon qu'il est ou non suivi des dentales *t* et *d*). ▷ Forme différente sous laquelle peut apparaître un même signifiant. *Ten! ou té! sont des variantes régionales (ou dialectales) de tiens!* **3.** Forme légèrement différente, altérée ou modifiée, d'une même chose. *Les variantes d'une recette de cuisine.* – Ppr. fém. subst. de *varier*.

variateur [vaʀjatœʀ] n. m. **1.** TECH Dispositif qui permet de faire varier une grandeur. *Variateur de tension.* **2.** MECA *Variateur de vitesse* : appareil permettant de transmettre le mouvement d'un arbre à un autre arbre, avec la possibilité de modifier la vitesse de rotation de ce dernier. – De *variation*.

variation [vaʀjasjɔ̃] n. f. **1.** Fait de varier (pour une chose); changement qui en résulte. *Variation de la couleur dans un dégradé. Les variations de l'opinion.* ▷ Changement de la valeur d'une quantité ou d'une grandeur; écart entre deux valeurs numériques d'une quantité variable. *Variation de température. Variation d'intensité d'un courant.* ▷ BIOL Fait (pour une espèce donnée) d'avoir ou de produire des éléments non identiques à l'élément type, de présenter des variétés (sens 3). **2.** MUS Modification apportée à un thème (altération du rythme, changement de mode, etc.). ▷ Composition écrite sur un thème qu'on continue de reconnaître sous les ornements successifs qui le modifient. *Les variations pour piano de Beethoven.* – Lat *variatio*.

varice [vaʀis] n. f. Dilatation pathologique permanente d'une veine, généralement située dans le réseau veineux superficiel des membres inférieurs. – Lat. *varix, varicis*.

varicelle [vaʀisɛl] n. f. MED Maladie infectieuse, contagieuse et immunisante d'origine virale, caractérisée par une éruption vésiculeuse, qui touche essentiellement les enfants. – De *variole*, d'ap. les dimin. lat. en *-cellus, -cella*.

varicocèle [vaʀikɔsɛl] n. f. MED Dilatation variqueuse des veines du cordon spermatique. – Du rad. de *varice*, et *-cèle*.

varié, ée [vaʀje] adj. **1.** Dont les parties, les caractères sont dissemblables; qui n'est pas monotone. *Une nourriture variée.* - *Terrain varié*, qui présente des accidents. ▷ MUS *Air varié*, que l'on a modifié en y introduisant des variations. ▷ PHYS *Mouvement uniformément varié*, dont la vitesse varie en fonction linéaire du temps (accélération constante). **2.** (Plur.) Se dit de choses différentes entre elles mais de même espèce. *Hors-d'œuvre variés. Des tâches variées.* – Pp. de *varier*.

varier [vaʀje] v. [2] **I.** v. tr. **1.** Apporter divers changements à (une chose). *Varier la présentation d'un produit.* **2.** Introduire de la diversité dans (des choses de même espèce). *Chercher à varier les menus. Varier les plaisirs.* **II.** v. intr. **1.** Changer, se modifier à plusieurs reprises. *Son humeur varie souvent.* **2.** Être différent selon les cas. *Les mœurs varient d'un pays à l'autre. Les prix varient d'un quartier à l'autre.* **3.** (Sujet n. de personne.) Manquer de constance dans ses opinions, ses sentiments. – (Sujet plur.) Avoir des avis différents. *Les philosophes varient sur ce point.* – Lat. *variare*.

variété [vaʀjete] n. f. **1.** Caractère de ce qui est varié, divers. *Travail qui manque de variété. La variété des opinions.* **2.** Ensemble de choses variées. *Ce commerçant dispose d'une grande variété d'articles.* **3.** BIOL La plus petite des unités systématiques (plus petite que l'espèce). **4.** MATH Ensemble des éléments d'un espace topologique.

5. (Plur.) Spectacle combinant numéros musicaux et attractions diverses. *Émission télévisée de variétés.* – Lat. *varietas.*

variole [vaRjɔl] n. f. MED Maladie infectieuse grave, éruptive, immunisante, contagieuse et épidémique, due à un virus du groupe auquel appartient la vaccine*. *Louis XV mourut de la variole. La variole a disparu dans les pays où la vaccination a été rendue obligatoire.* Syn. vx petite vérole. – Bas lat. méd. *variola,* dimin. de *varus,* « pustule », avec attract. de *varius,* « tacheté ».

variolé, ée [vaRjɔle] adj. MED Marqué de cicatrices dues à la variole. – De *variole.*

varioleux, euse [vaRjɔlø, øz] adj. et n. MED Qui est atteint de la variole. – De *variole.*

variolique [vaRjɔlik] adj. MED Relatif à la variole. *Pustule variolique.* – De *variole.*

variomètre [vaRjɔmɛtR] n. m. 1. ELECTR Appareil de mesure des inductances. 2. AVIAT Appareil qui mesure la vitesse verticale d'un aéronef et permet ainsi de contrôler l'horizontalité du vol. – De *varier,* et *-mètre.*

variqueux, euse [vaRikø, øz] adj. MED Qui a rapport aux varices; qui est de la nature des varices. *Ulcère variqueux.* – Lat. *varicosus,* de *varix, varicis,* « varice ».

varistance [vaRistɑ̃s] n. f. ELECTR Semi-conducteur dont la résistance varie avec la tension appliquée à ses bornes. – De *vari(able),* et *(rési)stance.*

varlet [vaRlɛ] n. m. Vx Valet; page. – Var. de *vaslet,* forme anc. de *valet.*

varlope [vaRlɔp] n. f. TECH Rabot à très long fût, muni d'une poignée. – Mot dial. du N.-E.; du néerl. *voorloper,* propr. « qui court devant ».

varloper [vaRlɔpe] v. tr. [1] TECH Travailler (le bois) à la varlope. – De *varlope.*

varron [vaRɔ̃] n. m. MED VET 1. Larve d'un insecte diptère brachycère (mouche du genre *Hypoderma*) qui provoque une hypodermose dont la phase terminale est sous-cutanée. 2. Tumeur avec perforation provoquée par cette larve, chez les bovins. – Mot dial. (anc. provenç.), du lat. *varus,* « pustule ».

varronné, ée [vaRɔne] adj. MED VET Infesté, marqué par des varrons. – De *varron.*

varus [vaRys] n. m. inv. et adj. inv. MED Déviation en dedans (par oppos. à *valgus*). ▷ adj. inv. *Pied bot varus.* (Dans les loc. lat. employées en anatomie, l'adj. s'accorde.) *Coxa vara* : hanche bote. *Genu varum* : jambes arquées. – Mot lat.

varve [vaRv] n. f. GEOL Unité annuelle de sédimentation constituée d'une couche mince, noire, à grain très fin, correspondant à l'hiver, et d'une couche plus épaisse, claire, à gros grain, correspondant à l'été. *L'étude des varves (glaciaires) permet de dater les terrains quaternaires.* – Du suéd. *varv,* « révolution périodique ».

vas(o)-. Élément, du lat. *vas,* « récipient », et, en lat. anat., « vaisseau, canal ».

vasard, arde [vazaR, aRd] adj. MAR Vaseux. *Sable vasard.* ▷ n. m. Fond de sable mêlé de vase. – De *vase* 1.

vasculaire [vaskylɛR] adj. 1. ANAT Qui a rapport, qui appartient aux vaisseaux. *Système vasculaire.* 2. BOT *Plantes vasculaires* : plantes (fougères, gymnospermes et angiospermes) qui possèdent des éléments conducteurs différenciés (trachéides ou vaisseaux), par oppos. aux plantes qui en sont dépourvues (algues, champignons, mousses, etc.). ▷ *Les cryptogames vasculaires* : les fougères. – Du lat. *vasculum,* « petit ruisseau ».

vascularisation [vaskylaRizasjɔ̃] n. f. ANAT Disposition des vaisseaux dans un organe. – Formation de vaisseaux dans un tissu ou un organe. – De *vascularisé.*

vascularisé, ée [vaskylaRize] adj. ANAT Qui contient des vaisseaux. *Organe vascularisé.* – De *vasculaire.*

1. vase [vɑz] n. f. Mélange de très fines particules terreuses et de matières organiques formant un dépôt au fond des eaux calmes. – Moyen néerl. *wase.*

2. vase [vɑz] n. m. Récipient de forme et de matière variables, destiné à contenir des liquides, des fleurs, ou servant d'ornement. *Vase en verre, en bronze. Vase antique.* – *Vase de nuit* : pot de chambre. ▷ Récipient servant aux expériences de physique et de chimie. ▷ RELIG CATHOL *Vases sacrés,* dont on se sert pour célébrer la messe ou pour conserver les saintes espèces. ▷ PHYS *Vases communicants* : ensemble de récipients de formes différentes qui communiquent entre eux par leur base. – *Principe des vases communicants,* selon lequel les surfaces libres d'un liquide contenu dans des vases communicants se trouvent toujours à la même hauteur. ▷ Loc. fig. *En vase clos* : sans contact avec le monde extérieur. *Enfant élevé en vase clos.* ▷ TECH *Vase d'expansion* : dispositif destiné à compenser la dilatation d'un liquide contenu dans une installation de chauffage ou de refroidissement en circuit fermé. – Lat. *vas.*

vasectomie [vazɛktɔmi] n. f. CHIR Section du canal déférent, destinée à provoquer la stérilité masculine. – De *vas(o)-* et *-ectomie.*

vasectomiser [vazɛktɔmize] v. tr. [1] CHIR Pratiquer une vasectomie sur. – Pp. adj. *Un homme vasectomisé.* – De *vasectomie.*

vaseline [vazlin] n. f. Graisse minérale constituée d'un mélange de carbures saturés, utilisée notam. en pharmacie. – Mot angl.; nom déposé; de l'all. *Wasser,* « eau », et du gr. *elaion,* « huile ».

vaseliner [vazline] v. tr. [1] Enduire de vaseline. – De *vaseline.*

vaseux, euse [vazø, øz] adj. 1. De la nature de la vase. 2. Fig., fam. Qui éprouve un malaise vague. *Être vaseux.* 3. Fam. Confus, embrouillé. *Discours vaseux.* – De *vase* 1.

vasière [vazjɛR] n. f. Rég. ou TECH 1. Endroit où il y a de la vase. 2. Premier bassin d'un marais salant où se dépose la vase. 3. Parc à moules. – De *vase* 1.

vasistas [vazistas] n. m. Petite ouverture pratiquée dans une porte ou une fenêtre, et munie d'un vantail. – All. *was ist das ?,* « qu'est-ce que c'est ? ».

vaso-. V. vas(o)-.

vasoconstricteur, trice [vazokɔ̃stRiktœR, tRis] adj. et n. m. PHYSIOL, MED Qui réduit le calibre des vaisseaux. *Nerf, médicament vasoconstricteur.* ▷ n. m. *Les vasoconstricteurs.* – De *vaso-,* et *constricteur.*

vasoconstriction [vazokɔ̃stRiksjɔ̃] n. f. PHYSIOL, MED Réduction du calibre des vaisseaux. – De *vaso-,* et *constriction.*

vasodilatateur, trice [vazodilatatœR, tRis] adj. et n. m. PHYSIOL, MED Qui augmente le calibre des vaisseaux. ▷ n. m. *La papavérine est un vasodilatateur.* – De *vaso-,* et *dilatateur.*

vasodilatation [vazodilatasjɔ̃] n. f. PHYSIOL, MED Dilatation des vaisseaux. – De *vaso-,* et *dilatation.*

vasomoteur, trice [vazomɔtœR, tRis] adj. et n. m. PHYSIOL, MED Qui se rapporte aux modifications de calibre des vaisseaux, ou qui les provoque. *Action vasomotrice.* ▷ n. m. *Les vasomoteurs* : les nerfs vasomoteurs. – De *vaso-,* et *moteur.*

vasomotricité [vazomɔtRisite] n. f. PHYSIOL Ensemble des phénomènes de régulation de la circulation du sang (vasoconstriction et vasodilatation). – De *vaso-,* et *motricité.*

vasopresseur, ive [vazopresœr, iv] adj. et n. m. MED Se dit d'une substance qui contracte les artères. ▷ n. m. *Un vasopresseur.* – De *vaso-,* et *presseur.*

vasopressine [vazopresin] n. f. MED Hormone hypophysaire antidiurétique. Syn. Hormone antidiurétique. (Abrév. : A.D.H.). – De *vaso-, pression,* et *-ine.*

vasouillard, arde [vazujar, ard] adj. Fam. Qui vasouille. *Une excuse vasouillarde.* – De *vasouiller.*

vasouiller [vazuje] v. intr. [1] Fam. S'empêtrer dans une explication, une action, etc. *Il a vasouillé devant l'examinateur.* – Dér. arg. de *vaseux.*

vasque [vask] n. f. Bassin en forme de coupe peu profonde recevant l'eau d'une fontaine ornementale. ▷ Coupe large et peu profonde, servant à décorer une table. *Vasque fleurie.* – Du lat. *vascula,* plur. de *vasculum,* « petit vase » ; ital. *vasca.*

vassal, ale, aux [vasal, o] n. et adj. HIST Personne qui a fait hommage à un seigneur dont elle a reçu un fief et à qui elle doit divers services, notam. financiers et militaires. ▷ Fig. Personne, nation assujettie à une autre. – adj. *Pays vassal.* – Bas lat. *vassallus,* de *vassus,* « serviteur », d'orig. gaul.

vassalisation [vasalizasjɔ̃] n. f. Action de vassaliser ; état de ce qui est vassalisé. – De *vassaliser.*

vassaliser [vasalize] v. tr. [1] Mettre (qqn) sous sa dépendance ; asservir. ▷ Fig. *L'Inde a vassalisé le Bhoutan.* – De *vassal.*

vassalité [vasalite] n. f. HIST État, condition du vassal. ▷ Fig. Assujettissement, soumission. – De *vassal.*

vassive ou **vacive** [vasiv] n. f. Didac. Brebis de deux ans qui n'a pas encore porté. – De *(bête) vassive* ou *vacive,* provenc. *vacivo,* « vide ».

vaste [vast] adj. (et n. m.) **1.** D'une très grande étendue. *Un vaste domaine.* **2.** De grandes dimensions. *Un vaste hangar.* – Fig. De grande ampleur, de grande portée. *De vastes desseins.* – Fam. *Une vaste fumisterie.* **3.** Important en quantité. *Un vaste groupement d'animaux.* **4.** ANAT *Les muscles vastes :* les gros muscles du triceps et du quadriceps. ▷ n. m. *Les vastes interne et externe.* – Lat. *vastus,* « vide, désert, ravagé, immense, monstrueux ».

vastement [vastəmɑ̃] adv. Rare D'une manière vaste. – De *vaste.*

vaticane [vatikan] adj. f. (et n. f.) Relative à la papauté, au Vatican (État dont le pape est le souverain temporel). *La diplomatie vaticane.* – n. f. *La Vaticane :* la Bibliothèque vaticane. – De *Vatican,* lat. *Vaticanus (mons),* une des sept collines de Rome, qui a donné son nom à l'État du Vatican.

vaticinateur, trice [vatisinatœr, tris] n. Litt. Personne qui vaticine. – Lat. *vaticinator,* « devin, prophète ».

vaticination [vatisinasjɔ̃] n. f. Litt. Prophétie, prédiction. – Lat. *vaticinatio.*

vaticiner [vatisine] v. intr. [1] Litt. Prophétiser. ▷ Péjor. Tenir des discours d'allure prophétique. – Lat. *vaticinari.*

va-tout [vatu] n. m. inv. À certains jeux, mise ou relance d'un joueur qui risque en un seul coup tout ce qu'il possède. ▷ Fig. *Jouer son va-tout :* jouer le tout pour le tout. – De *va,* et *tout.*

vau [vo] n. m. CONSTR Pièce d'un cintre, qui supporte une voûte en construction. *Des vaux.* – Emploi métaph. de *veau.*

vauchérie [voʃeri] n. f. BOT Algue xanthophycée (genre *Vaucheria*), à siphon, formant une sorte de gazon ras dans les lieux humides. – De P. E. *Vaucher* (1763-1841), botaniste suisse.

vauclusien, enne [voklyzjɛ̃, ɛn] adj. et n. Du Vaucluse. ▷ GEOL *Source vauclusienne :* résurgence d'eaux d'infiltration en pays calcaire, à gros débit régulier, dont la *fontaine de Vaucluse* (à 25 km à l'E. d'Avignon) fournit le type. – De *Vaucluse,* dép. du S. de la France.

vaudeville [vodvil] n. m. **1.** Vx Chanson populaire satirique. **2.** Au XVIIIe s., pièce de théâtre entremêlée de chansons et de ballets. **3.** Mod. Comédie légère dont l'intrigue, fertile en rebondissements, repose généralement sur des quiproquos. – Altér. de *vaudevire,* « chanson de circonstance », mot norm., probabl. de *vauder,* « tourner », et *virer.*

vaudevillesque [vodvilɛsk] adj. Qui tient du vaudeville (sens 3). *Situation, aventure vaudevillesque.* – De *vaudeville.*

vaudevilliste [vodvilist] n. m. Auteur de vaudevilles (sens 2 et 3). – De *vaudeville.*

1. vaudois, oise [vodwa, waz] n. et adj. RELIG Membre d'une secte chrétienne apparue au XIIe s., n'admettant comme source de foi que les Écritures. ▷ adj. *Secte vaudoise.* – Du nom de Pierre *Valdo* (v. 1140-v. 1217).
ENCYCL La secte des vaudois, fondée par Pierre Valdo à Lyon (« pauvres de Lyon »), quitta presque immédiatement l'Église (1179), à laquelle elle reprochait notam. ses richesses ; elle fut excommuniée en 1184. Préfigurant la Réforme, elle ne voulait retenir de la doctrine chrétienne que la foi en les Écritures, renonçant même à la messe.

2. vaudois, oise [vodwa, waz] adj. et n. Qui est du canton de Vaud, en Suisse. ▷ Subst. *Un(e) Vaudois(e).* – Du lat. médiév. *(pagus) Valdensis,* « pays de Vaud ».

vaudou [vodu] n. m. et adj. inv. Culte animiste (mélange de sorcellerie, de magie et d'éléments empruntés au rituel chrétien) pratiqué par les peuples du golfe de Guinée et qui, avec la traite des Noirs, s'est répandu aux Antilles (princ. à Haïti) et au Brésil (Bahia). – Divinité de ce culte. ▷ adj. inv. *Cérémonie vaudou.* – Mot du Bénin et du Togo, *vodu.*

vau-l'eau (à). V. à vau-l'eau.

vaurien, enne [vorjɛ̃, ɛn] n. **1.** Vieilli Personne sans scrupules ; mauvais sujet. ▷ *Par exag.* Enfant qui joue de vilains tours. Syn. garnement. **2.** (Avec une majuscule.) Voilier gréé en sloop. – De *(qui ne) vaut rien.*

vautour [votur] n. m. **1.** Grand oiseau falconiforme à la tête dénudée, charognard. *Vautour américain (condor). Vautours de l'Ancien Monde (gypaète, griffon), classés dans la même famille que les buses et les aigles.* **2.** Fig., litt. Homme impitoyable ou rapace. – Lat. *vultur, vulturis.*

vautrait [votrɛ] n. m. VEN Équipage de chiens dressés à la chasse au sanglier. – De *vautre,* « chien courant », de *vertragus,* « sorte de lévrier », mot lat. d'orig. celt.

vautrer (se) [votre] v. pron. [11] **1.** S'enfoncer, se coucher en se roulant. *Porc qui se vautrait dans la boue.* **2.** S'abandonner, s'étaler de tout son corps. *Se vautrer sur son lit.* ▷ Fig., péjor. *Se vautrer dans le vice, la paresse,* s'y livrer entièrement, s'y complaire. – Lat. pop. **volutulare,* du pp. *volutus,* du class. *volvere,* « tourner, rouler ».

vavasseur [vavasœr] n. m. HIST Arrière-vassal. Syn. (rare) vavassal. – Bas lat. *vassus vassorum,* « vassal des vassaux », de *vassus,* « serviteur », d'orig. gaul.

va-vite (à la) [alavavit] loc. adv. Fam. De façon hâtive, négligée. – De *à, la, va* et *vite.*

veau [vo] n. m. **I. 1.** Petit de la vache, âgé de moins d'un an. *Veau de lait,* qui tète encore sa mère, ou que l'on nourrit de lait et de farines pour lui donner une chair blanche. ▷ Loc. *Pleurer comme un veau,* à gros sanglots. – *Tuer le veau gras* (par allusion à la parabole de l'enfant prodigue*) : faire une fête, un grand repas de famille. – *Adorer le veau d'or* (par allusion à l'idole d'or qu'adorèrent passagèrement les Hébreux) : avoir le culte de l'argent. **2.** Chair de veau. *Blanquette de veau.* **3.**

Cuir de veau et, par ext., de bouvillon ou de génisse. *Sac en veau.* **4.** Fig., fam. Personne lourde et sans ressort, au physique ou au moral. ▷ Fig., fam. Voiture peu nerveuse. – Mauvais cheval de course. – Voilier peu rapide et remontant mal au vent. **II.** *Veau marin* : phoque (*Phoca vitulina*) des mers européennes. – Du lat. *vitellus*, « petit veau »; par l'anc. fr. *veel*.

vecteur, trice [vɛktœʀ, tʀis] n. m. (et adj.) **1.** MATH Segment orienté comportant une origine et une extrémité; grandeur orientée constitutive d'un espace vectoriel. ▷ *Champ de vecteurs* : ensemble de vecteurs tel que chaque point M de l'espace à n dimensions et de coordonnées x, y, z est associé à un vecteur dont chacune des n composantes est une fonction uniforme continue et dérivable de x, y, z. ▷ adj. *Rayon vecteur* : segment orienté reliant un point fixe à un point mobile sur une courbe donnée. **2.** MILIT Engin, avion, etc., capable de transporter une charge explosive (nucléaire, partic.). **3.** MED Animal (insecte, notam.) qui transmet un agent infectieux. *L'anophèle, vecteur du paludisme.* – adj. *La glossine est vectrice de la maladie du sommeil.*

ENCYCL **Math.** – Un vecteur est défini par sa *direction* (droite qui le supporte), par son *sens* (un vecteur est une grandeur orientée) et par son *module* (distance entre ses extrémités, autrement dit sa *longueur*). Deux vecteurs sont égaux s'ils sont parallèles, de même sens et de même module. On peut additionner et soustraire des vecteurs, et effectuer le produit d'un vecteur par une grandeur scalaire, c.-à-d. par un nombre. Le *produit scalaire* de deux vecteurs $\vec{V}_1$ et $\vec{V}_2$ (noté $\vec{V}_1, \vec{V}_2$), est une grandeur scalaire égale au produit des modules des deux vecteurs par le cosinus de l'angle que forment leurs supports, soit $\vec{V}_1 \times \vec{V}_2 \times \cos\alpha$. Le *produit vectoriel* de deux vecteurs $\vec{V}_1$ et $\vec{V}_2$ (noté $\vec{V}_1 \wedge \vec{V}_2$) représentés par les vecteurs $\overrightarrow{OA}$ et $\overrightarrow{OB}$ formant un angle α est un vecteur $\vec{V}_3$ représenté par le vecteur $\overrightarrow{OC}$, perpendiculaire au plan OAB, de module égal à $|\vec{V}_1| . |\vec{V}_2| \sin\alpha$ et dont le sens est tel que le trièdre OABC est le trièdre direct. Plus généralement, un espace vectoriel sur le corps $\mathbb{R}$ des nombres réels est un ensemble E muni d'une loi de composition interne, application de E × E dans E, notée additivement, et d'une loi de composition externe, application de $\mathbb{R}$ × E dans E et notée multiplicativement, ces deux lois satisfaisant à certaines conditions. Les espaces vectoriels de dimension 1 s'appellent des *droites* et ceux de dimension 2 des *plans*. La théorie des espaces vectoriels joue un rôle fondamental en géométrie, en mécanique et en physique. En partic., des grandeurs comme les forces, les vitesses et les accélérations sont des grandeurs vectorielles.

vectoriel, elle [vɛktɔʀjɛl] adj. MATH Relatif aux vecteurs. *Espace vectoriel* : structure algébrique particulière définie par deux lois de composition, l'une additive, l'autre multiplicative. – *Grandeur vectorielle*, qui possède une valeur numérique, une direction et un sens. – De *vecteur*.

vécu, ue [veky] adj. et n. m. Qui s'est passé ou qui aurait pu se passer réellement; qui fait référence à la vie elle-même, à l'expérience que l'on en a. *Un roman vécu.* ▷ PHILO *Le temps vécu* : le temps subjectif. ▷ n. m. *Le vécu* : l'expérience vécue. – Pp. du v. *vivre*.

Veda [veda] n. m. Didac. Texte sacré constituant la révélation et la référence la plus anc. du védisme et du brahmanisme. *Les quatre Vedas sont le Rigveda, le Yajurveda, le Sâmaveda et l'Atharvaveda et se composent de recueils d'hymnes et de préceptes sacerdotaux rédigés en sanskrit archaïque.* – Mot sanskrit, « savoir ».

vedettariat [vədetaʀja] n. m. Condition, état de vedette (sens II, 3). ▷ Comportement de vedette. *Donner dans le vedettariat.* – De *vedette*.

vedette [vədɛt] n. f. **I.** Sentinelle de guet (autref. à cheval). **II. 1.** *Mettre en vedette un mot, un nom,* etc., l'imprimer isolément en gros caractères. – Fig. *Mettre qqn en vedette*, le mettre en vue, en valeur. **2.** *Avoir la vedette* : au théâtre, au cinéma, etc., avoir son nom en tête d'affiche, d'un programme, etc. – Fig. *Avoir, tenir la vedette, être en vedette* : tenir le premier rôle dans l'actualité. **3.** Acteur, artiste en renom. *Vedette de cinéma, de la chanson.* – *Par anal.* Personnalité en vue. *Vedette du barreau.* **III. 1.** Petit bâtiment de guerre destiné princ. à la surveillance côtière. **2.** Petite embarcation rapide à moteur. – Ital. *vedetta*.

védique [vedik] adj. Relatif aux Vedas. *Langue védique* : sanskrit archaïque des Vedas. – De *Veda*.

védisme [vedism] n. m. Forme primitive du brahmanisme. – De *védique*.

vedutiste [vedytist] n. m. BX-A Peintre (du XVIIIe s. vénitien, notam.) de paysages citadins pittoresques et animés de scènes de la vie quotidienne. – Mot ital., de *veduta*, « vue ».

végétal, ale, aux [veʒetal, o] n. m. et adj. **I.** n. m. Être vivant qui se distingue des animaux par le manque (pas forcément total) de faculté de se mouvoir, par son mode de nutrition (à partir d'éléments minéraux) et de reproduction, et par sa composition chimique (chlorophylle, cellulose, notam.). V. encycl. botanique. **II.** adj. **1.** Des plantes, des végétaux. *Cellule végétale.* **2.** *Spécial.* Qui provient des végétaux, qui en est tiré. *Huile végétale. Terre végétale* : couche superficielle du sol, riche en matières organiques provenant de la décomposition des débris végétaux. – Lat. médiév. *vegetalis*, du lat. *vegetare*, « croître ».

végétalisme [veʒetalism] n. m. Rare Régime alimentaire plus rigoureux que le végétarisme, excluant strictement tous les aliments non végétaux. – De *végétal*.

végétarien, enne [veʒetaʀjɛ̃, ɛn] adj. et n. **1.** Propre au végétarisme. *Régime végétarien.* **2.** Partisan du végétarisme. ▷ Subst. *Un végétarien.* – Angl. *vegetarian*.

végétarisme [veʒetaʀism] n. m. Régime alimentaire excluant la consommation de viande mais autorisant certains aliments d'origine animale (lait, beurre, œufs, notam.). – De *végétarien*.

végétatif, ive [veʒetatif, iv] adj. **1.** Qui a rapport à la croissance, à la nutrition des plantes. – *Appareil, organes végétatifs des plantes*, qui assurent la nutrition (par oppos. à *appareil, organes reproducteurs*). ▷ *Multiplication végétative* : multiplication asexuée des végétaux par boutures, marcottes, stolons, etc. **2.** PHYSIOL Qui concerne l'activité du système neurovégétatif ou système nerveux autonome. *Fonctions végétatives de l'organisme* (circulation, métabolisme, etc.). ▷ MED *État végétatif*, d'un sujet qui a perdu ses facultés de communication et semble réduit à ses seules fonctions végétatives. **3.** Fig. Qui, par son inaction, rappelle la vie des plantes. *Mener une vie végétative.* – Lat. médiév. *vegetativus*, de *vegetare*, « croître ».

végétation [veʒetasjɔ̃] n. f. **1.** Croissance (des végétaux). *Période de végétation.* **2.** Ensemble des végétaux qui croissent en un lieu. *La végétation riante de cette vallée. La végétation tropicale.* **3.** ANAT Toute production pathologique charnue à la surface de la peau ou d'une muqueuse. ▷ Spécial. *Les végétations (adénoïdes)* : hypertrophie du tissu lymphoïde qui constitue l'amygdale pharyngée. *Les végétations apparaissent surtout dans l'enfance.* – Lat. médiév. *vegetatio*.

végéter [veʒete] v. intr. [**14**] **1.** Rare Croître, en parlant des plantes. **2.** Fig., péjor. Avoir une existence peu active et morne. *Végéter dans un emploi subalterne.* – Avoir une activité réduite, médiocre. *Cette affaire végète.* – Bas lat. *vegetare*, « croître », du class. *vegetus*, « vivant, vif ».

véhémence [veemɑ̃s] n. f. Litt. Impétuosité, violence (des sentiments, de l'expression). *Parler avec véhémence.* – Lat. *vehementia*.

véhément, ente [veemɑ̃, ɑ̃t] adj. Litt. Ardent, impétueux. *Un orateur, un discours véhément.* – Lat. *vehemens, véhémentis.*

véhémentement [veemɑ̃tmɑ̃] adv. Litt. et vieilli Avec véhémence. – De *véhément.*

véhiculaire [veikylɛʀ] adj. Didac. Se dit d'une langue servant à la communication entre des communautés ayant des langues maternelles différentes (par oppos. à *vernaculaire*). – De *véhicule.*

véhicule [veikyl] n. m. **1.** Litt. Ce qui sert à transporter, à transmettre. *L'air est le véhicule du son.* – PHARM Excipient liquide. **2.** (Abstrait) Ce qui sert à communiquer. *La télévision est un puissant véhicule de l'information.* ▷ RELIG Chemin du salut, dans le bouddhisme (V. encycl. bouddhisme). **3.** Toute espèce de moyen de transport (spécial. engin à roues). *Véhicule automobile. Véhicules utilitaires.* ▷ *Véhicule spatial* : tout engin spatial destiné à transporter une charge utile. – Lat. *vehiculum,* de *vehere,* « porter, transporter ».

véhiculer [veikyle] v. tr. [1] **1.** Servir de véhicule à (qqch). *Les médias qui véhiculent l'information.* **2.** Transporter par véhicule. – De *véhicule.*

veille [vɛj] n. f. **I. 1.** Action de veiller; absence de sommeil. *Longue veille. L'état de veille et l'état de sommeil.* **2.** Surveillance, garde effectuée pendant la nuit. *Prendre la veille.* – *Poste de veille,* sur un navire. **II.** Jour qui en précède un autre. *La veille de Pâques.* – Loc. *À la veille de* : peu avant, dans la période qui précède immédiatement (tel événement). *À la veille de la Révolution.* – *À la veille de* (+ inf.) : sur le point de... *Il était à la veille d'y renoncer.* ▷ Loc. fam. *C'est pas demain la veille* : ce n'est pas pour bientôt. – Du lat. *vigilia.*

veillée [vɛje] n. f. **1.** Temps consacré à une réunion familiale ou amicale qui se tient (dans les campagnes, surtout) après le repas du soir et jusqu'au coucher. *Les longues veillées d'hiver.* ▷ Soirée organisée pour un groupe (musique, danse, jeux, etc.). **2.** Action de veiller un malade ou un mort; nuit passée à le veiller. ▷ Loc. *Veillée d'armes* : nuit où le futur chevalier veillait avant d'être armé; fig. soirée qui précède une action difficile, une épreuve. – De *veille.*

veiller [vɛje] v. [1] **I.** v. intr. **1.** S'abstenir volontairement de dormir pendant le temps destiné au sommeil. *Veiller auprès d'un malade.* **2.** Être de garde pendant la nuit. – *Par ext.* Être vigilant. **3.** Faire une veillée; y participer. **II.** v. tr. **1.** v. tr. dir. Rester la nuit auprès de (un malade, un mort). *Veiller un blessé.* **2.** v. tr. indir. *Veiller à qqch,* y prendre garde, s'en occuper activement. *Veiller au salut de l'État. Veillez à ce qu'il n'arrive rien.* ▷ *Veiller sur qqn,* faire en sorte qu'il ne lui arrive rien de fâcheux. – Du lat. *vigilare.*

veilleur, euse [vɛjœʀ, øz] n. Personne qui veille. ▷ Soldat de garde, la nuit. – *Veilleur de nuit* : personne chargée de faire des rondes pour surveiller un établissement, le quartier d'une ville, etc., durant la nuit; employé d'hôtel qui assure la réception et le service pendant la nuit. – De *veiller.*

veilleuse [vɛjøz] n. f. **1.** Petite lampe éclairant peu et qu'on laisse allumée la nuit ou en permanence, dans un lieu sombre. ▷ *Mettre une lampe en veilleuse,* réduire sa flamme, son éclairement. – Fig. *Mettre une affaire en veilleuse,* en réduire provisoirement l'activité; cesser provisoirement de s'en occuper. – Fam. *La mettre en veilleuse* : se taire. – AUTO *Veilleuses* : feux de position. **2.** TECH Petit bec brûlant en permanence, dans une chaudière à gaz ou à mazout, un chauffe-eau, etc. – Fém. de *veilleur.*

veinard, arde [venaʀ, aʀd] n. Fam. Personne qui a de la veine, de la chance. ▷ adj. *Il est veinard.* – De *veine,* sens III, 2.

veine [vɛn] n. f. **I. 1.** Vaisseau qui ramène le sang des capillaires aux oreillettes. *Veines caves, coronaires.* ▷ Loc. *S'ouvrir les veines* : se trancher les veines du poignet pour se suicider. – Fig. *Se saigner aux quatre veines pour qqn* : V. saigner. **2.** *Par métaph.* Ce qui contient le sang considéré comme source de vie. *Avoir du sang dans les veines,* de l'ardeur, du courage. **II. 1.** Filon, couche étroite et longue (de minerai). **2.** Dessin de couleur contrastante, long et étroit, qui sinue dans les pierres dures, le bois. *Un marbre gris avec des veines noires.* **3.** Nervure saillante (de certaines feuilles). **III.** Fig. **1.** Inspiration. *La veine poétique de cet auteur. Une œuvre de la même veine.* ▷ *Être en veine de,* disposé à. *Être en veine de confidences.* **2.** Fam. Heureux hasard, chance. *Avoir de la veine.* – Lat. *vena.*

veiné, ée [vene] adj. Qui présente des veines. – De *veine.*

veiner [vene] v. tr. [1] Orner (une surface) en imitant les veines du bois ou du marbre. – De *veine.*

veinette [venɛt] n. f. TECH Brosse de peintre servant à imiter les veines du bois, des pierres dures. – Dimin. de *veine.*

veineux, euse [venø, øz] adj. **1.** Qui a rapport aux veines. *Système veineux.* **2.** Qui présente de nombreuses veines. *Marbre veineux.* – De *veine.*

veinule [venyl] n. f. **1.** ANAT Petit vaisseau veineux. **2.** BOT Ramification finale des nervures (des feuilles). – Lat. imp. *venula,* dimin. du class. *vena.*

veinure [venyʀ] n. f. Réseau de veines (du bois, du marbre, etc.). – De *veiné.*

vêlage [vɛlaʒ] ou **vêlement** [vɛlmɑ̃] n. m. **1.** Action de vêler. **2.** GEOGR *Vêlage* : libération d'icebergs par désagrégation de la banquise. – De *vêler.*

vélaire [velɛʀ] adj. et n. f. PHON Se dit de phonèmes dont le point d'articulation est situé à la hauteur du voile du palais. *Consonne vélaire.* ▷ n. f. [k] *est une vélaire.* – De *velum,* « voile » (du palais).

vélani [velani] n. m. BOT Variété de chêne dont les grosses cupules écailleuses sont recherchées pour leur tanin. – Gr. mod. *balanidi,* « gland », du class. *balanos,* même sens.

vélar [velaʀ] n. m. BOT **1.** Plante herbacée des champs (*Erysimum orientale,* fam. crucifères) à fleurs blanchâtres, proche des giroflées. **2.** Syn. de *sisymbre.* – Mot gaul.; lat. médiév. *velarum,* lat. *vela.*

vélarisation [velaʀizasjɔ̃] n. f. PHON Fait d'articuler (un phonème) comme une vélaire. – De *vélaire.*

velarium ou **vélarium** [velaʀjɔm] n. m. ANTIQ ROM Grande toile que les Romains tendaient au-dessus des théâtres et des amphithéâtres pour abriter les spectateurs. – Mot lat.; de *velare,* « voiler ».

velche ou **welche** [vɛlʃ] n. Péjor., vx **1.** Français ignorant, montrant des préjugés. – *Par ext.* Homme ignorant, naïf et lourd. **2.** Pour les All., terme de mépris appliqué à ce qui est français, belge, suisse romand ou (parfois) italien. – All. *Welsch,* « étranger », du lat. *gallicus,* « gaulois ».

velcro [vɛlkʀo] n. m. inv. Ensemble de deux tissus dont les surfaces s'agrippent, utilisé pour la fermeture de vêtements, d'accessoires, etc. – Nom déposé; de *vel(ours),* et *cro(chet).*

veld ou **veldt** [vɛlt] n. m. GEOGR Steppe herbacée du N.-E. de l'Afrique du Sud. – Mot holl. « champ, campagne ».

vêlement. V. vêlage.

vêler [vɛle] v. intr. [1] Mettre bas, en parlant de la vache. – De l'anc. fr. *veel,* « veau ».

vélie [veli] n. f. ZOOL Punaise d'eau douce (genre *Velia*), cour. appelée *araignée d'eau*. – Lat. zool. *velia*, probabl. de *velum*, « voile ».

véligère [veliʒɛʀ] adj. ZOOL Pourvu d'un voile, d'une membrane. *Larve véligère de certains mollusques* (qui se déplace à l'aide d'une membrane). – Lat. *velum*, « voile », et *gerere*, « faire, porter ».

vélin [velɛ̃] n. m. **1.** Peau de veau mort-né, qui a l'apparence d'un très fin parchemin. *Manuscrit sur vélin*. **2.** (En appos.) *Papier vélin* ou absol., *vélin* : papier très blanc, de qualité supérieure. – De l'a. fr. *veel*, « veau ».

véliplanchiste [veliplɑ̃ʃist] n. SPORT Celui, celle qui pratique la planche à voile. – Du lat. *velum*, « voile », et *planche*.

vélique [velik] adj. MAR Qui a rapport aux voiles d'un navire. – *Centre, point vélique* : point d'application de la résultante des actions du vent sur les voiles. – Du lat. *velum*, « voile ».

vélite [velit] n. m. **1.** ANTIQ ROM Soldat d'infanterie légère. **2.** HIST Soldat d'un corps de chasseurs légers créé par Napoléon. – Lat. *veles, velitis*.

vélivole [velivɔl] adj. et n. Didac. Relatif au vol à voile; qui pratique le vol à voile. ▷ Subst. *Un(e) vélivole*. – Lat. *velivolus*, « qui vole, va vite *(volare)* à la voile *(velum)* ».

velléitaire [veleitɛʀ] adj. et n. Qui n'a pas de volonté; dont les intentions sont sans effet. ▷ Subst. *Un(e) velléitaire*. – De *velléité*.

velléité [veleite] n. f. Intention peu ferme, que ne suit aucune action. *Les velléités de réforme de l'État. Les velléités de ce lâche*. – Lat. médiév. *velleitas*, de *velle*, « vouloir ».

vélo [velo] n. m. Fam. Bicyclette. *Partir en (à) vélo. Faire du vélo*. – Abrév. de *vélocipède*.

véloce [velɔs] adj. Litt. Qui se meut avec rapidité, avec agilité. – Lat. *velox, velocis*.

vélocipède [velosipɛd] n. m. Ancêtre de la bicyclette (les pédales étaient fixées sur le moyeu de la roue avant). ▷ Mod., plaisant Bicyclette. – Du lat. *velox, velocis*, « véloce », et *-pède*.

vélocipédique [velosipedik] adj. Anc. ou plaisant Du vélocipède. – De *vélocipède*.

vélocité [velɔsite] n. f. Litt. ou didac. Rapidité, agilité. *Exercices de vélocité au piano, à la guitare*, etc. – Lat. *velocitas*.

vélocross [velokʀɔs] n. m. Vélo tout-terrain. – De *vélo*, et *cross*, d'après *motocross*.

vélodrome [velodʀom] n. m. Piste aménagée pour les courses cyclistes, entourée de gradins. – De *vélo*, et *-drome*.

vélomoteur [velomɔtœʀ] n. m. Motocycle d'une cylindrée supérieure à 50 cm^3 mais n'excédant pas 125 cm^3, intermédiaire entre le cyclomoteur et la motocyclette. ▷ Cour. Motocycle de petite cylindrée (cyclomoteur, vélomoteur). – De *vélo*, et *moteur*.

vélomotoriste [velomɔtɔʀist] n. Personne qui conduit un vélomoteur. – De *vélomoteur*.

velot [vəlo] n. m. TECH Veau mort-né dont la peau est utilisée pour la fabrication du vélin; cette peau. – De l'a. fr. *veel*, « veau ».

velours [vəluʀ] n. m. **1.** Étoffe à deux chaînes, dont l'endroit offre un poil court et serré, doux au toucher, et dont l'envers est ras. *Velours de soie, de coton. Velours uni, côtelé*. ▷ *Velours de laine* : tissu de laine pelucheux sur l'endroit. *Tapis de velours d'une table de jeu*. ▷ Loc. JEU *Jouer sur le velours*, avec les gains déjà réalisés, sans entamer sa mise. – Fig. *Dans cette affaire, il joue sur du velours*, il agit sans risque. **2.** Ce qui est doux au toucher. *Le velours de sa peau*. ▷ Loc. *Chat qui fait patte de velours*, qui rentre ses griffes. – Fig. *Faire patte de velours* : affecter la douceur pour dissimuler une mauvaise intention. ▷ *Par ext*. Ce qui procure une impression de douceur. *Ce vin est un velours pour l'estomac*. – *Faire des (ses) yeux de velours*. – Du lat. *villosus*, « velu », a. fr. *velos*.

velouté, ée [vəlute] adj. et n. m. **I.** adj. **1.** Doux au toucher comme du velours. *Pêche veloutée*. ▷ *Par ext*. Qui produit une impression de douceur analogue à celle du velours au toucher; doux, onctueux. *Potage velouté*. **2.** Se dit d'une étoffe, d'un papier qui porte des applications (fleurs, ramage) de velours ou imitant le velours. **II.** n. m. **1.** Douceur, aspect de ce qui est velouté. *Le velouté d'un fruit, d'un vin*. **2.** Potage velouté. *Un velouté de tomates*. – De *velours*.

velouter [vəlute] v. tr. [1] **1.** Donner l'apparence du velours à (une surface). **2.** Rendre plus doux, plus onctueux. – De *velouté*.

velouteux, euse [vəlutø, øz] adj. Qui a la douceur du velours. – De *velouté*.

veloutier [vəlutje] n. m. TECH Tisseur spécialisé qui fabrique du velours. – De *velouté*, d'apr. *velours*.

veloutine [vəlutin] n. f. Tissu de coton pelucheux qui a l'aspect du velours. – De *velouté*.

velte [vɛlt] n. f. **1.** Ancienne mesure de capacité valant env. 7,5 l. **2.** Règle graduée servant à jauger les tonneaux. – All. *Viertel*, « quart ».

velu, ue [vəly] adj. **1.** Abondamment couvert de poils. *Des bras velus*. **2.** BOT Garni de poils fins et serrés. *Feuille velue*. – Bas lat. *villutus*, du class. *villosus*, de *villus*, « poil ».

velum ou **vélum** [velɔm] n. m. **I.** Grande pièce de toile qui sert à abriter un espace sans toiture ou à simuler un plafond (pour tamiser la lumière, décorer, etc.). *Velum d'une terrasse de café*. **II.** ZOOL **1.** Repli marginal contractile de l'ombrelle de certaines méduses, servant à la locomotion. **2.** Membrane munie de cils chez la larve veligère des mollusques. – Mot lat., « voile ».

velvet [vɛlvɛt] n. m. TECH (Anglicisme) Velours de coton, imitant le velours à deux chaînes. – Mot angl. sur l'a. fr. *velos*, « velours ».

velvote [vɛlvɔt] n. f. BOT Plante à feuilles linaires* (*Linaria elatine*) commune dans les décombres. – De *velu*.

venaison [vənɛzɔ̃] n. f. Chair du gros gibier (daim, sanglier, etc.). *Un pâté de venaison*. – Lat. *venatio*, « chasse, gibier ».

vénal, ale, aux [venal, o] adj. **1.** Péjor. Qui se vend. *L'amour vénal* : la prostitution. ▷ (Personnes) Qui aime l'argent; qui se laisse acheter. **2.** HIST *Charge vénale*, qui peut être obtenue pour de l'argent. **3.** ECON *Valeur vénale d'un objet*, valeur de cet objet estimée en argent. – Lat. *venalis*, de *venum*, « vente ».

vénalement [venalmɑ̃] adv. D'une manière vénale. – De *vénal*.

vénalité [venalite] n. f. **1.** HIST Fait (pour une charge, une fonction) de pouvoir être obtenue et cédée pour de l'argent. **2.** Fait d'être vénal; caractère d'une personne vénale. – Bas lat. *venalitas*, du class. *venalis*, « vénal ».

venant, ante [vənɑ̃, ɑ̃t] adj. et n. m. **1.** adj. Vx *Bien venant* : qui pousse bien. **2.** Litt. n. m. *Les allants et les venants* : ceux qui vont et viennent. – *Le tout-venant**. ▷ *À tout venant* (vx à tous venants) : à quiconque se présente, à tout le monde. – Ppr. de *venir*.

vendable [vɑ̃dabl] adj. Qui peut être vendu. *Tissu passé qui n'est plus vendable*. – De *vendre*.

vendange [vɑ̃dɑ̃ʒ] n. f. Fait de récolter le raisin mûr destiné à faire du vin. *Faire la vendange, les vendanges.* – La vendange : le raisin récolté. *Porter la vendange au pressoir.* ▷ Par ext. *Les vendanges* : la période où se fait cette récolte, en automne. – Lat. *vindemia,* de *vinum,* « vin », et *demere,* « récolter ».

vendangeoir [vɑ̃dɑ̃ʒwaʀ] ou **vendangerot** [vɑ̃dɑ̃ʒʀo] n. m. TECH ou rég. Hotte, panier pour la vendange. – De *vendanger.*

vendanger [vɑ̃dɑ̃ʒe] v. tr. [13] *Vendanger une vigne,* en récolter le raisin. ▷ *Absol.* Faire la vendange. – Lat. *vindemiare,* de *vindemia,* « vendange ».

vendangerot. V. vendangeoir.

vendangeur, euse [vɑ̃dɑ̃ʒœʀ, øz] n. Personne qui vendange. – De *vendanger.*

vendangeuse [vɑ̃dɑ̃ʒøz] n. f. 1. Rég. Aster qui fleurit à l'époque des vendanges. 2. Machine servant à faire les vendanges. – De *vendanger.*

vendéen, enne [vɑ̃deɛ̃, ɛn] adj. et n. 1. De la Vendée. ▷ Subst. *Un(e) Vendéen(ne).* 2. HIST Relatif à l'insurrection royaliste de Vendée pendant la Révolution. ▷ n. m. pl. *Les Vendéens* : les insurgés des guerres de Vendée. – De *Vendée,* dép. correspondant à une région située à l'ouest de la France.

vendémiaire [vɑ̃demjɛʀ] n. m. HIST Premier mois de l'année, dans le calendrier républicain (du 22/24 septembre au 21/23 octobre). ▷ *Journée du 13 vendémiaire an IV* (5 oct. 1795), au cours de laquelle la Convention mata une insurrection royaliste grâce à Bonaparte, qui fit donner ses canons près de l'église Saint-Roch, à Paris. – Du lat. *vindemia,* « vendange ».

venderesse [vɑ̃dʀɛs] n. f. DR V. vendeur (sens 1).

vendetta [vɑ̃dɛtta] n. f. Coutume corse qui consiste, pour tous les membres d'une famille, à poursuivre la vengeance de l'un des leurs. – Mot ital. « vengeance », repris au corse.

vendeur, euse [vɑ̃dœʀ, øz] n. 1. Personne qui vend ou qui a vendu un bien quelconque. *L'acquéreur du terrain et le vendeur doivent aller voir le notaire.* (n. f. DR : *venderesse.*) 2. Personne dont la profession est de vendre. *Vendeur ambulant. Vendeur de journaux.* ▷ Employé(e) d'un magasin préposé(e) à la vente. 3. Personne qui sait vendre. *Cet exportateur est un bon vendeur des produits français à l'étranger.* – De *vendre.*

vendre [vɑ̃dʀ] v. [6] I. v. tr. 1. Échanger contre de l'argent. *Vendre ses bijoux. Vendre aux enchères.* ▷ Loc. fig. *Vendre chèrement sa vie* : tuer beaucoup d'ennemis avant de succomber. 2. Exercer le commerce de. *Vendre des vêtements. Vendre en gros et au détail.* 3. Accorder, abandonner pour de l'argent ou contre un avantage quelconque (ce qui, normalement, n'est pas objet de commerce). *Vendre son suffrage, sa liberté.* 4. Trahir, dénoncer par intérêt. *C'est un complice qui l'a vendu.* II. v. pron. 1. (Passif) Être vendu (sens 1). *Un article qui se vend bien.* 2. (Réfl.) Péjor. Faire un commerce honteux de sa personne, de ses services. *Fille qui se vend au premier venu. Se vendre aux puissants, à l'ennemi.* – Lat. *vendere.*

vendredi [vɑ̃dʀədi] n. m. Cinquième jour de la semaine, qui suit le jeudi. *Le vendredi saint* : le vendredi qui précède Pâques, anniversaire de la mort de Jésus-Christ. – Lat. *Veneris dies,* « jour de Vénus ».

vendu, ue [vɑ̃dy] adj. et n. 1. Cédé contre argent. 2. Péjor. Qui sert le plus offrant, en abdiquant tout honneur, toute dignité. *Un politicien vendu.* ▷ Subst. *C'est un vendu.* – Pp. de *vendre.*

venelle [vənɛl] n. f. Vieilli Ruelle. – Dimin. de *veine.*

vénéneux, euse [venenø, øz] adj. Se dit d'une plante qui renferme naturellement des substances toxiques. *L'amanite phalloïde est un champignon très vénéneux.* – Bas lat. *venenosus,* du class. *venenum,* « poison, venin ».

vénérable [veneʀabl] adj. et n. I. adj. Digne de vénération. *Vieillard vénérable. Une vénérable institution* (le plus souvent en raison de son ancienneté). – *Âge vénérable* : âge très avancé. II. adj. et n. 1. DR CANON Titre donné à un chrétien dont on a entamé le procès en béatification et dont le pape a proclamé l'héroïcité des vertus. 2. Titre que donnent les francs-maçons au président d'une loge. – Lat. *venerabilis.*

vénération [veneʀasjɔ̃] n. f. 1. Respect voué aux choses sacrées. *Exposer des reliques à la vénération des fidèles.* 2. Profond respect que l'on éprouve pour qqn. *La vénération d'un disciple pour son maître.* – Lat. *veneratio.*

vénérer [veneʀe] v. tr. [14] Avoir de la vénération pour (qqn, qqch). *Vénérer les saints. Vénérer la mémoire de qqn.* – Lat. *venerari.*

vénéridés [veneʀide] n. m. pl. ZOOL Famille de mollusques lamellibranches des fonds sableux ou vaseux, à coquille peu striée, souvent ornée de bandes colorées. V. vénus. – Sing. *Un vénéridé.* – Du lat. zool. *venus, veneris,* « vénus (mollusque) », et *-idés.*

vénerie ou **vènerie** [vɛnʀi] n. f. 1. Art de la chasse à courre. 2. Anc. Service de la vénerie et du corps des officiers qui y étaient attachés. – De l'anc. v. *vener,* « chasser à courre », du lat. *venari.*

vénérien, enne [veneʀjɛ̃, ɛn] adj. Vx ou didac. Qui a rapport aux plaisirs de l'amour, à l'amour physique. *Acte vénérien.* ▷ Mod. *Maladies vénériennes* : maladies infectieuses qui se transmettent surtout par le contact sexuel (V. blennorragie, chancre, syphilis). Syn. mod. maladies sexuellement transmissibles (M.S.T.). – Lat. *venerius,* « de Vénus », déesse romaine de l'Amour.

vénérologie [veneʀɔlɔʒi] n. f. MED Partie de la médecine qui étudie et traite les maladies vénériennes. – De *vénérien,* et *-logie.*

vénète [venɛt] adj. Des Vénètes, anc. peuples de langue indo-européenne.

venette [vənɛt] n. f. Vx ou rég. Peur. – Du moyen fr. *vesner,* « vesser », du lat. pop. **vissinare,* du class. *vissire,* même sens.

veneur [vənœʀ] n. m. Celui qui est chargé de faire chasser les chiens courants. – *Grand veneur* : chef des officiers de vénerie. – Du lat. *venator,* « chasseur », de *venari.* V. vénerie.

vénézuélien, enne [venezɥeljɛ̃, ɛn] adj. et n. Du Venezuela, État du N.-O. de l'Amérique du S. ▷ Subst. *Un(e) Vénézuélien(ne).* – De *Venezuela,* mot esp., « petite Venise ».

vengeance [vɑ̃ʒɑ̃s] n. f. Action de se venger ; acte par lequel on se venge. *Tirer vengeance d'une insulte. Crier vengeance.* – De *venger.*

venger [vɑ̃ʒe] v. [13] I. v. tr. 1. Donner à (qqn) une compensation morale pour l'offense qu'il a subie, pour le mal qu'on lui a fait, en châtiant l'offenseur, l'auteur du mal. *Venger un mort.* ▷ (Sujet n. de chose.) *Cela nous vengera.* 2. Effacer, réparer (une offense) en châtiant son auteur. *Venger un affront.* II. v. pron. *Se venger de.* 1. Châtier (qqn) en lui rendant l'offense, le mal qu'il a fait. *Se venger de qqn.* 2. Réparer moralement (un affront, un acte nuisible) en châtiant son auteur. *Se venger d'une humiliation.* – Du lat. *vindicare,* « réclamer en justice ».

vengeur, vengeresse [vɑ̃ʒœʀ, vɑ̃ʒəʀɛs] n. et adj. Personne qui venge. ▷ adj. *« Nos bras vengeurs » (La Marseillaise). Une satire vengeresse.* – Bas lat. *vindicator.*

véniel, elle [venjɛl] adj. RELIG CATHOL *Péché véniel,* qui ne fait pas perdre la grâce (par oppos. à *péché mortel*). ▷

Cour. Sans gravité. *Faute vénielle.* – Bas lat. *venialis,* du class. *venia,* « pardon ».

venimeux, euse [vənimø, øz] adj. **1.** Se dit des animaux à venin et de leurs glandes, aiguillons, etc. *Un animal venimeux peut posséder un appareil inoculateur (guêpes, serpents) ou non (crapauds).* – Par anal. *Les piquants venimeux de certaines plantes.* **2.** Fig. Haineux, malveillant. *Propos venimeux.* – De *venim,* anc. forme de *venin.*

venin [vənɛ̃] n. m. **1.** Vx Poison. **2.** Substance toxique sécrétée par certains animaux et qu'ils injectent par piqûre ou morsure, pour se défendre ou pour attaquer. *Venin de vipère. Les venins sont sécrétés aussi bien par des invertébrés (abeilles, guêpes, scorpions, etc.) que par des vertébrés (serpents, crapauds, etc.).* **3.** Fig. Haine, malveillance. *Venin répandu par les mauvaises langues. Cracher du venin,* dire des méchancetés. – Lat. pop. *venimen,* du class. *venenum,* par substitution de suff.

ENCYCL Les venins des serpents, fréquemment mortels pour l'homme, ont deux propriétés principales : ils sont *neurotoxiques,* déprimant le système nerveux central et paralysant les muscles respiratoires (venin de cobra); ils sont *hémolytiques,* détruisant les cellules sanguines et provoquant des troubles de la coagulation sanguine.

venir [vəniʀ] v. [36] **I.** v. intr. **1.** Gagner le lieu où se trouve celui qui parle ou celui à qui l'on parle. *Il viendra dans une heure. Viens chez moi. Je suis venu à pied de la gare. Aller et venir* : faire à pied un trajet alternativement dans les deux sens. – *Faire venir qqn,* le prier de venir. *Faire venir qqch,* se le faire livrer. ▷ Loc. fig. *Voir venir qqn,* deviner ses intentions. ▷ (Suivi d'un inf.) *Venez me voir un de ces jours. Les soupçons qui venaient le tourmenter.* **2.** S'étendre dans une dimension (jusqu'à une certaine limite). *Des manches qui viennent au coude.* – Fig. *Venir à maturité,* y parvenir. ▷ *En venir à* : en arriver (après une évolution) à un point essentiel ou extrême. *J'en viens au problème qui vous préoccupe. En venir à la violence. En venir aux mains* : finir par se battre. – *Où veut-il en venir?* : quel est en fin de compte le sens de ses paroles, le but de ses actes? – (Suivi d'un inf.) *J'en viens à me demander si...* : je finis par me demander si... **3.** *Venir de* : provenir, tirer son origine de, découler de. *Cette marchandise vient de tel pays. Ce mot vient du grec. Son erreur vient de là.* ▷ *Venir à qqn* : avoir été légué à qqn. *Cette maison lui vient de sa tante.* **4.** Arriver, se produire. *Le moment du départ est venu. L'orage vint brusquement.* – *La semaine, l'année qui vient,* prochaine. – Loc. adj. *À venir* : qui suivra (dans le temps), futur. *Les jours, les malheurs à venir.* ▷ Loc. *Voir venir (les choses)* : s'abstenir d'agir avant de savoir à quoi s'en tenir. – *Laisser venir* : ne pas brusquer les choses. ▷ *Venir à qqn* : apparaître sur son corps ou dans son esprit. *Avec l'âge, des rides lui sont venues. Des doutes me viennent.* **5.** (Plantes) Croître, se développer. *Ces arbres viennent bien.* **II.** v. semi-auxiliaire (suivi de l'inf.). **1.** *Venir de* (au prés. et à l'imparf. pour marquer un passé récent). *Il vient de sortir, vous le manquez de peu. Je venais de lui écrire quand il m'a téléphoné.* **2.** (Dans une propos. conditionnelle.) *Venir à* (pour renforcer l'idée d'éventualité). *Si le temps vient à se couvrir, rentrez.* **III.** v. pron. Fam. et vx *S'en venir* : revenir, venir. *Je m'en viens avec vous.* – Lat. *venire.*

vénitien, enne [venisjɛ̃, ɛn] adj. et n. **1.** adj. De Venise. *La peinture vénitienne.* ▷ Subst. *Un(e) Vénitien(ne).* **2.** n. m. *Le vénitien* : le dialecte italien parlé en Vénétie. – Ital. anc. *venetiano,* mod. *veneziano,* de *Venezia,* « Venise ».

vent [vɑ̃] n. m. **1.** Mouvement naturel d'une masse d'air qui se déplace suivant une direction déterminée. *Vent du nord, du sud. La force du vent. Moulin à vent.* – Cour. *Coup de vent* : mouvement brusque de l'air, bourrasque. – Fig. *Passer en coup de vent,* très rapidement. ▷ METEO, MAR *Vent frais,* qui souffle à une vitesse comprise entre 39 et 49 km/h (force 6 Beaufort); *coup de vent,* quand le vent souffle à une vitesse comprise entre 62 et 74 km/h (force 8 Beaufort); *fort coup de vent,* entre 75 et 88 km/h (force 9 Beaufort). – Loc. fig. *Contre vents et marées* : en dépit de tous les obstacles. – *Aller comme le vent, plus vite que le vent,* très vite. – *Le vent tourne* : il change de direction; fig. le cours des choses change. ▷ *En plein vent* : dans un lieu non abrité. – *Local ouvert aux quatre vents,* ouvert de tous les côtés. ▷ CHASSE *Chien qui prend le vent,* qui flaire. – Loc. fig. *Avoir vent de qqch,* l'apprendre par hasard, en avoir vaguement connaissance. *Aller le nez au vent,* au hasard. *Être dans le vent,* à la mode. *Observer d'où vient le vent* : étudier la situation pour déterminer comment elle va évoluer. – *Quel bon vent vous amène?* : qu'est-ce qui me vaut le plaisir de votre visite? **2.** ASTRO *Vent solaire* : plasma totalement ionisé, formé essentiellement de protons et d'électrons, qui s'échappe radialement du Soleil. (Au voisinage de la Terre, sa vitesse est comprise entre 300 et 800 km/s; la région de l'espace que remplit le vent solaire s'étend vraisemblablement à plus de 100 UA du Soleil.) – *Vent stellaire* : matière éjectée en permanence par certaines étoiles. (Des vents stellaires dont la vitesse atteint 3 000 km/s font perdre aux étoiles les plus massives jusqu'à 10^{-5} masse solaire par an.) **3.** Agitation de l'air due à une cause quelconque. *Sentir le vent du boulet.* **4.** MUS Air sous pression, provenant du souffle de l'instrumentiste ou d'une machinerie, qui met en résonance certains instruments de musique, dits *instruments à vent. Boîte à vent d'un orgue.* **5.** Vieilli Gaz intestinal. *Avoir des vents.* **6.** Fig. Chose, parole vaine. *Toutes ces belles promesses ne sont que du vent.* – Lat. *ventus.*

ventage [vɑ̃taʒ] n. m. AGRIC Syn. de *vannage.* – De *venter.*

ventail, aux [vɑ̃taj, o] n. m. Partie de la visière du casque, du heaume d'une armure, percée de trous pour permettre le passage de l'air. – De *vent.*

vente [vɑ̃t] n. f. **I. 1.** Action de vendre, occasionnellement ou dans l'exercice d'une activité commerciale. *Mettre sa maison en vente. Achat et vente de livres anciens. Vente à crédit. Service* après-vente.* **2.** Réunion au cours de laquelle certains biens sont vendus publiquement. *Acheter un tableau dans une vente. Salle des ventes.* ▷ *Vente de charité,* au bénéfice d'une œuvre. **II. 1.** SYLVIC Chacune des coupes qui se font dans une forêt en des temps réglés; partie d'une forêt qui vient d'être coupée. *Jeune vente,* où le bois commence à repousser. **2.** HIST Réunion de carbonari*. – Du lat. pop. *vendita,* du class. *venditus,* pp. de *vendere,* « vendre ».

venté, ée [vɑ̃te] adj. Exposé au vent. *Plateau venté.* – Pp. de *venter,* au sens transitif (rare) de « pousser par le vent ».

venter [vɑ̃te] v. impers. [1] Litt. Faire du vent. *Il a venté cette nuit.* ▷ Loc. *Qu'il pleuve ou qu'il vente* : par tous les temps. – De *vent.*

venteux, euse [vɑ̃tø, øz] adj. Où le vent souffle souvent. *Pays venteux.* – Lat. *ventosus,* de *ventus,* « vent ».

ventilateur [vɑ̃tilatœʀ] n. m. Dispositif, appareil servant à créer un courant d'air (pour rafraîchir ou renouveler l'air d'une pièce, pour activer une combustion, pour refroidir un moteur, etc.). *Hélice, turbine d'un ventilateur. Ventilateur d'une forge.* – De *ventiler.*

ventilation [vɑ̃tilasjɔ̃] n. f. **I.** Action de ventiler, d'aérer; fait d'être ventilé. *Ventilation d'une pièce.* ▷ MED *La ventilation pulmonaire. La ventilation artificielle est utilisée en cas de défaillance respiratoire.* **II. 1.** DR Évaluation de chacun des lots d'un tout proportionnellement à la valeur du tout. ▷ COMPTA Répartition d'une somme entre divers comptes, divers chapitres d'un budget, etc. **2.** *Par anal.* Répartition. *La ventilation des stagiaires dans les groupes de travail selon leur niveau.* – Lat. *ventilatio.*

ventiler [vɑ̃tile] v. tr. [1] **1.** Aérer en produisant un courant d'air; alimenter en air frais. *Ventiler un entrepôt, un moteur.* **2.** Procéder à la ventilation (sens II, 1 et 2) de. *Ventiler des crédits. Ventiler des fournitures dans les différents ateliers d'une usine.* – Lat. *ventilare.*

ventileuse [vɑ̃tiløz] n. f. ENTOM Abeille qui bat des ailes à l'entrée de la ruche pour en assurer la ventilation et permettre l'évaporation de l'excès d'eau du miel. – De *ventiler.*

ventis [vɑ̃ti] n. m. pl. AGRIC Arbres abattus par le vent. – De *vent.*

ventôse [vɑ̃toz] n. m. HIST Sixième mois du calendrier républicain (du 19/21 février au 20/21 mars, suivant les années). – Du lat. *ventosus,* « venteux ».

1. ventouse [vɑ̃tuz] n. f. **1.** Petite cloche de verre que l'on applique sur la peau après y avoir créé un vide relatif (en général par la combustion d'un morceau de coton imbibé d'alcool), de manière à provoquer une congestion superficielle. *On ne pose plus guère de ventouses aujourd'hui.* **2.** Pièce concave en matière souple (caoutchouc, etc.) que la pression atmosphérique permet de faire adhérer à des surfaces planes et lisses. *Ventouses utilisées par les miroitiers pour mettre en place les glaces de grande dimension.* – Loc. *Faire ventouse :* adhérer comme une ventouse. **3.** ZOOL Organe de succion qui permet à certains animaux de se fixer sur une proie, un support, etc. *Ventouses du poulpe, du ténia.* ⊳ BOT Organe de fixation en forme de disque de certaines plantes. – Du lat. médiév. *ventosa (cucurbita),* « (courge) pleine d'air ».

2. ventouse [vɑ̃tuz] n. f. TECH Bouche d'extraction d'air, dans une installation d'aération contrôlée. – De *vent.*

ventral, ale, aux [vɑ̃tʀal, o] adj. **1.** Qui a rapport au ventre; qui est situé sur le ventre, du côté du ventre. *Nageoire ventrale.* – *Parachute ventral,* accroché sur la partie antérieure du corps (par oppos. à *parachute dorsal*). ⊳ SPORT *Rouleau ventral :* technique de saut en hauteur consistant pour l'athlète à franchir la barre en maintenant l'avant du corps tourné vers celle-ci. **2.** ANAT Qui occupe une position médiane et basse. *Noyau ventral du thalamus.* – Lat. *ventralis.*

ventre [vɑ̃tʀ] n. m. **1.** Chez l'homme, partie antérieure et inférieure du tronc, où se trouve la cavité qui renferme les intestins. *Se coucher sur le ventre, à plat ventre.* – Loc. fig. *Se mettre à plat ventre devant qqn,* s'abaisser servilement devant lui. *Passer sur le ventre de qqn :* éliminer sans vergogne un concurrent. – Fam. *Taper sur le ventre à qqn,* être très familier avec lui. ⊳ Proéminence de cette partie du corps. *Avoir, prendre du ventre. Rentrer le ventre.* **2.** Partie molle de l'abdomen des mammifères, en arrière des côtes. – Fig. *Cheval qui court ventre à terre,* à toute vitesse. ⊳ *Par ext.* Partie inférieure du corps de certains animaux (par oppos. à *dos*). *Ventre de poisson.* **3.** (En tant que siège des organes de la digestion.) *Avoir mal au ventre. Avoir le ventre creux, plein.* ⊳ Fam. *Avoir les yeux plus gros, plus grands que le ventre :* se servir de nourriture plus qu'on n'en peut manger; fig. avoir des ambitions qui dépassent ses capacités. **4.** (Chez la femme, en tant que siège des organes de la gestation.) *Enfant qui bouge dans le ventre de sa mère.* **5.** (Seulement en loc.) Fond du caractère, de la personnalité de qqn. *Avoir qqch dans le ventre :* avoir du caractère, de la volonté. *Je voudrais savoir ce qu'il a dans le ventre,* ce dont il est capable, ses intentions cachées. *Remettre du cœur au ventre à qqn,* lui redonner du courage. **6.** (Choses) Renflement, partie convexe. *Le ventre d'une jarre.* – *Le ventre d'un bateau,* la partie centrale de sa coque. – *Avion qui atterrit sur le ventre,* sans avoir sorti son train d'atterrissage. – *Mur qui fait ventre,* qui devient convexe, qui se bombe sous les forces de poussée. **7.** PHYS Chacune des zones d'un mouvement vibratoire où l'amplitude est maximale (par oppos. à *nœud*). – Du lat. *venter, ventris,* « estomac ».

ventrée [vɑ̃tʀe] n. f. Fam. Grosse quantité de nourriture qu'on ingurgite. – De *ventre.*

ventriculaire [vɑ̃tʀikylɛʀ] adj. ANAT Relatif à un ventricule cardiaque ou cérébral. *Cavité ventriculaire.* – De *ventricule.*

ventricule [vɑ̃tʀikyl] n. m. **1.** ANAT Chacune des deux cavités aplaties et allongées, de forme conique, de la partie inférieure du cœur (V. ce mot). *Les oreillettes et les ventricules.* **2.** ANAT *Ventricule cérébral :* chacune des quatre cavités du cerveau dans lesquelles circule le liquide céphalo-rachidien. V. encéphale. **3.** ZOOL *Ventricule succenturié :* première poche de l'estomac des oiseaux, qui sécrète les sucs digestifs. – Du lat. *ventriculus (cordis),* « petit ventre (du cœur) ».

ventrière [vɑ̃tʀijɛʀ] n. f. **1.** Sangle utilisée pour soulever les chevaux. **2.** MAR Chacune des pièces courbes sur lesquelles repose la coque d'un navire en construction. – De *ventre.*

ventriloque [vɑ̃tʀilɔk] n. et adj. Personne capable d'émettre des sons articulés sans remuer les lèvres, donnant ainsi l'impression que ce n'est pas elle qui parle. ⊳ adj. *Clown ventriloque.* – Lat. *ventriloquus,* « qui parle *(loqui)* du ventre ».

ventriloquie [vɑ̃tʀilɔki] n. f. Didac. Art du ventriloque. – De *ventriloque.*

ventripotent, ente [vɑ̃tʀipɔtɑ̃, ɑ̃t] adj. et n. Fam. Qui a un gros ventre. ⊳ Subst. *Les ventripotents.* – De *ventre,* et du lat. *potens,* « puissant », d'ap. *omnipotent.*

ventru, ue [vɑ̃tʀy] adj. **1.** Qui a un gros ventre. *Un quinquagénaire ventru.* **2.** (Choses) Renflé. *Vase ventru.* – De *ventre.*

venu, ue [vəny] adj. et n. **I.** adj. **1.** *Bien (mal) venu :* à (hors de) propos; bien (mal) accueilli. ⊳ Harmonieusement développé; retardé dans son développement (êtres vivants). *Un veau mal venu.* – Bien fait, agréable (choses). *Une aquarelle bien venue.* **2.** (Suivi d'un inf.) *Être mal venu à, de :* ne pas être moralement en droit de. *Vous seriez mal venu de lui faire des reproches.* **II.** n. **1.** *Nouveau venu, nouvelle venue :* personne qui vient d'arriver. ⊳ *Le premier venu :* celui qui arrive le premier et, par ext., personne prise au hasard. **2.** n. f. Arrivée. *J'ai appris sa venue.* – *La venue des premiers froids.* ⊳ *Allées et venues.* V. allée. **3.** n. f. Manière de pousser, de se développer. *D'une belle, d'une seule venue, tout d'une venue :* se dit d'un végétal bien droit, aux lignes régulières. – Fig. *Des pages d'une belle venue.* – Pp. de *venir.*

1. vénus [venys] n. f. ZOOL Mollusque lamellibranche (du genre *Venus,* fam. vénéridés), qui comprend la praire (*Venus verrucosa*). – De *Vénus,* déesse romaine de la Beauté et de l'Amour; d'abord *conque de Vénus,* repris en lat. scientif., *venus.*

2. vénus [venys] n. f. **1.** Femme d'une grande beauté. ⊳ Vx, plaisant *Une vénus de carrefour :* une prostituée. **2.** Représentation par l'art (notam. préhistorique) d'un type féminin. *Les vénus aurignaciennes :* statuettes en ivoire de femmes stéatopyges. – Du nom de la déesse romaine de l'Amour et de la Beauté.

vénusien, enne [venyzjɛ̃, ɛn] adj. De la planète Vénus.

vénusté [venyste] n. f. Litt. Beauté gracieuse (d'une femme). – Lat. *venustas,* « beauté physique, grâce, charme », de *Vénus,* déesse romaine de la Beauté.

vêpres [vɛpʀ] n. f. pl. **1.** RELIG CATHOL Office célébré autrefois le soir, aujourd'hui l'après-midi, après none et avant complies. *Aller aux vêpres.* **2.** HIST *Vêpres siciliennes :* massacre, par la pop. de Palerme, des soldats français au service de Charles Ier d'Anjou, roi de Sicile; le signal de l'insurrection fut donné à Palerme, le lundi de Pâques (30 mars) 1282, à l'heure des vêpres. – Du lat. ecclés. *vesperæ*, du class. *vespera*, « soir ».

ver [vɛʀ] n. m. **1.** Petit animal invertébré, de forme allongée, au corps mou dépourvu de pattes. (Les vers ne représentent pas un groupe systématique, mais plusieurs embranchements dont certains sont constitués d'acœlomates et les autres de cœlomates.) *Chercher des vers de vase pour la pêche. Ver de terre* ou, absol., *ver* : lombric. *Ver solitaire* : ténia. – *Vers plats* (plathelminthes*), *ronds* (némathelminthes*). **2.** Larve de certains insectes. *Ver blanc* : larve du hanneton. *Ver à soie* : chenille du bombyx du mûrier, dont le cocon fournit la soie (V. ce mot). *Bois rongé par les vers.* ▷ Loc. *N'être pas piqué* des vers.* **3.** *Ver luisant* : femelle aptère et luminescente du lampyre. **4.** Loc. fig., fam. *Tirer les vers du nez à qqn*, l'amener par des questions habiles à parler, à faire des révélations. – Du lat. *vermis*.

véracité [veʀasite] n. f. Litt. **1.** Qualité de ce qui est attaché à la vérité. *La véracité d'une étude historique.* **2.** Caractère de ce qui est dépourvu de mensonge ou d'erreur. *Je m'assurerai de la véracité de vos dires.* – Du lat. *verax, veracis*, « véridique », rac. *verus*, « vrai ».

véraison [veʀezɔ̃] n. f. AGRIC État des fruits, notam. du raisin, commençant leur maturation. – Du v. dial. *varier*, « commencer à mûrir », du lat. *variare*.

véranda [veʀɑ̃da] n. f. Galerie couverte longeant la façade d'une maison. ▷ Balcon couvert et clos par un vitrage. – Mot angl. de l'Inde, du portug. *baranda*, « balustrade », du lat. *vara*, « traverse, bâton ».

vératre [veʀatʀ] n. m. BOT Plante vénéneuse des montagnes (genre *Veratrum*, fam. liliacées), voisine du colchique, appelée aussi *ellébore blanc*. – Lat. *veratrum*, « ellébore ».

vératrine [veʀatʀin] n. f. PHARM Alcaloïde extrait du rhizome du vératre. – De *vératre*.

verbal, ale, aux [vɛʀbal, o] adj. **1.** De vive voix (par oppos. à *écrit, par écrit*). *Promesse verbale.* **2.** Par ext. *Note verbale*, remise sans signature à un ambassadeur. **3.** Exprimé par des mots. *Expression verbale, orale ou écrite.* **4.** GRAM, LING Du verbe, relatif au verbe. *Forme, locution* verbale.* – Bas lat. *verbalis*.

verbalement [vɛʀbalmɑ̃] adv. **1.** De vive voix. **2.** Au moyen des mots. *Se faire comprendre verbalement et par gestes.* – De *verbal*.

verbalisation [vɛʀbalizasjɔ̃] n. f. **1.** Action de dresser un procès-verbal. **2.** PSYCHO Fait d'exprimer ou de s'exprimer par le langage. *Verbalisation d'une sensation, d'un sentiment.* – De *verbaliser*.

verbaliser [vɛʀbalize] v. [1] **1.** v. intr. Dresser un procès-verbal. **2.** v. tr. et intr. PSYCHO Exprimer par le langage, en mots. – De *verbal*.

verbalisme [vɛʀbalism] n. m. Péjor. Excès de paroles; usage des mots pour les mots, et non pour exprimer une idée. – De *verbal*.

verbe [vɛʀb] n. m. **I. 1.** THEOL (Avec une majuscule.) Parole que Dieu adresse aux hommes. – Dieu, en la seconde personne de la Trinité. *Le Verbe s'est fait chair.* **2.** Vieilli ou litt. Discours, langage. *Action magnifiée par la magie du verbe.* **3.** Ton de voix. *Avoir le verbe haut* : parler fort; fig., parler avec morgue, hauteur. **II.** GRAM Partie du discours, mot exprimant une action, un état, un processus et variant en personne, en nombre, en temps, en mode et en voix. *Verbes transitifs, intransitifs. Verbes auxiliaires. Verbes défectifs.* – Lat. *verbum*, « parole ».

verbénacées [vɛʀbenase] n. f. pl. BOT Famille de dicotylédones gamopétales, comprenant des arbres *(teck)* et des plantes herbacées *(verveine)*. – Sing. *Une verbénacée.* – Du lat. *verbena*, « verveine ».

verbeux, euse [vɛʀbø, øz] adj. Péjor. Trop prolixe, qui abonde en paroles, diffus. *Orateur, discours verbeux.* – Lat. *verbosus*.

verbiage [vɛʀbjaʒ] n. m. Péjor. Abondance de paroles vides de sens; bavardage lassant. – De l'anc. v. *verboier*, « gazouiller ».

verbicruciste [vɛʀbikʀysist] n. Personne qui crée des mots croisés. – Du lat. *verbum*, « mot », et *crux, crucis*, « croix ».

verboquet [vɛʀbɔkɛ] n. m. TECH, MAR Cordage attaché à un fardeau que l'on hisse, pour le guider. – De *virer*, et *bouquet*, « faisceau ».

verbosité [vɛʀbozite] n. f. Péjor. Fait d'être verbeux. – Bas lat. *verbositas*, « bavardage ».

ver-coquin [vɛʀkɔkɛ̃] n. m. AGRIC Chenille d'un papillon (*Cochyllis ambiguella*) nuisible à la vigne. *Des vers-coquins.* – De *ver*, et *coquin*.

verdage [vɛʀdaʒ] n. m. AGRIC Plante herbacée en- terrée pour servir d'engrais vert. – De *verd* (V. vert).

verdâtre [vɛʀdɑtʀ] adj. D'une couleur tirant sur le vert; vert sale. – De *verd*, et *-âtre* (V. vert).

verdelet, ette [vɛʀdəlɛ, ɛt] adj. *Vin verdelet*, un peu vert, acidulé. – Dimin. de *verd* (V. vert).

verdet [vɛʀdɛ] n. m. TECH Acétate basique de cuivre. – De *verd* (V. vert).

verdeur [vɛʀdœʀ] n. f. **1.** Acidité d'un fruit vert, d'un vin jeune. **2.** Fig. Vigueur, plénitude des forces et de la santé chez qqn qui n'est plus jeune. **3.** Liberté, crudité de langage. *Verdeur de propos.* – De *verd* (V. vert).

verdict [vɛʀdikt] n. m. **1.** DR Déclaration du jury en réponse aux questions posées en cour d'assises au sujet de la culpabilité d'un accusé. *Verdict positif*, de culpabilité. *Verdict négatif*, d'acquittement. **2.** *Par exag.* Avis, jugement. *Le verdict de la critique.* – Mot angl. de l'a. fr. *veirdit, voirdit*, de *ver, veir* « vrai » et *dit*; lat. médiév. *veredictum*, « proprement dit ».

verdier [vɛʀdje] n. m. Oiseau passériforme au plumage verdâtre, au gros bec, commun dans les parcs et les jardins d'Europe. – De *verd* (V. vert).

verdir [vɛʀdiʀ] v. [3] **1.** v. tr. Donner une couleur verte à. **2.** v. intr. Devenir vert. – De *verd* (V. vert).

verdissage [vɛʀdisaʒ] n. m. Action de rendre vert. – De *verdir*.

verdissement [vɛʀdismɑ̃] n. m. Fait de verdir. – *Verdissement d'une huître* : V. navicule. – De *verdir*.

verdoiement [vɛʀdwamɑ̃] n. m. Fait de verdoyer. – De *verdoyer*.

verdoyant, ante [vɛʀdwajɑ̃, ɑ̃t] adj. Qui verdoie. – Ppr. de *verdoyer*.

verdoyer [vɛʀdwaje] v. intr. [23] Rare Devenir vert. ▷ Cour. Être de couleur verte, déterminer la sensation du vert (en parlant d'un paysage, de plantes, etc.). *« L'herbe qui verdoie » (Perrault).* – De *verd* (V. vert).

verdunisation [vɛʀdynizasjɔ̃] n. f. TECH Stérilisation de l'eau par addition de chlore en doses très faibles. – De *Verdun*, le procédé ayant d'abord été utilisé pendant la bataille de Verdun.

verdure [vɛʀdyʀ] n. f. **1.** Couleur verte des végétaux. **2.** (Sing. collectif.) Herbes, plantes, feuilles, arbres. *Aller se promener dans la verdure. Théâtre de verdure*, aménagé en plein air. ▷ Plantes potagères vertes (salade, etc.); crudités. *Manger de la verdure.* – De *verd* (V. vert).

vérétille [veʀetij] n. f. ou m. ZOOL Animal octocoralliaire des vases et des sables littoraux, formant des colonies de polypes rattachés à un axe cylindrique commun. – Lat. *veretilla*, de *veretrum*, « parties sexuelles »; par anal. de forme.

véreux, euse [verø, øz] adj. **1.** Qui contient des vers. *Fruits véreux.* **2.** Fig., péjor. (Personnes) Malhonnête. *Homme d'affaires véreux.* – (Choses) Suspect, douteux. *Une affaire véreuse.* – De *ver.*

verge [verʒ] n. f. **I. 1.** Vx Baguette. ▷ *Spécial.* (Surtout au plur.) Baguettes servant à fouetter. ▷ Loc. fig., mod. *Vous lui donnez des verges pour vous fouetter :* vous lui apportez des armes (des arguments, par ex.) qu'il utilisera contre vous. ▷ Anc. Baguette, insigne de certaines fonctions. *Huissier à verge.* ▷ BOT *Verge d'or :* V. solidage. **2.** TECH Tige métallique. ▷ MAR *La verge d'une ancre,* sa tige centrale. **II.** Organe de la miction et de la copulation, chez l'homme et les mammifères mâles. Syn. pénis. – Lat. *virga,* « baguette ».

vergé, ée [verʒe] adj. **1.** *Étoffe vergée,* dans laquelle se trouvent des fils plus gros que le reste, ou d'une teinture plus claire ou plus foncée. **2.** *Papier vergé,* qui présente en filigrane des lignes parallèles rapprochées. – Du lat. *virgatus,* « tressé avec des baguettes, rayé ».

vergence [verʒɑ̃s] n. f. PHYS Inverse de la distance focale d'un système optique centré. – De *convergence, divergence.*

vergeoise [verʒwaz] n. f. TECH Sucre fabriqué avec des sirops de qualité inférieure. – De *verge,* le mot *vergeoise* ayant d'abord désigné la forme garnie de cerceaux de coudrier* qui servait à la fabrication des pains de sucre.

verger [verʒe] n. m. Terrain planté d'arbres fruitiers. – Du lat. *viridarium,* rad. *viridis,* « vert ».

vergerette [verʒərɛt] n. f. BOT Syn. de *érigéron.* – De *verge.*

vergeté, ée [verʒəte] adj. **1.** Marqué de petites raies; marqué de vergetures (peau). **2.** HERALD *Écu vergeté,* couvert de vergettes. – De *verge.*

vergette [verʒɛt] n. f. **1.** Rare Petite baguette, petite verge. **2.** HERALD Pal étroit. – Dimin. de *verge.*

vergeture [verʒətyr] n. f. Didac. (Surtout au plur.) Petites stries cutanées, ressemblant à des cicatrices, qui sillonnent une peau fortement distendue. – De *vergeté.*

vergeure [verʒyr] n. f. TECH Marque en filigrane laissée sur le papier vergé; fil métallique de la forme* (sens II, 3) qui laisse cette marque. – De *verge.*

verglacé, ée [verglase] adj. Couvert de verglas. *Route verglacée.* – De *verglas.*

verglas [vergla] n. m. Mince couche de glace qui se forme quand une pluie en état de surfusion (température légèrement inférieure à 0 °C) atteint le sol. – De *verre,* et *glas,* autre forme de *glace,* propr. « glace comme du verre ».

vergne. V. verne.

vergobret [vergɔbrɛ] n. m. HIST Magistrat suprême, chez plusieurs peuples de l'anc. Gaule. – Lat. *vergobretus,* mot gaul.

vergogne [vergɔɲ] n. f. Vx Honte, pudeur. ▷ Loc. mod. *Sans vergogne :* sans retenue, sans scrupule; effrontément. – Du lat. *verecundia.*

vergue [verg] n. f. MAR Chacun des longs espars disposés perpendiculairement aux mâts et auxquels sont fixées les voiles, dans les gréements à phare carré. ▷ Vx Corne (du gréement aurique). – Forme norm. ou picarde de *verge.*

véridicité [veridisite] n. f. Litt. Caractère véridique (de qqn ou de qqch). – De *véridique.*

véridique [veridik] adj. **1.** Litt. Qui dit la vérité. *Témoin véridique.* **2.** Conforme à la vérité. *Récit véridique.* – Lat. *veridicus,* de *verus,* « vrai », et *dicere,* « dire ».

véridiquement [veridikmɑ̃] adv. D'une manière véridique, authentique. – De *véridique.*

vérifiable [verifjabl] adj. Qu'on peut vérifier. – De *vérifier.*

vérificateur, trice [verifikatœr, tris] n. Personne qui vérifie. *Vérificateur des poids et mesures.* – De *vérifier.*

vérificatif, ive [verifikatif, iv] adj. Qui sert à vérifier. – De *vérifier,* d'ap. *vérification.*

vérification [verifikasjɔ̃] n. f. **1.** Action de vérifier. *Vérification d'une addition.* ▷ DR *Vérification d'écritures :* examen en justice d'un acte privé. – *Vérification des pouvoirs :* examen par une assemblée de la régularité de l'élection de ses membres. *En France, le Conseil* constitutionnel assure la vérification de la régularité des élections législatives.* **2.** Confirmation. *Vérification d'un pronostic.* – De *vérifier.*

vérifier [verifje] v. tr. [2] **1.** Contrôler l'exactitude ou la véracité de. *Vérifier un calcul, une comptabilité. Vérifier les déclarations d'un témoin.* **2.** Confirmer l'exactitude de. *Diagnostic vérifié après divers examens.* ▷ v. pron. Se trouver confirmé. *Votre prédiction s'est vérifiée.* – Du bas lat. *verificare,* de *verus,* « vrai », et *facere,* « faire ».

vérin [verɛ̃] n. m. TECH Appareil utilisé pour soulever des charges très pesantes sur une faible hauteur et constitué essentiellement, soit d'une vis à faible pas tournant dans un support, soit d'un piston mû dans un cylindre par un fluide comprimé (eau ou air, le plus souvent). *Vérin hydraulique, pneumatique.* – Du lat. *veruina,* « dard », de *veru,* « broche, pique ».

vérisme [verism] n. m. École littéraire et artistique italienne de la fin du XIXe s., inspirée par le naturalisme* et qui se proposait de présenter la réalité (notam. sociale) telle quelle, sans dissimuler ses aspects sordides. ▷ Par ext. *Le vérisme d'un cinéaste.* – Ital. *verismo,* de *vero,* « vrai ».

vériste [verist] adj. et n. **1.** adj. Du vérisme. **2.** adj. et n. Inspiré par le vérisme. – Ital. *verista.*

véritable [veritabl] adj. **1.** Vieilli Exact; sincère. **2.** Vrai, réel (par oppos. à *apparent, faux, imité*). *Un foulard en soie véritable.* **3.** Digne de son nom. *Une véritable œuvre d'art.* **4.** Fig. Vrai (pour renforcer l'exactitude d'une image, d'une comparaison). *Cet exploit est un véritable tour de force.* – De *vérité.*

véritablement [veritabləmɑ̃] adv. **1.** Conformément à la vérité. **2.** Vraiment, effectivement. – De *véritable.*

vérité [verite] n. f. **1.** Qualité de ce qui est conforme à la réalité; conformité de l'idée à son objet (par oppos. à *erreur*). *Le but de la philosophie est la recherche de la vérité.* **2.** Toute proposition vraie, dont l'énoncé exprime la conformité d'une idée avec son objet. *Les vérités mathématiques.* ▷ Loc. fam. *Dire à qqn ses (quatre) vérités,* lui dire sans ambages ce que l'on pense de lui, de ses défauts. ▷ INFORM *Table de vérité :* V. table (sens B, 2). **3.** Conformité d'un récit, d'une relation avec un fait (par oppos. à *mensonge*). *Altérer, trahir la vérité :* mentir. **4.** Ressemblance. *Portrait d'une grande vérité.* **5.** Sincérité, bonne foi. *Il y a dans son récit un air de vérité.* ▷ Loc. adv. *En vérité :* assurément, certainement. – *À la vérité :* pour être tout à fait sincère; en fait. **6.** *La Vérité,* personnifiée sous forme d'une jeune femme nue qui sort d'un puits en tenant un miroir. « *Le Triomphe de la Vérité* », de *Rubens.* – Lat. *veritas,* de *verus,* « vrai ».

verjus [verʒy] n. m. Jus acide tiré de raisins cueillis encore verts. – De *vert,* et *jus.*

verlan [verlɑ̃] n. m. Procédé argotique consistant à inverser de manière phonétique les syllabes des mots. *Laisse béton* pour *laisse tomber.* – Inversion de *(à) l'envers.*

verm(i)-. Élément, du lat. *vermis,* « ver ».

vermeil, eille [vermɛj] adj. et n. m. **1.** adj. Rouge vif. *Lèvres vermeilles.* **2.** n. m. Argent doré. *Service de vermeil.* – Du lat. *vermiculus,* « vermisseau »; « cochenille, teinture écarlate ».

vermet [vɛʀmɛ] n. m. ZOOL Mollusque gastéropode prosobranche (genre princ. *Vermetus)* qui vit fixé à un support et que son pied fait ressembler à un ver annélide. – Lat. zool. *vermetus*, de *verm*, var. de *ver*.

vermicelle [vɛʀmisɛl] n. m. Pâte à potage façonnée en fils très minces. *Potage au(x) vermicelle(s).* – Ital. *vermicelli*, propr. « vermisseaux (de pâte) », du lat. *vermiculus*.

vermiculaire [vɛʀmikylɛʀ] adj. Didac. Qui a la forme, l'aspect d'un ver. ▷ ANAT *Appendice* vermiculaire.* – Du lat. *vermiculus*, dimin. de *vermis*, « ver ».

vermiculé, ée [vɛʀmikyle] adj. ARCHI Orné d'évidements sinueux. – Lat. *vermiculatus*, de *vermiculus*, dimin. de *vermis*, « ver ».

vermiculure [vɛʀmikylyʀ] n. f. ARCHI Ornement d'une surface vermiculée. – De *vermiculé*.

vermidiens [vɛʀmidjɛ̃] n. m. pl. ZOOL Ancien groupe qui réunissait des animaux proches des vers (brachiopodes, rotifères, etc.). – Sing. *Un vermidien.* – Du lat. *vermis*, « ver ».

vermiforme [vɛʀmifɔʀm] adj. Didac. Qui a la forme d'un ver. – De *vermi-*, et *-forme*.

vermifuge [vɛʀmifyʒ] adj. et n. m. MED Se dit d'une substance, d'un médicament qui provoque l'expulsion des vers intestinaux. ▷ n. m. *Un vermifuge.* – De *vermi-*, et *-fuge*.

vermiller [vɛʀmije] v. intr. [1] VEN Fouiller la terre avec son groin, en parlant du sanglier, du porc, pour y trouver des vers. – Du bas lat. *vermicellus*, lat. class. *vermiculus*, « petit ver ».

vermillon [vɛʀmijɔ̃] n. m. et adj. inv. **1.** Cinabre ou sulfure rouge de mercure réduit en poudre, utilisé en peinture. **2.** Couleur rouge vif tirant sur l'orangé. (V. cinabre.). ▷ adj. inv. *Étoffe vermillon.* – De *vermeil*.

1. vermillonner [vɛʀmijɔne] v. intr. [1] VEN Vermiller, en parlant du blaireau. – De *vermiller*.

2. vermillonner [vɛʀmijɔne] v. tr. [1] Teindre, colorer de vermillon. – De *vermillon*.

vermine [vɛʀmin] n. f. (Sing. collectif.) **1.** Insectes nuisibles, parasites de l'homme et des animaux, tels que poux, puces, punaises, etc. *Des cheveux grouillants de vermine.* **2.** Fig. Gens vils et nuisibles. Syn. lie, racaille. – Lat. *vermina*, plur. de *vermen* (doublet inusité de *vermis*), « ver ».

1. vermineux, euse [vɛʀminø, øz] adj. Rare Couvert de vermine, pouilleux. – De *vermine*, ou du lat. *verminosus*.

2. vermineux, euse [vɛʀminø, øz] adj. MED vieilli Causé par les vers intestinaux. *Fièvre vermineuse.* – Lat. *verminosus*.

vermis [vɛʀmi] n. m. ANAT Région centrale du cervelet, entre les deux hémisphères cérébelleux. – Mot lat., « ver ».

vermisseau [vɛʀmiso] n. m. **1.** Petit ver. *« Pas un seul petit morceau / De mouche ou de vermisseau » (La Fontaine).* **2.** Fig. Individu misérable et chétif. – Lat. pop. **vermicellus*, du class. *vermiculus*, dimin. de *vermis*, *« ver »*.

vermivore [vɛʀmivɔʀ] adj. ZOOL Qui se nourrit de vers. – De *vermi-*, et *-vore*.

vermouler (se) [vɛʀmule] v. pron. [11] Devenir vermoulu. – De *vermoulu*.

vermoulu, ue [vɛʀmuly] adj. **1.** Rongé, piqué par des larves d'insectes, en parlant du bois, d'un objet en bois. *Une poutre vermoulue.* **2.** Fig. Qui a fait son temps; usé, caduc. *Des institutions vermoulues.* – De *ver*, et *moulu*, pp. de *moudre*.

vermoulure [vɛʀmulyʀ] n. f. Trace, dégâts causés à un bois par des larves d'insectes. – De *vermoulu*.

vermouth ou **vermout** [vɛʀmut] n. m. Apéritif à base de vin aromatisé avec des plantes amères et toniques. – All. *Wermut*, « absinthe ».

vernaculaire [vɛʀnakylɛʀ] adj. Du pays. *Langue vernaculaire*, propre à un pays, une région (par oppos. à *véhiculaire*). ▷ *Nom vernaculaire* : nom d'un animal ou d'une plante dans la langue courante (par oppos. à son nom scientif. latin). – Lat. *vernaculus*, « indigène », de *verna*, « esclave né dans la maison du maître ».

vernal, ale, aux [vɛʀnal, o] adj. Qui appartient, qui se produit au printemps. *Floraison vernale.* ▷ ASTRO *Point vernal* : celui des deux points d'intersection de l'écliptique et de l'équateur céleste qui correspond à l'équinoxe de printemps. – Lat. *vernalis*, de *vernus*, « printanier », de *ver*, « printemps ».

vernalisation [vɛʀnalizasjɔ̃] n. f. AGRIC Traitement consistant à exposer au froid des semences qui, après germination, seront aptes à produire des fleurs et des graines. *Vernalisation du blé*, transformant le blé d'hiver en blé de printemps. Syn. jarovisation. – De *vernal*.

verne [vɛʀn] ou **vergne** [vɛʀɲ] n. m. Rég. Aulne. – Gaul. **verne*.

verni, ie [vɛʀni] adj. **1.** Recouvert d'un verni. *Bois verni.* **2.** Fig., pop. Chanceux. – Pp. de *vernir*.

vernier [vɛʀnje] n. m. TECH Instrument de précision pour la mesure des longueurs, constitué d'une petite règle graduée coulissant le long d'une autre plus grande. *Vernier au dixième, au vingtième.* – *Vernier circulaire*, pour la mesure des angles. ▷ Petite règle mobile du vernier. *Vernier d'un pied à coulisse.* – Du nom de l'inventeur, le géomètre Pierre *Vernier* (1580-1637).

vernir [vɛʀniʀ] v. tr. [3] **1.** Recouvrir, enduire d'un vernis. **2.** Fig. Donner une apparence brillante à. *Vernir un discours en y incluant quelques citations.* – De *vernis*.

vernis [vɛʀni] n. m. **1.** Solution résineuse dont l'évaporation laisse sur la surface qui en a été couverte une pellicule solide, lisse et brillante, destinée à protéger ou à décorer. *Vernis à bois, à porcelaine. Vernis à ongles. Vernis Martin* (nom d'une famille qui tenait un atelier de meubles à Paris) : laques et vernis utilisés en France dans l'art du mobilier. **2.** BOT *Vernis du Japon* ou *arbre à laque* : arbre (*Rhus vernicifera*, fam. térébinthacées) qui fournit une sève dite *laque **, recueillie après incision du tronc. **3.** Fig. Apparence brillante mais superficielle. *Un vernis de science.* – Lat. médiév. *veronice*, « sandaraque », gr. tardif *beronikê*, prononcé en néo-grec *veronikê*, probabl. de *Berenikê* (ou *Bérénice*), v. de Cyrénaïque (auj. Benghazi, Libye) d'où provenait cette résine.

vernissage [vɛʀnisaʒ] n. m. **1.** Action de vernir ou de vernisser; résultat de cette action. **2.** BX-A Réception pour l'inauguration d'une exposition de peinture, de sculpture (les peintres étaient autorisés à y vernir leurs toiles). – De *vernir*.

vernissé, ée [vɛʀnise] adj. **1.** Verni (poteries). **2.** Qui semble couvert d'un vernis. *Feuille vernissée.* – Pp. de *vernisser*.

vernisser [vɛʀnise] v. tr. [1] Recouvrir d'un vernis (une poterie, une faïence, etc.). – De *vernis*.

vernisseur, euse [vɛʀnisœʀ, øz] n. Spécialiste du vernissage (sens 1). – De *vernir*.

vernix caseosa [vɛʀnikskazeɔza] n. m. ANAT Enduit jaunâtre, gras, qui recouvre le corps d'un enfant à sa naissance, notam. dans les régions dorsale, axillaire et inguinale. – Lat. scientif., « vernis caséeux ».

vérole [veʀɔl] n. f. **1.** Vx Maladie éruptive qui laisse des marques, des cicatrices. ▷ Vieilli *Petite vérole* : variole. **2.** Mod., pop. Syphilis. – Bas lat. *vayrola*, var. de *variola*, « variole ».

vérolé, ée [verɔle] adj. Pop. Qui a la vérole ; syphilitique. – De *vérole*.

véronal [verɔnal] n. m. PHARM Barbiturique, hypnotique puissant. – Nom déposé, de la ville de *Vérone*, où se trouvait l'inventeur, l'Allemand Fischer.

1. véronique [verɔnik] n. f. Plante herbacée (genre *Veronica*, fam. scrofulariacées) aux fleurs roses ou bleues, commune dans les bois et les prés. *Véronique officinale, appelée aussi « thé d'Europe »*. – P.-ê. de *véronique*, « voile de sainte Véronique ».

2. véronique [verɔnik] n. f. Passe au cours de laquelle le torero amène le taureau près de lui et le conduit le plus loin possible au moyen de la cape. – Esp. *veronica*, du nom de sainte *Véronique*, par allus. au geste par lequel elle essuya la face du Christ.

verranne [veran] n. f. CHIM Fibre de verre, très utilisée dans les composites, dont les fils étirés sont fragmentés en tronçons et torsadés en mèche. – De *verre*, et *(fibr)anne*.

verrat [vera] n. m. Porc mâle non castré. – A. fr. *ver*, lat. *verres*.

verre [vɛr] n. m. **1.** Matière transparente, dure, cassante, fabriquée à partir de silicates. *Solide amorphe, le verre présente une forte viscosité à l'état liquide ; au refroidissement, il se fige sans cristallisation. Coupe de verre.* – *Verre armé*, qui contient une armature métallique. – *Verre feuilleté* : verre de sécurité formé de deux lames de verre soudées de part et d'autre d'une feuille de matière plastique. *Pare-brise en verre feuilleté.* – *Laine de verre* : isolant constitué de fibres de verre de quelques micromètres de diamètre. – *Papier de verre* : abrasif constitué par de la poudre de verre collée sur du papier. ▷ *Verre organique* : matière plastique transparente analogue au verre. **2.** Plaque, lame de verre destinée à protéger un objet. *Mettre une estampe sous verre. Verre de montre.* **3.** Lame, lentille de verre, utilisée en optique (en partic. pour corriger la vue). *Verres fumés. Porter des verres.* ▷ *Verre de contact* : mince cupule de matière plastique placée au contact direct de la cornée, pour corriger la vue. **4.** Récipient à boire, fait de verre. *Verre à champagne.* – *Par méton.* Contenu d'un verre. *Verre d'eau. Prendre, boire, vider un verre.* – Du lat. *vitrum*.

verré, ée [vere] adj. TECH Couvert d'une poudre de verre. *Papier verré.* – De *verre*.

verrerie [vɛrri] n. f. **1.** Art, technique de la fabrication du verre. **2.** Objets en verre. **3.** Usine où l'on fabrique le verre, les objets en verre. **4.** Commerce du verre. – De *verre*.

verrier [vɛrje] n. m. **1.** Personne qui fabrique du verre, des ouvrages de verre. **2.** Artiste qui fabrique des vitraux. ▷ Artiste qui peint sur verre. – De *verre*.

verrière [vɛrjɛr] n. f. **1.** ARCHI Grand vitrail. **2.** Grand vitrage. *Les verrières d'un atelier de peintre.* **3.** AERON Dôme de matière plastique transparente qui recouvre l'habitacle, sur les avions monoplaces et biplaces. – De *verre*.

verrine [vɛrin] n. f. TECH Globe de verre (de certaines lampes). *Verrine d'une lampe tempête.* – De l'anc. adj. *verrin*, « en verre », du lat. pop. **vitrinus*.

verroterie [vɛrɔtri] n. f. Ensemble de petites pièces de verre coloré et travaillé ; pacotille. *Un collier en verroterie.* – De *verre* sur le modèle de *bimbeloterie*.

verrou [veru] n. m. **1.** Dispositif de fermeture constitué d'une barre métallique qui, en coulissant horizontalement, vient se loger entre deux crampons ou dans une gâche. *Mettre, tirer le verrou.* ▷ *Verrou de sûreté*, que l'on peut faire jouer de l'extérieur au moyen d'une clé. ▷ Loc. *Être sous les verrous* : être en prison. **2.** Pièce destinée à immobiliser la culasse d'une arme à feu. **3.** GEOL Masse rocheuse barrant une vallée glaciaire. **4.** MILIT Éléments (troupes, matériel) qui constituent un verrouillage. ▷ *Par ext.* Ce qui constitue un barrage, un obstacle. – Du lat. *veruculum*, dimin. de *veru*, « broche ».

verrouillage [verujaʒ] n. m. **1.** Action de verrouiller. *Verrouillage d'une arme à feu.* **2.** MILIT Opération défensive consistant à barrer le passage à l'ennemi. **3.** TECH Dispositif empêchant la manipulation d'un appareil. – De *verrouiller*.

verrouiller [veruje] v. tr. [1] **1.** Fermer au verrou. *Verrouiller une porte.* ▷ Bloquer, immobiliser (des éléments mobiles). **2.** Bloquer, barrer un passage. *Verrouiller une brèche.* **3.** Enfermer, mettre sous les verrous. ▷ v. pron. *Se verrouiller chez soi.* – De *verrou*.

verrucosité [verykɔzite] n. f. MED Végétation de la peau, de couleur grisâtre. – Du lat. *verrucosus*, « qui a une verrue ».

verrue [very] n. f. **1.** Excroissance épidermique d'origine virale, siégeant le plus souvent sur le visage, les mains ou les pieds. *Traitement des verrues par cryothérapie, par électrocoagulation.* ▷ BOT *Herbe aux verrues* : la chélidoine (*Chelidonium majus*, fam. papavéracées) dont le suc passait pour guérir les verrues. **2.** Fig., litt. Imperfection déparant l'harmonie d'un ensemble. – Lat. *verruca*.

verruqueux, euse [verykø, øz] adj. **1.** Couvert de verrues. **2.** Qui a la forme, l'aspect d'une verrue. – Lat *verrucosus*, de *verruca*, « verrue ».

1. vers [vɛr] prép. **1.** Dans la direction de. *Tourné vers l'orient.* **2.** (Abstrait, marquant l'objet d'une visée, le terme d'une évolution.) *Cela constitue un premier pas vers la libération, vers la vérité. Tendre vers un but.* **3.** (Marquant l'approximation.) ▷ (Dans le temps.) Aux environs de. *Vers le soir. Vers la fin de sa vie.* ▷ (Dans l'espace.) Du côté de. *Vers Gênes, ils rencontrèrent un autre bateau.* – Lat. *versus*, var. *versum*, de *vertere*, « tourner ».

2. vers [vɛr] n. m. Suite de mots mesurée et cadencée selon certaines règles, et constituant une unité rythmique. *Vers alexandrin. Vers iambique. Vers blanc*.* ▷ *Les vers et la prose. Pièce en vers.* – Lat. *versus*, « sillon, ligne, vers », du pp. de *vertere*, « tourner ».

versaillais, aise [vɛrsajɛ, ɛz] adj. et n. **1.** De Versailles. ▷ Subst. Habitant de Versailles. **2.** n. HIST *Les versaillais* : nom donné aux troupes régulières (le gouvernement siégeait à Versailles) qui réprimèrent la Commune en 1871. – De *Versailles*, commune des Yvelines.

versant [vɛrsɑ̃] n. m. Chacune des pentes d'une montagne ou d'une vallée. *Le versant ouest du Jura.* – Fig. Aspect (d'une chose qui présente plusieurs faces contrastées). *Le versant social de l'action gouvernementale.* – Ppr. subst. de *verser*.

versatile [vɛrsatil] adj. Qui change fréquemment d'opinion. *Caractère, personne versatile.* Syn. inconstant, changeant. – Lat. *versatilis*, de *versare*. (V. verser.)

versatilité [vɛrsatilite] n. f. Fait d'être versatile, caractère versatile. – De *versatile*.

verse [vɛrs] n. f. **1.** AGRIC État des moissons sur pied couchées par le vent, la pluie, la maladie, etc. *La verse des blés.* **2.** Loc. adv. *À verse* : comme si l'on versait de l'eau, abondamment. *Il pleut à verse.* – Déverbal de *verser*.

versé, ée [vɛrse] adj. *Versé en, dans* : qui a une grande connaissance, une grande expérience en matière de. *Il est très versé dans les sciences occultes.* – Lat. *versatus*, de *versari*, « être mêlé à, s'occuper de ».

1. verseau [vɛrso] n. m. ASTRO *Le Verseau* : constellation zodiacale de l'hémisphère austral. ▷ ASTROL Signe du zodiaque* (21 janv. - 18 fév.). – Ellipt. *Il est verseau.* – De *verse-eau*, trad. du gr. *hudrokhoeus*, « qui verse de l'eau », la période du Verseau étant souvent pluvieuse.

2. verseau [vɛʀso] n. m. ARCHI Pente du dessus d'un entablement non couvert. – De *verser*, «pencher».

versement [vɛʀsəmɑ̃] n. m. Action de verser de l'argent. *Payer en plusieurs versements.* ▷ FISC *Versement spontané*, effectué par le contribuable sans émission d'un titre de perception. *La taxe sur les salaires fait l'objet d'un versement spontané.* – De *verser*.

verser [vɛʀse] v. [1] **A. I.** v. tr. Rare Faire tomber à terre, renverser. *Le charretier a versé son tombereau.* ▷ Coucher à terre, plaquer au sol. *L'orage a versé les blés.* **II.** v. intr. **1.** Tomber sur le côté, se coucher. *La voiture a versé dans le fossé. Les blés ont versé.* **2.** Fig. *Verser dans* (un défaut, un travers), y tomber, y succomber. *Verser dans la facilité.* **B.** v. tr. **1.** Faire couler (un liquide, une matière pulvérulente, etc.) d'un récipient dans un autre. *Verser du lait dans un bol. Verser du blé dans un sac.* – Absol. *Verser à boire.* ▷ Répandre. *Verser des larmes.* **2.** Donner, apporter, remettre (de l'argent) à une personne, à une caisse. *Verser des fonds dans une affaire. Verser un acompte.* ▷ *Par ext.* Déposer, mettre. *Pièce à verser au dossier.* **3.** MILIT Affecter (qqn) à un corps. *On l'a versé dans les services administratifs.* – Lat. *versare*, fréquentatif de *vertere*, «tourner, retourner».

verset [vɛʀsɛ] n. m. **1.** Petit paragraphe formant une division d'un chapitre dans un livre sacré. *Versets de la Bible, du Coran.* ▷ LITURG Courte formule tirée de l'Écriture, chantée ou récitée et généralement suivie d'un répons. **2.** Poét. Long vers libre constitué d'une phrase ou d'une suite de phrases rythmées d'une seule respiration. *Les versets de la poésie de Claudel, de Saint-John Perse.* – De *vers* 2.

verseur, euse [vɛʀsœʀ, øz] adj. et n. f. Qui sert à verser. *Bec verseur.* ▷ n. f. Cafetière à manche horizontal en bois. – De *verser*.

versicolore [vɛʀsikɔlɔʀ] adj. Didac. Dont la couleur est changeante. – Qui présente des couleurs variées. – Lat. *versicolor*, de *versus*, pp. de *vertere*, «tourner», et *color*, «couleur».

versificateur, trice [vɛʀsifikatœʀ, tʀis] n. **1.** Écrivain qui compose en vers (par oppos. à *prosateur*). **2.** Péjor. Personne qui fait des vers sans être réellement inspirée (par oppos. à *poète*). Syn. rimeur. – Lat. *versificator*.

versification [vɛʀsifikasjɔ̃] n. f. **1.** Technique de la composition des vers réguliers. Syn. métrique, prosodie. **2.** Manière dont une œuvre est versifiée. *Versification libre.* **3.** Facture propre à un poète. – Lat. *versificatio*.

versifier [vɛʀsifje] v. [2] **1.** v. intr. Faire des vers. Syn. rimer. **2.** v. tr. Mettre en vers. – Lat. *versificare*, de *versus*, «ver», et *facere*, «faire».

version [vɛʀsjɔ̃] n. f. **I. 1.** Traduction. ▷ Cour. Exercice scolaire consistant à traduire un texte d'une langue étrangère dans sa propre langue. *Le thème et la version. Version anglaise, latine.* **2.** Façon de raconter un fait. *Écouter la version de chacune des parties. Version tendancieuse.* **3.** État d'un texte. *La première version de «l'Éducation sentimentale», de Flaubert.* ▷ *Projection d'un film en version originale* (abrév. : V.O.), avec la bande sonore originale (par oppos. à *version française*, doublée). **II.** MED Changement de position que l'accoucheur fait subir au fœtus dans l'utérus de la mère, quand il ne se présente pas dans une position favorable. – Lat. médiév. *versio*, du pp. de *vertere*, «tourner, transformer, traduire».

vers-librisme [vɛʀlibʀism] n. m. LITTER École regroupant les poètes symbolistes partisans du vers libre. – De *vers libre*.

vers-libriste [vɛʀlibʀist] n. LITTER Poète adepte du vers-librisme. *Des vers-libristes.* – De *vers-librisme*.

verso [vɛʀso] n. m. Revers d'un feuillet (par oppos. à *recto*). – Mot lat., ablatif de *versus*, «tourné», pour *folio verso*, «sur le feuillet retourné».

versoir [vɛʀswaʀ] n. m. AGRIC Pièce de la charrue retournant sur le côté la terre détachée par le soc. – De *verser*.

verste [vɛʀst] n. f. Anc. Mesure itinéraire russe (1 067 mètres). – Russe *versta*.

vert, verte [vɛʀ, vɛʀt] adj. et n. m. **I.** adj. **1.** De la couleur de l'herbe, des feuilles, des plantes. *Cet arbre reste vert. Habit vert des académiciens.* ▷ *Feu vert*, qui indique la voie libre, dans la signalisation routière. – Loc. fig. *Donner, recevoir le feu vert* : donner, recevoir la liberté d'agir. **2.** Qui n'est pas arrivé à maturité. *Fruit vert.* ▷ Non séché. *Haricots verts.* – *Ivoire vert*, prélevé sur un éléphant vivant ou mort depuis peu de temps. ▷ Loc. fig., fam. *En dire, voir de (des) vertes et de (des) pas mûres* : dire, voir des choses choquantes, scandaleuses. – Par ext. *Histoires vertes*, licencieuses, grivoises. **3.** Très pâle. *Vert de peur.* **4.** Plein de verdeur (sens 2). *Vieillard resté vert.* **5.** Rude, sévère. *Une verte semonce.* ▷ *La langue verte* : l'argot. **6.** Relatif à l'agriculture, au monde rural. *L'Europe verte.* **II.** n. m. **1.** Couleur verte (couleur du spectre entre le bleu et le jaune, correspondant aux radiations d'une longueur d'onde comprise entre 0,50 et 0,55 micromètre). **2.** Matière colorante verte. *Vert de chrome, de Prusse.* **3.** Fig., fam. *Se mettre au vert* : se reposer à la campagne. **4.** *Les Verts* : nom donné aux écologistes. – A. fr. *verd*, lat. *viridis*.

vert-de-gris [vɛʀdəgʀi] n. m. inv. et adj. inv. **1.** n. m. inv. Carbonate basique de cuivre qui se forme sur les objets en cuivre, en bronze, etc., exposés à l'air humide. **2.** adj. inv. D'une couleur verte tirant sur le gris. – Altér. de *vert de Grèce*.

vert-de-grisé, ée [vɛʀdəgʀize] adj. **1.** Couvert de vert-de-gris. **2.** De la couleur du vert-de-gris. – De *vert-de-gris*.

vertébral, ale, aux [vɛʀtebʀal, o] adj. Des vertèbres, qui a rapport aux vertèbres. *Manipulations vertébrales. Colonne vertébrale* : rachis. – De *vertèbre*.

vertèbre [vɛʀtɛbʀ] n. f. Chacun des os dont la superposition forme le rachis, ou colonne vertébrale. *Il existe sept vertèbres cervicales, douze dorsales, cinq lombaires, cinq sacrées (qui, soudées, forment le sacrum) et quatre à six coccygiennes (qui constituent le coccyx). Au milieu de chaque vertèbre passe le canal rachidien, qui contient la moelle épinière.* – Lat. *vertebra*, de *vertere*, «tourner».

vertébré, ée [vɛʀtebʀe] adj. et n. m. **1.** adj. Qui a des vertèbres. **2.** ZOOL n. m. pl. Sous-embranchement de cordés comprenant les animaux les plus évolués, caractérisés par un tube nerveux qui se dilate en un encéphale, une colonne vertébrale et un appareil circulatoire comportant un cœur différencié. *Les vertébrés comprennent les cyclostomes (lamproies), les poissons, les amphibiens, les reptiles, les oiseaux et les mammifères.* – Sing. *Un vertébré.* – De *vertèbre*.

vertébrothérapie [vɛʀtebʀoteʀapi] n. f. MED Traitement par manipulations vertébrales. *La vertébrothérapie s'adresse à certains troubles.* – De *vertèbre*, et *thérapie*.

vertement [vɛʀtəmɑ̃] adv. Avec vivacité, avec rudesse. *Réprimander vertement qqn. Il m'a répondu vertement.* – De *vert*.

vertex [vɛʀtɛks] n. m. ANAT et ANTHROP Sommet de la voûte crânienne. – Mot lat., «sommet de la tête».

vertical, ale, aux [vɛʀtikal, o] adj. et n. **I.** adj. Perpendiculaire au plan horizontal; droit, dressé. **II.** n. **1.** n. f. *La verticale* : la position verticale. ▷ *Une verticale* : une ligne verticale. **2.** n. m. ASTRO Demi-plan passant par la verticale d'un lieu. – Bas lat. *verticalis*, de *vertex*, *verticis*, «sommet».

verticalement [vɛʀtikalmɑ̃] adv. Perpendiculairement au plan de l'horizontale. – De *vertical*.

verticalité [vɛʀtikalite] n. f. État, caractère de ce qui est vertical. – De *vertical.*

verticille [vɛʀtisil] n. m. BOT Groupe d'organes (feuilles, pétales) de même nature, insérés au même niveau sur un axe, une tige. – Lat. *verticillus,* dimin. de *vertex,* «sommet».

verticillé, ée [vɛʀtisille] adj. BOT Disposé en verticille. – De *verticille.*

vertige [vɛʀtiʒ] n. m. **1.** Sensation de perte d'équilibre et de tourbillonnement éprouvée à la vue du vide. ▷ *Par ext.* Toute sensation d'étourdissement et de perte d'équilibre. *Avoir des vertiges.* **2.** Fig. Égarement des sens ou de l'esprit. – Lat. *vertigo,* «mouvement tournant», de *vertere,* «tourner».

vertigineusement [vɛʀtiʒinøzmɑ̃] adv. À en avoir le vertige. – De *vertigineux.*

vertigineux, euse [vɛʀtiʒinø, øz] adj. **1.** Caractérisé par des vertiges, qui s'accompagne de vertiges. *Sensations vertigineuses.* **2.** Qui donne le vertige. *Hauteur vertigineuse.* ▷ Fig. Très grand. *Des sommes vertigineuses.* – Lat. *vertiginosus.*

vertigo [vɛʀtigo] n. m. **1.** MED VET Méningo-encéphalite du cheval, qui se traduit par des mouvements tournoyants et désordonnés. **2.** Fig., vx Fantaisie, caprice. – Mot lat., «vertige, étourdissement».

vertisol [vɛʀtisɔl] n. m. PEDOL Sol argileux des pays chauds et humides, riche en magnésium et en calcium mais difficile à mettre en culture. – Du lat. *vertere,* «tourner», et *sol.*

vertu [vɛʀty] n. f. **I. 1.** *Une vertu, des vertus :* disposition particulière propre à telle espèce de devoirs moraux, de qualités. *Les vertus publiques peuvent s'accompagner de vices cachés.* **2.** *La vertu :* disposition à faire le bien et à fuir le mal. *Mettre la vertu de qqn à l'épreuve.* ▷ Loi morale qui pousse à la vertu. **3.** Vieilli ou plaisant Chasteté d'une femme. *Demoiselle de petite vertu,* de mœurs légères. **II. 1.** Principe agissant; qualité qui rend une chose propre à produire un certain effet. *Les vertus sédatives du tilleul.* **2.** Loc. prép. *En vertu de :* par le pouvoir de, au nom de. *En vertu d'un jugement.* **III.** THEOL *Les Vertus :* le deuxième chœur de la deuxième hiérarchie des anges. – Lat. *virtus,* «mérite de l'homme *(vir),* courage».

vertubleu! [vɛʀtyblø], **vertuchou!** [vɛʀtyʃu] interj. Anc. Jurons aux XVIIe et XVIIIe s. – Altér. de *vertu Dieu* (V. tudieu).

vertueusement [vɛʀtɥøzmɑ̃] adv. **1.** Conformément au devoir, à la morale. *Agir vertueusement.* **2.** Vieilli ou plaisant Chastement. – De *vertueux.*

vertueux, euse [vɛʀtɥø, øz] adj. **1.** Qui a de la vertu. ▷ Inspiré par la vertu. *Vertueuse indignation.* **2.** Vieilli ou plaisant Chaste. – De *vertu.*

vertugadin [vɛʀtygadɛ̃] n. m. **1.** Anc. Bourrelet d'étoffe ou cercle d'osier qui faisait bouffer les robes autour des hanches. - *Par ext.* Robe à vertugadin. **2.** HORTIC Gazon en amphithéâtre dans un jardin à la française. – De *vertugade,* esp. *verdugado,* de *verdugo,* «baguette», de *verde,* «vert», avec infl. de *vertu.*

verve [vɛʀv] n. f. Brio, imagination, fantaisie, qui se manifeste dans la parole. *Un discours plein de verve. Être en verve :* manifester cette qualité plus que de coutume. – Du lat. pop. **verba,* «parole de fantaisie», de *verbum* (V. verbe).

verveine [vɛʀvɛn] n. f. **1.** Plante originaire d'Amérique (genre *Verbena,* fam. verbénacées) dont une espèce, la *verveine officinale,* est cultivée comme plante médicinale. *Verveine odorante,* ou *verveine citronnelle.* **2.** Tisane aux vertus sédatives confectionnée avec les feuilles de la verveine officinale. – Lat. pop. *vervena,* altér. de *verbenæ,* «rameaux de laurier».

1. verveux, euse [vɛʀvø, øz] adj. Litt. Plein de verve. – De *verve.*

2. verveux [vɛʀvø] n. m. PECHE Filet en entonnoir. – Plur. d'une anc. forme **verveil,* du lat. pop. *vertibellum.*

vésanie [vezani] n. f. Vx ou litt. Folie. – Lat. *vesania,* de *vesanus,* «insensé», de *sanus,* «sain».

vesce [vɛs] n. f. BOT Plante herbacée (genre *Vicia,* fam. légumineuses) dont les feuilles composées développent des vrilles. - *Vesce commune,* aux fleurs bleues ou violacées, cultivée comme plante fourragère. – Lat. *vicia.*

vésical, ale, aux [vezikal, o] adj. ANAT De la vessie. – Bas lat. *vesicalis,* de *vesica,* «vessie».

vésicant, ante [vezikɑ̃, ɑ̃t] adj. MED Qui provoque la formation d'ampoules sur la peau. – Du bas lat. *vesicare* (V. vésication).

vésication [vezikasjɔ̃] n. f. MED Action produite sur la peau par un vésicatoire. – Du bas lat. *vesicare,* «former des ampoules».

vésicatoire [vezikatwaʀ] adj. et n. m. Se dit d'un médicament qui produit des ampoules sur la peau. – Du bas lat. *vesicare* (V. vésication).

vésiculaire [vezikylɛʀ] adj. **1.** Qui a la forme d'une vésicule. **2.** Relatif aux vésicules pulmonaires; relatif à la vésicule biliaire. – De *vésicule.*

vésicule [vezikyl] n. f. **1.** ANAT Petit sac membraneux ou petite cavité glandulaire. *Vésicules pulmonaires :* dilatations de l'extrémité des bronchioles. *Vésicule biliaire :* réservoir membraneux situé sous le foie et où s'accumule la bile que celui-ci sécrète. *Vésicules séminales :* réservoirs membraneux situés à la base de la prostate, dans lesquels s'accumule le sperme. **2.** MED Lésion cutanée, boursouflure de l'épiderme pleine de sérosité ou de pus. **3.** BOT Cavité close. – Lat. *vesicula,* dimin. de *vesica,* «vessie».

vésiculeux, euse [vezikylø, øz] adj. En forme de vésicule. – De *vésicule.*

vesou [vəzu] n. m. TECH Jus brut de la canne à sucre. – Mot créole des Antilles.

vespasienne [vɛspazjɛn] n. f. Urinoir public pour hommes. – Du n. de l'empereur romain *Vespasien,* à qui l'on avait faussement attribué la construction à Rome des urinoirs publics, alors qu'en réalité il avait institué un impôt sur la collecte d'urine, utilisée par les foulons comme source d'ammoniac.

vespéral, ale, aux [vɛspeʀal, o] n. m. et adj. **1.** n. m. LITURG CATHOL Livre de l'office du soir. **2.** adj. Litt. Du soir. *La fraîcheur vespérale.* – Bas lat. *vesperalis,* «occidental», de *vesper,* «soir, couchant».

vespertilion [vɛspɛʀtiljɔ̃] n. m. ZOOL Chauve-souris insectivore (genres *Vespertilio, Pipistrellus,* etc.) aux grandes oreilles et à la queue bien développée, répandue dans toutes les parties du monde. – Lat. *verspertilio,* «oiseau du soir», de *vesper,* «soir».

vespidés [vɛspide] n. m. pl. ENTOM Famille d'insectes hyménoptères comprenant les guêpes et les frelons. - Sing. *Un vespidé.* – Du latin *vespa,* «guêpe».

vesse [vɛs] n. f. Vieilli Vent intestinal malodorant qui s'échappe sans bruit. – De l'a. v. *vessir,* du lat. pop. **vissire,* class. *visire,* «vesser».

vesse-de-loup [vɛsdəlu] n. f. Nom cour. du *lycoperdon. Des vesses-de-loup.* – De *vesse,* et *loup.*

vesser [vese] v. intr. [1] Vieilli Lâcher une vesse. – Altér. de l'anc. v. *vessir* (V. vesse).

vessie [vesi] n. f. **1.** Réservoir musculo-membraneux dans lequel s'accumule l'urine, entre les mictions. **2.** *Par extens.* Membrane gonflable que l'on place à l'intérieur de certains ballons. ▷ Loc. fig. *Prendre des vessies pour des lanternes**. **3.** *Vessie natatoire* ou, mieux, *vessie gazeuse* : chez certains poissons, poche abdominale emplie de gaz, qui intervient dans l'équilibre de l'animal dans l'eau. – Du lat. pop. *vessica*, altér. de *vesica*.

vestale [vɛstal] n. f. **1.** ANTIQ ROM Prêtresse de Vesta. **2.** Fig., vx ou plaisant Femme très chaste. – Lat. *vestalis*, de *Vesta*, déesse du foyer domestique, dont les prêtresses étaient astreintes à la chasteté.

vestalies [vɛstali] n. f. pl. ANTIQ ROM Fêtes de la déesse Vesta, célébrées en juin. – De *vestale*.

veste [vɛst] n. f. Vêtement de dessus à manches, couvrant le buste et boutonné devant. ▷ Loc. fig., fam. *Retourner sa veste* : changer d'opinion, de parti. – *Ramasser, prendre une veste* : essuyer une défaite, un échec. – Mot italien, « habit », du lat. *vestis*, « vêtement ».

vestiaire [vɛstjɛʀ] n. m. **1.** Lieu où l'on dépose son manteau, son parapluie, etc., à l'entrée de certains établissements publics. – (Plur.) Lieu où l'on se change pour pratiquer une activité particulière. *Les vestiaires d'une piscine.* **2.** Ensemble des vêtements et objets déposés groupés au vestiaire. *Demander son vestiaire.* **3.** Ensemble des vêtements d'une garde-robe. – Lat. *vestiarium*, « armoire à vêtements », de *vestis*, « vêtement ».

vestibulaire [vɛstibylɛʀ] adj. ANAT Qui a rapport au vestibule de l'oreille. – De *vestibule*.

vestibule [vɛstibyl] n. m. **1.** Pièce d'entrée d'une maison, d'un appartement, etc. **2.** ANAT Cavité ovoïde du labyrinthe osseux de l'oreille interne, jouant un rôle important dans l'équilibration. – Lat. *vestibulum*.

vestige [vɛstiʒ] n. m. (Surtout au plur.) Restes d'un ancien édifice, ruines. ▷ Fig. Ce qui reste d'une chose qui n'est plus. *Cette tradition est un vestige d'une très vieille croyance.* – Lat. *vestigium*, propr. « trace du pied ».

vestigial, ale, aux [vɛstiʒjal, o] adj. SC NAT Réduit à l'état de vestige par l'évolution de l'espèce (organes). *Œil vestigial des lamproies.* – De *vestige*.

vestimentaire [vɛstimɑ̃tɛʀ] adj. Des vêtements, qui a rapport aux vêtements. *Élégance vestimentaire.* – Du lat. *vestimentum*, « vêtement ».

veston [vɛstɔ̃] n. m. Veste d'un complet* d'homme. – De *veste*.

vêtement [vɛtmɑ̃] n. m. Ce qui sert à vêtir le corps. *Dépenses de vêtement.* – *Les vêtements* : les pièces de l'habillement, à l'exception des chaussures. *Vêtements d'été. Vêtements et sous-vêtements.* – Fig. *« La parole est le vêtement de la pensée » (Rivarol).* – Du lat. *vestimentum*, de *vestis*, « habit ».

vétéran [veteʀɑ̃] n. m. **1.** ANTIQ ROM Soldat de métier ayant accompli son temps de service. **2.** Soldat âgé; ancien combattant. **3.** Personne vieillie dans un service, un métier, une activité, etc. **4.** SPORT Sportif de plus de trente-cinq ans ou de quarante ans (selon les sports). – Lat. *veteranus*, de *vetus, veteris*, « vieux ».

vétérinaire [veteʀinɛʀ] adj. et n. Qui concerne l'élevage des animaux et l'étude de la pathologie animale. *Art, médecine vétérinaire.* ▷ Subst. Médecin vétérinaire. – Lat. *veterinarius*, de *veterina*, plur. neutre, « bêtes de somme ».

vététiste [vetetist] n. Personne qui fait du V.T.T. – De *V.T.T.*, et *-iste*.

vétille [vetij] n. f. Chose insignifiante. *Discuter sur des vétilles.* – Déverbal de *vétiller*.

vétiller [vetije] v. intr. [1] Vx **1.** S'occuper à des vétilles. **2.** Faire des difficultés pour des riens. – De l'a. fr. *vette*, « lien, ruban »; lat. *vitta*, « bandelette »; propr. « s'occuper de rubans ».

vétilleux, euse [vetijø, øz] adj. Litt. Qui s'arrête à des vétilles; pointilleux et mesquin. – De *vétille*.

vêtir [vetiʀ] v. tr. [33] **1.** LITT Habiller, mettre ses vêtements à (qqn). *Vêtir un enfant.* ▷ Donner des habits à. *Vêtir ceux qui sont nus.* **2.** LITT Mettre sur soi (un vêtement). *Vêtir un manteau.* ▷ Cour. v. pron. S'habiller. *Se vêtir de neuf.* – Lat. *vestire*.

vétiver ou **vétyver** [vetivɛʀ] n. m. Plante indienne (*Andropogon muricatus*, fam. graminées) cultivée pour le parfum de ses racines; ce parfum. – Tamoul *vettiveru*.

veto [veto] n. m. **1.** ANTIQ ROM Formule employée par le tribun du peuple pour s'opposer aux décrets du sénat, des consuls, aux actes des magistrats. **2.** Droit conféré à une autorité (chef de l'État, État membre permanent du Conseil de sécurité de l'O.N.U., etc.) de s'opposer à la promulgation d'une loi votée, à l'adoption d'une résolution. *Veto absolu, suspensif. Opposer son veto à un décret.* ▷ Opposition, refus. *Mettre son veto à une transaction.* – Mot lat., « je m'oppose ».

vétronique [vetʀɔnik] n. f. Ensemble des équipements et des systèmes de guidage et de pilotage des véhicules terrestres qui fonctionnent avec un matériel informatique ou électronique. ▷ Technique de conception et de réalisation de ces équipements. – De *vé(hicule)*, et *(élec)tronique*.

vêtu, ue [vety] adj. et n. m. **1.** adj. Habillé. *Être bien, mal vêtu.* **2.** n. m. HERALD Partition en losange dont les angles touchent les bords de l'écu. – Pp. de *vêtir*.

vêture [vɛtyʀ] n. f. **1.** Vx ou litt. Vêtement. **2.** RELIG CATHOL Cérémonie de prise d'habit d'un religieux ou d'une religieuse. – De *vêtir*.

vétuste [vetyst] adj. (Choses) Vieux, détérioré par le temps. *Bâtiment vétuste.* – Lat. *vetustus*, rac. *vetus*, « vieux ».

vétusté [vetyste] n. f. État de ce qui est vétuste. – Lat. *vetustas*.

vétyver. V. vétiver.

veuf, veuve [vœf, vœv] adj. et n. **I.** adj. Dont le conjoint est mort, et qui n'est pas remarié. *Il est veuf.* – Subst. *Un veuf, une veuve.* ▷ Fig., litt. *Veuf de* : privé, dépourvu de. *Être veuf d'espoir.* **II.** n. f. **1.** Arg., vx *La veuve* : la guillotine. **2.** ORNITH Oiseau passériforme d'Afrique au plumage noir et blanc et à longue queue (genres *Steganura, Vidua*, etc., fam. plocéidés). **3.** ENTOM *Veuve noire* : araignée noire (genre *Latrodectus*) à taches rouges des régions chaudes et tempérées, dont la piqûre est dangereuse. – Du lat. *vidua*, « veuve », de *viduus*, « vide, privé de ».

veuglaire [vøglɛʀ] n. m. ou f. HIST Bouche à feu des XIVe et XVe s., qui se chargeait par la culasse. – Moyen néerl. *vogelaer*, propr. « canon à tirer les oiseaux *(vogel)* ».

veule [vøl] adj. **1.** (Personnes) Qui est sans vigueur morale, sans volonté; mou et faible. **2.** Rare (Choses) Qui manque de vigueur. *Branche veule.* ▷ AGRIC *Terre veule*, trop légère. – Lat. pop. **volus*, « volant, léger », de *volare*, « voler ».

veulerie [vølʀi] n. f. Fait d'être veule; caractère d'une personne veule. – De *veule*.

veuvage [vœvaʒ] n. m. Fait d'avoir perdu son conjoint, d'être veuf ou veuve. *Un récent veuvage.* – De *veuve*.

vexant, ante [vɛksɑ̃, ɑ̃t] adj. **1.** Contrariant. *Je l'ai manqué d'un quart d'heure, c'est vexant.* **2.** Froissant, blessant. *Vos soupçons sont vexants.* – Ppr. de *vexer*.

vexateur, trice [vɛksatœʀ, tʀis] adj. et n. Qui cause des vexations. – Lat. *vexator*, « persécuteur ».

vexation [vɛksasjɔ̃] n. f. **1.** Vieilli Mauvais traitement, brimade. **2.** Piqûre, blessure d'amour-propre. – Lat. *vexatio*, « souffrance, persécution ».

vexatoire [vɛksatwaʀ] adj. Qui a le caractère d'une vexation. *Procédé vexatoire.* – De *vexer.*

vexer [vɛkse] v. tr. [1] **1.** Vx Tourmenter. **2.** Piquer, blesser (qqn) dans son amour-propre. ▷ v. pron. Être vexé, se froisser. – Lat. *vexare*, « tourmenter ».

vexillaire [vɛksilɛʀ] n. m. ANTIQ ROM Porte-étendard. – Lat. *vexillarius.*

vexille [vɛksil] n. m. **1.** ANTIQ ROM Étendard. **2.** ZOOL Ensemble des barbes du même côté du rachis d'une plume d'oiseau. – Lat. *vexillum*, de *velum*, « toile ».

V.H.F. [veaʃɛf] adj. inv. et n. f. TECH Qui reçoit ou qui émet des ondes très courtes, entre 30 et 300 MHz, (donc de très haute fréquence). *Poste V.H.F.* ▷ n. f. *Une V.H.F., la V.H.F.* : un émetteur ou un récepteur V.H.F. – Sigle de l'angl. *very high frequency*, « très haute fréquence ».

via [vja] prép. En passant par. *Aller de Paris à Lyon via Dijon.* – Mot lat., « chemin, route ».

viabiliser [vjabilize] v. tr. [1] Équiper (un terrain) des aménagements (voirie, adductions, etc.) propres à le rendre habitable, constructible. – Pp. *Parcelles viabilisées.* – De *viabilité* 2.

1. viabilité [vjabilite] n. f. Fait d'être viable; état d'un fœtus, d'un nouveau-né viable. ▷ Fig. *Viabilité d'un pouvoir.* – De *viable.*

2. viabilité [vjabilite] n. f. Bon état d'un chemin, d'une route. ▷ URBAN État d'un terrain viabilisé. *Travaux de viabilité.* – Du bas lat. *viabilis*, « où l'on peut passer », du lat. class. *via*, « chemin, voie ».

viable [vjabl] adj. **1.** Apte à vivre (en parlant d'un fœtus, d'un nouveau-né). **2.** Fig. Qui peut durer. *Système viable.* – *Projet viable*, qui peut prendre corps. – De *vie.*

viaduc [vjadyk] n. m. Pont très élevé ou très long permettant le franchissement d'une vallée par une voie ferrée ou par une route. – Angl. *viaduct* (du lat. *via*, et *ductus*), d'ap. *aqueduc.*

viager, ère [vjaʒe, ɛʀ] adj. et n. m. Dont on jouit sa vie durant. *Pension* ou *rente viagère.* – *Rentier viager*, qui jouit d'une rente viagère. ▷ n. m. *Le viager* : le revenu viager. *Mettre son bien en viager*, le céder contre une rente viagère. – De l'anc. fr. *viage*, « durée de vie » et, en dr., « usufruit »; de *vie.*

viande [vjɑ̃d] n. f. **1.** Vx Aliment en général. *Viande creuse* : nourriture peu substantielle. – Mod., fig. *Se repaître de viande creuse*, d'idées vagues et chimériques. **2.** Cour. Chair des mammifères et des oiseaux, en tant qu'aliment. *Viande rouge* (le bœuf, le mouton, le cheval). *Viande blanche* (le veau, le porc, la volaille, le lapin). *Viande noire* (le gibier). – *Spécial.* Toute viande de boucherie, à l'exception de la volaille et des abats. **3.** Pop. Corps humain. *Amène ta viande !* : Approche ! ▷ Fam. *Sac à viande* : drap cousu en forme de sac que l'on glisse dans un sac de couchage. – Lat. pop. **vivenda*, de *vivere*, « vivre ».

viander [vjɑ̃de] **1.** v. intr. [1] VEN Paître, en parlant des bêtes fauves (cerf, daim, chevreuil). **2.** v. pron. Pop. *Se viander* : avoir un accident entraînant un dommage corporel grave, la mort. *Ils se sont viandés dans un virage.* (Cf. la loc. pop. *de la viande froide* : un[des]cadavre[s].) – De *viande.*

viatique [vjatik] n. m. **1.** Provisions, argent qu'on donne à qqn pour un voyage. ▷ Fig. Soutien, secours. **2.** RELIG CATHOL Sacrement de l'eucharistie administré à un malade en péril de mort. – Lat. *viaticum*, de *via*, « chemin, voyage ».

vibices [vibis] n. f. pl. MED Purpura qui forme des stries sur la peau. – Du lat. *vibex, vibicis*, « meurtrissure ».

vibrage [vibʀaʒ] n. m. TECH Série d'impulsions, de chocs, destinés à faire entrer un corps en vibration. *Vibrage du béton.* – De *vibrer.*

vibrant, ante [vibʀɑ̃, ɑ̃t] adj. (et n. f.) **1.** Qui produit des vibrations, entre en vibration. *Lame vibrante.* ▷ PHON *Consonne vibrante* ou, n. f., *une vibrante*, dont l'articulation comporte la vibration d'un organe de l'articulation (langue, luette, etc.). *Le r est une vibrante.* **2.** D'un timbre ou d'une sonorité qui vibre (sens I, 2), qui retentit. *Voix vibrante.* ▷ Fig. *Discours vibrant*, d'un sentiment ou d'une ardeur intense. – Ppr. de *vibrer.*

vibraphone [vibʀafɔn] n. m. Instrument à percussion analogue au xylophone, comportant des lamelles métalliques au-dessous desquelles sont disposés des tubes résonateurs. – Du rad. de *vibrer*, et *-phone.*

vibraphoniste [vibʀafɔnist] n. Musicien, musicienne qui joue du vibraphone. – De *vibraphone.*

vibrateur [vibʀatœʀ] n. m. TECH **1.** Appareil qui produit ou qui transmet des vibrations. **2.** Appareil servant à vibrer le béton. – De *vibration.*

vibratile [vibʀatil] adj. Susceptible de vibrer. ▷ BIOL *Cils vibratiles* : expansions cellulaires filiformes douées de mouvement, assurant diverses fonctions (circulation d'un fluide, locomotion chez les protozoaires, etc.). – De *vibration.*

vibration [vibʀasjɔ̃] n. f. **1.** PHYS Oscillation périodique de tout ou partie d'un système matériel. *Vibrations du diapason. Vibrations des atomes, des molécules.* **2.** Mouvement, caractère de ce qui vibre; impression (sonore, visuelle) de tremblement. *Vibration d'une voix.* – Bas lat. *vibratio*, « action de brandir ».

vibrato [vibʀato] n. m. MUS Effet de tremblement dû à la variation rapide du son émis par un instrument ou par la voix. *Des vibratos.* – Mot ital.

vibratoire [vibʀatwaʀ] adj. Composé d'une suite de vibrations. *Mouvement vibratoire.* – De *vibration.*

vibrer [vibʀe] v. [1] **I.** v. intr. **1.** Produire des vibrations; entrer en vibration. **2.** Être animé d'un tremblement sonore. *Voix qui vibre.* ▷ Fig. Réagir comme par un tremblement intérieur à une émotion intense. *Vibrer d'enthousiasme. Faire vibrer* : toucher vivement, émouvoir. **II.** v. tr. TECH Soumettre (un corps) à des vibrations. *Vibrer le béton*, pour le rendre plus compact. – Lat. *vibrare*, « brandir », puis « vibrer ».

vibreur [vibʀœʀ] n. m. ELECTR Appareil constitué d'une lame mise en vibration par un courant électrique. *Vibreur d'une sonnerie.* – De *vibrer.*

vibrion [vibʀijɔ̃] n. m. **1.** BIOL Bactérie ciliée et mobile de forme plus ou moins incurvée. *Vibrion septique.* **2.** Fig., fam. Personne agitée. – De *vibrer.*

vibrionner [vibʀijɔne] v. intr. [1] Fam. S'agiter continuellement. – De *vibrion.*

vibrisse [vibʀis] n. f. **1.** Poil de l'intérieur des narines de l'homme. **2.** Poil tactile de certains mammifères. *Les vibrisses du museau du chat sont couramment appelées « moustaches ».* **3.** ORNITH Plume filiforme des oiseaux. – Bas lat. *vibrissæ.*

vibromasseur [vibʀomasœʀ] n. m. Appareil électrique de massage par vibrations. – De *vibrer*, et *masseur.*

vicaire [vikɛʀ] n. m. **1.** Vx Substitut. ▷ *Le vicaire de Jésus-Christ* : le pape. **2.** RELIG CATHOL Prêtre qui assiste le curé d'une paroisse. – *Grand vicaire* ou *vicaire général* : auxiliaire d'un évêque. *Vicaire apostolique* : évêque responsable d'un territoire de mission qui n'est pas encore constitué en diocèse. – Lat. *vicarius*, « suppléant », de *vicis*, « tour, succession ».

vicarial, ale, aux [vikaʀjal, o] adj. RELIG CATHOL Relatif au vicaire ou au vicariat. – De *vicaire.*

vicariance [vikaʀjɑ̃s] n. f. PHYSIOL Suppléance fonctionnelle d'un organe déficient par un autre. – De *vicariant.*

vicariant, ante [vikaʀjɑ̃, ɑ̃t] adj. Didac. Qui supplée. ▷ PHYSIOL *Organe vicariant,* qui assure la vicariance. ▷ BIOL *Hôte vicariant* (d'un parasite) : hôte occasionnel remplaçant l'hôte habituel. – *Plante vicariante,* qui en remplace une autre dans une association végétale. – Du lat. *vicarius,* «suppléant».

vicariat [vikaʀja] n. m. RELIG CATHOL Fonction du vicaire; durée de cette fonction. ▷ Territoire sur lequel s'étend le pouvoir d'un vicaire apostolique. ▷ Résidence du vicaire. – De *vicaire.*

vice-. Élément inv., du lat. *vice,* «à la place de», impliquant l'idée d'une fonction exercée en second.

vice [vis] n. m. **I. 1.** Vieilli Disposition habituelle au mal. *«Le vice nous est naturel» (Pascal).* ▷ Mod. Inconduite, débauche. *Vivre dans le vice.* ▷ Fam. Étrangeté de goût, de comportement. *Mettre un meuble aussi laid dans son salon, c'est vraiment du vice!* **2.** Penchant que la morale sociale réprouve (en matière sexuelle, notam.). ▷ Mauvaise habitude qui procure du plaisir. *Vice de fumer.* **II.** Défaut, imperfection graves. *Vice de construction d'un édifice.* ▷ DR *Vice caché* : défectuosité d'une chose qui n'apparaît qu'à l'usage ou à l'occasion d'une expertise. – *Vice de forme* : défaut (par erreur de rédaction ou par omission d'une formalité légale) qui rend nul un acte juridique. – Lat. *vitium.*

vice-amiral, aux [visamiʀal, o] n. m. Officier général de marine d'un grade homologue de celui de général de division ou de général de corps d'armée. *Des vice-amiraux.*

vice-consul [viskɔ̃syl] n. m. Celui qui supplée le consul. ▷ Celui qui remplit les fonctions d'un consul dans les lieux où il n'y en a pas. *Des vice-consuls.*

vice-consulat [viskɔ̃syla] n. m. Charge, fonction de vice-consul. *Des vice-consulats.* – De *vice-consul,* d'apr. *consulat.*

vicelard, arde [vislaʀ, aʀd] adj. et n. Arg. Vicieux. – De *vice.*

vice-légat [vislega] n. m. RELIG CATHOL Prélat nommé par le pape pour remplacer le légat en son absence. *Des vice-légats.*

vice-légation [vislegasjɔ̃] n. f. Fonction de vice-légat. *Des vice-légations.* – De *vice-légat,* d'apr. *légation.*

vicennal, ale, aux [visenal, o] adj. **1.** Qui dure vingt ans. **2.** Qui a lieu tous les vingt ans. – Lat. *vicennalis,* de *vicies,* «vingt fois», et *annus,* «année».

vice-présidence [vispʀezidɑ̃s] n. f. Fonction de vice-président; durée de cette fonction. *Des vice-présidences.*

vice-président, ente [vispʀezidɑ̃, ɑ̃t] n. Personne qui seconde le (la) président(e) et éventuellement le (la) supplée. *Des vice-président(e)s.*

vice-recteur [visʀɛktœʀ] n. m. Celui qui seconde le recteur et éventuellement le supplée. ▷ Anc. Titre du recteur de fait de l'Académie de Paris (dont le recteur en titre était le ministre de l'Instruction publique), jusqu'en 1922.*Des vice-recteurs.*

vice-reine [visʀɛn] n. f. **1.** Épouse d'un vice-roi. **2.** Femme qui gouverne avec l'autorité d'un vice-roi. *Des vice-reines.*

vice-roi [visʀwa] n. m. Gouverneur d'un État qui a ou qui a eu le nom de royaume et qui dépend d'un autre État. *Le vice-roi des Indes. Des vice-rois.*

vice-royauté [visʀwajote] n. f. **1.** Rare Dignité de vice-roi. **2.** Pays gouverné par un vice-roi. *Les vice-royautés.*

vicésimal, ale, aux [visezimal, o] adj. MATH Qui a pour base le nombre vingt. *Système vicésimal de numération.* – Lat. *vicesimus,* «vingtième».

vice versa [vis(e)vɛʀsa] loc. adv. Réciproquement, inversement. – Mots lat., propr. «à tour *(vice)* renversé *(versa)* ».

vichy [viʃi] n. m. **1.** Eau minérale de Vichy. **2.** Toile de coton à carreaux. – De *Vichy,* v. de l'Allier.

vichyssois, oise [viʃiswa, waz] adj. et n. **1.** De Vichy. ▷ Subst. *Les Vichyssois.* **2.** HIST Syn. anc. de *vichyste.* – De *Vichy.*

vichyste [viʃist] adj. et n. HIST Qui a rapport au gouvernement de Vichy. ▷ Partisan de ce gouvernement; qui partage ses idées. – De *Vichy.*

viciation [visjasjɔ̃] n. f. Didac. Action de vicier, de corrompre (l'air, le sang); fait de se vicier. – De *vicier.*

vicier [visje] v. tr. [2] **1.** DR Rendre défectueux ou nul. *Cette omission ne vicie pas l'acte.* **2.** Gâter, corrompre, altérer. *Air vicié.* – Fig. *Vicier le jugement de qqn.* – Lat. *vitiare,* de *vitium,* «vice».

vicieusement [visjøzmɑ̃] adv. D'une façon vicieuse. – De *vicieux.*

vicieux, euse [visjø, øz] adj. et n. **1.** Qui comporte un vice, un défaut; incorrect. *Locution vicieuse.* ▷ LOG *Cercle vicieux* : V. cercle (sens III, 2). ▷ MED Qui se forme dans une mauvaise position. *Cal vicieux.* **2.** Qui a de mauvais penchants. *Un enfant vicieux.* ▷ (En parlant d'un animal.) Rétif, ombrageux. *Jument vicieuse.* – (Choses) Qui recèle un piège; qui est conçu, préparé pour leurrer, pour tromper. *L'avant-centre a lobé le gardien de but avec une balle vicieuse.* **3.** Qui a une disposition au vice, qui a des goûts dépravés, pervers. ▷ Subst. *Un vicieux, une vicieuse.* – Lat. *vitiosus,* de *vitium,* «vice».

vicinal, ale, aux [visinal, o] adj. *Chemin vicinal,* qui relie des villages. – Lat. *vicinalis,* de *vicinus,* «voisin», de *vicus,* «bourg».

vicinalité [visinalite] n. f. **1.** Caractère vicinal d'un chemin. **2.** Ensemble des chemins vicinaux. *L'entretien de la vicinalité incombe aux communes.* – De *vicinal.*

vicinité [visinite] n. f. PHILO Proximité, voisinage entre des concepts, des notions. – Lat. *vicinitas,* de *vicinus,* «voisin».

vicissitude [visisityd] n. f. **1.** Vx Succession régulière de choses différentes. *La vicissitude des saisons.* **2.** Plur. Litt. Variations, changements. *Les vicissitudes de la mode.* ▷ Événements heureux et malheureux qui se succèdent. *Il l'a suivi à travers les vicissitudes de sa vie.* ▷ Événements malheureux. – Lat. *vicissitudo.*

vicomtal, ale, aux [vikɔ̃tal, o] adj. Didac. Relatif à un vicomte, à une vicomté. – De *vicomte.*

vicomte [vikɔ̃t] n. m. **1.** HIST Suppléant du comte, vice-comte, à l'époque carolingienne. ▷ Seigneur d'une terre érigée en vicomté. **2.** Titre de noblesse inférieur à celui de comte. – Lat. médiév. *vicecomes, vicecomitis.*

vicomté [vikɔ̃te] n. f. HIST Titre de noblesse attaché à certaines terres; ces terres elles-mêmes. – De *vicomte.*

vicomtesse [vikɔ̃tɛs] n. f. Femme d'un vicomte. – HIST Femme qui, de son chef, possédait une vicomté. – De *vicomte.*

victimaire [viktimɛʀ] n. m. ANTIQ Prêtre qui, dans les sacrifices, frappait la victime. – Lat. *victimarius.*

victime [viktim] n. f. **1.** ANTIQ Être vivant que l'on offrait en sacrifice à une divinité. **2.** Personne qui subit un préjudice par la faute de qqn ou par sa propre faute. *Les victimes de cet escroc témoigneront au procès.* ▷ (Attribut) *Être victime de sa générosité.* **3.** Personne tuée ou blessée (dans une guerre, un accident, etc.). *Les victimes d'un tremblement de terre.* – Par ext. *Les victimes du devoir,* qui ont péri en accomplissant leur devoir. – Lat. *victima.*

victoire [viktwaʀ] n. f. **1.** Succès remporté dans une bataille, dans une guerre. ▷ *Victoire à la Pyrrhus,* trop chèrement acquise. **2.** Avantage, succès remporté sur un rival, sur un concurrent. *Victoire de l'équipe tricolore.* ▷ *Crier, chanter victoire* : se glorifier d'un succès. Syn. triomphe. Ant. échec. **3.** (Sens moral.) Avantage remporté au terme d'une lutte contre une force contraire. *Remporter une victoire sur soi-même.* – Lat. *victoria.*

victoria [viktɔʀja] n. f. **1.** BOT Plante aquatique ornementale (*Victoria regia*, fam. nymphéacées), originaire d'Amazonie, dont les larges feuilles flottantes peuvent atteindre 1 m de diamètre. **2.** Ancienne voiture hippomobile découverte, à quatre roues. – Du nom de *Victoria* Ire (1819-1901), reine d'Angleterre.

victorien, enne [viktɔʀjɛ̃, ɛn] adj. Qui a rapport à la reine Victoria, à son règne. *Les romanciers de l'ère victorienne.* ▷ *Style victorien*, qui caractérise l'architecture et les arts décoratifs de cette époque. – *Par ext.* Qui a des caractères de la société de cette époque (puritanisme, etc.). – Du nom de *Victoria* Ire (V. victoria).

victorieusement [viktɔʀjøzmɑ̃] adv. D'une manière victorieuse. – De *victorieux.*

victorieux, euse [viktɔʀjø, øz] adj. **1.** Qui a remporté la victoire. *Armée victorieuse.* – Fig. *La vérité est victorieuse des erreurs.* **2.** Qui exprime la victoire. *Arborer un air victorieux.* Syn. triomphant. – Bas lat. *victoriosus.*

victuailles [viktɥɑj] n. f. pl. Provisions de bouche, nourriture. – Bas lat. *victualia*, plur. neutre de *victualis*, «relatif aux vivres».

vidage [vidaʒ] n. m. Action de vider; son résultat. ▷ TECH Dispositif de vidage. *Vidage à clapet, à bouchon.* – De *vider.*

vidame [vidam] n. m. FEOD Titre de l'officier qui représentait l'évêque dans l'administration de la justice temporelle et dans le commandement de ses troupes. – Adaptation du lat. ecclés. *vice dominus, vice*, «à la place de», *dominus*, «maître».

vidange [vidɑ̃ʒ] n. f. **1.** Action de vider; opération consistant à vider pour nettoyer, curer, rendre de nouveau utilisable. *Vidange d'un puits, d'un réservoir. Vidange et graissage d'une automobile.* **2.** Dispositif, canalisation pour l'évacuation des eaux usées. *Vidange d'un lavabo, d'une machine à laver.* **3.** (Plur.) Matières retirées d'une fosse d'aisances. *Épandage des vidanges.* – Mot des Flandres, dér. de *vider.*

vidanger [vidɑ̃ʒe] v. tr. [13] Vider, faire la vidange de. *Vidanger un réservoir, une fosse d'aisances.* – De *vidange.*

vidangeur [vidɑ̃ʒœʀ] n. m. Personne qui fait la vidange des fosses d'aisances. – De *vidange.*

vide [vid] adj. et n. m. **I.** adj. **1.** Qui ne contient rien. *Une boîte vide. Espace vide.* – MATH *Ensemble vide*, qui ne contient aucun élément. ▷ Qui est dépourvu de son contenu habituel. *Avoir l'estomac vide. Avoir le porte-monnaie, les poches vides.* ▷ Loc. *Arriver les mains vides*, sans rien apporter. **2.** Où il n'y a personne; qui n'a pas d'occupant. *Place, fauteuil vides. La représentation eut lieu devant une salle presque vide.* Syn. désert. – *Par exag.* Qui est loin d'être plein. *Paris est vide au mois d'août.* **3.** Qui n'est pas garni. *Des murs vides. Appartement, chambre vides*, sans mobilier. Syn. nu. **4.** Qui n'est pas employé, en parlant du temps. *Les moments vides de la journée.* Syn. libre. **5.** (Absol.) Qui n'a pas d'intérêt; creux, insignifiant. *Mener une existence vide. Paroles vides.* ▷ Sans expression. *Des yeux vides.* **6.** *Vide de* : dépourvu de, sans. *Maison vide de ses habitants.* – Fig. *Expression vide de sens.* **II.** n. m. **1.** Milieu où la densité de la matière est très faible. *Vide spatial. Vide absolu* : milieu théorique d'où toute matière est absente. ▷ Diminution très importante de la pression d'un gaz à l'intérieur d'une enceinte. *Faire le vide. Pompe à vide. Emballage sous vide*, dans lequel le vide a été fait entre l'emballage et le produit emballé. **2.** *Le vide* : espace, étendue vide. *Se jeter dans le vide.* – Loc. *Faire le vide autour de qqn*, l'isoler, l'éloigner de son entourage. *Parler dans le vide* : parler sans que personne n'écoute. **3.** *Un vide* : espace, surface vides, non occupés. *Ménager des vides dans une bibliothèque pour y placer des bibelots.* ▷ *Spécial.* CONSTR Espace qui n'est pas occupé par la maçonnerie ou la charpente. ▷ *Vide sanitaire*, ménagé entre le plancher d'une construction et le sol et servant notam. au passage des canalisations d'assainissement. **4.** Fig. Absence qui donne un sentiment de manque, de privation. *Sa mort laisse un grand vide.* **5.** Fig. Caractère de ce qui est vain, inconsistant. *Le vide des grandeurs humaines.* Syn. vanité, néant. **6.** Loc. adv. *À vide* : sans rien contenir. *La voiture est partie à vide.* – Sans produire d'effet. *La clé tourne à vide dans la serrure.* – *Passage à vide* : moment où un moteur tourne sans effet utile; fig. moment de fléchissement de l'activité ou de l'efficacité (d'une personne). *J'ai eu un passage à vide.* – De l'a. fr. *vuit, voide*, «friche (terre)»; du lat. pop. **vocitus*, de *vocuus*, forme archaïque du class. *vacuus*, «vide».

vidéaste [videast] n. Personne qui réalise professionnellement des films vidéo. – De *vidéo*, d'après *cinéaste.*

vide-bouteille [vidbutɛj] n. m. Instrument qui permet de vider une bouteille sans la déboucher, constitué d'un siphon que l'on enfonce dans le bouchon. *Des vide-bouteilles.* – De *vider*, et *bouteille.*

vide-gousset [vidgusɛ] n. m. Vx ou plaisant Voleur. *Des vide-goussets.* – De *vider*, et *gousset.*

vidéo-. Élément, du lat. *video*, «je vois».

vidéo [video] adj. et n. AUDIOV **I.** adj. inv. Se dit des signaux servant à la transmission d'images, et des appareils, des installations qui utilisent ces signaux. *Caméra vidéo.* ▷ Qui concerne les images et les sons enregistrés et transmis par ces appareils. *Image vidéo.* **II.** n. f. **1.** Abrév. de *vidéophonie* et de *vidéofréquence.* **2.** Cour. (*Une, la vidéo.*) Appareillage, installation vidéo. – Angl. *video*, du lat. *video*, «je vois», de *videre*, «voir».

vidéocassette [videokasɛt] n. f. Cassette qui contient une bande magnétique sur laquelle sont enregistrés des images et des sons que l'on peut reproduire sur un téléviseur au moyen d'un magnétoscope.

vidéoclip. V. clip 2.

vidéoclub [videoklœb] n. m. Magasin spécialisé dans la location ou la vente de cassettes vidéo enregistrées.

vidéocommunication [videokɔmynikasjɔ̃] n. f. Communication par le réseau de télévision.

vidéocomposite [videokɔ̃pozit] adj. AUDIOV *Signal vidéocomposite*, qui transporte des images et des sons.

vidéoconférence. V. visioconférence.

vidéodiagnostic [videodjagnɔstik] n. m. MED Diagnostic à distance au moyen du visiophone, qui permet notam. la transmission de résultats d'examens (électrocardiogramme, radiographie, etc.).

vidéodisque [videodisk] n. m. Disque sur lequel sont enregistrés par gravure des images et des sons que l'on peut reproduire sur un téléviseur au moyen d'un système de lecture.

vidéofréquence [videofʀekɑ̃s] n. f. AUDIOV Fréquence utilisée pour transmettre des signaux vidéo. *Les vidéofréquences sont comprises entre un hertz et plusieurs mégahertz.*

vidéogramme [videogʀam] n. m. AUDIOV Programme audiovisuel enregistré sur un support tel que bande magnétique, film, disque, etc. – De *vidéo-*, et *-gramme.*

vidéographie [videogʀafi] n. f. Procédé de télécommunication permettant de transmettre des textes ou des graphiques dont la visualisation est réalisée sur un écran de télévision. – *Vidéographie diffusée* ou *télétexte*, dans laquelle un grand nombre d'usagers reçoivent simultanément les mêmes informations. – *Vidéographie interactive* ou *vidéotex* : vidéographie assurée par un réseau de communication, notam. téléphonique, et dans laquelle les informations sont accessibles sur demande. *Le minitel est un terminal de vidéographie interactive.* – De *vidéo-*, et *-graphie.*

vidéophone [videofɔn] n. m. TELECOM Syn. de *visiophone.* – De *vidéo-*, et *-phone.*

vidéophonie [videofɔni] n. f. TELECOM Transmission de signaux vidéo par câbles téléphoniques. – De *vidéo-*, et *phonie.*

vide-ordures [vidɔʀdyʀ] n. m. inv. Dispositif d'évacuation des ordures ménagères dans un immeuble, comprenant un conduit vertical le long duquel sont disposés des vidoirs. ▷ Vidoir d'un vide-ordures. – De *vider*, et *ordure.*

vidéotex [videotɛks] n. m. INFORM Syn. de *vidéographie* interactive.* – De *vidéo-*, et *t(él)ex.*

vidéothèque [videotɛk] n. f. **1.** Collection de documents vidéo. **2.** Lieu où l'on conserve et où l'on peut visionner des documents vidéo. *La Vidéothèque de Paris.* – De *vidéo-*, et *-thèque*, d'après *bibliothèque.*

vidéotransmission [videɔtʀɑ̃smisjɔ̃] n. f. TELECOM Transmission par système vidéo.

vide-poches [vidpɔʃ] n. m. inv. Coupe, boîte, corbeille, où l'on dépose les menus objets que l'on a habituellement dans les poches. – De *vider*, et *poche.*

vide-pomme [vidpɔm] n. m. Ustensile servant à ôter le cœur des pommes sans les couper en morceaux. *Des vide-pommes.* – De *vider*, et *pomme.*

vider [vide] v. tr. [1] **I. 1.** Rendre vide (un contenant) en ôtant le contenu. *Vider sa bourse. Vider une bouteille, un verre*, en buvant le liquide qu'ils contiennent. – Fig., fam. *Vider son sac* : dire le fond de sa pensée. *Vider son cœur* : s'épancher. – CUIS *Vider une volaille, un poisson*, en retirer les viscères. ▷ Débarrasser (un lieu) de ses occupants. *L'orage vida les rues en un instant.* – Fam. *Vider les lieux*, les quitter, en sortir sous la contrainte. **2.** Ôter, évacuer d'un lieu. *Vider les eaux usées dans le caniveau.* ▷ Fam. (Objet n. de personne.) *Vider qqn*, le renvoyer, le congédier ; l'obliger à sortir. **3.** Fig., fam. Épuiser. *Ce travail m'a vidé.* **4.** Fig. Terminer, régler définitivement (un litige). *Vider une querelle.* **II.** v. pron. Devenir vide. *Tonneau qui se vide. Se vider de son sang. Cette station balnéaire se vide début septembre.* – Par métaph. *Au cours du temps, ce mot s'est vidé de son sens.* – Lat. pop. **vocitare*, de *vocitus*, « vide ».

vide-tourie [vidtuʀi] n. m. Support à bascule permettant de vider facilement la tourie qui y est fixée. *Des vide-touries.* – De *vider*, et *tourie.*

videur, euse [vidœʀ, øz] n. **1.** Personne qui vide (qqch). *Videur de poissons.* **2.** n. m. *Absol.* Fam. Dans un établissement public, personne chargée de mettre dehors, de « vider » les indésirables. *Il est videur dans un dancing.* – De *vider.*

vide-vite [vidvit] n. m. inv. TECH Dispositif de vidange rapide. *Vide-vite d'un canot pneumatique.* – De *vider*, et *vite.*

vidicon [vidikɔ̃] n. m. ELECTRON Tube analyseur d'images fondé sur le principe de la photoconduction utilisé dans les caméras des productions audiovisuelles et le télécinéma. – De *vid(éo)-*, et *icon(oscope).*

vidimus [vidimys] n. m. ADMIN Attestation signifiant qu'un acte a été collationné sur l'original et certifié conforme. – Mot lat., « nous avons vu », du v. *videre*, « voir ».

vidoir [vidwaʀ] n. m. **1.** Trappe par laquelle on déverse les ordures dans la colonne d'un vide-ordures. **2.** Cuvette dans laquelle on déverse les eaux usées. – De *vider.*

viduité [vidɥite] n. f. DR État d'une personne veuve. Syn. veuvage. ▷ *Délai de viduité* : délai de 300 jours avant lequel une femme veuve ou divorcée ne peut se remarier. – Lat. *viduitas*, de *vidua*, « veuve ».

vidure [vidyʀ] n. f. Ce qu'on enlève en vidant (un animal). – De *vider.*

vie [vi] n. f. **1.** Ensemble des phénomènes assurant l'évolution de tous les organismes animaux et végétaux depuis la naissance jusqu'à la mort. *La vie est apparue sur la Terre il y a environ quatre milliards d'années.* **2.** Existence humaine. *Être en vie. Donner la vie. Perdre la vie. Sauver la vie de qqn.* **3.** Cours de l'existence, événements qui le remplissent ; conduite, mœurs. *Mener une vie tranquille, mener joyeuse vie. Vivre sa vie* : vivre à sa guise. – Fam. *Mener une vie de patachon, de bâton de chaise*, une vie dissolue, déréglée. ▷ *Par méton.* Biographie. *Il a écrit une vie de Beethoven.* **4.** Durée de l'existence, temps qui s'écoule de la naissance à la mort. *Sa vie a été trop courte. L'espérance de vie* : la durée de vie statistiquement probable. – Par ext. *Vie et mort d'une civilisation.* **5.** Coût de la subsistance, de l'entretien. *La vie est de plus en plus chère.* **6.** Vitalité, entrain. *Un enfant plein de vie.* ▷ Fig. *Ces touches de couleur donnent de la vie au tableau*, l'animent. **7.** Animation, activité. *Quartier où règne une intense vie nocturne.* **8.** RELIG *L'autre vie, la vie éternelle* : ce qui suit la mort ; le paradis, l'enfer, le purgatoire. ▷ *La parole de vie* : l'Évangile. **9.** Loc. adv. *À vie, pour la vie* : pour toujours. – *De ma vie, de la vie* : jamais (en tournure négative). *Il n'a voyagé de sa vie.* – Fam. *Jamais de la vie* : en aucune façon. – Lat. *vita.*

vieil. V. vieux.

vieillard [vjɛjaʀ] n. m. **1.** Homme fort âgé. **2.** Plur. *Les vieillards* : les personnes très âgées (hommes et femmes). – De *vieil.*

vieillarde [vjɛjaʀd] n. f. Péjor. Vieille femme. – De *vieillard.*

1. vieille. V. vieux.

2. vieille [vjɛj] n. f. Poisson appelé aussi labre. – De *vieille* (fém. de vieux), probabl. à cause de sa tête ridée.

vieillerie [vjɛjʀi] n. f. **1.** Objet ancien, usagé. *Le brocanteur m'a débarrassé de ces vieilleries.* ▷ Idée rebattue ; conception d'une autre époque. *Vous croyez encore à cette vieillerie ?* **2.** Rare Caractère suranné, désuet de qqch. *Un hôtel d'une plaisante vieillerie.* **3.** Fam., plaisant Vieillesse. *J'ai mal aux reins : c'est la vieillerie !* – De *vieil.*

vieillesse [vjɛjɛs] n. f. **1.** Période ultime de la vie. *Avoir une vieillesse heureuse.* **2.** Fait d'être âgé ; sénescence. *Mourir de vieillesse.* **3.** (Sing. collectif.) Les personnes âgées. *Caisse de retraite pour la vieillesse.* – Prov. *Si jeunesse savait, si vieillesse pouvait.* – De *vieil.*

vieilli, ie [vjɛji] adj. **1.** Marqué par l'âge. *Visage vieilli.* **2.** (Choses) Qui, avec le temps, a perdu de sa force ; suranné, désuet. *Idées vieillies. Mot vieilli*, qui est sorti de l'usage courant, mais qui est encore compris. – Pp. de *vieillir.*

vieillir [vjejiʀ] v. [3] **I.** v. intr. **1.** Devenir vieux. *Il commence à vieillir.* **2.** Être marqué par l'âge ; paraître âgé. *La peur de vieillir.* **3.** Perdre de sa force, de son efficacité avec le temps. *Cette pièce a vieilli depuis sa création.* **4.** Acquérir certaines qualités par l'effet du temps (surtout en parlant de substances alimentaires). *Ce vin a besoin de vieillir.* **II.** v. tr. **1.** Rendre vieux ; faire paraître plus vieux, vieux avant le temps. *Cette coiffure la vieillit. Procédés pour vieillir les copies de meubles anciens.* ▷ v. pron. *Jeune homme qui se laisse pousser la moustache pour se vieillir.* **2.** Attribuer à (qqn) un âge supérieur à son âge réel. ▷ v. pron. *Il s'est vieilli de deux ans pour pouvoir signer cet engagement.* – De *vieil.*

vieillissant, ante [vjɛjisɑ̃, ɑ̃t] adj. Qui est en train de vieillir. *Un corps vieillissant.* ▷ Fig. Qui n'est plus de mode. *Un style vieillissant.* – Ppr. de *vieillir.*

vieillissement [vjɛjismɑ̃] n. m. **1.** Fait de vieillir, de devenir vieux. ▷ Fig. *Vieillissement des doctrines.* **2.** Aspect ancien donné artificiellement à un objet neuf. *Vieillissement d'un cadre.* **3.** Acquisition de certaines qualités par l'effet du temps (se dit surtout du vin, des alcools). *Vieillissement en fûts.* – De *vieillir.*

vieillot, otte [vjɛjo, ɔt] adj. Vieilli, démodé, suranné. – De *vieil.*

vielle [vjɛl] n. f. Instrument de musique populaire muni de touches, et dont les cordes sont mises en vibration par le frottement d'une roue enduite de colophane que l'on fait tourner au moyen d'une manivelle. *La vielle a un timbre nasillard.* – Déverbal de *vieller.*

vieller [vjele] v. intr. [1] Rare Jouer de la vielle. – Onomat., «faire *vi* » avec un instrument à cordes.

vielleur, euse [vjelœʀ, øz] ou **vielleux, euse** [vjelø, øz] n. Joueur, joueuse de vielle. – De *vieller.*

viennois, oise [vjɛnwa, waz] adj. et n. **1.** De Vienne, relatif à Vienne, capitale de l'Autriche. ▷ Subst. *Les Viennois.* **2.** *Chocolat, café viennois,* chaud et nappé de crème Chantilly. **3.** De Vienne, ch.-l. d'arr. de l'Isère. ▷ Subst. *Les Viennois.*

viennoiserie [vjɛnwazʀi] n. f. Pâtisserie viennoise. – *Par ext.* Ensemble des produits de boulangerie, en dehors du pain (croissants, pains au chocolat, brioches, etc.). – De *viennois* (sens 1 et 2).

vierge [vjɛʀʒ] adj. et n. f. **I.** adj. **1.** Qui n'a jamais eu de rapports sexuels. *Un jeune homme, une jeune fille vierges.* – Dont l'hymen n'a pas été rompu. ▷ Par ext. *Vigne* vierge* (qui ne donne pas de raisin). **2.** Qui n'a jamais été utilisé; intact. *Feuille de papier vierge.* ▷ Qui n'a jamais été cultivé, exploité. *Sol vierge. Forêt vierge* : forêt équatoriale impénétrable. **3.** *Huile vierge,* extraite de graines ou de fruits écrasés à froid. *Huile d'olive vierge. Cire vierge,* d'abeille. **II.** n. f. **1.** Vx, didac. ou litt. Fille qui n'a jamais eu de rapports sexuels. ▷ Loc. fig. *Être amoureux des onze mille vierges,* de toutes les femmes. **2.** *La Vierge, la Sainte Vierge, la Vierge Marie* : Marie, mère de Jésus. ▷ Représentation de la Sainte Vierge. *Vierge à l'enfant.* **3.** ASTRO *La Vierge* : constellation zodiacale de l'hémisphère boréal. ▷ ASTROL Sixième signe du zodiaque* (du 23-24 août au 23-24 septembre). Ellipt. *Il est vierge.* – Du lat. *virgo, virginis.*

vietnamien, enne [vjɛtnamjɛ̃, ɛn] adj. et n. **1.** adj. Du Viêt-nam. ▷ Subst. *Un(e) Vietnamien(ne).* **2.** n. m. *Le vietnamien* : la langue parlée au Viêt-nam (langue monosyllabique à tons). – De *Viêt-nam,* État d'Asie du S.-E.

vieux [vjø] ou **vieil** [vjɛj] (devant une voyelle ou un h muet), **vieille** [vjɛj], plur. **vieux** [vjø] adj. et n. **I.** adj. **1.** Âgé. *Il est plus vieux que sa femme. Une vieille dame.* – *Par ext.* (Toujours avec un possessif.) *Vieux jours* : vieillesse. *Faire des économies pour ses vieux jours.* ▷ *Vieux garçon, vieille fille* : célibataire qui n'est plus de la première jeunesse. ▷ Fam. *Mon vieux,* se dit entre copains. – (Avec un mot péjoratif.) *Vieille baderne.* – (Avec un mot péjoratif employé par plaisant., dans une intention amicale.) *Comment vas-tu, vieille noix ?* **2.** Ancien, qui existe de longue date. *Une vieille maison de famille. Le bon vieux temps.* ▷ (Pour désigner un mot, une locution.) Qui n'est plus clairement compris et jamais produit spontanément dans la communication, sauf dans une intention d'archaïsme ou dans un emploi dialectal. **3.** Qui est tel depuis longtemps. *Un vieil ami. Une vieille habitude.* **4.** (Choses) Détérioré par le temps; usagé. *Une vieille paire de chaussures.* ▷ Se dit de certaines couleurs auxquelles on a donné une nuance passée, une patine imitant l'ancien. *Vieil or. Vieux rose.* **II.** n. **1.** Personne âgée (comporte une nuance quelque peu péjorative ou condescendante). *Un vieux, une vieille, les vieux. S'occuper des petits vieux.* ▷ Loc. *Un vieux de la vieille* : un vieux soldat de la Vieille Garde, un vétéran de la garde impériale, sous le Premier Empire; mod. une personne expérimentée, un vieux routier*. **2.** Pop. (En général avec un possessif.) Père, mère; parents. *Mon vieux, ma vieille. Ses vieux.* **3.** Fam. (Employé comme terme d'amitié.) *Comment ça va, ma vieille ? Bonjour, vieux !* **III.** n. m. **1.** Ce qui est vieux. *Faire du neuf avec du vieux.* **2.** Loc. fam. *Coup de vieux* : vieillissement subit. *Il a pris un drôle de coup de vieux.* – Du lat. *vetulus,* dimin. de *vetus.*

vieux-catholique [vjøkatɔlik], **vieille-catholique** [vjɛjkatɔlik] adj. et n. RELIG CATHOL **1.** Se dit des catholiques des Pays-Bas (notam. d'Utrecht) qui refusèrent la condamnation autoritaire du jansénisme par le pape. **2.** Se dit des catholiques (principalement des catholiques d'Allemagne) qui rejetèrent les dogmes proclamés au concile de Vatican I et notam. le dogme de l'infaillibilité pontificale et formèrent l'Église vieille-catholique (dissidente) qui compte auj. des fidèles en Suisse, en Hollande, aux É.-U., etc. ▷ Subst. *Des vieux-catholiques, des vieilles-catholiques.*

vieux-croyant [vjøkʀwajɑ̃] n. m. RELIG Chrétien orthodoxe russe hostile aux réformes du patriarche Nikon. V. raskol. *Des vieux-croyants.*

vif, vive [vif, viv] adj. et n. m. **I.** adj. **1.** Vivant, en vie (dans des loc.). *Brûlé vif. Plus mort que vif* : à demi mort ou très effrayé. **2.** Actif, alerte. *Enfant très vif.* **3.** (Choses) *Air vif,* vivifiant. – *Haie vive,* en pleine végétation. – *Eau vive* : eau qui coule, qui court. **4.** Aigu, intense. *Vif plaisir. De vifs applaudissements.* ▷ (Couleurs) Intense. *Bleu vif. Teinte vive.* **5.** Brusque, coléreux, emporté. *Vous avez été un peu vif et vous l'avez blessé.* **II.** n. m. **1.** *Le vif* : la chair vive. ▷ Loc. fig. *Couper, tailler, trancher dans le vif* : s'attaquer résolument à un problème, avec des moyens énergiques. – *Dans le vif du sujet* : en plein dans la question. – *Être atteint, blessé, piqué, touché au vif,* au point sensible. ▷ *À vif* : dont la chair est à nu. *Plaie à vif.* – Fig. *Avoir les nerfs à vif* : être très tendu, très nerveux. **2.** DR Personne vivante. *Donations entre vifs.* ▷ BX-A Vx Modèle vivant. – Loc. mod. fig. *Sur le vif* : d'après nature. *Expression saisie sur le vif.* **3.** PECHE *Pêcher au vif,* avec comme appât un petit poisson vivant. – Lat. *vivus.*

vif-argent [vifaʀʒɑ̃] n. m. sing. Vx Mercure. ▷ Fig. *C'est du vif-argent* : c'est une personne très vive, très active. – De *vif,* «vivant», et *argent,* sur le lat. *argentum vivum.*

vigie [viʒi] n. f. Marin placé en observation dans la mâture ou à l'avant d'un navire. – Portug. *vigia,* de *vigiar,* «veiller»; lat. *vigilare.*

vigil, ile [viʒil] adj. MED De veille; qui se produit à l'état de veille. *État vigil. Coma vigil* : coma caractérisé par l'existence de réactions aux stimuli sensoriels. – Lat. *vigil,* «éveillé».

vigilance [viʒilɑ̃s] n. f. Attention, surveillance active. *Observer avec vigilance. Redoubler de vigilance.* – Lat. *vigilantia.*

vigilant, ante [viʒilɑ̃, ɑ̃t] adj. Attentif, qui fait preuve de vigilance. *Gardien vigilant.* ▷ Qui dénote la vigilance. *Soins vigilants.* – Lat. *vigilans, vigilantis.*

1. vigile [viʒil] n. f. RELIG CATHOL Veille de grande fête. *La vigile de Noël, de la Pentecôte.* ▷ Office célébré un jour de vigile. – Lat. *vigilia,* «veille, veillée».

2. vigile [viʒil] n. m. **1.** ANTIQ ROM Chacun des gardes chargés de la surveillance nocturne de Rome. **2.** Mod. Veilleur de nuit. ▷ *Par ext.* Garde, dans certains lieux publics, certains grands ensembles d'habitation. *Les vigiles de la Sorbonne.* – Lat. *vigil.*

vigne [viɲ] n. f. **1.** Arbrisseau sarmenteux (*Vitis vinifera,* fam. ampélidacées ou vitacées) cultivé pour son fruit, le raisin (consommé comme tel ou dont on tire le vin). *Cep* de vigne. *La vigne est une liane dont on compte plus de 80 espèces.* **2.** Terrain planté de vignes; vignoble. *Posséder une petite vigne.* ▷ *Pêche de vigne* : fruit du pêcher en plein vent. ▷ Fig., plaisant *Être dans les vignes du Seigneur* : être ivre. **3.** *Vigne blanche* : clématite. ▷ *Vigne vierge* : plante grimpante ornementale (genre *Parthenocissus* ou *Ampelopsis*, fam. ampélidacées), qui s'accroche à son support par des vrilles ou des crampons selon les espèces et dont le feuillage prend en automne une teinte rouge intense. – Lat. *vinea*, de *vinum*, « vin ».

vigneau [viɲo] n. m. **1.** V. vignot. **2.** Dial. En Normandie, tertre surmonté d'une treille, dans un jardin. – De *vigne*.

vigneron, onne [viɲ(ə)ʀɔ̃, ɔn] n. et adj. **1.** n. Personne qui cultive la vigne et qui élève le vin. **2.** adj. Relatif à la vigne. *Pays vigneron.* – De *vigne*.

vignette [viɲɛt] n. f. **1.** Petite gravure placée en manière d'ornement sur la page de titre d'un livre ou au commencement et à la fin des chapitres (et qui représentait à l'origine des feuilles de vigne). **2.** Dessin d'encadrement de certaines gravures. **3.** *Par ext.* Étiquette servant de marque de fabrique ou constatant le paiement de certains droits. *Vignette fiscale.* – Absol. *La vignette* : la vignette de l'impôt sur les automobiles. – Dimin. de *vigne*, au sens de « ornement à motifs représentant des feuilles de vigne, etc. ».

vignettiste [viɲɛtist] n. Anc. Dessinateur, graveur de vignettes. – De *vignette*.

vigneture [viɲ(ə)tyʀ] n. f. ART Ornement de feuilles de vigne qui encadre les miniatures médiévales. – De *vignette*.

vignoble [viɲɔbl] n. m. **1.** Terre plantée de vignes. **2.** Ensemble des vignes d'une région, d'un pays. *Le vignoble angevin.* – Altér. de l'anc. provençal *vinhobre*, du lat. pop. **vineoporus*, avec infl. du gr. *ampelophoros*, « qui porte des vignes ».

vignot ou **vigneau** [viɲo] n. m. Bigorneau. – De *vigne*, par anal. d'aspect de la coquille et des vrilles.

vigogne [vigɔɲ] n. f. Mammifère camélidé des hautes terres des Andes (*Lama vicugna*) que les autochtones capturent pour sa laine et qu'ils relâchent après la tonte car, contrairement aux autres espèces de lamas, les vigognes supportent mal les tentatives de domestication. ▷ Laine de vigogne; tissu fait avec cette laine. – Esp. *vicuña*, mot quechua (Pérou).

vigoureusement [viguʀøzmɑ̃] adv. Avec vigueur. – De *vigoureux*.

vigoureux, euse [viguʀø, øz] adj. **1.** Plein de vigueur, de force. *Un sportif vigoureux.* ▷ Par ext. *Jeunes plantes drues et vigoureuses.* **2.** Qui dénote la vigueur. *Résistance vigoureuse.* **3.** Actif, puissant, intense. *Parfum vigoureux.* ▷ BX-A Exécuté avec fermeté, netteté. *Un dessin vigoureux.* – De *vigueur*.

vigueur [vigœʀ] n. f. **1.** Force physique, énergie. *Un homme plein de vigueur. La vigueur de la jeunesse.* ▷ Par ext. *Vigueur d'une plante.* **2.** Fermeté du cœur, de l'esprit, des facultés. *Vigueur d'un caractère.* **3.** Puissance, intensité. *Vigueur du style.* ▷ BX-A Caractère d'une peinture, d'un dessin exécutés avec netteté, fermeté. **4.** Loc. adj. *En vigueur* : encore appliqué au moment dont il est question; en usage. *La réglementation en vigueur.* – Lat. *vigor*, de *vigere*, « être plein de force ».

viguier [vigje] n. m. **1.** HIST Officier de justice, en Provence et dans le Languedoc, sous l'Ancien Régime. **2.** Mod. Magistrat, en Andorre. – De l'anc. provenç., du lat. *vicarius*, « suppléant ».

vihāra [viaʀa] n. m. inv. Monastère bouddhique en Inde. – Mot sanskrit.

viking [vikiŋ] n. et adj. inv. en genre HIST *Les Vikings* : navigateurs scandinaves, connus aussi sous le nom de Normands et de Varègues, qui, du VIIIe au XIe s., pillèrent et parfois colonisèrent les côtes de l'Europe et descendirent jusqu'à la mer Noire. ▷ adj. *Des royaumes vikings se constituèrent en Norvège et au Danemark.* – Mot scandinave.

vil, vile [vil] adj. **1.** Vx De peu de valeur. ▷ Loc. mod. *À vil prix* : à un prix très bas. **2.** Litt. Bas, abject, méprisable. *Une action bien vile. Une âme vile.* ▷ (Choses) Grossier, bas, sans noblesse. *Être employé à de viles besognes.* – Lat. *vilis*, « à bas prix, de peu de valeur ».

vilain, aine [vilɛ̃, ɛn] adj. et n. **I.** adj. **1.** Méprisable. *Une vilaine action.* **2.** Laid. *Un homme très vilain. De vilaines mains.* **3.** Mauvais. *Vilain temps.* – Ellipt. *Il fait vilain.* ▷ D'apparence inquiétante. *Une vilaine toux. Une vilaine blessure.* ▷ n. m. (en loc.) *Ça va faire du vilain*, du scandale, du grabuge. *Discussion qui tourne au vilain*, qui dégénère en querelle, en rixe. **4.** (Surtout en s'adressant à un enfant.) Qui ne se conduit pas comme il faut; indocile, turbulent. *Puisque tu as été vilain, tu n'auras pas de dessert.* ▷ Subst. *En voilà une vilaine!* **II.** n. m. Paysan libre au Moyen Âge. – Prov. *Jeu de main, jeu de vilain* : V. jeu (sens I). – Du bas lat. *villanus*, « habitant de la campagne », de *villa*, « ferme ».

vilainement [vilɛnmɑ̃] adv. D'une vilaine manière. – De *vilain*.

vilebrequin [vilbʀəkɛ̃] n. m. **1.** Outil à main pour le perçage du bois, constitué d'une pièce métallique quatre fois coudée munie d'un mandrin auquel s'adaptent des mèches. **2.** MECA Arbre coudé. ▷ *Spécial.* Arbre coudé qui transforme le mouvement alternatif des pistons d'un moteur à explosion en mouvement rotatif. – Du néerlandais *wimmelkijn**, de *wimmel*, « tarière ».

vilenie [vileni] n. f. Litt. **1.** Action vile, basse. *Commettre une vilenie.* **2.** Caractère vil (de qqn, de qqch). – De *vilain*.

vilipender [vilipɑ̃de] v. tr. [1] Litt. Décrier, dénoncer comme méprisable. – Bas lat. *vilipendere*; lat. class. *vili*, « vil », et *pendere*, « estimer, peser ».

villa [villa] n. f. **1.** HIST Domaine rural (Italie antique, Gaule romaine, mérovingienne, carolingienne). **2.** Mod. Maison individuelle avec un jardin. ▷ Impasse bordée de telles maisons. – Mot lat., « maison de campagne, ferme ».

villafranchien, enne [vil(l)afʀɑ̃ʃjɛ̃, ɛn] adj. et n. m. GEOL De la première partie du quaternaire, au cours de laquelle les mammifères du tertiaire évoluèrent vers les formes actuelles. ▷ n. m. *Le villafranchien.* – De *Villafranca d'Asti* (Piémont).

village [vilaʒ] n. m. **1.** Petite agglomération rurale. **2.** Ensemble des habitants d'un village. *Tout le village était rassemblé devant la mairie.* – Lat. médiév. *villagium*, de *villa*, « ferme ».

villageois, oise [vilaʒwa, waz] n. et adj. **1.** n. Habitant d'un village. **2.** adj. De village. *Fête villageoise.* – De *village*.

villanelle [vilanɛl] n. f. Didac. **1.** Poésie ou chanson pastorale; danse qu'elle accompagnait. **2.** Poème à forme fixe (XVIe s.) composé de tercets alternant avec un refrain de deux vers, et se terminant par un quatrain. – Ital. *villanella*, « chanson, danse villageoise », de *villano*, « paysan ».

ville [vil] n. f. **1.** Agglomération importante (à la différence du village, du hameau, du bourg) dont les habitants exercent en majorité des activités non agricoles (commerce, industrie, administration). *Ville ouverte, fortifiée. Bâtir, fonder une ville. Ville nouvelle* : ville créée près d'un centre urbain important, offrant à ses habitants une structure d'accueil complète (emplois, services, loisirs), afin de favoriser la décentralisation. *Ville-*

*dortoir**. *La Ville éternelle* : Rome. *La Ville lumière* (c.-à-d. au grand rayonnement culturel) : Paris. *Hôtel de ville* : siège des autorités municipales. **2.** Loc. *À la ville, en ville* : au-dehors, dans la ville (par oppos. à *chez soi*). *Dîner en ville.* ▷ *En ville* (abrév. : E.V.), dans la suscription d'une lettre que l'on n'adresse pas par la poste. *Monsieur Untel, E. V.* **3.** Population de la ville. *Toute la ville est en fête.* **4.** Loc. *Tenue, vêtements de ville,* que l'on porte ordinairement pour sortir dans la journée (par oppos. à *de sport, de travail, de soirée*). – Du lat. *villa,* « ferme, maison de campagne ».

villégiature [vileʒjatyʀ] n. f. **1.** Séjour de vacances à la campagne (et, par ext., au bord de la mer, etc.). *Être en villégiature à...* **2.** Endroit de ce séjour. – Ital. *villeggiatura,* de *villeggiare,* « aller à la campagne ».

villégiaturer [vileʒjatyʀe] v. intr. [1] Vieilli ou plaisant. Être en villégiature. – De *villégiature.*

villeux, euse [vilø, øz] adj. Didac. Qui présente des villosités. – Lat. *villosus,* de *villus,* « poil ».

villosité [villozite] n. f. **1.** BOT, ZOOL État d'une surface velue. **2.** ANAT Chacune des petites saillies en doigt de gant qui donnent un aspect velu à certaines surfaces. *Villosités de la muqueuse intestinale.* – Du rad. lat. de *villeux.*

vin [vɛ̃] n. m. **1.** Boisson alcoolisée obtenue par fermentation du jus de raisin. *Vin blanc, rosé, rouge. Vin mousseux. Vin de table,* de consommation courante. ▷ Loc. *Vin d'honneur,* offert pour honorer qqn, qqch. – Fig., fam. *Mettre de l'eau dans son vin* : se modérer dans ses opinions; rabattre de ses prétentions. – *Être entre deux vins,* à moitié ivre. – *Cuver son vin* : dormir après s'être enivré. – *Avoir le vin gai, mauvais, triste* : être gai, méchant, triste lorsqu'on a bu. – Prov. *Quand le vin est tiré, il faut le boire* : lorsqu'une affaire est engagée, il faut la mener à son terme, en acceptant d'en supporter les conséquences. **2.** LITURG CATHOL Une des deux espèces sous lesquelles se fait la consécration*. *Consacrer le pain et le vin.* **3.** MED *Tache de vin* : angiome*. **4.** Boisson alcoolisée obtenue par fermentation d'un produit végétal. *Vin de palme.* – Lat. *vinum.*

vinage [vinaʒ] n. m. Addition d'alcool à un vin pour en augmenter la teneur alcoolique. – De *viner.*

vinaigre [vinɛgʀ] n. m. **1.** Liquide riche en acide acétique obtenu par fermentation du vin, d'autres liquides alcoolisés ou de diverses solutions sucrées, et employé comme condiment. *Assaisonnement à l'huile et au vinaigre.* – *Mère du vinaigre.* V. mère. **2.** Loc. fig. *Cela tourne au vinaigre* : cela tourne mal. – Fam. *Faire vinaigre* : se dépêcher. – Prov. *On ne prend pas les mouches avec du vinaigre* : la douceur, l'amabilité réussissent mieux que l'âpreté, la rudesse. – De *vin,* et *aigre.*

vinaigrer [vinɛgʀe] v. tr. [1] Assaisonner avec du vinaigre. – De *vinaigre.*

vinaigrerie [vinɛgʀəʀi] n. f. **1.** Fabrique de vinaigre. **2.** Industrie, commerce du vinaigre. – De *vinaigrier.*

vinaigrette [vinɛgʀɛt] n. f. **1.** Sauce faite avec du vinaigre, de l'huile et divers condiments. *Bœuf à la vinaigrette.* **2.** Anc. Petite voiture à deux roues, ressemblant à la chaise à porteurs. – De *vinaigre.*

vinaigrier [vinɛgʀije] n. m. **1.** Fabricant, marchand de vinaigre. **2.** Flacon destiné à contenir du vinaigre. **3.** BOT Autre nom d'un sumac. – De *vinaigre.*

vinaire [vinɛʀ] adj. Rare Du vin. – Lat. *vinarius.*

vinasse [vinas] n. f. **1.** TECH Liquide restant après qu'on a enlevé par distillation l'alcool des liqueurs alcooliques. **2.** Cour., péjor. Mauvais vin. – De *vin.*

vindas [vɛ̃dɑs] ou **vindau** [vɛ̃do] n. m. TECH Cabestan à bras. ▷ GYM Pas-de-géant*. – Du scand. *winda,* « hausser ».

vindicatif, ive [vɛ̃dikatif, iv] adj. Enclin à la vengeance. *Caractère vindicatif.* – Du lat. *vindicare* (V. vindicte).

vindicativement [vɛ̃dikativmɑ̃] adv. D'une manière vindicative. – De *vindicatif.*

vindicte [vɛ̃dikt] n. f. DR *Vindicte publique* : poursuite d'un crime au nom de la société. – Litt. *Désigner qqn à la vindicte publique,* l'accuser publiquement. – Lat. *vindicta,* « vengeance » (« punition », en lat. imp.), de *vindicare,* « revendiquer, punir, châtier ».

vinée [vine] n. f. VITIC **1.** Vieilli Récolte de vin. **2.** Branche à fruits de la vigne. – De *vin.*

viner [vine] v. tr. [1] Ajouter de l'alcool à (un vin, un moût). – De *vin.*

vineux, euse [vinø, øz] adj. **1.** Qui a la couleur, l'odeur, le goût du vin. *Rouge vineux.* **2.** Vx. Riche en vin. *Région vineuse.* **3.** *Vin vineux,* riche en alcool, plein de force. – Lat. *vinosus.*

vingt [vɛ̃] se prononce [vɛ̃t] dans les nombres et en liaison (ex. *vingt-neuf* [vɛ̃tnœf], *vingt et un* [vɛ̃teœ̃]) adj. et n. m. **I.** adj. num. **1.** (Cardinal) Deux fois dix (20). *Vingt mois.* – *Vingt-quatre heures* : un jour plein. ▷ *Je vous l'ai dit vingt fois,* de nombreuses fois. ▷ Pop. *Vingt-deux!* : attention! **2.** (Ordinal) Vingtième. *Page vingt.* – Ellipt. *Le vingt juin.* **II.** n. m. Le nombre vingt. *Deux fois vingt.* ▷ Chiffres représentant le nombre vingt (20). ▷ Numéro vingt. *Jouer le vingt.* ▷ *Le vingt* : le vingtième jour du mois. *Payer le vingt.* – Bas lat. *vinti,* contract. du class. *viginti.*

vingtaine [vɛ̃tɛn] n. f. Nombre de vingt environ. *Une vingtaine d'absents.* – De *vingt.*

vingtième [vɛ̃tjɛm] adj. et n. **I.** adj. num. ord. Dont le rang est marqué par le nombre 20. *Le vingtième jour. Le vingtième siècle,* ou, ellipt., *le vingtième.* **II.** n. **1.** Personne, chose qui occupe la vingtième place. *Le vingtième et dernier de la classe.* **2.** n. m. Chaque partie d'un tout divisé en vingt parties égales. *Le vingtième d'une somme.*– De *vingt.*

vingtièmement [vɛ̃tjɛmmɑ̃] adv. En vingtième lieu. – De *vingtième.*

vinicole [vinikɔl] adj. Relatif à la culture de la vigne, à la production du vin. – De *vin,* et *-cole.*

vinifère [vinifɛʀ] adj. Didac. Qui produit du vin. *Terrain vinifère.* – De *vin,* et *-fère.*

vinification [vinifikasjɔ̃] n. f. Ensemble des opérations qui transforment le moût en vin. – De *vin,* d'ap. les mots en *-fication.*

vinifier [vinifje] v. tr. [2] Opérer la vinification de. – De *vinification.*

vinosité [vinozite] n. f. TECH Caractère d'un vin riche en alcool. – Lat. imp. *vinositas,* ou de *vineux.*

vinyle [vinil] n. m. CHIM *Radical vinyle* : radical monovalent CH_2=CH–. ▷ Corps qui contient ce radical. *La polymérisation du chlorure de vinyle permet d'obtenir le polychlorure de vinyle, matière plastique très utilisée.* – De *vin,* d'ap. *éthyle.*

vinylique [vinilik] adj. CHIM, TECH Se dit des corps contenant le radical vinyle. *Résine vinylique.* – De *vinyle.*

vinylite [vinilit] n. f. TECH Résine vinylique utilisée notam. dans la fabrication des disques microsillons. – Nom déposé, de *vinyle.*

vioc ou **vioque** [vjɔk] adj. et n. Pop. Vieux. – *Mes viocs* : mes parents. – De *vieux,* ou provenç. *velhaco.*

viol [vjɔl] n. m. **1.** Acte de violence par lequel une personne non consentante est contrainte à des relations sexuelles. **2.** Action de violer (sens 1 et 2). *Viol des lois, d'une clôture monastique.* – Déverbal de *violer.*

violacé, ée [vjɔlase] adj. et n. **1.** adj. D'une couleur tirant sur le violet. *Visage violacé.* **2.** n. f. pl. BOT Famille de dicotylédones pariétales comprenant les violettes et les pensées ainsi que des arbres et arbustes tropicaux. - Sing. *Une violacée.* – Lat. *violaceus,* « couleur de violette ».

violacer [vjɔlase] v. tr. [**12**] Rendre violet ou violacé. ▷ v. pron. *Peau qui se violace.* – De *violacé.*

violat [vjɔla] adj. m. PHARM Où il entre de l'extrait de violette. *Miel violat.* – Bas lat. *violatus.*

violateur, trice [vjɔlatœʀ, tʀis] n. **1.** Personne qui viole, enfreint, profane. **2.** Vx ou DR Violeur. – Lat. *violator.*

violation [vjɔlasjɔ̃] n. f. Action de violer (sens 1 et 2). *Violation d'un droit, de domicile.* – Lat. *violatio.*

violâtre [vjɔlɑtʀ] adj. Rare Violacé. – De *violet.*

viole [vjɔl] n. f. Instrument de musique à archet, monté de 3 ou 4 cordes (*viole de bras,* tenue sur le bras) ou de 6 ou 7 cordes (*viole de gambe,* tenue entre les genoux), ancêtre du violon et du violoncelle. – Anc. provenç. *viola,* de *violar,* « jouer (de la vielle, etc.) », verbe d'orig. onomat. (V. vieller).

violemment [vjɔlamɑ̃] adv. **1.** Avec violence. *Arracher violemment.* ▷ Avec impétuosité. *Répliquer violemment.* **2.** Avec ardeur. *Haïr violemment.* – De *violent.*

violence [vjɔlɑ̃s] n. f. **1.** Force brutale exercée contre quelqu'un. *User de violence.* - DR Contrainte illégitime, physique ou morale. ▷ *Faire violence à qqn,* le contraindre par la force ou l'intimidation. - *Faire violence à une femme,* la violer. - *Se faire violence :* se contraindre, se contenir. - *Se faire une douce violence :* accepter une chose agréable refusée jusque-là pour la forme. - Fig. *Faire violence à un texte,* en forcer le sens. **2.** (Plur.) Actes de violence. *Avez-vous eu à subir des violences?* **3.** Brutalité du caractère, de l'expression. *Réprimer sa violence. Violence verbale.* **4.** (Choses) Intensité, force brutale (d'un phénomène naturel, d'un sentiment, etc.). *Violence du vent, des passions.* – Lat. *violentia.*

violent, ente [vjɔlɑ̃, ɑ̃t] adj. (et n.) **1.** Brutal, emporté, irascible. *Un homme violent.* - Par ext. *Une scène violente.* ▷ Subst. *C'est un violent.* **2.** D'une grande force, d'une grande intensité. *Une violente explosion. Une douleur violente.* **3.** Qui nécessite de la force, de l'énergie. *Un effort violent.* ▷ *Mort violente,* causée par un acte de violence ou un accident. **4.** Fam. Excessif, intolérable. *C'est un peu violent!* – Lat. *violentus.*

violenter [vjɔlɑ̃te] v. tr. [**1**] **1.** Vx Contraindre par la violence. - Mod. *Violenter une femme,* la violer. **2.** Litt. Faire violence à. *Violenter une loi.* – De *violent.*

violer [vjɔle] v. tr. [**1**] **1.** Enfreindre, agir contre. *Violer la loi.* - *Violer un engagement,* ne pas le respecter. - *Violer un secret,* le trahir. **2.** Pénétrer (dans un lieu sacré ou interdit); profaner. *Violer un sanctuaire, une sépulture.* - *Violer les consciences,* forcer leur secret, les amener de force à certaines idées. **3.** Faire subir un viol (sens 1) à. *Violer une femme, un enfant.* – Lat. *violare.*

violet, ette [vjɔlɛ, ɛt] adj. et n. m. **1.** adj. D'une couleur résultant d'un mélange de bleu et de rouge (radiations lumineuses dont la longueur d'onde avoisine 0,4 µm). ▷ n. m. Couleur violette. *Un violet clair.* **2.** n. m. Syn. de *figue* de mer.* – De *violette.*

violette [vjɔlɛt] n. f. **1.** Plante herbacée (genre *Viola,* fam. violacées) à fleurs violettes ou blanches, au parfum suave et pénétrant. **2.** *Bois de violette :* palissandre du Brésil, utilisé surtout en marqueterie. – Dimin. de l'a. fr. *viole,* du lat. *viola.*

violeur, euse [vjɔlœʀ, øz] n. Personne qui commet, qui a commis un viol (sens 1). – De *violer.*

violier [vjɔlje] n. m. Nom cour. de la giroflée rouge (*Matthiola incana*) et de la giroflée jaune (*Cheirantus cheiri*). – De l'a. fr. *viole,* du lat. *viola* (V. violette).

violine [vjɔlin] adj. D'une couleur violet pourpre. *Rideau violine.* – De *violette.*

violiste [vjɔlist] n. Musicien joueur de viole. – De *viole.*

violon [vjɔlɔ̃] n. m. **I. 1.** Instrument de musique à quatre cordes accordées par quintes (sol, ré, la, mi) et à archet. ▷ Fig. *Accorder ses violons :* se mettre d'accord. - *Violon d'Ingres :* activité (artistique, notam.) exercée avec assiduité en dehors de sa profession (par allusion au fait que le peintre Ingres pratiquait le violon). **2.** Personne qui joue du violon dans un ensemble musical; violoniste d'orchestre. *Premier, second violon.* ▷ Vieilli, fig. *Payer les violons du bal :* payer les frais d'une entreprise dont les autres ont le profit. **II.** Fam. Prison attenant à un corps de garde ou à un poste de police. – Ital. *violone,* « grosse viole, contrebasse », le mot pour « violon » étant *violino.*

violoncelle [vjɔlɔ̃sɛl] n. m. **1.** Instrument de musique à quatre cordes, analogue au violon, mais de plus grande taille et dont on joue assis en le tenant entre les jambes. **2.** Rare Violoncelliste. – Ital. *violoncello,* dimin. de *violone.*

violoncelliste [vjɔlɔ̃sɛlist] n. Musicien joueur de violoncelle. – De *violoncelle.*

violoné [vjɔlɔne] adj. BX A Se dit d'un meuble, d'une partie de meuble en forme de violon. *Fauteuil violoné.* – De *violon.*

violoner [vjɔlɔne] v. intr. [**1**] Fam. Jouer, racler du violon. – De *violon.*

violoneux [vjɔlɔnø] n. m. Ménétrier. - Fam. Mauvais violoniste. – De *violoner.*

violoniste [vjɔlɔnist] n. Musicien joueur de violon. – De *violon.*

vioque. V. vioc.

viorne [vjɔʀn] n. f. **1.** BOT Arbrisseau (genre *Viburnum,* fam. caprifoliacées) à fleurs blanches, dont on cultive certaines espèces ornementales (obier, laurier-tin). **2.** Clématite. – Lat. *viburnum,* plur. *viburna,* pris pour un fém. sing.

V.I.P. [veipe; viajpi] n. m. inv. Fam. Personnage important. – Sigle de l'angl. *very important person.*

vipère [vipɛʀ] n. f. **1.** Serpent venimeux (30 cm à 1,80 m de long) au corps épais, à la tête triangulaire, dont deux espèces, la vipère aspic (*Vipera aspis*) et la vipère péliade (*Vipera berus*), vivent en France. **2.** Fig. Personne malfaisante, d'une méchanceté sournoise. *Un nid de vipères.* ▷ *Langue de vipère :* personne très médisante. – Lat. *vipera.*

vipereau [vipʀo] n. m. Petit d'une vipère. – Dimin. de *vipère.*

vipéridés [vipeʀide] n. m. pl. ZOOL Famille de serpents venimeux comprenant les vipères. - Sing. *Un vipéridé.* – De *vipère,* et *-idés.*

vipérin, ine [vipeʀɛ̃, in] adj. et n. f. **I.** adj. **1.** Vx *Langue vipérine :* langue de vipère, médisante. **2.** Mod. De la vipère, qui a rapport à la vipère. - *Couleuvre vipérine :* couleuvre aquatique. **II.** n. f. Plante (genre *Echium,* fam. borraginacées) des lieux incultes et des sables, d'aspect velu, à fleurs bleues ou roses. – Lat. *viperinus,* de *vipera,* « vipère ».

virage [viʀaʒ] n. m. **1.** MAR Syn. anc. de *virement*.* **2.** Mouvement tournant d'un véhicule. *Amorcer un virage. Virage à la corde,* effectué au plus près du bord intérieur de la route. - Fig. Changement d'orientation. *Virage politique.* ▷ Portion courbe d'une route. *Virage dangereux.* **3.** PHOTO Opération consistant à modifier la couleur d'une épreuve. **3.** *Virage d'une cutiréaction :* V. virer, sens III, 3. – De *virer.*

virago [viʀago] n. f. Péjor. Femme d'allure masculine, autoritaire ou revêche. – Mot latin, «femme qui a le courage d'un homme».

viral, ale, aux [viʀal, o] adj. MICROB, MED Relatif à un virus; dû à un virus. *Maladie virale.* – De *virus.*

vire [viʀ] n. f. ALPIN Étroite corniche sur une paroi rocheuse. – Chemin à flanc de montagne. – Déverbal de *virer.*

virée [viʀe] n. f. Fam. **1.** Promenade rapide; court voyage. **2.** Tournée des lieux de distraction. – Pp. fém. subst. de *virer.*

virelai [viʀ(ə)lɛ] n. m. Didac. Poème du Moyen Âge, construit sur deux rimes et à quatre strophes, dont la première est reprise en partie dans les autres. – Probabl. d'un refrain de danse, de *virer,* «tourner».

virement [viʀmɑ̃] n. m. **1.** MAR Mod. Action de virer de bord. **2.** Transfert de fonds d'un compte à un autre, d'un chapitre du budget à un autre. *Virement postal, budgétaire.* – De *virer.*

virer [viʀe] v. [1] **I.** v. tr. **1.** COMPTA et cour. Faire passer d'un compte à un autre. *Virer une somme.* **2.** PHOTO *Virer une épreuve,* lui faire subir un virage. ▷ Fam. *Virer sa cuti :* avoir une cutiréaction positive; fig. changer de parti, de mœurs, etc. **3.** Fam. *Virer qqn,* le renvoyer, l'expulser. **4.** MAR Haler sur (un cordage, une chaîne) au moyen d'un treuil, d'un cabestan, etc. **II.** v. tr. indir. Passer (à un autre état, une autre couleur). *Virer à l'aigre, au bleu.* **III.** v. intr. **1.** Tourner sur soi ou tourner en rond. *Virer d'un demi-tour.* **2.** MAR *Virer de bord* ou, absol., *virer :* pour un navire, offrir au vent le côté qui était sous le vent; fig., cour. changer de parti. ▷ Cour. Aller en tournant, prendre un virage. *Virer trop court.* **3.** PHOTO Subir un virage (sens 3). *Épreuve qui vire.* ▷ *Par ext.* Changer de teinte. *Étoffe, couleur qui vire.* – PHOTO *Cette diapositive a viré au magenta.* ▷ MED *Cutiréaction qui vire,* qui devient positive. – Lat. pop. **virare,* du class. *vibrare,* «faire tournoyer, faire vibrer».

vireton [viʀtɔ̃] n. m. Trait d'arbalète empenné de manière à tourner sur lui-même pendant sa trajectoire. – De *virer.*

vireur [viʀœʀ] n. m. TECH Mécanisme permettant de positionner ou de faire tourner l'arbre d'une machine lorsqu'il est débrayé. – De *virer.*

vireux, euse [viʀø, øz] adj. Didac. Se dit des plantes ou des substances végétales toxiques. – Par ext. *Odeur, saveur vireuse du chanvre indien.* – Lat *virosus,* de *virus,* «poison».

virevolte [viʀvɔlt] n. f. Tour et retour rapides sur soi-même. ▷ Fig. Volte-face, revirement. – Déverbal de *virevolter.*

virevolter [viʀvɔlte] v. intr. [1] Faire une ou des virevoltes. – Altér. de l'anc. v. *virevouster,* de *virer,* et *vouter,* «tourner», du lat. pop. **volvitare,* sous l'infl. de l'ital. *giravolta,* «tour en rond».

1. virginal, ale, aux [viʀʒinal, o] adj. D'une vierge; propre à une vierge. *Innocence virginale.* ▷ Pur, immaculé. *Blancheur virginale.* – Lat. *virginalis,* de *virgo, virginis,* «vierge».

2. virginal n. m. ou **virginale** n. f. [viʀʒinal] MUS Épinette en vogue en Angleterre du XVIe s. au XVIIIe s. – De *virginal* 1, p.-ê. «instrument pour les jeunes filles».

virginipare [viʀʒinipaʀ] adj. et n. f. ZOOL Se dit des femelles qui peuvent engendrer par parthénogenèse. ▷ n. f. *Une virginipare.* – Du lat. *virgo, virginis,* «vierge», et *-pare.*

virginité [viʀʒinite] n. f. État d'une personne vierge. ▷ Fig. Pureté. – *Refaire une virginité à qqn,* lui rendre l'innocence, la pureté, et, par ext., la réputation. – Lat. *virginitas,* de *virgo, virginis,* «vierge».

virgule [viʀgyl] n. f. **1.** Signe de ponctuation (,) qui indique une pause peu marquée et s'emploie pour séparer des propositions subordonnées non coordonnées, pour isoler les mots mis en apostrophe ou en apposition, ou entre les termes d'une énumération. ▷ MATH Signe qui sépare la partie entière et la partie décimale d'un nombre décimal. *132,75.* **2.** (En appos.) MED *Bacille virgule :* agent du choléra, dont la forme évoque celle d'une virgule. – Lat. *virgula,* «petit trait, accent», dimin. de *virga,* «verge, baguette».

virguler [viʀgyle] v. tr. [1] Rare Ponctuer de virgules (un texte). – De *virgule.*

viril, ile [viʀil] adj. **1.** Qui appartient, qui est propre aux humains adultes du sexe masculin. *Force virile. Toge virile. Le membre viril :* le phallus. **2.** Qui a les qualités que l'on prête traditionnellement aux hommes (fermeté d'âme, énergie, etc.); qui dénote ces qualités, ou qui participe de leur nature. *Se montrer viril. Faire preuve d'un courage viril.* – Lat. *virilis,* de *vir, viris,* «homme».

virilement [viʀilmɑ̃] adv. D'une manière virile; avec énergie. – De *viril.*

virilisation [viʀilizasjɔ̃] n. f. MED Apparition chez la femme pubère de caractères sexuels secondaires masculins. V. virilisme. – De *viriliser.*

viriliser [viʀilize] v. tr. [1] Rendre viril; donner un caractère viril à. – De *viril.*

virilisme [viʀilism] n. m. MED Ensemble de troubles (pilosité accrue, tessiture basse de la voix, hypertrophie musculaire, absence de règles) qui apparaissent chez la femme souffrant d'un excès de sécrétion d'hormones androgènes. – De *viril.*

virilité [viʀilite] n. f. **1.** Ensemble des caractéristiques physiques de l'être humain adulte de sexe masculin. ▷ Âge viril, âge d'homme. *Parvenir à la virilité.* **2.** Aptitude à engendrer, puissance sexuelle chez l'homme. **3.** Ensemble des qualités traditionnellement considérées comme spécifiquement masculines. V. viril, sens 2. – Lat. *virilitas,* «caractère mâle; âge viril; sexe de l'homme».

virion [viʀjɔ̃] n. m. MICROB Particule virale infectieuse. – De *virus.*

virolage [viʀɔlaʒ] n. m. TECH Action de viroler (sens 1 et 2). – De *viroler.*

virole [viʀɔl] n. f. TECH **1.** Petit cercle de métal mis au bout d'une canne, d'un manche d'outil ou de couteau, etc., pour empêcher le bois de se fendre. **2.** Moule d'acier circulaire dans lequel sont frappées les monnaies, les médailles. **3.** Anneau de tôle constituant un élément de chaudière, de réservoir. – Lat. *viriola,* dimin. de *viria,* «sorte de bracelet».

viroler [viʀɔle] v. tr. [1] TECH **1.** Garnir d'une virole. **2.** Mettre (les flans) dans la virole (sens 2). – De *virole.*

virologie [viʀɔlɔʒi] n. f. Partie de la biologie qui étudie les virus. – De *virus,* et *-logie.*

virologiste [viʀɔlɔʒist] ou **virologue** [viʀɔlɔg] n. Spécialiste de virologie. – De *virologie.*

virose [viʀoz] n. f. MED Infection par un virus. – De *virus,* et *-ose* 2.

virtualité [viʀtɥalite] n. f. PHILO, litt. Caractère de ce qui est virtuel. – Ce qui est virtuel. *Réaliser les virtualités qu'on porte en soi.* – De *virtuel.*

virtuel, elle [viʀtɥɛl] adj. **1.** PHILO et cour. Qui existe en puissance seulement; potentiel. Ant. actuel. **2.** PHYS *Image virtuelle,* dont les points se trouvent sur le prolongement géométrique des rayons lumineux. *Image virtuelle d'un* *miroir* (par oppos. à *image réelle*). – Lat. scolast. *virtualis*, du lat. *virtus*, « vertu ».

virtuellement [viʀtɥɛlmɑ̃] adv. **1.** D'une manière virtuelle, en puissance. **2.** Cour. À peu de chose près. *Il a virtuellement gagné.* – De *virtuel*.

virtuose [viʀtɥoz] n. et adj. **1.** Personne douée d'une grande habileté (dans un art, une activité quelconque). **2.** Musicien, exécutant dont la technique est sans défaut. ▷ adj. *Violoniste virtuose.* – Ital. *virtuoso*, de *virtu*, « énergie, qualité », du lat. *virtus*, « vertu, force ».

virtuosité [viʀtɥozite] n. f. Talent, technique de virtuose. *La virtuosité d'un pianiste.* – De *virtuose*.

virulence [viʀylɑ̃s] n. f. **1.** MED Pouvoir infectant et pathogène d'un germe. **2.** Fig. Violence, dureté, âpreté. *La virulence d'une satire.* – Bas lat. *virulentia*, « infection ».

virulent, ente [viʀylɑ̃, ɑ̃t] adj. **1.** MED Doué de virulence. **2.** Fig. Âpre, dur, violent. *Critiques virulentes.* – Bas lat. *virulentus*, « venimeux ».

virure [viʀyʀ] n. f. MAR Bande longitudinale du bordé*, constituée d'une succession de bordages* de même largeur dans la construction en bois, ou de tôles assemblées par leurs petits côtés dans la construction métallique. – De *virer*.

virus [viʀys] n. m. **1.** Microorganisme parasite des cellules et infectieux. *Virus de la grippe, de la poliomyélite.* V. encycl. **2.** Fig. Source de contagion morale. *Le virus du jeu.* **3.** INFORM Programme difficile à détecter et à localiser, transmissible et pouvant se reproduire lui-même, conçu le plus souvent dans une intention malveillante afin de perturber ou bloquer le fonctionnement des ordinateurs. *Le virus se propage par l'utilisation d'une disquette « infectée ».* – Mot lat., « suc, venin, poison ».

ENCYCL **Biol.** - La particule virale a une partie centrale, le virion, constituée d'acide nucléique (A.D.N. ou A.R.N.) et qu'enveloppe une coque, la capside, formée essentiellement de protéines. On estime que la plupart des virus peuvent avoir : soit une activité pathologique banale et spécifique; soit une activité génétique et cancérigène.

vis [vis] n. f. **1.** Tige cylindrique ou tronconique en matière dure (métal, le plus souvent) présentant un relief en spirale (le *filet*), et que l'on utilise pour effectuer des assemblages ou pour transmettre un effort ou un mouvement. *Vis à bois, à métaux. Pas de vis. Vis sans fin* : vis à corps cylindrique dont le filet entraîne une roue dentée. *Vérin à vis.* ▷ Loc. fig., fam. *Serrer la vis à qqn*, le traiter avec sévérité, dureté. – *Donner un tour de vis* : renforcer une sujétion, une contrainte. **2.** Rare Escalier à cage cylindrique dont les marches sont soutenues par un axe vertical central (le *noyau*). ▷ Cour. *Escalier à vis* (appelé aussi *escalier en colimaçon**). **3.** AUTO *Vis platinées* : V. platiné. – Du lat. *vitis*, « vigne », et par ext. « vrille de vigne ».

visa [viza] n. m. Formule, sceau que l'on appose sur un acte pour le valider, le légaliser. ▷ *Spécial.* Cachet apposé sur un passeport, exigé par certains pays, et valant autorisation de séjour. – Mot lat. *visa*, « choses vues », plur. neutre de *visus*, pp. de *videre*, « voir ».

visage [vizaʒ] n. m. **1.** Face de l'être humain, partie antérieure de la tête. *Les traits du visage.* ▷ Expression, mine, physionomie. *Visage gai, ouvert, triste, renfrogné. Faire bon (mauvais) visage à qqn*, être avenant (désagréable) avec lui. ▷ Loc. fig. *Se montrer à visage découvert*, tel qu'on est réellement. **2.** Fig. Aspect (de qqch). *Cette nouvelle implantation industrielle a changé le visage de la ville.* – Du lat. *visus*, « aspect, apparence », propr. « vue ».

visagisme [vizaʒism] n. m. Didac. Ensemble des règles ayant pour but de faire ressortir la spécificité d'un visage, par la coiffure ou le maquillage. – Nom déposé; de *visage*.

visagiste [vizaʒist] n. Spécialiste du visagisme. – Nom déposé; de *visage*.

vis-à-vis [vizavi] loc. prép. et n. m. inv. **I.** Loc.prép. **1.** En face de. *J'étais placé vis-à-vis de M. Untel.* **2.** En comparaison de. *Mon malheur n'est rien vis-à-vis du vôtre.* **3.** (Emploi critiqué.) Envers. *Mes sentiments vis-à-vis d'elle.* **II.** n. m. inv. **1.** Situation de deux personnes, de deux choses qui se trouvent l'une en face de l'autre. *Nous étions en vis-à-vis. Un vis-à-vis piquant.* **2.** Personne (et, par ext., chose) placée en face d'une autre. *J'ai demandé du feu à mon vis-à-vis.* **3.** Petit fauteuil à deux places, en forme de S, qui permet à deux personnes de converser en se faisant face. – De l'a. fr. *vis*, « visage », du lat. *visus*, « vue ».

viscache [viskaʃ] n. f. ZOOL Rongeur d'Amérique du Sud (*Lagostomus maximus*), proche du chinchilla. – Mot esp., d'orig. quechua.

viscéral, ale, aux [viseʀal, o] adj. **1.** ANAT Relatif aux viscères. **2.** Fig. Qui vient du plus profond de soi, en parlant de sentiments, d'affects. *L'attachement viscéral du paysan à sa terre.* – Bas lat. *visceralis*, « intime », du class. *viscus*, « chair ».

viscéralement [viseʀalmɑ̃] adv. De façon viscérale, profondément. – De *viscéral*.

viscère [visɛʀ] n. m. ANAT Chacun des organes contenus dans les cavités crânienne, thoracique et abdominale. ▷ *Spécial.*, cour. *Les viscères*, ceux de l'abdomen. – Lat. *viscus*, *visceris*, « chair », par ext. « viscère ».

viscose [viskoz] n. f. CHIM Solution épaisse à base de cellulose utilisée pour la préparation de la rayonne, de la fibranne et de la cellophane. – Du rad. de *visqueux*, et *-ose* 1.

viscosimètre [viskozimɛtʀ] n. m. TECH Appareil servant à mesurer la viscosité des liquides. – De *viscosité*, et *-mètre*.

viscosité [viskozite] n. f. État de ce qui est visqueux. ▷ PHYS Propriété qu'a tout fluide d'opposer une résistance aux forces qui tendent à déplacer les unes par rapport aux autres les particules qui le constituent. *La viscosité dynamique des gaz augmente avec la température mais ne varie pratiquement pas avec la pression; celle des liquides décroît avec la température mais croît fortement avec la pression.* – Lat. médiév. *viscositas*, du class. *viscosus*, « visqueux ».

visé [vize] n. m. Action de viser avec une arme à feu. *Tirer au visé* (par oppos. à *au jugé*). – Pp. subst. de *viser* 1.

visée [vize] n. f. **1.** Action de diriger la vue (et, par ext., une arme, un instrument d'optique, un appareil photographique, etc.) vers un point donné. **2.** Fig. (Surtout au plur.) Ce que l'on se fixe comme but à atteindre, comme avantage à obtenir; ambition, dessein, désir. *Avoir des visées sur qqch, qqn.* – Pp. fém. subst. de *viser* 1.

1. viser [vize] v. [1] **I.** v. tr. dir. **1.** Regarder attentivement (le but, la cible) que l'on cherche à atteindre au moyen d'une arme, d'un projectile, etc. *Chasseur qui vise un buffle.* **2.** Fig. Chercher à atteindre. *Qui visiez-vous par cette allusion ?* – (Sujet n. de chose.) *Ce reproche nous vise*, nous concerne directement, nous est adressé. ▷ Avoir des vues sur; ambitionner, briguer. *Viser un poste important.* **3.** Pop. Regarder. *Vise un peu cette pépée !* **II.** v. tr. indir. *Viser à.* **1.** Pointer une arme, un objet vers. *Il a visé au cœur.* **2.** Chercher à atteindre, avoir en vue (une certaine fin). *Cette équipe vise à sa qualification pour la finale.* ▷ (+ inf.) *La comédie vise à corriger les mœurs.* **III.** v. intr. *Tirer sans viser.* ▷ Fig. *Viser trop haut, trop bas* : avoir des ambitions trop grandes, trop modestes. – Lat. pop. *visare*, class. *visere*, intensif de *videre*, « voir ».

2. viser [vize] v. tr. [1] Examiner (un acte) et le revêtir d'une formule, d'un cachet, etc., qui le rend valide. *Fonctionnaire qui vise un document comptable.* – De *visa*.

viseur [vizœʀ] n. m. Dispositif optique de visée. *Regarder dans le viseur d'une arme à feu.* ▷ *Spécial.* PHOTO Dispositif permettant d'évaluer exactement le champ embrassé par l'objectif de l'appareil, de la caméra. – De *viser* 1.

visibilité [vizibilite] n. f. **1.** Fait d'être visible; caractère visible d'une chose. **2.** Possibilité de voir plus ou moins bien. *Doubler dans un virage sans visibilité.* ▷ *Spécial.* Possibilité de voir plus ou moins loin, en fonction de l'état de l'atmosphère. *La brume réduit la visibilité.* – Bas lat. *visibilitas,* du class. *visibilis,* «qu'on peut voir».

visible [vizibl] adj. et n. m. **I.** adj. **1.** Que l'on peut voir, qui peut être perçu par la vue. *Éclipse visible à Paris.* **2.** Évident, manifeste. *Il est visible que...* **3.** Prêt à recevoir une visite; que l'on peut voir. *M. le Directeur est-il visible?* ▷ Fam. Tout habillé, prêt à être vu. *Entrez, maintenant je suis visible.* **II.** n. m. *Le visible.* **1.** OPT Le domaine des radiations lumineuses perceptibles par l'œil humain (longueurs d'onde comprises entre 0,4 et 0,8 μm). **2.** Ce qui peut être perçu par les sens, et partic. par la vue; le monde sensible, matériel. *Le visible et l'invisible.* – Lat. *visibilis,* de *videre,* «voir».

visiblement [viziblәmɑ̃] adv. **1.** De manière perceptible à la vue. **2.** De toute évidence; manifestement. *Être visiblement contrarié.* – De *visible.*

visière [vizjɛʀ] n. f. **1.** HIST Partie antérieure mobile du heaume, qui protégeait le visage. **2.** Partie d'une casquette, d'un képi qui abrite le front et les yeux. – Par anal. *Mettre sa main en visière.* – De l'a. fr. *vis,* «visage».

visigoth. V. wisigoth.

visioconférence [vizjɔkɔ̃feʀɑ̃s] ou **vidéoconférence** [videokɔ̃feʀɑ̃s] n. f. Téléconférence permettant, en plus de la transmission de la parole et de documents graphiques, la transmission d'images animées des participants éloignés. – De *vision* ou *vidéo-,* et *conférence.*

vision [vizjɔ̃] n. f. **I. 1.** Perception du monde extérieur par les organes de la vue; exercice du sens de la vue, action de voir. *Vision diurne, nocturne, crépusculaire. Défauts de la vision* (myopie, hypermétropie, astigmatisme, presbytie). *Vision des couleurs.* **2.** Fig. Façon de voir; conception. *Une curieuse vision du monde.* **II.** Chose surnaturelle que voient ou croient voir certaines personnes. *Les visions d'une personne en extase.* ▷ Hallucination visuelle. – Fam. *Avoir des visions :* déraisonner. – Lat. *visio,* «action de voir».

visionnaire [vizjɔnɛʀ] adj. et n. **1.** Qui a, qui croit avoir des visions surnaturelles. **2.** Se dit d'une personne dotée d'une vision juste de l'avenir ou de certaines réalités. ▷ Subst. *Un, une visionnaire.* – De *vision.*

visionner [vizjɔne] v. tr. [1] Examiner (un film, des diapositives, etc.), du point de vue technique. – De *vision.*

visionneuse [vizjɔnøz] n. f. Appareil permettant l'examen des films, des diapositives, des microfilms. – De *visionner.*

visiophone [vizjɔfɔn] ou **vidéophone** [videofɔn] n. m. TELECOM Appareil associant un téléphone, un écran cathodique et une caméra de télévision, et permettant aux correspondants de se voir. – De *vision,* ou *vidéo-,* et *-phone.*

visitandine [vizitɑ̃din] n. f. RELIG CATHOL Religieuse de l'ordre de la Visitation. – De *visit(ation).*

Visitation [vizitasjɔ̃] n. f. RELIG CATHOL Visite que la Vierge Marie fit, peu après l'Annonciation, à sa cousine sainte Élisabeth, alors enceinte de Jean-Baptiste; fête célébrée le 31 mai (naguère, le 2 juillet), pour commémorer cet événement. ▷ (Avec une minuscule.) Tableau représentant la Visitation. ▷ *Ordre de la Visitation :* ordre religieux de femmes fondé en 1610 à Annecy par saint François de Sales et sainte Jeanne de Chantal. – Lat. ecclés. *visitatio,* de *visitare,* «visiter».

visitatrice [vizitatʀis] n. f. RELIG CATHOL Religieuse qui visite les couvents de son ordre. – Lat. ecclés. *visitatrix,* fém. de *visitator,* «visiteur», du class. *visitare,* «visiter».

visite [vizit] n. f. Action, fait de visiter. **1.** Fait d'aller dans un lieu pour l'inspecter. *Visite domiciliaire.* ▷ Fait d'examiner, de contrôler (qqch). *Visite du chargement d'un poids lourd par les gendarmes.* **2.** Fait d'aller dans un lieu pour sa propre distraction, pour son propre plaisir. *Visite d'une ville d'art.* **3.** Fait d'aller voir (qqn) chez lui. *Rendre visite à un ami. Rendre une, sa visite à qqn,* aller le voir après l'avoir reçu. ▷ *Visite officielle :* visite, à titre officiel, d'un homme d'État, d'un souverain, dans un pays étranger. ▷ Consultation donnée par un médecin au domicile du patient. *Tarif des visites.* **4.** *Par méton.* Personne qui en visite une autre; visiteur, visiteuse. *J'ai reçu une visite.* **5.** DR *Droit de visite :* droit de voir un enfant, attribué aux personnes qui n'en ont pas la garde (conjoint divorcé, grands-parents). – Déverbal de *visiter.*

visiter [vizite] v. tr. [1] **1.** Examiner (un lieu; qqch) complètement, en détail. *Les douaniers ont visité nos bagages.* **2.** Parcourir, aller voir par curiosité, pour son plaisir (un lieu, un monument, etc.). *Visiter un musée.* **3.** Aller voir (qqn) chez lui. *Visiter un malade.* – Lat. *visitare,* fréquentatif de *visere,* «voir».

visiteur, euse [vizitœʀ, øz] n. **1.** Personne qui inspecte (un lieu, qqch). *Visiteur des douanes.* **2.** Personne qui visite (un lieu) pour son plaisir. *Les visiteurs d'une exposition.* **3.** Personne qui rend visite à qqn chez lui. *Recevoir des visiteurs.* ▷ *Spécial.* Personne qui va voir bénévolement qqn dans un collège, un hôpital, une prison, etc. *Visiteur des prisons.* **4.** Personne qui visite ses clients à domicile. *Visiteur médical :* représentant d'un laboratoire pharmaceutique qui rend visite aux médecins pour leur présenter les produits de sa firme. – De *visiter.*

vison [vizɔ̃] n. m. **1.** Petit mammifère carnivore (*Mustela lutreola,* fam. mustélidés) au corps long, à tête courte, chassé et élevé pour sa fourrure. ▷ Cette fourrure. *Manteau de vison.* **2.** Fam. Manteau, veste de vison. *Elle avait mis ses bijoux et son vison.* – Du lat. *vissio,* «puanteur», de *vissire,* «vesser»; «belette», en Saintonge, à cause de son odeur.

ENCYCL Les poils courts et brillants du vison forment un pelage épais et souple. Excellent nageur, il vit au bord de l'eau. Deux espèces sont courantes : le *vison européen,* long de 40 cm, avec une queue de 20 cm, disparu à l'état sauvage, et le *vison d'Amérique du N.,* un peu plus grand; tous deux sont élevés dans des fermes pour leur fourrure.

visqueux, euse [viskø, øz] adj. **1.** Qui s'écoule lentement, avec difficulté; poisseux, collant. *Liquide épais et visqueux.* ▷ PHYS, TECH Dont la viscosité* est élevée. *Huile très visqueuse.* **2.** Dont la surface est rendue glissante ou gluante par un liquide, une mucosité, etc. *Peau visqueuse des poissons.* **3.** Fig., péjor. D'une bassesse immonde, qui répugne. *Une obséquiosité visqueuse.* – Bas lat. *viscosus,* de *viscum,* «glu».

vissage [visaʒ] n. m. Action de visser, d'assembler au moyen de vis. – De *visser.*

visser [vise] v. tr. [1] **1.** Fixer, assembler au moyen d'une ou de plusieurs vis. *Visser une serrure.* – Par métaph. *Il resta vissé sur sa chaise.* **2.** Fermer, serrer (une chose munie d'un pas de vis). *Visser le capuchon de son stylo.* ▷ v. pron. (Passif) *Ce couvercle se visse mal.* **3.** Fig., fam. *Visser qqn :* serrer la vis* à qqn. – De *vis.*

visserie [visʀi] n. f. **1.** Fabrique, atelier qui produit des pièces comportant un pas de vis, telles que vis, boulons, écrous, pitons, etc. **2.** Ensemble de ces pièces. – De *vis.*

visu (de). V. de visu.

visualisation [vizɥalizasjɔ̃] n. f. **1.** Didac. Fait de visualiser. **2.** INFORM Affichage d'informations sur un visuel. *Console de visualisation.* – De *visualiser.*

visualiser [vizɥalize] v. tr. [1] **1.** Didac. Faire percevoir par la vue (ce qui normalement n'est pas visible). *Visualiser le trajet d'un nerf au moyen d'un crayon dermique.* **2.** INFORM Faire apparaître (des informations) sur un visuel. – Angl. *to visualize,* de *visual,* «visuel»; du fr.

visuel, elle [vizɥɛl] adj. et n. **1.** adj. De la vue, qui a rapport à la vue. *Rayon visuel. Mémoire visuelle :* mémoire des images, des choses vues. ▷ Subst. Personne chez qui les perceptions visuelles produisent des sensations plus fortes que les autres perceptions; personne chez qui la mémoire visuelle est prépondérante. *Je suis un visuel, la peinture me touche plus que la musique.* **2.** n. m. INFORM Dispositif permettant l'affichage de données sur l'écran d'un ordinateur. **3.** n. m. Dans le jargon des métiers de la communication (presse, publicité, notam.) : aspect visuel d'une affiche, d'une brochure, d'un encart publicitaire. *L'idée est excellente mais le visuel n'est pas au point.* – Lat. médiév. *visualis,* du class. *videre,* «voir».

visuellement [vizɥɛlmɑ̃] adv. Par la vue, au moyen de la vue. – De *visuel.*

vit [vi; vit] n. m. Vx ou litt. Membre viril, pénis. – Du lat. *vectis,* «levier, pilon».

vitacées [vitase] n. f. pl. BOT Syn. de *ampélidacées.* – Sing. *Une vitacée.* – Du lat. *vitis,* «vigne».

vital, ale, aux [vital, o] adj. **1.** De la vie, qui a rapport à la vie. *Phénomènes vitaux.* **2.** Indispensable à la vie. *Échanges vitaux.* **3.** Fondamental; d'une importance capitale. *Question vitale.* – Lat. *vitalis,* de *vita,* «vie».

vitalisme [vitalism] n. m. PHILO, BIOL Théorie, surtout développée au XVIIIe s., selon laquelle la vie est une force *sui generis,* un principe autre que celui de l'âme et autre que celui des phénomènes physico-chimiques, et qui régit l'organisme d'un être vivant. – De *vital.*

vitaliste [vitalist] n. et adj. PHILO **1.** n. Partisan du vitalisme. **2.** adj. Relatif au vitalisme. *Mouvement vitaliste.* – De *vitalisme.*

vitalité [vitalite] n. f. **1.** BIOL Rare Ensemble des forces qui président aux fonctions propres des corps organisés. **2.** Cour. Intensité de l'énergie vitale; ardeur, dynamisme, vigueur. *Vitalité d'une plante. Enfant plein de vitalité.* – Lat. *vitalitas.*

vitamine [vitamin] n. f. Substance azotée indispensable, en doses infinitésimales, au métabolisme de l'organisme, qui ne peut en effectuer lui-même la synthèse. – Mot angl., du lat. *vita,* «vie», et *amine.*

ENCYCL Les vitamines sont désignées par des lettres (éventuellement suivies d'un numéro) ou par le composé chimique lui-même. *Vitamine A,* facteur de croissance nécessaire à la formation du pourpre rétinien; sa carence provoque des troubles de la croissance et de la vue, ainsi qu'une altération des épithéliums. *Vitamine B1* (thiamine), dont la carence, rare sous les climats tempérés, provoque le béribéri. *Vitamine B2* (riboflavine), hydrosoluble, abondante dans les légumes et les levures des céréales. *Vitamine B6* (pyridoxine), dont la carence donne des troubles cutanés, digestifs, hématologiques et surtout neurologiques. *Vitamine B12,* qui joue un rôle important dans l'hématopoïèse; sa carence provoque une anémie. *Vitamine C* (acide ascorbique), dont la carence provoque le scorbut; elle est administrée dans certains états infectieux. *Vitamine D,* qui intervient dans la croissance osseuse; elle est administrée contre le rachitisme. *Vitamine E,* à l'action mal connue; elle interviendrait dans les fonctions de reproduction. *Vitamine K,* indispensable à la synthèse de certains facteurs de la coagulation; cette propriété est utilisée pour désigner une classe d'anticoagulants (antivitamines K). *Vitamine PP* ou *B3* (nicotinamide), qui a notam. une action sur la peau; sa carence provoque la pellagre.

vitaminé, ée [vitamine] adj. Qui contient des vitamines; où l'on a ajouté des vitamines. – De *vitamine.*

vitaminique [vitaminik] adj. BIOL, MED Qui se rapporte aux vitamines. – De *vitamine.*

vitaminothérapie [vitaminɔteʀapi] n. f. MED Administration de vitamines à des fins thérapeutiques. – De *vitamine,* et *thérapie.*

vite [vit] adv. **1.** Avec rapidité. *Marcher vite. Manger trop vite.* **2.** En toute hâte. *Venez vite !* **3.** Bientôt, sous peu. *Il sera vite guéri.* ▷ Loc. adv. *Au plus vite :* dans le plus bref délai. – Probabl. rad. expressif; «prompt, hâtif», en a. fr.

vitellin, ine [vitɛl(l)ɛ̃, in] adj. BIOL Relatif au vitellus. – De *vitellus.*

vitellus [vitel(l)ys] n. m. BIOL Ensemble des substances de réserve accumulées par l'ovocyte* et utilisées par l'embryon au cours de son développement. *Œufs pauvres en vitellus (échinodermes, mammifères), œufs riches en vitellus (batraciens, reptiles, oiseaux).* – Mot lat., «jaune d'œuf».

vitelotte [vitlɔt] n. f. AGRIC Variété de pomme de terre, allongée et cylindrique. – Dimin. de *vit,* par analogie de forme.

vitesse [vitɛs] n. f. **1.** Rapidité à se déplacer ou à agir. ▷ Loc. adv. Fam. *En vitesse :* au plus vite. – *En quatrième vitesse :* très rapidement. **2.** Fait de se déplacer plus ou moins vite. *Panneau de limitation de vitesse.* – Loc. *En perte de vitesse,* se dit d'un avion dont la vitesse devient insuffisante pour assurer la sustentation; fig. se dit d'une personne, d'un groupe dont l'influence, les performances, etc., sont en baisse. ▷ Loc. fig., fam. *À deux vitesses,* inégalitaire. *Médecine à deux vitesses.* ▷ Rapport d'une distance au temps mis pour la parcourir. – *Vitesse angulaire* (d'un mobile tournant autour d'un point) : rapport entre l'angle dont a tourné le mobile et le temps mis pour effectuer cette rotation. – *Vitesse de rotation :* nombre de tours par unité de temps effectués par un mobile tournant sur lui-même. *Vitesse de rotation d'un arbre, d'une roue dentée.* ▷ ESP *Vitesse de libération :* V. libération. ▷ AUTO *Boîte de vitesses :* V. boîte. – De *vite.*

viti-. Élément, du lat. *vitis,* «vigne».

viticole [vitikɔl] adj. Relatif à la viticulture. – De *viti-,* et *-cole,* d'apr. *agricole.*

viticulteur, trice [vitikyltœʀ, tʀis] n. Celui, celle qui cultive la vigne pour la production du vin. – De *viti-,* d'apr. *agriculteur.*

viticulture [vitikyltyʀ] n. f. Culture de la vigne. – De *viti-,* et *culture.*

vitiligo [vitiligo] n. m. MED Trouble de la pigmentation cutanée, dont les causes sont encore mal connues et qui se caractérise par des taches blanches entourées d'une bordure fortement pigmentée. – Mot lat., «tache blanche», de *vitium,* «défaut».

vitrage [vitʀaʒ] n. m. **1.** Action de vitrer. **2.** Ensemble des vitres d'un édifice. **3.** Châssis garni de vitres, servant de cloison, de toit, etc. *La pièce est divisée en deux par un vitrage. Rideau de vitrage* ou, ellipt., *un vitrage :* rideau transparent, store appliqué contre un vitrage. – De *vitre.*

vitrail, aux [vitʀaj, o] n. m. Panneau fait de morceaux de verre généralement peints ou colorés dans la masse et assemblés, le plus souvent au moyen de plomb, de manière à former une décoration. *Les vitraux des cathédrales. L'art du vitrail.* – De *vitre.*

ENCYCL L'emploi des verres colorés était connu des Anciens mais c'est surtout l'art chrétien, et partic. l'art ogival, qui lui a donné un grand développement : vitraux de Chartres, Sens, Bourges, Tours, Le Mans ; grandes roses de Paris, Reims, Strasbourg, etc. L'art du vitrail connu un second âge d'or au XVIe s., puis tomba en désuétude aux XVIIe et XVIIIe s. (le style de l'archi. ne sollicitant guère son emploi), avant de réapparaître au XIXe s. sur le mode du pittoresque médiéval. Au XXe s., Rouault (égl. d'Assy), Braque, Léger, Villon (chap. du Sacré-Cœur de la cath. de Metz), Matisse (chap. de Vence), Manessier (égl. St-Pierre à Arles-Trinquetaille) et Chagall (synagogue de Jérusalem) ont renouvelé l'art du vitrail.

vitrauphanie ou **vitrophanie** [vitrɔfani] n. f. TECH Procédé utilisant des encres transparentes sur un support translucide ou sur un support de décalcomanie. ▷ Autocollant translucide à placer sur une vitre, lisible par transparence. – Nom déposé.

vitre [vitʀ] n. f. Plaque de verre dont on garnit une ouverture (porte, fenêtre, etc.) par laquelle on veut laisser passer la lumière. – Lat. *vitrum*, « verre ».

vitré, ée [vitʀe] adj. (et n. m.) **1.** Garni de vitres. *Porte vitrée.* **2.** ANAT *Humeur vitrée* ou, n. m., *le vitré* : liquide transparent et visqueux, contenu dans la cavité oculaire en arrière du cristallin. – Sens 1, pp. de *vitrer*; sens 2, du lat. *vitreus*.

vitrer [vitʀe] v. tr. [1] Garnir de vitres. *Vitrer une fenêtre.* – De *vitre*.

vitrerie [vitʀəʀi] n. f. **1.** Technique de la fabrication et de la pose des vitres. **2.** Activité, commerce du vitrier ; marchandises qui en font l'objet. – De *vitre*, ou de *vitrier*.

vitreux, euse [vitʀø, øz] adj. **1.** Qui ressemble au verre, qui en a l'aspect. *Porcelaine vitreuse*, à demi translucide. ▷ *État vitreux* : en cristallographie, état d'un corps dont les atomes sont disposés aléatoirement (par oppos. à *état cristallin*, dans lequel les atomes sont régulièrement répartis). – *Roches vitreuses et roches cristallines.* **2.** *Œil, regard vitreux*, sans éclat, sans vie. – De *vitre*, « verre ».

vitrier [vitʀije] n. m. Celui qui vend, qui pose les vitres. – De *vitre*.

vitrifiable [vitʀifjabl] adj. Susceptible de se vitrifier, d'être vitrifié. – De *vitrifier*.

vitrification [vitʀifikasjɔ̃] n. f. Action de vitrifier, fait de se vitrifier ; son résultat. – De *vitrifier*.

vitrifier [vitʀifje] v. tr. [2] **1.** Transformer en verre par fusion ; donner l'aspect du verre à. ▷ v. pron. *Lave qui se vitrifie en refroidissant.* **2.** Recouvrir (une surface) d'un produit transparent et imperméable pour faciliter son entretien. *Vitrifier un parquet.* – De *vitre*, et *-fier*.

vitrine [vitʀin] n. f. **1.** Devanture vitrée d'un magasin ; glace derrière laquelle un commerçant expose des marchandises à la vue des passants. *La vitrine d'un bijoutier. Laver une vitrine.* ▷ *Par méton.* Ce qui est exposé en vitrine ; étalage. *Une vitrine de Noël.* ▷ Fig. Ce qui sert à présenter au public une image favorable (d'une entreprise, d'une institution, d'une nation). *Le TGV, vitrine de la France.* **2.** Meuble vitré où sont exposés des objets de collection, dans un salon, un musée, etc. – Altér. de l'a. fr. *verrine*, « vitre devant un tableau », d'ap. *vitre*.

vitriol [vitʀijɔl] n. m. **1.** Vx (Avec un adj.) Sulfate. *Vitriol blanc* : sulfate de zinc. *Vitriol bleu* : sulfate de cuivre. *Vitriol vert* : sulfate de fer. **2.** *Vitriol* ou, vieilli, *huile de vitriol* : acide sulfurique concentré, très corrosif. ▷ Fig. *Au vitriol* : d'un caractère violent, caustique, corrosif (en parlant d'un discours, d'un écrit, etc.). *Pamphlet au vitriol.* – Du lat. *vitreolus*, « vitreux ».

vitriolage [vitʀijɔlaʒ] n. m. Action de vitrioler. – De *vitrioler*.

vitrioler [vitʀijɔle] v. tr. [1] **1.** TECH Passer (des toiles) dans un bain de vitriol étendu pour les débarrasser de leurs impuretés. **2.** Arroser, brûler (qqn) avec du vitriol dans un but criminel. – De *vitriol*.

vitrioleur, euse [vitʀijɔlœʀ, øz] n. Celui, celle qui vitriole qqn. – De *vitrioler*.

vitro (in). V. in vitro.

vitrocérame [vitʀoseʀam] n. m. ou **vitrocéramique** [vitʀoseʀamik] n. f. TECH Matière faite de cristaux régulièrement répartis dans une masse vitreuse homogène, présentant des caractéristiques analogues à celles des céramiques. – De *vitre*, et *céramique*.

vitrophanie. V. vitrauphanie.

vitulaire [vitylɛʀ] adj. MED VET *Fièvre vitulaire*, survenant chez la vache qui vient de mettre bas. – Du lat. *vitullus*, « veau ».

vitupération [vitypeʀasjɔ̃] n. f. Litt. Action de vitupérer. ▷ (Plur.) Paroles de celui qui vitupère. – Lat. *vituperatio*, « blâme ».

vitupérer [vitypeʀe] v. [14] v. tr. dir. Litt. Blâmer violemment. *Vitupérer qqn, qqch.* ▷ v. tr. indir. (Construction critiquée.) *Vitupérer contre qqn, contre qqch.* – Lat. *vituperare*, « trouver des défauts ».

vivable [vivabl] adj. **1.** Qui peut être vécu. *Une cohabitation très vivable.* **2.** Où il est agréable de vivre. *Un appartement vivable.* **3.** (Surtout en tournure négative.) D'humeur douce et accommodante. *Il n'est vraiment pas vivable.* – De *vivre*.

1. vivace [vivas] adj. **1.** Susceptible de vivre longtemps. ▷ BOT Se dit des plantes herbacées qui vivent plusieurs années. **2.** Qui dure, qui est difficile à détruire. *Préjugés vivaces.* – Lat. *vivax, vivacis*, de *vivere*, « vivre ».

2. vivace [vivatʃe] adj. MUS Vif, rapide. *Allegro vivace.* – Mot ital., du lat. *vivax*, « vif, animé ».

vivacité [vivasite] n. f. **1.** Fait d'être vif de caractère, d'avoir de l'allant. *Sa vivacité lui permet d'entreprendre beaucoup de choses.* – *Vivacité d'esprit* : faculté de saisir rapidement les données d'un problème, d'une situation. **2.** Ardeur, force. *Vivacité des passions.* **3.** Intensité, éclat. *Vivacité des couleurs.* **4.** Fait d'être vif, promptitude à s'emporter. – Par ext. *Vivacité d'une réplique.* – Lat. *vivacitas*, « force de vie ».

vivandier, ère [vivɑ̃dje, ɛʀ] n. Anc. Personne qui suivait les troupes pour leur vendre des vivres et des boissons. – Anc. adj. signif. « hospitalier » ; réfection de *viandier*, de *viande*, d'apr. le lat. médiév. *vivenda*, « vivres ».

vivant, ante [vivɑ̃, ɑ̃t] adj. et n. m. **I.** adj. **1.** Qui est en vie (par oppos. à *mort*). *Il est blessé mais vivant.* **2.** Qui possède la vie (par oppos. à *inanimé*, à *inorganique*). *La matière vivante. Les êtres vivants.* **3.** Qui manifeste de la vitalité. *Une personne gaie et vivante.* **4.** Où il y a de l'activité, de l'animation. *Un quartier très vivant.* **5.** (Souvent avant le nom.) Qui, par ses traits, ses qualités, rappelle de façon frappante une personne vivante ou disparue. *C'est le vivant portrait de son père.* **6.** Qui restitue l'impression de la vie. *Une description chaleureuse et vivante.* **7.** Qui continue à vivre dans l'esprit des hommes. *Son souvenir demeure vivant parmi nous.* ▷ *Langue vivante*, encore parlée (par oppos. à *langue morte*, qui n'est plus parlée). **II.** n. m. **1.** Personne qui est en vie. *Les vivants et les morts.* **2.** *Un bon vivant* : un homme qui apprécie les plaisirs de la vie. **3.** Loc. *Du vivant de qqn*, pendant qu'il était en vie. – Ppr. de *vivre*.

vivarium [vivaʀjɔm] n. m. Cage vitrée, où l'on élève de petits animaux (insectes, reptiles, etc.) en s'efforçant de reconstituer leur milieu naturel. ▷ Établissement, bâtiment où sont rassemblées ces cages. – Mot lat., « vivier », de *vivus*, « vivant ».

vivat [viva] interj. et n. m. Acclamation enthousiaste. *Accueillir qqn par des vivats.* – Mot lat., subj. de *vivere*, « vive ! ».

1. vive !, plur. **vivent !** [viv] interj. **1.** (Accompagné du nom de qqn que l'on acclame et à qui l'on souhaite longue vie.) *Vive le roi!* – Par ext. *Vive la République! Vive* (ou, plus rare, *vivent*) *les vacances!* **2.** Loc. interj. *Qui vive?* : cri poussé par un factionnaire qui voit ou entend qqch de suspect. – De *vivre.*

2. vive [viv] n. f. Poisson marin (genre *Trachinus*) comestible, au corps allongé, vivant sur les fonds sableux et dont la nageoire dorsale est armée d'épines venimeuses. – Du lat. *vipera,* « vipère »; a. fr. *wivre.*

vive-eau [vivo] n. f. Forte marée, de nouvelle lune ou de pleine lune. (On dit aussi *marée de vive eau.*) *Des vives-eaux.* – De *vive,* et *eau.*

vivement [vivmɑ̃] adv. et interj. **I.** adv. **1.** D'une façon vive, rapide. *S'enfuir vivement.* **2.** Avec quelque emportement. *Répliquer vivement.* **3.** Avec vivacité, intensément. *Ressentir vivement un affront.* **II.** Interj. (Marquant une attente impatiente.) *Vivement que ce soit terminé!* – Du fém. de *vif.*

vivent ! V. vive!

viverridés [viveʀide] n. m. pl. ZOOL Famille de mammifères carnivores fissipèdes au corps svelte et au museau pointu (civettes, genettes, mangoustes, etc.). – Sing. *Un viverridé.* – Du lat. zool. *viverra,* « civette ».

viveur, euse [vivœʀ, øz] n. (Rare au fém.) Vieilli Personne qui mène une vie de plaisirs. – De *vivre.*

vivier [vivje] n. m. Réservoir, bassin dans lequel on élève et conserve vivants le poisson et les crustacés. – Lat. *vivarium,* de *vivus,* « vivant ».

vivifiant, ante [vivifjɑ̃, ɑ̃t] adj. Qui vivifie. *Le climat vivifiant de la haute montagne.* – Ppr. de *vivifier.*

vivification [vivifikasjɔ̃] n. f. Rare Action de vivifier; son résultat. – Bas lat. *vivificatio,* de *vivificare,* « vivifier ».

vivifier [vivifje] v. tr. [2] **1.** Augmenter, par une action physique ou psychique, la vitalité de. *L'air frais l'avait réveillé et vivifié.* **2.** Fig. Rendre actif, plus actif (qqch). *Vivifier l'industrie.* – Lat. ecclés. *vivificare,* de *vivus,* « vivant », et *facere,* « faire ».

vivipare [vivipaʀ] adj. ZOOL Se dit d'un animal dont l'œuf se développe au sein de l'organisme maternel et qui donne naissance à un jeune ayant achevé son embryogenèse (par oppos. à *ovipare* et *ovovivipare*). – Lat. *viviparus.*

viviparité [viviparite] n. f. ZOOL Mode de reproduction des animaux vivipares. – De *vivipare.*

vivisection [viviseksjɔ̃] n. f. Dissection, opération pratiquée sur un animal vivant. *Ligue contre la vivisection.* – Du lat. *vivus,* « vivant », et de *section,* d'ap. *dissection.*

vivo (in). V. in vivo.

vivoter [vivɔte] v. intr. [1] Vivre médiocrement, subsister avec peine. – Dimin. de *vivre.*

vivre [vivʀ] v., interj. et n. m. **A.** v. [63] **I.** v. intr. **1.** Être, rester en vie. *Vivre jusqu'à tel âge. Être las de vivre. Raisons de vivre.* – Loc. *Âme qui vive.* (Uniquement en tournure négative, dans des emplois tels que : *ne pas rencontrer âme qui vive* : ne rencontrer personne.) ▷ *Ne vivre que pour* : s'intéresser uniquement à. *Il ne vit que pour le plaisir, que pour l'étude.* ▷ Litt., par euph. *Il a vécu* : il est mort. **2.** Fig. (Sujet n. de chose.) Exister, continuer d'exister (dans les esprits). *Sa mémoire vivra longtemps encore parmi les hommes.* **3.** Jouir de la vie. *Mourir sans avoir vécu. Vivre pleinement.* **4.** Subvenir à ses propres besoins; avoir de quoi assurer sa subsistance, son existence matérielle. *Vivre chichement, largement.* ▷ *Vivre de* : se nourrir ou tirer sa subsistance de. *Vivre de pain et de lait. Vivre de son travail. Écrivain qui vit de sa plume.* – *Faire vivre qqn,* subvenir à ses besoins. *Il fait vivre sa famille.* – Loc. Plaisant *Vivre d'amour et d'eau fraîche.* – Fig. Être soutenu moralement par une idée, un sentiment. *Vivre d'espérance.* **5.** Passer sa vie (à une époque, dans un lieu). *Les hommes qui vivaient au Moyen Âge. Vivre loin de son pays.* **6.** Passer sa vie (dans certaines conditions, d'une certaine façon). *Vivre en marge de la société. Vivre dans l'agitation.* – *Vivre avec qqn,* habiter ou vivre maritalement avec lui. *Elle vit avec ses parents. Elle vit avec son ami.* – *Personne facile (difficile) à vivre,* avec laquelle il est facile (difficile) de vivre; qui est d'humeur accommodante (peu traitable). **7.** Avoir telle conduite. *Vivre en honnête homme.* ▷ (À l'inf., dans des emplois tels que *savoir vivre, apprendre à vivre.*) Connaître les usages; se comporter avec distinction, avec élégance morale. *Il aurait bien besoin qu'on lui apprenne à vivre. Un homme qui sait vivre.* **II.** v. tr. **1.** Passer (une période bonne ou mauvaise). *Vivre des heures troublées.* ▷ *Vivre sa vie* : mener la vie qu'on entend mener. **2.** Éprouver, ressentir profondément. *Vivre une expérience exaltante.* **B.** interj. *Vive! vivent!* et *qui vive?* : V. vive! et qui-vive. **C.** n. m. **1.** Loc. *Avoir, fournir le vivre et le couvert,* de la nourriture et un toit. **2.** (Plur.) Aliments. *Manquer de vivres.* – Loc. fig. *Couper les vivres à qqn,* ne plus lui donner d'argent pour subsister. – Lat. *vivere.*

vivrier, ère [vivʀije, ɛʀ] adj. Dont les produits sont destinés à l'alimentation. *Cultures vivrières.* – De *vivre.*

vizir [viziʀ] n. m. HIST Ministre du sultan. ▷ *Grand vizir* : Premier ministre de l'Empire ottoman. – Mot turc, du persan, d'où vient aussi l'ar. *wazīr.*

vizirat [viziʀa] n. m. HIST Dignité, fonction de vizir; durée de cette fonction. – De *vizir.*

vlan ! ou **v'lan !** [vlɑ̃] interj. Onomat. exprimant un bruit, un coup brusque, violent. *Et vlan! un courant d'air claque la porte.*

V.O. Abrév. de *version originale.*

vocable [vɔkabl] n. m. Didac. **1.** Mot, terme. *Vocable peu usité.* **2.** Nom du saint sous l'invocation duquel une église est placée. *Église sous le vocable de saint Joseph.* – Lat. *vocabulum.*

vocabulaire [vɔkabylɛʀ] n. m. **1.** Dictionnaire abrégé d'une langue. Syn. lexique. **2.** Ensemble des mots d'une langue. *Le vocabulaire anglais.* **3.** Ensemble de termes que connaît, qu'emploie une personne, un groupe ou qui sont propres à une science, un art. *Cet enfant possède déjà un vocabulaire étendu. Le vocabulaire de la chimie.* – Lat. médiév. *vocabularium,* du class. *vocabulum,* « vocable ».

vocal, ale, aux [vɔkal, o] adj. De la voix, qui a rapport à la voix. *Cordes* vocales.* ▷ *Musique vocale* : musique pour le chant (par oppos. à *musique instrumentale*). – Lat. *vocalis,* « doué de la voix ».

vocalement [vɔkalmɑ̃] adv. En se servant de la voix, par la voix. – De *vocal.*

vocalique [vɔkalik] adj. LING Relatif aux voyelles. – Du lat. *vocalis,* « voyelle ».

vocalisation [vɔkalizasjɔ̃] n. f. **1.** LING Changement d'une consonne en voyelle. (Ex. : *chevals* en anc. fr. a donné *chevaux* en fr. mod.) **2.** MUS Action de vocaliser. – De *vocaliser.*

vocalise [vɔkaliz] n. f. MUS Exercice vocal consistant à exécuter une série de notes, soit sur une voyelle (le plus souvent *a*), sans articulation de syllabes, soit sur une ou plusieurs syllabes. – Déverbal de *vocaliser.*

vocaliser [vɔkalize] v. [1] **1.** v. tr. Transformer (une consonne) en voyelle. ▷ v. pron. *Consonne qui se vocalise.* **2.** v. intr. MUS Exécuter des vocalises. – Du lat. *vocalis,* « voyelle; doué de la voix ».

vocalisme [vɔkalism] n. m. LING **1.** Système des voyelles d'une langue. **2.** Ensemble des voyelles d'un mot. **3.** Théorie phonétique concernant les lois qui régissent la formation des voyelles. – Du lat. *vocalis*, «voyelle».

vocatif, ive [vɔkatif, iv] n. m. et adj. LING **1.** Cas des mots utilisés pour interpeller, pour s'adresser à qqn, dans les langues à déclinaison. *Dans la phrase de César mourant : «Tu quoque fili mi»* («Toi aussi, mon fils»), *les mots «fili mi» sont au vocatif.* **2.** Tour exclamatif utilisé pour s'adresser à qqn, à qqch, pour l'interpeller, dans les langues sans déclinaison. (Ex. : le début de la *Nuit de mai* de Musset «Poète, prends ton luth...») ▷ adj. *Tour vocatif. Phrase vocative.* – Lat. *vocativus*, de *vocare*, «appeler».

vocation [vɔkasjɔ̃] n. f. **1.** RELIG Appel de Dieu à un accomplissement intégral, tant au plan général (*vocation surnaturelle* : appel universel à la sainteté adressé à tous les hommes) qu'au plan individuel (*vocation personnelle* : propre à chacun), suivant la place que Dieu lui assigne pour la réalisation de ses desseins providentiels. *La vocation d'Abraham, des Apôtres.* **2.** Vive inclination, aptitude spéciale pour un état, une profession, une branche d'activité. *Il est devenu médecin par vocation.* **3.** Ce pour quoi une chose existe, est faite; ce à quoi elle semble être destinée. *Région à vocation agricole.* ▷ *Avoir vocation à* : se trouver naturellement désigné pour. – Lat. *vocatio*, «action d'appeler».

voceratrice [vɔtʃeʀatʀitʃe] ou **vocératrice** [vɔseʀatʀis] n. f. Femme qui chante un vocero. – De *vocero*.

vocero, plur. **voceri** [vɔtʃeʀo, vɔtʃeʀi] ou **vocéro,** plur. **vocéri** [vɔseʀo, vɔseʀi] n. m. Chant funèbre des pleureuses corses. – Mot corse.

vociférateur, trice [vɔsifeʀatœʀ, tʀis] n. Litt. Personne qui vocifère. – Bas lat. *vociferator*.

vocifération [vɔsifeʀasjɔ̃] n. f. (Surtout au pl.) Paroles d'une personne qui vocifère. – Lat. *vociferatio*.

vociférer [vɔsifeʀe] v. [**14**] v. intr. Parler avec colère et en criant. ▷ v. tr. *Vociférer des injures.* – Lat. *vociferare* ou *vociferari*, de *vox, vocis*, «voix», et *ferre*, «porter».

vodka [vɔdka] n. f. Alcool de grain (seigle, orge) fabriqué notam. en Russie et en Pologne. – Mot russe, dimin. de *voda*, «eau».

vœu [vø] n. m. **1.** RELIG CATHOL Promesse par laquelle on s'engage envers Dieu. *Vœux de pauvreté, de chasteté et d'obéissance des religieux.* ▷ (Plur.) Profession, engagement solennel dans l'état religieux. *Prononcer ses vœux.* **2.** Résolution fermement prise. *Faire vœu de se venger.* **3.** Souhait. *Faire des vœux pour que qqch se réalise.* – (Adressé à qqn.) *Je vous présente tous mes vœux pour la nouvelle année. Tous nos vœux de bonheur.* – Absol. *Meilleurs vœux, tous mes vœux.* – *Expédier des cartes de vœux.* **4.** Volonté, désir exprimé. *Le vœu de la nation.* – Lat. *votum*.

vogoul ou **vogoule** [vɔgul] adj. et n. Des Vogoul(e)s, peuple d'orig. finno-ougrienne vivant en Sibérie occid. ▷ n. m. Langue vogoule. *Le vogoul(e) et l'ostiak.* – Nom donné par les Russes au *kanti*, n. autochtone de cette langue.

vogue [vɔg] n. f. Succès passager (de qqn, de qqch), auprès du public. *La vogue des cheveux longs.* – *En vogue* : à la mode. *Chanteur, chanson en vogue.* – Déverbal de *voguer*.

voguer [vɔge] v. intr. [**1**] Vx Être poussé sur l'eau à force de rames. *La galère voguait.* – Par ext. Vieilli ou litt. Naviguer, avancer sur l'eau. *Navire qui vogue à pleines voiles.* ▷ Loc. fig. Mod. *Vogue la galère!* : advienne que pourra! – De l'anc. bas all. **wogon*, «rouler».

voici [vwasi] prép. **1.** (Indiquant la proximité dans l'espace ou dans le temps.) *Voici, à nos pieds, la rivière. Me voici. Voici l'aube.* ▷ Litt. *Voici venir...* (pour indiquer que qqn, qqch approche). *Voici venir le cortège, l'hiver.* ▷ (Précédé du pron. relat. *que*, avec la valeur d'un démonstratif.) *La belle que voici.* **2.** (Pour annoncer, pour appeler l'attention sur ce qui va suivre.) *Voici ce que vous allez faire.* **3.** (Marquant un état actuel, une action qui a lieu au moment où l'on parle.) *Nous voici libres.* ▷ *Nous y voici* : nous arrivons au terme de notre déplacement ou à la question qui nous intéresse. **4.** (Suivi de la conj. *que*, pour souligner le caractère brusque, inopiné de ce qui arrive.) *Voici qu'il s'interrompt et se tourne vers moi.* **5.** (Devant un complément de temps, pour marquer l'écoulement d'une durée.) *Voici un an qu'il est parti.* (Rem. : *voici* tend auj. à être remplacé par *voilà* dans la plupart de ses emplois.) – De *vois*, impér. de *voir* (ou thème verbal issu de l'indicatif), et *ci*; *vois ci*, d'abord; a supplanté la forme *veci (vez ci)*.

voie [vwa] n. f. **1.** Espace sur lequel on se déplace pour aller d'un lieu à un autre (chemin, route, rue, etc.). *Voies de communication. Voie d'eau* : voie navigable. ▷ ADMIN *La voie publique* : l'ensemble des routes, rues, places, etc. publiques. **2.** Grande route de l'Antiquité. *Voies romaines.* **3.** *Voie ferrée* ou, absol., *voie* : ensemble des rails sur lesquels circule un train; espace entre les rails. *Voie de garage* : V. garage. **4.** Milieu (terrestre, aérien) emprunté pour les transports, les déplacements. *Courrier acheminé par voie aérienne.* **5.** CHASSE Chemin par où la bête a passé. ▷ Loc. fig. *Mettre qqn sur la voie*, lui donner des renseignements propres à le guider dans ses recherches. **6.** MAR *Voie d'eau* : ouverture accidentelle dans la coque d'un navire, par laquelle l'eau entre. **7.** Plur. ANAT Ensemble de conduits assurant une même fonction. *Voies urinaires, digestives.* **8.** Trace que laisse une voiture qui roule. – Intervalle entre les roues droites et gauches d'une voiture. – Partie d'une route sur laquelle ne peut circuler qu'une file de voitures. *Route à trois voies.* **9.** TECH *Voie d'une scie* : largeur de l'entaille que fait sa lame. – Écartement, vers l'extérieur, des dents d'une scie. *Donner de la voie à une scie.* **10.** *Voie lactée* : V. lacté. **11.** Fig. Intermédiaire ou suite d'intermédiaires qui permet de transmettre une requête, de faire aboutir une démarche, etc. *Votre demande de mutation a suivi la voie hiérarchique.* **12.** Fig. Direction, conduite suivie; façon d'opérer. *Réussir par la voie de l'intrigue. Être en bonne voie* : aller vers le succès. *Être en voie de...*, en train de, sur le point de... ▷ (Dans diverses loc. figées.) RELIG *Les voies de la Providence*, ses desseins. *La voie étroite*, celle du salut. – DR *Voies de droit* : recours à la justice suivant les formes prescrites par la loi. *Voies de fait* : actes de violence exercés contre qqn. – CHIM *Voie sèche* : traitement d'une substance par la chaleur en l'absence de tout liquide (par oppos. à *voie humide*). – Lat. *via*.

voïévode [vɔjevɔd] ou **voïvode** [vɔjvɔd] n. m. **1.** HIST Gouverneur, chef militaire, dans certains pays d'Europe orientale. – Officier de cour, dans l'ancienne Pologne. **2.** HIST Titre des souverains de certaines régions des Balkans (Moldavie, Valachie, notam.) du temps de la domination ottomane. **3.** Mod. Gouverneur d'une voïévodie, en Pologne. – Mot slave, «chef d'armée».

voïévodie [vɔjevɔdi] ou **voïvodie** [vɔjvɔdi] n. f. **1.** HIST Gouvernement d'un voïévode. **2.** Division administrative, en Pologne. – De *voïévode*.

voilà [vwala] prép. **1.** (Indiquant l'éloignement.) *Voilà le bois, à l'horizon.* ▷ Loc. adv. *En veux-tu, en voilà* : à profusion. ▷ (Précédé du pron. relat. *que*, avec la valeur d'un démonstratif.) *La belle que voilà.* **2.** (Renvoyant à ce qui vient d'être dit, énoncé.) *Voilà ce qu'il fallait faire.* – Fam. *Voilà ce que c'est que de désobéir* : telle est la conséquence de la désobéissance. – Ellipt. *Tu as désobéi, et voilà!* (ce qu'il en est résulté). **3.** (Employé pour *voici*.) V. voici (sens 3, 4 et 5 et rem. finale). – De *vois*, impér. (ou thème verbal) de *voir*, et *là*.

voilage [vwalaʒ] n. m. Pièce d'étoffe légère ou transparente servant de rideau. – De *voile* 1.

1. voile [vwal] n. m. **1.** Pièce d'étoffe destinée à cacher qqch. *Couvrir une statue d'un voile. Corps sans voiles,* nu. **2.** Morceau de tissu qui cache le visage et les cheveux. *Voile des femmes musulmanes.* **3.** Coiffure féminine faite d'une pièce d'étoffe. *Voile de mariée. Prendre le voile :* entrer en religion, en parlant d'une femme. **4.** Tissu fin et léger. *Des rideaux en voile.* **5.** Fig. Ce qui dissimule à la vue ou à l'esprit. *Un voile de fumée légère. Le voile qui nous cache l'avenir. – Jeter un voile sur un événement,* tenter de le cacher; ne pas ou ne plus en parler. **6.** Nuage floconneux se formant dans un liquide. **7.** PHOTO Défaut d'une épreuve surexposée, qui amoindrit les contrastes et donne l'impression d'un voile (sens 1) interposé entre l'objectif et le sujet. **8.** MED *Voile au poumon :* opacité anormale et homogène d'une partie du poumon, visible à la radiographie. **9.** AVIAT *Voile noir, rouge :* trouble de la vue se produisant chez les aviateurs soumis à une forte accélération. **10.** BOT *Voile partiel,* qui enveloppe le chapeau des champignons supérieurs jeunes et qui subsiste parfois sous forme d'un anneau autour du pied. *Voile général,* qui enveloppe les jeunes carpophores des champignons supérieurs et qui persiste parfois à la maturité, formant la volve et des écailles sur le chapeau. **11.** CONSTR *Voile mince :* élément de construction en béton de grande surface et de faible épaisseur. – Lat. *velum,* «toile, rideau».

2. voile [vwal] n. f. **1.** Pièce d'étoffe résistante destinée à recevoir l'action du vent et à assurer la propulsion d'un navire. *Bateau à voiles. Voile carrée, latine, aurique, marconi.* ▷ Loc. *Faire voile sur :* naviguer vers. *Mettre à la voile :* appareiller. *Mettre toutes voiles dehors,* les déployer toutes; fig., fam. mettre tout en œuvre pour réussir. ▷ Loc. fig., fam. *Avoir du vent dans les voiles :* être ivre. – *Mettre les voiles :* partir. – *À voile et à vapeur,* se dit d'une personne à la fois homosexuelle et hétérosexuelle. **2.** Par méton. *Une voile :* un voilier. *Escadre de tant de voiles.* **3.** Sport consistant à naviguer en voilier. *Faire de la voile.* **4.** *Vol à voile :* pilotage des planeurs. – De *voile* 1.

3. voile [vwal] n. m. Gauchissement, renflement d'une pièce de bois, de métal, etc. *Cette porte prend du voile.* – Déverbal de *voiler* 3.

1. voilé, ée [vwale] adj. **1.** Couvert d'un voile. *Femmes voilées.* **2.** Qui manque d'éclat, de netteté. *Ciel voilé. Regard voilé. – Voix voilée,* un peu rauque. **3.** Qui présente un voile (1 sens 7 et 8). *Négatif voilé. Poumon voilé.* **4.** Fig. Atténué, affaibli. *Un reproche voilé.* – Pp. de *voiler* 1.

2. voilé, ée [vwale] adj. Qui a du voile, gauchi. *Roue voilée.* – Pp. de *voiler* 3.

voilement [vwalmɑ̃] n. m. État d'une pièce voilée; voile, gauchissement. – De *voiler* 3.

1. voiler [vwale] v. [1] **I.** v. tr. **1.** Couvrir d'un voile. *Voiler son visage.* **2.** Dissimuler; rendre moins visible. *Le brouillard voilait les collines.* **3.** Fig. Cacher, dissimuler. *Voiler son trouble.* **II.** v. pron. Se couvrir d'un voile. ▷ Par anal. *Le soleil se voile.* – De *voile* 1.

2. voiler [vwale] v. tr. [1] MAR Munir d'une voile, de voiles. – Au pp. *Navire trop, pas assez voilé.* – De *voile* 2.

3. voiler [vwale] v. tr. [1] Gauchir, rendre une pièce, une surface, voilée, convexe ou renflée. *Voiler une roue,* la déformer de telle sorte qu'elle ne puisse plus tourner perpendiculairement à l'axe de rotation. ▷ v. pron. Devenir voilé. – De *voile* 1.

voilerie [vwalʀi] n. f. Lieu où l'on confectionne, où l'on raccommode, où l'on entrepose des voiles de navire. – De *voile* 2.

voilette [vwalɛt] n. f. Petit voile transparent fixé sur un chapeau de femme et qu'on peut abaisser pour couvrir le visage. – Dimin. de *voile* 1.

voilier [vwalje] n. m. **1.** Bateau à voiles. **2.** Celui qui confectionne ou répare les voiles. *Un maître voilier.* **3.** Oiseau à ailes puissantes. – De *voile* 2.

1. voilure [vwalyʀ] n. f. **1.** Ensemble des voiles d'un navire. **2.** AVIAT Ensemble des surfaces assurant la sustentation d'un avion (ailes et empennage). – *Spécial.* Les ailes. ▷ *Voilure tournante :* surface en rotation permettant l'envol et la descente verticaux d'un hélicoptère ou d'un autogire. Syn. rotor. ▷ Calotte de tissu qui constitue l'élément sustentateur d'un parachute. *La voilure est reliée au harnais par les suspentes.* – De *voile* 2.

2. voilure [vwalyʀ] n. f. Courbure d'une surface voilée. – De *voiler* 3.

voir [vwaʀ] v. **[46] I.** v. tr. **1.** Percevoir (qqn, qqch) avec les yeux, par la vue. *Je l'ai vu comme je vous vois.* ▷ *Absol.* Posséder le sens de la vue, avoir telle vue. *Il ne voit plus. Voir clair, double. – Voir loin :* voir à une grande distance; fig. avoir de la perspicacité, de la clairvoyance. ▷ Loc. fig., fam. *Ne pas voir plus loin que le bout de son nez :* n'avoir aucun discernement. ▷ Loc. *Voir le jour :* naître, commencer à exister. *Voir la mort de près :* échapper de peu à la mort. ▷ *Faire voir :* montrer. *Il m'a fait voir sa nouvelle maison. –* v. pron. *Se faire voir :* se montrer. ▷ *Laisser voir :* accepter qu'on voie, ne pas cacher. *Laisser voir son dépit.* **2.** Être témoin de; regarder, visiter. *Nous avons vu ses exploits. Voir un spectacle, une exposition.* ▷ (Sujet n. de chose.) *Cette cathédrale a vu le couronnement de nombreux rois.* ▷ Loc. fam. *On aura tout vu :* rien ne nous sera épargné (en fait d'exagération, d'excès, de scandale, etc.). *En avoir vu d'autres :* ne pas en être à sa première expérience désagréable. – *Je voudrais bien vous y voir,* savoir si vous feriez mieux dans une telle situation. **3.** Rencontrer (qqn); rencontrer occasionnellement ou fréquemment. *Aller voir un ami. Ne voir personne. Ils ne se voient plus :* ils ont rompu. – Fig., fam. *Je ne peux plus le voir :* je le déteste. *Je l'ai assez vu :* j'en suis las. ▷ Consulter. *Voir le médecin, un avocat.* **4.** Considérer attentivement, examiner, étudier. *Voir un dossier en détail. Il faut voir le problème de plus près. Faire une chose pour voir,* pour savoir ce qu'il en résultera. ▷ (À l'impér., pour marquer l'encouragement, l'exhortation.) *Voyons, parlez ! –* (Avec une nuance de réprobation.) *Un peu de silence, voyons! Voyons, voyons, les enfants, du calme !* ▷ *Voyez-vous, vois-tu* (pour souligner ce qui vient d'être dit ou pour attirer l'attention sur ce qui va suivre). *Je n'ai pas cette opinion, vois-tu. Ce qu'il faudrait, voyez-vous...* ▷ (Dans un texte écrit.) *Voir, voyez :* se reporter, reportez-vous à... *Voir ci-après. Voyez la figure page tant.* **5.** Avoir l'image mentale de. *Voir en rêve. Je vois la scène comme si j'y étais.* **6.** Se faire une idée de, concevoir. *Ce n'est pas ma façon de voir. Voir la vie en rose, en noir,* d'une façon optimiste, pessimiste. ▷ *Voir en qqn un ami,* le considérer comme tel. **7.** Saisir par la pensée. *Je ne vois pas où est la difficulté.* **8.** *N'avoir rien à voir avec, dans :* n'avoir aucun rapport avec, être tout à fait en dehors de. *Cela n'a rien à voir avec la question.* **II.** v. tr. indir. *Voir à* (+ inf.) : veiller à, faire en sorte de. *Voyez à préparer le nécessaire.* – Fam. *Il faudrait voir à,* tâcher de. *Il faudrait voir à vous dépêcher un peu.* – Pop. *(Il) faudrait voir à voir!,* tâcher d'aviser, de prendre garde (le plus souvent avec une valeur d'avertissement, de menace). **III.** v. pron. **1.** (Réfl.) Apercevoir sa propre image. *Se voir dans un miroir.* **2.** (Réfl.) Avoir de soi-même (telle représentation, telle image). *Je ne me vois pas du tout dans ce rôle.* ▷ Prendre conscience d'être; croire être. *Se voir perdu.* **3.** (Récipr.) Se rencontrer. *Nous nous voyons souvent.* **4.** (Passif) Être vu, pouvoir être vu. *L'église se voit d'ici. – Cela se voit tous les jours :* cela arrive très fréquemment, c'est banal. ▷ Être visible. *Cela se voit.* – Du lat. *videre.*

voire [vwaʀ] adv. Et même. *Il est très économe, voire avare.* (N.B. Le tour *voire même* est pléonastique.) – Lat. pop. *vera,* pl. neutre de *verus,* «vrai», pris adv.

voirie [vwaʀi] n. f. **1.** Ensemble des voies de communication territoriales par terre et par eau. **2.** Partie de l'administration chargée de l'établissement, de la conservation et de la police de ces voies. **3.** Vx Lieu où l'on dépose les immondices enlevées dans les rues. – De *voyer*, « officier de justice », avec infl. de *voie*.

voisé, ée [vwaze] adj. PHON Syn. de *sonore*. *Consonne voisée*. – De *voix*, d'ap. l'angl. *voiced*.

voisin, ine [vwazɛ̃, in] adj. et n. **I.** adj. **1.** Proche dans l'espace. *Maisons voisines*. **2.** Peu éloigné dans le temps. *Date voisine de Noël*. **3.** (Abstrait) Analogue, comparable. *Expressions voisines*. **II.** n. Personne qui habite, qui se trouve à proximité d'une autre. *C'est le voisin du dessus. Passe le sel à ton voisin*. ▷ *Par ext*. Autrui. *Dire du mal du voisin*. – Lat. pop. **vecinus*, de *vicinus*, « qui est à proximité ».

voisinage [vwazinaʒ] n. m. **1.** Proximité d'une personne, d'un lieu. *Le voisinage de la forêt permet d'agréables promenades*. ▷ *Bon voisinage* : bonnes relations entre voisins. *Vivre en bon voisinage avec qqn*. **2.** Alentours, lieux voisins. *Les maisons du voisinage*. **3.** Ensemble des voisins. *Déranger tout le voisinage*. – De *voisin*.

voisiner [vwazine] v. intr. [1] **1.** Vieilli Fréquenter ses voisins. *On se rendait de menus services, on bavardait sur les seuils, bref, on voisinait*. **2** Mod. *Voisiner avec* : se trouver près de. *Étalage où les fruits voisinent avec les légumes*. – De *voisin*.

voiturage [vwatyʀaʒ] n. m. Vx Action de voiturer. – De *voiturer*.

voiture [vwatyʀ] n. f. Véhicule à roues, destiné au transport. *Voiture à bras, à cheval. Voiture d'enfant*, que l'on pousse à bras pour transporter les jeunes enfants. – *Voiture automobile* ou, absol. et plus cour., *voiture* : automobile de tourisme. *Voiture de course*. ▷ CH de F Grand véhicule destiné aux voyageurs (par oppos. à *wagon*, véhicule réservé aux marchandises) et roulant sur des rails. *Les voyageurs pour Brive, en voiture! Voiture de première classe*. – (En composition.) *Voiture-bar, voiture-lit, voiture-restaurant*. – Du lat. *vectura*, « action de transporter », de *vehere*, « transporter ».

voiturée [vwatyʀe] n. f. Contenu d'une voiture. – De *voiture*.

voiturer [vwatyʀe] v. tr. [1] Rare Transporter en voiture. – De *voiture*.

voiturette [vwatyʀɛt] n. f. Petite voiture. – Dimin. de *voiture*.

voiturier [vwatyʀje] n. m. **1.** Anc. Celui qui transportait des personnes ou des marchandises dans une voiture à cheval. **2.** Employé chargé (dans un hôtel, chez un coiffeur, notam.) de garer, de déplacer les automobiles des clients. – De *voiture*.

voïvode. V. voïévode.

voïvodie. V. voïévodie.

voix [vwa] n. f. **I. 1.** Ensemble des sons émis par les vibrations des cordes vocales et modulés par leur passage dans le pharynx, la bouche et les lèvres. *Une voix douce, forte*. ▷ Suite de sons articulés, parole. *Parler à haute voix, à voix basse*. – *De vive voix* : verbalement. – Fig. Appel, avertissement intérieur (surtout dans *la voix de*). *La voix de Dieu. La voix de la conscience*. **2.** Faculté de chanter; sons émis en chantant. *Une voix juste*. ▷ *Spécial*. Voix d'un chanteur, définie par sa hauteur et son étendue. *Voix de basse, de baryton, de ténor, de contralto, de soprano. Voix de tête* : V. fausset 1. – Loc. *Être en voix*, en état de bien chanter. ▷ MUS *Voix humaine* : un des jeux de l'orgue (V. régale 2). **3.** Partie tenue par un chanteur ou un instrumentiste, dans une œuvre musicale. *Cantate à trois voix*. **4.** Cri, chant, ramage (d'un animal). *La voix du rossignol*. **5.** Litt. Son, bruit. *La voix chaude du violoncelle. La voix du ruisseau*. **II.** Avis exprimé dans un vote. *Trois voix pour, cinq contre. Mettre une proposition aux voix. Ce candidat a gagné des voix*. – *Avoir voix consultative, délibérative. Avoir voix au chapitre**. **III.** GRAM Ensemble des formes que prend un verbe selon que le sujet est l'agent (*voix active*) ou l'objet (*voix passive*) de l'action. – Lat. *vox, vocis*.

1. vol [vɔl] n. m. **I. 1.** Locomotion aérienne des animaux pourvus d'ailes, partic. des oiseaux. *Le vol de l'aigle*. – *Prendre son vol* : s'envoler. ▷ Loc. *Attraper une chose au vol*, alors qu'elle est en l'air, qu'elle tombe. *Il a attrapé la balle au vol*. – Fig. *Saisir des phrases d'une conversation au vol*. – Fig. *De haut vol* : qui n'est pas médiocre. *Un escroc de haut vol*. – Fig. *À vol d'oiseau* : en ligne droite. **2.** Distance parcourue par un oiseau d'une seule traite. *Les vols courts de la perdrix*. **3.** Ensemble d'oiseaux volant en groupe. *Un vol de canards sauvages*. – Par ext. *Un vol de criquets*. **II. 1.** Déplacement dans l'atmosphère ou dans l'espace extra-terrestre d'un aéronef, d'un engin. *Vol d'un avion. Vol orbital d'un véhicule spatial*. – *Vol plané*, d'un avion dont le moteur est au ralenti ou arrêté. – *Vol à voile*, pratiqué avec un planeur. ▷ Fait de voler, de se déplacer en aéronef. *Ce pilote a dix mille heures de vol à son actif*. **2.** Trajet effectué en volant. *Un vol de six mille kilomètres*. **3.** SPORT Par anal. *Vol à skis* : saut à skis. – Déverbal de *voler* 1.

2. vol [vɔl] n. m. **1.** Action de s'approprier le bien d'autrui de façon illicite. – DR *Vol simple* : délit de la compétence du tribunal correctionnel. *Vol qualifié*, accompagné de circonstances aggravantes, crime relevant de la cour d'assises. **2.** Fait d'être malhonnête dans une transaction. *Vendre cette marchandise à ce prix, c'est du vol!* – Déverbal de *voler* 2.

volable [vɔlabl] adj. Rare Qui peut être volé; à qui l'on peut voler qqch. – De *voler* 2.

volage [vɔlaʒ] adj. Inconstant dans ses sentiments, partic. dans ses sentiments amoureux. *Un amant volage*. – Du lat. *volaticus*, « qui vole, qui a des ailes », fig. « fugitif ».

volaille [vɔlaj] n. f. **1.** (Sing. collectif.) Oiseaux de basse-cour élevés pour leurs œufs, leur chair. *Nourrir la volaille*. **2.** *Une volaille* : un oiseau de basse-cour. *Plumer une volaille, soigner des volailles*. – Du lat. *volatilis*, « qui vole »; a. fr. *voleille*, « oiseau ».

volailler, ère [vɔlaje, ɛʀ] n. Celui, celle qui élève ou vend des volailles. – n. m. Vieilli Lieu d'élevage de la volaille. Syn. poulailler. – De *volaille*.

volailleur, euse [vɔlajœʀ, øz] n. **1.** Personne qui vend des volailles. **2.** Aviculteur spécialisé dans l'élevage des volailles. – De *volaille*.

1. volant, ante [vɔlɑ̃, ɑ̃t] adj. (et n.) **1.** Qui vole, qui peut voler dans l'air. *Les avions sont des engins volants plus lourds que l'air. Poissons volants*. – *Soucoupe* volante*. ▷ Subst. AVIAT *Les volants* : le personnel navigant (par oppos. à *rampants*). **2.** Dont la place n'est pas fixe, que l'on peut déplacer à volonté. *Pont volant. Camp volant*. ▷ *Feuille volante* : feuille de papier qui n'est pas attachée à un carnet, à un bloc. – Ppr. de *voler* 1.

2. volant [vɔlɑ̃] n. m. **1.** Petit objet en forme de calotte hémisphérique, fait d'une matière légère (liège, caoutchouc, matière plastique, etc.), et garni de plumes, que les joueurs se renvoient, à certains jeux de raquette. ▷ Jeu de raquette dans lequel on utilise un volant. *Jouer au volant* (V. badminton). **2.** Organe circulaire qui permet de diriger un véhicule automobile. ▷ Par ext. *Le volant* : la conduite automobile. *Les as du volant*. **3.** TECH Roue pesante destinée à régulariser la vitesse de rotation de l'arbre dont elle est solidaire. *Volant magnétique*, qui fait office de magnéto*, dans les moteurs à deux temps. ▷ Fig. *Volant de sécurité* : réserve permettant de faire face à un imprévu. **4.** Bande d'étoffe froncée ou plissée cousue au bord d'un vêtement, d'une garniture d'ameublement. *Volant d'une jupe, d'un dessus-de-lit.* **5.** BOT *Volant d'eau :* myriophylle*. **6.** Feuille détachable d'un carnet à souches (par oppos. au *talon.*) – Ppr. subst. de *voler* 1.

volapük [vɔlapyk] n. m. Langue artificielle internationale créée en 1879 par J.M. Schleyer, curé de Litzelstetten, près de Constance. *L'intérêt pour le volapük fut de courte durée, jusqu'à l'apparition de l'espéranto*.* ▷ Fig., péjor. Parler amalgamant de manière incorrecte des éléments pris dans des langues différentes; charabia. – De *vol* (angl. *world,* «monde»), *a* (voyelle de liaison), et *puk* (angl. *speak,* «parler»).

volatil, ile [vɔlatil] adj. Qui se transforme facilement en vapeur, en gaz. *L'alcool à 90 ° est très volatil.* – Lat. *volatilis,* «qui vole, léger».

volatile [vɔlatil] n. m. Vieilli Oiseau, notam. de basse-cour. – De l'a. fr. *volatilie, volatille,* «ensemble des oiseaux», puis «oiseaux comestibles», du lat. *volatilis,* «qui vole».

volatilisable [vɔlatilizabl] adj. Qui peut se volatiliser. – De *volatiliser.*

volatilisation [vɔlatilizasjɔ̃] n. f. Action de volatiliser, de se volatiliser. – De *volatiliser.*

volatiliser [vɔlatilize] v. [1] **I.** v. tr. Faire passer (un corps solide ou liquide) à l'état gazeux. **II.** v. pron. **1.** Passer à l'état gazeux. **2.** Fig. Disparaître. *Ses économies se sont volatilisées.* – De *volatil.*

volatilité [vɔlatilite] n. f. CHIM Caractère volatil. – De *volatil.*

vol-au-vent [vɔlovɑ̃] n. m. inv. CUIS Préparation faite d'un moule de pâte feuilletée garni de viande ou de poisson en sauce. – De *voler* 1, *au,* et *vent,* à cause de sa pâte légère.

volcan [vɔlkɑ̃] n. m. **1.** Relief au sommet duquel se trouve un orifice par où s'échappent (ou se sont autrefois échappés) des matériaux à haute température provenant des couches profondes de l'écorce terrestre. ▷ Loc. fig. *Sur un volcan :* dans une situation précaire et dangereuse. *Danser sur un volcan.* **2.** *Par comparaison.* Personne ardente, impétueuse. – Esp. *vólcan,* du lat. *Vulcanus,* «Vulcain», dieu du Feu, par l'ital. *vulcano.*

volcanique [vɔlkanik] adj. **1.** Relatif à un volcan, à son activité; qui provient d'un volcan. *Éruption volcanique. Roche volcanique.* **2.** Fig. Ardent, fougueux. *Un tempérament volcanique.* – De *volcan.*

volcanisme [vɔlkanism] n. m. Didac. Ensemble des manifestations volcaniques et de leurs causes. – De *volcan.*

volcanologie [vɔlkanɔlɔʒi] ou (vx) **vulcanologie** [vylkanɔlɔʒi] n. f. Didac. Étude, science des volcans. – De *volcan* ou du lat. *Vulcanus,* Vulcain, et *-logie.*

volcanologique [vɔlkanɔlɔʒik] ou (vx) **vulcanologique** [vylkanɔlɔʒik] adj. Didac. Relatif à la volcanologie. – De *volcanologie,* ou *vulcanologie.*

volcanologue [vɔlkanɔlɔg] ou (vx) **vulcanologue** [vylkanɔlɔg] n. Spécialiste de volcanologie. – De *volcanologie,* ou *vulcanologie.*

vole [vɔl] n. f. JEU Aux cartes, coup où l'un des joueurs fait toutes les levées. – Déverbal de *voler* 1.

volé, ée [vɔle] adj. et n. **1.** Qui a été dérobé. *Bijoux volés.* **2.** À qui l'on a dérobé qqch. *Le bijoutier volé.* – Subst. *Le volé a porté plainte.* – Pp. de *voler* 2.

volée [vɔle] n. f. **I. 1.** Action de voler, pour un oiseau. *Prendre sa volée.* ▷ Loc. fig. *De haute volée :* d'un rang social élevé; de grande envergure. **2.** Espace que franchit un oiseau sans se poser. **3.** Bande d'oiseaux volant ensemble. *Une volée de moineaux.* ▷ Fig. *Une volée d'écoliers.* **II. 1.** Mouvement d'un projectile lancé avec force. *Une volée de pierres.* **2.** Mouvement de ce qui a été lancé et qui n'a pas encore touché terre. *Saisir une balle à la volée.* ▷ SPORT *Arrêt de volée :* au rugby, geste technique d'un joueur qui arrête intentionnellement le jeu en bloquant le ballon avant qu'il ne touche le sol. **3.** Série de coups donnés à qqn. *Une volée de coups de bâton.* – Absol. *Recevoir une volée.* **4.** Loc. adv. *À la volée, à toute volée :* en lançant, en balançant vigoureusement. *Semer à la volée. Sonner les cloches à toute volée.* **III. 1.** ARTILL Partie d'un canon entre la bouche et les tourillons. **2.** Partie mobile d'un pont tournant, d'un pont basculant. **3.** Pièce qui s'attache au timon et à laquelle on attelle les chevaux. **4.** ARCHI Partie d'un escalier entre deux paliers. – Pp. fém. subst. de *voler* 1.

1. voler [vɔle] v. intr. [1] **1.** Se mouvoir ou se soutenir en l'air au moyen d'ailes. *Oiseau qui vole bas.* **2.** Se déplacer par voie aérienne en parlant d'un aéronef, de son équipage, de ses passagers. *Voler de New York à Paris.* **3.** Être lancé ou flotter dans l'air. *Les flèches volaient. Faire voler des cendres en soufflant dessus.* **4.** Aller à une grande vitesse. *Voler au secours de qqn. « Va, cours, vole et nous venge » (Corneille).* ▷ Fig. *Bruit qui vole de bouche en bouche,* qui se propage rapidement. – Lat. *volare.*

2. voler [vɔle] v. tr. [1] **1.** S'approprier (le bien d'autrui) de façon illicite. *Voler le porte-monnaie de qqn.* ▷ Absol. *N'avoir jamais volé.* **2.** Prendre indûment (une chose immatérielle). *Voler un titre. Voler une idée.* – Loc. fam. *Il ne l'a pas volé :* il n'a que ce qu'il mérite. **3.** Manquer d'honnêteté à l'égard de (qqn) dans une transaction. *Commerçant qui vole ses clients.* – De *voler* 1, à partir de loc. comme *voler la perdrix,* «l'attraper au vol», dont l'origine n'est plus comprise; p.-ê. par métaphore argotique.

volerie [vɔlʀi] n. f. Anc. Chasse à l'aide d'oiseaux de proie. – De *voler* 1.

volet [vɔlɛ] n. m. **I. 1.** Panneau de bois, de métal, intérieur ou extérieur, destiné à clore une baie. **2.** Partie mobile d'une chose, pouvant se rabattre sur celle à laquelle elle est fixée. *Volets d'un triptyque.* – *Volet de carburateur,* qui sert à régler l'arrivée d'air. ▷ AVIAT Panneau articulé orientable de l'aile ou de l'empennage d'un avion. **3.** Fig. Partie d'une étude littéraire, scientifique, etc. *Le deuxième volet de l'enquête.* **II.** Vx Tablette, tamis sur lequel on triait des grains. ▷ Loc. mod. *Trié sur le volet :* choisi avec soin, sélectionné. – De *voler* 1.

voleter [vɔlte] v. intr. [20] **1.** Voler à petits coups d'ailes en ne parcourant que de courtes distances. *Oisillon qui volette.* **2.** Fig. S'agiter sous l'effet du vent. *Son écharpe voletait.* – Dimin. de *voler* 1.

volettement [vɔlɛtmɑ̃] n. m. Rare Action, fait de voleter. – De *voleter.*

voleur, euse [vɔlœʀ, øz] n. et adj. Personne qui a commis un vol ou qui vole habituellement. *Arrêter un voleur.* ▷ adj. *Il est voleur et menteur.* – De *voler* 2.

volière [vɔljɛʀ] n. f. Espace clos par un grillage, où l'on élève des oiseaux. ▷ Grande cage à oiseaux. – De *voler* 1.

volige [vɔliʒ] n. f. CONSTR Planche mince sur laquelle sont fixées les ardoises ou les tuiles d'une toiture. – De l'anc. adj. *volis, volisse,* de *voler* 1.

voligeage [vɔliʒaʒ] n. m. CONSTR Action de voliger; ensemble des voliges. – De *voliger.*

voliger [vɔliʒe] v. tr. [13] CONSTR Garnir de voliges (la charpente d'un toit; un toit). – De *volige.*

volis [vɔlis] n. m. ARBOR **1.** Cime d'un arbre cassée par le vent. **2.** Ensemble d'arbres dont les cimes ont été brisées par le vent. – Subst. m. de l'anc. adj. *volis, volisse,* de *voler* 1.

volitif, ive [vɔlitif, iv] adj. PHILO De la volition, qui a rapport à la volition. – De *volition.*

volition [vɔlisjɔ̃] n. f. PHILO Acte de volonté; faculté de vouloir, volonté. – Du rad. du lat. *voluntas,* «volonté».

volley-ball [vɔlɛbol] n. m. Jeu, sport opposant deux équipes de six joueurs, qui se renvoient un ballon léger au-dessus d'un filet tendu (2,43 m du sol, pour les hommes; 2,24 m pour les femmes). – Mot anglo-amér.; de l'angl. *volley,* «volée», et *ball,* «ballon».

volleyeur, euse [vɔlejœʀ, øz] n. **1.** Joueur, joueuse de volley-ball. **2.** Au tennis, spécialiste du jeu de volée. – De l'angl. *volley,* «volée».

volontaire [vɔlɔ̃tɛʀ] adj. et n. **I.** adj. **1.** Qui se fait délibérément (par oppos. à *involontaire*). *Acte volontaire.* **2.** Qui ne résulte pas d'une contrainte (par oppos. à *forcé*).- *Contribution volontaire.* **3.** Qui agit par sa propre volonté. *Engagé volontaire.* **4.** Qui a ou qui dénote de la volonté (sens 2). *Un tempérament, un air volontaire.* **II.** n. **1.** Personne qui s'offre d'elle-même à accomplir une mission dangereuse, une tâche désagréable, etc. **2.** n. m. Soldat qui sert dans une armée en vertu d'un engagement volontaire. – Lat. *voluntarius.*

volontairement [vɔlɔ̃tɛʀmɑ̃] adv. **1.** Intentionnellement. **2.** Sans être contraint. – De *volontaire.*

volontariat [vɔlɔ̃taʀja] n. m. Fait d'être volontaire. ▷ *Spécial.* Fait de servir volontairement dans l'armée. – De *volontaire.*

volontarisme [vɔlɔ̃taʀism] n. m. **1.** PHILO Doctrine qui place la volonté au-dessus de l'intelligence, soit en affirmant la priorité des tendances irrationnelles de la volonté sur les idées formées au niveau de l'intelligence, soit en démontrant la supériorité de l'action et de la volition sur la pensée réfléchie. **2.** Attitude qui consiste à mettre tout en œuvre pour soumettre le réel à une volonté définie et exprimée. – De *volontaire.*

volontariste [vɔlɔ̃taʀist] adj. et n. **1.** PHILO Qui professe le volontarisme. **2.** Qui relève du volontarisme (sens 2). *Une politique volontariste de la famille.* – De *volontarisme.*

volonté [vɔlɔ̃te] n. f. **1.** Faculté de se déterminer soi-même vis-à-vis d'une décision à prendre, d'une action. *L'entendement et la volonté.* **2.** Qualité, trait de caractère d'une personne qui possède, exerce cette faculté. *Avoir de la volonté. Une volonté de fer*.* **3.** Expression de cette détermination; désir, souhait. *Il a agi contre ma volonté.* – *Les dernières volontés de qqn,* celles qu'il a exprimées avant sa mort. – Fam. *Faire les quatre volontés de qqn,* lui passer tous ses caprices. ▷ Loc. adv. *À volonté* : quand on veut ou autant qu'on veut. *Ce ressort joue à volonté. Pain à volonté.* **4.** *Bonne volonté* : disposition à faire une chose de son mieux, de bon gré. *Mauvaise volonté* : tendance à se dérober à une obligation. *Il y met de la mauvaise volonté* : il agit de mauvais gré. – Lat. *voluntas.*

volontiers [vɔlɔ̃tje] adv. **1.** De bon gré; avec plaisir. *Je le recevrai volontiers.* **2.** Par une inclination naturelle, sans peine. *Je le crois volontiers.* – Bas lat. *voluntarie,* de *voluntarius,* «volontaire».

volt [vɔlt] n. m. ELECTR Unité SI (de symbole V) servant à mesurer la différence de potentiel entre deux points d'un conducteur transportant un courant de 1 ampère lorsque la puissance dissipée entre ces points est égale à 1 watt. ▷ *Volt par mètre* : unité SI de champ électrique (symbole V/m), égale à l'intensité du champ uniforme qui existe entre deux points distants de 1 m et entre lesquels règne une différence de potentiel de 1 volt. – Du n. du physicien italien *Volta* (1745-1827).

voltage [vɔltaʒ] n. m. ELECTR (Abusiv.) Syn. de *tension.* ▷ Cour. Tension pour laquelle est prévu le fonctionnement d'un appareil électrique. – De *volt.*

1. voltaïque [vɔltaik] adj. ELECTR Relatif à la pile de Volta. – De *Volta,* physicien italien (V. volt).

2. voltaïque [vɔltaik] adj. et n. Anc. De la Haute-Volta, anc. nom du Burkina Faso, État d'Afrique occidentale. ▷ Subst. *Un(e) Voltaïque.* – De *(Haute-)Volta.*

voltaire [vɔltɛʀ] n. m. Large fauteuil au siège bas et au dossier élevé. – (En appos.) *Un fauteuil Voltaire.* – Du n. de *Voltaire* (1694-1778), écrivain et philosophe fr.

voltairianisme [vɔltɛʀjanism] n. m. Didac. Philosophie de Voltaire; esprit d'incrédulité railleuse qui anima Voltaire et ses partisans. – De *voltairien.*

voltairien, enne [vɔltɛʀjɛ̃, ɛn] adj. et n. Propre à Voltaire; qui rappelle Voltaire par l'incrédulité, l'ironie. ▷ Subst. Partisan de Voltaire. – Du n. de *Voltaire* (1694-1778), écrivain et philosophe fr.

voltamètre [vɔltamɛtʀ] n. m. ELECTR Appareil servant à électrolyser une solution, constitué d'une cuve contenant une solution ionique et dans laquelle plongent deux électrodes. – De *volt,* et *-mètre.*

voltampère [vɔltɑ̃pɛʀ] n. m. ELECTR Unité SI de puissance apparente, de symbole VA, utilisée pour les courants alternatifs. – De *volt,* et *ampère.*

volte [vɔlt] n. f. **1.** EQUIT Mouvement d'un cheval que son cavalier mène en rond. **2.** Ancienne danse, ancêtre de la valse. – Ital. *volta,* «tour»; lat. pop. **volvita,* de *volvere,* «tourner».

volte-face [vɔlt(ə)fas] n. f. inv. **1.** Action de se retourner pour faire face. **2.** Fig. Brusque changement d'opinion. – Ital. *volta faccia,* «tourne face»; de l'impér. de *voltare,* «tourner», et *faccia,* «face».

volter [vɔlte] v. intr. [1] EQUIT Faire une volte. – Ital. *voltare;* lat. pop. *volvitare,* de *volvere,* «tourner».

voltige [vɔltiʒ] n. f. **1.** Acrobatie sur la corde raide, au trapèze volant. **2.** Ensemble des exercices de gymnastique exécutés sur un cheval. **3.** AVIAT Acrobatie aérienne. *Concours de voltige.* **4.** Fig., fam. Façon de procéder exigeant une grande habileté. *Décrocher ce marché, c'est de la haute voltige!* – Déverbal de *voltiger.*

voltiger [vɔltiʒe] v. intr. [13] **1.** Voler à fréquentes reprises, çà et là. *Regarder voltiger les papillons.* **2.** Flotter au gré du vent. *Le vent fait voltiger les rideaux.* – Ital. *volteggiare,* de *volta,* «tour».

voltigeur [vɔltiʒœʀ] n. m. **1.** Celui qui fait des exercices de voltige. **2.** MILIT Anc. Soldat d'élite, de petite taille, appartenant à certaines unités d'infanterie. ▷ Mod. Élément mobile d'un groupe de combat. – De *voltiger.*

voltmètre [vɔltmɛtʀ] n. m. ELECTR Appareil servant à mesurer les différences de potentiel, constitué généralement d'un cadre mobile (dont la déviation est provoquée par le passage du courant résultant de la tension à mesurer), d'un amplificateur et d'un cadran ou d'un dispositif d'affichage numérique. – De *volt,* et *-mètre.*

volubile [vɔlybil] adj. **1.** BOT Qualifie une tige, une plante qui s'élève en s'enroulant autour d'un support. **2.** Qui parle beaucoup et rapidement. – Lat. *volubilis,* «qui se déroule facilement».

volubilis [vɔlybilis] n. m. Plante ornementale (genre *Ipomoea,* fam. convolvulacées) cultivée pour ses fleurs en forme d'entonnoir. V. ipomée. – Lat. bot., «qui tourne»; V. volubile.

volubilité [vɔlybilite] n. f. Caractère d'une personne volubile. *Parler avec volubilité.* – Lat. *volubilitas,* «rotation» et, au fig., «facilité de la parole».

volucelle [vɔlysɛl] n. f. Mouche à l'abdomen jaune et noir. – Lat. zool. *volucella,* du lat. *volucer,* «ailé».

volume [vɔlym] n. m. **I. 1.** ANTIQ Manuscrit qu'on enroulait autour d'une baguette. **2.** Livre broché ou relié contenant un ouvrage entier ou une partie d'un ouvrage. *Un volume in-folio. Édition qui réunit deux volumes en un seul.* **II. 1.** Espace occupé par un corps; grandeur qui mesure cet espace. *Le volume de cette pièce est d'environ cinquante mètres cubes.* ▷ Loc. *Faire du volume :* tenir beaucoup de place; fig. donner à son personnage, au rôle qu'il joue, beaucoup d'importance. **2.** Masse d'eau que débite un cours d'eau, une fontaine, etc. *Volume d'un fleuve.* **3.** MUS *Volume de la voix, volume sonore :* intensité des sons produits par la voix ou par un instrument de musique. ▷ ELECTR *Volume acoustique :* niveau de puissance acoustique d'un haut-parleur. *Potentiomètre de volume.* **4.** Fig. Quantité globale. *Le volume des échanges commerciaux augmente.* – Lat. *volumen,* rad. *volvere,* « rouler ».

volumétrie [vɔlymetʀi] n. f. CHIM **1.** Mesure des volumes. **2.** Ensemble des méthodes servant à déterminer la concentration d'une solution. – De *volume,* et *-métrie.*

volumétrique [vɔlymetʀik] adj. **1.** TECH Relatif à la mesure des volumes. *Compteur volumétrique,* qui mesure le volume débité par un appareil. **2.** CHIM Relatif à la volumétrie. *Analyse volumétrique.* – De *volume,* et *-métrique.*

volumineux, euse [vɔlyminø, øz] adj. Dont le volume est important. *Une armoire volumineuse.* – De *volume;* bas lat. *voluminosus,* « qui se roule ».

volumique [vɔlymik] adj. PHYS Relatif à l'unité de volume. *Masse, poids volumique :* masse, poids par unité de volume. – De *volume.*

volupté [vɔlypte] n. f. Jouissance profonde, sensuelle ou intellectuelle. ▷ *Spécial.* Plaisir sexuel. – Lat. *voluptas.*

voluptueusement [vɔlyptɥøzmɑ̃] adv. Avec volupté. – De *voluptueux.*

voluptueux, euse [vɔlyptɥø, øz] adj. (et n.) **1.** Qui aime, qui recherche la volupté sensuelle. ▷ Subst. *C'est un voluptueux.* **2.** Qui exprime ou qui procure la volupté. *Danse voluptueuse. Caresses voluptueuses.* – Lat. *voluptuosus.*

volute [vɔlyt] n. f. **1.** ARCHI Ornement en spirale d'un chapiteau ionique, d'une corniche, d'une console, etc. ▷ *Volute d'escalier :* partie ronde du bas du limon, sur laquelle repose le pilastre de la rampe. **2.** Ce qui est en forme de spirale. *Volutes de fumée.* **3.** ZOOL Mollusque gastéropode prosobranche des rivages sableux des mers chaudes dont la coquille présente une dernière spire très large. – Ital. *voluta,* mot lat., de *volutus,* pp. de *volvere,* « rouler ».

volvaire [vɔlvɛʀ] n. f. BOT Champignon basidiomycète comestible à lamelles (genre *Volvaria*), à grande volve et dépourvu d'anneau. – Lat bot. *volvaria,* du class. *volva,* « volve ».

volve [vɔlv] n. f. BOT Reste du voile général qui subsiste à la base du pied de divers agarics. – Lat. *volva,* « enveloppe ».

volvox [vɔlvɔks] n. m. BOT Algue verte d'eau douce (genre *Volvox*), unicellulaire, qui forme des colonies de cellules à deux flagelles. – Lat. *volvox,* « chenille ».

volvulus [vɔlvylys] n. m. MED Torsion d'un organe creux autour de son axe, entraînant son occlusion. *Volvulus de l'intestin grêle.* – Mot du lat. scientif., de *volvere,* « rouler ».

vombat. V. wombat.

vomer [vɔmɛʀ] n. m. ANAT Os médian de la partie postérieure de la cloison nasale. – Mot lat., « soc de charrue », par anal. de forme.

vomérien, enne [vɔmeʀjɛ̃, ɛn] adj. ANAT Du vomer. – De *vomer.*

vomi [vɔmi] n. m. Fam. Vomissure. – Pp. m. subst. de *vomir.*

vomique [vɔmik] adj. et n. f. **1.** adj. BOT *Noix vomique :* graine vénéneuse du vomiquier, riche en strychnine. **2.** n. f. MED Rejet subit par la bouche d'une collection purulente d'origine broncho-pulmonaire. – Du lat. *vomicus,* « qui fait vomir ».

vomiquier [vɔmikje] n. m. BOT Petit arbre (*Strychnos nux vomica*) originaire des Indes et de l'Indochine, qui produit la noix vomique. – De *(noix) vomique.*

vomir [vɔmiʀ] v. tr. [3] **1.** Rejeter brutalement par la bouche (le contenu de l'estomac). *Vomir son repas.* ▷ Fig. (Sujet n. de chose.) Projeter violemment à l'extérieur. *Volcan qui vomit des flammes.* **2.** Fig. Proférer (des paroles violentes, hostiles). *Vomir des injures.* **3.** Fig. Éprouver du dégoût pour (qqn). *Vomir les lâches.* – Lat. pop. **vomire,* class. *vomere.*

vomissement [vɔmismɑ̃] n. m. Action de vomir; ce qui est vomi. – De *vomir.*

vomissure [vɔmisyʀ] n. f. Matières vomies. – De *vomir.*

vomitif, ive [vɔmitif, iv] adj. (et n. m.) MED Qui provoque le vomissement. ▷ n. m. *Un vomitif puissant.* – Du lat. *vomitum,* supin de *vomere,* « vomir ».

vomitoire [vɔmitwaʀ] n. m. ANTIQ ROM Issue destinée à la sortie du public dans un amphithéâtre. – Lat. *vomitorium.*

vomito negro [vɔmitonegʀo] n. m. MED Vomissement noir de la fièvre jaune. – Par ext., syn. de *fièvre jaune.* – Mots esp., « vomissement noir ».

vorace [vɔʀas] adj. **1.** Qui mange avec avidité. *Animal, personne vorace.* – Par ext. *Appétit vorace.* **2.** Fig. Avide. *Un usurier vorace.* – Lat. *vorax, voracis.*

voracement [vɔʀasmɑ̃] adv. Avec voracité. – De *vorace.*

voracité [vɔʀasite] n. f. Caractère vorace. – Lat. *voracitas.*

-vore. Élément, du lat. *-vorus,* de *vorare,* « manger, avaler ».

vortex [vɔʀtɛks] n. m. inv. Didac. Tourbillon creux qui prend naissance dans un fluide en écoulement. ▷ METEO Ensemble de nuages en spirale, spécifique d'une dépression. – Mot lat., var. de *vertex.*

vorticelle [vɔʀtisɛl] n. f. ZOOL Protozoaire fixé et pédonculé (genres *Vorticella, Carchesium,* etc.) en forme d'entonnoir. – Lat. zool. *vorticella,* du lat. *vortex,* « tourbillon ».

vos. V. votre.

vosgien, enne [voʒjɛ̃, ɛn] adj. et n. Des Vosges, massif montagneux de l'E. de la France. *La forêt vosgienne.* ▷ Subst. *Un(e) Vosgien(ne).*

votant, ante [vɔtɑ̃, ɑ̃t] n. Personne qui a le droit de voter ou qui effectivement prend part à un vote. – Ppr. de *voter.*

vote [vɔt] n. m. **1.** Opinion exprimée par les personnes appelées à se prononcer sur une question, à élire un candidat. *Nombre de votes.* **2.** Acte par lequel ces personnes expriment leur opinion; façon dont elles procèdent. *Vote électoral, délibératif, juridique. Vote à main levée.* – Mot angl.; lat. *votum,* « vœu, désir ».

voter [vɔte] v. [1] **1.** v. intr. Donner son avis par un vote. *J'ai voté pour ce candidat.* **2.** v. tr. Approuver, décider par un vote. *Voter une loi à l'unanimité.* – De l'angl. *to vote;* lat. mod. *votare,* de *votum* « vœu ».

votif, ive [vɔtif, iv] adj. **1.** Qui est offert à la suite d'un vœu et témoigne de son accomplissement. *Tableau votif :* V. ex-voto. **2.** LITURG CATHOL *Messe votive,* pour une dévotion particulière, et qui n'est pas la messe du jour. – Lat. *votivus*, de *votum*, « vœu ».

votre [vɔtʀ], plur. **vos** [vo] adj. poss. de la 2e pers. du pluriel et des deux genres. (Marquant que l'on s'adresse à plusieurs personnes ou à une seule personne que l'on vouvoie.) **1.** Qui est à vous, qui a rapport à vous. *Votre maison. Votre Majesté.* **2.** (Emploi objectif.) De vous, de votre personne. *Votre portrait. Pour votre bien.* – Lat. pop. **voster*, class. *vester*.

vôtre [votʀ] adj., pron. poss. et n. **1.** adj. attribut. Litt. Qui est à vous. *Considérez mes biens comme vôtres.* **2.** pron. poss. de la deuxième personne du pluriel marquant qu'il y a plusieurs possesseurs ou un seul possesseur que l'on vouvoie *(précédé de le, la, les)*. Celui, celle qui est à vous. *Il a pris ses livres et les vôtres.* – Fam., ellipt. *À la vôtre* : à votre santé. **3.** n. Vx Ce qui vous appartient. ▷ Mod. *Vous y avez mis du vôtre*, de la bonne volonté. – *Vous avez fait des vôtres*, des sottises. ▷ *Les vôtres* : les personnes de votre famille, de votre parti, etc. – Du lat. *voster*, forme tonique de *votre*.

vouer [vwe] v. tr. [1] **1.** Consacrer à la divinité, à un saint. *Les familles catholiques traditionnelles vouent souvent leur bébé à la Vierge, le jour de son baptême.* **2.** Consacrer (son existence, son énergie) à (qqch). *Vouer sa vie à la science.* ▷ v. pron. *Ne savoir à quel saint* se vouer. Se vouer à l'étude.* **3.** S'engager à porter, ou porter à qqn (un sentiment fort et constant). *L'amitié que je lui ai vouée.* **4.** (Surtout passif.) Destiner, promettre à un sort déterminé. *Être voué à une déchéance certaine.* – Des formes anc. de *vœu*; lat. pop. *votare*, « vouer ».

vouge [vuʒ] n. m. **1.** HIST Arme d'hast à lame asymétrique, utilisée au Moyen Âge. **2.** HORTIC Serpe à long manche. – Du bas lat. *vidubium*, d'orig. gaul.

vouivre [vwivʀ] n. f. **1.** Rég. (Lorraine, Jura, Suisse) Serpent légendaire. **2.** HERALD Représentation de ce serpent avalant un homme. – De *wivre*, var. de l'a. fr. *guivre*, même sens, du lat. *vipera*, « vipère ».

vouloir [vulwaʀ] v. [48] et n. m. **A.** v. tr. **I. 1.** Être fermement déterminé à, ou désireux de. *Il veut partir. Je veux qu'il vienne.* ▷ *Absol.* Manifester de la volonté. *Vouloir, c'est pouvoir.* ▷ (Dans une loc. exclam. ou interrog., pour marquer la résignation.) *Que voulez-vous!* – Fam. *Que veux-tu que j'y fasse?* **2.** Être résolu ou aspirer à obtenir (qqch). *Vouloir la paix.* – Fam. *En vouloir* : ne pas se contenter de peu. *Il en veut* : il veut réussir. – *Vouloir telle somme d'argent d'une chose*, la réclamer pour prix de cette chose. ▷ *Vouloir qqch de qqn*, l'attendre de lui. *Que veut-il de moi?* ▷ *Vouloir du bien, du mal à qqn*, être dans des dispositions favorables, défavorables à son égard. **3.** (Souvent renforcé par *bien*.) Consentir à. *Voulez-vous me prêter de l'argent? Je veux bien y aller.* – (Formule impérative.) *Voulez-vous bien vous taire!* ▷ (À l'impératif, pour exprimer un ordre adouci, une prière polie.) *Veuillez me faire le plaisir de... Veuillez agréer...* **4.** Affirmer, exiger (qqch) avec obstination sans tenir compte de la réalité. *Il veut que ce soit comme ça. Elle veut avoir raison.* **II.** (Sujet n. de chose.) **1.** Fam. Pouvoir. *Ce bois ne veut pas brûler.* **2.** Demander, exiger. *La loi veut que...* **3.** *Vouloir dire* : signifier. *Que veut dire ce mot, cette attitude?* **III.** (Emploi trans. avec comp. d'objet partitif.) *Vouloir de qqn, de qqch*, l'accepter. *Je ne veux pas de ton cadeau. Il ne veut pas de lui pour cet emploi.* **IV. 1.** *En vouloir à qqn*, avoir de la rancune contre lui. *Ne m'en veuillez pas.* ▷ v. pron. Regretter, se repentir (de). *Je m'en veux d'avoir fait cela.* **2.** *En vouloir à qqch*, avoir le désir de se l'approprier, de l'obtenir. *Il en veut à mon argent.* – *En vouloir à la vie de qqn*, avoir l'intention d'attenter à sa vie. **B.** n. m. **1.** Litt. Acte de la volonté. **2.** Vieilli *Bon, mauvais vouloir* : bonne, mauvaise volonté; bonnes, mauvaises dispositions. – Lat. pop. **volere*, sur le rad. de certaines formes du lat. class. *velle*, « vouloir ».

voulu, ue [vuly] adj. **1.** Exigé, requis. *Dans les formes voulues. En temps voulu.* **2.** Fait à dessein. *Ces dissonances sont voulues.* – Pp. de *vouloir*.

vous [vu] pron. et n. m. **I.** pron. pers. unique de la deuxième personne du pluriel. **1.** (Pour s'adresser à plusieurs personnes ou à une seule personne que l'on vouvoie.) *Amis, m'entendez-vous? Devant vous tous. Vous, Pierre, vous resterez ici.* ▷ *Vous-même, vous-mêmes* (désignant expressément une ou plusieurs personnes). *Vous pourrez en juger vous-même.* ▷ Loc. *De vous à moi* : confidentiellement. **2.** (Emploi explétif, dans une phrase narrative.) *« On lui lia les pieds, on vous le suspendit. » (La Fontaine).* **3.** (Avec le sens de *on*.) *Elle est si belle que vous ne pouvez que l'admirer.* **II.** n. m. *Le vous de politesse.* – Lat. *vos*.

vousseau. V. voussoir.

voussoiement. V. vouvoiement.

voussoir [vuswaʀ] ou **vousseau** [vuso] n. m. Chacune des pierres taillées en coin, qui forment le cintre d'une voûte ou d'une arcade. – Du rad. de *voûte*.

voussoyer. V. vouvoyer.

voussure [vusyʀ] n. f. **1.** Cintre, courbe d'une voûte ou d'une partie de voûte. **2.** Raccord courbe entre un plafond et un mur ou une corniche. **3.** Chacun des arcs concentriques qui forment l'archivolte d'un portail. **4.** MED Exagération de la convexité du thorax ou du rachis. – Du rad. de *voûte*.

voûte [vut] n. f. **1.** Ouvrage de maçonnerie cintré dont les pierres (voussoirs) sont disposées de manière à s'appuyer les unes aux autres. *Voûte en plein cintre*. Voûte d'arête*. Clef* de voûte.* **2.** Partie supérieure courbe. *Voûte d'une caverne.* ▷ Par comparaison. *Voûte de feuillage. La voûte céleste.* – ANAT *Voûte plantaire* : concavité que forme normalement la plante du pied. – *Voûte palatine* : paroi supérieure de la cavité buccale. – Lat. pop. **volvita*, class. *voluta*, pp. fém. de *volvere*, « tourner, rouler ».

voûté, ée [vute] adj. **1.** Qui comporte une voûte. *Crypte voûtée.* **2.** Anormalement courbé. *Dos voûté.* – Pp. de *voûter*.

voûter [vute] v. tr. [1] **1.** Couvrir d'une voûte. *Voûter un édifice.* **2.** Courber. *L'âge a voûté son dos.* ▷ v. pron. *Vieillard qui se voûte.* – De *voûte*.

vouvoiement [vuvwamɑ̃] ou (vieilli) **voussoiement** [vuswamɑ̃] n. m. Action de vouvoyer, de voussoyer. – De *vouvoyer*, ou *voussoyer*.

vouvoyer [vuvwaje] ou (vieilli) **voussoyer** [vuswaje] v. tr. [23] Employer le pron. *vous* (pluriel de courtoisie) pour s'adresser à (une seule personne). *Il vouvoie ses parents, elle tutoie les siens.* ▷ v. pron. *Ses parents se vouvoient.* – De *vous*, d'ap. *tutoyer*.

vouvray [vuvʀɛ] n. m. Vin blanc léger produit dans la rég. de Vouvray, ch-l. de cant. d'Indre-et-Loire.

vox populi [vɔkspɔpyli] n. f. Litt. Opinion de la masse. – Mots lat., « voix du peuple »; d'après l'adage *vox populi, vox dei*, « voix du peuple, voix de Dieu ».

voyage [vwajaʒ] n. m. **1.** Fait d'aller dans un lieu assez éloigné de celui où l'on réside. *Voyage d'affaires, d'agrément.* ▷ Loc. *Les gens du voyage* : les artistes de cirque. **2.** Chacune des allées et venues d'une personne qui assure un transport. *Je ferai un second voyage pour venir vous chercher. Il faudra faire plusieurs voyages.* **3.** (Canada) Loc. fig., fam. *Avoir son voyage* : en avoir plein le dos, ras-le-bol. **4.** Fig., fam. Modification de l'état de conscience normal, provoquée par un hallucinogène. – Du lat. *viaticum*, « provisions de voyage, viatique ».

voyager [vwajaʒe] v. intr. [13] **1.** Faire un voyage, des voyages. *Voyager en avion. Il voyage beaucoup.* **2.** (Sujet n.

de chose.) Être transporté. *Denrées qui ne peuvent pas voyager.* – De *voyage.*

voyageur, euse [vwajaʒœʀ, øz] n. et adj. **1.** n. Personne qui est en voyage ou qui voyage beaucoup. *Dire adieu aux voyageurs. Un grand voyageur.* – *Train de voyageurs,* qui transporte des personnes (par oppos. à *train de marchandises).* ▷ *Voyageur de commerce :* celui qui se déplace pour le compte d'une maison de commerce dans le but de placer des marchandises. *Voyageurs, représentants, placiers (V.R.P.).* **2.** adj. *Pigeon voyageur,* dressé à porter des messages. – Vieilli *Commis voyageur :* voyageur de commerce. – De *voyage.*

voyagiste [vwajaʒist] n. Organisateur de voyages. Syn. (off. déconseillé) tour-opérateur. – De *voyage.*

voyance [vwajɑ̃s] n. f. Don de seconde vue (sens 7). – De *voyant.*

voyant, ante [vwajɑ̃, ɑ̃t] adj. et n. **A.** adj. Qui attire la vue par son éclat. *Couleur, étoffe voyante.* – Fig. Qui attire trop l'attention, ostentatoire. *Une flatterie un peu voyante.* **B.** n. **I. 1.** Personne douée du sens de la vue. *Les voyants et les non-voyants.* **2.** (Surtout au fém.) Personne qui a ou prétend avoir le don de seconde vue (sens 7). *Voyante extra-lucide.* **II.** n. m. **1.** Signal lumineux destiné à avertir. *Voyants d'un tableau de bord.* ▷ MAR Marque distinctive des éléments de balisage (bouées, balises). **2.** Pièce servant de mire dans les opérations de géodésie. – Ppr. de *voir.*

voyelle [vwajɛl] n. f. Son du langage, phonème produit par la voix qui résonne dans les cavités supérieures du chenal expiratoire (essentiellement la cavité buccale); lettre qui note un tel son. *Les différents timbres des voyelles dépendent du degré d'ouverture de la bouche, de la position de la langue et de celle des lèvres.* – *Voyelles nasales,* dans la prononciation desquelles les fosses nasales jouent le rôle d'un résonateur : [œ̃], [ɔ̃], [ɛ̃], [ɑ̃] (par oppos. à *voyelles orales).* – Lat. *vocalis;* subst. de l'anc. adj. *voieul,* «vocal».

voyer [vwaje] n. m. et adj. Anc. Officier préposé à l'entretien des voies publiques. ▷ adj. *Agent voyer :* nom donné autref. aux ingénieurs responsables des chemins vicinaux. – Du lat. *vicarius,* «remplaçant», avec changement de sens sous l'infl. de *voie.*

voyeur, euse [vwajœʀ, øz] n. Personne poussée à observer autrui (notam. son comportement érotique) par une curiosité plus ou moins malsaine ou impudique. – De *voir.*

voyeurisme [vwajœʀism] n. m. PSYCHOPATHOL Perversion consistant en la nécessité de se trouver en position de voyeur pour satisfaire ses pulsions sexuelles. – De *voyeur.*

voyou [vwaju] n. et adj. **I.** n. m. **1.** Enfant, jeune homme mal élevé qui vagabonde dans les rues; jeune délinquant. **2.** Individu louche, vivant en marge des lois. **II.** adj. Qui est propre aux voyous. (On trouve parfois dans ce sens le fém. *voyoute.*) – De *voie,* et suff. pop.

vrac [vʀak] n. m. **I.** Loc. adj. ou adv. *En vrac.* **1.** Qui n'est pas emballé, conditionné, en parlant de marchandises. *Grains transportés en vrac.* **2.** Fig. Sans ordre. *Jeter ses idées en vrac sur le papier.* **II.** n. m. TECH (Dans quelques emplois.) Marchandise en vrac. *Navire transporteur de vrac.* – Du néerl. *wrac, wraec,* «(harengs) mal salés, mauvais».

vrai, vraie [vʀɛ] adj., n. m. et adv. **I.** adj. **1.** Conforme à la vérité. *Information vraie.* – (Sens affaibli.) *Il est consciencieux, c'est vrai, mais peu intelligent.* **2.** (Avant le nom.) Qui est réellement ce dont il a les apparences. *Un vrai diamant. Un vrai chagrin.* – Par exag. *C'est un vrai père pour moi.* **3.** Réel et non pas apparent ou imaginaire. *La vraie cause d'un événement.* **4.** Qui seul convient. *Le vrai moyen de sortir d'embarras.* **5.** Qui traduit bien la réalité dans l'art. *Des tons vrais.* **II.** n. m. Vérité. *Être dans le vrai :* ne pas se tromper. ▷ Loc. adv. *À vrai dire, à dire vrai :* pour parler sincèrement. – Fam. (Surtout dans le langage enfantin.) *Pour de vrai :* réellement, vraiment. *Là, c'est plus pour (de) rire, c'est pour de vrai.* **III.** adv. Conformément à la vérité, à la réalité. *Discours qui sonne vrai.* ▷ Exclam. et fam. Vrai, tu as fait cela! – Du lat. pop. **veracus,* class. *verus, verax.*

vraiment [vʀɛmɑ̃] adv. **1.** Véritablement, effectivement. *Pensez-vous vraiment ce que vous dites?* **2.** (Renforçant une affirmation.) *Vraiment, il ne comprend pas.* – De *vrai.*

vraisemblable [vʀɛsɑ̃blabl] adj. Qui paraît vrai, qui a l'apparence de la vérité. *Une histoire vraisemblable.* Ant. invraisemblable. – De *vrai,* et *semblable,* d'ap. le lat. *verisimilis.*

vraisemblablement [vʀɛsɑ̃blabləmɑ̃] adv. Selon toutes probabilités. *Il arrivera vraisemblablement ce soir.* – De *vraisemblable.*

vraisemblance [vʀɛsɑ̃blɑ̃s] n. f. Caractère de ce qui est vraisemblable. – Loc. *Selon toute vraisemblance :* vraisemblablement. Ant. invraisemblance. – De *vraisemblable.*

vraquier [vʀakje] n. m. MAR Navire transportant des produits en vrac. – De *vrac.*

vrillage [vʀijaʒ] n. m. TECH Défaut des fils textiles qui ont tendance à vriller. – De *vriller.*

vrille [vʀij] n. f. **1.** Filament simple ou ramifié s'enroulant en hélice autour d'un support et permettant à certaines plantes grimpantes de s'élever. *Les vrilles de la vigne.* ▷ Loc. adj. *En vrille :* en forme de vrille. *Ficelle qui se met en vrille.* ▷ AVIAT *Descente en vrille :* chute d'un avion qui tournoie le nez en bas (par accident ou dans une figure de voltige). **2.** TECH Mèche à main servant à faire de petits trous dans le bois. – Du lat. *viticula,* de *vitis,* «vigne».

vrillé, ée [vʀije] adj. et n. f. **I.** adj. **1.** BOT Qui a des vrilles. *Tige vrillée.* **2.** Enroulé, tordu sur lui-même. *Fil vrillé.* **II.** n. f. BOT Liseron (*Polygonum convolvulus,* fam. polygonacées). – De *vrille.*

vriller [vʀije] v. [1] **I.** v. tr. (Rare au sens propre.) Percer à l'aide d'une vrille. ▷ Fig., cour. *Bruit qui vrille les tympans.* **II.** v. intr. **1.** S'enrouler, se tordre comme une vrille végétale. **2.** S'élever ou descendre en tournoyant. *Avion qui vrille.* – De *vrille.*

vrillette [vʀijɛt] n. f. Petit insecte coléoptère (genre *Anobium)* dont la larve creuse des galeries dans les vieux bois. – De *vrille.*

vrombir [vʀɔ̃biʀ] v. intr. [3] Faire entendre un son vibrant résultant d'un mouvement de rotation, ou d'une agitation rapide. *Avion, mouche qui vrombit.* – Onomat.

vrombissant, ante [vʀɔ̃bisɑ̃, ɑ̃t] adj. Qui vrombit. – Ppr. de *vrombir.*

vrombissement [vʀɔ̃bismɑ̃] n. m. Bruit produit par ce qui vrombit. – De vrombir.

V.R.P. Sigle de *voyageur, représentant (de commerce), placier.*

V.S.N. n. m. inv. Jeune appelé qui remplit ses obligations militaires comme coopérant. – Sigle de *volontaire du service national.*

vu, vue [vy] adj., n. m. et prép. **I.** adj. Perçu par l'œil ou par l'esprit. ▷ Loc. fam. *Ni vu, ni connu :* à l'insu de tous. – *C'est tout vu :* il n'y a pas à revenir là-dessus. ▷ *Être bien, mal vu :* jouir, ne pas jouir de la considération, de l'estime d'autrui. **II.** n. m. **1.** *Chose faite au vu et au su de tous,* faite ouvertement. **2.** ADMIN *Sur le vu de :* après examen direct de. *Sur le vu des pièces.* **III.** prép. Étant donné. *Vu ses états de service.* ▷ Loc. conj. Fam. *Vu* *que* : en considérant que. *Je n'ai rien dit, vu qu'il se serait fâché.* – Pp. de *voir.*

vue [vy] n. f. **1.** Celui des cinq sens dont l'organe est l'œil et par lequel nous percevons la lumière, les couleurs, les formes et les distances. V. vision. ▷ Manière de percevoir par la vue. *Avoir une bonne vue.* ▷ Loc. fam. *En mettre plein la vue :* susciter une admiration éblouie. **2.** Action de percevoir par les yeux, de voir. *Dissimuler qqch à la vue de qqn. La vue de toute cette misère nous a bouleversés.* – Loc. *Connaître qqn de vue,* l'avoir vu sans jamais lui avoir parlé. – FIN *Billet, mandat payable à vue,* sur présentation. *Dépôt à vue à la Caisse d'épargne.* ▷ Loc. adv. *À première vue :* au premier coup d'œil, sans avoir examiné en détail. – *À vue d'œil :* d'une façon perceptible visuellement; très rapidement. *L'eau baisse à vue d'œil.* – Fam. *À vue de nez :* approximativement. ▷ Loc. prép. *À la vue de :* en voyant. *À la vue des chasseurs, le gibier fuit.* **3.** Manière dont qqch se présente au regard de l'observateur. *Vue de côté.* ▷ Loc. adj. *En vue :* perceptible par les yeux. *La côte est en vue.* – Fig. De premier plan. *Personnalités en vue.* **4.** Ce que l'on peut voir d'un certain endroit. *Avoir une belle vue de sa fenêtre.* **5.** Dessin, tableau, etc., représentant un lieu. *Acheter des vues de Londres.* **6.** CONSTR, DR Ouverture pratiquée dans un bâtiment pour laisser passer la lumière. **7** Fig., litt. Faculté de connaître, de saisir par l'esprit. ▷ Cour. *Seconde, double vue :* faculté de certaines personnes à voir mentalement ce qui n'est pas dans leur champ de perception physique. *Il dit posséder le don de double vue.* **8.** Façon de voir les choses; idée, aperçu. *Des vues intéressantes.* – *Une vue de l'esprit :* une conception uniquement théorique. **9.** Intention, dessein. *Cela n'entre pas dans mes vues.* – *Avoir qqch en vue,* se le proposer pour objet, espérer l'obtenir. – *Avoir qqn en vue,* envisager de recourir à lui. – *Avoir des vues sur qqn,* projeter de l'employer à qqch ou de l'épouser. – *En vue de :* dans le but de. *Travailler en vue de réussir, en vue d'un examen.* – Pp. fém. subst. de *voir.*

vulcain [vylkɛ̃] n. m. ENTOM Vanesse* noire marquée de taches blanches et rouges, commune dans les jardins. – Du n. de *Vulcain,* dieu romain du Feu; lat. *Vulcanus.*

vulcanien, enne [vylkanjɛ̃, ɛn] adj. GEOL Se dit d'un volcan ou d'une éruption aux laves visqueuses et aux explosions violentes. – Du lat. *Vulcanus,* «Vulcain». V. vulcain.

vulcanisation [vylkanizasjɔ̃] n. f. CHIM Opération qui consiste à ajouter du soufre au caoutchouc pour le rendre plus résistant. – Angl. *vulcanization,* de *to vulcanize.* V. vulcaniser.

vulcaniser [vylkanize] v. tr. [1] CHIM Soumettre (le caoutchouc) à la vulcanisation. – Pp. adj. *Caoutchouc vulcanisé.* – Angl. *to vulcanize,* de *Vulcan,* «Vulcain» (V. vulcain).

vulcanologie, vulcanologique, vulcanologue. V. volcanologie, volcanologique, volcanologue.

vulgaire [vylgɛʀ] adj. et n. m. **I.** adj. **1.** Vieilli ou litt. Du type le plus courant; commun, répandu. *Plantes vulgaires. L'opinion vulgaire.* ▷ LING *Langue vulgaire,* employée par le plus grand nombre (par oppos. à *langue littéraire*). – SC NAT *Nom vulgaire* (d'une plante, d'un animal) : nom courant (par oppos. à *nom scientifique*). **2.** (Avant le nom.) Se dit de qqn, de qqch pour l'opposer à qqn, qqch d'un genre, d'un type considéré comme supérieur. *Un vulgaire chat de gouttière.* **3.** Péjor. Qui manque par trop de distinction, d'élégance. *Un homme, un langage vulgaire,* grossier. **II.** n. m. *Le vulgaire.* **1.** Le commun des hommes, la masse. **2.** Ce qui est vulgaire (sens 3). *Tomber dans le vulgaire.* – Lat. *vulgaris,* de *vulgus,* «le commun des hommes».

vulgairement [vylgɛʀmɑ̃] adv. **1.** Dans le langage courant. *La valériane, vulgairement appelée «herbe aux chats».* **2.** D'une manière qui manque de distinction. *Parler vulgairement.* – De *vulgaire.*

vulgarisateur, trice [vylgaʀizatœʀ, tʀis] adj. et n. Qui vulgarise des connaissances. – Subst. *Un talent de vulgarisateur.* – De *vulgariser.*

vulgarisation [vylgaʀizasjɔ̃] n. f. Action de vulgariser des connaissances. *Faire œuvre de vulgarisation.* – De *vulgariser.*

vulgariser [vylgaʀize] v. tr. [1] **1.** Rendre accessible, mettre (des connaissances) à la portée de tous. *Vulgariser une science.* **2.** Rare Rendre vulgaire (sens 3). *Ce maquillage la vulgarise.* – De *vulgaire.*

vulgarisme [vylgaʀism] n. m. Didac. Terme, expression qui appartient à la langue vulgaire. – De *vulgaire.*

vulgarité [vylgaʀite] n. f. Caractère de qqn, de qqch qui est vulgaire, sans élégance. – Lat. *vulgaritas.*

Vulgate [vylgat] n. f. RELIG CATHOL Version latine de la Bible, due principalement à saint Jérôme (IVe-Ve s.) et adoptée par le concile de Trente en 1546 comme version officielle de l'Église catholique. (Elle est auj. en cours de révision.) – Lat. *vulgata (versio),* propr. «version répandue», de *vulgare,* «répandre».

vulgo [vylgo] adv. Didac. Dans la langue commune. ▷ En termes vulgaires, grossiers. – Mots lat., «en foule».

vulgum pecus [vylgɔmpekys] n. m. Fam. Commun des mortels, masse ignorante. – Loc. pseudo-latine, de *vulgus,* «foule», et *pecus,* «troupeau».

vulnérabilité [vylneʀabilite] n. f. Caractère vulnérable de qqn, de qqch. – De *vulnérable.*

vulnérable [vylneʀabl] adj. **1.** Qui peut être blessé, atteint physiquement. *Achille n'était vulnérable qu'au talon.* **2.** Fig. Qui résiste mal aux attaques. *Sa sensibilité maladive le rend très vulnérable.* – Bas lat. *vulnerabilis,* de *vulnerare,* «blesser».

vulnéraire [vylneʀɛʀ] adj. et n. **1.** adj. MED Anc. Propre à la guérison des blessures. ▷ n. m. Substance guérissant les blessures. **2.** n. f. Plante herbacée des prés et des lieux incultes (*Anthyllis vulneraria,* fam. papilionacées) à fleurs jaune d'or groupées en capitules, utilisée autref. pour soigner les blessures. – Lat. *vulnerarius.*

vulnérant, ante [vylneʀɑ̃, ɑ̃t] adj. Didac. Qui cause, peut causer une blessure, une atteinte. – Lat. *vulnerans,* ppr. de *vulnerare,* «blesser».

vulpin [vylpɛ̃] n. m. Plante herbacée (genre *Alopecurus,* fam. graminées) aux épis compacts en forme de queue de renard, cultivée comme plante fourragère. – Du lat. *vulpinus,* «du renard».

vultueux, euse [vyltɥø, øz] adj. MED Rouge et bouffi, en parlant du visage. – Lat. *vultuosus,* de *vultus,* «mine, visage».

vulturidés [vyltyʀide] n. m. pl. ORNITH Famille d'oiseaux falconiformes comprenant les condors des Andes et de Californie et les vautours américains. – Sing. *Un vulturidé.* – Du lat. *vultur,* «vautour».

1. vulvaire [vylvɛʀ] n. f. BOT Plante herbacée des décombres (*Chenopodium olidum,* fam. salsolacées), appelée aussi *arroche puante* à cause de l'odeur fétide de ses feuilles. – Lat. bot. *vulvaria,* de *vulva,* «vulve», parce qu'on employait cette plante en gynécologie.

2. vulvaire [vylvɛʀ] adj. ANAT Relatif, propre à la vulve. – De *vulve.*

vulve [vylv] n. f. ANAT Ensemble des organes génitaux externes, chez la femme et les femelles des mammifères. – Lat. *vulva.*

vulvite [vylvit] n. f. MED Inflammation de la vulve. – De *vulve,* et *-ite* 1.

vumètre [vymɛtʀ] n. m. TECH Appareil servant à mesurer les signaux électroacoustiques. – Calque de l'angl. *vumeter*, de *vu*, abrév. de *volume unit*, « unité de volume », et*meter*, « compteur ».

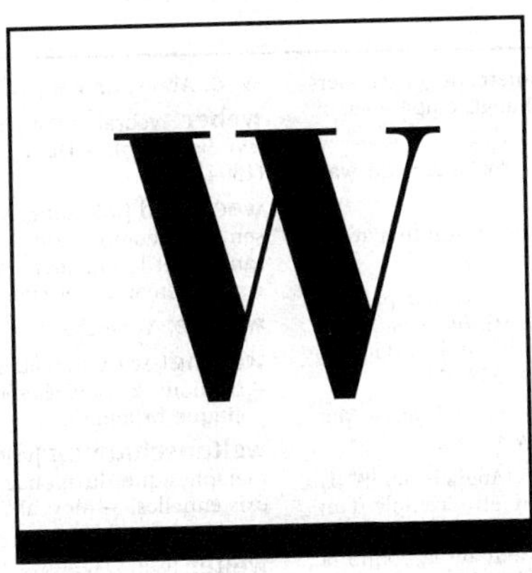

w [dubləve] n. m. **1.** Vingt-troisième lettre (w, W) et dix-huitième consonne de l'alphabet, notant la fricative labiodentale sonore [v] (ex. *wagon*) ou la semi-consonne labiale postérieure [w] (ex. *kiwi*). **2.** PHYS W : symbole du watt ▷ PHYS NUCL Un des bosons médiateurs de l'interaction* faible. ▷ CHIM W : symbole du tungstène, de son anc. nom wolfram.

wading [wediŋ] n. m. (Anglicisme) Pêche en rivière, le pêcheur étant dans l'eau. – Mot angl., de *to wade*, « patauger ».

wagage [wagaʒ] n. m. Rég. Vase de rivière employée comme engrais. – Mot dial., du néerl. *wak*, « humide ».

wagnérien, enne [vagneʀjɛ̃, ɛn] adj. et n. De Wagner; qui a rapport à Wagner, à son œuvre. *Style, chanteur wagnérien.* ▷ Subst. Admirateur de Wagner. – Du n. du compositeur allemand Richard *Wagner* (1813-1883).

wagon [vagɔ̃] n. m. **1.** CH de F Véhicule ferroviaire tracté, servant au transport des marchandises, des bestiaux. ▷ (En composition.) *Wagon-citerne, wagon-réservoir*, pour le transport des liquides. *Wagon-foudre*, pour le transport des boissons (vin, principalement). *Wagon-poste* ou *wagon postal*, aménagé pour le transport et le tri postaux. *Wagon-tombereau* : wagon muni d'une benne basculante; wagon à portes latérales. *Wagon-trémie*, à une ou plusieurs trémies, pour le transport des matériaux en vrac. ▷ Cour. Voiture de voyageurs. *Il est monté dans le wagon de tête. Wagon-bar, wagon-restaurant* : voitures aménagées en bar, en restaurant. Syn. voiture-bar, voiture-restaurant. – *Wagon-lit*, dont les compartiments sont équipés d'une ou de deux couchettes, d'un lavabo ou d'un cabinet de toilette. Syn. voiture-lit. – (Rem. Sauf dans *des wagons-poste*, les deux termes prennent la marque du plur. : *des wagons-bars*, etc.) **2.** Contenu d'un wagon. *Un wagon de blé.* **3.** CONSTR Conduit de cheminée encastré dans la maçonnerie. – Mot angl.; d'abord « chariot de transport de houille ».

wagonnage [vagɔnaʒ] n. m. TECH Transport par wagon. – De *wagon*.

wagonnée [vagɔne] n. f. TECH Contenu d'un wagon. – De *wagon*.

wagonnet [vagɔnɛ] n. m. Petit wagon à caisse basculante utilisé dans les mines, pour le terrassement, etc. – Dimin. de *wagon*.

wagonnier [vagɔnje] n. m. TECH Agent chargé de la manœuvre des wagons. – De *wagon*.

wahhabisme [waabism] n. m. RELIG Doctrine des Wahhabites. – De *wahhabite*.

wahhabite [waabit] adj. et n. **1.** RELIG Relatif aux Wahhabites, musulmans qui, au XVIIIe s., sous l'impulsion de Muhammad ibn Abd al-Wahhāb, prêchèrent un retour à l'interprétation littérale du Coran et voulurent fonder dans la péninsule arabique un État conforme à leurs principes. **2.** Qui est partisan du wahhabisme. – Du n. de Muhammad ibn Abd al-*Wahhāb* (v.1700-1792).

walkie-talkie. V. talkie-walkie.

walkman [wokman] n. m. (Anglicisme) Syn. de *baladeur*. – Nom déposé; mot angl. de *to walk*, « marcher », et *man*, « homme ».

walk-over [wokɔvœʀ] n. m. inv. (Anglicisme) **1.** TURF Course dans laquelle un seul cheval prend le départ, par suite du forfait des autres chevaux engagés. **2.** SPORT Compétition dans laquelle un concurrent n'a pas d'adversaire. *Gagner par walk-over.* (Abrév. : w.-o.) – Mot angl., de *to walk*, « marcher », et *over*, « dessus, par-dessus ».

walkyrie ou **valkyrie** [valkiʀi] n. f. **1.** Nom donné dans la mythologie scandinave aux divinités féminines qui présidaient aux batailles et amenaient les guerriers au Walhalla (paradis). **2.** *Par anal.* Plaisant Femme forte, plantureuse. – Anc. nordique *valkyrja*; cf. all. *Walküre*, du haut all. *wal*, « champ de bataille », et *kyrja*, « celle qui choisit ».

wallaby [walabi] n. m. Petit kangourou (genres *Wallabia, Dorcopsis, Petrogales*, etc.). *Des wallabies.* – Mot indigène australien, par l'angl.

wallingant, ante [walɛ̃gɑ̃, ɑ̃t] n. et adj. Rég. (Belgique) Wallon partisan de l'autonomie de la Wallonie (mot employé par les adversaires de cette position politique). – De *wallon*, d'ap. *(flam)ingant*.

wallon, onne [walɔ̃, ɔn] adj. et n. **1.** adj. De Wallonie (partie méridionale de la Belgique). ▷ Subst. *Un(e) Wallon(ne).* **2.** n. m. *Le wallon* : le parler roman utilisé notam. en Wallonie. – Lat. médiév. *wallo, wallonis*, du germ. **walha*, « les peuples romanisés ».

wallonisme [walɔnism] n. m. LING Mot ou tour propre au français de Wallonie. – De *wallon*.

walloniste [walɔnist] n. Didac. Spécialiste des dialectes wallons. – De *wallon*.

wapiti [wapiti] n. m. Grand cerf d'Amérique du Nord (*Cervus elaphus*), originaire d'Asie, dont les bois peuvent atteindre 1,80 m d'envergure. *Des wapitis.* – Mot amér., de l'algonkin *wapitik*, « daim blanc ».

warrant [vaʀɑ̃] n. m. DR COMM Titre à ordre portant mention de la valeur des marchandises déposées dans un magasin général par un commerçant, et lui permettant de négocier celles-ci. – Mot angl., empr. à l'a. fr. *warant*, forme dial. de *garant*.

warrantage [vaʀɑ̃taʒ] n. m. DR COMM Action de warranter. – De *warranter*.

warranter [vaʀɑ̃te] v. tr. [1] DR COMM Garantir par un warrant. – De *warrant*.

washingtonia [waʃiŋtɔnja] n. m. BOT Grand palmier de Californie et du Mexique (genre *Washingtonia*) dont les feuilles, en éventail, peuvent atteindre 3 m de long. – Du nom du général *Washington* (1732-1799).

wassingue [vasɛ̃g] n. f. Rég. (Nord) Toile à laver. – Mot flam. d'orig. germ., all. *waschen*, « laver ».

water-ballast [watɛʀbalast] n. m. (Anglicisme) MAR **1.** Compartiment d'un navire pouvant être rempli d'un liquide (provision d'eau, combustible, lest). **2.** Dans un sous-marin, réservoir situé à l'extérieur de la coque et permettant de faire varier le poids du bâtiment suivant la quantité d'eau contenue. *Des water-ballasts.* – Mot angl., de *water*, « eau », et *ballast*, « lest ».

water-closet(s) [watɛʀklozɛt] n. m. ou **waters** [watɛʀ] n. m. pl. Lieux d'aisances, cabinets. *Des water-closets.* (Abrév. : w.-c.) – De l'angl. *water*, « eau », et *closet*, « cabinet, petit clos », mot empr. à l'a. fr. *clos*.

watergang [watɛʀgɑ̃g] n. m. Rég. (Nord, Belgique.) Canal, fossé bordant un polder ou un chemin. – Mot néerl. de *water*, « eau », et *gang*, « voie ».

wateringue [watəʀɛ̃g] n. m. ou f. Rég. (Nord, Belgique.) Ensemble de travaux de drainage; association constituée pour ces travaux. – Flam. *wateringen*, de *water*, « eau ».

water-polo [watɛʀpɔlo] n. m. SPORT Jeu de ballon analogue au handball, qui se joue dans l'eau et qui oppose deux équipes de sept nageurs. *Des water-polos.* – Mot angl., de *water*, « eau », et *polo*.

waterproof [watɛʀpʀuf] adj. inv. (Anglicisme) Étanche; imperméable. *Montre waterproof.* ▷ n. m. Vx Imperméable (vêtement). – Mot angl., « à l'épreuve *(proof)* de l'eau *(water)* ».

waters. V. water-closet(s).

waterzoi [watɛʀzɔj] n. m. CUIS Spécialité belge, soupe épaisse de poulet (ou poisson) et de légumes liée à la crème. – Flamand *waterzooi*.

watt [wat] n. m. PHYS Unité de puissance du système SI, de symbole W (1 W = 1 J/s). – Du n. de J. *Watt* (1736-1819), ingénieur écossais.

watt-heure ou **wattheure** [watœʀ] n. m. PHYS Unité d'énergie (symbole Wh) correspondant à l'énergie mise en jeu par une puissance de 1 watt pendant 1 heure. (L'unité d'énergie du système SI est le joule; 1 Wh = 3 600 J). *Des watts-heures* ou *wattheures*. – De *watt*, et *heure*.

wattman [watman] n. m. Vieilli Conducteur d'un tramway électrique. *Des wattmans* ou *wattmen*. – De *watt*, et angl. *man*, « homme ».

wattmètre [watmɛtʀ] n. m. ELECTR Appareil servant à mesurer les puissances électriques et utilisant l'action d'un bobinage fixe sur un bobinage mobile. – De *watt*, et *-mètre*.

wax [waks] n. m. Tissu de coton imprimé d'un dessin évoquant des craquelures, obtenu par un procédé à la cire. – (En appos.) *Imprimé wax.* – Mot angl., « cire ».

wayang [wajɑ̃g] n. m. Didac. En Indonésie, théâtre de marionnettes inspiré par des épisodes du Rāmāyana et du Mahābhārata, textes épiques brahmaniques. – Mot javanais, « drame ».

Wb PHYS Symbole du weber.

w.-c. Abrév. de *water-closet(s)*.

weber [vebɛʀ] n. m. PHYS Unité de flux magnétique (symbole Wb). – Du n. du physicien all. W.E. *Weber* (1804-1891).

week-end [wikɛnd] n. m. (Anglicisme) Congé de fin de semaine, comprenant le samedi (ou l'après-midi du samedi) et le dimanche. *Des week-ends.* – Mot angl., de *week*, « semaine », et *end*, « fin ».

welche. V. velche.

wellingtonia [weliŋtɔnja] n. m. BOT Séquoia (arbre). – Du nom de *Wellington* (1769-1852), général et homme politique britannique.

weltanschauung [vɛltanʃawuŋ] n. f. PHILO Conception métaphysique du monde, liée à l'intuition des réalités existentielles. – Mot all., de *Welt*, « monde », et *Anschauung*, « intuition ».

welter [vɛltɛʀ ; wɛltɛʀ] n. m. et adj. (Anglicisme) SPORT Se dit d'un boxeur pesant entre 63,50 et 66,67 kg (professionnels). Syn. vieilli mi-moyen. – Mot angl.

wergeld [vɛʀgɛld] n. m. HIST Chez les Germains, surtout chez les Francs, indemnité que l'auteur d'un délit payait à la victime ou, en cas de meurtre, à sa famille. – Saxon *wergeld*, de *wer*, « homme », et *geld*, « argent ».

western [wɛstɛʀn] n. m. Film d'aventures dont l'action se déroule dans l'Ouest américain au temps de sa conquête; genre cinématographique représenté par ce type de film. – Mot angl., « de l'Ouest », de *west*, « ouest ».

Wh ELECTR Symbole du watt-heure.

wharf [waʀf] n. m. MAR Appontement long perpendiculaire au rivage. – Mot angl., « quai ».

whig [wig] n. m. et adj. **I. 1.** HIST Nom donné en Angleterre aux adversaires de Jacques d'York (le futur Jacques II). *Dans les années 1679-1680, les whigs défendirent les droits du Parlement contre l'absolutisme royal et en 1688 renversèrent Jacques II.* **2.** Mod. Membre du parti libéral en G.-B. *Opposés aux tories (XVIIIe et XIXe s.), les whigs donnèrent naissance au parti libéral.* (V. tory.) ▷ adj. *Le parti whig.* **II.** HIST *Parti whig* : aux É.-U., parti politique, opposé au prés. démocrate A. Jackson, fondé en 1834; il se disloqua en 1852, après avoir perdu les élections. – Mot angl., probabl. apocope de *Whiggamores*, insurgés écossais qui marchèrent sur Édimbourg en 1648, de *to whig*, « avancer, marcher à une allure régulière ».

whipcord [wipkɔʀd] n. m. Étoffe à trame très serrée et à côtes obliques. – Mot angl., propr. « corde *(cord)* à fouet *(whip)* ».

whisker [wiskœʀ] n. m. MINER, CHIM, TECH Syn. de *trichite**. – Mot angl., « moustache ».

whisky [wiski] n. m. Eau-de-vie de grain (orge, avoine, seigle) fabriquée dans les pays anglo-saxons. *Des whiskies.* ▷ *Un whisky* : un verre de whisky. – Mot angl., du gaélique *uisge beatha*, « eau-de-vie ».

whist [wist] n. m. Jeu de cartes, ancêtre du bridge. – Mot angl.; var. *w(h)isk*, p.-ê. de to *whisk*, « battre, fouetter » altéré par confusion avec l'anc. interj. *whist!*, « chut! ».

white spirit [wajtspiʀit] n. m. Produit de la distillation fractionnée des pétroles, employé comme diluant des peintures et comme solvant. *Des white spirits.* – Mot angl., propr. « essence blanche ».

wigwam [wigwam] n. m. Tente, hutte, et, par ext., village des Indiens d'Amérique du Nord. *Des wigwams.* – Mot anglo-amér., de l'algonkin *wikiwam*, « leur maison ».

wilaya ou **willaya** [vilaja] n. f. En Algérie, division administrative. ▷ HIST Durant la période correspondant à la guerre d'Algérie (1954-1962), sous l'administration française, unité territoriale combattante. – Mot arabe.

william(s) [wiljam(s)] n. f. Poire juteuse, parfumée, de forme allongée, à peau jaune et lisse. – (En appos.) *Des poires williams.* – De *Williams*, nom de celui qui fit connaître cette variété de poire.

willow [wilɔw] n. m. TECH Tambour intérieurement muni de pointes dans lequel on épure les matières textiles (la laine cardée, notam.). – Mot angl. «saule» puis «batte» (confectionnée avec les branches de cet arbre).

winch [winʃ] n. m. (Anglicisme) MAR Petit treuil utilisé sur les voiliers, pour raidir les écoutes ou les drisses. Syn. (off. recommandé) cabestan. – Mot angl.

winchester [winʃɛstɛʀ] n. f. Carabine à répétition, de fabrication américaine à l'origine, utilisée pendant la guerre de Sécession et celle de 1870 (calibre 10,7 mm). – Du nom de l'inventeur, l'Américain O. *Winchester.*

windsurf [windsœʀf] n. m. (Anglicisme) Syn. de *planche* à voile.* – Nom déposé; mot anglo-amér., de *wind*, «vent», et *surf*.

windsurfiste [windsœʀfist] n. Syn. de *véliplanchiste.* – De *windsurf.*

wishbone [wiʃbon] n. m. (Anglicisme) MAR, SPORT Sorte d'anneau servant à la manœuvre d'une voile (de bateau ou de planche à voile). – Mot angl., propr. «os du souhait» (fourchette, os bifide de l'oiseau).

wisigoth ou **visigoth, othe** [vizigo, ɔt] n. et adj. ou **wisigothique** [vizigɔtik] adj. HIST Des Wisigoths, qui a rapport aux Wisigoths. – *Écriture wisigothique*, écriture en usage en Espagne du VIIIe au XIIe s. – Bas lat. *Visigothus*, germ. *Westgote*, «Goth de l'Ouest».

ENCYCL Lorsqu'ils apparurent dans l'histoire (déb. du IVe s.), les Wisigoths occupaient une région située entre le Dniepr et le Danube. Partiellement convertis à l'arianisme, ils obtinrent des Romains l'autorisation de s'installer en Thrace (376) mais, mécontents du sort qu'on leur réservait sur ce territoire, ils se révoltèrent et écrasèrent l'armée romaine (378). Ils prirent Rome (410), puis l'Aquitaine (410-415). Installés en fédérés dans le S.-O. de la Gaule (v. 418), ils conquirent la plus grande partie de l'Espagne (v. 476). Mais le puissant royaume wisigothique succomba sous les coups de Clovis en Gaule (507) et, plus tard, sous les coups des Arabes en Espagne (711).

witloof [witlɔf] n. f. Variété de chicorée (*Cichorium endivia*) qui donne l'endive. – Mot flam., du néerl. *wit*, «blanc», et *loof*, «feuille».

wolfram [vɔlfʀam] n. m. **1.** CHIM Syn. anc. de *tungstène.* **2.** MINER Tungstate de fer et de manganèse, principal minerai du tungstène. – Mot all., propr. «crème de loup».

wolof ou **ouolof** [wɔlɔf] n. m. et adj. (inv. en genre) Langue usuelle du Sénégal parlée également en Gambie, appartenant à la famille nigéro-congolaise. – adj. *La langue wolof.* – Mot de cette langue.

wombat ou **vombat** [vɔ̃bat] n. m. ZOOL Marsupial d'Australie et de Tasmanie (genres *Vombatus* et *Lasiorhinus*), porteur d'incisives à croissance continue. – Mot angl., d'une langue indigène d'Australie.

won [wɔn] n. m. Unité monétaire de la Corée du Nord et de la Corée du Sud. – Mot coréen.

wormien [vɔʀmjɛ̃] adj. m. ANAT Se dit de chacun des petits os surnuméraires parfois présents entre les divers os du crâne. – Du nom du médecin danois *Worm* (1588-1654).

wu [vu] n. m. Dialecte chinois parlé dans la région de Shanghai. – Mot chinois.

wulfénite [vylfenit] n. f. MINER Molybdate de plomb, de couleur orange. – Du n. de F.X. von *Wulfen*, minéralogiste autrichien, et *-ite* 3.

würm [vyʀm] n. m. GEOL Quatrième et dernière glaciation quaternaire alpine. – De *Würm*, nom d'un lac et d'une rivière d'Allemagne.

würmien ou **wurmien, enne** [vyʀmjɛ̃, ɛn] adj. GEOL Relatif au würm. – De *würm.*

wyandotte [vjɑ̃dɔt] n. et adj. Poule ou coq d'une race américaine; cette race. ▷ adj. *Poulets wyandottes.* – Nom d'une tribu indienne d'Amérique du Nord et d'un comté du Michigan.

wysiwyg [wiziwig] n. m. et adj. INFORM Visualisation de la concordance entre ce qui apparaît à l'écran et sa sortie imprimée. ▷ adj. *Un écran wysiwyg.* – Acronyme pour l'anglais *what you is what you get*, «tel écran, tel écrit».

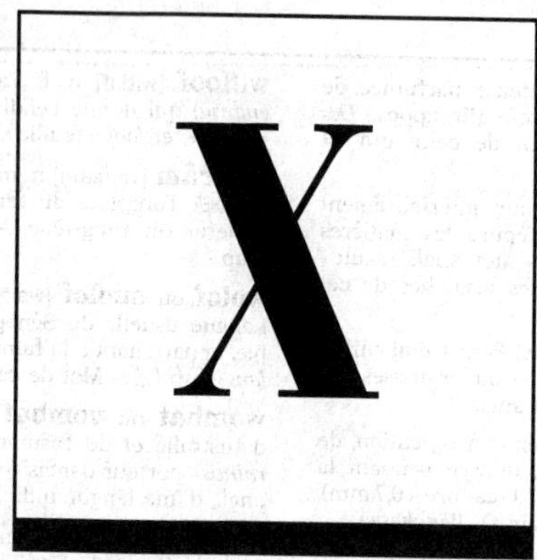

x [iks] n. m. **1.** Vingt-quatrième lettre (x, X) et dix-neuvième consonne de l'alphabet, notant la fricative alvéolaire sourde [s] (ex. *dix*), la sonore correspondante [z] (ex. *deuxième*) et les groupes consonantiques [ks] (ex. *axe*) et [gz] (ex. *exemplaire*), ne se prononçant pas comme marque du plur. (ex. *genoux*). **2.** X : chiffre romain qui vaut 10. **3.** Objet formé de deux éléments croisés (tabouret, etc.). – BIOL *Chromosome X* : V. encycl. chromosome. **4.** MATH Symbole utilisé pour désigner une inconnue. – GEOM *Axe des X* (ou *x*) : axe des abscisses. ▷ PHYS *Rayons X* : V. encycl. rayonnement. ▷ Cour. Sert à remplacer le nom d'une personne ou une indication que l'on ne peut ou que l'on ne veut pas mentionner. *Madame X. Dans x années.* **5.** Arg. (des écoles), vx *Les x* : les mathématiques. ▷ Mod. *L'X* : l'École polytechnique. – *Un X* : un élève ou un ancien élève de l'École polytechnique.

xanth(o)-. Élément, du gr. *xanthos*, « jaune ».

xanthélasma [gzɑ̃telasma] n. m. MED Dermatose caractérisée par des nodules formés de cellules chargées en lipides (cholestérol) et localisés principalement sur les paupières. – De *xanth-*, et gr. *elasma*, « plaque de métal ».

xanthie [gzɑ̃ti] n. f. ZOOL Papillon nocturne (genre *Xanthia*), jaune et roux. – Lat. zool. *xanthia*, du gr. *xanthos*, « jaune ».

xanthine [gzɑ̃tin] n. f. BIOCHIM Base purique entrant dans la composition des nucléotides et des acides nucléiques. *L'urine doit sa couleur jaune à la xanthine.* – De *xanth-*, et *-ine*.

xanthique [gzɑ̃tik] ou **xanthogénique** [gzɑ̃tɔʒenik] adj. CHIM *Acide xanthique*, de formule C_2H_5O–CS–SH. – De *xanth-*, *(-gène)*, et suff. *-ique*.

xanthoderme [gzɑ̃tɔdɛʀm] adj. et n. ANTHROP Dont la peau est jaune. – Subst. *Les xanthodermes.* – De *xantho-*, et gr. *derma*, « peau ».

xanthogénique. V. xanthique.

xanthome [gzɑ̃tom] n. m. MED Tache ou nodosité cutanée (aux coudes, aux genoux, sur le cuir chevelu) jaunâtre, constituée de graisse infiltrée. – De *xanth-*, et suff. *-ome*.

xanthophycées [gzɑ̃tofise] n. f. pl. BOT Groupe de phéophycées (algues brunes) caractérisées par leur teinte jaune et, surtout, par l'inégalité de leurs flagelles. – Sing. *Une xanthophycée.* – De *xantho-*, et gr. *phukos*, « algue ».

xanthophylle [gzɑ̃tofil] n. f. BIOCHIM Pigment jaune, présent dans les chloroplastes et les chromoplastes, qui joue un rôle dans l'absorption de la lumière par les plantes. *La couleur jaune des plantes étiolées est due à la xanthophylle.* – De *xantho-*, d'ap. *chlorophylle.*

Xe CHIM Symbole du xénon.

xén(o)- Élément, du gr. *xenos*, « étranger » et « étrange ».

xénarthres [ksenaʀtʀ] n. m. pl. ZOOL Ordre de mammifères d'Amérique du Sud abondants au tertiaire, dont seuls subsistent les tatous, les paresseux et les fourmiliers. – Sing. *Un xénarthre.* – De *xén-*, et gr. *arthron*, « articulation ».

xenogreffe [gzenogʀɛf] n. f. CHIR Greffe d'un organe prélevé sur un animal. – De *xéno-*, et *greffe*.

xénon [ksenɔ̃] n. m. CHIM Élément de numéro atomique Z = 54 et de masse atomique 131,3 (symbole Xe). – Gaz rare (Xe) de l'air, qui se liquéfie à −107 °C et se solidifie à −112 °C. *Le xénon est utilisé notamment dans les lampes à incandescence.* – Du gr. *xenon*, « chose étrangère, étrange », par l'angl.

xénophile [gzenofil] adj. et n. Rare Qui éprouve de la sympathie pour les étrangers. – De *xéno-*, et *-phile*.

xénophilie [gzenofili] n. f. Rare Sympathie à l'égard des étrangers. – De *xénophile*.

xénophobe [gzenɔfɔb] adj. et n. Qui a de l'hostilité ou de la haine pour les étrangers, pour ce qui est étranger. – De *xéno-*, et *-phobe*.

xénophobie [gzenofɔbi] n. f. Hostilité ou haine pour ce qui est étranger. – De *xénophobe*.

xér(o)-. Élément, du gr. *xêros*, « sec ».

xéranthème [gzeʀɑ̃tɛm] n. m. BOT Plante herbacée (genre *Xeranthemum*, fam. composées) dont l'*immortelle* des horticulteurs est une espèce annuelle. – De *xér(o)-*, et gr. *anthemon*, « fleur » ; lat. bot. *xeranthemum*.

xérès [kseʀɛs] ou **jerez** [xeʀɛs] n. m. Vin blanc produit aux environs de Jerez de la Frontera. *Jerez sec*, ou *sherry*. – Nom d'une ville d'Andalousie.

xérodermie [kseʀodɛʀmi] n. f. MED Forme atténuée de l'ichtyose, qui se manifeste par une desquamation pulvérulente. – De *xéro-*, et gr. *derma*, « peau ».

xérographie [kseʀogʀafi] n. f. TECH Procédé de reprographie utilisant les propriétés photorésistantes des semi-conducteurs. (On projette l'image à reproduire sur une plaque couverte de sélénium chargée positivement, les parties éclairées se déchargeant proportionnellement au flux lumineux qu'elles reçoivent.) – Nom déposé ; de *xéro-*, et *-graphie*.

xérographique [kseʀogʀafik] adj. TECH Relatif à la xérographie. – De *xérographie*.

xérophile [kseʀofil] adj. BOT Adapté à la sécheresse. *Plantes xérophiles des zones semi-désertiques.* – De *xéro-*, et *-phile.*

xérophtalmie [kseʀoftalmi] n. f. MED Dessèchement et atrophie de la conjonctive entraînant l'opacité de la cornée, due principalement à une carence en vitamine A. *La xérophtalmie entraîne une perte partielle ou totale de la vision.* – De *xéro-*, et gr. *ophtalmia,* « ophtalmie ».

xérophyte [kseʀofit] n. f. BOT (Surtout au plur.) Plante xérophile. – De *xéro-*, et *-phyte.*

xhosa [kosa] n. m. LING Langue parlée par les Xhosas. *Le xhosa est la langue officielle du Transkei, bantoustan d'Afrique du Sud.*

xi ou **ksi** [ksi] n. m. et adj. **1.** n. m. Quatorzième lettre de l'alphabet grec (Ξ, ξ). **2.** adj. PHYS NUCL *Particule xi :* particule élémentaire instable du groupe des baryons*.

xiphoïde [gzifɔid] adj. **1.** ANAT *Appendice xiphoïde :* partie inférieure du sternum. **2.** BOT En forme d'épée. – Gr. *xiphoeidês,* « en forme d'épée ».

xiphoïdien, enne [gzifɔidjɛ̃, ɛn] adj. ANAT Relatif à l'appendice xiphoïde. – De *xiphoïde.*

xiphophore [gzifofɔʀ] n. m. ZOOL Petit poisson multicolore (genre *Xiphophorus*) d'Amérique centrale, dont l'arête inférieure de la nageoire caudale se prolonge en forme d'épée. – Lat. zool. *xiphophorus,* du gr. *xiphophoros,* « qui porte une épée ».

xoanon [gzɔanɔ̃] n. m. ANTIQ GR Statue en bois de l'art grec archaïque, aux formes peu dégagées du tronc d'arbre dans lequel on la sculptait. ▷ Statue en bois ou en pierre, aux bras non détachés du corps. – Mot gr., de *xein,* « polir ».

xyl(o)-. Élément, du gr. *xulon,* « bois ».

xylème [gzilɛm] n. m. BOT Ensemble des éléments conducteurs de la sève brute. *Le xylème secondaire, typique des dicotylédones et des gymnospermes, est le bois.* – Du gr. *xulon,* « bois ».

xylène [gzilɛn] n. m. CHIM Hydrocarbure benzénique de formule $C_6H_4(CH_3)_2$ qui sert à fabriquer des plastifiants, des résines synthétiques et des fibres polyester. – De *xyl-*, et *-ène.*

xylidine [gzilidin] n. f. CHIM Amine dérivée du xylène et utilisée comme colorant. – De *xylène.*

xylocope [gzilokɔp] n. m. ENTOM Abeille solitaire (genre *Xylocopa*) de couleur bleu-noir, dite cour. *menuisière* ou *charpentière* parce que la femelle creuse son nid dans le bois mort. – Lat. zool. *xylocopa,* du gr. *xulokopos,* « coupeur de bois ».

xylographe [gzilogʀaf] n. TECH Graveur sur bois. – De *xylographie.*

xylographie [gzilogʀafi] n. f. TECH Anc. Impression de textes et d'images au moyen de caractères en bois ou de planches de bois gravées en relief (XVe et XVIe s.); texte, image ainsi obtenus. – De *xylo-*, et *-graphie.*

xylographique [gzilogʀafik] adj. TECH Relatif à la xylographie. – De *xylographie.*

xylophage [gzilofaʒ] adj. et n. m. ZOOL Qui se nourrit de bois; qui ronge, ou creuse le bois. ▷ n. m. *Les xylophages :* les insectes dont les larves ou les adultes vivent dans le bois. – Gr. *xulophagos,* « mangeur de bois ».

xylophagie [gzilofaʒi] n. f. Fait d'être xylophage. – De *xylophage.*

xylophène [gzilɔfɛn] n. m. Produit dont on imprègne le bois pour le protéger des insectes et le conserver. – Nom déposé; de *xylo-*, et *-phène.*

xylophone [gzilofɔn] n. m. Instrument de musique à percussion composé de lamelles de bois accordées, de longueurs et d'épaisseurs inégales, disposées en clavier et sur lesquelles on frappe avec des mailloches*. – De *xylo-*, et *-phone.*

xylophoniste [gzilofɔnist] n. Musicien, musicienne qui joue du xylophone. – De *xylophone.*

xylose [gziloz] n. m. BIOCHIM Sucre (pentose) présent en grande quantité dans les végétaux. – De *xyl-*, et *-ose* 1.

xyste [ksist] n. m. ANTIQ GR Galerie couverte d'un gymnase. ▷ ANTIQ ROM Galerie couverte dans un jardin. – Lat. d'orig. gr. *xystus.*

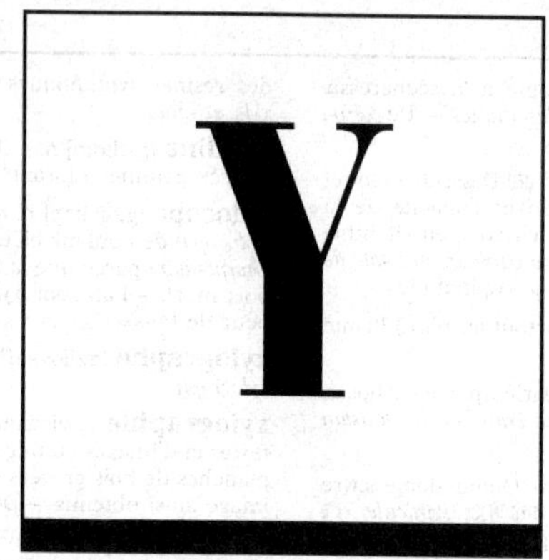

1. y [igʀɛk] n. m. **1.** I grec, vingt-cinquième lettre (y, Y) et sixième voyelle de l'alphabet, notant la voyelle palatale [i] (ex. *cygne*) ou la semi-voyelle [j] (ex. *yeux*), celle-ci ne recevant pas à l'initiale l'élision ou la liaison du mot précédent, sauf pour *l'yèble, l'yeuse, l'Yonne* et *les yeux*. **2.** MATH y : symbole utilisé pour désigner une fonction ou une inconnue. – *Axe des y* : axe des ordonnées. ▷ BIOL *Chromosome Y* : V. encycl. chromosome. ▷ CHIM Y : symbole de l'yttrium.

2. y [i] adv. et pron. **I.** adv. **1.** Dans cet endroit. *J'y reste. Vas-y.* ▷ *Y être* : être chez soi. *Je n'y suis pour personne.* – Fig. *J'y suis!* : je comprends! **2.** adv. ou pron. *Il y a* : il est, il existe (au sens local ou temporel). – *Il y va de* : telle chose se trouve engagée, en cause (dans telle affaire). *Il y va de l'honneur.* – *Y être pour quelque chose, pour rien* : avoir, ou ne pas avoir, sa part de responsabilité (dans telle affaire). **II.** pron. pers. **1.** À cela. *Je n'y comprends rien.* – (Remplaçant un compl. normalement précédé d'une prép. autre que *à*.) *N'y comptez pas* : ne comptez pas sur cela, là-dessus. **2.** (En locutions verbales.) *S'y entendre, s'y connaître* : être expert en la matière. *Bien s'y prendre* : agir habilement. – Lat. *hic*; a éliminé *iv*, issu du lat. *ibi*, « là, dans ce lieu ».

yacht ['jɔt] n. m. Navire de plaisance à voiles ou à moteur. *De nombreux yachts sont amarrés dans le port.* – Néerl. *jacht.*

yacht-club ['jɔtklœb] n. m. Association groupant des adeptes du yachting. *Des yacht-clubs.* – Mots angl.

yachting ['jotiŋ] n. m. (Anglicisme) Sport ou pratique de la navigation de plaisance. – Mot angl.

yachtman ['jɔt(s)man], plur. **yachtmen** ['jɔtmɛn] n. m. (Anglicisme) Vieilli Celui qui pratique le yachting. – Mot angl., de *yacht*, et *man*, « homme ».

yack ou **yak** ['jak] n. m. Mammifère bovidé (*Pœphagus grunniens*) des steppes désertiques de haute altitude (5 000 m et plus) d'Asie centrale. (Le yack domestique, plus petit que le yack sauvage, est élevé par les Tibétains pour son lait, ses poils, sa chair; il est utilisé comme bête de somme.) – Angl. *yak*, du tibétain *gyak.*

yamato-e ['jamato'e] n. m. Bx-A École picturale spécifiquement nippone, dégagée des influences chinoises, qui apparut v. 998 et se développa durant la période de Kamakura (1185-1338), empruntant ses thèmes à la littérature nationale, à la culture shintoïste, etc. – Mot jap., « peinture de Yamato (anc. nom du Japon) ».

yang [jɑ̃g] n. m. V. yin.

yankee ['jɑ̃ki] n. **1.** HIST (Souvent péjor.) Nom donné aux colons révoltés de la Nouvelle-Angleterre par les Anglais. ▷ Nom donné aux nordistes par les sudistes pendant la guerre de Sécession. **2.** Vieilli Nom donné aux habitants (notam. aux habitants d'origine anglo-saxonne) des É.-U. ▷ adj. *Coutumes yankees.* – Mot anglo-amér.

yaourt ['jauʀ(t)], **yogourt** ou **yoghourt** ['jɔguʀt] n. m. Lait caillé par l'effet d'un ferment lactique. – Bulg. *jaurt,* var. *jugurt,* ou turc *yôghurt; yogourt* par le gr. *giaourt.*

yaourtière ['jauʀtjɛʀ] n. f. Appareil pour la confection des yaourts. – De *yaourt.*

yard ['jaʀd] n. m. Unité de mesure de longueur anglo-saxonne, valant 0,914 m. – Mot angl.

yatagan ['jatagɑ̃] n. m. Sabre à la lame oblique dont le tranchant forme vers la pointe une courbure rentrante, en usage autref. en Turquie. – Turc *yâtâghân.*

yawl ['jol] n. m. MAR Voilier à gréement aurique ou marconi, à deux mâts dont le plus petit est implanté à l'arrière de la barre. – Mot angl.

Yb CHIM Symbole de l'ytterbium.

yddish. V. yiddish.

yearling ['jœʀliŋ] n. m. (Anglicisme) Poulain pur-sang âgé d'un an. – Mot angl., propr. « d'un an », de *year,* « an ».

yèble. V. hièble.

yéménite ['jemenit] adj. et n. Du Yémen, État du S.-O. de la péninsule arabique. ▷ Subst. *Un(e) Yéménite.*

yen ['jɛn] n. m. Unité monétaire du Japon. – Mot japonais.

yeoman ['jɔman], plur. **yeomen** ['jɔmɛn] n. m. **1.** HIST Petit propriétaire rural, libre et de condition aisée, dans l'Angleterre médiévale. **2.** Garde d'un souverain britannique, aux fonctions d'apparat, recruté parmi d'anciens soldats. – Mot angl., probabl. altér. de *young man,* « jeune homme ».

yeshiva [jeʃiva], plur. **yeshivot** [jeʃivɔt] n. m. RELIG École qui enseigne le Talmud. – Mot hébreu.

yeti ['jeti] n. m. Animal ou hominien légendaire de l'Himalaya, appelé aussi *l'abominable homme des neiges.* – Mot tibétain.

yeuse ['jøz] n. f. BOT Chêne vert. – Anc. provenç. *euse,* du lat. *ilex.*

yeux. V. œil.

yé-yé ['jeje] adj. inv. et n. inv. Fam., vieilli Se dit de jeunes chanteurs, de leurs admirateurs, de leur comportement (façon de se vêtir, de se coiffer, etc.), à la mode dans les années 60. *Le style yé-yé.* – Subst. *Les yé-yé. Le yé-yé* : la musique yé-yé. – D'un refrain de chanson, altér. de l'angl. *yes, yes,* « oui, oui ».

yiddish ou **yddish** ['jidiʃ] n. m. et adj. inv. Langue des communautés juives d'Europe centrale et orientale. *Le yiddish s'apparente de très près à l'ancien haut allemand avec de nombreux emprunts à l'hébreu et à diverses langues slaves.* Syn. judéo-allemand. ▷ adj. inv. *Littérature yiddish.* – Mot angl., transcription de l'all. *jüdisch,* « juif ».

yin ['jin] n. m. PHILO *Le yin et le yang* : les deux principes fondamentaux qui, opposés et complémentaires en toute chose, déterminent comme modalités alternantes le fonctionnement de l'ordre universel, selon la pensée taoïste chinoise. – Mots chinois.

ENCYCL Les notions de *yin* et *yang* auraient d'abord été utilisées comme repères astronomiques, symboles du calendrier, puis emblèmes de divination (*yin,* le pair; *yang,* l'impair). On estime généralement qu'elles commencèrent à prendre un sens philosophique vers le milieu du Ve millénaire av. J.-C. avec le *Yi king* (ou *Livre des mutations,* ouvrage important de la culture chinoise traditionnelle, manuel pratique de divination) qui qualifie le *yin* de principe négatif et le *yang* de principe positif. Le *Yi king* insiste notam. sur le fait que « la relation des sexes est le fondement de la vie universelle, laquelle est une manifestation des forces cosmiques *yin* et *yang* » (R. Van Gulik). L'idée selon laquelle le *yin* et le *yang,* à la fois distincts et étroitement unis, attirés et contrariés, forment des « ordonnances rythmiques » (M. Granet) auxquelles on peut ramener n'importe quelle situation au sein du Cosmos, qu'elle soit astronomique, sociale, psychologique, politique, etc., a été reprise et érigée en système aussi bien par les confucianistes que par les taoïstes. Dans l'appréciation des phénomènes du monde sensible, le *yang* correspond à la nature masculine, à la lumière, au chaud, au sec, à l'activité, etc.; le *yin,* à la nature féminine, à l'ombre, au froid, à l'humidité, à la passivité, etc.

ylang-ylang ou **ilang-ilang** ['ilɑ̃ilɑ̃; ilɑ̃ŋilɑ̃ŋ] n. m. BOT Arbre d'Asie tropicale (*Cananga odorata,* fam. anonacées). ▷ Essence extraite des fleurs de cet arbre, appelée aussi *huile de cananga. Des ylangs-ylangs* ou *des ilangs-ilangs.* – Mot d'une langue des Moluques, archipel de l'Indonésie.

yod ['jɔd] n. m. **1.** LING Nom de la dixième lettre (consonne) des alphabets phénicien et hébreu, correspondant à notre *y.* **2.** PHON Nom de la semi-voyelle (ou semi-consonne) fricative palatale [j], transcrite *i* (ex. *sien*), *y* (ex. *paye*), *il* (ex. *pareil*) ou *ille* (ex. *paille*). – Mot hébreu.

yoga ['yɔga] n. m. **1.** Dans la tradition hindoue, technique de méditation et de concentration mentale visant à placer graduellement la conscience au centre même de l'être, là où le soi individuel (*ātman*) est identique à l'Être universel. **2.** *Par ext.* Technique de relaxation et de maîtrise des fonctions corporelles fondée sur des exercices gymniques empruntés au yoga (sens 1). – Mot sanscrit propr. « jonction ».

ENCYCL Les principes du yoga ont été exposés dans différents sūtra attribués à Patañjali : *Yogasūtra* (IIe s. av. J.-C.). Ces textes de base définissent le yoga comme l'« arrêt des fluctuations de la pensée ». Les exercices hygiéniques qui, sous le nom de yoga, connaissent auj. la faveur du public occid., sont empruntés au *hatha yoga* (« yoga violent »). Exercice mental et physique (contrôle de la respiration, postures corporelles, etc.), ce dernier permet de supprimer les impressions sensorielles afin d'obtenir la concentration nécessaire pour atteindre à l'état parfait de réalisation spirituelle (délivrance et union) du *raja yoga* (« yoga royal »).

yogi ['jɔgi] n. m. Celui qui pratique le yoga (sens 1). *Des yogis.* – Mot sanskrit, de *yoga.*

yogourt, yoghourt. V. yaourt.

yohimbehe ['jɔimbe] n. m. BOT Arbre du Cameroun (*Corynanthe yohimbehe,* fam. rubiacées), dont le bois est employé dans les chemins de fer, les mines et les constructions navales, et la décoction de l'écorce comme tonique et aphrodisiaque par les Africains. – Mot bantou.

yohimbine ['jɔimbin] n. f. PHARM Alcoïde extrait de l'écorce de yohimbehe. – De *yohimbehe.*

yole ['jɔl] n. f. Vieilli Embarcation légère, de forme effilée, propulsée à l'aviron. – Néerl. *jol,* danois-norvégien *jolle.*

Yom Kippour ['jɔmkipuʀ] n. m. RELIG Fête juive solennelle, marquée par le jeûne et la prière, dite aussi *Grand Pardon,* célébrée le dixième jour du mois de *tishri* (en sept. ou oct., à une date variable en fonction de l'équinoxe d'automne). – Mot hébreu, « jour de l'expiation ».

yoruba ou **yoruba** [jɔʀuba] adj. (inv. en genre) Du peuple des Yoroubas, peuple noir d'Afrique occidentale.

yougoslave ['jugɔslav] adj. et n. De Yougoslavie. ▷ Subst. *Un(e) Yougoslave.* – Du serbo-croate *jug,* « sud », et *slave.*

youpin, ine ['jupɛ̃, in] adj. et n. Inj. et raciste Juif. – Déform. arg. de *youdi,* arabe algérien *yaoudi,* du lat. *judæus,* « juif ».

yourte ou **iourte** ['juʀt] n. f. Tente de peau ou de feutre des peuplades nomades turques et mongoles du centre et du N. de l'Asie. – Russe *jorta.*

youtre ['jutʀ] adj. et n. Injurieux, raciste et ordurier. Syn. de *youpin.* – All. dial. *juder,* var. de *Jude,* « juif ».

youyou ['juju] n. m. Vieilli Petit canot utilisé pour divers services du bord (par ex. comme navette entre les quais et les bateaux au mouillage). *Des youyous.* – P.-ê. d'un dial. chinois.

yo-yo ['jojo] n. m. inv. Jouet formé de deux disques solidaires, et que l'on fait monter et descendre le long d'une ficelle s'enroulant sur un axe central. – Nom déposé.

ypérite ['ipeʀit] n. f. MILIT Gaz de combat à base de sulfure d'éthyle, suffocant, toxique et lacrymogène. Syn. gaz moutarde. – Du nom de la ville flamande d' *Ypres, Yper* en flamand, parce que ce gaz fut utilisé pour la première fois à Ypres par l'armée allemande, pendant la guerre de 1914-1918.

ysopet ou **isopet** [izɔpɛ] n. m. LITTER Recueil de fables, au Moyen Âge. – Du nom d' *Ésope* (VIIe s. av. J.-C.), fabuliste grec.

ytterbine [itɛʀbin] n. f. CHIM Oxyde d'ytterbium (Yb_2O_3). – De *ytterbium.*

ytterbium [itɛʀbjɔm] n. m. CHIM Élément appartenant à la famille des lanthanides de numéro atomique Z = 70, de masse atomique 173,04 (symbole Yb). – Métal (Yb) qui fond à 819 °C et bout à 1 194 °C. – D'*Ytterby,* village de Suède, où ce métal fut découvert.

yttria [itʀija] n. m. CHIM Oxyde naturel d'yttrium (Y_2O_3). – Mot lat. scientif., propr. « terre d'Ytterby ». V. ytterbium.

yttrialite [itʀijalit] n. f. MINER Silicate naturel de thorium et de terres yttriques. – De *yttria.*

yttrifère [itʀifɛʀ] adj. MINER Qui contient de l'yttrium. – De *yttri(um),* et *-fère.*

yttrique [itʀik] adj. CHIM Relatif à l'yttrium, à ses composés. – De *yttrium.*

yttrium [itʀijɔm] n. m. CHIM Élément métallique de numéro atomique Z = 39, de masse atomique 88,9 (symbole Y). – Métal (Y) qui fond vers 1 520 °C et bout vers 3 340 °C. – De *yttria.*

yu [jy] n. m. Anc. mesure chinoise valant env. 110 litres. – Mot chinois.

yuan ['jwan] n. m. Unité monétaire de la rép. pop. de Chine. – Mot chinois.

yucca ['juka] n. m. BOT Plante ligneuse d'Amérique tropicale (genre *Yucca*, fam. liliacées), proche des agaves, dont certaines espèces sont cultivées en Europe pour leurs hautes hampes de fleurs blanches. – Esp. *yuca*, mot d'Haïti.

z [zɛd] n. m. **1.** Vingt-sixième lettre (z, Z) et vingtième consonne de l'alphabet, notant la fricative alvéolaire sonore [z] (ex. *zézayer* [zezɛje]), ou, dans certains mots étrangers, les sons [dz], [ts], [s], ne se prononçant pas en finale (ex. *nez* [ne], *lavez* [lave]) sauf dans certains mots d'emprunt (ex. *gaz* [gɑz]) et en liaison (ex. *assez élancé* [asezelɑ̃se]). ▷ Loc. fig. *De a à z :* du commencement à la fin. **2.** CHIM Z : symbole du numéro atomique d'un élément. ▷ PHYS NUCL Un des bosons médiateurs de l'interaction* faible. ▷ ELECTR Z : symbole de l'impédance. ▷ MATH *z :* en géométrie, symbole de la troisième des coordonnées cartésiennes; en algèbre, symbole littéral désignant une troisième inconnue ou une fonction des variables *x* et *y*.

zabre [zabʀ] n. m. ENTOM Insecte coléoptère parasite des céréales. – Lat. zool. *zabrus*; orig. incert.

ZAC [zak] n. f. URBAN Acronyme pour *zone d'aménagement concerté.* V. zone et encycl. urbanisme.

ZAD [zad] n. f. URBAN Acronyme pour *zone d'aménagement différé.* V. zone et encycl. urbanisme.

zaïbatsu ou **zaibatsu** [zajbatsu] n. m. inv. Au Japon, concentration d'entreprises appartenant à différents secteurs économiques, liées par des participations croisées. – Mot japonais.

zain [zɛ̃] adj. m. Didac. Dont le pelage est d'une couleur uniforme, sans poil blanc (chevaux, chiens). *Étalon zain.* – Ital. et esp. *zaino,* d'orig. ar.

zaïre [zaiʀ] n. m. Unité monétaire du Zaïre. – De *Zaïre,* État de l'Afrique équat.

zaïrois, oise [zaiʀwa, waz] adj. et n. Du Zaïre, État de l'Afrique équatoriale. ▷ Subst. *Un(e) Zaïrois(e).*

zakouski [zakuski] n. m. pl. Hors-d'œuvre variés russes, chauds ou froids. – Mot russe.

zambien, enne [zɑ̃bjɛ̃, ɛn] adj. et n. De Zambie, État d'Afrique australe. ▷ Subst. *Un(e) Zambien(ne).*

zamia [zamja] ou **zamier** [zamje] n. m. BOT Arbre gymnosperme d'Amérique équat. (genre *Zamia,* proche du *Cycas*), dont certaines espèces fournissent une farine comestible, le sagou. – Du lat. *azanæ nuces,* « noix desséchées ».

zancle [zɑ̃kl] n. m. ICHTYOL Poisson des récifs coralliens, au corps rond et aplati, zébré de noir, de jaune et de blanc, cour. appelé *tranchoir.* – Du gr. *zagklon,* « faucille ».

zan(n)i [zani] n. m. Bouffon des anciennes comédies italiennes. – Mot vénitien, de l'ital. *Giovanni,* « Jean ».

zanzibar [zɑ̃zibaʀ] n. m. Jeu de hasard qui se joue avec un cornet et trois dés. (Abrév. : zanzi). – Du nom de l'île ou du port de *Zanzibar* en Afrique orientale; rapport inexpliqué.

zaouia [zauja] n. f. Au Maghreb, établissement religieux musulman, tout à la fois mosquée, centre d'enseignement et hôtellerie pour pèlerins et étudiants. – Ar. *zāwiyah,* « angle, coin; cellule d'un reclus; monastère ».

zapatéado [zapateado; sapateado] n. m. Danse espagnole à trois temps, rythmée par les claquements des talons du danseur. – Mot esp., de *zapato,* « soulier ».

zapper [zape] v. intr. [**1**] Passer plusieurs fois de suite d'une chaîne de télévision à une autre. – De *zapping.*

zappeur, euse [zapœʀ, øz] n. Fam. Celui, celle qui zappe. – De *zapper.*

zapping [zapiŋ] n. m. Action de zapper. – Mot angl., du rad. onomat. *zap.*

zarzuela [saʀswela] n. f. Genre musical espagnol (drame lyrique ou opérette) qui mêle la parole et le chant. – Mot esp., du nom de la résidence royale et du théâtre de Madrid où ce genre aurait pris naissance.

zazou [zazu] n. Surnom donné, pendant la Seconde Guerre mondiale, aux jeunes gens qui se distinguaient par leur passion du jazz et leur allure excentrique. – Onomat., p.-ê. d'ap. les onomat. en *a* et *ou* de certains chants en jazz.

zèbre [zɛbʀ] n. m. **1.** Mammifère africain proche du cheval (genre *Equus,* fam. équidés), à robe claire rayée de noir ou de brun. *Les zèbres vivent en troupeaux dans les steppes et les montagnes d'Afrique méridionale et orientale.* ▷ Loc. fam. *Courir comme un zèbre,* très vite. **2.** Fam. Individu, type. *Qui est ce zèbre ?* – Esp. et portug. *zebro, zebra,* « âne sauvage ».

zébrer [zebʀe] v. tr. [**14**] Marquer de raies semblables à celles de la robe du zèbre. – Pp. adj. *Pull zébré noir et blanc.* – De *zèbre.*

zébrure [zebʀyʀ] n. f. **1.** Raie ou ensemble de raies rappelant celles de la robe du zèbre. **2.** Raie, marque sur la peau. *La zébrure d'un coup de fouet.* – De *zébrer.*

zébu [zeby] n. m. Bœuf domestique, propre à l'Asie, à l'Afrique tropicale et à Madagascar, descendant d'une espèce indienne d'aurochs, caractérisé par une bosse graisseuse au niveau du garrot. *Le zébu est élevé pour son lait et sa viande, et comme animal de trait.* – P.-ê. du tibétain *zeu, zeba,* « bosse du zébu, du chameau ».

zec [zɛk] n. f. (Canada) Zone publique de chasse et de pêche gérée par une corporation à but non lucratif qui doit assurer la conservation de la faune tout en favorisant l'accès des lieux au plus grand nombre possible d'usagers. – Acronyme de *zone d'exploitation contrôlée.*

zée [ze] n. m. ICHTYOL Syn. de *saint-pierre*. – Lat. *zæus* ou *zeus*.

zef [zɛf] n. m. Pop. Vent. – Abrév. de *zéphyr*.

zéine [zein] n. m. BIOCHIM Protéine contenue dans les grains de maïs. – Du gr. *zea*, « maïs », et suff. *-ine*.

zélateur, trice [zelatœʀ, tʀis] n. Litt. Partisan ardent, zélé. *Les zélateurs du libéralisme*. – Du bas lat. *zelator*, « envieux », de *zelare*, « adorer ».

zèle [zɛl] n. m. **1.** Ardeur religieuse, dévotion. **2.** Empressement, application pleine d'ardeur pour effectuer un travail, pour satisfaire qqn. *Montrer, déployer un grand zèle. Excès de zèle.* ▷ Péjor. *Faire du zèle* : faire par affectation plus qu'il n'est demandé. ▷ *Grève du zèle*, consistant à appliquer à la lettre les consignes de travail pour ralentir une activité. – Lat. *zelus*, gr. *zêlos*.

zélé, ée [zele] adj. Qui a, qui déploie du zèle. *Fonctionnaire zélé*. – De *zèle*.

zélote [zelɔt] n. HIST Membre d'une secte patriotique juive qui, au Ier s. apr. J.-C., s'opposa par les armes à Titus. – Gr. *zêlôtês*, proprement « zélateur », de *zêlos*, « ardeur, zèle ».

zemstvo [zɛmstvo] n. m. HIST Dans la Russie tsariste, assemblée provinciale dans laquelle toutes les classes étaient représentées. *Créés en 1864, les zemstvos contribuèrent à la modernisation de la Russie.* – Mot russe, de *zemlia*, « terre ».

zen [zɛn] n. m. et adj. inv. Nom d'un mouvement bouddhiste apparu au Japon à la fin du XIIe s., dont la doctrine s'inspire directement du bouddhisme de la secte chinoise *chan*, lui-même issu du mode de pensée et de méditation indien connu sous le nom de *d(h)yana*. ▷ adj. inv. Du zen ; qui a rapport au zen. *Les jardins zen.* – Mot jap., du sanscrit *d(h)yana*, « méditation », par le chinois *chan*.

ENCYCL L'adepte du zen rejette les spéculations métaphysiques pour s'adonner à une quête spirituelle dont l'expérience de l'illumination intérieure *(satori)* est l'ultime étape dans la recherche du vécu pur. Cette quête n'est cependant pas une mystique passive : elle est fondée sur une ascèse corporelle et mentale nécessitant un difficile apprentissage (diversement conçu suivant les écoles). L'idéal zen, qui exerça une influence profonde au Japon (surtout aux XIVe et XVe s.), a ses maîtres en peinture, dans le tir à l'arc, l'arrangement des bouquets *(ikebana)*, l'architecture de jardins et la cérémonie du thé *(cha-no-yu)*.

zénana [zenana] n. m. **1.** Gynécée, chez les musulmans de l'Inde. **2.** Étoffe cloquée de soie ou de coton utilisée pour la confection des vêtements d'intérieur. – Mot hindi, d'orig. persane.

zénith [zenit] n. m. **1.** Point où la verticale d'un lieu rencontre la sphère céleste, au-dessus de l'horizon (par oppos. à *nadir*). **2.** Fig. Plus haut degré, point culminant. *Le zénith de la gloire.* Syn. apogée. – De l'ar. *samt (-ar-râs)*, « chemin (au-dessus de la tête) ».

zénithal, ale, aux [zenital, o] adj. ASTRO Relatif au zénith. ▷ *Distance zénithale* : angle formé par la direction d'un astre avec celle du zénith. – De *zénith*.

zéolite ou **zéolithe** [zeɔlit] n. f. MINER Silicate hydraté à cristaux poreux. *Les propriétés de la zéolite permettent de nombreuses applications industrielles comme la dessication des gaz, la séparation catalytique des hydrocarbures.* – Du gr. *zeô*, « je bouillonne », et *-lithe*.

zéphyr [zefiʀ] n. m. **1.** Poét. Vent tiède et léger. **2.** Fine toile de coton. – Lat. *zephyrus*, gr. *zephuros*.

zéphyrien, ienne [zefiʀjɛ̃, jɛn] adj. Litt. Léger, doux comme le zéphyr. – De *zéphir*.

zeppelin [zeplɛ̃] n. m. HIST Grand ballon dirigeable à carcasse métallique qui emportait des passagers. *Les zeppelins assurèrent la traversée aérienne de l'Atlantique de 1928 à 1937.* – Du n. de l'inventeur, le comte von *Zeppelin* (1838-1917), industriel allemand.

zéro [zeʀo] n. m. (et adj.) **1.** Symbole numéral, noté 0, n'ayant pas de valeur en lui-même, mais qui placé à la droite d'un nombre le multiplie par la valeur de la base (10 dans le système décimal). ▷ Nombre entier naturel cardinal de l'ensemble qui ne possède aucun élément (ensemble vide noté Ø). *Dans tout groupe abélien, zéro est l'élément neutre de l'addition* (x + 0 = x). **2.** Valeur, quantité nulle. *Sa fortune est réduite à zéro.* ▷ Fam. *Avoir le moral à zéro* : avoir très mauvais moral. – *Avoir la boule à zéro* : être tondu. ▷ adj. num. cardinal. Aucun. *Faire zéro faute.* **3.** Point à partir duquel on compte, on mesure, on évalue une grandeur. *Altitude zéro.* ▷ PHYS *Zéro degré Celsius* (0 °C) : origine de l'échelle Celsius des températures, correspondant au point de fusion de la glace sous une pression normale. *Zéro absolu* : valeur la plus basse des températures absolues (ou thermodynamiques), égale à −273,15 °C, soit 0 kelvin. V. encycl. température. **4.** Chiffre le plus bas dans une cotation, correspondant à une valeur nulle. *Zéro de conduite.* – *Zéro pointé*, éliminatoire. **5.** Fig. Personne nulle, sans valeur. *C'est un raté, un zéro !* **6.** Loc. *Degré zéro de...* : niveau le plus bas de... « *Le Degré zéro de l'écriture* », *ouvrage de Roland Barthes, est à l'origine de cette expression.* – Empr., pour remplacer l'a. fr. *cifre*, « zéro », puis « chiffre », à l'ital. *zero*, de l'ar. *sifr*, « vide ».

zest ou **zeste** [zɛst] n. m. Vieilli *Entre le zist et le zest* : indécis, imprécis ; difficile à cerner, à définir, à décrire. – Onomat.

zeste [zɛst] n. m. **1.** Cloison membraneuse divisant l'intérieur d'une noix en quatre loges. **2.** Écorce odorante de l'orange, du citron ; morceau découpé dans cette écorce. *Vermouth servi avec un zeste de citron.* **3.** Fig. Petite quantité, faible dose. *Un zeste d'alcool. Un zeste d'accent.* – Probablement onomat.

zester [zɛste] v. tr. [1] CUIS Peler en séparant le zeste. *Zester une orange, un citron.* – De *zeste*.

zêta [(d)zɛta] n. m. Sixième lettre de l'alphabet grec (Ζ, ζ) prononcée [dz]. – Mot gr.

zétacisme [zetasism] n. m. LING Transformation du son [s] en [z]. Ex. : *nous avons* [nuzavɔ̃]. – Du gr. *zêta*.

zététique [zetetik] adj. et n. **1.** adj. Didac. Relatif à la recherche, qui concerne la recherche (philosophique, scientifique). ▷ n. f. *La zététique* : méthode de recherche. **2.** n. m. pl. PHILO *Les zététiques* : nom donné aux adeptes du scepticisme (les chercheurs). – Du gr. *zêtêtikos*, « qui recherche ».

zeugma [zøgma] ou **zeugme** [zøgm] n. m. RHET Figure consistant à ne pas répéter un adjectif ou un verbe exprimé dans une proposition immédiatement voisine (ex. *un précepte est aride, il le faut embellir ; ennuyeux, l'égayer ; vulgaire, l'ennoblir [Delille]*). – Mot gr., propr. « lien » ; par le latin.

zézaiement [zezɛmɑ̃] n. m. Vice de prononciation de ceux qui zézaient. – De *zézayer*.

zézayer [zezeje] v. intr. [21] Prononcer le son [s] comme étant [z], le son [ʃ] comme [s] ou le son [ʒ] comme [z]. Syn. fam. zozoter. – Onomat. de [z] redoublé.

Z.I. Sigle de *zone industrielle*.

zibeline [ziblin] n. f. Mammifère carnivore, mustélidé forestier (*Mustela* ou *Martes zibellina*) de Sibérie et du Japon, long d'une cinquantaine de centimètres, au pelage noir ou brun très estimé. – Fourrure de cet animal. *Toque de zibeline.* – Ital. *zibellino*, d'orig. slave.

zieuter ou **zyeuter** [zjøte] v. intr. et tr. [1] Pop. Regarder avec attention ou insistance. – De *yeux*, avec un *z* de liaison.

ZIF [zif] n. f. URBAN Acronyme pour *zone d'intervention foncière.* V. zone.

zig ou **zigue** [zig] n. m. Pop. Individu, type. *Un drôle de zigue.* – Probabl. déform. de *gigue* 1 (cf. *grande gigue*).

ziggourat [ziguʀat] n. f. ARCHEOL Tour à étages élevée en Mésopotamie auprès du temple d'un grand dieu et qui servait probablement de reposoir. – Assyrien *ziggu-ratu.*

zigoto ou **zigoteau** [zigɔto] n. m. Fam. Zigue. ▷ *Faire le zigoto* : faire le malin. – De *zig.*

zigouiller [ziguje] v. tr. [1] Pop. Tuer. – P.-ê. d'un dérivé dial. *zigailler,* du lat. *secare,* «couper».

zigue. V. zig.

zigzag [zigzag] n. m. Suite de lignes formant entre elles des angles alternativement saillants et rentrants; ligne brisée. *Chemin en zigzag.* – Formation expressive.

zigzagant, ante [zigzagɑ̃, ɑ̃t] adj. Qui zigzague. – De *zigzaguer.*

zigzaguer [zigzage] v. intr. [1] Décrire des zigzags. *La route zigzague. Homme ivre qui marche en zigzaguant.* – De *zigzag.*

zimbabwéen, enne [zimbaweɛ̃, ɛn] adj. et n. Du Zimbabwe, État de l'Afrique australe. ▷ Subst. *Un(e) Zimbabwéen(ne).*

zinc [zɛ̃g] n. m. **1.** Élément métallique de numéro atomique Z = 30 et de masse atomique 65,38 (symbole Zn). – Métal (Zn) de densité 7,14, qui fond à 419,6 °C et bout à 907 °C. **2.** Pop. Comptoir d'un débit de boissons. *Boire un coup sur le zinc.* **3.** Fam. Avion. – All. *Zink.*

ENCYCL Le zinc est un métal très réducteur, qui s'oxyde à l'air humide en se recouvrant d'une couche protectrice; il est utilisé notam. pour la confection de toitures, de gouttières et pour la protection du fer par galvanisation.

zincage. V. zingage.

zincate [zɛ̃kat] n. m. CHIM Composé contenant l'ion ZnO_2. – De *zinc.*

zincifère [zɛ̃sifɛʀ] adj. MINER, CHIM Qui contient du zinc. – De *zinc,* et *-fère.*

zincographie [zɛ̃kɔgʀafi] n. f. TECH Procédé de gravure, d'impression analogue à celui de la lithographie mais où les pierres lithographiques sont remplacées par des plaques de zinc. – De *zinc,* et *-graphie.*

zingage [zɛ̃gaʒ] ou **zincage** [zɛ̃kaʒ] n. m. **1.** TECH Opération consistant à couvrir une surface métallique d'une couche protectrice de zinc. **2.** METALL Traitement des plombs argentifères destiné à en réduire la teneur en zinc. – De *zinguer.*

zingaro [zɛ̃gaʀo], plur. **zingari** [zɛ̃gaʀi] n. m. Vx Bohémien, tzigane. – Mot ital.

zingibéracées [zɛ̃ʒibeʀase] n. f. pl. BOT Famille de monocotylédones des régions tropicales, comprenant de nombreuses plantes à épices (curcuma, gingembre, etc.). – Sing. *Une zingibéracée.* – Du lat. *zingiber,* «gingembre».

zinguer [zɛ̃ge] v. tr. [1] **1.** CONSTR Revêtir de zinc. **2.** TECH Procéder au zingage de. – De *zinc.*

zingueur [zɛ̃gœʀ] n. m. TECH, CONSTR Ouvrier spécialisé dans le travail du zinc, partic. dans les travaux de couverture en zinc. – (En appos.) *Plombier zingueur.* – De *zinguer.*

zinjanthrope [zɛ̃ʒɑ̃tʀɔp] n. m. PREHIST Homme fossile, du groupe des australopithèques, découvert en 1959 dans les gorges d'Olduvai, en Tanzanie, par L.S.B. Leakey. – De *Zinj,* nom du lieu où ce fossile fut découvert, et *-anthrope.*

zinnia [zinja] n. m. Plante herbacée annuelle originaire du Mexique (genre *Zinnia,* fam. composées), aux nombreuses variétés ornementales. – Du n. du botaniste all. *Zinn* (1727-1759).

zinzin [zɛ̃zɛ̃] adj. et n. m. Fam. **1.** adj. inv. Bizarre, un peu fou. Syn. toqué. **2.** n. m. Objet, dispositif quelconque. *À quoi ça sert, ces zinzins ?* – Onomat.

zinzinuler [zɛ̃zinyle] v. intr. [1] Rare Chanter, en parlant de la mésange, de la fauvette. – Bas lat. *zinzibulare.*

zinzolin, ine [zɛ̃zɔlɛ̃, in] n. m. (et adj.) Couleur rouge violacé, tirée de la semence de sésame. ▷ adj. *Étoffes zinzolines.* – De l'ital. *zuzzulino,* de l'ar. d'Esp. *djoudjolân,* «semence de sésame».

zippé, ée [zipe] adj. Fermé par une fermeture à glissière. *Robe zippée sur le devant.* – De *zip,* nom déposé d'une fermeture à glissière.

zircon [ziʀkɔ̃] n. m. MINER Silicate naturel de zirconium ($ZrSiO_4$), très dur, employé en joaillerie. – Altér. de *jargon* 2, de l'ar. *zarkūn,* du lat. *hyacinthus.*

zircone [ziʀkɔn] n. f. CHIM Dioxyde de zirconium (ZrO_2) utilisé comme matière réfractaire en raison de son haut point de fusion, et comme pigment blanc dans la fabrication des émaux. – De *zircon.*

zirconium [ziʀkɔnjɔm] n. m. CHIM Élément métallique de numéro atomique Z = 40 et de masse atomique 91,22 (symbole Zr). – Métal (Zr) qui fond à 1 850 °C et bout vers 4 380 °C, et présente de nombreuses analogies avec le titane. – De *zircon.*

zist. V. zest.

zizanie [zizani] n. f. **1.** Vx Ivraie. ▷ Mod., fig. Discorde, désunion, mésintelligence. *Semer la zizanie.* **2.** BOT Plante herbacée (genre *Zizania,* fam. graminées) proche du riz, dont certaines espèces sont cultivées en Asie et en Amérique. Syn. riz sauvage. – Lat. ecclés. *zizania,* gr. *zizanion,* d'orig. sémitique.

1. zizi [zizi] n. m. Bruant européen (*Emberiza cirlus*) au plumage noir et jaune. – Onomat., par allusion au cri de l'oiseau.

2. zizi [zizi] n. m. Fam. **1.** Pénis. **2.** Sexe de la femme. – Langage enfantin, probabl. déformation du mot *oiseau.*

zloty [zlɔti] n. m. Unité monétaire de la Pologne. – Mot polonais.

Zn CHIM Symbole du zinc.

zo(o)-, -zoaire. Éléments, du gr. *zôon,* «être vivant, animal».

zoanthaires [zɔɑ̃tɛʀ] n. m. pl. ZOOL Vx Syn. de *hexacoralliaires.* Sing. *Un zoanthaire.* – De *zo(o)-,* et gr. *anthos,* «fleur».

zoanthropie [zɔɑ̃tʀɔpi] n. f. PSYCHIAT Affection mentale dans laquelle le sujet se croit changé en animal, ou possédé par un animal. – De *zo(o)-,* et *-anthropie.*

zodiacal, ale, aux [zɔdjakal, o] adj. ASTRO Qui appartient au zodiaque. – *Lumière zodiacale :* faible lueur que l'on peut voir à l'est avant le lever du Soleil et à l'ouest après son coucher, due à la diffusion de la lumière solaire sur un nuage de poussières interplanétaires en forme de lentille autour du Soleil. – De *zodiaque.*

zodiaque [zɔdjak] n. m. **1.** ASTRO Bande de la sphère céleste à l'intérieur de laquelle s'effectuent les mouvements apparents du Soleil, de la Lune et des planètes à l'exception de Pluton. **2.** ASTROL *Signes du zodiaque :* V. encycl. ci-après. – Lat. *zodiacus,* gr. *zôdiakos.*

ENCYCL **Astrol.** – Le zodiaque est partagé en douze parties égales, de 30° chacune, appelées *signes,* les dates correspondantes pouvant varier légèrement selon l'année (celles qui sont données à chaque signe sont des dates moyennes); le début du premier signe correspond au point gamma, c.-à-d. à la position du Soleil sur l'écliptique à l'équinoxe de printemps. On a donné à chacun des signes les noms des constellations qui s'y trouvaient autrefois : Bélier, Taureau, Gémeaux, Cancer, Lion, Vierge, Balance, Scorpion, Sagittaire, Capricorne, Verseau et Poissons. En effet, la précession* des équinoxes a modifié la position de ces constellations dans le ciel ; ainsi la constellation du Cancer se trouve auj. dans le signe du Lion.

zoé [zɔe] n. f. ZOOL Forme larvaire de certains crustacés décapodes. – Lat. zool. *zoea*, du gr. *zôê*, « vie ».

zoécie [zɔesi] n. f. ZOOL Chacune des loges qui contiennent un individu, dans une colonie d'ectoproctes. – De *zo(o)-*, et du gr. *oikia*, « maison ».

-zoïque. Élément, du gr. *zôikos*, « propre aux animaux ».

zombi ou **zombie** [zɔ̃bi] n. m. Revenant, le plus souvent mal intentionné, selon certaines croyances vaudou des Antilles. ▷ Fig. Personne molle, apathique, sans volonté. – Mot créole.

zona [zona] n. m. MED Affection due à un virus identique à celui de la varicelle, se traduisant par une éruption de vésicules cutanées sur le trajet d'un nerf (le plus souvent sur le tronc). ▷ *Zona ophtalmique* : zona touchant l'œil, aux séquelles oculaires souvent très graves. – Mot lat., « ceinture », gr. *zônê*.

zonage [zonaʒ] n. m. URBAN Découpage d'un plan d'urbanisme en zones (d'habitation, rurales, d'activités industrielles, etc.) pour lesquelles la nature et les conditions de l'utilisation du sol sont réglementées. – Sur l'angl. *zoning*, de *to zone*, « répartir en zones ».

zonal, ale, aux [zonal, o] adj. **1.** GEOGR, METEO Relatif à une zone. **2.** ZOOL Qui possède des bandes transversales colorées. – De *zone*, par l'anglais.

zonard, arde [zonaʀ, aʀd] n. et adj. Fam. **1.** Syn. de *zonier*. **2.** Péjor. Jeune marginal, jeune délinquant. Syn. loubard, loulou. – De *zone*, sens 3.

zonation [zonasjɔ̃] n. f. GEOGR Découpage (du globe terrestre) en zones (thermiques, pluviométriques, climatiques, etc.). – De *zone*, par l'angl.

zone [zon] n. f. **1.** Étendue déterminée de terrain, portion de territoire. *Zone interdite. Zone militaire.* ▷ *Zone monétaire* : ensemble de pays définissant leur monnaie par rapport à celle d'un pays central. *Zone franc* : zone monétaire formée autour du franc français, créée en 1945. ▷ COMM *Zone douanière*, soumise aux droits de douane, par oppos. à *zone franche*, où ces droits sont réduits pour certaines denrées. ▷ URBAN Ensemble de terrains à utilisation spécifique et réglementée. – Loc. *Zone à aménagement différé (ZAD). La zone à urbaniser en priorité (ZUP) a été supplantée en 1975 par la zone d'aménagement concerté (ZAC). Zone d'intervention foncière (ZIF)*, créée autour d'une commune et dans laquelle celle-ci peut intervenir pour acquérir les sols. ▷ *Zone bleue**. **2.** Fig. Domaine, région. *Les zones du savoir aux confins de la chimie et de la physique.* ▷ *Zone d'influence*, où s'exerce l'influence politique d'un État. ▷ Loc. *De seconde zone* : de qualité inférieure, médiocre. **3.** Absol., péjor. *La zone* : les faubourgs qui s'étendaient au-delà des anciennes fortifications de Paris (zones militaires fortifiées); *par ext.* faubourgs, quartiers misérables. **4.** GEOM Surface délimitée sur une sphère par deux plans parallèles coupant cette sphère. **5.** GEOGR Chacune des cinq grandes divisions du globe terrestre déterminées par les cercles polaires et les tropiques et caractérisées par un climat particulier. *Les zones polaires, les zones tempérées, la zone tropicale.* – ASTRO Chacune des parties du ciel correspondant aux zones terrestres. – Lat. *zona*, du gr. *zônê*, « ceinture ».

zoné, ée [zone] adj. MINER Qui présente des zones, des bandes transversales, des cercles concentriques. – De *zone*.

zoner [zone] v. [1] **I.** v. tr. URBAN Effectuer le zonage de. **II.** v. intr. Pop. **1.** Crécher. **2.** Mener une vie de zonard (sens 2). ▷ *Par ext.* Se baguenauder, flâner. – De *zone*, sens 3.

zonier, ère [zonje, ɛʀ] n. **1.** Personne qui habite la zone (sens 3). **2.** Habitant d'une zone frontière. – De *zone* (sens 1, de *zone* sens, 3 ; sens 2, de *zone* sens 1).

zonure [zonyʀ] n. m. ZOOL Reptile saurien d'Afrique australe et orientale (genres *Cordylus, Pseudocordylus*, etc.) au corps couvert d'écailles rectangulaires, parfois épineuses, disposées sur une base osseuse. – Du gr. *zônê*, « ceinture », et *oura*, « queue ».

zoo-. V. zo(o).

zoo [zoo ; zo] n. m. Parc, jardin zoologique. *Le zoo de Vincennes.* – Abrév. de *(jardin) zoo(logique)*.

zooflagellés [zɔɔflaʒɛlle] n. m. pl. ZOOL Classe de protozoaires rhizoflagellés. (Munis de flagelles pendant leur période végétative, ils mènent une existence libre, symbiotique ou parasite.) – Sing. *Un zooflagellé.* – De *zoo-*, et *flagellé*.

zoogamète [zɔɔgamɛt] n. m. BIOL Gamète mobile muni d'un ou de plusieurs flagelles. – De *zoo-*, et *gamète*.

zoogène [zɔɔʒɛn] adj. Didac. Qui est d'origine animale. *Un minéral zoogène.* – De *zoo-*, et *-gène*.

zoogéographie [zɔɔʒeɔgʀafi] n. f. Didac. Étude de la répartition des espèces animales à la surface de la Terre. – De *zoo-*, et *géographie*.

zooglée [zɔɔgle] n. f. BIOL Amas de bactéries agglutinées à la surface d'un liquide, dont les cellules s'entourent d'une substance gélatineuse. – De *zoo-*, et du gr. *gloios*, « glu ».

zoolâtre [zɔɔlɑtʀ] adj. et n. Didac. Adorateur d'animaux. – De *zoolâtrie*.

zoolâtrie [zɔɔlɑtʀi] n. f. Didac. Adoration de certains animaux divinisés. – De *zoo-*, et *-lâtrie*.

zoolithe ou **zoolite** [zɔɔlit] n. m. PALEONT, MINER Débris d'un animal ou d'une partie d'un animal fossile pétrifié. – De *zoo-*, et *-lithe*.

zoologie [zɔɔlɔʒi] n. f. Science qui étudie les animaux. – Lat. scientif. *zoologia*.

zoologique [zɔɔlɔʒik] adj. Relatif à la zoologie, aux animaux. *Parc zoologique.* – De *zoologie*.

zoologiquement [zɔɔlɔʒikmɑ̃] adv. Didac. Du point de vue zoologique. – De *zoologique*.

zoologiste [zɔɔlɔʒist] ou **zoologue** [zɔɔlɔg] n. Spécialiste de zoologie. – De *zoologie*.

zoom [zum] n. m. **1.** Effet d'éloignements et de rapprochements successifs obtenus en faisant varier la distance focale de l'objectif d'une caméra pendant la prise de vue. **2.** Objectif à focale variable d'un appareil de prise de vue. – Mot anglo-amér.

zoomer [zume] v. intr. [1] Fam. Filmer ou photographier en utilisant un zoom (sens 2). – De *zoom*.

zoomorphe [zɔɔmɔʀf] adj. Didac. Qui représente, figure un animal. *Signes zoomorphes du zodiaque.* – Gr. *zôomorphos*.

zoomorphisme [zɔɔmɔʀfism] n. m. Didac. **1.** Utilisation des formes animales dans la représentation humaine. **2.** Métamorphose en animal. – De *zoo-*, et *-morphisme*.

zoonose [zɔɔnoz] n. f. MED Maladie des animaux vertébrés transmissible à l'homme et réciproquement. *La* *rage est une zoonose.* – De *zoo-*, et du gr. *nosos*, « maladie ».

zoophile [zɔɔfil] n. et adj. PSYCHIAT Qui a des rapports sexuels avec les animaux. – De *zoo-*, et *-phile.*

zoophilie [zɔɔfili] n. f. **1.** Amour des animaux. **2.** Attachement, attrait excessifs pour les animaux. **3.** PSYCHIAT Perversion poussant à avoir des rapports sexuels avec des animaux. – De *zoo-*, et *-philie.*

zoophobie [zɔɔfɔbi] n. f. Didac. Phobie des animaux. – De *zoo-*, et *-phobie.*

zoophyte [zɔɔfit] n. m. ZOOL Animal qui a l'aspect d'une plante (coraux, éponges, etc.). Syn. phytozoaire. – De *zoo-*, et *-phyte.*

zooplancton [zɔɔplɑ̃ktɔ̃] n. m. Didac. Partie du plancton constituée d'animaux. V. plancton. – De *zoo-*, et *plancton.*

zoopsie [zɔɔpsi] n. f. PSYCHIAT Vision hallucinatoire d'animaux. – De *zoo-*, et du gr. *opsis*, « vue ».

zoopsychologie [zɔɔpsikɔlɔʒi] n. f. Didac. Étude de la psychologie des animaux. – De *zoo-*, et *psychologie.*

zoosporange [zɔɔspɔʀɑ̃ʒ] n. m. BOT Sporange contenant des zoospores. – De *zoo-*, et *sporange.*

zoospore [zɔɔspɔʀ] n. f. BOT Spore mobile se déplaçant grâce à des flagelles ou en émettant des pseudopodes. – De *zoo-*, et *spore.*

zootaxie [zɔɔtaksi] n. f. ZOOL Classification des animaux. – De *zoo-*, et *-taxie.*

zootechnicien, enne [zɔɔtɛknisjɛ̃, ɛn] n. Didac. Spécialiste de la zootechnie. – De *zootechnie.*

zootechnie [zɔɔtɛkni] n. f. Didac. Étude scientifique des animaux domestiques, de leurs mœurs, de leur reproduction, ainsi que des moyens permettant d'améliorer les races et les conditions d'élevage, en vue d'une meilleure exploitation du cheptel (sélection naturelle, procréation assistée). – De *zoo-*, et *-technie.*

zootechnique [zɔɔtɛknik] adj. Didac. Relatif à la zootechnie. – De *zootechnie.*

zorille [zɔʀij] n. f. ZOOL Mammifère carnivore africain (fam. mustélidés), proche des moufettes, dont la robe noire, marquée de bandes longitudinales claires, donne une fourrure recherchée. – Esp. *zorilla*, dimin. de *zorra*, « renard ».

zoroastrien, enne [zɔʀɔastʀijɛ̃, ɛn] adj. et n. RELIG Relatif à Zoroastre, à sa doctrine. ▷ Subst. Adepte de cette doctrine. – Du n. de *Zoroastre* ou *Zarathoustra* (628-551 av. J.-C.), réformateur de la religion de la Perse antique.

zoroastrisme [zɔʀɔastʀism] n. m. RELIG Doctrine de Zoroastre ou Zarathoustra, professée, de nos jours, par les parsis. – V. zoroastrien.

ENCYCL L'enseignement de Zoroastre repose sur une théologie dualiste : Ahura Mazdâ, le dieu du Bien, s'oppose à Ahriman, le dieu du Mal. L'homme, par la pureté de sa vie, de ses pensées, de ses paroles et de ses actes (dont il rendra compte dans l'au-delà), doit contribuer au renforcement de la puissance du Bien pour que diminue celle du Mal.

zostère [zɔstɛʀ] n. f. BOT Plante monocotylédone herbacée marine (genre *Zostera*), aux feuilles enrubannées, formant des herbiers immergés le long des côtes. – Lat. *zoster*, du gr. *zôstêr*, « ceinture », à cause de ses feuilles en ruban.

zostérien, enne [zɔsteʀjɛ̃, ɛn] adj. MED Relatif au zona, causé par le zona. – Du lat. d'orig. gr. *zoster*, au sens de « zona ».

zouave [zwav] n. m. **1.** Anc. Soldat d'un corps d'infanterie coloniale créé en Algérie en 1830. **2.** *Zouaves pontificaux* : corps de volontaires levé en 1860 pour défendre les États pontificaux contre les troupes royales italiennes ; passé en France après la prise de Rome par les Italiens (20 sept. 1870), il fut dissous après la fin de la guerre franco-allemande. **3.** Fam. *Faire le zouave* : faire le malin. – De l'arabo-berbère *Zwâwa*, nom d'une tribu kabyle où furent recrutés les premiers éléments de ce corps.

zoulou, e [zulu] adj. et n. m. **1.** Des Zoulous. ▷ n. m. *Le zoulou* : la langue bantoue parlée en Afrique australe. **2** Membre d'un groupe lié par une charte prônant la non-violence, se distinguant par la tenue vestimentaire (jogging, casquette, etc.) et la passion du rap. ▷ *Abusiv.* Jeune vivant en banlieue et appartenant à une bande parfois violente.

zozo [zozo] n. m. Fam. Niais, naïf. – P.-ê. de la deuxième syllabe de *oiseau* redoublée.

zozotement [zozotmɑ̃] n. m. Fam. Zézaiement. – De *zozoter.*

zozoter [zɔzɔte] v. intr. [1] Fam. Zézayer. – Onomat.

Zr CHIM Symbole du zirconium.

zut [zyt] interj. et n. m. Fam. Exclamation exprimant le mécontentement, l'impatience. ▷ n. m. *Un zut retentissant.* – Probabl. onomat.

zutiste [zytist] ou **zutique** [zytik] n. et adj. Membre du groupe de poètes, notam. Rimbaud, Verlaine, Ch. Cros et G. Nouveau, qui, en 1871 et 1872, composèrent l'*Album zutique*, recueil de poèmes et de dessins, dans lequel ils disaient « zut » à tout. ▷ adj. *Un poème zutiste.* – De *zut.*

zwinglianisme [zvɛ̃glijanism] n. m. RELIG Doctrine de Zwingli. – De *zwinglien.*

zwinglien, enne [zwiŋglijɛ̃, ɛn] adj. Relatif à Zwingli, à sa doctrine. ▷ Subst. Partisan de cette doctrine. – Du n. de *Zwingli* (1484-1531), humaniste et réformateur suisse plus radical que Luther.

zyeuter. V. zieuter.

zygène [ziʒɛn] n. f. ENTOM Papillon surtout diurne aux antennes renflées, dont une espèce, la *zygène de la spirée* (*Zygæna filipendulæ*), est abondante dans les jardins. – Lat. d'orig. gr. *zygæna*, « requin marteau ».

zygo-. Élément, du gr. *zugon*, « joug », au fig., « couple ».

zygoma [zigɔma] n. m. ANAT Syn d'*os malaire**. – Gr. *zugôma*, « joint ».

zygomatique [zigɔmatik] adj. et n. m. ANAT Relatif à la pommette. ▷ *Os zygomatique* : zygoma. ▷ *Muscles zygomatiques*, qui s'insèrent sur l'os malaire et s'étendent jusqu'à la commissure des lèvres. – N. m. *Le grand zygomatique.* – De *zygoma.*

zygomorphe [zigɔmɔʀf] adj. BOT *Fleur zygomorphe*, possédant un seul plan de symétrie. Ant. actinomorphe. – De *zygo-*, et *-morphe.*

zygomycètes [zigɔmisɛt] n. m. pl. BOT Groupe de champignons siphomycètes dont l'œuf (*zygospore*) est issu de la fusion de deux gamètes non libres. – Sing. *Un zygomycète.* – De *zygo-*, et *-mycètes.*

zygophyllacées [zigɔfilase] n. f. pl. BOT Famille de géraniales dont le genre type est *Zygophyllum* mais dont le représentant le plus connu est le gaïac. – Sing. *Une zygophyllacée.* – De *zygo-*, et du gr. *phullon*, « feuille ».

zygospore [zigɔspɔʀ] n. m. BOT Œuf résultant de la fusion de deux gamètes non libérés, propre aux zygomycètes. – De *zygo-*, et *spore.*

zygote [zigɔt] n. m. BIOL Cellule issue de la fécondation du gamète femelle par le gamète mâle. – Du gr. *zugôtos*, « attelé ».

zym(o)-, -zyme. Éléments, du gr. *zumê*, « levain, ferment ».

zymase [zimaz] n. f. BIOCHIM Enzyme qui confère à la levure de bière sa qualité d'agent de fermentation. – De *zym(o)-*, et *-ase*.

zymogène [zimɔʒɛn] adj. et n. BIOCHIM Qui produit une enzyme; qui produit la fermentation. – De *zymo-*, et *-gène*.

zymotique [zimɔtik] adj. BIOL Relatif aux ferments et à la fermentation. – Gr. *zumôtikos*.

zythum [zitɔm] ou **zython** [zitɔ̃] n. m. ANTIQ Boisson des anciens Égyptiens, assez semblable à la bière, faite avec de l'orge germée. – Du gr. *zuthos*, « bière ».

zyzomys [zizɔmis] n. m. Rat à queue blanche d'Australie (*Zyzomys argurus*), dont il n'existe plus que de rares spécimens. – Mot du lat. zool., du gr. *mus.*, « rat ».

TABLEAUX DE CONJUGAISON

- Terminaisons verbales
- Verbes réguliers
- Auxiliaires *être* et *avoir*
- Verbes irréguliers
- Formes surcomposées
- Forme passive
- Forme pronominale

Pour les verbes du 2e groupe, sont indiqués les cas où l'on rencontre le radical long en *-iss*. Les numéros placés à côté de certaines terminaisons renvoient aux notes du bas de la page.

	GROUPE 1	GROUPE 2	GROUPE 3	GROUPE 1	GROUPE 2	GROUPE 3
	INDICATIF	présent		**SUBJONCTIF**	présent	
sing.	1 - e (1)	- s	- s (2) ou e (5)	- e	(iss) - e	- e
sing.	2 - es	- s	- s ou es	- es	(iss) - es	- es
sing.	3 - e	- t	- t (3) ou e	- e	(iss) - e	- e
pluriel	1 - ons	(iss) - ons	- ons	- ions	(iss) - ions	- ions
pluriel	2 - ez	(iss) - ez	- ez	- iez	(iss) - iez	- iez
pluriel	3 - ent	(iss) - ent	- ent (4)	- ent	(iss) - ent	- ent
		imparfait			imparfait	
sing.	1 - ais	(iss) - ais	- ais	- asse	- sse	- sse
sing.	2 - ais	(iss) - ais	- ais	- asses	- sses	- sses
sing.	3 - ait	(iss) - ait	- ait	- ât	- t (6)	- t (6)
pluriel	1 - ions	(iss) - ions	- ions	- assions	- ssions	- ssions
pluriel	2 - iez	(iss) - iez	- iez	- assiez	- ssiez	- ssiez
pluriel	3 - aient	(iss) - aient	- aient	- assent	- ssent	- ssent
		passé simple		**IMPÉRATIF**	présent	
sing.	1 - ai	- s	- s			
sing.	2 - as	- s	- s			
sing.	3 - a	- t	- t	- e	- s	- s (7)
pluriel	1 - âmes	- mes (6)	- mes (6)	- ons	(iss) - ons	- ons
pluriel	2 - âtes	- tes (6)	- tes (6)	- ez	(iss) - ez	- ez
pluriel	3 - èrent	- rent	- rent			
		futur		**CONDITIONNEL**	présent	
sing.	1 - erai	- rai	- rai	- erais	- rais	- rais
sing.	2 - eras	- ras	- ras	- erais	- rais	- rais
sing.	3 - era	- ra	- ra	- erait	- rait	- rait
pluriel	1 - erons	- rons	- rons	- erions	- rions	- rions
pluriel	2 - erez	- rez	- rez	- eriez	- riez	- riez
pluriel	3 - eront	- ront	- ront	- eraient	- raient	- raient
	INFINITIF	présent		**PARTICIPE**	présent	
	- er	- ir	- r ou re	- ant	(iss) - ant	- ant
					passé	
				- é	- i	- i (8) - u

1 — À la forme interrogative avec inversion du sujet, la terminaison de la 1re pers. du sing. s'écrit avec un *é* ; ex. *aimé-je* (prononcé [ɛmɛʒ]). **2** — Terminaison - x dans : *je, tu veux ; je, tu vaux.* **3** — Terminaison zéro *(d)* dans les verbes en *-endre, -ondre, -oudre,* sauf dans les verbes du type absoudre *(il absout).* Terminaison zéro dans *il vainc.* **4** — Terminaison *-ont* dans *ils sont, ils ont, ils vont, ils font.* **5** — Certains verbes dont le radical se termine par la semi-voyelle [j] (ex. *cueillir*) ou par deux consonnes prononcées (ex. *couvrir*) ne peuvent être suivis d'une consonne ; ils prennent alors une voyelle comme désinence du groupe 1 (ex. *je cueille, je couvre*). **6** — La dernière voyelle du radical de la 3e personne du singulier au subjonctif imparfait et les 1re et 2e personnes du passé simple pluriel prennent un accent circonflexe (ex. *nous finîmes, vous finîtes, qu'il finît*). **7** — Les verbes signalés dans la note 5 prennent à l'impératif présent (2e personne du singulier) la terminaison du groupe 1. De plus, les formes *aie, sache* et *veuille,* de *avoir, savoir* et *vouloir,* prennent aussi un *e* à l'impératif. **8** — Certains participes passés de ce groupe ont une terminaison en *-t* (ex. *écrit*) ou en *-s* (ex. *inclus*).

1. AIMER

INDICATIF

présent

j' aim e
tu aim es
il aim e
ns aim ons
vs aim ez
ils aim ent

imparfait

j' aim ais
tu aim ais
il aim ait
ns aim ions
vs aim iez
ils aim aient

passé simple

j' aim ai
tu aim as
il aim a
ns aim âmes
vs aim âtes
ils aim èrent

futur

j' aim erai
tu aim eras
il aim era
ns aim erons
vs aim erez
ils aim eront

passé composé

j' ai aimé
tu as aimé
il a aimé
ns avons aimé
vs avez aimé
ils ont aimé

plus-que-parfait

j' avais aimé
tu avais aimé
il avait aimé
ns avions aimé
vs aviez aimé
ils avaient aimé

passé antérieur

j' eus aimé
tu eus aimé
il eut aimé
ns eûmes aimé
vs eûtes aimé
ils eurent aimé

futur antérieur

j' aurai aimé
tu auras aimé
il aura aimé
ns aurons aimé
vs aurez aimé
ils auront aimé

IMPÉRATIF

présent

aim e
aim ons
aim ez

passé

aie (ayons, ayez) aimé

SUBJONCTIF

présent

(que) j' aim e
(que) tu aim es
(qu') il aim e
(que) ns aim ions
(que) vs aim iez
(qu') ils aim ent

imparfait

(que) j' aim asse
(que) tu aim asses
(qu') il aim ât
(que) ns aim assions
(que) vs aim assiez
(qu') ils aim assent

passé

(que) j' aie aimé
(que) tu aies aimé
(qu') il ait aimé
(que) ns ayons aimé
(que) vs ayez aimé
(qu') ils aient aimé

plus-que-parfait

(que) j' eusse aimé
(que) tu eusses aimé
(qu') il eût aimé
(que) ns eussions aimé
(que) vs eussiez aimé
(qu') ils eussent aimé

CONDITIONNEL

présent

j' aim erais
tu aim erais
il aim erait
ns aim erions
vs aim eriez
ils aim eraient

passé 1re forme

j' aurais aimé
tu aurais aimé
il aurait aimé
ns aurions aimé
vs auriez aimé
ils auraient aimé

passé 2e forme

j' eusse aimé
tu eusses aimé
il eût aimé
ns eussions aimé
vs eussiez aimé
ils eussent aimé

PARTICIPE

présent aim ant

passé aimé, e
ayant aimé

INFINITIF

présent aim er

passé avoir aimé

2. PLIER

INDICATIF

présent

je pli e
tu pli es
il pli e
ns pli ons
vs pli ez
ils pli ent

imparfait

je pli ais
tu pli ais
il pli ait
ns pli ions
vs pli iez
ils pli aient

passé simple

je pli ai
tu pli as
il pli a
ns pli âmes
vs pli âtes
ils pli èrent

futur

je pli erai
tu pli eras
il pli era
ns pli erons
vs pli erez
ils pli eront

passé composé

j' ai plié
tu as plié
il a plié
ns avons plié
vs avez plié
ils ont plié

plus-que-parfait

j' avais plié
tu avais plié
il avait plié
ns avions plié
vs aviez plié
ils avaient plié

passé antérieur

j' eus plié
tu eus plié
il eut plié
ns eûmes plié
vs eûtes plié
ils eurent plié

futur antérieur

j' aurai plié
tu auras plié
il aura plié
ns aurons plié
vs aurez plié
ils auront plié

IMPÉRATIF

présent

pli e
pli ons
pli ez

passé

aie (ayons, ayez) plié

SUBJONCTIF

présent

(que) je pli e
(que) tu pli es
(qu') il pli e
(que) ns pli ions
(que) vs pli iez
(qu') ils pli ent

imparfait

(que) je pli asse
(que) tu pli asses
(qu') il pli ât
(que) ns pli assions
(que) vs pli assiez
(qu') ils pli assent

passé

(que) j' aie plié
(que) tu aies plié
(qu') il ait plié
(que) ns ayons plié
(que) vs ayez plié
(qu') ils aient plié

plus-que-parfait

(que) j' eusse plié
(que) tu eusses plié
(qu') il eût plié
(que) ns eussions plié
(que) vs eussiez plié
(qu') ils eussent plié

CONDITIONNEL

présent

je pli erais
tu pli erais
il pli erait
ns pli erions
vs pli eriez
ils pli eraient

passé 1re forme

j' aurais plié
tu aurais plié
il aurait plié
ns aurions plié
vs auriez plié
ils auraient plié

passé 2e forme

j' eusse plié
tu eusses plié
il eût plié
ns eussions plié
vs eussiez plié
ils eussent plié

PARTICIPE

présent pli ant

passé plié, e
ayant plié

INFINITIF

présent pli er

passé avoir plié

3. FINIR

INDICATIF

présent

je fin is
tu fin is
il fin it
ns fin issons
vs fin issez
ils fin issent

imparfait

je fin issais
tu fin issais
il fin issait
ns fin issions
vs fin issiez
ils fin issaient

passé simple

je fin is
tu fin is
il fin it
ns fin îmes
vs fin îtes
ils fin irent

futur

je fin irai
tu fin iras
il fin ira
ns fin irons
vs fin irez
ils fin iront

passé composé

j' ai fini
tu as fini
il a fini
ns avons fini
vs avez fini
ils ont fini

plus-que-parfait

j' avais fini
tu avais fini
il avait fini
ns avions fini
vs aviez fini
ils avaient fini

passé antérieur

j' eus fini
tu eus fini
il eut fini
ns eûmes fini
vs eûtes fini
ils eurent fini

futur antérieur

j' aurai fini
tu auras fini
il aura fini
ns aurons fini
vs aurez fini
ils auront fini

IMPÉRATIF

présent
fin is
fin issons
fin issez

passé
aie fini
ayons fini
ayez fini

SUBJONCTIF

présent

(que) je fin isse
(que) tu fin isses
(qu') il fin isse
(que) ns fin issions
(que) vs fin issiez
(qu') ils fin issent

imparfait

(que) je fin isse
(que) tu fin isses
(qu') il fin ît
(que) ns fin issions
(que) vs fin issiez
(qu') ils fin issent

passé

(que) j' aie fini
(que) tu aies fini
(qu') il ait fini
(que) ns ayons fini
(que) vs ayez fini
(qu') ils aient fini

plus-que-parfait

(que) j' eusse fini
(que) tu eusses fini
(qu') il eût fini
(que) ns eussions fini
(que) vs eussiez fini
(qu') ils eussent fini

CONDITIONNEL

présent

je fin irais
tu fin irais
il fin irait
ns fin irions
vs fin iriez
ils fin iraient

passé 1re forme

j' aurais fini
tu aurais fini
il aurait fini
ns aurions fini
vs auriez fini
ils auraient fini

passé 2e forme

j' eusse fini
tu eusses fini
il eût fini
ns eussions fini
vs eussiez fini
ils eussent fini

PARTICIPE

présent fin issant

passé fini, e
ayant fini

INFINITIF

présent fin ir

passé avoir fini

4. OFFRIR

INDICATIF

présent

j' offr e
tu offr es
il offr e
ns offr ons
vs offr ez
ils offr ent

imparfait

j' offr ais
tu offr ais
il offr ait
ns offr ions
vs offr iez
ils offr aient

passé simple

j' offr is
tu offr is
il offr it
ns offr îmes
vs offr îtes
ils offr irent

futur

j' offr irai
tu offr iras
il offr ira
ns offr irons
vs offr irez
ils offr iront

passé composé

j' ai offert
tu as offert
il a offert
ns avons offert
vs avez offert
ils ont offert

plus-que-parfait

j' avais offert
tu avais offert
il avait offert
ns avions offert
vs aviez offert
ils avaient offert

passé antérieur

j' eus offert
tu eus offert
il eut offert
ns eûmes offert
vs eûtes offert
ils eurent offert

futur antérieur

j' aurai offert
tu auras offert
il aura offert
ns aurons offert
vs aurez offert
ils auront offert

IMPÉRATIF

présent
offr e
offr ons
offr ez

passé
aie offert
ayons offert
ayez offert

SUBJONCTIF

présent

(que) j' offr e
(que) tu offr es
(qu') il offr e
(que) ns offr ions
(que) vs offr iez
(qu') ils offr ent

imparfait

(que) j' offr isse
(que) tu offr isses
(qu') il offr ît
(que) ns offr issions
(que) vs offr issiez
(qu') ils offr issent

passé

(que) j' aie offert
(que) tu aies offert
(qu') il ait offert
(que) ns ayons offert
(que) vs ayez offert
(qu') ils aient offert

plus-que-parfait

(que) j' eusse offert
(que) tu eusses offert
(qu') il eût offert
(que) ns eussions offert
(que) vs eussiez offert
(qu') ils eussent offert

CONDITIONNEL

présent

j' offr irais
tu offr irais
il offr irait
ns offr irions
vs offr iriez
ils offr iraient

passé 1re forme

j' aurais offert
tu aurais offert
il aurait offert
ns aurions offert
vs auriez offert
ils auraient offert

passé 2e forme

j' eusse offert
tu eusses offert
il eût offert
ns eussions offert
vs eussiez offert
ils eussent offert

PARTICIPE

présent offr ant

passé offert, te
ayant offert

INFINITIF

présent offr ir

passé avoir offert

5. RECEVOIR

INDICATIF

présent

je reç ois
tu reç ois
il reç oit
ns rec evons
vs rec evez
ils reç oivent

imparfait

je rec evais
tu rec evais
il rec evait
ns rec evions
vs rec eviez
ils rec evaient

passé simple

je reç us
tu reç us
il reç ut
ns reç ûmes
vs reç ûtes
ils reç urent

futur

je rec evrai
tu rec evras
il rec evra
ns rec evrons
vs rec evrez
ils rec evront

passé composé

j' ai reçu
tu as reçu
il a reçu
ns avons reçu
vs avez reçu
ils ont reçu

plus-que-parfait

j' avais reçu
tu avais reçu
il avait reçu
ns avions reçu
vs aviez reçu
ils avaient reçu

passé antérieur

j' eus reçu
tu eus reçu
il eut reçu
ns eûmes reçu
vs eûtes reçu
ils eurent reçu

futur antérieur

j' aurai reçu
tu auras reçu
il aura reçu
ns aurons reçu
vs aurez reçu
ils auront reçu

IMPÉRATIF

présent

reç ois
rec evons
rec evez

passé

aie reçu
ayons reçu
ayez reçu

SUBJONCTIF

présent

(que) je reç oive
(que) tu reç oives
(qu') il reç oive
(que) ns rec evions
(que) vs rec eviez
(qu') ils reç oivent

imparfait

(que) je reç usse
(que) tu reç usses
(qu') il reç ût
(que) ns reç ussions
(que) vs reç ussiez
(qu') ils reç ussent

passé

(que) j' aie reçu
(que) tu aies reçu
(qu') il ait reçu
(que) ns ayons reçu
(que) vs ayez reçu
(qu') ils aient reçu

plus-que-parfait

(que) j' eusse reçu
(que) tu eusses reçu
(qu') il eût reçu
(que) ns eussions reçu
(que) vs eussiez reçu
(qu') ils eussent reçu

CONDITIONNEL

présent

je rec evrais
tu rec evrais
il rec evrait
ns rec evrions
vs rec evriez
ils rec evraient

passé 1re forme

j' aurais reçu
tu aurais reçu
il aurait reçu
ns aurions reçu
vs auriez reçu
ils auraient reçu

passé 2e forme

j' eusse reçu
tu eusses reçu
il eût reçu
ns eussions reçu
vs eussiez reçu
ils eussent reçu

PARTICIPE

présent rec evant

passé reçu, e
ayant reçu

INFINITIF

présent rec evoir

passé avoir reçu

6. RENDRE

INDICATIF

présent

je rend s
tu rend s
il rend
ns rend ons
vs rend ez
ils rend ent

imparfait

je rend ais
tu rend ais
il rend ait
ns rend ions
vs rend iez
ils rend aient

passé simple

je rend is
tu rend is
il rend it
ns rend îmes
vs rend îtes
ils rend irent

futur

je rend rai
tu rend ras
il rend ra
ns rend rons
vs rend rez
ils rend ront

passé composé

j' ai rendu
tu as rendu
il a rendu
ns avons rendu
vs avez rendu
ils ont rendu

plus-que-parfait

j' avais rendu
tu avais rendu
il avait rendu
ns avions rendu
vs aviez rendu
ils avaient rendu

passé antérieur

j' eus rendu
tu eus rendu
il eut rendu
ns eûmes rendu
vs eûtes rendu
ils eurent rendu

futur antérieur

j' aurais rendu
tu auras rendu
il aura rendu
ns aurons rendu
vs aurez rendu
ils auront rendu

IMPÉRATIF

présent

rend s
rend ons
rend ez

passé

aie rendu
ayons rendu
ayez rendu

SUBJONCTIF

présent

(que) je rend e
(que) tu rend es
(qu') il rend e
(que) ns rend ions
(que) vs rend iez
(qu') ils rend ent

imparfait

(que) je rend isse
(que) tu rend isses
(qu') il rend ît
(que) ns rend issions
(que) vs rend issiez
(qu') ils rend issent

passé

(que) j' aie rendu
(que) tu aies rendu
(qu') il ait rendu
(que) ns ayons rendu
(que) vs ayez rendu
(qu') ils aient rendu

plus-que-parfait

(que) j' eusse rendu
(que) tu eusses rendu
(qu') il eût rendu
(que) ns eussions rendu
(que) vs eussiez rendu
(qu') ils eussent rendu

CONDITIONNEL

présent

je rend rais
tu rend rais
il rend rait
ns rend rions
vs rend riez
ils rend raient

passé 1re forme

j' aurais rendu
tu aurais rendu
il aurait rendu
ns aurions rendu
vs auriez rendu
ils auraient rendu

passé 2e forme

j' eusse rendu
tu eusses rendu
il eût rendu
ns eussions rendu
vs eussiez rendu
ils eussent rendu

PARTICIPE

présent rend ant

passé rendu, e
ayant rendu

INFINITIF

présent rend re

passé avoir rendu

7. ÊTRE

INDICATIF

présent

je suis
tu es
il est
ns sommes
vs êtes
ils sont

imparfait

j' étais
tu étais
il était
ns étions
vs étiez
ils étaient

passé simple

je fus
tu fus
il fut
ns fûmes
vs fûtes
ils furent

futur

je serai
tu seras
il sera
ns serons
vs serez
ils seront

passé composé

j' ai été
tu as été
il a été
ns avons été
vs avez été
ils ont été

plus-que-parfait

j' avais été
tu avais été
il avait été
ns avions été
vs aviez été
ils avaient été

passé antérieur

j' eus été
tu eus été
il eut été
ns eûmes été
vs eûtes été
ils eurent été

futur antérieur

j' aurai été
tu auras été
il aura été
ns aurons été
vs aurez été
ils auront été

IMPÉRATIF

présent sois
soyons
soyez

passé aie été
ayons été
ayez été

SUBJONCTIF

présent

(que) je sois
(que) tu sois
(qu') il soit
(que) ns soyons
(que) vs soyez
(qu') ils soient

imparfait

(que) je fusse
(que) tu fusses
(qu') il fût
(que) ns fussions
(que) vs fussiez
(qu') ils fussent

passé

(que) j' aie été
(que) tu aies été
(qu') il ait été
(que) ns ayons été
(que) vs ayez été
(qu') ils aient été

plus-que-parfait

(que) j' eusse été
(que) tu eusses été
(qu') il eût été
(que) ns eussions été
(que) vs eussiez été
(qu') ils eussent été

CONDITIONNEL

présent

je serais
tu serais
il serait
ns serions
vs seriez
ils seraient

passé 1re forme

j' aurais été
tu aurais été
il aurait été
ns aurions été
vs auriez été
ils auraient été

passé 2e forme

j' eusse été
tu eusses été
il eût été
ns eussions été
vs eussiez été
ils eussent été

PARTICIPE

présent étant

passé été (invariable)
ayant été

INFINITIF

présent être

passé avoir été

8. AVOIR

INDICATIF

présent

j' ai
tu as
il a
ns avons
vs avez
ils ont

imparfait

j' avais
tu avais
il avait
ns avions
vs aviez
ils avaient

passé simple

j' eus
tu eus
il eut
ns eûmes
vs eûtes
ils eurent

futur

j' aurai
tu auras
il aura
ns aurons
vs aurez
ils auront

passé composé

j' ai eu
tu as eu
il a eu
ns avons eu
vs avez eu
ils ont eu

plus-que-parfait

j' avais eu
tu avais eu
il avait eu
ns avions eu
vs aviez eu
ils avaient eu

passé antérieur

j' eus eu
tu eus eu
il eut eu
ns eûmes eu
vs eûtes eu
ils eurent eu

futur antérieur

j' aurai eu
tu auras eu
il aura eu
ns aurons eu
vs aurez eu
ils auront eu

IMPÉRATIF

présent aie
ayons
ayez

passé aie eu
ayons eu
ayez eu

SUBJONCTIF

présent

(que) j' aie
(que) tu aies
(qu') il ait
(que) ns ayons
(que) vs ayez
(qu') ils aient

imparfait

(que) j' eusse
(que) tu eusses
(qu') il eût
(que) ns eussions
(que) vs eussiez
(qu') ils eussent

passé

(que) j' aie eu
(que) tu aies eu
(qu') il ait eu
(que) ns ayons eu
(que) vs ayez eu
(qu') ils aient eu

plus-que-parfait

(que) j' eusse eu
(que) tu eusses eu
(qu') il eût eu
(que) ns eussions eu
(que) vs eussiez eu
(qu') ils eussent eu

CONDITIONNEL

présent

j' aurais
tu aurais
il aurait
ns aurions
vs auriez
ils auraient

passé 1re forme

j' aurais eu
tu aurais eu
il aurait eu
ns aurions eu
vs auriez eu
ils auraient eu

passé 2e forme

j' eusse eu
tu eusses eu
il eût eu
ns eussions eu
vs eussiez eu
ils eussent eu

PARTICIPE

présent ayant

passé eu, eue
ayant eu

INFINITIF

présent avoir

passé avoir eu

9. ALLER

INDICATIF

présent

je vais
tu vas
il va
ns allons
vs allez
ils vont

imparfait

j' allais
tu allais
il allait
ns allions
vs alliez
ils allaient

passé simple

j' allai
tu allas
il alla
ns allâmes
vs allâtes
ils allèrent

futur

j' irai
tu iras
il ira
ns irons
vs irez
ils iront

passé composé

je suis allé
tu es allé
il est allé
ns sommes allés
vs êtes allés
ils sont allés

plus-que-parfait

j' étais allé
tu étais allé
il était allé
ns étions allés
vs étiez allés
ils étaient allés

passé antérieur

je fus allé
tu fus allé
il fut allé
ns fûmes allés
vs fûtes allés
ils furent allés

futur antérieur

je serai allé
tu seras allé
il sera allé
ns serons allés
vs serez allés
ils seront allés

IMPÉRATIF

présent va
allons
allez

passé sois allé
soyons allés
soyez allés

SUBJONCTIF

présent

(que) j' aille
(que) tu ailles
(qu') il aille
(que) ns allions
(que) vs alliez
(qu') ils aillent

imparfait

(que) j' allass e
(que) tu allass es
(qu') il all ât
(que) ns allass ions
(que) vs allass iez
(qu') ils allass ent

passé

(que) je sois allé
(que) tu sois allé
(qu') il soit allé
(que) ns soyons allés
(que) vs soyez allés
(qu') ils soient allés

plus-que-parfait

(que) je fusse allé
(que) tu fusses allé
(qu') il fût allé
(que) ns fussions allés
(que) vs fussiez allés
(qu') ils fussent allés

CONDITIONNEL

présent

j' irais
tu irais
il irait
ns irions
vs iriez
ils iraient

passé 1re forme

je serais allé
tu serais allé
il serait allé
ns serions allés
vs seriez allés
ils seraient allés

passé 2e forme

je fusse allé
tu fusses allé
il fût allé
ns fussions allés
vs fussiez allés
ils fussent allés

PARTICIPE

présent all ant

passé allé, e
étant allé

INFINITIF

présent all er

passé être allé

10. FAIRE

INDICATIF

présent

je fais
tu fais
il fait
ns faisons
vs faites
ils font

imparfait

je faisais
tu faisais
il faisait
ns faisions
vs faisiez
ils faisaient

passé simple

je fis
tu fis
il fit
ns fîmes
vs fîtes
ils firent

futur

je ferai
tu feras
il fera
ns ferons
vs ferez
ils feront

passé composé

j' ai fait
tu as fait
il a fait
ns avons fait
vs avez fait
ils ont fait

plus-que-parfait

j' avais fait
tu avais fait
il avait fait
ns avions fait
vs aviez fait
ils avaient fait

passé antérieur

j' eus fait
tu eus fait
il eut fait
ns eûmes fait
vs eûtes fait
ils eurent fait

futur antérieur

j' aurai fait
tu auras fait
il aura fait
ns aurons fait
vs aurez fait
ils auront fait

IMPÉRATIF

présent fais
faisons
faites

passé aie fait
ayons fait
ayez fait

SUBJONCTIF

présent

(que) je fasse
(que) tu fasses
(qu') il fasse
(que) ns fassions
(que) vs fassiez
(qu') ils fassent

imparfait

(que) je fisse
(que) tu fisses
(qu') il fît
(que) ns fissions
(que) vs fissiez
(qu') ils fissent

passé

(que) j' aie fait
(que) tu aies fait
(qu') il ait fait
(que) ns ayons fait
(que) vs ayez fait
(qu') ils aient fait

plus-que-parfait

(que) j' eusse fait
(que) tu eusses fait
(qu') il eût fait
(que) ns eussions fait
(que) vs eussiez fait
(qu') ils eussent fait

CONDITIONNEL

présent

je ferais
tu ferais
il ferait
ns ferions
vs feriez
ils feraient

passé 1re forme

j' aurais fait
tu aurais fait
il aurait fait
ns aurions fait
vs auriez fait
ils auraient fait

passé 2e forme

j' eusse fait
tu eusses fait
il eût fait
ns eussions fait
vs eussiez fait
ils eussent fait

PARTICIPE

présent fais ant

passé fait, te
ayant fait

INFINITIF

présent faire

passé avoir fait

INFINITIF	RÈGLES	INDICATIF présent	imparfait	passé simple	futur
11. CRÉER	é toujours fermé	je crée, es, e, ent ns créons, ez	je créais,...	je créai,...	je créerai,...
12. PLACER	c	je place, es, e, ez, ent	ns placions, iez	ils placèrent	je placerai,...
	ç devant a, o	ns plaçons	je plaçais, ais, ait, aient	je plaçai, as, a, âmes, âtes	
13. MANGER	g	je mange, es, e, ez, ent	ns mangions, iez	ils mangèrent	je mangerai,...
	ge devant a et o	ns mangeons	je mangeais, eais, eait, eaient	je mangeai, as, a, âmes, âtes	
14. CÉDER	è devant syllabe muette finale	je cède, es, e, ent			
	é	ns cédons, ez	je cédais,...	je cédai,...	je céderai,...
15. ASSIÉGER	è devant syllabe muette finale	j'assiège, es, e, ent			
	ge devant a et o	ns assiégeons	j'assiégeais, eais, eait, eaient	j'assiégeai,...	
	é devant syllabe muette				j'assiégerai,...
16. LEVER	è devant syllabe muette	je lève, es, e, ent			je lèverai,...
	e	ns levons, ez	je levais,...	je levai,...	
17. GELER	è devant syllabe muette	je gèle, es, e, ent			je gèlerai,...
	e	ns gelons, ez	je gelais,...	je gelai,...	
18. ACHETER	è devant syllabe muette	j'achète, es, e, ent			j'achèterai,...
	e	ns achetons, ez	j'achetais,...	j'achetai,...	
19. APPELER	ll devant e muet	j'appelle, es, e, ent			j'appellerai,...
	l	ns appelons, ez	j'appelais,...	j'appelai,...	
20. JETER	tt devant e muet	je jette, es, e, ent			je jetterai,...
	t	ns jetons, ez	je jetais,...	je jetai,...	
21. PAYER	i devant e muet	je paie, es, e, ent			je paierai,...
	ou y	je paye, es, e, ent			je payerai,...
		ns payons, ez	je payais,...	je payai,...	

CONDITIONNEL présent	SUBJONCTIF présent	imparfait	IMPÉRATIF	PARTICIPE présent	passé
je créerais,...	q. je crée,...	q. je créasse,...	crée	créant	créé, e
			créons, ez		
je placerais,...	q. je place,...		place, ez		placé, e
		q. je plaçasse,...	plaçons	plaçant	
je mangerais,...	q. je mange,...		mange, ez		mangé, e
		q. je mangeasse,...	mangeons	mangeant	
	q. je cède, es, e, ent		cède		
je céderais,...	q. ns cédions iez	q. je cédasse,...	cédons, ez	cédant	cédé, e
	q. j'assiège,...		assiège		
j'assiégerais,...		q. j'assiégeasse,...	assiégeons	assiégeant	assiégé, e
je lèverais,...	q. je lève, es, e, ent		lève		
	q. ns levions, iez	q. je levasse,...	levons, ez	levant	levé, e
je gèlerais,...	q. je gèle, es, e, ent		gèle		
	q. ns gelions, iez	q. je gelasse,...	gelons, ez	gelant	gelé, e
j'achèterais,...	q. j'achète, es, e, ent		achète		
	q. ns achetions, iez	q. j'achetasse,...	achetons, ez	achetant	acheté, e
j'appellerais,...	q. j'appelle, es, e, ent		appelle		
	q. ns appelions, iez	q. j'appelasse,...	appelons, ez	appelant	appelé, e
je jetterais,...	que je jette, es, e, ent		jette		
	q. ns jetions, iez	q. je jetasse,...	jetons, ez	jetant	jeté, e
je paierais,...	q. je paie, es, e, ent		paie		
je payerais,...	q. je paye, es, e, ent		paye		
	q. ns payions, iez	q. je payasse,...	payons, ez	payant	payé, e

INFINITIF	RÈGLES	INDICATIF présent	imparfait	passé simple	futur
22. ESSUYER	i devant e muet	j'essuie, es, e, ent			j'essuierai,...
	y	ns essuyons, ez	j'essuyais,...	j'essuyai,...	
23. EMPLOYER	i devant e muet	j'emploie, es, e, ent			j'emploierai,...
	y	ns employons, ez	j'employais,...	j'employai,...	
24. ENVOYER	i devant e muet	j'envoie, es, e, ent			
	y	ns envoyons, ez	j'envoyais,...	j'envoyai,...	
	err				j'enverrai,...
25.	i	je hais, s, t			
HAÏR	ï	ns haïssons, ez, ent	je haïssais,...	je haïs (haïmes, haïtes)	je haïrai,...
26. COURIR		je cours,...	je courais,...	je courus,...	je courrai,...
27.	1er groupe	je cueille, es, e			je cueillerai,...
CUEILLIR	3[e] groupe	ns cueillons,...	je cueillais,...	je cueillis,...	
28.	1er groupe	j'assaille, es, e			
ASSAILLIR	3[e] groupe	ns assaillons, ez, ent	j'assaillais,...	j'assaillis,...	j'assaillirai,...
29. FUIR	i devant cons. et e	je fuis, s, t, ent		je fuis,...	je fuirai,...
	y devant a, ez, i, o	ns fuyons, ez	je fuyais,...		
30.	sans t	je pars,			
PARTIR	avec t	il part,...	je partais,...	je partis,...	je partirai,...
31.	ou	je bous, s, t			
BOUILLIR	ouill	ns bouillons,...	je bouillais,...	je bouillis,...	je bouillirai,...
32.	1er groupe	je couvre, es, e			
COUVRIR	3e groupe	ns couvrons,...	je couvrais,...	je couvris,...	je couvrirai,...
33. VÊTIR		je vêts,...	je vêtais,...	je vêtis,...	je vêtirai,...
34. MOURIR	eur	je meurs, s, t, ent			
	our	ns mourons, ez	je mourais,...	je mourus,...	je mourrai,...
35. ACQUÉRIR	quier	j'acquiers, s, t, ièrent			
	quer	ns acquérons, ez	j'acquérais,...		j'acquerrai,...
	qu			j'acquis,...	

CONDITIONNEL présent	SUBJONCTIF présent	imparfait	IMPÉRATIF	PARTICIPE présent	passé
j'essuierais,...	q. j'essuie, es, e, ent q. ns essuyions, iez	q. j'essuyasse,...	essuie essuyons, ez	essuyant	essuyé, e
j'emploierais,...	q. j'emploie, es, e, ent q. ns employions, iez	q. j'employasse	emploie employons, ez	employant	employé, e
j'enverrais,...	q. j'envoie, es, e, ent q. ns envoyions, iez	q. j'envoyasse,...	envoie envoyons, ez	envoyant	envoyé, e
je haïrais,...	q. je haïsse, qu'il haïsse	q. je haïsse, qu'il haït	hais haïssons, haïssez	haïssant	haï, e
je courrais,...	q. je coure,...	q. je courusse,...	cours, courons, ez	courant	couru, e
je cueillerais,...	q. je cueille	q. je cueillisse,...	cueille cueillons, ez	cueillant	cueilli, e
j'assaillirais,...	q. j'assaille,...	q. j'assaillisse,...	assaille assaillons, ez	assaillant	assailli, e
je fuirais,...	q. je fuie, es, e, ent q. ns fuyions, iez	q. je fuisse,...	fuis fuyons, ez	fuyant	fui, e
je partirais,...	q. je parte,...	q. je partisse,...	pars partons, ez	partant	parti, e
je bouillirais,...	q. je bouille,...	q. je bouillisse,...	bous bouillons, ez	bouillant	bouilli, e
je couvrirais,...	q. je couvre, es, e q. ns couvrions,...	q. je couvrisse,...	couvre couvrons, couvrez	couvrant	couvert, te
je vêtirais,...	q. je vête,...	q. je vêtisse,...	vêts, ons, ez	vêtant	vêtu, e
je mourrais,...	q. je meure,...	q. je mourusse,...	meurs mourons, ez	mourant	mort, te
j'acquerrais,...	q. j'acquière, es, e, ent q. ns acquérions, iez	q. j'acquisse,...	acquiers acquérons, ez	acquérant	acquis, se

INFINITIF	RÈGLES	INDICATIF présent	imparfait	passé simple	futur
36. VENIR	i	je viens, s, t, nent		je vins,... vinrent	je viendrai,...
	e	ns venons, ez	je venais,...		
37. GÉSIR	défectif	je gis, tu gis, il gît			
		ns gisons, ez, ent	je gisais,...		
38. OUÏR	archaïque	j'ois,...		j'ouïs,...	j'ouïrai,...
		ns oyons,...	j'oyais,...		
39. PLEUVOIR	impersonnel	il pleut	il pleuvait	il plut	il pleuvra
	+ 3^{e} pers. pl.	ils pleuvent	ils pleuvaient	ils plurent	ils pleuvront
40. POURVOIR	i	je pourvois, s, t, ent			je pourvoirai,...
	y	ns pourvoyons, ez	je pourvoyais,...		
	u			je pourvus,...	
41. ASSEOIR	ie	j'assieds, ds, d			j'assiérai,...
	ey	ns asseyons, ez, ent	j'asseyais,...		
	i			j'assis,...	
ASSEOIR (oi/oy remplacent ie/ey)	oi	j'assois, s, t, ent			j'assoirai,...
	oy	ns assoyons, ez	j'assoyais,...		
42. PRÉVOIR	oi	je prévois, s, t, ent			je prévoirai,...
	oy	ns prévoyons, ez	je prévoyais,...		
	i/u			je prévis,...	
43. MOUVOIR	eu	je meus, s, t, vent			
	ou	ns mouvons, ez	je mouvais,...		je mouvrai,...
	u			je mus, s, t, (û)mes, (û)tes, rent	
44. DEVOIR	û au participe passé	je dois, s, t, vent		je dus,...	
		ns devons, ez	je devais,...		je devrai,...
45. VALOIR	au, aille	je vaux, x, t			je vaudrai,...
	al	ns valons, ez, ent	je valais,...	je valus,...	
PRÉVALOIR					
46. VOIR	oi	je vois, s, t, ent			
	oy	ns voyons, ez	je voyais,...		
	i/e/u			je vis,...	je verrai,...

CONDITIONNEL présent	SUBJONCTIF présent	imparfait	IMPÉRATIF	PARTICIPE présent	passé
je viendrais,...	q. je vienne, es, e, ent	q. je vinsse,...	viens		
	q. ns venions, iez		venons, ez	venant	venu, e
				gisant	
j'ouïrais,...	q. j'oie,...	q. j'ouïsse,...	ois		ouï, e
	ns oyions,...		oyons, ez	oyant	
il pleuvrait	qu'il pleuve	qu'il plût		pleuvant	plu
ils pleuvraient	qu'ils pleuvent	qu'ils plussent			
je pourvoirais,...	q. je pourvoie, es, e, ent		pourvois		
	q. ns pourvoyions, iez		pourvoyons, ez	pourvoyant	
		q. je pourvusse,...			pourvu, e
j'assiérais,...			assieds		
	q. j'asseye,...		asseyons, ez	asseyant	
	q. ns asseyions,...				
		q. j'assisse,...			assis, se
j'assoirais,...	q. j'assoie, es, e, ent		assois		
	q. ns assoyions, iez		assoyons, ez	assoyant	
je prévoirais	q. je prévoie, es e, ent		prévois		
	q. ns prévoyions, iez		prévoyons, ez	prévoyant	
		q. je prévisse,...			prévu, e
	q. je meuve, es, e, ent		meus		
je mouvrais,...	q. ns mouvions, iez		mouvons, ez	mouvant	
		q. je musse,...			mû, mue
	q. je doive, es, e, ent	q. je dusse,...	dois		dû, due
je devrais,...	q. ns devions, iez		devons, ez	devant	
je vaudrais,...	q. je vaille, es, e, ent		vaux		
	q. ns valions, iez	q. je valusse,...	valons, ez	valant	valu, e
	q. je prévale, es, e				
	q. je voie, es, e, ent		vois		
	q. ns voyions, iez		voyons, ez	voyant	
je verrais,...		q. je visse,...			vu, e

INFINITIF	RÈGLES	INDICATIF présent	imparfait	passé simple	futur
47. SAVOIR	5 formes	je sais, s, t ns savons, ez, ent	je savais,...	je sus,...	je saurai,...
48. VOULOIR	veu/veuil voul/voudr	je veux, x, t, veulent ns voulons, ez	je voulais,...	je voulus,...	je voudrai,...
49. POUVOIR	eu/u(i) ouv/our	je peux, x, t, peuvent ns pouvons, ez	je pouvais,...	je pus,...	je pourrai,...
50. FALLOIR	impersonnel	il faut	il fallait	il fallut	il faudra
51. DÉCHOIR	choir et échoir sont défectifs	je déchois, s, t, ent ns déchoyons, ez	je déchoyais,...	je déchus,...	je décherrai,...
52. PRENDRE	prend pren pri(s)	je prends, ds, d ns prenons, ez, ent	je prenais,...	je pris,...	je prendrai,...
53. ROMPRE		je romps, ps, pt ns rompons,...	je rompais,...	je rompis,...	je romprai,...
54. CRAINDRE	ain-aind aign	je crains, s, t ns craignons, ez, ent	je craignais,...	je craignis,...	je craindrai,...
55. PEINDRE	ein eig	je peins, s, t ns peignons, ez, ent	je peignais,...	je peignis,...	je peindrai,...
56. JOINDRE	oin/oind oign	je joins, s, t ns joignons, ez, ent	je joignais,...	je joignis,...	je joindrai,...
57. VAINCRE	ainc ainqu	je vaincs, cs, c ns vainquons, ez, ent	je vainquais,...	je vainquis,...	je vaincrai,...
58. TRAIRE	i y	je trais, s, t, ent ns trayons, ez	je trayais,...	(inusité)	je trairai,...
59. PLAIRE	ai u	je plais, tu plais, il plaît (mais il tait) ns plaisons,...	je plaisais,...	je plus,...	je plairai,...
60. METTRE	met mis	je mets, ns mettons	je mettais,...	je mis,...	je mettrai,...

CONDITIONNEL présent	SUBJONCTIF présent	imparfait	IMPÉRATIF	PARTICIPE présent	passé
je saurais,...	q. je sache,...	q. je susse,...	sache, ons, ez	sachant	su, e
je voudrais,...	q. je veuille, es, e, ent q. ns voulions, iez	q. je voulusse,...	veux (veuille) voulons, ez (veuillez)	voulant	voulu, e
je pourrais,...	q. je puisse,...	q. je pusse,...	(inusité)	pouvant	pu
il faudrait	qu'il faille	qu'il fallût	(n'existe pas)	(inusité)	fallu
je décherrais,...	q. je déchoie, es, e, ent q. ns déchoyions, iez	q. je déchusse,...	déchois déchoyons, ez	(n'existe pas mais échéant)	déchu, e
je prendrais,...	q. je prenne,...	q. je prisse,...	prends prenons, ez	prenant	pris, se
je romprais,...	q. je rompe,...	q. je rompisse,...	romps, pons, pez	rompant	rompu, e
je craindrais,...	q. je craigne,...	q. je craignisse,...	crains craignons, ez	craignant	craint, te
je peindrais,...	q. je peigne	q. je peignisse,...	peins peignons, ez	peignant	peint, te
je joindrais,...	q. je joigne,...	q. je joignisse,...	joins joignons, ez	joignant	joint, te
je vaincrais,...	q. je vainque,...	q. je vainquisse,...	vaincs vainquons, ez	vainquant	vaincu, e
je trairais,...	q. je traie, es, e ent q. ns trayions, yiez	(inusité)	trais trayons, ez	trayant	trait, te
je plairais,...	q. je plaise,...	q. je plusse,...	plais, sons, sez	plaisant	plu
je mettrais,...	q. je mette,...	q. je misse,...	mets, mettons, ez	mettant	mis, se

INFINITIF	RÈGLES	INDICATIF présent	imparfait	passé simple	futur
61.	t	je bats, ts, t			
BATTRE	tt	ns battons,...	je battais,...	je battis,...	je battrai,...
62.	ui	je suis, s, t			
SUIVRE	uiv	ns suivons,...	je suivais,...	je suivis,...	je suivrai,...
63.	vi-viv	je vis, s, t	je vivais,...		je vivrai,...
VIVRE		ns vivons,...			
	véc			je vécus,...	
64.		je suffis, s, t,	je suffisais,...	je suffis,...	je suffirai,...
SUFFIRE		ns suffisons,...			
65.		je médis, s, t	je médisais,...	je médis,...	je médirai,...
MÉDIRE		ns médisons, vs médisez (mais vs dites, redites)			
66.	i	je lis, s, t			je lirai,...
LIRE	is	ns lisons, ez, ent	je lisais,...		
	u			je lus,...	
67.	i	j'écris, s, t			j'écrirai,...
ÉCRIRE	iv	ns écrivons, ez, ent	j'écrivais,...	j'écrivis,...	
68.		je ris, s, t	je riais,...	je ris,...	je rirai,...
RIRE		ns rions,...	ns riions, iez	ns rîmes,...	
69.		je conduis,...	je conduisais,...		je conduirai,...
CONDUIRE				je conduisis,...	
70.	oi	je bois, s,			je boirai,...
BOIRE		t, vent			
	u(v)	ns buvons, ez	je buvais,...	je bus,...	
71.	oi	je crois, s,			je croirai,...
CROIRE		t, ent			
	oy	ns croyons, ez	je croyais,...		
	u			je crus,...	
72.	oî	je croîs, s, t			je croîtrai,...
CROÎTRE	oiss	ns croissons, ez, ent	je croissais,...		
	û			je crûs,...	
73.	i/u	je connais, s,			
CONNAÎTRE		ssons, ssez, ssent	je connaissais,...	je connus,...	
	î devant t	il connaît			je connaîtrai,...

CONDITIONNEL présent	**SUBJONCTIF** présent	imparfait	**IMPÉRATIF**	**PARTICIPE** présent	passé
je battrais,...	q. je batte,...	q. je battisse,...	bats battons, ez	battant	battu, e
je suivrais,...	q. je suive,...	q. je suivisse,...	suis suivons, ez	suivant	suivi, e
je vivrais,...	q. je vive,...	q. je vécusse,...	vis, vivons, ez	vivant	vécu, u
je suffirais,...	q. je suffise,...	q. je suffisse,...	suffis, sons, sez	suffisant	suffi (mais confit, déconfit, frit, circoncis)
je médirais,...	q. je médise,... q. ns médisions, iez	q. je médisse,...	médis, médisons médisez (mais dites, redites)	médisant	médit
je lirais,...	q. je lise,...	q. je lusse,...	lis lisons, ez	lisant	lu, e
j'écrirais,...	q. j'écrive,...	q. j'écrivisse,...	écris écrivons, ez	écrivant	écrit, te
je rirais,...	q. je rie,... q. ns riions, iez	q. je risse,... riez q. ns rissions,...	ris, rions,	riant	ri
je conduirais,...	q. je conduise,...	q. je conduisisse,...	conduis, sons, sez	conduisant	conduit, te (mais lui, nui)
je boirais,...	q. je boive, es, e, ent q. ns buvions, iez	q. je busse,...	bois buvons, ez	buvant	bu, e
je croirais,...	que je croie,...	q. je crusse,...	crois croyons, ez	croyant	cru, e
je croîtrais,...	q. je croisse,...	q. je crûsse,...	croîs croissons, ez	croissant	crû, crue (mais accru, e)
je connaîtrais,...	q. je connaisse,...	q. je connusse,...	connais, ssons, ssez	connaissant	connu, e

INFINITIF	RÈGLES	INDICATIF présent	imparfait	passé simple	futur
74. NAÎTRE	nai-naît	je nais, nais, naît			je naîtrai,...
	naisse	ns naissons, ez ent	je naissais,...		
	naqu			je naquis,...	
75. RÉSOUDRE	ou/oudr ol/olv	je résous, s, t ns résolvons, ez, ent	je résolvais,...	(absoudre et dissoudre n'ont pas de passé simple)	je résoudrai,...
	olu			je résolus,...	
76. COUDRE	oud	je couds, ds, d			je coudrai,...
	ous	ns cousons, ez, ent	je cousais,...	je cousis,...	
77. MOUDRE	moud	je mouds, ds, d			je moudrai,...
	moul	ns moulons, ez, ent	je moulais,...	je moulus,...	
78. CONCLURE		je conclus, s, t ns concluons, ez, ent	je concluais,...	je conclus,...	je conclurai,...
79. CLORE	défectif	je clos, os, ôt ils closent	(inusité)	(inusité)	je clorai,...

FORMES SURCOMPOSÉES

Forme simple = 1 élément verbal.
Forme composée = 2 éléments verbaux.
Forme surcomposée = 3 éléments verbaux.
L'usage — qui est le maître souverain dans la langue — appelle surcomposées les formes actives qui, normalement composées, deviennent par l'adjonction d'un 3e élément des formes surcomposées : *j'ai aimé ; j'ai eu aimé.*

INDICATIF

passé composé	plus-que-parfait	passé antérieur	futur antérieur
j' ai eu aimé	j' avais eu aimé	j' eus eu aimé	j' aurai eu aimé
tu as eu aimé	tu avais eu aimé	tu eus eu aimé	tu auras eu aimé
il a eu aimé	il avait eu aimé	il eut eu aimé	il aura eu aimé
ns avons eu aimé	ns avions eu aimé	ns eûmes eu aimé	ns aurons eu aimé
vs avez eu aimé	vs aviez eu aimé	vs eûtes eu aimé	vs aurez eu aimé
ils ont eu aimé	ils avaient eu aimé	ils eurent eu aimé	ils auront eu aimé

CONDITIONNEL présent	SUBJONCTIF présent	imparfait	IMPÉRATIF	PARTICIPE présent	passé
je naîtrais,...			nais		né, e
	q. je naisse,...		naissons, ez	naissant	
		q. je naquisse,...			
je résoudrais,...	q. je résolve,...		résous résolvons, ez	résolvant	(absous, te ; dissous, te)
		q. je résolusse,...			résolu, e
je coudrais,...			couds		
	q. je couse,...	q. je cousisse,...	cousons, ez	cousant	cousu, e
je moudrais,...			mouds		
	q. je moule,...	q. je moulusse,...	moulons, ez	moulant	moulu, e
je conclurais,...	q. je conclue,...	q. je conclusse,...	conclus concluons, ez	concluant	conclu, e (mais inclus, se)
je clorais,...	q. je close,...	(inusité)	clos	closant	clos, se

SUBJONCTIF

passé

(que) j' aie eu aimé
(que) tu aies eu aimé
(qu') il ait eu aimé
(que) ns ayons eu aimé
(que) vs ayez eu aimé
(qu') ils aient eu aimé

plus-que-parfait

(que) j' eusse eu aimé
(que) tu eusses eu aimé
(qu') il eût eu aimé
(que) ns eussions eu aimé
(que) vs eussiez eu aimé
(qu') ils eussent eu aimé

PARTICIPE

passé

ayant eu aimé

INFINITIF

passé

avoir eu aimé

CONDITIONNEL

passé 1re forme

j' aurais eu aimé
tu aurais eu aimé
il aurait eu aimé
ns aurions eu aimé
vs auriez eu aimé
ils auraient eu aimé

passé 2e forme

j' eusse eu aimé
tu eusses eu aimé
il eût eu aimé
ns eussions eu aimé
vs eussiez eu aimé
ils eussent eu aimé

Forme passive : ÊTRE AIMÉ

INDICATIF

présent

je suis aimé
tu es aimé
il est aimé
ns sommes aimés
vs êtes aimés
ils sont aimés

imparfait

j' étais aimé
tu étais aimé
il était aimé
ns étions aimés
vs étiez aimés
ils étaient aimés

passé simple

je fus aimé
tu fus aimé
il fut aimé
ns fûmes aimés
vs fûtes aimés
ils furent aimés

futur

je serai aimé
tu seras aimé
il sera aimé
ns serons aimés
vs serez aimés
ils seront aimés

passé composé

j' ai été aimé
tu as été aimé
il a été aimé
ns avons été aimés
vs avez été aimés
ils ont été aimés

plus-que-parfait

j' avais été aimé
tu avais été aimé
il avait été aimé
ns avions été aimés
vs aviez été aimés
ils avaient été aimés

passé antérieur

j' eus été aimé
tu eus été aimé
il eut été aimé
ns eûmes été aimés
vs eûtes été aimés
ils eurent été aimés

futur antérieur

j' aurai été aimé
tu auras été aimé
il aura été aimé
ns aurons été aimés
vs aurez été aimés
ils auront été aimés

IMPÉRATIF

présent sois aimé
soyons aimés
soyez aimés

passé (inusité)

SUBJONCTIF

présent

(que) je sois aimé
(que) tu sois aimé
(qu') il soit aimé
(que) ns soyons aimés
(que) vs soyez aimés
(qu') ils soient aimés

imparfait

(que) je fusse aimé
(que) tu fusses aimé
(qu') il fût aimé
(que) ns fussions aimés
(que) vs fussiez aimés
(qu') ils fussent aimés

passé

(que) je aie été aimé
(que) tu aies été aimé
(qu') il ait été aimé
(que) ns ayons été aimés
(que) vs ayez été aimés
(qu') ils aient été aimés

plus-que-parfait

(que) je eusse été aimé
(que) tu eusses été aimé
(qu') il eût été aimé
(que) ns eussions été aimés
(que) vs eussiez été aimés
(qu') ils eussent été aimés

CONDITIONNEL

présent

je serais aimé
tu serais aimé
il serait aimé
ns serions aimés
vs seriez aimés
ils seraient aimés

passé 1re forme

j' aurais été aimé
tu aurais été aimé
il aurait été aimé
ns aurions été aimés
vs auriez été aimés
ils auraient été aimés

passé 2e forme

j' eusse été aimé
tu eusses été aimé
il eût été aimé
ns eussions été aimés
vs eussiez été aimés
ils eussent été aimés

PARTICIPE

présent étant aimé

passé été aimé
ayant été aimé

INFINITIF

présent être aimé

passé avoir été aimé

F. pronominale : S'ADONNER

INDICATIF

présent

je m' adonne
tu t' adonnes
il s' adonne
ns ns adonnons
vs vs adonnez
ils s' adonnent

imparfait

je m' adonnais
tu t' adonnais
il s' adonnait
ns ns adonnions
vs vs adonniez
ils s' adonnaient

passé simple

je m' adonnai
tu t' adonnas
il s' adonna
ns ns adonnâmes
vs vs adonnâtes
ils s' adonnèrent

futur

je m' adonnerai
tu t' adonneras
il s' adonnera
ns ns adonnerons
vs vs adonnerez
ils s' adonneront

passé composé

je me suis adonné
tu t'es adonné
il s'est adonné
ns ns sommes adonnés
vs vs êtes adonnés
ils se sont adonnés

plus-que-parfait

je m'étais adonné
tu t'étais adonné
il s'était adonné
ns ns étions adonnés
vs vs étiez adonnés
ils s'étaient adonnés

passé antérieur

je me fus adonné
tu te fus adonné
il se fut adonné
ns ns fûmes adonnés
vs vs fûtes adonnés
ils se furent adonnés

futur antérieur

je me serai adonné
tu te seras adonné
il se sera adonné
ns ns serons adonnés
vs vs serez adonnés
ils se seront adonnés

IMPÉRATIF

présent adonne-toi
adonnons-nous
adonnez-vous

passé (inusité)

SUBJONCTIF

présent

(que) je m' adonne
(que) tu t' adonnes
(qu') il s' adonne
(que) ns ns adonnions
(que) vs vs adonniez
(qu') ils s' adonnent

imparfait

(que) je m' adonnasse
(que) tu t' adonnasses
(qu') il s' adonnât
(que) ns ns adonnassions
(que) vs vs adonnassiez
(qu') ils s' adonnassent

passé

(que) je me sois adonné
(que) tu te sois adonné
(qu') il se soit adonné
(que) ns ns soyons adonnés
(que) vs vs soyez adonnés
(qu') ils se soient adonnés

plus-que-parfait

(que) je me fusse adonné
(que) tu te fusses adonné
(qu') il se fût adonné
(que) ns ns fussions adonnés
(que) vs vs fussiez adonnés
(qu') ils se fussent adonnés

CONDITIONNEL

présent

je m' adonnerais
tu t' adonnerais
il s' adonnerait
ns ns adonnerions
vs vs adonneriez
ils s' adonneraient

passé 1re forme

je me serais adonné
tu te serais adonné
il se serait adonné
ns ns serions adonnés
vs vs seriez adonnés
ils se seraient adonnés

passé 2e forme

je me fusse adonné
tu te fusses adonné
il se fût adonné
ns ns fussions adonnés
vs vs fussiez adonnés
ils se fussent adonnés

PARTICIPE

présent s'adonn ant

passé s'étant adonné

INFINITIF

présent s'adonn er

passé s'être adonné

ESQUISSE D'UNE HISTOIRE DE L'ORTHOGRAPHE

UN HÉRITAGE D'UNE GESTION DÉLICATE : L'ALPHABET LATIN

Un idéal très général, formulé clairement dans la grammaire de Port-Royal (1660) et bien souvent réexprimé dans la suite sous des formes diverses, peut se résumer grossièrement dans un principe à double face : une lettre pour chaque son, un son pour chaque lettre. Or les clercs qui les premiers mirent sous une forme écrite, à partir du IXe siècle, des textes français furent gênés par les outils qu'ils avaient à leur disposition. L'alphabet latin, c'est-à-dire l'alphabet qui est encore le nôtre, moins *v* et *j*, n'était pas adapté à la langue qui venait de naître à l'écriture et dont la palette était plus diversifiée.
Des sons inconnus du latin classique avaient peu à peu acquis droit de cité dans le domaine phonique :
- une voyelle [y] comme dans *mur*, avec laquelle devaient se grouper dans la même zone d'articulation [ø] et [œ] comme dans *peu* et *peur ;*
- des chuintantes, d'abord prononcées [tʃ], [dʒ], puis [ʃ], [ʒ] comme dans *char, jour ;*
- une labiodentale *v ;*
- des consonnes palatales, [λ] (ℓ mouillé) comme autrefois dans *paille*, [ɲ] comme dans *agneau*, et une semi-voyelle palatale [j] comme dans *payer* [pɛje].

Le développement d'une série de voyelles nasales devait mettre aussi à contribution l'ingéniosité des copistes.
De plus, certaines lettres reçues n'avaient plus la même valeur que dans la langue « mère » : *c* et *g*, en latin [k] et [g], n'avaient gardé cette valeur que devant *a, o*, et *u*. Devant *e* et *i*, ces lettres se prononcèrent d'abord [ts], [dʒ], puis [s], [ʒ], à tel point que nous les appelons encore un [se] ou un [ʒe]. À la lettre ne répondait donc pas un son en propre : le son qu'elle marquait dépendait de sa position devant un autre signe.
Les clercs auraient rendu un immense service à la postérité s'ils avaient eu l'audace d'inventer quelques signes de plus. Leur timidité est bien compréhensible. La langue écrite majoritaire et de prestige était, et devait rester, pendant tout le Moyen Âge, le latin. La petite minorité qui avait le privilège d'apprendre à lire faisait son apprentissage dans des textes latins tels que le psautier, si bien que celui qu'on appelait *litteratus*, en français le *lettré*, était à la fois celui qui savait lire et celui qui savait le latin. Les clercs passaient avec d'autant plus de facilité d'un registre à l'autre qu'ils tendaient à prononcer le latin à la française et nullement selon la prononciation que nous appelons « restituée ». Périodiquement, des mouvements nommés Renaissances, en même temps qu'ils faisaient redécouvrir des aspects oubliés de la culture antique, avaient dans leur programme des réformes destinées à purifier la prononciation latine des altérations qui s'étaient propagées pendant les siècles précédents : la Renaissance carolingienne fut de celles-là. Revenir aux sources, c'était se dégager de l'influence pervertissante du « vulgaire », et donc ménager un écart entre les deux langages qui, cohabitant dans la pensée des hommes, ne pouvaient manquer de se contaminer.

Du bricolage des clercs découlent les traits fondamentaux de notre orthographe

Cependant le besoin se faisait sentir d'écrire en français parce que les moyens de communication propres à l'oralité ne suffisaient plus. La dévotion populaire semble avoir été le premier domaine qui exigea et supporta la transcription en langue vulgaire, comme en témoignent la *Séquence de sainte Eulalie*, la *Passion* de Clermont, les *Vies* de saint Léger et de saint Alexis (IXe-XIe siècle). Il fallut donc combler des vides, biaiser avec le matériau : du bricolage des clercs de cette époque découlent quelques-uns des traits fondamentaux de notre orthographe.
Les procédés ont consisté en particulier à :
- attribuer de nouvelles valeurs à un caractère déjà existant : *i* et *u* purent se lire [i] et [y] comme voyelles, mais [ʒ] et [v] comme consonnes ;
- grouper plusieurs lettres qui devaient être lues comme un seul son : le groupe *ch* devint ainsi le signe attitré de [tʃ], puis [ʃ], comme dans *char*, le groupe *-ill-*, la marque la plus fréquente de *l* mouillé.

Dans le domaine vocalique, la réduction au cours des temps d'anciennes diphtongues à un son simple favorisa l'adoption de « digrammes » marquant une voyelle simple : ainsi *eu* fut la marque de [ø] comme dans *peu, ou* prit la place de ce qui s'écrivait en latin *u* puisque cette lettre se lisait désormais [y].
Les rédactions les plus anciennes ne sont pas exemptes de traces d'influence latine. Pourquoi le pronom féminin *elle* a-t-il gardé deux *l* alors que les consonnes doubles s'étaient simplifiées à l'exception de *rr* ? En calquant le latin *illa* dont la prononciation était très voisine, les clercs avaient fait un remaniement minimal du modèle sous-jacent. Le compagnonnage des deux langues

pouvait passer pour une garantie de sécurité : le latin communiquait une impression de science, de solidité immuable, le français favorisait l'ouverture sur l'espace vivant où se rejoignaient rédacteur et lecteur ou auditeur.

XIIe-XVe SIÈCLES : UN RÊVE D'ÂGE D'OR SUIVI D'UN CAUCHEMAR DE LETTRES

Avant l'invention et le développement de l'imprimerie, c'est-à-dire la fin du XVe siècle, le texte écrit était exclusivement manuscrit. Chaque édition était une œuvre individuelle par laquelle un fabricant honorait une commande. Dans des ateliers travaillaient des copistes qui essayaient de répondre au mieux à la demande. Jamais deux copies n'étaient exactement identiques : on pouvait reconnaître des habitudes communes, mais il n'existait pas d'orthographe constante et uniforme. Une coloration dialectale redevable, partie à l'auteur, partie au copiste, sans compter le client à satisfaire, pouvait être estompée ou plus franche : ainsi les copistes wallons se font reconnaître à leur transcription par *ilh* du pronom *il*, les copistes picards à leur généralisation de *-es* au lieu de *-ez* à la deuxième personne du pluriel. Mais surtout il y a un abîme entre les copistes soigneux et cultivés, et ceux qui étaient négligents et d'esprit peu délié : aux clients de l'époque de frapper à la bonne porte s'ils voulaient être satisfaits ; à nous de choisir de bons manuscrits si nous voulons nous faire une idée avantageuse de l'écriture à la fin du XIIe siècle et au début du XIIIe.

Pour l'écriture de cette période, philologues et historiens de la langue n'ont pas ménagé leurs éloges : écriture phonétique ou presque, notre « orthographe » est à « son apogée ». Le témoin privilégié est le poète Guiot, qui avait son atelier à Provins, et qui copia en particulier les œuvres de Chrétien de Troyes. De fait, l'élégante simplicité de la copie ne peut manquer de susciter notre admiration. Le français s'est émancipé de l'emprise du latin ; il s'est dégagé de la zone confuse où se faisaient les contaminations ; il est vraiment lui-même.

Voici quelques exemples :

- *fame* « femme » peut rimer, même pour l'œil, avec *dame*. Nous sommes loin des rapprochements de mauvais goût de tel grammairien du XVIIe siècle qui condamnait cette façon d'écrire, parfois encore en usage de son temps, sous prétexte qu'elle faisait penser à *affamé* et à *bien famé* ;
- les consonnes doubles ne surchargent pas le mot écrit : nous trouvons *bele*, *pucele* pour « belle », « pucelle », *aporter* pour « apporter », *sofrir* pour « souffrir », *sale* pour « salle » ;
- les consonnes muettes, dites « quiescentes », qui deviendront une plaie pendant la période suivante, sont pratiquement inexistantes : « corps » s'écrit *cors*, « temps » *tans*.

Toutefois la cohérence de Guiot a été un peu exagérée. Dans sa copie apparaissent çà et là des expédients susceptibles de laisser une trace durable ou d'en justifier d'autres. Par exemple, pour départager les valeurs de *ui*, qui pouvait se lire *ui* ou *vi*, Guiot fait précéder parfois la voyelle initiale de *h* qui dans ce cas indique la prononciation *ui*. Ainsi *ui* « aujourd'hui » s'écrit-il habituellement *hui*, forme où l'on reconnaît l'*h* du latin *hodie*. H, consonne muette dans les mots venus du latin, et primitivement marque d'aspiration dans ceux d'origine germanique, trouvait un nouvel emploi comme signe discriminant, après avoir été utilisé en composition dans la transcription de la chuintante sourde *ch*. Dans la copie de Guiot, le procédé est étendu, en dépit de l'étymologie, à *huis* « porte », et à *huit*, modèles eux-mêmes de *huile*, *huître*. La solution aurait été d'introduire des caractères distinctifs pour *u* et pour *v*, ce qui ne sera fait qu'à partir du XVIe siècle, dans un contexte socioculturel bien différent.

Les causes d'incertitude apparemment les plus gênantes pour un lecteur se livrant aux lettres n'avaient pas disparu : *i* et *j*, *u* et *v* restaient indistincts ; *e* pouvait correspondre à plusieurs phonèmes : [e], [ɛ], enfin [ẹ], ancêtre de notre *e* muet, mais non encore systématiquement labial. La lecture cursive d'un texte d'ancien français, même excellent, devait supposer au préalable un apprentissage sérieux, une certaine intuition verbale, et ne pouvait être le fait que d'une élite. Sans doute le style formulaire, la ritualisation de certaines expressions dans des situations données, devaient être de quelque secours. Mais probablement était-il plus simple d'apprendre ses lettres dans le psautier que dans la copie d'un texte français, fût-elle de Guiot, même si celle-ci n'en reste pas moins une admirable réalisation.

Une marée de consonnes

Dans une langue parlée, les sons ne cessent de se modifier, mais l'écriture d'un mot a tendance à se transmettre telle quelle en dépit de ces modifications. Dès le XIIIe siècle, *s* devant consonne s'était effacé : il n'en a pas moins subsisté dans l'écriture, où il est devenu la marque d'un allongement, ex. : *feste*, *pasté*, « fête », « pâté ». Le changement qui a eu les plus graves conséquences a touché les consonnes finales. Celles qui s'étaient maintenues jusque-là se sont affaiblies et ont tendu à disparaître : *oil* est devenu *oui* ; des graphies telles que *chié* pour *chief*, *avri* pour *avril*, *osté* pour *ostel* sont attestées. Or la partie finale du mot était l'espace où se plaçaient la plupart des marques grammaticales (déclinaison, conjugaison), ainsi que des éléments qui semblaient utiles pour identifier le mot et le rattacher éventuellement à d'autres de la même famille. La déclinaison n'a pratiquement pas survécu à l'aube du moyen français (XIVe siècle) ; en revanche les marques du nombre ont continué à s'écrire même quand elles ne se prononçaient plus : *s*, *z* (primitivement [ts] réduit ensuite à [s]) ou *x* (équivalent à l'origine de *-us*, comme dans *cheval*, *chevax*). Dans les verbes, la terminaison de la 3e personne du pluriel *-ent* a défié à l'écrit tous les affaiblissements.

Le jeu de l'évolution en multipliant le nombre des formes non marquées et homonymes, risquait de créer un désarroi morphologique : comment distinguer *sang, sans, sent, sens,* à quoi on peut ajouter le nombre *cent?* Une fois de plus, à défaut d'une vue d'ensemble, furent employés des expédients entraînant forcément des incohérences ; le plus simple était de garder dans la forme écrite la ou les consonnes qui n'étaient plus prononcées. Le *t* de *droit* ne se faisait plus entendre. Maintenu graphiquement, il est devenu ce qu'il a été convenu d'appeler par la suite une « consonne latente » qui réapparaissait dans le féminin *droite,* dans le dérivé *droiture,* étroitement lié au mot souche pour le sens. Au pluriel s'ajoute un *s* à l'écrit, latent devant consonne, réveillé en cas de liaison devant voyelle. Ainsi deux consonnes peuvent s'écrire là où il y a un vide à l'oral. Pareillement *p* et *f* qui avaient disparu au pluriel à l'écrit comme à l'oral, réapparaissent dans *draps* (précédemment *drap* au sing., *dras* au plur.) ou dans les mots que nous orthographions *œufs, bœufs,* tout en ayant le devoir de les prononcer [ø], [bø]. On comprend l'importance qu'a pu prendre la morphologie dans l'univers grammatical du français cultivé.

Parallèlement, une tendance à la relatinisation, qui se manifeste aussi bien dans la réfection de mots existants que dans l'emprunt de nouveaux termes, a mis à l'honneur des procédés plus condamnables par l'abus qu'on en a fait que par eux-mêmes. Pour reprendre l'exemple de *droit,* on ne s'est pas contenté de garder le *t* final ; un *c* ajouté devant *t* suggérait la forme latine *directum.* Sur le modèle du latin et même parfois en l'absence de celui-ci, les consonnes doubles reviennent en force : les deux *l* de *belle*, les deux *f* de *souffrir*, les deux *p* d'*appeler*, les deux *t* de *mettre. Femme, temps,* rappellent mieux par leur forme les étymons *femina* et *tempus*, mais ont en même temps un air de famille qui les rapproche des adjectifs *femenin* « féminin » et *temporel.*

Certains domaines furent des foyers de relatinisation. Les textes de chancellerie, de plus en plus nombreux en français, calquèrent parfois des formules latines. Au XIVe siècle se développa le genre de la traduction qui favorisa à la fois l'emprunt et les calques. Les mots grecs dont le langage scientifique avait besoin étaient généralement connus par l'intermédiaire de traductions latines ; les lettres θ, φ et χ y étaient transcrites par les groupes *th, ph* et *ch* qui ne sont donc grecs qu'indirectement. Ces groupes étaient le cachet du langage scientifique mais pouvaient être remplacés par *t, f, c* ou *qu* quand le mot pénétrait dans la langue générale, ex. : *fantasme* de *phantasma*, *trésor* de *thesaurum* ; le risque de confusion entre *ch* : [ʃ], et *ch :* [k] a donné lieu à de nombreuses hésitations. Selon une boutade souvent reprise, on n'aurait jamais autant écrit de consonnes que lorsqu'on en prononçait le moins. On a eu toutefois tendance à noircir exagérément les défauts de l'écrit. En fait le lecteur sera plus d'une fois agréablement surpris de ne pas trouver à toutes les lignes les horreurs qui lui avaient été annoncées. Le cauchemar, qui avait suivi le rêve, était comme lui, en partie, un produit de la pensée des historiens de la langue.

XVIe SIÈCLE : NAISSANCE D'UNE ORTHOGRAPHE À VISAGE MULTIPLE

L'imprimerie n'a pas eu seulement pour conséquence la multiplication de l'écrit. Sur cet effet quantitatif est venu se greffer un réseau de conditions nouvelles. Les caractères d'imprimerie sont d'une rigidité contraignante, en nombre limité, rebelles aux adaptations occasionnelles. Entre l'écrivain et son public s'interpose l'imprimeur, personnage cultivé qui a ses conceptions propres, un pouvoir sur l'écrit impossible à ignorer. Plus d'un écrivain s'est plaint à cette époque de ce que l'imprimeur n'a pas suivi les consignes qui lui avaient été données. Du XIIIe au XVe siècle il existait bien un art d'écrire qui demandait surtout une habileté empirique, l'*ortografie.* Au XVIe siècle est désormais attesté le mot *orthographe*, promis à un bel avenir, et avec lui son corollaire, la *faute.* L'uniformité imposée que nous connaissons est toutefois inconcevable. Le choix est possible entre plusieurs tendances prédominantes ; un principe de cohérence minimale conduit naturellement à prendre parti pour l'une d'elles.

Le principe sous-jacent aux deux grandes tendances antagonistes peut se résumer sommairement ainsi :

- pour les partisans de l'orthographe dite ancienne, le mot écrit, suggéré mais incomplètement déterminé par les sons, doit aider à discriminer le sens en faisant appel à toutes les ressources dont disposait alors un homme cultivé : recours à l'étymologie, marque morphologique, signe de reconnaissance de la famille lexicale, plusieurs de ces repères pouvant être mêlés ;
- pour les partisans d'une orthographe « phonétique », il ne doit pas y avoir d'hésitation sur la prononciation, et l'orthographe doit être la représentation des sons, un contexte élargi garantissant le sens, comme à l'oral ;
- enfin des modérés, tout en n'ignorant pas le manque d'univocité des lettres employées, ne rejettent pas, pour des raisons d'efficacité pratique, tout l'existant, mais préconisent une réforme progressive qui s'en prendrait d'abord aux « abus les plus manifestes » (J. Peletier du Mans, *Dialogue de l'Ortografe,* 1550).

L'orthographe « ancienne » a trouvé son expression dans le *Dictionnaire françoislatin* de Robert Estienne (1549). L'auteur n'a pas seulement montré en quoi consistait l'*usage*, qui représente déjà pour lui un argument car il fait confiance à la science des Anciens, mais il a fait comprendre sur quoi cet usage reposait. Ainsi le *l* de *moult*, « beaucoup », indique qu'il faut prononcer *ou* comme une voyelle simple [u], le *h* de *huit* sert à distinguer le *u* voyelle de *u* « consonante » comme dans « (il) vit », puisque la même lettre correspond encore à *u* et à *v*. L'usage d'*y,* dont abusaient les générations précédentes, est limité aux groupes *ay, oy, uy,* et peut servir à noter *i* voyelle, par opposition à *i* «consonante», puisque *i* et *j* ne sont pas encore distingués. R. Estienne accepte l'accent à la finale (*fermé* ne se confond donc pas avec *ferme*), mais non à l'intérieur du mot où, dans un certain nombre de cas, une loi de position veut que devant un groupe de consonnes, on prononce [ɛ] : *terre, fermé.* Enfin au tilde souvent employé pour marquer la nasalisation de la voyelle, R. Estienne préfère le redoublement de la consonne nasale, comme dans *homme*, qui sera prononcé [ɔ̃m] jusqu'au siècle suivant.

Les «phonétistes» suppriment les consonnes «quiescentes», multiplient les accents et les signes diacritiques (Meigret, Ramus) ; l'un d'entre eux va jusqu'à faire table rase de l'alphabet latin pour en forger un autre de toutes pièces (Rambaud). Tous les arguments devenus traditionnels sont déjà dans les projets et professions de foi des réformistes de cette époque : souci de simplifier l'apprentissage des enfants, de faciliter l'approche de notre langue aux étrangers et de faire une économie considérable «de papier, de plume et de temps». Les variétés de prononciation dialectales, plus sensibles alors que de nos jours, étaient sans doute un obstacle, et le flou de l'orthographe «ancienne» garantissait mieux à chacun sa liberté : l'hésitation entre [e] et [ɛ] a duré au moins jusqu'au XVIIIe siècle, et il valait mieux écrire *appelle, mettre* et *college*, que d'introduire pour le premier *e* la marque d'un son précis. Mais un autre grand obstacle était qu'il fallait maintenir un usage socioculturel discriminant ; c'est l'ignorant qui écrit comme il parle, tandis que le savant, fort de sa culture écrite, montre ce qu'il est par son aisance à retrouver le bon chemin dans le dédale.

Ronsard, avec l'accord de ses imprimeurs, fit usage en 1550 d'une orthographe simplifiée qui fut parfois saluée comme un retour à celle du XIIe siècle ; il l'abandonna par la suite. À l'autre pôle, la magnifique redondance de Rabelais est un phénomène exceptionnel qui fait partie de l'auteur : elle est du moins le témoignage d'une époque où le style pouvait s'étendre jusque dans la transcription matérielle du texte.

La règle du participe passé avec *avoir* : un héritage du XVIe siècle

L'un des héritages du XVIe siècle est la règle discutée des participes passés employés avec l'auxiliaire *avoir.* À cette époque où la langue devait rivaliser avec les langues anciennes, le désir de règles commença à s'exprimer avec force. Or la langue ne donnait pas de règles sur l'accord des participes avec *avoir* : tantôt ils étaient invariables, tantôt ils s'accordaient avec le complément d'objet. La liberté était ainsi laissée de mettre ou non en relief une relation entre les deux termes.

Le poète Clément Marot fut le premier à énoncer une règle (1538). S'adressant à ses «disciples» pour leur faire la leçon, il invoquait deux modèles :

- les «vieux exemples» comme dans la chanson *M'amour vous ay donnee*, avec le féminin (*amour* était alors féminin) ;
- l'italien qui dit *Dio noi a fatti*, «Dieu nous a faits», avec pluriel.

Pour nous, la règle des participes n'a trait qu'à l'écriture, sauf dans une minorité de cas (*La robe qu'elle a mise*). Jusqu'au XIXe siècle, il n'en était rien : l'*e* au féminin, comme l'*s* du pluriel, s'ils ne se faisaient plus entendre, marquaient l'allongement de la voyelle précédente. L'accord ne se faisait, selon les grammairiens du XVIIe siècle, que si, comme dans les exemples de Marot, le participe était employé en fin de proposition ou devant une pose, «afin de soutenir le discours» : *La lettre que j'ay receüe* mais *La lettre que j'ay receü de vous.* Alors que la tendance de la langue était à l'invariabilité dans la majorité des cas, une règle mécanique d'origine hybride a été imposée à l'orthographe scolaire ; l'importance qui lui a été donnée en a fait le symbole de la grammaire française comme le laisse entendre un des plus célèbres *Contes du lundi* d'Alphonse Daudet, où le jeune narrateur avait précisément ce chapitre à apprendre pour la dernière classe en français au moment de l'annexion de l'Alsace-Lorraine en 1871.

Le XVIe siècle n'a pas été seulement l'époque des occasions manquées et des initiatives discutables. Des innovations d'un avantage incontestable ont alors vu le jour : les lettres dites ramistes (du nom de Pierre Ramus), *j* et *v*, sont désormais distinguées de *i* et *u* ; si l'accent grave reste purement distinctif et permet d'éviter la confusion entre *à* préposition et *a* verbe, l'accent aigu et l'accent circonflexe se répandent ainsi que la cédille. Jamais l'alphabet latin n'avait bénéficié d'autant de rajeunissements coup sur coup. Il appartenait aux siècles suivants de tirer toutes les conséquences de ce sensible accroissement des ressources.

XVIIe-XVIIIe SIÈCLES : LES TOILETTES SUCCESSIVES DE L'ORTHOGRAPHE

Le nombre des personnes touchées par l'écriture n'a cessé d'augmenter, au moins dans les villes. Des praticiens, maintenant décriés, ne furent plus en mesure de continuer à imposer à l'usage l'entrée en masse de nouvelles complications immotivées. Le temps était venu de digérer ou de supprimer celles qui subsistaient. Des innovations telles que l'introduction d'un *j* et d'un *v* distincts, adoptés en particulier par les imprimeurs hollandais, auraient dû avoir pour effet, tôt ou tard, la disparition de graphies devenues anormales : *huile*, même sans *h*, ne pouvait se confondre avec *vile* ; l'emploi de l'accent aigu éliminait toute équivoque entre la *pie* et le *pied* (*pié*), et rendait inutile la consonne finale muette qui cessait d'avoir une fonction distinctive. L'emploi de l'accent grave pour noter [ɛ], préconisé par P. Corneille en 1663, évitait toute confusion soit avec *e* «féminin», dit par la suite «muet», soit avec [e] devant *s* graphique : *après, succès.*

Les innovations n'ont pénétré toutefois que très progressivement. Les accents, en particulier, ne sont entrés que tardivement dans l'usage manuscrit parce qu'ils contrariaient le mouvement de la main dans l'écriture cursive et contraignaient la personne à ce que Grimarest appelait encore en 1708 une «fatigante attention».

Le retour à la simplicité, qui était au moins concevable, se heurta à divers obstacles : il fallait vaincre les résistances des imprimeurs, et les gens cultivés n'étaient pas fâchés de se démarquer à bon compte des ignorants. La relatinisation du vocabulaire avait multiplié le nombre des mots «savants» directement empruntés au latin (*livrer* a pour doublet *libérer,* de *liberare*); quelques lettres prélevées sur l'étymon donnaient aux mots du vieux fonds une allure savante qui les rehaussait. Quand on proclamera que le français a atteint sa perfection, on ne jugera pas mauvais de le garder à l'ombre du latin auquel était reconnu le privilège de l'immuabilité. Les grammairiens «phonétistes» n'eurent guère plus de succès que le grammairien Meigret au XVIe siècle, mais des modernisations font leur apparition en ordre dispersé, chez les gens de toute tendance. Les femmes, à qui on n'avait pas appris le latin, étaient coutumières du fait. *Le Dictionnaire des précieuses* de Somaize nous montre les précieuses s'ingéniant à ôter des mots les lettres superflues. Certains d'entre eux, ainsi traités, ne nous surprennent plus : *faicts* réduit à *faits, sçavoir* à *savoir,* ou *nopces* à *noces.* Le même émondage n'a pas réussi à s'imposer pour *indontable* (pour indomptable), ou *acomodé* (pour accommodé). Il était de bon ton, naguère encore, de ridiculiser Madame de Sévigné pour ses «fautes d'orthographe» : elle ne faisait que se conformer à certaines tendances de son époque, sans mériter d'être accusée de désinvolture. De plus, une orthographe plus simple et plus libre était alors admise pour les femmes.

Si l'orthographe faisait la sourde oreille aux changements de la prononciation, la prononciation se vengeait d'elle en la calquant. Un homme qui tenait à sa respectabilité culturelle devait faire la part de ce qui était à prendre et à laisser dans chaque mot écrit. Il fallait savoir qu'à l'oral le mot *exact* [egza] se terminait par la voyelle, mais aussi qu'à l'écrit s'ajoutaient deux consonnes, que le verbe *octroyer* s'écrivait avec un *c,* mais que ce *c* ne devait pas se faire entendre. Le passage ne se faisait pas directement de la forme écrite à la forme orale, ni en sens inverse : il fallait donc reconnaître un mot déjà entendu, plutôt que de lire ce qui était sous les yeux. Or il était plus facile de se procurer quelques pages imprimées que de se faire admettre de façon prolongée dans une bonne société où les mots étaient prononcés avec aisance et correction. Le modèle graphique devenait le refuge où les demi-savants, qui jouaient le rôle d'intermédiaires entre les différentes couches de la société, allaient chercher leur sécurité. Pour la première fois dans toute l'histoire de la langue, certaines consonnes se firent entendre, le *c* de *accuser,* le *l* de *collègue.* L'embarras ou le dépit éprouvé par certains étrangers, lorsqu'ils se livraient à l'étude du français, est bien compréhensible. Eux qui, pour beaucoup, devaient passer par l'écrit, ne savaient comment déchiffrer ces formes où une lettre était tantôt articulée et tantôt muette, et les grammairiens qu'ils consultaient n'étaient pas toujours d'accord. Le groupe final *-ct* pouvait recevoir en principe vers 1700 trois lectures :

- ou les deux consonnes étaient muettes : *aspect, contact, instinct, défunct ;*
- ou seul le *c* se prononçait : *aspect, suspect, circonspect ;*
- ou le groupe entier se faisait entendre : *intellect, direct, correct.*

Pour peu que les particuliers aient ajouté leurs propres inconséquences, le chaos était complet.

Tout n'a pas été entièrement négatif dans la réfection d'après l'écriture. Les infinitifs en *-ir* qui avaient perdu à l'oral leur consonne finale comme les infinitifs en *-er,* l'ont alors recouvrée. La distorsion entre ensembles phoniques et transcriptions graphiques multiples n'a pas eu non plus que des effets néfastes. Elle a permis des enrichissements du lexique en rendant possible de regrouper sous plusieurs formes les emplois nettement différenciés d'un mot, unique à l'origine. Ainsi, après le XVe siècle, le verbe qui s'écrivait primitivement *conter* a pu se dédoubler en *conter* «raconter une histoire» et *compter* «faire un compte». Plus tard le verbe *penser* qui, avec la préposition *de,* signifiait «se préoccuper de», prit le sens de «soigner (un blessé)»; la construction transitive au XVIIe siècle a consacré la différence qu'avait engendrée la spécialisation de la forme.

L'ère du dictionnaire et la naissance de l'Académie

L'activité lexicographique, intense à partir de la fin du XVIIe siècle, eut pour résultat la publication de dictionnaires qui devaient fournir des modèles pour la langue aussi bien que déterminer les emplois. Dans l'avertissement de son *Dictionnaire françois,* Richelet a déclaré qu'il gardait un milieu entre l'ancienne orthographe et «celle qui est tout à fait moderne et qui défigure la langue». Il s'est contenté de retrancher des lettres dont l'absence ne rend pas les mots méconnaissables et qui embarrassent les étrangers et les provinciaux. Il cite son principal modèle, le traducteur Perrot d'Ablancourt, qui avait substitué *i* à *y* et tendu à supprimer les consonnes doubles. Il faisait aussi un large accueil aux accents (1680).

Richelieu avait fondé en 1635 l'Académie française et lui avait confié la mission de rédiger une grammaire et un dictionnaire. Le dictionnaire, attendu avec impatience, fut enfin publié en 1694. Au contraire de Richelet, qui avait opté pour un principe de modernisation modérée, l'Académie prit parti explicitement pour l'ancienne orthographe, autrement dit pour celle qui avait été mise en place par Robert Estienne en 1549, relayé par Nicot dont le *Thresor* a été publié en 1606. Les seules dérogations devaient être justifiées par un « long et constant usage » : mais sur quels critères vérifier à cette époque qu'un usage répondait aux vœux de l'Académie ? Un recours à des éléments étymologiques pouvait passer pour donner du sérieux à l'entreprise. La méthode consistait en général à procéder mot par mot : aussi ne faut-il pas chercher une cohérence à laquelle nous sommes beaucoup plus attachés aujourd'hui.

L'Académie n'avait en vue que les gens de lettres et, à ses yeux, l'orthographe avait pour fonction de les distinguer d'avec les ignorants : une orthographe « ancienne » était mieux à même d'opérer la discrimination. La rédaction primitive ajoutait aux ignorants les femmes, mais deux des messieurs de la Compagnie obtinrent la suppression de cette mention.

Il n'est pas du tout gênant, bien au contraire, d'écrire comme au XVIe siècle et même avant, quand la forme des mots est transparente : qui se plaindrait d'écrire *col* ? Mais est-on aussi satisfait d'écrire *moelle* comme en 1549, *solennel* comme en 1552, quand Richelet en 1680 transcrivait *solanel* ? Il arrive aussi que la décision de l'Académie soit une mise à jour définitive : désormais *boulanger* remplace *boulengier* de R. Estienne et de Nicot, *banderole* s'écrit avec *l* simple, la consonne superflue de *faulx* et de *ceulx* disparaît. L'Académie fait des choix plus discutables quand elle consacre le *g* étymologique de *vingt*, les lettres dites grecques de *philtre* au lieu des formes plus simples *vint* et *filtre* qui figurent dans le *Dictionnaire universel* de Furetière (1690) ; ou encore quand elle couvre de son autorité le groupe initial *sç-* de *sçavoir*, bien que le véritable étymon, *sapere*, et non *scire*, ait été connu, sous prétexte que l'usage l'a emporté. La conjugaison des verbes en *-eler* à l'indicatif présent se trouve avoir deux réalisations écrites sans que le choix soit prévisible : *j'attelle*, mais *je cele*, devenu *je cèle*.

Pendant la première moitié du XVIIIe siècle un mouvement d'opinion se dessine. Des ouvrages en orthographe rajeunie rappellent parfois par leur simplicité la façon d'écrire de Guiot et de Ronsard. En 1740 l'Académie a procédé à la toilette la plus poussée qui ait été enregistrée au cours de son histoire. En particulier la substitution d'un accent circonflexe surmontant la voyelle à *s*, marque d'allongement, a été définitivement acquise : *bête, pâte* ont remplacé *beste, paste*, maintenus précédemment pour des motifs étymologiques. Chez les grammairiens la raison est de plus en plus souvent invoquée contre l'usage. L'abbé Girard, grammairien, envisage les siècles futurs où il ne sera plus possible de recueillir des avis autorisés sur la prononciation auprès de personnes compétentes. Comment la postérité pourra-t-elle lire nos grands écrivains puisqu'à chaque pas l'orthographe, qui ne dit pas comment on prononce, appelle des éclaircissements ? Pour nous, c'est à peine un paradoxe de dire que nous sommes plus à notre aise avec l'écriture des copistes du début du XIIIe siècle qu'avec celle de La Fontaine, dont la lecture exacte exige le recours à des grammairiens qui parfois se contredisent. La fixité de la langue, tant souhaitée depuis que le français est considéré comme ayant atteint sa perfection et souvent confondue avec la perpétuation d'habitudes graphiques, est ainsi sérieusement mise en question, à moins qu'une lecture exacte n'ait aucune importance.

Jusqu'à la fin du XVIIIe siècle, l'orthographe cependant n'était pas obligatoire pour tous. L'Académie n'engageait qu'elle-même et son entourage. Comme au Moyen Âge un clerc habile savait passer du latin au français, un rédacteur cultivé pouvait adapter son écriture au goût et aux capacités de son destinataire ; libre à lui de se faire redondant, « étymologisant » quand il correspondait avec un partisan de l'orthographe ancienne, simplifiant, transparent quand il s'adressait aux femmes et aux enfants. La situation était toutefois en train de se modifier dans le sens d'un code écrit plus fixé. Les femmes elles-mêmes, longtemps mises à l'écart, ont eu de plus en plus le souci de montrer ce qu'elles savaient faire, et ont tendu à écrire comme on doit écrire quand on veut obtenir de la considération. Le prestige de l'écrit était à son apogée et l'orthographe académique, signe de reconnaissance socioculturel, ne pouvait manquer d'en bénéficier.

XIXe-XXe SIÈCLE : LE BLOCAGE

La volonté jacobine d'unité, relayée par le centralisme autoritaire de Napoléon, réussit à imposer le système métrique qui s'est peu à peu substitué aux séries de mesures en usage dans les provinces. Dans un autre domaine, une orthographe unique et fixée, devenue d'État, devait tendre à se répandre au cours du XIXe siècle, et notamment avec le développement de l'école primaire. Un long usage acquiert sans doute force de loi, mais une fois qu'il y a loi, on ne peut plus parler d'usage ; ce qui n'est pas conforme est une faute, et la faute doit être corrigée, pourchassée. Il n'est pas facile, dans ces conditions, d'introduire un changement.

Le premier tiers du XIXe siècle a été marqué par l'échec du projet de réforme qui avait été le plus près d'aboutir : l'auteur, Marle, s'était assuré à la fois les faveurs des phalanstériens et de Louis-Philippe (*Manuel de la diagraphie*, Paris 1829). Quelques années plus tard, la 6e édition du *Dictionnaire de l'Académie* comportait deux modifications qui n'étaient pas de simples broutilles :

- la consonne *t* qui s'effaçait devant *s* au pluriel fut rétablie, ex. : *enfants*, et non plus *enfans* ;
- l'orthographe qui a été dite « de Voltaire », bien qu'elle ait été proposée par d'autres avant lui, et qui était pratiquée par un certain nombre d'imprimeurs avant la Révolution, devint la norme. Elle consiste à remplacer par *ai* l'ancien *oi* qui se prononçait [ɛ] depuis le XVIIe siècle

dans les imparfaits et les conditionnels (*j'avais, j'aurais,* et non plus *j'avois, j'aurois*) ainsi que dans de nombreux mots ethniques (*anglais, français,* et non plus *anglois, françois*).
Aucune question importante n'a été abordée dans les éditions suivantes. Une situation inconnue jusqu'alors s'est instaurée : on l'a parfois appelée *blocage*, et le terme est à peine excessif, car les quelques modifications qui se sont faites par la suite n'ont porté que sur des termes isolés. L'histoire de l'orthographe a pratiquement pris fin. Elle a cédé la place à celle des multiples projets de réforme qui se sont tous heurtés les uns après les autres à la même fin de non-recevoir. Chacun en fait se dérobait : qui donc avait autorité en matière d'orthographe ?
L'école aurait pu répandre aussi bien une orthographe simple qu'une orthographe compliquée, si elle en avait été chargée. Elle n'a pas failli à sa tâche, mais sans l'exercice fréquent de la lecture et de l'écriture qu'exige le jeu de règles coup par coup et de leurs exceptions, l'illettrisme risquait de reprendre ses droits. D'autre part les élèves avaient entre les mains des éditions d'œuvres classiques adaptées dans une large mesure à la façon d'écrire qu'ils connaissaient et qui devait leur servir de modèle. L'intention était au départ excellente, mais elle donnait à croire qu'une orthographe immuable avait été établie une fois pour toutes au XVIIe siècle, et que toute modification revenait à saper les monuments prestigieux du passé. Cette illusion fixait les yeux sur des détails de surface et détournait de considérer les grandes lignes de force de l'histoire de notre langue.
Les questions qui attendaient une solution ne manquaient pourtant pas. L'éditeur Firmin Didot avait en particulier attiré l'attention sur le trait d'union. Cet héritage de Nicot et des éditions successives du *Dictionnaire de l'Académie* était d'un maniement délicat et l'usage en était resté dans bien des cas flottant. La solution proposée était de le supprimer : l'unité de l'ensemble était suffisamment sentie quand les termes restaient isolés (*pomme de terre*) et il n'y avait pas non plus d'inconvénient à les souder l'un à l'autre comme dans *portefeuille*. À la question du trait d'union était lié l'accord en nombre des éléments composés. Il arrive à des personnes consciencieuses et cultivées d'avoir à consulter le dictionnaire pour avoir l'assurance d'écrire correctement. Or la formation de mots composés est devenue le procédé le plus fécond d'enrichissement du lexique. N'y a-t-il pas là un état de choses anormal, des remèdes à tenter d'appliquer ?
Philologues et linguistes de la fin du XIXe siècle et du début du XXe étaient, dans leur énorme majorité, partisans d'une réforme. Les uns avaient pour cheval de bataille une orthographe phonétique, mais la perspective de ce bouleversement devait devenir, pour plusieurs générations, le spectre terrifiant, et faire d'eux les alliés objectifs des conservateurs les plus acharnés. D'autres envisageaient une réforme modérée. Les étymologistes, dont la science reposait désormais sur des bases solides et non plus sur de vagues impressions, étaient impatients de rectifier les erreurs les plus criantes : que venaient faire le *p* dans *dompter* du latin *domitare*, le *d* dans *poids* qui vient de *pensum* et non de *pondus* ? Pour qui ne connaît ni les règles d'évolution, ni les formes intermédiaires, ni celles des langues congénères (l'espagnol et l'italien *peso*, « poids »), ces étymologies sont autant de tours de passe-passe que les rapprochements les plus saugrenus sortis de l'imagination des pseudo-savants du passé (ex. : *bourreau* avec deux *r*, du latin *burrus* « roux », parce que certains bourreaux étaient roux !). L'indignation justifiée des philologues ne leur a pas fait obtenir plus de succès que leurs collègues plus redoutés, lesquels ont parfois sombré dans une indifférence totale qui leur a fait dire que l'orthographe ne faisait pas partie de la langue.
De nombreux projets ont vu le jour et ont tous eu le même aboutissement : leur publication déclenchait l'alarme, si modérés qu'aient été leurs auteurs ; des rieurs les ridiculisaient, ce qui est céder à la facilité, quand certains points demandaient un examen approfondi et la révision des habitudes invétérées. La permanence des questions abordées est très instructive et révèle où le bât blesse : noms composés, consonnes doubles, accord du participe passé. Le traitement des emprunts aux langues étrangères, qui ne se marque plus par une francisation à la fois orale et écrite comme au XVIIe siècle (*redingote* de *riding-coat, contredanse* de *country-dance*), a introduit de nouvelles valeurs pour les lettres et groupes de lettres et ne peut être laissé au hasard, dans la mesure où il est souhaitable de ne pas multiplier anomalies et exceptions.

L'ABOUTISSEMENT

Un bilan sommaire de l'histoire de notre orthographe peut être établi comme suit :
1) Une tradition de simplicité et de clarté, la première en date, caractérise les meilleurs textes médiévaux. À toutes les époques qui ont précédé la nôtre, elle a réapparu chez des gens de goût que ce soit Ronsard ou l'abbé Girard. Des projets de réforme modérés ont été pour elle un refuge.
2) Le choix de Robert Estienne en 1549 et de l'Académie en 1694 a été pour nous déterminant : l'orthographe d'usage a été confondue avec l'orthographe ancienne, destinée d'abord à une minorité très restreinte.
3) Le mot n'est pas seulement l'association d'une forme et d'un sens. La forme se dédouble elle-même en représentation visuelle et image auditive. Si la première est la plus forte et tend à évincer l'autre, une innovation graphique risque de devenir perturbante. Or la simplification s'est toujours inspirée de l'image auditive. Ces facteurs ne sont pas indifférents.
4) Il existe une disproportion entre décodage par la lecture et apprentissage d'une écriture correcte que compliquent toutes sortes d'anomalies et d'exceptions. La multiplication des tolérances ne change rien à la lisibilité, mais ne rassure pas toujours un rédacteur habitué à ne connaître que

la correction et la faute. Les spécialistes de l'orthographe sont aujourd'hui de mieux en mieux capables de prévoir les conséquences soit de la modification, soit du *statu quo*.

5) Même en français dit « standard », il n'y a pas une mais plusieurs prononciations du même mot, ex. : *second* [səgɔ̃], [sgɔ̃], [zgɔ̃], -[ɔ̃d] dans le cas de liaison. Il n'est pas gênant que l'orthographe ait gardé la forme longue (*petit*) quand il existe une forme courte [pti]. En revanche il est permis de constater que *braguette, cuiller* ou même *second* (au lieu de *segond*) sont des formes embarrassantes, et historiquement rétrogrades.

6) Une orthographe qui fait fi de toute modification phonique aggrave l'écart entre code écrit et code oral. Les redondances morphologiques de l'écrit (*ils chantaient* se prononce comme *il chantait*) ont pour contrepartie les redondances et les tournures propres à l'oral. D'une personne qui parle comme elle écrit, on dit : « Elle ne parle pas, elle récite. » À une époque où l'oralité prend une place grandissante dans la culture de l'homme contemporain, on ne saurait négliger ni l'un ni l'autre, ni leur relation. L'option morphologique, qui fait de l'orthographe un exposé permanent de grammaire et de formation des mots, a toutefois des avantages évidents, et n'est généralement pas visée dans son principe par les réformateurs modérés.

7) L'insuffisance de la vingtaine de lettres léguées par l'alphabet latin a été depuis longtemps et souvent déplorée. L'ingéniosité d'une foule de copistes, de rédacteurs, d'imprimeurs a considérablement augmenté ces maigres ressources par des combinaisons (*ch*) ou l'emploi de signes diacritiques (accents, cédille, etc.). Les toilettes successives, les modifications intervenues depuis 1835, si minimes qu'elles aient été, font espérer que, sans qu'il soit besoin d'un bouleversement total, l'écriture de notre langue, améliorée à temps, sera à même de véhiculer, en France et à l'étranger, le dépôt dont elle a la charge.

Jacques CHAURAND

ANGLICISMES ET ÉQUIVALENTS FRANÇAIS

Animés par un souci d'uniformisation et de défense de la langue française, un certain nombre d'organismes officiels français et de pays francophones proposent régulièrement des équivalents français pour les anglicismes, notamment la Délégation générale à la langue française (où se trouvent représentés le Québec et les Communautés françaises de Belgique, de Suisse et du Luxembourg), l'Office de la langue française du Québec et l'Atelier de français vivant de la Maison de la francité de Bruxelles (citons *Anglicismes et substituts français,* de M. Lenoble-Pinson, 1991). Les journalistes se préoccupent également de la question (*Anglicismes et Anglomamie,* de M. Voirol, 1989, est un des guides du Centre de formation et de perfectionnement des journalistes). Enfin, les rédacteurs de dictionnaires sont en premier lieu concernés.
Des travaux effectués et du fonds lexicographique de Hachette, nous avons extrait la courte liste ci-dessous, où se trouvent des anglicismes, mais aussi des américanismes et de faux anglicismes, avec un ou plusieurs substituts français, parmi les nombreux proposés.

attaché-case (faux angl.) :
mallette

audit :
vérification
révision comptable
organisation du travail

baby-sitter :
garde d'enfant

background :
arrière-plan
expérience, carrière

badge :
insigne

badminton :
volant

baffle :
haut-parleur

ballast :
lest
lit de pierres

ball-trap :
tir au pigeon

barbecue :
braisier
gril-au-vent, grilauvent

barman, barmaid :
serveur, serveuse de bar

best-seller :
succès de librairie
succès de vente
gros tirage

black out :
couvre-feu

blush :
fard à joues

boat people :
réfugié de la mer

body :
justaucorps

bookmaker :
preneur de paris

boomer :
boumeur
haut-parleur de graves

boots :
bottillons

bowling (salle de) :
salle de quilles

bow-window :
oriel

box :
stalle
compartiment (à voiture)
place
garage

box-office :
cote commerciale

brainstorming :
remue-méninges
(proposé par Louis Armand)

brain trust :
groupe de réflexion,
de recherche, de travail
direction, état-major

brick (nom déposé) :
(emballage) brique

briefing :
réunion d'information
rapport, compte rendu
instructions
remise d'instructions
remise de consignes
bref

brunch :
petit midi

brushing :
thermobrossage

bug :
bogue

building :
gratte-ciel, tour

bulldozer :
bouteur

business :
affaires
travail

by-pass :
dérivation

caddie :
(golf) porte-crosses
chariot

cameraman :
cadreur

camping-car :
auto-caravane, autocaravane

car-ferry :
transbordeur

cash :
comptant
en espèces, en liquide

cash-flow :
marge brute
d'autofinancement

casting :
distribution artistique

CD-Rom :
disque optique compact
(abrév. : doc)

challenge :
chalenge

challenger :
chalengeur

check-list :
liste de contrôle

check-up :
bilan de santé

chips :
croustilles

clip, vidéoclip :
chanson-vidéo,
vidéo-chanson
bref

club (golf) :
crosse

coach (sport) :
entraîneur

cockpit :
habitacle, poste de pilotage
cabine de pilotage

compact disc :
disque compact

container :
conteneur

cocooner :
(v. intr.) cocouner
(n. m.) : cocouneur

cocooning :
cocoune

corn flakes :
flocons de maïs
pétales de maïs

corner :
tir d'angle
coup de coin
coup de pied de coin

crack :
as

cracking :
craquage

crash :
chute, écrasement

cubitainer (nom déposé) :
caisse-outre

cutter :
coupeur
tranchet, tranchoir

dealer :
revendeur

derrick :
tour de forage

design :
stylique

designer :
stylicien, stylicienne

digest :
résumé, condensé

digital :
numérique

discount :
discompte, rabais
remise, ristourne
minimarge

display :
présentoir

dispatcher :
distribuer, répartir

dispatching :
distribution, répartition

doping :
dopage

drive :
coup droit

engineering :
ingénierie

escalator :
escalier mécanique

fair-play :
franc-jeu

fast-food :
restauration rapide,
restaurapide
prêt-à-manger
plat-minute, repas-minute
restauvite
restaupouce

feed-back :
rétroaction

finish (au) :
à l'arraché, au finir
à l'emballage

flash-back :
retour en arrière

football :
balle-au-pied

footing :
marche, course à pied

forcing (faire le)
(faux angl.) :
attaquer, accélérer
appuyer, pousser
harceler, intensifier

franchising :
franchisage

free-lance :
pigiste
indépendant
créatif indépendant

freezer :
compartiment à glaçons
congélateur

frisbee :
discoplane

fun board :
planche folle
aqualuge

gadget :
bidule, amusette

garden-party :
réception en plein air

gas oil :
gasoil, gazole

goal :
gardien de but

grill-room, grill :
grilladerie

groggy :
sonné

hard-top :
toit amovible

hardware :
matériel

hit-parade :
palmarès

hobby :
passe-temps

hold-up :
attaque à main armée

home :
chez-soi

hot-dog :
sauci-pain

hovercraft :
aéroglisseur

ice-cream :
glace, crème glacée

indoor :
en salle

job :
travail, emploi
boulot, petit boulot

jogging :
trot
course-promenade

jumbo-jet :
gros-porteur

ketchup :
tomatine

kitchenette :
cuisinette

kidnapping :
enlèvement, rapt

kit :
prêt-à-monter

know-how :
savoir-faire

leader :
chef, dirigeant
meneur, chef de file,
premier

leadership :
commandement, direction
hégémonie, chefferie,
primatie

leasing :
crédit-bail

let :
filet

lifting :
lissage

live :
en public
en concert
enregistrement public
enregistrement vivant
vif

lobby :
groupe de pression
groupe d'influence

lobbying :
influençage

lobbyist :
influenceur

look :
style, image, allure
genre, aspect

loser :
perdeur

lunch :
buffet

mailing :
publipostage

marketing :
mercatique

melting-pot :
creuset

merchandising :
marchandisage

mixer :
mélangeur

monitoring :
monitorage

night-club :
boîte de nuit

non-stop :
continu, permanent
sans arrêt, sans interruption

nursing :
soins
nursage

off :
(voix) hors champ
(festival) hors (festival)
officiel

off shore :
en mer
extraterritorial

O.K. ! :
d'accord !

one man show :
spectacle solo, solo

out :
(sport) dehors, en touche
(fam.) dépassé

overbooking, surbooking :
surréservation

overdose :
surdose

pacemaker :
stimulateur cardiaque

pack :
(sport) paquet
(emballage) lot, lot fardelé
carton

package :
(inform.) progiciel
(comm.) achat groupé,
forfait

panel :
échantillon

parking :
parc, parcage

passing-shot :
tir passant

patchwork :
arlequine
mosaïne

pin's :
épinglette

planning :
programme

planning familial :
planisme familial

play-back :
présonorisation

play-boy :
jeune-beau

pole position :
première ligne
première position
position de tête, tête
position de pointe, pointe
prime position

pool :
groupe, groupement
communauté

pop-corn :
maïs soufflé

post-it (nom déposé) :
feuillet repositionnable

press-book :
album de presse

pressing (faux angl.) :
teinturerie
(sport) pression

pull-over :
chandail

punch :
frappe
dynamisme, puissance
tonus, allant

raider :
attaquant, attaqueur

raft :
radel

rafting (faux angl.) :
radelage

recordman, record-woman :
détenteur, détentrice
d'un record
recordiste

remake :
nouvelle version

rewriter :
(v. tr.) réécrire
(n.) réécriveur
rédacteur-réviseur

rewriting :
réécriture

royalty :
redevance

rush :
ruée
(ciné.) épreuve de tournage

sandwich :
pain-fourré

scanner :
scanographe

scoop :
exclusivité

score :
marque, résultat

•**scraper** :
scrapeur

self-control :
maîtrise de soi

self-service :
libre-service

self :
restif, librette

select :
choisi, distingué, huppé

set :
(sport) manche
napperon

shimmy :
chemis
vibrations (du volant)

shoot :
tir

shooter :
tirer

shopping :
magasinage
chalandage

shopping (faire du) :
magasiner
chalander

show :
spectacle de variété

show-business :
industrie du spectacle

sit-in :
poser-là

skipper :
skippeur, barreur
chef de bord,
patron à la plaisance

smash :
smache

smasher :
smacher

snack-bar, snack :
buffet, petite restauration

software :
logiciel

speaker, speakerine :
annonceur,
présentateur, trice

speech :
brève allocution, discours
adresse, exposé

sponsor :
commanditaire
parrain, parraineur

sponsoring :
parrainage

sponsoriser :
commanditer
parrainer

spot :
court message (publicitaire)

squash :
squache
(petite) balle folle

staff :
équipe de direction
état-major

standing :
position, classe, niveau

star-system :
vedettariat

starter :
enrichisseur

starting-block :
bloc de départ
cale de départ

stick :
barre (désodorisante)

stretch :
élasticé, élastique

stripping :
éveinage

strip-tease :
effeuillage

strip-teaseuse :
effeuilleuse

sunlight :
projecteur

supporter :
supporteur, trice

suspense :
suspens

sweater :
chandail

tag :
raf (de *parafe*)

tagger :
rafeur

tank :
citerne, réservoir

tee-shirt :
camisette
tricot de corps

thriller :
film d'épouvante
roman d'épouvante

ticket :
tiquet

tie-break :
jeu décisif, manche
décisive, départage

timing :
minutage, cadence,
calendrier

top :
sommet
sans égal

top-model :
grand modèle
premier modèle

training :
entraînement
survêtement

tuner :
syntoniseur

tweeter :
haut-parleur d'aigus

volley-ball :
ballon-volant

walkman :
baladeur

zapper :
pitonner

zapping :
pitonnage

CORRESPONDANCE : QUELQUES RÈGLES

CORRESPONDANCE PRIVÉE

Formules de début	Formules finales
À un supérieur *Monsieur* ou (selon le degré d'intimité) *Cher Monsieur*	*Je vous prie d'agréer, Monsieur, l'expression de mes sentiments respectueux* *Veuillez agréer, Monsieur, l'assurance de ma haute considération* *Croyez, je vous prie, Monsieur, à l'expression de mon profond respect* *Je vous prie de trouver ici, Monsieur, l'expression de ma respectueuse sympathie*
D'égal à égal *Mon cher ami* *Cher collègue* *Cher Monsieur* *Mon cher Georges*	Aucune formule ne s'impose, quelques suggestions : *Agréez, Monsieur, l'expression de mes sentiments distingués* (ou *les plus cordiaux*, ou *les meilleurs*, ou *bien affectueux*) *Croyez à mon meilleur souvenir*
D'un homme à une femme *Madame* *Chère Madame* (rarement) *Ma chère amie* ou (plus intime) *Chère Jeanne*	*Veuillez agréer, Madame, mes hommages (respectueux)*
D'une femme à un homme, entre femmes, entre hommes, les formules sont de même type.	Une femme s'adressant à un homme ne doit pas employer le mot « sentiment ». *Considération, salutations, respect, sympathie, souvenir* permettent de tourner la difficulté.

LETTRES DIVERSES

Formules de début	Formules finales
Notaires, avocats, huissiers *Maître, Cher Maître*	*Veuillez agréer, Maître, l'expression de ma considération distinguée*
Personnel administratif *Monsieur le Directeur..., le Censeur..., le Percepteur...*	*Je vous prie de recevoir, Monsieur le Directeur, l'assurance de mes sentiments distingués* ou *Je vous prie d'agréer, Monsieur le Censeur, mes sincères salutations* (Le titre est repris dans la formule finale.)
Corps médical (médecins, vétérinaires) *Monsieur le Docteur* *Docteur* *Monsieur et cher Docteur* À une femme médecin : *Madame* (l'adresse portera son titre : *Madame le docteur X...*) À un professeur de faculté : *Monsieur le Professeur, Madame le Professeur*	Mêmes formules que pour le personnel administratif, mais on y ajoutera, selon le cas, une formule de gratitude, d'espoir, de reconnaissance, etc. Ex. : *En vous remerciant encore de votre dévouement...* *Croyez en notre gratitude...*

CHEFS D'ÉTAT ET SOUVERAINS

Formules de début	Formules finales
Président de la République *À Monsieur le Président de la République* *Monsieur le Président*	*Daignez agréer, monsieur le Président, l'expression de ma très haute considération* (Il est recommandé d'adresser la correspondance non au président de la République mais au secrétaire général ou au directeur du cabinet civil.)
Princes souverains *À Son Altesse Sérénissime* *Monseigneur* (pour un prince) *Madame* (pour une princesse) Les souverains ayant régné gardent toute leur vie les titres qui étaient les leurs.	*Je prie Votre Altesse (Impériale, Royale) d'agréer les assurances de mon profond respect*

CORPS DIPLOMATIQUE

À un ambassadeur :
À son Excellence, Monsieur l'Ambassadeur de...

À une femme ambassadeur :
Madame l'Ambassadeur

(Tous deux ont droit au titre de : *Votre Excellence.* En parlant à l'épouse d'un ambassadeur on dira : *Madame l'Ambassadrice.* Les autres membres du corps diplomatique sont appelés par leur titre, leurs épouses n'y ayant pas droit.)

NOBLESSE

Ducs
Le titre sera toujours précédé de *Monsieur (Madame)*

Princes
En parlant des princes du Saint Empire, des anciennes maisons souveraines, on écrira : *Votre Altesse Sérénissime*
Pour les autres personnes : *Prince (Princesse)*

Marquis, comtes, vicomtes, barons
La suscription d'une enveloppe comporte le titre précédé de *Monsieur, Madame*

FORCES ARMÉES

En règle générale, on ne nomme un officier par son grade qu'à partir du grade de commandant. Seule l'épouse d'un maréchal a droit à la dénomination de : *Madame la Maréchale.* Sinon, l'on dira : *Madame*

Armée de terre

Officiers généraux
Les hommes diront : *Mon Général,* les femmes : *Général*

Officiers supérieurs
Colonel et lieutenant-colonel : les hommes diront *Mon Colonel ;* les femmes, *Colonel*
Commandant : hommes et femmes diront *Commandant*
Chef d'escadron, de cavalerie et de bataillon : *Mon Commandant* (les femmes diront *Commandant*) ou *Monsieur le chef d'escadron, de bataillon*

Officiers
Au-dessous du grade de commandant, on dira, en société : *Monsieur*

Marine

Officiers généraux
Amiral

CLERGÉ

Clergé catholique

Formules de début	Formules finales
Le pape *À Sa Sainteté le pape* (en 1990 Jean-Paul II) *Très Saint-Père* (lettre à la 3e personne) Pour des catholiques demandant une bénédiction : *Très Saint-Père, humblement prosterné aux pieds de Votre Sainteté, j'ose implorer l'immense faveur de votre bénédiction apostolique* (La lettre est à adresser à la secrétairerie d'État.)	Pour une demande de bénédiction pas de formule finale si ce n'est : *Et que Dieu...* Pour un autre sujet : *J'ai l'honneur d'être, Très Saint-Père, de Votre Sainteté, le très humble et très obéissant serviteur.* Des non-catholiques écriront : *Que Votre Sainteté veuille bien agréer l'hommage de mon très profond respect.*
Patriarches *À sa Béatitude Monseigneur X...,* *patriarche de X...* Pour le patriarche œcuménique de Constantinople : *À Sa Sainteté le Patriarche X...* *Très Saint-Père*	*Daigne, Votre Béatitude* (*Votre Béatitude Éminentissime*, pour les patriarches cardinaux), *agréer l'expression de ma très respectueuse considération* ou *de mon profond respect.*
Cardinaux *À Son Éminence Monseigneur le Cardinal X...,* *archevêque* (ou *évêque*) *de X...* *Votre Éminence*	*Daigne, Éminentissime Seigneur.* *Votre Éminence, agréer l'hommage de mon profond respect* ou *de ma respectueuse considération.*
Au nonce apostolique : *À son Excellence Monseigneur X..., nonce apostolique* *Votre Excellence*	Au nonce : *J'ai l'honneur, Monseigneur,* *de présenter à Votre Excellence...*
Archevêques, évêques *À son Excellence Monseigneur X..., archevêque de X...* *Monseigneur*	*Veuillez agréer, Monseigneur, les assurances de ma plus respectueuse considération.*
Prélats *Monseigneur X...* *Monseigneur* Il est d'usage de donner son titre à chaque prélat : *Monsieur le Doyen, le Curé, Monsieur l'Archiprêtre.* On écrit encore : *Monsieur X..., curé de Saint-Joseph.* L'appellation *Père Curé* est fort employée.	*Veuillez agréer, Monseigneur, l'assurance de ma haute considération* ou *de ma très respectueuse considération.* *Recevez, Monsieur le Curé, le Doyen, etc., l'assurance de ma considération distinguée.*
Supérieurs d'ordres généraux : Bénédictins : *Monsieur l'Abbé, le primat* (à Rome) Chartreux : *Monsieur le Ministre général* Trappistes : *Monsieur l'Abbé général* Oratoriens : *Monsieur le Supérieur général* Frères prêcheurs : *Monsieur le Maître général* Jésuites : *Monsieur le Prévôt général* ou *le Préposé général* Lazaristes : *Monsieur*	*Agréer, Monsieur le Ministre général, l'assurance de ma respectueuse considération* ou *Veuillez agréer,* (titre), *mes sentiments très respectueux.*
Religieux *Père X..., Frère X...* *Mon Père, Mon Frère*	*Veuillez agréer, mon Père, mes respectueux sentiments.*
Aumôniers militaires *Monsieur l'Aumônier X...*	*Veuillez croire, monsieur l'Aumônier, à mes sentiments respectueux.*

Abbesses, supérieures
Révérendissime Mère X..., abbesse de X...
Révérendissime Mère
Madame, ou *Ma Mère, Ma Sœur*

Veuillez agréer, Révérendissime Mère, ou *Ma Mère, l'assurance de mes très respectueux sentiments.*

Clergé protestant

Les pasteurs n'ont pas de titres particuliers, à l'exception du doyen de la faculté de théologie.

Formule de début

Monsieur le Pasteur

Formule finale

Je vous prie d'agréer, Monsieur le Pasteur, l'assurance de ma haute considération (ou une autre formule usuelle).

Ministres du culte israélite

Les rabbins se considèrent comme tous égaux, cependant la hiérarchie suivante est établie : le grand rabbin du Consistoire central des Israélites de France, le grand rabbin du Séminaire israélite.

Formule de début

Monsieur le Rabbin

Formule finale

Même type de formule que pour un pasteur.

LETTRES D'AFFAIRES

Les lettres d'affaires doivent être concises et exposer clairement le problème étudié. Ne pas hésiter à aller à la ligne pour mieux détacher la pensée exprimée.
La raison sociale est imprimée en haut et à gauche. À droite figurera la date, de préférence non abrégée. En dessous, le nom et l'adresse du destinataire (pour réparer éventuellement une erreur de mise sous enveloppe).

La marge sera calculée en fonction du destinataire : une marge large indique le respect ; elle permet, en outre, au correspondant d'y porter ses annotations.

La signature doit toujours être manuscrite. Au-dessus, il est souvent utile de préciser la fonction du signataire. Au-dessous, on répétera à la machine le nom manuscrit.

P.P. (« pour pouvoir ») ou *P.O.* (« par ordre ») précède la signature d'un employé autorisé à signer le courrier à la place du chef de service.

Pour une lettre de commande, rappelant un coup de téléphone ou une note, employer la première personne du pluriel : *Nous vous confirmons...*

Formules de début	**Formules finales**
Monsieur, Cher Monsieur	Un homme à un homme : *Veuillez agréer, Monsieur (cher Monsieur), l'assurance de mes sentiments dévoués.*
Madame	Un homme à une femme : *Veuillez agréer, Madame, mes respectueuses salutations.*
Monsieur, Cher Monsieur	Une femme à un homme : *Recevez, Monsieur, mes salutations distinguées.*
Madame, Chère Madame	Une femme à une femme : *Veuillez recevoir, Madame, mes salutations distinguées.*

Dans la correspondance d'affaires, il est parfois souhaitable de personnaliser ces formules établies. Si des contacts d'affaires ont été noués et qu'une certaine sympathie s'est dégagée, on peut écrire : *Cher Monsieur et Ami... Je vous prie d'agréer (Je vous présente) mes sincères salutations... (mes sentiments cordiaux).*

Voici, dans un ordre de subordination décroissant, quelques formules finales :
Daignez agréer (Veuillez agréer..., Je vous prie d'agréer..., Agréez...) l'assurance de :
ma haute considération.
mes sentiments respectueux.
mes sentiments respectueux et amicaux.
ma respectueuse sympathie.
mon amical souvenir.
mes sentiments cordiaux.

DEMANDE D'EMPLOI

La méthode de recherche d'un emploi ne se réduit pas à l'acquisition d'outils. Le succès est fonction de la réussite obtenue tout au long des différentes étapes cohérentes d'un processus comprenant au moins :
— La définition du projet professionnel du candidat,
— La réalisation d'une lettre de candidature en réponse à une petite annonce ou d'une lettre de candidature spontanée,
— La présentation d'un *curriculum vitæ,*
— La préparation et la participation à la dernière étape du recrutement pouvant inclure des tests d'intelligence, d'aptitude, de connaissances et de personnalité, et des entretiens individuels et/ou collectifs.

Réponse à une petite annonce ou candidature spontanée

Ce genre de lettre doit répondre à plusieurs exigences et se caractériser par la qualité de sa présentation, de sa rédaction (pas de ratures, pas une seule faute d'orthographe !) et de son argumentation, par son attrait, son dynamisme et sa précision. Elle se doit d'être individualisée et personnalisée.
Les recruteurs estiment que la lettre et l'ensemble du dossier de candidature reflètent différents traits du candidat lui-même.
L'objectif immédiat de la lettre est d'obtenir un entretien devant permettre au candidat de présenter plus complètement l'ensemble des éléments de sa candidature, formation(s), expérience(s), compétence(s), traits de personnalité, et de se faire préciser les renseignements qu'il juge indispensables au sujet du poste à pourvoir. Un *curriculum vitæ* l'accompagne.
Cette lettre, manuscrite, se réalise sur un seul côté d'une feuille entièrement blanche et de format standard 21 × 29,7 cm.
La lecture d'un tel document doit être aisée et rapide. Imaginez le travail d'un recruteur qui reçoit plus d'une centaine de lettres de candidature...

Le correspondant (et donc recruteur et futur employeur possible) doit pouvoir examiner votre lettre en pointant **neuf** éléments différents :

1. Vos coordonnées, en haut et à gauche.

2. Le nom (si possible) et le titre, ou la fonction de votre correspondant, ainsi que son adresse, en haut et à droite (présentation identique à ce que vous allez écrire sur l'enveloppe).

3. La ville d'où vous écrivez et la date, en haut à droite, ou en bas à gauche, juste au-dessus de votre signature.

4. L'appel doit être, si possible, accompagné du titre ou de la fonction du correspondant : Monsieur, Monsieur le Directeur, Monsieur le Responsable, Madame, Mademoiselle...
En aucun cas, ce point 4 ne précisera le nom de votre destinataire.

5., 6. et 7. présentés en deux ou trois paragraphes.

5. L'introduction précise l'objet motivé de votre lettre, et soit la référence à la petite annonce, soit le caractère spontané et justifié de votre candidature.

6. Cette partie de lettre invite l'employeur à consulter le *curriculum vitæ* joint. Elle insiste sur les correspondances à établir entre l'offre d'emploi transmise par une petite annonce ou le poste sollicité par une candidature spontanée d'une part, et les particularités du candidat recherché ou pouvant être jugé intéressant par le recruteur, d'autre part.

7. Vous ne solliciterez pas directement un emploi, mais vous allez souhaiter, désirer, demander, proposer un entretien dont vous pouvez déjà esquisser le contenu. Au cours de celui-ci, vous allez continuer à démontrer, par votre offre de services et donc de compétences, que vous êtes une personne qui peut aider l'employeur et son entreprise à résoudre les problèmes rencontrés dans le cadre de ses activités professionnelles.

8. La formule de fin de lettre reprend l'une des formules proposées dans la rubrique « les lettres d'affaires ».

A titre d'exemple :
« En vous remerciant de l'attention que vous porterez à ma demande (ou... à cette présentation... à cette candidature), je vous prie d'agréer, Monsieur le Directeur (reprise du 4. ci-dessus), l'expression de mon profond respect (ou... de mes salutations respectueuses).

9. Votre signature, en bas, à droite, sous votre texte.

Recommandations :
Après l'envoi de votre lettre accompagnée de votre *curriculum vitæ,* assurez-vous de son suivi.
Dans le cas d'une réponse négative, vous pouvez demander que l'on vous explique simplement et sans esprit polémique les raisons de ce refus.
Sans réponse une quinzaine de jours après votre envoi, n'hésitez pas à vérifier, par téléphone, si votre courrier est bien parvenu à son destinataire et à demander quelle suite va lui être donnée.
Et si la réponse est positive, et donc si l'on vous propose un entretien, préparez-vous, sans oublier de compléter vos informations sur l'entreprise qui s'intéresse à votre candidature...

MAXIMES ET PROVERBES

À beau mentir qui vient de loin (XVIIIe s.) : il est facile de tromper autrui en tenant compte des propos invérifiables.

À bon chat, bon rat (XVIe s.) : l'assaillant trouve un adversaire à sa taille.

Abondance de biens ne nuit pas (lat.) : même si on est suffisamment pourvu, il ne faut pas dédaigner ce qui semble superflu.

Les absents ont toujours tort (Destouches, XVIIIe s.) : on ne peut défendre ses intérêts si on est absent.

À chaque jour suffit sa peine (l'Évangile) : il ne faut pas trop se soucier du lendemain.

Aide-toi, le Ciel t'aidera (La Fontaine, d'après un anc. proverbe) : il faut d'abord faire des efforts si on veut obtenir l'aide de la Providence.

À l'impossible nul n'est tenu (lat. XVe s.) : on ne peut exiger de qqn accomplisse ce qui est impossible.

À l'œuvre, on connaît l'ouvrier (d'après Aristophane) : la valeur d'un ouvrage permet de juger l'habileté de celui qui l'a fait.

À malin, malin et demi : on rencontre toujours qqn de plus malin que soi.

L'amour est aveugle (d'après Platon) : quand on aime qqn, on ne voit pas ses défauts.

À père avare, fils prodigue (angl., d'après W. Parkes, XVIIe s.) : une attitude excessive fait naître dans l'entourage, par réaction, l'excès contraire.

L'appétit vient en mangeant (Rabelais) : plus on a, plus on veut avoir.

Après la pluie, le beau temps (lat. médiéval) : les bons moments succèdent aux difficultés.

À quelque chose malheure est bon (XVIe s.) : on peut toujours trouver qqch de positif dans un événement fâcheux.

L'argent est un bon serviteur et un mauvais maître (d'après Horace) : l'argent est utile si on s'en sert judicieusement, néfaste si on lui accorde la pré-éminence.

À tout péché miséricorde (XIIIe s.) : rien n'est impardonnable.

À tout seigneur tout honneur (XIIIe s.) : on accorde la préséance à la personne la plus importante.

Au royaume des aveugles, les borgnes sont rois (gr.) : un médiocre brille parmi ceux qui sont plus médiocres que lui.

Autres temps, autres mœurs (gr.) : les mœurs changent à chaque époque.

Aux grands maux, les grands remèdes (lat.) : quand le mal est grave, il faut recourir à des mesures extrêmes.

Aux innocents les mains pleines (titre d'une comédie de Lambert-Thiboust, XIXe s.) : les personnes simples, qui ne calculent pas, sont souvent favorisées par le destin.

À vaincre sans péril on triomphe sans gloire (Corneille) : une victoire obtenue aux dépens d'un faible adversaire n'est pas flatteuse.

Un bienfait n'est jamais perdu (XVIe s.) : tôt ou tard, une bonne action sera récompensée.

Bien mal acquis ne profite jamais (d'après la Bible et Plaute) : ce qu'on a obtenu injustement ne peut être bénéfique.

Bon chien chasse de race ou *bon sang ne saurait (ne peut) mentir* (XVIe s.) : les enfants héritent des qualités de leurs parents.

Bonne renommée vaut mieux que ceinture dorée (Benserade, XVIIe s.) : il vaut mieux être estimé que riche.

Les bons comptes font les bons amis (Aristote) : il faut régler exactement ce qu'on doit pour conserver l'estime de son entourage.

La caque sent toujours le hareng (XIIIe s.) : on ne peut dissimuler entièrement ses origines.

Ce n'est pas à un vieux singe qu'on apprend à faire des grimaces : on n'enseigne pas la ruse, l'habileté à un homme très expérimenté.

Ce que femme veut, Dieu le veut (lat. médiéval) : on ne peut s'opposer aux désirs d'une femme.

Ce sont les tonneaux vides qui font le plus de bruit (d'après Plutarque) : ceux qui parlent sans cesse sont ceux qui n'ont rien à dire.

C'est en forgeant qu'on devient forgeron (lat. médiéval) : il faut s'exercer pour devenir habile.

C'est la poule qui chante qui a fait l'œuf (ital) : celui qui dénonce un acte en est l'auteur.

Chacun pour soi et Dieu pour tous (angl.) : il faut laisser à la Providence le soin de s'occuper d'autrui.

Chacun son métier, les vaches seront bien gardées (Florian) : que chacun s'occupe de ses affaires et tout ira bien.

Charbonnier est maître chez soi (XVIe s.) : chacun peut agir à sa guise dans sa propre maison.

Charité bien ordonnée commence par soi-même (lat. médiéval) : il faut penser à soi avant de penser aux autres.

Chassez le naturel, il revient au galop (Destouches, d'après Horace) : les mauvaises habitudes ne se perdent pas.

Chat échaudé craint l'eau froide (XIIIe s.) : on se montre méfiant quand on a essuyé un revers.

Chien qui aboie ne mord pas : ceux qui profèrent de bruyantes menaces ne sont pas dangereux.

Un chien vivant vaut mieux qu'un lion mort (la Bible) : même dans de très mauvaises conditions, la vie est préférable à la mort.

Chose promise, chose due : on est obligé de tenir ses promesses.

Le cœur a ses raisons que la raison ne connaît pas (Pascal) : les sentiments échappent à l'analyse rationnelle.

Comme on connaît ses saints, on les honore : on se comporte avec qqn d'après ce qu'on connaît de son caractère.

Comme on fait son lit, on se couche (XVIIe s.) : il faut subir les conséquences de ses actes.

Comparaison n'est pas raison (XVIIe s.) : une comparaison ne constitue pas une preuve, ne peut servir d'argument.

Les conseilleurs ne sont pas les payeurs (XVIe s.) : les donneurs de conseils ne supportent pas les conséquences des actes qu'ils suggèrent.

Contentement passe richesse (cité par Molière) : le bonheur est préférable à l'argent.

Les coordonniers sont les plus mal chaussés (d'après Montaigne) : on manque souvent de ce qui est le plus facile à obtenir.

La critique est aisée et l'art est difficile (Destouches) : il est plus facile de critiquer une chose faite par autrui que de la faire soi-même.

Dans le doute, abstiens-toi (attribué à Zoroastre) : il vaut mieux s'abstenir d'agir si on n'est pas certain du résultat ou du bien-fondé de l'action.

De deux maux, il faut choisir le moindre (attribué à Socrate) : se dit d'un dilemme dans lequel chacun des deux partis est défavorable.

Des goûts et des couleurs on ne discute pas (lat. médiéval) : chacun a le droit d'avoir ses préférences.

Deux avis valent mieux qu'un (d'après La Fontaine) : il vaut mieux s'informer sérieusement avant d'agir.

Dis-moi qui tu hantes, je te dirai qui tu es (Cervantès) : on peut juger qqn quand on connaît ses fréquentations.

L'eau va à la rivière : les riches attirent l'argent ; les avantages vont à ceux qui sont déjà privilégiés.

L'enfer est pavé de bonnes intentions (saint Bernard, XIIe s.) : il ne suffit pas d'avoir de bonnes intentions, encore faut-il pouvoir ou vouloir les concrétiser.

Entre l'arbre et l'écorce il ne faut pas mettre le doigt (cité par Molière) : il ne faut pas intervenir dans une querelle entre proches.

Erreur ne fait pas (n'est pas) compte : ce qui contient une erreur n'est pas valable.

L'exception confirme la règle (lat. médiéval) : il ne pourrait y avoir d'exception s'il n'y avait pas de règle.

L'excès en tout est un défaut : il faut savoir garder la mesure en tout.

La faim chasse (fait sortir) le loup du bois (XIVe s.) : la nécessité peut forcer qqn à agir contre son désir, son habitude.

Faute de grives, on mange des merles : si on ne peut obtenir ce qu'il y a de mieux, il faut se satisfaire de ce qu'on a.

La fin justifie les moyens (d'après Ovide et Goethe) : la nécessité d'obtenir un résultat justifie tous les moyens employés pour y parvenir.

Une fois n'est pas coutume : ce qu'on ne fait qu'une fois, à titre exceptionnel, ne tire pas à conséquence, n'engage pas l'avenir.

La fortune sourit aux audacieux (Virgile) : il faut savoir prendre des risques pour réussir.

La fortune vient en dormant (gr.) : la richesse vient à celui qui n'entreprend rien pour l'obtenir.

Gouverner, c'est prévoir (attribué à E. de Girardin, XIXe s.) : les gouvernants doivent être capables d'envisager tout ce qui peut se produire.

L'habit ne fait pas le moine (lat. médiéval) : on ne doit pas juger les gens sur leur apparence.

L'habitude est une seconde nature (saint Augustin, d'après Aristote) : l'habitude nous conditionne comme un instinct.

Heureux au jeu, malheureux en amour (d'après Swift) : se dit, en guide de consolation, à qqn qui a subit des pertes au jeu.

Une hirondelle ne fait pas le printemps (Aristote) : on ne peut tirer une conclusion générale d'un seul fait, d'un seul cas.

Un homme averti en vaut deux : celui qui connaît les difficultés qui l'attendent est bien armé pour les affronter.

L'homme est la mesure de toute chose (Protagoras) : tout doit être jugé par référence à l'être humain.

L'homme propose et Dieu dispose (Imitation de Jésus-Christ) : la réalisation des projets est soumise aux incertitudes de l'avenir.

Il faut battre le fer pendant qu'il est chaud (Plaute) : il faut tirer profit au maximum d'une situation pendant qu'elle est favorable.

Il faut que jeunesse se passe : se dit pour excuser les erreurs, les frasques d'une personne jeune.

Il faut qu'une porte soit ouverte ou fermée (Brueys et Palaprat, XVIIe s., repris par Musset) : il faut choisir entre deux partis, sans tergiverser.

Il faut rendre à César ce qui est à César, et à Dieu ce qui est à Dieu (l'Évangile) : à chacun son dû.

Il faut tourner sa langue sept fois dans sa bouche avant de parler : il faut bien réfléchir avant d'exprimer sa pensée.

Il ne faut pas dire : « Fontaine, je ne boirai pas de ton eau » (Cervantès) : on ne peut affirmer qu'on n'aura jamais recours à qqn, à qqch.

Il ne faut pas réveiller le chat qui dort (angl., d'après Ph. Sydney) : il ne faut pas raviver que querelle, susciter inutilement des problèmes.

Il n'est pire eau que l'eau qui dort (XIVe s.) : il faut se méfier des personnes d'apparence paisible, renfermées.

Il n'est pire sourd (aveugle) que celui qui ne peut pas entendre (voir (XIVe s.) : celui qui est ancré dans ses préjugés, ses partis pris, rejette à priori tout argument, toute explication.

Il n'y a pas de fumée sans feu (lat.) : il y a toujours un fond de vérité dans une rumeur.

Il n'y a pas de rose sans épine (sanskrit, d'après Bidpay) : tout avantage, tout plaisir comporte une part de désagrément.

Il n'y a point de héros pour son valet de chambre (Mme Cornuel, XVIIe s.) : un grand homme est sans prestige pour ceux qui vivent dans son intimité et qui connaissent ses faiblesses.

Il n'y a que la vérité qui blesse (attribué à Napoléon Ier) : se dit lorsque qqn se sent offensé par un reproche, une remarque.

Il n'y a que le premier pas qui coûte (Mme du Deffand, XVIIIe s.) : le plus pénible, dans une entreprise, est de commencer.

Il n'y a que les montagnes qui ne se rencontrent jamais (lat. médiéval) : même des gens très éloignés finissent par se rencontrer.

Il vaut mieux avoir affaire à Dieu qu'à ses saints (XIVe s.) : mieux vaut s'adresser directement à un supérieur plutôt qu'à ses subordonnés.

Il y a loin de la coupe aux lèvres (gr.) : beaucoup d'obstacles peuvent survenir entre l'élaboration d'un projet et sa réalisation.

Il y a un commencement à tout : les débuts sont parfois difficiles.

Jeux de main, jeux de vilain : les échanges de coups finissent mal.

Les jours se suivent et ne se ressemblent pas : les choses changent continuellement.

Loin des yeux, loin du cœur (Properce) : on oublie ceux qui s'en vont.

Les loups ne se mangent pas entre eux (d'après Varron) : les filous ne se nuisent pas mutuellement.

Le mieux est l'ennemi du bien (ital.) : le souci de perfectionnisme peut gâcher une entreprise.

Mieux vaut être seul que mal accompagné (XVIe s.) : la solitude est préférable à la compagnie de personnes désagréables, importunes.

Mieux vaut faire envie que pitié (Pindare) : la situation de celui qui inspire de l'envie est préférable à celle d'une personne qui inspire de la pitié.

Mieux vaut tard que jamais (Tite-Live) : il vaut mieux agir tard que de ne pas agir du tout.

Mieux vaut tenir que courir : V. plus bas : *un tiens vaut mieux...*

Morte la bête, mort le venin (ital.) : l'ennemi mort a fini de nuire.

Nécessité fait loi (lat.) : tout acte se justifie quand la situation le rend inévitable.

Ne jugez point et vous ne serez point jugés (l'Évangile) : pour mériter de l'indulgence, il faut en montrer soi-même.

Le nez de Cléopâtre : s'il eût été plus court, toute la face de la terre aurait changé (Pascal) : une petite cause peut avoir un effet très important.

Noblesse oblige (XIXe s.) : un personnage important doit se montrer digne de son rang, de sa réputation.

La nuit porte conseil (d'après Ménandre) : il est plus sage de renvoyer une décision importante au lendemain.

La nuit, tous les chats sont gris (angl.) : dans l'obscurité, il est difficile de reconnaître les gens et les choses.

Nul n'est prophète en son pays (d'après l'Évangile) : la valeur de qqn est rarement reconnue par les siens.

L'occasion fait le larron (lat. médiéval) : dans certaines circonstances, on commet des actes qu'on n'aurait pas commis autrement.

L'œil du maître engraisse le cheval (Xénophon) : celui qui surveille activement ses affaires les voit prospérer.

L'oisiveté est la mère de tous les vices (Dionysius Caton) : dans l'oisiveté, on est tenté de commettre de mauvaises actions.

On est puni par où l'on a péché (la Bible) : le châtiment d'une faute découle souvent de la faute elle même.

On ne change pas de monture au milieu du gué (d'après Lincoln) : on ne change pas de collaborateurs pendant une crise, une période difficile.

On ne fait pas d'omelette sans casser des œufs (XIXe s.) : un avantage ne s'obtient pas sans sacrifice.

On ne prend pas les mouches avec du vinaigre (d'après saint-François de Sales) : pour attirer les gens, il faut leur proposer ce qui leur plaît, ce qui les flatte.

On ne prête qu'aux riches : on n'attribue certains actes qu'à ceux qui en accomplissent habituellement de semblables.

On ne s'avise jamais de tout (XVIe s.) : on ne peut tout prévoir.

On ne se baigne pas deux fois dans le même fleuve (Héraclite) : tout change sans cesse (comme l'eau d'un cours d'eau).

On n'est jamais si bien servi que par soi-même (Brueys et Palaprat, XVIIe s.) : ce qu'on fait soi-même est toujours supérieur à ce qu'on fait faire par les autres.

On reconnaît l'arbre à ses fruits (d'après l'Évangile) : la valeur d'une personne se reconnaît dans ses actes.

Paris ne s'est pas fait en un jour : il faut du temps pour réaliser qqch.

La parole est d'argent, le silence est d'or (le Talmud) : dans certaines circonstances, se taire est plus judicieux que parler.

Les paroles s'envolent, les écrits restent (lat.) : ce qui est écrit ne peut être effacé, tandis que les paroles s'oublient vite.

Partir, c'est mourir un peu (XIXe s.) : on perd qqch, de soi quand on s'éloigne de qqn, d'un lieu.

Pas de nouvelles, bonnes nouvelles (ital.) : quand qqn ne donne pas de nouvelles, on peut penser que tout va bien.

Patience et longueur de temps font plus que force ni que rage (La Fontaine) : une persévérance tranquille est plus profitable qu'un emportement impatient.

Pauvreté n'est pas vice (lat. médiéval) : la pauvreté n'a rien de honteux.

Un péché avoué est à moitié pardonné : on se montre indulgent envers qqn qui reconnaît ses torts.

Petit à petit, l'oiseau fait son nid (XVIIIe s.) : avec de la persévérance, on arrive à ses fins.

Les petits cadeaux entretiennent l'amitié : on peut conserver la faveur de qqn par des prévenances.

Les petits ruisseaux font les grandes rivières (d'après Ovide) : plusieurs petites sommes constituent finalement un montant important.

Pierre qui roule n'amasse pas mousse (gr.) : on ne s'enrichit pas si on ne cesse de se déplacer ou de changer de situation.

Plaie d'argent n'est pas mortelle (XIXe s.) : on peut toujours trouver une solution aux problèmes financiers.

La plus belle fille du monde ne peut donner que ce qu'elle a (cité par Chamfort) : il ne faut pas demander l'impossible.

Plus ça change, plus c'est la même chose (A. Karre, XIXe s.) : les choses demeurent ce qu'elles sont, malgré d'apparentes améliorations.

Plus on est de fous, plus on rit : plus on est nombreux, plus on s'amuse.

Point d'argent, point de Suisse (XVIe s.) : on n'obtient rien si on ne paie pas.

Prévenir vaut mieux que guérir : empêcher l'apparition d'un mal est mieux que d'y remédier.

Quand le chat n'est pas là, les souris dansent (XVIe s.) : en l'absence d'un supérieur, chacun fait ce qui lui plaît.

Quand le diable est vieux, il se fait ermite (XIXe s.) : on devient vertueux quand on est trop vieux pour s'adonner aux plaisirs.

Quand le vin est tiré, il faut le boire (XVIe s.) : lorsqu'on a entrepris qqch, on ne peut revenir en arrière.

Quand on n'a pas ce que l'on aime, il faut aimer ce que l'on a (Bussy-Rabutin, XVIIe s.) : il faut savoir se contenter de ce dont on dispose.

Quand on parle du loup, on en voit la queue : se dit quand qqn arrive au moment où on parle de lui.

Qui a bu boira (XVIIe s.) : on ne se débarrasse pas d'un vieux défaut.

Qui aime bien châtie bien (lat. médiéval) : l'amour ne doit pas inciter à l'indulgence, mais à la sévérité.

Qui casse les verres les paie (XIXe s.) : le responsable d'une faute doit la réparer.

Qui dort dîne (d'après Ménandre) : en dormant, on oublie qu'on a faim.

Qu'importe le flacon pourvu qu'on ait l'ivresse : l'important est le plaisir, non les moyens par lesquels on y parvient.

Qui n'avance pas recule (lat.) : celui qui ne fait rien pour progresser perd ce qu'il avait acquis.

Qui ne dit mot consent (attribué au pape Boniface VIII) : en n'élevant aucune objection, on approuve tacitement ce qui se dit ou se fait.

Qui ne risque rien n'a rien (d'après Chaucer) : pour obtenir des résultats, il faut courir certains risques.

Qui paie ses dettes s'enrichit (XVIe s.) : en s'acquittant de ses dettes, on gagne la confiance d'autrui.

Qui peut le plus peut le moins (Aristote) : quand on peut faire une chose difficile, on peut d'autant plus en faire une autre plus simple.

Qui sème le vent récolte la tempête (la Bible) : celui qui provoque des troubles doit s'attendre à en subir les conséquences.

Qui se ressemble s'assemble (Homère) : on recherche la compagnie de ceux qui partagent nos goûts (se dit surtout péj.).

Qui sert bien son pays n'a pas besoin d'aïeux (Voltaire) : le dévouement envers la patrie remplace avantageusement un nom noble, illustre.

Qui se sent morveux, qu'il se mouche (cité par Molière) : si on se sent visé par une critique, il faut l'accepter et en faire son profit.

Qui s'excuse s'accuse (lat., d'après saint Jérôme) : à trop vouloir se justifier, on se rend suspect.

Qui s'y frotte s'y pique (devise de Louis XI et de la Lorraine) : celui qui veut affronter qqn, qqch, en subira les conséquences.

Qui trop embrasse mal étreint (lat. médiéval) : en voulant faire trop de choses en même temps, on ne réussit rien.

Qui va à la chasse perd sa place (J. Duflot, XIXe s.) : celui qui quitte sa place, sa position, ne doit pas s'étonner de la trouver occupée à son retour.

Qui veut faire l'ange fait la bête (Pascal) : s'applique à qqn qui prétend à un haut degré de perfection morale ou spirituelle.

Qui veut la fin veut les moyens : si on veut obtenir un résultat, il ne faut pas hésiter à employer les moyens nécessaires.

Qui veut noyer son chien l'accuse de la rage (lat. médiéval) : tout prétexte est bon quand on veut se débarrasser de qqn, de qqch.

Qui veut voyager loin ménage sa monture (cité par Racine) : dans une entreprise de longue haleine, il faut progresser avec mesure.

Qui vivra verra (XVe s.) : l'avenir permettra de juger.

Qui vole un œuf, vole un bœuf (XIXe s.) : celui qui commet un vol insignifiant peut aussi bien en commettre un plus important.

La raison du plus fort est toujours la meilleure (La Fontaine) : la force prime tout.

Rien ne sert de courir, il faut partir à point (La Fontaine) : dans une entreprise, il faut employer toute son énergie dès le début.

Rira bien qui rira le dernier : se dit à propos de qqn qui se réjouit d'un succès qui n'est que provisoire, et dont on espère le priver.

La roche Tarpéienne est près du Capitole* (lat.) : la chute peut succéder rapidement à la gloire.

Si jeunesse savait, si vieillesse pouvait (H. Estienne, XVIe s.) : les jeunes agissent mal par inexpérience et les vieillards, expérimentés, n'ont plus la possibilité d'agir.

Si tu veux la paix, prépare la guerre (lat.) : une armée puissante est le meilleur moyen de dissuader l'ennemi d'attaquer.

Tant qu'il y a de la vie, il y a de l'espoir (Théocrite) : il ne faut jamais désespérer, quelle que soit la situation.

Tant va la cruche à l'eau qu'à la fin elle se casse (Gautier de Coincy, XIIIe s.) : à trop s'exposer à un danger, à trop provoquer qqn, on finit par en subir de fâcheuses conséquences.

Tel père, tel fils (lat.) : les enfants héritent des qualités ou des défauts de leur père.

Tel qui rit vendredi, dimanche pleurera (cité par Racine) : les peines succèdent rapidement aux joies.

Le temps, c'est de l'argent : V. *Time is money* (tableau des locutions* en langues étrangères).

Tous les chemins mènent à Rome (Alain de Lille) : les moyens d'atteindre un but sont nombreux.

Tout ce qui brille n'est pas or (XIIIe s.) : il ne faut pas se laisser prendre aux apparences.

Toute médaille a son revers (cité par Montaigne) : tout ce qui est agréable, profitable, comporte un côté négatif.

Toute peine mérite salaire : chacun doit être récompensé de ses efforts.

Tout est bien qui finit bien (lat. médiéval) : se dit de ce qui se termine heureusement en dépit des difficultés, des incertitudes.

Toute vérité n'est pas bonne à dire (d'après Pindare) : il y a des situations où il vaut mieux taire la vérité.

Tout nouveau, tout beau (XIIIe s.) : une chose beaucoup d'attraits pendant qu'elle est nouvelle.

Tout vient à point à qui sait attendre (d'après Rabelais) : celui qui fait preuve de patience voit ses désirs se réaliser.

Trop gratter cuit, trop parler nuit (XIIIe s.) : il faut prendre garde de ne pas parler inconsidérément.

L'union fait la force (d'après Homère) : devise de la Belgique et d'Andorre.

Un tiens vaut mieux que deux tu l'auras (XIIIe s.) : la possession effective d'un bien est préférable à la promesse aléatoire d'un bien plus important.

La vengeance est un plat qui se mange froid (all.) : il faut savoir attendre le moment opportun pour se venger.

Ventre affamé n'a point d'oreilles : celui que la faim tenaille n'écoute pas ce qu'on lui dit.

La vérité sort de la bouche des enfants (cité par Platon) : les enfants révèlent spontanément ce que les adultes n'osent pas exprimer.

Vouloir, c'est pouvoir : une volonté inébranlable mène à la réussite.

LISTE DES ÉLÉMENTS NATURELS ET ARTIFICIELS

Une configuration atomique de numéro atomique Z donné peut présenter des atomes ayant des masses atomiques différentes : ce sont les isotopes d'un élément considéré ; pour chaque élément nous avons indiqué leur nombre. Ces isotopes ont des masses différentes car leurs noyaux ne comportent pas le même nombre de neutrons ; ce nombre varie facilement et, par bombardement particulaire du noyau, on peut produire de nouveaux isotopes artificiels (en italique dans ce tableau, qui comporte les éléments de nombre atomique 1 à 105).

(*) Les nombres entre parenthèses sont relatifs au nombre de masse de l'isotope le plus stable.
(**) Nom non homologué.

NOM	SYMBOLE	Z	M	NOMBRE D'ISOTOPES CONNUS
Actinium	Ac	89	(227)*	12
Aluminium	Al	13	26,981	7
Americium	Am	95	(243)	13
Antimoine	Sb	51	121,75	21
Argent	Ag	47	107,868	16
Argon	Ar	18	39,948	11
Arsenic	As	33	74,922	14
Astate	At	85	(210)	22
Azote	N	7	14,007	8
Baryum	Ba	56	137,34	26
Berkelium	Bk	97	(247)	11
Beryllium	Be	4	9,012	5
Bismuth	Bi	83	208,981	25
Bore	B	5	10,811	7
Brome	Br	35	79,904	17
Cadmium	Cd	48	112,41	23
Calcium	Ca	20	40,08	17
Californium	Cf	98	(251)	11
Carbone	C	6	12,011	8
Cérium	Ce	58	140,12	18
Césium	Cs	55	132,905	22
Chlore	Cl	17	35,453	11
Chrome	Cr	24	51,996	13
Cobalt	Co	27	58,933	11
Cuivre	Cu	29	63,55	13
Curium	Cm	96	(247)	12
Dysprosium	Dy	66	162,50	21
Einsteinium	Es	99	(254)	9
Erbium	Er	68	167,26	19
Étain	Sn	50	118,69	33
Europium	Eu	63	151,95	18
Fer	Fe	26	55,847	14
Fermium	Fm	100	(257)	9
Fluor	F	9	18,998	6
Francium	Fr	87	(223)	9
Gadolinium	Gd	64	157,25	21
Gallium	Ga	31	69,72	9
Germanium	Ge	32	72,59	18
Hafnium	Hf	72	178,49	17
*Hahnium***	Ha	105	(262)	
Hélium	He	2	4,003	6
Holmium	Ho	67	164,930	10
Hydrogène	H	1	1,008	5
Indium	In	49	114,82	21
Iode	I	53	126,904	22
Iridium	Ir	77	192,22	16
*Kourchatovium***	Ku	104	(261)	
Krypton	Kr	36	83,80	27
Lanthane	La	57	138,91	16
Lawrencium	Lr	103	(260)	
Lithium	Li	3	6,939	7
Lutécium	Lu	71	174,97	12
Magnésium	Mg	12	24,305	9
Manganèse	Mn	25	54,938	9
Mendélévium	Md	101	(258)	7
Mercure	Hg	80	200,59	26
Molybdène	Mo	42	95,94	21
Néodyme	Nd	60	144,24	21
Néon	Ne	10	20,17	10
Neptunium	Np	93	(237,048)	14 ou 15
Nickel	Ni	28	58,71	16
Niobium	Nb	41	92,906	12
Nobélium	No	102	(259)	1
Or	Au	79	196,967	14
Osmium	Os	76	190,2	20
Oxygène	O	8	15,999	9
Palladium	Pd	46	106,4	22
Phosphore	P	15	30,974	8
Platine	Pt	78	195,09	19
Plomb	Pb	82	207,19	25
Plutonium	Pu	94	(244)	15 ou 16
Polonium	Po	84	(209)	29
Potassium	K	19	39,102	11
Praséodyme	Pr	59	140,908	12
Prométhium	Pm	61	(145)	9
Protactinium	Pa	91	(231,036)	14